BER
Fine Pa...

ACHÈTE ŒUVRES DE
PEINTRES BELGES ET HOLLANDAIS
nés entre 1750 - 1880
CONNUS OU MECONNUS

fin de siècle - symbolistes - belle époque - postimpressionnistes
nus exotiques - orientalistes - marines - ateliers

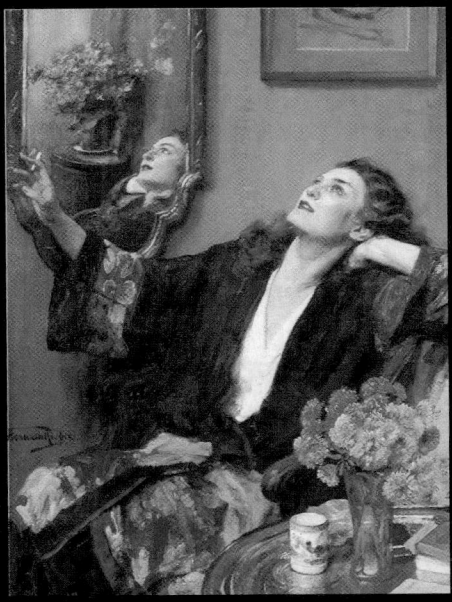

RICHIR HERMANN Jan Joseph

Ixelles 1866 - 1942
"Les nuages se dissipent"
Huile sur toile : 65.5 x 50.5 cm
Signée en bas à gauche

Écrire à : Galerie BERKO
163 Kustlaan. B-8300 Knokke-le-Zoute . Belgique
Téléphone (050) 60 57 90 - Téléfax : (050) 61 53 81
Tel. (32) 50 60 57 90 - Fax : (32) 50 61 53 81

Detailed sample of entries

Exemple détaillé des données

Artist's name / Dates

Nom de l'artiste / Dates

Number of works sold & recorded by ADEC since 1987.

Nbre d'œuvres vendues répertoriées par ADEC depuis 1987.

BACKVIS Frans 1857-1926 [5]
Le repos des faucheurs - Huile/toile (65x60cm-26x24in) Tongeren 92 ....
BACLER D'ALBE Louis, baron 1761-1824 [7]
Monsieur Berger de Renens - Huile/toile (46x67cm-18x26in) Monaco 91 ....
Landscape with figures by a waterfall - Gouache (24x33cm-9x13in) New-York 92 ....
BACON Charles Roswell 1868-1913 [2]
Roadside Conversation - Oil/canvas (51x61cm-20x24in) Mystic, Connecticut 94 ....
BACON Francis 1909-1992 [165]
Lucian Freud - Oil/canvas (198x147cm-78x58in) New-York 90 ....

Title of work

Titre de l'œuvre

Red Cardinal - Oil/canvas (152x118cm-60x46in) London 96 ....
Petit Beard - Oil/canvas (35x30cm-14x12in) London 92 .... FF4 ....
Study for a pope - Oil/canvas (152x116cm-60x46in) New-York 89 ....
Self Portrait - Oil/canvas (35x30cm-14x12in) London 93 ....

Medium

Technique

Interior in a room - Oil/canvas (112x86cm-44x34in) London 89 ....
Henrietta Moraes - Oil/canvas (198x147cm-78x58in) London 95 ....
Monkey - Oil/canvas (63x52cm-25x20in) London 93 ....
Self-portrait Triptych - Lithographie couleurs (34x89cm-13x35in) London 97 ....
Oedipe et le Sphinx - Lithographie couleurs (116x86cm-46x34in) München 94 .... FF18 000 - £2 027 - $3,040
Study for Bullfight n° - Color lithograph (127x115cm-50x45in) New-York 94 .... FF68 300 - £8 130 - $13,000
Watercolour 1929 - Watercolour (21x16cm-8x6in) London 96 .... FF117 700 - £15 000 - $22,700
BACON Henry 1839-1912 [27]
A Change of Heart - Oil/panel (41x51cm-16x20in) New-York 93 .... FF28 300 - £3 220 - $4,800
La Lessive - Huile/toile Brive-la-Gaillarde 95 .... FF14 ....

Size

Dimensions

Artist's tavern at Barbizon - Oil/canvas (98x131cm-39x52in) New-York 93 ....
BACON Irving Lewis 1853-1910 [1]
Still life - Oil/canvas (51x76cm-20x30in) Mystic, Connecticut 96 ....
BACON John Henry Fred. 1865-1914 [8]
The Two Generations - Oil/canvas (44x68cm-17x27in) Billinghurst, West Sussex 94 .... FF16 670 - £2 000 - $3,240
The relief of Ladysmith - Oil/canvas (76x41cm-30x16in) London 96 .... FF65 300 - £8 500 - $12,940
Old danish custom - Pencil (54x36cm-21x14in) London 90 .... FF6 900 - £895 - $1,366
BACON John II 1777-1859 [2]
Rebecca Fielding - Marble (75cm-30in) London 91 .... FF49 600 - £5 034 - $8,958
BACON Peggy 1895-1987 [27]
Frenzied Effort - Drypoint (14x23cm-6x9in) New-York 95 .... FF4 513 - £573 - $900
Fruit in a bowl - Pencil/paper (28x28cm-11x11in) Mystic, Connecticut 96 .... FF3 880 - £487 - $750
BACOT Edmond 1814-1875 [2]
Victor Hugo assis, de profil - Photo (24x19cm-9x7in) Paris 92 .... FF12 000 - £1 216 - $2,203
BACQUÉ Daniel J. 1874-1947 [2]
Femme nue - Bronze (46cm-18in) Morlaix 90 .... FF4 800 - £483 - $940
BACSA Andras 1870-1933 [1]
Deux petites filles - Huile/carton/toile (56x65cm-22x26in) Compiègne 91 .... FF18 800 - £1 885 - $3,103
BADEL Jules Louis 1840-1869 [3]
Pêcheurs près d'un fleuve - Huile/toile (54x41cm-21x16in) Genève 96 .... FF11 920 - £1 380 - $2,283

Category	Sale place & date	Hammer price
Genre	Date et lieu de la vente	Prix de vente / Cote

BADIA Sylvie 1947 [22]
Faut pas mégoter - Huile/toile (130x89cm-51x35in) Paris 89 .... FF7 200 - £716 - $1,137
Saison d'hiver - Technique mixte/panneau (125x122cm-49x48in) Paris 90 .... FF18 000 - £1 860 - $3,180
BADIN Jean Jules 1843-? [1]
Young girl holding a sword - Oil/canvas (72x53cm-28x21in) London 91 .... FF25 800 - £2 600 - $4,477
BADMIN Stanley Roy 1906-1989 [21]
End of Glen, Antrim - Watercolour (15x22cm-6x9in) Billinghurst, West Sussex 93 ..... FF10 530 - £1 200 - $1,790

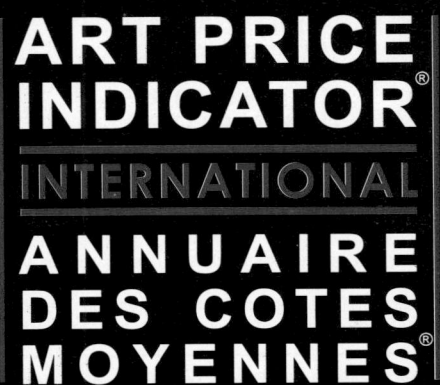

ART PRICE INDICATOR®

INTERNATIONAL

ANNUAIRE DES COTES MOYENNES®

98

ADEC®
since 1987

painting	peinture
drawing	dessin
prints	estampe
sculpture	sculpture
photography	photo

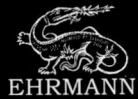

EHRMANN

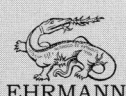

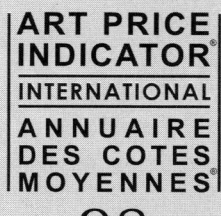

ART PRICE INDICATOR®
INTERNATIONAL
ANNUAIRE DES COTES MOYENNES®
98

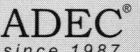

ADEC®
since 1987

ART PRICE ANNUAL S.A. Société anonyme au capital de 1.000.000 FRF. RCS Paris 411 309 198. - N° TVA Intracommunautaire FRA 154 11 309 198

Rédaction / Editorial
ADEC / ART PRICE ANNUAL S.A.
BP 69
F. 69270 ST ROMAIN AU MT D'OR
FRANCE
Fax int. 33 - 478 220 606.
Fax from France: 04.78.22.06.06
Email : adec@adec.com

ART PRICE INDICATOR®
INTERNATIONAL
ANNUAIRE DES COTES MOYENNES®

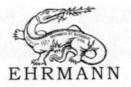

EHRMANN
ART PRICE INDICATOR®
Annuaire Des Cotes Moyennes®
1998

ADEC FOUNDER - FONDATEUR ADEC : *ERIC MICHEL*
PUBLISHING DIRECTOR - DIRECTEUR DE LA PUBLICATION : *THIERRY EHRMANN*
SERVER GROUP CHAIRMAN: *THIERRY EHRMANN*
EDITORSHIP - REDACTION : ADEC / ART PRICE ANNUAL S.A
BP 69 - F 69270 ST ROMAIN AU MT D'OR. FRANCE
GENERAL SECRETARYSHIP - SECRETARIAT GENERAL : *NADEGE EHRMANN*
ADMINISTRATIVE & FINANCIAL MANAGt. - DIRECTION ADMINISTRATIVE & FINANCIERE: *NABILA ARIFY*
EDITORIAL DIRECTOR - DIRECTEUR DE REDACTION : *JACQUES MADINA*
MARKETING DIRECTOR - DIRECTION MARKETING : *JOSETTE MEY*
EDITORIAL ASSISTANTS - ASSISTANTS DE REDACTION :
ADEL CHOUAIEKH / GENEVIEVE DAINESE / CHANTAL DUFOUR / FRANCK NALLET
RESEARCH ASSISTANTS - DOCUMENTALISTES :
NICOLE BERNARD / STEPHANIE BUISSON / LAURENCE FERRA / DANIELLA LAPALU
WEBMASTER : MARIE DE ALMEIDA
MANAGEMENT CD-ROM - CONCEPTION CD-ROM : SHARPNESS
MARC DELPIANO / JEROME VOISIN
SERVER SOFTWARE - LOGICIEL INFORMATIQUE - INTRANET / INTERNET : EUROPE VIDEOTEX
MARC TROMBONE / CHRISTOPHE VIGNY
COMPUTER MANAGEMENT -D· G· INFORMATIQUE-INTERNET:
PHILIPPE THERRAS / JEAN MICHEL COLAS / JEAN BERNEX / LIONEL BAUDOIN
ADVERTISING AGENT - REGIE PUBLICITE : LE SERVEUR ADMINISTRATIF S.A.
DOMAINE DE LA SOURCE F- 69270 ST ROMAIN AU MT D'OR- FRANCE
TEL : 33- 478 220 000 FAX : 33- 478 220 606
PHOTOCOMPOSITION : IMATEX S.A.
87 RUE GABRIEL PERI 92120 MONTROUGE -FRANCE TEL : 33- 147 359 799 FAX : 33 -149 650 135
PRINTING - IMPRESSION : TYPO CENTRE S.A.
F- 03103 MONTLUCON CEDEX - FRANCE TEL : 33- 470 062 222 FAX : 33- 470 062 223

--- **SERVER GROUP** ---
EDITE PAR **ART PRICE ANNUAL S.A.**
S.A AU CAPITAL DE 1 000 000 Francs
BP 69. F 69270 ST ROMAIN AU MONT D'OR
FRANCE - TEL from France : 04.78.22.00.00
TEL : 33- 478 220 000 FAX : 33- 478 220 606
TEL : 04.78.22.00.00 FAX : 04.78.22.06.06
MAIN SHAREHOLDERS
PRINCIPAUX ACTIONNAIRES:
FAMILLE EHRMANN - HOLDING SERVER GROUP
JACQUES MADINA

--- **SERVER GROUP DATA BASE PUBLISHING** ---
LE SERVEUR INTERNET S.A.
S.A AU CAPITAL DE 1 210 000 Francs.
DOMAINE DE LA SOURCE
BP 69 F.69270 ST ROMAIN AU MT D'OR
FRANCE
TEL int. 33-478 220 000 FAX : 33- 478 226 011
TEL from France : 04.78.22.00.00
FAX from France : 04.78.22.60.11

--- **SERVER GROUP : ADVERTISING AGENT / REGIE PUBLICITAIRE :** ---
LE SERVEUR ADMINISTRATIF S.A- S.A AU CAPITAL DE 1 000 000 Francs
BP 69. F 69270 ST ROMAIN AU MONT D'OR FRANCE
TEL int. 33-478 220 000 FAX : 33- 478 226 011
TEL from France : 04.78.22.00.00 - FAX from France : 04.78.22.60.11

ART PRICE ANNUAL S.A.
RCS PARIS 411 309 198

DEPOT LEGAL EDITION 98
ISBN 2-907129-11-2

Technical terms commonly used

Termes techniques fréquemment utilisés

Painting
Peinture
Gemälde
Pintura

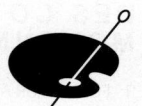

Acrylic
Oil
Tempera

Drawing
Dessin
Zeichnungen
Dibujo

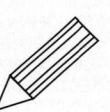

Chalk, Red chalk
Gouache
Charcoal
Ink, China ink
Pastel
Wash
Watercolor

Prints
Estampe
Drukgrafik
Grabados

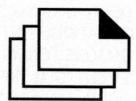

Aquatint
Copper engraving
Drypoint, etching
Etching
Heliograph
Lithograph
Mezzotint
Monotype
Poster
Silkscreen
Soft ground

Sculpture
Sculpture
Skulpturen
Escultura

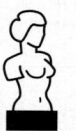

Ceramic
Bronze
Ivory
Ivory, bronze
Plaster
Marble
Baked, Burnt clay
Wood

Medium
Support
Malgrund
Apoyo

Canvas
Panel
Paper

Photography
Photographie
Photografien
Foto

Albumen print
Carbon print
Gum bichromat.
Platinum print
Salt print
Silver print

Français	Deutsch	Español
Acrylique	Acryl	Acrílico
Huile	Öl	Oleo
Tempera *(Peint. à l'œuf)*.	Tempera	Tempera
Craie, Sanguine	Kreide, Rötel	Clarion, Lapiz rojo
Gouache	Deckfarbe	Aguada
Fusain	Kohlezeichnung	Carbon
Encre, E. de chine	Tinte, Tusche	Tinta, T. de China
Pastel	Pastel	Pastel
Lavis	Lavierung	Aguada
Aquarelle	Aquarell	Acuarela
Aquatinte	Tuschkupferstich	Aguatinta
Burin *(grav./cuivre)*.	Kupferstich	Grabado al buril
Pointe sèche	Kaltnadelradierung	Puntaseca
Eau forte	Ätzwasser	Aguafuerte
Heliogravure	Lichtdruck	Heliograbado
Lithographie	Steindruck	Litografia
Mezzotinte *(manière noire)*.	Schwarzkunst	Manera negra
Monotype	Eimaliger Druck	Monotipo
Affiche	Plakat, Poster	Cartel
Sérigraphie	Seibdruck	Serigrafía
Vernis mou	Weichgrundradierung	Barniz blando
Ceramique	Keramik	Ceramicá
Bronze	Bronze	Bronce
Ivoire	Elfenbein	Marfil
Cryséléphantine	Elfenbein, bronze	Marfil, Bronce
Plâtre	Gips	Yeso
Marbre	Marmor	Marmol
Terre cuite	Terrakotta	Barro cocido
Bois	Holzplastik	Talla
Toile	Leinwand	Lienzo
Panneau	Tafel	Tabla
Papier	Papier	Papel

Tirage albuminé
Tirage charbon
Gomme bichromat.
Tirage platine
Tirage papier salé
Tirage argentique

PEINTURE: matière constituée de pigments colorés liés par un agglutinant (liant).
DILUANT & SOLVANT: permettent la dilution ou la dissolution de l'agglutinant (eau, essence,...) afin d'étendre la pâte.

LES SOLUTIONS: GOUACHE, AQUARELLE, peinture à l'**HUILE.**
LES ÉMULSIONS: peinture **ACRYLIQUE, VINYLIQUE, TEMPERA** (à l'œuf, à la caséine,...)

LES SOLUTIONS: GOUACHE, AQUARELLE, peinture à l'HUILE.

Contrairement aux émulsions, leur liant est entièrement dissout par le solvant (l'eau pour la gouache et l'acrylique, l'essence pour l'huile), ce qui permet de les étendre avec plus ou moins d'épaisseur et de transparence.
GOUACHE: de l'italien "guazzo" / technique de peinture sur fond humide. Peinture opaque, étendue à l'eau. Aspect mat. Peut être vernie.
AQUARELLE: Peinture permettant de combiner la teinte du support ou du fond avec ses effets de transparence naturelle. Etendue à l'eau. Aspect mat.
Peinture à l'**HUILE:** Matière constituée de pigments dont le liant est de l'huile (ex. huile de lin), et dont l'onctuosité, l'éclat et la brillance peut être renforcée par adjonction de baumes, de gommes ou de résines.

LES ÉMULSIONS: peinture ACRYLIQUE, VINYLIQUE, TEMPÉRA

Peintures dont le liant se trouvera, après mélange, en suspension (et non dissout) dans le solvant ajouté. Entre autres spécificités: bref temps de séchage permettant la superposition rapide de plusieures couches.
ACRYLIQUE et VINYLIQUE: liants modernes (env. 1/2 siècle).
ACRYLIQUE: pâte moins onctueuse que l'huile. Tons lumineux, belles tranparences. Aspect semi-brillant ou brillant.
VINYLIQUE: aspect plus mat que l'acrylique. Favorise moins l'usage de transparences. Résistante, est très utilisée en décoration.
TEMPÉRA: très utilisée en Occident jusqu'au XVeme siècle, est une émulsion de pigments colorés dont le liant est surtout connu pour être de l'œuf (le blanc, le jaune, ou les deux mélangés), additionnée ou non de gommes résines ou d'huile. Dilution à l'eau. Aspect mat ou semi-brillant. Appréciée (entres autres qualités esthétiques et techniques) pour ses nombreuses nuances obtenues par transparence de couches successives.

PAINT: substance consisting of coloured pigments bound by a medium (binding).
DILUENT AND SOLVENT: these enable the medium to be diluted or dissolved (water, turpentine...) so as to thin the paste.

SOLUTIONS: GOUACHE, WATERCOLOUR, OIL paint.
EMULSIONS: ACRYLIC paint, VINYL-based paint, TEMPERA (egg-based, casein-based...).

SOLUTIONS: GOUACHE, WATERCOLOUR, OIL paint.

In contrast to emulsions, the medium in these paints is completely dissolved by the solvent (water for gouache and acrylic paints, turpentine for oil paints); this enables them to be thinned to provide more or less thickness and transparency.

GOUACHE: from the Italian "guazzo"; a technique in which paint is applied to a damp ground. It differs from watercolour in that the paint is opaque.Thinned by adding water.
It provides a matt finish and may be varnished.

WATERCOLOUR: a form of painting which enables the colour of the paper support to be combined with the transparent effects of the paint. Thinned with water. Matt finish.

OIL paint: a substance comprising pigments whose medium is oil (eg. linseed oil), and whose oiliness, vividness and brilliance can be reinforced by the addition of balms, gums or resins.

EMULSIONS: ACRYLIC and VINYL-based paints, TEMPERA

These are paints in which the medium is in suspension in the solvents which are added (rather than being dissolved). One of their characteristics is their quick drying nature allowing the rapid overlaying of several layers.

ACRYLIC AND VINYL: modern media (about 50 years old).

ACRYLIC: a less oily paste than oil paint. It has luminous tones and clear colours. The finish is semi-gloss or gloss.

VINYL: this has a more matt finish than acrylic paint. It is less suited to laying down transparent tones. It is hard-wearing and is frequently used in decoration.

TEMPERA: this was widely used in Western Europe until the 15th century and comprises an emulsion of pigments in which the medium is egg (the white, the yolk, or both mixed together), with the addition sometimes of resins, gums or oil. It is diluted in water. The finish is matt or semi-gloss. One of its aesthetic and technical qualities which makes it appreciated is that of the numerous tones it can provide by overlaying successive coats of trasparent paint.

Crayon lithographique: crayon très gras composé de suif, de copal et de noir de fumée, utilisé en dessin pour son tracé noir très dense, fin, et résistant.

Caséine: substance présente dans le lait et utilisée sous forme de colles et d'apprêts.

Encre de Chine: mélange liquide noir à base de noir de fumée, gélatine et camphre. Dessin à la plume, pinceau. Délayable à l'eau pour réalisation de lavis.

Fusain: fine tige de charbon de bois de "fusain" (petit arbre originaire du Japon). Utilisé en dessin pour son tracé noir, peu gras, "léger", peu adhérant au support, permettant de nombreuses nuances de gris.

Grisaille: réalisation en **camaïeu** (variances de tons monochromes), gris ou jaunâtre.

Lavis: technique de dilution d'une matière colorée afin d'en diminuer l'opacité et créer des effets variés de densité et de transparence.

Pastel: poudres, pigments colorés opaques (agglutinés en crayons ou batonnets), essentiellement apprécié pour son aspect velouté difficilement réalisable par d'autres techniques.

Sanguine: crayon, mine à base d'oxyde de fer, utilisé pour ses nuances de rouge.

Sépia: matière colorante brune, utilisée comme de l'encre, en dessin ou lavis.

Casein: a substance derived from milk and used in the form of glue and stiffener.

Charcoal: a thin rod of charcoal made from spindle-tree wood (a small tree originating in Japan). It is used in drawing for its ungreasy, "delicate" black line, which adheres only slightly to the surface, allowing numerous grey tones to be created.

Grisaille: a monochrome picture with grey or yellowish tones.

Indian ink: a black liquid blend made from lamp-black, gelatin and camphor. Used in drawing with a pen or brush. It can be thinned with water to produce washes.

Lithographic crayon: a very greasy crayon made from tallow, copal and lamp-black used in drawing for its dense, fine and hard-wearing black line.

Red chalk: made with iron-oxide, it is appreciated for its red tones.

Sepia: a brown colour used as an ink for line drawings or for washes.

Wash: the dilution of a substance (liquid or paste) to reduce its opacity. It is usually applied with a brush and creates many tonal effects by playing on density and transparency.

Pastel: made from powders and opaque pigments (mixed with a medium and made into crayons or rods), it is essentially appreciated for its velvety feel which is difficult to imitate with other techniques.

Aquatinte: gravure à l'eau-forte imitant le lavis.

Bois debout: gravure sur plaque de bois dont les fibres lui sont perpendiculaires. Permet une incision très fine. Encrage sur le relief avant passage sous presse.

Bois de fil: gravure sur plaque de bois sciée suivant le fil du bois. Encrage sur le relief avant passage sous presse.

Burin: gravure en creux sur métal. Outil servant à inciser la plaque. Encrage du tracé dans les creux avant passage sous presse.

Eau-forte: (acide nitrique) gravure à la pointe d'acier dont le tracé enlevant le vernis de protection placé sur une plaque (cuivre ou zinc) sera creusé par de l'acide. Le vernis est ensuite enlevé. Encrage du tracé dans les creux avant passage sous presse.

Héliogravure: procédé de reproduction de formes d'impresion gravées en creux.

Linogravure: gravure sur linoléum. Encrage sur le relief avant passage sous presse.

Lithographie: technique de reproduction permettant à l'encre lithographique de n'adhérer qu'au tracé dessiné (sur pierre lithographique ou feuille de métal) qui se reportera ensuite sur le papier lors du passage sous presse.

Mezzotinte (manière noire) : (taille douce) nuances de noir obtenues par de multiples incisions qui retiendront l'encre dans les creux du métal. En les écrasant plus ou moins (au brunissoir) certains creux seront refermés pour créer ainsi de nouveaux blancs ou nuances de gris.

Monotype: tirage en un seul exemplaire d'une gravure.

Pointe sèche: gravure en creux à l'aide d'une pointe, sur cuivre, sur zinc. Reconnaissable aux fines barbes soulevées par la pointe le long des tailles dans le métal. Encrage du tracé dans les creux avant passage sous presse.

Résine: technique de gravure dérivée de l'eau-forte où la plaque reçoit des grains de résine, avant attaque par l'acide, provoquant ainsi une granulation de l'encrage.

Sérigraphie: procédé d'impression où l'on oblige l'encre à passer au travers d'un écran de tissus dont la texture est bouchée à certains endroits, pour se déposer ainsi sur le support placé en dessous. (papier, tissus, plastiques, etc.)

Taille douce: désigne la gravure en creux, à la pointe ou au burin. (sur métal sans intervention de l'acide pour creuser la plaque).

Vernis mou: procédé où le vernis recouvrant la plaque à graver adhère plus ou moins au tracé effectué sur un papier posé dessus. Le papier est retiré. L'acide gravera la plaque en fonction du verni restant et correspondant à la pression du tracé effectué sur le papier.

Xylographie: (gravure sur bois) estampe obtenue à partir de l'encrage d'un tracé en relief.

Aquatint: a form of etching which imitates a "wash".

Drypoint: in this technique the stylus is used to engrave the copper or zinc etching-plate directly (rather than using an acid to bite into the plate), causing a burr to rise which holds the ink. It provides a very warm, rich tone but survives only a short print-run as the soft burrs are flattened in the printing-press.

Engraving: an intaglio print drawn from a metal plate. A form of fine chisel called a burin is used to engrave a line in the plate. The latter is then inked and the surplus ink (all except that sunk in the lines) removed before being placed in a printing-press.

Etching: (using nitric acid) a print in which the design is made using a steel stylus drawn across a copper or zinc plate which has been treated with a protective, black varnish. The stylus cuts through the varnish and the plate is treated with acid which bites into the plate through these lines. The varnish is then removed and the plate inked like an ordinary engraving. This technique provides 'drawing'-like prints which have a greater immediacy than engravings.

Linocut: a relief printing process using linoleum. The linocut is inked before being placed in a printing press.

Lithography: a printing process in which the lithographic ink adheres only to the lines of the drawing on a lithographic stone or metal plate. This is then transferred to the paper when placed under a printing press.

Mezzotint: a tonal rather than linear print. Black tones are obtained using a serrated tool which creates a burr over the surface to hold the ink during printing. Lighter tones are provided by burnishing and scraping out which refills the hollows created earlier.

Monotype: a unique copy from an original model.

Photogravure: a process in which intaglio prints are produced by the use of photography.

Resin: a derivation of an etching in which the plate is treated with a resinous powder before being bitten by the acid, thereby producing a grainy effect in the printing.

Silk-screen process: a printing process in which the ink is made to pass through a screen of fabric which is blocked in various places to form the design. The ink then passes on to the support placed beneath (paper, fabric, plastic, etc.).

Soft varnish: a process in which the varnish covering a plate adheres to the drawing made on a sheet of paper placed over it. The paper is then removed and the acid in which the plate is placed bites into the metal where the varnish has been removed and on the basis of the pressure of the line drawn on the paper.

Woodcut: a print made from a plate of wood in which the line to be printed stands proud of the surface, the surrounding area being removed with special tools. It is thus a relief print, in contrast to a wood engraving which is an intaglio print. The plate is then inked and placed under a printing-press.

Wood engraving: an intaglio engraving on a plate of wood which may be cut across the grain or along it. The former allows for a finer line. The plate is inked before being placed under a press. See engraving.

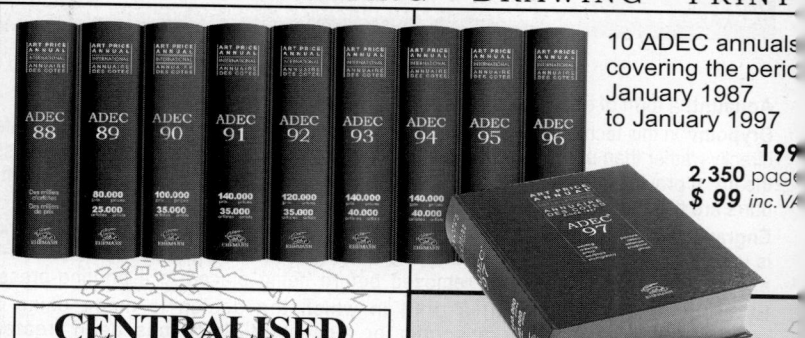
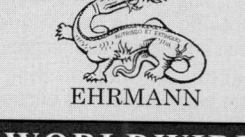
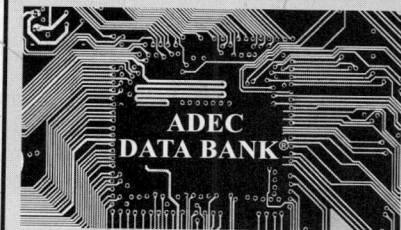

SCULPTURE - PHOTOGRAPHY

EDITION

stributed in 84 countries, ADEC
t Price Annual supplies the
ofessional and amateur with all
e prices realized by works of Art
auction worldwide.

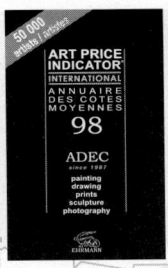

ART PRICE INDICATOR INTERNATIONAL

1536 pages
$ 19 inc. VAT

This reference book provides a simple, quick guide to the average price range for an artist or for the prices reached by his/her works of Art sold at auction.

ADEC®

Art Price Annual®
Since 1987

CD-ROM
10 years of auction results for catalogued works of Art. 1987 to January 1997. Search for prices by name of artist, medium, title of work, auction house, sale date, location of sale, etc.

DER IN DATA BASES OR WORKS OF ART

1,300,000 auction results.
137,000 artists.
750 auction houses in **40** countries.
OVER **250,000** NEW AUCTION RESULTS EACH YEAR.

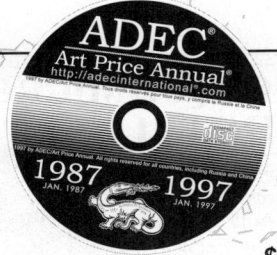

$ 399

CD-ROM

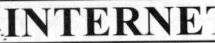

INTERNET ADEC, through the use of over 500 domain names*
(Internet codes in 13 languages) relating to the world of Art and the Art market, publishes an international calendar of sales and auction results of catalogued works of Art on line and in real time. A permanent international marketing campaign ensures the visibility of ADEC at a worldwide level.

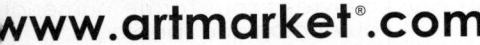

www.artmarket®.com

*These 500 Domain names are all registred Trademarks with European (O.H.I.M.) and French Trademarks Offices

RCS Paris 411 309 198. - **E-Mail: adec@adec.com** - EU VAT N° FRA 15411309198
France - Fax (int.): 33.478.220.606 -Tel. (int.) 33 478 220 000

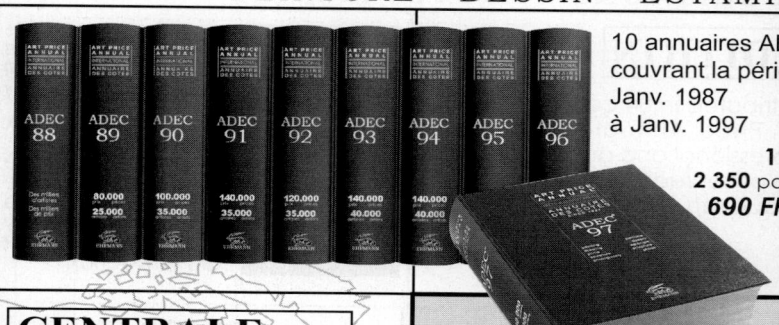
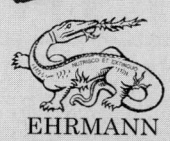
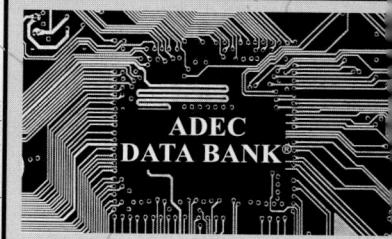

SCULPTURE - PHOTOGRAPHIE

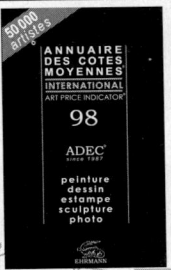
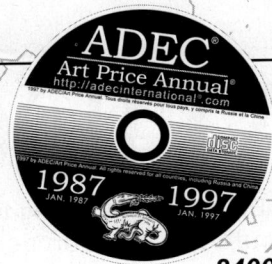
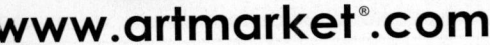

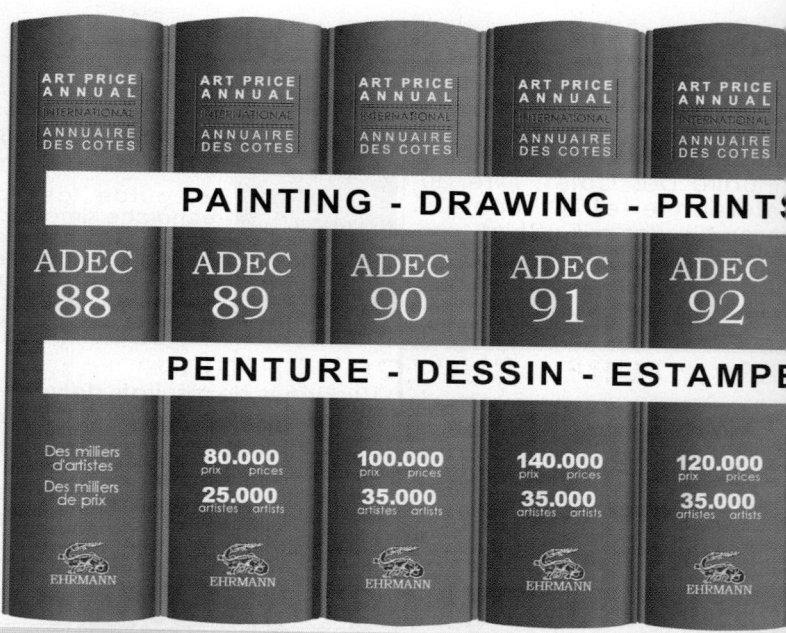

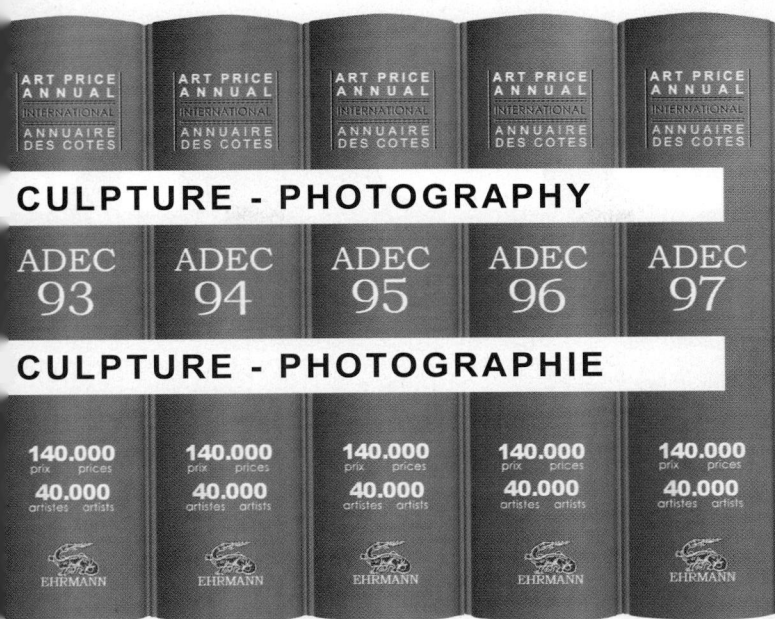

CD-R

ART PRICE

INTERNAT

ANNUAIRE DE

On this CD-ROM, the entire 10 years of ADEC/Art Price Annual

Le contenu intégral des 10 annuaires ADEC / Art Price Annual sur ce CD-ROM

painting		*peinture*
drawing		*dessin*
prints	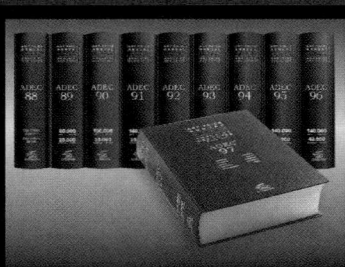	*estampe*
sculpture		*sculpture*
photography		*photo*

Adec/Art Price Annual is the most comprehensive and detailed annual on the **prices of works of Art sold at public auctions.**

Adec/Art Price Annual *est l'annuaire le plus exhaustif et le plus détaillé sur le* **prix des oeuvres d'Art vendues aux enchères publiques.**

Compatible with : WIN 95 / NT . *RAM 16Mo.*
Macintosh - MAC OS 7.1 min. *RAM 12 Mo min.*

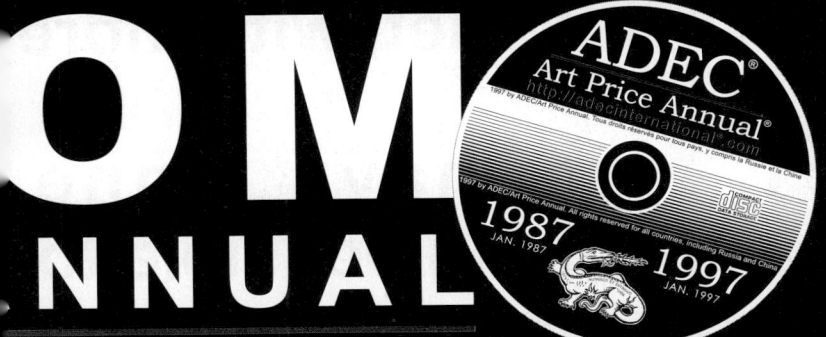
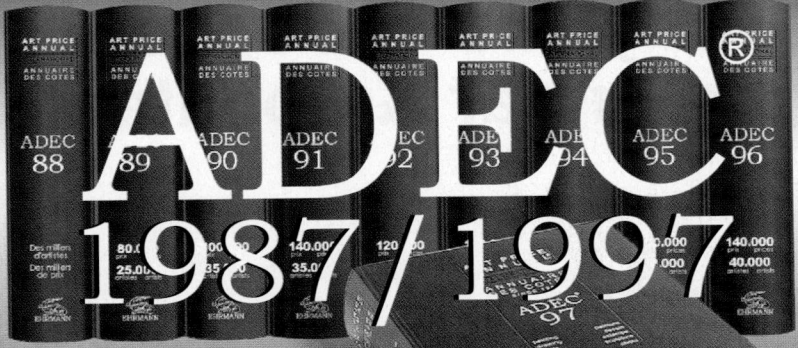

On Internet, with more

... we have done everything possible to make accessing the most complete service for auctions of art as easy as possible. Calendar & updates.

www.art
www.artp

11thcenturyart.com
12thcenturyart.com
13thcentury.com
13thcenturyart.com
14thcentury.com
14thcenturyart.com
15thcentury.com
15thcenturyart.com
16thcentury.com
17thcenturyart.com
18thcentury.com
19thcenturyart.com
20thcenturyart.com
adec-artpriceannual.com
adec-artpriceannual.tm.fr
adec-brazil.com
adec-cd-rom.com
adec-china.com
adec-ehrmann.com
adec-germany.com
adec-hongkong.com
adec-index.com
adec-index.tm.fr
adec-international.com
adec-international.tm.fr
adec-israel.com
adec-italy.com
adec-japan.com
adec-multimedia.com
adec-multimedia.tm.fr
adec-russia.com
adec-scandinavia.com
adec-southamerica.com
adec-spain.com
adec-sweden.com
adec-switzerland.com
adec-uk.com
adec-us.com
adec-usa.com
adec.com
adec.tm.fr
adec97.com
adec98.com
adec99.com
adecartpriceannual.com
adecehrmann.com
adecinternational.com
adeconline.com

adeconline.tm.fr
americanartists.com
americanpainters.com
americanpainting.com
americansculpture.com
analysis-artmarket.com
analysis-artmarket.tm.fr
annuaire-descotes.tm.fr
antiquepainting.com
antiqueprice.com
appraisersdatabank.com
appraisersdatabase.com
art-auction-annual.com
art-auction-online.tm.fr
art-estimate.com
art-estimation.com
art-index.com
art-insurance.com
art-investment.com
art-market.com
art-market.tm.fr
art-museum.com
art-online.tm.fr
art-price.com
art-prices.com
art-pricetrends.com
art-pricetrends.tm.fr
art-quotation-online.tm.fr
art-quotation.com
art-stockexchange.com
art-stockexchange.tm.fr
art-stockmarket.com
art-stockmarket.tm.fr
art-trade.com
art-trade.tm.fr
artannual.com
artannual.tm.fr
artauction-annual.com
artauction-annual.tm.fr
artauction-index.com
artauction-index.tm.fr
artauction-online.com
artauction-price.com
artauction-price.tm.fr
artauction-priceguides.com
artauction-priceguides.tm.fr
artauction-research.com
artauction-search.com
artauction.net

artauction.org
artauctionchannel.com
artauctionchannel.tm.fr
artauctiondata.com
artauctions-research.com
artauctionsearch.com
artbooktrade.com
artcatalogue.com
artcosta.com
artecosta.com
arteprecio.com
artestimation.com
artfixing.com
artinvestment.com
artist-biography.com
artistbiography.com
artistresearch.com
artists-dictionary.com
artists-index.com
artists-index.tm.fr
artists-research.com
artists-search.com
artistsbiographies.com
artistsdictionary.com
artistsearch.com
artistsearch.tm.fr
artistsprices.com
artistsprices.tm.fr
artistsresearch.com
artlist.com
artlist.tm.fr
artmarket-guide.com
artmarket-index.com
artmarket-results.com
artmarket.com
artmarket.net
artmarket.org
artmarket.tm.fr
artmarketanalysis.com
artmarketguide.com
artmarketguide.tm.fr
artmarketindex.com
artmarketindex.net
artmarketindex.org
artmarketindex.tm.fr
artmarketresults.com

artmarketresults.tm.fr
artone.com
artone.tm.fr
artprice-annual.com
artprice-indicator.com
artprice-server.com
artprice.com
artprice.org
artpriceaverage.com
artpricebook.com
artpricechannel.com
artpricecompendium.com
artpricedealer.com
artpricefirst.com
artpriceindicator.tm.fr
artpriceleader.com
artpricemedium.com
artpricemedium.tm.fr
artpricenetwork.com
artpricenews-service.com
artpricenews.com
artpricenewsagency.com
artpricenewscast.com
artpricenewschannel.com
artpricenewsflash.com
artpricenewsletter.com
artpricenewspaper.com
artpriceone.com
artpricerate.com
artprices-server.com
artpriceserver.com
artpriceserver.tm.fr
artpricing.com
artquotation.com
artquotation.tm.fr
artrate.com
artreference-books.com
artreference-books.tm.fr
artserver.tm.fr
artvalues.com
auction-calendar.com
auction-data.com
auction-financialnews.com
auction-financialnews.tm.fr
auction-international.com

All these WEB addresses are registered Trademarks with European (O.H.I.M.)

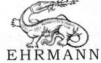

www.
adec
artmark

ADEC, through the use of over 500 domain names* (Internet codes in 13 languages) relating to the world of Art and the Art market, publishes an international calendar of sales and auction results of catalogued works of Art on line and in real time. A permanent international marketing campaign ensures the visibility of ADEC at a worldwide level.

*These 500 Domain names are all registred Trademarks with European (O.H.I.M.) and French Trademarks Offices

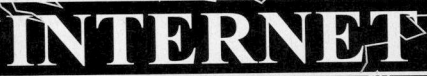

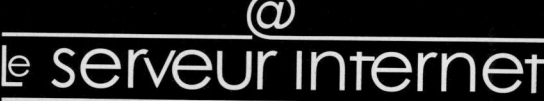

le serveur internet

" Net Server® "
is the ADEC/Art Price Annual numerical publisher on Internet.
European specialist of web servers for auctioneers, auction houses,
appraisers, art galleries, museums, art dealers, art bookshops.

" Le Serveur Internet® "
Editeur numérique sur Internet de l'ADEC/Art Price Annual®
Spécialiste européen des serveurs web
pour les auctioneers et Commissaires-Priseurs, firmes de ventes,
experts, galeries, musées, marchands d'art, librairies d'art.

Secured payment systems:
Netbank® , Cyberbank® , Virtual Money®

Systèmes de paiement sécurisés:
Netbank® , Cyberbank® , Virtual Money®

SERVER GROUP S.A.
Société anonyme au capital de 1.210.000 F.
B.P. 69 - Domaine de la Source - 69 270 Saint Romain au Mont D'Or - FRANCE
Tel. int. 33 478 220 000 Fax: 33 478 226 011 / Tel. from France: 04.78.22.00.00 Fax: 04.78.22.60.11
SERVER GROUP
ART PRICE ANNUAL S.A. au capital de 1.000.000 F.
ADVERTISING AGENT: LE SERVEUR ADMINISTRATIF S.A. au capital de 1.000.000 F.
http://www.netserveur.fr

PARIS
NEW YORK
MONACO
LAUSANNE

ETUDE TAJAN

■ C O M M I S S A I R E - P R I S E U R ■

PREMIÈRE
ETUDE DE
FRANCE

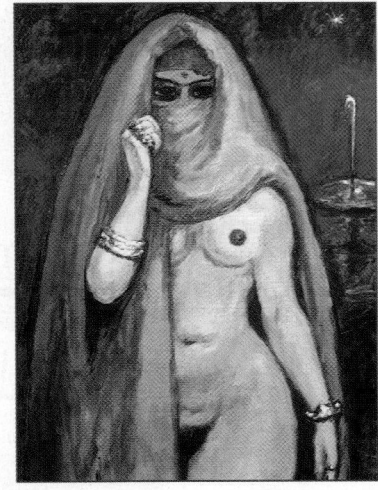

**Kees
Van Dongen**
"Lailla", 1908
Vendu
4 766 722 F
(frais inclus)

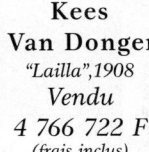

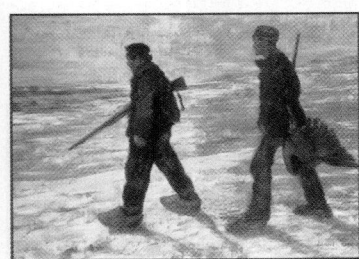

James Ensor
"Les braconniers"
Vendu 1 773 664 F
(frais inclus)

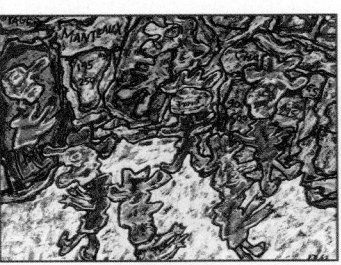

Jean Dubuffet
Voyages manteaux, 1962
Vendu 909 000 F
(frais inclus)

■

Tableaux impressionnistes & modernes
François Tajan 01 53 30 30 30

■

Tableaux orientalistes
Catherine Chabrillat 01 53 30 30 58

Tableaux anciens et dessins anciens
Florence Grassignoux 01 53 30 30 47

Tableaux et sculptures du XIXe
Christine Dayonnet 01 53 30 30 54

■

Art abstrait et contemporain
Fabienne Garcia 01 53 30 30 55

Estampes anciennes et modernes
Florence Grassignoux 01 53 30 30 47

S
U
R
F
A
C
E

1
9
9
7

TOUTE L'ACTUALITÉ DE L'ART

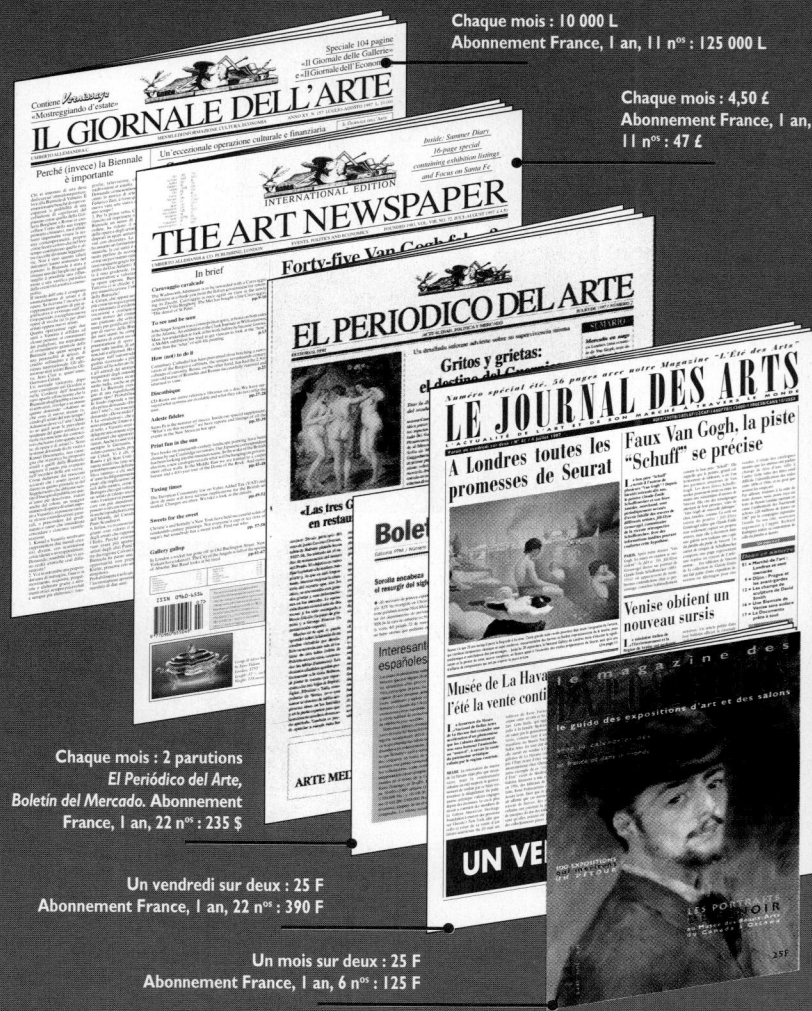

Chaque mois : 10 000 L
Abonnement France, 1 an, 11 nᵒˢ : 125 000 L

Chaque mois : 4,50 £
Abonnement France, 1 an,
11 nᵒˢ : 47 £

Chaque mois : 2 parutions
*El Periódico del Arte,
Boletín del Mercado.* Abonnement
France, 1 an, 22 nᵒˢ : 235 $

Un vendredi sur deux : 25 F
Abonnement France, 1 an, 22 nᵒˢ : 390 F

Un mois sur deux : 25 F
Abonnement France, 1 an, 6 nᵒˢ : 125 F

VUE PAR QUATRE RÉDACTIONS

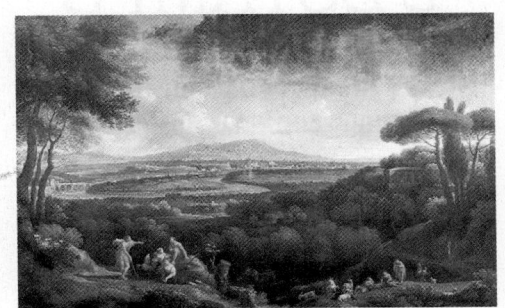

Jan Frans van Bloemen detto l'Orizzonte (Anversa 1662-Roma 1749)
Veduta panoramica di Roma dai Colli della Farnesina
Olio su tela cm. 172 x 247

VENDUTO A MILANO PER LIT. 566.300.000
PREZZO RECORD MONDIALE PER L'ARTISTA.

SOTHEBY'S

Sotheby's Palazzo Broggi, Via Broggi, 19 - 20129 Milano
Telefono: 02/295001 - Telefax: 02/29518595 - Uffici a Milano, Roma e Torino

NOUVELLES
DE
L'ESTAMPE

Études et Documents
Rubriques sur la vie de l'estampe

Graveurs d'aujourd'hui
Propos de graveurs, Événements, Expositions
Informations, Petites annonces, Bibliographie

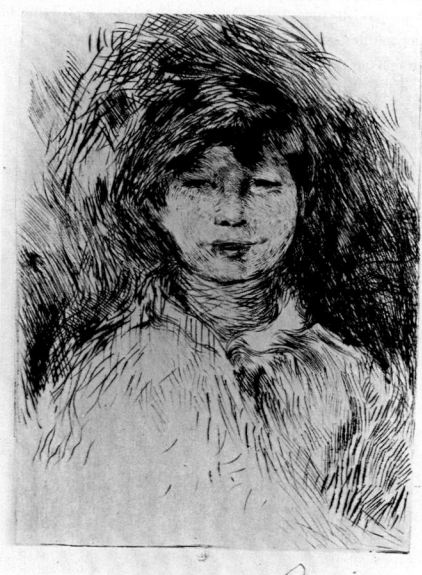

Renoir, *Tête de jeune fille*, ca 1888

Abonnement : France 370 F TTC – CEE 470 F TTC – Hors CEE 490 F

Bulletin d'abonnement à retourner avec votre règlement
au Comité national de la gravure française, 58, rue de Richelieu, 75002 Paris

Gérard Valtier

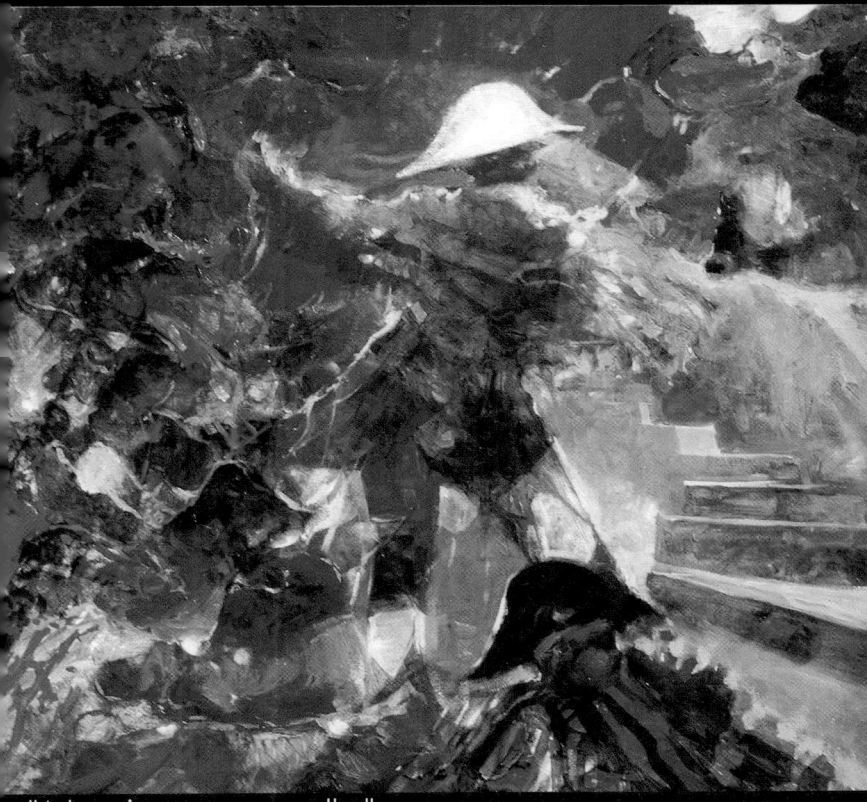

"Arlequin au casque d'or"

LE NOUVEAU GRAND NOM DE L'ART
EXPOSITIONS INTERNATIONALES

Collection Rose d'Or

à partir de 60 000 FF (jusqu'à 180 000 FF pour format en 100)

Références internationales dans les guides de cotes.

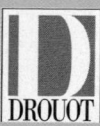

DROUOT : LA VENTE AUX ENCHERES A VOTRE SERVICE

- **6.000 visiteurs par jour**

- **108 commissaires - priseurs**

- **600.000 objets vendus par an**

- **2.000 ventes cataloguées par an**

- **23 salles de vente et d'exposition**

- **sécurité et transparence des transactions**

- **Services culturels : Association Drouot-Mécénat Drouot formation, les jeudis de Drouot**

Information sur les ventes :
dans la «Gazette de l'Hôtel Drouot».
ou sur internet http://www.gazette-drouot.com

OUVERT DU LUNDI AU SAMEDI DE 11H A 18H

DROUOT-COMMISSAIRES PRISEURS DE PARIS

9 RUE DROUOT, 75009 PARIS - TEL. : 01 48 00 20 20

DROUOT
L'ART DE LA COLLECTION

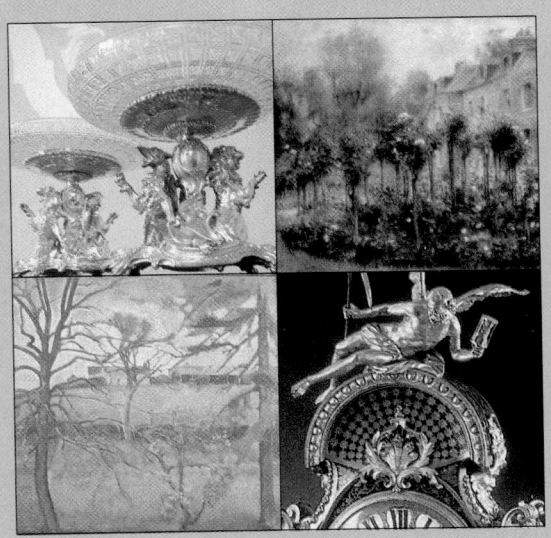

• Suite de cinq surtouts en argent et cristal aux armes Ligne, La Rochefoucauld, Talleyrand-Périgord, **ODIOT** à Paris, fin XIXe, collection du Prince della Torre e Tasso : **295 000 francs** au Château de Duino (Italie), le 13 juin 1997, étude Beaussant, Lefèvre • **Pierre Auguste RENOIR**, "La roseraie à Wargemont", huile sur toile, succession de Madame B., anciennes collections G. et R. de Rothschild : **9 millions de francs** à Drouot Richelieu, le 11 juin 1997, étude Piasa (Mes Picard, Audap, Solanet et Associés) • **BALTHUS**, "Grand paysage", 1960, huile sur papier, collection Henriette et André Gomès : **4,2 millions de francs** à Drouot Montaigne, le 17 juin 1997, étude Briest • Pendule attribuée à **André Charles BOULLE**, époque Régence, collection de Madame R. : **3,1 millions de francs** à Drouot Richelieu, le 18 juin 1997, Millon & Associés (Mes Couturier, Nicolay) •

DROUOT-COMMISSAIRES PRISEURS DE PARIS

9 RUE DROUOT, 75009 PARIS - TEL. : 01 48 00 20 20

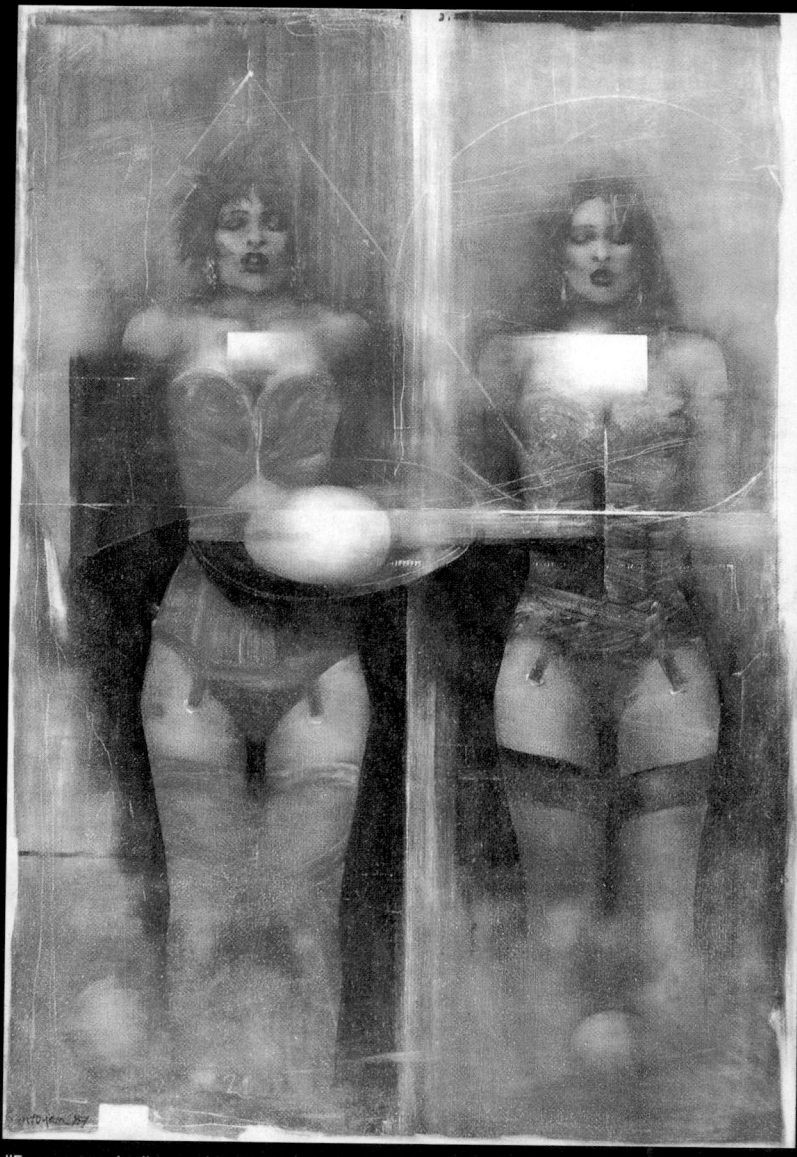

"Femmes de l'Avenir" 1987 Oil on canvas - HST. 193 x 128 cm.
Collection privée

Ares Antoyan

American painter

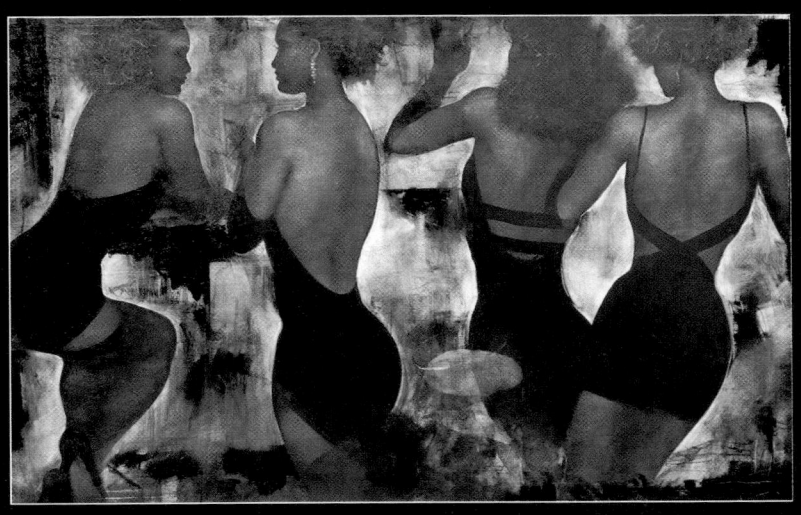

TITRE: *Les Femmes en Robes Noires*
DATE création : 1995
Huile sur toile - signée bas à droite
DIM. : 114 cm. x 195 cm.

VENTE :
DATE : 26.01.97   Prix : 45 000 FF.
LIEU : Bourg en Bresse
COMM. PRIS. B. Girard-Claudon

Internet: www.antoyan-ares.com

Fax : 33 - 478.226.011
Fax from France : 04.78.22.60.11

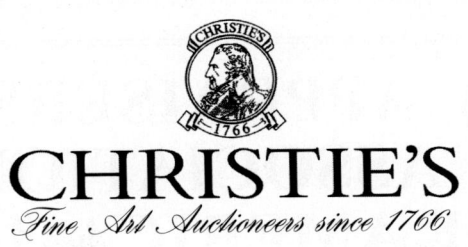

CHRISTIE'S
Fine Art Auctioneers since 1766

CHRISTIE'S AUSTRALIA

Christie's Australia achieves record prices and outstanding results in their regular sales of

- Australian & European Paintings
- Decorative Arts, Furniture, Silver & Jewellery
- Rare Books & Manuscripts
- Collectables, Memorabilia & Historical Items

We can also assist with the valuation and sale of cars, coins, stamps, guns and wine.

With offices and representatives across Australia, Christie's also offers expert, private and confidential advice, undertakes valuations for market value, insurance and probate and hosts exciting education courses.

For further information, please contact one of the offices listed below.

HEAD OFFICE - MELBOURNE

Christie's Australia Pty. Ltd., 1 Darling Street, South Yarra, 3141 Melbourne, Victoria
Telephone (613) 9820 4311   A.C.N. 003 665 745   Fax: (613) 9820 4876

Sydney
180 Jersey Road
Woollahra, NSW, 2025
Telephone (612) 9326 1422
Fax: (612) 9327 8439

Adelaide
444-446 Pulteney Street
Adelaide, SA, 5000
Telephone (618) 8232 2860
Fax: (618) 8232 6506

Brisbane
1st. Floor, 482 Brunswick Street
Fortitude Valley, QLD, 4006
Telephone (617) 3254 1499
Fax: (617) 3254 1566

Perth
68 Mount Street
Perth, WA, 6000
Telephone (618) 9321 5764
Fax: (618) 9322 1387

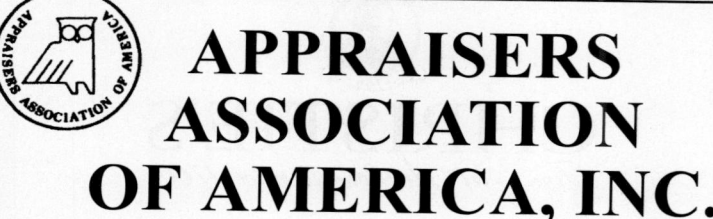

FIAC

1 - 6 octobre 97
Espace Eiffel Branly
Paris.

Foire Internationale d'Art Contemporain
Pays à l'honneur : la Suisse

Tous les jours de 12h à 20h • Nocturne jeudi 2 octobre de 12h à 22h
Samedi et dimanche de 10h à 20h • Lundi 6 octobre de 12h à 18h

ACA GALLERIES (New York) • ACADEMIA (Salzburg) • ANALIX (Genève) • ANGELA FLOWERS (Londres) • ANTHONY MEIER (San Francisco) • GALERIE DES ARCHIVES (Paris) • ARIEL (Paris) • ARLOGOS (Nantes) • ARNDT & PARTNER (Berlin) • ARSFUTURA (Zürich) • ALFONSO ARTIACO (Naples) • ART & PUBLIC (Genève) • BAGNAI (Sienne) • BARONIAN (Bruxelles) • RAMIS BARQUET (Monterrey) • GUY BÄRTSCHI (Genève) • BAUDOIN LEBON (Paris) • TIMOTHY BAUM (New York) • BEAUBOURG (Vence) • BERNARD JACOBSON (Londres) • BEYELER (Bâle) • BORZO (Hertogenbosch) • BROWNSTONE ET CIE (Paris) • BUCHMANN (Bâle) • FERRAN CANO (Palma de Majorque) • CANUS (La Colle sur Loup) • LOUIS CARRÉ & Cie (Paris) • BERNARD CATS (Bruxelles) • CI-GONG (Taegu) • CLAUDE BERNARD (Paris) • C & M ARTS (New York) • COLON XVI (Bilbao) • CONTINI (Venise) • CRANE KALMAN (Londres) • DE BROCK (Knokke) • LAURENT DELAYE (Londres) • DENISE RENÉ • WILLY D'HUYSSER (Bruxelles) • DI MEO (Paris) • DINA VIERNY (Paris) • PATRICIA DORFMANN (Paris) • LUCIEN DURAND-LE GAILLARD-JAVOGUE (Paris) • DURAND-DESSERT (Paris) • JACQUES ELBAZ (Paris) • ERIC DUPONT (Paris) • ESPACIO MINIMO (Murcia) • UGO FERRANTI (Rome) • JENNIFER FLAY (Paris) • GALERIE DE FRANCE (Paris) • GANA ART (Séoul) • GENTILI (Florence) • GMURZYNSKA (Cologne) • MARIAN GOODMAN (New York) • KARSTEN GREVE (Cologne) • NOHRA HAIME (New York) • HANSUN (Séoul) • ERNA HÉCEY (Luxembourg) • THESSA HEROLD (Paris) • ERNST HILGER (Vienne) • XAVIER HUFKENS (Bruxelles) • CATHERINE ISSERT (Saint-Paul-de-Vence) • RODOLPHE JANSSEN (Bruxelles) • JEANNE-BUCHER (Paris) • JGM. (Paris) • GALERIE DU JOUR/AGNÈS B (Paris) • JOUSSE SEGUIN (Paris) • ANNELY JUDA (Londres) • PETER KILCHMANN (Zürich) • KRIEF (Paris) • KRUGIER,

DITESHEIM (Genève) • LAHUMIÈRE (Paris) • YVON LAMBERT (Paris) • LANG WIEN (Vienne) • FRED LANZENBERG (Bruxelles) • LAROCK-GRANOFF (Paris) • LELONG (Paris) • GISÈLE LINDER (Bâle) • ALBERT LOEB (Paris) • LONDON PROJECTS (Londres) • MAI 36 (Zürich) • JORGE MARA (Madrid) • MARESCALCHI (Monte-Carlo) • MARLBOROUGH (New York) • MARWAN HOSS (Paris) • HANS MAYER (Düsseldorf) • MAYOR (Londres) • MÉTÉO (Paris) • GALERIE 1900 - 2000 (Paris) • MODERNE SILKEBORG (Silkeborg) • MONTENAY GIROUX (Paris) • MARK MÜLLER (Zürich) • ENRICO NAVARRA (Paris) • JÉRÔME DE NOIRMONT (Paris) • NOTHELFER (Berlin) • NATHALIE OBADIA (Paris) • ONIRIS (Rennes) • ORANGERIE - REINZ (Cologne) • GUILLERMO DE OSMA (Madrid) • ROGER PAILHAS (Marseille) • YVONAMOR PALIX (Paris) • CLAUDINE PAPILLON (Paris) • F+A PAVIOT (Paris) • GILLES PEYROULET & Cie (Paris) • PIÈCE UNIQUE (Paris) • GUY PIETERS (Knokke-le-Zoute) • PLESSIS (Nantes) • POLARIS (Paris) • RABOUAN-MOUSSION (Paris) • MICHEL REIN (Tours) • THADDAEUS ROPAC (Salzburg) • SAMY KINGE (Paris) • SAPONE (Nice) • MICHAEL SCHULTZ (Berlin) • GALERIE DE SÉOUL (Séoul) • NATALIE SEROUSSI (Paris) • SKOPIA (Genève) • HOLLY SOLOMON (New York) • SPERONE WESTWATER (New York) • STEINEK (Vienne) • TANIT (Munich) • TEGA (Milan) • DANIEL TEMPLON • PATRICE TRIGANO (Paris) • ROSA TURETSKY (Genève) • ELISABETH VALLEIX (Paris) • GEORGES-PHILIPPE & NATHALIE VALLOIS (Paris) • DANIEL VARENNE (Genève) • VEDOVI (Bruxelles) • ANNEMARIE VERNA (Zürich) • ALINE VIDAL (Paris) • VIDAL-SAINT PHALLE (Paris) • ANNE DE VILLEPOIX (Paris) • VIVITA (Florence) • WADDINGTON (Londres) • SABINE WACHTERS (Bruxelles) • WALCHETURM (Zürich) • XIPPAS (Paris) • ZANNETTACCI (Genève) • ZÜRCHER (Paris).

Reed OIP. 11, rue du Colonel Pierre Avia. BP 571. 75726 Paris cedex 15. France. Tél. 33 (0) 1 41 90 47 80. Fax 33 (0) 1 41 90 47 89. Internet : http://fiac.red-oip.fr

TRINCOT

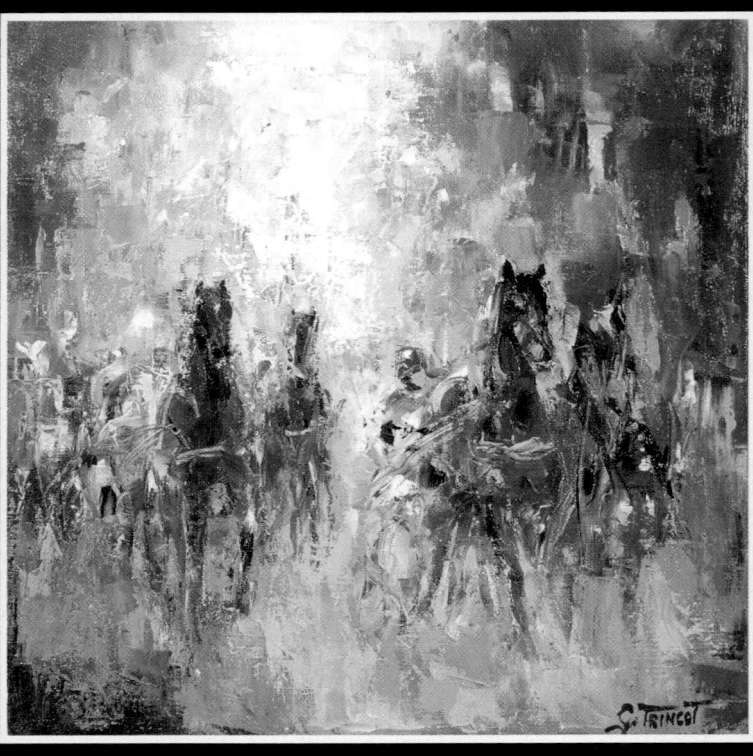

Au Critérium de la Vitesse
50 x 50 HST 1995
GEORGES TRINCOT
LA PLUS BELLE CONQUETE DU CHEVAL

TRINCOT

Georges TRINCOT, peintre renommé de scènes hippiques,
ferroviaires et florales est né à Paris le 11 Mars 1921.
Il est aussi le créateur et le conservateur du fameux
"Musée animé du Jouet et des petits trains" de Colmar
qui abrite quelques uns de ses tableaux.

Musée du Jouet
40, rue Vauban
68000 Colmar

Ouvert tous les jours de 10 à 12h. et de 14 à 18h. sauf le mardi.
Tél. 03 89 41 93 10 - Fax 03 89 24 55 26
Internet : http://ns1.rmcnet.fr/jouet

HENRI MATISSE

Catalogue raisonné de l'oeuvre gravé
établi par
Claude Duthuit
et Marguerite Duthuit-Matisse
avec la collaboration de Françoise Garnaud,
préface de Jean Guichard-Meili

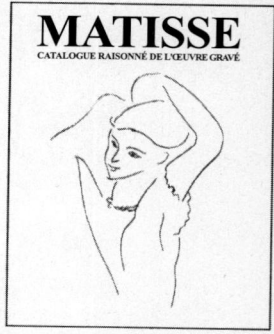

Deux volumes 257 x 236 mm, 311 et 379 pages, sous reliure toile Relon.
Prix de l'édition courante (deux volumes): 3 380FF (TTC)
Prix de l'édition de luxe (deux volumes): sur demande.

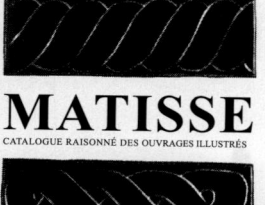

Catalogue raisonné
établi par **Claude Duthuit**
avec la collaboration de Françoise Garnaud,
préface de Jean Guichard-Meili.

Un volume au format de 257 x 236 mm, 509 pages sous reliure toile Relon.
Traduction anglaise.   Prix de l'édition courante: 3 000 FF (TTC)

Catalogues raisonnés

Catalogue raisonné de la sculpture
établi par
Claude Duthuit
avec la collaboration
de Wanda de Guebriant,
préface de Yves-Alain Bois.

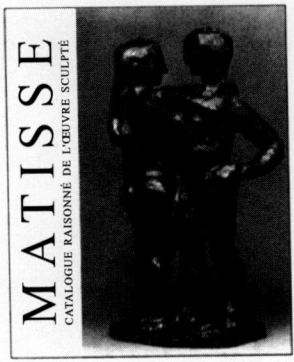

Un volume en format 257 x 326 mm, 348 pages sous reliure toile Relon.
Traduction anglaise.
Prix de l'édition courante: 1 500 FF (TTC)

Toutes les oeuvres photographiées en format pleine page et nombre d'entre
elles sous divers angles, dont certains indiqués par Henri Matisse.

Commentaires et extraits inédits de correspondance.

Diffusion - Distribution pour la France
(Particuliers et libraires)

CLAUDE DUTHUIT
61, Quai de la Tournelle
75005 **Paris** (France)

Sur rendez-vous
Tel.(int.) 33. 146 330 268   Fax 33. 146 338 920
Tél.(France) 01 46 33 02 68   Fax 01 46 33 89 20

DOBIASCHOFSKY

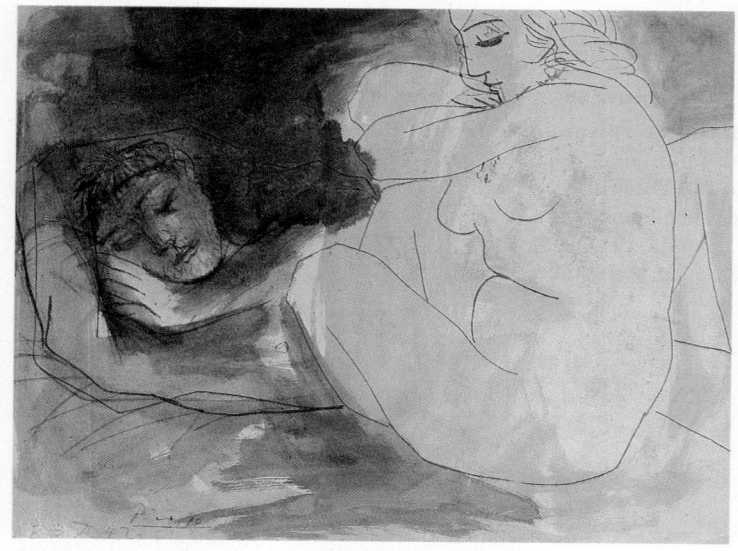

Pablo Picasso

TABLEAUX DU XIXᵉ
TABLEAUX ANCIENS ET MODERNES
DESSINS · ESTAMPES ORIGINALES
SCULPTURES · ARGENTERIE
BIJOUX · ANTIQUITES

Nos experts seront heureux de vous donner tout
conseil ou estimation en vue de vente dans notre maison.

Catalogue illustré sur demande.

DOBIASCHOFSKY AUKTIONEN AG

Monbijoustrasse 30 · Case postale · CH-3001 Berne (Suisse)
Téléphone: (0041) 31 381 23 72 · Fax: (0041) 31 381 23 74
Maison fondée en 1923

Jean PESCE

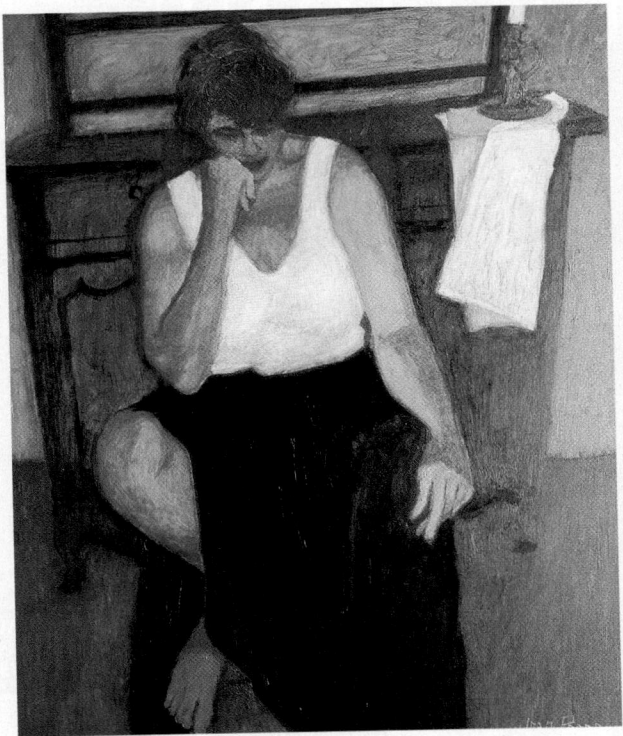

"Femme à la jupe noire" H/T 61 x 50 cm.

En permanence :

AIX-EN-PROVENCE
Galerie Claire M. LAURIN
4, Traverse Notre Dame
13100 AIX-EN-PROVENCE
Tél : 04 42 23 36 34

APT
Galerie P.H. GROSSI
6, Place de la Cathédrale
84400 APT
Tél : 04 90 74 20 67

MARSEILLE
Galerie MONTAIGNE
140, rue Montaigne
13012 MARSEILLE
Tél : 04 91 85 56 50

USA
PHOENIXX RECOGNITION CONCEPTS
Robert Bailey

Oct. / June
P.O. Box 18505 - Sarasota, FL 34276
Phone (941) 921 2219

June / Oct.
P.O. Box 1855 - New London, NH 03257
Phone (603) 526 2880

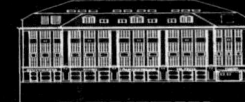
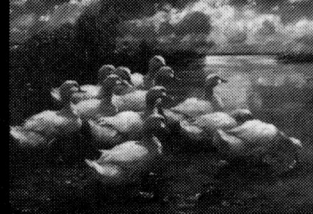
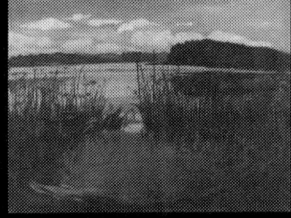
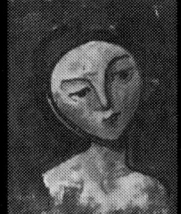
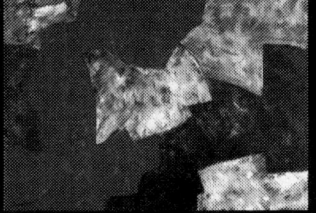
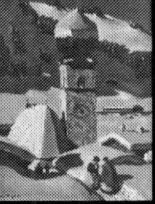
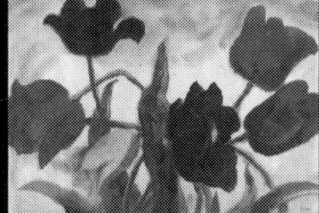
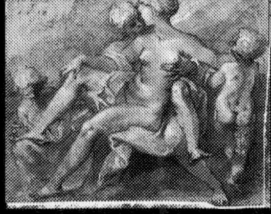

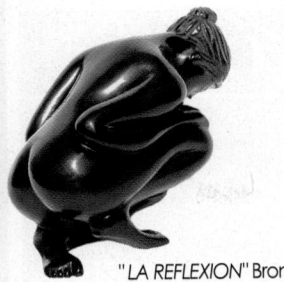

"LA REFLEXION" Bronze

Claude
MORIN

peintures, sanguines, sculptures

ATELIER-GALERIE

50, rue Grande
Tél./Fax 04 93 32 77 37

St PAUL DE VENCE

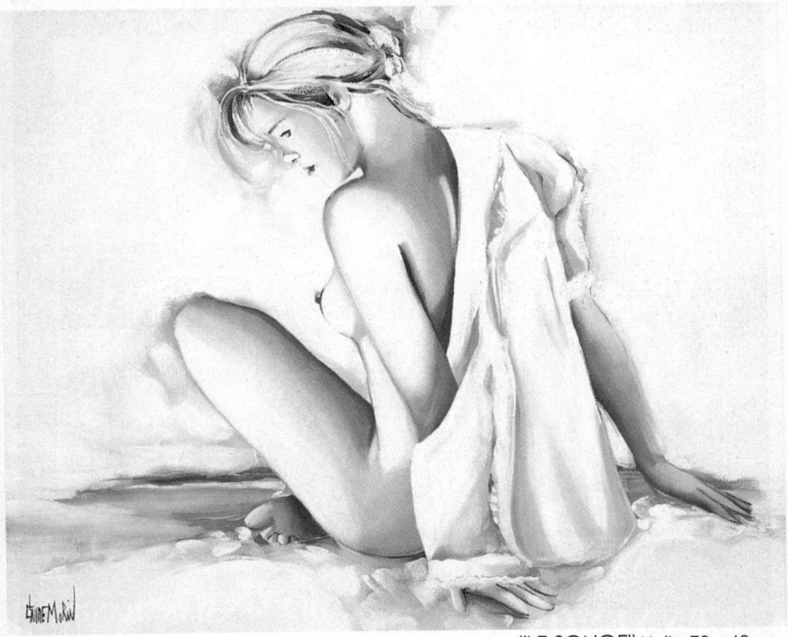

"LE SONGE" Huile 73 x 60 cm

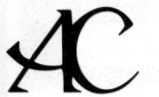

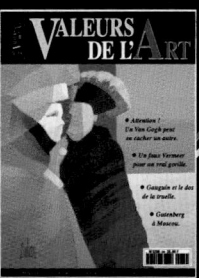
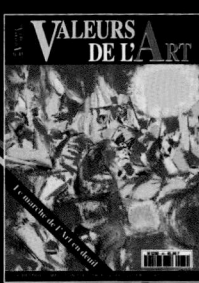
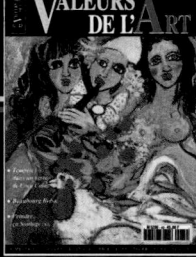
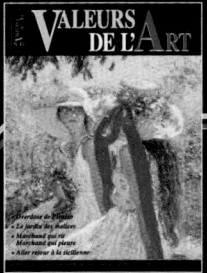

Michel RIGEL

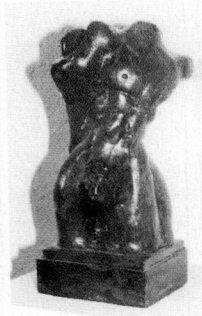

"Etreinte"
Bronze (patine verte)
25 x 14 x 14 numéroté 1/8

Michel Rigel est né en 1950 à Bordeaux. Il réalise ses premières œuvres de style futuriste à l'âge de 12 ans.

Plus tard il débutera sa carrière à Montmartre, Place du Tertre, et éxécutera ses premières lithographies et gravures à l'atelier Bellini auprès de Veira da Silva et Zao-Wou-Ki.

Michel Rigel a débuté dans la sculpture depuis peu de temps. Ses œuvres se vendent bien et sa carrière prend une tournure internationale car il passe régulièrement en ventes aux enchères.

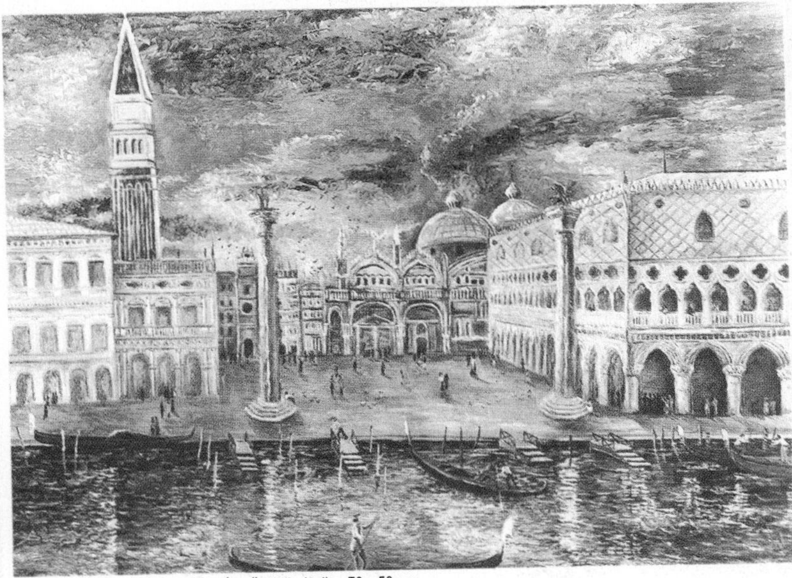

"Place Saint Marc - Venise" Huile / toile. 70 x 50 cm.

CONTACT AGENT
Tél. 06 09 59 62 65 - Tel (int.) 33 609 596 265

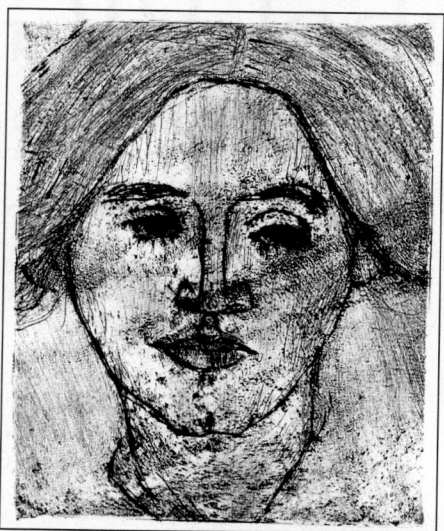

GALERIE DURET-DUJARRIC
PARIS

En permanence oeuvres récentes :
Huiles - Gouaches - Aquarelles - Dessins
Estampes - Bronzes

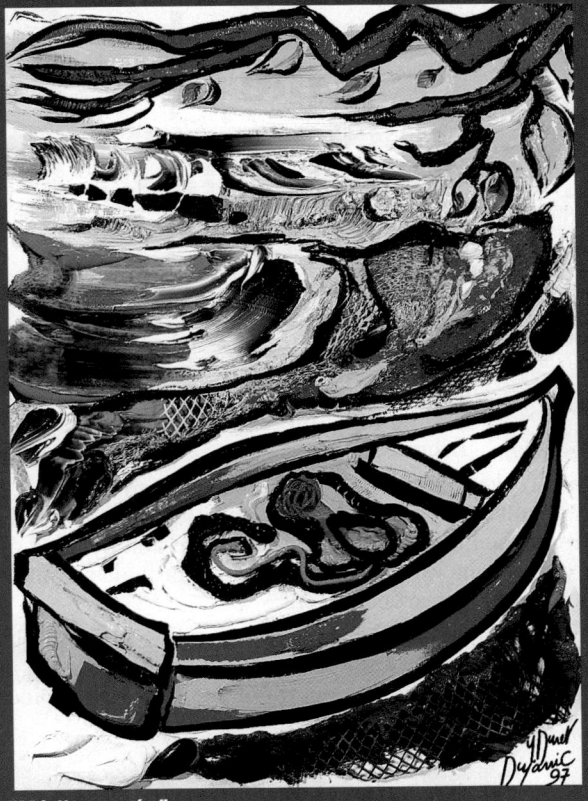

"Méditerranée"
Huile sur contrecollé de papier
73 x 102 cm. 1997

21, rue de Miromesnil - 75008 Paris
Tel.(int.) **33-149 249 199 - Fax 33-149 249 173**
Tél.(France) **01 49 24 91 99 - Fax 01 49 24 91 73**

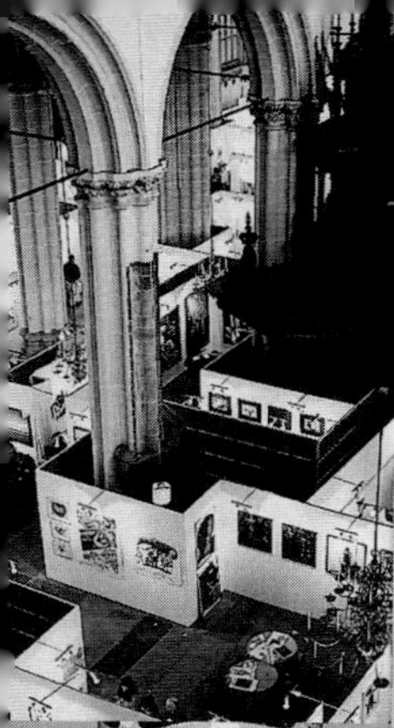

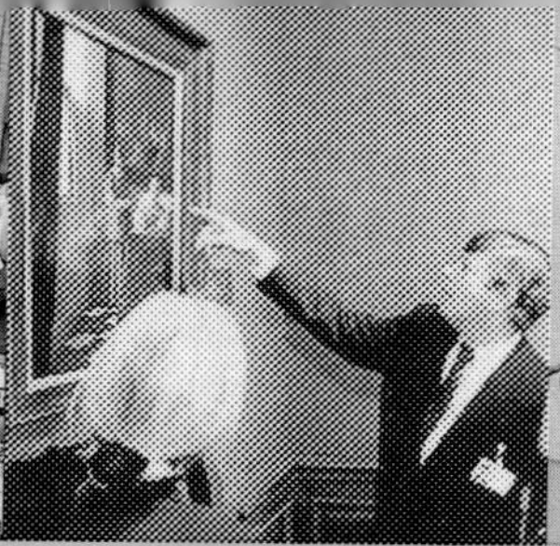

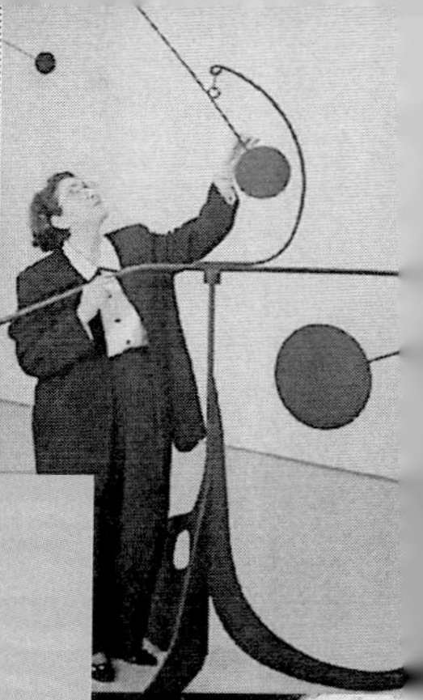

You supply the masterpiece. We provide the frame.

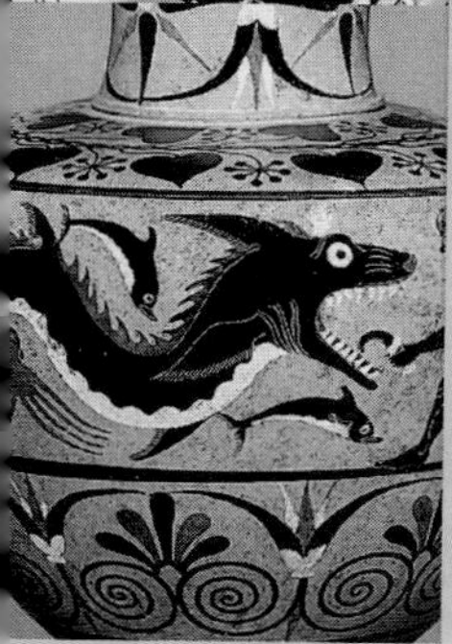

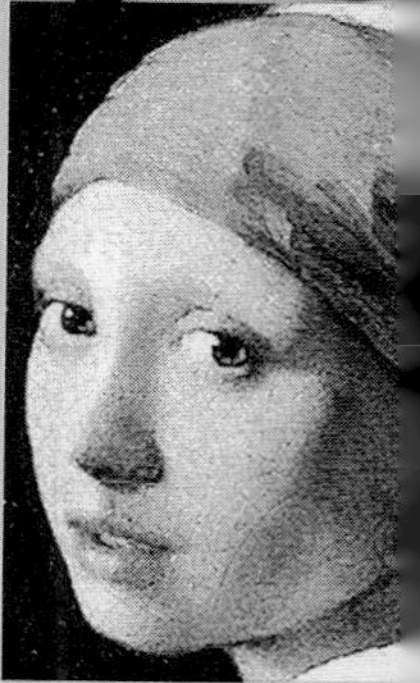

Great art is enhanced by the proprer frame. And the art world cannot find a more effective advertising medium to reach affluent, international investors and collectors than the International Herald Tribune.

Every weekend, the IHT's Art section is read by nearly half a million people in 181 countries. Global auctions, reviewed by world-renowned authority Souren Melikian and detailed critiques of new exhibitions worldwide, combine to provide a comprehensive overview for serious art collectors.

The IHT's global audience with a spending power of $150 billion, has the income and the inclination to invest in art & antiques, making the newspaper the ideal frame for your masterpiece.

For further information and advertising rates, contact:

NEW YORK: Adele Grossman   (1-212) 486 9508
LONDON: Sarah Wershof   (44 -171) 420 0326
PARIS: Enza Lucifero   (33-1) 41 43 92 70

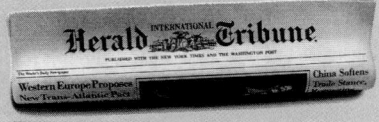

Herald INTERNATIONAL Tribune

PUBLISHED WITH THE NEW YORK TIMES AND THE WASHINGTON POST

Western Europe Proposes New Trans-Atlantic Pact   China Softens Trade Stance

THE WORLD'S DAILY NEWSPAPER

GALERIE BRIAND - ROYAN

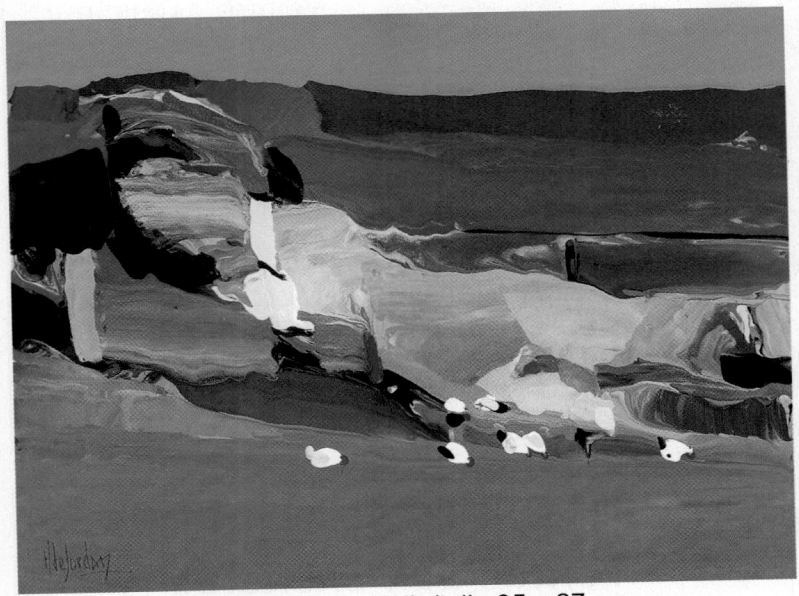

"Le Poulailler de Paulette"   Huile/toile 35 x 27 cm.
Enchère record de 92 000F. à Sceaux en Avril 97.

HENRI DE JORDAN

En permanence :
D'ANTY - DEYMONAZ - FILIPPI - FRAN.BARO - GIOVAGNOLI - JOUENNE
RAUMANN - LEROUX - LEVALLET - MENGUY - WEISBUCH - Sculptures de
Michel CORMIER et Fabrice LEBAR ainsi que de Nicole GRADT GARNIER.

86, Boulevard Briand - 17200 ROYAN
Tél. 05 46 05 58 23 - Fax: 05 46 05 97 73

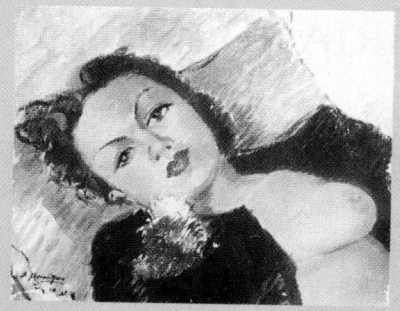
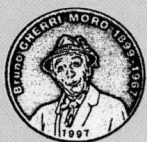
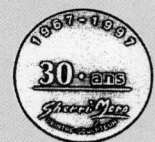

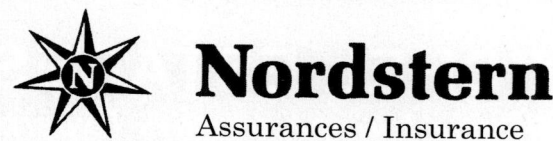

Nordstern

Assurances / Insurance

L'ASSUREUR INTERNATIONAL DES OBJETS D'ART
INTERNATIONAL FINE ART INSURANCE

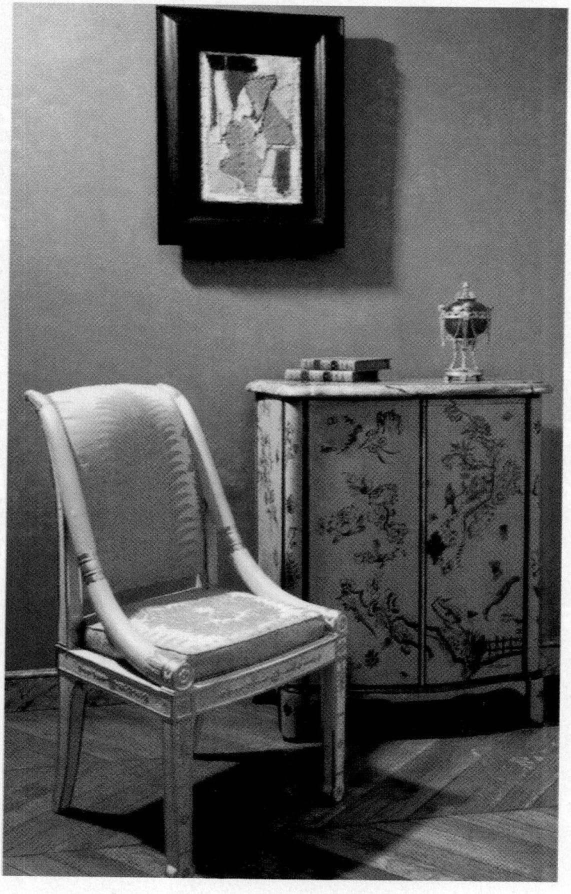

ROGER SURAUD

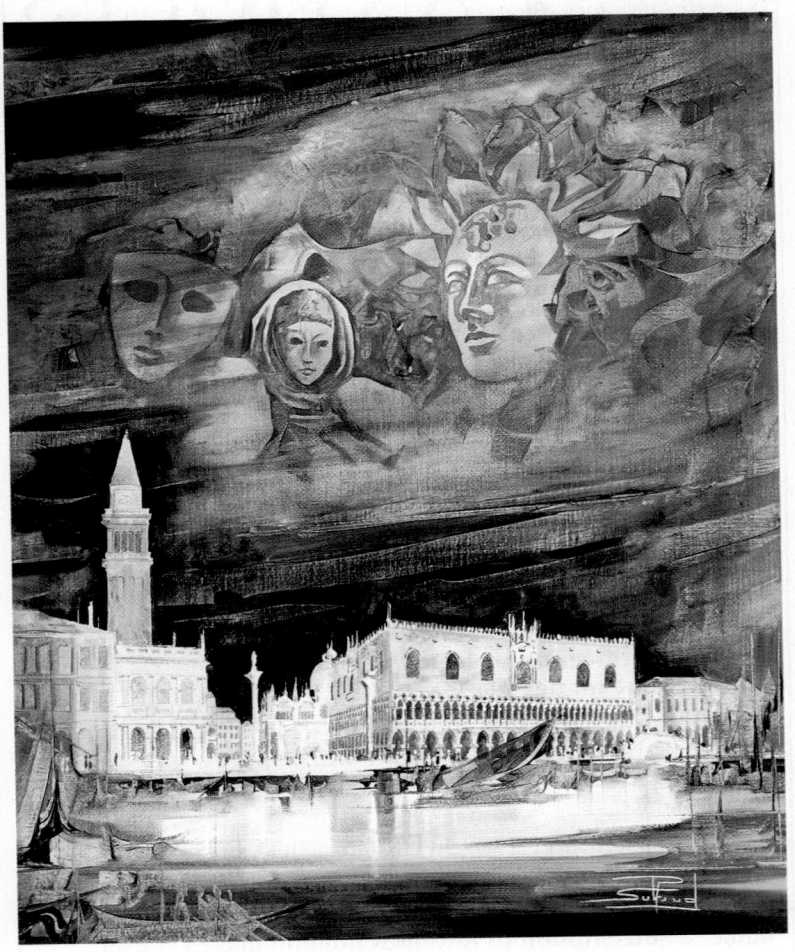

GALERIE DU DAUPHIN
43, rue du Dauphin
14600 Honfleur
Tél. 02 31 89 94 23
Fax: 02 31 89 94 24

GALERIE DU VIEUX St. PAUL
16 - 18 rue Grande
06570 St. Paul de Vence
Tél. 04 93 32 74 50
Fax: 04 93 32 74 56

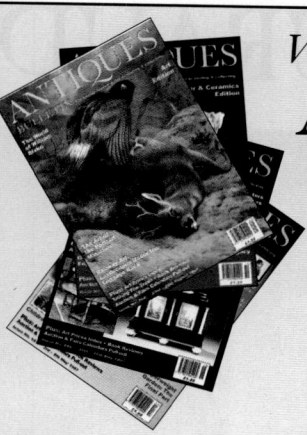
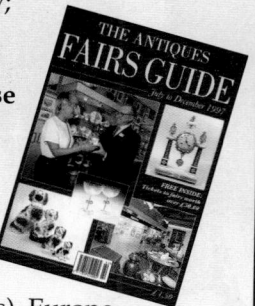
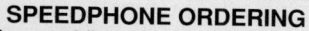

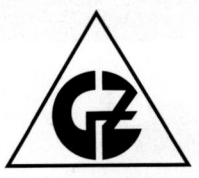

GALERIE ZABBENI

ART CONTEMPORAIN, ANCIEN & MODERNE

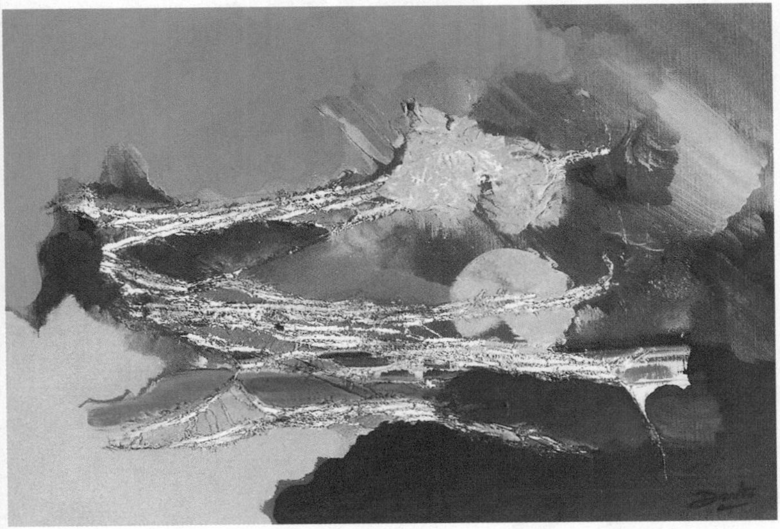

DASTO *"Eclosion"* Huile / toile - Dim : 55 x 38 cm

ANDRÉ ZABBENI
CONSEILLERS EN ART

Place de l'Ancien-Port 2 .   CH - 1800 Vevey
Tél.41.21- 921.00.00   Fax 41.21 - 963.10.00
E-Mail : zabbeni@zabbeni.ch   http://www.zabbeni.ch

investissement en art - expertises - mandats d'achat & de vente

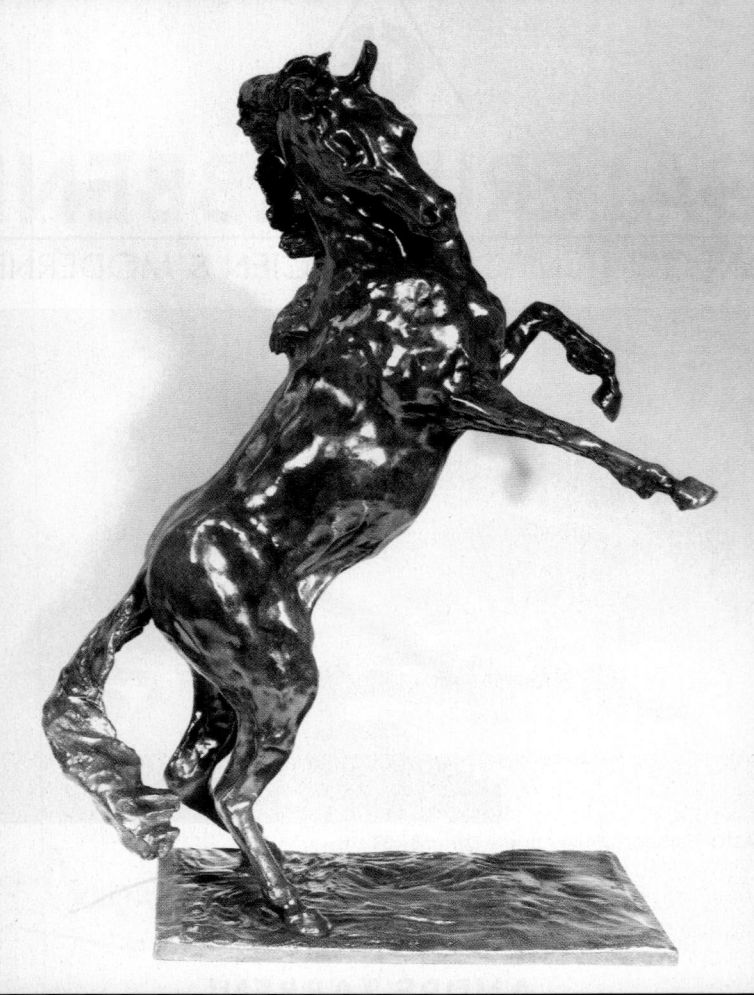

NOM: DAVID Jose Maria 1944   VENTE :   DATE : 01.07.91
TITRE: Cheval cabré   LIEU : Paris   Prix : 121 000 FF
GENRE: Sculpture volume   COMM. PRIS.
TECHNIQUE: Bronze   Laurin-Guilloux-Buffetaud
DIM. : h 80 cm.

DAVID
Jose Maria

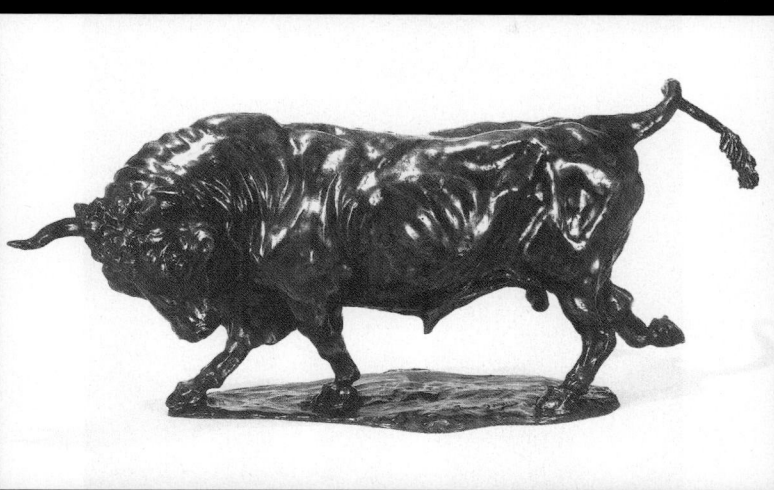

NOM: DAVID Jose Maria 1944
TITRE: Taureau courant
GENRE: Sculpture volume   VENTE :   DATE : 13.12.94
TECHNIQUE: Bronze   LIEU : Angers   Prix : 80 000 FF.
DIM. : h 45 cm. x L 90 cm.   COMM. PRIS. Courtois-Chauviré

Internet : www.josemariadavid.com
FAX : 33 - 478.226.011
FAx from France : 04.78.22.60.11

C. Fineli

GRAND PRIX DE ROME
7 COLLINES - MÉDAILLE D'OR

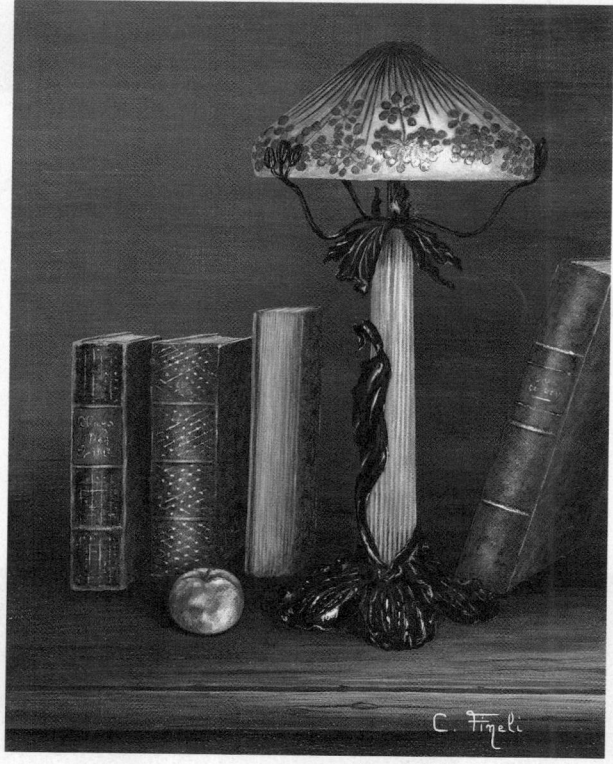

"Lampe Gallé à la fleur de ciguë" - 8P

Les oeuvres de **Claude Fineli** sont pour l'instant, uniquement en ventes aux enchères. Le catalogue raisonné de l'oeuvre peint est actuellement en préparation et sera offert à tous possesseurs d'oeuvre de l'artiste.

Claude Fineli mériterait une représentation internationale de son oeuvre car elle possède déjà une notoriété confirmée qui pourrait être consolidée par le travail de promotion de son oeuvre, soit par un marchand ou une galerie d'envergure mondiale.

Pour tout renseignement prendre contact avec:
L'O.D.A.C. 71, rue Saint-Dizier - 54000 Nancy - France
Tel / Fax (Int.) 33 / 383 307 050   Tel / Fax (France) 03 83 30 70 50

AA van der Cornelis Johannes 1883-1950 [1]
🦅 Castel Sant'Angelo - Oil/canvas (65x13cm-26x5in) Amsterdam 90 .... FF3 000 - £310 - **$530**

AABYE Jørgen Emil 1868-1959 [4]
🦅 En pige i norsk folkedragt - Oil/canvas (52x40cm-20x16in) Viby J, Århus 95 .... FF2 650 - £347 - **$542**

AACHEN von Johann Hans 1552-1616 [3]
🦅 Tarquinius und Lucretia - Öl/Leinwand (120x185cm-47x73in) Wien 93 .... FF2 - £316 000 - **$509,000**

AAE Arvid 1877-1913 [1]
🦅 Lasende piger et hus - Oil/canvas (32x39cm-13x15in) København 93 .... FF4 400 - £528 - **$845**

AAGAARD Carl Frederik 1833-1895 [82]
🦅 Cappuccini Convento, Amalfi - Oil/canvas (39x60cm-15x24in) London 96 .... FF9 570 - £1 200 - **$1,850**
Amalfi dai cappuccini - Oil/canvas (72x98cm-28x39in) London 93 .... FF88 000 - £11 000 - **$15,950**

AAGAARD Martin 1863-1913 [11]
🦅 Marine - Oil/canvas (65x100cm-26x39in) Viby J, Århus 96 .... FF7 130 - £923 - **$1,426**
Marin med segelfartyg - Oil/canvas (90x146cm-35x57in) Stockholm 91 .... FF31 100 - £3 120 - **$5,190**

AAKEN van Joseph 1699-1749 [1]
🦅 Artists sketching amongst ruins - Oil/canvas (103x86cm-41x34in) London 89 .... FF116 200 - £11 881 - **$18,682**

AALTO Ilmari 1891-1934 [12]
🦅 Stilleben - Oil/canvas (55x46cm-22x18in) Helsinki 95 .... FF16 830 - £2 034 - **$3,170**

AALTONA Veikko 1910-1990 [5]
🦅 Blommor - Oil/canvas (70x60cm-28x24in) Helsinki 94 .... FF3 240 - £389 - **$614**

AALTONEN Aarre 1889-1980 [1]
🗿 Nude bather - Bronze (34cm-13in) Stockholm 96 .... FF9 980 - £1 173 - **$1,963**

AALTONEN Wäinö 1894-1966 [14]
🦅 Gårdsvy - Oil/canvas (31x42cm-12x17in) Helsinki 93 .... FF10 160 - £1 161 - **$1,730**
🗿 Suomi Neito - Bronze (89cm-35in) Helsinki 95 .... FF23 150 - £2 893 - **$4,680**

AARDSE Lény XX [16]
🦅 Fleuve tranquille - Huile (70x90cm-28x35in) Paris 91 .... FF3 200 - £328 - **$597**

AARGARD Carl Frederik 1833-1895 [1]
🦅 Bizarre Küstenlandschaft - Oil/canvas (124x184cm-49x72in) Wien 92 .... FF33 700 - £3 450 - **$5,930**

AARONS George 1896-1980 [2]
🗿 Portrait bust - Marble (64cm-25in) Cambridge, Mass. 93 .... FF26 550 - £3 020 - **$4,500**

AARTMAN Nicolaes Matthijsz. 1713-1793 [6]
✏ A classical capriccio landscape - Ink (20x29cm-8x11in) London 97 .... FF10 387 - £1 100 - **$1,787**

AAS Alf-Jørgen 1915-1981 [2]
🦅 Ved håndarbeidet - Oil/panel (55x45cm-22x18in) Oslo 96 .... FF3 240 - £376 - **$622**

ABA-NOVAK Vilmos 1894-1941 [1]
🦅 Circus Barkers - Huile/panneau (72x54cm-28x21in) Arles 94 .... FF7 800 - £885 - **$1,322**

ABADIE Jean XX [3]
🦅 La Grande Troménie - Huile/toile (50x73cm-20x29in) Quimper 94 .... FF3 050 - £362 - **$564**

ABADIE Marie-Renée 1947 [17]
🦅 Sans titre - Technique mixte/panneau (100x100cm-39x39in) Paris 90 .... FF5 800 - £599 - **$1,025**

ABADIE-LANDEL Pierre XX [8]
🦅 Thonier, Douarnenez - Huile/panneau (48x60cm-19x24in) Morlaix 95 .... FF3 500 - £455 - **$731**

ABAKANOWICZ Magdalena 1930 [16]
🗿 Portret Anonim - Sculpture (69x20x21cm-27x8x8in) New-York 97 .... FF49 708 - £5 249 - **$8,500**
Four Sculptures - Bronze New-York 95 .... FF121 000 - £16 050 - **$25,000**
✏ Untitled - Charcoal/paper (80x120cm-31x47in) New-York 92 .... FF27 400 - £2 800 - **$5,000**

ABARZUZA Y RODRIGUEZ DE ARIAS Felipe 1871-1948 [1]
🦅 Niños cogiendo conchas - Oleo/lienzo (108x115cm-43x45in) Madrid 93 .... FF39 950 - £4 800 - **$7,780**

ABATE Alberto 1946 [2]
🦅 Aurora - Olio/tela (75x55cm-30x22in) Milano 90 .... FF24 840 - £2 540 - **$4,903**
✏ Figura, 1983 - Pastelli (70x50cm-28x20in) Roma 89 .... FF7 300 - £746 - **$1,174**

ABATE Alessandro 1872-? [1]
🦅 Hammam Lif, Tunisie - Huile/toile (51x86cm-20x34in) Paris 95 .... FF8 000 - £1 051 - **$1,606**

ABATUCCI Pierre 1871-1942 [17]
🦅 Lac à Nemi - Huile/toile (46x60cm-16x24in) Bruxelles 93 .... FF5 770 - £690 - **$1,180**
✏ Paysage, Auderghem - Pastel (21x29cm-8x11in) Lokeren 96 .... FF3 670 - £474 - **$724**

ABBATI Vincenzo 1803-1866 [1]
🦅 Street scene - Oil/canvas (53x41cm-21x16in) Mere Hall, Knutsford, Cheshire 94 .... FF12 710 - £1 500 - **$2,264**

ABBATINI Guidobaldo 1600-1656 [1]
✏ Angel adoring the Cross - Ink (25x17cm-10x7in) London 96 .... FF14 470 - £1 800 - **$2,806**

ABBATT Agnes Dean 1847-1917 [1]
✏ Yellow dandelions - Watercolour/board (20x72cm-8x28in) New-York 91 .... FF11 320 - £1 149 - **$2,045**

ABBE Albert 1889-1966 [13]
🦅 Stilla sommarafton - Oil/panel (38x44cm-15x17in) Malmö 94 .... FF4 054 - £483 - **$771**

ABBÉ James 1883-1973 [2]
📷 The Folies Bergères, Paris - Silver print (23x18cm-9x7in) New-York 94 .... FF2 324 - £270 - **$400**

ABBÉ van Salomon 1883-? [4]
Quayside gossips - Drypoint (25x25cm-10x10in) London 92 .... FF*3 440* - £400 - **$702**
ABBÉMA Louise 1858-1927 [42]
🐦 *Femme dans un occulus fleuri*
Huile/toile (115x89cm-45x35in) Saint-Germain-en-Laye 96 .... FF*16 000* - £2 006 - **$3,093**
Fillette au chapeau - Oil/canvas (55x46cm-22x18in) New-York 96 .... FF*88 200* - £11 240 - **$17,000**
Afternoon at the beach - Watercolour (31x41cm-12x16in) New-York 96 .... FF*12 150* - £1 570 - **$2,400**
ABBEMA von Wilhelm 1812-1889 [1]
Carpenter's shop - Wash (26x30cm-10x12in) London 91 .... FF*2 766* - £277 - **$507**
ABBENSETH William H. XX [1]
📷 *Mexico* - Silver print (18x13cm-7x5in) New-York 93 .... FF*2 950* - £336 - **$500**
ABBEY Edwin Austin 1852-1911 [12]
Virgins in the forest - Watercolour, gouache (38x25cm-15x10in) New-York 94 .... FF*9 130* - £1 072 - **$1,600**
ABBEY Mathilde XIX-XX [1]
Femme dans la Casbah - Pastel (54x44cm-21x17in) Paris 96 .... FF*1 500* - £181 - **$288**
ABBO Jussuf 1888-1953 [11]
Aktstudien - Charcoal/paper (20x26cm-8x10in) München 96 .... FF*1 677* - £218 - **$332**
ABBOTT Arthur 1804-1843 [7]
Figure studies in Rome - Watercolour (21x13cm-8x5in) London 95 .... FF*5 420* - £700 - **$1,117**
ABBOTT Berenice 1898-1991 [352]
📷 *Dock & Water Street, Brooklyn* - Silver print (18x23cm-7x9in) New-York 94 ...... FF*11 680* - £1 395 - **$2,200**
Flatiron building, Manhattan - Silver print (23x17cm-9x7in) New-York 91 .... FF*74 100* - £7 467 - **$12,858**
ABBOTT John White 1763-1851 [84]
Lago Forfi, near Lugano - Ink (26x48cm-10x19in) London 96 .... FF*18 680* - £2 200 - **$3,670**
At Canonteign, Devon - Ink (50x65cm-20x26in) London 97 .... FF*75 258* - £8 000 - **$12,967**
ABBOTT Lemuel Francis 1760-1803 [8]
🐦 *G. Macartney & Sir G. L. Staunton* - Oil/canvas (99x124cm-39x49in) New-York 95 .... FF*107 300* - £12 870 - **$20,000**
ABBOTT Samuel Nelson 1874-1953 [1]
Football player tackling bag - Oil/canvas (69x107cm-27x42in) New-York 92 .... FF*36 900* - £3 780 - **$6,500**
ABBOTT Yarnell 1870-1938 [7]
🐦 *Sea and derricks* - Oil/canvas (77x93cm-30x37in) New-York 91 .... FF*6 790* - £689 - **$1,226**
ABBOUD Chafik 1926 [16]
🐦 *Composition* - Huile/toile (65x92cm-26x36in) Paris 96 .... FF*8 500* - £1 095 - **$1,664**
Le jardin d'Andrée - Gouache (31x35cm-12x14in) Paris 96 .... FF*5 000* - £618 - **$965**
ABDELL Douglas, Doug 1947 [1]
🗿 *Kayefeau, Aekyad* - Bronze (84cm-33in) San Francisco-Los Angeles 94 .... FF*15 970* - £1 852 - **$2,750**
ABDULLAH R. Basoeki 1915-1992 [10]
🐦 *Indonesian Lady* - Oil/canvas (72x57cm-28x22in) Singapore 95 .... FF*51 900* - £6 620 - **$10,460**
ABDULLAH Sudjono 1911-1991 [9]
🐦 *Indonesian landscape* - Oil/canvas (99x206cm-39x81in) London 97 .... FF*12 138* - £1 300 - **$2,097**
ABE Nobuya 1913-1971 [1]
🐦 *Senza titolo* - Tecnica mista/tavola (60x81cm-24x32in) Milano 94 .... FF*5 310* - £640 - **$992**
ABEELE van den Albijn Binus 1835-1918 [2]
🐦 *Paysage boisé, Saint-Martin, Latem* - Oil/canvas (65x50cm-26x20in) Lokeren 94 .... FF*80 100* - £9 490 - **$14,800**
ABEELE van den Jos 1912 [1]
🐦 *Paysage d'hiver* - Huile/carton (70x83cm-28x33in) Antwerpen 95 .... FF*2 595* - £325 - **$524**
ABEELE van den Rémy 1918 [9]
🐦 *Le rêve de Brigitte* - Huile/toile (80x100cm-31x39in) Antwerpen 93 .... FF*5 630* - £687 - **$1,004**
ABEILLÉ Jack 1873-? [3]
Cottereau & Cie, Dijon - Poster (160x120cm-63x47in) London 94 .... FF*10 170* - £1 200 - **$1,810**
ABEL Josef 1764-1818 [2]
🐦 *Ganymed mit Jupiter in Gastalt* - Öl/Leinwand (137x99cm-54x39in) Wien 94 ..... FF*58 100* - £6 780 - **$10,180**
ABEL Marc 1918 [8]
🐦 *Bloemen* - Huile/toile (80x65cm-31x26in) Lokeren 92 .... FF*2 820* - £289 - **$497**
Haan, 1972 - Lavis (28x22cm-11x9in) London 90 .... FF*1 600* - £171 - **$278**
ABEL-TRUCHET Julia 1867-? [1]
🐦 *Grands boulevards, Paris* - Huile/toile (11x15cm-4x6in) Soissons 89 .... FF*46 000* - £4 847 - **$7,744**
ABEL-TRUCHET Louis Abel Truchet 1857-1918 [43]
🐦 *Venise, la punta della Dogana* - Huile/panneau (32x41cm-13x16in) Paris 90 .... FF*12 000* - £1 208 - **$2,182**
Fête aux lampions, la nuit - Huile/toile (55x46cm-22x18in) Paris 93 .... FF*50 000* - £5 750 - **$8,560**
Jeune femme - Pastel (47x28cm-19x11in) Paris 95 .... FF*11 000* - £1 413 - **$2,220**
ABELA Eduardo 1892-1966 [19]
🐦 *Pegaso* - Oil/panel (26x34cm-10x13in) New-York 94 .... FF*62 800* - £7 370 - **$11,000**
La Novia del Pescador - Watercolour (59x44cm-23x17in) New-York 97 .... FF*40 092* - £4 273 - **$7,000**
ABELARD Gessner 1922 [10]
🐦 *Paons royaux* - Oil/masonite (50x61cm-20x24in) New-York 94 .... FF*11 680* - £1 390 - **$2,200**
ABELENDA ZAPATA Manuel 1899-1957 [4]
🐦 *Pinos en la ria del Burgo* - Oleo/lienzo (70x70cm-28x28in) Madrid 92 .... FF*26 000* - £2 603 - **$4,990**
ABELLARD Gesner 1922 [1]
🐦 *Marché Vallière* - Oil/masonite (76x61cm-30x24in) New-York 95 .... FF*6 120* - £765 - **$1,200**
ABELLO PRAT Joan 1922 [3]
🐦 *Primavera* - Oleo/lienzo (73x93cm-29x37in) Madrid 95 .... FF*16 030* - £2 000 - **$3,795**

ABELOOS Sonia 1876-1969 [3]
- Le petit déjeuner - Huile/toile (66x80cm-26x31in) Bruxelles 95 .... FF3 360 - £438 - **$690**

ABELOOS Victor 1881-1965 [22]
- La Créole - Huile/toile (75x95cm-30x37in) Antwerpen 90 .... FF13 000 - £1 383 - **$2,326**

ABELS Jacobus Theodorus 1803-1866 [8]
- Flusslandschaft im Mondschein - Oil/panel (25x35cm-10x14in) Wien 93 .... FF39 100 - £4 430 - **$6,610**

ABERCROMBIE Gertrude 1909-? [4]
- Surrealist composition - Oil/masonite (20x23cm-8x9in) Chicago 93 .... FF10 450 - £1 310 - **$1,900**

ABERDAM Alfred 1894-1963 [50]
- Trois personnages dans un intérieur - Huile/toile (64x81cm-25x32in) Paris 97 .... FF5 000 - £546 - **$874**
- Le repas dans l'atelier - Huile/toile (73x92cm-29x36in) Paris 91 .... FF22 000 - £2 185 - **$3,820**

ÅBERG Bengt 1943 [2]
- Faglar i norr, 1989 - Oil/canvas (55x46cm-22x18in) Stockholm 89 .... FF16 400 - £1 728 - **$2,761**

ÅBERG Emil 1864-1940 [10]
- Festmiddag - Oil/canvas (31x41cm-12x16in) Söderköping 90 .... FF8 000 - £862 - **$1,411**

ÅBERG Gunnar 1869-1894 [1]
- Vintermotiv med jägare och räv - Oil/canvas (70x49cm-28x19in) Göteborg 96 .... FF8 170 - £931 - **$1,564**

ÅBERG Martin 1888-1946 [13]
- Pa hemväg, 1931 - Oil/board (32x41cm-13x16in) Stockholm 90 .... FF8 000 - £851 - **$1,431**

ÅBERG Pelle 1909-1964 [116]
- Höststädning - Oil/panel (24x19cm-9x7in) Stockholm 95 .... FF14 740 - £1 916 - **$3,026**
- Restaurant - Oil/canvas (65x54cm-26x21in) Göteborg 90 .... FF66 500 - £7 074 - **$11,896**

ÅBERG Ulrika Viktoria 1824-1892 [4]
- Landscape, Marieholm - Oil/canvas (64x90cm-25x35in) Helsinki 95 .... FF23 150 - £2 893 - **$4,680**

ABERLI Johann Ludwig 1723-1786 [47]
- Vue d'Yverdon, prise depuis Clindi - Etching (32x49cm-13x19in) Zürich 92 .... FF9 510 - £1 137 - **$1,830**
- Vue des remparts de Berne - Aquarelle (19x31cm-7x12in) Zürich 96 .... FF39 740 - £4 600 - **$7,610**

ABESCH Anna Barbara 1706-c.1760 [1]
- Esther vor Ahasverus - Hinterglasbild (41x52cm-16x20in) München 92 .... FF30 460 - £3 540 - **$6,220**

ABIDINE Dino 1913 [12]
- Composition: la mer - Huile/toile (54x65cm-21x26in) Paris 96 .... FF5 500 - £632 - **$1,050**

ABILDGAARD Nicolai Abraham 1743-1809 [18]
- Jupiter - Oil/canvas (128x106cm-50x42in) København 92 .... FF158 400 - £16 200 - **$33,000**
- Pallas Athenes fødsel - Ink (65x24cm-9x26in) København 93 .... FF18 400 - £2 200 - **$3,534**

ABIT Lucienne 1914 [1]
- La file d'attente - Tirage argentique (36x29cm-14x11in) Paris 90 .... FF48 000 - £5 139 - **$8,348**

ABLETT William 1877-1937 [33]
- Dame mit Hündchen, 1923 - Oil/canvas (130x97cm-51x38in) Wien 90 .... FF26 400 - £2 809 - **$4,723**
- Femme aux bijoux - Pointe sèche (48x39cm-19x15in) Grenoble 94 .... FF2 200 - £263 - **$411**
- Femme au boa - Pastel Chartres 95 .... FF9 000 - £1 077 - **$1,713**

ABNER Raymond 1924 [3]
- Branches au soleil - Huile/toile (60x92cm-24x36in) Paris 92 .... FF45 000 - £5 370 - **$8,650**

ABOL 1948 [2]
- La cêne - Huile/toile (140x150cm-55x59in) Poitiers 91 .... FF11 800 - £1 189 - **$2,048**

ABRAHAM Tancrède 1836-1895 [1]
- Paysages - Huile/toile (21x27cm-8x11in) Angers 89 .... FF3 000 - £316 - **$505**

ABRAHAMS Anna Adelaide 1849-1930 [5]
- Indian cress and a blue bowl - Watercolour/board (18x25cm-7x10in) Amsterdam 90 .... FF3 320 - £339 - **$655**

ABRAHAMS Ivor 1935 [11]
- Hedge Row, 1971 - Mischtechnik/Karton (47x54cm-19x21in) Luzern 89 .... FF18 700 - £1 912 - **$3,006**
- Summer Sundial - Silkscreen in colors (100x120cm-39x47in) London 92 .... FF4 570 - £550 - **$853**
- Daphne - Bronze (37cm-15in) London 93 .... FF12 800 - £1 600 - **$2,320**

ABRAHAMSON Bengt Olov 1924-1989 [13]
- Stadsbild, vinter - Oil/canvas (37x45cm-15x18in) Söderköping 93 .... FF3 090 - £351 - **$523**

ABRAHAMSON Erik 1871-1907 [11]
- Klippor och tallar, juli 1892 - Oil/canvas (49x77cm-19x30in) Stockholm 90 .... FF11 700 - £1 245 - **$2,093**

ABRAHAMSSON Anette 1953 [4]
- Komposition med tre figurer - Oil/canvas (280x150cm-110x59in) København 91 .... FF7 920 - £788 - **$1,362**

ABRAHAMSSON Ola 1883-1980 [6]
- Sittende kvinneakt - Oil/canvas (63x51cm-25x20in) Oslo 93 .... FF9 200 - £1 090 - **$1,655**

ABRAM Paul 1854-1925 [28]
- Lavoir de Douarnenez-les-Plomarch - Huile/panneau (55x46cm-22x18in) Brest 95 .... FF10 000 - £1 315 - **$2,044**
- Jeunes femmes de Douarnenez - Huile/toile (115x145cm-45x57in) Douarnenez 95 .... FF50 000 - £6 510 - **$10,380**
- Bretonne en prière - Pastel (48x33cm-19x13in) Quimper 95 .... FF4 200 - £523 - **$820**

ABRAMI Felice 1872-1919 [1]
- Engadiner Gebirgslandschaft - Oil/Karton (16x25cm-6x10in) Bern 92 .... FF11 160 - £1 140 - **$1,965**

ABRAMOVICH Pinchas 1909-1986 [9]
- Untitled - Oil/canvas (78x80cm-31x31in) Tel Aviv 93 .... FF4 075 - £491 - **$745**
- Woman by a window - Oil/canvas (91x74cm-36x29in) Tel Aviv 96 .... FF44 000 - £5 440 - **$8,500**
- Interior - Mixed media/paper (61x70cm-24x28in) Tel Aviv 94 .... FF8 800 - £1 040 - **$1,600**

ABRAMOVITZ Albert 1879-1963 [3]
- Häuser am Fluss - Öl/Leinwand (76x61cm-30x24in) Göttingen 94 .... FF8 570 - £1 028 - **$1,665**

ABRAMOWICZ Leon, Leo 1889-1978 [26]
Sitzende - Öl/Leinwand (45x32cm-18x13in) Wien 96 .... FF3 654 - £475 - $723
Tellern, Schalen und Obst - Öl/Karton (48x65cm-19x26in) Wien 97 .... FF13 378 - £1 422 - $2,307
ABRAMS Eleanor ?-1929 [2]
Summer Garden - Oil/canvas/board (41x51cm-16x20in) New Orleans, Louisiana 96 .... FF3 110 - £384 - $600
ABRAMS Lucien 1870-1941 [2]
Oriental bowl & fruit - Oil/canvas (64x48cm-25x19in) Mystic, Connecticut 96 .... FF11 100 - £1 445 - $2,200
ABRATE Angelo 1900-1985 [9]
Mont-Blanc vu de Bionnassay - Huile/panneau (33x41cm-13x16in) Paris 94 .... FF5 000 - £568 - $848
ABRIL Y BLASCO Salvador 1862-1924 [1]
Blumenstilleben mit Schmetterling - Oil/panel (26x34cm-10x13in) Wien 96 .... FF26 400 - £3 200 - $5,130
ABRY Léon 1857-1905 [3]
Soldats dans la chambrée - Huile/toile (140x170cm-55x67in) Antwerpen 94 .... FF7 500 - £900 - $1,458
ABSOLON John 1815-1895 [23]
The Wishing Well - Watercolour/paper (28x41cm-11x16in) London 96 .... FF3 406 - £400 - $670
The Reaper's Rest - Watercolour (28x38cm-11x15in) London 97 .... FF26 667 - £2 800 - $4,570
ABSOLON Kurt 1925-1958 [18]
Landschaft mit gelben Haus - Öl/Leinwand (35x49cm-14x19in) Wien 96 .... FF120 200 - £15 300 - $23,150
Landschaft - Watercolour (34x51cm-13x20in) Wien 96 .... FF19 300 - £2 200 - $3,700
ABSOLON Melanie Maria 1852-1926 [1]
Nelkenstrauss - Oil/canvas (50x28cm-20x11in) Lindau 92 .... FF3 400 - £348 - $599
ABT Karl 1899-1985 [3]
Flusslandschaft - Öl/Leinwand (50x65cm-20x26in) Pforzheim 94 .... FF2 060 - £247 - $386
ABT Otto 1903-1982 [16]
Atelier - Kaseinmalerei/Karton (47x58cm-19x23in) Zofingen 94 .... FF20 900 - £2 450 - $3,720
Hotel Odessa - Encre (17x12cm-7x5in) Zofingen 94 .... FF5 700 - £675 - $1,053
ABU SHAKRA Asim 1961-1990 [1]
Cactus - Oil/paper (120x80cm-47x31in) Tel Aviv 96 .... FF122 500 - £15 880 - $24,000
ABYS-LOTZ Anna 1861-1945 [1]
Junge Mädchen - Pastell (90x73cm-35x29in) Bern 92 .... FF6 320 - £646 - $1,114
ACAR Charles Louis 1804-? [1]
Notables d'Audenarde - Huile/toile (94x84cm-37x33in) Bruxelles 95 .... FF21 800 - £2 624 - $4,120
ACCARD Eugène 1824-1888 [5]
Admiring the pearls - Oil/canvas (69x58cm-27x23in) New-York 92 .... FF39 800 - £4 070 - $7,000
ACCARDI Carla 1924 [42]
Negativo-positivo - Acrilico/tela (89x110cm-35x43in) Milano 92 .... FF145 000 - £14 840 - $25,500
Rettanglo blu - Tempera/papier (73x116cm-29x46in) Milano 91 .... FF77 400 - £7 705 - $13,310
ACCHIARDI Guido 1890-? [1]
Village au bord de la mer - Huile/toile (129x161cm-51x63in) Monaco 90 .... FF60 000 - £6 466 - $10,582
ACCONCI Vito 1940 [20]
Reception room, Naples - Mixed media (179x113cm-70x44in) New-York 91 .... FF44 800 - £4 526 - $8,893
Flags for one Space & six Regions - Etching (183x162cm-72x64in) New-York 94 .... FF15 770 - £1 876 - $3,000
Face of the Earth (Videotape; 20 min.)
     Coloured chalks (101x135cm-40x53in) New-York 96 .... FF40 000 - £5 180 - $8,000
ACEZAT Michel ?-1943 [1]
Guerrier turcs - Fusain (106x54cm-42x21in) Paris 95 .... FF8 000 - £1 013 - $1,610
ACHARD Jean Alexis 1807-1884 [59]
Verger sur la colline - Huile/panneau (19x35cm-7x14in) Barbizon 94 .... FF12 000 - £1 422 - $2,220
Paysage - Encre (16x20cm-6x8in) Verrières-le-Buisson 93 .... FF2 000 - £241 - $364
Taillis, arbres et roche - Aquarelle (17x23cm-7x9in) Grenoble 93 .... FF10 000 - £1 124 - $1,695
ACHEFF William 1947 [3]
Silver-Mushrooms-Eggs - Oil/canvas (46x61cm-18x24in) Elgin, Illinois 95 .... FF40 800 - £5 100 - $8,000
ACHEN Georg Nikolaj 1860-1912 [10]
A young girl at her easel - Oil/canvas (53x42cm-21x17in) London 94 .... FF37 800 - £4 500 - $7,120
ACHEN von Johann 1552-1615 [1]
Faun und Nymphe - Oil/panel (30x20cm-12x8in) Heidelberg 95 .... FF11 130 - £1 444 - $2,317
ACHENBACH Andreas 1815-1910 [54]
Blick von der Via Appia, Rom - Öl/Leinwand (25x35cm-10x14in) Stuttgart 94 .... FF13 720 - £1 630 - $2,536
Paesaggio con torrente - Olio/tela (90x145cm-35x57in) Milano 94 .... FF167 000 - £19 700 - $29,760
Blick in ein Treppenhaus - Aquarell (61x49cm-24x19in) Stuttgart 94 .... FF6 520 - £774 - $1,205
ACHENBACH Oswald 1827-1905 [51]
Feste bei Meran - Öl/Leinwand (60x52cm-24x20in) Düsseldorf 96 .... FF96 400 - £12 500 - $19,300
Don Quixote & Sancho Panza - Oil/canvas (73x107cm-29x42in) Wien 96 .... FF445 000 - £53 900 - $86,500
Clearing at the top of the hill, 1848 - Ink/paper (26x36cm-10x14in) New-York 90 .... FF8 600 - £915 - $1,538
ACHIARDI d' Pietro 1879-1940 [1]
Jerusalem - Watercolour (25x44cm-10x17in) London 96 .... FF3 160 - £400 - $606
ACHILLE-FOULD Mlle. Georges 1865-1951 [1]
Déjeuner galant - Huile/panneau (37x42cm-15x17in) Toulouse 95 .... FF3 600 - £476 - $730
ACHINI Angelo 1850-1930 [5]
Ritratto di giovane donna - Acquarello/carta (46x28cm-18x11in) Milano 89 .... FF12 400 - £1 307 - $2,088
ACHMANN Josef 1885-1958 [2]
Lesender - Woodcut (20x15cm-8x6in) München 95 .... FF1 940 - £248 - $398

ACHT René 1920 [11]
- Ohne Titel - Oil/canvas (65x54cm-26x21in) Zofingen 91 .... FF**5 350** - £543 - **$966**
- Les Champs-Élysées - Pastel (47x32cm-19x13in) Zofingen 94 .... FF**2 240** - £265 - **$414**

ACHTERBERG van Gerard 1872-1953 [5]
- On a jungle road, Indonesia - Oil/canvas (72x54cm-28x21in) Singapore 95 .... FF**20 800** - £2 650 - **$4,190**

ACHTSCHELLINCK Lucas 1629-1699 [5]
- Wooded landscape with figures - Oil/canvas (59x84cm-23x33in) London 94 .... FF**75 000** - £9 000 - **$13,860**

ACKEIN Marcelle 1882-1952 [6]
- Coin de marché, Soudan - Huile/toile (116x80cm-46x31in) Paris 94 .... FF**50 000** - £5 920 - **$9,230**
- Au soir, bled marocain - Huile/toile (116x81cm-46x32in) Paris 92 .... FF**200 000** - £20 470 - **$35,200**
- Le repos - Aquarelle (62x48cm-24x19in) Paris 93 .... FF**15 000** - £1 807 - **$2,730**

ACKER Eric XIX-XX [1]
- Buste de toréador - Bronze (45cm-18in) Avignon 89 .... FF**8 500** - £896 - **$1,431**

ACKER Herbert van Blarcom 1895-? [1]
- California Hills - Oil/canvas/board (30x41cm-12x16in) Chicago 94 .... FF**2 030** - £241 - **$375**

ACKER van Floris Marie 1858-1940 [12]
- Rue de l'Etoile à Bruges - Huile/panneau (45x38cm-18x15in) Bruxelles 91 ...... FF**9 050** - £907 - **$1,494**
- Ruelle à Bruges - Gouache/papier (52x61cm-20x24in) Bruxelles 94 .... FF**6 300** - £752 - **$1,187**

ACKERMAN Paul 1908-1981 [84]
- Composition - Huile/toile (97x130cm-38x51in) Paris 90 .... FF**20 000** - £2 155 - **$3,527**
- Les pêcheurs - Aquarelle (42x44cm-17x17in) Paris 89 .... FF**3 000** - £299 - **$474**

ACKERMANN Gerald Arthur 1876-1960 [45]
- The Golden Hour - Oil/canvas (41x61cm-16x24in) London 95 .... FF**11 050** - £1 400 - **$2,223**
- Cley windmill - Watercolour (17x24cm-7x9in) London 92 .... FF**7 800** - £800 - **$1,496**

ACKERMANN Johann Adam 1780-1853 [2]
- Winterlandschaft - Öl/Leinwand (66x81cm-26x32in) Wien 96 .... FF**22 900** - £2 970 - **$4,530**

ACKERMANN Max 1887-1975 [153]
- Komposition - Mixed media/board (33x24cm-13x9in) Köln 96 .... FF**17 670** - £2 012 - **$3,380**
- Centrale Komposition - Mixed media/board (31x22cm-12x9in) Berlin 93 .... FF**43 500** - £4 970 - **$7,400**
- Blaue Komposition - Oil/canvas (65x50cm-26x20in) Köln 95 .... FF**109 800** - £14 370 - **$22,300**
- Komposition mit Quadraten - Serigraph (49x31cm-19x12in) Stuttgart 91 .... FF**2 704** - £271 - **$468**
- Komposition mit Noten - Pastel (23x15cm-9x6in) Stuttgart 94 .... FF**10 250** - £1 198 - **$1,807**
- Paar - Mixed media/paper (33x23cm-13x9in) München 96 .... FF**44 200** - £5 030 - **$8,450**

ACKERMANN Otto 1872-? [1]
- Dorf am Fluss - Öl/Leinwand (38x50cm-15x20in) Bielefeld 96 .... FF**11 940** - £1 554 - **$2,366**

ACKERMANN Peter 1939 [13]
- Stadtlandschaft - Mixed media/canvas (95x100cm-37x39in) Köln 96 .... FF**32 300** - £3 680 - **$6,170**
- Die Ellipse - Etching (39x59cm-15x23in) Heidelberg 95 .... FF**2 087** - £271 - **$435**

ACKERMANN Rudolf Werner 1908 [2]
- Heller Falter - Öl/Karton (51x40cm-20x16in) Düsseldorf 95 .... FF**3 143** - £400 - **$638**

ACKERMANN-PASEGG Otto 1882-? [4]
- Frohnleichnamsprozession - Oil/canvas (40x50cm-16x20in) München 89 .... FF**5 700** - £601 - **$960**

ACKROYD Norman 1938 [2]
- Untitled - Etching in colors (53x48cm-21x19in) Boston, Mass. 92 .... FF**1 704** - £174 - **$300**

ACOSTA LÉON Angel 1930-1963 [11]
- La Grúa - Oil/masonite (119x242cm-47x95in) New-York 97 .... FF**274 915** - £29 304 - **$48,000**
- Quema del Cañaveral - Oil/masonite (193x119cm-76x47in) New-York 97 .... FF**486 829** - £51 892 - **$85,000**

ACQUA dell' Cesare 1821-1905 [2]
- A Greek mother - Oil/canvas (85x66cm-33x26in) London 94 .... FF**254 000** - £30 000 - **$45,600**

ACREL Johan Gustaf 1741-1801 [1]
- Lust Park, Östergötland - Watercolour, gouache (41x53cm-16x21in) Stockholm 94 .... FF**12 380** - £1 460 - **$2,204**

ACS Agoston 1889-1947 [10]
- Bauernmarkt - Öl/Leinwand (80x132cm-31x52in) Wien 95 .... FF**12 230** - £1 548 - **$2,390**

ACS François 1876-1949 [1]
- Travail aux champs - Huile/toile (83x67cm-33x26in) Bruxelles 90 .... FF**6 500** - £671 - **$1,148**

ADAL Adál Maldonado XX [1]
- The Evidence of Things Not Seen - Gelatin silver print (18x15cm-7x6in) New-York 93 .... FF**4 400** - £552 - **$800**

ADAM Albert 1833-? [2]
- Cheval Eugénie/Cheval Ceylon - Lithographie couleurs (48x62cm-19x24in) Bayeux 92 .... FF**4 000** - £410 - **$720**

ADAM Albrecht 1786-1862 [12]
- Count Eugenio Alari, Moscow - Oil/panel (54x68cm-21x27in) London 92 .... FF**171 000** - £17 500 - **$30,200**
- Im Pferdestall - Watercolour/paper (27x39cm-11x15in) München 89 .... FF**35 500** - £3 630 - **$5,707**

ADAM Benno Raffael 1812-1892 [13]
- In einem Stall - Öl/Leinwand (52x47cm-20x19in) Stuttgart 95 .... FF**42 000** - £5 110 - **$8,270**

ADAM Christian c.1920 [3]
- Composition, 1929 - Huile/toile (56x40cm-22x16in) Paris 90 .... FF**4 000** - £403 - **$727**

ADAM Edmond XIX-XX [4]
- Cargo miste Hellens - Huile/toile Marseille 93 .... FF**21 500** - £2 450 - **$3,644**

ADAM Édouard 1847-1929 [42]
- Voiliers, Pays de Caux - Huile/toile (55x43cm-22x17in) Chartres 92 .... FF**8 000** - £820 - **$1,410**
- L'entrée du port du Havre - Huile/toile (61x91cm-24x36in) Le Havre 96 ...... FF**37 000** - £4 350 - **$7,280**

ADAM Edouard II 1868-1938 [15]
- *Le Turenne* - Huile/toile (60x92cm-24x36in) Paris 94 .... FF25 000 - £2 995 - **$4,730**

ADAM Emil 1843-1924 [17]
- *Ein Brauner im Stall* - Öl/Leinwand (38x50cm-15x20in) Stuttgart 96 .... FF25 400 - £2 940 - **$4,870**
- *Sir J. Miller's dark bay* - Oil/canvas (89x11cm-35x4in) London 89 .... FF135 600 - £13 865 - **$21,801**
- *Pferdestudien* - Coloured chalks (29x44cm-11x17in) München 96 .... FF11 380 - £1 428 - **$2,200**

ADAM Eugen 1817-1880 [6]
- *Monthéry, Seine-et-Oise, Paris* - Oil/canvas (39x55cm-15x22in) München 92 .... FF13 600 - £1 392 - **$2,667**
- *Willkommenstrunk am Zelteingang* - Aquarell (24x31cm-9x12in) München 91 .... FF27 350 - £2 810 - **$5,090**

ADAM Franz 1815-1886 [8]
- *Solferino, 1869* - Oil/panel Stuttgart 90 .... FF101 400 - £10 475 - **$17,915**

ADAM Heinrich 1787-1862 [4]
- *Ingolstadt* - Watercolour (24x43cm-9x17in) München 94 .... FF30 900 - £3 660 - **$5,710**

ADAM Henri 1864-1917 [3]
- *La cathédrale de Rouen* - Aquarelle (54x35cm-21x14in) Rouen 90 .... FF2 100 - £217 - **$371**

ADAM Henri-Georges 1904-1967 [5]
- *Grosse Scheibe* - Etching (58x47cm-23x19in) Berlin 93 .... FF1 567 - £179 - **$267**

ADAM Hippolyte 1808-1853 [1]
- *Les pêcheurs* - Huile/toile (55x73cm-22x29in) Paris 90 .... FF26 000 - £2 686 - **$4,594**

ADAM Jack 1918 [2]
- *Le clown* - Huile/toile (100x100cm-39x39in) Douai 90 .... FF9 500 - £967 - **$1,900**

ADAM Joseph 1824-1895 [7]
- *Windsor* - Oil/canvas (61x110cm-24x43in) Köbenhavn 96 .... FF10 700 - £1 385 - **$2,140**

ADAM Joseph Donovan 1842-1896 [17]
- *A rabbit, plums, grapes, a cockatoo* - Oil/canvas (51x76cm-20x30in) London 96 ...... FF27 530 - £3 500 - **$5,450**

ADAM Julius I 1826-1874 [5]
- *Playful kittens* - Oil/canvas (30x40cm-12x16in) New-York 92 .... FF135 200 - £16 140 - **$26,000**

ADAM Julius II 1852-1913 [29]
- *Kittens frolicking in a basket* - Oil/panel (32x42cm-13x17in) New-York 96 .... FF155 800 - £19 840 - **$30,000**
- *Zwei junge kämpfende Katzen* - Pencil (51x36cm-20x14in) Stuttgart 92 .... FF8 200 - £843 - **$1,580**

ADAM Louis, Emile dit 1839-1937 [2]
- *The suitor* - Oil/panel (64x94cm-25x37in) New-York 92 .... FF78 000 - £9 310 - **$15,000**

ADAM Otto 1901-1973 [2]
- *Abschied zwei Frauen* - Drawing (56x38cm-22x15in) Konstanz 93 .... FF3 730 - £446 - **$718**

ADAM Patrick William 1854-1929 [22]
- *Pont d'Austerlitz* - Oil/panel (22x29cm-9x11in) Gleneagles Hôtel - Pertshire 90 .... FF8 700 - £869 - **$1,651**
- *Venice, the Piazetta* - Oil/canvas (53x101cm-21x40in) Edinburgh 91 .... FF70 500 - £7 018 - **$12,123**
- *Venice, la Dogana* - Watercolour (48x65cm-19x26in) Auchterarder, Perthshire 95 .... FF11 720 - £1 500 - **$2,307**

ADAM Richard Benno 1873-1936 [12]
- *Pflügender Bauer* - Öl/Leinwand (67x85cm-26x33in) München 95 .... FF4 610 - £583 - **$924**
- *Titina with Bernard Carlslake* - Oil/canvas (72x92cm-28x36in) London 92 .... FF63 500 - £6 500 - **$11,200**

ADAM Robert 1728-1792 [8]
- *The castel of Cullen, Banffshire* - Ink (39x51cm-15x20in) London 91 .... FF64 500 - £6 546 - **$11,649**

ADAM Victor 1801-1866 [9]
- *A revolt in a Paris street* - Oil/canvas (81x113cm-32x44in) London 96 .... FF14 570 - £1 800 - **$2,814**
- *Croquis* - Aquarelle (20x27cm-8x11in) Paris 97 .... FF2 500 - £276 - **$440**

ADAM Victor Charles Ed. 1868-1938 [6]
- *Transmanche, Le Havre* - Huile/toile (30x54cm-12x21in) Deauville 94 .... FF18 000 - £2 123 - **$3,150**

ADAM William 1846-1931 [6]
- *Continental street scene* - Oil/canvas (53x44cm-21x17in) London 93 .... FF9 600 - £1 200 - **$1,740**

ADAM William 1689-1748 [1]
- *Study for a relief: Muses* - Pencil (19x24cm-7x9in) London 92 .... FF4 400 - £450 - **$774**

ADAM-LAURENS Nanny, Suzanne 1861-1915 [1]
- *Promeneurs près du village* - Huile/toile (46x32cm-18x13in) Helsinki 95 .... FF11 570 - £1 447 - **$2,340**

ADAM-SALOMON Antoine Samuel 1817-1881 [3]
- *Porait d'homme lisant* - Tirage albuminé (24x18cm-9x7in) Chartres 96 .... FF2 500 - £326 - **$496**

ADAMI Franco 1933 [9]
- *Le Casque d'Alexandre* - Bronze (41cm-16in) Paris 95 .... FF39 000 - £4 960 - **$7,520**
- *Anthor* - Sculpture (23cm-9in) Paris 94 .... FF55 000 - £6 430 - **$9,640**

ADAMI Valerio 1935 [239]
- *Hominum Rosa Est Voluptas.* - Acrylique/toile (197x146cm-78x57in) Paris 96 .... FF100 000 - £12 440 - **$19,400**
- *La Truite de Schubert* - Huile/toile (200x148cm-79x58in) Paris 90 .... FF980 000 - £101 554 - **$172,232**
- *Lo Specchio* - Crayon (49x67cm-19x26in) Paris 95 .... FF7 500 - £940 - **$1,494**
- *Road to the isle* - Crayon gras (200x150cm-79x59in) Paris 92 .... FF80 000 - £8 190 - **$14,080**

ADAMO Max 1837-c.1901 [1]
- *Bittere Erinnerung* - Oil/canvas (72x55cm-28x22in) Stuttgart 90 .... FF25 500 - £2 608 - **$5,033**

ADAMOFF Héléna 1906 [2]
- *Paysage animé* - Huile/toile (27x41cm-11x16in) Neuilly 92 .... FF3 800 - £391 - **$731**

ADAMOWICZ Eva 1953 [21]
- *InfluenceV* - Huile/toile (73x100cm-29x39in) Poitiers 91 .... FF6 500 - £655 - **$1,128**

ADAMS Alfred XIX-XX [3]
- *Sidalcea, in a Chinese Export jug* - Watercolour (37x26cm-15x10in) London 95 .... FF2 540 - £320 - **$504**

ADAMS Ansel 1902-1984 [343]
El Capitanh, Yosemite National Park - Silver print (23x15cm-9x6in) New-York 96.................... FF5 160 - £663 - **$1,000**
Mt. Williamson, Sierra Nevada - Gelatin silver print (38x46cm-15x18in) New-York 96 .... FF28 700 - £3 324 - **$5,500**
Alders, Prairie Creek
    Gelatin silver print (65x80cm-26x31in) San Francisco-Los Angeles 95 .... FF89 700 - £11 700 - **$18,000**

ADAMS Charles James 1857-1931 [25]
Welsh valley - Watercolour (36x53cm-14x21in) Billinghurst, West Sussex 92 .... FF9 770 - £1 000 - **$1,720**
Watering the plough team - Watercolour (51x76cm-20x30in) London 95 .... FF52 600 - £6 800 - **$10,740**

ADAMS Charles Partridge 1858-1942 [22]
River valley - Oil/canvas (48x66cm-19x26in) New-York 91 .... FF14 150 - £1 428 - **$2,500**
Chair Mountain, Colorado - Oil/canvas (102x152cm-40x60in) Chicago 94 .... FF95 500 - £11 260 - **$17,000**
Afternoon, Estes Park, Colorado
    Watercolour, gouache (26x37cm-10x15in) New-York 92 .... FF9 800 - £1 138 - **$2,000**

ADAMS Dennis 1948 [1]
Abri de bus VIII - Mixed media (165x76x91cm-65x30x36in) Paris 90 .... FF70 000 - £7 231 - **$12,367**

ADAMS Douglas 1853-1920 [2]
The rocky Cliffs - Oil/canvas (61x41cm-24x16in) London 94 .... FF3 330 - £400 - **$616**

ADAMS Eddie 1934 [5]
March on Washington - Photograph (34x26cm-13x10in) New-York 96 .... FF17 880 - £2 306 - **$3,500**

ADAMS Herbert 1858-1945 [1]
Meditation, bust of a woman - Bronze (41cm-16in) New-York 96 .... FF13 400 - £1 663 - **$2,600**

ADAMS John Clayton 1840-1906 [21]
Cows grazing beyond a pond - Oil/canvas (36x52cm-14x20in) London 95 .... FF14 430 - £1 800 - **$2,914**
Going to market, Surrey - Oil/canvas (76x122cm-30x48in) New-York 93 .... FF176 000 - £22 070 - **$32,000**

ADAMS John Ottis 1851-1927 [1]
Spring landscape - Oil/canvas (74x56cm-29x22in) New-York 91 .... FF171 000 - £17 220 - **$30,000**

ADAMS John Quincy 1874-1933 [9]
Madame de Portas - Oil/canvas (214x135cm-84x53in) London 96.................... FF34 000 - £4 200 - **$6,560**
Countess M. Karolyi, 1918 - Oil/canvas (180x174cm-71x69in) New-York 90 .... FF200 200 - £20 746 - **$35,185**

ADAMS Robert 1917-1984 [12]
Rectangular bronze Form No.7 - Bronze (56cm-22in) London 97...................... FF18 832 - £2 000 - **$3,280**

ADAMS William Dacre 1864-1951 [2]
Young girl seated by a window - Oil/canvas (61x51cm-24x20in) London 93 .... FF5 040 - £600 - **$924**
The picnic - Watercolour (45x46cm-18x18in) London 92 .... FF4 400 - £450 - **$774**

ADAMS Willis Seaver 1854-1932 [2]
Morning Mist - Oil/canvas (76x102cm-30x40in) New-York 94 .... FF25 300 - £2 980 - **$4,500**

ADAMS-ACTON John 1830-1910 [3]
Il Giuocatore - Marble (136cm-54in) Mere Hall, Knutsford, Cheshire 94 .... FF220 400 - £26 000 - **$39,200**

ADAMSE Marinus 1891-? [2]
Roses in a jar - Oil/canvas/panel (29x37cm-11x15in) Amsterdam 91 .... FF4 510 - £458 - **$815**

ADAMSON David Comber XIX-XX [2]
Femme - Technique mixte/toile (61x49cm-24x19in) Montréal 97 .... FF4 975 - £525 - **$860**

ADAMSON Dorothy c.1900-1934 [2]
Polar bears - Oil/canvas/board (27x32cm-11x13in) London 96 .... FF7 890 - £1 000 - **$1,513**
Liver & white Springer Spaniels - Watercolour (32x41cm-13x16in) Glasgow 94 ...... FF4 050 - £480 - **$750**

ADAMSON Robert 1821-1898 [10]
Newhaven - Calotype (with David O. Hill) (14x19cm-6x7in) New-York 96........... FF15 320 - £1 976 - **$3,000**

ADAMSON Sarah Gough XIX-XX [2]
The ancient prophecies - Watercolour, gouache (54x36cm-21x14in) Glasgow 90 ...... FF7 300 - £756 - **$1,283**

ADAMSON Sydney XIX-XX [5]
The Rebel Charge - Oil/canvas (67x101cm-26x40in) New-York 92.................... FF20 800 - £2 483 - **$4,000**

ADAMSSON Bo Åke 1941 [15]
Castel de Feis - Lithograph (64x86cm-25x34in) Stockholm 91 .... FF2 450 - £247 - **$425**
Dansös - Bronze (29cm-11in) Stockholm 92 .... FF11 310 - £1 158 - **$1,992**
Castel de Fels - Watercolour (39x29cm-15x11in) Stockholm 92 .... FF2 710 - £324 - **$522**

ADAN Louis, Émile 1839-1937 [16]
The bird's nest - Oil/canvas (55x74cm-22x29in) London 94 .... FF180 800 - £21 000 - **$31,300**
Femmes assises au bord de la mer - Aquarelle (28x41cm-11x16in) Barbizon 96...... FF4 100 - £512 - **$792**

ADDAMS Charles 1912-1988 [16]
Portrait: Morticia - Charcoal (61x46cm-24x18in) New-York 95 .... FF7 830 - £1 013 - **$1,600**
Driving a jeep - Watercolour (43x51cm-17x20in) New-York 96 .... FF23 300 - £3 010 - **$4,500**

ADDERTON Charles William 1866-? [9]
River estuary scene - Watercolour (33x51cm-13x20in) Aylsham, Norfolk 95........ FF2 370 - £300 - **$477**

ADDISON William Grylls ?-1904 [3]
A quite pool - Watercolour (30x48cm-12x19in) Aylsham, Norfolk 93............... FF6 140 - £740 - **$1,073**

ADELBORG Ottilia Eva 1855-1936 [2]
Vid spisen - Akvarell (31x25cm-12x10in) Stockholm 96 .... FF3 840 - £441 - **$732**

ADELSWÄRD Gustaf 1843-1895 [1]
Sydländskt kustmotiv - Oil/panel (25x80cm-10x31in) Göteborg 92 .... FF2 263 - £232 - **$399**

ADEMOLLO Luigi 1764-1849 [5]
Roman feast with a frieze - Gouache (32x47cm-13x19in) London 94................ FF5 330 - £640 - **$986**

ADENEY William Bernard 1878-1966 [1]
🖾 *Trees and Cottage* - Oil/canvas (46x51cm-18x20in) London 97 .... *FF16 590 - £1 800 - $2,939*

ADENIN Jean-Claude XX [3]
🖾 *Femme en tenue légère* - Huile/toile (153x233cm-60x92in) Paris 93 .... *FF18 000 - £2 022 - $3,050*

ADENOT Laurent 1848-? [2]
🖾 *Nature morte* - Huile/toile (60x73cm-24x29in) Autun 90 .... *FF2 800 - £298 - $501*

ADERER Camille 1859-1892 [1]
🖾 *Femme au bouquet* - Huile/toile (130x90cm-51x35in) Paris 95 .... *FF3 000 - £393 - $601*

ADESKÖLD Karl Gabriel 1830-1914 [1]
🖾 *Coastal scene with fishing village* - Oil/canvas (66x104cm-26x41in) London 95 .... *FF7 830 - £1 000 - $1,600*

ADIVREKAR Gopal S. 1938 [2]
🖾 *Call* - Oil (101x76cm-40x30in) New Delhi 92..................... *FF7 070 - £820 - $1,386*

ADJUKIEMICZ von Sigismund 1861-? [1]
🖾 *Man, said to be Tolstoy* - Oil/canvas (81x65cm-32x26in) New-York 93 .... *FF6 960 - £800 - $1,200*

ADJUKIEWICZ von Thaddäus 1852-1916 [4]
🖾 *Franz Joseph I.* - Öl/Leinwand (121x100cm-48x39in) Wien 95..................... *FF27 800 - £3 470 - $5,620*

ADKINS Minnie & Garland 1934/1928 [3]
🖾 *Pig Family* - Oil Litchfield, CT 92 .... *FF2 470 - £295 - $475*

ADLEN Michel 1898-1980 [29]
🖾 *View of the Farm* - Oil/masonite (34x57cm-13x22in) Tel Aviv 97..................... *FF4 813 - £535 - $900*

ADLER Annabel 1945 [14]
🖾 *Languore* - Olio/tela (75x97cm-30x38in) Milano 92 .... *FF4 980 - £510 - $877*
✑ *Natura morta* - Gouache (47x66cm-19x26in) Milano 92..................... *FF2 325 - £277 - $447*

ADLER Edmund 1871-1957 [46]
🖾 *Die Lieblinge werden gefüttert* - Oil/canvas (54x66cm-21x26in) Wien 89..................... *FF48 000 - £5 058 - $8,081*
🖾 *Preparing to go tobogganing* - Oil/canvas (55x67cm-22x26in) London 90 .... *FF48 800 - £4 966 - $9,759*
🖾 *A special moment* - Oil/canvas (68x55cm-27x22in) New-York 91 .... *FF49 800 - £5 031 - $9,886*
🖾 *The Secret* - Oil/canvas (66x54cm-26x21in) New-York 95..................... *FF107 300 - £13 370 - $21,000*

ADLER Jankel 1895-1949 [94]
🖾 *Blumen und Tisch* - Mischtechnik (46x31cm-18x12in) München 92 .... *FF22 100 - £2 262 - $3,890*
🖾 *Planting the Trees* - Oil/canvas (138x93cm-54x37in) Tel Aviv 95 .... *FF386 000 - £48 300 - $78,000*
✑ *Figure* - Watercolour, gouache (16x29cm-6x11in) Tel Aviv 93 .... *FF12 530 - £1 514 - $2,300*

ADLER Jean Alfred 1899-? [2]
🖾 *Le Panthéon* - Huile/papier/panneau (48x32cm-19x13in) Paris 96 .... *FF2 000 - £260 - $396*

ADLER Jules 1865-1952 [47]
🖾 *Autoportrait, 1929* - Huile/toile (53x45cm-21x18in) Paris 90 .... *FF5 800 - £610 - $1,009*
🖾 *Marchand de journaux* - Huile/toile (77x94cm-30x37in) Joigny 93 .... *FF41 000 - £4 710 - $7,060*
✑ *Vieil homme assis sur un rocher* - Fusain (37x28cm-15x11in) Besançon 93 .... *FF2 600 - £326 - $502*

ADLER Karol 1936 [2]
🖾 *Mariage juif* - Huile/toile (65x54cm-26x21in) Paris 97 .... *FF5 600 - £611 - $979*

ADLER Moritz 1826-1902 [1]
🖾 *Natura morta con pesci* - Olio/tela (40x60cm-16x24in) Trieste 93 .... *FF4 344 - £495 - $736*

ADLER Oscar F. 1868-1932 [1]
🖾 *Clam Shell Pond, Clinton, Mass.* - Oil/canvas (54x71cm-21x28in) New-York 96..................... *FF23 500 - £2 720 - $4,500*

ADLER Samuel 1898-1979 [1]
🖾 *Figure in blue* - Oil/canvas (127x97cm-50x38in) Mystic, Connecticut 92 .... *FF2 775 - £291 - $500*

ADLERSPARRE Sofia Adolfina 1808-1862 [1]
🖾 *Portraits* - Oil/canvas/panel (45x37cm-18x15in) Stockholm 94 .... *FF12 380 - £1 460 - $2,204*

ADLIVANKIN Samuel Jakovlevic 1897-1966 [1]
🖾 *Ohne Titel* - Öl/Karton (52x32cm-20x13in) München 94 .... *FF51 300 - £6 020 - $9,130*

ADNET Françoise 1924 [33]
🖾 *L'assiette de cerises* - Huile/toile (116x81cm-46x32in) Paris 94 .... *FF8 000 - £931 - $1,403*
🖾 *Les amies au chapeau de paille* - Huile/toile (185x126cm-73x50in) Paris 96..................... *FF29 000 - £3 770 - $5,680*

ADO Ado Sato 1936 [2]
🖾 *Composition cynétique* - Huile/toile (195x99cm-77x39in) Genève 89 .... *FF16 400 - £1 728 - $2,761*
🗿 *Voyage en Sens Unique* - Assemblage (51x51cm-20x20in) Versailles 92 .... *FF2 000 - £205 - $352*

ADOLFF Carl 1819-1863 [1]
🖾 *Wasserschlößchen bei Abend* - Oil/canvas (36x60cm-14x24in) Bremen 92 .... *FF18 280 - £2 126 - $3,730*

ADOLFS Gerard Pierre, Ger 1897-1968 [49]
🖾 *Oud koekje in de Dessa* - Oil/panel (50x60cm-20x24in) Amsterdam 96 .... *FF51 200 - £6 200 - $9,940*
🖾 *At the temple gate* - Oil/canvas (60x60cm-24x24in) Singapore 95 .... *FF122 700 - £15 670 - $25,200*
✑ *Balinese girl in a temple* - Watercolour (66x49cm-26x19in) Singapore 96 .... *FF21 500 - £2 796 - $4,260*

ADOLPHE Albert Jean 1865-1940 [1]
🖾 *River landscape in October* - Oil/board (21x29cm-8x11in) Philadelphia 90 .... *FF2 490 - £255 - $491*

ADOMEIT George G. 1879-? [1]
🖾 *One the Pamet* - Oil/board (30x41cm-12x16in) Cambridge, Mass. 94..................... *FF2 107 - £249 - $375*

ADREENKO Michel 1894-? [1]
✑ *Composition in grey* - Watercolour/paper (15x12cm-6x5in) Amsterdam 94 .... *FF2 745 - £323 - $489*

ADRIAENSSEN Alexander 1587-1661 [17]
🖾 *Fleurs, fruits, oiseaux et crabes* - Huile/panneau (34x71cm-13x28in) Paris 94 .... *FF72 000 - £8 500 - $12,930*

ADRIAN-NILSSON Gösta GAN 1885-1965 [132]
🖾 *Hus vid stranden* - Oil/paper (30x22cm-12x9in) Stockholm 94 .... *FF50 000 - £5 800 - $8,610*
🖾 *Sjömansporträtt* - Oil/canvas (72x61cm-28x24in) Stockholm 95 .... *FF229 000 - £29 940 - $45,800*

Indianer på krigsstigen - Oil/canvas (105x131cm-41x52in) Stockholm 96 .... FF**768 000** - £*90 200* - **$151,000**

ADRIANI Camillo XX [2]
🖼 *Farm landscape* - Oil/canvas (64x76cm-25x30in) Chicago 94 .... FF**2 707** - £*321* - **$500**

ADRIEN Camille 1834-1901 [1]
🖼 *Provincetown, Mass.* - Oil/canvas Bloomfield Hills, Michigan 90 .... FF**10 600** - £*1 067* - **$1,927**

ADRIEN Caroline 1791-1845 [2]
🖼 *Les cavaliers* - Huile/toile (65x82cm-26x32in) Avignon 90 .... FF**40 000** - £*4 283* - **$6,957**

ADRIENSENCE Henriette 1936 [111]
🖼 *Bormes-les-Mimosas* - Huile/toile (55x65cm-22x26in) Limoges 90 .... FF**7 000** - £*725* - **$1,230**

ADRION Lucien 1889-1953 [143]
🖼 *Bougival* - Oil/canvas (31x65cm-12x26in) Amsterdam 97 .... FF**17 577** - £*1 843* - **$3,016**
Course de chevaux - Oil/canvas (73x92cm-29x36in) London 97 .... FF**52 584** - £*5 800* - **$9,223**
Les regattes - Oil/canvas (65x82cm-26x32in) London 97 .... FF**106 178** - £*11 000* - **$18,188**

ADSUARA RAMOS Emilio 1884-1911 [1]
🖼 *Cabeza de anciano* - Oleo/cartón (21x19cm-8x7in) Madrid 93 .... FF**6 580** - £*791* - **$1,281**

ADUATZ Fritz 1907 [10]
🖼 *Stilleben mit Maske* - Oil/canvas (66x86cm-26x34in) Wien 91 .... FF**12 030** - £*1 221* - **$2,173**

ADVINENT Étienne Louis 1767-1831 [1]
✏ *Femme en robe bleue* - Miniature (6cm-2in) Paris 97 .... FF**3 500** - £*374* - **$61,0 5**

ADZAK Roy 1927-1987 [13]
🖼 *Bouteilles* - Technique mixte (101x100cm-40x39in) Paris 92 .... FF**7 100** - £*727* - **$1,250**
🗿 *Negative object/Statue variation* - Relief (100x90cm-39x35in) Paris 91 .... FF**20 000** - £*2 015* - **$3,470**

AEBI Ernst 1896-? [1]
🖼 *Composition cubiste* - Oil/paper/board (40x32cm-16x13in) Luzern 92 .... FF**16 370** - £*1 672* - **$2,880**

AECKERLIN Christian 1884-? [1]
🗿 *Schreitende Löwin* - Bronze (20cm-8in) Bern 94 .... FF**2 600** - £*312* - **$506**

AEGERTER Karl 1888-1969 [11]
🖼 *Vor dem Lokal* - Oil/board (110x80cm-43x31in) Luzern 90 .... FF**5 900** - £*610* - **$1,042**

AELST van Willem 1627-c.1683 [4]
🖼 *Hunting paraphanalia & partridge* - Oil/canvas (98x77cm-39x30in) London 91 .... FF**119 000** - £*12 000* - **$20,900**

AEPPLI Eva 1925 [3]
🗿 *Cancatrice* - Sculpture (215cm-85in) Paris 95 .... FF**20 000** - £*2 594* - **$4,130**
La sorcière - Iron (154x86x103cm-61x34x41in) London 96 .... FF**95 700** - £*12 000* - **$18,500**

AERENS Robert 1883-1969 [6]
🖼 *Landschap* - Huile/toile (50x74cm-20x29in) Lokeren 94 .... FF**7 300** - £*871* - **$1,375**

AERNI Franz Theodor 1853-1918 [10]
🖼 *In the park* - Oil/panel (21x30cm-8x12in) London 93 .... FF**52 700** - £*6 000* - **$8,940**

AERS Marguerite, Marg 1918 [21]
🖼 *Dimanche au parc* - Huile/toile (80x101cm-31x40in) Bruxelles 94 .... FF**19 800** - £*2 307* - **$3,470**

AERTSEN Pieter 1509-1575 [6]
🖼 *The Flight into Egypt* - Oil/panel (117x168cm-46x66in) London 93 .... FF**869 000** - £*100 000* - **$150,000**

AERTTINGER Karl August 1803-1876 [1]
🖼 *Österreichische...* - Oil/canvas (58x71cm-23x28in) Wien 92 .... FF**12 020** - £*1 400* - **$2,454**

AESCHBACHER Arthur 1923 [32]
🖼 *Sans titre* - Decollage (72x22cm-28x9in) Toulouse 96 .... FF**3 500** - £*425* - **$681**
Composition - Technique mixte (145x114cm-57x45in) Douai 94 .... FF**12 000** - £*1 378* - **$2,053**
Vis-à-vis de l'Espace - Gouache/carton (42x32cm-17x13in) Monaco 96 .... FF**6 000** - £*689* - **$1,145**

AESCHBACHER Hans 1906-1980 [6]
🗿 *Figur V* - Sculpture (55cm-22in) Zürich 93 .... FF**26 640** - £*3 180* - **$5,120**
✏ *Entwurf zu einer Skultur, 1961* - Gouache/paper (49x35cm-19x14in) Zürich 89 .... FF**7 000** - £*716* - **$1,125**

AFANASSIEV Dimitri 1928-1988 [2]
🖼 *L'été en ville* - Huile/toile (15x25cm-6x10in) Paris 90 .... FF**3 500** - £*356* - **$700**

AFFANDI Kusuma 1907-1990 [21]
🖼 *Pepperoni* - Oil/canvas (70x108cm-28x43in) Singapore 96 .... FF**114 600** - £*14 900* - **$22,730**

AFFANDI-KÖBERL Kartika 1934 [1]
🖼 *Karbouwen, Kerbaus* - Acrylic/canvas (81x101cm-32x40in) Amsterdam 96 .... FF**16 580** - £*2 130* - **$3,210**

AFFELTRANGER Jean 1874-1955 [4]
🖼 *Sils im Engadin* - Huile/panneau (59x76cm-23x30in) Zofingen 95 .... FF**4 250** - £*556* - **$852**

AFFLECK Andrew F. XIX-XX [4]
✏ *Ruins on a hill, Italianate landscape* - Watercolour (30x51cm-12x20in) London 93 ..... FF**2 324** - £*280* - **$406**

AFFLECK William 1869-1909 [21]
✏ *Flicka i blommande trädgård* - Akvarell (35x27cm-14x11in) Göteborg 94 .... FF**7 720** - £*896* - **$1,330**
Feeding time - Pencil (49x33cm-19x13in) London 92 .... FF**27 350** - £*2 800* - **$4,830**

AFFORTUNATI Aldo 1906-? [7]
🖼 *Ballet recital* - Oil/canvas (61x60cm-24x24in) Toronto 93 .... FF**4 085** - £*447* - **$751**

AFRICANOS Nicholas 1948 [18]
🖼 *Remorse and Gratitude* - Mixed media/canvas (156x207cm-61x81in) New-York 96 .... FF**44 000** - £*5 680* - **$8,500**

AFRO Afro Basaldella 1912-1976 [118]
🖼 *The crevice, 1956* - Oil/canvas (91x150cm-36x59in) New-York 90 .... FF**1** - £*136 332* - **$231,213**
Strada di città con automobile - Olio/tela (40x40cm-16x16in) Roma 94 .... FF**64 400** - £*7 560* - **$11,160**
La città morta - Oil/canvas (108x68cm-43x27in) New-York 92 .... FF**301 400** - £*30 800* - **$55,000**

✎ *Composizione* - Tecnica mista/carta (56x52cm-22x20in) Milano 94 .... FF**74 600** - £**8 800** - **$14,080**

AGACHE Alfred P. 1843-1915 [1]
🖷 *La Diseuse de bonne aventure* - Oil/canvas (127x50cm-50x20in) New-York 96 .... FF**259 600** - £**33 100** - **$50,000**

AGADATI Baruch 1885-1976 [1]
Rabbi - Oil/canvas (55x38cm-22x15in) Tel Aviv 95 .... FF**6 880** - £**861** - **$1,370**

AGAFONOVA Eléna 1952 [2]
🖷 *Le bal des fleurs* - Huile/toile (119x80cm-47x31in) Paris 95 .... FF**4 500** - £**584** - **$937**

AGAGGIO d' Ettore 1937 [2]
🖷 *Antumalal* - Huile/toile (100x100cm-39x39in) Paris 90 .... FF**20 000** - £**2 045** - **$3,948**

AGAM Yaacov Gipstein 1928 [78]
🖷 *First 4 days of creation* - Acrylic/canvas (38x45cm-15x18in) New-York 92 .... FF**18 200** - £**2 173** - **$3,500**
🖷 *Shalom Menorah* - Sculpture (22cm-9in) New-York 95 .... FF**19 250** - £**2 363** - **$3,750**
🖷 *Relief spatial* - Assemblage (44x28x39cm-17x11x15in) Paris 94 .... FF**52 000** - £**6 080** - **$9,120**
✎ *Dalia* - Gouache (54x53cm-21x21in) New-York 93 .... FF**19 800** - £**2 483** - **$3,600**

AGAMEMNON Jean 1921 [9]
✎ *Le mariage mystique de St. Catherine* - Collage (21x19cm-8x7in) Douai 90 .... FF**3 000** - £**305** - **$600**

AGAPI Ivan Karlovich 1838-? [1]
🖷 *Malaya Nevka, St Petersburg* - Oil/canvas (69x100cm-27x39in) London 96 .... FF**62 400** - £**8 000** - **$12,370**

AGAPOV V. XX [2]
🖷 *L'éxécuteur* - Huile/toile (75x54cm-30x21in) Saint-Etienne 92 .... FF**4 600** - £**473** - **$816**

AGAR d' Jacques 1640-1715 [1]
🖷 *Christian V staende i rustning* - Oil/canvas (124x100cm-49x39in) København 89 .... FF**79 000** - £**8 078** - **$12,701**

AGAR Eileen 1901-1985 [35]
🖷 *Abstract* - Oil/canvas (37x33cm-15x13in) London 96 .... FF**3 840** - £**500** - **$794**
A jug of Verse - Oil/canvas (76x63cm-30x25in) London 91 .... FF**49 400** - £**4 953** - **$9,048**
✎ *Collage of Pamela Travers, 1942* - Watercolour (22x33cm-9x13in) London 89 ...... FF**16 900** - £**1 728** - **$2,717**

AGAR John Samuel c.1770-c.1840 [2]
✎ *Private of the Prince of Wales* - Wash (48x30cm-19x12in) London 89 .... FF**43 600** - £**4 458** - **$7,010**

AGARD Charles J. 1866-1950 [2]
🖷 *Repos des moissonneurs* - Huile/toile (56x76cm-22x30in) Fontainebleau 91 .... FF**13 000** - £**1 291** - **$2,257**

AGARD Jules 1905-1986 [2]
🖷 *Oiseau moucheté* - Terracotta (47cm-19in) Paris 96 .... FF**1 500** - £**176** - **$295**

AGASSE Jacques Laurent 1767-1849 [21]
🖷 *Lord Rivers of Stratfield* - Oil/canvas (125x94cm-49x37in) New-York 95 .... FF**1** - £**208 000** - **$330,000**
Reiter am Genfersee - Öl/Leinwand (38x55cm-15x22in) Zürich 97 .... FF**126 333** - £**13 430** - **$21,792**

AGATZ August 1904-1945 [3]
✎ *Abstrakte Komposition* - Aquarell (28x22cm-11x9in) München 94 .... FF**2 790** - £**326** - **$489**

AGAZZI Carlo Paolo 1870-1922 [3]
🖷 *Paesaggio alpestre* - Olio/cartone (55x85cm-22x33in) Milano 95 .... FF**8 960** - £**1 190** - **$1,827**

AGAZZI Ermenegildo 1866-1945 [7]
🖷 *Giovane donna con camicetta bianca* - Olio/tela (71x50cm-28x20in) Milano 90 .... FF**29 800** - £**3 211** - **$5,256**

AGAZZI Rinaldo 1857-1939 [3]
🖷 *Donna al pozzo* - Olio/tela (59x54cm-23x21in) Milano 95 .... FF**7 750** - £**988** - **$1,586**

AGERON Louis Noël 1865-1935 [2]
✎ *Brume bleue* - Aquarelle/papier Valence 95 .... FF**4 100** - £**519** - **$830**

AGERSNAP Hans 1857-1925 [33]
🖷 *Skovparti, vinter* - Oil/canvas (49x41cm-19x16in) København 93 .... FF**3 504** - £**419** - **$673**

AGGER Knud 1895-1973 [41]
🖷 *Bondegård* - Oil/canvas (71x121cm-28x48in) København 95 .... FF**7 100** - £**920** - **$1,444**

AGGER Poul 1936 [7]
🖷 *Interieur fra kunstnerens atelier* - Oil/canvas (115x100cm-45x39in) København 94 ...... FF**6 100** - £**711** - **$1,070**
🖷 *Figur* - Sculpture (20cm-8in) København 95 .... FF**6 210** - £**804** - **$1,264**

AGGHAZY Julius 1850-1919 [1]
🖷 *Mitfahrgelegenheit* - Öl/Leinwand (28x34cm-11x13in) Lindau 93 .... FF**9 320** - £**1 114** - **$1,794**

AGID Olivier 1951 [2]
🖷 *Ambiance atmosphère* - Huile/papier/toile (121x80cm-48x31in) Paris 89 .... FF**13 000** - £**1 329** - **$2,090**

AGLIO Agostino Mario 1777-1857 [4]
🖷 *La Vendemmia* - Oil/canvas (73x108cm-29x43in) London 93 .... FF**56 000** - £**7 000** - **$10,150**

AGLOSS 1939 [5]
🖷 *Crescendo* - Huile/toile (80x60cm-31x24in) Troyes 91 .... FF**4 800** - £**477** - **$833**

AGNEESSENS Edouard 1842-1885 [6]
🖷 *Avant le bal* - Huile/toile (87x65cm-34x26in) Bruxelles 90 .... FF**21 100** - £**2 136** - **$4,019**

AGNENI Eugenio 1819-1888 [2]
🖷 *Saint Cecilia* - Oil/canvas (47x38cm-19x15in) New-York 96 .... FF**6 710** - £**832** - **$1,300**

AGNESSENS Edmond 1842-1885 [1]
🖷 *Nu debout* - Huile/panneau (71x23cm-28x9in) Bruxelles 95 .... FF**4 710** - £**609** - **$962**

AGNETTI Vincenzo 1926-1981 [13]
🖷 *Scrittura cancellata dalla forma* - Mixed media (80x57cm-31x22in) Milano 92 ...... FF**38 500** - £**3 940** - **$6,780**
✎ *Gli eventi precipitano* - Collage (50x72cm-20x28in) Milano 92 .... FF**13 600** - £**1 390** - **$2,393**

AGNEW Eric Munrow 1887-? [1]
🖷 *James Whale* - Oil/canvas (76x30cm-30x25in) London 89 .... FF**4 100** - £**419** - **$659**

AGOSTHINO Fernando 1959 [3]
🖷 *Immeuble* - Sculpture (43cm-17in) Paris 94 .... FF**3 500** - £**415** - **$647**

AGOSTINI Guido XIX [24]
🖼 *Lago Trasimeno* - Huile/panneau (22x27cm-9x11in) Provins 96 .... **FF10 000 - £1 144 - $1,906**

AGOSTINI Max 1914 [20]
🖼 *Printemps à Montmartre* - Huile/toile (61x50cm-24x20in) Paris 96 .... **FF10 000 - £1 247 - $1,930**
🖼 *Champ de coquelicots* - Huile/toile (60x92cm-24x36in) Paris 91 .... **FF48 000 - £4 812 - $8,792**

AGOSTINI Peter 1913 [3]
✏ *Head of a woman* - Drawing (55x42cm-22x17in) New-York 90 .... **FF3 530 - £355 - $691**

AGOSTINI Tony 1916-1990 [76]
🖼 *Composition aux fruits bleus* - Huile/toile (38x46cm-15x18in) Douai 96 .... **FF4 800 - £599 - $927**
🖼 *L'atelier du peintre* - Huile/toile (27x22cm-11x9in) Versailles 90 .... **FF14 500 - £1 460 - $2,840**
🖼 *Nature morte au violon* - Huile/toile (50x65cm-20x26in) Paris 94 .... **FF43 500 - £5 060 - $7,530**

AGRASOT Y JUAN Joaquín 1837-1919 [21]
🖼 *La vitrina del coleccionista* - Oleo/tabla (40x28cm-16x11in) Madrid 93 .... **FF109 200 - £12 500 - $18,600**
✏ *Neapolitan woman* - Watercolour/paper (29x18cm-11x7in) New-York 95 .... **FF7 150 - £891 - $1,400**

ÅGREN Olof 1874-1962 [2]
🖼 *Vinberget, Val de Menton* - Oil/canvas (175x220cm-69x87in) Stockholm 90 .... **FF62 700 - £6 381 - $12,539**

AGRICOLA Carl Josef Alois 1779-1852 [6]
🖼 *Die drei Grazien* - Öl/Leinwand (73x71cm-29x28in) Wien 93 .... **FF10 580 - £1 264 - $2,035**
✏ *Bildnis Josef II* - Aquarell (16x13cm-6x5in) Wien 94 .... **FF14 650 - £1 696 - $2,520**

AGRICOLA Christophe-Ludwig 1667-1719 [32]
🖼 *Washerwomen* - Oil/copper (43x57cm-17x22in) London 92 .... **FF67 000 - £8 000 - $12,900**
✏ *Landscape with Peasants/Landscape* - Bodycolour (17x21cm-7x8in) London 97 .... **FF20 853 - £2 200 - $3,578**

AGRICOLA Eduard 1800-? [4]
🖼 *Mergellina, Naples* - Oil/canvas (61x90cm-24x35in) London 94 .... **FF93 100 - £11 000 - $16,720**

AGRICOLA Rudolf Alexander 1912-1990 [1]
🗿 *Sitzendes Mädchen* - Bronze (45x39x28cm-18x15x11in) Köln 92 .... **FF28 900 - £2 960 - $5,090**

AGTHE Curt 1862-1943 [4]
🖼 *Nymph by a pool of water* - Oil/canvas (76x113cm-30x44in) New-York 91 .... **FF24 900 - £2 515 - $4,943**

AGUADO ARNAL Rafael 1880-? [2]
🖼 *Carreta junto al río* - Oleo/lienzo (47x62cm-19x24in) Madrid 92 .... **FF2 735 - £274 - $526**

AGUADO Comte Olympe 1827-1894 [12]
📷 *Départ de la course d'ânes* - Tirage papier salé (11x19cm-4x7in) Paris 95 .... **FF15 000 - £1 796 - $2,855**
Paysage à l'étang - Tirage albuminé (17x23cm-7x9in) Paris 95 .... **FF52 000 - £6 220 - $9,900**

AGUAYO Fermin 1926-1977 [2]
🖼 *Pigeon, 1963* - Huile/toile (46x33cm-18x13in) Paris 89 .... **FF12 000 - £1 159 - $1,821**

AGUÉLI Ivan 1869-1917 [30]
🖼 *Berglandskap* - Oil/paper (18x23cm-7x9in) Stockholm 96 .... **FF50 000 - £6 230 - $9,650**
🖼 *Sydländskt landskap* - Oil/paper/panel (18x22cm-7x9in) Stockholm 97 .... **FF116 110 - £12 431 - $20,243**
✏ *Landskap med moské* - Pencil/paper (14x21cm-6x8in) Stockholm 93 .... **FF4 580 - £520 - $775**

AGUERA Isabelle XX [2]
🖼 *Fillette* - Acrylique/papier/panneau (100x70cm-39x28in) Paris 96 .... **FF2 100 - £273 - $417**

AGUIAR GARCIA José 1898-1976 [2]
🖼 *Desnudo en el sofá* - Oleo/lienzo (46x79cm-18x31in) Madrid 92 .... **FF22 970 - £2 740 - $4,420**
✏ *Paisaje de Tenerife* - Acuarela/papel (13x22cm-5x9in) Madrid 96 .... **FF3 250 - £412 - $624**

AGUIAR Manuel XX [2]
🖼 *Graphisme sur fond rouge* - Huile/isorel (22x22cm-9x9in) Paris 93 .... **FF3 100 - £357 - $534**

AGUIARI Tito 1834-1908 [3]
✏ *Gathering water-lilies* - Watercolour/paper (98x66cm-39x26in) London 90 .... **FF14 500 - £1 552 - $2,522**
The Tennis Match - Watercolour (57x78cm-22x31in) London 94 .... **FF127 000 - £15 000 - $22,800**

AGUILA ACOSTA del Luis XIX-XX [2]
🖼 *La boda* - Oleo/tabla (23x34cm-9x13in) Madrid 94 .... **FF15 500 - £1 808 - $2,720**

AGUILAR MORE Ramón 1924 [3]
🖼 *Caballos salvajes* - Oleo/lienzo (81x61cm-32x24in) Madrid 93 .... **FF30 030 - £3 580 - $5,430**

AGUILAR-AGON Jorge 1936 [72]
🖼 *Les amoureux* - Huile/toile (50x61cm-20x24in) Grenoble 91 .... **FF5 200 - £528 - $939**

AGUIRRE Ignacio 1900-1990 [2]
🖼 *Niña mexicana* - Lithograph (32x23cm-13x9in) New-York 92 .... **FF2 080 - £249 - $400**
✏ *Hermanas y amigas* - Pencil/paper (33x22cm-13x9in) México 92 .... **FF3 420 - £351 - $613**

AGUIRRE SANCHEZ Lorenzo 1885-1939 [1]
🖼 *Paisaje* - Oil/cardboard (31x41cm-12x16in) Madrid 90 .... **FF18 400 - £1 970 - $3,200**

AGUJARI Tito 1834-1908 [5]
🖼 *Leda mit Schwan* - Oil/canvas (158x73cm-62x29in) Wien 91 .... **FF36 000 - £3 575 - $6,251**
✏ *The fishing party* - Watercolour (72x107cm-28x42in) London 96 .... **FF34 060 - £4 000 - $6,700**

AGUTTE Georgette 1867-1922 [20]
✏ *Vallée de Chamonix* - Gouache/carton (34x44cm-13x17in) Paris 97 .... **FF2 300 - £245 - $398**

AHEARN John 1951 [9]
🗿 *Peanut* - Painted cast plaster (88x23x53cm-35x9x21in) New-York 94 .... **FF34 860 - £4 030 - $6,000**

AHERN John H. XX [5]
📷 *Curbside Chat, London* - Gelatin silver print (36x28cm-14x11in) New-York 93 .... **FF8 850 - £1 007 - $1,500**

AHL Henry Hammond 1869-1953 [2]
🖼 *Landscape with irises* - Oil/canvas (64x77cm-25x30in) New-York 95 .... **FF61 400 - £7 760 - $12,000**

AHLBERG Arvid 1851-1932 [7]
🖝 *Coastal landscape* - Oil/canvas (30x42cm-12x17in) Malmö 96 .... FF6 160 - £798 - $1,206
AHLBERG Olof 1876-? [4]
🗿 *Innerlighet* - Marble (47cm-19in) Stockholm 96 .... FF4 460 - £526 - $876
AHLBORN August Wilhelm J. 1796-1857 [2]
🖝 *Blick auf den Comersee* - Öl/Leinwand (100x138cm-39x54in) Zürich 96 .... FF84 700 - £10 960 - $16,780
AHLERS-HESTERMANN Friedrich, Fritz 1883-1973 [9]
🖝 *Dorf* - Öl/Leinwand (60x70cm-24x28in) München 94 .... FF58 300 - £6 910 - $10,770
✏ *Die Frau des Künstlers* - Drawing (60x46cm-24x18in) Heidelberg 93 .... FF6 650 - £776 - $1,093
AHLGREN Olavi 1897-1966 [1]
🖝 *Målare på stranden* - Oil/canvas (50x61cm-20x24in) Helsinki 91 .... FF3 440 - £342 - $592
AHLGRENSSON Björn 1872-1918 [2]
🖝 *Skymning* - Oil/canvas (122x97cm-48x38in) Stockholm 92 .... FF45 200 - £5 400 - $8,690
✏ *Flickan och häxan* - Watercolour (32x23cm-13x9in) Stockholm 96 .... FF6 150 - £767 - $1,188
AHLQVIST David 1900-1988 [10]
🖾 *Gårdsexteriör ped häst* - Etching (16x24cm-6x9in) Stockholm 92 .... FF2 170 - £222 - $382
AHLSTEDT Fredrik 1839-1901 [12]
🖝 *Flicka vid bruun* - Oil/canvas (79x55cm-31x22in) Helsinki 92 .... FF66 600 - £7 950 - $12,800
AHLSTEDT Nina 1853-1907 [1]
🖝 *Madonna* - Oil/canvas/panel (27x26cm-11x10in) Helsinki 94 .... FF5 610 - £642 - $950
AHNERT Arthur 1865-1913 [1]
🖝 *Old man with pipe & stein*
　　Oil/canvas (77x59cm-30x23in) San Francisco-Los Angeles 93 .... FF11 760 - £1 343 - $2,000
AHNOFF Tore 1917 [2]
🖝 *Trälhavet* - Oil/canvas (39x48cm-15x19in) Göteborg 92 .... FF2 080 - £249 - $400
AHRENDTS Carl Eduard 1822-1898 [16]
🖝 *Visser aan riviertje* - Oil/panel (39x51cm-15x20in) Gravenhage 91 .... FF11 480 - £1 140 - $1,993
AHRLE Rene 1893-1976 [1]
🖾 *Shell Benzin* - Poster (119x84cm-47x33in) New-York 92 .... FF6 810 - £698 - $1,200
AHRWEILER Karl 1888-1962 [1]
🖝 *Herbstliche Moorlandschaft* - Oil/canvas (60x80cm-24x31in) Wien 90 .... FF6 200 - £642 - $1,090
AHTAJA Aarno 1898-1978 [2]
🖝 *Blomsterstilleben* - Oil/canvas (46x38cm-18x15in) Helsinki 91 .... FF3 730 - £371 - $641
AHTELA H., Einar Reuter 1881-1968 [1]
🖝 *Januari eftarmiddag* - Oil/canvas (67x78cm-26x31in) Helsinki 94 .... FF5 820 - £675 - $1,001
AHTOLA Taisto 1917 [6]
🖝 *Clown* - Oil/canvas (61x50cm-24x20in) Helsinki 92 .... FF10 030 - £1 027 - $1,767
AI XUAN 1947 [15]
🖝 *Reeds in Chill* - Oil/canvas (78x98cm-31x39in) Hong Kong 95 .... FF103 200 - £12 380 - $20,060
AICHELE Erwin 1887-1974 [5]
✏ *Elstern im Schnee* - Ink (25x40cm-10x16in) Pforzheim 95 .... FF4 970 - £621 - $974
AICHELE Paul 1859-1910 [4]
🗿 *La Mélancolie* - Sculpture (75cm-30in) Köln 95 .... FF2 130 - £269 - $427
AICHELE Wolfram André 1924 [1]
🗿 *Holzkreuz: Christus, Engeln, Aposteln* - Sculpture (58cm-23in) Pforzheim 92 .... FF1 590 - £185 - $325
AID Charles Georges 1872-1938 [4]
🖝 *Péniche sur la Seine* - Huile/panneau (46x62cm-18x24in) Saint-Germain-en-Laye 95 .... FF5 000 - £657 - $1,026
　The bridge players - Oil/canvas (114x145cm-45x57in) New-York 93 .... FF110 000 - £13 800 - $20,000
AIDANS Édouard 1930 [2]
✏ *Tounga et la grande colère des Esprits* - Encre Chine (30x20cm-12x8in) Paris 95 .... FF2 200 - £285 - $448
AIGEN Karl 1684-1762 [3]
🖝 *Flösser auf der Donau* - Öl/Leinwand (35x47cm-14x19in) Wien 96 .... FF18 300 - £2 282 - $3,536
　Famille du Pacha près d'une fontaine
　　Huile/toile/panneau (34x44cm-13x17in) Paris 94 .... FF60 000 - £7 170 - $11,750
AIGENS Christian 1870-1940 [11]
🖝 *To born* - Oil/canvas (67x78cm-26x31in) Aalborg 92 .... FF2 024 - £207 - $422
AIGNER Eduard 1903-1978 [11]
🖝 *Eisenbahnbrücke bei Vado* - Öl/Leinwand (77x96cm-30x38in) München 94 .... FF12 570 - £1 444 - $2,150
✏ *Südliche Landschaft* - Aquarell (40x49cm-16x19in) Berlin 94 .... FF2 050 - £242 - $365
AIGNER Joseph Mathäus 1818-1886 [2]
🖝 *Young Boy wearing a coloured Sash* - Oil/canvas (152x84cm-60x33in) Wien 96 .... FF60 700 - £7 360 - $11,800
AIGNER Lucien 1901 [2]
📷 *Boy photographer* - Gelatin silver print (28x18cm-11x7in) New-York 92 .... FF10 220 - £1 046 - $1,800
AIGNER Richard 1867-1925 [1]
🖝 *Bierseliges Idyll* - Oil/panel (32x21cm-13x8in) Lindau 92 .... FF3 400 - £348 - $599
AIGNER Robert 1901-1966 [5]
🖝 *In der Südsee* - Oil/panel (46x57cm-18x22in) Wien 95 .... FF6 460 - £831 - $1,334
AIGON Antonin 1837-1885 [2]
🗿 *Les Deux Rats et l'Oeuf* - Bronze (7cm-3in) New-York 93 .... FF4 110 - £495 - $751
AIGUIER Auguste 1814-1865 [2]
🖝 *Chapelle de Montredon* - Huile/toile (21x45cm-8x18in) Aix-en-Provence 95 .... FF23 500 - £3 040 - $4,810
✏ *Les pêcheurs en Provence* - Aquarelle, gouache (28x15cm-11x6in) Paris 92 .... FF12 000 - £1 228 - $2,353

AIK Alexeï 1919-1986 [2]

🖾 *Jour de bonheur* - Huile/toile (80x60cm-31x24in) Paris 90 .... FF**30 000** - £**3 053** - **$6,000**

AIKMAN George 1831-1906 [7]

🖾 *Summer landscape* - Oil/canvas (77x130cm-30x51in) Köbenhavn 92 .... FF**4 400** - £**450** - **$917**

AIKMAN William 1682-1731 [6]

🖾 *Portrait of Lady Jane Boyle* - Oil/canvas (73x61cm-29x24in) London 92 .... FF**74 200** - £**7 600** - **$13,070**

AILLAUD Gilles 1928 [10]

🖾 *La Table d'entomologiste* - Huile/toile (80x100cm-31x39in) Paris 94 .... FF**23 000** - £**2 750** - **$4,295**

Figures de l'enfermenent - Huile/toile (198x277cm-78x109in) Versailles 92 .... FF**147 000** - £**15 050** - **$26,460**

AIMÉ Alix 1894-? [18]

🖾 *Maison sur pilotis* - Huile/toile Louviers 90 .... FF**7 100** - £**765** - **$1,252**

▱ *Laotienne* - Eau-forte (21x17cm-8x7in) Louviers 90 .... FF**2 800** - £**302** - **$494**

AIMETTI Carlo 1901 [3]

🖾 *Sera, 1939* - Olio/tavola (50x39cm-20x15in) Milano 90 .... FF**5 000** - £**539** - **$882**

AIMONE Victor XIX-XX [1]

🗹 *Huntress resting* - Marble (80cm-31in) London 92 .... FF**24 100** - £**2 800** - **$4,910**

AINI Philippe 1952 [4]

🖾 *Composition* - Technique mixte/toile (97x100cm-38x39in) Tours 92 .... FF**4 100** - £**420** - **$722**

AINSLEY Christiane XX [2]

🖾 *Et il y eut un blanc* - Technique mixte/panneau (66x76cm-26x30in) Montréal 94 ... FF**2 140** - £**258** - **$408**

AINSLEY Dennis 1880-1952 [6]

🖾 *Village in France* - Oil/canvas (24x36cm-9x14in) Chicago 96 .... FF**4 300** - £**558** - **$850**

AINSLIE R. St. John ?-1908 [2]

🖾 *Woman and her two children* - Oil/canvas (96x79cm-38x31in) Los Angeles 89 ...... FF**25 700** - £**2 628** - **$4,132**

▱ *A Corner of Shaldon, Devon* - Watercolour (26x18cm-10x7in) London 93 .... FF**2 460** - £**280** - **$418**

AIREY Anna 1882-1964 [1]

🖾 *Three boys hunting with a dog* - Oil/canvas (76x89cm-30x35in) London 94 .... FF**71 200** - £**8 500** - **$13,340**

AIRY Anna 1882-1964 [23]

🖾 *Reflections* - Oil/canvas (127x51cm-50x20in) London 97 .... FF**95 877** - £**10 000** - **$16,395**

🖾 *The Flower Shop* - Oil/canvas (180x152cm-71x60in) London 94 .... FF**417 000** - £**50 000** - **$81,000**

▱ *Mayflower* - Gouache (23x25cm-9x10in) London 97 .... FF**2 828** - £**300** - **$487**

AITCHISON Craigie 1926 [18]

🖾 *Still life, Sugar Sifter* - Oil/canvas (37x26cm-15x10in) London 95 .... FF**60 200** - £**8 000** - **$12,410**

Cruxifixion 8 - Oil/canvas (221x188cm-87x74in) London 94 .... FF**158 200** - £**18 500** - **$27,730**

AITKEN James Alfred 1846-1897 [18]

🖾 *Landscape with sheep* - Oil/canvas (76x51cm-30x20in) New Orleans, Louisiana 93 .... FF**4 400** - £**552** - **$800**

▱ *Sunset on the broads* - Watercolour (35x51cm-14x20in) London 92 .... FF**4 380** - £**450** - **$842**

AITKEN John Ernest 1881-1957 [27]

🖾 *Crabbers* - Oil/board (69x104cm-27x41in) Billinghurst, West Sussex 91 .... FF**16 460** - £**1 639** - **$2,831**

▱ *Harvest scene* - Watercolour (33x48cm-13x19in) Aylsham, Norfolk 95 .... FF**11 410** - £**1 500** - **$2,290**

AITKEN Robert Ingersoll 1878-1949 [4]

🗹 *Tired Mercury* - Bronze (77cm-30in) New-York 93 .... FF**33 000** - £**4 140** - **$6,000**

AIVAZOVSKY Ivan Constantinovich 1817-1900 [135]

🖾 *Constantinople* - Oil/canvas (125x195cm-49x77in) London 97 .... FF**1** - £**213 000** - **$338,000**

🖾 *Sunset over St. Petersburg* - Oil/board (10x16cm-4x6in) London 97 .... FF**33 333** - £**3 500** - **$5,733**

🖾 *Constantinople at night* - Oil/canvas (25x37cm-10x15in) London 96 .... FF**113 600** - £**13 000** - **$21,670**

AIZELIN Eugène 1821-1902 [22]

🗹 *Mignon* - Bronze (54cm-21in) Bordeaux 93 .... FF**6 900** - £**783** - **$1,168**

La Chasteté - Bronze (84cm-33in) New-York 92 .... FF**17 150** - £**1 992** - **$3,500**

Raphaël Sanzio - Bronze (74cm-29in) Bruxelles 93 .... FF**23 070** - £**2 760** - **$4,710**

AIZENBERG Nina XIX-XX [2]

▱ *Komsomolska/Young man* - Watercolour, gouache (36x23cm-14x9in) Tel Aviv 93 .... FF**17 700** - £**2 013** - **$3,000**

AIZENBERG Roberto 1928 [2]

🖾 *Torre* - Oil/canvas/board (90x56cm-35x22in) New-York 92 .... FF**56 800** - £**5 810** - **$10,000**

AïZENBERG Valéri 1947 [2]

🖾 *Holandes* - Huile/toile (160x200cm-63x79in) Paris 93 .... FF**7 000** - £**875** - **$1,273**

AïZPIRI Paul 1919 [185]

🖾 *Personnage au chapeau jaune* - Huile/carton (50x25cm-20x10in) Paris 97 .... FF**27 000** - £**2 854** - **$4,633**

🖾 *Clowns musiciens* - Huile/toile (54x65cm-21x26in) Paris 95 .... FF**45 000** - £**5 830** - **$9,360**

🖾 *Cartomancienne à l'éventail* - Oil/canvas (100x81cm-39x32in) New-York 96 ...... FF**73 000** - £**8 800** - **$14,000**

🖾 *Clown avec oiseaux* - Oil/canvas (117x89cm-46x35in) New-York 89 .... FF**354 600** - £**36 258** - **$57,010**

▱ *Le bateaux noir à Venise* - Aquarelle, gouache (32x50cm-13x20in) Paris 96 ...... FF**12 000** - £**1 497** - **$2,320**

Les barques pavoisées - Gouache (46x36cm-18x14in) Soissons 96 .... FF**26 000** - £**3 380** - **$5,150**

AJDUKIEWICZ Sigismund 1861-1917 [9]

🖾 *Cossack on horseback* - Oil/panel (24x15cm-9x6in) London 94 .... FF**17 150** - £**2 000** - **$3,006**

AJDUKIEWICZ Tadeusz 1852-1916 [5]

🖾 *The meet* - Oil/cardboard (31x39cm-12x15in) Warszawa 95 .... FF**20 600** - £**2 630** - **$4,225**

AJMONE Giuseppe 1923 [36]

🖾 *Nudo* - Tempera/carton (49x68cm-19x27in) Milano 95 .... FF**4 710** - £**615** - **$945**

🖾 *Paesaggio* - Olio/tela (130x162cm-51x64in) Milano 95 .... FF**23 840** - £**3 040** - **$4,880**

▱ *Nudo* - Gouache/cartone (38x27cm-15x11in) Milano 93 .... FF**2 595** - £**301** - **$447**

AKDIK Seref 1909-1972 [2]
🖼 *Orman peyzaj* - Oil/canvas (54x68cm-21x27in) Istanbul 92 .... FF6 250 - £625 - **$1,113**
AKELEY Carl Ethan 1864-1926 [3]
🗿 *Bull and lion* - Bronze (20cm-8in) Chicago 94 .... FF24 900 - £2 950 - **$4,600**
AKEN van Josef 1709-1749 [5]
🖼 *Stocks Market* - Oil/canvas (72x93cm-28x37in) London 96 .... FF442 000 - £55 000 - **$85,700**
AKEN van Leo 1857-1904 [2]
🖼 *De muzikant* - Huile/panneau (32x24cm-13x9in) Lokeren 94 .... FF11 680 - £1 384 - **$2,160**
AKERBLADH Alexander 1886-? [1]
🖼 *St. Ives* - Oil/canvas (38x31cm-15x12in) Penzance, Cornwall 91 .... FF2 976 - £300 - **$516**
ÅKERBLOM Jocke 1906-1972 [1]
🖼 *Zinkensdamm, Stockholm* - Oil/canvas (74x74cm-29x29in) Stockholm 89 .... FF2 400 - £239 - **$379**
ÅKERBLOM Rudolf 1849-1925 [11]
🖼 *Den Gamla Furan* - Oil/canvas (33x24cm-13x9in) Helsinki 95 .... FF8 970 - £1 085 - **$1,690**
ÅKERLUND Johan 1856-1922 [2]
🖼 *Interiör av cirkusstall* - Oil/canvas (90x120cm-35x47in) Stockholm 94 .... FF11 650 - £1 375 - **$2,074**
ÅKERMAN Werner 1854-1903 [2]
🗿 *Vårfrost* - Bronze (83cm-33in) Stockholm 95 .... FF18 040 - £2 247 - **$3,520**
AKERS Benjamin Paul 1825-1861 [2]
🗿 *A lady* - Marble (109cm-43in) New-York 94 .... FF59 500 - £7 050 - **$11,000**
AKERS Vivian Milner 1886-1966 [13]
🖼 *California landscape* - Oil/canvas (76x86cm-30x34in) Detroit, Michigan 93 .... FF13 750 - £1 625 - **$2,500**
AKERSCOOT-BERG Betzy Rezora 1850-1922 [1]
🖼 *Markrell-Baade* - Oil/canvas (42x55cm-17x22in) Tönsberg 90 .... FF7 500 - £755 - **$1,364**
ÅKERSTRÖM Jonas 1759-1795 [19]
🖼 *Hebe samt Ganymedes* - Oil/canvas (39x31cm-15x12in) Stockholm 92 .... FF13 100 - £1 566 - **$2,520**
✏ *Venus och Amor* - Akvarell (20x18cm-8x7in) Stockholm 93 .... FF6 660 - £818 - **$1,233**
AKIMOV Ivan Akimovitsh 1753-1814 [1]
🖼 *Le Christ et la Samaritaine* - Huile/toile (42x48cm-17x19in) Paris 91 .... FF11 000 - £1 100 - **$1,812**
AKIN Gwen 1950 [1]
📷 *Fetus No. 4* - Platinum, palladium print (13x9cm-5x4in) San Francisco-Los Angeles 93 .... FF3 540 - £404 - **$600**
ÅKIRKE Lars 1926 [4]
🖼 *Idl-fuldt Sol- storm* - Oil/canvas (135x175cm-53x69in) København 95 .... FF2 650 - £326 - **$517**
AKIYAMA Hiromi 1937 [1]
🗿 *Ohne Titel* - Sculpture (21x30x40cm-8x12x16in) Köln 97 .... FF13 154 - £1 380 - **$2,254**
AKKERINGA Johannes Evert 1861-1942 [52]
🖼 *A still life with flowers* - Oil/canvas (32x35cm-13x14in) Amsterdam 96 .... FF39 100 - £4 750 - **$7,600**
Beach scene with playing children
    Oil/canvas (63x103cm-25x41in) Amsterdam 94 .... FF291 000 - £34 700 - **$55,400**
✏ *Women mending nets* - Watercolour, gouache (36x53cm-14x21in) Amsterdam 92 .... FF25 800 - £2 650 - **$4,960**
AKKERINGA Johannes Evert Jr. 1894 [2]
🖼 *A figure in a farmyard* - Oil/canvas (30x48cm-12x19in) Amsterdam 97 .... FF3 001 - £319 - **$522**
AKKERSDYK Jacob 1815-1862 [9]
🖼 *Elegant Figures in an Interior* - Oil/panel (49x61cm-19x24in) Amsterdam 97 .... FF30 012 - £3 193 - **$5,222**
AKMEN Danièle 1945 [7]
🖼 *Les singes* - Acrylique/toile (92x73cm-36x29in) Paris 92 .... FF10 000 - £1 027 - **$1,923**
AKREL af Carl Fredrik 1779-1868 [1]
🗞 *Broadway, Gatan och Radhuset* - Aquatint (20x38cm-8x15in) New-York 93 .... FF6 600 - £780 - **$1,200**
AKRITHAKIS Alexis 1939-1994 [10]
🖼 *Untitled* - Oil/canvas (80x100cm-31x39in) Athens 96 .... FF95 400 - £12 310 - **$18,430**
🗿 *Suitcase with Heart* - Wood (43x11x53cm-17x4x21in) Athens 96 .... FF38 600 - £4 470 - **$7,400**
✏ *Untitled* - Felt pen (50x65cm-20x26in) Athens 96 .... FF13 780 - £1 780 - **$2,663**
AKSELROD Meier 1902-1970 [2]
✏ *Wort für Wort* - Mischtechnik/Papier (24x19cm-9x7in) Wien 92 .... FF9 620 - £985 - **$1,695**
The first tractor - Gouache (37x56cm-15x22in) London 89 .... FF29 100 - £2 975 - **$4,678**
ALAJALOV Constantin 1900-1987 [2]
✏ *Switchboard operator* - Watercolour (43x41cm-17x16in) New-York 96 .... FF15 380 - £1 823 - **$3,000**
ALANDT Max Alexander 1875-1930 [3]
🖼 *Elegante junge Dame* - Oil/canvas (60x35cm-24x14in) Stuttgart 92 .... FF11 170 - £1 300 - **$2,280**
ALANKO Aarne 1896-1968 [7]
🖼 *Insjölandskap med tallar och klippor* - Oil/canvas (64x101cm-25x40in) Stockholm 95 ...... FF4 650 - £571 - **$906**
ALANKO Uuno 1878-1964 [3]
🖼 *Höstfärger* - Oil/canvas (81x100cm-32x39in) Helsinki 91 .... FF20 800 - £2 131 - **$3,883**
ALARCON Félix XIX-XX [4]
🖼 *Dama en día de lluvia* - Oleo/tabla (50x31cm-20x12in) Madrid 92 .... FF3 830 - £384 - **$736**
ALARCON Y CACERES José ?-1904 [6]
🖼 *Tarde de toros* - Oleo/lienzo (82x53cm-32x21in) Madrid 97 .... FF9 950 - £1 075 - **$1,725**
🖼 *Echadoras de cartas* - Oleo/lienzo (66x46cm-26x18in) Madrid 90 .... FF86 400 - £9 191 - **$15,456**
ALASONIERE Fabien Henri 1852-? [1]
🗞 *L'Aumône* - Eau-forte (37x44cm-15x17in) Barbizon 96 .... FF2 500 - £294 - **$492**

ALAUX François 1878-1952 [2]
🐦 *Aveugles de Tanger* - Huile/toile (200x285cm-79x112in) Paris 95 .... FF40 000 - £5 070 - **$8,040**
ALAUX Guillaume ?-1913 [1]
✎ *Marin regardant la fête nocturne* - Pastel/papier (64x49cm-25x19in) Paris 95 .... FF3 000 - £395 - **$614**
ALAUX Gustave 1887-1965 [20]
🐦 *Goree, french Senegal* - Oil/canvas (48x63cm-19x25in) London 97 .... FF46 905 - £5 000 - **$8,223**
✎ *Trois-mâts Ailée II* - Gouache (26x17cm-10x7in) Paris 94 .... FF3 600 - £432 - **$682**
ALAUX Jean, le Romain 1786-1864 [2]
🐦 *Narcisse* - Huile/toile (95x76cm-37x30in) Monaco 87 .... FF50 000 - £4 735 - **$8,635**
✎ *Joueur de guitare prés d'une fontaine* - Aquarelle (23x24cm-9x9in) Paris 95 .... FF5 500 - £720 - **$1,117**
ALAUX Jean-Pierre 1925 [15]
🐦 *Suzanne et les vieillards* - Huile/toile (41x33cm-16x13in) La Varenne Saint-Hilaire 97 .... FF4 500 - £485 - **$790**
ALAUX Jean-Pierre 1783-1858 [13]
🐦 *Femme* - Huile/toile (72x53cm-28x21in) Bruxelles 90 .... FF10 500 - £1 124 - **$1,826**
ALAUX Marie Fernande 1883-1958 [1]
🐦 *Hunter walking, Lake Pontchartrain*
　Oil/canvas (61x71cm-24x28in) New Orleans, Louisiana 92 .... FF3 185 - £370 - **$650**
ALBACETE Alfonso 1950 [2]
🐦 *Sin título* - Oleo/lienzo (65x54cm-26x21in) Madrid 95 .... FF9 010 - £1 125 - **$1,820**
ALBACINI Carlo 1777-1858 [1]
🗿 *Silenius & the Infant Dionysus* - Marble (82cm-32in) London 93 .... FF199 200 - £24 000 - **$34,800**
ALBAN DE LESGALLERY Jean-Jacques 1808-? [1]
🐦 *Ville de la Côte Basque animée* - Huile/toile (50x41cm-20x16in) Avignon 90 .... FF175 000 - £18 737 - **$30,435**
ALBANESI Michele 1816-1878 [2]
✎ *Ferdinands II von Bourbon-Sizilien* - Miniature (6x10cm-2x4in) Wien 92 .... FF5 780 - £590 - **$1,049**
ALBANI Francesco l'Albane 1578-1660 [6]
🐦 *Dancing Amorini & Venus* - Oil/copper (114x93cm-45x37in) New-York 96 .... FF1 - £158 700 - **$240,000**
ALBANO Salvatore 1841-1893 [1]
🗿 *Nude slave girl* - Marble (205cm-81in) London 95 .... FF172 000 - £22 000 - **$34,600**
ALBAREDE André René XIX-XX [3]
🐦 *Charlotte à 9 ans* - Huile/toile (46x38cm-18x15in) Paris 91 .... FF7 600 - £762 - **$1,392**
ALBEE Grace 1890-1985 [2]
🖾 *Mr. Fenk's Place/Entangled Tractor* - Engraving New-York 91 .... FF5 130 - £521 - **$927**
ALBEE Percy 1883-1959 [1]
✎ *Free Enterprise* - Gouache/board (56x76cm-22x30in) New-York 93 .... FF3 575 - £449 - **$650**
ALBENSBERG Ludwig 1840-1921 [2]
🐦 *Die Braut der Nereiden* - Öl/Leinwand (92x132cm-36x52in) München 94 .... FF9 260 - £1 098 - **$1,712**
ALBERICI Augusto 1846-? [2]
🐦 *Battaglia campale* - Olio/tela (36x75cm-14x30in) Roma 95 .... FF9 500 - £1 216 - **$1,952**
　Stallholders, Rome - Oil/canvas (75x62cm-30x24in) London 91 .... FF64 500 - £6 546 - **$11,649**
ALBERMANN Wilhelm 1835-? [1]
🗿 *The blacksmith* - Bronze (46cm-18in) Bloomfield Hills, Michigan 96 .... FF4 180 - £484 - **$800**
ALBEROLA Jean-Michel 1953 [31]
🐦 *L'Afrique n'est que de l'enfance...* - Oil/canvas (200x200cm-79x79in) New-York 94 .... FF36 500 - £4 310 - **$6,500**
🖾 *Il parle, je peins* - Sérigraphie (122x150cm-48x59in) Paris 94 .... FF2 000 - £238 - **$381**
✎ *Actéon* - Pastel/papier (105x149cm-41x59in) Paris 96 .... FF45 000 - £5 290 - **$8,850**
ALBERS Antoine 1765-1844 [1]
🐦 *Südliche Küstenlandschaft* - Oil/canvas (64x89cm-25x35in) Köln 90 .... FF27 000 - £2 789 - **$4,770**
ALBERS Josef 1888-1976 [173]
🐦 *Homage to the Square: Profuse* - Oil/masonite (41x41cm-16x16in) London 96 .... FF86 300 - £11 000 - **$16,630**
　Homage to the Square - Oil/masonite (41x41cm-16x16in) London 96 .... FF133 500 - £17 000 - **$25,700**
　Study to homage to the square - Oil/masonite (61x61cm-24x24in) New-York 97 .... FF188 955 - £19 841 - **$32,500**
　Study for Homage to the Square
　Oil/masonite (101x101cm-40x40in) New-York 96 .... FF673 000 - £86 900 - **$130,000**
🖾 *Multiplex D, 1948* - Print (24x31cm-9x12in) New-York 89 .... FF37 200 - £3 804 - **$5,981**
✎ *Steps* - Gouache/paper (39x52cm-15x20in) New-York 95 .... FF104 000 - £13 000 - **$21,000**
ALBERT Adolphe 1869-1932 [6]
🐦 *Vue de la Seine* - Oil/canvas (47x56cm-19x22in) New-York 95 .... FF15 140 - £1 933 - **$3,100**
🖾 *Portrait de jeune femme* - Eau-forte (46x35cm-18x14in) Paris 94 .... FF2 000 - £258 - **$397**
ALBERT Ernest 1857-1946 [25]
🐦 *Oriental still life* - Oil/canvas (41x51cm-16x20in) Mystic, Connecticut 95 .... FF15 880 - £2 026 - **$3,250**
　The Mill Stream - Oil/panel (91x101cm-36x40in) New-York 95 .... FF92 000 - £11 450 - **$18,000**
ALBERT Ernest 1900-1976 [2]
🐦 *Still life with flowers* - Oil/canvas (70x60cm-28x24in) Amsterdam 97 .... FF20 977 - £2 205 - **$3,603**
ALBERT Gustav Albert A. 1866-1905 [7]
🐦 *New York* - Oil/canvas (55x39cm-22x15in) Stockholm 94 .... FF21 850 - £2 580 - **$3,890**
ALBERT Hermann 1937 [3]
✎ *Dickes Mädchen* - Pastell/Papier (61x50cm-24x20in) Düsseldorf 92 .... FF3 060 - £314 - **$539**
ALBERT Jeannine 1939 [3]
🐦 *Flowers and birds* - Oil/canvas (79x69cm-31x27in) St. Louis, Miss. 93 .... FF8 260 - £940 - **$1,400**
ALBERT Joseph 1886-1981 [34]
🐦 *Paysage* - Oil/cardboard (29x36cm-11x14in) Amsterdam 97 .... FF9 589 - £1 008 - **$1,647**

Femme à l'écharpe - Huile/toile (100x63cm-39x25in) Antwerpen 92 .... **FF65 900 - £7 870 - $12,670**
Nature morte - Oil/canvas (101x101cm-40x40in) Amsterdam 96 .... **FF285 600 - £32 800 - $54,500**

ALBERT Karl 1911 [1]
🖝 *The Frontier* - Oil/canvas (122x244cm-48x96in) San Francisco-Los Angeles 96 .... **FF13 050 - £1 510 - $2,500**

ALBERT-LASARD Lou 1885-1969 [10]
🖝 *Meerelandschaft* - Öl/Leinwand (43x66cm-17x26in) Leipzig 95 .... **FF7 120 - £890 - $1,438**
🖝 *Bullfight* - Oil/canvas (50x61cm-20x24in) Tel Aviv 94 .... **FF15 970 - £1 870 - $2,800**
✏ *Port de Rabat* - Aquarell/Papier (40x53cm-16x21in) Köln 97 .... **FF3 035 - £318 - $520**

ALBERTH Ferenc 1883-1959 [2]
🖝 *Ragazza nei campi* - Olio/tela (73x100cm-29x39in) Trieste 93 .... **FF3 980 - £454 - $675**

ALBERTI Giuseppe Vizzotto. 1862-1931 [2]
✏ *Fishermen in the Venetian lagoon*
Watercolour, gouache (63x34cm-25x13in) London 93 .... **FF14 940 - £1 800 - $2,610**

ALBERTI Henry 1868-? [6]
🖝 *Flowergirl in Scheveningen Costume* - Oil/canvas (88x115cm-35x45in) Amsterdam 94 .... **FF9 200 - £1 095 - $1,750**
Répétition générale aux Folies-Bergère
Huile/toile (98x163cm-39x64in) Deauville 94 .... **FF103 000 - £12 580 - $19,540**

ALBERTI Piotr, Peter 1913 [66]
🖝 *La rentrée* - Huile/carton (70x50cm-28x20in) Saint-Germain-en-Laye 92 .... **FF6 800 - £699 - $1,260**
🖝 *Sommarkväll* - Oil/panel (49x65cm-19x26in) Stockholm 94 .... **FF13 980 - £1 622 - $2,410**

ALBERTI Rafael 1903 [4]
▭ *Figura, 1974* - Serigrafia (69x49cm-27x19in) Madrid 90 .... **FF3 800 - £393 - $671**

ALBERTIN André 1867-1933 [17]
🖝 *Chaîne de Belledone* - Huile/toile (15x24cm-6x9in) Grenoble 95 .... **FF2 200 - £276 - $439**

ALBERTINI Oreste 1887-1953 [4]
🖝 *Sul Prato nel paesaggio montano* - Olio/tavola (40x70cm-16x28in) Roma 93 .... **FF18 300 - £2 054 - $3,275**

ALBERTIS de Giuseppe 1760-1828 [1]
🖝 *Sacra Famiglia* - Olio/tela (19x93cm-7x37in) Milano 92 .... **FF54 400 - £5 560 - $9,570**

ALBERTIS de Sebastiano 1828-1897 [9]
🖝 *Artiglieria a cavallo* - Olio/tavola (12x35cm-5x14in) Milano 95 .... **FF61 800 - £8 200 - $12,600**
✏ *Artigliere a cavallo* - Acquarello/cartone (19x13cm-7x5in) Roma 96 .... **FF9 350 - £1 084 - $1,820**

ALBERTOLLI Giacomo 1742-1839 [1]
✏ *Progetto per il palazzo Casnedi* - Inchiostro (40x31cm-16x12in) Roma 89 .... **FF12 800 - £1 309 - $2,058**

ALBERTS Jacob 1860-1941 [2]
🖝 *Bei der Großmutter* - Oil/canvas (61x73cm-24x29in) Bremen 92 .... **FF115 600 - £11 830 - $20,340**

ALBERTSEN Wilhelm 1868-? [1]
✏ *Alte Gasse in Flensburg* - Aquarell/Papier (55x34cm-22x13in) Hamburg 93 .... **FF1 892 - £215 - $320**

ALBIERI Gino 1881-1949 [1]
🖝 *La carrozza* - Olio/tela (37x48cm-15x19in) Roma 89 .... **FF3 900 - £411 - $657**

ALBIKER Karl 1878-1961 [4]
🗿 *Tänzerin, Guiletta* - Sculpture (61cm-24in) Köln 93 .... **FF23 800 - £2 720 - $4,000**

ALBIN-GUILLOT Laure 1892-1962 [27]
📷 *Nu féminin assis* - Tirage argentique (30x22cm-12x9in) Paris 94 .... **FF7 000 - £830 - $1,294**

ALBINET Jean-Paul 1954 [9]
🖝 *Composition* - Acrylique/toile (41x33cm-16x13in) Saint-Germain-en-Laye 92 .... **FF2 200 - £263 - $423**

ALBINO Luca 1884-1952 [4]
🖝 *Al mercato* - Olio/tavola (18x30cm-7x12in) Roma 94 .... **FF12 700 - £1 520 - $2,356**

ALBINSON Dewey Ernest 1898-? [3]
✏ *Louisiana Black Genre Scenes*
Pastel/paper (28x38cm-11x15in) New Orleans, Louisiana 96 .... **FF2 533 - £328 - $500**

ALBIOWSKA-MINKIEWICZ Zofia 1886-1975 [1]
🖝 *Hortensien* - Öl/Leinwand (78x90cm-31x35in) Wien 95 .... **FF8 960 - £1 137 - $1,805**

ALBITZ Richard 1876-1954 [3]
🖝 *Wenn der Tag sinkt* - Oil/canvas (110x90cm-43x35in) Lindau 92 .... **FF11 220 - £1 150 - $1,975**

ALBOK John XX [2]
📷 *Man on bench* - Silver print (33x25cm-13x10in) New-York 93 .... **FF1 918 - £218 - $325**

ALBRACHT Willem 1861-1922 [1]
🖝 *Le numismate* - Huile/toile (57x70cm-22x28in) Bruxelles 93 .... **FF6 590 - £788 - $1,347**

ALBRECHT Karl 1862-1926 [3]
🖝 *Interior of a breakfast room* - Oil/canvas (58x56cm-23x22in) London 95 .... **FF36 900 - £4 800 - $7,560**

ALBRICCI Enrico 1714-1775 [3]
🖝 *Nani che prendono vino* - Olio/tela (37x47cm-15x19in) Milano 91 .... **FF182 200 - £18 138 - $31,332**

ALBRIER Joseph 1791-1863 [2]
🖝 *C. de Bourbon, comte de Charolais* - Huile/toile (6x54cm-2x21in) Paris 96 .... **FF25 000 - £3 180 - $4,820**

ALBRIGHT Adam Emory 1862-1957 [19]
🖝 *Two Children Playing With Time* - Oil/canvas (41x53cm-16x21in) Chicago 96 .... **FF3 860 - £468 - $750**
🖝 *Children playing with a kite* - Oil/canvas (76x135cm-30x53in) New-York 97 .... **FF245 183 - £25 792 - $42,000**

ALBRIGHT Gertrude Partington 1883-1959 [1]
🖝 *Bird Rock, Monterey* - Oil/canvas (49x66cm-19x26in) San Francisco-Los Angeles 92 .... **FF8 100 - £828 - $1,500**

ALBRIGHT Henry James 1887-1951 [5]
🖝 *Nasturtiums* - Oil/canvas (61x72cm-24x28in) Cambridge, Mass. 91 .... **FF12 580 - £1 261 - $2,077**

ALBRIGHT Herman Oliver 1876-1944 [1]
🖝 *The Wild Garden* - Oil/canvas (63x78cm-25x31in) San Francisco-Los Angeles 95 .... **FF9 960 - £1 310 - $2,000**

ALBRIGHT Ivan Le Lorraine 1897-1983 [15]
Head of a girl - Lithograph (44x27cm-17x11in) New-York 95 .... FF*5 850* - £*707* - **$1,100**
ALBRIGHT Malvin Moore 1897-1983 [4]
Clio - Gouache/paper (56x79cm-22x31in) Chicago 95 .... FF*2 510* - £*315* - **$500**
ALBRIZZI Enrico 1714-1775 [1]
Nains et grenouilles - Huile/toile (54x68cm-21x27in) Monaco 92 .... FF*55 000* - £*6 560* - **$10,570**
ALBRO Maxine 1903-1966 [1]
The Water Carriers - Oil/canvas (76x66cm-30x26in) San Francisco-Los Angeles 94 ..... FF*12 870* - £*1 680* - **$2,500**
ALBY Henri 1929 [2]
Le trophée - Bronze (49cm-19in) Paris 92 .... FF*6 500* - £*668* - **$1,250**
ALCADE Juan 1918 [7]
Cerámica y frutas - Olio/cartone (44x60cm-17x24in) Madrid 93 .... FF*12 100* - £*1 375* - **$2,050**
ALCAHUD Gloria 1937 [2]
Bodegón - Oleo/tabla (104x61cm-41x24in) Madrid 94 .... FF*3 920* - £*463* - **$704**
ALCALA GALIANO Alvaro 1873-1936 [1]
Pulling in the boat - Oil/canvas (84x114cm-33x45in) London 92 .... FF*5 590* - £*650* - **$1,141**
ALCARAZ Julian 1863-1952 [1]
Taureau chargeant - Huile/carton (36x44cm-14x17in) Saint-Jean-de-Luz 95 .... FF*4 500* - £*583* - **$915**
ALCAZAR TEJEDOR José 1850-? [1]
Sentada en el salón - Oleo/tabla (27x21cm-11x8in) Madrid 92 .... FF*4 050* - £*413* - **$713**
ALCHIMOWICZ Kaminierz 1840-1916 [3]
The itinirant vendor - Oil/canvas (193x138cm-76x54in) New-York 93 .... FF*58 000* - £*6 670* - **$10,000**
ALCIATI Ambrogio A. 1878-1929 [6]
Madonna col Bambino - Olio/tela (40x34cm-16x13in) Bologna 92 .... FF*22 650* - £*2 320* - **$3,990**
Vaso di fiori - Pastelli/carta (63x49cm-25x19in) Milano 92 .... FF*13 600* - £*1 390* - **$2,393**
ALCORLO BLANCO José Manuel 1935 [2]
Madre e hija cogiendo flores - Oleo/lienzo (89x116cm-35x46in) Madrid 95 .... FF*17 100* - £*2 220* - **$3,520**
Muchacha - Acuarela (34x25cm-13x10in) Madrid 94 .... FF*1 803* - £*213* - **$333**
ALCORLO Manuel 1935 [3]
Paseo por la ciudad a media noche - Oleo/tabla (53x70cm-21x28in) Madrid 95 .... FF*5 430* - £*705* - **$1,118**
ALDE Yvette 1911-1967 [35]
Les palmiers - Huile/toile (64x81cm-25x32in) Versailles 90 .... FF*5 500* - £*554* - **$1,000**
ALDENRATH Henri Jacob 1775-1844 [1]
Mandsportraet - Miniature (7x6cm-3x2in) Köbenhavn 90 .... FF*2 300* - £*248* - **$406**
ALDER Emil 1870-1933 [4]
L'Ile Saint-Louis et la Seine - Huile/toile (50x61cm-20x24in) Paris 93 .... FF*4 000* - £*450* - **$678**
ALDI Pietro 1852-1888 [1]
Passeggiata a Villa Borghese - Olio/tela (40x60cm-16x24in) Roma 95 .... FF*9 980* - £*1 312* - **$1,984**
ALDIN Cecil Ch. Windsor 1870-1935 [90]
A fawn greyhound - Oil/panel (15x19cm-6x7in) London 96 .... FF*25 200* - £*2 611* - **$4,429**
A Terrier and a Pomeranian - Black chalk (34x27cm-13x11in) London 96 .... FF*3 150* - £*380* - **$605**
To a good day's Hunting - Ink (24x32cm-9x13in) London 93 .... FF*11 340* - £*1 350* - **$2,080**
A Perfect Gentleman - Coloured chalks (29x23cm-11x9in) London 96 .... FF*12 830* - £*1 600* - **$2,480**
Playtime - Coloured chalks (36x29cm-14x11in) London 96 .... FF*12 830* - £*1 600* - **$2,480**
Your Christmas Mail - Coloured chalks (22x27cm-9x11in) London 96 .... FF*16 040* - £*2 000* - **$3,100**
The Favourite Right Royal - Pastel (39x28cm-15x11in) London 96 .... FF*33 960* - £*4 000* - **$6,670**
ALDINE Ala el Dine, dit 1917 [17]
L'extrême limite, 1967 - Huile/toile (130x97cm-51x38in) Paris 90 .... FF*3 200* - £*336* - **$557**
ALDINE Marc XIX-XX [26]
Vue de Venise - Huile/toile (50x100cm-20x39in) Paris 97 .... FF*17 000* - £*1 771* - **$2,896**
The Grand Canal - Oil/canvas (40x80cm-16x31in) London 95 .... FF*37 600* - £*4 800* - **$7,670**
The Church of La Salute, Venice - Oil/canvas (49x64cm-19x25in) London 96 .... FF*61 300* - £*7 200* - **$11,910**
ALDOR Janos Laszlo 1895 [3]
The Artsist's model - Oil/canvas/board (51x41cm-20x16in) London 97 .... FF*7 720* - £*850* - **$1,355**
ALDRICH George Ames 1872-1941 [18]
Castle on a hillside - Oil/canvas (84x71cm-30x28in) New-York 93 .... FF*6 050* - £*759* - **$1,100**
Country stream, Normandy - Oil/canvas (48x64cm-19x25in) Chicago 92 .... FF*21 560* - £*2 504* - **$4,400**
ALDRIDGE Frederick James 1850-1933 [93]
Dutch fishing pinks - Oil/canvas (76x63cm-30x25in) London 95 .... FF*6 850* - £*900* - **$1,375**
Lowering Sails at Sunset - Aquarelle (18x12cm-7x5in) Montréal 96 .... FF*1 647* - £*188* - **$316**
Fishing vessels off the coast - Watercolour (20x27cm-8x11in) London 96 .... FF*4 330* - £*550* - **$853**
ALDRIDGE John A. Malcolm 1905-1984 [16]
Springtime - Oil/board (38x50cm-15x20in) London 96 .... FF*3 146* - £*400* - **$605**
Beslyns pond, Great Bardfield - Oil/canvas (63x71cm-25x28in) London 90 .... FF*23 200* - £*2 336* - **$4,218**
ALEBARDI Angiolo 1883-1969 [1]
Salendo la vetta - Olio/cartone (71x61cm-28x24in) Roma 94 .... FF*11 300* - £*1 344* - **$2,016**
ALECHINSKY Pierre 1927 [492]
Whale of a Good Time - Oil/canvas (127x224cm-50x88in) London 96 .... FF*1* - £*170 000* - **$262,000**
La Percée de Berbering - Acrylic (67x100cm-26x39in) Amsterdam 95 .... FF*43 200* - £*5 660* - **$8,650**
Jeune chienne - Oil/canvas (61x50cm-24x20in) Amsterdam 97 .... FF*131 855* - £*13 860* - **$22,651**
Degustateur - Acrylic/paper/canvas (100x76cm-39x30in) Amsterdam 97 .... FF*161 124* - £*16 899* - **$27,649**
De l'orage dans l'air - Acrylic/paper/canvas (115x153cm-45x60in) Köbenhavn 96 .... FF*235 000* - £*29 200* - **$45,600**

Buisson bruissant - Acrylic/paper/canvas (114x154cm-45x61in) Amsterdam 92 .... FF**236 700** - £24 220 - **$41,700**
Circuit, 1978 - Acrylic/paper/canvas (67x52cm-26x20in) Amsterdam 90 .... FF**239 600** - £25 489 - **$42,862**
Retour aux Sources - Acrylic/paper/canvas (250x365cm-98x144in) London 96 .... FF**2 74e +06** - £260 000 - **$401,000**
📖 Milano - Etching, aquatint in colors (91x69cm-36x27in) Hamburg 97 .... FF**2 730** - £29 2 8 - **$475**
L'Exédente - Lithograph (45x30cm-18x12in) Amsterdam 97 .... FF**4 392** - £460 - **$753**
Untiteld - Etching (100x60cm-39x24in) Amsterdam 97 .... FF**55 659** - £5 837 - **$9,551**
🪨 Avant blason - Relief (43x33cm-17x13in) Paris 96 .... FF**56 000** - £6 430 - **$10,680**
✏️ Untitled - Watercolour (27x21cm-11x8in) Amsterdam 97 .... FF**17 577** - £1 843 - **$3,016**
Insultes Honorific - Pastel (25x38cm-10x15in) New-York 97 .... FF**37 725** - £3 968 - **$6,500**
Avance! - Ink (71x115cm-28x45in) Amsterdam 97 .... FF**116 871** - £12 285 - **$20,077**
Monkey Business - Aquarelle (38x58cm-15x23in) Paris 90 .... FF**130 000** - £13 430 - **$22,968**

ALEF Thorwald 1896-1974 [9]
🪨 Simmande pojkar - Bronze (30cm-12in) Stockholm 95 .... FF**8 010** - £1 048 - **$1,605**
Sjusoverska - Marble (77cm-30in) Stockholm 95 .... FF**16 020** - £2 096 - **$3,210**

ALEGIANI Francesco XIX [7]
🍷 Trompe l'oeil con la Beatrice Cenci - Olio/tela (55x30cm-22x12in) Milano 90 .... FF**33 300** - £3 389 - **$6,659**

ALEJANDRO José 1943 [3]
🍷 La Clé de l'orage - Huile/toile (130x120cm-64x51in) Saint-Germain-en-Laye 95 .... FF**6 000** - £788 - **$1,232**

ALEJANDRO Ramón 1943 [4]
🍷 Puissance et Gloire - Acrylic/canvas (46x56cm-18x22in) New-York 95 .... FF**12 240** - £1 530 - **$2,400**
✏️ Osán quiriñan - Pastel/paper (75x110cm-30x43in) New-York 97 .... FF**40 092** - £4 273 - **$7,000**

ALENZA Y NIETO Leonardo 1807-1845 [15]
🍷 Figures at the entrance of a cave - Oil/panel (44x35cm-17x14in) London 94 .... FF**56 200** - £6 500 - **$9,580**
✏️ Reyerta callejera en Madrid - Tinta (16x23cm-6x9in) Madrid 93 .... FF**8 320** - £958 - **$1,428**

ALERS Rudolf 1812-c.1850 [1]
🍷 Jagdgesellschaft unter Eichen - Oil/canvas (82x112cm-32x44in) Amsterdam 97 .... FF**20 400** - £2 090 - **$3,590**

ALES Nikolaus 1852-1913 [1]
🍷 Arabische Krieger bei der Rast - Oil/canvas (71x100cm-28x39in) Luzern 92 .... FF**9 670** - £988 - **$1,703**

ALÉSI d' Hugo, Fred. Alexianu 1849-1906 [42]
🍷 Le Mer de Glace - Huile/toile (77x112cm-30x44in) Paris 91 .... FF**10 000** - £993 - **$1,736**
📖 Menton - Affiche (106x73cm-42x29in) Paris 94 .... FF**2 200** - £254 - **$380**
Chemins de Fer de l'Est, Suisse - Affiche (105x75cm-41x30in) Paris 92 .... FF**2 300** - £236 - **$405**
Plombières-les-Bains, Trains rapides - Affiche (106x75cm-42x30in) Neuilly 96 .... FF**2 900** - £376 - **$570**

ALESSANDRO Lupo 1876-1953 [1]
✏️ Ritorno dalla pesca - Acquarello (24x18cm-9x7in) Torino 93 .... FF**7 320** - £827 - **$1,231**

ALEWIJN Jhr. Dirk 1797-1837 [2]
🍷 Greek coastal scene - Oil/panel (37x41cm-15x16in) London 95 .... FF**14 200** - £1 800 - **$2,860**

ALEX Kosta 1925 [8]
🍷 La jeune femme... futur - Acrylique/papier (40x45cm-16x18in) Paris 94 .... FF**4 000** - £457 - **$678**
🪨 Man with a hat #84 - Assemblage (65x57cm-26x22in) Paris 96 .... FF**10 000** - £1 294 - **$1,962**
Flora - Bronze (67x85x30cm-26x33x12in) New-York 93 .... FF**22 000** - £2 760 - **$4,000**

ALEXANDER Ann Dunlop 1890-? [2]
🍷 Floral still life - Oil/canvas (91x61cm-36x24in) Montréal 90 .... FF**3 060** - £316 - **$540**

ALEXANDER Clifford Grear 1870-1954 [1]
🍷 Bouquet of violets - Oil/panel (18x239cm-7x94in) Boston, Mass. 94 .... FF**2 707** - £321 - **$500**

ALEXANDER Edwin 1870-1926 [14]
✏️ Peacock - Watercolour, gouache (34x20cm-13x8in) Edinburgh 92 .... FF**15 630** - £1 600 - **$2,750**

ALEXANDER Francesca 1837-1917 [2]
🍷 Paolina Pistolesi, Aprile 1878 - Oil/canvas/panel (45x26cm-18x10in) New-York 90 ..... FF**21 700** - £2 249 - **$3,814**
✏️ Words of Love - Drawing (39x27cm-15x11in) New-York 90 .... FF**17 430** - £1 799 - **$3,077**

ALEXANDER Franz 1889-? [1]
🍷 Isarlandschaft - Oil/canvas (45x60cm-18x24in) Stuttgart 89 .... FF**9 500** - £1 001 - **$1,599**

ALEXANDER George Edward 1865-? [2]
✏️ Barns by the river - Watercolour (22x32cm-9x13in) London 92 .... FF**2 540** - £260 - **$448**

ALEXANDER Henry 1859-1894 [2]
🍷 Reading by the afternoon light - Oil/panel (56x44cm-22x17in) New-York 95 .... FF**56 400** - £7 020 - **$11,000**

ALEXANDER Herbert 1874-1946 [4]
✏️ Children camping by a chalk cliff - Watercolour (27x37cm-11x15in) London 95 .... FF**3 316** - £420 - **$667**

ALEXANDER John 1945 [13]
🍷 Feeding the monkey - Oil/canvas (211x196cm-83x77in) New-York 96 .... FF**61 100** - £7 200 - **$12,000**
✏️ Untitled - Coloured chalks/paper (56x76cm-22x30in) New-York 97 .... FF**14 620** - £1 544 - **$2,500**

ALEXANDER John White 1856-1915 [12]
🍷 Juliette - Oil/canvas (122x90cm-48x35in) New-York 95 .... FF**1** - £140 000 - **$220,000**
✏️ Portrait of a lady in bonnet - Watercolour (28x23cm-11x9in) New-York 96 .... FF**7 790** - £992 - **$1,500**

ALEXANDER Naomi 1938 [2]
🍷 Cacooned in the Mud House, Aswan - Oil/board (61x89cm-24x35in) London 95 .... FF**8 280** - £1 100 - **$1,707**

ALEXANDER Peter 1939 [4]
🍷 Glendora - Oil/canvas (122x134cm-48x53in) San Francisco-Los Angeles 94 .... FF**29 030** - £3 370 - **$5,000**
📖 Riccoso - Lithograph (78x83cm-31x33in) San Francisco-Los Angeles 92 .... FF**3 380** - £404 - **$650**

ALEXANDER Richard Dykes 1788-1865 [1]
📷 Hills of Kirton & his daughters - Salt print (13x18cm-5x7in) London 96 .... FF**3 490** - £450 - **$674**

ALEXANDER Robert 1840-1923 [7]
🍷 Dark bay King Cole, 1875 - Oil/canvas (50x61cm-20x24in) Edinburgh 89 .... FF**27 100** - £2 771 - **$4,357**

ALEXANDER William 1767-1816 [9]
- *Chinese peasant at Chusan* - Watercolour (38x24cm-15x9in) London 97 .... FF**16 886** - £**1 800** - **$2,960**
- *Pingze Men, Peking* - Watercolour/paper (29x45cm-11x18in) London 97 .... FF**301 034** - £**32 000** - **$51,869**

ALEXANDER William Walker 1869-1948 [1]
- *Rapids, Gull river, Haliburton (2)* - Oil/panel (14x21cm-6x8in) Toronto 89 .... FF**3 400** - £**348** - **$547**

ALEXANDERSSON Carl J. 1897-1942 [2]
- *Astrar i krukar* - Oil/panel (34x27cm-13x11in) Stockholm 92 .... FF**2 546** - £**261** - **$449**

ALEXANDERSSON Gustav 1901 [2]
- *Copper-mine, Falun, Sweden* - Oil/panel (50x59cm-20x23in) Amsterdam 92 .... FF**3 034** - £**312** - **$584**

ALEXANDRE Gaston 1908-1971 [1]
- *La cathédrale de Rouen* - Huile/toile (89x116cm-35x46in) Paris 93 .... FF**17 500** - £**2 110** - **$3,180**

ALEXANDRE Léon Désiré 1819-1889 [2]
- *Mother and child* - Öl/Leinwand (41x32cm-16x13in) Wien 96 .... FF**21 760** - £**2 724** - **$4,225**

ALEXANDRINE A. Kelder-Gortmans 1903-1980 [1]
- *Villa Adrienne, Antibes* - Oil/canvas (61x46cm-24x18in) London 92 .... FF**7 810** - £**800** - **$1,376**

ALEXANDROVITCH Alexandre J. 1873-1949 [1]
- *La côte au Mont-Boron* - Huile/toile (33x41cm-13x16in) Montauban 95 .... FF**3 800** - £**482** - **$765**

ALEXANDROVNA Olga 1882-1960 [3]
- *Les enfants devant leur maison* - Aquarelle (18x24cm-7x9in) Paris 92 .... FF**2 700** - £**323** - **$520**

ALEXEIEV Alexei Alexandrovich 1811-1878 [2]
- *Bejeweled woman* - Oil/panel (43x36cm-17x14in) San Francisco-Los Angeles 93 .... FF**16 500** - £**2 070** - **$3,000**
- *Paddle ship Emperor Alexander II* - Gouache (40x78cm-16x31in) London 92 .... FF**16 750** - £**2 000** - **$3,220**

ALEXIEFF Alexander I. 1842-? [1]
- *Portrait of a woman* - Oil/panel (40x25cm-16x10in) New-York 92 .... FF**17 200** - £**1 800** - **$3,100**

ALEXIENKO Eduard 1960 [2]
- *Soleil couchant sur la mer* - Huile/toile (33x48cm-13x19in) Grenoble 95 .... FF**2 600** - £**335** - **$529**

ALFARO SIQUEIROS David. 1896-1974 [8]
- *El beso* - Acrylic/canvas (56x41cm-22x16in) México 92 .... FF**225 000** - £**23 100** - **$41,100**
- *Mujer y Gato* - Pyroxiline/masonite (92x74cm-36x29in) New-York 93 .... FF**473 000** - £**53 700** - **$80,000**
- *Bilbao y Galvarino* - Lithograph (74x58cm-29x23in) México 92 .... FF**17 820** - £**1 830** - **$3,254**

ALFARO Y BRIEVA Nicolás 1826-1905 [1]
- *Cabeza de moro* - Oleo/tabla (20x11cm-8x4in) Madrid 90 .... FF**2 500** - £**258** - **$442**

ALFELT Else 1910-1974 [20]
- *Fjelde/Komposition* - Oil/panel (84x82cm-33x32in) København 95 .... FF**46 150** - £**5 970** - **$9,380**
- *Bjerge* - Aquarelle (38x45cm-15x18in) Lokeren 95 .... FF**6 850** - £**855** - **$1,384**

ALFELT Vibeke 1934 [4]
- *Steppehest* - Oil/canvas (100x170cm-39x67in) København 95 .... FF**2 283** - £**285** - **$461**

ALFEREZ Enrique 1901 [2]
- *Adam and Eve* - Stone (132cm-52in) New Orleans, Louisiana 96 .... FF**72 500** - £**8 950** - **$14,000**

ALFIERI Attilio 1904-1992 [17]
- *Case* - Olio/tela (65x90cm-26x35in) Milano 95 .... FF**11 400** - £**1 406** - **$2,320**
- *Estemporaneo* - Acquarello/carta (40x54cm-16x21in) Milano 94 .... FF**1 695** - £**202** - **$303**

ALFONS Sven 1918 [12]
- *Stillheten i Engadin* - Oil/canvas (92x65cm-36x26in) Stockholm 92 .... FF**10 840** - £**1 296** - **$2,085**

ALFONZO Carlos 1950-1991 [15]
- *Profound Peace* - Oil/canvas (151x219cm-59x86in) New-York 95 .... FF**72 800** - £**9 660** - **$15,000**
- *Veneziana* - Oil/canvas (132x213cm-52x84in) New-York 97 .... FF**154 640** - £**16 483** - **$27,000**
- *Untitled* - Gouache (75x112cm-30x44in) New-York 95 .... FF**40 800** - £**5 100** - **$8,000**

ALFORD John XX [2]
- *Intho the estuary* - Oil/board (50x76cm-20x30in) London 92 .... FF**3 910** - £**400** - **$690**

ALGARRA Y HURTADO Cosme 1824-? [1]
- *Paisaje* - Oleo/lienzo (47x67cm-19x26in) Madrid 90 .... FF**2 200** - £**237** - **$388**

ALGRAIN Andrée 1905-? [1]
- *Bloemenstilleven* - Huile/toile (75x60cm-30x24in) Lokeren 94 .... FF**4 950** - £**577** - **$867**

ALHEIM d' Jean c.1840-1894 [6]
- *Frühling am Meer* - Oil/canvas (97x72cm-38x28in) Bern 91 .... FF**11 880** - £**1 197** - **$2,061**

ALIAMET Jacques 1726-1788 [1]
- *La Philosophie endormie* - Eau-forte (47x34cm-19x13in) Paris 94 .... FF**1 500** - £**175** - **$263**

ALINARI Luca 1943 [62]
- *Nel prisma* - Olio/tela (70x90cm-28x35in) Firenze 97 .... FF**5 100** - £**600** - **$900**
- *Sette samurai* - Acrilico/tela (120x120cm-47x47in) Prato 97 .... FF**22 100** - £**2 600** - **$3,900**
- *Figure* - Matite colorate (80x80cm-31x31in) Prato 97 .... FF**8 160** - £**960** - **$1,440**

ALIOTTI Claude 1925-1989 [7]
- *Noël gris, 1988* - Huile/carton (84x62cm-24x31in) Paris 90 .... FF**9 800** - £**1 049** - **$1,704**

ALISON David 1882-? [2]
- *Stilleben mit Teekanne* - Öl/Leinwand (51x61cm-20x24in) Lindau 93 .... FF**2 713** - £**334** - **$488**

ALIX Gabriel XX [2]
- *Arbre en fleurs* - Oil/masonite (60x50cm-24x20in) New-York 92 .... FF**3 750** - £**384** - **$660**

ALIX Pierre Michel 1762-1817 [4]
- *Général Bonaparte* - Gravure (63x52cm-25x20in) Paris 97 .... FF**5 800** - £**608** - **$995**

ALIX Yves 1890-1969 [27]
- *Le ténor* - Huile/toile Chartres 95 .... FF**8 500** - £**1 017** - **$1,618**

Paysage de Provence - Huile/carton (50x73cm-20x29in) Neuilly 92 .... FF**22 000** - £2 260 - **\$4,230**
🖉 *Pêcheur* - Aquarelle (21x17cm-8x7in) Douai 90 .... FF**3 000** - £323 - **\$529**

ALIZARD Joseph Paul 1867-1948 [1]
🖼 *L'ombrellino bianco* - Olio/tela (32x24cm-13x9in) Roma 95 .... FF**16 330** - £2 090 - **\$3,355**

ALKEMA Wobbe 1900-1984 [5]
🖼 *Composition no. 16* - Oil/board (82x60cm-32x24in) Amsterdam 97 .... FF**26 364** - £2 765 - **\$4,524**
▭ *Composition/Composition* - Linocut in colors (25x25cm-10x10in) Amsterdam 96 .... FF**3 010** - £345 - **\$574**

ALKEN Henry 1774/85-1850/51 [62]
🖼 *Fighting cocks* - Oil/canvas (61x51cm-24x20in) New-York 97 .... FF**24 564** - £2 619 - **\$4,250**
The Kill - Oil/canvas (60x91cm-24x36in) London 97 .... FF**93 809** - £10 000 - **\$16,229**
▭ *Consequences* - Aquatint (31x51cm-12x20in) London 94 .... FF**12 400** - £1 500 - **\$2,290**

ALKEN Henry II 1810-1894 [33]
🖼 *After the Race* - Oil/canvas (41x56cm-16x22in) New-York 94 .... FF**44 900** - £5 270 - **\$8,000**
🖉 *Deux chevaux, jockey et lads* - Aquarelle (19x26cm-7x10in) Paris 93 .... FF**14 500** - £1 747 - **\$2,637**

ALKEN Samuel Henry 1810-1894 [13]
🖼 *Drags of the four-in-Hand Club...* - Oil/canvas (40x61cm-16x24in) London 97 .... FF**45 028** - £4 800 - **\$7,790**
Finish of the Derby - Oil/canvas (49x81cm-19x32in) London 93 .... FF**408 400** - £47 000 - **\$70,000**

ALKEN Samuel Henry 1750-1815 [13]
🖼 *Full cry/Leap/Cover/Death* - Oil/canvas (30x51cm-12x20in) New-York 97 .... FF**75 144** - £8 011 - **\$13,000**

ALKEN Samuel Jr. 1784-c.1825 [5]
🖉 *The Chase* - Watercolour (23x38cm-9x15in) London 93 .... FF**2 160** - £260 - **\$377**

ALLAIN Patrick [14]
🗿 *Sanglier* - Bronze (20cm-8in) Paris 96 .... FF**3 200** - £366 - **\$610**

ALLAN Alexander 1764-1820 [2]
🖉 *The Temple at Tiruttani, Tamil Nadu* - Watercolour (38x45cm-15x18in) London 95 .... FF**9 630** - £1 200 - **\$1,885**

ALLAN Archibald Russell W. 1878-1959 [8]
🖼 *Swans* - Oil/canvas (99x148cm-39x58in) Auchterarder, Perthshire 95 .... FF**34 400** - £4 400 - **\$6,770**
🖉 *Fantail doves* - Coloured chalks (32x49cm-13x19in) Glasgow 96 .... FF**8 480** - £1 100 - **\$1,662**

ALLAN David 1744-1796 [6]
🖼 *Boys wearing Windsor uniform* - Oil/canvas (119x148cm-47x58in) London 92 .... FF**606 000** - £62 000 - **\$106,600**
🖉 *Study for The Black Stool* - Pencil (34x45cm-13x18in) London 93 .... FF**6 640** - £800 - **\$1,160**

ALLAN Robert Weir 1851-1942 [28]
🖼 *Fishing boats* - Oil/canvas (36x51cm-14x20in) Auchterarder, Perthshire 92 .... FF**11 420** - £1 200 - **\$2,390**
🖉 *A Cornish village* - Watercolour (31x44cm-12x17in) Toronto 96 .... FF**12 140** - £1 540 - **\$2,330**

ALLAN Ted XX [4]
📷 *Groucho Marx* - Gelatin silver print (38x48cm-15x19in) London 92 .... FF**3 770** - £450 - **\$725**

ALLAN William 1782-1850 [4]
🖼 *Roger and Jenny* - Oil/panel (72x62cm-28x24in) London 95 .... FF**23 700** - £3 000 - **\$4,760**

ALLAND Alexander Sr. 1902 [1]
📷 *Grand Central Station* - Salt print (24x20cm-9x8in) New-York 91 .... FF**5 700** - £574 - **\$989**

ALLAR André J. 1845-1926 [2]
🗿 *Eve* - Marbre (94cm-37in) Saumur 96 .... FF**40 000** - £4 740 - **\$7,800**

ALLARD L'OLIVIER Fernand 1883-1933 [36]
🖼 *Avant le bain* - Huile/panneau (27x22cm-11x9in) Bruxelles 95 .... FF**2 523** - £305 - **\$475**
Porte du marché à Nice - Huile/toile (100x31cm-39x32in) Bruxelles 94 .... FF**16 600** - £1 950 - **\$2,956**

ALLASSON Ernesto 1822-1869 [1]
🖼 *Riposo del pescatore* - Olio/tela (45x63cm-18x25in) Milano 90 .... FF**20 600** - £2 220 - **\$3,633**

ALLBON Charles Frederick 1856-1926 [20]
🖉 *Harvesters at work/Another similar* - Watercolour (25x70cm-10x28in) London 93 .... FF**3 860** - £440 - **\$656**

ALLEAUME Ludovic 1859-1941 [5]
🖼 *Plainte pour la mort d'Orphée* - Huile/papier (25cm-10in) Paris 96 .... FF**6 000** - £777 - **\$1,200**

ALLEBÉ Augustus 1838-1927 [10]
🖼 *Merci, bonne Dame* - Oil/panel (27x17cm-11x7in) Amsterdam 97 .... FF**2 598** - £281 - **\$453**
The foundling - Oil/canvas (61x81cm-24x32in) Amsterdam 95 .... FF**28 600** - £3 570 - **\$5,780**
🖉 *Collegium Fausti* - Chalks/paper (78x101cm-31x40in) Amsterdam 97 .... FF**10 804** - £1 149 - **\$1,880**

ALLEGRAIN Christophe Gabriel 1710-1795 [2]
🗿 *Venus entering the bath* - Bronze (80cm-31in) New-York 89 .... FF**371 800** - £38 016 - **\$59,775**

ALLEGRAIN Étienne 1644-1736 [11]
🖼 *Paysage classique* - Huile/toile (60x87cm-24x34in) Monaco 94 .... FF**280 000** - £33 100 - **\$50,300**

ALLEGRAIN Gabriel 1679-1748 [1]
🖼 *Paysage classique* - Huile/toile (87x114cm-34x45in) Paris 93 .... FF**60 000** - £6 900 - **\$10,310**

ALLEGRE Raymond 1857-1933 [18]
🖼 *En vue de Murano, Venise* - Huile/panneau (26x33cm-10x13in) Paris 96 .... FF**4 500** - £580 - **\$881**
Murano, Venise - Huile/panneau (26x38cm-10x15in) Les Baux-de-Provence 96 .... FF**8 800** - £1 097 - **\$1,705**
Venise - Huile/toile (150x100cm-59x39in) Paris 96 .... FF**40 000** - £4 990 - **\$7,720**

ALLEGRET Marc 1900-1973 [5]
📷 *Femmes Saras, Congo* - Tirage argentique (24x18cm-9x7in) Arles 95 .... FF**4 000** - £517 - **\$824**

ALLEGRETTI Mario XX [3]
🖼 *Le retour des pêcheurs* - Huile/toile (46x55cm-18x22in) Le Mans 92 .... FF**3 600** - £370 - **\$693**

ALLEGRINI Flaminio 1587-c.1635 [1]
🖉 *The Rapes of the Sabines* - Red chalk (16x40cm-6x16in) London 91 .... FF**14 880** - £1 500 - **\$2,625**

ALLEGRINI Francesco 1587-1663 [19]
🖼 *Episodio delle imprese di Ercole* - Olio/tavola (66x139cm-26x55in) Bologna 91 .... FF**250 600** - £25 128 - **\$41,367**

Jupiter despatching Mercury - Black chalk (20x31cm-8x12in) New-York 95 .... FF**16 100** - £**1 930** - **$3,000**

ALLEMAND Hector 1809-1886   [5]
Petit vacher et son chien - Huile/toile (45x65cm-18x26in) Bern 95 .... FF**7 770** - £**972** - **$1,570**
Bord de rivière - Sanguine (17x33cm-7x13in) Paris 95 .... FF**3 000** - £**381** - **$615**

ALLEMANDI Louis XIX-XX   [1]
Peintre de vases grecs - Huile/toile (76x60cm-30x24in) Paris 96 .... FF**12 500** - £**1 516** - **$2,460**

ALLEN Cérico 1956   [4]
Au marché - Huile/toile (61x51cm-24x20in) Paris 92 .... FF**2 500** - £**299** - **$481**

ALLEN Charles Curtis 1886-1950   [6]
Hills in Autumn - Oil/board (46x61cm-18x24in) North Berwick, Maine 94 .... FF**7 020** - £**812** - **$1,200**
Mt. Mansfield - Watercolour (36x56cm-14x22in) North Berwick, Maine 94 .... FF**4 690** - £**543** - **$800**

ALLEN Charles John 1863-1956   [3]
Woman that thou Gavest to be with me - Bronze (51cm-20in) London 96 .... FF**86 300** - £**11 000** - **$16,630**

ALLEN Courtney 1896-1969   [2]
Sinister doctor an patient - Oil/canvas (81x79cm-32x31in) New-York 93 .... FF**7 700** - £**966** - **$1,400**

ALLEN Daphne Constance 1899-?   [2]
Fairy Jewels - Watercolour (28x23cm-11x9in) Billinghurst, West Sussex 93 .... FF**8 300** - £**1 000** - **$1,450**

ALLEN Harry Epworth 1894-1958   [21]
The Holy Well, Achill Island - Tempera (38x54cm-15x21in) London 95 .... FF**31 700** - £**4 000** - **$6,350**
Village Square, Lusk, Co. Dublin - Coloured chalks (26x35cm-10x14in) London 96 .... FF**11 010** - £**1 400** - **$2,117**

ALLEN James 1894-1964   [8]
The Builders - Etching (25x30cm-10x12in) New-York 95 .... FF**11 960** - £**1 446** - **$2,250**

ALLEN James Baylie 1803-1876   [1]
Phryne Going to the Bath as Venus - Engraving (31x22cm-12x9in) London 94 .... FF**1 646** - £**200** - **$311**

ALLEN Joseph 1770-1839   [1]
Mary Evans, Mrs. Fryer Todd - Oil/canvas (73x61cm-29x24in) London 91 .... FF**89 700** - £**8 968** - **$14,773**

ALLEN Joseph William 1803-1852   [5]
Engelsk landskab med ålob - Oil/canvas (28x46cm-11x18in) Kòbenhavn 91 .... FF**5 720** - £**584** - **$1,038**
Drover & his herd on a country lane - Watercolour (25x30cm-10x12in) London 96 .... FF**1 732** - £**220** - **$342**

ALLEN Junius 1896-1962   [3]
Down East - Oil/canvas (61x86cm-24x34in) New-York 91 .... FF**10 180** - £**1 028** - **$1,800**

ALLEN Marion Boyd 1864-1941   [6]
Young girl & boy by the fireside - Oil/canvas (102x128cm-40x50in) London 91 .... FF**15 870** - £**1 611** - **$2,866**

ALLEN Mary Cecil 1893-1962   [3]
Sacrifice - Watercolour/vellum (55x36cm-22x14in) London 91 .... FF**6 150** - £**624** - **$1,111**

ALLEN Robert Weir 1851-1942   [2]
Ferryden - Oil/panel (29x46cm-11x18in) London 92 .... FF**4 890** - £**500** - **$862**
Mosque - Watercolour, gouache/paper (53x37cm-21x15in) New-York 93 .... FF**8 260** - £**940** - **$1,400**

ALLEN Thomas 1849-1924   [4]
Storm during Queen Charlotte's voyage - Oil/canvas (38x58cm-15x23in) London 91 .... FF**23 800** - £**2 400** - **$4,200**

ALLEN William Herbert 1863-?   [1]
A punt on a river - Oil/canvas (51x76cm-20x30in) London 96 .... FF**3 510** - £**3 080** - **$602**

ALLENBACH René 1889-1958   [3]
Ruine du Fleckenstein - Huile/panneau (31x41cm-12x16in) Entzheim 96 .... FF**5 700** - £**714** - **$1,100**

ALLERS Christian W. 1857-1915   [2]
Capri - Gravure Bern 96 .... FF**2 240** - £**272** - **$436**

ALLERT Henrik 1937   [13]
Tjurhuvud - Ceramic (47cm-19in) Stockholm 94 .... FF**11 000** - £**1 292** - **$2,066**

ALLEYN George Edmund 1931   [16]
Composition - Huile/papier (38x76cm-15x30in) Montréal 97 .... FF**3 161** - £**342** - **$555**
Sans titre - Pastel (56x71cm-22x28in) Montréal 92 .... FF**3 225** - £**330** - **$633**

ALLIER Paul XX   [2]
The Four Season's - Estampe (19x25cm-7x10in) London 90 .... FF**4 800** - £**517** - **$847**

ALLINGHAM Helen, née Paterson 1848-1926   [193]
Cottage near pinner - Oil/canvas (38x28cm-15x11in) London 90 .... FF**164 600** - £**16 576** - **$29,927**
End of the village, Cloucestershire - Watercolour (25x18cm-10x7in) London 96 .... FF**21 100** - £**2 500** - **$4,115**
Children outside a Cottage - Watercolour (22x27cm-9x11in) London 96 .... FF**57 700** - £**7 200** - **$11,150**
Middlesex - Watercolour (35x48cm-14x19in) Retford, Nottinghamshire 94 .... FF**202 600** - £**23 500** - **$34,900**

ALLINSON Adrian Paul 1890-1959   [38]
A rolling sunlit landscape - Oil/board (38x51cm-15x20in) London 96 .... FF**9 300** - £**1 200** - **$1,822**
Brienz Lake at sundown - Oil/canvas (66x81cm-26x32in) London 97 .... FF**21 073** - £**2 200** - **$3,605**
The Futurist Wadsworth - Ink (25x15cm-10x6in) London 93 .... FF**5 210** - £**600** - **$900**

ALLIOT Lucien 1877-1967   [22]
Prière à la lune - Bronze (32cm-13in) Paris 97 .... FF**2 800** - £**29 0 8** - **$479**
Don Quichotte - Bronze (49cm-19in) Paris 93 .... FF**11 500** - £**1 386** - **$2,090**

ALLIRAND Renaud XX   [2]
Composition - Technique mixte/papier (29x23cm-11x9in) Versailles 96 .... FF**1 800** - £**205** - **$345**

ALLIS C. Harry 1870-1938   [3]
The Covered Bridge - Oil/canvas (102x127cm-40x50in) New-York 93 .... FF**11 800** - £**1 343** - **$2,000**

ALLISON Bo 1952   [1]
Time frame - Bronze (32x12x48cm-13x5x19in) Paris 90 .... FF**19 000** - £**2 021** - **$3,399**

ALLISON John William ?-1934 [2]
- Squire and his family - Oil/canvas Detroit, Michigan 93 .... FF82 600 - £9 400 - **$14,000**
- Thing Past - Watercolour (44x58cm-17x23in) Billinghurst, West Sussex 95 .... FF8 030 - £1 000 - **$1,570**

ALLMAN Albert XX [2]
- Weiblicher Akt - Bronze (45cm-18in) München 91 .... FF8 200 - £843 - **$1,528**

ALLMER Josef 1851-? [1]
- The Leave Taking - Oil/canvas (66x75cm-26x30in) Toronto 93 .... FF29 000 - £3 283 - **$4,895**

ALLOATI Adriano 1909-1975 [1]
- Figura seduta - Bronze (35cm-14in) Torino 93 .... FF7 570 - £867 - **$1,288**

ALLOM Thomas 1804-1872 [16]
- Derwent Water from the Castle Haed - Oil/canvas (33x48cm-13x19in) London 96 .... FF38 200 - £4 500 - **$7,500**
- The Castle of Smyrna, asia Minor - Watercolour (19x29cm-7x11in) London 97 .... FF16 886 - £1 800 - **$2,960**

ALLONGÉ Auguste 1833-1898 [68]
- En forêt - Huile/toile (155x291cm-61x115in) Pontoise 96 .... FF24 000 - £2 735 - **$4,595**
- Paysage - Aquarelle/papier (76x55cm-30x22in) Paris 96 .... FF7 000 - £804 - **$1,336**
- Auvers-sur-Oise - Fusain (40x62cm-16x24in) Pontoise 96 .... FF26 500 - £3 370 - **$5,110**

ALLORI Cristofano Bronzino 1577-1621 [8]
- Head of a boy wearing a hat - Red chalk (25x18cm-10x7in) London 96 .... FF209 000 - £26 000 - **$40,500**

ALLORI IL BRONZINO Alessandro 1535-1607 [13]
- The Holy Family - Black chalk (19x23cm-7x9in) New-York 96 .... FF247 000 - £32 300 - **$50,000**

ALLOUARD Henri 1844-1929 [9]
- La Victoire - Bronze (66cm-26in) Paris 95 .... FF3 000 - £393 - **$601**
- Dancing maiden wearing robes - Marble (175cm-69in) London 94 .... FF210 000 - £25 000 - **$40,000**

ALLUAUD Eugène 1866-1947 [8]
- La carrière - Huile/toile/carton (49x59cm-19x23in) Paris 94 .... FF8 500 - £991 - **$1,490**
- Paysage - Huile/toile (101x81cm-40x32in) Limoges 92 .... FF23 000 - £2 354 - **$4,140**

ALLUSTANTE Y PALLARES Joaquin 1853-1935 [3]
- Flower Seller, Paris - Oil/canvas (26x40cm-10x16in) London 96 .... FF35 760 - £4 200 - **$6,950**

ALLWEIL Arieh 1901-1967 [2]
- Sinagogue of the Holy Ari in Safed - Oil/cardboard (49x64cm-19x25in) Tel Aviv 95 .... FF3 770 - £472 - **$750**

ALMA Peter 1886-1969 [5]
- Workers building on a house - Woodcut (60x46cm-24x18in) Amsterdam 92 .... FF2 430 - £249 - **$428**

ALMA-TADEMA Anna 1865-1943 [1]
- Roses in full bloom - Watercolour (30cm-12in) New-York 95 .... FF4 950 - £618 - **$1,000**

ALMA-TADEMA Laura Theresa 1852-1909 [11]
- The Bible lesson - Oil/canvas (65x51cm-26x20in) London 96 .... FF91 700 - £11 500 - **$17,700**

ALMA-TADEMA Lawrence 1836-1912 [47]
- The Finding of Moses - Oil/canvas (137x213cm-54x84in) New-York 95 .... FF1 - £1 - **$2**
- A Difference of Opinion - Oil/panel (38x22cm-15x9in) London 97 .... FF685 714 - £72 000 - **$117,532**
- Whispering Noon - Oil/canvas (56x39cm-22x15in) New-York 95 .... FF2 54e +06 - £252 000 - **$400,000**
- Roman Garden - Pencil/paper (16x55cm-6x22in) New-York 97 .... FF102 330 - £11 021 - **$18,000**

ALMANZA Cleofas 1850-1915 [2]
- Entrada de Zapata y México - Oil/canvas (37x52cm-15x20in) México 91 .... FF153 000 - £15 700 - **$27,930**

ALMARAZ Carlos 1941 [20]
- Crying Boffo - Oil/board (31x23cm-12x9in) San Francisco-Los Angeles 94 .... FF21 770 - £2 526 - **$3,750**
- Echo Lake - Silkscreen in colors (97x97cm-38x38in) San Francisco-Los Angeles 93 .... FF9 900 - £1 242 - **$1,800**
- Boffo's Girl - Pastel/paper (64x49cm-25x19in) San Francisco-Los Angeles 94 .... FF34 840 - £4 040 - **$6,000**

ALMBERG Thomas 1936 [3]
- Dansande buddhafigur - Bronze (42cm-17in) Stockholm 91 .... FF7 070 - £710 - **$1,180**

ALMEIDA JUNIOR de José Ferraz 1850-1899 [1]
- Horse Fair - Oil/canvas (52x102cm-20x40in) New-York 95 .... FF71 500 - £8 910 - **$14,000**

ALMKVIST Ansgar 1889-1973 [1]
- Ligande kvinna - Sculpture (55cm-22in) Stockholm 89 .... FF2 900 - £289 - **$458**

ALMOND William Douglas 1866-1916 [4]
- The connoisseur - Oil/canvas (54x36cm-21x14in) London 95 .... FF5 680 - £680 - **$1,081**

ALMQVIST Ester 1869-1934 [4]
- Fiskargummor vid brygga - Oil/panel (23x27cm-9x11in) Malmö 92 .... FF2 710 - £324 - **$522**

ALMQVIST Holger 1907-1978 [2]
- Stadsmotiv - Oil/canvas (60x73cm-24x29in) Malmö 91 .... FF2 434 - £242 - **$423**

ALO Charles Jean Hallo 1882-1969 [31]
- La Touraine, jardin de la France... - Affiche (105x75cm-41x30in) Neuilly 96 .... FF1 600 - £206 - **$313**
- Red Star Linie, Antwerpen-New York - Poster (96x64cm-38x25in) New-York 93 ...... FF8 260 - £940 - **$1,400**

ALOCCO Marcel 1937 [3]
- Patchwork 46 - Peinture (217x115cm-85x45in) Paris 91 .... FF17 000 - £1 717 - **$3,375**

ALOISE Aloise Corbaz 1886-1964 [8]
- Moët, Blumenstein - Crayons couleurs/papier (114x84cm-45x33in) Bern 93 .... FF37 400 - £4 520 - **$6,950**

ALONSO Angel 1923 [7]
- Composition - Technique mixte (130x162cm-51x64in) Paris 92 .... FF8 000 - £820 - **$1,410**
- Les salins - Gouache (72x53cm-28x21in) Paris 91 .... FF1 600 - £162 - **$289**

ALONSO EUGENIA Carlos 1929 [2]
- Payaso - Oil/canvas (70x50cm-28x20in) New-York 94 .... FF17 980 - £2 120 - **$3,200**

ALONSO FERNANDEZ Rafael 1924 [3]
- Florero - Acuarela, gouache (67x48cm-26x19in) Madrid 95 .... FF5 650 - £742 - **$1,134**

ALONSO PEREZ Y VILLAGROSA Mariano 1857-1930 [11]
🖼 *Chez le cordonnier* - Oil/canvas (63x54cm-25x21in) London 97 .... FF25 432 - £2 800 - **$4,463**

ALONZO Dominique XIX-XX [19]
🗿 *Porteuse d'eau* - Ivory, bronze (23cm-9in) Roubaix 95 .... FF6 700 - £851 - **$1,373**
Dutch girl - Bronze (57cm-22in) London 91 .... FF28 640 - £2 871 - **$5,246**

ALOPHE Marie Alexandre 1812-1883 [1]
🖼 *Portrait de femme* - Huile/toile (62x45cm-24x18in) Deauville 93 .... FF2 800 - £338 - **$510**

ALORDA Y PEREZ Ramón 1848-1899 [1]
✏ *On the Lagoon, Venice* - Acuarela (63x97cm-25x38in) Madrid 89 .... FF8 100 - £806 - **$1,280**

ALOTT Robert 1850-1910 [18]
🖼 *Arab street scene* - Oil/canvas (54x30cm-21x12in) London 96 .... FF15 000 - £1 900 - **$2,875**
Roman street scene - Oil/canvas (79x63cm-31x25in) London 95 .... FF38 600 - £5 000 - **$8,030**

ALPERIZ Nicolás 1865-1928 [1]
🖼 *Children's games in the kitchen* - Oil/canvas (110x150cm-43x59in) London 90 .... FF125 900 - £13 006 - **$22,244**

ALPERT Max Vladimirovitch 1899-1980 [10]
📷 *Kirghiz horsewoman, Aini Bapaeva* - Silver print (20x13cm-8x5in) New-York 96 .... FF15 500 - £1 920 - **$3,000**

ALPHADIO 1952 [2]
🖼 *A l'intérieur du camp pénal* - Huile/toile (83x66cm-33x26in) Paris 91 .... FF3 500 - £348 - **$608**

ALPHEN Johann Eusebius 1741-1772 [1]
✏ *Young lady dressed as Clio* - Miniature (5cm-2in) London 95 .... FF54 700 - £7 000 - **$11,000**

ALPUY Julio 1919 [7]
🖼 *Constructivo en Colores Primarios* - Oil/board (44x54cm-17x21in) New-York 95 ...... FF21 830 - £2 900 - **$4,500**
Ciudad Constructivo - Oil/board (64x85cm-25x33in) New-York 96 .... FF78 300 - £8 930 - **$15,000**

ALQUIER Alain 1947 [5]
🖼 *Blue note II* - Technique mixte/panneau (89x116cm-35x46in) Paris 90 .... FF4 500 - £482 - **$783**

ALS Peder 1726-1776 [5]
🖼 *Frederik V* - Oil/canvas (80x62cm-31x24in) Köbenhavn 96 .... FF30 700 - £3 826 - **$5,930**

ALSINA Jacques XIX-XX [6]
🖼 *North African men* - Oil/canvas (56x74cm-22x29in) Bloomfield Hills, Michigan 96 .... FF41 800 - £4 830 - **$8,000**

ALSLOOT van Denijs c.1570-c.1626 [9]
🖼 *Vénus et Adonis dans un paysage* - Huile/cuivre (36x27cm-14x11in) Paris 97 .... FF250 000 - £26 225 - **$42,925**

ALSMARK Erik 1911-1950 [2]
🖼 *Stilleben* - Oil/panel (41x30cm-16x12in) Malmö 92 .... FF2 260 - £270 - **$435**

ALSTAD Oddvar 1915-1956 [3]
🖼 *Kirka om våren* - Oil/canvas (80x90cm-31x35in) Oslo 92 .... FF12 960 - £1 550 - **$2,494**

ALSTERLIND Mark 1954 [4]
🖼 *Sans titre, 1988* - Huile/toile (200x160cm-79x63in) Paris 89 .... FF21 000 - £2 147 - **$3,376**

ALSTON Abbey 1864-1917 [5]
🖼 *The fruit seller* - Oil/canvas (92x71cm-36x28in) London 93 .... FF26 700 - £3 000 - **$4,470**

ALT Franz 1821-1914 [68]
🖼 *Strasse in einer südlicher Stadt* - Öl/Leinwand (22x16cm-9x6in) Wien 95 .... FF63 700 - £8 380 - **$12,900**
✏ *Motiv aus Italien* - Aquarell/Papier (18x14cm-7x6in) Wien 97 .... FF14 334 - £1 524 - **$2,472**
Dogenpalast, Markusplatz, Venedig - Aquarell/Papier (34x48cm-13x19in) Wien 95 ...... FF60 700 - £7 570 - **$12,260**

ALT Jacob 1789-1872 [23]
🖼 *Ziegelteich südlich von Wien* - Öl/Leinwand (42x53cm-17x21in) Wien 95 .... FF75 900 - £9 460 - **$15,330**
✏ *Grieskirchen in Oberösterreich* - Aquarell/Papier (5x8cm-2x3in) Hamburg 97 .... FF3 539 - £378 - **$616**
Südliche Flusslandschaft - Aquarell/Papier (17x27cm-7x11in) Wien 97 .... FF26 279 - £2 794 - **$4,532**

ALT Otmar 1940 [54]
🖼 *Ein komischer Vogel* - Mixed media/canvas (97x70cm-38x28in) Berlin 97 .... FF29 139 - £3 094 - **$5,075**
Die Sonneneule - Öl/Leinwand (115x84cm-45x33in) Köln 96 .... FF51 000 - £5 800 - **$9,750**
🗿 *Weinblume* - Bronze (8cm-3in) Hamburg 97 .... FF1 887 - £201 - **$329**
✏ *Ohne Titel* - Pencil (17x14cm-7x6in) Bremen 94 .... FF2 760 - £327 - **$509**

ALT Theodor 1846-1937 [5]
🖼 *Rast unter der Eiche* - Oil/canvas (62x48cm-24x19in) Wien 92 .... FF19 250 - £1 930 - **$3,210**
✏ *Marktplatz in mittelalterischen Stadt* - Ink (32x42cm-13x17in) Köln 92 .... FF3 740 - £383 - **$659**

ALT von Rudolf 1812-1905 [87]
🖼 *Stephansdom* - Oil/canvas (59x50cm-23x20in) Wien 91 .... FF1 - £144 800 - **$241,000**
✏ *The piazzetta, Venice* - Watercolour (17x24cm-7x9in) London 97 .... FF155 110 - £17 000 - **$27,222**
Innsbruck - Aquarell/Papier (44x32cm-17x13in) Wien 95 .... FF220 400 - £28 530 - **$44,800**
Wien - Watercolour/paper (40x68cm-16x27in) London 94 .... FF670 000 - £80 000 - **$126,200**

ALTAMURA Alessandro 1855-? [2]
🖼 *La Fontaine de l'Observatoire* - Huile/toile (54x81cm-21x32in) Paris 97 .... FF4 500 - £578 - **$908**

ALTAMURA Ioannis, Jean 1852-1878 [3]
🖼 *Seascape* - Oil/canvas/panel (26x31cm-10x12in) Athens 94 .... FF144 500 - £17 120 - **$26,700**

ALTAMURA Saverio Francesco 1826-1897 [2]
🖼 *Scena mitologica* - Oil/tela (20x26cm-8x10in) Roma 95 .... FF4 750 - £608 - **$976**

ALTARA Edina 1899-? [2]
🖼 *Natura morta con ventaglio* - Tecnica mista (78x116cm-31x46in) Trieste 93 .... FF8 780 - £986 - **$1,572**

ALTEN Mathias Joseph 1871-1938 [10]
🖼 *Wooded landscape* - Oil/canvas/board (33x41cm-13x16in) Detroit, Michigan 95 ...... FF6 580 - £873 - **$2,000**

ALTENBOURG Gerhard 1926-1989 [65]
🖼 *Geschnäbelt waren Sie* - Woodcut in colors (36x48cm-14x19in) Köln 97 .... FF4 722 - £495 - **$809**

Das Schweben - Watercolour (77x56cm-30x22in) Köln 90 .... FF22 000 - £2 340 - **$3,936**
Der Gärtner - Aquarell/Papier (62x48cm-20x24in) Köln 93 .... FF105 100 - £12 550 - **$20,220**

ALTENBURGER-THOMANN Elisabeth 1880-1970 [2]
Schweigen erfüllt - Woodcut in colors Bremen 94 .... FF8 620 - £1 020 - **$1,590**
Die Bergspredigt - Aquarell/Papier (51x60cm-20x24in) Bern 94 .... FF4 850 - £562 - **$835**

ALTENKIRCH Otto 1875-1945 [9]
An der Mulde - Öl/Leinwand (47x58cm-19x23in) Stuttgart 95 .... FF7 600 - £994 - **$1,523**
Feldrain am Hellerberg - Öl/Leinwand (51x59cm-20x23in) Dresden 95 .... FF12 100 - £1 582 - **$2,422**

ALTERIO Reuben 1949 [2]
Gisants - Huile/toile (146x114cm-57x45in) Paris 91 .... FF15 000 - £1 490 - **$2,604**

ALTHAUS Oskar 1908-1965 [4]
Landschaft mit Haeusern - Oil/board (50x121cm-20x48in) Luzern 90 .... FF2 755 - £280 - **$551**

ALTHEIM Wilhelm 1871-1914 [5]
Die Hirten in Bethlehem - Etching (23x29cm-9x11in) Heidelberg 95 .... FF1 810 - £235 - **$377**
Auf dem Heimweg - Pencil (18x39cm-7x15in) Frankfurt 94 .... FF4 080 - £469 - **$698**

ALTHERR Heinrich 1878-1947 [7]
Wanderer in den Bergen - Öl/Karton (44x161cm-17x63in) Stuttgart 96 .... FF13 500 - £1 636 - **$2,624**

ALTHIN Caleb 1866-1919 [1]
Tidig vår vid kajen, Stockholm - Oil/canvas (76x63cm-30x25in) Stockholm 95 .... FF28 900 - £3 660 - **$5,810**

ALTINK Jan 1885-1976 [26]
Uithuizermeeden's Church - Oil/canvas (51x70cm-20x28in) Amsterdam 93 .... FF18 400 - £2 110 - **$3,156**
Country road, Groningen - Oil/canvas (90x74cm-35x29in) Amsterdam 95 .... FF58 600 - £7 670 - **$11,740**
Bergen aan Zee - Gouache/paper (50x65cm-20x26in) Amsterdam 96 .... FF10 520 - £1 208 - **$2,010**

ALTINTAS Mustafa 1946 [1]
Légèreté de cerises - Acrylique/panneau (103x74cm-41x29in) Maisons-Lafitte 90 .... FF19 000 - £1 963 - **$3,357**

ALTMAN Natan Isaevich 1889-1970 [9]
Nature morte - Oil/paper/canvas (50x33cm-20x13in) London 94 .... FF101 000 - £12 000 - **$18,450**
Sulla strada - Carboncino (20x27cm-8x11in) Milano 93 .... FF6 570 - £762 - **$1,130**

ALTMANN Alexandre 1885-1950 [72]
Les rochers roses - Huile/toile (54x65cm-21x26in) Versailles 97 .... FF7 000 - £767 - **$1,229**
Vue au bord de la rivière - Oil/canvas (74x59cm-29x23in) London 97 .... FF27 199 - £3 000 - **$4,771**
Winter landscape - Oil/canvas (164x65cm-65x26in) Tel Aviv 90 .... FF57 200 - £6 085 - **$10,233**

ALTMANN Anton II 1808-1871 [3]
Auf dem Heimweg - Oil/panel (14x19cm-6x7in) Wien 94 .... FF12 200 - £1 414 - **$2,100**

ALTMANN Gerhard 1877-1940 [12]
Watering cows - Oil/canvas (61x136cm-24x54in) Amsterdam 95 .... FF5 870 - £709 - **$1,104**

ALTMANN Karl 1800-1861 [1]
K.u.K. Zollamt, Tiroler Paßhöhe - Oil/panel (36x46cm-14x18in) München 91 .... FF82 000 - £8 420 - **$15,270**

ALTMANN Roberto 1942 [3]
Composition - Gouache/papier (29x21cm-11x8in) Versailles 97 .... FF2 500 - £264 - **$429**

ALTMEIER Hanns 1906 [2]
Oberche in der Eifel - Oil/board (60x81cm-24x32in) Köln 92 .... FF4 760 - £488 - **$838**

ALTOMONTE Bartholomäus 1702-1779 [1]
Tod des heiligen Josef - Oil/canvas (91x74cm-36x29in) Wien 92 .... FF48 100 - £5 750 - **$9,250**

ALTOMONTE Martino Hohenberg 1657-1745 [6]
Die Verlobung von Katharina - Öl/Leinwand (93x73cm-37x29in) Wien 93 .... FF122 500 - £13 850 - **$20,640**
Das Pfingstwunder - Ink/paper (30x19cm-12x7in) Wien 95 .... FF34 850 - £4 420 - **$7,020**

ALTON Lois Lupp 1894-1972 [3]
Frauen bei der Feldarbeit - Öl/Karton (48x48cm-19x19in) Wien 92 .... FF9 620 - £965 - **$1,606**

ALTOON John 1925-1969 [12]
Sunset Series - Acrylic/canvas (170x142cm-67x56in) San Francisco-Los Angeles 93 .... FF19 170 - £2 180 - **$3,250**
Untitled - Watercolour (76x103cm-30x41in) San Francisco-Los Angeles 93 .... FF11 800 - £1 343 - **$2,000**

ALTORF Johan Coenraad 1876-1955 [2]
An elephant - Sculpture (7cm-3in) Amsterdam 90 .... FF2 410 - £246 - **$476**

ALTRIPP Alo 1906 [3]
Kompositionen - Aquarell/Papier (24x16cm-9x6in) Köln 97 .... FF4 047 - £424 - **$693**

ALTSON Abbey 1864-c.1950 [17]
Maude - Oil/canvas (61x51cm-24x20in) Cleveland, Ohio 92 .... FF12 760 - £1 337 - **$2,300**
The young beauty - Oil/canvas (101x66cm-40x26in) New-York 96 .... FF61 700 - £7 480 - **$12,000**

ALTZAR Anders 1886-1939 [18]
Utsikt från Åsladan, Leksand - Oil/canvas (75x95cm-30x37in) Göteborg 94 .... FF3 900 - £453 - **$672**

ALVARD 1945 [13]
Adagio - Huile/toile (65x54cm-26x21in) Epernay 95 .... FF7 100 - £933 - **$1,458**

ALVAREZ AYLON Emilio XIX-XX [5]
Reparando el barco en la playa - Oleo/tabla (22x50cm-9x20in) Madrid 96 .... FF11 020 - £1 263 - **$2,100**

ALVAREZ BRAVO Manuel 1902 [80]
Desert plant - Gelatin silver print (23x15cm-9x6in) London 95 .... FF3 040 - £380 - **$614**
Nu près de la fenêtre - Photo (18x17cm-7x7in) Paris 94 .... FF6 200 - £707 - **$1,187**
Retrato de lo Eterno
Gelatin silver print (25x20cm-10x8in) San Francisco-Los Angeles 93 .... FF13 270 - £1 515 - **$2,250**

ALVAREZ CATALA Luis 1836-1901 [19]
Visita inesperada - Oleo/lienzo (46x65cm-18x26in) Madrid 94 .... FF134 800 - £15 900 - **$24,000**
Princess Borghese - Oil/canvas (73x125cm-29x49in) New-York 91 .... FF541 000 - £54 514 - **$93,876**

ALVAREZ DIAZ Emilio 1874-1952 [6]
🐦 *Baile goyesco* - Oleo/lienzo (50x75cm-20x30in) Madrid 92 .... FF*16 200* - £*1 650* - **$2,850**

ALVAREZ DUMONT César 1866-1945 [1]
⟋ *Monje* - Pastel (17x13cm-7x5in) Madrid 92 .... FF*1 840* - £*219* - **$354**

ALVAREZ DUMONT Eugenio 1864-1927 [5]
🐦 *Terrace cafe, Mal del Plata, Argentina*
 Oil/canvas (64x91cm-25x36in) New-York 95 .... FF*319 400* - £*39 800* - **$62,500**

ALVAREZ Mabel 1891-1985 [13]
🐦 *The bathers* - Oil/canvas (61x76cm-24x30in) San Francisco-Los Angeles 95 .... FF*29 500* - £*3 356* - **$5,000**

ALVAREZ Miguel Angel 1927 [2]
🐦 *Place de Montmartre* - Oleo/lienzo (46x55cm-18x22in) Madrid 92 .... FF*6 480* - £*660* - **$1,140**

ALVAREZ Xavier 1949 [6]
🗿 *Nous deux* - Bronze (45x13x31cm-18x5x12in) Paris 91 .... FF*9 000* - £*909* - **$1,787**

ALVEAR Y AGUIRRE de Gerardo 1887-1964 [2]
🐦 *Vista de Buenos Aires* - Oleo/tabla (49x42cm-19x17in) Madrid 90 .... FF*14 600* - £*1 553* - **$2,612**

ALVIANI Getulio 1939 [33]
🗄 *Superficie a testura vibratile* - Alluminium (56x56cm-22x22in) Köln 94 .... FF*7 910* - £*941* - **$1,505**
🗿 *Ohne Titel* - Metal (33x33cm-13x13in) Köln 97 .... FF*3 035* - £*318* - **$520**
 Superficie a testura vibratile #8029 - Metal (69x69cm-27x27in) Milano 93 .... FF*13 340* - £*1 743* - **$2,680**

ALVY Alfred Levy 1915-1970 [1]
🐦 *Les Baux-de-Provence* - Huile/toile (73x60cm-29x24in) Paris 93 .... FF*3 400* - £*382* - **$577**

ALYRE Ragnar 1894-1975 [7]
🐦 *Flickor, badstueinteriör* - Oil/panel (72x59cm-28x23in) Stockholm 92 .... FF*3 490* - £*357* - **$614**

ALZIBAR de José c.1730-c.1806 [1]
🐦 *El Mártir San Felipe de Jesús* - Oil/canvas (94x71cm-37x28in) New-York 94 .... FF*34 260* - £*4 020* - **$6,000**

AMABLE Amable Petit, dit 1846-? [1]
⟋ *Projet de décor pour Armide* - Encre (48x79cm-19x31in) Paris 93 .... FF*7 000* - £*844* - **$1,273**

AMADO Y BERNARDET Ramón 1844-1888 [4]
🐦 *Vistiéndose* - Oleo/lienzo (58x49cm-23x19in) Madrid 92 .... FF*58 000* - £*6 740* - **$11,840**

AMALLO Y MANGET de Francisco 1849-? [2]
🐦 *Madrid desde el Manzanares* - Oleo/lienzo (78x51cm-31x20in) Madrid 93 .... FF*7 790* - £*928* - **$1,410**

AMALVY Louis 1918 [8]
🐦 *Le port* - Huile/toile (90x145cm-35x57in) Grenoble 93 .... FF*6 300* - £*760* - **$1,146**

AMAN-JEAN Edmond François 1860-1936 [46]
🐦 *Nu drapé* - Huile/toile (61x50cm-24x20in) Lindau 95 .... FF*15 860* - £*2 024* - **$3,200**
 La toilette - Oil/canvas (72x60cm-28x24in) London 95 .... FF*45 400* - £*6 000* - **$9,200**
 Dame pensive - Oils (54x44cm-22x17in) London 91 .... FF*1 37e +06* - £*103 964* - **$189,934**
🗄 *La Rieuse* - Color lithograph (44x36cm-17x14in) San Francisco-Los Angeles 93 .... FF*3 850* - £*483* - **$700**
⟋ *Jeune femme au chapeau fleuri* - Pastel (72x58cm-28x23in) Paris 96 .... FF*71 000* - £*8 900* - **$13,720**

AMAND Roger 1931 [2]
🐦 *La passante* - Huile/toile (92x65cm-36x26in) Chaumont 95 .... FF*9 000* - £*1 140* - **$1,760**

AMANN Hermann 1934 [2]
🐦 *Mouvement des collines* - Huile/toile (81x116cm-32x46in) Paris 89 .... FF*4 500* - £*448* - **$711**

AMANS Jacques Guillaume L. 1801-1888 [2]
🐦 *Daniel Stewart* - Oil/canvas (91x74cm-36x29in) New Orleans, Louisiana 96 .... FF*29 900* - £*3 800* - **$5,750**

AMANS Louise 1860-1897 [1]
🐦 *Mme Dubosse-Peytarin* - Oil/canvas (97x76cm-38x30in) New Orleans, Louisiana 92 .... FF*29 400* - £*3 414* - **$6,000**

AMAR Joseph 1954 [5]
🐦 *Triptych* - Cire, plomb/bois (3) (41x122cm-16x48in) Paris 96 .... FF*5 000* - £*570* - **$957**

AMARAL Antonio Henrique 1935 [9]
🐦 *Steel structure and Beings* - Oils/canvas (124x124cm-49x49in) New-York 97 .... FF*74 626* - £*7 924* - **$13,000**
 Battlefield 5 - Oil/canvas (182x234cm-72x92in) New-York 94 .... FF*345 000* - £*41 100* - **$65,000**

AMARANTE Eduardo 1952 [2]
🐦 *Intellectuel* - Acrylique/toile (162x130cm-64x51in) Paris 94 .... FF*3 500* - £*418* - **$656**

AMARICA de Fernando 1866-? [1]
🐦 *Retrato de José M. Aragón* - Oleo/lienzo (41x34cm-16x13in) Madrid 93 .... FF*19 970* - £*2 400* - **$3,890**

AMAT Frederic 1952 [4]
⟋ *Primera dora D Alba* - Collage (56x76cm-22x30in) Madrid 93 .... FF*12 700* - £*1 526* - **$2,470**

AMAT Gabriel 1899-1984 [1]
⟋ *Barcas arribando/Velero atracado* - Tinta (35x49cm-14x19in) Madrid 96 .... FF*3 220* - £*400* - **$624**

AMAT José 1901-1991 [6]
🐦 *El descanso de las carretas* - Oleo/tabla (20x33cm-8x13in) Madrid 95 .... FF*4 840* - £*620* - **$973**
 Playa de San Feliu de Guixols - Oleo/lienzo (50x65cm-20x26in) Madrid 97 .... FF*80 000* - £*8 600* - **$13,800**

AMATO Orazio 1884-1952 [3]
🐦 *Casolare sulla Via Cassia* - Olio/tavola (40x50cm-16x20in) Roma 95 .... FF*4 680* - £*615* - **$930**

AMAURY Léo 1885-? [1]
🗿 *Les lionnes* - Terracotta Paris 91 .... FF*2 000* - £*203* - **$361**

AMAURY-DUVAL Eugène Pineu-Duval 1808-1885 [5]
⟋ *Femme à la couronne de lierre* - Pastel (55x44cm-22x17in) Paris 94 .... FF*10 500* - £*1 250* - **$1,980**

AMAYA Armando 1935 [6]
🗿 *Adolescent* - Bronze (33cm-13in) Delray Beach, Florida 96 .... FF*17 500* - £*2 266* - **$3,500**

AMBAUEN Hans Rudolf 1937 [7]
Tasche - Etching (18x38cm-7x15in) Luzern 92 .... FF2 665 - £318 - $513

AMBELLAN Harold 1912 [26]
Quatre danseurs - Huile/toile (65x82cm-26x32in) Soissons 94 .... FF5 300 - £633 - $993
La Danse - Huile/toile (130x81cm-51x32in) Paris 94 .... FF40 000 - £4 550 - $6,780
L'Embrasée - Bronze (50cm-20in) Paris 95 .... FF34 000 - £4 290 - $6,780

AMBERG Wilhelm A. Lebrecht 1822-1899 [6]
Lichtung und Gehöfte - Öl/Karton (42x32cm-17x13in) Frankfurt 97 .... FF6 750 - £728 - $1,185
Young woman sitting - Oil/canvas (86x64cm-34x25in) Boston, Mass. 95 .... FF25 440 - £3 270 - $5,250

AMBILLE Paul 1930 [31]
Les nouvelles du jour - Huile/toile (130x161cm-51x63in) Paris 94 .... FF7 000 - £837 - $1,371
Les joueurs de polo - Huile/toile (61x50cm-24x20in) Le Touquet 95 .... FF11 000 - £1 370 - $2,145
Le départ de la course - Huile/toile (73x100cm-29x39in) Le Touquet 91 .... FF30 000 - £2 987 - $5,159

AMBROGIANI Pascal 1909 [15]
Le village de pêcheurs - Huile/toile (64x81cm-25x32in) Paris 97 .... FF2 300 - £250 - $400

AMBROGIANI Pierre 1907-1985 [530]
Personnages - Huile/isorel (50x65cm-20x26in) Paris 97 .... FF5 000 - £539 - $889
Le suisse - Huile/toile (54x73cm-21x29in) Paris 96 .... FF12 000 - £1 294 - $2,134
Vase de fleurs - Huile/panneau (54x73cm-21x29in) Paris 96 .... FF19 500 - £2 530 - $3,855
Picador et toreros - Huile/toile (73x50cm-29x20in) Paris 94 .... FF26 000 - £3 026 - $4,560
Le port de Marseille - Huile/toile (61x38cm-24x15in) Les Baux-de-Provence 95 .... FF30 000 - £3 876 - $6,180
Vase de tournesols - Huile/toile (81x60cm-32x24in) Le Touquet 96 .... FF36 000 - £4 270 - $7,020
Pain et vin - Huile/toile (195x130cm-77x51in) Paris 96 .... FF46 000 - £5 970 - $9,010
Lavera - Huile/toile (54x80cm-21x31in) Les Baux-de-Provence 96 .... FF65 000 - £8 100 - $12,600
Fête provençale - Huile/toile (100x73cm-39x29in) Verrières-Le-Buisson 90 .... FF145 000 - £15 426 - $25,939
Guerriers et chevaux - Crayon/papier (56x76cm-22x30in) Paris 96 .... FF1 800 - £234 - $353
Modèle assis - Pastel (64x50cm-25x20in) Cannes 94 .... FF2 800 - £332 - $518
Paysage provençal - Aquarelle/papier (49x64cm-19x25in) Paris 96 .... FF5 000 - £603 - $960
Scène rurale à Aurel - Gouache (55x78cm-22x31in) Paris 95 .... FF15 000 - £1 900 - $3,020

AMBROISE Jules François A. XIX-XX [2]
Summer afternoon's ride - Huile/toile (59x79cm-23x31in) Québec 90 .... FF10 920 - £1 117 - $2,155

AMBROS von Raphael XIX-XX [5]
The flower seller - Oil/panel (41x31cm-16x12in) London 96 .... FF76 600 - £9 000 - $14,900

AMBROSI Gustinus 1893-1975 [11]
Eve after the fall - Bronze (46cm-18in) London 97 .... FF33 333 - £3 500 - $5,713
Phaedrus - Bronze (180cm-71in) London 92 .... FF126 600 - £13 000 - $23,530
Weiblicher Akt - Pastel/paper (60x33cm-24x13in) Wien 94 .... FF4 880 - £581 - $930

AMBROSINI Vincent XX [5]
Coucher de soleil sur la mer - Huile/toile (65x54cm-26x21in) Le Havre 89 .... FF3 000 - £307 - $482

AMBROSIO Gabriele 1844-? [1]
Giambattista Bodoni - Bronze (45cm-18in) Paris 96 .... FF10 000 - £1 293 - $1,980

AMÉGLIO Mério 1897-1970 [193]
Voiliers - Huile/toile (50x100cm-20x39in) Saint-Dié 96 .... FF2 000 - £241 - $384
Paris, la Madeleine - Huile/toile (46x55cm-18x22in) Versailles 95 .... FF7 000 - £907 - $1,457
Villefranche - Huile/toile (46x55cm-18x22in) Paris 96 .... FF10 500 - £1 197 - $2,010
Petit port de la Méditerranée - Huile/panneau (38x46cm-15x18in) Le Touquet 93 .... FF12 000 - £1 446 - $2,182
Cannes - Huile/isorel (22x26cm-9x10in) Neuilly 91 .... FF18 000 - £1 805 - $2,971
Notre Dame sous la neige - Huile/toile (54x81cm-21x32in) Paris 92 .... FF37 000 - £4 300 - $7,550
Marché aux fleurs et tour de l'horloge - Aquarelle (34x41cm-13x16in) Le Touquet 89 ... FF22 000 - £2 249 - $3,537

AMELIN Albin 1902-1975 [97]
Vase of flowers - Mixed media/canvas (70x54cm-28x21in) Stockholm 96 .... FF12 470 - £1 512 - $2,426
Vase of flowers - Oil/canvas (92x73cm-36x29in) Stockholm 96 .... FF38 450 - £4 800 - $7,420
Amaryllis och solrosor - Oil/canvas (116x89cm-46x35in) Stockholm 96 .... FF89 300 - £11 540 - $17,100
Coastal landscape - Mixed media/paper (57x68cm-22x27in) Stockholm 96 .... FF7 690 - £960 - $1,485
Blomsterstilleben - Gouache/paper (99x69cm-39x27in) Stockholm 97 .... FF21 886 - £2 311 - $3,781
Blomsterstilleben - Gouache (80x62cm-31x24in) Stockholm 95 .... FF46 500 - £5 870 - $9,320

AMELIN Paul XIX-XX [3]
Sidi bou Saïd - Huile/toile (46x65cm-18x26in) Paris 96 .... FF10 000 - £1 290 - $1,960

AMELL Y JORDA Manuel 1843-1902 [4]
Spinning girl - Oil/canvas (90x67cm-35x26in) Wien 96. .... FF31 300 - £3 904 - $6,050

AMENDOLA Giovanni Battista 1848-1887 [3]
Wedded - Bronze (72cm-28in) London 93 .... FF56 500 - £6 500 - $9,750

AMENOFF Gregory 1948 [16]
Prairie rose - Oil/canvas (94x204cm-66x80in) New-York 97 .... FF23 215 - £2 442 - $4,000
Medanales I - Mixed media/paper (82x76cm-32x30in) San Francisco-Los Angeles 95. ...... FF4 890 - £633 - $1,000
In the Fifth Season - Mixed media/paper (97x118cm-38x46in) New-York 97 .... FF13 056 - £1 373 - $2,249

AMERLING von Friedrich Ritter 1803-1887 [12]
The Oriental - Oil/canvas (94x79cm-37x31in) Wien 96 .... FF1 - £187 000 - $300,000
Engelskopf - Öl/Leinwand (42x35cm-17x14in) Wien 96. .... FF13 440 - £1 630 - $2,613

AMERO Emilio 1910 [1]
Still life - Lithograph (20x25cm-8x10in) San Francisco-Los Angeles 95 .... FF2 353 - £294 - $475

AMERONGEN von Friedrich 1878-? [1]
Sommertag in den Bergen - Pastel (62x44cm-24x17in) Lindau 95 .... FF1 780 - £223 - $360

AMES Ezra c.1768-c.1836 [2]
🖝 Charles Dekay Cooper - Oil/canvas (75x61cm-30x24in) New-York 92 .... FF5 940 - £608 - $1,100
Lake George with the fort - Oil/panel (70x91cm-28x36in) New-York 92 .... FF43 200 - £4 420 - $8,000

AMES Ezra 1768-1836 [1]
🖝 Governor George Clinton - Oil/canvas (76x61cm-30x24in) New-York 96 .... FF112 600 - £14 640 - $22,000

AMES Wally 1942 [2]
🖝 Woodland stream - Oil/board (66x91cm-26x36in) North Berwick, Maine 94 .... FF3 740 - £449 - $700

AMESEDER Eduard 1856-1938 [12]
🖝 Am Mühlbach - Öl/Leinwand (54x80cm-21x31in) Wien 95 .... FF15 670 - £2 030 - $3,190
Niederösterreichisches Bauerngartl - Öl/Leinwand (48x59cm-19x23in) Wien 93 .... FF34 300 - £3 880 - $5,780

AMFREVILLE d' Henri 1906 [1]
🖝 L'Arc de Triomphe - Huile/toile (71x96cm-28x38in) Lille 96 .... FF3 500 - £453 - $690

AMICH 1932 [3]
🖝 Oasis dans le sud tunisien - Huile/toile (55x46cm-22x18in) Royan 92 .... FF3 700 - £379 - $771

AMICI Domenico 1808-? [2]
🖾 Piazza del Popolo, Roma - Etching (24x31cm-9x12in) Bern 94 .... FF2 222 - £258 - $383

AMICIS de Cristoforo 1902-1987 [13]
🖝 Nudo - Olio/tela (116x65cm-46x26in) Milano 91 .... FF33 900 - £3 480 - $6,310

AMICK Robert Wesley 1879-1969 [4]
🖝 The Palomino horse - Oil/canvas (76x102cm-30x40in) Chicago 93 .... FF3 025 - £380 - $550
✐ Harbor scene - Watercolour/paper (53x69cm-21x27in) Baton Rouge, Louisiana 93 .... FF2 050 - £247 - $375

AMIET Cuno 1868-1961 [180]
🖝 Greti - Öl/Leinwand (60x55cm-24x22in) Zürich 97 .... FF1 - £117 516 - $190,680
Geranien - Öl/Leinwand (22x16cm-9x6in) Zofingen 95 .... FF29 800 - £3 890 - $5,960
Rosenstrauss - Öl/Papier (33x24cm-13x9in) Zürich 97 .... FF51 323 - £5 456 - $8,853
Winterlandschaft - Öl/Leinwand (66x85cm-26x33in) Zürich 95 .... FF77 600 - £10 000 - $15,800
Landschaft - Öl/Karton (65x54cm-26x21in) Zürich 96 .... FF101 800 - £13 200 - $20,130
Landschaft im Oberengadin - Oil/canvas (83x97cm-33x38in) Bern 92 .... FF178 500 - £18 240 - $31,440
Apfelbaum - Öl/Leinwand (81x75cm-32x30in) Zürich 95 .... FF403 400 - £51 100 - $81,100
✐ Häusergruppe - Aquarell (31x23cm-12x9in) Zofingen 95 .... FF13 600 - £1 780 - $2,727
Landschaft - Aquarell (23x28cm-9x11in) Zürich 96 .... FF25 460 - £3 300 - $5,030
Greti (Porträt) - Pastel (31x25cm-12x10in) Bern 95 .... FF120 400 - £15 650 - $24,700

AMIGONI Jacopo 1675/82-1752 [30]
🖝 Esther before Ahasuerus - Oil/canvas (123x153cm-48x60in) London 96 .... FF321 500 - £40 000 - $62,300
Diana bathing - Oil/canvas (91x72cm-36x28in) London 92 .... FF2 93e +06 - £250 000 - $403,000

AMISANI Giuseppe 1881-1941 [11]
🖝 Donna sdraiata sul divano - Olio/tavola (45x64cm-18x25in) Milano 95 .... FF18 470 - £2 356 - $3,780
L'ombrellino rosso - Olio/tela (50x70cm-20x28in) Roma 96 .... FF40 100 - £4 640 - $7,800

AMLING Karl Gustav 1651-1702 [2]
🖾 Scène de mariage - Burin (16x27cm-6x11in) Paris 93 .... FF2 200 - £265 - $400
✐ An allegory of night - Ink (12x8cm-5x3in) London 97 .... FF12 276 - £1 300 - $2,113

AMMAN Eugen 1882-1978 [8]
🖝 Wasserholer - Öl/Leinwand (150x120cm-59x47in) Bern 96 .... FF6 520 - £791 - $1,267
✐ Gewittersturm - Aquarell (33x39cm-13x15in) Zofingen 96 .... FF2 480 - £309 - $479

AMMAN Marguerite 1911-1962 [3]
✐ Hähne - Gouache (45x50cm-18x20in) Zofingen 96 .... FF3 930 - £490 - $758

AMMIRATO Domenico 1833-? [7]
🖝 Neapel - Öl/Leinwand (27x38cm-11x15in) Wien 92 .... FF12 020 - £1 400 - $2,454

AMON Carl 1798-1843 [1]
🖝 Antiochus, Seleukos und Stratonike - Oil/canvas (114x146cm-45x57in) Wien 91 .... FF31 200 - £3 128 - $5,714

AMON Rosalia 1825-? [1]
🖝 Früchten und Blumenstrauss - Öl/Leinwand (60x76cm-24x30in) Wien 96 .... FF26 950 - £3 490 - $5,390

AMORGASTI Antonio 1880-1942 [8]
🗿 Lion au repos - Bronze (15cm-6in) Antwerpen 93 .... FF3 560 - £407 - $606
Groupe, chiens, chiot et chat - Bronze (40x29x73cm-16x11x29in) Bruxelles 97 .... FF10 634 - £1 131 - $1,853

AMOROSI Antonio Mercurio 1660-1738 [20]
🖝 Comedy - Oil/canvas (63x76cm-25x30in) London 91 .... FF109 100 - £11 176 - $20,370

AMORSOLO Fernando Cueto 1892-1972 [29]
🖝 Philippines & a family cooking - Oil/canvas (64x90cm-25x35in) London 92 .... FF46 900 - £4 800 - $8,250
Picnic Tagay Tay - Oil/canvas (56x71cm-22x28in) San Francisco-Los Angeles 96 .... FF205 700 - £24 940 - $40,000
✐ The ricefield - Watercolour (20x14cm-8x6in) London 93 .... FF13 280 - £1 600 - $2,320

AMOS Imre 1907-1944/45 [3]
✐ Utcarészlet - Watercolour/paper (27x21cm-11x8in) Budapest 89 .... FF1 700 - £179 - $286

AMOSSOFF Segius Sergejewitsch 1837-1886 [1]
🖝 A path though the trees - Oil/canvas (24x27cm-9x11in) London 93 .... FF2 906 - £350 - $532

AMPENOT Edouard XIX-XX [2]
🖝 Pêches et raisins - Huile/toile (50x61cm-20x24in) Paris 90 .... FF18 000 - £1 927 - $3,130

AMRHEIN Wilhelm 1873-1926 [1]
🖾 Engelberg - Poster (92x64cm-36x25in) New-York 96 .... FF7 770 - £1 003 - $1,500

AMSEL Richard 1947-1985 [3]
✐ Frank Sinatra - Pastel (46x33cm-18x13in) New-York 94 .... FF17 130 - £2 010 - $3,000

AMSHEWITZ John Henry 1882-1942 [13]
🖼 *Mrs. John H. Amshewitz* - Oil/canvas (88x71cm-35x28in) London 96 .... FF6 670 - £850 - **$1,285**
AMUNDIN Bengt 1915 [4]
🖼 *Pelarkomposition, 1957* - Bronze (22cm-9in) Stockholm 89.. FF3 100 - £327 - **$522**
AMY Jean Barnabé 1839-1907 [1]
🖼 *Le Tambour d'Arcole* - Bronze Senlis 93... FF21 000 - £2 530 - **$3,820**
AMYOT Cath., née Engelhart 1845-1926 [4]
🖼 *En lille blomsterpige* - Oil/canvas (56x41cm-22x16in) København 93 .... FF50 800 - £6 070 - **$9,760**
ANACKER Jean 1878-? [3]
🖼 *Ansicht von Lübeck* - Oil/panel (84x115cm-33x45in) Hamburg 96 .... FF5 090 - £635 - **$983**
ANAKIS Angie 1955 [3]
🖼 *Mort et Résurrection no. 2* - Huile/toile (130x167cm-51x66in) Paris 89 .... FF8 500 - £846 - **$1,343**
ANASTASI Auguste 1820-1889 [21]
🖼 *Chênes en Forêt de Fontainebleau* - Huile/panneau (32x44cm-13x17in) Pontoise 95........... FF19 000 - £2 524 - **$3,920**
Paesaggio della campagna romana - Olio/tavola (53x100cm-21x39in) Roma 92 .... FF42 600 - £5 070 - **$8,200**
Sunset landscape - Oil/canvas (136x185cm-54x73in) New-York 96 .... FF249 300 - £31 740 - **$48,000**
ANASTASI William 1933 [2]
🖼 *Untitled (Aghtak)* - Oil/canvas (254x524cm-100x206in) New-York 96 .... FF8 200 - £972 - **$1,600**
✎ *Two subway drawings* - Graphite (28x29cm-11x11in) New-York 92 .... FF7 800 - £931 - **$1,500**
ANASTASSIOS Gabriel 1952 [3]
🖼 *Paysage Metaxus* - Huile/toile (54x74cm-21x29in) Saint-Pair 96 .... FF14 000 - £1 774 - **$2,685**
ANATOL Anatol Herzfeld 1931 [10]
🖼 *Die Mühle liebe ich* - Oil/wood (32x25cm-13x10in) München 96................................... FF4 070 - £510 - **$785**
ANCEL Christiane 1936 [26]
🖼 *Coquelicots* - Huile/toile (33x24cm-13x9in) Saint-Dié 96 .... FF2 500 - £287 - **$477**
Fruits et pichet - Huile/toile (55x46cm-22x18in) Saint-Dié 95 .... FF8 000 - £1 036 - **$1,638**
ANCELET Emile c.1865-? [5]
🖼 *La Meuse à Laifont, 1914* - Huile/toile (38x56cm-15x22in) Saint-Germain-en-Laye 89 .... FF18 500 - £1 841 - **$2,923**
ANCELET Gabriel Auguste XIX [2]
✎ *Venise, façade de l'hôpital* - Watercolour/board (32x32cm-13x13in) New-York 90............. FF15 130 - £1 524 - **$2,964**
ANCELIN Sylvie XX [8]
🖼 *Partie d'échec* - Technique mixte (130x89cm-51x35in) Paris 92 .... FF3 500 - £407 - **$715**
ANCELLE Jeanine XX [11]
🖼 *Barque sur l'océan* - Huile/toile (73x60cm-29x24in) Paris 91 .... FF3 200 - £318 - **$556**
ANCHER Anna 1859-1935 [39]
🖼 *Elderly woman reading at a table* - Oil/panel (34x42cm-13x17in) København 96 .... FF62 400 - £8 080 - **$12,470**
Flowers - Oil/canvas (33x44cm-13x17in) København 95....................................... FF66 500 - £8 700 - **$13,500**
Peasant family - Oil/canvas (54x63cm-21x25in) København 95 .... FF104 200 - £12 970 - **$20,330**
ANCHER Helga 1883-1964 [7]
🖼 *Sct. Hans blus på Skagens strand* - Oil/canvas (27x35cm-11x14in) København 92 .... FF8 360 - £855 - **$1,742**
ANCHER Michael 1849-1927 [190]
🖼 *Portrait of a fisherman* - Oil/canvas (40x31cm-16x12in) København 96................... FF5 350 - £693 - **$1,070**
On the beach, Skagen - Oil/canvas (39x53cm-15x21in) Viby J, Århus 95.................... FF17 670 - £2 312 - **$3,610**
Vil han klare pynten - Oil/canvas (27x38cm-11x15in) København 96 .... FF44 600 - £5 770 - **$8,910**
The Fishermen's return - Oil/canvas (100x140cm-39x55in) London 96 .... FF119 200 - £14 000 - **$23,450**
Gratulanter - Oil/canvas (64x81cm-25x32in) København 96....................... FF980 000 - £127 000 - **$196,000**
ANCILLON Louis 1900-1987 [4]
🖼 *Venise, l'église Saint-Marc* - Huile/toile (73x92cm-29x36in) Monaco 93 .... FF9 000 - £1 125 - **$1,637**
ANCILLOTTI Torello 1843-1899 [4]
🖼 *A cavalier reading* - Oil/panel (22x16cm-9x6in) New-York 92 .... FF9 360 - £1 117 - **$1,800**
ANCIONES Onesimo 1930 [3]
🖼 *Cuadro flamenco* - Oleo/lienzo (46x61cm-18x24in) Madrid 92 .... FF3 780 - £385 - **$665**
ANCKARSTRÖM Jakob Johan 1762-1792 [1]
✎ *Allegori* - Red chalk (28x18cm-11x7in) Stockholm 95.. FF4 720 - £603 - **$963**
ANCKERMANN Ricardo 1842-1907 [1]
🖼 *Paisaje de Mallorca* - Oleo/cartón (20x29cm-8x11in) Madrid 93........................... FF8 460 - £1 017 - **$1,647**
ANCONA d' Vito 1825-1884 [3]
🖼 *The Bouquet* - Oil/canvas (68x50cm-27x20in) London 96................................ FF76 600 - £9 000 - **$14,900**
ANDENMATTEN Leo 1922-1979 [2]
🖼 *Komposition mit Quadraten* - Öl/Leinwand (27x35cm-11x14in) Bern 93........................ FF15 440 - £1 778 - **$2,650**
Maison à Sion - Oil/canvas (73x50cm-29x20in) Bern 91 .... FF75 200 - £7 578 - **$13,049**
ANDER Ture 1881-1959 [10]
🖼 *Värmländskt insjölandskap, 1944* - Oil/canvas (45x59cm-18x23in) Stockholm 89 .... FF8 100 - £806 - **$1,280**
ANDERBERG Niklas 1950 [2]
🖼 *Komposition* - Oil/canvas (105x90cm-41x35in) København 96 .... FF5 320 - £691 - **$1,052**
ANDERBOURG Paul Jean 1909 [3]
🖼 *La place des Vosges* - Huile/toile (54x65cm-21x26in) Paris 92 .... FF12 600 - £1 504 - **$2,424**
ANDERLECHT van Engelbert 1918-1961 [13]
🖼 *Composition* - Huile/toile (169x140cm-67x55in) Antwerpen 95............................... FF45 000 - £5 620 - **$9,080**
Composition No. XIII - Huile/toile (169x140cm-67x55in) Bruxelles 92................... FF119 200 - £14 260 - **$22,970**
✎ *Composition no.14* - Lavis (100x64cm-39x25in) Bruxelles 91 .... FF9 880 - £1 182 - **$2,020**
ANDERS Ernest 1845-1911 [7]
🖼 *Elegant lady reading in an interior* - Oil/canvas (83x54cm-33x21in) London 91 .... FF51 900 - £5 204 - **$8,567**

Quilling Thoughts - Oil/canvas (64x49cm-25x19in) New-York 94.................... **FF105 200 - £12 180 - $18,000**

ANDERSEN Alfred Emil 1860-1935 [1]
🐦 *Flickor i dörröppning* - Oil/canvas (45x38cm-18x15in) Malmö 96 .... **FF13 150 - £1 560 - $2,570**

ANDERSEN Carl Christian 1849-1906 [9]
🐦 *In the Hermitage* - Oil/canvas (82x68cm-32x27in) Köbenhavn 95 .... **FF19 950 - £2 480 - $3,890**

ANDERSEN Carl Ferdinand 1846-1913 [1]
🐦 *Ung pige ved ildsted, Modalen* - Oil/canvas (33x29cm-13x11in) Köbenhavn 92 .... **FF6 160 - £630 - $1,283**

ANDERSEN Christian Emil 1817-1845 [2]
🐦 *Valmdemar Atterdag og Absalon* - Oil/canvas (25x21cm-10x8in) Vejle 91 .... **FF3 170 - £318 - $523**

ANDERSEN Cilius 1865-1913 [18]
🐦 *En lille pige der plukker margueritter* - Oil/canvas (42x55cm-17x22in) Köbenhavn 92 .... **FF16 720 - £1 710 - $2,945**

ANDERSEN Frederik Georg 1871-? [3]
🐦 *Still life* - Oil/canvas (70x96cm-28x38in) Viby J, Århus 96 .... **FF8 910 - £1 154 - $1,782**

ANDERSEN Just 1884-1943 [4]
🗿 *Sitzendes Kleinkind* - Bronze (20cm-8in) Köln 92 .... **FF1 696 - £203 - $326**

ANDERSEN Max 1892-? [1]
🗿 *Faun med krukke* - Bronze (35cm-14in) Vejle 94 .... **FF2 710 - £314 - $467**

ANDERSEN Mogens 1916 [60]
🐦 *Still life* - Oil/canvas (51x61cm-20x24in) Viby J, Århus 96 .... **FF7 040 - £835 - $1,373**
Nature morte - Oil/canvas (54x65cm-21x26in) Köbenhavn 93 .... **FF26 160 - £2 970 - $4,430**
✎ *Komposition* - Oil chalks (21x16cm-8x6in) Köbenhavn 96 .... **FF2 840 - £369 - $562**

ANDERSEN Robin Christian 1890-1969 [36]
🐦 *Urwaldmotiv* - Öl/Papier (35x28cm-14x11in) Wien 96 .... **FF13 640 - £1 770 - $2,700**
🐦 *Rote und gelbe Blumen* - Öl/Leinwand (51x66cm-20x26in) Wien 94 .... **FF43 700 - £5 060 - $8,270**
✎ *Nähende Frau* - Coloured chalks/paper (36x26cm-14x10in) Wien 96 .... **FF5 860 - £762 - $1,150**

ANDERSEN Valdemar 1875-1928 [1]
🖼 *Asta Lampen* - Poster (89x67cm-35x26in) New-York 93 .... **FF7 150 - £897 - $1,300**

ANDERSEN Wilhelm 1867-1945 [14]
🐦 *Roses in a tankard on a draped table* - Oil/canvas (45x44cm-18x17in) London 96.............. **FF15 160 - £1 900 - $2,926**

ANDERSEN-LUNDBY Anders 1841-1923 [60]
🐦 *Near the lake, snowy landscape* - Oil/canvas (31x26cm-12x10in) Vejle 94 .... **FF10 400 - £1 270 - $1,973**
🐦 *Fiskere på stranden* - Oil/canvas (62x100cm-24x39in) Köbenhavn 94 .... **FF11 440 - £1 148 - $1,979**
Fagot gatherer with horse-drawn cart - Oil/canvas (29x40cm-11x16in) Köbenhavn 95 .... **FF11 800 - £1 467 - $2,300**
Winter woodland at sunset - Oil/canvas (75x115cm-30x45in) London 96 .... **FF24 660 - £3 200 - $4,880**
Sommertag am Starnbergsee - Öl/Leinwand (84x142cm-33x56in) Wien 94 .... **FF136 700 - £15 830 - $23,500**

ANDERSON Alfred Charles S. 1884-1966 [5]
✎ *The Two Ricks* - Watercolour (21x35cm-8x14in) London 95 .... **FF10 180 - £1 300 - $2,085**

ANDERSON Blair XX [7]
🐦 *View from the Above* - Oil/canvas (208x169cm-82x67in) London 92 .... **FF2 930 - £300 - $516**

ANDERSON Domenico 1854-1939 [2]
📷 *The Roman forum* - Photograph (57x92cm-22x36in) New-York 91 .... **FF10 260 - £1 034 - $1,780**

ANDERSON Doug 1954 [2]
🐦 *Superficial (Foreground)* - Technique mixte/panneau (50x50cm-20x20in) Paris 90 .... **FF16 000 - £1 636 - $3,158**
🗿 *Good Swimming Spot #60-125* - Sculpture (5cm-2in) New-York 93 .... **FF5 820 - £671 - $1,000**

ANDERSON Douglas XX [6]
🐦 *Every time you change...* - Mixed media (178x15cm-70x6in) New-York 89.................... **FF14 300 - £1 423 - $2,259**

ANDERSON Douglas N. XIX-XX [1]
✎ *Mounted Infantry Detachment* - Watercolour (20x233cm-8x92in) London 94 .... **FF2 560 - £300 - $443**

ANDERSON Frederic A. 1894-1950 [2]
🐦 *Man and woman sitting on beach* - Oil/canvas (61x91cm-24x36in) New-York 94.................... **FF12 350 - £1 482 - $2,400**

ANDERSON Gustaf Albert 1866-1905 [2]
🐦 *Marine* - Oil/canvas (35x55cm-14x22in) Stockholm 95.................... **FF11 360 - £1 502 - $2,303**

ANDERSON Harold N. 1894-1973 [1]
🐦 *Drummer* - Oil/canvas (43x28cm-17x11in) New-York 95 .... **FF11 100 - £1 400 - $2,200**

ANDERSON Harry 1906 [1]
✎ *Sick boy visited by older woman* - Watercolour (41x33cm-16x13in) New-York 96.................... **FF13 840 - £1 640 - $2,700**

ANDERSON James Bell 1886-1938 [4]
🐦 *Cattle grazing by a river*
Oil/canvas (51x64cm-20x25in) Gleneagles Hôtel - Pertshire 90 .... **FF24 200 - £2 418 - $4,592**

ANDERSON James Isaac Atkinson 1813-1877 [3]
📷 *Forum of Trajan* - Salt print (34x29cm-13x11in) New-York 91 .... **FF16 950 - £1 683 - $2,943**

ANDERSON Jeremy 1921 [2]
🗿 *The Happy Home of the Cannibal* - Wood (28cm-11in) San Francisco-Los Angeles 93 .... **FF5 900 - £671 - $1,000**

ANDERSON Karl J. 1874-1956 [3]
🐦 *The Coral Necklace* - Oil/canvas (74x69cm-29x27in) Chicago 96 .... **FF22 100 - £2 680 - $4,300**

ANDERSON Kjell 1937 [2]
🐦 *Ris* - Acrylic/panel (54x65cm-21x26in) Stockholm 95.................... **FF2 900 - £380 - $581**
Muren, 1968 - Oil/board (121x121cm-48x48in) Stockholm 90 .... **FF43 100 - £4 585 - $7,710**

ANDERSON P. Douglas 1887-1964 [5]
📷 *California ranch* - Silver print (28x36cm-11x14in) New-York 93 .... **FF1 918 - £218 - $325**

ANDERSON Paul L. 1880-1956 [2]
Seascape - (25x33cm-10x13in) New-York 94 .... FF5 310 - £634 - $1,000
ANDERSON Percy 1850-1928 [4]
Paris and Helen - Watercolour (213x84cm-84x31in) London 93 .... FF23 240 - £2 800 - $4,060
ANDERSON Robert 1842-1885 [5]
Fisher Folks of Auchmithie - Watercolour/paper (45x67cm-18x26in) London 96 ...... FF6 190 - £750 - $1,203
ANDERSON Sophia Gengembre 1823-1903 [15]
Girl with a purse - Oil/canvas (26x20cm-10x8in) London 95 .... FF70 500 - £9 000 - $14,440
The Love Letter - Oil/canvas (135x98cm-53x39in) Crewkerne, Somerset 93 .... FF240 700 - £29 000 - $42,050
ANDERSON Stanley 1884-1966 [19]
Mind content both Crown... - Engraving (15x18cm-6x7in) London 92 .... FF3 615 - £370 - $638
Cattle Grazing beneath the tress - Watercolour (21x29cm-8x11in) London 94 .... FF4 150 - £480 - $710
ANDERSON Walter c.1820-c.1890 [2]
Blowing bubbles - Oil/canvas (30x26cm-12x10in) London 92 .... FF29 300 - £3 500 - $5,640
ANDERSON William 1757-1837 [37]
Sibylle engaging the Forte, Bengal - Oil/canvas (44x59cm-17x23in) London 95 .... FF38 700 - £5 000 - $7,970
A quiet anchorage - Watercolour (20x18cm-8x7in) London 95 .... FF20 630 - £2 600 - $4,090
ANDERSON Yngve 1892-1981 [2]
Kvinner i solen - Oil/canvas (85x115cm-33x45in) Oslo 92 .... FF5 020 - £600 - $965
ANDERSSON Åke Wilhelm 1922 [3]
Parad över Norrbro, Stockholm - Oil/canvas (65x80cm-26x31in) Stockholm 95 .... FF5 780 - £710 - $1,126
ANDERSSON Allan 1904-1979 [16]
Vinterlandskap - Oil/canvas (60x73cm-24x29in) Göteborg 95 .... FF4 010 - £501 - $786
ANDERSSON Barbro 1948 [3]
Björk - Oil/canvas (130x160cm-51x63in) Stockholm 93 .... FF6 660 - £818 - $1,233
ANDERSSON Carl 1888-1952 [1]
Insjölandskap - Oil/canvas/panel (30x50cm-12x20in) Stockholm 91 .... FF4 710 - £482 - $879
ANDERSSON Fred 1921-1989 [5]
Kompositon i grönt, 1960 - Oil/canvas (80x99cm-31x39in) Stockholm 90 .... FF11 200 - £1 157 - $1,979
ANDERSSON J. Ossian 1889-1975 [2]
Marine - Oil/canvas (67x100cm-26x39in) Malmö 96 .... FF2 890 - £375 - $566
ANDERSSON Mårten 1934 [17]
Fönsterutsikt från Ibiza - Oil/canvas (92x73cm-36x29in) Stockholm 94 .... FF23 800 - £2 820 - $4,390
Kaffedrickarna - Oil/canvas (197x205cm-78x81in) Stockholm 95 .... FF110 050 - £14 370 - $22,700
Musiker och dansande par - Watercolour, gouache (40x16cm-16x6in) Stockholm 96 ..... FF9 220 - £1 151 - $1,782
ANDERSSON Nils 1817-1865 [8]
Korna mjölkas - Oil/canvas (60x75cm-24x30in) Stockholm 96 .... FF25 700 - £2 930 - $4,910
ANDERSSON Oskar 1877-1906 [11]
A cavalry skirmish - Oil/canvas (94x141cm-37x56in) Stockholm 96 .... FF32 250 - £3 790 - $6,340
Gottes segen bei Cohn - Ink (27x30cm-11x12in) Göteborg 94 .... FF2 260 - £264 - $396
ANDERSSON Ossian 1889-1975 [3]
Boats, Lysekil - Oil/canvas (66x99cm-26x39in) Malmö 95 .... FF2 930 - £366 - $592
ANDERSSON Salomon 1785-1855 [1]
Gustaf III:s paviljong, Haga - Oil/canvas (37x46cm-15x18in) Uppsala 91 .... FF9 540 - £956 - $1,747
ANDERSSON Torsten 1926 [1]
Skogsväg, 1972 - Oil/canvas (55x65cm-22x26in) Stockholm 89 .... FF10 300 - £1 085 - $1,734
ANDERTON Francis S. c.1867-1909 [2]
Souvenir de Boccace - Oil/canvas (75x20cm-30x8in) London 97 .... FF101 010 - £11 000 - $17,566
ANDOE Joe 1955 [21]
Untitled (Oak leaves) - Oil/canvas (127x152cm-50x60in) New-York 96 .... FF16 550 - £1 950 - $3,250
Untitled (Oak Leaf) - Oil/canvas (51x61cm-20x24in) New-York 91 .... FF34 900 - £3 474 - $6,002
ANDOK von Ludwig 1890-1981 [3]
Mohnblumen in Vase - Öl/Leinwand (80x61cm-31x24in) München 94 .... FF2 055 - £245 - $376
ANDORFF Paul 1849-1920 [1]
Strassenmarkt, Postdamer Platz - Oil/panel (13x18cm-5x7in) Berlin 94 .... FF20 600 - £2 464 - $3,850
ANDRADE Magda, née Schlotman 1912 [2]
Phantastische Landschaft - Oil/panel (41x50cm-16x20in) Lindau 96 .... FF4 050 - £524 - $783
ANDRAE Elisabeth 1876-? [2]
Baumblüte - Öl/Leinwand (63x72cm-25x28in) Heidelberg 95 .... FF2 613 - £336 - $528
ANDRÉ Albert 1869-1954 [99]
Pastèque et grenades - Oil/canvas (43x59cm-17x23in) London 96 .... FF20 100 - £2 600 - $3,980
Une vue de Laudun - Oil/canvas (54x65cm-21x26in) London 94 .... FF50 500 - £6 000 - $9,220
Sur la Plage - Oil/cardboard (38x46cm-15x18in) New-York 96 .... FF72 500 - £9 350 - $14,000
La leçon de piano - Oil/canvas (67x122cm-26x48in) New-York 97 .... FF154 286 - £16 540 - $27,000
Rue St. Ferréol, Marseille - Oil/canvas (81x100cm-32x39in) London 96 .... FF439 000 - £50 000 - $84,000
ANDRE Carl 1935 [48]
Aluminium Steel Plain
   Aluminium, steel plates (6x6) (183x183cm-72x72in) New-York 93 .... FF1 - £165 500 - $240,000
36 Dull Magnesium Row
   Magnesium (36 units) (1x342x20cm-135x8in) New-York 95 .... FF130 700 - £17 330 - $27,000
Seven Steel Row - Installation (1x318x61cm-125x24in) New-York 96 .... FF228 000 - £29 400 - $44,000
ANDRE Gaston 1884-1970 [6]
Les Arts - Huile (116x81cm-46x32in) Paris 92 .... FF8 000 - £930 - $1,633
Allégorie de la fortune - Gouache/papier (30x18cm-12x7in) Paris 90 .... FF9 000 - £930 - $1,590

ANDRÉ Jules 1807-1869 [2]
🖾 *Jeune ramasseur de fagots* - Huile/toile (65x54cm-26x21in) Barbizon 92 .... FF*16 000* - £*1 638* - **$2,880**
ANDRÉ Paul 1928-1983 [10]
🖾 *Pétunias and Ginger Jazz* - Huile/isorel (36x31cm-14x12in) Montréal 95 .... FF*3 640* - £*357* - **$555**
Fin d'été - Huile/masonite (40x61cm-16x24in) Montréal 91 .... FF*11 180* - £*1 122* - **$1,934**
ANDRE Pierre 1964 [7]
🖾 *Baron Izolé* - Oil/masonite (91x46cm-36x18in) New-York 91 .... FF*9 030* - £*899* - **$1,553**
Maîtresse Erzulie - Huile/toile (80x60cm-31x24in) Paris 96 .... FF*30 000* - £*3 880* - **$5,890**
ANDRÉ Renée 1891-? [1]
🖾 *Candida* - Oil/board (41x30cm-16x12in) New-York 93 .... FF*12 970* - £*1 484* - **$2,300**
ANDRÉ-SPITZ 1884-1977 [1]
🖉 *Portrait de femme* - Pastel/toile (54x45cm-21x18in) Bayeux 95 .... FF*4 800* - £*608* - **$938**
ANDRÉA Kees 1914 [13]
🖾 *A rooster* - Oil/canvas (60x80cm-24x31in) Amsterdam 97 .... FF*4 159* - £*45 0 2* - **$725**
🖉 *A still life* - Watercolour (49x64cm-19x25in) Amsterdam 97 .... FF*2 427* - £*262* - **$423**
ANDREA Pat 1942 [7]
🖾 *Speelse hond (jeune chien joueur)*
    Technique mixte/carton (35x39cm-14x15in) Paris 97 .... FF*9 400* - £*1 026* - **$1,643**
🖉 *Sans titre* - Crayon (23x30cm-9x12in) Paris 95 .... FF*4 000* - £*532* - **$825**
ANDREA Willem Lodewijk 1817-1873 [1]
🖾 *Vue du port de Hoorn* - Huile/panneau (14x18cm-6x7in) Tongeren 91 .... FF*7 290* - £*736* - **$1,447**
ANDRÉANI Charles XIX-XX [1]
🖾 *Entrée d'un Sultan dans la ville* - Huile/toile (107x160cm-42x63in) Paris 96. ...... FF*35 000* - £*4 530* - **$6,930**
ANDREAS Krystallis 1901-1951 [1]
🖾 *Drinking in the tavern* - Oil/cardboard (30x38cm-12x15in) Athens 96. .... FF*14 840* - £*1 916* - **$2,870**
ANDREASEN Signe 1853-1919 [5]
🖾 *White flowers* - Oil/canvas (77x60cm-30x24in) København 95 .... FF*9 970* - £*1 241* - **$1,945**
ANDRÉASSON Folke 1902-1948 [15]
🖾 *Landskap, Auvers-sur-Oise* - Oil/canvas (49x59cm-19x23in) Göteborg 95 .... FF*14 780* - £*1 962* - **$3,046**
ANDREE Richard 1835-1912 [1]
🖾 *Boote vor Venedig* - Öl/Leinwand (80x121cm-31x48in) Hamburg 93 .... FF*4 820* - £*546* - **$814**
ANDRÉEN Bengt 1919 [2]
🖾 *Utsikt från Björnåsen, Jämtland* - Oil/canvas (60x74cm-24x29in) Söderköping 92 .... FF*2 890* - £*346* - **$557**
Vårlandskap från Jämtland - Oil/canvas (60x75cm-24x30in) Söderköping 92 .... FF*3 434* - £*411* - **$661**
ANDREENKO Mikhail 1895-1982 [34]
🖾 *Abstrakte Komposition* - Öl/Leinwand (46x55cm-18x22in) München 95 .... FF*18 800* - £*2 230* - **$3,395**
🖾 *Olympia* - Lithographie (87x64cm-34x25in) Düsseldorf 93 .... FF*5 430* - £*648* - **$1,044**
🖉 *Composition verte, 1972* - Gouache (46x29cm-18x11in) Genève 89 .... FF*6 200* - £*653* - **$1,044**
ANDREI René 1906-1987 [1]
🗿 *Tête de jeune femme* - Sculpture (44x12x11cm-17x5x4in) Paris 89 .... FF*8 600* - £*856* - **$1,359**
ANDREINI Ferdinando 1843-? [1]
🗿 *Rachel* - Marble (37cm-15in) Wrotham Park, Hertfordshire 95 .... FF*3 550* - £*450* - **$715**
ANDREIS de Alex XIX-XX [31]
🖾 *Cavalier* - Oil/canvas (81x65cm-32x26in) New-York 93 .... FF*8 250* - £*1 035* - **$1,500**
Chasseur avec son arquebuse
    Oil/canvas (50x61cm-20x24in) San Francisco-Los Angeles 92 .... FF*27 750* - £*2 905* - **$5,000**
ANDREJEVIC Milet 1925 [2]
🖾 *Orpheus and Eurydce* - Oil/canvas (45x66cm-18x26in) New-York 89 .... FF*17 200* - £*1 759* - **$2,765**
ANDREONI Cesare 1903-1961 [6]
🖾 *Paesaggio aereo* - Olio/tela (40x48cm-16x19in) Trieste 93 .... FF*31 140* - £*3 610* - **$5,360**
ANDREONI Orazzio XIX-XX [2]
🗿 *Bust of Caesar* - Marble (76cm-30in) London 97 .... FF*18 587* - £*2 000* - **$3,268**
Veiled Cupid - Marble (103cm-41in) New-York 95 .... FF*30 700* - £*3 884* - **$6,000**
ANDREOTTI Federico 1847-1930 [36]
🖾 *Woman in a lace trimmed dress* - Oil/canvas (42x33cm-17x13in) London 96 .... FF*14 940* - £*1 900* - **$2,956**
The Lover Letter - Oil/canvas (47x38cm-19x15in) New-York 95 .... FF*41 100* - £*5 040* - **$8,000**
Conversation galante - Huile/toile (47x73cm-19x29in) Paris 96 .... FF*118 500* - £*15 320* - **$23,470**
ANDREOTTI Libero 1875-1933 [2]
🗿 *Le Victorieux* - Bronze (51x24x24cm-20x9x9in) Paris 92 .... FF*14 500* - £*1 686* - **$2,960**
ANDREOU Constantin 1917 [2]
🖾 *Composition 1* - Huile/papier (77x55cm-30x22in) Lille 96 .... FF*2 500* - £*312* - **$483**
ANDREPETIT Henri XX [7]
🖾 *Marais-salants* - Huile/toile (65x54cm-26x21in) Châlons-sur-Marne 95 .... FF*6 500* - £*837* - **$1,322**
ANDRES Andres Barth, dit 1916 [2]
🖾 *Fasnachtstreiben, Rheinbrücke* - Oil/canvas (46x50cm-18x20in) Bern 92 .... FF*2 976* - £*304* - **$524**
ANDRES Otto 1865-? [1]
🖾 *Fingerhakeln* - Oil/panel (80x114cm-31x45in) Köln 93 .... FF*52 500* - £*6 000* - **$8,920**
ANDRES VILELLA Mariano 1930 [2]
🗿 *Sans titre* - Marbre (57x20x18cm-22x8x7in) Paris 93 .... FF*9 000* - £*1 084* - **$1,637**
ANDRET René J.-L. XIX-XX [1]
🗿 *Tête de jeune fille* - Bronze (11cm-4in) Paris 95 .... FF*7 500* - £*996* - **$1,546**

ANDREU Mariano 1888-1977 [23]
- *Répétition à l'Opéra* - Huile/papier (40x53cm-16x21in) Lokeren 95 .... FF**20 700** - £2 585 - **$4,060**
- *L'écuyère et les musiciens* - Huile/carton (64x87cm-25x34in) Paris 95 .... FF**70 000** - £9 240 - **$14,180**
- *Pastora* - Acuarela (39x26cm-15x10in) Madrid 94 .... FF**10 770** - £1 238 - **$1,844**

ANDREU Y SENTAMANS Teodoro 1870-1934 [1]
- *Gitana, flor amarilla y mantón rojo* - Oleo/lienzo (50x29cm-20x11in) Madrid 94 .... FF**11 400** - £1 345 - **$2,030**

ANDREW Richard 1869-1934 [1]
- *Harry Dutton* - Oil/canvas (205x157cm-81x62in) Boston, Mass. 91 .... FF**7 190** - £716 - **$1,236**

ANDREWS Ambrose 1824-1859 [2]
- *Mountain stream* - Oil/canvas (76x105cm-30x41in) New-York 94 .... FF**6 740** - £795 - **$1,200**

ANDREWS Benny 1930 [8]
- *The Encounter* - Oil/canvas (41x33cm-16x13in) Delray Beach, Florida 94 .... FF**5 600** - £638 - **$950**
- *Early bird* - Collage (76x55cm-30x22in) New-York 90 .... FF**4 900** - £521 - **$877**

ANDREWS C.W. c.1830-c.1870 [6]
- *Cave of San Marco, Manila* - Watercolour (33x24cm-13x9in) London 96 .... FF**48 100** - £6 000 - **$9,300**

ANDREWS Edith Alice Cubitt XIX-XX [7]
- *Garden in Bloom* - Watercolour (25x36cm-10x14in) London 95 .... FF**3 610** - £460 - **$728**

ANDREWS Edith Lovell 1886-? [1]
- *Wycombe Abbey Gardens* - Watercolour (33x44cm-13x17in) Billinghurst, West Sussex 95........ FF**1 606** - £200 - **$315**

ANDREWS George Henry 1816-1898 [7]
- *The hunting party* - Oil/canvas/board (72x91cm-28x36in) New-York 94 .... FF**23 030** - £2 790 - **$4,250**
- *Sailing in a storm, 1967* - Watercolour, gouache (18x25cm-7x10in) London 90 .... FF**4 400** - £474 - **$776**

ANDREWS Henry 1794-1868 [13]
- *Courting couple* - Oil/canvas (51x41cm-20x16in) Detroit, Michigan 94 .... FF**12 550** - £1 464 - **$2,200**
- *A garden party* - Oil/canvas (96x137cm-38x54in) London 92 .... FF**50 300** - £6 000 - **$9,660**

ANDREWS John 1815-1870 [1]
- *The old Oak* - Oil/canvas (63x76cm-25x30in) London 91 .... FF**32 250** - £3 203 - **$5,600**

ANDREWS Joseph 1806-1873 [1]
- *Still life of fruit* - Watercolour/paper (33x43cm-13x17in) New Orleans, Louisiana 92........... FF**18 170** - £1 860 - **$3,200**

ANDREWS Michael 1928 [8]
- *Head of a man* - Oil/board (19x21cm-7x8in) London 90 .... FF**102 400** - £10 421 - **$20,478**

ANDREWS Samuel 1767-1807 [6]
- *Young Officer* - Miniature (6cm-2in) London 96 .... FF**19 370** - £2 500 - **$3,740**

ANDREWS Sybil 1898-1992 [59]
- *Skaters* - Linocut in colors (23x39cm-9x15in) New-York 95 .... FF**13 130** - £1 654 - **$2,600**

ANDREY James XIX-XX [2]
- *Roaring lion* - Bronze Bloomfield Hills, Michigan 90... FF**3 100** - £312 - **$564**

ANDREY-PREVOST Fernand 1890-1960 [3]
- *Village de la vallée de Chevreuse* - Huile/toile (80x100cm-31x39in) Saint-Dié 97 .... FF**13 000** - £1 469 - **$2,354**

ANDRI Ferdinand 1871-1956 [27]
- *Portrait of an Officer* - Öl/Leinwand (65x42cm-26x17in) Wien 96 .... FF**12 180** - £1 580 - **$2,410**
- *Mutter mit Kind* - Coloured chalks (71x41cm-28x16in) München 94 .... FF**5 490** - £650 - **$1,014**

ANDRIAENSSEN Alexander 1587-1661 [1]
- *Still life with dead fowl* - Oil/panel (48x38cm-19x15in) San Francisco-Los Angeles 93 ...... FF**17 870** - £2 240 - **$3,250**

ANDRIAKA Serge Nicolas 1958 [6]
- *L'arbre mort* - Huile/toile (120x97cm-47x38in) Paris 89 .... FF**3 000** - £316 - **$505**

ANDRIESSE Erik 1957-1993 [1]
- *A skull* - Coloured crayons (62x48cm-24x19in) Amsterdam 95 .... FF**12 340** - £1 616 - **$2,472**

ANDRIESSEN Anthony 1746-1813 [6]
- *Travellers/Women with children* - Drawing (20x16cm-8x6in) Amsterdam 96 .... FF**2 860** - £338 - **$563**

ANDRIESSEN Juriaan 1742-1819 [15]
- *Rencontre/Repos des bergers* - Huile/toile (194x110cm-76x43in) Paris 96.................. FF**130 000** - £15 050 - **$24,900**
- *Waterfall: Beekhuizen/Hermitage: Soestdijk* - Drawing Amsterdam 92 .... FF**4 220** - £504 - **$812**
- *The river Amstel by moonlight* - Ink (17x34cm-7x13in) Amsterdam 96 .... FF**96 400** - £11 360 - **$18,940**

ANDRIESSEN Mari 1897-1979 [13]
- *Standing boy* - Bronze (51cm-20in) Amsterdam 94 .... FF**15 860** - £1 862 - **$2,824**

ANDRIEU Lucien 1875-1953 [2]
- *Portrait* - Gouache (46x30cm-18x12in) Montauban 93 .... FF**4 200** - £472 - **$712**

ANDRIEU Patrick XX [2]
- *Ruelle grecque* - Huile/toile (54x65cm-21x26in) Cannes 93 .... FF**2 400** - £270 - **$407**

ANDRIEU Pierre 1821-1892 [6]
- *Odalisque* - Huile/papier (20x31cm-8x12in) Saint-Germain-en-Laye 96 .... FF**7 900** - £1 028 - **$1,566**
- *A coachman holding a whip* - Watercolour (14x11cm-6x4in) London 95 .... FF**1 710** - £220 - **$353**

ANDRIEUX Auguste Clément 1829-c.1890 [5]
- *Cavalier survolant des cadavres* - Crayon (45x37cm-18x15in) Paris 95 .... FF**3 200** - £416 - **$659**

ANDRIOLLI Michal Elwiro 1836-1893 [3]
- *Pawlik* - Watercolour, gouache/paper (55x42cm-22x17in) Warszawa 96 .... FF**12 130** - £1 533 - **$2,335**

ANDRUS Vera 1896-1979 [2]
- *Gloucester Harbor* - Oil/canvas (61x80cm-24x32in) Boston, Mass. 91 .... FF**5 990** - £596 - **$1,030**
- *Yonkers Dock, New York* - Watercolour (38x48cm-15x19in) Cambridge, Mass. 93 .... FF**1 650** - £207 - **$300**

ANDRY-FARCY Pierre 1882-1950 [1]
- *Stellina, Liqueur digestive* - Poster (120x160cm-47x63in) London 96............................ FF**3 455** - £440 - **$665**

ANDRYCHIEWICZ Zygmunt 1861-1943 [1]
🖼 *Odaliska* - Oil/canvas (135x91cm-53x36in) Warszawa 94 .... FF24 940 - £2 870 - **$4,290**

ANDSELL Richard 1815-1885 [1]
🖼 *Scotch Gilly Boy* - Oil/panel (27x38cm-11x15in) London 95 .... FF110 300 - £14 500 - **$22,140**

ANESI Carlos 1965 [4]
🖼 *Caballo* - Acrylic/canvas (90x130cm-35x51in) New-York 92 .... FF96 500 - £9 870 - **$17,000**

ANESI Paolo 1697-1773 [22]
🖼 *Campidoglio & Campo Vaccino* - Oil/canvas (6x103cm-2x41in) New-York 94 .... FF206 600 - £23 660 - **$35,000**

ANFREI Jegorov 1878-1954 [1]
✏ *Russian horse* - Gouache/paper (23x33cm-9x13in) San Francisco-Los Angeles 92 ...... FF2 280 - £270 - **$439**

ANFRIE Charles 1833-? [11]
🗿 *Jeune à la cigarette* - Bronze (39cm-15in) Köln 95 .... FF3 900 - £493 - **$782**
 Lady falconner - Bronze (82cm-32in) London 92 .... FF21 500 - £2 500 - **$4,390**

ANGAROLA Anthony 1893-1929 [2]
🖼 *Landscape* - Oil/canvas (46x61cm-18x24in) Chicago 95 .... FF8 260 - £1 060 - **$1,700**

ANGELES ORTIZ Manuel 1912-1984 [1]
🖼 *Paisaje granadino* - Oleo/lienzo (80x100cm-31x39in) Madrid 93 .... FF17 800 - £2 120 - **$3,220**

ANGELI Eduard 1942 [33]
🖼 *Die Strasse* - Öl/Leinwand (110x130cm-43x51in) Wien 96 .... FF24 140 - £2 750 - **$4,620**
✏ *Jagdzimmer* - Mischtechnik/Papier (76x56cm-30x22in) Wien 96 .... FF4 385 - £570 - **$867**
 Das Boot - Black chalk/paper (64x95cm-25x37in) Wien 96 .... FF9 600 - £1 164 - **$1,866**

ANGELI Franco 1935-1988 [135]
🖼 *Orme partigiane* - Acrilico (100x70cm-39x28in) Milano 92 .... FF15 500 - £1 843 - **$2,980**
 Half Dollar - Pittura a spruzzo, veli/tela (2 pannelli) (221x180cm-87x71in) Milano 92 ... FF45 300 - £4 640 - **$7,970**
 United States of Americano - Olio/tela (150x193cm-59x76in) Milano 89 .... FF137 300 - £14 039 - **$22,074**
✏ *Alfabeto* - Tecnica mista/carta (70x100cm-28x39in) Roma 94 .... FF5 220 - £615 - **$930**

ANGELI Giuseppe 1712-1798 [4]
🖼 *The Holy Family* - Oil/canvas (7x112cm-3x44in) New-York 95 .... FF29 700 - £3 710 - **$6,000**
✏ *Bearded old man* - Black & white chalks (32x23cm-13x9in) New-York 95 .... FF37 600 - £4 505 - **$7,000**

ANGELI von Heinrich 1840-1925 [6]
🖼 *Portrait of a young lady* - Oil/panel (67x54cm-26x21in) Wien 96 .... FF19 240 - £2 410 - **$3,760**

ANGELIN Lilian 1950 [4]
🖼 *Hameau* - Huile/toile (46x55cm-18x22in) Brides-les-Bains 94 .... FF3 100 - £376 - **$590**

ANGELIS de Deiva 1885-1925 [1]
✏ *Woodcutter & dog returning home* - Wash (53x35cm-21x14in) London 89 .... FF2 700 - £269 - **$427**

ANGELIS Pierre 1685-1734 [8]
🖼 *The Tryal of the King* - Oil/canvas (63x76cm-25x30in) London 96 .... FF118 800 - £14 000 - **$23,340**

ANGELL COLEMAN Helen Cordelia 1847-1884 [6]
✏ *Chrysanthemums* - Watercolour (53x42cm-21x17in) London 96 .... FF11 200 - £1 400 - **$2,170**

ANGELO Anthon 1805-1873 [1]
🖼 *Bedende pige med salmebog* - Oil/canvas (23x20cm-9x8in) Köbenhavn 89 .... FF2 300 - £235 - **$370**

ANGELO d' Jean-Claude 1946 [6]
🗿 *Léda* - Bronze (49cm-19in) La Varenne Saint-Hilaire 95 .... FF9 000 - £1 158 - **$1,858**

ANGELOPOULOS Aristomenis 1900-1990 [1]
🖼 *Street in Paris* - Oil/canvas (65x80cm-26x31in) Athens 95 .... FF12 580 - £1 627 - **$2,570**

ANGELS Didier 1941 [4]
🖼 *L'aube du printemps* - Acrylique/toile (73x100cm-29x39in) Versailles 92 .... FF7 000 - £720 - **$1,347**

ANGERER E. Tony 1884-1950 [5]
✏ *Ein Zigaretterl, der Herr ?* - Mixed media/paper (34x29cm-13x11in) Wien 95 .... FF4 050 - £507 - **$817**

ANGERER Max 1877-1955 [1]
🖼 *Tiroler Landschaft* - Oil/panel (52x68cm-20x27in) Wien 95 .... FF12 240 - £1 613 - **$2,480**

ANGERHOFER Robert 1895-? [1]
🖼 *Almabtrieb* - Öl/Leinwand (127x116cm-50x46in) Wien 92 .... FF12 020 - £1 437 - **$2,313**

ANGERMANN Anna Elisabeth 1883-1985 [1]
🖼 *Tulpen in kupferner Henkelschale* - Öl/Leinwand (49x68cm-19x27in) Lindau 95 .... FF6 410 - £801 - **$1,294**

ANGERMEYER Hermann 1876-1955 [2]
🖼 *Mutter und Kind* - Öl/Leinwand (80x70cm-31x28in) München 94 .... FF9 600 - £1 138 - **$1,775**

ANGERMEYER Johann Adalbert 1674-1740 [1]
🖼 *Pears, cherries, grapes (2)* - Oil/panel (12x15cm-5x6in) New-York 93 .... FF52 200 - £6 170 - **$9,500**

ANGILLIS Pieter 1685-c.1734 [5]
🖼 *Le repas du Dauphin* - Huile/toile (53x65cm-21x26in) Paris 90 .... FF140 000 - £15 086 - **$24,691**

ÄNGKVIST Olle 1922 [8]
🖼 *Komposition, Grimaud* - Oil/canvas (116x93cm-46x37in) Stockholm 90 .... FF11 200 - £1 191 - **$2,004**

ANGLADA CAMARASA Hermen 1873-1959 [6]
🖼 *Paisaje de olivos en Mallorca* - Oleo/lienzo (34x45cm-13x18in) Madrid 93 .... FF133 500 - £15 900 - **$24,150**

ANGLADA-PINTO Luis 1873-1946 [1]
🖼 *Berebere* - Oil/canvas (54x46cm-21x18in) London 90 .... FF33 900 - £3 513 - **$5,958**

ANGLADE André XIX-XX [4]
🖼 *Vallée au matin* - Huile/toile (51x66cm-20x26in) Pontoise 95 .... FF5 000 - £664 - **$1,030**

ANGLADE Gaston 1854-1919 [64]
🖼 *A valley at dusk* - Oil/board (23x32cm-9x13in) London 93 .... FF4 000 - £460 - **$690**

Paysage à la rivière - Huile/toile (65x92cm-26x36in) Lyon 94 .... FF**10 000** - £1 185 - **$1,850**
A hilly river landscape - Oil/canvas (43x56cm-17x22in) New-York 92 .... FF**18 900** - £1 932 - **$3,500**

ANGLES Joaquín XIX-XX [8]
Premier Triomphe - Bronze (51cm-20in) London 94... FF**5 920** - £700 - **$1,064**
Sentinelle arabe - Bronze (89cm-35in) Paris 97 .... FF**48 000** - £5 102 - **$8,270**

ANGO Jean-Robert ?-1773 [27]
Moise et Josué - Sanguine (76x52cm-30x20in) Paris 95.. FF**11 000** - £1 387 - **$2,194**

ANGRAND Charles 1854-1926 [22]
Les scieurs de bois - Huile/toile (51x65cm-20x26in) Paris 94................................ FF**60 000** - £7 100 - **$11,080**
Enfants devant le train bleu - Pastel (64x89cm-25x35in) Le Havre 92 .... FF**32 500** - £3 330 - **$6,370**

ANGRAVE Bruce ?-1983 [1]
Bognor Regis - Poster (76x51cm-30x20in) London 96... FF**5 100** - £650 - **$982**

ANGST Carl Albert 1875-1965 [2]
Daphnis and Chloe - Marble (86x121cm-34x48in) London 96................................... FF**26 330** - £3 000 - **$5,040**

ANGUIANO Raúl 1915 [19]
Madre Huichola - Oleo/lienzo (75x60cm-30x24in) México 92................................... FF**55 800** - £5 730 - **$10,180**
Bridge Laborers - Lithograph (56x46cm-22x18in) Tarzana, CA 94.............................. FF**1 500** - £178 - **$275**
Mujer en el rio - Pastel/papel (51x67cm-20x26in) México 92.................................. FF**21 060** - £2 162 - **$3,845**

ANGUS John 1821-? [2]
Father's return - Oil/panel (44x58cm-17x23in) London 90.................................... FF**31 000** - £3 298 - **$5,546**

ANGUS William Louis 1823-? [2]
Surpris - Huile/panneau (40x31cm-16x12in) Bruxelles 91.................................... FF**7 450** - £751 - **$1,452**
Dutch interior with figures at a table - Oil/panel (52x65cm-20x26in) London 90 .... FF**40 700** - £4 330 - **$7,281**

ANIKEEF Sybil XX [2]
Young African-American woman - Silver print (15x13cm-6x5in) New-York 94 .... FF**2 904** - £337 - **$500**

ANISFELD Boris Israelovich 1878-1973 [7]
Flowers and cat - Oil/canvas (102x89cm-40x35in) Chicago 93................................. FF**3 835** - £437 - **$650**
Costume for a dancer in Islamei - Gouache (44x31cm-17x12in) London 96 .... FF**28 400** - £3 250 - **$5,420**

ANIVITTI Filippo 1876-1955 [34]
Il Portico d'Ottavia - Olio/cartone (30x20cm-12x8in) Roma 96............................... FF**5 030** - £630 - **$960**
Piazza di Spagna, Roma - Oil/canvas (39x44cm-15x17in) London 92 .... FF**29 300** - £3 500 - **$5,640**
The Spanish Steps, Rome - Watercolour (35x35cm-14x14in) London 97.......................... FF**11 808** - £1 300 - **$2,072**

ANKARCRONA Alexis 1825-1901 [6]
Coastal landscape, Summer - Oil/canvas (70x105cm-28x41in) Stockholm 95 .... FF**7 630** - £998 - **$1,530**

ANKARCRONA Gustav 1869-1933 [10]
Dalamotiv med fäbodar - Oil/canvas (27x35cm-11x14in) Stockholm 97.......................... FF**10 566** - £1 115 - **$1,825**

ANKARCRONA Henrik 1831-1917 [22]
Beduiner vid oas - Oil/panel (27x44cm-11x17in) Malmö 96.................................... FF**18 200** - £2 155 - **$3,550**
The Night raid - Oil/canvas (61x100cm-24x39in) New-York 97................................. FF**102 330** - £11 021 - **$18,000**

ANKELEN Eugen 1858-1942 [2]
Herbst am Nymphenburger Kanal - Öl/Leinwand (65x85cm-26x33in) Köln 93 .... FF**3 730** - £446 - **$718**

ANKER Albert 1831-1910 [175]
Kindergespann - Öl/Leinwand (51x78cm-20x31in) Zürich 96.................................... FF**2 - £330 000** - **$503,000**
Gewitterhimmel im Gebirge - Öl/Papier (11x31cm-4x12in) Zürich 96........................... FF**41 100** - £5 150 - **$7,930**
Le Vin nouveaux - Huile/toile (61x52cm-24x20in) Zürich 96.................................. FF**530 000** - £68 500 - **$104,800**
Bonbar - Crayon (7x11cm-3x4in) Zofingen 91.. FF**10 040** - £1 178 - **$1,788**
Hirten mit Geissen - Encre Chine (17x30cm-7x12in) Zürich 97................................ FF**27 635** - £2 938 - **$4,767**
Frida Iakobs Hausaufgaben - Aquarell (35x25cm-14x10in) Bern 94............................. FF**324 500** - £38 700 - **$60,500**

ANKLIN Alfred 1909 [1]
Begonien - Öl/Leinwand (29x23cm-11x9in) Zofingen 95....................................... FF**2 760** - £350 - **$556**

ANKLIN Rolf 1941 [2]
Wiesenblumenstrauss - Huile/panneau (35x31cm-14x12in) Zofingen 94 .... FF**2 210** - £259 - **$394**
Bergketten, 1983 - Mixed media drawing (76x99cm-30x39in) Luzern 89 .... FF**4 700** - £481 - **$756**

ANNA Margit 1913 [1]
Mirandolina - Oil (50x40cm-20x16in) Budapest 89... FF**3 700** - £390 - **$623**

ANNA-GAEL 1936 [2]
Belles lueurs du soir - Huile/toile (65x84cm-26x33in) Paris 91............................. FF**5 000** - £504 - **$868**
Lumières d'été - Huile/toile (73x60cm-29x24in) Paris 91.................................... FF**19 000** - £1 915 - **$3,297**

ANNALA Matti 1898-1958 [1]
Strandbodar - Oil/canvas (50x65cm-20x26in) Helsinki 94.................................... FF**2 243** - £257 - **$380**

ANNAN James Craig 1864-1946 [6]
Bullock Wagon, Burgos - Photogravure (13x15cm-5x6in) London 94............................ FF**4 090** - £480 - **$716**

ANNAN Thomas 1829-1887 [6]
11. Close, Scotland - Carbon print (28x20cm-11x8in) New-York 95........................... FF**9 200** - £1 184 - **$1,900**

ANNELER Karl 1886-1957 [18]
Bietschhorns vom Weg nach Eisten aus - Öl/Leinwand (100x82cm-39x32in) Bern 96 .... FF**16 120** - £2 050 - **$3,100**
Grindelwald - Aquarell (26x40cm-10x16in) Bern 96.. FF**1 833** - £223 - **$357**

ANNENKOF Georges c.1890/94-1971 [2]
Nature morte - Gouache (51x36cm-20x14in) Luzern 92.. FF**8 740** - £893 - **$1,540**

ANNENKOV Youri Pavlovitch 1889-1974 [13]
Portrait of a woman - Oil/canvas (86x71cm-34x28in) London 90.............................. FF**155 000** - £16 489 - **$27,728**
Portrait of a revolutionary - Pencil/paper (54x45cm-21x18in) London 97.................... FF**42 857** - £4 500 - **$7,371**
Anna Akhmatova - Indian ink/paper (36x25cm-14x10in) London 97............................. FF**59 048** - £6 200 - **$10,156**

ANNER Emil 1870-1925 [4]
34 Radierungen + 3 Zeichnungen - Zofingen 95 .... FF4 035 - £512 - $811

ANNIGONI Pietro 1910-1988 [59]
Artist in his studio - Oil/canvas (38x48cm-15x19in) Aylsham, Norfolk 95 .... FF9 510 - £1 150 - $1,756
Mr. Austin Reidy - Oil/canvas (51x41cm-20x16in) London 94 .... FF57 100 - £6 500 - $9,680
The Bridge - Watercolour (38x56cm-15x22in) London 97 .... FF5 700 - £650 - $1,092
Terrazza fiorentina - Acquarello/carta (36x53cm-14x21in) Prato 97 .... FF13 600 - £1 600 - $2,400

ANNINKOV Juri 1889-1974 [1]
Pianist - Ink/paper (25x17cm-10x7in) Helsinki 95 .... FF15 150 - £1 830 - $2,850

ANNUNCIACAO Toma José 1818-1879 [2]
Figures & cattle before a harbour town
  Oil/canvas/board (41x61cm-16x24in) London 96 .... FF178 800 - £21 000 - $34,760

ANOM Ida Bagus 1898-1972 [1]
Sitah and Garuda - Ink (37x27cm-15x11in) Amsterdam 96 .... FF4 520 - £581 - $876

ANQUETIN Louis 1861-1932 [65]
Tête de faune - Huile/panneau (50x31cm-20x12in) Paris 96 .... FF15 000 - £1 810 - $2,880
Élégante au restaurant - Huile/panneau (35x27cm-14x11in) Paris 95 .... FF71 000 - £9 110 - $14,330
Marguerite Dufay dans son répertoire - Poster (95x129cm-37x51in) New-York 93 ..... FF23 600 - £2 685 - $4,000
Nu allongé - Fusain (40x62cm-16x24in) Paris 89 .... FF5 500 - £562 - $884
Caricature d'homme moustachu - Encre Chine (26x19cm-10x7in) Paris 89 .... FF5 500 - £547 - $869
Baigneuses - Coloured crayons/paper (13x17cm-5x7in) London 90 .... FF5 800 - £617 - $1,038
Carton pour La Bourgogne - Fusain (86x63cm-34x25in) Paris 96 .... FF11 000 - £1 327 - $2,110

ANREITER von Alois 1803-1882 [7]
Portrait of a lady - Miniature (9x7cm-4x3in) Genève 95 .... FF12 770 - £1 593 - $2,500

ANROOY van Anton 1870-1949 [5]
Canal in Amsterdam - Watercolour/paper New-York 90 .... FF9 200 - £926 - $1,673

ANSALDI Innocenzo 1734-1816 [1]
Tête de Napoléon Ier lauré - Ivory, bronze Paris 91 .... FF2 500 - £251 - $458

ANSDELL Richard 1815-1885 [45]
The Pet - Oil/canvas (61x92cm-24x36in) London 96 .... FF38 000 - £4 500 - $7,410
A Hawk attaching a Pheasant - Oil/canvas (75x107cm-30x42x42in) London 97 ..... FF80 952 - £8 500 - $13,875
Highland drovers driving their sheep - Oil/canvas (114x175cm-45x69in) London 94 ..... FF302 500 - £36 000 - $57,600

ANSEEUW Robrecht 1909-1946 [1]
L'offrande - Huile/toile (150x110cm-59x43in) Antwerpen 96 .... FF6 600 - £752 - $1,263

ANSELMO Giovanni 1934 [4]
Particolare - Pencil/paper (24x24cm-9x9in) London 93 .... FF14 050 - £1 600 - $2,384

ANSHUTZ Thomas Pollock 1851-1912 [22]
A Roman bust - Oil/canvas (56x43cm-22x17in) New-York 92 .... FF3 430 - £399 - $700
Port of Philadelphia, Delaware River
  Oil/canvas/board (33x44cm-13x17in) New-York 96 .... FF92 700 - £11 500 - $18,000
Woman sewing - Watercolour/paper (34x25cm-13x10in) New-York 95 .... FF16 960 - £2 180 - $3,500

ANSIAUX Jean-Joseph 1764-1840 [6]
Vénus et Amour - Huile/toile (76x63cm-30x25in) Bayeux 91 .... FF35 500 - £3 559 - $6,502

ANSIEAU Roland 1901-1987 [2]
S.G.T.M. à vapeur - Affiche (100x60cm-39x24in) Boulogne 96 .... FF4 000 - £521 - $793
Zed, Apéritif supérieur - Gouache (119x79cm-47x31in) Boulogne 96 .... FF1 500 - £188 - $290

ANSINGH Herman Johannes 1880-1957 [3]
Schneeballen und Sonnenblumen - Oil/canvas/panel (40x30cm-16x12in) Stuttgart 92 ..... FF6 150 - £632 - $1,184

ANSINGH Lizzy 1875-1959 [35]
Still life with a pupper and a jug - Oil/canvas (66x50cm-26x20in) Amsterdam 97 ..... FF8 292 - £876 - $1,422
Rustelozen - Oil/canvas (115x129cm-45x51in) Amsterdam 97 .... FF44 924 - £4 749 - $7,708
Oude Wijvenmolen - Oil/canvas (165x173cm-65x68in) Amsterdam 97 .... FF62 202 - £6 575 - $10,673

ANSPACH Johannes 1752-1823 [2]
Lady wearing blue silk dress - Pastel/paper (30x23cm-12x9in) Amsterdam 92 ..... FF3 910 - £455 - $799

ANTCHER Isaac 1899-1992 [45]
Vue de village - Huile/bois (40x50cm-16x20in) Paris 92 .... FF8 000 - £820 - $1,440
Paysage - Huile/toile (46x61cm-18x24in) Douai 92 .... FF8 300 - £850 - $1,462
Vase de fleurs - Huile/toile (61x50cm-24x20in) Paris 94 .... FF8 500 - £994 - $1,490
Le parc - Huile/toile (38x55cm-15x22in) Calais 95 .... FF14 000 - £1 770 - $2,810

ANTEN Djef 1851-1913 [1]
Promenade automnale - Huile/toile (50x33cm-20x13in) Bruxelles 94 .... FF6 660 - £773 - $1,147

ANTES Horst 1936 [271]
Grosser Helmkopf - Technique mixte/carton (69x97cm-27x38in) München 95 ..... FF70 500 - £9 020 - $14,400
Schwarze Figur gerahmt hase - Acrylic/canvas (121x101cm-48x40in) New-York 93 ..... FF225 500 - £28 300 - $41,000
Figur rot - Tempera (120x100cm-47x39in) Köln 97 .... FF451 942 - £47 449 - $77,465
Kleiner Figur blau aquatic - Acrylic/canvas (130x130cm-51x51in) London 97 ..... FF562 000 - £64 000 - $95,300
Graue Figur - Farblithographie (52x41cm-20x16in) München 92 .... FF2 040 - £209 - $359
Dekorative Kopf - Farblithographie (51x43cm-20x17in) München 92 .... FF2 040 - £209 - $359
Ohne Titel - Etching in colors (31x24cm-12x9in) Heidelberg 96 .... FF3 393 - £438 - $664
Figur 1000 - Metal (220x60x90cm-87x24x35in) Köln 91 .... FF20 300 - £2 060 - $3,666
Helmkopf - Sculpture (172cm-68in) Berlin 94 .... FF447 000 - £53 400 - $83,400
Figur mit Hand - Pencil/paper (55x6cm-22x2in) Amsterdam 97 .... FF8 391 - £882 - $1,441
Aquarell mit Schnur - Watercolour (25x20cm-10x8in) Amsterdam 97 .... FF11 387 - £1 197 - $1,956

Calendar & auction results :   INTERNET : **www.artprice.com**   MINITEL : 3617 ARTPRICE

A

The Story for a King - Mixed media/paper (20x32cm-8x13in) Berlin 97 .... FF**15 541** - £*1 650* - **$2,707**
Blaue Figur im Raum - Pastell/Papier (50x63cm-20x25in) Berlin 91 .... FF**121 700** - £*12 115* - **$20,928**
ANTEUNIS Jan 1896-1973 [4]
🗿 *Nu debout* - Bronze (49cm-19in) Antwerpen 95 .... FF**7 630** - £*937* - **$1,488**
ANTHONE Gustave 1897-1925 [2]
🖼 *Port de pêche* - Huile/panneau (24x34cm-9x13in) Bruxelles 94 .... FF**4 320** - £*520* - **$801**
ANTHONISSEN Henri Joseph 1737-1794 [1]
🖼 *Hilly landscape, figures and cattle* - Oil/panel (51x79cm-20x31in) Amsterdam 93 .... FF**31 200** - £*3 570* - **$5,310**
ANTHONISSEN Louis Joseph 1849-1913 [7]
🖼 *The Spoilers* - Oil/canvas (90x130cm-35x51in) New-York 94 .... FF**61 800** - £*7 290* - **$11,000**
ANTHONISSEN van Arnoldus 1662-1699 [3]
🖼 *Segelboot auf bewegter See* - Oil/panel (24x36cm-9x14in) Wien 96 .... FF**72 100** - £*9 040* - **$14,100**
ANTHONISSEN van Hendrick c.1606-1654/60 [5]
🖼 *Dutch shipping in a choppy sea* - Oil/panel (28x37cm-11x15in) New-York 91 .... FF**174 300** - £*17 310* - **$30,264**
ANTHONY Henry Mark 1817-1886 [5]
🖼 *Return after labour* - Oil/board (38x39cm-15x15in) London 92 .... FF**6 840** - £*700* - **$1,204**
ANTHONY Jean-Baptiste 1854-1930 [2]
🖼 *Dame noble* - Huile/panneau (56x38cm-22x15in) Antwerpen 91 .... FF**2 634** - £*270* - **$492**
The Child Jesus with Saints - Oil/canvas (55x44cm-22x17in) New-York 93 .... FF**17 400** - £*2 000* - **$3,000**
ANTHONY Mark 1817-1887 [2]
🖼 *Noble dame à l'éventail* - Huile/toile (72x57cm-28x22in) Antwerpen 96 .... FF**3 960** - £*451* - **$758**
ANTHOONS Willy 1911-1982 [10]
🗿 *La mère et l'enfant* - Bronze (54cm-21in) Lokeren 92 .... FF**9 130** - £*935* - **$1,606**
✎ *Composition abstraite* - Gouache/papier (31x42cm-12x17in) Antwerpen 96 .... FF**2 960** - £*382* - **$571**
ANTIGNA Alexandre 1817-1878 [5]
🖼 *Le soupirant caché* - Huile/toile (58x38cm-23x15in) Saint-Dié 96 .... FF**13 500** - £*1 586* - **$2,656**
ANTIPOVA Eugenia 1917 [39]
✎ *Nature morte au balcon* - Aquarelle (62x51cm-24x20in) Paris 94 .... FF**4 000** - £*468* - **$702**
ANTOINE Franz 1864-? [2]
🖼 *Weg auf den Eichberg bei Gloggnitz* - Öl/Leinwand (50x83cm-20x33in) Wien 95 ...... FF**10 930** - £*1 342* - **$2,130**
ANTOINE Marguerite 1907-1988 [3]
🖼 *Femme à la mandoline* - Huile/toile (150x80cm-59x31in) Antwerpen 95 .... FF**3 450** - £*431* - **$677**
ANTOINE Otto 1865-1951 [13]
🖼 *Leipziger Platz* - Öl/Leinwand (50x60cm-20x24in) Berlin 94 .... FF**47 800** - £*5 640* - **$8,510**
ANTOKOL'SKII Mark Matveevich 1843-1902 [1]
🗿 *Mefisto* - Bronze (42cm-17in) Warszawa 93 .... FF**15 000** - £*1 530* - **$2,264**
ANTON Ottomar 1895-1976 [3]
▭ *Hamburg-Amerika Linie* - Poster (83x60cm-33x24in) London 95 .... FF**9 410** - £*1 200* - **$1,897**
ANTONACI Antonio Grech XVIII-XIX [3]
✎ *Batterie du Borge* - Watercolour (23x32cm-9x13in) London 95 .... FF**28 400** - £*3 600* - **$5,720**
ANTONELLI Severo 1907-? [1]
📷 *Nude* - Gelatin silver print (8x5cm-3x2in) New-York 94 .... FF**18 600** - £*2 155* - **$3,200**
ANTONIOUCK 1943 [2]
🖼 *Nature morte* - Huile/toile (80x86cm-31x34in) Bruxelles 93 .... FF**9 060** - £*1 084* - **$1,852**
ANTONISSEN Henri Joseph 1737-1794 [5]
🖼 *Peasants on a country road* - Oil/panel (31x44cm-12x17in) New-York 92 .... FF**42 600** - £*4 360* - **$7,500**
ANTOYAN Arès 1955 [36]
🖼 *Salomé* - Huile/toile (97x130cm-38x51in) Bourg-en-Bresse 97 .... FF**27 000** - £*3 010* - **$4,850**
Rebecca, 1989 - Acrylique/toile (100x73cm-39x29in) Neuilly 90 .... FF**37 000** - £*3 822* - **$6,537**
Multi-têtes - Huile/toile (162x114cm-64x45in) Bourg-en-Bresse 97 .... FF**47 000** - £*5 240* - **$8,440**
ANTRAL Louis Robert 1895-1940 [57]
🖼 *Paris, le canal Saint-Martin* - Huile/toile (54x65cm-21x26in) Paris 97 .... FF**6 500** - £*714* - **$1,186**
Bateaux à quai - Huile/toile (65x81cm-26x32in) Paris 96 .... FF**17 000** - £*1 996* - **$3,344**
✎ *Barques au sec entre les jetées* - Aquarelle (26x44cm-10x17in) Brest 94 .... FF**4 400** - £*517* - **$778**
ANTRO van Alexandre XIX-XX [3]
🖼 *Carosse* - Huile/panneau (45x57cm-18x22in) Antwerpen 93 .... FF**21 020** - £*2 405* - **$3,580**
Peonies, irises in a vase - Oil/panel (96x74cm-38x29in) London 96 .... FF**136 200** - £*16 000* - **$26,800**
ANTROBUS Edmund G. XIX [2]
🖼 *Fiesta, Lago de Texcoco* - Oil/canvas (85x140cm-33x55in) New-York 94 .... FF**499 000** - £*57 700* - **$85,000**
ANTROBUS John 1831-1907 [1]
🖼 *Louisiana Swamp* - Oil/canvas (33x56cm-13x22in) New Orleans, Louisiana 93 .... FF**46 750** - £*5 860* - **$8,500**
ANTTILA Eva 1894-1993 [1]
🖼 *Julblommor* - Oil/canvas (49x41cm-19x16in) Helsinki 94 .... FF**2 243** - £*257* - **$380**
ANTUNEZ Nemesio 1918 [2]
🖼 *Tangueria con peldanos* - Oil/canvas (63x91cm-25x36in) New-York 90 .... FF**22 900** - £*2 436* - **$4,097**
ANTY d' Henry 1910 [389]
🖼 *Voilier rouge* - Huile/toile (100x50cm-39x20in) Saint-Dié 97 .... FF**2 600** - £*293* - **$470**
Don Quichotte - Huile/toile (35x27cm-14x11in) Saint-Dié 96 .... FF**4 500** - £*573* - **$868**
Segelschiffe auf hoher See - Huile/toile (61x50cm-24x20in) Bern 93 .... FF**5 150** - £*593* - **$883**
Voiliers - Huile/toile (73x92cm-29x36in) La Varenne Saint-Hilaire 94 .... FF**10 000** - £*1 165* - **$1,765**
La maison de Mimi Pinson - Huile/toile (73x91cm-29x36in) Chartres 91 .... FF**27 500** - £*2 757* - **$5,037**
✎ *Allons enfants* - Gouache/carton (56x60cm-22x24in) Provins 92 .... FF**5 000** - £*597* - **$962**

ANUSZKIEWICZ Richard 1930 [15]
- *The burning glass* - Oil/canvas (137x127cm-54x50in) New-York 93 .... FF28 000 - £3 190 - **$4,750**
- *Sun Game* - Acrylic/canvas (152x152cm-60x60in) New-York 96 .... FF44 000 - £5 680 - **$8,500**

ANVITTI Filippo 1876-? [1]
- *Spanish steps* - Oil/canvas (40x44cm-16x17in) New-York 91 .... FF20 370 - £2 067 - **$3,679**

ANWANDER Johann c.1715-c.1770 [2]
- *Die Darstellung im Tempel* - Ink (20x33cm-8x13in) München 94 .... FF2 230 - £264 - **$413**

ANY-CRISS 1945 [8]
- *Rouge vertigineux* - Huile/toile (100x100cm-39x39in) Paris 92 .... FF4 000 - £410 - **$705**

ANZIGER Siegfried 1952 [8]
- *Ohne Titel* - Ink (41x29cm-16x11in) Köln 97 .... FF2 361 - £247 - **$404**

ANZIL Giovanni Toffolo 1911 [4]
- *Autoritratto con pelliccia* - Olio/tela (70x49cm-28x19in) Trieste 96 .... FF10 020 - £1 260 - **$1,920**

ANZINGER Siegfried 1952 [187]
- *Ohne Titel* - Acrylic/paper (36x48cm-14x19in) Wien 94 .... FF6 350 - £722 - **$1,076**
- *Freund der Ente* - Acryl/Leinwand (195x145cm-77x57in) Wien 97 .... FF81 226 - £8 636 - **$14,008**
- *Akt* - Sculpture (25x24x34cm-10x9x13in) Wien 94 .... FF12 200 - £1 453 - **$2,323**
- *Ohne Titel* - Gouache/papier (50x37cm-20x15in) Wien 95 .... FF5 880 - £617 - **$1,196**
- *Der kleine Prinz I* - Mischtechnik/Papier (28x41cm-11x16in) Wien 94 .... FF13 650 - £1 636 - **$2,650**

AOUAD Farid XX [5]
- *Au comptoir* - Pastel/papier (32x27cm-13x11in) Paris 96 .... FF2 000 - £247 - **$387**

AOYAMA Yoshio 1894-? [5]
- *Vache rouge* - Huile/carton (47x70cm-19x28in) Paris 96 .... FF11 000 - £1 423 - **$2,160**

APANOVITCH Viktor 1922 [2]
- *Nature morte à la nappe bleue* - Huile/toile (90x110cm-35x43in) Paris 91 .... FF5 800 - £594 - **$1,083**

APELDOORN Jan 1765-1838 [1]
- *Herdsmen in a wood* - Watercolour (41x56cm-16x22in) Amsterdam 92 .... FF27 100 - £3 240 - **$5,220**

APELLANIZ Andrés 1929 [3]
- *Ermita de Dorleta, Salinas* - Oleo/lienzo (81x100cm-32x39in) Madrid 96 .... FF11 150 - £1 417 - **$2,142**

APELLANIZ Jesús 1898-1969 [8]
- *Aldave con nieve* - Oleo/lienzo (73x60cm-29x24in) Madrid 96 .... FF28 070 - £3 213 - **$5,350**

APFELBAUM Maurycy 1887-1931 [1]
- *In the market* - Oil/canvas (45x55cm-18x22in) Warszawa 94 .... FF8 300 - £950 - **$1,406**

APOL Armand 1878-1950 [53]
- *Ruisseau d'Arçois* - Huile/panneau (46x55cm-18x22in) Liège 96 .... FF2 500 - £324 - **$494**
- *Potager* - Huile/toile (45x60cm-18x24in) Bruxelles 93 .... FF3 626 - £434 - **$741**
- *Fishingboats in a harbour* - Oil/canvas (64x75cm-25x30in) Amsterdam 95 .... FF20 500 - £2 613 - **$4,180**

APOL Louis 1850-1936 [108]
- *A winter landscape* - Oil/canvas (22x27cm-9x11in) Amsterdam 97 .... FF9 708 - £1 050 - **$169,4 5**
- *Noorderlicht* - Oil/panel (79x53cm-29x21in) Amsterdam 97 .... FF15 550 - £1 643 - **$2,668**
- *Winter landscape* - Oil/canvas (27x32cm-11x13in) Amsterdam 95 .... FF38 160 - £4 760 - **$7,700**
- *Peasant & horses on a snowy path* - Oil/canvas (60x88cm-24x35in) Amsterdam 96 ... FF204 600 - £24 800 - **$39,800**
- *Winter landscape with peasant & horse*
  Watercolour (37x26cm-15x10in) Amsterdam 97 .... FF10 403 - £1 125 - **$1,815**
- *A Winter Scene* - Watercolour/paper (52x33cm-20x13in) Amsterdam 97 .... FF33 013 - £3 512 - **$5,744**

APPEL Charles P. 1857-1928 [14]
- *Twilight* - Oil/canvas (35x35cm-14x14in) New-York 93 .... FF3 840 - £437 - **$651**
- *Figure in a landscape* - Oil/canvas (46x102cm-18x40in) Baton Rouge, Louisiana 93 .... FF10 620 - £1 208 - **$1,800**

APPEL Karel 1921 [1078]
- *Personnage* - Oil/canvas (112x74cm-44x29in) London 96 .... FF1 - £175 000 - **$270,000**
- *Femmes, enfants* - Oil/canvas (170x280cm-67x110in) London 95 .... FF2 - £350 000 - **$537,000**
- *Tête d'Indien* - Huile/bois (81x58cm-32x23in) Paris 96 .... FF19 000 - £2 460 - **$3,730**
- *Polykroma figurer* - Acrylic/paper (67x83cm-26x33in) Stockholm 95 .... FF33 800 - £4 210 - **$6,610**
- *Lamb with a red doll in the yellow air* - Oil (46x63cm-18x25in) New-York 96 .... FF46 784 - £4 940 - **$8,000**
- *Untitled* - Oil/canvas (54x72cm-21x28in) Amsterdam 97 .... FF50 944 - £5 355 - **$8,751**
- *Untitled* - Acrylic/canvas (76x38cm-30x15in) New-York 97 .... FF69 686 - £7 331 - **$12,000**
- *Space Head* - Acrylic/canvas (101x132cm-40x52in) Amsterdam 97 .... FF87 886 - £9 217 - **$15,081**
- *Larvotto Beach II* - Oil/canvas (168x193cm-66x76in) Amsterdam 93 .... FF120 100 - £14 400 - **$21,960**
- *Sleeping Baby Animal* - Oil/canvas (76x91cm-30x36in) Amsterdam 96 .... FF120 700 - £13 960 - **$23,100**
- *Donkey with cat* - Oil/canvas (98x70cm-39x28in) Amsterdam 94 .... FF153 000 - £18 150 - **$28,300**
- *Nu flamboyant* - Oil/canvas (147x97cm-58x38in) London 95 .... FF215 500 - £28 000 - **$44,350**
- *La bataille* - Oil/canvas (114x162cm-45x64in) London 97 .... FF356 474 - £38 000 - **$62,240**
- *Maternité* - Oil/canvas (116x89cm-46x35in) London 96 .... FF1 37e +06 - £130 000 - **$200,200**
- *Cat* - Color lithograph (63x32cm-25x32in) Amsterdam 97 .... FF4 100 - £43 0 3 - **$703**
  Bedized Pudding - Canadian Suite
  Screenprint in colors (94x69cm-37x27in) Amsterdam 97 .... FF14 648 - £1 536 - **$2,513**
- *Circus series: Bird Clown* - Wood (84cm-33in) New-York 96 .... FF41 700 - £5 030 - **$8,000**
- *Untitled, 1974-75* - Sculpture (76x56cm-30x22in) London 90 .... FF145 300 - £15 057 - **$25,536**
- *Flying head* - Indian ink (76x56cm-30x22in) New-York 92 .... FF11 100 - £1 162 - **$2,000**
- *Jan Rietveld* - Crayon (64x49cm-25x19in) Amsterdam 97 .... FF29 295 - £3 072 - **$5,027**
- *Dancing Personnages* - Watercolour (50x65cm-20x26in) Amsterdam 97 .... FF73 238 - £7 681 - **$12,567**
- *Questioning Children* - Gouache/paper (56x75cm-22x30in) Amsterdam 96 .... FF196 000 - £22 700 - **$37,600**

APPEL Viola 1897-? [1]
● *Children on the corner* - Oil/board (25x36cm-10x14in) Mystic, Connecticut 96 .... **FF3 360** - **£422** - **$650**

APPELBEE Leonard 1914-? [6]
● *Landscape from ynysfor* - Oil/canvas (63x76cm-25x30in) London 90 .... **FF9 700** - **£977** - **$1,764**
▭ *Friend to the Farmer* - Poster (76x102cm-30x40in) London 93 .... **FF4 390** - **£500** - **$745**

APPELHANS Alfred 1900-1975 [1]
● *Hafenansicht* - Ol/Karton (26x18cm-10x7in) Stuttgart 96 .... **FF2 530** - **£307** - **$492**

APPELMAN Barend 1640-1686 [3]
⁄ *Küstenlandschaft* - Watercolour (16x24cm-6x9in) Stuttgart 94 .... **FF5 150** - **£611** - **$951**

APPELT Dieter 1935 [6]
▣ *Self-portrait* - Silver print (38x30cm-15x12in) New-York 96 .... **FF7 730** - **£993** - **$1,500**

APPERLEY George Owen Wynne 1884-1960 [32]
● *A dancer of Ancient Egypt* - Oil/canvas (190x274cm-75x108in) New-York 96.. **FF102 800** - **£12 470** - **$20,000**
⁄ *The Alhambra, Granada* - Watercolour (15x9cm-6x4in) Billinghurst, West Sussex 93 ..... **FF4 320** - **£520** - **$754**
The Toilet of Venus - Watercolour (37x53cm-15x21in) London 95 .... **FF30 100** - **£4 000** - **$6,210**

APPERT Eugène 1814-1867 [3]
● *Fairy, Portrait d'un King-Charles* - Huile/toile (61x45cm-24x18in) Paris 95 .... **FF10 000** - **£1 308** - **$2,002**

APPERT Georges XIX-XX [5]
● *Le tour de cartes* - Huile/toile (60x45cm-24x18in) Bordeaux 95 .... **FF7 200** - **£956** - **$1,484**
Bagarre dans la taverne - Huile/toile (98x132cm-39x52in) Calais 94 .... **FF24 000** - **£2 853** - **$4,390**

APPERT Louise XIX [2]
● *Pêcheur de crevettes* - Huile/toile (50x61cm-20x24in) Le Touquet 92 .... **FF10 000** - **£1 024** - **$1,760**

APPIA Adolphe François 1862-1928 [4]
⁄ *Abendstimmung am See* - Pastell (44x63cm-17x25in) Bern 92 .... **FF1 675** - **£200** - **$322**

APPIA DABIT Béatrice 1899-? [11]
● *Nu morcelé en taches...* - Huile/toile (65x54cm-26x21in) Quimper 96 .... **FF9 000** - **£1 067** - **$1,756**
⁄ *Paysage du Midi* - Pastel (25x20cm-10x8in) Douarnenez 95 .... **FF2 100** - **£274** - **$436**

APPIA Théodore 1887-? [1]
⁄ *Landschaft bei Arosa* - Pastel/board (49x63cm-19x25in) Luzern 90 .... **FF11 700** - **£1 209** - **$2,067**

APPIAN Adolphe Jac. Barth. 1818-1898 [97]
● *Bord de rivière* - Huile/toile (26x35cm-10x14in) Barbizon 94 .... **FF7 000** - **£916** - **$1,402**
Petite fille et chien au bord de l'eau - Huile/toile (20x29cm-8x11in) Lyon 97 .... **FF12 500** - **£1 353** - **$2,190**
Les Martigues - Huile/toile (26x47cm-10x19in) Lyon 97 .... **FF21 000** - **£2 274** - **$3,679**
Le petit pêcheur - Huile/toile (60x42cm-24x17in) Barbizon 94 .... **FF54 000** - **£6 400** - **$9,970**
⁄ *Paysage lacustre à la forteresse* - Aquarelle, gouache (21x32cm-8x13in) Paris 92 .... **FF4 600** - **£473** - **$852**

APPIAN Louis 1862-1896 [19]
● *Paysage à la rivière* - Huile/carton (31x51cm-12x20in) Lyon 93 .... **FF8 500** - **£1 024** - **$1,546**
Lavandières - Huile/toile (54x73cm-21x29in) Saint-Etienne 94 .... **FF15 000** - **£1 745** - **$2,597**
⁄ *Jeune garçon coiffé d'un fez* - Sanguine/papier (50x40cm-20x16in) Paris 96 .... **FF2 200** - **£286** - **$431**

APPIANI Andrea I 1754-1817 [10]
● *Venus Holding an Amphora* - Oil/canvas (74x58cm-29x23in) New-York 96 ..... **FF151 000** - **£19 180** - **$29,000**
▭ *Bonaparte 1er Consul* - Gravure (63x52cm-25x20in) Paris 97 .... **FF6 200** - **£650** - **$1,063**
⁄ *Vulcano e Minerva* - Matita/carta (27x29cm-11x11in) Milano 90 .... **FF84 300** - **£8 579** - **$16,859**

APPLEBY Theodore 1923-1985 [9]
● *Composition* - Huile/toile (116x89cm-46x35in) Paris 97 .... **FF3 000** - **£320** - **$519**
Composition - Huile/toile (114x86cm-45x34in) Versailles 94 .... **FF10 000** - **£1 170** - **$1,754**

APPLETON Honor C. XIX-XX [3]
⁄ *She Met Mr. Wolfe* - Watercolour (25x18cm-10x7in) Guildford, Surrey 92 .... **FF6 350** - **£650** - **$1,118**

APPLEYARD Frederick, Fred 1874-1963 [11]
● *Stream* - Oil/canvas (91x136cm-36x54in) London 92 .... **FF6 820** - **£700** - **$1,268**
⁄ *Watermeadows in March* - Watercolour (37x45cm-15x18in) London 94 .... **FF3 210** - **£380** - **$593**

APPLEYARD Joseph 1908-1960 [1]
⁄ *The Basworth Hunt, Moving Off* - Drawing Leeds 91 .... **FF10 410** - **£1 049** - **$1,806**

APREA Giuseppe 1876-1946 [3]
● *Pescatori in mare* - Olio/tela/tavola (50x80cm-20x31in) Roma 96 .... **FF6 010** - **£697** - **$1,170**
Venezia: la laguna - Olio/tela (76x132cm-30x52in) Roma 92 .... **FF43 000** - **£4 405** - **$7,570**

APSHOVEN van Thomas 1622-1664 [7]
● *Peasants bathing by a Village* - Oil/canvas (48x71cm-19x28in) Amsterdam 97 ..... **FF69 069** - **£7 293** - **$11,811**

APSITIS Aleksander Petrovich 1880-1944 [3]
⁄ *Satyre & Nymphs* - Watercolour/paper (58x47cm-23x19in) London 96 .... **FF28 000** - **£3 200** - **$5,330**

APVRIL d' Édouard 1843-1928 [29]
● *Portrait de fillette* - Huile/isorel (47x38cm-19x15in) Grenoble 90 .... **FF10 000** - **£1 023** - **$1,974**
⁄ *L'averse* - Huile/toile (101x82cm-40x32in) Grenoble 96 .... **FF51 000** - **£5 990** - **$10,030**

AQUILA d' Louis de Bourbon 1824-1897 [1]
● *Sunny courtyard scenes in Cadiz* - Oil/canvas (60x42cm-24x17in) Hove, Sussex 92 ..... **FF9 280** - **£950** - **$1,820**

ARA Krishna Hawlaji 1914-1926 [3]
● *Seated nude* - Oil/paper (75x55cm-30x22in) New Delhi 92 .... **FF21 200** - **£2 460** - **$4,160**
Female nude - Oil/canvas (94x96cm-37x38in) London 96 .... **FF48 600** - **£6 000** - **$9,370**

ARAGO Jacques Étienne Vic. 1790-1855 [20]
⁄ *Danse de nègres* - Ink (30x38cm-12x15in) London 97 .... **FF11 289** - **£1 200** - **$1,945**

ARAKAWA Shusaku 1936 [46]
● *Chain of Confusion* - Mixed media/canvas (215x132cm-85x52in) New-York 93 ..... **FF371 000** - **£46 550** - **$67,500**
Alphabet skin & 3 - Oil/canvas (228x366cm-90x144in) New-York 90 .... **FF800 800** - **£85 191** - **$143,256**
⁄ *Explosion, 1967* - Mixed media drawing (101x76cm-40x30in) New-York 90 ..... **FF228 800** - **£24 340** - **$40,930**

ARAKKAL Yusuf 1945 [2]
☞ Construction Site - Oil/canvas (152x152cm-60x60in) London 95 .... FF14 080 - £1 800 - **$2,830**

ARALOV Vera Hipolitovna 1945 [2]
☞ Elégante à la fourrure - Huile/toile (100x80cm-39x31in) Saint-Etienne 92 .... FF2 800 - £288 - **$496**

ARANGO Alejandro 1950 [1]
☞ Calzada de los cipreses - Oil/canvas (99x99cm-39x39in) New-York 94 .... FF22 840 - £2 680 - **$4,000**

ARANOA de Juan 1901-1973 [2]
☞ El Magistrado - Oleo/lienzo (115x100cm-45x39in) Madrid 96 .... FF16 240 - £2 060 - **$3,116**
✎ Maternidad - Drawing (25x19cm-10x7in) Madrid 92 .... FF2 190 - £219 - **$421**

ARAPOFF Alexis 1904-1948 [5]
☞ Landhaus am Fluss - Oil/canvas (73x92cm-29x36in) Luzern 92 .... FF15 620 - £1 596 - **$2,750**

ARAPOV Vassili 1934 [2]
☞ Nature morte - Huile/toile (90x72cm-35x28in) Bruxelles 92 .... FF5 590 - £650 - **$1,140**

ARATYM Hubert 1936 [6]
✎ Ohne Titel - Watercolour (26x34cm-10x13in) Wien 96 .... FF9 650 - £1 100 - **$1,850**

ARAUJO Carlos 1950 [8]
☞ Sin título - Oil/panel (110x50cm-43x20in) New-York 97 .... FF17 222 - £1 828 - **$3,000**
Esperando Roberta - Oil/panel (140x100cm-55x39in) New-York 92 .... FF73 800 - £7 550 - **$13,000**

ARAUJO Y RUANO Joaquín 1851-1894 [15]
☞ Galanteo en el jardín - Oleo/lienzo (21x27cm-8x11in) Madrid 91 .... FF17 900 - £1 805 - **$3,489**
✎ A Moorish courtyard - Watercolour (53x37cm-21x15in) London 96 .... FF4 240 - £550 - **$831**

ARAVANTINOS Panos 1886-1930 [2]
✎ Don Giovanni - Pastel (24x23cm-9x9in) Athens 93 .... FF15 600 - £1 792 - **$2,680**

ARBANT Louis XIX [2]
☞ Paysage animé, bord de mer - Huile/toile (38x61cm-15x24in) Paris 93 .... FF10 000 - £1 205 - **$1,820**

ARBARELLO Luigi 1860-1923 [3]
☞ Paysage d'automne - Huile/bois (54x45cm-21x18in) Grenoble 92 .... FF8 500 - £988 - **$1,735**

ARBEIT Marc XX [2]
📷 Woman with Rose Head, Paris, March - Gelatin silver print (46x36cm-18x14in) London 92 .... FF3 420 - £350 - **$602**

ARBEY Mathilde 1890-? [2]
☞ De geraniums - Huile/toile (81x65cm-32x26in) Lokeren 93 .... FF17 800 - £2 035 - **$3,026**
✎ Les cyprès du Général, Afrique - Pastel (44x53cm-17x21in) Paris 96 .... FF6 500 - £753 - **$1,245**

ARBO Per Nicolai 1831-1892 [4]
☞ Gissur den gamle utfordrer Hunnerne - Oil/canvas (65x110cm-26x43in) Oslo 91 .... FF43 400 - £4 350 - **$7,240**

ARBORELIUS Olof 1842-1915 [60]
☞ Ko, getter och herde - Oil/panel (25x34cm-10x13in) Stockholm 96 .... FF12 100 - £1 565 - **$2,320**
Pastoralt landskap - Oil/canvas (99x148cm-39x58in) Stockholm 97 .... FF43 773 - £4 622 - **$7,563**
Inför avfärden, Dalarna - Oil/canvas/panel (73x117cm-29x46in) Stockholm 96 .... FF63 000 - £7 180 - **$12,060**

ARBUCKLE George Franklin 1909 [20]
☞ Mansonville, Que. - Huile/panneau (30x40cm-12x16in) Montréal 97 .... FF3 371 - £365 - **$592**
Marsh Day Near St. Jovite - Oil/canvas (63x76cm-25x30in) Toronto 96 .... FF18 400 - £2 100 - **$3,525**

ARBUS Diane 1923-1971 [88]
📷 Man Dancing with a Woman, NYC - Gelatin silver print (36x36cm-14x14in) New-York 96.......... FF6 190 - £795 - **$1,200**
Triplets in Their Bedroom, N.J. - Gelatin silver print (36x28cm-14x11in) New-York 94 .... FF17 000 - £2 030 - **$3,200**
Identical Twins, Roselle, NJ - Gelatin silver print (36x36cm-14x14in) New-York 95.... FF135 600 - £17 440 - **$28,000**

ARBUTHNOT Malcolm 1874-1967 [5]
✎ Southern France - Watercolour (18x27cm-7x11in) St. Helier, Jersey 96 .... FF2 145 - £260 - **$417**

ARCANGELO 1956 [2]
☞ E poi Silenzio e poi Lontano - Mixed media/canvas (230x190cm-91x75in) Stockholm 94 ..... FF9 280 - £1 090 - **$1,654**
✎ 76 T.B. - Mischtechnik/Papier (24x32cm-9x13in) Köln 94 .... FF3 080 - £362 - **$549**

ARCANGELO d' Allan 1930 [10]
☞ Landscape - Acrylic/canvas (96x109cm-38x43in) New-York 92 .... FF11 760 - £1 366 - **$2,400**
Nyc, 1967 - Huile/toile (95x105cm-37x41in) Paris 89 .... FF46 000 - £4 847 - **$7,744**
✎ Triptychon, 1985 - Collage (27x40cm-11x16in) München 90 .... FF8 400 - £894 - **$1,503**

ARCAS BRAUNER Luis 1934-1989 [1]
✎ Dunas y mar - Acuarela (32x43cm-13x17in) Madrid 96 .... FF4 410 - £535 - **$858**

ARCHAMBAULT Luc 1954 [3]
✎ L'Egérie des Flammes - Encre Chine (127x102cm-50x40in) Montréal 92 .... FF4 300 - £440 - **$757**

ARCHER Charles 1855-1931 [11]
☞ Roses on a woodland floor - Oil/canvas (61x51cm-24x20in) London 96 .... FF16 200 - £2 100 - **$3,200**

ARCHER Frank 1912 [4]
☞ Live and dead boats - Oil/board (91x107cm-36x42in) London 91 .... FF3 190 - £318 - **$549**

ARCHER James 1824-1904 [6]
☞ An Indian Water-Carrier - Oil/panel (36x27cm-14x11in) London 97 .... FF10 387 - £1 100 - **$179,9 5**
Hearts are trumps - Oil/canvas (81x112cm-32x44in) Glasgow 91 .... FF259 300 - £25 984 - **$43,724**
✎ Woman with bonnet - Pastel (50x60cm-20x24in) Stockholm 96 .... FF10 760 - £1 343 - **$2,080**

ARCHIGUILLE François 1933 [10]
☞ Composition bleue - Acrylique/toile (97x130cm-38x51in) Le Touquet 92 .... FF21 000 - £2 506 - **$4,040**

ARCHIPENKO Alexander 1887-1964 [184]
☞ Carafe - Oil/wood (40x28cm-16x11in) Wien 96 .... FF2 - £264 000 - **$423,000**
Portrait de femme - Oil/canvas (46x37cm-18x15in) New-York 92 .... FF200 000 - £20 900 - **$36,000**
🗿 Woman combing her hair - Bronze (39cm-15in) Hamburg 96 .... FF5 630 - £733 - **$1,116**

Dame en fourrure - Bronze (37cm-15in) New-York 96... FF*41 300* - £*5 300* - **$8,000**

Frau in Haar Kaemmernd - Bronze (33cm-13in) Tel Aviv 94... FF*64 900* - £*7 380* - **$11,000**

Egyptian Motif - Bronze (34cm-13in) Tel Aviv 97.. FF*92 592* - £*9 843* - **$16,000**

Graceful movement - Bronze (66cm-26in) London 96... FF*335 000* - £*42 000* - **$64,700**

Ray, vase II - Bronze (159cm-63in) New-York 97.. FF*742 859* - £*79 638* - **$130,000**

⟋ *Construction* - Pastel (32x25cm-13x10in) London 96.. FF*27 200* - £*3 100* - **$5,210**

The Well of Life - Chalks (76x66cm-30x26in) San Francisco-Los Angeles 96................... FF*43 700* - £*5 300* - **$8,500**

ARCIERI Charles F. 1885-? [4]

🐦 *Woman wearing paisley shawl* - Oil/canvas (66x51cm-26x20in) Mystic, Connecticut 92...... FF*14 560* - £*1 740* - **$2,800**

ARCILA Oscar 1928 [7]

🐦 *Chasseur sur son cheval* - Huile/toile (100x81cm-39x32in) Toulouse 92 .... FF*7 000* - £*717* - **$1,260**

ARCIS Marc ?-1739 [1]

🗿 *Laissez Venir à Moi les Enfants* - Terracotta (22x36cm-9x14in) Toulouse 93 .... FF*45 000* - £*5 060* - **$7,620**

ARCOS Y MEGALDE Santiago 1865-1912 [4]

🐦 *Sortie de la messe* - Huile/panneau (24x15cm-9x6in) Reims 91 .... FF*14 000* - £*1 411* - **$2,429**

⟋ *The model's critique* - Watercolour (56x39cm-22x15in) New-York 90 .... FF*8 000* - £*857* - **$1,391**

ARDEN Henri 1858-1917 [21]

🐦 *Paysage maritime* - Huile/panneau (24x40cm-9x16in) Bruxelles 94 .... FF*5 940* - £*683* - **$1,017**

⟋ *Promeneurs en Hollande* - Aquarelle/papier (36x25cm-14x10in) Bruxelles 94 .... FF*2 053* - £*238* - **$394**

ARDEN Mme Léo 1860-1904 [2]

🐦 *Fin de journée* - Huile/panneau (28x40cm-11x16in) Bruxelles 96 .... FF*2 800* - £*356* - **$539**

ARDEN-QUIN Carmelo 1913 [4]

🐦 *Triangle jaune* - Technique mixte (75x45cm-30x18in) Versailles 92 .... FF*30 000* - £*3 080* - **$5,770**

ARDENNE Lucien 1914 [3]

🐦 *Le Pont Bineau* - Huile/toile (89x116cm-35x46in) Dreux 90 .... FF*13 500* - £*1 445* - **$2,348**

ARDENTE Alessandro 1530-1595 [1]

⟋ *The Adoration of the Shepherds* - Ink (29x22cm-11x9in) London 92 .... FF*3 350* - £*400* - **$645**

ARDISSONE Yolande 1927 [17]

🐦 *Route à Saint-Barbe* - Oil/canvas (66x91cm-26x36in) New-York 94 .... FF*8 180* - £*940* - **$1,400**

Coastal village - Oil/canvas (64x81cm-25x32in) Delray Beach, Florida 94 .... FF*11 800* - £*1 343* - **$2,000**

Sailboats on a lake - Oil/canvas (97x147cm-38x58in) Delray Beach, Florida 96 .... FF*25 600* - £*3 330* - **$5,000**

ARDITI Georges 1907-1985 [12]

🐦 *Le viol* - Acrylique/papier (130x194cm-51x76in) Paris 97 .... FF*25 000* - £*2 748* - **$4,563**

ARDIZZONE Edward 1900-1978 [84]

🐦 *In the bar* - Oil/canvas (36x44cm-14x17in) London 91 .... FF*36 360* - £*3 645* - **$6,660**

⟋ *From my window in Elgin Avenue* - Watercolour (26x33cm-10x13in) London 95 .... FF*17 240* - £*2 200* - **$3,530**

Bathers, Cap Ferrat no.11 - Watercolour (20x25cm-8x10in) London 89 .... FF*43 600* - £*4 213* - **$6,616**

ARDNINO Nicolà 1887-? [1]

🐦 *Männerakt mit Totenschädel* - Ol/Leinwand (64x97cm-25x38in) Zofingen 96 .... FF*2 070* - £*258* - **$399**

ARDON Mordecai 1896-1992 [61]

🐦 *Cane, Glove and Lamp* - Oil/board (33x48cm-13x19in) Tel Aviv 97 .... FF*39 352* - £*4 183* - **$6,800**

The Flowers - Oil/masonite (56x46cm-22x18in) Tel Aviv 97 .... FF*150 462* - £*15 995* - **$26,000**

Sunrise - Oil/canvas (48x61cm-19x24in) Tel Aviv 95 .... FF*235 000* - £*18 700* - **$30,000**

Composition - Oil/canvas (81x115cm-32x45in) Tel Aviv 97 .... FF*395 722* - £*44 007* - **$74,000**

Kidron Valley - Oil/canvas (114x148cm-45x58in) Tel Aviv 95 .... FF*1 74e +06* - £*139 100* - **$220,000**

⟋ *Untitled* - Watercolour (20x17cm-8x7in) Tel Aviv 93 .... FF*12 530* - £*1 514* - **$2,300**

The Monastery of the Cross - Ink (47x54cm-19x21in) New-York 97 .... FF*60 940* - £*6 411* - **$10,500**

ARDUINO Nicola 1887-1974 [1]

🐦 *Riflessi* - Olio/tela (50x65cm-20x26in) Torino 93 .... FF*3 660* - £*414* - **$616**

ARDY Bartolomeo 1821-1887 [1]

🐦 *Magritte's lost hat* - Oil/canvas (49x64cm-19x25in) Amsterdam 89 .... FF*3 000* - £*299* - **$474**

ARÉN Olof 1918 [12]

🐦 *Riddarfjärden* - Oil/canvas (80x62cm-31x24in) Stockholm 93 .... FF*18 500* - £*2 273* - **$3,425**

ARENDS Carl Oskar 1863-1932 [3]

🐦 *Dachauer Moos in die Alpen* - Ol/Karton (62x70cm-24x28in) München 93 .... FF*2 800* - £*327* - **$460**

ARENDSEN Arentina Hendrica 1836-1915 [8]

🐦 *Mixed fruits on a marble ledge* - Oil/canvas (44x39cm-17x15in) Amsterdam 89 .... FF*22 500* - £*2 174* - **$3,414**

ARENGGER Alois 1879-1967 [1]

🐦 *Stream in a wooden landscape* - Oil/canvas (74x97cm-29x38in) New-York 96 .... FF*12 000* - £*1 554* - **$2,400**

ARENHOLD Lüder 1854-1915 [2]

⟋ *Preussische Flotte vor Karp Arcona* - Gouache (29x49cm-11x19in) Hamburg 94 .... FF*7 540* - £*894* - **$1,395**

ARENIUS Olof 1700-1766 [3]

🐦 *Drottning Louisa Ulrika* - Oil/canvas (141x110cm-56x43in) Stockholm 95..................... FF*29 300* - £*3 760* - **$5,900**

ARENO Joseph 1950 [6]

🐦 *Vineyard, California* - Oil/canvas (56x76cm-22x30in) San Francisco-Los Angeles 93 .... FF*15 130* - £*1 897* - **$2,750**

⟋ *Chinatown* - Pastel/paper (60x47cm-24x19in) San Francisco-Los Angeles 93.................... FF*8 250* - £*1 035* - **$1,500**

ARENTZ Dick 1935 [4]

📷 *Starland Drive-In #2, West Virginia*

Palladium print (29x47cm-11x19in) San Francisco-Los Angeles 93 .... FF*2 510* - £*286* - **$425**

ARENYS Ricardo 1914-1977 [2]

🐦 *El jinete* - Oleo/lienzo (31x22cm-12x9in) Madrid 94... FF*4 540* - £*536* - **$815**

ARESTI Carlos 1944 [1]

🐦 *Bird's eye view* - Acrylic/canvas (97x78cm-38x31in) New-York 90 .... FF*31 500* - £*3 351* - **$5,635**

ARÉVALO Javier 1937 [3]
Personaje - Acuarela/papel (76x56cm-30x22in) México 92 .... FF20 700 - £2 125 - **$3,780**

A

ARGELES ESCRICHE Rafael 1894-? [2]
Young Spanish girl dancing - Oil/canvas (107x71cm-42x28in) New-York 95 .... FF35 800 - £4 460 - **$7,000**

ARGENCE d' Eugène 1853-1920 [4]
Paysans près de la chaumière - Huile/toile (50x65cm-20x26in) Versailles 90 .... FF8 000 - £814 - **$1,600**

ARGENIO Antonio 1961 [4]
Idiot embraces another idiot - Oil/paper (84x59cm-33x23in) London 91 .... FF7 480 - £750 - **$1,235**

ARGENT d' Yann 1824-1889 [2]
Sous-bois en automne - Aquarelle/papier (24x36cm-9x14in) Quimper 97 .... FF3 000 - £321 - **$526**

ARGENTI Antonio 1850-? [1]
Bambin lisant sur une chaise - Albâtre Bruxelles 92 .... FF16 600 - £1 700 - **$2,920**

ARGOV Michael 1920-1982 [3]
Acre, view from the sea - Oil/canvas (93x91cm-37x36in) Tel Aviv 94 .... FF8 740 - £1 040 - **$1,600**

ARGYROS Oumbertos 1882-1967 [20]
Delphi - Oil/canvas (72x56cm-28x22in) Athens 96 .... FF19 100 - £2 464 - **$3,690**
Nude in front of a mirror - Oil/canvas (80x60cm-31x24in) London 95 .... FF48 950 - £6 200 - **$9,840**
In Erwartung - Oil/canvas (95x75cm-37x30in) London 92 .... FF97 700 - £10 000 - **$17,240**

ARIAS ÁLVAREZ Francisco 1911-1977 [2]
Tierras - Oleo/tabla (23x32cm-9x13in) Madrid 96 .... FF3 610 - £414 - **$689**
Damas en el palco - Gouache (64x48cm-25x19in) Madrid 96 .... FF3 650 - £475 - **$715**

ARIAS Francisco 1911-1976 [12]
Paisaje castellano con pueblo - Oleo/lienzo (46x65cm-18x26in) Madrid 91 .... FF13 670 - £1 371 - **$2,257**
Madrid desde la Casa de Campo - Oleo/lienzo (51x70cm-20x28in) Madrid 94 .... FF24 900 - £2 934 - **$4,430**
Mujer de perfil - Acuarela (74x47cm-29x19in) Madrid 94 .... FF2 265 - £270 - **$424**

ARIAS Manuel 1885-? [2]
Paisaje cubano - Oil/canvas (27x46cm-11x18in) Miami, Florida 95 .... FF17 440 - £2 090 - **$3,250**

ARIAS Miguel XIX [2]
Paisaje cubano - Oil/canvas (54x100cm-21x39in) New-York 92 .... FF22 200 - £2 324 - **$4,000**

ARICKX Lydie 1954 [5]
Noeuds de corps - Huile/papier (93x130cm-37x51in) Paris 91 .... FF11 500 - £1 142 - **$1,997**

ARICO Rodolfo 1930 [16]
Prospett'area, 1973 - Acrilico/tela/tavola (100x140cm-39x55in) Prato 97 .... FF8 160 - £960 - **$1,440**
Composizione - Olio/tela (130x130cm-51x51in) Milano 91 .... FF17 300 - £1 735 - **$2,856**
Progetto D-X - Tecnica mista/carta (50x70cm-20x28in) Milano 92 .... FF1 550 - £184 - **$298**

ARIELI Mordechai 1909-1993 [1]
Bird - Oil/canvas (93x73cm-37x29in) Tel Aviv 96 .... FF21 750 - £2 690 - **$4,200**

ARIETA Félix 1890-1986 [1]
Personajes - Acuarela/papel (49x39cm-19x15in) Madrid 96 .... FF6 020 - £710 - **$1,182**

ARIJAC Harry Jacques, dit 1937 [2]
Enfants au cerf-volant - Huile/toile (51x61cm-20x24in) Paris 96 .... FF4 500 - £583 - **$883**

ARIKHA Avigdor 1929 [94]
Champ d'échec - Oil/canvas (65x50cm-26x20in) Tel Aviv 97 .... FF26 738 - £2 973 - **$5,000**
La voix du subtil silence - Oil/canvas (100x81cm-39x32in) Tel Aviv 96 .... FF51 800 - £6 400 - **$10,000**
Scarlet Scarf on Studio Chair - Oil/canvas (81x60cm-32x24in) New-York 95 .... FF96 800 - £12 840 - **$20,000**
Mirror in the Studio - Oil/canvas (100x81cm-39x32in) Tel Aviv 96 .... FF257 600 - £30 900 - **$48,000**
Composition - Encre/papier (20x10cm-8x4in) Versailles 96 .... FF2 000 - £228 - **$383**
Emil Najar - Ink (29x23cm-11x9in) Tel Aviv 97 .... FF9 626 - £1 070 - **$1,800**
Blue Abstraction - Gouache (67x50cm-26x20in) Tel Aviv 95 .... FF14 660 - £1 898 - **$3,000**

ARINA Seppo 1922 [2]
Från södern - Oil/canvas (75x56cm-30x22in) Helsinki 91 .... FF3 730 - £371 - **$641**

ARIS Fred XX [2]
An allegory of Youth - Oil/masonite (53x40cm-21x16in) London 90 .... FF10 080 - £1 020 - **$1,917**

ARIZA Gonzalo 1912 [5]
Paisaje con volcán - Oil/canvas (60x80cm-24x31in) New-York 95 .... FF76 500 - £9 550 - **$15,000**

ARKHIPOV Abram Efimovich 1862-1930 [2]
Smiling seated woman - Oil/canvas (60x50cm-24x20in) Toronto 95 .... FF4 320 - £548 - **$870**

ARLATI Mario 1947 [2]
Ombra - Technique mixte/toile (53x64cm-21x25in) Paris 95 .... FF10 000 - £1 294 - **$2,044**
Composition abstraite - Technique mixte/papier (40x60cm-16x24in) Paris 95 .... FF7 500 - £943 - **$1,500**

ARLAUD Benjamin XVII-XVIII [2]
Lady, facing left in décolleté red dress - Miniature (6cm-2in) London 94 .... FF11 870 - £1 400 - **$2,113**

ARLAUD Jacques Antoine 1668-1746 [2]
James Francis Edward Stuart - Miniature (8cm-3in) London 97 .... FF20 853 - £2 200 - **$3,578**

ARLAUD-JURINE Louis Ami 1751-1829 [5]
Sophie Naville Boissier - Miniature (7cm-3in) London 97 .... FF35 071 - £3 700 - **$6,018**

ARLE Asmund 1918-1990 [10]
Hästbröllop - Bronze (32cm-13in) Stockholm 95 .... FF35 550 - £4 490 - **$7,130**

ARLES d' Jean Henry 1734-1784 [2]
Port Méditerranéen - Huile/toile (55x79cm-22x31in) Monaco 94 .... FF610 000 - £72 000 - **$109,300**

ARLIN Jean-Claude Joanny 1830-1906 [1]
La route du village - Huile/panneau (27x41cm-11x16in) Lyon 92 .... FF3 000 - £358 - **$577**

A

ÄRLINGSSON Erling 1904-1982 [80]
- Parisisk gatubild - Oil/canvas (48x38cm-19x15in) Stockholm 95 .... FF14 360 - £1 814 - **$2,880**
- Sänkverkeskajen och älven - Oil/panel (50x70cm-20x28in) Stockholm 91 .... FF24 340 - £2 423 - **$4,186**
- Lomjansgutten - Gouache (50x45cm-20x18in) Stockholm 91 .... FF7 950 - £791 - **$1,367**

ARLOTTA Aldo 1952 [4]
- Anfora - Acrilico/tela (100x170cm-39x67in) Milano 89 .... FF14 600 - £1 538 - **$2,458**

ARLT Fritz 1887-1972 [4]
- Am Kleinhesseloher See - Oil/paper (45x62cm-18x24in) München 93 .... FF13 560 - £1 620 - **$2,610**

ARMAN Fernandez 1928 [694]
- Violins - Silkscreen/canvas (35x35cm-14x14in) Amsterdam 97 .... FF12 303 - £1 290 - **$2,111**
- Colère de lunettes - Huile/panneau (35x25cm-14x10in) Paris 93 .... FF35 000 - £3 930 - **$5,930**
- Paintbrushes - Mixed media/canvas (152x7x121cm-60x3x48in) New-York 97 .... FF63 700 - £7 500 - **$12,500**
- Les empreintes de violon
  Technique mixte/carton (75x109cm-30x43in) Berlin 97 .... FF106 842 - £1 134 7 5 - **$18,611**
- XXIVe Caprice de Paganini - Mixed media (81x64cm-32x25in) London 92 .... FF293 000 - £30 000 - **$51,700**
- Atila - Technique mixte (153x102cm-60x40in) Paris 97 .... FF450 000 - £46 935 - **$76,950**
- De Culasse/Ohne Titel - Farblithographie (89x63cm-35x25in) Köln 97 .... FF3 373 - £354 - **$578**
- Accumulation de clous - Accumulation (17x10cm-7x4in) Amsterdam 97 .... FF5 694 - £598 - **$978**
- Burned Bridges - Accumulation (50x5x25cm-20x2x10in) Paris 96 .... FF11 000 - £1 427 - **$2,184**
- Venus découpée - Bronze La Varenne Saint-Hilaire 93 .... FF15 000 - £1 705 - **$2,543**
- Violin - Bronze (59cm-23in) .... FF18 013 - £1 912 - **$3,138**
- Humphrey Bogart's Memorial - Bronze (58x23x33cm-23x9x13in) London 93 .... FF52 000 - £6 500 - **$9,840**
- Opéra - Bronze (70x45x50cm-28x18x20in) Bourg-en-Bresse 93 .... FF73 000 - £8 200 - **$12,370**
- Violon brulé - Sculpture (73x7x26cm-29x3x10in) London 96 .... FF83 700 - £10 500 - **$16,200**
- Untitled (accumulation de tubes)
  Accumulation (74x3x60cm-29x1x24in) New-York 95 .... FF89 100 - £11 140 - **$18,000**
- Flon Flon - Bronze (170x50x110cm-67x20x43in) London 97 .... FF168 856 - £18 000 - **$29,482**
- Being Beauteous - Bronze (228cm-90in) New-York 95 .... FF363 000 - £48 100 - **$75,000**
- Empreinte de violons - Encre/papier (59x44cm-23x17in) Paris 95 .... FF6 000 - £791 - **$1,217**
- Cachets, 1959 - Encre/papier (27x21cm-11x8in) Paris 89 .... FF15 000 - £1 449 - **$2,276**
- Outils, tools, ustensili, gerat - Collage (35x51x65cm-14x20x26in) Paris 95 .... FF15 000 - £1 873 - **$2,940**
- Colère de violon - Encre/papier (75x56cm-30x22in) Paris 95 .... FF15 000 - £1 807 - **$2,730**
- Violons, 1983 - Encre Chine (97x61cm-38x24in) Calais 89 .... FF51 000 - £5 374 - **$8,586**

ARMAND Johannes Hendrik 1855-1941 [1]
- Ländliche Szene - Oil/canvas (92x72cm-36x28in) Stuttgart 91 .... FF8 450 - £848 - **$1,462**

ARMAND-DELILLE Ernest Émile 1843-1883 [1]
- Paysage animé - Huile/toile (73x100cm-29x39in) Bern 94 .... FF22 620 - £2 620 - **$3,900**

ARMAND-DUMARESQ Édouard 1826-1895 [13]
- Scène de peausserie - Huile/toile (103x89cm-41x35in) Nice 95 .... FF4 200 - £537 - **$862**
- Homme à la pipe - Huile/toile (29x18cm-11x7in) Paris 94 .... FF16 000 - £1 895 - **$2,956**
- Le trompette - Dessin (60x40cm-24x16in) Saint-Germain-en-Laye 91 .... FF3 100 - £313 - **$604**

ARMANDO Herman van Dodeveert 1929 [28]
- Untitled - Oil/canvas (13x17cm-5x7in) Amsterdam 95 .... FF9 450 - £1 206 - **$1,930**
- Fahne - Oil/canvas (79x59cm-31x23in) Amsterdam 97 .... FF25 472 - £2 677 - **$4,375**
- Six Times red - Mixed media (42x33cm-17x13in) Amsterdam 97 .... FF50 944 - £5 355 - **$8,751**

ARMANET François 1932 [18]
- Période électorale - Huile/panneau (50x65cm-20x26in) Versailles 90 .... FF8 500 - £856 - **$1,545**

ARMANI Ernesto 1898-? [2]
- Maternité - Huile/panneau (60x50cm-24x20in) Monaco 90 .... FF18 000 - £1 940 - **$3,175**
- Ragazza - Acquarello/carta (24x21cm-9x8in) Trieste 96 .... FF1 725 - £195 - **$330**

ARMBRUST Karl 1867-1928 [2]
- Leierspieler in Birkenwald - Öl/Leinwand (105x155cm-41x61in) Zürich 95 .... FF12 800 - £1 660 - **$2,604**

ARMENGOT COLAS Vicente 1895-? [1]
- Vista de Castellón - Oleo/lienzo (60x78cm-24x31in) Madrid 95 .... FF5 250 - £671 - **$1,054**

ARMENISE Raffaele 1852-1925 [5]
- Lunch-time tales - Oil/canvas (38x66cm-15x26in) London 96 .... FF31 200 - £4 000 - **$6,150**

ARMET Josep 1843-1911 [1]
- Paisaje - Oleo/lienzo (40x74cm-16x29in) Madrid 89 .... FF18 900 - £1 992 - **$3,182**

ARMET Y PORTANELL José 1843-1911 [7]
- Masía catalana - Oleo/lienzo (63x105cm-25x41in) Madrid 90 .... FF69 200 - £6 968 - **$13,555**
- Mujer de Gerona - Acuarela (27x18cm-11x7in) Madrid 93 .... FF4 700 - £565 - **$915**

ARMFIELD Diana Maxwell 1920 [10]
- Landscape in Northern Spain - Oil/board (18x28cm-7x11in) London 97 .... FF5 602 - £600 - **$96,8 4**
- Evening on the Riva, Venice - Pastel (20x26cm-8x10in) London 91 .... FF8 430 - £846 - **$1,459**

ARMFIELD Edward 1817-1896 [59]
- A Little Mischief - Oil/canvas (31x41cm-12x16in) London 95 .... FF3 524 - £450 - **$720**
- Terriers ratting - Oil/canvas (31x41cm-12x16in) New-York 96 .... FF9 940 - £1 260 - **$2,000**
- King Charles Spaniel - Oil/canvas (38x38cm-15x15in) London 96 .... FF24 000 - £3 000 - **$4,770**

ARMFIELD George 1808-1893 [81]
- A Spaniel putting up duck - Oil/canvas (23x30cm-9x12in) Billinghurst, West Sussex 96 .... FF3 275 - £420 - **$646**
- Terrier and pheasant - Oil/canvas (30x30cm-12x12in) New-York 96 .... FF9 810 - £1 216 - **$1,900**
- Too Late - Oil/canvas (71x92cm-28x36in) London 96 .... FF76 200 - £9 500 - **$14,720**

ARMFIELD George Smith 1840-1875 [29]
- Terrier - Oil/canvas (51x61cm-20x24in) London 95 .... FF7 600 - £950 - **$1,536**
- Terriers at a Rabbit Hole - Oil/canvas (71x91cm-28x36in) London 96 .... FF26 900 - £3 500 - **$5,330**

ARMFIELD Maxwell Ashby 1882-1972 [44]
🖛 Peaches and Glass - Tempera/panel (29x35cm-11x14in) London 97 .... FF8 403 - £900 - **$145,2 6**
Tulips - Tempera (33x25cm-13x10in) London 96 .... FF23 060 - £3 000 - **$4,570**
Flowers in a silver cup - Oil/canvas (61x52cm-24x20in) London 95 .... FF45 200 - £6 000 - **$9,310**

ARMFIELD Stuart Maxwell 1916 [21]
🖛 Polperro - Oil/board (91x46cm-36x18in) London 97 .... FF3 922 - £420 - **$677**
∅ Macaws - Watercolour (72x52cm-28x20in) London 95 .... FF1 670 - £200 - **$318**

ARMIN Emil 1883-1971 [4]
∅ The Plaza: Santa Fe - Watercolour (38x48cm-15x19in) Elgin, Illinois 92 .... FF8 880 - £930 - **$1,600**

ARMIN von Elsa 1888-1980 [2]
🖛 Hausboote - Öl/Leinwand (62x73cm-24x29in) Frankfurt 96 .... FF4 800 - £621 - **$946**

ARMINGTON Caroline H. 1875-1939 [4]
∅ Lake Windermere from Invermere - Huile/carton (40x33cm-16x13in) Montréal 90 ...... FF2 300 - £246 - **$400**

ARMINGTON Frank Milton 1876-1941 [11]
🖛 La Seine au Pont-Marie, Paris - Oil/canvas (92x73cm-36x29in) Stockholm 96 .... FF18 450 - £2 300 - **$3,564**
∅ Le Jardin du Luxembourg, Paris - Watercolour (26x20cm-10x8in) Toronto 96 .... FF5 040 - £575 - **$965**

ARMITAGE Edward 1817-1896 [5]
🖛 The Mother of Moses - Oil/canvas (127x95cm-50x37in) London 93 .... FF24 000 - £3 000 - **$4,350**
∅ Mural lunette, Chicago City Hall - Charcoal (105x137cm-41x54in) London 94 .... FF32 160 - £3 800 - **$5,780**

ARMITAGE F. Willet XIX-XX [2]
∅ Beggwis Bridge, Striedale - Wash (33x22cm-13x9in) London 89 .... FF1 900 - £189 - **$300**

ARMITAGE Kenneth 1916 [32]
🖾 Moter and Child - Bronze (39cm-15in) London 95 .... FF61 800 - £8 000 - **$12,650**
Reclining nude - Bronze (30x21x79cm-12x8x31in) New-York 96 .... FF134 600 - £17 380 - **$26,000**
∅ Seated nude - Ink (77x54cm-30x21in) London 96 .... FF5 270 - £600 - **$1,008**

ARMLEDER John 1948 [19]
∅ Untitled - Acrylic/canvas (100x81cm-39x32in) London 95 .... FF24 700 - £3 200 - **$5,090**
Sans-titre, 1989 - Huile/toile (100x100cm-39x39in) Paris 90 .... FF60 000 - £6 466 - **$10,582**
🖾 Untitled - Construction (100x100cm-39x39in) Amsterdam 91 .... FF33 400 - £3 430 - **$6,210**

ARMOR Charles XIX-XX [3]
🖛 Top still life - Oil/canvas (34x43cm-13x17in) North Bethesda, MD. 91 .... FF5 390 - £537 - **$927**

ARMOUR George Denholm 1864-1949 [36]
🖛 Study of a lion and lioness - Oil/canvas (61x105cm-24x41in) London 91 .... FF61 200 - £6 136 - **$11,209**
∅ Ascot about the Time of the Regency - Watercolour (44x36cm-17x14in) London 96 ...... FF5 100 - £600 - **$1,000**
Quiet Bye-Day - Watercolour (27x22cm-11x9in) Billinghurst, West Sussex 94 .... FF5 780 - £700 - **$1,068**
The pack arriving at the meet - Watercolour (31x27cm-12x11in) Bath 92 .... FF6 840 - £700 - **$1,204**
Full Cry - Watercolour (29x25cm-11x10in) London 95 .... FF25 070 - £3 200 - **$5,130**

ARMOUR Mary Nicol Neil 1902-? [24]
🖛 Prinz Hendryk clematis - Oil/board (61x51cm-24x20in) Edinburgh 93 .... FF39 500 - £4 500 - **$6,700**
Bouquet - Oil/board (59x70cm-23x28in) Glasgow 91 .... FF217 000 - £21 921 - **$43,078**
∅ Gourds - Watercolour (44x56cm-17x22in) Glasgow 94 .... FF15 200 - £1 800 - **$2,810**

ARMOUR William 1903-1979 [1]
∅ Oban - Wash/paper (49x61cm-19x24in) Hopetoun House, South Queensferry 91 ...... FF8 060 - £800 - **$1,399**

ARMS John Taylor 1887-1953 [47]
🖾 La Chimère - Etching (7x6cm-3x2in) New-York 96 .... FF2 207 - £281 - **$425**
The Gothic Spirit - Etching (30x18cm-12x7in) San Francisco-Los Angeles 93 .... FF6 600 - £828 - **$1,200**
Venetian mirror - Etching (36x15cm-14x6in) Philadelphia 92 .... FF16 900 - £2 017 - **$3,250**

ARMSTEAD Henry Hugh 1828-1905 [2]
🖛 Racehorses: Charles XII & Euclyde - Oil/canvas (33x43cm-13x17in) London 90 ...... FF39 040 - £3 973 - **$7,807**
🖾 Satan Dismayed - Bronze (96cm-38in) New-York 93 .... FF35 750 - £4 480 - **$6,500**

ARMSTRONG Amos Lee 1899-? [1]
🖛 Summer Day on Cane River - Oil/board (61x76cm-24x30in) New Orleans, Louisiana 96 .... FF7 020 - £893 - **$1,350**

ARMSTRONG David Maitland 1836-1918 [3]
🖛 Old houses, Pont-Aven - Oil/canvas (31x34cm-12x13in) Boston, Mass. 91 .... FF22 640 - £2 298 - **$4,089**

ARMSTRONG Francis Abel William 1849-1920 [3]
∅ Rouen - Watercolour (32x47cm-13x19in) London 96 .... FF2 760 - £360 - **$552**

ARMSTRONG John 1893-1973 [65]
🖛 Still life with fruit and a pepper - Oil/board (43x73cm-17x29in) London 96 .... FF20 620 - £2 500 - **$4,010**
Night - Oil/canvas (51x61cm-20x24in) London 95 .... FF70 500 - £9 000 - **$14,440**
Girl in meditation - Tempera/carton (46x30cm-18x12in) London 89 .... FF184 000 - £18 308 - **$29,068**
∅ Elsa Lanchester - Ink (47x25cm-19x10in) London 92 .... FF11 700 - £1 200 - **$2,244**
The summit, 1947 - Gouache (38x51cm-15x20in) London 89 .... FF53 300 - £5 450 - **$8,569**

ARMSTRONG Neil 1930 [4]
📷 Astronaut Buzz Aldrin - Silver print (20x25cm-8x10in) New-York 92 .... FF7 840 - £910 - **$1,600**

ARMSTRONG Rolf 1890-1960 [2]
🖛 Nude with black veil - Oil/canvas (213x122cm-84x48in) New-York 93 .... FF148 500 - £18 620 - **$27,000**
∅ Woman reclining in hay with chicks - Pastel (56x74cm-22x29in) New-York 95 .... FF14 140 - £1 780 - **$2,800**

ARMSTRONG Shearer 1894-? [4]
🖛 The Jungle - Oil/canvas (92x71cm-36x28in) London 94 .... FF3 140 - £380 - **$580**

ARMSTRONG William 1822-1914 [24]
🖛 Te.he.do.ne-cha, a Sioux Indian - Oil/board (36x36cm-14x14in) London 95 .... FF19 420 - £2 500 - **$3,980**
∅ Crossing the plains, Red River - Watercolour/paper (24x33cm-9x13in) Toronto 96 ...... FF11 620 - £1 395 - **$2,226**

A

ARNAIZ Doroteo Arnáiz 1936 [3]
Libro de Gustavo Adolfo Bécquer - Aguafuerte Madrid 97 .... FF2 800 - £301 - $490

ARNAL André Pierre 1939 [4]
Sans titre - Huile/toile (217x212cm-85x83in) Paris 95 .... FF9 000 - £1 195 - $1,855

ARNAL François 1924 [95]
Composition - Acrylique/toile (112x128cm-44x50in) Paris 97 .... FF6 000 - £632 - $1,031
La Valette, Plus rien ne bouge - Huile/toile (97x130cm-38x51in) Paris 95 .... FF29 000 - £3 470 - $5,520
Les trois états - Huile/toile (96x130cm-38x51in) Versailles 89 .... FF210 000 - £20 896 - $33,175
Sans titre - Sculpture (40x58cm-16x23in) Paris 95 .... FF12 000 - £1 517 - $2,427
Composition, 1963 - Aquarelle (45x55cm-18x22in) Douai 90 .... FF7 600 - £819 - $1,340

ARNALD George 1763-1841 [13]
Queen Charlotte's Cottage at Kew - Oil/canvas (58x81cm-23x32in) London 96 .... FF30 300 - £3 800 - $5,900
Menai Bridge, North wales - Oil/canvas (98x128cm-39x50in) London 92 .... FF100 500 - £12 000 - $19,330

ARNAUD Marcel 1877-1956 [29]
Drapé blanc, carafe et fruits - Huile/panneau (46x55cm-18x22in) Arles 95 .... FF21 000 - £2 696 - $4,070
Paysage - Aquarelle, gouache/papier (28x45cm-11x18in) Arles 94 .... FF4 000 - £454 - $678

ARNAUD Moïse XIX-XX [4]
Mont-Fermeil - Aquarelle (46x31cm-18x12in) Bevaix 94 .... FF2 447 - £294 - $453

ARNAUD Pierre Ch. Raoul 1912-? [2]
Les nus aux mimosas, 1884 - Huile/toile (54x73cm-21x29in) Sceaux 90 .... FF4 000 - £413 - $707
Nature morte - Huile/isorel (65x54cm-26x21in) Paris 90 .... FF11 000 - £1 170 - $1,968

ARNAUTOFF Victor 1896-1979 [3]
California Ranch - Oil/board (61x74cm-24x29in) San Francisco-Los Angeles 96 .... FF16 960 - £1 964 - $3,250

ARNAVIELLE Jean 1881-1961 [16]
La vallée de la Nièvre, Cherroches - Huile/carton (22x49cm-9x19in) Rouen 89 .... FF4 800 - £506 - $808

ARNBERG Elise 1826-1891 [2]
Gebirgslandschaft am Seeufer - Öl/Leinwand (42x58cm-17x23in) Wien 93 .... FF9 620 - £1 150 - $1,850

ARNDT Franz Gustav 1842-1905 [3]
A rest on the hillside - Oil/canvas (71x90cm-28x35in) London 91 .... FF12 840 - £1 297 - $2,549

ARNDT Leo 1857-? [1]
Adolf Menzel mit Orden - Pencil (58x41cm-23x16in) Hamburg 94 .... FF3 090 - £366 - $571

ARNDT Paul Wesley 1881-? [3]
Thaw, Vermont - Oil/canvas (71x97cm-28x38in) North Bethesda, MD. 92 .... FF2 860 - £304 - $550

ARNE Gustav 1925 [17]
Sommardag - Oil/canvas (50x48cm-20x19in) Malmö 92 .... FF4 610 - £551 - $886
Skåne - Serigraph (52x70cm-20x28in) Malmö 96 .... FF1 824 - £237 - $358

ARNEGGER Aloïs 1879-1963 [107]
Italienische Landschaft - Öl/Leinwand (69x100cm-27x39in) Wien 97 .... FF11 945 - £1 270 - $2,060
Spanische Landschaften - Öl/Leinwand (70x100cm-28x39in) Wien 96 .... FF19 300 - £2 200 - $3,700
Blühende Mohnwiesen - Oil/panel (48x80cm-19x31in) München 94 .... FF54 800 - £6 480 - $10,000

ARNEGGER Alwin 1883-1916 [13]
Sunset in the Mountains - Oil/canvas (70x100cm-28x39in) London 96 .... FF4 470 - £580 - $884
Herbstabend auf dem Lande - Oil/canvas (73x100cm-29x39in) Köln 92 .... FF27 200 - £2 784 - $4,790

ARNEGGER Gottfried 1905 [7]
The Bay of Naples - Oil/canvas (72x99cm-28x39in) New-York 92 .... FF10 220 - £1 046 - $1,800

ARNEL Thomas 1922 [3]
Min model og min fugl - Oil/canvas (49x68cm-19x27in) Vejle 91 .... FF2 195 - £220 - $402

ARNESEN Wilhelm Karl Ferd. 1865-1948 [54]
Marine - Oil/canvas (40x30cm-16x12in) Köbenhavn 95 .... FF3 540 - £434 - $689
Mekong-Ufer, Saigon - Öl/Leinwand (37x31cm-15x12in) Lindau 95 .... FF7 120 - £890 - $1,438
Constantinople - Oil/canvas (46x71cm-18x28in) New-York 94 .... FF39 300 - £4 640 - $7,000

ARNESON Robert 1930-1993 [16]
Squish - Sculpture (107cm-42in) San Francisco-Los Angeles 92 .... FF22 800 - £2 700 - $4,385
Jackson Pollock
Mixed media/paper (105x76cm-41x30in) San Francisco-Los Angeles 95 .... FF31 760 - £4 110 - $6,500

ARNHARDT-DEININGER Gabriele 1855-? [4]
Blumengarten auf ein Gebirgsmassiv - Öl/Leinwand (66x47cm-26x19in) Wien 93 .... FF7 810 - £887 - $1,330
Partie aus dem Ötztal - Öl/Leinwand (127x97cm-50x38in) Wien 92 .... FF24 050 - £2 797 - $4,910

ARNHEIM Elly 1877-? [1]
Früchtestilleben mit Römer - Öl/Leinwand (29x48cm-11x19in) Wien 96 .... FF4 870 - £633 - $963

ARNHOLT Waldon Sylvester 1909-? [1]
Mohawk Indian chief Joseph Brant - Oil/masonite (66x46cm-26x18in) New-York 93 .... FF2 200 - £276 - $400

ARNIM von Helene 1869-? [1]
Sizilianische Küste - Aquarelle, gouache (60x60cm-24x24in) Köln 94 .... FF2 220 - £262 - $399

ARNO Guy XX [3]
Composition, 1971 - Gouache (58x48cm-23x19in) Chartres 90 .... FF1 500 - £162 - $265

ARNO Peter 1904-1968 [6]
Gag cartoon - Watercolour (41x30cm-16x11in) New-York 93 .... FF9 440 - £1 074 - $1,600

ARNOLD Carl 1829-1916 [4]
Strasse auf Fürth-Bayern - Black chalk (34x24cm-13x9in) Bremen 95 .... FF1 723 - £223 - $351

ARNOLD Catherine 1967 [2]
Beware Cannibals - Oil/canvas (122x18cm-48x7in) London 90 .... FF9 200 - £991 - $1,623

ARNOLD Christian 1889-1960 [26]
In der Küche sitzende Frau - Aquarell (45x57cm-18x22in) Pforzheim 93 .... FF4 070 - £487 - $783

Eingang zum Industriehafen - Aquarell/Papier (42x56cm-17x22in) Köln 95 .... FF**10 300** - £**1 347** - **$2,090**

ARNOLD Claus 1919 [2]
Erotische Arabeske - Ink/paper (22x33cm-9x13in) Stuttgart 93 .... FF**4 140** - £**468** - **$698**

ARNOLD Conrad David 1941 [3]
Acker und Häuser - Oil/panel (14x17cm-6x7in) Stuttgart 93 .... FF**2 090** - £**240** - **$356**

ARNOLD Eve 1913 [9]
Marilyn Monroe - Gelatin silver print (28x43cm-11x17in) London 96 .... FF**13 170** - £**1 700** - **$2,544**

ARNOLD Friedrich 1831-1862 [1]
Sunset, extensive river landscape
   Gouache (25x35cm-10x14in) Retford, Nottinghamshire 92 .... FF**3 320** - £**340** - **$585**

ARNOLD George 1763-1841 [2]
The Northfoundland Lighthouse - Oil/panel (24x29cm-9x11in) London 95 .... FF**4 300** - £**550** - **$846**
With the Trade Winds - Watercolour (24x35cm-9x14in) London 93 .... FF**1 503** - £**180** - **$274**

ARNOLD Hans 1925 [14]
Prins Svan, Prins Trana - Mixed media (46x35cm-18x14in) Malmö 92 .... FF**2 357** - £**241** - **$415**
Samen och djävulen - Watercolour (27x42cm-11x17in) Stockholm 89 .... FF**1 700** - £**164** - **$258**

ARNOLD Henry XIX-XX [1]
Première offrande - Bronze (62cm-24in) Paris 96 .... FF**20 000** - £**2 590** - **$3,925**

ARNOLD John James Trumbull 1812-c.1865 [1]
Young gentleman, self-portrait - Watercolour/paper (10x16cm-4x6in) New-York 90 .... FF**28 600** - £**2 955** - **$5,053**

ARNOLD Joseph I 1788-1897 [1]
Saint Sebastian - Oil/panel (76x61cm-30x24in) Köbenhavn 95 .... FF**5 440** - £**677** - **$1,061**

ARNOLD Karl 1883-1953 [1]
Am Strand in Wyk auf Föhr - Print (28x26cm-11x10in) Berlin 92 .... FF**1 632** - £**167** - **$288**
Im Atelier - Ink (36x40cm-14x16in) München 94 .... FF**37 600** - £**4 415** - **$6,700**

ARNOLD Reginald Edward XVIII-XIX [2]
Lady in blu dress with sleeves - Miniature (7cm-3in) London 92 .... FF**7 810** - £**800** - **$1,376**

ARNOLD Reginald Ernst 1853-1938 [4]
Woman with her jewelry box - Oil/canvas (57x36cm-22x14in) New-York 94 .... FF**13 450** - £**1 557** - **$2,300**

ARNOLD Rudolf 1881-1968 [1]
Winter im Gebirge - Öl/Karton (48x68cm-19x27in) Wien 96 .... FF**4 350** - £**496** - **$832**

ARNOLD-GRABONÉ Georg 1898-1981 [96]
Hochgebirgsalm - Öl/Leinwand (80x100cm-31x39in) München 93 .... FF**5 090** - £**608** - **$978**
Wilder Kaiser bei Going - Öl/Leinwand (80x90cm-31x35in) Wien 96 .... FF**14 430** - £**1 810** - **$2,820**

ARNOLDI Charles 1946 [20]
Untitled - Acrylic (213x381cm-84x150in) San Francisco-Los Angeles 96 .... FF**36 350** - £**4 630** - **$7,000**
Untitled - Acrylic/panel (84x152cm-33x60in) New-York 88 .... FF**113 430** - £**10 488** - **$19,000**
Untitled - Bronze (40cm-16in) San Francisco-Los Angeles 94 .... FF**20 320** - £**2 357** - **$3,500**
Untitled - Gouache/paper (16x24cm-6x9in) New-York 93 .... FF**5 870** - £**673** - **$1,000**

ARNOLDI Heinrich 1905-? [1]
Blumen in blauem Krug - Öl/Karton (80x58cm-31x23in) Wien 94 .... FF**14 640** - £**1 743** - **$2,760**

ARNOLDI Per 1941 [19]
Komposition - Huile/panneau (150x120cm-59x47in) Köbenhavn 94 .... FF**3 510** - £**416** - **$649**
Bowlerhatte i gult og orange - Oil/canvas (140x120cm-55x47in) Köbenhavn 94 .... FF**6 130** - £**736** - **$1,192**

ARNOTT Graeme 1941 [3]
Eagle/African hawk eagle - Watercolour (53x80cm-21x31in) London 96 .... FF**5 750** - £**750** - **$1,191**

ARNOULD Jacques XX [7]
Lévimiration - Acrylique/toile (97x130cm-38x51in) Paris 90 .... FF**2 500** - £**259** - **$439**

ARNOULD Reynold 1919-1980 [7]
Pays minier, Merlebach - Huile/toile (46x55cm-18x22in) Paris 93 .... FF**5 000** - £**603** - **$910**
Naissance - Öl/Papier (295x226cm-116x89in) Paris 90 .... FF**65 000** - £**6 615** - **$12,999**

ARNOUX Guy ?-1951 [5]
Le Général Lafayette - Gouache/papier (207x115cm-81x45in) Paris 92 .... FF**12 000** - £**1 432** - **$2,310**

ARNOUX Michel 1833-1877 [3]
Scène de genre - Huile/panneau (21x16cm-8x6in) Deauville 91 .... FF**20 000** - £**2 004** - **$3,372**

ARNSBURG Marie 1862-? [1]
Weidende Pferde - Oil/canvas (34x55cm-13x22in) Wien 89 .... FF**8 600** - £**906** - **$1,448**

ARNSBURG von Marie 1853-1940 [1]
Waldweg entlang eines Zaunes - Watercolour/paper (33x47cm-13x19in) Wien 92 .... FF**3 370** - £**338** - **$562**

ARNTZ Gerd 1900-1989 [12]
Vornehme Strasse - Relief (23x36cm-9x14in) Köln 91 .... FF**59 100** - £**5 998** - **$10,674**

ARNTZENIUS Elise Claudine 1902-? [1]
Roses in a cristal vase - Watercolour (32x26cm-13x10in) Amsterdam 95 .... FF**1 700** - £**205** - **$320**

ARNTZENIUS Floris 1864-1925 [38]
A building-site - Oil/canvas/panel (35x47cm-14x19in) Amsterdam 94 .... FF**15 250** - £**1 770** - **$2,625**
At the café - Oil/canvas (40x30cm-16x12in) Amsterdam 94 .... FF**21 400** - £**2 570** - **$4,160**
Beach, Scheveningen - Oil/canvas (29x43cm-11x17in) Amsterdam 97 .... FF**224 627** - £**23 746** - **$38,543**
Butcher's Boy, the Hague
   Oil/canvas (55x75cm-22x30in) Amsterdam 97 .... FF**1 804 32e +06** - £**114 948** - **$187,992**
The Kaasmarkt, Alkmaar - Watercolour/paper (34x48cm-13x19in) Amsterdam 97 .... FF**31 100** - £**3 287** - **$5,336**
Figures in the Spuistraat, The Hague - Wash (32x25cm-13x10in) Amsterdam 91 .... FF**120 200** - £**12 112** - **$20,858**

ARNTZENIUS Paul 1883-1965 [8]
🖼 *A farm in a village* - Oil/canvas (40x53cm-16x21in) Amsterdam 95 .... FF2 020 - £262 - $421
ARNTZENIUS-DOORMAN Alida Margaretha M. 1872-1900 [1]
🖼 *Old woman* - Oil/canvas/board (46x36cm-18x14in) Amsterdam 90 .... FF2 400 - £248 - $424
ARNULPHY Claude 1697-? [2]
🖼 *Marie de Chiaravy* - Huile/toile (80x64cm-31x25in) Marseille 92 .... FF60 000 - £7 160 - $11,540
ARNZ Albert 1832-1914 [10]
🖼 *Horses in the Roman Campagne* - Oil/canvas (94x132cm-37x52in) London 97 .... FF16 349 - £1 800 - $2,869
In der Bucht von Neapel - Oil/canvas (91x134cm-36x53in) Wien 92 .... FF72 200 - £7 390 - $12,700
ARO Unto 1899-1963 [1]
🗿 *Worker* - Bronze (27cm-11in) Helsinki 94 .... FF1 782 - £213 - $333
AROCH Arie 1908-1974 [19]
🖼 *Vase and flowers* - Oil/canvas (73x51cm-29x20in) Tel Aviv 93 .... FF87 200 - £10 520 - $16,000
Jerusalem - Mixed media/board (58x47cm-23x19in) Tel Aviv 95 .... FF293 000 - £37 950 - $60,000
Zichron Yaacov - Gouache (48x37cm-19x15in) Tel Aviv 97 .... FF96 257 - £10 704 - $18,000
ARØE Jacob 1803-1870 [1]
Landscape in Grønland - Watercolour (23x35cm-9x14in) Vejle 94 .... FF7 820 - £898 - $1,340
ARONSON Kenneth XX [2]
🗿 *Masque de Beethoven* - Bronze (17cm-7in) Paris 96 .... FF4 000 - £502 - $772
ARONSON Naoum 1872-? [2]
🗿 *Tolstoï* - Bronze (18cm-7in) Soissons 96 .... FF6 000 - £748 - $1,160
AROSENIUS Ivar 1878-1909 [73]
🖼 *Prinsessan* - Oil/canvas (89x119cm-35x47in) Stockholm 94 .... FF225 700 - £26 630 - $40,200
Soirée dansante på Berns - Akvarell (30x24cm-12x9in) Stockholm 96 .... FF11 530 - £1 440 - $2,230
Trädgårdsfest - Watercolour (19x23cm-7x9in) Stockholm 94 .... FF40 050 - £4 730 - $7,130
ARP Carl 1867-1913 [8]
🖼 *Sommerliche Seelandschaft* - Öl/Karton (32x21cm-13x8in) Bremen 95 .... FF14 700 - £1 886 - $3,030
ARP Jean, Hans 1887-1966 [308]
🖼 *Composition* - Collage/carton (17x17cm-7x7in) Paris 96 .... FF17 000 - £2 120 - $3,283
Composition - Huile/carton (68x55cm-27x22in) Paris 94 .... FF190 000 - £22 300 - $33,600
Deux Têtes - Oil (65x81cm-26x32in) New-York 94 .... FF683 000 - £81 300 - $130,000
🗿 *Composition on yellow* - Lithograph (60x48cm-24x19in) Amsterdam 97 .... FF7 616 - £798 - $1,306
🗿 *Demeter, 1960* - Bronze (65cm-26in) New-York 90 .... FF3 - £349 894 - $588,372
Trois bourgeons - Sculpture (50cm-20in) New-York 89 .... FF3 - £336 299 - $528,778
Homme vu par une fleur - Bronze (10x8x11cm-4x3x4in) Amsterdam 95 .... FF9 250 - £1 212 - $1,854
Composition dand un cercle no.6 - Relief (51cm-20in) Amsterdam 97 .... FF38 082 - £3 994 - $653,5 6
Constellation Harvard III - Bronze (25x60cm-10x24in) Paris 93 .... FF80 000 - £9 100 - $13,560
Torse profil - Bronze (30cm-12in) New-York 95 .... FF131 300 - £16 540 - $26,000
Études pour Variétés - Encre Chine (27x21cm-11x8in) Paris 95 .... FF34 000 - £4 320 - $6,970
Composition - Crayon/papier (27x37cm-11x15in) Versailles 94 .... FF35 000 - £4 150 - $6,470
Composition - Aquarelle, gouache/carton (34x15cm-13x6in) Paris 94 .... FF35 000 - £4 110 - $6,190
ARPA José 1862-1903 [5]
🖼 *El Huerto* - Oleo/lienzo (24x37cm-9x15in) Madrid 95 .... FF15 080 - £1 958 - $3,105
ARPA Y PEREA José 1860-1952 [5]
🖼 *Landscape with convent* - Oil/canvas (61x74cm-24x29in) New-York 94 .... FF20 470 - £2 370 - $3,500
ARPAD Romek 1883-? [3]
🖼 *Glass pots* - Oil/canvas (68x56cm-27x22in) Amsterdam 90 .... FF5 400 - £558 - $954
ARPKE Otto 1886-1943 [1]
🗿 *Deutsche Luft Hansa* - Poster (69x46cm-27x18in) New-York 92 .... FF15 900 - £1 627 - $2,800
ARPS Bernardus 1865-1938 [9]
🖼 *Flock of sheep, Wolfheze* - Oil/canvas (33x65cm-13x26in) Amsterdam 91 .... FF3 323 - £330 - $577
ARRANZ BRAVO Eduardo 1941 [4]
🖼 *El primer gos* - Oleo/lienzo (114x92cm-45x36in) Madrid 94 .... FF10 380 - £1 248 - $1,920
ARREDONDO Y CALMACHE Ricardo 1850-1911 [3]
🖼 *Paisaje de El Escorial* - Oleo/tabla (12x22cm-5x9in) Madrid 94 .... FF15 450 - £1 853 - $3,000
ARREGUI Roman 1875-1932 [3]
🖼 *Les trois conspirateurs* - Huile/panneau (33x41cm-13x16in) Paris 96 .... FF6 000 - £695 - $1,150
ARRIETA José Agustín 1802-1879 [3]
🖼 *Intervención* - Oil/canvas (166x90cm-65x35in) New-York 91 .... FF712 000 - £72 262 - $128,594
ARRIEU Lucien Frédéric 1913 [2]
🖼 *Le Tribunal* - Huile/toile (50x61cm-20x24in) Paris 94 .... FF30 000 - £3 555 - $5,540
ARRIGNON Benoit XX [2]
🖼 *Otho-rhino-panique* - Huile/toile (130x89cm-51x35in) Paris 90 .... FF2 200 - £231 - $383
ARRIGO-WITTLER Heinrich 1918 [1]
🖼 *Kleines Mädchen mit gelber Bluse* - Mixed media/panel (65x46cm-26x18in) Wien 96 .... FF3 180 - £413 - $623
ARRIOLA Fortunato 1827-1872 [1]
🖼 *Young girl* - Oil/canvas (91x66cm-36x26in) San Francisco-Los Angeles 89 .... FF62 900 - £6 259 - $9,937
ARROYO Eduardo 1937 [143]
🖼 *Suicide du Canivet* - Acrylique/carton (60x80cm-24x31in) Paris 94 .... FF16 000 - £1 896 - $2,956
Matrimonio à Ivry - Huile/toile (73x118cm-29x46in) Paris 96 .... FF38 000 - £4 930 - $7,440
Intérieur espagnol No. 2 - Huile/toile (130x97cm-51x38in) Versailles 96 .... FF45 000 - £5 600 - $8,800
Le Meilleur cheval du monde - Huile/toile (200x230cm-79x91in) Paris 95 .... FF150 000 - £19 450 - $30,940
Parmi les peintres - Acrylique/toile (116x89cm-46x35in) Versailles 96 .... FF360 000 - £45 100 - $69,500
🗿 *Grazia Eminente* - Bronze (32cm-13in) Paris 95 .... FF10 500 - £1 833 - $2,164

Maria Grazia Eminente - Bronze (43cm-17in) Paris 95 .... FF**39 000** - £5 060 - **$8,040**
Cabezza con chistera - Bronze (46cm-18in) Madrid 92 .... FF**162 000** - £16 500 - **$28,500**
Mickey - Technique mixte/papier (44x30cm-17x12in) Paris 97 .... FF**8 200** - £867 - **$1,407**
Les souliers - Collage/papier (50x61cm-20x24in) Paris 97 .... FF**14 000** - £1 480 - **$2,402**
Parmi les peintres - Collage (120x95cm-47x37in) Paris 97 .... FF**125 000** - £13 213 - **$21,450**

ARROYO Y LORENZO Manuel 1854-1902 [1]
At the well - Oil/canvas (37x28cm-15x11in) London 90 .... FF**9 700** - £1 005 - **$1,705**

ARRUE Ramiro 1892-1971 [58]
Joueur de Txistu - Huile/panneau Biarritz 95 .... FF**19 500** - £2 427 - **$3,800**
Le port de Guéthary - Huile/panneau (33x41cm-13x16in) Pau 96 .... FF**49 000** - £5 750 - **$9,630**
Retour de pêche - Huile/toile Biarritz 96 .... FF**66 000** - £8 230 - **$12,740**
Notre-Dame de la Paix - Gouache (28x17cm-11x7in) Biarritz 95 .... FF**3 500** - £436 - **$683**
Sorcière bleue - Gouache (50x34cm-20x13in) Biarritz 95 .... FF**3 500** - £436 - **$683**
La pelote basque - Gouache (33x21cm-13x8in) Paris 93 .... FF**9 600** - £1 157 - **$1,746**
La pause - Gouache (26x33cm-10x13in) Versailles 92 .... FF**14 500** - £1 485 - **$2,610**

ARRUE Y VALLE José 1885-1977 [3]
Soka tira - Acuarela (34x46cm-13x18in) Madrid 95 .... FF**18 150** - £2 322 - **$3,650**

ARSENIUS Carl Georg 1855-1908 [13]
Slottgränd och Västgötaspangen - Oil/canvas (39x25cm-15x10in) Uppsala 90 .... FF**6 000** - £642 - **$1,043**
Hästdroska i Paris, Avenue du Bois - Oil/canvas (50x65cm-20x26in) Stockholm 92 .... FF**43 400** - £5 180 - **$8,340**

ARSENIUS John 1818-1903 [20]
Slädfärd - Oil/canvas (61x84cm-24x33in) Stockholm 97 .... FF**11 320** - £1 195 - **$1,956**
Trav på Lindarängen, Dhurgården - Oil/canvas (61x81cm-24x32in) Stockholm 93 .... FF**72 500** - £8 260 - **$12,250**

ARSON Alphonse 1822-1882 [7]
La chèvre - Bronze (17x24cm-7x9in) Paris 97 .... FF**4 000** - £423 - **$686**
Oiseau - Bronze (33cm-13in) Bruxelles 92 .... FF**9 300** - £952 - **$1,787**

ARSON Olympe 1814-? [1]
Fleurs et fruits sur un entablement - Aquarelle/vélin (82x64cm-32x25in) Paris 95 .... FF**57 000** - £7 260 - **$11,500**

ART Berthe 1857-1934 [28]
Sommerblumenstrauss - Öl/Leinwand (26x41cm-10x16in) Stuttgart 96 .... FF**5 080** - £588 - **$974**
Crustacés - Pastel/carton (43x72cm-17x28in) Bruxelles 95 .... FF**4 610** - £468 - **$886**
Chrysanthèmes et feuilles mortes - Pastel (75x100cm-30x39in) Paris 95 .... FF**14 500** - £1 667 - **$2,496**

ART Raymond 1919 [4]
Comparaisons - Huile/toile (64x53cm-25x21in) Liège 91 .... FF**9 130** - £935 - **$1,694**

ARTAMOV Alexevitch 1909 [2]
Une jeune femme ukrainienne - Huile/toile (73x55cm-29x22in) Grenoble 91 .... FF**3 600** - £434 - **$655**

ARTAN DE SAINT-MARTIN Louis 1837-1890 [50]
Marine - Oil/board (28x48cm-11x19in) Amsterdam 96 .... FF**5 450** - £683 - **$1,051**
Barques sur la plage - Huile/toile (40x67cm-16x26in) Bruxelles 97 .... FF**8 507** - £900 - **$1,472**
Coastal landscape - Oil/canvas (45x84cm-18x33in) Amsterdam 94 .... FF**23 200** - £2 690 - **$3,990**

ARTARIA Paul 1892-1959 [1]
Ausblick auf Landschaft - Aquarell (32x27cm-13x11in) Zofingen 96 .... FF**1 654** - £206 - **$320**

ARTEAGA YEPEZ José 1898 [1]
Galle San Juan Guilo - Oil/canvas (24x34cm-9x13in) London 91 .... FF**4 490** - £447 - **$772**

ARTELIUS Helge 1895 [6]
Tolkande barn efter getabock - Akvarell (30x25cm-12x10in) Stockholm 92 .... FF**5 780** - £691 - **$1,112**

ARTEMOFF Georges 1892-1965 [11]
Pigeon boulant, ailes déployées - Bois (27cm-11in) Paris 92 .... FF**6 000** - £716 - **$1,154**
Les deux amies - Sanguine (64x55cm-25x22in) Paris 90 .... FF**10 500** - £1 117 - **$1,878**

ARTENS von Peter 1937 [5]
Construccion, MCMXCII - Oil/canvas (195x130cm-77x51in) New-York 94 .... FF**56 200** - £6 630 - **$10,000**

ARTER John Charles 1860-1923 [4]
Peasant girl against a fence - Oil/canvas (81x63cm-32x25in) New-York 96 .... FF**21 800** - £2 780 - **$4,200**

ARTER Paul Julius 1797-1839 [2]
Promenade Bauschanze à Zürich - Aquatint (14x19cm-6x7in) Bern 92 .... FF**7 230** - £864 - **$1,391**

ARTER Raoul XIX-XX [2]
Charlie Chaplin - Affiche (155x118cm-61x46in) Chartres 92 .... FF**16 500** - £1 695 - **$3,056**

ARTETA Y ERRASTI Aurelio 1879-1940 [7]
Campesina tocando el accordeón - Acuarela (36x24cm-14x9in) Madrid 96 .... FF**16 300** - £2 112 - **$3,220**

ARTHAUD Marcel 1898-1975 [1]
Place Vendôme vue du Ritz - Photo (29x23cm-11x9in) Paris 95 .... FF**2 800** - £358 - **$572**

ARTHUR Reginald c.1881-1896 [8]
Dame auf einer Gartenmauer sitzend - Öl/Leinwand (76x50cm-30x20in) Stuttgart 95 .... FF**31 030** - £3 774 - **$6,110**

ARTHUR-BERTRAND Huguette 1922 [18]
Hadrien - Huile/toile (60x60cm-24x24in) Paris 93 .... FF**3 200** - £364 - **$542**
Ligne blanche, 1965 - Huile/toile (61x50cm-24x20in) Paris 89 .... FF**25 000** - £2 488 - **$3,949**
Composition - Gouache/papier (53x43cm-21x17in) Paris 95 .... FF**3 800** - £486 - **$776**

ARTHURS Stanley Massey 1877-1950 [4]
George Washington on horseback - Oil/canvas (104x107cm-41x42in) New-York 95 .... FF**70 700** - £8 900 - **$14,000**

ARTIAS Ph.Saby-Viricel, dit 1912 [10]
Paysage oublié - Huile/toile (114x146cm-45x57in) Paris 92 .... FF**35 000** - £4 180 - **$6,730**
Personnages échevelés - Gouache (55x74cm-22x29in) Lyon 92 .... FF**8 600** - £879 - **$1,697**

ARTIGAS Joan Gairdy 1938 [2]
- *Sans titre* - Lithographie couleurs (49x70cm-19x28in) Paris 92 .... FF1 600 - £164 - $288
- *Sans titre* - Mine plomb (148x180cm-58x71in) Paris 95 .... FF7 500 - £946 - $1,496

ARTIGUE Bernard Joseph XIX-XX [3]
- *Grande Liqueur, Monastère de Limoges* - Poster (70x33cm-28x13in) New-York 96 .... FF7 640 - £900 - $1,500

ARTO Sergeï 1959 [2]
- *Ne me reproche pas ta solitude ...* - Huile/toile (100x90cm-39x35in) Paris 90 .... FF14 000 - £1 489 - $2,504

ARTOT Paul 1875-1958 [1]
- *Tonnelle ensoleillée* - Huile/toile (61x46cm-24x18in) Bruxelles 90 .... FF8 900 - £919 - $1,572

ARTS Alexis 1940 [16]
- *Montagne, Mont Royal* - Oil/canvas (30x40cm-12x16in) Toronto 92 .... FF2 150 - £220 - $379

ARTSCHWAGER Richard 1924 [84]
- *U.R.H. Rain Forest* - Oil/panel (81x6x145cm-32x2x57in) New-York 96 .... FF145 000 - £18 700 - $28,000
- *Double portrait* - Acrylic (125x156cm-49x61in) New-York 92 .... FF392 000 - £45 500 - $80,000
- *Book Study* - Wood (28x46x61cm-11x18x24in) New-York 96 .... FF62 100 - £8 020 - $12,000
- *Handle* - Construction (105x30x33cm-41x12x13in) New-York 91 .... FF226 400 - £22 978 - $40,890
- *Piano III*
  Formica/wood, with rubberized hair (86x330x86cm-34x130x34in) New-York 94. FF900 000 - £104 300 - $155,000
- *Untitled* - Pencil/paper (76x61cm-30x24in) New-York 92 .... FF22 700 - £2 324 - $4,000
- *Untitled, 1987* - Charcoal/paper (64x48cm-25x19in) New-York 89 .... FF31 500 - £3 134 - $4,976

ARTUS Charles 1897-1978 [2]
- *Le canard siffleur* - Bronze (21cm-8in) Paris 94 .... FF8 100 - £972 - $1,517

ARTZ Constant 1870-1951 [103]
- *Duck and ducklings in a meadow* - Oil/panel (21x27cm-8x11in) Amsterdam 96 .... FF11 660 - £1 498 - $2,300
- *Mother duck and her duckling* - Oil/canvas (24x43cm-9x17in) New-York 91 .... FF14 980 - £1 498 - $2,467
- *Ducks on a riverbank* - Oil/canvas (30x40cm-12x16in) Amsterdam 97 .... FF24 277 - £2 626 - $4,236

ARTZ David Adolf Constant 1837-1890 [24]
- *On the look-out* - Oil/panel (50x23cm-20x9in) Amsterdam 94 .... FF16 830 - £2 020 - $3,270
- *The farmer's daughter* - Oil/panel (43x28cm-17x11in) Amsterdam 93 .... FF30 030 - £3 600 - $5,490
- *The potatoe-eaters* - Watercolour (58x74cm-23x29in) Amsterdam 93 .... FF25 600 - £3 060 - $4,930

ARUNDALE Francis Vyvyan Jago 1807-1853 [1]
- *The Parthenon* - Watercolour, gouache (64x96cm-25x38in) New-York 94 .... FF14 600 - £1 723 - $2,600

ARUNDEL James 1875-? [3]
- *Flowers & chair* - Oil/board (75x49cm-30x19in) Leeds 92 .... FF2 513 - £300 - $484

ARUS Raoul 1848-1921 [4]
- *Alfortville, Charenton* - Huile/panneau (17x41cm-7x16in) Neuilly 94 .... FF21 200 - £2 466 - $3,670

ARWINGE Ulla 1926 [2]
- *Vårbuket* - Oil/canvas (40x32cm-16x13in) Söderköping 91 .... FF2 450 - £249 - $442

ASAF Halé 1903-1937 [1]
- *Baigneuse assise* - Huile/toile (67x43cm-26x17in) Nogent-sur-Marne 92 .... FF8 800 - £901 - $1,550

ASCENZO d' Nicola 1871-1954 [3]
- *St. Thomas Church, New York* - Drawing (112x58cm-44x23in) North Bethesda, MD. 92 .... FF3 380 - £359 - $650

ASCH Ruth XIX-XX [1]
- *Marc Chagall* - Gelatin silver print (22x16cm-9x6in) Köln 89 .... FF3 000 - £307 - $482

ASCHENBACH Ernst 1872-1954 [12]
- *Saetermotiv på høyfjellet* - Oil/canvas (73x100cm-29x39in) Tönsberg 92 .... FF3 510 - £420 - $676

ASCHENBRENNER Lennart 1943 [37]
- *Gren och Blad* - Oil/canvas (65x81cm-26x32in) Stockholm 96 .... FF3 810 - £492 - $747
- *Brevet* - Oil/canvas (78x110cm-31x43in) Stockholm 96 .... FF10 900 - £1 362 - $2,776
- *Klivet* - Mixed media/paper (66x46cm-26x18in) Stockholm 92 .... FF10 400 - £1 242 - $2,000

ASCHER Georges 1884-1943 [1]
- *Woman, seated* - Oil/canvas (94x52cm-37x20in) Tel Aviv 95 .... FF61 100 - £7 900 - $12,500

ASCHHEIM Isidor 1891-1968 [5]
- *Vase of flowers* - Oil/canvas (74x61cm-29x24in) Tel Aviv 93 .... FF7 660 - £922 - $1,400

ASCHMANN Herbert 1913-1975 [1]
- *Still life* - Oil/canvas (81x82cm-32x32in) Kempten 96 .... FF4 730 - £562 - $923

ASCO Franco 1903-1980 [3]
- *Crocefissione* - Bronze (100cm-39in) Trieste 93 .... FF8 300 - £962 - $1,428

ASCOLI Joseph XIX-XX [1]
- *Baiting the hook* - Bronze (73cm-29in) London 91 .... FF15 800 - £1 584 - $2,894

ASDRUBALI Gianni 1955 [11]
- *Senza titolo* - Acrilico/tela (160x130cm-63x51in) Milano 92 .... FF7 360 - £875 - $1,416

ASENSIO IBANEZ Jésus XIX-XX [1]
- *El Jardín* - Oleo/lienzo (48x56cm-19x22in) Madrid 95 .... FF3 230 - £424 - $648

ASENSIO Joaquín 1890-1961 [5]
- *Masía catalana* - Oleo/tabla (32x41cm-13x16in) Madrid 94 .... FF4 150 - £499 - $768

ASH Thomas Morris XIX-XX [3]
- *Near Capel Curig, N.W.* - Oil/canvas (51x76cm-20x30in) London 94 .... FF3 920 - £450 - $671

ASHEVAK Karoo 1940-1974 [2]
- *Eskimo Drummer* - Sculpture (40cm-16in) Toronto 96 .... FF53 200 - £6 770 - $10,230

ASHFORD William c.1746-1824 [7]
- *Carton Park, County Kildare* - Oil/canvas (111x153cm-44x60in) London 93 .... FF652 000 - £75 000 - $111,700

ASHLEY Frank N. 1920 [10]
● *The Party* - Oil/canvas (56x76cm-22x30in) San Francisco-Los Angeles 94 .... FF**36 200** - £*4 280* - **$6,500**
✑ *Morning Run #3* - Watercolour/paper (46x61cm-18x24in) San Francisco-Los Angeles 92 .... FF**4 860** - £*497* - **$900**
ASHOONA Pitseolak 1904-1983 [4]
▭ *Peril of the Sea Traveller* - Colour stonecut (38x54cm-15x21in) Toronto 93 .... FF**3 570** - £*404* - **$603**
ASHTON Fédérico 1836-? [2]
● *Lac alpestre* - Huile/toile (66x111cm-26x44in) Paris 92 .... FF**2 000** - £*205* - **$360**
ASHTON Henry XIX-XX [3]
▦ *Orville Wright at Ft. Meyer* - Printing-out paper (10x8cm-4x3in) New-York 93 .... FF**8 260** - £*940* - **$1,400**
ASHTON John William, Will. 1881-1963 [32]
● *Feluccas off the Coast at Sunset* - Watercolour (16x29cm-6x11in) London 96 .... FF**4 560** - £*520* - **$874**
ASHTON Julian Richard XX [2]
● *Blue mountains at Narrow Neck* - Oil/board (28x46cm-11x18in) London 90 .... FF**2 700** - £*272* - **$529**
ASIS Antonio 1932 [183]
● *Vibration couleur* - Mixed media (62x49cm-24x19in) Paris 89 .... FF**10 800** - £*1 104* - **$1,736**
✑ *Damiers 12* - Gouache/carton (30x30cm-12x12in) Paris 89 .... FF**3 800** - £*389* - **$611**
ASKENAZY Mischa 1888-1961 [22]
● *Portrait of Jenny* - Oil/canvas/board (81x63cm-32x25in) San Francisco-Los Angeles 93 .... FF**8 250** - £*1 035* - **$1,500**
Preparing for the Birthday Party
　　Oil/canvas (76x61cm-30x24in) San Francisco-Los Angeles 96 .... FF**52 200** - £*6 040* - **$10,000**
✑ *Nude Ascending Staircase*
　　Pastel/paper (71x59cm-28x23in) San Francisco-Los Angeles 96 .... FF**9 400** - £*1 088* - **$1,800**
ASKER Curt 1930 [4]
● *Katt* - Oil/canvas (101x130cm-40x51in) Stockholm 92 .... FF**21 700** - £*2 590* - **$4,170**
ASKEVOLD Anders 1834-1900 [37]
● *Fjordlandskap* - Oil/panel (36x53cm-14x21in) Oslo 92 .... FF**17 360** - £*1 777* - **$3,060**
Norwegischen Fjord - Öl/Leinwand (56x90cm-22x35in) Köln 94 .... FF**36 000** - £*4 320* - **$7,000**
Fjordlandschaft mit Fischkutter - Öl/canvas (53x83cm-21x33in) München 92 .... FF**68 000** - £*6 960* - **$11,970**
ASLAN Alain Gourdon, dit 1930 [9]
🗿 *Fille au tablier* - Sculpture (66cm-26in) Auxerre 92 .... FF**5 000** - £*597* - **$962**
Fille assise - Bronze (44cm-17in) Gambais 95 .... FF**11 500** - £*1 468* - **$2,354**
ASLANIAN Pierre Bedros 1937 [4]
● *Laurentian Winter Scene* - Huile/toile (20x25cm-8x10in) Montréal 95 .... FF**2 162** - £*274* - **$435**
✑ *Visite aux bâtiments* - Pastel (35x45cm-14x18in) Montréal 91 .... FF**3 225** - £*323* - **$532**
ÅSLUND Acke 1881-1958 [45]
● *Plogning* - Oil/canvas (46x61cm-18x24in) Stockholm 95 .... FF**10 050** - £*1 280* - **$1,980**
✑ *Hästar* - Black chalk (46x62cm-18x24in) Stockholm 96 .... FF**1 842** - £*212* - **$352**
Lastning och lossning vid kaj - Pastel (76x96cm-30x38in) Stockholm 92 .... FF**19 800** - £*2 027* - **$3,486**
ÅSLUND Johan Elias 1872-1956 [6]
● *Autumnal landscape* - Oil/canvas (97x94cm-38x37in) London 90 .... FF**48 400** - £*5 182* - **$8,417**
ÅSLUND Kjell 1948 [2]
● *Intima landskap* - Acrylic/panel (152x93cm-60x37in) Stockholm 93 .... FF**5 920** - £*728* - **$1,096**
ASMUSSEN Christian 1873-1940 [2]
● *Hounds* - Oil/canvas (80x163cm-31x64in) London 89 .... FF**72 600** - £*7 224* - **$11,469**
ASNAR Jean-Michel 1959 [2]
● *Heure de fermeture* - Huile/toile (49x64cm-19x25in) Paris 91 .... FF**6 000** - £*600* - **$988**
ASOMA Tadashi XX [3]
● *Paysage A* - Oil/canvas (88x117cm-35x46in) Amsterdam 97 .... FF**14 648** - £*1 536* - **$2,513**
ASPARI Domenico 1745-1831 [2]
▭ *Duomo della parte de gradini* - Copper engraving (40x63cm-16x25in) Bern 92 .... FF**4 950** - £*591* - **$952**
ASPE Renée 1929-1969 [19]
● *Portrait de femme* - Huile/toile (46x38cm-18x15in) Montauban 90 .... FF**7 700** - £*795* - **$1,359**
✑ *Homme au pull marin* - Gouache (67x51cm-26x20in) Toulouse 95 .... FF**3 200** - £*416* - **$659**
ASPELIN Arne 1911-1990 [25]
● *Kallbrott i Limhamn* - Oil/canvas (39x49cm-15x19in) Malmö 92 .... FF**2 260** - £*270* - **$435**
Stadsmotiv - Oil/panel (23x32cm-9x13in) Malmö 92 .... FF**4 530** - £*464* - **$797**
ASPELIN Karl 1857-1922 [1]
● *Besök hos sierskan* - Oil/canvas (60x80cm-24x31in) Malmö 93 .... FF**4 230** - £*499* - **$744**
ASPELL Peter XX [4]
● *Ancient Burial XVII* - Oil/board (23x30cm-9x12in) Toronto 93 .... FF**2 453** - £*278* - **$415**
ASPERGER Max 1864-? [1]
● *Ländliche Szene* - Oil/panel (33x45cm-13x18in) Düsseldorf 92 .... FF**6 460** - £*662* - **$1,137**
ASPINALL Arthur [2]
✑ *Landscapes with sheep grazing* - Watercolour (33x51cm-13x20in) Aylsham, Norfolk 93 ...... FF**2 490** - £*300* - **$465**
ASPINWALL Reginald 1858-1921 [4]
✑ *A Forest Clearing* - Watercolour (36x23cm-14x9in) Birmingham 92 .... FF**3 520** - £*360* - **$620**
ASPIROZ Jacqueline XX [2]
● *Orient aux signes* - Huile/toile (80x80cm-31x31in) Paris 90 .... FF**3 500** - £*377* - **$617**
ASPLAND Theophil Lindsey 1807-1890 [1]
✑ *Giving Directions* - Watercolour (18x13cm-7x5in) London 94 .... FF**1 543** - £*180* - **$268**
ASPLUND Nils 1874-1958 [5]
● *Blommande trägard fran Lilla Skiggan* - Oil/canvas (41x29cm-16x11in) Malmö 90 .... FF**3 900** - £*418* - **$678**

ASSADOUR 1943 [3]
Sans titre - Eau-forte (76x56cm-30x22in) Paris 91 .... FF2 200 - £218 - $382

ASSAR Nasser 1928 [6]
Composition - Huile/toile (100x81cm-39x32in) Boulogne 94 .... FF2 100 - £247 - $368

ASSCHE van Henri 1774-1841 [7]
Repos des bergers - Huile/panneau (64x84cm-25x33in) Bruxelles 95 .... FF49 500 - £6 270 - $9,950

ASSCHE van Petrus 1897-? [2]
Aux portes de Ségovie - Huile/toile (82x100cm-32x39in) Bruxelles 92 .... FF4 450 - £532 - $856
Arco de Sanandres Segovia - Huile/toile (83x100cm-33x39in) Bruxelles 91 ...... FF6 800 - £686 - $1,325

ASSE Geneviève 1923 [37]
La plage - Huile/toile (33x41cm-13x16in) Paris 95 .... FF5 600 - £727 - $1,147
Sans titre XII - Huile/toile (100x55cm-39x22in) Paris 97 .... FF18 000 - £1 895 - $3,094
Nature morte - Huile/toile (54x65cm-21x26in) Paris 90 .... FF100 000 - £10 638 - $17,889
Nature morte - Aquarelle/papier (26x40cm-10x16in) Paris 95 .... FF5 500 - £715 - $1,132

ASSELBERG Alphonse 1839-1916 [5]
Ravin à San Remo - Huile/toile (62x100cm-24x39in) Bruxelles 92 .... FF18 120 - £2 164 - $3,486

ASSELBERGS Gustave 1938-1967 [7]
220 Ks - Acrylic (130x100cm-51x39in) Amsterdam 97 .... FF20 977 - £2 205 - $3,603
Quick Shot - Acrylic/canvas (120x90cm-47x35in) Amsterdam 96 .... FF42 200 - £4 890 - $8,100
Untitled - Collage/paper (36x27cm-14x11in) Amsterdam 96 .... FF7 540 - £873 - $1,445

ASSELIN Maurice 1882-1947 [64]
Le bouquet - Huile/toile (80x59cm-31x23in) Pontoise 97 .... FF4 000 - £431 - $702
L'usine sous la neige - Huile/toile (46x61cm-18x24in) Paris 94 .... FF9 000 - £1 047 - $1,558
Liseuse en bleu à la commode - Huile/toile (81x65cm-32x26in) Brest 96 .... FF21 000 - £2 410 - $4,010
Jeune femme à sa lecture - Huile/toile (81x60cm-32x24in) Paris 90 .... FF40 000 - £4 132 - $7,067

ASSELINEAU Antoinette 1811-? [1]
Classe de jeune fille - Huile/toile (74x100cm-29x39in) Paris 90 .... FF120 000 - £15 040 - $23,200

ASSELINEAU Léon Aug. 1808-1889 [2]
Le départ/En attendant le bateau - Oil/canvas (34x54cm-13x21in) New-York 97 ...... FF125 499 - £13 527 - $22,000

ASSENBAUM Fanny 1848-1901 [1]
Landschaft mit Windmühle - Öl/Leinwand (43x75cm-17x30in) München 95 ..... FF3 160 - £398 - $633

ASSENDELFT van Cornelis Albert 1870-1945 [8]
Harvest - Oil/canvas (37x42cm-15x17in) Amsterdam 90 .... FF4 500 - £485 - $794
View of Veere - Pastel (55x66cm-22x26in) Amsterdam 96 .... FF1 815 - £228 - $351

ASSENZA Beppe 1905 [1]
L'amica del caffé - Tempera/cartone (65x40cm-26x16in) Roma 92 .... FF6 200 - £737 - $1,192

ASSETTO Franco 1911 [2]
Rosso XXX 32 - Olio/tela (71x100cm-28x39in) Milano 90 .... FF8 870 - £903 - $1,774

ASSEZAT DE BOUTEYRE Eugène 1864-? [1]
La marchande d'oranges - Huile/toile (146x76cm-57x30in) Paris 96 .... FF18 500 - £2 307 - $3,570

ASSIER Maurice 1954 [2]
Hommage à la Musique - Huile/toile (102x76cm-40x30in) Montréal 91 .... FF3 010 - £302 - $551

ASSIG Martin 1959 [2]
Unmögglichkeitslinien - Mixed media/panel (83x44cm-33x17in) London 96 ..... FF9 900 - £1 200 - $1,925
Kathedrale - Sculpture (72cm-28in) London 96 .... FF16 500 - £2 000 - $3,210

ASSIRE Gustave 1870-? [3]
Bal sur la Place à Collioure - Öl/Karton (54x60cm-21x24in) Bern 93 .... FF4 570 - £546 - $879

ASSMUS Robert 1837-? [1]
Leading the cavalry - Oil/canvas (42x28cm-17x11in) London 93 .... FF9 130 - £1 100 - $1,595

ASSUIED Abraham 1952 [2]
Je t'aime, Jérusalem - Huile/toile (92x60cm-36x24in) L'Isle-Adam 92 .... FF2 800 - £288 - $519

ASSUS Armand J. 1892-1977 [2]
Le Port - Huile/toile (42x28cm-17x11in) Paris 90 .... FF18 000 - £1 832 - $3,600

ASSUS Maurice 1880-1955 [2]
Dans l'attente des pêcheurs - Huile/toile (41x55cm-16x22in) Antwerpen 93 ... FF2 637 - £316 - $539
Portrait de jeune algérienne - Huile/panneau (24x19cm-9x7in) Paris 95 .... FF13 000 - £1 710 - $2,610

ASTÉ d' Joseph XIX-XX [11]
La famille en promenade - Bronze (40x18x51cm-16x7x20in) Montréal 92 ...... FF10 360 - £1 204 - $2,114

ASTÉ Jean-Louis 1864-c.1930 [1]
Pont, environs de Montpellier - Huile/toile Lyon 96 .... FF4 500 - £580 - $892

ASTEN van War 1888-1958 [1]
Torse - Terre cuite (42cm-17in) Lokeren 94 .... FF4 320 - £510 - $769

ASTERIADIS Agenor 1898-1977 [4]
Balloons - Oil/canvas/board (109x153cm-43x60in) Athens 94 .... FF66 700 - £7 900 - $12,330
Olive Grove - Watercolour/paper (31x48cm-12x19in) Athens 96 .... FF8 480 - £1 095 - $1,640

ASTI Angelo 1847-1903 [12]
Akt auf dem Diwan - Öl/Leinwand (31x51cm-12x20in) Wien 95 .... FF20 570 - £2 664 - $4,184
Nu de femme endormie - Huile/toile (57x81cm-22x32in) Moulins 96 .... FF46 500 - £6 030 - $9,200

ASTIER Paul XIX-XX [5]
Promenade en forêt - Huile/toile (45x55cm-18x22in) Saint-Dié 92 .... FF5 000 - £597 - $962

ASTINIERES d' Eugène Nicolas 1841-1918 [1]
Boy clinging naked to a rock face - Bronze (98cm-39in) London 90 .... FF43 600 - £4 668 - $7,583

A

ASTLEY John 1724-1787 [4]
🐦 *Mrs Penning* - Oil/canvas (75x62cm-30x24in) London 96 .... FF**30 900** - £**4 000** - **$6,070**

ASTOIN Marie 1923 [60]
🐦 *Bouquet de printemps* - Huile/toile (54x65cm-21x26in) Provins 92 .... FF**5 000** - £**512** - **$880**
Port breton - Huile/toile (46x61cm-18x24in) Cannes 97 .... FF**15 000** - £**1 628** - **$2,658**

ASTON Charles Reginald 1832-1908 [3]
✎ *The Confessor's Tomb* - Watercolour/paper (27x34cm-11x13in) New-York 94 .... FF**4 490** - £**531** - **$800**

ASTORI Enrico 1858- [1]
🗿 *La Fileuse Arabe* - Marble (100cm-39in) Wrotham Park, Hertfordshire 93 .... FF**37 350** - £**4 500** - **$6,520**

ASTOUL André 1886-1950 [1]
🐦 *Homme au chapeau melon* - Huile/carton (36x28cm-14x11in) La Roche-sur-Yon 93 ...... FF**2 600** - £**314** - **$473**

ASTRAN Louis Omer 1884-1965 [1]
🐦 *Fête foraine* - Huile/toile (64x48cm-25x19in) Cannes 93 .... FF**8 000** - £**920** - **$1,377**

ÅSTRÖM Werner 1885-1979 [8]
🐦 *By vid Bergen, 1911* - Oil/board (38x45cm-15x18in) Helsinki 90 .... FF**14 400** - £**1 552** - **$2,540**

ASTRUC Edmond 1878-1977 [4]
🐦 *Le Vieux Port de Marseille* - Huile/toile (81x100cm-32x39in) Nice 91 .... FF**10 500** - £**1 076** - **$1,960**

ASTRUC Frédéric XIX-XX [1]
🐦 *Portrait d'enfant* - Huile/toile (41x31cm-16x12in) Lyon 95 .... FF**7 500** - £**936** - **$1,470**

ASTRUP Nikolai 1880-1928 [13]
🐦 *Interior with a still life* - Oil/canvas (82x10cm-32x4in) London 90 .... FF**3** - £**352 559** - **$572,678**
🖼 *Kunstnerens selvportraet* - Woodcut (40x27cm-16x11in) København 92 .... FF**14 960** - £**1 530** - **$3,116**

ASTUDIN von Nicolai 1848-1925 [4]
🐦 *Neuburg an der Donau im Winter* - Oil/canvas (48x69cm-19x27in) München 91 .... FF**16 220** - £**1 646** - **$2,929**

ASTURI Antonio 1905 [4]
🐦 *Pulcinella* - Olio/cartone (20x16cm-8x6in) Roma 89 .... FF**3 700** - £**390** - **$623**

ATALAYA Enrique c.1850-1914 [26]
🐦 *Le mendiant* - Huile/panneau (21x14cm-8x6in) Paris 96 .... FF**6 500** - £**815** - **$1,255**
🐦 *Sunning along the promenade* - Oil/panel (16x37cm-6x15in) New-York 95 .... FF**27 750** - £**3 340** - **$5,250**
✎ *Le clown et la ballerine* - Gouache (12x9cm-5x4in) Le Touquet 93 .... FF**4 800** - £**540** - **$814**

ATAMIAN Charles Garabed 1872-1947 [36]
🐦 *Enfant sur la plage* - Huile/toile (27x35cm-11x14in) Paris 93 .... FF**12 500** - £**1 507** - **$2,273**
Promenade sur la plage - Huile/toile (53x64cm-21x25in) Neuilly 95 .... FF**31 000** - £**3 730** - **$5,860**
Devant la mer, St Gilles (Vendée) - Huile/toile (46x55cm-18x22in) Bayeux 90 .... FF**77 500** - £**8 006** - **$13,693**

ATAR Chaim 1902-1953 [2]
🐦 *Portrait of young girl* - Oil/canvas (46x55cm-18x22in) Tel Aviv 92 .... FF**9 430** - £**988** - **$1,700**

ATCHE Jane XIX-XX [2]
🖼 *Grande Kermesse* - Poster (78x52cm-31x20in) New-York 94 .... FF**11 560** - £**1 412** - **$2,200**

ATEK Saïd XX [2]
🐦 *Sans titre* - Technique mixte/carton (150x160cm-59x63in) Paris 91 .... FF**3 800** - £**386** - **$686**

ATGET Eugène 1857-1927 [195]
📷 *Hôtel de Beauvais* - Albumen printing-out paper print (18x20cm-7x8in) New-York 93 .... FF**7 150** - £**897** - **$1,300**
Hôtel de Roquelaure, bd Saint Germain - Albumen print (20x15cm-8x6in) New-York 92 ...... FF**7 280** - £**773** - **$1,400**
Rue Chopin - Albumen print (20x15cm-8x6in) London 96 .... FF**21 700** - £**2 800** - **$4,190**
Saint-Cloud - Gelatin silver print (18x22cm-7x9in) New-York 94 .... FF**81 300** - £**9 420** - **$14,000**

ATHERTON John 1900-1952 [2]
🖼 *New York World's Fair* - Poster (78x50cm-31x20in) New-York 94 .... FF**7 430** - £**873** - **$1,300**

ATHERTON John Smith XIX-XX [2]
🐦 *Hanging Horn* - Tempera (30x41cm-12x16in) Cambridge, Mass. 94 .... FF**8 550** - £**1 001** - **$1,500**
✎ *Smeatons Pier, St. Ives* - Wash (24x30cm-9x12in) Penzance, Cornwall 90 .... FF**1 860** - £**187** - **$338**

ATILA Attila Biro 1931-1987 [22]
🐦 *Fait divers, édition minuit* - Oil/canvas (114x95cm-45x37in) Amsterdam 96 .... FF**7 260** - £**910** - **$1,402**
La grande amoureuse - Acrylique/toile (195x195cm-77x77in) Paris 96 .... FF**12 000** - £**1 493** - **$2,330**
✎ *Kompositie* - Gouache (87x57cm-34x22in) Lokeren 95 .... FF**4 450** - £**556** - **$900**

ATKINS Anna 1799-1871 [1]
📷 *Aspidium Aculiatum* - Cyanotype (35x25cm-14x10in) New-York 96 .... FF**14 050** - £**1 812** - **$2,750**

ATKINS Arthur 1873-1899 [3]
🐦 *Pont Neuf... l'horloge*
Oil/canvas/board (34x44cm-13x17in) San Francisco-Los Angeles 92 .... FF**16 650** - £**1 743** - **$3,000**

ATKINS Catherine J. XIX-XX [2]
✎ *A Study of a young Girl* - Watercolour (11x19cm-4x7in) London 94 .... FF**2 000** - £**240** - **$381**

ATKINS Elise, Mary Elizab. XIX-XX [1]
🐦 *Houses & boats in a harbour* - Oil/panel (33x41cm-13x16in) London 95 .... FF**3 760** - £**480** - **$770**

ATKINS Samuel c.1787-1808 [20]
✎ *Naval brigg-rigged armed sloop off Dover* - Watercolour (16x21cm-6x8in) London 96 ...... FF**2 214** - £**260** - **$436**
Shipping off the coast - Watercolour (28x42cm-11x17in) London 92 .... FF**14 660** - £**1 500** - **$2,580**

ATKINS William Edward 1842-1910 [20]
✎ *A Brig off the Coast* - Watercolour (52x43cm-20x17in) London 97 .... FF**4 217** - £**449** - **$736**
Royal Yacht Victoria and Albert II - Watercolour (27x76cm-11x30in) London 97 .... FF**14 071** - £**1 500** - **$2,456**

ATKINSON Christopher 1754-1795 [15]
✎ *Great woodpecker/Green woodpecker* - Watercolour (29x22cm-11x9in) London 96 .... FF**12 580** - £**1 600** - **$2,420**

ATKINSON George M. Wheatley 1806-1884 [3]
🖌 *Drying of the Sails* - Oil/canvas (88x130cm-35x51in) New-York 94 .... FF61 800 - £7 250 - $11,000
ATKINSON James 1780-1852 [3]
📖 *Sketches in Afghaunistan* - Color lithograph (25x39cm-10x15in) London 95 .... FF8 030 - £1 000 - $1,570
ATKINSON John 1863-1924 [48]
🖌 *Winter scene with mare and donkey*
   Oil/canvas (27x36cm-11x14in) Berwick-upon-Tweed 90 .... FF12 200 - £1 248 - $2,408
✎ *Unloading the cart* - Watercolour (49x59cm-19x23in) Billinghurst, West Sussex 94 .... FF6 100 - £700 - $1,043
   Picking up the Scent - Watercolour (44x59cm-17x23in) Newcastle-upon-Tyne 93 .... FF29 050 - £3 500 - $5,080
ATKINSON John Augustus 1775-1833 [3]
✎ *French Cahsseurs and infantrymen* - Watercolour (20x27cm-8x11in) London 92 .... FF12 560 - £1 500 - $2,417
ATKINSON John Gunson c.1820-c.1890 [4]
🖌 *Castle Rock, Cumberland* - Oil/canvas (25x46cm-10x18in) London 94 .... FF4 390 - £500 - $745
ATKINSON Laurence 1873-1931 [1]
✎ *Vital, study for sculpture* - Wash (62x46cm-24x18in) London 90 .... FF133 800 - £13 617 - $26,758
ATKINSON Maud Tindal XIX-XX [3]
✎ *Landscape and figure subjects* - Pencil London 93 .... FF4 900 - £550 - $820
ATL Doctor 1875-1964 [39]
🖌 *Bosque con volcanes* - Oil (87x155cm-34x61in) New-York 90 .... FF288 500 - £29 360 - $57,695
   Ciudad de México - Oil/masonite (90x161cm-35x63in) New-York 95 .... FF873 000 - £116 000 - $180,000
   Paricutin - Charcoal (46x58cm-18x23in) New-York 92 .... FF52 000 - £6 210 - $10,000
ATLAN Jean-Michel 1913-1960 [215]
🖌 *Livre des Rois* - Huile/toile (146x89cm-57x35in) Paris 89 .... FF1 - £179 959 - $282,958
   Composition - Huile/toile (38x61cm-15x24in) Paris 96 .... FF41 000 - £4 710 - $7,820
   Sourate des Aveugles - Huile/toile (50x80cm-20x31in) Paris 96 .... FF75 000 - £8 610 - $14,340
   Sans titre - Huile/toile (73x54cm-29x21in) Paris 97 .... FF140 000 - £14 588 - $23,856
   Cavalier druse - Oil/canvas (66x51cm-26x20in) Tel Aviv 94 .... FF205 000 - £24 600 - $39,000
   Saïs - Huile/toile (116x73cm-46x29in) Enghien 87 .... FF240 000 - £24 480 - $38,952
   Les Huns - Huile/toile (130x81cm-51x32in) Paris 93 .... FF400 000 - £44 900 - $67,800
   Harka - Huile/toile (60x92cm-24x36in) Paris 92 .... FF480 000 - £49 100 - $84,500
   Le Tao - Huile/toile (146x89cm-57x35in) Paris 94 .... FF950 000 - £110 700 - $166,400
✎ *Composition* - Pastel (33x25cm-13x10in) London 95 .... FF19 700 - £2 600 - $3,990
   Composition - Pastel (33x26cm-13x10in) Deauville 94 .... FF70 000 - £8 550 - $13,280
   Composition Thibet - Pastel (44x60cm-17x24in) Limoges 90 .... FF250 000 - £25 907 - $43,937
ATRIJGAJEFF Nikolaj A. 1823-1892 [1]
🖌 *Alpine landscape* - Oil/canvas (63x89cm-25x35in) San Francisco-Los Angeles 90 .... FF14 300 - £1 521 - $2,558
ATTANASIO Dino 1925 [5]
🖌 *Totems* - Huile/toile (100x90cm-39x35in) Paris 97 .... FF2 800 - £296 - $480
ATTANASIO Natale 1845-1923 [3]
🖌 *The Cardinal's social call* - Oil/canvas (46x58cm-18x23in) New-York 95 .... FF22 460 - £2 704 - $4,250
ATTARDI Ugo 1923 [52]
🖌 *Pisarro e l'amore* - Olio/tela (50x70cm-20x28in) Venezia 96 .... FF24 150 - £2 730 - $4,620
   Paesaggio di Saragozza - Olio/tela (100x75cm-39x30in) Venezia 96 .... FF27 600 - £3 120 - $5,280
   Lungotevere - Olio/tela (75x100cm-30x39in) Roma 91 .... FF60 800 - £6 038 - $10,557
🗿 *Donna dal volto azzurro* - Bas-relief (212x85cm-83x33in) Roma 92 .... FF31 000 - £3 686 - $5,960
✎ *Magia, 1973* - Matita/carta (49x70cm-19x28in) Roma 90 .... FF13 700 - £1 476 - $2,416
ATTEMS von Elisabeth Jordis 1875-1944 [1]
🖌 *Stilleben* - Oil/canvas (51x41cm-20x16in) Wien 91 .... FF3 840 - £388 - $762
ATTENDU Antoine Ferdinand XIX-XX [8]
🖌 *Citrons, bassin et timbale* - Huile/toile (46x51cm-18x20in) Paris 95 .... FF28 000 - £3 384 - $5,270
   Nature morte à la lampe à huile - Oil/canvas (62x92cm-24x36in) New-York 91 .... FF57 000 - £5 744 - $9,891
ATTERSEE Christian Ludwig 1941 [100]
🖌 *Rot zu Gast* - Acrylique/carton (31x22cm-12x9in) Köln 93 .... FF10 170 - £1 215 - $1,957
   Taueier - Mischtechnik/Karton (44x31cm-17x12in) Wien 96 .... FF21 720 - £2 476 - $4,160
   Tannenweiss Betanzt - Mischtechnik/Karton (88x63cm-35x25in) Wien 96 .... FF39 000 - £5 060 - $7,700
   Suppenschöpferbild - Acrylic (105x105cm-41x41in) Wien 95 .... FF269 300 - £34 900 - $54,800
✎ *Zug in den Süden* - Coloured chalks (43x31cm-17x12in) München 95 .... FF9 830 - £1 238 - $1,970
   Beige Couplet - Mixed media/paper (44x31cm-17x12in) Wien 95 .... FF20 230 - £2 525 - $4,090
   Ins Boybraun Serviettet - Mixed media/paper (88x62cm-35x24in) Wien 94 .... FF58 600 - £6 780 - $10,070
ATTESLANDER Zo 1874-? [3]
✎ *Portrait of a woman* - Pastel (65x50cm-26x20in) London 91 .... FF23 700 - £2 394 - $4,705
ATTWELL Mabel Lucie 1879-1964 [11]
✎ *Two children* - Watercolour (28x23cm-11x9in) London 92 .... FF10 880 - £1 300 - $2,094
ATWOOD Clare 1866-1962 [4]
🖌 *Billingsgate fish market* - Oil/canvas (61x50cm-24x20in) London 91 .... FF19 150 - £1 906 - $3,293
ATWOOD Jane Evelyn 1947 [2]
📷 *Rue des Lombards, Paris* - Photo (50x40cm-20x16in) Paris 95 .... FF1 900 - £250 - $382
AUBAIN Emmanuel XX [7]
🖌 *Environs de St Cassien* - Huile/panneau (120x170cm-47x67in) Morlaix 92 .... FF2 000 - £205 - $352
AUBANEL Eugenie XIX [2]
🖌 *Visitors to the rabbit hutch* - Oil/board (13x20cm-5x8in) Boston, Mass. 92 .... FF2 080 - £218 - $375
AUBÉ Jean Paul 1837-1916/20 [5]
🗿 *Pax* - Bronze (74cm-29in) Bruxelles 94 .... FF10 020 - £1 196 - $1,878

AUBEPINE d' Marcel J. Gingembre 1843-? [1]
🖼 *Mixed flowers* - Oil/canvas (55x43cm-22x17in) London 94 .... FF**15 970** - £1 900 - **$3,010**

AUBERJONOIS René 1872-1957 [69]
🖼 *Lac de Lens* - Oil/canvas (27x33cm-11x13in) Zürich 92 .... FF**57 100** - £6 820 - **$10,980**
🖼 *L'Amazone* - Huile/toile/panneau (35x23cm-14x9in) Zürich 96 .... FF**111 200** - £12 880 - **$21,300**
🖼 *Le jardin de Montagny* - Oil/canvas (62x56cm-24x22in) Zürich 92 .... FF**342 500** - £40 900 - **$65,900**
✏ *Stilleben* - Crayon/papier (29x24cm-11x9in) Zürich 97 .... FF**6 317** - £672 - **$1,090**
Les deux soeurs - Crayon/papier (23x19cm-9x7in) Zürich 95 .... FF**11 430** - £1 483 - **$2,380**
Selbstbildnis, lesend - Pencil (19x14cm-7x6in) Bern 92 .... FF**23 800** - £2 432 - **$4,190**

AUBERT François 1829-1906 [2]
📷 *Amazone* - Tirage papier salé Paris 93 .... FF**20 500** - £2 330 - **$3,475**

AUBERT Jean Ernest 1824-1906 [3]
🖼 *Cambriolage* - Oil/canvas (56x66cm-22x26in) Boston, Mass. 94 .... FF**24 450** - £2 930 - **$4,750**

AUBERT Jean Jacques Aug. 1781-1857 [1]
🖼 *Sujet antique* - Huile/toile (112x146cm-44x57in) Paris 90 .... FF**4 000** - £403 - **$784**

AUBERT Louis c.1720-c.1790 [3]
✏ *Jeune garçon/Étude de chat* - Pierre noire (22x18cm-9x7in) Paris 95 .... FF**36 500** - £4 480 - **$7,110**

AUBERT Louis-François ?-1755 [1]
✏ *King Louis XV of France* - Miniature Genève 95 .... FF**21 300** - £2 655 - **$4,170**

AUBERT Pierre ?-1912 [1]
🗿 *Pan jouant de la flûte* - Bronze (37cm-15in) Morlaix 93 .... FF**3 600** - £405 - **$611**

AUBERT William Victor 1856-1942 [2]
🖼 *Chaux-de-Fonds, Switzerland* - Oil/canvas (91x116cm-36x46in) London 96 .... FF**4 710** - £600 - **$907**

AUBERTIN Bernard 1934 [61]
🖼 *Dessin de feu* - (65x50cm-26x20in) München 95 .... FF**5 160** - £678 - **$1,035**
Monochrome - Technique mixte/panneau (146x114cm-57x45in) Versailles 97 .... FF**9 000** - £951 - **$1,544**
Monochrome - Mixed media/panel (150x150cm-59x59in) Versailles 90 .... FF**125 000** - £13 383 - **$21,739**
🗿 *Monochrome* - Bronze (49x49cm-19x19in) Paris 90 .... FF**12 000** - £1 221 - **$2,400**
✏ *Clous 64 N- 00000* - Sculpture (17x16cm-7x6in) Düsseldorf 90 .... FF**20 300** - £2 097 - **$3,587**
Combustion, 1971 - Collage (59x41cm-23x16in) Paris 90 .... FF**28 000** - £2 902 - **$4,921**

AUBERY Jean 1880-? [1]
🖼 *Provence* - Huile/toile (60x73cm-24x29in) Paris 96 .... FF**3 200** - £386 - **$614**

AUBIGNY d' Amélie née d'Autel 1795/6-1861 [2]
✏ *Portrait de jeune femme* - Miniature (10cm-4in) Paris 95 .... FF**8 000** - £1 036 - **$1,638**

AUBINIERE de l' Georgina, née Steple 1848-1930 [13]
🖼 *Waterfall* - Oil/canvas (76x127cm-30x50in) Toronto 94 .... FF**14 330** - £1 674 - **$2,526**
✏ *Girls in a punt* - Watercolour (25x34cm-10x13in) London 95 .... FF**3 370** - £420 - **$680**

AUBLET Albert 1851-1938 [27]
🖼 *L'allée bordée de fleurs* - Huile/panneau (40x30cm-16x12in) Lyon 97 .... FF**8 200** - £866 - **$1,407**
La Médina de Tunis - Huile/panneau (35x26cm-14x10in) Paris 96 .... FF**36 000** - £4 170 - **$6,900**
Boys & toy boats - Oil/canvas (111x205cm-44x81in) New-York 94 .... FF**177 000** - £20 130 - **$30,000**

AUBLET Annick 1943 [9]
🗿 *Méditation* - Bronze (20x13x21cm-8x5x8in) Paris 91 .... FF**12 000** - £1 209 - **$2,082**

AUBROECK Karel 1894-1986 [1]
🗿 *Mère et enfant endormi* - Bronze Bruxelles 89 .... FF**32 400** - £3 224 - **$5,118**

AUBRY Émile 1880-1964 [10]
🖼 *Scène pastorale en Algérie* - Huile/toile (81x100cm-32x39in) Paris 95 .... FF**21 000** - £2 660 - **$4,240**
✏ *Portrait de femme kabyle* - Pastel (60x41cm-24x16in) Paris 91 .... FF**10 000** - £993 - **$1,736**
✏ *Femme algérienne en djélaba* - Aquarelle (63x35cm-25x14in) Sceaux 90 .... FF**35 000** - £3 747 - **$6,087**

AUBRY Étienne 1745-1781 [10]
🖼 *L'heureuse famille* - Huile/panneau (17x13cm-7x5in) Wien 96 .... FF**19 240** - £2 410 - **$3,760**
Les Deux Sœurs - Huile/toile (58x72cm-23x28in) Lyon 96 .... FF**125 000** - £15 070 - **$24,000**
✏ *Gentleman leaning on a stick* - Red chalk (42x26cm-17x10in) New-York 95 .... FF**102 000** - £12 220 - **$19,000**

AUBRY Louis François 1767-1851 [2]
✏ *Portrait de femme* - Fusain/papier (67x52cm-26x20in) Lille 97 .... FF**11 000** - £1 139 - **$1,884**
✏ *Jérôme Bonaparte, Roi de Westphalie* - Miniature (5cm-2in) Genève 95 .... FF**20 420** - £2 550 - **$4,000**

AUBRY-LECOMTE Hyacinthe Louis V. 1787-1858 [2]
✏ *Jeune femme fermant les yeux* - Pierre noire (32x42cm-13x17in) Paris 93 .... FF**4 000** - £482 - **$728**

AUBURTIN Jean-Francis 1866-1930 [8]
🖼 *Les falaises* - Huile/toile (65x92cm-26x36in) Provins 90 .... FF**23 000** - £2 316 - **$4,182**
✏ *Paysage de Savoie* - Gouache (31x50cm-12x20in) Paris 91 .... FF**3 500** - £353 - **$682**

AUCHERE Henri 1908 [1]
🖼 *Le port de Loctudy* - Huile/toile (65x54cm-26x21in) Provins 89 .... FF**8 000** - £843 - **$1,347**

AUDEBERT Jean-Baptiste 1759-1800 [1]
🖼 *Fontaine d'Amour/Serment d'Amour* - Gravure (24x20cm-9x8in) Paris 96 .... FF**4 500** - £543 - **$863**

AUDEBRAND Guy 1953 [8]
🖼 *La danse des derviches-tourneurs* - Huile/toile (50x65cm-20x26in) Paris 91 .... FF**4 200** - £421 - **$769**

AUDIARD Michel 1951 [3]
🗿 *Totem no.2* - Bronze (73cm-29in) Tours 92 .... FF**15 500** - £1 587 - **$2,730**

AUDIAS Gérard 1949 [10]
🖼 *Sans titre* - Acrylique/toile (130x97cm-51x38in) Paris 96 .... FF**3 300** - £389 - **$648**

A

AUDIBERT Louis 1880-1983 [27]
🖼 *Théière blanche* - Huile/toile (54x65cm-21x26in) Paris 89 .... FF7 200 - £759 - $1,212
✏ *Place De Gaulle, Marseille* - Encre Chine (23x20cm-9x8in) Aix-en-Provence 95 .... FF2 800 - £363 - $573

AUDIFFRED Edouard c.1818-1861 [1]
🖼 *Gardien de buffles, Italie* - Huile/toile Dijon 89 .... FF5 500 - £547 - $869

AUDRAS Philippe XIX-XX [3]
🖼 *Bord de mer* - Huile/toile (30x41cm-12x16in) Paris 97 .... FF4 000 - £424 - $696

AUDUBON John James 1785-1851 [79]
🗩 *White Ibis* - Engraving (53x65cm-21x26in) San Francisco-Los Angeles 93 .... FF16 500 - £2 070 - $3,000
   Hooping Crane - Engraving (97x65cm-38x26in) San Francisco-Los Angeles 93 .... FF71 500 - £8 960 - $13,000
✏ *Botanical Drawing* - Watercolour (29x22cm-11x9in) New-York 97 .... FF140 023 - £14 702 - $24,000
   American Buzzard - Pastel (51x42cm-20x17in) New-York 96 .... FF418 000 - £48 300 - $80,000
   Canada Goose - Watercolour, gouache (100x67cm-39x26in) New-York 95 .... FF987 000 - £130 400 - $200,000

AUDUBON John Woodhouse 1812-1868 [3]
🖼 *Wild Ducks Rising* - Oil/canvas (67x100cm-26x39in) New-York 95 .... FF427 000 - £53 400 - $85,000

AUDY Jonny XIX [23]
✏ *The refusal* - Watercolour (14x24cm-6x9in) London 97 .... FF3 198 - £340 - $553
   Scène de chasse à cour - Aquarelle (33x51cm-13x20in) Deauville 97 .... FF17 000 - £1 846 - $3,012

AUER Grigor 1882-1967 [6]
🖼 *Strand* - Oil/canvas (41x51cm-16x20in) Helsinki 91 .... FF4 300 - £428 - $739

AUERBACH Arnold 1898-1978 [6]
🖼 *The Red Tower* - Oil/canvas (84x61cm-33x24in) London 92 .... FF4 690 - £480 - $826

AUERBACH Ellen Rosenberg 1906 [1]
📷 *Hat and Gloves Ad* - Gelatin silver print (43x23cm-17x9in) New-York 95 .... FF11 630 - £1 496 - $2,400

AUERBACH Frank 1931 [85]
🖼 *Carreras Factory* - Oil/panel (92x122cm-36x48in) London 96 .... FF1 - £170 000 - $257,000
   Head of E O W - Oil/board (28x35cm-11x14in) London 93 .... FF76 000 - £9 500 - $13,770
   Gerda Boehm - Oil/panel (46x31cm-18x12in) New-York 96 .... FF165 500 - £19 500 - $32,500
   J.Y.M. seated - Oil/board (45x36cm-18x14in) London 95 .... FF257 400 - £34 000 - $52,200
🗩 *R.B. Kitaj* - Etching, aquatint (15x13cm-6x5in) London 92 .... FF14 600 - £1 491 - $2,649
✏ *To the Studio* - Coloured crayons (24x23cm-9x9in) London 94 .... FF10 040 - £1 200 - $1,876
   Bruce Bernard - Pastel (55x77cm-22x30in) London 95 .... FF46 300 - £6 000 - $9,540

AUERBACH-LEVY William 1889-1928 [10]
🖼 *Seated Woman with Teacup* - Oil/canvas (75x63cm-30x25in) Toronto 96 .... FF3 490 - £398 - $668
   Buste de jeune garçon - Huile/toile (36x31cm-14x12in) Bruxelles 93 .... FF13 900 - £1 600 - $2,394

AUFDENBLATTEN Emil ?-1959 [5]
🖼 *Walliser Bergdorf* - Oil/panel (53x74cm-21x29in) Bern 92 .... FF30 440 - £3 640 - $5,860

AUFFRAY Alexandre 1869-1942 [1]
🖼 *Enfants près de l'âtre* - Huile/panneau (40x33cm-16x13in) Le Touquet 92 .... FF11 000 - £1 313 - $2,116

AUFFRAY Marie-Thérèse 1912-1990 [35]
🖼 *Chantecler* - Huile/toile (92x72cm-36x28in) L'Aigle 92 .... FF3 900 - £400 - $702

AUFRAY Joseph Athanase 1836-? [7]
🖼 *Playing with the kitten* - Oil/panel (19x24cm-7x9in) London 92 .... FF16 750 - £2 000 - $3,220

AUGE Lucien 1933 [23]
🖼 *Le clown et la danseuse* - Huile/toile (54x65cm-21x26in) Arles 93 .... FF2 800 - £338 - $510

AUGÉ Philippe 1935 [21]
🖼 *La Solitude de l'iris* - Oil/canvas (102x102cm-40x40in) London 95 .... FF10 600 - £1 400 - $2,150

AUGER Jacques 1951 [3]
🖼 *Les corps saints* - Huile/toile (65x81cm-26x32in) Paris 91 .... FF6 500 - £657 - $1,290

AUGEREAU Claude 1927-1988 [2]
🖼 *Sous-bois* - Huile/toile (73x54cm-29x21in) Chartres 90 .... FF4 000 - £431 - $705

AUGIER Jean XX [9]
🖼 *Le marché aux fleurs* - Huile/panneau (33x24cm-13x9in) Cannes 92 .... FF3 000 - £337 - $509

AUGSBOURG Géo 1902-1974 [5]
🖼 *Figure de comédie* - Huile/toile (81x60cm-32x24in) Paris 92 .... FF6 100 - £728 - $1,173

AUGUIN Henri 1934 [2]
🖼 *La rue Lagrange* - Huile/toile (65x54cm-26x21in) La Varenne Saint-Hilaire 90 .... FF2 500 - £252 - $455

AUGUIN Louis Auguste 1824-1903 [11]
🖼 *Paysage aux grand arbres* - Huile/toile (72x98cm-28x39in) Bordeaux 97 .... FF3 500 - £377 - $615
   La Rivière - Huile/toile (100x90cm-39x35in) Paris 97 .... FF20 000 - £2 172 - $3,544

AUGUSTE Henry 1759-1816 [2]
✏ *Projet de Nef pour l'Empereur* - Dessin (90x94cm-35x37in) Monaco 95 .... FF135 000 - £17 500 - $27,850

AUGUSTE Jules Robert 1789-1850 [3]
✏ *Étude d'enfants et de chats* - Sanguine (42x28cm-17x11in) Paris 94 .... FF10 000 - £1 182 - $1,822

AUGUSTIN Edgar 1936 [9]
🗿 *Verhüllte Figur* - Bronze (21cm-8in) Köln 93 .... FF13 100 - £1 482 - $2,210
✏ *Studie zu einem weiblichen Akt* - Pencil (49x32cm-19x13in) Köln 95 .... FF3 850 - £495 - $794

AUGUSTIN Jean-Baptiste 1759-1832 [22]
✏ *N. Ponce* - Black & white chalks/paper (39x32cm-15x13in) New-York 97 .... FF36 151 - £4 023 - $6,500
   The Duke of Berry - Miniature (9cm-4in) London 97 .... FF357 477 - £38 000 - $61,666

AUGUSTIN Ludwig 1882-1960 [6]
🖼 *Sèvres vase* - Oil/canvas (53x42cm-21x17in) New-York 94 .... FF6 500 - £787 - $1,200

AUGUSTIN Pauline née du Cruet 1781-1865 [2]
✏ *Junge Frau* - Miniature (8x6cm-3x2in) Wien 96 .... FF7 200 - £873 - $1,400

AUGUSTINCIC Antun 1908-? [1]
Stehender weiblicher Akt - Bronze (41cm-16in) Düsseldorf 96 .... FF7 110 - £878 - **$1,374**
AUGUSTINER Werner 1922-1986 [4]
Die Familie - Oil/canvas (147x122cm-58x48in) Wien 92 .... FF16 840 - £1 724 - **$2,966**
AUGUSTINUS Paul 1952 [5]
Elephant, North Botswana - Oil/canvas (69x107cm-27x42in) London 94 .... FF22 150 - £2 600 - **$3,944**
AUGUSTSON Göran 1936 [9]
Vid brasan - Gouache (29x37cm-11x15in) Helsinki 92 .... FF6 020 - £617 - **$1,060**
AUGUSTYNOWICZ Aleksander 1865-1939 [3]
Maternité - Aquarelle/papier (94x62cm-37x24in) Warszawa 94 .... FF8 570 - £982 - **$1,453**
AUJAME Jean 1905-1965 [79]
Les Canaries, baigneurs à Tenerife - Huile/toile (33x41cm-13x16in) Le Touquet 93 .... FF12 100 - £1 458 - **$2,200**
La Ronde, 1931 - Huile/toile (73x60cm-29x24in) Arles 90 .... FF49 000 - £5 213 - **$8,766**
Modèle assis au bouquet - Gouache (49x64cm-19x25in) La Varenne Saint-Hilaire 94 .... FF7 000 - £830 - **$1,293**
AULIE Reidar 1904-1977 [27]
Marseille havn - Oil/panel (33x41cm-13x16in) Oslo 96 .... FF6 080 - £704 - **$1,165**
Midtsommer - Oil/canvas (56x78cm-22x31in) Tönsberg 91 .... FF69 400 - £6 938 - **$11,430**
AULT George Copeland 1891-1948 [16]
Seargant G.C. Woodruff, U.S.A. - Oil/canvas (76x64cm-30x25in) Cambridge, Mass. 94 .... FF9 980 - £1 200 - **$1,900**
Daylight at Russell's Corner - Oil/canvas (45x71cm-18x28in) New-York 91 .... FF339 000 - £33 986 - **$62,090**
House and hill, Bermuda - Watercolour/paper (28x39cm-11x15in) New-York 94 .... FF18 540 - £2 163 - **$3,250**
AUMONIER James 1832-1911 [24]
Ducks before a farmstead - Oil/canvas (36x48cm-14x19in) London 95 .... FF3 084 - £400 - **$639**
Where the Water Lilies Grow - Oil/canvas (51x70cm-20x28in) London 96 .... FF57 600 - £7 500 - **$11,420**
Harvest Moon - Watercolour (50x74cm-20x29in) London 96 .... FF9 620 - £1 200 - **$1,860**
AUMONT Louis 1805-1879 [8]
Theodor og Torvald Damborg - Oil/canvas (65x55cm-26x22in) Köbenhavn 91 .... FF40 400 - £4 012 - **$7,015**
AURDAL Leon 1890-1949 [5]
Landskap - Oil/canvas (81x65cm-32x26in) Tönsberg 91 .... FF6 510 - £651 - **$1,072**
AURELE 1964 [2]
MBLS 1 - Technique mixte/toile (76x64cm-30x25in) Paris 95 .... FF14 000 - £1 814 - **$2,914**
S.P.A. Peinture - Collage (145x69cm-57x27in) Paris 93 .... FF8 000 - £900 - **$1,356**
AURELI Giuseppe 1858-1929 [28]
La capretta, 1880 - Oil/canvas (20x14cm-8x6in) London 90 .... FF31 000 - £3 298 - **$5,546**
Admiring the view - Watercolour/paper (53x36cm-21x14in) New-York 95 .... FF5 290 - £636 - **$1,000**
Henri IV, Valois's court - Watercolour/paper (61x95cm-24x37in) New-York 95 .... FF25 550 - £3 183 - **$5,000**
AURENCHE Marie Berthe 1910-? [1]
Ballon-Coeur - Oil/canvas (72x60cm-28x24in) New-York 93 .... FF964 000 - £110 700 - **$165,000**
AURIA d' V. XIX-XX [2]
Fisherman's return, Capri - Oil/canvas (58x119cm-23x47in) New-York 93 .... FF6 600 - £780 - **$1,200**
AURIAC Jacques XX [3]
Le gros poisson - Technique mixte/toile (116x89cm-46x35in) Tours 92 .... FF4 000 - £410 - **$705**
AURIC Nora c.1900-1982 [6]
Madeleine Renaud - Huile/toile (35x27cm-14x11in) Paris 95 .... FF5 200 - £676 - **$1,070**
Olivier Larronde - Oil/canvas (26x21cm-10x8in) London 95 .... FF23 170 - £3 000 - **$4,740**
AURILI Richard XIX-XX [4]
Buste de gladiateur - Bronze (62cm-24in) Bruxelles 95 .... FF7 710 - £928 - **$1,460**
AURIOL Charles Joseph 1778-1834 [1]
Saturntempel - Encre (39x49cm-15x19in) Zürich 96 .... FF3 776 - £437 - **$723**
AURIOL Georges 1863-1938 [3]
Bois frissonnats, ciel étoilé - Lithographie couleurs (49x32cm-19x13in) Paris 95 .... FF3 200 - £425 - **$660**
AURISCOTE Emmanuel 1908-? [1]
Maternité - Bronze (35cm-14in) Paris 96 .... FF5 000 - £645 - **$980**
AURRENS Henry 1873-? [4]
Coucher de soleil - Huile/toile (65x54cm-26x21in) Paris 90 .... FF20 000 - £2 014 - **$3,918**
La voile blanche - Huile/toile (126x90cm-50x35in) Deauville 92 .... FF120 000 - £12 280 - **$21,600**
AUS Carol 1868-? [2]
Woman - Oil/canvas (97x76cm-38x30in) San Francisco-Los Angeles 90 .... FF4 000 - £426 - **$716**
Mann und Frau/Kinder beim Spiel - Woodcut Wien 96 .... FF1 564 - £203 - **$307**
AUSLEGER Rudolf 1897-1974 [18]
Deri Würfel - Tempera (57x56cm-22x22in) Berlin 93 .... FF20 340 - £2 430 - **$3,914**
Interieur - Ink (37x25cm-15x10in) Berlin 96 .... FF3 400 - £387 - **$650**
Stilleben - Gouache (28x39cm-11x15in) München 94 .... FF13 680 - £1 606 - **$2,436**
AUSSANDON Hippolyte Joseph N. 1836-? [4]
Nymphe dans un paysage d'hiver
   Oil/canvas (117x71cm-46x28in) North Bethesda, MD. 92 .... FF22 950 - £2 350 - **$4,500**
AUSSET Jules XX [4]
Vue d'Etretat, 1908 - Aquarelle (27x44cm-11x17in) Rouen 89 .... FF1 500 - £145 - **$228**
AUSSY-PINTAUD d' Louise XIX-XX [6]
Paysage - Huile/toile (54x65cm-21x26in) Paris 90 .... FF3 000 - £319 - **$537**
AUSTEN Alexander XIX-XX [5]
Gammel dame og mand - Oil/canvas (31x26cm-12x10in) Vejle 90 .... FF4 300 - £446 - **$756**

A

AUSTEN John 1886-1948 [7]
⟋ *Rabelais* - Ink (33x43cm-13x17in) London 95 .... FF3 950 – £500 - **$794**
AUSTEN Winifred Marie L. 1876-1964 [52]
🖾 *A goose and family* - Etching (18x25cm-7x10in) London 92 .... FF1 550 – £180 - **$316**
⟋ *Teal at the water's edge* - Watercolour/board (25x35cm-10x14in) London 95 .... FF4 800 – £514 - **$835**
A woodcock - Watercolour (26x33cm-10x13in) London 93 .... FF24 000 – £3 000 - **$4,350**
AUSTIN Darrel 1907 [2]
🖝 *Performance* - Oil/canvas (99x122cm-39x48in) New-York 94 .... FF47 300 – £5 680 - **$9,000**
AUSTIN Robert Sargent 1884-1966 [10]
🖝 *The goatherd* - Oil/canvas (25x25cm-10x10in) London 90 .... FF5 710 – £575 - **$1,119**
🖾 *Roma MCMXXIV* - Etching (10x27cm-4x11in) London 92 .... FF1 760 – £180 - **$311**
⟋ *Spring flowers* - Watercolour (24x21cm-9x8in) London 92 .... FF4 680 – £480 - **$898**
AUSTIN Samuel 1796-1834 [12]
⟋ *The Youthful Anglers* - Watercolour (30x23cm-12x9in) London 94 .... FF6 300 – £750 - **$1,187**
Seacombe slip, Liverpool - Pencil (18x26cm-7x10in) London 93 .... FF30 700 – £3 500 - **$5,220**
AUSTRIAN Ben 1870-1921 [9]
🖝 *Curiosity* - Oil/panel (25x20cm-10x8in) New-York 92 .... FF16 650 – £1 743 - **$3,000**
After a south wind - Oil/canvas (188x96cm-74x38in) New-York 92 .... FF159 000 – £16 270 - **$28,000**
AUSTRUY Jean 1910 [1]
🗿 *La baigneuse* - Bronze (26cm-10in) Paris 91 .... FF4 600 – £464 - **$897**
AUSTRUY Marie-Hélène 1963 [5]
🖝 *Sans titre* - Technique mixte/toile (100x95cm-39x37in) Paris 92 .... FF2 400 – £246 - **$423**
⟋ *Sans titre* - Pastel (100x95cm-39x37in) Paris 92 .... FF3 000 – £307 - **$529**
AUTARD Georges 1951 [8]
🖝 *Sans titre* - Huile/toile (206x233cm-81x92in) Paris 92 .... FF13 500 – £1 610 - **$2,597**
AUTERE Hannes 1888-1967 [1]
🗿 *Jean Sibelius* - Relief (31cm-12in) Helsinki 89 .... FF23 000 – £2 352 - **$3,698**
AUTHOUARD Daniel 1943 [8]
🖝 *L'assassinat de Kennedy* - Huile/toile (46x51cm-18x20in) Paris 90 .... FF18 000 – £1 813 - **$3,526**
⟋ *Étude pour clair de lune* - Fusain (22x30cm-9x12in) Rouen 92 .... FF3 600 – £430 - **$693**
AUTISSIER Louis Marie 1772-1830 [8]
⟋ *Jeune femme en costume d'actrice* - Miniature (9cm-4in) Paris 96 .... FF11 000 – £1 400 - **$2,120**
AUTRAN Georges 1941 [5]
🖝 *Le Maréchal-ferrant* - Huile/toile (54x65cm-21x26in) Marseille 93 .... FF3 000 – £361 - **$553**
AUTRAN Henri 1926 [20]
🖝 *Platane devant le mas* - Huile/toile (38x46cm-15x18in) Arles 93 .... FF2 000 – £250 - **$364**
Paysage au chemin - Huile/isorel (61x46cm-24x18in) Neuilly 91 .... FF6 500 – £652 - **$1,073**
⟋ *Marine* - Gouache (35x27cm-14x11in) Arles 94 .... FF1 500 – £180 - **$294**
AUTREAU Jacques 1657-1745 [3]
🖝 *Famille Hornbostel* - Huile/toile (106x138cm-42x54in) Paris 96 .... FF170 000 – £19 500 - **$32,400**
AUTRIQUE Édouard J. Fr. 1799-1876 [1]
🖝 *Syringa Vulgaris* - Huile/toile (45x37cm-18x15in) Paris 94 .... FF4 500 – £520 - **$765**
AUTY Charles XIX-XX [2]
🖝 *Tea Time* - Oil/canvas (51x61cm-20x24in) London 94 .... FF5 500 – £650 - **$988**
AUVIGNY d' Charles 1740-1830 [1]
⟋ *Jeune femme en robe Empire* - Miniature (4x3cm-2x1in) Wien 96 .... FF3 430 – £444 - **$686**
AUZOLLE Marcellin 1862-1942 [10]
🖾 *Le Petit Bleu* - Poster (78x58cm-31x23in) New-York 96 .... FF5 180 – £669 - **$1,000**
AUZOU Pauline Desmarquêts 1775-1835 [2]
🖝 *Portrait d'une dame* - Huile/toile (62x51cm-24x20in) Bruxelles 92 .... FF9 860 – £1 146 - **$2,012**
AVANESSIAN Alfonso 1932 [6]
🖝 *Paesaggio umbro* - Olio/tela (50x70cm-20x28in) Milano 92 .... FF19 480 – £1 993 - **$3,430**
AVANZI Vittorio 1850-1913 [1]
🖝 *Paysage de printemps* - Huile/toile (64x106cm-25x42in) Monaco 91 .... FF65 000 – £6 518 - **$10,730**
AVATI James 1912 [3]
🖝 *Woman with cigarette* - Oil/board (61x51cm-24x20in) New-York 93 .... FF17 700 – £2 013 - **$3,000**
AVATI Mario 1921 [94]
🖾 *Manière noire à la branche d'avocat* - Lithographie Versailles 90 .... FF1 800 – £182 - **$342**
L'as de pique - Manière noire (28x35cm-11x14in) Paris 96 .... FF2 000 – £258 - **$397**
Nature morte aux olives - Lithographie (26x30cm-10x12in) Paris 95 .... FF2 000 – £250 - **$404**
Le goût acide du citron jaune/Paon - Gravure Paris 97 .... FF2 400 – £254 - **$412**
🖾 *Le Bar Américain* - Mezzotint (23x36cm-9x14in) New-York 92 .... FF1 943 – £204 - **$350**
⟋ *La table du graveur* - Pastel (15x19cm-6x7in) Grenoble 91 .... FF2 800 – £284 - **$506**
Violon et partition - Pastel/papier (50x40cm-20x16in) Paris 92 .... FF6 500 – £668 - **$1,250**
AVED Jacques A. le Batave 1702-1766 [2]
🖝 *Madame Arlon filant de la soie* - Oil/canvas (81x65cm-32x26in) Monaco 92 ...... FF80 000 – £9 540 - **$15,400**
AVEDISIAN Edward 1936 [3]
🖝 *Feu d'artifice* - Acrylic/panel (122x76cm-48x30in) New-York 89 .... FF2 400 – £245 - **$386**
AVEDON Richard 1923 [78]
📷 *Maya Plisetskaya* - Silver print (38x38cm-15x15in) New-York 94 .... FF4 520 – £539 - **$850**
Christian Dior - Photo Tarascon 93 .... FF20 000 – £2 300 - **$3,450**
Bob Dylan, 1965 - Silver print (48x38cm-19x15in) New-York 90 .... FF74 400 – £8 017 - **$13,122**
AVELANI Marcello 1912-1981 [2]
🖝 *Figura seduta* - Olio/tela (100x80cm-39x31in) Milano 94 .... FF7 650 – £902 - **$1,364**

AVELINE François Antoine 1718-1787   [1]
📖 *Concert chinois/Pêcheurs* - Eau-forte (20x25cm-8x10in) Paris 94 .... FF**2 500** - £*297* - **$462**
AVELINE Frank XIX-XX   [5]
🖋 *The lifebelt* - Oil/board (76x50cm-30x20in) London 91 .... FF**3 190** - £*320* - **$538**
AVENALI Marcello 1912-1981   [16]
🖋 *Composizione* - Tecnica mista/tavola (90x157cm-35x62in) Milano 93 .... FF**12 440** - £*1 397* - **$2,227**
🖋 *Modella* - Acquarello/carta (55x45cm-22x18in) Roma 94 .... FF**14 320** - £*1 680* - **$2,480**
AVENDAÑO Serafín 1838-?   [5]
🖋 *Aldeana en el camino* - Oleo/lienzo (35x45cm-14x18in) Madrid 91 .... FF**75 800** - £*7 546* - **$13,035**
🖋 *Tipos del marcado de Chapela* - Drawing (40x25cm-16x10in) Madrid 91 .... FF**5 960** - £*593* - **$1,025**
AVENT Mayna Treanor 1868-?   [1]
🖋 *House in a landscape* - Oil/canvas (51x64cm-20x25in) Mystic, Connecticut 96 .... FF**10 100** - £*1 314* - **$2,000**
AVERBUCH Ilan 1953   [3]
🖋 *Extended Space* - Charcoal (84x65cm-33x26in) London 96 .... FF**17 320** - £*2 100* - **$3,370**
AVERHALS Georges 1906-1975   [3]
🖋 *Le coffret à bijoux* - Huile/toile (35x48cm-14x19in) Antwerpen 95 .... FF**2 074** - £*260* - **$413**
AVERINE Alexandre 1952   [19]
🖋 *Repos au jardin* - Huile/toile (81x65cm-32x26in) Montauban 92 .... FF**2 000** - £*205* - **$352**
AVERY Milton 1893-1965   [175]
🖋 *Bouquet at sea* - Oil/board (23x17cm-9x7in) San Francisco-Los Angeles 93 .... FF**60 500** - £*7 580* - **$11,000**
  Birds in Blue Sea - Oil/canvas/board (37x50cm-15x20in) London 93 .... FF**144 000** - £*18 000* - **$26,100**
  Ox on hillside - Oil/canvas (81x122cm-32x48in) New-York 97 .... FF**221 833** - £*23 335* - **$38,000**
  Girl in Yellow Sweater - Oil/canvas (107x63cm-42x25in) New-York 96 .... FF**991 000** - £*114 800* - **$190,000**
📖 *Bathers* - Drypoint (10x21cm-4x8in) New-York 96 .... FF**21 750** - £*2 810* - **$4,200**
🖋 *Gray Head* - Watercolour, gouache/paper (42x35cm-17x14in) New-York 96 .... FF**8 350** - £*967* - **$1,600**
  Woman seated on beach - Pastel/paper (23x23cm-9x9in) Delray Beach, Florida 95 .... FF**24 460** - £*3 165* - **$5,000**
  Figures by Brown Sea - Watercolour/paper (46x61cm-18x24in) New-York 96 .... FF**60 200** - £*7 540* - **$12,000**
  Artist's Family by the sea - Gouache (57x78cm-22x31in) New-York 93 .... FF**708 000** - £*80 500* - **$120,000**
AVERY Sally Michel 1905   [2]
🖋 *White horse* - Oil/canvas (30x41cm-12x16in) New Orleans, Louisiana 94 .... FF**3 140** - £*366* - **$550**
🖋 *Bathers* - Watercolour/board (30x40cm-12x16in) Boston, Mass. 91 .... FF**1 700** - £*173* - **$307**
AVERY Sid XX   [3]
🖼 *Liz Taylor, Marfa, Texas* - Gelatin silver print (36x36cm-14x14in) New-York 93 .... FF**4 400** - £*552* - **$800**
AVIA PEÑA Amalia 1930   [8]
🖋 *Chatarrería Azcarai* - Oleo/tabla (100x81cm-39x32in) Madrid 92 .... FF**27 000** - £*2 750* - **$4,750**
AVIAT Jules 1844-?   [2]
🖋 *Diane chasseresse* - Huile/toile (129x87cm-51x34in) New-York 95 .... FF**51 100** - £*6 360* - **$10,000**
AVISSAR Simon 1938   [19]
🖋 *Maison en forêt* - Huile/toile (73x60cm-29x24in) Paris 97 .... FF**4 000** - £*452* - **$724**
🖋 *Paysage* - Huile/toile (81x65cm-32x26in) Paris 91 .... FF**29 000** - £*2 907* - **$5,312**
🖋 *Personnage* - Pastel/papier (70x50cm-28x20in) Paris 93 .... FF**3 800** - £*437* - **$654**
AVIT Rémy XX   [2]
🖋 *Port de La Rochelle vu du chenal* - Huile/toile (54x73cm-21x29in) La Rochelle 89 .... FF**10 000** - £*995* - **$1,580**
AVITABILE Gennaro 1864-?   [2]
🖋 *Una partita a scacchi* - Oil/panel (40x32cm-16x13in) New-York 92 .... FF**27 400** - £*2 770* - **$5,500**
AVNER Hervé 1954   [72]
🖋 *Jeunes pêcheurs bretons en barque* - Pastel (32x45cm-13x18in) Douarnenez 96 .... FF**7 500** - £*960* - **$1,488**
  La Foire du Trône - Pastel (47x63cm-19x25in) Paris 96 .... FF**10 000** - £*1 287* - **$1,982**
  Concarneau, retour des barques - Pastel (80x64cm-31x25in) Brest 93 .... FF**18 500** - £*2 130* - **$3,180**
AVNI Aharon 1906-1951   [13]
🖋 *Harmonica player* - Oil/canvas (49x50cm-19x20in) Tel Aviv 95 .... FF**5 770** - £*723* - **$1,150**
🖋 *Neve Tzedek, street corner* - Watercolour (35x51cm-14x20in) Tel Aviv 96 .... FF**3 110** - £*390* - **$600**
AVNI Shimon 1932   [5]
🖋 *Painting* - Oil/canvas (73x60cm-29x24in) Tel Aviv 97 .... FF**4 813** - £*535* - **$900**
  Declaration of Love - Oil/canvas (94x103cm-37x41in) Tel Aviv 92 .... FF**22 200** - £*2 324* - **$4,000**
AVOGADRO Maria Micaela XX   [5]
🖋 *Branches de chardons* - Huile/toile (50x65cm-20x26in) Epernay 94 .... FF**20 000** - £*2 330* - **$3,530**
AVONDO Vittorio 1836-1910   [3]
🖋 *Giornata di vento* - Olio/tavola (34x46cm-13x17in) Milano 93 .... FF**29 530** - £*3 395* - **$5,080**
AVOTINA Ilze 1952   [7]
🖋 *Midi* - Huile/toile (83x100cm-33x39in) Paris 90 .... FF**2 800** - £*282* - **$509**
AVRAMIDIS Johannis 1922   [12]
🗿 *Figurengruppe* - Bronze (40x5x25cm-16x2x10in) München 92 .... FF**12 580** - £*1 288* - **$2,215**
  Figur - Bronze (71cm-28in) Wien 96 .... FF**96 500** - £*11 000* - **$18,500**
🖋 *Beinstudie* - Pencil/paper (62x46cm-24x17in) Köln 96 .... FF**8 150** - £*930* - **$1,560**
AVRIL François 1961   [8]
🖋 *Jardin public* - Pastel/papier (36x57cm-14x22in) Paris 91 .... FF**2 000** - £*199* - **$347**
AVY Joseph Marius 1871-?   [5]
🖋 *Le dîner* - Oil/canvas (27x35cm-11x14in) New-York 93 .... FF**20 300** - £*2 334* - **$3,500**
🖋 *Environs d'Assise* - Aquarelle, gouache (37x54cm-15x21in) Paris 93 .... FF**5 000** - £*575* - **$855**
AXELL Evelyne Devaux-Ant. 1935-1972   [2]
🖋 *Le Désir* - Huile/panneau (90x58cm-35x23in) Bruxelles 95 .... FF**3 520** - £*456* - **$716**

AXELSON Axel 1854-1892 [7]
- 🖚 *Trädgårdslandskap* - Oil/panel (46x55cm-18x22in) Stockholm 95 .... FF2 180 - £273 - **$556**
- *Gårdsinteriör, Venedig* - Oil/canvas (23x14cm-9x6in) Stockholm 97 .... FF10 566 - £1 115 - **$1,825**

AXENTOWICZ Teodor 1859-1938 [23]
- 🖚 *Portrait de Madame Landau* - Huile/toile (97x73cm-38x29in) Montréal 94 .... FF8 940 - £1 074 - **$1,656**
- *Woman near a river* - Oil/cardboard (32x40cm-13x16in) Warszawa 95 .... FF54 300 - £6 860 - **$10,840**
- 🖉 *Portrait of a young woman* - Pastel/paper (67x49cm-26x19in) Warszawa 96 .... FF27 550 - £3 450 - **$5,370**

AXILETTE Alexis Axilète c.1860-1931 [1]
- 🖚 *Jeune fille en costume marin* - Huile/panneau (27x21cm-11x8in) Versailles 89 .... FF19 000 - £1 943 - **$3,055**

AYCOCK Alice 1946 [4]
- 🖽 *Swirls after Leonardo* - Sculpture (71x66x66cm-28x26x26in) New-York 92 .... FF28 600 - £3 414 - **$5,500**
- 🖉 *The First City of the Dead* - Pencil (39x244cm-15x96in) New-York 94 .... FF5 810 - £671 - **$1,000**

AYERS Stanley 1915-1996 [4]
- 🖚 *A Norfolk mill* - Oil/canvas (51x61cm-20x24in) London 96 .... FF2 953 - £350 - **$577**

AYLING Albert William ?-c.1905 [5]
- 🖚 *By the stream* - Oil/canvas (62x74cm-24x29in) London 92 .... FF5 030 - £600 - **$967**
- 🖉 *Miss Le Page* - Watercolour (62x44cm-24x17in) London 93 .... FF2 656 - £320 - **$464**

AYLING George 1887-1960 [30]
- 🖚 *Spring in the Wye Valley* - Oil/board (41x60cm-16x24in) London 96 .... FF5 110 - £650 - **$983**
- *Sea Power, the Naval base, Gibraltar* - Oil/canvas (61x91cm-24x36in) London 96 .... FF15 280 - £1 800 - **$3,000**
- *Evening by London Bridge* - Oil/canvas/board (58x80cm-23x31in) London 89 .... FF33 900 - £3 373 - **$5,355**

AYLMER Thomas Brabazon 1806-c.1856 [4]
- 🖉 *Fisherwomen on a beach* - Watercolour (18x25cm-7x10in) London 95 .... FF8 000 - £1 000 - **$1,616**

AYLWARD William James 1875-1956 [2]
- 🖚 *The harbor* - Oil/panel (30x40cm-12x16in) North Bethesda, MD. 91 .... FF4 045 - £404 - **$666**
- 🖾 *Majestic, The World's largest ship* - Poster (105x71cm-41x28in) New-York 92 .... FF5 110 - £523 - **$900**

AYMÉ Alix 1894-1989 [9]
- 🖚 *Laotienne aux seins nus* - Huile/papier (54x36cm-21x14in) Louviers 90 .... FF14 300 - £1 521 - **$2,558**
- 🖉 *Le sonde de Maï* - Aquarelle (39x62cm-15x24in) Louviers 90 .... FF10 000 - £1 036 - **$1,757**

AYOTTE Léo 1909-1979 [81]
- 🖚 *Barque de pêche* - Huile/panneau (20x26cm-8x10in) Montréal 96 .... FF3 070 - £353 - **$586**
- *Paysage au toit rouge* - Huile/panneau (46x39cm-18x15in) Montréal 96 .... FF6 110 - £755 - **$1,181**
- *Tempête, 1968* - Huile/toile (61x76cm-24x30in) Montréal 90 .... FF22 000 - £2 273 - **$3,887**

AYRES Gillian 1930 [22]
- 🖚 *Abstract composition* - Oil/cardboard (29x21cm-11x8in) London 95 .... FF3 610 - £450 - **$729**
- *Untitled* - Oil/canvas (61x92cm-24x36in) London 91 .... FF24 940 - £2 493 - **$4,107**
- *Is fancy bred* - Oil/canvas (152x152cm-60x60in) London 97 .... FF51 789 - £5 500 - **$9,021**
- *Abstract composition* - Oil/canvas (213x244cm-84x96in) London 91 .... FF133 300 - £13 364 - **$24,415**

AYRTON Michael 1921-1975 [101]
- 🖚 *Cycladic Landscape* - Mixed media (42x56cm-17x22in) London 97 .... FF5 602 - £600 - **$96,8 4**
- *Susannah and the Elders* - Oil/board (25x17cm-10x7in) London 95 .... FF18 800 - £2 400 - **$3,850**
- *Skara Brae, Orkney* - Oil/board (51x60cm-20x24in) London 93 .... FF87 800 - £10 000 - **$14,900**
- 🖽 *Maquette for Large Oracle I* - Bronze (15cm-6in) London 96 .... FF6 190 - £750 - **$1,203**
- *Slender sentinel* - Bronze (60cm-24in) London 96 .... FF20 620 - £2 500 - **$4,010**
- *Bather with child* - Bronze (212cm-83in) London 90 .... FF332 000 - £33 787 - **$66,395**
- 🖉 *Pent* - Ink (28x28cm-11x11in) London 91 .... FF1 930 - £234 - **$375**
- *Illustration: Femmes Hombres* - Ink (24x28cm-9x11in) London 91 .... FF4 490 - £450 - **$741**
- *Mogador* - Ink (39x48cm-15x19in) London 96 .... FF5 420 - £700 - **$1,070**
- *The Palace at Forres* - Gouache (36x48cm-14x19in) London 93 .... FF6 220 - £750 - **$1,088**
- *The Figurative Study* - Ink (27x28cm-11x11in) London 97 .... FF7 834 - £850 - **$1,388**
- *Ball games* - Pastel (50x62cm-20x24in) London 95 .... FF17 000 - £2 200 - **$3,480**

AYRTON William XIX-XX [2]
- 🖉 *Open broadland scene* - Watercolour (33x56cm-13x22in) Aylsham, Norfolk 95 .... FF1 616 - £210 - **$337**

AZACETA Luis Cruz 1942 [2]
- 🖚 *Self portrait* - Acrylic/canvas (168x152cm-66x60in) New-York 95 .... FF51 000 - £6 370 - **$10,000**
- 🖉 *Self-portrait* - Ink/paper (76x56cm-30x22in) New-York 90 .... FF18 600 - £1 979 - **$3,327**

AZAMBRE Etienne 1859-1935 [1]
- 🖚 *L'Enfant Jésus et la Vierge Marie* - Huile/toile (126x110cm-50x43in) Paris 90 .... FF2 500 - £259 - **$439**

AZDAK Roy 1927-1988 [1]
- 🖚 *Eclairage* - Collage/panneau (69x94cm-27x37in) Paris 91 .... FF6 800 - £685 - **$1,180**

AZE Adolphe 1823-1884 [2]
- 🖚 *Paysage d'Afrique du Nord* - Oil/canvas (40x62cm-16x24in) Stockholm 94 .... FF11 650 - £1 375 - **$2,074**
- *Duc de Morny à cheval* - Huile/toile (66x54cm-26x21in) Paris 91 .... FF50 000 - £5 122 - **$9,335**

AZEGLIO d' Massimo 1798-1866 [6]
- 🖚 *A Villa on Lake Como* - Oil/board (45x54cm-18x21in) London 96 .... FF51 100 - £6 000 - **$9,930**
- 🖉 *Paesaggio* - Acquarello/carta (29x20cm-11x8in) Torino 93 .... FF7 320 - £827 - **$1,231**

AZÉMA Ernest XIX-XX [3]
- 🖚 *Marchande de fleurs* - Huile/toile (55x46cm-22x18in) Calais 96 .... FF9 500 - £1 232 - **$1,880**

AZÉMA Louis 1876-1963 [11]
- 🖚 *Paris, place de la République* - Huile/toile (73x54cm-29x21in) Paris 89 .... FF6 000 - £597 - **$948**

AZEMA-BILLA Marcel 1904 [2]
- 🖚 *Paysage enneigé* - Huile/toile Angers 96 .... FF10 500 - £1 233 - **$2,065**

AZIZ Abdul 1928 [3]
- 🖚 *Young vendors* - Oil/canvas (32x27cm-13x11in) Singapore 94 .... FF27 930 - £3 360 - **$5,050**

AZNAR Joan Carlos 1937 [39]
🖌 *Abragado* - Huile/toile (97x130cm-38x51in) Paris 90 .... FF3 500 - £375 - $609
AZNAR Raymond 1927 [10]
🖌 *Fenaisons* - Huile/toile (33x31cm-13x12in) Arles 92 .... FF2 300 - £236 - $405
AZPIROZ de Manuel 1903-1953 [18]
🖌 *Peinando* - Oleo/lienzo (120x100cm-47x39in) Madrid 90 .... FF8 600 - £891 - $1,511
✎ *Arabes* - Acuarela (35x26cm-14x10in) Madrid 90 .... FF3 000 - £311 - $527
AZPIROZ Jacqueline XX [4]
🖌 *Dynamique céleste* - Huile/toile (116x116cm-46x46in) Les Andelys 90 .... FF3 200 - £327 - $632
AZUELOS XX [2]
🖌 *Scène de Sud Marocain II* - Huile/toile (73x60cm-29x24in) Paris 90 .... FF11 500 - £1 170 - $2,300
AZUZ David 1942 [70]
🖌 *La Palette, café rue Saint-Denis* - Huile/toile (67x54cm-26x21in) Paris 96 .... FF10 000 - £1 297 - $1,977
Après-midi au Café Select - Huile/papier (65x50cm-26x20in) Paris 94 .... FF30 000 - £3 445 - $5,140
✎ *Eva au café* - Aquarelle (36x30cm-14x12in) Paris 93 .... FF17 000 - £1 932 - $2,880
AZZINARI Franco 1949 [2]
🖆 *Pesco in fiore* - Serigrafia (60x80cm-24x31in) Vercelli 93 .... FF1 830 - £206 - $328

B

BAADE Knud Andreassen 1808-1879 [8]
🖌 *Fra Vestlandet* - Oil/panel (24x30cm-9x12in) Tönsberg 92 .... FF16 060 - £1 644 - $3,346
BAADER Johan Michael 1736-1792 [1]
🖌 *Spaniels putting up a partridge* - Oil/canvas (89x114cm-35x45in) London 94 ..... FF69 200 - £8 200 - $12,800
BAADER Louis 1828-c.1919 [7]
🖌 *Scène de l'Histoire égyptienne* - Huile/toile (89x125cm-35x49in) Versailles 96 .... FF24 500 - £3 040 - $4,750
BAADSGAARD Alfrida V. Ludovica 1839-1912 [10]
🖌 *Vase med tulipaner og iris* - Oil/canvas (42x29cm-17x11in) København 96 .... FF14 260 - £1 847 - $2,850
BAAGØE Carl Erik 1829-1902 [25]
🖌 *Sejlskibet Snekkersten* - Oil/canvas (26x39cm-10x15in) København 95 .... FF7 090 - £904 - $1,396
Sommerdag ud Sundet, Hven - Oil/canvas (38x53cm-15x21in) København 94 .... FF12 150 - £1 462 - $2,250
Kronborg - Oil/canvas (85x130cm-33x51in) København 96 .... FF79 800 - £9 100 - $15,280
BAANDER-KESSLER Nina 1915-? [1]
🗿 *Memorial, concentration camp, Westerbock* - Bronze (61cm-24in) Amsterdam 96 ...... FF5 830 - £749 - $1,150
BAAR Hugo 1873-1912 [1]
🖌 *Wintermorgen* - Oil/canvas (90x176cm-35x69in) Wien 90 .... FF28 800 - £2 984 - $5,062
BABA Daniel XX [2]
🖌 *Les concertistes* - Huile/toile (63x47cm-25x19in) Arles 90 .... FF4 200 - £453 - $741
BABAYEV Rasim 1927 [1]
🖌 *She-Wolf* - Oil/masonite (120x169cm-47x67in) New-York 90 .... FF27 500 - £2 926 - $4,920
BABCOCK William 1860-1912 [2]
✎ *Mythological scenes* - Drawing Boston, Mass. 92 .... FF3 980 - £407 - $700
BABCOCK William P. 1826-1899 [1]
🖌 *Charming the birds* - Oil/canvas (27x22cm-11x9in) San Francisco-Los Angeles 95 .... FF17 700 - £2 013 - $3,000
BABIJ Ivan 1896-? [1]
🖌 *Les joueuses de cartes* - Oil/canvas (92x65cm-36x26in) London 97 .... FF59 048 - £6 200 - $10,156
BABOULENE Eugène 1905-1994 [155]
🖌 *Bord de mer* - Huile/toile (24x35cm-9x14in) Paris 91 .... FF9 500 - £950 - $1,565
Fin de pose - Huile/toile (41x27cm-16x11in) Calais 97 .... FF17 100 - £1 711 - $2,886
Les barques - Huile/toile (73x92cm-29x36in) Le Touquet 95 .... FF26 000 - £3 386 - $5,330
Paysage varois - Huile/toile (60x81cm-24x32in) Le Touquet 92 .... FF50 000 - £5 970 - $9,610
✎ *Le port de Toulon* - Gouache/papier (44x58cm-17x23in) Paris 96 .... FF17 500 - £2 193 - $3,380
BABUREK Ladislav 1911-1973 [2]
🖌 *Landschaft in Südmähren* - Oil/board (51x66cm-20x26in) Wien 90 .... FF3 400 - £352 - $598
BAC Ferdinand 1859-1952 [12]
🖌 *Elégante poursuivie* - Huile/toile Vitry-Le-François 93 .... FF5 900 - £680 - $1,017
🖆 *Yvette Guilbert aux Ambassadeurs* - Affiche (201x81cm-79x32in) Paris 93 .... FF4 300 - £484 - $730
BACARISAS PODESTA Gustavo 1873-1971 [2]
🖌 *Sta. Maria di Loreto/Piazza San Pietro* - Oil/canvas (69x48cm-27x19in) London 95 .... FF43 800 - £5 800 - $9,030
BACCARD Joseph 1843-? [1]
🖌 *Paysanne dans un chemin creux* - Huile/toile (40x59cm-16x23in) Paris 93 .... FF3 000 - £375 - $546
BACCARINI Lino 1893-? [3]
🖌 *Maternità* - Olio/tela (108x87cm-43x34in) Milano 95 .... FF17 730 - £2 232 - $3,600
BACCARINI Rito 1895-1970 [2]
🖌 *Maternità* - Olio/tela (99x70cm-39x28in) Milano 89 .... FF6 900 - £727 - $1,162
BACCI Baccio Maria 1888-1974 [8]
🖌 *Il tavolo dello studio* - Olio/tela/tavola (55x111cm-22x44in) Firenze 97 .... FF15 300 - £1 800 - $2,700

I vagabondi - Olio/tela (129x128cm-51x50in) Milano 90 .... FF**79 800** - £**8 036** - **$15,632**
BACCI Edmondo 1913-1989 [15]
🖼 *Avvenimento #121* - Oil/canvas (63x135cm-25x53in) New-York 97 .... FF**18 860** - £**1 984** - **$3,249**
BACCIARELLI Marcello 1731-1818 [1]
🖼 *Ritratto di giovane* - Olio/tela (44x38cm-17x15in) Roma 90 .... FF**45 800** - £**4 904** - **$7,965**
BACCIGALUPPO Giuseppe ?-c.1812 [1]
🖼 *Port de Gênes* - Huile/toile (85x115cm-33x45in) Monaco 91 .... FF**1** - £**110 298** - **$181,578**
BACH Alois 1809-1893 [2]
🖼 *Heimkehr von der Heuernte* - Oil/panel (10x14cm-4x6in) München 93 .... FF**19 250** - £**2 245** - **$3,160**
✏ *Bauer bei aufziehendem Unwetter* - Pencil (20x28cm-8x11in) München 92 .... FF**6 120** - £**627** - **$1,200**
BACH Andreas 1886-? [2]
🖼 *Straße in Nürnberg* - Oil/panel (30x26cm-12x10in) München 89 .... FF**4 400** - £**464** - **$741**
BACH Carl Daniel 1756-1829 [1]
🖼 *Eroberung einer griechischen Stadt* - Oil/canvas (117x175cm-46x69in) Stuttgart 90 .... FF**50 400** - £**5 099** - **$9,586**
BACH Elvira 1951 [47]
🖼 *Zwei Nelken* - Acrylic (165x130cm-65x51in) New-York 94 .... FF**25 300** - £**2 984** - **$4,500**
Ausserirdische Wesen - Acrylique/toile (165x130cm-65x51in) Köln 93 .... FF**39 700** - £**4 740** - **$7,630**
Morgens Mittags Abends... - Acrylic/paper (190x230cm-75x91in) Berlin 96 .... FF**67 800** - £**8 460** - **$13,100**
Frau mit blauer Vase - Ink (31x23cm-12x9in) Köln 96 .... FF**6 745** - £**708** - **$1,156**
Weiblicher Akt auf einem Hocker - Mischtechnik/Papier (104x79cm-41x31in) Berlin 96....... FF**25 500** - £**2 903** - **$4,880**
BACH Franciscus Hermanus 1865-1956 [1]
🖼 *Lentedag, Bij Paterswolde* - Oil/canvas (55x47cm-22x19in) Amsterdam 93 .... FF**7 830** - £**936** - **$1,508**
BACH Guido 1828-1905 [17]
🖼 *Il cantastorie* - Olio/tela (70x110cm-28x43in) Roma 93 .... FF**115 300** - £**13 180** - **$19,600**
✏ *Demeter* - Aquarell (22x35cm-9x14in) Wien 95 .... FF**4 495** - £**567** - **$897**
The new arrival - Pencil (62x45cm-24x18in) London 92 .... FF**33 100** - £**3 400** - **$6,360**
BACH Johannes Martinus 1866-1943 [3]
🖼 *Near a farm* - Waterpaint/canvas (38x53cm-15x21in) Amsterdam 97 .... FF**4 508** - £**487** - **$786**
BACH Marcel 1879-1950 [4]
🖼 *Paysage d'été, 1900* - Huile/toile (81x116cm-32x46in) Calais 90 .... FF**9 000** - £**906** - **$1,636**
BACH Max 1841-1914 [2]
🖼 *Rottenburg am Neckar* - Oil/canvas (41x59cm-16x23in) Stuttgart 90 .... FF**36 900** - £**3 733** - **$7,019**
✏ *Stein am Rhein* - Aquarell/Papier (27x24cm-11x9in) Zürich 94 .... FF**5 610** - £**660** - **$1,073**
BACHARDY Don 1934 [3]
✏ *Christopher Isherwood*
   Watercolour/paper (60x45cm-24x18in) San Francisco-Los Angeles 95 .... FF**9 400** - £**1 176** - **$1,900**
BACHE Martha Moffett 1893-? [1]
🖼 *Georgetown, winter* - Oil/canvas (51x41cm-20x16in) North Bethesda, MD. 92 .... FF**4 940** - £**525** - **$950**
BACHE Otto 1839-1927 [48]
🖼 *Lekande hundvalp* - Oil/canvas/panel (28x31cm-11x12in) Stockholm 95 .... FF**4 160** - £**529** - **$844**
Kraka - Oil/canvas (40x31cm-16x12in) København 96 .... FF**14 200** - £**1 820** - **$2,800**
Way to the horses fair - Oil/canvas (45x65cm-18x26in) København 95 .... FF**408 000** - £**50 800** - **$79,500**
BACHELIER Jean-Jacques 1724-1806 [6]
🖼 *Fleurs dans une corbeille* - Huile/toile (48x34cm-19x13in) Paris 94 .... FF**290 000** - £**34 360** - **$53,600**
BACHELIN Auguste 1830-1890 [15]
🖼 *Hügelige Flusslandschaft* - Oil/panel (26x36cm-10x14in) Heidelberg 93 .... FF**14 700** - £**1 715** - **$2,415**
Verpflegung auf dem Felde - Öl/Leinwand (73x124cm-29x49in) Bern 94 .... FF**40 400** - £**4 680** - **$6,960**
✏ *Désarmement aux Verriers, Jura* - Ink (24x17cm-9x7in) Zofingen 92 .... FF**3 810** - £**455** - **$732**
BACHEM Bele 1916 [16]
🖼 *Kaffeehausdamen* - Tempera/panel (81x54cm-32x21in) Heidelberg 96 .... FF**13 900** - £**1 796** - **$2,723**
✏ *Interieur mit Möpsen* - Collage (41x37cm-16x15in) München 95 .... FF**4 230** - £**542** - **$864**
BACHEM Gottfried 1866-? [1]
🖼 *Bauern beim Kartenspiel* - Öl/Leinwand (92x77cm-36x30in) München 92 .... FF**6 780** - £**810** - **$1,305**
BACHENIN Valéry 1943 [1]
🖼 *August, 1987* - Oil/canvas (115x115cm-45x45in) New-York 90 .... FF**18 300** - £**1 947** - **$3,274**
BACHER Otto Henry 1856-1909 [2]
🖼 *Venice, 1981* - Huile/panneau (18x23cm-7x9in) Arles 89 .... FF**57 000** - £**6 006** - **$9,596**
BACHER Rudolf 1862-1945 [2]
🖼 *Herta Jäger und Fritz* - Öl/Leinwand (77x63cm-30x25in) Wien 93 .... FF**63 700** - £**7 200** - **$10,730**
BACHEREAU-REVERCHON Victor 1842-? [3]
🖼 *Scène d'intérieur* - Huile/panneau (36x45cm-14x18in) Paris 93........................ FF**52 000** - £**6 260** - **$9,450**
BACHES Jean Noël 1949 [3]
✏ *Soirée chez Miró* - Mixed media/paper (155x161cm-61x63in) København 96 .... FF**3 520** - £**438** - **$684**
BACHG Fransiscus Hermanus 1865-1956 [2]
🖼 *The Prak sisters* - Oil/canvas (105x75cm-41x30in) Amsterdam 89 .... FF**12 000** - £**1 194** - **$1,896**
BACHINSKI Walter Joseph Gerard 1939 [4]
🗿 *Susannah, large bathing figure* - Sculpture (155x103cm-61x41in) Toronto 90 ..... FF**20 800** - £**2 213** - **$3,721**
BACHMANN Alfred August Felix 1863-1956 [36]
🖼 *Canal à Venise* - Huile/toile (65x55cm-26x22in) Lyon 96 .... FF**21 000** - £**2 716** - **$4,160**
Fête à Venise - Huile/toile (65x82cm-26x32in) Calais 92 .... FF**35 000** - £**3 595** - **$6,730**
✏ *Aufgehende Sonne an der Nordsee* - Pastel (75x105cm-30x41in) München 95 ...... FF**11 420** - £**1 380** - **$2,150**
BACHMANN Edwin Karl 1900-? [4]
🖼 *Walenseelandschaft* - Öl/Leinwand (50x60cm-20x24in) Zofingen 95 .... FF**6 370** - £**807** - **$1,281**

BACHMANN Hans 1852-1917 [31]
- *Zwei Mädchen* - Oil/canvas (78x127cm-31x50in) Luzern 92 .... FF**13 400** - £1 368 - **$2,360**
- *Kinder beim Schlittenfahren* - Öl/Leinwand (52x71cm-20x28in) Bern 96 .... FF**59 100** - £7 160 - **$11,480**
- *Ueli kommt zu neuen Kühen* - Encre (16x23cm-6x9in) Bern 95 .... FF**3 870** - £504 - **$795**

BACHMANN Jacob Edwin 1873-1957 [2]
- *Zürichseelandschaft* - Oil/canvas (65x81cm-26x32in) Bern 90 .... FF**3 900** - £415 - **$698**

BACHMANN Karoly, Karl 1874-1924 [11]
- *Still life* - Oil/canvas (17x17cm-7x7in) Wien 96 .... FF**4 385** - £570 - **$867**

BACHMANN Otto 1915-1996 [32]
- *Golgatha* - Huile/panneau (100x73cm-39x29in) Bern 94 .... FF**7 430** - £891 - **$1,444**
- *Au port* - Huile/papier (55x73cm-22x29in) Zürich 96 .... FF**15 280** - £1 980 - **$3,020**
- *Les Saltimbanques* - Huile/panneau (110x180cm-43x71in) Zürich 96 .... FF**42 400** - £5 500 - **$8,390**
- *Alois Carigiet* - Crayon/papier (20x13cm-8x5in) Bern 93 .... FF**2 574** - £297 - **$442**

BACHRACH-BARÉE Emmanuel 1863-1943 [5]
- *The Dispatch* - Oil/panel (32x28cm-13x11in) New-York 95 .... FF**21 460** - £2 674 - **$4,200**

BACHTA Johann 1782-1856 [1]
- *Vy över Koblenz* - Oil/canvas (37x46cm-15x18in) Stockholm 95 .... FF**76 300** - £9 980 - **$15,280**

BACHUR Antoni 1948 [20]
- *Composition* - Technique mixte/toile (206x130cm-81x51in) Paris 92 .... FF**14 000** - £1 433 - **$2,465**

BACK George, Admiral 1786-1878 [3]
- *Island Portage* - Watercolour (15x20cm-6x8in) London 96 .... FF**27 900** - £3 500 - **$5,450**

BÄCK Yngve 1904-1990 [5]
- *Den gamla terminalen* - Oil/canvas (65x81cm-26x32in) Helsinki 94 .... FF**8 980** - £1 042 - **$1,548**

BACKER de François J. 1812-1872 [1]
- *French shepherd telling his life* - Oil/canvas (69x87cm-27x34in) New-York 89 .... FF**34 300** - £3 413 - **$5,419**

BACKER de Roger 1897-? [1]
- *Coucher de soleil hivernal* - Huile/toile (120x100cm-47x39in) Bruxelles 97 .... FF**5 229** - £566 - **$925**

BACKER Harriet 1845-1932 [1]
- *Interiör, Faaberg* - Oil/canvas (56x55cm-22x22in) Stockholm 95 .... FF**462 000** - £61 100 - **$93,600**

BACKER Henrik 1854-1948 [1]
- *Vintermotiv* - Oil/canvas (42x65cm-17x26in) Tönsberg 92 .... FF**3 180** - £380 - **$612**

BACKMANSSON Hugo 1860-1953 [34]
- *Tanger* - Oil/canvas (40x31cm-16x12in) Helsinki 96 .... FF**5 210** - £651 - **$1,052**
- *Borgmur, Tanger* - Oil/canvas (52x36cm-20x14in) Helsinki 90 .... FF**25 900** - £2 791 - **$4,568**
- *Kvinna i droska* - Pastel (49x34cm-19x13in) Helsinki 93 .... FF**19 400** - £2 230 - **$3,334**

BÄCKSTRÖM Barbro 1939-1990 [19]
- *Manlig torso* - Metal (112cm-44in) Stockholm 94 .... FF**36 000** - £4 270 - **$6,650**

BACKUS George XIX-XX [1]
- *Girl in a garden* - Oil/canvas (150x119cm-59x47in) London 95 .... FF**86 800** - £11 000 - **$17,470**

BACKVIS Frans 1857-1926 [5]
- *Le repos des faucheurs* - Huile/toile (65x60cm-26x24in) Tongeren 92 .... FF**9 130** - £935 - **$1,606**

BACLER D'ALBE Louis, baron 1761-1824 [7]
- *Monsieur Berger de Renens* - Huile/toile (46x67cm-18x26in) Monaco 91 .... FF**150 000** - £15 041 - **$24,761**
- *Landscape with figures by a waterfall* - Gouache (24x33cm-9x13in) New-York 92 .... FF**10 740** - £1 104 - **$2,000**

BACON Charles Roswell 1868-1913 [2]
- *Roadside Conversation* - Oil/canvas (51x61cm-20x24in) Mystic, Connecticut 94 .... FF**9 300** - £1 074 - **$1,600**

BACON Francis 1909-1992 [165]
- *Peter Beard* - Oil/canvas (35x30cm-14x12in) London 93 .... FF**1** - £165 000 - **$246,000**
- *Lucian Freud* - Oil/canvas (198x147cm-78x58in) New-York 90 .... FF**1** - £2 80 85e +06 - **$3**
- *Red Cardinal* - Oil/canvas (152x118cm-60x46in) London 96 .... FF**1** - £1 - **$2**
- *Self Portrait* - Oil/canvas (35x30cm-14x12in) London 93 .... FF**2** - £320 000 - **$477,000**
- *Study for a pope* - Oil/canvas (152x116cm-60x46in) New-York 89 .... FF**2** - £3 413 09e +06 - **$4**
- *Interior in a room* - Oil/canvas (112x86cm-44x34in) London 89 .... FF**4** - £495 143 - **$778,527**
- *Henrietta Moraes* - Oil/canvas (198x147cm-78x58in) New-York 95 .... FF**6** - £773 000 - **$1**
- *Monkey* - Oil/canvas (63x52cm-25x20in) London 93 .... FF**747 000** - £90 000 - **$130,500**
- *Self-portrait Triptych* - Lithographie couleurs (34x89cm-13x35in) London 97 .... FF**13 514** - £1 400 - **$2,314**
- *Oedipe et le Sphinx* - Lithographie couleurs (116x86cm-46x34in) München 93 .... FF**18 000** - £2 027 - **$3,040**
- *Study for Bullfight nº 1* - Color lithograph (127x115cm-50x45in) New-York 94 .... FF**68 300** - £8 130 - **$13,000**
- *Watercolour 1929* - Watercolour (21x14cm-8x6in) London 96 .... FF**117 700** - £15 000 - **$22,700**

BACON Henry 1839-1912 [27]
- *A Change of Heart* - Oil/panel (41x51cm-16x20in) New-York 93 .... FF**28 300** - £3 220 - **$4,800**
- *La Lessive* - Huile/toile Brive-la-Gaillarde 93 .... FF**44 000** - £5 780 - **$9,030**
- *Artist's tavern at Barbizon* - Oil/canvas (98x131cm-39x52in) New-York 93 .... FF**214 300** - £24 500 - **$38,000**

BACON Irving Lewis 1853-1910 [1]
- *Still life* - Oil/canvas (51x76cm-20x30in) Mystic, Connecticut 96 .... FF**4 940** - £647 - **$1,000**

BACON John Henry Fred. 1865-1914 [8]
- *The Two Generations* - Oil/canvas (44x68cm-17x27in) Billinghurst, West Sussex 94 .... FF**16 670** - £2 000 - **$3,240**
- *The relief of Ladysmith* - Oil/canvas (76x114cm-30x45in) London 96 .... FF**65 300** - £8 500 - **$12,940**
- *Old danish custom* - Pencil (54x36cm-21x14in) London 90 .... FF**6 830** - £695 - **$1,366**

BACON John II 1777-1859 [2]
- *Rebecca Fielding* - Marble (75cm-30in) London 91 .... FF**49 600** - £5 034 - **$8,958**

BACON Peggy 1895-1987 [27]
Frenzied Effort - Drypoint (14x23cm-6x9in) New-York 95 .... FF4 545 - £573 - **$900**
Fruit in a bowl - Pencil/paper (28x28cm-11x11in) Mystic, Connecticut 96 .... FF3 880 - £487 - **$750**
BACOT Edmond 1814-1875 [2]
Victor Hugo assis, de profil - Photo (24x19cm-9x7in) Paris 92 .... FF12 000 - £1 216 - **$2,203**
BACQUÉ Daniel J. 1874-1947 [2]
Femme nue - Bronze (46cm-18in) Morlaix 90 .... FF4 800 - £483 - **$940**
BACSA Andras 1870-1933 [1]
Deux petites filles - Huile/carton/toile (56x65cm-22x26in) Compiègne 91 .... FF18 800 - £1 885 - **$3,103**
BADEL Jules Louis 1840-1869 [3]
Pêcheurs près d'un fleuve - Huile/toile (54x41cm-21x16in) Genève 96 .... FF11 920 - £1 380 - **$2,283**
BADEN Heinz 1887-? [1]
Seglerfreuden - Oil/cardboard (33x40cm-13x16in) Bremen 94 .... FF6 210 - £735 - **$1,145**
BADENES Eduardo XIX-XX [2]
La cansonera del Cabañal - Oleo/lienzo (130x155cm-51x61in) Madrid 91 .... FF6 840 - £689 - **$1,187**
BADIA Sylvie 1947 [22]
Faut pas mégoter - Huile/toile (130x89cm-51x35in) Paris 89 .... FF7 200 - £716 - **$1,137**
Saison d'hiver - Technique mixte/panneau (125x122cm-49x48in) Paris 90 .... FF18 000 - £1 860 - **$3,180**
BADIN Jean Jules 1843-? [1]
Young girl holding a sword - Oil/canvas (72x53cm-28x21in) London 91 .... FF25 800 - £2 600 - **$4,477**
BADMIN Stanley Roy 1906-1989 [21]
End of Glen, Antrim - Watercolour (15x22cm-6x9in) Billinghurst, West Sussex 93 ...... FF10 530 - £1 200 - **$1,790**
Autumn in Kent - Watercolour (26x20cm-10x8in) London 95 .... FF18 970 - £2 400 - **$3,710**
BADUR Frank 1944 [4]
Nr. 25 - Oil/canvas (60x90cm-24x35in) Stockholm 96 .... FF5 070 - £615 - **$985**
BADURA Michael 1938 [4]
Blei-Fund-Geschichte - Collage (70x53cm-28x21in) Köln 89 .... FF9 100 - £930 - **$1,463**
BAECHLER Christian 1947 [41]
La plage de Trouville - Huile/toile (24x35cm-9x14in) Le Havre 95 .... FF2 200 - £288 - **$441**
Trouville - Huile/toile (27x35cm-11x14in) La Varenne Saint-Hilaire 91 .... FF5 300 - £526 - **$920**
BAECHLER Donald 1956 [60]
Black painting #5 - Mixed media/canvas (90x91cm-35x36in) New-York 91 .... FF34 900 - £3 526 - **$6,928**
Seated figure - Acrylic/paper (100x90cm-39x35in) Stockholm 95 .... FF51 700 - £6 440 - **$10,120**
Fears of Abstraction - Acrylic/canvas (190x190cm-75x75in) London 93 .... FF120 000 - £15 000 - **$21,750**
Seated figure - Acrylic/paper (100x90cm-39x35in) Stockholm 90 .... FF168 500 - £17 407 - **$29,900**
Untitled - Collage (68x52cm-27x20in) New-York 96 .... FF22 500 - £2 913 - **$4,500**
Untitled - Ink (57x38cm-22x15in) New-York 93 .... FF153 400 - £17 450 - **$26,000**
BAER Carola von Mathes 1857-1940 [1]
Wiesenlandschaft mit Waldrain - Öl/Leinwand (33x27cm-13x11in) Lindau 92 .... FF3 050 - £365 - **$587**
BAER Christian Maximilian 1853-1911 [1]
False String - Oil/panel (62x43cm-24x17in) London 95 .... FF15 180 - £1 900 - **$3,023**
BAER Fritz 1850-1919 [10]
Die Schleissheimer Allee - Öl/Leinwand (59x64cm-23x25in) München 94 .... FF12 370 - £1 473 - **$2,330**
BAER Guy 1897-1985 [3]
Südliche Landschaft - Öl/Leinwand (65x50cm-26x20in) Bern 93 .... FF3 045 - £364 - **$586**
BAER Jo 1929 [9]
Untitled (Korean) - Oil/canvas (182x182cm-72x72in) New-York 92 .... FF41 600 - £4 970 - **$8,000**
BAER Lillian 1887-? [1]
Isadora Duncan - Bronze (25cm-10in) Boston, Mass. 91 .... FF2 400 - £239 - **$413**
BAER Morley 1916 [3]
Arcos de La Frontera, Spain
  Gelatin silver print (37x49cm-15x19in) San Francisco-Los Angeles 95 .... FF4 400 - £562 - **$900**
BAER William Jacob 1860-1941 [3]
Young Sisters - Oil/canvas (114x114cm-45x45in) New Orleans, Louisiana 93 .... FF33 900 - £3 860 - **$5,750**
BAERDEMAECKER de Felix 1836-1878 [4]
Paysage marécageux et cigigne - Huile/panneau (18x29cm-7x11in) Bruxelles 97 .... FF5 229 - £566 - **$925**
BAERENTZEN Emilius 1799-1868 [4]
Pastor Carl Holger Visby - Oil/canvas (25x20cm-10x8in) København 93 .... FF5 200 - £597 - **$890**
BAERISWYL Bruno 1941 [2]
Composition - Technique mixte/papier (105x75cm-41x30in) Luzern 93 .... FF4 570 - £546 - **$879**
BAERTLING Olle 1911-1981 [119]
Suamar - Oil/canvas (100x65cm-39x26in) Stockholm 96 .... FF16 370 - £1 985 - **$3,184**
Yua - Oil/canvas (180x92cm-71x36in) Stockholm 94 .... FF82 800 - £9 820 - **$15,300**
Xayr - Oil/canvas (195x97cm-77x38in) Stockholm 94 .... FF117 200 - £13 780 - **$22,030**
Oraba, 1962 - Oil/canvas (81x130cm-32x51in) Stockholm 89 .... FF477 400 - £50 306 - **$80,370**
Diagonalkomposition - Serigraph (74x38cm-29x15in) Stockholm 89 .... FF13 100 - £1 339 - **$2,106**
BAERTSOEN Albert 1866-1922 [11]
Brouillard - Huile/toile (60x85cm-24x33in) Bruxelles 95 .... FF40 340 - £5 220 - **$8,240**
Béguinage - Fusain (61x70cm-24x28in) Bruxelles 96 .... FF2 514 - £331 - **$510**
BAERWIND Rudolf 1910-1982 [42]
Im grauen Raum-Poröse Strukturen - Öl/Leinwand (65x85cm-26x33in) Stuttgart 95 ...... FF5 610 - £720 - **$1,131**
Stilleben mit Teddybär - Öl/Papier (80x64cm-31x25in) Köln 94 .... FF14 360 - £1 686 - **$2,560**
Palamos - Tempera/Karton (96x64cm-38x25in) München 91 .... FF36 200 - £3 648 - **$6,282**
Komposition in rot und schwarz - Mixed media/paper (43x32cm-17x13in) Pforzheim 93 ..... FF10 170 - £1 215 - **$1,957**

BAES Edgard 1837-1909 [2]
- *Riverlandschap met zeilboten* - Huile/toile (37x52cm-15x20in) Lokeren 95 .... FF4 440 - £560 - $885

BAES Émile 1889-1954 [107]
- *Nu assis* - Huile/toile (81x100cm-32x39in) Bruxelles 95 .... FF7 700 - £1 012 - $1,545
- *Nu (au balcon du patio)* - Huile/toile (110x75cm-43x30in) Bruxelles 96 .... FF23 450 - £3 035 - $4,690
- *La toilette* - Oil/canvas (131x91cm-52x36in) London 96 .... FF47 900 - £6 000 - $9,240
- *Bouddha* - Pastel/toile (79x59cm-31x23in) Bruxelles 94 .... FF4 980 - £585 - $887

BAES Firmin 1874-1945 [56]
- *Le petit Jules* - Huile/toile (104x85cm-41x33in) Bruxelles 91 .... FF32 400 - £3 218 - $5,626
- *Coin de table* - Pastel (80x101cm-31x40in) Amsterdam 92 .... FF28 800 - £2 960 - $5,540
- *Nu allongé* - Pastel/toile (59x98cm-23x39in) Bruxelles 95 .... FF62 600 - £8 110 - $13,030

BAES Henri 1850-? [2]
- *Retour à la ferme* - Huile/toile (44x69cm-17x27in) Bruxelles 97 .... FF2 289 - £252 - $402
- *Scène de café maure* - Huile/toile (300x370cm-118x146in) Paris 92 .... FF74 000 - £8 830 - $14,230

BAES Lionel 1839-1913 [6]
- *Nu de dos* - Huile/toile (75x35cm-30x14in) Bruxelles 90 .... FF5 800 - £599 - $1,025

BAES Rachel 1912-1983 [47]
- *Le Journal de Marie Bashkirtseff* - Huile/toile (116x89cm-46x35in) Bruxelles 95 ...... FF4 020 - £521 - $818
- *Le prince charmant* - Huile/toile (162x130cm-64x51in) Bruxelles 94 .... FF13 200 - £1 516 - $2,260

BAESCHLIN Pierre Laurent 1886-1958 [3]
- *Still life with wild roses* - Oil/canvas (53x72cm-21x28in) London 94 .... FF7 720 - £900 - $1,353

BAEYENS Adolf 1886-1969 [2]
- *Begoniaveld* - Huile/toile (55x75cm-22x30in) Lokeren 92 .... FF7 300 - £748 - $1,285

BAEZA Manuel 1915-1986 [4]
- *Amanecer* - Acuarela (47x59cm-19x23in) Madrid 95 .... FF1 925 - £243 - $386

BAGDATOPOULOS William Spencer 1888-? [12]
- *In Ajmere a Hindu Temple* - Watercolour (49x71cm-19x28in) London 94 .... FF6 660 - £800 - $1,248

BAGER Einar 1887-1990 [12]
- *Vattenspeglingar* - Oil/canvas (76x60cm-30x24in) Malmö 94 .... FF7 600 - £904 - $1,447

BAGG Henry Howard 1852-1928 [3]
- *Early Settlement*
   Oil/canvas/board (51x127cm-20x50in) San Francisco-Los Angeles 96 .... FF15 550 - £1 950 - $3,000

BAGGE Eva 1871-1964 [21]
- *Portrait of a girl* - Oil/canvas (39x32cm-15x13in) Uppsala 96 .... FF2 950 - £384 - $606
- *Interiör med skulptur* - Oil/panel (36x28cm-14x11in) Stockholm 95 .... FF10 680 - £1 398 - $2,140
- *Den blå skålen* - Oil/canvas (37x41cm-15x16in) Stockholm 94 .... FF15 060 - £1 800 - $2,813

BAGGE Magnus Thulstrup 1825-1894 [4]
- *Norwegische Fjordlandschaft* - Oil/panel (33x46cm-13x18in) Bremen 92 .... FF7 120 - £851 - $1,370
- *Mot høifjellet* - Oil/canvas (52x73cm-20x29in) Oslo 92 .... FF27 600 - £3 300 - $5,310

BAGGE-SCOTT Robert 1849-1925 [1]
- *Tjalks Tacking, Dordt* - Oil/canvas (20x30cm-8x12in) London 89 .... FF3 700 - £368 - $585

BAGIENSKI Stanislaw 1876-1948 [1]
- *Horses watering* - Oil/canvas (74x99cm-29x39in) Warszawa 93 .... FF7 480 - £861 - $1,287

BAGLEY Samuel c.1830-c.1900 [2]
- *Biedermeierliches Blumenstilleben* - Öl/Leinwand (60x45cm-24x18in) Lindau 96 ... FF18 580 - £2 240 - $3,564

BAGOUT Julien 1957 [19]
- *Cent titres* - Huile/toile (73x92cm-29x36in) Arles 94 .... FF2 500 - £299 - $490

BAGROV Henrich 1927 [11]
- *Kostia* - Huile/toile (65x50cm-26x20in) Bruxelles 92 .... FF3 944 - £459 - $805

BAGSHAW Edwin XIX-XX [2]
- *A street scene in Nottingham* - Oil/canvas (61x40cm-24x16in) London 89 .... FF12 600 - £1 288 - $2,026
- *Harvest time at Methley, 1916* - Wash (25x35cm-10x14in) London 90 .... FF2 700 - £291 - $476

BAGSHAWE Joseph Richard 1870-1909 [2]
- *On Kalivijk Sands* - Watercolour (23x34cm-9x13in) London 89 .... FF3 900 - £377 - $592

BAHARIAN Asandour 1924-1990 [1]
- *Coastal landscape at dusk* - Watercolour/paper (60x45cm-24x18in) Athens 96 ...... FF6 780 - £876 - $1,310

BAHIEU Jules G. c.1860-? [11]
- *Poultry in a Barn* - Oil/canvas (108x149cm-43x59in) London 96 .... FF20 430 - £2 400 - $4,020

BAHNSEN Axel 1907-1978 [1]
- *The power of suggestion* - Gelatin silver print (48x38cm-19x15in) New-York 92 ...... FF4 830 - £494 - $850

BAHR E. XIX-XX [2]
- *Thalmessinger Tor in Greding* - Oil/board (17x24cm-7x9in) München 91 .... FF6 840 - £702 - $1,273

BÄHRENHOLDT H.C. XIX-XX [1]
- *Ålandskab* - Oil/canvas (64x81cm-25x32in) København 95 .... FF4 420 - £543 - $861

BAI Giovanni 1952 [2]
- *Yoko Ono* - Tecnica mista (70x100cm-28x39in) Milano 91 .... FF5 880 - £604 - $1,094

BAIER Jean 1932 [8]
- *Estuaire animé* - Huile/panneau (95x132cm-37x52in) Bruxelles 97 .... FF18 007 - £1 969 - $3,146
- *Relief* - Bois (59x59cm-23x23in) Luzern 94 .... FF1 807 - £212 - $322

BAIERL Theodor 1881-1932 [13]
- *Die Jagd nach dem Glück* - Huile/panel (68x95cm-27x37in) Pforzheim 94 .... FF27 440 - £3 250 - $5,070

Calendar & auction results :   INTERNET : **www.artprice.com**   MINITEL : 3617 ARTPRICE

B

BAIJOT Léopold 1936 [2]
🖋 *Venise* - Technique mixte/toile (58x68cm-23x27in) Liège 96 .... FF4 275 - £536 - **$827**
🖊 *Venise* - Aquarelle (58x68cm-23x27in) Liège 92 .... FF4 120 - £492 - **$792**

BAIL Franck Antoine 1858-1924 [8]
🖋 *Vase de fleurs* - Huile/toile (41x32cm-16x13in) Paris 88 .... FF16 000 - £1 534 - **$2,811**
Les Récureuses - Oil/canvas (113x144cm-44x57in) London 92 .... FF88 000 - £9 000 - **$15,520**

BAIL Jean-Antoine 1830-1919 [3]
🖋 *Femme tricotant près de la cuisinière* - Huile/toile (78x56cm-31x22in) Lyon 97 .... FF38 000 - £4 119 - **$6,680**

BAIL Joseph 1862-1921 [63]
🖋 *Servante à l'office* - Huile/toile (33x24cm-13x9in) Barbizon 95 .... FF11 500 - £1 505 - **$2,303**
Petit écolier écrivant - Huile/toile (52x46cm-20x18in) Calais 94 .... FF39 000 - £4 620 - **$7,200**
Sa première cigarette - Oil/canvas (28x38cm-11x15in) New-York 97 .... FF199 658 - £21 522 - **$35,000**

BAILE Joseph 1819-1856 [2]
🖋 *Bouquet dans un vase* - Huile/toile (85x66cm-33x26in) Lyon 91 .... FF155 000 - £15 920 - **$28,840**

BAILEY David Royston 1938 [14]
📷 *R. Nureyev, C. Beaton* - Gelatin silver print (25x20cm-10x8in) London 96 .... FF6 200 - £800 - **$1,197**

BAILEY Frederick Victor XX [13]
🖋 *Summer flowers* - Oil/panel (62x51cm-24x20in) London 94 .... FF10 820 - £1 300 - **$2,060**

BAILEY Henry c.1820-c.1880 [1]
📷 *Pheasants/Lobster, Crab. Partridge* - Albumen print (23x18cm-9x7in) London 96 .... FF5 810 - £750 - **$1,122**

BAILEY John W. ?-1914 [1]
🖊 *Dogs* - Miniature (5x8cm-2x3in) London 96 .... FF11 540 - £1 500 - **$2,255**

BAILEY Walter A. 1894-? [2]
🖋 *Taos N.M.* - Oil/canvas (51x41cm-20x16in) Cambridge, Mass. 94 .... FF8 990 - £1 061 - **$1,600**

BAILEY William 1930 [22]
🖼 *Untitled, 1982* - Etching, aquatint (69x55cm-27x22in) New-York 89 .... FF10 900 - £1 115 - **$1,752**
🖊 *Two untitled drawings* - Graphite (38x28cm-15x11in) New-York 93 .... FF23 500 - £2 690 - **$4,000**

BAILLET Ernest XIX-XX [4]
🖋 *Retour des pêcheurs* - Huile/panneau (30x53cm-12x21in) Troyes 96 .... FF6 400 - £802 - **$1,235**

BAILLEUL de Léonie XX [1]
🖋 *Vase de fleurs dans un atelier* - Huile/toile (100x81cm-39x32in) Senlis 90 .... FF6 000 - £642 - **$1,043**

BAILLEUL Étienne XX [9]
🖋 *Jardin en fleurs* - Huile/toile (55x46cm-22x18in) Provins 93 .... FF3 200 - £400 - **$582**
🖊 *La plage d'Yport* - Pastel (25x35cm-10x14in) Le Havre 93 .... FF2 200 - £265 - **$400**

BAILLEUL Jean 1878-1949 [14]
🗿 *Sculpteur appuyé sur sa stèle* - Bronze (35cm-14in) Paris 93 .... FF4 100 - £494 - **$746**

BAILLEUX César 1937 [8]
🗿 *Drôle de bête* - Plastic (118cm-46in) Bruxelles 90 .... FF7 900 - £808 - **$1,559**

BAILLIE James 1838-1855 [1]
🖼 *Surrender of Cornwallis* - Lithograph (20x30cm-8x12in) Bloomfield Hills, Michigan 91 .... FF2 420 - £249 - **$450**

BAILLIE William 1905-? [1]
🖼 *Album* - Print (49x43cm-19x17in) London 90 .... FF38 700 - £4 170 - **$6,825**
🖊 *An Italian city by a river* - Wash (22x33cm-9x13in) London 90 .... FF1 900 - £196 - **$336**

BAILLON-VINCENNES Charles 1878-1922 [4]
🖋 *Berner Altstadt* - Öl/Leinwand (61x86cm-24x34in) Bern 93 .... FF9 130 - £1 091 - **$1,757**

BAILLY Alice 1879-1938 [24]
🖋 *Les Remparts* - Huile/toile (55x46cm-22x18in) Bern 93 .... FF43 550 - £5 010 - **$7,470**
🖼 *Dancing* - Woodcut in colors (47x60cm-19x24in) Zofingen 95 .... FF1 700 - £215 - **$342**
🖊 *Interieur* - Gouache (33x39cm-13x15in) Zofingen 91 .... FF3 564 - £357 - **$588**

BAILLY Charles Eloy 1830-1895 [1]
🗿 *Gitane* - Ivory, bronze (22cm-9in) Paris 94 .... FF5 500 - £640 - **$963**

BAILLY Léon Charles Adrien 1826-? [1]
🖊 *Joueur d'instrument de musique* - Aquarelle (32x20cm-13x8in) Paris 90 .... FF2 500 - £269 - **$441**

BAILY Edward Hodges 1788-1867 [7]
🗿 *Young boy looking to his right* - Marble (49cm-19in) London 94 .... FF32 600 - £3 800 - **$5,660**
Eve Listening to the Voice - Marble (90x125cm-35x49in) London 97 .... FF285 714 - £30 000 - **$48,972**

BAIN Donald 1904-1979 [5]
🖋 *East Princes Street gardens* - Oil/canvas/board (28x36cm-11x14in) Glasgow 91 .... FF5 420 - £548 - **$1,076**

BAIN Marcel Adolphe 1878-1937 [4]
🖋 *Le pont* - Huile/toile Bordeaux 93 .... FF6 200 - £747 - **$1,127**

BAIN-SMITH Henri XIX-XX [1]
🗿 *Seated boy in a sailor's smock* - Terracotta (43cm-17in) London 96 .... FF5 940 - £720 - **$1,155**

BAINBRIDGE John 1918-1978 [2]
🖼 *BEA, London* - Poster (99x64cm-39x25in) London 95 .... FF2 300 - £260 - **$414**

BAINES Henry 1823-1894 [1]
🖊 *Venice* - Watercolour (13x17cm-5x7in) London 94 .... FF3 700 - £440 - **$677**

BAINES Thomas 1822-1875 [25]
🖋 *Mount Fordyce, Waterkloof* - Oil/canvas (45x66cm-18x26in) London 97 .... FF141 110 - £15 000 - **$24,314**
The Koodoo, Zululand - Oil/canvas (51x66cm-20x26in) London 94 .... FF335 000 - £42 000 - **$65,400**
🖊 *Damara man & woman* - Watercolour (33x23cm-13x9in) London 97 .... FF159 924 - £17 000 - **$27,555**

BAINIER Jean-Luc 1953 [2]
🖋 *Sans titre* - Acrylique/toile (98x146cm-39x57in) Paris 89 .... FF3 800 - £378 - **$600**

BAIRD Nathaniel Hughes J. 1865-1936 [18]
- Horses watering - Oil/canvas (73x93cm-29x37in) New-York 93 .... FF13 750 - £1 724 - **$2,500**
- The White Team - Oil/canvas Bath 91 .... FF27 800 - £2 791 - **$4,810**
- Mists in the Wold - Watercolour (25x38cm-10x15in) Victoria, B.C. 94 .... FF5 520 - £654 - **$1,021**

BAIRD William Baptiste 1847-1899 [41]
- Hyères, la ville et le château - Huile/panneau (12x20cm-5x8in) Barbizon 96 .... FF5 000 - £588 - **$983**
- Le retour du bois - Huile/toile (54x81cm-21x32in) Paris 92 .... FF11 000 - £1 126 - **$2,157**
- Vevey, sur le lac Léman - Huile/toile (55x81cm-22x32in) Le Touquet 91 .... FF35 000 - £3 552 - **$6,321**

BAIRNSFATHER Bruce XIX-XX [2]
- A Fragment from France - Drawing (140x206cm-55x81in) Salisbury, Wiltshire 92 .... FF3 030 - £310 - **$594**

BAISCH Hermann 1846-1894 [21]
- Sommertag auf einer Alm - Öl/Karton (41x56cm-16x22in) Köln 92 .... FF18 700 - £1 914 - **$3,290**
- River landscape - Öl/Leinwand (40x80cm-16x31in) Stuttgart 96 .... FF33 850 - £3 920 - **$6,490**

BAIXAS CARRETE Juan Manuel 1863-1925 [1]
- Ermita románica frente a la montaña - Acuarela (27x37cm-11x15in) Madrid 96 .... FF1 703 - £217 - **$328**

BAIXERAS Dionis Verdaguer 1862-1943 [8]
- Pescadores - Oleo/lienzo (58x86cm-23x34in) Madrid 96 .... FF22 300 - £2 833 - **$4,285**
- The old fisherman - Oil/canvas (114x79cm-45x31in) London 92 .... FF138 200 - £16 500 - **$26,600**

BAIZE Léon 1848-? [1]
- Cavalier près du village - Huile/toile (38x55cm-15x22in) Wien 96 .... FF7 310 - £948 - **$1,446**

BAIZERMAN Saül 1889-1957 [1]
- Italian woman/Cement man - Bronze (16cm-6in) New-York 94 .... FF14 270 - £1 664 - **$2,500**

BAJ Enrico 1924 [211]
- Le cheval bleu - Huile/toile (81x65cm-32x26in) Versailles 96 .... FF21 000 - £2 630 - **$4,050**
- Femme assise - Acrilico/tela (60x50cm-24x20in) Milano 92 .... FF47 600 - £4 870 - **$8,370**
- Two personages - Mixed media (48x53cm-19x21in) New-York 90 .... FF108 700 - £11 264 - **$19,104**
- Guernica - Tecnica mista (360x780cm-142x307in) Milano 92 .... FF340 000 - £34 800 - **$59,800**
- Le chevalier de Quincy - Gouache (100x81cm-39x32in) London 91 .... FF118 500 - £11 880 - **$21,704**

BAJALSKA Wesna XX [2]
- Nocturne abstraite - Huile/toile (130x97cm-51x38in) Paris 91 .... FF9 500 - £943 - **$1,649**

BAJENOV Vladimir 1908-1986 [2]
- Automne - Huile/toile (48x68cm-19x27in) Lyon 92 .... FF2 500 - £299 - **$481**

BAK Samuel 1933 [47]
- From the Bridge - Oil/canvas (100x81cm-39x32in) New-York 94 .... FF15 340 - £1 745 - **$2,600**
- Such is Life - Oil/canvas (61x50cm-24x20in) Tel Aviv 97 .... FF40 509 - £4 306 - **$7,000**
- Jewish history - Oil/canvas (115x89cm-45x35in) Tel Aviv 96 .... FF127 600 - £16 540 - **$25,000**

BAKALOWICZ Ladislaus 1833-1903 [24]
- Young woman in blue dress - Oil/cardboard (13x10cm-5x4in) Warszawa 96 .... FF7 710 - £967 - **$1,504**
- La Charité - Oil/canvas (81x61cm-32x24in) London 95 .... FF15 360 - £2 000 - **$3,150**
- Women in an interior - Oil/panel (55x41cm-22x16in) Warszawa 96 .... FF64 700 - £8 170 - **$12,450**

BAKELS Reinier Sybrand 1873-1956 [7]
- Dordrecht & Grote Kerk - Oil/canvas (170x120cm-67x47in) Amsterdam 97 .... FF11 098 - £1 200 - **$1,936**

BAKENHUS Gerhard 1860-1939 [2]
- Apfeln, Krug und Herbstblumen - Huile/panneau (35x68cm-14x27in) Bremen 94 ...... FF12 000 - £1 390 - **$2,065**

BAKER Alfred Rawlings 1865-? [1]
- Shepherd & his flock - Watercolour (51x72cm-20x28in) London 95 .... FF5 810 - £750 - **$1,196**

BAKER Bryant 1881-1970 [4]
- Pioneer Woman - Bronze (44cm-17in) New-York 95 .... FF55 200 - £6 910 - **$11,000**

BAKER Charles H. Collins 1880-? [1]
- Old houses and Inn, Rye - Watercolour (24x33cm-9x13in) London 90 .... FF2 500 - £259 - **$439**

BAKER Elisha Taylor 1827-1890 [5]
- Safe Harbor - Oil/canvas (76x64cm-30x25in) New-York 93 .... FF20 650 - £2 350 - **$3,500**
- Sunrise from Chapman Dock, NY - Oil/canvas (79x128cm-31x50in) New-York 95 ... FF237 000 - £31 300 - **$48,000**

BAKER Elizabeth Gowdy ?-1927 [2]
- Mrs. Henry Rogers Malorey - Watercolour/paper (132x74cm-52x29in) New-York 92 ... FF10 540 - £1 104 - **$1,900**

BAKER Ernest Hamlin 1889-1975 [1]
- Leo Durocher - Gouache (25x23cm-10x9in) New-York 94 .... FF13 380 - £1 605 - **$2,600**

BAKER George A. 1821-1880 [1]
- Dolly - Oil/board (24x19cm-9x7in) San Francisco-Los Angeles 92 .... FF13 000 - £1 552 - **$2,500**

BAKER George H. 1878-1943 [1]
- Autumn landscape - Oil/canvas (61x61cm-24x24in) Mystic, Connecticut 96 .... FF9 840 - £1 216 - **$1,900**

BAKER John 1736-1771 [2]
- Still life of flowers in an urn - Oil/canvas (111x88cm-44x35in) London 96 .... FF76 400 - £9 000 - **$15,000**

BAKER OF LEAMINGTON Thomas 1809-1869 [24]
- On the Avon, near Warwick - Oil/board (21x27cm-8x11in) London 95 .... FF13 420 - £1 700 - **$2,700**
- Looking down Stonebyres, Clyde - Oil/board (22x30cm-9x12in) London 94 .... FF29 070 - £3 400 - **$5,070**
- Milverton - Watercolour (21x31cm-8x12in) London 92 .... FF4 495 - £460 - **$793**

BAKER Oliver 1856-1939 [9]
- Ludlow Castle - Watercolour (25x33cm-10x13in) Leominster, Herefordshire 92 .... FF3 030 - £310 - **$534**

BAKER Samuel Colwell 1874-1964 [1]
- Mission church in the desert - Oil/masonite (63x91cm-25x36in) San Francisco 89 ...... FF5 700 - £551 - **$865**

B

BAKER Samuel Henry 1824-1909 [11]
- Church, Warwickshire - Oil/canvas (107x91cm-42x36in) Bloomfield Hills, Michigan 96 .... FF7 830 - £906 - $1,500
- The hall farm, Warwickshire - Watercolour/paper (33x53cm-13x21in) London 90 .... FF7 300 - £735 - $1,327

BAKER Sarah M. 1899-1983 [1]
- The Circus - Oil/canvas (41x51cm-16x20in) North Bethesda, MD. 92 .... FF4 160 - £436 - $750

BAKER Thomas 1809-1869 [8]
- Cattle grazing in a River - Oil/canvas (33x48cm-13x19in) London 97 .... FF27 548 - £3 000 - $4,791
- The Open Country, near Barford - Watercolour (24x34cm-9x13in) London 96 .... FF2 480 - £320 - $479
- Mill on the banks a river near a castle - Watercolour (14x24cm-6x9in) London 90 .... FF11 600 - £1 250 - $2,046

BAKER W. Moseley XIX-XX [2]
- Naturforscher - Oil/panel (30x25cm-12x10in) Ahlden 92 .... FF5 950 - £610 - $1,047

BAKER William George 1864-1929 [2]
- Lake manapouri, New Zealand - Oil/canvas (92x137cm-36x54in) London 96 .... FF15 000 - £1 800 - $2,806
- Tihati Bay, New Zealand - Watercolour (30x25cm-12x20in) London 93 .... FF3 486 - £420 - $610

BAKER-CLACK Arthur ?-1955 [10]
- Boatyard - Oil/panel (26x34cm-10x13in) London 91 .... FF34 700 - £3 522 - $6,267

BAKHUIJZEN Alexander Hieronymus 1826-1878 [9]
- Figures and cattle in a landscape - Oil/panel (22x30cm-9x12in) Amsterdam 94 .... FF10 980 - £1 275 - $1,890

BAKHUIJZEN VAN DE SANDE Geraldine Jacoba 1826-1895 [13]
- Roses, azalea on a ladge - Oil/panel (24x32cm-9x13in) Amsterdam 95 .... FF143 000 - £17 860 - $28,900

BAKHUIJZEN VAN DE SANDE Hendrik 1795-1860 [22]
- Wooded landscape with deer - Oil/panel (50x63cm-20x25in) Amsterdam 94 .... FF61 000 - £7 080 - $10,500
- Countryfolk with cows - Oil/canvas (152x192cm-60x76in) London 96 .... FF136 200 - £16 000 - $26,800
- Cattle in a meadow by a ruined castle - Pencil (21x26cm-8x10in) Amsterdam 95 .... FF4 630 - £560 - $872

BAKHUIJZEN VAN DE SANDE Julius Jacobus 1835-1925 [24]
- Angler in a wood - Oil/canvas (49x69cm-19x27in) Amsterdam 97 .... FF15 550 - £1 643 - $2,668
- Cows and a herdsmen - Oil/canvas (67x104cm-26x41in) Amsterdam 94 .... FF39 800 - £4 770 - $7,720
- Troupeau près de la rivière - Aquarelle Bayeux 96 .... FF8 000 - £1 035 - $1,570

BAKINE Sergei 1957 [2]
- Chiffonnier, 1978 - Huile/carton (30x40cm-12x16in) Paris 90 .... FF2 900 - £305 - $504

BAKK Dominique 1953 [5]
- La Seine à Chatou - Huile/toile (35x27cm-14x11in) L'Isle-Adam 95 .... FF2 900 - £377 - $594

BAKKER Arend Backer 1806-1843 [1]
- Happy return - Oil/panel (40x50cm-16x20in) Amsterdam 90 .... FF16 500 - £1 705 - $2,915

BAKKER Douwe Jan 1943 [1]
- Pronounceables - Assemblage (153cm-60in) Amsterdam 96 .... FF3 010 - £345 - $574

BAKKER Frans 1871-1944 [4]
- Indonesian landscape - Oil/canvas (43x63cm-17x25in) Amsterdam 94 .... FF5 510 - £661 - $1,070
- Indonesian landscape - Watercolour/paper (28x44cm-11x17in) Amsterdam 96 .... FF2 110 - £271 - $409

BAKKER Jop Augustus 1797-1876 [1]
- Summerlandscape/Traveller - Oil/panel (42x55cm-17x22in) Amsterdam 90 .... FF19 600 - £1 983 - $3,728

BAKKER Patrick Sicco 1910-1932 [1]
- Portrait of O.L. van der Aa - Oil/canvas (70x47cm-28x19in) Amsterdam 95 .... FF2 935 - £355 - $552

BAKKER Teunis, Teun 1894-1964 [1]
- Country road - Watercolour/paper (24x34cm-9x13in) Amsterdam 96 .... FF1 504 - £173 - $287

BAKOF Julius 1819-1857 [1]
- Forest scene with family of deer - Wash (15x20cm-6x8in) New-York 94 .... FF1 924 - £225 - $339

BAKOS Jozef G. 1891-1976 [1]
- Western landscape - Oil/canvas (45x60cm-18x24in) New-York 92 .... FF22 050 - £2 560 - $4,500

BAKRE Sadanand K. XX [2]
- Untitled (landscape) - Oil/canvas (101x127cm-40x50in) London 96 .... FF8 100 - £1 000 - $1,563

BAKST Léon 1866-1924 [90]
- Capri - Oil/panel (23x33cm-9x13in) London 91 .... FF49 600 - £5 034 - $8,958
- Costume design - Watercolour, gouache (32x23cm-13x9in) London 96 .... FF70 000 - £8 000 - $13,330
- Costume - Watercolour, gouache (34x21cm-13x8in) London 96 .... FF428 500 - £49 000 - $81,700

BAKSTEEN Dirk 1886-1971 [29]
- Schoon Kempenland - Oil/canvas (56x83cm-22x33in) Amsterdam 94 .... FF7 620 - £885 - $1,313
- Arbre - Eau-forte Antwerpen 96 .... FF2 132 - £258 - $411

BAKSTEEN Gerard 1887-1976 [3]
- Cruche de fleurs - Huile/toile (90x80cm-35x31in) Bruxelles 97 .... FF4 085 - £443 - $723

BAKTE-KOLLER Josefine 1897-1867 [3]
- Fliederstilleben - Öl/Karton (80x55cm-31x22in) München 94 .... FF6 150 - £723 - $1,096

BALABENE Rudolf Raimund 1890-1968 [5]
- Pferdekopf - Oil/canvas (60x50cm-24x20in) Wien 92 .... FF6 740 - £676 - $1,296

BALACA Y CANSECO Eduardo 1840-1914 [2]
- Retrato de dama - Oleo/lienzo (72x58cm-28x23in) Madrid 90 .... FF2 413 - £300 - $468

BALACA Y CANSECO Ricardo 1844-1880 [5]
- Retrato de joven dama - Oleo/lienzo (74x59cm-29x23in) Madrid 94 .... FF10 310 - £1 230 - $1,943

BALADES René 1920 [2]
- Paysage du Midi - Huile/toile (54x65cm-21x26in) Provins 90 .... FF3 800 - £389 - $750

BALAGUER Jimenéz 1938 [4]
- Femmes - Acrylique (114x146cm-45x57in) Paris 92 .... FF11 000 - £1 126 - $1,980

BALAN Julio 1954 [2]
Totem - Relief (180x49cm-71x19in) Paris 92 .... FF3 200 - £382 - **$616**
BALANDE Gaston 1880-1971 [303]
Le port de La Rochelle - Huile/panneau (16x22cm-6x9in) Le Touquet 96 .... FF5 500 - £652 - **$1,073**
Baignade sur les bords de l'Odet - Huile/panneau (54x65cm-21x26in) Brest 96 .... FF18 000 - £2 066 - **$3,434**
Déjeuner sur l'herbe - Huile/toile (148x178cm-58x70in) Vinca 97 .... FF46 000 - £5 134 - **$8,257**
Dundee, La Rochelle - Huile/toile (54x65cm-21x26in) La Rochelle 89 .... FF126 000 - £12 537 - **$19,905**
Marine - Aquarelle (23x31cm-9x12in) Chartres 89 .... FF4 400 - £438 - **$695**
Jeune femme assise - Aquarelle (19x12cm-7x5in) La Varenne Saint-Hilaire 89 .... FF4 500 - £448 - **$711**
Le pont Saint-Bénezet - Lavis (20x26cm-8x10in) Avignon 89 .... FF4 500 - £474 - **$758**
Le retour de pêche - Aquarelle (21x27cm-8x11in) Louviers 90 .... FF11 500 - £1 239 - **$2,028**
BALANO Paula Himmelsbach 1878-? [1]
Seated girl with book - Oil/canvas (76x64cm-30x25in) Philadelphia 95 .... FF3 760 - £475 - **$750**
BALAS Eszter 1947 [5]
Homme IV - Plastique (19x21x11cm-7x8x4in) Paris 91 .... FF1 800 - £181 - **$312**
BALASCH Mateo 1870-1936 [1]
Niña con gallinas - Oleo/lienzo (73x58cm-29x23in) Madrid 93 .... FF7 120 - £848 - **$1,288**
BALATA Martine 1947 [2]
Petit Musée, 1989 - Technique mixte (125x20x50cm-49x8x20in) Paris 90 .... FF11 000 - £1 178 - **$1,913**
BALAY Charles L. M. 1861-1943 [1]
Militaires, assis devant la fenêtre - Huile/toile (56x47cm-22x19in) Paris 92 .... FF7 000 - £835 - **$1,347**
BALBI Angelo 1872-1939 [1]
Costa ligure - Olio/tavola (30x40cm-12x16in) Roma 91 .... FF12 610 - £1 252 - **$2,189**
BALCAR Jiri 1929-1968 [1]
Dekret I WXB - Mixed media/paper (20x13cm-8x5in) Düsseldorf 90 .... FF6 800 - £728 - **$1,183**
BALCYTIS Vitautas 1955 [2]
Spaudos ruami Vilnius - Photo (30x25cm-12x10in) Paris 91 .... FF2 000 - £199 - **$344**
BALDASSARI IRAS Roberto 1894-1965 [1]
Venezia - Olio/tela (41x30cm-16x12in) Milano 93 .... FF5 490 - £618 - **$920**
BALDASSARI-DUCHEMIN Mad XX [15]
Miroirs - Huile/toile (60x198cm-24x78in) Paris 91 .... FF2 500 - £248 - **$434**
BALDASSINI Guglielmo 1885-1952 [2]
Campagna d'inverno - Olio/tavola (36x47cm-14x19in) Roma 95 .... FF9 120 - £1 170 - **$1,830**
BALDAUGH von Anni 1881-1953 [2]
Desert Palms - Oil/canvas (86x93cm-34x37in) San Francisco-Los Angeles 93 .... FF32 000 - £3 690 - **$5,500**
The washburn children - Wash (14x10cm-6x4in) San Francisco-Los Angeles 91 .... FF11 380 - £1 138 - **$1,874**
BALDERER Georges 1810-1882 [2]
Scène courtoise - Huile/toile (70x92cm-28x36in) Liège 91 .... FF5 670 - £568 - **$1,038**
BALDERO Luigi G. XIX-XX [8]
La répétition dans la taverne - Huile/toile (54x65cm-21x26in) Calais 92 .... FF10 000 - £1 024 - **$1,960**
BALDESSARI John 1931 [40]
Cutting Ribbon, Painting - Acrylic (192x90cm-76x35in) New-York 96 .... FF60 000 - £7 760 - **$12,000**
Life's Balance
    1 panel incorporating 2 color coupler prints (91x38cm-36x15in) New-York 96 .... FF36 250 - £4 480 - **$7,000**
Horizontal women - Photograph (221x152cm-87x60in) New-York 91 .... FF199 500 - £20 247 - **$36,032**
BALDESSARI Luciano 1896-? [2]
Bissone am Luganersee - Oil/canvas (51x71cm-20x28in) Luzern 92 .... FF8 370 - £1 000 - **$1,610**
BALDESSARI Roberto Iras 1894-1965 [6]
Banco di cocomeri - Tecnica mista/cartone (42x50cm-17x20in) Milano 95 .... FF84 700 - £11 070 - **$17,000**
BALDET Gérard 1946 [2]
La caisse - Acrylique/toile (97x130cm-38x51in) Paris 97 .... FF2 500 - £275 - **$456**
Sans titre - Collage (60x44cm-24x17in) Paris 91 .... FF3 600 - £358 - **$625**
BALDOCK Charles E. XIX-XX [2]
A tiger/A leopard - Watercolour (22x17cm-9x7in) Retford, Nottinghamshire 93 .... FF1 600 - £200 - **$290**
BALDOCK James Walsham 1825-1898 [13]
Hamer's Dogs - Oil/canvas (102x127cm-40x50in) Billinghurst, West Sussex 92 .... FF122 100 - £12 500 - **$25,440**
Heathland path with cornstooks - Watercolour (33x48cm-13x19in) London 95 .... FF3 036 - £380 - **$605**
BALDOUI Jean 1890-1955 [2]
Sortie du Sultan Moulay Youssef, Fès - Huile/toile (65x92cm-26x36in) Paris 95 .... FF32 000 - £4 050 - **$6,440**
BALDUS Edouard Denis 1813-1882 [43]
L'Arc de Triomphe - Tirage albuminé (27x20cm-11x8in) Paris 95 .... FF1 700 - £205 - **$322**
Église à Anvers - Albumen print (33x43cm-13x17in) New-York 95 .... FF9 700 - £1 246 - **$2,000**
Pont de L'Isle avec lavandière - Tirage papier salé (31x43cm-12x17in) Paris 97 .... FF30 000 - £3 216 - **$5,250**
BALDWIN Samuel XIX [2]
The Spinning Top - Oil/canvas St. Helier, Jersey 89 .... FF9 700 - £965 - **$1,532**
BALDWIN W.T. c.1840-c.1880 [1]
Schooner off Dover - Oil/canvas (51x76cm-20x30in) London 95 .... FF9 310 - £1 200 - **$1,894**
BALDWYN Charles Henry C. 1859-1943 [13]
In full cry - Watercolour (30x45cm-12x18in) London 92 .... FF5 370 - £550 - **$1,053**
BALE Charles Thomas c.1840-c.1890 [88]
Dead Game & Fruit on a Table - Oil/canvas (51x76cm-20x30in) London 94 .... FF12 820 - £1 500 - **$2,250**
Mixed fruit, a bird's nest and a flagon

Oil/canvas (61x51cm-24x20in) Billinghurst, West Sussex 94 .... FF*34 840* - £*4 000* - **$5,960**

🖉 *Still life of mixed fruit* - Watercolour (61x51cm-24x20in) Billinghurst, West Sussex 94 .... FF*13 560* - £*1 600* - **$2,415**

BALE Edwin 1842-1923 [1]
🖉 *Study of a young girl* - Watercolour (26x18cm-10x7in) Billinghurst, West Sussex 95 .... FF*8 030* - £*1 000* - **$1,570**

BALEN van Jan 1611-1654 [8]
🖼 *L'Adoration des Rois Mages* - Huile/cuivre (17x17cm-7x7in) Paris 92...................... FF*72 000* - £*7 370* - **$12,960**

BALENGHIEN Gustave 1882-1953 [7]
🖼 *Roses* - Huile/toile (73x60cm-29x24in) Lokeren 96 .... FF*2 465* - £*305* - **$476**

BALESTRA Antonio 1666-1740 [11]
🖼 *The Finding of Moses* - Oil/canvas (159x266cm-63x81in) New-York 90 ...... FF*240 200* - £*25 258* - **$41,774**
🖉 *Madonna and Child* - Ink (27x17cm-11x7in) Köln 96 .... FF*4 400* - £*517* - **$865**

BALESTRA Pietro 1711-1789 [2]
🗿 *Trois amours* - Plâtre (44cm-17in) Bruxelles 94 .... FF*1 663* - £*200* - **$308**

BALESTRIERI Lionello 1874-1958 [44]
🖼 *Ritratto di signora* - Olio/tela (92x67cm-36x26in) Roma 96 .... FF*5 010* - £*581* - **$975**
Cuccendo alla finestra - Olio/tela (60x81cm-24x32in) Roma 95 .... FF*14 980* - £*1 970* - **$2,976**
La famiglia - Olio/tela (135x135cm-53x53in) Roma 96 .... FF*120 200* - £*13 930* - **$23,400**
🖉 *Jeune femme, Paris* - Technique mixte/papier (32x21cm-13x8in) Paris 97 ...... FF*15 000* - £*1 596* - **$2,610**

BALESTRINI Carlo 1868-1922 [3]
🖼 *Bovini all'abbeverata* - Olio/tela (100x162cm-39x64in) Roma 94............ FF*53 400* - £*6 400* - **$9,920**

BALFORT Michel, Roger KARL 1882-1984 [78]
🖼 *Vase de fleurs* - Huile/toile (61x50cm-24x20in) La Varenne Saint-Hilaire 93 ...... FF*3 000* - £*337* - **$509**
🖉 *Paysage à la barrière* - Gouache (31x23cm-12x9in) La Varenne Saint-Hilaire 93 ...... FF*1 500* - £*169* - **$254**

BALFOURIER Adolphe Paul E. 1816-1876 [4]
🖼 *Vue de Tivoli* - Huile/toile (48x60cm-19x24in) Monaco 93 .... FF*48 000* - £*5 520* - **$8,270**
Paysage d'Italie - Huile/toile (126x198cm-50x78in) Paris 93 .... FF*200 000* - £*22 470* - **$33,900**

BALGLEY Jacob 1891-1934 [13]
🖼 *Fille de Jérusalem* - Huile/toile (92x73cm-36x29in) Paris 92 .... FF*5 100* - £*522* - **$898**
🖉 *Les enfants au Luxembourg* - Mine plomb (14x21cm-6x8in) Paris 92 .... FF*3 000* - £*307* - **$529**

BALI Alberto 1944 [2]
🖼 *Blood, sweat...* - Huile (200x160cm-79x63in) Paris 91 .... FF*25 500* - £*2 532* - **$4,428**

BALIKHIN Viktor 1893-1953 [1]
📷 *Architectural photographs,Moscow* - Silver print New-York 95 .... FF*7 520* - £*950* - **$1,500**

BALINK Hendricus Cornelius 1882-1963 [3]
🖼 *Portrait of an Indian Chief*
Oil/canvas (61x51cm-24x20in) San Francisco-Los Angeles 96 .... FF*67 800* - £*7 850* - **$13,000**

BALINT Arpad 1870-? [2]
🖼 *Strada di sera* - Olio/tela (48x60cm-19x24in) Trieste 93 .... FF*6 510* - £*742* - **$1,104**

BALINT Endre 1914-1986 [1]
🖼 *Látomás, 1967* - Monotype (48x42cm-19x17in) Budapest 89 .... FF*1 700* - £*179* - **$286**

BALJEU Joost 1925-1991 [4]
🗿 *Constructie F.4* - Sculpture (79x29x29cm-31x11x11in) Amsterdam 94 .... FF*24 500* - £*2 904* - **$4,530**

BALKE Peder 1804-1887 [8]
🖼 *A Ship off a Coast in stormy Seas* - Oil/canvas/board (12x16cm-5x6in) Wien 96 .... FF*33 100* - £*4 014* - **$6,440**

BALKÉ Théodore Charles 1875-1951 [1]
🖼 *Une porte de Kairouan* - Huile/carton (32x27cm-13x11in) Versailles 90 .... FF*3 000* - £*307* - **$592**

BALKENHOL Stephan 1958 [2]
🖉 *Junge mit Zipfelmütze/Knabe* - Lithographie (56x17cm-22x7in) Hamburg 96 .... FF*1 640* - £*213* - **$325**

BALL George 1929 [2]
🖼 *The Conversation* - Oil/board (24x23cm-9x92in) London 94 .... FF*2 420* - £*280* - **$414**

BALL James Presley 1825-? [1]
📷 *Street scene in Cincinnati* - Daguerreotype New-York 92 .... FF*329 400* - £*33 700* - **$58,000**

BALL L. Clarence 1858-1915 [1]
🖉 *Interior with fireplace* - Watercolour (36x53cm-14x21in) North Berwick, Maine 93 .... FF*2 613* - £*328* - **$475**

BALL Percival XIX-XX [3]
🗿 *Figure of Bacchus* - Marble (78cm-31in) London 92 .... FF*97 700* - £*10 000* - **$17,240**

BALL Thomas 1819-1911 [8]
🗿 *Ophelia* - Sculpture New-York 90 .... FF*40 000* - £*4 255* - **$7,156**

BALL Wilfred Williams 1853-1917 [24]
🖼 *Romsey* - Oil/canvas (17x20cm-7x8in) Billinghurst, West Sussex 92 .... FF*6 640* - £*680* - **$1,170**
🖉 *Chioggia near Venezia* - Watercolour (26x21cm-10x8in) London 96 .... FF*2 780* - £*360* - **$557**
The bridge at Wareham - Wash (19x29cm-7x11in) London 91 .... FF*5 930* - £*599* - **$1,177**
Autumn sunset, Venice - Watercolour (15x27cm-6x11in) Billinghurst, West Sussex 92 .... FF*6 430* - £*660* - **$1,234**

BALL-DEMONT Adrienne 1886-? [1]
🖼 *L'instinct de propriété* - Huile/toile (73x93cm-29x37in) Bruxelles 94 .... FF*10 000* - £*1 160* - **$1,720**

BALLA Giacomo 1871-1958 [199]
🖼 *Signora Adelaïde Cottreau* - Oil/canvas (100x100cm-39x39in) London 90 .... FF*1 - £*190 198* - **$367,132**
Scala degli Addii - Oil/canvas (105x105cm-41x41in) New-York 90 .... FF*2* - £*2* - **$4 ,930,23e,+06**
Composizione - Olio/tavola (9x10cm-4x4in) Milano 96 .... FF*40 200* - £*5 160* - **$7,680**
Compenetrazione iridescente - Tempera/tavola (50x41cm-20x16in) Prato 97 ...... FF*578 000* - £*68 000* - **$102,000**
🗿 *Ballerina IV* - Sculpture (52cm-20in) New-York 93 .... FF*18 880* - £*2 150* - **$3,200**
Tree, circa 1920-25 - Sculpture (32cm-13in) New-York 90 .... FF*200 200* - £*21 298* - **$35,814**
🖉 *Il Mercurio e al Sole* - Gouache/paper (65x50cm-26x20in) New-York 90 .... FF*2* - £*304 255* - **$511,628**

Futur Balla Composition futuriste - Gouache (49x70cm-19x28in) Bayeux 96 .... FF**52 000** - £**6 160** - **$10,140**
Linea di velocità più vortice - Matita/carta (47x70cm-19x28in) Milano 95 .... FF**298 000** - £**37 000** - **$60,000**

BALLABENE Rudolf Raimund 1890-1968 [12]
Feldarbeit - Öl/Leinwand (99x109cm-39x43in) Wien 97 .... FF**14 388** - £**1 518** - **$2,487**

BALLAND Marc 1935 [23]
Fête en Palestine - Huile/toile (65x54cm-26x21in) La Baule 94 .... FF**2 900** - £**343** - **$4,990**

BALLANTYNE John 1815-1897 [5]
Reading the tea leaves, 1872 - Oil/canvas (61x51cm-24x20in) Glasgow 90 .... FF**21 300** - £**2 207** - **$3,743**

BALLANTYNE Robert Michael 1852-1894 [1]
Mountainous landscape - Oil/board (36x56cm-14x22in) Mystic, Connecticut 96 .... FF**2 590** - £**320** - **$500**

BALLAVOINE Jules Frédéric c.1855-1901 [37]
Portrait of a lady with a book - Oil/panel (35x26cm-14x10in) London 93 .... FF**28 000** - £**3 500** - **$5,080**
An auburn Beauty - Oil/canvas (46x38cm-18x15in) London 97 .... FF**54 745** - £**6 000** - **$9,608**
Le bracelet - Oil/canvas (46x56cm-18x22in) New-York 97 .... FF**102 681** - £**11 068** - **$18,000**

BALLE Grete 1936 [4]
Back to four corners - Mixed media (150x90cm-59x35in) Viby J, Århus 96 .... FF**2 190** - £**283** - **$423**

BALLE Mogems 1921 [109]
Før nat - Oil/canvas (65x65cm-26x26in) København 96 .... FF**5 760** - £**748** - **$1,140**
Drømmehuset - Oil/canvas (60x73cm-24x29in) Amsterdam 95 .... FF**20 500** - £**2 613** - **$4,180**
Untitled - Oil/canvas (81x100cm-32x39in) Amsterdam 94 .... FF**61 000** - £**7 160** - **$10,860**

BALLE Otto Petersen 1865-1916 [9]
Summer landscape - Oil/canvas (27x42cm-11x17in) Aalborg 96 .... FF**3 345** - £**420** - **$646**

BALLENBERGER Karl 1801-1860 [2]
Kaiser und Pilger am Tor - Öl/Leinwand (25x22cm-10x9in) München 92 .... FF**19 000** - £**2 270** - **$3,650**

BALLEROY de Albert 1828-1873 [3]
The kill - Oil/canvas (74x99cm-29x39in) New-York 89 .... FF**20 000** - £**1 990** - **$3,160**

BALLESIO Federico XIX-XX [18]
In Memoriam - Oil/canvas (41x61cm-16x24in) Amsterdam 93 .... FF**19 520** - £**2 340** - **$3,570**
After the recital - Watercolour/paper (51x74cm-20x29in) New-York 94 .... FF**23 400** - £**2 707** - **$4,000**
The carpet seller - Watercolour/paper (54x76cm-21x30in) New-York 96 .... FF**175 000** - £**22 650** - **$35,000**

BALLESTER Anselmo 1897-1974 [2]
Gli Invasori - Poster (140x99cm-55x39in) London 96 .... FF**4 625** - £**600** - **$914**

BALLESTER Rosalie XX [12]
Entre ciel et terre - Technique mixte/toile (70x50cm-28x20in) Paris 95 .... FF**6 000** - £**758** - **$1,213**

BALLET André 1885-? [7]
Rentrée au port, Bretagne - Huile/panneau (19x25cm-7x10in) Paris 90 .... FF**2 600** - £**269** - **$459**

BALLEWIJNS Guillaume 1875-? [1]
Coin de salle à manger - Huile/toile (30x40cm-12x16in) Bruxelles 95 .... FF**4 025** - £**485** - **$762**

BALLIN Auguste 1842-? [5]
The Bridge at Blackfriars - Oil/panel (18x30cm-7x12in) London 97 .... FF**13 774** - £**1 500** - **$2,395**

BALLIN Hugo 1879-1956 [4]
Wedding breakfast - Oil/canvas (76x101cm-30x40in) Elgin, Illinois 91 .... FF**8 470** - £**841** - **$1,471**

BALLIN Joel, John 1822-1885 [1]
Folkelivsscene, Helligåndskrken - Pencil (29x32cm-11x13in) København 94 .... FF**36 500** - £**4 190** - **$6,250**

BALLINGER Harry 1892-? [3]
Rhododendrons - Oil/canvas (63x76cm-25x30in) Cambridge, Mass. 91 .... FF**8 550** - £**858** - **$1,479**

BALLINI Gilles 1946 [9]
Le cirque - Huile/toile Nogent-sur-Marne 92 .... FF**4 800** - £**492** - **$845**

BALLION Michelle 1962 [3]
Danse nocturne - Technique mixte/panneau (73x92cm-29x36in) Paris 91 .... FF**2 300** - £**233** - **$415**

BALLMER Karl 1891-1958 [3]
Ohne Titel - Gouache/papier (63x48cm-25x19in) Zürich 97 .... FF**23 687** - £**2 518** - **$4,086**

BALLOCO Mario 1913 [3]
Composizione - Olio/tela (69x58cm-27x23in) Milano 93 .... FF**26 760** - £**3 075** - **$4,600**

BALLON Jean 1967 [7]
Sans titre - Huile/toile (95x82cm-37x32in) Paris 91 .... FF**2 800** - £**284** - **$506**

BALLOT Clémentine XIX-XX [2]
Printemps à Gargillesse - Huile/toile Guéret 93 .... FF**14 100** - £**1 585** - **$2,390**

BALLOT Georges 1866-? [1]
L'amateur de dessins - Huile/toile (130x98cm-51x39in) Paris 91 .... FF**7 800** - £**782** - **$1,429**

BALLUE Hippolyte Omer 1820-1867 [2]
Sous-bois à Fontainebleau - Huile/panneau (30x37cm-12x15in) Pontoise 96 .... FF**3 400** - £**388** - **$651**

BALLUE Pierre 1882-1932 [3]
Vue de Fresseline, dans la Creuse
Huile/toile (54x73cm-21x29in) La Varenne Saint-Hilaire 94 .... FF**25 000** - £**2 870** - **$4,280**

BALLUE Pierre Ernest 1855-1928 [24]
Paysages au lac - Huile/panneau (33x54cm-13x21in) Paris 97 .... FF**5 200** - £**563** - **$919**
Rivière normande - Huile/toile (38x55cm-15x22in) Barbizon 96 .... FF**14 000** - £**1 746** - **$2,704**
Vase de fleurs - Huile/toile (92x74cm-36x29in) Paris 91 .... FF**49 000** - £**4 940** - **$8,650**

BALLUF Ernst 1921 [2]
Herbst - Mischtechnik/Karton (52x74cm-20x29in) Wien 96 .... FF**6 840** - £**889** - **$1,340**

B

BALLURIAU Paul 1860-1917 [5]
- Le Petit Théâtre - Affiche (114x80cm-45x31in) Paris 93............... FF2 200 - £265 - $400

BALMELLI Attilio 1887-1971 [2]
- Südlandischen Bergdorfes - Huile/panneau (23x42cm-9x17in) Bern 95............... FF6 880 - £895 - $1,413

BALMER George 1806-1846 [3]
- Figures resting beneath a tree - Watercolour (32x23cm-13x9in) London 96............... FF7 220 - £850 - $1,417

BALMER Heinz 1903-1964 [5]
- Wiggerlandschaft gegen Aarburg - Öl/Karton (34x56cm-13x22in) Zofingen 92............... FF3 810 - £455 - $732

BALMER Wilhelm Paul Friedr. 1865-1922 [9]
- Selbstportrait - Öl/Leinwand (40x30cm-16x12in) Bern 93............... FF5 150 - £593 - $883
- Mädchenakt auf Frühlingswiese - Oil/canvas (80x175cm-31x69in) Lindau 91............... FF57 500 - £5 794 - $9,978
- Bergfrühling - Aquarell/Papier (27x20cm-11x8in) Bern 94............... FF4 870 - £576 - $875

BALMFORD Hurst 1871-? [6]
- Boats in the harbour - Oil/canvas/board (36x49cm-14x19in) London 90............... FF6 550 - £663 - $1,246

BALMIGERE Paul Marcel XX [13]
- Arc de Triomphe et Champs Elysées - Huile/toile (46x55cm-18x22in) Paris 97............... FF9 000 - £955 - $1,567

BALOUZET Armand Auguste 1858-1905 [2]
- Paysage à l'étang - Huile/toile (88x115cm-35x45in) Lyon 96............... FF8 000 - £997 - $1,545

BALS Hilaire 1940 [8]
- Canards près de l'étang - Huile/panneau (45x50cm-18x20in) Antwerpen 96............... FF3 660 - £475 - $725

BALSAM Rolf C.W. XIX-XX [2]
- Blumenmarkt unter Parkbäumen - Tecnica mista/tela (36x37cm-14x15in) Stuttgart 89............... FF7 400 - £780 - $1,246

BALSAMO Salvatore 1894-1922 [2]
- Pierrot et Colombine - Huile/toile (85x63cm-33x25in) Angers 97............... FF10 000 - £1 078 - $1,778

BALSAMO Vincenzo 1935 [2]
- Composizione - Silkscreen (40x30cm-16x12in) Roma 94............... FF4 180 - £492 - $744
- Senza titolo - Tecnica mista/carta (87x63cm-34x25in) Roma 94............... FF7 870 - £924 - $1,364

BALSGAARD Carl Vilhelm 1811-1893 [16]
- Kommerserådinnan Hilda Wijk - Oil/canvas (36x29cm-14x11in) Stockholm 94............... FF9 830 - £1 272 - $1,884
- Fruit & a Wine Glass - Oil/canvas (80x63cm-31x25in) New-York 94............... FF345 000 - £41 200 - $65,000

BALTARD Louis Pierre 1764-1846 [7]
- Fortified Villa in Italy - Ink (16x22cm-6x9in) London 97............... FF7 105 - £750 - $1,219

BALTERMANTS Dmitri 1912-1990 [27]
- Nikita Krushchev - Gelatin silver print (29x19cm-11x7in) San Francisco-Los Angeles 93............... FF7 080 - £808 - $1,200
- Dnepr Beach - Ferrotyped (38x60cm-15x24in) New-York 94............... FF18 600 - £2 220 - $3,500

BALTERMANTS Herbert 1900-1985 [1]
- Grief - Gelatin silver print (29x34cm-11x13in) New-York 91............... FF33 900 - £3 367 - $5,886

BALTHUS B. Klossowski Rola 1908 [128]
- Jeune fille à sa toilette - Oil/canvas (60x46cm-24x18in) London 97............... FF1 - £185 000 - $305,897
- La communiante - Huile/panneau (44x36cm-17x14in) Paris 97............... FF150 000 - £15 645 - $25,650
- La ferme - Huile/toile (81x100cm-32x39in) Paris 97............... FF3 e +06 - £313 800 - $513,900
- Enfants au Luxembourg - Huile/toile (55x46cm-22x18in) Paris 97............... FF300 000 - £31 380 - $51,390
- Thérèse Blanchard - Oil/canvas (55x46cm-22x18in) London 94............... FF686 000 - £82 000 - $128,100
- La toilette - Oil/canvas (162x13cm-64x5in) New-York 89............... FF1 868e +07 - £1 - $1
- André Gomez - Encre (25x29cm-10x11in) Paris 97............... FF10 000 - £1 043 - $1,710
- Le Cheval et le loup, La Fontaine - Encre Chine (31x24cm-12x9in) Paris 95............... FF27 000 - £3 263 - $5,080
- Deux filles, intérieur - Fusain (35x46cm-14x18in) Paris 93............... FF73 000 - £8 800 - $13,270
- Grand couché - Crayon/papier (68x103cm-27x41in) Paris 97............... FF1 e +06 - £104 600 - $171,300
- Etude pour la chambre Turque - Aquarelle (38x50cm-15x20in) Paris 97............... FF700 000 - £73 220 - $119,910

BALTUS Georges M. 1874-1967 [3]
- Tigresse - Sanguine Bruxelles 90............... FF3 900 - £415 - $698

BALTUS Jean 1880-? [1]
- Les baux de Provence - Encre (37x59cm-15x23in) Paris 90............... FF2 200 - £224 - $440

BALTZ Lewis 1945 [3]
- San Francisco - Silver print (12x22cm-5x9in) New-York 90............... FF4 600 - £468 - $920

BALUSCHEK Hans 1870-1935 [20]
- Kupferhütte - Oil/canvas (89x134cm-35x53in) Berlin 92............... FF230 600 - £27 540 - $44,400
- Trio - Aquarell (68x46cm-27x18in) Köln 93............... FF36 200 - £4 090 - $6,100
- Dampflok im Grossstadt - Gouache (63x47cm-25x19in) Berlin 95............... FF109 800 - £14 370 - $22,300

BALWÉ Arnold 1898-1983 [45]
- Der alte Hafen von Marseille - Oil/canvas (83x96cm-33x38in) München 90............... FF59 100 - £6 287 - $10,572
- Nächtlicher Tanz in der Provence - Öl/Leinwand (76x110cm-30x43in) Köln 93............... FF103 400 - £11 700 - $17,440
- Spätsommerlicher Garten - Oil/canvas (72x92cm-28x36in) München 92............... FF170 000 - £17 200 - $29,900

BALWÉ Constantia Arnola 1863-1954 [1]
- Flowers in a vase - Oil/canvas (63x52cm-25x20in) Amsterdam 94............... FF17 800 - £2 117 - $3,380

BALWE-STAIMMER Elisabeth 1896-1973 [3]
- Gelbe und rote Gladiolen - Aquarell (51x47cm-20x19in) München 89............... FF9 500 - £1 001 - $1,599

BALZAMOV Vladimir Sergei 1906-1983 [1]
- Still life - Oil/canvas (66x63cm-26x25in) London 96............... FF3 490 - £450 - $674

BALZARI Salvatore Claudio 1761-1839 [1]
- Figures in a country landscape - Watercolour (21x26cm-8x10in) London 96............... FF2 340 - £300 - $462

BALZE Paul 1815-1884 [1]
- Supplice de Sainte-Catherine - Huile/papier/toile (31x39cm-12x15in) Paris 92............... FF4 600 - £471 - $828

BALZE Raymond 1818-1909 [1]
🖼 *L'éloge de Raphaël* - Huile/toile (86x114cm-34x45in) Paris 95 .... FF**90 000** - £**11 830** - $**18,060**
BALZER Ferdinand 1872-1916 [8]
✏ *Der Wettlauf der Schnecken* - Ink (7x23cm-3x9in) Frankfurt 94 .... FF**2 723** - £**319** - $**481**
Sommerlandschaft mit Mühle - Aquarell/Papier (19x11cm-7x4in) Frankfurt 97 .... FF**6 413** - £**691** - $**1,126**
BALZER Gerd 1909-? [1]
🖎 *Vierundzwanzig Handzeichnungen* - "Darstellende Geometrie" (10) München 94 .... FF**5 470** - £**642** - $**974**
BAMA James 1926 [5]
🖼 *Man with rifle & dancing harem girls* - Oil/board (58x43cm-23x17in) New-York 96 ... FF**18 120** - £**2 340** - $**3,500**
BAMBER Bessie XIX-XX [17]
🖼 *All in a row* - Oil/canvas (30x103cm-12x41in) London 93 .... FF**9 600** - £**1 200** - $**1,740**
BAMBERGER Fritz 1814-1873 [19]
🖼 *Travellers on a Path* - Oil/panel (82cm-32in) Wien 96 .... FF**35 900** - £**4 350** - $**6,970**
Extensive river Landscape - Oil/canvas (131x177cm-52x70in) Wien 96 .... FF**248 300** - £**30 100** - $**48,300**
✏ *Puerta St. Martin, Toledo* - Pencil/paper (13x27cm-5x11in) Stuttgart 96 ...... FF**4 400** - £**510** - $**844**
BAMBERGER Gustav 1860-1936 [10]
🖼 *Am Fluss* - Öl/Leinwand (21x28cm-8x11in) Wien 94 .... FF**9 760** - £**1 131** - $**1,680**
✏ *Historischer Salon im Empirestil* - Aquarell/Papier (42x60cm-17x24in) Wien 94 ...... FF**7 770** - £**913** - $**1,385**
BAMBERGER Walter 1903-? [1]
✏ *Postdam* - Watercolour, gouache/paper (39x54cm-15x21in) Berlin 96.......... FF**10 870** - £**1 240** - $**2,080**
BAMPFYLDE Coplestone Warre 1720-1791 [7]
🖼 *J. Bampfylde* - Oil/canvas (390x360cm-154x142in) Crewkerne, Somerset 92 ... FF**635 000** - £**65 200** - $**122,000**
✏ *Portrait of gentleman* - Red chalk/paper (24x20cm-9x8in) London 97 .... FF**5 150** - £**550** - $**895**
BAMRAH Dharbinder Singh 1965 [3]
🖼 *Zebra Drinking* - Oil/canvas (59x109cm-23x43in) London 95 .... FF**42 200** - £**5 500** - $**8,730**
BAN Gerbrand 1613-1652 [2]
🖼 *Grapes, quinches & peaches* - Oil/panel (38x61cm-15x24in) Amsterdam 92 ...... FF**242 700** - £**24 850** - $**42,700**
BANANA Charly 1953 [2]
✏ *Ich suche meinen Weg* - Drawing (29x43cm-11x17in) Köln 89 .... FF**2 400** - £**245** - $**386**
BANC Jef 1930 [10]
🖼 *T 60 F 20961* - Huile/toile (97x130cm-38x51in) Paris 96 .... FF**5 000** - £**603** - $**960**
BANCEL Louis 1926 [2]
🗿 *Femme assise* - Bronze (23cm-9in) Paris 93 .... FF**3 000** - £**362** - $**546**
Maternité - Bronze (20cm-8in) Paris 92 .... FF**5 000** - £**597** - $**962**
BANCHI Giorgio 1789-1853 [1]
✏ *Vincenzo Bellini* - Gouache/paper (5x4cm-2x2in) New-York 90 .... FF**11 350** - £**1 143** - $**2,223**
BANCHIERI Giuseppe 1927 [20]
🖼 *Ambiente e finestra* - Olio/tela (100x80cm-39x31in) Roma 93 .... FF**13 530** - £**1 566** - $**2,300**
Tavolo bel giardino - Olio/tavola (100x73cm-39x29in) Milano 92.......... FF**95 100** - £**9 730** - $**16,750**
BANCO del Alma 1878-1943 [1]
🖼 *Mädchen mit Schleife im Haar* - Mixed media/board (50x38cm-20x15in) Bremen 94 ... FF**22 430** - £**2 650** - $**4,134**
BANCROFT Albert Bancroft 1890-1972 [2]
🖼 *Crestone Needles, Colorado* - Oil/canvas (41x51cm-16x20in) North Berwick, Maine 93 ... FF**4 350** - £**500** - $**750**
BANCROFT Elias ?-1924 [5]
🖼 *Minnow catchers* - Oil/canvas (71x127cm-28x50in) London 91.......... FF**34 900** - £**3 489** - $**5,748**
✏ *The Cloistered Quadrangle* - Watercolour/paper (69x89cm-27x35in) Manchester 93...... FF**14 940** - £**1 800** - $**2,610**
BANCROFT Louisa Mary XIX-XX [4]
🖼 *Summer flowers in a brown jug* - Oil/canvas (56x38cm-22x15in) Aylsham, Norfolk 93 ... FF**3 320** - £**400** - $**580**
✏ *Wallflower* - Watercolour (33x44cm-13x17in) London 92.......... FF**3 320** - £**340** - $**587**
BAND Max 1900-1974 [13]
🖼 *Bouquet de fleurs* - Huile/toile (64x46cm-25x18in) Paris 96.......... FF**4 000** - £**519** - $**791**
A view of the Holy Land - Oil/canvas (33x53cm-13x21in) New-York 94 ...... FF**13 150** - £**1 510** - $**2,250**
BANDEIRA Antonio 1922-1967 [14]
🖼 *Cidade Iluminada* - Oil/canvas (55x46cm-22x18in) New-York 94.......... FF**58 600** - £**6 920** - $**10,440**
Composition - Acrylic/canvas (154x104cm-61x41in) New-York 94 ...... FF**200 000** - £**23 460** - $**35,000**
✏ *Abstract in pink* - Gouache (49x35cm-19x14in) New-York 92 .... FF**18 200** - £**2 173** - $**3,500**
BANDELL Eugenie 1858-1918 [3]
🖼 *Abend in Schadeck* - Öl/Leinwand (65x48cm-26x19in) Hamburg 96 ...... FF**10 200** - £**1 161** - $**1,950**
BANDI Hans 1896-1973 [15]
🖼 *Bierhübelistutz im Spärherbst* - Öl/Leinwand (46x38cm-18x15in) Bern 94 ...... FF**2 684** - £**322** - $**522**
BANDI Markus XX [3]
🖼 *Dorf Beredino* - Öl/Karton (80x110cm-31x43in) Bern 96 .... FF**2 850** - £**346** - $**555**
BANDINELLI Aldo 1897-1977 [1]
🖼 *Solo morente* - Olio/tela/tavola (71x100cm-28x39in) Milano 95.......... FF**9 300** - £**1 200** - $**1,860**
BANDINI Giovanni 1540-1599 [2]
🗿 *Éphèbe tenant une corne d'abondance* - Marbre (161cm-63in) Paris 93...... FF**310 000** - £**37 350** - $**56,400**
BANDO Toshio 1890-1973 [28]
🖼 *Poupée à la robe rose* - Huile/toile (73x60cm-29x24in) Paris 96 .... FF**15 000** - £**1 933** - $**2,936**
✏ *Nature morte et étude de poupées* - Aquarelle (30x22cm-12x9in) Paris 94 ...... FF**5 200** - £**591** - $**881**
BANG Peter Marius 1829-1921 [1]
🖼 *Nature morte med frugter* - Oil/canvas (87x63cm-34x25in) Köbenhavn 90 ...... FF**52 700** - £**5 332** - $**10,024**

B

BANG Vilhelmine Maria 1848-1932 [2]
🖼 *Fra haven ved Sandholt* - Oil/canvas (38x29cm-15x11in) København 91 .... FF3 520 - £353 - **$609**
BANGERTER Walter 1891-1962 [2]
🖼 *Szene beim Friseur* - Öl/Leinwand (74x60cm-29x24in) Bern 96 .... FF4 074 - £494 - **$792**
BANKA Maruyama 1867-1942 [1]
✎ *Spring garden* - Watercolour/paper (34x27cm-13x11in) New-York 92 .... FF31 240 - £3 196 - **$5,500**
BANKS Allan R. 1948 [1]
🖼 *Two women among flowers* - Oil/canvas Chicago 94 .... FF3 250 - £385 - **$600**
BANKS Marcia XX [4]
🖼 *Central Park* - Oil/canvas (61x76cm-24x30in) Dallas, Texas 95 .... FF12 150 - £1 538 - **$2,375**
BANKS Robert XX [5]
✎ *Signora Calesini's String of Garlic* - Watercolour (67x21cm-26x8in) Amsterdam 97 .... FF3 468 - £375 - **$60,5 9**
BANKS Thomas 1735-1805 [2]
🗿 *Bust of Warren Hastings* - Bronze (68cm-27in) New-York 94 .... FF25 800 - £2 985 - **$4,400**
BANKS Virginia 1920-1985 [1]
🖼 *Basket of line and bait* - Oil/canvas (56x71cm-22x28in) Mystic, Connecticut 94 .... FF2 180 - £252 - **$375**
BANLIEUE-BANLIEUE Campos/Susuki/Menar Formé en 1982 [5]
🖼 *Flash art, 1985* - Acrylique/papier (70x40cm-28x16in) Les Andelys 89 .... FF5 500 - £562 - **$884**
🖼 *Sans titre, 1987* - Acrylique/toile (180x200cm-71x79in) Paris 90 .... FF33 000 - £3 556 - **$5,820**
🗿 *Sans titre* - Sculpture (120cm-47in) Paris 91 .... FF4 800 - £487 - **$867**
BANNARD Walter Darby 1931 [3]
🖼 *Greenwing* - Acrylic/canvas (238x178cm-94x70in) New-York 96 .... FF7 770 - £1 003 - **$1,500**
BANNATYNE John James 1835-1911 [19]
🖼 *Ardchonnel castle, Loch Awe* - Oil/canvas (71x89cm-28x35in) Glasgow 91 .... FF14 960 - £1 499 - **$2,523**
BANNER Alfred XIX-XX [4]
🖼 *The Miners Bridge, North Wales* - Oil/canvas (25x20cm-10x8in) London 96 .... FF2 340 - £300 - **$465**
BANNER Delmar Harmood 1896-1983 [2]
🖼 *Easter/Palestine* - Oil/canvas (75x100cm-30x39in) London 95 .... FF3 305 - £420 - **$671**
✎ *Bow Fell, Eskdale* - Watercolour (28x36cm-11x14in) Carlisle 92 .... FF3 015 - £360 - **$580**
BANNER Hugh Harmood 1865-? [1]
🖼 *Young boy fishing* - Mezzotint (23x31cm-9x12in) London 95 .... FF1 662 - £200 - **$315**
BÄNNINGER Otto XX [3]
🗿 *Bourdelle* - Marbre (51cm-20in) Paris 89 .... FF19 000 - £1 943 - **$3,055**
BÄNNINGER Otto Charles 1897-1976 [7]
🗿 *Pferd* - Bronze (49x15x56cm-19x6x22in) Zürich 95 .... FF24 140 - £3 130 - **$5,020**
BANNISTER Edward M. 1828-1901 [4]
🖼 *Cows in a pasture* - Oil/canvas (20x30cm-8x12in) Delray Beach, Florida 96 .... FF19 470 - £2 480 - **$3,750**
BANNISTER Thaddeus 1915-1983 [25]
🖼 *Topsail schooner John W. Smart* - Oil/canvas (52x74cm-20x29in) London 91 .... FF8 970 - £893 - **$1,543**
🖼 *J. H. McManus & C. E. Phillips* - Oil/canvas (73x95cm-29x37in) London 92 .... FF22 830 - £2 337 - **$4,030**
BANOVSZKY Miklos 1895-? [1]
🖼 *Nudo di donna* - Olio/tela (130x96cm-51x38in) Trieste 93 .... FF8 680 - £990 - **$1,472**
BANTI Cristiano 1824-1904 [2]
🖼 *Due popolane* - Olio/tavola (16x11cm-6x4in) Milano 95 .... FF8 940 - £1 140 - **$1,830**
BANTING Frederick Grant 1891-1941 [5]
🖼 *Georgian Bay Island* - Oil/canvas (53x66cm-21x26in) Toronto 96 .... FF41 800 - £5 320 - **$8,040**
BANTING John 1902-1970 [33]
🖼 *Battle of jaw bones* - Oil/board (35x28cm-14x11in) London 96 .... FF6 190 - £750 - **$1,203**
🖼 *Portrait of a bull terrier* - Oil/canvas (50x40cm-20x16in) London 92 .... FF44 000 - £4 500 - **$7,740**
📷 *Photogram* - Silver print (43x35cm-17x14in) London 94 .... FF6 390 - £750 - **$1,120**
✎ *Walking Figure* - Gouache (151x60cm-59x24in) London 94 .... FF6 670 - £800 - **$1,296**
BANTLE Hermann Anton 1872-1930 [1]
✎ *Häuser, Monte Falcone* - Charcoal (29x45cm-11x18in) Leipzig 94 .... FF2 740 - £318 - **$472**
BANTLI Leonhard 1810-1880 [1]
🖼 *Berne prise, route de Thoune* - Gravure (16x25cm-6x10in) Bern 92 .... FF1 903 - £227 - **$366**
BANTZER Carl 1857-1941 [6]
🖼 *Hessischer Bauern* - Öl/Leinwand (44x58cm-17x23in) Köln 94 .... FF48 000 - £5 760 - **$9,320**
BANTZINGER Cornelis A.B., Cees 1914-1985 [3]
✎ *Reclining nude* - Watercolour (26x32cm-10x13in) Amsterdam 95 .... FF2 010 - £243 - **$378**
BANVILLE de Aymard, vicomte 1837-1917 [2]
📷 *Statue égyptienne: personnage assis* - Photo (16x11cm-6x4in) Paris 91 .... FF2 000 - £203 - **$361**
BÄPPLER Hugo 1876-1956 [1]
🖼 *Landschaft im Vordertaunus* - Öl/Karton (39x50cm-15x20in) Frankfurt 94 .... FF2 920 - £348 - **$550**
BAPTISTA DA COSTA Joao 1865-1926 [2]
🖼 *Paisagem Perto do Petropolis* - Oil/canvas (96x128cm-38x50in) New-York 92 .... FF170 400 - £17 430 - **$30,000**
✎ *Nine Storey pagoda, Whampoa* - Watercolour (22x19cm-9x7in) London 92 .... FF8 370 - £1 000 - **$1,610**
BAPTISTA Marciano Antonio 1826-1896 [7]
✎ *Victoria, Hong Kong* - Wash (58x80cm-23x31in) Hong Kong 90 .... FF59 400 - £5 981 - **$11,636**
BAPTISTE Martin Silvestre 1791-1859 [2]
🖼 *Satyrn und Nymphen* - Oil/panel (33x24cm-13x9in) Wien 91 .... FF21 660 - £2 183 - **$3,759**
BAQUIÉ Richard 1952 [2]
🖼 *La belle américaine bleue, 1985* - Acrylic/paper (20x16cm-8x6in) Paris 90 .... FF12 000 - £1 285 - **$2,087**
🗿 *Sans titre* - Assemblage (62x27x207cm-24x11x81in) Versailles 95 .... FF35 000 - £4 580 - **$7,010**

BAR de Alexandre 1821-1901 [3]
- *Shepherd in Arcadian landscape*
  Oil/canvas (29x46cm-11x18in) North Bethesda, MD. 91 .... FF*16 200* - £*1 624* - **$2,967**

BAR de Clémentine 1807-1859 [1]
- *Jeune femme dans un boudoir* - Huile/toile (54x46cm-21x18in) Bern 94 .... FF*3 840* - £*445* - **$662**

BAR-EL Yoav 1933-1971 [1]
- *Désert du Neguev II* - Mixed media/panel (84x71cm-33x28in) Tel Aviv 95 .... FF*3 580* - £*454* - **$700**

BARABBAS Claus Mayrhofer 1943 [5]
- *Wien bei Nacht* - Öl/Leinwand (90x120cm-35x47in) Wien 96 .... FF*8 770* - £*1 138* - **$1,734**
- *Ohne Titel* - Mixed media/paper (85x61cm-33x24in) Wien 95 .... FF*5 060* - £*632* - **$1,022**

BARABINO Angelo 1883-1950 [2]
- *Monte Rosa, Val d'Ayas* - Olio/tela (60x66cm-24x26in) Milano 90 .... FF*293 000* - £*29 504* - **$57,395**

BARABINO Nicoló 1832-1891 [4]
- *Madonna* - Olio/tavola (28x14cm-11x6in) Roma 95 .... FF*46 800* - £*6 150* - **$9,300**

BARANOFF-ROSSINÉ Vladimir 1888-1944 [43]
- *Nu cubiste assis* - Huile/toile (73x54cm-29x21in) Paris 96 .... FF*40 000* - £*5 010* - **$7,720**
- *Adam et Eve* - Oil/canvas (155x220cm-61x87in) New-York 96 .... FF*440 000* - £*56 800* - **$85,000**
- *Projet pour un rideau de scène* - Gouache (49x63cm-19x25in) Paris 97 .... FF*22 000* - £*2 389* - **$3,898**
- *Personnage cubo-futuriste* - Aquarelle (40x27cm-16x11in) Paris 96 .... FF*93 000* - £*11 650* - **$17,940**

BARANOWSKY Alexander 1874-? [1]
- *Grosse-Kunstausstellung Dresden* - Poster (92x60cm-36x24in) New-York 92 .... FF*6 250* - £*640* - **$1,100**

BARANYA von Gustov Lorincz 1886-1938 [1]
- *Two St. Bernard puppies* - Oil/panel (19x24cm-7x9in) New-York 90 .... FF*40 000* - £*4 255* - **$7,156**

BARASCUDTS Max 1869-1927 [4]
- *The chess game* - Oil/board (30x40cm-12x16in) London 91 .... FF*11 900* - £*1 208* - **$2,149**

BARAT-LEVRAUX Georges 1878-1964 [3]
- *Mas provençal* - Huile/toile (81x100cm-32x39in) Paris 94 .... FF*6 000* - £*708* - **$1,075**

BARATELLA Paolo 1935 [16]
- *Le maternita'* - Tecnica mista/tavola (183x116cm-72x46in) Vercelli 93 .... FF*7 320* - £*822* - **$1,310**
- *Io sono soltanto decorativo* - Tecnica mista/carta (70x95cm-28x37in) Milano 95 .... FF*3 624* - £*371* - **$638**

BARATTA Carlo Alberto 1754-1815 [2]
- *The Baptism of Christ* - Wash (27x12cm-11x5in) New-York 92 .... FF*18 800* - £*1 932* - **$3,500**

BARATTI Filippo 1868-1901 [8]
- *Gunsmiths, Granada* - Oil/panel (60x81cm-24x32in) New-York 95 .... FF*565 000* - £*72 900* - **$115,000**

BARAU Émile Barau-Bacou 1851-c.1930 [4]
- *Village champenois* - Huile/toile (43x74cm-17x29in) Paris 93 .... FF*14 000* - £*1 687* - **$2,546**

BARBA Juan 1915-1982 [8]
- *Retrato de joven* - Oleo/lienzo (81x54cm-32x21in) Madrid 90 .... FF*5 900* - £*632* - **$1,026**

BARBACKI Boleslaw 1891-1941 [1]
- *Stasia* - Oil/canvas (56x46cm-22x18in) Warszawa 96 .... FF*4 820* - £*602* - **$932**

BARBAGLIA Giuseppe 1841-1910 [1]
- *Girl in a blue dress and black hat* - Oil/canvas (39x28cm-15x11in) London 91 .... FF*3 950* - £*399* - **$784**

BARBAIX René 1909-1966 [1]
- *La réussite* - Huile/toile (60x73cm-24x29in) Bruxelles 91 .... FF*12 150* - £*1 207* - **$2,110**

BARBALONGA ALBERTI Antonio 1600-1649 [1]
- *Prelate, said to be Jean de Bonsi* - Oil/canvas (143x112cm-56x44in) London 95 .... FF*69 400* - £*9 000* - **$14,350**

BARBANÇON Christian 1940-1993 [23]
- *Composition* - Huile/toile (81x60cm-32x24in) Versailles 97 .... FF*2 300* - £*252* - **$404**
- *Ni rouge, ni bleu* - Acrylique/toile (162x130cm-64x51in) Saint-Germain-en-Laye 92 .... FF*18 000* - £*1 843* - **$3,240**

BARBARIGO Ida 1925 [6]
- *Seggiole a parte* - Huile/toile (81x65cm-32x26in) Saint-Germain-en-Laye 94 .... FF*32 000* - £*3 790* - **$5,910**
- *Aimez-vous la cuisine allemande?*
  Huile/toile (146x211cm-57x83in) Saint-Germain-en-Laye 94 .... FF*115 000* - £*13 400* - **$20,150**

BARBARINI Emil 1855-1930 [69]
- *Reisigsammler im Hochwald* - Öl/Leinwand (106x68cm-42x27in) Wien 93 .... FF*19 160* - £*2 300* - **$3,300**
- *Market in Vienna* - Oil/panel (20x31cm-8x12in) Stockholm 96 .... FF*48 200* - £*5 500* - **$9,230**
- *Die Fischmarkt* - Oil/panel (27x40cm-11x16in) Wien 96 .... FF*86 800* - £*11 200* - **$17,000**

BARBARINI Franz 1804-1873 [41]
- *Bauernhof aus Niederösterreich* - Oil/canvas (63cm-25in) Stockholm 96 .... FF*8 550* - £*976* - **$1,640**
- *Alpenlandschaft* - Öl/Leinwand (59x48cm-23x19in) Wien 94 .... FF*22 000* - £*2 545* - **$3,780**
- *Bauerngehöft in den Alpen* - Öl/Leinwand (74x100cm-29x39in) Wien 96 .... FF*22 050* - £*2 854* - **$4,410**
- *Am Heimweg* - Oil/canvas (73x100cm-29x39in) Wien 92 .... FF*24 060* - £*2 463* - **$4,240**
- *Flusslandschaft* - Öl/Leinwand (74x100cm-29x39in) Wien 96 .... FF*28 800* - £*3 490* - **$5,600**
- *Landschaft bei Salzburg* - Öl/Leinwand (73x100cm-29x39in) Wien 92 .... FF*96 200* - £*11 500* - **$18,500**
- *Blick über den Zürichsee* - Aquarell/Papier (20x29cm-8x11in) Wien 95 .... FF*27 800* - £*3 470* - **$5,620**

BARBARINI Gustav 1840-1909 [27]
- *Bei Aspang* - Öl/Leinwand (35x26cm-14x10in) Wien 97 .... FF*21 501* - £*2 286* - **$3,708**
- *Village in a mountainous landscape* - Öl/Leinwand (72x99cm-28x39in) Wien 95 .... FF*68 600* - £*9 030* - **$13,900**
- *Italienisches Küstenstädtchen* - Aquarell/Papier (22x35cm-9x14in) Wien 93 .... FF*15 400* - £*1 840* - **$2,960**

BARBARO Charles 1896-? [1]
- *Boston Common in the Spring* - Oil/canvas/board (51x50cm-20x20in) New-York 96 .... FF*7 790* - £*992* - **$1,500**

BARBISAN Giovanni 1914-1988 [1]
Donna che legge - Acquaforte (30x39cm-12x15in) Venezia 96 .... FF3 840 - £483 - $736

BARBLAN Oscar 1909 [2]
Ballerina - Oil/canvas (65x81cm-26x32in) Bern 90 .... FF11 700 - £1 245 - $2,093

BARBU Louise 1931 [1]
Noir de lune - Huile/toile (11x15cm-4x6in) Neuilly 90 .... FF3 000 - £307 - $592

BARBUDO Salvador Sanchez 1858-1917 [10]
Il doge - Oil/canvas (100x200cm-39x79in) New-York 93 .... FF94 400 - £10 730 - $16,000

BARBUT-DAVRAY Luc 1863-? [2]
Nudo di donna seduta - Olio/tela (163x112cm-64x44in) Roma 89 .... FF23 800 - £2 282 - $3,542

BARCAGLIA Donato 1849-1930 [6]
Amore accieca - Marble (185cm-73in) New-York 96 .... FF311 500 - £39 700 - $60,000
Veni Nec Recedam - Marble (176cm-69in) London 93 .... FF770 000 - £96 300 - $139,600

BARCELO Miguel 1957 [56]
Cuisine avec assiettes - Oleo (200x300cm-79x118in) Madrid 90 .... FF1 - £136 002 - $262,519
Sans titre - Huile/papier/toile (146x87cm-57x34in) Paris 96 .... FF63 000 - £7 840 - $12,220
Objets dans le Fleuve - Oil/canvas (260x300cm-102x118in) London 96 .... FF154 700 - £20 000 - $30,640
Economía fluvial - Oil (230x285cm-91x112in) London 97 .... FF375 236 - £40 000 - $65,516
Sans titre 16.1.90 - Technique mixte/papier (48x65cm-19x26in) Paris 96 .... FF39 000 - £4 440 - $7,460
Man with dog - Collage (200x140cm-79x55in) London 93 .... FF152 000 - £19 000 - $27,550

BARCHI Annunzio 1869-1897 [1]
Cappella di S. Pietro alla Balma - Olio/tavola (50x34cm-20x13in) Milano 95 .... FF18 120 - £2 340 - $3,720

BARCHUS Eliza R. 1857-1959 [8]
Mountain River - Oil/canvas (41x61cm-16x24in) San Francisco-Los Angeles 93 .... FF5 500 - £690 - $1,000

BARCK de Nils, comte 1863-1930 [1]
Femme allongée et enfant - Céramique (7cm-3in) Paris 91 .... FF3 000 - £304 - $542

BARCLAY Edgar 1842-c.1915 [3]
A Walk in Spring - Oil/canvas (93x60cm-37x24in) London 94 .... FF20 170 - £2 400 - $3,840
May Day - Oil/canvas (92x66cm-36x26in) London 95 .... FF79 000 - £10 000 - $15,880

BARCLAY John McLaren 1811-1886 [1]
Walter Gowans - Oil/canvas (90x71cm-35x28in) Glasgow 92 .... FF6 350 - £650 - $1,118

BARCLAY John Rankin 1884-1962 [4]
Cornish farm - Watercolour (36x48cm-14x19in) Penzance, Cornwall 96 .... FF1 524 - £190 - $295

BARCLAY McClelland 1891-1943 [27]
Woman with yellow dress - Oil/canvas (84x79cm-33x31in) New-York 96 .... FF11 270 - £1 337 - $2,200
Couple waterskiing - Oil/canvas (99x76cm-39x30in) New-York 95 .... FF35 340 - £4 450 - $7,000

BARCLAY Per 1955 [2]
Senza titolo, 1986 - Tecnica mista/cartone (108x84cm-43x33in) Milano 90 .... FF15 100 - £1 560 - $2,668

BARCLAY Stephen 1961 [4]
Climbing Figure - Gouache (70x78cm-28x31in) London 95 .... FF2 214 - £280 - $433

BARCSAY Jenö 1900-1968 [1]
Szentendrei kert - Oil/canvas (25x50cm-10x20in) Budapest 89 .... FF4 600 - £485 - $774

BARD James 1815-1897 [2]
E. Corning Jr. - Oil/canvas (76x127cm-30x50in) San Francisco-Los Angeles 94 .... FF270 600 - £32 100 - $50,000
Steamboat - Watercolour, gouache (65x129cm-26x51in) New-York 94 .... FF393 000 - £46 400 - $70,000

BARDASANO Y BAOS José 1910-1979 [11]
Naufragio - Oleo/lienzo (40x75cm-16x30in) Madrid 97 .... FF12 000 - £1 290 - $2,100
Vista del Sena con Notre Dame - Oleo/lienzo (81x71cm-32x28in) Madrid 92 .... FF64 800 - £6 600 - $11,400
Tren...|Tren Taf y Altos Hornos - Acuarela/papel Madrid 97 .... FF3 400 - £365 - $595

BARDET André [6]
L'entrée de Murol - Huile/toile (73x60cm-29x24in) Clermont-Ferrand 95 .... FF8 000 - £995 - $1,560

BARDI Alberto 1918-1984 [4]
Composizione - Tempera/papier (100x70cm-39x28in) Milano 90 .... FF8 870 - £893 - $1,738

BARDILL Ralph William 1876-1935 [8]
Sheep grazing by haystacks - Watercolour (24x34cm-9x13in) London 93 .... FF3 690 - £420 - $626

BARDIN Jean 1732-1809 [1]
Scène antique - Dessin Paris 93 .... FF14 000 - £1 750 - $2,546

BARDON-RATAITZ Annemarie 1945 [4]
Fenster mit vier Katzen - (70x42cm-28x17in) Wien 96 .... FF9 770 - £1 270 - $1,914

BARDONE Guy 1927 [67]
Saint Germain de Joux-Jura - Huile/toile (46x55cm-18x22in) Paris 97 .... FF6 200 - £667 - $1,070
Rocher à Belleydieux - Huile/toile (130x160cm-51x63in) Paris 96 .... FF12 000 - £1 497 - $2,320
Temps gris sur la baie, Bandol - Oil/canvas (65x81cm-26x32in) New-York 97 .... FF21 762 - £2 289 - $3,749
La nappe bleue - Huile/toile (162x130cm-64x51in) Paris 92 .... FF48 000 - £5 730 - $9,230
Reflets d'eau - Aquarelle (63x48cm-25x19in) Paris 96 .... FF2 800 - £347 - $543

BARDOU Emanuel 1744-1818 [1]
Frederick the Great of Prussia - Gilt lead/woodedn base (34cm-13in) London 92 ... FF17 600 - £2 100 - $3,383

BARDWELL Thomas 1704-1767 [5]
Brewster family - Oil/canvas (100x125cm-39x49in) New-York 97 .... FF153 760 - £16 392 - $27,000

BAREAU Georges Marie 1866-1931 [10]
David devant Saül - Metal (86cm-34in) New-York 95 .... FF3 080 - £378 - $600
Le Cri de la Paix - Bronze (115cm-45in) Madrid 92 .... FF13 300 - £1 587 - $2,560

BAREIS Alfred 1899-1969 [5]
Herbstblumenstrauß - Watercolour/paper (74x58cm-29x23in) Wien 92 .... **FF3 370** - *£345* - **$594**
BARELIER André 1934 [6]
Mère et fille à la toilette - Bronze (44x19x33cm-17x7x13in) Bordeaux 93 .... **FF30 000** - *£3 615* - **$5,450**
BARET I Giusti Made 1928 [2]
Daripango Sekan, Bali - Tempera (68x104cm-27x41in) Amsterdam 96 .... **FF11 450** - *£1 470* - **$2,220**
Bali life - Watercolour (31x39cm-12x15in) Amsterdam 96 .... **FF2 410** - *£310* - **$468**
BARETTA Louis 1866-1928 [1]
Devant la cheminée - Aquarelle/papier (24x23cm-9x9in) Bruxelles 92 .... **FF2 820** - *£289* - **$497**
BARETTA Michele 1916-1987 [2]
Varazze - Olio/faesite (50x60cm-20x24in) Torino 93 .... **FF11 900** - *£1 363* - **$2,023**
BARÉTY Henriette 1934 [3]
Drapeau sur la plage - Gouache/carton (50x65cm-20x26in) Neuilly 92 .... **FF6 000** - *£711* - **$1,110**
BAREUTHER Liesl 1899-1970 [4]
Stilleben mit Kaktus - Oil/canvas (56x70cm-22x28in) Wien 91 .... **FF4 800** - *£481* - **$879**
BARFUSS Ina 1949 [8]
Hausmannkost - Mischtechnik/Karton (75x55cm-30x22in) Berlin 96 .... **FF7 130** - *£813* - **$1,365**
Elefantenfuss und Tube - Gouache (75x106cm-30x42in) Berlin 92 .... **FF5 440** - *£557* - **$958**
BARGHEER Eduard 1901-1979 [260]
Case vecchie - Öl/Leinwand (64x79cm-25x31in) München 94 .... **FF30 900** - *£3 660* - **$5,710**
Still life with tulips - Oil/canvas (63x50cm-25x20in) Hamburg 96 .... **FF60 000** - *£6 830* - **$11,470**
Fischereihafen Finkenwerder - Öl/Leinwand (71x92cm-28x36in) Bremen 94 ...... **FF103 500** - *£12 240* - **$19,080**
Agaven - Farblithographie (42x33cm-17x13in) Hamburg 97 .... **FF8 763** - *£937* - **$1,527**
Stehender Mann - Aquarelle (21x14cm-8x6in) Köln 97 .... **FF8 787** - *£923* - **$1,504**
Oasenstadt - Aquarell/Papier (21x32cm-8x13in) München 94 .... **FF15 440** - *£1 830* - **$2,853**
Ischia - Watercolour (21x27cm-8x11in) Berlin 97 .... **FF27 196** - *£2 888* - **$4,737**
Hafenansicht - Aquarell (35x50cm-14x20in) München 94 .... **FF56 440** - *£6 620* - **$10,040**
BARGOE Carl 1829-1902 [1]
Danish steam & frigate Jylland - Oil/canvas (51x81cm-20x32in) London 89 .... **FF33 900** - *£3 373* - **$5,355**
BARGONI Giancarlo 1936 [2]
P.50, 1973 - Olio/tela (95x95cm-37x37in) Milano 89 .... **FF10 100** - *£1 033* - **$1,624**
BARGUE Charles 1825-1883 [9]
La sentinelle - Oil/panel (28x21cm-11x8in) New-York 97 .... **FF570 450** - *£61 490* - **$100,000**
Lady in waiting - Pencil/paper (31x22cm-12x9in) New-York 95 .... **FF10 570** - *£1 273* - **$2,000**
Eastern coffeehouse - Watercolour/board (30x21cm-12x8in) New-York 90 ...... **FF201 700** - *£20 311* - **$39,510**
BARIAN Paul Joseph XIX-XX [2]
Viticulteur - Huile/toile (128x192cm-50x76in) Paris 96 .... **FF12 000** - *£1 497* - **$2,320**
BARILE Xavier J. 1891-1981 [3]
Beyond artist drive, Death Valley Cal. - Oil/masonite (51x61cm-20x24in) New-York 93 .... **FF4 950** - *£621* - **$900**
BARILLI Aristide 1913 [3]
Gastrofonia, 1933 - Olio/tavola (51x35cm-20x14in) Milano 89 .... **FF32 000** - *£3 272* - **$5,145**
BARILLOT Léon 1844-1929 [11]
Cows at dawn - Oil/canvas (38x55cm-15x22in) North Bethesda, MD. 91 .... **FF13 950** - *£1 399* - **$2,555**
BARISON Giuseppe 1853-1930 [13]
Pegli, salita di S. Antonio - Olio/tela (39x39cm-15x15in) Trieste 95 .... **FF27 700** - *£3 510* - **$5,400**
Trieste, la Sacchetta - Olio/tela (47x71cm-19x28in) Trieste 96 .... **FF63 400** - *£7 980* - **$12,160**
BARJOLA Juan 1919 [19]
Perro - Oleo/lienzo (117x88cm-46x35in) Madrid 94 .... **FF74 100** - *£8 900* - **$14,400**
Tauromaquia - Oleo/lienzo (160x113cm-63x44in) Madrid 96 .... **FF160 500** - *£18 920* - **$31,500**
Figura - Aguada (70x50cm-28x20in) Madrid 93 .... **FF12 240** - *£1 458* - **$2,214**
BARJOU Henri J. 1875-? [1]
Pont Royal, Paris - Watercolour (28x37cm-11x15in) London 94 .... **FF4 364** - *£500* - **$733**
BARK Jared 1944 [2]
Diamond Man, 1976 - Photograph (40x32cm-16x13in) New-York 89 .... **FF5 700** - *£583* - **$916**
BARKALOV Dimitri 1914-1987 [1]
Les voiliers - Huile/toile Paris 92 .... **FF7 500** - *£760* - **$1,377**
BARKAS Herbert Dawson ?-1924 [2]
Evening, Cromer - Watercolour (15x32cm-6x13in) London 96 .... **FF4 390** - *£550* - **$853**
BARKASZ Lajos 1884-1960 [1]
First of the Harvest - Oil/canvas (121x151cm-48x59in) London 96 .... **FF12 140** - *£1 500* - **$2,345**
BARKER Albert W. 1874-? [3]
Cedar/Evening/September Ends - Lithograph San Francisco-Los Angeles 93 .... **FF1 650** - *£207* - **$300**
BARKER Clive 1940 [15]
Francis Bacon with umbrella - Bronze (61x91cm-24x36in) Tarzana, CA 94 .... **FF11 440** - *£1 343* - **$2,000**
Homage to Soutine - Sculpture (95cm-37in) London 95 .... **FF35 250** - *£4 500* - **$7,230**
BARKER George 1844-1894 [4]
Driver in buggy, St. Augustine, Florida - Albumen print (51x41cm-20x16in) New-York 92 .... **FF2 272** - *£233* - **$400**
BARKER George 1882-1965 [1]
Pink Desert - Oil/canvas (56x71cm-22x28in) San Francisco-Los Angeles 94 .... **FF3 060** - *£362* - **$550**
BARKER Jack XX [5]
The monarch - Watercolour (26x36cm-10x14in) London 91 .... **FF1 753** - *£180* - **$326**
BARKER John 1811-1886 [6]
Spaniel - Oil/canvas (46x61cm-18x24in) New-York 96 .... **FF16 600** - *£2 150* - **$3,250**

BARKER John Edward 1889-1953 [2]
- Fish shop - Oil/canvas (61x91cm-24x36in) London 91 .... FF8 060 - £826 - **$1,505**
- Fishing boats, Low Tide, Fowey - Oil/board (58x81cm-23x32in) London 90 .... FF63 000 - £6 508 - **$11,131**

BARKER John Joseph 1824-1904 [3]
- Milkmaid & boy on a village lane - Oil/canvas (71x102cm-28x40in) New-York 97 .... FF31 792 - £3 389 - **$5,500**

BARKER John Rowland 1911-1959 [1]
- Tide marks - Oil/board (57x89cm-22x35in) London 91 .... FF7 300 - £750 - **$1,358**

BARKER Kathleen Frances 1901-? [1]
- What next ? - Pastel (60x46cm-24x18in) Clifton, Bristol 95 .... FF1 505 - £190 - **$302**

BARKER Madeline Graham XIX-XX [2]
- An afternoon in the garden - Oil/panel (35x25cm-14x10in) London 93 .... FF7 200 - £900 - **$1,305**

BARKER OF BATH Benjamin 1776-1838 [9]
- Travellers on a rocky Path - Oil/panel (23x18cm-9x7in) London 97 .... FF5 969 - £650 - **$1,038**
- Romantic river landscape with cattle - Oil/canvas (50x83cm-20x33in) London 90 .... FF18 400 - £1 957 - **$3,292**

BARKER OF BATH John Joseph 1824-1904 [3]
- Wooded landscape - Oil/canvas (76x127cm-30x50in) London 92 .... FF26 400 - £2 700 - **$4,640**

BARKER OF BATH Thomas 1769-1847 [33]
- King Charles I - Oil/canvas (141x107cm-56x42in) London 95 .... FF5 930 - £750 - **$1,160**
- Countrymen - Oil/canvas (59x71cm-23x28in) London 96 .... FF24 740 - £3 200 - **$4,855**
- Great Waterfall at Tivoli - Oil/canvas (103x81cm-41x32in) London 94 .... FF190 000 - £22 000 - **$32,340**

BARKER Thomas Jones 1815-1882 [15]
- The Relief of Lucknow with Refugees - Oil/board (25x35cm-10x14in) London 96 .... FF28 100 - £3 500 - **$5,420**
- Il Sorso - Oil/canvas (103x173cm-41x68in) London 97 .... FF275 481 - £30 000 - **$47,907**

BARKER William Dean ?-1889 [4]
- Cottage home in the Bale, Wales - Watercolour (11x16cm-4x6in) London 96 .... FF1 872 - £240 - **$369**

BARKER Wright 1864-1941 [39]
- Bull Mastiffs in a Landscape - Oil/canvas (74x53cm-29x21in) New-York 96 .... FF6 380 - £827 - **$1,250**
- Uplands Pastures - Oil/canvas (76x102cm-30x40in) London 95 .... FF22 100 - £2 800 - **$4,450**
- Whoa ! Steady ! - Oil/canvas (91x112cm-36x44in) London 96 .... FF80 200 - £10 000 - **$15,500**

BARKHATKOV Igor 1958 [2]
- Paysage d'hiver - Huile/toile (87x77cm-34x30in) Grenoble 93 .... FF7 000 - £844 - **$1,273**

BARKMAN Börje 1909-1981 [4]
- Tre kvinnor - Oil/canvas (100x125cm-39x49in) Helsinki 94 .... FF8 460 - £981 - **$1,457**
- Paris - Gouache (29x40cm-11x16in) Helsinki 94 .... FF2 085 - £243 - **$367**

BARKS Carl 1901 [19]
- Hands Of My Playthings - Oil/masonite (39x49cm-15x19in) New-York 93 .... FF547 000 - £66 200 - **$100,000**
- First National Bank of Cibola - Lithograph (56x41cm-22x16in) Burbank, CA 92 .... FF5 110 - £523 - **$900**
- Uncle Scrooge McDuck - Indian ink (20x25cm-8x10in) New-York 95 .... FF26 700 - £3 544 - **$5,500**

BARLACH Ernst 1870-1938 [210]
- Wem Zeit wie Ewigkeit - Lithographie (29x21cm-11x8in) Hamburg 94 .... FF5 830 - £691 - **$1,078**
- Christus in Gethsemane - Woodcut (36x44cm-14x17in) Köln 97 .... FF13 518 - £1 420 - **$2,314**
- Moses auf dem Sinai - Woodcut (36x47cm-14x19in) Bern 92 .... FF59 500 - £6 080 - **$10,480**
- Christusmaske I - Bronze (16cm-6in) Berlin 97 .... FF46 622 - £4 951 - **$8,121**
- Kussgruppe III - Bronze (16cm-6in) Köln 96 .... FF85 000 - £9 670 - **$16,250**
- Der singende Mann, 1928 - Bronze (50cm-20in) London 89 .... FF968 500 - £99 029 - **$155,707**
- Sitzende Frau - Charcoal/paper (53x41cm-21x16in) Köln 97 .... FF21 967 - £2 308 - **$3,760**
- Russisches Bauernpaar - Pencil (44x63cm-17x25in) Berlin 91 .... FF304 000 - £30 263 - **$52,277**

BARLAG Isaak Ph.Hartvig Kee 1840-1913 [7]
- Fjordmotiv - Oil/panel (32x22cm-13x9in) Oslo 92 .... FF7 380 - £756 - **$1,300**

BARLAG Philip 1840-1913 [4]
- Vinterlandskap med huse - Oil/canvas (25x38cm-10x15in) Oslo 93 .... FF6 400 - £759 - **$1,151**

BARLAND Adam c.1843-c.1875 [17]
- Children on a country path - Oil/canvas (51x81cm-20x32in) New-York 96 .... FF14 400 - £1 746 - **$2,800**

BARLE Maurice 1903-1961 [7]
- Sortie du port à Marseille - Huile/panneau (40x90cm-16x35in) Morlaix 93 .... FF2 000 - £225 - **$339**

BARLIER André XX [3]
- Chemin de la Grange - Huile/toile (46x55cm-18x22in) Neuilly 90 .... FF5 000 - £517 - **$883**

BARLOW Francis 1626-1702 [8]
- A pair of geese - Oil/canvas (91x120cm-36x47in) London 90 .... FF341 600 - £34 764 - **$68,315**
- Angling - Pencil (15x21cm-6x8in) London 96 .... FF20 270 - £2 403 - **$3,955**

BARLOW John Noble 1861-1917 [11]
- September Morning, Cornwall - Oil/canvas (62x75cm-24x30in) London 92 .... FF6 840 - £700 - **$1,207**

BARLOW Myron G. 1873-1937 [23]
- Snowballs - Oil/canvas (101x101cm-40x40in) New-York 96 .... FF20 900 - £2 417 - **$4,000**
- Garden - Oil/canvas (100x100cm-39x39in) San Francisco-Los Angeles 90 .... FF200 200 - £20 682 - **$35,371**

BARNABÉ Duilio 1914-1961 [72]
- Deux hommes conversant - Huile/toile (61x38cm-24x15in) Paris 96 .... FF5 100 - £636 - **$985**
- Seated Man with hat in Black - Oil/canvas (117x89cm-46x35in) New-York 97 ...... FF8 706 - £915 - **$1,500**
- Seated Figure in Brown - Oil/canvas (129x96cm-51x38in) New-York 97 .... FF29 019 - £3 053 - **$5,000**
- Fleur cubiste - Huile/toile (55x39cm-22x15in) Neuilly 91 .... FF62 000 - £6 157 - **$10,765**

BARNADAS Ramón 1909-1981 [3]
- Paisaje con pueblo - Oleo/lienzo (72x91cm-28x36in) Madrid 95 .... FF19 160 - £2 450 - **$3,850**

BARNARD Alan 1961 [2]
🖼 *Changing Seasons, Redheads* - Acrylic/panel (21x28cm-8x11in) London 95 .... FF3 070 - £400 - $636
BARNARD Frederick 1846-1896 [2]
🖼 *Rustling among last years...*
　　Oil/canvas (47x31cm-19x12in) Billinghurst, West Sussex 95 .... FF9 600 - £1 150 - $1,830
✎ *The housekeeper* - Watercolour (30x25cm-12x10in) London 93 .... FF4 640 - £580 - $841
BARNARD George N. 1819-1902 [5]
📷 *Photographic views of Sherman's campaign*
　　Photograph (25x36cm-10x14in) New-York 92 .... FF72 800 - £7 730 - $14,000
BARNARD Mary B. 1870-1946 [3]
✎ *On a West Highland Shore* - Pastel (65x84cm-26x33in) London 92 .... FF7 810 - £800 - $1,376
BARNARD Philip XIX [2]
✎ *Sarah, Lady Lisle* - Watercolour (41x25cm-16x10in) London 93 .... FF2 490 - £300 - $435
BARNARD Walter Saunders XIX-XX [1]
✎ *Diana the Huntress* - Watercolour (12x18cm-5x7in) London 96 .... FF4 290 - £550 - $846
BARNEKOW Brita 1868-? [2]
🖼 *Hemmeligheden* - Oil/canvas (70x53cm-28x21in) Köbenhavn 90 .... FF14 000 - £1 509 - $2,469
BARNES Archibald George 1887-1972 [11]
🖼 *Gentleman in Evening Clothes* - Oil/canvas (127x102cm-50x40in) Toronto 96 .... FF12 360 - £1 573 - $2,376
BARNES Edward Charles c.1830-c.1890 [21]
🖼 *Poppies* - Oil/canvas (90x72cm-35x28in) London 92 .... FF17 600 - £1 800 - $3,096
BARNES Ernest Harrison 1873-1955 [8]
🖼 *Landscape* - Oil/canvas (64x76cm-25x30in) Philadelphia 92 .... FF4 260 - £436 - $750
BARNES George J.G. XIX [2]
🖼 *Waiting for the ferry* - Oil/canvas (61x76cm-24x30in) London 92 .... FF7 810 - £800 - $1,376
BARNES Gertrude Jameson 1865-? [5]
🖼 *Still life of fruit on a mossy bank* - Oil/board (23x28cm-9x11in) London 94 .... FF5 320 - £620 - $932
BARNES Joseph H. XIX-XX [3]
🖼 *Keswick Lake, Cumberland* - Oil/canvas (52x73cm-20x29in) Bristol, Avon 96 .... FF2 020 - £245 - $393
BARNES Marion L. XIX-XX [4]
🖼 *Pastel roses in a bowl on a table* - Oil/canvas (38x46cm-15x18in) Aylsham, Norfolk 92 .... FF4 010 - £410 - $705
✎ *Christmas roses in a pewter bowl* - Watercolour (33x41cm-13x16in) Aylsham, Norfolk 92 .... FF5 470 - £560 - $963
BARNES Matthews 1880-1951 [1]
🖼 *Emerald Night* - Oil/canvas (51x61cm-20x24in) San Francisco-Los Angeles 92 .... FF8 330 - £967 - $1,700
BARNES Robert 1840-1895 [2]
✎ *A Merry-Go Round on the Ice* - Watercolour (35x57cm-14x22in) London 96 .... FF134 500 - £17 500 - $26,650
BARNES Robert M. 1934 [5]
✎ *Night Fire* - Watercolour/paper (13x10cm-5x4in) Chicago 96 .... FF3 376 - £430 - $650
BARNES Samuel John 1847-1901 [4]
🖼 *River landscape* - Oil/canvas (69x90cm-27x35in) Retford, Nottinghamshire 94 .... FF5 010 - £600 - $925
BARNET Will 1911 [20]
🖼 *Firl on bicycle* - Mixed media/board (68x70cm-27x28in) New-York 93 .... FF20 620 - £2 587 - $3,750
🗔 *Peter Grimes* - Lithograph (76x56cm-30x22in) Tarzana, CA 96 .... FF2 090 - £242 - $400
BARNETT Herbert 1910-1978 [1]
🖼 *Edge of the woods* - Oil/canvas (76x91cm-30x36in) North Berwick, Maine 93 .... FF11 600 - £1 334 - $2,000
BARNETT Walter Durac 1876-? [4]
🖼 *Bathing Huts* - Oil/board (19x23cm-7x9in) London 95 .... FF2 283 - £300 - $459
BARNEY Frank A. 1862-? [1]
🖼 *Wooded landscape in the fall* - Oil/canvas (56x71cm-22x28in) Detroit, Michigan 95 .... FF6 580 - £873 - $2,000
BARNEY J. Stewart 1869-1925 [4]
🖼 *The Brook* - Oil/canvas (64x73cm-25x29in) New-York 95 .... FF7 380 - £967 - $1,500
BARNEY Matthew 1967 [2]
✎ *Otto Shaft (Manual) F* - Graphite (33x38cm-13x15in) New-York 95 .... FF72 600 - £9 620 - $15,000
BARNEY Tina 1945 [5]
📷 *The Skier* - Colour coupler print (114x147cm-45x58in) New-York 93 .... FF26 550 - £3 020 - $4,500
BARNI Roberto 1939 [22]
🖼 *Mano a cavallo* - Olio/tela (100x120cm-39x47in) Prato 97 .... FF15 300 - £1 800 - $2,700
✎ *Solitario* - Tecnica mista/carta (147x98cm-58x39in) Milano 94 .... FF10 600 - £1 260 - $1,890
BARNOIN Henri Alphonse 1882-1935 [213]
🖼 *Concarneau - barques au mouillage* - Huile/panneau (22x27cm-9x11in) Brest 96 .... FF6 200 - £798 - $1,203
　Le retour des pêcheurs - Huile/panneau (13x22cm-5x9in) Calais 97 .... FF12 000 - £1 201 - $2,025
　Bord de mer animé - Huile/toile (50x75cm-20x30in) Quimper 97 .... FF22 000 - £2 356 - $3,857
　Jour de marché - Huile/panneau (22x27cm-9x11in) Paris 90 .... FF30 000 - £3 212 - $5,217
　Bretonnes sur le rivage - Huile/panneau (38x46cm-15x18in) Douarnenez 90 .... FF30 000 - £3 021 - $5,455
　Marché sur la place du village - Huile/carton (31x39cm-12x15in) Douarnenez 93 .... FF30 000 - £3 615 - $5,455
　Retour de pêche à Concarneau - Huile/toile (54x63cm-21x25in) Quimper 96 .... FF46 000 - £5 450 - $8,970
　La promenade en barque - Huile/toile (73x60cm-29x24in) New York 97 .... FF108 015 - £11 634 - $19,000
✎ *Cathédrale Saint-Corentin, Quimper* - Aquarelle (35x58cm-14x23in) Quimper 94 .... FF3 000 - £347 - $515
　Jour de marché à Elven Morbihan - Pastel/papier (45x54cm-18x21in) Quimper 97 .... FF22 500 - £2 410 - $3,944
　Pardon à Notre-Dame-de-la-Joie - Gouache/papier (73x72cm-29x28in) Nantes 96 .... FF36 000 - £4 680 - $7,130
BARNS-GRAHAM Wilhelmina 1912 [16]
🖼 *Black, white and orange* - Oil/canvas (107x61cm-42x24in) London 92 .... FF24 420 - £2 500 - $4,310
✎ *Dusky Brown and Pink* - Gouache (52x41cm-20x16in) London 97 .... FF8 000 - £849 - $1,393

BARNSLEY James Macdonald 1861-1929 [12]

🖤 *Landscape with rowboat at twilight* - Oil/canvas (31x46cm-12x18in) New-York 95............... FF9 510 - £1 145 - **$1,800**

BARNSLEY Sidney H. 1863-1926 [1]

✏ *Collection of designs* - Ink London 91.. FF13 900 - £1 401 - **$2,412**

BAROJA Ricardo 1871-1953 [6]

📖 *El caminante* - Aguafuerte (14x14cm-6x6in) Madrid 95 .... FF1 690 - £219 - **$348**

BARON Christian 1948 [3]

🖤 *Composition* - Huile/toile (38x46cm-15x18in) Provins 96.. FF4 000 - £499 - **$773**

BARON Dominique XIX [2]

🖤 *Dames au repos près de la rivière* - Huile/toile (58x72cm-23x28in) Monaco 92 .... FF28 000 - £3 340 - **$5,380**

BARON François Marius XIX-XX [5]

✏ *Le Lac d'Aydat* - Pastel (50x65cm-20x26in) Clermont-Ferrand 95............................... FF4 000 - £498 - **$780**

BARON Henri 1816-1885 [22]

🖤 *Scène bucolique* - Huile/panneau (35x65cm-14x26in) Nantes 97.................................. FF8 000 - £828 - **$1,370**

Départ pour la promenade en barque - Huile/toile (75x54cm-30x21in) Paris 96............. FF28 000 - £3 610 - **$5,480**

A Turk smoking a hookah - Oil/canvas (24x32cm-9x13in) London 96........................... FF170 000 - £21 000 - **$32,800**

BARON Théodore 1840-1899 [38]

🖤 *Paysage lacustre* - Huile/panneau (50x72cm-20x28in) Bruxelles 96............................. FF4 590 - £544 - **$896**

Le passeur - Huile/toile (67x100cm-26x39in) Bruxelles 94... FF10 780 - £1 287 - **$2,030**

La source - Huile/toile (90x124cm-35x49in) Bruxelles 95... FF20 430 - £2 574 - **$4,050**

BARON-RENOUARD François 1918 [5]

🖤 *Composition* - Technique mixte (97x130cm-38x51in) Paris 93..................................... FF4 000 - £455 - **$677**

BARONE Antonio 1889-1971 [12]

🖤 *Mountains in Winter* - Oil/board (29x35cm-11x14in) New-York 95.............................. FF6 400 - £838 - **$1,300**

✏ *Seated nude* - Pastel (60x47cm-24x19in) New-York 95... FF3 466 - £433 - **$700**

BARONI Monique 1930 [1]

🖤 *La détente* - Huile/toile (46x55cm-18x22in) Morlaix 90... FF4 200 - £450 - **$730**

BAROTTE Léon 1866-1933 [6]

🖤 *Sous-bois* - Huile/toile (47x36cm-19x14in) Nancy 89.. FF4 000 - £409 - **$643**

BAROUKH Ezechiel 1909-1984 [34]

🖤 *Gestuelle couleur no.13* - Huile/toile (120x60cm-47x24in) Paris 91............................ FF3 500 - £351 - **$641**

✏ *Composition* - Gouache (18x24cm-7x9in) Paris 92... FF1 500 - £179 - **$289**

BARR William 1867-1933 [7]

🖤 *Mount Tamalpais* - Oil/canvas (45x61cm-18x24in) San Francisco-Los Angeles 96 .... FF8 870 - £1 027 - **$1,700**

BARRABAND Jacques 1767-1803 [67]

✏ *Green Wood-Hoopoe* - Watercolour, gouache (52x38cm-20x15in) London 96.............. FF46 650 - £5 400 - **$8,930**

Blue-Fronted Amazon - Watercolour, gouache (52x35cm-20x14in) London 96.............. FF224 600 - £26 000 - **$43,000**

BARRACHINA Francisco 1940 [2]

🖤 *Niña sentada con claveles* - Oleo/lienzo (33x45cm-13x18in) Madrid 97....................... FF4 378 - £473 - **$759**

BARRACLOUGH James P. 1891-1942 [2]

🖤 *Lady with a cat* - Oil/canvas (84x71cm-33x28in) London 90..................................... FF5 040 - £510 - **$959**

BARRADAS Jorge 1894-1971 [1]

📖 *Bellanger Frères, Stock Michelin* - Affiche (66x90cm-26x35in) Neuilly 95.................... FF2 900 - £349 - **$549**

BARRAL Emiliano 1896-1936 [1]

🗿 *Cabeza de Shiva* - Bronze (40x18x18cm-16x7x7in) Madrid 97.................................... FF13 930 - £1 470 - **$2,450**

BARRALET John James c.1747-1815 [3]

✏ *Travellers/Angler below a bridge* - Ink (14x18cm-6x7in) London 95............................ FF1 600 - £200 - **$324**

BARRAN Elaine 1892-? [1]

🖤 *Se escapan las palomas* - Oleo/tabla (37x22cm-15x9in) Madrid 97............................. FF6 600 - £709 - **$1,155**

BARRAT Jean-Michel 1942 [27]

🖤 *Promenade estivale* - Huile/toile (41x33cm-16x13in) Paris 93.................................... FF2 300 - £277 - **$419**

La Provence, 1989 - Huile/toile (54x65cm-21x26in) Versailles 90............................... FF5 000 - £526 - **$870**

Eliza au jardin - Huile/toile (75x92cm-30x36in) L'Isle-Adam 89.................................. FF10 500 - £1 074 - **$1,688**

BARRATT OF STOCKBRIDGE Thomas XIX-XX [2]

🖤 *A bay racehorse in a stable* - Oil/canvas (55x70cm-22x28in) London 96..................... FF29 700 - £3 500 - **$5,830**

BARRATT Reginald 1861-1917 [6]

✏ *November sunset, Venice* - Watercolour (35x27cm-14x11in) London 92........................ FF8 800 - £900 - **$1,550**

BARRAU BUÑOL Laureano 1864-1957 [30]

🖤 *En el mercado* - Oleo/lienzo (71x60cm-28x24in) Madrid 96...................................... FF69 200 - £8 970 - **$13,680**

After the swim - Oil/canvas (188x138cm-74x54in) London 93................................... FF307 000 - £35 000 - **$52,100**

✏ *Escribiendo una carta* - Encre (21x13cm-8x7in) Madrid 90....................................... FF5 900 - £632 - **$1,026**

BARRAUD Aimé 1902-1954 [19]

🖤 *Jvoire* - Öl/Leinwand (65x81cm-26x32in) Zürich 95... FF12 800 - £1 660 - **$2,604**

Vase de roses rouges - Huile/toile (73x60cm-29x24in) Zürich 95............................... FF28 040 - £3 614 - **$5,710**

BARRAUD Aurèle René 1903-1969 [4]

🖤 *Autoportrait* - Öl/Leinwand (24x19cm-9x7in) Zofingen 94.. FF14 650 - £1 735 - **$2,710**

BARRAUD Charles 1897-? [2]

🖤 *Porträt einer Frau* - Öl/Leinwand (29x26cm-11x10in) Bern 95.................................. FF8 600 - £1 118 - **$1,766**

BARRAUD Charles Decimus 1822-1897 [4]

✏ *River Clarence* - Watercolour/paper (44x60cm-17x24in) London 97............................ FF35 481 - £3 800 - **$6,220**

BARRAUD Francis Philip 1824-1901 [4]

✏ *Horses, Trafalgar Square* - Watercolour/paper (30x48cm-12x19in) London 96.............. FF8 740 - £1 000 - **$1,667**

B

BARRAUD François Émile 1899-1934 [20]
- Trois roses - Oil/canvas (33x31cm-13x12in) London 95 .... FF14 630 - £1 900 - **$3,010**
- Le Nid - Öl/Leinwand (74x65cm-29x26in) Bern 93 .... FF36 160 - £4 320 - **$6,950**
- Marie Barraud - Bronze (33cm-13in) Zofingen 95 .... FF16 140 - £2 044 - **$3,245**

BARRAUD Gustave François 1883-1964 [18]
- Lugano, Monte san Salvatore - Öl/Karton (32x45cm-13x18in) Bern 94 .... FF7 270 - £843 - **$1,253**
- Weiblicher Akt - Gouache (47x40cm-19x16in) Bern 96 .... FF3 056 - £371 - **$594**

BARRAUD Henry 1811-1874 [24]
- Dark bay racehorse with a jockey up - Oil/canvas (51x61cm-20x24in) London 93 .... FF7 880 - £950 - **$1,378**
- The Stake - Oil/canvas (110x141cm-43x56in) London 96 .... FF55 200 - £6 500 - **$10,830**
- Denniston family of Pinnacle Hill - Oil/canvas (130x97cm-51x38in) London 96 .... FF217 000 - £27 000 - **$42,100**

BARRAUD Maurice 1889-1955 [117]
- Maria mit Kind - Öl/Leinwand (74x48cm-29x19in) Zürich 95 .... FF21 570 - £2 780 - **$4,390**
- Fille d'Alger - Öl/Leinwand (75x63cm-30x25in) Zürich 96 .... FF118 800 - £15 400 - **$23,500**
- Le grand nu - Öl/Leinwand (92x73cm-36x29in) Zürich 96 .... FF320 600 - £40 200 - **$61,800**
- Liegender Akt in einem Ruderboot - Fusain (21x16cm-8x6in) Zürich 96 .... FF5 340 - £670 - **$1,031**
- Impressionen auf der Seine - Watercolour (30x47cm-12x19in) Bern 92 .... FF9 130 - £1 091 - **$1,757**
- Femme en buste, fond jaune - Pastel/papier (40x25cm-16x10in) Zürich 95 .... FF48 300 - £6 260 - **$10,040**

BARRAUD Paul Charles Reynold 1897-? [3]
- Winterzeit - Öl/Karton (35x56cm-14x22in) Bern 92 .... FF3 160 - £323 - **$557**

BARRAUD William 1810-1850 [20]
- Volt - Oil/canvas (51x61cm-20x24in) New-York 96 .... FF21 700 - £2 813 - **$4,250**
- Gentleman with hunter (43x53cm-17x21in) New-York 95 .... FF89 500 - £11 330 - **$18,000**
- Wiliam Wilson Master at Hunt - Oil/canvas (96x181cm-38x71in) London 97 .... FF653 597 - £70 000 - **$113,596**

BARRE Aristide 1840-1922 [4]
- Bust of Napoléon, wearing a bicorne - Bronze (40cm-16in) New-York 92 .... FF3 380 - £404 - **$650**

BARRE Auguste J. 1811-1896 [7]
- Youg Queen Victoria - Bronze (42cm-17in) London 93 .... FF14 340 - £1 650 - **$2,475**
- Bust of Madame Bouchet - Marble (74cm-29in) London 96 .... FF27 330 - £2 795 - **$5,394**

BARRÉ Martin 1924 [36]
- Sans titre No. 63-L-4 - Huile/toile (46x45cm-18x18in) Paris 95 .... FF18 000 - £2 340 - **$3,696**
- 86-87 - 120 x 120 - A - Acrylique/toile (120x120cm-47x47in) Paris 94 .... FF42 000 - £5 040 - **$8,150**
- 79-B-100 X 200 - Acrylique/toile (100x200cm-39x79in) Versailles 95 .... FF70 000 - £8 720 - **$13,700**
- 74-75-A, 1974-1975 - Huile/toile (171x159cm-67x63in) Paris 90 .... FF320 000 - £34 483 - **$56,437**

BARRE Raoul Vital Achille 1874-1932 [1]
- Rêverie - Oil/canvas (51x36cm-20x14in) Montréal 96 .... FF2 646 - £337 - **$510**

BARREDA Ernesto 1927 [7]
- The Black Clock - Oil/canvas (109x140cm-43x55in) New-York 93 .... FF55 000 - £6 900 - **$10,000**

BARREIRO José María 1940 [6]
- Bodegón de higos y frutos - Oleo/lienzo (33x41cm-13x16in) Madrid 92 .... FF2 900 - £347 - **$558**
- En el sillón - Drawing (33x22cm-13x9in) Madrid 91 .... FF4 260 - £430 - **$830**

BARRENSCHEEN Hermann 1882-1953 [4]
- Junges Mädchen - Öl/Leinwand (55x45cm-22x18in) Bern 93 .... FF3 760 - £433 - **$645**

BARRERA Antonio 1948 [6]
- Platanera - Acrylic/canvas (112x144cm-44x57in) New-York 94 .... FF80 000 - £9 380 - **$14,000**

BARRERA-BOSSI Erma 1885-1960 [1]
- Restaurant am Hof - Oil/canvas (51x61cm-20x24in) London 94 .... FF25 150 - £3 000 - **$4,730**

BARRERE André 1918-1975 [3]
- Les Dragées d'Hercule - Affiche (79x117cm-31x46in) Paris 97 .... FF1 800 - £193 - **$311**

BARRET Gaston ?-1991 [1]
- Paysage de neige - Aquarelle (47x62cm-19x24in) Brest 96 .... FF11 800 - £1 518 - **$2,290**

BARRET George I 1728/32-1784 [27]
- Dukes of Cumberland & York - Oil/canvas (104x137cm-41x54in) New-York 94 .... FF1 - £155 500 - **$230,000**
- Castle and gentlemen resting - Oil/canvas (60x75cm-24x30in) London 96 .... FF125 800 - £16 000 - **$24,200**
- Family boating on a lake - Watercolour (45x60cm-18x24in) London 92 .... FF34 200 - £3 500 - **$6,030**

BARRET George II c.1767-1842 [27]
- A capriccio landscape - Watercolour (26x40cm-10x16in) London 93 .... FF3 560 - £400 - **$596**
- A Capriccio Landscape with Figures - Watercolour (26x21cm-10x8in) London 97 .... FF8 895 - £950 - **$1,546**
- Versailles & elegant figures - Watercolour (56x84cm-22x33in) London 97 .... FF58 325 - £6 200 - **$10,050**

BARRET Lucie XX [2]
- Coupe et vase de fleurs - Huile/toile (38x55cm-15x22in) Grenoble 96 .... FF2 500 - £319 - **$482**

BARRET Marius 1865-? [5]
- La Belle Otero as Carmen - Oil/canvas (130x97cm-51x38in) New-York 95 .... FF368 000 - £45 800 - **$72,000**

BARRETT George, Jnr. c.1767-1842 [3]
- Cattle watering, Cheshire - Watercolour (18x26cm-7x10in) London 94 .... FF5 210 - £650 - **$1,007**

BARRETT Jerry 1814-1906 [7]
- Queen Victoria & Soldiers - Oil/canvas (148x218cm-58x86in) London 93 .... FF1 - £173 500 - **$251,600**
- Young lady watering the garden - Oil/canvas (92x71cm-36x28in) Stockholm 97 .... FF58 250 - £6 208 - **$10,171**
- Preparing fr a fancy dress ball - Watercolour (51x37cm-20x15in) London 96 .... FF5 780 - £750 - **$1,143**

BARRETT Ranelagh ?-1768 [1]
- Sir Robert Walpole's Hounds - Oil/canvas (152x239cm-60x94in) London 94 .... FF380 000 - £45 000 - **$70,200**

BARRETT Roderic 1920 [2]
- Three bowls - Oil/board (119x89cm-47x35in) London 93 .... FF5 150 - £620 - **$900**

BARRETT William S. 1854-1927 [4]
🖼 *Moonlit waters* - Oil/board (20x28cm-8x11in) North Berwick, Maine 93 .... FF4 125 - £518 - **$750**
BARRIAS Félix Joseph 1822-1907 [5]
🖼 *Cincinnatus et les députés du Sénat* - Huile/toile (19x24cm-7x9in) Paris 97 .... FF9 500 - £1 057 - **$1,714**
✏ *Luigi Cherubini assis* - Crayon (40x30cm-16x12in) Paris 92 .... FF3 600 - £430 - **$693**
BARRIAS José 1944 [2]
🖼 *Diluvio* - Acrilico/tela (45x160cm-18x63in) Milano 91 .... FF2 710 - £279 - **$506**
BARRIAS Louis Ernest 1841-1905 [62]
🗿 *Mozart* - Bronze (68cm-27in) Bruxelles 97 .... FF21 268 - £2 210 - **$3,627**
Jeune fille de Bou-Saada - Bronze (46cm-18in) Elgin, Illinois 95 .... FF67 600 - £8 440 - **$13,250**
Le Serment de Spartacus - Marble (210cm-83in) New-York 94 .... FF955 000 - £112 700 - **$170,000**
BARRIBAL Charles XIX-XX [2]
✏ *L'élégante* - Watercolour, gouache (27x22cm-11x9in) London 90 .... FF9 700 - £1 032 - **$1,735**
BARRIBAL William H. XIX-XX [18]
🖼 *At the Races* - Oil/board (34x29cm-13x11in) London 94 .... FF4 830 - £550 - **$820**
✏ *Elegant lady (Molly)* - Watercolour (33x28cm-13x11in) London 93 .... FF3 560 - £400 - **$596**
BARRIE Mardi 1931 [3]
🖼 *Town centre* - Oil/canvas (75x101cm-30x40in) Glasgow 96 .... FF3 470 - £450 - **$680**
BARRIER Gustave 1885-? [10]
🖼 *Bouquet mit Rosen* - Öl/Karton (26x22cm-10x9in) Bern 95 .... FF2 797 - £364 - **$574**
Nature morte - Huile/toile (41x27cm-16x11in) Calais 96 .... FF7 500 - £935 - **$1,453**
BARRINGTON-BROWNE William E. 1908-1985 [3]
🖼 *Sligachan River, Isle of Skye* - Oil/canvas (46x61cm-18x24in) Glasgow 96 .... FF2 930 - £380 - **$575**
BARRIOT Claudius 1846-1908 [2]
🖼 *Les bulles de savon* - Huile/toile (65x50cm-26x20in) Saint-Dié 96 .... FF12 000 - £1 562 - **$2,380**
BARROIS Jean Pierre Frédéric 1786-c.1845 [2]
✏ *Jeune femme en robe de linon rose* - Miniature (6cm-2in) Paris 92 .... FF8 000 - £823 - **$1,419**
BARRON Dorothy Louise [2]
✏ *Happy Spring Time* - Coloured chalks (63x42cm-25x17in) London 96 .... FF2 640 - £320 - **$514**
BARRON Grace 1903-? [1]
🖼 *Dance rehearsal* - Oil/board (71x91cm-28x36in) Mystic, Connecticut 95 .... FF2 416 - £290 - **$450**
BARRON Y CARRILLO Manuel 1814-1884 [7]
🖼 *Crossing the Guadalquivir* - Oil/canvas (73x100cm-29x39in) New-York 96 .... FF181 700 - £23 150 - **$35,000**
BARROS Augusto Ferreira 1929 [4]
🖼 *Jour et nuit* - Tempera/panneau (65x50cm-26x20in) Paris 91 .... FF3 200 - £322 - **$555**
BARROW Edith Isabel ?-1930 [4]
✏ *Primroses, violets and daisies* - Watercolour/paper (29x38cm-11x15in) London 96 .... FF2 990 - £380 - **$575**
BARRY Charles 1795-1860 [3]
✏ *Sketch design: Victoria tower* - Pencil/paper (31x19cm-12x7in) London 92 .... FF7 810 - £800 - **$1,380**
BARRY Claude Francis 1883-1970 [9]
🖼 *Fireworks, Paris* - Oil/canvas (119x101cm-47x40in) London 95 .... FF21 100 - £2 800 - **$4,350**
BARRY David F. 1854-1934 [5]
📷 *Chief Goose* - Silver print New-York 96 .... FF6 710 - £832 - **$1,300**
BARRY François 1813-1905 [5]
🖼 *Bateaux au port* - Huile/toile (51x81cm-20x32in) Paris 96 .... FF30 000 - £3 740 - **$5,800**
Percement du Canal de Suez - Huile/toile (40x60cm-16x24in) Paris 94 .... FF760 000 - £90 900 - **$148,800**
BARRY James 1741-1806 [3]
✏ *The holy family and shepherds* - Indian ink (50x38cm-20x15in) London 90 .... FF15 500 - £1 561 - **$2,818**
BARRY Robert 1936 [21]
🖼 *Sans titre* - Acrylique/toile (66x66cm-26x26in) Paris 96 .... FF6 500 - £815 - **$1,255**
✏ *Concetto, 1979* - Inchiostro/carta (25x23cm-10x9in) Milano 89 .... FF6 900 - £706 - **$1,109**
Hanging String Piece - Ink/paper (30x24cm-12x9in) New-York 93 .... FF15 130 - £1 897 - **$2,750**
BARSE George Randolph Jr. 1861-1938 [3]
🖼 *The Oasis* - Oil/canvas (67x88cm-26x35in) New-York 92 .... FF78 400 - £9 100 - **$16,000**
BARSTOW Montague XIX-XX [3]
🖼 *Curiosity* - Oil/canvas (51x41cm-20x16in) New-York 96 .... FF46 700 - £5 950 - **$9,000**
BARTA Ernö 1878-? [1]
🖼 *Liegender weiblicher Akt* - Öl/Karton (69x100cm-27x39in) Wien 92 .... FF5 780 - £580 - **$1,110**
BÁRTA Laszlo 1902-1961 [2]
🖼 *Bord de mer sur la Côte d'Azur* - Huile/toile (60x73cm-24x29in) Paris 95 .... FF4 000 - £532 - **$825**
BARTCHENKOV Nicolas 1918 [2]
🖼 *Les veaux* - Huile/carton (50x70cm-20x28in) Paris 93 .... FF3 600 - £405 - **$611**
BARTELS Carl-Olaf 1869-1945 [2]
🖼 *Horses* - Oil/canvas (48x66cm-19x26in) Wien 95 .... FF6 470 - £821 - **$1,303**
BARTELS Hermann 1928-1989 [4]
🖼 *Parallelmontage* - Öl/Leinwand (45x35cm-18x14in) München 94 .... FF16 130 - £1 910 - **$2,980**
BARTELS Ludwig Arthur 1874-? [2]
🖼 *Zwei junge Zicklein* - Öl/Leinwand (36x46cm-14x18in) Staufen 95 .... FF4 210 - £540 - **$849**
BARTELS Rudolf 1872-1946 [1]
✏ *Küstenlandschaft mit Segelbooten* - Oil/panel (35x39cm-14x15in) Pforzheim 94 .... FF17 840 - £2 142 - **$3,344**

BARTELS von Hans 1856-1913 [31]
- *Bretonische Fischermädchen* - Öl/Leinwand (33x48cm-13x19in) Frankfurt 96 .... **FF11 140** - £1 314 - **$2,190**
- *Bäuerin mit Kuh* - Oil/cardboard (34x47cm-13x19in) Wien 89 .... **FF57 600** - £5 565 - **$8,741**
- *Seemann in roter Jacke und Südwester* - Aquarell (69x49cm-27x19in) Köln 94 .... **FF8 530** - £1 008 - **$1,533**

BARTELS von Wera 1886-1922 [1]
- *Kranz aus Blumen* (2) - Watercolour/paper (43x29cm-17x11in) Stuttgart 90 .... **FF13 500** - £1 445 - **$2,348**

BARTH Alfons Eugen 1878-1940 [1]
- *Veilchen und Schneerosen* - Öl/Leinwand (40x50cm-16x20in) Wien 94 .... **FF2 670** - £314 - **$476**

BARTH Amadeus Ernst 1899-1926 [5]
- *Nature morte* - Oil/canvas (65x80cm-26x31in) Uppsala 95 .... **FF9 580** - £1 246 - **$1,967**

BARTH Carl 1896-1976 [13]
- *Alte Windmühle* - Öl/Leinwand (100x65cm-39x26in) Köln 94 .... **FF20 630** - £2 455 - **$3,924**

BARTH Carl Wilhelm 1847-1919 [9]
- *Lasteskuter med seil ved Venezia* - Oil/panel (30x41cm-12x16in) Oslo 92 .... **FF9 980** - £1 022 - **$1,760**

BARTH Ferdinand 1902-1979 [5]
- *Darmstadt im Winter* - Öl/Leinwand (41x58cm-16x23in) Heidelberg 95 .... **FF7 660** - £983 - **$1,547**

BARTH Heyn van Kervel 1877-1939 [1]
- *Sommer i haven* - Oil/canvas (75x55cm-30x22in) Oslo 92 .... **FF26 900** - £2 755 - **$4,740**

BARTH Karl 1787-1853 [2]
- *Alte Dame* - Aquarell (23x17cm-9x7in) Leipzig 93 .... **FF1 696** - £203 - **$326**
- *Ludwig Schaller* - Graphite (21x17cm-8x7in) New-York 92 .... **FF10 800** - £1 104 - **$2,000**

BARTH Otto 1876-1916 [3]
- *Dorf im Winter* - Gouache/papier (60x57cm-24x22in) Wien 94 .... **FF7 770** - £913 - **$1,387**

BARTH Paul Basilius 1881-1955 [42]
- *Vue depuis l'atelier, Paris* - Huile/toile (66x54cm-26x20in) Bern 94 .... **FF11 000** - £1 334 - **$2,140**
- *Uferlandschaft am Meer* - Öl/Leinwand (46x55cm-18x22in) Bern 95 .... **FF29 600** - £3 780 - **$6,060**
- *Siesta im Garten* - Öl/Leinwand (46x38cm-18x15in) Zürich 96 .... **FF79 500** - £9 200 - **$15,220**

BARTH Signe 1895-1982 [9]
- *Vit kanna och frukter* - Oil/canvas (54x64cm-21x25in) Göteborg 96 .... **FF4 050** - £462 - **$775**

BARTH Theodor 1875-1949 [5]
- *Buch und Blumen* - Öl/Leinwand (38x35cm-15x14in) Zofingen 95 .... **FF2 336** - £296 - **$470**
- *Spiegeliungen* - Oil/canvas (56x46cm-22x18in) Luzern 91 .... **FF95 000** - £9 642 - **$17,158**

BARTH-GAASBECK Greta 1899-1986 [1]
- *Selbstportrait der Künstlerin* - Öl/Leinwand (51x45cm-20x18in) Zofingen 92 .... **FF2 855** - £341 - **$550**

BARTHALOT Marius 1861-? [6]
- *Martigues* - Huile/panneau (38x45cm-15x18in) Aubagne 93 .... **FF9 500** - £1 093 - **$1,640**

BARTHE Richmond 1901-1989 [1]
- *The black Madonna* - Bronze (34cm-13in) New-York 92 .... **FF14 770** - £1 510 - **$2,600**

BARTHELEMY 1927 [5]
- *Port breton, Roscoff* - Huile/toile (50x65cm-20x26in) La Varenne Saint-Hilaire 92 .... **FF6 200** - £721 - **$1,266**

BARTHELEMY Camille 1890-1961 [21]
- *Entrée de ville au Maroc* - Huile/toile (80x100cm-31x39in) Liège 95 .... **FF20 960** - £2 673 - **$4,225**
- *Le pays noir* - Huile/toile (100x152cm-39x60in) Bruxelles 92 .... **FF66 400** - £6 800 - **$11,680**
- *Chapelle sur une colline* - Eau-forte (39x39cm-15x15in) Liège 96 .... **FF1 665** - £216 - **$330**

BARTHELEMY Émilien 1885-1964 [1]
- *Allégorie des Arts: projet de fresque* - Huile/toile (90x105cm-35x41in) Lyon 96 .... **FF4 200** - £524 - **$811**

BARTHÉLEMY Gérard 1938 [34]
- *Promenade à la campagne* - Huile/toile (38x46cm-15x18in) La Varenne Saint-Hilaire 97 .... **FF2 900** - £314 - **$509**
- *Le port d'Honfleur* - Huile/toile (51x65cm-20x26in) La Varenne Saint-Hilaire 92 .... **FF8 500** - £1 014 - **$1,635**

BARTHÉLEMY Raymond 1833-1902 [1]
- *Jeune faune dansant avec un bouc* - Bronze (48cm-19in) Madrid 93 .... **FF7 520** - £904 - **$1,464**

BARTHELME Hugo 1822-1895 [1]
- *In Erwartung* - Öl/Leinwand (61x48cm-24x19in) Köln 95 .... **FF7 250** - £943 - **$1,487**

BARTHÈS Roland 1915-1980 [6]
- *Composizione, 1972* - Technique mixte/toile (39x30cm-15x12in) Milano 89 .... **FF6 400** - £674 - **$1,077**
- *Composizione 18.6.72* - Tecnica mista/carta (30x39cm-12x15in) Milano 94 .... **FF4 840** - £560 - **$826**

BARTHOLDI Frédéric Auguste 1834-1904 [18]
- *Famille du Comte Dillon, à cheval* - Huile/panneau (12x22cm-5x9in) Paris 92 .... **FF5 500** - £657 - **$1,058**
- *Maquette du Lion de Belfort* - Tempera/tela (25cm-10in) Paris 91 .... **FF22 000** - £2 190 - **$3,783**
- *Christopher Colombus* - Bronze (66cm-26in) New-York 92 .... **FF62 400** - £7 450 - **$12,000**
- *Liberty Enlighting the World* - Bronze (152cm-60in) New-York 97 .... **FF525 087** - £55 134 - **$90,000**
- *Statue de la Liberté* - Aquarelle (10x19cm-4x7in) Paris 96 .... **FF56 000** - £7 020 - **$10,820**

BARTHOLOMÉ Albert 1848-1928 [19]
- *Madame Bartholomé* - Huile/toile (234x141cm-92x56in) Angers 89 .... **FF230 000** - £24 236 - **$38,721**
- *Jeune fille se coiffant* - Bronze (99cm-39in) New-York 92 .... **FF75 582** - £7 936 - **$13,000**
- *Deux fillettes au chaton* - Pastel (92x59cm-36x23in) Calais 92 .... **FF22 000** - £2 260 - **$4,230**

BARTHOLOMEW Edward Sheffield 1822-1858 [1]
- *Classical allegory* - Relief (73x50cm-29x20in) New-York 93 .... **FF49 500** - £6 210 - **$9,000**

BARTHOLOMEW Ralph, Jnr. 1907-1985 [2]
- *Harper's Bazaar Playtex Ad* - Gelatin silver print (20x41cm-8x16in) New-York 93 .... **FF4 950** - £621 - **$900**

BARTHOLOMEW Valentin 1799-1879 [10]
- *Geranium/Study of sweetpeas* - Watercolour London 97 .... **FF15 052** - £1 600 - **$2,593**

BARTHOLOMEW W.N. 1856-1919 [1]
- *Campers in the Woods* - Oil/canvas (35x61cm-14x24in) Mystic, Connecticut 91 .... **FF2 550** - £254 - **$439**

BARTL Jozsef 1932 [4]
Bleus - Huile/toile (60x80cm-24x31in) Paris 91 .... FF8 000 - £806 - **$1,388**

BARTLETT Charles William 1860-1940 [14]
The Young Badminton Player
  Oil/canvas (42x36cm-17x14in) Billinghurst, West Sussex 94 .... FF14 400 - £1 700 - **$2,566**
Iwabuchi - Woodcut in colors Mystic, Connecticut 95... FF3 220 - £386 - **$600**
Scène familiale - Aquarelle/papier (47x52cm-19x20in) Bruxelles 94 .... FF13 880 - £1 590 - **$2,350**

BARTLETT Dana 1878-1957 [17]
Bend in the River - Oil/canvas (40x51cm-16x20in) San Francisco-Los Angeles 96............. FF16 960 - £1 964 - **$3,250**

BARTLETT Frederick Clay 1873-? [1]
Summer Place Roofs - Oil/canvas (91x101cm-36x40in) New-York 94 .... FF26 300 - £3 160 - **$5,000**

BARTLETT Gray 1885-1951 [2]
The Lady in pink - Oil/canvas (86x51cm-34x20in) San Francisco-Los Angeles 95 .... FF4 980 - £655 - **$1,000**

BARTLETT Jennifer 1941 [42]
Yellow House - Oil/canvas (22x27cm-9x11in) New-York 94 .... FF23 650 - £2 814 - **$4,500**
At Sand Point #23 - Oil/canvas (12x61cm-5x24in) New-York 95 .... FF69 300 - £8 660 - **$14,000**
The island - Oil/canvas (274x398cm-108x157in) New-York 91 .... FF684 000 - £68 924 - **$118,690**
Shadow - Etching, aquatint in colors (75x226cm-30x89in) New-York 97 .... FF103 000 - £12 060 - **$18,000**
Chicago - Pencil (43x55cm-17x22in) New-York 97.. FF17 411 - £1 831 - **$3,000**

BARTLETT Paul Wayland 1865-1925 [10]
Preparedness - Bronze (31cm-12in) New-York 96 .... FF12 530 - £1 450 - **$2,400**

BARTLETT William Henry 1809-1854 [16]
Wailing Wall, Jerusalem
  Watercolour, gouache/paper (23x34cm-9x13in) Tel Aviv 96 .... FF114 000 - £14 080 - **$22,000**

BARTLETT William Henry 1858-1932 [7]
Collecting Cockles - Oil/canvas (58x46cm-23x18in) London 97 .... FF29 385 - £3 200 - **$5,110**
Clearing the nets, Co. Donegal - Oil/canvas (71x106cm-28x42in) London 91 .... FF49 600 - £5 034 - **$8,958**
The neighbours - Oil/canvas (99x128cm-39x50in) London 91 .... FF188 400 - £18 984 - **$32,692**

BARTNING Ludwig 1876-1956 [3]
Blumenstilleben, 1920 - Oil/panel (22x19cm-9x7in) Düsseldorf 90 .... FF5 100 - £546 - **$887**

BARTOLENA Cesare 1830-1903 [1]
Italian infantryman - Watercolour (34x24cm-13x9in) London 95.................... FF5 370 - £680 - **$1,080**

BARTOLENA Giovanni 1866-1942 [33]
Paesaggio - Olio/tavola (13x30cm-5x12in) Firenze 97.. FF12 580 - £1 480 - **$2,220**
La lucertina - Olio/tavola (42x50cm-17x20in) Milano 95 .... FF78 500 - £10 140 - **$16,120**
Pino sul mare - Olio/tavola (30x43cm-12x17in) Milano 95 .... FF235 500 - £30 400 - **$48,400**

BARTOLI Jacques 1920 [6]
Le lever - Oil/canvas (65x54cm-26x21in) New-York 95 .... FF6 160 - £756 - **$1,200**
At the Salon - Oil/canvas (146x114cm-57x45in) New-York 95 .... FF33 369 - £3 510 - **$5,749**

BARTOLI NATINGUERRA Amerigo 1890-1971 [11]
I garofani bianchi - Olio/tela (60x50cm-24x20in) Milano 92 .... FF58 900 - £6 030 - **$10,360**
La confessione/Autoritratto - Acquarello/carta (23x30cm-9x12in) Milano 96 .... FF2 680 - £344 - **$512**

BARTOLINI Filippo 1861-1908 [1]
Achat d'un tapis - Aquarelle (53x36cm-21x14in) Paris 95 .... FF78 000 - £10 080 - **$15,940**

BARTOLINI Frederico XIX-XX [11]
Marchands de tapis, Afrique du Nord - Huile/toile (83x52cm-33x20in) Paris 95 .... FF170 000 - £21 520 - **$34,300**
Arab street scene - Watercolour/paper (60x43cm-24x17in) New-York 94 .... FF35 100 - £4 060 - **$6,000**

BARTOLINI Lorenzo 1777-1850 [6]
Elisa Bonaparte Baciocchi - Marbre (60cm-24in) Zürich 95.......................... FF129 400 - £16 680 - **$26,340**

BARTOLINI Luciano 1948 [12]
Senza titolo - Olio/cartone (100x152cm-39x60in) Milano 94............................. FF15 030 - £1 800 - **$2,790**
Measure by Measure - Mischtechnik/Papier (150x102cm-59x40in) Wien 94 .... FF7 310 - £876 - **$1,420**

BARTOLINI Luigi 1892-1963 [73]
Fanciulla sull'amaca - Olio/carta/tavola (57x73cm-22x29in) Milano 96 .... FF10 720 - £1 376 - **$2,050**
La bella aurora - Olio/tavola (55x70cm-22x28in) Roma 94 .... FF22 200 - £2 604 - **$3,844**
Fiume d'estate - Eau-forte couleurs (31x37cm-12x15in) Milano 95 .... FF7 450 - £950 - **$1,525**

BARTOLINI Paolo 1819-1903 [1]
Pastorello/Popolana, S. Angelo - Acquarello (51x34cm-20x13in) Bologna 92 .... FF21 740 - £2 226 - **$3,830**

BARTOLINI Ubaldo 1944 [5]
Paesaggio - Olio/tela (95x70cm-37x28in) Milano 90 .... FF28 830 - £2 948 - **$5,691**
Tempesta - Pastelli/carta (50x67cm-20x26in) Roma 95 .... FF1 672 - £215 - **$336**

BARTOLOMI Pérez 1634-1693 [1]
Bouquet de fleurs - Huile/toile (89x63cm-35x25in) Genève 89 .... FF50 700 - £5 342 - **$8,535**

BARTOLOZZI Francesco 1727-1815 [26]
Love and Innocence - Engraving (28x21cm-11x8in) Glasgow 96 .... FF2 470 - £320 - **$488**
Queen Charlotte of Portugal - Black chalk (46x33cm-18x13in) London 97 .... FF8 313 - £849 - **$1,414**

BARTOLUZZI Millo XX [2]
Gatherer in an autumn landscape - Oil/canvas (61x37cm-24x15in) London 94 .... FF8 400 - £1 000 - **$1,583**

BARTON Donald Blagge 1903-1990 [9]
Landscape - Oil/canvas (91x107cm-36x42in) Cambridge, Mass. 93 .... FF5 500 - £690 - **$1,000**

BARTON Ezekiel, Lt. General 1781-1855 [2]
Fortress of Salimgarh, Delhi - Watercolour (30x53cm-12x21in) London 92 .... FF2 513 - £300 - **$484**

Calendar & auction results :   INTERNET : **www.artprice.com**   MINITEL : 3617 ARTPRICE

The Tiger Hunt - Watercolour (42x53cm-17x21in) London 95 .... FF**76 200** - £9 500 - **$14,920**

BARTON Frederick William 1816-1900 [1]
🖼 *The Pantilles, Turnbridge* - Oil/board (28x41cm-11x16in) Penzance, Cornwall 94 .... FF**4 350** - £510 - **$774**

BARTON Patricia 1928 [1]
🖼 *Les fraises des bois* - Acrylic/canvas (73x54cm-29x21in) Zofingen 96 .... FF**5 100** - £646 - **$1,025**

BARTON Ralph 1891-1931 [1]
✏ *Pianist* - Watercolour (53x41cm-21x16in) New-York 96 .... FF**12 950** - £1 670 - **$2,500**

BARTON Rose Maynard 1856-1929 [22]
✏ *Grosvenor Place on a wet day* - Watercolour (15x26cm-6x10in) London 96 .... FF**38 800** - £4 600 - **$7,570**
Waiting for Royalty - Watercolour (25x34cm-10x13in) London 96 .... FF**156 000** - £18 500 - **$30,450**

BARTONEK Vojtech 1859-1908 [1]
🖼 *Street scene in Prague* - Oil/canvas (40x49cm-16x19in) London 93 .... FF**21 600** - £2 600 - **$3,770**

BARTSCH Carl Frederick 1829-1908 [19]
🖼 *Cows in a landscape* - Oil/canvas (39x51cm-15x20in) Viby J, Århus 96 .... FF**4 430** - £563 - **$876**

BARTSCH Wilhelm 1871-1953 [3]
🖼 *Heidelandschaft* - Oil/cardboard (28x42cm-11x17in) Hamburg 94 .... FF**7 480** - £876 - **$1,320**

BÄRTSCHI Willy Alexander 1906 [6]
🖼 *Die Heimkehr der Herde* - Acryl/Karton (76x88cm-30x35in) Bern 93 .... FF**3 360** - £374 - **$570**

BARUCCI Pietro 1845-1917 [61]
🖼 *The boating party* - Oil/canvas (58x107cm-23x42in) London 95 .... FF**24 700** - £3 200 - **$5,140**
Bufali in palude - Olio/tela (42x108cm-17x43in) Roma 96 .... FF**67 000** - £8 400 - **$12,800**
Fiera nella campagna romana - Olio/tela (100x138cm-39x54in) Milano 92 .... FF**317 000** - £32 450 - **$55,800**

BARUCHELLO Gianfranco 1924 [13]
🖼 *Little orphan anphetamine* - Tecnica mista (100x100cm-39x39in) Milano 92 .... FF**27 200** - £2 780 - **$4,790**
✏ *Oh! Luculus* - Crayons couleurs (49x49cm-19x19in) Versailles 95 .... FF**3 000** - £374 - **$587**

BARVITIUS Victor 1834-1902 [2]
🖼 *The Parrot Lady* - Oil/canvas (81x66cm-32x26in) New-York 94 .... FF**11 220** - £1 326 - **$2,000**
✏ *Prag, auf dem Hradschin* - Aquarell/Papier (29x40cm-11x16in) Wien 93 .... FF**5 770** - £690 - **$1,110**

BARWE Prabhakar 1936 [3]
🖼 *Many Identifies of the Self* - Enamel/canvas (102x152cm-40x60in) London 95 .... FF**18 760** - £2 400 - **$3,770**

BARWELL Frederick Bacon ?-1897 [6]
🖼 *Young girl playing with a hoop* - Oil/canvas (61x51cm-24x20in) London 92 .... FF**57 000** - £6 800 - **$10,950**

BARWIG Franz 1868-1931 [20]
🗿 *Gemse* - Bronze (30cm-12in) Wien 97 .... FF**9 564** - £1 020 - **$1,654**
Rehbock - Bronze (39cm-15in) Wien 95 .... FF**31 930** - £4 130 - **$6,530**

BARWOLF Georges 1872-1935 [5]
🖼 *Animation près de Pigalle* - Huile/toile (60x73cm-24x29in) Soissons 96 .... FF**10 000** - £1 212 - **$1,944**

BARY-DOUSSIN von Jenny 1874-1926 [2]
🗿 *Kühe* - Bronze (25x20x56cm-10x8x22in) Frankfurt 93 .... FF**11 530** - £1 377 - **$2,220**

BARYE Alfred 1839-1882 [40]
🗿 *Clown et caniche* - Bronze (37cm-15in) Paris 96 .... FF**10 000** - £1 206 - **$1,920**
Chantilly - Bronze (50cm-20in) Paris 97 .... FF**30 000** - £3 297 - **$5,475**
Indian on Horseback - Bronze (79cm-31in) New-York 96 .... FF**146 200** - £16 920 - **$28,000**

BARYE Antoine-Louis 1796-1875 [705]
🖼 *Jeune femme au lion* - Huile/carton (27x35cm-11x14in) Doullens 94 .... FF**28 000** - £3 460 - **$4,750**
Cerf, Fontainebleau - Huile/papier (23x32cm-9x13in) Paris 97 .... FF**181 000** - £19 946 - **$31,874**
🗿 *Lièvre effrayé* - Bronze (7cm-3in) Paris 95 .... FF**3 700** - £473 - **$758**
Chasseur terrassant un lion - Bronze (32x40cm-13x16in) Saint-Dié 96 .... FF**14 500** - £1 860 - **$2,860**
Aigle tenant un Héron - Bronze (31x31cm-12x12in) London 97 .... FF**17 143** - £1 800 - **$2,938**
Tigre qui marche - Bronze (21cm-8in) New-York 94 .... FF**21 060** - £2 472 - **$3,750**
Thésée combattant le Centaure Bienor - Bronze (33cm-13in) New-York 97 .... FF**39 526** - £4 257 - **$7,000**
Napoléon Bonaparte on Horseback - Bronze (36x28cm-14x11in) London 97 .... FF**76 190** - £8 000 - **$13,059**
Cheval turc - Bronze (29cm-11in) New-York 96 .... FF**146 000** - £17 240 - **$26,000**
La Duchesse d'Orléans - Bronze (38x29cm-15x11in) Paris 90 .... FF**1 1e +06** - £104 339 - **$178,445**
✏ *A study of a Horse* - Wash (34x47cm-13x19in) New-York 97 .... FF**36 974** - £3 979 - **$6,500**
Tigers fighting - Watercolour (24x43cm-9x17in) London 97 .... FF**333 333** - £35 000 - **$57,333**

BARZ Mathias 1895-1982 [2]
🖼 *Flusslandschaft mit Segelbooten* - Öl/Papier (75x48cm-30x19in) Düsseldorf 96 .... FF**5 420** - £669 - **$1,046**

BARZAGHI Francesco 1839-1892 [7]
🗿 *Mosca Cieca* - Marble (118cm-46in) London 94 .... FF**32 160** - £3 800 - **$5,780**
Egyptian mother & child - Marble (100cm-39in) New-York 96 .... FF**415 400** - £52 900 - **$80,000**

BARZAGHI-CATTANEO Antonio 1835-1922 [1]
🖼 *Lady Jane Grey* - Oil/canvas (195x67cm-77x26in) London 96 .... FF**60 100** - £7 500 - **$11,610**

BARZAGLI Massimo 1960 [4]
🖼 *Campo di fiori* - Olio/carta/tela (150x100cm-59x39in) Prato 97 .... FF**17 000** - £2 000 - **$3,000**

BARZANTI Licinio 1857-1944 [3]
🗿 *The Gladiator* - Marble (55cm-22in) London 91 .... FF**11 850** - £1 188 - **$2,170**

BARZANTI Pietro XIX-XX [8]
🗿 *Figure of a Younthful maiden* - Marble (73cm-29in) New-York 97 .... FF**8 611** - £942 - **$1,500**
Allegorical figure - Marble (206cm-81in) New-York 92 .... FF**29 400** - £3 414 - **$6,000**

BARZILAY Frédéric 1917 [1]
📷 *Café de Flore* - Photo (22x14cm-9x6in) Paris 95 .... FF**1 500** - £192 - **$306**

BAS Adrien 1890-1926 [9]
🖼 *La Saône à Lyon sous la neige* - Huile/panneau (45x45cm-18x18in) Lyon 96 .... FF**9 000** - £1 128 - **$1,737**

Fabriques sur les bords du Rhône - Pastel/papier (28x35cm-11x14in) Paris 97 .... FF**2 800** - £*297* - **$487**

BASALDELLA Mirko 1910-1969 [14]
Senza titolo - Tecnica mista/cartone (101x70cm-40x28in) Prato 96 .... FF**18 100** - £*2 270* - **$3,456**
Il Giudizione di Salomone - Bronze (67cm-26in) Roma 93 .... FF**62 200** - £*6 980* - **$11,130**
Suonatore - Tempera/carta (72x50cm-28x20in) Milano 96 .... FF**10 050** - £*1 290* - **$1,920**

BASAN Pierre François 1723-1797 [1]
L'Amour asiatique - Gravure (33x28cm-13x11in) Paris 94 .... FF**45 000** - £*5 380* - **$8,810**

BASCH Andor 1885-? [1]
Morgen - Oil/panel (49x40cm-19x16in) Wien 92 .... FF**5 780** - £*580* - **$1,110**

BASCH Arpad 1873-1944 [2]
Camminando sul prato - Olio/tela (50x70cm-20x28in) Trieste 93 .... FF**3 980** - £*454* - **$675**
Varietà - Acquarello/carta (40x56cm-16x22in) Trieste 97 .... FF**2 040** - £*240* - **$360**

BASCHENIS Evaristo 1617-1677 [1]
Musical instruments - Oil/canvas/panel (73x96cm-29x38in) Stockholm 90 .... FF**468 000** - £*50 431* - **$82,540**

BASCHET Marcel 1862-1941 [1]
Portrait de M. Moret - Huile/toile (95x70cm-37x28in) Montréal 95 .... FF**2 720** - £*358* - **$546**

BASCHNY Emanuel 1873-1932 [4]
Am Balkon - Öl/Leinwand (92x78cm-36x31in) Wien 96 .... FF**24 140** - £*2 750* - **$4,620**

BASCOM Ruth Henshaw 1772-1848 [4]
Portrait of Thomas Cushing Burr (1823-1872), as a young boy
Watercolour (43x32cm-17x13in) New-York 93 .... FF**44 000** - £*5 200* - **$8,000**

BASCOULES Jean-Désiré 1886-1976 [23]
Nature morte au vase de glaïeuls - Huile/panneau (85x58cm-33x23in) Arles 90 .... FF**10 200** - £*1 057* - **$1,793**
Place du Gouvernement, Alger - Huile/toile (60x81cm-24x32in) Paris 94 .... FF**42 000** - £*4 850* - **$7,250**
Porteurs africains - Fusain Aubagne 95 .... FF**2 100** - £*279* - **$433**

BASEL Alfred 1876-1920 [2]
Kosakenpatrouille - Öl/Leinwand (100x100cm-39x39in) Wien 93 .... FF**2 405** - £*288* - **$463**
Im albanischen Gebirge - Mischtechnik/Papier (100x101cm-39x40in) Wien 96 .... FF**8 690** - £*990* - **$1,664**

BASELEER Richard 1867-1951 [16]
Le port d'Anvers - Huile/toile (68x78cm-27x31in) Antwerpen 93 .... FF**9 060** - £*1 084* - **$1,852**

BASELITZ George 1938 [261]
E.N. Idol - Oil/canvas (100x81cm-39x32in) London 96 .... FF**1** - £*210 000* - **$323,400**
Verschiedene Zeichen - Oil/canvas (162x130cm-64x51in) London 95 .... FF**3** - £*460 000* - **$728,000**
Ludwig Richter - Oil/canvas (162x129cm-64x51in) New-York 91 .... FF**5** - £*574 439* - **$1 ,222,51e,+06**
Tränen - Oil/canvas (162x130cm-64x51in) New-York 96 .... FF**295 400** - £*34 800* - **$58,000**
Teichdamm - Öl/Leinwand (233x109cm-92x43in) Berlin 97 .... FF**427 368** - £*45 388* - **$74,445**
Adler Kopf - Oil/canvas (199x161cm-78x63in) New-York 96 .... FF**775 000** - £*102 600* - **$160,000**
Sieben mal Paula - Oil/canvas (195x172cm-77x68in) London 97 .... FF**844 281** - £*90 000* - **$147,411**
Ohne Titel - Etching (42x34cm-17x13in) Köln 97 .... FF**12 142** - £*1 274* - **$2,081**
Untitled - Ink (49x34cm-19x13in) New-York 97 .... FF**17 544** - £*1 853* - **$3,000**
Untitled - Wash/paper (85x62cm-33x24in) London 97 .... FF**37 524** - £*4 000* - **$6,551**
Hl. Veronika - Aquarell (61x43cm-24x17in) Berlin 94 .... FF**61 500** - £*7 250* - **$10,940**
Peitschenfrau - Ink (63x48cm-25x19in) Berlin 96 .... FF**142 400** - £*17 760* - **$27,500**
Untitled - Watercolour, gouache (62x48cm-24x19in) New-York 92 .... FF**426 000** - £*43 600* - **$75,000**

BASER Robert 1908 [7]
Landscape in Brittany - Watercolour (23x32cm-9x13in) Tel Aviv 97 .... FF**2 032** - £*225* - **$380**

BASEREL Günther 1902-1973 [1]
Sitzende Frau/Algerienlandschaft - Öl/Leinwand (53x37cm-21x15in) Pforzheim 92 .... FF**6 440** - £*770* - **$1,240**

BASHINDJIAGAN Georgii Zakharovich 1857-1925 [1]
Calm day, Lake Sevan in Armenia - Oil/canvas (82x125cm-32x49in) London 96 .... FF**81 900** - £*10 500* - **$16,240**

BASIANO MARTINEZ PEREZ Jesús 1889-1966 [2]
Paisaje - Oleo/lienzo (62x44cm-24x17in) Madrid 89 .... FF**20 300** - £*2 020* - **$3,207**

BASILETTI Luigi 1780-1859 [1]
Il Tempio della Sibilla, Tivoli - Olio/tela (75x62cm-30x24in) Milano 95 .... FF**96 600** - £*12 480* - **$19,840**

BASILIDES Sándor 1901-1980 [1]
Drei Fischer - Öl/Leinwand (80x100cm-31x39in) Wien 95 .... FF**12 440** - £*1 580* - **$2,507**

BASING Charles 1865-1933 [6]
Archway into a village - Oil/canvas/board (46x36cm-18x14in) New-York 92 .... FF**5 200** - £*621* - **$1,000**
Flache weite Landschaft - Öl/Karton (33x45cm-13x18in) Lindau 95 .... FF**16 400** - £*2 047* - **$3,310**

BASIRE James I 1730-1802 [2]
Seated nude - Black chalk (50x33cm-20x13in) London 91 .... FF**4 464** - £*450* - **$788**

BASIRE James II 1769-1822 [1]
Pyramide de Caius Sestius, Rome - Aquarelle (19x24cm-7x9in) Paris 94 .... FF**10 000** - £*1 166* - **$1,752**

BASKE Yamada XX [2]
Moonlight Shinegawa - Oil/canvas (76x74cm-30x29in) Cambridge, Mass. 92 .... FF**44 100** - £*5 120* - **$9,000**

BASKERVILLE Charles 1896-1994 [8]
The young huntsman - Oil/canvas (81x102cm-32x40in) Delray Beach, Florida 95 .... FF**5 370** - £*691* - **$1,100**

BASKETT Charles E. ?-c.1929 [2]
Golcrests on a ledge - Oil/board (36x30cm-14x12in) London 91 .... FF**15 870** - £*1 611* - **$2,866**

BASKIN Leonard 1922 [47]
Boy maquette - Bronze (38cm-15in) New-York 94 .... FF**14 050** - £*1 658* - **$2,500**
The Arrival - Bronze (64cm-25in) New-York 94 .... FF**33 700** - £*3 980* - **$6,000**

B

Dried Flowers in a Vase with Apples - Oil/canvas (99x80cm-39x31in) London 97 .... FF7 974 - £850 - **$1,392**
Barques de pêche à Nieuport - Huile/toile (80x100cm-31x39in) Bruxelles 96 .... FF16 460 - £2 093 - **$3,165**
Vue portuaire - Huile/toile (80x100cm-31x39in) Bruxelles 90 .... FF38 900 - £4 138 - **$6,959**

BASTIEN-LEPAGE Émile 1854-1938   [1]
L'homme à la brouette - Huile/toile (46x56cm-18x22in) Paris 90 .... FF20 000 - £2 141 - **$3,478**

BASTIEN-LEPAGE Jules 1848-1884   [28]
Sarah Bernhardt - Oil/canvas (44x34cm-17x13in) New-York 95 .... FF3 - £407 000 - **$640,000**
La Tentation de Saint Antoine - Huile/toile (49x59cm-19x23in) Paris 94 .... FF14 000 - £1 644 - **$2,477**
Maurice Alexandre, 1879 - Huile/toile (55x45cm-22x18in) Paris 90 .... FF48 000 - £4 959 - **$8,481**
La petite marchande de fleurs - Aquarelle (39x21cm-15x8in) Paris 95 .... FF19 000 - £2 440 - **$3,835**

BASTIN E. XIX-XX   [3]
Cheval de trait - Bronze (38x46cm-15x18in) Paris 97 .... FF10 000 - £1 089 - **$1,739**

BASTINE Johann Baptist J. 1783-1844   [2]
Portrait de fillette - Huile/toile (22x19cm-9x7in) Paris 89 .... FF14 000 - £1 393 - **$2,212**

BASTIT Tristan 1941   [3]
Le voyeur aveugle, 1941 - Huile/toile (92x73cm-36x29in) Paris 89 .... FF4 000 - £386 - **$607**

BASTON Alexandre 1848-1911   [1]
Environs de Luzarches - Huile/toile Pontoise 96 .... FF2 800 - £319 - **$536**

BATACCHI A. XIX   [4]
Cupid and Psyche - Marble (119cm-47in) London 94 .... FF84 600 - £10 000 - **$15,200**

BATAIEV V.A. XX   [2]
La vie derrière soi - Huile/isorel (34x41cm-13x16in) Clamecy 92 .... FF2 600 - £266 - **$510**

BATAILLE Henry 1872-1922   [1]
Camille Mauclair - Huile/toile/carton (41x27cm-16x11in) Paris 93 .... FF9 000 - £1 084 - **$1,637**

BATAILLE Irene 1913   [7]
Composition - Huile/toile (50x60cm-20x24in) Bruxelles 92 .... FF3 154 - £323 - **$555**

BATAILLE Marie-Claude 1944   [3]
Les Gémaux - Huile/toile (84x55cm-33x22in) Paris 91 .... FF4 200 - £417 - **$729**

BATAILLE Willem 1867-1933   [7]
Quai, Ostende - Huile/toile (70x85cm-28x33in) Bruxelles 96 .... FF6 700 - £867 - **$1,340**

BATARD Victor Dominique XIX-XX   [1]
Scènes de la vie maritime - Encre Chine (15x24cm-6x9in) Paris 96 .... FF11 000 - £1 292 - **$2,164**

BATBEDAT Vincent 1932   [1]
Le 8è ciel - Bronze (72x10x19cm-28x4x7in) Paris 97 .... FF23 500 - £2 448 - **$4,004**

BATCHELDER John L. 1907-?   [1]
Bales of Hay in a landscape - Oil/canvas (61x92cm-24x36in) New-York 94 .... FF5 620 - £663 - **$1,000**

BATCHELDER Stephen John 1849-1932   [85]
Hanworth broad - Oil/canvas (29x45cm-11x18in) Billinghurst, West Sussex 94 .... FF15 260 - £1 800 - **$2,716**
Norwich boat on the Norfolk Broads
    Watercolour (34x53cm-13x21in) Salisbury, Wiltshire 94 .... FF7 420 - £860 - **$1,277**
Whitlingham Sound - Watercolour (33x53cm-13x21in) Aylsham, Norfolk 92 .... FF15 600 - £1 600 - **$2,990**

BATCHELLER Frederick S. 1837-1889   [4]
Still life with grapes - Oil/panel (14x21cm-6x8in) New-York 95 .... FF15 400 - £1 915 - **$3,000**
Pineapples - Oil/canvas (91x61cm-36x24in) New-York 96 .... FF72 100 - £8 950 - **$14,000**

BATCHELOR Clarence D. 1888-1977   [1]
Nude at the piano - Oil/canvas (61x86cm-24x34in) Mystic, Connecticut 92 .... FF3 120 - £373 - **$600**

BATCHELOR Roland XX   [11]
Fishing beneath the Bridge - Watercolour (13x21cm-5x8in) London 97 .... FF5 789 - £620 - **$1,000**

BATE H. Francis 1853-1950   [1]
Stanpit marsh, Hampshire - Oil/board London 89 .... FF18 400 - £1 778 - **$2,792**

BATE Stanley 1903   [2]
Runway/Orly - Oil/canvas New-York 91 .... FF6 840 - £689 - **$1,187**

BATEMAN Charles 1890-?   [1]
The day's catch - Oil/canvas (46x56cm-18x22in) New-York 93 .... FF19 250 - £2 414 - **$3,500**

BATEMAN Henry Mayo 1887-1970   [18]
Let me see your tongue - Ink (14x19cm-6x7in) London 95 .... FF5 530 - £700 - **$1,112**
Now, dear Admiral, tell us... - Ink (32x49cm-13x19in) London 96 .... FF17 030 - £2 000 - **$3,350**

BATEMAN James 1815-1849   [5]
Gathering Hay - Oil/canvas (45x61cm-18x24in) London 94 .... FF20 500 - £2 400 - **$3,580**

BATEMAN James 1893-1959   [1]
Milking time - Oil/board (64x76cm-25x30in) London 93 .... FF4 570 - £550 - **$798**

BATEMAN Robert 1930   [9]
Bengal tiger - Acrylic (32x45cm-13x18in) London 96 .... FF43 400 - £5 500 - **$8,320**
Mallard Family - Watercolour (38x51cm-15x20in) Toronto 96 .... FF13 300 - £1 694 - **$2,560**

BATEMAN Ronald C. 1947   [2]
Branch and leaves on dried grass - Oil/canvas (102x127cm-40x50in) Chicago 94 ..... FF3 340 - £395 - **$600**

BATES David 1840-1921   [112]
The faggot gatherer - Oil/canvas (3x23cm-1x9in) London 96 .... FF4 284 - £550 - **$831**
Les bateaux de pêche - Huile/toile (41x66cm-16x26in) Pontoise 96 .... FF17 000 - £1 937 - **$3,254**
A Mountain Pathway - Oil/canvas (91x61cm-36x24in) London 97 .... FF25 712 - £2 800 - **$4,471**
On the Artro, Llanberdr - Oil/canvas (61x91cm-24x36in) London 97 .... FF100 095 - £10 500 - **$17,176**
A Rickyard, Baidons Norton - Watercolour (26x37cm-10x15in) London 96 .... FF11 800 - £1 400 - **$2,305**

Fushing under a willow - Watercolour (36x52cm-14x20in) Bath 92 .... FF**18 070** - £1 850 - **$3,180**
BATES David 1952 [1]
🖼 *Blue coast blue crab* - Oil/canvas (183x152cm-72x60in) New-York 97 .... FF**113 373** - £11 905 - **$19,500**
BATES Dewey 1851-1899 [4]
🖼 *Die Schwestern* - Oil/canvas (76x63cm-30x25in) Ahlden 92 .... FF**16 320** - £1 670 - **$2,873**
BATES Frederick Davenport 1867-? [7]
🖼 *A Sudanese street seller* - Oil/board paint (60x35cm-24x14in) London 96 .... FF**5 890** - £750 - **$1,134**
BATES Harry 1850-1899 [4]
✍ *Homer* - Pencil (32x68cm-13x27in) London 97 .... FF**14 286** - £1 500 - **$2,448**
BATES Kenneth 1895-1973 [4]
🖼 *Mystic Factory scene* - Oil/canvas (64x76cm-25x30in) Mystic, Connecticut 92 .... FF**2 500** - £262 - **$450**
BATET François 1923 [48]
🖼 *Automne à Paris* - Oil/canvas (33x41cm-13x16in) London 96 .... FF**6 140** - £700 - **$1,176**
Le Mondrian - Huile/toile (61x50cm-24x20in) Calais 97 .... FF**16 000** - £1 754 - **$2,808**
L'étoile au Foyer de l'Opéra - Oil/canvas (116x89cm-46x35in) L'Isle-Adam 91 .... FF**75 000** - £7 612 - **$13,546**
BATH Youssouf 1949 [2]
✍ *Sans titre* - Pastel/carton (29x38cm-11x15in) Paris 91 .... FF**3 100** - £308 - **$538**
BATHO Claude 1935-1951 [5]
📷 *Fille en tablier* - Gelatino bromure (29x20cm-11x8in) Paris 92 .... FF**2 400** - £279 - **$490**
BATHO John 1939 [3]
📷 *Les céramiques coop* - Tirage FResson 1978 Paris 96 .... FF**2 000** - £258 - **$387**
BATKE-KOLLER Josefine 1897-1967 [1]
🖼 *Im Stadtpark* - Oil/panel (18x23cm-7x9in) Wien 95 .... FF**6 900** - £826 - **$1,314**
BATO József 1888-? [1]
🖼 *Im Süden* - Öl/Leinwand (88x75cm-35x30in) Wien 94 .... FF**17 100** - £1 980 - **$2,940**
BATONI Pompeo Girolamo 1708-1787 [18]
🖼 *James Stewart* - Oil/canvas (137x99cm-54x39in) London 91 .... FF**2 -** £219 350 - **$361,337**
✍ *A male nude academy study* - Black & white chalks (40x52cm-16x20in) New-York 96 .... FF**19 740** - £2 586 - **$4,000**
BATONI Romualdo 1763-1819 [1]
✍ *Sibbilla Germana, Armaltea* - Miniature (7cm-3in) Wien 95 .... FF**24 900** - £3 160 - **$5,010**
BATOWSKI-KACZOR Stanislaw 1866-1946 [5]
🖼 *Atak Husarii* - Oil/canvas (52x79cm-20x31in) Warszawa 95 .... FF**8 200** - £1 046 - **$1,682**
BATRAN Henri 1928 [2]
🖼 *La plage* - Huile/toile (35x27cm-14x11in) Parthenay 94 .... FF**3 000** - £360 - **$583**
BATT Arthur 1846-1911 [15]
🖼 *Donkey and fowl in a stable* - Oil/canvas (22x31cm-9x12in) St. Helier, Jersey 96 .... FF**16 080** - £2 000 - **$3,120**
BATTAGLIA Alessandro 1870-1940 [10]
🖼 *Italian Girl Waiting in the Woods* - Oil/canvas (74x72cm-29x28in) London 94 .... FF**54 600** - £6 500 - **$10,300**
BATTAGLIA Carlo 1933 [4]
🖼 *Vagule* - Oil/canvas (79x200cm-31x79in) København 93 .... FF**5 980** - £718 - **$1,150**
BATTAGLIA Clelia Bompiani 1848-1927 [5]
✍ *Flower sellers of the steps* - Watercolour/paper (53x36cm-21x14in) Chicago 93 .... FF**6 050** - £759 - **$1,100**
Piazza di Spagna, Roma - Akvarell (53x36cm-21x14in) Stockholm 96 .... FF**32 300** - £4 030 - **$6,240**
BATTAGLIA Domenico 1846-? [1]
🖼 *Interno di chiesa* - Olio/tela (40x27cm-16x11in) Roma 92 .... FF**4 530** - £464 - **$798**
BATTAGLIOLI Francesco c.1722-c.1790 [3]
🖼 *Piazza del Duomo, Brescia* - Oil/canvas (98x132cm-39x52in) London 94 .... FF**844 000** - £100 000 - **$156,000**
BATTAILLE Eugène 1817-c.1880 [1]
🖼 *Jeune duc d'Aumale* - Huile/toile (38x32cm-15x13in) Paris 96 .... FF**15 000** - £1 866 - **$2,910**
BATTAINI Rino Gaspare 1892-? [3]
🖼 *Stilleben mit Glasvase* - Oil/panel (31x31cm-12x12in) Zofingen 93 .... FF**8 630** - £1 040 - **$1,578**
BATTENBERG John 1931 [3]
🗿 *Untitled* - Bronze (178x25x101cm-70x10x40in) San Francisco-Los Angeles 92 .... FF**43 300** - £5 130 - **$8,330**
BATTERMAN Jan 1909 [4]
🖼 *A couple* - Oil/canvas (134x74cm-53x29in) Amsterdam 96 .... FF**3 025** - £379 - **$584**
✍ *Abstract composition* - Gouache/paper (55x67cm-22x26in) Amsterdam 96 .... FF**1 690** - £217 - **$333**
BATTERSBY Martin 1916-1982 [4]
🖼 *Blue Ball* - Oil/canvas/panel (15x39cm-6x15in) London 95 .... FF**11 580** - £1 500 - **$2,370**
✍ *Regal Lioness* - Gouache (27x32cm-11x13in) London 95 .... FF**3 175** - £380 - **$605**
BATTISTA Domenico XX [2]
🖼 *Composition* - Huile/toile (100x100cm-39x39in) London 95 .... FF**3 600** - £459 - **$736**
BATTISTA Eric 1933 [102]
🖼 *Canal à Sète* - Huile/panneau (50x73cm-20x29in) Arles 96 .... FF**4 800** - £617 - **$931**
Régates au Grau-du-Roi - Huile/toile (46x38cm-18x15in) Carcassonne 92 .... FF**8 200** - £840 - **$1,444**
BATTISTA Giovanni 1858-1925 [16]
✍ *Lesender Mönch unter einer Pergola* - Gouache/board (39x53cm-15x21in) Luzern 92 .... FF**5 580** - £570 - **$983**
BATTKE Heinz 1900-1966 [6]
🖼 *Das Gastmahl* - Etching Heidelberg 94 .... FF**1 990** - £231 - **$343**
✍ *Ich lese meine Hand* - Pencil (41x66cm-16x26in) Stuttgart 93 .... FF**2 090** - £240 - **$356**
BATTLE Michel 1946 [2]
✍ *Visage 1* - Fusain/papier (110x75cm-43x30in) Castres 90 .... FF**10 500** - £1 085 - **$1,855**
BATTLE PLANAS Juan 1911-1966 [2]
✍ *Radiografas Paranoicas* - Tempera/paper (30x21cm-12x8in) New-York 94 .... FF**47 800** - £5 690 - **$9,000**

BATTUT Michèle 1946 [23]
🖼 *Histoire d'Eté* - Huile/toile (130x160cm-51x63in) Paris 94 .... FF4 600 - £552 - $872
BATTY Dora ?-1966 [2]
🖼 *From Country to the Heart of Town* - Poster (100x62cm-39x24in) London 96 .... FF2 914 - £360 - $563
BATTY Robert 1789-1848 [6]
✏ *Château de Saint-Cloud* - Crayon (12x20cm-5x8in) Paris 95 .... FF11 500 - £1 512 - $2,310
BATURIN Viktor Pavlovich 1863-1938 [4]
🖼 *The Crimea* - Oil/canvas (91x64cm-36x25in) Moscow 94 .... FF14 200 - £1 642 - $2,420
BATZ Eugen 1905-1984 [8]
✏ *Komposition* - Technique mixte/papier (15x22cm-6x9in) Köln 93 .... FF2 625 - £301 - $441
BAU GESTE Daniel 1948 [5]
🖼 *Simulacre C17* - Acrylique (150x200cm-59x79in) Versailles 92 .... FF5 000 - £512 - $980
✏ *Simulacre Kodak* - Pastel gras (42x30cm-17x12in) Paris 90 .... FF2 200 - £224 - $440
BAUCH Georg Curt 1887-1967 [3]
🗿 *Liegender weiblicher Akt* - Bronze (50cm-20in) Stuttgart 94 .... FF2 392 - £280 - $422
BAUCH Jan 1898-? [5]
🖼 *Sommer, Prag Seminargarten* - Oil/canvas (38x47cm-15x19in) München 91 .... FF10 140 - £1 029 - $1,831
✏ *Akt* - Watercolour/paper (42x30cm-17x12in) München 91 .... FF5 070 - £505 - $872
BAUCHANT André 1873-1958 [214]
🖼 *Un château* - Huile/toile (52x63cm-20x25in) Paris 97 .... FF9 000 - £970 - $1,600
   La Voleuse - Huile/toile (24x35cm-9x14in) Saint-Germain-en-Laye 96 .... FF36 000 - £4 100 - $6,890
   Le pressoir Normand, il y a 100 ans - Huile/toile (54x65cm-21x26in) Paris 97 ... FF61 000 - £6 503 - $10,553
   Grand bouquet dans un paysage - Huile/toile (47x62cm-19x24in) Paris 96 .... FF90 000 - £11 220 - $17,380
   Neptune - Huile/toile (98x130cm-39x51in) Paris 97 .... FF146 000 - £15 330 - $25,112
   Autoportrait - Huile/toile (197x190cm-78x75in) Paris 96 .... FF700 000 - £84 400 - $134,300
   Le char d'Appolon - Huile/toile (95x117cm-37x46in) Paris 92 .... FF1 5e +06 - £107 400 - $185,000
BAUCHE Léon Ch. XIX-XX [3]
🖼 *Nymphes et faunes* - Huile/panneau (25x35cm-10x14in) Paris 90 .... FF4 000 - £403 - $727
BAUCK Jeanna Maria Ch. 1840-1926 [2]
🖼 *Lesende Dame im Salon* - Öl/Leinwand (100x76cm-39x30in) München 93 .... FF5 500 - £624 - $930
BAUCKE Heinrich 1875-1915 [2]
🗿 *Letzter Hauch von Ross und Mann* - Bronze (40cm-16in) Pforzheim 94 .... FF23 900 - £2 870 - $4,520
BAUD Henri XIX-XX [3]
✏ *Polish lancer* - Watercolour (51x41cm-20x16in) London 92 .... FF3 710 - £380 - $654
BAUD-BOVY Auguste 1848-1899 [4]
🖼 *L'entrée du Valais* - Huile/toile (64x48cm-25x19in) Bern 96 .... FF11 400 - £1 384 - $2,220
BAUDE François Charles 1880-1953 [7]
🖼 *Along The Beach In Frejus* - Oil/canvas (54x65cm-21x26in) London 96 .... FF22 140 - £2 600 - $4,300
BAUDE Laurent XX [3]
🗿 *Three* - Sculpture (100x100x140cm-39x39x55in) Paris 96 .... FF8 000 - £912 - $1,532
BAUDE-COUILLAUD Germaine 1885-1980 [1]
🖼 *Vallée du Tarn* - Huile/toile (100x81cm-39x32in) Biarritz 90 .... FF10 000 - £1 078 - $1,764
BAUDELAIRE Joseph François 1759-1827 [2]
🖼 *Cour de ferme/Lavandière* - Huile/toile (16x22cm-6x9in) Paris 94 .... FF20 000 - £2 296 - $3,420
✏ *Vestale et colombes* - Gouache (31x23cm-12x9in) Paris 95 .... FF36 000 - £4 600 - $7,230
BAUDEWIJNS Adrien François 1644-1711 [4]
🖼 *Port, scène de marché à quai* - Huile/toile (42x54cm-17x21in) Paris 93 .... FF55 000 - £6 630 - $10,000
✏ *Paysage animé* - Sanguine (17x9cm-7x4in) Saint-Germain-en-Laye 96 .... FF2 200 - £276 - $426
BAUDIER Paul 1881-1964 [25]
✏ *Goélettes à quai* - Gouache (35x30cm-14x12in) Brest 92 .... FF2 000 - £205 - $360
BAUDIN André 1895-1979 [1]
🗿 *Le Baiser* - Bronze (29cm-11in) Madrid 94 .... FF33 200 - £3 910 - $5,900
BAUDIN Eugène 1843-1907 [21]
🖼 *Vézeronce en Isère* - Huile/panneau (24x34cm-9x13in) Lyon 97 .... FF2 700 - £292 - $47,3 4
   Etude de roses pour la fabrique - Huile/toile (52x36cm-20x14in) Paris 97 .... FF10 000 - £1 062 - $1,742
   Vase de pivoines blanches - Huile/carton (54x46cm-21x18in) Paris 94 .... FF55 000 - £6 510 - $10,160
BAUDIN Jean-Baptiste 1822-? [1]
🖼 *Marine* - Huile/toile (50x80cm-20x31in) Liège 94 .... FF9 180 - £1 087 - $1,696
BAUDIOT François 1772-? [1]
✏ *Fürstin Natalie Kurakin* - Pastel/paper (26x21cm-10x8in) Wien 92 .... FF3 130 - £321 - $551
BAUDISCH Gudrun 1907-1982 [10]
🗿 *Female head* - Terracotta (25cm-10in) London 94 .... FF27 670 - £3 200 - $4,730
   Tempeltänzerin - Ceramic (61cm-24in) Wien 95 .... FF162 000 - £20 200 - $32,700
BAUDISSIN Ulrik 1816-1893 [1]
🖼 *Udsigt mod Frederiksborg slot* - Oil/canvas (63x88cm-25x35in) Köbenhavn 90 ..... FF26 300 - £2 834 - $4,638
BAUDIT Amédée 1825-1890 [10]
🖼 *Travellers in a valley* - Oil/canvas (95x128cm-37x50in) London 96 .... FF16 950 - £2 200 - $3,350
BAUDIT Louis Amédée 1870-1960 [5]
🖼 *Dents du Midi depuis Glion* - Huile/toile (60x81cm-24x32in) Genève 91 .... FF6 950 - £714 - $1,294
BAUDOIN Jean-François 1870-1961 [1]
🖼 *Grand voilier au port* - Huile/toile (48x35cm-19x14in) Versailles 89 .... FF5 000 - £511 - $804

B

BAUDOIN Pierre Antoine 1723-1769 [4]
- Le Fruit de l'Amour Secret - Engraving New-York 93 .... FF6 050 - £759 - **$1,100**
- La Soirée des Tuileries - Gouache/vélin (29x23cm-11x9in) Paris 92 .... FF45 000 - £5 370 - **$8,650**

BAUDOT Jeanne 1877-1957 [1]
- Vase de roses - Huile/toile (46x38cm-18x15in) Auxerre 89 .... FF4 800 - £461 - **$748**

BAUDOUIN Eugène 1842-1893 [4]
- Mûriers du pont Junénal, Montpellier
  Oil/canvas (121x195cm-48x77in) New-York 97.. FF119 795 - £12 913 - **$21,000**

BAUDOUIN Jean Frank 1870-1961 [1]
- Bord d'étang - Huile/toile (46x68cm-18x27in) Paris 94 .... FF4 000 - £470 - **$708**

BAUDOUIN Pierre Antoine 1723-1769 [6]
- La toilette - Gouache (26x21cm-10x8in) London 91 .... FF229 400 - £22 935 - **$37,781**

BAUDREXEL Edvard 1890-? [2]
- Bildnis einer Dame - Öl/Leinwand (110x90cm-43x35in) Wien 94..................... FF17 100 - £2 033 - **$3,250**

BAUDRU Françoise 1942 [4]
- Effets de la lune rousse - Technique mixte/panneau (162x130cm-64x51in) Paris 91 ... FF10 000 - £966 - **$1,517**

BAUDRY Paul 1828-1886 [24]
- Portait de femme - Huile/toile (81x65cm-32x26in) Paris 96 .... FF6 200 - £752 - **$1,206**
- La Toilette de Vénus - Oil/canvas (100x64cm-39x25in) New-York 95 .... FF66 400 - £8 270 - **$13,000**
- Reclining nude - Oil/canvas (76x198cm-30x78in) London 96 .... FF234 000 - £30 000 - **$46,100**
- Study for L'Esprit - Black & white chalks/paper (33x23cm-13x9in) Boston, Mass. 94 ... FF5 950 - £706 - **$1,100**

BAUDRY Pierre XIX-XX [1]
- Bouquet de fleurs - Huile/toile (116x81cm-46x32in) Paris 96 .... FF12 000 - £1 560 - **$2,350**

BAUER Auguste Felix 1854-1934 [4]
- Élégante au perroquet - Huile/toile (131x103cm-52x41in) Lyon 96 .... FF56 000 - £6 980 - **$10,810**

BAUER Carl 1868-1942 [4]
- Brustbild eines Tiroler Bauern - Oil/panel (13x11cm-5x4in) Stuttgart 90 ..... FF8 100 - £867 - **$1,409**

BAUER Carl Franz 1879-1954 [31]
- In the Home Stretch - Oil/canvas (33x45cm-13x18in) Toronto 96 .... FF4 260 - £487 - **$816**
- Galopprennen in der Freudenau - Oil/Karton (67x97cm-26x38in) Wien 94 ... FF29 100 - £3 370 - **$5,510**
- Frühjahrs-Messe-Preis 1948 - Mischtechnik/Papier (39x48cm-15x19in) Wien 95... FF15 980 - £2 016 - **$3,190**

BAUER Emil 1891-1960 [2]
- Maiensäss bei Maloya - Öl/Leinwand (38x46cm-15x18in) Zofingen 96 .... FF3 930 - £490 - **$758**

BAUER Ferdinand 1760-1826 [1]
- Interior Scene With Men at Table - Oil/canvas (74x99cm-29x39in) Chicago 96 .. FF12 340 - £1 497 - **$2,400**

BAUER Gérard XX [11]
- Citroën en Normandie - Huile/toile (73x60cm-29x24in) Le Havre 92 .... FF10 000 - £1 024 - **$1,760**

BAUER Günther 1926 [3]
- Die Schachspieler - Öl/Leinwand (74x84cm-29x33in) Wien 95 .... FF8 990 - £1 134 - **$1,793**

BAUER Gustav 1874-c.1933 [4]
- Grinzing im Winter - Oil/canvas (92x61cm-36x24in) Wien 90 .... FF18 240 - £1 865 - **$3,600**

BAUER Herbert 1935-1986 [1]
- Fern und unbekannt - Farblithographie (52x39cm-20x15in) München 91........ FF1 690 - £168 - **$291**

BAUER Johann Balthazar 1811-1883 [5]
- Feeding the baby - Oil/canvas (59x47cm-23x19in) London 92 .... FF37 100 - £3 800 - **$6,550**

BAUER Johann Gottlieb 1822-1882 [3]
- Franz Joseph I./Kaiserin Elisabeth - Oil/Leinwand (73x58cm-29x23in) Wien 95... FF78 300 - £10 320 - **$15,900**

BAUER John 1882-1918 [44]
- Stora trollet och prinsen - Oil/canvas (65x54cm-26x21in) Stockholm 94 ...... FF35 960 - £4 260 - **$6,640**
- Sagoflickan - Oil/canvas (124x138cm-49x54in) Stockholm 94 .... FF654 000 - £77 500 - **$121,000**
- Humpe - Bronze (10cm-4in) Stockholm 94 .... FF16 750 - £1 976 - **$2,980**
- Trollmon i vinterskogen - Akvarell (27x27cm-11x11in) Stockholm 96 .... FF26 500 - £3 423 - **$5,070**
- Det var en gång rn prins som var ute - Akvarell (28x35cm-11x14in) Stockholm 95... FF223 300 - £28 640 - **$45,000**

BAUER Josef Anton 1820-1904 [1]
- Seated old woman - Oil/panel (24x18cm-9x7in) New-York 95 .... FF4 760 - £573 - **$900**

BAUER Karl 1905-1993 [1]
- Park mit gelbem Schloss - Oil/canvas/panel (63x47cm-25x19in) Wien 95 ..... FF22 500 - £2 840 - **$4,510**

BAUER Karl Konrad Friedr. 1868-1942 [1]
- Goethe - Color lithograph (56x45cm-22x18in) London 93 .... FF2 496 - £300 - **$456**

BAUER Leo 1872-1960 [4]
- Weite Landschaft mit einer Birkeallee - Öl/Karton (50x80cm-20x31in) Stuttgart 92 ... FF8 470 - £1 013 - **$1,630**

BAUER Marius Alexander J. 1867-1932 [102]
- An oriental procession - Oil/panel (16x27cm-6x11in) Amsterdam 94 .... FF9 760 - £1 133 - **$1,680**
- Moorish cavaliers - Oil/panel (48x55cm-19x22in) Amsterdam 97 .... FF38 013 - £4 018 - **$6,522**
- Feestdag aan de Ganges - Oil/canvas (60x130cm-24x51in) Amsterdam 94 ... FF137 200 - £15 930 - **$23,620**
- Oriental bazar - Watercolour/paper (38x58cm-15x27in) Amsterdam 92 .... FF6 670 - £686 - **$1,284**
- Taj Mahal, India - Watercolour (36x54cm-14x21in) Amsterdam 97 .... FF14 513 - £1 534 - **$2,490**
- Minarets - Watercolour, gouache/paper (50x73cm-20x29in) Amsterdam 95 ... FF50 900 - £6 350 - **$10,270**

BAUER Max 1886-1951 [1]
- Dorf bei Ospedaletti an der Riviera - Oil/canvas (58x75cm-23x30in) Lindau 91 ... FF11 830 - £1 192 - **$2,053**

BAUER Nicolaas 1767-1820 [1]
- Shipping at St. Helena/Battle at sea - Drawing Amsterdam 92....................... FF4 220 - £504 - **$812**

BAUER Rudolf 1889-1953 [60]
- Tempo - Oil/board (74x104cm-29x41in) New-York 95 .... FF88 000 - £11 400 - **$18,000**

Intermezzo - Oil/canvas (131x131cm-52x52in) New-York 91.................................**FF214 600** - *£21 363* - **$36,903**
Symphonie 21 - Oil/Leinwand (120x150cm-47x59in) München 96.................**FF542 000** - *£68 000* - **$104,600**
Kavalier mit zwei Damen - Ink (47x34cm-19x13in) Köln 97.................................**FF7 435** - *£781* - **$1,272**
Ascension - Aquarelle (45x28cm-18x11in) Douai 93.................................**FF20 600** - *£2 347* - **$3,490**
Allegro 1925 - Watercolour, gouache (48x37cm-19x15in) London 89.............**FF135 600** - *£13 865* - **$21,801**

BAUER William 1888-? [2]
Composition futuriste - Huile/toile (99x79cm-39x31in) Genève 89.................**FF195 000** - *£20 548* - **$32,828**

BAUER-STUMPFF Jo 1873-1964 [10]
Still life - Oil/canvas (45x43cm-18x17in) Amsterdam 96.................................**FF12 600** - *£1 582* - **$2,477**
Bottle, prunes and a shell - Watercolour (34x43cm-13x17in) Amsterdam 96.............**FF1 995** - *£256* - **$394**

BÄUERLE Hermann 1886-1972 [6]
Schwäbischer Winter, 1924 - Oil/board (20x29cm-8x11in) Stuttgart 90.................**FF3 400** - *£364* - **$591**
Das Urteil des Paris No. 3 - Technique mixte (26x38cm-10x15in) Stuttgart 94.............**FF1 700** - *£199* - **$298**

BAUERLE Karl Wilhelm Friedr. 1831-1912 [6]
Young girl in white holding flowers - Oil/canvas (50x39cm-20x15in) London 92.............**FF62 800** - *£7 500* - **$12,080**

BAUERMEISTER Mary 1934 [14]
In God We Trust - Mixed media (45x47cm-18x19in) New-York 90.................**FF21 430** - *£2 158* - **$4,198**
Self-portrait - Sculpture (94x34x64cm-37x13x25in) New-York 94.................**FF35 088** - *£3 705* - **$6,000**
Pictionary - Installation (54x24x99cm-21x9x39in) New-York 92.................**FF66 300** - *£6 720* - **$12,000**

BAUERNFEIND Gustav 1848-1904 [15]
Temple Mount, Jerusalem - Oil/canvas (155x123cm-61x48in) London 94.............**FF2** - *£340 000* - **$538,000**
Near Jericho, Jerusalem - Oil/board (31x47cm-12x19in) London 93.................**FF49 600** - *£6 200* - **$8,990**
Strassenszene in Jerusalem - Oil/panel (26x20cm-10x8in) Tel Aviv 95.............**FF391 000** - *£50 600* - **$80,000**

BAUERNFEIND Lena 1875-1953 [2]
Flowers - Öl/Leinwand (40x40cm-16x16in) Salzburg 94.................................**FF3 410** - *£404* - **$630**

BAUERNFEIND Moritz 1870-1947 [2]
Bergheimat - Öl/Karton (70x69cm-28x27in) Salzburg 94.................................**FF7 300** - *£865* - **$1,350**

BAUFFE Victor 1849-1921 [20]
Polder landscape - Oil/canvas (60x85cm-24x33in) Amsterdam 96.................**FF15 050** - *£1 825* - **$2,925**
Boats moored in a ditch by a farm
  Watercolour/paper (35x54cm-14x21in) Amsterdam 97.................................**FF8 671** - *£938* - **$1,512**

BAUGNIES de René 1869-1962 [51]
Barques près d'un pont (Ostende?) - Huile/panneau (33x46cm-13x18in) Bruxelles 97.............**FF3 431** - *£372* - **$607**
Berger et moutons près d'une rivière - Huile/toile (60x81cm-24x32in) Bruxelles 97.............**FF6 863** - *£743* - **$1,214**
Dimanche sur le Pier à Ostende - Huile/toile (46x60cm-18x24in) Bruxelles 94.............**FF19 900** - *£2 375* - **$3,750**

BAUGNIES Eugène c.1842-1891 [1]
Danse d'Almée, café du Caire - Huile/toile (142x106cm-56x42in) Paris 94.............**FF190 000** - *£22 500* - **$35,100**

BAUGNIES Jacques 1874-1925 [3]
Deux petites filles - Mine plomb (43x28cm-17x11in) Paris 93.................................**FF3 700** - *£446* - **$673**

BAUGNIET Charles 1814-1886 [8]
The bride - Oil/panel (56x44cm-22x17in) New-York 96.................................**FF90 000** - *£11 650* - **$18,000**

BAUGNIET Marcel Louis 1896-1995 [39]
Portrait de la soeur de l'artiste - Huile/toile (116x73cm-46x29in) Bruxelles 97.............**FF4 908** - *£519* - **$849**
Composition abstraite - Huile/papier/panneau (47x31cm-19x12in) Antwerpen 92.............**FF43 200** - *£4 420* - **$7,600**
Bicentaure rouge - Aquarelle (27x37cm-11x15in) Lokeren 96.................................**FF16 670** - *£2 153* - **$3,290**

BAUJAULT Jean-Baptiste 1828-1899 [2]
Nu se coiffant - Bronze (51cm-20in) Paris 94.................................**FF7 000** - *£826* - **$1,255**

BAUKEMA Sieger 1852-1936 [3]
Rhododendron in a vase - Oil/canvas (71x65cm-28x26in) Amsterdam 95.............**FF22 260** - *£2 780* - **$4,494**

BAUKHAGE Gerd 1911 [6]
Rundscheibe auf einem Sockel - Mixed media/canvas (130x110cm-51x43in) Köln 95.............**FF12 240** - *£1 575* - **$2,826**
Komposition - Aquarell/Karton (50x70cm-20x28in) Köln 89.................................**FF4 700** - *£481* - **$756**

BAUKNECHT Philipp 1884-1933 [11]
Topfpflanze, Früchten und Skulptur - Oil/canvas (80x70cm-31x28in) London 96.............**FF137 600** - *£17 000* - **$26,570**
Alt-Davos - Woodcut (45x33cm-18x13in) Lindau 94.................................**FF2 730** - *£326* - **$514**
Der Artz und die Prostituierte - Pastel (27x23cm-11x9in) Köln 93.................**FF13 800** - *£1 560* - **$2,326**

BAUM Charles 1812-1878 [4]
Still life with nest and eggs - Oil/canvas (74x61cm-29x24in) New-York 91.............**FF29 900** - *£2 998* - **$5,476**

BAUM Paul 1859-1932 [17]
Norddeutsche Flusslandschaft - Oil/panel (19x32cm-7x13in) Bielefeld 95.............**FF44 800** - *£5 800* - **$9,110**
Landscape - Oil/canvas (60x80cm-24x31in) Köln 95.................................**FF223 000** - *£29 200* - **$45,300**
Apfelbaum im Frühling - Aquarell/Papier (34x23cm-13x9in) Köln 93.............**FF10 850** - *£1 296* - **$2,087**

BAUM Walter Emerson 1884-1956 [42]
Wile street Manayunk - Oil/board (30x40cm-12x16in) New-York 92.................**FF10 220** - *£1 046* - **$1,800**
Lenare, Winter - Oil/canvas (63x77cm-25x30in) New-York 96.................**FF56 600** - *£7 030* - **$11,000**
Allentown, Pennsylvania - Oil/canvas (81x102cm-32x40in) New-York 93.............**FF224 000** - *£25 500* - **$38,000**

BAUMANE Biruta 1922 [10]
Nu sur fond orange - Huile/toile (100x81cm-39x32in) Paris 90.................**FF3 500** - *£356* - **$700**

BAUMANN Adolf 1829-1865 [2]
Cavalier arabe et son cheval
  Huile/panneau (35x26cm-14x10in) La Varenne Saint-Hilaire 93.................**FF3 500** - *£422* - **$637**

B

BAUMANN Fritz Casar 1886-1942 [6]
🎨 *Landschaft mit Dampflock* - Caseine/toile (35x60cm-14x24in) Zofingen 96 .... FF2 690 - £335 - **$519**
📄 *Im Bistro* - Woodcut (26x40cm-10x16in) Zofingen 96 .... FF4 550 - £567 - **$878**
✏️ *Ohne Titel* - Aquarell/Papier (24x31cm-9x12in) Zürich 97 .... FF11 844 - £1 259 - **$2,043**

BAUMANN Gustave 1881-1971 [54]
📄 *Winter corral* - Woodcut in colors (32x32cm-13x13in) New-York 92 .... FF11 360 - £1 162 - **$2,000**
Road to town - Woodcut in colors (24x28cm-9x11in) New-York 92 .... FF11 360 - £1 162 - **$2,000**
Pecos River - Woodcut in colors (40x34cm-16x13in) San Francisco-Los Angeles 96 .... FF18 170 - £2 315 - **$3,500**

BAUMANN Ida 1864-? [2]
✏️ *A turk* - Wash (71x46cm-28x18in) London 91 .... FF18 840 - £1 898 - **$3,269**

BAUMANN Karl Herman 1911-1984 [3]
🎨 *Guitar* - Oil/canvas (56x46cm-22x18in) Baton Rouge, Louisiana 93 .... FF10 910 - £1 242 - **$1,850**

BAUMANN Max 1884-? [1]
✏️ *Kind mit Blumengirlande* - Pastel (54x42cm-21x17in) Frankfurt 94 .... FF1 870 - £215 - **$320**

BAUMANN Otto 1901 [2]
🎨 *Portrait des Neffen Alfred* - Oil/canvas (77x60cm-30x24in) München 91 .... FF6 840 - £702 - **$1,273**

BAUMBACH Carl 1794-c.1860 [1]
🎨 *Aug. Jung, Elberfeld als Bräutigam* - Öl/Leinwand (64x53cm-25x21in) Bremen 92 .... FF5 090 - £608 - **$978**

BAUMBERGER Otto 1889-1961 [30]
📄 *Jungfrau, Schweiz* - Poster (127x90cm-50x35in) London 95 .... FF8 830 - £1 000 - **$1,590**

BAUMBERGER Robert 1895-1986 [7]
🎨 *Oberaargau* - Öl/Leinwand (80x109cm-31x43in) Bern 93 .... FF4 570 - £546 - **$879**

BAUMEISTER Hermann 1867-? [5]
🎨 *Villa on the Italian coast* - Oil/canvas (180x285cm-71x112in) Köbenhavn 96 .... FF9 640 - £1 203 - **$1,864**

BAUMEISTER Karl 1840-1932 [2]
🎨 *Hechingen* - Öl/Leinwand (21x15cm-8x6in) Lindau 94 .... FF4 110 - £477 - **$708**

BAUMEISTER Willi 1889-1955 [254]
🎨 *Monturi mit Schwarzwald* - Oil/canvas (185x130cm-73x51in) London 93 .... FF3 - £440 000 - **$655,000**
Im Park - Öl/Leinwand (28x20cm-11x8in) Berlin 95 .... FF26 700 - £3 320 - **$5,220**
Sitzender weiblicher Akt in Strümpfen - Öl/Karton (47x51cm-19x20in) Berlin 93 .... FF90 500 - £10 340 - **$15,400**
Scherzo linear - Oil/panel (74x64cm-21x25in) Köln 97 .... FF371 745 - £39 072 - **$63,646**
Urweltformen Schwebend I - Oil/cardboard (35x45cm-14x18in) Berlin 97 .... FF621 626 - £66 019 - **$108,284**
Allegro - Oil/board (81x100cm-32x39in) London 96 .... FF990 000 - £120 000 - **$192,400**
📄 *Mit Schwarzer Form, Forêt Noir* - Lithographie (31x47cm-12x19in) München 96 .... FF6 670 - £866 - **$1,320**
Aru mit Punkten - Sérigraphie (35x50cm-14x20in) Stuttgart 96 .... FF8 100 - £982 - **$1,575**
Ideogramm - Silkscreen in colors (33x40cm-13x16in) Berlin 92 .... FF15 300 - £1 566 - **$2,694**
Mo (I) - Silkscreen in colors (22x46cm-9x18in) Berlin 97 .... FF38 852 - £4 126 - **$6,767**
Montaru 5 B - Serigraph (55x47cm-22x19in) Berlin 94 .... FF61 500 - £7 250 - **$10,940**
✏️ *Komposition mit vier Figuren* - Charcoal (27x30cm-11x12in) Köln 97 .... FF8 111 - £852 - **$1,388**
Figuren-Mauer - Watercolour, gouache/paper (31x47cm-12x19in) London 96 .... FF77 300 - £10 000 - **$15,320**
Machine - Gouache (42x31cm-17x12in) Paris 94 .... FF230 000 - £27 000 - **$40,700**

BÄUMER Eduard 1892-1977 [6]
✏️ *Rosenbüsche im Burggarten* - Gouache/papier (48x71cm-19x28in) Wien 94 .... FF16 980 - £1 966 - **$3,216**

BÄUMER Johan Ernst 1870-1919 [1]
🎨 *Stallgebäude am Birkenhain* - Oil/canvas (60x40cm-24x16in) Ahlden 95 .... FF3 230 - £331 - **$569**

BAUMER Lewis Christ. Edward 1870-1963 [8]
✏️ *The Dancer* - Watercolour (56x43cm-22x17in) London 95 .... FF3 950 - £500 - **$773**

BAUMES Amédée 1820-? [1]
🎨 *Wildflowers* - Oil/canvas (90x64cm-35x25in) New-York 90 .... FF28 600 - £2 964 - **$5,026**

BAUMGARTNER Adolf 1850-1924 [40]
🎨 *Return from the Horsefair* - Oil/canvas (50x82cm-20x32in) Amsterdam 97 .... FF13 505 - £1 437 - **$2,350**
Vinterlandskap med trojka - Oil/canvas (50x81cm-20x32in) Stockholm 90 .... FF35 600 - £3 787 - **$6,369**

BAUMGARTNER Christian 1855-1942 [15]
✏️ *Bergsee in Gebirgslandschaft* - Aquarell (48x34cm-19x13in) Bern 93 .... FF2 376 - £274 - **$408**

BAUMGARTNER Fritz 1929 [3]
🎨 *Seelandschaft* - Öl/Papier (70x90cm-28x35in) München 94 .... FF9 230 - £1 084 - **$1,645**

BAUMGARTNER Johann Wolfgang 1712-1761 [11]
🎨 *Saint Augustine* - Oil/canvas (32x21cm-13x8in) New-York 91 .... FF57 000 - £5 744 - **$9,891**
✏️ *An Oriental scene* - Ink (12x19cm-5x7in) New-York 97 .... FF19 466 - £2 166 - **$3,500**

BAUMGARTNER Karl 1898-1981 [3]
🎨 *Stilleben mit Wiesenblumen* - Oil/canvas (36x29cm-14x11in) Bern 94 .... FF4 840 - £494 - **$852**

BAUMGARTNER Peter 1834-1911 [12]
🎨 *An invitation to dance* - Oil/canvas (96x117cm-38x46in) New-York 96 .... FF164 600 - £19 950 - **$32,000**

BAUMGARTNER Thomas 1892-? [2]
🎨 *Two Senegalese Soldiers* - Oil/canvas (94x74cm-37x29in) Amsterdam 94 .... FF18 400 - £2 190 - **$3,500**

BAUMGARTNER Warren W. 1894-1963 [4]
✏️ *Shoreline, Mystic, Conn.* - Watercolour (51x66cm-20x26in) North Berwick, Maine 92 .... FF2 860 - £342 - **$550**

BAUMGARTNER-STOILOFF Adolf Konstantin 1850-1924 [11]
🎨 *Cossacks riders in a snowy landscape* - Oil/canvas (68x55cm-27x22in) Köbenhavn 95 .... FF9 060 - £1 128 - **$1,770**
Convoy of gold in Siberia - Oil/canvas (80x128cm-31x50in) London 97 .... FF26 667 - £2 800 - **$4,586**

BAUMHOFER Walter Martin 1904-1986 [2]
🎨 *Cowboy* - Oil/canvas (56x50cm-22x20in) New-York 90 .... FF11 400 - £1 181 - **$2,004**

BÄUMLER Georg 1871-1934 [2]
🎨 *Weiblicher Akt mit Kastagnetten* - Bronze (36cm-14in) Lindau 95 .... FF4 990 - £623 - **$1,007**

BAUR Heinrich 1862-1936 [1]
Station Alp Grüm und das Puschlav - Pastel (65x49cm-26x19in) Bern 93.............................FF1 903 - £227 - $366
BAUR Johann Wilhelm 1607-1641 [12]
Venetian quayside Capriccio - Ink (12x18cm-5x7in) London 92....................FF105 500 - £10 800 - $20,700
BAUR Nicolaus Bauer 1767-1820 [3]
The ice-skating Competition - Oil/canvas (59x75cm-23x30in) Wien 96..............FF381 500 - £46 200 - $74,200
BAUR Theodore 1835-1898 [4]
Portrait of Crazy Horse - Bronze (74cm-29in) New-York 93.................................FF19 740 - £2 260 - $3,500
Indian lion hunter - Sculpture (50cm-20in) London 91....................................FF218 200 - £21 905 - $37,752
BAURE Albert ?-1930 [2]
Promenade in the park - Oil/canvas (45x33cm-18x13in) New-York 93........................FF7 700 - £910 - $1,400
BAURIEDL Otto 1879-1956 [12]
Phlox und Ahren in blauer Vase - Oil/canvas (56x76cm-22x30in) Stuttgart 91.................FF3 040 - £305 - $526
Februar auf den Bergen - Oil/canvas (74x95cm-29x37in) München 91.................FF15 200 - £1 543 - $2,745
Der Schlitten - Gouache (15x13cm-6x5in) München 92...................................FF4 080 - £418 - $718
BAUW de Karel 1909 [7]
Ferme - Huile/toile (40x30cm-16x12in) Antwerpen 95.....................................FF5 450 - £687 - $1,080
BAWA Manjit 1941 [3]
Heer & the Goat - Oil/canvas (137x71cm-54x28in) London 95.....................FF66 500 - £8 500 - $13,360
BAWDEN Edward 1903-1989 [55]
Nave and West Dome, Exhibition - Watercolour (25x57cm-10x22in) London 93.............FF3 650 - £440 - $638
Quarry at Pengwern, Llanrwst II - Watercolour (51x63cm-20x25in) London 97..........FF17 740 - £1 900 - $3,065
Waltham Cross - Watercolour (44x56cm-17x22in) London 94..........................FF55 400 - £6 500 - $9,700
BAXTER Charles 1809-1879 [10]
Knitting - Oil/canvas (44x35cm-17x14in) London 97.....................................FF28 599 - £3 000 - $4,907
BAXTER David A. XIX-XX [2]
Sheep grazing - Watercolour (21x28cm-8x11in) London 96...............................FF2 407 - £300 - $465
BAXTER Elijah 1849-1939 [2]
Muscheln auf einer Etagere - Oil/board (41x31cm-16x12in) Luzern 89................FF62 400 - £6 380 - $10,032
Bridge game - Watercolour/paper (41x51cm-16x20in) Mystic, Connecticut 96...........FF3 280 - £427 - $650
BAXTER Thomas Tennant 1894-? [3]
Still life of tea pot, cup, saucer, fruit - Oil/canvas (28x41cm-11x16in) Aylsham, Norfolk 96.........FF2 204 - £280 - $435
BAY de Auguste Hyacinth 1804-1865 [1]
Eve et ses deux enfants - Marble (104cm-41in) New-York 91...................FF114 000 - £11 487 - $19,782
BAY Emilio 1924 [1]
Animali domestici - Tecnica mista/cartone (47x42cm-19x17in) Firenze 91................FF86 500 - £8 611 - $14,875
BAY Hanny 1885-1978 [11]
Sommerlandschaft - Öl/Leinwand (54x65cm-21x26in) Bern 95.............................FF2 366 - £308 - $486
BAY SALA Juan XX [3]
El molino de Echevarry - Oleo/lienzo (51x62cm-20x24in) Madrid 93...................FF17 600 - £2 000 - $2,980
BAYA 1931 [2]
Personnage - Gouache (15x13cm-6x5in) Douai 94..FF1 500 - £177 - $270
BAYARD Clifford Adams 1892-1934 [1]
Undulating Landscape - Oil/canvas (20x24cm-8x9in) Philadelphia 95.......................FF3 740 - £492 - $750
BAYARD DE LA VINGTRIE Paul Armand 1846-1900 [2]
Allegorical figure - Bronze (64cm-25in) New-York 93......................................FF17 870 - £2 240 - $3,250
Back from harvesting - Bronze (80cm-31in) New-York 93.................................FF64 900 - £7 380 - $11,000
BAYARD Émile Antoine 1837-1891 [10]
Figures watching a balloon - Oil/canvas (235x89cm-93x35in) London 96.............FF95 700 - £12 000 - $18,480
BAYARD Hippolyte 1801-1887 [6]
A young girl - Salt print (16x13cm-6x5in) London 93.....................................FF26 560 - £3 200 - $4,640
Still life with statues and bas-reliefs - Albumen print (33x27cm-13x11in) London 96.....FF193 700 - £25 000 - $37,400
BAYARD Pierre 1959 [5]
Sexybitionniste - Huile/toile (90x70cm-35x28in) Bruxelles 92..........................FF16 600 - £1 700 - $3,460
BAYART Paul Léon 1861-1921 [3]
Scène orientaliste - Huile/panneau (33x26cm-13x10in) Bruxelles 89........................FF5 200 - £548 - $875
BAYAUX Henri Pierre 1884-1946 [3]
Canal à Damme - Huile/toile (45x55cm-18x22in) Bruxelles 95..............................FF6 380 - £832 - $1,310
Jardin vu de la fenêtre - Huile/toile (90x100cm-35x39in) Bruxelles 93.................FF56 000 - £6 700 - $11,440
BAYENS Bets 1891-1965 [1]
Puppets - Oil/canvas (60x85cm-24x33in) Amsterdam 95.....................................FF6 010 - £690 - $1,148
BAYENS Hans 1924 [2]
Pregnant woman standing - Bronze (28cm-11in) Amsterdam 91.............................FF7 890 - £810 - $1,470
Nude seated in an interior - Pastel/paper (44x32cm-17x13in) Amsterdam 95..............FF4 630 - £560 - $872
BAYER Albert 1885-1963 [2]
Paysage provençal - Huile/isorel (38x45cm-15x18in) Saint-Dié 95.......................FF2 600 - £335 - $537
BAYER Alfred 1888-1932 [4]
A Look into Life, Fotomontage - Gelatin silver print (36x28cm-14x11in) New-York 92.........FF31 850 - £3 700 - $6,500
BAYER Anton 1767-1833 [5]
Winterlandschaft - Öl/Leinwand (47x61cm-19x24in) Wien 96.............................FF26 500 - £3 303 - $5,120
BAYER Herbert 1900-1985 [65]
Untitled #40 - Acrylic/canvas (76x76cm-30x30in) Toronto 96............................FF4 940 - £626 - $946

B

Age of Sputnik - Liquitex/board (101x81cm-40x32in) San Francisco-Los Angeles 94 .... FF24 450 - £3 190 - **$4,750**
Fotomontagen - Mixed media/canvas New-York 93.................... FF177 000 - £20 130 - **$30,000**
Bird houses - Photograph (21x9cm-8x4in) New-York 96.................... FF9 200 - £1 186 - **$1,800**
Optics notations I - Gelatin silver print (23x33cm-9x13in) New-York 92 .... FF21 600 - £2 210 - **$3,800**
Surrealist composition - Watercolour/board (21x29cm-8x11in) London 91 .... FF9 970 - £1 000 - **$1,646**

BAYER Hermann 1829-1893 [1]
Ungebetene Gäste - Oil/canvas (66x54cm-26x21in) Köln 91 .... FF11 910 - £1 194 - **$2,181**

BAYER Julius 1840-1883 [2]
Fischfang am Flußufer - Oil/canvas (45x56cm-18x22in) Wien 91 .... FF21 660 - £2 198 - **$3,912**

BAYER Peter 1871-? [2]
Ein süsser Traum - Öl/Leinwand (98x180cm-39x71in) Wien 94 .... FF14 550 - £1 686 - **$2,757**

BAYER von August 1803-1875 [1]
Steinbruch in Ostermundigen - Eau-forte (16x22cm-6x9in) Bern 93 .... FF3 754 - £418 - **$637**

BAYERLE Alf 1900-1982 [1]
Hommage à Georges Rouault - Aquarell (64x49cm-25x19in) Heidelberg 95 .... FF1 707 - £219 - **$345**

BAYERLEIN Fritz 1872-1955 [12]
Winterstille im Park - Öl/Leinwand (81x110cm-32x43in) München 94.................... FF19 400 - £2 260 - **$3,400**
Donaulandschaft - Öl/Leinwand (146x194cm-57x76in) Bremen 95.................... FF34 460 - £4 460 - **$7,010**

BAYERN von Clara, Prinzessin 1874-1941 [2]
Still life of flowers - Oil/canvas (50x58cm-20x23in) San Francisco-Los Angeles 94 .... FF7 470 - £892 - **$1,400**

BAYERN von Ludwig I, König 1786-1868 [1]
Die Wasserfälle von Tivoli - Watercolour (79x60cm-31x24in) Wien 96.................... FF28 800 - £3 490 - **$5,600**

BAYERN von Pilar, Prinzessin 1891-1983 [4]
Sommerliche Landschaft mit See - Öl/Leinwand (25x33cm-10x13in) Pforzheim 93.................... FF3 730 - £446 - **$718**

BAYES Alfred Walter 1832-1909 [3]
By sunny seas - Oil/board (35x25cm-14x10in) London 96.................... FF7 600 - £900 - **$1,482**

BAYES Gilbert William 1872-1953 [3]
Departing knight of the Crusade - Bronze (47cm-19in) London 96 .... FF13 500 - £1 600 - **$2,634**

BAYES Jessie XIX-XX [4]
The Madonna of the Flocks - Tempera/panel (22x16cm-9x6in) London 93 .... FF43 200 - £5 200 - **$7,540**
St. Francis and the Wolf of Gubbio - Bodycolour (13x11cm-5x4in) London 95.................... FF5 410 - £700 - **$1,106**

BAYES Walter John 1869-1956 [26]
Unwelcome attentions - Oil/board (36x24cm-14x9in) London 93 .... FF5 810 - £700 - **$1,015**
Sunny Cove, Salcombe - Oil/canvas (23x35cm-9x14in) London 90 .... FF18 560 - £2 400 - **$3,680**
Flowers in a vase - Oil/canvas (56x59cm-22x23in) London 90 .... FF67 800 - £7 213 - **$12,129**

BAYEU Y SUBIAS Francisco 1734-1795 [3]
La Anunciacion - Oleo/lienzo (62x61cm-24x24in) Madrid 92 .... FF325 000 - £32 940 - **$65,300**

BAYLAC Lucien 1851-1913 [6]
Acatène Métropole, Paris - Poster (120x177cm-47x70in) New-York 95 .... FF7 070 - £891 - **$1,400**

BAYLE Bertrand-Georges 1788-1851 [1]
Bouquets de fleurs - Huile/panneau Senlis 93 .... FF19 000 - £2 290 - **$3,455**

BAYLE Luc-Marie 1900 [3]
Le Grand Canal, Venise - Aquarelle (30x48cm-12x19in) Brest 93 .... FF1 800 - £217 - **$328**

BAYLINSON Abraham S. 1882-1950 [5]
Reclining model - Oil/canvas (43x60cm-17x24in) New-York 96.................... FF5 710 - £728 - **$1,100**

BAYLISS Wyke 1835-1906 [6]
La basilique Trastevere à Rome - Pastel (68x96cm-27x38in) Antwerpen 97 .... FF8 976 - £962 - **$1,573**

BAYNARD Ed 1940 [12]
The Dragonfly Vase - Woodcut in colors (76x107cm-30x42in) New-York 93.................... FF11 200 - £1 275 - **$1,900**

BAYNE Walter McPherson 1795-1859 [1]
Ponkapog Brook, Canton, Mass. - Oil/canvas (30x44cm-12x17in) New-York 93 .... FF8 250 - £1 035 - **$1,500**

BAYNES Frederick Thomas 1824-1874 [7]
Coing et raisins - Aquarelle (24x19cm-9x7in) Lille 96 .... FF4 200 - £510 - **$817**

BAYNES James 1766-1837 [1]
Stepney church - Wash/paper (25x27cm-10x11in) London 90 .... FF1 800 - £181 - **$327**

BAYNES Keith Stuart 1887-1977 [5]
Lilies in a vase - Oil/canvas (91x71cm-36x28in) London 96 .... FF7 290 - £950 - **$1,510**

BAYNES Thomas Mann 1794-1854 [1]
Drawing room in the Gothic style - Watercolour (39x51cm-15x20in) London 95 .... FF46 100 - £6 000 - **$9,450**

BAYRLE Thomas 1937 [8]
Feuer im Weizen - Sérigraphie couleurs (47x64cm-19x25in) München 95 .... FF1 780 - £222 - **$360**

BAYROS von Franz 1866-1924 [23]
Traumtänzer - Watercolour (51x43cm-20x17in) Wien 89 .... FF8 600 - £856 - **$1,359**
Les deux amies - Aquarelle (27x49cm-11x19in) Paris 90 .... FF30 000 - £3 212 - **$5,217**

BAZAINE Jean René 1904-1995 [134]
Arbre dans la campagne - Huile/toile (116x89cm-46x35in) Paris 90 .... FF1 - £129 550 - **$210,435**
Paysage du Midi - Oil/paper (9x23cm-4x9in) London 96 .... FF8 250 - £1 000 - **$1,604**
Silence des hauteurs - Huile/toile (114x162cm-45x64in) Paris 97.................... FF80 000 - £8 344 - **$13,680**
Marée de Printemps - Huile/toile (114x176cm-45x69in) Versailles 94 .... FF122 000 - £14 450 - **$22,540**
Promenade au jardin, 1944 - Huile/toile (54x81cm-21x32in) Paris 90 .... FF640 000 - £68 522 - **$111,304**
Composition abstraite - Aquarelle/papier (23x17cm-9x7in) Saint-Germain-en-Laye 93 .... FF23 000 - £2 585 - **$3,900**
Arbres au soleil couchant - Aquarelle, gouache/papier (225x37cm-89x15in) Paris 90 .... FF85 000 - £9 159 - **$14,991**

BAZANNI Luigi 1936-1927 [1]
Fontana di Pompeii - Watercolour/board (75x60cm-30x24in) New-York 91 .... FF**25 650** - £**2 585** - **$4,451**

BAZÉ Paul R. XX [4]
Environs de Nice, Levens - Huile/toile (46x38cm-18x15in) Neuilly 89 .... FF**4 000** - £**422** - **$673**

BAZILE Castera 1923-1966 [9]
Caritas - Oil/masonite (61x40cm-24x16in) New-York 92 .... FF**75 400** - £**8 000** - **$14,500**
Self portrait as a drummer - Oil/masonite (61x38cm-24x15in) New-York 92 .... FF**227 000** - £**23 240** - **$40,000**

BAZILLE Frédéric 1841-1870 [3]
Vallon en forêt de Fontainebleau - Oil/canvas (52x65cm-20x26in) New-York 97 .... FF**313 748** - £**33 820** - **$55,000**

BAZIN Charles L. 1802-1859 [3]
François 1er et Charles Quint - Aquarelle (59x37cm-23x15in) Paris 90 .... FF**14 000** - £**1 509** - **$2,469**

BAZIN François Victor 1897-? [2]
En avant - Bronze Paris 93 .... FF**1 500** - £**181** - **$273**

BAZINGULA 1927-1985 [1]
Retour de chasse - Peinture Paris 91 .... FF**5 500** - £**546** - **$955**

BAZIOTES William 1912-1963 [33]
Grotto - Oil/canvas (36x46cm-14x18in) New-York 95 .... FF**46 000** - £**6 100** - **$9,500**
Chameleon - Oil/canvas (45x35cm-18x14in) New-York 97 .... FF**174 216** - £**18 327** - **$30,000**
Sea phantoms - Oil/canvas (122x152cm-48x60in) New-York 90 .... FF**2 2e +06** - £**212 979** - **$358,140**
Water Reflections - Coloured chalks (96x63cm-38x25in) New-York 95 .... FF**145 300** - £**19 250** - **$30,000**

BAZIRE Pierre 1938 [3]
Honfleur - Huile/panneau (29x22cm-11x9in) La Varenne Saint-Hilaire 93 .... FF**3 700** - £**463** - **$673**

BAZOURINE Grigorii 1895-1990 [1]
En revenant des champs - Huile/carton Paris 92 .... FF**4 800** - £**486** - **$881**

BAZZANI Luigi 1836-1927 [7]
At the well, Pompeii - Oil/panel (62x36cm-24x14in) London 95 .... FF**71 900** - £**9 000** - **$14,320**
Motiv aus Rom - Aquarell/Papier (52x36cm-20x14in) Wien 94 .... FF**18 520** - £**2 220** - **$3,596**

BAZZANTI Pietro XIX [10]
Mother & child on a camel - Sculpture (55cm-22in) London 96 .... FF**18 430** - £**2 100** - **$3,530**
Female Nude - Sculpture (203cm-80in) New-York 97 .... FF**153 495** - £**16 532** - **$27,000**

BAZZARO Ernesto 1859-1937 [8]
In the Caravan - Bronze (63x70cm-25x28in) London 97 .... FF**38 095** - £**4 000** - **$6,529**

BAZZARO Leonardo 1853-1937 [20]
Il lavoro nei campi - Olio/tela (44x75cm-17x30in) Roma 96 .... FF**13 360** - £**1 550** - **$2,600**
Lady in a garden - Oil/board (90x61cm-35x24in) New-York 91 .... FF**45 600** - £**4 595** - **$7,913**
Visita nel cantado - Olio/tavola (59x91cm-23x36in) Milano 92 .... FF**68 000** - £**6 950** - **$11,960**

BAZZONI Alberto 1889-1973 [2]
Neptune au trident - Bronze (82cm-32in) Autun 93 .... FF**12 500** - £**1 563** - **$2,273**

BEACH Chester 1881-1956 [2]
Big Toe - Bronze (5cm-2in) Boston, Mass. 92 .... FF**7 840** - £**910** - **$1,600**
The Glint of the Sea - Bronze (122cm-48in) New-York 94 .... FF**84 200** - £**9 940** - **$15,000**

BEACH Ernest George 1865-? [5]
Behind the dunes - Oil/canvas (107x152cm-42x60in) London 92 .... FF**9 250** - £**950** - **$1,719**
The End of the Day - Watercolour (33x48cm-13x19in) London 95 .... FF**4 260** - £**550** - **$877**

BEACH Thomas 1738-1806 [18]
Francis Steward M.P. - Oil/canvas (77x64cm-30x25in) London 94 .... FF**25 000** - £**3 000** - **$4,750**
General John Murray - Oil/canvas (119x81cm-47x32in) Fingask Castle, Rait 93 .... FF**137 000** - £**16 500** - **$23,920**

BEADLE James Prinsep Barnes 1863-1947 [3]
Masquerade - Oil/canvas (153x132cm-60x52in) London 96 .... FF**112 300** - £**14 000** - **$21,700**

BEAL Gifford 1879-1956 [27]
Circus scene - Oil/canvas (51x69cm-20x27in) Mystic, Connecticut 93 .... FF**23 100** - £**2 897** - **$4,200**
Setting Out to Sea - Oil/canvas (46x92cm-18x36in) New-York 93 .... FF**147 700** - £**16 780** - **$25,000**
Bass Rocks, Gloucester - Oil/board (51x61cm-20x24in) New-York 93 .... FF**385 000** - £**48 300** - **$70,000**

BEAL Jack 1931 [15]
Harry Cohen, builder - Oil/canvas (146x145cm-57x57in) New-York 89 .... FF**51 500** - £**5 266** - **$8,280**
The roof, 1964-1965 - Oil/canvas (243x304cm-96x120in) New-York 89 .... FF**143 000** - £**14 622** - **$22,990**
Self-portrait with lenses - Coloured chalks/paper (50x65cm-20x26in) New-York 96 .... FF**6 730** - £**870** - **$1,300**

BEAL Reynolds 1867-1951 [63]
Wellfleet - Oil/canvas Mystic, Connecticut 92 .... FF**20 000** - £**2 092** - **$3,600**
Provincetown harbor - Oil/board (55x76cm-22x30in) New-York 91 .... FF**125 800** - £**12 629** - **$21,765**
Echo Bay, New Rochelle - Oil/canvas (74x91cm-29x36in) New-York 94 .... FF**514 000** - £**60 900** - **$95,000**
At the circus - Coloured crayons (36x42cm-14x17in) New-York 96 .... FF**20 770** - £**2 646** - **$4,000**

BEALE Charles 1660-c.1714 [6]
Portrait of a boy - Red chalk (16x12cm-6x5in) London 91 .... FF**43 900** - £**4 389** - **$7,230**

BEALE Joseph Boggs 1841-1926 [3]
Egyptian scene - Gouache (53x53cm-21x21in) Philadelphia 95 .... FF**1 755** - £**222** - **$350**

BEALE Mary, née Cradock 1632-1697 [11]
Portrait of a Lady - Oil/canvas (75x62cm-30x24in) London 96 .... FF**16 980** - £**2 000** - **$3,334**
Charles Beale - Oil/canvas (106x87cm-42x34in) London 92 .... FF**488 500** - £**50 000** - **$86,000**

BEALL Cecil Calvert 1892-1967 [5]
Cover for Collier's - Watercolour (64x51cm-25x20in) New-York 93 .... FF**4 720** - £**537** - **$800**

BEALS Jessie Tarbox 1870-1942 [11]
📷 *Milligan Place* - Photograph (18x23cm-7x9in) New-York 95 .... FF**10 900** - £**1 402** - **$2,250**
BEAMAN Gamafiel Waldo 1852-1937 [2]
🖼 *Flowers in a wooded glade* - Oil/canvas (30x46cm-12x18in) New-York 95 .... FF**2 010** - £**252** - **$400**
BEAMENT Thomas Harold 1898-1984 [15]
🖼 *Below the boatyard, Portugal* - Oil/canvas (61x81cm-24x32in) Toronto 92 .... FF**3 650** - £**436** - **$701**
BEAN Ainslie H. c.1850-c.1890 [3]
🖌 *The Lagoon, Venice* - Watercolour (23x51cm-9x20in) London 95 .... FF**2 793** - £**360** - **$569**
BEAN van Caroline H. 1880-? [1]
🖌 *Fifth Avenue at 48th Street* - Watercolour, gouache (45x30cm-18x12in) New-York 95 .... FF**37 450** - £**4 900** - **$7,500**
BEAR George Telfer 1874-? [3]
🖼 *Flowers in a white vase* - Oil/canvas (61x51cm-24x20in) Auchterarder, Perthshire 95 .... FF**7 810** - £**1 000** - **$1,540**
BEARD Alice XIX-XX [3]
🖼 *Baby Pan* - Oil/canvas (66x51cm-26x20in) St. Petersburg, Florida 94 .... FF**11 410** - £**1 330** - **$2,000**
BEARD Daniel Carter 1850-1941 [1]
🖌 *Chimps behaving like humans* - Ink (71x56cm-28x22in) New-York 96 .... FF**8 280** - £**1 070** - **$1,600**
BEARD James Henry 1814-1893 [6]
🖼 *Greyhound in a Highland Landscape*
    Oil/canvas (56x76cm-22x30in) San Francisco-Los Angeles 96 .... FF**18 130** - £**2 273** - **$3,500**
BEARD Kate XIX-XX [2]
🖼 *Head of a terrier* - Oil/canvas (31x26cm-12x10in) London 93 .... FF**5 980** - £**720** - **$1,044**
BEARD Peter 1938 [3]
📷 *Eyelids of Morning*
    Photocollage: diptych of 2 silver prints (66x49cm-26x19in) New-York 93 .... FF**14 100** - £**1 613** - **$2,500**
BEARD William Holdbrook 1823-1900 [5]
🖼 *Majestic Stag* - Oil/canvas Cambridge, Mass. 89 .... FF**28 600** - £**2 924** - **$4,598**
BEARDEN Romare 1914-1988 [75]
🖼 *The Burial* - Mixed media/board (27x9cm-11x4in) New-York 96 .... FF**58 600** - £**6 900** - **$11,500**
Jazz, Kansas City - Mixed media/panel (46x68cm-18x27in) New-York 95 .... FF**128 700** - £**16 100** - **$26,000**
Kansas City - Mixed media/board (113x129cm-44x51in) New-York 93 .... FF**344 000** - £**43 100** - **$62,500**
🖼 *An American Portrait* - Etching, aquatint in colors (49x66cm-19x26in) New-York 96 .... FF**19 160** - £**2 474** - **$3,700**
🖌 *Untitled* - Watercolour New-York 97 .... FF**22 222** - £**2 347** - **$3,800**
Untitled - Watercolour, gouache/paper (67x52cm-26x20in) New-York 94 .... FF**81 300** - £**9 400** - **$14,000**
BEARDSLEY Aubrey 1872-1898 [8]
🖌 *Women in evening dress* - Ink (37x18cm-15x7in) London 92 .... FF**100 500** - £**12 000** - **$19,330**
BEARE George XVIII [2]
🖼 *Captain George Brydges Rodney* - Oil/canvas (88x68cm-35x27in) New-York 92 .... FF**88 200** - £**10 240** - **$18,000**
BEAT Paul 1874-1945 [3]
🖼 *Paysage* - Huile/toile (60x50cm-24x20in) Lille 90 .... FF**2 700** - £**279** - **$477**
BEATO Felice A. 1830-1906 [27]
📷 *Mine in the Chuttur Munzil, Lucknow* - Salt print (25x28cm-10x11in) London 95 .... FF**4 810** - £**600** - **$930**
BEATON Cecil 1904-1980 [138]
🖼 *Interior* - Oil/canvas (91x71cm-36x28in) San Francisco-Los Angeles 95 .... FF**12 380** - £**1 547** - **$2,500**
The red drawing room - Oil/canvas (91x72cm-36x28in) London 95 .... FF**31 400** - £**4 000** - **$6,320**
📷 *Jean Shrimpton* - Gelatin silver print (23x18cm-9x7in) London 96 .... FF**6 390** - £**750** - **$1,257**
Jean Cocteau - Photo (21x16cm-8x6in) Paris 91 .... FF**30 000** - £**3 045** - **$5,418**
🖌 *My Fair Lady, Covent Garden* - Watercolour (34x26cm-13x10in) London 94 .... FF**4 090** - £**480** - **$715**
La Symphonie Fantastique (Berlioz) - Gouache (61x48cm-24x19in) London 96 .... FF**7 600** - £**950** - **$1,474**
BEATSON Charles XIX-XX [3]
🖼 *Standing Cavaliers* - Oil/canvas (61x31cm-24x12in) New-York 95 .... FF**10 220** - £**1 273** - **$2,000**
BEATTIE-BROWN William 1831-1909 [3]
🖼 *Craigmillar, Evening* - Huile/toile (74x106cm-29x42in) Bruxelles 96 .... FF**14 780** - £**1 710** - **$2,830**
BEATTY Frank XX [2]
🖼 *Have you a Good Idea?...* - Poster (112x92cm-44x36in) London 95 .... FF**2 830** - £**320** - **$510**
BEATTY John William 1869-1941 [25]
🖼 *Laurentian Winter* - Oil/canvas (76x89cm-30x35in) Toronto 96 .... FF**36 100** - £**4 600** - **$6,940**
🖌 *Tower Bridge* - Watercolour (18x22cm-7x9in) Toronto 96 .... FF**2 660** - £**339** - **$512**
BEAU Henri 1865-1949 [15]
🖼 *Jaujac, Ardèche* - Huile/panneau (24x32cm-9x13in) Montréal 95 .... FF**5 080** - £**668** - **$1,020**
Village en France - Oil/canvas (48x38cm-19x15in) Toronto 96 .... FF**19 370** - £**2 325** - **$3,710**
BEAUBOIS DE MONTORIOL Isabel 1876-? [2]
🖼 *Baigneuses* - Huile/toile (93x125cm-37x49in) Paris 90 .... FF**32 000** - £**3 448** - **$5,644**
BEAUBRUN Henri 1603-1677 [2]
🖼 *Personne de qualité* - Huile/toile (125x83cm-49x33in) Montréal 90 .... FF**221 700** - £**22 903** - **$39,170**
BEAUCÉ André 1911-1980 [14]
🖼 *La maison bleue* - Huile/panneau (55x46cm-22x18in) Toulouse 94 .... FF**3 800** - £**454** - **$712**
BEAUCÉ Jean-Adolphe 1818-1875 [2]
🖼 *Caïd aux bottes rouges* - Huile/panneau (46x37cm-18x15in) Paris 95 .... FF**120 000** - £**15 200** - **$24,130**
BEAUCÉ Vivant 1818-1876 [3]
🖌 *Lovers* - Pencil (56x44cm-22x17in) Warszawa 95 .... FF**4 200** - £**537** - **$862**
BEAUCHAMP Robert 1923 [4]
🖼 *Rainbow* - Oil/canvas (152x152cm-60x60in) New-York 93 .... FF**8 800** - £**1 104** - **$1,600**

BEAUCLERK Diana 1734-1808 [2]
- *A family group* - Wash (23x14cm-9x6in) London 90 .... FF7 600 - £819 - **$1,340**

BEAUCORPS de Gustave XIX [35]
- *L'Alcazar* - Photo (38x28cm-15x11in) Paris 92 .... FF6 500 - £666 - **$1,170**

BEAUCOURT de François 1740-1794 [1]
- *Tête d'ange* - Huile/toile (12x10cm-5x4in) Montréal 96 .... FF4 125 - £533 - **$808**

BEAUDIN André 1895-1979 [112]
- *Le pot brisé* - Oil/canvas (54x46cm-21x18in) London 97 .... FF8 160 - £900 - **$1,431**
- *L'atelier fleuri* - Huile/carton (28x20cm-11x8in) Paris 97 .... FF15 000 - £1 629 - **$2,631**
- *Tête cubiste* - Huile/toile (46x33cm-18x13in) Paris 96 .... FF38 000 - £4 460 - **$7,470**
- *Les athlètes* - Huile/toile (134x80cm-53x31in) Paris 95 .... FF55 000 - £6 990 - **$11,160**
- *Les feuilles grimpantes* - Huile/toile (100x73cm-39x29in) Paris 90 .... FF210 000 - £22 484 - **$36,522**
- *Anniversaire, 1975* - Bronze (25cm-10in) Paris 90 .... FF60 000 - £6 424 - **$10,435**
- *Paysage d'automne* - Gouache/papier (40x30cm-16x12in) Paris 97 .... FF5 800 - £631 - **$1,010**
- *Taureau et pigeon* - Gouache/papier (71x89cm-28x35in) Paris 95 .... FF40 000 - £5 060 - **$8,080**

BEAUDOUIN Eugène 1842-1893 [1]
- *Ferme dans un paysage d'été* - Oil/canvas (46x55cm-18x22in) Stockholm 96 .... FF8 850 - £1 127 - **$1,705**

BEAUDUIN Jean 1851-1916 [22]
- *Tending the garden* - Oil/canvas (60x72cm-24x28in) New-York 94 .... FF22 440 - £2 650 - **$4,000**
- *L'allée du château* - Huile/toile (59x72cm-23x28in) Liège 96 .... FF41 050 - £4 750 - **$7,860**

BEAUFILS Armel 1882-? [4]
- *Bretonne* - Bronze (47cm-19in) Saint-Dié 96 .... FF13 000 - £1 630 - **$2,530**

BEAUFORT William Louis, Rev. 1771-1849 [1]
- *Kilkenny Castle* - Watercolour (20x30cm-8x12in) London 96 .... FF3 146 - £400 - **$605**

BEAUFORT-DELANEY 1910 [4]
- *Composition* - Huile/toile (65x54cm-26x21in) Paris 97 .... FF13 500 - £1 440 - **$2,337**
- *James Baldwin* - Gouache (64x49cm-25x19in) Paris 97 .... FF14 500 - £1 547 - **$2,510**

BEAUFRERE Adolphe-Marie 1876-1960 [195]
- *Port dans le Midi* - Huile/panneau (33x28cm-13x11in) Douarnenez 96 .... FF10 000 - £1 280 - **$1,983**
- *Bord de rivière* - Huile/panneau (21x24cm-8x9in) Quimper 97 .... FF17 000 - £1 821 - **$2,980**
- *Paysage mauve à la chaumière* - Huile/toile/carton (21x26cm-8x10in) Brest 94 .... FF20 000 - £2 350 - **$3,540**
- *Paysage méditerranéen* - Huile/panneau (41x33cm-16x13in) Brest 89 .... FF30 000 - £3 161 - **$5,051**
- *Chapelle Saint-Philibert* - Huile/toile (51x42cm-20x17in) Quimper 94 .... FF69 000 - £7 980 - **$11,840**
- *Les bords de la Laïta* - Huile/carton (54x44cm-21x17in) Brest 89 .... FF100 000 - £10 537 - **$16,835**
- *Quai à Quimperlé* - Eau-forte Paris 96 .... FF1 800 - £234 - **$356**
- *Travaux des champs* - Eau-forte (22x19cm-9x7in) Brest 96 .... FF1 800 - £232 - **$350**
- *Petite bretonne* - Gravure bois couleurs (17x19cm-7x7in) Paris 91 .... FF20 000 - £2 005 - **$3,301**
- *Le chien devant la ferme* - Encre (14x19cm-6x7in) Douarnenez 94 .... FF1 800 - £219 - **$343**
- *Bord de rivière boisée* - Crayons couleurs (12x22cm-5x9in) Brest 96 .... FF4 000 - £515 - **$776**
- *Fermes dans les arbres* - Aquarelle (16x20cm-6x8in) Brest 96 .... FF4 000 - £460 - **$763**
- *Barque descendant la Laïta* - Lavis (26x0x20cm-10x8in) Brest 97 .... FF4 300 - £466 - **$755**

BEAUGUREAU Francis Henry 1920 [3]
- *Buffalo Soldiers* - Oil/canvas (55x86cm-22x34in) New-York 92 .... FF19 760 - £2 100 - **$3,800**

BEAUJOUR Jean Sonson 1954 [3]
- *Ballet* - Bronze (205cm-81in) Paris 92 .... FF13 000 - £1 552 - **$2,500**

BEAULIEU de Anatole Henri 1819-1884 [9]
- *Devant un palais à Constantinople* - Huile/toile (64x39cm-25x15in) Paris 95 .... FF8 000 - £1 013 - **$1,610**
- *Beauté masquée et marchandage* - Huile/toile (125x87cm-49x34in) Paris 96 .... FF25 000 - £2 964 - **$4,880**

BEAULIEU Paul-Vanier 1910-1995 [54]
- *Paysage abstrait* - Huile/toile (23x35cm-9x14in) Montréal 97 .... FF6 219 - £657 - **$1,075**
- *Le Compotier Rouge* - Oil/canvas (14x18cm-6x7in) Toronto 94 .... FF14 330 - £1 674 - **$2,526**
- *Nature morte au pichet* - Oil/canvas (39cm-15in) Toronto 94 .... FF35 100 - £4 180 - **$6,600**
- *Barques* - Encre (49x64cm-19x25in) Montréal 92 .... FF6 020 - £616 - **$1,253**

BEAUME Émile Marie 1888-1967 [8]
- *Cavalier au cheval noir et personnages* - Huile/toile (73x93cm-29x37in) Moulins 95 .... FF12 500 - £1 534 - **$2,435**
- *Marché au Tchad* - Aquarelle (29x45cm-11x18in) Aubagne 95 .... FF1 600 - £207 - **$331**

BEAUME Joseph 1797-1885 [3]
- *Le maître d'école endormi* - Oil/canvas (82x68cm-32x27in) London 95 .... FF54 300 - £6 800 - **$10,820**

BEAUMONT Arthur J. 1877-1956 [2]
- *USS Los Angeles* Watercolour/paper (51x71cm-20x28in) San Francisco-Los Angeles 94 .... FF29 800 - £3 530 - **$5,500**

BEAUMONT Authur Edwaine 1890-1978 [2]
- *Return of the fishing boats* Oil/canvas (25x34cm-10x13in) San Francisco-Los Angeles 90 .... FF5 700 - £606 - **$1,020**

BEAUMONT de Auguste Bouthillier 1842-1889 [3]
- *Bord du Tibre* - Huile/toile (65x130cm-26x51in) Bern 94 .... FF16 500 - £1 980 - **$3,210**

BEAUMONT de Edouard Charles 1812-1888 [15]
- *Les Quatre pauvres* - Huile/toile (81x65cm-32x26in) Montauban 94 .... FF30 000 - £3 570 - **$5,710**
- *Les femmes sont chères* - Oil/canvas (58x94cm-23x37in) New-York 97 .... FF156 338 - £16 838 - **$27,500**
- *Que dira ma mère ?* - Crayon (15x18cm-6x7in) Deauville 92 .... FF4 000 - £410 - **$705**

BEAUMONT de Gabriel Bouthillier 1811-1887 [2]
- *Bord de mer* - Huile/toile (31x40cm-12x16in) Genève 95 .... FF2 124 - £269 - **$427**
- *View of the citadel, Corfu* - Vernis mou couleurs (39x62cm-15x24in) London 91 .... FF15 870 - £1 599 - **$2,754**

B

BEAUMONT de Gustave 1851-1922 [4]
- Patrouille de Hussard - Huile/toile (60x81cm-24x32in) Paris 96 .... FF2 100 - £272 - **$412**
- Pèlerins en Bretagne - Mine plomb (49x36cm-19x14in) Genève 91 .... FF1 546 - £159 - **$288**

BEAUMONT Frederick Samuel 1861-? [3]
- Head study of a pretty young girl - Oil/canvas (46x35cm-18x14in) London 93 .... FF13 600 - £1 700 - **$2,465**

BEAUMONT George Howland 1753-1827 [3]
- Lovers surprised by a woman - Drawing (23x19cm-9x7in) London 91 .... FF5 980 - £598 - **$985**

BEAUMONT John Thomas Barber 1774-1841 [3]
- Portrait of a young negro - Miniature (6cm-2in) London 91 .... FF47 900 - £4 789 - **$7,889**

BEAUPUY Louis Jean 1896-1974 [2]
- Femmes nues près des bains - Oil/canvas (65x50cm-26x20in) København 91 .... FF22 900 - £2 294 - **$3,820**

BEAUQUESNE Wilfred Constant 1847-1913 [29]
- A Cavalry duel - Oil/canvas (80x65cm-31x26in) London 95 .... FF10 560 - £1 400 - **$2,180**
- The break in the action - Oil/canvas (47x55cm-19x22in) New-York 96 .... FF16 000 - £2 070 - **$3,200**
- At the height of battle - Oil/canvas (110x187cm-43x74in) New-York 92 .... FF55 500 - £5 810 - **$10,000**

BEAUREGARD Charles G. 1856-1880 [3]
- Shipwrecked - Oil/canvas/board (69x109cm-27x43in) New Orleans, Louisiana 92 .... FF9 430 - £988 - **$1,700**

BEAUSSIER Émile 1874-? [6]
- Berre et son étang - Huile/toile (50x60cm-20x24in) Lyon 94 .... FF8 500 - £994 - **$1,490**

BEAUVAIS Armand 1840-1911 [8]
- Petit garçon assis - Huile/toile (72x57cm-28x22in) Bayeux 93 .... FF29 000 - £3 494 - **$5,270**

BEAUVAIS Arnold 1886-? [1]
- The Model Undressing - Watercolour (42x29cm-17x11in) London 93 .... FF1 566 - £180 - **$269**

BEAUVAIS Monica XX [4]
- Terrasses du Tischka - Huile/toile (24x33cm-9x13in) Royan 92 .... FF4 000 - £410 - **$834**

BEAUVERIE Charles 1839-1924 [20]
- Paysage lyonnais - Huile/panneau (19x40cm-7x16in) Paris 96 .... FF5 000 - £627 - **$967**
- Vaches s'abreuvant - Huile/toile (38x61cm-15x24in) Fontainebleau 93 .... FF21 500 - £2 450 - **$3,644**
- Summer day on a river - Oil/canvas (90x150cm-35x59in) London 93 .... FF54 000 - £6 500 - **$9,420**

BEAUX Cecilia 1855-1942 [9]
- Portrait of Mrs Robert Abbe - Oil/canvas (188x99cm-74x39in) New-York 93 .... FF275 000 - £34 500 - **$50,000**
- Eugene, 1889 - Charcoal/paper (24x18cm-9x7in) New-York 90 .... FF17 200 - £1 842 - **$2,991**

BEAVIS Richard 1824-1896 [37]
- Caravan in the mountains - Oil/canvas (53x38cm-21x15in) London 96 .... FF4 580 - £550 - **$871**
- March of the British Army (1815) - Oil/canvas (30x45cm-12x18in) London 96 .... FF14 430 - £1 700 - **$2,834**
- The Thames running up - Oil/canvas (53x86cm-21x34in) London 94 .... FF57 900 - £6 800 - **$10,140**
- Near Jaffa - Watercolour, gouache (16x25cm-6x10in) Tel Aviv 95 .... FF14 860 - £1 857 - **$3,000**

BEBI Heinrich 1803-? [1]
- Weinlese - Öl/Leinwand (51x43cm-20x17in) Zofingen 95 .... FF5 520 - £700 - **$1,110**

BÉCAT Paul-Émile 1885-1960 [11]
- Adrienne Monnier, assise - Cuivre, aciéré (14x14cm-6x6in) Paris 93 .... FF2 000 - £250 - **$364**
- Erik Satie, assis - Mine plomb (45x30cm-18x12in) Paris 92 .... FF30 000 - £3 580 - **$5,770**

BECCADELLI Antonio 1718-1803 [1]
- Contadini che giocano a carte
  Olio/tela (46x37cm-18x15in) Palazzo Farattini, Amelia 90 .... FF17 400 - £1 851 - **$3,113**

BECCARIA Angelo 1820-1897 [4]
- Fischerboot am Seeufer - Oil/panel (30x45cm-12x18in) Wien 92 .... FF26 470 - £2 654 - **$5,090**

BECCHI Luigi 1830-1919 [2]
- Blowing bubbles - Oil/canvas (52x67cm-20x26in) London 96 .... FF115 600 - £15 000 - **$22,860**

BECH Poul Anker 1942 [18]
- Sommeraften - Oil/canvas (106x135cm-42x53in) Vejle 94 .... FF6 990 - £810 - **$1,204**

BECHER Arthur E. 1877-1960 [5]
- Battle of Monmouth - Oil/canvas (43x61cm-17x24in) New-York 94 .... FF22 840 - £2 680 - **$4,000**

BECHER Bernd 1931 [5]
- Silo for coal, Blaenavon South Wales - Photo (40x30cm-16x12in) Paris 94 .... FF15 500 - £1 860 - **$3,010**

BECHER Hilla W. & Bernd 1934/1931 [47]
- Zeche Langenbrahm - Photograph (40x30cm-16x12in) Wien 95 .... FF15 670 - £2 065 - **$3,180**
- Untitled - Photograph (50x160cm-20x63in) New-York 94 .... FF64 900 - £7 380 - **$11,000**
- Tipology of Framework Houses - Photograph (24x18cm-9x7in) New-York 95 .... FF189 000 - £25 030 - **$39,000**

BECHET Jean-Marie XX [2]
- Bouquet champêtre - Pastel/papier (80x60cm-31x24in) Le Mans 97 .... FF1 800 - £193 - **$315**

BECHI Luigi 1830-1919 [26]
- Girl with a jug - Oil/canvas (60x43cm-24x17in) London 95 .... FF46 800 - £6 200 - **$9,660**
- The Broken Pot - Oil/canvas (74x99cm-29x39in) New-York 95 .... FF89 800 - £10 810 - **$17,000**
- Reading the news in the artist's studio
  Oil/canvas (143x103cm-56x41in) London 91 .... FF287 600 - £29 189 - **$51,943**

BECHLER Gustav 1870-1959 [3]
- Am Achensee - Öl/Leinwand (46x58cm-18x23in) München 95 .... FF12 040 - £1 582 - **$2,415**

BECHON Charles, Karl 1732-1812 [2]
- Portrait d'un général prussien - Miniature (8cm-3in) Paris 95 .... FF15 000 - £1 813 - **$2,820**

BECHSTEIN Lothar 1884-1936 [2]
- Sommerliche Landschaft - Huile/toile (68x93cm-27x37in) Lindau 91 .... FF8 780 - £874 - **$1,510**

BECHTEJEFF von Wladimir Georgiew. 1878-1971 [4]
- Zirkusszene - Oil/board/canvas (49x73cm-19x29in) Berlin 92 .... FF237 400 - £28 350 - **$45,700**

BECHTELER Eduard 1890-1983 [7]
🦢 *Segelboot vor Borkum* - Oil/cardboard (40x30cm-16x12in) Hamburg 96 .... FF5 200 - £593 - **$995**
BECHTELER Theo 1903-1993 [1]
🗿 *Gerüstplastik Aufbau* - Bronze (48x19cm-19x7in) München 94 .... FF17 780 - £2 087 - **$3,170**
BECHTLE C. Ronald 1932 [2]
✍ *Fandango (Madrid Series)*
    Watercolour, gouache/paper (47x68cm-19x27in) Denver, Colorado 95 .... FF2 457 - £480 - **$311**
BECHTLE Robert Alan 1932 [10]
🦢 *Vacuum cleaner salesman* - Oil/canvas (182x175cm-72x69in) New-York 92 .... FF82 200 - £8 400 - **$15,000**
📖 *Oakland Buick* - Color lithograph (36x51cm-14x20in) San Francisco-Los Angeles 93 .... FF2 613 - £328 - **$475**
✍ *Untitled* - Gouache (45x38cm-18x15in) New-York 97 .... FF8 772 - £926 - **$1,500**
BECHTLE-KAPPIS Emma 1875-1957 [1]
🦢 *Sommerblumensträusse in Vase* - Öl/Leinwand (60x44cm-24x17in) Stuttgart 94 .... FF3 740 - £437 - **$656**
BECHTOLSHEIM von Gustav Freiherr 1842-1924 [7]
🦢 *Bayerische Seenlandschaft* - Mischtechnik/Karton (28x47cm-11x19in) Hamburg 96 ...... FF5 420 - £677 - **$1,048**
BECK & JUNG Beckström/Ljungberg 1939/1939 [9]
🦢 *La promenade en ville* - Huile/toile (120x87cm-47x34in) Bruxelles 91 .... FF28 000 - £2 821 - **$4,859**
📖 *Multipel* - Silkscreen (50x50cm-20x20in) Malmö 90 .... FF2 530 - £257 - **$506**
BECK Christian Frederick 1876-1954 [11]
🦢 *Tyskebakkerne ved Salten, 1901* - Oil/canvas (50x83cm-20x33in) København 90 .... FF2 800 - £289 - **$495**
BECK Friedrich 1873-1921 [4]
🦢 *Laerchen* - Mixed media/canvas (100x100cm-39x39in) Wien 93 .... FF14 850 - £1 743 - **$2,470**
BECK Gerlinde 1930 [4]
🗿 *Lichtfugenstele* - Metal (45cm-18in) Köln 91 .... FF15 550 - £1 578 - **$2,808**
BECK Gustav Kurt 1902-1983 [2]
✍ *Ohne Titel* - Mischtechnik/Papier (31x36cm-12x14in) Wien 92 .... FF4 330 - £444 - **$763**
BECK Herbert 1920 [2]
✍ *Weiblicher Kopf hinter Blumen* - Aquarell/Papier (41x33cm-16x13in) Köln 93 .... FF5 600 - £641 - **$941**
BECK John Augustus 1831-1915 [1]
✍ *Coastal scenes* - Watercolour (10x36cm-4x14in) North Berwick, Maine 93 .... FF2 655 - £302 - **$450**
BECK Julia 1853-1935 [9]
🦢 *Motiv från Grèz* - Oil/panel (23x32cm-9x13in) Stockholm 90 .... FF27 140 - £2 775 - **$5,357**
  Sommar, Grèz-sur-Loing - Oil/canvas (50x100cm-20x39in) Stockholm 95 .... FF56 800 - £7 510 - **$11,510**
BECK Otto Walter 1864-? [1]
✍ *Portrait of a woman* - Pastel/board (109x83cm-43x33in) New-York 92 .... FF14 700 - £1 707 - **$3,000**
BECK van der Henri 1886-1956 [30]
🦢 *Rasade* - Huile/toile (130x96cm-51x38in) Verrières-Le-Buisson 92 .... FF3 000 - £308 - **$577**
BECKER Adolf 1878-? [1]
🦢 *Blick auf das Castel Palesch* - Oil/canvas (52x73cm-20x29in) München 92 .... FF15 260 - £1 823 - **$2,935**
BECKER Albert 1830-1896 [2]
🦢 *Highland sheep* - Oil/canvas (74x122cm-29x48in) New Orleans, Louisiana 93 .... FF10 030 - £1 141 - **$1,700**
  Die Holzfuhre, 1883 - Oil/panel (36x52cm-14x20in) Köln 89 .... FF27 000 - £2 845 - **$4,545**
BECKER August 1822-1887 [8]
🦢 *Landschaft* - Oil/canvas (47x63cm-19x25in) München 91 .... FF15 320 - £1 536 - **$2,806**
  Landschaft im Abendlicht - Oil/canvas (79x127cm-31x50in) Köln 92 .... FF42 400 - £5 060 - **$8,150**
BECKER Benno 1860-? [1]
📖 *Norditalienische Seelandschaft* - Woodcut in colors (27x37cm-11x15in) Pforzheim 91 ... FF1 520 - £152 - **$251**
BECKER Carl 1862-1926 [2]
🦢 *Karnevel von Venedig* - Oil/canvas (89x69cm-35x27in) San Francisco-Los Angeles 93 ... FF16 500 - £2 070 - **$3,000**
✍ *Segelboote und Dampfer auf See* - Aquarell (9cm-4in) Hamburg 96 .... FF4 080 - £465 - **$780**
BECKER Carl Ludwig Fried. 1820-1900 [11]
🦢 *In the Looking Glass* - Oil/panel (54x38cm-21x15in) New-York 96 .... FF32 500 - £4 210 - **$6,500**
BECKER Charlotte 1907-? [1]
🦢 *Baby with blue rattle* - Oil/board (33x25cm-13x10in) New-York 93 .... FF5 310 - £604 - **$900**
BECKER Curt Georg 1904-1972 [8]
🦢 *Stilleben I* - Öl/Leinwand (80x100cm-31x39in) Konstanz 93 .... FF13 300 - £1 522 - **$2,260**
✍ *Sich umarmendes Paar* - Watercolour (66x48cm-26x19in) Bremen 93 .... FF16 450 - £1 882 - **$2,797**
BECKER DO VALLE Rosina 1914 [1]
🦢 *Eva tentando Adao* - Oil/canvas (61x38cm-24x15in) New-York 92 .... FF8 520 - £872 - **$1,500**
BECKER Friedrich 1808-? [1]
🦢 *Lady on a terrace, Acropolis* - Oil/canvas (51x35cm-20x14in) London 93 .... FF152 000 - £19 000 - **$27,550**
BECKER Georges 1845/46-1909 [1]
🦢 *The beauty* - Oil/canvas (63x52cm-25x20in) New-York 94 .... FF95 500 - £11 260 - **$17,000**
BECKER Harry 1865-1928 [6]
✍ *Suffolk Landscape* - Watercolour (38x53cm-15x21in) London 97 .... FF2 949 - £320 - **$522**
BECKER Jacob 1810-1872 [1]
🦢 *Sitzender Knabe am Fenster* - Oil/canvas (20x17cm-8x7in) Hamburg 91 .... FF14 870 - £1 492 - **$2,480**
BECKER Johan 1870-? [1]
🦢 *Paar Landschaftsdarfstellungen* - Oil/canvas (31x23cm-12x9in) Bremen 91 .... FF3 065 - £304 - **$532**
BECKER Jonathan XX [1]
📷 *Brassaï at Eze-village* - Photo (36x36cm-14x14in) Paris 91 .... FF2 100 - £209 - **$361**

BECKER Léon 1826-1909 [4]
🐦 *Echoppe à Bellagio* - Huile/toile (43x57cm-17x22in) Bruxelles 89 .... FF8 100 - £828 - $1,302
BECKER Maurice 1889-? [3]
🐦 *Ploughed gardens* - Oil/canvas (46x56cm-18x22in) New-York 89 .... FF4 900 - £488 - $774
BECKER Murray XX [3]
📷 *Hindenberg Disaster* - Silver print (36x28cm-14x11in) New-York 93 .... FF14 300 - £1 793 - $2,600
BECKER Oskar XX [6]
🐦 *Postkutsche vor einem Stadtor* - Oil/panel (23x18cm-9x7in) Düsseldorf 96 .... FF2 790 - £354 - $536
BECKER Peter 1828-1904 [1]
✎ *Am Rhein bei Linz* - Watercolour (10x17cm-4x7in) Köln 91 .... FF6 150 - £632 - $1,145
BECKER Rudolf 1856-? [1]
🐦 *Herbstlandschaft/Winterwald* - Öl/Leinwand (24x18cm-9x7in) Stuttgart 96 .... FF4 060 - £504 - $787
BECKER VON WORMS Jakob 1810-1872 [1]
🐦 *Der Künstler und seine Frau* - Öl/Leinwand (22x18cm-9x7in) Düsseldorf 96 .... FF50 800 - £6 270 - $9,810
BECKER Walter 1893-1984 [4]
🐦 *Schiffbrüchige am Ufer* - Oil/canvas (50x65cm-20x26in) Köln 92 .... FF11 200 - £1 337 - $2,153
BECKER-GUNDAHL Carl Johann 1856-1925 [3]
🐦 *In der Stube* - Oil/panel (54x72cm-21x28in) Wien 91 .... FF43 200 - £4 301 - $7,429
BECKERATH von Moritz 1838-1896 [2]
🐦 *Interieur mit Landsknecht sitzend* - Öl/Leinwand (42x28cm-17x11in) Köln 93 .... FF2 625 - £301 - $447
The Jester - Oil/canvas (43x54cm-17x21in) Billinghurst, West Sussex 95 .... FF7 930 - £950 - $1,510
BECKERS ZU WESTERSTETTEN Henriette 1823-1895 [1]
✎ *The pleasing thoughts* - Watercolour (26x21cm-10x8in) Wien 90 .... FF2 400 - £255 - $429
BECKERT Fritz 1877-1962 [9]
🐦 *Gewitterstimmung* - Oil/cardboard (19x29cm-7x11in) Dresden 95 .... FF3 800 - £498 - $761
Hofkirche - Öl/Leinwand (66x95cm-26x37in) Dresden 95 .... FF41 500 - £5 420 - $8,300
✎ *Neustadt auf Dresden-Alstadt* - Aquarell (29x46cm-11x18in) Köln 95 .... FF7 800 - £986 - $1,565
BECKHOFF Harry 1901-1979 [6]
✎ *Illustration for The High Cost of Colette* - Watercolour (36x58cm-14x23in) New-York 93 ...... FF12 980 - £1 477 - $2,200
BECKINGHAM Arthur c.1870-c.1930 [2]
🐦 *Victorian young lady in a wood* - Oil/canvas (61x89cm-24x35in) Aylsham, Norfolk 96 .... FF7 480 - £950 - $1,474
BECKLES Evelyn Lina 1888-? [1]
✎ *Toy poodle with a ball/A sheltie*
    Watercolour (27x25cm-11x10in) Billinghurst, West Sussex 93 .... FF1 750 - £200 - $298
BECKLEY Bill 1946 [2]
🐦 *Ham and Eggs Bridge* - Technique mixte/panneau (207x147cm-81x58in) Paris 96 ...... FF3 100 - £359 - $594
BECKMAN Ford 1952 [11]
🐦 *Untitled* - Mixed media/panel (224x178cm-88x70in) München 96 .... FF37 400 - £4 260 - $7,150
BECKMAN William 1942 [4]
✎ *Self Portrait* - Graphite (58x46cm-23x18in) Chicago 96 .... FF4 155 - £530 - $800
Delavern Hill - Pastel/paper (84x14cm-33x6in) New-York 89 .... FF200 200 - £20 470 - $32,187
BECKMANN Hannes 1909-1977 [4]
📷 *Still life* - Gelatin silver print (20x25cm-8x10in) New-York 92 .... FF18 200 - £1 932 - $3,500
BECKMANN Johann, Hans 1809-1882 [4]
🐦 *Stadtansicht mit figürlicher Staffage* - Öl/Karton (26x36cm-10x14in) Wien 92 .... FF16 840 - £1 724 - $2,966
BECKMANN Ludwig 1822-1902 [5]
🐦 *Schwarzwildjagd* - Oil/canvas (79x111cm-31x44in) Stuttgart 92 .... FF23 000 - £2 677 - $4,700
BECKMANN Max 1884-1950 [342]
🐦 *Interieur violett* - Öl/Leinwand (61x45cm-24x18in) München 96 .... FF1 - £216 700 - $364,000
Quappi mit Butchy - Öl/Leinwand (95x56cm-37x22in) Bern 94 .... FF8 - £984 000 - $1
Stilleben mit Nachtlampe - Oil/canvas (85x45cm-33x18in) London 96 .... FF728 000 - £90 000 - $140,700
Der Wels - Oil/canvas (125x125cm-49x49in) Bern 90 .... FF2 67e +07 - £2 - $3
✎ *Garderobe* - Drypoint (21x14cm-8x6in) London 97 .... FF24 131 - £2 500 - $4,133
Fastnacht - Drypoint (32x24cm-13x9in) Berlin 96 .... FF39 100 - £4 450 - $7,418
Selbstbildnis mit Griffel - Drypoint (29x24cm-11x9in) London 96 .... FF76 900 - £9 500 - $14,850
Bei der Toilette - Woodcut (67x52cm-26x20in) Berlin 94 .... FF205 000 - £24 200 - $36,500
✎ *Bruder und Schwester* - Watercolour (65x50cm-26x20in) Berlin 96 .... FF2 - £304 500 - $472,000
Weg in einem Park - Watercolour, gouache (38x55cm-15x22in) Berlin 96 .... FF135 600 - £16 920 - $26,200
Children Playing Indian - Gouache/board (61x49cm-24x19in) Berlin 96 .... FF508 000 - £63 400 - $98,200
BECKWITH James Carroll 1852-1917 [19]
🐦 *Twilight, Villa Rurpon, Florence* - Oil/canvas (51x61cm-20x24in) New-York 96 .... FF23 500 - £2 720 - $4,500
Spanish dancer - Oil/panel (36x27cm-14x11in) New-York 92 .... FF56 800 - £5 810 - $10,000
Woman with guitar - Oil/canvas (39x33cm-15x13in) New-York 95 .... FF195 000 - £24 900 - $40,000
BECKWITH P.M. [1]
🐦 *Fishermen unloading their catch* - Oil/canvas (101x147cm-40x58in) London 89 .... FF16 500 - £1 739 - $2,778
BECON Yves 1907 [4]
🐦 *Menton* - Huile/toile (28x36cm-11x14in) Le Havre 95 .... FF3 000 - £393 - $601
BECQUER Joaquín 1805-1841 [2]
🐦 *Ruines du vieux monastère* - Huile/toile (46x35cm-18x14in) Paris 92 .... FF18 000 - £2 150 - $3,460
BECQUEREL André Vincent XIX-XX [24]
🗿 *Lièvre* - Bronze (19cm-7in) Paris 92 .... FF4 200 - £432 - $808
Vénitienne au lévrier - Ivory, bronze (39cm-15in) Paris 97 .... FF27 000 - £2 913 - $4,771
Couple de panthères - Bronze (33x19x59cm-13x7x23in) Paris 94 .... FF35 000 - £4 110 - $6,190

BEDA Francesco 1840-1900 [8]

🖝 *The Favorite's Arrival* - Oil/canvas (103x184cm-41x72in) New-York 94 .... FF1 - £164 800 - **$260,000**

Finisching touches - Oil/canvas (82x58cm-32x23in) New-York 97 .... FF171 135 - £18 447 - **$30,000**

BEDA Giulio 1879-1954 [4]

🖝 *Seenlandschaft* - Öl/Leinwand (90x100cm-35x39in) München 92 .... FF15 260 - £1 823 - **$2,935**

BEDARD Jean-Claude 1928 [2]

🖝 *Paysage* - Huile/toile (54x65cm-21x26in) Provins 90 .... FF3 000 - £310 - **$530**

BEDER Jack 1909 [10]

🖝 *A la taverne* - Huile/panneau (23x36cm-9x14in) Montréal 90 .... FF2 000 - £213 - **$358**

✎ *Winterr dusk, 1958* - Pastel/papier (46x61cm-18x24in) Montréal 90 .... FF2 400 - £259 - **$423**

BEDFORD Francis 1816-1894 [2]

✎ *St Augustine's gate, Canterbury* - Watercolour (40x30cm-16x12in) London 90 ..... FF3 400 - £358 - **$591**

BEDIA VALDÉS José 1959 [6]

🖝 *La Casa del Herrero* - Oil/canvas (201x202cm-79x80in) New-York 94 .... FF63 700 - £7 580 - **$12,000**

Techo limitado - Acrylic/canvas (172x306cm-68x120in) New-York 97 .... FF103 093 - £10 989 - **$18,000**

BEDIKIAN Krikor 1908-1981 [2]

🖝 *Enfant à la pastèque* - Huile/toile (65x54cm-26x21in) Paris 90 .... FF28 000 - £2 849 - **$5,600**

BEDIL Dewil Putu 1921 [3]

🖝 *Balinese women preparing food*

Mixed media/canvas (76x46cm-30x18in) Singapore 95 .... FF70 100 - £8 950 - **$14,400**

BEDINI Paolo 1844-? [1]

🖝 *The rejected suitor* - Oil/canvas (37x52cm-15x20in) London 90 .... FF23 420 - £2 383 - **$4,684**

BEDINI Policarpo 1818-1883 [1]

🖝 *The conversation* - Oil/canvas (39x32cm-15x13in) New-York 93 .... FF14 500 - £1 667 - **$2,500**

BEDROSSIAN Nubar ?-1992 [7]

🖝 *Arlequin en rose et noir* - Huile/toile (94x74cm-37x29in) Lyon 95 .... FF3 000 - £375 - **$588**

BEECHEY George 1798-1852 [2]

🖝 *Queen Charlotte* - Oil/canvas (13x104cm-5x41in) London 95 .... FF54 000 - £7 000 - **$11,050**

BEECHEY Richard Brydges 1808-1895 [6]

🖝 *The rescue* - Oil/canvas (90x136cm-35x54in) London 97 .... FF150 094 - £16 000 - **$26,206**

BEECHEY William 1753-1839 [34]

🖝 *Mrs. Desborough* - Oil/canvas (76x65cm-30x26in) London 97 .... FF60 976 - £6 500 - **$10,549**

Henry, 3rd Viscount Maynard - Oil/canvas (213x128cm-84x50in) London 97 .... FF187 618 - £20 000 - **$32,458**

Sir Francis Ford's children - Oil/canvas (180x150cm-71x59in) New-York 91 ... FF700 000 - £70 592 - **$136,434**

BEECKE Heinrich 1877-1954 [1]

🖝 *Sitzende Frau* - Oil/panel (79x73cm-31x29in) Pforzheim 94 .... FF2 916 - £346 - **$539**

BEECKMANN César 1864-1892 [2]

✎ *Plage à Ostende* - Aquarelle/papier (22x39cm-9x15in) Liège 95 .... FF1 880 - £240 - **$385**

BEEK van Bernard Antoine 1875-1941 [16]

🖝 *Milking time* - Oil/canvas (37x51cm-15x20in) Amsterdam 97 .... FF5 200 - £562 - **$907**

BEEK van der Luise 1829-1904 [1]

🖝 *Stilleben* - Oil/canvas (44x39cm-17x15in) Wien 90 .... FF10 600 - £1 095 - **$1,873**

BEEK van Juriaen Marinus 1879-1965 [9]

🖝 *Vénitien près de sa fenêtre* - Huile/toile (65x50cm-26x20in) Tongeren 92 .... FF4 650 - £476 - **$818**

BEEK van Olga Bontjes 1896-? [1]

🖝 *Positano Marina Nr.3* - Oil/canvas (46x61cm-18x24in) Ahlden 91 .... FF5 750 - £584 - **$1,039**

BEEK van Sam 1878-1957 [3]

🖝 *A wharf* - Oil/canvas (42x51cm-17x20in) Amsterdam 97 .... FF7 803 - £830 - **$1,358**

BEEKMANN Christ 1887-1964 [13]

🖝 *A boulevard in Paris* - Oil/canvas (29x47cm-11x19in) Amsterdam 97 .... FF6 241 - £675 - **$1,088**

Goat - Oil/canvas (52x60cm-20x24in) Amsterdam 93 .... FF55 100 - £6 330 - **$9,460**

✎ *Zelfportret in straat* - Pencil/paper (97x69cm-38x27in) Amsterdam 95 .... FF19 530 - £2 493 - **$3,990**

BEELAERTS VAN BOCKLAND Maria Johanna J. G. 1848-1915 [4]

🖝 *Roses* - Oil/canvas (24x42cm-9x17in) Amsterdam 97 .... FF16 587 - £1 753 - **$284,6 9**

BEELDEMAKER Johannes 1630-1710 [1]

🖝 *Hunter with his dogs* - Oil/canvas (46x55cm-18x22in) Laren 90 .... FF44 900 - £4 777 - **$8,032**

BEELER Joe Neil 1931 [2]

🗿 *Cowboy lassoing a prairie chicken* - Bronze (33cm-13in) Baton Rouge, Louisiana 94 .... FF8 420 - £990 - **$1,500**

BEEN Daniël 1885-1967 [5]

🖝 *Pink roses in a vase* - Oil/canvas (49x70cm-19x28in) Amsterdam 97 .... FF3 814 - £412 - **$665**

BEENFELDT Ulrik Ferdinand 1714-1782 [1]

🖝 *Margareth Teilman, august 1764* - Oil/canvas (78x62cm-31x24in) Köbenhavn 89 ..... FF14 000 - £1 431 - **$2,251**

BEER Andrew 1862-1954 [5]

🖝 *Radian Star* - Oil/canvas (30x40cm-12x16in) London 96 .... FF2 550 - £300 - **$501**

BEER Dick 1893-1938 [8]

🖝 *Steeplechase* - Oil/canvas (223x244cm-88x96in) Stockholm 96 .... FF28 850 - £3 500 - **$5,610**

BEER Franz 1929 [8]

🖝 *Paysage de cendres* - Technique mixte/toile (130x89cm-51x35in) Paris 90 .... FF5 500 - £663 - **$1,000**

BEER Friedrich 1846-1912 [3]

🗿 *Oh-Hé!* - Bronze (53cm-21in) Reims 95 .... FF9 000 - £1 170 - **$1,850**

B

BEER George 1881-1951 [1]
🐦 *Wooded sawah landscape* - Oil/canvas (56x75cm-22x30in) Amsterdam 96 .... FF3 610 - £438 - **$702**

BEER Johan Friedrich 1741-1804 [1]
✎ *Rokokogesellschaft im Park* - Gouache (10x18cm-4x7in) Heidelberg 96 .... FF5 420 - £669 - **$1,046**

BEER John 1885-1915 [18]
✎ *The Grand National* - Watercolour (45x75cm-18x30in) Billinghurst, West Sussex 94 .... FF7 020 - £850 - **$1,297**

BEER John Alexander 1853-1906 [1]
✎ *Kvinna till häst/Man till häst* - Watercolour (37x23cm-15x9in) Malmö 93 .... FF2 750 - £347 - **$521**

BEER Sidney James ?-1954 [2]
✎ *Canon Hill, Liskeard* - Watercolour (18x28cm-7x11in) Penzance, Cornwall 92 .... FF1 564 - £160 - **$276**

BEER van Jan 1850-1927 [1]
🐦 *Cavalier en forêt* - Huile/panneau (14x31cm-6x12in) Morlaix 93 .... FF11 000 - £1 326 - **$2,000**

BEER Wilhelm Amandeus 1837-1907 [8]
🐦 *Travellers on a wintery road* - Oil/canvas (76x46cm-30x18in) New-York 94 .... FF45 150 - £5 390 - **$8,500**

BEERBOHM Max 1872-1956 [54]
✎ *Mr. L.V. Harcourt* - Watercolour (42x16cm-17x6in) London 94 .... FF15 080 - £1 800 - **$2,826**
Turning Away Wrath - Watercolour (41x28cm-16x11in) London 97 .... FF34 483 - £3 600 - **$5,900**
Draughting a Bill at the Board of Trade - Watercolour (32x40cm-13x16in) London 97 .... FF55 555 - £5 800 - **$9,506**

BEERNAERT Euphrosine 1831-1901 [6]
🐦 *Paysage et troupeau* - Huile/toile (35x30cm-14x12in) Bruxelles 90 .... FF11 300 - £1 202 - **$2,021**

BEERS van Jan 1852-1927 [32]
🐦 *Portrait de Jeune Femme* - Huile/panneau (32x23cm-13x9in) Bruxelles 96 .... FF4 940 - £628 - **$950**
Porträt einer Tänzerin - Oil/panel (34x23cm-13x9in) Wien 94 .... FF24 400 - £2 830 - **$4,200**
Alice Antoinette de La Mar - Oil/canvas (96x83cm-38x33in) New-York 93 .... FF143 000 - £17 930 - **$26,000**

BEESE Lotte 1903-? [2]
📷 *Portrait de Katt Both* - Photo (5x4cm-2x2in) Paris 94 .... FF3 500 - £413 - **$628**

BEEST van Albert 1820-1860 [7]
🐦 *Shipwrecked* - Oil/canvas (71x107cm-28x42in) Mystic, Connecticut 96 .... FF20 200 - £2 627 - **$4,000**
✎ *Studies of fishing boats* - Black chalk (19x19cm-7x7in) Amsterdam 96 .... FF3 040 - £358 - **$597**

BEETON Mayson M. XIX-XX [1]
📷 *West Indies & Sugar Bounties* - 2 album: 85 photographs London 96 .... FF22 340 - £2 800 - **$4,360**

BEETZ-CHARPENTIER Elisa XIX-XX [2]
🗿 *A hooded & cloaked child* - Bronze (44cm-17in) New-York 89 .... FF11 400 - £1 201 - **$1,919**

BEEUWKES Reinier Bertus 1858-1899 [1]
🐦 *River, farm and windmills* - Oil/canvas/board (64x106cm-25x42in) Amsterdam 96 .... FF2 996 - £377 - **$590**

BEEVER van Emanuelus Samson 1876-1912 [5]
🐦 *Cottages in winter* - Oil/canvas/panel (24x33cm-9x13in) Amsterdam 94 .... FF2 575 - £296 - **$441**

BEGA Cornelis Pietersz 1631-1664 [10]
🐦 *Peasants smoking and drinking* - Oil/panel (32x27cm-13x11in) Amsterdam 93 .... FF99 300 - £11 430 - **$17,020**
🖼 *The Inn* - Etching (22x17cm-9x7in) London 92 .... FF7 700 - £920 - **$1,483**
✎ *The old hostess* - Black, red & white chalks (18x14cm-7x6in) London 94 .... FF40 200 - £5 000 - **$7,800**

BEGARAT Eugène 1943 [166]
🐦 *Jardin ensoleillé* - Huile/toile (65x52cm-26x20in) Saint-Dié 95 .... FF6 000 - £777 - **$1,228**
🐦 *Bord de mer* - Huile/toile (46x55cm-18x22in) Allaman 97 .... FF11 560 - £1 386 - **$2,246**
Bandol - Huile/toile (81x100cm-32x39in) Verrières-Le-Buisson 90 .... FF28 000 - £2 902 - **$4,921**

BEGAS Adalbert Franz Eugen 1836-1888 [3]
🐦 *A Greek beauty* - Oil/canvas (75x61cm-30x24in) Amsterdam 93 .... FF19 600 - £2 340 - **$3,770**

BEGAS Karl 1845-1916 [4]
🗿 *Bust of Beethoven* - Marble (48cm-19in) New-York 95 .... FF46 200 - £5 670 - **$9,000**

BEGAS Karl Joseph 1794-1854 [4]
🐦 *Selbstporträt* - Öl/Leinwand (58x47cm-23x19in) München 96 .... FF56 900 - £7 140 - **$10,980**
✎ *Königin Elise von Preussen* - Pencil/paper (34x34cm-13x13in) Köln 92 .... FF4 420 - £453 - **$778**

BEGAS Oskar 1828-1883 [3]
🐦 *Junge Frau mit Haarschmuck* - Oil/panel (56x45cm-22x18in) Zürich 93 .... FF35 150 - £4 320 - **$6,570**

BEGAS Reinhold 1831-1911 [2]
🗿 *A Centaur and Nymph* - Bronze (60cm-24in) London 97 .... FF52 381 - £5 500 - **$8,978**

BEGAS-PARMENTIER von Luise 1850-1920 [3]
🐦 *Motiv aus der Campagna* - Öl/Leinwand (60x95cm-24x37in) Wien 97 .... FF10 512 - £1 117 - **$1,812**

BÉGAUD Albert Pierre XIX-XX [6]
🐦 *Bacchanales* - Huile/toile (114x146cm-45x57in) Bordeaux 95 .... FF35 000 - £4 540 - **$7,280**

BEGEER Piet 1890-? [1]
🐦 *Paaschstemming* - Oil/paper (19x23cm-7x9in) Amsterdam 93 .... FF13 460 - £1 550 - **$2,315**

BEGGROV Alexander Pavlovich 1841-1914 [8]
✎ *Lubyanka Square, Moscow* - Watercolour (26x35cm-10x14in) London 97 .... FF25 714 - £2 700 - **$4,422**

BEGLIA Charles 1887-1963 [1]
🖼 *Menton, Côte d'Azur, SNCF* - Poster (99x62cm-39x24in) London 94 .... FF2 422 - £280 - **$418**

BÉGO Charles 1918-1983 [25]
✎ *Place du Tertre* - Aquarelle (19x24cm-7x9in) La Varenne Saint-Hilaire 94 .... FF1 800 - £202 - **$305**

BEGOND Marcel 1875-1936 [1]
🐦 *Nu au miroir* - Huile/toile (83x62cm-33x24in) Liège 89 .... FF2 400 - £232 - **$364**

BEGOV Aleksey Sergewitsch 1951 [2]
🐦 *Ritual, 1989* - Oil/canvas (79x100cm-31x39in) Wien 90 .... FF8 600 - £921 - **$1,496**

BÉGUINE Michel Léonard 1855-1929 [1]
Nymphe jouant de la flûte - Bronze (81cm-32in) Madrid 92 .... FF27 350 - £2 740 - $5,260
BÉGUYER DE CHANCOURTOIS René Louis Maurice 1757-1817 [6]
Il Ponte Corre, Tivoli - Ink (21x28cm-8x11in) London 95 .... FF3 480 - £450 - $720
Hommage à Guillaume Tell - Aquarelle (58x94cm-23x37in) Paris 94 .... FF98 000 - £11 580 - $17,600
BEHAM Barthel 1502-1540 [13]
Mors Omnia Aequat - Engraving (5x8cm-2x3in) New-York 94 .... FF7 030 - £833 - $1,300
BEHAM Hans Sebald 1500-1550 [61]
Two horses heads - Engraving (4x8cm-2x3in) London 90 .... FF4 800 - £517 - $847
Death and a standing nude woman - Engraving (7x4cm-3x2in) London 97 .... FF4 890 - £560 - $862
Expulsion from Paradise - Engraving London 97 .... FF13 514 - £1 400 - $2,314
A Standard-bearer - Ink (18x9cm-7x4in) New-York 93 .... FF82 500 - £9 750 - $15,000
BEHAR Ely M. 1890-? [1]
New York Skyline from the Bay - Oil/board (46x61cm-18x24in) North Berwick, Maine 93 ... FF2 465 - £284 - $425
BEHM Karl 1858-1905 [3]
Holländerinnen sitzend - Oil/Leinwand (80x107cm-31x42in) Stuttgart 95 .... FF42 000 - £5 390 - $8,650
BEHM Wilhelm 1859-1934 [30]
Skator på gren - Oil/canvas (122x52cm-48x20in) Stockholm 96 .... FF6 120 - £779 - $1,207
Promenad längs muren - Oil/canvas (46x32cm-18x13in) Stockholm 97 .... FF20 975 - £2 245 - $3,656
BEHMER Marcus 1879-1958 [7]
Vorgeburtliche Wunschträume - Watercolour (25x10cm-10x4in) Hamburg 95 .... FF2 474 - £327 - $502
BEHN Fritz 1878-1972 [8]
Diana mit springender Antilope - Bronze (53cm-21in) Köln 93 .... FF40 700 - £4 860 - $7,830
BEHNES William 1795-1864 [2]
Neo Classical bust of a man - Marble (71cm-28in) Elgin, Illinois 95 .... FF8 160 - £1 020 - $1,600
Bust of a maiden - Marble (77cm-30in) London 93 .... FF24 000 - £3 000 - $4,350
BEHR Carel Jacobus 1812-1895 [5]
L'Hôtel de Ville de Middelburg - Huile/toile (68x88cm-27x35in) Bruxelles 95 .... FF20 170 - £2 610 - $4,120
BEHR Johann Philipp 1756-? [2]
Rebecca and Eliezer at the Well - Oil/canvas (53x42cm-21x17in) London 96 .... FF14 470 - £1 800 - $2,806
BEHRBOHM Johannes 1861-? [1]
Das Schlößchen Gohlis, Leipzig - Oil/canvas (51x61cm-20x24in) Leipzig 92 .... FF4 420 - £453 - $778
BEHREND-CORINTH Charlotte 1880-1967 [1]
Blumen- und Früchtestilleben - Aquarell/Papier (34x32cm-13x13in) München 95 .... FF3 530 - £451 - $720
BEHRENDSEN August 1819-1886 [3]
Lake landscape - Oil/canvas (107x149cm-42x59in) London 94 .... FF15 550 - £1 850 - $2,930
BEHRENDT Friedrich 1863-1946 [1]
Sommertag - Öl/Leinwand (44x72cm-17x28in) Pforzheim 95 .... FF8 900 - £1 110 - $1,798
BEHRENS Peter 1868-1940 [11]
Sturm - Woodcut (50x65cm-20x26in) Heidelberg 96 .... FF7 120 - £920 - $1,395
BEHRENS William XX [2]
Le joueur de polo - Bronze (180cm-71in) Deauville 91 .... FF335 000 - £33 570 - $56,489
BEHRINGER Oskar 1874-1956 [1]
Gruppenporträt - Öl/Karton (12x21cm-5x8in) Leipzig 94 .... FF5 140 - £596 - $885
BEHRMANN Adolf, Abraham 1876-1942 [4]
Karnawal - Oil/canvas (39x48cm-15x19in) Warszawa 95 .... FF19 100 - £2 440 - $3,920
BEHSE Johannes ?-1894 [1]
Jeune orientale - Huile/toile (53x45cm-21x18in) Nice 90 .... FF4 000 - £403 - $784
BEICH Joachim Franz 1665-1748 [19]
Christus reitet gefolgt... - Öl/Leinwand (78x121cm-31x48in) Stuttgart 93 .... FF40 700 - £4 860 - $7,830
Rest on the Flight to Egypt - Oil/canvas (86x129cm-34x51in) Wien 96 .... FF71 700 - £8 700 - $13,950
BEIL Charlie A. 1894-1976 [5]
Packhorse - Sculpture (15cm-6in) North Berwick, Maine 93 .... FF1 885 - £217 - $325
BEIL Karin 1946 [2]
Kinder beim Kranzbinden - Oil/canvas (24x18cm-9x7in) Kempten 96 .... FF6 170 - £808 - $1,250
BEILIN Joseph 1896-1983 [1]
Selbstporträt - Oil/canvas (75x52cm-30x20in) Bern 91 .... FF9 900 - £998 - $1,718
BEILIN Tolia XIX-XX [2]
Rade de Genève - Oil/board (46x54cm-18x21in) Bern 92 .... FF2 232 - £228 - $393
BEINASCHI Giovan Battista 1636-1688 [7]
The Assumption of the Virgin - Oil/canvas (115x94cm-45x37in) New-York 97 .... FF165 149 - £17 606 - $29,000
Peasants with their animals - Red chalk (35x50cm-14x20in) New-York 91 .... FF28 600 - £2 884 - $5,574
BEINEIX MAMMECIER Marie-Thérèse 1926 [1]
Sheïdo - Bronze (18x32cm-7x13in) La Varenne Saint-Hilaire 95 .... FF11 700 - £1 436 - $2,280
BEINKE Fritz 1842-1907 [12]
Kaminzimmer des Schloss Eltz - Öl/Leinwand (40x57cm-16x22in) Pforzheim 94 ..... FF10 300 - £1 236 - $1,930
Niederrheinische Landschaft - Oil (80x64cm-31x25in) Bremen 92 .... FF29 800 - £3 464 - $6,080
Heimkehr vom Schulausflug - Oil (80x110cm-31x43in) Köln 92 .... FF169 500 - £20 250 - $32,600
BEISCHLÄGER Emil 1897-c.1976 [21]
Bergkette - Öl/Leinwand (58x70cm-23x28in) Wien 94 .... FF8 740 - £1 027 - $1,558
Am Meer - Gouache/papier (44x65cm-17x26in) Wien 93 .... FF1 924 - £230 - $370

BEITHAN Emil 1878-? [3]
Nature morte - Huile/toile (60x80cm-24x31in) Bern 96 .... FF15 070 - £1 830 - **$2,930**
BÉJOT Eugène 1867-1931 [6]
Villefranche - Eau-forte (21x24cm-8x9in) Paris 95 .... FF1 600 - £194 - **$301**
BEK-GRAN Hermann 1869-? [1]
Portrait of a man - Oil/board (36x25cm-14x10in) London 96 .... FF2 555 - £300 - **$503**
BEKAERT Piet 1939 [1]
Le jardin d'hiver - Huile/toile (150x150cm-59x59in) Lokeren 95 .... FF32 550 - £4 060 - **$6,570**
BEKHTEYEV Vladimir Georgievich 1878-1971 [2]
Sketch of a costume - Watercolour (42x29cm-17x11in) Moscow 93 .... FF4 420 - £504 - **$750**
BEKORIAN Azovinar 1948 [2]
Juin - Huile/toile (82x92cm-32x36in) Montréal 90 .... FF7 800 - £841 - **$1,376**
BEKSINSKI Zdzislaw 1929 [3]
Untitled - Oil/board (73x87cm-29x34in) Warszawa 94 .... FF52 500 - £6 020 - **$8,900**
BEL Agnès XX [10]
Venise - Huile/toile (61x46cm-24x18in) Strasbourg 93 .... FF9 000 - £1 011 - **$1,526**
BELAIEV Nikolai 1916 [2]
Pivoines - Huile/toile (90x70cm-35x28in) Paris 93 .... FF6 200 - £697 - **$1,051**
BÉLAIR de Pierre Mitiffiot 1892-1956 [6]
Danseuse à la balle - Huile/toile (46x32cm-18x13in) Lyon 90 .... FF5 000 - £535 - **$870**
BELANGER Louis 1736-1816 [19]
Bergslandskap - Oil/panel (48x70cm-19x28in) Stockholm 96 .... FF28 000 - £3 193 - **$5,360**
Landscape with ruined farm buildings.
  Gouache/paper (27x40cm-11x16in) New-York 97 .... FF19 466 - £2 166 - **$3,500**
The Carenage, St. George's, Grenada
  Bodycolour (83x120cm-33x47in) London 96 .... FF160 400 - £20 000 - **$31,000**
BÉLANGER Octave Louis Joseph 1886-1972 [3]
Habitant dans un intérieur ancien - Huile/toile (56x72cm-22x28in) Montréal 91 .... FF2 150 - £216 - **$394**
BELANYI Victor 1877-1955 [11]
Composition - Aquarelle (30x25cm-12x10in) Paris 93 .... FF3 300 - £398 - **$600**
BELAU Nikolaus Bruno 1684-1747 [1]
Self-portrait, holding a palette - Ink/paper (26x21cm-10x8in) London 95 .... FF24 350 - £3 200 - **$4,890**
BELAY de Pierre 1890-1947 [563]
Sur le port, à Concarneau - Huile/carton (23x18cm-9x7in) Brest 97 .... FF8 700 - £942 - **$1,528**
Au prétoire - Huile/panneau (33x40cm-13x16in) Pontoise 97 .... FF15 000 - £1 617 - **$2,634**
La calèche aux Champs-Elysées - Huile/toile (50x61cm-20x24in) Deauville 96 .... FF22 000 - £2 526 - **$4,200**
Portrait d'Hélène - Huile/toile (46x38cm-18x15in) Brest 94 .... FF40 000 - £4 730 - **$7,830**
Retour des pêcheurs - Huile/toile (65x81cm-26x32in) Brive-la-Gaillarde 97 .... FF50 000 - £5 455 - **$8,740**
Lavandières - Huile/panneau (50x60cm-20x24in) Quimper 95 .... FF70 000 - £9 050 - **$14,300**
Pêcheurs dans un port de Bretagne - Huile/toile (46x55cm-18x22in) Paris 92 .... FF105 000 - £10 780 - **$19,440**
Retour de la pêche, Concarneau - Huile/toile (90x118cm-35x46in) Paris 94 .... FF180 000 - £20 800 - **$31,000**
La rue Kéréon - Gravure (41x30cm-16x12in) Quimper 96 .... FF4 000 - £475 - **$781**
Au tribunal - Fusain (25x33cm-10x13in) Brest 94 .... FF3 200 - £379 - **$590**
Scène de Palais - Fusain (26x34cm-10x13in) Brest 97 .... FF4 200 - £455 - **$738**
Les quais, Paris - Aquarelle (40x50cm-16x20in) Brest 96 .... FF14 000 - £1 607 - **$2,670**
Au théâtre, 1931 - Gouache (35x45cm-14x18in) Douarnenez 92 .... FF64 000 - £6 852 - **$11,130**
BELCHER Alan 1957 [5]
Objekt - Wood (46cm-18in) Stockholm 94 .... FF3 570 - £419 - **$636**
Re-Kodak (Film) - Photograph (46x6102cm-18x2x40in) New-York 94 .... FF2 640 - £303 - **$450**
BELDER de Jozef, Jef 1871-1927 [5]
Roses - Huile/toile (62x43cm-24x17in) Bruxelles 93 .... FF11 530 - £1 380 - **$2,357**
BELENOK Pyotr 1938 [2]
Sinbad the traveller - Collage (142x123cm-56x48in) New-York 90 .... FF14 900 - £1 585 - **$2,665**
BELIMBAU Adolfo 1845-1938 [6]
The Butterfly Girl - Oil/canvas (61x44cm-24x17in) London 96 .... FF32 350 - £3 800 - **$6,360**
BELIN Joseph François ?-1902 [1]
Jeune femme aux trois angelots - Bronze Vienne 91 .... FF9 400 - £1 125 - **$1,790**
BELING Helen 1914 [1]
Cast plaster head of a Doughboy - Sculpture (36cm-14in) New-York 90 .... FF2 300 - £245 - **$411**
BELINSKY Claude XX [2]
Le Fantôme de l'Opéra - Affiche (120x160cm-47x63in) Paris 95 .... FF4 000 - £515 - **$826**
BELISARIO Isaac Mendez c.1790-c.1850 [1]
Sugar Works at Kelly's, Jamaica - Wash (28x44cm-11x17in) London 90 .... FF96 900 - £10 309 - **$17,335**
BÉLIVEAU Paul 1954 [3]
Etude I pour leçon d'anatomie - Pastel (56x152cm-22x60in) Montréal 91 .... FF3 440 - £348 - **$683**
BELKIN Arnold 1930 [1]
The Animal Anatomy Lesson II - Oil/canvas (162x218cm-64x86in) New-York 94 .... FF42 500 - £5 050 - **$8,000**
BELKNAP Zedekiah 1781-1858 [2]
MR. & Mrs Samuel Duttin, Jun. - Oil/panel (74x64cm-29x25in) New-York 93 .... FF64 900 - £7 380 - **$11,000**
BELL Ada Whalley XIX-XX [2]
Chinas asters - Oil/board (35x29cm-14x11in) Billinghurst, West Sussex 94 .... FF3 560 - £420 - **$634**
BELL Arthur George 1849-1916 [9]
The Palace of Westminster - Watercolour (34x52cm-13x20in) London 96 .... FF3 350 - £420 - **$652**

BELL Cecil Crosley 1906-1970 [9]
East River Swimmers - Oil/canvas (76x102cm-30x40in) New-York 94 .... FF49 900 - £6 000 - **$9,500**
Art students league, League meeting
Watercolour, gouache (23x20cm-9x8in) New-York 90 .... FF5 100 - £536 - **$887**

BELL Charles 1935 [5]
Bunny Cycle - Oil/canvas (127x168cm-50x66in) New-York 93 .... FF289 000 - £36 200 - **$52,500**
Gumball no.14, 1980 - Oil/canvas (167x167cm-66x66in) New-York 90 .... FF972 400 - £103 447 - **$173,953**

BELL David C. 1950 [4]
Westward, Britannia & Shamrock V - Watercolour (39x65cm-15x26in) London 94 .... FF5 880 - £700 - **$1,120**

BELL Edward August 1862-1953 [4]
The iris - Oil/canvas (110x73cm-43x29in) New-York 90 .... FF28 600 - £3 043 - **$5,116**

BELL Enid 1904-? [1]
Mother and child - Wood (33cm-13in) New-York 95 .... FF2 410 - £302 - **$480**

BELL Graham 1910-1943 [4]
Cows at Rodwell - Oil/canvas (46x56cm-18x22in) London 93 .... FF43 200 - £5 200 - **$7,540**

BELL John 1811-1895 [12]
Pharoah & musician - Oil/board (102x127cm-40x50in) New-York 94 .... FF73 000 - £8 610 - **$13,000**
The Maid of Saragosa - Bronze (54cm-21in) London 93 .... FF10 530 - £1 200 - **$1,790**
The Eagle Slayer - Marble (247x68x127cm-97x27x50in) New-York 94 .... FF421 400 - £49 700 - **$75,000**

BELL John Clement 1860-? [4]
Lake of Orta, North Italy - Oil/canvas (113x18cm-44x7in) London 90 .... FF135 600 - £14 008 - **$23,958**

BELL John Zephania 1794-1883 [1]
A Highland Courtship - Oil/canvas (61x46cm-24x18in) London 95 .... FF5 920 - £750 - **$1,191**

BELL Larry 1939 [13]
Vapor Drawing - Acrylic/paper (132x90cm-52x35in) San Francisco-Los Angeles 93 .... FF9 900 - £1 242 - **$1,800**
Untitled - Tinted glass, chrome/plexiglas base (36cm-14in) New-York 96 .... FF28 000 - £3 300 - **$5,500**
Sans titre - Collage (150x100cm-59x39in) Paris 96 .... FF5 000 - £570 - **$957**

BELL Leland 1922 [2]
Self-portrait - Oil/board (74x39cm-29x15in) New-York 93 .... FF5 500 - £690 - **$1,000**

BELL Quentin 1910 [3]
Still life of flowers - Oil/board (45x34cm-18x13in) London 91 .... FF4 150 - £416 - **$760**

BELL Robert Anning 1863-1933 [20]
In the Doorway - Oil/canvas (61x51cm-24x20in) London 97 .... FF52 682 - £5 500 - **$9,014**
Ariadne - Plaster (62x36cm-24x14in) London 94 .... FF16 800 - £2 000 - **$3,200**
The Miklmaids - Watercolour (43x23cm-17x9in) London 94 .... FF11 760 - £1 400 - **$2,216**

BELL Rodolphe XIX [2]
Comte Elie de Pontcarré - Miniature (6x4cm-2x2in) Paris 91 .... FF8 000 - £819 - **$1,494**

BELL Stuart Henry 1823-1896 [4]
Dutch schooner in a gale - Oil/canvas (31x41cm-12x16in) London 94 .... FF9 180 - £1 100 - **$1,697**

BELL Trevor 1930 [17]
Young Man with a Guitar - Oil/board (105x71cm-41x28in) London 97 .... FF11 299 - £1 200 - **$1,968**
Movement of black, night voyage - Oil/board (122x150cm-48x59in) London 91 ...... FF49 400 - £4 953 - **$9,048**
Near Calm - Gouache (71x43cm-28x17in) London 93 .... FF4 030 - £480 - **$740**

BELL Vanessa 1879-1961 [58]
Hollyhocks - Oil/canvas (63x35cm-25x14in) London 96 .... FF30 300 - £3 800 - **$5,850**
Tilton house - Oil/board (56x40cm-22x16in) London 91 .... FF47 400 - £4 752 - **$8,682**
Figure on the beach, Studland Bay - Oil/board (36x26cm-14x10in) London 95 .... FF82 800 - £11 000 - **$17,070**
The Beach, Studland - Oil/board (26x35cm-10x14in) London 95 .... FF211 550 - £27 000 - **$43,300**
Flower piece - Watercolour (28x28cm-11x11in) London 94 .... FF16 080 - £1 900 - **$2,890**

BELL William 1839-1915 [6]
Kanab Wash, Colorado - Albumen print (28x20cm-11x8in) New-York 93 .... FF8 460 - £968 - **$1,500**

BELL-SMITH Frederic Marlett 1846-1923 [89]
Trees by a stream - Oil/panel (33x46cm-13x18in) Toronto 93 .... FF2 453 - £278 - **$415**
Putney, Coronation Night - Oil/board (11x12cm-4x5in) Toronto 94 .... FF10 230 - £1 196 - **$1,804**
Old and new London, Holborn - Oil/canvas (87x128cm-34x50in) Toronto 94 .... FF112 500 - £13 150 - **$19,840**

BELLACCI Pier-Luigi 1948 [3]
Ray man - Huile/toile (55x46cm-22x18in) Paris 91 .... FF9 500 - £943 - **$1,649**

BELLAN Ferdinand 1870-1922 [2]
Cuisson des crevettes sur la plage - Huile/toile (110x141cm-43x56in) Bayeux 93 .... FF35 000 - £4 220 - **$6,360**

BELLANDI E. 1842-? [1]
Old man having a midday snack - Oil/canvas (43x34cm-17x13in) New-York 93 .... FF6 600 - £828 - **$1,200**

BELLANDI Giorgio 1930 [12]
Paesaggio A - Olio/tela (70x70cm-28x28in) Milano 93 .... FF7 930 - £906 - **$1,350**

BELLANGE Eugène 1837-? [3]
Troupeau dans la vallée d'Eu - Huile/toile (47x63cm-19x25in) Ourville-en-Caux 94 .... FF10 000 - £1 166 - **$1,755**
Prise du Pont de Magenta en 1859 - Huile/toile (120x200cm-47x79in) Louviers 90 .... FF66 000 - £6 646 - **$12,929**

BELLANGE Hippolyte 1800-1866 [28]
Scène de bataille, 1861 - Huile/panneau (24x18cm-9x7in) Monaco 89 .... FF14 000 - £1 475 - **$2,357**
Le barbier en pays de Caux - Huile/toile (25x40cm-10x16in) Rouen 92 .... FF40 000 - £4 094 - **$7,040**
Napoléon au col de Somosierra - Huile/toile (60x73cm-24x29in) Paris 92 .... FF70 000 - £7 160 - **$13,720**

BELLANGE Jacques 1580-1638 [9]
Gaspar - Etching (28x17cm-11x7in) London 93 .... FF112 300 - £13 500 - **$20,500**

BELLANGER Camille 1853-1923 [4]
- *The Death of Demosthene* - Oil/canvas (146x110cm-57x43in) New-York 95 .... FF51 300 - £6 300 - **$10,000**

BELLANGER Georges 1847-1918 [1]
- *Young woman holding a red rose* - Oil/canvas (80x64cm-31x25in) New-York 90 .... FF34 300 - £3 672 - **$5,965**

BELLANGER Jacques XX [6]
- *Bateaux de pêche* - Huile/toile (65x54cm-26x21in) Les Sables d'Olonne 93 .... FF2 800 - £320 - **$483**

BELLANGER Joseph Louis H. 1800-1866 [2]
- *The jig* - Oil/panel (19x24cm-7x9in) London 94 .... FF25 940 - £3 000 - **$4,434**
- *Welcome rest/Lover's depart/Figures* - Wash London 91 .... FF2 370 - £238 - **$434**

BELLANGER René Charles 1895-1964 [202]
- *Roulotte dans les bois* - Huile/carton/toile (24x33cm-9x13in) Granville 90 .... FF7 500 - £789 - **$1,304**
- *La rivière au matin* - Huile/toile (54x65cm-21x26in) Granville 90 .... FF12 500 - £1 314 - **$2,174**
- *Lavoirs à Dreux* - Huile/carton/toile (54x65cm-21x26in) Granville 90 .... FF30 100 - £3 165 - **$5,235**

BELLANGER-ADHÉMAR Paul 1868-1948 [4]
- *Chasse à courre, Fontainebleau* - Huile/toile Paris 94 .... FF5 500 - £632 - **$941**

BELLANY John 1942 [30]
- *Self-portrait* - Oil/panel (51x43cm-20x17in) London 93 .... FF15 200 - £1 900 - **$2,755**
- *Spes Bona* - Oil/canvas (173x173cm-68x68in) London 97 .... FF47 081 - £5 000 - **$8,201**
- *Hamburg* - Watercolour (74x55cm-29x22in) Glasgow 96 .... FF12 340 - £1 600 - **$2,420**

BELLE Alexis Simon 1674-1734 [6]
- *Lady, half length, wearing a red gown* - Oil/canvas (82x65cm-32x26in) London 94 .... FF60 400 - £7 000 - **$10,400**

BELLE Marcel 1871-1948 [61]
- *Rivage aux voiliers* - Huile/toile (22x27cm-9x11in) Paris 91 .... FF6 000 - £602 - **$1,099**

BELLE van Charles, Karel 1884-1959 [20]
- *Femme allongée* - Huile/toile (110x145cm-43x57in) Antwerpen 95 .... FF12 100 - £1 514 - **$2,446**

BELLEFLEUR Léon 1910 [52]
- *Remous à Gaspé* - Mixed media/board (23x18cm-9x7in) Toronto 95 .... FF4 650 - £558 - **$891**
- *Coquillages* - Oil/canvas (53x66cm-21x26in) Toronto 95 .... FF18 300 - £2 245 - **$3,665**
- *Sycomore* - Huile/toile (42x58cm-17x23in) Montréal 94 .... FF43 700 - £5 240 - **$8,480**
- *Chutes* - Aquarelle/papier (56x40cm-22x16in) Montréal 94 .... FF8 000 - £927 - **$1,378**

BELLEGARDE Claude 1927 [32]
- *La chute* - Huile/toile (145x105cm-57x41in) Paris 97 .... FF8 000 - £870 - **$1,406**
- *Le poisson fossile* - Huile/toile (75x100cm-30x41in) Paris 92 .... FF35 000 - £3 580 - **$6,160**
- *L'homme tranquille, 1970* - Huile/toile (100x81cm-39x32in) Paris 90 .... FF60 000 - £6 466 - **$10,582**

BELLEGHEM van Gilbert 1924 [2]
- *Knielend naakt* - Sculpture (82x88cm-32x35in) Lokeren 92 .... FF19 920 - £2 040 - **$3,504**

BELLEGHEM van Roger 1922 [2]
- *Sans titre* - Huile/panneau (61x61cm-24x24in) Bruxelles 97 .... FF3 268 - £354 - **$578**

BELLEI Gaetano 1857-1922 [2]
- *The Gypsy singer* - Oil/canvas (100x88cm-39x35in) New-York 95 .... FF78 000 - £10 120 - **$16,000**
- *Colpo di vento* - Olio/tela (129x85cm-51x33in) Milano 90 .... FF222 000 - £22 355 - **$43,487**

BELLEL Jean-Joseph 1816-1898 [6]
- *O bona Pastoris!* - Oil/canvas (75x105cm-30x41in) London 94 .... FF85 200 - £10 000 - **$15,170**

BELLEMONT Léon 1866-1961 [5]
- *Nymphe couchée* - Huile/toile (50x73cm-20x29in) Paris 96 .... FF2 100 - £273 - **$412**
- *Le Port d'Audierne (retour de pêche)* - Huile/panneau (33x40cm-13x16in) Soissons 96 .... FF9 000 - £1 171 - **$1,783**

BELLENGÉ de Bruno Michel 1726-1793 [3]
- *Fleurs dans un vase de verre* - Huile/panneau (29x35cm-11x14in) Paris 96 .... FF112 000 - £14 500 - **$22,000**

BELLENGER Jacques & Pierre 1909 [2]
- *Quinquina Bourin* - Affiche (196x127cm-77x50in) Paris 94 .... FF2 200 - £260 - **$392**

BELLERMAN Ferdinand Konrad 1814-1889 [7]
- *San esteban* - Oil/canvas (52x68cm-20x27in) New-York 97 .... FF1 - £128 205 - **$210,000**
- *In den Albaner Bergen* - Oil/canvas (51x67cm-20x26in) Stuttgart 90 .... FF40 500 - £4 336 - **$7,043**

BELLEROCHE de Albert 1864-1944 [22]
- *A young woman, half length* - Oil/canvas (91x71cm-36x28in) London 93 .... FF14 100 - £1 700 - **$2,465**
- *Femme* - Lithograph (51x41cm-20x16in) Chicago 94 .... FF2 980 - £353 - **$550**
- *Buste de jeune femme* - Sanguine (27x23cm-11x9in) Paris 93 .... FF3 200 - £368 - **$548**

BELLERY-DESFONTAINES Henri Jules Ferd. 1867-1910 [9]
- *Automobiles Richard-Brasier* - Poster (97x159cm-38x63in) New-York 96 .... FF33 660 - £4 345 - **$6,500**
- *Mélancolie, 1895* - Aquarelle (38x26cm-15x10in) Paris 89 .... FF2 600 - £266 - **$418**

BELLET DU POISAT Jean-Pierre J.Alfred 1823-1883 [3]
- *Autoportrait* - Pastel (46x39cm-18x15in) Lyon 90 .... FF12 500 - £1 278 - **$2,467**

BELLET Simone 1901-1990 [3]
- *Le corsage jaune* - Huile/toile (100x65cm-39x26in) Morlaix 92 .... FF2 100 - £251 - **$404**

BELLETESTE Jean Antoine 1718-1811 [1]
- *Venus and Cupid* - Sculpture (32cm-13in) London 92 .... FF83 700 - £10 000 - **$16,100**

BELLEUD Gisèle 1921 [3]
- *Vendanges près d'Aix* - Huile/toile (46x55cm-18x22in) Aubagne 90 .... FF9 500 - £1 024 - **$1,675**

BELLI Domenico 1909-1983 [3]
- *Volo introspettivo* - Olio/tela (120x80cm-47x31in) Prato 97 .... FF37 400 - £4 400 - **$6,600**

BELLI Enrico XIX [3]
- *Jeune femme à l'éventail* - Huile/toile (83x67cm-33x26in) Versailles 91 .... FF7 500 - £752 - **$1,374**

BELLI Giovacchino 1756-1822 [4]
- *Design for an oil lamp* - Ink (42x24cm-17x9in) London 93 .... FF20 420 - £2 350 - **$3,525**

BELLIAS Richard 1921-1974 [11]
● Nature morte aux pommes - Huile/toile (70x98cm-28x39in) Paris 94 .... FF**4 000** - £474 - **$740**
　Le bouquet devant la fenêtre - Huile/toile (130x97cm-51x38in) Monaco 93 .... FF**38 000** - £4 750 - **$6,910**
BELLIER Charles 1796-? [3]
● Guerre d'indépendance, Grecs et Turcs - Huile/toile (32x40cm-13x16in) Paris 96 .... FF**60 000** - £7 520 - **$11,600**
BELLIN DE FONTENAY Jean-Baptiste 1653-1715 [2]
● Vase of assorted flowers - Oil/canvas (64x54cm-25x21in) London 91 .... FF**268 000** - £27 453 - **$50,037**
BELLING Rudolf 1886-1972 [8]
▭ Ruhender - Lithographie (50x65cm-20x26in) München 95 .... FF**1 780** - £222 - **$360**
▤ Kunsthändler Alfred Flechtheim - Bronze (18cm-7in) Berlin 97 .... FF**116 555** - £12 378 - **$20,303**
BELLINGHAM-SMITH Elinor 1906-1988 [10]
● The Tabby Cat - Oil/canvas (34x44cm-13x17in) London 97 .... FF**6 723** - £720 - **$1,161**
∥ At the Opera - Ink (46x31cm-18x12in) London 96 .... FF**2 152** - £280 - **$427**
BELLINGHAM-SMITH Hugh 1866-1922 [3]
● On the beach, Swanage - Oil/panel (25x36cm-10x14in) London 91 .... FF**24 240** - £2 430 - **$4,440**
BELLINI Emmanuel 1904-1989 [18]
● Trois clowns - Huile/toile (55x46cm-22x18in) Cannes 95 .... FF**10 500** - £1 257 - **$1,960**
　Cannes, le port en 1925 - Huile/toile (61x74cm-24x29in) Monaco 93 .... FF**38 000** - £4 750 - **$6,910**
BELLINI Filippo 1550/5-1604 [3]
∥ Miraculous scene - Ink (40x23cm-16x9in) London 95 .... FF**8 160** - £1 050 - **$1,686**
BELLINI Vittorio 1936 [2]
● Incendio: la luna e i falo - Olio/tela (100x80cm-39x31in) Milano 94 .... FF**6 720** - £800 - **$1,280**
BELLION Gabriel Joseph XIX-XX [1]
● Couple rowing in the marsh - Oil/canvas (24x21cm-9x8in) Bloomfield Hills, Michigan 91 .... FF**3 736** - £377 - **$742**
BELLIS Hubert 1831-1902 [66]
● Raisins et pommes - Huile/toile (40x52cm-16x20in) Bruxelles 96 .... FF**3 510** - £450 - **$692**
　Roses coupées - Huile/panneau (19x24cm-7x9in) Bruxelles 97 .... FF**10 458** - £1 133 - **$1,850**
　Vase of flowers - Oil/canvas (110x70cm-43x28in) London 96 .... FF**36 100** - £4 500 - **$6,970**
BELLMER Hans 1902-1975 [256]
● Joe Bousquet - Oil/board (50x65cm-20x26in) London 91 .... FF**188 400** - £18 984 - **$32,692**
　Mille Filles - Oil/board (48x30cm-19x12in) London 92 .... FF**586 000** - £60 000 - **$103,400**
▭ Rose ou verte la nuit - Eau-forte (65x38cm-26x15in) Paris 97 .... FF**4 000** - £423 - **$686**
▭ Les Doigts immobiles - Bronze (26x18x31cm-10x7x12in) Douai 95 .... FF**36 000** - £4 510 - **$7,170**
▨ La Poupée - Gelatin silver print (14x14cm-6x6in) New-York 96 .... FF**16 780** - £2 080 - **$3,250**
　Poupée - Gelatin silver print (13x8cm-5x3in) New-York 92 .... FF**34 300** - £3 980 - **$7,000**
∥ Laxone en Ré - Mine plomb (21x16cm-8x6in) Paris 97 .... FF**2 800** - £304 - **$491**
　Autoportrait présumé - Mine plomb (27x28cm-11x11in) Paris 96 .... FF**12 000** - £1 562 - **$2,380**
　Accouplement - Pencil (64x44cm-25x17in) Köln 97 .... FF**40 554** - £4 262 - **$6,943**
　La Fille et son Ombre - Pencil/paper (21x15cm-8x6in) New-York 94 .... FF**121 000** - £14 380 - **$23,000**
BELLOC Aristide 1826-c.1880 [1]
▤ Les Arts et la Sciences - Bronze (41cm-16in) Rennes 93 .... FF**7 200** - £900 - **$1,310**
BELLOC Auguste c.1815-c.1870 [8]
▨ Female figure - Albumen print (20x13cm-8x5in) New-York 94 .... FF**25 560** - £2 963 - **$4,400**
BELLOC Jean Hilaire 1786-1866 [3]
● Baronne de Coussay - Huile/toile (238x178cm-94x70in) Paris 92 .... FF**160 000** - £16 454 - **$28,370**
BELLOC Jean-Baptiste ?-1919 [7]
▤ Méhariste triomphant - Bronze (49cm-19in) Paris 95 .... FF**17 000** - £2 143 - **$3,390**
　Arabe sur un cheval - Bronze (84cm-33in) Paris 93 .... FF**53 000** - £6 380 - **$9,630**
BELLOCQ Ernest James 1873-1949 [11]
▨ Prostituée de Storyville - Photo (20x25cm-8x10in) Paris 91 .... FF**4 900** - £488 - **$843**
BELLON Denise 1902 [4]
▨ Salvador Dali à l'Exposition Surréaliste - Photo (17x17cm-7x7in) Paris 91 .... FF**6 000** - £597 - **$1,032**
BELLONI Giorgio 1861-1944 [32]
● Venezia - Olio/cartone (33x44cm-13x17in) Trieste 95 .... FF**11 700** - £1 482 - **$2,280**
　Porto di Genova - Olio/tavola (41x48cm-16x19in) Milano 95 .... FF**32 900** - £4 140 - **$6,670**
　Riflessi sull'acqua - Olio/tela (89x140cm-35x55in) Roma 91 .... FF**77 400** - £7 855 - **$13,979**
BELLONI José 1882-1965 [1]
▤ La carreta - Bronze (31x23x108cm-12x9x43in) New-York 95 .... FF**30 600** - £3 820 - **$6,000**
BELLONI Serge 1925 [30]
● Paris, près de Notre-Dame - Huile/panneau (30x40cm-12x16in) La Varenne Saint-Hilaire 96 ..... FF**3 200** - £412 - **$635**
　Le quai Mallaquais - Huile/toile (53x65cm-21x26in) Paris 94 .... FF**9 500** - £1 121 - **$1,703**
　Église Saint-Gervais-Saint-Protais, Paris - Huile/toile (92x73cm-36x29in) Paris 91 .... FF**30 000** - £3 008 - **$5,495**
BELLOTTO Bernardo Canaletto 1720/24-1780 [24]
● Königstein's Fortress - Oil/canvas (133x235cm-52x93in) London 91 .... FF**3 75e +07** - £3 - **$5**
▭ Blick von linken Elbeufer - Etching (54x85cm-21x33in) Berlin 96 .... FF**61 000** - £7 610 - **$11,800**
BELLOWS Albert Fitch 1829-1883 [12]
● Cattle Crossing a Stream - Oil/canvas (43x35cm-17x14in) New-York 96 .... FF**11 480** - £1 330 - **$2,200**
　Family by the river - Oil/canvas (66x93cm-26x37in) New-York 95 .... FF**122 600** - £15 280 - **$24,000**
∥ Daydreaming - Watercolour, gouache (43x33cm-17x13in) New-York 95 .... FF**15 760** - £1 887 - **$3,000**
BELLOWS George Wesley 1882-1925 [96]
● Easter Snow - Oil/canvas (86x114cm-34x45in) New-York 95 .... FF**1** - £1 - **$2**
　Tang of the Sea - Oil/panel (40x51cm-16x20in) New-York 95 .... FF**341 000** - £43 600 - **$70,000**

Calendar & auction results :　　INTERNET : **www.artprice.com**　　MINITEL : 3617 ARTPRICE

✎ *Wounded Soldier on the Road to Berlin* - Ink/paper (65x54cm-26x21in) New-York 94......... FF47 300 - £5 680 - **$9,000**

BELLUCCI Antonio 1654-1726 [10]
🖼 *Diana the Huntress* - Oil/canvas (99x77cm-39x30in) New-York 97 .... FF104 914 - £11 856 - **$19,000**

BELLY Léon Adolphe 1827-1877 [5]
🖼 *La mare près de Barbizon* - Huile/carton (29x41cm-11x16in) Barbizon 93 .... FF11 500 - £1 292 - **$1,950**
L'Allée de Choubreah au Caire - Huile/toile (32x46cm-13x18in) Paris 97 .... FF70 000 - £7 441 - **$12,061**

BELLYNCK Hubert-Emile 1859-? [4]
🖼 *Portrait de jeune fille au ruban rouge* - Huile/toile (44x36cm-17x14in) Lyon 91 .... FF10 000 - £1 010 - **$1,985**

BELMIRO BARBOSA DE ALMEIDA 1858-1935 [1]
🖼 *Boy peering into a well* - Oil/panel (13x21cm-5x8in) London 95 .... FF31 100 - £4 000 - **$6,370**

BELMONDO Paul 1898-1982 [29]
🗿 *Buste de jeune fille* - Pierre (34cm-13in) Lyon 93 .... FF20 000 - £2 273 - **$3,390**
Portrait de Jean Paul - Plâtre (37cm-15in) Paris 90 .... FF44 000 - £4 681 - **$7,871**
Femme nue debout - Bronze Paris 92 .... FF50 000 - £5 120 - **$9,800**
✎ *Le modèle* - Aquarelle (31x21cm-12x8in) Quimper 97 .... FF9 000 - £964 - **$1,578**
Jeune femme à la lecture - Lavis (24x17cm-9x7in) Paris 92 .... FF18 000 - £1 850 - **$3,460**

BELMONT S. 1899-? [1]
🖼 *Setters pointing* - Oil/canvas (51x76cm-20x30in) Elgin, Illinois 95 .... FF7 140 - £892 - **$1,400**

BELOFF Angelina 1879-1969 [5]
🖼 *Los Ahuehuetes* - Oil/canvas (63x74cm-25x29in) New-York 95 .... FF77 600 - £10 300 - **$16,000**
Máscaras y muñecos - Oil/canvas (61x70cm-24x28in) New-York 91 .... FF96 000 - £9 557 - **$16,508**
✎ *San Anton, Cuernavaca* - Watercolour/board (41x34cm-16x13in) New-York 91 .... FF41 000 - £4 161 - **$7,405**

BELOKOUROV Konstantin 1907-1983 [2]
🖼 *Sur la plage* - Huile/toile (50x70cm-20x28in) Paris 91 .... FF6 500 - £652 - **$1,191**
Les jouets - Huile/toile (64x80cm-25x31in) Paris 91 .... FF30 000 - £3 008 - **$5,495**

BELON José c.1875-1927 [5]
🗋 *Moulin Rouge, Place Blanche* - Poster (128x97cm-50x38in) London 95 .... FF4 860 - £550 - **$875**
✎ *Conversation dans les rues d'Arles* - Aquarelle (34x24cm-13x9in) Arles 89 .... FF2 100 - £221 - **$354**

BELOOUSOV Viktor 1952 [2]
🖼 *Après le spectacle* - Huile/toile/carton (41x33cm-16x13in) Paris 94 .... FF2 800 - £332 - **$518**

BELOT Gabriel 1882-? [2]
✎ *Collines près de Montrieux-le-Vieux*
   Oil/canvas (60x70cm-24x28in) Retford, Nottinghamshire 94 .... FF3 050 - £360 - **$548**

BELOUET Geo XIX-XX [2]
🖼 *Stilleben* - Oil/canvas (21x16cm-8x6in) Frankfurt 92 .... FF2 040 - £209 - **$359**

BELOUS-ZEYTOUNIAN Natalia 1936 [1]
🖼 *Le choix de Pierrot* - Huile/toile (92x73cm-36x29in) Paris 95 .... FF11 000 - £1 426 - **$2,290**

BELOUSSOF Petia Piotr 1912-1989 [15]
🖼 *Sur la grève* - Huile/carton (24x33cm-9x13in) Paris 92 .... FF3 000 - £308 - **$558**

BELOUSSOV Jacob Andreevich 1838-1900 [2]
✎ *The Sphinxes, St Petersburg* - Watercolour/board (23x89cm-9x35in) Amsterdam 90 .... FF21 100 - £2 125 - **$4,133**

BELSKY Anatoly 1896-1970 [1]
🗋 *Ovod* - Poster (140x108cm-55x43in) New-York 96 .... FF18 640 - £2 407 - **$3,600**

BELTRAME Achille 1871-1945 [7]
🖼 *Villaggio in Valle D'Aosta* - Olio/tavola (40x50cm-16x20in) Roma 94 .... FF8 820 - £1 050 - **$1,575**
🗋 *E. & A. Mele* - Poster (322x220cm-127x87in) New-York 96 .... FF23 820 - £3 075 - **$4,600**

BELTRAME Alfredo 1901-? [2]
✎ *Natura morta con brocca* - Black chalk (50x40cm-20x16in) Milano 95 .... FF4 500 - £555 - **$915**

BELTRAN Claudia 1946 [1]
🗿 *Sans titre, 1987* - Bronze (55x33x52cm-22x13x20in) Paris 90 .... FF28 000 - £2 979 - **$5,009**

BELTRAN-MASSES Federico 1885-1949 [33]
🖼 *Valencia* - Oil/board (61x74cm-24x29in) New-York 95 .... FF14 600 - £1 900 - **$3,000**
Alegoria de la noche - Oleo/lienzo (100x98cm-39x39in) Madrid 91 .... FF244 000 - £24 290 - **$41,959**
✎ *Portrait de femme* - Pastel (39x27cm-15x11in) Versailles 89 .... FF3 800 - £378 - **$600**

BELTRAND Jacques 1874-1977 [2]
🗋 *Place Saint-Michel* - Gravure bois couleurs Paris 96 .... FF1 700 - £221 - **$336**

BELTUKOV Boris 1924 [2]
🖼 *Lénine* - Huile/carton (33x49cm-13x19in) Paris 92 .... FF3 000 - £307 - **$540**

BELTZ Heinrich 1801-1869 [3]
🖼 *Officier du 74ème régiment d'Infanterie* - Huile/toile (85x65cm-33x26in) Paris 97 .... FF5 600 - £599 - **$97,6 8**

BELVEDERE Abate Andrea 1642-1732 [4]
🖼 *Flowers in ornamental copper vases* - Oil/canvas (7x53cm-3x21in) Wien 96 .... FF168 600 - £21 000 - **$32,560**

BELZILE Louis 1929 [3]
🖼 *Hypnose* - Huile/toile (30x40cm-12x16in) Montréal 94 .... FF2 185 - £222 - **$437**

BEMELMANS Ludwig 1898-1962 [12]
🖼 *Sacré-Coeur & nun on a motorcycle* - Oil/canvas (107x76cm-42x30in) New-York 93 .... FF19 250 - £2 414 - **$3,500**
✎ *Hollywood* - Watercolour/paper (70x55cm-28x22in) San Francisco-Los Angeles 94 .... FF7 040 - £834 - **$1,300**

BEMMEL van Peter 1685-1754 [4]
🖼 *Le passage du gué* - Huile/toile (53x66cm-21x26in) Paris 94 .... FF70 000 - £8 380 - **$13,250**

BEMMEL van Willem 1630-1708 [4]
🖼 *Figurer og ryttere i en grotte* - Oil/canvas (69x94cm-27x37in) København 94 .... FF59 100 - £6 790 - **$10,110**

BEMMEL von Georg Christoph Got. 1738-1794 [2]
🖼 *Landschaft mit Wassermühle* - Oil/canvas (48x73cm-19x29in) Wien 92 .... FF43 300 - £4 430 - **$7,620**

Wintry landscape - Gouache/vellum (18x22cm-7x9in) London 94 .... FF6 900 - £800 - $1,188

BEMMEL von Karl Sebastian 1743-1796 [5]
Seesturm mit Schiffbrüchigen - Gouache (17x22cm-7x9in) München 92 .... FF10 200 - £1 044 - $2,000

BEN BELLA Mahdjoub 1946 [5]
☛ *Composition* - Huile/toile (81x100cm-32x39in) Paris 95 .... FF3 800 - £474 - $744
Sans titre - Acryl (93x64cm-37x25in) Lille 90 .... FF17 000 - £1 809 - $3,041
Composition - Encre/papier (15x11cm-6x4in) Douai 90 .... FF2 200 - £237 - $388

BEN Ben Vautier, dit 1935 [111]
☛ *Ce sac contient de la jalousie...* - Acrylic/paper (29x20cm-11x8in) Amsterdam 93 .... FF5 510 - £634 - $947
Les demoiselles de Nice - Acrylique/panneau (62x72cm-24x28in) Paris 95 .... FF14 500 - £1 880 - $2,990
Geste, Coups de pieds - Technique mixte/panneau (74x74cm-29x29in) Paris 96 .... FF21 000 - £2 630 - $4,050
Danger - Huile/toile (135x200cm-53x79in) Paris 92 .... FF40 000 - £4 094 - $7,840
Ceci est un original - Sérigraphie (56x76cm-22x30in) Paris 90 .... FF9 100 - £916 - $1,783
Portrait au balai - Assemblage (105x26x54cm-41x10x21in) Paris 91 .... FF30 000 - £3 023 - $5,206
Un Mosset mal fait par Ben - Encre (27x21cm-11x8in) Saint-Germain-en-Laye 95 .... FF2 000 - £253 - $402
L'art est prétention - Encre (69x69cm-27x27in) Versailles 91 .... FF20 000 - £2 005 - $3,301

BEN RADIS 1956 [2]
Les flics corrompus - Encres couleurs (32x23cm-13x9in) Paris 91 .... FF4 200 - £417 - $729

BEN SHAUL Dedi 1930 [11]
☛ *Jerusalem* - Oil/canvas (97x97cm-38x38in) Tel Aviv 93 .... FF11 550 - £1 365 - $2,100
Jars - Tempera/paper (57x38cm-22x15in) Tel Aviv 95 .... FF1 932 - £232 - $360

BEN TRÉ Howard 1949 [4]
Structure 34
   Columnar form of glass, copper applications (104cm-41in) New-York 96 .... FF114 800 - £13 300 - $22,000

BEN ZVI Zeev 1904-1952 [1]
Head - Bronze (33cm-13in) Tel Aviv 93 .... FF23 430 - £2 730 - $4,200

BENADRETTI Belina XX [3]
Premiers pas - Bronze (22cm-9in) Paris 96 .... FF3 800 - £493 - $752

BENAGLIA Enrico 1938 [3]
☛ *A cena con le stelle, 1976* - Olio/tela (80x60cm-31x24in) Roma 89 .... FF10 100 - £1 033 - $1,624

BENANTEUR Abdallah 1931 [5]
☛ *Les voici, 1984* - Huile/toile (120x120cm-47x47in) Paris 90 .... FF41 000 - £4 249 - $7,206

BENARD Agricol Charles 1853-? [1]
Montoire - Aquarelle (43x32cm-17x13in) Orléans 95 .... FF1 700 - £215 - $341

BENARD Auguste Sébastien 1810-? [4]
☛ *Le postillon* - Huile/panneau (17x26cm-7x10in) Soissons 93 .... FF7 000 - £875 - $1,273

BENARD Henri 1860-1927 [1]
☛ *Young girl* - Oil/canvas (41x33cm-16x13in) San Francisco-Los Angeles 94 .... FF12 000 - £1 434 - $2,250

BÉNARD Hubert Eugène 1834-? [3]
☛ *Albatrosse* - Öl/Leinwand (102x143cm-40x56in) Lindau 93 .... FF20 340 - £2 430 - $3,914

BÉNARD Jean-Baptiste ?-c.1790 [14]
☛ *Shepherd Boy seated with his Dog* - Oil/canvas (41x33cm-16x13in) New-York 96 ..... FF59 200 - £7 750 - $12,000

BENARD Joseph 1864-1933 [1]
☛ *Regard par le trou de la serrure* - Oil/panel (36x21cm-14x8in) London 90 .... FF34 900 - £3 617 - $6,134

BENASSIT Louis Émile 1833-1902 [5]
☛ *Halte des cavaliers* - Huile/panneau (41x32cm-16x13in) Reims 96 .... FF10 000 - £1 254 - $1,933

BENATOV Leonardo 1889-1972 [4]
☛ *Plage* - Huile/toile (38x60cm-15x24in) Douai 95 .... FF14 000 - £1 797 - $2,880
Nu aux bras levé - Bronze (62x18x18cm-24x7x7in) Paris 93 .... FF23 000 - £2 614 - $3,900

BENAVENT CALATAYUD José 1858-? [1]
☛ *Intimate conversation* - Oil/panel (30x15cm-12x6in) London 90 .... FF29 100 - £3 016 - $5,114

BENAYOUN Robert 1927 [5]
Il meurt sans s'attacher... - Collage (25x25cm-10x10in) Paris 94 .... FF2 000 - £240 - $379

BENAZECH Charles 1767-1794 [2]
Le retour du laboureur - Gouache (46x62cm-18x24in) Paris 93 .... FF6 500 - £747 - $1,111

BENAZZI Raffael 1933 [3]
Zum jüdischen Jahresbeginn - Encre/papier (62x35cm-24x14in) Zürich 95 .... FF2 130 - £279 - $433

BENC Karl Slavomir 1896-1968 [2]
☛ *Graz, Sackstrasse* - Öl/Leinwand (55x35cm-22x14in) Wien 93 .... FF2 970 - £351 - $494

BENCZUR von Gyula 1844-1920 [3]
☛ *Portrait of an officer* - Oil/canvas (144x91cm-57x36in) New-York 95 .... FF24 530 - £3 055 - $4,800

BENDA Bretislav 1897-1983 [3]
Mädchenbüste - Marble (37cm-15in) München 91 .... FF9 460 - £942 - $1,627

BENDA G.K., Georges Kugel. XIX-XX [13]
Mistinguett - Affiche (160x120cm-63x47in) Boulogne 96 .... FF6 300 - £820 - $1,250

BENDA Wladyslaw Theodor 1873-1948 [3]
Woman with hand folded - Charcoal (79x48cm-31x19in) New-York 95 .... FF9 780 - £1 266 - $2,000

BENDALL Mildred 1891-1977 [12]
☛ *La Rochelle* - Oil/board (50x63cm-20x25in) London 97 .... FF9 066 - £1 000 - $1,590
July fruit - Oil/canvas (55x48cm-22x19in) London 90 .... FF27 100 - £2 902 - $4,713

BENDEL Hans 1814-1853 [1]
Frau, Kleinkind und lesender Mann - Encre (17x15cm-7x6in) Bern 96 .... FF1 710 - £208 - $333
BENDELER Christian Johan 1688-1728 [1]
Paysans dans un paysage boisé - Huile/cuivre (49x59cm-19x23in) Paris 92 .... FF79 000 - £9 420 - $15,200
BENDEMANN Eduard Julius Fr. 1811-1889 [3]
Katharina Botzaris - Aquarell (28x22cm-11x9in) München 93 .... FF32 200 - £3 850 - $6,200
BENDEMANN Rudolf Christ. Eugen 1851-1884 [1]
Arab boy with his donkey - Oil/canvas (54x40cm-21x16in) London 93 .... FF19 100 - £2 300 - $3,335
BENDER Gretchen 1951 [3]
Untitled - Serigraph (183x183cm-72x72in) Stockholm 96 .... FF3 840 - £451 - $755
BENDER Sarah E. DeWolfe 1852-1935 [1]
Pink and yellow roses - Oil/canvas (51x68cm-20x27in) San Francisco-Los Angeles 96 ...... FF11 740 - £1 360 - $2,250
BENDER Stanislaus 1882-? [1]
Saving the Torah scrolls - Oil/canvas (78x101cm-31x40in) Amsterdam 91 .... FF19 530 - £1 958 - $3,224
BENDIEN Jacob 1890-1933 [10]
Houses along a canal - Lithograph (49x65cm-19x26in) Amsterdam 94 .... FF2 280 - £270 - $406
Vrouwenfiguur - Charcoal/paper (65x31cm-26x12in) Amsterdam 93 .... FF3 980 - £458 - $684
BENDINI Vasco 1922 [14]
Gesto e materia - Olio/tela (130x200cm-51x79in) Prato 93 .... FF30 630 - £3 500 - $5,210
BENDIXEN Axel Bernhard 1810-1877 [2]
En udpantning - Oil/canvas (80x90cm-31x35in) Viby J, Århus 92 .... FF13 200 - £1 350 - $2,325
BENDIXEN Elna Heiberg 1887-1959 [1]
Pige fra Tahiti - Oil/canvas (117x92cm-46x36in) København 96 .... FF2 210 - £288 - $438
BENDIXEN Siegfried Detlev 1786-1864 [9]
Familienportrait - Öl/Leinwand (84x71cm-33x28in) Göttingen 94 .... FF68 500 - £8 220 - $13,320
BENDORP Carel Frederik 1819-1897 [4]
Voiliers sur le lac - Huile/panneau (237x52cm-93x20in) Reims 97 .... FF10 500 - £1 087 - $1,798
Hoogendijk, Rotterdam - Ink (25x34cm-10x13in) Amsterdam 92 .... FF5 430 - £648 - $1,044
BENDRE Narayan Shridhar 1910-1992 [4]
Mother and child - Wash/paper (50x67cm-20x26in) London 96 .... FF30 760 - £3 800 - $5,940
BENDTSEN Axel 1893-? [7]
Kunstnerens atelier - Oil/canvas (90x119cm-35x47in) København 92 .... FF2 640 - £270 - $465
BENDTSEN Folmer 1907-1993 [57]
Sydhavnen - Oil/canvas (39x56cm-15x22in) Viby J, Århus 96 .... FF4 460 - £577 - $891
Aften, Forstaden - Oil/canvas (96x130cm-38x51in) København 95 .... FF14 500 - £1 810 - $2,926
BENDZ Wilhelm Ferdinand 1804-1832 [9]
Portraet af en ung kunstner - Oil/canvas (21x17cm-8x7in) København 95 .... FF4 220 - £511 - $795
En tiggerkone med sit barn - Oil/canvas (35x26cm-14x10in) København 95 .... FF52 800 - £6 380 - $9,930
Lady in blue dress - Pastel (49x40cm-19x16in) København 95 .... FF3 550 - £452 - $698
BENEDICTUS Edouard XX [2]
Relais - Estampe Bruxelles 96 .... FF4 130 - £518 - $802
BENEDITO Concha 1939 [16]
Carmen - Huile/toile (61x82cm-24x32in) Paris 90 .... FF6 000 - £622 - $1,054
Sans titre - Huile/toile (125x125cm-49x49in) Paris 91 .... FF18 500 - £1 837 - $3,212
BENEDITO Luis 1885-1959 [1]
Aguila posada - Metal (44cm-17in) Madrid 96 .... FF3 610 - £414 - $689
BENEDITO VIVES Manuel 1875-1963 [19]
Gitanillo con melon - Oleo/lienzo (67x52cm-26x20in) Madrid 94 .... FF37 300 - £4 284 - $6,380
Dama con pelo negro - Dibujo (50x40cm-20x16in) Madrid 94 .... FF6 630 - £783 - $1,181
La fragua - Acuarela/papel (71x48cm-28x19in) Madrid 97 .... FF48 000 - £5 160 - $8,400
BENEDYKTOWICZ Ludomir 1844-1926 [2]
Zbieranie Fijolkow (In the garden) - Oil/canvas (84x149cm-33x59in) Warszawa 94 ...... FF49 500 - £5 670 - $8,380
BENEFIAL Marco 1684-1764 [4]
Gentildonna con manicotto - Olio/tela (80x65cm-31x26in) Roma 89 .... FF13 700 - £1 324 - $2,079
Studie: kneeling figure & the head
  Black chalk/paper (38x26cm-15x10in) New-York 97 .... FF11 123 - £1 238 - $2,000
BENEKER Gerrit A. 1882-1934 [9]
Gloucester Harbor - Oil/board (30x40cm-12x16in) New-York 95 .... FF20 500 - £2 553 - $4,000
BENENSON James 1949 [7]
Parade - Bronze (40x15x13cm-16x6x5in) Paris 92 .... FF5 500 - £565 - $1,058
BENES Vincenc 1883-1979 [5]
Still life with fruit - Oil/canvas (24x33cm-9x13in) Wien 95 .... FF12 480 - £1 576 - $2,490
BENES Vlastimil 1919-1980 [1]
Periferie, 1974 - Oil/panel (35x43cm-14x17in) Düsseldorf 90 .... FF10 100 - £1 081 - $1,757
BENESCH Josef Ferdinand 1875-1954 [4]
Fischerboot - Aquarell/Papier (21x15cm-8x6in) Wien 93 .... FF4 455 - £527 - $741
BENESCH Salomon 1867-1942 [1]
Portal von Maria am Gestade - Gouache/paper (24x18cm-9x7in) Wien 95 .... FF1 960 - £258 - $397
BENESCH von Ladislaus 1845-1922 [1]
Motiv aus der Hinterbrühl - Öl/Leinwand (19x32cm-7x13in) Wien 94 .... FF9 700 - £1 124 - $1,838
BENETT A. Newton 1854-1914 [3]
Thames-Side Lumber - Watercolour (36x24cm-14x9in) London 96 .... FF6 800 - £800 - $1,334

BENEVANT Roger 1930 [4]
Les quais d'Alger la nuit, 1953 - Huile/carton (65x80cm-26x31in) Versailles 89 .... FF3 000 - £307 - **$482**
BENEZIT Emmanuel Charles 1887-1975 [122]
La baignade - Huile/toile (73x116cm-29x46in) Paris 90 .... FF3 000 - £302 - **$545**
Nature morte - Huile/toile (73x92cm-29x36in) Paris 91 .... FF12 000 - £1 203 - **$1,981**
BENFIELD Andrew Charles I. 1941 [2]
A red and green macaw - Watercolour (71x52cm-28x20in) London 95 .... FF10 740 - £1 400 - **$2,223**
BENGER Berenger 1868-1935 [5]
Shep grazing, Surrey - Watercolour (28x43cm-11x17in) Exeter, Devon 94 .... FF2 223 - £260 - **$390**
BENGER William Edmund 1841-1915 [2]
Upper Valley of the Conway - Oil/canvas (137x92cm-54x36in) New-York 94 .... FF3 250 - £394 - **$600**
BENGLIS Lynda 1941 [23]
Peter (Knot) - Mixed media (152x28x43cm-60x11x17in) New-York 93 .... FF33 000 - £4 140 - **$6,000**
Gold Luster - Ceramic (43x10x66cm-17x4x26in) New-York 97 .... FF14 510 - £1 526 - **$2,500**
Volantis - Relief (63x36x66cm-25x14x26in) New-York 91 .... FF99 600 - £9 915 - **$17,128**
BENGSTON Billy Al 1934 [6]
Draculas I/Draculas II - Acrylic/canvas (111x198cm-44x78in) New-York 93 .... FF30 250 - £3 790 - **$5,500**
Ka'ao - Watercolour/paper (74x170cm-29x67in) San Francisco-Los Angeles 93 .... FF14 750 - £1 680 - **$2,500**
BENGTS Carl 1876-1934 [3]
Oväder - Oil/canvas (35x31cm-14x12in) Helsinki 91 .... FF6 020 - £599 - **$1,035**
BENGTSSON Dick 1936-1989 [10]
Sjuk hund - Oil/panel (61x50cm-24x20in) Stockholm 96 .... FF122 800 - £14 430 - **$24,160**
Människor i kvadrat - Collage/paper (59x80cm-23x31in) Stockholm 96 .... FF7 690 - £960 - **$1,485**
BENHAM Thomas Charles S. XIX-XX [1]
Reclining male nude - Charcoal (41x61cm-16x24in) London 96 .... FF3 275 - £420 - **$646**
BENIGNI Léon 1892-? [1]
Brides-les-Bains en Savoie - Poster (100x62cm-39x24in) New-York 94 .... FF17 160 - £2 013 - **$3,000**
BENINGTON Walter XIX-XX [1]
Henri Gaudier Brzeska - Silver print (18x14cm-7x6in) London 96 .... FF10 840 - £1 400 - **$2,094**
BENINI Luigi 1767-1829 [1]
Pirro rapisce Astianatte alla madre - Olio/tela (251x200cm-99x79in) Roma 90 .... FF97 600 - £9 933 - **$19,518**
BENINI Mauro 1850-c.1910 [1]
Ego Te Absolvo ! - Bronze (50cm-20in) London 94 .... FF25 430 - £3 000 - **$4,530**
BENITO Edouard Garcia 1891-? [6]
L'enfant à l'oiseau - Huile/toile (55x46cm-22x18in) Lyon 92 .... FF9 000 - £921 - **$1,620**
Candée, Snow-boots caoutchoucs - Poster (129x90cm-51x35in) New-York 94 .... FF17 160 - £2 013 - **$3,000**
BENJAMIN Anthony 1931 [1]
Reflected Green - Sculpture (34cm-13in) London 95 .... FF6 950 - £900 - **$1,423**
BENJAMIN Karl S. 1925 [3]
Geometric Forms - Oil/canvas (51x40cm-20x16in) San Francisco-Los Angeles 96 .... FF7 710 - £935 - **$1,500**
BENJAMIN Pierre [2]
Poisson - Bronze (14cm-6in) Paris 96 .... FF1 600 - £203 - **$307**
BENK Johannes 1844-1914 [3]
Franz Joseph I. von Österreich - Plaster (51cm-20in) Wien 93 .... FF7 700 - £920 - **$1,480**
BENKA Martin 1888-? [1]
Landschaft mit Bauern - Öl/Karton (25x34cm-10x13in) München 93 .... FF7 460 - £891 - **$1,435**
BENKENDORFF Anna 1855-? [3]
Blücherstrasse Altona - Öl/Karton (35x34cm-14x13in) Lindau 94 .... FF9 550 - £1 140 - **$1,798**
BENKENDORFF Dmitry Alexandrovich 1845-? [2]
Cathedral interior - Watercolour/paper (28x16cm-11x6in) Moscow 93 .... FF1 770 - £202 - **$300**
BENKERT Emerich 1825-1855 [2]
Abschied vom Elternhaus - Oil/panel (90x110cm-35x43in) Bremen 92 .... FF78 000 - £9 310 - **$15,000**
BENLLIURE Y GIL Blas 1852-1936 [3]
Paisaje con pintor junto al rio - Oleo/tabla (32x46cm-13x18in) Madrid 97 .... FF12 935 - £1 397 - **$2,242**
BENLLIURE Y GIL José 1855-1937 [24]
Carnival in Rome - Oil/canvas (60x92cm-24x36in) New-York 94 .... FF1 - £135 300 - **$200,000**
Carnivale di Roma - Oil/panel (24x37cm-9x15in) London 94 .... FF277 300 - £33 000 - **$52,200**
The cardinal's library - Oil/panel (38x54cm-15x21in) London 92 .... FF400 500 - £41 000 - **$70,700**
BENLLIURE Y GIL Juan Antonio 1860-1930 [8]
A Spanish Beauty - Oil/canvas (107x80cm-42x31in) London 96 .... FF30 800 - £4 000 - **$6,100**
En la taberna - Oleo/lienzo (46x67cm-18x26in) Madrid 92 .... FF193 400 - £22 500 - **$39,500**
BENLLIURE Y GIL Mariano 1862-1947 [35]
Podencos - Oleo/lienzo (140x62cm-55x24in) Madrid 93 .... FF31 150 - £3 710 - **$5,630**
Doctor Barraquer - Bronze (59cm-23in) Madrid 95 .... FF7 060 - £928 - **$1,434**
General José San Martin a caballo - Bronze (56cm-22in) Madrid 95 .... FF28 750 - £3 580 - **$6,790**
At the wine cellar - Watercolour/board (101x67cm-40x26in) New-York 91 .... FF79 800 - £8 041 - **$13,847**
BENLLIURE Y MORALES Emilio 1866-? [1]
Three laughing figures - Bronze (37cm-15in) New-York 93 .... FF8 200 - £988 - **$1,500**
BENLLIURE Y ORTIZ José 1884-1916 [3]
Break from work - Oil/panel (31x22cm-12x9in) New-York 91 .... FF142 500 - £14 359 - **$24,727**
En la bodega - Oleo/tabla (25x38cm-10x15in) Madrid 89 .... FF405 000 - £40 299 - **$63,981**

BENN Ben 1905-1989 [52]
🖼 *Le livre ouvert* - Huile/toile (54x65cm-21x26in) Paris 97 .... FF**15 000** - £1 637 - **$2,622**
Les colombes de la Paix - Huile/toile (60x100cm-24x39in) Paris 96 .... FF**34 000** - £4 410 - **$6,720**
✎ *Woman in a brimmed hat* - Watercolour (43x30cm-17x12in) New-York 92 .... FF**6 660** - £698 - **$1,200**
BENNASSAR Dionisio 1905-1967 [2]
🖼 *Rincón de ninfas, Alcudia* - Oleo/lienzo (60x73cm-24x29in) Madrid 93 .... FF**45 800** - £5 270 - **$7,850**
BENNEDSEN Jens Christian 1893-1967 [30]
🖼 *Bäck i höstlandskap* - Oil/canvas (70x100cm-28x39in) Malmö 96 .... FF**2 167** - £257 - **$423**
Småländskt vinterlandskap - Oil/canvas (70x100cm-28x39in) Malmö 93 .... FF**6 880** - £866 - **$1,302**
Winterlandschaft aus Småland - Oil/canvas (70x100cm-28x39in) Köln 91 .... FF**51 100** - £5 123 - **$9,359**
BENNEKENSTEIN Hermann c.1830-c.1890 [4]
🖼 *Alpensee* - Öl/Leinwand (80x145cm-31x57in) Köln 94 .... FF**13 600** - £1 587 - **$2,384**
BENNEKUM van Aart 1909-? [1]
🖼 *Canal en Hollande* - Huile/toile (118x90cm-46x35in) Antwerpen 95 .... FF**3 406** - £429 - **$675**
BENNER Emmanuel 1836-1896 [8]
🖼 *Le grand Ballon d'Alsace* - Huile/panneau (33x40cm-13x16in) Saint-Dié 96. .... FF**4 300** - £548 - **$830**
Jeune femme - Huile/toile (67x51cm-26x20in) Versailles 93 .... FF**13 500** - £1 517 - **$2,290**
Jeunes italiennes sous une pergola - Huile/toile (120x150cm-47x59in) Paris 94 .... FF**38 000** - £4 420 - **$6,580**
BENNER Emmanuel, Many 1873-1965 [6]
🖼 *Nu allongé* - Huile/toile (46x65cm-18x26in) Calais 97 .... FF**18 000** - £1 801 - **$3,038**
BENNER Gerrit 1897-1981 [72]
🖼 *Havengezicht* - Oil/paper/canvas (57x76cm-22x30in) Amsterdam 96 .... FF**33 200** - £3 840 - **$6,360**
Fries Landschap - Oil/canvas (80x100cm-31x39in) Amsterdam 93 .... FF**101 000** - £11 610 - **$17,360**
Landscape - Oil/canvas (80x100cm-31x39in) Amsterdam 97 .... FF**167 815** - £17 640 - **$28,828**
✎ *Cows* - Ink (46x59cm-18x23in) Amsterdam 96 .... FF**7 360** - £946 - **$1,452**
A Landscape with Figures - Gouache/paper (75x100cm-30x39in) Amsterdam 97 .... FF**46 872** - £491 6 9 - **$8,043**
BENNER Jean 1836-1909 [11]
🖼 *Portrait de jeune fille* - Huile/toile (56x38cm-22x15in) Saint-Dié 96. .... FF**10 500** - £1 337 - **$2,024**
Un coin d'ombre à Capri - Oil/canvas (264x152cm-104x60in) New-York 93 .... FF**103 200** - £11 740 - **$17,500**
BENNER Jean 1796-1849 [5]
🖼 *Portrait de fillette* - Huile/panneau (32x26cm-13x10in) Saint-Dié 90 .... FF**35 000** - £3 627 - **$6,151**
BENNER William Roger 1884-? [3]
🖼 *Poole Harbour* - Oil/canvas (58x76cm-23x30in) Aylsham, Norfolk 95 .... FF**4 140** - £500 - **$764**
BENNERT Carl 1815-1885 [1]
🖼 *Romantische Landschaft mit Ritter* - Öl/Leinwand (63x79cm-25x31in) München 94 ...... FF**27 450** - £3 250 - **$5,070**
BENNET Carl Stephan 1800-1878 [4]
🖼 *View of the Roman campagna* - Oil/canvas (77x106cm-30x42in) Stockholm 96 .... FF**85 300** - £9 870 - **$16,340**
BENNETEAU-DESGROIS Félix 1879-? [1]
🗿 *Jeune fille en burnous* - Plâtre (53cm-21in) Paris 95 .... FF**2 800** - £353 - **$559**
BENNETT Alfred 1861-1916 [8]
🖼 *Bramble Castle* - Oil/canvas (50x76cm-20x30in) Billinghurst, West Sussex 96 .... FF**4 640** - £600 - **$917**
✎ *The houses of Parliament* - Pencil (23x35cm-9x14in) London 92 .... FF**5 650** - £580 - **$1,085**
BENNETT Francis I. 1876-? [1]
🖼 *Boats at Martigues* - Oil/canvas (64x76cm-25x30in) Chicago 93 .... FF**17 600** - £2 207 - **$3,200**
BENNETT Frank Moss 1874-1953 [124]
🖼 *Spring* - Oil/canvas (77x56cm-30x22in) London 95 .... FF**17 240** - £2 200 - **$3,530**
The Best of Friends - Oil/canvas (35x51cm-14x20in) London 97 .... FF**78 095** - £8 200 - **$13,385**
The Connoisseurs - Oil/canvas (61x77cm-24x30in) London 97 .... FF**228 571** - £24 000 - **$39,177**
✎ *A Cavalier in a rustic interior* - Watercolour (34x25cm-13x10in) London 96 .... FF**2 800** - £350 - **$543**
BENNETT Godwin XX [12]
🖼 *The harbour at St. Ives* - Oil/canvas (40x51cm-16x20in) London 97 .... FF**3 417** - £380 - **$641**
Punch and Judy Show, Hastings - Oil/canvas (51x61cm-20x24in) London 94 .... FF**12 570** - £1 500 - **$2,355**
BENNETT Joseph 1899-? [1]
🖼 *Ceaseless Attack, West Coast*
Oil/canvas (76x101cm-30x40in) San Francisco-Los Angeles 92 .... FF**7 350** - £854 - **$1,500**
BENNETT William 1811-1871 [19]
🖼 *Figures by the edge of a lake* - Oil/canvas (56x85cm-22x33in) Billinghurst, West Sussex 93 ...... FF**3 130** - £360 - **$540**
✎ *View of Ludlow, Shropshire* - Watercolour (32x52cm-13x20in) London 95 .... FF**5 810** - £750 - **$1,196**
Cattle watering by a river - Watercolour (17x24cm-7x9in) London 92 .... FF**13 680** - £1 400 - **$2,410**
BENNETT William James 1786-1844 [6]
🖼 *South St. from Maiden Lane* - Aquatint (29x39cm-11x15in) New-York 93 .... FF**35 750** - £4 225 - **$6,500**
BENNETTER Johan Jacob 1822-1904 [10]
🖼 *Zwei Segelschiffe auf stürmischer See* - Oil/panel (23x34cm-9x13in) Hamburg 92 .... FF**6 440** - £770 - **$1,240**
Bateaux à l'entrée du fjord - Huile/toile (82x116cm-32x46in) Calais 95 .... FF**26 000** - £3 284 - **$5,210**
BENNEWITZ A. 1888-? [1]
🖼 *Sommertag in Berner Oberland* - Öl/Leinwand (70x100cm-28x39in) Lindau 93 .... FF**6 100** - £750 - **$1,098**
BENNEWITZ VON LÖFEN Karl 1826-1895 [2]
🖼 *Peasantwoman & cow* - Oil/canvas (26x37cm-10x15in) Amsterdam 93 .... FF**7 230** - £864 - **$1,392**
BENNEWITZ VON LÖFEN Karl II 1856-1931 [4]
🖼 *Frau Amalie joachim* - Oil/board (67x49cm-26x19in) Bremen 92 .... FF**5 100** - £522 - **$898**
✎ *Yvette Guilbert* - Pastel (105x71cm-41x28in) Paris 95 .... FF**8 000** - £1 038 - **$1,640**
BENNEWITZ-MEININGEN O.A. 1868-? [1]
🖼 *Brandjoch bei Innsbruck im Winter* - Öl/Leinwand (69x99cm-27x39in) Frankfurt 94 ...... FF**4 080** - £469 - **$698**

BENNO Benjamin 1901 [2]
Komposition - Mixed media drawing (24x27cm-9x11in) Zofingen 91 .... FF2 456 - £246 - $405
BENOIS Albert Nikolaïevich 1852-1936 [10]
A pond, summer landscape - Watercolour/paper (29x46cm-11x18in) Moscow 94 .... FF8 410 - £1 010 - $1,600
BENOIS Alexander Nikolaïev. 1870-1960 [137]
Port en Vendée - Huile/carton (27x33cm-11x13in) Paris 90 .... FF7 000 - £745 - $1,252
A crimean landscape - Watercolour (28x45cm-11x18in) London 97 .... FF12 381 - £1 300 - $2,129
Catherine Palace's Chapel - Gouache (35x51cm-14x20in) London 96 .... FF105 000 - £12 000 - $20,000
BENOIS DI STETTO Alexandre A. 1888-? [3]
The Synagogue in Riga - Watercolour (36x43cm-14x17in) London 96 .... FF20 100 - £2 300 - $3,834
BENOIS Nadia 1896-1975 [12]
Irish coastal landscape - Oil/canvas (63x76cm-25x30in) London 96 .... FF4 260 - £550 - $841
Market Day - Watercolour (33x57cm-13x22in) London 97 .... FF1 681 - £180 - $290
BENOIT Alexandre XX [2]
La suite de la Fée Canari - Aquarelle (16x23cm-6x9in) Paris 93 .... FF1 700 - £213 - $309
BENOIT Jacqueline 1928 [9]
Le chat à la rose - Huile/toile (55x46cm-22x18in) Orléans 96 .... FF13 600 - £1 770 - $2,695
BENOIT Léon XIX-XX [2]
Port en Bretagne - Huile/toile (135x65cm-53x26in) Morlaix 90 .... FF15 000 - £1 596 - $2,683
BENOIT Nicole 1950 [3]
Un Petit coquelicot - Huile/toile (41x27cm-16x11in) Orange 92 .... FF2 800 - £288 - $519
BENOIT Pierre J. 1782-1854 [2]
Coastal landscape, Guyana - Watercolour (16x22cm-6x9in) London 95 .... FF2 330 - £300 - $478
BENOIT Rigaud 1911-1987 [7]
Adoration du dieu Vodou - Oil/masonite (60x76cm-24x30in) New-York 95 .... FF91 800 - £11 460 - $18,000
BENOIT-BARNET Louis Zéphirin 1870-? [1]
Paysage - Huile/toile (60x82cm-24x32in) Lons-Le-Saunier 90 .... FF6 000 - £642 - $1,043
BENOIT-LÉVY Jules 1866-1952 [7]
Le cardinal au chevalet - Huile/toile (61x50cm-24x20in) Le Havre 92 .... FF8 500 - £1 014 - $1,635
BENOUVILLE Achille 1815-1891 [22]
Vue de la campagne romaine - Huile/toile (41x58cm-16x23in) Paris 94 .... FF28 000 - £3 330 - $5,170
Villa Medici, Roma - Oil/panel (55x91cm-22x36in) London 95 .... FF167 800 - £21 000 - $33,400
Santa Croce in Gerusalemme - Watercolour (26x45cm-10x18in) London 96 .... FF25 540 - £3 000 - $5,030
BENOUVILLE Léon Fr. 1821-1859 [11]
Villa Doria - Lavis/papier (28x42cm-11x17in) Paris 97 .... FF3 500 - £380 - $620
BENRATH Frédéric 1930 [41]
L'errance et le retour - Huile/toile (100x81cm-39x32in) Paris 97 .... FF3 000 - £317 - $515
La nuit s'évente à d'autres cimes - Huile/toile Paris 96 .... FF6 000 - £773 - $1,175
Composition, 1986 - Huile/toile (162x114cm-64x45in) Paris 90 .... FF28 000 - £2 902 - $4,921
BENSA Ernesto XIX-XX [7]
Patio del Bargello, 1897 - Acuarela (67x39cm-26x15in) Madrid 89 .... FF16 200 - £1 656 - $2,605
BENSA von Alexander Ritter 1820-1902 [34]
Schweinehirte im Gespräch mit Pastor - Öl/Leinwand (24x29cm-9x11in) Lindau 95 ...... FF10 680 - £1 335 - $2,157
Markt in Szolnok - Oil/panel (21x31cm-8x12in) Wien 95 .... FF37 300 - £4 580 - $7,260
Die Einquartierung - Oil/panel (36x58cm-14x23in) Wien 91 .... FF96 000 - £9 557 - $16,508
BENSAALI Pierre 1936 [3]
Paysage - Huile/toile (73x92cm-29x36in) Compiègne 92 .... FF4 200 - £432 - $808
BENSCO Charles 1894-1960 [1]
Lady with her cat - Oil/canvas (76x96cm-30x38in) San Francisco-Los Angeles 95 ...... FF9 960 - £1 310 - $2,000
BENSELL George Frederick 1837-1879 [5]
Traders' meeting - Oil/canvas (46x76cm-18x30in) New-York 94 .... FF17 080 - £2 052 - $3,250
BENSIMON Jean-Pierre XX [2]
Forêt des Maures - Huile/panneau (33x42cm-13x17in) Paris 89 .... FF12 300 - £1 258 - $1,977
BENSING Frank 1893-1983 [1]
Nurse and women in hospital room - Oil/canvas (36x81cm-14x32in) New-York 92 .... FF3 124 - £320 - $550
BENSLEY Michael, Mick XX [4]
The Wells Life Boat - Watercolour (30x43cm-12x17in) Aylsham, Norfolk 92 .... FF2 247 - £230 - $397
BENSO Giulio 1592-1668 [7]
Beheading of Saint John the Baptist - Ink (47x36cm-19x14in) New-York 97 .... FF38 802 - £4 319 - $7,000
BENSON Ambrosius 1495-1550 [8]
Lady wearing a dress - Oil/panel (40x32cm-16x13in) London 92 .... FF753 000 - £90 000 - $145,000
BENSON Eugene 1839-1908 [5]
Morning mending - Oil/canvas (61x51cm-24x20in) New-York 93 .... FF18 880 - £2 150 - $3,200
BENSON Frank Weston 1862-1951 [67]
The Sisters - Oil/canvas (102x102cm-40x40in) New-York 95 .... FF1 - £2 - $3
Sunshine & Shadow - Oil/canvas (77x64cm-30x25in) New-York 95 .... FF1 - £208 600 - $320,000
Duck blind - Drypoint (28x38cm-11x15in) New-York 92 .... FF7 210 - £756 - $1,300
Reflections - Pastel/paper (111x91cm-44x36in) New-York 95 .... FF2 - £255 000 - $380,000
Dog river, Alabama - Watercolour/paper (37x53cm-15x21in) New-York 97 .... FF87 514 - £9 189 - $15,000
BENSON John P. 1865-1947 [6]
The trapper's return - Oil/canvas/board (46x61cm-18x24in) New-York 94 .... FF15 700 - £1 830 - $2,750

Calendar & auction results :   INTERNET : www.artprice.com   MINITEL : 3617 ARTPRICE

B

BENSON Robert 1939 [4]
🐾 *Marilyn Monroe and Marlon Brando* - Oil/canvas (61x50cm-24x20in) Stockholm 92................ FF**9 240** - £*946* - **$1,627**
BENSON Townley XIX-XX [3]
🐾 *Desert Ranch Building* - Oil/board (30x46cm-12x18in) North Berwick, Maine 92 .... FF**3 120** - £*373* - **$600**
BENSON Tressa Emerson 1896-? [2]
🐾 *Still life with pears* - Oil/canvas New-York 90 .... FF**12 900** - £*1 337* - **$2,267**
✑ *At the Carnival* - Watercolour, gouache (28x39cm-11x15in) New-York 95 .... FF**1 970** - £*258* - **$400**
BENTABOLE Louis ?-1880 [1]
🐾 *Retour des pêcheurs* - Huile/toile (27x41cm-11x16in) Calais 93 .... FF**27 000** - £*3 065* - **$4,580**
BENTELE Fidelis 1830-1901 [2]
🐾 *Heilige Anna lehrt Maria das Lesen* - Öl/Leinwand (92x63cm-36x25in) München 93 .... FF**13 560** - £*1 620* - **$2,610**
BENTELE Heinz 1902-1983 [1]
🗿 *Schlafender Hirte* - Bronze (14cm-6in) München 92 .... FF**3 400** - £*348* - **$599**
BENTELI Wilhelm Bernhard 1839-1924 [11]
🐾 *Brienzersee bei Bönigen* - Öl/Leinwand (60x92cm-24x36in) Bern 94 .... FF**21 200** - £*2 500* - **$3,774**
✑ *Kirche von Hilterfingen* - Aquarell (24x34cm-9x13in) Bern 95 .... FF**5 590** - £*727* - **$1,148**
BENTLEY Louis 1760-1839 [1]
✑ *Tombeau de J. J. Rousseau* - Aquarelle, gouache (27x37cm-11x15in) Pontoise 95 .... FF**9 500** - £*1 248* - **$1,950**
BENTINCK Anna 1880-1951 [1]
🐾 *Still life with flowers and a hare* - Oil/canvas (200x175cm-79x69in) Amsterdam 93 .... FF**6 240** - £*714* - **$1,062**
BENTLEY Alfred ?-1923 [4]
🐾 *Marlway, Brittany* - Oil/canvas (41x31cm-16x12in) London 93 .... FF**6 640** - £*800* - **$1,160**
BENTLEY Charles 1806-1854 [37]
🐾 *Fishings Smacks off Burntisland* - Oil/canvas (71x102cm-28x40in) London 96............ FF**12 830** - £*1 600* - **$2,480**
Donegal bay - Oil/canvas (68x145cm-27x57in) London 90 .... FF**78 100** - £*7 948* - **$15,619**
✑ *A shrimper off Dover* - Watercolour (34x48cm-13x19in) London 95 .... FF**17 370** - £*2 200* - **$3,494**
BENTLEY Claude 1915 [4]
🐾 *Untitled* - Oil/canvas (76x107cm-30x42in) Chicago 94 .... FF**3 370** - £*398* - **$600**
BENTLEY Edward L. XIX-XX [1]
✑ *Still life of roses* - Watercolour/paper (38x28cm-15x11in) London 96 .... FF**5 510** - £*700* - **$1,058**
BENTLEY John William 1880-1951 [24]
🐾 *Brook in winter* - Oil/canvas (63x76cm-25x30in) San Francisco-Los Angeles 94 .... FF**7 010** - £*830* - **$1,260**
Cumbra Peak, Santa Ynes, California - Oil/canvas (64x76cm-25x30in) New-York 94 .... FF**50 600** - £*5 960* - **$9,000**
BENTLEY William XIX-XX [1]
✑ *Jerusalem* - Watercolour (14x30cm-6x12in) Tel Aviv 95 .... FF**4 570** - £*572* - **$910**
BENTON Dwight 1834-? [1]
🐾 *Boys by the shore* - Oil/canvas (36x66cm-14x26in) North Berwick, Maine 92 .... FF**11 360** - £*1 162* - **$2,000**
BENTON Fletcher 1931 [7]
🗿 *Folded Circle Ring #7* - Corten steel (36cm-14in) San Francisco-Los Angeles 94 .... FF**18 000** - £*2 350* - **$3,500**
BENTON George Bernard ?-1872 [1]
✑ *Rice Cakes and Beer, Assam* - Watercolour (28x41cm-11x16in) London 93 .... FF**2 656** - £*320* - **$464**
BENTON Thomas Hart 1889-1975 [245]
🐾 *Mural study for the Jefferson..* - Tempera (46x72cm-18x28in) New-York 97 .... FF**1** - £*165 402* - **$270,000**
Table top still life - Oil/masonite (16x10cm-6x4in) New-York 96 .... FF**40 450** - £*5 250* - **$8,000**
Still life - Oil/panel (16x10cm-6x4in) New-York 91 .... FF**79 800** - £*8 011* - **$13,806**
Farmers Harvesting Wheat - Tempera (13x16cm-5x6in) New-York 97 .... FF**277 129** - £*29 098* - **$47,500**
🖳 *The race* - Lithograph (22x33cm-9x13in) San Francisco-Los Angeles 94 .... FF**16 880** - £*2 150* - **$3,250**
Wreck of the Ol'97 - Lithograph (26x38cm-10x15in) New-York 94 .... FF**34 160** - £*4 065* - **$6,500**
🗿 *Scotch and Soda : a ship model* - Wood (52cm-20in) New-York 93 .... FF**42 600** - £*5 340* - **$7,750**
✑ *Desert Landscape*
    Watercolour/paper (22x29cm-9x11in) San Francisco-Los Angeles 96 .... FF**28 500** - £*3 570* - **$5,500**
Blast Furnace, Western Pennsylvania
    Watercolour/paper (55x37cm-22x15in) New-York 94 .... FF**115 000** - £*13 420* - **$20,000**
Louisiana rice field - Watercolour/paper (30x51cm-12x20in) New-York 97 .... FF**817 278** - £*85 974* - **$140,000**
BENTON-HARRIS John 1939 [1]
📷 *Be Kind to your Husband Day* - Gelatin silver print (30x20cm-12x8in) London 95.......... FF**3 280** - £*410* - **$663**
BENTUM van Rik 1936 [2]
✑ *Grafitti in het Zand* - Mixed media/board (58x44cm-23x17in) Amsterdam 96 .... FF**2 406** - £*276* - **$460**
BENTZ Frederick XIX-XX [1]
✑ *To the Rescue* - Watercolour (41x100cm-16x39in) London 95 .... FF**2 172** - £*280* - **$442**
BENTZEN Axel 1893-1952 [28]
✑ *Landevej* - Oil/canvas (58x65cm-23x26in) København 96 .... FF**2 830** - £*368* - **$561**
Beder - Oil/canvas (90x100cm-35x39in) København 96 .... FF**5 770** - £*747* - **$1,173**
Allé med kvinde, 1939 - Oil/canvas (102x112cm-40x44in) Vejle 90 .... FF**20 200** - £*2 177* - **$3,563**
BENTZEN-BILKVIST Fritz Johannes 1865-1934 [10]
🐾 *Sommerdag ved Vejle Fjord* - Oil/canvas (105x132cm-41x52in) København 95 .... FF**3 170** - £*383* - **$596**
Blomstrende lyng - Oil/canvas (72x105cm-28x41in) København 93 .... FF**6 600** - £*791* - **$1,268**
BENUSSI Ercole 1924 [1]
✑ *Loggia dei Lanci, Firenze* - Aquarell (56x43cm-22x17in) München 94 .... FF**9 570** - £*1 150* - **$1,820**
BENUZZI Edwin XIX-XX [2]
✑ *Fishing craft on a venetian lagoon* - Pencil (72x127cm-28x50in) London 91 .... FF**9 470** - £*947* - **$1,560**
BENVENUTI Benvenuto 1881-1959 [5]
🐾 *Inverno, mattina* - Oil/board (32x44cm-13x17in) London 92.................................... FF**125 600** - £*15 000* - **$24,160**
✑ *Marina* - Pastelli/carta (30x49cm-12x19in) Milano 93.. FF**7 320** - £*824* - **$1,226**

BENVENUTI Pietro 1769-1844 [1]
Mythologische Szene - Pencil/paper (25x32cm-10x13in) Köln 90 .... FF5 100 - £522 - $1,007
BENWELL Joseph Austin c.1830-1890 [14]
Arab Caravan by the Sea - Watercolour (31x52cm-12x20in) London 97 .... FF26 267 - £2 800 - $4,605
Camel Train & the Sphinx - Watercolour (44x77cm-17x30in) London 96 .... FF80 100 - £9 500 - $15,640
BENZ Achilles 1766-1843 [2]
Locarno - Aquatinte (11x17cm-4x7in) Bern 93 .... FF1 740 - £194 - $295
Weesen auf den Walensee - Aquarell/Papier (29x42cm-11x17in) Zürich 94 .... FF14 960 - £1 760 - $2,860
BENZ Albert J. 1846-? [1]
Un parc à München - Huile/toile (38x29cm-15x11in) Saint-Dié 92 .... FF2 600 - £303 - $531
BENZ-BAENITZ Willy 1881-? [1]
Getreideernte - Oil/canvas (70x99cm-28x39in) Frankfurt 91 .... FF4 730 - £474 - $781
BENZONI Giovanni Maria 1809-1873 [7]
Flight from pompeii - Marble (177cm-70in) New-York 90 .... FF1 - £182 553 - $306,977
Rebecca - Marble (155cm-61in) London 94 .... FF305 000 - £36 000 - $54,300
BEÓTHY Étienne 1897-1961 [18]
Mouvement médité, danse javanaise - Bronze (56cm-22in) Paris 92 .... FF23 500 - £2 804 - $4,520
Danse cosaque OP.45 - Bronze (60x23x40cm-24x9x16in) Köln 92 .... FF60 709 - £6 373 - $10,405
Don Quichotte, opus 99 - Bronze (72cm-28in) Paris 90 .... FF115 000 - £11 581 - $20,909
Composition - Gouache/carton Paris 91 .... FF11 000 - £1 103 - $1,816
BEÓTHY-STEINER Anne 1902-1985 [3]
Geometrisk Komposition - Gouache/papier (24x22cm-9x9in) Hamburg 96 .... FF10 460 - £1 268 - $2,034
BERALDO Franco 1944 [5]
Natura morta nel paesaggio - Olio/tela (70x50cm-28x20in) Vercelli 93 .... FF4 030 - £452 - $721
BERAN Bruno 1888-1979 [1]
Femme accoudée - Gouache (74x54cm-29x21in) Paris 95 .... FF8 500 - £1 083 - $1,708
BERAN Leopold 1884-1965 [2]
Alm - Oil/canvas (60x80cm-24x31in) Wien 90 .... FF3 400 - £351 - $601
BERANEK Viktor 1863-? [5]
Blumenstrauss - Öl/Karton (26x20cm-10x8in) Wien 93 .... FF3 220 - £381 - $535
BERANGER Antoine 1785-1867 [3]
Jeune femme grecque - Encre (28x32cm-11x13in) Monaco 93 .... FF40 000 - £4 820 - $7,270
BERANGER Charles 1816-1853 [1]
Reading the News - Oil/canvas (47x48cm-19x19in) London 95 .... FF26 400 - £3 500 - $5,450
BERANGER Emmanuel XIX [3]
Prova davanti allo specchio - Olio/tavola (41x31cm-16x12in) Lugano 92 .... FF52 100 - £5 320 - $9,170
BÉRARD Christian 1902-1949 [200]
Saltimbanque - Huile/toile (47x33cm-19x13in) Paris 96 .... FF18 000 - £2 114 - $3,540
Portrait de jeune homme - Oil/canvas (46x38cm-18x15in) London 95 .... FF73 400 - £9 500 - $15,020
Baigneurs solitaires sur la plage - Oil/canvas (78x114cm-31x45in) London 95 .... FF347 600 - £45 000 - $71,100
Scène de théâtre - Gouache (30x21cm-12x8in) Paris 95 .... FF5 000 - £664 - $1,030
Intérieur - Watercolour, gouache (37x31cm-15x12in) London 95 .... FF34 760 - £4 500 - $7,110
Visage - Watercolour, gouache (102x75cm-40x30in) London 96 .... FF60 300 - £7 800 - $11,950
BÉRARD de Evremond 1825-1880 [1]
Paysage animé au bord du Nil - Aquarelle, gouache/papier (23x41cm-9x16in) Paris 90 .... FF1 800 - £193 - $313
BÉRARD Désiré Honoré 1845-? [1]
Lady wearing pearls - Oil/canvas (61x51cm-24x20in) New-York 91 .... FF40 840 - £4 126 - $8,107
BÉRARD Louis François 1827-1909 [6]
Chemin dans la forêt - Lavis (44x25cm-17x10in) Grenoble 91 .... FF2 000 - £201 - $330
BERARDI Fabio 1728-? [1]
Endimion - Etching (43x31cm-17x12in) Bern 94 .... FF2 626 - £305 - $453
BÉRAT Eustache 1792-1884 [1]
Autoportraits, croquis... - Dessins dans lettres (+ de 150 p.) Rouen 92 .... FF5 500 - £657 - $1,058
BERAUD Antony 1792-1860 [2]
Paysage - Encre (13x20cm-5x8in) Paris 89 .... FF4 500 - £460 - $723
BÉRAUD Jean 1849-1936 [51]
Théâtre du Vaudeville - Oil/canvas (27x35cm-11x14in) New-York 97 .... FF3 - £356 642 - $580,000
Portrait of the Artist nils Forsberg - Oil/panel (23x15cm-9x6in) New-York 97 .... FF51 340 - £5 534 - $9,000
Le bal public - Oil/panel (27x22cm-11x9in) New-York 97 .... FF456 360 - £49 192 - $80,000
Coquelin Cadet récitant un monologue
    Oil/canvas (52x72cm-20x28in) New-York 96 .... FF986 000 - £125 600 - $190,000
BERBÉ Guy 1937 [3]
Parapluies et bouilloires - Oil/canvas (119x91cm-47x36in) Paris 90 .... FF9 000 - £916 - $1,800
BERBERIAN Charles 1960 [3]
Garden party - Gouache Paris 91 .... FF1 800 - £183 - $325
BERBERICH Karl 1865-? [4]
Erotische Szene - Pencil (13x20cm-5x8in) Stuttgart 92 .... FF1 870 - £192 - $330
BERCHEM Claes Nicolas P. 1620-1683 [27]
Scène de chasse à courre - Huile/panneau (47x66cm-19x26in) Paris 97 .... FF150 000 - £15 735 - $25,755
Bergers conversant sous un arbre - Craies (14x19cm-6x7in) Monaco 94 .... FF38 000 - £4 485 - $6,810
BERCHER Henri Edouard 1877-1970 [1]
Le Roi s'amuse - Huile/toile (97x130cm-38x51in) Neuilly 91 .... FF5 500 - £551 - $1,007

BERCHERE Narcisse 1819-1891 [46]
- *An Arab Caravan* - Oil/canvas (33x44cm-13x17in) London 97 .... FF19 982 - £2 200 - **$3,507**
- *Arab travellers resting by Ruins* - Oil/canvas (72x110cm-28x43in) London 96 .... FF84 700 - £11 000 - **$16,760**
- *The village bazaar* - Watercolour (38x24cm-15x9in) London 96 .... FF20 500 - £2 600 - **$3,934**

BERCHMANS Emile 1867-1947 [35]
- *Bouquet de dahlias* - Huile/panneau (27x43cm-11x17in) Liège 96 .... FF2 960 - £366 - **$571**
- *Allégorie de l'Automne* - Huile/toile (191x107cm-75x42in) Liège 95 .... FF18 440 - £2 350 - **$3,720**
- *Assorted rosers in an Imari vase* - Oil/canvas (91x61cm-36x24in) New-York 93 .... FF35 750 - £4 480 - **$6,500**
- *Hesitation* - Pastel/paper (39x17cm-15x7in) New-York 95 .... FF11 900 - £1 432 - **$2,250**

BERCHMANS Jules Etienne 1883-1951 [1]
- *Marine, 1926* - Aquarelle (37x62cm-15x24in) Bruxelles 90 .... FF1 800 - £193 - **$313**

BERCHMANS Oscar 1869-? [2]
- *Bacchante* - Marbre (75cm-30in) Liège 96 .... FF10 200 - £1 278 - **$1,970**

BERCK-VITZ Alain 1953 [2]
- *Here* - Print (56x44cm-22x17in) Stockholm 91 .... FF1 500 - £150 - **$275**

BERCKHOLTZ von Alexandra 1821-1899 [2]
- *Porte Saint-Denis, Paris* - Aquarelle (15x22cm-6x9in) Paris 90 .... FF23 000 - £2 478 - **$4,056**

BERCOT Paul 1898-1950 [4]
- *Fougerolles* - Huile/panneau (50x72cm-20x28in) Paris 94 .... FF3 300 - £375 - **$560**

BERCOVITCH Alexandre 1891-1951 [5]
- *Paysage forestier* - Huile/panneau (33x46cm-13x18in) Montréal 91 .... FF2 365 - £237 - **$433**
- *The Girl with the Shell, Percé* - Pastel/papier (63x59cm-25x23in) Montréal 94 .... FF3 700 - £445 - **$704**

BERDAL Alex 1945 [46]
- *Contrejour* - Huile/toile (61x50cm-24x20in) Paris 96 .... FF3 000 - £376 - **$580**
- *Nu assis* - Huile/toile (65x80cm-26x31in) Saint-Dié 96 .... FF13 000 - £1 527 - **$2,560**
- *Le Gros Cul* - Bronze (10cm-4in) Saint-Dié 93 .... FF7 000 - £805 - **$1,205**

BERDANIER Paul F. 1879-? [2]
- *Snow Halo* - Oil/board (48x38cm-19x15in) South Deerfield, Mass. 92 .... FF5 200 - £621 - **$1,000**

BERDIA Norberto 1900-1984 [1]
- *Camino con carreta y rancho* - Oil/canvas (70x70cm-28x28in) New-York 94 .... FF39 800 - £4 740 - **$7,500**

BERDZENICHVILI Zaza 1956 [2]
- *Composition* - Huile/toile (75x75cm-30x30in) Paris 90 .... FF6 000 - £638 - **$1,073**

BEREA de Demetre 1908-1975 [27]
- *Balcon à Cannes* - Oil/canvas (60x73cm-24x29in) New-York 90 .... FF8 950 - £911 - **$1,790**
- *Interior with flowers* - Oil/canvas (129x88cm-51x35in) New-York 95 .... FF33 400 - £4 100 - **$6,500**

BEREKETOGLU Vecihi 1895-1973 [1]
- *Ankara kaleiçi evleri peyzaj* - Oil/hardboard (40x32cm-16x13in) Istanbul 92 .... FF5 590 - £560 - **$995**

BEREND-CORINTH Charlotte 1880-1967 [11]
- *Albert Einstein, c.1942* - Watercolour (48x31cm-19x12in) Köln 89 .... FF3 700 - £378 - **$595**

BERENDT Moritz 1803/05-? [3]
- *Zwei Frauen* - Öl/Leinwand (35x39cm-14x15in) Bern 95 .... FF7 770 - £972 - **$1,570**

BERENS Johan 1848-1925 [1]
- *Peasant family in a farmyard* - Oil/canvas (31x43cm-12x17in) Amsterdam 93 .... FF2 560 - £306 - **$493**

BERENY Robert 1887-1953 [2]
- *Nöi portré* - Oil/canvas (72x54cm-28x21in) Budapest 89 .... FF4 400 - £464 - **$741**
- *Erdöben* - Watercolour/paper (36x52cm-14x20in) Budapest 89 .... FF2 400 - £253 - **$404**

BERESFORD Cecilia Melanie XIX-XX [2]
- *An Italian Girl* - Watercolour (30x47cm-12x19in) London 94 .... FF3 330 - £400 - **$616**

BERESFORD Frank Ernest 1881-? [5]
- *Violas* - Oil/panel (23x30cm-9x12in) London 92 .... FF2 540 - £260 - **$448**

BERETTA Petrus Augustus 1805-1866 [2]
- *Unloading a barge, Rotterdam* - Oil/panel (37x49cm-15x19in) London 91 .... FF29 760 - £3 020 - **$5,375**

BEREZOWSKA Maja 1901-1985 [6]
- *Przy stole* - Watercolour (31x22cm-12x9in) Warszawa 94 .... FF1 663 - £192 - **$286**

BERG Adrian 1929 [4]
- *Regents park, winter* - Oil/canvas (111x96cm-44x38in) London 92 .... FF15 080 - £1 800 - **$2,900**

BERG Albert 1828-1884 [6]
- *All'Ombra del Duomo Florance* - Oil/canvas (140x97cm-55x38in) London 94 .... FF90 800 - £10 500 - **$15,520**
- *Temple of Apollo at Bassae* - Watercolour (37x60cm-15x24in) London 92 .... FF10 050 - £1 200 - **$1,933**

BERG Albert Soult 1832-1916 [4]
- *Landskap med fors* - Oil/canvas (34x51cm-13x20in) Söderköping 94 .... FF4 700 - £561 - **$881**

BERG Anna 1875-1950 [5]
- *Röda blommor i vas* - Oil/canvas (55x43cm-22x17in) Malmö 92 .... FF7 540 - £772 - **$1,328**

BERG August 1885-1924 [2]
- *Isfiskare med nät* - Oil/canvas (42x54cm-17x21in) Stockholm 90 .... FF5 800 - £621 - **$1,009**

BERG Betzy Rezora 1850-1922 [2]
- *Landskap med hus* - Oil/canvas (46x65cm-18x26in) Oslo 93 .... FF5 200 - £605 - **$893**

BERG Christian 1893-1976 [35]
- *Landskap från Grekland* - Mixed media Malmö 92 .... FF8 130 - £972 - **$1,564**
- *Landskap fran Grekland, 1938* - Oil/canvas (92x124cm-36x49in) Stockholm 89 .... FF145 100 - £15 290 - **$24,428**
- *Kontra-Posto* - Bronze (21cm-8in) Stockholm 96 .... FF12 470 - £1 512 - **$2,426**
- *Monumentalfigur* - Bronze (59cm-23in) Stockholm 97 .... FF83 017 - £8 767 - **$14,344**
- *Snäckform II, 1961* - Sculpture (83cm-33in) Stockholm 89 .... FF486 700 - £49 765 - **$78,248**

BERG Else 1877-1942 [18]
- *Young girl* - Oil/board (32x27cm-13x11in) Amsterdam 97.. FF12 138 - £1 313 - **$211,8 9**
- *Reclining nude* - Oil/canvas (24x35cm-9x14in) Amsterdam 92... FF66 300 - £7 910 - **$12,750**
- *Orchard* - Pastel (36x50cm-14x20in) Amsterdam 94 .... FF3 355 - £394 - **$598**

BERG Frans 1892-1949 [7]
- *Skånsk by i vårvinter* - Oil/canvas (54x79cm-21x31in) Malmö 92 .... FF3 795 - £454 - **$730**

BERG George Louis 1870-1941 [2]
- *Forest & water* - Oil/canvas (49x61cm-19x24in) New-York 90 .... FF3 380 - £346 - **$667**

BERG Gunhar 1853-1893 [5]
- *Fra Svolvaer en vinterdag* - Oil/panel (29x39cm-11x15in) Oslo 92 .... FF34 700 - £3 480 - **$6,680**

BERG Hans 1813-1874 [3]
- *Hammerfest* - Akvarell (17x24cm-7x9in) Malmö 96 .... FF2 320 - £275 - **$453**

BERG J. XIX [2]
- *Interessante Lektüre* - Oil/panel (29x22cm-11x9in) Ahlden 92 .... FF4 760 - £488 - **$838**

BERG Joan 1851-1935 [2]
- *Zeeuws bruidje* - Oil/panel (25x16cm-10x6in) Amsterdam 93.. FF12 010 - £1 440 - **$2,196**

BERG Julius 1820-1873 [1]
- *Stilla sommarkväll* - Oil/canvas (70x97cm-28x38in) Stockholm 91 .... FF17 800 - £1 768 - **$3,091**

BERG Richard 1858-1919 [2]
- *Moonlit landscape* - Oil/canvas (81x74cm-32x29in) New-York 96 .... FF22 500 - £2 913 - **$4,500**
- *Crossing the green bridge* - Oil/canvas (90x59cm-35x23in) London 90 .... FF251 800 - £26 959 - **$43,791**

BERG Svante 1885-1946 [2]
- *Pelargonia i kruka* - Oil/canvas (63x56cm-25x22in) Malmö 91 .... FF3 370 - £335 - **$585**

BERG van den Andries 1852-1944 [8]
- *Moederzorg* - Oil/canvas (63x77cm-25x30in) Amsterdam 97 .... FF22 460 - £2 374 - **$3,853**

BERG van den Ans C. 1873-1942 [8]
- *Bouquet in a vase* - Oil/canvas (65x52cm-26x20in) Amsterdam 95 .... FF9 260 - £1 120 - **$1,743**
- *Ridderspoor* - Pastel/paper (90x75cm-35x30in) Amsterdam 97... FF38 013 - £4 018 - **$6,522**

BERG van den Diana 1923 [4]
- *Unicorn* - Oil/board (39x50cm-15x20in) Amsterdam 95.. FF3 780 - £483 - **$772**

BERG van den Freek 1918 [9]
- *Seated nude* - Oil/canvas (100x80cm-39x31in) Amsterdam 95.. FF9 260 - £1 120 - **$1,743**

BERG van den Jacobus Everhardus J 1802-1861 [1]
- *Lady in black* - Oil/canvas (34x28cm-13x11in) Amsterdam 93... FF2 340 - £268 - **$399**

BERG van den Jos 1905 [1]
- *Still life on a draped table* - Oil/canvas (54x41cm-21x16in) Amsterdam 93.......................... FF2 410 - £288 - **$464**

BERG van den Simon 1812-1891 [5]
- *Cattle and poultry in a yard* - Oil/panel (38x53cm-15x21in) Amsterdam 94 .... FF15 860 - £1 840 - **$2,730**

BERG van der Willem 1886-1970 [34]
- *Kameleon* - Oil/panel (30x18cm-12x7in) Amsterdam 97.. FF3 296 - £346 - **$566**
- *Clifford Rykens* - Oil/panel (22x16cm-9x6in) Amsterdam 97.. FF5 394 - £567 - **$926**
- *Ganzenmeisje* - Oil/panel (25x20cm-10x8in) Amsterdam 97... FF21 576 - £2 268 - **$3,706**

BERG Walter 1906-? [1]
- *Nach der Feldarbeit* - Öl/Leinwand (60x80cm-24x31in) Köln 93 .... FF5 250 - £601 - **$893**

BERG Werner 1904-1981 [24]
- *Bäuerin* - Öl/Leinwand (94x75cm-37x30in) Wien 97 .... FF238 900 - £25 400 - **$41,200**
- *Drei Köpfe steil* - Woodcut (55x20cm-22x8in) Wien 96 .... FF18 270 - £2 327 - **$3,520**
- *Frau und Mann unterwegs* - Pencil/paper (14x20cm-6x8in) Wien 96 .... FF9 620 - £1 206 - **$1,880**

BERG Yngve 1887-1963 [2]
- *Blomsterstilleben* - Oil/board (45x37cm-18x15in) Stockholm 90.. FF2 200 - £236 - **$383**

BERG-WILHELMSSON Folke 1896-1974 [1]
- *Vasabron mot Riddarholmen* - Oil/canvas (52x61cm-20x24in) Stockholm 89 .... FF2 900 - £289 - **$458**

BERGAGNA Vittorio 1884-1965 [4]
- *Serenata sul lago* - Olio (70x50cm-28x20in) Trieste 92 .... FF20 400 - £2 086 - **$3,590**

BERGAMETTI Francesco 1815-1883 [1]
- *The vegetable vendors* - Oil/canvas (53x38cm-21x15in) New-York 95 .... FF14 880 - £1 800 - **$2,800**

BERGAMINI Aldo 1904-1980 [1]
- *Alba sul Sile* - Olio/tavola (25x34cm-10x13in) Trieste 93 .... FF2 560 - £288 - **$459**

BERGAMINI Francesco 1815-1883 [30]
- *The rehearsal* - Oil/canvas (32x66cm-13x26in) New-York 95 .... FF46 200 - £5 670 - **$9,000**
- *Sunday School* - Oil/canvas (45x67cm-18x26in) London 94 .... FF56 000 - £6 500 - **$9,680**
- *Vita di paese* - Olio/tela (82x51cm-32x20in) Roma 95.. FF140 400 - £18 450 - **$27,900**

BERGANDER Rudolf 1909-1970 [1]
- *Unsere Trümmerfrauen* - Öl/Karton (30x25cm-12x10in) Rudolstadt-Thüringen 96..................... FF6 100 - £765 - **$1,177**

BERGE Edward H. 1876-1924 [20]
- *Lily Pad Girl* - Bronze (25cm-10in) New-York 96... FF7 310 - £846 - **$1,400**
- *Poppy: a wood Nymph* - Bronze (60cm-24in) New-York 94 .... FF23 650 - £2 840 - **$4,500**

BERGÉ Jacques 1693-1756 [1]
- *La Source* - Terracotta (20cm-8in) Paris 95 .... FF15 500 - £1 980 - **$3,173**

BERGE ten Bernardus Gerardus 1835-1875 [4]
- *Peasant by a Farm* - Oil/canvas (40x51cm-16x20in) Amsterdam 97.................................... FF15 006 - £1 597 - **$2,611**

BERGEN Claus 1885-1964 [19]
Hohe See im Atlantik - Oil/canvas (57x95cm-22x37in) München 91 .... FF14 640 - £1 468 - **$2,681**
Ran an den Feind - Oil/canvas (90x150cm-35x59in) Stuttgart 90 .... FF76 000 - £8 137 - **$13,217**
Flugzeugstaffel - Gouache (16x23cm-6x9in) Stuttgart 93 .... FF5 920 - £679 - **$1,006**
BERGEN Emiel 1923-1988 [2]
Konkreet zwart - Huile/toile (70x80cm-28x31in) Lokeren 93 .... FF2 310 - £276 - **$420**
BERGEN Fritz 1857-1941 [4]
Klosteransicht in Oberbayern - Huile/panneau (42x47cm-17x19in) München 93 .... FF7 000 - £801 - **$1,185**
BERGEN George XX [2]
Cassis - Oil/panel (33x15cm-13x6in) London 96 .... FF19 150 - £2 400 - **$3,700**
BERGEN von Carl 1853-1930 [4]
Collecting flowers - Oil/canvas (86x66cm-34x26in) New-York 94 .... FF40 940 - £4 740 - **$7,000**
BERGEN von Karl 1794-1835 [1]
Piazza Barberini, Rome - Oil/canvas (101x139cm-40x55in) London 92 .... FF253 000 - £26 000 - **$48,600**
BERGENTHAL Josef 1821-? [1]
Junger Mann - Öl/Leinwand (62x53cm-24x21in) Hamburg 93 .... FF4 130 - £468 - **$698**
BERGER Daniel 1744-1824 [2]
Sonntagsausflug Berliner Bürger, Havel - Engraving (28x44cm-11x17in) Bad Vilbel 94 .... FF4 110 - £494 - **$800**
BERGER Edith XX [2]
Lalley, hiver - Huile/isorel (46x60cm-18x24in) Grenoble 95 .... FF5 400 - £712 - **$1,095**
BERGER Einar 1890-1961 [10]
Fra Svolvaer - Oil/canvas (46x58cm-18x23in) Tönsberg 93 .... FF7 600 - £884 - **$1,305**
Fra fiskefeltet - Oil/canvas (120x164cm-47x65in) Oslo 93 .... FF16 000 - £1 896 - **$2,880**
BERGER Emil 1890-? [6]
Dorflandschaft im Ergolztal - Öl/Karton (40x55cm-16x22in) Zofingen 94 .... FF4 020 - £471 - **$715**
BERGER Ernst 1857-1919 [1]
In the harem - Oil/canvas (50x99cm-20x39in) New-York 90 .... FF57 200 - £6 085 - **$10,233**
BERGER Georg XIX-XX [3]
Råvildt på en alpetop - Oil/canvas (100x80cm-39x31in) Köbenhavn 96 .... FF8 020 - £1 040 - **$1,604**
BERGER Georges 1908-1976 [24]
Les quais de la Seine - Huile/toile (45x37cm-18x15in) Paris 90 .... FF4 200 - £442 - **$730**
Paris, rue Mabillon - Huile/toile (55x46cm-22x18in) La Grand-Combe 90 .... FF8 500 - £860 - **$1,617**
Rue à Montmartre - Huile/toile (46x55cm-18x22in) Verrières-Le-Buisson 91 .... FF11 000 - £1 111 - **$2,184**
Le Moulin Rouge - Pastel (39x29cm-15x11in) Pont-Audemer 90 .... FF4 000 - £421 - **$696**
BERGER Grete 1896-? [1]
Fuchs im Wald - Öl/Leinwand (79x63cm-31x25in) Wien 95 .... FF7 340 - £930 - **$1,434**
BERGER Hans 1882-1977 [25]
Milly mit Katze - Öl/Leinwand (65x81cm-26x32in) Zofingen 95 .... FF7 640 - £968 - **$1,538**
Sitzender Akt - Öl/Leinwand (49x35cm-19x14in) Zürich 93 .... FF40 400 - £4 770 - **$7,680**
Selbstporträt mit rotem Schal - Huile/toile (60x45cm-24x18in) Zürich 95 .... FF101 600 - £13 170 - **$21,140**
BERGER Jacques 1902-1977 [1]
Nature morte à la bouteille - Öl/Karton (45x54cm-18x21in) Bern 93 .... FF17 500 - £2 090 - **$3,370**
BERGER Joe 1939-1991 [4]
Handelsvertreter in Katzenfutter - Collage (49x63cm-19x25in) Wien 95 .... FF3 036 - £379 - **$613**
BERGER Johan Christian 1803-1871 [6]
Fartyg utanfor karlskrona, 1855 - Oil/canvas (72x102cm-28x40in) Stockholm 89 .... FF52 400 - £5 522 - **$8,822**
BERGER Julius Victor 1850-1902 [3]
Dame am Naschmarkt - Oil/canvas (84x68cm-33x27in) Wien 91 .... FF264 000 - £26 281 - **$45,398**
BERGER Max 1868-? [1]
Brandung an einer Steilküste - Oil/canvas (70x100cm-28x39in) Hamburg 92 .... FF4 410 - £527 - **$848**
BERGER Roland XX [2]
Port de Sauzon - Huile/toile (65x50cm-26x20in) Provins 97 .... FF2 810 - £314 - **$504**
BERGER Ronald 1943 [9]
Still life with pears - Oil/board (13x15cm-5x6in) Chicago 94 .... FF4 000 - £467 - **$700**
BERGERAT Philippe 1926 [28]
Le quai des Orfèvres - Huile/toile (73x60cm-29x24in) Versailles 93 .... FF4 500 - £506 - **$763**
BERGERET Denis Pierre 1846-1910 [17]
Nature morte aux fleurs - Oil/panel (71x51cm-28x20in) Toronto 89 .... FF23 300 - £2 382 - **$3,746**
Nature morte - Huile/toile (139x87cm-55x34in) Rouen 95 .... FF80 000 - £9 980 - **$16,160**
BERGERET Jean Jacques A. 1831-? [1]
Nature morte - Öl/Leinwand (100x66cm-39x26in) München 95 .... FF13 480 - £1 703 - **$2,700**
BERGERET Pierre Nolasque 1782-1863 [8]
Naufrage - Huile/toile (108x144cm-43x57in) Paris 95 .... FF32 000 - £4 150 - **$6,660**
Klassisk figurserieni - Ink (30x33cm-12x13in) Köbenhavn 93 .... FF3 680 - £440 - **$707**
BERGES Joseph 1878-1956 [1]
Bouquet de fleurs sur paysage - Huile/toile (61x50cm-24x20in) Toulouse 91 .... FF7 000 - £695 - **$1,215**
BERGES Maurice XIX-XX [2]
Vestale au bain, Victoria Placidi - Huile/toile (179x100cm-70x39in) Lyon 90 .... FF24 000 - £2 570 - **$4,174**
BERGES Werner 1941 [6]
Mohn - Mischtechnik/Karton (69x49cm-27x19in) Berlin 92 .... FF4 080 - £418 - **$718**
Sommer - Farbserigraphie Berlin 91 .... FF3 040 - £309 - **$549**
BERGEVIN Albert J.-P. 1887-1974 [4]
Avranches - Poster (119x79cm-47x31in) New-York 95 .... FF5 720 - £751 - **$1,200**

BERGEVIN de Edouard 1861-1925 [8]
- Les marais en automne - Huile/toile (38x46cm-15x18in) Rouen 91 .... FF**10 000** - £**996** - **$1,720**
- Le Cours la Reine - Huile/toile (50x61cm-20x24in) Paris 93 .... FF**43 000** - £**5 180** - **$7,820**

BERGEY Earle K. 1901-1952 [2]
- Skater lying on her back - Oil/canvas (71x64cm-28x25in) New-York 92 .... FF**14 770** - £**1 510** - **$2,600**

BERGGREN Edvard 1876-? [1]
- Young girl, seated - Oil/canvas (114x79cm-45x31in) Söderköping 93.................... FF**6 320** - £**717** - **$1,070**

BERGGREN Pehr 1792-1848 [2]
- Flicka i stråhatt - Oil/canvas (75x62cm-30x24in) Stockholm 91 .... FF**9 420** - £**945** - **$1,574**

BERGGREN Sigge 1911 [10]
- Naken kvinna - Bronze (28cm-11in) Malmö 89 .... FF**3 300** - £**337** - **$531**

BERGH Edward 1828-1880 [28]
- Vibyholms Slott - Oil/canvas (74x105cm-29x41in) Stockholm 96 .... FF**24 900** - £**2 840** - **$4,770**
- Svenskt sommarlandskap - Oil/canvas (124x178cm-49x70in) Stockholm 96 .... FF**141 400** - £**14 470** - **$24,900**
- Snöklätt landskap - Akvarell (35x50cm-14x20in) Stockholm 96 .... FF**19 450** - £**2 220** - **$3,720**

BERGH Richard 1858-1919 [10]
- Riddaren och jungfru, studie - Oil/panel (63x49cm-25x19in) Stockholm 95.......... FF**25 630** - £**3 290** - **$5,170**
- Garjekarlen, the ferryman - Oil/canvas (94x110cm-37x43in) London 90.............. FF**26 000** - £**2 618** - **$5,093**
- Två kvinnor vir härden - Akvarell (117x126cm-46x50in) Stockholm 95 .... FF**24 870** - £**3 254** - **$5,050**

BERGH Svante 1885-1946 [31]
- Dalior - Oil/canvas (74x60cm-29x24in) Stockholm 95 .... FF**2 640** - £**336** - **$536**
- Porträtt av Herman Gotthardt - Oil/canvas (190x87cm-75x34in) Malmö 90 .... FF**5 430** - £**553** - **$1,086**
- Paus - Oil/canvas (140x121cm-55x48in) Malmö 94 .... FF**12 300** - £**1 465** - **$2,340**

BERGH van den Joseph 1898-1967 [1]
- Projets d'affiches - Dessin Bruxelles 94 .... FF**6 640** - £**783** - **$1,182**

BERGH van den Piet 1865-1950 [1]
- Palingvisser in zijn boot - Huile/toile (64x136cm-25x54in) Tongeren 92 .... FF**2 300** - £**268** - **$470**

BERGHE van den Charles Auguste 1798-1853 [3]
- Jeune femme à la rose - Huile/toile (130x88cm-51x35in) Nice 93 .... FF**32 500** - £**3 700** - **$5,510**

BERGHE van den Frits 1883-1939 [39]
- Still life with a jug - Oil/canvas (16x22cm-6x9in) Amsterdam 95....................... FF**10 080** - £**1 287** - **$2,060**
- Het gesprek - Huile/papier/panneau (24x31cm-9x12in) Lokeren 96 .... FF**91 600** - £**11 840** - **$18,100**
- Engel boven Brandende stad - Huile/toile (87x72cm-34x28in) Lokeren 94 .... FF**813 000** - £**96 000** - **$144,800**
- Nu de femme - Aquarelle, gouache/carton (38x25cm-15x10in) Liège 95.............. FF**23 800** - £**3 024** - **$4,830**

BERGHE van den Willem Jan 1823/28-? [1]
- Herds & cattle, Vrouwepolder - Oil/canvas (38x69cm-15x27in) Amsterdam 90 .... FF**11 400** - £**1 213** - **$2,039**

BERGIER Alfred 1881-1971 [3]
- Bords de côte aux pins parasols - Aquarelle (44x54cm-17x21in) Arles 90............. FF**3 000** - £**311** - **$527**

BERGLER Joseph 1753-1829 [4]
- Ein Wolf reißt ein Schaf - Ink/paper (24x38cm-9x15in) München 90.................. FF**6 100** - £**649** - **$1,091**

BERGLUND Frithiof 1905-1973 [13]
- Uppställning - Oil/canvas (48x59cm-19x23in) Göteborg 94 .... FF**2 944** - £**342** - **$507**

BERGLUND Tommy 1943 [2]
- Trollets Balsal, 1983 - Oil/canvas (80x66cm-31x26in) Uppsala 90 .... FF**4 200** - £**450** - **$730**
- Livets ingang, 1983 - Oil/canvas (79x65cm-31x26in) Uppsala 90 .... FF**4 200** - £**450** - **$730**

BERGMAN Anna-Eva 1909-1987 [22]
- Le petit mur - Huile/toile (33x48cm-13x19in) Paris 97.............................. FF**4 000** - £**423** - **$686**
- Composition - Huile (38x45cm-15x18in) Paris 91 .... FF**11 000** - £**1 103** - **$2,015**
- Mer, Uranus, Vénus vue de près - Eau-forte Paris 94................................ FF**1 500** - £**175** - **$260**

BERGMAN Elisabeth, Elise 1842-1924 [2]
- River landscape, Summer - Oil/canvas (68x95cm-27x37in) Köbenhavn 96 .... FF**8 760** - £**1 111** - **$1,680**

BERGMAN Franz 1838-1894 [11]
- Arab lamp - Bronze (35cm-14in) London 92.. FF**8 170** - £**950** - **$1,668**
- Arab man and woman - Bronze (64cm-25in) Bloomfield Hills, Michigan 94............ FF**31 560** - £**3 670** - **$5,500**

BERGMAN Karl 1891-1965 [35]
- Solglitter över fjärd - Oil/canvas (45x70cm-18x28in) Stockholm 92 .... FF**7 680** - £**918** - **$1,478**
- Glittrande fjärd, Blekinge - Oil/canvas (56x96cm-22x38in) Stockholm 95 .... FF**15 900** - £**1 594** - **$2,912**

BERGMAN Oskar 1879-1963 [169]
- Motiv från Angö, Stockholms Skärgård - Oil/canvas (44x66cm-17x26in) Stockholm 97 .... FF**7 866** - £**842** - **$1,371**
- Krokholmen - Oil/canvas (60x90cm-24x35in) Stockholm 95 .... FF**23 600** - £**3 014** - **$4,810**
- A forest in winter, 1904 - Oil/canvas (60x82cm-24x32in) London 90................ FF**145 300** - £**15 557** - **$25,270**
- Skärgardssommar - Color lithograph (31x43cm-12x17in) Stockholm 89 .... FF**2 700** - £**261** - **$410**
- Bulderup, Skåne - Akvarell/papper (29x43cm-11x17in) Stockholm 97 .... FF**7 547** - £**797** - **$1,304**
- Vårbjörkar - Watercolour/paper (27x18cm-11x7in) Stockholm 97 .... FF**20 975** - £**2 245** - **$3,656**
- Snöstorm, 1930 - Akvarell (37x53cm-15x21in) Stockholm 89 .... FF**56 200** - £**5 746** - **$9,035**

BERGMAN-TAUBE Astrid 1898-1981 [2]
- Flicka med fisk - Bronze (11cm-4in) Malmö 92 .... FF**2 260** - £**270** - **$435**

BERGMANN Julius Hugo 1861-1940 [3]
- Ruhende Kühe - Öl/Leinwand (88x134cm-35x53in) Kempten 96 .... FF**16 970** - £**2 200** - **$3,325**

BERGMANN Max 1884-1955 [38]
- Pflügender Bauer - Oil/panel (59x78cm-23x31in) Frankfurt 93...................... FF**6 440** - £**770** - **$1,240**
- Kühe an der Tränke - Öl/Leinwand (68x98cm-27x39in) Pforzheim 95 .... FF**24 930** - £**3 110** - **$5,030**

Jungvieh am Gatter - Oil/canvas (61x75cm-24x30in) Stuttgart 91 .... FF44 300 - £4 399 - **$7,692**

BERGMANN-MICHEL Ella 1895-1971 [6]
⌸ *Ohne Titel* - Ink (69x50cm-27x20in) Köln 97 .... FF64 210 - £6 748 - **$10,993**

BERGMANS Jacques 1891-1959 [4]
🌢 *Fleuriste à Gand* - Huile/toile (65x80cm-26x31in) Bruxelles 96 .... FF4 690 - £607 - **$938**

BERGMARK Torsten 1910 [2]
🌢 *Himlafenomen* - Oil/canvas (90x120cm-35x47in) Stockholm 89 .... FF18 700 - £1 971 - **$3,148**

BERGMEISTER Hermann 1869-1938 [1]
🌢 *Venus und die Milchstraße* - Oil/canvas (175x150cm-69x59in) Wien 92 .... FF18 300 - £1 872 - **$3,220**

BERGMÜLLER Karl 1864-1928 [2]
🌢 *Moorlandschaft im Herbst* - Öl/Leinwand (82x67cm-32x26in) München 93 .... FF2 035 - £243 - **$392**

BERGNER Jacob Christian 1812-1877 [1]
⌸ *Fünf Blätter mit Schmetterlingen* - Pencil (34x26cm-13x10in) Bern 93 .... FF1 690 - £211 - **$309**

BERGNER Vladimir Jossif Josl 1920 [107]
🌢 *Girl with a Flower* - Oil/board (24x16cm-9x6in) Tel Aviv 97 .... FF16 043 - £1 784 - **$3,000**
🌢 *Hulaflora* - Oil/canvas (116x70cm-46x38in) Tel Aviv 97 .... FF48 128 - £5 352 - **$9,000**
Family portraits - Oil/canvas (100x100cm-39x39in) Tel Aviv 94 .... FF82 600 - £9 400 - **$14,000**

BERGOLLI Aldo 1916-1972 [7]
🌢 *Composizione* - Olio/tela (69x69cm-27x27in) Milano 90 .... FF11 100 - £1 130 - **$2,220**

BERGOUGNAN R. XX [2]
🌢 *Intérieur* - Huile/toile (64x80cm-25x31in) Toulouse 89 .... FF39 000 - £4 110 - **$6,566**
⌸ *Composition* - Fusain/papier (46x59cm-18x23in) Toulouse 92 .... FF3 800 - £454 - **$731**

BERGQVIST Karl Hjalmar 1894-1972 [3]
⌸ *Torghandel pa Hötorget, Stockholm* - Akvarell (49x68cm-19x27in) Stockholm 89 .... FF4 400 - £438 - **$695**

BERGSLIEN Brynjulf Larsen 1830-1898 [1]
🗿 *Svende far i huset* - Bronze (15cm-6in) Oslo 91 .... FF3 040 - £305 - **$508**

BERGSLIEN Knud Larsen 1827-1908 [3]
🌢 *Såret bjørnejeger* - Oil/canvas (71x81cm-28x32in) Oslo 92 .... FF163 000 - £19 500 - **$31,360**

BERGSLIEN Nils Nilsen 1853-1928 [8]
🌢 *Besok fra byen* - Oil/canvas (70x55cm-28x22in) Tönsberg 90 .... FF54 500 - £5 731 - **$9,478**
⌸ *Munker som nyder sang og vin* - Watercolour (55x48cm-22x19in) Oslo 91 .... FF10 410 - £1 045 - **$1,740**

BERGSTRÖM Alfred 1869-1930 [12]
🌢 *Sommarlandskap* - Oil/canvas (50x59cm-20x23in) Stockholm 96 .... FF2 954 - £383 - **$591**
Solig dag vid Helgeansholmen - Oil/canvas (96x125cm-38x49in) Stockholm 95 .... FF20 600 - £2 695 - **$4,130**

BERGSTRÖM Endis Ingeborg 1866-1950 [3]
🌢 *Geografilektionen* - Oil/canvas (44x56cm-17x22in) Stockholm 95 .... FF6 870 - £898 - **$1,376**

BERGUE de Tony 1820-1890 [10]
🌢 *Pêcheurs près de la grève* - Huile/toile (36x61cm-14x24in) Reims 97 .... FF20 000 - £2 072 - **$3,426**

BÉRILLE Francis XX [7]
🗿 *Envol de canards pilets* - Bronze (30cm-12in) Paris 96 .... FF8 500 - £1 097 - **$1,642**

BERING Myriam 1951 [5]
🌢 *La cloche* - Huile/toile (19x27cm-7x11in) Genève 89 .... FF4 700 - £434 - **$744**
⌸ *Composition* - Gouache (54x50cm-21x20in) Genève 89 .... FF1 600 - £148 - **$253**

BERINGER Gérard 1947 [7]
⌸ *Portrait de femme* - Fusain/papier (114x77cm-45x30in) Paris 97 .... FF1 500 - £159 - **$257**
⌸ *Fauteuils* - Aquarelle, gouache/papier (101x71cm-40x28in) Paris 97 .... FF1 800 - £190 - **$309**

BERINGER Oskar 1865-1953 [1]
🌢 *Interieur mit einer Dame in Sessel* - Öl/Leinwand (54x65cm-21x26in) Berlin 92 .... FF3 050 - £365 - **$587**

BERINGUIER Eugène 1874-1949 [3]
🌢 *The rehearsal* - Oil/canvas (113x14cm-44x6in) New-York 90 .... FF57 200 - £6 085 - **$10,233**
🖼 *Concours Byrrh* - Affiche (80x120cm-31x47in) Paris 95 .... FF5 000 - £603 - **$910**
⌸ *Mousquetaires dans un parc* - Aquarelle (47x68cm-19x27in) Auch 92 .... FF8 500 - £820 - **$1,410**

BERJOAN Jean-François XX [5]
🌢 *Femme* - Huile/toile (116x73cm-46x29in) Paris 89 .... FF3 500 - £358 - **$563**

BERJOLE Pierre 1897-1990 [43]
🌢 *La Ville* - Huile/toile (60x73cm-24x29in) Paris 92 .... FF2 000 - £205 - **$372**
Les Oliviers de Ramatuelle - Huile/toile (61x46cm-24x18in) Paris 92 .... FF5 500 - £565 - **$1,022**
⌸ *Le jugement de Pâris* - Gouache (29x38cm-11x15in) Arles 91 .... FF4 500 - £452 - **$779**

BERJON Antoine 1754-1843 [20]
🌢 *Panier de fleurs sur un entablement*
      Huile/panneau (36x48cm-14x19in) Monaco 89 .... FF650 000 - £68 493 - **$109,428**
⌸ *A basket of eggs* - Watercolour (38x27cm-15x11in) New-York 94 .... FF44 000 - £5 200 - **$8,000**
Grapes in a marble vase - Pastel (46x35cm-18x14in) London 96 .... FF238 400 - £28 000 - **$46,900**

BERJONNEAU Jehan 1890-1972 [20]
🌢 *Place animée* - Huile/toile (92x73cm-36x29in) Paris 93 .... FF7 000 - £844 - **$1,273**

BERKE Ernest 1921 [8]
🌢 *Under the blanket* - Oil/canvas (91x61cm-36x24in) New-York 93 .... FF22 560 - £2 580 - **$4,000**
🗿 *Chief crazy horse* - Bronze (40cm-16in) New-York 92 .... FF19 600 - £2 276 - **$4,000**

BERKE Hubert 1908-1979 [48]
🌢 *Blau-Schwarz-Grau* - Öl/Leinwand (41x65cm-16x26in) Köln 92 .... FF32 200 - £3 850 - **$6,200**
⌸ *Syrien* - Aquarelle (62x48cm-24x19in) Köln 97 .... FF3 204 - £336 - **$549**
Abstrakte Komposition - Aquarell (32x48cm-13x19in) Köln 94 .... FF5 470 - £642 - **$974**
Kreta - Wash (24x31cm-9x12in) Köln 91 .... FF6 080 - £617 - **$1,098**

Syrien - Coloured crayons (59x46cm-23x18in) Köln 96.. *FF6 120 - £697 - $1,170*

BERKELEY Stanley 1855-1909 [3]
● *An Australian Bush Fire* - Oil/canvas (137x215cm-54x85in) London 97.................... *FF56 023 - £6 000 - $9,821*

BERKES Antal 1874-1938 [85]
● *A cloudy day in Paris* - Oil/cardboard (56x69cm-22x27in) Amsterdam 97.............. *FF8 639 - £913 - $1,482*
Vor der Oper in Budapest - Öl/Leinwand (66x82cm-26x32in) München 93............... *FF27 560 - £3 120 - $4,650*

BERKO Ferenc 1928 [5]
📷 *Nude Study with Shadow* - (22x16cm-9x6in) New-York 94................................ *FF17 260 - £2 060 - $3,250*

BERLANDINA Jane 1898-1970 [1]
● *White iris* - Oil/canvas (92x68cm-36x27in) New-York 93................................... *FF9 020 - £1 032 - $1,600*

BERLANT Alexandre XX [2]
● *Anémones et jonquilles en fleurs* - Huile/toile (65x54cm-26x21in) Strasbourg 93.... *FF2 500 - £281 - $424*

BERLANT Tony 1941 [10]
● *Sterring Wheel*
    Mixed media/panel (123x154cm-48x61in) San Francisco-Los Angeles 93 .... *FF30 250 - £3 790 - $5,500*
🗿 *House* - Metal (23x18x22cm-9x7x9in) New-York 94.. *FF17 700 - £2 013 - $3,000*

BERLEPP Friedrich W. 1915 [6]
● *Blick auf den Feldberg im Taunus* - Oil/canvas (40x50cm-16x20in) Frankfurt 91 ...... *FF3 210 - £322 - $530*

BERLEPSCH-VALENDAS von Hans Eduard 1849-1921 [1]
● *Mädchen auf einer Wiese* - Oil/canvas (47x71cm-19x28in) München 91 .... *FF11 830 - £1 186 - $1,953*

BERLEWI Henryk 1894-1967 [12]
● *Composition, 1966* - Oil/canvas (117x150cm-46x59in) London 89......................... *FF67 800 - £6 746 - $10,711*
🖼 *Ohne Titel* - Silkscreen in colors (42x37cm-17x15in) Berlin 96......................... *FF4 410 - £550 - $852*
✎ *Portret Dziewczyny z papierosem* - Pastel/paper (49x37cm-19x15in) Warszawa 94 .... *FF47 300 - £5 420 - $8,010*

BERLIN Beatrice 1922 [2]
● *Le vacher* - Huile/toile (46x91cm-18x36in) Grenoble 89................................... *FF4 200 - £443 - $707*

BERLIN Gustav 1905-1988 [17]
● *Bygata Gladsax, Österlen* - Oil/panel (46x54cm-18x21in) Malmö 93..................... *FF2 045 - £241 - $360*

BERLIN Sven 1911 [28]
● *Rocks at Zennor* - Mixed media/board (11x21cm-4x8in) London 95...................... *FF2 130 - £280 - $428*
🗿 *Mermaid* - Marble (63cm-25in) London 93.. *FF32 000 - £4 000 - $5,800*
✎ *Turkeys* - Ink (36x28cm-14x11in) Penzance, Cornwall 92 .... *FF1 950 - £200 - $374*

BERLING Heinrich 1849-? [1]
● *Der Liebesbrief* - Oil/panel (55x44cm-22x17in) München 94.............................. *FF13 650 - £1 613 - $2,452*

BERLIT Rüdiger 1883-1939 [9]
● *Waldweg* - Öl/Leinwand (59x48cm-23x19in) München 95................................. *FF8 940 - £1 175 - $1,794*
✎ *Weg ins Gebirge* - Watercolour (36x42cm-14x17in) München 93......................... *FF10 260 - £1 215 - $1,852*

BERLOT Jean-Baptiste 1775-1836 [4]
● *Moine en prière, ruines d'une église* - Huile/toile (27x22cm-11x9in) Paris 90...... *FF8 000 - £862 - $1,411*
● *Lavandières près des thermes* - Huile/toile (70x89cm-28x35in) Lyon 95.............. *FF62 000 - £7 840 - $12,550*

BERLY DE VLAMINCK Madeleine 1896-1953 [10]
● *Le panier de fruits* - Huile/toile (24x36cm-9x14in) Paris 96.............................. *FF6 500 - £766 - $1,276*
✎ *Autoportrait* - Aquarelle (38x26cm-15x10in) Paris 96.................................... *FF11 000 - £1 296 - $2,160*

BERMAN Eugene 1899-1972 [87]
● *View of the Coliseum* - Mixed media/board (22x30cm-9x12in) New-York 97......... *FF9 866 - £103 8 2 - $1,700*
Veduta immaginata de Palestrina - Oil/canvas (62x51cm-24x20in) London 95....... *FF27 040 - £3 500 - $5,530*
La danse muette - Oil/canvas (193x157cm-76x62in) London 90....................... *FF503 600 - £52 187 - $88,506*
✎ *Woman in a Surrealist landscape* - Ink (45x34cm-18x13in) New-York 97............ *FF11 027 - £1 160 - $1,900*
Têtes de femmes - Gouache/paper (35x25cm-14x10in) London 95.................... *FF30 900 - £4 000 - $6,320*

BERMAN Harry 1900-1932 [1]
● *Meandering Stream* - Oil/canvas (20x24cm-8x9in) Philadelphia 95................... *FF13 450 - £1 770 - $2,700*

BERMAN Leonid 1898-1976 [15]
● *Bay of Mont St. Michel, France* - Oil/canvas (86x127cm-34x50in) New-York 97..... *FF8 706 - £915 - $1,500*
Sachuest Point, Rhode Island - Oil/canvas (92x127cm-36x50in) New-York 96....... *FF23 370 - £2 976 - $4,500*

BERMAN Wallace 1926-1976 [6]
● *Untitled* - Collage/board (33x26cm-13x10in) San Francisco-Los Angeles 94....... *FF15 440 - £2 013 - $3,000*
✎ *Untitled* - Collage/paper (76x83cm-30x33in) New-York 97.............................. *FF63 954 - £6 716 - $11,000*

BERMAN Zeke 1951 [6]
📷 *SVA Drawing Board, Both Sides* - Gelatin silver print (69x79cm-27x31in) New-York 94........... *FF5 950 - £706 - $1,100*

BERMOND Marguerite, Marg 1911-1991 [65]
● *Nature morte au tissu rayé* - Huile/toile (100x73cm-39x29in) Paris 94............... *FF4 200 - £431 - $781*
Village de Breux - Huile/toile (60x81cm-24x32in) Paris 92............................... *FF11 800 - £1 211 - $2,193*

BERMOND Marie 1859-1941 [8]
● *Paysage* - Huile/toile (81x59cm-32x15in) Quimper 96.................................... *FF21 500 - £2 550 - $4,195*
✎ *Portrait d'une femme accoudée* - Pastel (60x47cm-24x19in) Paris 92.............. *FF2 200 - £225 - $388*

BERMUDEZ Cundo 1914 [39]
● *Mujer peinando a su amante* - Oil/canvas (76x60cm-30x24in) New-York 95....... *FF1 - £197 400 - $310,000*
Floreros - Oil/canvas (38x30cm-15x12in) New-York 97................................. *FF45 819 - £4 884 - $8,000*
Enrique Labrador Ruiz - Oil/canvas (81x75cm-32x30in) New-York 94................ *FF253 000 - £29 800 - $45,000*
✎ *Hombre con turbante* - Gouache/paper (170x131cm-67x52in) New-York 97........ *FF63 001 - £6 715 - $11,000*

BERMUDO Y MATEOS José 1853-1920 [3]
● *Tertulia e la hora del café* - Oleo/lienzo (62x86cm-24x34in) Madrid 93............. *FF35 250 - £4 240 - $6,860*

BERMUTH von Ernst 1833-1923 [1]
🐦 Mor og barn, sommerdag - Oil/canvas (47x35cm-19x14in) Köbenhavn 91 .... FF8 800 - £883 - $1,523

BERNABE Haude XX [9]
🗿 La marelle - Sculpture (36cm-14in) Paris 97 .... FF2 200 - £233 - $378

BERNACCHI Louis Charles 1876-1942 [1]
📷 An Expedition to Tropical Peru - Platinum print (5x15cm-2x6in) London 96 .... FF6 200 - £800 - $1,197

BERNADES Danielle 1938 [11]
🐦 Composition - Huile/papier (50x65cm-20x26in) Strasbourg 93 .... FF2 500 - £281 - $424
La coloquinte - Huile/panneau (52x38cm-20x15in) La Baule 93 .... FF3 100 - £357 - $535

BERNALDO DE QUIROS Cesareo 1881-1968 [1]
🐦 Huerta - Oil/masonite (61x76cm-24x30in) New-York 92 .... FF98 800 - £11 800 - $19,000

BERNARD Édouard Alexandre 1879-1950 [4]
🖼 Le Pavois... - Affiche (156x117cm-61x46in) Boulogne 96 .... FF3 600 - £469 - $714

BERNARD Émile 1868-1941 [302]
🐦 La Grande Jatte au printemps - Oil/canvas (69x90cm-27x35in) New-York 93 .... FF2 - £268 400 - $400,000
Homme drapé dans sa cape - Huile/papier/panneau (76x60cm-30x24in) Paris 97 .... FF8 000 - £833 - $1,363
Jeune femme en buste au chapeau noir
  Huile/carton (59x51cm-23x20in) Versailles 90 .... FF30 000 - £3 099 - $5,300
Nature morte aux oranges - Öl/Karton (60x73cm-24x29in) München 95 .... FF30 960 - £4 070 - $6,210
Vase de fleurs et reflet de femme - Huile/panneau (64x50cm-25x20in) Paris 93 .... FF33 000 - £3 780 - $5,650
Gondoles sur le Grand Canal - Huile/carton (92x65cm-36x26in) Paris 95 .... FF55 000 - £7 300 - $11,330
Nature morte - Oil/canvas (73x89cm-29x35in) New-York 97 .... FF683 376 - £74 004 - $120,000
🖼 Bretonne avec une jarre - Zinkographie (30x24cm-12x9in) Bern 95 .... FF20 300 - £2 590 - $4,160
🗿 Jeune Fille à sa Toilette - Bronze (64cm-25in) Paris 92 .... FF116 000 - £13 840 - $22,300
✏ Bretonnes en costume de Pont-Aven - Crayon (50x32cm-20x13in) Douarnenez 93 .... FF7 500 - £904 - $1,364
Château de Rustephan - Aquarelle, gouache (40x57cm-16x22in) Paris 96 .... FF80 000 - £9 260 - $15,330

BERNARD Eustache 1836-1904 [1]
🗿 Musician/Poet - Bronze (27cm-11in) London 92 .... FF7 800 - £800 - $1,448

BERNARD Francis 1900-1979 [4]
🖼 Nicolas - Poster (323x221cm-127x87in) New-York 92 .... FF12 500 - £1 278 - $2,200

BERNARD Francois XIX [3]
🐦 Hunter & dog - Oil/canvas (33x23cm-13x9in) New Orleans, Louisiana 92 .... FF16 660 - £1 935 - $3,400

BERNARD Hubert Eugène 1834-? [1]
🐦 Londres: déchargement des bateaux - Huile/toile (80x145cm-31x57in) Bruxelles 91 .... FF58 300 - £5 889 - $11,573

BERNARD Jacques Samuel 1615-1687 [3]
🐦 Coupe de pêches et raisins - Huile/toile (92x113cm-36x44in) Paris 94 .... FF310 000 - £36 600 - $55,700

BERNARD Joseph 1864-1933 [27]
🐦 Woman with flowers and kakadoo - Oil/panel (52x26cm-20x10in) Stockholm 96 .... FF24 100 - £2 750 - $4,620
Maiden feeding doves - Oil/panel (58x37cm-23x15in) San Francisco-Los Angeles 93 .... FF58 800 - £6 710 - $10,000
✏ Le baiser - Pastel (50x36cm-20x14in) Paris 89 .... FF28 000 - £2 950 - $4,714

BERNARD Joseph A., sculpt. 1866-1931 [12]
🗿 Couple dansant - Bronze (78cm-31in) Paris 97 .... FF48 000 - £5 275 - $8,760
Jeune fille à la draperie - Bronze (139cm-55in) Paris 97 .... FF120 000 - £13 188 - $21,900

BERNARD Louis Michel 1885-1962 [149]
🐦 Casbah à Alger - Huile/carton (52x75cm-20x30in) Avignon 93 .... FF5 500 - £655 - $1,000
✏ Gardahia, Algérie - Gouache/papier (52x76cm-20x30in) Paris 94 .... FF4 500 - £532 - $807

BERNARD Marthe XX [2]
🗿 Tempête - Bronze (24cm-9in) La Varenne Saint-Hilaire 95 .... FF6 200 - £761 - $1,208

BERNARD Maurice 1927 [11]
🐦 Le torrent en hiver - Huile/toile (33x41cm-13x16in) Saint-Brieuc 90 .... FF4 600 - £496 - $811

BERNARD Pascal 1954 [5]
🐦 Plantation no.7 - Huile/toile (146x114cm-57x45in) Les Andelys 90 .... FF4 200 - £429 - $829

BERNARD Valère 1860-1936 [3]
✏ Sans titre - Gouache (26x38cm-10x15in) Paris 96 .... FF3 000 - £389 - $594

BERNARDI de Domenico 1892-1936 [2]
🐦 Cascine in campagna - Olio/tavola (26x35cm-10x14in) Milano 95 .... FF9 060 - £1 170 - $1,860

BERNARDI Joseph 1826-1907 [8]
🐦 Mönch und Eiger in Berner Oberland - Öl/Leinwand (55x45cm-22x18in) Pforzheim 93 .... FF9 250 - £1 063 - $1,600

BERNARDI Romolo 1876-1956 [1]
🖼 Fabbrica di Solfato, Torino - Poster (187x99cm-74x39in) New-York 94 .... FF12 610 - £1 540 - $2,400

BERNARTZ Hans Willy 1912-1989 [4]
✏ Flottenflaggschiff S.M.S. Baden - Red chalk (23x39cm-9x15in) Köln 92 .... FF3 060 - £314 - $539

BERNASCONI Ugo 1874-1960 [8]
🐦 Donna che raccolgono uva - Olio/tavola (85x60cm-33x24in) Milano 91 .... FF29 400 - £3 020 - $5,470

BERNATAZKY Olga Mikhaïlovna 1899-1971 [2]
✏ Marché au Maroc - Gouache (47x62cm-19x24in) Paris 93 .... FF2 000 - £241 - $364

BERNATH Aurél 1895-1982 [5]
🐦 Uferlandschaft - Öl/Leinwand (42x50cm-17x20in) Bern 96 .... FF2 650 - £321 - $515

BERNATH Sandor 1892-? [4]
✏ Maine lighthouse - Watercolour (41x43cm-16x17in) St. Petersburg, Florida 92 .... FF4 260 - £436 - $750

BERNATZ Johann Martin 1802-1878 [1]
🐦 Wüstenlandschaft mit Beduinen - Oil/panel (16x26cm-6x10in) Pforzheim 93 .... FF3 730 - £446 - $718

BERNATZIK Wilhelm 1853-1906 [4]
🐦 Weiher - Oil/canvas/board (47x32cm-19x13in) Wien 92 .... FF15 400 - £1 545 - $2,960

BERNAUD Jean 1849-1936 [1]
Vue de Paris - Aquarelle (23x50cm-9x20in) Bruxelles 89 .... FF24 300 - £2 561 - **$4,091**

BERNDTSON Birger 1890-1940 [2]
Danviken, Stockholm - Oil/canvas (45x57cm-18x22in) Stockholm 89 .... FF18 700 - £1 971 - **$3,148**
Hagaparken - Gouache (39x50cm-15x20in) Stockholm 89 .... FF13 600 - £1 433 - **$2,290**

BERNDTSON Carl 1902 [4]
Skånskt landskap - Oil/canvas (67x97cm-26x38in) Malmö 94 .... FF2 896 - £345 - **$551**

BERNDTSON Gunnar 1854-1895 [4]
Serenad - Oil/canvas (62x46cm-24x18in) Helsinki 94 .... FF232 600 - £26 970 - **$40,050**

BERNE-BELLECOURT Étienne Prosper 1838-1910 [41]
Soldier at rest by a green meadow - Oil/panel (37x26cm-15x10in) New-York 95 ...... FF7 440 - £900 - **$1,400**
Soldier in uniform - Oil/panel (21x13cm-8x5in) London 93 .... FF36 900 - £4 200 - **$6,260**
Scènes de la guerre de 1870 - Oil/canvas (100x66cm-39x26in) New-York 97 ...... FF85 568 - £9 223 - **$15,000**

BERNE-BELLECOURT Jean-Jacques 1874-? [9]
Mounted Officer with Native soldier - Oil/canvas (46x38cm-18x15in) Chicago 95 ...... FF6 530 - £817 - **$1,300**

BERNEDE Pierre Émile 1820-? [3]
Opening the boulle box - Oil/canvas (40x30cm-16x12in) New-York 90 .... FF18 600 - £1 956 - **$3,235**

BERNEGGER Alfred 1912-1978 [3]
Selbstporträt - Mixed media/paper (30x26cm-12x10in) Zofingen 93 .... FF3 300 - £398 - **$604**

BERNEIS Benno 1884-1916 [2]
Finish - Öl/Leinwand (41x54cm-16x21in) Berlin 96 .... FF6 100 - £762 - **$1,180**

BERNEKER Louis Frederick 1872-1937 [9]
Woman sewing in an interior - Oil/canvas (61x51cm-24x20in) New-York 93 ...... FF8 800 - £1 104 - **$1,600**
Maude in green - Oil/canvas (111x83cm-44x33in) New-York 89 .... FF125 800 - £13 256 - **$21,178**

BERNER Bernd 1930 [9]
Flächenraum II - Lithographie (56x41cm-22x16in) Heidelberg 93 .... FF1 925 - £225 - **$317**
Komposition in Rot - Gouache/papier (63x47cm-25x19in) Köln 97 .... FF6 745 - £708 - **$1,156**

BERNER Eugene Friedrich 1865-? [1]
Offizier, 127 Infanterie-Regiment - Oil/canvas (78x58cm-31x23in) Stuttgart 90 ...... FF3 700 - £382 - **$654**

BERNERS Gerald Hugh, Lord 1883-1950 [4]
The end of the day - Oil/board (33x46cm-13x18in) London 90 .... FF4 630 - £471 - **$926**

BERNHARD Franz 1934 [4]
Figur - Pencil (61x43cm-24x17in) Heidelberg 96 .... FF3 050 - £377 - **$589**

BERNHARD Georg 1929 [2]
Ohne Titel - Mixed media/canvas (26x20cm-10x8in) München 94 .... FF5 150 - £610 - **$951**
Figurale Kompositionen - Ink (65x51cm-26x20in) München 93 .... FF1 740 - £199 - **$294**

BERNHARD Lucian 1883-1972 [5]
Manoli Zigaretten... - Poster (68x94cm-27x37in) New-York 93 .... FF19 800 - £2 483 - **$3,600**

BERNHARD Ruth 1905 [52]
Wet Silk - Gelatin silver print (28x20cm-11x8in) San Francisco-Los Angeles 95 ...... FF3 420 - £437 - **$700**
Shell - Gelatin silver print (20x25cm-8x10in) San Francisco-Los Angeles 95 ...... FF9 770 - £1 247 - **$2,000**
In the Box, Horizontal - Gelatin silver print (13x23cm-5x9in) New-York 96 ...... FF23 300 - £2 880 - **$4,500**

BERNHARDT Eugène 1898-1984 [42]
La plage de Villerville - Huile/papier (32x50cm-13x20in) Chambéry 93 .... FF3 000 - £337 - **$509**
Vieux chalet - Aquarelle (50x65cm-20x26in) Chambéry 93 .... FF2 600 - £292 - **$441**

BERNHARDT Joseph 1805-1885 [7]
Kinder des Freiherrn J. von Ponickau
Öl/Leinwand (85x64cm-33x25in) Schloss Osterberg 95 .... FF26 000 - £3 345 - **$5,290**

BERNHARDT Sarah 1844-1923 [16]
Autoportrait en Pierrot - Oil/canvas (56x42cm-22x17in) New-York 95 .... FF73 700 - £9 500 - **$15,000**
Autoportrait en sphinge - Bronze Thonon-les-Bains 95 .... FF68 000 - £8 930 - **$13,960**
Après la Tempête - Bronze (74cm-29in) New-York 94 .... FF112 300 - £13 260 - **$20,000**

BERNI Antonio 1905-1981 [11]
Juanito Laguna - Oil/canvas (90x110cm-35x43in) New-York 96 .... FF223 700 - £28 440 - **$43,000**
La Comida - Gouache/paper (40x60cm-16x24in) New-York 96 .... FF73 100 - £8 330 - **$14,000**

BERNIE Patrick XX [2]
Bord de mer - Huile/toile (81x65cm-32x26in) Neuville-de-Poitou 93 .... FF7 400 - £851 - **$0**

BERNIER Camille 1823-1903 [5]
Vaches s'abreuvant dans le sous-bois - Huile/toile (75x58cm-30x23in) Barbizon 93 ...... FF21 000 - £2 360 - **$3,560**

BERNIER Georges, Géo 1862-1918 [29]
Le verger - Huile/toile (36x51cm-14x20in) Bruxelles 89 .... FF3 595 - £389 - **$636**
Pâturage d'été - Huile/toile (85x116cm-33x46in) Bruxelles 89 .... FF17 800 - £1 820 - **$2,862**

BERNIER-HAPPE Jenny XIX-XX [4]
La ville - Huile/toile (72x95cm-28x37in) Antwerpen 97 .... FF7 344 - £787 - **$1,287**

BERNINGER Edmund 1843-1909 [14]
Arab caravan in a coastal landscape - Oil/canvas (95x163cm-37x64in) London 96 ...... FF49 500 - £6 200 - **$9,540**

BERNINGER John E. XX [2]
Morning sunlight landscape - Oil/canvas (50x91cm-20x36in) Mystic, Connecticut 91 ...... FF5 690 - £566 - **$978**

BERNINGHAUS Charles 1905-1971 [1]
Old Ranch Gate - Oil/canvas/board (41x51cm-16x20in) San Francisco-Los Angeles 95 ...... FF5 310 - £604 - **$900**

BERNINGHAUS Oscar Edmund 1874-1952 [18]
Five miles to taos - Oil/canvas (50x61cm-20x24in) New-York 91 .... FF114 000 - £11 444 - **$19,724**

Indians hunting in Aspen Forest
Oil/canvas (88x101cm-35x40in) St. Louis, Miss. 91 .... **FF903 000 - £89 677 - $156,787**
Indian Postman - Watercolour/paper (14x29cm-6x11in) New-York 96 .... **FF62 300 - £7 930 - $12,000**
BERNOUD Alphonse 1820-1875 [2]
Palazzo Corsini - Salt print (15x20cm-6x8in) New-York 92 .... **FF3 980 - £407 - $700**
BERNOULLI Charles 1883-? [2]
Zwei Frauenakte - Ol/Leinwand (73x94cm-29x37in) Zofingen 95 .... **FF2 760 - £350 - $556**
BERNSTAMM Léopold Bernard 1859-1939 [5]
Egyptian woman on a lion - Alabaster (54cm-21in) London 96 .... **FF42 100 - £4 800 - $8,060**
BERNSTEIN Gerry, Gerald XX [2]
Window of Vulnerability - Oil/canvas (153x91cm-60x36in) Stockholm 90 .... **FF29 000 - £2 951 - $5,800**
BERNSTEIN Richard 1930 [2]
Dan Flavin at Max's Kansas City - Acrylic/canvas (127x128cm-50x50in) New-York 94 .... **FF9 440 - £1 074 - $1,600**
BERNSTEIN Theresa Ferber 1890-? [20]
Gloucester Harbor - Oil/canvas (51x61cm-20x24in) San Francisco-Los Angeles 95 .... **FF7 080 - £806 - $1,200**
Armistice day celebration - Oil/canvas (76x102cm-30x40in) New-York 91 .... **FF136 800 - £13 780 - $24,000**
American Womanhood - Pencil (29x80cm-11x31in) New-York 96 .... **FF4 960 - £574 - $950**
BERNT Rudolf 1844-1914 [12]
Dorfstrasse in Kitzbühel - Aquarelle, gouache/papier (71x58cm-28x23in) München 94 .... **FF10 200 - £1 190 - $1,790**
BERNUTH von Ernst 1833-1923 [5]
Am Waldrand - Ol/canvas (90x72cm-35x28in) Wien 91 .... **FF38 400 - £3 823 - $6,603**
BERNY D'OUVILLÉ Claude Charles Ant. 1775-1842 [6]
Young lady - Miniature (9cm-4in) Genève 95 .... **FF8 510 - £1 062 - $1,670**
BEROLDINGEN von Marie 1853-1911 [1]
Kirschen vor einer Schale - Oil/canvas (35x45cm-14x18in) Stuttgart 89 .... **FF4 700 - £454 - $713**
BERONNEAU André 1896-1973 [24]
Le Port de Saint-Tropez - Oil/canvas (50x65cm-20x26in) New-York 93 .... **FF7 150 - £897 - $1,300**
BÉROUD Louis 1852-1930 [16]
L. da Vinci peignant la Mona Lisa - Oil/canvas (54x65cm-21x26in) New-York 95 .... **FF15 330 - £1 845 - $2,900**
La Place du Louvre - Oil/canvas (63x54cm-25x21in) New-York 97 .... **FF254 093 - £27 365 - $45,000**
BERQUE Jean 1896-1954 [4]
Nu assoupi - Huile/toile (54x65cm-21x26in) Paris 92 .... **FF5 000 - £597 - $962**
Baigneuse au drap, 1926 - Huile/toile (68x54cm-27x21in) Paris 90 .... **FF45 000 - £4 787 - $8,050**
BERQUET Gilles 1956 [4]
Sans titre - Photo (24x23cm-9x9in) Paris 96 .... **FF1 800 - £234 - $356**
BERRES Joseph Edler v.Perez 1821-1921 [2]
Beim Küchenherd - Ol/Leinwand (94x71cm-37x28in) Wien 93 .... **FF31 260 - £3 735 - $6,010**
Lagernde Kamele - Aquarell/Papier (15x16cm-6x6in) Wien 93 .... **FF2 443 - £277 - $416**
BERRI Peter Robert 1864-1942 [1]
Gebirgslandschaft - Ol/Leinwand (70x100cm-28x39in) Bern 95 .... **FF15 500 - £2 012 - $3,180**
BERRIO de Gaspar Miguel 1706-1762 [2]
Virgen del Carmen - Oil/canvas (86x67cm-34x26in) New-York 92 .... **FF109 200 - £13 030 - $21,000**
BERROBIANCO Luis 1872-1961 [1]
Rezando - Oleo/lienzo (35x50cm-14x20in) Madrid 93 .... **FF2 136 - £255 - $387**
BERROCAL Miguel Ortiz 1933 [166]
Roméo et Juliette - Sculpture (15x13x21cm-6x5x8in) Paris 97 .... **FF13 000 - £1 412 - $2,280**
La Menina II - Bronze (35cm-14in) Amsterdam 97 .... **FF19 040 - £1 996 - $3,267**
Alfa e romeo - Bronze (52x21x97cm-20x8x38in) Paris 97 .... **FF60 000 - £6 612 - $10,566**
BERROD Sylvie XX [3]
Sans titre - Technique mixte/toile (65x54cm-26x21in) Paris 97 .... **FF2 000 - £211 - $343**
BERROETA de Pierre 1914 [71]
Composition - Huile/toile (130x97cm-51x38in) Besançon 95 .... **FF9 000 - £1 183 - $1,806**
Incandescence, 1964 - Huile/toile (65x92cm-26x36in) Versailles 90 .... **FF26 500 - £2 837 - $4,609**
Composition, 1962 - Huile/toile (146x89cm-57x35in) Aubagne 90 .... **FF67 000 - £7 220 - $11,817**
Composition - Aquarelle, gouache (48x63cm-19x25in) Versailles 93 .... **FF4 500 - £543 - $818**
Composition sur fond bleu - Gouache (48x62cm-19x24in) Arles 91 .... **FF8 200 - £822 - $1,502**
BERRY Ian 1934 [1]
The English - Gelatin silver print (20x30cm-8x12in) London 94 .... **FF5 540 - £650 - $970**
BERRY John 1920 [2]
Mini Car production line - Gouache (26x18cm-10x7in) London 91 .... **FF1 780 - £180 - $353**
BERRY Patrick Vincent 1843-1914 [7]
Connecticut Valley - Oil/canvas (48x28cm-19x11in) South Deerfield, Mass. 93 .... **FF4 960 - £571 - $850**
Landscape - Oil/canvas (25x20cm-10x8in) Mystic, Connecticut 92 .... **FF18 700 - £2 174 - $3,820**
BERS Mbalaka, Grand Singe 1955 [10]
Conflit des générations - Technique mixte/toile (97x180cm-38x71in) Bruxelles 94 .... **FF6 920 - £807 - $1,214**
BERSANI Stefano 1872-1914 [3]
Montagne della Val Malenco, Valtellina - Olio/tela (24x40cm-9x16in) Milano 90 .... **FF17 740 - £1 805 - $3,548**
BERSERIK Herman 1921 [6]
Speelgoed - Oil (32x50cm-13x20in) Amsterdam 92 .... **FF9 100 - £932 - $1,603**
Painter/Wall - Etching Amsterdam 97 .... **FF2 552 - £270 - $444**
Still life with fruit - Mixed media drawing (30x38cm-12x15in) Amsterdam 90 .... **FF6 600 - £682 - $1,166**
BERSIER Jean Eugène 1895-1978 [2]
Les masques - Huile/toile (46x65cm-18x26in) Paris 90 .... **FF2 100 - £218 - $369**

BERSSENBRUGGE Henri 1873-1959 [2]
Six pictorial studies - Gum bichromate silver prints (2) (23x28cm-9x11in) New-York 93 .... FF3 540 - £403 - $600

BERSTAMM Léopold Bernard 1859-c.1910 [2]
Reclining nude - Bronze (30cm-12in) New-York 92 .... FF6 660 - £698 - $1,200
Victor Hugo - Bronze (53cm-21in) Nice 91 .... FF18 000 - £1 814 - $3,123

BERT Émile 1814-1847 [2]
Paysage - Huile/toile (33x39cm-13x15in) Paris 95 .... FF8 000 - £1 021 - $1,638

BERTALAN Albert 1899-? [6]
Le goûter au bord de l'eau - Huile/toile (47x55cm-19x22in) Paris 89 .... FF6 000 - £597 - $948
Jeune femme à sa coiffeuse - Huile/toile (176x87cm-69x34in) Vinca 97 .... FF18 500 - £1 963 - $3,189

BERTAULT Amédée XIX-XX [1]
Setter - Bronze (45cm-18in) Lyon 95 .... FF5 000 - £632 - $1,002

BERTAULT Charles XIX-XX [1]
Nicholas II - Bronze (25cm-10in) London 96 .... FF15 600 - £2 000 - $3,094

BERTAUX Lucien XX [5]
Robe d'organza rose-dragée - Gouache (21x15cm-8x6in) Paris 92 .... FF2 000 - £205 - $360

BERTEA Ernesto 1836-1904 [1]
Paesaggio piemontese con fanciulla
    Olio/tela (38x54cm-15x21in) Palazzo Cansacchi Amelia 90 .... FF13 700 - £1 457 - $2,451

BERTEAUX Hippolyte D. 1843-1928 [6]
Portrait d'un derviche - Huile/toile (46x37cm-18x15in) Aubagne 92 .... FF23 000 - £2 354 - $4,140
A Bacchalian procession - Oil/canvas (120x172cm-47x68in) London 96 .... FF143 700 - £18 000 - $27,700
Franchise d'une ville - Aquarelle (60x31cm-24x12in) Paris 92 .... FF2 000 - £241 - $364

BERTEL-NORSTRÖM Engelbert 1884-1967 [18]
Natt över Stockholm - Oil/canvas (73x92cm-29x36in) Stockholm 96 .... FF2 340 - £284 - $455
Blommor i kruka, Stockholm - Oil/canvas (86x99cm-34x39in) Stockholm 91 .... FF6 080 - £610 - $1,114
Utsikt mot Södermälarstrand - Oil/canvas (93x83cm-37x33in) Stockholm 93 .... FF18 330 - £2 080 - $3,103

BERTELLI Flavio 1865-1941 [4]
Dopo la pioggia, Bellaria - Olio/tavola (27x29cm-11x11in) Trieste 96 .... FF10 680 - £1 344 - $2,050

BERTELLI Giuseppe XIX-XX [3]
Buste de Benito Mussolini - Bronze (27cm-11in) Paris 91 .... FF68 000 - £6 980 - $12,650

BERTELLI Luigi 1833-1916 [5]
Le quercie sul prato - Olio/tela (54x38cm-21x15in) Roma 92 .... FF100 700 - £11 980 - $19,370

BERTELSEN Aage 1873-1945 [4]
Landsbymotiv en vintermorgen - Oil/canvas (88x82cm-35x32in) Vejle 94 .... FF2 780 - £320 - $476

BERTELSEN Albert 1921 [12]
Aftenlys - Oil/canvas (80x90cm-31x35in) Köbenhavn 94 .... FF4 040 - £514 - $782
Undulaten - Oil/masonite (130x42cm-51x17in) Köbenhavn 96 .... FF10 560 - £1 312 - $2,050

BERTELSEN Rudolf 1828-1921 [2]
Vase of white flowers - Oil/panel (43x53cm-17x21in) Wien 96 .... FF12 100 - £1 514 - $2,347

BERTELSMANN Walter 1877-1963 [5]
Hagelsböe, Meerelandschaft - Oil/cardboard (39x57cm-15x22in) Bremen 95 .... FF4 130 - £543 - $828

BERTEN Hugo 1894-1954 [1]
Roses & irises on a table - Oil/canvas (80x70cm-31x28in) Amsterdam 93 .... FF2 560 - £306 - $493

BERTHAUD Paul François 1870-? [1]
Pandora - Sculpture (57cm-22in) North Bethesda, MD. 91 .... FF25 470 - £2 536 - $4,380

BERTHAULT Francis XX [3]
Vers le jardin du soleil - Collage (75x110cm-30x43in) Paris 89 .... FF6 200 - £634 - $997

BERTHÉLEMY Jean Simon 1742/43-1811 [10]
Jupiter et Antiope - Huile/toile (78x96cm-31x38in) Paris 91 .... FF350 000 - £34 758 - $60,770

BERTHELEMY Pierre Émile 1818-1890 [2]
Le port de Conquet (Bretagne) - Huile/panneau (13x26cm-5x10in) Bern 96 .... FF3 260 - £396 - $634
Shoreline with boats and fisherfolk - Oil/board (46x38cm-18x15in) Toronto 89 .... FF9 800 - £1 002 - $1,576

BERTHELON Eugène 1829-1924 [12]
Environs de Nemours - Huile/toile (38x61cm-15x24in) Barbizon 94 .... FF16 000 - £1 886 - $2,846
Shipping off a jetty - Oil/canvas (261x183cm-103x72in) New-York 96 .... FF46 000 - £5 730 - $9,000
Beach scene - Watercolour, gouache/paper (35x58cm-14x23in) New-York 96 .... FF18 000 - £2 182 - $3,500

BERTHELSEN Christian 1839-1909 [30]
Parti fra Bogense ved havnen - Oil/canvas (46x39cm-18x15in) Viby J, Århus 96 .... FF3 565 - £462 - $713
Parti fra Svensborgsund - Oil/canvas (45x73cm-18x29in) Köbenhavn 96 .... FF8 020 - £1 040 - $1,604

BERTHELSEN Johann 1883-1969 [71]
City snow scene - Oil/canvas/board (25x20cm-10x8in) St. Petersburg, Florida 96 .... FF3 540 - £460 - $700
Nightime view of Manhattan - Oil/canvas/board (31x41cm-12x16in) New-York 94 .... FF10 270 - £1 198 - $1,800
New-York in winter - Oil/canvas (61x61cm-20x24in) New-York 94 .... FF26 300 - £3 160 - $5,000

BERTHET Chales Joseph 1828-? [1]
La Muse endormie - Huile/toile (73x92cm-29x36in) Paris 94 .... FF14 000 - £1 630 - $2,434

BERTHIER Jean 1923 [2]
Composition - Pastel/papier (48x61cm-19x24in) Paris 93 .... FF2 200 - £275 - $400

BERTHIER Paul Marcellin 1822-1912 [6]
Cathédrale de Chartres - Tirage papier salé (26x19cm-10x7in) Chartres 96 .... FF12 500 - £1 627 - $2,477

BERTHOLLE Jean 1909 [31]
Maternité - Huile/bois (47x38cm-19x15in) Verrières-Le-Buisson 92 .... FF8 000 - £820 - $1,410

B

Composition abstraite - Huile/toile (146x97cm-57x38in) Paris 96 .... FF14 000 - £1 607 - **$2,670**
La partition de musique - Huile/panneau (90x88cm-35x35in) Paris 92 .... FF26 000 - £3 103 - **$5,000**
Scène mystique, 1957 - Huile/toile (89x116cm-35x46in) Paris 90 .... FF330 000 - £34 197 - **$57,996**
Composition - Tempera/papier (68x47cm-27x19in) Paris 96 .... FF19 500 - £2 523 - **$3,830**

BERTHOLO René 1935 [8]
Horizon II - Oil/canvas (100x65cm-39x26in) København 95 .... FF7 020 - £876 - **$1,420**
Composition - Crayons couleurs/papier (64x49cm-25x19in) Boulogne 94 .... FF2 800 - £329 - **$491**

BERTHOMMÉ-SAINT-ANDRÉ Louis 1905-1977 [127]
Paysage fauve - Huile/toile (25x34cm-10x13in) Pontoise 97 .... FF4 000 - £431 - **$702**
Attente - Huile/toile (55x46cm-22x18in) Rennes 93 .... FF11 300 - £1 362 - **$2,055**
Jeune femme nue à sa coiffure - Huile/toile (92x73cm-36x29in) Paris 97 .... FF19 500 - £2 111 - **$3,447**
Le Moulin Rouge - Huile/toile (162x130cm-64x51in) L'Isle-Adam 90 .... FF240 000 - £24 281 - **$45,650**
Femme à la lecture - Aquarelle (32x24cm-13x9in) Le Havre 92 .... FF4 000 - £456 - **$678**
Le pichet de fleurs - Aquarelle (63x48cm-25x19in) Versailles 90 .... FF8 000 - £862 - **$1,411**

BERTHON Lucienne XX [6]
Le Moulin Fou - Huile/isorel (54x65cm-21x26in) Paris 91 .... FF9 000 - £894 - **$1,563**
Camaret - Aquarelle (27x22cm-11x9in) Royan 92 .... FF3 100 - £318 - **$646**

BERTHON Nicolas 1831-1888 [4]
El indiscreto - Oil/canvas/panel (30x40cm-12x16in) Madrid 92 .... FF49 200 - £4 930 - **$9,460**

BERTHON Paul 1872-1909 [32]
Sarah Bernhardt - Color lithograph (51x41cm-20x24in) London 96 .... FF5 460 - £700 - **$1,076**

BERTHON René Théodore 1776-1859 [3]
Jeune femme dans une méridienne - Huile/toile (206x194cm-81x76in) Paris 90 .... FF530 000 - £53 369 - **$103,820**

BERTHON Roland 1909 [6]
Noblesse - Huile/toile (81x100cm-32x39in) Paris 95 .... FF3 500 - £454 - **$729**

BERTHOT Jake 1939 [9]
Splite - Oil/canvas/panel (61x61cm-24x24in) München 94 .... FF10 300 - £1 220 - **$1,902**
Eye arch and the river, 1981 - Oil/canvas (50x45cm-20x18in) New-York 89 .... FF28 600 - £2 846 - **$4,518**

BERTHOUD Alfred Henri 1848-1906 [1]
Bord du lac près d'Interlaken - Huile/toile (55x38cm-22x15in) Bevaix 94 .... FF3 260 - £392 - **$604**

BERTHOUD Auguste Henri 1829-1887 [1]
Vue des Alpes - Huile/panneau (21x50cm-8x20in) Paris 94 .... FF5 000 - £539 - **$889**

BERTHOUD Blanche Pernod 1864-1938 [2]
Young girl with yellow roses - Oil/canvas (33x21cm-13x8in) New-York 93 .... FF8 850 - £1 007 - **$1,500**

BERTHOUD Léon Rodolphe 1822-1892 [10]
Vue du lac de Brienz - Huile/toile (19x26cm-7x10in) Genève 91 .... FF3 480 - £357 - **$647**
The Island of Procida, Ischia - Oil/canvas (80x135cm-31x53in) London 93 .... FF50 900 - £5 800 - **$8,640**
Pêcheurs à Pausilippe - Dessin (17x26cm-7x10in) Genève 91 .... FF7 850 - £806 - **$1,462**

BERTHOUD Paul François 1870-1939 [2]
Buste de femme-fleur - Marbre Carrare (49cm-19in) Paris 95 .... FF4 800 - £580 - **$903**

BERTI Vinicio 1921 [6]
Guardae in alto - Acrilico/tela (298x199cm-117x78in) Prato 97 .... FF18 700 - £2 200 - **$3,300**

BERTIER Charles Alexandre 1860-1924 [38]
Lac du Crozet - Huile/toile (65x50cm-26x20in) Grenoble 96 .... FF15 000 - £1 910 - **$2,890**
La chapelle de Jarpail - Huile/toile (39x47cm-15x19in) Grenoble 90 .... FF18 500 - £1 892 - **$3,652**
L'Isère à Grenoble - Huile/toile (54x81cm-21x32in) Grenoble 90 .... FF40 000 - £5 270 - **$8,110**

BERTILLON Louis Alphonse 1853-1914 [2]
Portrait d'un patient - Tirage albuminé (5x9cm-2x4in) Paris 95 .... FF2 200 - £277 - **$441**

BERTIN Édouard François 1797-1871 [11]
Paysage d'Italie environs d'Amalfi - Mine plomb (31x39cm-12x15in) Pontoise 97 ...... FF2 500 - £273 - **$437**

BERTIN Émile 1878-1957 [3]
Patio Triana, conversation galante - Pastel (52x72cm-20x28in) Arles 90 .... FF2 000 - £216 - **$353**
Le Bossu/Les Mains sales - Dessin (49x65cm-19x26in) Paris 95 .... FF2 200 - £286 - **$453**

BERTIN Jean Victor 1775-1842 [27]
Promeneurs traversant une rivière - Huile/toile (90x116cm-35x46in) Paris 95 .... FF29 000 - £3 560 - **$5,650**
Arcadian landscape - Oil/canvas (37x46cm-15x18in) New-York 94 .... FF278 600 - £32 200 - **$47,500**
The Cascades at Tivoli - Oil/canvas (204x159cm-80x63in) London 97 .... FF434 373 - £46 000 - **$74,755**
L'arbre - Gouache (50x39cm-20x15in) Paris 94 .... FF62 000 - £7 320 - **$11,130**

BERTIN Nicolas 1668-1736 [10]
Psyché et l'Amour - Huile/toile (104x88cm-41x35in) Paris 97 .... FF75 000 - £7 920 - **$12,960**
Vénus et Adonis - Huile/toile (43x36cm-17x14in) Paris 97 .... FF120 000 - £12 588 - **$20,604**
Bacchus and Ariadne - Black, red & white chalks (29x20cm-11x8in) London 96 ...... FF14 470 - £1 800 - **$2,806**

BERTIN Roger 1915 [54]
Le port vu des hauteurs - Huile/toile (65x81cm-26x32in) Paris 97 .... FF5 000 - £541 - **$884**
La Guinguette au bord de la Marne - Huile/toile (73x92cm-29x36in) Paris 97 .... FF15 000 - £1 624 - **$2,652**
Scène de restaurant - Huile/toile (46x55cm-18x22in) Le Havre 92 .... FF25 000 - £2 560 - **$4,400**
Gare du Nord - Huile/toile (65x81cm-26x32in) Paris 90 .... FF56 000 - £5 699 - **$11,199**
Le Moulin de la Galette - Aquarelle (48x64cm-19x25in) Soissons 93 .... FF5 000 - £625 - **$910**

BERTINI Gianni 1922 [179]
L'Amant de Bellerophon
Huile/toile/panneau (65x50cm-26x20in) Saint-Germain-en-Laye 96 .... FF4 200 - £479 - **$804**
La ronde de Proserpine - Acrylique (116x89cm-46x35in) Paris 97 .... FF7 800 - £824 - **$1,338**
Composition - Huile/toile (100x140cm-39x55in) Bruxelles 97 .... FF10 143 - £1 073 - **$1,755**
La fuite d'Artaxerce - Huile/toile (91x73cm-36x29in) Paris 93 .... FF25 000 - £2 880 - **$4,310**

N4MIXAVV - Olio/tela (194x128cm-76x50in) Milano 92 .... **FF77 000 - £7 880 - $13,560**
Cinq mille kilos sur mars - Olio/tela (65x100cm-26x39in) Milano 90 .... **FF187 700 - £20 096 - $32,643**
Sans titre, 1958 - Aquarelle/papier (50x65cm-20x26in) Paris 89 .... **FF27 000 - £2 761 - $4,341**

BERTINI Giuseppe 1825-1898 [5]
Squero di San Trovaso a Venezia - Olio/tela (22x32cm-9x13in) Milano 90 .... **FF26 600 - £2 720 - $5,250**

BERTOIA Harry 1915-1978 [86]
Untitled - Monotype (97x59cm-38x23in) New-York 91 .... **FF14 700 - £1 463 - $2,528**
Sounding Tower - Sculpture (74x20x20cm-29x8x8in) New-York 97 .... **FF20 468 - £2 161 - $3,500**
Sounding Tonal - Sculpture (42x13x25cm-17x5x10in) New-York 97 .... **FF30 410 - £3 211 - $5,200**
Untitled - Sculpture (183cm-72in) New-York 97 .... **FF55 136 - £5 800 - $9,500**
Untitled - Bronze (211cm-83in) New-York 94 .... **FF76 000 - £8 720 - $13,000**
Untitled - Bronze (183cm-72in) New-York 96 .... **FF123 000 - £14 580 - $24,000**

BERTOIN Marcel 1897-1983 [16]
Campement gitan - Huile/panneau (49x61cm-19x24in) Toulouse 95 .... **FF2 000 - £264 - $406**

BERTOLETTI Bernard Pierre A. 1876-1956 [1]
Akt mit Pan in Landschaft - Oil/canvas (32x40cm-13x16in) München 92 .... **FF4 080 - £418 - $718**

BERTOLETTI Nino 1889-1971 [3]
Natura morta - Olio/tela (64x50cm-25x20in) Roma 90 .... **FF20 850 - £2 100 - $4,084**

BERTOLIO Angelo Giuseppe 1934 [2]
Architettura di un ottagono - Scultura (20x17x15cm-8x7x6in) Milano 91 .... **FF2 034 - £209 - $379**

BERTOLOTTI Cesare 1854-1932 [1]
Ritratto di giovane donna - Olio/tela (53x39cm-21x15in) Milano 90 .... **FF13 700 - £1 476 - $2,416**

BERTON Armand 1854-1927 [11]
Femme nue relevant sa chevelure - Huile/toile (41x33cm-16x13in) Limoges 92 ... **FF11 000 - £1 126 - $1,980**
Séduction - Huile/toile (104x125cm-41x49in) Bayeux 96 .... **FF29 000 - £3 440 - $5,660**

BERTON Paul Emile ?-1909 [2]
Cannes, le Suquet - Huile/panneau (24x35cm-9x14in) Paris 90 .... **FF6 500 - £655 - $1,273**
Coquelicots en bord de mer - Huile/toile (42x65cm-17x26in) Pontoise 96 .... **FF23 000 - £2 620 - $4,400**

BERTONI Flaminio XX [2]
Chiot - Bronze (16cm-6in) Paris 95 .... **FF4 000 - £509 - $820**

BERTONI Wander 1925 [1]
Wir und der Mond - Bronze (76cm-30in) Wien 89 .... **FF28 800 - £3 035 - $4,848**

BERTRAM Abel 1871-1954 [169]
Paysage animé - Huile/toile (50x65cm-20x26in) Paris 96 .... **FF9 000 - £1 060 - $1,767**
Hydrangeas - Oil/canvas (50x61cm-20x24in) New-York 93 .... **FF21 240 - £2 417 - $3,600**
Rue de village - Huile/toile (73x92cm-29x36in) Le Touquet 96 .... **FF44 000 - £5 220 - $8,580**
Jeune femme lisant - Huile/toile (65x81cm-26x32in) Saint-Germain-en-Laye 90 .... **FF130 000 - £14 009 - $22,928**
Voiliers et pêcheurs - Aquarelle (20x26cm-8x10in) Paris 92 .... **FF2 900 - £298 - $558**
Rue de Banlieue - Aquarelle (19x27cm-7x11in) Cannes 90 .... **FF3 000 - £315 - $522**
Bord de mer - Aquarelle (22x17cm-9x7in) Paris 94 .... **FF3 100 - £368 - $573**
Le modèle étendu - Lavis (32x59cm-13x23in) Paris 91 .... **FF12 000 - £1 192 - $2,084**

BERTRAM Franz H. 1843-? [1]
Norddeutsche Hafenstadt - Öl/Leinwand (43x65cm-17x26in) Zofingen 93 .... **FF2 064 - £249 - $378**

BERTRAM Paul XIX-XX [7]
Landscape with shepherd - Watercolour (23x33cm-9x13in) Ilkley, West Yorkshire 92 .... **FF1 560 - £160 - $299**

BERTRAM-EHMSEN Lis 1897-1986 [1]
Wasserträgerinnen - Oil/canvas (70x52cm-28x20in) Wien 90 .... **FF3 800 - £393 - $671**

BERTRAN 1929 [10]
La gerbe - Huile/toile (120x120cm-47x47in) Calais 97 .... **FF4 000 - £428 - $701**

BERTRAND Alexander 1877-? [2]
Hortensien - Öl/Leinwand (42x36cm-17x14in) Düsseldorf 96 .... **FF3 446 - £446 - $690**
The devoted gardeners - Oil/canvas (81x11cm-32x4in) London 89 .... **FF43 600 - £4 458 - $7,010**

BERTRAND Claire 1890-1969 [2]
Woman reading - Oil/canvas (54x64cm-21x25in) Amsterdam 96 .... **FF20 440 - £2 346 - $3,900**

BERTRAND Fred 1915 [19]
Bateaux bleus au Guilvinec - Huile/toile (46x55cm-18x22in) Grenoble 95 .... **FF2 500 - £317 - $503**
Le Croisic - Gouache (33x49cm-13x19in) Grenoble 95 .... **FF2 000 - £257 - $413**

BERTRAND Gaston 1910-1994 [42]
Coupant et transparent - Huile/panneau (27x22cm-11x9in) Bruxelles 93 .... **FF16 480 - £1 970 - $3,370**
A la recherche de Dieu - Oil/canvas (81x65cm-32x26in) Amsterdam 92 .... **FF66 700 - £6 830 - $11,750**
Composition au triangle jaune - Oil/canvas (65x81cm-26x32in) Bruxelles 90 ..... **FF123 500 - £12 629 - $24,377**
Composition abstraite - Ink (48x40cm-19x16in) Amsterdam 93 .... **FF14 700 - £1 690 - $2,525**
Escalier à Rome - Aquarelle (51x64cm-20x25in) Bruxelles 92 .... **FF29 050 - £2 975 - $5,110**

BERTRAND Harald, Hansen 1856-1890 [1]
Fjordlandskap med båter - Oil/canvas (24x36cm-9x14in) Oslo 92 .... **FF2 342 - £280 - $451**

BERTRAND James 1823-1887 [1]
Folie d'Ophélie - Oil/canvas (65x49cm-26x19in) New-York 97 .... **FF57 045 - £6 149 - $10,000**

BERTRAND Jean-Claude 1928 [17]
Paysage - Huile/toile (50x65cm-20x26in) Saint-Germain-en-Laye 96 .... **FF4 000 - £456 - $766**

BERTRAND Jean-Pierre 1937 [2]
Composition - Technique mixte (70x50cm-28x20in) Paris 94 .... **FF7 800 - £920 - $1,388**

BERTRAND Louis XIX-XX [1]
🏛 *Danseuse* - Ivory, bronze (25cm-10in) Paris 93 .... FF3 800 - £437 - **$654**
BERTRAND Paulin 1852-1940 [11]
🖼 *Bord de mer aux falaises, Manche* - Huile/toile (38x55cm-15x22in) Paris 97 .... FF9 600 - £1 043 - **$1,701**
A quiet fishing spot - Oil/canvas (65x50cm-26x20in) New-York 95 .... FF51 100 - £6 360 - **$10,000**
Promenade under the apple blossoms - Oil/canvas (50x90cm-20x35in) New-York 92 ...... FF73 800 - £7 550 - **$13,000**
BERTRAND Philippe 1663-1724 [1]
✏ *Jeune femme à la fenêtre* - Watercolour, gouache/paper (15x10cm-6x4in) Paris 91 .... FF5 800 - £576 - **$1,007**
BERTRAND Pierre Ph. 1884-1975 [10]
🖼 *Fleurs des champs* - Oil/canvas (74x48cm-29x19in) Delray Beach, Florida 96 .... FF3 095 - £398 - **$600**
Fleurs des champs - Oil/canvas (61x48cm-24x19in) Delray Beach, Florida 95 .... FF6 130 - £764 - **$1,200**
Le Bel Été - Huile/toile (130x162cm-51x64in) Paris 91 .... FF45 000 - £4 469 - **$7,813**
BERTRAND Solange 1913 [3]
🖼 *Bonjour tristesse* - Huile/toile (55x46cm-22x18in) Versailles 91 .... FF3 800 - £383 - **$659**
Homme au chat - Huile/toile (92x73cm-36x29in) Reims 91 .... FF44 000 - £4 434 - **$7,635**
BERTRAND Vincent 1770-? [8]
✏ *St. Rose Tascher de La Pagerie* - Miniature (7cm-3in) London 97 .... FF11 407 - £1 200 - **$1,953**
BERTRAND-BEYER Gabrielle 1730-1790 [1]
✏ *Herr in blauem Rock* - Pastell/Papier (92x76cm-36x30in) Wien 90 .... FF16 800 - £1 787 - **$3,005**
BERTRAND-MOULIN 1913 [3]
🖼 *Alcôve* - Acrylique/toile (61x50cm-24x20in) Tours 92 .... FF5 000 - £512 - **$880**
BERTREUX Edmond XX [2]
✏ *Clisson* - Aquarelle, gouache/papier (50x65cm-20x26in) Nantes 93 .... FF3 000 - £375 - **$546**
BERTUCHI NIETO Mariano 1885-1955 [11]
🖼 *Jardín con fuente y palomas* - Oleo/tabla (34x54cm-13x21in) Madrid 94 .... FF13 440 - £1 567 - **$2,357**
La corrida de la pólvora - Oleo/lienzo (120x206cm-47x81in) Madrid 97 .... FF112 000 - £12 040 - **$19,320**
📇 *Centro Gallego, Madrid Carnaval* - Poster (131x92cm-52x36in) London 94 .... FF8 320 - £1 000 - **$1,584**
BERUETE de Aureliano 1845-1912 [5]
🖼 *Paisaje* - Oleo/lienzo (17x27cm-7x11in) Madrid 90 .... FF32 400 - £3 358 - **$5,694**
BERVIC Charles Clément 1756-1822 [3]
📇 *Éducation d'Achille/Déjanire* - Burin (58x41cm-23x16in) Paris 96 .... FF3 200 - £365 - **$613**
BERVOETS Fred 1942 [30]
🖼 *Cirkus* - Huile/toile (74x109cm-29x43in) Antwerpen 93 .... FF8 240 - £985 - **$1,684**
Cicatrice - Huile/toile (155x200cm-61x79in) Antwerpen 96 .... FF52 500 - £6 350 - **$10,110**
✏ *Autoportrait en tant que tournesol*
   Technique mixte/papier (75x110cm-30x43in) Antwerpen 96 .... FF13 140 - £1 696 - **$2,540**
BERVOETS Leo 1892-1978 [39]
🖼 *Femme à table* - Huile/toile (80x88cm-31x35in) Antwerpen 95 .... FF6 230 - £779 - **$1,258**
Cirque - Huile/toile (80x100cm-31x39in) Antwerpen 95 .... FF12 100 - £1 514 - **$2,446**
✏ *Kermistafereel* - Lavis (26x33cm-10x13in) Lokeren 94 .... FF3 135 - £366 - **$549**
BERWERTH Laura Helmtraud 1887-1963 [2]
🖼 *Kahlenbergdorf* - Ol/Leinwand (34x42cm-13x17in) Wien 93 .... FF6 250 - £747 - **$1,203**
BERZEVICZY-PALLAVICINI Friedrich 1909-1989 [5]
🖼 *Junge dame hinter Brüstung am Meer* - Öl/Leinwand (61x45cm-24x18in) Wien 94 .... FF2 910 - £337 - **$552**
✏ *Zwei römische Feldherrn* - Aquarell/Papier (39x51cm-15x20in) Wien 94 .... FF1 706 - £205 - **$332**
BERZEVIZY Julius 1875-? [1]
🖼 *New England Harbor/Artist painting* - Oil/canvas/board New-York 92 .... FF4 680 - £559 - **$900**
BESAREL Valentino 1829-1902 [1]
🏛 *A Putto* - Wood (96cm-38in) New-York 93 .... FF8 200 - £988 - **$1,500**
BESCHEY Balthasar 1708-1776 [34]
🖼 *Adoration of the Magi/Dominican monk* - Oil/copper (14x14cm-6x6in) London 97 .... FF30 274 - £3 200 - **$5,219**
Sommerlandschaft mit drei Reitern - Oil/copper (16x20cm-6x8in) Wien 97 .... FF76 736 - £8 288 - **$13,392**
BESCHEY Jacob Andries 1710-1786 [3]
🖼 *The Holy Family with Saint Anne* - Oil/panel (48x36cm-19x14in) London 91 .... FF57 500 - £5 794 - **$9,978**
BESCHEY Karel, Charles 1706-c.1770 [18]
🖼 *Scène Seigneuriale devant un château* - Huile/cuivre (22x28cm-9x11in) Paris 97 .... FF75 000 - £7 980 - **$13,050**
The grape harvest - Oil/panel (28x36cm-11x14in) London 97 .... FF283 821 - £30 000 - **$48,930**
BESCOND Béatrice 1956 [2]
🖼 *Quadrange* - Huile/toile (73x60cm-29x24in) Les Andelys 94 .... FF2 200 - £257 - **$386**
BESESTI Antonio 1865-1938 [1]
🏛 *Beauty with Doves of Peace* - Marble (140cm-55in) New-York 95 .... FF217 200 - £27 050 - **$42,500**
BESKOW Bo 1906-1989 [23]
🖼 *Marocko* - Oil/panel (46x55cm-18x22in) Uppsala 96 .... FF8 070 - £935 - **$1,546**
Rörelse i Rymden - Oil/canvas (272x205cm-107x81in) Stockholm 96 .... FF74 800 - £9 070 - **$14,550**
✏ *En sockerbagare här bor i staden* - Akvarell (37x27cm-15x11in) Stockholm 95 .... FF80 100 - £10 470 - **$16,040**
BESKOW Elsa 1874-1953 [14]
🖼 *Hokus Pokus* - Akvarell (18x25cm-7x10in) Stockholm 96 .... FF5 390 - £686 - **$1,037**
Sov du lilla vide ung... - Akvarell (36x26cm-14x10in) Stockholm 95 .... FF326 000 - £40 600 - **$63,600**
BESKOW Ingegerd 1887-? [2]
🖼 *Marstrand* - Akvarell (39x55cm-15x22in) Malmö 94 .... FF1 593 - £190 - **$303**
BESNARD Louise, née Vaillant 1816-? [1]
✏ *Young lady & gentleman* - Miniature (7cm-3in) Genève 92 .... FF2 950 - £304 - **$552**
BESNARD Paul Albert 1849-1934 [62]
🖼 *A View of the Bridge by Orleans* - Oil/canvas (21x47cm-8x19in) Amsterdam 97 .... FF6 603 - £702 - **$1,149**

Portrait of Marion Gailey Stephen
 Oil/canvas (227x135cm-89x53in) San Francisco-Los Angeles 94......................... FF**29 330** - £**3 390** - **$5,000**
Dam Square at Night - Oil/canvas (63x75cm-25x30in) Amsterdam 97......................... FF**105 042** - £**11 176** - **$18,277**
Le Robe de soie - Eau-forte Paris 96......................... FF**3 800** - £**492** - **$753**
La douceur - Dessin (20x25cm-8x10in) Pontoise 97......................... FF**8 500** - £**916** - **$1,493**
Portrait de femme - Pastel (60x45cm-24x18in) Paris 96......................... FF**14 000** - £**1 810** - **$2,750**

BESNARD Philippe 1885-? [2]
Nu au miroir - Bronze (15cm-6in) Troyes 90......................... FF**6 000** - £**647** - **$1,058**

BESNARD Robert 1884-1917 [1]
Talloires - Poster (108x76cm-43x30in) New-York 92......................... FF**7 280** - £**870** - **$1,400**

BESNARD-FORTIN Jeanne 1892-1978 [24]
Femme à sa toilette - Pastel/papier (29x39cm-11x15in) Quimper 97......................... FF**1 500** - £**161** - **$263**

BESNARD-GIRAUDIAS Hélène 1906 [78]
Le nu aux raisins - Huile/toile (55x80cm-22x31in) Paris 89......................... FF**3 800** - £**378** - **$600**

BESNER Jean-Jacques 1919-1993 [2]
Etude d'un carré - Sculpture (30x37cm-12x15in) Montréal 91......................... FF**3 870** - £**391** - **$768**

BESNIER Fernand ?-1927 [1]
Jardin des Plantes/Le Luxembourg - Watercolour (54x70cm-21x28in) London 94 .... FF**37 900** - £**4 400** - **$6,550**

BESNUS Amédée 1831-1909 [2]
La Ferme Saint-Siméon - Huile/toile (47x65cm-19x26in) Fontainebleau 91......................... FF**15 000** - £**1 490** - **$2,604**

BESRODNY Pierre 1859-1945 [1]
Raggi d'oro a Venezia - Olio/tela (62x100cm-24x39in) Trieste 92......................... FF**20 400** - £**2 086** - **$3,590**

BESS Forrest 1911-1977 [4]
The Golden Mountain - Oil/canvas (26x36cm-10x14in) New-York 94......................... FF**87 100** - £**10 060** - **$15,000**

BESSA Pancrace 1772-1835 [9]
Fleurs et fruits sur un entablement - Aquarelle/vélin (79x63cm-31x25in) Paris 95 .... FF**45 000** - £**5 790** - **$9,280**

BESSE Raymond 1899-1969 [64]
L'église Saint-Eustache, Paris - Huile/toile (55x46cm-22x18in) Rennes 93......................... FF**3 500** - £**422** - **$637**
Le Coin des brocanteurs - Huile/toile (60x46cm-24x18in) Mâcon 95......................... FF**5 600** - £**710** - **$1,126**
Maisons à Saint-Ouen - Lavis (37x53cm-15x21in) Paris 90......................... FF**5 500** - £**589** - **$957**

BESSEDE Pierre Henry 1846-1918 [5]
Bécasse et geai - Huile/toile (47x33cm-19x13in) Bordeaux 93......................... FF**4 000** - £**482** - **$728**

BESSELIEVRE Claude-Jean c.1779-c.1830 [2]
Jeune femme aux cheveux tressés - Miniature (8cm-3in) Paris 94......................... FF**9 000** - £**1 038** - **$1,530**

BESSENICH Karl 1893-? [1]
Blumengarten - Wash (47x39cm-19x15in) Zofingen 91......................... FF**3 366** - £**342** - **$608**

BESSER Arne 1938 [1]
Ice Cream Parlor - Oil/canvas (102x76cm-40x30in) New-York 95......................... FF**5 450** - £**681** - **$1,100**

BESSERVE René 1883-1959 [31]
Nu se coiffant, 1928 - Huile/toile (61x50cm-24x20in) Neuilly 90......................... FF**4 000** - £**428** - **$696**
L'embarquement, nus à la barque - Huile/toile (65x100cm-26x39in) Versailles 90 ...... FF**34 500** - £**3 471** - **$6,272**
Chamonix, Mont-Blanc - Affiche (100x62cm-39x24in) Paris 94......................... FF**3 600** - £**416** - **$622**

BESSET Cyrille 1864-1902 [2]
Nice, marché, Pont Vieux - Huile/toile (32x24cm-13x9in) Cannes 92......................... FF**8 500** - £**870** - **$1,497**

BESSIERE Christian 1954 [1]
Voiture grise sur une côte - Acrylique/toile (80x116cm-31x46in) Douai 95......................... FF**2 700** - £**338** - **$538**

BESSINGER Frederick 1886-1975 [1]
Bouquet - Oil/canvas (61x51cm-24x20in) San Francisco-Los Angeles 91 .... FF**8 390** - £**839** - **$1,382**

BESSIRE Dale Phillip 1892-1974 [2]
Fall landscape - Oil/board (23x30cm-9x12in) North Berwick, Maine 92 .... FF**4 320** - £**443** - **$900**

BESSONNAT Lucien 1896 [4]
Le port de pêche - Huile/panneau (42x83cm-17x33in) Rennes 90......................... FF**7 800** - £**806** - **$1,378**

BESSONOF Boris XX [5]
Chemin neigeux en forêt - Huile/toile (63x81cm-25x32in) Paris 92......................... FF**14 000** - £**1 433** - **$2,520**

BEST Arthur William 1859-1935 [4]
Lake Tahoe - Oil/canvas (31x41cm-12x16in) San Francisco-Los Angeles 93 .... FF**10 450** - £**1 310** - **$1,900**

BEST David 1945 [2]
Legs of Christ, 1989 - Oil/panel (76x122cm-30x48in) San Francisco-Los Angeles 90 .... FF**3 100** - £**326** - **$539**

BEST Eleanor ?-1958 [1]
A Lady Reading at her Window - Oil/canvas (24x20cm-9x8in) London 97......................... FF**4 424** - £**480** - **$783**

BEST Fritz 1894-1980 [4]
Ester Tag - Bronze (30cm-12in) Frankfurt 97......................... FF**8 775** - £**946** - **$1,541**

BEST Gladys 1898-? [1]
Fishing boats, Polperro - Oil/canvas (46x61cm-18x24in) London 89......................... FF**4 400** - £**425** - **$668**

BEST Hans 1874-1942 [29]
Porträt eines Tiroler Bauern - Öl/Karton (58x49cm-23x19in) Stuttgart 94......................... FF**6 840** - £**822** - **$1,301**
Zwei Herren im Gespräch - Öl/Karton (21x16cm-8x6in) Stuttgart 95......................... FF**17 230** - £**2 230** - **$3,505**
Beglückte Maid - Woodcut in colors (51x36cm-20x14in) München 91......................... FF**2 704** - £**274** - **$488**

BEST Harry Cassie 1863-1936 [8]
Riders in Yosemite - Oil/canvas (61x76cm-24x30in) San Francisco-Los Angeles 94 .... FF**14 900** - £**1 764** - **$2,750**

B

BEST Johannes Al. Rud. 1797-1855 [1]
🐦 *A village road* - Oil/panel (28x37cm-11x15in) Amsterdam 90 .... FF4 520 - £457 - $860
BEST Mary Ellen 1809-1891 [4]
✏️ *Portrait of Frederic Stansfield Herries* - Watercolour (16x14cm-6x6in) London 97 .... FF5 170 - £550 - $891
A group of portrait of girls - Watercolour (17x12cm-7x5in) London 96 .... FF11 620 - £1 500 - $2,244
BESTÄNDIG Ludwig 1860-1915 [3]
🐦 *Aufziehendes Gewitter am Königssee* - Oil/Leinwand (92x118cm-36x46in) Wien 96 .... FF12 100 - £1 514 - $2,347
BESTERS Albertus Jacobus 1747-1819 [1]
🐦 *Holländische Landschaft* - Oil/panel (37x48cm-15x19in) Köln 91 .... FF17 570 - £1 749 - $3,021
BESTLAND Charles XVIII-XIX [2]
🐦 *La présentation* - Huile/cuivre (13x16cm-5x6in) Bruxelles 96 .... FF6 250 - £796 - $1,203
BESWICK Frank XIX-XX [3]
✏️ *The River Steps* - Watercolour/paper (34x24cm-13x9in) London 96 .... FF2 360 - £300 - $454
BESZIE Michel XX [3]
🐦 *Paysage de neige* - Huile/toile (38x55cm-15x22in) La Varenne Saint-Hilaire 94 .... FF10 000 - £1 200 - $1,940
BETHKE Hermann 1825-1895 [3]
🐦 *Young angler on a rock* - Oil/canvas (109x82cm-43x32in) Amsterdam 91 .... FF7 510 - £757 - $1,303
BETHUNE Gaston 1857-1897 [6]
🐦 *Le lac d'Enghien* - Huile/panneau (48x61cm-19x24in) Pforzheim 94 .... FF8 500 - £992 - $1,490
✏️ *Une route à Menton* - Watercolour (38x56cm-15x22in) New-York 93 .... FF2 310 - £290 - $420
BETIGNY Ernest 1873-1960 [16]
🐦 *Paysage avec risaie* - Huile/toile (40x60cm-16x24in) Bruxelles 89 .... FF3 400 - £338 - $537
🐦 *Moulin à aubes* - Huile/toile (60x40cm-24x16in) Bruxelles 96 .... FF5 900 - £712 - $1,132
BETOLDI Gaspare XIX [2]
🐦 *Comte et Comtesse Serbelloni* - Öl/Karton (5cm-2in) Bern 92 .... FF4 090 - £418 - $721
BETSELLERE Emile 1847-1890 [2]
🐦 *The French Revolution* - Oil/canvas (130x194cm-51x76in) London 90 .... FF83 000 - £8 447 - $16,599
BETTANIER Albert 1851-1932 [4]
🐦 *Souvenir français* - Huile/toile (255x360cm-100x142in) Paris 91 .... FF23 500 - £2 356 - $3,879
Auction at the Hôtel Drouot, Paris - Oil/canvas (80x100cm-31x39in) New-York 96 .... FF129 800 - £16 530 - $25,000
BETTENCOURT Pierre 1917 [23]
🐦 *Idole portative* - Mixed media (47x35x45cm-19x14x18in) Versailles 90 .... FF26 500 - £2 668 - $5,191
Natuil, la grande suceuse - Huile (122x103cm-48x41in) Paris 92 .... FF45 000 - £4 620 - $8,370
Personnage - Technique mixte/panneau (128x53cm-50x21in) Paris 89 .... FF50 000 - £4 975 - $7,899
La pleine lune - Technique mixte (122x250cm-48x98in) Versailles 92 .... FF50 000 - £5 120 - $9,000
Les Emmurés - Technique mixte/panneau (250x253cm-98x100in) Paris 95 .... FF115 000 - £14 530 - $23,250
✏️ *Les trois ilotes* - Technique mixte, dessin (122x72cm-48x28in) Paris 89 .... FF42 000 - £4 426 - $7,071
BETTI Luigi XIX-XX [1]
🏺 *A Roman horseman* - Bronze (71cm-28in) London 94 .... FF9 310 - £1 100 - $1,672
BETTINELLI Mario Giuseppe 1880-1953 [32]
🐦 *Susanna* - Olio/cartone (33x28cm-13x11in) Torino 93 .... FF3 840 - £434 - $647
Dormiente - Olio/cartone (38x55cm-15x22in) Milano 95 .... FF9 270 - £1 230 - $1,890
BETTINGER Gustave 1857-1934 [6]
🐦 *Chasseur arabe* - Huile/toile (81x65cm-32x26in) Montauban 96 .... FF22 500 - £2 920 - $4,450
BETTINGER Hoyland B. 1890-1934 [2]
🐦 *Autumn Afternoon, Carmel Valley*
    Oil/canvas (63x76cm-25x30in) San Francisco-Los Angeles 94 .... FF7 580 - £898 - $1,400
BETTINGER Paul XX [2]
🐦 *Spring Thaw* - Oil/canvas (61x76cm-24x30in) Toronto 92 .... FF5 160 - £528 - $908
BETTS Edward H. 1920 [2]
✏️ *Northern Beach* - Watercolour (58x99cm-23x39in) North Berwick, Maine 94 .... FF4 470 - £537 - $850
BETTS Harold Harington 1881-? [4]
🐦 *Extensive river landscape* - Oil/canvas (86x102cm-34x40in) New Orleans, Louisiana 95 .... FF4 460 - £557 - $900
BETTS Louis 1873-1961 [11]
🐦 *Lady in lace shawl* - Oil/canvas (36x30cm-14x12in) Mystic, Connecticut 96 .... FF8 580 - £1 116 - $1,700
After the Bath - Oil/canvas (127x94cm-50x37in) North Berwick, Maine 94 .... FF33 700 - £3 900 - $5,750
BEUCHOT Jean-Baptiste 1821-? [1]
✏️ *St Michel écrasant le démon* - Dessin (53x28cm-21x15in) Paris 92 .... FF4 000 - £410 - $720
BEUCKER de Pascal 1861-1945 [2]
🐦 *Nature morte aux chinoiseries* - Huile/toile (68x58cm-27x23in) Bruxelles 93 .... FF4 780 - £572 - $976
BEUL de Armand 1874-? [5]
🐦 *Jeunes pêcheurs* - Huile/toile (50x71cm-20x28in) Antwerpen 95 .... FF34 600 - £4 324 - $6,980
BEUL de Frans 1849-1919 [20]
🐦 *Returning from the fields* - Oil/canvas (66x81cm-26x32in) New-York 91 .... FF12 540 - £1 264 - $2,176
Trouvaille du nid - Huile/panneau (55x42cm-22x17in) Lokeren 95 .... FF34 500 - £4 310 - $6,760
BEUL de Henri 1845-1900 [14]
🐦 *Bergère et moutons* - Huile/toile (63x45cm-25x17in) Antwerpen 94 .... FF15 000 - £1 740 - $2,580
Young woman with sheep - Oil/panel (82x57cm-32x22in) New-York 92 .... FF26 360 - £2 760 - $4,750
BEUL de Laurent 1821-1876 [6]
🐦 *Auf dem Lande* - Oil/canvas (55x68cm-22x27in) Köln 92 .... FF30 600 - £3 130 - $5,390
BEULAS RECASENS José 1921 [48]
🐦 *Academia de España* - Oleo/lienzo (50x60cm-20x24in) Madrid 93 .... FF7 120 - £848 - $1,288
Paisaje - Oleo/lienzo (54x81cm-21x32in) Madrid 96 .... FF20 060 - £2 365 - $3,940
Torla - Huile/toile (130x97cm-51x38in) Madrid 91 .... FF98 400 - £9 860 - $16,420

BEULLENS André 1930-1976 [4]
- Lignes d'Or XXIV - Huile/toile (144x120cm-57x47in) Bruxelles 95 .... FF7 170 - £908 - $1,443

BEURDEN van Alfons, Jnr. 1878-1962 [26]
- Vase fleuri - Huile/toile (67x53cm-26x21in) Bruxelles 94 .... FF6 300 - £752 - $1,187
- Jeune garçon à la source - Bronze (83cm-33in) Antwerpen 93 .... FF19 770 - £2 364 - $4,040

BEURDEN van Alfons, Snr. 1854-1938 [16]
- La rade d'Anvers - Huile/toile (77x90cm-30x35in) Antwerpen 94 .... FF7 430 - £853 - $1,271
- Herbsttag - Oil/canvas (90x118cm-35x46in) Köln 90 .... FF22 000 - £2 355 - $3,826
- Tête de jeune ille de profil - Sculpture Bruxelles 97 .... FF2 290 - £239 - $392
- Garçon au berceau - Terracotta (70cm-28in) Antwerpen 97 .... FF4 586 - £484 - $795

BEURMANN Emil 1862-1951 [8]
- Eva und dem Baum der Erkenntnis - Chalks/paper (48x31cm-19x12in) Lindau 97 .... FF7 427 - £779 - $1,277

BEUT Y LLUCH Luis 1873-? [1]
- Valencianos - Oleo/lienzo (67x50cm-26x20in) Madrid 90 .... FF26 600 - £2 679 - $5,211

BEUTHNER Gerhard 1887-? [1]
- Industrie - Oil/canvas (80x70cm-31x28in) Köln 90 .... FF2 900 - £310 - $504

BEUYS Joseph 1921-1986 [454]
- Poissons fossiles - Peinture (56x38cm-22x15in) Paris 92 .... FF30 000 - £3 070 - $5,400
- Ich kenne kein Weekend - Öl/Papier (16x15cm-6x6in) Köln 90 .... FF46 600 - £4 742 - $9,319
- Island (Iceland) - Oil/cardboard (38x27cm-15x11in) New-York 95 .... FF178 000 - £22 300 - $36,000
- Aufruf zur Alternative - Print (55x40cm-22x16in) Wien 97 .... FF5 271 - £554 - $905
- La Rivoluzione siamo Noi - Screenprint (191x102cm-75x40in) New-York 96 .... FF31 800 - £3 770 - $6,200
- Kreuz mit Sonne - Bronze (36x5x20cm-14x2x8in) London 95 .... FF1 - £205 000 - $325,000
- In memoriam George Macinaus - Wood (14x41x63cm-6x16x25in) London 97 .... FF18 762 - £2 000 - $3,275
- Untitled - Photograph (22x30cm-9x12in) New-York 94 .... FF6 330 - £761 - $1,200
- Portrait - Photo (59x41cm-23x16in) Versailles 89 .... FF13 000 - £1 294 - $2,054
- Chapeau, 1985 - Photo (50x58cm-20x23in) Paris 90 .... FF110 000 - £11 399 - $19,332
- 1 Wirtschaftswerk - Feutre (14x1x24cm-6x9in) Köln 97 .... FF6 745 - £708 - $1,156
- Untitled - Ink (61x43cm-24x17in) New-York 93 .... FF35 750 - £4 480 - $6,500
- Drawing for a Sculpture - Pencil (62x28cm-24x11in) London 94 .... FF454 000 - £54 000 - $83,000

BEVAN Oliver 1941 [2]
- Capturing the Middle Ground - Acrylic/canvas (75x105cm-30x41in) London 94 .... FF10 420 - £1 250 - $2,025

BEVAN Robert Polhill 1865-1925 [15]
- Winter landscape, Poland - Oil/canvas (48x6cm-19x2in) London 96 .... FF158 000 - £18 000 - $30,240
- Two stabled horses - Watercolour (27x35cm-11x14in) London 95 .... FF11 180 - £1 400 - $2,230

BEVEREN van Charles, Christian 1808-1850 [3]
- Young lady in a black dress - Oil/canvas (70x56cm-28x22in) Amsterdam 96 .... FF5 420 - £657 - $1,053

BEVEREN van Hugo 1907-1985 [3]
- Travaux en hiver - Huile/toile (100x120cm-39x47in) Liège 91 .... FF5 930 - £595 - $979

BEVERLEY William Roxby 1824-1889 [21]
- Stormy seas - Oil/canvas (75x105cm-30x41in) Kobenhavn 96 .... FF21 920 - £2 733 - $4,235
- Grouse-shooting on the moors - Watercolour (22x32cm-9x13in) London 96 .... FF11 620 - £1 500 - $2,244

BEWICK Pauline 1935 [8]
- Roses, apples & woman - Wash (77x57cm-30x22in) Dublin 91 .... FF13 630 - £1 366 - $2,496

BEWLEY Murray Percival 1884-1964 [2]
- Young girl with apple - Oil/canvas (76x63cm-30x25in) New-York 91 .... FF37 450 - £3 760 - $6,479

BEYELER Ernst 1921 [2]
- Kaiseraugst - Aquarell/Papier (50x36cm-20x14in) Zürich 95 .... FF2 550 - £323 - $513

BEYER Adolf 1869-1953 [2]
- Porträt einer jungen Frau - Öl/Leinwand (190x90cm-75x35in) Bern 96 .... FF5 700 - £692 - $1,110

BEYER Alfred 1888-1932 [3]
- Poultry - Oil/cardboard (27x36cm-11x14in) Warszawa 96 .... FF6 150 - £777 - $1,227

BEYER Eugène 1817-1893 [3]
- Freudentränen - Oil/canvas (110x90cm-43x35in) Ahlden 92 .... FF33 850 - £3 940 - $6,910

BEYER Josef Johann 1861-1939 [2]
- Zärtlicher Flirt - Oil/canvas (110x90cm-43x35in) Ahlden 92 .... FF91 800 - £9 400 - $16,160
- Blick ins Donautal, 1903 - Pastell/Karton (70x95cm-28x37in) Wien 90 .... FF8 600 - £891 - $1,511

BEYER Lucien 1908-1983 [2]
- Transcendance no.158 - Huile/toile (37x54cm-15x21in) Paris 90 .... FF10 000 - £1 071 - $1,739

BEYER M.O. XIX-XX [2]
- Blumen, Früchten und Glas - Öil/canvas/board (78x127cm-31x50in) München 92 .... FF3 730 - £446 - $718

BEYER Otto 1885-1962 [9]
- Stadtansicht (Berlin) - Öl/Leinwand (60x71cm-24x28in) Berlin 95 .... FF12 010 - £1 572 - $2,440
- Herbstlandschaft am Stadtrand - Oil/canvas (62x77cm-24x30in) Berlin 90 .... FF34 000 - £3 460 - $6,799

BEYLE Pierre Marie 1838-1902 [7]
- Fleur des Grèves - Oil/canvas (100x70cm-39x28in) New-York 95 .... FF44 240 - £5 700 - $9,000
- Idle hours - Oil/canvas (125x90cm-49x35in) London 94 .... FF355 500 - £42 000 - $63,800

BEYNON Jan Daniël 1830-1877 [3]
- Mère à la source - Huile/toile (106x78cm-42x31in) Bruxelles 96 .... FF233 400 - £30 560 - $47,300

BEYRER Eduard 1866-1934 [1]
- Venus - Sculpture (66cm-26in) Köln 93 .... FF6 100 - £730 - $1,174

B

BEYSCHLAG Robert 1838-1903 [7]
🐦 *Motherly Affection* - Oil/canvas (71x58cm-28x23in) New-York 97 .... FF31 286 - £3 367 - **$5,500**
BEYSSON Louis 1856-1912 [1]
🐦 *Bateau à vapeur* - Huile/panneau (20x32cm-8x13in) Lyon 97 .... FF4 100 - £44 4 3 - **$718**
BEZAAN Johan, Jo 1894-1952 [1]
🐦 *Stilleben mit Kaktus* - Oil/canvas (80x58cm-31x23in) Bremen 91 .... FF11 830 - £1 186 - **$1,953**
BEZARD Jean-Louis 1799-c.1861 [3]
🖉 *The Calumny of Appelles* - Watercolour (23x32cm-9x13in) New-York 95 .... FF5 290 - £636 - **$1,000**
BEZARD Philippe 1947 [2]
🐦 *Van Gogh dans le métro* - Acrylique/carton (54x42cm-21x17in) Paris 90 .... FF5 500 - £593 - **$970**
🐦 *Salle de bain* - Acrylique/toile (100x81cm-39x32in) Paris 89 .... FF20 000 - £1 990 - **$3,160**
BEZEM Naphtali 1924 [44]
🐦 *Candlesticks* - Oil/canvas (122x75cm-48x30in) Tel Aviv 94 .... FF19 700 - £2 340 - **$3,600**
🖉 *Couple in the fields* - Watercolour, gouache (32x47cm-13x19in) Tel Aviv 95 .... FF3 760 - £451 - **$700**
BEZOMBES Roger 1913-1994 [27]
🐦 *Procession en Bretagne* - Huile/panneau (100x145cm-39x57in) Cannes 93 .... FF16 000 - £1 930 - **$2,910**
Village au milieu du vignoble - Huile/panneau (54x65cm-21x26in) Calais 92 .... FF26 500 - £2 837 - **$4,609**
🖉 *Vase de fleurs et fruits* - Technique mixte/papier (100x65cm-39x26in) Paris 90 .... FF19 500 - £2 088 - **$3,391**
BEZOUGLI Danilo 1914-1977 [2]
🐦 *La fête de la Volga* - Huile/carton (21x35cm-8x14in) Paris 94 .... FF4 000 - £470 - **$710**
BEZOUKLADNIKOV Guerman 1928 [2]
🐦 *Montagnes Tien-Chan* - Huile/toile (44x69cm-17x27in) Paris 95 .... FF2 600 - £312 - **$495**
BEZROUKOV A. 1918 [2]
🐦 *Travail au jardin* - Huile/toile (38x46cm-15x18in) Montauban 92 .... FF2 500 - £256 - **$441**
BEZZI Bartolomeo 1851-1923 [6]
🐦 *Bosco, 1913* - Olio/cartone (100x73cm-39x29in) Milano 90 .... FF57 200 - £6 164 - **$10,088**
BEZZOLA Mario 1881-1968 [2]
🖉 *Paesaggio lacustre* - Pastelli/carta (34x53cm-13x21in) Milano 95 .... FF4 020 - £533 - **$820**
BEZZUOLI Giuseppe 1784-1855 [7]
🐦 *Monocromo con angeli* - Oil/canvas (38x63cm-15x25in) Milano 93 .... FF22 600 - £2 596 - **$3,880**
🖉 *Cimabue & Giotto/Dante & Brother* - Chalks (27x36cm-11x14in) London 96 .... FF7 750 - £1 000 - **$1,520**
BHATTACHARJEE Bikash 1940 [4]
🐦 *School* - Oil/board (75x88cm-30x35in) London 96 .... FF28 330 - £3 500 - **$5,470**
BHAVSAR François 1962 [3]
🐦 *Les inconcevables* - Huile/papier/toile (114x112cm-45x44in) Paris 89 .... FF4 200 - £418 - **$664**
BIAGINI Alfredo 1886-1952 [3]
🗿 *Panthère qui marche* - Bronze (50cm-20in) Paris 96 .... FF7 500 - £967 - **$1,468**
BIAIS Maurice c.1875-1926 [7]
🖾 *The Tennis Game* - Poster (56x66cm-22x26in) London 96 .... FF7 180 - £900 - **$1,386**
BIALA Janine 1903 [2]
🐦 *Nature morte au violoncelle* - Huile/toile (24x41cm-9x16in) Saint-Germain-en-Laye 93 .... FF3 500 - £399 - **$594**
BIALYNICKI-BIRULA Witold K. 1872-1957 [2]
🐦 *Thaw* - Oil/canvas (76x60cm-30x24in) London 95 .... FF14 200 - £1 800 - **$2,860**
BIANCHI Alberto 1882-1969 [4]
🐦 *Donna con mandolino* - Olio/tela (70x50cm-28x20in) Milano 95 .... FF6 800 - £902 - **$1,386**
BIANCHI Arnaldo 1914-? [1]
🐦 *Natura morta con rosa* - Olio/tela (80x53cm-31x21in) Milano 94 .... FF4 870 - £574 - **$868**
BIANCHI BARRIVIERA Lino 1906-1985 [3]
🖾 *Al Palatino/Inverno* - Acquaforte Roma 93 .... FF2 745 - £308 - **$492**
BIANCHI Domenico 1955 [2]
🐦 *Senza titolo* - Oil (255x215cm-100x85in) New-York 97 .... FF52 326 - £5 495 - **$9,000**
BIANCHI Luigi 1828-? [2]
🐦 *L'Intruso* - Oil/canvas (72x101cm-28x40in) Amsterdam 94 .... FF45 750 - £5 310 - **$7,870**
BIANCHI Mathilde ?-1927 [1]
🗿 *Fillette à la colombe et au chat* - Sculpture (73x30x38cm-29x12x15in) Montréal 90 .... FF19 600 - £2 025 - **$3,463**
BIANCHI Mosè di Giosuè 1840-1904 [22]
🐦 *Giovinetta* - Oil/board (69x49cm-27x19in) London 96 .... FF81 000 - £10 500 - **$16,000**
Campagna lombarda con gregge - Olio/tavola (46x61cm-18x24in) Milano 95 .... FF204 000 - £27 060 - **$41,600**
Coucher de soleil, Naviglio, Milan - Huile/panneau (33x43cm-13x17in) Monaco 90 .... FF550 000 - £59 267 - **$97,002**
BIANCHI Mosè di Giuseppe 1836-1893 [2]
🐦 *Country road in brianza* - Oil/panel (41x28cm-16x11in) New-York 90 .... FF228 800 - £24 340 - **$40,930**
🖉 *On the Hill of Gignese over Stresa*
   Watercolour/paper (43x32cm-17x11in) New-York 92 .... FF29 900 - £3 024 - **$6,000**
BIANCHI Tom XX [2]
📷 *Lady Surrounded* - Gelatin silver print (38x56cm-15x22in) San Francisco-Los Angeles 95 .... FF6 840 - £873 - **$1,400**
BIANCHINI Artur 1869-1955 [22]
🐦 *Kustbild* - Oil/canvas (135x106cm-53x42in) Stockholm 97 .... FF3 659 - £407 - **$661**
Rönnskärsudde, Sandhamn - Oil/canvas (56x87cm-22x34in) Stockholm 95 .... FF8 540 - £1 080 - **$1,714**
Sandhamn - Oil/canvas (119x139cm-47x55in) Stockholm 94 .... FF15 360 - £1 895 - **$2,986**
BIANCHINI Charles 1860-1905 [1]
🐦 *Portrait of young woman* - Oil/canvas (50x41cm-20x16in) Elgin, Illinois 91 .... FF8 470 - £841 - **$1,471**
BIANCHINI Virginie 1896 [1]
🐦 *Rêverie à Amalfi près de Naples* - Huile/toile (37x51cm-15x20in) Versailles 90 .... FF3 800 - £409 - **$670**

BIANCO Pieretto Bortoluzzi 1875-1937 [12]
- Aia sul lago - Olio/tavola (31x42cm-12x17in) Prato 96 .... FF9 430 - £1 120 - **$1,850**
- Burano - Olio/tela (113x103cm-44x41in) Roma 92 .... FF116 200 - £13 820 - **$22,350**
- Midday, Canal Grande, Venezia
  Watercolour (28x43cm-11x17in) North Bethesda, MD. 92 .... FF7 800 - £828 - **$1,500**

BIANCO Remo 1922-1988 [10]
- Composizione - Olio/tela (100x69cm-39x27in) Milano 94 .... FF10 620 - £1 280 - **$1,984**

BIANCONI Carlo 1732-1803 [1]
- Design for a cartouche with eagle - Black chalk (20x13cm-8x5in) London 93 .... FF8 300 - £1 000 - **$1,450**

BIARD François-Auguste 1798-1882 [16]
- Chasseur assis dans un paysage - Huile/toile (191x124cm-75x49in) Paris 96 .... FF60 000 - £6 940 - **$11,500**
- Le contrebandier - Huile/toile (98x131cm-39x52in) Paris 96 .... FF165 000 - £20 000 - **$32,450**
- On ferme !, 1847 - Huile/toile (46x59cm-18x23in) New-York 96 .... FF858 000 - £88 912 - **$150,791**

BIASI DA TEULADA Giuseppe 1885-1945 [2]
- Mercato - Olio/tela (95x74cm-37x29in) Milano 95 .... FF57 400 - £7 410 - **$11,780**
- Donna in costume - Tempera/carta (147x124cm-58x49in) Annicco, Casa Bassani 92 .... FF10 400 - £1 210 - **$2,123**

BIASI Guido 1933-1982 [25]
- Le cinéma des elfes - Huile/toile (91x73cm-36x29in) Antwerpen 96 .... FF3 280 - £398 - **$633**
- Proposition pour une Nouvelle Araldique - Olio/tela (92x73cm-36x29in) Milano 95 ..... FF5 640 - £722 - **$1,160**
- Processo a Paolo Veronese - Olio/tela (161x116cm-63x46in) Milano 93 .... FF10 980 - £1 232 - **$1,965**

BIAUSSAT Raymond XX [2]
- Cache amour - Huile/panneau (50x64cm-20x25in) Le Touquet 90 .... FF6 000 - £611 - **$1,200**

BIBER Alfred 1942 [1]
- Zwei Eroten im Gespräch - Oil (200x190cm-79x75in) Wien 92 .... FF9 620 - £985 - **$1,695**

BIBERSTEIN Franz 1850-? [2]
- Columbian Exposition, Chicago - Oil/canvas (91x37cm-36x15in) New-York 96 ...... FF154 500 - £19 200 - **$30,000**

BICAT André 1909 [3]
- Young girl in a bar - Oil/board (91x61cm-36x24in) London 92 .... FF7 330 - £750 - **$1,290**

BICCHI Ottorino 1878-1949 [1]
- Joueurs de cartes - Huile/toile (79x99cm-31x39in) Monaco 90 .... FF85 000 - £9 159 - **$14,991**

BICCHI Silvio 1874-1948 [4]
- Rondini - Olio/tavola (17x35cm-7x14in) Prato 96 .... FF13 480 - £1 600 - **$2,640**

BICHEROUX W. 1878-1945 [1]
- Le modèle - Huile/panneau (41x33cm-16x13in) Antwerpen 94 .... FF2 803 - £327 - **$492**

BICHET Charles Théodore 1863-1929 [12]
- La femme aux bas noirs - Huile/toile (55x46cm-22x18in) Bourges 92 .... FF7 600 - £884 - **$1,550**
- Portrait de Madame Léon Jouhaud - Huile/toile (60x50cm-24x20in) Louviers 90 ...... FF53 000 - £5 337 - **$10,382**
- Portrait de femme - Sanguine (21x14cm-8x6in) Bourges 92 .... FF2 500 - £291 - **$511**

BICK Eduard 1883-1947 [1]
- Wasserwerkstrasse, Zürich - Huile/panneau (29x37cm-11x15in) Zürich 93 .... FF3 960 - £451 - **$672**

BICKEL Karl 1886-1982 [5]
- PKZ - Poster (127x89cm-50x35in) New-York 95 .... FF14 140 - £1 780 - **$2,800**

BICKERSTAFF David 1959 [1]
- Two floral still lifes - Oil Cambridge, Mass. 90 .... FF2 490 - £253 - **$498**

BICKERSTAFF George 1893-1954 [2]
- Mountain landscape with lake - Oil/canvas (71x81cm-28x32in) Chicago 92 .... FF4 900 - £570 - **$1,000**

BICKERTON Ashley 1959 [12]
- Seascape - Mixed media (57x76x209cm-22x30x82in) New-York 97 .... FF92 915 - £9 774 - **$16,000**
- Self Portrait - Relief (66x85x136cm-26x33x54in) New-York 97 .... FF139 373 - £14 662 - **$24,000**
- Wall wall 7 - Construction (231x14x134cm-91x6x53in) New-York 91 .... FF240 500 - £24 409 - **$43,437**

BICKNELL Albion Harris 1837-1915 [6]
- Fishing boat, Venice - Oil/canvas (64x76cm-25x30in) Portland, Maine 93 .... FF26 550 - £3 020 - **$4,500**

BICKNELL Frank Alfred 1866-1943 [4]
- Auvers-sur-Oise - Oil/canvas (81x102cm-32x40in) San Francisco-Los Angeles 93 ... FF38 500 - £4 360 - **$6,500**

BICKNELL William Henry Warren 1860-? [3]
- Hawaiian fisherman - Woodcut in colors Cambridge, Mass. 90 .... FF4 300 - £457 - **$769**

BICZO Andras 1888-1957 [1]
- Quanta pazienza ! - Acquarello (37x26cm-15x10in) Trieste 93 .... FF3 620 - £412 - **$613**

BIDA Alexandre 1823-1895 [9]
- Etudes - Crayon Paris 97 .... FF2 100 - £223 - **$364**
- Le barbier persan - Encre (46x37cm-18x15in) Paris 94 .... FF40 000 - £4 680 - **$7,050**

BIDAU Eugène XIX-XX [2]
- Assorted flowers on a mossy bank - Oil/canvas (116x102cm-46x40in) New-York 95 ..... FF133 000 - £16 550 - **$26,000**

BIDAULD Henri 1839-1898 [1]
- Le Cours du Lignon - Huile/toile (127x196cm-50x77in) Blois 95 .... FF68 000 - £8 750 - **$13,830**

BIDAULD Joseph J. Xavier 1758-1846 [8]
- Intérieur de parc - Huile/toile (40x32cm-16x13in) Paris 94 .... FF40 000 - £4 640 - **$6,890**
- La gorge de Cività Castellana - Huile/toile (60x50cm-24x20in) Paris 91 .... FF115 000 - £11 531 - **$18,983**

BIDDLE George 1885-1973 [5]
- Victor - Oil/canvas (41x51cm-16x20in) New-York 95 .... FF15 400 - £1 915 - **$3,000**

BIDDLE Laurence 1888-? [21]
- Geraniums in a bowl - Oil/canvas (38x53cm-15x21in) London 95 .... FF3 910 - £500 - **$770**

Mixed flowers - Oil/board (22x32cm-9x13in) New-York 95 .... FF7 800 - £1 013 - **$1,600**
BIDDLECOMBE Walter XIX-XX [3]
Reminiscing by the Sea - Oil/canvas (76x135cm-30x53in) New-York 97 .... FF48 406 - £5 233 - **$8,500**
BIDLO Mike 1953 [13]
Not Pollock - Mixed media/canvas (92x173cm-36x68in) London 93 .... FF52 000 - £6 500 - **$9,420**
BIDO Candido 1936 [2]
Vendedor de pescados - Acrylic/canvas (102x102cm-40x40in) Miami, Florida 95 .... FF26 830 - £3 220 - **$5,000**
BIDOLI Santo 1886-1957 [1]
Nudo alla finestra - Olio/tela (110x64cm-43x25in) Trieste 93 .... FF11 070 - £1 283 - **$1,904**
BIEBER Armin 1892-1970 [3]
Blick auf den Mönch - Aquarell (36x45cm-14x18in) Bern 93 .... FF2 376 - £274 - **$408**
BIEDERMAN James 1947 [5]
Roz-ah - Acrylic (134x92cm-53x36in) New-York 92 .... FF15 600 - £1 862 - **$3,000**
Rodeo - Mixed media/paper (145x108cm-57x43in) New-York 95 .... FF2 724 - £341 - **$550**
BIEDERMANN Edward 1864-? [1]
300th anniversary of Jamestown - Watercolour/paper (46x74cm-18x29in) New-York 89... FF34 300 - £3 314 - **$5,205**
BIEDERMANN Emanuel Rudolf 1790-1850 [2]
Überlingen - Oil/canvas (57x82cm-22x32in) Wien 91 .... FF38 500 - £3 865 - **$6,661**
BIEDERMANN Johann Jakob 1763-1830 [15]
Bauernhof mit Wassermühle - Öl/Leinwand (43x59cm-17x23in) Wien 92 .... FF31 260 - £3 735 - **$6,010**
Im Arvetal, Haute-Savoie - Oil/canvas (32x44cm-13x17in) Zürich 91 .... FF138 600 - £13 898 - **$22,879**
Ansicht von Schloss Wildegg - Etching in colors (48x75cm-19x30in) Zürich 90 .... FF23 400 - £2 488 - **$4,180**
BIEDERMANN Wolfgang E. 1940 [3]
Ohne Titel - Watercolour (47x59cm-19x23in) München 91 .... FF2 704 - £274 - **$488**
BIEDERMANN-ARENDTS Hermine 1855-1916 [7]
Nach der Jagd - Oil/canvas (88x108cm-35x43in) London 94 .... FF27 670 - £3 200 - **$4,730**
BIEFVE de Edouard 1808-1882 [2]
Anne Boleyn - Huile/toile (250x150cm-98x59in) Antwerpen 95 .... FF22 460 - £2 810 - **$4,470**
BIEGAS Boleslas 1877-1954 [83]
Cycle sphérique - Huile/carton (70x59cm-28x23in) Paris 96 .... FF11 000 - £1 327 - **$2,110**
Sourire - Huile/panneau (51x46cm-20x18in) L'Isle-Adam 96 .... FF25 000 - £3 250 - **$4,900**
Magicienne - Huile/panneau (85x60cm-33x24in) Paris 96 .... FF36 000 - £4 660 - **$7,200**
Danse de la lumière de vie - Huile/toile (200x100cm-79x39in) Paris 90 .... FF80 000 - £8 061 - **$13,882**
Penseur - Bronze (51cm-20in) New-York 94 .... FF19 800 - £2 377 - **$3,750**
Ludwig van Beethoven - Bronze (102cm-40in) Paris 95 .... FF38 000 - £5 010 - **$7,700**
Les Reptiles de la Vie - Bronze (83cm-33in) New-York 94 .... FF73 000 - £8 620 - **$13,000**
BIEGEL Peter 1913-1988 [37]
Garden House, Westonbirt - Oil/canvas (61x75cm-24x30in) London 97 .... FF14 939 - £1 600 - **$2,581**
A Faller - Oil/canvas (62x93cm-24x37in) London 96 .... FF46 700 - £5 500 - **$9,160**
Before the Race at Salisbury - Oil/canvas (41x51cm-16x20in) New-York 95 .... FF84 500 - £10 700 - **$17,000**
Pulling up and returning - Watercolour (23x28cm-9x11in) London 96 .... FF7 640 - £900 - **$1,500**
BIEHLER Sepp 1907-1973 [2]
Dreifaltigkeit - Mixed media (47x60cm-19x24in) Konstanz 93 .... FF7 460 - £891 - **$1,435**
BIEL Antoine 1830-1880 [1]
Mondschenilandschaft - Öl/Leinwand (48x72cm-19x28in) Zofingen 93 .... FF5 150 - £586 - **$873**
BIEL Joseph 1891-1943 [1]
Figures swimming - Oil/canvas (53x89cm-21x35in) Mystic, Connecticut 96 .... FF2 330 - £288 - **$450**
BIEL von Michael 1937 [2]
Akademische Landschaft - Mixed media/paper (16x33cm-6x13in) Köln 96 .... FF2 380 - £271 - **$455**
BIELCHOWSKI Karl August 1826-1883 [3]
Neapolitanische Fischermädchen - Oil/canvas (66x51cm-26x20in) Wien 91 .... FF19 200 - £1 911 - **$3,302**
BIELECKY Stanley 1903-1985 [1]
Baskets and Sombreros - Oil/board (74x48cm-29x19in) Elgin, Illinois 93 .... FF7 700 - £966 - **$1,400**
BIELER André Charles 1896-1989 [20]
Le Linge blanc - Oil/board (36x51cm-14x20in) Toronto 94 .... FF5 850 - £696 - **$1,101**
Demain les vacances - Oil/canvas (41x51cm-16x20in) Toronto 91 .... FF12 900 - £1 321 - **$2,409**
BIÉLER Ernest 1863-1948 [40]
Chemin de l'église - Öl/Leinwand (115x157cm-45x62in) Zürich 95 .... FF1 - £208 600 - **$335,000**
Plaine du Rhône - Tempera/panneau (15x81cm-6x32in) Zürich 96 .... FF103 300 - £11 960 - **$19,800**
Hérensarde au corsage lacé - Tempera/panneau (65x49cm-26x19in) Zürich 96 .... FF178 200 - £23 100 - **$35,240**
Vas, maison de Sierre - Gouache/papier (58x77cm-23x30in) Zürich 97 .... FF31 583 - £3 358 - **$5,448**
Junges Mädchen - Aquarell/Papier (41x27cm-16x11in) Zürich 97 .... FF82 906 - £8 814 - **$14,301**
Sonnenblumen - Aquarell/Papier (65x48cm-26x19in) Zürich 97 .... FF130 281 - £13 850 - **$22,473**
BIELING Herman Frederik 1887-1964 [36]
Herfst - Oil/canvas (59x48cm-23x19in) Amsterdam 97 .... FF11 387 - £1 197 - **$1,956**
The Fairground at Hillegersberg - Oil/canvas (33x53cm-13x21in) Amsterdam 97 .... FF51 020 - £5 428 - **$8,877**
Corn fields - Watercolour/paper (45x65cm-18x26in) Amsterdam 96 .... FF9 620 - £1 104 - **$1,837**
BIENABE ARTIA Bernardino 1889-? [2]
Arboleda - Oleo/lienzo (65x54cm-26x21in) Madrid 90 .... FF6 500 - £674 - **$1,142**
BIENABE ARTIA Bernardino 1899-1987 [2]
El borriquillo/Bailando en la romería - Oleo/tabla (50x61cm-20x24in) Madrid 92 .... FF18 900 - £1 925 - **$3,325**
Procesión en San Marcial - Aguada (24x34cm-9x13in) Madrid 94 .... FF1 720 - £203 - **$317**
BIENEBE ARTIA Bernardino 1899-1987 [1]
Vaizquibel - Oleo/cartón (50x75cm-20x30in) Madrid 93 .... FF12 240 - £1 458 - **$2,214**

BIENEMANN Eduard William 1795-1842 [1]
Officer of the Prince of Orange - Miniature (9x7cm-4x3in) London 89 .... FF7 **300** - £726 - **$1,153**
BIENERT Hans 1893-? [2]
Kahlenbergerdörfl auf die Donau - Oil/canvas/board (49x69cm-19x27in) Wien 91 .... FF3 **840** - £385 - **$703**
BIENFAIT Aline 1941 [7]
Composition abstraite - Acrylique/toile (80x80cm-31x31in) Chaumont 94 .... FF4 **200** - £505 - **$800**
BIENNOURY Victor François 1823-1893 [6]
Soldier & Christ's Crown of Thorns - Drawing (31x22cm-12x9in) New-York 90 .... FF18 **900** - £1 903 - **$3,702**
BIENVETU Gustave XIX-XX [11]
Still life - Oil/board (74x41cm-29x16in) New-York 95 .... FF4 **870** - £633 - **$1,000**
Bouquet d'oeillets - Huile/toile (55x46cm-22x18in) Rouen 96 .... FF18 **000** - £2 330 - **$3,530**
Nature morte - Oil/canvas/board (121x90cm-48x35in) Stockholm 89 .... FF56 **200** - £5 922 - **$9,461**
BIERAND Georges, Géo 1895-? [4]
Rosen - Oil/paper/panel (39x32cm-15x13in) Wien 94 .... FF7 **210** - £904 - **$1,410**
BIERENBROODSPOT Gerti 1940 [15]
Saint Sebastian - Mixed media/board (110x60cm-43x24in) Amsterdam 93 .... FF13 **800** - £1 584 - **$2,370**
Rode wand met zuilen, Ponpei
Tempera/Karton (130x200cm-51x79in) Amsterdam 90 .... FF90 **300** - £9 234 - **$17,824**
Valley of the Kings - Tempera/paper (55x75cm-22x30in) Amsterdam 95 .... FF4 **010** - £526 - **$804**
BIERGE Roland 1922-1991 [35]
Deux mangues No. 336 - Huile/toile (24x35cm-9x14in) Toulouse 96 .... FF2 **700** - £328 - **$525**
Féterne, 4/6 Décembre - Huile/toile (92x65cm-36x26in) Paris 96 .... FF5 **200** - £645 - **$1,007**
Hélios, 1986 - Huile/toile (146x98cm-57x39in) Paris 89 .... FF20 **000** - £2 045 - **$3,215**
BIERHALS Otto 1879-1944 [8]
Snow scene in the Catskills - Oil/masonite (43x56cm-17x22in) Baton Rouge, Louisiana 94 .... FF8 **560** - £998 - **$1,500**
Winter landscape - Gouache (27x38cm-11x15in) New-York 90 .... FF1 **800** - £189 - **$313**
BIERI Carl 1894-1962 [8]
Juralandschaft im Herbst - Öl/Leinwand (69x95cm-27x37in) Bern 96 .... FF4 **890** - £593 - **$950**
Küstenlandschaft - Aquarell (36x48cm-14x19in) Bern 96 .... FF2 **445** - £297 - **$476**
BIERLEIN Johann Friedrich 1768-? [2]
Dorflandschaft am Fluss - Aquarell (20x29cm-8x11in) Heidelberg 93 .... FF3 **220** - £385 - **$620**
BIERMANN Aenne Sternefeld 1898-1933 [1]
Eye, Nose, Mouth - Group of 3 photographs (18x23cm-7x9in) New-York 94 .... FF18 **600** - £2 220 - **$3,500**
BIERMANN Karl Eduard 1803-1892 [2]
Küstenlandschaft/Bergsee - Aquarell/Papier (42x63cm-17x25in) München 93 .... FF16 **950** - £2 025 - **$3,260**
BIERMER Otto 1858-1901 [2]
Faun und Nymph - Öl/Leinwand (144x86cm-57x34in) Köln 94 .... FF49 **300** - £5 750 - **$8,640**
BIERSTADT Albert 1830-1902 [118]
Estes Park, Colorado - Oil/canvas (81x122cm-32x48in) New-York 94 .... FF1 - £205 400 - **$310,000**
Kern's River Valley - Oil/canvas (90x132cm-35x52in) New-York 93 .... FF6 - £704 000 - **$1, 5e,+06**
Tukerman's Ravine - Oil/paper/board (15x28cm-6x11in) New-York 94 .... FF47 **000** - £5 440 - **$9,000**
Woodland interior - Oil/paper/canvas (49x35cm-19x14in) New-York 97 .... FF210 157 - £22 107 - **$36,000**
BIERUMA-OOSTING Jeanne 1898-? [12]
Enkele losse bloemen - Oil/panel (16x22cm-6x9in) Amsterdam 97 .... FF2 **427** - £262 - **$423**
BIES Marinus Johan 1894-? [1]
Landscape with a farm - Oil/canvas (37x63cm-15x25in) Amsterdam 95 .... FF2 **980** - £380 - **$610**
BIESBROECK van Jules 1848-1920 [7]
Femme au miroir - Huile/toile (90x60cm-35x24in) Bruxelles 95 .... FF11 **730** - £1 545 - **$2,376**
BIESBROECK van Louis Pierre 1839-1919 [1]
Femme à l'éventail - Huile/panneau (130x100cm-51x39in) Bruxelles 90 .... FF52 **700** - £5 642 - **$9,165**
BIESBROECK van Pierre Jules 1873-1965 [24]
Lever de lune - Huile/panneau (52x30cm-20x12in) Bruxelles 97 .... FF3 **272** - £346 - **$566**
Les Drapeaux du Cortège - Huile/panneau (73x54cm-29x21in) Paris 94 .... FF38 **000** - £4 420 - **$6,580**
Pan charming a Nymph - Pastel (48x63cm-19x25in) London 96 .... FF3 **400** - £420 - **$657**
BIESE Gerth 1901-1980 [14]
Weiblicher Halbakt - Oil/canvas (133x97cm-52x38in) Stuttgart 94 .... FF6 **850** - £823 - **$1,332**
Liegende mit geneigtem Kopf - Woodcut in colors (30x50cm-12x20in) Stuttgart 92 .... FF1 **870** - £192 - **$330**
Vier Badende - Tempera/papier (140x160cm-55x63in) Stuttgart 94 .... FF9 **600** - £1 140 - **$1,775**
BIESE Helmi 1867-1933 [11]
Strandlandskap - Oil/canvas (49x85cm-19x33in) Helsinki 94 .... FF21 **400** - £2 450 - **$3,630**
Sjundby gard, 1913 - Oil/canvas (85x86cm-33x34in) Helsinki 89 .... FF71 **900** - £7 352 - **$11,559**
Blomsterstilleben - Wash (37x29cm-15x11in) Helsinki 90 .... FF3 **635** - £372 - **$717**
BIESE Karl 1863-1926 [2]
Schneidender Tag - Color lithograph (70x100cm-28x39in) Heidelberg 96 .... FF2 **167** - £268 - **$419**
BIESEL C. Charles 1865-1945 [1]
Construction, San Francisco Bridge - Oil/canvas (53x76cm-21x30in) Elgin, Illinois 91 .... FF3 **680** - £377 - **$687**
BIESSY Marie Gabriel 1854-1935 [6]
L'aube à Rio de Janeiro, Octobre - Huile/toile (27x46cm-11x18in) Bordeaux 94 .... FF4 **200** - £483 - **$719**
Absinthe drinkers in a café - Oil/canvas (65x78cm-26x31in) New-York 96 .... FF93 **400** - £11 900 - **$18,000**
BIESZCZAD Seweryn 1852-1923 [3]
The fair - Oil/canvas (48x63cm-19x25in) Warszawa 96 .... FF21 **200** - £2 646 - **$4,100**

BIEVRE de Edouard 1852-1922 [3]
🐦 *Sleeping beauty* - Oil/canvas (173x115cm-68x45in) London 94 .... FF**29 400** - £**3 500** - $**5,540**
BIEVRE de Marie 1865-1940 [18]
🐦 *Vase de fleurs* - Huile/toile (36x26cm-14x10in) Bruxelles 94 .... FF**13 280** - £**1 560** - $**2,365**
Rosen am Brunnen - Oil/Leinwand (91x72cm-36x28in) Wien 96 .... FF**49 000** - £**6 340** - $**9,800**
Peaches, plums & roses - Oil/canvas (75x94cm-30x37in) New-York 92 .... FF**286 000** - £**30 360** - $**55,000**
BIG Ymer 1929 [3]
🐦 *Marché en Bretagne* - Huile/toile (60x81cm-24x32in) Brest 91 .... FF**8 500** - £**873** - $**1,582**
BIGAUD Luna 1955 [3]
🐦 *Scène de marché* - Huile/toile (51x41cm-20x16in) Paris 92 .... FF**2 800** - £**334** - $**539**
BIGAUD Wilson 1931 [29]
🐦 *Lieu-dit Tombe Gâteau* - Huile/toile (61x76cm-24x30in) Paris 95 .... FF**4 300** - £**545** - $**865**
Le Moulin de Canne à Sucre - Oil/masonite (60x122cm-24x48in) New-York 94 .... FF**16 850** - £**1 990** - $**3,000**
La ronde - Oil/masonite (39x49cm-15x19in) New-York 92 .... FF**52 300** - £**5 350** - $**9,200**
BIGELOW Charles C. 1891-? [1]
🐦 *Backyard, 1946* - Oil/board (40x53cm-16x21in) Cambridge, Mass. 90 .... FF**2 300** - £**245** - $**411**
BIGELOW Daniel Folger 1823-1910 [4]
🐦 *Valley landscape* - Oil/canvas (51x76cm-20x30in) Chicago 95 .... FF**8 030** - £**1 006** - $**1,600**
BIGG William Redmore 1755-1828 [10]
🐦 *The Cottager's Daughters* - Oil/canvas (46x35cm-18x14in) London 96 .... FF**14 470** - £**1 800** - $**2,806**
2 young girls - Oil/canvas (76x63cm-30x25in) New-York 95 .... FF**75 100** - £**9 010** - $**14,000**
BIGGS Walter 1886-1968 [7]
🐦 *Couple met at a gate at night* - Oil/canvas (102x76cm-40x30in) New-York 95 .... FF**44 000** - £**5 700** - $**9,000**
📖 *Floral bouquet* - Watercolour (51x64cm-20x25in) New-York 93 .... FF**13 200** - £**1 656** - $**2,400**
Crowd of black at gospel meeting - Watercolour (58x74cm-23x29in) New-York 95 .... FF**55 500** - £**7 000** - $**11,000**
BIGLAND Percy c.1858-1926 [7]
🐦 *Lady wearing a silk dress* - Oil/canvas (109x64cm-43x25in) Taunton, Somerset 92 .... FF**10 320** - £**1 200** - $**2,106**
BIGNAMI Vespasianc 1841-1929 [2]
📖 *Due figure maschili in tuba* - Acquarello/carta (31x22cm-12x9in) Milano 89 .... FF**2 700** - £**285** - $**455**
BIGNOLI Antonio 1812-1886 [3]
📖 *Hausmusik* - Aquarell/Papier (16x24cm-6x9in) Wien 96 .... FF**5 280** - £**640** - $**1,026**
BIGONET Charles 1877-1931 [2]
🗿 *Femme nue* - Bronze Marseille 95 .... FF**16 600** - £**2 153** - $**3,425**
BIGOT Georges Ferdinand 1860-1927 [13]
🐦 *In a Japanese garden* - Oil/canvas (39x30cm-15x12in) London 96 .... FF**32 100** - £**4 000** - $**6,200**
📖 *Japanese figures* - Etching London 92 .... FF**11 720** - £**1 400** - $**2,256**
📖 *Japonaise en hiver* - Gouache (30x24cm-12x9in) Paris 95 .... FF**21 000** - £**2 700** - $**4,335**
BIGOT Guy 1918 [2]
🐦 *Camaret, le phare* - Huile/toile (33x46cm-13x18in) Brest 97 .... FF**2 900** - £**314** - $**509**
BIGOT Jean-Louis XX [10]
📖 *Sur le golfe* - Aquarelle, gouache (52x60cm-20x24in) Brest 94 .... FF**3 000** - £**355** - $**554**
BIGOT Raymond 1872-1953 [35]
🗿 *Deux chouettes* - Bois (29cm-11in) Rouen 93 .... FF**15 000** - £**1 807** - $**2,730**
🗿 *Rapace* - Sculpture (66cm-26in) Paris 90 .... FF**40 000** - £**4 028** - $**7,835**
📖 *L'aigle royal* - Pastel (47x59cm-19x23in) Le Havre 96 .... FF**5 200** - £**611** - $**1,023**
BIJA Auguste XIX-XX [2]
🗿 *Buste de jeune hollandaise* - Bronze (45cm-18in) Bruxelles 92 .... FF**4 440** - £**516** - $**905**
BIJL Guillaume 1946 [4]
🗿 *Composition trouvée* - Installation (232x50x111cm-91x20x44in) Amsterdam 96 .... FF**11 460** - £**1 327** - $**2,197**
BILAN Piotr Ilyich 1921 [3]
🐦 *Le protégé* - Huile/toile (100x76cm-39x30in) Paris 91 .... FF**2 000** - £**201** - $**330**
BILAS Peter 1952 [2]
🐦 *U.S. frigate United States in action* - Oil/canvas (61x92cm-24x36in) London 96 .... FF**23 770** - £**2 800** - $**4,670**
BILBAO MARTINEZ Gonzalo 1860-1938 [17]
🐦 *Palmeral de Elche* - Oleo/cartón (33x23cm-13x9in) Madrid 96 .... FF**26 400** - £**3 350** - $**5,060**
El jardin - Oleo/lienzo (80x100cm-31x39in) Madrid 96 .... FF**120 400** - £**14 200** - $**23,640**
BILBIE James Lees ?-1945 [3]
🐦 *Beech Avenue, Thoresby* - Oil/canvas (76x64cm-30x25in) London 93 .... FF**12 900** - £**1 450** - $**2,160**
BILBO Jack 1907 [6]
📖 *Frou-Frou, Sanary* - Aquarelle/papier (34x26cm-13x10in) Paris 94 .... FF**2 000** - £**228** - $**339**
BILCOQ Marc-Antoine 1755-1838 [11]
🐦 *Man in a landscape* - Oil/canvas (44x36cm-17x14in) London 96 .... FF**6 040** - £**780** - $**1,192**
L'heureuse maisonnée - Huile/panneau (18x27cm-7x11in) Saint-Germain-en-Laye 93 .... FF**27 000** - £**3 375** - $**4,910**
L'heureuse famille - Huile/panneau (37x28cm-15x11in) Paris 91 .... FF**80 000** - £**8 061** - $**13,882**
BILDERS Albertus Gerardus 1838-1865 [2]
🐦 *Fence at the edge of a forest* - Oil/paper/panel (35x46cm-14x18in) Amsterdam 97 .... FF**38 150** - £**4 127** - $**665,7 8**
BILDERS Johannes Wernardus 1811-1890 [22]
🐦 *Chickens & a pig in a meadow* - Oil/panel (22x35cm-9x14in) Amsterdam 94 .... FF**21 200** - £**2 436** - $**3,630**
Wooded landscape with cows watering - Oil/canvas (44x67cm-17x26in) Amsterdam 97 .... FF**44 924** - £**4 749** - $**7,708**
📖 *Stream with ducks near Vorden* - Charcoal/paper (66x78cm-26x31in) Amsterdam 97 .... FF**11 098** - £**1 200** - $**1,936**
BILDERS VAN BOSSE Maria Philippina 1837-1900 [6]
📖 *Faggot gathered on a bank* - Watercolour/paper (56x41cm-22x16in) Amsterdam 93 .... FF**1 960** - £**234** - $**377**
BILEK Aloïs 1887-1960 [6]
🐦 *Ernte* - Öl/Leinwand (64x80cm-25x31in) Wien 93 .... FF**5 770** - £**690** - $**1,110**

BILEK Franziska 1906-? [1]
Kampf gegen Chamäleons - Ink (20x27cm-8x11in) München 95 .... FF2 924 - £385 - $587

BILGER Margret 1904-1971 [1]
Stilleben mit Blumenstrauß - Chalks (44x35cm-17x14in) Wien 89 .... FF5 300 - £512 - $804

BILIBINE Ivan Iakovlevich 1876-1942 [9]
The Imperial hunt - Oil/canvas (224x215cm-88x85in) London 95 ...... FF205 200 - £26 000 - $41,300
Sainted Prince A. Bogoliubsky - Watercolour (18x12cm-7x5in) London 96 .... FF20 300 - £2 600 - $4,020

BILINSKI Boris 1900-1948 [11]
Bottle - Watercolour, gouache (23x19cm-9x7in) London 90 .... FF12 470 - £1 256 - $2,443

BILISIK Hüseyin 1923 [2]
Personnages sur fond noir - Huile/toile (80x77cm-31x30in) Genève 89 .... FF58 500 - £6 164 - $9,848
La complainte - Huile/toile (98x78cm-39x31in) Genève 89 .... FF70 200 - £7 397 - $11,818

BILJAN'BILGER-PERZ Maria 1912 [1]
Wäscherinnen - Terracotta (31x74cm-12x29in) Wien 95 .... FF3 980 - £506 - $802

BILKO Franz 1894-1968 [4]
Eisernes Tor-Schutzhaus bei Baden - Watercolour, gouache (33x50cm-13x20in) Wien 91 .... FF2 880 - £290 - $561

BILL Carroll M. 1877-? [2]
L'attente - Huile/toile (40x61cm-16x24in) Versailles 90 .... FF6 500 - £661 - $1,300

BILL Jakob 1942 [7]
Komposition no. 2 - Öl/Leinwand (50x50cm-20x20in) Luzern 93 .... FF12 180 - £1 455 - $2,343

BILL Lina, Louis Bonnot 1855-1939 [1]
Huîtres et moules - Huile/toile (53x71cm-21x28in) Paris 97 .... FF8 000 - £890 - $1,446

BILL Max 1908-1994 [102]
Doppelfarbe aus excentrischem raum - Öl/Leinwand (100x100cm-39x39in) Zürich 97 ...... FF78 958 - £8 394 - $13,620
Schwedische Farben - Huile/toile (40x80cm-16x31in) Zürich 96 .... FF131 500 - £16 480 - $25,400
Farbe Aus Schwarz - Oil/canvas (88x88cm-35x35in) London 89 .... FF251 800 - £25 746 - $40,482
Konkrete Komposition - Sérigraphie couleurs (69x49cm-27x19in) Bern 95 .... FF6 910 - £864 - $1,396
Zwilling als Viertelskugel - Bois (19x40cm-7x16in) Zürich 94 .... FF18 220 - £2 160 - $3,366
Endless Surface - Wood (233cm-92in) London 96 .... FF251 300 - £32 000 - $48,400
Schleife verwandelt - Sculpture (62x32x28cm-24x13x11in) Zürich 95 .... FF656 000 - £85 100 - $136,500
Komposition - Oil chalks/paper (31x29cm-12x11in) Zürich 96 .... FF30 800 - £3 860 - $5,950

BILLE Carl Ludvig 1815-1898 [70]
Marine - Oil/canvas (34x48cm-13x19in) Viby J, Århus 96 .... FF4 460 - £577 - $891
Marine - Oil/canvas (31x47cm-12x19in) Stockholm 96 .... FF10 760 - £1 343 - $2,080
Marine med sejlskib udfor København
Oil/canvas (60x89cm-24x35in) København 90 .... FF101 000 - £10 218 - $19,211

BILLE Edmond 1878-1959 [20]
Nature morte aux fruits - Huile/carton (39x49cm-15x19in) Zürich 96 .... FF13 900 - £1 610 - $2,664
La prière, Chandolin - Huile/panneau (93x93cm-37x37in) Zürich 95 .... FF127 000 - £16 470 - $26,430
Hiver à la campagne - Aquarell (26x41cm-10x16in) Bern 94 .... FF4 040 - £468 - $696

BILLE Ejler 1910 [46]
Forskellige figurer - Oil/canvas (50x45cm-20x18in) København 96 .... FF44 300 - £5 750 - $8,770
Komposition - Oil/canvas/panel (72x56cm-28x22in) København 95 .... FF204 000 - £26 430 - $41,500
Kanin - Bronze (30cm-12in) København 94 .... FF19 160 - £2 235 - $3,360
Komposition - Watercolour, gouache (60x43cm-24x17in) København 95 .... FF21 070 - £2 630 - $4,255

BILLÉ Jacques 1880-? [2]
Carnations in a vase - Oil/canvas (56x45cm-22x18in) London 90 .... FF16 620 - £1 716 - $2,934

BILLE Sten 1890-1953 [1]
Segelboote vor Helsingör - Oil/canvas (30x39cm-12x15in) Hamburg 90 .... FF2 000 - £207 - $353

BILLE Vilhelm 1864-1908 [52]
Marine - Oil/canvas (78x116cm-31x46in) København 96 .... FF9 640 - £1 203 - $1,864
Marine - Oil/canvas (95x135cm-37x53in) København 96 .... FF28 060 - £3 500 - $5,420

BILLE Willy 1889-1944 [8]
Marine - Oil/canvas (26x37cm-10x15in) København 96 .... FF9 310 - £1 062 - $1,783

BILLET DE FOMBELLE Suzanne XIX-XX [2]
La baignade - Huile/toile (100x72cm-39x28in) Paris 90 .... FF31 000 - £3 319 - $5,391

BILLET Étienne 1821-1888 [8]
The desert hunt - Oil/canvas (81x130cm-32x51in) New-York 92 .... FF41 600 - £4 420 - $8,000

BILLET Pierre 1837-1922 [8]
A young shepherdess - Oil/canvas (87x65cm-34x26in) London 93 .... FF26 700 - £3 000 - $4,470

BILLGREN Ernst 1957 [22]
Hus vattenfall, kråka - Oil/canvas (115x124cm-45x49in) Stockholm 93 .... FF9 620 - £1 182 - $1,780
Mozart Salzburger Serenaden - Oil/canvas (39x39cm-15x15in) Stockholm 92 .... FF41 500 - £4 250 - $7,300

BILLGREN Hans 1909-1985 [1]
Rosor - Oil/canvas (60x70cm-24x28in) Malmö 93 .... FF3 100 - £366 - $546

BILLGREN Ola 1940 [32]
Gata, London - Oil/canvas (107x105cm-42x41in) Stockholm 96 .... FF25 400 - £3 165 - $4,900
Triptyk, 1965 - Oil/panel (60x159cm-24x63in) Stockholm 89 .... FF248 000 - £25 358 - $39,871
Intermezzo - Watercolour (32x40cm-13x16in) Stockholm 96 .... FF3 990 - £470 - $785

BILLING Anna Svenborg 1849-1927 [5]
Stockholms Slott - Akvarell (15x36cm-6x14in) Stockholm 97 .... FF8 240 - £882 - $1,436

BILLING Theodor 1817-1892 [19]
- Solnedgång över berg och sjö - Oil/canvas (78x125cm-31x49in) Stockholm 95 .... FF12 870 - £1 636 - **$2,613**
- Skogslandskap - Akvarell (12x17cm-5x7in) Stockholm 89 .... FF2 000 - £199 - **$316**

BILLINGHURST Alfred John 1880-1963 [21]
- Young girl in a cottage garden - Oil/canvas (71x53cm-28x21in) London 95 .... FF17 420 - £2 200 - **$3,494**
- A Summer's Day in the Park - Watercolour (33x49cm-13x19in) London 97 .... FF3 502 - £380 - **$620**

BILLINGS Henry J. 1894-? [2]
- Dock Workers - Oil/canvas (64x76cm-25x30in) Mystic, Connecticut 96 .... FF4 140 - £512 - **$800**

BILLMAN Torsten 1909-1989 [3]
- Västkustkväll - Watercolour (15x24cm-6x9in) Göteborg 92 .... FF1 627 - £195 - **$313**

BILLOTEY Louis Léon Eugène XIX-XX [2]
- Femmes nues au pied des rochers - Huile/toile (65x92cm-26x36in) Paris 96 .... FF35 000 - £4 120 - **$6,870**

BILLOTTE René 1846-1915 [32]
- Bords de l'Aisne - Huile/toile (47x66cm-19x26in) Paris 95 .... FF3 200 - £404 - **$634**
- Promenade le long du fleuve - Huile/toile (40x61cm-16x24in) Paris 95 .... FF8 500 - £1 071 - **$1,684**
- Grand paysage - Huile/toile La Rochelle 96 .... FF30 000 - £3 640 - **$5,830**
- Moulin la nuit - Pastel (61x50cm-24x20in) Paris 95 .... FF5 500 - £693 - **$1,090**
- L'Hôtel de Crillon, Place de la Concorde - Pastel (50x73cm-20x29in) Paris 95 .... FF28 000 - £3 530 - **$5,550**

BILLOU Paul L. 1821-? [3]
- Einladung zur Bootsfahrt - Öl/Leinwand (60x49cm-24x19in) Wien 93 .... FF43 300 - £5 170 - **$8,320**

BILORDEAUX Adolphe XIX [2]
- Nature morte à la Vénus de Milo - Tirage albuminé (41x29cm-16x11in) Chartres 96 .... FF8 500 - £1 106 - **$1,684**

BILQUIN Jean 1938 [15]
- De Boenkentas - Huile/panneau (70x70cm-28x28in) Lokeren 96 .... FF7 000 - £904 - **$1,382**

BILT van der Johannes 1882-1943 [4]
- Bosphore à Constantinople - Huile/toile (55x85cm-22x33in) Paris 94 .... FF15 000 - £1 785 - **$2,854**

BINAEPFEL Lucien 1893-1972 [1]
- Le Lavoir public - Huile/toile (66x50cm-26x20in) Montauban 95 .... FF2 200 - £289 - **$442**

BINAGHI Luigi 1890-? [1]
- Montagna innevata - Olio/tela (66x79cm-26x31in) Milano 94 .... FF7 310 - £861 - **$1,302**

BINARD Henri XIX-XX [2]
- Baadster - Huile/toile (100x140cm-39x55in) Lokeren 94 .... FF36 300 - £4 230 - **$6,350**

BINDEL Paul 1884-1973 [1]
- Die Serviererin - Oil/canvas (77x63cm-30x25in) Luzern 90 .... FF5 900 - £610 - **$1,042**

BINDER Alois 1857-? [11]
- Mädchenporträt - Oil/canvas (27x22cm-11x9in) Wien 91 .... FF7 200 - £727 - **$1,429**

BINDER Carl XIX-XX [1]
- A naked Bacchante - Sculpture (72cm-28in) Billinghurst, West Sussex 91 .... FF10 910 - £1 107 - **$1,970**

BINDER Josef 1805-1963 [1]
- Madonna mit Kind - Oil/panel (20x25cm-8x10in) München 91 .... FF3 405 - £341 - **$624**

BINDER Tony 1868-1944 [13]
- Wäscherinnen am Ufer - Oil/panel (14x20cm-6x8in) München 94 .... FF7 530 - £896 - **$1,380**
- Shipping on the Bosphorus - Bodycolour (20x36cm-8x14in) London 92 .... FF3 910 - £400 - **$688**

BINDESBØLL Thorvald 1846-1908 [13]
- Plate - Ceramic (46cm-18in) København 94 .... FF21 900 - £2 630 - **$4,260**
- Krukke - Watercolour (60x38cm-24x15in) København 92 .... FF3 940 - £471 - **$757**

BINDEWALD Erwin 1897-? [1]
- Blick in blühenden Garten - Aquarell (37x32cm-15x13in) Lindau 94 .... FF1 715 - £204 - **$317**

BINDING Wolfgang 1937 [4]
- Wildschwein - Bronze (10cm-4in) Köln 93 .... FF2 625 - £301 - **$441**

BINDL Andreas 1926 [2]
- Tisch mit Stuhl - Mixed media/board (99x120cm-39x47in) München 96 .... FF12 540 - £1 573 - **$2,420**
- Sitzende Gestalt - Mixed media/paper (125x85cm-49x33in) München 95 .... FF10 020 - £1 310 - **$2,007**

BINE Jekabs 1895-? [1]
- Maleren med sin model - Oil/canvas (87x65cm-34x26in) København 93 .... FF6 570 - £785 - **$1,262**

BINER Maurice XX [2]
- Paysage - Oil/canvas (53x76cm-21x30in) London 95 .... FF4 590 - £580 - **$921**

BINET Adolphe 1854-1897 [6]
- Les deux amis - Huile/panneau (33x42cm-13x17in) Barbizon 94 .... FF9 500 - £1 120 - **$1,690**
- Tour Eiffel - Oil/canvas (73x100cm-29x39in) New-York 96 .... FF246 700 - £31 400 - **$47,500**

BINET Georges 1865-1949 [103]
- Pommiers en fleurs - Huile/carton (22x31cm-9x12in) Le Havre 95 .... FF8 500 - £1 112 - **$1,702**
- La plage de Trouville - Huile/panneau (16x24cm-6x9in) Le Havre 95 .... FF24 500 - £3 204 - **$4,910**
- La plage de Trouville - Oil/canvas (41x49cm-16x19in) London 95 .... FF47 500 - £6 000 - **$9,520**
- Marché aux fleurs au Havre - Huile/panneau (32x41cm-13x16in) Pontoise 94 .... FF62 000 - £7 890 - **$11,950**
- La plage sous le Casino - Crayon (12x19cm-5x7in) Le Havre 90 .... FF6 500 - £700 - **$1,146**

BINET Louis 1744-1800 [8]
- Edmond poignardant/Edmond infâme - Encre (13x8cm-5x3in) Paris 97 .... FF7 000 - £744 - **$1,210**

BINET Victor 1849-1924 [11]
- Vache au bord de la rivière - Huile/toile (60x81cm-24x32in) Calais 96 .... FF11 500 - £1 490 - **$2,274**
- Le toit rouge, femme au verger - Oil/canvas (45x37cm-18x15in) New-York 93 .... FF33 000 - £4 140 - **$6,000**

BING Ilse 1899 [28]
- Lacework, Eiffel Tower - Gelatin silver print (33x23cm-13x9in) New-York 95 .... FF8 720 - £1 122 - **$1,800**
- Circus Acrobat, NY - Gelatin silver print (20x25cm-8x10in) New-York 96 .... FF46 600 - £5 760 - **$9,000**

BING Kho Kiem 1917 [3]
- Snowy valley, Belgium - Oil/canvas (80x68cm-31x27in) Amsterdam 96 .... FF3 010 - £365 - $585

BINGGUELY-LEJEUNE Ginette 1895-1969 [2]
- Nude couple embraced in passion - Bronze (57cm-22in) New-York 90 .... FF16 200 - £1 649 - $3,240

BINGHAM George Caleb 1811-1879 [5]
- Reverend John Glanville - Oil/canvas (76x64cm-30x25in) New-York 89 .... FF57 200 - £5 849 - $9,196

BINGLEY James Georges c.1841-1920 [7]
- Near Cocking, Sussex - Watercolour (35x26cm-14x10in) Billinghurst, West Sussex 92 .... FF8 800 - £900 - $1,550

BINI Luigi 1897-? [1]
- Mutterliebe - Öl/Leinwand (59x80cm-23x31in) Lindau 96 .... FF12 860 - £1 490 - $2,467

BINJÉ François, Frantz 1835-1900 [25]
- Abords d'étang - Huile/toile (41x30cm-16x12in) Bruxelles 95 .... FF2 187 - £265 - $412
- Retour du marché - Huile/panneau (25x38cm-10x15in) Bruxelles 94 .... FF10 800 - £1 300 - $2,003
- Bord de canal animé - Aquarelle/papier (25x42cm-10x17in) Bruxelles 96 .... FF4 335 - £568 - $878

BINKS Reuben Ward 1860-c.1950 [38]
- Five bulldogs on a beach - Oil/canvas (61x92cm-24x36in) New-York 92 .... FF88 800 - £9 300 - $16,000
- Bess - Gouache (36x26cm-14x10in) London 94 .... FF2 710 - £310 - $459
- Three pekingese - Pastel (64x85cm-25x33in) London 91 .... FF23 660 - £2 386 - $4,611

BINZ Oskar 1895-1957 [4]
- Bauernhaus bei Ligerz - Watercolour (22x29cm-9x11in) Bern 92 .... FF2 790 - £285 - $492

BION Cyril Walter 1889-1976 [1]
- Oak trees in a cornfield - Oil/canvas (50x61cm-20x24in) Belfast 90 .... FF3 700 - £394 - $662

BION Gottlieb 1804-1876 [1]
- Seealpsee im Sommer - Öl/Leinwand (58x78cm-23x31in) Zofingen 95 .... FF46 700 - £5 920 - $9,400

BION Marie Louise 1858-1939 [1]
- Die Gesangsstunde - Oil/canvas (133x69cm-52x27in) Zofingen 91 .... FF19 000 - £1 905 - $3,136

BIONDA Mario 1913-1985 [19]
- Immagine luminosa - Olio/tela (73x54cm-29x21in) Milano 92 .... FF9 300 - £1 106 - $1,790
- Senza titolo - Pastelli/carta (76x101cm-30x40in) Milano 94 .... FF1 660 - £200 - $310

BIONDI Ernesto 1855-1917 [1]
- Moroccan mother and a children - Bronze (77cm-30in) New-York 93 .... FF15 930 - £1 812 - $2,700

BIONDI Nicola 1866-1929 [10]
- Giocande alle carte - Olio/tela (29x37cm-11x15in) Roma 95 .... FF14 980 - £1 970 - $2,976
- Junges Mädchen - Pastel/papier (54x45cm-21x18in) Wien 94 .... FF3 400 - £400 - $607

BIONDI Paolo XIX-XX [2]
- Truhähhne - Öl/Leinwand (28x38cm-11x15in) Wien 95 .... FF6 000 - £758 - $1,203

BIOT Charles 1754-1838 [2]
- Pêcheurs relevant leurs filets - Huile/toile (36x30cm-14x12in) Paris 95 .... FF22 000 - £2 880 - $4,410

BIOT Michel 1936 [10]
- Mémoire de l'Éperon - Huile/toile (100x73cm-39x29in) Paris 93 .... FF8 500 - £966 - $1,440
- La Presse brûlée - Collage (74x56cm-29x22in) Paris 90 .... FF5 200 - £557 - $904

BIOULES Vincent 1938 [37]
- Esfournest II - Huile/toile (81x100cm-32x39in) Paris 95 .... FF14 000 - £1 860 - $2,886
- La Ponche IV - Huile/toile (130x162cm-51x64in) Paris 95 .... FF33 000 - £4 380 - $6,800
- Sans titre - Huile/toile (200x160cm-79x63in) Paris 89 .... FF75 000 - £7 903 - $12,626

BIR Rosette 1926 [3]
- Valise - Sculpture (40x12x30cm-16x5x12in) Paris 95 .... FF2 200 - £292 - $454

BIRAN Elianne XX [10]
- Danses gitanes - Huile/toile (54x73cm-21x29in) Montauban 92 .... FF2 000 - £205 - $352

BIRAT Augustine Hélène A. 1812-1867 [1]
- Bouquet d'anémones - Aquarelle (26x21cm-10x8in) Paris 95 .... FF5 200 - £680 - $1,041

BIRBAUM François 1872-1947 [3]
- Alpes vaudoises - Pastel (24x34cm-9x13in) Zofingen 95 .... FF1 532 - £200 - $307

BIRCH Charles Bell 1838-1893 [1]
- Bust of Benjamin Disraeli - Marble (67cm-26in) London 96 .... FF26 330 - £3 000 - $5,040

BIRCH David 1895-? [1]
- Interested Audience - Oil/canvas/board (61x51cm-24x20in) London 96 .... FF2 530 - £300 - $494

BIRCH Downard 1827-1897 [1]
- Banks of the River - Oil/canvas (61x46cm-24x18in) London 93 .... FF7 050 - £850 - $1,233

BIRCH Lionel XIX-XX [2]
- A road in Tuscany - Oil/canvas (61x43cm-24x17in) London 95 .... FF5 410 - £700 - $1,107

BIRCH Reginald Bathurst 1856-1943 [1]
- Fruits et homard - Huile/toile (50x90cm-20x35in) Neuilly 91 .... FF28 000 - £2 829 - $5,558

BIRCH Samuel John Lamorna 1869-1955 [172]
- Bright Summer - Oil/panel (28x34cm-11x13in) London 97 .... FF16 283 - £1 700 - $2,786
- Autumn Green and Gold, Inverlochy
  Oil/canvas (63x51cm-25x20in) Auchterarder, Perthshire 95 .... FF38 300 - £4 900 - $7,530
- Carn Dhu and the Lizard - Oil/canvas (102x127cm-40x50in) London 97 .... FF239 692 - £25 000 - $40,987
- From the Light of Cara Dhu - Watercolour (48x60cm-19x24in) London 94 .... FF14 480 - £1 700 - $2,537

BIRCH Thomas 1779-1851 [15]
- Sleigh Ride - Oil/canvas (46x69cm-18x27in) New-York 97 .... FF335 472 - £35 224 - $57,500

B

BIRCH William Henry David 1895-1968 [5]
🖼 *Southdowns, September* - Oil/canvas (84x101cm-33x40in) London 89 .... FF*12 600* - £*1 254* - **$1,991**
BIRCH William Russel 1755-1834 [2]
✎ *William Courtenay* - Miniature (7cm-3in) London 97 .... FF*7 125* - £*749* - **$1,220**
BIRCHALL William Minshall 1884-1941 [71]
✎ *Outward Bound* - Watercolour (21x56cm-8x22in) London 96 .... FF*2 750* - £*360* - **$557**
  Portsmouth Harbour - Watercolour (18x28cm-7x11in) London 96 .... FF*7 220* - £*850* - **$1,417**
BIRCHWOOD Joan 1934 [2]
🖼 *Champagne taste* - Technique mixte (81x102cm-32x40in) Paris 92 .... FF*3 200* - £*328* - **$564**
BIRCK Alphonse 1859-? [31]
🖼 *Rentrant au village* - Huile/panneau (61x80cm-24x31in) Paris 92 .... FF*30 000* - £*3 070* - **$5,280**
✎ *L'Oasis* - Aquarelle (38x52cm-15x20in) Avignon 95 .... FF*10 000* - £*1 295* - **$2,034**
  Femme à l'oeillet rouge - Aquarelle (68x50cm-27x20in) Paris 94 .... FF*24 000* - £*2 790* - **$4,160**
BIRD Edward 1772-1819 [4]
🖼 *The musical gathering* - Oil/panel (19x28cm-7x11in) London 92 .... FF*9 770* - £*1 000* - **$1,720**
✎ *Two figures by a cave* - Ink (13x16cm-5x6in) Bristol, Avon 94 .... FF*2 150* - £*250* - **$372**
BIRD Elisha Brown 1867-1943 [1]
▱ *Poster Exhibit, Mechanics Fair* - Poster (57x36cm-22x14in) New-York 96 .... FF*12 220* - £*1 440* - **$2,400**
BIRD George Frederick 1883-? [1]
🖼 *Madeleine* - Oil/canvas (399x267cm-157x105in) London 96 .... FF*29 200* - £*3 800* - **$5,790**
BIRD Harrington 1846-? [11]
🖼 *A chestnut hunter* - Oil/canvas (51x68cm-20x27in) London 93 .... FF*15 770* - £*1 900* - **$2,755**
✎ *Pig Sticking* - Watercolour (25x35cm-10x14in) London 97 .... FF*4 721* - £*500* - **$817**
  Arabians in the desert - Watercolour (39x56cm-15x22in) New-York 95 .... FF*157 600* - £*20 600* - **$32,000**
BIRD Henry Richard 1909-? [1]
🖼 *Sleeping female nude* - Oil/canvas/board (28x76cm-11x30in) London 96 .... FF*3 900* - £*500* - **$769**
BIRD Isaac Faulkner c.1800-1861 [4]
🖼 *I.F. Bird by himself aged 18*
  Oil/canvas (56x43cm-22x17in) New Orleans, Louisiana 92 .... FF*10 220* - £*1 046* - **$1,800**
BIRD John Alex. Harington 1846-1936 [10]
🖼 *Out Hunting* - Oil/canvas (61x91cm-24x36in) London 96 .... FF*25 300* - £*3 000* - **$4,940**
✎ *Habitant Life* - Aquarelle/papier (40x62cm-16x24in) Montréal 95 .... FF*6 310* - £*619* - **$961**
BIRD Mary Holden ?-1978 [7]
✎ *Late September* - Watercolour (42x61cm-17x24in) Glasgow 93 .... FF*4 800* - £*600* - **$870**
BIRD Samuel C. ?-1893 [2]
🖼 *Love on the Rocks* - Oil/canvas (61x92cm-24x36in) London 93 .... FF*9 600* - £*1 200* - **$1,740**
  Snooding hooks - Oil/canvas (142x111cm-56x44in) London 90 .... FF*131 700* - £*13 403* - **$26,338**
BIRGA Sergio 1940 [2]
🖼 *Cinema Italia* - Huile/toile (100x120cm-39x47in) Calais 90 .... FF*18 500* - £*1 863* - **$3,364**
BIRGER Birger Ericson 1904 [33]
🖼 *Fiskeläge* - Oil/canvas (97x120cm-38x47in) Stockholm 96 .... FF*2 464* - £*314* - **$475**
  Piraya - Oil/panel (121x121cm-48x48in) Stockholm 95 .... FF*11 420* - £*1 485* - **$2,345**
✎ *Fjällfiskaren* - Akvarell (58x38cm-23x15in) Stockholm 96 .... FF*1 540* - £*196* - **$297**
BIRGER Hugo 1854-1887 [18]
🖼 *La femme au perroquet* - Oil/panel (33x45cm-13x18in) Stockholm 95 .... FF*27 350* - £*3 455* - **$5,490**
  Trubaduren - Oil/canvas (80x120cm-31x47in) Stockholm 94 .... FF*125 800* - £*14 900* - **$23,250**
BIRIUKOVA Yulia 1895-1972 [10]
🖼 *Woman in brown dress* - Oil/canvas (89x76cm-35x30in) Toronto 92 .... FF*2 150* - £*220* - **$379**
✎ *Portrait of Mrs. G* - Pastel (101x75cm-40x30in) Toronto 92 .... FF*2 795* - £*286* - **$493**
BIRKBECK Geoffrey 1875-1954 [5]
✎ *Stokesby Mill* - Watercolour (43x36cm-17x14in) Aylsham, Norfolk 96 .... FF*1 794* - £*230* - **$354**
BIRKEMOSE Jens 1943 [50]
🖼 *Komposition, 1977* - Acrylic/canvas (130x100cm-51x39in) Köbenhavn 90 .... FF*17 600* - £*1 884* - **$3,061**
  Komposition - Oil/canvas (165x110cm-65x43in) Köbenhavn 94 .... FF*29 900* - £*3 560* - **$5,630**
✎ *Komposition* - Watercolour (10x16cm-4x6in) Köbenhavn 95 .... FF*3 510* - £*445* - **$706**
BIRKHAMMER Axel 1874-1936 [18]
🖼 *Sommarlandskap* - Oil/canvas (71x108cm-28x43in) Stockholm 97 .... FF*9 056* - £*956* - **$1,564**
BIRKHOLM Jens 1869-1915 [9]
🖼 *Portrait of a child* - Oil/panel (30x25cm-12x10in) Köbenhavn 95 .... FF*2 663* - £*345* - **$542**
  Landscape, Summer - Oil/canvas (87x117cm-34x46in) Köbenhavn 94 .... FF*59 100* - £*6 790* - **$10,110**
BIRKINGER Franz Xaver 1822-1906 [3]
🖼 *Mixed flowers* - Oil/canvas (154x101cm-61x40in) London 95 .... FF*59 200* - £*7 500* - **$11,900**
BIRKLE Albert 1900-1986 [32]
🖼 *Passau* - Oil/cardboard (51x71cm-20x28in) Köln 96 .... FF*71 200* - £*8 880* - **$13,750**
✎ *Der verlorene Sohn* - Mischtechnik/Papier (58x48cm-23x19in) Wien 96 .... FF*7 820* - £*1 016* - **$1,532**
  Friedrichstrasse - Charcoal/paper (64x64cm-25x25in) Köln 96 .... FF*40 700* - £*5 080* - **$7,860**
BIRKMEYER Fritz 1848-1897 [1]
🖼 *The officer's greeting* - Oil/canvas (43x60cm-17x24in) New-York 92 .... FF*19 440* - £*1 987* - **$3,600**
BIRLEY Oswald Hornby J. 1880-1952 [9]
🖼 *Interior of a thai Temple* - Oil/canvas (102x76cm-40x30in) London 97 .... FF*18 433* - £*2 000* - **$3,266**
BIRMANN Peter 1758-1844 [10]
▱ *Canton d'Argovic* - Aquatinte (23x30cm-9x12in) Bern 95 .... FF*6 450* - £*839* - **$1,325**
✎ *La Casscatelle à Tivoli* - Aquarell (52x72cm-20x28in) Bern 93 .... FF*13 520* - £*1 690* - **$2,470**

BIRMANN Samuel 1793-1847 [4]
Staubbach, Vallée de Lauterbrunnen - Aquatinte (38x27cm-15x11in) Bern 93.............. FF**2 066** - £258 - **$378**
BIRNEY William Verplanck 1858-1909 [9]
The smokers - Oil/canvas (31x36cm-12x14in) San Francisco-Los Angeles 95 .... FF**29 500** - £3 356 - **$5,000**
BIRO Antal 1907 [5]
Composition rose - Huile/toile (54x65cm-21x26in) Paris 95 .... FF**3 500** - £437 - **$686**
BIROLLI Renato 1905-1959 [46]
Nudo di donna sotto il ponte - Olio/tela (40x25cm-16x10in) Milano 94 .... FF**11 950** - £1 440 - **$2,232**
Fiori - Olio/tela (70x45cm-28x18in) Milano 94 .... FF**86 100** - £10 240 - **$15,370**
Tavola con cactus - Olio/tela (81x64cm-32x25in) Roma 90 .... FF**226 000** - £23 110 - **$44,608**
Tramonto alle Cinque Terre - Pastelli/carta (30x40cm-12x16in) Milano 95 .... FF**14 260** - £1 824 - **$2,930**
BIRON Clémence 1889-? [6]
Cour de ferme - Huile/panneau (20x45cm-8x18in) Bruxelles 89 .... FF**2 300** - £242 - **$387**
BIROTHEAU Ferdinand 1819-1892 [1]
La comtesse Charles de Polignac - Huile/toile (115x90cm-45x35in) Le Puy 95 .... FF**18 500** - £2 393 - **$3,780**
BIRR Jacques 1920 [8]
Tête de tigre du Bengale - Huile/panneau (50x60cm-20x24in) Paris 91 .... FF**5 600** - £565 - **$1,091**
Autruche mâle - Huile/isorel (146x114cm-57x45in) Paris 90 .... FF**21 000** - £2 115 - **$4,114**
BIRREN Joseph Pierre 1864-1933 [3]
Rock of Ages, Sierra Nevada
   Oil/board (61x71cm-24x28in) San Francisco-Los Angeles 92 .... FF**18 370** - £2 134 - **$3,750**
BIRSTEIN Max Avadiévitch 1914 [6]
Primavera en el lago - Oleo/lienzo (73x89cm-29x35in) Madrid 91 .... FF**5 960** - £593 - **$1,025**
BIRSTINGER Leopold 1903-1983 [3]
Hügellandschaft - Öl/Leinwand (63x93cm-25x37in) Wien 96 .... FF**19 300** - £2 200 - **$3,700**
Annemarie - Etching (33x25cm-13x10in) Wien 91 .... FF**2 407** - £241 - **$397**
Brünn, Rathaus - Watercolour (34x25cm-13x10in) Wien 92 .... FF**2 407** - £247 - **$424**
BIRTLES Harry 1839-1907 [3]
Sheep with lambs in a meadow - Oil/canvas (24x35cm-9x14in) London 92 .... FF**6 840** - £700 - **$1,207**
BIRZER Eugen 1847-1905 [2]
Ungarische Landschaft bei Erdö - Oil/canvas (28x38cm-11x15in) Stuttgart 91 .... FF**6 130** - £609 - **$1,064**
Blick auf ein Dorf - Woodcut in colors (23x32cm-9x13in) München 91 .... FF**3 380** - £343 - **$610**
BISBING Henry Singlewood 1849-1933 [2]
The Milk Pail - Oil/canvas (48x55cm-19x22in) New-York 94 .... FF**4 330** - £513 - **$800**
BISCAINO Bartolommeo 1632-1657 [13]
The Holy Family - Etching (25x18cm-10x7in) New-York 95 .... FF**6 060** - £764 - **$1,200**
God the Father surrounded by Angels - Red chalk (24x21cm-9x8in) London 93 .... FF**11 620** - £1 400 - **$2,030**
BISCARETTI DI RUFFIA Carlo 1879-1959 [3]
Itala 61, La 6 cilindri 2 litri italiana - Poster (140x98cm-55x39in) New-York 96 .... FF**8 800** - £1 137 - **$1,700**
BISCARRA Antoinette Alessio 1833-1866 [1]
La novice - Huile/panneau (26x19cm-10x7in) Montauban 93 .... FF**2 500** - £302 - **$455**
BISCHOF Peter 1934 [2]
Ohne Titel - Öl/Kupfer (62x47cm-24x19in) Wien 91 .... FF**3 850** - £388 - **$668**
BISCHOF Werner 1916-1954 [6]
Peru - Gelatin silver print (33x28cm-13x11in) London 94 .... FF**11 070** - £1 300 - **$1,940**
BISCHOFF Charles 1894-1975 [2]
Venise - Huile/toile (50x60cm-20x24in) Lokeren 95 .... FF**8 220** - £1 026 - **$1,660**
BISCHOFF Eduard 1890-? [2]
Küstenlandschaft mit Fischerdorf - Oil/canvas (64x80cm-25x31in) Heidelberg 92 .... FF**9 860** - £1 010 - **$1,736**
Ostpreussen - Woodcut (40x60cm-16x24in) Heidelberg 93 .... FF**2 035** - £243 - **$392**
BISCHOFF Elmer 1916-1991 [8]
Landscape - Oil/canvas (119x119cm-47x47in) New-York 93 .... FF**159 500** - £20 000 - **$29,000**
Woman with Umbrella - Oil/canvas (143x143cm-56x56in) New-York 94 .... FF**536 000** - £63 800 - **$102,000**
BISCHOFF Franz Arthur 1864-1929 [62]
The Finding of Moses - Oil/board (41x66cm-16x26in) San Francisco-Los Angeles 95 .... FF**18 700** - £2 456 - **$3,750**
Palm Canyon - Oil/canvas (51x81cm-20x32in) San Francisco-Los Angeles 89 .... FF**57 200** - £5 692 - **$9,036**
Pink and yellow roses
   Oil/canvas (76x107cm-30x42in) San Francisco-Los Angeles 94 .... FF**348 000** - £41 100 - **$62,500**
Painted Porcelain Jardinière - Porcelain (28cm-11in) San Francisco-Los Angeles 96 .... FF**20 900** - £2 417 - **$4,000**
BISCHOFF Friedrich 1819-1873 [1]
Der Antrag - Oil/canvas (95x83cm-37x33in) Luzern 92 .... FF**61 600** - £7 360 - **$11,860**
BISCHOFF-PIETSCHMANN Lina 1877-1968 [2]
Kupferkessel und Gemüse - Öl/Leinwand (74x110cm-29x43in) Wien 95 .... FF**5 000** - £632 - **$1,002**
BISCHOFFSHAUSEN Hans 1927-1987 [38]
Spermen-Figuration - Mixed media/panel (18x57cm-7x22in) Wien 97 .... FF**15 767** - £1 676 - **$2,719**
Schrift - Mixed media/panel (100x122cm-39x48in) Wien 96 .... FF**58 500** - £7 580 - **$11,560**
Budha - Relief (33x32cm-13x13in) Wien 93 .... FF**19 240** - £2 300 - **$3,700**
BISEAU DE HAUTEVILLE de Aristide 1844-1883 [1]
Paysage animé - Huile/toile (31x50cm-12x20in) Bruxelles 95 .... FF**8 100** - £854 - **$1,364**
BISEO Cesare 1843-1909 [1]
Le Café des Arcades - Huile/toile (55x38cm-22x15in) Paris 90 .... FF**18 000** - £1 940 - **$3,175**

BISHOFF Franz 1864-1929 [2]
- *Southern California desert scene* - Oil/board (41x51cm-16x20in) Detroit, Michigan 93 .... FF8 800 - £1 104 - **$1,600**

BISHOP Henri 1868-1939 [12]
- *View of Teheran* - Oil/canvas (29x24cm-11x9in) London 95 .... FF2 980 - £380 - **$610**

BISHOP Isabel 1902-1988 [29]
- *Men in Union Square* - Oil/canvas (61x51cm-24x20in) New-York 93 .... FF29 500 - £3 356 - **$5,000**
- *14th Street* - Oil/canvas (43x51cm-17x20in) New-York 96 .... FF83 500 - £9 660 - **$16,000**
- *The Joke* - Ink (19x14cm-7x6in) New-York 95 .... FF10 900 - £1 360 - **$2,200**

BISHOP Richard Evett 1887-1975 [4]
- *Geese/Sprig/Black ducks* - Etching Mystic, Connecticut 92 .... FF1 715 - £199 - **$350**

BISHOP Walter Follen 1856-1936 [3]
- *In the Heart of the Forest* - Watercolour (73x124cm-29x49in) London 96 .... FF119 100 - £15 500 - **$23,600**

BISHOP William James 1805-1886 [2]
- *The pop-gun* - Oil/board (59x49cm-23x19in) London 93 .... FF9 650 - £1 100 - **$1,640**

BISI Luigi 1814-1886 [2]
- *Chiesa con figure in preghiera* - Olio/tela (41x55cm-16x22in) Milano 95 .... FF46 350 - £6 150 - **$9,450**

BISIAUX Pierre 1924 [2]
- *Les Chaises* - Oil/canvas (26x39cm-10x15in) Chicago 96 .... FF3 035 - £394 - **$600**

BISMAN Paule 1897-1973 [6]
- *Eve* - Bronze (47cm-19in) Bruxelles 96 .... FF4 115 - £524 - **$791**

BISMOUTH Maurice 1891-1965 [35]
- *Femme de Djerba* - Huile/bois (40x32cm-16x13in) Paris 92 .... FF5 000 - £512 - **$900**
- *Gammarth, Tunisie* - Huile/toile (46x65cm-18x26in) Paris 95 .... FF12 000 - £1 390 - **$2,300**
- *Lecture de la thora* - Huile/toile (100x65cm-39x26in) Paris 97 .... FF30 000 - £3 273 - **$5,244**

BISON Giuseppe Bernardino 1762-1844 [69]
- *Biblioteca Marciana, Venice* - Oil/canvas (54x72cm-21x28in) New-York 93 .... FF2 - £342 600 - **$530,000**
- *Le triomphe d'Apollon* - Huile/toile (34x45cm-13x18in) Monaco 94 .... FF48 000 - £5 670 - **$8,620**
- *Party of merrymarkers drinking* - Oil/canvas (17x21cm-7x8in) London 97 .... FF70 822 - £7 500 - **$12,188**
- *The Adoration of the Magi* - Ink (21x32cm-8x13in) London 97 .... FF21 526 - £2 200 - **$3,663**
- *Grand Canal de Venise* - Gouache/papier (14x19cm-6x7in) Paris 97 .... FF120 000 - £12 756 - **$20,736**

BISPHAM Henry Collins 1841-1882 [3]
- *A family of deer* - Oil/canvas (51x92cm-20x36in) New-York 93 .... FF11 000 - £1 380 - **$2,000**

BISSCHOP Christoffel 1828-1904 [7]
- *Tender thoughts* - Oil/canvas (98x118cm-39x46in) Amsterdam 97 .... FF51 837 - £5 480 - **$8,894**

BISSCHOP Cornelis 1630-1674 [4]
- *Bacchanalian revellers with a goat* - Oil/canvas (84x65cm-33x26in) London 91 ..... FF119 000 - £12 077 - **$21,493**

BISSCHOP de Emiel 1888-1971 [1]
- *Moeder en Kind* - Bois (70cm-28in) Lokeren 94 .... FF5 470 - £653 - **$1,031**

BISSCHOP Dirk Anthony 1709-1785 [1]
- *Accession au trône de George III* - Dessin (17x22cm-7x9in) Paris 91 .... FF2 200 - £223 - **$397**

BISSCHOP Richard 1849-1926 [1]
- *Church-interior with a vicar* - Oil/panel (29x37cm-11x15in) Amsterdam 94 .... FF4 850 - £557 - **$830**

BISSCHOP Sara 1894-1992 [1]
- *Nettenboetsters* - Pastel/paper (34x50cm-13x20in) Amsterdam 96 .... FF1 842 - £237 - **$363**

BISSCHOP Suze Robertson 1856-1922 [27]
- *Portrait of a girl* - Oil/panel (15x9cm-6x4in) Amsterdam 97 .... FF13 179 - £1 425 - **$2,299**
- *A girl in a yellow dress* - Oil/panel (56x45cm-22x18in) Amsterdam 97 .... FF44 924 - £4 749 - **$7,708**
- *De Vissersspoort, Harderwijk* - Pastel/paper (55x44cm-22x17in) Amsterdam 91 ..... FF9 660 - £959 - **$1,677**

BISSCHOPS Charles L. 1894-1975 [47]
- *Port en Italie* - Huile/panneau (49x60cm-19x24in) Bruxelles 92 .... FF7 300 - £748 - **$1,404**

BISSCHOPS Joseph 1901-1962 [4]
- *Agadir, le port, sud du Maroc* - Huile/panneau (50x60cm-20x24in) Liège 91 ...... FF2 490 - £255 - **$462**

BISSELL George Edwin 1839-1920 [6]
- *Mary Justina De Peyster* - Bronze (33cm-13in) New-York 94 .... FF2 854 - £333 - **$500**
- *Bust of Abraham Lincoln* - Bronze (45cm-18in) New-York 91 .... FF15 850 - £1 609 - **$2,863**

BISSEN Hermann Wilhelm 1798-1868 [1]
- *Hercules and Iphicles* - Relief (44x53cm-17x21in) London 93 .... FF20 850 - £2 400 - **$3,600**

BISSEN Rudolf 1846-1911 [8]
- *A wW* - Oil/canvas (92x134cm-36x53in) London 89 .... FF25 200 - £2 507 - **$3,981**

BISSIER Julius 1893-1965 [131]
- *Rondine* - Tempera (18x28cm-7x11in) New-York 95 .... FF84 200 - £10 520 - **$17,000**
- *Komposition mit Vase* - Tempera (18x21cm-7x8in) München 95 .... FF113 000 - £14 432 - **$23,040**
- *A. 5. Dez. 63* - Öl/Leinwand (21x26cm-8x10in) Berlin 97 .... FF151 521 - £16 092 - **$26,394**
- *Komposition 5 III* - Monotype (54x67cm-21x26in) Bern 93 .... FF14 600 - £1 763 - **$2,785**
- *27.5.58 A Ronco* - Watercolour/paper (10x15cm-4x6in) London 95 .... FF24 100 - £3 000 - **$4,710**
- *24. Aug. 64 Am* - Aquarell (21x26cm-8x10in) Berlin 97 .... FF73 818 - £7 839 - **$12,858**

BISSIERE Roger 1886-1964 [105]
- *Jeune femme au repos* - Huile/papier/toile (33x46cm-13x18in) Paris 97 .... FF18 000 - £1 955 - **$3,157**
- *Journal 14 Janvier 1963* - Oil (38x19cm-15x7in) London 97 .... FF75 047 - £8 000 - **$13,103**
- *Composition No. 222* - Huile/toile (54x81cm-21x32in) Toulouse 96 .... FF185 000 - £24 000 - **$36,600**
- *La Fête à Neuilly* - Huile/canvas (96x130cm-38x51in) London 96 .... FF367 000 - £42 000 - **$70,000**
- *Vert et jaune* - Oil/canvas (91x59cm-36x23in) London 90 .... FF629 500 - £65 031 - **$111,219**
- *Mme. Lhote et de Mme. Buissiere* - Aquarelle (24x19cm-9x7in) Paris 97 .... FF16 000 - £1 738 - **$2,806**
- *Aquarelle Verte* - Watercolour, gouache/paper (43x32cm-17x13in) Berlin 95 ..... FF27 450 - £3 590 - **$5,580**

BISSILL George W. 1896-1973 [12]
- Winter Landscape, Berkshire - Oil/canvas (18x43cm-7x17in) London 97 .... FF3 548 - £380 - **$61,3 9**
- Men at work - Grisaille (15x17cm-6x7in) London 92 .... FF1 720 - £200 - **$351**
- Making Height - Gouache (27x37cm-11x15in) London 97 .... FF6 536 - £700 - **$1,129**

BISSINGER Louis 1899-1972 [13]
- Neige dans le Doubs - Huile/carton (33x41cm-13x16in) Besançon 97 .... FF3 000 - £326 - **$526**
- Sur le chemin de le ferme - Aquarelle (16x22cm-6x9in) Devecey 90 .... FF1 500 - £155 - **$265**

BISSON Édouard 1856-? [10]
- Venera and Armur - Oil/canvas (33x58cm-13x23in) Detroit, Michigan 93 .... FF10 620 - £1 208 - **$1,800**
- Sea Nymphs - Oil/canvas (81x110cm-32x43in) London 96 .... FF42 400 - £5 500 - **$8,380**

BISSON JEUNE Auguste Rosalie 1826-1900 [1]
- Arc de Septime Sévère - Tirage albuminé (27x38cm-11x15in) Paris 92 .... FF3 000 - £307 - **$540**

BISSON Louis Auguste 1814-1876 [1]
- Montée près de Cervor, Savoie - Albumen print (22x38cm-9x15in) New-York 90 .... FF5 700 - £614 - **$1,005**

BISSON Lucienne 1880-? [4]
- Terrasse fleurie - Huile/toile (49x60cm-19x24in) Lyon 90 .... FF9 500 - £971 - **$1,875**

BISTAGNÉ Paul 1850-1886 [12]
- Venise - Huile/toile (38x61cm-15x24in) Le Havre 93 .... FF10 000 - £1 205 - **$1,820**
- Rivage méditerranéen - Huile/toile (90x57cm-35x22in) Lille 97 .... FF40 000 - £4 144 - **$6,852**

BISTOLFI Leonardo 1859-1933 [8]
- Campagna con casolare - Olio/tavola (23x33cm-9x13in) Milano 90 .... FF11 000 - £1 185 - **$1,940**
- L'Alpe - Marbre Carrare (49cm-19in) Roma 95 .... FF22 900 - £2 880 - **$4,640**

BISTTRAM Emil 1895-1976 [23]
- Abstract composition - Oil/canvas (63x85cm-25x33in) New-York 94 .... FF47 900 - £4 809 - **$8,287**
- Flower forms - Oil/canvas (91x81cm-36x32in) New-York 89 .... FF274 600 - £28 936 - **$46,229**
- Church at Rancho de Taos - Watercolour (35x51cm-14x20in) New-York 94 .... FF61 800 - £7 290 - **$11,000**

BITKER Colette 1929 [3]
- Sirène gourmande - Technique mixte/toile (100x119cm-39x47in) Paris 90 .... FF13 500 - £1 420 - **$2,348**

BITOSSI Hélène 1935 [2]
- L'automne - Huile/toile (35x24cm-14x9in) Draguignan 93 .... FF5 500 - £618 - **$932**

BITRAN Albert 1929 [68]
- Parcours d'Ocres - Huile/toile (46x55cm-18x22in) Paris 97 .... FF5 000 - £546 - **$874**
- Paysage - Huile/toile (73x92cm-29x36in) Paris 95 .... FF15 000 - £1 992 - **$3,090**
- Ilène, 1954 - Huile/toile (60x100cm-24x39in) Paris 89 .... FF38 000 - £3 885 - **$6,109**
- Sans titre, 1973 - Gouache (50x65cm-20x26in) Paris 90 .... FF15 000 - £1 577 - **$2,609**

BITTER Ary Jean L. 1883-1973 [28]
- Joueur de lyre - Bronze (75cm-30in) La Roche-sur-Yon 92 .... FF6 500 - £776 - **$1,250**
- Éléphant et petit faune - Bronze (76cm-30in) Soissons 95 .... FF21 000 - £2 580 - **$4,090**

BITTER Karl T. 1861-1915 [1]
- Diana - Bronze (48cm-19in) New-York 95 .... FF24 100 - £3 020 - **$4,800**

BITTER Theo 1916 [11]
- Abstract composition - Oil/canvas (96x127cm-38x50in) Amsterdam 93 .... FF5 430 - £648 - **$1,044**

BITTERLICH Albert 1871-? [1]
- Frühlingserwachen - Öl/Leinwand (48x40cm-19x16in) München 94 .... FF2 900 - £343 - **$522**

BITTERLICH Hans 1889-1961 [1]
- Stilleben mit roten Pfingstrosen - Oil/canvas (50x62cm-20x24in) Wien 91 .... FF4 320 - £436 - **$842**

BITTERLICH Hans, sculpt. 1860-1949 [1]
- Kaiserin Elisabeth von Österreich - Sculpture (34cm-13in) Wien 94 .... FF18 370 - £2 110 - **$3,144**

BITTERLICH Richard 1862-1940 [1]
- Weiblicher Akt auf Felsen stehend - Öl/Karton (61x34cm-24x13in) Wien 96 .... FF3 370 - £422 - **$658**

BITTINGER Charles 1879-1970 [4]
- The olf homestead - Oil/canvas (40x50cm-16x20in) New-York 92 .... FF5 880 - £683 - **$1,200**

BIUW Eric 1894-? [1]
- Fran Langholmen mot Högalid - Oil/canvas (27x46cm-11x18in) Stockholm 90 .... FF2 000 - £213 - **$358**

BIVA Henri 1848-1928 [29]
- Vase de fleurs - Huile/toile (75x56cm-30x22in) Le Touquet 95 .... FF32 500 - £4 230 - **$6,660**
- Grand panier de roses - Huile/toile (116x171cm-46x67in) Paris 92 .... FF185 000 - £18 930 - **$33,300**
- Fleurs près de l'étang - Aquarelle, gouache/papier (46x55cm-18x22in) Barbizon 94 .... FF17 500 - £2 073 - **$3,234**

BIVA Paul 1851-1900 [6]
- Corbeille de fleurs - Huile/toile Fontainebleau 96 .... FF25 500 - £3 090 - **$4,960**

BIVEL Fernand 1888-1950 [11]
- Bouquet de roses - Huile/toile (55x47cm-22x19in) Paris 96 .... FF6 200 - £728 - **$1,220**
- L'été - Oil/canvas (66x80cm-26x31in) London 95 .... FF34 560 - £4 500 - **$7,090**
- Nonchalance, femme nue étendue - Pastel (46x65cm-18x26in) Lyon 95 .... FF4 800 - £600 - **$941**

BIXBEE William Johnson 1850-1921 [4]
- Apple tree in bloom - Oil/canvas (43x48cm-17x19in) Cambridge, Mass. 91 .... FF6 790 - £689 - **$1,226**

BIZARD Jean-Baptiste 1796-1860 [1]
- George Sand - Oil/canvas (73x59cm-29x23in) New-York 93 .... FF25 100 - £2 850 - **$4,250**

BIZARD Suzanne 1873-1963 [4]
- Jeunne fille à sa lecture - Bronze (19cm-7in) La Varenne Saint-Hilaire 97 .... FF4 000 - £431 - **$702**

BIZEAU Alain 1963 [2]
- Composition - Huile/toile (80x65cm-31x26in) Paris 89 .... FF3 000 - £290 - **$455**

B

BIZET Andrée 1888-1970 [8]
- Nature morte aux pommes - Huile/toile (45x54cm-18x21in) Nîmes 90 .... FF4 200 - £434 - $742

BIZOS Alain XX [8]
- Combattants en Erythrée - Cibachrome print (30x40cm-12x16in) Paris 95 .... FF1 500 - £197 - $301

BJERG Johannes C. 1886-1955 [9]
- Abessineren - Bronze (56cm-22in) København 96 .... FF12 380 - £1 610 - $2,453

BJERKE-PETERSEN Wilhelm 1909-1957 [132]
- Surrealistisk komposition - Oil/masonite (47x39cm-19x15in) København 95 .... FF7 990 - £1 034 - $1,625
- Den svaevende dame - Oil/canvas (65x100cm-26x39in) København 94 .... FF18 570 - £2 365 - $3,595
- Fugleformer - Oil/canvas (126x78cm-50x31in) Stockholm 89 .... FF74 900 - £7 658 - $12,042
- Surrealistisk komposition - Vernis mou couleurs (42x51cm-17x20in) København 91 .... FF4 390 - £443 - $871
- Surrealistisk landskab - Gouache (33x43cm-13x17in) København 95 .... FF11 100 - £1 437 - $2,257

BJERRE Niels 1864-1942 [17]
- Landscape, Limfjorden - Oil/canvas (49x74cm-19x29in) Viby J, Århus 96 .... FF2 640 - £313 - $515
- Klithuse i Fjand - Oil/canvas (72x90cm-28x35in) Viby J, Århus 96 .... FF3 854 - £498 - $744

BJÖRCK Gustav Oscar 1860-1929 [22]
- Sparkåkare - Oil/canvas (54x46cm-21x18in) Stockholm 95 .... FF17 550 - £2 296 - $3,515
- Vattenbärerskan - Oil/canvas (133x107cm-52x42in) Stockholm 90 .... FF439 900 - £47 403 - $77,584
- Seglare sydväst - Wash (20x15cm-8x6in) Göteborg 95 .... FF2 073 - £259 - $407

BJÖRK Jakob 1726-1793 [4]
- Porträtt av Sophia Magdalena - Oil/canvas (73x55cm-29x22in) Stockholm 95 .... FF32 800 - £4 290 - $6,570

BJÖRK Karl Olov 1936 [2]
- Farten oföränderlig - Relief Stockholm 92 .... FF9 030 - £1 080 - $1,738

BJØRKLUND Poul 1906-1984 [22]
- Selvportraet - Oil/canvas (147x97cm-58x38in) København 92 .... FF2 464 - £247 - $474
- Pige med fugl på hovedet - Marble (44cm-17in) København 92 .... FF1 936 - £194 - $373

BJÖRKLUND Richard 1897-1974 [21]
- Storm, Brantevik - Oil/canvas (54x81cm-21x32in) Malmö 94 .... FF3 840 - £457 - $730
- Husbyggnader från Vik - Pastel (36x54cm-14x21in) Malmö 92 .... FF1 510 - £155 - $266

BJÖRNBERG Evald 1895-1974 [14]
- I trädgårdslandet - Oil/panel (45x54cm-18x21in) Göteborg 96 .... FF4 360 - £497 - $834

BJULF Søren Christian 1890-1958 [74]
- Figures on a path in a winter landscape - Oil/canvas (56x66cm-22x26in) London 92 .... FF2 736 - £280 - $483
- Gammel Strand, København - Oil/canvas (49x63cm-19x25in) Malmö 96 .... FF5 030 - £596 - $982
- Gammel Strand, København - Oil/canvas (70x95cm-28x37in) Stockholm 96 .... FF25 700 - £2 930 - $4,910

BJURSTRÖM Tor 1888-1966 [81]
- Havsvik - Oil/canvas (55x72cm-22x28in) Göteborg 96 .... FF8 700 - £1 124 - $1,680
- Parklandskap - Oil/panel (73x92cm-29x36in) Stockholm 95 .... FF21 360 - £2 795 - $4,280
- Hus vid havet - Oil/canvas (68x53cm-27x21in) Stockholm 89 .... FF35 600 - £3 640 - $5,723

BLAADEREN van Gerrit Willem 1873-1935 [5]
- Tarmina - Oil/canvas (91x76cm-36x30in) Amsterdam 97 .... FF44 950 - £4 725 - $7,722

BLAAS de Eugenio 1843-1931 [63]
- On the Balcony - Oil/canvas (131x85cm-52x33in) New-York 94 .... FF1 - £190 000 - $300,000
- A young beauty - Oil/panel (27x22cm-11x9in) London 95 .... FF63 900 - £8 000 - $12,730
- Young italian girl - Oil/panel (81x32cm-32x13in) Wien 94 .... FF280 600 - £33 400 - $52,900
- Die Blumenverkäuferin - Oil/panel (126x64cm-50x25in) New-York 97 .... FF1 80 15e +06 - £116 337 - $190,000

BLAAS Franz 1955 [4]
- Ohne Titel - Öl (65x50cm-26x20in) Wien 94 .... FF2 440 - £292 - $474

BLAAS von Carl 1815-1894 [18]
- Die Schaukel - Öl/Leinwand (56x44cm-22x17in) Wien 96 .... FF12 020 - £1 508 - $2,350
- Franz Joseph I. von Österreich - Öl/Leinwand (70x55cm-28x22in) Wien 95 .... FF40 500 - £5 050 - $8,170
- Mädchenkopf im Profil - Black & white chalks (31x26cm-12x10in) Wien 96 .... FF1 927 - £240 - $373

BLAAS von Carl Theodor 1886-1960 [1]
- In einer Tiroler Bauernstube - Öl/Leinwand (56x70cm-22x28in) Wien 96 .... FF22 050 - £2 854 - $4,410

BLAAS von Julius 1845-1922 [49]
- Beim Pferdekauf - Öl/Leinwand (58x83cm-23x33in) Heidelberg 96 .... FF16 930 - £2 090 - $3,270
- Franz Josef in Campagneuniform - Öl/Leinwand (81x66cm-32x26in) Wien 95 .... FF37 100 - £4 720 - $7,390
- Pferdemarkt - Öl/Leinwand (83x141cm-33x56in) Wien 93 .... FF489 000 - £55 400 - $82,600

BLAAUW Anna Maria 1865-1944 [1]
- Still life with flowers - Watercolour/paper (63x42cm-25x17in) Amsterdam 96 .... FF6 050 - £758 - $1,168

BLAAUW Pieter Aartsz. 1744-1808 [2]
- Dutch fishing boats off the coast - Ink (36x52cm-14x20in) Amsterdam 94 .... FF9 200 - £1 095 - $1,725

BLACHE Charles Philippe 1860-1907 [1]
- Weibliches Halbfigurenporträt - Coloured chalks (27x21cm-11x8in) Stuttgart 89 .... FF5 600 - £541 - $850

BLACHE Christian Vigilius 1838-1920 [90]
- Marine - Oil/canvas (65x110cm-26x43in) København 95 .... FF7 090 - £904 - $1,396
- Nord for Hveen - Oil/canvas (105x167cm-41x66in) København 96 .... FF13 370 - £1 730 - $2,673
- Harbour, Copenhagen - Oil/canvas (84x131cm-33x52in) Stockholm 96 .... FF20 220 - £2 307 - $3,870

BLACHETTE Lucienne [1]
- Nu couché - Bronze Paris 97 .... FF5 000 - £550 - $913

BLACK Andrew 1850-1916 [7]
- Unloading the boats, St. Monans - Oil/canvas (41x61cm-16x24in) Glasgow 93 .... FF9 130 - £1 100 - $1,595

BLACK Anne Spence ?-1947 [1]
- Dutch canal scene

Watercolour (21x28cm-8x11in) Marlborough Crescent, Newcastle upon Tyne 93 .... FF1 *840* - £230 - **$334**

BLACK François 1881-?   [1]
Bust of Franz Liszt - Bronze (29cm-11in) New-York 90 .... FF8 *000* - £851 - **$1,431**

BLACK Gladys M. 1895-1975   [2]
Not that Way - Watercolour/paper (38x27cm-15x11in) New-York 96 .... FF2 *026* - £262 - **$400**

BLACK Harold 1913   [3]
Express Track - Oil/canvas (101x92cm-40x36in) New-York 94 .... FF19 *660* - £2 *320* - **$3,500**

BLACK James ?-1829   [1]
Town in County Armagh - Oil/canvas (86x120cm-34x47in) London 96 .... FF78 *600* - £10 *000* - **$15,120**

BLACK LaVerne Nelson 1887-1938   [5]
Ration days - Oil/canvas (81x106cm-32x42in) New-York 93 .... FF110 *000* - £13 *800* - **$20,000**

BLACK Montague Birrell 1889-?   [2]
Titanic, Omympic, White Star Line - Poster (102x64cm-40x25in) London 93 .... FF52 *700* - £6 *000* - **$8,940**
Battleships/Escorting destroyers - Watercolour (21x37cm-8x15in) London 93............. FF3 *510* - £400 - **$596**

BLACK Norman Irving 1883-?   [1]
House of Cards - Oil/paper (23x18cm-9x7in) Cambridge, Mass. 92........................ FF4 *420* - £528 - **$850**

BLACK Olive Parker 1868-1948   [24]
Summer landscape - Oil/canvas (36x51cm-14x20in) Mystic, Connecticut 96 .... FF10 *340* - £1 *297* - **$2,000**
A view of the village - Oil/canvas (63x76cm-25x30in) New-York 90 .... FF57 *200* - £6 *124* - **$9,948**

BLACKADDER Elizabeth Violet 1931   [40]
Rocky Coast, Harris - Oil/canvas (56x76cm-22x30in) London 97 .... FF28 *249* - £3 *000* - **$4,921**
Sienese still Life - Pencil (33x33cm-13x13in) London 97 .... FF15 *873* - £1 *700* - **$2,742**
Sound of Mull - Watercolour (44x57cm-17x22in) London 97 .... FF32 *015* - £3 *400* - **$5,577**

BLACKBURN Arthur XIX-XX   [3]
Boggle Hole, Robin Hoods Bay - Oil/canvas (40x60cm-16x24in) Leeds 91 .... FF3 *900* - £400 - **$724**

BLACKBURN Clarence E. 1914-1984   [11]
Lowtide, Bridlington - Oil/canvas (102x140cm-40x55in) London 94 .... FF5 *300* - £620 - **$930**
Broadstairs, from the Quay - Watercolour (67x99cm-26x39in) London 95 .... FF1 *690* - £220 - **$347**

BLACKBURN David 1939   [4]
Landscape-Snow-Marsden - Pastel (35x28cm-14x11in) London 91 .... FF1 *786* - £179 - **$309**

BLACKBURN Morris Atkinson 1902-1979   [4]
Angular Tensions - Gouache (50x65cm-20x26in) New-York 96 .... FF5 *070* - £655 - **$1,000**

BLACKHAM Dorothy Isobel 1896-1975   [2]
St. Stephen's Green - Oil/board (67x52cm-26x20in) Dublin 93 .... FF4 *910* - £586 - **$943**

BLACKLOCK Thomas Bromley 1863-1903   [10]
The princess and the frog - Oil/canvas (56x40cm-22x16in) Auchterarder, Perthshire 92 .... FF38 *100* - £4 *000* - **$7,960**

BLACKLOCK William Kay 1872-c.1930   [45]
The Blue Kimono - Oil/canvas (75x62cm-30x24in) Retford, Nottinghamshire 93 .... FF24 *070* - £2 *900* - **$4,205**
The Young Anglers - Oil/canvas (74x61cm-29x24in) London 97.................. FF400 *382* - £42 *000* - **$68,704**
Hot toast - Watercolour (58x47cm-23x19in) London 96 .... FF21 *500* - £2 *800* - **$4,265**

BLACKMAN Walter 1847-1928   [5]
Gypsy woman - Oil/canvas (55x45cm-22x18in) New-York 92 .... FF10 *540* - £1 *104* - **$1,900**
Harbor with fisherman - Oil/canvas (73x148cm-29x58in) Elgin, Illinois 91.......... FF50 *900* - £5 *129* - **$8,832**

BLACKMORE Katie XIX-XX   [6]
An Angel's lullaby - Gouache (54x45cm-21x18in) Billinghurst, West Sussex 92 .... FF3 *214* - £330 - **$617**

BLACKSTADIUS Johan Zacharias 1816-1898   [3]
Lutspelare - Wash (32x23cm-13x9in) Helsinki 91 .... FF7 *270* - £722 - **$1,262**

BLACKTON James Stuart 1875-1941   [2]
San Francisco Bay - Oil/canvas (38x61cm-15x24in) San Francisco-Los Angeles 94 .... FF11 *130* - £1 *316* - **$2,000**
San Maggiore, Venice - Pastel/board (48x74cm-19x29in) New-York 93.................. FF3 *840* - £437 - **$651**

BLAHAY Henri XIX-XX   [2]
La procession - Huile/toile (64x55cm-25x22in) Saint-Dié 94 .... FF4 *500* - £511 - **$763**
Bretonne et sa vache sur le chemin - Pastel (41x43cm-16x17in) Versailles 90 .... FF9 *000* - £970 - **$1,587**

BLAIKLEY Alexander 1816-1903   [2]
Major George Whyte-Melville - Pastel (41x32cm-16x13in) Glasgow 95 .... FF7 *380* - £950 - **$1,513**

BLAILÉ Alfred Henri 1878-1967   [4]
Blumenbouquet - Öl/Karton (41x33cm-16x13in) Bern 93 .... FF4 *190* - £500 - **$805**

BLAILÉ Jean 1907   [4]
Femme à l'ombrelle - Öl/Leinwand (54x64cm-21x25in) Bern 94 .... FF3 *230* - £375 - **$557**

BLAIN DE FONTENAY Jean-Baptiste 1653-1715   [3]
Vaso di fiori - Olio/tela (56x46cm-22x18in) Roma 90.................. FF109 *800* - £11 *756* - **$19,096**

BLAIN Roland 1934   [1]
Eve au bain - Huile/toile (124x92cm-49x36in) Paris 96.................. FF29 *000* - £3 *750* - **$5,690**

BLAINE Mahlon 1894-1969   [3]
Boat in harbor, women on dock - Gouache (36x48cm-14x19in) New-York 93.......... FF1 *918* - £218 - **$325**

BLAINE Nell 1922   [8]
Vase of flowers - Oil/canvas (61x51cm-24x20in) New-York 96 .... FF18 *120* - £2 *340* - **$3,500**

BLAIR Charles Henry XIX-XX   [3]
Pride of Place - Oil/canvas (38x48cm-15x19in) London 94.................. FF54 *200* - £6 *200* - **$9,170**

BLAIR Gabriel XIX-XX   [2]
The blackberry gatherers - Watercolour (36x25cm-14x10in) London 95 .... FF3 *160* - £400 - **$636**

B

BLAIR John 1850-1934 [15]
- *Granny's work* - Oil/canvas (50x76cm-20x30in) Edinburgh 89 .... FF**11 600** - £1 186 - **$1,865**
- *Montrose and Ferryden* - Watercolour (27x37cm-11x15in) Toronto 96 .... FF**3 294** - £376 - **$631**

BLAIR Lee Everett 1911-1993 [2]
- *17th Green at the Riviera Club* Oil/canvas (61x91cm-24x36in) San Francisco-Los Angeles 96 .... FF**26 100** - £3 020 - **$5,000**
- *Purple Sky* - Watercolour/paper (25x37cm-10x15in) San Francisco-Los Angeles 96 .... FF**4 960** - £574 - **$950**

BLAIR Streeter 1888-1966 [1]
- *Balaam Number 22-22* - Oil/canvas (61x86cm-24x34in) San Francisco-Los Angeles 95 .... FF**4 720** - £537 - **$800**

BLAIR-BRUCE William 1859-1906 [1]
- *Native children playing with a lizard* - Oil/canvas (35x45cm-14x18in) London 90 .... FF**2 700** - £291 - **$476**

BLAIRAT Marcel J. 1849-? [13]
- *La caravane* - Aquarelle (29x42cm-11x17in) La Varenne Saint-Hilaire 96 .... FF**6 500** - £788 - **$1,264**

BLAIS Jean-Charles 1956 [168]
- *Colette et Raymond* - Huile/papier (36x48cm-14x19in) Paris 96 .... FF**23 000** - £2 840 - **$4,450**
- *Sans titre* - Huile/papier (259x488cm-102x192in) Paris 96 .... FF**90 000** - £11 270 - **$17,370**
- *Sans titre, 1986* - Huile/papier (106x85cm-42x33in) Paris 90 .... FF**130 000** - £13 830 - **$23,256**
- *Retour vers l'Enfer - Decollage* (270x260cm-106x102in) Versailles 90 .... FF**745 000** - £79 764 - **$129,565**
- *Personnage allongé sous un arbre* - Gouache (65x100cm-26x39in) Paris 96 .... FF**17 000** - £2 100 - **$3,280**
- *Sans titre (Homme penché)* - Gouache/paper (65x50cm-26x20in) London 96 .... FF**31 350** - £3 800 - **$6,100**
- *Sans titre* - Technique mixte/papier (300x220cm-118x87in) Versailles 96 .... FF**65 000** - £8 420 - **$12,730**
- *En route, 1983* - Dessin (86x110cm-34x43in) Marseille 89 .... FF**132 000** - £13 497 - **$21,222**

BLAISE André 1961 [4]
- *Cycliste* - Huile/toile (46x51cm-18x20in) Paris 95 .... FF**3 200** - £406 - **$644**

BLAISE Fabolon 1959-1984 [1]
- *Le lac* - Huile/toile (91x61cm-36x24in) Paris 96 .... FF**4 000** - £518 - **$785**

BLAISE Saint-Louis 1945-1993 [4]
- *Les trois grâces* - Huile/toile (76x55cm-30x22in) Paris 96 .... FF**70 000** - £9 050 - **$13,740**

BLAISE Serge Moléon 1954 [4]
- *Dessalines et Christophe* - Huile/isorel (41x51cm-16x20in) Paris 94 .... FF**3 000** - £350 - **$526**

BLAIZE Candide 1795-1885 [3]
- *Femme en robe blanche* - Miniature (5cm-2in) Morlaix 94 .... FF**4 400** - £528 - **$813**

BLAKE Benjamin 1807-1830 [17]
- *Couple conversing* - Oil/canvas (36x46cm-14x18in) Salisbury, Wiltshire 94 .... FF**5 000** - £600 - **$972**
- *Dogs with dead Game/Still Life* - Oil/canvas (30x25cm-12x10in) London 97 .... FF**18 365** - £2 000 - **$3,194**

BLAKE Frederick Donald 1908 [8]
- *Hill town* - Mixed media/canvas (44x70cm-17x28in) London 91 .... FF**2 823** - £280 - **$490**
- *The Cotswolds* - Watercolour (43x69cm-17x27in) London 95 .... FF**1 995** - £260 - **$413**

BLAKE Leo B. 1887-1976 [1]
- *The Fight* - Oil/canvas/board (45x56cm-18x22in) New-York 95 .... FF**7 700** - £957 - **$1,500**

BLAKE Nayland 1960 [5]
- *Work Station #2* Stainless steel, rapier, galvanised iron, leather (76cm-30in) New-York 96 .... FF**19 470** - £2 310 - **$3,800**

BLAKE Peter 1932 [37]
- *Valentine Vox the ventriloquist* - Mixed media (30x63cm-12x25in) London 96 .... FF**16 600** - £1 700 - **$2,930**
- *Baby Ruth* - Oil/board (21x16cm-8x6in) London 97 .... FF**75 330** - £8 000 - **$13,122**
- *763 Bedouin* - Acrylic/masonite (76x45cm-30x18in) London 92 .... FF**134 000** - £16 000 - **$25,800**
- *Captain Webb matchbox* - Construction (40x11x29cm-16x4x11in) London 93 .... FF**48 300** - £5 500 - **$8,200**
- *Pierrot pensif* - Photograph (61x36cm-24x14in) London 93 .... FF**11 850** - £1 350 - **$2,010**
- *Props from Cleopatra* - Mixed media/paper (28x25cm-11x10in) New-York 93 .... FF**11 740** - £1 345 - **$2,000**
- *Long live the queen* - Coloured crayons (23x29cm-9x11in) London 93 .... FF**114 100** - £13 000 - **$19,370**

BLAKE Quentin 1932 [2]
- *Clever Dick* - Watercolour (28x36cm-11x14in) London 91 .... FF**3 020** - £310 - **$562**

BLAKE William 1757-1827 [39]
- *Illustrations to the Book of Job* - Engraving (21x16cm-8x6in) London 97 .... FF**53 089** - £5 500 - **$9,094**
- *Lais of Corinth* - Pencil (21x18cm-8x7in) London 95 .... FF**14 000** - £1 800 - **$2,866**
- *Study for the last Judgment* - Pencil/paper (37x27cm-15x11in) London 97 .... FF**98 315** - £10 500 - **$17,097**

BLAKELOCK Ralph Albert 1847-1919 [35]
- *Sunset on the lake* - Oil/panel (13x17cm-5x7in) San Francisco-Los Angeles 95 .... FF**10 030** - £1 141 - **$1,700**
- *The Old Mill* - Oil/canvas (46x81cm-18x32in) New-York 93 .... FF**30 250** - £3 790 - **$5,500**
- *Teepes in the moonlight* - Oil/canvas (69x58cm-27x23in) New-York 93 .... FF**264 000** - £33 100 - **$48,000**

BLAMEY Henwood XIX-XX [2]
- *The Shepherdess* - Oil/canvas (140x96cm-55x38in) Vejle 94 .... FF**48 700** - £5 720 - **$8,670**

BLAMEY Norman 1914 [3]
- *The Cellar Window* - Oil/board (290x419cm-114x165in) London 96 .... FF**15 370** - £2 000 - **$3,046**

BLAMPIED Clifford George 1875-? [9]
- *Elizabeth castle, Jersey* - Wash (27x38cm-11x15in) Penzance, Cornwall 91 .... FF**2 380** - £240 - **$413**

BLAMPIED Edmund 1886-1966 [163]
- *Mont Orgueil Castle* - Oil/cardboard (15x23cm-6x9in) St. Helier, Jersey 96 .... FF**3 135** - £380 - **$610**
- *A gathering* - Oil/board (59x46cm-23x18in) New-York 94 .... FF**30 860** - £3 645 - **$5,500**
- *A jersey kitchens* - Oil/board (61x51cm-24x20in) London 97 .... FF**119 846** - £12 500 - **$20,493**
- *Deux petits verres* - Drypoint St. Helier, Jersey 95 .... FF**5 470** - £700 - **$1,100**
- *The Masters' Horse Drinks* - Drawing (35x26cm-14x10in) Guernsey 96 .... FF**4 640** - £600 - **$917**
- *Three caricatures of life* - Coloured chalks London 97 .... FF**17 258** - £1 800 - **$2,951**

BLANC Célestin Joseph 1818-1888 [1]
🖼 *Jeune fille assise sur un mur* - Huile/panneau (35x23cm-14x9in) Paris 90 .... FF6 000 - £647 - **$1,058**

BLANC Charles 1896-? [4]
🖼 *Nature morte* - Huile/toile (80x100cm-31x39in) Paris 90.. FF2 000 - £201 - **$364**

BLANC Joseph 1846-1904 [1]
🖼 *Der Todesengel* - Öl/Leinwand (46x36cm-18x14in) Bern 94 .... FF18 570 - £2 230 - **$3,610**

BLANC Louis Ammy 1810-1885 [1]
🖼 *Mathilde von Bockelberg* - Oil/canvas (68x57cm-27x22in) Köln 90 .... FF27 000 - £2 789 - **$4,770**

BLANC Pierre 1902-1986 [2]
🗿 *Dromadaire* - Bronze Paris 97 .... FF6 500 - £695 - **$1,132**

BLANC René 1906-1987 [7]
🖼 *Le pont de l'Isle-Adam et le Cabouillet* - Huile/toile (65x46cm-26x18in) Pontoise 95 .... FF8 800 - £1 170 - **$1,814**
✏ *Le silence* - Pastel (34x49cm-13x19in) Paris 97 .... FF200 000 - £21 280 - **$34,800**

BLANC-BERTHET Odette 1922 [2]
🖼 *Le cavalier* - Huile/toile (38x56cm-15x22in) Paris 89 .... FF2 000 - £199 - **$316**

BLANC-FONTAINE Henri 1819-1897 [6]
🖼 *La jeune moissonneuse* - Huile/toile (58x42cm-23x17in) Paris 93 .... FF4 000 - £450 - **$678**
✏ *La cascade* - Crayon (26x38cm-10x15in) Grenoble 91 .... FF3 000 - £301 - **$495**

BLANC-GARIN Ernest 1843-1916 [5]
🖼 *Salomé et le Roi Hérode* - Huile/toile (114x116cm-45x46in) Paris 93............................... FF50 000 - £5 750 - **$8,560**

BLANCA Paul 1954 [11]
📷 *Female nude* - Photograph (29x29cm-11x11in) Amsterdam 96 .... FF2 406 - £276 - **$460**

BLANCH Arnold 1896-1968 [9]
🖼 *Green Field* - Oil/board (31x92cm-12x36in) San Francisco-Los Angeles 93 .... FF7 150 - £897 - **$1,300**

BLANCHARD Antoine 1910-1988 [94]
🖼 *Sur les Champs-Élysées* - Oil/canvas (61x76cm-24x30in) Toronto 95 .... FF18 000 - £2 280 - **$3,625**
Notre-Dame, printemps - Oil/canvas (33x46cm-13x18in) London 96 .... FF28 100 - £3 200 - **$5,380**
Paris, boulevard Madeleine - Oil/canvas (59x91cm-23x36in) New-York 90 .... FF87 000 - £8 854 - **$17,399**

BLANCHARD Auguste 1819-1898 [3]
▢ *The Derby Day* - Engraving (62x122cm-24x48in) London 96 .... FF3 610 - £450 - **$697**

BLANCHARD Blanche Virginia 1866-1959 [2]
🖼 *Major William J. Behan* - Oil/canvas (76x64cm-30x25in) New Orleans, Louisiana 92 .... FF5 390 - £626 - **$1,100**

BLANCHARD Émile Théophile 1795-? [1]
🖼 *Nature morte aux fruits et fleurs* - Huile/toile (55x46cm-22x18in) Paris 96.................... FF37 000 - £4 610 - **$7,140**

BLANCHARD Evelyne XX [5]
🖼 *Le marché aux fleurs* - Huile/toile (46x55cm-18x22in) Calais 90 .... FF16 000 - £1 713 - **$2,783**

BLANCHARD Henri-Pierre 1805-1865 [1]
🖼 *Paul et Virginie* - Huile/toile (40x60cm-16x24in) Monaco 90 .... FF140 000 - £14 463 - **$24,735**

BLANCHARD Jacques 1600-1638 [18]
🖼 *Charity* - Oil/canvas (135x103cm-53x41in) London 94 .... FF255 600 - £30 000 - **$45,500**

BLANCHARD Jacques 1912 [7]
🖼 *Nature morte aux fruits* - Oil/canvas (45x55cm-18x22in) New-York 96 .... FF4 900 - £630 - **$950**

BLANCHARD María 1881-1932 [29]
🖼 *Bodegon con frutero* - Oil/canvas (65x55cm-26x22in) Madrid 90.................................... FF1 - £175 182 - **$284,557**
Nature morte au panier de poivres - Oil/canvas (54x64cm-21x25in) London 93 .... FF184 300 - £21 000 - **$31,300**
Nature morte - Oil/canvas (55x38cm-22x15in) London 97 .... FF530 888 - £55 000 - **$90,942**
✏ *Nature morte à la guitare* - Gouache/papier (28x35cm-11x14in) Paris 97 .... FF102 000 - £10 628 - **$17,380**
Bodegon de la manzana - Watercolour (49x41cm-19x16in) Madrid 90 .... FF405 000 - £43 362 - **$70,435**

BLANCHARD Maurice 1903 [10]
🖼 *Moulin Rouge, Paris* - Oleo/lienzo (56x75cm-22x30in) Madrid 97.................................. FF2 903 - £326 - **$522**
✏ *Les deux amies* - Dessin (29x22cm-11x9in) Paris 92 .... FF2 000 - £206 - **$385**

BLANCHARD Melchior XIX [2]
🖼 *Hector Berlioz, assis* - Huile/toile (118x92cm-46x36in) Paris 92 .... FF55 000 - £6 560 - **$10,570**

BLANCHARD Pascal XIX [2]
🖼 *Vue du Cap Bon, Tunisie* - Huile/toile (89x131cm-35x52in) Paris 92 .... FF14 500 - £1 485 - **$2,553**

BLANCHARD Pharamond 1805-1875 [4]
🖼 *Les contrebandiers* - Huile/toile (45x65cm-18x26in) Paris 97 .... FF83 000 - £8 956 - **$14,666**
Asilo de San Bernardino, Madrid - Oleo/lienzo (51x67cm-20x26in) Madrid 96 .... FF130 500 - £16 280 - **$25,200**
✏ *Alexander II & Maria Alexandrovna* - Watercolour (38x22cm-15x9in) London 97 .... FF30 476 - £3 200 - **$5,241**

BLANCHARD Rémy 1958 [37]
🖼 *Le cerf* - Acrylique/toile (162x130cm-64x51in) Paris 96... FF7 000 - £871 - **$1,358**
L'Aventure - Acrylic/canvas (104x146cm-41x57in) Toronto 95 .... FF13 900 - £1 817 - **$2,786**
Le moulin à paroles - Acrylique/toile (196x150cm-77x59in) Paris 97 .... FF70 000 - £7 049 - **$12,727**
✏ *La cage* - Collage/papier (72x102cm-28x40in) Paris 90 .... FF6 000 - £614 - **$1,184**

BLANCHE Jacques Émile 1861-1942 [73]
🖼 *Young Woman looking in a Mirror* - Oil/canvas (74x60cm-29x24in) London 97 .... FF14 006 - £1 500 - **$2,420**
Calais, on the beach - Oil/board (22x36cm-9x14in) New-York 95 .... FF23 000 - £2 865 - **$4,500**
Mädchen vor dem Spiegel - Oil/canvas (87x65cm-34x26in) Köln 91................................. FF47 300 - £4 743 - **$7,803**
Hydrangeas in a blue vase - Oil/canvas (79x59cm-31x23in) London 95 .... FF86 800 - £11 000 - **$17,470**
Petite fille aux hortensias - Oil/canvas (93x65cm-37x26in) New-York 96 .... FF779 000 - £99 200 - **$150,000**
Vaslav Nijinsky - Oil/canvas (220x120cm-87x47in) New-York 95 .... FF3 66e +06 - £382 000 - **$600,000**

BLANCHE Lucille 1895-? [2]
🖼 *Manhattan From Canal Street South* - Oil/canvas (51x76cm-20x30in) New-York 96 .... **FF13 570 - £1 570 - $2,600**
BLANCHER Jacques 1944 [3]
🖼 *Sans titre* - Acrylic/canvas (89x116cm-35x46in) La Grand-Combe 90 .... **FF12 500 - £1 295 - $2,197**
BLANCHET Alexandre 1882-1961 [32]
🖼 *Jeannette à la guitare* - Öl/Leinwand (82x100cm-32x39in) Luzern 94 .... **FF10 440 - £1 225 - $1,860**
Autoportrait au chapeau - Huile/toile (81x65cm-32x26in) Zürich 91 .... **FF39 600 - £3 971 - $6,537**
🖊 *Mädchenbildnis* - Fusain (45x36cm-18x14in) Bern 93 .... **FF2 620 - £317 - $487**
BLANCHET Louis Gabriel 1705-1772 [13]
🖼 *G. Paolo Panini* - Oil/canvas (96x76cm-38x30in) London 95 .... **FF1 - £170 000 - $271,000**
Gentilhomme dans sa bibliothèque
        Huile/toile (63x53cm-25x21in) Verrières-Le-Buisson 95 .... **FF140 000 - £18 140 - $29,130**
🖊 *Jupiter seducing Callisto* - Black chalk (18x27cm-7x11in) New-York 95 .... **FF16 100 - £1 930 - $3,000**
BLANCHET Maurice 1916-1961 [2]
🖼 *Vue de Saillon* - Huile/toile (33x46cm-13x18in) Bern 94 .... **FF3 230 - £375 - $557**
BLANCHETTE Pierre 1953 [2]
🖼 *Peinture No.31* - Acrylique/toile (160x114cm-63x45in) Montréal 97 .... **FF4 975 - £525 - $860**
BLANCHI Pio 1848-? [1]
🖼 *Young beauty* - Oil/panel (34x23cm-13x9in) London 93 .... **FF7 890 - £950 - $1,443**
BLANCHY Chantal 1952 [3]
🗿 *Trois* - Bronze (13x8x14cm-5x3x6in) Paris 92 .... **FF4 000 - £410 - $720**
BLANCKARTS Moritz 1839-1883 [2]
🖼 *A Hussar in full charge* - Oil/canvas (43x45cm-17x18in) London 95 .... **FF7 780 - £1 000 - $1,572**
BLANCO Antonio Maria 1927 [3]
🖼 *A Bali girl bathing* - Oil/canvas (31x41cm-12x16in) Singapore 96 .... **FF57 300 - £7 450 - $11,360**
Glass pot, a flower and mirror - Oil/canvas (32x41cm-13x16in) Singapore 95 .... **FF91 100 - £11 640 - $18,700**
BLANCO Dionisio 1953 [5]
🖼 *Fantasio oniricas de sembradores* - Oil/canvas (74x101cm-29x40in) New-York 92 .... **FF15 600 - £1 862 - $3,000**
BLANCO Venancio 1923 [2]
🗿 *Toro* - Bronze (20x39cm-8x15in) Madrid 92 .... **FF8 100 - £825 - $1,425**
BLANCPAIN Jules 1860-1914 [4]
🖼 *Vue de Bou-Sâada* - Huile/toile (40x61cm-16x24in) Paris 94 .... **FF25 000 - £2 960 - $4,620**
BLAND Emily Beatrice 1864-1951 [18]
🖼 *River landscape* - Oil/canvas (33x48cm-13x19in) London 95 .... **FF2 037 - £260 - $417**
Dover habour - Oil/board (40x51cm-16x20in) London 96 .... **FF5 370 - £700 - $1,112**
BLANDIN Étienne 1903-? [5]
🖼 *Bateaux de guerre dans la houle* - Huile/toile (60x92cm-24x36in) Rennes 96 .... **FF5 000 - £647 - $991**
BLANES Juan Luis 1855-1895 [2]
🖼 *El Gaucho* - Oil/canvas (53x38cm-21x15in) New-York 94 .... **FF100 800 - £12 000 - $19,000**
BLANES Juan Manuel 1830-1901 [1]
🖼 *Grupo de Indios* - Oil/canvas (96x136cm-38x54in) New-York 96 .... **FF130 600 - £14 880 - $25,000**
BLANES VIALE Pedro 1879-1926 [6]
🖼 *El Rosedal* - Oil/board (52x71cm-20x28in) New-York 97 .... **FF51 547 - £5 494 - $9,000**
Sol y sombra - Oil/canvas (131x114cm-52x45in) New-York 92 .... **FF910 000 - £108 600 - $175,000**
BLANEY Dwight 1865-1944 [2]
🖊 *Mt. St. Michel* - Watercolour (30x23cm-12x9in) Cambridge, Mass. 94 .... **FF3 940 - £474 - $750**
BLANKE Wilhelm 1873-1943 [7]
🖼 *Amaryllis* - Oil/canvas (100x80cm-39x31in) Wien 91 .... **FF12 000 - £1 195 - $2,064**
BLANKENBURG Adolf 1830-1870 [5]
🖼 *The Swimming Party* - Oil/canvas (63x74cm-25x29in) New-York 96 .... **FF40 000 - £5 180 - $8,000**
BLANKERT Barend 1941 [5]
🖼 *Het Dorp* - Oil/canvas (41x101cm-16x40in) Amsterdam 95 .... **FF6 300 - £804 - $1,286**
BLANPAIN Jean-Luc 1947 [14]
🖼 *Le port du Havre* - Huile/toile (54x65cm-21x26in) Honfleur 90 .... **FF5 000 - £500 - $949**
BLANQUART-EVRARD Louis Désiré 1802-1872 [2]
📷 *Tree study* - Blanquart-Evrard process print (26x20cm-10x8in) London 96 .... **FF6 200 - £800 - $1,197**
BLASCHEK Franz 1787-1868 [3]
🖊 *Veilchenstrauß* - Aquarell/Papier (35x24cm-14x9in) Wien 90 .... **FF2 600 - £277 - $465**
BLASCHNIK Arthur 1823-c.1910 [4]
🖊 *Ansichten der Ruinen, Roma* - Aquarell (22x29cm-9x11in) Bremen 93 .... **FF8 810 - £1 053 - $1,696**
BLASCO ALARCON Manuel 1899-? [3]
🖼 *La foto della Primera Comunión* - Oleo/tabla (45x59cm-18x23in) Madrid 94 .... **FF5 600 - £660 - $996**
BLASCO Salvador Abrily 1862-1924 [1]
🖼 *Schiff Capeando in schwerer See* - Oil/canvas (114x183cm-45x72in) Wien 91 .... **FF43 200 - £4 301 - $7,429**
BLASCO-FERRER Eleuterio 1907 [2]
🗿 *Head of a woman* - Bronze (23cm-9in) New-York 94 .... **FF2 930 - £337 - $501**
BLASER Hermann XIX-XX [2]
🗂 *PKZ* - Poster (127x90cm-50x35in) New-York 95 .... **FF6 060 - £764 - $1,200**
BLASHFIELD Edwin Howland 1848-1936 [8]
🖼 *Rescued* - Oil/canvas (45x37cm-18x15in) Billinghurst, West Sussex 93 .... **FF9 130 - £1 100 - $1,595**
Boston People watching the Firing.. - Oil/canvas (65x91cm-26x36in) New-York 97 ...... **FF116 686 - £12 252 - $20,000**
BLASHFIELD John Marriott c.1800-1890 [1]
🗿 *Wall brackets* - Terracotta (25cm-10in) London 95 .... **FF10 160 - £1 150 - $1,830**

BLASS Charlotte 1908 [1]
🖼 *Yellow chrysanthemums* - Oil/canvas Cambridge, Mass. 89 .... FF2 **900** - £297 - **$466**
BLASS von Eugene 1843-1932 [1]
🖼 *Beautiful French girl* - Oil/panel (30x23cm-12x9in) New Orleans, Louisiana 95 .... FF12 **210** - £1 560 - **$2,500**
BLAT Ismael 1901-1976 [7]
🖼 *Niña de la bola* - Oleo/lienzo (100x120cm-39x47in) Madrid 93 .... FF6 **810** - £820 - **$1,327**
🖋 *Joven* - Dibujo (32x27cm-13x11in) Madrid 94.. FF3 **690** - £436 - **$680**
BLATAS Arbit 1908 [25]
🖼 *Parisian Cafe* - Oil/board (206x157cm-81x62in) New-York 94................................... FF6 **330** - £761 - **$1,200**
🖼 *Woman interior* - Oil/canvas (101x127cm-40x50in) New-York 96........................... FF12 **500** - £1 510 - **$2,400**
🗿 *Picasso* - Bronze (44cm-17in) New-York 92... FF6 **660** - £698 - **$1,200**
BLATTER Vincent 1843-? [3]
🖋 *Paysage/Promenade* - Aquarelle (9x13cm-4x5in) Bayeux 96 .... FF1 **600** - £201 - **$311**
BLÄTTERBAUER Theodor 1823-? [5]
🖼 *Stimmungsvolle Parklandschaft* - Öl/Leinwand (53x78cm-21x31in) Bremen 93 .... FF30 **500** - £3 646 - **$5,870**
🖋 *Lago di Garda mit Segelbooten* - Aquarell (21x34cm-8x13in) München 92 .... FF5 **100** - £522 - **$898**
BLAU Samuel Albert 1858-1931 [1]
🖼 *Sommerliche Flusslandschaft* - Öl/Leinwand (100x75cm-39x30in) Bern 93........................ FF3 **560** - £411 - **$611**
BLAU Tina 1845-1937 [27]
🖼 *A flock of sheep by a river, 1872* - Oil/canvas (29x51cm-11x20in) London 90 .... FF27 **100** - £2 800 - **$4,788**
🖋 *Wiener Prater* - Oil/panel (23x31cm-9x12in) Wien 90 .... FF144 **700** - £18 660 - **$28,330**
🖋 *Stiller Sommertag am Dorfrand* - Oil/panel (29x49cm-11x19in) Ahlden 92 .... FF442 **000** - £45 200 - **$77,800**
BLAU-LANG Tina 1844-1916 [23]
🖼 *Herbstliche Landschaft* - Öl/Leinwand/Karton (17x30cm-7x12in) Wien 97 .... FF86 **004** - £9 144 - **$14,832**
🖋 *Wildgänse* - Etching (27x38cm-11x15in) Wien 96.. FF2 **400** - £291 - **$467**
🖋 *Küstenlandschaft* - Mischtechnik/Papier (12x33cm-5x13in) Wien 97 .... FF15 **290** - £1 625 - **$2,636**
BLAUENSTEINER Leopold 1880-1947 [12]
🖼 *Herbst* - Tempera/canvas (38x36cm-15x14in) Wien 96 .... FF24 **360** - £3 160 - **$4,820**
🖋 *Schneeballen* - Pastell/Papier (68x48cm-27x19in) Wien 96....................................... FF4 **800** - £582 - **$933**
BLAUVELT Charles F. 1824-1900 [2]
🖼 *The helping hand* - Oil/canvas (25x20cm-10x8in) New-York 92 .... FF9 **310** - £1 081 - **$1,900**
BLAVIER Émile V. XIX-XX [1]
🗿 *Jeune berger* - Bronze (52cm-20in) Lyon 94 .... FF5 **000** - £593 - **$924**
BLAY Y FABREGA Miguel 1866-1936 [6]
🗿 *Busto de dama* - Terracotta (20cm-8in) Madrid 91 .... FF13 **670** - £1 370 - **$2,280**
🗿 *Minaire i Forjadors* - Bronze (107cm-42in) New-York 95.. FF30 **800** - £3 780 - **$6,000**
🖋 *Cabeza de bébé/cabeza de niño* - Drawing (24x26cm-9x10in) Madrid 92 .... FF2 **160** - £220 - **$380**
BLAYN Fernand ?-1892 [1]
🖼 *Enfants jouant sur la plage* - Oil/canvas (60x73cm-24x29in) Köbenhavn 92 .... FF17 **600** - £1 800 - **$3,670**
BLAZEK Frantisek 1879-? [2]
🖼 *Das Liebespaar* - Oil/canvas (130x130cm-51x51in) München 91 .... FF26 **360** - £2 624 - **$4,533**
🖋 *Wiesenstück mit Sommerblumen* - Mischtechnik/Papier (51x70cm-20x28in) Wien 96.... FF14 **400** - £1 860 - **$2,780**
BLAZEK Josef Thomas 1884-1942 [1]
🖋 *Laubengang mit Dorfbewohnern* - Aquarell/Papier (63x48cm-25x19in) Wien 96 .... FF4 **800** - £620 - **$927**
BLAZICEK Oldrich 1887-1953 [5]
🖼 *Kirche in Machov* - Oil/canvas (50x60cm-20x24in) München 91 .... FF13 **520** - £1 346 - **$2,325**
BLECHEN Karl 1798-1840 [12]
🖼 *Figures on a wooded landscape* - Oil/board (13x16cm-5x6in) London 96........................ FF46 **200** - £6 000 - **$9,140**
🖋 *Flusslandschaft mit Wäscherin* - Ink (21x25cm-8x10in) Lindau 96 .... FF6 **420** - £774 - **$1,231**
BLECKMANN Wilhelm Ch. Constant 1853-1942 [1]
🖼 *Boating on an Indonesian river* - Oil/canvas (46x36cm-18x14in) Amsterdam 95 .... FF2 **680** - £347 - **$549**
BLECKNER Ross 1949 [72]
🖼 *From Pieces of a Month* - Huile/bois (30x30cm-12x12in) Paris 97 .... FF8 **000** - £860 - **$1,404**
Untitled - Oil/canvas (259x193cm-102x76in) New-York 93 .... FF137 **500** - £17 240 - **$25,000**
Botanical Study - Mixed media/canvas (152x152cm-60x60in) New-York 96 .... FF248 **600** - £32 100 - **$48,000**
Modern memory - Oil/canvas (278x218cm-109x86in) New-York 90 .... FF858 **000** - £91 277 - **$153,488**
🖋 *Untitled* - Ink/paper (75x56cm-30x22in) London 97.. FF37 **524** - £4 000 - **$6,551**
Untitled - Gouache/paper (41x31cm-16x12in) New-York 94 .... FF49 **900** - £5 940 - **$9,500**
BLEECK van Richard c.1670-1733 [1]
🖼 *Jeune femme tenant son enfant* - Huile/toile (70x57cm-28x22in) Paris 89 .... FF95 **000** - £10 011 - **$15,993**
BLÉGER Paul Léon 1889-1981 [3]
🖼 *Walliser Trachtenmädcehn* - Öl/Leinwand (80x65cm-31x26in) Bern 96 .... FF10 **330** - £1 313 - **$1,988**
BLEIJS Adri 1877-1964 [2]
🖋 *The old fisherman* - Pastel (58x47cm-23x19in) London 91... FF3 **460** - £347 - **$634**
BLEK Xavier Prou, dit 1951 [12]
🖼 *Sans titre, 1989* - Mixed media (93x115cm-37x45in) Les Andelys 89 .... FF5 **500** - £562 - **$884**
BLEKEN Håkon 1929 [3]
🖼 *Komposisjon* - Oil/canvas (100x120cm-39x47in) Oslo 92... FF9 **200** - £1 100 - **$1,770**
BLENNER Carl John 1864-1952 [10]
🖼 *Woman in a Savanarola chair* - Oil/canvas (147x102cm-58x40in) New-York 95 .... FF4 **100** - £511 - **$800**
Woman with red hair - Oil/panel (31x24cm-12x9in) New-York 95 .... FF10 **250** - £1 277 - **$2,000**

BLÉRY Eugène S. 1805-1886 [7]
⌂ *Études d'après nature* - Eau-forte (16x20cm-6x8in) Barbizon 94 .... FF1 600 - £190 - $296
BLES David Joseph 1821-1899 [31]
🖝 *The new doll* - Oil/panel (30x40cm-12x16in) London 94 .... FF23 530 - £2 800 - $4,430
The secret love-letter - Oil/panel (33x46cm-13x18in) Amsterdam 89 .... FF68 900 - £7 045 - $11,077
✎ *The visit to the lawyer* - Ink (17x23cm-7x9in) Amsterdam 96 .... FF9 640 - £1 136 - $1,895
BLES Joseph 1825-1875 [8]
🖝 *Figures in the dunes* - Oil/panel (21x26cm-8x10in) London 96 .... FF19 600 - £2 300 - $3,810
BLES Joseph 1792-1883 [5]
🖝 *Dutch town* - Oil/canvas (103x140cm-41x55in) Amsterdam 91 .... FF66 400 - £6 594 - $11,529
BLESER August, Jr. 1898-1966 [2]
🖝 *Threesome seated at concert* - Oil/canvas (58x102cm-23x40in) New-York 95 .... FF10 270 - £1 330 - $2,100
✎ *Reduced to selling flowers* - Gouache (46x58cm-18x23in) New-York 96 .... FF3 110 - £401 - $600
BLESS Johann Peter 1825-1880 [2]
🖝 *Birds and nest* - Oil/canvas (28x31cm-11x12in) København 95 .... FF8 420 - £1 102 - $1,710
BLESSUM Ben 1877-1954 [1]
🖝 *Pike ved stabbur* - Oil/canvas (82x100cm-32x39in) Oslo 93 .... FF7 600 - £901 - $1,367
BLEULER Félix 1821-1878 [2]
✎ *Jungfrau & Staubbachfall, Suisse* - Pencil (48x71cm-19x28in) London 90 .... FF58 600 - £5 964 - $11,719
BLEULER Johann Heinrich 1758-1823 [24]
⌂ *Gefecht auf der Teufelsbrücke* - Color lithograph (44x59cm-17x23in) Stuttgart 94 ... FF15 720 - £1 890 - $2,990
✎ *Wimmis an der Kander bei Thun* - Gouache/papier (55x75cm-22x30in) Zürich 96 .... FF27 800 - £3 220 - $5,330
    Wesen am Wallenstättersee, St. Gallen
       Gouache/paper (43x60cm-17x24in) Zürich 94 .... FF82 200 - £9 680 - $15,730
BLEULER Johann Heinrich, Jr. 1787-1857 [2]
✎ *Die Muotta Brücke bei Schwyz* - Gouache/papier (42x60cm-17x24in) Zürich 96 .... FF36 100 - £4 680 - $7,130
BLEULER Johann Ludwig, Louis 1792-1850 [30]
⌂ *Bâle et ses environs* - Aquatint in colors (8x28cm-3x11in) Bern 92 .... FF4 464 - £456 - $786
✎ *Vue de la vieille ville de Cologne* - Gouache/papier (31x47cm-12x19in) Paris 97 .... FF8 000 - £849 - $1,393
    Grindelwald - Gouache/papier (32x47cm-13x19in) Zürich 96 .... FF23 840 - £2 760 - $4,570
BLEUMNER Oscar Florianus 1867-1938 [1]
✎ *Red Barns in a landscape* - Watercolour (31x46cm-12x18in) New-York 96 .... FF4 155 - £530 - $800
BLEY Werner 1897-? [1]
🖝 *Ufersaum bei Duhnen* - Oil/canvas (50x65cm-20x26in) Bremen 92 .... FF2 414 - £247 - $425
BLEYE de Jules 1846-1901 [1]
🖝 *The vintage* - Oil/canvas (50x40cm-20x16in) Amsterdam 90 .... FF16 500 - £1 755 - $2,952
BLEYL Fritz 1880-1966 [10]
✎ *Bauernkaten Gebirgstal* - Coloured chalks (32x43cm-13x17in) Hamburg 96 .... FF6 460 - £736 - $1,235
BLEYS Adriaen Cyriaque 1842-1912 [2]
✎ *Nelkenstilleben mit Falter* - Pastel (36x52cm-14x20in) Bremen 92 .... FF4 750 - £567 - $913
BLEYS Jan 1899-1956 [2]
🖝 *A sleeping cat on a table* - Oil/canvas (48x65cm-19x26in) Amsterdam 90 .... FF2 400 - £248 - $424
BLEYS Willy 1909-1978 [3]
🖝 *Tulips in a vase* - Oil/canvas (100x78cm-39x31in) Amsterdam 94 .... FF3 046 - £360 - $547
BLIECK Maurice 1876-1922 [17]
🖝 *Village en Flandres* - Huile/toile (60x86cm-24x34in) Bruxelles 95 .... FF9 580 - £1 160 - $1,804
    Quai de La Seine à Paris - Huile/toile (56x46cm-22x18in) Lokeren 96 .... FF31 200 - £3 860 - $6,030
BLIEK Pieter 1812-1853 [3]
🖝 *The doctor's visit* - Oil/panel (56x49cm-22x19in) Amsterdam 90 .... FF11 460 - £1 159 - $2,180
BLIER Jean-Marc 1921 [11]
🖝 *Au coin du banc, Percé* - Huile/toile (76x91cm-30x36in) Montréal 89 .... FF4 400 - £464 - $741
BLIGNY Albert 1849-1908 [8]
🖝 *Le réveil au clairon* - Huile/toile (38x46cm-15x18in) Calais 93 .... FF11 000 - £1 250 - $1,865
✎ *Vente aux enchères* - Aquarelle (33x26cm-13x10in) Paris 94 .... FF4 400 - £524 - $830
BLIJK van den Frans Jacobus 1806-1876 [5]
🖝 *Marine* - Huile/panneau (60x83cm-24x33in) Saint-Germain-en-Laye 94 .... FF84 500 - £10 000 - $15,600
BLIN DE FONTENAY Jean-Baptiste 1653-1715 [5]
🖝 *Flowers in a gilt urn on a ledge* - Oil/canvas (78x76cm-31x30in) New-York 96 ... FF107 600 - £12 760 - $21,000
BLIN Francis, François 1827-1866 [1]
🖝 *Bord de mer et personnages* - Huile/toile (64x80cm-25x31in) Cassis 92 .... FF15 000 - £1 790 - $2,885
BLINKS Thomas 1860-1912 [34]
🖝 *New Tricks* - Oil/canvas (51x40cm-20x16in) London 97 .... FF7 036 - £750 - $1,228
    A Retriever - Oil/canvas (40x30cm-16x12in) New-York 96 .... FF67 800 - £7 850 - $13,000
    Hunting Party on a Barge - Oil/canvas (82x128cm-32x50in) New-York 96 .... FF612 000 - £79 400 - $120,000
BLISS Douglas Percy 1900-1984 [5]
🖝 *Under the railway arch, Lambeth* - Oil/canvas (47x35cm-19x14in) London 97 .... FF67 050 - £7 000 - $11,472
BLISS Lucia Smith Carp. 1823-1912 [6]
✎ *Maple leaves* - Watercolour/board (24x34cm-9x13in) Cambridge, Mass. 91 .... FF2 400 - £241 - $396
BLIX Ragnvald 1882-? [2]
✎ *Christian X rider* - Ink (38x31cm-15x12in) København 95 .... FF2 463 - £298 - $464
BLIXEN Karen 1885-1962 [2]
✎ *A glass of flowers* - Coloured crayons/paper (37x29cm-15x11in) København 96 .... FF14 900 - £1 860 - $2,880

BLOAS Paul 1961 [6]

Le manteau de papier
Technique mixte/papier (88x63cm-35x25in) Verrières-Le-Buisson 93 .... FF2 300 - £277 - **$419**

BLOC André 1896-1966 [78]

Sans titre - Huile/papier/toile (162x114cm-64x45in) Paris 94 .... FF4 500 - £524 - **$790**
Circonvolutions - Huile/toile (81x130cm-32x51in) Paris 93 .... FF28 000 - £3 500 - **$5,090**
Forme abstraite - Marbre (82cm-32in) Paris 94 .... FF3 200 - £383 - **$598**
Abstraction - Marbre (78x43x67cm-31x17x26in) Paris 93 .... FF10 000 - £1 250 - **$1,820**
Abstraction - Bronze poli (93x65x71cm-37x26x28in) Paris 93 .... FF33 500 - £4 190 - **$6,090**
Compositon - Gouache (43x56cm-17x22in) Paris 93 .... FF5 800 - £725 - **$1,055**

BLOCH Albert 1882-1951 [5]

Souvenir - Oil/canvas (91x110cm-36x43in) New-York 95 .... FF587 000 - £76 000 - **$120,000**
Harlequin und Pierrot - Oil/canvas (94x77cm-37x30in) London 88 .... FF982 800 - £90 000 - **$165,600**

BLOCH Alexandre XIX-XX [5]

Juvisy - Huile/toile (33x46cm-13x18in) Cherbourg 96 .... FF5 000 - £639 - **$990**

BLOCH Andreas Schelven Sc. 1860-1917 [5]

Vikingeseilas - Akvarell (60x42cm-24x17in) Oslo 92 .... FF1 840 - £214 - **$376**

BLOCH Carl 1834-1890 [20]

Prometeus - Oil/canvas (46x37cm-18x15in) København 96 .... FF23 060 - £2 630 - **$4,415**
Fiskere fra Jyllands Vestkyst - Oil/canvas (115x168cm-45x66in) København 96 .... FF201 700 - £25 140 - **$39,000**

BLOCH Julius Thiengen 1899-1966 [8]

Singer Plenty Good Room - Oil/canvas (30x22cm-12x9in) Philadelphia 95 .... FF10 960 - £1 440 - **$2,200**
Sailor - Watercolour/paper (25x18cm-10x7in) Philadelphia 92 .... FF1 620 - £166 - **$300**

BLOCH Lucienne 1909 [2]

Flint wood - Egg tempera/masonite (50x34cm-20x13in) New-York 92 .... FF24 500 - £2 845 - **$5,000**

BLOCH Marcel 1884-? [11]

Les coquettes - Huile/toile (46x38cm-18x15in) Nantes 89 .... FF6 000 - £597 - **$948**
Jantes amovibles Samson - Poster (118x159cm-46x63in) New-York 95 .... FF5 850 - £762 - **$1,200**
Jeune fille à la robe blanche - Gouache (38x30cm-15x12in) Versailles 91 .... FF2 500 - £252 - **$434**

BLOCH Martin 1883-1954 [1]

Survival - Oil/canvas (74x94cm-29x37in) London 95 .... FF22 600 - £3 000 - **$4,660**

BLOCH Maurice 1915-1989 [2]

Street scene - Watercolour/board (29x31cm-11x12in) New-York 90 .... FF2 740 - £283 - **$484**

BLOCHERER Karl 1889-? [2]

Ausstelung Orientalischer Teppiche - Poster (76x109cm-30x43in) New-York 95 .... FF3 100 - £407 - **$650**

BLOCK de Emiel 1941 [3]

Eva - Bronze (70cm-28in) Antwerpen 92 .... FF14 940 - £1 530 - **$2,630**

BLOCK de Eugène 1812-1893 [4]

Sortie d'école - Huile/panneau (24x18cm-9x7in) Calais 93 .... FF10 000 - £1 151 - **$1,724**

BLOCK Louis ?-1909 [2]

Orange and Chinese porcelain - Watercolour (24x27cm-9x11in) London 95 .... FF5 430 - £700 - **$1,105**

BLODGETT Walter 1908-1963 [1]

Farm scene - Watercolour/paper (41x56cm-16x22in) Mystic, Connecticut 96 .... FF1 813 - £224 - **$350**

BLOEM van Hendrik 1874-1960 [3]

Abend am Meer - Öl/Leinwand (80x118cm-31x46in) Bremen 94 .... FF6 850 - £795 - **$1,180**

BLOEM Wolf 1896-1971 [9]

Eifellandschaft im Herbst - Öl/Leinwand (60x90cm-24x35in) München 93 .... FF4 070 - £487 - **$783**

BLOEMEN van Jan Franz Orizzonte 1662-1749 [46]

Paesaggio con monumenti romani - Olio/tela (136x194cm-54x76in) Roma 89 .... FF801 000 - £81 902 - **$128,778**

BLOEMERS Arnoldus 1786-1844 [11]

Assorted flowers on a ledge - Oil/canvas (66x54cm-26x21in) New-York 93 .... FF319 000 - £40 000 - **$58,000**

BLOESCH Alfred 1890-1967 [6]

Häusergruppe - Oil/canvas (54x65cm-21x26in) Bern 92 .... FF5 710 - £682 - **$1,098**

BLOIS de François B. 1829-1913 [1]

Town by the river - Oil/canvas (51x76cm-20x30in) Mystic, Connecticut 92 .... FF2 500 - £262 - **$450**

BLOM Ansuya 1956 [4]

Untitled - Drawing (32x25cm-13x10in) Amsterdam 94 .... FF4 290 - £509 - **$793**

BLOM Gerhard Vilhelm 1866-1930 [11]

A sunlit interior - Oil/panel (48x55cm-19x22in) London 94 .... FF13 450 - £1 600 - **$2,533**

BLOM Grehard Lichtenberg 1867-? [2]

A mansion by the sea - Oil/canvas (66x109cm-26x43in) London 94 .... FF15 960 - £2 000 - **$3,080**

BLOM Gustav Vilhelm 1853-1942 [8]

An interior - Oil/canvas (51x62cm-20x24in) London 93 .... FF19 600 - £2 200 - **$3,280**

BLOM-LICHTENBERG Gerhard 1867-? [1]

Villa Borghese mit Ehrenwache - Oil/canvas/panel (38x48cm-15x19in) Stuttgart 91 ... FF7 430 - £746 - **$1,285**

BLOMAERT Hendrick 1601-1672 [1]

Man hat holding a tankard - Oil/canvas (72x56cm-28x22in) Amsterdam 95 .... FF48 500 - £6 110 - **$9,600**

BLOMBERG Stig 1901-1970 [13]

Dansande blomsterflickor - Marble (26cm-10in) Stockholm 96 .... FF4 290 - £520 - **$834**
Harpolekarens son - Bronze (36cm-14in) Stockholm 93 .... FF8 460 - £960 - **$1,432**

BLOMBERGSSON Albert 1810-1875 [5]

Brusande fors - Oil/canvas (61x79cm-24x31in) Stockholm 94 .... FF7 650 - £902 - **$1,362**

BLOMFIELD Charles 1848-1926 [5]
🖝 *The White Terrace* - Oil/canvas (42x57cm-17x22in) London 96 .... FF**39 450** - £**5 000** - **$7,560**
BLOMME Alphons 1845-1923 [5]
🖝 *Kerkje in Bretagne* - Huile/panneau (61x69cm-24x27in) Lokeren 95 .... FF**6 360** - £**836** - **$1,276**
BLOMME Alphonse Joseph 1889-1979 [45]
🖝 *Mediterranean harbour* - Oil/canvas (60x62cm-24x24in) Amsterdam 96 .... FF**5 220** - £**670** - **$1,030**
BLOMMÉR Nils Johan Olson 1816-1853 [3]
🖝 *Homeros bekransas av Kalliope* - Oil/panel (46x37cm-18x15in) Stockholm 95 .... FF**12 800** - £**1 636** - **$2,613**
BLOMMERS Bernardus Johannes 1845-1914 [49]
🖝 *Washing day* - Oil/panel (23x17cm-9x7in) Amsterdam 94 .... FF**46 000** - £**5 480** - **$8,740**
 A girl knitting and a baby - Oil/canvas (36x50cm-14x20in) Amsterdam 97 .... FF**131 318** - £**13 882** - **$22,532**
 Bergje maken - Oil/canvas (92x116cm-36x46in) Amsterdam 97 .... FF**570 206** - £**6 028 0 7** - **$97,840**
🖉 *The young net-mender* - Bodycolour (25x35cm-10x14in) Amsterdam 97 .... FF**38 013** - £**4 018** - **$6,522**
BLOMSHIELD John c.1890-c.1950 [1]
🖝 *Virgin* - Oil/canvas (61x51cm-24x20in) Singapore 96 .... FF**60 900** - £**7 920** - **$12,070**
BLOMSTEDT Väinö 1871-1947 [5]
🖝 *Vinter* - Oil/canvas (68x87cm-27x34in) Helsinki 93 .... FF**36 750** - £**4 225** - **$6,310**
BLOND Maurice 1899-1974 [70]
🖝 *Autoportrait* - Huile/toile (27x22cm-11x9in) Paris 97 .... FF**3 200** - £**349** - **$559**
 Violon et damier - Huile/toile (72x54cm-28x21in) Versailles 91 .... FF**12 000** - £**1 203** - **$1,981**
 La chambre du peintre, 1954 - Huile/toile (64x78cm-25x31in) Paris 90 .... FF**46 000** - £**4 957** - **$8,113**
BLØNDAHL Gunnlaugur 1893-1962 [8]
🖝 *Portraet af Inger Lechte* - Oil/canvas (63x53cm-25x21in) København 93 .... FF**17 600** - £**2 010** - **$3,000**
 Kiki de Montparnasse - Oil/canvas (60x92cm-24x36in) København 96 .... FF**88 000** - £**10 930** - **$17,100**
BLONDAT Max 1879-1926 [10]
🗿 *L'âne d'or d'apulée* - Plâtre (53x36cm-21x14in) Paris 97 .... FF**6 500** - £**709** - **$1,136**
 Le Secret - Bronze (34x20cm-13x8in) Paris 93 .... FF**58 000** - £**6 670** - **$9,960**
BLONDEAU Alfred Justin 1850-? [1]
🖝 *View from Nice* - Oil/canvas (97x196cm-38x77in) London 90 .... FF**242 100** - £**25 921** - **$42,104**
BLONDEAU Françoise XX [2]
🖝 *Le masque* - Huile/toile (116x99cm-46x39in) Clermont-Ferrand 90 .... FF**7 500** - £**808** - **$1,323**
BLONDEAU Paul XIX-XX [2]
🖝 *Coup de vent en Normandie* - Huile/toile (132x198cm-52x78in) Bruxelles 91 .... FF**16 600** - £**1 700** - **$3,080**
🖉 *Pêcheur en barque sur la rivière* - Aquarelle (24x35cm-9x14in) Paris 89 .... FF**1 700** - £**179** - **$286**
BLONDEL André 1909-1949 [3]
🖝 *Nature morte au comptoir* - Huile/toile (35x54cm-14x21in) Perpignan 94 .... FF**5 000** - £**590** - **$893**
 Port - Huile/toile (38x58cm-15x23in) Warszawa 91 .... FF**15 800** - £**1 627** - **$3,160**
BLONDEL Émile 1893-1970 [6]
🖝 *Sur la plage* - Huile/toile (38x46cm-15x18in) Paris 96 .... FF**3 800** - £**461** - **$740**
 Le jardin japonais - Huile/toile (60x73cm-24x29in) Paris 97 .... FF**16 000** - £**1 738** - **$2,806**
BLONDEL Georges François 1730-1791 [2]
🖉 *Temple of Agrippina, Rome* - Red chalk (32x25cm-13x10in) New-York 90 .... FF**20 600** - £**2 191** - **$3,685**
BLONDIN Charles XX [11]
🖝 *Notre-Dame, Paris* - Huile/toile (33x45cm-13x18in) Stuttgart 95 .... FF**4 495** - £**588** - **$900**
BLONDIN Fernand 1887-1967 [1]
🖉 *Markttag* - Charcoal (58x88cm-23x35in) Bern 92 .... FF**1 903** - £**227** - **$366**
BLOODGOOD Morris Seymour 1845-1920 [3]
🖝 *Arkville Pool Autumn* - Oil/canvas (41x61cm-16x24in) New Orleans, Louisiana 96 .... FF**2 570** - £**323** - **$500**
BLOOM Barbara 1951 [6]
🗿 *Culture of Narcissism* - Vitrine, 38 books (104x52x123cm-41x20x48in) New-York 95 .... FF**26 640** - £**3 530** - **$5,500**
BLOOM Hyman 1913 [2]
🖝 *Corpse of an elderly female* - Oil/canvas (176x106cm-69x42in) Cambridge, Mass. 91 .... FF**14 150** - £**1 436** - **$2,556**
🖉 *Purgatory* - Pastel (58x46cm-23x18in) North Bethesda, MD. 92 .... FF**2 080** - £**221** - **$400**
BLOOMER Hiram Reynolds 1845-1910 [5]
🖝 *High Sierra* - Oil/canvas (27x43cm-11x17in) San Francisco-Los Angeles 92 .... FF**5 400** - £**552** - **$1,000**
 Along the River - Oil/canvas (65x54cm-26x21in) New-York 96 .... FF**44 400** - £**5 140** - **$8,500**
BLOOMERS Bernadus-Johannes 1845-1914 [1]
🖝 *Girl winding a ball of Yarn* - Oil/canvas/panel New-York 90 .... FF**13 700** - £**1 441** - **$2,383**
BLOOMFIELD Harry c.1870-? [8]
🖝 *Patineurs* - Huile/carton (56x42cm-22x17in) Deauville 95 .... FF**10 500** - £**1 350** - **$2,085**
BLOORE Ronald Langley 1925 [8]
🖝 *Shades of White* - Mixed media/panel (122x122cm-48x48in) Toronto 95 .... FF**5 850** - £**765** - **$1,173**
BLOOS Richard 1878-1956 [17]
🖝 *Auf dem Markt* - Öl/Leinwand (72x100cm-28x39in) Düsseldorf 96 .... FF**48 200** - £**6 240** - **$9,640**
 Gartenkaffee im Bois de Boulogne - Oil/canvas (100x83cm-39x33in) Düsseldorf 90 .... FF**135 200** - £**14 475** - **$23,513**
🖉 *Neujahr* - Aquarell/Papier (39x31cm-15x12in) Düsseldorf 90 .... FF**1 700** - £**182** - **$296**
BLOPPOEL van Anthony Bram 1879-? [2]
🖝 *Boat in a canal along a quay* - Oil/canvas (36x34cm-14x13in) Amsterdam 94 .... FF**2 132** - £**252** - **$383**
BLOS Carl 1860-1941 [3]
🖝 *Selbstporträt* - Öl/Leinwand (49x33cm-19x13in) Heidelberg 95 .... FF**8 360** - £**1 073** - **$1,688**
BLOSS Richard 1878-1957 [1]
🖝 *Jardin du Luxembourg, Paris* - Oil/canvas (65x100cm-26x39in) New-York 96 .... FF**233 700** - £**29 760** - **$45,000**

BLOSSFELDT Karl 1865-1932 [7]

📷 Distel - Gelatin silver print (13x8cm-5x3in) Köln 89 .... FF*14 200* - £1 452 - **$2,283**

BLOSSOM Earl 1891-1970 [1]

✎ Men hoisting crate filled with coins - Gouache (64x48cm-25x19in) New-York 94...................... FF*3 090* - £371 - **$600**

BLOT Jacques Émile 1885-1960 [9]

✎ Paysage derrière l'église, 1923 - Huile/toile (60x73cm-24x29in) Versailles 90 .... FF*3 200* - £345 - **$564**

BLOT Jean 1952 [16]

✎ Of the poetry - Acrylic/canvas (73x60cm-29x24in) Senlis 90.. FF*7 000* - £749 - **$1,217**

🖼 Achille et le Xanthe - Assemblage (71x16x62cm-28x6x24in) Paris 97............................... FF*4 000* - £452 - **$724**

✎ Série des passages, n°7 - Tempera/papier (41x39cm-16x15in) Granville 97 .... FF*1 950* - £209 - **$342**

BLOT Maurice 1753-1818 [2]

▱ Le Verrou - Eau-forte (35x45cm-14x18in) Paris 94.. FF*4 200* - £489 - **$730**

BLOTT Géo XIX-XX [8]

▱ St. Yorre, Source Lagoutte - Affiche (150x98cm-59x39in) Paris 96............................... FF*3 300* - £424 - **$651**

BLOW Sandra 1925 [16]

● Composition - Mixed media/canvas (152x168cm-60x66in) London 95................................. FF*15 450* - £2 000 - **$3,160**

🖼 Rope composition - Plaster (110x89cm-43x35in) London 96... FF*7 840* - £950 - **$1,524**

✎ Petals - Watercolour (63x63cm-25x25in) London 96... FF*1 940* - £250 - **$380**

BLOWER David 1901-1976 [1]

✎ Beneath the bridge, San Pedro

Watercolour/paper (37x55cm-15x22in) San Francisco-Los Angeles 92 .... FF*4 160* - £436 - **$750**

BLUE Robert XX [2]

✎ Black Dress - Gouache/board (112x71cm-44x28in) Tarzana, CA 95................................... FF*1 540* - £189 - **$300**

BLUEMNER Oscar Florianus 1867-1938 [45]

✎ Oak Pond at Bloomfield - Drawing (10x13cm-4x5in) Bloomfield Hills, Michigan 94 .... FF*3 340* - £388 - **$575**

Canal Passaic Bridge, West Bloomfield

Gouache/paper (12x15cm-5x6in) New-York 96 .... FF*33 900* - £3 930 - **$6,500**

Summer Night - Tempera/paper (51x38cm-20x15in) New-York 96............................... FF*182 700* - £21 140 - **$35,000**

BLUHM Norman 1920 [29]

● Untitled - Oil/canvas (72x116cm-28x46in) New-York 95.. FF*17 970* - £2 206 - **$3,500**

Emergency - Oil/canvas (183x152cm-72x60in) New-York 97.. FF*58 038* - £6 106 - **$10,000**

Open red, 1959 - Oil/canvas (183x15cm-72x6in) New-York 96................................... FF*240 200* - £24 891 - **$42,214**

BLUHM Oskar 1867-1912 [5]

✎ In the Park - Bodycolour (37x55cm-15x22in) London 96... FF*154 000* - £20 000 - **$30,500**

BLUM Carl 1888-? [1]

● Sommermorgen - Öl/Leinwand (70x80cm-28x31in) Lindau 95.. FF*6 410* - £801 - **$1,294**

BLUM Jerome 1884-1956 [2]

● Nature morte japonisante - Huile/carton (64x53cm-25x21in) Paris 90............................... FF*7 000* - £754 - **$1,235**

BLUM Ludwig 1891-1974 [30]

● Solomon's Pillars - Oil/canvas (61x50cm-24x20in) Tel Aviv 96....................................... FF*20 720* - £2 600 - **$4,000**

View of Jerusalem - Oil/canvas (60x100cm-24x39in) Tel Aviv 96.................................. FF*66 300* - £8 600 - **$13,000**

Old City, Jerusalem - Oil/canvas (59x117cm-23x46in) Tel Aviv 93 .... FF*100 300* - £11 400 - **$17,000**

BLUM Marcelle 1893-1984 [4]

● Bouquet de roses - Huile/toile (55x45cm-22x18in) Bruxelles 90 .... FF*3 890* - £392 - **$762**

BLUM Maurice 1832-1909 [14]

● Roulottes à travers les arbres - Huile/toile (33x45cm-13x18in) Paris 90............................. FF*4 800* - £497 - **$844**

The introduction - Oil/panel (56x46cm-22x18in) New-York 93 .... FF*12 180* - £1 400 - **$2,100**

BLUM Robert Frederick 1857-1903 [14]

● Stringing beads, Venice - Oil/panel (17x25cm-7x10in) New-York 92 .... FF*51 100* - £5 230 - **$9,000**

An Venetian Canal - Oil/canvas (73x45cm-29x18in) New-York 90 .... FF*200 200* - £21 298 - **$35,814**

✎ Japanese woman - Pastel/paper (49x33cm-19x13in) New-York 91 .... FF*342 000* - £34 440 - **$60,000**

BLUM Rudolf 1895-1973 [3]

● Winter in Hohentauern - Öl/Leinwand (75x100cm-30x39in) Wien 96 .... FF*7 800* - £1 012 - **$1,542**

BLUMANN Sigismund XIX-XX [1]

📷 Sunny Day in Pittsburg

Bromide print tipped to paper mount (23x18cm-9x7in) San Francisco-Los Angeles 95 ...... FF*3 664* - £468 - **$750**

BLUME Bernhard Johannes 1937 [12]

📷 Ideoplastie - Painting (61x42cm-24x17in) Düsseldorf 91.. FF*15 200* - £1 543 - **$2,745**

▱ 4-teilige Photoarbeit Kubismus - Offset (42x30cm-17x12in) München 92.......................... FF*3 390* - £405 - **$653**

📷 Vielleicht ist die Wahrheit ein Weiss - Polaroïd (8x8cm-3x3in) Köln 89 .... FF*3 700* - £378 - **$595**

BLUME Eduard 1844-1910 [1]

● Weite Wiesenlandschaft - Oil/panel (28x41cm-11x16in) Stuttgart 90 .... FF*6 100* - £653 - **$1,061**

BLUME Peter 1906 [2]

✎ Suburban houses - Watercolour (47x38cm-19x15in) New-York 92 .... FF*12 250* - £1 423 - **$2,500**

BLUME Richard 1891-? [1]

● Aktmodell im Atelier - Oil/panel (99x66cm-39x26in) Hamburg 94 .... FF*29 150* - £3 456 - **$5,390**

BLUME Wilhelm Julius 1913-1987 [5]

● Junge Jude - Oil/canvas/board (69x52cm-27x20in) London 91 .... FF*19 940* - £1 999 - **$3,292**

Abstrakt - Oil/canvas/board (48x35cm-19x15in) London 91 .... FF*37 900* - £3 800 - **$6,256**

BLUME-SIEBERT Ludwig 1843-1929 [8]

● Heimkehrende Holzleserinnen Mutter - Öl/Leinwand (62x49cm-24x19in) Lindau 96 .... FF*24 300* - £2 930 - **$4,670**

B

BLUMENFELD Erwin 1897-1969 [29]
Nu de dos - Tirage argentique (34x26cm-13x10in) Paris 96 .... FF6 000 - £780 - **$1,175**
Solarized Portrait - Gelatin silver print (33x25cm-13x10in) New-York 94 .... FF15 100 - £1 750 - **$2,600**
BLUMENSCHEIN Ernest L. 1874-1960 [7]
Ghosts in the Valley - Oil/board (48x96cm-19x38in) New-York 95 .... FF23 000 - £2 960 - **$4,750**
Church at Chimayo - Oil/canvas (41x51cm-16x20in) New-York 92 .... FF454 000 - £46 500 - **$80,000**
Capulain Mountains - Watercolour/paper (25x25cm-10x10in) New-York 95 .... FF13 800 - £1 804 - **$2,800**
BLUMENTHAL Hermann 1905-1942 [13]
Zwei Bogenschützen - Bronze relief (57x39cm-22x15in) Köln 97 .... FF11 828 - £1 243 - **$2,025**
Weiblicher Torso - Bronze (33cm-13in) Berlin 97 .... FF54 392 - £5 776 - **$9,474**
Kniender Männlicher Akt - Pencil/paper (33x20cm-13x8in) Berlin 93 .... FF6 060 - £730 - **$1,102**
BLUMER Lucien Charles 1871-1947 [2]
Maisons en bord de rivière - Huile/toile (49x39cm-19x15in) Saint-Dié 96 .... FF2 800 - £357 - **$540**
Vallée de Münster - Affiche (62x100cm-24x39in) Paris 92 .... FF3 200 - £382 - **$616**
BLUNCK Ditlev Konrad 1798-1854 [1]
Kristus hos Martha og Maria - Oil/canvas (74x98cm-29x39in) København 92 .... FF7 480 - £765 - **$1,560**
BLUNCK-HEIKENDORF Heinrich 1891-? [2]
Blick auf Holtenau - Oil/Leinwand (50x70cm-20x28in) Bremen 94 .... FF8 910 - £1 033 - **$1,534**
BLUNDEN Anna E. Martino 1830-1915 [4]
Lake Como, Italy - Watercolour (59x92cm-23x36in) London 96 .... FF8 650 - £1 100 - **$1,706**
BLUNDSTONE Ferdinand Victor 1882-1951 [1]
Diana and greyhound - Bronze (46cm-18in) London 92 .... FF22 400 - £2 300 - **$4,160**
BLUNT John Silvester 1798-1835/37 [3]
Niagara Falls, looking down the River - Oil/canvas (71x91cm-28x36in) New-York 93 .... FF110 000 - £13 800 - **$20,000**
BLUTEAU Robert XX [2]
Bretonne assise devant une table
 Aquarelle, gouache/papier (50x32cm-20x13in) Morlaix 90 .... FF2 300 - £246 - **$400**
BLYK van den Franz J. 1806-1876 [1]
Vue portuaire animée - Huile/panneau (19x27cm-7x11in) Bruxelles 90 .... FF8 100 - £828 - **$1,599**
BLYTH Robert Henderson 1919-1970 [2]
Storm in a cornfield - Oil/canvas/board (43x51cm-17x20in) London 91 .... FF17 850 - £1 812 - **$3,224**
Mrs. Blyth hanging out laundry - Oil/board (89x71cm-35x28in) London 92 .... FF62 800 - £7 500 - **$12,080**
BLYTHE David Gilmore 1815-1865 [1]
Land of Liberty - Oil/canvas (61x51cm-24x20in) New-York 96 .... FF235 000 - £27 200 - **$45,000**
BO Giacinto 1850-1912 [6]
Treno in corsa - Olio/tela (62x100cm-24x39in) Torino 93 .... FF11 710 - £1 323 - **$1,970**
BO Lars 1924 [4]
Chambre d'inquiétude - Eau-forte København 93 .... FF1 760 - £211 - **$300**
BOAK Robert Creswell 1875-? [8]
Fair Head, Ballycastle
 Etching (13x25cm-5x10in) Castle Upton, Templepatrick, Co. Antrim 93 .... FF5 270 - £600 - **$894**
Lake Como from Villa Pliniana - Watercolour (23x43cm-9x17in) Billinghurst, West Sussex 93 .... FF3 486 - £420 - **$610**
BOARD John [2]
Badminton Horse Trials - Pencil (37x27cm-15x11in) Salisbury, Wiltshire 92 .... FF3 350 - £400 - **$645**
BOARDMAN William G. 1815-1895 [2]
Hudson river landscape - Oil/canvas (84x123cm-33x48in) New-York 89 .... FF28 600 - £2 763 - **$4,340**
BOBAK Bruno 1923 [9]
Swampland - Huile/toile (31x41cm-12x16in) Montréal 94 .... FF3 040 - £365 - **$591**
BOBAK Molly Joan Lamb 1922 [12]
Umbrellas and the blak Watch - Oil/board (41x61cm-16x24in) Toronto 96 .... FF10 450 - £1 331 - **$2,010**
Winter Street - Charcoal (48x62cm-19x24in) Toronto 94 .... FF2 026 - £239 - **$361**
BOBELDIJK Felicien 1876-1964 [9]
Aan het Westerdok, Amsterdam - Oil/canvas (50x69cm-20x27in) Amsterdam 95 ...... FF4 630 - £560 - **$872**
A view in a street, Amsterdam - Watercolour (32x23cm-13x9in) Amsterdam 96 .... FF9 820 - £1 261 - **$1,936**
BOBERG Anna 1864-1935 [8]
Fiskarflotta vid Lofotsväggen - Oil/canvas (83x72cm-33x28in) Stockholm 92 .... FF9 240 - £946 - **$1,925**
BOBERG Ferdinand 1860-1946 [16]
Uppsala Möte 1593-1893 - Lithograph (51x37cm-20x15in) Uppsala 93 .... FF1 880 - £213 - **$317**
Segiora kyrka, Skansen - Wash (22x16cm-9x6in) Stockholm 91 .... FF3 090 - £307 - **$537**
BOBERG Jörgen 1940 [8]
Mur med opstilling - Oil/canvas (37x27cm-15x11in) København 95 .... FF5 270 - £657 - **$1,064**
Theresa på vej - Gouache (16x15cm-6x6in) København 96 .... FF2 830 - £368 - **$561**
BOBERMANN Voldemar 1897 [2]
Le quai de l'Hôtel de Ville - Huile/toile (50x100cm-20x39in) Paris 95 .... FF5 000 - £512 - **$900**
BOBIES Karl 1865-1897 [1]
Spätsommerabend - Oil/canvas (80x100cm-31x39in) Wien 89 .... FF16 800 - £1 770 - **$2,828**
BOBROV Alexei Alexeievich 1849-1899 [1]
Lady with a tambourine - Oil/canvas (71x46cm-28x18in) London 95 .... FF27 630 - £3 500 - **$5,560**
BOBROVSKY Grigory Mikhailovich 1873-1942 [1]
French Novel - Oil/canvas (76x63cm-30x25in) London 92 .... FF42 700 - £5 100 - **$8,210**
BOC DUBREUIL DE SAINT-HILAIRE Jean Louis J. César 1809-? [1]
Paysage - Huile/toile (71x106cm-28x42in) Morlaix 94 .... FF25 000 - £2 890 - **$4,560**

BOCANEGRA Simon 1949 [2]
🖼 *Ruth* - Photo Paris 91 .... FF**6 500** - £652 - **$1,073**
BOCARIÉ Spiro 1878-1941 [4]
🖼 *Zwei Serben* - Öl/Leinwand (63x43cm-25x17in) Wien 95 .... FF**4 440** - £571 - **$903**
Little shawl seller - Oil/canvas (117x92cm-46x36in) New-York 95 .... FF**51 300** - £6 300 - **$10,000**
BOCCACCI Marcello 1914-1996 [4]
🖼 *Ritrato di donna* - Oil/panel (80x27cm-31x11in) New-York 93 .... FF**4 400** - £552 - **$800**
BOCCACINO Jean XX [5]
🖼 *Orpheline russe à la plage* - Acrylique/toile (73x60cm-29x24in) Paris 93 .... FF**2 100** - £253 - **$382**
BOCCALATTE Pietro Anacleo 1885-1970 [2]
🖼 *Vallata alpina* - Olio/tavola (31x42cm-12x17in) Torino 93 .... FF**3 110** - £352 - **$524**
BOCCARA Henri 1910-1992 [4]
🖼 *Mosquée Sidi Mahrez* - Huile/toile/carton (46x38cm-18x15in) Paris 96 .... FF**9 000** - £1 042 - **$1,724**
✐ *Pichet bleu* - Gouache/papier (63x49cm-25x19in) Arles 94 .... FF**2 200** - £263 - **$431**
BOCCASILE Gino 1901-1952 [8]
▭ *Cappello Bantam* - Poster (135x988cm-53x389in) New-York 95 .... FF**4 060** - £487 - **$750**
BOCCHECIAMPE Vikentios 1856-1933 [5]
🖼 *Landscape by a river* - Oil/canvas (32x60cm-13x24in) Athens 96 .... FF**18 020** - £2 327 - **$3,480**
✐ *A noble lady* - Oil/canvas (45x31cm-18x12in) London 94 .... FF**30 130** - £3 500 - **$5,220**
BOCCHETTI Gaetano 1888-? [1]
🖼 *Scena mitologica con sirena* - Olio/tela (65x140cm-26x55in) Roma 96 .... FF**8 010** - £930 - **$1,560**
BOCCHI Amedeo 1883-1976 [3]
🖼 *Ruderi del Palatino* - Olio/tela (26x34cm-10x13in) Roma 89 .... FF**16 000** - £1 636 - **$2,572**
BOCCIONI Umberto 1882-1916 [90]
🖼 *Alberi e ruscello* - Olio/tela (22x41cm-9x16in) Milano 89 .... FF**1** - £192 919 - **$308,216**
Sophie Popoff - Olio/tela (96x200cm-38x79in) Milano 90 .... FF**6** - £666 456 - **$1 ,825,57e,+06**
Ritratto di gentiluomo - Olio/tela (50x72cm-20x28in) Roma 90 .... FF**587 000** - £60 025 - **$115,864**
▭ *La signora Sacchi* - Puntasecca (28x18cm-11x7in) Lugano 91 .... FF**63 300** - £6 378 - **$10,984**
✐ *Studio per Il Bevitore* - Watercolour, gouache (29x36cm-11x14in) New-York 90 .... FF**3** - £334 681 - **$562,791**
Studio di nudo - Matita/carta (25x22cm-10x9in) Lugano 92 .... FF**15 520** - £1 805 - **$3,170**
In Letizia Ben Fare - Indian ink/paper (28x21cm-11x8in) Roma 90 .... FF**265 500** - £28 610 - **$46,825**
BOCH Anna 1848-1933 [17]
🖼 *Dans la dune* - Huile/toile (24x32cm-9x13in) Bruxelles 97 .... FF**11 452** - £1 190 - **$1,953**
Les genêts, Belle-Ile-en-Mer - Huile/toile (80x66cm-31x26in) Paris 95 .... FF**31 000** - £4 120 - **$6,390**
Voilier au bord de la côte - Oil/canvas (40x50cm-16x20in) London 88 .... FF**114 100** - £10 000 - **$18,500**
BOCH Anton 1819-1884 [4]
🖼 *Ersherzog Carl Ludwigs* - Oil/canvas (110x80cm-43x31in) Wien 92 .... FF**12 020** - £1 437 - **$2,313**
BOCH Eugène 1855-1941 [4]
🖼 *Bord de rivière* - Huile/toile (81x116cm-32x46in) Paris 96 .... FF**27 500** - £3 560 - **$5,450**
BOCH Johann 1826-1879 [1]
🖼 *Venus züchtigt Amor* - Öl/Leinwand (92x140cm-36x55in) Wien 96 .... FF**10 750** - £1 397 - **$2,106**
BOCHMANN von Gregor 1850-1930 [23]
🖼 *Fischerboot am Strand* - Oil/panel (15x23cm-6x9in) Köln 95 .... FF**17 260** - £2 245 - **$3,540**
Anlandung - Öl/Leinwand (75x100cm-30x39in) Köln 93 .... FF**61 000** - £7 290 - **$11,740**
✐ *Pferde vor Bauerngehöft* - Aquarell/Papier (30x40cm-12x16in) Düsseldorf 96 .... FF**11 850** - £1 463 - **$2,290**
BOCHNER Mel 1940 [21]
🖼 *Implode* - Oil/canvas (231x225cm-91x89in) New-York 92 .... FF**44 100** - £5 120 - **$9,000**
✐ *Axes (study)* - Watercolour/paper (26x36cm-10x14in) New-York 92 .... FF**13 000** - £1 552 - **$2,500**
Duple - Pastel/paper (96x127cm-38x50in) New-York 93 .... FF**44 000** - £5 520 - **$8,000**
BOCION François Louis David 1828-1890 [20]
🖼 *Environs de Vallorbe* - Öl/Leinwand (43x29cm-17x11in) Zürich 94 .... FF**37 400** - £4 400 - **$7,150**
François Bocion à la pêche - Huile/toile (27x41cm-11x16in) Zürich 96 .... FF**139 000** - £16 100 - **$26,630**
Bateau aux voiles colorées, Venise - Huile/toile (61x11cm-24x4in) Paris 89 .... FF**570 000** - £60 063 - **$95,960**
BOCK Adolf 1890-1968 [20]
🖼 *Herzogin Cecilie* - Oil/canvas (65x100cm-26x39in) Malmö 96 .... FF**30 400** - £3 940 - **$5,960**
✐ *Sacré-Coeur de Montmartre, Paris* - Gouache (40x28cm-16x11in) Helsinki 90 ...... FF**14 400** - £1 552 - **$2,540**
BOCK Arthur 1875-? [2]
🗿 *Hockender weiblicher Akt* - Pierre (78cm-31in) Stuttgart 92 .... FF**9 520** - £974 - **$1,676**
Déesse au serpent - Bronze (200cm-79in) Sceaux 90 .... FF**580 000** - £62 099 - **$100,870**
BOCK Bernhard 1872-1946 [1]
🖼 *Wir beide* - Öl/Leinwand (114x125cm-45x49in) Bremen 93 .... FF**14 970** - £1 710 - **$2,530**
BOCK de Theophile Emile A. 1851-1904 [73]
🖼 *Farmstead in a landscape* - Oil/canvas/panel (23x41cm-9x16in) Amsterdam 97 ...... FF**6 589** - £712 - **$1,149**
A view of Castle Doorwerth - Oil/canvas (30x43cm-12x17in) Amsterdam 97 .... FF**15 606** - £1 688 - **$2,723**
Naar de wei (going to the meadow)
   Oil/canvas (121x81cm-48x32in) Amsterdam 97 .... FF**127 863** - £13 517 - **$21,939**
✐ *Beach scene at low tide* - Watercolour (34x49cm-13x19in) Billinghurst, West Sussex 96 ...... FF**5 070** - £650 - **$1,000**
BOCK Hansl, Johanna Vogel 1893-1973 [5]
🖼 *Halbporträt einer jungen Mutter* - Öl/Papier (65x50cm-26x20in) München 92 ...... FF**3 060** - £314 - **$539**
BOCK Josef 1883-? [1]
🗿 *Mutter mit Kind* - Wood (61cm-24in) Wien 97 .... FF**4 782** - £510 - **$827**

Calendar & auction results :   INTERNET : **www.artprice.com**   MINITEL : 3617 ARTPRICE

BOCK Karl 1873-? [1]
🖼 *Sommertag im Stralsund* - Öl/Leinwand (46x65cm-18x26in) Köln 94 .... FF3 770 - £453 - $733
BOCK Ludwig 1886-1971 [7]
🖼 *Blumenstilleben mit Schmuck* - Öl/Leinwand (60x75cm-24x30in) Köln 97 .... FF13 491 - £1 416 - $2,312
BOCK Wolfgang 1936 [2]
🖼 *Sommerliche Hinterhofidyll* - Oil/panel (23x29cm-9x11in) Pforzheim 93 .... FF2 204 - £264 - $424
BÖCKER Hermann 1890-1978 [8]
✎ *Isartal mit Benediktenwandstrasse* - Aquarell/Papier (42x56cm-17x22in) München 92 .... FF4 070 - £487 - $783
BÖCKLEN Hilde 1897-1987 [2]
🖼 *Panneau-Aktes, Zirkus Busch* - Oil/canvas/board (28x35cm-11x14in) Stuttgart 90 .... FF3 400 - £351 - $601
BÖCKLI Carl 1889-1970 [2]
📋 *Schuster & Co.* - Poster (127x90cm-50x35in) New-York 93 .... FF8 800 - £1 104 - $1,600
✎ *Karikatur* - Encre/papier (17x17cm-7x7in) Bern 95 .... FF2 580 - £336 - $530
BÖCKLIN Arnold 1827-1901 [15]
🖼 *Prometheus, 1882* - Olio/tela (115x150cm-45x59in) Milano 89 .... FF4 - £489 582 - $777,299
Im Spiel Wellen - Oil/canvas (178x134cm-70x53in) London 97 .... FF31 789 - £3 500 - $5,579
Junger Baslerin/Karl Burckhardt-Iselin - Oil/canvas (55x46cm-22x18in) Bern 90 ...... FF429 000 - £44 318 - $75,795
🗿 *Fünf Masken* - Plaster (50cm-20in) Zürich 94 .... FF217 300 - £25 200 - $37,440
✎ *Waldboden und drei Bäumen* - Black chalk (50x31cm-20x12in) Bern 93 .... FF41 100 - £4 970 - $7,640
BÖCKLIN Carlo 1870-? [1]
🖼 *Im Spiel Wellen* - Oil/canvas (178x234cm-70x92in) London 97 .... FF31 789 - £3 500 - $5,579
BÖCKMAN Bengt 1926 [7]
📋 *Very Superior Old Persons* - Etching, aquatint (98x117cm-39x46in) Stockholm 91 .... FF4 240 - £422 - $729
BOCKSTAEL Albert 1898-1989 [1]
🖼 *La kermesse* - Huile/toile (53x64cm-21x25in) Bruxelles 90 .... FF8 900 - £947 - $1,592
BÖCKSTIEGEL Peter August 1889-1951 [48]
🖼 *Amaryllis und Krug* - Öl/Leinwand (73x67cm-29x26in) Bielefeld 96 .... FF101 400 - £12 600 - $19,700
📋 *Frühling in Cossebaude* - Color lithograph (54x68cm-21x27in) Bielefeld 96 ...... FF12 170 - £1 512 - $2,360
✎ *Balholm am Sognefjord* - Pastell/Papier (57x77cm-22x30in) Bielefeld 92 .... FF37 200 - £4 330 - $7,600
BOCOLA Sandro 1931 [2]
🗿 *Nu* - Relief (78x75cm-31x30in) Zürich 96 .... FF1 782 - £231 - $353
BOCQUET Paul 1868-1947 [26]
🖼 *Paysage* - Huile/toile (32x55cm-13x22in) Paris 96 .... FF8 500 - £1 100 - $1,670
Le Mont Joly, vers Villers-Allerand - Huile/toile (55x73cm-22x29in) Paris 97 ...... FF21 000 - £2 281 - $3,721
Cathédrale de Reims - Huile/toile (60x81cm-24x32in) Epernay 92 .... FF41 000 - £4 200 - $7,220
BOCV Johan Christiaan A. 1818-1893 [1]
🖼 *Vue de Delft* - Huile/toile (31x23cm-12x9in) Bruxelles 89 .... FF4 200 - £406 - $637
BOCZEWSKA Maria 1940 [2]
🖼 *Samspel II* - Oil/canvas (130x114cm-51x45in) Stockholm 95 .... FF18 940 - £2 503 - $3,840
BODAMER Heinz 1927 [9]
🖼 *Murrhardt* - Oil/canvas (70x55cm-28x22in) Stuttgart 92 .... FF3 724 - £433 - $760
BODAN Andreas I 1613-1668 [1]
✎ *Self-portrait/ Figure of Justice* - Ink (32x19cm-13x7in) London 94 .... FF3 330 - £400 - $616
BODAN Andreas II 1656-1696 [1]
✎ *Susanna und die beiden Alten* - Ink (16x20cm-6x8in) Köln 96 .... FF8 450 - £993 - $1,663
BODAREWSKY Nikolai Kornilievich 1850-1921 [1]
🖼 *Seated lady with a note* - Oil/cardboard (45x54cm-18x21in) Moscow 93 ...... FF11 800 - £1 343 - $2,000
BODART Henry 1874-1940 [1]
🖼 *Profondville* - Huile/toile (50x40cm-20x16in) Bruxelles 91 .... FF3 460 - £347 - $571
BODART Marcel 1916 [2]
🗿 *Bison, 1982* - Bronze (15x9x17cm-6x4x7in) Paris 90 .... FF9 200 - £979 - $1,646
BODDÉ Carol A. 1942 [2]
🗿 *Crossing the Line* - Bronze (18cm-7in) London 96 .... FF14 430 - £1 700 - $2,834
BODDINGTON Edwin H. Jnr. 1836-1905 [42]
🖼 *Evening by the river* - Oil/canvas (58x89cm-23x35in) Billinghurst, West Sussex 95 .. FF6 680 - £800 - $1,272
An Extensive Landscape - Oil/canvas (65x86cm-26x34in) New-York 97 .... FF23 891 - £2 571 - $4,200
Moel Hebog from the Stepping Stones
   Oil/canvas (76x127cm-30x50in) London 93 .... FF124 500 - £15 000 - $21,750
BODDINGTON Henry John 1811-1865 [29]
🖼 *Angling at the old bridge* - Oil/canvas (64x81cm-25x32in) Detroit, Michigan 92 .. FF11 700 - £1 397 - $2,250
In the Welsh - Oil/canvas (77x122cm-30x48in) London 97 .... FF36 225 - £3 800 - $6,216
Going to Market - Oil/canvas (76x127cm-30x50in) London 95 .... FF131 400 - £17 000 - $26,860
BODE Allie Bramberg XX [3]
📷 *Queen Anne's Lace* - Platinum print (23x17cm-9x7in) New-York 94 .... FF2 470 - £286 - $425
BODE Leopold 1831-1906 [7]
🖼 *Portrait einer Appenzellerin* - Öl/Leinwand (39x29cm-15x11in) Frankfurt 93 .. FF14 240 - £1 700 - $2,740
BODE Wilhelm 1830-1893 [2]
🖼 *Getreideernte, Starnberger See* - Öl/Leinwand (42x62cm-17x24in) München 93 .. FF88 100 - £10 530 - $16,960
BÖDECKER Erich 1904-1971 [4]
🗿 *Indianerin* - Sculpture (167cm-66in) Köln 95 .... FF20 600 - £2 694 - $4,180
BODEM André Joseph 1791-? [1]
🖼 *Jeunes gens dans un paysage* - Huile/toile (98x82cm-39x32in) Paris 95 .... FF70 000 - £9 040 - $14,420

BODEMANN Willem 1806-1880 [10]
- An Approching Storm - Oil/panel (38x50cm-15x20in) New-York 97 .... FF76 748 - £8 266 - **$13,500**
  Winter landscape with a wood-gatherer
  Oil/canvas (90x125cm-35x49in) Amsterdam 97 .... FF214 258 - £22 650 - **$36,764**

BODENHAUSEN Baron de Cuno 1852-? [1]
- Young girl contemplating - Oil/canvas (156x90cm-61x35in) New-York 95 .... FF34 100 - £4 430 - **$7,000**

BODENMÜLLER Alphons 1847-1886 [2]
- Spinning wool - Oil/canvas (62x51cm-24x20in) New-York 90 .... FF10 300 - £1 096 - **$1,843**
  Der erste Schäfflertanz - Oil/canvas (111x96cm-44x38in) London 95 .... FF116 800 - £15 000 - **$23,600**

BODENMÜLLER Friedrich 1845-1913 [5]
- Arber vom Fuße des Rachel Frauenau - Oil/canvas (68x119cm-27x47in) Hamburg 92 .... FF7 460 - £891 - **$1,435**
  Stormy Night in Camp - Oil/canvas (49x87cm-19x34in) New-York 94 .... FF32 200 - £3 720 - **$5,500**

BODICHON Barbara Leigh, Smith 1827-1891 [3]
- La baie d'Alger - Aquarelle (29x53cm-11x21in) Paris 93 .... FF11 200 - £1 350 - **$2,036**

BODIFÉE Paul 1866-1939 [11]
- Winter bij Mijmegen - Oil/canvas (33x48cm-13x19in) Amsterdam 95 .... FF5 250 - £634 - **$988**

BODIN Edvin 1898-1965 [5]
- Var, 1951 - Oil/canvas (60x76cm-24x30in) Stockholm 90 .... FF8 000 - £857 - **$1,391**

BODINE A. Aubrey 1906-1970 [23]
- Lone Fisherman, Mexico - Silver print (30x50cm-12x20in) New-York 96 .... FF12 900 - £1 600 - **$2,500**

BODINI Floriano 1933 [10]
- Colomba - Bronze (22cm-9in) Roma 93 .... FF10 680 - £1 236 - **$1,815**
  Il Concilio - Bronze (60x43cm-24x17in) Milano 94 .... FF24 900 - £3 000 - **$4,650**

BODINIER Guillaume 1795-1872 [3]
- Femme et enfant - Crayon (24x20cm-9x8in) Paris 96 .... FF4 000 - £470 - **$787**

BODIOU Yves 1954 [3]
- Le taureau mythique - Bronze (21x11x34cm-8x4x13in) Paris 92 .... FF8 500 - £873 - **$1,635**

BODLEY Josselin 1893-1974 [11]
- Portrait of a young woman - Oil/canvas (54x45cm-21x18in) London 92 .... FF10 880 - £1 300 - **$2,094**

BODMER Elsa 1888-? [1]
- Pivoines - Huile/panneau (71x52cm-28x20in) Zofingen 95 .... FF3 610 - £458 - **$726**

BODMER Karl 1809-1893 [24]
- La harde en forêt de Fontainebleau - Huile/toile (65x54cm-26x21in) Barbizon 96 .... FF7 500 - £881 - **$1,476**
  Cerf et biche près du grand chêne - Huile/toile (72x54cm-28x21in) Barbizon 94 .... FF33 000 - £3 890 - **$5,870**
  Marsh interior - Oil/canvas (63x48cm-25x19in) New-York 97 .... FF105 079 - £11 053 - **$18,000**
- Biches en Forêt de Fontainebleau - Crayon (22x14cm-9x6in) Barbizon 94 .... FF4 600 - £545 - **$850**

BODMER Paul 1886-1983 [12]
- Fraeunportrait en face - Ol/Karton (20x16cm-8x6in) Bern 93 .... FF3 170 - £365 - **$544**
  Die Königstöchter - Huile/panneau (52x40cm-20x16in) Zofingen 96 .... FF10 330 - £1 288 - **$1,995**
- Mädchenportrait - Pencil (23x17cm-9x7in) Zofingen 91 .... FF2 180 - £221 - **$394**

BODMER Rudolf 1805-1841 [1]
- Blick auf Speicher - Aquatinte (19x28cm-7x11in) Bern 94 .... FF2 424 - £281 - **$418**

BODMER Walter 1903-1973 [7]
- Komposition - Öl/Leinwand (73x120cm-29x47in) Zürich 94 .... FF113 100 - £13 100 - **$19,500**
- Abstrakte Komposition - Coloured chalks (51x73cm-20x29in) Heidelberg 95 .... FF1 566 - £203 - **$326**

BODO Sandor 1920 [4]
- Husar camp in Pennsylvania - Oil/canvas (107x163cm-42x64in) Chicago 94 .... FF8 120 - £962 - **$1,500**

BODOM Erik 1829-1879 [11]
- Aftenstemning - Oil/canvas (80x110cm-31x43in) Tönsberg 91 .... FF40 800 - £4 115 - **$7,952**

BODOY Ernest Alexandre XIX [10]
- Le cavalier - Huile/toile (65x54cm-26x21in) Deauville 92 .... FF26 000 - £2 660 - **$4,580**

BØE Birger 1900-1987 [3]
- Sommarlandskap - Oil/panel (33x53cm-13x21in) Söderköping 92 .... FF2 170 - £222 - **$382**

BØE Frants Diderik 1820-1891 [7]
- Blomsterstilleben - Oil/canvas (29x38cm-11x15in) Oslo 92 .... FF18 230 - £1 866 - **$3,210**
  Stilleben med blomster - Oil/canvas (54x48cm-21x19in) Oslo 91 .... FF112 800 - £11 311 - **$18,620**

BOECK de Félix 1898-1995 [118]
- Composition linéaire - Huile/panneau (11x21cm-4x8in) Bruxelles 97 .... FF3 270 - £360 - **$574**
  Tête d'enfant - Huile/panneau (40x30cm-16x12in) Bruxelles 95 .... FF19 030 - £2 380 - **$3,840**
  Zelfgave - Huile/panneau (80x60cm-31x24in) Lokeren 95 .... FF65 500 - £8 180 - **$12,850**
- Beersel la nuit - Lithographie (50x37cm-20x15in) Bruxelles 97 .... FF2 126 - £234 - **$373**
- Autoportrait aux germes de blé - Crayon/papier (31x22cm-12x9in) Bruxelles 96 .... FF9 200 - £1 180 - **$1,812**

BOECKL Herbert 1894-1966 [46]
- Professor Julius Tandler - Oil/canvas (120x100cm-47x39in) London 90 .... FF1 - £120 022 - **$196,437**
  Junger Mann mit Katze - Oil/canvas (105x74cm-41x29in) London 90 .... FF409 400 - £41 823 - **$80,730**
- Stilleben mit Krug und Kannen - Ink/paper (37x49cm-15x19in) Wien 96 .... FF34 300 - £4 520 - **$6,950**
  Landschaft bei St. Kathrein - Aquarell/Papier (34x49cm-13x19in) Wien 96 .... FF96 100 - £12 250 - **$18,520**
  Natura Morta - Watercolour, gouache/paper (50x66cm-20x26in) Wien 96 .... FF193 000 - £22 000 - **$37,000**

BOEHLE Fritz 1873-1916 [2]
- Wilhelm Altheim - Öl/Leinwand (88x57cm-35x22in) Frankfurt 95 .... FF38 540 - £4 880 - **$7,750**
- Ross = Schwemme - Etching (30x50cm-12x20in) Heidelberg 95 .... FF2 783 - £361 - **$580**

B

BOEHLER Hans 1884-1961 [5]
Weiblicher Akt - Graphit (28x42cm-11x17in) Wien 93 .... FF2 165 - £259 - **$417**

BOEHM Adolf 1861-1927 [2]
A hunter in the woods - Oil/canvas (79x63cm-31x25in) New-York 94 .... FF3 940 - £471 - **$742**

BOEHM Eduard 1830-1890 [36]
Mountainous landscape - Oil/canvas (70x100cm-28x39in) København 95 .... FF6 190 - £760 - **$1,206**
Partie in Tirol - Öl/Leinwand (80x64cm-31x25in) Schloss Osterberg 95 .... FF11 440 - £1 472 - **$2,327**
Gebirgslandschaft, Schweiz - Öl/Leinwand (73x100cm-29x39in) München 92 .... FF23 700 - £2 755 - **$4,840**

BOEHM Joseph Edgar 1834-1890 [9]
Sanjah Ahmed Husain - Bronze (74cm-29in) London 91 .... FF39 500 - £3 960 - **$7,235**
Suffolk punch and blacksmith - Bronze (58cm-23in) New-York 93 .... FF57 700 - £7 240 - **$10,500**

BOEHM von Tuomas 1916 [3]
Landskap från Spanien - Oil/panel (30x39cm-12x15in) Helsinki 93 .... FF10 240 - £1 156 - **$1,687**

BOEHME Karl Theodor 1866-1939 [9]
Stürmischer Tag auf Rügen - Öl/Leinwand (120x150cm-47x59in) Lindau 97 .... FF14 517 - £1 524 - **$249,7 1**

BOEHRINGER Auguste 1913-1971 [1]
Bord d'eau à Pontoise - Huile/toile (46x55cm-18x22in) Auxerre 91 .... FF4 000 - £401 - **$660**

BOEL Maurice 1913 [2]
Compositie - Huile/toile (46x37cm-18x15in) Lokeren 95 .... FF2 510 - £330 - **$504**

BOELLAARD Margaretha Cornelis 1795-1872 [1]
Silence, please - Oil/panel (22x19cm-9x7in) Amsterdam 91 .... FF3 414 - £339 - **$593**

BOEMM Rita 1868-1948 [9]
Interno Biedermeier - Olio/tela (68x55cm-27x22in) Trieste 97 .... FF7 480 - £880 - **$1,320**

BOENDERMAKER Kees 1904-? [1]
Still life - Oil/canvas (100x90cm-39x35in) Amsterdam 97 .... FF5 094 - £535 - **$875**

BOENISCH Gustav-Adolf 180?-1887 [2]
Die Hohe Munde (Lautasch, Tirol) - Öl/Leinwand (34x46cm-13x18in) Hamburg 96 .... FF17 960 - £2 242 - **$3,470**
Maison russe près de Postdam - Pencil (23x33cm-9x13in) London 92 .... FF4 890 - £500 - **$862**

BOER de Hessel 1921 [2]
Sommerliches Blumenstilleben - Oil/canvas (71x61cm-28x24in) Lindau 92 .... FF4 080 - £418 - **$718**

BOER de Jan 1877-1946 [6]
Vrienden van de Boschgrond - Oil/board (40x50cm-16x20in) Amsterdam 89 .... FF5 100 - £493 - **$774**

BOER de Otto 1797-1856 [1]
One drink too many - Oil/canvas (49x62cm-19x24in) London 90 .... FF12 600 - £1 349 - **$2,191**

BOER LICHTVELD de Frans 1942 [2]
Untitled - Sculpture (52cm-20in) Amsterdam 95 .... FF6 300 - £804 - **$1,286**

BOEREWAARD Isidoor 1893-1973 [13]
Marine - Huile/toile (70x100cm-28x39in) Lokeren 92 .... FF4 650 - £476 - **$818**
Vase de fleurs - Aquarelle (58x48cm-23x19in) Lokeren 95 .... FF3 255 - £406 - **$658**

BOERO Renata 1936 [3]
Blu di legno, 1983 - Mixed media/canvas (110x130cm-43x51in) Milano 90 .... FF27 500 - £2 926 - **$4,920**

BOERS Frans, François 1904-? [2]
Landscape - Oil/panel (54x65cm-21x26in) Amsterdam 93 .... FF2 754 - £317 - **$474**

BOERS Willy 1905-1978 [4]
Verbeeldende activiteit - Oil/canvas (60x58cm-24x23in) Amsterdam 90 .... FF10 500 - £1 117 - **$1,878**
Untitled - Watercolour (26x32cm-10x13in) Amsterdam 95 .... FF3 150 - £402 - **$643**

BOESE Johannes 1856-? [1]
Andromeda - Bronze (52cm-20in) London 97 .... FF28 571 - £3 000 - **$4,897**

BOESEN August Vilhelm 1812-1875 [4]
Bringing home the catch - Oil/canvas (45x60cm-18x24in) London 95 .... FF7 830 - £1 000 - **$1,600**

BOESEN Johannes 1847-1916 [37]
Silkeborgsøerne - Oil/canvas (72x105cm-28x41in) Viby J, Århus 96 .... FF5 310 - £676 - **$1,051**
The cornfield, 1873 - Oil/canvas (62x93cm-24x37in) London 89 .... FF24 200 - £2 408 - **$3,823**

BOESS Berthold 1877-? [1]
Ionische Tänzerin - Porcelain (23cm-9in) Wien 97 .... FF4 782 - £510 - **$827**

BOETTCHER Christian Eduard 1818-1889 [6]
Sommerabend im Schwarzwald - Öl/Leinwand (97x135cm-38x53in) Köln 94 .... FF54 400 - £6 350 - **$9,530**
Spielende Kinder am Lande - Öl/Leinwand (54x74cm-21x29in) Wien 93 .... FF195 600 - £22 160 - **$33,060**

BOETTI Alighiero 1940-1994 [173]
Fingere di ignorare una situazione - Mixed media (34x36cm-13x14in) Prato 97 .... FF6 800 - £800 - **$1,200**
Una Parola al Venro, Due... - Embroidered fabric (90x22cm-35x9in) London 96 .... FF37 700 - £4 800 - **$7,260**
Lettere da Addis-Abeba - Sculpture (122x172cm-48x68in) Milano 89 .... FF274 600 - £28 936 - **$46,229**
La Natura, una faccenda ottusa - Watercolour (152x100cm-60x39in) New-York 97 ...... FF18 714 - £1 976 - **$3,200**
Abc..., dittico, 1979 - Tecnica mista/carta (100x142cm-39x56in) Prato 97 .... FF54 400 - £6 400 - **$9,600**

BOETTINGER Hugo 1880-1934 [3]
Bathing nude boys watching a train - Oil/canvas (61x85cm-24x33in) New-York 96 .... FF26 060 - £3 143 - **$5,000**

BOETTO Giulio 1894-1967 [1]
Piazzetta e Isola di San Giorgio - Olio/tavola (24x32cm-9x13in) Milano 89 .... FF9 200 - £969 - **$1,549**

BOEVÉ Gesina Berendina 1881-1958 [1]
Green house with azaleas - Oil/canvas (51x76cm-20x30in) Amsterdam 93 .... FF2 110 - £252 - **$406**

BOEVER de Jan Frans 1872-1949 [30]
La toilette - Huile/carton (52x39cm-20x15in) Bruxelles 93 .... FF9 060 - £1 084 - **$1,852**
Chercheuses d'infini - Huile/carton (72x122cm-28x48in) Lokeren 94 .... FF24 900 - £2 940 - **$4,430**

✎ Zita - Gouache (33x23cm-13x9in) Antwerpen 94 .... FF5 940 - £683 - $1,017
BOEZIEK Bernardus Johannes 1877-1954 [1]
🖋 Woman feeding chickens in a farm - Oil/canvas (36x53cm-14x21in) Amsterdam 95 .... FF2 162 - £261 - $407
BOFA Gus Gustave Blanchot,dit 1883-1968 [5]
📖 Le Gonfle Pneus gonfle... - Affiche (158x118cm-62x46in) Paris 93 .... FF1 500 - £188 - $273
✎ Tourisme - Aquarelle (43x30cm-17x12in) Paris 97 .... FF1 800 - £196 - $313
BOFILL Antoine 1895-1921 [21]
🗿 Leda and the Swan - Bronze (22cm-9in) New-York 96 .... FF3 366 - £420 - $650
Grenadier fumant - Bronze (54cm-21in) Bruxelles 97 .... FF7 853 - £835 - $1,368
Grognard de l'Empire - Bronze (54cm-21in) Bourges 96 .... FF14 500 - £1 720 - $2,830
BOFILL Bernardo XX [5]
🖌 En el parque - Oleo/lienzo (50x61cm-20x24in) Madrid 93 .... FF3 300 - £375 - $559
BOGAERT Albert 1838-? [2]
🖌 The Lake Maninjau, Sumatra - Oil/panel (26x35cm-10x14in) Amsterdam 96 .... FF12 040 - £1 460 - $2,340
BOGAERT André 1920-1986 [10]
🖌 Zomerlandschap - Huile/toile (80x140cm-31x55in) Lokeren 93 .... FF9 880 - £1 182 - $2,020
🗿 Kompositie - Assemblage (123x123cm-48x48in) Lokeren 94 .... FF44 980 - £588 - $887
BOGAERT Gaston 1918 [51]
🖌 L'Or du Soir - Huile/panneau (61x61cm-24x24in) Lokeren 96 .... FF8 000 - £1 033 - $1,580
Les chaises - Huile/panneau (38x60cm-15x24in) Bruxelles 96 .... FF19 750 - £2 463 - $3,815
📖 Sabena - Affiche (99x65cm-39x26in) Boulogne 94 .... FF3 600 - £448 - $699
BOGAERT Hans 1924 [2]
🖌 Wirtshausszene - Oil/panel (46x62cm-18x24in) Köln 90 .... FF45 050 - £4 607 - $8,892
BOGAERT van den Jacques 1912-? [6]
🖌 Ville en Hollande - Huile/bois (24x30cm-9x12in) Bruxelles 93 .... FF2 637 - £316 - $539
BOGAERT van den Jacques G.L. 1867-1950 [13]
🖌 Rivage rocheux - Huile/panneau (25x35cm-10x14in) Antwerpen 92 .... FF3 296 - £394 - $634
BOGAERTS Cornelis 1812-1888 [1]
🖌 Peasants merry-making in an inn - Oil/canvas (59x84cm-23x33in) Amsterdam 92 ...... FF5 770 - £592 - $1,110
BOGAERTS Fred 1882-1963 [1]
📖 Processie te Scherpenheuvel - Pointe sèche (24x31cm-9x12in) Lokeren 94 .... FF3 150 - £376 - $594
BOGAERTS Gaston 1921 [3]
🖌 La serre - Huile/panneau (45x54cm-18x21in) Bruxelles 89 .... FF13 000 - £1 294 - $2,054
BOGAERTS Jan 1878-1962 [6]
🖌 Sweet-William in a Glass on a Case - Oil/canvas (34x40cm-13x16in) Amsterdam 97 .... FF31 513 - £3 353 - $5,483
BOGAJEWSKI Konstantin Fedorov. 1872-1943 [2]
🖌 Peasantwoman & a horse cart - Oil/canvas (23x40cm-9x16in) Amsterdam 92 .... FF3 610 - £420 - $737
BOGART Bram van den Boogart 1921 [185]
🖌 Untitled - Mixed media/canvas (38x55cm-15x22in) Amsterdam 97 .... FF19 479 - £2 047 - $3,346
Yellow - Mixed media/panel (132x107cm-52x42in) Amsterdam 95 .... FF47 300 - £6 030 - $9,640
Geeldoor Zwart - Mixed media (145x181cm-57x71in) Amsterdam 97 .... FF86 904 - £9 135 - $14,929
Bloemenland - Mixed media (122x153cm-48x60in) London 00 .... FF603 000 - £60 720 - $118,119
✎ Rood-blauw - Gouache/paper (47x64cm-19x25in) Amsterdam 92 .... FF9 040 - £1 080 - $1,740
Untitled - Gouache/paper (72x53cm-28x21in) Amsterdam 94 .... FF17 760 - £2 106 - $3,283
BOGART Françoise 1954 [18]
🖌 Le veau d'or - Technique mixte/panneau (130x97cm-51x38in) Paris 90 .... FF10 500 - £1 131 - $1,852
BOGART George Henry 1864-1944 [1]
🖌 Afterglow - Oil/board (61x91cm-24x36in) Elgin, Illinois 93 .... FF4 950 - £621 - $900
BOGATOV Nikolai Alekseevich 1854-1935 [2]
✎ Syrian dancer - Wash (37x26cm-15x10in) London 90 .... FF4 500 - £485 - $794
BOGDANI Jacob 1660-1724 [31]
🖌 Parrots and other birds with fruit - Oil/canvas (100x125cm-39x49in) London 96 ...... FF1 - £235 000 - $364,500
BOGDANOV Abraham Jacobi 1888-1946 [2]
🖌 Monhegan scene - Oil/board (30x38cm-12x15in) Mystic, Connecticut 96 .... FF4 140 - £512 - $800
BOGDANOV Nikolaj 1850-1892 [1]
🖌 Young woman - Oil/canvas (37x29cm-15x11in) Helsinki 95 .... FF10 100 - £1 220 - $1,900
BOGDANOV-BJELSKY Nikolai Petrowitch 1868-1945 [24]
🖌 Balalaika concert - Oil/canvas (73x73cm-29x29in) London 97 .... FF57 143 - £6 000 - $9,828
Summer tea party - Oil/canvas (109x137cm-43x54in) London 96 .... FF157 400 - £18 000 - $30,000
BOGDANY Jakob 1660-1724 [2]
🖌 Blumen, Früchten und Papagei - Oil/canvas (73x119cm-29x47in) Luzern 91 .... FF119 700 - £11 916 - $20,584
BOGERT George Henry 1864-1944 [7]
🖌 Sunrise in Venice - Oil/canvas (71x102cm-28x40in) Portland, Maine 94 .... FF22 730 - £2 724 - $4,200
BOGERT George Hirst 1864-1923 [7]
🖌 Figure on a Pond at Sunset - Oil/canvas (71x91cm-28x36in) Toronto 96 .... FF10 070 - £1 150 - $1,930
BOGGIO Emilio, Émile 1857-1920 [31]
🖌 En pleine mer, voyage au Vénézuela - Huile/toile (30x46cm-12x18in) Paris 96 ...... FF9 500 - £1 228 - $1,870
La campagne de Fiésole - Huile/toile (65x50cm-26x20in) Paris 97 .... FF35 000 - £3 847 - $6,388
Etude pour le Panthéon - Oil/canvas (40x33cm-16x13in) New-York 97 .... FF57 405 - £6 096 - $10,000
Moisson - Oil/canvas (46x55cm-18x22in) New-York 94 .... FF134 800 - £15 900 - $24,000
BØGH Carl Henrik 1827-1893 [42]
🖌 Figures in a Garden - Oil/canvas (40x62cm-16x24in) London 96 .... FF15 330 - £1 800 - $3,015

Calendar & auction results :   INTERNET : **www.artprice.com**   MINITEL : 3617 ARTPRICE

The riding party - Oil/canvas (79x113cm-31x44in) London 95 .... FF**88 700** - £*11 500* - **$18,470**

BØGH Elnar V. 1877-1938 [2]
Interiør med laesende kvinde - Oil/canvas (62x72cm-24x28in) Viby J, Århus 96 .... FF**2 453** - £*317* - **$474**

BÖGH Ole Mathiasen 1811-1838 [2]
Den forlorne søn - Oil/canvas (29x40cm-11x16in) Köbenhavn 91 .... FF**17 600** - £*1 797* - **$3,193**

BOGHOSIAN Varujan 1926 [8]
The key to the Kingdom - Construction (94x5x61cm-37x2x24in) New-York 97 .... FF**31 921** - £*3 358* - **$5,500**

BOGLE John 1746-1804 [4]
General Prescott - Miniature (3cm-1in) London 96 .... FF**18 600** - £*2 400* - **$3,590**

BÖGLER Karl 1837-1866 [1]
Romantische Ecke in Lichteinfall - Oil/canvas/panel (18x15cm-7x6in) Lindau 96 .... FF**8 440** - £*1 018* - **$1,620**

BOGMAN Herman 1890-? [12]
Dried flowers in a jar - Oil/panel (37x24cm-15x9in) Amsterdam 97 .... FF**8 322** - £*900* - **$1,452**

BOGMAN Hermanus Charles Ch. 1861-1921 [10]
The hay-wagon - Oil/canvas (29x51cm-11x20in) Amsterdam 94 .... FF**4 265** - £*504* - **$766**

BOGMAN Johannes Mattheus 1822-1872 [6]
Historienszene - Öl/Leinwand (92x81cm-36x32in) München 93 .... FF**6 650** - £*776* - **$1,093**

BOGØ Christian 1882-1945 [3]
Herzogin Cecilie - Oil/canvas (80x120cm-31x47in) Helsinki 94 .... FF**25 500** - £*2 920* - **$4,320**

BOGOLJUBOFF Alexei Petrovich 1824-1896 [9]
View of Venice - Oil/panel (27x41cm-11x16in) London 94 .... FF**22 300** - £*2 600* - **$3,910**
Hügelige Passlandschaft - Gouache (21x30cm-8x12in) Lindau 95 .... FF**9 480** - £*1 210* - **$1,910**

BOGOLJUBOW Boris Melitonowitsch 1878-? [1]
Moskauer Park - Pastel/paper (59x44cm-23x17in) Wien 93 .... FF**10 580** - £*1 264* - **$2,035**

BOGOMAZOV Aleksandr Konstantin 1880-1930 [8]
Waiting - Oil/canvas (38x38cm-15x15in) Moscow 94 .... FF**23 900** - £*2 843* - **$4,500**
Abstract landscape - Oil/canvas (60x64cm-24x25in) London 90 .... FF**290 600** - £*30 915* - **$51,986**
Man holding a dove - Watercolour (41x33cm-16x13in) London 95 .... FF**25 260** - £*3 200* - **$5,080**

BOGOMOLETZ Lev 1911 [11]
Femme du peintre, Alla - Huile/toile (100x65cm-39x26in) Paris 90 .... FF**10 500** - £*1 124* - **$1,826**

BOGUET Didier Nicolas 1755-1839 [3]
View of the Villa d'Este, Tivoli - Black chalk (66x100cm-26x39in) London 97 .... FF**50 880** - £*5 200* - **$866,0 8**

BOGULJIBOV Alexei 1824-1896 [1]
Boats on the beach - Oil/panel (30x41cm-12x16in) Helsinki 95 .... FF**10 660** - £*1 288* - **$2,006**

BOGUSLAWSKAJA Xenia Puni 1892-1972 [1]
Figurine zu Diaghilew Ballett - Wash/paper Berlin 91 .... FF**13 520** - £*1 372* - **$2,442**

BOHATSCH Erwin 1951 [25]
Verlorener Blick - Oil/canvas (70x55cm-28x22in) München 95 .... FF**7 050** - £*902* - **$1,440**
Versuch... zu umarmen - Mischtechnik (42x58cm-17x23in) Wien 97 .... FF**10 542** - £*1 108* - **$1,810**
Durchblick - Öl/Leinwand (55x70cm-22x28in) Wien 96 .... FF**105 700** - £*13 470* - **$20,370**

BOHEMEN van Kees 1929-1986 [58]
Verdwaalde planeet - Oil/canvas (112x75cm-44x30in) Amsterdam 94 .... FF**23 800** - £*2 793* - **$4,240**
American Footballplayers no. II - Oil/canvas (200x150cm-79x59in) Amsterdam 97 .... FF**46 872** - £*491 6 9* - **$8,043**
Verslaafde Vrouwen - Oil/canvas (200x130cm-79x51in) Amsterdam 97 .... FF**93 744** - £*9 832* - **$16,086**
Prostituée - Color lithograph (116x125cm-46x49in) Amsterdam 92 .... FF**2 430** - £*249* - **$428**
A Landscape with a lying Nude
  Watercolour, gouache/paper (48x59cm-19x23in) Amsterdam 97 .... FF**8 787** - £*921* - **$1,507**

BÖHLEN Max 1902-1971 [7]
Landschaft bei Goldiwil - Oil/canvas (63x78cm-25x31in) Bern 92 .... FF**7 230** - £*864* - **$1,391**
Die Gärtnersfrau - Öl/Leinwand (58x70cm-23x28in) Wien 96 .... FF**96 100** - £*12 250* - **$18,520**

BÖHLER Hans 1884-1961 [11]
Blumen und blauer Figur - Öl/Leinwand (66x81cm-26x32in) Wien 97 .... FF**66 892** - £*7 112* - **$11,536**
Liegender Akt - Charcoal/paper (49x64cm-19x25in) Wien 97 .... FF**5 734** - £*609* - **$988**

BÖHLIG Rolf 1904-1979 [1]
Still life - Watercolour/paper (36x28cm-14x11in) Hamburg 95 .... FF**3 264** - £*432* - **$662**

BÖHM Alfred 1850-1885 [2]
Die Ankunft des Dampfbootes - Öl/Leinwand (38x62cm-15x24in) Berlin 93 .... FF**24 370** - £*2 786* - **$4,150**

BÖHM Auguste 1819-1891 [1]
Bord de rivière - Huile/panneau (27x41cm-11x16in) Saint-Germain-en-Laye 92 .... FF**13 000** - £*1 552* - **$2,500**

BOHM C. Curry 1894-? [2]
Autumn Farm Scene - Watercolour (51x58cm-20x23in) St. Petersburg, Florida 94 .... FF**2 283** - £*266* - **$400**

BÖHM Eduard 1830-1890 [4]
Jagdszene in den Praterauen - Oil/canvas (42x52cm-17x20in) Wien 91 .... FF**14 400** - £*1 452* - **$2,807**

BÖHM François 1801-1863 [2]
Jeune mère et de son fils - Huile/toile (35x27cm-14x11in) Paris 91 .... FF**8 000** - £*877* - **$1,404**

BOHM Max 1868-1923 [6]
With The Wind - Oil/canvas (53x58cm-21x23in) Detroit, Michigan 95 .... FF**24 430** - £*3 160* - **$5,000**

BÖHM Pál, Paul 1839-1905 [9]
Chiemseefischerpaar - Oil/panel (14x24cm-6x9in) München 92 .... FF**37 400** - £*3 830* - **$6,580**

BÖHME Gerd 1899-1978 [1]
Im Rausch - Lithographie (31x29cm-12x11in) Berlin 92 .... FF**1 696** - £*203* - **$326**

BÖHME Karl Theodor 1866-1939 [2]
Meeresküste - Oil (59x73cm-23x29in) Bern 90 .... FF**13 700** - £*1 457* - **$2,451**

BÖHMER Gunter 1911-1994 [3]
St. Cloud aus Paris - Aquarell/Papier (33x27cm-13x11in) Stuttgart 96 .... FF3 376 - £409 - $656
BÖHMER Heinrich 1852-? [8]
Waldlandschaft - Öl/Leinwand (44x67cm-17x26in) Zürich 95 .... FF14 940 - £1 936 - $3,040
BÖHMER Marga 1887-1969 [1]
Ernst Barlach - Plaster (17cm-7in) Stuttgart 93 .... FF3 480 - £399 - $592
BOHN von Guerman 1812-1899 [1]
Peasant woman on a hill top - Oil/canvas (41x53cm-16x21in) New-York 94 .... FF19 000 - £2 200 - $3,250
BOHNENBLUST Roger 1929-1979 [2]
Pferderennen - Oil/canvas (50x60cm-20x24in) Bern 91 .... FF10 700 - £1 078 - $1,857
BOHNHORST August John Paul 1849-1919 [1]
Sunlit ditch in a forest - Oil/panel (31x41cm-12x16in) Amsterdam 91 .... FF3 006 - £303 - $522
BOHNSTEDT Ludwig Franz Karl 1822-1885 [1]
Kuppel von St. Peter - Watercolour/paper (25x39cm-10x15in) München 92 .... FF17 630 - £2 106 - $3,390
BOHRDT Hans 1857-1945 [9]
Kaiserreise Sudwangen - Tempera/Karton (60x43cm-24x17in) Hamburg 92 .... FF22 230 - £2 282 - $4,275
Yacht Hohenzollern, Molde-Fjord - Watercolour (30x43cm-12x17in) Köln 92 .... FF5 100 - £522 - $898
BOHRMANN Karl 1928 [16]
Komposition - Pencil (65x50cm-26x20in) München 94 .... FF3 420 - £402 - $610
BOHROD Aaron 1907-1992 [35]
The green house - Oil/masonite (76x39cm-30x15in) New-York 91 .... FF15 280 - £1 542 - $2,700
Chicago, Chicago - Oil/panel (38x28cm-15x11in) Chicago 96 .... FF33 230 - £4 230 - $6,400
Pennsylvania Highway - Lithographie (23x33cm-9x13in) Cambridge, Mass. 93 .... FF2 750 - £345 - $500
Steel workers - Gouache/paper (48x38cm-18x15in) San Francisco-Los Angeles 94 ...... FF18 940 - £2 245 - $3,500
BOHUS Zoltan 1941 [2]
Formula 83 - Sculpture (13cm-5in) New-York 96 .... FF20 900 - £2 417 - $4,000
BOHUSZ-SIESTRZENCEWICZ Stanislaw 1869-1927 [1]
A village - Oil/canvas (75x125cm-30x49in) Warszawa 92 .... FF108 300 - £11 050 - $16,350
BOICHARD Henri Joseph 1783-c.1850 [1]
Fleurs dans un vase - Huile/toile (73x60cm-29x24in) Paris 90 .... FF250 000 - £26 940 - $44,092
BOICHARD Jean Alcide Henri 1817-? [1]
Chien - Huile/toile (53x32cm-21x25in) Paris 93 .... FF6 000 - £723 - $1,091
BOICHOT Guillaume 1735-1814 [3]
A Bacchanalian frieze - Ink (18x31cm-7x12in) London 90 .... FF12 860 - £1 600 - $2,495
BOIJER-POIJÄRVI Wille 1899-1975 [1]
Landscape, South of France - Oil/canvas (55x46cm-22x18in) Helsinki 94 .... FF2 674 - £320 - $500
BOILAUGES Fernand 1891-? [7]
Pêcheurs - Huile/panneau (46x61cm-18x24in) La Varenne Saint-Hilaire 93 .... FF5 800 - £725 - $1,055
BOILEAU Philip 1864-1917 [2]
A portrait of a young girl - Oil/canvas (56x48cm-22x19in) London 89 .... FF12 600 - £1 254 - $1,991
Elégante au lévrier - Aquarelle (64x51cm-25x20in) Bruxelles 90 .... FF4 900 - £525 - $852
BOILEAU-BONTEMPS Pierre 1721-1784 [1]
Procession en l'honneur d' Athéna - Encre Chine (17x51cm-7x20in) Genève 89 .... FF12 100 - £1 275 - $2,037
BOILLE Luigi 1926 [7]
Untitled - Oil/canvas (220x180cm-87x71in) New-York 91 .... FF11 400 - £1 157 - $2,059
BOILLY Julien-L., Jules 1796-1874 [20]
Servante s'admirant dans une psyché - Huile/toile (46x38cm-18x15in) Paris 93 ...... FF32 000 - £3 856 - $5,820
Paysanne au pannier - Crayon (13x8cm-5x3in) Paris 97 .... FF1 600 - £176 - $282
Jeune homme lisant au pied d'un arbre - Aquarelle (19x25cm-7x10in) Paris 94 ...... FF37 000 - £4 380 - $6,840
BOILLY Louis Léopold 1761-1845 [113]
Madame L. J. Gobin - Huile/toile (65x54cm-26x21in) Paris 90 .... FF3 - £398 707 - $652,557
Portrait d'homme vue en buste - Huile/toile (22x16cm-9x6in) Paris 97 .... FF23 500 - £2 509 - $4,119
Juliette Le Breton - Huile/panneau (17x13cm-7x5in) Monaco 93 .... FF50 000 - £5 670 - $8,450
Retour de l'infidèle - Oil/canvas (51x43cm-20x17in) New-York 94 .... FF295 000 - £33 800 - $50,000
Etude pour le déménagement - Fusain (27x20cm-11x8in) Paris 97 .... FF88 000 - £9 698 - $15,497
Jean Darcet - Dessin (52x37cm-20x15in) Monaco 93 .... FF520 000 - £62 600 - $94,500
BOILVIN Emile 1845-1899 [2]
Le pied de nez, 1867 - Huile/toile (40x56cm-16x22in) Paris 89 .... FF29 000 - £2 886 - $4,581
BOIM Salomon 1899-1978 [1]
Mädchen in roter Bluse - Aquarell/Papier (56x39cm-22x15in) Wien 95 .... FF3 000 - £378 - $598
BOINAY Robert 1918-1987 [4]
Village perché - Huile/toile (81x65cm-32x26in) Neuilly 91 .... FF4 200 - £423 - $729
BOIRY Camille 1871-1954 [3]
Crédit Foncier: Algérie et Tunisie - Affiche couleur (119x75cm-47x30in) Paris 92 ..... FF2 000 - £205 - $352
BOIS DE JANKOWSKI Cheslas c.1879-? [1]
View of Warsaw - Oil/canvas (40x84cm-16x33in) New-York 90 .... FF68 600 - £7 345 - $11,930
BOIS-VIVES Anselme 1899-1969 [14]
Sans titre - Huile/carton/toile (53x80cm-21x31in) Paris 95 .... FF22 000 - £2 810 - $4,500
Bouquet de fleurs - Gouache (40x30cm-16x12in) Paris 93 .... FF3 200 - £386 - $582
Général Lunaire - Gouache/papier (64x50cm-25x20in) Paris 96 .... FF15 000 - £1 945 - $2,966
BOISECQ Salomon Alfred 1911 [7]
Dans les Petignons - Huile/toile (50x61cm-20x24in) Paris 90 .... FF7 000 - £723 - $1,237

BOISECQ Simone 1922 [2]

L'Homme-cactus - Bronze (85cm-33in) Paris 93 .... FF5 600 - £644 - $954

BOISGONTIER Henri XIX-XX [2]

Coucher de soleil, Bretagne - Huile/toile (54x73cm-21x29in) Paris 92 .... FF2 700 - £323 - $520

BOISROND François 1959 [84]

Untitled - Acrylic/paper/board (208x113cm-82x44in) Amsterdam 96 .... FF12 070 - £1 396 - $2,312

Mini-copter - Acrylique/toile (65x54cm-26x21in) Versailles 92 .... FF15 000 - £1 790 - $2,885

Le Pivert - Acrylique/toile (54x65cm-21x26in) Versailles 93 .... FF15 000 - £1 807 - $2,730

Composition aux personnages - Acrylique/toile (148x173cm-58x68in) Arles 96 ...... FF16 000 - £2 090 - $3,200

C'est l'hiver - Huile/toile Verrières-Le-Buisson 93 .... FF35 000 - £3 990 - $5,930

Compresseur jaune - Acrylique/papier Paris 90 .... FF85 000 - £8 560 - $15,455

Composition - Gouache/papier (58x42cm-23x17in) Saint-Germain-en-Laye 96 .... FF3 100 - £399 - $615

BOISSARD DE BOISDENIER Joseph Ferdinand 1813-1866 [1]

La Prière - Huile/toile (92x72cm-36x28in) Lyon 94 .... FF4 000 - £480 - $777

BOISSART Pierre 1878-1944 [2]

Port de Boulogne-sur-Mer - Huile/toile (33x41cm-13x16in) Caen 95 .... FF3 700 - £461 - $722

BOISSEAU Catherine 1952 [5]

Le Maréchal-ferrant - Huile/toile (33x41cm-13x16in) Provins 95 .... FF3 800 - £494 - $780

Renard - Bronze Paris 96 .... FF2 800 - £320 - $534

BOISSEAU Émile 1842-1923 [14]

La Défense du Foyer - Bronze (88cm-35in) Reims 90 .... FF28 000 - £2 998 - $4,870

Amour maternel - Marble (76cm-30in) London 96 .... FF244 600 - £29 000 - $47,700

BOISSELIER Antoine Félix 1790-1857 [4]

Temple de Neptune à Paestum - Huile/papier/toile (29x41cm-11x16in) Paris 96 ...... FF27 500 - £3 485 - $5,270

BOISSELIER Félix 1776-1811 [3]

Shepherd weeping on a tomb - Oil/canvas (178x147cm-70x58in) New-York 95 ...... FF912 000 - £109 400 - $170,000

BOISSELIER H. XIX [2]

Uniformes de Marine: Ier et II Empire - Estampe Paris 91 .... FF1 700 - £172 - $337

Troupes du Royaume d'Italie - Aquarelle (24x18cm-9x7in) Paris 94 .... FF13 600 - £1 577 - $2,342

BOISSET Maurice XIX-XX [2]

Retour de pêche - Huile/toile (138x194cm-54x76in) Cherbourg 96 .... FF15 500 - £2 005 - $3,040

BOISSIER André Claude 1760-1833 [2]

La diligence, 1825 - Aquarelle (15x22cm-6x9in) Paris 89 .... FF16 000 - £1 636 - $2,572

BOISSIEU de Jean-Jacques 1736-1810 [43]

Baron de Fingardin in uniform - Oil/metal (21x17cm-8x7in) London 93 .... FF158 200 - £18 000 - $26,800

Saint Francis - Black chalk/paper (40x25cm-16x10in) London 97 .... FF17 612 - £1 800 - $2,997

Le roi David jouant de la harpe - Pierre noire (27x34cm-11x13in) Paris 94 .... FF40 000 - £4 730 - $7,370

BOISSON Alfred Jacques 1866-1947 [3]

Ravaudeuses à Collioure - Huile/toile (73x100cm-29x39in) Limoges 90 .... FF26 000 - £2 694 - $4,569

BOISSONAS Frédéric 1858-1946 [6]

Tempel des Jupiter - Platinum print (57x43cm-22x17in) Zürich 94 .... FF5 660 - £656 - $974

BOISVERT Normand 1950 [5]

A la ferme, 1986 - Huile/toile (76x10cm-30x4in) Montréal 89 .... FF2 000 - £199 - $316

BOIT Edward Darley 1842-1916 [11]

View Across the Water - Oil/panel (15x23cm-6x9in) Cambridge, Mass. 94 .... FF16 300 - £1 923 - $2,900

Biarritz, 1893 - Watercolour (22x33cm-9x13in) Cambridge, Mass. 90 .... FF3 400 - £362 - $608

Venice - Watercolour (36x46cm-14x18in) Cambridge, Mass. 94 .... FF52 600 - £6 310 - $10,000

BOITARD François 1670-1715 [23]

The Assumption of the Virgin - Ink (37x54cm-15x21in) London 97 .... FF3 602 - £380 - $618

The marriage of Peleus and Thetis - Ink (19x29cm-7x11in) New-York 93 .... FF20 620 - £2 440 - $3,750

BOITEL Isidore Romain 1812-1861 [1]

Drawing roses in the sand - Bronze (34cm-13in) London 91 .... FF11 850 - £1 188 - $2,170

BOITEL Maurice 1919 [7]

Maison près des deux arbres - Huile/toile (88x131cm-35x52in) Monaco 93 .... FF10 000 - £1 250 - $1,820

BOITIAT Henri 1866-1944 [1]

Baie de Menton, 1892 - Huile/toile (50x61cm-20x24in) Versailles 89 .... FF9 500 - £911 - $1,414

BOIVIN Colette XX [2]

L'échaudé, Q.C. - Huile/toile (75x101cm-30x40in) Montréal 94 .... FF2 026 - £239 - $361

BOIVIN Émile 1846-1920 [31]

Procession au Caire - Huile/toile (55x38cm-22x15in) Paris 93 .... FF8 000 - £964 - $1,455

Le port d'Alger - Huile/toile/panneau (37x55cm-15x22in) Bayeux 96 .... FF20 000 - £2 370 - $3,900

BOIVIN Jean 1907 [57]

Montigny-sur-Loing - Huile/toile (64x91cm-25x36in) Paris 90 .... FF4 000 - £421 - $696

BOIZOT Simon Louis 1743-1809 [5]

Pluto carrying off Proserpine - Bronze (49cm-19in) London 95 .... FF14 380 - £1 800 - $2,864

Bonaparte - Marbre (30cm-12in) Paris 94 .... FF180 000 - £20 930 - $31,150

BOJESEN Claus 1948 [11]

Afhuggede dyrehoveder - Oil/canvas (122x106cm-48x42in) København 94 .... FF2 423 - £309 - $469

Udkast till Istedløven - Bronze (24cm-9in) København 94 .... FF2 423 - £309 - $469

Drage i romantisk sceneri - Wash (54x55cm-21x22in) København 91 .... FF1 756 - £177 - $349

BOJESEN Oscar 1879-1930 [2]

Fra Furesøen med Fiskebaek - Oil/canvas (64x123cm-25x48in) København 95 ...... FF3 094 - £380 - $603

BOJNEV Boris 1898-1969 [1]

Sans titre - Huile/panneau (33x59cm-13x23in) Paris 94 .... FF2 200 - £251 - $373

BOKELBERG Werner 1937 [1]
Dali and model - Silver print (60x35cm-24x14in) London 91 .... FF*3 024* - £301 - **$520**

BOKELMAN Christian Ludwig 1844-1894 [3]
Young boys singing hymns - Oil/panel (42x32cm-17x13in) London 92 .... FF*41 900* - £5 000 - **$8,050**

BÖKER Carl 1836-1905 [2]
Die Zerbrochene Schiefertafel - Öl/Leinwand (64x82cm-25x32in) München 94 .... FF*205 300* - £24 300 - **$37,500**

BOKKENHEUSER Børge 1910-1976 [6]
Opstilling - Oil/canvas (46x55cm-18x22in) København 92 .... FF*2 200* - £225 - **$388**

BOKKENHEUSER Olivia Fred. Sophie 1814-1881 [2]
Hvide - Oil/canvas (23x27cm-9x11in) Vejle 90 .... FF*20 200* - £2 163 - **$3,513**

BÖKLEN Hilde 1897-1987 [7]
Kakadus in einem Zoo - Öl/Karton (58x45cm-23x18in) Hamburg 97 .... FF*6 741* - £721 - **$1,175**

BOKLUND Johan 1817-1880 [5]
Italienskt landskape med vilande pojkar - Oil/canvas (72x58cm-28x23in) Stockholm 94 .... FF*26 200* - £3 093 - **$4,670**

BOKS Evert Jan 1838-1914 [4]
Spring cleaning - Oil/canvas (52x68cm-20x27in) New-York 93 .... FF*59 000* - £6 710 - **$10,000**
La demande en mariage - Oil/panel (79x112cm-31x44in) London 97 .... FF*182 482* - £20 000 - **$32,026**

BOKS Martinus 1849-1885 [3]
Wooded landscape - Oil/panel (27x40cm-11x16in) Amsterdam 96 .... FF*3 990* - £513 - **$787**

BOL Ferdinand 1616-1680 [20]
Portrait of a gentleman - Oil/canvas (114x88cm-45x35in) London 95 .... FF*281 300* - £35 000 - **$54,600**
Abraham's Sacrifice - Etching (40x32cm-16x13in) London 97 .... FF*17 374* - £1 800 - **$2,976**
Reclining man in oriental costume - Ink (12x17cm-5x7in) London 92 .... FF*50 800* - £5 200 - **$8,940**

BOL Ferdinand. 1611-1680 [5]
The astrologer - Etching (12x9cm-5x4in) London 94 .... FF*16 930* - £2 000 - **$3,040**
Tobias in the House of Raguel - Ink (18x20cm-7x8in) Amsterdam 92 .... FF*331 500* - £39 600 - **$63,800**

BOL Hans 1534-1593 [18]
Abraham and the Angels - Bodycolour (11x15cm-4x6in) New-York 95 .... FF*139 500* - £16 730 - **$26,000**

BOL Henri 1945 [3]
Still life - Oil/board (30x40cm-12x16in) Amsterdam 94 .... FF*9 190* - £1 090 - **$1,700**

BOL Kees 1916 [2]
A view of a market, Granada - Oil/canvas (50x60cm-20x24in) Amsterdam 96 .... FF*5 520* - £710 - **$1,090**

BOL van Georges 1865-1948 [1]
Le canapé - Huile/panneau (38x45cm-15x18in) Lokeren 94 .... FF*3 340* - £396 - **$617**

BOLAFFIO Vittorio 1883-1931 [1]
Ritratto con marina - Olio/tela (62x100cm-24x39in) Trieste 96 .... FF*153 600* - £19 320 - **$29,440**

BOLANACHI Konstantinos 1837-? [1]
Man-o'-war in a calm - Oil/board (36x23cm-14x9in) London 92 .... FF*4 190* - £500 - **$806**

BOLAND Charles XIX-XX [10]
Chien et chat - Huile/panneau (36x29cm-14x11in) Bruxelles 97 .... FF*6 867* - £739 - **$1,197**
Chien et âne - Huile/panneau (39x33cm-15x13in) Bruxelles 94 .... FF*20 000* - £2 320 - **$3,440**

BOLAND Johannes Arnoldus 1838-1922 [1]
Nude in a forest clearing - Oil/canvas (234x130cm-92x51in) London 93 .... FF*40 400* - £4 600 - **$6,850**

BOLCHTEIN L.I. 1908-1984 [1]
Nous sommes la Cavalerie Rouge - Huile/toile (180x140cm-71x55in) Pont-Audemer 94 .... FF*6 000* - £690 - **$1,027**

BÖLCSKEY de Imre Denès 1892-1955 [1]
Pflügender Bauer - Crayon (20x29cm-8x11in) Bern 94 .... FF*3 920* - £471 - **$762**

BOLDERHEY Rie de Balbian 1890-? [4]
Buddha's birthday - Oil/canvas (90x71cm-35x28in) Amsterdam 95 .... FF*3 090* - £373 - **$581**

BOLDING Cees 1897-? [3]
Fishermen on the quay - Mixed media drawing (51x74cm-20x29in) Amsterdam 90 ..... FF*5 130* - £517 - **$1,005**

BOLDINI Giovanni 1842-1931 [89]
Madame Réjane - Oil/canvas (50x42cm-20x17in) New-York 97 .... FF*1* - £123 340 - **$200,000**
Madame G. Victor-Hugo - Oil/canvas (119x102cm-47x40in) London 95 ..... FF*2* - £320 000 - **$508,000**
Marchesa Luisa Casati - Oil/canvas (253x140cm-100x55in) New-York 95 .... FF*6* - £887 000 - **$1**
Amazzone - Oil/panel (27x35cm-11x14in) New-York 97 .... FF*135 516* - £14 594 - **$24,000**
La lettre - Watercolour (26x21cm-10x8in) New-York 97 .... FF*1* - £135 674 - **$220,000**

BOLDIZSAR István 1897-? [1]
Bust portrait of a young girl - Oil/canvas (55x51cm-22x20in) Stuttgart 95 .... FF*3 510* - £450 - **$707**

BOLDUC Blanche 1906 [7]
Baie Saint-Paul, Québec - Huile/panneau (33x58cm-13x23in) Montréal 92 .... FF*4 610* - £550 - **$886**

BOLDUC Yvonne 1905-1983 [6]
Baie St. Paul - Huile (33x59cm-13x23in) Montréal 92 .... FF*5 380* - £642 - **$1,033**

BOLENS Ernest 1881-1959 [10]
Ansicht von Stein am Rhein - Öl/Leinwand (73x92cm-29x36in) Bern 93 .... FF*7 480* - £904 - **$1,390**

BOLERADSZKY Beno 1885-? [1]
Two Fluffy with Cats - Oil/canvas (55x76cm-22x30in) London 93 .... FF*7 470* - £900 - **$1,305**

BOLGIANO Ludwig 1866-1948 [1]
Hochgebirgslandschaft mit See - Oil/canvas (79x95cm-31x37in) München 92 .... FF*2 713* - £324 - **$522**

BOLIN Gustav 1920 [87]
La sieste - Huile/toile (74x51cm-29x20in) Paris 97 .... FF*3 500* - £364 - **$596**
Landscape - Oil/canvas (115x125cm-45x49in) Stockholm 96 .... FF*7 060* - £830 - **$1,390**

Oliviers en hiver - Huile/toile (97x130cm-38x51in) Paris 92 .... FF22 000 - £2 260 - **$4,230**
Composition, 1973 - Huile/toile (150x150cm-59x59in) Paris 90 .... FF105 000 - £10 847 - **$18,551**
Composition, 1974 - Gouache/papier (79x114cm-31x45in) Paris 89 .... FF9 000 - £945 - **$1,501**
BOLKART Richard 1879-? [2]
Fussballspiel am Dorfrand - Oil/canvas/panel (40x62cm-16x24in) Kempten .... FF5 760 - £723 - **$1,120**
BOLL Reinholdt 1825-1897 [3]
Stille dag ved kysten - Oil/canvas (56x94cm-22x37in) Oslo 92 .... FF10 410 - £1 066 - **$1,834**
BOLLAC Sophie XX [2]
Made in Africa - Gouache (60x80cm-24x31in) Paris 90 .... FF2 200 - £227 - **$389**
BOLLAERT Pierre XX [2]
Portrait - Huile/toile (65x54cm-26x21in) Paris 96 .... FF4 500 - £543 - **$863**
BOLLÉ Martin 1912-1968 [26]
Clown - Huile/panneau (60x40cm-24x16in) Bruxelles 94 .... FF4 000 - £464 - **$688**
BOLLÉE Léon 1870-1913 [18]
Wilbur Wright flying, Le Mans - Silver print (10x15cm-4x6in) New-York 95 .... FF7 270 - £935 - **$1,500**
BOLLER Louis, Ludwig 1862-1896 [1]
Moorlandschaft - Huile/panneau (27x43cm-11x17in) Bern 93 .... FF10 270 - £1 144 - **$1,744**
BOLLIER Walter 1878-1979 [3]
Alpenblumenstrauss - Öl/Karton (54x66cm-21x26in) Zofingen 95 .... FF2 124 - £269 - **$427**
BOLLIGER René 1911 [3]
Scènes de groupes d'hommes nus - Dessin (37x26cm-15x10in) Paris 90 ...... FF2 000 - £205 - **$395**
BOLLIGER Rodolphe 1878-1952 [4]
Berg-Wiesenblumen - Aquarell (42x54cm-17x21in) Zofingen 95 .... FF1 700 - £223 - **$341**
BOLLING Svein 1948 [2]
Arkaisk figur I - Oil/panel (42x26cm-17x10in) Oslo 93 .... FF4 800 - £559 - **$824**
BOLLSCHWEILER Jacob Fried., Jack 1888-1938 [2]
Klagende Frau - Öl/Leinwand (106x91cm-42x36in) Düsseldorf 96 .... FF3 046 - £386 - **$585**
Zürcher Bauernhaus - Aquarell (48x60cm-19x24in) Zofingen 95 .... FF2 665 - £318 - **$513**
BOLOFO Koto 1959 [1]
Nu mouillé - Gelatino bromure (30x40cm-12x16in) Paris 92 .... FF1 700 - £198 - **$347**
BOLOGNINI Giovanni Battista 1611-1688 [1]
A Monk meditating upon the Cross - Red chalk (27x19cm-11x7in) New-York 95 .... FF5 370 - £644 - **$1,000**
BOLOMEY Benjamin Samuel 1739-1819 [1]
Portrait of a gentleman - Drawing (19x15cm-7x6in) Amsterdam 92 .... FF2 863 - £342 - **$551**
BOLONACHI Constantinos 1837-1907 [2]
Sailing at dawn - Oil/board (35x20cm-14x8in) London 93 .... FF58 100 - £7 000 - **$10,150**
Fishing vessels at anchor - Oil/canvas (53x43cm-21x17in) London 93 ...... FF240 000 - £30 000 - **$43,500**
BOLONGARO Luigi 1874-1914 [1]
La candelora - Olio/tela (160x110cm-63x43in) Milano 92 .... FF199 300 - £20 400 - **$35,100**
BOLORÉ Jacques 1921 [1]
Jeune fille au bouquet - Huile/toile (65x54cm-26x21in) Versailles 91 .... FF9 000 - £894 - **$1,563**
BOLOTOWSKY Ilya 1907-1981 [44]
Pale yellow and blue tondo - Oil/canvas New-York 97 .... FF34 884 - £3 663 - **$6,000**
Yellow Rectangular - Acrylic/canvas (77x123cm-30x48in) New-York 94 ...... FF63 900 - £7 410 - **$11,000**
Untitled - Sculpture (240x30x30cm-94x12x12in) New-York 97 .... FF52 632 - £5 558 - **$9,000**
Abstract composition - Gouache (24x35cm-9x14in) New-York 97 .... FF10 620 - £1 208 - **$1,800**
BOLSWERT Boetius Adams 1580-1633 [5]
Landschaft mit Abraham - Engraving (38x58cm-15x23in) München 94 .... FF3 390 - £405 - **$653**
BOLT Cornelis Jan 1823-1879 [1]
Landscape with sheep and a goat - Oil/canvas (47x76cm-19x30in) Amsterdam 90 .... FF5 400 - £558 - **$954**
BOLT Johann Friedrich 1769-1836 [1]
Sitzende junge Frau - Chalks/paper (20x15cm-8x6in) München 95 .... FF3 440 - £452 - **$690**
BOLT Niels Peter 1886-1965 [16]
Person i landskab - Oil/canvas (64x89cm-25x35in) Viby J, Århus 94 .... FF2 620 - £304 - **$452**
Vase of flowers - Pastel (83x110cm-33x43in) København 96 .... FF3 990 - £455 - **$764**
BOLTANSKI Christian 1944 [44]
Wall - Assemblage (205x41cm-81x16in) London 95 .... FF80 300 - £10 000 - **$15,700**
Reliquaire - Installation (215x50x140cm-85x20x55in) Versailles 94 .... FF305 000 - £36 000 - **$54,600**
Composition musicale - Photograph (160x95cm-63x37in) London 96 .... FF75 800 - £9 500 - **$14,650**
BOLTON Hale William XIX-XX [1]
Landscape with trees - Oil/canvas/board (58x74cm-23x29in) Chicago 96 ...... FF4 115 - £499 - **$800**
BOLTON John Nunn 1869-1909 [1]
Fishing boats by a quay - Watercolour (29x15cm-11x6in) Glasgow 92 .... FF1 843 - £220 - **$355**
BOLTRAFFIO Giovanni Antonio 1467-1516 [1]
The Madonna and Child - Oil/panel (60x45cm-24x18in) London 92 .... FF628 000 - £65 000 - **$122,200**
BÖLTZIG Reinhold 1863-? [1]
Dompteuse - Bronze (30cm-12in) Köln 90 .... FF2 500 - £268 - **$435**
BOLZ Hanns 1885-1918 [1]
Ohne Titel - Woodcut (14x23cm-6x9in) Köln 94 .... FF4 100 - £482 - **$731**
BOLZE Carl 1832-1913 [1]
Bauerngarten - Oil/canvas (22x30cm-9x12in) München 89 .... FF33 800 - £3 562 - **$5,690**
BOMBACH Franz 1857-? [1]
Premières neiges - Huile/toile (81x130cm-32x51in) Paris 91 .... FF9 500 - £958 - **$1,680**

BOMBERG David 1890-1957 [97]
- Ronda Bridge and tajo - Oil/board (47x65cm-19x26in) London 96 .... FF**83 800** - £10 500 - **$16,170**
- Ronda, Church & Convent of La Pas - Oil/canvas (69x53cm-27x21in) London 97 .... FF**574 710** - £60 000 - **$98,334**
- Bridge and Gorge, Ronda - Charcoal (61x47cm-24x19in) London 97 .... FF**40 230** - £4 200 - **$6,883**

BOMBLED Karel Frederik 1822-1902 [3]
- L'estafette dans la neige - Huile/toile (16x21cm-6x8in) Paris 89 .... FF**5 800** - £593 - **$932**

BOMBLED Louis-Charles 1862-1927 [20]
- La chasse au cerf - Oil/canvas (54x81cm-21x32in) New-York 92 .... FF**16 650** - £1 743 - **$3,000**
- Cherbourg, Excursions aux cuirassés - Affiche (108x77cm-43x30in) Boulogne 96 ...... FF**2 100** - £262 - **$408**
- L'hallali - Aquarelle (25x43cm-10x17in) Soissons 95 .... FF**6 000** - £779 - **$1,230**

BOMBOIS Camille 1883-1970 [131]
- Pêcheur à la ligne - Huile/toile (26x37cm-10x15in) Paris 97 .... FF**25 000** - £2 718 - **$4,393**
- L'étang aux nénuphars - Oil/canvas (65x100cm-26x39in) New-York 94 .... FF**146 600** - £16 960 - **$25,000**
- La Cueillette - Oil/canvas (60x73cm-24x29in) New-York 96 .... FF**257 000** - £33 150 - **$49,600**
- Au bord de la Rivière - Oil/canvas (55x46cm-22x18in) New-York 96 .... FF**453 000** - £58 500 - **$87,500**

BOMHOF Evert 1886-1949 [2]
- Polder landscape & a bow-net drying - Oil/canvas (63x70cm-25x28in) Amsterdam 94 .... FF**2 575** - £296 - **$441**

BOMMEL van Elias Pieter 1819-1890 [17]
- A view of a Town - Oil/panel (21x26cm-8x10in) Amsterdam 97 .... FF**33 013** - £3 512 - **$5,744**
- Seascape on the zuidersee - Oil/canvas (48x74cm-19x29in) London 97 .... FF**80 952** - £8 500 - **$13,923**

BÖMMELS Pieter 1951 [6]
- Die Strasse - Acrylic/canvas (125x185cm-49x73in) Amsterdam 96 .... FF**12 670** - £1 466 - **$2,430**

BOMMER Christoph W. 1801-? [1]
- Winter - Öl/Leinwand (75x111cm-30x44in) Bremen 92 .... FF**5 430** - £648 - **$1,044**

BOMPARD Luigi 1879-? [1]
- Signora in salotto - Matita/carta (32x24cm-13x9in) Roma 94 .... FF**3 940** - £462 - **$682**

BOMPARD Maurice 1857-1936 [47]
- Murano - Huile/panneau (23x15cm-9x6in) Paris 97 .... FF**2 500** - £272 - **$435**
- Eglise de la Salut - Huile/toile (50x65cm-20x26in) Paris 91 .... FF**12 000** - £1 250 - **$2,044**
- L'entrée de la mosquée - Oil/panel (55x45cm-22x18in) New-York 96 .... FF**62 300** - £7 930 - **$12,000**

BOMPARD Pierre 1890-1962 [10]
- La baie de la Trinité - Huile/toile (54x81cm-21x32in) Paris 97 .... FF**3 500** - £373 - **$606**

BOMPIANI Augusto 1852-1930 [7]
- Little girl dreaming - Oil/panel (42x27cm-17x11in) Amsterdam 93 .... FF**14 410** - £1 730 - **$2,636**
- A young Italian woman - Watercolour (64x48cm-25x19in) Philadelphia 97 .... FF**9 080** - £930 - **$1,600**

BOMPIANI Roberto 1821-1908 [6]
- Musizierendes Puttenpaar - Öl/Leinwand (48cm-19in) Lindau 93 .... FF**21 000** - £2 450 - **$3,450**

BONA DE MANDIARGUES Tibertelli de Pisis 1926 [5]
- La Cheminée - Oil/canvas (24x19cm-9x7in) London 95 .... FF**15 040** - £1 900 - **$3,020**

BONAFE Julian 1901-1969 [1]
- El islote de Benidorm - Acuarela (23x30cm-9x12in) Madrid 96 .... FF**4 054** - £515 - **$780**

BONALUMI Agostino 1935 [61]
- Rosso, 1978 - Olio/tela (140x140cm-55x55in) Prato 97 .... FF**30 600** - £3 600 - **$5,400**
- Bianco, 1984 - Oil/canvas (100x80cm-39x31in) Milano 90 .... FF**616 700** - £65 606 - **$110,322**
- Senza titolo - Litografia (73x101cm-29x40in) Milano 95 .... FF**1 812** - £234 - **$372**

BONAMICI Louis 1878-1966 [32]
- Le Cours Saleya, Nice - Huile/toile (38x46cm-15x18in) Nice 96 .... FF**7 000** - £810 - **$1,341**

BONAMICI Mario 1912 [3]
- Bord du Lac Léman - Huile/isorel (60x73cm-24x29in) Podensac 96 .... FF**43 500** - £4 970 - **$8,300**

BONAPARTE Mathilde 1820-1908 [1]
- Portrait d'homme en buste - Pastel (50x40cm-20x16in) Paris 96 .... FF**19 000** - £2 173 - **$3,620**

BONAPARTE Prince Impérial Napoléon Louis Eug. 1856-1879 [2]
- Autoportrait en uniforme - Aquarelle (22x15cm-9x6in) Paris 93 .... FF**11 000** - £1 375 - **$2,000**

BONAPARTE Prince Victor Napoléon 1862-1910 [1]
- Chasse à courre au cerf - Mine plomb (19x30cm-7x12in) Paris 96 .... FF**1 600** - £203 - **$307**

BONAR James King 1864-? [1]
- Glocester harbor - Oil/canvas (55x66cm-22x26in) New-York 90 .... FF**20 000** - £2 128 - **$3,578**

BONAS Jordi 1937 [21]
- Bords de Loire - Huile/toile (54x65cm-21x26in) Saint-Dié 92 .... FF**6 500** - £666 - **$1,145**

BONATO Victor 1934 [2]
- Glas Spiegel Verformung - Sculpture (38x39cm-15x15in) Köln 90 .... FF**3 660** - £372 - **$732**

BONAZZA Luigi 1877-1965 [1]
- Trentino - Poster (206x147cm-81x58in) New-York 94 .... FF**7 360** - £898 - **$1,400**

BONCI Elia 1866-? [1]
- The flower seller - Oil/canvas (91x70cm-36x28in) London 91 .... FF**15 120** - £1 505 - **$2,600**

BONCOMPAIN Pierre 1938 [4]
- Bouquet dans un vase - Huile/toile (81x65cm-32x26in) Arles 92 .... FF**19 600** - £2 006 - **$3,450**

BONCZA-TOMASZEWSKI Julian 1834-1920 [2]
- Hippolyte et le monstre marin - Huile/toile (200x260cm-79x102in) Bruxelles 93 .... FF**21 420** - £2 560 - **$4,380**

BOND Richard Sebastian 1808-1886 [3]
- Figures by a campfire - Watercolour (56x81cm-22x32in) London 92 .... FF**2 094** - £250 - **$403**

BOND Terance James 1946 [4]
- *A european kestrel* - Acrylic/board (70x54cm-28x21in) London 96 .... FF19 720 - £2 500 - **$3,780**
- *A tern by its nest* - Watercolour (50x36cm-20x14in) London 94 .... FF11 580 - £1 350 - **$2,030**

BOND William Joseph J.C. 1833-1928 [33]
- *After the rain* - Oil/board (67x48cm-26x19in) Billingshurst, West Sussex 96 .... FF3 870 - £500 - **$764**
- *Barges in a calm at sunset* - Oil/panel (33x18cm-13x7in) London 96 .... FF12 220 - £1 600 - **$2,476**
- *Stormy moonlit coastal scene* - Watercolour (53x23cm-21x9in) Driffield, East Yorkshire 92 .... FF2 150 - £220 - **$422**

BONDE Peter 1952 [9]
- *Boys Ball* - Mixed media/canvas (122x122cm-48x48in) København 96 .... FF11 440 - £1 420 - **$2,220**
- *Graaaaaaah !* - Sculpture (19cm-7in) København 91 .... FF3 160 - £319 - **$627**

BONDOUX Jules Georges ?-1920 [3]
- *L'Embarras du choix* - Oil/canvas (53x46cm-21x18in) Billinghurst, West Sussex 95 .... FF14 450 - £1 800 - **$2,830**

BONDT de Karel 1888-1973 [2]
- *Grand paysage de la Lys, Lathem* - Huile/toile (95x125cm-37x49in) Bruxelles 93 .... FF7 580 - £906 - **$1,550**

BONDY Walter 1880-1940 [6]
- *Landschaft mit Stadt (Prag?)* - Öl/Leinwand (61x75cm-24x30in) Wien 95 .... FF20 230 - £2 525 - **$4,090**

BONDY-KUBELKA Friedl 1946 [1]
- *Hermann Nitsch (24)* - Photograph (63x56cm-25x22in) Wien 95 .... FF3 920 - £508 - **$797**

BONE Charles Richard XIX [3]
- *Mme Elizabeth Vigée Le Brun* - Miniature (18cm-7in) London 92 .... FF15 630 - £1 600 - **$2,750**

BONE David Muirhead 1876-1953 [39]
- *Indian Theatre* - Etching (14x17cm-6x7in) London 95 .... FF2 250 - £280 - **$440**
- *Astoria Theatre, London* - Ink (16x11cm-6x4in) London 96 .... FF2 360 - £300 - **$467**
- *On board the viceroy of India* - Watercolour (28x16cm-11x6in) London 97 .... FF23 010 - £2 400 - **$3,934**

BONE Henry 1755-1834 [15]
- *Maria Fletcher* - Miniature (10cm-4in) Billinghurst, West Sussex 92 .... FF7 800 - £800 - **$1,496**
- *Susanna and the Elders* - Miniature (26cm-10in) London 97 .... FF24 715 - £2 600 - **$4,233**

BONE Henry Pierce 1779-1855 [16]
- *Isaac Newton* - Miniature (21cm-8in) London 92 .... FF14 660 - £1 500 - **$2,580**

BONE Muirhead. 1876-1953 [10]
- *Leeds* - Drypoint New-York 95 .... FF5 050 - £636 - **$1,000**
- *Stamboul, Constantinople* - Ink (24x37cm-9x15in) London 95 .... FF7 610 - £950 - **$1,492**

BONE Phyllis Mary 1896-? [1]
- *Maquette for Bison* - Plaster (29cm-11in) Glasgow 94 .... FF3 380 - £400 - **$624**

BONE Robert Trewick 1790-1840 [1]
- *Dr. Donne* - Oil/panel (15x15cm-6x6in) Chicago 93 .... FF2 200 - £276 - **$400**

BONE Stephen 1904-1958 [12]
- *Thames Backwater* - Oil/board (30x41cm-12x16in) London 96 .... FF2 530 - £300 - **$494**

BONE William Drummond 1907-1979 [3]
- *Flowers in a jug* - Oil/board (80x65cm-31x26in) Auchterarder, Perthshire 92 .... FF7 140 - £750 - **$1,493**

BONEGER M.M. XIX-XX [1]
- *Russian couple in a cart* - Bronze (24cm-9in) Amsterdam 94 .... FF3 656 - £432 - **$657**

BONEH Schmuel 1930 [7]
- *Family around the table* - Oil/canvas (55x73cm-22x29in) Tel Aviv 95 .... FF5 370 - £644 - **$1,000**

BONET Jordi 1932-1979 [15]
- *Etre conscient* - Sérigraphie Montréal 92 .... FF1 730 - £206 - **$332**
- *Haut relief #13* - Relief (66x37cm-26x15in) Montréal 91 .... FF3 930 - £396 - **$766**
- *Tête* - Encre/papier (29x19cm-11x7in) Montréal 94 .... FF1 720 - £198 - **$295**

BONEVARDI Marcelo 1929-1994 [21]
- *Object* - Mixed media/panel (44x64cm-17x25in) New-York 91 .... FF19 950 - £2 010 - **$3,462**
- *The Guard* - Oil/canvas (140x99cm-55x39in) New-York 93 .... FF49 500 - £6 210 - **$9,000**
- *Chart for a horoscope* - Mixed media/canvas (177x127cm-70x50in) New-York 89 .... FF125 800 - £12 863 - **$20,225**
- *Table with objects* - Construction (122x76cm-48x30in) New-York 96 .... FF31 340 - £3 570 - **$6,000**

BONFANTI Arturo 1905-1978 [14]
- *I - 509* - Olio/tela (90x108cm-35x43in) Milano 96 .... FF40 200 - £5 160 - **$7,680**

BONFANTINI Sergio 1910 [1]
- *Il tappeto a quadri* - Olio/tela (60x73cm-24x29in) Milano 94 .... FF7 760 - £924 - **$1,386**

BONFIELD George Robert 1805-1898 [3]
- *Ships at sea* - Oil/canvas (24x30cm-9x12in) Philadelphia 95 .... FF20 930 - £2 750 - **$4,200**

BONFILS Felix 1831-1885 [5]
- *Palmyre (Syrie)* - Tirage albuminé (21x27cm-8x11in) Paris 95 .... FF3 200 - £403 - **$640**

BONFILS Gaston XIX-XX [6]
- *Bunter Blütenstrauss in Fayencevase* - Oil/canvas (73x54cm-29x21in) Lindau 92 .... FF8 460 - £984 - **$1,727**

BONFILS Louise 1856-1933 [18]
- *Skibe i Øresund* - Oil/canvas (32x52cm-13x20in) København 95 .... FF4 434 - £506 - **$850**

BONFILS Robert 1886-1972 [7]
- *Salon d'Automne, Grand Palais* - Poster (159x118cm-63x46in) New-York 93 .... FF7 700 - £966 - **$1,400**

BONGAERTZ David 1769-1844 [1]
- *Summer landscape with anglers* - Watercolour (27x41cm-11x16in) Amsterdam 96 .... FF2 420 - £304 - **$468**

BONGART Sergei 1918-1985 [14]
- *Floral Bouquet* - Oil/canvas (81x101cm-32x40in) San Francisco-Los Angeles 96 .... FF31 100 - £3 900 - **$6,000**

BONGERS Berend Adrianus 1866-1949 [3]
- *Amsterdam with Central Station* - Charcoal (45x61cm-18x24in) Amsterdam 97 .... FF5 549 - £600 - **$968**

BONHAM Agnes XIX-XX [4]
Pigeons in a Venetian courtyard - Watercolour (17x12cm-7x5in) London 94 .... FF2 900 - £340 - **$516**
BONHAM Horace 1835-1892 [1]
Little scamps - Oil/canvas (61x71cm-24x28in) New-York 90.......................... FF148 700 - £15 819 - **$26,601**
BONHEUR Auguste 1824-1884 [20]
Cattle in landscape - Oil/canvas (53x81cm-21x32in) Baton Rouge, Louisiana 94 ... FF16 300 - £1 912 - **$2,900**
Driving oxen - Oil/canvas (59x100cm-23x39in) London 96 .... FF57 900 - £6 800 - **$11,250**
BONHEUR Ferdinand XIX [33]
Chameliers au bord de l'oasis - Huile/panneau (22x41cm-9x16in) Paris 92 .... FF15 000 - £1 790 - **$2,885**
BONHEUR Isidore Jules 1827-1901 [138]
Cheval - Bronze Nantes 97 .... FF15 000 - £1 605 - **$2,614**
Le grand jockey - Bronze (95x110cm-37x43in) Calais 97 .... FF67 000 - £6 706 - **$11,309**
Racehorse and Jockey - Bronze (94cm-37in) New-York 96 .... FF271 400 - £31 400 - **$52,000**
BONHEUR Rosa 1822-1899 [146]
Chien assis - Huile/panneau (25x19cm-10x7in) Paris 96.............................. FF8 000 - £1 032 - **$1,567**
Isards couchés - Huile/toile (73x92cm-29x36in) Paris 97 .... FF24 000 - £2 517 - **$4,118**
Le marché aux chevaux - Huile/toile (52x102cm-20x40in) Paris 90 .... FF30 000 - £3 021 - **$5,877**
Tête de lion - Oil/canvas (99x94cm-39x37in) New-York 93 .... FF708 000 - £80 500 - **$120,000**
A bull - Bronze (14cm-6in) London 96 .... FF5 420 - £700 - **$1,070**
Taureau marchant - Bronze (18cm-7in) Paris 95 .... FF17 000 - £2 205 - **$3,480**
BONHOMME Léon 1870-1924 [32]
Fruit and jugs on a table - Oil/canvas (55x66cm-22x26in) New-York 96 .... FF31 300 - £3 770 - **$6,000**
Au café - Aquarelle, gouache/papier (28x20cm-11x8in) Paris 97 .... FF3 400 - £357 - **$582**
Nu aux bas noirs - Aquarelle (17x11cm-7x4in) Paris 93 .... FF10 000 - £1 124 - **$1,695**
BONI Emilio 1844-1867 [4]
Piazzetta, Venice/Grand Canal, Venice - Pencil (38x66cm-15x26in) London 92 ...... FF10 710 - £1 100 - **$2,057**
BONI Jeanne 1923 [3]
Bouquet - Huile/toile (61x50cm-24x20in) Cannes 93 .... FF5 000 - £603 - **$910**
BONI Paolo 1926 [6]
Composition - Gravure (76x56cm-30x22in) Auxerre 90 .... FF1 800 - £191 - **$322**
BONIA Gregoriy 1918-1989 [2]
Le château de sable - Huile/carton (50x70cm-20x28in) Bordeaux 92 .... FF2 500 - £291 - **$511**
BONICHI Claudio 1943 [8]
Estate - Olio/tela (50x70cm-20x28in) Prato 97 .... FF23 800 - £2 800 - **$4,200**
Nudo di schiena - Olio/tela (73x100cm-29x39in) Milano 92 .... FF90 600 - £9 270 - **$15,950**
BONIES Bob Nieuwenhuis 1937 [5]
Composition IV - Acrylic/canvas (95x120cm-37x47in) Amsterdam 96 .... FF6 010 - £690 - **$1,148**
Ohne Titel - Acrylic/canvas (139x139cm-55x55in) Köln 92 .... FF25 500 - £2 610 - **$4,490**
Untitled - Relief (95x28x72cm-37x11x28in) Amsterdam 91 .... FF7 029 - £737 - **$1,206**
BONIFACE Michèle 1932 [3]
Les marais en automne - Huile/toile (38x46cm-15x18in) Rouen 90 .... FF6 200 - £664 - **$1,078**
BONIFACIO Alfonso Gómez 1934 [3]
Habitat femenino - Oleo/lienzo (75x80cm-30x31in) Madrid 97........................ FF8 955 - £967 - **$1,552**
BONIFAZI Virginio 1918 [5]
Incontro al sole - Olio/tavola (45x30cm-18x12in) Trieste 93 .... FF11 070 - £1 283 - **$1,904**
Ballerina - China/carta (27x20cm-11x8in) Trieste 93 .... FF3 460 - £401 - **$595**
BONILLA VILLALBA Francisco 1920-1978 [10]
Tienta a caballo - Bronze (38x65x39cm-15x26x15in) Madrid 97 .... FF9 925 - £1 075 - **$1,725**
Grand cerf au brâme - Bronze (53cm-21in) Paris 96 .... FF23 000 - £2 970 - **$4,440**
BONINGTON Richard Parkes 1801-1828 [46]
Côte animée - Huile/toile (68x105cm-27x41in) Bruxelles 93 .... FF206 000 - £24 630 - **$42,100**
Le Crotoy, France - Watercolour (20x27cm-8x11in) London 97 .... FF84 270 - £9 000 - **$14,654**
The Grand Canal, Venice - Watercolour (18x28cm-7x11in) London 97 .... FF705 548 - £75 000 - **$121,568**
BONIROTE Pierre 1811-1891 [3]
Paysage de Corse, Olmira - Huile/toile (40x57cm-16x22in) Louviers 95 .... FF14 000 - £1 692 - **$2,635**
BONIS Henri 1868-1921 [1]
Montagne symboliste - Huile/toile (59x50cm-23x20in) Toulouse 89 .... FF6 100 - £643 - **$1,027**
BONITO Giuseppe 1707-1789 [8]
Girls being taught by a seamstress
   Oil/canvas (102x154cm-40x61in) London 96............................... FF964 000 - £120 000 - **$187,000**
BONIVENTO Eugenio 1880-1956 [10]
Cascinali di Rio Pusteria - Olio/tavola (34x44cm-13x17in) Bologna 92 .... FF11 780 - £1 206 - **$2,074**
Gondole a San Marco - Acquarello/carta (68x39cm-27x15in) Roma 95 .... FF8 910 - £1 140 - **$1,830**
BONJU Alain [2]
Fête des vieux gréements, Paimpol - Huile/toile (33x41cm-13x16in) Grenoble 92....... FF2 800 - £287 - **$493**
BONKET Johannes 1802-1893 [3]
Winter landscape - Oil/panel (45x61cm-18x24in) Amsterdam 96 .... FF5 140 - £645 - **$993**
BONNAFFÉ A.A. c.1820-c.1870 [2]
Fruitseller, Lima - Watercolour (22x21cm-9x8in) London 96 .... FF11 230 - £1 400 - **$2,170**
BONNANOS Georges ?-c.1920 [1]
Bust of Hermes - Marble (79cm-31in) London 94.................................... FF60 100 - £7 000 - **$10,430**

BONNAR James King 1885-1961 [9]
🖾 Autumn - Oil/canvas (51x61cm-20x24in) North Berwick, Maine 93 .... FF4 400 - £552 - **$800**
🖉 New England village, winter
    Watercolour, gouache (25x33cm-10x13in) North Berwick, Maine 93 .... FF3 575 - £449 - **$650**
BONNARD Jacques Charles 1765-1878 [1]
🖉 Basilica of Saint Peter, Rome - Ink (10x16cm-4x6in) London 97 .... FF9 479 - £1 000 - **$1,627**
BONNARD Julia 1860-1927 [3]
🖾 Rosenbouquet in Tonvase - Oil/Leinwand (61x51cm-24x20in) Bern 93 .... FF18 270 - £2 182 - **$3,514**
BONNARD Lucien dit Bruno 1928 [2]
🖾 Chapeau de paille - Huile/toile Pau 91 .... FF4 000 - £400 - **$659**
BONNARD Pierre 1867-1947 [451]
🖾 Femme et chien (54x73cm-21x29in) New-York 96 .... FF1 - £214 000 - **$320,000**
  La liseuse - Oil/canvas (97x124cm-38x49in) New-York 89 .... FF2 - £2 - **$4**
  Autoportrait sur fond blanc - Oil/canvas (53x36cm-21x14in) New-York 97 .... FF2 - £283 360 - **$460,000**
  Dans la campagne, Grand-Lemps - Oil/panel (28x23cm-11x9in) New-York 97 .... FF257 144 - £27 567 - **$45,000**
  La Seine à Vernonnet - Oil/canvas (45x45cm-18x18in) London 97 .... FF482 625 - £50 000 - **$82,675**
  Les coquelicots - Oil/canvas (69x58cm-27x23in) London 94 .... FF8 e +06 - £938 000 - **$1**
🖾 Place Clichy - Lithographie couleurs (56x72cm-22x28in) London 97 .... FF19 305 - £2 000 - **$3,307**
🖾 Cheval couché - Bronze (11cm-4in) Calais 97 .... FF22 000 - £2 356 - **$3,857**
🖉 Le Pont transbordeur, Marseille - Fusain (12x16cm-5x6in) Aix-en-Provence 95 .... FF10 000 - £1 295 - **$2,047**
🖾 Rue de village - Aquarelle (22x31cm-9x12in) Paris 93 .... FF180 000 - £20 700 - **$30,800**
  Vue panoramique du Cannet
    Watercolour, gouache (34x50cm-13x20in) New-York 97 .... FF800 002 - £85 764 - **$140,000**
BONNARDEL Alexandre-François 1867-1942 [8]
🖾 Montlevault - Huile/carton (34x25cm-13x10in) Paris 97 .... FF2 500 - £265 - **$435**
BONNARDEL Marcelle XX [3]
🖉 Oeillets dans un vase - Aquarelle (40x33cm-16x13in) Lyon 89 .... FF1 800 - £179 - **$284**
BONNAREL Alain XX [4]
🖾 L'orgie - Huile/panneau (74x85cm-29x33in) Paris 91 .... FF2 000 - £202 - **$390**
BONNAREL Bernard 1950 [77]
🖾 Histoires de Diane - Huile/panneau (65x54cm-26x21in) Paris 92 .... FF2 000 - £240 - **$398**
  L'ovation - Huile/panneau (73x64cm-29x25in) Paris 92 .... FF2 800 - £336 - **$557**
BONNAT Léon 1834-1922 [23]
🖾 The Bandit's Wife - Oil/canvas (72x58cm-28x23in) New-York 94 .... FF70 200 - £8 120 - **$12,000**
  The Barber of Suez - Oil/canvas (80x58cm-31x23in) New-York 93 .... FF649 000 - £73 800 - **$110,000**
BONNAUD Pierre 1865-1930 [2]
🖾 Élégante au chapeau - Huile/toile (41x33cm-16x13in) Le Touquet 96 .... FF15 000 - £1 780 - **$2,930**
BONNEAU Jacques A. 1875-? [2]
🖾 Früchtestilleben - Oil/canvas (51x64cm-20x25in) Köln 92 .... FF9 180 - £940 - **$1,616**
BONNEAUD Jacques 1898-1971 [4]
🖾 Pan! dans la Lune - Poster (158x120cm-62x47in) New-York 92 .... FF6 760 - £807 - **$1,300**
BONNECARRERE Pierre 1933 [2]
🖾 Zapping - Huile/toile (100x73cm-39x29in) Rambouillet 91 .... FF8 000 - £802 - **$1,465**
BONNEFOIT Alain 1937 [62]
🖾 Nu assis - Huile/toile (80x62cm-31x24in) Paris 96 .... FF13 000 - £1 493 - **$2,480**
🖉 Nu pensif - Aquarelle (61x59cm-24x23in) Paris 96 .... FF2 500 - £311 - **$485**
BONNEFOND Claude 1796-1860 [6]
🖾 Figure de Saint Jacques - Huile/toile (41x32cm-16x13in) Paris 96 .... FF19 000 - £2 457 - **$3,764**
🖉 Officier grec blessé, Missolonghi - Aquarelle, gouache (31x29cm-12x11in) Paris 94 .... FF19 000 - £2 260 - **$3,615**
BONNEFOY Henri-Arthur 1839-1917 [13]
🖾 Rochers en forêt - Huile/panneau (15x37cm-6x15in) Paris 94 .... FF3 800 - £442 - **$658**
  A Summer garden - Oil/canvas (79x130cm-31x51in) London 96 .... FF46 800 - £5 500 - **$9,210**
BONNEGRACE Charles Adolphe 1808-1882 [2]
🖾 Le Christ au tombeau - Huile/carton (19x25cm-7x10in) Lyon 91 .... FF4 500 - £455 - **$893**
BONNEMAISON Chevalier Féréol ?-1827 [1]
🖾 La concierge et le jeune homme - Huile/toile (24x19cm-9x7in) Pontoise 97 .... FF7 500 - £818 - **$1,311**
BONNEMAISON de Jules 1809-c.1865 [3]
🖾 Cheval gris pommelé - Huile/toile (51x61cm-20x24in) Versailles 96 .... FF20 000 - £2 494 - **$3,860**
BONNEMAISON Georges ?-1885 [4]
🖾 En lisière de Fontainebleau - Huile/toile (116x81cm-46x32in) Paris 97 .... FF14 000 - £1 509 - **$2,458**
BONNÉN Folmer 1885-1960 [3]
🖾 Skovparti - Oil/canvas (43x30cm-17x12in) Köbenhavn 92 .... FF4 400 - £450 - **$917**
BONNEROT Pierre XIX-XX [2]
🖾 Moorlandschaft mit Allee (38x55cm-15x22in) Stuttgart 91 .... FF8 170 - £819 - **$1,496**
BONNESEN Carl Johan 1868-1933 [5]
🖾 Standing woman - Bronze (51cm-20in) Stockholm 95 .... FF4 220 - £553 - **$858**
BONNET Anne 1908-1960 [13]
🖾 Mirage rose - Huile/panneau Bruxelles 92 .... FF44 500 - £5 310 - **$8,550**
🖉 Composition - Gouache/papier (28x18cm-11x7in) Bruxelles 94 .... FF3 650 - £431 - **$650**
BONNET Daniel 1949 [2]
🖾 Composition - Sculpture (68x80cm-27x31in) Paris 90 .... FF4 300 - £463 - **$758**
BONNET Edmond [3]
🖾 Bois Français - Huile/toile (49x69cm-19x27in) Grenoble 93 .... FF2 300 - £277 - **$419**

BONNET Félix Alfred 1847-? [3]
- *Interno di chiesa* - Olio/tela (97x82cm-38x32in) Roma 90 .... FF22 200 - £2 270 - **\$4,382**

BONNET François 1811-1894 [4]
- *A view of Cairo* - Oil/panel (24x46cm-9x18in) New-York 94 .... FF17 000 - £2 030 - **\$3,200**

BONNET Jordi 1932-1979 [2]
- *Coq* - Sculpture (50x30cm-20x12in) Montréal 89 .... FF2 200 - £213 - **\$334**

BONNET Louis Marin Tennob 1736-1793 [49]
- *L'éventail cassé/L'amant écouté* - Engraving (33x25cm-13x10in) London 95 .... FF5 300 - £700 - **\$1,074**
- *The Woman Taking Coffee* - Gravure Paris 93 .... FF6 200 - £713 - **\$1,067**
- *Deuxième tête* - Gravure (28x21cm-11x8in) Paris 97 .... FF27 000 - £2 851 - **\$4,666**

BONNET Philippe 1929 [1]
- *Nature morte* - Huile/toile (81x130cm-32x51in) Paris 91 .... FF4 200 - £426 - **\$759**

BONNET René XX [6]
- *Le paddock* - Huile/toile (73x54cm-29x21in) Strasbourg 93 .... FF4 500 - £506 - **\$763**

BONNET Rudolf 1895-1978 [56]
- *Majoeaja Dance* - Coloured chalks/paper (76x57cm-30x22in) Amsterdam 96............. FF45 200 - £5 800 - **\$8,760**
- *Ardjung Wiwaha* - Coloured chalks/paper (62x48cm-24x19in) Amsterdam 96... FF144 700 - £18 570 - **\$28,030**
- *The Kris dance* - Pastel/paper (133x124cm-52x49in) Singapore 95 .... FF900 000 - £114 800 - **\$181,400**

BONNETAIN Armand 1883-1973 [1]
- *Jules Destrée* - Bronze (42cm-17in) Antwerpen 93 .... FF5 170 - £592 - **\$561**

BONNETON Germain 1874-c.1914 [1]
- *Rue sous la neige* - Huile/toile (55x35cm-22x14in) Brive-la-Gaillarde 89 .... FF3 500 - £369 - **\$589**

BONNEY Thérèse XIX-XX [2]
- *Le Gigolo à la rose* - Photo (21x11cm-8x4in) Paris 92 .... FF4 500 - £461 - **\$792**

BONNIER Alice XIX-XX [2]
- *A Game of Solitaire* - Oil/canvas (96x96cm-38x38in) New-York 95 .... FF54 100 - £6 970 - **\$11,000**

BONNIER Eva 1857-1909 [8]
- *Visby i solnedgång* - Oil/canvas (63x108cm-25x43in) Stockholm 92 .... FF29 200 - £2 990 - **\$6,090**

BONNIER Olle 1925 [100]
- *Komposition* - Oil/canvas (67x87cm-26x34in) Stockholm 97 .... FF3 963 - £441 - **\$716**
- *Komposition med rörelse* - Mixed media/canvas (155x104cm-61x41in) Stockholm 97 ...... FF22 641 - £2 391 - **\$3,912**
- *Sommaren* - Oil/canvas (84x84cm-33x33in) Stockholm 91 .... FF188 500 - £18 900 - **\$31,460**
- *Geometrisk komposition* - Gouache (30x34cm-12x13in) Stockholm 95 .... FF21 400 - £2 663 - **\$4,185**

BONNIN GUERIN Francisco 1874-1963 [4]
- *Entrada al jardín* - Acuarela (33x25cm-13x10in) Madrid 96 .... FF10 130 - £1 288 - **\$1,948**

BONNIN Maurice 1911-1993 [5]
- *Paysage dromois* - Huile/toile (50x65cm-20x26in) La Varenne Saint-Hilaire 94 ..... FF5 100 - £573 - **\$865**

BONNOR Rose XIX-XX [3]
- *Rose of Gerwyn* - Oil/canvas (87x112cm-34x44in) London 92 .... FF9 770 - £1 000 - **\$1,724**

BONNOTTE Ernest-Lucien 1873-1954 [6]
- *Portrait de femme* - Huile/toile (46x38cm-18x15in) Paris 92 .... FF12 000 - £1 228 - **\$2,160**

BONNY Adolphe 1849-1933 [1]
- *Voleur de pastèques, Alger* - Huile/toile (61x43cm-24x17in) Paris 96 .... FF25 000 - £2 894 - **\$4,790**

BONO Primitif c.1890-? [9]
- *Dans l'ombre chaude* - Huile/toile (92x73cm-36x29in) Paris 96 .... FF4 000 - £518 - **\$793**

BONOMELLI Romeo 1871-1943 [1]
- *Piazza di Bergamo* - Olio/tela (70x55cm-28x22in) Roma 94 .... FF24 000 - £2 856 - **\$4,284**

BONOMI Giovanni XIX [2]
- *Cockerels and a bullfinch* - Oil/canvas (78x67cm-31x26in) London 96 .... FF16 220 - £2 100 - **\$3,245**

BONQUART Adolphe Carbon 1864-1915 [1]
- *Scène de la vie de marin* - Huile/toile (74x116cm-29x46in) Deauville 93 .... FF40 000 - £4 820 - **\$7,270**

BONSACK Horst Godfrey 1903-1985 [2]
- *Place Furstenberg, Paris* - Oil/canvas (51x41cm-20x16in) London 96 .... FF5 850 - £750 - **\$1,153**

BONSALL Elizabeth Fearne 1861-1856 [1]
- *Squalls* - Oil/board (15x13cm-6x5in) North Berwick, Maine 94 .... FF5 850 - £677 - **\$1,000**

BONSTETTEN von Carl Rudolf August 1835-? [2]
- *Arkadische Landschaft* - Oil/canvas (32x43cm-13x17in) Bern 92 .... FF6 700 - £684 - **\$1,180**

BONSTETTEN-MESTRAL von Karl Gustav Salomon 1807-1886 [4]
- *Landschaft mit Ruine* - Oil/Leinwand (32x40cm-13x16in) Bern 94 .... FF9 600 - £1 133 - **\$1,710**

BONTE Paula 1840-1902 [1]
- *Gebirgslandschaft neben Sennerin* - Oil/canvas (60x87cm-24x34in) München 92 ... FF15 300 - £1 566 - **\$2,694**

BONTECOU Lee 1931 [12]
- *Untitled* - Oil/canvas (52x21x152cm-20x8x60in) New-York 96 .... FF114 000 - £14 700 - **\$22,000**
- *Untitled* - Relief (140x58x114cm-55x23x45in) New-York 96 .... FF50 900 - £6 000 - **\$10,000**
- *Composition* - Crayon/papier (58x45cm-23x18in) Zürich 96 .... FF5 750 - £721 - **\$1,110**

BONVIN François 1817-1887 [38]
- *La tricoteuse* - Huile/panneau (24x33cm-9x13in) Paris 94 .... FF26 000 - £3 090 - **\$4,760**
- *Gibier et coupe de fruits* - Huile/toile (118x91cm-46x36in) Paris 97 .... FF120 000 - £12 588 - **\$20,604**
- *Servante remplissant une bassine* - Fusain (40x30cm-16x12in) Paris 96 .... FF50 000 - £6 480 - **\$9,800**

BONVIN Léon 1834-1866 [5]
- *Vase de fleurs* - Aquarelle (32x27cm-13x11in) Verrières-Le-Buisson 95............ FF46 000 - £5 870 - **\$9,410**
- *Paysage à la ferme* - Aquarelle (17x26cm-7x10in) Verrières-Le-Buisson 95........ FF134 000 - £17 100 - **\$27,430**

Calendar & auction results :   INTERNET : **www.artprice.com**   MINITEL : 3617 ARTPRICE

BONVOISIN Jean 1752-1837 [2]
Psyché et l'Amour - Aquarelle (12x15cm-5x6in) Monaco 92 .... FF2 400 - £240 - **$400**

BONVOISIN Joseph 1896-1960 [28]
Bois de bouleaux - Huile/panneau (34x26cm-13x10in) Liège 96 .... FF5 000 - £648 - **$988**
Nu de dos - Mine plomb (25x42cm-10x17in) Liège 97 .... FF1 798 - £185 - **$308**

BONY Jean-François c.1760-c.1825 [1]
Perroquet et corbeille de fleurs - Gouache (80x62cm-31x24in) Lyon 90 .... FF55 000 - £5 538 - **$10,774**

BONZAGNI Aroldo 1887-1918 [5]
la strada - Pastelli (33x49cm-13x19in) Milano 94 .... FF40 000 - £4 720 - **$7,130**

BOODLE Walter XIX-XX [6]
Picking apples - Oil/canvas (103x154cm-41x61in) London 91 .... FF14 880 - £1 499 - **$2,582**

BOOG Carle Michel 1877-? [2]
Onions - Oil/board (20x25cm-8x10in) New-York 89 .... FF5 700 - £567 - **$900**
Swimming near Pier - Wash (20x12cm-8x5in) North Berwick, Maine 91 .... FF1 554 - £154 - **$270**

BOOGAARD Willem Jacobus 1842-1887 [22]
In the farmyard - Oil/canvas (48x68cm-19x27in) London 94 .... FF30 000 - £3 500 - **$5,260**

BÖÖK Alarik 1869-1936 [1]
Vy över insjö - Oil/canvas (83x175cm-33x69in) Helsinki 95 .... FF20 830 - £2 604 - **$4,210**

BOOK Max Mikael 1953 [38]
By efter by - Oil/panel (118x119cm-46x47in) Stockholm 94 .... FF12 500 - £1 450 - **$2,154**
Ate Bushes - Acrylic/canvas (160x210cm-63x83in) Stockholm 93 .... FF43 500 - £4 960 - **$7,350**

BOOM Charles 1858-1939 [27]
A la couture - Huile/toile (70x56cm-28x22in) Antwerpen 95 .... FF17 280 - £2 163 - **$3,440**
La communion solennelle - Pastel (48x55cm-19x22in) Antwerpen 93 .... FF4 940 - £591 - **$1,010**

BOOM Karel Alex. August J 1862-1943 [2]
Berkel & Dieserbrug, Zutphen - Oil/canvas (80x101cm-31x40in) Amsterdam 93 ...... FF14 970 - £1 714 - **$2,550**

BOON Ernest G. ?-1959 [2]
The dead bird - Platinum print (27x24cm-11x9in) London 90 .... FF3 710 - £378 - **$742**

BOON Jan 1882-1975 [7]
White waterlily Victoria Regina - Ink (24x17cm-9x7in) Amsterdam 91 .... FF7 850 - £780 - **$1,363**

BOON van der Arie 1886-1961 [1]
Sunset - Oil/canvas (70x120cm-28x47in) Amsterdam 95 .... FF2 460 - £312 - **$480**

BOONEN Arnold 1669-1729 [8]
Lady in a white dress - Oil/canvas (127x107cm-50x42in) London 96 .... FF36 200 - £4 500 - **$7,010**

BOONYAVANISHKUL Rearngsak 1961 [3]
Legong dancers resting - Oil/canvas (150x100cm-59x39in) Singapore 95 .... FF49 100 - £6 270 - **$10,070**

BOORSMA Rudolf Gerard, Gary 1906 [1]
Javanese girl - Oil/canvas (29x26cm-11x10in) Amsterdam 96 .... FF6 030 - £774 - **$1,168**

BOOS Marcel 1949 [3]
Paysage - Huile/toile (41x33cm-16x13in) Thoiry 93 .... FF2 800 - £338 - **$510**

BOOT Henri Frédéric 1877-1963 [3]
Still life - Oil/canvas (79x58cm-31x23in) Amsterdam 91 .... FF12 620 - £1 264 - **$2,104**

BOOTE Samuel XIX-XX [1]
Buenos Aires - Photograph (15x20cm-6x8in) New-York 96 .... FF18 570 - £2 384 - **$3,600**

BOOTH James William 1867-? [12]
Carting stone - Oil/canvas/board (24x29cm-9x11in) Billinghurst, West Sussex 92 ...... FF3 410 - £350 - **$655**
Figure working in a field - Watercolour (30x45cm-12x18in) Leeds 92 .... FF2 010 - £240 - **$387**

BOOTH K.E. [2]
Whitby from the Shore/On the Rocks - Watercolour (33x51cm-13x20in) London 97 ...... FF5 525 - £600 - **$979**

BOOTH Lawson XIX-XX [2]
Jerusalem - Oil/canvas (26x40cm-10x16in) Tel Aviv 91 .... FF35 340 - £3 548 - **$6,114**

BOOTH Raymond 1929 [3]
Barn owl at dawn, Eccup - Oil/board (75x91cm-30x36in) London 92 .... FF56 500 - £5 800 - **$10,840**

BOOTH S. Lawson ?-1928 [8]
The Holy City - Oil/cardboard (24x39cm-9x15in) London 95 .... FF17 370 - £2 200 - **$3,494**
Jerusalem - Oil/canvas (61x92cm-24x36in) Tel Aviv 95 .... FF80 600 - £10 430 - **$16,500**

BOQUET Jean 1908-1975 [6]
Landschap - Huile/panneau (72x89cm-28x35in) Lokeren 94 .... FF4 620 - £539 - **$810**

BOQUET Pierre Jean 1751-1817 [3]
Rocky Island - Oil/canvas (32x50cm-13x20in) New-York 97 .... FF170 844 - £18 213 - **$30,000**

BOR Jan 1910-1994 [5]
Jjar, column & sunflower - Oil/canvas (85x70cm-33x28in) Amsterdam 93 .... FF6 740 - £774 - **$1,157**

BORCH Elna 1869-1950 [3]
Akt - Metal (17cm-7in) Stockholm 91 .... FF1 603 - £162 - **$278**

BORCHARD Edmond 1848-1922 [3]
Am Weihnachstag - Öl/Leinwand (46x38cm-18x15in) Zofingen 93 .... FF10 300 - £1 171 - **$1,746**

BORCHARDT Felix 1857-? [2]
Chemin en forêt - Huile/toile (30x51cm-12x20in) Paris 95 .... FF3 200 - £415 - **$663**

BORCHARDT Karl 1879-? [2]
Junge Frau beim Gitarrenspiel - Öl/Leinwand (41x80cm-16x31in) Heidelberg 95 ...... FF4 520 - £587 - **$941**

BORCHERT Erich 1907-1944 [5]
Tanzende - Aquarell (32x23cm-13x9in) München 95 .... FF4 940 - £632 - **$1,008**

BORCHGREVINK Ridley 1898-1981 [8]
🖝 *Tiurleik* - Oil/canvas (143x167cm-56x66in) Oslo 93 .... FF4 400 - £512 - **$756**
BORDE Henri 1888-1958 [3]
✏ *Portrait de Chopin* - Crayon (25x31cm-10x12in) Toulouse 92 .... FF1 900 - £195 - **$366**
BORDEAUX LE PECQ Andrée 1911-1973 [6]
🖝 *Nature morte à la poire* - Huile/toile (38x55cm-15x22in) Paris 93 .... FF2 000 - £241 - **$364**
✏ *Montezin à son chevalet* - Gouache (27x22cm-11x9in) Paris 96 .... FF2 800 - £363 - **$554**
BORDEAUX-MONTRIEUX Jacques XIX-XX [1]
🗿 *Jument poulinière* - Bronze (33cm-13in) Paris 95 .... FF28 000 - £3 630 - **$5,740**
BORDENAVE Pierre XX [3]
🖝 *Camaret* - Huile/toile (50x61cm-20x24in) Troyes 90 .... FF4 000 - £413 - **$707**
BORDERIE André 1923 [5]
✏ *Composition* - Gouache (25x33cm-10x13in) Saint-Germain-en-Laye 94 .... FF2 500 - £299 - **$469**
BORDES Jacqueline XX [3]
🖝 *Hommage à Gauguin* - Huile/toile (73x92cm-29x36in) Versailles 92 .... FF3 200 - £329 - **$616**
BORDES Léonard 1898-1969 [167]
🖝 *Village sous la neige* - Huile/toile (50x61cm-20x24in) Paris 95 .... FF6 500 - £863 - **$1,340**
Le printemps - Huile/toile (50x61cm-20x24in) Deauville 92 .... FF15 000 - £1 536 - **$2,640**
Soleil d'hiver, jeux d'enfants - Huile/papier/toile (65x54cm-26x21in) Rouen 92 .... FF95 000 - £10 171 - **$16,522**
BORDES-GUYON Jeanne ?-1903 [2]
🖝 *La petite paysanne* - Huile/toile (163x131cm-64x52in) Soissons 94 .... FF38 000 - £4 440 - **$6,660**
BORDESSOULE Thierry XX [2]
✏ *Etude de perdrix rouge* - Gouache (45x60cm-18x24in) Paris 90 .... FF2 000 - £207 - **$353**
BORDET Marguerite XX [2]
✏ *L'Envol* - Huile/papier (15x47cm-6x19in) Paris 96 .... FF2 900 - £352 - **$564**
BORDIGNON Noè 1841-1920 [5]
🖝 *Motti e Risate* - Oil/canvas (85x130cm-33x51in) London 94 .... FF243 700 - £29 000 - **$45,900**
BORDRY Jean-Pierre 1934 [8]
🖝 *Campagne vers la Bouille* - Huile/toile (33x46cm-13x18in) Paris 94 .... FF2 200 - £250 - **$373**
BORDUAS Paul Émile 1905-1960 [31]
🖝 *Treillis blanc* - Oil/canvas (38x45cm-15x18in) New-York 91 .... FF273 600 - £27 768 - **$49,415**
✏ *Sans titre* - Aquarelle (43x56cm-17x22in) Montréal 96 .... FF22 730 - £2 670 - **$4,470**
BOREE Emiel 1942 [2]
🗿 *Le Swing* - Bronze (42cm-17in) Antwerpen 94 .... FF3 670 - £440 - **$713**
BOREEL Wendela 1895-? [3]
✏ *Drawing room with Dachshund* - Oil/board (45x60cm-18x24in) London 90 .... FF7 700 - £819 - **$1,377**
BOREIN Edward 1872-1943 [52]
🖨 *Race To The Wagon #1* - Etching (13x18cm-5x7in) Wolfeboro, NH 96 .... FF3 790 - £482 - **$750**
✏ *Cowboy chasing horses* - Watercolour, gouache (36x48cm-14x19in) Wolfeboro, NH 96 .. FF25 800 - £3 280 - **$5,100**
On the range - Watercolour, gouache/board (23x35cm-9x14in) New-York 97 .... FF134 267 - £14 124 - **$23,000**
BOREL Antoine 1777-1838 [3]
✏ *L'émigrant* - Encre Chine (31x24cm-12x9in) Paris 95 .... FF10 000 - £1 227 - **$1,947**
BOREL Paul 1828-1913 [3]
✏ *Scène de la vie de Saint-Paul* - Gouache (59x46cm-23x18in) Paris 97 .... FF3 500 - £371 - **$609**
BOREL Piotr Feodorovich 1829-1898 [1]
✏ *Peasant dance* - Wash (15x22cm-6x9in) London 90 .... FF3 100 - £334 - **$547**
BORELL PLA Julio 1877-1957 [2]
🖝 *Los reyes en el cuadro de sus nupcias* - Oleo/lienzo (42x52cm-17x20in) Madrid 96 .... FF6 110 - £792 - **$1,208**
BORELY Jean-Baptiste 1776-1823 [3]
🖝 *Three ladies in a park* - Oil/canvas (76x92cm-30x36in) London 95 .... FF37 500 - £4 800 - **$7,540**
BORENSTEIN Samuel 1908-1969 [19]
🖝 *Sainte Lucie* - Huile/toile (41x51cm-16x20in) Montréal 94 .... FF14 780 - £1 775 - **$2,736**
✏ *Early Spring* - Watercolour/paper (48x66cm-19x26in) New-York 94 .... FF2 810 - £332 - **$500**
BORER Al 1910 [2]
✏ *Frau in Kleid mit Schal* - Gouache (30x20cm-12x8in) Zofingen 92 .... FF1 860 - £190 - **$328**
BORES Francisco 1898-1972 [236]
🖝 *Le port* - Huile/toile (38x46cm-15x18in) Paris 97 .... FF20 000 - £2 198 - **$3,650**
Citronade - Oil/canvas (50x61cm-20x24in) Stockholm 97 .... FF59 744 - £6 368 - **$10,432**
Sin título - Oleo/lienzo (89x116cm-35x46in) Madrid 96 .... FF128 300 - £14 700 - **$24,450**
Intérieur vert - Oil/canvas (92x74cm-36x29in) London 93 .... FF220 000 - £25 000 - **$37,250**
Ninna saltando a la comba - Oleo/lienzo (100x81cm-39x32in) Madrid 90 .... FF702 000 - £74 681 - **$125,581**
✏ *Nature morte* - Gouache (23x25cm-9x10in) Stockholm 96 .... FF6 050 - £783 - **$1,160**
Femme à la couture - Gouache (32x40cm-13x16in) London 95 .... FF25 560 - £3 200 - **$5,090**
Le Livre d'Art, 1968 - Gouache/papier (50x65cm-20x26in) Madrid 90 .... FF194 400 - £20 948 - **$34,286**
BORG Augusta 1826-1914 [4]
🖝 *Shipping off a coastline* - Oil/canvas (44x70cm-17x28in) London 94 .... FF5 010 - £600 - **$925**
BORG Axel 1847-1916 [20]
🖝 *Alg i höstlandskap* - Oil/canvas (65x92cm-26x36in) Stockholm 97 .... FF18 728 - £2 005 - **$3,265**
Morgondimma, älgfamilj pa myr - Oil/canvas (64x92cm-25x36in) Stockholm 89 .... FF168 500 - £17 229 - **$27,090**
BORG Carl Oscar 1879-1947 [32]
✏ *Navajo Papoose* - Pencil/paper (35x29cm-14x11in) San Francisco-Los Angeles 96 ..... FF7 770 - £974 - **$1,500**
Canyon de Chelly: Spider Rock

B

Watercolour/paper (28x18cm-11x7in) San Francisco-Los Angeles 96 ...... FF**10 360** - £1 **300** - **$2,000**
Mission San Luis Rey
Watercolour/paper (51x38cm-20x15in) San Francisco-Los Angeles 92 ...... FF**11 020** - £1 **280** - **$2,250**
BORGEAUD Georges 1913 [9]
🖷 *Im Stadtpark* - Oil/canvas (27x35cm-11x14in) Bern 92 ...... FF**18 270** - £2 **182** - **$3,514**
BORGEAUD Marius 1861-1924 [15]
🖷 *Scène d'intérieur* - Huile/carton (32x40cm-13x16in) Paris 96 ...... FF**32 000** - £4 **140** - **$6,280**
Femme dans un intérieur en Bretagne - Huile/toile (46x55cm-18x22in) Paris 95 ... FF**89 000** - £9 **576** - **$15,361**
BORGELLA Frédéric XIX-XX [11]
🖷 *Porteuse d'eau* - Huile/panneau (60x46cm-24x18in) Paris 94 ...... FF**14 000** - £1 **617** - **$2,420**
BORGEN Fredrik 1852-1907 [9]
🖷 *Fjordlandskap med båter og hus* - Oil/canvas (45x66cm-18x26in) Oslo 96 ...... FF**7 300** - £**844** - **$1,398**
BORGEN Hans Frederik 1852-1907 [5]
🖷 *Fjellgård med kvernhus* - Oil/canvas (84x132cm-33x52in) Oslo 91 ...... FF**16 060** - £1 **610** - **$2,651**
BORGES Jacobo 1931 [6]
🖷 *Bañista V* - Oil/canvas/panel (52x38cm-20x15in) New-York 96 ...... FF**31 340** - £3 **570** - **$6,000**
🖉 *Viejo sentado con piano* - Pastel/board (59x74cm-23x29in) New-York 95 ...... FF**17 470** - £2 **320** - **$3,600**
BORGESE Leonardo 1904-1986 [1]
🖷 *Fiori* - Olio/tela (60x50cm-24x20in) Milano 90 ...... FF**7 680** - £**785** - **$1,516**
BORGET Auguste 1809-1872 [6]
🖷 *Forêt de Jala-Jala* - Oil/canvas (107x70cm-42x28in) London 97 ...... FF**291 626** - £**31 000** - **$50,248**
🖉 *Maison de pêcheurs, Husaco, Chile* - Pencil (17x27cm-7x11in) London 96 ...... FF**8 820** - £1 **100** - **$1,704**
BORGEY Léon 1888-1959 [4]
🏛 *Le Semeur* - Bronze Douai 93 ...... FF**31 000** - £3 **530** - **$5,250**
BORGH Knut Albert 1867-1946 [2]
🖷 *After avslutat dagsverk* - Oil/canvas (121x91cm-48x36in) Stockholm 94 ...... FF**8 740** - £1 **031** - **$1,556**
BORGHESE Franz 1941 [44]
🖷 *Il concerto dell' uovo* - Olio/tela (35x65cm-14x26in) Milano 94 ...... FF**13 410** - £1 **596** - **$2,394**
Corteo - Olio/tela (80x100cm-31x39in) Milano 95 ...... FF**20 400** - £2 **516** - **$4,150**
🖉 *Composizione* - Black chalk (55x45cm-22x18in) Milano 94 ...... FF**15 270** - £1 **840** - **$2,850**
BORGIA Giancarlo 1958 [7]
🖷 *Arcumeggia. La mia casa* - Olio/tela (70x90cm-28x35in) Milano 92 ...... FF**10 410** - £1 **066** - **$1,834**
BORGIANNI Guido 1915 [2]
🖷 *Marina* - Olio/tela (44x60cm-17x24in) Firenze 97 ...... FF**4 760** - £**560** - **$840**
BORGIOTTI Mario 1906-1977 [1]
🖷 *Lung'Arno, Firenze* - Olio/cartone (39x69cm-15x27in) Milano 95 ...... FF**9 270** - £1 **230** - **$1,890**
BORGLIND Stig 1892-1965 [56]
🖼 *Flora Suecica I, II* - Print Stockholm 96 ...... FF**4 610** - £**576** - **$891**
🖉 *Capri, 1955* - Drawing (24x21cm-9x8in) Stockholm 89 ...... FF**2 900** - £**297** - **$466**
BORGLUM Elisabeth 1848-1922 [1]
🖷 *Santa Anita Cañyon* - Oil/canvas (44x60cm-17x24in) San Francisco-Los Angeles 96 ...... FF**9 130** - £1 **057** - **$1,750**
BORGLUM John Gutzon La Mothe 1867-1941 [7]
🏛 *Abraham Lincoln* - Bronze (47cm-19in) New-York 93 ...... FF**126 500** - £**15 860** - **$23,000**
BORGLUM Solon Hannibal 1868-1922 [9]
🏛 *Cowboy at rest* - Bronze (32cm-13in) New-York 93 ...... FF**59 100** - £6 **710** - **$10,000**
BORGMANN Lina 1875-? [1]
🖷 *Stadt im Winter* - Öl/Leinwand (64x82cm-25x32in) Bremen 94 ...... FF**5 500** - £**660** - **$1,016**
BORGMANN Resi 1861-1945 [3]
🖷 *Früchtestilleben mit Melonen* - Öl/Leinwand (59x89cm-23x35in) Heidelberg 96 ...... FF**14 900** - £1 **840** - **$2,880**
BORGNIS Pietro Maria 1739/43-1810 [2]
🖷 *Katherine Fetherstonhaugh* - Oil/canvas (63x53cm-25x21in) London 95 ...... FF**7 110** - £**900** - **$1,390**
BORGO Gyorgy 1950 [2]
🖷 *Sans titre* - Huile/toile (100x100cm-39x39in) Paris 91 ...... FF**4 000** - £**403** - **$694**
BORGONI Mario 1869-1936 [5]
🖼 *Taormina* - Poster (10x6cm-4x2in) London 94 ...... FF**2 544** - £**300** - **$453**
BORGONUOVO Giovanni 1881-? [1]
🖷 *Tramonto, Campagna Milanese* - Olio/tela (200x250cm-79x98in) Milano 94 ...... FF**62 600** - £7 **380** - **$11,160**
BORGORD Martin 1861-1924 [1]
🖷 *Mrs. A. Singer-Brush* - Oil/canvas (55x46cm-22x18in) Amsterdam 91 ...... FF**9 620** - £**976** - **$1,737**
BORGRAVE Elie 1910-1992 [7]
🖷 *Kompositie* - Huile/toile (60x70cm-24x28in) Lokeren 91 ...... FF**4 115** - £**410** - **$708**
BORGSTRÖM Carl-Einar 1914-1981 [3]
🏛 *Flicka med rådjur* - Wood (150x115cm-59x45in) Göteborg 95 ...... FF**4 490** - £**561** - **$881**
BORIE Adolphe 1877-? [4]
🖷 *White calla lilies* - Oil/canvas (76x63cm-30x25in) New-York 89 ...... FF**17 200** - £1 **662** - **$2,610**
BORIONE Bernard 1865-? [34]
🖷 *The amateur artist* - Oil/panel (33x24cm-13x9in) London 96 ...... FF**13 870** - £1 **800** - **$2,743**
🖉 *The encounter, 1897* - Wash (39x28cm-15x11in) London 89 ...... FF**5 300** - £**542** - **$852**
Interior with two gentlemen
Watercolour/paper (33x25cm-13x10in) Baton Rouge, Louisiana 94 ...... FF**6 180** - £**725** - **$1,100**
BORISOV Gregory 1899-1942 [2]
🖼 *Vtori Brak (Second Marriage)* - Poster (124x92cm-49x36in) New-York 96 ...... FF**20 370** - £2 **400** - **$4,000**
Living Corpse - Poster (109x74cm-43x29in) London 91 ...... FF**109 100** - £**11 073** - **$19,705**

BORISSOW-MUSSATOW Viktor 1870-1905 [3]
🖛 *Garden scene* - Oil/panel (21x27cm-8x11in) London 97 .... FF**19 048** - £2 000 - **$3,276**
BÖRJE Gideon 1891-1965 [51]
🖛 *Klippor* - Oil/canvas (54x64cm-21x25in) Stockholm 96 .... FF**3 740** - £454 - **$728**
  Modellen - Oil/canvas (66x50cm-26x20in) Stockholm 93 .... FF**23 200** - £2 645 - **$3,920**
🖉 *Norrland* - Watercolour (25x33cm-10x13in) Göteborg 90 .... FF**3 700** - £394 - **$662**
BORJESON Agnes 1827-1900 [1]
🖛 *The music lesson* - Oil/canvas (68x50cm-27x20in) London 90 .... FF**17 400** - £1 798 - **$3,074**
BÖRJESON Gunnar 1877-1945 [1]
🖛 *Skaergårdsmotiv* - Oil/canvas (96x125cm-38x49in) Vejle 94 .... FF**3 220** - £370 - **$551**
BÖRJESON John 1835-1910 [8]
🗿 *Soldaten med fången* - Bronze (56cm-22in) Stockholm 95 .... FF**7 910** - £1 002 - **$1,590**
BÖRJESON Lena 1879-1976 [2]
🗿 *Hennes nåd, liten flicka* - Bronze (19cm-7in) Stockholm 91 .... FF**2 734** - £274 - **$457**
BÖRJESSON Agnes, Agneta 1827-1900 [3]
🖛 *Vilande flicka vid strand* - Oil/canvas (40x32cm-16x13in) Malmö 96 .... FF**2 477** - £294 - **$484**
BÖRJESSON Ansgarius 1903-1990 [8]
🖛 *Landskap med Hanhals* - Oil/canvas (60x73cm-24x29in) Göteborg 95 .... FF**3 695** - £491 - **$762**
BORKOWSKI Wladyslaw 1884-1922 [1]
🖛 *Nature morte* - Oil/canvas (71x60cm-28x24in) Warszawa 94 .... FF**3 580** - £425 - **$657**
BORLAF REBOLLAL José 1926-1994 [7]
🗿 *Corredor de fondo* - Bronze (26x12x33cm-10x5x13in) Madrid 97 .... FF**2 388** - £252 - **$420**
BORLAY Eugène 1836-1904 [1]
🖛 *Nature morte au gibier* - Huile/toile (65x82cm-26x32in) Langres 94 .... FF**4 800** - £560 - **$841**
BORMANN Emma 1887-1974 [2]
🖛 *Flötenspielender Knabe* - Oil/canvas (77x72cm-30x28in) Wien 91 .... FF**16 840** - £1 709 - **$3,041**
BORMANN Wilhelm 1885-1938 [1]
🗿 *Nackter Knabe mit Windhund* - Bronze (25cm-10in) Wien 94 .... FF**2 420** - £278 - **$414**
BÖRMEL Eugen 1858-? [3]
🗿 *Empress Augusta of Prussia* - Bronze (88cm-35in) London 97 .... FF**27 881** - £3 000 - **$4,901**
BORNE André XIX-XX [2]
🖛 *La halte de la cavalerie* - Huile/toile (41x33cm-16x13in) La Varenne Saint-Hilaire 90 ...... FF**4 800** - £483 - **$940**
BORNEMANN Anna 1874-1956 [1]
🖛 *Blomster* - Oil/canvas Vejle 91 .... FF**7 040** - £706 - **$1,162**
BÖRNER Fritz 1921-1985 [3]
🖉 *Waldweg am Blechhammer* - Watercolour (36x46cm-14x18in) Heidelberg 96 .... FF**2 715** - £351 - **$532**
BORNETS André XX [2]
🖛 *Le Pont Neuf* - Huile/toile (50x61cm-20x24in) Versailles 91 .... FF**2 000** - £202 - **$390**
BORNFRIEND Jacob 1904-1976 [7]
🖛 *Figures walking through a field* - Oil/board (58x71cm-23x28in) London 92 .... FF**3 910** - £400 - **$688**
BOROFSKY Jonathan 1942 [48]
🖛 *Moving Still Life with Fruit at 2,968,473*
    Acrylic/canvas (147x205cm-58x81in) New-York 96 .... FF**35 660** - £4 200 - **$7,000**
  Tree Head at 2, 9, 84 - Acrylic/canvas (245x155cm-96x61in) New-York 94 .... FF**151 000** - £17 500 - **$26,000**
🗿 *Book Head at 3,297,422* - Bronze (68cm-27in) London 95 .... FF**75 700** - £10 000 - **$15,340**
🖉 *Man eating breadfruit* - Mixed media/paper (130x80cm-51x31in) New-York 92 .... FF**79 500** - £8 130 - **$14,000**
BORONDA Lester David 1886-1951 [3]
🖛 *Fountain in a garden* - Oil/canvas (30x25cm-12x10in) San Francisco-Los Angeles 90 .... FF**6 900** - £734 - **$1,234**
BOROS Gyula XX [2]
🖛 *Nature morte* - Huile/panneau (40x30cm-16x12in) Lyon 92 .... FF**8 200** - £842 - **$1,520**
BOROVIKOVSKIJ Vladimir 1757-1825 [1]
🖛 *Alexander I* - Oil/canvas (74x61cm-29x24in) New-York 94 .... FF**196 600** - £23 200 - **$35,000**
BOROWSKI Waclaw 1885-1945 [3]
🖉 *Przyjaciolki* - Watercolour (48x35cm-19x14in) Warszawa 96 .... FF**12 540** - £1 564 - **$2,420**
BORRA Pompeo 1898-1973 [37]
🖛 *Figura* - Olio/tela (79x59cm-31x23in) Prato 97 .... FF**6 800** - £800 - **$1,200**
  Figura - Olio/tela (59x50cm-23x20in) Milano 90 .... FF**16 000** - £1 653 - **$2,887**
  Maternità - Olio/tela (71x56cm-28x22in) Milano 92 .... FF**68 000** - £6 950 - **$11,960**
BORRANI Odoardo 1834-1905 [11]
🖛 *Conversation on a village street* - Oil/panel (17x26cm-7x10in) New-York 90 .... FF**274 600** - £29 400 - **$47,757**
🖉 *Paesaggio con rovine* - Matita (18x23cm-7x9in) Roma 89 .... FF**9 200** - £969 - **$1,549**
BORRAS Jorge 1952 [69]
🖛 *Bateaux en Espagne* - Huile/toile (50x61cm-20x24in) Le Havre 92 .... FF**3 000** - £307 - **$529**
🗿 *Maternité* - Bronze (38cm-15in) La Varenne Saint-Hilaire 93 .... FF**13 500** - £1 688 - **$2,455**
  Ballerine à l'exercice - Bronze (81cm-32in) Rambouillet 92 .... FF**69 000** - £8 230 - **$13,270**
BORRAS Y ABELLA Vicente 1867-1945 [2]
🖛 *The Eminent Visitor* - Oil/canvas (64x81cm-25x32in) New-York 94 .... FF**380 000** - £44 000 - **$65,000**
BORRE van den Guillaume 1896-1984 [1]
🖉 *Kompositie* - Aquarelle (39x28cm-15x11in) Lokeren 92 .... FF**19 920** - £2 040 - **$3,504**
BORREL André 1912 [4]
🖛 *Elégante à la plage* - Huile/toile (19x27cm-7x11in) Arles 96 .... FF**2 500** - £321 - **$485**

BORRELL Julio 1877-1957 [6]
- *Sancho Panza, Insula Barataria* - Oleo/lienzo (98x141cm-39x56in) Madrid 92 .... FF27 000 - £2 750 - **$4,750**
- *El domador de circo* - Pastel (63x42cm-25x17in) Madrid 95 .... FF4 830 - £627 - **$994**

BORRISENKOV Nicolaï 1926 [2]
- *Coin de pêche* - Huile/carton (35x50cm-14x20in) Saint-Germain-en-Laye 92 .... FF2 000 - £206 - **$371**

BORRMEISTER R. XIX-XX [2]
- *Die Schöne und das Biest* - Oil/canvas (40x30cm-16x14in) Wien 91 .... FF13 440 - £1 338 - **$2,311**

BORROMINI Paolo Vincenzo 1756-1839 [1]
- *Vanitas* - Olio/tavola (82x118cm-32x46in) Venezia 96 .... FF163 200 - £20 160 - **$31,700**

BORRONI Giovan Angelo 1684-1772 [1]
- *Visione di S. Maria Maddalena* - Olio/tela (60x45cm-24x18in) Roma 91 .... FF33 800 - £3 357 - **$5,869**

BORROW William Henry XIX [5]
- *Detailed coastal scene* - Watercolour (8x13cm-3x5in) Aylsham, Norfolk 92 .... FF2 443 - £250 - **$430**

BORSA Emilio 1857-1931 [2]
- *Fanciulli nel paesaggio* - Olio/tavola (20x39cm-8x15in) Roma 93 .... FF20 130 - £2 260 - **$3,600**
- *Kleines Mädchen am Gartenzaun* - Aquarell/Papier (17x13cm-7x5in) Wien 94 .... FF5 860 - £679 - **$1,008**

BORSA Roberto 1880-1965 [3]
- *Natura morta con fiori* - Olio/tela (79x40cm-31x16in) Milano 95 .... FF3 400 - £451 - **$693**

BORSATO Giuseppe 1771-1849 [4]
- *Grand Canal & Austrian officers* - Oil/canvas (66x93cm-26x37in) London 92 .... FF322 400 - £33 000 - **$56,900**
- *Bedroom, Governor's Palace, Venice* - Ink (22x33cm-9x13in) London 94 .... FF15 970 - £1 900 - **$3,010**

BORSCHKE Karl 1886-1941 [3]
- *Erwachende Erde* - Öl/Leinwand (63x100cm-25x39in) Wien 96 .... FF24 040 - £3 060 - **$4,630**

BORSELEN van Helena Maria 1867-1947 [1]
- *Still life with fruit* - Oil/canvas (34x48cm-13x19in) Amsterdam 91 .... FF22 540 - £2 288 - **$4,071**

BORSELEN van Jan Willem 1825-1892 [22]
- *Moored rowing boats* - Oil/canvas/panel (12x18cm-5x7in) Amsterdam 95 .... FF20 670 - £2 580 - **$4,170**
- *A peasantwoman and child* - Oil/panel (26x25cm-10x10in) Amsterdam 97 .... FF62 427 - £6 754 - **$10,893**
- *Summer landscape* - Watercolour (17x24cm-7x9in) Amsterdam 94 .... FF12 800 - £1 487 - **$2,205**

BORSELEN van Pieter 1802-1873 [4]
- *Strawberries* - Oil/panel (27x34cm-11x13in) Amsterdam 97 .... FF15 550 - £1 643 - **$2,668**
- *Dutch harbor scene* - Watercolour/paper (38x53cm-15x21in) Mystic, Connecticut 96 .... FF5 690 - £714 - **$1,100**

BORSI Manfredo 1900 [3]
- *Frauenkopf* - Watercolour/paper (58x44cm-23x17in) Bern 90 .... FF8 600 - £915 - **$1,538**

BORSIG Albert 1910-? [4]
- *Breslauer Platz, Köln* - Oil/canvas/panel (24x36cm-9x14in) Köln 94 .... FF6 800 - £794 - **$1,192**

BORSOS Josef 1821-1883 [3]
- *Monsieur et Madame Delbeck* - Huile/toile (76x62cm-30x24in) Paris 95 .... FF25 000 - £3 293 - **$5,070**

BORSSOM van Anthonie 1630-1677 [3]
- *Herdsman & Cattle watering* - Oil/canvas (71x92cm-28x36in) New-York 97 .... FF115 958 - £13 104 - **$21,000**

BORSTEEGH Cornelis 1773-1834 [4]
- *Skaters on a frozen moat* - Watercolour (27x27cm-11x11in) Amsterdam 94 .... FF9 800 - £1 168 - **$1,840**

BORSTEL R.A. XIX-XX [4]
- *Albuera in full sail* - Oil/board (48x64cm-19x25in) London 95 .... FF9 520 - £1 200 - **$1,887**

BORTER Klara 1848-1948 [8]
- *Berglandschaft im Berner Oberland* - Öl/Leinwand (47x33cm-19x13in) Zofingen 93 .... FF6 730 - £766 - **$1,142**
- *Winterabend* - Gravure bois (32x31cm-13x12in) Zofingen 93 .... FF2 440 - £294 - **$446**
- *Winter im Gebirge* - Aquarell (28x28cm-11x11in) Zofingen 93 .... FF1 584 - £180 - **$269**

BORTNYIK Sándor, Alexander 1893-1976 [22]
- *Portrait* - Tempera (25x18cm-10x7in) Amsterdam 95 .... FF31 500 - £4 020 - **$6,430**
- *B 1* - Drypoint (40x40cm-16x16in) Köln 94 .... FF1 714 - £199 - **$295**
- *Komposition* - Collage (12x8cm-5x3in) München 94 .... FF4 590 - £527 - **$785**

BORTOLUZZI Camillo 1868-1933 [3]
- *Venedig* - Watercolour/paper (14x29cm-6x11in) Wien 89 .... FF4 800 - £478 - **$758**

BORTOLUZZI Ferruccio 1920 [2]
- *Komposition* - Painting (74x38cm-29x15in) Pforzheim 91 .... FF4 430 - £444 - **$811**

BORTOLUZZI Millo 1868-1933 [4]
- *Wisteria, Venezia* - Watercolour, gouache/paper (46x26cm-18x10in) New-York 92 .... FF5 110 - £523 - **$900**

BORTOLUZZI Patrice 1950 [22]
- *La goélette Étoile* - Aquarelle (37x55cm-15x22in) Paris 95 .... FF2 200 - £276 - **$442**
- *Régates de Cowes* - Aquarelle (62x99cm-24x39in) Sainte Adresse 97 .... FF6 500 - £713 5 - **$116,8 5**

BORTONE Antonio 1847-? [1]
- *Woman wearing peasant's costume* - Marble (143cm-56in) London 94 .... FF58 800 - £7 000 - **$11,200**

BORY Jean-François 1938 [3]
- *L'Éternité* - Assemblage (43x21x43cm-17x8x17in) Prato 95 .... FF17 000 - £2 200 - **$3,465**

BORYSOWSKI Stanislaw 1906-1988 [2]
- *Abbazia* - Oil/canvas (52x62cm-20x24in) Warszawa 93 .... FF3 680 - £418 - **$622**

BORZONE Luciano 1590-1645 [1]
- *La Flagellazione di Cristo* - Olio/tela (98x138cm-39x54in) Roma 89 .... FF68 700 - £6 638 - **$10,425**

BORZYM Kazimierz 1884-1968 [1]
- *Vase of flowers* - Oil/canvas (73x56cm-29x22in) Warszawa 95 .... FF3 074 - £389 - **$614**

BOS Gerard Jan 1860-1943 [3]
- *Kindervergnügen* - Oil/canvas/panel (31x41cm-12x16in) Stuttgart 91 .... FF6 760 - £678 - **$1,128**

BOS Henk 1901 [9]
🖙 *Still life with pears, apples & coffee pot* - Oil/canvas (23x19cm-9x7in) Chicago 96 .... FF6 070 - £787 - **$1,200**

BOS Maarten, Jr. 1831-1902 [1]
🖙 *Summerlandscape with a traveller* - Oil/canvas (43x50cm-17x20in) Amsterdam 90 .... FF7 240 - £732 - **$1,377**

BOS van den Georges 1852-1911 [10]
🖙 *Matador & lady* - Oil/canvas (63x39cm-25x15in) San Francisco-Los Angeles 94 .... FF16 000 - £1 910 - **$3,000**
On the Beach - Oil/canvas (93x60cm-37x24in) New-York 97.. FF54 039 - £5 815 - **$9,500**

BOSA Louis 1905-1981 [13]
🖙 *Lazy afternoon, Venice* - Oil/masonite (20x58cm-8x23in) Baton Rouge, Louisiana 94 .... FF6 180 - £725 - **$1,100**
⬈ *Venetian scene* - Watercolour (20x28cm-8x11in) Mystic, Connecticut 94 .... FF2 180 - £252 - **$375**
Central Park - Watercolour/paper (38x58cm-15x23in) Baton Rouge, Louisiana 93 .... FF11 210 - £1 350 - **$2,050**

BOSAI Kameda 1752-1826 [1]
⬈ *Kakemono of high peaks* - Coloured inks/paper (107x27cm-42x11in) London 91................ FF5 490 - £550 - **$906**

BOSBOOM Johannes 1817-1891 [75]
🖙 *Women preaching in a church* - Oil/canvas (47x35cm-19x14in) Amsterdam 95................... FF24 860 - £3 224 - **$5,180**
🖙 *Church of Purmerend* - Oil/panel (42x36cm-17x14in) Amsterdam 95 .... FF108 700 - £14 100 - **$22,640**
⬈ *Synagoge-Gravenhage* - Watercolour (39x30cm-15x12in) Amsterdam 94......................... FF13 720 - £1 593 - **$2,363**

BOSC Antonia XX [3]
🖙 *Paysage* - Huile/toile (92x73cm-36x29in) Paris 97 .... FF7 000 - £762 - **$1,219**

BOSCH de Johannes 1713-1785 [2]
⬈ *River Landscape & classical Figures* - Ink (14x20cm-6x8in) London 96 .... FF10 080 - £1 300 - **$1,973**

BOSCH Ernst 1834-1917 [4]
🖙 *Gute Freunde* - Öl/Leinwand (30x25cm-12x10in) Köln 94 .... FF11 220 - £1 310 - **$1,967**

BOSCH Etienne 1863-1933 [1]
🖙 *Castle Sant'Angelo* - Oil/canvas (61x76cm-24x30in) Amsterdam 95 .... FF5 530 - £700 - **$1,080**

BOSCH Florian 1900-1972 [4]
🖙 *Chiemsee* - Öl/Leinwand (75x100cm-30x39in) Wien 96 .... FF12 250 - £1 586 - **$2,450**

BOSCH ROGER Emilio 1894-1980 [2]
🖙 *Pueblo* - Oleo/lienzo (54x65cm-21x26in) Madrid 96 .... FF30 450 - £3 860 - **$5,840**

BOSCH van den Edouard 1828-1878 [2]
🖙 *Skogslandskap med vattendrag* - Oil/board (24x29cm-9x11in) Stockholm 89 .... FF32 800 - £3 354 - **$5,273**

BOSCH van den Paulus c.1615-c.1660 [2]
🖙 *Roemer, beaker & bread roll* - Oil/panel (56x87cm-22x34in) New-York 93 .... FF148 500 - £17 550 - **$27,000**

BOSCH van den Pieter 1613-1663 [2]
🖙 *Bowl of Fruit on a Pewter Plate* - Oil/canvas (75x62cm-30x24in) New-York 96.............. FF237 000 - £31 000 - **$48,000**

BOSCHÉ Henriette XIX-XX [1]
⬈ *Sainte-Gudule* - Pastel/toile (100x66cm-39x26in) Bruxelles 95 .... FF3 046 - £390 - **$613**

BOSCHETTI Benedetto XIX [2]
🏛 *Mercury* - Bronze (109cm-43in) New-York 94 .... FF15 100 - £1 750 - **$2,600**

BOSCO Nathalie 1966 [35]
🖙 *Sans titre* - Acrylique/toile (46x38cm-18x15in) Paris 97 .... FF3 200 - £338 - **$549**

BOSCO Pierre 1909 [50]
🖙 *Cyclistes* - Huile/toile (30x40cm-12x16in) Paris 97 .... FF2 700 - £294 - **$470**
Voiliers - Huile/toile (38x46cm-15x18in) Paris 90 .... FF4 800 - £496 - **$848**
Combat de coq, 1990 - Huile/toile (72x91cm-28x36in) Paris 90 .... FF26 000 - £2 686 - **$4,594**

BOSCOVITS Fritz 1871-1965 [1]
🗋 *Moderne Kammerkunst* - Poster (95x66cm-37x26in) London 96................................... FF4 450 - £550 - **$860**

BÖSE Johannes 1856-1917 [1]
🏛 *Flötenspieler* - Ceramic (38cm-15in) Wien 95 .... FF5 060 - £632 - **$1,022**

BÖSE Konrad 1852-1938 [1]
⬈ *Der Jungbauer* - Pencil (70x48cm-28x19in) Zofingen 92 .... FF2 046 - £209 - **$361**

BOSELLI Louis 1936 [1]
🖙 *La Coupe Rustique de Fruits* - Huile/toile (60x81cm-24x32in) Paris 94 .... FF4 900 - £587 - **$928**

BOSER Karl Friedrich 1809-1881 [4]
🖙 *Girl wearing a scarf* - Oil/canvas (51x36cm-20x14in) Nun Monkton, Yorkshire 95 .... FF24 470 - £3 200 - **$4,900**

BOSHAMER Johan Hendrik 1775-1862 [6]
🖙 *Fishing pink off a jetty* - Oil/panel (37x49cm-15x19in) Amsterdam 96 .... FF21 120 - £2 610 - **$4,080**

BOSHAMER Johannes Willem 1802-1857 [1]
🖙 *Harbor with ships* - Oil/panel (59x69cm-23x27in) New-York 93 .... FF16 500 - £1 950 - **$3,000**

BOSHART Wilhelm 1815-1878 [1]
🖙 *Bayerische Alpenlandschaft* - Oil/canvas (71x106cm-28x42in) Köln 91 .... FF34 200 - £3 510 - **$6,360**

BOSHIER Derek 1937 [5]
🖙 *Fashion victim snow* - Oil/canvas (221x152cm-87x60in) New-York 90 .... FF12 430 - £1 265 - **$2,486**
⬈ *Untitled* - Drawing (68x100cm-27x39in) London 92 .... FF2 540 - £260 - **$449**

BOSIA Agostino 1886-1962 [1]
🖙 *Scorcio di laguna* - Olio/tela (40x48cm-16x19in) Torino 93... FF10 980 - £1 240 - **$1,846**

BOSIERS René 1875-1927 [12]
🖙 *Rue de village* - Huile/toile (23x34cm-9x13in) Bruxelles 94 .... FF3 000 - £348 - **$517**

BOSIO Francesco c.1726-1756 [1]
⬈ *River landscape* - ink (31x50cm-12x20in) London 94... FF12 500 - £1 500 - **$2,310**

BOSIO François Joseph 1768-1845 [6]
🏛 *Henri IV enfant* - Bronze (120cm-47in) Saint-Germain-en-Laye 95 .... FF22 500 - £2 860 - **$4,610**
BOSIO Jean-François 1764-1827 [11]
🖼 *Antoine de Mailly* - Huile/toile (72x59cm-28x23in) Monaco 92 .... FF40 000 - £4 094 - **$7,200**
✏ *Une foule d'acheteurs* - Lavis (9x16cm-4x6in) Pontoise 97 .... FF21 000 - £2 291 - **$3,671**
BÖSKEN Lorenz 1891-1967 [5]
🖼 *Sommerabend am See* - Oil/canvas (60x90cm-24x35in) Köln 91 .... FF6 080 - £610 - **$1,004**
BOSKERCK van Robert Ward 1855-1932 [16]
🖼 *Near the coast* - Oil/canvas (51x76cm-20x30in) New-York 94 .... FF10 280 - £1 218 - **$1,900**
BOSLEY Frederick Andrew 1882-1941 [3]
🖼 *Lilla Cabot Perry* - Oil/canvas (76x71cm-30x28in) Boston, Mass. 94 .... FF8 560 - £1 005 - **$1,500**
Looking at prints - Oil/canvas (71x76cm-28x30in) New-York 92 .... FF125 000 - £12 780 - **$22,000**
BOSMA Johannes XIX-XX [2]
🏛 *A pelican, 1920's* - Bronze (22cm-9in) Amsterdam 92 .... FF2 883 - £295 - **$566**
BOSMA Wim 1902-? [9]
🖼 *African woman* - Oil/canvas (60x39cm-24x15in) Amsterdam 92 .... FF6 070 - £622 - **$1,068**
BOSMAN Richard 1944 [18]
🖼 *Posion* - Oil/canvas (137x106cm-61x42in) New-York 92 .... FF34 100 - £3 486 - **$6,000**
🖼 *The Fall, or Falling Man* - Woodcut in colors (155x107cm-61x42in) New-York 93 .... FF5 900 - £671 - **$1,000**
BOSON François XX [3]
🖼 *En tête à tête* - Huile/toile (100x80cm-39x31in) Genève 89 .... FF5 900 - £622 - **$993**
BOSS Eduard 1879-1958 [20]
🖼 *Die Rast und dem Felde* - Öl/Leinwand (70x61cm-28x24in) Bern 93 .... FF4 130 - £517 - **$755**
BOSS Gottlieb 1857-1883 [1]
🖼 *Emmentallandschaft mit Jäger* - Öl/Leinwand (59x83cm-23x33in) Bern 94 .... FF3 715 - £446 - **$722**
BOSS Josef 1868-1908 [1]
🖼 *The young artists* - Oil/canvas (56x87cm-22x34in) London 92 .... FF13 400 - £1 600 - **$2,580**
BOSSARD Ange XIX-XX [1]
🏛 *Fundis, Clarmavi, Ad* - Bronze (37cm-15in) Rennes 96 .... FF3 800 - £492 - **$753**
BOSSARD Johann Michael 1874-1950 [3]
🖼 *Tänzerin* - Öl/Leinwand (80x70cm-31x28in) Köln 93 .... FF10 500 - £1 201 - **$1,785**
🏛 *Die Geschwister* - Bronze (41cm-16in) Zofingen 93 .... FF16 620 - £1 892 - **$2,820**
BOSSCHE van den Dominique ?-1906 [2]
🏛 *Dancing Unaware* - Bronze (107cm-42in) London 91 .... FF39 500 - £3 960 - **$7,235**
BOSSCHE van den Hubert 1874-1957 [7]
🖼 *Nature morte de fleurs* - Huile/panneau (72x92cm-28x36in) Bruxelles 89 .... FF15 400 - £1 623 - **$2,593**
BOSSCKE Lodewijk 1900-1980 [2]
🖼 *Nu* - Huile/toile (80x60cm-31x24in) Bruxelles 92 .... FF4 650 - £476 - **$818**
BOSSE Abraham 1602-1676 [13]
🖼 *La Fortune de la France* - Eau-forte Paris 95 .... FF2 600 - £333 - **$523**
BOSSE Walter 1904-1979 [5]
🏛 *Figurenpaar* - Ceramic (14cm-6in) Wien 95 .... FF5 480 - £695 - **$1,103**
BÖSSENROTH Carl 1869-1935 [3]
🖼 *Blühenden Stauden* - Oil/board (40x32cm-16x13in) Stuttgart 89 .... FF6 100 - £643 - **$1,027**
BOSSER Jacques 1946 [4]
✏ *Composition* - Pastel (105x75cm-41x30in) Paris 93 .... FF2 500 - £313 - **$455**
BOSSERT Otto Richard 1874-1919 [1]
🖼 *Land* - Woodcut (25x30cm-10x12in) Stuttgart 95 .... FF2 413 - £313 - **$491**
BOSSHARD Rodolphe Théophile 1889-1960 [61]
🖼 *Dunes de Moguériec* - Öl/Leinwand (65x82cm-26x32in) Zürich 94 .... FF73 600 - £8 740 - **$13,860**
Frau mit grünem Kleid - Öl/Leinwand (97x130cm-38x51in) Zürich 97 .... FF296 093 - £31 478 - **$51,075**
✏ *Grande baigneuse* - Fusain/papier (42x25cm-17x10in) Paris 95 .... FF22 000 - £2 796 - **$4,470**
BOSSHARDT Johann Caspar 1823-1887 [2]
🖼 *Interior* - Oil/canvas (48x58cm-19x23in) Mystic, Connecticut 94 .... FF3 586 - £428 - **$675**
✏ *Sommer/Winter* - Aquarelle (15x23cm-6x9in) Bern 94 .... FF14 200 - £1 694 - **$2,650**
BOSSI Benigno 1727-1792 [4]
🖼 *Vases* - Eau-forte Paris 93 .... FF3 500 - £422 - **$637**
✏ *Invention of the art of drawing* - Ink (20x18cm-8x7in) London 92 .... FF4 400 - £450 - **$774**
BOSSI Domenico 1765-1853 [4]
✏ *Lady wearing a white muslin cap* - Miniature (4cm-2in) Genève 92 .... FF18 270 - £2 182 - **$3,514**
BOSSIERE François 1956 [2]
🖼 *Hommage à Lascaux* - Huile/toile (100x100cm-31x39in) Le Touquet 90 .... FF3 500 - £356 - **$700**
BOSSLER Hilding 1899-? [2]
🖼 *Batar vid fidkeläger* - Oil/panel (50x43cm-20x17in) Söderköping 89 .... FF8 000 - £818 - **$1,286**
BOSSO Francesco 1864-1933 [31]
🖼 *Blumenpokale im Schloßpark* - Oil/canvas (43x33cm-17x13in) Ahlden 92 .... FF32 300 - £3 306 - **$5,690**
BOSSOLI Carlo 1815-1884 [31]
🖼 *Paesaggio lacustre, 1884* - Tempera/board (38x58cm-15x23in) Milano 90 .... FF160 200 - £17 043 - **$28,658**
✏ *Bridgewater House* - Bodycolour (18x27cm-7x11in) London 97 .... FF22 099 - £2 400 - **$3,916**
Citadel, Mount Pagus - Tempera/paper (112x198cm-44x78in) London 95 .... FF211 200 - £28 000 - **$43,600**
BOSSUET François Antoine 1798-1889 [31]
🖼 *Bergers près d'une ruine* - Huile/toile (82x61cm-32x24in) Antwerpen 96 .... FF12 370 - £1 410 - **$2,367**
View of Heidelberg - Oil/canvas (64x91cm-25x36in) London 95 .... FF86 800 - £11 000 - **$17,470**

Vue de Rouen - Dessin (30x34cm-12x13in) Bruxelles 92 .... FF1 644 - £191 - **$336**
BOSTCH Frederick James 1855-1932 [1]
Lady with roses - Oil/canvas (61x51cm-24x20in) Philadelphia 92 .... FF2 080 - £249 - **$400**
BOSTEELS Prosper 1881-1964 [4]
Oude hoeve te buggenhout opstal - Huile/toile (40x60cm-16x24in) Lokeren 92 ...... FF5 480 - £561 - **$964**
BOSTOCK John c.1810-c.1870 [2]
Arming for conquest - Oil/canvas (94x125cm-37x49in) London 95 .... FF88 900 - £11 500 - **$18,170**
Mrs. Ann Graves - Aquarelle/papier (42x31cm-17x12in) Paris 96 .... FF1 500 - £172 - **$286**
BOSTON Frederick James 1855-1932 [10]
Autumn Glow - Oil/canvas (46x61cm-18x24in) North Berwick, Maine 94 .... FF8 190 - £947 - **$1,400**
BOSTON Joseph H. 1901-1954 [5]
Man on a Country Road - Oil/board (18x23cm-7x9in) North Berwick, Maine 94 ...... FF5 260 - £632 - **$1,000**
BOSWELL Faith R. XIX-XX [1]
Daughter of G.M. Chamberlain - Pastel (90x70cm-35x28in) London 96 .... FF2 520 - £320 - **$497**
BOSWELL James 1906-1971 [1]
The siege of Sidney Street - Oil/canvas (76x102cm-30x40in) London 91 .... FF4 380 - £450 - **$815**
BOSWORTH Louis 1856-1929 [1]
A riverside cottage - Oil/panel (12x21cm-5x8in) Glasgow 96 .... FF9 950 - £1 290 - **$1,950**
BOSZNAY Istvan 1868-? [1]
Ungarische Tiefebene - Oil/canvas (50x70cm-20x28in) Wien 90 .... FF6 700 - £705 - **$1,165**
BOTELLO Angel 1913-1986 [87]
La grande Dame - Oil/panel (91x122cm-36x48in) New-York 97 .... FF109 070 - £11 582 - **$19,000**
Jardin infantil - Oil/board (122x142cm-48x56in) New-York 97 .... FF217 641 - £23 199 - **$38,000**
Mother and child - Bronze (34cm-13in) New-York 97 .... FF63 001 - £6 715 - **$11,000**
Mujer pensando - Bronze (112x121x104cm-44x48x41in) New-York 97 .... FF154 994 - £16 459 - **$27,000**
BOTERO Fernando 1932 [209]
Hombre e Leonor Moyano - Oil/canvas (190x145cm-75x57in) New-York 96 ...... FF1 - £166 700 - **$280,000**
Casa de las gemelas Arias - Oil/canvas (228x188cm-90x74in) New-York 92 ...... FF7 - £869 000 - **$1**
Adolescentes con Gallo - Oil/board (103x71cm-41x28in) New-York 97 .... FF109 070 - £11 582 - **$19,000**
Le chapeau bleu - Oil/canvas (106x91cm-42x36in) New-York 97 .... FF687 288 - £73 260 - **$120,000**
Man with a cane - Bronze (201cm-79in) New-York 89 .... FF2 - £245 644 - **$386,238**
Cabeza de niña - Bronze (29cm-11in) New-York 96 .... FF416 000 - £52 900 - **$80,000**
The Lovers - Bronze (94x54x54cm-37x21x21in) New-York 97 .... FF1 309 32e +06 - £109 890 - **$180,000**
The house - Ink (44x35cm-17x14in) New-York 97 .... FF97 366 - £10 378 - **$17,000**
Naturaleza Muerta - Watercolour (36x51cm-14x20in) New-York 97 .... FF315 007 - £33 577 - **$55,000**
Naturaleza muerta - Watercolour/paper (150x110cm-59x43in) New-York 92 ...... FF738 000 - £75 500 - **$130,000**
BOTINELLY Louis 1883-1962 [4]
Ello et Nano - Sculpture (52x6x88cm-20x2x35in) Avignon 89 .... FF21 000 - £2 213 - **$3,535**
BÖTJER-MALLET Sophie 1887-1966 [2]
Sterbende Dahlien - Öl/Papier (76x58cm-30x23in) Bremen 94 .... FF6 850 - £795 - **$1,180**
BOTKE Cornelis 1887-1954 [4]
Calaveras Oak - Oil/canvas/board (76x102cm-30x40in) San Francisco-Los Angeles 95 ...... FF41 300 - £4 700 - **$7,000**
BOTKE Jessie Arms 1883-1971 [21]
Pink Flamingos - Oil/board (51x41cm-20x16in) San Francisco-Los Angeles 95 .... FF70 800 - £8 050 - **$12,000**
Peacock & Solphus - Oil/masonite (102x82cm-40x32in) New-York 94 .... FF253 000 - £29 800 - **$45,000**
Flamingos - Gouache/paper (38x33cm-15x13in) San Francisco-Los Angeles 93 ...... FF9 350 - £1 173 - **$1,700**
BOTKIN Henry Albert 1896-1983 [5]
Celebration - Oil/board (35x34cm-14x13in) New-York 92 .... FF3 185 - £370 - **$650**
BOTO Martha 1923 [5]
Polychromie - Acrylique/toile (50x50cm-20x20in) Versailles 89 .... FF6 500 - £665 - **$1,045**
Déplacement optique 11-C - Sculpture (47x22x38cm-19x9x15in) Neuilly 90 ...... FF14 500 - £1 459 - **$2,636**
BOTSCHAROFF Michail Iljitsch 1830-1895 [2]
Abend an italienischen See - Oil/canvas (63x48cm-25x19in) Bremen 92 .... FF17 000 - £1 740 - **$2,993**
BOTT Francis 1904 [98]
Abstrakte Komposition - Mischtechnik/Karton (60x43cm-24x17in) Hamburg 96 ...... FF6 100 - £762 - **$1,180**
Vouloir l'invisible - Huile/carton (36x48cm-14x19in) Zürich 94 .... FF26 700 - £3 350 - **$5,150**
Composition camaieu ocre jaune - Huile/carton (59x78cm-23x31in) Paris 90 .... FF100 000 - £10 638 - **$17,889**
Composition - Gouache (15x10cm-6x4in) Paris 96 .... FF2 000 - £249 - **$388**
Abstraktion - Gouache/papier (32x47cm-13x19in) Luzern 94 .... FF28 400 - £3 390 - **$5,300**
BÖTTCHER Hans 1897-1986 [12]
Über den Dächern - Öl/Leinwand (51x61cm-20x24in) Berlin 92 .... FF9 500 - £1 134 - **$1,827**
Abstraction - Oil/canvas München 91 .... FF16 900 - £1 715 - **$3,052**
BOTTEMA Tjeerd 1884-1940 [2]
Winterscene - Etching Amsterdam 96 .... FF2 610 - £335 - **$515**
BOTTERO Giuseppe 1846-? [1]
Piazza San Marco - Huile/papier (27x53cm-11x21in) Bern 94 .... FF3 040 - £363 - **$568**
BOTTEX Jean-Baptiste XX [9]
Pêche miraculeuse - Oil/canvas (51x61cm-20x24in) New-York 91 .... FF11 300 - £1 125 - **$1,943**
BOTTEX Seymour XX [9]
Adoration of the Virgin - Oil/masonite (81x60cm-32x24in) New-York 91 .... FF5 650 - £562 - **$972**
BÖTTGER Herbert 1898-1954 [10]
Flowers in a landscape - Oil/canvas (44x39cm-17x15in) London 95 .... FF33 300 - £4 400 - **$6,750**

B

BÖTTGER Rudolf 1887-1973 [7]
Die Quelle - Öl/Leinwand (193x163cm-76x64in) Wien 95 .... FF**29 400** - £3 870 - **$5,960**
Motiv von der Alten Donau - Gouache/papier (24x34cm-9x13in) Wien 95 .... FF**9 100** - £1 136 - **$1,840**
BOTTI Francesco 1640-1710 [1]
Flora - Oil/canvas (87x72cm-34x28in) London 90.. FF**58 100** - £5 851 - **$10,564**
BOTTI Rinaldo 1650-1740 [1]
Monument with Putti - Ink (12x12cm-5x5in) London 90 .... FF**1 600** - £172 - **$282**
BOTTINI Georges 1874-1907 [38]
La toilette - Huile/panneau (33x23cm-13x9in) Paris 96 .... FF**49 000** - £5 940 - **$9,520**
Elégante au café - Aquarelle (31x25cm-12x10in) Paris 97 .... FF**33 500** - £3 655 - **$5,856**
Maison de nuit - Aquarelle (22x35cm-9x14in) La Varenne Saint-Hilaire 94 .... FF**36 000** - £4 250 - **$6,460**
BOTTOLI Oskar 1921 [8]
Twist II - Bronze (60cm-24in) Wien 97 .... FF**8 626** - £907 - **$1,481**
BOTTOMLEY Albert Ernest 1873-1950 [10]
The National Gallery, London
    Oil/canvas (41x51cm-16x20in) Fernhurst, Haslemere, Surrey 92 .... FF**17 600** - £1 800 - **$3,096**
Homeward bound - Watercolour (23x29cm-9x11in) Toronto 92.. FF**1 505** - £154 - **$265**
BOTTOMLEY Edwin 1865-? [5]
Companions - Watercolour (25x36cm-10x14in) Leeds 92 .... FF**8 040** - £960 - **$1,547**
BOTTOMLEY Frederic 1883-1960 [8]
Low tide - Oil/canvas/board London 90 .... FF**4 200** - £447 - **$751**
BOTTOMLEY John William 1816-1900 [3]
Bekehrung des heiligen Hubertus - Pencil (22x16cm-9x6in) München 94 .... FF**4 800** - £569 - **$888**
BOTTON de Jean Isy 1898-1978 [27]
Le Champs de Course à Deauville - Huile/toile (45x56cm-18x22in) Montréal 96.. FF**2 520** - £288 - **$483**
Personnages de la Comédie italienne - Oil/canvas (66x99cm-26x39in) Chicago 96 .... FF**12 000** - £1 554 - **$2,400**
BOTTONI E. XIX-XX [2]
The visit of the City Fathers - Oil/canvas (153x122cm-60x48in) London 92 .... FF**9 770** - £1 000 - **$1,724**
BOUBAT Edouard 1923 [42]
Salvador de Bahia - Photo (40x30cm-16x12in) Paris 89.. FF**4 200** - £418 - **$664**
Café de Flore - Gelatin silver print (26x38cm-10x15in) San Francisco-Los Angeles 95 .... FF**4 240** - £553 - **$850**
Lella, Bretagne - Gelatin silver print (36x25cm-14x10in) New-York 96 .... FF**13 050** - £1 510 - **$2,500**
BOUBE Alphonse 1884-1950 [2]
Portrait cubiste - Dessin (16x13cm-6x5in) Paris 91 .... FF**2 800** - £281 - **$513**
BOUCARD Maurice XX [3]
Vue d'Antibes - Aquarelle (25x34cm-10x13in) Paris 89 .... FF**1 500** - £149 - **$237**
BOUCART Gaston 1878-1962 [6]
On the seashore - Oil/canvas (60x73cm-24x29in) San Francisco-Los Angeles 95 .... FF**8 320** - £1 076 - **$1,700**
BOUCHARD Camille 1889-1973 [15]
La porte au clocher - Huile/carton (33x41cm-13x16in) L'Isle-Adam 95 .... FF**3 500** - £454 - **$722**
BOUCHARD Edith Marie 1924 [2]
Charroyage du bois - Oil/board (46x53cm-18x21in) Toronto 95 .... FF**11 200** - £1 410 - **$2,217**
BOUCHARD George Lorne Holland 1913-1978 [9]
Laurentides, Conte Charlevoix - Oil/board (30x40cm-12x16in) Toronto 92 .... FF**3 870** - £396 - **$682**
BOUCHARD Henri L. 1875-1960 [9]
Vendangeur bourguignon - Bronze (71x34x18cm-28x13x7in) Paris 93 .... FF**25 000** - £3 010 - **$4,550**
BOUCHARD Julien 1833-1921 [1]
Partition de musique - Huile/panneau Deauville 92 .... FF**16 000** - £1 638 - **$2,880**
BOUCHARD Laurent XX [2]
Villae street, Quebec - Huile/toile (46x61cm-18x24in) Montréal 94 .... FF**5 200** - £614 - **$933**
BOUCHARD Lorne Holland 1915-1978 [28]
Parc des Laurentides - Oil/board (71x92cm-28x36in) Toronto 94.. FF**10 230** - £1 196 - **$1,804**
BOUCHARD Louis 1953 [3]
Eaux troubles, Gaza - Technique mixte (70x160cm-28x63in) Paris 92 .... FF**11 500** - £1 177 - **$2,025**
BOUCHARD Marie Cecile 1920-1973 [3]
Promenade en traineau - Huile/isorel (39x43cm-15x17in) Montréal 96 .... FF**3 034** - £289 - **$440**
BOUCHARD Paul 1853-1937 [4]
The Death of Cleopatra - Oil/canvas (274x366cm-108x144in) New-York 96 .... FF**100 000** - £12 940 - **$20,000**
BOUCHARD Pierre François 1831-1889 [2]
The flower girl - Oil/canvas (113x73cm-44x29in) New-York 93 .... FF**66 000** - £8 270 - **$12,000**
BOUCHARD Simone Mary 1912-1945 [5]
Bouquet de fleurs - Huile/toile (57x71cm-22x28in) Montréal 95.. FF**3 450** - £447 - **$718**
BOUCHAUD Étienne 1898-1989 [17]
Discussion en terrasse - Huile/toile (96x130cm-38x51in) Saint-Dié 96 .... FF**10 500** - £1 205 - **$2,003**
Femmes - Aquarelle, gouache/papier (30x24cm-12x9in) La Roche-sur-Yon 93.. FF**2 000** - £241 - **$364**
BOUCHAUD Jean 1891-1977 [6]
Village africain - Aquarelle, gouache/papier (28x22cm-11x9in) Calais 97 .... FF**3 500** - £350 - **$590**
BOUCHÉ de Arnulf 1872-? [4]
Die Verschämte - Öl/Leinwand (49x38cm-19x15in) Wien 93 .... FF**8 650** - £1 034 - **$1,665**
Nubierinde - Oil/canvas (83x66cm-33x26in) Köbenhavn 95 .... FF**30 130** - £3 944 - **$6,120**
BOUCHE François 1924 [1]
Calendal et Estérelle - Bronze (57cm-22in) Paris 90 .... FF**29 000** - £3 105 - **$5,043**

BOUCHE Georges 1874-1941 [37]

🖾 *Paysage à la mare* - Huile/toile (54x65cm-21x26in) Paris 97 .... FF5 500 - £584 - **$958**
Ferme aux toits rouges - Huile/toile (60x73cm-24x29in) Saint-Etienne 94 .... FF11 500 - £1 338 - **$1,990**
Nature morte dans un paysage - Huile/toile (91x73cm-36x29in) Paris 92 .... FF40 000 - £4 094 - **$7,040**

BOUCHE Louis 1896-1969 [11]

🖾 *Figures in a surrealistic landscape* - Oil/canvas (63x76cm-25x30in) Amsterdam 94 ..... FF7 800 - £921 - **$1,390**

BOUCHÉ Louis Alexandre 1838-1911 [6]

🖾 *Route vers la village* - Oil/canvas (36x27cm-14x11in) New-York 93 .... FF13 750 - £1 724 - **$2,500**

BOUCHEIX François 1940 [8]

🖾 *Nuit d'orage sur Tchinpo* - Huile/toile (60x73cm-24x29in) Versailles 91 .... FF10 000 - £1 008 - **$1,735**

BOUCHENE Dimitri 1893-1993 [18]

🖾 *View of the Seine* - Oil/canvas/board (46x33cm-18x13in) New-York 92 .... FF4 165 - £484 - **$850**
✍ *Vase of flowers* - Pastel/paper (58x49cm-23x19in) London 95 .... FF4 570 - £600 - **$916**

BOUCHER Alain Michel 1944 [3]

🖾 *Les bistrots* - Huile/toile (96x71cm-38x28in) Paris 90 .... FF4 300 - £446 - **$756**

BOUCHER Alfred 1850-1934 [52]

🗿 *Au but !* - Bronze (68cm-27in) Avignon 95 .... FF30 100 - £3 745 - **$5,870**
La Scribe - Marble (94cm-37in) New-York 96 .... FF72 700 - £9 260 - **$14,000**
Volubilis (Convolvulus) - Marble (68cm-27in) New-York 94 .... FF506 000 - £59 700 - **$90,000**

BOUCHER François 1703-1770 [118]

🖾 *Le joueur de flageolet* - Oil/canvas (55x44cm-22x17in) London 95 .... FF5 - £740 000 - **$1**
✍ *Shepherds and Shepherdesses* - Red chalk (23x36cm-9x14in) London 97 .... FF68 493 - £7 000 - **$11,657**
A young Girl lifting her apron - Red chalk (36x19cm-14x7in) New-York 97 .... FF748 332 - £83 295 - **$135,000**

BOUCHER François II, Juste N 1736-1782 [1]

✍ *Personnages dans des ruines* - Aquarelle (39cm-15in) Paris 95 .... FF8 500 - £1 043 - **$1,656**

BOUCHER Gaston XIX [2]

🖾 *Bouquet de fleurs* - Huile/toile (116x90cm-46x35in) Paris 90 .... FF15 000 - £1 511 - **$2,727**

BOUCHER Jean Edouard 1888-? [1]

✍ *Romantic trios* - Watercolour (28x22cm-11x9in) New-York 89 .... FF7 400 - £736 - **$1,169**

BOUCHER Jean-Marie 1870-1939 [1]

🗿 *Venus and Cupid* - Marble (105cm-41in) London 96 .... FF263 300 - £30 000 - **$50,400**

BOUCHER Lucien 1889-1971 [6]

🖾 *Corse, Air France* - Affiche (100x62cm-39x24in) Boulogne 96 .... FF2 100 - £262 - **$408**

BOUCHER Pierre 1908 [18]

🖾 *Derrière le voile* - Photo (23x18cm-9x7in) Paris 92 .... FF2 000 - £239 - **$385**

BOUCHERLE Pierre 1894-1988 [8]

🖾 *La Gitane* - Huile/panneau (33x24cm-13x9in) Montélimar 92 .... FF10 000 - £1 024 - **$1,800**

BOUCHEROT Pierre 1943 [11]

🖾 *Promenade au bois* - Huile/toile (61x50cm-24x20in) Rambouillet 90 .... FF7 500 - £775 - **$1,325**

BOUCHET Auguste 1831-1889 [2]

🖾 *Afrique du Nord* - Huile/toile (23x45cm-9x18in) Paris 90 .... FF2 600 - £265 - **$520**
Nu au narghilé - Huile/toile (34x61cm-13x24in) Paris 91 .... FF32 000 - £3 248 - **$5,780**

BOUCHET Gustave 1888-1963 [1]

✍ *Le Vent* - Aquarelle (27x21cm-11x8in) Zürich 96 .... FF15 620 - £1 957 - **$3,013**

BOUCHET Jean 1929 [2]

✍ *Sans titre* - Gouache (65x50cm-26x20in) Avignon 89 .... FF6 000 - £632 - **$1,010**

BOUCHET Jules Frédéric 1799-1860 [3]

✍ *Original de la Maison du Poète* - Wash/paper (30x20cm-12x8in) New-York 90 .... FF21 430 - £2 158 - **$4,198**

BOUCHET Léon XIX-XX [22]

🖾 *Paysage vallonné* - Huile/panneau (35x24cm-14x9in) Louviers 90 .... FF2 200 - £234 - **$394**

BOUCHET Louis André G. 1759-1842 [4]

🖾 *Hector Isabey* - Huile/toile (141x98cm-56x39in) Paris 94 .... FF1 5e +06 - £124 000 - **$188,500**

BOUCHET Louis Daniel 1866-1924 [3]

🖾 *Péniche sur la Seine* - Huile/toile (38x55cm-15x22in) Paris 93 .... FF2 000 - £227 - **$339**

BOUCHEZ Charles 1811-? [4]

🖾 *Cooking man and his dog* - Oil/panel (19x25cm-7x10in) Stockholm 96 .... FF7 780 - £887 - **$1,490**

BOUCHOR Joseph-Félix 1853-1937 [26]

🖾 *Assise intérieur de l'église supérieure* - Huile/panneau (33x24cm-13x9in) Nantes 94 ..... FF2 800 - £29 0 8 - **$479**
La port de Meknès - Huile/panneau (33x24cm-13x9in) Paris 94 .... FF26 000 - £3 080 - **$4,800**
✍ *Lieutenant de Juigné, Lt.-Col. Helle,...* - Aquarelle (24x33cm-9x13in) Paris 96 .... FF3 000 - £385 - **$592**

BOUCHOT François 1800-1842 [1]

✍ *Portrait of two brothers* - Drawing (37x29cm-15x11in) New-York 90 .... FF80 700 - £8 126 - **$15,808**

BOUCOIRAN Numa 1805-1869 [3]

🖾 *Fille de l'aristocratie languedocienne* - Huile/toile (115x87cm-45x34in) Paris 96 .... FF14 500 - £1 870 - **$2,840**

BOUDA Cyril 1901-1984 [1]

🖾 *Wald bei Pruhonice* - Oil/panel (40x46cm-16x18in) München 91 .... FF13 520 - £1 346 - **$2,325**

BOUDAL Léon, abbé XIX-XX [4]

🖾 *Le Lac Chambon* - Huile/toile (55x39cm-22x15in) Aurillac 96 .... FF7 500 - £910 - **$1,460**

BOUDARD Jean-Baptiste c.1715-1773 [2]

🖾 *Buste d'un homme de qualité* - Tempera/tela Paris 91 .... FF75 000 - £7 498 - **$12,352**

BOUDAREL Albert 1888-? [1]

🗿 *Orang-outan et son petit* - Bronze (32cm-13in) Paris 95 .... FF12 000 - £1 560 - **$2,470**

B

BOUDET Pierre 1915 [147]
- Printemps au Jardin des Tuileries - Huile/toile (60x73cm-24x29in) Besançon 96 .... FF13 000 - £1 630 - **$2,510**
- Honfleur, le quai de la Quarantaine - Huile/toile (60x81cm-24x32in) Paris 95 .... FF28 000 - £3 540 - **$5,680**
- Honfleur, Grand Bassin à marée-basse - Huile/toile (50x61cm-20x24in) Paris 96 .... FF41 000 - £5 270 - **$8,120**
- Paris, les bouquinistes au Quai Conti - Aquarelle (30x40cm-12x16in) Versailles 95 .... FF6 500 - £786 - **$1,224**

BOUDEWIJNSE Adriaan Joh. Petrus 1862-1909 [1]
- Apples in a reeded basket - Oil/canvas (30x60cm-12x24in) Amsterdam 94 .... FF3 940 - £453 - **$674**

BOUDEWYNS Frans 1673-1744 [6]
- Arcadian landscape - Ink (20x31cm-8x12in) Amsterdam 92 .... FF7 530 - £900 - **$1,450**

BOUDIN Eugène 1824-1898 [535]
- Venise, le canal de Gandara - Oil/panel (46x37cm-18x15in) London 97 .... FF1 - £140 000 - **$231,490**
- Trouville à marée basse - Oil/canvas (50x74cm-20x29in) New-York 89 .... FF2 - £256 119 - **$406,635**
- Trouville, soleil couchant - Oil/canvas (50x64cm-20x25in) New-York 92 .... FF3 - £370 000 - **$650,000**
- Les petits ânes - Huile/panneau (19x27cm-7x11in) Calais 97 .... FF29 500 - £2 952 - **$4,979**
- Le Havre - Oil/panel (18x27cm-7x11in) London 97 .... FF119 700 - £15 000 - **$23,100**
- Paysage de Bretagne - Oil/canvas (42x55cm-17x22in) London 97 .... FF144 788 - £15 000 - **$24,802**
- Voilier, St. Valéry-sur-Somme - Huile/panneau (27x21cm-11x8in) Deauville 97 .... FF186 000 - £20 199 - **$32,959**
- Portriaux, bateaux au port - Huile/toile (36x59cm-14x23in) Paris 96 .... FF430 000 - £49 800 - **$82,820**
- Deauville, le trois-mâts norvégien - Oil/panel (33x41cm-13x16in) London 95 .... FF523 000 - £68 000 - **$107,700**
- Venise depuis San Giorgio - Oil/canvas (51x73cm-20x29in) New-York 89 .... FF8 8e +06 - £796 816 - **$1**
- Etudes de pêcheurs - Crayon/papier Paris 97 .... FF6 200 - £676 - **$1,084**
- Une dame sur la plage - Watercolour (11x14cm-4x6in) New-York 96 .... FF15 540 - £1 920 - **$3,000**
- Femmes de Plougastel - Encre (11x21cm-4x8in) Paris 94 .... FF62 000 - £7 400 - **$11,570**
- Crinolines sur la plage - Aquarelle (14x25cm-6x10in) Paris 94 .... FF170 000 - £19 900 - **$30,000**

BOUDINET Daniel 1945-1990 [2]
- Fragments d'un Labyrinthe - Cibachrome print (25x20cm-10x8in) Paris 95 .... FF2 000 - £252 - **$397**

BOUDON David 1750-? [2]
- Mother & her revolutionary son - Miniature (6cm-2in) Genève 92 .... FF9 220 - £950 - **$1,725**

BOUDON Émile XIX-XX [1]
- Jeune asiatique, Hanoï - Bronze (32cm-13in) Le Touquet 89 .... FF12 000 - £1 227 - **$1,929**

BOUDON Patrick XX [7]
- Mafalda, 1977 - Huile/carton (80x60cm-31x24in) Versailles 90 .... FF36 000 - £3 731 - **$6,327**

BOUDOT Léon 1851-1930 [2]
- Jeune femme au potager - Huile/toile (46x61cm-18x24in) Besançon 96 .... FF2 900 - £333 - **$554**

BOUDOT Paul 1915-1982 [9]
- Le couple nu - Huile/toile (55x65cm-22x26in) Paris 90 .... FF2 300 - £242 - **$400**

BOUDOU Marcel 1909-? [2]
- Intérieur breton, Concarneau - Huile/toile (46x55cm-18x22in) Rennes 93 .... FF2 600 - £314 - **$473**

BOUDRY Aloïs 1851-1938 [13]
- Couple de pêcheurs - Huile/toile (52x45cm-20x18in) Antwerpen 96 .... FF7 410 - £930 - **$1,430**

BOUDRY Pol 1914-1976 [1]
- Fleurs - Huile/toile (66x50cm-26x20in) Antwerpen 94 .... FF7 430 - £853 - **$1,271**

BOUDRY Robert 1876-1961 [7]
- Ruelle à Anvers - Huile/toile (90x80cm-35x31in) Antwerpen 96 .... FF3 940 - £477 - **$759**

BOUEL Louis Fr. Numance XIX-XX [2]
- Chemin dans la Forêt de Sénart - Oil/canvas (50x61cm-20x24in) New-York 91 .... FF19 470 - £1 947 - **$3,207**

BOUET Georges Adelmard 1817-? [1]
- Pêche sous les grands arbres - Huile/toile (92x73cm-36x29in) Bayeux 92 .... FF10 000 - £1 194 - **$1,923**

BOUET Pierre Henri 1828-1889 [2]
- Nature morte dans un paysage - Huile/panneau (48x97cm-19x38in) Stuttgart 95 .... FF22 100 - £2 835 - **$4,455**

BOUFFANAIS Jules René ?-1915 [1]
- Portrait de jeune fille - Pastel (55cm-22in) Morlaix 94 .... FF4 000 - £480 - **$740**

BOUFFEZ François 1890-1937 [11]
- Buste de Maurice Denis - Plâtre (30cm-12in) Paris 91 .... FF3 800 - £378 - **$653**

BOUFFIGNY Yves XX [2]
- Péniches au Près-aux-Loups, Rouen - Huile/toile (38x46cm-15x18in) Montauban 96 .... FF2 100 - £273 - **$412**

BOUGARD Charles XIX-XX [2]
- Village, ferme en Brabant - Huile/toile (180x142cm-71x56in) Montréal 94 .... FF18 870 - £2 200 - **$3,310**

BOUGH Samuel 1822-1878 [58]
- The Otter Hunt - Oil/canvas (61x9cm-24x4in) Glasgow 96 .... FF22 460 - £2 600 - **$4,300**
- Going through the lock - Oil/canvas (65x105cm-26x41in) London 96 .... FF127 700 - £16 000 - **$24,640**
- Going down the hill - Watercolour/paper (29x39cm-11x15in) Glasgow 96 .... FF5 180 - £600 - **$993**

BOUGHTON Alice 1866-1943 [4]
- Nude on Dune - Platinum print (20x13cm-8x5in) New-York 94 .... FF6 370 - £761 - **$1,200**

BOUGHTON George Henry 1833-1905 [31]
- Ladies of the Well - Oil/canvas (40x91cm-16x36in) London 96 .... FF21 930 - £2 600 - **$4,280**
- On the river bank - Watercolour (36x26cm-14x10in) London 95 .... FF3 950 - £500 - **$794**

BOUGIE Louis Pierre 1946 [4]
- Profil - Burin (80x53cm-31x21in) Paris 92 .... FF5 100 - £522 - **$898**
- Sans titre - Pastel (53x72cm-21x28in) Montréal 91 .... FF1 505 - £150 - **$248**

BOUGOURD Auguste 1830-1917 [8]
- Souk des étoffes, Tunis - Huile/carton (22x27cm-9x11in) Paris 95 .... FF18 500 - £2 430 - **$3,710**

BOUGOURD Cécile 1857-1941 [1]
- Lac de Bizerte - Huile/toile (61x104cm-24x41in) Paris 94 .... FF20 000 - £2 370 - **$3,696**

BOUGUEREAU Elizabeth J. Gardner 1851-1922 [3]
- Philome and Procne - Oil/canvas (80x62cm-31x24in) New-York 94 .... FF**84 800** - £9 810 - **$14,500**

BOUGUEREAU William Adolphe 1825-1905 [97]
- Italienne puisant de l'eau - Oil/canvas (119x78cm-47x31in) New-York 97 .... FF**1** - £184 470 - **$300,000**
- Le coquillage - Oil/canvas (130x89cm-51x35in) New-York 92 .... FF**2** - £298 000 - **$480,000**
- Le Lever - Oil/panel (25x20cm-10x8in) New-York 96 .... FF**220 700** - £28 100 - **$42,500**
- Admiration maternelle - Oil/canvas (55x38cm-22x15in) New-York 96 ...... FF**1 38e +06** - £132 300 - **$200,000**
- Le Leçon difficile - Pencil/paper (32x21cm-13x8in) New-York 96 .... FF**109 000** - £13 900 - **$21,000**

BOUHOT Étienne 1780-1862 [10]
- Saint-Germain-de-Charonne - Huile/toile (46x55cm-18x22in) Paris 92 .... FF**110 000** - £13 130 - **$21,150**
- Waterfall & figures on a terrace - Ink (16x24cm-6x9in) London 97 .... FF**2 654** - £280 - **$455**

BOUIE Félix 1812-? [1]
- Figures crossing a stream - Oil/canvas (77x101cm-30x40in) London 91 .... FF**20 940** - £2 100 - **$3,457**

BOUILLÉ Christian 1948 [6]
- Si tous les exodes - Technique mixte/panneau (89x116cm-35x46in) Paris 91 ...... FF**13 000** - £1 319 - **$2,348**
- Et la périphérie - Collage (100x111cm-39x44in) Paris 91 .... FF**2 500** - £248 - **$434**

BOUILLÉ Émile XX [18]
- Pêche à la sardine vers Ploumanach
  Huile/toile (59x108cm-23x43in) Saint-Quentin 96 .... FF**10 000** - £1 244 - **$1,940**

BOUILLE Étienne 1858-1933 [6]
- Petit port animé - Huile/carton (38x55cm-15x22in) Quimper 97 .... FF**5 500** - £589 - **$964**

BOUILLE Pierre 1948 [2]
- Fête de l'Humanité - Technique mixte (22x22cm-9x9in) Paris 92 .... FF**4 600** - £471 - **$828**
- D - Encre Chine Paris 91 .... FF**6 800** - £690 - **$1,228**

BOUILLETTE Edgard 1872-? [1]
- Lavandières - Huile/toile (80x100cm-31x39in) Dijon 94 .... FF**5 000** - £582 - **$867**

BOUILLIER Amable 1867-? [1]
- La bergère tricoteuse - Oil/canvas/board (142x99cm-56x39in) New-York 91 .... FF**14 120** - £1 406 - **$2,428**

BOUILLIERE Edouard 1908-1975 [1]
- Saint-Tropez - Oil/canvas (53x64cm-21x25in) Chicago 96 .... FF**4 414** - £563 - **$850**

BOUILLON Georges 1891-1943 [21]
- Scène de chasse - Huile/toile (115x106cm-45x42in) Bruxelles 94 .... FF**7 630** - £917 - **$1,447**

BOUILLON Henri T. 1864-1934 [1]
- Le Coupeur de Lys - Bronze (57cm-22in) London 96 .... FF**20 200** - £2 300 - **$3,864**

BOUILLON Pierre 1776-1831 [1]
- La mort de Caton d'Utique - Dessin (17x27cm-7x11in) Paris 92 .... FF**12 500** - £1 492 - **$2,404**

BOUISSET Firmin Étienne 1859-1925 [14]
- Chocolat Menier... - Affiche (155x100cm-61x39in) Boulogne 96 .... FF**7 200** - £903 - **$1,392**

BOUJU Alain 1948 [33]
- Les vieux gréements - Huile/toile (33x41cm-13x16in) Quimper 94 .... FF**3 400** - £394 - **$584**
- Chez Monet à Giverny - Huile/toile (60x73cm-24x29in) Allaman 94 .... FF**7 020** - £842 - **$1,364**

BOUKERCHE Miloud ?-1979 [2]
- Les amoureux - Huile/toile (61x50cm-24x20in) Paris 92 .... FF**15 000** - £1 536 - **$2,640**

BOULANGÉ Louis 1812-1878 [1]
- Lavandières - Oil/canvas (54x38cm-21x15in) Bruxelles 95 .... FF**6 230** - £779 - **$1,258**

BOULANGER Clément 1805-1842 [3]
- La prédication de Knox - Huile/toile (84x104cm-33x41in) Vendôme 97 .... FF**29 000** - £3 079 - **$5,051**

BOULANGER François Jean Louis 1819-1873 [3]
- Ghent - Oil/canvas (96x120cm-38x47in) London 91 .... FF**99 700** - £9 997 - **$16,458**

BOULANGER Gustave Clarence R. 1824-1888 [12]
- The Barber shop of Licinius - Oil/canvas (71x102cm-28x40in) New-York 94 .... FF**168 500** - £19 900 - **$30,000**
- Two Moroccans - Pencil (20x14cm-8x6in) New-York 93 .... FF**9 440** - £1 074 - **$1,600**

BOULANGER Louis 1806-1867 [17]
- L'apprentissage de la vie - Huile/toile (46x39cm-18x15in) Senlis 90 .... FF**15 000** - £1 606 - **$2,609**
- The Bathing Place - Oil/canvas (92x73cm-36x29in) New-York 94 .... FF**87 700** - £10 140 - **$15,000**
- Léonore - Gouache (23x24cm-9x9in) Paris 92 .... FF**6 000** - £637 - **$1,045**

BOULANGER Lucienne ?-c.1920 [2]
- Les Enragés - Huile/toile (50x61cm-20x24in) Paris 95 .... FF**24 500** - £3 230 - **$4,970**

BOULANGER Marie Elisabeth 1809-? [1]
- Self-portrait - Oil/canvas (73x61cm-29x24in) London 96 .... FF**96 200** - £12 000 - **$18,600**

BOULARD Armand A. XIX-XX [3]
- Femme aux grappes de raisins - Sculpture (13cm-5in) Paris 95 .... FF**3 200** - £401 - **$618**

BOULARD Auguste [2]
- Vase de fleurs - Huile/panneau (39x46cm-15x18in) Versailles 94 .... FF**8 000** - £918 - **$1,370**

BOULARD Auguste fils 1852-1927 [7]
- Scène d'intérieur - Huile/toile (60x73cm-24x29in) Saint-Dié 97 .... FF**8 500** - £960 - **$1,539**

BOULARD Auguste père 1825-1897 [10]
- La ferme - Huile/carton (30x21cm-12x8in) Barbizon 92 .... FF**17 000** - £1 740 - **$2,993**

BOULARD DE VILLENEUVE Maxime 1884-1971 [1]
- Vue d'Eze - Huile/toile (53x71cm-21x28in) Paris 90 .... FF**4 000** - £407 - **$800**

BOULARD Émile 1861-1943 [11]
- La rue du village - Huile/toile (55x40cm-22x16in) Pontoise 96 .... FF**7 000** - £891 - **$1,350**

Peintre dessinant dans son atelier - Huile/toile (162x130cm-64x51in) Paris 93................. FF58 000 - £6 990 - **$10,540**
BOULARD Théodore 1887-1961 [51]
🖼 *Devant l'église* - Huile/toile (40x60cm-16x24in) Le Mans 94 .... FF20 000 - £2 315 - **$3,690**
BOULAT Pierre 1924 [1]
📷 *Petits Poulbots, Paris* - Tirage argentique (18x24cm-7x9in) Paris 95 .... FF2 500 - £320 - **$511**
BOULAY-BALDA Maïté XX [3]
🖼 *Composition* - Huile/toile (100x65cm-39x26in) Tours 92 .... FF2 400 - £246 - **$423**
BOULBOULLÉ Erna 1919 [4]
🖼 *Komposition* - Oil München 91 .... FF2 873 - £292 - **$519**
BOULENGER Hippolyte 1837-1874 [21]
🖼 *Chemin dans la forêt de Soignes* - Huile/panneau (37x47cm-15x19in) Bruxelles 91 .... FF13 170 - £1 349 - **$2,459**
✏ *Forêt* - Aquarelle (33x24cm-13x9in) Bruxelles 90 .... FF3 200 - £331 - **$565**
BOULET Cyprien 1877-1927 [24]
🖼 *Gitane au tambourin* - Huile/toile (69x58cm-27x23in) Paris 93 .... FF11 500 - £1 386 - **$2,090**
A woman resting against a tree - Oil/canvas (80x59cm-31x23in) London 91 .... FF39 700 - £4 029 - **$7,170**
BOULEZ Jules Jacques 1889-1960 [15]
🖼 *Boeket* - Huile/toile (60x73cm-24x29in) Lokeren 93 .... FF7 580 - £906 - **$1,550**
Figuratieve asbtarctie - Huile/papier/panneau (71x91cm-28x36in) Lokeren 94 .... FF24 900 - £2 940 - **$4,430**
BOULIAN Aline ?-1903 [1]
🖼 *Marché en Afrique du Nord* - Huile/toile (45x55cm-18x22in) Bordeaux 95................... FF9 200 - £1 210 - **$1,846**
BOULIARD Marie Geneviève 1772-1819 [2]
🖼 *M. de Talleyrand* - Huile/toile (24x18cm-9x7in) Paris 92........................ FF9 000 - £921 - **$1,585**
Self-portrait - Oil/canvas (60x48cm-24x19in) New-York 94........................ FF264 000 - £30 500 - **$45,000**
BOULIER Lucien 1882-1963 [66]
🖼 *Jeune fille* - Huile/panneau (27x22cm-11x9in) Calais 91 .... FF7 000 - £705 - **$1,215**
Baigneuses - Huile/toile (116x145cm-46x57in) Lyon 90 .... FF36 000 - £3 681 - **$7,106**
✏ *Jeune fille* - Pastel (23x31cm-9x12in) Toulouse 95............................ FF1 600 - £208 - **$330**
BOULINEAU Abel XX [2]
🖼 *Les pêcheurs* - Huile/toile (50x73cm-20x29in) Saint-Germain-en-Laye 89 .... FF3 500 - £369 - **$589**
BOULINEAU Aristide c.1840-? [1]
🖼 *Chasseurs-alpins au bivouac* - Huile/panneau (29x43cm-11x17in) Bern 95 .... FF3 456 - £432 - **$698**
BOULLÉE Étienne Louis 1728-1799 [1]
✏ *Projet de Bibliothèque royale* - Encre Chine (40x65cm-16x26in) Paris 93 .... FF380 000 - £43 700 - **$65,400**
BOULLET Jean 1921-1970 [3]
✏ *Jean Cocteau* - Encre (28x17cm-11x7in) Paris 93 .... FF2 100 - £263 - **$382**
BOULLIER Robert XIX-XX [3]
🖼 *Thonon-les-Bains* - Poster (107x74cm-42x29in) New-York 95 .... FF4 545 - £573 - **$900**
BOULOGNE Frédéric XX [2]
🖼 *Composite, 1988* - Huile/toile (60x60cm-24x24in) Paris 89 .... FF4 500 - £448 - **$711**
BOULONGUE de Pierre XIX-XX [2]
🗿 *Anna Pavlovla: La Mort du Cygne* - Bronze (29cm-11in) Paris 95 .... FF28 000 - £3 350 - **$5,330**
BOULT A.S. XIX [4]
🖼 *Over the ditch/Full cry* - Oil/canvas (30x35cm-12x14in) London 91................... FF7 930 - £805 - **$1,432**
BOULTBEE John 1753-1812 [10]
🖼 *Bay hunter & King Charles Spaniel* - Oil/canvas (61x76cm-24x30in) London 95 .... FF51 300 - £6 500 - **$10,320**
BOULTON Joseph Lorkowski 1896-1981 [1]
🗿 *Mouse* - Bronze (7cm-3in) New-York 92 .... FF1 776 - £186 - **$320**
BOUMAN Hans 1951 [2]
🖼 *Sans titre* - Technique mixte/panneau (200x200cm-79x79in) Paris 91 .... FF27 000 - £2 681 - **$4,688**
BOUMEESTER Christine 1904-1971 [48]
🖼 *Composition* - Huile/toile (50x73cm-20x29in) Paris 97 .... FF7 000 - £760 - **$1,228**
Sans titre - Huile/toile (54x73cm-21x29in) Paris 96 .... FF16 000 - £1 884 - **$3,140**
Notre destin - Huile/panneau (50x65cm-20x26in) Verrières-Le-Buisson 90 .... FF78 000 - £8 058 - **$13,781**
✏ *Composition, 1957* - Aquarelle (20x27cm-8x11in) Paris 89 .... FF7 000 - £697 - **$1,106**
BOUNDEY Burton 1879-1962 [1]
🖼 *Bank of my Lake* - Huile/toile (61x76cm-24x30in) San Francisco-Los Angeles 92........... FF31 850 - £3 700 - **$6,500**
BOUNIEU Michel-Honoré 1740-1814 [1]
🖼 *La partie de musique* - Huile/panneau (37x27cm-15x11in) Paris 95................ FF98 000 - £12 880 - **$19,660**
BOUQUET André 1897-1987 [6]
🖼 *Rue de village* - Oil/canvas (33x45cm-13x18in) New-York 92 .... FF4 160 - £497 - **$800**
BOUQUET Jean 1908-1976 [1]
🖼 *Composition* - Huile/panneau (46x61cm-18x24in) Liège 95 .... FF3 074 - £393 - **$630**
BOUQUET Michel 1807-1890 [11]
🖼 *Vue du Cap Sounion* - Huile/toile (21x32cm-8x13in) Paris 95 .... FF13 000 - £1 653 - **$2,640**
✏ *Bord de mer* - Pastel (27x45cm-11x18in) Grenoble 95 .... FF2 900 - £382 - **$588**
BOUQUILLON Albert 1908 [11]
🗿 *Femme nue* - Bronze (58cm-23in) Lille 97 .... FF12 000 - £1 243 - **$2,055**
BOUQUILLON Robert 1923 [39]
🖼 *Le piano du peintre* - Huile/toile (92x76cm-36x30in) Douai 94 .... FF7 000 - £827 - **$1,257**
✏ *Les Péniches de charbon* - Fusain (87x69cm-34x27in) Douai 95.................... FF2 000 - £251 - **$399**
BOURAINE Antoine XIX-XX [8]
🗿 *Danseuse au voile* - Sculpture (30cm-12in) Paris 91 .... FF8 500 - £871 - **$1,587**
Grecian nude female - Sculpture (33cm-13in) Genève 90 .... FF507 000 - £53 936 - **$90,698**

BOURAINE Marcel XIX-XX [28]
- *Danseuse à l'éventail* - Bronze (39cm-15in) Paris 95 .... FF5 500 - £688 - **$1,111**
- *Le Rhône* - Bronze (27cm-11in) Autun 95 .... FF11 500 - £1 512 - **$2,310**
- *Amazone* - Bronze (45cm-18in) Paris 96 .... FF24 000 - £2 910 - **$4,670**

BOURBON de Henri de Chambord 1820-1883 [1]
- *Deux vues de Kirchberg* - Aquarelle/papier (26x34cm-10x13in) Paris 96 .... FF8 500 - £1 100 - **$1,670**

BOURBON-LEBLANC Louis Gabriel 1813-1902 [4]
- *Favourites of the Harem* - Oil/canvas (79x98cm-31x39in) London 96 .... FF110 700 - £13 000 - **$21,770**

BOURCART Émile 1827-1900 [1]
- *Cavaliers en bord de mer* - Huile/toile (38x46cm-15x18in) Aubagne 95 .... FF11 500 - £1 488 - **$2,350**

BOURCE Henri 1826-1899 [7]
- *Les premières cerises* - Huile/toile (94x124cm-37x49in) Bruxelles 96 .... FF14 170 - £1 830 - **$2,797**

BOURDEAU Robert 1931 [7]
- *Maine, USA* - Silver print New-York 90 .... FF10 900 - £1 110 - **$2,180**

BOURDELLE Émile Antoine 1861-1929 [165]
- *Héraclès archer* - Bronze (250cm-98in) New-York 89 .... FF9 - £935 787 - **$1**
- *Femme au chignon* - Bronze (19cm-7in) Paris 97 .... FF16 500 - £1 732 - **$2,838**
- *Buste de jeune femme* - Bronze (26cm-10in) Paris 97 .... FF35 000 - £3 675 - **$6,020**
- *Adolescente* - Bronze (37x30x40cm-15x12x16in) Paris 94 .... FF85 000 - £9 930 - **$14,980**
- *Adam, premier état* - Bronze (65cm-26in) London 97 .... FF212 355 - £22 000 - **$36,377**
- *Le Mythe de Léda* - Aquarelle, gouache (46x34cm-18x13in) Paris 95 .... FF20 000 - £2 600 - **$4,115**

BOURDILLON Frank Wright XIX-XX [3]
- *Across the beach* - Oil/canvas (22x27cm-9x11in) New-York 96 .... FF35 000 - £4 530 - **$7,000**

BOURDIN Guy 1933-1991 [1]
- *Girl at station* - Silver print (40x30cm-16x12in) London 91 .... FF5 640 - £561 - **$970**

BOURDON Julien XIX-XX [4]
- *Nu blond* - Huile/carton (56x39cm-22x15in) Lyon 96 .... FF4 000 - £470 - **$787**

BOURDON Sébastien 1616-1671 [15]
- *Bacchus & Ariadne* - Oil/canvas (80x111cm-31x44in) New-York 91 .... FF1 - £117 687 - **$227,454**

BOURDON-GIQUET Patrick 1954 [2]
- *Autoportrait V* - Pastel (110x70cm-43x28in) Paris 89 .... FF6 500 - £647 - **$1,027**

BOURDOUXHE Denise 1925 [6]
- *Nature morte aux pichets* - Huile/toile (38x46cm-15x18in) Paris 90 .... FF4 100 - £439 - **$713**

BOURÉ Félix 1831-1883 [1]
- *La Muse du Théâtre* - Bronze Bruxelles 95 .... FF1 860 - £241 - **$388**

BOURET Eutrope 1833-1906 [22]
- *Leçon de maintien* - Sculpture (34cm-13in) Villeneuve la Garenne 97 .... FF5 000 - £529 - **$858**
- *Guardians of the temple* - Bronze (35cm-14in) London 93 .... FF16 600 - £2 000 - **$2,900**

BOURET Gabriel 1817-? [1]
- *Paysage de Normandie* - Huile/carton (21x30cm-8x12in) Paris 96 .... FF3 000 - £348 - **$575**

BOURET Pierre Ernest 1897-1977 [3]
- *Mineur* - Bronze (28cm-11in) Bruxelles 97 .... FF3 272 - £348 - **$570**
- *Femme nue assise* - Bronze (34cm-13in) Rambouillet 90 .... FF15 000 - £1 596 - **$2,683**

BOURGADE de Auguste ?-1969 [2]
- *Landschaft mit Kirche* - Ol/Leinwand (45x55cm-18x22in) Wien 97 .... FF9 592 - £1 012 - **$1,658**

BOURGAIN Gustave 1855-1921 [13]
- *Bouquet de pivoines et lilas* - Huile/toile (100x80cm-39x31in) Paris 94 .... FF10 500 - £1 193 - **$1,785**
- *Timoniers à la barre par gros temps* - Gouache (21x14cm-8x6in) Paris 96 .... FF3 000 - £353 - **$590**
- *The Negotiation* - Watercolour (33x46cm-13x18in) London 97 .... FF16 349 - £1 800 - **$2,869**

BOURGAT Jules c.1920 [1]
- *L'oasis à Biskra* - Huile/toile (23x36cm-9x14in) Paris 89 .... FF30 000 - £3 067 - **$4,823**

BOURGAULT Jean-Julien 1910 [8]
- *Filles à la pêche* - Bas-relief en bois sculpté (70x104cm-28x41in) Montréal 94 .... FF7 550 - £880 - **$1,323**

BOURGAULT Médard 1897-1967 [3]
- *Intimité* - Bois (120x30x47cm-47x12x19in) Montréal 92 .... FF8 600 - £880 - **$1,514**

BOURGEOIS Albert Paul ?-1812 [1]
- *Peintre David* - Encre/papier (10x6cm-4x2in) Paris 89 .... FF3 800 - £378 - **$600**

BOURGEOIS Charles Arthur 1838-1886 [12]
- *Charmeur de serpents* - Bronze (56cm-22in) Paris 94 .... FF20 000 - £2 380 - **$3,805**
- *Indigène excitant un serpent* - Bronze (82cm-32in) New-York 92 .... FF57 200 - £6 830 - **$11,000**

BOURGEOIS Charles Guillaume A. 1759-1832 [7]
- *Homme de profil* - Miniature (8cm-3in) Paris 94 .... FF8 000 - £957 - **$1,567**

BOURGEOIS DU CASTELET Constant F. 1767-1841 [3]
- *Cloître Sainte-Trophime, Arles* - Crayon (26x45cm-10x18in) Paris 93 .... FF2 700 - £326 - **$491**

BOURGEOIS DU CASTELET Florent Fidèle C. 1767-1836 [1]
- *Environs de Naples, Isola di Saura* - Aquarelle (35x52cm-14x20in) Versailles 92 .... FF11 000 - £1 130 - **$2,116**

BOURGEOIS Eugène 1855-1909 [20]
- *Falaise et rivage de la côte d'Opale* - Huile/toile (27x55cm-11x22in) Calais 93 .... FF6 500 - £813 - **$1,182**
- *Chamonix-Montenvers, Mer de Glace* - Affiche (79x108cm-31x43in) Nice 96 .... FF2 000 - £250 - **$387**

BOURGEOIS Jean-Claude XX [2]
- *Ferme du Haut-Doubs* - Huile/toile (60x73cm-24x29in) Genève 96 .... FF3 380 - £391 - **$647**
- *L'Invitation* - Huile/toile (54x65cm-21x26in) Versailles 93 .... FF22 000 - £2 650 - **$4,000**

BOURGEOIS Jef 1896-1986 [1]
- *La commode rouge* - Huile/toile (40x30cm-16x12in) Antwerpen 93 .... FF2 590 - £296 - $441

BOURGEOIS Louise 1911-1995 [24]
- *Ste. Sebastienne* - Drypoint (12x94cm-5x37in) New-York 97 .... FF16 000 - £1 715 - $2,800
- *Clutching* - Bronze (30x30x33cm-12x12x13in) New-York 95 .... FF223 000 - £27 840 - $45,000
- *Untitled* - Ink/paper (27x21cm-11x8in) New-York 93 .... FF49 500 - £6 210 - $9,000

BOURGEOIS Peter Francis 1756-1811 [1]
- *The Ferry's Crossing* - Watercolour (24x37cm-9x15in) London 93 .... FF3 160 - £360 - $537

BOURGEOIS Urbain 1842-1911 [1]
- *Malinconia* - Fusain Paris 91 .... FF3 000 - £303 - $596

BOURGEOIS Victor Ferdinand 1876-1924 [15]
- *Paysage du Midi* - Huile/toile (46x33cm-18x13in) Troyes 91 .... FF7 800 - £775 - $1,354

BOURGEOIS-BORGEX Louis 1873-? [2]
- *Höstlandskap med ruin och kyrktorn* - Oil/canvas (91x72cm-36x28in) Stockholm 96 .... FF3 520 - £448 - $694
- *Bergère et son troupeau* - Huile/toile (45x81cm-18x32in) Versailles 90 .... FF6 500 - £700 - $1,146

BOURGES Léonide P. Élise 1838-1910 [5]
- *Le petit violoniste* - Huile/panneau (32x23cm-13x9in) Saint-Germain-en-Laye 95 .... FF8 000 - £1 020 - $1,612

BOURGET Marie 1952 [2]
- *Composition monochrome* - (120x100cm-47x39in) Paris 94 .... FF2 000 - £236 - $359

BOURGIN Pierre XX [5]
- *Encéphales en vacuité giratoire* - Huile/panneau (75x100cm-30x39in) Paris 94 .... FF12 000 - £1 426 - $2,215
- *Homme dans L'Ile aux Femmes* - Aquarelle (28x20cm-11x8in) Paris 94 .... FF3 900 - £464 - $720

BOURGOGNE Gustave 1888-1968 [13]
- *Sainte Thérèse* - Gouache (31x23cm-12x9in) Paris 89 .... FF2 500 - £256 - $402

BOURGOGNE Pierre 1838-1904 [5]
- *Brassée de roses* - Huile/toile (46x55cm-18x22in) Paris 97 .... FF12 500 - £1 370 - $2,194

BOURGOIN Aymé-Adolphe 1823-? [2]
- *Moutons au pâturage* - Huile/toile (38x55cm-15x22in) Le Touquet 93 .... FF4 000 - £450 - $678

BOURGOIN Eugène 1880-1924 [2]
- *Tête d'homme sur les mains jointes* - Bronze (38cm-15in) Morlaix 94 .... FF4 200 - £504 - $776

BOURGOIN Marie Désiré 1839-1912 [3]
- *Le peintre à son chevalet* - Aquarelle (37x26cm-15x10in) Barbizon 94 .... FF3 800 - £448 - $676

BOURGUIGNON Marie-Christine 1960 [3]
- *Mémoire du géranium* - Acrylique/toile (116x178cm-46x70in) Paris 90 .... FF4 800 - £497 - $844

BOURGUIN Eugène XIX-XX [1]
- *Enfant à la colombe* - Bronze (20cm-8in) Paris 90 .... FF3 800 - £387 - $760

BOURKE-WHITE Margaret 1904-1971 [127]
- *Bethlehem, ship building* - Silver print (25x33cm-10x13in) New-York 96 .... FF12 380 - £1 590 - $2,400
- *Plant* - Gelatin silver print (35x24cm-14x9in) San Francisco-Los Angeles 95 .... FF68 400 - £8 720 - $14,000
- *Chrysler Building* - Gelatin silver print (14x9cm-6x4in) New-York 94 .... FF220 700 - £25 600 - $38,000

BOURLAKOV Vséyolod 1919 [2]
- *L'automne en Crimée* - Huile/toile Clamecy 91 .... FF2 500 - £251 - $413

BOURLARD Antoine Joseph 1826-1899 [1]
- *Mountain landscape* - Oil/canvas (59x135cm-23x53in) New-York 91 .... FF20 900 - £2 111 - $4,149

BOURLIER Augustine XIX [1]
- *Les lavandières* - Aquarelle (30x40cm-12x16in) Paris 97 .... FF2 800 - £305 - $487

BOURNAC André XIX-XX [2]
- *Marchande de raisins* - Pastel (58x44cm-23x17in) Paris 91 .... FF5 500 - £551 - $1,007

BOURNE Gertrude Beals 1897-1962 [7]
- *Cottage* - Watercolour (38x25cm-15x10in) Cambridge, Mass. 90 .... FF4 000 - £426 - $716

BOURNE James, Rev. 1773-1854 [12]
- *Faggot gatherers near a wood* - Watercolour (36x48cm-14x19in) Aylsham, Norfolk 92 .... FF4 300 - £440 - $759

BOURNE Samuel 1834-1912 [12]
- *Banyan Tree, Barrackpore, Calcutta* - Albumen print (23x28cm-9x11in) London 96 .... FF4 010 - £500 - $775

BOURNICHON François Ed. 1816-1896 [4]
- *Paysage de Barbizon* - Huile/toile (26x46cm-10x18in) Provins 90 .... FF4 000 - £431 - $705

BOURNICHON Gustave Désiré 1818-? [2]
- *Soldat algérien* - Huile/carton (70x21cm-28x8in) Nice 96 .... FF5 000 - £574 - $954
- *Assemblé au caravansérail* - Aquarelle (25x16cm-10x6in) Paris 95 .... FF4 000 - £518 - $818

BOUROTTE Auguste 1853-1940 [4]
- *L'attroupement* - Huile/toile (96x98cm-38x39in) Liège 96 .... FF29 600 - £3 654 - $5,710

BOUROULT Robert 1893-1971 [3]
- *Paysage du Jura* - Öl/Karton (22x28cm-9x11in) Stuttgart 95 .... FF8 400 - £1 078 - $1,730

BOURQUIN Cécile 1898-? [1]
- *Gesäumte Parkeinfahrt mit Gehöft* - Huile/panneau (76x54cm-30x21in) Zofingen 96 .... FF2 895 - £361 - $559

BOURRIT Marc Théodore 1739-1819 [?]
- *Vue du Glacier des Bossons* - Gouache/papier (2x30cm-1x12in) Zürich 96 .... FF39 740 - £4 600 - $7,610

BOURRON Marie-Jo 1935 [9]
- *Laetitia à genoux* - Bronze (31cm-12in) La Varenne Saint-Hilaire 95 .... FF8 000 - £1 051 - $1,642
- *Femme assise* - Marbre Carrare (40cm-16in) Pontoise 96 .... FF36 000 - £4 680 - $7,130

BOURSON Amédée 1833-1905 [1]
- *L'élégante à l'éventail* - Huile/toile (150x105cm-59x41in) Versailles 90 .... FF9 000 - £920 - $1,776

BOURUT Pierre 1899 [3]
Composition cubiste - Gouache (14x18cm-6x7in) Douai 90 .... FF3 200 - £326 - **$640**
BOUSCAU Claude 1909 [1]
Léda et le Cygne - Bronze (44x58x30cm-17x23x12in) Paris 89 .... FF25 000 - £2 488 - **$3,949**
BOUSQUET Charles 1856-1946 [5]
The harvesters' lunch - Oil/canvas (104x121cm-41x48in) New-York 95 .... FF204 400 - £25 460 - **$40,000**
BOUSQUET Georges 1904-1976 [12]
Ma chatte de Lacas saigne - Huile/carton (33x40cm-13x16in) Brest 89 .... FF24 000 - £2 529 - **$4,040**
La Seine à Triel, avant les régates - Aquarelle (24x31cm-9x12in) Brest 94 .... FF4 200 - £497 - **$775**
BOUSQUET Robert 1894-1917 [6]
Femme au tambourin - Bronze (29cm-11in) Paris 97 .... FF2 700 - £294 - **$470**
Tiger and snake - Bronze (38cm-15in) Delray Beach, Florida 95 .... FF5 110 - £637 - **$1,000**
BOUSSARD Jacques 1913 [3]
La table bleue - Huile/toile (73x100cm-29x39in) Paris 94 .... FF3 000 - £357 - **$566**
BOUSSEAU Jacques, Jacobo Buso ?-1740 [2]
Soldier bending a bow - Bronze (74cm-29in) New-York 94 .... FF27 100 - £3 280 - **$5,000**
BOUSSINGAULT Jean-Louis 1883-1943 [14]
Comedia del'Arte - Huile/carton (32x62cm-13x24in) Paris 94 .... FF5 000 - £593 - **$924**
Poitevine/Mélancolie/L'inconnue/... - Estampe Paris 92 .... FF2 000 - £205 - **$352**
BOUT Dan 1891-1965 [2]
Bäume am Flussufer - Öl/Leinwand (35x45cm-14x18in) Düsseldorf 95 .... FF6 280 - £800 - **$1,276**
BOUTELLE DeWitt Clinton 1817/20-1884 [7]
Catskill Grandeur - Oil/canvas (135x119cm-53x47in) New-York 94 .... FF28 100 - £3 314 - **$5,000**
BOUTEN Armand 1893-1965 [9]
Figure standing - Oil/canvas (65x54cm-26x21in) Amsterdam 91 .... FF15 170 - £1 558 - **$2,824**
Standing figure - Wood (112cm-44in) Amsterdam 93 .... FF15 620 - £1 872 - **$2,855**
The brass band - Gouache/paper (13x20cm-5x8in) Amsterdam 89 .... FF3 300 - £328 - **$521**
BOUTER Cornelius Wouter 1888-1966 [53]
Cows standing by a pond - Oil/canvas (40x71cm-16x28in) Amsterdam 97 .... FF6 935 - £750 - **$1,210**
Peeling Potapoes - Oil/canvas (70x90cm-28x35in) Amsterdam 97 .... FF13 205 - £1 405 - **$2,298**
Driving cattle along a country road - Oil/canvas (61x91cm-24x36in) London 89 .... FF38 700 - £3 851 - **$6,114**
BOUTER Pieter Adrianus 1887-1968 [5]
Cows in a meadow - Oil/canvas (80x101cm-31x40in) Amsterdam 95 .... FF5 590 - £726 - **$1,165**
BOUTERWEK Frédérick 1806-1867 [2]
La sérénade - Huile/toile (47x39cm-19x15in) Paris 94 .... FF12 000 - £1 422 - **$2,217**
BOUTET DE MONVEL Bernard 1884-1949 [27]
Paris, la Seine au Pont-Neuf - Huile/toile (55x67cm-22x26in) Paris 95 .... FF7 000 - £846 - **$1,317**
Chameau en marche - Huile/toile (62x109cm-24x43in) Paris 96 .... FF38 000 - £4 900 - **$7,440**
Le pensionnat de Nemours - Huile/toile (55x124cm-22x49in) Paris 89 .... FF200 000 - £21 075 - **$33,670**
BOUTET DE MONVEL Louis-Maurice 1851-1913 [6]
Portrait of a young man - Oil/canvas (45x38cm-18x15in) London 95 .... FF14 200 - £1 800 - **$2,860**
BOUTET Henri 1851-1919 [9]
Madame Chrysanthème - Poster (80x61cm-31x24in) London 95 .... FF2 475 - £280 - **$446**
Restaurant de nuit/Montmartre - Crayon (23x16cm-9x6in) Paris 92 .... FF2 050 - £210 - **$361**
BOUTHEON Charles 1877-? [6]
Hameau sous la neige - Huile/toile (45x95cm-18x37in) Paris 97 .... FF2 500 - £265 - **$435**
BOUTHOORN Willem 1916 [11]
Untitled - Oil/board (122x91cm-48x36in) Amsterdam 97 .... FF8 990 - £945 - **$1,544**
Untitled - Tempera/paper (55x75cm-22x30in) Amsterdam 96 .... FF3 010 - £345 - **$574**
BOUTIBONNE Charles Edouard 1816-1897 [8]
Mère et ses enfants au jardin - Huile/toile (45x46cm-22x18in) Zürich 95 .... FF9 400 - £1 217 - **$1,910**
Undressing, 1852 - Oil/canvas (179x90cm-70x35in) London 89 .... FF213 100 - £21 789 - **$34,260**
BOUTIGNY Paul Émile 1854-1929 [10]
Mort du Colonel Desgrées du Loü - Oil/canvas (61x51cm-24x20in) New-York 92 ...... FF17 550 - £1 794 - **$3,250**
BOUTIGNY Xavier XIX-XX [3]
Nature morte aux oignons - Aquarelle (11x24cm-4x9in) Rouen 90 .... FF1 500 - £161 - **$261**
BOUTILLIÉ Raphaël XIX-XX [4]
Fort-Mahon, Somme... - Affiche (102x72cm-40x28in) Neuilly 96 .... FF3 800 - £490 - **$744**
BOUTILLIER-DEMOUTIERES Léon 1820-? [1]
Nature morte au foulard - Pastel (80x64cm-31x25in) Paris 94 .... FF3 000 - £354 - **$534**
BOUTIN Christophe 1957 [12]
Sans titre - Technique mixte/carton (75x106cm-30x42in) Paris 90 .... FF13 000 - £1 309 - **$2,547**
Sans titre - Pastel (51x66cm-20x26in) Toulouse 95 .... FF1 700 - £206 - **$331**
BOUTIN Robert 1902-1982 [1]
Peintres à Montmartre - Huile/panneau (79x99cm-31x39in) Arles 90 .... FF5 000 - £539 - **$882**
BOUTON Charles Marie 1781-1853 [2]
Procession dans une église - Aquarelle (30x22cm-12x9in) Paris 94 .... FF3 800 - £443 - **$666**
BOUTON Joseph Marie 1768-1823 [8]
Young Lady in muslin dress - Miniature (6cm-2in) London 97 .... FF15 166 - £1 600 - **$2,602**
BOUTON Pierrick XX [2]
Soleil noir - Huile/toile (61x50cm-24x20in) Arles 91 .... FF3 500 - £360 - **$652**

BOUTRY Edgar H. 1857-1938 [2]
- 🏛 *La Source* - Bronze (16cm-6in) Paris 94 .... FF14 000 - £1 660 - **$2,587**
- 🖉 *A standing nude* - Black chalk (64x49cm-25x19in) London 95 .... FF45 200 - £6 000 - **$9,310**

BOUTRY Paul 1936 [8]
- 🖼 *Maison fleurie* - Huile/toile (46x55cm-18x22in) Joinville-le-Pont 94 ... FF2 500 - £284 - **$425**

BOUVAL Maurice 1860-1926 [18]
- 🏛 *Naïade allongée* - Bronze (26cm-10in) Reims 94 .... FF5 800 - £686 - **$1,070**
- *Nue à la fleur de pavot* - Bronze (20cm-8in) Paris 96 .... FF12 500 - £1 516 - **$2,430**
- *A polychrome vide-poche* - E. Colin & Cie., Paris (39cm-15in) New-York 94 ... FF40 900 - £4 700 - **$7,000**

BOUVARD Antoine J. 1840-1920 [170]
- 🖼 *Canal à Venise* - Huile/toile (73x40cm-29x16in) Saint-Dié 96 .... FF14 000 - £1 822 - **$2,774**
- *Venetian Canal with the Campanile* - Oil/canvas (65x99cm-26x39in) London 96 ... FF32 400 - £4 200 - **$6,400**
- *Ponte della Paglia, Venezia* - Oil/canvas (50x64cm-20x25in) London 96 ... FF102 100 - £12 000 - **$20,100**

BOUVARD Colette XIX-XX [3]
- 🖼 *Venise* - Huile/toile (33x41cm-13x16in) Provins 94 .... FF21 000 - £2 430 - **$3,604**

BOUVARD de Hugues 1879-1959 [5]
- 🖼 *Piccadilly Circus* - Oil/paper/panel (60x41cm-24x16in) London 96 ... FF11 010 - £1 400 - **$2,117**

BOUVÉ Rosamond Ch. Smith 1876-1948 [3]
- 🖼 *Ages by the Sea, Mass.* - Oil/canvas (115x88cm-45x35in) New-York 96 ... FF21 800 - £2 780 - **$4,200**

BOUVET Henry 1859-1945 [61]
- 🖼 *Pointe des Poulains* - Huile/toile (32x40cm-13x16in) Paris 95 .... FF3 000 - £395 - **$602**
- *Après-midi au jardin* - Huile/toile (65x81cm-26x32in) Calais 97 ...... FF38 000 - £4 070 - **$6,661**
- *Self-portrait* - Oil/canvas (162x97cm-64x38in) New-York 96 .... FF617 000 - £74 800 - **$120,000**
- 🖉 *Étude de la jeune femme jaune* - Sanguine (71x42cm-28x17in) Paris 93 ... FF11 500 - £1 386 - **$2,090**

BOUVET Max XIX-XX [5]
- 🖼 *Ville close* - Huile/toile (60x73cm-24x29in) Concarneau 92 .... FF3 100 - £318 - **$546**

BOUVIER Amand 1913 [146]
- 🖼 *La Vallée de l'Eure* - Huile/toile (65x92cm-26x36in) Versailles 93 ... FF4 000 - £482 - **$728**
- *Le Moulin Rouge* - Huile/toile (54x65cm-21x26in) Versailles 93 .... FF4 000 - £450 - **$678**
- *Promeneurs* - Huile/toile (14x18cm-6x7in) Versailles 93 .... FF4 200 - £472 - **$712**
- *Le port du Croisic* - Huile/toile (60x73cm-24x29in) Versailles 91 ...... FF5 000 - £504 - **$868**
- *L'arbre rouge* - Huile/toile (65x54cm-26x21in) La Baule 94 .... FF5 000 - £591 - **$860**
- *La Lieutenance, Honfleur* - Huile/toile (54x65cm-21x26in) Versailles 93 ... FF11 000 - £1 326 - **$2,000**
- *Montmartre* - Huile/toile (60x73cm-24x29in) Versailles 91 .... FF19 000 - £1 905 - **$3,136**

BOUVIER Arthur 1837-1921 [7]
- 🖼 *Pêcheur sur un lac* - Huile/toile (35x55cm-14x22in) Antwerpen 90 ... FF6 500 - £696 - **$1,130**

BOUVIER Augustus Jules 1825-1881 [12]
- 🖉 *Valeria* - Watercolour (60x40cm-24x16in) Billinghurst, West Sussex 94 ... FF7 500 - £900 - **$1,458**

BOUVIER Berthe 1868-1936 [2]
- 🖼 *Gartenlandschaft* - Oil/panel (32x39cm-13x15in) Luzern 89 .... FF3 300 - £337 - **$531**
- 🖉 *Seeufer mit Laubbäumen, 1926* - Pastell (29x38cm-11x15in) Bern 90 ... FF2 300 - £245 - **$411**

BOUVIER Gustavus Arthur XIX [3]
- 🖉 *Tempo di Carnavale* - Watercolour (26x18cm-10x7in) London 93 ... FF3 073 - £350 - **$522**

BOUVIER Jules XIX [3]
- 🖉 *Campesinos de la alta Bohemia* - Acuarela (60x50cm-24x20in) Madrid 92 ... FF7 740 - £900 - **$1,580**

BOUVIER Paul 1857-1940 [14]
- 🖼 *Femmes bretonnes* - Huile/bois (41x33cm-16x13in) Paris 91 .... FF3 500 - £353 - **$682**
- 🖉 *Abendstimmung* - Aquarell (18x28cm-7x11in) Bern 95 .... FF3 230 - £420 - **$663**

BOUVIER Pierre Louis 1766-1836 [6]
- 🖉 *Impératrice Joséphine* - Huile/toile (29x24cm-11x9in) Tours 90 ... FF125 000 - £13 371 - **$21,721**
- 🖉 *Portrait of a young man* - Miniature (7cm-3in) Kobenhavn 95 .... FF14 500 - £1 805 - **$2,830**

BOUVIER Roger 1942 [25]
- 🖼 *Le Lapin Agile* - Huile/toile (33x41cm-13x16in) Paris 96 .... FF2 500 - £322 - **$496**

BOUVIER Stanislas 1958 [2]
- 🖼 *La bibliothèque* - Huile/papier Paris 91 .... FF3 500 - £355 - **$632**

BOUVIOLLE Maurice 1893-1971 [24]
- 🖼 *Café maure à Blida* - Huile/carton (50x61cm-20x24in) Paris 96 ...... FF13 000 - £1 505 - **$2,490**
- *Ghardaïa* - Huile/toile (74x92cm-29x36in) Paris 97 .... FF65 000 - £6 910 - **$11,200**

BOUVY Firmin 1821-1891 [1]
- 🖉 *Personnages devant un château* - Aquarelle Bruxelles 94 .... FF2 505 - £299 - **$470**

BOUY Gaston 1866-? [13]
- 🖉 *Portrait de jeune femme* - Pastel/papier (63x23cm-25x9in) Liège 96 ... FF5 330 - £691 - **$1,053**
- *La robe jaune, 1902* - Chalks/paper (47x28cm-19x11in) London 90 ... FF21 300 - £2 281 - **$3,704**

BOUYSSOU Jacques 1926 [201]
- 🖼 *Le Canal* - Huile/toile (65x81cm-26x32in) Paris 97 .... FF11 500 - £1 245 - **$2,033**
- *Marée-basse à Honfleur* - Huile/toile (65x81cm-26x32in) Arles 96 ... FF13 500 - £1 710 - **$2,590**
- *La Normandie* - Huile/toile (46x55cm-18x22in) Doullens 92 .... FF14 000 - £1 438 - **$2,693**
- *Moret-sur-Loing* - Oil/canvas New-York 90 .... FF14 300 - £1 482 - **$2,513**
- *Honfleur* - Huile/toile (73x93cm-29x37in) Honfleur 95 .... FF24 000 - £2 873 - **$4,480**
- *Le port de Honfleur* - Huile/toile (90x122cm-35x48in) Paris 90 .... FF70 000 - £7 231 - **$12,367**

BOUZIANIS Georgios 1885-1959 [2]
- 🖉 *Portrait of a lady* - Watercolour (30x17cm-12x7in) Athens 93 .... FF62 300 - £7 170 - **$10,710**

BOVARD Fortuné 1875-1947 [1]
- 🖽 *Teppich-Haus Schuster & C.* - Poster (121x84cm-48x33in) New-York 93 ... FF8 260 - £940 - **$1,400**

BOVERI Otto 1868-1946 [1]
Liegende Frau - Woodcut in colors (48x60cm-19x24in) München 91 .... FF1 690 - £170 - **$293**

BOVIC Felix 1820-1880 [2]
Paysage de montagne - Huile/toile (48x70cm-19x28in) Antwerpen 93 .... FF3 626 - £434 - **$741**

BOVIN Karl 1907-1985 [53]
Marklandskab - Oil/canvas (50x60cm-20x24in) København 96 .... FF2 815 - £363 - **$551**
Gule marker - Oil/canvas (68x104cm-27x41in) København 95 .... FF13 600 - £1 760 - **$2,783**
Marklandskab - Watercolour (47x61cm-19x24in) København 95 .... FF1 630 - £204 - **$330**

BOVINET Edme 1767-1832 [1]
Bonaparte quitte le Bellérophon - Eau-forte Paris 94 .... FF3 500 - £408 - **$614**

BOVIS Marcel 1904 [7]
Solarized nude study - Gelatin silver print (23x15cm-9x6in) London 96 .... FF4 260 - £500 - **$838**

BOWDEN Harry XX [3]
Edward Weston/Nevada Ghost town - Silver print (23x18cm-9x7in) New-York 92 .... FF2 414 - £247 - **$425**

BOWEN Owen 1873-1967 [56]
Narcissi and other spring flowers - Oil/board Leeds 91 .... FF3 570 - £360 - **$619**
Clearing after rain - Oil/canvas (61x91cm-24x36in) London 94 .... FF11 640 - £1 400 - **$2,156**
The Wharfe Valley, Yorkshire - Oil/canvas Leeds 91 .... FF65 500 - £6 600 - **$11,366**

BOWER Alexander 1875-1954 [4]
Seascape - Oil/canvas (51x91cm-20x36in) North Berwick, Maine 93 .... FF4 720 - £537 - **$800**
Autumn show - Oil/canvas (102x102cm-40x40in) Portland, Maine 93 .... FF57 500 - £6 540 - **$9,750**

BOWERS Albert Edward XIX-XX [5]
River Medway at Aylesford - Watercolour (42x31cm-17x12in) London 92 .... FF3 310 - £340 - **$636**

BOWERS Frank Taylor 1875-1932 [1]
Vanquished - Oil/canvas (91x76cm-36x30in) North Berwick, Maine 93 .... FF8 120 - £933 - **$1,400**

BOWERS George Newall 1849-1909 [1]
Preparing for Dinner - Oil/canvas (45x33cm-18x13in) New-York 95 .... FF11 140 - £1 433 - **$2,300**

BOWES David 1957 [9]
Hagringen - Acrylic (137x152cm-54x60in) New-York 94 .... FF12 860 - £1 477 - **$2,200**

BOWEY Olwyn 1936 [6]
Sluice at Mill Farm - Oil/canvas (90x120cm-35x47in) London 92 .... FF6 350 - £650 - **$1,121**

BOWIE Frank Louville 1857-1936 [6]
Edge of the woods - Oil/canvas (35x45cm-14x18in) North Berwick, Maine 91 .... FF3 135 - £315 - **$542**

BOWIE John Dirk 186(?)-1914 [2]
The Salmon Leap - Oil/canvas (107x137cm-42x54in) Retford, Nottinghamshire 94 .... FF12 070 - £1 400 - **$2,080**

BOWKETT Jane Maria XIX [8]
Portrait of a lady - Oil/canvas Detroit, Michigan 93 .... FF11 800 - £1 343 - **$2,000**

BOWLER Henry Alexander 1824-1903 [1]
The Love Letter - Oil/canvas (46x36cm-18x14in) London 94 .... FF18 620 - £2 200 - **$3,344**

BOWLER Thomas William 1812-1869 [7]
Grand Port Bay, Mauritius - Watercolour (15x24cm-6x9in) London 97 .... FF37 348 - £4 000 - **$6,547**

BOWLEY Edward O. c.1820-c.1880 [2]
Cattle watering in a wood - Oil/canvas (48x62cm-19x24in) London 96 .... FF4 240 - £550 - **$838**

BOWMAN John 1953 [2]
Paterson - Oil/canvas (137x213cm-54x84in) New-York 96 .... FF7 690 - £911 - **$1,500**
Harvest - Oil/panel (91x213cm-36x84in) New-York 92 .... FF19 760 - £2 360 - **$3,800**

BOWRING Joseph c.1760-c.1817 [3]
A Naval Officer - Miniature (7cm-3in) London 91 .... FF5 440 - £540 - **$945**

BOWSER David Bustill 1820-1900 [1]
A. Lincoln - Oil/paper/canvas (71x56cm-28x22in) San Francisco-Los Angeles 90 .... FF108 700 - £11 638 - **$18,904**

BOWYER Alan J. XX [3]
Girl playing the piano - Oil/canvas (92x71cm-36x28in) London 94 .... FF7 600 - £900 - **$1,404**

BOWYER William 1926 [15]
Riverside Gardens - Oil/canvas (101x122cm-40x48in) London 95 .... FF14 900 - £1 900 - **$3,050**
Barnes pond - Oil/canvas (63x89cm-25x35in) London 90 .... FF33 900 - £3 502 - **$5,989**
Swimming Pool, Nairobi - Watercolour (28x34cm-11x13in) London 95 .... FF1 767 - £220 - **$356**

BOX Eden ?-1988 [13]
Saadu - Oil/canvas (63x76cm-25x30in) London 97 .... FF16 807 - £1 800 - **$2,904**

BOXALL William 1800-1879 [3]
Portrait of lady child - Oil/panel (59x44cm-23x17in) Billinghurst, West Sussex 93 .... FF11 620 - £1 400 - **$2,170**

BOXEL van Pieter Jacobus, Piet 1912 [3]
Old man - Oil/canvas (34x29cm-13x11in) Amsterdam 94 .... FF5 490 - £638 - **$945**

BOXER Stanley 1926 [6]
Slenderfallweepedlackingvale
   Oil/canvas (203x165cm-80x65in) San Francisco-Los Angeles 93 .... FF13 750 - £1 724 - **$2,500**
Untitled - Gouache (35x28cm-14x11in) New-York 92 .... FF1 976 - £210 - **$380**

BOY Peter I c.1648-1727 [2]
Bildnis Cosimo III - Miniature (6cm-2in) Köln 93 .... FF12 880 - £1 540 - **$2,480**
Gentleman with long brown wig - Miniature Genève 92 .... FF132 800 - £13 680 - **$24,840**

BOYCE George Price 1826-1897 [15]
Kirkham Abbey, Yorkshire - Oil/canvas (28x40cm-11x16in) London 97 .... FF87 703 - £9 200 - **$15,049**
On the Thames - Watercolour (12x23cm-5x9in) London 95 .... FF39 500 - £5 000 - **$7,940**

B

BOYCE William Thomas N. 1858-1911 [46]
Sailing by moonlight - Watercolour (37x68cm-15x27in) London 95 .... FF4 370 - £550 - **$865**
BOYCOTT-BROWN Hugh 1909 [21]
Fishing boats moored by a quayside - Oil/cardboard (41x56cm-16x22in) London 94 .... FF6 050 - £700 - **$1,032**
BOYD Alexander Stuart 1854-1930 [2]
Mediterranean coastal view - Oil/canvas (56x79cm-22x31in) London 93 .... FF3 340 - £380 - **$567**
A rustic courtship, 1888 - Wash (33x45cm-13x18in) London 90 .... FF8 200 - £872 - **$1,467**
BOYD Alice 1823-1897 [16]
Mortality - Oil/canvas (35x46cm-14x18in) Penkill Castle, Girvan, Ayrshire 92 .... FF7 540 - £900 - **$1,450**
Our Grandmother - Watercolour (43x30cm-17x12in) Penkill Castle, Girvan, Ayrshire 92 ..... FF15 080 - £1 800 - **$2,900**
BOYD Arthur M. Bloomfield 1920 [91]
Aegisthus, for the Ballet Electra - Gouache (63x50cm-25x20in) London 96 .... FF13 360 - £1 650 - **$2,580**
BOYD David 1924 [117]
Junge and bathers - Watercolour (34x49cm-13x19in) London 95 .... FF2 172 - £260 - **$414**
BOYD J. Rutherford 1884-1951 [6]
Fileds in winter - Oil/canvas (28x35cm-11x14in) New-York 94 .... FF8 420 - £994 - **$1,500**
After tennis - Oil/panel (52x70cm-20x28in) New-York 94 .... FF78 800 - £9 470 - **$15,000**
In the Pantry, Boydsnest - Watercolour/paper (56x72cm-22x28in) New-York 94 .... FF69 000 - £8 050 - **$12,000**
BOYD Rutherford 1884-1951 [1]
Mrs. Perot and Harriet, Summer - Pencil/paper (28x23cm-11x9in) Boston, Mass. 94 .... FF2 284 - £268 - **$400**
BOYD Walter Scott 1834-? [2]
Sheep in a field - Oil/canvas (71x91cm-28x36in) London 90 .... FF11 600 - £1 202 - **$2,039**
BOYDELL Creswick XIX-XX [9]
Angler on a bank in a river landscape - Oil/canvas (36x51cm-14x20in) London 95 .... FF6 620 - £800 - **$1,246**
BOYE Abel Dominique 1864-1934 [7]
La belle rousse - Huile/toile (61x46cm-24x18in) Angers 97 .... FF10 500 - £1 132 - **$1,867**
Nu au miroir - Huile/toile (60x73cm-24x29in) Paris 90 .... FF50 000 - £5 353 - **$8,696**
BOYENVAL Victor Alphonse Ch. 1832-1903 [2]
The orange seller - Oil/canvas (100x70cm-39x28in) London 95 .... FF8 300 - £1 000 - **$1,450**
Capri - Aquarelle (30x25cm-12x10in) Paris 96 .... FF3 500 - £439 - **$676**
BOYER Émile 1877-1948 [87]
Hameau dans la vallée - Huile/toile (65x81cm-26x32in) La Varenne Saint-Hilaire 96 .... FF3 400 - £439 - **$666**
La Place du Tertre, Montmartre - Huile/panneau (73x92cm-29x36in) Paris 96 .... FF11 500 - £1 458 - **$2,205**
La place du Tertre - Huile/toile (73x93cm-29x37in) La Varenne Saint-Hilaire 90 .... FF50 000 - £5 181 - **$8,787**
BOYER Émile, sculp. XIX-XX [3]
George Washington - Bronze (42cm-17in) New-York 93 .... FF9 300 - £1 120 - **$1,700**
BOYER Jean 1915 [5]
Place de la République - Huile/toile (27x46cm-11x18in) Le Havre 93 .... FF7 500 - £854 - **$1,271**
BOYER Madeleine 1916 [3]
Le collier bleu - Huile/toile (91x63cm-36x25in) Montréal 92 .... FF2 150 - £220 - **$448**
BOYER Otto 1874-1912 [1]
Zwei Kartenlegerinnen - Oil/canvas (57x81cm-22x32in) Bremen 92 .... FF23 700 - £2 755 - **$4,840**
BOYER Trevor 1948 [18]
A pygmy owl - Acrylic (29x21cm-11x8in) London 96 .... FF5 920 - £750 - **$1,135**
A pair of peregrines - Watercolour (25x36cm-10x14in) London 94 .... FF17 040 - £2 000 - **$3,034**
BOYES Harold Charles 1917-1989 [1]
Pointe Au-Pic - Huile/toile (35x46cm-14x18in) Montréal 94 .... FF3 000 - £354 - **$539**
BOYLE Charles Wellington 1861-1925 [2]
Haysatcks - Oil/canvas (51x66cm-20x26in) New Orleans, Louisiana 92 .... FF7 800 - £931 - **$1,500**
Rural Louisiana landscape - Oil/canvas (43x79cm-17x31in) New Orleans, Louisiana 94 .. FF49 400 - £5 700 - **$8,500**
BOYLE George c.1850-c.1900 [38]
Sunset, Believed to be County Tyrone - Oil/panel (25x35cm-10x14in) London 96 .... FF3 886 - £480 - **$750**
Near the bridge of Arran, North Barrow - Oil/canvas (61x92cm-24x36in) London 96 .... FF10 830 - £1 400 - **$2,140**
BOYLE Mark 1934 [14]
Untitled - Mixed media (153x153cm-60x60in) London 95 .... FF34 700 - £4 500 - **$7,160**
Broken path study - Mixed media (190x284cm-75x112in) London 94 .... FF85 500 - £10 000 - **$15,000**
A London Study - Construction (114x114cm-45x45in) London 95 .... FF39 200 - £5 000 - **$8,030**
BOYNE John c.1750-1810 [1]
Outside a country cottage - Watercolour (34x44cm-13x17in) London 95 .... FF4 240 - £480 - **$764**
BOYNTON Ray Scepter 1883-1951 [1]
Madonna - Oil/canvas (61x46cm-24x18in) Mystic, Connecticut 96 .... FF2 020 - £263 - **$400**
BOYNTON Raymond 1864-1929 [5]
Manoa Valley, Honolulu
    Oil/canvas (61x46cm-24x18in) San Francisco-Los Angeles 93 .... FF16 500 - £2 070 - **$3,000**
Gold Country - Pastel/paper (38x48cm-15x19in) San Francisco-Los Angeles 92 .... FF11 960 - £228 - **$400**
BOYRIE J.P. Maurice XX [2]
Bécasse en vol - Technique mixte/papier (27x36cm-11x14in) Paris 92 .... FF1 600 - £164 - **$282**
BOYS Thomas Shotter 1803-1874 [32]
Greenwich - Oil/canvas (76x96cm-30x38in) London 92 .... FF273 500 - £28 000 - **$48,300**
A street in Cassel, Hesse - Watercolour (62x49cm-24x19in) London 96 .... FF22 340 - £2 800 - **$4,340**
Pall Mall & Trafalgar Square - Watercolour (31x44cm-12x17in) London 95 .... FF232 000 - £30 000 - **$47,850**
BOZE Honoré 1830-1908 [10]
Fontaine sur le rivage - Huile/panneau (29x44cm-11x17in) Paris 95 .... FF10 000 - £1 315 - **$2,007**
La halte, scène d'Afrique du Nord - Huile/toile (19x24cm-7x9in) Paris 95 .... FF40 000 - £5 070 - **$8,040**

BOZE Joseph 1744-1826 [15]
- *Portrait présumé de l'artiste* - Huile/toile (67x82cm-26x32in) Monaco 91 .... FF**370 000** - £**37 100** - **$61,076**
- *Comtesse de Provence* - Pastel (62x52cm-24x20in) Paris 95 .... FF**68 000** - £**8 820** - **$13,930**

BOZNANSKA Olga 1865-1940 [15]
- *Pierre Tournier* - Huile/carton (85x64cm-33x25in) Paris 94 .... FF**36 000** - £**4 280** - **$6,780**
- *Edwarda Franchetti* - Huile/panneau (120x91cm-47x36in) Warszawa 96 .... FF**174 500** - £**21 860** - **$34,000**

BOZZALLA Giuseppe 1874-1958 [3]
- *Tranquil landscape* - Oil/board (30x40cm-12x16in) New-York 91 .... FF**13 950** - £**1 409** - **$2,769**

BOZZI Carlo 1860-? [1]
- *Mattino d'estate, Milano* - Olio/tela (60x41cm-24x16in) Milano 95 .... FF**6 550** - £**836** - **$1,342**

BOZZOLINI Silvano 1911 [81]
- *Harmonie en gris numéro 3* - Huile/toile (70x70cm-28x28in) Paris 94 .... FF**6 000** - £**698** - **$1,040**
- *Rupture, 1954* - Huile/toile (61x50cm-24x20in) Paris 90 .... FF**48 000** - £**5 139** - **$8,348**
- *Composition, 1987* - Collage (25x25cm-10x10in) Versailles 89 .... FF**3 800** - £**389** - **$611**

BRAAKENSIEK Johan Henri 1891-1941 [1]
- *The concert* - Oil/canvas/panel (36x30cm-14x12in) Amsterdam 94 .... FF**3 965** - £**461** - **$683**

BRAAKENSIEK-DEKKER Anna Maria 1890-1970 [4]
- *A view in a street* - Oil/canvas (58x45cm-23x18in) Amsterdam 96 .... FF**2 544** - £**320** - **$501**

BRAAKMAN Anton 1811-1879 [3]
- *Lac van Thun, Switzerland* - Oil/panel (53x67cm-21x26in) New-York 94 .... FF**31 900** - £**3 800** - **$6,000**

BRAAKMAN Jan Albert 1786-1873 [1]
- *Landschaft mit figürlicher Staffage* - Oil (57x45cm-22x18in) Wien 92 .... FF**26 470** - £**2 710** - **$4,660**

BRAAT Leo 1908-1982 [1]
- *Man met hoed* - Sculpture (65cm-26in) Amsterdam 95 .... FF**9 450** - £**1 206** - **$1,930**

BRABAZON Hercules Brabazon 1821-1906 [193]
- *Amiens, Northern Fance* - Watercolour (16x25cm-6x10in) London 96 .... FF**9 620** - £**1 200** - **$1,860**
- *The Temple of Karnak* - Watercolour (13x17cm-5x7in) London 95 .... FF**13 930** - £**1 800** - **$2,870**
- *The Salute, Venice* - Watercolour (23x30cm-9x12in) London 91 .... FF**59 500** - £**6 000** - **$10,500**

BRABO Albert 1894-1964 [1]
- *Cassis* - Oil/canvas (60x72cm-24x28in) London 96 .... FF**8 770** - £**1 000** - **$1,680**

BRACH Malvina XIX-XX [1]
- *Danseuse nue* - Bronze (109cm-43in) Bordeaux 94 .... FF**20 600** - £**2 400** - **$3,636**

BRACHE Carlos 1944 [11]
- *Continuation d'un angle* - Huile/toile (130x130cm-51x51in) Paris 95 .... FF**2 500** - £**316** - **$506**

BRACHT Eugen 1842-1921 [50]
- *Gletscherlandschaft* - Öl/Leinwand (28x85cm-11x33in) Zürich 96 .... FF**3 395** - £**440** - **$672**
- *Rabenhorst bei Walkenried* - Öl/Leinwand (132x132cm-52x52in) München 93 .... FF**19 660** - £**2 350** - **$3,784**
- *Wailiseralpen* - Öl/Leinwand (135x175cm-53x69in) Zürich 94 .... FF**113 100** - £**13 100** - **$19,500**

BRACHT van Christian 1637-1720 [1]
- *Vulcan* - Oil/canvas (38x34cm-15x13in) Köbenhavn 93 .... FF**13 080** - £**1 485** - **$2,213**

BRACK Emil 1860-1905 [9]
- *Marital Bliss* - Oil/canvas (70x88cm-28x35in) San Francisco-Los Angeles 94 .... FF**149 400** - £**17 830** - **$28,000**
- *En el estudio del escultor* - Acuarela (62x52cm-24x20in) Madrid 89 .... FF**21 600** - £**2 209** - **$3,473**

BRACK Max Eugen 1878-1950 [2]
- *Thunersee mit Eiger und Jungfrau* - Oil/canvas (80x100cm-31x39in) Bern 92 .... FF**2 665** - £**318** - **$513**

BRACKEL von Joseph 1874-? [1]
- *Der Tischgebet* - Öl/Leinwand (36x54cm-14x21in) Düsseldorf 96 .... FF**12 180** - £**1 545** - **$2,337**

BRACKEN Clio Hinton 1870-1925 [3]
- *Bronze centerpiece* - Bronze (38cm-15in) New-York 94 .... FF**16 240** - £**1 923** - **$3,000**

BRACKENHAMMER Rudolf 1876-? [1]
- *Mädchen im Hof eines Wohnhauses* - Oil/canvas (70x55cm-28x22in) Ahlden 91 .... FF**6 080** - £**617** - **$1,098**

BRACKER M. Leone 1885-1937 [2]
- *Two men toasting* - Charcoal (56x76cm-22x30in) New-York 93 .... FF**3 245** - £**369** - **$550**

BRACKETT Sydney L. 1852-1910 [4]
- *Playfull kittens* - Oil/canvas (46x61cm-18x24in) Chicago 94 .... FF**7 040** - £**834** - **$1,300**

BRACKETT Walter M. 1823-1919 [2]
- *The big catch* - Oil/canvas (66x107cm-26x42in) New-York 92 .... FF**50 000** - £**5 230** - **$9,000**

BRÄCKLE Jakob 1897-1987 [54]
- *Frühjahrsbestellung in Winterreutte* - Öl/Karton (16x17cm-6x7in) Stuttgart 95 .... FF**19 000** - £**2 486** - **$3,810**
- *Stoppelfelder zwischen grünen Wiesen*
  Oil/canvas (45x60cm-18x24in) Stuttgart 89 .... FF**108 100** - £**11 391** - **$18,199**
- *Felder-Landschaft* - Woodcut in colors (21x28cm-8x11in) Stuttgart 91 .... FF**24 670** - £**2 477** - **$4,268**

BRACKMAN David XX [8]
- *Windward Leg, America's Cup* - Oil/canvas (76x101cm-30x40in) London 97 .... FF**140 714** - £**15 000** - **$24,568**

BRACKMAN Robert 1898-1980 [39]
- *Young woman with flowers* - Oil/canvas (72x91cm-28x36in) New-York 95 .... FF**20 700** - £**2 706** - **$4,200**
- *In the Late Hours* - Oil/canvas (76x63cm-30x25in) New-York 96 .... FF**41 800** - £**4 830** - **$8,000**
- *Figure studies* - Pastel/paper (49x62cm-19x24in) New-York 91 .... FF**8 490** - £**857** - **$1,500**

BRACONIER Frédéric 1901-1985 [1]
- *Nu féminin allongé* - Huile/toile (60x80cm-24x31in) Liège 90 .... FF**4 120** - £**421** - **$813**

BRACONY Armand Étienne 1825-1894 [2]
- *Paysage animé* - Huile/toile (99x127cm-39x50in) Paris 95 .... FF**28 000** - £**3 540** - **$5,620**

BRACONY Leopold XIX-XX [1]
🗿 *Bather* - Marble (142cm-56in) St. Louis, Miss. 93 .... FF88 500 - £10 060 - **$15,000**

BRACQUEMOND Émile Louis XIX-XX [2]
🗿 *Panthère s'étirant* - Bronze (23cm-9in) Paris 92 .... FF8 800 - £901 - **$1,550**

BRACQUEMONT Félix 1833-1914 [73]
🖼 *Nu à la lampe bleue* - Oil/canvas (118x17cm-46x7in) London 89 .... FF145 300 - £14 458 - **$22,954**
📷 *Terrasse de la villa Brancas* - Eau-forte Paris 96 .... FF2 300 - £298 - **$456**
✍ *Étude de paysage, Normandie* - Aquarelle (98x68cm-39x27in) Paris 93 .... FF27 000 - £3 375 - **$4,910**

BRACQUEMONT Marie 1841-1916 [3]
🖼 *Musesstunde* - Oil/canvas (35x27cm-14x11in) Bern 92 .... FF33 500 - £3 420 - **$5,900**

BRADBERRY Georges 1878-1959 [46]
🖼 *Chemin de campagne* - Huile/papier (20x30cm-8x12in) Rouen 95 .... FF4 600 - £593 - **$960**
✍ *Bord de Seine en automne* - Pastel (19x29cm-7x11in) Paris 93 .... FF3 500 - £422 - **$637**
Paysage d'hiver - Pastel (36x44cm-14x17in) Louviers 90 .... FF17 500 - £1 813 - **$3,076**

BRADBURY Arthur Royce 1892-? [9]
🖼 *Early morning* - Oil/canvas (43x33cm-17x13in) London 93 .... FF7 050 - £850 - **$1,318**
✍ *Old fisherman on a beach* - Watercolour (23x33cm-9x13in) Aylsham, Norfolk 96 .... FF3 120 - £400 - **$615**

BRADDON Paul 1864-1938 [16]
✍ *The market place, possibly Warwick* - Watercolour (55x76cm-22x30in) London 93 .... FF2 086 - £240 - **$360**

BRADFORD William 1823/30-1892 [30]
🖼 *Icebound Ship* - Oil/canvas (76x122cm-30x48in) New-York 96 .... FF1 - £145 000 - **$240,000**
Passing Ships - Oil/board (22x33cm-9x13in) New-York 97 .... FF64 177 - £6 738 - **$11,000**
Arctic Harbor - Oil/canvas (45x76cm-18x30in) New-York 96 .... FF87 500 - £10 870 - **$17,000**

BRADLEY Ann Cary 1884-? [1]
🖼 *Corner in Albion Perry's Garden* - Oil/canvas (56x51cm-22x20in) New-York 92 .... FF19 760 - £2 360 - **$3,800**

BRADLEY Basil 1842-1904 [24]
✍ *Figures walking* - Bodycolour (44x29cm-17x11in) London 97 .... FF2 258 - £240 - **$390**
A highland boy with a pack pony - Wash (73x50cm-29x20in) Perth 91 .... FF30 750 - £3 099 - **$5,336**

BRADLEY Cuthbert 1861-1943 [7]
🖼 *Althorp in his stable, after Emil Adam* - Oil/canvas (56x68cm-22x27in) London 96 .... FF5 520 - £650 - **$1,084**
✍ *Figures on horseback riding in woods* - Watercolour (30x66cm-12x26in) Birmingham 92 .... FF2 410 - £289 - **$492**
Full Cry - Watercolour (22x36cm-9x14in) Billinghurst, West Sussex 93 .... FF3 130 - £360 - **$540**

BRADLEY Helen 1900-1979 [39]
🖼 *The tar engine* - Oil/board (29x37cm-11x15in) Margam Park, Wales 92 .... FF26 400 - £2 700 - **$4,660**
May Day - Oil/canvas/board (39x49cm-15x19in) London 94 .... FF83 800 - £10 000 - **$15,700**
The Duchess of York, 1961 - Oil/board (64x92cm-25x36in) London 90 .... FF242 100 - £25 755 - **$43,309**

BRADLEY Martin 1931 [41]
🖼 *Le Coq d'Or* - Oil/canvas (64x76cm-25x30in) London 95 .... FF6 430 - £800 - **$1,293**
✍ *Barbier, 1958* - Watercolour (87x64cm-34x25in) London 89 .... FF5 800 - £560 - **$880**

BRADLEY Susan H. 1851-1929 [3]
✍ *In the White Mountains* - Watercolour (43x53cm-17x21in) North Berwick, Maine 92 .... FF1 690 - £202 - **$325**

BRADLEY William 1801-1857 [5]
🖼 *By iffley mill, 1888* - Oil/canvas (61x91cm-24x36in) London 90 .... FF27 100 - £2 800 - **$4,788**
✍ *Twickenham, 1886* - Watercolour, gouache (42x61cm-17x24in) London 90 .... FF13 600 - £1 430 - **$2,365**

BRADLEY William H. 1868-1962 [10]
📷 *Victor Bicycles* - Poster (102x33cm-40x13in) London 96 .... FF9 420 - £1 200 - **$1,812**

BRADNER Karl C. 1898-? [1]
🖼 *Pigeon Creek Gattlenburg, Tenn.* - Oil/canvas (41x51cm-16x20in) Elgin, Illinois 93 .... FF3 300 - £414 - **$600**

BRADSHAW Eva Theresa 1871-1938 [2]
🖼 *Floral Still Life* - Oil/canvas (51x58cm-20x23in) Toronto 96 .... FF6 460 - £823 - **$1,243**

BRADSHAW George Fagan 1887-1960 [11]
🖼 *Westward & Candida off Falmouth* - Oil/board (39x49cm-15x19in) London 94 .... FF3 630 - £420 - **$621**

BRADY Charles XX [2]
🖼 *Envelope* - Oil/canvas (45x48cm-18x19in) Dublin 91 .... FF3 634 - £364 - **$666**

BRADY Mathew B. 1823-1896 [29]
📷 *Battery Drilling in Fort Stevens* - Albumen print (13x20cm-5x8in) New-York 96 .... FF3 100 - £384 - **$600**
Portrait of Robert E. Lee - Albumen print (20x15cm-8x6in) New-York 94 .... FF31 900 - £3 800 - **$6,000**

BRADY Michael 1936 [5]
🖼 *Boutique* - Huile/toile (75x110cm-30x43in) Antwerpen 96 .... FF6 560 - £795 - **$1,275**

BRADY Robert David 1946 [3]
🗿 *Untitled* - Glazed, painted earthenware (31x16x48cm-12x6x19in) New-York 94 .... FF18 900 - £2 180 - **$3,250**

BRAECKE Pieter 1859-1938 [5]
🗿 *Madame Braecke* - Plâtre (45cm-18in) Bruxelles 92 .... FF4 980 - £510 - **$957**

BRAEKELEER de Adrien Ferdinand 1818-1904 [11]
🖼 *Dans la menuiserie* - Huile/toile (78x97cm-31x38in) Antwerpen 96 .... FF50 000 - £6 480 - **$9,870**
La ,bonne recette - Huile/panneau (70x60cm-28x24in) Antwerpen 95 .... FF142 200 - £18 700 - **$28,540**

BRAEKELEER de Ferdinand Jr. 1828-1857 [6]
🖼 *Le Jeu de Cartes* - Oil/panel (39x47cm-15x19in) London 94 .... FF50 400 - £6 000 - **$9,500**
✍ *La partie de chant* - Crayon (21x30cm-8x12in) Bruxelles 97 .... FF5 556 - £602 - **$983**

BRAEKELEER de Ferdinand Sr. 1792-1883 [40]
🖼 *Bénédiction paternelle* - Huile/panneau (33x27cm-13x11in) Paris 91 .... FF15 000 - £1 500 - **$2,470**
Visiting Dignitaries - Oil/panel (58x80cm-23x31in) New-York 97 .... FF79 590 - £8 572 - **$14,000**
Intérieur avec personnages - Huile/toile (74x106cm-29x42in) Bruxelles 94 .... FF198 000 - £22 740 - **$33,900**

BRAEKELEER de Henri 1840-1888 [28]
- Cour de ferme - Huile/toile (64x78cm-25x31in) Bruxelles 95 .... FF**39 800** - £4 970 - **$8,030**
- Atelier de Braekeleer - Huile/toile (30x40cm-12x16in) Antwerpen 96 .... FF**147 600** - £17 900 - **$28,700**
- Interieur met Moeder en Kind - Dessin (18x24cm-7x9in) Lokeren 96 .... FF**2 960** - £366 - **$571**

BRAEM Renaat Antoon 1910 [2]
- Konstruktie - Gouache (20x24cm-8x9in) Lokeren 92 .... FF**4 980** - £510 - **$876**

BRAENDEL Karl Alexander 1877-? [1]
- Hütemädchen mit Kühen - Öl/Karton (18x22cm-7x9in) Bremen 93 .... FF**2 190** - £264 - **$428**

BRAESAS Dimos 1882-1964 [2]
- At the well - Oil/board (47x36cm-19x14in) Athens 95 .... FF**16 770** - £2 170 - **$3,430**

BRAGA Enrico 1841-? [1]
- Femme en costume XVIIIème siècle - Marbre (71cm-28in) Lyon 91 .... FF**5 500** - £556 - **$1,092**

BRAGAGLIA Alberto 1896-1895 [3]
- Studio all'aperto - Pastel (47x65cm-19x26in) Roma 90 .... FF**18 630** - £1 876 - **$3,649**

BRAGDON Claude Fayette 1866-1946 [2]
- The Chap-Book, Price five cents - Poster (43x31cm-17x12in) New-York 94 .... FF**5 150** - £604 - **$900**

BRAGG Charles 1931 [12]
- Three soldiers - Oil/board (23x20cm-9x8in) Tarzana, CA 95 .... FF**4 110** - £505 - **$800**
- Medical Suite - Etching (25x30cm-10x12in) Tarzana, CA 94 .... FF**3 540** - £406 - **$600**
- Greed - Bronze (43cm-17in) Tarzana, CA 94 .... FF**4 205** - £501 - **$800**

BRAIG Paul 1906-1972 [8]
- La vigne de Gordes - Huile/toile (46x61cm-18x24in) Soissons 90 .... FF**10 500** - £1 057 - **$1,909**

BRAINE Kate 1964 [2]
- Bust of Ian Board - Bronze (37cm-15in) London 95 .... FF**8 610** - £1 100 - **$1,768**

BRAISAZ Gaspard XIX-XX [10]
- Barques échouées - Huile/toile (22x32cm-9x13in) Grenoble 92 .... FF**2 800** - £287 - **$493**

BRAITH Anton 1836-1905 [58]
- Allgäuer Jungvieh - Öl/Leinwand (43x33cm-17x13in) Stuttgart 95 .... FF**10 020** - £1 310 - **$2,007**
- Stallbrand - Öl/Leinwand (29x36cm-11x14in) Stuttgart 94 .... FF**72 000** - £8 540 - **$13,310**
- Kühe und Kälber auf dem Heimweg - Öl/Leinwand (52x90cm-20x35in) Köln 94 .... FF**262 000** - £30 540 - **$45,900**

BRAÏTOU-SALA Albert Sala 1885-1972 [9]
- Léda au cygne noir - Huile/toile (81x65cm-32x26in) Paris 96 .... FF**24 000** - £3 010 - **$4,630**
- Portrait de Madame Elena Olmazu - Huile/toile (162x114cm-64x45in) Paris 90 .... FF**172 000** - £18 534 - **$30,335**

BRAKELEER de Henri 1840-1888 [1]
- La soeur de l'artiste - Encre (16x18cm-6x7in) Antwerpen 92 .... FF**1 648** - £197 - **$317**

BRAKEN van den Peter 1896 [4]
- Orchard in spring - Oil/canvas (65x100cm-26x39in) Amsterdam 97 .... FF**8 322** - £900 - **$1,452**

BRAKENBURGH Richard 1650-1702 [8]
- Les jumeaux - Huile/toile (46x54cm-18x21in) Paris 95 .... FF**75 000** - £9 850 - **$15,050**

BRAKESPEARE William A. 1855-1914 [2]
- Chevalier an rundem Tisch - Oil/canvas (46x35cm-18x14in) Lindau 92 .... FF**7 140** - £731 - **$1,257**

BRALLE Jean-Marie Nicolas 1785-1863 [1]
- Femme à l'ombrelle dans un parc - Huile/toile (93x73cm-37x29in) Paris 94 .... FF**16 500** - £1 922 - **$2,910**

BRAMARD de Georges 1839-1900 [1]
- Reclining nude - Oil/canvas (100x171cm-39x67in) London 92 .... FF**73 300** - £7 500 - **$12,930**

BRAMBILLA Bartolomeo c.1731-1775 [2]
- Design for Theatre Boxes - Watercolour (21x29cm-8x11in) London 97 .... FF**4 739** - £500 - **$813**

BRAMBILLA Fernando 1763-1834 [2]
- Château d'Aranjuez - Huile/toile/panneau (33x44cm-13x17in) Monaco 93 .... FF**140 000** - £16 100 - **$24,140**

BRAMER Josef 1948 [5]
- Landschaft mit Tannenwäldchen - Oil/panel (15x22cm-6x9in) Wien 97 .... FF**13 418** - £1 411 - **$2,304**
- Sebastian - Chalks/paper (43x30cm-17x12in) Wien 94 .... FF**2 670** - £321 - **$494**

BRAMLEY Frank 1857-1915 [9]
- Boys - Oil/canvas (35x32cm-14x13in) Billinghurst, West Sussex 92 .... FF**23 660** - £2 400 - **$4,560**
- Eyes and no Eyes - Oil/canvas (114x92cm-45x36in) London 95 .... FF**768 000** - £98 000 - **$157,200**

BRAMSON Stern J. 1912-1989 [2]
- Baron LaVelle - Gelatin silver print (38x48cm-15x19in) San Francisco-Los Angeles 93 .... FF**4 130** - £472 - **$700**

BRAMTOT Alfred 1852-1894 [4]
- Kvinna som plockar vindruvor - Oil/panel (35x23cm-14x9in) Stockholm 95 .... FF**17 100** - £2 160 - **$3,430**

BRANCA Giulio 1850-1926 [1]
- Attenti agli scogli ! - Bronze (32cm-13in) Milano 95 .... FF**4 770** - £608 - **$976**

BRANCACCIO Carlo 1861-1920 [99]
- Napoli dal mare - Olio/tavola (51x28cm-20x11in) Roma 91 .... FF**31 900** - £3 238 - **$5,761**
- Via Caracciolo - Olio/tavola (30x42cm-12x17in) Roma 95 .... FF**62 400** - £8 200 - **$12,400**
- Impression de Pluie, Paris - Oil/canvas (55x88cm-22x35in) New-York 96 .... FF**415 000** - £52 900 - **$80,000**
- Nella piazzetta ad Amalfi - Acquarello/cartone (32x24cm-13x9in) Roma 96 .... FF**10 010** - £1 161 - **$1,950**

BRANCACCIO Giovanni 1903-1975 [1]
- Figure - Tecnica mista/carta (65x44cm-26x17in) Milano 92 .... FF**16 300** - £1 670 - **$2,870**

BRANCHARD Emile P. 1881-1938 [2]
- Spring lake - Oil/canvas (71x56cm-28x22in) New-York 90 .... FF**6 470** - £658 - **$1,294**

BRANCUSI Constantin 1876-1957 [40]
- Le baiser - Plaster (28cm-11in) New-York 94 .... FF**3** - £422 000 - **$684,000**

La Négresse Blonde - Sculpture (40cm-16in) New-York 90 .... FF**4** - £**4** - **$8**
Buste d'enfant - Bronze (34x22x25cm-13x9x10in) Paris 93 .... FF**305 000** - £**36 750** - **$55,400**
Mlle Pogany II - Gelatin silver print (22x17cm-9x7in) New-York 89 .... FF**411 800** - £**40 975** - **$65,055**
L'atelier - Indian ink (44x30cm-17x12in) London 92 .... FF**215 000** - £**22 000** - **$37,900**
BRAND Erland 1922 [7]
Komposition - Oil/canvas (218x137cm-86x54in) Stockholm 91 .... FF**30 900** - £**3 076** - **$5,314**
Svävande planeter - Akvarell (47x35cm-19x14in) Stockholm 90 .... FF**3 700** - £**394** - **$662**
BRAND Friedrich August 1735-1806 [1]
Ideale Landschaft - Gouache/paper (17x22cm-7x9in) Wien 92 .... FF**4 330** - £**518** - **$833**
BRAND Fritz 1915 [3]
Ansicht von Grenchen - Oil/panel (90x120cm-35x47in) Bern 93 .... FF**2 066** - £**258** - **$378**
BRANDANI Enrico 1914 [8]
Les fous musiciens - Huile/panneau (84x44cm-33x17in) Bruxelles 93 .... FF**12 360** - £**1 478** - **$2,526**
BRANDAO-GIONO Wilson 1950 [1]
Araña - Oil/canvas (91x129cm-36x51in) New-York 91 .... FF**14 700** - £**1 463** - **$2,528**
BRANDARD Robert 1805-1862 [1]
Chalk Cliffs on the South Coast - Watercolour (21x30cm-8x12in) London 96 ...... FF**5 220** - £**650** - **$1,013**
BRANDEIS Antonietta 1849-1920 [124]
The Grand Canal, Venice - Oil/board (23x13cm-9x5in) London 94 .... FF**28 600** - £**3 400** - **$5,380**
Two views of Venice - Oil/board (25x16cm-10x6in) London 96 .... FF**71 800** - £**9 000** - **$13,860**
A Gondola on a Venetian Canal - Oil/canvas (74x61cm-29x24in) London 94 ... FF**237 000** - £**28 000** - **$42,600**
BRANDEIS Johann Adolf 1818-1872 [1]
Im Maleratelier - Oil/canvas/board (31x52cm-12x20in) Wien 92 .... FF**19 250** - £**1 970** - **$3,390**
BRÄNDEL Fritz 1869-1930 [1]
Dachauer Moos im Frühling - Oil/canvas (75x64cm-30x25in) Stuttgart 90 ...... FF**11 900** - £**1 217** - **$2,349**
BRANDEL Peter Jan Brandl 1668-1735/39 [1]
Saint Pierre, 1723 - Huile/toile (62x49cm-24x19in) Strasbourg 90 .... FF**15 000** - £**1 550** - **$2,650**
BRANDELIUS Gustaf 1833-1884 [8]
Riders in the forest - Oil/canvas (30x47cm-12x19in) Stockholm 95 .... FF**15 070** - £**1 972** - **$3,060**
BRANDEN van den Guy 1926 [2]
Composition - Huile/toile/panneau (100x80cm-39x31in) Antwerpen 90 .... FF**8 900** - £**959** - **$1,570**
Kompositie - Gouache (55x55cm-22x22in) Lokeren 93 .... FF**2 426** - £**278** - **$413**
BRANDENBERGER Hans 1912 [2]
Uniformrock anziehender Soldat - Bronze (23cm-9in) Bern 93 .... FF**2 375** - £**271** - **$403**
Wehrwille - Ink (62x43cm-24x17in) Zofingen 93 .... FF**2 790** - £**285** - **$492**
BRANDENBURG Martin 1870-1919 [1]
Farmer& farmhouse by a pond - Oil/panel (21x27cm-8x11in) Amsterdam 95 ...... FF**8 270** - £**1 032** - **$1,670**
BRANDENBURG Paul 1866-? [4]
Burg Eltz im Herbst - Oil/canvas (80x50cm-31x20in) Köln 93 .... FF**9 530** - £**955** - **$1,745**
BRANDENBURG Wilhelm 1824-1901 [6]
Gebirgssee - Oil/canvas (63x98cm-25x39in) München 91 .... FF**8 200** - £**843** - **$1,528**
BRANDER Felix Anton 1846-1924 [1]
Schlosthal, Mülle Wölflingen - Aquarelle, gouache (33x51cm-13x20in) Zürich 96 ... FF**9 930** - £**1 150** - **$1,903**
BRANDES Hans Heinrich Jürgen 1803-1868 [2]
Pferdemarkt an der Stadtmauer - Oil/panel (60x93cm-24x37in) Düsseldorf 92 ..... FF**25 300** - £**2 600** - **$4,870**
In den Albaner Bergen - Öl/Leinwand (63x50cm-25x20in) München 92 ...... FF**118 400** - £**13 780** - **$24,200**
BRANDES Jan 1743-1808 [1]
Elephant hunt in Ceylon - Wash (52x74cm-20x29in) London 91 .... FF**89 200** - £**8 988** - **$15,478**
BRANDES Peter 1944 [23]
Vincent-Pan, Colombes - Acrylic/canvas (116x89cm-46x35in) Köbenhavn 92 ..... FF**24 640** - £**2 520** - **$4,340**
Komposition - Lithograph Köbenhavn 93 .... FF**2 464** - £**296** - **$474**
Orpheus Reihe - Aquarelle, gouache (160x120cm-63x47in) Köbenhavn 94 .... FF**8 880** - £**1 131** - **$1,720**
BRANDES Willy 1876-1956 [11]
Märkische Landschaft mit Wildgänsen - Öl/Leinwand (53x74cm-21x29in) Stuttgart 94 ...... FF**9 600** - £**1 140** - **$1,775**
BRANDIEN Carl XX [2]
Kanoe Bay Oahu, Hawaii - Oil/board (30x41cm-12x16in) Mystic, Connecticut 96 ...... FF**2 330** - £**292** - **$450**
BRANDIFF George 1890-1936 [1]
Children - Oil/board (46x36cm-18x14in) San Francisco-Los Angeles 95 .... FF**15 130** - £**1 897** - **$2,750**
BRANDIS von August 1862-1947 [17]
Interieur mit Blumenstilleben - Oil/canvas (67x51cm-26x20in) Ahlden 92 .... FF**11 840** - £**1 378** - **$2,420**
Übergang über der Don - Öl/Leinwand (67x128cm-26x50in) Köln 94 .... FF**123 400** - £**14 800** - **$24,000**
BRANDL Herbert 1959 [24]
Ohne Titel - Öl/Leinwand (100x50cm-39x20in) Wien 96 .... FF**24 050** - £**3 015** - **$4,700**
Ohne Titel - Acryl (75x75cm-30x30in) Wien 97 .... FF**71 670** - £**7 620** - **$12,360**
Ohne Titel - Mixed media/paper (56x73cm-22x29in) Wien 95 .... FF**22 770** - £**2 840** - **$4,600**
BRÄNDL J. 1877-1963 [1]
Loisachtal aus das Zugspitzmassiv - Acryl (64x83cm-25x33in) Kempten 96 ...... FF**2 376** - £**308** - **$466**
BRANDL Pieter Jan 1668-1735/39 [2]
Lot and his daughters - Oil/canvas (95x109cm-37x43in) London 94 .... FF**43 300** - £**5 200** - **$8,010**
BRANDMÜLLER Johann Jakob ?-1719 [1]
Anna Maria Clara Kirchmeyer - Oil (69x58cm-27x23in) Bern 93 .... FF**6 470** - £**773** - **$1,245**
BRANDNER Karl C. 1898-1961 [2]
Rolling hills and farm building - Oil/canvas/board (36x41cm-14x16in) St. Louis, Miss. 93 ...... FF**2 655** - £**302** - **$450**

BRANDOIN Michel Vincent 1733-1807 [1]
Temple de Vesta,Tivoli - Aquarelle (39x50cm-15x20in) Paris 90 .... FF**68 500** - £**7 076** - **$12,102**
BRANDON Édouard J. Émile 1831-1897 [7]
Intérieur d'un Synagogue - Huile/toile (44x90cm-17x35in) Orléans 95 .... FF**260 000** - £**34 150** - **$53,400**
Dreyfus en chaire à Bruxelles - Encre/papier (20x12cm-8x5in) Paris 93 .... FF**6 000** - £**750** - **$1,091**
BRANDRIFF George Kennedy 1890-1936 [9]
Sea-borne Idleness - Oil/canvas (51x61cm-20x24in) San Francisco-Los Angeles 96 .... FF**20 720** - £**2 600** - **$4,000**
Studio, Laguna Beach
   Oil/canvas (61x71cm-24x28in) San Francisco-Los Angeles 96 .... FF**120 600** - £**13 960** - **$23,100**
BRANDS Eugene 1913 [342]
Psychial Portrait of a Man - Oil/paper (34x48cm-13x19in) Amsterdam 97 .... FF**4 687** - £**491** - **$804**
Untitled - Oil/paper/canvas (36x36cm-14x14in) Amsterdam 97 .... FF**11 387** - £**1 197** - **$1,956**
Untitled - Tempera/board (17x38cm-7x15in) Amsterdam 97 .... FF**18 580** - £**1 953** - **$3,191**
De Wekker - Oil/canvas (50x40cm-20x16in) Amsterdam 97 .... FF**35 960** - £**3 780** - **$6,177**
L'activité magique, 1951 - Oil/canvas (160x103cm-63x41in) Amsterdam 90 .... FF**419 300** - £**44 606** - **$75,009**
Panta Rei - Gouache/paper (25x31cm-10x12in) Amsterdam 97 .... FF**4 795** - £**504** - **$823**
Haver met Zeilboten - Tempera/paper (37x26cm-15x10in) Amsterdam 97 .... FF**32 964** - £**3 465** - **$5,662**
BRANDSTÄTTER Karl 1946 [2]
Winterlandschaft - Öl/Leinwand (42x56cm-17x22in) Wien 97 .... FF**7 674** - £**810** - **$1,326**
Leuchten im Nebel - Mischtechnik/Papier (27x37cm-11x15in) Wien 91 .... FF**2 160** - £**218** - **$429**
BRANDSTRUP Ludvig 1861-1935 [2]
Bust of king Christian IX - Sculpture (58cm-23in) London 89 .... FF**4 400** - £**425** - **$668**
BRANDT Albertus Jonas 1788-1821 [2]
Verre rempli de fruits - Huile/panneau (49x38cm-19x15in) Monaco 91 .... FF**70 000** - £**7 050** - **$12,280**
Flowers in a Classical vase - Watercolour (79x58cm-31x23in) London 93 .... FF**124 000** - £**15 500** - **$22,470**
BRANDT Anthony XX [2]
A reclining nude - Pencil (66x123cm-26x48in) London 92 .... FF**1 856** - £**190** - **$327**
BRANDT Bill 1904-1983 [190]
A Night in London - Gelatin silver print (23x18cm-9x7in) London 96 .... FF**3 874** - £**500** - **$748**
Nude study, 1950s - Silver print (35x28cm-14x11in) London 92 .... FF**8 800** - £**900** - **$1,550**
Nude, March - Gelatin silver print (48x38cm-19x15in) New-York 96 .... FF**93 200** - £**11 510** - **$18,000**
BRANDT Carl 1852-1930 [126]
Winter landscape - Oil/canvas (72x92cm-28x36in) London 94 .... FF**6 770** - £**800** - **$1,216**
Vinterlandskap, aftonrodnad - Oil/canvas (71x100cm-28x39in) Stockholm 95 .... FF**13 880** - £**1 730** - **$2,706**
Vinterdag vid fjällsjön - Oil/canvas (91x126cm-36x50in) Stockholm 89 .... FF**88 900** - £**9 090** - **$14,293**
BRANDT Carl Ludwig 1831-1905 [3]
Allegorie der Bildhauerei - Öl/Leinwand (76x41cm-30x16in) Göttingen 95 .... FF**5 910** - £**767** - **$1,231**
BRANDT Edgar 1880-1960 [12]
Figural Andirons - Bronze (44cm-17in) New-York 92 .... FF**180 300** - £**18 900** - **$32,500**
Designs for console & iron gates - Pencil/paper (47x58cm-19x23in) New-York 94 .... FF**8 560** - £**998** - **$1,500**
BRANDT Elisabeth 1853-1907 [2]
Grl in a Zealand costume - Oil/canvas (44x38cm-17x15in) Amsterdam 94 .... FF**4 880** - £**567** - **$840**
BRANDT Fritz 1853-1905 [3]
Auf dem Forum Romanum - Öl/Leinwand (62x42cm-24x17in) Köln 93 .... FF**13 560** - £**1 620** - **$2,610**
BRANDT Hedvig 1881-1946 [1]
Personer ved en bro - Oil/canvas (95x134cm-37x53in) Viby J, Århus 90 .... FF**4 390** - £**449** - **$867**
BRANDT Johannes Herman 1850-1926 [44]
Coastal landscape, Bornholm - Oil/canvas (75x112cm-30x44in) Aalborg 96 .... FF**2 940** - £**381** - **$588**
Marine - Huile/toile (60x94cm-24x37in) Köbenhavn 94 .... FF**3 665** - £**433** - **$653**
Marin, 1901 - Oil/canvas (99x153cm-39x60in) Göteborg 90 .... FF**28 100** - £**2 989** - **$5,027**
BRANDT Marianne 1893-1983 [3]
Self-portrait - Silver print (22x13cm-9x5in) London 94 .... FF**9 370** - £**1 100** - **$1,642**
BRANDT Otto 1828-1892 [5]
La Giovane Ciociara - Oil/panel (27x22cm-11x9in) London 95 .... FF**15 800** - £**2 000** - **$3,176**
BRANDT Rexford Elson 1914 [9]
Salton Sea State Park
   Watercolour/paper (32x52cm-13x20in) San Francisco-Los Angeles 92 .... FF**12 250** - £**1 423** - **$2,500**
BRANDT Viggo 1882-1959 [2]
Gallopderby - Oil/canvas (178x210cm-70x83in) Viby J, Århus 96 .... FF**3 366** - £**428** - **$666**
BRANDT von Józef 1841-c.1915/28 [24]
Lagerfeuer - Oil/canvas (65x120cm-26x47in) Wien 91 .... FF**43 300** - £**4 363** - **$7,514**
Cossack encampment - Oil/canvas (60x101cm-24x40in) New-York 96 .... FF**161 000** - £**20 500** - **$31,000**
A trumpeter - Charcoal/paper (24x17cm-9x7in) Warszawa 94 .... FF**5 600** - £**664** - **$1,027**
BRANDTNER Fritz 1896-1969 [43]
Sans titre - Huile/carton (10x61cm-4x24in) Montréal 92 .... FF**8 450** - £**981** - **$1,723**
Skeena River - Linocut (18x14cm-7x6in) Toronto 95 .... FF**1 970** - £**252** - **$402**
BRANDY I. XX [2]
Yes, Love Story - Huile/toile (120x150cm-47x59in) Antwerpen 91 .... FF**10 800** - £**1 105** - **$2,074**
BRAÑEZ DE HOYOS Enrique 1892-1976 [1]
Teruel - Oleo/tabla (43x34cm-17x13in) Madrid 96 .... FF**2 407** - £**292** - **$468**
BRANGWYN Frank 1867-1956 [164]
Ah! My beloved... - Oil/canvas (41x49cm-16x19in) London 97 .... FF**19 157** - £**2 000** - **$3,278**

Susannah and the Elders - Oil/canvas (119x162cm-47x64in) London 96 .... FF**85 000** - £**11 000** - **$16,850**
✏ Venice - Watercolour (29x44cm-11x17in) London 97 .... FF**33 557** - £**3 500** - **$5,738**
BRANNER Martin 1888-1970 [1]
✏ Pairs of comic strips - Ink (13x48cm-5x19in) New-York 93 .... FF**2 360** - £**269** - **$400**
BRANNON Philip 1817-1890 [1]
Salmon Leap at Leislip, Co. Dublin - Watercolour (4x68cm-2x27in) Dublin 95 ...... FF**7 930** - £**1 030** - **$1,630**
BRANSCOMBE Charles H. 1891-1922 [1]
🖼 An ewe with her lamb - Oil/board (22x34cm-9x13in) Torquay, Devon 91 .... FF**3 590** - £**357** - **$617**
BRANSOM John Paul 1885-1979 [3]
✏ Hunter & dog watching geese - Watercolour (61x46cm-24x18in) New-York 93 ..... FF**20 650** - £**2 350** - **$3,500**
BRANSON Lloyd 1861-1925 [1]
🖼 Distinguished gentleman - Oil/panel (66x53cm-26x21in) New Orleans, Louisiana 94 ...... FF**4 870** - £**578** - **$900**
BRANTNER Fritz 1896-1969 [2]
✏ Etude pour une sculpture - Encre (21x19cm-8x7in) Montréal 89 .... FF**2 700** - £**261** - **$410**
BRANTZKY Franz 1871-1941 [1]
🖼 Stadtmauer von Dinkelsbühl - Öl/Leinwand (46x46cm-18x18in) Köln 94 .... FF**2 914** - £**350** - **$567**
BRANWHITE Charles 1817-1880 [2]
🖼 Cattle in a winter landscape, 1855 - Oil/canvas (84x112cm-33x44in) London 89 ...... FF**53 300** - £**5 150** - **$8,088**
✏ Snow covered winter landscape - Watercolour (40x68cm-16x27in) Bristol, Avon 96 ...... FF**10 310** - £**1 250** - **$2,005**
BRANWHITE Charles Brooke 1851-1929 [20]
🖼 Llanstephen Castle, South Wales - Oil/canvas (35x54cm-14x21in) London 97 ...... FF**8 724** - £**950** - **$1,517**
✏ On the Beach, Oystermouth - Watercolour (35x49cm-14x19in) Bristol 97 .... FF**4 958** - £**525** - **$853**
St. Michael's Mount, Cornwall - Watercolour (63x100cm-25x39in) London 94 ...... FF**22 420** - £**2 600** - **$3,860**
BRAQUAVAL Louis 1860-1919 [34]
🖼 Le marché sur la place de l'église - Huile/panneau (51x61cm-20x24in) Rennes 97 ...... FF**3 100** - £**326** - **$533**
Vieille église picarde - Huile/panneau (38x45cm-15x18in) Neuilly 96. .... FF**11 500** - £**1 485** - **$2,220**
Bord de Seine et Notre Dame - Huile/toile (50x61cm-20x24in) Calais 90 .... FF**40 000** - £**4 283** - **$6,957**
BRAQUE Georges 1882-1963 [509]
🖼 Serviette - Oil/canvas (54x65cm-21x26in) New-York 97 .... FF**1** - £**159 276** - **$260,000**
Verre et carte - Oil/canvas (27x35cm-11x14in) New-York 97 .... FF**2** - £**234 080** - **$380,000**
Atelier VIII - Oil/canvas (132x196cm-52x77in) New-York 92 .... FF**4 7e +06** - £**7 e +06**
Nu couché - Oil/canvas (114x195cm-45x77in) New-York 97 .... FF**9** - £**1 4 72e +06** - **$1**
Fruits et couteau - Oil/board (10x70cm-4x28in) London 97 .... FF**347 490** - £**36 000** - **$59,526**
Cabines et bateaux - Oil/canvas (28x41cm-11x16in) London 97 ...... FF**820 462** - £**85 000** - **$140,547**
🖼 Essor 2 - Lithographie (36x56cm-14x22in) Paris 97 .... FF**18 000** - £**1 964** - **$3,116**
Aus: Si je mourais là-bas - Woodcut in colors (42x31cm-17x12in) Berlin 97 ...... FF**36 909** - £**3 919** - **$6,429**
Nature morte II - Etching (32x45cm-13x18in) New-York 96. .... FF**186 400** - £**24 060** - **$36,000**
🗿 Eole II - Bronze (22cm-9in) New-York 95 .... FF**23 200** - £**2 960** - **$4,750**
Hespéris - Bronze (40cm-16in) London 97 .... FF**183 398** - £**19 000** - **$31,416**
Petit cheval - Bronze (19cm-7in) New-York 89 .... FF**686 400** - £**70 184** - **$110,354**
✏ Tauben - Gouache (24x20cm-9x8in) Berlin 97. .... FF**81 588** - £**866 5 2** - **$14,212**
Les oiseaux - Gouache (30x24cm-12x9in) London 97 .... FF**193 050** - £**20 000** - **$33,070**
Verre et paquet de tabac - Fusain/papier (29x46cm-11x18in) Paris 90 ...... FF**9 e +06** - £**963 597** - **$1**
BRAQUEHAIS Bruno 1823-1875 [1]
📷 La Commune de Paris - Albumen print (15x20cm-6x8in) New-York 95 .... FF**180 500** - £**22 770** - **$36,000**
BRASCASSAT Jacques Raymond 1804-1867 [17]
🖼 The bull fight - Oil/canvas (49x62cm-19x24in) London 92 .... FF**39 100** - £**4 000** - **$6,900**
Lutte de taureaux - Oil/canvas (81x100cm-32x39in) New-York 97 ...... FF**299 486** - £**32 282** - **$52,500**
✏ Chemin à l'orée du bois - Aquarelle (20x26cm-8x10in) Barbizon 94 ...... FF**5 100** - £**604** - **$942**
BRASCH Hans 1882-1973 [3]
🖼 Weiblicher stehender Akt - Oil/canvas (116x89cm-46x35in) London 87 ...... FF**14 798** - £**1 400** - **$2,506**
BRASCH Magnus 1731-1787 [3]
🖼 Hirschjagd - Öl/Leinwand (6x84cm-2x33in) Wien 95 .... FF**18 900** - £**2 400** - **$3,810**
BRASCH Sven 1886-1970 [2]
🖼 Chaplin, Som Brandmand - Poster (86x64cm-34x25in) New-York 94 .... FF**7 880** - £**962** - **$1,500**
BRASCH Wenzel Ignaz ?-1761 [2]
🖼 Hund med jaktbyte i landskap - Oil/canvas (58x83cm-23x33in) Stockholm 96 ...... FF**25 700** - £**2 930** - **$4,910**
BRASEN Hans Ole 1849-1930 [43]
🖼 Italienerinde stående med hånden - Oil/canvas (80x47cm-31x19in) København 92 ...... FF**8 800** - £**900** - **$1,550**
Artist and model in the studio - Oil/canvas (72x56cm-28x22in) København 96 ...... FF**26 600** - £**3 033** - **$5,090**
BRASHER Rex 1869-1960 [1]
✏ Flamingos nesting - Watercolour (38x53cm-15x21in) Mystic, Connecticut 92 ...... FF**6 240** - £**745** - **$1,200**
BRASILIER André 1929 [232]
🖼 Repos au Vert-Galant - Huile/toile (33x41cm-13x16in) Paris 96 ...... FF**30 000** - £**3 860** - **$5,940**
Concert - Oil/canvas (50x65cm-20x26in) Amsterdam 97 .... FF**46 872** - £**491 6 9** - **$8,043**
Le Dompteur - Oil/canvas (80x99cm-31x39in) New-York 97 .... FF**63 842** - £**6 716** - **$11,000**
Chevaux dans la plaine - Huile/toile (73x92cm-29x36in) Paris 92 ...... FF**105 000** - £**12 530** - **$20,200**
Avant la course - Oil/canvas (165x295cm-65x116in) London 97 ...... FF**289 575** - £**30 000** - **$49,605**
Chevaux en Ile-de-France - Huile/toile (73x92cm-29x36in) Paris 90 ...... FF**900 000** - £**91 591** - **$179,986**
🖼 Le vase italien - Lithographie Paris 89 .... FF**12 000** - £**1 194** - **$1,896**
🗿 Horses and Riders - Sculpture (48cm-19in) New-York 94 .... FF**22 130** - £**2 587** - **$3,900**
✏ Portrait de femme - Aquarelle (35x24cm-14x9in) Paris 97 .... FF**20 100** - £**2 193** - **$3,513**
BRASILIER Denis XX [16]
🖼 Plan aéerin nocturne - Huile/toile (92x73cm-36x29in) Paris 92 ...... FF**2 800** - £**288** - **$539**

BRASLINS Normund 1962 [2]
🖼 Caresse - Huile/toile (62x62cm-24x24in) Paris 90..FF3 500 - £356 - **$700**

BRASS Hans 1885-1959 [2]
✎ Weiblicher Kat, ein Boot rudernd - Ink/paper (44x33cm-17x13in) Hamburg 96 ....FF5 100 - £581 - **$975**

BRASS Italico 1870-1943 [1]
✎ Ritratto di Gino Parin - Carboncino/carta (49x31cm-19x12in) Trieste 92 ....FF4 530 - £464 - **$798**

BRASSAÏ Gyula Halasz 1899-1984 [207]
📷 Miró dans le parc de Gaudi - Photo (21x17cm-8x7in) Paris 96 ....FF7 000 - £825 - **$1,375**
Bijou at the Bar de la Lune, Montmartre - Silver print (25x20cm-10x8in) New-York 96 .... FF9 300 - £1 152 - **$1,800**
Un bordel rue des Lombards, Paris - Tirage argentique (26x19cm-10x7in) Paris 95........ FF24 000 - £3 024 - **$4,750**

BRASSEUR Georges 1880-1950 [4]
🖼 Les vaches - Huile/toile (65x92cm-26x36in) Paris 90 ....FF6 500 - £655 - **$1,182**

BRASSEUR Lucien 1878-1960 [24]
🗿 Tête de femme - Bronze (18cm-7in) Saint-Germain-en-Laye 92 ....FF3 000 - £349 - **$613**
Jeune fille à la colombe - Bronze (138cm-54in) Saint-Germain-en-Laye 92 .... FF50 000 - £5 810 - **$10,200**

BRASSEUR Pierre 1905-1972 [1]
🖼 Marine - Technique mixte/carton (37x45cm-15x18in) Versailles 90 ....FF2 500 - £252 - **$490**

BRATBY Jean 1927 [3]
🖼 Bridge of Sighs - Oil/canvas (122x91cm-48x36in) London 92 ....FF12 700 - £1 300 - **$2,240**

BRATBY John Randall 1928-1992 [99]
🖼 Jimmy Cossins - Oil/canvas (56x40cm-22x16in) London 97 ....FF3 770 - £400 - **$649**
Sunflowers - Oil/canvas (61x51cm-24x20in) London 97....................................FF8 866 - £949 - **$153,2 2**
Courtyard with Washing - Oil/masonite (122x172cm-48x68in) London 97............. FF47 126 - £5 000 - **$8,124**

BRATE Fanny 1861-1940 [12]
🖼 Flicka vid fönster - Oil/canvas/panel (54x36cm-21x14in) Stockholm 96 .... FF13 220 - £1 508 - **$2,530**
Flicka från Sorunda - Oil/canvas (65x49cm-26x19in) Stockholm 95 .... FF55 600 - £7 130 - **$11,210**

BRATKOWSKI Roman 1869-1959 [5]
🖼 Street scene, San Remo - Oil/canvas (56x41cm-22x16in) Warszawa 95 ....FF7 580 - £958 - **$1,514**

BRATLAND Jakob 1859-1906 [5]
🖼 Kvinne i interiør - Oil/panel (46x38cm-18x15in) Oslo 93 ....FF10 400 - £1 210 - **$1,786**

BRATSBERG Jan Petter 1950 [2]
🖼 Fågelmotiv - Oil/canvas (108x89cm-43x35in) Stockholm 91 ....FF9 420 - £949 - **$1,635**

BRATTA Franco 1936 [2]
🗿 Erster Frost in Lappland - Terracotta (43cm-17in) Hamburg 96 ....FF2 026 - £246 - **$394**

BRATTSTRÖM Gustaf 1881 [1]
🖼 Stilleben med frukter - Oil/board (35x41cm-14x16in) Malmö 90 ....FF2 800 - £300 - **$487**

BRAU Casimir XIX-XX [1]
🖼 Vins de Champagne, Epernay - Poster (100x136cm-39x54in) London 96 ....FF4 700 - £580 - **$907**

BRAUER Erich, Arik 1929 [50]
🖼 Promenade im Wienerwald - Oil/panel (52x19cm-20x7in) München 90 .... FF49 000 - £5 213 - **$8,766**
Blumengötze - Oil/panel (20x13cm-8x5in) Wien 96 ....FF134 700 - £16 880 - **$26,300**
✎ Der Prophet - Mischtechnik/Papier (23x15cm-9x6in) Wien 94 .... FF36 600 - £4 360 - **$6,900**

BRAUER Marius 1867-1932 [1]
✎ Zittende Dame ophet Terras - Watercolour/paper (49x33cm-19x13in) London 89.................FF4 800 - £478 - **$758**

BRAUGHT Ross E. 1898-? [1]
🖼 Landscape throught the trees - Oil/canvas (76x91cm-30x36in) Litchfield, CT 92 .... FF8 800 - £1 040 - **$1,600**

BRAULT Sylvie-Geneviève XX [26]
🖼 En Crête, près de Kastelli - Huile/toile (61x46cm-24x18in) Grenoble 89 .... FF15 000 - £1 581 - **$2,525**
✎ Chaumière - Pastel (25x32cm-10x13in) Grenoble 95.......................................FF2 500 - £330 - **$507**

BRAUN Adam 1748-1827 [2]
🖼 Die Grablegung Christi - Oil/copper (27x33cm-11x13in) Wien 91 .... FF16 800 - £1 684 - **$3,077**

BRAUN Adolphe 1811-1877 [20]
📷 Glaïeuls - Tirage albuminé (37x25cm-15x10in) Paris 95 ....FF3 500 - £460 - **$703**
Grindelwald/Glacier Supérieur/... - Albumen print (28x22cm-11x9in) New-York 97............. FF49 390 - £5 230 - **$8,500**

BRAUN Carl Otto 1852-1904 [1]
🖼 Untergehende Sonne im Winter - Oil/panel (11x16cm-4x6in) Bremen 91 ....FF4 450 - £457 - **$827**

BRAUN Josef 1903-? [1]
🖼 Pietà mit Lilien - Öl/Karton (100x74cm-39x29in) Lindau 96 .... FF18 580 - £2 240 - **$3,564**

BRAUN Louis, Ludwig 1836-1916 [11]
🖼 Cavalry engagement - Oil/panel (37x70cm-15x28in) Stockholm 96 .... FF17 100 - £1 950 - **$3,276**
✎ Militariaszenen - Ink/paper (11x10cm-4x4in) Wien 92 ....FF3 850 - £394 - **$678**

BRAUN Ludwig XIX-XX [2]
🖼 Chez le forgeron - Huile/toile (26x36cm-10x14in) Saint-Dié 90 ....FF5 600 - £564 - **$1,097**

BRAUN Maurice 1877-1941 [61]
🖼 Sunlit mountains - Oil/board (20x23cm-8x9in) Victoria, B.C. 93 .... FF11 560 - £1 324 - **$1,966**
Spring in the Hills - Oil/canvas (35x51cm-14x20in) San Francisco-Los Angeles 96 .... FF44 050 - £5 520 - **$8,500**
Southern California Valley scene
    Oil/canvas (91x107cm-36x42in) San Francisco-Los Angeles 95 .... FF177 000 - £20 130 - **$30,000**

BRAUN Reinhold 1821-1884 [3]
🖼 Auf dem Schlachtfeld - Ol/Leinwand (30x27cm-12x11in) Schloss Osterried 95 .... FF10 400 - £1 338 - **$2,115**

BRAUN Rudolph 1867-1940 [1]
🖼 Bei der Hausarbeit - Öl/Karton (30x40cm-12x16in) Köln 92 ....FF5 100 - £522 - **$898**

B

BRAUN Wilhelm Hans 1873-1938 [3]
- *Im Prater* - Oil/canvas (39x52cm-15x20in) Wien 92 .... FF**10 580** - £*1 062* - **$2,036**

BRAUNECKER Ernestin, Stina 1865-1913 [1]
- *Rosenstilleben* - Oil/panel (34x25cm-13x10in) München 94 .... FF**8 500** - £*992* - **$1,490**

BRAUNEKER André 1926 [7]
- *Joueuse de cartes* - Huile/toile (100x73cm-39x29in) Paris 93 .... FF**4 200** - £*507* - **$764**

BRAUNER Victor 1903-1966 [237]
- *Visage de l'air* - Huile/panneau (65x81cm-26x32in) Paris 90 .... FF**2** - £*251 606* - **$408,696**
- *Tableau de l'Amour heureux* - Huile/carton (66x55cm-26x22in) Paris 97 .... FF**1 e +06** - £*104 600* - **$171,300**
- *Femme solaire* - Huile/carton (35x27cm-14x11in) Paris 97 .... FF**100 000** - £*10 460* - **$17,130**
- *Le lien secret* - Oil/canvas (100x81cm-39x32in) London 97 .... FF**241 312** - £*25 000* - **$41,337**
- *Double personnage* - Gouache (14x9cm-6x4in) Paris 91 .... FF**11 000** - £*1 092* - **$1,910**
- *La tour perdue* - Encre Chine/papier (49x64cm-19x25in) Paris 97 .... FF**25 000** - £*2 607* - **$4,275**
- *Composition surréaliste* - Crayons couleurs (65x50cm-26x20in) Paris 97 .... FF**85 000** - £*8 865* - **$14,535**
- *Projet pour Anagoïe* - Encre/papier (74x55cm-29x22in) Paris 94 .... FF**400 000** - £*47 500* - **$73,800**

BRAUNTUCH Troy 1954 [15]
- *Untitled Bathtub* - Pigment/canvas (235x172cm-93x68in) Stockholm 95 .... FF**9 150** - £*1 198* - **$1,834**
- *Burnt Poles* - Ink (305x305cm-120x120in) New-York 97 .... FF**19 733** - £*207 6 4* - **$3,400**

BRAUSEWETTER Otto 1835-1904 [1]
- *Nach langer Trennung* - Oil/canvas (89x108cm-35x43in) Ahlden 92 .... FF**16 920** - £*1 970* - **$3,454**

BRAUWER de Cyriel 1914-1989 [2]
- *Petit chien assis* - Bronze (44cm-17in) Antwerpen 96 .... FF**10 000** - £*1 296* - **$1,975**

BRAVO Claudio 1936 [91]
- *Jarrón y candelabros* - Oil/canvas (54x73cm-21x29in) New-York 97 .... FF**114 548** - £*12 210* - **$20,000**
- *Hair* - Acrylic (175x125cm-69x49in) New-York 97 .... FF**229 096** - £*24 420* - **$40,000**
- *Paquete Azul* - Oil/canvas (190x149cm-75x59in) New-York 97 .... FF**3 407 16e +06** - £*325 367* - **$530,000**
- *Gallo Floral* - Charcoal (102x72cm-40x28in) New-York 97 .... FF**103 093** - £*10 989* - **$18,000**
- *Las piedras* - Watercolour (61x81cm-24x32in) New-York 97 .... FF**137 458** - £*14 652* - **$24,000**
- *Naturaleza Muerta con Cajas* - Pastel/paper (73x100cm-29x39in) New-York 97 .... FF**364 000** - £*46 300* - **$70,000**

BRAVURA de Denise XX [6]
- *Six hommes* - Encre Chine (32x27cm-13x11in) Monaco 92 .... FF**2 000** - £*239* - **$385**

BRAY Arnold 1892-1972 [3]
- *Rocky coast* - Oil/canvas (61x76cm-24x30in) San Francisco-Los Angeles 91 ... FF**7 980** - £*804* - **$1,385**

BRAY Charles 1922 [2]
- *Maggie* - Sculpture (72x36cm-28x14in) Paris 90 .... FF**7 000** - £*716* - **$1,382**

BRAY Ernest 1883-1969 [2]
- *Lavandières* - Huile/toile (46x61cm-18x24in) La Varenne Saint-Hilaire 93 .... FF**3 200** - £*400* - **$582**

BRAY John 1879-1978 [1]
- *Smooth Fox Terrier at a door* - Oil/canvas (49x59cm-19x23in) London 96 .... FF**7 460** - £*900* - **$1,432**

BRAYER Yves 1907-1990 [578]
- *Vue de Cordes* - Huile/toile (24x35cm-9x14in) Paris 97 .... FF**15 000** - £*1 637* - **$2,622**
- *Vue de cordes* - Huile/toile (24x35cm-9x14in) Calais 97 .... FF**27 000** - £*2 892* - **$4,733**
- *Baigneuses, Saintes-Marie-de-la-Mer* - Huile/toile (30x63cm-12x25in) Cannes 96 .... FF**37 000** - £*4 230* - **$7,050**
- *La route de Fontvielle* - Huile/toile (65x54cm-26x21in) Calais 97 .... FF**63 000** - £*6 306* - **$10,634**
- *Vue de Venise* - Huile/toile (65x81cm-26x32in) Les Baux-de-Provence 95 .... FF**120 000** - £*15 500* - **$24,730**
- *Chevaux en Camargue* - Huile/toile (63x129cm-25x51in) Paris 90 .... FF**310 000** - £*31 219* - **$56,364**
- *Nu* - Lithographie Provins 94 .... FF**3 200** - £*383* - **$598**
- *Danseuse à la barre* - Aquarelle/papier (30x22cm-12x9in) Calais 97 .... FF**5 600** - £*600* - **$982**
- *Opéra de Lyon* - Aquarelle/papier (40x40cm-16x16in) Calais 97 .... FF**10 200** - £*102 1 2* - **$1,721**
- *Vue de Cordes* - Aquarelle/papier (48x64cm-19x25in) Calais 97 .... FF**18 000** - £*1 928* - **$3,155**
- *Chevaux en Camargue* - Aquarelle (47x62cm-19x24in) Calais 96 .... FF**36 500** - £*4 730* - **$7,210**

BRAZ Osip Emmanuelovich 1873-1936 [1]
- *Portrait of a lady* - Charcoal (55x42cm-22x17in) London 95 .... FF**18 940** - £*2 400* - **$3,810**

BRAZDA Franz 1903-1981 [1]
- *An der Donau* - Aquarell/Papier (29x42cm-11x17in) Wien 94 .... FF**1 710** - £*194* - **$290**

BRAZDA Jan 1917 [4]
- *Klassisistiska vattenbärerskor* - Oil/canvas (80x75cm-31x30in) Göteborg 95 ..... FF**3 104** - £*412* - **$640**
- *Vattenbärerskor, kvinnor med krukor* - Gouache (33x48cm-13x19in) Stockholm 92 .... FF**1 510** - £*155* - **$266**

BREAKSPEARE William A. 1855-1914 [32]
- *Captain of the Guard* - Oil/canvas (44x34cm-17x13in) Billinghurst, West Sussex 96 .... FF**9 240** - £*1 200* - **$1,810**
- *The Fountain*
   Oil/panel (34x24cm-13x9in) Marlborough Crescent, Newcastle upon Tyne 94 .... FF**26 600** - £*3 200* - **$4,930**
- *A Stranger in the Village* - Oil/canvas (92x71cm-36x28in) London 95 .... FF**205 200** - £*26 000* - **$41,300**

BREALEY William Ramsden 1889-? [1]
- *Mrs Chisenhale-Marsh* - Oil/canvas (146x73cm-57x29in) London 89 .... FF**8 700** - £*866* - **$1,374**

BREAM Anthony XX [2]
- *A chair by a window* - Oil/canvas (41x51cm-16x20in) London 95 .... FF**3 004** - £*380* - **$588**

BRÉANSKI de Alfred Fontville ?-1893 [137]
- *A Valley in Perth* - Oil/canvas (61x91cm-24x36in) London 95 .... FF**12 330** - £*1 600* - **$2,527**

BRÉANSKI de Alfred, Jnr. 1877-1945 [63]
- *Penton Hook, on Thames* - Oil/canvas (45x61cm-18x24in) London 97 .... FF**13 489** - £*1 500* - **$2,533**
- *A Lush River Valley* - Oil/canvas (76x127cm-30x50in) New-York 96 .... FF**30 000** - £*3 884* - **$6,000**
- *Snowdon, North Wales* - Watercolour (27x37cm-11x15in) London 93 .... FF**7 120** - £*800* - **$1,192**

BRÉANSKI de Alfred, Snr. 1852-1928 [107]

- Moel Siabad, N. Wales - Oil/canvas (31x46cm-12x18in) Toronto 96 .... FF9 110 - £1 155 - **$1,747**
- Near Inversnaid - Oil/canvas (61x91cm-24x36in) Chicago 91 .... FF48 000 - £4 767 - **$8,334**
- Rosy Morning - Oil/canvas (31x61cm-12x24in) London 96 .... FF51 300 - £6 000 - **$8,940**
- Ben and Loch Katrine - Oil/canvas (61x91cm-24x36in) London 97 .... FF95 238 - £10 000 - **$16,324**
- Below stronach lacker - Oil/canvas (61x91cm-24x36in) London 89 .... FF155 000 - £15 423 - **$24,487**
- The Western Highlands - Oil/canvas (76x128cm-30x50in) Glasgow 96 .... FF302 300 - £35 000 - **$57,900**

BRÉANSKI de Gustave c.1856-1898 [50]

- A fishing boat leaving harbour - Oil/canvas (41x61cm-16x24in) London 96 .... FF2 680 - £350 - **$536**
- On the Coast of Holland - Oil/canvas (60x50cm-24x20in) London 96 .... FF6 800 - £800 - **$1,334**
- Unloading the catch - Oil/canvas (91x61cm-36x24in) London 97 .... FF18 365 - £2 000 - **$3,194**

BREANT Jean 1922-1984 [19]

- Le Couchant - Huile/toile (81x65cm-32x26in) Bern 95 .... FF2 150 - £280 - **$442**
- Paysage, 1961 - Gouache (32x45cm-13x18in) Rouen 90 .... FF4 500 - £485 - **$794**

BREAUTE Albert 1853-? [3]

- Jeune femme en buste - Huile/panneau (32x24cm-13x9in) Paris 92 .... FF10 000 - £1 027 - **$1,852**

BRÉBANT Adolphe 1819-? [1]

- Jean-François Millet - Aquarelle, gouache (8x6cm-3x2in) Barbizon 94 .... FF3 300 - £391 - **$610**

BRECHER Samuel 1897-1982 [2]

- Coats of Maine - Oil/canvas (50x61cm-20x24in) North Bethesda, MD. 91 .... FF3 490 - £350 - **$639**

BRECHERET Victor 1900-1955 [2]

- Tocadora de Lira - Bronze (29cm-11in) New-York 95 .... FF17 850 - £2 230 - **$3,500**

BRECHET André 1926 [7]

- Les voiliers - Huile/toile (81x100cm-32x39in) Paris 88 .... FF15 000 - £1 439 - **$2,636**
- Komposition - Technique mixte/papier (42x60cm-17x24in) Bern 93 .... FF2 376 - £274 - **$408**

BRECHT Georges 1925 [7]

- Experimental enlargement - Peinture (112x120cm-44x47in) Paris 92 .... FF2 000 - £206 - **$385**
- Biol. Centr. Am. Coleoptera... - Farbserigraphie (33x23cm-13x9in) Köln 91 .... FF2 704 - £274 - **$488**

BRECK John Leslie 1861-1899 [7]

- Lily pond - Oil/canvas (15x23cm-6x9in) Dedham, Mass. 96 .... FF194 000 - £25 030 - **$38,000**
- Apple Blossoms - Oil/canvas (46x56cm-18x22in) New-York 97 .... FF991 831 - £104 142 - **$170,000**

BRECKENRIDGE Hugo Henry 1870-1937 [4]

- Young irl smocking a hookah - Oil/panel (39x30cm-15x12in) London 95 .... FF14 340 - £1 900 - **$2,960**

BREDA von Lukas 1676-1752 [1]

- Karl Oxenstierna - Oil/canvas (82x68cm-32x27in) Stockholm 92 .... FF14 900 - £1 780 - **$2,870**

BREDAEL van Joseph 1688-1739 [23]

- Townfolk disembarking - Oil/copper (24x31cm-9x12in) London 94 .... FF354 600 - £42 000 - **$65,500**

BREDAEL van Pieter 1629-1719 [18]

- Scène de village - Huile/toile (140x200cm-55x79in) Saint-Dié 96 .... FF230 000 - £27 000 - **$45,200**

BREDAL Niels 1841-1888 [2]

- A village in Italy - Oil/canvas (77x55cm-30x22in) Köbenhavn 95 .... FF10 630 - £1 392 - **$2,160**

BREDDO Gastone 1915-1991 [9]

- Marina con barche in secca - Olio/tela (71x90cm-28x35in) Vercelli 93 .... FF7 680 - £863 - **$1,376**

BRÉDECHE Jacques XX [18]

- Pommiers - Huile/toile (38x55cm-15x22in) Sceaux 95 .... FF9 700 - £1 288 - **$2,000**

BREDIN Rae Sloan 1881-1933 [3]

- Japanese Print - Oil/canvas (43x33cm-17x13in) San Francisco-Los Angeles 94 .... FF47 300 - £5 590 - **$8,500**

BREDOW Adolf 1875-? [5]

- Winterwald mit Burgruine - Öl/Leinwand (99x142cm-39x56in) Bremen 95 .... FF10 320 - £1 356 - **$2,070**

BREDOW Otto Paul 1874-? [3]

- Gestrandet an stürmischer Küste - Öl/Leinwand (69x106cm-27x42in) Wien 93 .... FF14 850 - £1 724 - **$2,500**

BREDOW Rudolf 1909-1973 [2]

- Früchten, Kelch und Vase - Chalks/paper (48x62cm-19x24in) München 93 .... FF8 470 - £1 013 - **$1,630**

BREDSDORFF Axel 1883-1947 [4]

- Syende flicka vid fönster - Oil/canvas (56x46cm-22x18in) Stockholm 92 .... FF3 253 - £389 - **$626**

BREDSDORFF Johan Ulrik 1845-1928 [12]

- Parti fra Århusbugten - Oil/canvas (23x43cm-9x17in) Viby J, Århus 92 .... FF2 464 - £252 - **$434**

BREDT Ferdinand Max 1860-1921 [11]

- Im Boudoir - Öl/Karton (51x33cm-20x13in) Heidelberg 96 .... FF14 220 - £1 756 - **$2,750**

BREE de Anthony, Anton XIX-XX [5]

- Country scenes with horses - Oil/canvas (14x19cm-6x7in) Amsterdam 93 .... FF11 880 - £1 360 - **$2,023**

BREE van Philippe 1786-1871 [3]

- La légende de Marieke de Nimègue - Huile/toile Bruxelles 96 .... FF9 870 - £1 256 - **$1,900**

BREED Dirk 1920 [4]

- Havengebouwtje bodenmeer - Oil/canvas (80x100cm-31x39in) Amsterdam 96 .... FF3 010 - £345 - **$574**

BREEDAM van Camiel 1936 [1]

- De dodenwaker - Sculpture (113cm-44in) Lokeren 91 .... FF9 870 - £995 - **$1,713**

BREEN Marguerite 1885-1964 [1]

- The practice hour - Oil/canvas (35x45cm-14x18in) New-York 92 .... FF15 540 - £1 627 - **$2,800**

BREETVELD Dolf 1892-1989 [14]

- Untitled - Oil/canvas (100x130cm-39x51in) Amsterdam 96 .... FF8 420 - £966 - **$1,608**
- Untitled - Sculpture (88cm-35in) Amsterdam 96 .... FF5 410 - £621 - **$1,033**

Untitled - Gouache/paper (49x63cm-19x25in) Amsterdam 96 .... FF3 310 - £380 - $632

BRÉFORT-PORCHE Antonin 1869-1923 [3]
Marchands de sel à Tanger - Huile/toile (46x55cm-18x22in) Paris 92 .... FF6 200 - £635 - $1,092

BREGER Colette 1946 [1]
Portrait avec masque - Technique mixte/toile (71x53cm-28x21in) Paris 89 .... FF2 500 - £249 - $395

BREGNØ Jens Jakob 1877-1946 [12]
Den lyttende pige - Sculpture (60cm-24in) København 92 .... FF8 750 - £1 018 - $1,788
Dancing Nymphs - Bronze (66cm-26in) København 96 .... FF61 900 - £8 050 - $12,260

BREHAM Paul Henri 1850-1933 [3]
Maternité - Huile/panneau (92x122cm-36x48in) Paris 90 .... FF48 000 - £5 106 - $8,587

BREHM Worth 1883-1928 [1]
Boy listening to another man - Charcoal (58x38cm-23x15in) New-York 93 .... FF5 230 - £656 - $950

BREHMER Emil 1822-1895 [1]
Still life with a broken jug - Oil/board (15x13cm-6x5in) Amsterdam 93 .... FF7 230 - £864 - $1,392

BREHMER Hugo XIX-XX [6]
Popocatepetl, 1930s - Silver print (15x10cm-6x4in) New-York 94 .... FF3 190 - £381 - $600

BREHMER K.P. 1938 [2]
Elly - Construction (159x10x94cm-63x4x37in) New-York 91 .... FF8 490 - £862 - $1,533
Briefmarken-Auswahlbeutel - Collage (111x142cm-44x56in) Köln 92 .... FF13 600 - £1 392 - $2,394

BREIL Bruno 1888-? [2]
Mädchen mit Wellensittich - Öl/Leinwand (80x60cm-31x24in) Wien 95 .... FF13 860 - £1 760 - $2,760

BREILINGER Hans 1888-1963 [9]
Stilleben mit Kannen - Mixed media (62x45cm-24x18in) Konstanz 93 .... FF7 460 - £891 - $1,435

BREINLINGER Hans 1888-1963 [9]
Hügelige Landschaft - Oil/cardboard (47x71cm-19x28in) Stuttgart 89 .... FF8 400 - £812 - $1,275
Paar - Aquarell (34x25cm-13x10in) Konstanz 94 .... FF4 100 - £484 - $736

BREITBACH Carl 1833-1904 [8]
Still life with dead fawl - Oil/canvas (70x99cm-28x39in) New-York 91 .... FF10 950 - £1 106 - $2,174

BREITENBACH Josef 1896-1984 [15]
Bertold Brecht - Gelatin silver print (28x23cm-11x9in) New-York 94 .... FF9 800 - £1 138 - $2,000

BREITENSTEIN Carl August 1864-1921 [3]
Holländische Küstenlandschaft - Oil/canvas (25x50cm-10x20in) Köln 92 .... FF8 500 - £870 - $1,497

BREITENSTEIN Ernst 1857-1929 [9]
Porteur, Alpes de l'Oberland - Oil/canvas (89x55cm-35x22in) New-York 95 .... FF29 100 - £3 500 - $5,500
Schweizisk bondefamilie - Oil/canvas (127x97cm-50x38in) København 91 .... FF68 500 - £6 803 - $11,894
In der Stube - Aquarell (39x56cm-15x22in) Zofingen 92 .... FF3 350 - £342 - $590

BREITER Herbert 1927 [7]
Mönchsbergstiege auf Domkuppel - Öl/Leinwand (78x90cm-31x35in) Salzburg 94 .... FF15 570 - £1 844 - $2,880
Ese, Palmen, Meer - Aquarell/Papier (48x62cm-19x24in) Wien 95 .... FF9 900 - £1 258 - $1,970

BREITLING Gisela 1939 [4]
Il Combattimento - Ink/paper (32x29cm-13x11in) Düsseldorf 93 .... FF1 696 - £203 - $326

BREITNER Georg Hendrik 1857-1923 [50]
A dune landscape - Oil/paper/panel (28x37cm-11x15in) Amsterdam 96 .... FF12 600 - £1 582 - $2,477
A Reclining Nude - Oil/canvas (50x90cm-20x35in) Amsterdam 97 .... FF135 054 - £14 369 - $23,499
A Reclining Nude on a Sofa - Oil/panel (32x41cm-13x16in) Amsterdam 97 .... FF420 168 - £44 702 - $73,108
Hussars - Watercolour, gouache/paper (44x62cm-17x24in) Amsterdam 97 .... FF90 036 - £9 579 - $15,666

BREITNER Joseph 1864-1930 [3]
Hl. Georg - Bronze (58cm-23in) Frankfurt 93 .... FF6 440 - £770 - $1,240

BREITWIESER Robert 1899-1975 [6]
Nature morte à la pipe - Huile/toile (55x46cm-22x18in) Saint-Dié 93 .... FF10 500 - £1 265 - $1,910

BREITWIESER Theodor 1847-1930 [4]
Nikolobescherung - Oil/panel (20x30cm-8x12in) Wien 94 .... FF31 750 - £3 675 - $5,460

BREIVIK Bård 1949 [5]
Blue Chip-board - Sculpture (118x16x15cm-46x6x6in) Stockholm 94 .... FF10 350 - £1 215 - $1,845

BREKER Arno 1900-1991 [65]
Le Blessé - Bronze (158cm-62in) Zürich 95 .... FF1 - £181 800 - $287,000
Portrait de Jean Cocteau - Terracotta (27cm-11in) Pontoise 96 .... FF9 200 - £1 197 - $1,823
Electra - Bronze (31cm-12in) Pontoise 96 .... FF20 000 - £2 603 - $3,960
Hans-Christian - Bronze (103cm-41in) Zürich 96 .... FF98 600 - £12 360 - $19,030
Étude de nu - Aquarelle (42x30cm-17x12in) Paris 96 .... FF5 000 - £651 - $991

BREL Y GIRAL José Maria 1841-1894 [1]
La cogida del picador - Oleo/tabla (17x23cm-7x9in) Madrid 95 .... FF2 623 - £336 - $528

BRELING Heinrich 1849-1903 [11]
Reiche Beute - Oil/panel (17x25cm-7x10in) Stuttgart 94 .... FF14 700 - £1 767 - $2,800

BRELINGARD Berthe 1942 [14]
Paris - Huile/toile (80x40cm-31x16in) Paris 92 .... FF3 000 - £308 - $577

BRELL J. Peru XIX-XX [2]
A sunlit courtyard - Oil/canvas (52x56cm-20x22in) London 94 .... FF10 150 - £1 200 - $1,824

BRELLOCHS Hermann Wilhelm 1899-1979 [4]
Europa auf dem Stier - Bronze (17x27cm-7x11in) Stuttgart 94 .... FF2 246 - £262 - $394

BRÉLY de la August 1838-1906 [7]
Mon fils - Huile/toile (94x140cm-37x55in) Lyon 92 .... FF33 000 - £3 940 - $6,350
Lovers in a wood - Oil/panel (54x36cm-21x14in) New-York 92 .... FF83 200 - £8 710 - $15,000

BREM Rolf 1926 [3]
Fridolin - Bronze (47cm-19in) Luzern 92 .... FF13 700 - £1 637 - **$2,636**

BREMAN Co 1865-1938 [26]
Vispoort te Harderwijk - Oil/canvas (30x46cm-12x18in) Amsterdam 97 .... FF11 132 - £1 167 - **$1,910**
Namiddagzoon - Oil/canvas (39x39cm-15x15in) Amsterdam 97 .... FF21 576 - £2 268 - **$3,706**
Engweg, Blaricum, 1906 - Oil/canvas (44x71cm-17x28in) Amsterdam 89 .... FF149 800 - £15 785 - **$25,219**

BREMER Frederika 1801-1865 [1]
Frans Michael Franzén - Wash (14x11cm-6x4in) Stockholm 94 .... FF2 510 - £300 - **$469**

BREMER Uwe 1940 [11]
Cometes vivus - Oil/panel (54x39cm-21x15in) München 91 .... FF5 070 - £505 - **$872**
Atlantis - Farblithographie Hamburg 97 .... FF2 258 - £241 - **$393**

BREMER-MYNTTI Eva 1894-1964 [1]
Apelsiner - Oil/canvas (38x46cm-15x18in) Helsinki 95 .... FF3 125 - £391 - **$632**

BREMMER Hendricus Petrus 1871-1956 [11]
Lantern, pancakepan & pottery - Oil/canvas (83x96cm-33x38in) Amsterdam 90 ... FF90 300 - £9 234 - **$17,824**
Tabaccojar with pipe - Watercolour/paper (25x17cm-10x7in) Amsterdam 95 ...... FF18 900 - £2 412 - **$3,860**

BREMOND Jean-Louis 1858-1943 [2]
Ruelle en Afrique du Nord - Huile/toile (55x38cm-22x15in) Bruxelles 96 .... FF4 940 - £616 - **$954**
La Soure - Pastel (56x33cm-22x13in) Lokeren 92 .... FF2 656 - £272 - **$468**

BREMOND Marie J. 1926 [2]
Baigneuses sous la falaise - Huile/toile (54x41cm-21x16in) Le Havre 96 .... FF3 000 - £353 - **$590**

BREN Hans 1900-1974 [3]
Dorfeingang - Öl/Leinwand (56x69cm-22x27in) Wien 94 .... FF15 540 - £1 823 - **$2,770**

BRENAN James 1837-1907 [1]
On the Coast - Oil/canvas (34x56cm-13x22in) London 96 .... FF17 300 - £2 200 - **$3,330**

BRENAN James Butler 1825-1889 [4]
Officer of the 7th Dragoon Guards - Oil/canvas (54x43cm-21x17in) London 97 .. FF15 009 - £1 600 - **$2,631**

BRENDEKILDE Hans Andersen 1857-1942 [122]
Flickor - Oil/canvas (49x63cm-19x25in) Stockholm 97 .... FF46 037 - £4 861 - **$7,954**
The new doll - Oil/canvas (67x79cm-26x31in) London 95 .... FF102 600 - £13 000 - **$20,640**
Vardag, 1891 - Oil/canvas (144x174cm-57x69in) Stockholm 90 .... FF889 200 - £95 819 - **$156,825**

BRENDEL Albert Heinrich 1827-1895 [10]
Dans la bergerie - Huile/panneau (22x30cm-9x12in) Barbizon 94 .... FF21 000 - £2 490 - **$3,880**

BRENDEL Walter L. 1923 [4]
Ohne Titel - Aquarell (50x70cm-20x28in) München 94 .... FF2 735 - £321 - **$488**

BRENDER A BRANDIS Geraldo Abraham 1878-? [1]
Still life with flowers - Oil/canvas (35x45cm-14x18in) Amsterdam 92 .... FF5 120 - £612 - **$986**

BRENDSTRUP Thorald 1812-1883 [15]
Coastal scene, possibly Lake Albano - Oil/canvas (104x163cm-41x64in) London 92 .... FF10 740 - £1 100 - **$1,892**
Fontana dei cavalli marini, Rome - Oil/canvas (65x92cm-26x36in) London 90 ... FF65 900 - £7 011 - **$11,789**

BRENET Albert 1903-? [37]
Africains en pirogue, retour de chasse - Huile/toile (60x80cm-24x31in) Angers 90 .... FF28 000 - £2 893 - **$4,947**
Combat naval - Gouache (64x96cm-25x38in) Le Havre 96 .... FF26 200 - £3 080 - **$5,150**
La frégate Melpomène - Gouache/papier (60x89cm-24x35in) Paris 96 .... FF88 000 - £10 870 - **$17,020**

BRENET Nicolas-Guy 1728-1792 [5]
Saint Sebastian - Oil/canvas (160x112cm-63x44in) London 95 .... FF128 000 - £17 000 - **$26,400**
A standing male academy - Red chalk/paper (56x38cm-22x15in) New-York 97 .... FF11 123 - £1 238 - **$2,000**

BRENNA Vincenzo 1745-1820 [1]
Château St-Michel, St. Petersbour - Aquarelle (36x61cm-14x24in) Paris 90 ...... FF27 500 - £2 841 - **$4,859**

BRENNAN Michael George 1839-1874 [1]
The Acolyte - Oil/canvas (68x91cm-27x36in) London 96 .... FF77 500 - £10 000 - **$14,960**

BRENNEISEN Heinrich Wilhelm 1895-1942 [1]
Badende am Rhein - Oil/panel (48x44cm-19x17in) Pforzheim 95 .... FF4 130 - £543 - **$828**

BRENNEMAN George W. 1856-1906 [2]
No Idea - Oil/panel (46x31cm-18x12in) New-York 93 .... FF24 800 - £2 820 - **$4,200**

BRENNER Adam 1800-1891 [12]
Mother and daughter, 1843 - Oil/canvas (118x101cm-46x40in) New-York 89 .... FF14 900 - £1 483 - **$2,354**
Schlafzimmer, Eisenstadt - Pencil/paper (17x21cm-7x8in) Wien 92 .... FF5 290 - £632 - **$1,018**

BRENNER Carl Christian 1833-1888 [4]
Wooded landscape - Oil/canvas (41x61cm-16x24in) Boston, Mass. 95 .... FF10 170 - £1 310 - **$2,100**

BRENNER Franz 1873-1945 [7]
Himmelpfortgrund, Sobieskiplatz - Aquarell/Papier (24x31cm-9x12in) Wien 95 .. FF9 100 - £1 136 - **$1,840**

BRENNER Jacques XX [4]
Port - Huile/toile (50x100cm-20x39in) Brest 95 .... FF3 800 - £475 - **$745**

BRENNER Nandor Vydai 1903-? [1]
Ballerina - Olio/tela (80x60cm-31x24in) Trieste 93 .... FF2 172 - £247 - **$368**

BRENNER Victor David 1871-1924 [2]
A. Lincoln & the Gettysburg Address - Relief (55x73cm-22x29in) New-York 91 .. FF13 580 - £1 378 - **$2,453**

BRENNINGER Georg 1909-1988 [1]
Die Schwestern - Bronze (24cm-9in) München 92 .... FF6 780 - £810 - **$1,305**

BRENNIR Carl 1850-1920 [12]
Driving sheep - Oil/canvas (41x62cm-16x24in) London 92 .... FF7 740 - £900 - **$1,580**

BRENON Robert XX [4]
Tour des Sorcières - Aquarelle (36x51cm-14x20in) Strasbourg 93 .... FF2 200 - £247 - $373
BRENOT Pierre Laurent 1913 [11]
Diane - Huile/toile (81x65cm-32x26in) Allaman 94 .... FF26 660 - £3 090 - $4,590
Projet pour le Lido - Gouache/carton (49x64cm-19x25in) Paris 94 .... FF2 000 - £239 - $374
BRENT Adalie Margules 1920-1992 [1]
Boy peeling corn - Tempera/panel (61x38cm-24x15in) Baton Rouge, Louisiana 93 .... FF5 200 - £626 - $950
BRENTEL Friedrich 1580-1651 [15]
David dancing before the ark - Gouache/vellum (13x18cm-5x7in) London 97 .... FF39 660 - £4 200 - $6,825
Susanna and the Elders - Bodycolour (15x23cm-6x9in) Amsterdam 96 .... FF196 000 - £23 070 - $38,500
BRERETON James XX [2]
Blowing Hard - Oil/canvas (102x127cm-40x50in) London 93 .... FF13 350 - £1 500 - $2,235
BRES-RHOCANGES XX [15]
Le divan - Huile/isorel (38x46cm-15x18in) Boulogne 93 .... FF7 300 - £840 - $1,244
Femme à l'antilope - Pastel (44x38cm-17x15in) Paris 93 .... FF2 800 - £315 - $475
BRESDIN Rodolphe 1822-1885 [71]
Entrée de village - Eau-forte Paris 97 .... FF3 500 - £373 - $606
Le bon Samaritain - Lithographie (56x44cm-22x17in) Neuilly 96 .... FF34 000 - £4 240 - $6,570
La retraite pendant la guerre - Encre (12x28cm-5x11in) Paris 97 .... FF30 000 - £3 306 - $5,283
BRESLAU Marie-Louise 1856-1927 [7]
Nature morte - Huile/toile (70x144cm-28x57in) Lille 95 .... FF12 000 - £1 494 - $2,340
BRESLAUER Marianne 1909-? [3]
Sommer - Gelatin silver print (28x23cm-11x9in) New-York 93 .... FF11 000 - £1 380 - $2,000
BRESSANIN Vittorio Emanuele 1860-1941 [5]
La prova del vestito - Olio/tavola (14x23cm-6x9in) Roma 91 .... FF9 110 - £925 - $1,645
BRESSLER Emile Alois L. 1886-1966 [19]
Paysage animé - Huile/toile (41x33cm-16x13in) London 95 .... FF12 700 - £1 620 - $2,600
Sitzende Frau - Pastell/Karton (28x43cm-11x17in) Zürich 94 .... FF5 280 - £624 - $948
BRESSLERN-ROTH Norbertine 1891-1978 [70]
Das Wunder - Oil/canvas (100x100cm-39x39in) Wien 89 .... FF43 200 - £4 552 - $7,273
Fasanen-Garten - Oil/canvas (113x122cm-44x48in) Wien 89 .... FF134 400 - £14 162 - $22,626
Im Dschungel - Gouache/paper (20x14cm-8x6in) Wien 94 .... FF13 670 - £1 555 - $2,317
BRESSY Richard 1906 [3]
Village - Huile/panneau (41x50cm-16x20in) Bruxelles 96 .... FF5 360 - £694 - $1,072
BREST Fabius Germain 1823-1900 [40]
Maisons turques, Constantinople - Huile/toile (23x35cm-9x14in) Paris 95 .... FF19 000 - £2 330 - $3,700
Teahouse near a Turkish Village - Oil/canvas (36x65cm-14x26in) London 97 .... FF41 058 - £4 500 - $7,206
Outside the mosque - Oil/canvas (76x117cm-30x46in) New-York 96 .... FF259 600 - £33 100 - $50,000
BREST VAN KEMPEN Carel Pieter 1958 [3]
The First Phalanx, Mandrill - Acrylic/board (21x76cm-8x30in) London 96 .... FF15 780 - £2 000 - $3,026
BRET François 1918 [6]
Vue du Mont Saint-Michel - Huile/toile Coutances 96 .... FF7 500 - £868 - $1,437
BRET Paul 1902-1956 [10]
Élégante au salon - Huile/panneau (55x46cm-22x18in) Bruxelles 95 .... FF3 700 - £448 - $697
BRET-CHARBONNIER Claudia 1893-1950 [5]
Les pivoines - Huile/carton (22x27cm-9x11in) Rennes 97 .... FF2 300 - £242 - $395
BRÉTEGNIER Georges 1863-1892 [3]
An Arab warrior - Oil/canvas (130x81cm-51x32in) London 95 .... FF63 100 - £8 000 - $12,700
BRETLAND Thomas W. 1802-1874 [7]
Liberty and Lamplihter - Oil/canvas (82x112cm-32x44in) London 96 .... FF60 000 - £7 800 - $11,880
BRETLING Carl 1835-1918 [1]
Steady hand - Oil/canvas (91x79cm-36x31in) London 94 .... FF33 860 - £4 000 - $6,080
BRETON André 1896-1966 [2]
Cadavre exquis - Pastel (32x24cm-13x9in) Paris 89 .... FF80 000 - £7 960 - $12,638
BRETON Emile 1831-1902 [9]
Village sous la neige - Huile/toile (84x54cm-33x21in) Paris 95 .... FF20 000 - £2 555 - $4,125
BRETON Jules Adolphe 1827-1906 [43]
Le débarquement de la pêche - Huile/toile (68x110cm-27x43in) Bruxelles 95 .... FF40 340 - £5 220 - $8,240
Le Goûter, 10 Août - Oil/panel (26x35cm-10x14in) New-York 96 .... FF129 800 - £16 530 - $25,000
La petite couturière - Oil/canvas (55x43cm-22x17in) New-York 97 .... FF846 975 - £91 215 - $150,000
BRETON Paul Eugène 1868-1933 [1]
Jeunes femmes nues enlacées - Sculpture (90cm-35in) Paris 89 .... FF33 000 - £3 284 - $5,213
BRETON Sabine 1938 [3]
La plage - Huile/toile (51x65cm-20x26in) Bayeux 93 .... FF12 200 - £1 404 - $2,104
BRETSCHNEIDER Eduard 1849-1910 [1]
Courting Couple - Oil/canvas (125x93cm-49x37in) London 95 .... FF43 000 - £5 200 - $7,940
BRETT Dorothy Eugenie 1883-1977 [1]
Indian couple with papoose - Oil/board (81x51cm-32x20in) New-York 90 .... FF57 200 - £6 085 - $10,233
BRETT Harold Matthew 1880-1955 [2]
In the desert near Karnak - Watercolour (23x51cm-9x20in) London 92 .... FF1 592 - £190 - $306
BRETT John 1830-1902 [41]
Far Horizons - Oil/canvas (61x122cm-24x48in) London 96 .... FF8 520 - £1 100 - $1,646
Sunshine and Showers - Oil/canvas (61x96cm-24x38in) London 96 .... FF50 600 - £6 000 - $9,870

An Alpine Meadow - Watercolour (25x36cm-10x14in) London 97 .... **FF438 513 - £46 000 - $75,247**

BRETT John. 1831-1902 [1]
Durdle Door, Dorset - Watercolour (23x15cm-9x6in) London 93 .... **FF5 650 - £650 - $975**

BRETTE Paul 1902-1956 [1]
Reclining female nude - Oil/canvas (49x60cm-19x24in) St. Helier, Jersey 94 .... **FF4 200 - £500 - $800**

BRETTE Pierre 1905-1961 [15]
Chausey - Aquarelle/papier (14x18cm-6x7in) Cherbourg 96 .... **FF2 400 - £311 - $471**
Chaussey - Aquarelle (34x52cm-13x20in) Coutances 95 .... **FF14 500 - £1 906 - $2,910**

BRETZ Julius 1870-1953 [4]
Dorf im Siebengebirge - Oil/cardboard (32x35cm-13x14in) Düsseldorf 92 .... **FF8 840 - £905 - $1,557**

BREUER Clara 1871-1935 [1]
Flowers - Oil/canvas (41x52cm-16x20in) Amsterdam 95 .... **FF2 640 - £343 - $550**

BREUER Henry Joseph 1860-1932 [9]
Mt. Tamalpais - Oil/canvas (41x52cm-16x20in) San Francisco-Los Angeles 93 .... **FF19 250 - £2 414 - $3,500**

BREUER Peter 1856-1930 [4]
Var - Bronze (37cm-15in) Stockholm 90 .... **FF9 400 - £1 000 - $1,682**

BREUER-WIKMAN Frederika 1828-1896 [1]
Flower still life of lilacs & lilies - Oil/canvas (26x36cm-10x14in) Amsterdam 90 .... **FF7 200 - £744 - $1,272**

BREUHAUS GROOT de Frans Arnold 1796-1875 [6]
Countryside scene - Oil/panel (30x39cm-12x15in) Amsterdam 92 .... **FF13 650 - £1 402 - $2,626**

BREUIL Marius 1850-1932 [6]
Les Alpilles - Huile/toile (38x55cm-15x22in) Paris 90 .... **FF2 800 - £285 - $560**

BREUILLAUD André 1893-? [4]
Sans titre - Huile/toile (46x61cm-18x24in) Paris 95 .... **FF3 400 - £447 - $698**

BREUL Hugo 1854-1910 [2]
Flirtation at the garden fence - Oil/canvas (63x38cm-25x15in) Cambridge, Mass. 90 ...... **FF3 980 - £405 - $796**
Girl and cat - Watercolour (23x15cm-9x6in) North Berwick, Maine 93 .... **FF2 340 - £293 - $425**

BREUNING Gustav ?-1902 [1]
Die Weichsel bei Graudenz - Öl/Karton (21x30cm-8x12in) Bremen 94 .... **FF7 200 - £834 - $1,240**

BREVANT Katherine 1947 [5]
L'Ile Saint-Louis - Huile/toile (55x46cm-22x18in) Saint-Dié 91 .... **FF4 800 - £481 - $792**

BREVEGLIERI Cesare 1902-1948 [13]
Strada a Montmartre - Olio/tela (40x30cm-16x12in) Milano 94 .... **FF53 900 - £6 360 - $9,610**
Parigi - Matita/carta (32x41cm-13x16in) Milano 90 .... **FF4 770 - £608 - $976**

BREVIERE Louis Henri 1797-1869 [10]
Quartier Saint-Sulpice - Photo (8x5cm-3x2in) Chartres 89 .... **FF32 000 - £3 372 - $5,387**

BREVOORT James Renwick 1832-1918 [5]
Late summer fishing - Oil/canvas (35x70cm-14x28in) New-York 92 .... **FF46 800 - £5 590 - $9,000**

BREWER Henry Charles 1866-1943 [20]
London after the Bombing - Watercolour (28x44cm-11x17in) London 97 .... **FF2 634 - £280 - $455**
Chartres Cathedral - Watercolour (75x51cm-30x20in) Groombridge, Kent 92 .... **FF12 900 - £1 500 - $2,633**

BREWER Henry William c.1830-1903 [3]
Boy fishing on a river - Watercolour (23x32cm-9x13in) London 96 .... **FF6 800 - £800 - $1,334**

BREWER James Alphege XIX-XX [3]
Amiens cathedral - Engraving (65x46cm-26x18in) Toronto 95 .... **FF2 162 - £274 - $435**

BREWER Nicholas Richard 1857-1949 [2]
Chicago river - Oil/canvas (76x91cm-30x36in) New-York 91 .... **FF19 920 - £1 997 - $3,648**

BREWERTON George Douglas 1820-1901 [5]
Mountainous lake scene - Pastel (53x66cm-21x26in) Mystic, Connecticut 92 .... **FF5 680 - £581 - $1,000**

BREWSTER Anna Richards 1870-1952 [16]
Madrid, Christmas Eve - Oil/canvas (44x64cm-17x25in) New-York 95 .... **FF10 250 - £1 277 - $2,000**

BREWSTER John II 1766-1854 [2]
Man in frock coat - Oil/canvas (76x61cm-30x24in) New-York 95 .... **FF58 600 - £7 590 - $12,000**

BREWTNALL Edward Frederick 1846-1902 [7]
Bailiff's daughter, Islington - Oil/canvas (91x153cm-36x60in) New-York 92 .... **FF18 200 - £2 173 - $3,500**
The Frog Princess - Watercolour/board (76x46cm-30x18in) Cleveland, Ohio 92 .... **FF13 870 - £1 453 - $2,500**

BREYDEL Karel 1678-1733 [27]
A Cavalry skirmish - Oil/canvas (34x46cm-13x18in) New-York 97 .... **FF36 974 - £3 979 - $6,500**
Reiterkampf zwischen Truppen - Oil/panel (41x49cm-16x19in) Wien 90 .... **FF134 400 - £14 390 - $23,374**

BREYER Jan Hendrick 1818-1894 [2]
Travellers asking for directions - Oil/canvas (65x57cm-26x22in) Amsterdam 96 .... **FF12 900 - £1 655 - $2,540**

BREYER Johann XIX [2]
Landschaft mit Bauernhaus - Oil/canvas (47x64cm-19x25in) Wien 92 .... **FF8 660 - £887 - $1,526**

BREYER Paul 1905-1968 [2]
Vue de village - Huile/toile (60x50cm-24x20in) Bruxelles 89 .... **FF3 200 - £318 - $506**

BREYER Robert 1866-1941 [10]
Magnolien - Oil/canvas (85x64cm-33x25in) München 89 .... **FF20 300 - £2 139 - $3,418**

BREYSSE Émile 1880-1965 [1]
Voiliers - Huile/isorel (50x61cm-20x24in) Neuilly 94 .... **FF2 200 - £256 - $381**

BRIA Gilbert XX [3]
Marée basse - Huile/toile (50x61cm-20x24in) Versailles 90 .... **FF8 000 - £841 - $1,391**

B

BRIAN Jean 1915 [2]
- X. Olympische Winterspiele, Grenoble - Poster (95x63cm-37x25in) London 96 .... FF2 963 - £380 - **$584**

BRIANCHON Maurice 1899-1979 [131]
- Marée basse - Oil/canvas (43x51cm-17x20in) New-York 97 .... FF23 215 - £2 442 - **$4,000**
- Before the Banquet - Oil/board (24x41cm-9x16in) New-York 97 .... FF49 332 - £5 190 - **$8,500**
- Aux courses - Huile/toile (65x92cm-26x36in) Paris 97 .... FF95 000 - £9 899 - **$16,188**
- Nature morte aux tulipes - Oil/canvas (91x73cm-36x29in) New-York 94 .... FF285 500 - £33 500 - **$50,000**
- Les deux amies - Huile/toile (65x100cm-26x39in) Paris 89 .... FF1 5e +06 - £107 362 - **$168,810**

BRIANTE Ezelino 1901-1971 [50]
- Casa colonica nel paesaggio - Olio/cartone (50x70cm-20x28in) Roma 96 .... FF7 350 - £852 - **$1,430**
- Porticciolo a Capri - Olio/tela (50x70cm-20x28in) Roma 95 .... FF14 040 - £1 845 - **$2,790**

BRIARD Maurice 1887-? [1]
- The violonist - Oil/canvas (41x33cm-16x13in) London 93 .... FF2 656 - £320 - **$464**

BRIAS Charles 1798-1884 [7]
- Family portrait in a kitchen - Oil/panel (58x46cm-23x18in) London 95 .... FF61 700 - £8 000 - **$12,850**

BRIATA Georges 1933 [10]
- Marseille - Oil/canvas (80x80cm-31x31in) New-York 94 .... FF10 520 - £1 208 - **$1,800**

BRIAUDEAU Paul Charles 1869-1944 [3]
- Floral still life - Oil/canvas (73x54cm-29x21in) Cambridge, Mass. 91 .... FF5 480 - £544 - **$951**

BRICE Edward Kington 1860-? [4]
- A cotswold orchard - Oil/canvas (51x61cm-20x24in) London 89 .... FF8 200 - £838 - **$1,318**

BRICE Olivier 1933 [6]
- Personnage drapé - Bronze (25cm-10in) Calais 90 .... FF8 000 - £806 - **$1,455**

BRICHER Alfred Thompson 1837-1908 [114]
- Distant Beacon - Oil/canvas (23x36cm-9x14in) New-York 97 .... FF49 592 - £5 207 - **$8,500**
- Autumn Landscape - Oil/board (25x49cm-10x19in) New-York 96 .... FF124 600 - £15 870 - **$24,000**
- Whitehead, Casco Bay - Oil/canvas (58x112cm-23x44in) New-York 97 ...... FF277 129 - £29 098 - **$47,500**
- Coastal scene - Watercolour, gouache/paper (42x70cm-17x28in) New-York 94 .. FF124 500 - £14 740 - **$23,000**

BRICKDALE Eleanor Fortescue 1871-1945 [26]
- I gather for the Breast of God - Watercolour (51x21cm-20x8in) London 95 ...... FF11 600 - £1 500 - **$2,370**
- Natural magic - Pencil (54x35cm-21x14in) London 92 .... FF48 850 - £5 000 - **$8,620**

BRIDGE Elizabeth XX [2]
- Parrot tulips, narcissus & apple - Oil/canvas (61x50cm-24x20in) London 92 .... FF4 400 - £450 - **$776**

BRIDGE Joe 1886-1967 [2]
- Moto Sacoche - Affiche (118x78cm-46x31in) Boulogne 96 .... FF5 000 - £627 - **$967**

BRIDGES Fidelia 1834-1923 [5]
- Pink wild flowers - Gouache (22x33cm-9x13in) New-York 92 .... FF14 430 - £1 510 - **$2,600**

BRIDGMAN Frederik Arthur 1847-1928 [76]
- Jardin de la mosquée - Huile/toile (59x81cm-23x32in) Aubagne 95 .... FF21 000 - £2 790 - **$4,330**
- River Landscape with Deer - Oil/canvas (60x80cm-24x31in) New-York 97 .... FF58 343 - £6 126 - **$10,000**
- Un bois secret - Oil/canvas (129x173cm-51x68in) New-York 97 .... FF395 255 - £42 567 - **$70,000**

BRIDPORT Hugh 1794-1832 [1]
- Lady called Caroline Dugan - Miniature (6cm-2in) London 97 .... FF7 060 - £750 - **$1,218**

BRIEDÉ Johan 1885-1980 [11]
- Haven van Urk - Oil/canvas (40x50cm-16x20in) Amsterdam 97 .... FF29 967 - £3 150 - **$5,148**

BRIELMAN Jacques Alfred ?-1892 [4]
- Troupeau - Huile/toile (50x73cm-20x29in) Paris 93 .... FF12 000 - £1 500 - **$2,182**

BRIENNE Christine XX [6]
- Le marché - Gouache (45x53cm-18x21in) Troyes 91 .... FF2 300 - £228 - **$399**

BRIERLY Oswald Walter 1817-1894 [23]
- El Gamo & H.M.S. Speedy.. - Watercolour/paper (47x63cm-19x25in) London 97 .... FF24 390 - £2 600 - **$4,258**

BRIëT Arthur 1867-1939 [16]
- Peasant woman in a kitchen - Oil/panel (22x30cm-9x12in) Amsterdam 90 .... FF4 520 - £457 - **$860**
- Children by a fire - Oil/canvas (60x71cm-24x28in) Amsterdam 94 .... FF35 260 - £4 200 - **$6,700**
- Old peasant woman sewing - Watercolour (37x29cm-15x11in) Amsterdam 95 ...... FF8 030 - £970 - **$1,510**

BRIET Tieri 1964 [2]
- Eotham - Huile/toile (150x150cm-59x59in) Paris 91 .... FF9 000 - £907 - **$1,562**
- Utère - Construction (30x40cm-12x16in) Paris 91 .... FF5 500 - £554 - **$954**

BRIEU Christian 1948 [4]
- Macadam - Bronze (121x4x22cm-48x2x9in) Paris 90 .... FF42 500 - £4 404 - **$7,469**

BRIGANTI Nicolas P. 1895-1989 [26]
- Haywagon - Oil/canvas (61x76cm-24x30in) Cambridge, Mass. 91 .... FF3 396 - £345 - **$613**
- A Canal in Venice - Oil/canvas (72x51cm-28x20in) New-York 94 .... FF8 120 - £962 - **$1,500**
- The Doges Palace, Venice - Oil/canvas (71x102cm-28x40in) New-York 93 .... FF13 200 - £1 656 - **$2,400**

BRIGAUD Frédéric 1944 [1]
- Le voyageur intérieur - Bronze (53x24x24cm-21x9x9in) Paris 89 .... FF21 000 - £2 090 - **$3,318**

BRIGDEN Frederick Henry 1871-1956 [15]
- Landscape with Elms - Oil/canvas (46x62cm-18x24in) Toronto 94 .... FF6 240 - £743 - **$1,175**
- In the Credit Valley County - Watercolour (30x34cm-12x13in) Toronto 95 .... FF3 940 - £503 - **$804**

BRIGGS Austin 1908-1973 [3]
- Sophia Loren - Oil/board (68x48cm-27x19in) Elgin, Illinois 91 .... FF3 113 - £314 - **$540**

BRIGGS Ernest 1923-1984 [1]
- View on Windermere - Watercolour (18x25cm-7x10in) London 94 .... FF2 347 - £280 - **$442**

BRIGGS Ernest Edward 1866-1913 [8]
✎ *Earlestoun linn, Galloway* - Watercolour (44x59cm-17x23in) Glasgow 96 .... FF20 050 - £2 600 - **$3,930**
BRIGGS Henry Perronet 1792-1844 [2]
☞ *Puck and Hermia* - Oil/panel (68x51cm-27x20in) London 96 .... FF6 980 - £900 - **$1,367**
BRIGGS Warren C. 1867-1903 [2]
☞ *Working the field at sunset* - Oil/canvas (35x51cm-14x20in) London 95 .... FF6 470 - £850 - **$1,298**
BRIGHT Harry c.1867-c.1897 [20]
✎ *Robin, Bullfinch and blue tits in winter* - Pencil (42x30cm-17x12in) London 93 .... FF5 340 - £600 - **$894**
Herald of Spring, thrushes and blue tits - Watercolour (35x71cm-14x28in) London 96 .... FF11 800 - £1 500 - **$2,270**
BRIGHT Henry 1814-1873 [49]
☞ *River Yare, Norwich* - Oil/board (23x36cm-9x14in) London 96 .... FF5 090 - £4 460 - **$872**
A watermill in the Welsh mountains - Oil/canvas (76x127cm-30x50in) London 93 .... FF33 200 - £4 000 - **$5,800**
✎ *Windmills by the sea in winter* - Pastel (66x122cm-26x48in) London 96 .... FF11 030 - £1 300 - **$2,167**
BRIGHT Henry XIX-XX [11]
☞ *Glen Orkey* - Oil/canvas (79x117cm-31x46in) Aylsham, Norfolk 95 .... FF27 200 - £3 500 - **$5,620**
✎ *Fisherfolk near Boulogne* - Watercolour (15x25cm-6x10in) London 92 .... FF2 736 - £280 - **$570**
BRIGHT Henry Barnabus 1824-1876 [2]
✎ *The frog bandits* - Pencil (36x68cm-14x27in) London 92 .... FF31 260 - £3 200 - **$5,520**
BRIGMAN Annie W. 1869-1950 [39]
📷 *The Storm Tree* - Gelatin silver print (20x25cm-8x10in) San Francisco-Los Angeles 96 ..... FF22 200 - £2 570 - **$4,250**
BRIGNOLI Luigi 1881-1952 [1]
☞ *Berner See* - Öl/Leinwand (30x46cm-12x18in) Bern 96 .... FF20 370 - £2 470 - **$3,960**
BRIGNONI Serge 1903 [42]
☞ *Ohne Titel* - Mischtechnik (31x31cm-12x12in) Zofingen 96 .... FF13 230 - £1 650 - **$2,554**
Mikrobiologie - Öl/Karton (40x23cm-16x9in) Zürich 95 .... FF25 500 - £3 230 - **$5,120**
Abstract figures - Mixed media/canvas (115x91cm-45x36in) New-York 90 .... FF137 300 - £14 606 - **$24,562**
BRIGSTOCK Thomas 1809-1881 [3]
☞ *Mehemet Ali* - Huile/toile (85x65cm-33x26in) Paris 95 .... FF150 000 - £19 000 - **$30,160**
BRIHUEGA GORROCHATEGUI Luis 1915-1981 [2]
☞ *Reposo* - Oleo/tabla (117x100cm-46x39in) Madrid 95 .... FF11 100 - £1 420 - **$2,230**
BRIKNELL William Harry Warren 1860-? [1]
☞ *Jerome Bonaparte Squire* - Oil/canvas (76x102cm-30x40in) Chicago 93 .... FF71 500 - £8 960 - **$13,000**
BRILL Reginald 1902 [2]
✎ *The Jury* - Watercolour (80x105cm-31x41in) London 95 .... FF23 530 - £3 000 - **$4,740**
BRILLOUIN Louis Georges 1817-1893 [12]
☞ *The cellist* - Oil/panel (15x11cm-6x4in) Amsterdam 95 .... FF9 540 - £1 191 - **$1,926**
✎ *Le retour de la chasse* - Gouache (43x34cm-17x13in) Versailles 90 .... FF13 500 - £1 374 - **$2,700**
BRIMLEY David P. 1879-1963 [1]
✎ *Canada* - Watercolour/paper (28x38cm-11x15in) Baton Rouge, Louisiana 93 .... FF1 770 - £202 - **$300**
BRIN Émile Quentin XIX-XX [4]
☞ *Jardin fleuri au jet d'eau* - Oil/canvas (146x97cm-57x38in) New-York 97 .... FF85 568 - £9 223 - **$15,000**
BRINANT de Jules Ruinart 1839-1898 [5]
☞ *Raisins et biscuits* - Huile/toile Reims 92 .... FF25 000 - £2 570 - **$4,810**
BRINCKMANN Hermann 1830-1902 [2]
☞ *Wooded landscape at sunset* - Oil/panel (32x38cm-13x15in) Warszawa 94 .... FF12 440 - £1 425 - **$2,110**
BRINDEAU DE JARNY Louis Édouard 1867-1943 [6]
☞ *Bou Regreb, Rabat* - Huile/panneau (45x55cm-18x22in) Paris 93 .... FF11 500 - £1 386 - **$2,090**
✎ *Meknès* - Aquarelle/papier (59x49cm-23x19in) Paris 96 .... FF5 000 - £647 - **$991**
BRINDESI Olympio 1897-1965 [2]
▨ *Bronze bust of indian brave* - Bronze (43cm-17in) New-York 93 .... FF12 370 - £1 552 - **$2,250**
BRINDISI Remo 1918-1996 [85]
☞ *Venezia* - Olio/tela (50x70cm-20x28in) Prato 97 .... FF8 160 - £960 - **$1,440**
Reazione in atto - Olio/tela (140x170cm-55x67in) Milano 94 .... FF22 040 - £2 640 - **$4,090**
Composizione con figure - Olio/tela (90x120cm-35x47in) Milano 90 .... FF64 100 - £6 819 - **$11,467**
BRINKLEY Nell ?-1944 [1]
✎ *The happy image of home* - Ink (30x41cm-12x16in) New-York 93 .... FF3 850 - £483 - **$700**
BRINKMANN Enrique 1938 [5]
☞ *Arqueólogo y candil* - Oleo/tabla (116x89cm-46x35in) Madrid 92 .... FF24 200 - £2 885 - **$4,650**
BRION Camille XIX-XX [1]
📷 *Exposition Coliniale de Marseille* - Photo (46x36cm-18x14in) Paris 95 .... FF1 500 - £181 - **$284**
BRION Clémence 1889-? [1]
☞ *La ferme* - Huile/carton (28x32cm-11x13in) Bruxelles 92 .... FF11 620 - £1 190 - **$2,044**
BRION Gustave 1824-1877 [10]
☞ *Decorating the shrine* - Oil/canvas (90x68cm-35x27in) New-York 94 .... FF29 240 - £3 383 - **$5,000**
BRION Michel 1927 [31]
☞ *Marins à Saint-Gilles* - Huile/toile (65x54cm-26x21in) Provins 93 .... FF2 250 - £271 - **$409**
Bateau à Honfleur - Huile/toile (65x50cm-26x20in) Provins 91 .... FF5 000 - £497 - **$868**
BRIONES Fernando 1905-? [2]
☞ *Huevo roto* - Oleo/tabla (34x42cm-13x17in) Madrid 96 .... FF3 460 - £449 - **$685**
BRIOSCHI Antonio, Anton 1855-1920 [12]
☞ *Wienerwald* - Öl/Leinwand (28x43cm-11x17in) Wien 97 .... FF7 648 - £813 - **$1,318**
Inside the Alhambra - Oil/paper/board (53x74cm-21x29in) London 94 .... FF54 600 - £6 500 - **$10,300**

Interior - Watercolour (31x42cm-12x17in) Wien 95 .... FF3 000 - £378 - **\$598**
BRIOSCHI Carlo 1826-1895 [3]
Im Hafen von Triest - Oil/Leinwand (36x81cm-14x32in) Wien 95 .... FF30 350 - £3 790 - **\$6,130**
BRIQUET A. c.1820-c.1900 [1]
Mexico - Albumen print London 96 .... FF11 620 - £1 500 - **\$2,244**
BRISBOIS Patrice 1945 [11]
La girafe - Bronze (44x10x10cm-17x4x4in) Paris 97 .... FF2 000 - £208 - **\$340**
Le Sphynx - Bronze (30cm-12in) Brest 96 .... FF17 200 - £2 190 - **\$3,310**
BRISCOE Arthur John Trevor 1873-1943 [57]
Pluogh-team in a storm - Oil/canvas (137x183cm-54x72in) London 91 .... FF21 820 - £2 190 - **\$3,775**
Snuggins Down - Etching (21x34cm-8x13in) London 96 .... FF3 510 - £460 - **\$712**
Cheap Power - Watercolour (23x43cm-9x17in) Billinghurst, West Sussex 96 ..... FF9 620 - £1 250 - **\$1,885**
BRISCOE Franklin Dullin 1844-1903 [29]
Tropical idyll - Oil/canvas (38x69cm-15x27in) New-York 93 .... FF12 700 - £1 452 - **\$2,250**
Storm at Sea - Oil/canvas (76x127cm-30x50in) New-York 97 .... FF42 711 - £4 617 - **\$7,500**
BRISGAND Gustave ?-c.1950 [8]
Jeune femme au miroir - Huile/panneau (37x44cm-15x17in) Paris 89 .... FF5 500 - £562 - **\$884**
Portrait symboliste - Aquarelle (72x52cm-28x20in) Calais 93 .... FF9 800 - £1 112 - **\$1,660**
BRISPOT Henri 1846-1928 [14]
Le gourmand - Huile/toile (32x41cm-13x16in) Lyon 95 .... FF6 000 - £785 - **\$1,202**
La partie d'échecs - Huile/toile (33x46cm-13x18in) Calais 97 .... FF22 000 - £2 411 - **\$3,861**
The Chess Party - Oil/canvas (60x73cm-24x29in) New-York 94 .... FF70 200 - £8 120 - **\$12,000**
BRISS Sami 1930 [20]
La chevelure rouge - Huile/bois (22x27cm-9x11in) Paris 97 .... FF3 200 - £362 - **\$580**
L'Oiseau bleu - Acrylique/bois (50x61cm-20x24in) Paris 96 .... FF10 500 - £1 216 - **\$2,010**
Le chat roux - Gouache/papier (47x60cm-19x24in) Paris 97 .... FF2 600 - £277 - **\$450**
BRISSAUD Jacques 1880-1960 [3]
Femme à sa toilette - Pastel (35x25cm-14x10in) Paris 91 .... FF4 000 - £401 - **\$733**
BRISSAUD Pierre 1885-? [2]
The chess game - Watercolour (25x18cm-10x7in) New-York 92 .... FF2 450 - £285 - **\$500**
BRISSE Joëlle XX [4]
Sans titre - Technique mixte/toile (150x150cm-59x59in) Versailles 92 .... FF15 000 - £1 540 - **\$2,885**
BRISSET Émile ?-1904 [2]
French troops on the move - Oil/canvas (124x201cm-49x79in) New-York 95 .... FF107 800 - £13 230 - **\$21,000**
BRISSET Pierre 1810-1890 [2]
Enfants devant une église - Aquarelle (23x18cm-9x7in) Paris 92 .... FF1 600 - £191 - **\$308**
BRISSON Pierre Marie 1955 [7]
Komposition - Oil/paper (58x45cm-23x18in) Malmö 90 .... FF7 300 - £743 - **\$1,460**
BRISSONNI Jean XX [2]
Le Grand Passage - Huile/toile (100x31cm-39x32in) Belfort 92 .... FF6 800 - £699 - **\$1,308**
BRISSOT DE WARVILLE Félix Saturnin 1818-1892 [50]
La bergerie - Huile/panneau (19x24cm-7x9in) Barbizon 95 .... FF7 000 - £916 - **\$1,402**
Le petit berger et ses moutons - Huile/toile (35x56cm-14x22in) Paris 96 .... FF16 000 - £2 070 - **\$3,140**
End of the Day - Oil/canvas (58x81cm-23x32in) New-York 95 .... FF42 350 - £5 090 - **\$8,000**
Rentrée des moutons - Aquarelle (25x34cm-10x13in) Barbizon 95 .... FF13 000 - £1 700 - **\$2,604**
BRISSOT Franck XIX [2]
Tending the flock - Watercolour (24x34cm-9x13in) Edinburgh 92 .... FF6 700 - £800 - **\$1,290**
BRISSOT Jacques 1929 [2]
Ecce homo - Collage (90x70cm-35x28in) Troyes 90 .... FF4 500 - £465 - **\$795**
BRISTOL Horace 1909 [9]
Design with Square and Circles
    Gelatin silver print (22x18cm-9x7in) San Francisco-Los Angeles 95 .... FF3 740 - £488 - **\$750**
BRISTOL John Bunyan 1826-1909 [10]
Mt. Mansfield from the village - Oil/canvas (25x38cm-10x15in) Mystic, Connecticut 96 .... FF12 830 - £1 680 - **\$2,600**
Inlet on Lake George - Oil/canvas (30x51cm-12x20in) New-York 94 .... FF49 300 - £6 280 - **\$9,500**
BRISTOW Edmund 1787-1876 [35]
The Blacksmith's shop - Oil/panel (35x32cm-14x13in) London 92 .... FF3 870 - £450 - **\$790**
Donkey & sheep/Horse, Cow & Pigs - Oil/board (14x20cm-6x8in) London 97 ...... FF23 452 - £2 500 - **\$4,057**
Lord Garlies' greyhounds - Oil/panel (30x43cm-12x17in) London 96 .... FF127 600 - £16 000 - **\$24,800**
BRITTAIN Gore Miller 1912-1968 [4]
Head in the wind - Color lithograph (43x66cm-17x26in) Toronto 94 .... FF2 634 - £311 - **\$469**
BRITTAN Charles Edward 1870-1949 [30]
Pointer and setter dogs - Oil/board (32x25cm-13x10in) London 96 .... FF5 430 - £700 - **\$1,063**
Highland landscape - Watercolour (64x100cm-25x39in) St. Helier, Jersey 96 ..... FF8 250 - £1 000 - **\$1,604**
BRITTEN Laszlo XIX-XX [4]
Morgendliche Moorlandschaft - Oil/panel (18x13cm-7x5in) Lindau 95 .... FF4 275 - £534 - **\$863**
BRITTEN William Edward Frank 1857-? [4]
The Hiding Place - Oil/canvas (30x20cm-12x8in) London 96 .... FF6 190 - £800 - **\$1,223**
BRITTON Harry 1878-1958 [4]
Twilight in the harbour - Oil/canvas (58x38cm-23x15in) Toronto 95 .... FF3 223 - £412 - **\$658**
BRIULLOV Karl Pavlovich 1799-1852 [5]
N. de Beauharnais - Oil/canvas (97x77cm-38x30in) London 91 .... FF377 000 - £38 262 - **\$68,090**
Woman seated in a chair - Watercolour (13x10cm-5x4in) Litchfield, CT 92 .... FF3 120 - £373 - **\$600**

BRIZZI Aldo 1907-1957 [1]
- Autoritratto con madre - Olio/tela (125x105cm-49x41in) Milano 95 .... FF8 310 - £1 064 - **$1,710**

BRJANSKI Michael Wassiljewits 1831-? [1]
- Neapolitanischen Mädchens - Oil/canvas (51x40cm-20x16in) Bremen 91 .... FF6 840 - £702 - **$1,273**

BRO DE COMERES Olivier 1813-1870 [1]
- Algier, Oran, Constantine... - Watercolour London 94 .... FF237 000 - £28 000 - **$42,600**

BROAD Sydney M. XIX-XX [2]
- Castle Coch, Wales - Oil/canvas (51x76cm-20x30in) London 96 .... FF3 450 - £450 - **$690**

BROADHEAD W. Smithson 1888-? [6]
- Lost, Lame and Winted - Oil/canvas (51x61cm-20x24in) New-York 94 .... FF44 900 - £5 270 - **$8,000**

BROBERG John 1892-1979 [1]
- Fruktskal och rosor i vas - Oil/canvas (44x42cm-17x17in) Stockholm 89 .... FF5 600 - £557 - **$885**

BROCA de Alexis Louis 1868-1948 [13]
- Marais - Huile/toile Nantes 92 .... FF4 000 - £411 - **$741**
- Rue à Fez - Aquarelle (25x17cm-10x7in) Paris 96 .... FF2 100 - £270 - **$417**

BROCAS Henry, Snr. 1766-1838 [1]
- Ireland - Watercolour (16x23cm-6x9in) London 97 .... FF20 638 - £2 200 - **$3,618**

BROCAS William 1794-1868 [5]
- Roller, a bay hunter with hounds - Oil/canvas (63x76cm-25x30in) London 95 .... FF44 200 - £5 000 - **$7,950**

BROCHART Constant Joseph 1816-1899 [13]
- Young girl with a red bonnet - Pastel/canvas (73x60cm-29x24in) New-York 96 .... FF8 100 - £1 047 - **$1,600**
- Rêverie au bord d'un lac Italien - Pastel (63x96cm-25x38in) Lille 96 .... FF40 000 - £5 170 - **$7,870**

BROCHERT Bernard Christian 1863-? [1]
- Nude - Watercolour (30x45cm-12x18in) New Orleans, Louisiana 90 .... FF9 200 - £919 - **$1,746**

BROCHET François 1925 [11]
- Darwinia - Bronze (35cm-14in) Paris 91 .... FF14 500 - £1 454 - **$2,656**
- Le secret - Bronze (99cm-39in) Versailles 90 .... FF30 000 - £3 109 - **$5,272**

BROCK Charles Edmund 1870-1938 [3]
- Couple/Couple at mantlepiece - Watercolour (25x15cm-10x6in) New-York 94 .... FF6 690 - £803 - **$1,300**

BROCK Edmond XIX-XX [2]
- Mrs. Baker Ogden - Oil/canvas (162x94cm-64x37in) London 90 .... FF34 200 - £3 441 - **$6,218**

BROCK Gustav 1849-1887 [1]
- Military parade, Amalienborg Palace - Oil/panel (37x55cm-15x22in) London 90 .... FF48 400 - £5 182 - **$8,417**

BROCK Henry Matthew 1875-1960 [3]
- When G. the Fourth was King - Wash London 91 .... FF1 588 - £159 - **$275**

BROCK Richard Henry XIX-XX [6]
- A helpful hand - Oil/panel (28x38cm-11x15in) New-York 91 .... FF10 950 - £1 106 - **$2,174**

BROCK Thomas 1847-1922 [4]
- Bust of a gentleman - Bronze (67cm-26in) London 93 .... FF34 760 - £4 000 - **$6,000**

BROCKBANK Albert Ernest 1862-1958 [2]
- Children in a country lane - Watercolour (76x127cm-30x50in) Aylsham, Norfolk 94 ...... FF27 500 - £3 300 - **$5,230**

BROCKDORFF Victor 1911-1992 [22]
- Gadeparti - Oil/canvas (47x56cm-19x22in) København 94 .... FF2 630 - £316 - **$511**

BROCKEDON William 1787-1854 [4]
- Bologna - Watercolour (23x34cm-9x13in) London 94 .... FF4 034 - £480 - **$760**

BRÖCKER Ernst 1893-1963 [12]
- Voralpenlandschaft mit Bach - Oil/canvas (61x100cm-24x39in) München 92 .... FF9 520 - £974 - **$1,676**

BROCKHURST Gerald Leslie 1890-1978 [49]
- An Irish fisherwoman - Oil/panel (51x39cm-20x15in) London 95 .... FF10 300 - £1 300 - **$2,064**
- The Shawlee - Oil/panel (41x33cm-16x13in) London 97 .... FF75 047 - £8 000 - **$13,156**
- Adolescence - Etching (37x26cm-15x10in) Los Angeles 94 .... FF68 400 - £8 000 - **$12,000**
- Princess de Polignac - Ink (38x28cm-15x11in) London 97 .... FF10 700 - £1 138 - **$1,914**

BROCKHUSEN von Theo 1882-1919 [11]
- Strandszene - Öl/Leinwand (64x80cm-25x31in) Berlin 95 .... FF71 200 - £8 860 - **$13,920**
- Eröffnung der Havelbrücke - Öl/Leinwand (64x80cm-25x31in) Berlin 91 .... FF139 866 - £14 854 - **$24,363**
- Postdamer Platz - Print (39x50cm-15x20in) Berlin 96 .... FF11 210 - £1 277 - **$2,145**

BROCKMAN Ann 1899-1943 [4]
- Pigeon cove - Oil/canvas (30x41cm-12x16in) Cambridge, Mass. 91 .... FF3 736 - £371 - **$649**
- Town scene - Watercolour (36x53cm-14x21in) Mystic, Connecticut 95 .... FF1 880 - £225 - **$350**

BROCKMANN Friedrick 1809-? [1]
- Portrait of a gentleman - Oil/canvas/board (85x101cm-33x40in) London 91 .... FF13 900 - £1 401 - **$2,412**

BROCKMANN Gottfried 1903-1983 [9]
- Gottfried Brockmann - Etching (54x42cm-21x17in) Köln 97 .... FF6 759 - £710 - **$1,157**
- Choreographie Idolatrie - Coloured crayons (42x29cm-17x11in) Berlin 92 .... FF7 480 - £766 - **$1,317**

BROCQUY le Louis 1916 [6]
- Fantail Pigeon - Oil/canvas (38x45cm-15x18in) Dublin 90 .... FF97 900 - £10 114 - **$17,297**
- James Koyce - Wash (22x19cm-9x7in) Dublin 91 .... FF21 800 - £2 186 - **$3,993**

BROD Ferdinand 1869-? [1]
- Flowers in glass vase - Oil/canvas (67x90cm-26x35in) London 92 .... FF15 480 - £1 800 - **$3,160**

BROD Fritzi 1900-1952 [1]
- Near Gatlinburg Tennessee - Oil/board (69x86cm-27x34in) Chicago 96 .... FF6 750 - £860 - **$1,300**

B

BRODERICK Laurence 1935 [8]
Turtle XXXIII - Marble (21x25x38cm-8x10x15in) London 96 .... FF31 560 - £4 000 - **$6,050**

BRODERICK William 1814-1888 [2]
Harriers and a viper - Oil/canvas (85x131cm-33x52in) London 95 .... FF32 040 - £4 000 - **$6,280**

BRODERS Roger 1883-1953 [144]
Beausoleil, Monte-Carlo - Poster (102x61cm-40x24in) London 96 .... FF5 890 - £750 - **$1,133**
Calvi Beach, Corsica - Poster (102x64cm-40x25in) London 96 .... FF20 400 - £2 600 - **$3,930**

BRODERSON Morris 1928 [7]
Reimei Kurama Yama - Oil/canvas (186x14cm-73x6in) New-York 89 .... FF8 600 - £879 - **$1,383**
La mort du picador - Crayon (27x21cm-11x8in) Paris 94 .... FF2 800 - £335 - **$523**

BRODIE Gandy 1924 [2]
Ysaguirre - Mixed media/canvas (93x86cm-37x34in) New-York 97 .... FF5 223 - £549 - **$900**

BRODIE William 1815-1881 [2]
Sappho - Marble (86cm-34in) New-York 97 .... FF131 204 - £14 143 - **$23,000**

BRODOVITCH Alexey 1898-1971 [3]
Le Tricorne Ballet - Gelatin silver print (15x20cm-6x8in) New-York 93 .... FF76 700 - £8 720 - **$13,000**

BRODOWSKI Antoni 1784-1832 [1]
Maria mit Kind - Oil/copper (28x22cm-11x9in) Wien 97 .... FF16 786 - £1 813 - **$2,929**

BRODOWSKI Joseph I 1775-1853 [1]
Maxymilian Wanie, Professor - Oil/canvas (66x53cm-26x21in) London 96 .... FF7 690 - £950 - **$1,485**

BRODSKII Isaak Izrailovich 1883-1939 [5]
Lénine lisant la Pravda - Huile/toile (63x98cm-25x39in) Paris 91 .... FF18 000 - £1 805 - **$2,971**

BRODSKY Horace 1855-? [8]
Welsh Boys - Oil/panel (36x53cm-14x21in) London 96 .... FF4 460 - £580 - **$883**
Ena and Francine - Ink (23x33cm-9x13in) London 95 .... FF2 214 - £280 - **$433**

BRODWOLF Jürgen 1932 [50]
Figurenkasten - Mixed media/canvas (57x47cm-22x19in) Hamburg 93 .... FF8 470 - £1 013 - **$1,630**
Schautafel L. nr. 11 - Mixed media/board (95x70cm-37x28in) Amsterdam 93 .... FF18 020 - £2 160 - **$3,294**
Figuration III - Mixed media/canvas (170x125cm-67x49in) München 95 .... FF99 500 - £13 020 - **$19,930**
Ohne Titel - Sculpture (29x5x30cm-11x2x12in) Luzern 94 .... FF8 830 - £1 036 - **$1,573**
Figurenkreis - Aquarelle/papier (31x41cm-12x16in) Luzern 94 .... FF8 510 - £1 016 - **$1,590**

BRODZKY Horace 1885-1969 [11]
Self-portrait, 1937 - Oil/board (31x26cm-12x10in) London 90 .... FF13 600 - £1 456 - **$2,365**
Two reclining nudes - Ink (28x38cm-11x15in) London 91 .... FF2 780 - £279 - **$481**

BROECK van de Pol 1887-1927 [2]
Enfant jouant - Huile/toile (95x95cm-37x37in) Bruxelles 96 .... FF4 260 - £506 - **$832**

BROECK van den Clemence 1843-1922 [16]
Blumenpflückendes Mädchen - Öl/Leinwand (51x60cm-20x24in) Stuttgart 94 .... FF7 170 - £838 - **$1,265**
La petite fleuriste - Oil/panel (33x23cm-13x9in) New-York 94 .... FF21 670 - £2 623 - **$4,000**

BROECK van den Dries 1927 [2]
Kompositie - Aquarelle (75x56cm-30x22in) Lokeren 95 .... FF3 083 - £385 - **$623**

BROECK van den Frank 1950 [3]
Untitled - Charcoal/paper (23x30cm-9x12in) Amsterdam 96 .... FF7 540 - £873 - **$1,445**

BROECK van den Jean-Pierre 1914-1989 [7]
Paysage de neige - Huile/toile (70x80cm-28x31in) Lokeren 96 .... FF5 830 - £754 - **$1,152**

BROECKAERT Herman 1878-1930 [8]
Zonnige dreef - Huile/toile (80x60cm-31x24in) Lokeren 96 .... FF6 580 - £839 - **$1,268**

BROEDELET André Victor Leonard 1872-1936 [3]
Obststilleben einem Tuch - Oil/panel (46x67cm-18x26in) Lindau 92 .... FF15 570 - £1 810 - **$3,180**

BROEDELET H. Henkes 1877-1966 [1]
Geraniums in een aardewerk pot - Oil/board (43x35cm-17x14in) Laren 90 .... FF2 200 - £234 - **$394**

BROEDER Max 1901-1973 [1]
Fermette - Huile/carton (45x48cm-18x19in) Antwerpen 93 .... FF2 124 - £241 - **$360**

BROEDERS Serge 1958 [2]
Similitude - Huile/panneau (48x68cm-19x27in) Liège 92 .... FF6 640 - £680 - **$1,168**

BROEK ten Willem, Wim 1905-? [9]
Holland Amerika Lijn - Poster (97x64cm-38x25in) London 96 .... FF12 950 - £1 600 - **$2,500**
KNSM - Gouache (55x34cm-22x13in) Amsterdam 93 .... FF1 810 - £216 - **$348**

BROEK van den Michiel 1776-1853 [1]
Maas/Wooded river landscape - Oil/panel (36x46cm-14x18in) Amsterdam 93 .... FF25 530 - £3 060 - **$4,670**

BROEK van den Pol XIX-XX [1]
L'église de... - Huile/toile (71x71cm-28x28in) Bruxelles 90 .... FF6 500 - £691 - **$1,163**

BROEKSMIT Frederika Henriëtte 1875-1945 [1]
A Norwegian village in the snow - Oil/canvas (60x80cm-24x31in) Amsterdam 94 .... FF3 355 - £390 - **$578**

BROEMEL Carl W. 1891-? [1]
Green apples - Watercolour/paper (51x62cm-20x24in) New-York 90 .... FF5 100 - £529 - **$896**

BROERMAN Eugène 1860-1932 [2]
Portrait d'homme - Huile/toile (59x72cm-23x28in) Bruxelles 93 .... FF5 270 - £631 - **$1,078**

BROERS Gaspar 1682-1716 [3]
Allegory of July - Oil/canvas (27x40cm-11x16in) New-York 91 .... FF38 000 - £3 832 - **$7,406**

BROGE Alfred K. Harald 1870-1955 [32]
Domestic chores - Oil/canvas (64x56cm-25x22in) London 96 .... FF7 180 - £900 - **$1,386**
A woman reading at a window - Oil/canvas (51x64cm-20x25in) London 95 .... FF17 370 - £2 200 - **$3,494**

A young fishergirl, 1919 - Oil/canvas (78x62cm-31x24in) London 90 .... FF96 900 - £10 375 - **$16,852**

BROGGEL Willem 1882-? [1]
🖼 *Baumgruppe in Dünenlandschaft* - Oil/canvas (33x39cm-13x15in) Ahlden 92 .... FF2 880 - £335 - **$588**

BRØGGER Ane 1908 [2]
🖼 *Interior med figurer* - Oil/canvas (88x99cm-35x39in) Vejle 90 .... FF2 700 - £291 - **$476**

BROGGI Giovanni 1853-1919 [1]
🗿 *Bust of Mona Lisa* - Alabaster (49cm-19in) London 93 .... FF9 600 - £1 200 - **$1,740**

BROGGINI Luigi 1908-1983 [4]
✏ *Figura di donna* - Acquarello (50x35cm-20x14in) Milano 94 .... FF4 700 - £560 - **$896**

BROGI Gino 1902-1989 [6]
🖼 *Piazza Ciardi d'autunno* - Olio/tela/cartone (35x44cm-14x17in) Prato 93 .... FF10 810 - £1 236 - **$1,840**

BROGLIO Edita 1886-1977 [3]
🖼 *Natura morta religiosa* - Olio/tavola (47x32cm-19x32in) Prato 94 .... FF16 550 - £2 000 - **$3,100**
Sognatrice - Olio/tela (131x97cm-52x38in) Prato 90 .... FF77 800 - £8 037 - **$13,746**

BROHÉE Roland C. XIX-XX [2]
🖼 *Elegant lady in a hat* - Oil/panel (38x32cm-15x13in) Amsterdam 92 .... FF10 620 - £1 090 - **$2,042**

BROKMANN-KNUDSEN Henry 1868-1933 [2]
🖼 *Napoli* - Oil/canvas (58x108cm-23x43in) København 95 .... FF24 500 - £3 046 - **$4,770**

BROLSMA Johannes 1909 [4]
🖼 *Winter landscape with a skater* - Oil/panel (30x38cm-12x15in) Amsterdam 95 .... FF3 380 - £428 - **$660**

BROMBO Angelo 1893-1962 [12]
🖼 *Fischerboote vor Pellestrina, Venedig* - Öl/Leinwand (50x70cm-20x28in) Bern 94 .... FF14 000 - £1 652 - **$2,492**

BROMEIS Auguste 1813-1881 [2]
🖼 *Landschaft auf Sizilien* - Oil/canvas (79x121cm-31x48in) Köln 90 .... FF67 600 - £7 238 - **$11,757**
✏ *Konvolut aus 6 Studienblättern* - Pencil/paper Köln 91 .... FF3 080 - £316 - **$573**

BROMLEY John Mallard ?-1940 [14]
🖼 *English village from the river* - Oil/canvas (44x76cm-17x30in) Montréal 96 .... FF6 590 - £752 - **$1,262**
Don't touch - Oil/canvas (34x44cm-13x17in) Billinghurst, West Sussex 92 .... FF44 000 - £4 500 - **$7,740**
✏ *Peat Bogs, North Wales* - Watercolour (48x74cm-19x29in) London 94 .... FF5 460 - £650 - **$1,040**

BROMLEY Valentine Walker 1848-1877 [4]
✏ *The New Arrival* - Watercolour (56x71cm-22x28in) Aylsham, Norfolk 94 .... FF9 580 - £1 100 - **$1,640**

BROMLEY William c.1835-1888 [22]
🖼 *Happy Hours* - Oil/canvas (24x29cm-9x11in) Billinghurst, West Sussex 94 .... FF10 450 - £1 200 - **$1,790**
Waiting for a Bite - Oil/canvas (40x67cm-16x26in) London 94 .... FF44 700 - £5 200 - **$7,720**

BROMPTON Richard c.1734-1783 [2]
🖼 *Charles Graham* - Oil/canvas (76x63cm-30x25in) London 96 .... FF19 140 - £2 400 - **$3,720**

BROMS Arvid 1910-1968 [5]
🖼 *Musik* - Oil/canvas (80x73cm-31x29in) Helsinki 94 .... FF3 650 - £426 - **$642**
✏ *Ansikte* - Black chalk (46x65cm-18x26in) Helsinki 94 .... FF2 650 - £304 - **$449**

BROMS Birgit 1924 [4]
🖼 *Skridskoåkare* - Oil/canvas (75x84cm-30x33in) Stockholm 94 .... FF15 700 - £1 844 - **$2,800**

BRON Achille 1867-1949 [6]
🖼 *Au bord de la rivière* - Huile/carton (25x34cm-10x13in) Soissons 92 .... FF14 000 - £1 438 - **$2,693**

BRON César XX [2]
🖼 *Montmartre, le Sacré Coeur* - Aquarelle (17x23cm-7x9in) Saint-Dié 92 .... FF1 500 - £154 - **$264**

BRON Louis 1884-1959 [9]
🖼 *Zomer in Overijssel: the Harvest* - Oil/canvas (75x94cm-30x37in) Amsterdam 95 .... FF4 610 - £584 - **$900**

BRONDGEEST Albertus 1786-1849 [2]
🖼 *Winter landscape* - Oil/canvas (86x114cm-34x45in) Amsterdam 91 .... FF54 100 - £5 491 - **$9,771**

BRONDY Matteo 1866-1954 [20]
🖼 *Le Souk* - Huile/toile (45x59cm-18x23in) Lyon 94 .... FF18 000 - £2 132 - **$3,326**
🖼 *Réception du Caïd, Maroc* - Huile/toile (255x376cm-100x148in) Paris 97 .... FF290 000 - £30 827 - **$49,967**
✏ *Cavaliers de la fantasia* - Aquarelle (25x35cm-10x14in) Paris 93 .... FF5 500 - £627 - **$932**

BRONGNIART Edouard Ch. 1830-? [2]
🖼 *Mademoiselle Delphine Fix* - Huile/toile (73x92cm-29x36in) Bruxelles 92 .... FF16 600 - £1 700 - **$2,920**

BRONNIKOV Fjodor Andrejevitj 1827-1902 [2]
🖼 *Roman yard* - Oil/canvas (17x28cm-7x11in) Moscow 94 .... FF10 840 - £1 282 - **$2,000**

BROOD Herman 1946 [20]
🖼 *Jet up a rock* - Acrylic/canvas (100x120cm-39x47in) Amsterdam 96 .... FF9 020 - £1 035 - **$1,722**
✏ *Untitled* - Felt pen (29x42cm-11x17in) Amsterdam 95 .... FF4 730 - £603 - **$965**

BROODTHAERS Marcel 1924-1976 [72]
🖼 *Malédiction de Magritte* - Mixed media (78x32x62cm-31x13x24in) London 92 .... FF1 - £170 000 - **$293,000**
Petite Toile avec des œufs - Oil/canvas (19x7x24cm-7x3x9in) London 92 .... FF117 200 - £14 000 - **$22,550**
La Valise belge - Mixed media London 95 .... FF370 000 - £48 000 - **$76,300**
🗿 *Échelle de briques* - Installation (230x40x55cm-91x16x22in) London 92 .... FF1 - £120 000 - **$207,000**
Maria Gilissen - Installation (121cm-48in) London 96 .... FF204 000 - £26 000 - **$39,300**
✏ *Untitled* - Pencil (27x21cm-11x8in) London 94 .... FF33 900 - £4 000 - **$6,040**

BROOK Alexander 1898-1980 [12]
🖼 *Half nude seated female* - Oil/canvas (40x30cm-16x12in) New-York 92 .... FF12 200 - £1 278 - **$2,200**
✏ *Two women embracing* - Gouache (53x40cm-21x16in) New-York 92 .... FF5 550 - £581 - **$1,000**

BROOKE Percy XIX-XX [2]
✏ *Study of roses* - Watercolour (36x28cm-14x11in) Aylsham, Norfolk 96 .... FF1 600 - £205 - **$315**

B

BROOKE Richard Norris 1847-1920 [1]
Churning Butter - Oil/canvas (56x71cm-22x28in) North Berwick, Maine 94 .... FF12 010 - £1 443 - **$2,250**
BROOKER Harry 1848-1940 [20]
The boat Builders - Oil/canvas (41x51cm-16x20in) New-York 94 .... FF42 500 - £5 070 - **$8,000**
BROOKER William 1918-1983 [8]
Rhodos - Oil/canvas (92x102cm-36x40in) London 92 .... FF18 420 - £2 200 - **$3,545**
BROOKES Samuel Marsden 1816-1892 [5]
Fish on a riverbank - Oil/canvas (51x61cm-20x24in) New-York 94 .... FF37 100 - £4 325 - **$6,500**
BROOKES Thomas 1818-1891 [1]
The Consolation - Oil/canvas Ludlow, Shropshire 92 .... FF88 000 - £9 000 - **$18,300**
BROOKING Charles 1723-1759 [10]
In choppy seas - Oil/canvas/board (21x28cm-8x11in) London 95 .... FF58 000 - £7 500 - **$11,850**
A frigate in a swell - Oil/canvas (86x122cm-34x48in) London 95 .... FF509 000 - £65 000 - **$104,200**
BROOKS Allan 1869-1946 [13]
New Zealand scaup - Gouache/paper (25x36cm-10x14in) New-York 92 .... FF6 240 - £745 - **$1,200**
BROOKS Charlotte XX [4]
Teenage Driver - Silver print (25x33cm-10x13in) New-York 92 .... FF2 556 - £262 - **$450**
BROOKS Ellen 1946 [3]
Untitled (Red and Yellow Beams)
  Cibachrome print (163x122cm-64x48in) New-York 95 .... FF9 920 - £1 265 - **$2,000**
BROOKS Frank 1854-1937 [2]
Gentleman standing - Oil/canvas (137x92cm-54x36in) London 96 .... FF4 680 - £600 - **$928**
BROOKS Frank Leonard 1911-1989 [12]
Grapes, plums & a butterfly - Oil/canvas (41x52cm-16x20in) London 95 .... FF11 630 - £1 400 - **$2,200**
Mexican circus clowns - Ink (37x49cm-15x19in) Toronto 95 .... FF2 012 - £263 - **$404**
BROOKS Henry Howard 1898-1981 [4]
Wheelbarrow & Holly Hocks - Oil/canvas (101x83cm-40x33in) Mystic, Connecticut 91 .... FF3 896 - £388 - **$670**
BROOKS Henry Jamyn c.1865-? [2]
Windsor from Rafts, Eton College - Oil/canvas (61x91cm-24x36in) London 97 .... FF137 741 - £15 000 - **$23,954**
BROOKS Jacob 1877-? [1]
The wood carrier - Watercolour (51x36cm-20x14in) Sandbach, Cheshire 92 .... FF6 060 - £620 - **$1,070**
BROOKS James 1906-1992 [15]
E-1954 - Oil/canvas (80cm-31in) New-York 96 .... FF32 500 - £4 210 - **$6,500**
Token - Acrylic/canvas (152x183cm-60x72in) New-York 93 .... FF104 500 - £13 100 - **$19,000**
Untitled - Gouache/paper (30x40cm-12x16in) New-York 96 .... FF8 280 - £1 070 - **$1,600**
BROOKS James 1938 [4]
Noorcon - Oil/canvas (89x144cm-35x57in) New-York 94 .... FF37 800 - £4 360 - **$6,500**
BROOKS Kim 1936 [2]
Out Of The Shadows - Oil/canvas (58x89cm-23x35in) London 94 .... FF69 900 - £8 200 - **$12,440**
Jaguar - Wash/paper (36x53cm-14x21in) Elgin, Illinois 91 .... FF5 660 - £570 - **$982**
BROOKS Leonard Frank 1911 [7]
Musical contrasts, 1968 - Mixed media/board (25x35cm-10x14in) Québec 90 .... FF3 700 - £396 - **$643**
BROOKS Maria XIX-XX [2]
Companions - Oil/canvas (52x61cm-20x24in) London 96 .... FF43 900 - £5 200 - **$8,560**
BROOKS Nicholas Alden 1849-c.1904 [8]
Ten Dollar Bill - Oil/panel (20x27cm-8x11in) New-York 97 .... FF32 089 - £3 369 - **$5,500**
Ten dollars on the first race, Saratoga - Oil/panel (35x27cm-14x11in) New-York 92 .... FF198 800 - £20 330 - **$35,000**
BROOKS Richard Edwin 1865-1919 [2]
Frauenakt - Bronze (32cm-13in) Zofingen 93 .... FF10 300 - £1 171 - **$1,746**
BROOKS Robin 1943 [5]
We stood along the edge - Oil/canvas (40x60cm-16x24in) London 91 .... FF17 850 - £1 812 - **$3,224**
BROOKS Romaine 1874-1970 [1]
Comtesse Anna de Noailles - Oil/canvas (35x27cm-14x11in) New-York 92 .... FF17 150 - £1 992 - **$3,500**
BROOKS Thomas 1818-1891 [13]
Abschied des Schäfers - Öl/Leinwand (112x86cm-44x34in) Köln 93 .... FF15 600 - £1 863 - **$3,000**
Pets of our river - Oil/canvas (80x123cm-31x48in) London 92 .... FF68 400 - £7 000 - **$12,040**
BROOM Marion 1878-1962 [58]
Mixed flowers in pedestal bowl - Oil/canvas (49x59cm-19x23in) London 94 .... FF3 220 - £380 - **$574**
Still life of magnolia - Watercolour (54x75cm-21x30in) London 94 .... FF3 900 - £460 - **$694**
BROOME OF RAMSGATE William 1832-1892 [8]
Port Dover - Oil/canvas (74x100cm-29x39in) London 95 .... FF10 310 - £1 300 - **$2,044**
BROOMFIELD Adolphus George 1906 [2]
Springtime near Ravenscliffe - Oil/canvas (61x76cm-24x30in) Toronto 95 .... FF8 040 - £1 067 - **$1,660**
BROOTA Rameshwar 1941 [2]
Reconstruction - Oil/canvas (127x178cm-50x70in) London 96 .... FF17 800 - £2 200 - **$3,440**
BROQUET Espérance Léon 1869-1936 [4]
Port méditerranéen - Huile/toile (60x73cm-24x29in) Paris 94 .... FF5 500 - £715 - **$1,077**
BROQUET Gaston 1880-1947 [3]
Paysan enfilant sa veste - Bronze (21cm-8in) Paris 96 .... FF4 600 - £574 - **$888**
BROSBØLL Carl XIX [2]
Marine - Oil/canvas (48x66cm-19x26in) Malmö 96 .... FF4 260 - £505 - **$831**
BROSCH Klemens 1894-1926 [1]
Lokomotive - Charcoal/paper (38x23cm-15x9in) Wien 96 .... FF19 230 - £2 450 - **$3,705**

BRÖSE Carl 1880-? [1]
Bauernmagd einen Stier treibend - Bronze Wien 93 .... FF3 370 - £403 - **$648**

BROSE Emil 1901-1962 [2]
Vorfrühling - Öl/Leinwand (61x95cm-24x37in) Bremen 95 .... FF10 320 - £1 356 - **$2,070**

BROSSA Joan 1919 [1]
Oda a Joan Miro - Lithograph Madrid 91 .... FF2 626 - £267 - **$474**

BROSSE Eugène 1855-? [1]
Fleurs - Huile/toile (102x81cm-40x32in) Paris 93 .... FF22 000 - £2 470 - **$3,730**

BROTAT Joan 1920-1990 [24]
Sitges - Oleo/tabla (46x38cm-18x15in) Madrid 94 .... FF5 610 - £674 - **$1,037**
Mujer con peces - Oleo/lienzo (81x65cm-32x26in) Madrid 94 .... FF11 400 - £1 345 - **$2,030**

BROTO José Manuel 1949 [16]
Sans titre - Acrylique/toile (305x290cm-120x114in) Paris 97 .... FF60 000 - £6 342 - **$10,296**
Cuadro poetico - Oleo/lienzo (162x130cm-64x51in) Madrid 89 .... FF172 800 - £18 209 - **$29,091**
Sin título - Técnica mixta/papel (103x74cm-41x29in) Madrid 96 .... FF15 040 - £1 722 - **$2,865**

BROU Frédéric 1862-1926 [1]
Maquette: Villiers de l'Isle-Adam - Plâtre (1000cm-394in) Paris 91 .... FF45 000 - £4 567 - **$8,127**

BROUARD Fred 1944 [8]
Egide, 1977 - Bronze (34x23x30cm-13x9x12in) Paris 89 .... FF12 000 - £1 194 - **$1,896**

BROUCENTSOV Guénady 1927 [2]
Nature morte au samovar - Huile/toile (55x60cm-22x24in) Paris 91 .... FF5 800 - £594 - **$1,083**

BROUCKE van den Frane 1884-1926 [1]
Portrait de femme, 1916 - Pastel (31x50cm-12x20in) Bruxelles 90 .... FF3 400 - £364 - **$591**

BROUET Auguste 1872-1941 [10]
Le Cirque Pinder - Eau-forte Paris 96 .... FF1 500 - £194 - **$297**
Les Gitans - Aquarelle (39x58cm-15x23in) Paris 92 .... FF1 500 - £154 - **$278**

BROUGH Robert 1872-1905 [3]
Potato diggers - Oil/canvas (61x41cm-24x16in) Hopetoun House, South Queensferry 90 .... FF7 700 - £819 - **$1,377**

BROUILLARD Eugène 1870-? [18]
Marine - Huile/toile (22x13cm-9x5in) Lyon 97 .... FF3 600 - £389 - **$630**
Automne, bords de Saône - Huile/panneau (58x90cm-23x35in) Paris 97 .... FF9 500 - £1 008 - **$1,654**
Sous-bois - Gouache/papier (61x84cm-24x33in) Lyon 97 .... FF2 600 - £271 - **$444**

BROUILLET Pierre André 1857-1914 [5]
Derrière la Comédie-Française - Huile/toile Sens 93 .... FF27 000 - £3 075 - **$4,580**

BROUQUIER Toussaint XX [9]
Fleurs et fruits - Huile (65x54cm-26x21in) Provins 93 .... FF2 050 - £257 - **$373**

BROUTELLES Théodore XIX-XX [4]
Port dans la tempête - Huile/carton (52x36cm-20x14in) Ourville-en-Caux 96 .... FF5 000 - £634 - **$960**

BROUTIN Christian 1933 [2]
Mitterand à la rose fânée - Gouache (37x24cm-15x9in) Paris 93 .... FF1 800 - £217 - **$328**

BROUTY Charles 1897-1984 [3]
Marché sous les ombrages - Gouache (49x61cm-19x24in) Paris 93 .... FF5 100 - £615 - **$927**

BROUWER Berend Jan 1872-1936 [6]
A summer idyll - Oil/canvas (60x80cm-24x31in) Amsterdam 90 .... FF4 220 - £427 - **$803**

BROUWER de C. 1914-1989 [1]
Tête de jeune fille - Bronze (39cm-15in) Antwerpen 94 .... FF3 334 - £400 - **$648**

BROUWER Fred 1891-1965 [1]
Peeling potatoes - Oil/canvas (153x117cm-60x46in) Amsterdam 96 .... FF4 200 - £528 - **$826**

BROUWER Jan 1910 [1]
Londoner Gasse - Oil/panel (60x50cm-24x20in) Stuttgart 91 .... FF2 384 - £239 - **$437**

BROUWER P.M. 1819-1886 [1]
Figure near a footbridge - Oil/board (36x48cm-14x19in) New Orleans, Louisiana 93 .... FF6 050 - £759 - **$1,100**

BROUWER Pieter Hendrik XX [2]
Eisvergnügen in Flußlandschaft - Oil/panel (36x50cm-14x20in) Stuttgart 90 .... FF3 900 - £403 - **$689**

BROUWERS Jules 1869-1955 [12]
Nature morte de fleurs - Huile/panneau (67x80cm-26x31in) Bruxelles 93 .... FF6 590 - £788 - **$1,347**

BROWERE Albertus Del Orient 1814-1887 [4]
The Attack of Watkins Glen - Oil/canvas (74x91cm-29x36in) New-York 95 .... FF58 500 - £7 470 - **$12,000**

BROWN Abigail Keyes 1891-? [1]
The River Rink - Oil/canvas (63x76cm-25x30in) San Francisco-Los Angeles 96 .... FF16 960 - £1 964 - **$3,250**

BROWN Alexander Kellock 1849-1922 [10]
Woman near a cottage at dusk - Oil/canvas (99x86cm-39x34in) Philadelphia 92 .... FF5 150 - £598 - **$1,050**

BROWN Anna Wood XIX-XX [2]
Child Looking - Oil/canvas (64x48cm-25x19in) New Orleans, Louisiana 93 .... FF14 750 - £1 680 - **$2,500**

BROWN Anthony 1906-1987 [3]
Portland bill - Oil/canvas (44x59cm-17x23in) London 91 .... FF2 320 - £238 - **$433**

BROWN Arnesby John 1866-1955 [7]
Morning, near Nottingham - Oil/canvas (43x53cm-17x21in) London 94 .... FF17 770 - £2 100 - **$3,190**

BROWN Benjamin Chambers 1865-1942 [13]
Near Elsinore, Dark Cañyon
    Oil/canvas/board (29x40cm-11x16in) San Francisco-Los Angeles 93 .... FF20 620 - £2 587 - **$3,750**

B

BROWN Charles Emerson 1869-? [3]
🖌 *Newburyport Marshes* - Oil/canvas (36x51cm-14x20in) North Berwick, Maine 93 .... FF5 770 - £724 - **$1,050**
BROWN Christy 1932-1981 [1]
✎ *Sailboats on a river* - Watercolour (39x54cm-15x21in) Dublin 95 .... FF7 130 - £927 - **$1,468**
BROWN Daniel Price Ericson 1939 [2]
🖼 *Janna and Doll* - Serigraph (47x38cm-19x15in) Toronto 92 .... FF1 730 - £206 - **$332**
✐ *Couple* - Pencil (34x46cm-13x18in) Toronto 95 .... FF2 426 - £306 - **$481**
BROWN David c.1750-c.1800 [3]
🖌 *Travellers stopped before a barn* - Oil/canvas (69x89cm-27x35in) New-York 95 .... FF40 250 - £4 830 - **$7,500**
BROWN Edward 1869-? [1]
✎ *A cart on a track by a duck pond* - Watercolour (24x45cm-9x18in) London 93 .... FF2 000 - £250 - **$363**
BROWN F. Gregory 1887-1948 [4]
🖼 *Bournville-Cocoa* - Poster (95x149cm-37x59in) New-York 93 .... FF8 260 - £940 - **$1,400**
BROWN Ford Madox 1821-1893 [11]
🖌 *The Last of England* - Oil/panel (19x17cm-7x7in) London 95 .... FF1 82e +06 - £140 000 - **$221,000**
✎ *J. Foscari* - Black & white chalks/paper (44x26cm-17x10in) London 90 .... FF77 500 - £8 006 - **$13,693**
BROWN Frank A. 1879-? [3]
🖌 *Gloucester* - Oil/canvas (54x64cm-21x25in) New-York 96 .... FF24 700 - £3 070 - **$4,800**
BROWN Fred C. XIX-XX [3]
🖌 *Grapes, apples & peaches* - Oil/canvas (20x25cm-8x10in) New-York 96 .... FF5 660 - £704 - **$1,100**
End of the harvest - Oil/board (22x30cm-9x12in) New-York 90 .... FF45 800 - £4 904 - **$7,965**
BROWN Geoffrey Houghton 1903-1993 [2]
🖌 *The Domino Players* - Oil/panel (124x66cm-49x26in) London 93 .... FF3 110 - £370 - **$570**
BROWN George Elmer 1871-1946 [3]
🖌 *The fallen tree* - Oil/canvas (93x117cm-37x46in) London 90 .... FF10 700 - £1 109 - **$1,880**
BROWN George Henry Alan 1862-? [1]
✎ *Woman of Capri/Scottish couple* - Wash Boston, Mass. 91 .... FF3 396 - £345 - **$613**
BROWN George Loring 1814-1889 [22]
🖌 *Porto d'Anzio, near Roma* - Oil/canvas (34x51cm-13x20in) London 96 .... FF23 840 - £2 800 - **$4,690**
The crown de New England - Oil/canvas (86x15cm-34x6in) New-York 90 .... FF257 400 - £27 383 - **$46,047**
✎ *Lake Nemi* - Watercolour (23x30cm-9x12in) North Berwick, Maine 93 .... FF5 110 - £523 - **$900**
BROWN Grafton Tyler 1841-1918 [1]
🖌 *Yosemite Valley* - Oil/canvas (61x91cm-24x36in) San Francisco-Los Angeles 95 .... FF26 550 - £3 020 - **$4,500**
BROWN Gregory F. 1887-1948 [2]
🖼 *Epping Forest, London Transport* - Poster (76x51cm-30x20in) London 95 .... FF1 560 - £200 - **$308**
BROWN Harrison Bird 1831-1915 [23]
🖌 *Portland Harbor* - Oil/canvas (71x51cm-28x20in) Portland, Maine 94 .... FF9 200 - £1 103 - **$1,700**
White Mountains - Oil/canvas (64x107cm-25x42in) North Berwick, Maine 93 .... FF58 000 - £6 670 - **$10,000**
BROWN Henry Harris XIX-XX [2]
🖌 *Alex and Denys Tulloch* - Oil/canvas (150x109cm-59x43in) London 96 .... FF20 300 - £2 600 - **$4,020**
BROWN Henry Kirke 1814-1886 [2]
🗿 *Bust of a woman* - Marble (54cm-21in) New-York 95 .... FF35 800 - £4 530 - **$7,000**
BROWN Horace 1876-? [2]
🖌 *Vermont landscape* - Oil/board (36x66cm-14x26in) Mystic, Connecticut 95 .... FF2 950 - £354 - **$550**
BROWN Hugh Boycott 1909 [66]
🖌 *Evening, near Harwich* - Oil/canvas (61x92cm-24x36in) London 93 .... FF7 300 - £820 - **$1,222**
BROWN J. David 1937 [4]
🖌 *Going down Coming Up* - Huile/panneau (30x41cm-12x16in) Montréal 90 .... FF2 700 - £280 - **$475**
BROWN James 1951 [92]
🖌 *Black and Blue XIII* - Huile/toile/panneau (70x60cm-28x24in) Paris 96 .... FF25 000 - £3 130 - **$4,825**
Portrait with prizes - Enamel/canvas (76x81cm-30x32in) London 97 .... FF51 595 - £5 500 - **$9,008**
Masque - Acrylique/toile (150x140cm-59x55in) Paris 94 .... FF220 000 - £25 730 - **$38,600**
🗿 *Untitled* - Ceramic (124cm-49in) New-York 96 .... FF24 200 - £3 210 - **$5,000**
✎ *Sinbad #5* - Mixed media/paper (101x152cm-40x60in) New-York 96 .... FF44 000 - £5 680 - **$8,500**
BROWN James 1863-1943 [52]
🖌 *The Edge of the Village* - Oil/canvas (43x51cm-17x20in) London 94 .... FF21 300 - £2 500 - **$3,730**
BROWN James Francis 1862-1935 [2]
🖌 *Viewing an Auction Exhibition* - Oil/canvas (62x46cm-24x18in) New-York 92 .... FF4 680 - £559 - **$900**
BROWN Joan 1938-1990 [17]
🖌 *Nude* - Acrylic/paper (61x91cm-24x36in) San Francisco-Los Angeles 95 .... FF24 430 - £3 160 - **$5,000**
Model with Kangaroo - Tempera (61x76cm-24x30in) New-York 94 .... FF63 100 - £7 500 - **$12,000**
✎ *Untitled* - Tempera/paper (65x80cm-26x31in) New-York 95 .... FF37 140 - £4 640 - **$7,500**
BROWN Joe 1909-1985 [5]
🗿 *The Punter* - Bronze (45cm-18in) New-York 94 .... FF19 970 - £2 330 - **$3,500**
BROWN John Alfred Arnesby 1866-1955 [19]
🖌 *Afternoon, Blakeney* - Oil/canvas (38x48cm-15x19in) Aylsham, Norfolk 95 .... FF14 120 - £1 800 - **$2,846**
Norfolk landscape - Oil/canvas (51x61cm-20x24in) London 93 .... FF70 200 - £8 000 - **$11,920**
BROWN John Appleton 1844-1902 [15]
🖌 *Landscape with river* - Oil/canvas (77x106cm-30x42in) New-York 91 .... FF21 220 - £2 140 - **$3,750**
Spring - Oil/canvas (51x68cm-20x27in) San Francisco-Los Angeles 94 .... FF65 000 - £7 700 - **$12,000**
✎ *Flowering trees* - Pastel (33x43cm-13x17in) Boston, Mass. 93 .... FF8 860 - £1 007 - **$1,500**
BROWN John George 1831-1913 [74]
🖌 *The Boy's New York* - Oil/canvas (61x41cm-24x16in) New-York 95 .... FF46 050 - £5 820 - **$9,000**
Thinking It Over - Oil/canvas (61x43cm-24x17in) Chicago 94 .... FF111 300 - £13 160 - **$20,000**

A Sure Thing - Oil/canvas (76x64cm-30x25in) Chicago 93 .... FF531 000 - £60 400 - **$90,000**
BROWN John Henry 1818-1844 [1]
⬭ *Lady in deep purple dress* - Miniature (7x5cm-3x2in) London 97 .... FF6 119 - £650 - **$1,056**
BROWN John Lewis 1829-1890 [35]
🖝 *Cavaliers, la rencontre* - Huile/panneau (40x51cm-16x20in) Versailles 93 .... FF18 000 - £2 022 - **$3,050**
🖝 *Sur une route de campagne* - Oil/canvas (180x119cm-71x47in) New-York 97 .... FF80 924 - £8 627 - **$14,000**
⬭ *Nature morte à l'armure* - Aquarelle (19x28cm-7x11in) Paris 94 .... FF9 000 - £1 071 - **$1,696**
BROWN Marshall 1863-1936 [1]
🖝 *Krabbplockare* - Oil/canvas (41x61cm-16x24in) Göteborg 96 .... FF18 900 - £2 443 - **$3,650**
BROWN May Marshall 1887-1968 [1]
⬭ *Lobsters fishe/Anemones* - Watercolour (27x30cm-11x15in) Glasgow 92 .... FF1 634 - £190 - **$334**
BROWN OF COVENTRY E. 1823-1877 [6]
🖝 *Saddled bay hunter* - Oil/canvas (53x76cm-21x30in) London 92 .... FF20 930 - £2 500 - **$4,030**
BROWN Paul 1893-1960 [3]
⬭ *Polo Matches* - Watercolour New-York 94 .... FF33 700 - £3 955 - **$6,000**
BROWN Ralph 1928 [8]
🗿 *Man and Child* - Bronze (43cm-17in) London 97 .... FF2 801 - £300 - **$48,4 2**
Nude girl seated - Bronze (68cm-27in) London 94 .... FF33 500 - £4 000 - **$6,280**
BROWN Reynold 1917-1991 [7]
⬭ *Attack from outer space* - Gouache (53x18cm-21x7in) New-York 94 .... FF114 200 - £13 400 - **$20,000**
BROWN Roger 1941 [23]
🖝 *Fall out at three mile island* - Acrylic/canvas (183x122cm-72x48in) New-York 97 .... FF49 419 - £5 189 - **$8,500**
Lookout sunrise - Oil/canvas (183x183cm-72x72in) London 89 .... FF125 800 - £12 863 - **$20,225**
BROWN Roy H. 1879-1956 [7]
🖝 *Sheltered Cottage* - Oil/canvas (53x64cm-21x25in) Cambridge, Mass. 94 .... FF5 620 - £663 - **$1,000**
BROWN Samuel John Milton 1873-1965 [4]
⬭ *Yacht racing under spinnakers* - Watercolour (27x44cm-11x17in) London 93 .... FF9 650 - £1 100 - **$1,640**
BROWN Thomas Austen 1859-1924 [4]
🖝 *The gleaners* - Oil/canvas (66x71cm-26x28in) London 97 .... FF191 754 - £20 000 - **$32,790**
BROWN Vincent 1901 [20]
⬭ *Stags & hinds in the Highlands* - Watercolour (30x48cm-12x19in) London 93 .... FF6 580 - £750 - **$1,118**
BROWN Walter Francis 1853-1929 [3]
🖝 *Venice* - Oil/canvas/board (53x76cm-21x30in) Delray Beach, Florida 94 .... FF9 740 - £1 155 - **$1,800**
BROWN William Beatty 1831-1909 [15]
🖝 *Invernesshire* - Oil/canvas (31x46cm-12x18in) Glasgow 96 .... FF6 910 - £800 - **$1,324**
Cottage, Glen Fallloch - Oil/canvas (44x71cm-17x28in) Auchterarder, Perthshire 95 .... FF16 400 - £2 100 - **$3,230**
BROWN William Fulton ?-1905 [2]
⬭ *A Quiet Moment* - Watercolour (49x38cm-19x15in) London 92 .... FF4 690 - £480 - **$920**
BROWN William Marshall 1863-1936 [27]
🖝 *Gathering whelks* - Oil/canvas (31x46cm-12x18in) Toronto 94 .... FF22 400 - £2 674 - **$4,180**
🖝 *Bait Gatherers* - Oil/canvas (35x46cm-14x18in) Glasgow 96 .... FF61 000 - £7 900 - **$11,930**
⬭ *Cove Boats, Leith* - Watercolour (53x41cm-21x16in) London 95 .... FF3 036 - £380 - **$605**
BROWN William Mason 1828-1898 [19]
🖝 *Winter landscape* - Oil/canvas (31x46cm-12x18in) New-York 96 .... FF38 940 - £4 960 - **$7,500**
Still Life with Cantaloupe - Oil/canvas (41x51cm-16x20in) New-York 96 .... FF103 800 - £13 230 - **$20,000**
BROWN William Theophilus 1919 [7]
🖝 *Untitled* - Oil/canvas (26x36cm-10x14in) San Francisco-Los Angeles 94 .... FF19 300 - £2 517 - **$3,750**
⬭ *Nude study of a man* - Charcoal/paper (60x46cm-24x18in) San Francisco-Los Angeles 94 ...... FF5 660 - £739 - **$1,100**
BROWNE Alfred J. Warne ?-1915 [5]
🖝 *The fishing fleet at dusk* - Oil/canvas (46x81cm-18x32in) London 95 .... FF8 530 - £1 100 - **$1,736**
⬭ *Morning Mists, Tenerife* - Watercolour (36x53cm-14x21in) London 95 .... FF2 217 - £280 - **$445**
BROWNE Belmore 1880-1954 [4]
🖝 *Western mountain range* - Oil/board (48x76cm-19x30in) Mystic, Connecticut 96 ...... FF9 590 - £1 248 - **$1,900**
BROWNE Byron 1907-1961 [29]
⬭ *Black jug* - Oil/canvas (51x66cm-20x26in) Baton Rouge, Louisiana 94 .... FF14 040 - £1 650 - **$2,500**
🖝 *Acrobats* - Oil/canvas (76x96cm-30x38in) New-York 90 .... FF114 400 - £12 170 - **$20,465**
⬭ *Flamenco guitarrista* - Watercolour (43x33cm-17x13in) Delray Beach, Florida 95 ...... FF12 210 - £1 582 - **$2,500**
BROWNE Charles Francis 1859-1920 [6]
🖝 *The yellow field* - Oil/canvas (61x76cm-24x30in) North Bethesda, MD. 91 .... FF4 980 - £499 - **$912**
BROWNE Clive Richard 1901-? [1]
🖝 *Waltham* - Oil/board (20x25cm-8x10in) London 97 .... FF14 747 - £1 600 - **$2,613**
BROWNE George Byron 1907-1961 [21]
🖝 *Sea Creature* - Oil/canvas (76x96cm-30x38in) New-York 94 .... FF27 100 - £3 160 - **$4,750**
⬭ *Head of a woman* - Gouache (66x50cm-26x20in) New-York 92 .... FF6 810 - £698 - **$1,200**
BROWNE George Elmer 1871-1946 [26]
🖝 *Sheep in a village landscape* - Oil/canvas (53x64cm-21x25in) Boston, Mass. 94 ...... FF5 710 - £671 - **$1,000**
⬭ *Market Scene* - Watercolour (74x53cm-29x21in) Cambridge, Mass. 94 .... FF2 850 - £334 - **$500**
BROWNE Gordon Frederick 1858-1932 [2]
🖝 *Drifting, 1881* - Oil/canvas (91x122cm-36x48in) London 90 .... FF9 700 - £1 039 - **$1,687**
⬭ *On the warpath* - Watercolour (34x25cm-13x10in) New-York 93 .... FF3 540 - £403 - **$600**
BROWNE Hablot Knight, Phiz 1815-1882 [12]
⬭ *The Young Ship Owner* - Watercolour (28x46cm-11x18in) London 93 .... FF1 992 - £240 - **$348**

BROWNE Henriette 1829-1901 [3]
- *Fresh Game* - Oil/canvas (40x27cm-16x11in) London 93 .... FF14 100 - £1 700 - **$2,465**
- *Beauté orientale* - Oil/canvas (147x114cm-58x45in) New-York 90 .... FF80 100 - £8 301 - **$14,077**

BROWNE Joseph Archibald 1862-1948 [10]
- *Evening, Toronto Island* - Oil/panel (18x25cm-7x10in) Toronto 94 .... FF2 865 - £335 - **$506**

BROWNE Margaret Fitzhugh 1884-1972 [3]
- *Japanese Flower* - Oil/canvas (51x61cm-20x24in) North Berwick, Maine 94 ...... FF10 140 - £1 218 - **$1,900**

BROWNE Matilda 1869-1947 [6]
- *Potted plants* - Watercolour (36x51cm-14x20in) Mystic, Connecticut 95 .... FF8 050 - £965 - **$1,500**

BROWNE Robert Ives 1865-1956 [4]
- *Slootje* - Oil/canvas (74x100cm-29x39in) Amsterdam 97 .... FF11 098 - £1 200 - **$1,936**

BROWNE Tom 1872-1910 [2]
- *The Traveller* - Watercolour (25x38cm-10x15in) London 91 .... FF2 920 - £300 - **$543**

BROWNE Vincent R. Balfour 1880-1963 [16]
- *He's still there* - Watercolour (30x47cm-12x19in) Auchterarder, Perthshire 92 ...... FF28 560 - £3 000 - **$5,970**

BROWNELL Charles de Wolf 1822-1909 [2]
- *Tropical Paradise, 1866* - Oil/canvas (36x54cm-14x21in) New-York 90 .... FF42 900 - £4 564 - **$7,674**
- *Niagar Falls* - Charcoal/paper (43x56cm-17x22in) Mystic, Connecticut 96 .... FF1 893 - £246 - **$375**

BROWNELL Peleg Franklin 1857-1946 [20]
- *Lady in a Landscape, Dechenes* - Oil/board (25x26cm-10x10in) Toronto 96 ...... FF10 450 - £1 331 - **$2,010**
- *Beach scene, St. Kitts* - Oil/canvas/board (23x36cm-9x14in) Toronto 93 .... FF34 400 - £3 760 - **$6,320**
- *Cab Stand* - Pastel (18x25cm-7x10in) Toronto 95 .... FF11 620 - £1 540 - **$2,400**

BROWNING Amy Katherine 1882-1970 [10]
- *Landscape with Pond* - Oil/panel (25x35cm-10x14in) London 97 .... FF4 524 - £480 - **$779**

BROWNING Robert Barrett 1846-? [2]
- *Before the mirror* - Oil/canvas (210x129cm-83x51in) New-York 92 .... FF156 000 - £18 620 - **$30,000**
- *Feeding the geese* - Watercolour (28x40cm-11x16in) London 96 .... FF5 300 - £680 - **$1,045**

BROWNLOW Emma c.1820-c.1880 [2]
- *Winding Wool* - Oil/canvas (26x31cm-10x12in) London 96 .... FF11 070 - £1 300 - **$2,180**

BROWNLOW Washington George 1835-1876 [11]
- *The first lesson in straw-plaiting* - Oil/canvas (47x66cm-19x26in) London 92 ...... FF56 700 - £5 800 - **$10,000**

BROWNSCOMBE Jennie Augusta 1850-1936 [9]
- *Maidens in a landscape* - Oil/panel (58x81cm-23x32in) Cleveland, Ohio 92 ...... FF28 300 - £2 963 - **$5,100**
- *Young girl* - Watercolour (28x20cm-11x8in) Mystic, Connecticut 93 .... FF4 680 - £587 - **$850**

BROZIK von Wencelas, Vacslaw 1851-1901 [23]
- *Portrait einer jungen Frau* - Acryl/Papier (39x30cm-15x12in) Kempten 96 .... FF7 450 - £935 - **$1,450**
- *Im Tod verbunden* - Öl/Leinwand (110x173cm-43x68in) Praha 95 .... FF27 950 - £3 616 - **$5,710**
- *Am Spinnrad* - Öl/Leinwand (72x53cm-28x21in) Wien 94 .... FF78 100 - £9 040 - **$13,440**

BROZZI Renato 1895-1963 [2]
- *Studio di pulcini* - Pastel (29x32cm-11x13in) Roma 91 .... FF3 874 - £393 - **$700**

BRU Georges 1933 [8]
- *Le chef d'orchestre* - Fusain/papier (99x73cm-39x29in) Paris 94 .... FF4 500 - £539 - **$881**

BRUANDET Lazare 1755-1804 [23]
- *Paysages* - Huile/panneau (16x20cm-6x8in) Paris 97 .... FF15 000 - £1 605 - **$2,595**
- *En Forêt de Fontainebleau* - Huile/toile (44x37cm-17x15in) Barbizon 94 .... FF27 000 - £3 200 - **$4,990**
- *Bergers dans la forêt* - Aquarelle, gouache/papier (28x39cm-11x15in) Paris 97 ...... FF14 500 - £1 541 - **$2,506**

BRUCE Edward 1879-1943 [3]
- *Corral and barn* - Oil/canvas (61x74cm-24x29in) New-York 92 .... FF14 700 - £1 707 - **$3,000**

BRUCE Joseph A. 1838-1908 [1]
- *Impressionist rural landscape* - Oil/canvas New Orleans, Louisiana 90 .... FF5 100 - £527 - **$901**

BRUCE OF LOS ANGELES XX [3]
- *Male body builders* - Photograph New-York 96 .... FF12 380 - £1 590 - **$2,400**

BRUCE Patrick Henry 1881-1937 [1]
- *Bowl of fruit* - Oil/canvas (38x46cm-15x18in) New-York 91 .... FF161 800 - £16 243 - **$27,994**

BRUCE Peter 1949 [2]
- *Batchelor party* - Gouache (75x109cm-30x43in) London 96 .... FF10 250 - £1 300 - **$1,967**

BRUCE William XIX-XX [2]
- *A spaniel in the marsh* - Oil/canvas (61x96cm-24x38in) New-York 90 .... FF34 300 - £3 543 - **$6,060**

BRUCE William Blair 1859-1906 [6]
- *Thatching the Roof* - Oil/canvas (27x36cm-11x14in) Toronto 95 .... FF9 830 - £1 304 - **$2,030**

BRUCE-JOY Albert 1843-1924 [2]
- *A. Thomas Davies of Marblehester* - Marble (68cm-27in) London 93 .... FF19 300 - £2 200 - **$3,280**

BRUCH von Gerhard West 1922 [3]
- *Warnemünder Westmole* - Öl/Leinwand (49x69cm-19x27in) Hamburg 93 ...... FF8 470 - £1 013 - **$1,630**

BRUCHON Émile XIX-XX [5]
- *Femme symboliste* - Régule (lampe pétrole) (61cm-24in) Paris 95 .... FF3 000 - £389 - **$625**

BRÜCK Hans 1890-? [1]
- *Partie am Starnberger See* - Öl/Leinwand (60x70cm-24x28in) Heidelberg 95 ...... FF2 505 - £325 - **$522**

BRUCK Hermann 1873-? [1]
- *Holländische Flusslandschaft* - Oil/canvas (70x90cm-28x35in) Lindau 91 ...... FF10 140 - £1 009 - **$1,744**

BRUCK Hermina 1865-1944 [1]
- *Ländliche Idylle am Sommertag* - Öl/Leinwand (34x53cm-13x21in) Lindau 94 ...... FF4 110 - £477 - **$708**

BRUCK Lajos 1846-1910 [9]
- *Kaffeepause* - Oil/panel (24x18cm-9x7in) Wien 96 .... FF14 450 - £1 802 - **$2,790**

BRÜCKE Wilhelm 1829-? [3]
- *Udsigt gennem et bueslag, Rom* - Oil/canvas (98x75cm-39x30in) Köbenhavn 93 ..... FF42 000 - £5 020 - **$8,070**

BRUCKMAN Lodewyk Karel, Loki 1903 [5]
- *James Simpson* - Oil/canvas (94x68cm-37x27in) Cambridge, Mass. 90 .... FF8 950 - £911 - **$1,790**
- *Shadow puppets with Dalang* - Oil/canvas (100x80cm-39x31in) Singapore 95 .... FF70 100 - £8 950 - **$14,400**

BRUCKMAN Willem Leendert 1866-? [2]
- *Bridge of St. Servaas, Maastricht* - Oil/canvas (71x92cm-28x36in) London 95 ...... FF52 800 - £7 000 - **$10,900**
- *Oxford* - Coloured chalks (49x33cm-19x13in) Billinghurst, West Sussex 96 .... FF2 167 - £280 - **$428**

BRUCKMANN Alexander 1806-1882 [1]
- *Gentleman/Lady* - Huile/toile (36x27cm-14x11in) Lindau 96 .... FF10 340 - £1 320 - **$2,085**

BRÜCKNER Gottlob Heinrich 1823-? [1]
- *Das Wetterhorn* - Öl/Leinwand (35x46cm-14x18in) Wien 94 .... FF15 520 - £1 798 - **$2,940**

BRUCKNER Theodor 1870-1921 [2]
- *Profilporträt eines Mädchen* - Öl/Karton Wien 94 .... FF4 350 - £500 - **$745**
- *Young beauty with a fan* - Pastel (65x31cm-26x12in) Toronto 91 .... FF4 085 - £415 - **$738**

BRUDER Johann Friedrich 1782-1838 [1]
- *Landscape with a duck shoot* - Ink (40x52cm-16x20in) New-York 96 .... FF3 210 - £421 - **$650**

BRUEHL Anton 1900-1983 [13]
- *Charles Laughton, 1940s* - Silver print (36x28cm-14x11in) New-York 94 .... FF2 390 - £285 - **$450**
- *Glass spheres* - Platinum print (10x8cm-4x3in) New-York 94 .... FF12 780 - £1 482 - **$2,200**

BRUEHL Martin XX [7]
- *Egg Souffle, 1930s* - Gelatin silver print (18x23cm-7x9in) New-York 92 .... FF4 410 - £513 - **$900**

BRUEN Gerald XX [2]
- *Quayside* - Oil/canvas (83x68cm-33x27in) Dublin 90 .... FF35 600 - £3 678 - **$6,290**

BRUESTLE Bertram G. 1902 [4]
- *Summer day* - Oil/canvas (63x76cm-25x30in) Mystic, Connecticut 91 .... FF4 195 - £418 - **$721**

BRUESTLE George Matthew 1872-1939 [15]
- *New England barns* - Oil/canvas (56x76cm-22x30in) New-York 93 .... FF12 650 - £1 587 - **$2,300**

BRUETON Frederick XIX-XX [4]
- *Cornish fisherman* - Wash (50x35cm-20x14in) London 91 .... FF4 730 - £477 - **$922**

BRUETSCHY François 1938 [8]
- *Composition* - Huile/toile (116x89cm-46x35in) Paris 96 .... FF3 200 - £376 - **$630**

BRUFF William Louis 1822-1900 [1]
- *Delaware* - Drawing (22x50cm-9x20in) New-York 90 .... FF3 240 - £334 - **$572**

BRUFORD Marjorie Fr., Midge 1902-1958 [2]
- *Harriers at Boslow* - Oil/board (41x51cm-16x20in) Penzance, Cornwall 94 .... FF4 215 - £480 - **$715**

BRUGADA Y PANIZO Ricardo 1867-1919 [4]
- *Young lady amusing the birds* - Oil/canvas (55x82cm-22x32in) New-York 94 ..... FF17 000 - £2 030 - **$3,200**

BRUGAIROLLES Victor 1869-1936 [32]
- *Jeune paysanne* - Huile/toile (46x38cm-18x15in) Paris 96 .... FF4 000 - £520 - **$784**
- *La rentrée des moutons* - Huile/toile (61x50cm-24x20in) Brest 94 .... FF11 000 - £1 300 - **$1,976**
- *Place de la Concorde* - Oil/canvas/panel (114x164cm-45x65in) New-York 95 ... FF235 000 - £29 300 - **$46,000**

BRUGGEMANN Hermann 1822-? [2]
- *Die Kartenspieler* - Öl/Leinwand (45x37cm-18x15in) Freiburg 96 .... FF5 420 - £680 - **$1,046**

BRÜGGER Arnold 1888-1975 [15]
- *Bergbach* - Öl/Leinwand (81x100cm-32x39in) Bern 96 .... FF32 600 - £3 950 - **$6,340**

BRÜGGER Edgar 1900-1940 [2]
- *Badende* - Öl/Leinwand (51x40cm-20x16in) Bern 96 .... FF4 074 - £494 - **$792**

BRÜGGER Fanny 1886-1970 [3]
- *Nature morte* - Huile/toile (45x58cm-18x23in) Zofingen 95 .... FF3 190 - £417 - **$640**

BRUGGHEN van der Guillaume Anne 1811-1891 [2]
- *Young boy with mountain goats* - Oil/panel (24x30cm-9x12in) New-York 92 ...... FF3 980 - £407 - **$700**

BRUGMAN Jacobus Franciscus 1830-1898 [1]
- *Mother and child in an interior* - Oil/canvas (31x40cm-12x16in) London 93 .... FF15 770 - £1 900 - **$2,755**

BRÜGNER Celestin 1824-1887 [21]
- *Sommer am Gebirgssee* - Oil/canvas (31x42cm-12x17in) München 92 .... FF4 420 - £453 - **$867**
- *Bauernhäusern/Angler* - Oil/canvas (32x41cm-13x16in) Köln 90 .... FF20 300 - £2 097 - **$3,587**

BRUGNOLI Emanuele 1859-1944 [7]
- *Canale a Venezia* - Acquarello/carta (41x26cm-16x10in) Roma 95 .... FF3 950 - £507 - **$793**

BRUGNOT Henri 1874-1940 [3]
- *Vue de Rabat* - Huile/toile (46x53cm-18x21in) Paris 91 .... FF13 000 - £1 291 - **$2,257**

BRUGO Giuseppe XIX-XX [2]
- *The curious maid* - Oil/canvas (68x41cm-27x16in) New-York 92 .... FF49 400 - £5 900 - **$9,500**
- *The flirtation* - Watercolour (33x54cm-13x21in) New-York 94 .... FF2 125 - £254 - **$400**

BRUGUIERE Francis Joseph 1879-1945 [11]
- *Panama-Pacific exhibition* - Photograph (33x25cm-13x10in) New-York 90 .... FF10 900 - £1 175 - **$1,922**

BRÜHL de Marie, comtesse XVIII-XIX [1]
- *River landcape* - Oil/canvas (36x45cm-14x18in) London 95 .... FF7 900 - £1 000 - **$1,545**

B

BRUHL Louis Burleigh 1862-1942 [6]
▱ *The Oude Kerke, Delft* - Watercolour (97x64cm-38x25in) London 95 .... FF**2 323** - £300 - **$479**
BRÜHL von Carl Fr. Moritz Graf 1772-1837 [2]
▱ *Vue d'un pont dans une ville* - Aquarelle (38x53cm-15x21in) Paris 95 .... FF**30 000** - £3 860 - **$6,190**
BRÜHLMANN Hans 1878-1911 [6]
🖛 *Äpfeln, Strauss und Uhr* - Oil/canvas (48x44cm-19x17in) Zürich 92 .... FF**133 200** - £15 900 - **$25,600**
BRÜHWILER Paul 1939 [2]
🖾 *Raymond Chandler, Film Noir* - Poster (129x90cm-51x35in) New-York 95 .... FF**5 360** - £699 - **$1,100**
BRUI Willy 1946 [9]
🖛 *Etrous, 1989* - Acrylique/toile (67x54cm-26x21in) Paris 89 .... FF**9 000** - £920 - **$1,447**
BRUIJNINX Daniel 1727-1787 [1]
▱ *Lady in lace bordered blue dress* - Miniature (4cm-2in) London 93 .... FF**6 400** - £800 - **$1,160**
BRUIN de Cornelis 1870-1940 [2]
🖛 *A shell fisher on Zandvoort beach* - Oil/canvas (29x39cm-11x15in) Amsterdam 94 .... FF**3 660** - £425 - **$630**
BRUIN de Franciscus 1879-1944 [1]
🖛 *Scheveningen beach* - Oil/panel (25x50cm-10x20in) Amsterdam 94 .... FF**5 210** - £621 - **$991**
BRULAND Arne 1920 [2]
🖛 *Komposition* - Oil/canvas (60x46cm-24x18in) København 94 .... FF**7 010** - £841 - **$1,363**
BRULHARD Ernest Hiram 1878-1947 [3]
🖛 *Landschaft im Mittelland* - Öl/Leinwand (58x68cm-23x27in) Bern 94 .... FF**11 970** - £1 436 - **$2,326**
BRULOW Alexandre 1798-1877 [1]
▱ *Portrait d'homme* - Aquarelle (19x14cm-7x6in) Paris 96 .... FF**6 000** - £705 - **$1,180**
BRULOW Karl Pawlowitch 1799-1852 [2]
🖛 *Autoportrait* - Oil/canvas (44x36cm-17x14in) Monaco 92 .... FF**450 000** - £53 700 - **$86,500**
▱ *Deposizione di Cristo della Croce* - Encre Chine (37x37cm-15x15in) Paris 95 .... FF**7 500** - £972 - **$1,560**
BRÜLS Louis Joseph 1803-1882 [2]
🖛 *Le Départ pour la Croisade* - Huile/toile (133x103cm-52x41in) Paris 94 .... FF**45 000** - £5 380 - **$8,810**
BRUMATTI Gianni 1901-1988 [5]
🖛 *Primavera, dintorni di Trieste* - Olio/tavola (34x52cm-13x20in) Trieste 95 .... FF**4 620** - £585 - **$900**
BRUMENT Albert 1905 [1]
🖛 *Jardin de pivoines* - Huile/toile (38x46cm-15x18in) Paris 89 .... FF**3 500** - £348 - **$553**
BRUN Charles Guillaume 1825-1908 [6]
🖛 *Souvenir de Constantine* - Oil/canvas (90x69cm-35x27in) New-York 90 .... FF**50 400** - £5 075 - **$9,873**
BRUN DE VERSOIX Louis Auguste 1756-1815 [1]
▱ *Geneva* - Black chalk (37x57cm-15x22in) London 92 .... FF**58 600** - £6 000 - **$10,320**
BRUN Donald 1909-? [3]
🖾 *Swiss watch posters* - Poster (127x90cm-50x35in) New-York 96 .... FF**5 090** - £600 - **$1,000**
BRUN Édouard 1860-1935 [31]
🖛 *Château de la Veyri* - Huile/toile (73x100cm-29x39in) Grenoble 89 .... FF**15 000** - £1 581 - **$2,525**
▱ *Chaîne de Belledone* - Aquarelle (14x22cm-6x9in) Grenoble 95 .... FF**2 500** - £330 - **$507**
BRUN Gaston 1873-c.1916 [3]
🖛 *Bergère et troupeau* - Huile/toile Bruxelles 96 .... FF**11 720** - £1 518 - **$2,345**
BRUN Gustave 1817-1881 [1]
🖛 *L'étudiant dans sa mansarde* - Oil/canvas (41x33cm-16x13in) New-York 95 .... FF**20 540** - £2 520 - **$4,000**
BRUN Jean 1941 [2]
▱ *En écoutant Vivaldi* - Aquarelle (20x23cm-8x9in) Gemenos 92 .... FF**1 800** - £184 - **$324**
BRUN Pierre 1915-1995 [7]
🗿 *La Confidence* - Bronze (38cm-15in) Paris 95 .... FF**14 000** - £1 782 - **$2,700**
BRUN-BUISSON Gabriel XX [2]
🖛 *Miroir des Oiseaux aux Martigues* - Aquarelle (31x48cm-12x19in) Reims 92 .... FF**2 000** - £205 - **$352**
BRUNAUD Denis [3]
🖛 *Paysage de rivière* - Huile/toile (90x130cm-35x51in) Saint-Malo 93 .... FF**3 600** - £430 - **$693**
BRUNBERG Håkan 1905-1978 [12]
🖛 *Vi Höjer Glaset* - Oil/canvas (40x50cm-16x20in) Helsinki 93 .... FF**21 340** - £2 440 - **$3,635**
▱ *Tullbommens servicestation* - Watercolour (20x28cm-8x11in) Helsinki 94 .... FF**3 560** - £428 - **$675**
BRUNDRIT Reginald Grange 1883-1960 [3]
🖛 *Morning Masham (2)* - Oil/canvas (45x61cm-18x24in) London 91 .... FF**4 840** - £481 - **$840**
BRUNE Adolphe 1802-1875 [2]
🖛 *Capitaine de Cuirassiers O. D'Ornant* - Huile/toile (72x58cm-28x23in) Paris 97 .... FF**11 500** - £1 230 - **$2,004**
BRUNE Christian 1793-1849 [2]
🖛 *Bords du rhône avec personnages* - Huile/toile (112x165cm-44x65in) Paris 94 .... FF**51 000** - £5 880 - **$8,660**
BRÜNE Heinrich 1869-1945 [2]
🖛 *Im Garten* - Öl/Leinwand (53x44cm-21x17in) München 96 .... FF**16 940** - £2 125 - **$3,270**
BRUNEAU Adrien Louis 1831-? [1]
▱ *Recherche des champignons* - Aquarelle (32x24cm-13x9in) Le Touquet 93 .... FF**2 200** - £265 - **$400**
BRUNEAU Florimond 1877-1956 [2]
🖛 *Paysan* - Huile/toile (47x58cm-19x23in) Bruxelles 94 .... FF**3 154** - £371 - **$562**
BRUNEAU Kittie 1929 [6]
🖛 *Sans titre* - Huile/carton (66x88cm-26x35in) Montréal 89 .... FF**7 800** - £822 - **$1,313**
BRUNEAU Odette 1891-1984 [9]
🖛 *Marché à Casablanca* - Huile/toile (50x65cm-20x26in) Paris 95 .... FF**10 500** - £1 324 - **$2,094**
🖛 *Femmes de Goulimine* - Huile/toile (92x60cm-36x24in) Paris 94 .... FF**35 000** - £4 164 - **$6,660**

BRUNEL DE NEUVILLE Alfred Arthur 1852-1941 [197]

🐦 *Pêches et panier de raisins* - Huile/toile Fontainebleau 95 .... FF15 000 - £1 954 - **$3,115**
Kittens playing with a ball of yarn - Oil/canvas (46x55cm-18x22in) New-York 94 .... FF17 540 - £2 030 - **$3,000**
Les chatons et la tasse de lait - Huile/toile (46x55cm-18x22in) Deauville 92 .... FF35 000 - £3 580 - **$6,160**
Nature morte aux cerises et groseilles - Huile/toile Dijon 96 .... FF63 000 - £7 300 - **$12,070**

BRUNEL Jean-Baptiste c.1850-1929 [3]

🐦 *Les Baux-de-Provence* - Huile/toile (160x250cm-63x98in) Paris 91 .... FF27 000 - £2 707 - **$4,457**

BRUNELLESCHI E. XIX-XX [1]

🗿 *A bather, standing* - Marble (79cm-31in) London 94 .... FF24 020 - £2 800 - **$4,170**

BRUNELLESCHI Umberto 1879-1948 [32]

🐦 *Donna alla finestra* - Olio/tavola (124x90cm-49x35in) Roma 89 .... FF45 800 - £4 683 - **$7,363**
✏️ *Scène galante XVIIIe siècle* - Aquarelle (22x22cm-9x9in) Bruxelles 95 .... FF3 350 - £442 - **$680**
Les coquines - Aquarelle (41x45cm-16x18in) Paris 95 .... FF8 200 - £1 027 - **$1,583**

BRUNELLI Gabriele 1615-1682 [1]

🗿 *Autunno, Estate/Primavera, Inverno* - Terracotta (35cm-14in) Roma 90 .... FF109 800 - £11 756 - **$19,096**

BRUNER-DVORAK Rudolf 1864-1921 [1]

📷 *Ballon: Expo. Universelle, Prague* - Photo (24x18cm-9x7in) Paris 90 .... FF1 800 - £186 - **$318**

BRUNERY François 1849-1926 [45]

🐦 *The young gallant* - Oil/panel (46x37cm-18x15in) New-York 96 .... FF51 400 - £6 230 - **$10,000**
Un passage difficile - Oil/canvas (61x50cm-24x20in) London 97 .... FF155 110 - £17 000 - **$27,222**
Il Saltarello - Oil/canvas (110x95cm-43x37in) New-York 95 .... FF270 400 - £34 850 - **$55,000**

BRUNERY Marcel XIX-XX [25]

🐦 *A bad Smoke* - Oil/canvas (38x46cm-15x18in) London 97 .... FF29 065 - £3 200 - **$5,101**
Conversation with the Cardinal - Oil/canvas (39x47cm-15x19in) London 96 .... FF93 600 - £11 000 - **$18,420**
A birthday toast - Oil/canvas (60x73cm-24x29in) London 96 .... FF183 500 - £23 000 - **$35,400**

BRUNET Alexandre XIX-XX [2]

🐦 *Nature morte aux pommes* - Huile/toile (32x46cm-13x18in) Versailles 90 .... FF12 500 - £1 338 - **$2,174**

BRUNET Émile XIX-XX [3]

🐦 *Projet de décoration pour un plafond* - Huile/toile (71x59cm-28x23in) Bordeaux 97 .... FF4 000 - £430 - **$703**

BRUNET Luc 1953 [2]

🐦 *Plaisirs d'hiver* - Huile/toile (40x50cm-16x20in) Montréal 89 .... FF2 300 - £229 - **$363**

BRUNET-DEBAINES Alfred Louis 1845-? [2]

🐦 *Paysage de rivière* - Peinture (56x45cm-22x18in) Paris 90 .... FF4 500 - £458 - **$900**
✏️ *Vue de Rouen, 1868* - Aquarelle (26x45cm-10x18in) Paris 90 .... FF7 000 - £723 - **$1,237**

BRUNET-HOUARD Pierre Auguste 1829-1922 [3]

🐦 *Caravane en Afrique du Nord* - Oil/canvas (64x91cm-25x36in) Viby J, Århus 93 .... FF4 580 - £549 - **$880**

BRUNETAUT Jules XIX-XX [2]

🐦 *Rue orientale* - Huile/panneau (16x22cm-6x9in) Saint-Germain-en-Laye 89 .... FF3 800 - £400 - **$640**

BRUNHOFF de Jean 1899-1937 [1]

🐦 *Bouquet de fleurs jaunes* - Huile/toile (98x72cm-39x28in) Paris 90 .... FF5 000 - £509 - **$1,000**

BRUNHOFF Rolland 1899-1950 [1]

🖼️ *Kowä* - Poster (127x90cm-50x35in) New-York 94 .... FF9 980 - £1 220 - **$1,900**

BRUNI Bruno 1935 [35]

🗿 *Leda Col Cigno* - Bronze (55cm-22in) Hamburg 97 .... FF6 067 - £64 9 8 - **$1,057**

BRUNI Laure Stella 1900-? [3]

🐦 *Waldsee mit kleiner Insel* - Oil/canvas (73x91cm-29x36in) Bern 91 .... FF3 170 - £319 - **$550**

BRUNI Umberto 1914 [23]

🐦 *Un beau jour de soleil, Québec* - Huile/toile (51x61cm-20x24in) Montréal 92 .... FF4 610 - £550 - **$886**

BRUNIAS Agostino c.1730-1796 [7]

🖼️ *Negroe, Island of Dominica* - Engraving (30x38cm-12x15in) London 94 .... FF5 420 - £650 - **$1,013**
✏️ *Ma Commère* - Watercolour (23x18cm-9x7in) London 95 .... FF24 860 - £3 200 - **$5,090**
Mulatto woman with a boy - Watercolour (28x18cm-11x7in) London 95 .... FF27 200 - £3 500 - **$5,570**

BRUNIN André 1890-? [4]

🐦 *La femme au bouquet* - Huile/toile (76x60cm-30x24in) Antwerpen 94 .... FF3 334 - £400 - **$648**

BRUNIN Léon de Meuter 1861-1949 [20]

🐦 *Le pharmacien* - Huile/toile (50x40cm-20x16in) Antwerpen 95 .... FF7 530 - £990 - **$1,512**
L'été dans St Martin - Oil/canvas (98x12cm-39x5in) London 89 .... FF82 300 - £8 189 - **$13,002**

BRÜNING Max 1887-1968 [80]

🐦 *Serles-Gruppe in Tirol* - Öl/Leinwand (60x80cm-24x31in) Lindau 93 .... FF6 540 - £741 - **$1,105**
Bodensee - Öl/Karton (79x69cm-31x27in) Lindau 92 .... FF27 130 - £3 240 - **$5,220**
🖼️ *Die Verschämte* - Farbradierung (41x17cm-16x7in) Lindau 97 .... FF4 051 - £425 - **$696**
✏️ *Lindauer Hafen* - Aquarell (39x44cm-15x17in) Lindau 97 .... FF7 427 - £779 - **$1,277**

BRÜNING Peter 1929-1970 [78]

🐦 *Ohne Titel* - Öl/Leinwand (60x80cm-24x31in) Köln 93 .... FF77 572 - £8 144 - **$13,296**
Nr.47 - Oil/canvas (90x115cm-35x45in) London 97 .... FF168 856 - £18 000 - **$29,482**
Nr.53 - Oil/canvas (115x145cm-45x57in) Berlin 91 .... FF392 000 - £39 784 - **$70,799**
✏️ *Composizione, 1959* - Watercolour/paper (43x58cm-17x23in) Milano 90 .... FF28 400 - £3 021 - **$5,081**

BRUNIUS Göran 1911 [7]

🐦 *Fjällfors, motiv fran Lappland* - Oil/canvas (60x75cm-24x30in) Stockholm 89 .... FF3 700 - £368 - **$585**

BRUNNER Antonin 1881-? [2]

🐦 *Dicke Tränen* - Öl/Karton (36x27cm-14x11in) Wien 94 .... FF4 370 - £514 - **$780**

B

BRUNNER Charles Emile 1884-? [2]
Wandaufriss eines Palastes - Aquarell (47x68cm-19x27in) Bern 93 .... FF1 880 - £235 - $343

BRUNNER F. Sands 1886-1954 [2]
Seated woman with roses - Oil/canvas (64x46cm-25x18in) New-York 95 .... FF7 830 - £1 013 - $1,600

BRUNNER Ferdinand 1870-1945 [21]
Bauernhäuser - Oil/wood (12x18cm-5x7in) Wien 97 .... FF33 544 - £3 528 - $5,761
Alte Nagel-Schmiede bei Persenbeug - Öl/Leinwand (36x45cm-14x18in) Wien 97 ...... FF86 256 - £9 072 - $14,814
Bauernhaus - Mixed media/paper (15x21cm-6x8in) Wien 97 .... FF19 168 - £2 016 - $3,292

BRÜNNER Hans 1847-1918 [1]
Sonnenbeschiene Waldlandschaft - Öl/Leinwand (60x74cm-24x29in) Pforzheim 95 ...... FF2 493 - £311 - $504

BRUNNER Hans 1813-1888 [3]
Gibier/Fruits - Huile/toile (70x90cm-28x35in) Paris 92 .... FF15 800 - £1 618 - $2,844

BRUNNER Hans Alexander 1895-1968 [3]
Lanscape, Salzkammergut - Oil/cardboard (36x43cm-14x17in) Wien 95 .... FF5 970 - £758 - $1,203

BRUNNER Josef 1884-1962 [2]
Blumenstilleben mit Glaspokal - Öl/Leinwand (63x79cm-25x31in) Wien 96 .... FF7 220 - £901 - $1,396
Von Ferlaten nach Hochmais - Watercolour, gouache/paper (27x43cm-11x17in) Wien 95 .... FF3 995 - £505 - $797

BRUNNER Josef 1826-1893 [11]
Alpine river crossing - Oil/canvas (78x65cm-31x26in) London 96 .... FF17 800 - £2 200 - $3,440

BRUNNER Leopold I 1788-1866 [3]
Flowers & opera glasses - Oil/panel (77x60cm-30x24in) London 89 .... FF242 100 - £24 090 - $38,246

BRUNNER Salomon 1778-1848 [2]
Schloss Misox - Öl/Leinwand (44x59cm-17x23in) Zürich 94 .... FF16 350 - £1 944 - $3,080

BRUNNER Samuel 1858-? [1]
Strassenansicht mit Stadttor - Aquarell (37x26cm-15x10in) Luzern 90 .... FF1 800 - £191 - $322

BRUNNER-LACOSTE Henri Émile 1838-1881 [1]
Stilleben mit Steinvase - Öl/Leinwand (92x73cm-36x29in) Wien 93 .... FF146 700 - £16 620 - $24,800

BRUNNERT Willy 1880-1950 [2]
Dachauer Landschaft mit Gehöft - Öl/Leinwand (25x34cm-10x13in) Heidelberg 95 ...... FF2 505 - £325 - $522
Blick über ein Dorf - Watercolour (38x51cm-15x20in) Heidelberg 95 .... FF1 985 - £255 - $401

BRÜNNICH Morten Thrane 1805-1861 [1]
H. de Lorréa/His wife - Oil/canvas (24x19cm-9x7in) Köbenhavn 95 .... FF14 070 - £1 700 - $2,650

BRÜNNICHE Andreas 1704-1769 [3]
Amalie Charisius - Oil/canvas (76x59cm-30x23in) Köbenhavn 91 .... FF13 170 - £1 308 - $2,287

BRUNO Emil 1868-1944 [3]
Die Gefangennahme Samsons - Oil/canvas Wien 92 .... FF12 020 - £1 437 - $2,313

BRUNON Georges 1925 [5]
Fruit - Huile/toile (50x65cm-20x26in) Douai 92 .... FF8 000 - £820 - $1,410

BRUNORI Enzo 1924 [6]
Verde spento - Olio/tela (65x81cm-26x32in) Milano 93 .... FF15 100 - £1 797 - $2,906

BRUNSCHWEILER Hans Jakob 1758-1845 [1]
Anna Marina Schaefer - Oil/canvas (83x66cm-33x26in) Amsterdam 92 .... FF4 860 - £497 - $855

BRUNSCHWIG Colette 1927 [2]
Composition - Huile/toile (100x81cm-39x32in) Paris 92 .... FF5 500 - £563 - $968
Composition, 1975 - Gouache (49x65cm-19x26in) Douai 90 .... FF2 600 - £280 - $459

BRUNSVIK Bjarne 1918 [2]
Landskap - Oil/canvas (46x55cm-18x22in) Oslo 91 .... FF2 605 - £262 - $452

BRUNT van Henry 1832-1903 [1]
Hunt's Studio/Scuola San Rocco - Pencil/paper (18x10cm-7x4in) Boston, Mass. 94 ...... FF14 900 - £1 764 - $2,750

BRUNTON Violet Angless 1878-1951 [1]
The Alphabet of Worms that Flew - Ink (13x19cm-5x7in) London 96 .... FF1 703 - £200 - $335

BRUPBACHER Heinrich 1758-1835 [1]
..au bord du lac de Zurich... - Eau-forte (16x25cm-6x10in) Bern 93 .... FF17 000 - £1 892 - $2,883

BRUS Günther 1938 [79]
Ohne Titel - Schwarze Dispersion/Packpapier (45x63cm-18x25in) Wien 94 .... FF43 900 - £5 230 - $8,360
Wiener Spaziergang - Photograph (63x62cm-25x24in) München 92 .... FF6 100 - £730 - $1,174
Tanz - Ink/paper (20x21cm-8x8in) Wien 94 .... FF10 720 - £1 285 - $2,082
Körperstrudie - Ink/paper (21x20cm-8x8in) Wien 94 .... FF10 720 - £1 285 - $2,082
Totem - Pencil (41x29cm-16x11in) Düsseldorf 91 .... FF10 810 - £1 097 - $1,952
Rehpfad-Fjordhild - Mischtechnik/Papier (31x44cm-12x17in) Wien 97 .... FF14 334 - £1 524 - $2,472
Planloser Blindflug - Watercolour (31x22cm-12x9in) Wien 95 .... FF70 800 - £8 830 - $14,300

BRUSAFERRO Gerolamo 1700-1760 [5]
Mucius Scaevola - Oil/canvas (192x287cm-76x113in) London 96 .... FF241 000 - £30 000 - $46,800
Bishop saints kneeling/Studies - Ink (31x19cm-12x7in) London 94 .... FF5 180 - £600 - $891

BRUSENBAUCH Arthur 1881-1957 [10]
Blick von der Rax - Öl/Leinwand (61x69cm-24x27in) Wien 94 .... FF18 450 - £2 165 - $3,290
Sitzender weiblicher Akt - Chalks/paper (51x28cm-20x11in) Wien 94 .... FF4 395 - £500 - $745

BRUSEWITZ Gunnar 1924 [18]
Rådjur i skogsbryn - Akvarell (21x30cm-8x12in) Malmö 94 .... FF2 320 - £275 - $453
Morkulla flygande över skogsväg - Akvarell (25x19cm-10x7in) Uppsala 90 .... FF6 700 - £717 - $1,165

BRUSEWITZ Gustaf 1812-1899 [3]
Fru Karin på Öjared - Oil/canvas (125x175cm-49x69in) Göteborg 94 .... FF10 300 - £1 195 - $1,774
Family portrait - Oil/canvas/panel (104x136cm-41x54in) Stockholm 96 .... FF66 100 - £7 540 - $12,650

B

BRUSH George de Forest 1855-1941 [7]
- The Sioux Brave - Oil/canvas (91x63cm-36x25in) New-York 95 .... FF1 - £216 400 - **$340,000**
- His daughter - Oil/panel (36x29cm-14x11in) San Francisco-Los Angeles 94 .... FF24 360 - £2 887 - **$4,500**
- Head of a young girl - Pencil/paper (37x27cm-15x11in) New-York 90 .... FF4 600 - £484 - **$800**

BRUSKIN Grisha 1945 [2]
- Old testament, 1986 - Oil/canvas (73x61cm-29x24in) New-York 97 .... FF205 900 - £21 904 - **$36,834**
- Notes W - Watercolour, gouache (55x42cm-22x17in) Tel Aviv 95 .... FF104 000 - £13 000 - **$21,000**

BRUSSE Mark 1937 [19]
- I Forgot a Lot, relief - Technique mixte/panneau (43x180cm-17x71in) Paris 96 .... FF4 000 - £463 - **$767**
- Sprookje - Bois Paris 97 .... FF4 500 - £484 - **$790**

BRUSSEL van Hermanus 1763-1815 [3]
- Travellers, Haarlem - Black chalk (33x47cm-13x19in) Amsterdam 92 .... FF15 070 - £1 800 - **$2,900**

BRUSSELMANS Jean 1884-1953 [46]
- Nu - Naakt op de rug Geizen - Oil/canvas/board (70x50cm-28x20in) Amsterdam 97 .... FF20 506 - £2 150 - **$3,518**
- La ferme bleue - Oil/canvas (28x31cm-11x12in) Amsterdam 97 .... FF50 944 - £5 355 - **$8,751**
- Nature morte aux deux coquilles - Huile/toile (97x109cm-38x43in) Bruxelles 90 .... FF388 800 - £40 883 - **$67,617**

BRUSSET Paul 1914-1985 [2]
- Mont-Genèvre, Sports d'Hiver - Affiche (100x62cm-39x24in) Paris 94 .... FF2 400 - £277 - **$415**
- Place de la Concorde - Aquarelle (28x35cm-11x14in) Le Havre 93 .... FF1 700 - £194 - **$288**

BRUSSILOVSKY Mikhaïl 1931 [3]
- Mythological scene - Oil/cardboard (65x99cm-26x39in) London 90 .... FF48 400 - £5 216 - **$8,536**

BRUST Karl Friedrich 1897-1960 [8]
- Ohne Titel - Öl/Leinwand (55x70cm-22x28in) Bremen 94 .... FF14 420 - £1 733 - **$2,670**

BRUSTOLON Giovan Battista c.1726-? [2]
- Canale Grande mit Piazza San Marco - Etching (28x44cm-11x17in) Zürich 94 .... FF2 430 - £286 - **$465**

BRUTON Margaret 1894-1983 [7]
- Taxco Tots - Oil/canvas (61x76cm-24x30in) San Francisco-Los Angeles 92 .... FF6 370 - £740 - **$1,300**
- Mining Mountain landscape
  Watercolour/paper (44x48cm-17x19in) San Francisco-Los Angeles 92 .... FF4 165 - £484 - **$850**

BRÜTT Ferdinand 1849-1936 [1]
- Die Verhandlungspause - Oil/canvas (71x100cm-28x39in) Köln 90 .... FF47 300 - £4 886 - **$8,357**

BRUYCKER de Frans Ant., François 1816-1882 [147]
- Woman sewing by a window - Oil/panel (26x20cm-10x8in) London 94 .... FF21 440 - £2 500 - **$3,760**
- Scène d'intérieur - Huile/panneau (68x84cm-27x33in) Bruxelles 91 .... FF46 100 - £4 622 - **$7,610**

BRUYCKER de Jules 1870-1945 [146]
- L'Eglise Saint-Servin à Paris - Gravure (20x15cm-8x6in) Bruxelles 96 .... FF1 984 - £249 - **$385**
- Confrère - Eau-forte Antwerpen 94 .... FF4 670 - £560 - **$907**
- Marché à Gand - Gouache (46x34cm-18x13in) Antwerpen 95 .... FF36 800 - £4 840 - **$7,390**

BRUYERE Elise Lebarbier 1776-1842 [2]
- Still life of fruit - Oil/canvas (33x46cm-13x18in) Detroit, Michigan 96 .... FF65 500 - £8 380 - **$13,000**

BRUYN Bob XX [2]
- Figure leaning against a wall - Oil/board (26x20cm-10x8in) Amsterdam 94 .... FF3 330 - £383 - **$570**

BRUYN de Coenelis 1904-? [1]
- Chrysanthemums - Oil/canvas (80x70cm-31x28in) Amsterdam 94 .... FF3 370 - £402 - **$642**

BRUYN de Cornelis Johannes c.1763-c.1828 [9]
- Juda et Thamar - Huile/panneau (30x39cm-12x15in) Paris 93 .... FF44 000 - £5 300 - **$8,000**

BRUYN de Jan 1794-c.1840 [1]
- An Irishybrid - Watercolour/paper (28x23cm-11x9in) Amsterdam 90 .... FF2 400 - £259 - **$423**

BRUYNE de Dees 1940 [13]
- Morto jiglio ere un Rollingstone - Öl/Metall (125x165cm-49x65in) Antwerpen 91 .... FF22 700 - £2 254 - **$3,941**
- Eerste liefde - Lithographie Dendermonde-Schoonaarde 92 .... FF4 320 - £442 - **$760**
- Le peintre - Dessin (94x49cm-37x19in) Bruxelles 97 .... FF1 636 - £173 - **$283**

BRUYNE de Gustaaf 1914-1981 [23]
- Nu à sa toilette - Huile/panneau (59x31cm-23x12in) Lokeren 95 .... FF29 300 - £3 660 - **$5,750**
- Le Jardin des Illusions - Huile/toile (105x153cm-41x60in) Antwerpen 96 .... FF73 800 - £8 940 - **$14,350**
- Veel Geluk - Gouache (24x16cm-9x6in) Lokeren 95 .... FF2 390 - £302 - **$477**

BRUYNESTEYN Nicolaas 1893-1950 [4]
- Village on the waterfront - Oil/canvas (51x71cm-20x28in) Amsterdam 95 .... FF2 640 - £343 - **$550**

BRUYNINX Daniel 1724-1787 [1]
- Mi-corps d'une femme en robe - Miniature (7x5cm-3x2in) Paris 95 .... FF12 200 - £1 475 - **$2,296**

BRUZZI Stefano 1835-1911 [12]
- Gregge con pastorelle - Olio/tela (57x77cm-22x30in) Prato 96 .... FF128 000 - £15 200 - **$25,100**
- Oxen dragging a log - Oil/canvas (55x99cm-22x39in) London 92 .... FF440 000 - £45 000 - **$77,600**

BRYAN Alfred 1852-1899 [2]
- Caricature of Whistler - Indian ink (9x6cm-4x2in) London 92 .... FF3 700 - £380 - **$711**

BRYAN DE GRINEAU John A. 1882-1957 [5]
- Jour de courses à Brooklands - Encre Chine/papier (32x27cm-13x11in) Paris 93 .... FF5 700 - £650 - **$966**

BRYAN Hector XX [2]
- Sans titre - Crayon (49x64cm-19x25in) Paris 89 .... FF15 000 - £1 534 - **$2,412**

BRYANSKY Mikhaïl Vasilievich 1830-1908 [1]
- Roman beauty - Oil/canvas (51x40cm-20x16in) London 92 .... FF10 740 - £1 100 - **$1,892**

BÜCHE Josef 1848-1917 [30]
- *Gypsy woman spinning* - Oil/canvas (38x30cm-15x12in) Dedham, Mass. 96 .... FF7 660 - £988 - **$1,500**
- *Two women in an interior* - Oil/panel (78x63cm-31x25in) New-York 95 .... FF15 940 - £1 927 - **$3,000**

BUCHEL Charles A. 1872-1950 [9]
- *Mixed flowers in a bowl* - Oil/canvas (61x76cm-24x30in) London 92 .... FF5 080 - £520 - **$895**
- *Kathleen Blake, wife of Reginald Bach* - Coloured chalks (36x26cm-14x10in) London 95 .... FF3 800 - £500 - **$770**

BUCHEL Emmanuel 1705-1775 [2]
- *Schloss Bechburg* - Eau-forte (11x15cm-4x6in) Bern 94 .... FF2 477 - £297 - **$482**

BUCHER Hans 1932 [2]
- *Komposition II* - Oil/canvas (85x50cm-33x20in) Bern 92 .... FF4 464 - £456 - **$786**
- *Komposition III* - Oil/canvas (52x71cm-20x28in) Bern 92 .... FF14 880 - £1 520 - **$2,620**

BUCHER Hertha 1898-1960 [1]
- *Kniende Frau mit Krug* - Ceramic (47cm-19in) Wien 95 .... FF6 580 - £821 - **$1,330**

BUCHER Josef 1820-1883 [1]
- *Dame* - Öl/Karton (30x23cm-12x9in) Wien 94 .... FF7 250 - £833 - **$1,241**

BUCHERER Max 1883-1974 [2]
- *Autoportrait* - Öl/Leinwand (42x37cm-17x15in) Zofingen 94 .... FF3 460 - £410 - **$640**

BUCHET Gustave 1888-1963 [31]
- *Nu couché* - Öl/Leinwand (55x82cm-22x32in) Zürich 94 .... FF141 700 - £16 800 - **$26,200**
- *Composition cubiste* - Huile/toile Bevaix 94 .... FF244 600 - £29 400 - **$45,200**
- *Composition à la guitare* - Gouache/papier (46x61cm-18x24in) Saint-Dié 96 .... FF75 000 - £9 300 - **$14,530**

BUCHHEISTER Carl 1890-1964 [29]
- *Abstract composition* - Mixed media (40x26cm-16x10in) London 92 .... FF19 540 - £2 000 - **$3,450**
- *Komposition Ho Ko 6* - Mischtechnik (36x35cm-14x14in) Köln 91 .... FF40 600 - £4 121 - **$7,333**
- *Centralkomposition Schwarz-Weiss* - Oil/paper (89x62cm-35x24in) Berlin 91 .... FF203 000 - £20 603 - **$36,664**
- *Komposition Hes* - Mixed media/paper (30x21cm-12x8in) Berlin 91 .... FF74 300 - £7 541 - **$13,419**

BUCHHOLZ Erich 1891-1972 [11]
- *Der Kreis* - Mixed media/panel (50x63cm-20x25in) New-York 90 .... FF314 600 - £33 468 - **$56,279**
- *Spiel in gelb rot braunliniert* - Ink (43x29cm-17x11in) Köln 91 .... FF37 174 - £3 907 - **$6,364**

BUCHHOLZ Karl 1849-1889 [9]
- *Morgenstimmung am Waldrand* - Oil/panel (34x42cm-13x17in) München 93 .... FF47 500 - £5 670 - **$9,130**
- *Waldlichtung bei Oberweimar* - Watercolour (28x38cm-11x15in) Hamburg 97 .... FF6 404 - £685 - **$1,116**

BUCHHOLZ Wolfgang 1935 [2]
- *Früchtestilleben mit Vase* - Oil/cardboard (23x32cm-9x13in) Hamburg 96 .... FF2 040 - £232 - **$390**

BUCHHORN Ludwig 1770-1856 [1]
- *Village landscape in Bavaria* - Oil/canvas (42x55cm-17x22in) Stockholm 97 .... FF12 696 - £1 353 - **$2,216**

BUCHHORN ZU HOFEN Paul A. 1890-1938 [2]
- *Blick auf ein Amphitheater* - Oil/canvas (90x150cm-35x59in) München 91 .... FF10 250 - £1 053 - **$1,910**

BUCHINGER Matthew 1674-c.1735 [1]
- *Sir Simon Harcourt, Lord Keeper* - Ink (32x21cm-13x8in) London 93 .... FF14 940 - £1 800 - **$2,610**

BUCHKA Karl 1868-1931 [1]
- *Heuernte bei Dachau* - Öl/Karton (40x60cm-16x24in) Zofingen 95 .... FF9 350 - £1 223 - **$1,875**

BÜCHLER Eduard 1861-? [5]
- *Ungeschickter Heuträger* - Oil/canvas (35x48cm-14x19in) Wien 91 .... FF24 060 - £2 424 - **$4,175**

BUCHNALL Ernest Pile 1861-? [1]
- *Fox in distress* - Oil/canvas (91x137cm-36x54in) New-York 96 .... FF71 400 - £9 260 - **$14,000**

BUCHNAN Richard 1952 [2]
- *Sans titre no.12* - Gouache (81x69cm-32x27in) Paris 92 .... FF2 000 - £205 - **$352**

BÜCHNER Ernst 1886-1951 [1]
- *Valbellahorn, Grison* - Huile/toile (55x69cm-22x27in) Zofingen 95 .... FF5 100 - £646 - **$1,025**

BUCHNER Georg 1858-1914 [4]
- *Bildnis eines Bauernmädchen* - Oil/panel (21x16cm-8x6in) Zürich 96 .... FF26 700 - £3 450 - **$5,290**

BUCHNER Gustav Johannes 1880-1951 [10]
- *Hütejunge bei Ziegen* - Öl/Leinwand (50x37cm-20x15in) Köln 93 .... FF6 780 - £810 - **$1,305**

BUCHNER H. 1856-1941 [1]
- *Élégante assoupie* - Huile/toile (56x46cm-22x18in) Bruxelles 96 .... FF13 930 - £1 680 - **$2,674**

BUCHNER Johann Georg 1815-1857 [4]
- *Mittelalterliche Szenerie* - Öl/Leinwand (143x113cm-56x44in) Stuttgart 96 .... FF10 150 - £1 176 - **$1,947**

BUCHNER Rudolf 1894-1962 [27]
- *Gebirgslandschaft* - Öl/Karton (62x73cm-24x29in) Wien 93 .... FF6 730 - £805 - **$1,295**
- *Felsen in Gutenstein* - Gouache/papier (59x46cm-23x18in) Wien 95 .... FF2 237 - £288 - **$462**
- *Kahlenberg* - Aquarelle/papier (49x63cm-19x25in) Wien 95 .... FF9 800 - £1 270 - **$1,992**

BUCHOZ Pierre Joseph 1731-1807 [1]
- *Le Règne végétal* - Gravure Pontoise 95 .... FF2 000 - £263 - **$411**

BUCHS Raymond 1878-1958 [8]
- *Berglandschaft* - Oil/canvas (62x73cm-24x29in) Bern 91 .... FF21 950 - £2 185 - **$3,775**
- *Vue du Lac Noir* - Aquarelle (31x40cm-12x16in) Bern 95 .... FF7 310 - £950 - **$1,502**

BUCHS Yves 1954 [12]
- *Le dormeur* - Huile/toile (97x103cm-38x41in) Paris 91 .... FF2 500 - £254 - **$452**

BÜCHSEL Elisabeth 1867-1957 [1]
- *Stralsund von Rügens aus* - Öl/Leinwand (63x95cm-25x37in) Frankfurt 94 .... FF4 125 - £491 - **$777**

B

BUCHSER Frank 1828-1890 [14]
- *Frühlingslandschaft* - Öl/Leinwand (27x38cm-11x15in) Zürich 97 .... FF**41 453** - £4 407 - **$7,151**
- *Elegante Dame am Meer* - Öl/Karton (26x20cm-10x8in) Zürich 97 .... FF**78 958** - £8 394 - **$13,620**
- *Drei Unterwaldnerinnen* - Oil/canvas (84x108cm-33x43in) Zürich 89 .... FF**526 500** - £53 834 - **$84,646**

BUCHTA Alfred 1880-1952 [10]
- *Idylle* - Öl/Leinwand (16x24cm-6x9in) Wien 93 .... FF**7 420** - £872 - **$1,235**

BUCHTA Anthony 1890-? [3]
- *Autumn landscape* - Oil/board (36x41cm-14x16in) Cambridge, Mass. 93 .... FF**2 950** - £336 - **$500**

BUCHTA Karl 1861-1928 [1]
- *Boys in a horsedrawn carriage* - Oil/canvas (71x111cm-28x44in) London 91 .... FF**27 800** - £2 821 - **$5,021**

BUCHTERKIRCH Armin 1859-? [4]
- *West Hill St., Nassau* - Watercolour (23x29cm-9x11in) London 93 .... FF**2 460** - £280 - **$418**

BÜCHTGER Robert 1862-1951 [3]
- *Bauer vor Flußlandschaft* - Oil/canvas (135x101cm-53x40in) München 91 .... FF**12 500** - £1 253 - **$2,063**

BUCHWALD Hugo 1836-? [1]
- *Erntezeit* - Aquarell (22x30cm-9x12in) Stuttgart 94 .... FF**2 735** - £329 - **$521**

BUCK Adam 1759-1833 [21]
- *Portrait of a lady* - Watercolour (34x29cm-13x11in) London 97 .... FF**7 338** - £780 - **$1,264**
- *Harriet Butler* - Pastel (24x21cm-9x8in) London 89 .... FF**19 400** - £1 984 - **$3,119**

BUCK Claude 1890-1974 [8]
- *Nude with butterfly* - Oil/board (36x86cm-14x34in) San Francisco-Los Angeles 93 .... FF**38 500** - £4 830 - **$7,000**

BUCK de Evariste 1892-1974 [11]
- *Communiantes à Laethem* - Huile/toile (90x90cm-35x35in) Bruxelles 95 .... FF**48 600** - £5 850 - **$9,200**

BUCK de Raphael 1902-1986 [19]
- *Drie vrouwen* - Huile/toile (90x70cm-35x28in) Lokeren 91 .... FF**12 340** - £1 228 - **$2,122**
- *Le modèle* - Dessin (26x33cm-10x13in) Bruxelles 93 .... FF**1 650** - £197 - **$337**

BUCK Frederick 1771-1839/40 [26]
- *Officer of the Welsh Militia* - Miniature (5cm-2in) London 96 .... FF**5 420** - £700 - **$1,047**

BUCK Leslie Binner 1907 [4]
- *Still life* - Oil/masonite (51x41cm-20x16in) Baton Rouge, Louisiana 93 .... FF**6 810** - £770 - **$1,150**

BUCK William Henry 1840-1888 [8]
- *Schooner on Lake Pontchartrain*
  Oil/canvas (46x76cm-18x30in) New Orleans, Louisiana 94 .... FF**145 200** - £16 780 - **$25,000**

BÜCKEN Peter 1831-1915 [7]
- *Waldbach mit Weidevieh* - Öl/Leinwand (60x96cm-24x38in) Düsseldorf 96 .... FF**14 220** - £1 756 - **$2,750**

BUCKLAND Arthur Herbert 1870-? [5]
- *Sewing time* - Oil/canvas (61x51cm-24x20in) Montréal 91 .... FF**6 450** - £655 - **$1,165**
- *Springtime* - Oil/canvas (183x107cm-72x42in) New-York 95 .... FF**186 800** - £24 100 - **$38,000**

BUCKLAND David 1949 [2]
- *Floating Nude* - Photograph (66x53cm-26x21in) London 90 .... FF**4 400** - £468 - **$787**

BUCKLE Claude 1905 [4]
- *Mending nets in Spain* - Watercolour (47x65cm-19x26in) Salisbury, Wiltshire 92 .... FF**2 930** - £300 - **$516**

BUCKLER Charles E. 1869-? [8]
- *In the Spring* - Oil/canvas (61x76cm-24x30in) Mystic, Connecticut 95 .... FF**2 930** - £374 - **$600**

BUCKLER John 1770-1851 [8]
- *High St., Henley on Thames, Oxon* - Watercolour (21x33cm-8x13in) London 96 .... FF**5 400** - £700 - **$1,067**

BUCKLER John Chessell 1793-1894 [9]
- *Sherborne Park, Gloucestershire* - Watercolour (20x31cm-8x12in) London 95 .... FF**6 170** - £800 - **$1,263**

BUCKLEY John Edmund 1820-1884 [28]
- *Haddon Hall* - Watercolour (51x64cm-20x25in) London 93 .... FF**3 115** - £350 - **$522**
- *As You Like It* - Watercolour (44x74cm-17x29in) London 94 .... FF**17 100** - £2 000 - **$2,980**

BUCKLEY Stephen 1944 [11]
- *Bolingbroke* - Mixed media/panel (204x328cm-80x129in) Stockholm 95 .... FF**11 030** - £1 375 - **$2,160**

BUCKMAN Percy 1865-? [1]
- *The Water Nymph* - Watercolour (33x22cm-12x9in) London 96 .... FF**4 400** - £550 - **$853**

BUCKNALL Ernest Pile 1861-? [3]
- *Crossing the river* - Watercolour (40x55cm-16x22in) Billinghurst, West Sussex 96 .... FF**3 590** - £460 - **$707**

BUCKNER Richard 1812-1883 [20]
- *Spanjorska hållande solfjäder* - Oil/canvas (127x89cm-50x35in) Stockholm 91 .... FF**28 300** - £2 817 - **$4,867**
- *Portrait of John Locke* - Oil/canvas (115x81cm-45x32in) New-York 97 .... FF**109 826** - £11 708 - **$19,000**
- *A Roman Piper* - Watercolour (51x79cm-20x31in) London 93 .... FF**1 992** - £240 - **$348**

BUCQUET Maurice ?-1921 [2]
- *Etang le soir* - Photo (16x31cm-6x12in) Chartres 91 .... FF**10 500** - £1 061 - **$2,084**

BUDAN Armand 1827-? [1]
- *Fleurs dans une corbeille/, vase* - Huile/toile (117x97cm-46x38in) Paris 94 .... FF**72 000** - £8 560 - **$13,170**

BUDD Charles J. 1859-1926 [1]
- *Recounting the story* - Watercolour, gouache/paper (41x51cm-16x20in) Cleveland, Ohio 92 ..... FF**3 190** - £334 - **$575**

BUDDE Bernhard 1827-1899 [1]
- *Mädchen mit Rosen* - Öl/Leinwand (84x65cm-33x26in) München 94 .... FF**17 100** - £2 027 - **$3,120**

BUDDENBERG Wilhelm 1890-1967 [4]
- *Jagdstück* - Oil/Leinwand (50x70cm-20x28in) Köln 94 .... FF**10 280** - £1 234 - **$2,000**

BUDKOW Joseph 1880-1940 [11]
- *Studing the Tora* - Woodcut (40x36cm-16x14in) Tel Aviv 97 .... FF**5 348** - £594 - **$1,000**

Figure in a jewish village - Pastel (50x40cm-20x16in) Tel Aviv 94 .... *FF38 300* - £4 550 - **$7,000**

BUDNIK Ivan XX [1]
Sophia Loren - Photo (26x15cm-10x6in) Paris 91 .... *FF2 100* - £209 - **$361**

BUDT de Victor 1886-? [3]
Bouddha - Pastel (60x45cm-24x18in) Lokeren 95 .... *FF1 620* - £205 - **$324**

BUDTZ-MØLLER Carl 1882-1953 [28]
Legende, Bornholm - Oil/canvas (54x78cm-21x31in) Köbenhavn 95 .... *FF3 980* - £489 - **$775**
The Judgement of Paris - Oil/canvas (173x216cm-68x85in) London 94 .... *FF21 160* - £2 500 - **$3,800**

BUDZ Jean 1943 [2]
Savon de Mercedes - Technique mixte, dessin (250x262cm-98x103in) Paris 91 .... *FF60 000* - £5 959 - **$10,418**

BUEHR Karl Albert 1866-1952 [9]
Spring landscape - Oil/canvas (45x33cm-18x13in) New-York 93 .... *FF8 850* - £1 007 - **$1,500**
The Flower Girl - Oil/canvas (99x81cm-39x32in) New-York 95 .... *FF390 000* - £49 800 - **$80,000**

BUENO Antonio 1918-1985 [74]
Fanciulla - Oil/masonite (40x30cm-16x12in) Milano 95 .... *FF34 300* - £4 370 - **$7,010**
Figura bruna - Olio/masonite (50x39cm-20x15in) Prato 97 .... *FF54 400* - £6 400 - **$9,600**
Tre ragazzi al tavolo - Olio/tavola (55x100cm-22x39in) Prato 97 .... *FF119 000* - £14 000 - **$21,000**

BUENO Pasqual 1930 [6]
Mujer pensativa - Oleo/lienzo (52x45cm-20x18in) Madrid 94 .... *FF15 500* - £1 808 - **$2,720**

BUENO VILLAREJO Pedro 1910-1993 [5]
Anunciación - Oleo/lienzo (85x66cm-33x26in) Madrid 96 .... *FF30 100* - £3 645 - **$5,850**
Alegoría de la Guerra Civil - Gouache (27x21cm-11x8in) Madrid 96 .... *FF3 260* - £423 - **$644**

BUENO Xavier 1915-1979 [45]
Ragazzo - Oil/canvas (71x51cm-28x20in) New-York 93 .... *FF26 950* - £3 380 - **$4,900**
Ritratto di donna - Olio/tela (73x60cm-29x24in) Milano 94 .... *FF40 700* - £4 800 - **$7,680**
Maternità - Olio/tela (79x59cm-31x23in) Prato 97 .... *FF119 000* - £14 000 - **$21,000**

BUENTELLO Hubert 1950 [3]
Parapluie - Bronze (38x19x21cm-15x7x8in) Paris 92 .... *FF9 000* - £1 047 - **$1,837**
Le bonhomme qui marche - Bronze (48x16x34cm-19x6x13in) Paris 91 .... *FF21 000* - £2 116 - **$3,644**

BUFANO Benjiamico 1898-1970 [1]
Parrot - Marble (62cm-24in) San Francisco-Los Angeles 96 .... *FF10 280* - £1 247 - **$2,000**

BUFF Conrad 1886-1975 [14]
Rocky mountain lake scene
    Oil/board (30x41cm-12x16in) San Francisco-Los Angeles 89 .... *FF18 600* - £1 851 - **$2,938**

BUFFET Amédée 1869-1934 [1]
Port de Boulogne-sur-Mer - Huile/toile (46x33cm-18x13in) Le Touquet 93 .... *FF5 000* - £562 - **$848**

BUFFET Bernard 1928 [952]
Moulin de la Galette - Oil/canvas (131x89cm-52x35in) New-York 90 .... *FF2 -£243 026* - **$412,162**
Le cirque - Huile/toile (195x300cm-77x118in) Lyon 90 .... *FF5 - £568 182* - **$971,731**
Les marguerittes - Huile/toile (24x14cm-9x6in) Calais 97 .... *FF34 000* - £3 726 - **$5,967**
Le panier - Oil/board (33x41cm-13x16in) London 97 .... *FF86 872* - £9 000 - **$14,881**
Plage de Bretagne - Oil/canvas (54x65cm-21x26in) London 97 .... *FF135 135* - £14 000 - **$23,149**
Coupe de fleurs - Huile/toile (54x81cm-21x32in) Paris 97 .... *FF200 000* - £20 840 - **$34,080**
Le clown - Huile/toile (93x72cm-37x28in) Paris 97 .... *FF315 000* - £35 060 - **$56,921**
Nantes, bateaux de commerce - Huile/toile (89x130cm-35x51in) Paris 96 .... *FF600 000* - £69 400 - **$115,000**
Nature morte - Huile/toile (100x200cm-39x79in) Paris 97 .... *FF850 000* - £92 990 - **$148,070**
Bouquet de lys - Pointe sèche (76x56cm-30x22in) Paris 97 .... *FF7 800* - £824 - **$1,338**
Hirondelle de mer - Drypoint (49x65cm-19x26in) London 97 .... *FF21 236* - £2 200 - **$3,637**
La Tour Eiffel - Lithographie (54x67cm-21x26in) Paris 89 .... *FF95 000* - £9 714 - **$15,273**
Street Scene - Ink/paper (55x64cm-22x25in) New-York 97 .... *FF27 566* - £290 0 8 - **$4,749**
Tête de clown - Ink/paper (105x76cm-41x30in) New-York 95 .... *FF96 000* - £12 080 - **$19,000**
Le clown - Encre Chine (64x49cm-25x19in) Paris 96 .... *FF150 000* - £17 360 - **$28,730**
Le voilier, 1959 - Mixed media drawing (51x67cm-20x26in) New-York 89 .... *FF572 000* - £56 915 - **$90,363**

BUFFET Étienne XX [5]
Tête de jeune Bretonne - Pastel/papier (62x48cm-24x19in) Morlaix 96 .... *FF1 500* - £192 - **$297**

BUFFET Maurice 1909 [14]
Forêt de Fontainebleau - Huile/toile (65x54cm-26x21in) Versailles 90 .... *FF6 000* - £607 - **$1,141**

BUFFET Paul 1864-1941 [2]
Cavalier à Belaoua - Huile/toile (80x59cm-31x23in) Calais 92 .... *FF6 000* - £617 - **$1,154**

BUGATTI Carlo 1856-1940 [15]
Haystacks - Oil/canvas (51x113cm-20x44in) London 94 .... *FF20 750* - £2 400 - **$3,550**
Etudes de montants de lits - Crayon/papier (27x20cm-11x8in) Paris 89 .... *FF5 000* - £498 - **$790**

BUGATTI Ettore 1881-1947 [3]
Deux études mécaniques - Crayon (21x13cm-8x5in) Paris 91 .... *FF6 800* - £675 - **$1,181**

BUGATTI Rembrandt 1884-1916 [204]
Panthères marchant - Bronze (103x25cm-41x10in) London 90 .... *FF2 - £229 601* - **$375,785**
Lutteur s'étirant sur un rocher - Bronze (67cm-26in) Lyon 97 .... *FF10 000* - £1 079 - **$1,767**
Petite panthère assise - Bronze (19x12cm-7x5in) Paris 97 .... *FF80 000* - £8 688 - **$14,176**
Puma - Bronze (26cm-10in) Paris 97 .... *FF225 000* - £23 625 - **$38,700**
Eléphant de l'Inde au repos - Bronze (44cm-17in) New-York 94 .... *FF421 400* - £49 700 - **$75,000**
Étude de dromadaire - Fusain (36x57cm-14x22in) Paris 94 .... *FF40 000* - £4 630 - **$6,860**

BUGEAUD Marie-Claude 1941 [1]
- *Sans titre, 1989* - Huile/toile (80x80cm-31x31in) Paris 90 .... FF4 500 - £453 - $818

BUGGE Frida, Ida Frederike 1874-1964 [3]
- *French interior* - Oil/canvas (39x26cm-15x10in) London 96 .... FF2 880 - £360 - $559

BUGGENHOUT Mya 1908-1992 [1]
- *Bord d'étang* - Huile/toile (104x73cm-41x29in) Bruxelles 94 .... FF7 650 - £920 - $1,418

BUGGIANI Paolo 1933 [1]
- *Tempo d'estate* - Olio/tela (60x50cm-24x20in) Milano 96 .... FF2 680 - £344 - $512

BUGNON Roland 1939 [16]
- *Vénus noire* - Öl/Leinwand (40x30cm-16x12in) Bern 95 .... FF6 880 - £895 - $1,413
- *Ibizenkischer Baum* - Gouache (68x49cm-27x19in) Bern 92 .... FF2 604 - £266 - $459

BÜHL Hede 1940 [4]
- *Torso* - Marble (22cm-9in) Köln 91 .... FF5 070 - £515 - $916
- *Kopf* - Bronze (20cm-8in) Köln 96 .... FF12 900 - £1 470 - $2,470

BÜHL R.P. XIX [2]
- *Der diebische Hahn* - Oil/canvas (38x32cm-15x13in) München 92 .... FF2 710 - £315 - $553

BÜHLER Christian 1825-1898 [1]
- *Bacchanal* - Oil/canvas (38x45cm-15x18in) Bern 92 .... FF13 400 - £1 368 - $2,360

BÜHLER Franz Xaver XX [4]
- *Talweg zum Rauchkasten* - Öl/Karton (30x25cm-12x10in) Heidelberg 93 .... FF3 220 - £385 - $620

BÜHLER Hans Adolf 1877-1951 [4]
- *Roses and apples* - Oil/canvas (72x58cm-28x23in) Bremen 95 .... FF6 890 - £892 - $1,402

BÜHLER Hans E. 1893-1967 [1]
- *Fohlen* - Bronze (13cm-5in) Zofingen 94 .... FF10 580 - £1 253 - $1,955

BÜHLER Heinrich 1893-1986 [1]
- *Blumenstilleben in Keramikkrug* - Öl/Karton (54x40cm-21x16in) Pforzheim 94 .... FF2 333 - £280 - $438

BUHLER Robert 1916-1989 [24]
- *J. Davenport writing at a desk* - Oil/canvas (77x63cm-30x25in) London 95 .... FF3 213 - £400 - $647
- *Rogate Church* - Oil/board (24x33cm-9x13in) London 97 .... FF13 072 - £1 400 - $2,258

BÜHLMANN Rudolf Johan 1802-1890 [13]
- *Bay of Naples* - Oil/canvas (71x98cm-28x39in) London 93 .... FF78 800 - £9 500 - $13,770

BÜHLMAYER Conrad 1835-1883 [7]
- *Heimkehr von der Weide* - Öl/Leinwand (104x96cm-41x38in) Stuttgart 96 .... FF50 800 - £5 880 - $9,730

BUHOT Félix 1847-1898 [111]
- *Frontispice: Les Salles d'estampes* - Eau-forte (22x15cm-9x6in) Paris 97 .... FF4 000 - £423 - $692
- *Westminster Place* - Eau-forte, aquatinte (28x39cm-11x15in) Paris 97 .... FF20 000 - £2 118 - $3,464
- *Le Pont-Neuf* - Encre/papier (17x30cm-7x12in) Paris 95 .... FF7 500 - £947 - $1,505

BUHOT Louis Charles Hipp. 1815-1865 [3]
- *Jupiter et Hébé* - Bronze (53cm-21in) New-York 95 .... FF22 120 - £2 850 - $4,500
- *Hebe on Jupiter's eagle* - Bronze (65cm-26in) London 97 .... FF40 000 - £5 000 - $7,250

BÜHRMANN Gisela 1925 [3]
- *Landschaften, Stilleben* - Woodcut Köln 95 .... FF2 274 - £293 - $470

BUI XUAN PHaï 1920-1988 [4]
- *Vieilles maisons, Hanoï* - Huile/toile (41x33cm-16x13in) Paris 96 .... FF30 000 - £3 444 - $5,720

BUIGUES Pascual 1897-1980 [1]
- *Tête de femme* - Bronze (18x9cm-7x4in) Paris 92 .... FF7 000 - £720 - $1,347

BUISSERET Louis 1888-1956 [21]
- *Campo Sta Margherita, Venise* - Huile/toile (70x92cm-28x36in) Bruxelles 96 .... FF6 030 - £781 - $1,206
- *Nature morte* - Huile/toile (50x61cm-20x24in) Antwerpen 90 .... FF45 400 - £4 892 - $8,007
- *Nu* - Dessin (125x79cm-49x31in) Bruxelles 92 .... FF2 300 - £268 - $470

BUISSON Georges XIX-XX [2]
- *Cheating at the Game* - Oil/panel (31x46cm-12x18in) Amsterdam 97 .... FF15 606 - £1 660 - $2,715

BUISSON Léon J.-B. XIX-XX [2]
- *Badende ann einem flussufer* - Bronze (32cm-13in) Stuttgart 92 .... FF5 090 - £608 - $978

BUISSON Nicole XX [5]
- *A l'infini* - Bronze (41x17x17cm-16x7x7in) Paris 92 .... FF14 000 - £1 438 - $2,693

BUKEN van Jan 1635-1694 [3]
- *Oiseaux* - Huile/toile (61x87cm-24x34in) Bruxelles 95 .... FF62 200 - £8 040 - $12,710

BUKOVAC Vlaho 1855-1922 [3]
- *Nude with a bunch of flowers* - Oil/panel (31x25cm-12x10in) London 95 .... FF30 000 - £3 800 - $6,030

BUKOWSKI Stefan 1878-1929 [2]
- *Po znojnym dniu* - Huile/panneau (100x94cm-39x37in) Warszawa 92 .... FF7 910 - £808 - $1,414

BUKTA Imre 1952 [3]
- *Mutation* - Huile/toile (100x140cm-39x55in) Paris 91 .... FF4 200 - £423 - $729

BULAN Stéphane 1954 [9]
- *Songeuse* - Huile/toile (46x55cm-18x22in) Villers-Semeuse 94 .... FF5 600 - £667 - $1,066

BULAND Eugène 1852-1927 [5]
- *Couple rendant visite à M. le Curé* - Huile/toile (150x115cm-59x45in) Moulins 89 .... FF62 000 - £6 169 - $9,795

BULANT Josef 1923 [3]
- *Mandolinenspieler im Park* - Huile/masonite (14x13cm-6x5in) München 92 .... FF2 035 - £243 - $392

BULCKE Emile 1875-1963 [7]
- *Composition* - Huile/toile (130x100cm-51x39in) Antwerpen 91 .... FF3 290 - £332 - $571

BULENS Frans 1857-1939 [2]
Marché, Grand Place, Bruxelles - Huile/toile (110x75cm-43x30in) Bruxelles 96 .... FF28 900 - £3 726 - **$5,660**
L'église du village - Gouache/papier (28x47cm-11x19in) Bulgnéville 91 .... FF2 000 - £202 - **$347**

BULFIELD Joseph XIX-XX [2]
Marché en Bretagne - Huile/carton (28x38cm-11x15in) Douarnenez 96 .... FF4 200 - £538 - **$833**

BULIO Jean 1827-1911 [2]
Joven pastor - Bronze (44cm-17in) Madrid 92 .... FF4 350 - £520 - **$837**

BULL Charles Livingston 1874-1932 [6]
Mother ciugar & three young - Watercolour, gouache (53x46cm-21x18in) New-York 96 .. FF16 300 - £2 106 - **$3,150**

BULL Clarence Sinclair 1896-1979 [15]
Louise Brooks - Gelatin silver print (33x25cm-13x10in) New-York 93 .... FF7 680 - £873 - **$1,300**

BULL Knud Geelmuyden 1811-1889 [1]
Hobart Town & Mount Wellington - Oil/canvas (78x127cm-31x50in) London 89 .... FF1 - £149 373 - **$237,156**

BULL Richard XVIII-XIX [2]
Minister in clerical robes - Miniature (5cm-2in) Castletown House, Co. Kilkenny 91 .... FF3 180 - £320 - **$552**

BULL William Howell 1861-1940 [1]
Tree along a stream - Oil/board (41x51cm-16x20in) San Francisco-Los Angeles 94 .... FF8 660 - £1 026 - **$1,600**

BULL-HEDLUND Bertil 1893-1950 [14]
Kvarnbyggnad samt figurer, Menton - Oil/panel (38x45cm-15x18in) Stockholm 89 .... FF37 400 - £3 941 - **$6,296**
Wienervals II - Etching (33x26cm-13x10in) Stockholm 92 .... FF2 260 - £270 - **$435**
Glaces Napolitaines, Paris - Ink (23x18cm-9x7in) Stockholm 90 .... FF1 600 - £171 - **$278**

BULLEID George Lawrence 1858-1933 [16]
Roman mother and child - Watercolour (48x34cm-19x13in) London 96 .... FF10 000 - £1 300 - **$1,980**

BULLER Tony 1938 [12]
Fleurs - Huile/toile (65x54cm-26x21in) Allaman 94 .... FF4 850 - £562 - **$835**

BULLINGER Johann Balthasar I 1713-1793 [4]
Military encampment near a village - Oil/canvas (37x55cm-15x22in) London 94 .... FF38 000 - £4 500 - **$7,010**

BULLOCK John G. 1854-1939 [7]
Kittens - Platinum print (15x20cm-6x8in) New-York 94 .... FF4 070 - £472 - **$700**

BULLOCK Wynn 1902-1975 [54]
Lynn, Death Valley - Gelatin silver print (16x25cm-6x10in) San Francisco-Los Angeles 96......... FF3 530 - £452 - **$700**
Woman's Hands - Photograph (19x24cm-7x9in) New-York 93 .... FF10 710 - £1 226 - **$1,900**
Child in the Forest - Photograph (19x24cm-7x9in) New-York 94 .... FF23 230 - £2 694 - **$4,000**

BULLOZ Jacques Ernest 1858-1942 [1]
Eve après le Péché - Tinta (38x28cm-15x11in) Paris 91 .... FF3 000 - £304 - **$542**

BULMAN Orville XX [13]
Freeway Treeway - Oil/canvas (76x38cm-30x15in) Delray Beach, Florida 96 .... FF9 500 - £1 230 - **$1,900**
L'Amitié - Oil/canvas (76x63cm-30x25in) New-York 95 .... FF32 200 - £4 020 - **$6,500**

BULMER Lionel 1919 [2]
Shell & window - Oil/masonite (15x23cm-6x9in) New-York 90 .... FF12 430 - £1 265 - **$2,486**

BÜLOW von Agnes 1884-? [2]
Segelboot (Marine) - Ol/Leinwand (48x78cm-19x31in) Wien 96 .... FF4 870 - £633 - **$963**

BULTHUIS Jan 1750-1801 [1]
Ludeman on a terrace - Ink (18x14cm-7x6in) Amsterdam 92 .... FF2 863 - £342 - **$551**

BULWER James 1794-1879 [3]
Blasting St Vincent's Rock, Clifton - Watercolour (33x56cm-13x22in) London 92.......... FF23 450 - £2 400 - **$4,130**

BUNCE Kate Elizabeth 1858-1927 [2]
A Knight - Oil/canvas (76x46cm-30x18in) London 95 .... FF23 200 - £3 000 - **$4,740**

BUNCE William Gedney 1840-1916 [8]
Venetian Lagoon - Oil/canvas (41x61cm-16x24in) New-York 93 .... FF8 610 - £1 080 - **$1,566**

BUNDGÅRD Gunnar 1920 [25]
Børn ved bådene, Løkken - Oil/canvas (64x108cm-25x43in) Viby J, Århus 95 .... FF6 240 - £755 - **$1,175**

BUNDO Shunkai, Keichu 1877-1970 [1]
Universal brotherhood - Ink/paper (122x39cm-48x15in) New-York 94 .... FF14 520 - £1 684 - **$2,500**

BUNDY Edgar 1862-1922 [37]
A Dispute - Oil/canvas (51x76cm-20x30in) London 96 .... FF10 210 - £1 200 - **$2,010**
Antonio Stradivari - Oil/panel (35x52cm-14x20in) London 93 .... FF60 000 - £7 500 - **$10,870**
The Warrant - Watercolour (50x72cm-20x28in) London 95 .... FF7 830 - £1 000 - **$1,600**

BUNDY Horace 1814-1883 [3]
Boy in a flowered waistcoat - Oil/canvas (74x61cm-29x24in) New-York 93 .... FF20 650 - £2 350 - **$3,500**

BUNEL Philippe 1941 [2]
Paris - Huile/toile (60x73cm-24x29in) L'Isle-Adam 91 .... FF4 500 - £463 - **$838**

BUNIN Narkiz Nikolaievich 1856-1912 [2]
Cavalry under the rain - Oil/canvas (44x64cm-17x25in) London 92 .... FF16 750 - £2 000 - **$3,220**

BUNING Johan 1893-1963 [8]
Lilies in a stone jar - Oil/canvas (66x80cm-26x31in) Amsterdam 90 .... FF5 730 - £580 - **$1,090**

BUNKE Franz 1857-1939 [9]
Feldlandschaft - Ol/Karton (24x26cm-9x10in) Rudolstadt-Thüringen 96 .... FF5 790 - £724 - **$1,124**

BUNKER Dennis Miller 1861-1890 [1]
Figure study - Charcoal/paper (46x56cm-18x22in) Boston, Mass. 94 .... FF13 530 - £1 604 - **$2,500**

BUNKER Joseph XIX [2]
🖼 *Young boy said to be G. Barfleet* - Oil/canvas (127x103cm-50x41in) London 90 .... FF27 100 - £2 808 - $4,763
BUNN George XIX-XX [3]
🖼 *Harbour scene* - Oil/board (50x76cm-20x30in) Mystic, Connecticut 91 .... FF3 960 - £402 - $715
BUNNER Andrew Fisher 1841-1897 [5]
🖼 *Venice* - Oil/canvas (38x76cm-15x30in) North Berwick, Maine 94 .... FF17 600 - £2 035 - $3,000
🖊 *The Lagon in Venice* - Watercolour/paper (20x38cm-8x15in) New-York 93 .... FF3 850 - £483 - $700
BUNNETT Henry Richard S. 1845-1910 [1]
🖼 *Harbour scene at sunset* - Oil/canvas (66x47cm-26x19in) Toronto 90 .... FF24 500 - £2 606 - $4,383
BUNNEY John Wharlton 1826-1882 [4]
🖼 *Porta, Palazzo Ducale, Venezia* - Oil/canvas (82x61cm-32x24in) New-York 97 .... FF42 662 - £4 591 - $7,500
🖊 *Venetian backwater canal* - Watercolour/paper (16x25cm-6x10in) New-York 94 .... FF2 923 - £336 - $500
BUNSAI Ioki 1863-1906 [1]
🖊 *Cloth-seller* - Watercolour/paper (66x98cm-26x39in) London 92 .... FF156 300 - £16 000 - $27,600
BUNTZEN Carl 1835-1901 [3]
🖼 *Opankret sejlskib ud for Kronborg* - Oil/canvas (30x48cm-12x19in) Köbenhavn 91 .... FF2 640 - £265 - $436
BUNTZEN Heinrich 1803-1901 [8]
🖼 *Collins hus på Strandvejen* - Oil/canvas (57x79cm-22x31in) Köbenhavn 92 .... FF8 750 - £1 046 - $1,683
BUÑUEL Luis 1900-1983 [1]
📷 *Un Chien Andalou* - Gelatin silver print (7x10cm-3x4in) New-York 89 .... FF33 200 - £3 303 - $5,245
BUNZ Werner 1926 [2]
🖊 *Buchstabe A* - Collage (35x26cm-14x10in) Hamburg 96 .... FF3 376 - £409 - $656
BUONO del Filippo XIX [2]
🖼 *Dall'alto, Pozzuoli* - Öl/Metall (50x40cm-20x16in) Milano 90 .... FF6 210 - £632 - $1,242
BUONO Leon Giuseppe 1888-1975 [12]
🖼 *Abruzzo* - Olio/cartone (50x40cm-20x16in) Roma 92 .... FF6 580 - £783 - $1,267
BURAGLIO Pierre 1939 [10]
🖼 *Sans titre* - Technique mixte (58x48cm-23x19in) Marseille 90 .... FF27 000 - £2 719 - $4,909
🖊 *Gauloise bleue, 1988* - Assemblage (90x60cm-35x24in) Avignon 89 .... FF28 000 - £2 950 - $4,714
🖊 *Munchiando* - Collage (61x50cm-24x20in) Paris 96 .... FF3 500 - £452 - $676
BURAT Fanny 1838-? [2]
🖊 *Guirlande de fleurs* - Aquarelle/vélin (78x63cm-31x25in) Paris 89 .... FF62 000 - £6 339 - $9,968
Rose et volubilis - Aquarelle/vélin (61x49cm-24x19in) Paris 89 .... FF150 000 - £15 806 - $25,253
BURATTI Armando 1924 [1]
🖼 *Natura morta sul balcone* - Acrilico/tela (80x120cm-31x47in) Milano 90 .... FF25 200 - £2 681 - $4,508
BURATTI Domenico 1881-1960 [1]
🖼 *Donne alla finestra* - Olio/tela (73x60cm-29x24in) Roma 94 .... FF2 784 - £328 - $496
BURBANK Elbridge Ayer 1858-1949 [4]
🖼 *Wagon trains* - Oil/canvas (33x43cm-13x17in) New-York 92 .... FF11 100 - £1 162 - $2,000
BURBANK William E. 1866-1922 [1]
🖼 *Beach at Gloucester* - Oil/canvas/board Cambridge, Mass. 89 .... FF3 400 - £348 - $547
BURBURE de Louis, vicomte 1837-1911 [3]
🖼 *Dordrecht* - Oil/canvas (42x77cm-17x30in) London 94 .... FF15 130 - £1 800 - $2,850
BURCH Henry Jacob 1763-? [2]
🖊 *Lady Mary Montagu* - Miniature (6cm-2in) London 92 .... FF6 350 - £650 - $1,118
BURCHARD Albrecht 1876-? [1]
🖼 *Russisches Dorf im Winter* - Öl/Leinwand (28x37cm-11x15in) Lindau 95 .... FF7 120 - £890 - $1,438
BURCHARTZ Max 1887-1962 [13]
🖼 *Selbstbildnis* - Lithographie (39x28cm-15x11in) Heidelberg 95 .... FF1 880 - £244 - $391
BURCHELL William F. XIX-XX [3]
🖼 *Above the bay, North Devon* - Oil/canvas (71x91cm-28x36in) London 92 .... FF3 130 - £320 - $613
BURCHELL William John 1781-1869 [3]
🖊 *Houses, Rio* - Watercolour/paper (30x48cm-12x19in) London 97 .... FF26 144 - £2 800 - $4,583
Snow Mountains - Watercolour (30x48cm-12x19in) London 97 .... FF94 073 - £10 000 - $16,209
BURCHFIELD Charles Ephraim 1893-1967 [74]
🖼 *Summer Benediction* - Lithograph (30x23cm-12x9in) Cleveland, Ohio 92 .... FF16 650 - £1 743 - $3,000
🖊 *The Clearing* - Watercolour/paper (33x40cm-13x16in) New-York 97 .... FF134 189 - £14 089 - $23,000
Autumn to Winter - Watercolour/paper (124x188cm-49x74in) New-York 95 .... FF974 000 - £124 400 - $200,000
BURCI Emilio ?-1879 [1]
🖼 *Grand Canal* - Oil/canvas (58x99cm-23x39in) London 95 .... FF28 960 - £3 500 - $5,340
BÜRCK Paul 1878-1947 [1]
🖼 *An der Ruhr I* - Öl/Leinwand (70x95cm-28x37in) Köln 93 .... FF6 780 - £810 - $1,305
BURCKHARDT Paul 1880-1961 [8]
🖼 *Sommeridylle* - Öl/Leinwand (49x65cm-19x26in) Zofingen 94 .... FF10 040 - £1 178 - $1,788
BURCKHARDT Rudy 1919 [1]
📷 *Flatiron Building* - Gelatin silver print (23x18cm-9x7in) New-York 96 .... FF7 830 - £906 - $1,500
BURDE Paul 1819-1874 [1]
🖼 *Homage to Kaiser Wilhelm I* - Oil/canvas (70x82cm-28x32in) Wien 96 .... FF187 600 - £22 740 - $36,500
BURDEN Chris 1946 [10]
🖼 *The Atomic Alphabet* - Etching (136x91cm-54x36in) New-York 94 .... FF15 770 - £1 876 - $3,000
🖊 *Who Pays for It?* - Drawing New-York 93 .... FF60 500 - £7 580 - $11,000
June/March - Mixed media drawing (76x91cm-30x36in) New-York 92 .... FF104 000 - £12 410 - $20,000

BURDEN Shirley XX [1]

Ellis Island/New York - Photograph (18x23cm-7x9in) New-York 95 .... FF2 257 - £285 - **$450**

BURDICK Horace Robbins 1844-1942 [5]

The Edge of the Wood - Oil/canvas (30x46cm-12x18in) North Berwick, Maine 94 .... FF2 580 - £299 - **$440**

BURDIN Amélie 1834-? [2]

Portrait de femme - Huile/toile (80x65cm-31x26in) Paris 92 .... FF22 000 - £2 252 - **$4,310**

BURDY Marguerite 1885-1973 [1]

Naïade - Pastel (43x58cm-17x23in) Paris 94 .... FF23 000 - £2 693 - **$4,055**

BUREAU Léon 1866-1906 [10]

Chien à l'arrêt - Bronze (55cm-22in) La Flèche 94 .... FF5 600 - £669 - **$1,050**

Lion rugissant - Bronze (57cm-22in) Biarritz 96 .... FF12 000 - £1 535 - **$2,380**

BUREAU Pierre 1827-1876 [2]

La Marne - Huile/papier (51x64cm-20x25in) La Varenne Saint-Hilaire 90 .... FF2 100 - £218 - **$369**

BUREL Henry Émile 1883-1967 [7]

Le grain qui vient - Huile/isorel (50x61cm-20x24in) Le Havre 93 .... FF2 600 - £314 - **$473**

BUREN Daniel 1938 [19]

Sans titre - Acrylique/papier (185x140cm-73x55in) Paris 97 .... FF20 000 - £2 166 - **$3,536**

Blanc et rose - Acrylic (155x130cm-61x51in) New-York 92 .... FF67 600 - £7 170 - **$13,000**

The Rotationg Square - Lithograph (120x120cm-47x47in) New-York 95 .... FF15 150 - £1 910 - **$3,000**

Blanc et noir - Installation (143x132cm-56x52in) New-York 93 .... FF60 500 - £7 580 - **$11,000**

BURFIELD James M. c.1840-c.1895 [5]

Memories - Oil/canvas (48x40cm-19x16in) London 94 .... FF18 740 - £2 200 - **$3,340**

BURG van den Dirck 1723-1773 [2]

River Lek with a brick yard - Ink (22x33cm-9x13in) Amsterdam 92 .... FF7 830 - £936 - **$1,508**

BURGARITZKY Josef 1836-1890 [18]

St. Wolfgang im Salzkammergut - Öl/Leinwand (79x63cm-31x25in) München 94 .... FF18 700 - £2 180 - **$3,280**

BURGDORFER Daniel David 1800-1861 [5]

Goat Girls - Watercolour (15x21cm-6x8in) London 96 .... FF2 312 - £300 - **$458**

BURGDORFF Ferdinand 1881-1975 [15]

California coast - Oil/board (36x36cm-14x14in) Mystic, Connecticut 96 .... FF4 660 - £584 - **$900**

Poppies & lupines - Oil/board (61x76cm-24x30in) San Francisco-Los Angeles 93 .... FF13 750 - £1 724 - **$2,500**

BURGEL Hugo 1853-1903 [1]

Holzbrücke über einen Fluß - Oil/board (32x45cm-13x18in) Nürnberg 92 .... FF6 800 - £696 - **$1,197**

BURGER Adolf 1833-1876 [2]

Junge Spreewälderin - Oil/panel (15x13cm-6x5in) Köln 91 .... FF85 500 - £8 770 - **$15,900**

BURGER Anton 1824-1905 [20]

Auf der Treibjagd - Öl/Leinwand Frankfurt 92 .... FF101 700 - £12 150 - **$19,560**

Hügelige Landschaft - Ink (16x26cm-6x10in) Frankfurt 95 .... FF19 270 - £2 442 - **$3,880**

BURGER Fritz 1867-1927 [6]

Stilleben mit Lilien - Öl/Leinwand (62x50cm-24x20in) Heidelberg 93 .... FF8 810 - £1 053 - **$1,696**

BURGER Josef 1887-1966 [33]

Mooslandschaft - Öl/Karton (60x80cm-24x31in) Heidelberg 95 .... FF5 220 - £677 - **$1,086**

Assorted flowers - Oil/canvas (80x65cm-31x26in) Stockholm 96 .... FF26 450 - £3 016 - **$5,060**

BURGER Leopold 1861-1903 [1]

Weidelandschaft im Frühling - Öl/Karton (15x30cm-6x12in) Lindau 93 .... FF3 050 - £375 - **$550**

BÜRGER Lothar 1866-1943 [4]

Vor dem Lusthaus - Öl/Leinwand (70x105cm-28x41in) Wien 93 .... FF26 450 - £3 160 - **$5,090**

BURGER Wilhelm Friedrich 1882-1964 [9]

Spätherbst Rüschlikon - Öl/Leinwand (32x46cm-13x18in) Bern 93 .... FF2 173 - £242 - **$369**

St. Moritz - Poster (72x97cm-28x38in) London 96 .... FF12 470 - £1 600 - **$2,460**

BURGER-MÜHLFELD Fritz 1882-1969 [2]

Ohne Titel - Oil/canvas (60x81cm-24x32in) Stuttgart 89 .... FF3 000 - £316 - **$505**

Abstrakte Komposition - Watercolour/paper (46x35cm-18x14in) Ahlden 92 .... FF4 760 - £488 - **$838**

BURGER-WILLING Willi Hans 1882-1969 [14]

Bei der Getreideernte - Öl/Leinwand (80x70cm-31x28in) Frankfurt 94 .... FF5 500 - £655 - **$1,035**

BÜRGERS Felix 1870-1934 [9]

Winterlandschaft - Öl/Leinwand (66x89cm-26x35in) München 94 .... FF16 380 - £1 936 - **$2,940**

BÜRGERS Hendricus Jacobus 1834-1899 [8]

Young girl reading - Oil/canvas (32x22cm-13x9in) New-York 89 .... FF97 200 - £9 672 - **$15,355**

Boarded by a pirate - Pencil (33x46cm-13x18in) London 92 .... FF1 954 - £200 - **$383**

BURGESS Arthur J. Wetherall 1879-1957 [22]

Dock scene, Twilight - Oil/canvas (59x71cm-23x28in) Billinghurst, West Sussex 92 .... FF15 240 - £1 546 - **$2,940**

Sunset and after glow - Pastel (26x36cm-10x14in) Billinghurst, West Sussex 93 .... FF2 324 - £280 - **$406**

Crossing the Irish Sea - Watercolour (37x55cm-15x22in) London 97 .... FF11 257 - £1 200 - **$1,965**

BURGESS Eliza Mary 1873-? [1]

Young girl in a green hat - Watercolour (33x25cm-13x10in) London 95 .... FF2 210 - £280 - **$445**

BURGESS Frederick XIX [2]

Afternoon, Venice - Watercolour (33x51cm-13x20in) London 93 .... FF3 735 - £450 - **$653**

BURGESS George H. 1831-1905 [2]

San Gregorio Hills, California
Oil/board (18x25cm-7x10in) San Francisco-Los Angeles 96 .... FF14 350 - £1 662 - **$2,750**

Aristocratic Californian couple

Watercolour/paper (71x61cm-28x24in) New Orleans, Louisiana 94 .... FF2 933 - £340 - **$500**

BURGESS J.T. XIX-XX [2]
🖼 Cattle & sheep in a landscape - Oil/canvas (55x80cm-22x31in) Retford, Nottinghamshire 92.... FF2 540 - £260 - **$448**
BURGESS James Howard 1817-1890 [2]
🖼 Fisherfolk on the North Irish Coast - Oil/canvas (49x69cm-19x27in) London 90 .... FF22 300 - £2 304 - **$3,940**
◇ Basalkt cliffs, Ireland - Watercolour (29x56cm-11x22in) London 92 .... FF6 330 - £650 - **$1,216**
BURGESS John 1815-1874 [1]
◇ Nürnberger Ansicht - Watercolour (54x38cm-21x15in) Bern 92 .... FF3 350 - £342 - **$590**
BURGESS John Bagnold 1830-1897 [24]
🖼 A Spanish Beauty - Oil/canvas (76x51cm-30x20in) London 96 .... FF12 030 - £1 500 - **$2,324**
A Neapolitan dancer - Oil/canvas (66x48cm-26x19in) London 94 .... FF58 100 - £6 800 - **$10,130**
BURGESS John Cart 1798-1863 [1]
◇ Studies of trees and of doorways - Pencil (25x35cm-10x14in) London 95 .... FF5 200 - £650 - **$1,050**
BURGESS OF DOVER William 1805-1861 [3]
◇ Farmers conversing at a market - Watercolour (15x22cm-6x9in) London 96 .... FF4 250 - £500 - **$834**
BURGESS Ruth Payne ?-1934 [2]
🖼 Floral arrangement - Oil/canvas Cambridge, Mass. 90 .... FF2 900 - £309 - **$519**
BURGESS William 1749-1812 [1]
◇ Tattershall Castle, near Boston - Watercolour (13x22cm-5x9in) London 93 .... FF13 170 - £1 500 - **$2,235**
BURGH van der Hendrick 1769-1858 [5]
🖼 A boy and horse in a stable - Oil/panel (33x40cm-13x16in) Amsterdam 94 .... FF11 650 - £1 387 - **$2,216**
BURGH van der Hendrick Adam 1798-1877 [4]
🖼 Der Zuchtbulle - Oil/panel (26x37cm-10x15in) Pforzheim 95 .... FF12 460 - £1 554 - **$2,517**
BURGH vander Pieter Daniel 1805-187 [3]
🖼 A dog performance - Oil/panel (32x24cm-13x9in) Amsterdam 94 .... FF26 060 - £3 100 - **$4,960**
BURGHARDT Hermann 1834-1901 [1]
🖼 Port d'Hambourg - Huile/toile (120x200cm-47x79in) Genève 89 .... FF109 200 - £11 507 - **$18,384**
BURGHARDT Paul 1898-? [2]
🖼 Hamburger Hafen mit Monte Rosa - Öl/Leinwand (60x80cm-24x31in) Hamburg 97 .... FF6 741 - £721 - **$1,175**
BURGHARDT Rezso 1884-1963 [2]
🖼 Reclining female nude - Oil/canvas (85x114cm-33x45in) London 95 .... FF22 100 - £2 800 - **$4,450**
BURGHAUSEROVA Zdenka 1894-? [1]
🖼 In Erinnerung an Rosa Luxenburg - Öl/Leinwand (62x51cm-24x20in) Wien 95 .... FF8 990 - £1 134 - **$1,793**
BURGI Jakob 1745-? [1]
◇ Landscape with a waterfall - Gouache (17x22cm-7x9in) New-York 92 .... FF34 900 - £3 590 - **$6,500**
BURGKAN Berthe ?-c.1936/38 [2]
🖼 Femme à l'ombrelle - Huile/panneau (27x37cm-11x15in) Liège 90 .... FF5 510 - £557 - **$1,048**
BURGMEIER Max 1881-1947 [10]
🖼 Mediterrane Landschaft - Öl/Leinwand (77x60cm-30x24in) Zofingen 92 .... FF7 610 - £910 - **$1,465**
Hallwilerseelandschaft - Oil/canvas (80x100cm-31x39in) Zofingen 91 .... FF17 820 - £1 809 - **$3,218**
◇ Piz Michèl und Tinzenhorn - Aquarell (29x35cm-11x14in) Zofingen 94 .... FF2 730 - £321 - **$487**
BURGUN Georges-Marcel XIX-XX [2]
🖼 Soir au Bas-Meudon - Huile/panneau (41x33cm-16x13in) Lindau 93 .... FF3 050 - £375 - **$550**
BURI Max Alfred 1868-1915 [8]
🖼 Berner Bauer mit Hut - Öl/Leinwand (33x24cm-13x9in) Zürich 97 .... FF51 323 - £5 456 - **$8,853**
BURI Samuel 1935 [37]
🖼 Herbstwasser - Acryl/Papier (69x80cm-27x31in) Zürich 94 .... FF29 900 - £3 520 - **$5,720**
Givry - Öl/Leinwand (130x162cm-51x64in) Luzern 95 .... FF123 400 - £15 400 - **$24,200**
◇ Baslerbuket - Aquarelle/papier (100x142cm-39x56in) Paris 92 .... FF11 500 - £1 373 - **$2,210**
BURIAN Zdenek 1905-1981 [1]
🖼 Mexikaner - Oil/canvas (34x30cm-13x12in) München 91 .... FF10 140 - £1 009 - **$1,744**
BURISI Giovanni Battista 1698-1757 [1]
◇ Fishermen and waterfalls - Gouache (34x21cm-13x8in) New-York 93 .... FF38 500 - £4 550 - **$7,000**
BURKE Augustus Nicolas 1838-1891 [3]
🖼 Sommerliche Landschaft mit Kühen - Öl/Leinwand (77x127cm-30x50in) Pforzheim 94.......... FF9 180 - £1 071 - **$1,610**
On the apple tree, Brittany - Oil/canvas (44x65cm-17x26in) London 95 .... FF123 700 - £14 000 - **$22,270**
BURKE Harold Arthur 1852-1942 [1]
🖼 Country girl - Oil/canvas (77x64cm-30x25in) London 94 .... FF11 240 - £1 300 - **$1,916**
BURKE Thomas 1749-1815 [2]
🗐 Cupid and Cephisa - Engraving (38x30cm-15x12in) London 96............................ FF2 834 - £360 - **$559**
BÜRKEL Heinrich 1802-1869 [62]
🖼 Rome with the Collosseum - Oil/canvas (43x61cm-17x24in) Stockholm 95 .... FF51 200 - £6 540 - **$10,450**
Schmiede mit Kohlenmeiler - Öl/Leinwand (31x44cm-12x17in) Berlin 95 .... FF178 000 - £22 150 - **$34,800**
Gebirgsdorf mit Brunnen - Aquarell (42x50cm-17x20in) London 93 .... FF515 000 - £62 000 - **$89,900**
BURKHALTER Jean 1895-1982 [51]
🖼 Paysage - Huile/toile (60x73cm-24x29in) Auxerre 90 .... FF11 000 - £1 170 - **$1,968**
◇ Mouvance polychrome - Aquarelle/papier (44x31cm-17x12in) Paris 89 .... FF2 500 - £256 - **$402**
BURKHARD Hans 1904-1994 [7]
🖼 Dance of Death - Oil/canvas (40x51cm-16x20in) San Francisco-Los Angeles 96 .... FF12 860 - £1 560 - **$2,500**
◇ Reclining nudes - Pastel/paper (44x59cm-17x23in) San Francisco-Los Angeles 95 .... FF8 800 - £1 140 - **$1,800**
BURKHARD Henri 1892-? [1]
🖼 Farm View Through Trees - Oil/panel (38x46cm-15x18in) St. Petersburg, Florida 94 .... FF3 425 - £400 - **$600**

BURKHARDT Emerson C. 1905-1969 [2]

🖼 *The Freight Yard* - Oil/canvas (83x71cm-33x28in) New-York 96.................................... FF14 540 - £1 852 - **$2,800**

BURKHARDT Ernst 1887-? [2]

🖼 *Winterliche Voralpenlandschaft* - Oil/canvas (60x101cm-24x40in) Bern 90 .... FF6 200 - £660 - **$1,109**

BURKHARDT Hans Gustav 1904-1994 [3]

✐ *Four female nudes* - Pastel/paper (48x51cm-19x24in) San Francisco-Los Angeles 94 .... FF9 260 - £1 208 - **$1,800**

BURKHARDT Hedwig 1863-1945 [2]

🖼 *Schweizer Seenlandschaft* - Öl/Leinwand (49x59cm-19x23in) Lindau 95................................ FF4 275 - £534 - **$863**

BÜRKNER Hugo 1818-1897 [2]

✐ *Die beliebte Leherin* - Aquarell (15x10cm-6x4in) München 95.................................... FF6 880 - £904 - **$1,380**

BURLANDO Leopoldo 1841-? [2]

🖼 *Ambrosian Library, Milano* - Oil/canvas (58x81cm-23x32in) Chicago 92 .... FF23 900 - £2 856 - **$4,600**

BURLE MARX Roberto 1909-1982 [2]

🖼 *Rio de Janeiro* - Oil/canvas (54x65cm-21x26in) New-York 95 .... FF48 500 - £6 050 - **$9,500**

BURLEIGH Averil Mary ?-1949 [6]

🖼 *St. Elisabeth of Hungary* - Tempera (48x58cm-19x23in) London 94 .... FF6 050 - £700 - **$1,032**

Rest by the way - Tempera/carton (40x43cm-16x17in) London 90........................... FF26 350 - £2 682 - **$5,270**

✐ *The Procession* - Watercolour (38x46cm-15x18in) London 95.............................. FF28 750 - £3 580 - **$5,780**

BURLEIGH Charles 1875-1956 [11]

🖼 *An Afternoon Read* - Oil/canvas (41x51cm-16x20in) London 94 .... FF22 150 - £2 600 - **$3,874**

Veronica - Oil/canvas (76x56cm-30x22in) London 90 .... FF406 800 - £42 025 - **$71,873**

BURLEIGH Sydney Richmond 1853-1931 [7]

🖼 *House in a landscape* - Oil/board (23x30cm-9x12in) Mystic, Connecticut 96 .... FF2 960 - £388 - **$600**

✐ *A Doorway in Old Charleston* - Pastel (15x23cm-6x9in) South Deerfield, Mass. 93............ FF3 300 - £414 - **$600**

BURLEIGH Veronica 1909 [3]

🖼 *An Intelligence Officer* - Oil/canvas (61x51cm-24x20in) London 94 .... FF2 394 - £239 - **$394**

BURLES Michèle 1948 [13]

🖼 *Sans titre* - Acrylique/papier (40x40cm-16x16in) Paris 96 .... FF2 000 - £260 - **$396**

BURLEY David William 1901-? [3]

🗀 *Frith Bros, Photographic Materials* - Poster (74x97cm-29x38in) London 91 .... FF3 470 - £352 - **$627**

BURLIN Harry Paul 1886-1969 [2]

🖼 *Houses in the hill* - Oil/canvas (64x77cm-25x30in) New-York 92 .... FF6 240 - £745 - **$1,200**

BURLINGAME Dennis Meigham 1901 [2]

🖼 *The carnival side shows* - Oil/canvas (61x66cm-24x26in) New-York 94 .... FF31 530 - £3 790 - **$6,000**

BURLISON Clément XIX [4]

🖼 *Cupid and Psyche* - Oil/canvas (60x50cm-24x20in) London 91........................... FF60 500 - £6 008 - **$10,505**

BURLJUK David 1882-1964 [138]

🖼 *Bourgeois riding in state* - Oil/canvas (129x174cm-51x69in) New-York 88 .... FF1 - £140 425 - **$250,000**

The tree-lined path - Oil/canvas (61x46cm-24x18in) New-York 94............................ FF4 570 - £533 - **$800**

A Tropical garden in Florida - Oil/canvas (93x57cm-37x22in) New-York 94 .... FF11 410 - £1 330 - **$2,000**

The Egg Robbers - Oil/canvas (104x92cm-41x36in) New-York 95.................... FF33 900 - £4 360 - **$7,000**

BURLJUK Vladimir D. 1886-1917 [1]

🖼 *Femme à la mandoline* - Huile/toile (84x69cm-33x27in) Paris 94 .... FF300 000 - £35 550 - **$55,400**

BURMAN Conny 1831-1812 [1]

✐ *Snötyngda granar med kråkor* - Akvarell (27x19cm-11x7in) Stockholm 97..................... FF1 677 - £187 - **$303**

BURMAN Satki 1935 [29]

🖼 *Soleil de minuit* - Huile/toile (65x54cm-26x21in) Paris 96 .... FF2 700 - £337 - **$522**

BURMANN Fritz 1892-1945 [7]

🖼 *Bettlerin mit Kind* - Öl/Leinwand (57x50cm-22x20in) Berlin 96.................... FF34 000 - £3 870 - **$6,500**

Mutter and Kind - Oil/panel (45x35cm-18x14in) London 90 .... FF67 800 - £7 026 - **$11,916**

BURMEISTER Paul 1847-? [7]

🖼 *Galantes Konzert* - Oil/panel (48x35cm-19x14in) Stuttgart 94 .... FF28 900 - £3 370 - **$5,070**

BURMESTER Ernst 1877-1917 [1]

🖼 *Stella Peltzer, sitzend* - Öl/Leinwand (149x99cm-59x39in) München 95 .... FF6 880 - £904 - **$1,380**

BURMESTER Georg 1864-1939 [13]

🖼 *Blühendes Lupinenfeld* - Öl/Leinwand (81x90cm-32x35in) Köln 97 .... FF25 346 - £2 664 - **$4,339**

Wuppertaler Schwebebahn - Oil/canvas (61x75cm-24x30in) Düsseldorf 91 ...... FF50 700 - £5 109 - **$8,798**

BURN Gerald Maurice 1862-? [3]

✐ *Three-Masted ship Flying Cloud* - Watercolour (33x51cm-13x20in) London 97 .... FF3 002 - £320 - **$524**

BURN Robert 1869-1941 [1]

🖼 *Newtown, isle of wight* - Oil/canvas (51x61cm-20x24in) London 90 .... FF12 600 - £1 349 - **$2,191**

BURN Rodney Joseph 1899-? [11]

🖼 *Déjeuner sur l'Herbe* - Oil/canvas (190x252cm-75x99in) London 96 .... FF3 460 - £450 - **$686**

BURNAND David Arnold 1888-1975 [4]

🖼 *Baigneuse* - Huile/toile (97x130cm-38x51in) Paris 91 .... FF8 500 - £852 - **$1,403**

BURNAND Eugène 1850-1921 [4]

✐ *Musiciens juifs tunisiens* - Fusain (23x37cm-9x15in) Paris 96.................... FF8 000 - £1 032 - **$1,567**

BURNAT-PROVINS Marguerite 1872-1950 [7]

✐ *Le diable de la vigne* - Crayons couleurs (23x21cm-9x8in) Genève 89 .... FF2 000 - £211 - **$337**

BURNE-JONES Edward Coley 1833-1898 [146]

🖼 *Music* - Oil/canvas (69x45cm-27x18in) London 97 .... FF4 - £450 000 - **$718,605**

Nativity - Oil/canvas (206x315cm-81x124in) London 89.................... FF6 - £693 200 - **$1 ,899,52e,+06**

Study for The golden stairs - Oil/canvas (71x38cm-28x15in) London 90...................... FF*581 100* - £60 031 - **$102,668**
King Cophetua - Gouache (72x36cm-28x14in) London 90........................ FF*2* - £220 114 - **$376,449**
A Study for Tristram and Yseult - Pencil (18x13cm-7x5in) London 96........................ FF*27 670* - £3 600 - **$5,480**
Chant d'amour - Pencil/paper (28x37cm-11x15in) London 97........................ FF*209 724* - £22 000 - **$35,988**
BURNE-JONES Philip 1861-1926   [4]
A young lady in an interior - Watercolour (36x27cm-14x11in) London 94...................... FF*6 300* - £750 - **$1,187**
BURNELL Benjamin 1769-1828   [1]
Arts - Coloured chalks (36x27cm-14x11in) London 96........................ FF*12 730* - £1 500 - **$2,500**
BURNET James M. 1788-1816   [2]
Cattle watering & goat - Oil/panel (49x60cm-19x24in) London 92........................ FF*10 740* - £1 100 - **$1,892**
BURNET John 1784-1868   [3]
East Cowes - Oil/panel (80x122cm-31x48in) New-York 95........................ FF*22 320* - £2 700 - **$4,200**
BURNET Simon Joseph 1884-1945   [2]
Place Sainte-Barbe, Liège - Huile/panneau (38x46cm-15x18in) Bruxelles 94........................ FF*3 650* - £439 - **$692**
BURNETT William Hickling c.1800-c.1870   [1]
Ponte Vecchio, Firenze - Oil/board (20x29cm-8x11in) London 92........................ FF*13 680* - £1 400 - **$2,414**
BURNETT-STUART Augustus 1850-1898   [2]
Jenin, Jordan, Bethany - Drawing (18x47cm-7x19in) London 90........................ FF*9 200* - £953 - **$1,617**
BURNIER Richard 1826-1884   [7]
Landskab - Oil/canvas (138x154cm-54x61in) København 91........................ FF*17 560* - £1 748 - **$3,020**
BURNITZ Karl Peter 1824-1886   [11]
Sommerliche Landschaft - Ol/Leinwand (55x74cm-22x29in) Frankfurt 95........................ FF*21 360* - £2 664 - **$4,314**
BURNS Colin XX   [11]
Near Ranworth - Oil/canvas (58x86cm-23x34in) Aylsham, Norfolk 95...................... FF*12 170* - £1 600 - **$2,444**
Pheasants at Thetford, Norfolk - Pencil (35x51cm-14x20in) London 92........................ FF*4 870* - £500 - **$935**
BURNS Mark 1985   [2]
Pancake Man - Fired earthenware, acrylic paint (41cm-16in) New-York 92........................ FF*18 200* - £1 932 - **$3,500**
BURNS Maurice K. XIX-XX   [2]
Ships in harbor - Oil/canvas (76x64cm-30x25in) Detroit, Michigan 94........................ FF*8 120* - £973 - **$1,500**
BURNS Milton J. 1853-1933   [4]
Raft under the oak - Oil/board (33x46cm-13x18in) Mystic, Connecticut 96........................ FF*4 200* - £550 - **$850**
BURNS Robert 1869-1941   [2]
Arabs going to market - Watercolour/paper (51x76cm-20x30in) New-York 93........................ FF*7 080* - £806 - **$1,200**
BURNSIDE Cameron 1887-1952   [1]
Marchands de dromadaire - Gouache (59x72cm-23x28in) Paris 93........................ FF*7 000* - £844 - **$1,273**
BURON Henri 1880-1969   [31]
Bretonnes dans la ruelle - Huile/panneau (27x21cm-11x8in) Brest 94........................ FF*2 400* - £284 - **$431**
Marché sur les quais - Huile/panneau (31x40cm-12x16in) Brest 94........................ FF*6 500* - £768 - **$1,200**
Bouquet de fleurs - Pastel (25x20cm-10x8in) Brest 93........................ FF*1 500* - £173 - **$258**
BURPEE William Partridge 1846-1940   [4]
Stream in Winter - Pastel/paper (17x22cm-7x9in) Cambridge, Mass. 90........................ FF*3 700* - £394 - **$662**
BURR Alexander Hohenlohe 1837-1899   [7]
C. E. Stuart, Battle of Culloden - Oil/canvas (84x127cm-33x50in) Glasgow 96........................ FF*44 100* - £5 500 - **$8,520**
BURR George Brainard 1876-1950   [4]
Portrait of Mrs. Burr - Oil/canvas (63x50cm-25x20in) New-York 91........................ FF*7 360* - £743 - **$1,300**
BURR George Elbert 1859-1939   [15]
Superstition Mountain, Arizona - Etching, aquatint (17x25cm-7x10in) New-York 96........................ FF*4 155* - £530 - **$800**
BURR John P. 1831-1893   [14]
The dancer - Oil/canvas (47x72cm-19x28in) London 93........................ FF*10 530* - £1 200 - **$1,790**
The letter - Watercolour (10x10cm-4x4in) London 92........................ FF*1 760* - £180 - **$311**
BURR Lee 1936   [2]
Komposition - Oil/canvas (122x152cm-48x60in) Vejle 94........................ FF*3 826* - £440 - **$655**
BURRA Edward 1905-1976   [42]
War in the sun - Watercolour (106x157cm-42x62in) London 92........................ FF*1* - £180 000 - **$309,600**
Seaman Ashore - Mixed media/paper (53x76cm-21x30in) London 97........................ FF*67 050* - £7 000 - **$11,472**
Slate Quarry, Snowdonia - Watercolour (76x135cm-30x53in) London 94........................ FF*267 000* - £32 000 - **$51,800**
BURRARD Charles 1793-1870   [2]
New Park - Watercolour (21x30cm-8x12in) Salisbury, Wiltshire 92........................ FF*1 675* - £200 - **$323**
BURRELL Alfred Ray 1877-1952   [2]
Near Monterey - Oil/canvas/board (41x46cm-16x18in) San Francisco-Los Angeles 93........................ FF*2 750* - £345 - **$500**
BURRET Léonce 1866-1915   [2]
Le Chat Noir - Encre Chine (28x22cm-11x9in) Paris 93........................ FF*4 800* - £552 - **$825**
BURRI Alberto 1915-1995   [71]
Tutto Bianco - Acrylic (200x190cm-79x75in) London 95........................ FF*1* - £170 000 - **$269,300**
Grande Sacco - Oil (150x250cm-59x98in) London 95........................ FF*5* - £730 000 - **$1**
Bianco e sacco - Mixed media/panel (5x7cm-2x3in) Milano 94........................ FF*56 800* - £6 800 - **$10,540**
Combustione Legno - Mixed media/canvas (100x70cm-39x28in) London 96........................ FF*479 000* - £60 000 - **$92,400**
Combustione - Plastique (24x18cm-9x7in) Paris 97........................ FF*38 000* - £4 176 - **$6,935**
Combustione - Assemblage (49x35cm-19x14in) Prato 97........................ FF*309 400* - £36 400 - **$54,600**
Composition - Collage (14x10cm-6x4in) Paris 96........................ FF*41 000* - £5 290 - **$7,910**
BURRI René 1933   [2]
Rio de Janeiro - Gelatin silver print (36x23cm-14x9in) London 94........................ FF*6 390* - £750 - **$1,120**

BURRILL Edward 1835-? [2]
🖌 Vue de Venise - Huile/toile (41x61cm-16x24in) Bruxelles 93....................................... FF4 940 - £591 - $1,010

BURRINGTON Arthur Alfred 1856-1925 [6]
🖌 Oriental market - Oil/canvas (43x56cm-17x22in) London 92.. FF12 700 - £1 300 - $2,240
🖌 An old lady takes snuff whilst - Watercolour (38x30cm-15x12in) Penzance, Cornwall 93 ...... FF4 005 - £450 - $671

BURROUGHES Dorothy Mary ?-1963 [1]
🖼 Book to Regents Park - Poster (102x61cm-40x24in) London 94..................................... FF5 510 - £650 - $981

BURROUGHS A. Leicester XIX-XX [4]
🖌 The Winning Hand - Oil/canvas (71x91cm-28x36in) London 97....................................... FF12 856 - £1 400 - $2,236

BURROUGHS Bryson 1869-1934 [1]
🖌 The Education of Orpheus - Oil/canvas (79x135cm-31x53in) New-York 95 .... FF42 700 - £5 340 - $8,500

BURROUGHS Edith Woodman 1871-1916 [1]
🗿 L'Arrière Pensée - Bronze (52cm-20in) New-York 92.. FF41 600 - £4 970 - $8,000

BURROUGHS-FOWLER Walter John 1860-1930 [1]
🖌 Sussex landscape - Wash (23x35cm-9x14in) Mont-Royal Quebec 89 .... FF2 000 - £193 - $303

BURROWS Robert 1810-1883 [1]
🖌 Suffolk landscape with figures - Oil/canvas (33x48cm-13x19in) Aylsham, Norfolk 93 .... FF11 620 - £1 400 - $2,170

BURSSENS Jan 1925 [18]
🖌 Corrida - Technique mixte (100x67cm-39x26in) Antwerpen 94....................................... FF3 000 - £348 - $517
Che Guevara - Huile/toile (150x180cm-59x71in) Lokeren 94 .... FF24 900 - £2 940 - $4,430

BURSTRÖM Curt 1920-1964 [2]
🖌 Funktion - Oil/canvas (82x92cm-32x36in) Stockholm 93.. FF2 115 - £240 - $358

BURT Albin Roberts 1784-1842 [3]
🖌 A Officer in scarlet coat - Miniature (7cm-3in) London 95.. FF2 483 - £320 - $505

BURT Charles Thomas 1823-1902 [14]
🖌 Rebhuhnjagd im Moor - Öl/Leinwand (50x76cm-20x30in) Lindau 94 .... FF7 500 - £896 - $1,413
Walking up - Oil/canvas (61x99cm-24x39in) London 91 .... FF23 800 - £2 398 - $4,130

BURTE Herrmann 1879-1960 [1]
🖌 Ansicht auf den Blauen - Aquarell (14x23cm-6x9in) Staufen 95.................................... FF2 630 - £338 - $531

BURTIN Marcel 1902 [6]
🖌 Composition, 1958 - Huile/toile (24x33cm-9x13in) Douai 90... FF3 000 - £302 - $545

BURTON Alice Mary 1893-? [4]
🖌 Roses in a Glass Vase - Oil/canvas (35x45cm-14x18in) London 97................................. FF6 126 - £650 - $1,056

BURTON Claire Eva XX [3]
🖌 The Final Furlong - Oil/canvas (51x64cm-20x25in) London 96.. FF11 880 - £1 400 - $2,334

BURTON Dennis Eugene N. 1933 [2]
🖌 Planning Conference - Oil/board (122x142cm-48x56in) Toronto 94 .... FF9 240 - £1 176 - $1,777
🖌 Two abstracts - Ink/paper (61x48cm-24x19in) Toronto 93 .... FF1 784 - £202 - $302

BURTON Frederick William 1816-1900 [2]
🖌 Groombridge Place - Oil/board (38x65cm-15x26in) Groombridge, Kent 92 .... FF6 450 - £750 - $1,317
🖌 Eve - Watercolour (53x37cm-21x15in) London 96 .... FF6 630 - £850 - $1,307

BURTON John Noble XIX [2]
🖌 Figure on a woodland lane - Oil/canvas (44x53cm-17x21in) Toronto 91 .... FF3 870 - £393 - $699
🖌 Castle Square, Lincoln - Watercolour (48x33cm-19x13in) Lincoln 92 .... FF3 510 - £360 - $674

BURTON May XIX-XX [2]
🖌 A Shire horse - Oil/canvas (51x69cm-20x27in) London 96... FF2 634 - £2 310 - $451

BURTON Nancy Jane ?-1972 [5]
🖌 Chihuahua & tabby cat
    Oil/canvas/board (33x43cm-13x17in) Hopetoun House, South Queensferry 91 ...... FF9 070 - £901 - $1,575
🖌 Young Rustics - Watercolour (25x30cm-10x12in) Glasgow 94 .... FF2 533 - £300 - $468

BURTON Ralph Wallace 1905-1984 [22]
🖌 Farm in Huntley, Ontario - Oil/panel (27x34cm-11x13in) Toronto 95 .... FF3 546 - £447 - $702

BURTON Richard Francis 1821-1890 [24]
🖌 Mombasah Island - Ink (12x17cm-5x7in) London 93.. FF14 100 - £1 700 - $2,465

BURTON Richmond 1960 [11]
🖌 Faceted space #3 - Oil/canvas (43x51cm-17x20in) New-York 92 .... FF31 200 - £3 310 - $6,000
🖌 Four Top - Watercolour/paper (78x57cm-31x22in) New-York 97 .... FF12 866 - £1 359 - $2,200

BURTON Samuel Chatwood 1881-? [1]
🖌 Loading the Dinghies - Watercolour (46x61cm-18x24in) Chicago 93 .... FF3 835 - £437 - $650

BURTON Scott 1939-1989 [10]
🗿 Two Concrete End Table - Sculpture (62x40cm-24x16in) New-York 97 .... FF92 915 - £9 774 - $16,000
Chairs - Sculpture (76x101x92cm-30x40x36in) New-York 92.. FF637 000 - £74 000 - $130,000

BURTON William Paton 1828-1883 [3]
🖌 Shepherd above Chalk Cliffs - Watercolour (35x51cm-14x20in) London 93 .... FF5 760 - £720 - $1,044

BURTON William Shakespeare 1824-1916 [1]
🖌 Afternoon Slumber - Watercolour (46x60cm-18x24in) London 96................................... FF5 010 - £650 - $982

BURTY-HAVILAND Franck 1879-1971 [4]
🖌 Cabeza, étude, Cerdagne - Huile/bois (46x38cm-18x15in) Paris 93............................... FF60 000 - £7 500 - $10,900

BURWELL Vernon 1916-1990 [1]
🗿 The Last Supper - Sculpture (81cm-32in) Litchfield, CT 92 .... FF7 280 - £870 - $1,400

BURWOOD George Vempley XIX-XX [2]
🖌 Sailing launch off the coast - Watercolour (36x56cm-14x22in) Aylsham, Norfolk 96 .... FF2 834 - £360 - $559

B

BURY Adrian 1893-? [1]
⬦ *London Apprentice, Isleworth* - Watercolour (37x53cm-15x21in) London 97 .... FF**2 241** - £240 - **$387**
BURY Pol 1922 [53]
⬛ *Composition* - Huile/toile (70x100cm-28x39in) Bruxelles 92 .... FF**43 200** - £4 420 - **$9,000**
⬛ *Plans Mobiles* - Oil/masonite (80x11x56cm-31x4x22in) London 93 .... FF**182 600** - £22 000 - **$31,900**
⬛ *Tiges baroques*
    Copper mounted/panel, with motor (68x21x50cm-27x8x20in) New-York 95 .... FF**20 540** - £2 520 - **$4,000**
    Septante-deux boules… - Relief (87x28x62cm-34x11x24in) New-York 92 .... FF**67 600** - £7 170 - **$13,000**
    Entité Érectile - Assemblage (101x40cm-40x16in) London 93 .... FF**174 300** - £21 000 - **$30,450**
BUSA Peter 1914 [2]
⬤ *Personnages* - Oil/canvas (132x97cm-52x38in) Mystic, Connecticut 95 .... FF**17 600** - £2 245 - **$3,600**
BUSATO Gualtiero 1941 [3]
⬚ *Rencontre prophétique* - Bronze (21x17cm-8x7in) Paris 97 .... FF**9 000** - £937 - **$1,533**
BUSATO-STRAUSS Mario 1902-1974 [1]
⬚ *Le pélican* - Bronze (13x15x7cm-5x6x3in) Paris 92 .... FF**6 000** - £716 - **$1,154**
BUSCAGLIONE Giuseppe 1868-1928 [12]
⬤ *Paesaggio con baite* - Olio/tela (32x45cm-13x18in) Torino 93 .... FF**9 150** - £1 033 - **$1,540**
BUSCH Peter 1861-1942 [9]
⬤ *Bokskogsinteriör med å* - Oil/canvas (106x130cm-42x51in) Malmö 96 .... FF**7 740** - £917 - **$1,510**
BUSCH van den Georges 1928 [4]
⬤ *Place des Lys à Saint-Tropez* - Huile/toile (65x54cm-26x21in) Montauban 92 .... FF**5 000** - £597 - **$962**
BUSCH Wilhelm 1832-1908 [28]
⬦ *Stilleben mit drei Krügen* - Öl/Karton (10x11cm-4x4in) München 95 .... FF**53 200** - £6 720 - **$10,660**
⬦ *Umtrunk im Schlachthaus* - Oil/panel (39x26cm-15x10in) Stuttgart 92 .... FF**237 000** - £27 550 - **$48,400**
⬦ *Almosenverteilung* - Pencil/paper (13x8cm-5x3in) Stuttgart 96 .... FF**16 920** - £1 960 - **$3,245**
BUSCHBAUM Karl Albrecht 1885-? [1]
⬤ *Am Dorfrand* - Öl/Leinwand (70x98cm-28x39in) Rudolstadt-Thüringen 96 .... FF**3 404** - £426 - **$661**
BUSCIOLANO Vincenzo 1851-? [3]
⬤ *The Duet* - Oil/canvas (38x53cm-15x21in) London 96 .... FF**11 920** - £1 400 - **$2,317**
BUSCIONI Umberto 1931 [2]
⬤ *Cravatta con cielo* - Smalto/tela (60x80cm-24x31in) Prato 90 .... FF**37 500** - £3 874 - **$6,625**
BUSEK Konstantin 1861-1938 [1]
⬚ *Heiliger Wenzel* - Relief (43x54cm-17x21in) München 91 .... FF**3 380** - £336 - **$581**
BUSFIELD OF UPWOOD William 1773-1851 [2]
⬤ *Yorkshire topography* - Album: 58 drawings, watercolours Leeds 92 .... FF**28 330** - £2 900 - **$4,990**
BUSH Harry 1883-1957 [12]
⬤ *Wind in the orchard* - Oil/board (61x61cm-24x24in) London 95 .... FF**8 630** - £1 100 - **$1,740**
⬦ *Onions, rose, sprig of holly (4)* - Pencil (31x22cm-12x9in) London 93 .... FF**1 780** - £200 - **$298**
BUSH Jack Hamilton 1909-1977 [23]
⬤ *Contact* - Synthetic polymer silkscreened/canvas (60x94cm-24x37in) New-York 97 .... FF**21 762** - £2 289 - **$3,749**
⬤ *Blue slant, 1967* - Acrylic/canvas (146x387cm-57x152in) New-York 90 .... FF**343 200** - £35 565 - **$60,316**
⬜ *Jete en l'air* - Serigraph in colors (76x102cm-30x40in) Toronto 96 .... FF**2 520** - £288 - **$483**
BUSH Norton 1834-1894 [10]
⬤ *Lone Boater, Tropical River*
    Oil/canvas (41x61cm-16x24in) San Francisco-Los Angeles 95 .... FF**24 900** - £3 275 - **$5,000**
    Popocatépetl desde Cholula - Oil/canvas (76x127cm-30x50in) New-York 94 .... FF**239 000** - £28 400 - **$45,000**
BUSH-BROWN Marjorie Conant 1885-? [1]
⬤ *Artist/Harbour* - Oil/board (25x35cm-10x14in) Mystic, Connecticut 91 .... FF**5 390** - £537 - **$927**
BUSHE Letitia c.1710-c.1760 [2]
⬦ *From the Garden/... the Well House* - Ink (19x28cm-7x11in) London 92 .... FF**6 700** - £800 - **$1,290**
BUSHE Robbie XX [3]
⬤ *The washroom* - Oil/board (122x92cm-48x36in) London 92 .... FF**5 080** - £520 - **$895**
BUSHMILLER Ernie, Ernest 1905-1982 [3]
⬦ *Nancy* - Ink (43x59cm-17x23in) New-York 96 .... FF**6 730** - £870 - **$1,300**
BUSI Luigi 1838-1884 [1]
⬤ *Das Gespräch* - Oil/canvas (79x61cm-31x24in) Wien 92 .... FF**28 900** - £2 895 - **$5,550**
BUSIRI Giovan Battista 1698-1757 [32]
⬤ *Italianate landscape* - Oil/canvas (48x64cm-19x25in) London 93 .... FF**166 000** - £20 000 - **$29,000**
⬦ *Campo Vaccino, Rome* - Gouache (23x33cm-9x13in) London 93 .... FF**44 800** - £5 100 - **$7,600**
BUSNEL Robert Henri 1881-1957 [1]
⬚ *La Dentellière* - Bronze (40cm-16in) Doullens 92 .... FF**20 000** - £2 047 - **$3,520**
BUSOM Simo 1927 [2]
⬤ *Plaza real con palmeras* - Oleo/lienzo (65x65cm-26x26in) Madrid 97 .... FF**6 000** - £675 - **$1,080**
BUSQUETS ODENA Josep 1914 [1]
⬚ *Desnudo femenino* - Marbre (120cm-47in) Madrid 93 .... FF**19 760** - £2 276 - **$3,390**
BUSS Robert William 1804-1875 [3]
⬤ *Soliciting a Vote* - Oil/canvas (62x73cm-24x29in) London 97 .... FF**15 611** - £1 700 - **$2,715**
    Marriage contract - Oil/canvas (101x127cm-40x50in) London 96 .... FF**30 300** - £3 800 - **$5,900**
BUSS Valdis 1924 [7]
⬤ *Fleurs rouges* - Huile/panneau (35x50cm-14x20in) Paris 90 .... FF**2 000** - £201 - **$364**
BUSSARD Georges Henri ?-1912 [1]
⬤ *Rosenstilleben* - Öl/Leinwand (55x35cm-22x14in) Lindau 93 .... FF**15 260** - £1 823 - **$2,935**

BUSSCHE van den Emmanuel 1837-1903 [11]

🖝 Bulgare - Huile/panneau (32x21cm-13x8in) Bern 95 .... FF8 630 - £1 080 - $1,744
Laissez passer l'Empereur ! - Oil/canvas (90x129cm-35x51in) New-York 93 .... FF94 400 - £10 730 - $16,000

BUSSCHE van den Fernand 1892-1975 [1]

🖝 Fleurs jaunes au vase bleu - Huile/isorel (90x45cm-35x18in) Arles 96 .... FF4 200 - £533 - $806

BUSSCHE van den Jacques 1925 [4]

🖝 Des êtres nus - Huile/toile (96x146cm-38x57in) Paris 95 .... FF20 000 - £2 417 - $3,760

BUSSCHE von dem Wolf XX [2]

📷 Homage to Kertész - Gelatin silver print San Francisco-Los Angeles 93 .... FF5 900 - £673 - $1,000

BUSSCHERE de Constant 1876-1951 [11]

🖝 Chevaux dans la neige - Huile (80x100cm-31x39in) Bruxelles 95 .... FF7 060 - £854 - $1,330

BUSSE Georg Heinrich 1810-1868 [4]

🖝 Die Quelle - Oil/panel (55x70cm-22x28in) Düsseldorf 96 .... FF20 670 - £2 676 - $4,134

BUSSE Hans 1867-1914 [3]

🖝 Moonlit coastal path - Oil/canvas (132x96cm-52x38in) London 90 .... FF6 550 - £663 - $1,246
Durch Erdbeben Kirche auf Ischia - Oil/canvas (86x130cm-34x51in) Ahlden 91 .... FF23 660 - £2 401 - $4,273

BUSSE Hermann 1883-1970 [3]

🖝 In den Feldern - Oil/canvas (62x81cm-24x32in) Heilbronn 91 .... FF14 870 - £1 498 - $2,580

BUSSE Jacques 1922 [12]

🖝 Composition - Huile/toile (292x73cm-115x29in) Douai 96 .... FF7 500 - £964 - $1,482

BUSSEC Nora XX [6]

🖝 Attirance - Huile/panneau (67x55cm-26x22in) Verrières-Le-Buisson 91 .... FF5 500 - £551 - $908

BUSSET Maurice 1879-1936 [7]

🖝 La Vallée de Chaudefour - Huile/toile (66x99cm-26x39in) Clermont-Ferrand 95 .... FF6 000 - £747 - $1,170
🖼 Grand meeting d'aviation, Aulnat - Affiche (147x80cm-58x31in) Neuilly 96 .... FF3 300 - £427 - $648

BUSSEY Reuben 1818-1893 [1]

🖝 A Chorus of dog - Oil/canvas (36cm-14in) London 94 .... FF13 400 - £1 600 - $2,525

BUSSI Renato 1926 [3]

🖝 Plaza de San Andrés, Paris - Oleo/lienzo (51x74cm-20x29in) Madrid 92 .... FF5 320 - £635 - $1,023

BUSSIERE Alain 1941 [2]

🖝 Corrèze - Huile/toile (89x46cm-35x18in) Paris 91 .... FF3 000 - £298 - $521

BUSSIERE Ernest ?-1937 [1]

🗿 Bluette - Bronze (31x18x26cm-12x7x10in) Orléans 95 .... FF2 700 - £345 - $544

BUSSIERE Gaston 1862-1929 [6]

🖝 A reclinig nude, 1926 - Oil/canvas (58x71cm-23x28in) London 89 .... FF111 400 - £11 085 - $17,599

BUSSOLINO Vittorio 1853-1922 [1]

🖝 Paesaggio fliviale a Savigliano - Olio/tavola (20x33cm-8x13in) Roma 95 .... FF3 564 - £456 - $732

BUSSON Charles 1822-1908 [3]

🖝 Troupeau s'abreuvant - Huile/toile (115x145cm-45x57in) Neuilly 97 .... FF15 000 - £1 652 - $2,633

BUSSON DU MAURIER Georges L. Palmella 1834-1896 [4]

✏ A musician commenting on the skills of their hostess
Ink/paper (25x34cm-10x13in) London 96 .... FF2 725 - £320 - $536

BUSSON Georges Louis Ch. 1859-1933 [32]

🖝 Le vol de l'Est - Huile/panneau (31x42cm-12x17in) Soissons 95 .... FF10 000 - £1 297 - $2,050
Le passage du gué - Oil/canvas (131x163cm-52x64in) New-York 97 .... FF121 386 - £12 940 - $21,000
✏ L'attelage - Aquarelle (54x78cm-21x31in) Paris 97 .... FF8 600 - £945 - $1,570

BUSSON Marcel 1913 [15]

🖝 Lever du jour, Tinerhir, Maroc - Huile/toile (65x81cm-26x32in) Paris 94 .... FF9 000 - £1 066 - $1,663
Kasbah, Toundout, Maroc - Huile/toile (73x100cm-29x39in) Paris 95 .... FF23 000 - £3 023 - $4,620

BUSSON Sophie [2]

🖝 Thérèse et Isabelle - Huile/toile (16x24cm-6x9in) Quimper 97 .... FF3 100 - £332 - $543

BUSSY Marcel XX [7]

🖝 Stratification - Technique mixte/panneau (92x73cm-36x29in) Les Andelys 90 .... FF9 200 - £941 - $1,816

BUSSY Simon A. 1869-1954 [7]

🖝 Toucan - Oil/canvas/board (27x22cm-11x9in) London 96 .... FF20 120 - £2 600 - $3,970
✏ Royal Starling - Coloured chalks/paper (38x29cm-15x11in) Billinghurst, West Sussex 95 ...... FF5 010 - £600 - $954

BUSTAMANTE ALVARADO Abelardo 1898-1982 [3]

🖝 Paisaje rural - Oleo/tabla (46x55cm-18x22in) Madrid 97 .... FF5 572 - £602 - $966

BUSTAMANTE Sergio 1942 [2]

🖝 Reino animal - Oleo/tabla (107x84cm-42x33in) México 92 .... FF25 200 - £2 590 - $4,520

BUTENSKY Jules Leon 1871-? [1]

🗿 Exile - Bronze (33cm-13in) New-York 94 .... FF6 850 - £799 - $1,200

BÜTER Bernhard 1883-1959 [4]

🖝 In der Tischlerwerkstatt - Öl/Leinwand (100x76cm-39x30in) Köln 93 .... FF4 410 - £527 - $848

BUTHAUD René 1886-1986 [60]

🖝 Nymphe au repos - Huile/toile (46x55cm-18x22in) Aubagne 96 .... FF11 500 - £1 355 - $2,260
🖝 Femme à la guirlande - Huile/carton (67x50cm-26x20in) Paris 94 .... FF53 000 - £6 300 - $9,780
🗿 Femme drapée - Terracotta (46cm-18in) Paris 97 .... FF8 000 - £869 - $1,418
Vase decorated - Sculpture (21cm-8in) New-York 90 .... FF34 300 - £3 672 - $5,965
✏ Projet: C.I.V.B. - Aquarelle, gouache (54x39cm-21x15in) Bordeaux 97 .... FF10 000 - £1 056 - $1,728
Venus riding on a dolphin - Pencil/paper (39x61cm-15x24in) New-York 91 .... FF42 450 - £4 308 - $7,667

BÜTHE Michael 1944 [33]
- *Ohne Titel* - Mixed media/canvas (39x25cm-15x10in) Köln 96 .... FF**8 150** - £930 - **$1,560**
- *Mythologische Szene* - Mixed media/canvas (128x160cm-50x63in) Bremen 91 .... FF**63 000** - £6 257 - **$10,939**
- *Amore bella Spiriti* - Mixed media/paper (70x100cm-28x39in) München 95 .... FF**12 340** - £1 575 - **$2,530**

BUTIN Ulysse 1837-1883 [6]
- *Inquiétude* - Huile/toile (47x71cm-20x28in) Le Havre 92 .... FF**10 100** - £1 205 - **$1,942**
- *Le garçonnet* - Crayon/papier (41x13cm-16x7in) Paris 96 .... FF**3 300** - £398 - **$633**

BUTLER Alice XIX-XX [2]
- *Venice* - Oil/panel (24x40cm-9x16in) Retford, Nottinghamshire 91 .... FF**4 960** - £498 - **$858**

BÜTLER Anton 1819-1874 [2]
- *Erntedankfest* - Oil/canvas/panel (109x158cm-43x62in) Luzern 92 .... FF**29 760** - £3 040 - **$5,240**

BUTLER Charles Ernest 1864-? [16]
- *A Coastal Scene* - Oil/board (23x30cm-9x12in) London 97 .... FF**4 424** - £480 - **$783**
- *King Arthur* - Oil/canvas (127x76cm-50x30in) New-York 94 .... FF**265 600** - £31 700 - **$50,000**

BUTLER Elizabeth Southerb. 1846-1933 [4]
- *Royal Horse artillery* - Watercolour/paper (22x33cm-9x13in) London 90 .... FF**6 800** - £728 - **$1,183**

BUTLER Fray Guillermo 1880-1961 [2]
- *Paisaje* - Oil/panel (54x63cm-21x25in) New-York 95 .... FF**30 600** - £3 820 - **$6,000**

BUTLER George Edmund 1872-1936 [4]
- *Young Riders* - Oil/canvas (91x150cm-36x59in) New-York 97 .... FF**48 351** - £5 203 - **$8,500**

BUTLER Howard Russel 1856-1937 [17]
- *Cliffs on the Coast*
  Oil/canvas/board (36x51cm-14x20in) San Francisco-Los Angeles 93 .... FF**12 370** - £1 552 - **$2,250**
- *Zion Canyon, Utah* - Oil/canvas (106x132cm-42x52in) New-York 93 .... FF**77 000** - £9 650 - **$14,000**
- *Western Landscape* - Pastel (15x23cm-6x9in) North Berwick, Maine 94 .... FF**1 577** - £190 - **$300**

BUTLER James 1893-1976 [6]
- *The weeping ballerina* - Bronze (31cm-12in) London 91 .... FF**17 780** - £1 783 - **$3,257**

BUTLER James 1931 [4]
- *The little dancer* - Bronze (36cm-14in) London 92 .... FF**13 680** - £1 400 - **$2,410**
- *The Bather* - Bronze (178cm-70in) London 97 .... FF**67 050** - £7 000 - **$11,472**

BÜTLER Joseph Niklaus 1822-1885 [11]
- *River landscape* - Oil/canvas (89x140cm-35x55in) Philadelphia 92 .... FF**34 300** - £3 980 - **$7,000**

BUTLER Mary 1865-1946 [11]
- *Mountain landscape* - Oil/canvas (51x71cm-20x28in) Philadelphia 92 .... FF**2 940** - £342 - **$600**

BUTLER Mildred Anne 1858-1941 [30]
- *Peacocks at Kilmurry* - Watercolour (13x13cm-5x7in) London 97 .... FF**17 355** - £1 850 - **$3,042**
- *Poppies at Kilmurry* - Wash (24x34cm-9x13in) London 89 .... FF**98 800** - £10 102 - **$15,884**

BUTLER Phillip A. XIX-XX [2]
- *Commercial Wharf, Nantucket* - Oil/canvas (36x61cm-14x24in) Portland, Maine 93 .... FF**4 720** - £537 - **$800**

BUTLER Reg, Reginald 1913-1981 [38]
- *Girl* - Bronze (38cm-15in) New-York 94 .... FF**40 900** - £4 700 - **$7,000**
- *The Bride* - Bronze (235cm-93in) New-York 95 .... FF**244 600** - £31 640 - **$50,000**
- *Crazy Horse* - Pencil (58x43cm-23x17in) London 97 .... FF**8 475** - £900 - **$1,476**

BUTLER Theodore Earl 1860-1936 [9]
- *Village à flanc de colline* - Huile/toile (60x74cm-24x29in) Paris 95 .... FF**47 000** - £6 150 - **$9,410**
- *Statue of Liberty in the mist* - Oil/canvas (101x77cm-40x30in) New-York 97 .... FF**437 828** - £46 057 - **$75,000**

BUTMAN Frederick A. 1820-1871 [3]
- *Children* - Oil/canvas (30x51cm-12x20in) San Francisco-Los Angeles 92 .... FF**26 950** - £3 130 - **$5,500**

BÜTSCHI Albert 1888-? [2]
- *Liegender Frauenakt* - Oil/panel (58x77cm-23x30in) Bern 93 .... FF**4 950** - £591 - **$952**

BUTT Alfred XIX-XX [4]
- *Farm in a landscape* - Watercolour (38x55cm-15x22in) London 92 .... FF**1 564** - £160 - **$275**

BUTT Johan Acton XIX [2]
- *The Avon at Nafford* - Oil/canvas (61x92cm-24x36in) London 93 .... FF**18 260** - £2 200 - **$3,190**

BUTTAR Edward James 1873-? [2]
- *Wooded landscape with figures* - Oil/canvas (41x60cm-16x24in) London 96 .... FF**3 540** - £450 - **$700**

BUTTER Tom 1952 [4]
- *TCB* - Sculpture (256cm-101in) New-York 91 .... FF**7 970** - £805 - **$1,582**

BUTTERFIELD Deborah 1949 [9]
- *Felted Stick Horse #2* - Wood (74cm-29in) New-York 96 .... FF**191 000** - £22 500 - **$37,500**

BUTTERFIELD Francis 1905-? [1]
- *Abstract composition* - Oil/board (57x43cm-22x17in) London 93 .... FF**5 520** - £620 - **$924**

BUTTERI Achille XIX-XX [4]
- *Cycles Liberator* - Poster (140x107cm-55x42in) London 95 .... FF**9 720** - £1 100 - **$1,750**

BUTTERI Giovanni Maria c.1540-1606 [1]
- *Madonna and Child* - Oil/panel (70x54cm-28x21in) New-York 90 .... FF**108 700** - £11 713 - **$19,171**

BUTTERSACK Bernhard 1858-1925 [28]
- *Dachauer Landschaft* - Öl/Leinwand (23x29cm-9x11in) Stuttgart 95 .... FF**12 060** - £1 560 - **$2,454**
- *Weite Wiesenlandschaft* - Öl/Leinwand (75x62cm-30x24in) Stuttgart 95 .... FF**28 900** - £3 370 - **$5,070**

BUTTERSWORTH James Edward 1817-1894 [49]
- *The Approaching Storm* - Oil/board (23x31cm-9x12in) New-York 95 .... FF**61 400** - £7 760 - **$12,000**
- *Staten Island* - Oil/canvas/board (30x45cm-12x18in) New-York 97 .... FF**151 692** - £15 927 - **$26,000**
- *Ships off Castle Garden* - Oil/canvas (30x63cm-12x25in) New-York 97 .... FF**306 301** - £32 161 - **$52,500**

BUTTERSWORTH Thomas 1768-1842 [74]
🐦 *Yachting* - Oil/panel (19x25cm-7x10in) New-York 97 .... FF**14 237** - £*1 539* - **$2,500**
The Armed Storeship Britannia - Oil/canvas (76x107cm-30x42in) London 94 .... FF**37 560** - £*4 500* - **$6,940**
Boats boarding - Oil/canvas (37x52cm-15x20in) Thetford, Norfolk 92 .... FF**142 400** - £*17 000* - **$27,400**

BUTTERWORTH Ninetta 1922 [3]
🐦 *The water jump* - Oil/canvas (40x60cm-16x24in) Newmarket Tattersal 90 .... FF**12 600** - £*1 340* - **$2,254**

BÜTTLER Joseph Nikolaus 1822-1885 [1]
🐦 *Winterliche Küstenansicht* - Oil/canvas (54x79cm-21x31in) Frankfurt 91 .... FF**13 180** - £*1 322* - **$2,176**

BÜTTNER Erich 1889-1936 [3]
🐦 *Ausschächten eines J Raumes* - Öl/Leinwand (68x91cm-27x36in) Wien 96 .... FF**13 640** - £*1 770* - **$2,700**

BUTTNER Georg Heinrich 1799-1879 [3]
🐦 *After the hunt* - Oil/panel (16x25cm-6x10in) New-York 95 .... FF**25 550** - £*3 183* - **$5,000**

BUTTNER Hans c.1850-? [3]
🐦 *The Temptation in the park* - Oil/canvas/panel (73x61cm-29x24in) New-York 90 .... FF**22 900** - £*2 408* - **$3,983**

BÜTTNER Werner 1954 [4]
🐦 *Kaisersnitt Bongo* - Oil/canvas (190x150cm-75x59in) Amsterdam 94 .... FF**21 440** - £*2 540* - **$3,960**

BUTTON Albert Prentice 1872-1934 [9]
🐦 *Donkey Boy* - Oil/canvas (20x30cm-8x12in) Cambridge, Mass. 90 .... FF**7 400** - £*787* - **$1,324**
✎ *Windmill* - Pastel (51x41cm-20x16in) North Berwick, Maine 92 .... FF**2 700** - £*276* - **$475**

BUTTURA Ernest Antoine Eug. 1841-1920 [9]
🐦 *Jardin en Orient* - Huile/toile Paris 92 .... FF**24 000** - £*2 468* - **$4,256**

BUTTURA Eugène Ferdinand 1812-1852 [10]
🐦 *Chemin dans les bois* - Huile/toile (25x35cm-10x14in) Paris 92 .... FF**10 500** - £*1 080* - **$1,862**
Ulysse et Nausicaa - Huile/toile (112x145cm-44x57in) Paris 93 .... FF**58 000** - £*7 250* - **$10,540**
✎ *Rivière à Cetesa* - Encre (24x45cm-9x18in) Paris 92 .... FF**16 000** - £*1 645* - **$2,837**

BUXTON Amy L. XIX-XX [1]
🐦 *Dutch farm workers* - Oil/canvas (56x76cm-22x30in) Aylsham, Norfolk 96 .... FF**5 460** - £*700* - **$1,076**

BUXTON Robert Hugh 1871-? [2]
✎ *Taking a ditch/Going...* - Watercolour (30x44cm-12x17in) London 92 .... FF**37 100** - £*3 800* - **$6,550**

BUYLE Robert 1895-1976 [9]
🐦 *Gestrande sloep* - Huile/toile (85x92cm-33x36in) Lokeren 95 .... FF**12 000** - £*1 496* - **$2,422**

BUYS Bob 1912-1970 [8]
🐦 *Camaret* - Oil/canvas (35x45cm-14x18in) Amsterdam 92 .... FF**2 430** - £*249* - **$467**
✎ *Bergmeer* - Gouache/paper (36x54cm-14x21in) Amsterdam 96 .... FF**6 010** - £*690* - **$1,148**

BUYS Cornelis 1745-1826 [1]
🐦 *Jacob and Rachel at the well* - Oil/panel (66x110cm-26x43in) London 92 .... FF**175 300** - £*18 000* - **$33,660**

BUYS Cornelis Bernardus 1808-1872 [1]
🐦 *Students in a pub* - Oil/canvas (33x42cm-13x17in) Amsterdam 92 .... FF**15 170** - £*1 558* - **$2,920**

BUYS Jacob 1724-1801 [10]
✎ *Allegorie der fünf Sine in Wiedergaben* - Aquarell (22x19cm-9x7in) Stuttgart 96 .. FF**44 000** - £*5 100* - **$8,430**

BUYSSE Georges 1864-1916 [10]
🐦 *Chapelle de Bordighera* - Huile/toile (30x39cm-12x15in) Antwerpen 96 .... FF**6 560** - £*795* - **$1,275**
Canal en Flandre - Huile/toile (55x74cm-22x29in) Bruxelles 95 .... FF**87 400** - £*11 300* - **$17,860**
✎ *Les oliviers* - Pastel (25x32cm-10x13in) Bruxelles 95 .... FF**6 720** - £*870* - **$1,375**

BUZEN Osada 1734-1806 [1]
✎ *Kakemono of a snowy landscape* - Ink (98x45cm-39x18in) London 92 .... FF**14 960** - £*1 500* - **$2,469**

BUZON de Frédéric Marius 1879-1958 [16]
🐦 *Halte d'une famille en Kabylie* - Huile/toile (65x100cm-26x39in) Paris 90 .... FF**15 000** - £*1 616* - **$2,646**
Algériennes, baie d'Alger - Huile/toile (131x16cm-52x6in) Paris 90 .... FF**180 000** - £*19 397* - **$31,746**

BUZZATI Dino 1906-1972 [1]
🐦 *Bambina che vede un elefante* - Olio/tela (50x50cm-20x20in) Prato 93 .... FF**30 630** - £*3 500* - **$5,210**

BUZZI Achille XIX-XX [5]
✎ *Interested* - Watercolour (41x28cm-16x11in) Birmingham 92 .... FF**3 910** - £*400* - **$690**

BUZZI Daniele, Dan 1890-1974 [6]
▱ *The Electric St. Gothard Line* - Poster (102x64cm-40x25in) London 94 .... FF**3 164** - £*380* - **$602**

BYARS James Lee 1932 [5]
⚱ *Is* - Gilded marble sphere (61cm-24in) New-York 94 .... FF**57 800** - £*6 880* - **$11,000**
✎ *Sans Titre* - Feutre/papier (25x59cm-10x23in) Paris 94 .... FF**10 000** - £*1 200* - **$1,940**

BYATT Edwin 1888-1948 [2]
🐦 *Farmstead* - Oil/canvas (69x90cm-27x35in) Billinghurst, West Sussex 92 .... FF**12 820** - £*1 300* - **$2,470**
✎ *Still Life with Appel Blossom* - Watercolour (58x47cm-23x19in) London 97 .... FF**2 828** - £*300* - **$487**

BYGRAVE William XIX [3]
🐦 *Schooner Viola, Gibraltar* - Oil/canvas (56x86cm-22x34in) Philadelphia 93 .... FF**45 100** - £*5 330* - **$8,200**

BYK Suse XIX-XX [1]
▨ *Albert Einstein* - Platinum print (13x10cm-5x4in) New-York 93 .... FF**41 250** - £*5 170* - **$7,500**

BYLAND Max 1905-1983 [1]
✎ *Flusslandschaft* - Aquarell (34x40cm-13x16in) Zofingen 93 .... FF**1 584** - £*180* - **$269**

BYLANDT de Alfred Ed. Agenor 1829-1890 [11]
🐦 *The manure cart* - Oil/canvas (70x91cm-28x36in) Billinghurst, West Sussex 94 .. FF**14 050** - £*1 700* - **$2,593**
Rio dei Santi Apostoli, Venezia - Oil/canvas (77x119cm-30x47in) Amsterdam 95 ..... FF**82 600** - £*10 320* - **$16,700**

BYLES William Hounsom 1872-? [6]
🐦 *Full cry* - Oil/canvas (20x30cm-8x12in) Penzance, Cornwall 93 .... FF**6 470** - £*780* - **$1,131**

Away from the tape - Oil/canvas (50x76cm-20x30in) New-York 92 .... **FF30 500** - *£3 196* - **$5,500**
🖉 *The Grand National 1927* - Watercolour (28x46cm-11x18in) London 96 .... **FF32 260** - *£3 800* - **$6,330**
BYNG Robert 1666-1720 [4]
🐦 *Young boy in a red satin coat* - Oil/canvas (124x98cm-49x39in) London 93 .... **FF74 700** - *£9 000* - **$13,050**
BYRES James 1734-1817 [1]
🖉 *For rebuilding Charleville Castle* - Ink (19x61cm-7x24in) London 90 .... **FF9 700** - *£1 045* - **$1,711**
BYRNE Anne Frances 1775-1837 [1]
🖉 *Flowers* - Watercolour (81x58cm-32x23in) London 95 .... **FF11 570** - *£1 500* - **$2,410**
BYRNE John 1786-1837 [1]
🖉 *Susanna, act I, Marriage of Figaro*
   Gouache (25x18cm-10x7in) Hopetoun House, South Queensferry 91 .... **FF4 030** - *£400* - **$700**
BYRNE John 1940 [6]
🐦 *National Velvet* - Oil/board (224x203cm-88x80in) Glasgow 93 .... **FF18 260** - *£2 200* - **$3,190**
🖉 *Self portrait* - Ink (16x11cm-6x4in) Glasgow 92 .... **FF3 610** - *£420* - **$737**
BYRNE Joséphine H. XIX [2]
🐦 *The wreck of the Indian Chief* - Oil/canvas (76x127cm-30x50in) London 89 .... **FF6 800** - *£677* - **$1,074**
BYRON Bourmond 1923 [5]
🐦 *Figures in an Haitian landscape* - Oil/masonite (97x69cm-38x27in) North Bethesda, MD. 92 .... **FF3 380** - *£359* - **$650**
BYRON Galvez 1941 [3]
🖉 *Mesas* - Watercolour (38x58cm-15x23in) Delray Beach, Florida 96 .... **FF3 500** - *£454* - **$700**
BYRON Michael 1954 [12]
🐦 *Short story* - Oil/canvas (35x27cm-14x11in) Amsterdam 97 .... **FF3 296** - *£346* - **$566**
🗿 *Head sculpture* - Sculpture (41x19x34cm-16x7x13in) New-York 94 .... **FF2 250** - *£266* - **$400**
BYSTRÖM Erik 1902 [12]
🐦 *Trädskuggor, landskap* - Oil/canvas (59x75cm-23x30in) Stockholm 89 .... **FF8 000** - *£843* - **$1,347**
BYSTRÖM Johan Niklas 1783-1848 [2]
🗿 *Kvinna med dok* - Sculpture (72cm-28in) Stockholm 90 .... **FF12 200** - *£1 315* - **$2,152**
Bacchanten - Bronze (33cm-13in) Stockholm 95 .... **FF33 160** - *£4 340* - **$6,740**
BYTEBIER Edgar 1875-1940 [8]
🐦 *Itterbeek sous la neige* - Huile/toile (66x80cm-26x31in) Bruxelles 96 .... **FF4 920** - *£580* - **$966**
BYZANTIOS Constantin 1924 [16]
🐦 *Composition* - Huile/toile (60x73cm-24x29in) Paris 95 .... **FF5 500** - *£689* - **$1,095**
Personnages sur fond jaune - Huile/toile (194x114cm-76x45in) Paris 95 .... **FF22 500** - *£3 930* - **$4,640**
🖉 *Paysage* - Aquarelle (40x50cm-16x20in) Saint-Dié 92 .... **FF7 000** - *£717* - **$1,373**
BYZANTIOS Pericles 1893-1972 [8]
🐦 *Hydra* - Oil/canvas (50x74cm-20x29in) Athens 95 .... **FF52 400** - *£6 780* - **$10,710**
🐦 *The artist's studio* - Oil/canvas (76x63cm-30x25in) Athens 94 .... **FF89 000** - *£10 540* - **$16,440**
🖉 *Acropolis* - Bodycolour (29x40cm-11x16in) Athens 94 .... **FF20 000** - *£2 370* - **$3,700**

C

CABAILLOT-LASSALE Camille Léopold 1839-? [4]
🐦 *La conversation* - Oil/panel (41x32cm-16x13in) New-York 95 .... **FF25 700** - *£3 150* - **$5,000**
Atelier de l'artiste - Huile/panneau (67x52cm-26x20in) Paris 96 .... **FF81 000** - *£10 470* - **$16,050**
CABAILLOT-LASSALE Louis Simon 1810-? [11]
🐦 *Winter Picnic* - Oil/panel (37x46cm-15x18in) New-York 96 .... **FF24 700** - *£2 993* - **$4,800**
CABALLERO José 1916-1991 [41]
🐦 *Remanso* - Oleo/lienzo (28x60cm-11x24in) Madrid 90 .... **FF12 200** - *£1 306* - **$2,122**
Santa Ana y la Virgen Niña - Oleo/lienzo (148x108cm-58x43in) Madrid 95 .... **FF36 300** - *£4 640* - **$7,300**
García Lorca - Oleo/lienzo (100x73cm-39x29in) Madrid 90 .... **FF79 800** - *£8 036* - **$15,632**
🖉 *Cena a la luz de la luna* - Gouache (55x41cm-22x16in) Madrid 92 .... **FF13 500** - *£1 375* - **$2,375**
CABALLERO Luis 1943 [34]
🐦 *Sans titre, 1984* - Huile/toile (145x11cm-57x4in) Paris 90 .... **FF52 000** - *£5 603* - **$9,171**
Untitled - Oil/paper/canvas (146x114cm-57x45in) New-York 94 .... **FF138 000** - *£16 420* - **$26,000**
🖉 *Sin título* - Ink (75x106cm-30x42in) New-York 96 .... **FF29 100** - *£3 870* - **$6,000**
CABALLERO Maximo Juderias 1867-1951 [5]
🐦 *Vous avez perdu...* - Huile/toile (82x102cm-32x40in) Lyon 90 .... **FF130 000** - *£13 293* - **$25,660**
CABALLERO Y VILLAROEL José 1842-c.1905 [1]
🐦 *The card game* - Oil/canvas (48x64cm-19x25in) New Orleans, Louisiana 96 .... **FF36 250** - *£4 480* - **$7,000**
CABANAS OTEIZA Angel 1875-1964 [7]
🐦 *Pescadore* - Oleo/lienzo (55x54cm-22x21in) Madrid 90 .... **FF11 970** - *£1 205* - **$2,345**
CABANE Adda Alexandrine M. 1882-1974 [1]
🐦 *Les voiliers* - Huile/toile (33x41cm-13x16in) Louviers 90 .... **FF3 500** - *£377* - **$617**
CABANE Edouard 1857-? [2]
🐦 *Les voiliers* - Huile/panneau (26x35cm-10x14in) Provins 90 .... **FF4 800** - *£511* - **$859**
CABANEL Alexandre 1823-1889 [15]
🐦 *Paolo et Francesca* - Huile/toile (91x129cm-36x51in) Monaco 90 .... **FF160 000** - *£16 529* - **$28,269**
The Birth of Venus - Oil/canvas (57x99cm-22x39in) New-York 97 .... **FF312 675** - *£33 677* - **$55,000**
🖉 *Étude de nu* - Sanguine (46x28cm-18x11in) Paris 96 .... **FF11 000** - *£1 423* - **$2,180**

CABANEL Pierre 1838-? [1]
- *Jeune fille italienne au puits* - Huile/toile (138x92cm-54x36in) Paris 94 .... FF35 000 - £4 080 - **$6,180**

CABANES Louis François 1867-? [3]
- *Ville du Sud algérien, clair de lune* - Huile/carton (43x48cm-17x19in) Paris 95 .... FF10 000 - £1 315 - **$2,007**

CABANES Max 1947 [2]
- *La rue* - Pastel gras/papier (35x57cm-14x22in) Paris 91 .... FF10 000 - £993 - **$1,736**

CABAT Louis 1812-1893 [21]
- *Bergère à l'orée de la forêt* - Huile/toile (22x28cm-9x11in) Barbizon 96 .... FF17 000 - £1 996 - **$3,344**
- *Scène de campagne* - Huile/toile (52x80cm-20x31in) Barbizon 92 .... FF38 000 - £3 890 - **$6,840**
- *Promeneurs au bord de la rivière* - Lavis (20x27cm-8x11in) Barbizon 96 .... FF2 200 - £275 - **$425**

CABAUD Paul XIX [2]
- *Lac d'Annecy depuisTalloires* - Huile/toile (54x81cm-21x32in) Paris 91 .... FF50 000 - £5 014 - **$8,254**

CABIANCA Vincenzo 1827-1902 [8]
- *Interno di chiostro* - Olio/tavola (35x37cm-14x15in) Milano 95 .... FF131 000 - £16 720 - **$26,840**
- *The cloister* - Watercolour/paper (45x25cm-18x10in) London 92 .... FF102 500 - £10 500 - **$18,060**

CABIÉ Louis A. 1853-1939 [66]
- *Le grand arbre* - Huile/toile (46x57cm-18x22in) Pontoise 96 .... FF5 800 - £738 - **$1,118**
- *Bords de la vézère aux Eyzies* - Huile/toile (126x260cm-50x102in) Paris 97 ...... FF18 000 - £1 911 - **$3,135**
- *Paysage* - Huile/toile (137x183cm-54x72in) Paris 96 .... FF62 000 - £8 060 - **$12,280**

CABOT Edward Clark 1818-1901 [1]
- *Two Maines lake scenes* - Watercolour (13x20cm-5x8in) North Berwick, Maine 93 .... FF2 613 - £328 - **$475**

CABRAL AGUADO Y BEJARANO Manuel 1827-1891 [8]
- *En la taberna* - Oleo/lienzo (62x41cm-24x16in) Madrid 94 .... FF92 700 - £11 110 - **$18,000**

CABRAL BEJARANO Joaquín XIX [2]
- *La ultima comunion* - Oleo/lienzo (52x96cm-20x38in) Madrid 89 .... FF14 000 - £1 475 - **$2,357**

CABRAL Y BEJARANO Antonio 1798-1861 [1]
- *A spanish lady with a fan* - Oil/canvas (60x39cm-24x15in) London 91 .... FF16 860 - £1 711 - **$3,045**

CABRÉ Manuel 1890-? [2]
- *El ávila en la Florida* - Oil/canvas (38x61cm-15x24in) New-York 92 .... FF111 000 - £11 620 - **$20,000**

CABRERA CANTO Fernando 1866-1937 [1]
- *Vacas abrevando en el río* - Oleo/tabla (16x24cm-6x9in) Madrid 96 .... FF4 870 - £618 - **$935**

CABRERA MORENO Servando 1923-1981 [10]
- *Presencia del Tortuoso* - Oleo/lienzo (91x110cm-36x43in) Madrid 94 .... FF7 040 - £810 - **$1,206**
- *Carnaval* - Oil/canvas (76x103cm-30x41in) New-York 96 .... FF31 340 - £3 570 - **$6,000**
- *Amor profano y amor divino* - Dibujo (63x48cm-25x19in) Madrid 90 .... FF1 900 - £200 - **$330**

CABRERA Ricardo Lopez 1864-1950 [9]
- *The garden dance* - Oil/canvas (46x80cm-18x31in) New-York 96 .... FF72 000 - £8 720 - **$14,000**

CABRIT Jean 1845-1907 [2]
- *Paysage de Sologne* - Huile/toile (143x72cm-56x28in) Barbizon 95 .... FF18 000 - £2 355 - **$3,605**

CABUZEL Auguste Hector 1836-? [1]
- *Lady in her boudoir* - Oil/panel (63x48cm-25x19in) London 95 .... FF50 200 - £6 500 - **$10,430**

CABUZEL Maurice 1878-? [2]
- *Portrait d'oriental* - Huile/panneau (24x19cm-9x7in) Le Touquet 90 .... FF9 000 - £916 - **$1,800**

CACAN Félicien 1880-1979 [1]
- *Paysage lacustre* - Huile/isorel (234x145cm-92x57in) Paris 96 .... FF45 000 - £5 130 - **$8,610**

CACCIANIGA Francesco 1700-1781 [1]
- *The Fall of Phaeton* - Ink (43x33cm-17x13in) London 93 .... FF34 760 - £4 000 - **$6,000**

CACCIAPUOLI Giulio XIX-XX [1]
- *Two elephants, circa 1920* - Bronze (11cm-4in) London 90 .... FF18 400 - £1 901 - **$3,251**

CACCIAPUOTI Gennaro 1872-? [1]
- *Five boys from masquarade* - Bronze (14cm-6in) Warszawa 93 .... FF5 610 - £582 - **$970**

CACCIARELLI Victor XIX-XX [3]
- *His best piece* - Watercolour (36x25cm-14x10in) London 93 .... FF22 830 - £2 600 - **$3,874**

CACERES Juan Carlos 1936 [3]
- *Composition* - Huile/toile (46x38cm-18x15in) Paris 93 .... FF3 000 - £375 - **$546**

CACHET Carel Adolph Lion 1864-1945 [1]
- *Achterzijds Achterburgwal, Amsterdam* - Oil/canvas (69x98cm-27x39in) Amsterdam 91 ... FF3 310 - £336 - **$598**

CACHEUX François 1923 [2]
- *Aphrodite dansant* - Bronze (46cm-18in) Calais 92 .... FF50 000 - £5 140 - **$9,610**

CACHOUD François Charles 1866-1943 [68]
- *Clair de lune sur la mare* - Huile/carton (23x28cm-9x11in) Paris 97 .... FF5 000 - £531 - **$871**
- *Retour du paysan, le soir* - Huile/toile (33x41cm-13x16in) Paris 97 .... FF9 800 - £1 074 - **$1,720**
- *Ciel du soir mouvementé* - Huile/toile (65x81cm-26x32in) Grenoble 96 .... FF28 000 - £3 290 - **$5,510**
- *La maison en été* - Pastel (29x23cm-11x9in) Grenoble 95 .... FF3 000 - £396 - **$609**

CACOUB Cécile XX [2]
- *Etrange étreinte* - Huile/toile (130x97cm-51x38in) Paris 90 .... FF2 800 - £290 - **$492**

CADDY Alexander E. XIX-XX [2]
- *On the Ganges, 1903* - Oil/canvas (43x90cm-17x35in) London 90 .... FF8 700 - £926 - **$1,556**

CADDY John Herbert 1801-1883 [7]
- *Lake view with lighthouse* - Wash (17x32cm-7x13in) Toronto 89 .... FF3 400 - £348 - **$547**

CADEL Eugène c.1860-1940 [14]
- *Cour de ferme* - Huile/panneau (29x41cm-11x16in) Soissons 95 .... FF3 000 - £393 - **$601**

Maisons aux toits rouges - Huile/panneau (58x71cm-23x28in) Paris 97 .... FF**10 000** - £**1 086** - **$1,754**
CADELL Florence St. John XIX-XX [4]
🖢 *Young baby* - Oil/canvas (66x57cm-26x22in) Glasgow 90............ FF**14 500** - £**1 503** - **$2,548**
CADELL Francis C. Boileau 1883-1937 [72]
🖢 *Iona* - Oil/canvas/board (38x46cm-15x18in) Glasgow 96 .... FF**50 100** - £**6 500** - **$9,820**
Pink Rocks, Iona - Oil/panel (37x44cm-15x17in) Edinburgh 93 .... FF**131 700** - £**15 000** - **$22,350**
The white sofa, Ainslie place - Oil/canvas (63x76cm-25x30in) Glasgow 89 .... FF**581 100** - £**61 233** - **$97,828**
CADENASSO Giuseppe 1854-1918 [15]
🖢 *Roses* - Oil/canvas (51x66cm-20x26in) San Francisco-Los Angeles 93 .... FF**22 160** - £**2 517** - **$3,750**
✎ *Sunset on the Marsh* - Pastel/paper (27x34cm-11x13in) San Francisco-Los Angeles 92 .... FF**8 330** - £**967** - **$1,700**
CADENE Lucien Pierre XX [10]
🖢 *Portrait* - Huile/toile (115x89cm-45x35in) Montauban 94 .... FF**5 000** - £**598** - **$934**
Le déjeuner sur l'herbe - Huile/toile (150x195cm-59x77in) Paris 96 .... FF**52 000** - £**6 510** - **$10,030**
✎ *La ferme* - Aquarelle (26x34cm-10x13in) Montauban 94 .... FF**3 700** - £**438** - **$665**
CADENHEAD James 1858-1927 [6]
🖢 *There Let the Wind Sweep*
Oil/canvas (75x116cm-30x46in) Auchterarder, Perthshire 95............ FF**12 500** - £**1 600** - **$2,460**
✎ *Figures walking across a moor* - Watercolour/paper (24x26cm-9x10in) London 96 .... FF**1 888** - £**240** - **$363**
CADERÉ André 1934-1978 [2]
🗋 *Barre de bois*
Segments de bois cylindriques rouge, jaune, noir (74cm-29in) Paris 94............ FF**32 000** - £**3 660** - **$5,420**
CADES Giuseppe 1750-1799 [10]
🖢 *The exterior of a palace* - Oil/canvas (102x103cm-40x41in) London 91 .... FF**798 000** - £**79 782** - **$131,425**
✎ *La dispute d'Athéna et d'Arachnée* - Craies (21x30cm-8x12in) Monaco 94 .... FF**68 700** - £**8 110** - **$12,300**
CADET DE BEAUPRÉ Jean-Baptiste 1758-1832 [1]
🖢 *Bust of a woman* - Tempera/tela (68cm-27in) London 91 .... FF**19 940** - £**1 994** - **$3,284**
CADIC Maurice XX [8]
🖢 *Mer basse à Saint-Gwénolé Penmar'ch* - Huile/toile (46x55cm-18x22in) Brest 91 .... FF**2 600** - £**267** - **$484**
CADIOU Henri 1906 [1]
✎ *Jardin aux dahlias* - Huile/toile (54x65cm-21x26in) Paris 94............ FF**9 000** - £**1 048** - **$1,590**
CADMUS Paul 1904 [77]
🖢 *Dancer* - Tempera/panel (31x29cm-12x11in) New-York 96 .... FF**125 300** - £**14 500** - **$24,000**
Hinky Dinky Parley Voo - Oil/canvas (91x91cm-36x36in) New-York 89 .... FF**486 200** - £**51 233** - **$81,852**
🖎 *Y.M.C.A Locker Room* - Etching (15x30cm-6x12in) Boston, Mass. 92 .... FF**12 780** - £**1 308** - **$2,250**
✎ *Maggie and Bulldog* - Charcoal New-York 92 .... FF**12 480** - £**1 490** - **$2,400**
Seated male nude - Charcoal (46x37cm-18x15in) New-York 94 .... FF**34 240** - £**3 990** - **$6,000**
Reclining male nude - Charcoal (42x51cm-17x20in) New-York 94 .... FF**48 500** - £**5 660** - **$8,500**
CADOLINI Enrico 1838-? [1]
🖢 *Giochi infantili sotto il portico* - Olio/tela (42x65cm-17x26in) Milano 95 .... FF**34 700** - £**4 485** - **$7,130**
CADORET Michel 1912-1985 [89]
🖢 *Passoire impossible* - Huile/toile (102x153cm-40x60in) Paris 94 .... FF**3 200** - £**382** - **$589**
Colorado, 1962 - Huile/toile (102x127cm-40x50in) Paris 89 .... FF**51 000** - £**5 374** - **$8,586**
✎ *Composition* - Gouache (28x21cm-11x8in) Paris 90............ FF**3 000** - £**319** - **$537**
CADORIN Guido 1892-1976 [14]
🖢 *Nudo* - Olio/tela (55x45cm-22x18in) Prato 97 .... FF**14 960** - £**1 760** - **$2,640**
✎ *Figures in the rain* - Watercolour, gouache/paper (44x57cm-17x22in) New-York 96 .... FF**3 130** - £**377** - **$600**
CADOROSSI T. XIX-XX [1]
🗋 *Bus of a mother and child* - Marble (58cm-23in) London 96 .... FF**32 050** - £**3 800** - **$6,250**
CADY Fred A. 1885-1960 [1]
🖢 *Sunland California* - Oil/canvas (41x51cm-16x20in) San Francisco-Los Angeles 92............ FF**6 480** - £**663** - **$1,200**
CADY Harrison 1877-1970 [16]
🖢 *The Betty Ann, Rockport* - Oil/canvas (51x81cm-20x32in) North Berwick, Maine 94 .... FF**4 425** - £**504** - **$750**
Moonlight Symphony - Mixed media/panel (39x61cm-15x24in) New-York 94 .... FF**253 000** - £**29 800** - **$45,000**
✎ *In the path of progress* - Ink (58x51cm-23x20in) New-York 96 .... FF**16 830** - £**2 173** - **$3,250**
CADY Henry B. 1849-? [6]
🖢 *Several ships at sea* - Oil/paper Mystic, Connecticut 92 .... FF**3 980** - £**407** - **$700**
✎ *Waves breaking on rocks* - Watercolour (36x61cm-14x24in) St. Petersburg, Florida 92 .... FF**2 840** - £**291** - **$500**
CAESAR Doris 1892-1971 [5]
🗋 *Nude* - Bronze (25cm-10in) New-York 93 .... FF**5 640** - £**646** - **$1,000**
Standing nude - Bronze (118cm-46in) New-York 94............ FF**28 990** - £**3 440** - **$5,500**
CAFE Thomas Watt 1856-1925 [1]
🖢 *Summer Idylls* - Oil/canvas (41x61cm-16x24in) London 96............ FF**40 100** - £**5 000** - **$7,740**
CAFFE Daniel 1756-1815 [1]
✎ *Knabenbildnis* - Pencil/paper (21x16cm-8x6in) München 96 .... FF**7 320** - £**918** - **$1,413**
CAFFÉ Nino 1909-1975 [89]
🖢 *Il pretino solitario* - Oil/canvas (22x27cm-9x11in) New-York 96 .... FF**6 780** - £**817** - **$1,300**
The Monsignor's Arrival - Oil/panel (19x59cm-7x23in) New-York 97 .... FF**15 958** - £**1 678** - **$2,749**
Paesaggio con figure - Olio/tela (65x54cm-26x21in) Milano 94 .... FF**55 400** - £**6 400** - **$9,440**
CAFFERTY James Henry 1819-1869 [2]
🖢 *The Midday Rest* - Oil/canvas (66x98cm-26x39in) New-York 96............ FF**114 800** - £**13 300** - **$22,000**
CAFFI Cavaliere Ippolito 1809-1866 [23]
🖢 *Castel Sant'Angelo, Roma* - Oil/canvas (33x53cm-13x21in) London 95 .... FF**71 000** - £**9 000** - **$14,300**
A view of the Forum, Rome - Oil/canvas (34x58cm-13x23in) London 91 .... FF**417 000** - £**42 322** - **$75,314**
✎ *Vulkanausbruch* - Gouache/papier (18x25cm-7x10in) Wien 94............ FF**12 180** - £**1 460** - **$2,366**

CAFFIERI Hector 1847-1932 [50]
- Birch Wood, Burnham - Oil/canvas (41x62cm-16x24in) London 95 .... FF43 100 - £5 500 - **$8,820**
- Retour de pêche - Aquarelle/papier (52x35cm-20x14in) Lille 97 .... FF14 000 - £1 450 - **$2,398**
- Mother's helping hand - Watercolour (42x27cm-17x11in) London 96 .... FF30 500 - £3 800 - **$5,890**

CAFFIERI Jean-Jacques 1725-1792 [5]
- Buirette de Belloy - Plâtre (72cm-28in) Genève 92 .... FF150 000 - £15 350 - **$26,400**

CAFFYN Walter Wallor 1845-1898 [25]
- The Boat House - Oil/board (25x35cm-10x14in) London 97 .... FF4 878 - £520 - **$851**
- On the Surrey Hills - Oil/canvas (31x51cm-12x20in) London 93 .... FF11 570 - £1 300 - **$1,937**
- Horses watering by a pool - Oil/canvas (61x91cm-24x36in) London 96 .... FF41 500 - £5 200 - **$8,010**

CAGE John 1912-1992 [7]
- 10 stones - Aquatint in colors (46x57cm-18x22in) New-York 92 .... FF11 760 - £1 366 - **$2,400**
- Where R = Ryoanji - Graphite (26x48cm-10x19in) New-York 94 .... FF32 450 - £3 690 - **$5,500**

CAGLI Corrado 1910-1976 [34]
- Ninfa boschiva - Olio/tela (70x50cm-28x20in) Milano 96 .... FF18 100 - £2 322 - **$3,456**
- Vulcano, 1970 - Olio/tela (71x101cm-28x40in) Milano 89 .... FF48 100 - £4 918 - **$7,733**
- Senza titolo - Pastelli (52x47cm-20x19in) Roma 92 .... FF13 600 - £1 390 - **$2,393**

CAGNIART Émile 1851-1911 [13]
- Place Pigalle, soleil d'hiver - Oil/canvas (81x111cm-32x44in) New-York 95 .... FF42 300 - £5 090 - **$8,000**
- The Arc de Triompe, Paris - Coloured chalks (40x50cm-16x20in) London 95 .... FF3 850 - £501 - **$790**

CAGNONE Angelo 1941 [28]
- Silenzio - Tecnica mista/tela (60x73cm-24x29in) Milano 94 .... FF18 140 - £2 160 - **$3,456**
- Per il corpo - Mixed media/canvas (81x100cm-32x39in) Milano 90 .... FF36 600 - £3 894 - **$6,547**

CAGNONI Amerino 1855-1923 [1]
- Keeping abreast of the news - Oil/canvas (42x32cm-17x13in) New-York 90 .... FF40 350 - £4 063 - **$7,904**

CAHILL Richard Staunton XIX-XX [3]
- The spinning wheel - Oil/canvas (61x91cm-24x36in) New-York 94 .... FF6 500 - £787 - **$1,200**

CAHILL William 1878-1924 [1]
- Grandmother, mother and child
  Oil/canvas (71x107cm-28x42in) San Francisco-Los Angeles 92 .... FF28 600 - £3 414 - **$5,500**

CAHN Marcelle 1895-1981 [45]
- Cartes de jeu - Huile/toile (46x38cm-18x15in) Paris 97 .... FF13 000 - £1 413 - **$2,284**
- Instruments de musique - Huile/toile (40x65cm-16x26in) Paris 97 .... FF200 000 - £21 740 - **$35,140**
- Composition aux rectangles rouges - Collage/papier (25x32cm-10x13in) Paris 96 .... FF5 500 - £685 - **$1,067**

CAHN Miriam 1949 [3]
- See - Fusain/papier (275x400cm-108x157in) Zürich 93 .... FF22 830 - £2 730 - **$4,390**

CAHOON Charles Drew 1861-1951 [4]
- Coastal scene with sandy beach
  Oil/board (25x30cm-10x12in) St. Petersburg, Florida 96 .... FF6 420 - £840 - **$1,300**

CAHOON Martha 1905 [2]
- Children playing - Oil/masonite (45x55cm-18x22in) Boston, Mass. 91 .... FF9 580 - £954 - **$1,647**

CAHOON Ralph E. 1910-1982 [3]
- Sailors Ashore - Oil/masonite (76x99cm-30x39in) Chicago 96 .... FF160 000 - £20 700 - **$32,000**

CAHOURS D'ASPRY Jean-Bernard XX [4]
- Pêcheurs à Concarneau - Huile/carton (35x51cm-14x20in) Nantes 91 .... FF14 000 - £1 390 - **$2,431**

CAHOURS Henry Maurice 1889-1954 [26]
- Procession - Huile/panneau (32x41cm-13x16in) La Varenne Saint-Hilaire 97 .... FF4 300 - £464 - **$755**
- Plage et village de Bretagne - Huile/toile (73x92cm-29x36in) Calais 97 .... FF14 000 - £1 499 - **$2,454**
- Le débarcadère - Gouache/papier (50x65cm-20x26in) Paris 97 .... FF2 500 - £283 - **$453**

CAHUN Claude 1894-1954 [2]
- Autoportrait aux cheveux rasés - Photo (23x15cm-9x6in) Paris 96 .... FF42 000 - £4 790 - **$8,040**

CAILLARD Christian 1899-1985 [35]
- Paysage - Huile/toile (65x80cm-26x31in) Paris 97 .... FF3 500 - £382 - **$612**
- Jeune femme allongée - Huile/panneau (54x73cm-21x29in) Calais 93 .... FF17 000 - £1 930 - **$2,880**
- Jeunes femmes Berbères - Huile/toile (103x64cm-41x25in) Paris 95 .... FF38 000 - £4 950 - **$7,800**

CAILLAUD Aristide 1902-1990 [24]
- Les oiseaux du soleil - Huile/isorel (114x77cm-45x30in) Paris 97 .... FF20 000 - £2 174 - **$3,514**
- Jeune fille sous l'arbre - Huile/toile (148x77cm-58x30in) Paris 92 .... FF78 000 - £7 980 - **$14,040**
- Anatos - Gouache/papier (45x31cm-18x12in) Paris 97 .... FF8 000 - £870 - **$1,406**

CAILLAUX Rodolphe 1904-1987 [13]
- Le clown - Huile/toile (46x38cm-18x15in) Paris 97 .... FF5 500 - £568 - **$972**
- Les oiseaux et coupes de fruits - Huile/toile (73x92cm-29x36in) Versailles 90 .... FF15 000 - £1 616 - **$2,646**

CAILLAUX Roland XX [9]
- Hubert de Saint Senoch - Huile/toile (81x65cm-32x26in) Monaco 92 .... FF8 500 - £1 014 - **$1,635**
- Christian Bérard dans son atelier - Pencil/paper (18x22cm-7x9in) London 95 .... FF11 580 - £1 500 - **$2,370**

CAILLE Fanny XIX-XX [2]
- Portrait - Pastel (46x38cm-18x15in) Angers 95 .... FF10 000 - £1 175 - **$1,967**

CAILLE Léon Émile 1836-1907 [36]
- Scène d'intérieur - Huile/toile (41x33cm-16x13in) Calais 97 .... FF8 000 - £800 - **$1,350**
- A Mother's Joy - Oil/panel (44x29cm-17x11in) London 96 .... FF23 100 - £3 000 - **$4,570**
- Mother nursing her newborn - Oil/panel (56x45cm-22x18in) New-York 93 .... FF56 000 - £6 370 - **$9,500**

CAILLE Pierre 1912 [7]
🖼 Six insectes en goguette - Huile/panneau (100x140cm-39x55in) Bruxelles 97 .... FF**8 998** - £**952** - $**1,557**
🖼 Septante-deux passants - Estampe Bruxelles 95 .... FF**2 010** - £**261** - $**409**
⚱ Au Clair de la Lune - Relief (26x36cm-10x14in) Lokeren 94.......................... FF**1 826** - £**216** - $**325**

CAILLEBOTTE Gustave 1848-1894 [46]
🖼 Pont d'Argenteuil - Oil/canvas (61x55cm-24x22in) New-York 96.......................... FF1 - £**247 300** - $**370,000**
  Maison en Normandie - Oil/canvas (59x73cm-23x29in) London 96.......................... FF1 - £**189 500** - $**292,000**
  Pêcheurs, Seine - Oil/canvas (65x81cm-26x32in) London 89 .... FF1 - £1 - $1
  Chaumière, Trouville - Oil/canvas (54x65cm-21x26in) New-York 97.......................... FF3 - £**400 400** - $**650,000**
  Le lièvre - Huile/toile (89x35cm-35x14in) Paris 97.......................... FF**400 000** - £**42 000** - $**68,800**
✏ La Seine à Yerres - Pastel (43x33cm-17x13in) Orléans 95.......................... FF**370 000** - £**47 200** - $**74,500**

CAILLIOT Roger 1862-? [2]
🖼 Wiesenlandschaft mit Bach - Öl/Leinwand (55x38cm-22x15in) München 94 .... FF**3 740** - £**437** - $**656**

CAILLOIS Roger 1913-1978 [1]
✏ Mantes religieuses/Chauves-souris - Encre Chine Paris 93 .... FF**5 000** - £**625** - $**910**

CAILLOU-LEGENDRE Louis 1820-? [1]
🖼 Reflets en sous-bois - Huile/toile (61x45cm-24x18in) Bayeux 96.......................... FF**20 000** - £**2 370** - $**3,900**

CAIN Auguste Nicolas 1822-1894 [50]
⚱ Taureau sur un rocher - Bronze (34cm-13in) Paris 94 .... FF**9 000** - £**1 022** - $**1,526**
  Séduisant et Lunimeau - Bronze (37cm-15in) New-York 93 .... FF**23 100** - £**2 897** - $**4,200**
  Pompier et Caron - Bronze (63cm-25in) Rambouillet 93 .... FF**71 000** - £**8 870** - $**12,900**

CAIN Georges Jules A. 1856-1919 [11]
🖼 Les amoureux à la roseraie - Huile/toile (46x38cm-18x15in) Soissons 96 .... FF**13 000** - £**1 692** - $**2,576**
  The Introduction - Oil/canvas (108x151cm-43x59in) New-York 94.......................... FF**136 800** - £**16 140** - $**24,350**
✏ Réception sous la Restauration - Aquarelle, gouache (25x35cm-10x14in) Reims 94 .... FF**2 000** - £**233** - $**351**

CAIN Henri 1859-1930 [7]
🖼 La lettre - Huile/toile (46x28cm-18x11in) Saint-Dié 96 .... FF**13 500** - £**1 757** - $**2,675**
⚱ Taureau romain - Bronze (56x56cm-22x22in) Paris 90 .... FF**13 500** - £**1 445** - $**2,348**
✏ Duc d'Aumale - Pastel/toile (46x39cm-18x15in) Monaco 96 .... FF**2 500** - £**287** - $**477**

CAIN Peter 1959 [4]
🖼 Untitled - Oil/canvas (148x178cm-58x70in) New-York 95 .... FF**44 600** - £**5 570** - $**9,000**

CAINBERG Erik 1771-1816 [1]
✏ The Toilet of Venus - Drawing (20x32cm-8x13in) New-York 96.......................... FF**6 420** - £**840** - $**1,300**

CAIRATI Girolamo 1860-1943 [5]
🖼 Seeufer am Starnberger See - Oil/canvas (60x45cm-24x18in) München 90 .... FF**5 440** - £**556** - $**1,074**
✏ Südliche Landschaft - Pastel (56x95cm-22x37in) Hamburg 96 .... FF**12 900** - £**1 470** - $**2,470**

CAISERMAN-ROTH Ghitta 1923 [5]
✏ The piano lesson - Gouache (56x64cm-22x25in) Montréal 92 .... FF**1 935** - £**198** - $**341**

CAISNE de Henri 1799-1852 [3]
🖼 Baronne Simonis et de son fils - Huile/toile (170x121cm-67x48in) Bruxelles 95 .... FF**37 000** - £**4 780** - $**7,560**

CALA Y MOYA de José 1850-? [6]
🖼 Enfants sur la plage - Oil/panel (26x35cm-10x14in) New-York 95 .... FF**58 800** - £**7 320** - $**11,500**

CALABRIA Ennio 1937 [44]
🖼 Il gioco s'inceppa - Acrilico/tela (60x60cm-24x24in) Prato 97 .... FF**14 280** - £**1 680** - $**2,520**
  Figure ronzanti - Olio/tela Prato 97 .... FF**44 200** - £**5 200** - $**7,800**
  Fumatori al tavolo verde - Olio/tela (75x94cm-30x37in) Roma 97 .... FF**48 100** - £**5 183** - $**8,483**

CALAME Alexandre 1810-1864 [90]
🖼 Flusslandschaft - Öl/Papier (29x40cm-11x16in) Bern 93 .... FF**24 740** - £**2 955** - $**4,760**
  Le torrent - Huile/toile (81x100cm-32x39in) Saint-Dié 94 .... FF**45 000** - £**5 085** - $**8,149**
  Vue du Mont-Blanc - Huile/toile (202x170cm-80x67in) Zürich 96 .... FF**377 500** - £**43 700** - $**72,300**
✏ Wildbach - Aquarell/Papier (47x38cm-19x15in) Zürich 96 .... FF**17 820** - £**2 310** - $**3,524**

CALAME Arthur Jean Bapt. 1843-1919 [20]
🖼 Meeresküste mit Fischkutter - Öl/Leinwand (11x32cm-4x13in) Zofingen 91 .... FF**2 550** - £**323** - $**513**
  Oliviers à Menton - Öl/Leinwand (99x83cm-39x33in) Zürich 96 .... FF**44 550** - £**5 770** - $**8,810**
✏ Paestum - Aquarell (12x18cm-5x7in) Zofingen 94 .... FF**4 820** - £**566** - $**858**

CALANDRA Davide 1856-1915 [1]
⚱ Signora a passeggio - Terracotta (43cm-17in) Roma 95.......................... FF**20 800** - £**2 660** - $**4,270**

CALANDRA Edoardo 1852-1911 [1]
🖼 Orientalischer Marktstand - Öl/Leinwand (32x25cm-13x10in) Bern 95.......................... FF**28 100** - £**3 510** - $**5,670**

CALANDRELLI Alexander 1834-1903 [1]
⚱ Büste eines jungen Mädchens - Marble (44x21x28cm-17x8x11in) Bielefeld 94 .... FF**3 740** - £**437** - $**656**

CALANDRI Mario 1914-1993 [1]
🖼 Rose - Incisione (30x20cm-12x8in) Torino 93 .... FF**7 210** - £**826** - $**1,226**

CALATCHI Maurice Frederick 1948 [4]
📷 Intérieur - Cibachrome print Paris 91 .... FF**2 600** - £**261** - $**429**

CALAU Benjamin 1724-1785 [1]
🖼 Bauernfamilie beim Abendgebet - Oil/canvas (33x26cm-13x10in) München 92 .... FF**11 900** - £**1 218** - $**2,334**

CALBERG Eugène 1887-1944 [2]
🖼 Clairière - Huile/toile (64x80cm-25x31in) Liège 95 .... FF**5 600** - £**670** - $**1,145**

CALBET Antoine 1860-1944 [129]
🖼 Muse fleurie - Huile/toile/panneau (73x49cm-29x19in) Bruxelles 96.......................... FF**3 140** - £**405** - $**614**
  Danse aux castagnettes - Oil/canvas (73x60cm-29x24in) New-York 92 .... FF**28 600** - £**3 414** - $**5,500**
  Terrasse sur le boulevard - Huile/toile (227x321cm-89x126in) Paris 96 .... FF**280 000** - £**33 940** - $**55,100**
✏ Baigneuse enlevant sa chemise - Pastel (31x24cm-12x9in) Nice 96 .... FF**4 500** - £**521** - $**862**

Nymphes au bain et faune - Aquarelle (24x31cm-9x12in) Versailles 90 .... FF**28 000** - £**2 893** - **$4,947**

CALCAGNADORO Antonio 1876-1935 [2]
Castel Sant'Angelo - Carboncino (38x49cm-15x19in) Roma 95 .... FF**3 744** - £**492** - **$744**

CALCOTT Charles XIX [2]
Dressing Dolly - Oil/canvas (36x31cm-14x12in) London 95 .... FF**7 900** - £**1 000** - **$1,590**

CALCOTT William XIX [2]
Marine, 1877 - Aquarelle/papier (55x76cm-22x30in) Liège 90 .... FF**3 600** - £**385** - **$626**

CALDECOTT Randolph 1846-1886 [4]
Orange pickers - Watercolour/paper (15x22cm-6x9in) London 89 .... FF**6 800** - £**677** - **$1,074**

CALDER Alexander Milne 1846-1923 [11]
Butterfly - Lithograph (64x99cm-25x39in) Philadelphia 92 .... FF**1 950** - £**233** - **$375**
Sun and Sprouts - Gouache/paper (109x75cm-43x30in) Amsterdam 93 .... FF**24 500** - £**2 815** - **$4,210**

CALDER Alexandre 1898-1976 [943]
Sans titre, 1949 - Huile/toile (122x152cm-48x60in) Paris 90 .... FF**2** - £**251 606** - **$408,696**
Woman and pirate - Oil/canvas/panel (10x45cm-4x18in) London 91 .... FF**74 100** - £**7 429** - **$13,572**
Two Men - Oil/canvas (106x61cm-42x24in) New-York 96 .... FF**290 000** - £**37 540** - **$58,000**
Le Turban - Color lithograph (109x75cm-43x30in) Los Angeles 94 .... FF**11 400** - £**1 335** - **$2,000**
Untitled - Mobile (87x86cm-34x34in) New-York 97 .... FF**1** - £**189 255** - **$310,000**
Haverford Monster
    Black painted stee standing mobile (218x330cm-86x130in) New-York 94 .... FF**5** - £**660 000** - **$980,000**
The Chicken - Bronze (63x24x34cm-25x9x13in) New-York 93 .... FF**110 000** - £**13 800** - **$20,000**
Man with short neck - Metal (71x61x127cm-28x24x50in) New-York 97 .... FF**377 910** - £**39 683** - **$65,000**
Waves a feather - Metal (127x25x119cm-50x10x47in) New-York 97 .... FF**523 260** - £**54 945** - **$90,000**
Even Polychrome - Mobile (104cm-41in) New-York 95 .... FF**693 000** - £**86 600** - **$140,000**
Urchins and Crosses - Watercolour/paper (74x110cm-29x43in) New-York 97 .... FF**27 566** - £**290 0 8** - **$4,749**
Composition aux cercles - Aquarelle, gouache (73x108cm-29x43in) Lyon 96 .... FF**42 000** - £**5 400** - **$8,320**
Flowering Cotton - Watercolour/paper (108x75cm-43x30in) New-York 96 .... FF**96 700** - £**11 400** - **$19,000**
Les ballons - Gouache (78x58cm-31x23in) Paris 96 .... FF**300 000** - £**38 800** - **$58,900**

CALDERARA Antonio 1903-1978 [54]
Tensione Verticale Interrotta - Oil/panel (27x24cm-11x9in) Köln 97 .... FF**26 982** - £**2 832** - **$4,624**
Tensione - Oil/panel (27x24cm-11x9in) Amsterdam 96 .... FF**96 200** - £**11 040** - **$18,370**
Senza titolo - Acquarello (19x19cm-7x7in) Milano 94 .... FF**10 380** - £**1 202** - **$1,815**

CALDERINI Marco 1850-1941 [5]
L'orto botanico a Torino - Olio/tela (72x96cm-28x38in) Roma 92 .... FF**193 700** - £**23 030** - **$37,250**

CALDERON Charles-Clément c.1870-1906 [31]
Venise - Huile/toile (27x41cm-11x16in) Lille 96 .... FF**15 000** - £**1 820** - **$2,920**
The Lagoon, Venice - Oil/canvas (51x73cm-20x29in) London 97 .... FF**36 331** - £**4 000** - **$6,376**

CALDERON Fernando 1928 [6]
Zapatos - Oleo/lienzo (56x66cm-22x26in) Madrid 94 .... FF**5 600** - £**660** - **$996**

CALDERON Philip Hermogenes 1833-1898 [14]
Family affairs - Oil/canvas (23x46cm-9x18in) London 91 .... FF**13 800** - £**1 392** - **$2,690**
The Black Hat - Oil/panel (49x40cm-19x16in) New-York 96 .... FF**85 000** - £**11 000** - **$17,000**

CALDERON Ramón 1923 [4]
Barcos en el puerto - Oleo/tablex (39x122cm-15x48in) Madrid 92 .... FF**3 630** - £**422** - **$741**

CALDERON ROCA Alfonso c.1830-c.1890 [1]
Un indio mejicano descansando - Oleo/tabla (105x75cm-41x30in) Madrid 92 .... FF**12 300** - £**1 233** - **$2,365**

CALDERON William Frank 1865-1943 [6]
Preparing to Fish - Oil/canvas (38x56cm-15x22in) London 96 .... FF**5 900** - £**750** - **$1,167**
Queens & Lancelot - Oil/canvas (122x182cm-48x72in) London 91 .... FF**148 800** - £**14 994** - **$25,820**

CALDWELL Edmund 1852-1930 [2]
Wonders of the deep - Oil/canvas (45x60cm-18x24in) London 92 .... FF**163 300** - £**19 500** - **$31,400**
Hounds in a Kennel - Drawing (35x53cm-14x21in) Billinghurst, West Sussex 93 .... FF**15 640** - £**1 800** - **$2,700**

CALENDA Guglielmo 1863-? [1]
Scena di interno, 1885 - Olio/tela (42x56cm-17x22in) Roma 89 .... FF**19 200** - £**2 023** - **$3,232**

CALES Pierre, abbé 1870-1961 [79]
Les bords de l'Isère - Huile/carton (23x67cm-9x26in) Paris 90 .... FF**7 000** - £**716** - **$1,382**
Vallée du Grésivaudan - Huile/carton (31x75cm-12x30in) Grenoble 96 .... FF**13 000** - £**1 655** - **$2,507**
Place du Tencin - Huile/papier (43x77cm-17x30in) Grenoble 95 .... FF**20 000** - £**2 635** - **$4,054**

CALIA Paolo XX [3]
Arielle Dombaste - Photo Paris 91 .... FF**7 500** - £**752** - **$1,238**

CALIERNO Giosué 1897-1968 [2]
Natura morta - Olio/tavola (30x40cm-12x16in) Torino 93 .... FF**3 604** - £**413** - **$614**

CALIFANO John 1864-1924 [26]
Feeding the poultry - Oil/canvas (56x41cm-22x16in) New-York 96 .... FF**8 310** - £**1 058** - **$1,600**
The Love Letter - Oil/canvas (75x45cm-30x18in) New-York 96 .... FF**49 600** - £**5 740** - **$9,500**

CALIFANO John Edmund 1862-1946 [7]
At the market - Oil/canvas (46x53cm-18x21in) San Francisco-Los Angeles 95 .... FF**6 970** - £**917** - **$1,400**

CALIGA Issac Henry 1857-1940 [4]
Quiet Pleasures - Oil/canvas (76x64cm-30x25in) New-York 95 .... FF**208 300** - £**26 800** - **$43,000**

CALISCH Moritz 1819-1870 [5]
Street-vendor - Oil/canvas (21x18cm-8x7in) Amsterdam 96 .... FF**9 200** - £**1 182** - **$1,815**

CALIXTO DE JESUS Benedito 1853-1927 [1]
- Chacara de Martins - Oil/canvas (36x51cm-14x20in) New-York 92 .... FF**68 100** - £6 970 - **$12,000**

CALKIN Lance 1859-1936 [2]
- Young boy - Oil/canvas (54x46cm-21x18in) London 94 .... FF**3 020** - £360 - **$569**

CALLAGHAN P.O. XIX-XX [1]
- The bridge at Moret-sur-Loing - Oil/canvas (49x65cm-19x26in) London 96 .... FF**15 240** - £1 900 - **$2,943**

CALLAHAN Harry 1912 [100]
- Bob Fine - Gelatin silver print (25x18cm-10x7in) San Francisco-Los Angeles 96 .... FF**6 780** - £786 - **$1,300**
- Detroit - Gelatin silver print (5x10cm-2x4in) New-York 94 .... FF**18 600** - £2 220 - **$3,500**

CALLANDE de CHAMPMARTIN Charles Émile 1797-1883 [5]
- Comtesse de Fitz James - Huile/toile (92x73cm-36x29in) Paris 94 .... FF**18 000** - £2 093 - **$3,116**

CALLANI Gaetano 1736-1809 [1]
- Melancholia: design for a frontispice - Ink (41x28cm-16x11in) London 93 .... FF**12 160** - £1 400 - **$2,100**

CALLAWAY W.F. XIX-XX [3]
- ALdre man med hyacint - Oil/canvas (46x35cm-18x14in) Stockholm 97 .... FF**3 963** - £441 - **$716**

CALLCOTT Augustus Wall 1779-1844 [12]
- Early morning on the Scheldt, Holland - Oil/panel (44x58cm-17x23in) London 96 .... FF**8 090** - £950 - **$1,592**
- Sailing Boats on the Thames - Oil/canvas (57x76cm-22x30in) London 96 .... FF**42 214** - £4 500 - **$7,303**
- View from Mount Carmel - Watercolour/paper (16x22cm-6x9in) London 96 .... FF**1 930** - £220 - **$370**

CALLE Sophie 1953 [4]
- The Bronx - Gelatin silver print (114x165cm-45x65in) New-York 94 .... FF**69 700** - £8 080 - **$12,000**

CALLEBAUT Frans 1856-1930 [1]
- Playsage au fleuve - Huile/toile (61x80cm-24x31in) Bruxelles 92 .... FF**5 600** - £669 - **$1,078**

CALLEN William 1812-1908 [1]
- Sailing vessels in a rough sea - Wash (96x63cm-38x25in) Amsterdam 91 .... FF**12 020** - £1 220 - **$2,171**

CALLENFELD-CARSTEN Mies 1893-1982 [1]
- The fruit seller - Oil/canvas (55x89cm-22x35in) Amsterdam 93 .... FF**8 730** - £1 000 - **$1,487**

CALLERY Mary 1903-1977 [1]
- Two dancing forms - Bronze (25cm-10in) New-York 91 .... FF**6 270** - £632 - **$1,088**

CALLET Antoine François 1741-1823 [9]
- Comte de Cromot - Oil/canvas (188x161cm-74x63in) London 96 .... FF**643 000** - £80 000 - **$124,700**
- Woman running - Black & white chalks/paper (54x43cm-21x17in) New-York 97 .... FF**41 574** - £4 628 - **$7,500**

CALLET Pierre [3]
- Rues de Toulon - Huile/toile Cannes 93 .... FF**2 000** - £225 - **$339**

CALLEWAERT Charles René 1893-1936 [2]
- De Kunstenaar in Zijn atelier - Huile/papier (55x43cm-22x17in) Lokeren 96 .... FF**6 250** - £797 - **$1,205**
- En attendant les pêcheurs - Fusain (60x46cm-24x18in) Antwerpen 90 .... FF**4 100** - £442 - **$723**

CALLEWAERT Maurice XX [2]
- Baigneuses - Huile/toile (54x65cm-21x26in) Troyes 96 .... FF**2 800** - £351 - **$541**

CALLI Ibrahim 1882-1960 [1]
- Kardar Hisar peyzaj - Oil/canvas (37x48cm-15x19in) Istanbul 92 .... FF**18 420** - £1 842 - **$3,280**

CALLIANO Antonio Rafaelle 1785-1824 [1]
- Scene from the Trojan war - Oil/canvas (75x135cm-30x53in) New-York 92 .... FF**122 000** - £12 780 - **$22,000**

CALLIANO Gianbattista 1775-1821 [1]
- Bildnis eines jungen Priesters - Miniature (6cm-2in) Wien 95 .... FF**6 070** - £760 - **$1,226**

CALLIAS de Horace 1847-1921 [3]
- La petite soeur - Huile/toile (204x135cm-80x53in) Paris 93 .... FF**78 000** - £9 750 - **$14,180**

CALLIGARIS Rosetta XX [3]
- Nudo seduto - Bronze (17cm-7in) Trieste 96 .... FF**2 340** - £294 - **$448**

CALLIYANNIS Manolis 1926 [3]
- Les Cyprès et du Soleil - Oil/canvas (100x83cm-39x33in) Athens 96 .... FF**8 480** - £1 095 - **$1,640**

CALLMANDER Reinhold C. 1840-1922 [3]
- Skepparhistorier - Oil/canvas (121x166cm-48x65in) Stockholm 95 .... FF**24 400** - £3 194 - **$4,890**

CALLOT Georges 1857-1903 [5]
- A nude with a mandoline - Oil/canvas (107x169cm-42x67in) London 94 .... FF**22 000** - £2 600 - **$3,950**

CALLOT Henri 1875-1956 [9]
- The harbour of La Rochelle - Oil/board (65x81cm-26x32in) Amsterdam 94 .... FF**14 513** - £1 534 - **$2,490**

CALLOT Jacques 1592-1635 [101]
- La grande chasse - Etching (19x46cm-7x18in) London 97 .... FF**16 409** - £1 700 - **$2,810**
- Vue de village - Craies (9x22cm-4x9in) Monaco 94 .... FF**230 000** - £27 140 - **$41,200**

CALLOW George D. XIX-XX [12]
- Return of the fishermen at dusk - Oil/panel (43x53cm-17x21in) London 96 .... FF**4 330** - £550 - **$853**
- On the Dutch Coast - Watercolour (25x46cm-10x18in) London 96 .... FF**2 047** - £260 - **$404**

CALLOW James W. XIX [2]
- On the Mersey - Oil/canvas (61x91cm-24x36in) London 96 .... FF**21 600** - £2 800 - **$4,270**

CALLOW John 1822-1878 [52]
- A Breezy Evening on the Mersey - Oil/canvas (75x127cm-30x50in) London 97 .... FF**20 638** - £2 200 - **$3,603**
- Morning after a gale, Yorkshire coast - Oil/canvas (76x127cm-30x50in) London 96 .... FF**47 300** - £6 000 - **$9,070**
- Low Tide - Watercolour/paper (24x55cm-9x22in) London 97 .... FF**12 195** - £1 300 - **$2,129**

CALLOW William 1812-1908 [149]
- The Thames, Hay Barges - Oil/canvas (46x81cm-18x32in) London 96 .... FF**14 570** - £1 800 - **$2,814**
- Off Liverpool Harbor - Oil/canvas (84x127cm-33x50in) New-York 97 .... FF**62 643** - £6 772 - **$11,000**
- The Butter Cross, Winchester - Watercolour (42x32cm-17x13in) London 97 .... FF**26 217** - £2 800 - **$4,559**

La Seine au Pont-Royal - Watercolour (25x32cm-10x13in) London 95 .... FF112 000 - £14 000 - **$22,620**

CALLOWHILL James XIX-XX [5]
🐦 *On the Llugwy* - Oil/canvas (41x61cm-16x24in) San Francisco-Los Angeles 95 .... FF11 000 - £1 424 - **$2,250**
✎ *Windsor* - Wash (51x85cm-20x33in) Billinghurst, West Sussex 91 .... FF2 976 - £299 - **$515**

CALM Lotte 1897-? [4]
🏺 *Himmlische Liebe* - Ceramic (33cm-13in) Wien 97 .... FF13 390 - £1 428 - **$2,316**

CALMELS Célestin Anatole 1822-1906 [2]
🏺 *Female Bacchante and child* - Bronze (44cm-17in) London 93 .... FF2 780 - £320 - **$480**

CALMETTES Jean-Marie 1918 [27]
🐦 *Femme assise* - Huile/toile (55x46cm-45x35in) Calais 97 .... FF4 800 - £514 - **$841**
Grand nu accroupi - Huile/toile (116x81cm-46x32in) Avignon 89 .... FF24 000 - £2 529 - **$4,040**

CALMEYER Gösta R. 1927 [2]
Komposition, 1964 - Oil/board (50x60cm-20x24in) Malmö 90 .... FF2 100 - £225 - **$365**

CALO Aldo 1910 [2]
🏺 *Senza titolo* - Bronze (42cm-17in) Milano 96 .... FF6 700 - £860 - **$1,280**

CALOGERO Jean 1922 [52]
🐦 *L'Arlequin* - Huile/toile (35x27cm-14x11in) Calais 96 .... FF3 100 - £356 - **$592**
Citée flottantes - Huile/toile (60x73cm-24x29in) L'Isle-Adam 90 .... FF14 500 - £1 552 - **$2,522**

CALOSCI Arturo 1855-1926 [2]
🐦 *The Tuneful Monk* - Oil/canvas (28x32cm-11x13in) London 95 .... FF9 050 - £1 200 - **$1,870**

CALPENA Pastor XX [4]
✎ *Puerto levantino* - Acuarela (50x70cm-20x28in) Madrid 95 .... FF10 580 - £1 337 - **$2,123**

CALS Adolphe Félix 1810-1880 [75]
🐦 *Jeune garçon aux dominos* - Huile/canvas (54x45cm-21x18in) Stockholm 96 .... FF11 350 - £1 467 - **$2,174**
Jeune fille songeuse - Huile/panneau (35x27cm-14x11in) Honfleur 90 .... FF70 000 - £7 543 - **$12,346**
✎ *Comte Doris enfant* - Pastel (37x29cm-15x11in) Paris 94 .... FF7 500 - £868 - **$1,287**

CALSINA BARO Ramón 1901 [2]
🐦 *Paisaje onirico* - Oleo/lienzo (81x100cm-32x39in) Madrid 96 .... FF19 240 - £2 203 - **$3,670**

CALTHROP Claude Andrew 1845-1893 [1]
🐦 *The Jester* - Oil/canvas (104x64cm-41x25in) London 95 .... FF40 200 - £5 200 - **$8,210**

CALTIA Stéphane 1942 [5]
🐦 *Clown* - Huile/toile (61x46cm-24x18in) Saint-Dié 92 .... FF6 000 - £716 - **$1,154**

CALVANI Bruno 1904-1986 [2]
🏺 *Il gondoliere* - Bronze (36cm-14in) Milano 93 .... FF18 100 - £2 060 - **$3,065**

CALVÉ Julien ?-1924 [1]
🐦 *Paysage, 1905* - Huile/panneau (31x39cm-12x15in) Paris 90 .... FF2 600 - £262 - **$473**

CALVERT Charles 1785-1852 [2]
✎ *Le château de Windsor* - Aquarelle (14x20cm-6x8in) Paris 92 .... FF4 500 - £537 - **$866**

CALVERT Edward 1789-1883 [5]
🐦 *Shipping off Ryde* - Oil/canvas (35x50cm-14x20in) London 91 .... FF14 880 - £1 510 - **$2,687**

CALVERT Edwin Sherwood 1844-? [3]
🐦 *A burn* - Oil/canvas (30x35cm-12x14in) Glasgow 96 .... FF2 470 - £320 - **$484**

CALVERT Frederick XIX-XX [18]
🐦 *Lighthouse and Fort, Mouth of Mersey* - Oil/canvas (25x36cm-10x14in) London 96 .... FF15 270 - £2 000 - **$3,094**

CALVERT Henry 1798-1869 [11]
🐦 *New Friends* - Oil/canvas (63x76cm-25x30in) New-York 96 .... FF21 700 - £2 813 - **$4,250**

CALVERT OF MANCHESTER Henry 1813-1861 [3]
🐦 *Waiting at the Foot of the Stairs* - Oil/canvas (87x117cm-34x46in) London 94 .... FF75 600 - £9 000 - **$14,400**

CALVES Léon Georges 1848-1924 [13]
🐦 *Fin des vendanges* - Huile/toile (73x100cm-29x39in) Saint-Dié 95 .... FF11 000 - £1 374 - **$2,156**

CALVES Marie 1883-1957 [28]
🐦 *Troupeau de chèvres* - Huile/toile (60x121cm-24x48in) Chaumont 94 .... FF11 500 - £1 340 - **$2,015**
A pack of otterhounds - Oil/canvas (151x240cm-59x94in) New-York 97 .... FF52 023 - £5 546 - **$9,000**
✎ *Chiens en lisière de forêt* - Aquarelle, gouache (75x31cm-30x12in) Chaumont 94 .... FF5 900 - £688 - **$1,034**

CALVET Bernard 1938 [4]
🐦 *La vigne* - Huile/toile (55x46cm-22x18in) Provins 95 .... FF3 000 - £383 - **$616**

CALVET Gérard 1926 [35]
🐦 *Femme près des barques* - Huile/toile (50x61cm-20x24in) Provins 93 .... FF6 900 - £831 - **$1,255**
Retour du troupeau - Huile/toile (50x66cm-20x26in) Reims 92 .... FF19 000 - £1 950 - **$3,654**
✎ *Petit nu exotique* - Sanguine (46x55cm-18x22in) Arles 92 .... FF2 000 - £239 - **$385**

CALVET Henri-Bernard 1868-1950 [2]
🐦 *Nature morte au pot chinois* - Huile/toile/panneau (25x32cm-10x13in) Rennes 93 .... FF3 000 - £362 - **$546**

CALVET Michel 1956 [5]
🐦 *La place à Aups* - Huile/toile (73x60cm-29x24in) Montauban 92 .... FF9 500 - £972 - **$1,673**

CALVEZ Yves [2]
🐦 *Paysage de Provence* - Huile/panneau (60x73cm-24x29in) Provins 90 .... FF7 000 - £716 - **$1,383**

CALVI Ercole 1824-1900 [10]
🐦 *Vicinanze di Lecco, Pescarenico* - Olio/tela (46x80cm-18x31in) Milano 95 .... FF57 200 - £7 200 - **$11,600**

CALVI Giuseppe 1895-1983 [2]
🐦 *Paesaggio lacustre con barche* - Olio/tavola (91x120cm-36x47in) Milano 95 .... FF24 160 - £3 120 - **$4,960**

CALVI Pietro 1833-1884 [16]
Il Moro di Venezia - Bronze (67cm-26in) London 94 .... FF**185 000** - £22 000 - **$35,200**
Aleydah - Marble (72cm-28in) London 93 .... FF**316 000** - £36 000 - **$53,600**

CALVO Edmond François 1892-1958 [2]
Cri-Cri et Moumousse - Encre Chine (36x25cm-14x10in) Paris 89 .... FF**12 000** - £1 194 - **$1,896**

CALYO Niccolino V. 1799-1884 [3]
Ruins after the Great Fire of N. Y. - Aquatint (50x67cm-20x26in) New-York 93 .... FF**2 750** - £325 - **$500**

CALZADA Humberto 1944 [3]
The Dreamt Compass - Oil/canvas (127x94cm-50x37in) New-York 97 .... FF**37 313** - £3 962 - **$6,500**

CALZOLAIO Francesco 1940 [10]
Le Grand Canal - Huile/panneau (74x124cm-29x49in) Bruxelles 96 .... FF**9 380** - £1 193 - **$1,804**

CALZOLARI Pier Paolo 1943 [16]
Senza titolo - Tecnica mista/cartone (67x101cm-26x40in) Milano 95 .... FF**28 300** - £3 610 - **$5,800**
Flauto - Freezing surfaces, lead metal, motor (99x256cm-39x101in) London 94 .... FF**75 400** - £9 000 - **$14,200**
Senza titolo - Tecnica mista/carta (145x100cm-57x39in) Milano 95 .... FF**18 300** - £2 400 - **$3,780**

CAMACHO Jorge 1935 [39]
La Danse de la Mort, Opus 7 - Huile/toile (146x89cm-57x35in) Paris 96 .... FF**26 000** - £3 060 - **$5,100**
Annunciation to Myself - Oil/canvas (143x178cm-56x70in) New-York 93 .... FF**59 100** - £6 710 - **$10,000**
Human pyramide - Color lithograph Château de Beloeil 92 .... FF**3 320** - £340 - **$584**

CAMACHO Ruben 1953 [11]
Nuit à Pigalle - Huile/toile (89x116cm-35x46in) Paris 90 .... FF**7 500** - £777 - **$1,318**
L'envers du modèle - Huile/toile (74x92cm-29x36in) Paris 90 .... FF**22 000** - £2 371 - **$3,880**

CAMARA Pedro XX [2]
Cesto de flores - Oleo/lienzo (27x22cm-11x9in) Madrid 90 .... FF**2 400** - £257 - **$417**

CAMARO Alexander 1901-1992 [22]
Harlekin auf weisser Fläche - Oil/canvas (66x54cm-26x21in) Berlin 90 .... FF**61 200** - £6 228 - **$12,239**
Fahrenheit I - Oil/canvas (140x125cm-55x49in) Berlin 92 .... FF**136 000** - £13 920 - **$23,940**
Ohne Titel - Aquarell/Papier (66x54cm-26x21in) Berlin 96 .... FF**5 420** - £677 - **$1,048**

CAMARON Y BORONAT José 1731-1803 [1]
Couples dancing - Oil/canvas (44x56cm-17x22in) London 95 .... FF**622 000** - £80 000 - **$128,400**

CAMARON Y TORRA Vicente 1803-1864 [2]
Paisaje - Oleo/lienzo (41x47cm-16x19in) Madrid 92 .... FF**16 200** - £1 650 - **$2,850**

CAMBELLOTTI Duilio 1876-1960 [9]
Danzatrici/Guerrieri - Tempera (22x36cm-9x14in) Roma 92 .... FF**19 370** - £2 304 - **$3,725**
Civette - Acquarello/carta (30x43cm-12x17in) Roma 93 .... FF**8 650** - £990 - **$1,472**

CAMBEROQUE Jean [2]
La Forêt aux colombes - Huile/toile (46x38cm-18x15in) Toulouse 91 .... FF**3 500** - £354 - **$695**

CAMBI Andrei XIX-XX [3]
Figure of a Girl - Marble (95cm-37in) New-York 97 .... FF**77 497** - £8 478 - **$13,500**

CAMBIER Guy 1923 [39]
Paysage de neige - Huile/toile (54x44cm-21x17in) Cannes 97 .... FF**5 500** - £597 - **$975**
Maternité - Huile/toile (73x54cm-29x21in) Calais 97 .... FF**10 000** - £1 071 - **$1,753**
Fleurs dans un pichet bleu - Oil/panel (76x57cm-30x22in) London 94 .... FF**26 570** - £3 100 - **$4,620**

CAMBIER Juliette 1879-1963 [13]
Mixed Flowers - Oil/canvas (56x46cm-22x18in) London 97 .... FF**3 299** - £350 - **$568**

CAMBIER Louis Eugène 1852-1940 [1]
Pêcheur près de l'étang - Huile/toile (65x92cm-26x36in) Antwerpen 94 .... FF**4 130** - £474 - **$706**

CAMBIER Louis Gustave 1874-1949 [18]
La porteuse de fagots - Huile/toile (57x75cm-22x30in) Bruxelles 93 .... FF**2 472** - £296 - **$506**

CAMBIER Nestor 1879-1957 [7]
Place à Bruxelles - Huile/toile (60x70cm-24x28in) Antwerpen 93 .... FF**3 310** - £404 - **$591**

CAMBIER VAN NOOTEN Wilhelmina 1881-? [1]
View of a yard with horses - Oil/canvas (49x36cm-19x14in) Amsterdam 94 .... FF**3 330** - £383 - **$570**

CAMBON Félix Urbain XIX-XX [1]
Woman with a parasol - Huile/toile (68x55cm-27x22in) New-York 96 .... FF**12 500** - £1 620 - **$2,500**

CAMBON Guido 1875-1930 [4]
Nuvole rosse sul mareno - Olio/tavola (90x120cm-35x47in) Trieste 95 .... FF**26 200** - £3 315 - **$5,100**

CAMBON Henri Joseph Armand 1819-1885 [1]
Berger et bergère - Huile/toile (103x46cm-41x18in) Montauban 93 .... FF**29 000** - £3 260 - **$4,920**

CAMBOS Jean Jules 1828-1917 [7]
David - Bronze (84cm-33in) London 94 .... FF**11 150** - £1 300 - **$1,937**
La Paix - Bronze (91cm-36in) London 90 .... FF**23 200** - £2 484 - **$4,035**

CAMBRESIER Jean 1856-1928 [4]
Vue de la Basse-Meuse - Gouache/papier (16x28cm-6x11in) Liège 90 .... FF**2 590** - £262 - **$493**

CAMBRESIER Joseph 1861-? [4]
Vaches à l'étang - Gouache/papier (42x29cm-17x11in) Liège 91 .... FF**2 754** - £276 - **$504**

CAMENISCH Paul 1893-1970 [6]
Landschaft mit Bäumen und See - Oil/canvas (73x92cm-29x36in) Zürich 92 .... FF**20 930** - £2 500 - **$4,030**
Tessiner Mailandschaft - Oil/Leinwand (115x140cm-45x55in) Zürich 97 .... FF**572 446** - £60 857 - **$98,745**
Martha Camenisch - Eau-forte (39x28cm-15x11in) Zürich 96 .... FF**1 644** - £206 - **$318**

CAMENZIND Balz 1907 [4]
Cabzas, auf der Weide - Oil/canvas (143x78cm-56x31in) Bern 90 .... FF**23 400** - £2 489 - **$4,186**
Pferderennen - Encre/papier (35x43cm-14x17in) Bern 96 .... FF**1 630** - £198 - **$317**

CAMERARIUS Joachim II 1534-1598 [1]
- *Manuscript Flower Book*
  473 drawings: watercolours, bodycolours/paper (36x24cm-14x9in) London 92 .... FF5 - £580 000 - $1 e,+06

CAMERON David Young 1865-1945 [67]
- *The Ravine* - Oil/canvas (33x36cm-13x14in) London 96 .... FF3 840 - £480 - $745
- *Ben Dears* - Oil/canvas (51x66cm-20x26in) London 96 .... FF24 570 - £2 800 - $4,700
- *Ben-a-Ghie, Monymusk* - Oil/canvas (76x101cm-30x40in) Glasgow 96 .... FF64 800 - £7 500 - $12,410
- *The Cairngorms* - Watercolour (24x37cm-9x15in) London 94 .... FF3 800 - £450 - $702

CAMERON Douglas XIX-XX [6]
- *Highland cattle*
  Oil/canvas (102x76cm-40x30in) Hopetoun House, South Queensferry 91 ...... FF14 100 - £1 400 - $2,448

CAMERON Duncan 1863-1907 [22]
- *Mist rising over the Highland Loch* - Oil/canvas (36x53cm-14x21in) Montréal 95 ...... FF3 240 - £411 - $653
- *Sunny afternoon, near Crail* - Oil/canvas (51x76cm-20x30in) Glasgow 96 .... FF8 200 - £950 - $1,573

CAMERON Elizabeth XX [4]
- *Passiflora Caerulea* - Watercolour (37x27cm-15x11in) Glasgow 94 .... FF2 533 - £300 - $468

CAMERON Hugh 1835-1918 [11]
- *Children paddling* - Oil/canvas (50x40cm-20x16in) Edinburgh 92 .... FF14 240 - £1 700 - $2,740

CAMERON Julia Margaret 1815-1879 [57]
- *Madonna and Child* - Albumen print (25x20cm-10x8in) New-York 93 .... FF7 080 - £806 - $1,200
- *Portrait of J.H. Pollen, 1860s* - Albumen print (20x15cm-8x6in) New-York 96 ...... FF12 380 - £1 590 - $2,400
- *Mrs. Herbert Duckworth* - Albumen print (25x21cm-10x8in) London 94 .... FF42 600 - £5 000 - $7,460

CAMERON Katharine 1874-1965 [8]
- *Spring blossom* - Gouache (47x19cm-19x7in) Glasgow 92 .... FF3 610 - £420 - $737

CAMERON Mary ?-1921 [5]
- *Lord Overstone* - Albumen print (36x25cm-14x10in) London 93 .... FF6 220 - £750 - $1,088

CAMERON Peter Caledonian XIX-XX [4]
- *Sunset Coast of Chile* - Watercolour (53x38cm-21x15in) Philadelphia 95 .... FF3 260 - £412 - $650

CAMERON Robert Hartley 1909 [7]
- *Playing in the surf* - Oil/canvas (61x91cm-24x36in) Philadelphia 92 .... FF9 370 - £960 - $1,650

CAMESI Gianfredo 1940 [6]
- *Dimension Unique* - Öl/Leinwand (100x100cm-39x39in) Luzern 94 .... FF32 100 - £3 770 - $5,720
- *Autoportrait* - Ink/paper (28x21cm-11x8in) Luzern 90 .... FF5 900 - £610 - $1,042

CAMINADE Alexandre François 1789-1862 [3]
- *Jeune fille à la poupée, lisant* - Oil/canvas (55x46cm-22x18in) New-York 91 ...... FF83 200 - £8 710 - $15,000

CAMINO Charles 1824-1888 [2]
- *Femme de qualité* - Miniature (11cm-4in) Paris 95 .... FF3 300 - £405 - $643

CAMINO Giuseppe 1818-1890 [2]
- *Allevatori di Pecore* - Oil/canvas (80x115cm-31x45in) New-York 92 .... FF31 200 - £3 725 - $6,000
- *Paesaggio verdeggianti* - Oil/board (95x72cm-37x28in) New-York 91 .... FF114 000 - £11 487 - $19,782

CAMISSAR Auguste 1873-1962 [1]
- *Vue sur le lac* - Gouache (38x48cm-15x19in) Saint-Dié 90 .... FF4 000 - £402 - $727

CAMM Martin 1954 [2]
- *Silver brown trout* - Watercolour/paper (23x57cm-9x22in) London 96 .... FF3 946 - £500 - $757

CAMMARANO Giuseppe 1766-1850 [4]
- *Apollo and Marsyas* - Black chalk (33x40cm-13x16in) London 92 .... FF23 450 - £2 400 - $4,600

CAMMARANO Michele 1835-1920 [14]
- *Giovinetto* - Olio/tela (46x38cm-18x15in) Roma 96 .... FF23 400 - £2 710 - $4,550
- *The Broken Fruit Dish* - Oil/canvas (204x148cm-80x58in) London 96 .... FF153 300 - £18 000 - $29,800

CAMMILLIERI OF MALTA Niccolo c.1800-c.1860 [2]
- *The Ship George in two position* - Watercolour (44x57cm-17x22in) London 96 ...... FF24 800 - £3 200 - $4,790

CAMMILLIERI OF MARSEILLES Nicholas c.1780-1855 [8]
- *H.M. Sloop Chanticler off Valetta* - Watercolour (51x74cm-20x29in) London 95 ...... FF28 600 - £3 600 - $5,660

CAMMISSAR Auguste 1873-1962 [1]
- *Les vendanges* - Huile/toile (54x71cm-21x28in) Entzheim 96 .... FF9 400 - £1 178 - $1,814
- *Maison natale du peintre* - Gouache (60x52cm-24x20in) Saint-Dié 90 .... FF2 000 - £204 - $400

CAMOIN Charles 1879-1965 [319]
- *Thérèse V.* - Huile/toile (46x36cm-18x14in) Paris 96 .... FF16 000 - £2 074 - $3,163
- *Voiliers* - Oil/canvas (65x54cm-26x21in) New-York 97 .... FF43 528 - £4 579 - $7,500
- *Voilier à Marseille* - Huile/toile (54x65cm-21x26in) Paris 96 .... FF80 000 - £9 110 - $15,300
- *Les pins à saint-Tropez* - Oil/canvas (73x54cm-29x21in) New-York 97 .... FF137 143 - £14 702 - $24,000
- *Port de Cassis* - Oil/canvas (79x100cm-31x39in) New-York 96 .... FF388 400 - £50 100 - $75,000
- *Notre-Dame* - Huile/toile (65x81cm-26x32in) Enghien 90 .... FF700 000 - £72 314 - $123,675
- *Mme Camoin* - Pastel (23x19cm-9x7in) Paris 97 .... FF7 500 - £816 - $1,306
- *Nu* - Pastel (46x30cm-18x12in) Calais 97 .... FF29 000 - £3 178 - $5,090

CAMOIN Victor 1824-1856 [1]
- *L'enfant, le singe et le chien* - Huile/panneau (16x21cm-6x8in) Barbizon 90 ...... FF18 000 - £1 860 - $3,180

CAMOREYT Jacques M. XIX-XX [3]
- *Le port du Havre* - Huile/toile (65x92cm-26x36in) Le Havre 95 .... FF14 500 - £1 897 - $2,904

CAMP de Joseph Rodefer 1858-1923 [4]
- *La Penserosa* - Oil/canvas (69x61cm-27x24in) New-York 92 .... FF124 800 - £14 900 - $24,000

CAMP Jeffery Bruce 1923 [9]
- Poppies - Oil/board (42x61cm-17x24in) London 94 .... FF*3 750* - £450 - $713
- The Old Town, Hastings from the Croft
  Watercolour (30x36cm-12x14in) Aylsham, Norfolk 96 .... FF*2 204* - £280 - $435

CAMP van Camille 1834-1891 [5]
- Le bon Samaritain - Huile/toile (220x294cm-87x116in) Bruxelles 96 .... FF*29 700* - £3 830 - $5,820

CAMPAGNARI Ottorino 1910-1987 [2]
- Monte Bianco - Olio/tela (50x100cm-20x39in) Torino 93 .... FF*11 710* - £1 323 - $1,970

CAMPAGNE Daniel P.E. 1851-1914 [7]
- La Charmeuse - Bronze (75cm-30in) La Flèche 95 .... FF*19 000* - £2 444 - $3,920
- Phryne devant ses juges - Bronze (85x46cm-33x18in) Lokeren 92 .... FF*28 200* - £2 890 - $4,960

CAMPAIN Pierre 1893-1967 [101]
- Sous-bois - Huile/isorel (55x46cm-22x18in) Cherbourg 97 .... FF*4 100* - £427 - $699
- Fête foraine - Huile/isorel (92x73cm-36x29in) Cherbourg 97 .... FF*12 000* - £1 250 - $2,045

CAMPANA Ignazio Pio, Ignace c.1730-1786 [7]
- Countess of Artois - Miniature (13cm-5in) London 97 .... FF*76 046* - £8 000 - $13,026

CAMPANELLA Angelo 1746-1811 [2]
- Venus/Adonis - Engraving (49x64cm-19x25in) Mere Hall, Knutsford, Cheshire 94 ... FF*93 200* - £11 000 - $16,600

CAMPANILE Simone 1828-1896 [1]
- Bambini nel cortile - Olio/tavola (29x17cm-11x7in) Milano 95 .... FF*7 720* - £1 025 - $1,575

CAMPBELL Blendon Reed 1872-? [14]
- Hills of Hollywood - Oil/board (41x58cm-16x23in) Mystic, Connecticut 96 .... FF*2 960* - £388 - $600

CAMPBELL Christopher 1908-1972 [1]
- The Artist and his Mother - Oil/panel (58x76cm-23x30in) London 97 .... FF*32 833* - £3 500 - $5,756

CAMPBELL Colin Cairness Clin. 1894-? [4]
- Summer blooms - Oil/canvas (49x45cm-19x18in) London 94 .... FF*4 070* - £480 - $725

CAMPBELL George F. 1917-1979 [26]
- Coco the Clown - Oil/board (59x34cm-23x13in) London 96 .... FF*18 600* - £2 400 - $3,590
- Andalucian town - Mixed media/paper (61x33cm-24x13in) Belfast 92 .... FF*3 870* - £450 - $790

CAMPBELL James ?-1903 [1]
- The clockmaker solving a problem - Oil/canvas (35x30cm-14x12in) London 89 ... FF*96 900* - £9 908 - $15,579

CAMPBELL James 1828-1893 [2]
- Mother and child - Oil/canvas (90x68cm-35x27in) London 94 .... FF*22 000* - £2 600 - $3,950
- Home and rest - Oil/canvas (62x51cm-24x20in) London 93 .... FF*166 000* - £20 000 - $29,000

CAMPBELL John Henry 1757-1828 [5]
- Twenty views/In the/... - Watercolour (25x40cm-10x16in) London 97 .... FF*76 923* - £8 200 - $13,485

CAMPBELL John Hodgson 1855-1927 [4]
- Lady with a hat, half length - Oil/canvas/board (75x54cm-30x21in) London 92 ... FF*50 800* - £5 200 - $8,960

CAMPBELL Norah Molly XIX-XX [4]
- The Millionaire - Oil/board (25x34cm-10x13in) London 91 .... FF*5 420* - £547 - $1,056

CAMPBELL Stephen XX [2]
- Topiary Gardeners, Pulsinane - Oil/canvas (274x267cm-108x105in) New-York 93 ... FF*22 000* - £2 760 - $4,000

CAMPBELL Steven 1953 [17]
- Propagation by Electrolysis & Gesture - Oil/canvas (280x254cm-110x100in) London 95 .... FF*45 400* - £5 800 - $9,320
- Men with a carriage royale - Oil/canvas (284x274cm-112x108in) London 90 ... FF*102 400* - £10 421 - $20,478

CAMPBELL Thomas, Tom 1865-1943 [7]
- Crossing a bridge - Watercolour/paper (25x35cm-10x14in) Glasgow 96 .... FF*1 555* - £180 - $298

CAMPBELL Tom 1790-1858 [11]
- A village street - Oil/canvas (56x76cm-22x30in) Glasgow 91 .... FF*14 960* - £1 499 - $2,523
- Mixed Flowers in a pottery vase - Bodycolour (39x49cm-15x19in) London 96 ... FF*2 045* - £260 - $405

CAMPECHE José 1751-1809 [3]
- Nuestra señora de belen - Oil/panel (51x35cm-20x14in) New-York 97 .... FF*372 281* - £39 682 - $65,000

CAMPENDONCK Heinrich 1889-1957 [61]
- Pferd mit Fohlen - Oil/canvas (55x67cm-22x26in) London 94 .... FF*2* - £270 000 - $415,000
- Vor dem Stall - Öl/Leinwand (49x57cm-19x22in) Berlin 97 .... FF*543 922* - £57 766 - $94,748
- Zwei rote Pferde - Tempera/canvas (73x94cm-29x37in) Berlin 95 .... FF*755 000* - £98 700 - $153,300
- Männliche Halbfigur mit Kuh und Ziege - Woodcut (46x30cm-18x12in) Köln 97 ... FF*18 925* - £1 989 - $3,240
- Ein Angler - Pencil/paper (15x17cm-6x7in) München 95 .... FF*12 340* - £1 575 - $2,530
- Grauer Akt und Kühe - Aquarelle (23x27cm-9x11in) Köln 97 .... FF*70 970* - £7 459 - $12,150

CAMPERT Otto 1842-1924 [1]
- Städtchen an der Flußschleife - Öl/Karton (45x63cm-18x25in) München 92 ... FF*4 080* - £418 - $800

CAMPESINO Y MINGO Vicente XIX-XX [2]
- The reading, 1895 - Oil/canvas (35x48cm-14x19in) London 90 .... FF*24 200* - £2 508 - $4,253

CAMPESTRINI Alcide Davide 1863-1940 [3]
- Nature morte - Öl/Karton (51x60cm-20x24in) Bern 94 .... FF*7 430* - £891 - $1,444

CAMPESTRINI Alcide Ernesto 1897-1983 [7]
- Bella frutta e buon vino - Olio/tela (50x70cm-20x28in) Torino 93 .... FF*4 760* - £538 - $800

CAMPHAUSEN Wilhelm 1818-1885 [8]
- Fürst Blücher zu Pferde - Öl/Leinwand (71x63cm-28x25in) Bremen 93 .... FF*45 500* - £5 200 - $7,730

CAMPI Giacomo 1864-1921 [6]
- The Pet Dove - Watercolour (34x25cm-13x10in) London 94 .... FF*2 265* - £260 - $388

CAMPI Giulio 1502-1572 [6]
- A kneeling figure in chains - Ink (14x10cm-6x4in) New-York 97 .... FF*19 466* - £2 166 - $3,500

CAMPI-EULER Daisy 1893-1979 [1]

🖼 Bei Eppan - Öl/Karton (60x79cm-24x31in) Heidelberg 96 .... FF2 477 - £320 - **$485**

CAMPIGLI Massimo 1895-1971 [234]

🖼 Isola felice - Olio/tela (94x75cm-37x30in) Milano 95 .... FF1 - £161 000 - **$261,000**
Donne al sole - Olio/tela (72x91cm-28x36in) Lugano 91 .... FF2 - £235 389 - **$405,351**
Zwei Frauen - Öl/Leinwand (35x41cm-14x16in) Köln 94 .... FF58 100 - £6 820 - **$10,350**
Idolo - Olio/tela (46x38cm-18x15in) Prato 97 .... FF136 000 - £16 000 - **$24,000**
Figura - Olio/tela (45x35cm-18x14in) Prato 97 .... FF238 000 - £28 000 - **$42,000**
Composizione a ventaglio - Olio/tela (73x89cm-29x35in) Milano 95 .... FF477 000 - £60 800 - **$97,600**
🗔 Due donne - Litografia a colori (60x40cm-24x16in) Milano 94 .... FF10 720 - £1 242 - **$1,876**
🖉 La jeune pianiste/ Jeune femme - Mine plomb Paris 97 .... FF20 000 - £2 156 - **$3,512**
Femme à la fenêtre - Encre Chine (40x32cm-16x13in) Paris 96 .... FF95 000 - £10 820 - **$18,200**

CAMPINI Luigi 1816-1890 [1]

🖼 Le figlie di Jefte - Olio/tela (90x118cm-35x46in) Milano 95 .... FF90 600 - £11 700 - **$18,600**

CAMPION DE TERSAN Charles Philippe 1736-1819 [5]

🖉 Cone signals in the Crimea - Pencil (36x53cm-14x21in) London 91 .... FF6 410 - £646 - **$1,249**

CAMPION George Bryant 1796-1870 [9]

🖉 Hampstead - Watercolour (27x50cm-11x20in) Billinghurst, West Sussex 93 .... FF5 810 - £700 - **$1,015**

CAMPO del Federico XIX-XX [40]

🖼 Feeding pigeons, St. Mark's, Venice - Oil/panel (28x18cm-11x7in) London 92 .... FF35 200 - £3 600 - **$6,210**
Il Squerro di San Trovaso, Venice - Oil/canvas (39x66cm-15x26in) London 97 .... FF100 365 - £11 000 - **$17,614**
Santa Maria della Salute - Oil/canvas (61x96cm-24x38in) New-York 90 .... FF1 296e +06 - £110 236 - **$179,061**
🖉 The Piazza san Marco - Watercolour/paper (25x16cm-10x6in) New-York 97 .... FF34 130 - £3 673 - **$6,000**

CAMPO del Francisco ?-1897 [1]

🖼 Canal à Venise - Huile/toile (60x36cm-24x14in) Monaco 93 .... FF80 000 - £10 000 - **$14,550**

CAMPOREALE Sergio 1937 [10]

🖼 La Espera - Oil/canvas (81x100cm-32x39in) New-York 95 .... FF37 000 - £4 620 - **$7,250**
🖉 Hombre del sombrero gris - Aquarelle (80x120cm-31x47in) Paris 93 .... FF15 000 - £1 705 - **$2,543**

CAMPOS Alain 1955 [8]

🖉 Sans titre - Acrylique (150x150cm-59x59in) Versailles 90 .... FF18 000 - £1 865 - **$3,163**
🖉 Les Lucas et les Sabines - Technique mixte/papier (145x250cm-57x98in) Paris 92 ...... FF6 000 - £615 - **$1,056**

CAMPOTOSTO Henry ?-1910 [7]

🖼 Paysage animé avec chaumière - Huile/toile (62x100cm-24x39in) Bruxelles 93 .... FF32 960 - £3 940 - **$6,730**
Refreshment/Shepherdesses - Oil/panel (62x88cm-24x35in) London 96 .... FF308 000 - £40 000 - **$61,000**

CAMPRIANI Alceste 1848-1933 [32]

🖼 Somarello con gerle - Olio/tavola (25x42cm-10x17in) Roma 95 .... FF14 260 - £1 824 - **$2,930**
Fishing at low tide - Oil/canvas (20x38cm-8x15in) Amsterdam 97 .... FF55 292 - £5 845 - **$9,487**
Visita ai contadini - Olio/tela (42x72cm-17x28in) Bologna 92 .... FF294 400 - £30 130 - **$51,800**

CAMPS ARNAU José Maria 1879-? [1]

🖾 Niño dormido - Terracotta (16cm-6in) Madrid 96 .... FF1 703 - £217 - **$328**

CAMPS RIBERA Francisco 1895-1992 [3]

🖼 Coasta brava catalana - Oleo/lienzo (60x81cm-24x32in) Madrid 96 .... FF2 606 - £299 - **$498**

CAMRADT Frederik Christian 1762-1844 [1]

🖉 Miniaturereportraet af en ung mand - Miniature (5x4cm-2x2in) Köbenhavn 92 .... FF2 464 - £252 - **$514**

CAMRADT Johannes Ludvig 1779-1849 [10]

🖼 Roses in a vase - Oil/canvas (41x32cm-16x13in) London 96 .... FF67 800 - £8 500 - **$13,100**

CAMUCCINI Vincenzo 1771-1844 [4]

🖉 Conspiration to the Murder of Caesar - Ink (27x40cm-11x16in) London 95 .... FF10 100 - £1 300 - **$2,070**
The Crucifixion - Wash (35x59cm-14x23in) London 90 .... FF14 500 - £1 563 - **$2,557**

CAMUS Blanche Augustine 1884-1968 [15]

🖼 A view from the garden - Oil/canvas (37x46cm-15x18in) New-York 94 .... FF9 930 - £1 141 - **$1,700**
Femme au jardin - Huile/toile (55x46cm-22x18in) Calais 97 .... FF43 000 - £4 605 - **$7,538**

CAMUS François 1955 [4]

🖼 Ruelle à Auribeau - Huile/toile (46x55cm-18x22in) Dijon 94 .... FF2 800 - £337 - **$533**

CAMUS Georges XIX-XX [1]

🖼 Vegetables and poultry - Oil/canvas/panel (59x80cm-23x31in) New-York 91 .... FF8 990 - £899 - **$1,481**

CAMUS Gustave 1914-1984 [39]

🖼 Heure calme - Huile/toile (38x88cm-15x35in) Antwerpen 93 .... FF7 270 - £833 - **$1,238**
Nu couché - Huile/toile (70x120cm-28x47in) Bruxelles 96 .... FF31 300 - £3 980 - **$6,010**
🖉 Bateaux - Gouache (32x40cm-13x16in) Bruxelles 96 .... FF5 360 - £694 - **$1,072**

CAMUS Jacques 1893-? [4]

🖼 Marché rue Mouffetard - Huile/toile (33x41cm-13x16in) Paris 94 .... FF4 000 - £474 - **$740**

CAMUS Jean Marie 1877-1955 [5]

🖾 Faune jouant de la flûte de pan - Marbre (43cm-17in) Paris 92 .... FF4 800 - £493 - **$923**

CAMUSET Raoul XX [5]

🖼 Falaise à Varengeville - Huile/toile (54x73cm-21x29in) Dieppe 91 .... FF4 500 - £451 - **$824**

CANA Louis Émile 1845-c.1895 [3]

🖾 Cheval de selle - Bronze (40x55cm-16x22in) Paris 95 .... FF15 000 - £1 904 - **$3,025**

CANAL von Gilbert 1849-1927 [6]

🖼 Windmühle am Ufer - Öl/Leinwand (91x119cm-36x47in) Wien 95 .... FF17 130 - £2 167 - **$3,346**

CANALE Fabio 1703-1767 [1]

🖉 Madonna & the Shroud of a Saint - Ink (26x14cm-10x6in) New-York 95 .... FF5 100 - £612 - **$950**

CANALETTO Antonio Canal 1697-1768 [83]
● Old Horse Guards - Oil/canvas (117x236cm-46x93in) London 92 .... FF8 - £9 - $1
European port - Oil/canvas (63x100cm-25x39in) New-York 97 .... FF662 616 - £74 880 - $120,000
⟋ The Piazza san Marco, Venice - Black chalk (23x34cm-9x13in) London 97.................... FF254 402 - £26 000 - $43,300
CANALS Y LLAMBI Ricardo 1876-1931 [9]
⌓ Exposición Internacional de Barcelona - Poster (99x69cm-39x27in) London 96......................... FF1 560 - £200 - $308
⟋ Jeune fille à la mantille blanche - Pastel (33x25cm-13x10in) Paris 95.................... FF14 000 - £1 785 - $2,813
CAÑAS Benjamin 1937 [3]
● Autorretrato, la modelo y el artista - Oil/panel (117x117cm-46x46in) New-York 97... FF486 829 - £51 892 - $85,000
CAÑAVERAL Y PÉREZ Alfonso 1855-? [2]
● Requiebro, barrio de Santa Cruz - Oleo/lienzo (50x27cm-20x11in) Madrid 92 .... FF27 000 - £2 750 - $4,750
CAÑAVERAL Y PÉREZ José 1833-1984 [2]
● Venta del gallo - Oleo/lienzo (58x32cm-23x13in) Madrid 89 .... FF32 400 - £3 224 - $5,118
CANCIANI Jakob c.1820-1891 [4]
● Blick auf Veldes - Öl/Leinwand (55x69cm-22x27in) Wien 95 .... FF49 500 - £6 320 - $10,250
CANDELS Josef XX [2]
● Löwenplastik und Blumen - Oil/canvas (67x75cm-26x30in) Ahlden 92 .... FF6 800 - £696 - $1,197
CANDES Roger-Lucien 1907-1972 [6]
● Montmartre - Huile/toile (73x92cm-29x36in) Paris 90 .... FF5 000 - £509 - $1,000
⟋ **CANE du Ella c.1880-c.1940** [16]
⟋ Japanese on a road - Watercolour (43x28cm-17x11in) London 94 .... FF3 780 - £450 - $720
CANE Louis 1943 [156]
● Les trois femmes - Acrylique (45x49cm-18x19in) Paris 97 .... FF5 000 - £532 - $870
Sol-mur - Huile/toile (114x62cm-45x24in) Paris 94 .... FF5 500 - £660 - $1,042
Deux femmes qui accouchent - Huile/toile (190x180cm-75x71in) Paris 96 .... FF30 000 - £3 710 - $5,790
Toilette dans les bois - Oil/canvas (150x160cm-59x63in) Stockholm 94 .... FF52 800 - £6 200 - $9,910
Les accouchées, 1987 - Huile/toile (180x180cm-71x71in) Arles 90 .... FF165 000 - £16 616 - $30,000
▥ Femme allongée - Bronze (18x20x42cm-7x8x17in) Paris 94 .... FF15 000 - £1 760 - $2,653
Danseuse assise - Bronze (20x27x18cm-8x11x7in) Paris 94 .... FF20 000 - £2 270 - $3,390
Venus Ayudya I - Bronze (80x15x32cm-31x6x13in) Versailles 97 .... FF24 000 - £2 537 - $4,118
Ménine espagnole - Bronze (67x34x35cm-26x13x14in) Paris 92 .... FF50 000 - £5 120 - $8,800
⟋ Crucifixion - Gouache/papier (100x78cm-39x31in) Paris 94 .... FF2 400 - £279 - $416
CANEJA Juan Manuel 1905-1988 [1]
● En la barrera - Oleo/tablex (55x46cm-22x18in) Madrid 94 .... FF22 800 - £2 690 - $4,060
CANELLA Carlo XIX [2]
● Giuseppe Canella dans son atelier - Huile/papier (18x16cm-7x6in) Monaco 89 .... FF80 000 - £8 430 - $13,468
CANELLA Giuseppe 1788-1847 [28]
● Muletiers sur le sentier rocheux - Huile/panneau (22x31cm-9x12in) Rouen 90 .... FF55 000 - £5 889 - $9,565
Veduta del Lago Maggiore - Olio/tela (89x134cm-35x53in) Roma 96 .... FF134 000 - £16 800 - $25,600
Le Palais de Justice - Oil/board (17x22cm-7x9in) New-York 93 .... FF200 600 - £22 800 - $34,000
CANES José 1931 [7]
● Composition, 1960 - Huile/toile (73x60cm-29x24in) Versailles 90 .... FF6 500 - £700 - $1,146
CANESTRARO Livia 1936 [3]
▥ Liggend naakt - Bronze (14cm-6in) Lokeren 92 .... FF4 940 - £591 - $951
CANET Marcel 1875-1959 [7]
● La Tour Hassan - Huile/panneau (46x65cm-18x26in) Paris 96 .... FF3 500 - £422 - $672
CANETTI Christine 1959 [11]
● Sans Titre - Huile/toile/panneau (116x89cm-46x35in) Boulogne 94 .... FF2 300 - £266 - $395
CANEVA Giacomo 1810-1890 [9]
▦ The Arch of Drusus - Salt print (24x19cm-9x7in) London 94 .... FF15 330 - £1 800 - $2,686
CANEVARI Carlo 1922 [9]
● Nuns - Oil/board (33x20cm-13x8in) Delray Beach, Florida 95 .... FF2 890 - £346 - $550
CANFIELD Jane 1897-1984 [1]
▥ Rabbit - Bronze (13x16cm-5x6in) New-York 92 .... FF8 330 - £967 - $1,700
CANGIULLO Francesco 1884-1977 [12]
● Vaporettto del Lido - Oil/board (28x21cm-11x8in) London 96 .... FF8 470 - £1 100 - $1,677
⟋ Serenata a Carrà - Dessin Paris 96 .... FF6 000 - £695 - $1,150
CANGIULLO Pascalino XIX-XX [1]
⟋ Les voiles - Gouache (52x71cm-20x28in) Paris 96 .... FF20 000 - £2 573 - $3,964
CANIFF Milton 1907-1988 [3]
⟋ French captain - Ink (61x48cm-24x19in) New-York 96 .... FF9 840 - £1 270 - $1,900
CANINO Vincenzo 1892-? [3]
● Strada di Napoli - Olio/tavola (15x20cm-6x8in) Milano 92 .... FF6 800 - £696 - $1,196
CANJURA Noé 1924-1973 [2]
● Ambiance - Oil/canvas (65x54cm-26x21in) New-York 94 .... FF8 410 - £1 001 - $1,600
CANNATA Antonio 1895-1960 [8]
● Sulla spiaggia - Olio/tela (58x88cm-23x35in) Roma 94 .... FF9 170 - £1 092 - $1,640
CANNAUT Micheline XX [2]
● Près de l'olivier, Afrique du Nord - Huile/toile (73x92cm-29x36in) Paris 96.... FF12 000 - £1 447 - $2,302
CANNEEL Eugène 1882-1966 [12]
▥ Manfred - Marble (60cm-24in) London 96 .... FF17 550 - £2 000 - $3,360
Joies du printemps - Bronze (123x121x115cm-48x48x45in) Douai 90 .... FF250 000 - £25 176 - $45,455
CANNEEL Jean 1889-1963 [1]
▥ Fillette - Marbre (45cm-18in) Bruxelles 92 .... FF3 154 - £323 - $657

CANNEEL Jules Marie 1881-1953 [5]
Joueurs de cartes - Huile/carton (34x26cm-13x10in) Antwerpen 93 .... FF4 204 - £481 - $716
CANNEEL Marcel 1894-1953 [17]
Vase de fleurs devant la fenêtre - Huile/toile (100x75cm-39x30in) Bruxelles 93 .... FF2 637 - £316 - $539
CANNEEL Théodore-Joseph 1817-1892 [3]
L'Amour Sacré et l'Amour Profane - Huile/toile (137x100cm-54x39in) Bruxelles 92 .... FF37 900 - £4 525 - $7,290
CANNELLA Piero Pizzi 1955 [14]
Dal mar dei Coralli - Huile/toile (140x70cm-55x28in) Paris 91 .... FF20 000 - £2 054 - $3,720
Figura - Tecnica mista/carta (76x56cm-30x22in) Milano 92 .... FF11 620 - £1 382 - $2,235
CANNEY Michael 1923 [37]
Penwith Landscape - Oil/paper/board (24x29cm-9x11in) London 97 .... FF2 639 - £280 - $454
CANNICCI Niccoló 1846-1906 [16]
Playfull children - Oil/canvas (31x39cm-12x15in) New-York 95 .... FF33 200 - £4 140 - $6,500
Una Conchiglia - Oil/canvas (55x30cm-22x12in) London 94 .... FF146 200 - £17 000 - $25,250
The midday meal, 1881 - Oil/canvas (95x76cm-37x30in) London 90 .... FF581 100 - £60 031 - $102,668
CANNICONI Léon Charles 1879-1957 [2]
Promenade à cheval - Huile/toile (47x73cm-19x29in) Paris 90 .... FF4 000 - £428 - $696
Les lavandières corses - Huile/toile (135x142cm-53x56in) Paris 90 .... FF60 000 - £6 424 - $10,435
CANNING Charlotte 1817-1861 [1]
Glenview Cottage at Coonoor - Watercolour (28x50cm-11x20in) London 95 .... FF4 420 - £550 - $864
CANNON Walter XIX-XX [2]
Entering & leaving the harbour - Watercolour (13x30cm-5x12in) Penzance, Cornwall 93 .... FF1 520 - £190 - $276
CANO DE LA PEÑA Eduardo 1823-1897 [1]
El Testamento de Cervantes - Oleo/lienzo (85x117cm-33x46in) Madrid 96 .... FF30 540 - £3 960 - $6,040
CANO Eugenio 1961 [4]
Untitled - Installation Stockholm 94 .... FF15 700 - £1 844 - $2,800
CANO Liliana 1924 [27]
La Riviera - Huile/panneau (50x61cm-20x24in) Neuilly 92 .... FF5 000 - £512 - $900
CANO Manuel XX [2]
Otono - Oleo/lienzo (38x55cm-15x22in) Madrid 90 .... FF3 200 - £336 - $557
CANOGAR Rafael García Gómez 1935 [54]
Cabeza No. XVII, 1989 - Oleo/lienzo/tabla (35x27cm-14x11in) Madrid 90 .... FF21 600 - £2 328 - $3,810
Peinture No. 20 - Oil/canvas (121x80cm-48x31in) London 96 .... FF122 400 - £14 000 - $23,340
Untitled - Oil/canvas (199x150cm-78x59in) London 90 .... FF395 000 - £39 775 - $77,375
CANON Hans v.Straschiripka 1829-1885 [12]
Wehrstand - Lehrstand - Nährstand - Öl/Leinwand (53x78cm-21x31in) Wien 97 .... FF6 214 - £660 - $1,071
Allegorische Frauengestalten - Öl/Leinwand (37x58cm-15x23in) Wien 97 .... FF33 460 - £3 556 - $5,768
The fish-mongster - Oil/canvas (163x102cm-64x40in) Amsterdam 91 .... FF34 740 - £3 450 - $6,032
CANONICA Pietro 1869-? [2]
Elena d'Orléans, Duchess of Aosta - Bronze (36cm-14in) London 96 .... FF13 500 - £1 600 - $2,634
CANOVA Antonio 1757-1822 [12]
Bust of Sappho - Marble (53cm-21in) New-York 93 .... FF2 - £296 000 - $450,000
Buste de Napoléon - Marbre (35cm-14in) Paris 97 .... FF6 000 - £642 - $1,045
Four Pages of an Album - Black chalk/paper (13x20cm-5x8in) New-York 97 .... FF49 889 - £5 553 - $9,000
CANOVAS Fernando 1960 [6]
Jarrón - Oil/canvas (125x108cm-49x43in) New-York 97 .... FF34 364 - £3 663 - $6,000
El tercero ojo - Mixed media/canvas (200x13x200cm-79x5x79in) New-York 97 .... FF108 821 - £11 599 - $19,000
CANTA Johannes Antonius 1816-1888 [1]
Children playing on the waterfront - Oil/panel (81x66cm-32x26in) Amsterdam 95 .... FF68 300 - £8 860 - $14,230
CANTALAMESSA-PAPOTTI Nicolà 1831-1910 [1]
A Cherub seated in a clam shell - Marble (73cm-29in) Singapore 95 .... FF187 000 - £23 840 - $37,700
CANTATORE Domenico 1906 [60]
Nudo - Olio/cartone (30x24cm-12x9in) Prato 97 .... FF15 300 - £1 800 - $2,700
Odalisca - Olio/tela (35x50cm-14x20in) Milano 95 .... FF36 600 - £4 800 - $7,560
La madre, 1960 - Olio/cartone (100x117cm-39x46in) Milano 90 .... FF91 500 - £9 734 - $16,369
CANTE Charles 1903-1981 [60]
Le Linge blanc - Huile/toile (65x46cm-26x18in) Bordeaux 96 .... FF4 000 - £507 - $767
Chaise et brodequins - Huile/toile (81x100cm-32x39in) Bordeaux 96 .... FF11 000 - £1 394 - $2,110
CANTENS Maurice 1891-1965 [2]
Scène de cour - Huile/toile (63x80cm-25x31in) Bruxelles 90 .... FF2 600 - £269 - $459
CANTIENI Graham 1938 [6]
Sans titre - Aquarelle (56x76cm-22x30in) Montréal 89 .... FF1 500 - £153 - $241
CANTIN Françoise 1952 [2]
Monts étoiles - Pastel/papier (76x96cm-30x38in) Paris 91 .... FF3 000 - £298 - $521
CANTIN Roger 1930 [18]
Maison de campagne - Huile/carton/toile (25x35cm-10x14in) Montréal 91 .... FF2 580 - £262 - $466
CANTO DA MAYA Ernesto 1890-1981 [3]
Bacchante au drapé - Sculpture (141cm-56in) Paris 96 .... FF48 000 - £5 560 - $9,200
CANTON Frans Thomas 1671-1734 [1]
Scène de harem - Huile/toile (41x30cm-16x12in) Paris 93 .... FF51 000 - £5 860 - $8,770
CANTON Gustav Jakob 1813-1885 [1]
The rest - Oil/canvas (56x107cm-22x42in) New-York 92 .... FF39 840 - £4 030 - $8,000

CANTRE Jan Frans 1886-1931 [1]
🖼 *Wasvrouwen aan de waterkant* - Huile/toile (60x50cm-24x20in) Lokeren 94 .... FF3 960 - £462 - $694
CANTRÉ Jozef 1890-1957 [20]
🖼 *Le Matin* - Estampe (22x15cm-9x6in) Lokeren 96 .... FF1 500 - £194 - $296
🗿 *De Schilder* - Bronze (41x12cm-16x5in) Lokeren 96 .... FF21 400 - £2 725 - $4,120
CANTU Angelo 1881-1955 [2]
🖼 *Jeune berger et ses moutons* - Huile/panneau (48x64cm-19x25in) Monaco 90 .... FF15 000 - £1 616 - $2,646
CANTU Federico 1908-1989 [17]
🖼 *Sin título* - Oil/canvas (89x70cm-35x28in) New-York 97 .... FF12 055 - £1 280 - $2,100
🖼 *Autorretrato* - Oil/masonite (56x46cm-22x18in) New-York 91 .... FF158 500 - £16 086 - $28,627
✏ *Horses* - Watercolour, gouache (46x61cm-18x24in) Delray Beach, Florida 95 .... FF9 200 - £1 146 - $1,800
CANU Nicolas [3]
🖼 *Jardin de Monsieur Albert* - Huile/toile (81x65cm-32x26in) Versailles 90 .... FF4 500 - £485 - $794
CANU Yvonne 1921 [92]
🖼 *Paris, le Pont-Marie* - Huile/toile (46x55cm-18x22in) Paris 95 .... FF8 200 - £1 036 - $1,645
🖼 *Marseille* - Oil/canvas (73x60cm-29x24in) London 97 .... FF16 319 - £1 800 - $2,862
🖼 *Saint-Tropez* - Oil/canvas (64x53cm-25x21in) New-York 92 .... FF41 200 - £4 210 - $7,250
CANUT Denis 1953 [14]
🖼 *Fleurs* - Huile/toile (46x55cm-18x22in) Provins 90 .... FF4 500 - £453 - $818
CANZIANI Estella 1887-? [1]
✏ *Faded before Him, Nor Retreat* - Gouache (25x35cm-10x14in) New-York 94 .... FF7 580 - £918 - $1,400
CAP Constant 1842-1915 [7]
🖼 *Maison patricienne anversoise* - Huile/toile (87x120cm-34x47in) Bruxelles 94 .... FF63 400 - £7 510 - $11,710
🖼 *La Fête de la Maman* - Oil/panel (40x55cm-16x22in) New-York 94 .... FF351 000 - £40 600 - $60,000
CAPA Cornell 1918 [5]
📷 *Bolshoi Ballet School, Moscow* - Gelatin silver print (41x28cm-16x11in) New-York 96 ...... FF9 400 - £1 088 - $1,800
CAPA Robert Endre Ernö Friedmann 1913-1956 [24]
📷 *Soldier's death* - Gelatin silver print (22x28cm-9x11in) San Francisco-Los Angeles 95 .... FF5 860 - £748 - $1,200
📷 *D-Day, June 6, 1944* - Gelatin silver print (23x33cm-9x13in) London 95 .... FF12 800 - £1 600 - $2,586
CAPACCI Bruno 1906-1993 [6]
🖼 *Composition* - Huile/panneau (30x32cm-12x13in) Bruxelles 97 .... FF10 628 - £1 170 - $1,866
CAPALTI Cavaliere Alessandro 1810-1868 [2]
🖼 *Two young Boys* - Oil/panel (76x62cm-30x24in) London 96 .... FF26 900 - £3 500 - $5,330
CAPDEVIELLE Lucienne 1885-1961 [14]
🖼 *Famille à la mer* - Huile/toile (48x57cm-19x22in) Paris 94 .... FF2 600 - £295 - $441
CAPDEVILA PUIG Genís 1872-? [2]
🖼 *Masía* - Oleo/tabla (32x50cm-13x20in) Madrid 94 .... FF10 300 - £1 228 - $1,928
CAPDEVILLE Jean 1913 [2]
🖼 *Au bord du Pech* - Acrylique/toile (162x130cm-64x51in) Paris 96 .... FF5 000 - £650 - $980
✏ *La Escala* - Aquarelle/papier (24x33cm-9x13in) Vinca 97 .... FF3 200 - £357 - $574
CAPEINICK Jean 1838-1890 [9]
🖼 *Nature morte aux raisins* - Oil/canvas (100x126cm-39x50in) New-York 94 .... FF35 100 - £4 060 - $6,000
🖼 *Peonis and Hawthorn* - Oil/canvas (140x110cm-55x43in) New-York 97 .... FF131 204 - £14 142 - $23,000
CAPEK Josef 1887-1945 [4]
🖼 *Bäumen in Grün und Schwarz* - Öl/Leinwand (38x38cm-15x15in) Wien 94 .... FF77 700 - £9 110 - $13,840
CAPELARI Friedrich 1884-1950 [1]
✏ *Wolkenstimmung am Wörther See* - Pastel/papier (18x24cm-7x9in) Wien 94 .... FF4 875 - £585 - $946
CAPELLE Aristide 1863-? [8]
🖼 *Le pont* - Huile/panneau (27x35cm-11x14in) Bruxelles 94 .... FF3 316 - £392 - $596
CAPELLE Eugène 1834-1887 [2]
✏ *La basse-cour devant la ferme* - Aquarelle, gouache (29x23cm-11x9in) Barbizon 96 ...... FF4 100 - £482 - $807
CAPELLER Herbert 1907-1978 [1]
🖼 *Geranientopf im sonnigen Licht* - Öl/Karton (16x23cm-6x9in) Lindau 96 .... FF6 080 - £785 - $1,174
CAPEQUE Stanislaus 1874-? [1]
🗿 *Tischuhr* - Ceramic (60cm-24in) Wien 96 .... FF7 680 - £931 - $1,493
CAPET Marie-Gabrielle 1761-1818 [4]
✏ *Jeune en costume de voyage* - Miniature (6x5cm-2x2in) Paris 94 .... FF32 000 - £3 790 - $5,910
CAPET Philippe 1949 [16]
🖼 *Cerisiers japonais en fleurs* - Huile/toile (55x46cm-22x18in) Provins 96 .... FF2 550 - £328 - $506
CAPGRAS Georges 1866-1947 [3]
✏ *Aubazine* - Aquarelle/papier (33x42cm-13x17in) Saint-Dié 93 .... FF3 000 - £346 - $518
CAPIELLO Leonetto 1875-1942 [8]
🖼 *Cigarettes Xanthia* - Poster (128x90cm-50x35in) New-York 93 .... FF9 900 - £1 242 - $1,800
✏ *Antinea* - Crayon (34x28cm-13x11in) La Varenne Saint-Hilaire 92 .... FF3 500 - £359 - $630
CAPIELLO Vincenzo 1856-1936 [1]
🖼 *Perroquet* - Huile/toile (74x60cm-29x24in) Paris 93 .... FF3 500 - £394 - $594
CAPISI Alain 1923 [3]
🖼 *Le petit port* - Huile/toile (33x46cm-13x18in) Sceaux 90 .... FF2 500 - £268 - $435
CAPMANY de Ricardo 1873-? [1]
🖼 *A winter country scene* - Oil/canvas (73x100cm-29x39in) London 90 .... FF155 000 - £16 062 - $27,241
CAPMANY Y MONTANER Ramón 1899-1992 [1]
🖼 *El jardín* - Oleo/lienzo (38x56cm-15x22in) Madrid 92 .... FF40 500 - £4 125 - $7,120

CAPOCCHINI Ugo 1901-1980 [2]
🖼 *Testa* - Olio/tavola (37x27cm-15x11in) Prato 96 .... FF5 730 - £680 - $1,122

CAPOGROSSI Giuseppe 1900-1972 [100]
🖼 *Figura femminile* - Olio/cartone (55x35cm-22x14in) Milano 96 .... FF20 100 - £2 580 - $3,840
Superficie 373 - Olio/tela (55x73cm-22x29in) Milano 96 .... FF120 600 - £15 480 - $23,040
Superficie 107 - Olio/tela (224x87cm-88x34in) Prato 97 .... FF425 000 - £50 000 - $75,000
Superficie 604 - Olio/tela (97x195cm-38x77in) Milano 90 .... FF915 400 - £98 009 - $159,200
🗿 *Senza titolo* - Terracotta (19cm-7in) Milano 95 .... FF6 690 - £836 - $1,298
✎ *Superficie CP/41* - Tempera/carta (36x51cm-14x20in) Milano 94 .... FF45 800 - £5 400 - $8,640

CAPON Georges 1890-1980 [43]
🖼 *Vase de fleurs* - Huile/toile (73x60cm-29x24in) Paris 96 .... FF4 000 - £470 - $787
Ball of Ebony - Oil/canvas (93x65cm-37x26in) New-York 95 .... FF19 250 - £2 363 - $3,750
Bal nègre - Huile/toile (153x173cm-60x68in) Paris 97 .... FF68 000 - £7 085 - $11,587
✎ *Nu* - Fusain (60x46cm-24x18in) Paris 96 .... FF4 200 - £541 - $833

CAPON Georges-Emile 1904 [7]
🖼 *Vase de fleurs* - Huile/toile (73x60cm-29x24in) Paris 88 .... FF6 000 - £575 - $1,054
✎ *Jeune fille en buste* - Encre Chine (54x43cm-21x17in) Saint-Dié 90 .... FF3 500 - £377 - $617

CAPON William 1757-1827 [3]
✎ *Great hall of the Palace at eltham, Kent* - Watercolour (44x55cm-17x22in) London 90 .... FF4 600 - £493 - $800

CAPONE Gaetano 1845-1924 [16]
🖼 *Raccolta dell'uva nel pergolato* - Olio/tela (27x43cm-11x17in) Roma 93 .... FF16 470 - £1 850 - $2,950
✎ *A terrace overlooking Amalfi Coast* - Watercolour (30x48cm-12x19in) London 96 .... FF5 510 - £700 - $1,086

CAPONIGRO Paul 1932 [48]
📷 *The Flumes, White Mountains* - Silver print (18x23cm-7x9in) New-York 94 .... FF4 650 - £539 - $800
Running White Deer, Ireland - Printed later (17x46cm-7x18in) New-York 94 .... FF18 870 - £2 190 - $3,250

CAPORAEL Suzanne 1949 [3]
🖼 *White Hare* - Oil/canvas (152x244cm-60x96in) New-York 97 .... FF14 510 - £1 526 - $2,500

CAPPA LEGORA Giovanni 1887-1958 [1]
🖼 *Torrente d'inverno* - Olio/tela (94x131cm-37x52in) Milano 95 .... FF29 350 - £3 895 - $5,980

CAPPELEN August 1827-1852 [1]
🖼 *Furuer i veisving* - Oil/canvas (49x44cm-19x17in) Oslo 93 .... FF160 000 - £18 950 - $28,800

CAPPELLA Francesco 1714-1784 [1]
🖼 *San Giuseppe* - Olio/tela (60x46cm-24x18in) Milano 89 .... FF32 000 - £3 372 - $5,387

CAPPELLETTO Marina 1953 [2]
🖼 *Paradox* - Oil (73x81cm-29x32in) Stockholm 94 .... FF2 860 - £336 - $509

CAPPELLI Giovanni 1923-1994 [5]
🖼 *Figura* - Waterpaint/canvas (60x70cm-24x28in) Prato 96 .... FF9 770 - £1 160 - $1,914
✎ *Figura alienata* - Pastelli/cartone (50x65cm-20x26in) Venezia 96 .... FF10 350 - £1 302 - $1,984

CAPPELLI Giovanni 1755-1823 [2]
🖼 *Padre e figlio* - Olio/tela (146x114cm-57x45in) Firenze 91 .... FF82 000 - £8 263 - $14,229

CAPPELLO Carmelo 1912 [7]
🗿 *Due acrobati* - Bronze (47cm-19in) New-York 93 .... FF6 600 - £828 - $1,200
Pecora e agnello - Bronze (163cm-64in) Prato 96 .... FF43 550 - £5 460 - $8,320

CAPPIELLO Leonetto 1875-1942 [141]
🖼 *Suzanne Dantes* - Huile/toile (100x82cm-39x32in) Paris 89 .... FF58 000 - £6 112 - $9,764
🗊 *Mistinguett, Casino de Paris* - Poster (159x118cm-63x46in) New-York 95 .... FF22 430 - £2 920 - $4,600
✎ *Projet pour les Chapeaux Mossant* - Gouache (57x41cm-22x16in) Paris 92 .... FF6 800 - £824 - $1,323

CAPREINICK Jean 1838-1890 [1]
🖼 *Nature morte de gibier et volaille* - Huile/toile (145x120cm-57x47in) Bruxelles 96 .... FF13 170 - £1 675 - $2,530

CAPRILE Vincenzo 1856-1936 [55]
🖼 *Fanciulla al lavatoio* - Olio/tavola (31x18cm-12x7in) Roma 94 .... FF35 300 - £4 200 - $6,300
Palazzo Labra, Venice - Oil/canvas (61x49cm-24x19in) New-York 97 .... FF159 726 - £17 217 - $28,000
✎ *Ritratto di popolana* - Acquarello/carta (51x38cm-20x15in) Roma 94 .... FF21 200 - £2 520 - $3,780

CAPRON Jean-Pierre 1921 [16]
🖼 *Les champs de Provence* - Huile/toile (38x46cm-15x18in) Paris 97 .... FF2 100 - £237 - $380
Le port - Huile/toile (121x182cm-48x72in) Calais 97 .... FF5 500 - £589 - $964

CAPUANO Francesco 1854-? [10]
🖼 *Wooded river landscape* - Oil/canvas (63x73cm-25x29in) London 91 .... FF12 840 - £1 297 - $2,549

CAPULETTI José Manuel 1925-1975 [13]
🖼 *Iris-Eva en la Puebla* - Oleo/lienzo (38x46cm-15x18in) Madrid 96 .... FF9 120 - £1 160 - $1,753

CAPUTO Antonio, Tonino 1933 [5]
🖼 *Piazza Navona al tramonto* - Olio/tela (70x60cm-28x24in) Roma 94 .... FF8 060 - £982 - $1,536

CAPUTO Ulisse 1872-1948 [42]
🖼 *Carnevale a Parigi* - Olio/tela (67x90cm-26x35in) Roma 95 .... FF7 130 - £912 - $1,464
Woman reading by an open window - Oil/panel (42x33cm-17x13in) New-York 94 .... FF39 300 - £4 640 - $7,000
On the Veranda - Oil/canvas (41x46cm-16x18in) New-York 97 .... FF101 637 - £10 946 - $18,000

CAPUZZO A. 1902-1978 [2]
🖼 *Rio delle Strasse, Venezia* - Olio/cartone (60x50cm-24x20in) Trieste 92 .... FF8 150 - £835 - $1,436

CAPUZZO Mario 1902-1972 [1]
🖼 *Natura morta con fiori e mele* - Olio/tavola (66x77cm-26x30in) Trieste 95 .... FF4 620 - £585 - $900

CAPY Eugène 1829-1894 [1]
🗿 *Two figures of Putti* - Bronze (48cm-19in) London 90 .... FF48 400 - £5 182 - $8,417

CARA Ugo 1908 [4]
🔲 Donna - Bronzo (19cm-7in) Trieste 92... FF3 170 - £325 - **$559**
San Sebastiano - Bronze (39cm-15in) Roma 94 .... FF5 370 - £630 - **$930**
CARA-COSTEA Philippe 1925 [28]
🍃 Vase de fleurs - Huile/toile (92x73cm-36x29in) Versailles 93 .... FF4 000 - £460 - **$689**
Grand nu au tabouret - Huile/toile (130x97cm-51x38in) La Rochelle 89.......................... FF22 500 - £2 371 - **$3,788**
✏️ Sur la plage - Aquarelle/papier (59x66cm-23x26in) Versailles 93 .... FF2 900 - £334 - **$500**
CARABAIN Jacques François 1834-1892 [77]
🍃 Preparing the meal - Oil/canvas (44x35cm-17x14in) Amsterdam 94 .... FF9 760 - £1 133 - **$1,680**
🍃 Vue à Weinheim - Huile/toile (22x40cm-9x16in) Bruxelles 97 .... FF26 176 - £2 768 - **$4,528**
Moored boats by a fortified mansion - Oil/canvas (34x43cm-13x17in) Amsterdam 97 .... FF51 837 - £5 480 - **$8,894**
Cocherm on the Moselle - Oil/canvas (79x110cm-31x43in) London 96............................ FF255 400 - £32 000 - **$49,300**
CARABAIN Victor XIX-XX [16]
🍃 Le port de Savone - Huile/toile (60x90cm-24x35in) Bruxelles 97 .... FF9 004 - £985 - **$1,573**
CARABIN Rupert 1862-1932 [23]
🔲 Danseuse - Bronze (19cm-7in) Stockholm 96.. FF21 530 - £2 686 - **$4,160**
Chat debout jouant avec des liserons - Bois (126x84cm-50x33in) Bayeux 92 .... FF100 000 - £10 230 - **$17,600**
✏️ Nu - Dessin Entzheim 96.. FF6 000 - £776 - **$1,178**
CARABIN Victor XIX [2]
🍃 Bruges - Huile/toile (81x60cm-32x24in) Bruxelles 91 .... FF2 270 - £229 - **$442**
CARACCIO Francesco 1950 [3]
✏️ Arriva le train - Tecnica mista/carta (70x50cm-28x20in) Milano 91 .... FF2 260 - £232 - **$421**
CARADEC Marcel 1901 [18]
✏️ Village sous la neige - Aquarelle, gouache (44x57cm-17x22in) Grenoble 94 .... FF2 800 - £326 - **$495**
CARADOSSI Vittorio 1861-? [24]
🔲 Dolce Far Niente - Bronze (23x61cm-9x24in) London 92 .... FF34 100 - £3 500 - **$6,540**
Nymph admiring her perfection - Marble (165cm-65in) London 96 .... FF580 000 - £75 000 - **$114,600**
CARAFFE Armand 1762-1822 [2]
✏️ Ugolin et ses enfants en prison - Encre (47x32cm-19x13in) Monaco 93 .... FF50 000 - £6 020 - **$9,100**
CARAMAN-CHIMAY de Elisabeth XIX-XX [1]
✏️ Vision d' Elisabeth de Belgique - Pastel (97x79cm-38x31in) Paris 96 .... FF78 000 - £9 400 - **$14,960**
CARAMELLE Ernst 1952 [13]
✏️ This part is made by an artist - Ink/paper (21x25cm-8x10in) Düsseldorf 92.................. FF6 800 - £696 - **$1,197**
CARAMON Y BORONAT José 1730-1803 [1]
✏️ Magdalena penitente - Lápiz (20x15cm-8x6in) Madrid 93 .... FF40 050 - £4 770 - **$7,200**
CARAN D'ACHE Emmanuel Poiré, dit 1858-1909 [13]
🗂️ Exposition Russe, Champs de Mars - Affiche (139x90cm-55x35in) Paris 92 .... FF1 600 - £164 - **$282**
✏️ L'entrée des Prussiens - Mine plomb (31x489cm-12x193in) Paris 93 .... FF2 000 - £241 - **$364**
CARANGA de Achille E. Conrad 1829-1889 [2]
🍃 Still life/Still life - Oil/panel (33x25cm-13x10in) London 90...................................... FF5 840 - £594 - **$1,168**
CARASSO Fred 1899-1969 [6]
🔲 A Bull - Bronze (7cm-3in) Amsterdam 97 .... FF8 200 - £86 0 7 - **$1,407**
Female nude - Bronze (30cm-12in) Amsterdam 97 .... FF50 944 - £5 355 - **$8,751**
CARAUD Joseph 1821-1905 [21]
🍃 La réussite - Huile/toile (60x45cm-24x18in) Paris 95 .... FF51 000 - £6 720 - **$10,330**
L'abbé complaisant - Oil/canvas (96x73cm-38x29in) New-York 92 .... FF83 200 - £9 930 - **$16,000**
Retour du Grand Condé, 1674 - Oil/canvas (132x107cm-52x42in) New-York 97............ FF397 950 - £42 861 - **$70,000**
CARBAAT Jan 1866-1925 [2]
🍃 Gingerjar & apples - Oil/canvas (26x34cm-10x13in) Amsterdam 90 .... FF2 110 - £216 - **$416**
CARBILLET Jean-Baptiste 1804-1870 [2]
✏️ Lady in white dress with fichu - Miniature (7cm-3in) London 97 .... FF3 300 - £360 - **$577**
CARBONE Carmine A. 1905-1986 [1]
🍃 Museum School Portfolio - Various media Cambridge, Mass. 92 .... FF2 600 - £311 - **$500**
CARBONELL Manuel 1918 [2]
🔲 Model for modern dancer - Polished bronze (47cm-19in) New-York 92 .... FF33 800 - £3 590 - **$6,500**
CARBONELL Miguel 1930 [3]
🍃 Motrico - Oleo/lienzo (46x55cm-18x22in) Madrid 95 .... FF5 240 - £690 - **$1,053**
CARBONELL Santiago 1960 [4]
🍃 Mujer de espaldas - Oil/canvas (100x70cm-39x28in) New-York 95 .... FF97 000 - £12 880 - **$20,000**
Espera la Luz - Oil/canvas (120x140cm-47x55in) New-York 93 .... FF247 500 - £31 030 - **$45,000**
CARBONELL Y SELVA Miguel 1855-1896 [1]
🍃 El estudiante - Oleo/lienzo (58x48cm-23x19in) Madrid 96.. FF10 020 - £1 215 - **$1,950**
CARBONI Erbeto XIX-XX [1]
🗂️ Boschi Luigi & Figli, Felino - Affiche (67x96cm-26x38in) Nice 96 .... FF1 500 - £187 - **$290**
CARBONNET Gilbert Fernand 1916-1978 [1]
🍃 Le marin pêcheur - Huile/carton (45x54cm-18x21in) Paris 89 .... FF3 000 - £299 - **$474**
CARCAN René 1925 [8]
🗂️ Printemps/Été/Vibration - Aquatint München 95 .... FF3 205 - £400 - **$647**
CARCANO Filippo 1840-1914 [7]
🍃 La punta di Bellagio - Olio/tela (36x58cm-14x23in) Roma 95 .... FF53 000 - £6 970 - **$10,540**
CARDELL Helge 1902-1972 [6]
🍃 Skogsmotiv, vinter - Oil/canvas (59x68cm-23x27in) Malmö 91 .... FF2 450 - £247 - **$425**

CARDELL Hugo 1880-1943 [2]
- Vår - Oil/canvas (65x65cm-26x26in) Malmö 92 .... FF5 420 - £648 - **$1,043**

CARDELLA Tony 1898-1976 [4]
- Oliviers à Valescure, Var - Huile/isorel (38x46cm-15x18in) Paris 97 .... FF3 400 - £367 - **$601**

CARDENAS Augustin 1927 [101]
- Sans titre - Bronze (44x10x27cm-17x4x11in) Versailles 97 .... FF13 500 - £1 427 - **$2,317**
- Papagini - Bronze (60cm-24in) Paris 94 .... FF32 500 - £3 880 - **$5,980**
- Sin título - Marble (34cm-13in) New-York 97 .... FF103 093 - £10 989 - **$18,000**
- L'histoire n'est pas finie - Sculpture (300cm-118in) New-York 97 .... FF148 912 - £15 873 - **$26,000**
- Maternité, 1981 - Gouache (66x48cm-26x19in) Paris 90 .... FF34 000 - £3 640 - **$5,913**

CARDENAS Juan 1939 [7]
- Paisaje, c.1985 - Oil/canvas (50x65cm-20x26in) New-York 89 .... FF97 200 - £9 939 - **$15,627**

CARDENAS-CASTRO Alain XX [2]
- Sans titre - Acrylique/papier (40x40cm-16x16in) Paris 94 .... FF5 200 - £605 - **$901**

CARDINAL Emile Valentin 1883-1958 [12]
- Le panier de chats - Huile/panneau (34x55cm-13x22in) Paris 97 .... FF4 000 - £438 - **$702**
- Vase de fleurs - Huile/toile (72x50cm-28x20in) Provins 89 .... FF13 500 - £1 343 - **$2,133**

CARDINAUX Emil 1877-1936 [51]
- Bei Goldiwil - Öl/Leinwand (90x100cm-35x39in) Bern 96 .... FF7 850 - £998 - **$1,510**
- Palace Hotel, St. Moritz - Poster (127x90cm-50x35in) New-York 94 .... FF16 020 - £1 880 - **$2,800**
- Bern mit Alpenkette im Hintergrund - Aquarell (30x43cm-12x17in) Bern 93 .... FF3 045 - £364 - **$586**

CARDON Charles Léon 1850-1921 [2]
- Mousquetaire - Huile/panneau (23x19cm-9x7in) Bruxelles 96 .... FF2 167 - £280 - **$428**

CARDON Claude XIX-XX [14]
- ploughing - Oil/canvas (51x76cm-20x30in) New-York 94 .... FF16 260 - £1 967 - **$3,000**
- A highland shepherd - Watercolour (27x36cm-11x14in) London 92 .... FF2 180 - £260 - **$419**

CARDONA Joan XIX-XX [17]
- Amparito, la gitana - Oleo/lienzo (101x82cm-40x32in) Madrid 90 .... FF148 500 - £15 899 - **$25,826**
- Dans l'atelier - Crayon/papier (30x45cm-12x18in) Paris 90 .... FF25 000 - £2 677 - **$4,348**

CARDONA LLADOS Juan 1877-? [4]
- Elégante dans un parc - Pastel (40x33cm-16x13in) Paris 94 .... FF10 000 - £1 180 - **$1,792**

CARDONA TORRANDELL Armando 1928 [4]
- Dos prostitutas, 1967 - Gouache (49x68cm-19x27in) Madrid 90 .... FF8 600 - £921 - **$1,496**

CARDONA Y TIO Joan 1877-1957 [8]
- El gitanillo - Oil/canvas (100x81cm-39x32in) New-York 93 .... FF38 350 - £4 360 - **$6,500**
- Elégante au parc - Aquarelle (28x51cm-11x20in) Angers 97 .... FF5 700 - £614 - **$1,013**

CARDUCCI Adolfo 1901-1984 [14]
- Jour de pluie à Paris - Huile/toile (48x68cm-19x27in) L'Isle-Adam 92 .... FF6 500 - £666 - **$1,170**
- Calèche au bois - Huile/toile (47x67cm-19x26in) Rouen 89 .... FF12 000 - £1 264 - **$2,020**

CARDWELL Holme 1815-? [1]
- James Richard Haig of Blairhill - Sculpture (72cm-28in) London 90 .... FF12 600 - £1 306 - **$2,214**

CAREL Johannes XIX-XX [34]
- Enfants sur la plage - Huile/panneau (15x21cm-6x8in) Morlaix 96 .... FF2 900 - £372 - **$573**

CARELLI Conrad H.R. 1869-1950 [12]
- A Conversatory, Hendre - Watercolour (18x13cm-7x5in) London 95 .... FF2 210 - £280 - **$445**

CARELLI Consalvo 1818-1900 [80]
- The bay of Naples - Oil/panel (16x30cm-6x12in) London 94 .... FF25 940 - £3 000 - **$4,434**
- Extensive view of Sorrento - Oil/panel (36x23cm-14x9in) London 96 .... FF67 800 - £8 800 - **$13,400**
- The Bay of Naples - Oil/canvas (49x73cm-19x29in) Billingshurst, West Sussex 91 .... FF179 500 - £17 869 - **$30,867**
- Terrazza sul Golfo di Napoli - Acquarella/carta (37x55cm-15x22in) Roma 95 .... FF28 100 - £3 690 - **$5,580**

CARELLI G. XIX-XX [3]
- Amalfi - Oil/panel (13x23cm-5x9in) Bloomfield Hills, Michigan 92 .... FF25 530 - £2 673 - **$4,600**

CARELLI Gabriele 1820-1880 [66]
- Marina con vele e pescatori - Olio/tavola (16x39cm-6x15in) Roma 94 .... FF10 600 - £1 260 - **$1,890**
- Figures with Camels, African Town - Watercolour (24x17cm-9x7in) London 96 .... FF5 010 - £650 - **$991**
- Santa Maria Novella, Firenze - Watercolour (55x75cm-22x30in) London 96 .... FF21 650 - £2 700 - **$4,180**

CARELLI Giuseppe 1858-1921 [104]
- The Bay of Mercellina - Oil/panel (28x49cm-11x19in) New-York 97 .... FF14 790 - £1 591 - **$2,600**
- Amalfi - Oil/panel (39x20cm-15x8in) London 92 .... FF21 500 - £2 200 - **$3,790**
- Pescatore ad Amalfi - Olio/tavola (41x21cm-16x8in) Roma 96 .... FF36 740 - £4 260 - **$7,150**
- Pescatori a Palazzo Donn'Anna - Olio/tela (26x40cm-10x16in) Roma 95 .... FF77 200 - £9 880 - **$15,860**

CARELLI Gonsalvo 1818-1910 [4]
- Carmine, Napoli - Watercolour (30x23cm-12x9in) Boston, Mass. 92 .... FF33 300 - £3 486 - **$6,000**

CARELLI Raffaele 1795-1854 [4]
- Dolce Vita, Napoli - Oil/canvas (101x128cm-40x50in) Amsterdam 89 .... FF1 183e+06 - £101 323 - **$160,869**

CARENA Felice 1897-1966 [36]
- Natura morta - Olio/tavola (30x40cm-12x16in) Prato 97 .... FF44 880 - £5 280 - **$7,920**
- Natura morta con rose e conchiglie - Olio/tela (40x80cm-16x31in) Roma 95 .... FF77 200 - £9 720 - **$15,660**
- The wayfarer - Oil/canvas (131x150cm-52x59in) New-York 97 .... FF254 000 - £25 940 - **$47,000**

CARENDI Kurt 1905-1971 [6]
- Hälsingelada - Oil/panel (60x40cm-24x16in) Uppsala 91 .... FF3 930 - £394 - **$720**
- Flicka med docka - Pastell (60x47cm-24x19in) Stockholm 89 .... FF2 300 - £229 - **$363**

CARESME Jacques Philippe 1734-1796 [23]
🖼 *Bacchantes et centaures* - Huile/toile (64x49cm-25x19in) Monaco 94 .... FF**100 000** - £11 810 - **$17,960**
✏ *Festin des bacchantes* - Aquarelle, gouache (20x23cm-8x9in) Paris 95 .... FF**15 500** - £1 902 - **$3,020**

CARETTE Fernand 1921 [5]
🖼 *Façades* - Huile/toile (73x100cm-29x39in) Bruxelles 94 .... FF**4 330** - £503 - **$746**

CAREY Ellen 1952 [2]
📷 *Untitled (self-portrait Series)* - Polaroïd (61x53cm-24x21in) New-York 94 .... FF**6 390** - £741 - **$1,100**
✏ *Primary portrait* - Mixed media/paper (109x79cm-43x31in) New-York 96 .... FF**1 794** - £213 - **$350**

CAREY Joseph William 1859-1937 [32]
✏ *Dublin Bay* - Watercolour (13x25cm-5x10in) London 97 .... FF**7 505** - £800 - **$1,316**

CARGALEIRO Manuel 1927 [29]
🖼 *Composition rose et noire* - Huile/toile (100x65cm-39x26in) Paris 97 .... FF**16 000** - £1 739 - **$2,811**
The red windows - Huile/toile (64x54cm-25x21in) Paris 93 .... FF**34 500** - £4 310 - **$6,270**
✏ *Composition* - Gouache/papier (23x16cm-9x6in) Paris 97 .... FF**15 000** - £1 586 - **$2,574**

CARGNEL Vittore Antonio 1872-1931 [15]
🖼 *Laghetto del Molino* - Olio/tavola (12x20cm-5x8in) Milano 89 .... FF**8 200** - £864 - **$1,380**
By the pond - Oil/board (30x47cm-12x19in) London 94 .... FF**25 400** - £3 000 - **$4,560**
Poffabro, Italy - Oil/canvas (80x106cm-31x42in) London 93 .... FF**88 000** - £11 000 - **$15,950**

CARIFFA Francis 1890-1975 [7]
🖼 *Refuge d'Averolle* - Huile/toile (60x73cm-24x29in) Paris 95 .... FF**2 600** - £337 - **$542**

CARIGIET Alois 1902-1985 [110]
🖼 *Akt mit Segelboot* - Huile/toile/panneau (90x116cm-35x46in) Zürich 93 .... FF**209 300** - £25 000 - **$40,300**
📜 *Das Nachbarhaus* - Lithographie (56x75cm-22x30in) Zürich 89 .... FF**33 200** - £3 395 - **$5,338**
✏ *Nordische landschaft* - Gouache/papier (34x45cm-13x18in) Zürich 94 .... FF**13 100** - £1 540 - **$2,503**
Iris, 1966 - Watercolour/paper (22x29cm-9x11in) Luzern 90 .... FF**52 700** - £5 444 - **$9,311**

CARILLO Juan XX [4]
🖼 *Rivage de l'étang du Vacares* - Huile/toile (55x65cm-22x26in) Toulouse 90 .... FF**3 600** - £366 - **$720**

CARION Marius 1908 [2]
✏ *La Hierscheuse, 1930* - Aquarelle (43x25cm-17x10in) Bruxelles 89 .... FF**6 500** - £665 - **$1,045**

CARIOT Gustave 1872-1950 [12]
🖼 *Meules dans un champ de blé* - Huile/toile (46x61cm-18x24in) Paris 96 .... FF**5 000** - £624 - **$966**
Holenstein - Huile/toile (56x67cm-22x26in) La Varenne Saint-Hilaire 93 .... FF**28 000** - £3 180 - **$4,750**

CARJAT Étienne 1828-1906 [16]
📷 *Charles Baudelaire* - Woodburytype (23x18cm-9x7in) New-York 96 .... FF**11 610** - £1 440 - **$2,250**
✏ *Giuseppe Verdi* - Crayon (47x31cm-19x12in) Paris 92 .... FF**18 000** - £2 150 - **$3,460**

CARL Adolf 1814-1845 [1]
🖼 *Stadtansicht an einem Flussufer* - Öl/Leinwand (27x34cm-11x13in) Frankfurt 96 .... FF**6 170** - £798 - **$1,217**

CARL Reinhold 1864-? [1]
✏ *Bauernhof, Campagna Romana* - Pastel (23x38cm-9x15in) Zofingen 95 .... FF**2 464** - £312 - **$496**

CARL-ROSA M. Cornilleau Raoul 1855-1913 [12]
🖼 *Bord de rivière* - Huile/toile/panneau (23x55cm-13x22in) Saint-Dié 97 .... FF**14 000** - £1 582 - **$2,535**

CARLANDI Onorato 1848-1939 [67]
🖼 *An extensive Landscape* - Oil/canvas (100x100cm-39x39in) New-York 97 .... FF**34 130** - £3 673 - **$6,000**
Primavera insidiata - Olio/tela (150x185cm-59x73in) Roma 95 .... FF**62 400** - £8 200 - **$12,400**
✏ *The Arno in flood, winter* - Watercolour (35x50cm-14x20in) London 96 .... FF**11 230** - £1 400 - **$2,170**

CARLAW William 1847-1889 [3]
✏ *On the Quayside* - Watercolour (73x49cm-29x19in) Billinghurst, West Sussex 94 .... FF**4 130** - £500 - **$763**

CARLBERG Eugène 1897-1944 [1]
🖼 *L'étang* - Huile/toile (50x60cm-20x24in) Bruxelles 95 .... FF**2 010** - £265 - **$408**

CARLBERG Hugo 1880-1943 [37]
🖼 *Vinterlandskap* - Oil/canvas (73x91cm-29x36in) Stockholm 97 .... FF**2 744** - £305 - **$496**
Da solen gatt ned - Oil/canvas (70x74cm-28x29in) Stockholm 90 .... FF**15 900** - £1 691 - **$2,844**
✏ *Pierrot och lindanserska* - Pastel (57x37cm-22x15in) Malmö 92 .... FF**7 540** - £772 - **$1,328**

CARLBORG Rudolf 1892-1963 [6]
✏ *Kvällsstämning i biblioteket* - Watercolour, gouache (34x32cm-13x13in) Stockholm 89 .... FF**2 000** - £193 - **$303**

CARLEBUR OF DORDRECHT François 1821-1893 [7]
🖼 *Hamnen i Dordrecht, Holland* - Oil/canvas (51x80cm-20x31in) Uppsala 92 .... FF**16 030** - £1 640 - **$2,820**
✏ *The Schonner Endeavour off Dover* - Watercolour (37x54cm-15x21in) London 94 .... FF**6 390** - £750 - **$1,120**

CARLEMAN Gustaf 1821-1911 [1]
🖼 *Höbärgning, skördelandskap* - Oil/canvas (35x49cm-14x19in) Stockholm 91 .... FF**2 530** - £254 - **$463**

CARLES Antonin 1851-1919 [11]
🗿 *La Jeunesse* - Gilded bronze (32cm-13in) Bern 92 .... FF**5 710** - £682 - **$1,098**
Bacchus enfant - Bronze (67cm-26in) Paris 96 .... FF**24 000** - £2 986 - **$4,630**

CARLES Arthur Beecher 1882-1952 [20]
🖼 *Helen Fleck Seyffert* - Oil/canvas (76x63cm-30x25in) New-York 94 .... FF**42 050** - £5 050 - **$8,000**
Flowers in a vase - Oil/canvas (76x63cm-30x25in) New-York 95 .... FF**200 000** - £20 470 - **$32,187**
✏ *Woman wearing a headband* - Pencil (28x18cm-11x7in) New-York 92 .... FF**4 160** - £436 - **$750**

CARLES Carlos Diaz Campino 1968 [7]
🖼 *Pollensa* - Oleo/lienzo (46x38cm-18x15in) Madrid 93 .... FF**4 160** - £479 - **$714**

CARLES Domenec, Dominique 1888-1962 [1]
🖼 *Sous-bois et maisons* - Huile/toile/panneau (35x48cm-14x19in) Paris 95 .... FF**3 200** - £416 - **$656**

CARLES ROSICH Domingo 1888-1962 [1]
🖼 *Flores* - Oleo/lienzo (40x45cm-16x18in) Madrid 90 .... FF**2 100** - £221 - **$365**

CARLETTI Mario 1912-1977 [6]
● *Autoritratto* - Olio/tavola (50x60cm-20x24in) Torino 93 .... FF6 490 - £743 - **$1,104**
CARLI Auguste H. 1868-1930 [5]
🏛 *L'Enlèvement d'Europe* - Bronze (34cm-13in) Paris 96 .... FF4 100 - £520 - **$786**
CARLIER Émile François 1827-1879 [1]
🏛 *A la fontaine* - Bronze (72cm-28in) Angers 95 .... FF16 500 - £2 106 - **$3,380**
CARLIER Émile Joseph N. 1849-1927 [10]
🏛 *La bonne recette* - Bronze (68cm-27in) Luzern 92 .... FF10 410 - £1 064 - **$1,834**
Adieux au Village - Bronze (105cm-41in) London 91 .... FF54 300 - £5 444 - **$9,945**
CARLIER Maurice 1894-1976 [11]
● *Vasque* - Huile/carton (55x71cm-22x28in) Lokeren 94 .... FF3 300 - £385 - **$578**
Fleurs et raisins - Huile/toile (92x62cm-36x24in) Antwerpen 94 .... FF21 460 - £2 464 - **$3,670**
🏛 *Ougrage d'art, ou L'Ingénieur poète* - Sculpture (79cm-31in) Lokeren 95 .... FF14 660 - £1 830 - **$2,874**
CARLIER Max, Albert 1872-1938 [25]
● *Roses et faisans* - Huile/toile (89x59cm-35x23in) Bruxelles 97 .... FF14 733 - £1 611 - **$2,574**
Grapes, Mellons and Roses - Oil/canvas (84x60cm-33x24in) New-York 97 .... FF56 850 - £6 123 - **$10,000**
CARLIER Modeste 1820-1878 [27]
● *Fleurs et orange* - Oil/canvas (90x60cm-35x24in) New-York 92 .... FF41 600 - £4 360 - **$7,500**
Vase of flowers - Oil/canvas (99x81cm-39x32in) New-York 92 .... FF104 000 - £11 040 - **$20,000**
CARLIN James 1909 [19]
● *Tavern interior* - Oil/canvas (61x91cm-24x36in) New-York 92 .... FF5 880 - £683 - **$1,200**
✎ *The village* - Watercolour (56x71cm-22x28in) North Berwick, Maine 92 .... FF3 410 - £349 - **$600**
CARLIN John 1813-1878 [2]
● *Little mischief* - Oil/canvas (25x30cm-10x12in) New-York 90 .... FF14 300 - £1 482 - **$2,513**
Snow Scene at Utica - Oil/canvas (36x51cm-14x20in) New-York 95 .... FF146 200 - £18 670 - **$30,000**
CARLIN Michel 1935 [2]
● *Les Suzannes roses* - Huile/toile (100x130cm-39x51in) La Varenne Saint-Hilaire 91 ...... FF6 000 - £602 - **$990**
CARLINE Sydney William 1888-1929 [3]
● *Peasant boy, Palestine* - Oil/panel (36x43cm-14x17in) London 90 .... FF14 500 - £1 552 - **$2,522**
CARLINI Giulio 1830-1887 [3]
● *Der verbotene Liebesbrief* - Oil/canvas (119x144cm-47x57in) München 92 .... FF27 200 - £2 784 - **$4,790**
CARLMAN Conrad 1891-1946 [1]
● *Pastoral, stilleben med bronsfigur* - Oil/panel (40x32cm-16x13in) Stockholm 91 .... FF2 357 - £238 - **$409**
CARLONE Giovanni Andrea 1639-1697 [1]
● *Martirio dei santi Crisanto e Daria* - Olio/tela (171x245cm-67x96in) Milano 89 .... FF146 500 - £15 437 - **$24,663**
CARLOS Ernest Stafford 1833-1917 [20]
● *Boy Scouts in a field* - Oil/canvas (24x34cm-9x13in) London 93 .... FF3 320 - £400 - **$580**
Young boys on the cliffside - Oil/canvas (30x40cm-12x16in) London 91 .... FF10 080 - £1 033 - **$1,882**
CARLOS I Roi du Portugal Ferdinand Louis 1863-1908 [2]
● *Le notable* - Huile/panneau (27x15cm-11x6in) Paris 94 .... FF30 000 - £3 554 - **$5,540**
CARLOS-LEFEBVRE A. ?-1938 [3]
● *La gardeuse de dindons* - Huile/toile (50x65cm-20x26in) Paris 95 .... FF7 000 - £882 - **$1,387**
CARLOS-REYMOND 1884-1970 [10]
● *Soleil couchant, Saint-Tropez* - Huile/toile (51x69cm-20x27in) Le Havre 90 .... FF11 000 - £1 292 - **$2,164**
✎ *Les Souks* - Aquarelle/papier (34x23cm-13x9in) Aubagne 95 .... FF3 800 - £492 - **$786**
CARLSEN Bjørn 1945 [2]
● *Stearinlys med hode* - Oil/canvas (51x53cm-20x21in) Oslo 91 .... FF6 940 - £697 - **$1,160**
CARLSEN Carl 1855-1917 [23]
● *Frokost i det grønne* - Oil/canvas (64x80cm-25x31in) København 96 .... FF8 020 - £1 040 - **$1,604**
In the woods, autumn - Oil/canvas (100x125cm-39x49in) København 95 .... FF47 200 - £5 870 - **$9,200**
CARLSEN Dines 1901-1966 [15]
● *Hilly landscape* - Oil/canvas (51x54cm-20x21in) New-York 95 .... FF4 270 - £535 - **$850**
Still life with Canton bowl - Oil/canvas/board (64x76cm-25x30in) New-York 95 .... FF92 100 - £11 650 - **$18,000**
CARLSEN Rudolf Julius 1812-1892 [3]
● *Fjordparti med personer ved bad* - Oil/canvas (30x43cm-12x17in) Vejle 90 .... FF2 500 - £259 - **$439**
CARLSEN Sören Emil 1853-1932 [59]
● *Landscape with tree* - Oil/canvas (51x62cm-20x24in) New-York 95 .... FF25 100 - £3 143 - **$5,000**
Still life with green apple - Oil/canvas (39x39cm-15x15in) New-York 95 .... FF63 300 - £8 090 - **$13,000**
A freshening breeze - Oil/canvas (99x114cm-39x45in) New-York 92 .... FF312 400 - £31 950 - **$55,000**
CARLSON Carl Oscar 1840-1864 [1]
● *Portraet af liggende hund* - Oil/canvas (22x24cm-9x9in) Vejle 94 .... FF3 826 - £440 - **$655**
CARLSON John Fabian 1875-1945 [22]
● *Wintry glades* - Oil/canvas (41x51cm-16x20in) Mystic, Connecticut 96 .... FF28 500 - £3 520 - **$5,500**
Winter, Woodstock - Oil/canvas (46x61cm-18x24in) New-York 95 .... FF98 400 - £12 880 - **$20,000**
✎ *Winter landscape with snow* - Watercolour/board (33x40cm-13x16in) New-York 90 ...... FF7 800 - £798 - **$1,540**
CARLSON-BREDBERG Mina 1857-1943 [3]
● *Self portrait* - Oil/panel (31x40cm-12x16in) Stockholm 96 .... FF3 845 - £480 - **$743**
CARLSSON Anders 1939 [2]
● *Zig-Zag V* - Oil/canvas (114x72cm-45x28in) Stockholm 96 .... FF6 860 - £885 - **$1,344**
CARLSSON Harry 1891-1968 [7]
● *Klovnen* - Oil/canvas (95x71cm-37x28in) København 91 .... FF22 000 - £2 206 - **$3,670**

CARLSTEDT Birger 1907-1975 [4]
- Komposition - Oil/canvas (100x82cm-39x32in) Helsinki 94 .... FF51 200 - £6 120 - $9,570

CARLSTEDT Mikko 1892-1964 [18]
- Blommor i vas - Oil/canvas (65x54cm-26x21in) Helsinki 93 .... FF9 650 - £1 103 - $1,645
- Blommor i vas - Oil/canvas (60x51cm-24x20in) Helsinki 92 .... FF20 070 - £2 054 - $3,534

CARLSTRÖM Gustaf 1896-1964 [26]
- Flicka som doppar foten - Oil/canvas (65x80cm-26x31in) Stockholm 96 .... FF7 620 - £983 - $1,493
- Flicka vid strandkant - Oil/canvas (60x73cm-24x29in) Göteborg 90 .... FF33 700 - £3 585 - $6,029
- Figurer vis hamnen - Oil/canvas (165x123cm-65x48in) Stockholm 92 .... FF94 200 - £9 650 - $16,600

CARLSTRÖM Olle 1920 [7]
- Höstens Panorama - Oil/canvas (89x116cm-35x46in) Stockholm 90 .... FF6 300 - £675 - $1,096

CARLSUND Otto Gustaf 1897-1948 [22]
- Composition avec sphère - Huile/panneau (41x29cm-16x11in) Paris 94 .... FF88 000 - £10 170 - $15,150
- Staty i parken - Ink (21x16cm-8x6in) Stockholm 94 .... FF12 500 - £1 450 - $2,154

CARLTON William Tolman 1816-1888 [1]
- In Disgrace - Oil/canvas (56x68cm-22x27in) New-York 95 .... FF9 350 - £1 224 - $1,900

CARLU Jean G. 1900-? [32]
- Pépa Bonafé - Poster (57x38cm-22x15in) London 96 .... FF6 280 - £800 - $1,208
- Dentifrices Gellé Frères - Poster (149x100cm-59x39in) New-York 93 .... FF66 000 - £8 270 - $12,000

CARLYLE Florence 1864-1923 [3]
- Peeling vegetables - Oil/panel (30x25cm-12x10in) Montréal 91 .... FF13 970 - £1 418 - $2,523

CARMASSI Arturo 1925 [24]
- Luca - Olio/tela (73x60cm-29x24in) Milano 94 .... FF5 090 - £600 - $960
- Nicola - Olio/tela (73x60cm-29x24in) Prato 97 .... FF10 200 - £1 200 - $1,800

CARME Félix XIX-XX [2]
- Still life with grapes - Oil/canvas (46x65cm-18x26in) New-York 93 .... FF5 500 - £690 - $1,000

CARMEEL Marcel 1894-1953 [1]
- Paysage avec rivière, 1942 - Huile/toile (75x100cm-30x39in) Bruxelles 89 .... FF4 500 - £448 - $711

CARMEIL Louis 1920 [4]
- Reliquaire - Bois (37x25cm-15x10in) Paris 95 .... FF2 200 - £292 - $454

CARMELICH Giorgio 1907-1929 [1]
- Il mago - Linocut (29x23cm-11x9in) Trieste 93 .... FF4 390 - £493 - $786

CARMI Eugenio 1920 [14]
- Immaginario - Acrilico/tela (100x100cm-39x39in) Trieste 93 .... FF5 490 - £616 - $983
- Instabilità, 1972 - Acrilico/tela (101x70cm-40x28in) Milano 90 .... FF18 300 - £1 891 - $3,233

CARMICHAEL Franklin 1890-1945 [10]
- Don Valley at Lansing, Ontario - Oil/board (25x30cm-10x12in) Toronto 96 .... FF87 400 - £11 130 - $16,800
- The White House - Watercolour/paper (24x27cm-9x11in) Toronto 96 .... FF17 800 - £2 134 - $3,406

CARMICHAEL James Wilson 1800-1868 [110]
- Vessels off whitby - Oil/canvas (33x44cm-13x17in) London 97 .... FF33 771 - £3 600 - $5,896
- Whales and Icebergs - Oil/canvas (61x104cm-24x41in) London 97 .... FF168 856 - £18 000 - $29,482
- Lighthouse - Watercolour (28x38cm-11x15in) Penzance, Cornwall 93 .... FF8 450 - £950 - $1,416

CARMIENCKE Dedo ?-1907 [3]
- Sertigthal Valley, Switzerland - Oil/canvas (113x79cm-44x31in) London 91 .... FF14 880 - £1 499 - $2,582

CARMIENCKE Johan Hermann 1810-1867 [14]
- Waterfall near a mill - Oil/canvas (18x103cm-7x41in) København 95 .... FF46 100 - £6 030 - $9,360
- Svendborg - Pencil (15x22cm-6x9in) København 92 .... FF1 760 - £180 - $310

CARMIGNANI Guido 1838-1909 [2]
- Drover & cattle in the rocks - Oil/canvas (40x62cm-16x24in) London 90 .... FF56 500 - £5 750 - $11,299

CARMONTELLE Louis Carrogis, dit 1717-1806 [21]
- Portraits of a man in profile - Red chalk/paper (20x16cm-8x6in) London 97 .... FF39 139 - £4 000 - $6,661
- Lolotte de Mary-La-Ville - Red chalk (29x19cm-11x7in) London 97 .... FF117 416 - £12 000 - $19,984
- Mr. de Cormainville - Watercolour (30x18cm-12x7in) London 92 .... FF352 000 - £42 000 - $67,600

CARNEO Antonio 1637-1692 [10]
- Archimedes - Oil/canvas (72x120cm-28x47in) New-York 94 .... FF147 600 - £16 900 - $25,000

CARNEVARI Carlo 1922 [2]
- Woman & cardinals/Man & nuns - Oil/board New-York 90 .... FF8 600 - £891 - $1,511

CARNICERO Antonio 1748-1814 [1]
- The son of the Duke of Osuna - Oil/canvas (121x82cm-48x32in) New-York 89 .... FF300 300 - £29 881 - $47,441

CARNIEL Richard 1868-1915 [1]
- Belebte Flusslandschaft mit Ruine - Gouache (54x68cm-21x27in) Luzern 92 .... FF13 400 - £1 368 - $2,360

CARNOVALI IL PICCIO Giovanni 1804-1873 [1]
- Il pittore Pietro Ronzoni - Olio/tela (63x58cm-25x23in) Milano 95 .... FF95 300 - £12 160 - $19,520

CARNWATH Squeak 1947 [2]
- Look - Oil/paper (57x76cm-22x30in) San Francisco-Los Angeles 92 .... FF7 750 - £918 - $1,490
- Comfort - Charcoal/paper (102x86cm-40x34in) San Francisco-Los Angeles 94 .... FF4 650 - £539 - $800

CARO Anthony 1924 [46]
- A la carte - Bronze (24x28x30cm-9x11x12in) London 95 .... FF20 440 - £2 700 - $4,140
- Table piece - Sculpture (66x28x68cm-26x11x27in) London 97 .... FF89 454 - £9 500 - $15,582
- Barcelona Rose - Sculpture London 97 .... FF150 659 - £16 000 - $26,244
- Pine gate - Sculpture (108x78x137cm-43x31x54in) New-York 90 .... FF400 400 - £42 596 - $71,628

CARO de Anita 1909 [9]
- Claire de Nuit - Huile/toile (132x89cm-52x35in) Paris 96 .... FF8 500 - £1 102 - $1,680

CARO Pierre XX [13]

- Le jeu de Mikado - Huile/toile (80x100cm-31x39in) Douarnenez 95 .... FF7 000 - £912 - **$1,454**
- Danseurs à l'éventail - Pastel (48x64cm-19x25in) Brest 97 .... FF5 000 - £542 - **$878**

CARO-DELVAILLE Henry 1876-1926 [12]

- Portrait d'une élégante - Huile/toile (102x83cm-40x33in) Paris 95 .... FF28 000 - £3 680 - **$5,620**
- Trois élégantes sur une terrasse - Huile/toile (150x210cm-59x83in) Paris 96 ..... FF73 000 - £9 600 - **$14,650**

CAROLUS Jean 1814-1897 [13]

- La présentation - Huile/panneau (53x42cm-21x17in) Bruxelles 97 .... FF7 858 - £859 - **$1,373**
- The Letter - Oil/panel (73x55cm-29x22in) New-York 94 .... FF44 900 - £5 300 - **$8,000**

CAROLUS-DURAN Charles Émile 1837-1917 [41]

- Portrait d'actrice - Huile/toile (55x32cm-22x13in) Reims 96 .... FF33 500 - £4 140 - **$6,480**
- Madame Flandrin - Oil/canvas (98x72cm-39x28in) London 97 .... FF361 904 - £38 000 - **$62,247**
- Madame Carolus-Duran - Pastel Vannes 93 .... FF15 100 - £1 720 - **$2,560**

CAROLUS-DURAN Pauline née Croizate XIX-XX [1]

- Femme à la rose blanche - Pastel (61x46cm-24x18in) Saint-Dié 95 .... FF7 300 - £911 - **$1,430**

CARON Alexandre Auguste 1857-? [2]

- La baigneuse timide - Bronze (17cm-7in) Montréal 95 .... FF2 360 - £310 - **$474**

CARON Alphonse 1869-1917 [4]

- Le garçon - Huile/panneau (42x36cm-17x14in) Liège 97 .... FF14 715 - £1 521 - **$2,520**

CARON Auguste 1806-? [2]

- Vue de la Seine aux Bains Deligny - Aquarelle (16x26cm-6x10in) Paris 96 .... FF15 000 - £1 880 - **$2,900**

CARON Joseph 1866-1944 [32]

- Château de Fontainebleau - Huile/toile (100x150cm-39x59in) Bruxelles 96 ...... FF3 970 - £497 - **$770**

CARON Marcel 1899-1961 [15]

- Maison en sous-bois - Huile/toile (44x56cm-17x22in) Liège 95 .... FF3 020 - £385 - **$609**
- Clown - Huile/toile (66x56cm-26x22in) Bruxelles 96 .... FF31 200 - £3 610 - **$5,980**
- Homme dans une rue - Dessin (26x19cm-10x7in) Bruxelles 96 .... FF4 940 - £628 - **$950**

CARON Paul Archibald 1874-1941 [13]

- Cam in Laurentians - Huile/panneau (13x17cm-5x7in) Montréal 91 .... FF9 460 - £949 - **$1,562**
- Winter sleigh ride - Watercolour/paper (34x53cm-13x21in) Toronto 96 .... FF8 720 - £1 046 - **$1,670**

CARON Rosalie c.1785-? [2]

- Mathilde surprise par Malek-Adhel - Huile/toile (122x103cm-48x41in) Paris 95 ... FF85 000 - £10 760 - **$17,100**

CARONI Emmanuele 1826-? [2]

- Putto emerging from an egg - Bronze (65cm-26in) New-York 96 .... FF51 500 - £6 450 - **$10,000**
- Seated young flautist - Marble (79cm-31in) London 96 .... FF86 300 - £11 000 - **$16,630**

CAROSELLI Cesare 1847-1927 [4]

- Scalone di una villa - Olio/tela (64x45cm-25x18in) Milano 93 .... FF5 910 - £680 - **$1,015**

CAROSI Alberto 1891-1967 [13]

- Vita di campagna (50x70cm-20x28in) Roma 94 .... FF11 700 - £1 400 - **$2,170**

CAROSI Giuseppe 1883-1965 [2]

- San Pietro da Monte Mario, 1927 - Olio/tavola (26x34cm-10x13in) Roma 90 ..... FF7 300 - £777 - **$1,306**
- Scrivano Pubblico - Aquarell (27x41cm-11x16in) Lindau 93 .... FF11 200 - £1 337 - **$2,153**

CAROZZI Giuseppe 1864-1938 [3]

- I fiori della neve - Olio/tela (120x128cm-47x50in) Milano 95 .... FF93 000 - £11 700 - **$18,850**

CARPANETTO Giovanni Battista 1863-1928 [2]

- Alman Felice, Torino-Milano - Poster (90x130cm-35x51in) London 96 .... FF19 420 - £2 400 - **$3,750**

CARPEAUX Jean-Baptiste 1827-1875 [232]

- Lapidation de Saint Étienne - Huile/carton (32x40cm-13x16in) Paris 93 .... FF50 000 - £6 250 - **$9,100**
- Les Trois Grâces - Tempera/tela (75cm-30in) New-York 91 .... FF256 500 - £25 846 - **$44,509**
- Buste du jeune pêcheur Napolitain - Marbre (32cm-13in) Calais 97 .... FF16 000 - £1 714 - **$2,805**
- Buste du Génie de la Danse - Terre cuite (59cm-23in) Calais 97 .... FF31 000 - £3 103 - **$5,232**
- Le Printemps, buste de Flore - Bronze (56cm-22in) Calais 97 .... FF56 000 - £5 605 - **$9,452**
- Le Chinois - Terracotta (65cm-26in) New-York 97 .... FF553 336 - £59 645 - **$97,000**
- Jeune femme à l'ombrelle - Dessin (29x22cm-11x9in) Monaco 95 .... FF30 000 - £3 890 - **$6,190**

CARPENTER Louise M. 1876-1963 [2]

- Sierra Nevadas - Oil/canvas (32x49cm-13x19in) San Francisco-Los Angeles 90 ... FF5 700 - £599 - **$991**

CARPENTER Margaret Sarah 1793-1872 [12]

- Mary Frances, Mrs William Howley - Oil/canvas (90x70cm-35x28in) London 96 .... FF44 800 - £5 800 - **$8,800**
- The children of David Baillie - Oil/canvas (142x109cm-56x43in) London 91 .... FF121 000 - £12 016 - **$21,009**

CARPENTER Percy 1820-1858 [3]

- Topographical view of Gibraltar - Watercolour (25x33cm-10x13in) Aylsham, Norfolk 94 ..... FF19 400 - £2 300 - **$3,590**

CARPENTER William 1818-1899 [4]

- Botanical Garden, Martinique - Watercolour (36x25cm-14x10in) London 93 .... FF10 800 - £1 300 - **$1,885**
- Washerwomen, Barbados - Watercolour (25x35cm-10x14in) London 93 .... FF37 350 - £4 500 - **$6,520**

CARPENTERO Fritz XIX-XX [4]

- Entrée d'un port oriental - Huile/toile (61x93cm-24x37in) Paris 93 .... FF18 000 - £2 070 - **$3,100**

CARPENTERO Henri J. Gommarus 1820-1874 [14]

- The game seller - Oil/panel (43x35cm-17x14in) Amsterdam 96 .... FF12 350 - £1 492 - **$2,324**
- The poulterers - Oil/panel (48x41cm-19x16in) San Francisco-Los Angeles 94 ...... FF32 260 - £3 730 - **$5,500**

CARPENTIER de Jaap 1921 [2]

- Nature morte - Huile/toile (54x45cm-21x18in) Bruxelles 90 .... FF5 700 - £610 - **$991**

CARPENTIER Evariste 1845-1922 [21]
- *The visitor* - Oil/panel (55x36cm-22x14in) New-York 95 .... FF**22 460** - £**2 704** - **$4,250**
- *La petite fille de l'auberge* - Huile/toile (50x63cm-20x25in) Antwerpen 93 .... FF**98 800** - £**11 820** - **$20,200**

CARPENTIER Madeleine 1865-1940 [2]
- *Le peintre dans son atelier* - Oil/canvas (0x63cm-25in) Amsterdam 95 .... FF**5 090** - £**636** - **$1,027**
- *Jeune fille au ruban blanc* - Pastel (55x46cm-22x18in) Paris 96 .... FF**4 000** - £**520** - **$784**

CARPENTIER-BOSIA Gaston XIX [1]
- *Petit marché et mosquée* - Huile/toile (51x73cm-20x29in) Orléans 96 .... FF**2 700** - £**308** - **$517**

CARPI Aldo 1886-1973 [10]
- *Ragazzi nel prato* - Olio/tela (90x114cm-35x45in) Milano 91 .... FF**38 400** - £**3 945** - **$7,150**

CARPI da Stefano, GP. Solieri 1710-1796 [1]
- *Angeli, Santo, Madonna, Busto* - Sanguina (27x18cm-11x7in) Roma 89 .... FF**11 000** - £**1 125** - **$1,768**

CARPOT Claire 1901-1992 [54]
- *Quai Chanzy à Boulogne* - Huile/toile (81x100cm-32x39in) Sceaux 93 .... FF**4 000** - £**482** - **$728**
- *Vue de Calais* - Gouache (45x35cm-18x14in) Sceaux 93 .... FF**1 800** - £**217** - **$328**

CARR David 1915-1968 [2]
- *Man holding a potted plant* - Oil/canvas (45x35cm-18x14in) London 92 .... FF**3 420** - £**350** - **$604**

CARR Emily M. 1871-1945 [22]
- *Landscape, France* - Oil/cardboard (33x41cm-13x16in) Toronto 95 .... FF**26 100** - £**3 290** - **$5,170**
- *The Forest* - Oil/paper/panel (39x57cm-15x22in) Toronto 96 .... FF**89 100** - £**10 700** - **$17,060**
- *Horseshoe bay, Dallas road* - Oil/board (31x38cm-12x15in) Toronto 89 .... FF**142 000** - £**14 519** - **$22,830**
- *Landscape* - Gouache (88x58cm-35x23in) London 88 .... FF**166 720** - £**16 000** - **$29,296**

CARR Henry Marvell 1894-? [2]
- *Figures on a beach in Ireland* - Oil/board (36x41cm-14x16in) London 92 .... FF**2 345** - £**280** - **$452**

CARR Leslie 1891-? [4]
- *Exeter, Great Western Railway* - Poster (99x64cm-39x25in) London 96 .... FF**4 050** - £**500** - **$782**

CARR Lyell 1857-1912 [3]
- *Santiago de Cuba* - Oil/canvas/board (50x71cm-20x28in) New-York 94 .... FF**17 130** - £**2 010** - **$3,000**

CARR Samuel S. 1837-1908 [15]
- *Young boy fishing* - Oil/canvas (36x25cm-14x10in) New-York 94 .... FF**31 530** - £**3 790** - **$6,000**
- *At the seashore, 1881* - Oil/canvas (38x30cm-15x12in) New-York 89 .... FF**194 500** - £**20 495** - **$32,744**

CARR Thomas, Tom 1919 [13]
- *Jock Elmore's bandstand entertainers* - Oil/canvas (76x57cm-30x22in) London 92 .... FF**68 200** - £**7 000** - **$13,100**
- *The Braes of Derwent Hunt*
  Watercolour (34x53cm-13x20in) Marlborough Crescent, Newcastle upon Tyne 92 ...... FF**8 370** - £**1 000** - **$1,610**

CARRA Carlo 1881-1966 [106]
- *Emilio Colombo* - Olio/tela (90x122cm-35x48in) Milano 90 .... FF**4 - £450 835** - **$732,313**
- *Spiaggia* - Olio/tela (30x44cm-12x17in) Prato 97 .... FF**238 000** - £**28 000** - **$42,000**
- *Marina* - Olio/tela (40x50cm-16x20in) Prato 97 .... FF**312 800** - £**36 800** - **$55,200**
- *Ponticello in montagna* - Olio/tela (50x40cm-20x16in) Milano 95 .... FF**834 000** - £**103 600** - **$168,000**
- *Il Ciclista* - Watercolour, gouache (27x36cm-11x14in) New-York 94 .... FF**1 - £129 000** - **$190,000**
- *Spiaggia* - Inchiostro/carta (25x35cm-10x14in) Prato 97 .... FF**24 480** - £**2 880** - **$4,320**
- *Compenetrazione di piani* - Inchiostro (18x11cm-7x4in) Milano 94 .... FF**80 600** - £**9 550** - **$14,950**

CARRA Ugo 1908-? [1]
- *L'atleta* - Sculpture (38cm-15in) Trieste 93 .... FF**2 422** - £**281** - **$417**

CARRADE Michel 1923 [17]
- *Composition* - Huile/toile (88x100cm-35x39in) Douai 94 .... FF**4 000** - £**460** - **$685**
- *Composition* - Huile/toile (65x100cm-26x39in) Versailles 97 .... FF**8 000** - £**877** - **$1,404**

CARRAND Louis Hilaire 1821-1899 [36]
- *Sous-bois* - Huile/toile (46x38cm-18x15in) Grenoble 93 .... FF**9 500** - £**1 145** - **$1,728**
- *Nocturne* - Huile/panneau (42x53cm-17x21in) Lyon 97 .... FF**25 000** - £**2 707** - **$4,380**

CARRARD Louis Samuel 1755-1839 [1]
- *Vue de Tarente* - Aquarelle (34x47cm-13x19in) Paris 89 .... FF**2 000** - £**211** - **$337**

CARRASCO Françoise 1944 [3]
- *Jogging* - Terracotta (84cm-33in) Paris 90 .... FF**10 500** - £**1 131** - **$1,852**

CARRASCO Jorge 1919 [3]
- *Composition, 1969* - Huile/toile (80x62cm-31x24in) Avignon 89 .... FF**7 000** - £**738** - **$1,178**

CARRÉ Abraham 1694-1758 [2]
- *Die Gefangennahme Christi* - Oil/panel (31x36cm-12x14in) Stuttgart 94 .... FF**27 350** - £**3 290** - **$5,200**

CARRÉ Georges Henri 1878-1945 [3]
- *Frauenakt in Boudoir* - Öl/Leinwand (54x65cm-21x26in) Zofingen 93 .... FF**7 910** - £**901** - **$1,344**

CARRÉ Johannes 1698-1772 [2]
- *Herdsman* - Oil/canvas (34x44cm-13x17in) Billinghurst, West Sussex 91 .... FF**20 940** - £**2 085** - **$3,601**

CARRÉ Léon 1878-1942 [17]
- *Nature morte orientaliste* - Huile/toile (62x98cm-24x39in) Versailles 90 .... FF**9 000** - £**920** - **$1,776**
- *Algérie, Hivernage, Tourisme...* - Affiche (76x105cm-30x41in) Nice 96 .... FF**3 000** - £**374** - **$580**
- *La grande courtisane* - Gouache (28x22cm-11x9in) Paris 91 .... FF**8 000** - £**796** - **$1,376**

CARRÉ Maria Elizabeth 1737-1811 [1]
- *Catharina Carré* - Oil/panel (28x24cm-11x9in) Amsterdam 93 .... FF**11 450** - £**1 368** - **$2,203**

CARRÉ Raoul ?-1934 [2]
- *Paysage de Corse* - Huile/toile (63x50cm-25x20in) Paris 93 .... FF**2 000** - £**225** - **$339**
- *Carnaval* - Aquarelle, gouache (26x33cm-10x13in) La Varenne Saint-Hilaire 95 .... FF**4 000** - £**515** - **$826**

CARRÉ Serge 1929 [4]
- *La Procession* - Huile/toile (38x46cm-15x18in) Le Havre 90 .... FF**5 800** - £**625** - **$1,023**

CARRÉE Hendrik 1656-1721 [2]
- Venus and Adonis - Oil/canvas (62x100cm-24x39in) Amsterdam 94 .... FF32 750 - £3 585 - **$5,350**

CARREGA Nicolas 1914 [1]
- Composition - Huile/toile (41x33cm-16x13in) Paris 94 .... FF2 000 - £240 - **$373**

CARREÑO Mario 1913 [92]
- Patio Colonial Cubano - Oil/canvas (103x78cm-41x31in) New-York 97 .... FF2 - £245 560 - **$400,000**
- Composición abstracta - Oil/canvas (65x109cm-26x43in) New-York 95 .... FF45 900 - £5 730 - **$9,000**
- Composition geométrica - Oil/board (59x76cm-23x30in) New-York 97 .... FF103 329 - £10 972 - **$18,000**
- Composicion geometrica - Oil (53x71cm-21x28in) New-York 97 .... FF143 512 - £15 240 - **$25,000**
- Búcaro - Oil/canvas (71x66cm-28x26in) New-York 97 .... FF218 014 - £23 328 - **$38,000**
- Simbiosis morfologica del amor - Pastel (65x54cm-26x21in) New-York 97 .... FF51 664 - £5 486 - **$9,000**
- Danza afrocubana - Gouache/paper (56x69cm-22x27in) New-York 97 .... FF160 367 - £17 094 - **$28,000**

CARRERA Augustin 1878-1952 [11]
- Le port - Huile/toile (45x55cm-18x22in) Versailles 90 .... FF4 000 - £403 - **$784**
- Sur la plage - Huile/toile (130x162cm-51x64in) Paris 90 .... FF91 000 - £9 681 - **$16,279**

CARRIAT-ROLAN Gabriel XIX-XX [4]
- Moisson dans la vallée du Draa - Gouache (50x65cm-20x26in) Paris 91 .... FF11 500 - £1 373 - **$2,210**

CARRICK Alexander 1882-1966 [1]
- The Gunner - Bronze (50cm-20in) London 94 .... FF18 650 - £2 200 - **$3,320**

CARRICK John Mulcaster c.1820-c.1890 [13]
- A trio in Dinan, Brittany - Oil/board (24x18cm-9x7in) London 94 .... FF11 760 - £1 400 - **$2,240**

CARRICK Robert 1849-1904 [1]
- The red squirred - Watercolour (44x29cm-17x11in) London 93 .... FF11 570 - £1 300 - **$1,937**

CARRICK William Arth. Laurie 1879-? [4]
- Queensferry - Oil/canvas/board (29x40cm-11x16in) Glasgow 94 .... FF9 970 - £999 - **$1,681**
- In the old courtyard, Stonehaven - Oil/canvas (56x73cm-22x29in) Edinburgh 92 .... FF13 680 - £1 400 - **$2,410**

CARRIER Marthe 1888-1974 [5]
- Cour de ferme - Huile/carton (34x41cm-13x16in) Paris 94 .... FF2 200 - £262 - **$403**

CARRIER-BELLEUSE Albert 1824-1887 [208]
- A young woman, circa 1880 - Tempera/tela (59cm-23in) London 90 .... FF38 700 - £3 998 - **$6,837**
- Harmonie - Bronze (63cm-25in) Bruxelles 97 .... FF11 452 - £1 190 - **$1,953**
- Mélodie - Bronze (80cm-31in) Paris 97 .... FF25 000 - £2 630 - **$4,307**
- Psyche - Bronze (74cm-29in) London 97 .... FF36 190 - £3 880 - **$6,203**
- L'Alsace, a Bust - Terracotta (72cm-28in) London 97 .... FF52 381 - £5 500 - **$8,978**
- Diana Victorious - Bronze (81cm-32in) London 97 .... FF76 190 - £8 000 - **$13,059**
- Susanna at the beath - Marble (80cm-31in) London 93 .... FF152 000 - £19 000 - **$27,550**
- L'hiver, mère et enfant - Marble (149cm-59in) New-York 91 .... FF899 000 - £89 495 - **$154,595**
- La ballerine - Pastel (61x73cm-24x29in) Lyon 89 .... FF10 000 - £1 054 - **$1,684**

CARRIER-BELLEUSE Louis-Robert 1848-1913 [21]
- Paris : la laitière - Huile/toile (38x56cm-15x22in) Paris 92 .... FF15 000 - £1 536 - **$2,700**
- Workers at Noontime - Oil/canvas (59x81cm-23x32in) San Francisco-Los Angeles 92 .... FF66 200 - £7 900 - **$12,730**
- Buste de Choisy - Céramique (43cm-17in) Lille 96 .... FF6 000 - £776 - **$1,182**

CARRIER-BELLEUSE Pierre 1851-1933 [66]
- L'omnibus - Oil/canvas (45x84cm-18x33in) New-York 95 .... FF116 800 - £13 940 - **$22,000**
- Trois danseuses - Pastel (118x72cm-46x28in) Saint-Germain-en-Laye 91 .... FF40 000 - £4 034 - **$7,796**
- Danseuse, 1898 - Pastel (116x60cm-46x24in) New-York 89 .... FF143 000 - £14 229 - **$22,591**

CARRIERA Rosalba 1675-1758 [17]
- Personification of poetry or philosophy
  Pastel/paper (60x50cm-24x20in) New-York 97 .... FF166 851 - £18 570 - **$30,000**

CARRIERE Eugène 1849-1906 [166]
- Portrait d'Ariane - Huile/toile (41x33cm-16x13in) Paris 97 .... FF7 500 - £815 - **$1,316**
- Portrait de l'épouse de l'artiste - Huile/toile (46x38cm-18x15in) Paris 95 .... FF25 000 - £3 120 - **$4,900**
- Les filles de l'artiste - Huile/toile (55x38cm-22x15in) Paris 89 .... FF80 000 - £8 180 - **$12,862**
- Le baiser des enfants - Huile/toile (24x33cm-9x13in) Paris 94 .... FF170 000 - £19 870 - **$29,950**
- Paul Verlaine - Lithographie Paris 93 .... FF3 800 - £475 - **$691**
- Bébé jouant avec son pied - Encre (16x23cm-6x9in) Paris 87 .... FF2 900 - £296 - **$471**
- Maternité - Pierre noire (19x17cm-7x7in) Paris 94 .... FF3 000 - £355 - **$547**

CARRIES Jean Joseph Marie 1855-1894 [10]
- Buste d'enfant - Plâtre (30cm-12in) Paris 94 .... FF8 000 - £930 - **$1,387**
- Buste de Franz Hals - Plâtre (60cm-24in) Granville 95 .... FF35 500 - £4 590 - **$7,250**

CARRILLO Lilia 1929 [5]
- Infante con cuadro abstracto - Oil/masonite (45x32cm-18x13in) New-York 97 .... FF31 573 - £3 352 - **$5,500**
- Principio del eclipse - Oil/canvas (80x100cm-31x39in) New-York 95 .... FF92 100 - £12 240 - **$19,000**

CARRINGTON Dora 1893-1932 [7]
- Tulips in a Two-Handled Jug - Oil/canvas (51x41cm-20x16in) London 96 .... FF85 000 - £11 000 - **$16,850**
- The coachman - Watercolour London 89 .... FF27 100 - £2 771 - **$4,357**

CARRINGTON James Yates 1857-1892 [2]
- Her Last Quack - Oil/canvas (41x51cm-16x20in) London 93 .... FF4 480 - £540 - **$783**
- Fishing - Etching (36x48cm-14x19in) London 92 .... FF1 753 - £180 - **$326**

CARRINGTON Leonora 1917 [79]
- Untitled - Tempera/board (33x38cm-13x15in) New-York 97 .... FF149 253 - £15 849 - **$26,000**
- Ladies Run - Oil/panel (41x91cm-17x36in) New-York 97 .... FF401 604 - £42 973 - **$70,000**
- Dagobert - Tempera/panel (75x87cm-30x34in) New-York 95 .... FF2 86e +06 - £277 000 - **$430,000**

The blind chicken - Bronze (41cm-16in) New-York 90 .... FF**42 900** - £4 564 - **$7,674**
The Fied cow of meath - Gouache (18x37cm-7x15in) Paris 95 .... FF**36 000** - £4 570 - **$7,380**
Chariot - Pastel/board (50x76cm-20x30in) New-York 97 .... FF**114 810** - £12 192 - **$20,000**
CARRINO David 1959 [9]
Wedding - Ink/paper (134x212cm-53x83in) Stockholm 94 .... FF**2 143** - £252 - **$382**
CARRO Yvonne XX [5]
La partie de musique - Huile/toile (149x186cm-59x73in) Paris 97 .... FF**3 000** - £329 - **$527**
The artist's studio - Oil/canvas (86x128cm-34x50in) London 94 .... FF**41 200** - £4 800 - **$7,210**
CARROLL John A. 1892-1959 [9]
Pastoral landscape with figures - Oil/canvas (29x23cm-11x9in) New Orleans, Louisiana 93 ..... FF**4 125** - £518 - **$750**
Three figures - Oil/canvas (53x74cm-21x29in) Detroit, Michigan 93 .... FF**24 700** - £2 950 - **$4,750**
CARROLL Lawrence 1954 [14]
Listen - Oil (106x26x97cm-42x10x38in) New-York 97 .... FF**20 313** - £2 137 - **$3,500**
I will try - Installation (116x63x116cm-46x25x46in) New-York 93 .... FF**38 350** - £4 360 - **$6,500**
Buoy - Installation (21x30x96cm-87x12x38in) New-York 93 .... FF**59 000** - £6 710 - **$10,000**
CARROLL Lewis, Ch.L. Dodgson 1831-1898 [22]
Julia Arnold, seated in chair - Platinum print London 93 .... FF**7 880** - £950 - **$1,378**
Xie sleeping - Platinum print London 93 .... FF**26 560** - £3 200 - **$4,640**
CARROLL Robert 1934 [3]
Asp 22 - Olio/tela (65x54cm-26x21in) Vercelli 93 .... FF**9 150** - £1 027 - **$1,638**
CARRON Huguette 1900-1976 [4]
Le Confluent à la Mulatière - Huile/papier (23x30cm-9x12in) Lyon 97 .... FF**2 100** - £227 - **$367**
CARROZZI Giuseppe 1864-1938 [2]
Paesaggio alpino - Olio/cartone (40x70cm-16x28in) Roma 93 .... FF**20 130** - £2 260 - **$3,600**
CARSE A. Duncan XIX-XX [3]
Jewels in the wash - Watercolour (36x25cm-14x10in) London 93 .... FF**5 150** - £620 - **$900**
Hooded figure by roman trees - Watercolour (38x20cm-15x8in) London 93 .... FF**7 200** - £820 - **$1,222**
CARSE Alexander c.1770-1843 [4]
Celebration in a tavern - Oil/canvas (50x61cm-20x24in) New-York 92 .... FF**22 200** - £2 324 - **$4,000**
CARSON Frank 1881-1962 [2]
Norumbega Park, 1909 - Oil/canvas Cambridge, Mass. 90 .... FF**5 700** - £606 - **$1,020**
CARSON Robert Taylor 1919 [7]
Pint of Draught Stout - Oil/canvas (40x30cm-16x12in) Belfast 92 .... FF**4 730** - £550 - **$965**
CARSON Soeren Emil 1853-1932 [1]
Stehender weibl. Akt - Öl/Karton (50x33cm-20x13in) Frankfurt 92........................ FF**61 000** - £7 290 - **$11,740**
CARSTENS Asmus Jacob 1754-1798 [4]
Classical Figures dancing - Huile/toile (49x68cm-19x27in) Wien 96 .... FF**55 200** - £6 690 - **$10,730**
Fingals kamp med Lodas ånd - Watercolour (74x94cm-29x37in) København 93 ..... FF**219 000** - £26 160 - **$42,100**
CARSTENS Julius Victor 1849-1908 [3]
Schmuckschatulle, Glas und Muschel - Öl/Leinwand (33x25cm-13x10in) München 95 ...... FF**3 190** - £404 - **$640**
CARSTENSEN Andreas 1844-1931 [1]
Felukas on the Nile - Oil/canvas (40x51cm-16x20in) London 96 .... FF**6 930** - £900 - **$1,372**
CARSTENSEN Ebba 1885-1967 [39]
Skovinteriør - Oil/canvas (97x84cm-38x33in) København 95................................. FF**2 355** - £295 - **$476**
Eros & Aphrodite - Oil/canvas (148x122cm-58x48in) København 96 .... FF**26 500** - £3 450 - **$5,260**
CARSTENSEN Johannes 1924 [3]
Rød klan - Oil/panel (49x36cm-19x14in) København 95...................................... FF**2 160** - £274 - **$435**
CARSUZAN Jean-Claude 1938 [2]
Terrasses fleuries à Mykonos - Huile/toile (65x54cm-26x21in) Calais 92 .... FF**12 000** - £1 432 - **$2,310**
CARTE Anto 1886-1954 [33]
Vue de l'église d'Ohain - Huile/toile (54x45cm-21x18in) Liège 90 .... FF**8 900** - £919 - **$1,572**
Still life - Oil/canvas (71x120cm-28x47in) Amsterdam 94.................................... FF**61 000** - £7 160 - **$10,860**
La Vierge au village - Huile/toile (170x166cm-67x65in) Lokeren 91...................... FF**329 000** - £33 702 - **$61,426**
Tête de pêcheur - Gouache (51x34cm-20x13in) Bruxelles 96 .... FF**42 800** - £5 440 - **$8,230**
CARTER Allan 1909 [2]
A lion before Koppie - Watercolour (40x72cm-16x28in) London 95 .... FF**2 302** - £300 - **$477**
CARTER Francis T. 1870-? [1]
Flußlandschaft - Oil/canvas (36x47cm-14x19in) Wien 91 .... FF**7 200** - £727 - **$1,429**
CARTER Frank Thomas,Francis 1853-? [15]
Durham City
   Oil/canvas (39x64cm-15x25in) Marlborough Crescent, Newcastle upon Tyne 92 .... FF**2 597** - £310 - **$500**
CARTER Gary 1939 [1]
Stoop Philosopher - Oil/canvas (46x61cm-18x24in) San Francisco-Los Angeles 93 ...... FF**8 270** - £940 - **$1,400**
CARTER Henry Barlow 1795-1867 [35]
A fishing brig in a swell - Watercolour (23x32cm-9x13in) London 96 .... FF**2 555** - £300 - **$503**
On the Pier at Scarborough - Watercolour (14x21cm-6x8in) London 96 .... FF**4 670** - £550 - **$917**
Flamborough Cliffs, Yorkshire - Watercolour (30x44cm-12x17in) London 92 .... FF**8 800** - £900 - **$1,552**
CARTER Henry William c.1867-c.1893 [3]
Hare coursing - Oil/board (30x38cm-12x15in) London 96..................................... FF**3 730** - £450 - **$716**
CARTER Howard 1874-1939 [1]
Lytton Strachey - Sculpture London 90 .... FF**44 600** - £4 775 - **$7,757**
CARTER Jack XX [4]
Gladiolas and dahlias - Watercolour (60x45cm-24x18in) Billinghurst, West Sussex 94 .... FF**2 544** - £300 - **$453**

CARTER John 1748-1817 [1]
Canopyl, St George's chapel - Vernis mou couleurs (50x19cm-20x7in) London 91 .... FF5 490 - £549 - **$904**
CARTER Joseph Newington 1835-1871 [6]
Near Torbay/Woodland cottage - Oil/canvas London 91 .... FF19 750 - £1 995 - **$3,921**
Fisherfolk, Scarborough at low tide
    Watercolour/paper (53x74cm-21x29in) Amsterdam 94 .... FF8 560 - £1 028 - **$1,664**
CARTER Keith 1948 [15]
Chicken Feathers - Gelatin silver print (38x38cm-15x15in) New-York 95 .... FF6 940 - £886 - **$1,400**
CARTER Pruett 1891-1955 [9]
Woman visiting artist - Oil/canvas (94x99cm-37x39in) New-York 96 .... FF15 120 - £1 792 - **$2,950**
CARTER Richard Harry 1839-1911 [23]
A Sou-Wester, near Lands End - Oil/canvas (51x71cm-20x28in) London 96 .... FF3 780 - £480 - **$745**
Running for shelter - Watercolour (53x71cm-21x28in) Penzance, Cornwall 95 .... FF5 790 - £700 - **$1,090**
CARTER Samuel John 1835-1892 [6]
Heron feeding their young - Oil/canvas (146x178cm-57x70in) London 90 .... FF97 600 - £9 933 - **$19,518**
CARTER Sydney 1874-1945 [37]
Autumnal woodland view - Oil/canvas (49x75cm-19x30in) London 95 .... FF5 660 - £750 - **$1,170**
CARTER Theodore 1910-1985 [1]
Mountainous landscape/seascape
    Watercolour (23x30cm-9x12in) New Orleans, Louisiana 93 .... FF1 623 - £185 - **$275**
CARTER William 1863-1939 [1]
Richmond Castle across the Swale
    Oil/canvas (83x116cm-33x46in) Leyburn, North Yorkshire 90 .... FF27 330 - £2 781 - **$5,466**
CARTER William XIX [3]
Scene near Chepstown - Oil/canvas (107x86cm-42x34in) London 95 .... FF20 800 - £2 600 - **$4,200**
CARTIER Jacques XIX-XX [8]
Biches et chevreuils dans un sous-bois - Huile/isorel (90x160cm-35x63in) Paris 94 .... FF5 000 - £593 - **$924**
CARTIER Karl 1855-1925 [8]
Fleurs dans une canne à lait - Huile/panneau (24x19cm-9x7in) Cherbourg 97 .... FF5 800 - £619 - **$1,009**
Häuserfront, Montigny-sur-Loing - Öl/Leinwand (54x81cm-21x32in) Stuttgart 94 .... FF41 200 - £4 880 - **$7,610**
La dentellière - Aquarelle (29x22cm-11x9in) Saint-Dié 95 .... FF1 600 - £202 - **$321**
CARTIER Roger XX [2]
Le Bidon d'Or - Affiche (160x240cm-63x94in) Paris 91 .... FF1 500 - £152 - **$298**
CARTIER Thomas 1879-1943 [36]
Chat assis - Bronze (14cm-6in) Paris 96 .... FF2 600 - £330 - **$499**
Panthère - Bronze (23cm-9in) Paris 89 .... FF4 000 - £386 - **$607**
A growing lioness - Bronze (41cm-16in) London 95 .... FF8 480 - £1 100 - **$1,756**
CARTIER Victor Émile 1811-1866 [6]
Paysage au troupeau - Huile/toile (33x46cm-13x18in) Tonnerre 96 .... FF9 500 - £1 218 - **$1,872**
CARTIER-BRESSON Henri 1908 [242]
Gestapo Informer - Gelatin silver print (23x36cm-9x14in) New-York 96 .... FF10 350 - £1 280 - **$2,000**
Brie, France - Gelatin silver print (20x28cm-8x11in) New-York 94 .... FF37 200 - £4 440 - **$7,000**
Seville, Spain - Gelatin silver print (15x23cm-6x9in) New-York 94 .... FF139 400 - £16 160 - **$24,000**
CARTLEDGE William, Ned 1916 [2]
Patriotism Bull - Painting (25x18cm-10x7in) Litchfield, CT 92 .... FF3 250 - £388 - **$625**
Harbour, Welles-next-the-Sea, Norfolk - Watercolour (33x46cm-13x18in) London 94 .... FF2 515 - £300 - **$474**
CARTON Jean 1912-1988 [12]
Tête de Michèle - Terre cuite (56cm-22in) Paris 97 .... FF6 000 - £659 - **$1,095**
Femme penchée - Bronze (68cm-27in) Paris 97 .... FF33 000 - £3 627 - **$6,023**
Nu à la toilette - Pastel (31x24cm-12x9in) Paris 97 .... FF3 000 - £327 - **$524**
CARTWRIGHT Frederick William XIX [3]
A quiet morning on the Wye - Watercolour (32x50cm-13x20in) London 89 .... FF5 600 - £590 - **$943**
CARUELLE D'ALIGNY Théodore 1798-1871 [13]
Vue de Rome - Crayon (29x44cm-11x17in) Paris 97 .... FF5 000 - £512 - **$900**
Paysage de sous-bois - Encre (32x47cm-13x19in) Paris 97 .... FF12 000 - £1 276 - **$2,074**
CARUGO Baldo 1903-1930 [2]
Progetto, decorazione, casa Bonzanigo - Aquarell (56x81cm-22x32in) Bern 95 .... FF12 900 - £1 677 - **$2,650**
CARUNCHO Luis XX [2]
Collage naranja - Collage/toile (76x76cm-30x30in) Madrid 96 .... FF5 680 - £738 - **$1,112**
CARUS Carl Gustav 1789-1869 [1]
Bageriet i Pompei - Oil/canvas (23x30cm-9x12in) Köbenhavn 96 .... FF31 600 - £3 935 - **$6,100**
CARUSO Bruno 1927 [13]
La ricerca del tempo perduto - Olio/tela (70x50cm-28x20in) Prato 97 .... FF10 200 - £1 200 - **$1,800**
Puella romana - Inchiostro (60x44cm-24x17in) Roma 93 .... FF10 240 - £1 150 - **$1,834**
CARUTTI DI CANTOGNO Augusto 1875-? [1]
Tramonto - Olio/tavola (54x45cm-21x18in) Milano 92 .... FF10 070 - £1 198 - **$1,937**
CARVER Robert 1730-1791 [1]
Figures by a waterfall - Oil/canvas (61x81cm-24x32in) Dublin 93 .... FF62 400 - £7 450 - **$12,000**
CARVIN Louis Albert 1875-1951 [7]
Cerf et biche - Sculpture (68cm-27in) Saint-Dié 95 .... FF5 000 - £659 - **$1,014**
CARWARDINE Penelope 1730-1800 [3]
Young Lady - Miniature (4cm-2in) London 97 .... FF9 479 - £1 000 - **$1,627**

CARY Evelyn Rumsey 1855-1924 [2]
Pan-American Exposition, Buffalo - Poster (121x63cm-48x25in) New-York 96 .... FF**18 340** - £**2 160** - **$3,600**
CARY Francis Stephen 1808-1880 [1]
Dispute en famille - Huile/toile (56x68cm-22x27in) Rennes 97 .... FF**4 000** - £**420** - **$687**
CARY William La Montagne 1840-1922 [3]
The carpetbagger - Oil/canvas (46x41cm-18x16in) New-York 95 .... FF**26 300** - £**3 145** - **$5,000**
CARZOU Jean 1907 [209]
Le Port - Huile/panneau (19x24cm-7x9in) Calais 97 .... FF**12 500** - £**1 370** - **$2,194**
Paris, le pont Saint-Michel - Huile/panneau (16x22cm-6x9in) Calais 97 .... FF**27 000** - £**2 959** - **$4,739**
Paysage de l'Allier - Huile/toile (65x50cm-26x20in) Calais 97 .... FF**42 000** - £**4 498** - **$7,363**
La plage, 1949 - Huile/toile (59x65cm-23x26in) Paris 90 .... FF**200 000** - £**20 661** - **$35,336**
The Village in the Trees - Watercolour (46x55cm-18x22in) New-York 94 .... FF**7 920** - £**951** - **$1,500**
Le Cap d'Antibes - Aquarelle (48x63cm-19x25in) Calais 93 .... FF**28 000** - £**3 180** - **$4,750**
Le soleil jaune, 1930 - Pastel (64x48cm-25x19in) Paris 90 .... FF**60 000** - £**6 218** - **$10,545**
CASA Giacomo c.1835-1887 [2]
By the stream, 1880 - Oil/canvas (51x69cm-20x27in) London 90 .... FF**8 700** - £**902** - **$1,529**
CASABONE André XIX-XX [1]
Rue du vieux Biskra (Sidi Lahcène) - Huile/panneau (67x47cm-26x19in) Paris 96 .... FF**14 500** - £**1 680** - **$2,780**
CASADO DEL ALISAL José María 1831-1886 [1]
Cabezas de personajes populares - Drawing Madrid 90 .... FF**5 100** - £**527** - **$901**
CASAGEMAS Carlos 1880-1901 [1]
Homme au chapeau - Charcoal/paper (19x14cm-7x6in) New-York 93 .... FF**6 210** - £**780** - **$1,130**
CASALI Andrea 1705-1784 [12]
Cléopatre - Huile/toile (100x74cm-39x29in) Paris 97 .... FF**106 000** - £**11 194** - **$18,317**
Lucretia - Oil/canvas (207x162cm-81x64in) London 92 .... FF**251 000** - £**30 000** - **$48,300**
CASALS Y CAMPS Emilio 1843-1928 [1]
Visage de jeune espagnole - Aquarelle (17x13cm-7x5in) Paris 94 .... FF**2 000** - £**239** - **$374**
CASALTOLI C. XIX-XX [5]
Automobili Elettrici - Poster (82x245cm-32x96in) London 96 .... FF**10 910** - £**1 400** - **$2,152**
CASANODAY Arcadio XIX-XX [2]
Rainy Day in Paris - Oil/canvas (39x61cm-15x24in) New-York 95 .... FF**50 600** - £**5 960** - **$9,000**
CASANOVA Carlo 1871-1950 [1]
Paesaggio Lombardo con lago - Olio/tela (59x73cm-23x29in) Milano 95 .... FF**15 500** - £**1 976** - **$3,170**
CASANOVA Enrique ?-1913 [1]
Lumber cart on a path - Oil/canvas (80x130cm-31x51in) New-York 91 .... FF**29 900** - £**3 021** - **$5,936**
CASANOVA RUIZ Lorenzo 1845-1900 [1]
Campesina sentada con cesto - Acuarela (35x17cm-14x7in) Madrid 95 .... FF**3 540** - £**442** - **$840**
CASANOVA Vicente 1870-1920 [1]
Marina con buque - Oleo/lienzo (73x100cm-29x39in) Madrid 95 .... FF**9 160** - £**1 188** - **$1,810**
CASANOVA Y ESTORACH Antonio Salvador 1847-1896 [21]
Les Cardinaux - Huile/panneau (6x9cm-2x4in) Calais 97 .... FF**5 000** - £**500** - **$844**
Monjes leyendo - Oleo/lienzo (42x50cm-17x20in) Madrid 96 .... FF**56 100** - £**6 430** - **$10,700**
A spanish beauty - Pastel (84x62cm-33x24in) London 90 .... FF**29 100** - £**3 016** - **$5,114**
CASARIN Alejandro 1845-1907 [1]
Mexican landscape - Watercolour (30x65cm-12x26in) London 95 .... FF**7 770** - £**1 000** - **$1,592**
CASAS ABARCA Agapito 1874-1964 [2]
Regando las flores - Oil/cardboard (39x30cm-15x12in) Madrid 90 .... FF**3 200** - £**336** - **$557**
CASAS Y CARBO Ramón 1866-1932 [7]
Gentleman, seated - Oil/canvas (94x74cm-37x29in) New-York 94 .... FF**64 300** - £**7 440** - **$11,000**
Espagnole à l'éventail vert - Pastel (54x35cm-21x14in) Cannes 94 .... FF**90 000** - £**10 210** - **$15,250**
CASASOLA Augustin Victor 1874-1938 [4]
Religious shrine/Soldiers, artillery/... - Silver print New-York 92 .... FF**2 940** - £**342** - **$600**
CASCELLA Andrea 1920-1990 [18]
Untitled (to Nora) - Marble (14cm-6in) New-York 97 .... FF**8 125** - £**854** - **$1,400**
La Sposa bianca - Marbre (56cm-22in) Milano 95 .... FF**32 700** - £**4 180** - **$6,710**
CASCELLA Basilio 1860-1950 [4]
Allegoria fascista - Olio/tela (38x26cm-15x10in) Roma 91 .... FF**10 930** - £**1 120** - **$2,041**
CASCELLA Michele 1892-1989 [146]
Vaso di fiori - Olio/tela (60x40cm-24x16in) Prato 97 .... FF**35 700** - £**4 200** - **$6,300**
Profondo blu - Olio/cartone (75x100cm-30x39in) Milano 95 .... FF**40 800** - £**5 330** - **$8,190**
Colle Val D'Elsa - Olio/tela (76x127cm-30x50in) Milano 95 .... FF**83 200** - £**10 920** - **$17,200**
Campo di papaveri - Olio/tela (60x90cm-24x35in) Milano 89 .... FF**228 900** - £**24 120** - **$38,535**
Carmel - Pastel/board (81x102cm-32x40in) San Francisco-Los Angeles 96 .... FF**33 400** - £**4 050** - **$6,500**
Piazza Cairoli - Pastelli/carta (61x89cm-24x35in) Milano 91 .... FF**118 500** - £**11 797** - **$20,378**
CASCELLA Pietro 1921 [4]
Senza titolo - Tecnica mista/tela (130x60cm-51x24in) Milano 95 .... FF**5 940** - £**760** - **$1,220**
CASCELLA Tommaso 1951 [3]
Infiltrazione soppiantatrici - Tecnica mista/cartone (70x70cm-28x28in) Firenze 92 .... FF**6 200** - £**737** - **$1,192**
CASCELLA Tommaso 1890-1968 [4]
Harbor scene at twilight - Oil/panel (38x46cm-15x18in) New-York 89 .... FF**22 900** - £**2 279** - **$3,618**
Composizione - Tecnica mista/carta (80x80cm-31x31in) Firenze 90 .... FF**9 760** - £**983** - **$1,912**
CASCH Harold 1895-? [1]
Nu - Bronze (120cm-47in) Pontoise 96 .... FF**48 000** - £**6 240** - **$9,510**

CASCIARO Giuseppe 1863-1941 [76]
- *Village path* - Oil/panel (19x30cm-7x12in) New-York 93 .... FF15 950 - £1 885 - **$2,900**
- *Il Camaldolilli di Napoli* - Olio/tavola (50x70cm-20x28in) Roma 94 .... FF50 100 - £6 000 - **$9,300**
- *Promenade au Bois* - Pastel (33x34cm-13x13in) Paris 96 .... FF25 000 - £3 120 - **$4,830**

CASCIARO Guido 1900-? [4]
- *Procida* - Oil/canvas (85x120cm-33x47in) Amsterdam 96 .... FF9 050 - £1 047 - **$1,734**

CASE Richard 1913 [2]
- *Cowboy gunman* - Oil/canvas (74x53cm-29x21in) New-York 95 .... FF8 580 - £1 082 - **$1,700**

CASEBERE James 1953 [2]
- *Arches* - Gelatin silver print (99x68cm-39x27in) San Francisco-Los Angeles 95 .... FF9 770 - £1 247 - **$2,000**

CASENELLI Victor 1868-1961 [5]
- *Indian encampment* - Watercolour/paper (23x18cm-9x7in) Bloomfield Hills, Michigan 93 .... FF1 770 - £202 - **$300**

CASER Ettore 1880-1944 [10]
- *Summertime* - Oil/canvas (79x91cm-31x36in) Mystic, Connecticut 92 .... FF7 670 - £785 - **$1,350**

CASERO SANZ Antonio 1887-1973 [11]
- *La varita de nardo* - Terrakotta (22x15cm-9x6in) Madrid 91 .... FF1 750 - £178 - **$316**
- *Caballo derribado por el toro* - Tinta (26x40cm-10x16in) Madrid 95 .... FF2 212 - £287 - **$456**

CASEY Daniel ?-1885 [2]
- *Course de polo* - Huile/toile (59x80cm-23x31in) Monaco 89 .... FF95 000 - £10 011 - **$15,993**
- *Chevaux à l'écurie* - Aquarelle (27x38cm-11x15in) Paris 95 .... FF1 600 - £208 - **$330**

CASILE Alfred 1848-1909 [24]
- *Vue de port* - Huile/carton (27x34cm-11x13in) Paris 97 .... FF19 000 - £2 033 - **$3,311**
- *Paysage* - Huile/toile (34x56cm-13x22in) Marseille 96 .... FF35 500 - £4 045 - **$6,800**
- *Bateaux à quai* - Huile/toile (26x36cm-10x14in) Aix-en-Provence 95 .... FF51 000 - £6 600 - **$10,430**

CASILEAR John William 1811-1893 [12]
- *A woodland path* - Oil/canvas (51x43cm-20x17in) New-York 93 .... FF41 250 - £5 170 - **$7,500**

CASINELLI Victor 1867-1961 [1]
- *Everglades scene with heron* - Watercolour/paper (25x20cm-10x8in) Chicago 96 .... FF2 570 - £312 - **$500**

CASISSA Nicola ?-1730 [6]
- *Bouquet de fleurs* - Huile/toile (62x50cm-24x20in) Paris 97 .... FF60 000 - £6 516 - **$10,632**

CASLEY William XIX-XX [20]
- *Lions, Lizard, Cornwall* - Watercolour (30x46cm-12x18in) Penzance, Cornwall 92 .... FF3 030 - £310 - **$594**

CASNEDI Raffaele 1822-1892 [1]
- *Venditrice di ortaggi, Pàntheon* - Olio/tela (44x34cm-17x13in) Milano 90 .... FF75 500 - £8 032 - **$13,506**

CASNELLI Victor 1867-1961 [1]
- *Indians* - Watercolour/paper (25x35cm-10x14in) San Francisco-Los Angeles 95 .... FF11 200 - £1 275 - **$1,900**

CASORATI Dafne Maugham 1897-? [1]
- *Paesaggio* - Olio/tavola (48x48cm-19x19in) Roma 93 .... FF4 030 - £452 - **$721**

CASORATI Felice 1883-1963 [55]
- *Cane di gesso* - Oil/panel (75x53cm-30x21in) Roma 90 .... FF2 - £256 466 - **$419,753**
- *Interno* - Olio/tavola (49x42cm-19x17in) Prato 97 .... FF204 000 - £24 000 - **$36,000**
- *Brocca con tulipani* - Olio/tavola (70x55cm-28x22in) Prato 97 .... FF618 800 - £72 800 - **$109,200**
- *Testa appoggiata* - Bronze (25cm-10in) Milano 92 .... FF29 440 - £3 013 - **$5,180**
- *Pensive lady* - Pencil (47x32cm-19x13in) London 92 .... FF18 560 - £1 900 - **$3,276**
- *Nudo seduto* - Matite colorate/carta (64x44cm-25x17in) Milano 90 .... FF82 400 - £8 766 - **$14,741**

CASOTTI Umberto XX [4]
- *Saxofonista Negra* - Oil/canvas (130x90cm-51x35in) Amsterdam 97 .... FF3 119 - £337 - **$544**

CASPAR Karl 1879-1956 [13]
- *Geisselung Christi* - Oil/Leinwand (45x35cm-18x14in) Stuttgart 94 .... FF17 140 - £2 056 - **$3,330**
- *St. Hubertus* - Oil/canvas (81x118cm-32x46in) Stuttgart 90 .... FF221 000 - £22 599 - **$43,622**
- *Stehender männlicher Akt* - Pencil/paper (49x18cm-19x7in) München 96 .... FF2 033 - £255 - **$393**

CASPAR-FILSER Maria 1878-1968 [17]
- *Flieder, Pfingstrosen und Tulpen* - Oil/canvas (59x61cm-23x24in) München 92 .... FF20 400 - £2 090 - **$3,590**
- *Mittagsrast* - Oil/canvas (58x72cm-23x28in) Berlin 92 .... FF88 400 - £9 040 - **$15,560**
- *Frühlingsstrauss* - Oil/Leinwand (110x75cm-43x30in) Heidelberg 96 .... FF155 800 - £19 220 - **$30,100**

CASPARI Walter 1869-1911 [2]
- *Dünen bei darsser Ort* - Oil/canvas (50x80cm-20x31in) Bremen 92 .... FF5 100 - £522 - **$898**

CASPEL van Johann Georg 1870-1928 [4]
- *De Hollandsche Revue* - Poster (70x100cm-28x39in) New-York 94 .... FF45 800 - £5 370 - **$8,000**

CASPERSEN Hans Christian 1866-1939 [4]
- *Der laeses hojt* - Oil/canvas (63x47cm-25x19in) Köbenhavn 91 .... FF6 160 - £617 - **$1,039**
- *Warten auf den Leckerbissen* - Oil/canvas (62x47cm-24x19in) Ahlden 92 .... FF14 900 - £1 732 - **$3,040**

CASS George Nelson 1806-1882 [2]
- *Pastoral landscape* - Oil/canvas (51x76cm-20x30in) New-York 94 .... FF10 270 - £1 198 - **$1,800**

CASSAGNE Armand Th. 1823-1907 [3]
- *Allée bordée d'arbres* - Aquarelle (24x39cm-9x15in) Paris 96 .... FF6 000 - £728 - **$1,167**

CASSAIGNE Joseph 1871-? [1]
- *Hébé* - Marbre Carrare (100cm-39in) Paris 94 .... FF60 500 - £7 030 - **$10,600**

CASSANDRE Adolphe J-M. Mouron 1901-1968 [125]
- *Wagons-Lits Cook...* - Poster (99x4cm-39x2in) London 96 .... FF24 560 - £3 150 - **$4,840**
- *Nord Express* - Affiche (75x105cm-30x41in) Paris 94 .... FF25 000 - £2 960 - **$4,600**
- *Marocaine Vautier, 20 pièces, 50cts* - Poster (126x87cm-50x34in) New-York 92 .... FF26 000 - £3 104 - **$5,000**

Étoile du Nord… - Color lithograph (105x76cm-41x30in) London 92 .... FF**39 100** - £4 000 - **$6,900**
Sools, maître-chapelier - Poster (195x126cm-77x50in) New-York 93 .... FF**154 000** - £19 300 - **$28,000**
Maquettes de costume pour Racine - Gouache/papier (27x35cm-11x14in) Paris 97 .... FF**7 800** - £835 - **$1,348**
Grèce: maquette d'affiche - Gouache (44x34cm-17x13in) Paris 94 .... FF**42 000** - £4 960 - **$7,520**

CASSARD François Alphonse 1787-? [1]
Route animée sous la neige - Huile/panneau (15x15cm-6x6in) Paris 93 .... FF**2 300** - £265 - **$397**

CASSAS Louis-François 1756-1827 [41]
Monument triomphal…/Pyramides… - Gravure (57x80cm-22x31in) Nice 97 .... FF**18 000** - £2 034 - **$3,260**
Seascape with Oriental Figures - Ink (35x51cm-14x20in) New-York 97 .... FF**30 488** - £3 394 - **$5,500**
The Gate of Persecution, Ephesus - Watercolour (66x107cm-26x42in) London 93 .... FF**166 000** - £20 000 - **$29,000**

CASSATT Mary 1844-1926 [131]
In the Box - Oil/canvas (44x62cm-17x24in) New-York 96 .... FF**1** - £2 - **$3**
Mrs. Currey & Mr. Cassatt - Oil/canvas (82x69cm-32x27in) New-York 97 .... FF**1** - £116 394 - **$190,000**
Maternal Caress - Drypoint (37x27cm-15x11in) New-York 94 .... FF**955 000** - £113 700 - **$180,000**
Mother and nude child - Pastel/paper (64x53cm-25x21in) New-York 97 .... FF**5** - £552 690 - **$900,000**
Marie-Thérèse Gaillard - Pastel/paper (51x54cm-20x21in) New-York 94 .... FF**8** - £859 740 - **$1**
Marie-louise Durand-Ruel - Pastel/paper (75x63cm-30x25in) London 93 .... FF**747 000** - £90 000 - **$130,500**

CASSAVETTI-ZAMBACCO Marie 1843-? [1]
Amour irrésistible - Bronze (5cm-2in) London 94 .... FF**11 000** - £1 300 - **$1,976**

CASSEL Axel 1955 [2]
Sans titre - Bronze (131cm-52in) Paris 96 .... FF**20 000** - £2 470 - **$3,870**

CASSEL Léon XIX-XX [3]
Portrait de femme - Huile/toile (116x89cm-46x35in) Paris 92 .... FF**28 000** - £2 866 - **$5,040**

CASSIDY Gerald Ira Diamond 1879-1934 [13]
The travelers - Oil/canvas (34x49cm-13x19in) Elgin, Illinois 91 .... FF**73 400** - £7 289 - **$12,744**
Portrait of a Cowboy - Watercolour (37x25cm-15x10in) San Francisco-Los Angeles 96 ...... FF**11 740** - £1 360 - **$2,250**

CASSIE James 1819-1879 [5]
On the Ythan at Ellon - Oil/board (24x36cm-9x14in) Auchterarder, Perthshire 95 .... FF**17 970** - £2 300 - **$3,540**

CASSIEN Victor 1808-1893 [34]
Peintre, cascade de l'Oursière - Huile/toile (34x47cm-13x19in) Grenoble 92 .... FF**15 000** - £1 536 - **$2,700**
Torrent en montagne - Fusain (56x40cm-22x16in) Grenoble 91 .... FF**6 200** - £622 - **$1,023**

CASSIERS Hendrick 1858-1944 [95]
Rue Lepic - Huile/toile (45x60cm-18x24in) Montauban 94 .... FF**5 700** - £674 - **$1,024**
Le long du canal - Huile/carton (54x54cm-21x21in) Lokeren 93 .... FF**15 400** - £1 758 - **$2,660**
Red Star Lines, Antwerpen-N.Y. - Poster (83x52cm-33x20in) London 96 .... FF**4 320** - £550 - **$831**
Pêcheur assis - Aquarelle/papier (45x30cm-18x12in) Bruxelles 96 .... FF**6 000** - £786 - **$1,216**
Le pont des Lions à Bruges - Aquarelle (40x50cm-16x20in) Bruxelles 92 .... FF**17 430** - £1 785 - **$3,350**

CASSIGNEUL Jean-Pierre 1935 [165]
Les deux amies - Huile/toile (131x90cm-52x35in) Paris 90 .... FF**1** - £165 289 - **$282,686**
Le vase de dahlias - Huile/toile (61x50cm-24x20in) Versailles 91 .... FF**40 000** - £4 010 - **$7,326**
Jeune femme assise au chapeau - Huile/panneau (55x46cm-22x18in) Paris 96 .... FF**75 000** - £9 350 - **$14,480**
Les planches à Deauville - Huile/toile (80x60cm-31x24in) Paris 94 .... FF**130 000** - £15 030 - **$22,370**
La Robe Verte - Oil/canvas (147x114cm-58x45in) San Francisco-Los Angeles 94 ...... FF**193 000** - £23 400 - **$37,500**
L'Allée fleurie, from Parcs - Color lithograph (53x40cm-21x16in) London 96 .... FF**5 540** - £695 - **$1,072**
Terrasse à Saint-Pau - Lithographie (45x48cm-26x19in) Paris 90 .... FF**18 000** - £1 865 - **$3,163**
Après le bain - Pastel/board (119x79cm-47x31in) New-York 94 .... FF**53 900** - £5 405 - **$8,897**
Corps de femme nue - Crayons couleurs (35x26cm-14x10in) Paris 90 .... FF**80 000** - £8 141 - **$15,999**

CASSIMAN Jacques 1940 [3]
Sortie du bain - Pastel/papier (54x72cm-21x28in) Bruxelles 91 .... FF**2 305** - £231 - **$399**

CASSIMAN Roland 1937 [3]
Cathy - Huile/toile (100x80cm-39x31in) Antwerpen 94 .... FF**2 640** - £304 - **$452**

CASSINARI Bruno 1912-1992 [104]
Maternità, donne e cavallo - Tempera/tela (80x100cm-31x39in) Milano 97 .... FF**34 300** - £4 370 - **$7,010**
Natura morta - Olio/tela (60x80cm-24x31in) Milano 97 .... FF**72 100** - £8 240 - **$12,260**
Doppia figure - Olio/tela (99x80cm-39x31in) Roma 93 .... FF**108 300** - £12 150 - **$19,400**
Figura in rosso - Olio/tela (121x60cm-48x24in) Milano 91 .... FF**226 000** - £23 200 - **$42,100**
Figura - Gouache (55x35cm-22x14in) Prato 97 .... FF**8 500** - £1 000 - **$1,500**
Figure - Gouache (70x50cm-28x20in) Prato 97 .... FF**13 600** - £1 600 - **$2,400**

CASSIOLI Amos 1832-1891 [3]
Allegorical scene with figures - Oil/canvas (22x18cm-9x7in) Chicago 96 .... FF**16 200** - £2 100 - **$3,200**

CASSISA Nicola ?-1731 [2]
Putti e fiori - Olio/tela (110x100cm-43x39in) Milano 91 .... FF**319 000** - £31 756 - **$54,856**

CASSIUS-VIGNAU Marcel XIX-XX [3]
Marché aux poissons - Huile/panneau (72x92cm-28x36in) Paris 97 .... FF**16 000** - £1 699 - **$2,787**

CASSON Alfred Joseph 1898-1992 [59]
Summer morning - Oil/board (76x91cm-30x36in) Toronto 94 .... FF**153 500** - £17 930 - **$27,050**
Landscape with bridge - Watercolour/paper (24x27cm-9x11in) Toronto 96 .... FF**18 400** - £2 210 - **$3,525**

CASSON Hugh 1910 [11]
Rialto Cat - Watercolour (6x12cm-2x5in) London 95 .... FF**2 346** - £300 - **$472**

CASTA Joachim 1888-? [1]
Panther and boa constrictor - Bronze (57cm-22in) North Bethesda, MD. 91 .... FF**64 700** - £6 486 - **$11,850**

CASTAGNERI Mario 1892-1940 [2]
Futurist Portrait of Marinetti - Gelatin silver print (23x23cm-9x9in) New-York 96 .... FF**36 100** - £4 640 - **$7,000**

CASTAGNETO Giovanni 1851-1900 [1]
- *Navios de Vela* - Oil/panel (45x31cm-18x12in) New-York 92 .... FF**41 600** - £**4 970** - **$8,000**

CASTAGNINO Juan Carlos 1908-1972 [1]
- *Amanecer* - Oil/canvas (148x104cm-58x41in) New-York 95.................... FF**76 500** - £**9 550** - **$15,000**

CASTAGNOLA Gabriele 1828-1883 [3]
- *Faust and Marguerite* - Oil/canvas (89x70cm-35x28in) New-York 92.................... FF**26 150** - £**2 646** - **$5,250**

CASTAIGNE Jean André 1861-1929 [4]
- *La querelle au cirque* - Huile/toile (67x65cm-26x26in) Fontainebleau 92 .... FF**16 500** - £**1 690** - **$2,905**
- *The Winner's Parade* - Oil/canvas (78x58cm-31x23in) Athens 96 .... FF**450 000** - £**52 100** - **$86,200**

CASTAING René Marie Joseph 1896-1943 [3]
- *The Death of Tristan* - Watercolour (47x130cm-19x51in) London 95 .... FF**3 740** - £**480** - **$755**

CASTALDO Francesco Coppola 1845-1916 [8]
- *In visita a Pompei* - Tecnica mista/carta (39x55cm-15x22in) Roma 94 .... FF**8 680** - £**1 040** - **$1,612**

CASTAN Gustave Eugène 1823-1892 [40]
- *Meeresküste unter Wolken* - Öl/Karton (38x59cm-15x23in) Bern 93 .... FF**9 900** - £**1 140** - **$1,698**
- *Fisherhafen La Belotte, Genf* - Huile/carton (38x57cm-15x22in) Zürich 94 .... FF**23 430** - £**2 715** - **$4,040**
- *Zwei Holzfäller* - Öl/Leinwand (80x132cm-31x52in) Zürich 93.................... FF**74 000** - £**9 100** - **$13,840**

CASTAN Pierre Jean Edmond 1817-? [15]
- *The seamstress* - Oil/panel (31x23cm-12x9in) London 93.................... FF**20 750** - £**2 500** - **$3,800**
- *Good news* - Oil/panel (27x21cm-11x8in) New-York 92 .... FF**72 800** - £**7 730** - **$14,000**
- *Her favourite doll* - Oil/panel (33x24cm-13x9in) London 89 .... FF**106 500** - £**10 890** - **$17,122**

CASTAÑEDA Alfredo 1938 [36]
- *Antiguo recuerdo* - Oil/masonite (51x51cm-20x20in) New-York 96.................... FF**41 800** - £**4 760** - **$8,000**
- *Espalda* - Oil/canvas (101x76cm-40x30in) New-York 97.................... FF**120 550** - £**12 801** - **$21,000**
- *Vocacion de Ezequiel* - Oil/canvas (120x120cm-47x47in) New-York 94 .... FF**253 000** - £**29 800** - **$45,000**
- *Al Final o Al Principio ?* - Oil/canvas (100x100cm-39x39in) New-York 94 .... FF**499 000** - £**57 700** - **$85,000**
- *Autoretrato con Refección en Burbuja*
  Watercolour, gouache (37x37cm-15x15in) New-York 93 .... FF**49 500** - £**6 210** - **$9,000**

CASTAÑEDA Felipe 1933 [42]
- *Mujer sentada* - Marble (41cm-16in) New-York 97.................... FF**45 819** - £**4 884** - **$8,000**
- *Amantes* - Marble (34x30x39cm-13x12x15in) New-York 97.................... FF**54 535** - £**5 791** - **$9,500**
- *Mujer Arrodillada* - Marble (22x22x41cm-9x9x16in) New-York 94 .... FF**95 500** - £**11 260** - **$17,000**

CASTAÑEDA Ignacio XX [2]
- *Seated woman* - Sculpture (43cm-17in) Tarzana, CA 94 .... FF**7 990** - £**932** - **$1,400**

CASTAÑO GUERRERO Miguel XIX-XX [2]
- *La romana* - Oleo/lienzo (206x105cm-81x41in) Madrid 96 .... FF**10 130** - £**1 288** - **$1,948**

CASTANO John 1896-1978 [2]
- *Saint Andre's church outside Paris* - Oil/canvas Cambridge, Mass. 89 .... FF**6 900** - £**706** - **$1,109**

CASTEGNARO Felice 1873-? [5]
- *Figures seated on a landscape* - Oil/panel (23x33cm-9x13in) London 96.................... FF**9 300** - £**1 200** - **$1,822**

CASTEL Gaston 1886-1971 [27]
- *La Durance* - Relief (66x138cm-26x54in) Avignon 89 .... FF**3 500** - £**369** - **$589**
- *Nu au bouquet de fleurs* - Aquarelle (76x54cm-30x21in) Avignon 89 .... FF**1 800** - £**190** - **$303**
- *Monument pour les Héros de 1914-1918* - Aquarelle (160x135cm-63x53in) Avignon 89 ..... FF**14 500** - £**1 528** - **$2,441**

CASTEL Maurice 1927 [36]
- *Retour de la pêche* - Huile/panneau (27x35cm-11x14in) Noyon 92 .... FF**2 200** - £**256** - **$449**
- *Régate* - Huile/panneau (27x35cm-11x14in) Noyon 92 .... FF**2 200** - £**256** - **$449**
- *Retour de pêche* - Huile/panneau (35x27cm-14x11in) La Varenne Saint-Hilaire 93 .... FF**2 800** - £**350** - **$510**

CASTEL Moshe 1909-1992 [79]
- *Hallelujah Hymn* - Oil/canvas (91x63cm-36x25in) Tel Aviv 97 .... FF**92 592** - £**9 843** - **$16,000**
- *Safed View* - Oil/canvas (46x38cm-18x15in) Tel Aviv 97 .... FF**243 054** - £**25 838** - **$42,000**
- *Archaeological Finds* - Stone (77x54cm-30x21in) Tel Aviv 97 .... FF**34 722** - £**3 691** - **$6,000**
- *Safed, Landscape and Figures* - Watercolour (49x34cm-19x13in) Tel Aviv 97 .... FF**27 808** - £**3 092** - **$5,200**
- *Angels over Safed* - Gouache (51x34cm-20x13in) Tel Aviv 97 .... FF**64 171** - £**7 136** - **$12,000**

CASTEL Y.L. [3]
- *Grande bécasse en vol* - Bronze (52cm-20in) Paris 96 .... FF**18 500** - £**2 115** - **$3,530**

CASTELEIN Ernest 1881-1945 [1]
- *The Angelis* - Black chalk (29x27cm-11x11in) Billinghurst, West Sussex 96.................... FF**4 235** - £**550** - **$830**

CASTELFRANCHI Cirano 1912 [1]
- *Canale/Canale* - Olio/tavola Roma 90.................... FF**7 980** - £**816** - **$1,575**

CASTELL Anton 1810-1864 [5]
- *Town, possibly on the Elbe* - Oil/canvas (54x82cm-21x32in) London 92 .... FF**20 640** - £**2 400** - **$4,210**

CASTELL DOMENECH Vicente 1871-1934 [3]
- *El monaguillo cantor* - Oleo/tabla (34x22cm-13x9in) Madrid 91.................... FF**27 100** - £**2 738** - **$5,380**

CASTELLAN Antoine Laurent 1772-1838 [2]
- *Fontaine turque à Gallipolli* - Huile/toile (72x59cm-28x23in) Paris 93 .... FF**68 000** - £**8 200** - **$12,360**
- *Jeune femme à la fontaine* - Encre (28x23cm-11x9in) Paris 92 .... FF**7 500** - £**768** - **$1,320**

CASTELLANETA Enrico 1864-? [1]
- *Ung italiensk kvinde* - Oil/canvas (63x48cm-25x19in) Vejle 90.................... FF**14 900** - £**1 595** - **$2,591**

CASTELLANI Enrico 1930 [48]
- *Superficie Bianca* - Öl/Leinwand (77x80cm-30x31in) Köln 97.................... FF**28 668** - £**3 009** - **$4,913**
- *Superficie* - Tecnica mista/tavola (100x100cm-39x39in) Milano 90 .... FF**177 400** - £**18 054** - **$35,477**

C

Superficie rossa, 1964 - Olio/tela (200x20x150cm-79x8x59in) Milano 89...................... FF480 600 - £47 821 - **$75,924**

CASTELLANO Carmelo 1925 [13]
🖼 *Vert* - Acrylique/toile (92x73cm-36x29in) Paris 93 .... FF5 800 - £699 - **$1,055**

CASTELLANO Vicente 1927 [2]
🖼 *La Prudencia* - Oleo/lienzo (81x65cm-32x26in) Madrid 94 .... FF5 360 - £643 - **$1,040**

CASTELLANOS Carlos Alberto 1881-1945 [6]
🖼 *Guaranies en el bosque* - Oil/board (41x32cm-16x13in) New-York 92 .... FF33 800 - £4 035 - **$6,500**
Escena Tropical - Oil/canvas (99x137cm-39x54in) New-York 97 .... FF103 093 - £10 989 - **$18,000**

CASTELLANOS Julio 1905-1947 [2]
🖼 *Desnudos* - (100x51cm-39x20in) New-York 95 .... FF106 700 - £14 170 - **$22,000**

CASTELLI Alessandro 1809-1902 [7]
🖼 *An Elegant Recital* - Oil/canvas (44x59cm-17x23in) London 94 .... FF27 100 - £3 200 - **$4,860**
✑ *Veduta di Roma* - Gouache/carta (26x31cm-10x12in) Genova 90 .... FF16 500 - £1 767 - **$2,870**

CASTELLI Clément XIX-XX [3]
🖼 *Mountainous valley with cows, Piemond* - Oil/panel (25x34cm-10x13in) Amsterdam 94 .... FF3 660 - £425 - **$630**

CASTELLI Louis 1805-1849 [1]
🖼 *Portret* - Oil/panel (60x46cm-24x18in) Warszawa 92 .... FF6 670 - £681 - **$1,190**

CASTELLI Luciano 1945 [36]
🖼 *Bad Girl* - Acrylic (150x130cm-59x51in) Amsterdam 97 .... FF8 200 - £86 0 7 - **$1,407**
His Masters Voice II - Acrylic/canvas (249x199cm-98x78in) Berlin 93 .... FF45 300 - £5 170 - **$7,700**
Zwei Mastrosem im Boot - Acrylique/toile (290x200cm-114x79in) Paris 92 .... FF90 000 - £10 460 - **$18,360**
Geile Tiere, Berlin - Huile/panneau (217x402cm-85x158in) Paris 90 .... FF180 000 - £19 397 - **$31,746**
✑ *Portrait de femme, 1913* - Gouache (100x69cm-39x27in) Paris 89 .... FF70 000 - £6 965 - **$11,058**

CASTELLO Federico 1914-1971 [3]
🗋 *By the Arks* - Lithograph (20x27cm-8x11in) North Bethesda, MD. 91 .... FF2 850 - £284 - **$490**

CASTELLON Federico 1914-1971 [7]
🗋 *By the Arks* - Etching (23x30cm-9x12in) Detroit, Michigan 92 .... FF1 715 - £199 - **$350**

CASTELLS CAPURRO Enrique 1913 [1]
✑ *The Round Up* - Watercolour (27x28cm-11x11in) London 95 .... FF4 660 - £600 - **$955**

CASTELLS Eduard 1898-1976 [2]
🖼 *Figuras en interior* - Oleo/lienzo (107x95cm-42x37in) Madrid 90 .... FF5 400 - £568 - **$939**

CASTELLS Vicente XIX-XX [2]
🖼 *Joven con mantón rojo* - Oleo/lienzo (57x30cm-22x12in) Madrid 93 .... FF18 800 - £2 260 - **$3,660**

CASTELO Enrique 1918-1970 [2]
🖼 *Vase de fleurs, c.1962* - Technique mixte (72x20cm-28x8in) Verrières-Le-Buisson 89 .... FF5 800 - £611 - **$976**
✑ *Sistema que se derumba sin remedio*
    Encre Chine/papier (50x65cm-20x26in) Paris 90 .... FF15 000 - £1 554 - **$2,636**

CASTELUCHO DIANA Claudio 1871-1932 [6]
🖼 *Maternité* - Huile/toile (132x91cm-52x36in) Paris 96 .... FF33 000 - £4 270 - **$6,600**

CASTENEDA Felipe 1933 [3]
🗿 *Desnudo de Pie* - Bronze (146cm-57in) New-York 94 .... FF84 200 - £9 940 - **$15,000**

CASTEX de René Hubert 1904-? [2]
🖼 *Danseuse assise* - Huile/toile (55x46cm-22x18in) Paris 94 .... FF2 200 - £261 - **$407**

CASTEX Georges XIX-XX [2]
🖼 *Le Vert-Galant* - Huile/toile Versailles 96 .... FF8 200 - £1 058 - **$1,606**

CASTEX-DÉGRANGE Adolphe L. Dégrange 1840-1918 [10]
🖼 *The Dahlia Garden* - Oil/canvas (180x111cm-71x44in) New-York 94 .... FF67 400 - £7 950 - **$12,000**

CASTIGLIONE Giannino 1884-1971 [1]
🗿 *Family in the wind* - Bronze (33cm-13in) London 96 .... FF15 700 - £2 000 - **$3,024**

CASTIGLIONE Giuseppe 1829-1908 [8]
🖼 *Preparing for the duel* - Oil/canvas (39x63cm-15x25in) London 94 .... FF20 300 - £2 400 - **$3,650**
Sitting for his portrait - Oil/canvas (68x104cm-27x41in) New-York 93 .... FF110 000 - £13 800 - **$20,000**

CASTILLO del José 1737-1793 [6]
🖼 *Réunion de danseurs et de musiciens* - Huile/toile (35x47cm-14x19in) Paris 96 .... FF50 000 - £6 220 - **$9,700**

CASTILLO Jorge 1933 [123]
🖼 *Tête d'indien* - Huile/toile (35x27cm-14x11in) Paris 97 .... FF5 000 - £544 - **$879**
Mesa de postres - Acrílico/lienzo (60x50cm-24x20in) Madrid 95 .... FF22 200 - £2 840 - **$4,460**
Personajes en un interior - Oleo/lienzo (81x100cm-32x39in) Madrid 97 .... FF31 840 - £3 440 - **$5,520**
Mesa con frutas - Acrilico/lienzo (114x146cm-45x57in) Madrid 96 .... FF56 100 - £6 800 - **$10,920**
Velador con paisaje - Oleo/lienzo (121x152cm-48x60in) Madrid 96 .... FF92 200 - £10 550 - **$17,570**
Maternidad - Oleo/lienzo (160x130cm-63x51in) Madrid 91 .... FF183 800 - £18 654 - **$33,196**
🗿 *Composition avec 6 pièces* - Bronze (16x42x49cm-6x17x19in) Luzern 90 .... FF14 400 - £1 532 - **$2,576**
✑ *En el parque* - Acuarela (32x28cm-13x11in) Madrid 97 .... FF4 400 - £473 - **$770**
El mirón - Lápiz (70x50cm-28x20in) Madrid 94 .... FF18 600 - £2 170 - **$3,260**
Katze und Früchten - Watercolour (69x100cm-27x39in) Luzern 90 .... FF46 800 - £4 979 - **$8,372**

CASTILLO Y SAAVEDRA del Antonio 1616-1668 [6]
✑ *Crucifixion of St. Philip the Apostle* - Ink (24x34cm-9x13in) London 91 .... FF7 980 - £798 - **$1,314**
David with the head of Goliath - Ink (29x21cm-11x8in) London 92 .... FF36 850 - £4 400 - **$7,090**

CASTIN Jean Jacques Marie 1797-1869/70 [2]
✑ *Jeune homme en veste noire* - Miniature (8cm-3in) Paris 96 .... FF2 500 - £324 - **$496**

CASTINEL André 1934 [4]
🖼 *L'alliance* - Huile/toile (100x50cm-39x20in) Paris 90 .... FF2 600 - £263 - **$495**

CASTLEDON George Frederick 1861-1945 [6]
- *Daybreak on the Bayou* - Oil/canvas (56x46cm-22x18in) New Orleans, Louisiana 93 .... FF**6 050** - £*759* - **$1,100**

CASTOLDI Guglielmo 1852-? [2]
- *Procession out of the church* - Oil/canvas (60x75cm-24x30in) New-York 90 .... FF**22 900** - £*2 452* - **$3,983**

CASTOR Christian 1953 [23]
- *Coconut dance* - Acrylique/toile (97x130cm-38x51in) Paris 90 .... FF**7 000** - £*754* - **$1,235**
- *La foule* - Sculpture (150cm-59in) La Varenne Saint-Hilaire 91 .... FF**12 000** - £*1 203* - **$1,981**

CASTRES Édouard 1838-1902 [25]
- *La brodeuse* - Huile/panneau (41x32cm-16x13in) Paris 93 .... FF**16 000** - £*1 930* - **$2,910**
- *Bords de Seine, environs de Paris* - Öl/Karton (24x38cm-9x15in) Bern 93 .... FF**39 300** - £*4 750* - **$7,300**
- *La Vaudoise* - Pastel (52x35cm-20x14in) Bern 94 .... FF**7 270** - £*843* - **$1,253**

CASTRES Edouard Gaspard 1881-1964 [7]
- *Étang près du village* - Huile/toile (43x55cm-17x22in) Grenoble 94 .... FF**5 000** - £*582* - **$866**

CASTRO de Fabián 1868-? [2]
- *Fileuse et porteuse d'eau* - Huile/toile (130x97cm-51x38in) Romans-sur-Isère 90 .... FF**20 500** - £*2 064* - **$3,727**

CASTRO de Paul 1882-1939 [5]
- *Paysage à Castellane* - Huile/toile (60x73cm-24x29in) Arles 90 .... FF**5 200** - £*539* - **$914**

CASTRO de Sergio 1922 [5]
- *Nature morte* - Oil/canvas (65x80cm-26x31in) Luzern 92 .... FF**11 900** - £*1 216* - **$2,096**

CASTRO GIL Manuel 1891-1963 [4]
- *Le Pont-Neuf, Paris* - Grabado (49x58cm-19x23in) Madrid 96 .... FF**1 622** - £*211* - **$318**

CASTRO PACHECO Fernando 1918 [2]
- *Mujer del Sabucán* - Oleo/lienzo (113x80cm-44x31in) México 92 .... FF**30 060** - £*3 086* - **$5,490**

CASTY Gian 1914-1979 [3]
- *Sitzender Frauenakt* - Öl/Leinwand (65x31cm-26x12in) Luzern 95 .... FF**6 380** - £*797* - **$1,251**

CAT Roland 1943 [56]
- *Le mammifère* - Huile/toile (72x53cm-28x21in) Paris 94.............................. FF**15 000** - £*1 783* - **$2,770**
- *Le nid* - Technique mixte/panneau (65x100cm-26x39in) Paris 94 .... FF**32 000** - £*3 800* - **$5,900**
- *Les garde-fous* - Encre (65x95cm-26x37in) Paris 96 .... FF**19 000** - £*2 410* - **$3,644**

CATALA RAMON Sebastián XIX-XX [2]
- *Caravana de gitanos* - Oleo/tabla (26x43cm-10x17in) Madrid 90 .... FF**20 500** - £*2 195* - **$3,565**

CATALA Richard 1947 [22]
- *Vendanges* - Huile/toile (33x41cm-13x16in) Arles 94 .... FF**2 000** - £*237* - **$370**
- *Marché aux fleurs à la Madeleine* - Oil/panel (46x55cm-18x22in) Arles 91 .... FF**3 600** - £*365* - **$650**

CATALDI Amleto 1882-1930 [1]
- *Rom* - Bronze (66cm-26in) Stuttgart 92 .... FF**14 900** - £*1 732* - **$3,040**

CATANI Ugo 1861-? [1]
- *Caricatures* - Watercolour Köbenhavn 95 .... FF**6 800** - £*846* - **$1,326**

CATANY Tony 1942 [1]
- *Nu de dos* - Photo (29x20cm-11x8in) Paris 96 .... FF**1 500** - £*171* - **$287**

CATEL Franz Ludwig 1778-1856 [9]
- *Grotte auf eine südliche Landschaft* - Oil/panel (21x29cm-8x11in) Bielefeld 96 .... FF**44 400** - £*5 770* - **$8,780**
- *Posilippo* - Oil/canvas (62x77cm-24x30in) London 92 .... FF**97 700** - £*10 000* - **$17,240**

CATELAND Amédée 1879-1938 [8]
- *Château de St Vidal* - Dessin (37x25cm-15x10in) Lyon 90 .... FF**1 500** - £*153* - **$300**

CATERINA Dario 1955 [2]
- *Sans titre* - Huile/toile (199x140cm-78x55in) Paris 90 .... FF**21 000** - £*2 263* - **$3,704**

CATESBY Mark 1679-1749 [2]
- *Pair of snakes studies* - Engraving (28x43cm-11x17in) New Orleans, Louisiana 93 .... FF**5 230** - £*656* - **$950**

CATHELIN Bernard 1919 [49]
- *Marché Mexicain* - Oil/canvas (162x130cm-64x51in) New-York 97 .... FF**92 861** - £*9 769* - **$16,000**
- *Bouquet d'Hortensias* - Oil/canvas (100x65cm-39x26in) New-York 94 .... FF**136 200** - £*15 900* - **$24,000**
- *Bouquet de fleurs* - Estampe (72x57cm-28x22in) Paris 90 .... FF**4 000** - £*426* - **$716**

CATHERWOOD Frederick 1759-1854 [3]
- *Denderah* - Watercolour (17x11cm-7x4in) London 94 .... FF**4 710** - £*550* - **$820**

CATLIN George 1794-1872 [13]
- *A Jaguar Hunt, Brazil* - Oil/canvas (48x66cm-19x26in) New-York 96 .... FF**198 300** - £*22 960* - **$38,000**
- *Catlin's North American Indian Portfolio*
  Color lithograph (35x37cm-14x15in) San Francisco-Los Angeles 95 .... FF**5 940** - £*743* - **$1,200**

CATOLDI Amleto 1882-1930 [1]
- *Nude woman* - Bronze (232cm-91in) New-York 95 .... FF**884 000** - £*114 000* - **$180,000**

CATRIE Antoon 1924-1977 [4]
- *Naakt op de rug gezien* - Huile/panneau (52x34cm-20x13in) Lokeren 96 .... FF**2 793** - £*345* - **$540**

CATS Jacob 1741-1799 [24]
- *Peasants approaching a stream* - Black chalk (21x31cm-8x12in) London 97 .... FF**11 331** - £*1 200* - **$1,950**
- *Traveller in a Gust of Wind* - Ink (19x28cm-7x11in) New-York 97 .... FF**49 889** - £*5 553* - **$9,000**

CATTANEO Achille 1872-1932 [10]
- *Piazza Ducale, Venezia* - Olio/tavola (50x60cm-20x24in) Milano 95 .... FF**10 810** - £*1 435* - **$2,205**

CATTANEO Amanzio 1828-? [1]
- *Italian family and chickens* - Oil/canvas (69x51cm-27x20in) North Berwick, Maine 94 .... FF**11 700** - £*1 354* - **$2,000**

CATTEAU Charles 1880-1966 [2]
- *Vase de fleurs* - Huile/toile Bruxelles 94 .... FF**5 000** - £*580* - **$860**

C

Vase à décor de frise géométrique - Céramique (28cm-11in) Paris 92 .... FF**2 200** - £*225* - **$388**

CATTEL Pieter 1712-1759 [4]
Maid standing at a stone Window - Oil/canvas (29x24cm-11x9in) Amsterdam 96 .... FF**10 560** - £*1 365* - **$2,040**

CATTERMOLE Charles 1832-1900 [33]
In the Vestry - Watercolour (14x23cm-6x9in) London 97 .... FF**1 881** - £*200* - **$325**
The Defence of Lathom House - Watercolour (50x85cm-20x33in) London 95 .... FF**4 580** - £*580* - **$921**

CATTERMOLE George 1800-1868 [22]
May Day at Holland House - Oil/panel (44x105cm-17x41in) London 97 .... FF**33 058** - £*3 600* - **$5,749**
Sacking the monastery - Watercolour (38x68cm-15x27in) London 97 .... FF**3 763** - £*400* - **$650**

CATTI Aurelio XIX-XX [2]
Dopo la pioggia - Olio/tela (45x100cm-18x39in) Roma 96 .... FF**23 400** - £*2 710* - **$4,550**
Giornata piovosa a Londra - Watercolour/paper (50x35cm-20x14in) Milano 89 .... FF**11 900** - £*1 254* - **$2,003**

CATTI Michèle 1855-1914 [3]
Giornata piovosa a Palermo - Olio/tela (70x10cm-28x4in) Milano 89 .... FF**77 800** - £*7 741* - **$12,291**

CATTIARD Yvette XX [2]
Premier rendez-vous - Huile/toile (73x60cm-29x24in) Paris 89 .... FF**4 100** - £*408* - **$648**

CATTIER Pierre Armand 1830-1892 [2]
Jeune Spartiate - Terracotta (34cm-13in) Liège 93 .... FF**4 940** - £*591* - **$1,010**

CATY Charles 1868-? [1]
Intérieur d'auberge avec servante - Huile/toile Tourcoing 89 .... FF**4 200** - £*443* - **$707**

CAUBERE Geneviève Jean 1903-1988 [9]
Peupliers au bord du fleuve - Huile/toile (81x60cm-32x24in) Paris 90 .... FF**2 800** - £*282* - **$548**
Thoniers, Saint-Jean-de-Luz - Huile/toile (92x60cm-36x24in) Paris 90 .... FF**11 000** - £*1 108* - **$2,155**

CAUCANNIER Jean Denis Antoine XIX-XX [2]
La Communiante - Oil/panel (70x48cm-28x19in) New-York 89 .... FF**21 700** - £*2 159* - **$3,428**

CAUCHIE Paul 1875-1952 [15]
Etang en Hiver - Huile/panneau (60x79cm-24x31in) Bruxelles 96 .... FF**2 000** - £*262* - **$406**
Nieuport - Huile/toile (59x82cm-23x32in) Bruxelles 90 .... FF**19 400** - £*2 064* - **$3,470**
Le port de Honfleur - Gouache (35x50cm-14x20in) Bruxelles 95 .... FF**5 050** - £*610* - **$950**

CAUCHOIS Eugène Henri 1850-1911 [215]
Les giroflées - Huile/toile (38x55cm-15x22in) Barbizon 96 .... FF**15 000** - £*1 870* - **$2,900**
Fleurs - Huile/toile (38x55cm-15x22in) Calais 97 .... FF**23 000** - £*2 726* - **$4,250**
Nature morte au bouquet de fleurs - Huile/toile (92x65cm-36x26in) Mayenne 96 .... FF**41 000** - £*5 110* - **$7,940**
Coquelicots, Marguerites et Bleuets - Oil/canvas (54x65cm-21x26in) New-York 97 .... FF**68 220** - £*7 348* - **$12,000**
Jeté de fleurs sur un banc - Oil/canvas (130x98cm-51x39in) New-York 97 .... FF**142 125** - £*15 308* - **$25,000**

CAUCHON Robert 1867-1969 [1]
Mon frère et moi revenant... - Aquarelle (34x46cm-13x18in) Montréal 89 .... FF**2 400** - £*245* - **$386**

CAUCIC Franz 1755-1828 [1]
Die Befreiung von Aristomenes - Oil/canvas (71x85cm-28x33in) Wien 89 .... FF**144 000** - £*15 174* - **$24,242**

CAUER Emil II 1867-? [4]
Mädchen mit Muschel - Alabaster (48cm-19in) Göttingen 95 .... FF**18 430** - £*2 390* - **$3,840**

CAUER Friedrich 1874-1945 [1]
Reifenspielerin - Bronze (54cm-21in) München 91 .... FF**8 550** - £*878* - **$1,590**

CAUER Ludwig 1866-1947 [1]
Telemachus wearing helmet - Bronze (66cm-26in) London 97 .... FF**26 022** - £*2 800* - **$4,575**

CAUER Robert, Jnr. 1863-? [1]
The widows prayer - Bronze New-York 96 .... FF**9 110** - £*1 178* - **$1,800**

CAUER Robert, Snr. 1831-1893 [2]
G. Guiges de Moreton de Chabrillon - Marble (48cm-19in) London 97 .... FF**13 941** - £*1 500* - **$2,451**
The Listening Faun - Marble (88cm-35in) London 96 .... FF**126 500** - £*15 000* - **$24,700**

CAULAERT van Jean-Dominique 1897-1979 [12]
Pierre Ducornoy - Huile/toile (73x60cm-29x24in) Paris 96 .... FF**8 000** - £*1 035* - **$1,570**
Mistinguett, vedette Columbia - Affiche (120x160cm-47x63in) Paris 97 .... FF**15 500** - £*1 660* - **$2,678**

CAULDWELL Leslie Giffen 1861-? [1]
Modèle nu debout dans l'atelier - Huile/toile (63x36cm-25x14in) Louviers 90 .... FF**10 000** - £*1 018* - **$2,000**

CAULFIELD Patrick 1936 [14]
Room divider - Acrylic (213x183cm-84x72in) London 92 .... FF**44 000** - £*4 500* - **$7,760**
Poems of Jules Laforgue - Silkscreen in colors London 94 .... FF**3 190** - £*380* - **$600**
Glazed earthenware - Ink (55x76cm-22x30in) London 93 .... FF**10 400** - £*1 300* - **$1,885**

CAULLET Albert 1875-1950 [16]
Devant la ferme - Huile/toile (70x60cm-28x24in) Bruxelles 92 .... FF**6 590** - £*787* - **$1,268**

CAUNOIS François Augustin 1787-1859 [2]
Projet de médaille commémorative - Mine plomb (9cm-4in) Paris 92 .... FF**2 000** - £*239* - **$385**

CAUSÉ Emil 1867-? [2]
Le Salon des Cents - Affiche (60x40cm-24x16in) Paris 95 .... FF**3 000** - £*393* - **$601**

CAUSSÉ Julien 1869-? [5]
Bust of Woman - Bronze (64cm-25in) Chicago 96 .... FF**4 115** - £*499* - **$800**
Femme sur un rocher - Marbre (68cm-27in) Paris 91 .... FF**15 000** - £*1 513* - **$2,924**

CAUTERMAN Cécile 1882-1957 [5]
Bloemen - Pastel (74x59cm-29x23in) Lokeren 94 .... FF**3 650** - £*431* - **$650**

CAUVIN Edouard Louis 1817-1900 [5]
Pêcheurs près des côtes - Aquarelle (37x50cm-15x20in) Bern 95 .... FF**4 320** - £*540* - **$872**

CAUVY Léon 1874-1933 [52]
- *Dans un port d'Algérie* - Huile/toile (46x54cm-18x21in) Bordeaux 96 .... FF17 000 - £2 194 - **$3,280**
- *The Port of Algiers* - Oil/canvas/panel (73x92cm-29x36in) London 94 .... FF30 250 - £3 600 - **$5,700**
- *Vue d'Alger* - Huile/toile (87x100cm-34x39in) Fontainebleau 93 .... FF64 500 - £7 770 - **$11,720**
- *Les souks* - Aquarelle/papier (34x47cm-13x19in) Lyon 96 .... FF10 000 - £1 206 - **$1,920**
- *Garçons se baignant, port d'Alger* - Gouache (44x53cm-17x21in) Paris 96 .... FF27 000 - £3 125 - **$5,170**
- *Le bassin de l'Amirauté à Alger* - Gouache (45x63cm-18x25in) Paris 90 .... FF120 000 - £12 931 - **$21,164**

CAUWER de Emile Pierre J. 1828-1873 [4]
- *Church interior* - Oil/panel (21x18cm-8x7in) Stockholm 95 .... FF19 700 - £2 603 - **$3,990**

CAUWER de Joseph 1779-1854 [2]
- *The drawing lesson* - Oil/canvas (44x55cm-17x22in) Amsterdam 93 .... FF13 510 - £1 620 - **$2,470**

CAVACOS Emmanuel 1885-? [4]
- *Femme nue drapée et source* - Marbre (32cm-13in) Paris 93 .... FF3 500 - £438 - **$637**
- *La Joie* - Plâtre (24cm-9in) Nanterre 94 .... FF10 500 - £1 260 - **$2,040**

CAVAEL Rolf 1898-1979 [110]
- *Komposition* - Oil/paper (27x36cm-11x14in) Köbenhavn 96 .... FF2 653 - £345 - **$526**
- *No. 73/JN 13* - Oil/canvas (48x37cm-19x15in) Köln 91 .... FF18 600 - £1 888 - **$3,359**
- *Komposition 77/Ag 3* - Oil/Leinwand (60x50cm-24x20in) München 95 .... FF39 750 - £5 200 - **$7,960**
- *Komposition 55/25* - Oil/canvas (80x105cm-31x41in) München 95 .... FF155 600 - £20 340 - **$31,140**
- *Ohne Titel* - Ballpoint pen (14x11cm-6x4in) München 93 .... FF1 735 - £196 - **$293**
- *Komposition 66* - Mischtechnik/Papier (30x22cm-12x9in) Berlin 91 .... FF5 150 - £616 - **$963**
- *Komposition 61/12* - Gouache (72x50cm-28x20in) Heidelberg 94 .... FF11 650 - £1 398 - **$2,265**

CAVAGLIERI Mario 1887-1969 [3]
- *Giovane donna in poltrona* - Olio/cartone (16x23cm-6x9in) Prato 97 .... FF25 500 - £3 000 - **$4,500**

CAVAGNINI Natale 1855-? [1]
- *Canal Grande* - Oil/panel (17x48cm-7x19in) Bremen 93 .... FF2 526 - £305 - **$494**

CAVAILLE Danielle XX [2]
- *Marché aux fleurs* - Huile/toile (46x55cm-18x22in) Montauban 91 .... FF3 000 - £298 - **$521**

CAVAILLES Jules 1901-1977 [123]
- *La corbeille de fruits* - Oil/canvas (62x62cm-24x24in) London 97 .... FF45 331 - £5 000 - **$7,951**
- *La Coupe de cristal* - Oil/canvas (100x65cm-39x26in) London 95 .... FF79 100 - £10 000 - **$15,880**
- *Cannes* - Huile/toile (81x54cm-32x21in) Paris 90 .... FF175 000 - £18 079 - **$30,919**
- *Bouquet, fruits et éventail sur la table* - Gouache/papier (60x45cm-24x18in) Paris 97 .... FF14 000 - £1 527 - **$2,447**

CAVAILLON Elisée 1873-1954 [1]
- *Nu à sa toilette* - Bronze (43cm-17in) Paris 97 .... FF4 500 - £466 - **$770**

CAVALCANTI di Emiliano 1897-1976 [45]
- *Mulher con gato* - Oil/canvas (41x27cm-16x11in) New-York 97 .... FF108 821 - £11 599 - **$19,000**
- *Pescadores* - Oil/canvas (54x65cm-21x26in) New-York 97 .... FF229 620 - £24 384 - **$40,000**
- *Mulata* - Oil/canvas (97x67cm-38x26in) New-York 97 .... FF745 836 - £79 807 - **$130,000**
- *Mulheres con Frutas* - Oil/canvas (60x100cm-24x39in) New-York 96 .... FF3 8e +06 - £351 000 - **$590,000**
- *Lupanar* - Mixed media/paper (21x26cm-8x10in) New-York 95 .... FF76 500 - £9 550 - **$15,000**
- *Feiticeiro* - Gouache (34x39cm-13x15in) New-York 96 .... FF355 000 - £40 500 - **$68,000**

CAVALERI Ludovico 1867-1942 [5]
- *A seascape at sunset* - Oil/board (33x47cm-13x19in) London 92 .... FF33 100 - £3 400 - **$6,360**

CAVALIE Cesare 1835-1907 [2]
- *Troupeaux allant s'abreuver, Bergamo* - Huile/toile (136x115cm-54x45in) Biarritz 89 .... FF50 000 - £4 975 - **$7,899**

CAVALIERE Alik 1926 [7]
- *Ramo d'albero* - Bronze (49x10x43cm-19x4x17in) Roma 94 .... FF15 120 - £1 840 - **$2,880**

CAVALIERI Luigi XIX [3]
- *The monk's repose* - Watercolour (38x51cm-15x20in) London 93 .... FF3 160 - £360 - **$537**

CAVALLERI Giuseppe 1893-1951 [2]
- *Marina* - Olio/tavola (38x49cm-15x19in) Milano 93 .... FF6 590 - £742 - **$1,104**

CAVALLERI Vittorio 1860-1938 [10]
- *Pecore al pascolo* - Olio/tavola (31x45cm-12x18in) Milano 89 .... FF13 700 - £1 444 - **$2,306**
- *A quiet moment in the fields* - Oil/board (69x48cm-27x19in) New-York 96 .... FF41 140 - £4 990 - **$8,000**

CAVALLI Arturo 1914 [2]
- *La Casa di Barabba* - Olio/tela (55x65cm-22x26in) Milano 95 .... FF2 970 - £380 - **$610**

CAVALLI Emanuele 1904-1981 [10]
- *La Pieve di San Leonardo* - Olio/tavola (60x54cm-24x21in) Roma 95 .... FF10 400 - £1 330 - **$2,135**
- *Frutta e fiasco di vino/Bottiglia e banane* - Olio/tavola (55x54cm-22x21in) Roma 92 .... FF44 550 - £5 300 - **$8,560**

CAVALLINI Attilio 1888-1948 [1]
- *Il matrimonio col mare* - Tempera/tela (78x98cm-31x39in) Milano 93 .... FF6 590 - £742 - **$1,104**

CAVALLON Giorgio 1904-1989 [13]
- *Untitled* - Oil/canvas (183x121cm-72x48in) New-York 95 .... FF235 000 - £29 400 - **$47,500**
- *Untitled, 1956* - Oil/canvas (182x121cm-72x48in) New-York 89 .... FF514 800 - £52 638 - **$82,765**

CAVAROC Honoré 1846-1930 [3]
- *Deux baigneurs* - Huile/toile (116x81cm-46x32in) Paris 90 .... FF4 500 - £465 - **$795**

CAVÉ Jules C. 1859-c.1940 [4]
- *Young girl with roses* - Oil/canvas (62x45cm-24x18in) New-York 90 .... FF22 900 - £2 452 - **$3,983**
- *Day Dreams* - Oil/canvas/board (90x71cm-35x28in) New-York 96 .... FF363 500 - £46 300 - **$70,000**

CAVELIER Jules 1814-1894 [2]
- *Penelope seated* - Bronze (35cm-14in) London 92 .... FF19 480 - £2 000 - **$3,740**

C

C

CAVENAGHI Luigi 1844-1918 [1]
- *Barocke Parkanlage* - Oil/Leinwand (52x42cm-20x17in) Stuttgart 94 .... FF**35 900** - £**4 314** - **$6,830**

CAVENG Jean 1905-1993 [18]
- *La rue brise Miche, Paris* - Huile/toile/panneau (40x32cm-16x13in) Quimper 97 .... FF**2 900** - £**311** - **$508**
- *Les allées* - Huile/toile (67x50cm-26x20in) Quimper 97 .... FF**6 500** - £**696** - **$1,139**
- *La plage à Beg Meil* - Aquarelle (40x57cm-16x22in) Quimper 94 .... FF**2 200** - £**261** - **$407**

CAVI Romeo 1862-1908 [1]
- *Basilica di San Pietro* - Acquarello/cartone (63x38cm-25x15in) Roma 89 .... FF**15 100** - £**1 544** - **$2,428**

CAVIEZEL Rätus 1893-1980 [4]
- *Selbstporträt mit Strohhut* - Oil/cardboard (32x35cm-13x14in) Düsseldorf 96 .... FF**6 090** - £**772** - **$1,168**

CAWÉN Alvar 1886-1935 [10]
- *Lässtund* - Oil/paper (70x54cm-28x21in) Helsinki 93 .... FF**32 040** - £**3 850** - **$5,830**

CAWTHORNE Neil 1936 [41]
- *Four from Home* - Oil/canvas (51x76cm-20x30in) New-York 96 .... FF**10 210** - £**1 324** - **$2,000**
- *Neck and Neck* - Oil/canvas (51x76cm-20x30in) London 96 .... FF**20 370** - £**2 400** - **$4,000**
- *At the Start* - Oil/canvas (66x101cm-26x40in) London 96 .... FF**52 600** - £**6 200** - **$10,330**

CAYLEY Neville William 1853-1903 [6]
- *Spice birds perched on grasses* - Watercolour (50x25cm-20x10in) London 93 .... FF**3 360** - £**420** - **$610**

CAYLUS de Anne Cl. de Tubières 1692-1765 [2]
- *Recueil des Estampes, Cabinet du Roi* - Etching (15x10cm-6x4in) New-York 96 .... FF**3 376** - £**430** - **$650**

CAYOL Pierre 1940 [4]
- *Premières neiges* - Huile/toile (73x60cm-29x24in) Aubagne 92 .... FF**5 500** - £**657** - **$1,058**

CAYON Henri 1878/79-? [1]
- *Marché en A.O.F.* - Huile/toile (88x294cm-35x116in) Paris 94 .... FF**25 000** - £**2 960** - **$4,620**

CAYRON Jules 1868-1940 [12]
- *Portrait de jeune femme* - Huile/toile (79x63cm-31x25in) Nice 92 .... FF**4 000** - £**410** - **$705**
- *A boating party* - Oil/canvas (71x99cm-28x39in) London 95 .... FF**34 560** - £**4 500** - **$7,090**
- *Elégante* - Pastel (62x39cm-24x15in) Neuilly 92 .... FF**3 500** - £**359** - **$630**

CAZABON Michel Jean 1813-1888 [22]
- *The St. Clare Sugar Factory, Trinidad* - Watercolour (25x50cm-10x20in) London 95 ..... FF**85 400** - £**11 000** - **$17,500**

CAZALS Frédéric Auguste 1865-1941 [3]
- *Paul Verlaine et Jean Moréas* - Lithographie couleurs (61x38cm-24x15in) Paris 93 .... FF**14 000** - £**1 610** - **$2,406**

CAZALS Louis 1912 [6]
- *Honfleur, le grand bassin* - Huile/panneau (11x29cm-4x11in) Le Havre 90 .... FF**2 000** - £**216** - **$353**

CAZANAVE Charles Antoine 1882-1957 [1]
- *Le Page boudeur* - Huile/toile (65x130cm-26x51in) Paris 93 .... FF**50 000** - £**5 700** - **$8,470**

CAZAUX Édouard 1889-1974 [5]
- *Chasse à courre* - Ceramic (28cm-11in) Paris 97 .... FF**5 000** - £**543** - **$886**
- *Joséphine Baker* - Faïence formant vide-poche (36cm-14in) Paris 93 .... FF**10 000** - £**1 205** - **$1,820**

CAZES Pierre Jacques 1676-1754 [10]
- *Virth of Venus* - Oil/canvas (130x194cm-51x76in) New-York 97 .... FF**176 539** - £**18 820** - **$31,000**

CAZES Romain 1810-1881 [2]
- *Femme à la lyre* - Sanguine (47x30cm-19x12in) Paris 95 .... FF**4 500** - £**539** - **$856**

CAZIN Jean-Baptiste XVIII-XIX [2]
- *Vue d'une place publique de Paris* - Huile/toile (89x116cm-35x46in) Paris 96 ...... FF**135 000** - £**16 830** - **$26,070**
- *Temple of Peace, Place de la Concorde* - Ink/paper (20x34cm-8x13in) London 90 .... FF**87 200** - £**8 781** - **$15,855**

CAZIN Jean-Charles 1841-1901 [46]
- *Bord de mer, Le Lavandou (Var)* - Huile/toile (49x65cm-19x26in) Zürich 94 .... FF**5 720** - £**681** - **$1,078**
- *Les anémones* - Huile/panneau (27x20cm-11x8in) Paris 97 .... FF**18 000** - £**1 911** - **$3,135**
- *L'arc-en-ciel* - Oil/canvas (131x145cm-52x57in) New-York 91 .... FF**155 800** - £**15 510** - **$26,792**

CAZIN Marie, née Guillet 1844-1924 [1]
- *By the shore* - Oil/canvas (50x40cm-20x16in) London 89 .... FF**7 300** - £**705** - **$1,108**

CAZZANIGA Giancarlo 1930 [19]
- *Jazz man* - Olio/tela (64x50cm-25x20in) Milano 95 .... FF**10 800** - £**1 332** - **$2,196**

CEBALLOS Rufino 1907-1970 [4]
- *Callejuela parísina* - Oleo/lienzo (60x81cm-24x32in) Madrid 95 .... FF**11 100** - £**1 458** - **$2,230**

CEBALLOS Tomy 1957 [1]
- *L'Enfer à Aubervilliers* - Oleo/lienzo (73x116cm-29x46in) Madrid 96 .... FF**15 200** - £**1 976** - **$2,980**

CECCHI Adriano 1850-1936 [10]
- *The flirtation* - Oil/canvas (46x62cm-18x24in) New-York 93 .... FF**26 100** - £**3 000** - **$4,500**

CECCHI Sergio 1921-1986 [2]
- *Place du Molard* - Huile/toile (55x102cm-22x40in) London 95 .... FF**13 110** - £**1 674** - **$2,685**

CECCHINI-PRICHARD Eugenio 1831-? [5]
- *Le naufrage* - Huile/toile (58x92cm-23x36in) Bruxelles 93 .... FF**6 920** - £**828** - **$1,415**

CECCOBELLI Bruno 1952 [77]
- *Pensiero in viso* - Collage/tavola (45x51cm-18x20in) Milano 92 .... FF**16 300** - £**1 670** - **$2,870**
- *Tutte le Altre* - Construction (219x61x270cm-86x6x106in) New-York 94 .... FF**19 660** - £**2 320** - **$3,500**
- *Senza titolo* - Gouache/carta (38x60cm-15x24in) Milano 92 .... FF**11 780** - £**1 206** - **$2,074**

CECCONI Alberto 1897-? [8]
- *Paesaggio con buoi* - Olio/tavola (50x35cm-20x14in) Roma 91 .... FF**9 910** - £**984** - **$1,721**
- *La raccolta del grano* - Olio/tela (92x154cm-36x61in) Fossano (Cuneo) 96 .... FF**20 160** - £**2 520** - **$3,960**

CECCONI Eugenio 1842-1903 [12]
- *Cenciaiola* - Olio/tavola (32x19cm-13x7in) Roma 93 .... FF**43 900** - £**4 930** - **$7,860**

CECCONI Lorenzo 1863-1947 [5]
🖼 *Pastorella nei campi* - Olio/tela (48x37cm-19x15in) Roma 95 .... FF6 860 - £902 - **$1,364**
CECCONI Niccolo 1835-? [1]
🖼 *Madonna of the Grand Duke* - Oil/canvas (85x57cm-33x22in) Hadspen 96 .... FF3 160 - £400 - **$606**
CECIONI Adriano 1836-1886 [10]
🏛 *Enfant au coq* - Bronze (52cm-20in) Nice 94 .... FF10 500 - £1 244 - **$1,940**
Enfant au coq - Marble (81cm-32in) London 96 .... FF48 700 - £6 200 - **$9,370**
CEDERBERG Eric 1897-1984 [45]
🖼 *Gosse vid eka, Östergötland* - Oil/canvas (37x65cm-15x26in) Stockholm 91 .... FF7 540 - £765 - **$1,362**
CEDERBERG Karl 1861-1904 [6]
🖼 *Seglats* - Oil/canvas (27x35cm-11x14in) Stockholm 97 .... FF15 849 - £1 673 - **$2,738**
CEDERCREUTZ Emil 1879-1949 [2]
🏛 *Sittande naken kvinna* - Bronze (83cm-33in) Helsinki 90 .... FF10 100 - £1 088 - **$1,781**
CEDERGREN Per Wilhelm 1823-1896 [19]
🖼 *Stockholmsmotiv* - Oil/canvas (21x26cm-8x10in) Stockholm 96 .... FF3 560 - £460 - **$681**
🖼 *Ångbåten Köping* - Oil/canvas (39x52cm-15x20in) Stockholm 96 .... FF9 600 - £1 128 - **$1,888**
CEDERHOLM Axel Fredrik 1780-1828 [3]
🖌 *Kaerlighedens tempel i Haga* - Watercolour (65x54cm-26x21in) København 93 .... FF8 360 - £1 002 - **$1,606**
CEDERSTRÖM Eva 1909 [6]
🖼 *Still life* - Oil/canvas (50x65cm-20x26in) Helsinki 93 .... FF20 020 - £2 407 - **$3,640**
CEDERSTRÖM Gustaf 1845-1933 [11]
🖼 *Frälsningsarmén* - Oil/canvas (66x81cm-26x32in) Stockholm 94 .... FF17 200 - £2 057 - **$3,215**
CEDERSTRÖM Thure Nikolaus F. 1843-1924 [11]
🖼 *A Tight Cork* - Oil/panel (24x17cm-9x7in) London 96 .... FF21 300 - £2 500 - **$4,140**
CEDINI Costantino 1741-1811 [1]
🖌 *Diana in riposo con due amorini* - Matita/carta (16x28cm-6x11in) Roma 89 .... FF8 700 - £890 - **$1,399**
CÉDOR Dieudonné 1925 [2]
🖼 *Exorcisme* - Oil/masonite (45x60cm-30x25in) New-York 93 .... FF29 500 - £3 356 - **$5,000**
CEELLE Colette Lajonie 1929 [1]
🖼 *Rocaille Monceau* - Huile/toile (50x50cm-20x20in) Paris 94 .... FF2 300 - £276 - **$436**
CEESEPE 1958 [2]
🖌 *Sin título* - Gouache/papier (71x71cm-28x28in) Madrid 94 .... FF6 630 - £783 - **$1,181**
CEI Cipriano 1864-1922 [3]
🖼 *La farfalla* - Oil/canvas (50x27cm-20x11in) Roma 94 .... FF21 700 - £2 600 - **$4,030**
CEJUDO NOGALES Ricardo 1952 [6]
🖼 *Reflejos* - Oleo/lienzo (49x60cm-19x24in) Madrid 89 .... FF4 600 - £485 - **$774**
CEKEBRECHER van Themistocles 1842-1921 [1]
🖼 *Timber factory beside a cataract* - Oil/canvas (75x117cm-30x46in) London 89 ...... FF10 700 - £1 094 - **$1,720**
ÇEKLI Nazmi 1884-1962 [1]
🖼 *Örman peyzaj* - Oil/panel (50x71cm-20x28in) Istanbul 92 .... FF6 580 - £658 - **$1,171**
CELADA DA VIRGILIO Ugo 1895-? [10]
🖼 *Pescatore* - Olio/tavola (73x101cm-29x40in) Milano 93 .... FF17 370 - £1 980 - **$2,940**
🖼 *Composizione di manichini* - Olio/tavola (65x52cm-26x20in) Milano 94 .... FF86 300 - £10 400 - **$16,120**
CELEBI Ali 1904 [3]
🖼 *Payzaj* - Oil/canvas (45x60cm-18x24in) Istanbul 92 .... FF49 300 - £4 930 - **$8,780**
CELENTANO Daniel Ralph 1902-1980 [8]
🖼 *Convalescing* - Oil/canvas (56x58cm-22x23in) New-York 93 .... FF10 450 - £1 310 - **$1,900**
🖼 *Pitching Pennies* - Oil/canvas (61x71cm-24x28in) New-York 93 .... FF55 000 - £6 900 - **$10,000**
CELIBERTI Giorgio 1929 [18]
🖼 *Gatto* - Olio/tela (90x65cm-35x26in) Roma 95 .... FF3 040 - £390 - **$610**
🖼 *Natura morta, 1959* - Olio/tela (60x90cm-24x35in) Prato 97 .... FF13 600 - £1 600 - **$2,400**
🖌 *Bruxelles* - Tempera/carta (67x49cm-26x19in) Roma 93 .... FF6 590 - £740 - **$1,180**
CÉLICE Pierre 1932 [9]
🖼 *Composition, 1989* - Acrylique/toile (130x162cm-51x64in) Versailles 90 .... FF26 000 - £2 694 - **$4,569**
CELIE Pieter 1942 [7]
🖼 *Poires* - Huile/panneau (158x125cm-62x49in) Antwerpen 95 .... FF5 490 - £711 - **$1,123**
🏛 *The American Gas Works* - Assemblage (160x122cm-63x48in) Antwerpen 95 ...... FF5 880 - £735 - **$1,188**
CELIS Agustin 1932 [2]
🖼 *Playa, 1972* - Oleo/lienzo (60x73cm-24x29in) Madrid 90 .... FF7 600 - £819 - **$1,340**
CELIS Perez 1939 [4]
🖼 *Resonancia* - Oil/canvas (123x138cm-48x54in) New-York 97 .... FF34 443 - £3 657 - **$6,000**
CELLIER Alphonse 1875-1936 [2]
🖼 *Ourasi à l'arrivée* - Huile/toile (54x73cm-21x29in) Calais 90 .... FF6 200 - £634 - **$1,224**
CELLONY Joseph le Jeune 1730-1786 [1]
🖌 *Moïse et le Serpent d'Airain* - Lavis (38x48cm-15x19in) Paris 90 .... FF20 000 - £2 073 - **$3,515**
CELMINA Inta 1946 [10]
🖼 *Garçon* - Huile/toile (129x146cm-51x57in) Paris 90 .... FF2 500 - £252 - **$455**
CELMINS Vija 1939 [23]
🖼 *Long Ocean #3* - Acrylic/paper (76x109cm-30x43in) New-York 94 .... FF116 100 - £13 470 - **$20,000**
🖼 *Concentric Bearings, C* - Aquatint (65x47cm-26x19in) Los Angeles 94 .... FF6 370 - £761 - **$1,200**
Drypoint-Ocean Surface-2nd State - Drypoint (19x25cm-7x10in) New-York 93 ..... FF15 130 - £1 897 - **$2,750**

CELOMMI Pasquale 1851-1928 [6]
- *A Fishing Girl on the Beach* - Oil/canvas (97x59cm-38x23in) London 94 .... FF29 400 - £3 500 - **$5,540**
  Des branches printanières - Huile/toile (100x60cm-39x24in) Monaco 90 .... FF55 000 - £5 927 - **$9,700**
CELOMMI Raffaello 1883-? [7]
- *Idilio sulla spiaggia* - Olio/tela (113x63cm-44x25in) Roma 96 .... FF20 030 - £2 322 - **$3,900**
CÉLOS Julien 1884-1953 [18]
- *Béguinage et ruelle* - Huile/toile (65x54cm-26x21in) Bruxelles 97 .... FF2 943 - £324 - **$517**
  Chenal à Zierikzee - Huile/toile (100x120cm-39x47in) Bruxelles 97 .... FF4 908 - £519 - **$849**
  Dégel en Flandres - Huile/toile (110x170cm-43x67in) Antwerpen 93 .... FF24 250 - £2 775 - **$2,627**
CELS Cornelis 1778-1859 [4]
- *Portrait d'un jeune garçon* - Huile/toile (83x62cm-33x24in) Paris 91 .... FF52 000 - £5 327 - **$9,709**
CELS Jean 1819-1881 [3]
- *Eight Studies of Skies around Brussels* - Oil/paper (16x36cm-6x14in) London 97 .... FF142 181 - £15 000 - **$24,398**
CEMERSKI Gligor XX [2]
- *Eldorado* - Huile (100x70cm-39x28in) Paris 91 .... FF27 000 - £2 681 - **$4,688**
CEMIN Saint-Clair 1951 [30]
- *Family* - Terracotta (10x17x24cm-4x7x9in) New-York 92 .... FF14 930 - £1 512 - **$2,700**
  Elegy-Allergy - Plaster (150x40x84cm-59x16x33in) New-York 94 .... FF64 900 - £7 380 - **$11,000**
  Seated Figure - Marble (97x53x36cm-38x21x14in) London 96 .... FF148 500 - £18 000 - **$28,900**
CENNI Quinto c.1830-c.1900 [1]
- *Wild boar hunt* - Watercolour (42x60cm-17x24in) London 96 .... FF36 100 - £4 500 - **$6,970**
CENSIER Constant 1920-1987 [7]
- *Bouquet de fleurs* - Huile/toile (46x38cm-18x15in) Provins 90 .... FF3 500 - £363 - **$615**
CENSIER Patrick 1951 [2]
- *Coléoptère* - Technique mixte/toile (61x46cm-24x18in) Rambouillet 93 .... FF8 000 - £1 000 - **$1,455**
CENTURION Emilio 1894-1970 [2]
- *Paisaje* - Oil/panel (55x67cm-22x26in) New-York 92 .... FF83 200 - £8 710 - **$15,000**
CEPPARELLI Garibaldo 1860-? [1]
- *Tralcio di lilla* - Olio/tela (69x29cm-27x11in) Milano 93 .... FF4 860 - £560 - **$836**
CERACCHI Giuseppe 1751-1802 [1]
- *Amphitrite sortant de l'Onde* - Sculpture (86cm-34in) Paris 89 .... FF9 - £969 442 - **$1**
CERACCHINI Gisberto 1900-1982 [3]
- *Casale in campagna, 1967* - Olio/cartone (35x60cm-14x24in) Roma 89 .... FF11 900 - £1 217 - **$1,913**
CERAGIOLI Giorgio 1861-1947 [3]
- *Figura* - Olio/tela (50x36cm-20x14in) Torino 93 .... FF5 860 - £661 - **$985**
CERAMANO Charles-Ferdinand 1829-1909 [52]
- *Rochers en forêt de Fontainebleau* - Huile/toile (54x36cm-21x14in) Barbizon 96 .... FF18 000 - £2 244 - **$3,480**
  Bergère et ses moutons - Huile/toile (67x54cm-26x21in) Saint-Dié 96 .... FF30 500 - £3 970 - **$6,040**
  Berger et ses moutons, Fontainebleau
  Huile/toile (250x300cm-98x118in) Barbizon 96 .... FF106 000 - £12 450 - **$20,850**
CERCONE Ettore 1850-1896 [7]
- *An Italian peasant girl* - Oil/panel (18x11cm-7x4in) Amsterdam 97 .... FF8 292 - £876 - **$1,422**
  Moorish water carriers - Oil/panel (41x43cm-16x17in) New-York 96 .... FF24 700 - £2 993 - **$4,800**
CERDA BISCAL Lorenzo 1862-1955 [1]
- *At the lakeside* - Oil/canvas (59x138cm-23x54in) London 91 .... FF30 240 - £3 010 - **$5,200**
CERETTI Mino 1930 [7]
- *Descrizione* - Olio/tela (97x110cm-38x43in) Milano 93 .... FF16 830 - £1 890 - **$3,013**
- *Composizione* - Tecnica mista/carta (50x71cm-20x28in) Milano 94 .... FF3 530 - £420 - **$630**
CERF Yvan 1883-? [5]
- *Paysage* - Huile/toile/panneau (80x99cm-31x39in) Paris 92 .... FF5 000 - £512 - **$880**
CÉRIA Edmond 1884-1955 [130]
- *Trophée de chasse* - Huile/toile (86x65cm-34x26in) Quimper 97 .... FF9 500 - £1 017 - **$1,665**
  Moulin et chaumières en Bretagne - Huile/toile (38x46cm-15x18in) Brest 96 .... FF18 000 - £2 315 - **$3,490**
  Penmarch no.5 - Huile/toile (73x92cm-29x36in) Paris 90 .... FF50 000 - £5 165 - **$8,834**
- *Voilier en Bretagne* - Mine plomb (20x26cm-8x10in) Paris 90 .... FF2 900 - £309 - **$519**
CERIBELLI Cesar Costantino R. 1841-? [5]
- *Satyr and Bacchante* - Terracotta (60cm-24in) London 97 .... FF13 011 - £1 400 - **$2,287**
CERIEZ Theodore 1832-1904 [8]
- *The flower market* - Oil/panel (50x80cm-20x31in) London 95 .... FF38 400 - £5 000 - **$7,870**
CERISE Elisabeth 1949 [2]
- *Les amants* - Acrylique/toile (99x61cm-39x24in) Paris 90 .... FF4 000 - £413 - **$707**
CERISOLA Christian XX [7]
- *4h. de l'après-midi* - Huile/toile/panneau (35x38cm-14x15in) Paris 95 .... FF2 000 - £253 - **$405**
CERMAK Charles XX [2]
- *Crique des pêcheurs, St. Tropez* - Huile/toile (50x65cm-20x26in) Paris 92 .... FF3 000 - £307 - **$529**
CERMAK Jaroslav 1831-1878 [3]
- *Peintre dans son atelier* - Huile/panneau (34x43cm-13x17in) Argentan 95 .... FF9 500 - £1 137 - **$1,810**
CERMIGNANI Vincent XX [8]
- *Cagnes-sur-Mer* - Huile/toile (59x36cm-23x14in) Versailles 90 .... FF2 000 - £210 - **$348**
CERNE Argentina 1902-1974 [2]
- *Fiori di maggio e orchidee* - Huile/toile (80x63cm-31x25in) Trieste 96 .... FF5 520 - £624 - **$1,056**
CERNEUS Willem 1923 [2]
- *Moto* - Assemblage (70cm-28in) Antwerpen 96 .... FF5 250 - £636 - **$1,020**

CERNICHOV Jakov 1889-1951 [1]
Komposition - Watercolour (60x44cm-24x17in) Wien 96 .... FF7 240 - £825 - **$1,387**
CERNIGOI Augusto 1898-1985 [6]
Tetti - Olio/tela (36x45cm-14x18in) Trieste 92 .... FF9 960 - £1 020 - **$1,755**
Sculpture 1924 - Waterpaint (82cm-32in) Wien 89 .... FF14 400 - £1 517 - **$2,424**
CERNY Charles 1892-1965 [17]
Nature morte - Huile/toile (55x38cm-22x15in) Bruxelles 93 .... FF2 800 - £335 - **$573**
Le criée en Bretagne - Gouache (33x33cm-13x13in) Paris 94 .... FF2 600 - £314 - **$473**
CERNY Frantisek Maria 1903-1978 [1]
Murano - Aquarell (25x33cm-10x13in) Lindau 93 .... FF3 443 - £390 - **$582**
CEROLI Mario 1938 [14]
La Pantera - Olio/tavola (100x21x200cm-39x8x79in) Milano 93 .... FF49 400 - £5 540 - **$8,840**
Mani, 1968 - Scultura (285x260cm-112x102in) Prato 97 .... FF68 000 - £8 000 - **$12,000**
CERRA Mirta 1908-1986 [2]
Acompañamiento - Oil/canvas (80x105cm-31x41in) New-York 97 .... FF126 003 - £13 431 - **$22,000**
Ciudad abstracta - Gouache/paper (51x24cm-20x9in) New-York 94 .... FF11 350 - £1 327 - **$2,000**
CERRI Vincenzo 1857-1903 [1]
The water carrier - Marble (185cm-73in) New-York 95 .... FF693 000 - £85 000 - **$135,000**
CERRONE Eduardo 1928 [5]
Rooster - Oil/board (13x18cm-5x7in) Detroit, Michigan 94 .... FF3 540 - £421 - **$650**
CERRUTI BAUDUC Felice 1818-1896 [1]
Pastori nella Campagna Romana - Olio/tela (25x33cm-10x13in) Roma 93 .... FF12 650 - £1 447 - **$2,150**
CERUTI Giovanni Battista 1803-1876 [1]
En italiensk havneby - Oil/canvas (66x95cm-26x37in) Viby J, Århus 91 .... FF7 650 - £771 - **$1,327**
CERVELLI Enrico 1927-1961 [9]
Grande Lettera Magica - Tecnica mista/tavola (73x99cm-29x39in) Milano 95 .... FF4 160 - £532 - **$854**
Senza titolo - Tecnica mista/carta (62x90cm-24x35in) Milano 95 .... FF2 673 - £342 - **$550**
CERVERA Antonio ?-1879 [1]
Puerto de Bilbao - Oleo/lienzo (60x73cm-24x29in) Madrid 90 .... FF2 200 - £228 - **$387**
CÉSAR Baldaccini 1921 [502]
Sans titre - Collage/toile (72x59cm-28x23in) Paris 96 .... FF30 000 - £3 524 - **$5,900**
Allumettes brûlées - Collage/panneau (60x45cm-24x18in) Paris 89 .... FF120 000 - £11 940 - **$18,957**
Hommage à Léon - Fer (91x28x31cm-36x11x12in) Paris 90 .... FF2 - £216 942 - **$371,025**
Expansion - Sculpture (14x19x23cm-6x7x9in) Paris 97 .... FF4 000 - £440 - **$730**
Oscar - Bronze (24x19x28cm-9x7x11in) Paris 97 .... FF18 000 - £1 978 - **$3,285**
Poule - Bronze (17x5x11cm-7x2x4in) Paris 96 .... FF31 000 - £4 020 - **$6,130**
Autoportrait - Bronze (30x16x16cm-12x6x6in) Versailles 95 .... FF45 000 - £5 890 - **$9,010**
Compression - Sculpture (28cm-11in) Amsterdam 97 .... FF52 730 - £5 530 - **$9,048**
Pare-Choc - Sculpture (100x28x100cm-39x11x39in) Amsterdam 97 .... FF76 167 - £7 988 - **$13,070**
Plaque tesconi - Bronze (83cm-33in) Paris 97 .... FF90 500 - £9 620 - **$15,638**
Le poing - Bronze (30x27x55cm-12x11x22in) Versailles 97 .... FF135 000 - £14 270 - **$23,166**
Grand Valentin - Bronze (91x42x160cm-36x17x63in) Paris 96 .... FF270 000 - £33 800 - **$52,100**
Les roberts d'Evelyne - Bronze (126x100x130cm-50x39x51in) Paris 96 .... FF451 000 - £58 700 - **$89,300**
L'Homme de Villetaneuse - Sculpture (120cm-47in) London 96 .... FF1 93e +06 - £125 000 - **$208,300**
Untitled - Collage (24x14cm-9x6in) London 97 .... FF4 982 - £550 - **$874**
Arrachage - Indian ink/paper (119x79cm-47x31in) London 96 .... FF11 600 - £1 500 - **$2,300**
Arrachage - Ink (104x74cm-41x29in) London 95 .... FF22 170 - £2 800 - **$4,450**
Combinaison de moto - Collage (101x80cm-40x31in) Paris 92 .... FF128 000 - £13 140 - **$24,600**
CESBRON Achille Théodore 1849-1915 [10]
Paysage d'été - Oil/canvas (26x34cm-10x13in) København 92 .... FF3 960 - £405 - **$698**
Rosiers - Huile/toile Avignon 96 .... FF14 000 - £1 754 - **$2,700**
CESETTI Giuseppe 1902-1990 [79]
Fiori - Olio/tela (70x70cm-28x28in) Milano 93 .... FF32 940 - £3 700 - **$5,900**
La torre di Lavello - Olio/tela (59x77cm-23x30in) Prato 97 .... FF64 600 - £7 600 - **$11,400**
Bagnanti - Olio/tela (32x76cm-13x30in) Milano 90 .... FF122 000 - £12 475 - **$24,081**
CEVAT Nicolas Friedrich H. 1884-1955 [2]
The Velox moored, Amsterdam - Oil/canvas (140x104cm-55x41in) Amsterdam 96 .... FF28 700 - £3 544 - **$5,540**
CEYTAIRE Jean-Pierre 1946 [163]
Homme et geste indélicat - Huile/toile (41x27cm-16x11in) Enghien 95 .... FF10 000 - £1 314 - **$2,053**
Madame en prière et deux petits curés - Huile/toile (73x60cm-29x24in) Paris 94 ... FF18 000 - £2 066 - **$3,434**
Auguste le semeur - Huile/toile (100x81cm-39x32in) Enghien 95 .... FF26 000 - £3 416 - **$5,340**
Massacre des Innocents - Huile/toile (100x81cm-39x32in) Paris 95 .... FF33 000 - £3 820 - **$6,320**
Doux moments de l'après-midi - Huile/toile (60x73cm-24x29in) Allman 94 .... FF51 600 - £6 190 - **$10,020**
Prélude au massacre des innocents - Huile/toile (73x60cm-29x24in) Troyes 90 ...... FF95 000 - £10 171 - **$16,522**
Buste de femme, longs cheveux - Bronze (46x23x32cm-18x9x13in) Enghien 95 .... FF27 000 - £3 550 - **$5,540**
Petit Satyre en rut dans les bois - Bronze (23x7x40cm-9x3x16in) Paris 93 .... FF112 000 - £13 500 - **$20,360**
Bel homme, femmes et un cabot - Gouache (34x24cm-13x9in) Paris 89 .... FF4 500 - £460 - **$723**
Histoire de plage, 1989 - Gouache/carton (68x49cm-27x19in) Paris 90 .... FF13 500 - £1 436 - **$2,415**
CÉZANNE Paul 1839-1906 [168]
Madame Cézanne - Oil/canvas (80x46cm-31x25in) New-York 97 .... FF1 - £1 - **$2**
Marie Cézanne - Oil/canvas (50x39cm-20x15in) New-York 95 .... FF1 - £216 300 - **$340,000**
L'Oncle Dominique - Oil/canvas (50x34cm-20x13in) New-York 97 .... FF1 - £1 - **$2**
Scène légendaire - Oil/canvas (47x55cm-19x22in) New-York 96 .... FF8 - £972 000 - **$1**

Calendar & auction results :   INTERNET : **www.artprice.com**   MINITEL : 3617 ARTPRICE

Baigneuses - Oil/canvas (33x41cm-13x16in) London 97 .... **FF675 675 - £70 000 - $115,745**
⌂*Autoportrait* - Lithographie (32x25cm-13x10in) Paris 96 .... **FF5 000 - £624 - $966**
   Les Baigneurs - Lithographie couleurs (22x27cm-9x11in) Paris 95 .... **FF46 000 - £5 810 - $9,220**
   Les Baigneurs - Color lithograph (41x52cm-16x20in) New-York 95 .... **FF210 400 - £27 200 - $43,000**
✎*Route en sous-bois* - Watercolour (47x31cm-19x12in) New-York 95 .... **FF1 - £178 000 - $280,000**
   Allégorie - Mine plomb (26x20cm-10x8in) Paris 97 .... **FF80 000 - £8 344 - $13,680**
   Les trois Grâces - Crayon/papier (47x25cm-19x10in) Paris 97 .... **FF220 000 - £22 946 - $37,620**
   Paysage montagneux, Aix - Watercolour (31x47cm-12x19in) New-York 94 .... **FF394 000 - £46 900 - $75,000**
   Montagne Ste. Victoire - Watercolour/paper (47x53cm-19x21in) London 92 .. **FF1 88e +07 - £1 - $2 ,94e,+06**
  CÉZARD Albert 1869-? [1]
🖼*Scènes du Vietnam* - Huile/toile (210x150cm-83x59in) Paris 96 .... **FF54 000 - £6 200 - $10,300**
  CH'EN CHING-JUNG 1934 [2]
🖼*By the lake* - Oil/canvas (69x95cm-27x37in) Taipei, Taiwan 92 .... **FF240 000 - £24 400 - $42,400**
  CHABAL-DUSSURGEY Pierre Adrien 1819-1902 [2]
🖼*Peaches in a Kangxi style bowl* - Oil/canvas (50x61cm-20x24in) London 94 .... **FF100 800 - £12 000 - $19,000**
  CHABANIAN Arsène, Hemayack H-C 1864-1949 [27]
🖼*Vagues sur les rochers* - Huile/toile (54x73cm-21x29in) Paris 95 .... **FF7 000 - £920 - $1,405**
✎*Bouquet de roses* - Pastel gras (37x44cm-15x17in) Paris 96 .... **FF4 000 - £520 - $784**
   Coucher de soleil - Pastel (52x63cm-20x25in) Paris 89 .... **FF15 000 - £1 534 - $2,412**
  CHABANNES LA PALICE Jean Pierre Charles 1862-? [1]
✎*Wolkenhimmel* - Pastel/paper (31x39cm-12x15in) Wien 91 .... **FF8 640 - £858 - $1,500**
  CHABAS Maurice 1862-1947 [89]
🖼*Paysage à la rivière* - Huile/toile (54x73cm-21x29in) Brest 94 .... **FF14 000 - £1 644 - $2,476**
   Jeunes femmes au bord de la rivière - Huile/toile (73x100cm-29x39in) Versailles 93 .. **FF33 000 - £3 980 - $6,000**
   Jeune bretonne et sa vache - Huile/toile (38x46cm-15x18in) Brest 89 .... **FF128 000 - £13 488 - $21,549**
  CHABAS Paul 1869-1937 [29]
🖼*Nu allongé près de l'étang* - Huile/toile (36x59cm-14x23in) Lyon 95 .... **FF19 000 - £2 460 - $3,890**
   Two Bathers - Oil/canvas (67x83cm-26x33in) London 96 .... **FF63 800 - £7 500 - $12,410**
   Femme au bord de la mer - Pastel/papier Toulouse 95 .... **FF18 100 - £2 260 - $3,656**
  CHABAUD Auguste Elisée 1882-1955 [148]
🖼*Paysage ombragé* - Huile/carton (60x73cm-24x29in) Soissons 96 .... **FF8 300 - £1 006 - $1,614**
   Arcades, Beaucaire - Huile/panneau (54x77cm-21x30in) Belfort 97 .... **FF45 000 - £4 729 - $7,704**
   Les vignes à l'Automne - Huile/carton (65x100cm-26x39in) Arles 96 .... **FF65 000 - £8 360 - $12,880**
   La chanteuse - Huile/carton/toile (53x38cm-21x15in) Paris 97 .... **FF190 000 - £19 798 - $32,376**
✎*Le groom du théâtre* - Crayons couleurs/papier (31x24cm-12x9in) Paris 94 .. **FF20 000 - £2 387 - $3,750**
  CHABAUD LA TOUR de Raymond 1865-1930 [2]
🖼*Reclining nude* - Oil/canvas (100x145cm-39x57in) Amsterdam 93 .... **FF18 700 - £2 142 - $3,186**
  CHABERT André 1895-1961 [7]
🖼*Corenc* - Huile/toile Grenoble 91 .... **FF3 000 - £302 - $521**
  CHABERT DES NOTS-TOLLET Marie-Louise XIX-XX [1]
🖼*Portrait d'Orientale* - Huile/toile Fontenay-Le-Comte 96 .... **FF8 600 - £1 013 - $1,690**
  CHABIN Elisabeth 1944 [10]
🖼*La famille* - Huile/toile (130x97cm-51x38in) Paris 89 .... **FF8 000 - £796 - $1,264**
   Le rêve - Huile/toile (130x97cm-51x38in) Paris 90 .... **FF16 000 - £1 713 - $2,783**
  CHABLOZ Alfred 1866-? [1]
🖼*Gebirgssee mit Segelbooten* - Öl/Karton (10x15cm-4x6in) Frankfurt 96 .... **FF2 743 - £345 - $540**
  CHABOR Moura 1905-1995 [3]
🖼*La vendeuse de fleurs* - Oil/panel (36x52cm-14x20in) New-York 96 .... **FF4 690 - £566 - $900**
  CHABOT Charles 1815-1882 [1]
🖼*Village, Ile de Paqueta, Rio* - Oil/canvas (70x11cm-28x4in) London 90 .... **FF53 300 - £5 670 - $9,535**
  CHABOT Hendrick 1894-1949 [6]
🖼*A foal in the snow* - Oil/panel (150x93cm-59x37in) Amsterdam 93 .... **FF79 700 - £9 140 - $13,680**
  CHABOT Jean 1914-? [1]
🖼*Mi-Carême à Nantes* - Huile/toile (54x65cm-21x26in) Nantes 94 .... **FF7 000 - £875 - $1,273**
  CHABRIER Gilles 1959 [1]
🗿*L'important, c'est d'aimer* - Sculpture (220x25x25cm-87x10x10in) Paris 91 .... **FF25 000 - £2 519 - $4,338**
  CHABRIER Nathalie 1932 [3]
🖼*Fillette à table* - Huile/toile (139x70cm-55x28in) Genève 96 .... **FF15 900 - £1 840 - $3,044**
  CHABRILLAC Charles Raymond 1804-? [2]
✎*L'atelier de Lethière en 1829* - Gouache (14x19cm-6x7in) Paris 89 .... **FF9 500 - £971 - $1,527**
  CHABRY Léonce 1832-1883 [6]
🖼*Paysage à Barbizon* - Oil/canvas (31x46cm-12x18in) New-York 94 .... **FF9 940 - £1 150 - $1,700**
  CHACALLIS Louis 1943 [2]
🗿*Indiens* - Sculpture (67cm-26in) Paris 92 .... **FF7 500 - £872 - $1,530**
  CHADEL Jules 1870-1942 [3]
✎*Hameau auvergnat* - Lavis (20x43cm-8x17in) Clermont-Ferrand 95 .... **FF1 500 - £187 - $293**
  CHADOURNE Georgette XX [8]
📷*Christian Bérard* - Silver print (17x22cm-7x9in) London 95 .... **FF2 010 - £260 - $411**
  CHADWICK Ernest Albert 1876-1955 [9]
✎*A country path* - Watercolour (25x36cm-10x14in) London 92 .... **FF7 550 - £775 - $1,450**
  CHADWICK Francis [1]
🖼*Autoportrait* - Huile/carton (40x37cm-16x15in) Auxerre 90 .... **FF13 000 - £1 383 - $2,326**

CHADWICK Lynn 1914 [192]
Personnage debout - Bronze (21x6x6cm-8x2x2in) Paris 97 .... FF25 000 - £2 715 - **$4,385**
Couple assis - Bronze (29cm-11in) Paris 97 .... FF85 000 - £8 985 - **$14,586**
Two winged Figure II - Bronze (49cm-19in) Amsterdam 97 .... FF131 828 - £13 826 - **$22,622**
Sitting Electra V - Bronze (48cm-19in) Tel Aviv 94 .... FF169 000 - £20 270 - **$32,000**
Maquette Jubilee II - Bronze (93x117cm-37x46in) New-York 96 .... FF485 716 - £52 071 - **$85,000**
Study for Standing Figure - Ink (61x46cm-24x18in) London 96 .... FF6 780 - £850 - **$1,310**
Zwei sitzende Figuren - Ink (65x48cm-26x19in) Berlin 95 .... FF13 520 - £1 684 - **$2,645**

CHADWICK William 1879-1962 [12]
Millhouse on the Brandywine River - Oil/canvas (51x58cm-20x23in) New-York 92 .... FF27 000 - £2 760 - **$4,750**
A stream by the farm - Oil/canvas (61x76cm-24x30in) New-York 93 .... FF82 500 - £10 340 - **$15,000**

CHAFFEE Ada Gilmore 1893-1955 [1]
Portrait of three women - Wood (27x28cm-11x11in) Cambridge, Mass. 91 .... FF44 200 - £4 437 - **$7,647**

CHAFFEE Oliver N. 1881-1944 [1]
Provincetown Garden - Oil/canvas (46x56cm-18x22in) Cambridge, Mass. 93 .... FF10 620 - £1 208 - **$1,800**

CHAFFEE Samuel R. XIX-XX [8]
Sunset over the Marshes - Watercolour (38x64cm-15x25in) Mystic, Connecticut 92 .... FF2 775 - £291 - **$500**

CHAFFREY Pierre Jean 1926 [5]
Bouquet - Huile/toile (46x38cm-18x15in) Aix-les-Bains 90 .... FF5 200 - £537 - **$919**

CHAGALL Marc 1887-1985 [1437]
Les Amoureux - Oil/board (71x50cm-28x20in) London 96 .... FF1 - £2 - **$3**
Le Juif à la Torah - Oil/canvas (41x33cm-16x13in) Tel Aviv 95 .... FF1 - £227 700 - **$360,000**
Bouquets - Oil/canvas (60x73cm-24x29in) New-York 96 .... FF2 - £374 000 - **$560,000**
Baou de Saint-Jeannet - Oil/canvas (123x112cm-48x44in) New-York 96 .... FF3 - £468 000 - **$700,000**
Le jongleur de Paris - Oil/canvas (116x88cm-46x35in) New-York 97 .... FF5 - £603 680 - **$980,000**
Anniversaire, 1923 - Oil/canvas (80x10cm-31x4in) New-York 90 .... FF7 - £8 - **$1**
Les Glaïeuls - Oil/canvas (130x98cm-51x39in) London 95 .... FF1 e +07 - £1 - **$2, 6e,+06**
Au repos - Huile/toile (21x14cm-8x6in) Paris 97 .... FF325 000 - £35 458 - **$56,810**
Le bouquet mauve - Oil/canvas (41x27cm-16x11in) New-York 95 .... FF960 000 - £120 800 - **$190,000**
Le Satyre et le Passant - Etching (29x24cm-11x9in) Stockholm 96 .... FF4 880 - £630 - **$956**
Couple Beside Tree - Lithographie (48x32cm-19x13in) London 97 .... FF9 166 - £949 - **$1,570**
On the Track - Lithographie couleurs (48x24cm-19x9in) London 97 .... FF25 096 - £2 600 - **$4,299**
The Rooster over Paris - Lithographie couleurs (59x45cm-23x18in) London 97 .... FF63 706 - £6 600 - **$10,913**
Le Cirque. Blatt 28 - Color lithograph (42x65cm-17x26in) Berlin 97 .... FF143 751 - £15 266 - **$25,040**
Femme sur un âne - Bronze (18cm-7in) London 93 .... FF99 600 - £12 000 - **$17,400**
Le bouquet d'arums - Gouache/papier (76x57cm-30x22in) New-York 97 .... FF2 - £246 400 - **$400,000**
Soldats - Gouache/board (38x32cm-15x13in) New-York 96 .... FF6 - £802 000 - **$1**
Portrait, Saint-Paul - Feutre/papier (19x22cm-7x9in) Calais 97 .... FF14 500 - £1 589 - **$2,545**
Liebespaar - Coloured pencils (23x12cm-9x5in) Berlin 97 .... FF50 507 - £536 4 6 - **$879,8 7**
La crucifixion - Watercolour (35x26cm-14x10in) London 97 .... FF173 745 - £18 000 - **$29,763**
Peintre au chevalet - Coloured crayons/paper (45x34cm-18x13in) New-York 97 .... FF357 144 - £38 288 - **$62,500**
Persécution - Watercolour, gouache (56x38cm-22x15in) London 95 .... FF681 000 - £90 000 - **$138,000**

CHAGNIOT Alfred Jean 1905-1991 [37]
Rentrés des blés à Langrune, Calvados - Huile/toile (46x61cm-18x24in) Besançon 95 .... FF5 000 - £657 - **$1,003**
Plein air en été - Huile/toile (60x73cm-24x29in) Rouen 91 .... FF9 500 - £964 - **$1,716**

CHAHINE Edgar 1874-1947 [102]
Ada - Pointe sèche Paris 93 .... FF2 400 - £289 - **$437**
Le Chemineau - Pointe sèche (35x29cm-14x11in) Paris 94 .... FF7 500 - £875 - **$1,314**
Bouquet de coquelicots - Pastel (54x46cm-21x18in) Bayeux 96 .... FF16 500 - £2 135 - **$3,240**

CHAÏBA XX [4]
Personnages - Huile/papier (100x78cm-39x31in) Douai 94 .... FF5 200 - £619 - **$980**
Sans titre - Gouache/papier (98x78cm-39x31in) Paris 94 .... FF6 900 - £818 - **$1,275**

CHAIDRON Jacques 1938 [2]
Constellation - Huile/toile/panneau (80x80cm-31x31in) Lokeren 94 .... FF4 980 - £594 - **$937**

CHAIGNEAU Claude 1937 [2]
Berger et ses moutons - Huile/panneau (20x25cm-8x10in) Lons-Le-Saunier 96 .... FF11 600 - £1 493 - **$2,300**

CHAIGNEAU Jean-Ferdinand 1830-1906 [53]
Coucher de soleil sur la plaine - Huile/panneau (27x35cm-11x14in) Barbizon 96 .... FF7 900 - £985 - **$1,526**
Le troupeau au soleil couchant - Huile/toile (45x62cm-18x24in) Paris 97 .... FF17 000 - £1 863 - **$2,984**
Retour du troupeau - Huile/toile (65x81cm-26x32in) Barbizon 95 .... FF33 000 - £4 320 - **$6,610**
Moutons et vaches, Bas-Bréau - Huile/toile (82x116cm-32x46in) Barbizon 96 .... FF115 000 - £14 340 - **$22,200**
Berger gardant ses brebis - Aquarelle (33x45cm-13x18in) Paris 94 .... FF13 500 - £1 574 - **$2,366**

CHAIGNEAU Paul XIX-XX [42]
Shepherd with flock at twilight - Oil/canvas (33x41cm-13x16in) Boston, Mass. 95 .... FF8 230 - £1 060 - **$1,700**
Troupeau de moutons à la mare - Huile/panneau (27x22cm-11x9in) Saint-Dié 97 .... FF12 500 - £1 412 - **$2,263**
Berger et son troupeau près de Chailly - Huile/toile (50x61cm-20x24in) Barbizon 96 .... FF38 000 - £4 740 - **$7,340**

CHAILLOU Narcisse 1837-? [17]
Jeune breton allumant sa pipe - Huile/toile (73x54cm-29x21in) Brest 94 .... FF7 000 - £822 - **$1,238**

CHAILLOUX Robert 1913 [22]
Pommes et raisins - Oil/canvas (55x46cm-22x18in) London 96 .... FF7 900 - £900 - **$1,512**

CHAINE Joséphine Olivier 1847-1882 [2]
Jeune femme au tambourin - Huile/toile (100x81cm-39x32in) Biarritz 90 .... FF12 000 - £1 277 - **$2,147**

CHAINEUX Emile 1936 [10]
L'hiver - Huile/panneau (32x38cm-13x15in) Tongeren 90 .... FF2 916 - £297 - **$583**
CHAINTRIER Jean 1933 [9]
Cheminement - Huile/toile (41x33cm-16x13in) Paris 96 .... FF2 300 - £278 - **$442**
CHAISSAC Gaston 1910-1964 [209]
Personnage - Huile/toile (18x12cm-7x5in) Paris 97 .... FF27 000 - £2 967 - **$4,928**
Composition au visage - Huile/panneau (99x47cm-39x19in) Versailles 95 .... FF75 000 - £9 800 - **$15,020**
Autoportrait au perroquet - Huile/bois (150cm-59in) Paris 90 .... FF1 e +06 - £100 697 - **$195,886**
L'Homme au chapeau à bords - Huile (65x50cm-26x20in) Paris 94 .... FF340 000 - £40 600 - **$63,700**
Os peint - Sculpture (27cm-11in) Paris 92 .... FF80 000 - £8 190 - **$14,400**
Sans titre - Stylo bille (27x21cm-11x8in) Versailles 96 .... FF3 050 - £391 - **$605**
Tête d'homme - Encre Chine (14x10cm-6x4in) Paris 97 .... FF8 000 - £842 - **$1,375**
Jeune fille - Encre (21x16cm-8x6in) Paris 97 .... FF14 000 - £1 474 - **$2,407**
Figure sur fond moucheté - Encre Chine (31x22cm-12x9in) Paris 92 .... FF30 000 - £3 070 - **$5,280**
Clowns avec âne - Aquarelle, gouache/papier (21x26cm-8x10in) Paris 89 .... FF150 000 - £15 806 - **$25,253**
Personnage, 1961 - Gouache (64x49cm-25x19in) Paris 89 .... FF480 000 - £47 761 - **$75,829**
CHAIX Andrée XX [2]
Paysage provençal - Oil/canvas (72x92cm-28x36in) London 92 .... FF4 400 - £450 - **$862**
CHAIX Auguste 1860-1922 [2]
Bord de mer - Huile/panneau (46x17cm-18x7in) Lyon 90 .... FF5 000 - £503 - **$979**
CHALAUPKA Franz XIX [3]
Panzerschiff - Oil/canvas (44x71cm-17x28in) Wien 92 .... FF43 300 - £4 430 - **$7,620**
CHALE Gertrudis 1910-1954 [2]
Madre con ninos en el anteplano - Tempera (45x60cm-18x24in) New-York 94 .... FF17 130 - £2 010 - **$3,000**
CHALEM Philippe XX [2]
Baroon Varazz - Huile/bois (80x55cm-31x22in) Les Andelys 89 .... FF18 000 - £1 840 - **$2,894**
CHALEYÉ Jean 1878-1960 [13]
Jeteée de fleurs - Huile/carton (72x97cm-28x38in) Lyon 96 .... FF6 000 - £705 - **$1,180**
Bouquet de pivoines et lilas - Huile/bois (72x115cm-28x45in) Nîmes 96 .... FF33 000 - £4 000 - **$6,420**
CHALFANT Jefferson David 1856-1931 [1]
Marquis de Pelleport/J. H. Wilson - Pastel/paper (43x27cm-17x11in) New-York 94 ..... FF6 500 - £770 - **$1,200**
CHALGALO Ch.Alb.Gast. Lombard 1882-1968 [2]
Le pont de Maisons-Laffitte - Gouache/papier (31x45cm-12x18in) Paris 97 .... FF2 500 - £272 - **$439**
CHALGRIN Jean François Th. 1739-1811 [1]
Elevation of the Baptistry Chapel - Ink (61x44cm-24x17in) London 90 .... FF145 300 - £14 632 - **$26,418**
CHALIAPIN Boris Feodorovich 1902-1979 [2]
Izvoshchik - Oil/canvas (53x44cm-21x17in) London 95 .... FF15 220 - £2 000 - **$3,054**
CHALIP Jakow XX [1]
The Watch - Silver print (46x30cm-18x12in) New-York 95 .... FF4 260 - £538 - **$850**
CHALLE Charles Michel Ange 1718-1778 [17]
Venus and Cupid - Oil/canvas (73x91cm-29x36in) London 92 .... FF83 700 - £10 000 - **$16,100**
Architectural composition - Ink (20x26cm-8x10in) New-York 97 .... FF25 028 - £2 785 - **$4,500**
CHALLENER Frederick Sproston 1869-1959 [11]
Garden landscape, Summer - Oil/board (21x32cm-8x13in) Toronto 95 .... FF3 575 - £474 - **$738**
CHALLIÉ Jean Laurent 1880-1943 [11]
La côte bretonne - Huile/toile (54x65cm-21x26in) Versailles 91 .... FF30 000 - £3 025 - **$5,847**
CHALMERS Alexander Barrie 1949-1993 [5]
Winter Mountain Images - Watercolour (91x71cm-36x28in) Victoria, B.C. 94 .... FF4 110 - £488 - **$760**
CHALMERS George c.1720-1791 [1]
Sir Francis Geary - Oil/canvas (76x63cm-30x25in) London 96 .... FF20 400 - £2 402 - **$4,004**
CHALMERS George Paul 1833-1878 [5]
Bedtime stories - Oil/canvas (66x86cm-26x34in) Montréal 91 .... FF14 620 - £1 484 - **$2,641**
CHALMERS Hector 1849-1943 [8]
Gathering mussels - Oil/canvas (30x46cm-12x18in) New Orleans, Louisiana 96 ...... FF6 070 - £775 - **$1,200**
CHALOIN Léon 1920-1982 [12]
Vase de fleurs - Huile/toile (74x61cm-29x24in) Grenoble 96 .... FF3 500 - £451 - **$685**
CHALOM DES CORDES Jacques XX [21]
Le guépard - Huile/toile (90x146cm-35x57in) Paris 92 .... FF9 000 - £1 074 - **$1,730**
Mademoiselle Moritz - Aquarelle, gouache (43x34cm-17x13in) Paris 96 .... FF3 000 - £376 - **$580**
CHALOM Jacques XX [3]
Composition au vase - Huile/toile (50x61cm-20x24in) Paris 92 .... FF15 000 - £1 536 - **$2,700**
CHALON Alfred Edward 1780-1860 [17]
Children Riding the Pony - Oil/canvas (86x112cm-34x44in) New-York 96 .... FF198 300 - £22 960 - **$38,000**
Mr. MacQuoid wearing a blue coat - Miniature (9cm-4in) London 97 .... FF8 076 - £849 - **$1,383**
CHALON Christina 1748-1808 [7]
Farmer's family in an interior - Pencil (17x23cm-7x9in) Amsterdam 93 .... FF2 610 - £296 - **$441**
CHALON Henry Bernard 1771-1849 [27]
A red Squirrel on a Branch - Oil/panel (30x24cm-12x9in) London 96 .... FF8 820 - £1 100 - **$1,704**
A chesnut hunter in a landscape - Oil/canvas (71x89cm-28x35in) New-York 97 ...... FF46 242 - £4 930 - **$8,000**
Bay Racehorse with Jockey up - Oil/canvas (71x91cm-28x36in) New-York 94 .... FF253 000 - £29 660 - **$45,000**
CHALON John James 1778-1854 [2]
The River Severn - Oil/canvas (107x155cm-42x61in) London 94 .... FF76 000 - £9 000 - **$14,040**
CHALON Louis 1687-1741 [10]
Bords du rhin - Huile/cuivre (18x26cm-7x10in) Lille 92 .... FF55 000 - £6 560 - **$10,570**

🎨 *Femme aux statuettes* - Bronze (59cm-23in) Paris 89.. FF**42 000** - £**4 426** - **$7,071**

CHALON Louis 1866-? [8]
🎨 *Parcifal et Vénus* - Marbre Carrare (56cm-22in) Paris 97 .... FF**6 500** - £**683** - **$1,119**
Marchande de statuettes - Ivory, bronze (85cm-33in) Paris 96.................... FF**45 000** - £**5 600** - **$8,670**

CHALOU Pierre 1942 [10]
🖼 *Le lac bleu* - Huile/papier (61x51cm-24x20in) La Varenne Saint-Hilaire 91.......... FF**4 000** - £**401** - **$660**

CHALUS Marie-Antoinette 1948 [2]
🖼 *Petit déjeuner* - Huile/toile (81x100cm-32x39in) Paris 89 .... FF**10 000** - £**995** - **$1,580**

CHALUSCH Robert XIX-XX [1]
✏ *Die Bischofsmütze in Salzburg* - Watercolour (10x12cm-4x5in) Wien 96................ FF**2 405** - £**302** - **$470**

CHAM Amédée, Comte de Noé 1819-1879 [2]
✏ *Cochers/Grèce jouant../Trône grec/...* - Crayon Paris 97.................................. FF**2 500** - £**266** - **$433**

CHAMAILLARD de Ernest Ponthier 1862-1930 [29]
🖼 *Ferme au toit bleu* - Huile/toile (73x60cm-29x24in) Angers 95.................... FF**30 500** - £**3 890** - **$6,240**
Douarnenez, vue des Plomarch - Huile/toile (54x73cm-21x29in) Quimper 96 .... FF**59 000** - £**7 360** - **$11,430**
🖼 *Paysage au pont* - Aquarelle (16x24cm-6x9in) Douarnenez 95.......................... FF**5 800** - £**756** - **$1,205**

CHAMANIAN Arsène 1864-1949 [1]
🖼 *Travail au champs* - Huile/toile (38x55cm-15x22in) Cherbourg 91...................... FF**12 000** - £**1 203** - **$2,198**

CHAMBAS Jean-Paul 1947 [24]
🖼 *Kafka* - Huile/toile (100x81cm-39x32in) Paris 92 .... FF**24 500** - £**2 510** - **$4,410**
L'été a rougi la neuvième - Huile/toile (162x130cm-64x51in) Paris 91 .... FF**72 000** - £**7 150** - **$12,501**
✏ *Kafka, 1976* - Mine plomb (125x85cm-49x33in) Paris 90 .... FF**21 000** - £**2 248** - **$3,652**

CHAMBAZ Marius André 1905 [2]
✏ *Sitzender Frauenakt* - Red chalk (27x21cm-11x8in) Bern 93 .... FF**3 365** - £**388** - **$577**

CHAMBERLAIN Brenda 1912-1971 [3]
🖼 *Magnet eyes* - Sculpture (91x86x135cm-36x34x53in) New-York 97 .... FF**232 560** - £**24 420** - **$40,000**
✏ *Three figures* - Coloured crayons/paper (82x75cm-32x30in) London 91 .... FF**1 895** - £**190** - **$313**

CHAMBERLAIN Frank Tolles 1873-1961 [2]
🖼 *Fruit & jug* - Oil/canvas (51x61cm-20x24in) San Francisco 91.................. FF**12 450** - £**1 258** - **$2,472**

CHAMBERLAIN John 1927 [84]
🖼 *Untitled* - Oil/paper (35x43cm-14x17in) New-York 94 .... FF**21 350** - £**2 520** - **$3,800**
Untitled - Mixed media/board (31x7x31cm-12x3x12in) New-York 96.............. FF**50 900** - £**6 000** - **$10,000**
🖼 *Ultima thule, 1967* - Sculpture (162x915x111cm-64x360x44in) New-York 89 .... FF**1** - £**134 519** - **$211,511**
W.W.I - Sculpture (15x13x13cm-6x5x5in) New York 97 .... FF**20 468** - £**2 161** - **$3,500**
Dancing in the dark #18 - Sculpture (25x30x36cm-10x12x14in) New-York 97 ...... FF**49 419** - £**5 189** - **$8,500**
Miss Remenber Ford - Sculpture (66x58x101cm-26x23x40in) New-York 96 .... FF**200 000** - £**25 900** - **$40,000**
Sphinx Tongue - Sculpture (274x120x163cm-108x47x64in) New-York 97 .... FF**552 330** - £**57 998** - **$95,000**
✏ *Untitled relief* - Collage/paper (44x44cm-17x17in) New-York 94............... FF**357 400** - £**42 500** - **$68,000**

CHAMBERLAIN Norman Stiles 1887-1961 [3]
🖼 *Adobe flores* - Oil/panel (46x56cm-18x22in) San Francisco-Los Angeles 89...... FF**34 300** - £**3 413** - **$5,419**

CHAMBERLAIN Samuel 1895-1975 [2]
🖾 *Semur-en-Auxois* - Etching (15x23cm-6x9in) New-York 92............................ FF**2 500** - £**262** - **$450**

CHAMBERLIN Frank Tolles 1873-1961 [3]
🖼 *Rome* - Oil/canvas (81x53cm-32x21in) San Francisco-Los Angeles 94........... FF**14 900** - £**1 764** - **$2,750**

CHAMBERLIN Mason 1727-1787 [2]
🖼 *Elizabeth Ourry* - Oil/canvas (76x63cm-30x25in) London 90.................... FF**32 900** - £**3 409** - **$5,782**

CHAMBERS Alice May XIX-XX [2]
✏ *Portrait of a lady, bust length* - Red chalk (38x34cm-15x13in) London 91 ...... FF**33 700** - £**3 396** - **$5,848**

CHAMBERS C. Bosseron 1883-? [2]
🖼 *Mercury* - Oil/board (36x25cm-14x10in) New-York 94 .... FF**13 120** - £**1 530** - **$2,300**

CHAMBERS Charles Edward 1883-1941 [7]
🖼 *Couple in the park* - Oil/canvas (76x53cm-30x21in) New-York 93 .... FF**13 750** - £**1 724** - **$2,500**
🖾 *Food Will the War* - Poster (76x51cm-30x20in) New-York 95 .... FF**5 050** - £**636** - **$1,000**

CHAMBERS George I 1803-1840 [19]
🖼 *In the Roads* - Oil/board (14x19cm-6x7in) London 96........................... FF**17 360** - £**2 200** - **$3,330**
Rough Seas off the North Foreland - Oil/canvas (83x122cm-33x48in) London 97.......... FF**70 357** - £**7 500** - **$12,284**
✏ *Fishing trawlers in coastal waters* - Watercolour (22x27cm-9x11in) London 96....... FF**5 010** - £**650** - **$982**

CHAMBERS George II 1830-c.1900 [15]
🖼 *Eton college from the river* - Oil/canvas (20x30cm-8x12in) London 93 .... FF**3 690** - £**420** - **$626**
On a Dutch estuary - Oil/canvas (60x105cm-24x41in) London 95 .... FF**15 420** - £**2 000** - **$3,160**
Cannon street railway Station - Oil/board (31x47cm-12x19in) London 97 .... FF**24 390** - £**2 600** - **$4,258**

CHAMBERS J.K. ?-1916 [2]
🖼 *Artist's studio* - Oil/canvas (25x20cm-10x8in) Mystic, Connecticut 96 .... FF**2 072** - £**256** - **$400**

CHAMBERS John 1852-1928 [2]
🖼 *Returning to harbour* - Oil/canvas (76x126cm-30x50in) London 96.............. FF**12 730** - £**1 600** - **$2,504**
✏ *Heading for port* - Wash (56x81cm-22x32in) London 89........................ FF**7 700** - £**766** - **$1,216**

CHAMBERS Richard Edw. Elliot 1863-1944 [4]
✏ *A Zuni Indian* - Watercolour (36x25cm-14x10in) New Orleans, Louisiana 93 ...... FF**20 650** - £**2 350** - **$3,500**

CHAMBERS Thomas 1808-1866 [4]
🖼 *May Day* - Oil/canvas (43x53cm-17x21in) London 94................................ FF**20 630** - £**2 400** - **$3,564**

CHAMBERS William B. XIX [1]
🖼 *George Washington* - Oil/canvas/board (24x19cm-9x7in) New-York 95 .... FF**7 880** - £**1 031** - **$1,600**

CHAMBERT Erik 1902-1988 [2]
- Komposition - Oil/panel (55x46cm-22x18in) Stockholm 91 .... FF6 550 - £652 - $1,126

CHAMBI Martín 1891-1973 [5]
- View of Machu Pichu (2) - Silver print (15x46cm-6x18in) New-York 95 .... FF12 030 - £1 520 - $2,400

CHAMBON Émile Fr. 1905-1993 [13]
- Stilleben mit Fischen, 1936 - Oil/canvas (38x55cm-15x22in) Bern 90 .... FF10 900 - £1 160 - $1,950

CHAMBON Evelyne [2]
- Le jardin fleuri - Huile/toile (16x22cm-6x9in) Soissons 92 .... FF3 200 - £328 - $564

CHAMBON Marius Charles 1876-1962 [8]
- Les péniches - Oil/canvas (50x65cm-20x26in) London 89 .... FF7 700 - £787 - $1,238

CHAMBORD de Fernand Maximilien 1840-1899 [3]
- Elégante sur la plage - Huile/toile (56x46cm-22x18in) Calais 89 .... FF18 000 - £1 897 - $3,030

CHAMBRIN Jack 1919-1983 [13]
- Village rose, El Golea, Alger - Huile/toile (50x61cm-20x24in) Paris 94 .... FF2 500 - £298 - $471

CHAMINADE Albert 1923 [5]
- Composition, 1963 - Huile/toile (92x73cm-36x29in) Paris 90 .... FF10 000 - £1 033 - $1,767

CHAMP-RENAUD de Thérèse XIX-XX [3]
- Still life of peaches - Oil/canvas (46x65cm-18x26in) New-York 94 .... FF40 940 - £4 740 - $7,000

CHAMPEAUX André 1917-1978 [12]
- Embarquement - Huile/toile (46x55cm-18x22in) Grenoble 90 .... FF3 800 - £404 - $680
- 1969 - Gouache/papier (52x42cm-20x17in) Fontainebleau 87 .... FF2 600 - £278 - $456

CHAMPEAUX de Bertrand Edouard XX [29]
- Orbec, rue animée - Huile/papier (33x52cm-13x20in) Bayeux 92 .... FF3 400 - £406 - $654
- Notre Dame de Paris - Gouache (41x27cm-16x11in) Paris 97 .... FF1 600 - £172 - $281

CHAMPEAUX DE LA BOULAYE Octave 1827-1903 [2]
- Summer outing under trees - Oil/panel (25x34cm-10x13in) New-York 95 .... FF15 940 - £1 927 - $3,000

CHAMPILLOU Jeanne 1897-1978 [5]
- Jeunes chevaux au pré - Huile/toile (51x71cm-20x28in) Orléans 97 .... FF4 200 - £441 - $71,9 4
- Le marché - Encre Chine (26x39cm-10x15in) Chartres 89 .... FF1 800 - £179 - $284

CHAMPIN Jean-Jacques 1796-1860 [5]
- Vue de Paris depuis Notre-Dame - Aquarelle (50x106cm-20x42in) Paris 94 .... FF9 000 - £1 063 - $1,617

CHAMPION Jeanne 1931 [3]
- Profil de la femme-coq - Huile/toile (100x73cm-39x29in) Paris 90 .... FF15 000 - £1 550 - $2,650

CHAMPION Theo 1887-1952 [31]
- Niederrheinlandschaft - Oil/canvas (45x64cm-18x25in) Köln 91 .... FF11 150 - £1 118 - $1,841
- Zetlager am Rhein - Oil/panel (60x50cm-24x20in) Düsseldorf 95 .... FF24 440 - £3 110 - $4,960
- Niederrheinische Landschaft - Oil/canvas (45x37cm-18x15in) Köln 91 .... FF54 100 - £5 425 - $8,930

CHAMPION-METADIER Isabelle 1947 [3]
- Objets terrestres, 1986 - Huile/toile (230x210cm-91x83in) Paris 89 .... FF24 000 - £2 388 - $3,791

CHAMPLAIN Duane 1889-1964 [1]
- The Hoop Bowler - Bronze (41cm-16in) New-York 95 .... FF19 080 - £2 390 - $3,800

CHAMPNEY Benjamin 1817-1907 [18]
- Autumn landscape - Oil/paper (15x23cm-6x9in) Cambridge, Mass. 93 .... FF3 245 - £369 - $550
- Landscape - Oil/canvas (61x46cm-24x18in) Cambridge, Mass. 91 .... FF9 700 - £974 - $1,678
- Haying - Oil/canvas (28x48cm-11x19in) Boston, Mass. 93 .... FF35 460 - £4 030 - $6,000

CHAMPNEY James Wells 1843-1903 [14]
- Sealed with Affection - Oil/canvas (56x46cm-22x18in) New-York 92 .... FF41 600 - £4 970 - $8,000
- Lady and child - Pastel/paper (71x58cm-28x23in) Baton Rouge, Louisiana 94 .... FF12 640 - £1 484 - $2,250

CHAMPSEIX E. Paul XX [10]
- Hossegor, la Côte d'Argent... - Affiche (100x62cm-39x24in) Paris 96 .... FF1 900 - £229 - $365

CHAN FUSHAN Luis Chan 1905 [2]
- Bazaar - Oil/board (35x46cm-14x18in) Hong Kong 92 .... FF37 100 - £4 310 - $7,560

CHANCELLOR John Russell 1925 [2]
- The frigate Pallas - Oil/canvas (69x89cm-27x35in) London 94 .... FF100 800 - £12 000 - $19,200

CHANCO Roland 1914 [402]
- Reflexion - Huile/toile (100x81cm-39x32in) Paris 96 .... FF3 600 - £467 - $705
- Rue St Basile - Huile/isorel (61x50cm-24x20in) Paris 96 .... FF5 000 - £570 - $957
- Le bilboquet - Huile/toile (100x73cm-39x29in) Paris 92 .... FF11 000 - £1 123 - $1,995
- Le clown en bleu - Huile/toile (116x81cm-46x32in) Auxerre 90 .... FF34 000 - £3 617 - $6,082
- Estelle - Huile/toile (120x80cm-47x31in) Paris 92 .... FF56 000 - £5 718 - $10,159
- Sylvia - Pastel (65x50cm-26x20in) Paris 90 .... FF2 200 - £236 - $383
- La collerette rouge - Gouache (51x36cm-20x14in) Paris 96 .... FF7 500 - £855 - $1,436

CHANCRIN René 1920 [8]
- Autoportrait - Huile/toile (65x54cm-26x21in) Lyon 97 .... FF18 500 - £1 996 - $3,269

CHANDELIER Jules Michel 1813-1871 [2]
- Vue présumée de La Rochelle - Huile/panneau (31x48cm-12x19in) Paris 95 .... FF6 500 - £856 - $1,318
- Le retour des foins - Huile/panneau (32x47cm-13x19in) Paris 92 .... FF16 000 - £1 638 - $3,140

CHANDELLE Dorothea 1784-1866 [1]
- Germain Miot - Pastel (31x24cm-12x9in) München 94 .... FF2 210 - £258 - $388

CHANDLER Digbee W. 1856-1928 [1]
- House/Fort Lee/Road/Evening - Drawing New-York 95 .... FF1 507 - £189 - $300

CHANDLER John Westbrooke 1764-1804/5 [1]
- Miss Bowman - Oil/canvas (71x58cm-28x23in) London 89 .... FF29 100 - £2 896 - $4,597

CHANDLER Robert Winthrop 1872-? [1]
Nature morte - Pastel (45x63cm-18x25in) Montréal 96 .... FF3 224 - £404 - **$623**

CHANDRA Avinash 1931-1991 [2]
Untitled - Oil/board (89x150cm-35x59in) London 96 .... FF17 800 - £2 200 - **$3,440**

CHANEL R. Garry XX [2]
Le retour du marché - Oil/panneau (40x51cm-16x20in) Paris 94 .... FF2 800 - £327 - **$491**

CHANGHIZI Mashi 1953 [4]
Bouquet de tulipes - Huile/toile (55x46cm-22x18in) Arles 92 .... FF2 800 - £287 - **$504**

CHANNING Julia Georgiana XIX-XX [1]
Dutch canal in a town landscape - Oil/canvas (33x43cm-13x17in) London 95 .... FF2 006 - £260 - **$418**

CHANTAL Louis 1822-1899 [4]
The cockle gatherer - Pencil (35x25cm-14x10in) London 92 .... FF3 710 - £380 - **$656**

CHANTÉAU Gabriel Marie 1874-? [3]
Nice-Dignes par l'Autorail - Affiche (108x78cm-43x31in) Boulogne 96 .... FF3 500 - £436 - **$679**

CHANTERAC de François XIX-XX [2]
Péniche au bord de quai - Huile/toile (44x55cm-17x22in) Paris 89 .... FF7 500 - £790 - **$1,263**

CHANTEREAU Jérôme François 1710-1757 [2]
Dresseur de chien - Lavis (19x17cm-7x7in) Paris 95 .... FF30 500 - £3 900 - **$6,230**

CHANTRAINE Guy XX [6]
Crépuscule - Huile/toile (55x38cm-22x15in) Strasbourg 93 .... FF3 500 - £394 - **$594**

CHANTRE Fleury 1806-? [4]
Tulipes perroquets - Watercolour/board (52x69cm-20x27in) Amsterdam 91 .... FF23 560 - £2 340 - **$4,091**

CHANTRELLE Lucien 1890-? [4]
Passants à Montmartre - Huile/toile (61x73cm-24x29in) La Varenne Saint-Hilaire 91 .... FF15 000 - £1 493 - **$2,579**

CHANTREY Francis Leggatt 1781-1842 [3]
Bust of Sir Walter Scott - Marble (79cm-31in) London 96 .... FF33 350 - £3 800 - **$6,380**

CHANTRON Alexandre Jacques 1842-1918 [9]
Nature morte aux fleurs - Huile/toile (37x67cm-15x26in) Paris 97 .... FF3 600 - £388 - **$640**
Le lierre - Huile/toile (200x90cm-79x35in) Bruxelles 96 .... FF30 000 - £3 930 - **$6,080**

CHANTRON Antoine 1771-1842 [1]
Avignon, la Cité des Papes - Huile/toile (32x40cm-13x16in) Paris 96 .... FF45 000 - £5 170 - **$8,580**

CHANTRY Henry 1881-1962 [4]
Paysage d'été - Huile/toile (85x100cm-33x39in) Liège 90 .... FF5 800 - £599 - **$1,025**
Étangs de la reine, Tournai - Aquarelle (29x47cm-11x19in) Liège 93 .... FF2 310 - £276 - **$472**

CHAPAUD Marc 1914 [6]
Place des Vosges - Huile/toile (55x46cm-22x18in) La Varenne Saint-Hilaire 95 .... FF6 500 - £820 - **$1,296**

CHAPELAIN-MIDY Roger 1904-1992 [83]
Vase de fleurs - Huile/toile (41x33cm-16x13in) Paris 97 .... FF3 800 - £410 - **$676**
Marée-basse - Huile/toile (61x81cm-24x32in) Le Havre 95 .... FF24 000 - £3 140 - **$4,810**
Bateaux à quai - Huile/toile (60x81cm-24x32in) Calais 90 .... FF64 000 - £6 852 - **$11,130**
Coupe de fruits - Gouache (26x20cm-10x8in) Le Touquet 91 .... FF12 000 - £1 218 - **$2,167**

CHAPELET Roger 1902-1995 [26]
Trois-mâts sous voiles - Huile/toile (50x65cm-20x26in) Granville 93 .... FF10 000 - £1 205 - **$1,820**
Le trois-mâts Balclutha en haute mer - Huile/toile (60x80cm-24x31in) Paris 96 .... FF32 000 - £3 760 - **$6,300**
The Legendary Clipper Cutty Sark - Bodycolour (44x58cm-17x23in) London 96 .... FF15 280 - £1 800 - **$3,000**

CHAPELLE Dominique 1941 [79]
Après-midi sur la plage - Huile/toile (38x46cm-15x18in) Langres 93 .... FF4 000 - £482 - **$728**
Rendez-vous à Séville - Huile/toile (65x81cm-26x32in) Bordeaux 95 .... FF9 000 - £1 140 - **$1,810**

CHAPELLE Suzanne XX [131]
Lampe pigeon aux tulipes - Huile/toile (45x55cm-18x22in) Paris 91 .... FF2 800 - £278 - **$486**

CHAPELLIER José 1946 [3]
Pierrot et Colombine - Technique mixte (80x60cm-31x24in) Bruxelles 95 .... FF2 900 - £368 - **$584**

CHAPELLIER Philippe XIX-XX [1]
Le Transvaal à l'Afrique sauvage - Affiche (110x150cm-43x59in) Nice 96 .... FF2 200 - £275 - **$425**

CHAPERON Émile 1868-? [2]
Intérieur - Huile/toile (55x46cm-22x18in) Morlaix 92 .... FF2 600 - £266 - **$458**

CHAPERON Eugène 1857-? [10]
Travellers, Au Cheval Blanc tavern - Oil/canvas (89x114cm-35x45in) New-York 94 .... FF17 540 - £2 030 - **$3,000**
Le coup de l'étrier - Aquarelle (40x28cm-16x11in) Paris 95 .... FF1 800 - £210 - **$316**

CHAPERON Philippe-Marie 1823-1907 [3]
Ville pour un décor de théâtre - Gouache (17x28cm-7x11in) Paris 96 .... FF2 300 - £287 - **$445**

CHAPIN Bryant 1859-1927 [11]
Apples - Oil/board (20x25cm-8x10in) Mystic, Connecticut 94 .... FF12 950 - £1 600 - **$2,500**

CHAPIN Francis 1899-1965 [7]
Landscape - Oil/board (25x46cm-10x18in) Chicago 94 .... FF2 000 - £233 - **$350**
Chicago Water Tower - Watercolour (33x51cm-13x20in) Chicago 94 .... FF1 855 - £217 - **$325**

CHAPIN James Ormsbee 1887-1975 [6]
Studio window - Oil/canvas (84x3cm-33x1in) New-York 91 .... FF25 650 - £2 575 - **$4,438**
Street Market, New York - Oil/canvas (69x99cm-27x39in) New-York 94 .... FF85 600 - £9 980 - **$15,000**

CHAPIRO Jacques 1887-1962 [121]
Semeuse - Oil/canvas (81x54cm-32x21in) Amsterdam 95 .... FF2 680 - £342 - **$547**
Autoportrait - Huile/toile (73x54cm-29x21in) Paris 96 .... FF6 200 - £800 - **$1,214**

C

Woman at a table - Oil/canvas (81x65cm-32x26in) Tel Aviv 92 .... FF47 200 - £4 940 - $8,500
Nature morte aux fleurs - Céramique (24x24cm-9x9in) Paris 96 .... FF1 600 - £207 - $314
Le Peintre dans son Atelier - Gouache (81x60cm-32x24in) Paris 96 .... FF3 700 - £478 - $725

CHAPLAIN Jules Clément 1839-1909 [1]
Madame Vallet - Crayon (48x37cm-19x15in) Paris 93 .... FF3 500 - £394 - $594

CHAPLEAU Eugène 1882-1969 [1]
Ex-voto: voilier sur une mer agitée - Huile/toile (65x81cm-26x32in) Morlaix 90 .... FF2 200 - £222 - $431

CHAPLIN Arthur 1869-? [6]
L'Apocalypse selon Saint Jean - Huile/toile (150x130cm-59x51in) Paris 89 .... FF30 000 - £2 985 - $4,739
Paysage - Aquarelle (15x25cm-6x10in) Albi 90 .... FF8 000 - £857 - $1,391

CHAPLIN Charles 1825-1891 [80]
Young Woman with a Dove - Oil/canvas (36x27cm-14x11in) New-York 94 .... FF26 560 - £3 170 - $5,000
Jeune fille caressant un chat - Oil/canvas (81x54cm-32x21in) New-York 97 .... FF119 385 - £12 858 - $21,000
Le Chateau de Cartes - Oil/canvas (130x97cm-51x38in) New-York 94 .... FF1 62e +06 - £126 700 - $200,000
Nu au tambourin allongé - Aquarelle (25x45cm-10x18in) Stockholm 95 .... FF9 370 - £1 167 - $1,827

CHAPLIN Charles H.A. 1907-1986 [4]
Autumn colours/Sunlight - Pastel (150x63cm-59x25in) London 91 .... FF1 786 - £181 - $323

CHAPLIN Elisabeth 1892-1982 [6]
Melograni - Olio/cartone (24x29cm-9x11in) Firenze 97 .... FF6 460 - £760 - $1,140

CHAPMAN Carlton Theodore 1860-1925 [12]
Boat in dry dock - Oil/canvas (26x36cm-10x14in) New-York 95 .... FF8 200 - £1 021 - $1,600
Harbor Scene - Watercolour (43x76cm-17x30in) Portland, Maine 94 .... FF5 410 - £649 - $1,000

CHAPMAN Catherine M. XIX-XX [12]
Boats by a quay, France - Oil/panel (16x14cm-6x6in) London 95 .... FF6 810 - £850 - $1,377

CHAPMAN Charles Shepard 1879-1947 [7]
The Locomotive - Oil/masonite (54x103cm-21x41in) New-York 94 .... FF8 120 - £962 - $1,500

CHAPMAN Conrad Wise 1842-1910 [22]
Encampment in the Italian Campagna - Oil/panel (16x21cm-6x8in) London 97 .... FF56 285 - £6 000 - $9,867
Valley of Mexico - Oil/board (11x23cm-4x9in) New-York 97 .... FF415 236 - £44 261 - $72,500
Campesino - Watercolour/board (29x20cm-11x8in) New-York 92 .... FF49 400 - £5 900 - $9,500

CHAPMAN Frederick A. 1818-1891 [1]
Twelfth Night - Oil/panel (27x21cm-11x8in) New-York 96 .... FF12 460 - £1 588 - $2,400

CHAPMAN George 1908 [2]
Along the Street - Oil/board (51x58cm-20x23in) London 97 .... FF2 428 - £260 - $419

CHAPMAN John Gadsby 1808-1890 [8]
Sabine Vintagers - Olio/tela (85x62cm-33x24in) Roma 95 .... FF20 300 - £2 665 - $4,030

CHAPMAN John Lewis [2]
The Royal Lancashire Show - Watercolour (12x20cm-5x8in) Retford, Nottinghamshire 93 .... FF1 600 - £200 - $290

CHAPMAN John Linton 1839-1905 [5]
Blacksmith Shop, Venice - Oil/canvas (34x73cm-13x29in) New-York 94 .... FF36 500 - £4 310 - $6,500

CHAPMAN John Watkins c.1853-1903 [8]
Children riding - Oil/canvas (72x91cm-28x36in) New-York 94 .... FF8 410 - £994 - $1,500
The old curiosity shop - Oil/canvas (50x66cm-20x26in) London 91 .... FF89 200 - £9 000 - $15,750

CHAPMAN Max 1911 [2]
Emersion exit right - Oil (122x107cm-48x42in) London 90 .... FF9 760 - £993 - $1,952
Collage noyé - Collage (119x73cm-47x29in) London 90 .... FF6 550 - £663 - $1,246

CHAPMAN Minerva Josephine 1858-1947 [5]
Studio Interior - Oil/canvas (57x42cm-22x17in) San Francisco-Los Angeles 96 .... FF9 840 - £1 234 - $1,900

CHAPMAN W.J. XIX [2]
Children outside a country house - Oil/canvas (72x92cm-28x36in) Lichfield, Staffordshire 93 ..... FF3 920 - £490 - $711

CHAPON Jules 1914 [5]
Slowness haste - Oil/canvas (112x73cm-44x29in) Amsterdam 91 .... FF4 860 - £499 - $904

CHAPONNIERE Alexandre Chaponnier 1753-1806 [7]
The waiting woman - Gravure (41x48cm-16x19in) Paris 96 .... FF2 500 - £309 - $484

CHAPONNIERE Jean-François 1769-1856 [1]
Caricatures et études de têtes - Encre (8x12cm-3x5in) Zürich 95 .... FF1 782 - £179 - $294

CHAPOTON Grégoire 1845-? [2]
Fleurs dans un vase - Huile/toile (41x33cm-16x13in) Paris 94 .... FF6 800 - £803 - $1,220
Nature morte aux coquillages - Huile/panneau (20x27cm-8x11in) Deauville 91 .... FF22 000 - £2 205 - $3,710

CHAPOVAL Youla, Jules 1919-1951 [76]
Composition - Huile/toile (33x24cm-13x9in) Versailles 95 .... FF7 000 - £804 - $1,336
Verre, pipe et pot à tabac - Huile/papier/panneau (27x54cm-11x21in) Paris 97 .... FF18 000 - £1 957 - $3,163
Ronce - Huile/toile (81x100cm-32x39in) Paris 94 .... FF47 000 - £5 630 - $8,900
Composition, 1949 - Huile/toile (60x81cm-24x32in) Verrières-Le-Buisson 90 .... FF220 000 - £22 727 - $38,869
Composition - Aquarelle (25x20cm-10x8in) Antwerpen 95 .... FF13 720 - £1 776 - $2,810

CHAPPEL Alonzo 1828-1887 [3]
The Frontiersmen - Oil/canvas (76x63cm-30x25in) New-York 93 .... FF35 750 - £4 480 - $6,500

CHAPPEL Edward 1859-1944 [18]
Azaleas in a Blue and White vase - Oil/canvas (80x60cm-31x24in) New-York 97 .... FF102 681 - £11 068 - $18,000
Ferme - Pastel (24x32cm-9x13in) Paris 95 .... FF1 800 - £233 - $375

CHAPPELL OF POOLE Reuben 1870-1940 [33]
The schooner Ethel Edith - Oil/canvas (50x76cm-20x30in) London 91 .... FF13 960 - £1 390 - $2,401
Travellers of St. Agnes, Port of Hayle - Gouache (34x52cm-13x20in) London 94 .... FF4 760 - £570 - $880

The Norden af Marstal - Watercolour (35x54cm-14x21in) Köbenhavn 96............................ FF**9 350** - £1 212 - **$1,870**

CHAPU Henri 1833-1891   [31]
La pensée - Bronze Paris 97... FF**4 500** - £468 - **$766**
Jeanne d'Arc - Bronze (69cm-27in) Le Havre 92.. FF**9 500** - £1 134 - **$1,827**
La Remommée - Bronze (95cm-37in) Stockholm 90.. FF**17 300** - £1 840 - **$3,095**
Duchesse de Nemours - Marble (61x229cm-24x90in) London 93............................. FF**614 000** - £70 000 - **$104,300**

CHAPUIS Maurice 1922   [2]
Les meules - Huile/toile (38x55cm-15x22in) Brest 93.. FF**3 200** - £369 - **$550**

CHAPUIS Michel 1925   [10]
Guardomar - Huile/toile (100x73cm-39x29in) Paris 90.. FF**11 500** - £1 176 - **$2,270**
Personnages - Gouache (33x24cm-13x9in) Douarnenez 92...................................... FF**4 800** - £492 - **$941**

CHAPUIS Pierre 1863-1942   [14]
La Seine au Louvre - Huile/papier (25x34cm-10x13in) Paris 91................................ FF**3 800** - £386 - **$686**
Portes Saint-Martin et Saint-Denis - Gouache (30x39cm-12x15in) Paris 92.............. FF**11 500** - £1 373 - **$2,210**

CHAPUT Jean-Pierre 1935   [2]
Arlequin - Huile/toile (151x94cm-59x37in) Paris 90... FF**2 000** - £207 - **$351**

CHAPUY André c.1885-1941   [3]
La Loge des Étoiles - Huile/carton (55x78cm-22x31in) Zürich 93.............................. FF**23 750** - £2 720 - **$4,050**

CHAPUY Jean-Baptiste 1760-1802   [2]
Champ de Mars, Serment civique... - Gravure (34x51cm-13x20in) Paris 96.............. FF**2 500** - £317 - **$480**

CHAPUY Nicolas 1790-1858   [3]
Rue de Rivoli à la Tour Saint-Jacques - Crayon (30x47cm-12x19in) Paris 91............ FF**2 400** - £242 - **$468**

CHARASSON Eugène XIX-XX   [2]
Argenton, le moulin - Huile/toile (55x65cm-22x26in) Versailles 92............................ FF**4 500** - £537 - **$866**

CHARAVEL Paul 1877-1961   [37]
Strandleben - Huile/carton Düsseldorf 91.. FF**13 520** - £1 362 - **$2,346**
paysage - Gouache (24x33cm-9x13in) Saint-Dié 93.. FF**1 500** - £188 - **$273**

CHARBONNIER Jean-Philippe 1921   [2]
Heure du déjeuner, Renault-Flins - Photo (38x57cm-15x22in) Paris 95..................... FF**1 700** - £214 - **$340**

CHARBONNIER Pierre 1897-1978   [7]
Ville de Lyon - Huile/toile (100x104cm-39x41in) Paris 97... FF**8 000** - £870 - **$1,406**

CHARCHOUNE Serge 1888-1975   [262]
La harpe - Huile/toile (113x60cm-44x24in) Paris 97... FF**11 500** - £1 216 - **$1,973**
Le Monde perdu - Huile/carton Lyon 96.. FF**21 000** - £2 700 - **$4,160**
Gondola n.25 - Oil/canvas (40x80cm-16x31in) Amsterdam 97................................. FF**26 364** - £2 765 - **$4,524**
Composition puriste - Huile/toile (46x61cm-18x24in) Saint-Germain-en-Laye 93...... FF**70 000** - £8 750 - **$12,730**
Les bons conseils - Huile/toile (162x130cm-64x51in) Paris 89................................. FF**630 000** - £64 417 - **$101,286**
Abstraction - Aquarelle (17x15cm-7x6in) Paris 97.. FF**4 200** - £440 - **$73,2 6**
Composition - Gouache/papier (54x75cm-21x30in) Saint-Germain-en-Laye 96........ FF**13 000** - £1 680 - **$2,576**
Composition blanche et rose - Aquarelle (21x26cm-8x10in) Limoges 90................... FF**31 000** - £3 212 - **$5,448**

CHARDERON Francine 1861-1928   [2]
Portrait d'enfant, Août 1912 - Pastel (33x26cm-13x10in) Lyon 89............................ FF**3 800** - £400 - **$640**

CHARDIGNY Jules ?-1892   [1]
Head of a bulldog - Oil/board (21x21cm-8x8in) London 94.. FF**5 940** - £680 - **$1,006**

CHARDIGNY Pierre Joseph 1794-1866   [1]
Griffon/Chat - Huile/panneau (15x12cm-6x5in) Pontoise 96...................................... FF**8 200** - £1 044 - **$1,580**

CHARDIN Gabriel-Gervais 1814-1907   [1]
Chiens de chasse - Huile/toile (50x61cm-20x24in) Le Havre 92............................... FF**4 500** - £461 - **$882**

CHARDIN Jean-Baptiste Siméon 1699-1779   [8]
Fruits - Oil/canvas (37x45cm-15x18in) New-York 92... FF**1** - £1 - **$2 e,+06**
Comédiens au village - Oil/canvas (37x46cm-15x18in) Stockholm 97....................... FF**403 272** - £42 984 - **$70,416**

CHARDIN Paul Louis Léger 1833-1917   [4]
Caricatures - Aquarelle (31x41cm-12x16in) Monaco 96.. FF**21 000** - £2 410 - **$4,010**

CHARDINE Ernest XX   [16]
Église des Mesnil - Huile/isorel (61x46cm-24x18in) Le Havre 95............................. FF**5 300** - £693 - **$1,061**

CHARETTE François 1807-1895   [2]
Nature morte au vase de roses - Aquarelle (74x52cm-29x20in) Bruxelles 89............ FF**7 300** - £769 - **$1,229**

CHARGESHEIMER Carl-Heinz Hargesh. 1924-1972   [2]
Ohne Titel - Metal (67cm-26in) Köln 96.. FF**19 700** - £2 245 - **$3,770**
Ohne Titel, 1961 - Mixed media/paper (102x80cm-40x31in) Köln 89....................... FF**27 000** - £2 761 - **$4,341**

CHARIGNY André 1902   [21]
Le lac du Petit-Maclus, Jura - Huile/panneau (19x24cm-7x9in) Paris 96.................. FF**3 300** - £430 - **$654**
Nu de dos - Huile/toile (46x55cm-18x22in) Besançon 96... FF**6 500** - £746 - **$1,240**
Vase de fleurs jaunes - Huile/toile (73x60cm-29x24in) Belfort 96............................ FF**10 200** - £1 327 - **$2,020**

CHARION Pierre XIX-XX   [1]
Marché aux fleurs, Paris - Oil/canvas (64x76cm-25x30in) New-York 94.................... FF**17 600** - £2 130 - **$3,250**

CHARLAMOFF Alexej Alexejewitsch 1842-?   [1]
L'entrée du village - Huile/panneau (32x23cm-13x9in) Paris 94................................ FF**6 000** - £698 - **$1,040**

CHARLEMAGNE Adolphe Jossifovich 1826-1901   [2]
La noce - Gouache (14x19cm-6x7in) Paris 90... FF**3 100** - £330 - **$555**

CHARLEMAGNE Iosif Adolfovich 1782-1861   [3]
English Embankment, St. Petersburg - Gouache (31x43cm-12x17in) London 96......... FF**26 230** - £3 000 - **$5,000**

C

CHARLEMAGNE Paul 1892-1972 [7]
🖼 Les arbres en fleurs - Huile/toile (54x65cm-21x26in) Paris 90 .... FF3 600 - £373 - **$633**

CHARLEMONT Eduard 1848-1906 [11]
🖼 La Dentelière - Oil/panel (42x34cm-17x13in) New-York 94 .... FF122 100 - £14 580 - **$23,000**
✏ Polichinelle jouant de la mandoline - Aquarelle (28x19cm-11x7in) Genève 91 .... FF2 320 - £238 - **$432**

CHARLEMONT Hugo 1850-1939 [56]
🖼 Herbststimmung in Kärnten - Öl/Leinwand (37x54cm-15x21in) Wien 94 .... FF8 740 - £1 027 - **$1,560**
Allee mit Eselstransport - Öl/Leinwand (83x67cm-33x26in) Wien 97 .... FF23 890 - £2 540 - **$4,120**
Beim Nähen - Öl/Leinwand (65x52cm-26x20in) Wien 94 .... FF53 500 - £6 270 - **$9,510**
✏ Rosenbäumchen am Wasser - Aquarell/Papier (27x20cm-11x8in) Wien 95 .... FF14 980 - £1 890 - **$2,990**

CHARLEMONT Lilly 1890-1981 [3]
🖼 Bei Baden - Öl/Leinwand (64x46cm-25x18in) Wien 94 .... FF4 850 - £562 - **$920**

CHARLEMONT Theodor 1859-1938 [1]
🗿 Victorian lady holding a rose - Bronze (67cm-26in) Toronto 92 .... FF2 795 - £286 - **$493**

CHARLES André 1899-? [1]
🖼 Discussion au bord de la mer - Huile/carton (91x72cm-36x28in) Paris 95 .... FF9 600 - £1 202 - **$1,912**

CHARLES James 1851-1906 [12]
🖼 Fetching water - Oil/canvas (30x23cm-12x9in) London 91 .... FF15 460 - £1 550 - **$2,552**
Dappled Sunlight - Oil/canvas (54x42cm-21x17in) London 97 .... FF67 050 - £7 000 - **$11,472**

CHARLES Sheila 1919 [2]
🖼 Racing Afternoon - Oil/canvas (51x68cm-20x27in) London 95 .... FF7 910 - £1 000 - **$1,590**
Conversation on the balcony - Oil/canvas/board (51x36cm-20x14in) London 95 ...... FF9 900 - £1 250 - **$1,985**

CHARLES-BITTE Émile ?-1895 [2]
🖼 L'enfant de choeur - Oil/canvas (90x117cm-35x46in) New-York 95 .... FF15 860 - £1 910 - **$3,000**

CHARLES-LUCAS E. XIX-XX [3]
🖼 Folies-Bergère - Affiche (150x100cm-59x39in) Paris 96 .... FF7 500 - £970 - **$1,472**

CHARLESWORTH Sarah 1947 [4]
📷 Pleasure of the Text - Cibachrome print (71x99cm-28x39in) New-York 96 .... FF15 540 - £1 920 - **$3,000**

CHARLET Emile 1851-? [4]
🖼 Still life with fruit and flowers - Oil/canvas (74x54cm-29x21in) New-York 95 ...... FF35 940 - £4 410 - **$7,000**

CHARLET Frantz 1862-1928 [29]
🖼 Duc Armand de Guiche - Oil/canvas (54x49cm-21x19in) London 95 .... FF21 500 - £2 800 - **$4,410**
Le Retour des Vainqueurs - Oil/canvas (81x81cm-32x32in) New-York 92 .... FF40 300 - £4 810 - **$7,750**
✏ Three children picking flowers in a field
   Watercolour/paper (44x67cm-17x26in) New-York 92 .... FF18 900 - £1 932 - **$3,500**

CHARLET Nicolas Toussaint 1792-1845 [48]
🖼 La prise de Saragosse - Huile/toile (36x55cm-14x22in) Paris 97 .... FF13 000 - £1 380 - **$2,264**
🖼 Marchand de dessins - Lithographie (21x30cm-8x12in) Paris 91 .... FF3 800 - £389 - **$670**
✏ The Death of General Lannes - Black chalk/paper (45x60cm-18x24in) London 97 ...... FF4 261 - £450 - **$731**
Bonaparte à cheval - Aquarelle, gouache (27x37cm-11x15in) Paris 94 .... FF10 000 - £1 196 - **$1,960**

CHARLET Omer Pierre L. 1809-1882 [1]
🖼 Jeune fille - Huile/toile (92x74cm-36x29in) Morlaix 95 .... FF3 200 - £415 - **$655**

CHARLIER Guillaume 1854-1925 [3]
🗿 Jeune pêcheur - Plâtre (113cm-44in) Bruxelles 92 .... FF13 280 - £1 360 - **$2,550**

CHARLIER Henri 1883-1975 [3]
✏ Nanette - Crayon (50x32cm-20x13in) Paris 92 .... FF4 500 - £461 - **$792**

CHARLIER Jacques 1939 [2]
🖼 Peinture de Secours - Huile/panneau (71x61cm-28x24in) Lokeren 95 .... FF25 930 - £3 410 - **$5,210**
✏ Concept Art - Dessin (55x73cm-22x29in) Antwerpen 92 .... FF3 320 - £340 - **$584**

CHARLIER Jacques 1720-1790 [2]
✏ Nymph, seated - Miniature (7cm-3in) London 97 .... FF17 110 - £1 800 - **$2,930**

CHARLOPEAU Gabriel 1889-1967 [11]
🖼 Falaise de Normandie - Huile/toile (33x41cm-13x16in) La Roche-sur-Yon 93 .... FF3 400 - £410 - **$619**
Geneviève lisant - Huile/toile La Rochelle 91 .... FF22 000 - £2 260 - **$4,094**

CHARLOT DE COURCY de Alexandre Frédéric 1832-? [2]
🖼 Femme à sa toilette - Huile/toile (81x65cm-32x26in) Bruxelles 89 .... FF6 800 - £657 - **$1,032**
Divertissements du Pacha - Oil/canvas (60x50cm-24x20in) New-York 96 .... FF36 350 - £4 630 - **$7,000**

CHARLOT Jean 1898-1979 [26]
🖼 Female figure - Oil/canvas (43x33cm-17x13in) New-York 93 .... FF20 650 - £2 350 - **$3,500**
L'éveil - Oil/canvas (74x93cm-29x37in) New-York 94 .... FF40 000 - £4 690 - **$7,000**
Niños desamparados - Oil/canvas (76x102cm-30x40in) New-York 92 .... FF108 000 - £11 040 - **$19,000**
✏ Dancing children - Watercolour/paper (39x57cm-15x22in) New-York 92 .... FF20 800 - £2 180 - **$3,750**

CHARLOT Louis 1878-1951 [24]
🖼 Nature morte - Huile/toile (100x81cm-39x32in) Paris 91 .... FF2 300 - £232 - **$448**
Baigneuse - Huile/toile (60x73cm-24x29in) Besançon 96 .... FF5 500 - £663 - **$1,055**
Nu allongé - Huile/toile (84x68cm-33x27in) Paris 97 .... FF12 000 - £1 281 - **$2,103**

CHARLOT Paul 1906-1985 [27]
🖼 Les Baliveaux - Huile/toile (61x46cm-24x18in) Paris 91 .... FF9 500 - £950 - **$1,565**
La Brise - Huile/toile (65x81cm-26x32in) Calais 97 .... FF10 000 - £1 096 - **$1,755**
Après-midi d'été - Huile/toile (131x163cm-52x64in) Paris 96 .... FF29 000 - £3 330 - **$5,530**

CHARLTON Alan 1948 [2]
🖼 12 Panels - Oil/panel (137x373cm-54x147in) London 94 .... FF58 400 - £7 000 - **$11,340**

CHARLTON Evan c.1900-c.1945 [2]
🖼 Man reading in an interior - Oil/board (122x91cm-48x36in) London 90 .... FF9 250 - £984 - **$1,652**

CHARLTON George J. 1899-? [4]
- *Maldon, Essex* - Oil/canvas (58x89cm-23x35in) London 97 .... FF17 241 - £1 800 - **$295,0 2**

CHARLTON John 1849-1917 [13]
- *The Winning Post* - Oil/canvas (61x107cm-24x42in) New-York 96 .... FF62 600 - £7 250 - **$12,000**
- *The pride of the hunt* - Oil/canvas (184x153cm-72x60in) London 93 .... FF293 700 - £33 000 - **$49,200**

CHARLTON William Henry 1846-1918 [4]
- *Eyemouth Harbour, Berwickshire*
  Oil/canvas (63x76cm-25x30in) Netherbyres, Eyemouth, Berwickshire 91 .... FF12 960 - £1 290 - **$2,229**

CHARMAISON Raymond Louis 1876-1955 [97]
- *Corbeaux près d'une église* - Huile/toile (80x100cm-31x39in) Paris 90 .... FF4 300 - £460 - **$748**
- *Sculpture d'un nu à l'aigle* - Huile/toile (80x65cm-31x26in) Paris 90 .... FF4 500 - £482 - **$783**
- *Cour du Grand Trianon* - Huile/toile (40x32cm-16x13in) Paris 90 .... FF4 800 - £514 - **$835**
- *Bassin des Lézards, Versailles* - Huile/toile (73x92cm-29x36in) Paris 91 .... FF7 500 - £756 - **$1,301**
- *Sommerliche Idylle* - Oil/canvas (54x73cm-21x29in) Bremen 91 .... FF25 650 - £2 634 - **$4,770**

CHARMAN Clifford 1910-? [12]
- *Double Saturday* - Oil/board (101x123cm-40x48in) London 95 .... FF2 046 - £260 - **$416**

CHARMAN Frederick Montague 1894-1986 [5]
- *Cityscape* - Watercolour (58x79cm-23x31in) Cambridge, Mass. 93 .... FF1 513 - £190 - **$275**

CHARMAT Frédéric 1940-1988 [1]
- *Autoportrait dans l'atelier* - Huile/toile (65x80cm-26x31in) Paris 92 .... FF2 100 - £216 - **$404**

CHARMY Émilie 1878-1974 [34]
- *Le repos du modèle* - Huile/toile (54x65cm-21x26in) Paris 97 .... FF11 000 - £1 196 - **$1,933**
- *Nature morte aux fruits* - Huile/panneau (30x40cm-12x16in) Paris 97 .... FF14 000 - £1 486 - **$2,438**
- *Nu* - Huile/toile (89x137cm-35x54in) Paris 91 .... FF50 000 - £5 013 - **$9,158**
- *La lecture* - Gouache (47x27cm-19x11in) Lyon 96 .... FF6 000 - £781 - **$1,190**

CHARNAY Armand 1844-1916 [2]
- *Old church, Pavillac* - Oil/canvas (23x33cm-9x13in) London 91 .... FF5 730 - £579 - **$1,137**
- *A day's outing* - Oil/canvas (29x36cm-11x14in) New-York 90 .... FF74 400 - £7 915 - **$13,309**

CHARNAY Désiré C. 1828-1915 [1]
- *View of Madagascar* - Albumen print (18x25cm-7x10in) New-York 93 .... FF2 360 - £269 - **$400**

CHARON Guy 1927 [7]
- *Lauriers roses* - Acrylique/toile (81x100cm-32x39in) Paris 95 .... FF10 000 - £1 328 - **$2,060**

CHARON-LÉMÉRILLON Benjamin Théophile 1807-? [1]
- *Méléagre reprenant les armes* - Huile/toile (113x146cm-44x57in) Versailles 90 .... FF64 000 - £6 632 - **$11,248**

CHAROY Bernard 1929 [2]
- *Jeune femme accoudée à un guéridon* - Lithographie couleurs (74x56cm-29x22in) Paris 95 ..... FF2 500 - £312 - **$490**

CHARPENTIER Albert 1878-1914 [13]
- *Nu au patio, Tunis* - Huile/toile (50x65cm-20x26in) Paris 95 .... FF5 600 - £730 - **$1,150**
- *Porteuse d'eau aux bijoux* - Huile/toile (102x77cm-40x30in) Paris 97 .... FF50 000 - £5 315 - **$8,615**
- *Femme enfilant ses bas* - Pastel (64x46cm-25x18in) Bern 94 .... FF3 096 - £372 - **$602**

CHARPENTIER Alexandre 1856-1909 [5]
- *Jean et Pierre* - Bronze (8x26cm-3x10in) Paris 97 .... FF2 500 - £267 - **$435**
- *Mutter mit Kind* - Bronze (40x26cm-16x10in) Wien 94 .... FF7 270 - £843 - **$1,380**

CHARPENTIER Auguste 1813-1860 [1]
- *Jeune fille lisant la bible* - Huile/toile (81x65cm-32x26in) Grenoble 92 .... FF44 000 - £5 120 - **$8,980**

CHARPENTIER Constance M. Blondel 1767-1849 [5]
- *Les Cinq Sens* - Huile/toile (90x120cm-35x47in) Monaco 90 .... FF100 000 - £10 226 - **$19,738**

CHARPENTIER Eugène 1811-1890 [3]
- *Moored Fishing Boats* - Oil/board (29x38cm-11x15in) London 97 .... FF2 765 - £300 - **$489**

CHARPENTIER Félix M. 1858-1924 [15]
- *Jeanne d'Arc debout* - Bronze (73cm-29in) Paris 90 .... FF9 500 - £1 041 - **$1,667**
- *Bacchante sur les flots* - Bronze (30cm-12in) Paris 93 .... FF22 000 - £2 750 - **$4,000**

CHARPENTIER François Philippe 1734-1817 [2]
- *Persée et Andromède* - Gravure (40x48cm-16x19in) Paris 96 .... FF1 600 - £182 - **$307**

CHARPENTIER Gaston XIX-XX [4]
- *Entrée de Brigneau* - Huile/toile (65x54cm-26x21in) Nantes 89 .... FF4 000 - £398 - **$632**
- *Bateaux de pêche* - Aquarelle (38x49cm-15x19in) Nantes 90 .... FF7 500 - £777 - **$1,318**

CHARPENTIER Georges 1937 [3]
- *Un plus un égale trois* - Bronze (27cm-11in) Lokeren 94 .... FF9 070 - £1 057 - **$1,590**

CHARPENTIER Marguerite Jeanne [2]
- *Mère & enfant* - Huile/carton (33x24cm-13x9in) Paris 89 .... FF4 000 - £398 - **$632**

CHARPENTIER Philippe 1949 [10]
- *Sans titre* - Acrylique (144x265cm-57x104in) Paris 97 .... FF19 000 - £2 073 - **$3,321**

CHARPENTIER-MIO Maurice 1881-1976 [11]
- *Isadora Duncan* - Bronze (13cm-5in) Paris 95 .... FF4 500 - £539 - **$856**
- *La valse romantique* - Terracotta (13cm-5in) Paris 94 .... FF12 000 - £1 398 - **$2,120**
- *Nu dansant, 1955* - Pastel (33x24cm-13x9in) Sceaux 89 .... FF4 500 - £474 - **$758**

CHARPIN Albert 1842-1924 [7]
- *La petite gardinne* - Huile/panneau (29x40cm-11x16in) La Varenne Saint-Hilaire 92 .... FF7 000 - £717 - **$1,260**

CHARRAT Louis 1903-1971 [5]
- *Parc de la villa en été* - Huile/panneau (32x46cm-13x18in) Fontainebleau 91 .... FF4 000 - £397 - **$695**

CHARRETIE Anna Maria 1819-1875 [2]
The porcelain display - Wash (52x38cm-20x15in) London 90 .... FF17 400 - £1 875 - **$3,069**

CHARRETON Victor 1864-1936 [237]
Les roches rouges - Huile/carton (38x46cm-15x18in) Paris 97 .... FF16 000 - £1 754 - **$2,808**
Amsterdam sous la neige - Huile/bois (52x55cm-20x22in) Saint-Germain-en-Laye 96 .... FF38 000 - £4 760 - **$7,330**
Soleil couchant en Dauphiné - Huile/carton (38x46cm-15x18in) Chamalières 96 .... FF52 000 - £6 760 - **$10,300**
Village sous la neige - Huile/toile (54x73cm-21x29in) Calais 97 .... FF63 000 - £6 747 - **$11,044**
Maison dans un paysage d'automne - Huile/papier (52x64cm-20x25in) Calais 97 .... FF83 000 - £8 889 - **$14,550**
Toits de Saint-Amant-Tallende - Huile/panneau (73x92cm-29x36in) Chamalières 96 .... FF100 000 - £13 000 - **$19,800**
Burons dans la vallée de Chaudefour - Huile/toile (73x92cm-29x36in) Paris 97 .... FF130 000 - £13 650 - **$22,360**
Paysage de neige, Jassat - Huile/toile (73x92cm-29x36in) Paris 96 .... FF220 000 - £27 430 - **$42,500**
Chaumière sous la neige - Huile/carton (72x91cm-28x36in) Paris 90 .... FF580 000 - £62 099 - **$100,870**

CHARRIER Henri 1859-1950 [4]
Paysage symboliste - Huile/toile (56x46cm-22x18in) Calais 97 .... FF3 500 - £384 - **$614**

CHARRIER-ROY Marguerite 1870-1964 [3]
Peonies in a vase - Oil/canvas (95x81cm-37x32in) London 90 .... FF65 900 - £6 808 - **$11,643**

CHARROL Charles Maria August 1869-? [1]
Villaggio nordico di pescaroti - Olio/tela (72x106cm-28x42in) Trieste 92 .... FF20 400 - £2 086 - **$3,590**

CHARRON Amédée 1837-? [1]
Le Génie des Sciences - Bronze (69cm-27in) New-York 89 .... FF20 000 - £2 107 - **$3,367**

CHARTIER Henri G. 1859-1924 [1]
Cheval au pré - Huile/panneau (24x33cm-9x13in) Paris 96 .... FF2 000 - £251 - **$387**

CHARTON Ernest 1813-1905 [1]
Valparaiso - Oil/canvas (70x112cm-28x44in) New-York 92 .... FF238 500 - £24 400 - **$42,000**

CHARTON Jean 1912-1988 [1]
Modèle assis - Sanguine (32x25cm-13x10in) Cannes 93 .... FF1 800 - £202 - **$305**

CHARTRAN Théobald 1849-1907 [9]
Portrait of a woman - Oil/panel (56x46cm-22x18in) New-York 95 .... FF10 570 - £1 273 - **$2,000**

CHARTRAND Esteban 1825-1889 [13]
Paisaje - Oil/canvas (18x30cm-7x12in) New-York 97 .... FF25 832 - £2 743 - **$4,500**
Jungla Cubana - Oil/canvas (56x30cm-22x12in) New-York 95 .... FF97 000 - £12 880 - **$20,000**
Paisaje cubano - Oil/canvas (76x121cm-30x48in) New-York 93 .... FF330 400 - £37 600 - **$56,000**

CHARTRES Antoine 1903-1968 [7]
Les platanes de Provence - Huile/toile (65x54cm-26x21in) Lyon 97 .... FF4 000 - £417 - **$684**
Paysage montagneux - Gouache/papier (37x45cm-15x18in) Lyon 97 .... FF3 200 - £346 - **$560**

CHARVOLIN Félix 1832-? [1]
Port méditerranéen - Huile/toile (34x45cm-13x18in) Lyon 89 .... FF12 000 - £1 264 - **$2,020**

CHAS-LABORDE 1886-1941 [11]
Chien avec inscription islamique - Gouache Paris 93 .... FF2 600 - £314 - **$473**

CHASE Adelaide Cole 1896-1944 [6]
Woman in green velvet dress - Oil/canvas (86x61cm-34x24in) Boston, Mass. 93 .... FF7 390 - £840 - **$1,250**

CHASE Edward Leigh 1884-1965 [1]
Animated household objects - Watercolour (48x28cm-19x11in) New-York 94 .... FF5 660 - £680 - **$1,100**

CHASE Frank M. XIX-XX [1]
Wear Bay Beach, Folkestone - Oil/canvas (36x56cm-14x22in) London 96 .... FF11 800 - £1 400 - **$2,305**

CHASE Frank Swift 1886-1958 [9]
Afternoon Glow, Palm Springs
 Oil/canvas (63x76cm-25x30in) San Francisco-Los Angeles 96 .... FF6 220 - £780 - **$1,200**

CHASE Harry 1853-1889 [6]
Marine - Huile/toile (25x46cm-10x18in) Deauville 92 .... FF10 000 - £1 024 - **$1,800**
European coastline - Oil/canvas (51x76cm-20x30in) St. Louis, Miss. 92 .... FF52 000 - £6 210 - **$10,000**

CHASE John 1810-1899 [5]
Tintern Abbey - Watercolour (46x63cm-18x25in) London 95 .... FF7 760 - £1 000 - **$1,580**

CHASE Louisa 1951 [15]
The light - Oil/canvas (244x214cm-96x84in) New-York 97 .... FF13 056 - £1 373 - **$2,249**
Untitled - Oil/canvas (213x335cm-84x132in) New-York 94 .... FF40 700 - £4 700 - **$7,000**

CHASE Richard A. 1892-1985 [1]
Summer Afternoon Stroll - Oil/masonite (24x24cm-9x9in) Chicago 96 .... FF3 035 - £394 - **$600**

CHASE Susan Miller XX [13]
Game of Checkers - Oil/board (20x25cm-8x10in) Delray Beach, Florida 94 .... FF3 835 - £437 - **$650**
Beach Scene - Oil/board (20x25cm-8x10in) North Berwick, Maine 94 .... FF19 060 - £2 205 - **$3,250**

CHASE William Merritt 1849-1916 [54]
Seaside Flowers - Oil/canvas (75x99cm-30x39in) New-York 94 .... FF1 - £1 - **$2**
Mrs. George H. Earle Jr - Oil/canvas (91x74cm-36x29in) New-York 96 .... FF26 100 - £3 020 - **$5,000**
Mrs Goldberg - Oil/canvas (51x41cm-20x16in) New-York 97 .... FF110 916 - £11 667 - **$19,000**
The Old Book - Oil/canvas (55x44cm-22x17in) New-York 97 .... FF145 858 - £15 315 - **$25,000**
Repose - Pastel/paper (74x61cm-29x24in) New-York 90 .... FF572 000 - £60 851 - **$102,326**

CHASHNIK Ilya Grigorevitch 1902-1929 [1]
Abstract composition - Watercolour, gouache (15x22cm-6x9in) London 91 .... FF139 000 - £14 000 - **$24,500**

CHASSARD Marcel-René 1907 [5]
Renarde et petit merle - Huile (65x50cm-26x20in) Provins 91 .... FF6 000 - £602 - **$1,099**

CHASSE-POT Jean-Jules 1933 [8]
La femme du monde - résine, assemblage d'objets (48x63cm-19x25in) Versailles 96 .... FF19 000 - £2 180 - **$3,625**
L'homme au chien - Terracotta (20x12x14cm-8x5x6in) Paris 89 .... FF8 500 - £821 - **$1,290**

Nouveau romantique - Sculpture (96cm-38in) Paris 95 .... **FF26 000** - *£3 110* - **$4,950**
CHASSELAT Saint-Ange Henri J. 1813-1880 [3]
Château de Pierrefonds - Aquarelle (26x43cm-10x17in) Monaco 92 .... **FF4 500** - *£450* - **$750**
CHASSEPOT Antoine Alphonse 1833-1905 [1]
Moyen d'obturation applicable - Dessin Paris 91 .... **FF33 000** - *£3 328* - **$6,432**
CHASSÉRIAU Théodore 1819-1856 [46]
Caïd faisant l'aumône - Huile/panneau (33x25cm-13x10in) Paris 94 .... **FF4** - *£543 000* - **$838,000**
La Charité - Huile/panneau (21x16cm-8x6in) Paris 95 .... **FF45 000** - *£5 910* - **$9,030**
Desdémone chantant - Oil/panel (33x25cm-13x10in) New-York 96 .... **FF233 700** - *£29 760* - **$45,000**
Vénus Anadyomène - Lithograph New-York 96 .... **FF17 940** - *£2 126* - **$3,500**
Deux jeunes femmes - Watercolour (55x38cm-22x15in) London 97 .... **FF1** - *£170 000* - **$278,477**
Nymphs dancing in the woods - Ink (21x28cm-8x11in) London 96 .... **FF29 800** - *£3 500* - **$5,860**
La Romance du Saule, Othello - Ink (28x21cm-11x8in) New-York 95 .... **FF322 000** - *£38 600* - **$60,000**
CHASSEVENT Charles XIX-XX [2]
Vénus - Oil/panel (31x20cm-12x8in) London 94 .... **FF6 350** - *£750* - **$1,140**
CHASTEL Roger 1897-1981 [43]
Petite nature morte - Huile/toile (24x33cm-9x13in) Paris 95 .... **FF3 500** - *£465* - **$722**
Annunciation - Oil/canvas (163x121cm-64x48in) New-York 96 .... **FF11 730** - *£1 415* - **$2,250**
La petite fille en rose - Huile/toile (130x81cm-51x32in) Paris 91 .... **FF39 000** - *£3 910* - **$7,143**
Composition abstraite - Pastel (60x46cm-24x18in) Saint-Germain-en-Laye 94 ... **FF3 800** - *£447* - **$666**
CHASTENET de André 1879-? [1]
Plockerskor - Bronze (15cm-6in) Göteborg 90 .... **FF2 400** - *£255* - **$429**
CHATAUD Marc Alfred 1833-1908 [21]
Entrée de la Grande Mosquée - Huile/panneau (25x16cm-10x6in) Paris 94 .... **FF15 000** - *£1 745* - **$2,600**
Marchand de viande ambulant, Alger - Huile/toile (75x55cm-30x22in) Aubagne 95 ... **FF52 500** - *£6 900* - **$10,530**
Harem - Aquarelle (26x29cm-10x11in) Paris 93 .... **FF11 000** - *£1 265* - **$1,890**
CHATEAU Ludwig 1906-1975 [2]
Kleiner Bison - Bronze (12x13cm-5x5in) Köln 92 .... **FF5 100** - *£522* - **$898**
Grosser Bär - Bronze (31x27x45cm-12x11x18in) Köln 92 .... **FF12 240** - *£1 253* - **$2,155**
CHATEIGNON Ernest c.1865-? [9]
Moisson le soir - Huile/toile (38x55cm-15x22in) Autun 91 .... **FF8 500** - *£873* - **$1,582**
La Moisson - Oil/canvas (46x61cm-18x24in) New-York 97 .... **FF31 286** - *£3 367* - **$5,500**
CHATEIGNON Jean XIX-XX [1]
Amager woman and child - Bronze (25cm-10in) Toronto 95 .... **FF3 060** - *£388* - **$617**
CHATELAIN James 1947 [4]
Bypassing - Oil/canvas (64x56cm-25x22in) Bloomfield Hills, Michigan 93 ...... **FF3 835** - *£437* - **$650**
CHATELAIN Jean-Baptiste Claude 1710-1771 [2]
Italianate landscape - Pencil (18x25cm-7x10in) London 91 .... **FF8 970** - *£897* - **$1,477**
CHATELET Claude Louis 1753-1794 [41]
Promeneurs dans un parc - Huile/toile (49x70cm-19x28in) Paris 91 .... **FF160 000** - *£15 890* - **$27,781**
Vue de la Scaletta près de la Messine - Aquarelle (23x33cm-9x13in) Paris 97 ... **FF21 000** - *£2 232* - **$3,629**
Le cerf-volant - Aquarelle (32x48cm-13x19in) Paris 95 .... **FF70 000** - *£9 000* - **$14,450**
CHATHAM Gösta 1886-? [1]
Stadsgården - Oil/canvas (50x65cm-20x26in) Stockholm 94 .... **FF8 830** - *£1 024* - **$1,520**
CHATIGNY Jean-Bapt., Joanny 1834-1886 [1]
Le samouraï - Huile/toile (40x30cm-16x12in) Paris 97 .... **FF3 500** - *£371* - **$609**
CHATILLON Lucie 1840-? [1]
Nature morte - Huile/toile (46x36cm-18x14in) Zofingen 95 .... **FF6 800** - *£861* - **$1,367**
CHATILLON Pierre 1885-1974 [17]
Seinebrücke bei Paris - Aquarell (26x35cm-10x14in) Bern 93 .... **FF3 810** - *£455* - **$732**
CHATILLON Yvette 1933 [3]
Place Plumereau, Tours - Huile/toile (54x65cm-21x26in) Saint-Avold 94 .... **FF4 000** - *£478* - **$757**
CHATROUSSE Émile Fr. 1829-1896 [3]
Une contemporaine - Marble (147cm-58in) London 96 .... **FF66 700** - *£8 500* - **$12,850**
CHATTAWAY William 1927 [5]
Femme debout - Bronze (30cm-12in) Paris 96 .... **FF16 000** - *£2 064* - **$3,130**
CHATTEL du Jan Hendrik 1820-1878 [1]
Flußlandschaft mit Fischerbooten - Oil/canvas (39x65cm-15x26in) Stuttgart 91 ... **FF20 300** - *£2 038* - **$3,512**
CHATTEL van Jakobus 1857-1917 [6]
Summer - Oil/canvas (117x75cm-46x30in) Amsterdam 97 .... **FF207 348** - *£2 192 0 3* - **$35,578**
Barges on the river - Watercolour, gouache (33x48cm-13x19in) London 90 .... **FF7 700** - *£824* - **$1,339**
CHATTERTON Clarence K. 1880-1973 [5]
The Pine Grove - Oil/canvas (51x76cm-20x30in) New-York 97 .... **FF105 017** - *£11 026* - **$18,000**
CHATTOCK Richard Samuel 1825-1906 [1]
Estuary with fisherfolk - Watercolour (24x39cm-9x15in) Billinghurst, West Sussex 92 ... **FF3 224** - *£330* - **$568**
CHATZMAN Boris 1896 [1]
Le Shteti - Huile/isorel (44x60cm-17x24in) Paris 90 .... **FF8 000** - *£862* - **$1,411**
CHAUDET Antoine 1797-1867 [2]
Jeune fille tenant un sabre - Huile/toile (41x32cm-16x13in) Paris 96 .... **FF570 000** - *£65 400* - **$108,700**
CHAUDET Antoine Denis 1763-1810 [9]
Buste jeune femme - Sculpture (61x40cm-24x16in) Paris 92 .... **FF20 000** - *£2 047* - **$3,920**
Apuleius's The Golden Ass - Ink (17x12cm-7x5in) New-York 97 .... **FF10 011** - *£1 114* - **$1,800**

C

C

CHAUFOURIER Jean 1679-1757 [1]
Assaut d'une citadelle - Encre (26x42cm-10x17in) Paris 96 .... FF2 100 - £268 - $405
CHAULEUR Joseph Alphonse XIX-XX [2]
Petite place près du port - Huile/toile (50x61cm-20x24in) Paris 95 .... FF4 800 - £623 - $983
CHAULLET Édouard 1924 [18]
Le livre de chevet - Huile/toile (63x54cm-25x21in) Provins 93 .... FF2 500 - £302 - $455
CHAURAND-NAURAC Jean Raoul 1878-1948 [4]
Nord-Wagons-Lits-P.L.M. - Poster (107x76cm-42x30in) New-York 94 .... FF24 020 - £2 820 - $4,200
CHAURAY Jean-Claude 1934 [9]
Nature morte aux cerises - Huile/toile (22x27cm-9x11in) Bruxelles 97 .... FF21 255 - £2 288 - $3,705
CHAUSSAT Emma 1840-? [1]
Pot de fleurs renversé - Huile/toile (46x61cm-18x24in) Lindau 95 .... FF6 070 - £775 - $1,223
CHAUVAUX Oscar 1874-? [6]
Locronan, la rue vers l'église - Huile/toile/panneau (45x37cm-18x15in) Quimper 97 ...... FF3 500 - £375 - $614
Le vieil homme à l'abri, Quimperlé - Aquarelle (45x31cm-18x12in) Quimper 96 .... FF2 800 - £332 - $547
CHAUVEAU Pascal 1962 [7]
Salomé - Acrylique/papier (36x80cm-14x31in) Paris 96 .... FF12 500 - £1 617 - $2,453
Le mur enchanté - Technique mixte/papier (84x56cm-33x22in) Versailles 97 .... FF16 000 - £1 754 - $2,808
CHAUVEL Georges 1886-1962 [4]
Danseuse aux boules - Bronze (85cm-33in) Paris 94 .... FF30 000 - £3 580 - $5,620
Léda et le cygne - Bronze (180cm-71in) Paris 93 .... FF300 000 - £37 500 - $54,500
CHAUVEL Théophile Narcisse 1831-1910 [19]
Rochers aux Trembleaux à Marlotte - Huile/papier/panel (30x38cm-12x15in) Barbizon 93 .... FF4 200 - £472 - $712
Le pique-nique - Huile/toile (56x90cm-22x35in) Douarnenez 90 .... FF24 000 - £2 417 - $4,364
Le moulin à vent - Aquarelle (25x19cm-10x7in) Barbizon 92 .... FF4 600 - £471 - $810
CHAUVET Florentin 1878-1958 [1]
Épave - Bronze (40cm-16in) Montréal 96 .... FF1 612 - £202 - $311
CHAUVET Jules Adolphe 1828-? [2]
Les Calanques de Sormiou - Huile/panneau (16x22cm-6x9in) Les Baux-de-Provence 94 .... FF4 500 - £541 - $838
Ane/Vache/Cerf et biche/Chèvres - Dessin (4x6cm-2x2in) Paris 91 .... FF2 600 - £261 - $476
CHAUVIER DE LÉON Ernest George 1835-1907 [2]
Cabane en Camargue - Huile/toile (67x126cm-26x50in) Neuilly 93 .... FF48 000 - £5 450 - $8,130
CHAUVIGNÉ Auguste François 1829-1904 [1]
Paysage maritime - Huile/toile (60x65cm-24x26in) Paris 97 .... FF2 500 - £272 - $443
CHAUVIN Charles 1820-1889 [1]
St Nicolas-de-Port, Moselle - Aquarelle (16x30cm-6x12in) Paris 93 .... FF1 500 - £181 - $273
CHAUVIN Jean, Louis 1889-1976 [19]
Martin-pêcheur - Bronze (35cm-14in) Paris 96 .... FF19 000 - £2 165 - $3,640
Fleur d'eau - Bronze (78cm-31in) Paris 91 .... FF90 000 - £9 024 - $14,856
Eveil du matin - Crayon gras (49x32cm-19x13in) Paris 92 .... FF2 500 - £256 - $441
CHAUVIN Pierre-Athanase 1774-1832 [4]
Environs de Bénévent - Huile/toile (71x98cm-28x39in) Paris 93 .... FF125 000 - £15 060 - $22,730
CHAVALLIAUD Léon Joseph 1858-1921 [2]
Dom Pérignon 1638-1719 - Bronze (46cm-18in) Reims 93 .... FF8 500 - £1 024 - $1,546
CHAVANNAZ B. XIX-XX [3]
Cox & Cie., 22 rue Louis-le-Grand, Paris - Affiche (112x78cm-44x31in) Neuilly 96 .... FF1 500 - £193 - $294
CHAVANNE Jean-Marie I 1766-1826 [1]
Buste de Napoléon - Bronze (24cm-9in) Leipzig 95 .... FF2 670 - £334 - $540
CHAVANNES Alfred 1836-1894 [4]
Ansicht des Lac de Champex - Ol/Leinwand (36x53cm-14x21in) Bern 92 .... FF9 130 - £1 091 - $1,757
A Gleyrolles - Ol/Leinwand (33x47cm-13x19in) Zürich 97 .... FF51 323 - £5 456 - $8,853
CHAVANNES Étienne 1939 [4]
Traversée du troupeau - Huile/toile (61x76cm-24x30in) Paris 95 .... FF3 500 - £444 - $704
CHAVAREL Paul [2]
La maison de Madame Touraille - Huile/toile (41x33cm-16x13in) Paris 95 .... FF8 000 - £1 010 - $1,596
Baigneurs sur la plage - Gouache (17x32cm-7x13in) Deauville 90 .... FF10 600 - £1 098 - $1,863
CHAVARRIA Enrique 1930 [7]
Dandelion Man - Oil/board (69x38cm-27x15in) Delray Beach, Florida 96 .... FF5 000 - £648 - $1,000
CHAVAZ Albert 1907-1990 [11]
Früchtestilleben mit Bowl - Oil/board (21x28cm-8x11in) Bern 92 .... FF20 460 - £2 090 - $3,600
Serveuses/Au bistro/Paysage - Aquatinte couleurs Zürich 96 .... FF6 790 - £880 - $1,343
CHAVES ORTIZ José María 1839-1903 [1]
Spanish horsemen - Oil/canvas (25x46cm-10x18in) Chicago 92 .... FF45 800 - £4 790 - $8,250
CHAVET Victor 1822-1906 [8]
La Belle Orientale - Huile/toile (27x38cm-11x15in) Bern 94 .... FF30 300 - £3 510 - $5,220
El estudio del artista - Grisaille (32x23cm-13x9in) Madrid 92 .... FF6 770 - £787 - $1,382
CHAVEZ LOPEZ Gerardo 1937 [10]
Composition - Huile/toile (130x100cm-51x39in) Antwerpen 95 .... FF13 720 - £1 776 - $2,810
La femme à moto - Pastel-crayon (116x89cm-46x35in) New-York 95 .... FF30 600 - £3 820 - $6,000
CHAVEZ MORADO José 1909 [4]
El Penón - Oil/canvas (115x149cm-45x59in) San Francisco-Los Angeles 95 .... FF27 230 - £3 404 - $5,500
CHAVIGNAUD Georges 1865-1944 [17]
Bateaux à voile, Alger - Huile/toile (75x60cm-30x24in) Paris 90 .... FF6 000 - £620 - $1,060

Old mill in Belgium - Watercolour (41x32cm-16x13in) Toronto 95 .... FF2 145 - £285 - $443
Canal Scene, Brittany - Watercolour (62x95cm-24x37in) Toronto 96 .... FF6 080 - £775 - $1,170

CHAVIGNIER Louis 1922-1972 [2]
🏛 *Nu étendu* - Bronze (24cm-9in) Paris 96 .... FF3 600 - £452 - $695

CHAZAL Antoine 1793-1854 [11]
🖼 *Yucca Gloriosa* - Oil/canvas (64x54cm-25x21in) New-York 97 .... FF102 681 - £11 068 - $18,000
✒ *Burnish-Buff Tanager,...* - Watercolour, gouache (16x10cm-6x4in) London 96 .... FF5 010 - £580 - $960
Golden Eagle, Bald Eagle - Watercolour, gouache (16x10cm-6x4in) London 96 .... FF13 820 - £1 600 - $2,650

CHAZAL Charles Camille 1825-1875 [1]
🖼 *Lecture au jardin* - Huile/toile (32x24cm-13x9in) Paris 96 .... FF5 500 - £637 - $1,054

CHAZAL de Malcolm XX [8]
✒ *Vase* - Gouache (77x58cm-30x23in) Paris 92 .... FF11 000 - £1 126 - $2,157

CHAZALVIEL Albert Ed. XIX-XX [2]
🖼 *Paysage* - Huile/toile (50x61cm-20x24in) Paris 91 .... FF2 000 - £201 - $366

CHAZALY 1926 [3]
🖼 *Jeux d'Hiver* - Huile/toile (33x41cm-13x16in) Castres 92 .... FF6 500 - £776 - $1,250

CHEADLE Henry 1852-1910 [10]
🖼 *Feeding the chickens* - Oil/canvas (25x35cm-10x14in) Birmingham 90 .... FF3 320 - £339 - $655

CHEBLOWSKI Stanislaus 1835-1884 [2]
🖼 *Sultan Abdülaziz* - Oil/panel (30x25cm-12x10in) London 97 .... FF8 443 - £900 - $1,474

CHECA Y DELICADO Felipe 1844-1907 [4]
🖼 *Bodegón de rosas y dalias* - Oleo/lienzo (75x40cm-30x16in) Madrid 95 .... FF4 234 - £535 - $850

CHECA Y SANZ Ulpiano 1860-1916 [40]
🖼 *Fantasia* - Oil/canvas (30x46cm-12x18in) New-York 95 .... FF54 100 - £6 970 - $11,000
Paris Stret Scene - Oil/canvas (63x92cm-25x36in) New-York 94 .... FF906 000 - £104 800 - $155,000
✒ *Mujer sentada* - Acuarela (44x33cm-17x13in) Madrid 89 .... FF16 200 - £1 612 - $2,559

CHECCHI Arturo 1886-1971 [5]
🖼 *Spiaggia* - Oil/panel (40x60cm-16x24in) Stockholm 92 .... FF7 540 - £772 - $1,572

CHEDAL Jean 1904 [110]
🖼 *Coin d'atelier* - Huile/toile (50x62cm-20x24in) Avranches 90 .... FF6 900 - £713 - $1,219

CHEDAL Jean-Claude 1939 [2]
🖼 *Intérieur* - Huile/toile (65x81cm-26x32in) Paris 88 .... FF4 000 - £397 - $698

CHÉDEVILLE Jules Marie XIX [2]
🖼 *Paysage animé* - Huile/toile (26x40cm-10x16in) Versailles 91 .... FF2 800 - £279 - $481

CHÉDEVILLE Léon ?-1883 [1]
🏛 *Urns with Bacchanalian scenes* - Bronze (137cm-54in) London 94 .... FF180 200 - £21 000 - $31,300

CHEESEWRIGHT Ethel S. XIX-XX [4]
✒ *Coastal scene* - Watercolour (37x53cm-15x21in) St. Helier, Jersey 96 .... FF3 710 - £450 - $722

CHEESMAN William c.1841-1910 [2]
✒ *Hampton Court Palace* - Watercolour (36x53cm-14x21in) London 93 .... FF2 283 - £260 - $388

CHEESWRIGHT Ethel S. XIX-XX [6]
✒ *Les Autelets, Sark* - Watercolour (51x37cm-20x15in) St. Helier, Jersey 92 .... FF3 520 - £420 - $677

CHEEVER W. Abbott 1907-1986 [1]
🖼 *Hunter and woodsman with canoe*
   Oil/canvas (41x51cm-16x20in) South Deerfield, Mass. 92 .... FF2 340 - £249 - $450

CHEFFER Henry. 1860-? [27]
🖼 *Le port de Tunis* - Huile/panneau (26x18cm-10x7in) Bruxelles 95 .... FF2 595 - £325 - $524
Sur la plage à Tréboul - Huile/panneau (23x33cm-9x13in) Douarnenez 92 .... FF8 400 - £860 - $1,647
✒ *Brûlage du goëmon sur la côte* - Aquarelle, gouache (29x38cm-11x15in) Brest 92 ...... FF5 500 - £563 - $990

CHÉHONIN Sergei Vasilievich 1878-1936 [1]
✒ *Harvested fields* - Watercolour/paper (31x46cm-12x18in) Moscow 93 .... FF5 900 - £671 - $1,000

CHEKHONIN Sergei Vasilevich 1878-1936 [8]
✒ *Saxophone player* - Watercolour/paper (38x22cm-15x9in) London 97 .... FF20 952 - £2 200 - $3,603

CHEKRYGIN Vassilii Nikolaevich 1897-1922 [1]
✒ *The resurrection of the dead* - Pencil/paper (18x13cm-7x5in) London 90 .... FF6 600 - £711 - $1,164

CHELAZZI Tito 1834-1892 [1]
🖼 *Flowers in an urn, fruit and nuts* - Oil/canvas (80x60cm-31x24in) London 94 .... FF66 900 - £7 800 - $11,720

CHELIA Leila 1958 [2]
🖼 *La nuit blanche* - Huile/toile (105x95cm-41x37in) Paris 90 .... FF5 200 - £553 - $930

CHELIUS Adolf 1856-1923 [9]
🖼 *Weitläufige Landschaft* - Öl/Leinwand (49x79cm-19x31in) Frankfurt 96 .... FF7 540 - £975 - $1,488
Erster Weidetag - Oil/canvas (63x51cm-25x20in) Bremen 97 .... FF15 550 - £1 559 - $2,567

CHELMINSKI van Jan 1851-1925 [23]
🖼 *Kavallerist mit Pferd in Winterlandschaft* - Tempera (24x36cm-9x14in) Bern 94 .... FF7 270 - £843 - $1,253
The afternoon ride - Oil/canvas (57x72cm-22x28in) New-York 97 .... FF40 462 - £4 313 - $7,000
Napoleon retreating from Moscow - Oil/canvas (70x120cm-28x47in) New-York 96 .... FF90 000 - £11 650 - $18,000

CHELMONSKI Jósef 1849-1914 [28]
🖼 *After the Storm* - Oil/canvas (70x129cm-28x51in) New-York 97 .... FF51 195 - £5 509 - $9,000
Na Kresach - Oil/canvas (100x87cm-39x34in) Warszawa 96 .... FF570 000 - £71 000 - $110,000

CHEMAY Jacques 1938 [2]
🖼 *Sabat* - Huile/toile (97x130cm-38x51in) Antwerpen 93 .... FF4 850 - £555 - $825

CHEMECHE George 1934 [2]
- Al-Hambra Painting #A6 - Acrylic/canvas (152x127cm-60x50in) Denver, Colorado 95 .... FF2 150 - £420 - **$272**
- Black Sand Beach Series #3
  Mixed media/paper (55x121cm-22x48in) Denver, Colorado 95 .... FF2 150 - £420 - **$272**

CHEMIAKHINE Mikhaïl 1908-1990 [57]
- Nature morte - Huile/toile (89x114cm-35x45in) Paris 93 .... FF45 000 - £5 110 - **$7,610**
- St. Pétersbourg - Bronze (43cm-17in) Paris 93 .... FF34 000 - £3 864 - **$5,760**
- Ventre de Paris - Aquarelle (30x24cm-12x9in) Paris 93 .... FF5 000 - £569 - **$846**
- St. Pétersbourg - Pastel (12x76cm-5x30in) Paris 95 .... FF25 000 - £3 143 - **$5,000**

CHEMIAKIN Michel 1940 [103]
- Portrait of a woman - Oil/canvas (50x40cm-20x16in) New-York 92 .... FF13 520 - £1 614 - **$2,600**
- Cornucopia - Huile/toile (106x106cm-42x42in) Paris 90 .... FF48 000 - £5 690 - **$8,860**
- Nature morte, 1973 - Huile/toile (45x49cm-18x19in) Paris 90 .... FF85 000 - £8 781 - **$15,018**
- Carnaval de Saint-Pétersbourg - Lithographie Cherbourg 96 .... FF3 600 - £464 - **$705**
- Carnaval de Saint-Pétersbourg - Bois (98cm-39in) Paris 96 .... FF40 000 - £5 010 - **$7,720**
- Carnaval à Saint-Petersbourg - Bronze (42cm-17in) Saint-Germain-en-Laye 92 .... FF73 000 - £8 710 - **$14,040**
- Figures métaphysiques - Aquarelle (27x35cm-11x14in) Paris 92 .... FF9 000 - £921 - **$1,585**
- Portrait de Nijinsky - Pastel/papier (176x122cm-69x48in) Paris 94 .... FF29 000 - £3 440 - **$5,360**

CHEMIAKIN Rébecca 1934 [17]
- Tête de femme - Technique mixte (29x30cm-11x12in) L'Isle-Adam 90 .... FF7 500 - £789 - **$1,304**
- La femme aux cerises - Crayons couleurs/papier (53x35cm-21x14in) Soissons 91 .... FF3 900 - £391 - **$714**

CHEMIELINSKI W.T. XX [6]
- Bustling street scene - Oil/canvas (34x50cm-13x20in) New-York 92 .... FF12 480 - £1 490 - **$2,400**

CHEMIELINSKY Wladyslaw 1895-? [3]
- Wedding in Cracow - Oil/canvas (61x51cm-24x20in) New-York 96 .... FF18 000 - £2 182 - **$3,500**

CHEMIN Joseph Victor 1825-1901 [14]
- Levrette - Bronze (14cm-6in) Cherbourg 97 .... FF4 800 - £518 - **$848**
- A Medieval Lady on a Stallion - Bronze (40cm-16in) London 97 .... FF24 762 - £2 600 - **$4,244**

CHEN CHENGBO Ch'en Ch'eng-po 1895-1947 [2]
- Museum in autumn - Oil/canvas (33x45cm-13x18in) Taipei, Taiwan 92 .... FF402 000 - £40 900 - **$83,700**
- Nude - Pencil (37x28cm-15x11in) Taipei, Taiwan 92 .... FF65 300 - £6 650 - **$13,600**

CHEN CHONG SWEE 1919-1985 [1]
- Canal at Stamford road, Singapore
  Watercolour/paper (55x75cm-22x30in) Singapore 94 .... FF27 930 - £3 360 - **$5,050**

CHEN Georgette 1907-1992 [3]
- Fruits and vegetables - Oil/canvas (65x81cm-26x32in) Singapore 95 .... FF554 000 - £70 600 - **$111,600**

CHEN HENGKE 1876-1923 [5]
- Chrysanthemums - Ink (179x94cm-70x37in) Hong Kong 94 .... FF67 600 - £7 840 - **$11,640**

CHEN Hilo 1942 [10]
- Bathroom 20 - Oil/canvas (138x203cm-54x80in) New-York 97 .... FF17 411 - £1 831 - **$3,000**
- Blossom 8, Monte Carlo - Watercolour/paper (69x12cm-27x5in) New-York 90 ...... FF8 600 - £891 - **$1,511**

CHEN JIANG-HONG 1939 [2]
- Epanouir - Huile/toile (92x65cm-36x26in) Douai 91 .... FF5 300 - £543 - **$990**
- Forest - Oil/canvas (89x116cm-35x46in) Taipei, Taiwan 92 .... FF80 400 - £8 180 - **$16,750**

CHEN JINGRONG Chen Ching-Jung 1934 [3]
- The Temple of Athens - Oil/canvas (80x100cm-31x39in) Hong Kong 92 .... FF219 200 - £22 350 - **$38,800**

CHEN QIKUAN Chen Chi-kwan 1921 [10]
- Willow moon in reflexion - Coloured inks/paper (121x23cm-48x9in) Hong Kong 91 ... FF118 800 - £11 926 - **$20,554**

CHEN YUSHENG Gaylord Chan 1925 [2]
- Spaceship - Oil/canvas (153x106cm-60x42in) Taipei, Taiwan 92 .... FF36 540 - £3 720 - **$6,470**

CHENARD Christian 1918 [77]
- Les Erinyes - Huile/toile (200x325cm-79x128in) Paris 96 .... FF3 800 - £461 - **$740**
- Composition - Huile/toile (97x130cm-38x51in) Versailles 90 .... FF54 000 - £5 579 - **$9,541**
- Composition abstraite - Gouache/papier (57x71cm-22x28in) Paris 90 .... FF5 500 - £568 - **$972**

CHENARD-HUCHÉ Georges 1864-1937 [12]
- Les oliviers - Huile/toile (66x95cm-26x37in) Paris 93 .... FF5 500 - £618 - **$932**
- Montmartre at twilight in winter - Oil/canvas (49x72cm-19x28in) London 93 .... FF33 600 - £4 200 - **$6,090**

CHENAVARD François Marie 1753-c.1828 [1]
- Blumenstrauß in einer Empirevase - Oil/canvas (76x59cm-30x23in) Wien 92 .... FF67 400 - £6 900 - **$11,860**

CHENEY Harold W. 1889-1946 [2]
- Frog Pond, Boston Common - Oil/board (46x61cm-18x24in) Cambridge, Mass. 93 ... FF2 750 - £325 - **$500**

CHENEY Russell 1881-1945 [2]
- Coahuilla Valley - Huile/toile (74x92cm-29x36in) Chicago 91 .... FF10 730 - £1 066 - **$1,863**

CHENG TSAI-TUNG 1953 [3]
- Portrait of the artist's wife - Oil/canvas (130x96cm-51x38in) Taipei, Taiwan 92 .... FF73 100 - £7 440 - **$12,930**
- Horse - Bronze (38cm-15in) Hong Kong 92 .... FF14 620 - £1 490 - **$2,590**

CHENG ZHANG 1869-1938 [8]
- Monkeys - Coloured inks/paper (150x81cm-59x32in) Hong Kong 91 .... FF30 900 - £3 590 - **$6,300**

CHENNEVIERES Albert Florimond XIX [2]
- Campement dans le Sud algérien - Huile/toile (38x55cm-15x22in) Paris 96 .... FF14 500 - £1 870 - **$2,840**

CHENU Augustin P.B. Fleury 1833-1875 [2]
- La lumière du bois, mère et enfant - Huile/toile (33x41cm-13x16in) Lyon 96 .... FF6 000 - £752 - **$1,158**

CHENU Didier 1956 [7]
- Composition - Technique mixte/toile (120x150cm-47x59in) Tours 92 .... FF5 600 - £574 - **$986**

CHENU Jeanne-Marie XIX-XX [2]
- *Jeunes filles lisant* - Huile/toile (96x100cm-38x39in) Paris 92 .... FF**65 000** - £6 650 - **$11,440**

CHEPFER Emile XX [4]
- *Napoléon I et son Etat-Major* - Oil/canvas (27x45cm-11x18in) Bern 92 .... FF**2 604** - £266 - **$459**

CHEREMETEV Vassili V. 1829-? [1]
- *Retour des champs* - Huile/toile Langres 94 .... FF**5 200** - £607 - **$911**

CHERET J-L. L.de Gavaux, dit 1820-1882 [3]
- *La mare, forêt de Fontainebleau* - Huile/panneau (67x43cm-26x17in) Barbizon 90 .... FF**9 600** - £992 - **$1,696**
- *Danseuse* - Huile/panneau (22x16cm-9x6in) Paris 89 .... FF**26 000** - £2 658 - **$4,180**

CHERET Joseph Gustave 1838-1894 [8]
- *Deux Amours* - Bronze (42cm-17in) Paris 96 .... FF**29 000** - £3 636 - **$5,610**
- *Rêverie d'Amour* - Bronze (208cm-82in) London 93 .... FF**264 000** - £33 000 - **$47,850**

CHÉRET Jules 1836-1932 [248]
- *Paimpol* - Huile/panneau (20x35cm-8x14in) Paris 94 .... FF**4 800** - £559 - **$831**
- *La Danse* - Huile/toile (42x22cm-17x9in) Aubagne 95 .... FF**31 500** - £3 790 - **$5,960**
- *Le Pique-nique* - Oil/canvas (70x67cm-28x26in) New-York 96 .... FF**82 800** - £10 700 - **$16,000**
- *La fête champêtre* - Oil/canvas (100x198cm-39x78in) London 97 .... FF**180 800** - £21 000 - **$31,300**
- *Savon Cosmodyr, Se vend partout...* - Affiche couleur (127x92cm-50x36in) Paris 97 .... FF**6 000** - £634 - **$1,034**
- *Folies-Bergères, Loïe Füller* - Affiche (88x123cm-35x48in) Nice 96 .... FF**31 000** - £3 865 - **$5,990**
- *Le défilé* - Aquarelle, gouache (64x50cm-25x20in) Paris 96 .... FF**5 000** - £606 - **$972**
- *Femme aux gants* - Pastel/paper (46x27cm-18x11in) London 97 .... FF**32 847** - £3 600 - **$5,765**
- *Moulin Rouge* - Gouache (121x84cm-48x33in) Paris 94 .... FF**130 000** - £15 330 - **$22,770**

CHÉRI SAMBA Mbimba Nzinga, dit 1956 [5]
- *Sans titre* - Huile/toile (45x65cm-18x26in) Paris 92 .... FF**16 000** - £1 638 - **$2,820**

CHÉRIANE Mme Léon-Paul Fargue 1900 [7]
- *La femme au chapeau* - Huile/toile (82x65cm-32x26in) Paris 96 .... FF**2 200** - £276 - **$425**

CHERKAOUI Ahmed 1934-1967 [5]
- *Composition au mobile* - Aquarelle (26x26cm-10x10in) Paris 96 .... FF**4 200** - £519 - **$811**

CHERNIKHOV Iakov 1889-1951 [2]
- *Arkhitekturnye fantazii, Leningrad* - Mixed media (30x23cm-12x9in) London 90 .... FF**20 800** - £2 094 - **$4,074**

CHERNOV N.N. 1875-1941 [1]
- *Bathers* - Tempera/carton (34x26cm-13x10in) Moscow 94 .... FF**4 360** - £506 - **$750**

CHÉRON Louis 1660-1715 [10]
- *Venus on the Island of Paphos* - Ink (37x51cm-15x20in) New-York 97 .... FF**15 304** - £1 703 - **$2,761**

CHERRY Kathryn 1880-1931 [3]
- *Road to sea* - Oil/canvas (61x56cm-24x22in) San Francisco-Los Angeles 93 .... FF**19 250** - £2 414 - **$3,500**

CHERUBINI Andrea 1833-? [5]
- *Feeding time for the chicks* - Oil/canvas (62x74cm-24x29in) London 96 .... FF**25 670** - £3 200 - **$4,960**

CHERUBINI Carlo 1897-1978 [23]
- *A table* - Huile/panneau (24x16cm-9x6in) Lyon 97 .... FF**4 000** - £432 - **$707**
- *Les retouches au costume*
  Huile/panneau (42x30cm-17x12in) La Varenne Saint-Hilaire 97 .... FF**7 500** - £812 - **$1,317**
- *Ballerine* - Olio/tela (35x20cm-20x14in) Venezia 96 .... FF**12 360** - £1 554 - **$2,370**

CHERUBINI Giuseppe 1867-1960 [2]
- *Weibl. Akt* - Öl/Leinwand (32x19cm-13x7in) Frankfurt 92 .... FF**43 100** - £5 140 - **$8,280**

CHERVIN Louis 1905-1969 [8]
- *Montmartre* - Huile/toile (60x73cm-24x29in) Paris 95 .... FF**3 600** - £435 - **$678**

CHERY Jacques Richard 1929 [3]
- *Adam et Eve* - Huile/toile (50x60cm-20x24in) Paris 95 .... FF**2 500** - £317 - **$503**

CHERY Jean 1962 [2]
- *Le couple* - Pierre (26cm-10in) La Varenne Saint-Hilaire 91 .... FF**1 500** - £150 - **$248**

CHESSA Mauro 1933 [3]
- *Il ponte* - Olio/tela (100x120cm-39x47in) Prato 97 .... FF**10 540** - £1 240 - **$1,860**

CHESTER George 1813-1897 [2]
- *Harvest time in Surrey* - Oil/canvas (91x152cm-36x60in) London 89 .... FF**19 400** - £1 874 - **$2,944**

CHESTNUT Billy Dohlman XX [2]
- *Greyhound portraits* - Wash (31x26cm-12x10in) North Bethesda, MD. 91 .... FF**11 380** - £1 138 - **$1,874**

CHETTLE Elizabeth M. XIX-XX [3]
- *Grey Day in the Woods* - Watercolour (9x6cm-4x2in) London 95 .... FF**2 736** - £350 - **$539**

CHEURET Albert XIX-XX [6]
- *A serpent* - Bronze (208cm-82in) New-York 96 .... FF**417 600** - £48 488 - **$80,000**
- *Two realistically cast* - Bronze (103cm-41in) New-York 96 .... FF**939 600** - £109 098 - **$180,000**

CHEVAL Henri Georges 1897-? [6]
- *Le Pont-Marie, Paris* - Huile/toile (54x81cm-21x32in) Paris 95 .... FF**3 500** - £455 - **$717**

CHEVAL-BERTRAND Jean-Paul Bourg, dit 1932-1966 [1]
- *Toi et moi* - Huile/toile (126x130cm-50x51in) Paris 90 .... FF**10 000** - £1 007 - **$1,959**

CHEVALIER Adolf 1831-? [5]
- *Stimmungsvolle Flußlandschaft* - Oil/canvas (39x27cm-15x11in) Bremen 92 .... FF**8 840** - £905 - **$1,557**

CHEVALIER Ernest Jean 1867-1920 [2]
- *La Rochelle, bateaux dans l'avant-port* - Huile/toile (50x61cm-20x24in) La Rochelle 96 ...... FF**27 000** - £3 270 - **$5,250**

CHEVALIER Gabriel XX [46]
- *Le Tréport* - Huile/toile (65x54cm-26x21in) Grenoble 97 .... FF**3 200** - £345 - **$565**

CHEVALIER Henri 1808-1893 [3]

- *Chemin de campagne* - Huile/panneau (32x50cm-13x20in) Lyon 89 .... FF3 500 - £369 - **$589**
- *Travaux des champs* - Huile/panneau (32x50cm-13x20in) Lyon 89 .... FF13 000 - £1 370 - **$2,189**

CHEVALIER Miguel 1959 [15]

- *Sumo, la lutte* - Sérigraphie (127x127cm-50x50in) Paris 94 .... FF7 000 - £826 - **$1,255**
- *La recherche en tête* - Sculpture (110x20x110cm-43x8x43in) Versailles 97 .... FF4 500 - £476 - **$772**
- *Le culte du corps 7, 8* - Cibachrome print (110x10cm-43x4in) Paris 96 .... FF10 500 - £1 350 - **$2,080**

CHEVALIER Nicolas 1828-1902 [14]

- *South Seas beauties by a well* - Watercolour (51x38cm-20x15in) London 92 .... FF25 130 - £3 000 - **$4,830**

CHEVALIER Peter 1953 [8]

- *Die Quelle* - Oil/canvas (220x240cm-87x94in) Berlin 91 .... FF40 600 - £4 121 - **$7,333**
- *Ohne Titel* - Pastel (43x61cm-17x24in) Köln 94 .... FF5 490 - £650 - **$1,014**

CHEVALIER Yvonne 1899-1982 [9]

- *Saint-Exupéry* - Photo (26x38cm-10x15in) Paris 96 .... FF2 000 - £241 - **$384**

CHEVIGNARD Edmond Le Chevallier 1825-1902 [1]

- *Les Noces du Roi de Navarre* - Huile/toile (153x202cm-60x80in) Paris 92 .... FF260 000 - £31 000 - **$50,000**

CHEVILLIARD Vincent J.-Baptiste 1841-1904 [7]

- *The String of Pearls* - Oil/panel (48x33cm-19x13in) Driffield, East Yorkshire 92 ... FF19 540 - £2 000 - **$3,830**
- *A Good Hand* - Watercolour (18x22cm-7x9in) London 96 .... FF4 650 - £600 - **$898**

CHEVIOT Lilian XIX-XX [29]

- *The White Walls of England* - Oil/canvas (76x64cm-30x25in) London 97 .... FF16 750 - £2 000 - **$3,220**
- *Good Friends* - Oil/canvas (56x66cm-22x26in) New-York 95 .... FF74 600 - £9 440 - **$15,000**

CHEVOLLEAU Jean 1924-1996 [170]

- *La mairie d'Auvers sur Oise* - Huile/toile (105x52cm-41x20in) Pontoise 97 .... FF3 600 - £388 - **$632**
- *Polo* - Huile/toile (65x50cm-26x20in) Paris 96 .... FF8 000 - £1 030 - **$1,586**
- *La pêche miraculeuse* - Huile/toile (115x146cm-45x57in) Paris 97 .... FF13 000 - £1 429 - **$2,373**
- *Marché à Fontenay* - Huile/toile Fontenay-Le-Comte 96 .... FF28 000 - £3 300 - **$5,500**
- *Le grand marché* - Huile/toile (98x130cm-39x51in) Paris 90 .... FF72 000 - £7 660 - **$12,880**
- *Maisons à Saint-Sauveur, Ile d'Yeu* - Gouache (36x55cm-14x22in) Nanterre 90 ...... FF6 100 - £657 - **$1,076**

CHEVRE Paul Romain XIX-XX [2]

- *A boy and two fighting cockerels* - Bronze (76cm-30in) London 96 .... FF18 570 - £2 400 - **$3,670**

CHEVTCHIK Youri 1949 [4]

- *Pour un nouvel uniforme* - Huile/toile (99x73cm-39x29in) Paris 90 .... FF2 500 - £256 - **$493**
- *Léda et le cygne* - Pastel/papier (58x67cm-23x26in) Paris 90 .... FF2 600 - £266 - **$513**
- *Butterfly* - Pastel/papier (84x58cm-33x23in) Paris 90 .... FF2 800 - £286 - **$553**

CHEYSSIAL Georges 1907 [9]

- *Petite fille au bouquet* - Huile/toile (65x46cm-26x18in) Paris 92 .... FF6 500 - £666 - **$1,145**
- *Les marionnettes* - Huile/toile (115x90cm-45x35in) Nancy 92 .... FF17 000 - £1 740 - **$2,993**

CHIA Sandro 1946 [264]

- *Untitled* - Oil (34x23cm-13x9in) London 97 .... FF20 638 - £2 200 - **$3,603**
- *Senza titolo* - Olio/tela (69x64cm-27x25in) Milano 95 .... FF53 600 - £6 840 - **$10,980**
- *Il mestoero del mistero* - Oil (105x102cm-41x40in) London 97 .... FF79 738 - £8 500 - **$13,922**
- *Al Mondo* - Oil/cardboard (81x99cm-32x39in) New-York 97 .... FF116 144 - £12 218 - **$20,000**
- *The Flight of the Bumblebees*
  Mixed media/canvas (209x133cm-82x52in) New-York 96 .... FF155 400 - £20 050 - **$30,000**
- *Meditation* - Oil/canvas (162x130cm-64x51in) London 97 .... FF731 710 - £78 000 - **$127,756**
- *Et in Arcadia Ego* - Etching London 97 .... FF24 390 - £2 600 - **$4,258**
- *Woman with Teddy bear* - Sculpture (27x20x38cm-11x8x15in) New-York 89 ..... FF57 200 - £5 849 - **$9,196**
- *Meeting of Twins* - Bronze (91x18x39cm-36x7x15in) New-York 97 .... FF145 180 - £15 273 - **$25,000**
- *Poet-painter* - Bronze (182x137x76cm-72x54x30in) New-York 97 .... FF625 000 - £63 900 - **$110,000**
- *Untitled* - Charcoal/paper (26x20cm-10x8in) London 97 .... FF10 319 - £1 100 - **$1,801**
- *Tutti Mi Abbandonano* - Graphite (81x101cm-32x40in) New-York 97 .... FF29 240 - £3 088 - **$5,000**
- *Campagnard rêveur et ses poulets* - Gouache (188x136cm-74x54in) New-York 95 ..... FF185 700 - £23 200 - **$37,500**

CHIACIGH Giuseppe 1895-1967 [1]

- *Conversazione* - Olio/faesite (58x70cm-23x28in) Trieste 93 .... FF20 130 - £2 260 - **$3,600**

CHIALIVA Luigi 1842-1914 [90]

- *Le petit gardien d'oies* - Huile/panneau (41x32cm-16x13in) Paris 93 .... FF20 500 - £2 470 - **$3,730**
- *The Shower* - Oil/canvas (55x77cm-22x30in) New-York 96 .... FF128 700 - £14 900 - **$22,000**
- *Jeune femme en buste* - Pastel (64x49cm-25x19in) Paris 92 .... FF4 100 - £490 - **$789**
- *Trois fillettes sous un arbre en fleur* - Aquarelle, gouache (26x41cm-10x16in) Paris 93 ... FF11 500 - £1 386 - **$2,090**
- *Knitting lesson by the banks of a river* - Watercolour (62x48cm-24x19in) London 96 ... FF56 100 - £7 000 - **$10,840**

CHIALLI Vincenzo 1787-1840 [1]

- *Madonna and Child* - Pencil (32x23cm-13x9in) London 93 .... FF1 660 - £200 - **$290**

CHIAN Chia Yu 1936 [2]

- *The Calling* - Oil/canvas (70x52cm-28x20in) Singapore 95 .... FF22 800 - £2 910 - **$4,680**

CHIARI Fabrizio 1621-1695 [3]

- *The Virgin and Child* - Ink (29x21cm-11x8in) New-York 97 .... FF5 562 - £619 - **$1,000**

CHIARI Giuseppe 1926 [18]

- *Papillons, 1989* - Mixed media/canvas (50x70cm-20x28in) Milano 90 .... FF23 800 - £2 548 - **$4,139**
- *Cresc. un poco agitato* - Tecnica mista/carta (60x115cm-24x45in) Milano 94 ...... FF21 200 - £2 520 - **$3,780**

CHIAROLANZA Giuseppe 1868-1920 [2]

- *Buffalo, temples at Paestum* - Oil/canvas (50x73cm-20x29in) London 91 .... FF2 976 - £302 - **$537**
- *Casa di campagna* - Olio/tela (52x47cm-20x19in) Roma 90 .... FF11 900 - £1 266 - **$2,129**

CHIBOURG Pierre Justin L. 1823-? [3]
- *Scène villageoise* - Huile/toile (65x51cm-26x20in) Paris 91 .... FF25 000 - £2 519 - **$4,338**
CHICHARRO Eduardo 1905-? [5]
- *La pause animée* - Huile/toile (46x55cm-18x22in) Vernon 90 .... FF15 000 - £1 511 - **$2,727**
CHICHARRO Y AGÜERA Eduardo 1873-1949 [3]
- *Figura femenina* - Oleo/lienzo (40x44cm-16x17in) Madrid 96 .... FF12 180 - £1 545 - **$2,337**
CHICHESTER Cecil 1891-1948 [4]
- *Springtime in Colchetster* - Oil/canvas (61x76cm-24x30in) Mystic, Connecticut 94 ...... FF8 740 - £1 040 - **$1,600**
CHICHKINE Ivan-Ivanovitch 1831-1898 [3]
- *Summer landscape at Valaam* - Oil/canvas (65x93cm-26x37in) London 89 .... FF339 000 - £33 731 - **$53,555**
CHICHORRO Mario 1932 [3]
- *Rhétorique, 1986* - Huile/panneau (79x55cm-31x22in) Versailles 89 .... FF8 800 - £900 - **$1,415**
CHIERICI Alfonso 1816-1873 [1]
- *Mother and child before a villa* - Oil/canvas (47x36cm-19x14in) London 95 .... FF4 740 - £600 - **$953**
CHIERICI Gaetano 1838-1920 [20]
- *Desinare della vedova* - Oil/canvas (92x120cm-36x47in) London 96 .... FF1 - £175 000 - **$293,000**
  Der kindliche Maskenscherz - Öl/Leinwand (72x97cm-28x38in) Stuttgart 95 .... FF96 400 - £12 500 - **$19,620**
  L'onomastico della mamma - Olio/tela (66x50cm-26x20in) Milano 95 .... FF343 000 - £43 700 - **$70,100**
  La Pappa - Oil/panel (74x103cm-29x41in) London 94 .... FF686 000 - £80 000 - **$120,200**
CHIESA Pietro 1876-1959 [18]
- *Die Nachricht* - Öl/Leinwand (61x50cm-24x20in) Zürich 93 .... FF23 750 - £2 703 - **$4,030**
  Selbstbildnis - Öl/Karton (50x39cm-20x15in) Zürich 94 .... FF68 800 - £8 160 - **$12,710**
- *Madonna mit Kind* - Craies couleurs (49x32cm-19x13in) Bern 96 .... FF6 110 - £741 - **$1,188**
CHIEZE Pierre XX [10]
- *Trot attelé* - Huile/toile (50x65cm-20x26in) Versailles 92 .... FF7 000 - £720 - **$1,347**
- *Nature morte au pichet de fleurs* - Aquarelle (64x49cm-25x19in) Versailles 92 .... FF2 000 - £206 - **$385**
CHIFFLART Nicolas François 1825-1901 [5]
- *Male figures in a landscape* - Oil/canvas (29x48cm-11x19in) New-York 95 .... FF18 500 - £2 227 - **$3,500**
- *Scène d'assassinat* - Encre (30x40cm-12x16in) Paris 94 .... FF13 500 - £1 574 - **$2,366**
CHIGHINE Alfredo 1914-1974 [32]
- *Natura morta* - Olio/tela (89x115cm-35x45in) Milano 95 .... FF33 300 - £4 290 - **$6,820**
  Particolare a fondo rosso - Olio/tela (55x45cm-22x18in) Milano 94 .... FF60 500 - £7 200 - **$11,520**
  Composizione musicale - Olio/tela (110x95cm-43x37in) Milano 91 .... FF131 000 - £13 460 - **$24,400**
CHIGOT Alphonse XIX-XX [5]
- *Officier à cheval* - Huile/toile (27x35cm-11x14in) Soissons 96 .... FF4 000 - £465 - **$775**
CHIGOT Eugène 1860-1927 [34]
- *Automne* - Huile/toile (60x72cm-24x28in) Paris 96 .... FF9 500 - £1 146 - **$1,823**
  Couple élégant patinant - Oil/canvas (28x41cm-11x16in) Amsterdam 93 .... FF21 020 - £2 520 - **$3,840**
  Place de Bretagne - Oil/canvas (54x73cm-21x29in) London 92 .... FF68 200 - £7 000 - **$13,100**
CHIHULY Dale 1941 [25]
- *Untitled* - Acrylic/paper (152x102cm-60x40in) New-York 96 .... FF5 180 - £669 - **$1,000**
- *Nijima Float* - Sculpture (67cm-26in) New-York 96 .... FF57 000 - £7 350 - **$11,000**
  Art L.A. 89 Installation #1
  Brown glass (148x104x208cm-58x41x82in) New-York 94 .... FF247 000 - £28 500 - **$42,500**
CHILDE Elias XVIII-XIX [2]
- *The fishmonger's stall* - Oil/panel (46x44cm-18x17in) London 95 .... FF7 910 - £1 000 - **$1,590**
CHILDS Bernard 1910 [2]
- *O.M.* - Huile/toile (61x104cm-24x41in) Paris 95 .... FF4 000 - £484 - **$753**
- *The Flesh and the Spirit* - Gouache/papier (58x48cm-23x19in) Paris 95 .... FF1 800 - £232 - **$370**
CHILDS Cephas Giovanni 1793-1871 [1]
- *Fair Mount Works, Philadelphia* - Engraving (33x49cm-13x19in) New-York 93 .... FF5 500 - £650 - **$1,000**
CHILDS Elias XVIII-XIX [2]
- *Fisherfolk loading a cart on beach* - Oil/canvas (66x91cm-26x36in) London 90 .... FF15 500 - £1 561 - **$2,818**
CHILLIDA Eduardo 1924 [139]
- *Untitled* - Collage/board (104x90cm-41x35in) London 96 .... FF165 000 - £20 000 - **$32,100**
- *Seoul* - Sérigraphie (90x67cm-35x26in) Paris 96 .... FF4 500 - £583 - **$883**
  Argi-VI - Etching, aquatint (95x68cm-37x27in) Köln 91 .... FF16 900 - £1 715 - **$3,052**
- *Enchaînement* - Sculpture (40x33x112cm-16x13x44in) London 96 .... FF1 - £144 000 - **$240,000**
  Lurra - Terracotta (44x44x56cm-17x22x22in) London 96 .... FF234 522 - £25 000 - **$40,947**
  De Musica - Sculpture (29x25x25cm-11x10x10in) London 96 .... FF495 000 - £60 000 - **$96,200**
- *Composition* - Encre Chine (35x50cm-14x20in) Paris 95 .... FF20 000 - £2 635 - **$4,054**
  Untitled - Indian ink/paper (28x19cm-11x7in) New-York 94 .... FF67 000 - £6 747 - **$13,124**
  Gravitation No.25 - Collage/papier (60x80cm-24x31in) Paris 96 .... FF165 000 - £19 100 - **$31,600**
CHILLIDA Gonzalo 1926 [3]
- *Puerto de Guetaria* - Oleo/cartón (18x53cm-7x21in) Madrid 94 .... FF3 940 - £465 - **$701**
CHILONE Vincenzo 1758-1839 [4]
- *Piazza San Marco, Venice* - Oil/canvas (57x90cm-22x35in) New-York 94 .... FF365 000 - £43 100 - **$65,000**
CHIM David Szymin 1911-1956 [1]
- *Picasso with Guernica* - Silver print New-York 89 .... FF9 200 - £941 - **$1,479**
CHIMAER VAN OUDENDORP Wilhelmus Cornelis 1822-1873 [2]
- *Lady with a bonnet* - Oil/canvas (36x28cm-14x11in) Amsterdam 93 .... FF2 495 - £286 - **$425**

C

CHIMONA Nikolai Petrowitsch 1865-1929 [1]
Village house - Oil/cardboard (44x34cm-17x13in) Athens 95 .... FF18 870 - £2 440 - $3,860
CHIMOT Édouard XX [8]
Le sommeil - Crayons couleurs (31x23cm-12x9in) Paris 89 .... FF2 500 - £249 - $395
CHIN Hsiao 1935 [19]
Pu-g - Huile/toile (70x60cm-28x24in) Paris 95 .... FF11 500 - £1 460 - $2,357
Senza titolo - Tecnica mista/carta (23x70cm-9x28in) Milano 92 .... FF2 040 - £209 - $359
CHINARD Joseph 1756-1813 [32]
Pétion, profil gauche - Cire (31x31cm-12x12in) Paris 97 .... FF211 000 - £2 276 - $3,656
Charlotte Corday - Terracotta (19cm-7in) Paris 97 .... FF37 000 - £4 011 - $6,442
Jeune femme à l'antique - Terracotta (46cm-18in) Paris 95 .... FF400 000 - £52 600 - $80,200
CHINET Charles Louis 1891-1978 [6]
La grève à Rolle - Öl/Leinwand (54x73cm-21x29in) Zürich 95 .... FF36 000 - £4 670 - $7,490
Mademoiselle Chinet - Fusain (58x43cm-23x17in) Genève 91 .... FF5 800 - £595 - $1,078
CHINET Patricia XX [3]
Sign - Technique mixte/panneau (110x110cm-43x43in) Paris 89 .... FF2 800 - £279 - $442
CHINI Galileo 1873-1945 [8]
Vicinato - Olio/tavola (105x102cm-41x40in) Milano 95 .... FF59 600 - £7 600 - $12,200
Natura morta - Olio/tavola (64x70cm-25x28in) Milano 96 .... FF77 300 - £8 970 - $15,180
CHINNERY George 1774-1852 [107]
John Robert Morrison - Oil/canvas (14x24cm-6x9in) Hadspen 96 .... FF45 800 - £5 800 - $8,770
Mrs. M. Williams - Oil/canvas (39x33cm-15x13in) London 92 .... FF171 000 - £17 500 - $30,100
The Inner Harbour, Macau - Oil/canvas (44x34cm-17x13in) London 95 .... FF681 000 - £88 000 - $140,400
A figure and a Coat on bengal Farm - Ink (15x22cm-6x9in) London 97 .... FF6 799 - £720 - $1,177
Chinese Figures and Cattle, Macau - Watercolour (16x25cm-6x10in) London 97 .... FF44 944 - £4 800 - $7,815
CHINNI Peter 1928 [3]
Primavera II - Bronze (65cm-26in) New-York 95 .... FF4 460 - £557 - $900
CHINTREUIL Antoine 1816-1873 [65]
Prairie à Igny - Huile/toile Compiègne 97 .... FF11 100 - £1 173 - $1,905
Jeune fille et son chien - Huile/toile Fontainebleau 94 .... FF18 000 - £2 300 - $3,570
Crépuscule - Huile/toile (50x100cm-20x39in) Barbizon 92 .... FF70 000 - £7 160 - $12,600
Le bois au parc de Millemont - Oil/canvas (210x135cm-83x53in) London 96 .... FF439 000 - £55 000 - $84,700
CHIOSTRI Carlo 1863-1939 [2]
Rotterdam Harbor - Oil/canvas (51x76cm-20x30in) Mystic, Connecticut 92 .... FF4 680 - £559 - $900
CHIPARUS Demeter 1888-1950 [229]
Aiuta - Ivory, bronze (21cm-8in) La Varenne Saint-Hilaire 96 .... FF27 500 - £3 550 - $5,380
Dourga - Ivory, bronze (61cm-24in) Paris 96 .... FF65 000 - £8 400 - $12,870
Kamorna - Ivory, bronze (51cm-20in) New-York 95 .... FF388 000 - £49 100 - $78,000
CHIRICO de Giorgio 1888-1978 [540]
Le Muse inquietanti - Oil/canvas (100x66cm-39x26in) New-York 96 .... FF1 - £194 000 - $290,000
Le printemps du destin - Oil/canvas (81x60cm-32x24in) London 94 .... FF1 - £155 000 - $238,400
Evangelical still life - Oil/canvas (80x71cm-31x28in) New-York 89 .... FF2 - £2 - $4
Gladiatori in riposo - Olio/tela (160x100cm-63x39in) Prato 97 .... FF2 - £296 000 - $444,000
Arbres dans la chambre - Mixed media/canvas (92x73cm-36x29in) London 89 .... FF4 - £475 337 - $747,396
Rose - Olio/cartone (17x25cm-7x10in) Milano 97 .... FF80 400 - £10 320 - $15,360
Cavallo scalpitante in riva ad un lago - Olio/tela (30x40cm-12x16in) Prato 97 .... FF142 800 - £16 800 - $25,200
Venezia - Olio/tela (35x54cm-14x21in) Milano 95 .... FF268 700 - £33 100 - $53,700
Après le combat - Oil/canvas (46x61cm-18x24in) London 96 .... FF479 000 - £60 000 - $92,400
Il Trovatore - Olio/tela (65x45cm-26x18in) Milano 94 .... FF547 000 - £65 100 - $97,600
Bagnante - Olio/tela (31x44cm-12x17in) Milano 93 .... FF805 000 - £90 300 - $144,000
Natura morta - Oil/canvas (75x60cm-30x24in) New-York 90 .... FF4 4e +06 - £425 957 - $716,279
Dualité - Etching (31x23cm-12x9in) Hamburg 97 .... FF4 382 - £468 - $763
Apparizione del cigno - Litografia (25x18cm-10x7in) Milano 94 .... FF10 440 - £1 232 - $1,860
Gli archeologi II - Acquaforte (33x25cm-13x10in) Milano 94 .... FF26 100 - £3 080 - $4,650
Ettore e Andromaca - Bronze (44cm-17in) London 97 .... FF56 285 - £6 000 - $9,827
La Grande Musa - Bronze (75cm-30in) London 96 .... FF107 200 - £13 000 - $20,850
Il Grande Metafisico - Bronze (99cm-39in) London 95 .... FF189 200 - £25 000 - $38,350
Ettore e Andromaca - Bronze (230cm-91in) London 96 .... FF597 000 - £68 000 - $114,200
Archeologo nel tempio - Gouache/paper (53x40cm-21x16in) London 97 .... FF1 - £158 446 - $249,132
Il Palazzo di Melchiorre - Pencil (29x25cm-11x10in) London 97 .... FF28 143 - £3 000 - $4,913
Les deux Muses - Gouache (51x36cm-20x14in) Paris 95 .... FF90 000 - £11 830 - $18,060
Due Cavalli - Watercolour (30x40cm-12x16in) London 96 .... FF193 000 - £22 000 - $36,960
Archeologi - Tempera/carta (46x32cm-18x13in) Prato 97 .... FF476 000 - £56 000 - $84,000
CHIRICO di Giacomo 1845-1891 [4]
At the Bottom of the staircase - Oil/canvas (53x27cm-21x11in) New-York 97 .... FF51 195 - £5 509 - $9,000
The Christening - Oil/canvas (98x63cm-39x25in) New-York 93 .... FF165 000 - £20 700 - $30,000
CHIROKOV Alexeï 1923-1992 [2]
Le jardin en fleurs - Huile/toile (89x98cm-35x39in) Paris 92 .... FF10 000 - £1 163 - $2,040
CHIRST Martin Albert 1900-1979 [1]
Seelandschaft - Aquarell (51x68cm-20x27in) Zürich 89 .... FF4 700 - £454 - $713
CHISLETT John 1856-1938 [21]
Harbor scene - Platinum print (23x18cm-9x7in) New-York 92 .... FF3 430 - £399 - $700
CHITTENDEN Alice B. 1859-1945 [10]
Roses and daffodils - Oil/canvas (56x46cm-22x18in) San Francisco-Los Angeles 92 .... FF22 050 - £2 560 - $4,500

CHITTUSSI Anton c.1830-c.1895 [7]
- *Flusstal mit weidenden Kühen* - Huile/panneau (12x23cm-5x9in) Bern 96 .... FF4 890 - £593 - **$950**
- *Winterlandschaft* - Öl/Leinwand (26x35cm-10x14in) Wien 97 .... FF38 240 - £4 064 - **$6,592**

CHLEBOWSKI Stanislaw 1835-1884 [10]
- *Entrée d'une mosquée* - Huile/toile (33x27cm-13x11in) Lyon 95 .... FF70 000 - £9 150 - **$14,020**
- *Turkish lady praying, Bursa* - Oil/canvas (56x42cm-22x17in) London 95 .... FF599 000 - £75 000 - **$119,300**
- *Turkish ladies entering a doorway* - Watercolour (33x23cm-13x9in) London 95 .... FF113 200 - £15 000 - **$23,370**

CHMAROFF Paul 1874-1950 [22]
- *Baigneuses* - Huile/toile (50x73cm-20x29in) Paris 94 .... FF6 200 - £728 - **$1,097**
- *Au bord de la mer* - Huile (30x44cm-12x17in) Montréal 91 .... FF32 250 - £3 238 - **$5,580**

CHMIDT Alexandre 1911-1987 [1]
- *Le Lac Riza* - Huile/toile (62x80cm-24x31in) Paris 94 .... FF3 500 - £402 - **$600**

CHMIELINSKI Wardek Vladislaw 1912-1979 [6]
- *Sien kamienicy Furierów w Rynku*
  Aquarelle, gouache,/papier (67x49cm-26x19in) Warszawa 92 .... FF1 875 - £192 - **$335**

CHOCARNÉ-MOREAU Paul-Charles 1855-1931 [41]
- *Bêtises dans la Sacristie* - Huile/toile (57x48cm-22x19in) Calais 97 .... FF41 000 - £4 104 - **$6,920**
- *Marchands place de la Concorde* - Oil/canvas (66x81cm-26x32in) London 94 .... FF116 200 - £13 500 - **$20,100**
- *The Spanking* - Oil/canvas (202x274cm-80x108in) New-York 94 .... FF439 000 - £50 700 - **$75,000**

CHOCHOLA Václav 1923 [7]
- *Záda* - Gelatin silver print (28x23cm-11x9in) New-York 93 .... FF8 250 - £1 035 - **$1,500**

CHOCHON André 1910 [36]
- *La glace à la pistache* - Huile (55x46cm-22x18in) Castres 90 .... FF4 000 - £413 - **$707**

CHODERA Cenek 1881-1955 [1]
- *Place de l'Opéra* - Watercolour (26x74cm-10x29in) Wien 96 .... FF12 000 - £1 455 - **$2,333**

CHODOWIECKI Daniel Nikolaus 1726-1801 [42]
- *Die Wallfahrt nach Frantzösch Bucholz* - Etching (12x17cm-5x7in) München 95 .... FF2 110 - £265 - **$422**
- *Der Zufriedne Landman* - Ink (15x8cm-6x3in) Berlin 96 .... FF23 730 - £2 960 - **$4,590**
- *Friedrich der Grosse* - Watercolour (4x3cm-2x1in) Berlin 95 .... FF72 100 - £9 430 - **$14,640**

CHOFFARD Pierre-Philippe 1730-1809 [2]
- *Projet d'encadrement* - Lavis (28x54cm-11x21in) Paris 97 .... FF12 000 - £1 267 - **$2,074**

CHOISEUL-GOUFFIER de Marie Gabriel, comte 1752-1817 [1]
- *Mountainous landscape with ruins* - Ink (20x27cm-8x11in) London 95 .... FF3 266 - £420 - **$674**

CHOISNARD Félix J. 1846-? [4]
- *Bord de rivière* - Huile/toile (38x46cm-15x18in) Fontainebleau 93 .... FF7 500 - £904 - **$1,364**

CHOLET Marcel 1886-1961 [3]
- *Coquelicot* - Huile/toile (41x33cm-16x13in) Paris 90 .... FF5 500 - £570 - **$967**

CHOMEL Jean François Gabr. 1810-1876 [1]
- *La place du Molard* - Aquarelle (22x31cm-9x12in) Château d'Arare 92 .... FF1 637 - £167 - **$288**

CHONCHOL Marco XX [2]
- *Composition abstraite* - Pastel (31x24cm-12x9in) La Varenne Saint-Hilaire 90 .... FF2 000 - £207 - **$351**

CHONÉ Georges 1819-? [3]
- *A still life of flowers on a ledge* - Oil/panel (33x21cm-13x8in) London 90 .... FF16 500 - £1 767 - **$2,870**

CHOPARD Gaston Albert 1883-1942 [3]
- *Allée aux arbres* - Huile/toile (65x81cm-26x32in) Paris 92 .... FF20 000 - £2 047 - **$3,520**
- *Le coq* - Aquarelle, gouache/papier (28x21cm-11x8in) Calais 97 .... FF4 300 - £430 - **$725**

CHOPRIX René 1888-1972 [1]
- *Nude at a table* - Gouache (46x46cm-18x18in) Amsterdam 91 .... FF3 310 - £336 - **$598**

CHOQUER Luc 1952 [5]
- *Cagnes-sur-Mer* - Tirage Kodak H.R. (30x45cm-12x18in) Paris 92 .... FF2 000 - £233 - **$409**

CHOQUET René Maxime XIX-XX [9]
- *L'attelage* - Huile/toile (48x68cm-19x27in) Lyon 96 .... FF14 000 - £1 645 - **$2,754**
- *Cheval, la postérieur gauche repliée* - Bronze (13cm-5in) Paris 95 .... FF10 000 - £1 264 - **$2,022**

CHOTIN André-Marcel 1888-1969 [2]
- *Vase de fleurs* - Huile/toile (61x50cm-24x20in) Genève 89 .... FF2 000 - £185 - **$316**

CHOUBRAC Alfred 1853-1902 [22]
- *Oriental fantasy* - Oil/canvas (92x64cm-36x25in) New-York 92 .... FF52 000 - £6 210 - **$10,000**
- *Scène de harem* - Huile/toile (129x90cm-51x35in) Paris 93 .... FF150 000 - £18 750 - **$27,300**
- *Théâtre des Folies Dramatiques* - Affiche (117x78cm-46x31in) Boulogne 96 .... FF2 300 - £300 - **$456**

CHOULANT Ludwig Theodor 1827-1900 [2]
- *Markuskirken i Venedig* - Oil/canvas (56x73cm-22x29in) København 89 .... FF9 700 - £992 - **$1,559**
- *Altane an der Ca d'Oro in Venedig* - Aquarell/Papier (22x15cm-9x6in) Köln 96 .... FF4 060 - £477 - **$798**

CHOULTSÉ Ivan Fedotovich 1874-? [36]
- *The Rocky Coast* - Oil/canvas (46x38cm-18x15in) New-York 94 .... FF21 250 - £2 535 - **$4,000**
- *Snowcase* - Oil/canvas (65x82cm-26x32in) London 97 .... FF71 428 - £7 500 - **$12,285**
- *Creek at Sunrise* - Oil/canvas (66x81cm-26x32in) New-York 97 .... FF153 495 - £16 532 - **$27,000**

CHOUMOV Valentine 1935 [2]
- *Mon village* - Huile/toile (42x60cm-17x24in) Paris 94 .... FF4 300 - £489 - **$730**

CHOUPPE Jean-Henri 1817-1894 [15]
- *Barques en cale sèche* - Aquarelle/papier (20x36cm-8x14in) Orléans 96 .... FF1 500 - £195 - **$298**
- *La clairière* - Aquarelle (43x26cm-17x10in) Deauville 94 .... FF4 500 - £531 - **$788**

CHOWDHURY Jogen 1939 [11]
Chess Players - Ink/paper (55x67cm-22x26in) London 96 .... FF15 380 - £1 900 - **$2,970**
CHRETIEN Eugène Ernest 1840-1909 [1]
Nymph and Putto - Bronze (89cm-35in) New-York 93 .... FF15 340 - £1 745 - **$2,600**
CHRÉTIEN René Louis 1867-1942 [28]
Bal au cabaret - Huile/toile (73x60cm-29x24in) Douarnenez 95 .... FF4 200 - £548 - **$872**
L'atelier de l'artisan - Huile/toile (55x48cm-22x19in) Calais 92 .... FF11 000 - £1 313 - **$2,116**
L'Indiscrète - Oil/canvas (170x140cm-67x55in) New-York 96 .... FF155 800 - £19 840 - **$30,000**
CHRIS 1947 [4]
Exotisme - Huile/toile (38x55cm-15x22in) Socx 94 .... FF4 000 - £479 - **$784**
CHRIST Joseph 1732-1788 [1]
Forbidden liaiso - Oil/canvas (44x53cm-17x21in) London 91 .... FF35 700 - £3 597 - **$6,195**
CHRIST Martin Alfred 1900-1979 [10]
Sitzender Frau auf Stuhl - Öl/Leinwand (81x65cm-32x26in) Bern 93 .... FF10 650 - £1 273 - **$2,050**
Liegender Mann mit Hut - Technique mixte/papier (47x62cm-19x24in) Bern 93 .... FF5 330 - £637 - **$1,025**
CHRIST Pieter Caspar 1822-1888 [5]
Holländische Landschaft, Arnheim - Öl/Leinwand (35x49cm-14x19in) Köln 96 .... FF14 200 - £1 668 - **$2,793**
CHRISTEN Albert 1914-1988 [1]
Sommerlicher Ausblick, Saanental - Oil/panel (108x120cm-43x47in) Zofingen 92 .... FF4 570 - £546 - **$879**
CHRISTEN Gottfried 1890-? [1]
An der Aare - Oil/canvas (70x90cm-28x35in) Bern 92 .... FF7 070 - £722 - **$1,245**
CHRISTEN Werner 1912 [3]
Strassenszene - Huile/panneau (49x42cm-19x17in) Zofingen 94 .... FF2 645 - £314 - **$489**
CHRISTENBERRY William 1936 [4]
Alabama/Buildings in the United States - Chromogenic prints (6) New-York 96 .... FF4 640 - £596 - **$900**
CHRISTENSEN Anthonie, Anthonore 1849-1926 [49]
Flowers - Oil/canvas (28x36cm-11x14in) Köbenhavn 95 .... FF2 480 - £317 - **$489**
Wild flowers - Oil/canvas (30x36cm-12x14in) Köbenhavn 95 .... FF13 600 - £1 692 - **$2,650**
Wooded landscape - Oil/canvas (125x95cm-49x37in) Köbenhavn 96 .... FF62 100 - £7 080 - **$11,880**
CHRISTENSEN Dan 1942 [5]
Centerpiece - Acrylic/canvas (168x66cm-66x26in) New-York 93 .... FF11 200 - £1 275 - **$1,900**
CHRISTENSEN Elen 1904-1967 [1]
Kvinneakt - Bronze (27cm-11in) Oslo 93 .... FF4 000 - £466 - **$687**
CHRISTENSEN Godfred B.W. 1845-1928 [57]
Ponte Molle, Tiber - Oil/canvas (35x45cm-14x18in) Köbenhavn 94 .... FF5 220 - £599 - **$892**
Himmelbjerget, Laven - Oil/canvas (140x210cm-55x83in) Köbenhavn 96 .... FF30 700 - £3 826 - **$5,930**
CHRISTENSEN Jeremias 1859-1908 [3]
Frauenakt mit Kugel - Bronze (61cm-24in) München 94 .... FF6 820 - £807 - **$1,226**
CHRISTENSEN John Aksel 1896-1940 [9]
Familie - Oil/paper (62x96cm-24x38in) Köbenhavn 95 .... FF2 210 - £272 - **$431**
Self-portrait - Oil/panel (119x75cm-47x30in) Köbenhavn 95 .... FF4 420 - £543 - **$861**
CHRISTENSEN Kay 1899-1981 [81]
Annette i den blå stuga - Oil/canvas (73x92cm-29x36in) Köbenhavn 94 .... FF5 260 - £631 - **$1,022**
Lovers in a garden - Oil/canvas (74x101cm-29x40in) Amsterdam 94 .... FF24 330 - £2 870 - **$4,330**
Summer landscape - Watercolour (37x53cm-15x21in) Köbenhavn 95 .... FF2 720 - £352 - **$557**
CHRISTENSEN Poul 1909 [5]
Legende børn - Oil/canvas (82x100cm-32x39in) Köbenhavn 95 .... FF2 650 - £326 - **$517**
CHRISTENSEN Ted 1911-? [1]
Main Street - Oil/panel (51x61cm-20x24in) San Francisco-Los Angeles 94 .... FF6 120 - £724 - **$1,100**
CHRISTIAN Abraham David 1952 [3]
New York - Öl/Karton (27x22cm-11x9in) München 94 .... FF5 150 - £610 - **$951**
Kiyoshi - Woodcut in colors (26x36cm-10x14in) München 95 .... FF3 444 - £435 - **$687**
Komposition - Collage (24x33cm-9x13in) München 94 .... FF1 740 - £199 - **$294**
CHRISTIAN Anton 1940 [8]
Die Medizin der schwarzen Götter - Mischtechnik/Papier (60x45cm-24x18in) Wien 95 .... FF15 670 - £2 065 - **$3,180**
CHRISTIANSEN Hans 1866-1945 [7]
Schloß Montfort - Oil/cardboard (27x37cm-11x15in) Stuttgart 89 .... FF11 800 - £1 243 - **$1,987**
CHRISTIANSEN Niels Hans 1876-1903 [39]
Watermill in a frozen winter landscape - Oil/canvas (61x92cm-24x36in) London 95 .... FF5 020 - £650 - **$1,044**
Crépuscule sur la mare enneigée - Huile/toile Thouron 95 .... FF12 000 - £1 554 - **$2,456**
CHRISTIANSEN Poul S. 1855-1933 [11]
Engbillede, sommereftermiddag - Oil/canvas (70x85cm-28x33in) Köbenhavn 95 .... FF9 970 - £1 241 - **$1,945**
CHRISTIANSEN Rasmus 1863-1940 [42]
Sortbroget kvæg - Oil/canvas (28x35cm-11x14in) Köbenhavn 96 .... FF2 630 - £334 - **$504**
Ved kaffebordet - Oil/canvas (120x160cm-47x63in) Köbenhavn 89 .... FF105 400 - £10 777 - **$16,945**
Exercitsscene - Gouache (63x94cm-25x37in) Köbenhavn 93 .... FF2 620 - £298 - **$447**
CHRISTIANSEN Søren 1858-1937 [11]
Legende drenge ved gård - Oil/canvas (45x67cm-18x26in) Köbenhavn 96 .... FF3 506 - £445 - **$672**
CHRISTIANSEN Ursula Reuter XX [4]
Leda og svanen - Oil/canvas (75x90cm-30x35in) Köbenhavn 89 .... FF5 300 - £527 - **$837**
CHRISTIE James Elder 1847-1914 [16]
The Golden Stairs - Oil/canvas (127x76cm-50x30in) New-York 94 .... FF16 260 - £1 967 - **$3,000**
Trekking Trough the Forest - Crayon/papier (35x25cm-14x10in) Montréal 96 .... FF3 294 - £376 - **$631**

CHRISTIN Pierre 1935 [2]
- Variations de lumière, Venise - Huile/toile (60x20cm-24x8in) Paris 95 .... FF16 000 - £2 113 - **$3,240**

CHRISTMAS Ernest William 1856-1918 [2]
- Evening reflections - Oil/board (38x28cm-15x11in) San Francisco-Los Angeles 92 ...... FF5 270 - £552 - **$950**

CHRISTO Javacheff 1935 [486]
- The umbrellas - Mixed media (110x165cm-43x65in) New-York 91 .... FF1 - £114 888 - **$204,450**
- Cratère - Huile/papier (64x50cm-25x20in) Paris 96 .... FF31 000 - £3 640 - **$6,100**
- The Umbrellas - Mixed media/panel (98x78cm-39x31in) New-York 96 .... FF124 300 - £16 040 - **$24,000**
- Wrapped Reischtag - Mixed media/panel New-York 96 .... FF162 602 - £17 105 - **$28,000**
- The Pont Neuf, Wrapped - Mixed media/panel (71x84cm-28x33in) New-York 96 ...... FF196 800 - £25 400 - **$38,000**
- Running Fence - Mixed media/board London 95 .... FF303 000 - £40 000 - **$61,300**
- Wrapped Sylvette, Project for Washington Square Village, New York
  Screenprint in colors New-York 97 .... FF12 571 - £1 348 - **$2,200**
- Lower Manhattan wrapped building - Color lithograph (70x51cm-28x20in) Tokyo 92 .... FF36 550 - £3 740 - **$6,430**
- Empaquetage - Relief (85x65cm-33x26in) London 93 .... FF123 000 - £14 000 - **$20,860**
- Otterlo Mastaba - Coloured pencils/paper (25x18cm-10x7in) New-York 97 .... FF29 240 - £3 088 - **$5,000**
- Abu Dhabi Mastaba - Mixed media/paper (56x70cm-22x28in) Stockholm 96 .... FF59 200 - £7 380 - **$11,430**
- The Pont Neuf wrapped - Mixed media/paper (83x71cm-33x28in) London 89 .... FF426 100 - £43 569 - **$68,505**

CHRISTOFFEL Anton 1871-1953 [4]
- Sommertag am Davosersee - Aquarell (42x26cm-17x10in) Zofingen 95 .... FF2 474 - £296 - **$476**

CHRISTOFFERSEN Frede 1919-1987 [29]
- Aften - Oil/canvas (68x101cm-27x40in) Köbenhavn 93 .... FF4 400 - £528 - **$845**
- Aften, Skagen - Oil/canvas (80x119cm-31x47in) Köbenhavn 95 .... FF15 100 - £1 953 - **$3,070**
- Aften, Lynaes - Watercolour (12x18cm-5x7in) Köbenhavn 95 .... FF2 900 - £363 - **$586**

CHRISTOFFERSEN Uffe 1947 [12]
- Komposition - Oil/canvas (87x132cm-34x52in) Köbenhavn 96 .... FF4 880 - £633 - **$965**

CHRISTOFIS Alexandros 1882-1975 [3]
- The Engagement Ring - Oil/canvas (81x70cm-32x28in) Athens 95 .... FF94 300 - £12 200 - **$19,280**

CHRISTOFOROU John 1921 [95]
- Personnage - Huile/toile (81x65cm-32x26in) Paris 97 .... FF3 000 - £323 - **$527**
- Homme-animal bleu - Acrylique/toile (164x130cm-65x51in) Paris 95 .... FF12 000 - £1 555 - **$2,500**
- Personnage crucifié - Huile/toile (162x130cm-64x51in) Paris 93 .... FF40 000 - £4 495 - **$6,780**
- Le Chevalier blessé - Huile/toile (81x65cm-32x26in) Paris 93 .... FF120 000 - £13 800 - **$20,700**
- Composition - Gouache/papier (65x50cm-26x20in) Paris 96 .... FF5 000 - £624 - **$966**

CHRISTOPHE Christophe Boulay 1963 [12]
- Fausse tendresse - Huile/toile (74x92cm-29x36in) Paris 91 .... FF5 800 - £586 - **$1,151**
- Sans titre - Acrylic/canvas (140x105cm-55x41in) Paris 90 .... FF10 500 - £1 131 - **$1,852**

CHRISTOPHE Didier XX [8]
- Aït Hammou - Technique mixte (81x60cm-32x24in) Paris 91 .... FF2 200 - £225 - **$411**

CHRISTOPHE Pierre Robert 1880-1971 [2]
- La chienne teckel - Bronze (13x18cm-5x7in) Saint-Germain-en-Laye 93 .... FF1 900 - £219 - **$327**
- First world war cavalryman - Bronze (52cm-20in) London 92 .... FF11 700 - £1 200 - **$2,172**

CHRISTOPHERSEN Alejandro 1866-? [2]
- Far away Thoughts - Oil/canvas (119x81cm-47x32in) New-York 96 .... FF30 000 - £3 884 - **$6,000**
- La mantilla blanca - Gouache/Karton (90x62cm-35x24in) München 92 .... FF9 180 - £940 - **$1,616**

CHRISTY F. Earl 1883-? [1]
- Woman with powder puff - Pastel (71x56cm-28x22in) New-York 94 .... FF20 000 - £2 346 - **$3,500**

CHRISTY Howard Chandler 1873-1952 [39]
- Her Little Red Book - Oil/canvas/board (51x40cm-20x16in) New-York 93 .... FF30 250 - £3 790 - **$5,500**
- Nude reclining - Oil/canvas (41x53cm-16x21in) New-York 89 .... FF114 400 - £11 053 - **$17,360**
- I Want You for The Navy - Poster (104x88cm-41x35in) New-York 95 .... FF5 550 - £700 - **$1,100**
- Woman and admirers at gaming table - Watercolour (94x71cm-37x28in) New-York 96 ...... FF22 800 - £2 940 - **$4,400**
- Afternoon cocktails - Watercolour, gouache (75x100cm-30x39in) New-York 90 .... FF40 000 - £4 283 - **$6,957**

CHRYSSA Chryssa Vardea 1933 [5]
- Composition #6 - Plaster (53x51cm-21x20in) New-York 95 .... FF12 600 - £1 670 - **$2,600**
- Untitled - Sculpture (188x61x124cm-74x24x49in) New-York 91 .... FF57 000 - £5 744 - **$9,891**

CHTANGUE Irina 1906-1991 [1]
- Fleurs des champs - Huile/toile (79x60cm-31x24in) Paris 92 .... FF2 800 - £287 - **$504**

CHTCHEKOTIKHINA-POTOTSKAIA Alexandra 1892-1967 [1]
- Décors pour Sadko - Gouache (7x10cm-3x4in) Paris 89 .... FF4 000 - £409 - **$643**

CHU TEH-CHUN 1922 [135]
- Sans titre - Huile/toile (100x50cm-39x20in) Paris 95 .... FF12 500 - £1 615 - **$2,573**
- Réminiscence - Huile/toile (81x65cm-32x26in) Paris 96 .... FF29 000 - £3 305 - **$5,550**
- Sans titre - Oil/canvas (81x64cm-32x25in) London 95 .... FF42 100 - £4 800 - **$8,060**
- Évocation hivernale - Huile/toile (130x195cm-51x77in) Paris 94 .... FF130 000 - £15 460 - **$23,800**
- Composition No. 24 - Huile/toile (162x130cm-64x51in) Paris 93 .... FF260 000 - £31 300 - **$47,300**
- Deux compositions - Encre Chine/papier (32x34cm-13x13in) Paris 93 .... FF7 500 - £806 - **$1,316**
- Sans titre - Gouache (53x37cm-21x15in) Paris 93 .... FF34 000 - £4 100 - **$6,180**

CHUANG CHE 1934 [3]
- Abstract collage - Acrylic/canvas (147x147cm-58x58in) Detroit, Michigan 92 .... FF6 370 - £740 - **$1,300**
- Landscape - Oil/canvas (95x125cm-37x49in) Taipei, Taiwan 92 .... FF68 500 - £6 980 - **$12,120**

CHUDANT Jean Adolphe 1860-1929 [1]
- Paysage à la ferme - Huile/toile (54x65cm-21x26in) Nogent-sur-Marne 92 .... FF2 300 - £236 - **$405**

CHUIKOV Ivan 1935 [7]
🐦 *Untitled no.1, 1988* - Mixed media/panel (276x198cm-109x78in) New-York 90 .... FF*211 600* - £22 511 - **$37,853**
CHUMAKOV Feodor Petrovich 1823-1911 [1]
✏ *Young girl* - Pastel (43x32cm-17x13in) London 96 .... FF*7 000* - £800 - **$1,334**
CHUMLEY John 1928-1984 [2]
🐦 *January* - Tecnica mista/tela (55x71cm-22x28in) Cambridge, Mass. 91 .... FF*10 260* - £1 030 - **$1,775**
✏ *Kathy* - Gouache (76x101cm-30x40in) New-York 93.. FF*26 100* - £3 276 - **$4,750**
CHUN David 1899-? [1]
🐦 *San Francisco, Pier 45* - Oil/board (67x79cm-26x31in) San Francisco-Los Angeles 95 .... FF*4 980* - £655 - **$1,000**
CHURBERG Fanny 1845-1892 [7]
🐦 *On the jetty* - Oil/paper (30x40cm-12x16in) Helsinki 94 .... FF*66 800* - £7 980 - **$12,500**
CHURCH Frederic Edwin 1826-1900 [8]
🐦 *View of Koenigssee Germany* - Oil/canvas/board (59x82cm-23x32in) New-York 97.... FF*554 582* - £58 339 - **$95,000**
CHURCH Frederick Stuart 1842-1923 [21]
🐦 *The Fog* - Oil/canvas (56x127cm-22x50in) New-York 93 .... FF*10 320* - £1 175 - **$1,750**
The Rites of Spring - Oil/canvas (66x142cm-26x56in) New-York 94 .... FF*68 500* - £7 980 - **$12,000**
✏ *Cherub, Polarbear and Bird*
    Watercolour, gouache/paper (19x28cm-7x11in) New-York 96 .... FF*6 230* - £794 - **$1,200**
CHURCH Katharine 1910 [2]
🐦 *The back of the farm* - Oil/canvas (61x72cm-24x28in) London 90........................ FF*16 630* - £1 682 - **$3,163**
CHURCHILL William Worcester 1858-1926 [2]
🐦 *The Nosegay of Violets* - Oil/canvas (81x66cm-32x26in) New-York 95.................. FF*158 000* - £20 860 - **$32,000**
CHURCHILL Winston Spencer 1874-1965 [18]
🐦 *Garden scene* - Oil/canvas (74x61cm-29x24in) London 96 .... FF*179 500* - £22 500 - **$34,650**
Landscape, Mimizan - Oil/canvas (63x76cm-25x30in) London 92 .... FF*268 000* - £32 000 - **$51,600**
CHURCHYARD Thomas 1798-1865 [12]
🐦 *Extensive wooded landscape* - Oil/panel (195x27cm-77x11in) London 95.............. FF*11 840* - £1 500 - **$2,382**
✏ *A Suffolk lane* - Wash (14x19cm-6x7in) London 91 .... FF*3 226* - £320 - **$560**
CHURILIN Wladimir 1885-1923 [1]
✏ *Menschen am Tisch* - Ink/paper (24x29cm-9x11in) München 96........................... FF*2 203* - £277 - **$426**
CHUSAKU Ohyama 1922 [2]
🐦 *Carp* - Painting (41x53cm-16x21in) New-York 92 .... FF*67 600* - £8 070 - **$13,000**
Green water - Mineral pigment/paper (49x64cm-19x25in) New-York 96 .... FF*112 700* - £13 360 - **$22,000**
CHUTE Desmond Macready 1895-1961 [2]
🐦 *Blossom pickers* - Oil/canvas (25x36cm-10x14in) London 92.............................. FF*20 640* - £2 400 - **$4,210**
✏ *Portrait of Ezra Pound* - Pencil (32x23cm-13x9in) London 91 .... FF*15 150* - £1 519 - **$2,775**
CHWALA Adolf 1836-1900 [33]
🐦 *Paestum* - Öl/Leinwand (37x68cm-15x27in) Köln 95 .... FF*17 730* - £2 240 - **$3,555**
Blicks ins Land - Öl/Leinwand (47x72cm-19x28in) Wien 94 .... FF*21 830* - £2 530 - **$4,135**
Mangfall bei Irschenberg in Oberbayern - Oil/panel (57x80cm-22x31in) Wien 92 ..... FF*38 500* - £3 940 - **$6,780**
CHWALA Fritz 1872-1936 [8]
🐦 *Partie aus Marbach* - Oil/panel (26x21cm-10x8in) Wien 92 .... FF*13 470* - £1 566 - **$2,750**
CIACELLI Arturo 1883-1966 [18]
🐦 *Regata dinamica* - Olio/tavola (41x41cm-16x16in) Prato 95................................ FF*30 900* - £4 000 - **$6,300**
Contrasti, 1930 - Olio/tela (105x89cm-41x35in) Milano 90 .... FF*82 400* - £8 822 - **$14,330**
✏ *Danzatrici* - Tempera/carta (41x59cm-16x23in) Prato 97 .... FF*15 640* - £1 840 - **$2,760**
CIAGLINSKI Jan 1858-1913 [1]
✏ *Scène quotidienne en Égypte* - Aquarelle (24x34cm-9x13in) Paris 95................... FF*4 000* - £507 - **$805**
CIAMBERLANI Albert 1864-1951 [19]
🐦 *Avant l'orage* - Huile/toile/panneau (34x51cm-13x20in) Bruxelles 96................... FF*5 290* - £662 - **$1,027**
✏ *Deux personnages* - Sanguine/papier (37x29cm-15x11in) Bruxelles 92................. FF*3 984* - £408 - **$701**
CIANI Cesare 1854-1925 [8]
🐦 *Ritratto della figlia: Implorazione* - Olio/tela (53x37cm-21x15in) Milano 95........... FF*30 030* - £3 780 - **$6,090**
CIAPPA Vincenzo 1766-1826 [1]
🐦 *Peasant girl gathering eggs* - Oil/canvas (43x66cm-17x26in) New Orleans, Louisiana 95 .... FF*3 080* - £378 - **$600**
CIARDI Beppe 1875-1932 [39]
🐦 *Scorcio del Golfo di Napoli* - Olio/cartone (20x30cm-8x12in) Roma 96 .... FF*16 700* - £1 935 - **$3,250**
Figures gathered along a Venetian canal
    Oil/canvas (57x37cm-22x15in) New-York 95... FF*56 500* - £6 930 - **$11,000**
Pontile a Venezia - Olio/tela (129x178cm-51x70in) Milano 94 .... FF*522 000* - £61 500 - **$93,000**
CIARDI Emma 1879-1933 [57]
🐦 *Piazza San Marco* - Oil/panel (40x30cm-16x12in) New-York 96 .... FF*20 570* - £2 494 - **$4,000**
Carnival, Venice - Oil/canvas (45x74cm-18x29in) New-York 97 .... FF*62 535* - £6 735 - **$11,000**
La Piazzetta, Venezia - Oil/canvas (60x100cm-24x39in) New-York 95 .... FF*149 000* - £18 270 - **$29,000**
CIARDI Guglielmo 1842-1917 [28]
🐦 *Cásere dell'altopiano d'Asagio* - Olio/tavola (28x46cm-11x18in) Roma 94........... FF*17 650* - £2 100 - **$3,150**
Pescatori in laguna - Olio/tela (60x80cm-24x31in) Roma 95............................... FF*148 500* - £19 000 - **$30,500**
A view of the Venetian Lagoon
    Oil/canvas (77x127cm-30x50in) London 97 .... FF*1 952 37e +06* - £115 000 - **$188,381**
CIARDIELLO Carmine 1871-? [3]
🐦 *Pescatori nel Golfo di napoli* - Olio/tela (50x70cm-20x28in) Roma 94................. FF*17 650* - £2 100 - **$3,150**
CIARDIELLO Michele 1839-? [4]
🐦 *Boys playing cards, Bay of Naples* - Oil/canvas (26x41cm-10x16in) New-York 95 .... FF*12 750* - £1 542 - **$2,400**

CIARDO Vincenzo 1894-1970 [5]
🖾 *La luna e l'ulivo* - Olio/tela (52x42cm-20x17in) Roma 94 .... FF6 720 - £818 - **$1,280**
CIASZKOWSKI Henry 1835-1895 [1]
🖾 *Roma vista dai colli* - Olio/tela (36x56cm-14x22in) Roma 96 .... FF46 900 - £5 880 - **$8,960**
CIBOT François-Edouard 1779-1877 [1]
🖾 *Les anges déchus* - Huile/toile (130x98cm-51x39in) Paris 92 .... FF15 000 - £1 536 - **$2,700**
CICCIMARRA Richard Matthew 1924-1973 [4]
🖉 *Interruption* - Gouache/paper (51x58cm-20x23in) Toronto 96 .... FF19 370 - £2 325 - **$3,710**
CICERI Ernest c.1817-1866 [2]
🖉 *English countryside* - Pastel (28x36cm-11x14in) New Orleans, Louisiana 92 .... FF1 570 - £182 - **$320**
CICERI Eugène 1813-1890 [102]
🖾 *Rochers à Fontainebleau* - Huile/toile (22x32cm-9x13in) Barbizon 94 .... FF13 500 - £1 600 - **$2,495**
   Paysage à la mare - Huile/toile (43x60cm-17x24in) Paris 94 .... FF31 000 - £3 357 - **$5,480**
   Bord de rivière - Huile/toile (100x150cm-39x59in) Barbizon 94 .... FF110 000 - £12 960 - **$19,560**
🖉 *By the water* - Watercolour/paper (20x28cm-8x11in) New-York 95 .... FF18 500 - £2 227 - **$3,500**
CICERI Pierre Luc Charles 1782-1868 [4]
🖉 *Calvaire dans la montagne* - Aquarelle (23x30cm-9x12in) Paris 96 .... FF4 000 - £518 - **$785**
CICERO Carmelo 1948 [1]
🖉 *Ohne Titel* - Mischtechnik/Papier (70x100cm-28x39in) Stuttgart 91 .... FF2 704 - £271 - **$468**
CIDON NAVARRO de Francisco 1871-1943 [2]
🖾 *Iris, Pedlódico Ilustrado* - Poster (69x48cm-27x19in) London 96 .... FF2 963 - £380 - **$584**
CIDONCHA Rafael 1952 [2]
🖾 *El estanque* - Oleo/lienzo (168x114cm-66x45in) Madrid 90 .... FF10 800 - £1 149 - **$1,932**
CIENFUEGOS BROWN Gonzalo 1949 [2]
🖾 *A Lot of People in a Narrow Room* - Oil/canvas (84x100cm-33x39in) New-York 95 .... FF66 300 - £8 280 - **$13,000**
CIESIELSKI Tadeus 1870-1956 [3]
🖉 *Widok staromiejski* - Watercolour (37x53cm-15x21in) Warszawa 96 .... FF6 430 - £806 - **$1,253**
CIESLEWICZ Roman 1930-1996 [2]
🖾 *Allegory* - Tempera/panel (44x35cm-17x14in) Warszawa 96 .... FF16 400 - £2 044 - **$3,170**
📷 *Portrait* - Tirage couleur (22x17cm-9x7in) Paris 92 .... FF2 200 - £256 - **$449**
CIGNAROLI Scipione c.1690-1753 [1]
🖾 *Paesaggio con un pittore* - Olio/tela (102x131cm-40x52in) Milano 92 .... FF108 400 - £12 900 - **$20,860**
CIKOVSKY Nicolai 1894-1934 [30]
🖾 *Coastline near Montauk* - Oil/canvas (54x66cm-21x26in) New-York 95 .... FF5 130 - £639 - **$1,000**
   The tradewinds - Oil/canvas (40x50cm-16x20in) New-York 91 .... FF13 020 - £1 314 - **$2,300**
🖉 *Goat Island* - Pastel (33x51cm-13x20in) North Berwick, Maine 93 .... FF2 613 - £328 - **$475**
CILLERO Andrés 1934 [2]
🖾 *Maltratada* - Técnica mixta (75x106cm-30x42in) Madrid 90 .... FF2 200 - £237 - **$388**
   Pantalon - Técnica mixta (83x61cm-33x24in) Madrid 90 .... FF16 200 - £1 679 - **$2,847**
CIMA Luigi 1860-1938 [4]
🖾 *Sunny Day outdoors* - Oil/panel (28x41cm-11x16in) New-York 94 .... FF52 600 - £6 090 - **$9,000**
CIMIOTTI Emil 1927 [10]
🖾 *Mannequin* - Bronze (43cm-17in) Bremen 92 .... FF11 900 - £1 218 - **$2,095**
🖉 *Komposition 58/1* - Graphite (71x49cm-28x19in) Köln 92 .... FF10 200 - £1 044 - **$1,796**
CIMIOTTI Gustave 1879-1969 [23]
🖾 *The Hills* - Oil/canvas/board (16x20cm-6x8in) Chicago 96 .... FF2 276 - £295 - **$450**
   Ocean Point - Oil/board (41x51cm-16x20in) North Berwick, Maine 93 .... FF5 230 - £656 - **$950**
CINGRIA Alexandre 1879-1945 [8]
🖾 *Le Triomphe du Printemps* - Huile/panneau (54x65cm-21x26in) Bern 94 .... FF7 270 - £843 - **$1,253**
🖉 *Encensoir et pot à encens* - Aquarell (23x31cm-9x12in) Bern 93 .... FF3 760 - £433 - **$645**
CINI Alfredo 1887-1970 [1]
🖾 *Le village d'Ollon* - Oil/canvas (60x81cm-24x32in) Bern 91 .... FF10 700 - £1 078 - **$1,857**
CINOTTI Guido 1870-1932 [3]
🖾 *Nevicata con effetto di luna* - Olio/tavola (45x94cm-18x37in) Milano 92 .... FF31 700 - £3 245 - **$5,580**
CINTI Decio XIX-XX [2]
🖉 *Russolo* - Encre Chine (30x20cm-12x8in) Paris 90 .... FF28 000 - £2 902 - **$4,921**
CIOCI Antonio c.1700-c.1792 [1]
🖾 *Trompe l'oeil still life of artist's tools* - Oil/canvas (73x88cm-29x35in) New-York 95 ..... FF765 000 - £95 500 - **$150,000**
CIOLINA Giovan Battista 1870-? [3]
🖾 *Tramonto montano* - Olio/tela (44x59cm-17x23in) Milano 89 .... FF43 500 - £4 584 - **$7,323**
CIOLINA Tonio 1898-1988 [10]
🖾 *Zollkanal in Hamburg* - Oil/canvas (65x54cm-26x21in) Bern 92 .... FF5 580 - £570 - **$983**
CIOR Pierre Charles 1769-1840 [2]
🖾 *Portrait de petite fille au chat* - Huile/toile Saint-Germain-en-Laye 95 .... FF3 000 - £383 - **$605**
🖉 *Young lady standing in a landscape* - Miniature (6cm-2in) Genève 95 .... FF11 910 - £1 487 - **$2,336**
CIPOLLA Fabio 1854-? [7]
🖾 *Getting ready* - Oil/canvas (50x38cm-20x15in) New-York 94 .... FF73 100 - £8 450 - **$12,500**
CIPRIANI A. XIX-XX [10]
🏛 *Bust of a young lady* - Marble (58cm-23in) London 94 .... FF14 300 - £1 700 - **$2,720**
   Danza dei Fiori - Marble (214cm-84in) New-York 96 .... FF411 400 - £49 900 - **$80,000**
CIPRIANI Nazzareno 1843-1925 [10]
🖾 *A corner of the Doge's Palace* - Oil/canvas (83x62cm-33x24in) New-York 95 .... FF51 300 - £6 300 - **$10,000**

Venedig - Aquarell (28x44cm-11x17in) Zofingen 94 .... FF6 920 - £820 - **$1,280**
CIRIELLO Averardo 1918 [2]
Anna Karenina (Love) - Affiche (134x190cm-53x75in) Nice 93 .... FF8 000 - £964 - **$1,455**
CIRINO Antonio 1889-1983 [9]
Autumn stroll - Oil/canvas (64x76cm-25x30in) Cambridge, Mass. 93 .... FF10 620 - £1 208 - **$1,800**
CIRMEUSE de Gaston XIX-XX [3]
Nu au canapé - Huile/isorel (54x81cm-21x32in) Cannes 93 .... FF2 000 - £241 - **$364**
CIRY Michel 1919 [72]
Neige à Saint-Cyr - Huile/toile (50x100cm-20x39in) Neuilly 96 .... FF14 000 - £1 650 - **$2,750**
Portrait d'homme - Huile/toile (61x50cm-24x20in) Le Touquet 95 .... FF25 000 - £3 110 - **$4,870**
Le Retour de l'Enfant Prodigue - Huile/toile (55x33cm-22x13in) Le Havre 95 ... FF42 000 - £5 490 - **$8,410**
Les pommiers - Aquarelle/papier (38x54cm-15x21in) Paris 97 .... FF4 000 - £434 - **$702**
Paris, la Seine au Vert-Galant - Aquarelle (53x70cm-21x28in) Nanterre 92 ... FF10 000 - £1 024 - **$1,760**
CISARI Giulio 1892-? [1]
Piazza del Duomo, Milano - Olio/tavola (50x40cm-20x16in) Roma 96 .... FF2 840 - £329 - **$553**
CISCO Théo XX [4]
La chambre - Technique mixte/toile (120x120cm-47x47in) Paris 94 .... FF2 800 - £333 - **$517**
Paysage écliptique - Technique mixte (150x150cm-59x59in) Paris 92 .... FF22 000 - £2 252 - **$3,960**
CISERI Antonio 1821-1891 [1]
Figura virile di profilo sinistro - Matita/carta (42x28cm-17x11in) Firenze 97 ... FF10 200 - £1 200 - **$1,800**
CISSARZ Johann Vincenz 1873-1942 [4]
Afrikanischen Würdenträgers - Öl/Karton (41x34cm-16x13in) Frankfurt 92 ... FF5 780 - £592 - **$1,017**
CITROEN Paul 1896-1983 [28]
A self portrait - Oil/board (40x30cm-16x12in) Amsterdam 97 .... FF11 098 - £1 200 - **$1,936**
Woman in a window - Oil/canvas (55x46cm-22x18in) Amsterdam 94 .... FF122 500 - £14 520 - **$22,640**
Self-portrait - Charcoal/paper (47x38cm-19x15in) Amsterdam 94 .... FF4 870 - £576 - **$875**
CITRON Minna Wright 1896-1991 [1]
Insect carnival - Oil/board (46x61cm-18x24in) New-York 93 .... FF11 000 - £1 380 - **$2,000**
CITTADINI IL MILANESE Pier Franc. (Attrib) 1616-1681 [9]
Dame de qualité - Huile/toile (74x93cm-29x37in) Paris 91 .... FF72 000 - £7 307 - **$13,004**
CITTADINI Tito 1886-? [2]
Barcas bajo el puente, Chatou - Acuarela (19x15cm-7x6in) Madrid 96 .... FF3 210 - £389 - **$624**
CIUTI Enrico 1910-? [1]
Andrea Doria, Cristoforo Colombo - Poster (100x60cm-39x24in) New-York 96 ... FF7 250 - £936 - **$1,400**
CIVAL Marius 1817-? [1]
Le coques - Huile/panneau (17x22cm-7x9in) Fontainebleau 93 .... FF4 500 - £543 - **$818**
CIVERCHIA Luigi 1928 [13]
Place des Ricci - Huile/panneau (35x50cm-14x20in) Paris 95 .... FF2 300 - £296 - **$475**
CIVET André 1911 [8]
Place de village - Huile/toile (65x81cm-26x32in) Chaumont 93 .... FF2 800 - £350 - **$510**
CIVETON Christophe 1796-1831 [8]
Ville d'Orléans - Crayon (11x29cm-4x11in) Paris 92 .... FF1 800 - £215 - **$346**
CIVIALE Aimé 1821-1893 [1]
Percée des Alpes/Cirque de Combôe - Photo (26x35cm-10x14in) Chartres 89 ... FF3 400 - £358 - **$572**
CIZEL Hayri 1891-1950 [1]
Natürmort - Oil/canvas (50x57cm-20x22in) Istanbul 92 .... FF7 240 - £724 - **$1,288**
CLAASS Arnaud 1949 [4]
Laura, Cahors - Gelatino bromure (26x17cm-10x7in) Paris 92 .... FF1 700 - £198 - **$347**
CLAASSEN George 1890-? [2]
Fisherwomen mending nets - Oil/canvas (89x118cm-35x46in) Amsterdam 95 ... FF6 900 - £880 - **$1,413**
CLADEL Marius Léon 1883-1948 [1]
Femme nue au voile - Bronze (52cm-20in) Angoulême 96 .... FF10 500 - £1 298 - **$2,030**
CLAERHOUT Jef 1937 [15]
Cheval - Sculpture (26cm-10in) Antwerpen 94 .... FF3 000 - £360 - **$583**
CLAES Constant Guillaume 1826-1905 [2]
The young miscreant - Oil/canvas (62x87cm-24x34in) New-York 92 .... FF30 500 - £3 196 - **$5,500**
CLAES-THOLOIS A. 1883-? [1]
Nature morte - Oil/panel (50x50cm-20x20in) London 89 .... FF72 600 - £7 224 - **$11,469**
CLAESSENS Karel Martin 1864-1938 [2]
Nature morte à la raie - Huile/toile (70x100cm-28x39in) Antwerpen 95 .... FF5 180 - £650 - **$1,032**
CLAESSON Stig, Slas 1928 [9]
Stående modell - Oil/canvas (117x81cm-46x32in) Stockholm 91 .... FF8 900 - £886 - **$1,530**
Svensk söndag - Lithograph (40x50cm-16x20in) Göteborg 92 .... FF1 990 - £238 - **$383**
Landscape - Pastel (42x52cm-17x20in) Göteborg 95 .... FF2 264 - £293 - **$464**
CLAEYS Albert 1889-1967 [9]
Paysage de la Lys - Huile/toile (65x90cm-26x35in) Antwerpen 93 .... FF29 100 - £3 330 - **$4,950**
CLAEYS Jean 1941 [14]
Bride abattue - Bronze (46x24x79cm-18x9x31in) Versailles 94 .... FF9 100 - £1 080 - **$1,730**
Passion - Bronze (101x70x100cm-40x28x39in) Versailles 94 .... FF21 000 - £2 490 - **$3,995**
CLAEYS Paul Jean 1819-1900 [1]
Marine - Huile/panneau (24x34cm-9x13in) Antwerpen 91 .... FF8 100 - £804 - **$1,406**
CLAGETT Jean XX [6]
Joueurs de polo - Bronze (52cm-20in) Paris 91 .... FF48 000 - £4 841 - **$9,355**

CLAGHORN Joseph C. 1869-1947 [7]
- Maryland byway - Oil/canvas (61x51cm-24x20in) New-York 93 .... FF5 640 - £646 - **$1,000**

CLAGUE Richard 1821-1873 [2]
- Solitary Pine Tree - Oil/canvas (33x23cm-13x9in) New Orleans, Louisiana 94 .... FF19 060 - £2 205 - **$3,250**
Bayou Settlement - Oil/canvas (51x89cm-20x35in) New Orleans, Louisiana 93 .... FF413 000 - £47 000 - **$70,000**

CLAIR Charles 1860-1930 [31]
- Bord de rivière - Huile/toile (55x38cm-22x15in) Rouen 96 .... FF4 200 - £498 - **$820**
Moutons rentrant dans la bergerie - Huile/toile (81x65cm-32x26in) Paris 96 .... FF17 000 - £2 200 - **$3,350**
Intérieur de bergerie - Huile/toile (65x81cm-26x32in) Barbizon 94 .... FF43 000 - £5 090 - **$7,940**

CLAIRE Auguste-Jean 1881-1970 [8]
- La clairière - Huile/toile (61x52cm-24x20in) Le Havre 89 .... FF7 500 - £767 - **$1,206**

CLAIRE Marie 1939 [13]
- Pique-nique au bord de l'eau - Huile/toile (19x27cm-7x11in) Autun 90 .... FF3 500 - £362 - **$618**

CLAIREFOND Georges 1920-1973 [1]
- Sans titre, 1957 - Huile/isorel (116x89cm-46x35in) Avignon 90 .... FF13 000 - £1 392 - **$2,261**

CLAIRIN Georges Jules Victor 1843-1919 [59]
- Don Quichotte et Sancho - Huile/toile (49x95cm-19x37in) Paris 95 .... FF8 000 - £1 062 - **$1,650**
Les Maures, après la victoire - Oil/canvas (146x105cm-57x41in) New-York 97 .... FF68 454 - £7 378 - **$12,000**
Espagnoles au balcon - Huile/toile (120x76cm-47x30in) Paris 93 .... FF136 000 - £15 630 - **$23,400**
Le départ - Huile/toile (65x101cm-26x40in) Deauville 91 .... FF550 000 - £55 115 - **$92,742**
- Victoire ailée - Pastel (99x43cm-39x17in) Paris 93 .... FF28 000 - £3 374 - **$5,090**

CLAIRIN Pierre-Eugène 1897-1980 [244]
- Jeune femme au foulard à pois - Huile/toile (38x46cm-15x18in) Paris 90 .... FF2 000 - £214 - **$348**
Paysage à la rivière - Huile/toile (38x55cm-15x22in) Brest 96 .... FF3 800 - £437 - **$725**
Les premiers colis américains - Huile/toile (50x65cm-20x26in) Quimper 94 .... FF15 500 - £1 862 - **$2,887**
- Le terrier rouge - Aquatinte (32x40cm-13x16in) Quimper 97 .... FF3 300 - £353 - **$578**
- Village en bord de mer - Gouache (36x46cm-14x18in) Brest 92 .... FF4 500 - £461 - **$810**

CLAISSE Geneviève 1935 [26]
- Muons - Acrylique/toile (60x73cm-24x29in) Paris 96 .... FF3 300 - £411 - **$640**
Chaud - Huile/toile (99x99cm-39x39in) Paris 96 .... FF11 000 - £1 360 - **$2,124**
Symphonie rouge - Huile/toile (100x100cm-39x39in) Zürich 95 .... FF102 400 - £13 580 - **$21,140**
- Composition - Gouache (22x26cm-9x10in) Zürich 96 .... FF7 640 - £990 - **$1,510**

CLAMA Pierre Clamagirand 1934 [3]
- Nu rose, 1986 - Huile/toile (73x60cm-29x24in) Troyes 95 .... FF7 100 - £733 - **$1,254**

CLAPIES Claude XX [2]
- Discrétion assurée - Huile/toile (50x61cm-20x24in) Rouen 94 .... FF4 600 - £535 - **$796**

CLAPP William Henri 1879-1954 [30]
- Autumn Hills - Oil/canvas/board (38x46cm-15x18in) San Francisco-Los Angeles 96 .... FF7 250 - £910 - **$1,400**
Spring Landscape - Oil/board (76x91cm-30x36in) San Francisco-Los Angeles 96 .... FF14 250 - £1 786 - **$2,750**
House and trees - Oil/board (61x51cm-24x20in) San Francisco-Los Angeles 93 .... FF93 500 - £11 720 - **$17,000**

CLARA José 1878-1958 [23]
- Nu à la draperie - Bronze (33cm-13in) Paris 94 .... FF13 000 - £1 542 - **$2,465**
Buste de femme - Bronze (110cm-43in) Versailles 92 .... FF120 000 - £12 280 - **$21,600**
- Isadora Duncan - Encre (45x31cm-18x12in) Paris 95 .... FF6 500 - £778 - **$1,237**

CLARA Juan 1875-1957 [31]
- Who Me ? - Bronze (12cm-5in) London 92 .... FF13 760 - £1 600 - **$2,810**
Nénette - Bronze (31cm-12in) New-York 96 .... FF15 530 - £1 900 - **$3,000**
Group of Six Children - Bronze (18x38cm-7x15in) London 97 .... FF34 286 - £3 600 - **$5,876**

CLARE George c.1830-c.1905 [38]
- Grapes and Plums on a Mossy Bank - Oil/canvas (25x35cm-10x14in) Toronto 96 .... FF6 970 - £796 - **$1,336**
Bird's nest and blossom - Oil/canvas (15x23cm-6x9in) Billinghurst, West Sussex 95 .... FF12 440 - £1 550 - **$2,435**
Still life of flowers on a mossy bank - Oil/canvas (30x25cm-12x10in) London 96 .... FF29 500 - £3 500 - **$5,760**

CLARE Oliver 1853-1927 [169]
- Stawberry on a mossy Bank - Oil/board (14x20cm-6x8in) London 97 .... FF9 183 - £1 000 - **$1,597**
Grapes, pears, gooseberries - Oil/canvas (20x25cm-8x10in) London 95 .... FF12 170 - £1 600 - **$2,444**
Raspberries/Strawberry - Oil/board (15x23cm-6x9in) London 97 .... FF34 894 - £3 800 - **$6,068**

CLARE Vincent 1855-1925 [70]
- Gooseberries by a bank - Oil/board (14x21cm-6x8in) London 96 .... FF6 930 - £900 - **$1,372**
Bird's nest, primroses on a mossy bank - Oil/canvas (22x33cm-9x13in) London 96 .... FF15 160 - £1 900 - **$2,926**
Wild spring Flowers on a mossy Bank - Oil/canvas (23x30cm-9x12in) London 97 .... FF38 567 - £4 200 - **$6,707**

CLARENBACH Max 1880-1952 [62]
- Landschaft - Öl/Karton (45x37cm-18x15in) Hamburg 97 .... FF10 111 - £1 081 - **$1,762**
Winterdag am Niederrhein - Öl/Leinwand (51x91cm-20x24in) Zürich 95 .... FF41 000 - £5 280 - **$8,340**
Ehrenhof mit Blick auf die Tonhalle - Oil/panel (50x75cm-20x30in) Düsseldorf 95 .... FF63 200 - £8 210 - **$13,000**
Eel-fisher in a rowingboat - Oil/canvas (95x125cm-37x49in) Amsterdam 90 .... FF108 500 - £10 926 - **$21,254**
- Flussufer mit Bäumen - Pencil/paper (24x31cm-9x12in) Düsseldorf 95 .... FF6 090 - £772 - **$1,168**

CLARET Joaquin XIX-XX [3]
- Femme nue allongée - Terracotta (24cm-9in) Paris 93 .... FF7 000 - £805 - **$1,203**

CLARHÄLL Lenny 1938 [2]
- Skärva - Bronze (37cm-15in) Stockholm 96 .... FF4 610 - £542 - **$906**

CLARIJS Alexandre 1857-1920 [1]
- Vase fleuri - Huile/toile (132x100cm-52x39in) Bruxelles 97 .... FF3 110 - £340 - **$543**

C

C

CLARIS Gaston A. 1843-1899 [1]
Officier à cheval - Aquarelle, gouache (40x27cm-16x11in) Morlaix 95 .... FF**3 600** - £468 - **$751**

CLARIS Marcello 1897-1949 [2]
Il viandante - Tempera/carta (38x37cm-15x15in) Trieste 93 .... FF**5 190** - £601 - **$893**

CLARK Allan 1896/98-1950 [5]
Charmion - Bronze (38cm-15in) New-York 92 .... FF**19 900** - £2 034 - **$3,500**

CLARK Alson Skinner 1876-1949 [31]
Jardin du Luxembourg, Paris
  Oil/canvas (65x79cm-26x31in) San Francisco-Los Angeles 92 .... FF**18 370** - £2 134 - **$3,750**
Almond tree in Bloom - Oil/canvas (75x110cm-30x43in) New-York 96 .... FF**154 500** - £19 200 - **$30,000**

CLARK Benton H. 1895-1964 [5]
Cowboy busting bronco - Oil/canvas (91x91cm-36x36in) New-York 95 .... FF**29 350** - £3 800 - **$6,000**

CLARK C. Myron 1858-1923 [9]
The Lagoon, Venice - Oil/canvas (51x76cm-20x30in) Boston, Mass. 93 .... FF**3 850** - £483 - **$700**

CLARK Christopher 1875-1942 [7]
Isle of Man, LMS - Poster (102x127cm-40x50in) London 94 .... FF**4 160** - £500 - **$792**
Waterloo - Watercolour (25x37cm-10x15in) London 89 .... FF**3 500** - £338 - **$531**

CLARK Claude 1915 [2]
Second Wind - Oil/canvas (76x61cm-30x24in) San Francisco-Los Angeles 96 .... FF**4 370** - £530 - **$850**

CLARK Cosmo 1897-1967 [3]
The fishing harbour, La Rochelle - Wash (28x39cm-11x15in) London 90 .... FF**1 700** - £176 - **$299**

CLARK Dixon XIX-XX [2]
Cattle watering at a stream - Watercolour (36x48cm-14x19in) Aylsham, Norfolk 94 .... FF**2 250** - £260 - **$384**

CLARK Edward XX [1]
Marilyn Monroe & Jane Russell - Dye-transfer print (51x41cm-20x16in) New-York 93 .... FF**17 700** - £2 013 - **$3,000**

CLARK Elliot Candee 1883-1980 [30]
Landscape with purple flowers
  Oil/canvas/board (30x41cm-12x16in) New Orleans, Louisiana 95 .... FF**3 175** - £406 - **$650**
After the Storm - Oil/canvas (96x101x5cm-38x40x2in) San Francisco-Los Angeles 96 .... FF**20 720** - £2 600 - **$4,000**
Landschaft - Black chalk/paper (36x25cm-14x10in) Hamburg 96 .... FF**4 760** - £542 - **$910**

CLARK Frederick Albert XIX-XX [11]
Jersey Lily - Oil/canvas (49x60cm-19x24in) Bristol, Avon 97 .... FF**6 128** - £660 - **$1,085**

CLARK Guy Gaylor XIX-XX [1]
His son, Guy Gaylor Clark, Jr. - Gelatin silver print (33x25cm-13x10in) New-York 89 .... FF**5 400** - £537 - **$853**

CLARK James 1858-1943 [12]
The parrot - Oil/canvas (41x30cm-16x12in) London 93 .... FF**35 600** - £4 000 - **$5,960**
Church, Holy Sepulchre, Jerusalem - Watercolour (41x31cm-16x12in) London 97 .... FF**7 505** - £800 - **$1,316**

CLARK James 1884-1909 [1]
Dapple Hunter in a Loose Box - Oil/canvas (51x61cm-20x24in) London 94 .... FF**6 550** - £750 - **$1,110**

CLARK James XIX-XX [6]
Frightened - Oil/canvas (49x75cm-19x30in) Billinghurst, West Sussex 94 .... FF**9 580** - £1 100 - **$1,640**

CLARK James Lippitt 1883-1957 [13]
A Big Horn Sheep - Bronze (21cm-8in) New-York 96 .... FF**8 310** - £1 058 - **$1,600**
African cape buffalo - Bronze (32cm-13in) New-York 92 .... FF**36 900** - £3 780 - **$6,500**

CLARK Joseph 1834-1926 [10]
The Apple of their Mother's Eye - Oil/canvas (76x63cm-30x25in) London 95 .... FF**23 200** - £3 000 - **$4,740**
For Daily Bread - Oil/canvas (68x51cm-27x20in) London 95 .... FF**51 300** - £6 800 - **$10,600**

CLARK Larry 1943 [18]
Young boy - Silver print (33x23cm-13x9in) New-York 95 .... FF**5 020** - £633 - **$1,000**
Billy Mann - Silver print (30x20cm-12x8in) New-York 96 .... FF**9 800** - £1 260 - **$1,900**
Teenage Lust - Gelatin silver print (21x32cm-8x13in) New-York 96 .... FF**31 000** - £3 840 - **$6,000**

CLARK Matt 1903-1972 [5]
Carriage races - Ink (48x41cm-19x16in) New-York 95 .... FF**4 400** - £570 - **$900**

CLARK Melville, Captain c.1830-c.1880 [2]
Sattara Fort & Ooteshevar - Watercolour (26x36cm-10x14in) London 95 .... FF**12 840** - £1 600 - **$2,514**

CLARK Norman 1913 [2]
Homework on the Train - Oil/canvas (34x44cm-13x17in) London 95 .... FF**5 380** - £680 - **$1,051**
The private view - Oil/canvas (48x73cm-19x29in) London 89 .... FF**21 300** - £2 178 - **$3,424**

CLARK Octavius T. 1850-1921 [38]
A wooded river landscape - Oil/canvas (76x50cm-30x20in) London 91 .... FF**2 963** - £297 - **$543**
Ducks by a row of cottages - Oil/canvas (61x108cm-24x43in) London 96 .... FF**6 380** - £800 - **$1,232**

CLARK OF GREENOCK William 1803-1883 [5]
The brig Laurel of Greenock - Oil/canvas (84x114cm-33x45in) London 94 .... FF**127 800** - £15 000 - **$22,400**

CLARK Paraskeva Plistik 1898-1986 [5]
St. Lawrence Shore - Oil/canvas (81x102cm-32x40in) Toronto 95 .... FF**16 980** - £2 250 - **$3,506**
Apples - Watercolour (41x46cm-16x18in) Toronto 93 .... FF**7 740** - £846 - **$1,422**

CLARK Sally 1883-? [1]
Gorilla - Bronze (35cm-14in) New-York 90 .... FF**24 700** - £2 526 - **$4,875**

CLARK Samuel Joseph 1834-c.1912 [15]
El ternero vendido - Oleo/lienzo (35x46cm-14x18in) Madrid 92 .... FF**13 300** - £1 546 - **$2,715**

CLARK Walter 1848-1917 [8]
Landscape - Oil/canvas (38x45cm-15x18in) Mystic, Connecticut 91 .... FF**5 990** - £596 - **$1,030**

CLARK Walter Appleton 1876-1906 [2]
- Spring landscape, East Hampton, N. Y. - Oil/canvas (51x68cm-20x27in) New-York 95 .... FF**12 550** - £**1 572** - **$2,500**

CLARK William 1803-1883 [4]
- The yacht Avon - Oil/canvas (68x112cm-27x44in) London 93 .... FF**124 500** - £**15 000** - **$23,250**

CLARKE Bob Carlos 1950 [12]
- Fork - Silver print (35x25cm-14x10in) London 92 .... FF**5 440** - £**650** - **$1,047**

CLARKE Frederick 1834-1870 [2]
- Grey horse grazing - Oil/canvas (72x112cm-28x44in) London 95. .... FF**28 400** - £**3 600** - **$5,720**

CLARKE Geoffrey 1924 [5]
- Abstract landscape - Etching (30x25cm-12x10in) London 91 .... FF**2 394** - £**238** - **$412**
- Mother and child - Iron (88cm-35in) London 96 .... FF**14 850** - £**1 800** - **$2,890**

CLARKE Henry XX [1]
- Bettina pour Vogue - Tirage argentique (24x23cm-9x9in) Paris 95 .... FF**2 600** - £**328** - **$515**

CLARKE John Clem 1937 [9]
- Group of bathers - Oil/canvas (203x167cm-80x66in) New-York 92 .... FF**23 270** - £**2 703** - **$4,750**

CLARKE Margaret 1888-1961 [2]
- Fisherman's Cottage, Aran - Oil/canvas (49x37cm-19x15in) London 96. .... FF**15 500** - £**2 000** - **$2,990**
- Sean Keating, seated - Pencil (33x24cm-13x9in) Dublin 93 .... FF**17 840** - £**2 130** - **$3,430**

CLARKE Maurice 1875-? [1]
- Some Harrow School buildings - Watercolour (23x33cm-9x13in) London 92 .... FF**2 150** - £**220** - **$380**

CLARKE Samuel Barling c.1830-c.1880 [2]
- Flower of Scotland - Oil/board (28x21cm-11x8in) London 90 .... FF**3 710** - £**378** - **$742**

CLARKE Theophilus 1776-c.1835 [1]
- Henry Peter John Layard - Oil/canvas (76x63cm-30x25in) London 94 .... FF**8 970** - £**1 050** - **$1,574**

CLARKE William Hanna 1882-1924 [4]
- On the beach - Oil/canvas (41x51cm-16x20in) Auchterarder, Perthshire 95 .... FF**20 320** - £**2 600** - **$4,000**

CLARKSON Robert XIX-XX [2]
- Scarborough beach - Oil/canvas (46x71cm-18x28in) Ilkley, West Yorkshire 92 .... FF**5 080** - £**520** - **$1,058**

CLARKSON William H. XIX-XX [2]
- Dowland park - Oil/canvas (71x93cm-28x37in) London 92 .... FF**5 860** - £**600** - **$1,032**

CLAROT Johann Baptist 1797-1854 [1]
- Junge Frau - Aquarell/Papier (21x16cm-8x6in) Wien 93 .... FF**3 610** - £**431** - **$694**

CLAROT René 1882-1972 [43]
- Vieille rue - Huile/panneau (65x45cm-26x18in) Bruxelles 96 .... FF**4 600** - £**532** - **$881**
- Blankenberghe - Huile/toile (89x130cm-35x51in) Bruxelles 96 .... FF**10 160** - £**1 205** - **$1,983**
- La plage - Oil/canvas (58x75cm-23x30in) London 90 .... FF**46 500** - £**4 819** - **$8,172**

CLARY Eugène 1856-1930 [15]
- Fleurs dans les champs - Huile/toile (30x60cm-12x24in) La Varenne Saint-Hilaire 97 ..... FF**2 400** - £**259** - **$421**
- Les Andelys - Oil/canvas (45x81cm-18x32in) New-York 96 .... FF**16 000** - £**2 070** - **$3,200**
- A wooded river landscape - Oil/canvas (45x81cm-18x32in) London 90 .... FF**31 200** - £**3 142** - **$6,112**

CLARY-BAROUX Adolphe 1865-1933 [44]
- Côte rocheuse en Méditerranée - Huile/toile (50x61cm-20x24in) Calais 97 .... FF**8 500** - £**932** - **$1,492**
- Le village - Huile/toile (54x65cm-21x26in) Neuilly 97 .... FF**35 000** - £**3 476** - **$6,077**
- Petit bras de la Seine à Saint-Hiliare - Huile/toile (54x65cm-21x26in) Paris 90 .... FF**70 000** - £**7 495** - **$12,174**

CLARYS Alexander 1857-1930 [14]
- Attitude de Berger - Huile/toile (65x92cm-26x36in) Bruxelles 97 .... FF**2 618** - £**272** - **$446**
- Braques à la chasse - Huile/toile (84x119cm-33x47in) Bruxelles 97 .... FF**7 853** - £**816** - **$1,339**
- Belgian Refugees - Oil/canvas (63x101cm-25x40in) Amsterdam 97 .... FF**19 508** - £**2 075** - **$3,394**

CLASEN Carl 1812-1886 [1]
- Rudolph von Habsburg - Ink (13x16cm-5x6in) Zofingen 94 .... FF**2 010** - £**236** - **$358**

CLATER Thomas 1789-1867 [3]
- The fish seller - Oil/canvas (92x135cm-36x53in) Edinburgh 92 .... FF**48 850** - £**5 000** - **$8,600**

CLATWORTHY Robert 1928 [13]
- Cat - Bronze London 97 .... FF**32 957** - £**3 500** - **$574,15**

CLAUDE Eugène 1841-1922 [16]
- Vase de fleurs - Huile/toile (55x46cm-22x18in) Lille 97 .... FF**4 000** - £**414** - **$685**
- Pommes et poires - Huile/toile (50x60cm-20x24in) Cannes 97 .... FF**16 500** - £**1 790** - **$2,924**
- Bastkorb mit Stiefmütterchen - Öl/Leinwand (43x57cm-17x22in) Stuttgart 94 .... FF**32 600** - £**3 870** - **$6,020**

CLAUDE Georges 1854-1921 [1]
- The Sacrament in the mountains - Oil/canvas (67x104cm-26x41in) London 92 .... FF**16 560** - £**1 700** - **$3,180**

CLAUDE Jean Maxime 1824-1904 [5]
- Kinder beim Angeln - Oil/canvas (25x43cm-10x17in) München 91 .... FF**7 180** - £**738** - **$1,337**

CLAUDEL Camille 1864-1943 [44]
- L'Abandon - Bronze (62x57x57cm-24x22x22in) Paris 93 .... FF**1** - £**151 700** - **$229,000**
- Chienne affamée - Bronze (26cm-10in) New-York 92 .... FF**63 600** - £**6 440** - **$11,500**
- La Vieille Hélène - Bronze (28cm-11in) Paris 95 .... FF**178 000** - £**22 500** - **$36,000**
- Le Dieu envolé - Bronze (72cm-28in) Paris 95 .... FF**720 000** - £**91 000** - **$145,600**

CLAUDET Antoine François J. 1797-1867 [15]
- Portrait of a lady - Daguerreotype London 96 .... FF**5 960** - £**700** - **$1,173**

CLAUDET Max 1840-1893 [1]
- Femme en costume du moyen-âge - Marbre (70cm-28in) Paris 90 .... FF**11 000** - £**1 108** - **$2,155**

C

CLAUDIUS Wilhelm Ludwig H. 1854-1942 [6]
- Geschwisterbildnis - Öl/Leinwand (125x155cm-49x61in) Bremen 93 .... FF59 500 - £6 800 - **$10,110**

CLAUDOT DE NANCY Jean-Baptiste 1733-1805 [12]
- Southern landscape - Oil/canvas (68x88cm-27x35in) New-York 94 .... FF37 140 - £4 640 - **$7,500**

CLAUS Camille 1920 [4]
- L'énigme - Huile/toile (81x100cm-32x39in) Versailles 91 .... FF2 800 - £283 - **$495**

CLAUS Emile 1849-1924 [92]
- La Faneuse - Oil/canvas (130x98cm-51x39in) New-York 96 .... FF1 - £191 800 - **$290,000**
- Orage sur la Lys - Huile/toile (37x50cm-15x20in) Bruxelles 93 .... FF23 900 - £2 857 - **$4,880**
- Pietje - Huile/toile (47x35cm-19x14in) Bruxelles 94 .... FF87 600 - £10 460 - **$16,430**
- Glaneuse au crépuscule, Flandre - Huile/toile (46x55cm-18x22in) Bruxelles 95 .... FF184 300 - £24 300 - **$37,300**
- La gardeuse de vache - Huile/toile (65x92cm-26x36in) Bruxelles 96 .... FF311 600 - £36 700 - **$61,200**
- Valley of the River Lys - Oil/canvas (116x84cm-46x33in) New-York 95 .... FF688 000 - £88 700 - **$140,000**
- Entrée de Hyde Park - Lithographie Bruxelles 92 .... FF2 490 - £255 - **$438**
- Effet de soleil - Pastel/carton (32x24cm-13x9in) Bruxelles 96 .... FF12 340 - £1 570 - **$2,374**
- Soleil couchant - Pastel/papier (51x73cm-20x29in) Bruxelles 95 .... FF67 200 - £8 700 - **$13,740**

CLAUS Hugo 1929 [14]
- James Ensor verliefd - Screenprint in colors (63x39cm-25x15in) Amsterdam 97 .... FF2 195 - £230 - **$376**
- Figure - Gouache (50x34cm-20x13in) Antwerpen 93 .... FF2 966 - £355 - **$606**
- Logogramme - Watercolour/board (46x61cm-18x24in) Amsterdam 90 .... FF15 660 - £1 601 - **$3,091**

CLAUS Max 1846-1911 [2]
- Variastilleben - Öl/Leinwand (52x42cm-20x17in) Köln 93 .... FF3 500 - £401 - **$595**

CLAUS May Austin 1882-? [3]
- Beach path - Oil/canvas (23x30cm-9x12in) St. Petersburg, Florida 94 .... FF2 140 - £250 - **$375**
- Impressionistic landscape - Oil/canvas (30x41cm-12x16in) St. Petersburg, Florida 94 .... FF11 410 - £1 330 - **$2,000**

CLAUS Wilhelm 1882-1914 [1]
- Landschaft/Interieurs/Figuren - Drawing (21x28cm-8x11in) Hamburg 96 .... FF2 440 - £305 - **$472**

CLAUSADE de Jean-Louis 1865-1899 [1]
- La Seine au Quai du Louvre - Oil/canvas (46x61cm-18x24in) New-York 95 .... FF2 570 - £315 - **$500**

CLAUSADE de Pierre 1902-1976 [76]
- Bateaux de pêche au large des côtes - Huile/toile (38x46cm-15x18in) Calais 97 .... FF5 000 - £536 - **$877**
- Le Mont-Saint-Michel - Huile/toile (38x46cm-15x18in) Calais 97 .... FF8 000 - £857 - **$1,402**
- Au bord de la mer - Oil/canvas (50x61cm-20x24in) London 91 .... FF20 160 - £2 065 - **$3,764**

CLAUSELL Joaquín 1866-1935 [22]
- Interior de un Bosque - Oil/canvas/board (16x24cm-6x9in) New-York 97 .... FF85 911 - £9 157 - **$15,000**
- Paisaje marino - Oil/canvas (36x43cm-14x17in) New-York 97 .... FF109 070 - £11 582 - **$19,000**
- Paisaje - Oil/canvas (60x91cm-24x36in) New-York 97 .... FF459 240 - £48 768 - **$80,000**

CLAUSEN Christian 1808-1876 [1]
- Interior med piberygende mand - Oil/canvas (37x26cm-15x10in) København 89 .... FF5 700 - £583 - **$916**

CLAUSEN Christian Valdemar 1862-1911 [6]
- Young woman reading a letter - Oil/canvas (97x76cm-38x30in) København 96 .... FF13 160 - £1 640 - **$2,540**

CLAUSEN Franciska 1899-1986 [61]
- Opstilling med Vinkeljern - Oil/canvas (46x42cm-18x17in) København 96 .... FF45 800 - £5 680 - **$8,880**
- Modèle, Académie Moderne, Paris - Oil/canvas (56x69cm-22x27in) København 94 .... FF262 000 - £30 400 - **$45,100**
- Komposition - Drawing (20x15cm-8x6in) København 94 .... FF2 614 - £305 - **$459**
- Komposition med geometriske former - Gouache (18x13cm-7x5in) København 95 .... FF4 440 - £575 - **$903**
- Peinture Murale - Gouache/paper (25x27cm-10x11in) København 96 .... FF27 400 - £3 565 - **$5,430**

CLAUSEN George 1852-1944 [66]
- A schoolgirl - Oil/canvas (56x40cm-22x16in) London 90 .... FF1 - £130 873 - **$257,179**
- Evening - Oil/canvas (34x44cm-13x17in) London 97 .... FF16 807 - £1 800 - **$2,904**
- Little Haymakers, North Holland - Oil/canvas (36x26cm-14x10in) London 94 .... FF81 700 - £9 500 - **$14,100**
- The Farmyard, Evening - Oil/canvas (50x61cm-20x24in) London 96 .... FF122 800 - £14 000 - **$23,500**
- Boy Gathering Corn - Pastel (23x16cm-9x6in) London 97 .... FF15 873 - £1 700 - **$2,742**

CLAUSMEYER Claus 1887-1968 [7]
- Sommerblumenstrauß - Oil/cardboard (50x60cm-20x24in) Köln 90 .... FF4 700 - £503 - **$817**

CLAUZADE Marc 1957 [11]
- La Fête de la musique - Huile/isorel (120x205cm-47x81in) Paris 93 .... FF9 500 - £1 078 - **$1,608**

CLAVÉ Antoni 1913 [463]
- Gargantua, 1953 - Oil/canvas (117x67cm-46x26in) London 89 .... FF1 - £178 252 - **$280,273**
- Le bord déchiré - Technique mixte (69x50cm-27x20in) Calais 97 .... FF24 700 - £2 645 - **$4,330**
- Roi noir 58 - Huile/carton (105x75cm-41x30in) Paris 97 .... FF126 000 - £13 583 - **$22,403**
- Table au tapis - Oil/canvas (81x116cm-32x46in) London 94 .... FF214 200 - £25 000 - **$37,250**
- Niñ con parajo - Óleo/lienzo (60x61cm-24x24in) Madrid 97 .... FF437 000 - £50 000 - **$74,400**
- Homme à la pastèque - Oil/canvas (115x80cm-45x31in) New-York 91 .... FF741 000 - £75 205 - **$133,832**
- Femme-peintre au coq - Color lithograph (29x43cm-11x17in) München 96 .... FF4 175 - £542 - **$826**
- En vert et rouge - Eau-forte, aquatinte (90x63cm-35x25in) Paris 96 .... FF6 500 - £741 - **$1,245**
- Instruments étranges - Etching, aquatint in colors (78x59cm-31x23in) London 97 .... FF33 784 - £3 500 - **$5,787**
- El Titella - Bronze (46cm-18in) Versailles 95 .... FF14 000 - £1 744 - **$2,740**
- Guerrier au bouclier - Bronze (30x7x24cm-12x3x9in) Versailles 97 .... FF20 000 - £2 114 - **$3,432**
- Guerrier à la lance - Bronze (59x11x24cm-23x4x9in) Versailles 97 .... FF35 000 - £3 700 - **$6,006**
- Guerrier au bouclier - Bronze (233x60x173cm-92x24x68in) Paris 93 .... FF240 000 - £28 900 - **$43,600**
- Petit Roi - Aquarelle (12x9cm-5x4in) Paris 95 .... FF3 650 - £462 - **$738**
- Emprunt de goût - Gouache (38x30cm-15x12in) Paris 92 .... FF5 000 - £511 - **$897**
- Sans titre - Technique mixte/papier (77x57cm-30x22in) Paris 97 .... FF10 000 - £1 078 - **$1,778**
- Couple dans la rue la nuit - Gouache/papier (44x57cm-17x22in) Paris 97 .... FF21 000 - £2 220 - **$3,604**

Nature morte au poisson - Gouache (44x58cm-17x23in) Paris 95 .... FF42 000 - £5 360 - **$8,600**
Matador y parajo - Gouache (16x24cm-6x9in) Paris 90 .... FF42 000 - £4 295 - **$8,290**
Le cycliste - Ink (23x29cm-9x11in) New-York 90 .... FF42 900 - £4 564 - **$7,674**
El Picador - Gouache (75x56cm-30x22in) Paris 97 .... FF152 000 - £16 066 - **$26,083**
Les musiciens, 1953 - Gouache/papier (73x92cm-29x36in) London 89 .... FF678 000 - £69 325 - **$109,003**

CLAVÉ Y ROQUE Pelegrin 1811-1880 [2]
The rejected crown - Oil/canvas (100x138cm-39x54in) London 96 .... FF12 400 - £1 600 - **$2,430**
Decoracion: merced de Barcelona - Graphite (28x60cm-11x24in) New-York 93 .... FF76 700 - £8 720 - **$13,000**

CLAVEAU Antoine XIX [2]
Falls, Yosemite - Oil/canvas (90x122cm-35x48in) New-York 93 .... FF88 000 - £11 030 - **$16,000**
Mountainous view - Oil/canvas/paper (36x51cm-14x20in) New-York 94 .... FF6 310 - £758 - **$1,200**

CLAVERIE Justin Jules 1859-1932 [5]
Nature morte au lièvre - Huile/toile (76x101cm-30x40in) Bevaix 94 .... FF6 110 - £735 - **$1,131**
Stilleben mit Süssigkeiten - Oil/canvas (73x100cm-29x39in) Lindau 92 .... FF27 200 - £2 784 - **$4,790**

CLAVO Javier 1918-1994 [19]
Verde Suiza - Oleo/lienzo (41x33cm-16x13in) Madrid 97 .... FF15 000 - £1 612 - **$2,625**
Toledo - Oleo/lienzo (50x61cm-20x24in) Madrid 92 .... FF45 950 - £5 340 - **$9,370**
Motivo musical - Oleo/lienzo (122x203cm-48x80in) Madrid 89 .... FF189 000 - £18 806 - **$29,858**

CLAVO Vicente 1923 [6]
Marinero con redes - Oil/Leinwand (161x115cm-63x45in) Frankfurt 92 .... FF271 300 - £32 400 - **$52,200**
Torero - Print Frankfurt 92 .... FF16 950 - £2 025 - **$3,260**

CLAXTON Adelaide 1842-? [2]
Courting - Watercolour (33x45cm-13x18in) London 96 .... FF2 240 - £280 - **$435**

CLAXTON Marshall 1811-1881 [3]
Visitors to the Tower - Oil/canvas (105x186cm-41x73in) London 95 .... FF79 000 - £10 000 - **$15,880**

CLAXTON William XX [3]
Birdland, 4 am, NYC - Gelatin silver print (33x39cm-13x15in) San Francisco-Los Angeles 93 .... FF4 130 - £472 - **$700**

CLAY Alfred Barron 1831-1868 [1]
Roland Graeme's first interview - Oil/canvas (76x63cm-30x25in) London 93 .... FF62 200 - £7 500 - **$10,870**

CLAY Elizabeth C. Fisher 1871-1959 [2]
Street scene - Oil/canvas (41x49cm-16x19in) New-York 94 .... FF17 250 - £2 013 - **$3,000**

CLAY Mary F.R. ?-1939 [1]
A Spring Day in Coques - Oil/canvas (45x35cm-18x14in) North Berwick, Maine 91 ..... FF4 275 - £429 - **$740**

CLAYES Albert 1889-1967 [1]
Hoeven langs de leie - Huile/toile (48x60cm-19x24in) Lokeren 95 .... FF12 940 - £1 616 - **$2,536**

CLAYES des Gertrude 1879-1949 [4]
Young Girl - Oil/canvas (30x25cm-12x10in) Toronto 96 .... FF7 600 - £968 - **$1,462**
Nature morte au bouquet de roses - Pastel/papier (46x37cm-18x15in) Montréal 96 .... FF3 034 - £289 - **$440**

CLAYETTE Pierre XX [7]
Apparition - Gouache (60x45cm-24x18in) Paris 90 .... FF3 500 - £363 - **$615**

CLAYS Paul Jean 1819-1900 [54]
Shipping at sea - Oil/canvas/panel (18x26cm-7x10in) Amsterdam 95 .... FF4 325 - £523 - **$814**
Marine par temps calme - Huile/panneau (30x22cm-12x9in) Bruxelles 97 ...... FF12 263 - £1 320 - **$2,138**
The return of the fishing fleet - Oil/canvas (110x150cm-43x59in) Amsterdam 94 .... FF33 700 - £4 015 - **$6,410**
Bassin des pêcheurs Ostende - Oil/canvas (76x110cm-30x43in) Amsterdam 92 .... FF96 400 - £11 510 - **$18,550**
Ships on calm seas - Watercolour/paper (33x49cm-13x19in) New-York 95 .... FF16 350 - £2 037 - **$3,200**

CLAYTON Harold 1896-1979 [23]
Assorted flowers on a stone ledge - Oil/canvas (51x61cm-20x24in) London 96 .... FF20 230 - £2 500 - **$3,910**
Summer Splendour - Oil/canvas (51x61cm-20x24in) London 95 .... FF50 200 - £6 500 - **$10,270**
Spring flowers in a sculpted vase - Oil/canvas (56x66cm-22x26in) London 93 ...... FF102 300 - £11 500 - **$17,130**

CLAYTON J. Hughes XIX-XX [5]
Half Timbered Cottages - Watercolour (25x36cm-10x14in) Sandbach, Cheshire 92 ... FF9 770 - £1 000 - **$2,035**

CLAYTON Joseph Hughes c.1870-c.1930 [14]
Mouth of the Conway - Wash London 91 .... FF6 450 - £648 - **$1,116**

CLEEF van Théo XX [7]
Paysage d'hiver - Huile/panneau (20x25cm-8x10in) Avignon 93 .... FF2 200 - £262 - **$400**

CLEEMPUT van Jean 1881-? [2]
La barque blanche - Huile/toile (70x102cm-28x40in) Bruxelles 96 .... FF2 470 - £308 - **$477**

CLEENEWERCK Henry 1818-1901 [2]
Guajiros en el Camino, Cuba - Oil/canvas (58x93cm-23x37in) New-York 95 .... FF178 500 - £22 300 - **$35,000**

CLEFF Walter 1870-? [1]
Der Obstgarten - Oil/canvas (71x101cm-28x40in) Köln 90 .... FF8 800 - £909 - **$1,555**

CLEGG & GUTTMAN Michael/Martin 1957 [9]
Still Life - Cibachrome print (110x140cm-43x55in) New-York 95 .... FF17 820 - £2 230 - **$3,600**

CLEGG Ernest XX [2]
Perth, australian navy - Wash (34x49cm-13x19in) Toronto 91 .... FF1 935 - £196 - **$349**

CLELAND Mary Alberta 1876-1919 [3]
Quebec sleigh scene - Huile/toile (61x71cm-24x28in) Québec 89 .... FF5 400 - £569 - **$909**

CLEMENCIN François André 1878-1950 [2]
Celuy quy fut pris - Bronze (38cm-15in) Paris 91 .... FF10 000 - £1 008 - **$1,735**

CLEMENS Curt 1911-1947 [23]
Mannequins - Oil/canvas (61x73cm-24x29in) Stockholm 95 .... FF8 510 - £1 064 - **$2,170**

C

Hötorget, 1938 - Oil/canvas (43x53cm-17x21in) Stockholm 89 .... FF**28 100** - £2 873 - **$4,518**

Kvinna i landskap - Pastel (35x63cm-14x25in) Stockholm 96 .... FF**2 444** - £317 - **$484**

CLEMENS Gustaf Adolf 1870-1918 [4]
Hoved af en jagthund - Oil/canvas (25x28cm-10x11in) København 91 .... FF**2 460** - £247 - **$451**

CLEMENS Johan Frederik 1749-1831 [7]
Bataillen d. 2.April 1801 - Engraving København 92 .... FF**2 803** - £335 - **$539**

CLEMENS Paul Lewis 1911-1992 [8]
Side Show Barker - Oil/canvas (66x91cm-26x36in) San Francisco-Los Angeles 94 .... FF**19 500** - £2 303 - **$3,500**

CLEMENSAC Ferdinand 1885-1970 [1]
Déclin du jour, Gorges de Rentières
  Huile/panneau (21x35cm-8x14in) Clermont-Ferrand 95 .... FF**2 000** - £249 - **$390**

CLÉMENT Alain 1941 [3]
Peinture en 9 éléments - Acrylique/toile (205x160cm-81x63in) Paris 95 .... FF**19 000** - £2 524 - **$3,920**

CLEMENT Charles 1889-1972 [6]
Rue du Pré - Huile/toile (61x50cm-24x20in) Bern 96 .... FF**14 470** - £1 838 - **$2,783**

Par temps d'orage, Fay - Crayon (28x41cm-11x16in) Bern 94 .... FF**2 270** - £273 - **$442**

CLÉMENT Charles 1868-1932 [4]
Clochards am Strassenrand - Aquarell (31x43cm-12x17in) Bern 92 .... FF**5 210** - £532 - **$917**

CLEMENT Félix 1826-1888 [2]
Circasienne au harem - Huile/toile (42x66cm-17x26in) Paris 95 .... FF**182 000** - £23 900 - **$36,500**

CLEMENT Gad Frederik 1867-1933 [5]
Stueinterior med mor og to piger - Oil/canvas (35x42cm-14x17in) Vejle 90 .... FF**16 700** - £1 800 - **$2,945**

CLÉMENT Jean-Pierre 1943 [7]
Composition - Acrylique/toile (81x100cm-32x39in) Paris 93 .... FF**3 500** - £422 - **$637**

CLÉMENT Joseph M. 1894-? [2]
Colonial street scene - Gouache (25x46cm-10x18in) New-York 93 .... FF**2 803** - £319 - **$475**

CLÉMENT Max 1912 [20]
Flusslandschaft - Öl/Leinwand (49x40cm-19x16in) Bern 93 .... FF**4 190** - £500 - **$805**

CLÉMENT Serge 1933 [2]
L'alchimiste - Huile/toile (56x46cm-22x18in) Paris 90 .... FF**12 000** - £1 277 - **$2,147**

CLÉMENT Thérèse 1889-1984 [4]
L'entrée des Souks, Maroc - Huile/toile (73x60cm-29x24in) Paris 96 .... FF**5 000** - £627 - **$967**

CLÉMENT-RENÉ Paul Henri XIX-XX [8]
Pélican au bord du lac - Huile/isorel (34x39cm-13x15in) Paris 90 .... FF**3 500** - £352 - **$686**

Singe et paon sur une branche - Fusain (72x60cm-28x24in) Paris 90 .... FF**4 000** - £403 - **$784**

CLÉMENT-SERVEAU 1886-1972 [91]
Nu assoupi - Huile/toile (100x72cm-39x28in) Neuilly 96 .... FF**4 500** - £530 - **$884**

Nu allongé - Huile/toile (64x91cm-25x36in) Paris 96 .... FF**15 000** - £1 930 - **$2,973**

Nature morte au comptier - Huile/panneau (117x89cm-46x35in) Paris 97 .... FF**80 000** - £8 752 - **$13,936**

Nature morte au pichet - Gouache Saint-Dié 95 .... FF**5 800** - £744 - **$1,143**

CLEMENTE Francesco 1952 [132]
The midnight sun IX - Oil/canvas (199x250cm-78x98in) New-York 92 .... FF**1** - £139 400 - **$240,000**

Yellow of Black - Mixed media/canvas (102x122cm-40x48in) London 92 .... FF**167 500** - £20 000 - **$32,200**

Woman - Oil/canvas (71x81cm-28x32in) New-York 94 .... FF**228 400** - £26 800 - **$40,000**

Isola - Oil/canvas (188x132cm-74x52in) New-York 95 .... FF**594 000** - £74 200 - **$120,000**

Untitled - Monotype London 97 .... FF**56 285** - £6 000 - **$9,827**

Fonetica Interiore - Watercolour (31x23cm-12x9in) New-York 95 .... FF**32 900** - £4 365 - **$6,800**

Untitled - Watercolour/paper (32x32cm-13x13in) London 97 .... FF**140 714** - £15 000 - **$24,568**

Broken hearts - Watercolour/paper (301x114cm-119x45in) New-York 97 .... FF**406 980** - £42 735 - **$70,000**

CLEMENTS George Henry 1854-1935 [4]
French village scene - Oil/canvas (33x28cm-13x11in) Mystic, Connecticut 96 .... FF**8 580** - £1 116 - **$1,700**

Corner of the vegetable market
  Watercolour/paper (18x25cm-7x10in) St. Petersburg, Florida 95 .... FF**2 102** - £252 - **$400**

CLEMENTS Grace 1905-1969 [1]
Integration - Oil/canvas (61x76cm-24x30in) San Francisco-Los Angeles 91 .... FF**29 960** - £2 995 - **$4,934**

CLEMENTS H. XIX-XX [2]
Anglers in a river landscape - Oil/canvas (46x61cm-18x24in) London 92 .... FF**3 900** - £400 - **$748**

CLEMENTSCHITSCH Arnold 1887-1970 [9]
Motiv aus Heidelberg (?) - Öl/Leinwand (94x67cm-37x26in) Wien 95 .... FF**30 350** - £3 790 - **$6,130**

Familienausflug - Öl/Karton (38x46cm-15x18in) München 96 .... FF**162 700** - £20 400 - **$31,400**

Marktszene - Aquarell/Papier (28x20cm-11x8in) Wien 94 .... FF**14 650** - £1 696 - **$2,520**

CLEMENTSCHITSCH Maria 1891-? [1]
Bildnis zweier Frauen - Öl/Leinwand (100x73cm-39x29in) Wien 93 .... FF**9 900** - £1 162 - **$1,646**

CLEMENTZ Hermann 1852-1930 [2]
Portrait of a boy - Oil/canvas (50x43cm-20x17in) Malmö 92 .... FF**6 320** - £756 - **$1,217**

Flitterwochen - (55x74cm-22x29in) London 96 .... FF**84 700** - £11 000 - **$16,760**

CLEMINSON Robert XIX [65]
A Highland Family - Oil/canvas (76x127cm-30x50in) London 95 .... FF**10 260** - £1 300 - **$2,064**

Waiting with the bag/On the moor - Oil/canvas (91x71cm-36x28in) Glasgow 96 .... FF**38 600** - £5 000 - **$7,550**

CLENELL Luke 1781-1840 [4]
The baggage wagon - Oil/canvas (84x126cm-33x50in) London 92 .... FF**11 720** - £1 200 - **$2,070**

Figures & sheep beside moored boats
  Watercolour/paper (40x58cm-16x23in) London 90 .... FF**36 800** - £3 706 - **$6,691**

CLENIN Walter 1897-1988 [4]
🖼 *Blick auf Wabern* - Öl/Karton (27x36cm-11x14in) Bern 92 .... FF2 976 - £304 - $524
✎ *Der Malerfreund Traugott Senn* - Pencil Zofingen 92 .... FF1 674 - £171 - $295
CLERC Pierre 1923-1984 [15]
🖼 *Composition* - Huile/toile (100x100cm-39x39in) Paris 93 .... FF7 000 - £875 - $1,273
CLERC Serge 1957 [8]
✎ *Desperate times* - Mine plomb (33x38cm-13x15in) Paris 91 .... FF4 200 - £417 - $729
CLERCK de Jan 1881-1962 [10]
🖼 *Navire et remorqueur* - Huile/toile (71x60cm-28x24in) Paris 95 .... FF22 000 - £2 866 - $4,520
🖼 *Fishing boats* - Gouache/paper (49x68cm-19x27in) Amsterdam 93 .... FF16 520 - £1 980 - $3,020
CLERCK de Oscar 1892-1968 [6]
🗿 *Nu drapé* - Céramique (87cm-34in) Bruxelles 96 .... FF13 130 - £1 520 - $2,516
CLERCQ de Alphonse 1868-1945 [17]
🖼 *Sous-bois avec berger* - Huile/toile (38x59cm-15x23in) Antwerpen 97 .... FF5 549 - £595 - $972
CLERCQ de Hugo 1930 [2]
🖼 *Lijnen* - Huile/toile (120x120cm-47x47in) Lokeren 96 .... FF2 500 - £323 - $494
CLERCQ de Louis 1836-1901 [4]
📷 *Séville, Alcazar, Espagne* - Tirage albuminé (21x28cm-8x11in) Paris 92 .... FF4 500 - £461 - $810
CLERCQ de Paul Jan 1891-1964 [14]
🖼 *De Kallebeek-Veer te Hemiksen* - Huile/toile (60x86cm-24x34in) Lokeren 92 .... FF7 300 - £748 - $1,285
La rade d'Anvers - Huile/toile (80x100cm-31x39in) Antwerpen 95 .... FF48 400 - £6 060 - $9,630
CLERE Camille 1825-? [1]
🖼 *Famille de paysans d'Albano* - Huile/toile (86x70cm-34x28in) Paris 93 .... FF62 000 - £7 470 - $11,270
CLERE Georges P. 1819-1901 [1]
🗿 *Le Salut de l'Archange* - Bronze Quimper 95 .... FF7 900 - £987 - $1,596
CLEREN Jean-Paul 1940 [7]
🖼 *Der Kuss* - Farblithographie (75x55cm-30x22in) Bern 91 .... FF1 980 - £200 - $344
🗿 *La main heureuse* - Bronze poli (27cm-11in) Saint-Dié 93 .... FF3 000 - £362 - $546
CLERENS Jef 1875-? [1]
✎ *Weert Saint-Georges* - Aquarelle (27x46cm-11x18in) Bruxelles 90 .... FF1 600 - £170 - $286
CLERGÉ Auguste 1891-1963 [28]
🖼 *Romorantin* - Huile/toile (51x100cm-20x39in) Paris 97 .... FF2 500 - £274 - $439
Paris, les Lilas, zone sous la neige - Huile/toile (60x80cm-24x31in) Versailles 93 .... FF6 000 - £723 - $1,091
Jeune femme aux gants noirs - Huile/toile (73x54cm-29x21in) Biarritz 90 .... FF13 500 - £1 360 - $2,455
CLERGERIE Yvonne 1942 [11]
🗿 *Élodie* - Bronze (39cm-15in) Neuilly 96 .... FF5 000 - £589 - $982
Lecture - Bronze (36x49cm-14x19in) La Varenne Saint-Hilaire 91 .... FF14 000 - £1 438 - $2,606
Le poème - Bronze (36cm-14in) La Varenne Saint-Hilaire 94 .... FF20 000 - £2 326 - $3,460
CLERGET Alexandre 1856-1931 [2]
🗿 *A naked maiden* - Marble (36cm-14in) London 90 .... FF9 700 - £1 002 - $1,714
CLERGET Hubert 1818-1899 [5]
✎ *Le château de Lapalisse* - Crayons couleurs (14x22cm-6x9in) Paris 94 .... FF2 200 - £259 - $389
CLERGUE Lucien 1934 [40]
📷 *El Cordobès* - Tirage albuminé (30x39cm-12x15in) Paris 96 .... FF2 000 - £228 - $383
Study, Judy Dater - Unique collage of 9 Polaroid sx-70 prints mounted (25x24cm-10x9in) San Francisco-Los Angeles 95.
FF4 485 - £585 - $900
CLÉRICE Charles 1865-? [1]
🖼 *La Relique du Bonheur* - Affiche (120x160cm-47x63in) Nice 93 .... FF1 500 - £181 - $273
CLERICI Fabrizio 1913-1993 [23]
🖼 *Petite aube artique* - Huile/toile (27x40cm-11x16in) Paris 95 .... FF15 000 - £1 906 - $3,074
Senza titolo - Acrilico/tavola (70x100cm-28x39in) Prato 97 .... FF34 000 - £4 000 - $6,000
✎ *Trompe l'oeil aux corsets* - Watercolour, gouache/paper (17x44cm-7x17in) London 95...... FF13 130 - £1 700 - $2,690
CLERISSEAU Charles Louis 1721-1820 [23]
✎ *A ruined Loggia with Figures* - Watercolour (29x23cm-11x9in) New-York 97 .... FF17 738 - £1 974 - $3,200
The Temple of Augustus at Pola - Bodycolour (38x47cm-15x19in) London 90 .... FF77 500 - £8 351 - $13,668
Peasants dancing among classical ruins
Gouache (58x45cm-23x18in) New-York 90 .... FF231 000 - £23 740 - $43,000
CLERMONT DE GALLERANDE Adhémar Louis ?-1895 [5]
🖼 *On the Scent* - Oil/canvas (73x100cm-29x39in) London 96 .... FF42 400 - £5 500 - $8,380
CLERTÉ Jean 1930 [19]
🖼 *Bocage, 1960* - Huile/toile (50x100cm-20x39in) Paris 90 .... FF3 000 - £319 - $537
Chasse à courre no.3 - Huile/toile (100x81cm-39x32in) Douai 90 .... FF13 000 - £1 309 - $2,364
✎ *Sans titre* - Aquarelle/papier (100x61cm-39x24in) Paris 95 .... FF4 000 - £532 - $825
CLERVAUX Auguste XX [2]
🖼 *Paradis terrestre* - Oil/canvas (90x149cm-35x59in) New-York 96 .... FF25 560 - £2 615 - $4,500
CLESINGER Jean-Bapt., Auguste 1814-1883 [38]
🗿 *Combat de taureaux romains* - Bronze (24cm-9in) Paris 97 .... FF6 800 - £722 - $1,184
Léda et le Cygne - Bronze (40x74cm-16x29in) Paris 97 .... FF19 500 - £2 048 - $3,342
Sapho tenant sa lyre - Marbre (81cm-32in) Paris 92 .... FF280 000 - £28 750 - $53,800
CLESSE Louis 1889-1961 [90]
🖼 *La minque à Ostende* - Huile/panneau (45x65cm-18x26in) Bruxelles 97 .... FF9 489 - £1 003 - $1,641
La Senne en hiver - Huile/toile (80x100cm-31x39in) Bruxelles 96 .... FF36 760 - £4 715 - $7,250

Attente à Étaples - Pastel (70x83cm-28x33in) Antwerpen 93 .... FF*25 870* - £*2 960* - **\$4,400**

CLEVE JON-AND Agnes 1876-1951 [3]
Stadsmotiv - Oil/canvas (60x73cm-24x29in) Göteborg 95 .... FF*7 810* - £*1 011* - **\$1,600**

CLEVE Oscar 1906-1991 [2]
Ris men/De och vi/Rätt ställe/Jag är.. - Drawing Stockholm 92 .... FF*1 510* - £*155* - **\$266**

CLEVE-JONAND Agnes 1876-1951 [1]
Rött och blatt - Oil/canvas (58x46cm-23x18in) Stockholm 89 .... FF*7 500* - £*790* - **\$1,263**

CLEVELEY John I c.1712-1777 [7]
Royal yachts - Oil/canvas (89x127cm-35x50in) New-York 94 .... FF*2* - £*338 000* - **\$500,000**

CLEVELEY Robert 1747-1809 [16]
Marine - Oil/canvas (105x151cm-41x59in) London 92 .... FF*125 600* - £*15 000* - **\$24,160**
From Battersea Bridge - Watercolour (9x12cm-4x5in) Billinghurst, West Sussex 94 .... FF*2 544* - £*300* - **\$453**
Fishermen on the foreshore at low tide - Watercolour (26x37cm-10x15in) London 96........ FF*13 580* - £*1 600* - **\$2,670**

CLEVENBERGH Charles Antoine 1791-? [3]
Woman at a Casement - Oil/panel (32x25cm-13x10in) New-York 97 .... FF*18 203* - £*1 959* - **\$3,200**

CLEVER Yuliy Yulievich 1850-1924 [1]
Autumn road - Oil/canvas (89x66cm-35x26in) Moscow 93.. FF*235 300* - £*26 830* - **\$40,000**

CLEVER Yuly Ylievich 1882-1942 [1]
Red currant, roses and a jug - Oil/canvas (43x61cm-17x24in) Moscow 93.................... FF*7 080* - £*806* - **\$1,200**

CLEYNHENS Theodoor 1841-1916 [1]
Mother feeding her child - Oil/panel (26x28cm-10x11in) London 95 .... FF*2 350* - £*300* - **\$480**

CLIFFORD Edward 1844-1907 [10]
Astrologia - Oil/canvas (56x46cm-22x18in) London 90 .... FF*14 100* - £*1 426* - **\$2,682**
Merlin and Nimue - Watercolour (63x51cm-25x20in) London 92 .... FF*15 460* - £*2 000* - **\$3,160**

CLIFFORD Henry Charles 1861-1947 [7]
Street scene - Oil/panel Penzance, Cornwall 92 .... FF*3 270* - £*380* - **\$667**

CLIFT William B. Clift III 1944 [12]
Shadow, 1970s - Silver print (33x48cm-13x19in) New-York 96 .... FF*10 310* - £*1 325* - **\$2,000**

CLIFTON John S. c.1830-c.1890 [2]
Love - Oil/canvas (109x86cm-43x34in) New-York 95 .... FF*112 400* - £*14 000* - **\$22,000**

CLIME Winfield Scott 1881-1958 [3]
Old Saybrook farm scene - Oil/board (28x41cm-11x16in) Mystic, Connecticut 94 .... FF*2 776* - £*361* - **\$550**

CLINEDINST Benjamin West 1860-1931 [2]
The remedy - Oil/canvas (114x109cm-45x43in) New-York 92 .... FF*26 950* - £*3 130* - **\$5,500**
Woman walking in the snow - Watercolour (36x28cm-14x11in) New-York 95 .... FF*5 550* - £*700* - **\$1,100**

CLINT Alfred 1807-1883 [10]
Wooded landscape - Oil/canvas (100x127cm-39x50in) København 95 .... FF*7 470* - £*904* - **\$1,407**
Landscape - Oil/canvas (100x127cm-39x50in) København 92 .... FF*16 720* - £*1 710* - **\$3,480**

CLINT George 1770-1854 [6]
The Leicestershire Lass - Oil/canvas (10x86cm-4x34in) New-York 95 .... FF*64 000* - £*8 370* - **\$13,000**

CLOAR Carroll 1913-1994 [5]
Josie Sanders, Old Crittenden Depot
    Oil/board (58x86cm-23x34in) San Francisco-Los Angeles 96 .... FF*104 400* - £*12 080* - **\$20,000**

CLOCHARD William Marcel 1894-1990 [8]
Village sous la neige - Huile/toile (46x55cm-18x22in) Chartres 91 .... FF*4 500* - £*451* - **\$824**

CLODION Claude Michel 1738-1814 [17]
Bacchanalia - Bronze (58x30cm-23x12in) Lokeren 96 .... FF*13 960* - £*1 726* - **\$2,697**
Faune enlevant une bacchante - Terre cuite (36cm-14in) Paris 93 .... FF*140 000* - £*17 500* - **\$25,450**

CLONNEY James Goodwyn 1812-1867 [2]
Mother's Watch - Oil/canvas (67x53cm-26x21in) New-York 97 .... FF*35 006* - £*3 675* - **\$6,000**

CLOSE Chuck 1940 [31]
Georgia-Fingerpainting - Acrylic/canvas (122x97cm-48x38in) New-York 96 .... FF*1* - £*150 000* - **\$250,000**
Richard A. - Mixed media/board (21x18cm-8x7in) New-York 94................................. FF*34 260* - £*4 020* - **\$6,000**
Nat (Five Color States)
    Unique 5 dye transfer print sequence (64x267cm-25x105in) New-York 95 .... FF*109 100* - £*13 910* - **\$22,000**
Phil - Ink (39x28cm-15x11in) New-York 96 .... FF*134 600* - £*17 380* - **\$26,000**

CLOSON Henri Jean 1888-1975 [1]
Composition abstraite - Huile/toile (63x54cm-25x21in) Paris 97 .... FF*9 000* - £*974* - **\$1,591**

CLOSS Gustav Paul 1840-1870 [1]
Bachlandschaft mit Bauernhaus - Oil/canvas (27x42cm-11x17in) Stuttgart 91........... FF*17 640* - £*1 752* - **\$3,063**

CLOSSON William Baxter P. 1848-1926 [3]
Potting the Plant - Oil/canvas Cambridge, Mass. 90... FF*8 600* - £*915* - **\$1,538**

CLOSTERMAN Johan Baptist 1660-1713 [6]
Lord Henry Scott - Oil/canvas (122x96cm-48x38in) London 96 .... FF*71 800* - £*9 000* - **\$13,960**

CLOSTRE Fernand ?-1927 [1]
Militaire français - Sculpture (34cm-13in) Lokeren 93 .... FF*5 440* - £*650* - **\$990**

CLOUARD Albert 1866-1952 [84]
Procession aux lampions - Huile/carton (28x41cm-11x16in) Rennes 92 .... FF*15 000* - £*1 790* - **\$2,885**
Les pins maritimes - Huile/carton (34x52cm-13x20in) Rennes 92 .... FF*32 000* - £*3 820* - **\$6,150**
Les Bineuses sous les arbres - Huile/carton (40x57cm-16x22in) Rennes 92................ FF*200 000* - £*23 870* - **\$38,500**

CLOUET E. XIX-XX [2]
Cycles Clesse - Affiche (136x98cm-54x39in) Boulogne 96 .... FF*10 000* - £*1 306* - **\$2,000**

CLOUET Félix ?-1882 [1]
🖼 *Nature morte au lièvre* - Huile/toile (43x50cm-17x20in) Bayeux 94 .... FF2 600 - £311 - **$488**

CLOUGH George Lafayette 1824-1901 [11]
🖼 *Mill by a river* - Oil/canvas (36x56cm-14x22in) Boston, Mass. 93 .... FF17 730 - £2 013 - **$3,000**

CLOUGH Prunella 1919 [23]
🖼 *Landscape* - Oil/canvas (23x31cm-9x12in) London 95 .... FF18 070 - £2 400 - **$3,725**
Nets and Anchor - Oil/canvas/board (70x50cm-28x20in) London 96 .... FF58 900 - £7 500 - **$11,340**
🖉 *Chemical works* - Watercolour (37x57cm-15x22in) London 97 .... FF3 959 - £420 - **$682**

CLOUGH Tom 1867-1943 [19]
🖉 *The road to the harbour* - Watercolour (44x65cm-17x26in) Billinghurst, West Sussex 93 .... FF6 150 - £700 - **$1,043**
Fetching water - Watercolour (59x81cm-23x32in) Billinghurst, West Sussex 93 .... FF21 950 - £2 500 - **$3,725**

CLOUTIER Albert Edward 1902-1965 [8]
🖼 *Fishing Shacks* - Huile/toile (26x34cm-10x13in) Montréal 95 .... FF2 900 - £382 - **$583**

CLOUTIER François 1922 [6]
🗿 *La femme en courbes* - Bronze (31x14x16cm-12x6x6in) Paris 92 .... FF20 000 - £2 054 - **$3,850**

CLOWES Daniel 1774-1829 [10]
🖼 *Ferry at Eccleston, River Dee, Cheshire* - Oil/canvas (86x97cm-34x38in) London 95 .... FF40 740 - £5 200 - **$8,340**

CLUNIE Robert 1895-1984 [3]
🖼 *Lake Mary, High Sierras*
     Oil/canvas (66x76cm-26x30in) San Francisco-Los Angeles 93 .... FF25 100 - £2 850 - **$4,250**

CLUSEAU-LANAUVE Jean 1914 [22]
🖼 *Dordrecht, les quais aux remorqueurs* - Huile/toile (38x46cm-15x18in) Versailles 93 .... FF4 000 - £482 - **$728**
Lumière d'automne, rue Royale - Huile/toile (33x41cm-13x16in) Versailles 90 .... FF8 000 - £806 - **$1,455**
Jeune fille aux oliviers, Provence - Huile/toile (60x73cm-24x29in) Versailles 91 .... FF23 000 - £2 306 - **$3,797**

CLUSERET Gustave 1823-1900 [2]
🖉 *Outside, Suleyman Mosque, Istanbul* - Pastel (61x43cm-24x17in) London 96 .... FF12 140 - £1 500 - **$2,345**

CLUSMANN William 1859-1927 [3]
🖼 *Decemberg Morning* - Oil/canvas (76x102cm-30x40in) Chicago 94 .... FF5 260 - £632 - **$1,000**

CLUTE Walter Marshall 1870-1915 [1]
🖼 *Sitzendes Mädchen im Garten* - Öl/Karton (22x15cm-9x6in) München 93 .... FF9 150 - £1 094 - **$1,760**

CLÜVER Bernt 1897-1941 [10]
🖼 *Landskap fra Jaeren* - Oil/canvas (50x68cm-20x27in) Oslo 92 .... FF9 550 - £977 - **$1,682**

CLUYSENAAR Alfred Jean André 1837-1902 [7]
🖼 *Homme nu couché au lézard* - Oil/canvas (162x250cm-64x98in) Amsterdam 93 .... FF18 700 - £2 142 - **$3,186**

CLUYSENAAR André 1872-1939 [2]
🖼 *Le Modèle* - Huile/panneau (38x30cm-15x12in) Bruxelles 94 .... FF5 650 - £680 - **$1,048**

CLUZEAU Antoine Pierre 1884-? [1]
🖉 *Démolition du pont des Tournelles* - Dessin (26x34cm-10x13in) Troyes 94 .... FF2 100 - £223 - **$376**

CLYMER James 1893-? [1]
🖼 *Spanish mountains riders* - Oil/canvas (102x127cm-40x50in) Mystic, Connecticut 92 .... FF4 410 - £513 - **$900**

CLYMER John Ford 1907-1989 [12]
🖼 *Cavaliers at table* - Oil/canvas (51x92cm-20x36in) New-York 94 .... FF17 120 - £1 996 - **$3,000**
Thundering Hoofs - Oil/board (76x101cm-30x40in) New-York 97 .... FF466 744 - £49 008 - **$80,000**

COALE Griffith Baily 1890-1950 [1]
🖼 *USS San Francisco in Night Action* - Oil/canvas (35x127cm-14x50in) New-York 91 .... FF14 720 - £1 494 - **$2,659**

COATES Edmund C. 1816-1871 [4]
🖼 *Vies of Caldwell's Landing* - Oil/canvas (75x92cm-30x36in) New-York 93 .... FF44 250 - £5 030 - **$7,500**

COATES George James 1869-1930 [1]
🖼 *Spanish dancer* - Oil/canvas (76x51cm-30x20in) Chicago 93 .... FF3 850 - £483 - **$700**

COATES Tom 1941 [6]
🖼 *The Artist's model* - Oil/canvas (76x50cm-30x20in) London 94 .... FF3 420 - £400 - **$600**
Barry Hills' Prince going at Lambourn - Oil/canvas (51x61cm-20x24in) London 96 .... FF16 980 - £2 000 - **$3,334**

COBB David 1921 [3]
🖼 *The Lonely Sea* - Oil/canvas (76x101cm-30x40in) London 97 .... FF10 319 - £1 100 - **$1,801**

COBBAERT Jan 1909-1995 [37]
🖼 *Vue de village* - Huile/toile (40x50cm-16x20in) Antwerpen 97 .... FF4 095 - £432 - **$710**
Kleurencompositie - Huile/toile (100x90cm-39x35in) Lokeren 95 .... FF20 700 - £2 585 - **$4,060**
De familie - Huile/toile (110x100cm-43x39in) Antwerpen 96 .... FF36 100 - £4 370 - **$7,010**
🖉 *Figure* - Gouache/papier (36x36cm-14x14in) Lokeren 95 .... FF5 180 - £647 - **$1,014**

COBBETT Edward John 1815-1899 [12]
🖼 *Pensive girl with dog, sunset* - Oil/canvas (71x91cm-28x36in) Toronto 95 .... FF21 950 - £2 870 - **$4,400**

COBELLE Charles 1902 [27]
🖼 *Horse race* - Oil/canvas (41x51cm-16x20in) Detroit, Michigan 94 .... FF6 490 - £739 - **$1,100**

COBET Fritz 1885-1963 [2]
🖼 *Am Wasser* - Öl/Leinwand (47x59cm-19x23in) Bremen 94 .... FF4 460 - £517 - **$767**

COBLITZ Louis c.1810-c.1880 [9]
🖼 *Pfälzische Landschaft* - Öl/Leinwand (27x35cm-11x14in) Heidelberg 96 .... FF21 000 - £2 590 - **$4,055**
🖉 *Junge Frau* - Aquarell/Papier (17x16cm-7x6in) Heidelberg 94 .... FF6 100 - £753 - **$1,177**

COBO Chema 1952 [9]
🖼 *Between before & after...* - Oil/canvas (143x124cm-56x49in) New-York 91 .... FF29 900 - £3 021 - **$5,936**
🖉 *She* - Acuarela/papel (30x45cm-12x18in) Madrid 95 .... FF8 010 - £1 000 - **$1,616**

COBURN Alvin Langdon 1882-1966 [39]
Cloud study - Photogravure (20x15cm-8x6in) London 94 .... FF4 260 - £500 - $746
The Temple of Ohm, Grand Cañyon
  Gum-platinum print (40x32cm-16x13in) New-York 96 .... FF199 200 - £25 700 - $39,000
COBURN Frank 1862-1938 [4]
Los Angeles Park scene
  Oil/canvas (51x61cm-20x24in) San Francisco-Los Angeles 92 .... FF36 750 - £4 270 - $7,500
COBURN Frederick Simpson 1871-1960 [47]
Grey Day - Oil/board (21x39cm-8x15in) Toronto 96 .... FF6 590 - £791 - $1,262
Logging - Oil/canvas (43x57cm-17x22in) Toronto 94 .... FF45 000 - £5 260 - $7,930
Two horse-drawn sleighs - Oil/canvas (62x80cm-24x31in) Toronto 92 .... FF120 400 - £12 320 - $21,200
COCAGNE Paul 1907-1984 [5]
Abstraction - Huile/panneau (90x69cm-35x27in) Liège 95 .... FF5 120 - £654 - $1,050
COCCO di Francesco 1900-1989 [2]
Natura morta con melone e uva - Olio/tela (70x50cm-28x20in) Trieste 95 .... FF2 770 - £351 - $540
La mongolfiera, c.1930 - Sanguigna/papier (20x26cm-8x10in) Roma 90 .... FF5 500 - £593 - $970
COCCORANTE Leonardo 1680-1750 [21]
Capriccio of ruins with peasants - Oil/canvas (127x101cm-50x40in) London 93 .... FF281 000 - £32 000 - $47,700
COCEANI Antonio 1894-? [1]
Piccola spiaggia - Olio/cartone (24x35cm-9x14in) Trieste 95 .... FF5 240 - £663 - $1,020
COCHEREAU Léon Mathieu 1793-1817 [2]
Portrait d'un noir - Huile/toile (46x38cm-18x15in) Monaco 95 .... FF100 000 - £12 970 - $20,630
Atelier de David - Huile/toile (91x103cm-36x41in) Monaco 91 .... FF260 000 - £26 070 - $42,918
COCHET Gérard 1888-1969 [5]
La servante - Huile/toile (41x33cm-16x13in) Paris 97 .... FF4 500 - £491 - $787
COCHIN Charles-Nicolas I 1688-1754 [7]
A Turk in ceremonial coat - Black chalk (21x10cm-8x4in) London 90 .... FF31 000 - £3 122 - $5,636
François Boucher - Pierre noire (10cm-4in) Paris 94 .... FF110 000 - £13 200 - $21,360
COCHIN Charles-Nicolas II 1715-1790 [19]
Ruggiero rescued/Ruggiero consoled - Chalks (19x13cm-7x5in) New-York 97 .... FF66 518 - £7 404 - $12,000
COCHIN Nicolas 1610-1686 [1]
La pharmacie - Gravure (38x31cm-15x12in) Paris 92 .... FF12 000 - £1 228 - $2,113
COCHRAN Allen Dean 1888-1935 [11]
Winter scene of brook - Oil/board (38x28cm-15x11in) South Deerfield, Mass. 94 .... FF5 850 - £677 - $1,000
COCHRANE Hellen Lavinia XX [2]
Figures waiting for ferry at Venice - Watercolour (23x36cm-9x14in) Leamington Spa 95 .... FF1 550 - £190 - $302
COCK de César 1823-1904 [45]
Ramasseuse de fagots - Huile/panneau (39x34cm-15x13in) Saint-Dié 97 .... FF13 500 - £1 525 - $2,444
Vue forestière à Barbizon - Huile/papier/panneau (45x60cm-18x24in) Bruxelles 97 .... FF26 994 - £2 821 - $4,620
Lavandières - Huile/toile (68x48cm-27x19in) Bruxelles 95 .... FF97 000 - £12 270 - $18,960
COCK de Gilbert 1928 [23]
Acheron - Huile/toile (100x100cm-39x39in) Antwerpen 92 .... FF5 270 - £630 - $1,014
Porte Dorée - Huile/toile (80x95cm-31x37in) Antwerpen 95 .... FF13 540 - £1 730 - $2,720
Composition - Gouache (30x40cm-12x16in) Antwerpen 94 .... FF2 146 - £247 - $367
COCK de Jan Claudius 1668-1735 [7]
A philosopher - Red chalk (18x20cm-7x8in) Amsterdam 93 .... FF5 530 - £626 - $934
COCK de Maerten 1578-1661 [2]
Farmhouse in a landscape - Ink (13x20cm-5x8in) London 92 .... FF20 930 - £2 500 - $4,030
COCK de Xavier 1818-1896 [21]
Vaches dans la prairie embrumée - Huile/toile (114x153cm-45x60in) Antwerpen 93 .... FF45 300 - £5 180 - $4,900
Fille et vaches - Huile/toile (105x165cm-41x65in) Antwerpen 90 .... FF162 000 - £17 457 - $28,571
Paysage au ruisseau - Aquarelle (61x45cm-24x18in) Lokeren 95 .... FF24 000 - £2 990 - $4,840
COCK-STIGZELIUS de Julia 1840-1923 [2]
Sommarlandskap - Oil/canvas (34x47cm-13x19in) Helsinki 90 .... FF14 400 - £1 552 - $2,540
COCKBURN Edwin XIX [2]
Peace and war - Oil/canvas (56x75cm-22x30in) London 91 .... FF34 700 - £3 497 - $6,021
COCKBURN James Pattison 1778-1848 [16]
Grand Battery, Quebec - Watercolour (39x51cm-15x20in) Toronto 96 .... FF12 600 - £1 512 - $2,410
COCKELAERS Louis XIX [2]
Nature morte au faisan - Huile/toile (70x100cm-28x39in) Bruxelles 92 .... FF3 944 - £459 - $805
COCKER de Henri 1908-1978 [2]
Kompositie - Huile/panneau (90x80cm-35x31in) Lokeren 91 .... FF3 080 - £309 - $564
COCKEREL Charles Robert 1788-1863 [6]
Rome - Ink (19x12cm-7x9in) London 91 .... FF15 960 - £1 596 - $2,629
COCKEREL Christabel A. c.1860-c.1920 [2]
Five landscape studies - Oil/panel (38x46cm-15x18in) London 90 .... FF14 500 - £1 552 - $2,522
COCKRAM George 1861-1950 [12]
Figure with a scythe - Watercolour/paper (49x73cm-19x29in) London 96 .... FF6 560 - £750 - $1,250
COCKRILL Maurice 1936 [14]
We Three ! - Oil/canvas (122x152cm-48x60in) London 95 .... FF14 680 - £1 900 - $3,004
Venus & Mars light between - Gouache (36x100cm-14x39in) London 94 .... FF5 360 - £620 - $914
COCKX Marcel 1930 [10]
Jeune femme - Huile/toile (110x85cm-43x33in) Antwerpen 92 .... FF4 650 - £476 - $818

COCKX Philibert 1879-1949 [16]
- Garden - Oil/canvas (56x76cm-22x30in) Amsterdam 93 .... FF*18 100* - £*2 160* - **$3,480**
- La voile rouge - Huile/toile (100x80cm-39x31in) Bruxelles 89 .... FF*81 000* - £*8 535* - **$13,636**

COCLERS Jean Georges Christ. 1715-1751 [2]
- Flowers in an urn on a stone ledge - Oil/canvas (92x45cm-36x18in) London 96 .... FF*40 200* - £*5 000* - **$7,800**

COCLERS Marie Lambertine 1761-? [1]
- Peasant family conversing - Oil/panel (29x23cm-11x9in) Amsterdam 94 .... FF*5 200* - £*624* - **$1,010**

COCQ de Cornelis 1815-1889 [1]
- Eastern gentleman - Oil/canvas (86x71cm-34x28in) London 91 .... FF*41 900* - £*4 201* - **$6,916**

COCQ Suzanne 1894-1979 [12]
- Ciel de neige - Huile/toile (50x70cm-20x28in) Bruxelles 94 .... FF*4 330* - £*503* - **$746**
- Vue de village/ Bornival - Aquarelle Bruxelles 97 .... FF*2 783* - £*304* - **$488**

COCQUEREL de Jules J. Olivier 1838-1903 [6]
- Nature morte aux huîtres - Huile/toile (40x32cm-16x13in) Zofingen 95 .... FF*2 550* - £*334* - **$512**
- Vasque de fleurs sur l'entablement - Huile/toile (64x83cm-25x33in) Lyon 97 .... FF*23 000* - £*2 493* - **$4,043**

COCTEAU Jean 1889-1963 [699]
- La brune - Huile/panneau (33x24cm-13x9in) Cannes 93 .... FF*50 000* - £*5 750* - **$8,600**
- Mère et fille dans un jardin - Huile/toile (100x100cm-39x39in) Deauville 94 .... FF*810 000* - £*99 000* - **$153,700**
- Les amoureux à Saint-Tropez - Eau-forte couleurs (53x38cm-21x15in) Paris 97 .... FF*3 500* - £*382* - **$612**
- Les Indes galantes - Céramique (35cm-14in) Paris 97 .... FF*4 500* - £*491* - **$787**
- Les trois yeux - Terre cuite (40cm-16in) Paris 94 .... FF*12 000* - £*1 426* - **$2,215**
- Trois visages - Crayon/papier (26x20cm-10x8in) Paris 97 .... FF*12 000* - £*1 309* - **$2,098**
- Tête de Cecil Beaton - Ink/paper (63x48cm-25x19in) New-York 97 .... FF*15 958* - £*1 678* - **$2,749**
- Le repos du travailleur - Encre/papier (63x47cm-25x19in) Paris 97 .... FF*48 000* - £*5 290* - **$8,453**
- Visage flamboyant, 1945 - Charcoal (176x122cm-69x48in) London 90 .... FF*726 400* - £*75 041* - **$128,339**

CODDRON Oscar 1881-1960 [15]
- Paysage sous la neige - Huile/toile (166x200cm-65x79in) Bruxelles 97 .... FF*31 046* - £*3 363* - **$5,491**

CODINA Y LANGLIN Victoriano 1844-1911 [9]
- The unwelcome suitor - Oil/canvas (26x21cm-10x8in) Glasgow 91 .... FF*54 900* - £*5 505* - **$9,062**

CODMAN Edwin E. XIX-XX [1]
- Bulldog - Bronze (12cm-5in) New-York 92 .... FF*1 776* - £*186* - **$320**

CODMAN John Amory 1824-1886 [2]
- Hunter in the Western landscape
  Oil/canvas (46x61cm-18x24in) New Orleans, Louisiana 96 .... FF*4 660* - £*576* - **$900**

CODOGNATO Plinio 1878-1940 [4]
- Ecco il Prodigioso Anatricogeno ! - Poster (101x139cm-40x55in) New-York 95 .... FF*8 580* - £*1 082* - **$1,700**

CODRINGTON Isabel XIX-XX [2]
- A china duck - Oil/canvas (30x35cm-12x14in) Lindau 92 .... FF*5 100* - £*522* - **$898**

CODRON Jef 1882-? [2]
- Bouquet de fleurs dans un vase - Huile/toile (65x50cm-26x20in) Bruxelles 92 .... FF*7 300* - £*748* - **$1,285**

COE Ethel Louise 1880-1938 [6]
- Tangiers street scene - Oil/board (51x61cm-20x24in) St. Petersburg, Florida 94 ...... FF*3 995* - £*466* - **$700**

COE Theodore Demerest 1866-? [2]
- Cows in a Summer landscape - Oil/canvas (46x66cm-18x26in) New-York 93 .... FF*5 640* - £*646* - **$1,000**

COECK Hubertus 1871-1942 [1]
- Portrait de femme - Huile/toile (117x81cm-46x32in) Cherbourg 97 .... FF*2 900* - £*310* - **$504**

COEDES Louis Eugène 1810-1906 [4]
- Small child clutching cherries - Pastel (44x36cm-17x14in) London 96 .... FF*5 790* - £*750* - **$1,133**

COEFFIER Marie, née Lescuyer 1814-1900 [2]
- Impératrice Eugénie - Pastel/paper (84x68cm-33x27in) New-York 96 .... FF*41 140* - £*4 990* - **$8,000**

COELHO José 1866-? [1]
- Saint Mark's square, Venice - Wash (42x31cm-17x12in) London 90 .... FF*17 570* - £*1 788* - **$3,514**

COENE Constantinus Fidelio 1780-1841 [12]
- Scène de Cabaret - Huile/panneau (18x19cm-7x7in) Bruxelles 97 .... FF*8 998* - £*935* - **$1,535**
- The Bethrothal Feast - Oil/panel (36x47cm-14x19in) London 96 .... FF*25 540* - £*3 200* - **$4,930**

COENE de Joseph Fr. 1875-1950 [13]
- La maison au bord de la Lys - Huile/toile (60x80cm-24x31in) Bruxelles 97 .... FF*4 254* - £*444* - **$728**
- La barque - Huile/toile (74x82cm-29x32in) Bruxelles 89 .... FF*29 200* - £*3 077* - **$4,916**

COENE Jean Baptiste 1805-1850 [3]
- Cattle in an extensive landscape - Oil/canvas (60x85cm-24x33in) New-York 95 .... FF*19 500* - £*2 530* - **$4,000**

COENE Jean Henri 1798-1866 [2]
- Meal Time at The Building Site - Huile/toile (84x98cm-33x39in) Montréal 94 .... FF*30 000* - £*3 540* - **$5,390**

COENEN Otto 1907-1971 [10]
- Ähren - Oil/board (79x49cm-31x19in) Köln 91 .... FF*25 350* - £*2 542* - **$4,185**

COENEN-BENDIXEN Marianne 1916 [2]
- Mädchen mit Blume - Öl/Karton (53x42cm-21x17in) München 94 .... FF*2 916* - £*346* - **$539**

COENRAETS Paul 1896-1964 [1]
- Village ensoleillé - Huile/toile (50x60cm-20x24in) Bruxelles 91 .... FF*3 564* - £*359* - **$695**

COESSIN DE LA FOSSE Charles Alexandre 1829-c.1910 [10]
- L'écuyère - Huile/toile (46x33cm-18x13in) Paris 97 .... FF*10 500* - £*1 132* - **$1,867**
- After the banquet - Oil/canvas (136x184cm-54x72in) London 92 .... FF*76 200* - £*7 800* - **$13,410**

C

COFFA Andrea XIX-XX [2]
🦋 *Italiensk familie* - Oil/canvas (53x31cm-21x12in) Köbenhavn 90... FF26 300 - £2 627 - **$4,991**

COFFEY Alfred J. 1869-1950 [15]
🦋 *Grand Cañyon, Colorado* - Oil/canvas (40x51cm-16x20in) Glasgow 93 .... FF4 000 - £500 - **$725**

COFFIN Clifford 1913-1972 [1]
📷 *Christian Dior* - Silver print (25x20cm-10x8in) London 95 .... FF3 480 - £450 - **$712**

COFFIN Elizabeth R. 1850-1930 [2]
🦋 *Nassau, Bahamas* - Oil/canvas (30x40cm-12x16in) Mystic, Connecticut 91....................... FF5 990 - £596 - **$1,030**

COFFIN William Anderson 1855-1925 [4]
🦋 *Springtime, Jefferson, Penn.* - Oil/canvas (41x61cm-16x24in) New-York 94 .... FF4 330 - £513 - **$800**

COFFIN William Haskell 1878-1941 [3]
🦋 *Winter Twilight* - Oil/canvas (20x30cm-8x12in) North Berwick, Maine 93 .... FF2 200 - £276 - **$400**

COGELS Joseph 1786-1831 [8]
🦋 *Salzburg* - Oil/canvas (76x101cm-30x40in) Amsterdam 94 .... FF42 800 - £5 140 - **$8,310**

COGEN Félix 1838-1907 [2]
🦋 *Le petit pêcheur* - Huile/toile (67x55cm-26x22in) Bruxelles 90 .... FF8 900 - £936 - **$1,548**

COGGESHALL John I. 1856-1927 [2]
🦋 *Harbor scene* - Oil/canvas (71x102cm-28x40in) New-York 93 .... FF12 100 - £1 518 - **$2,200**

COGGHE Rémy 1854-1935 [5]
🦋 *Rue d'une ville du Nord* - Huile/toile (78x56cm-31x22in) Lille 92 .... FF18 000 - £1 843 - **$3,170**

COGHETTI Francesco 1804-1875 [4]
🦋 *Annunciazione* - Olio/tela (26x38cm-10x15in) Roma 94 .... FF8 680 - £1 040 - **$1,612**
✏ *La chute de Saint Paul* - Crayon (28x36cm-11x14in) Paris 91 .... FF5 000 - £504 - **$868**

COGHLAN Edgardo 1928 [2]
✏ *Buena pesca* - Acuarela (55x77cm-22x30in) México 92.. FF45 000 - £4 620 - **$8,210**

COGHUF Ernst Stocker 1905-1976 [19]
🦋 *Waldstück* - Öl/Leinwand (120x90cm-47x35in) Zürich 96 .... FF15 900 - £1 840 - **$3,044**
🖼 *Abstrakte Komposition* - Sérigraphie couleurs (85x100cm-33x39in) Bern 95 .... FF2 150 - £280 - **$442**
✏ *Milieu im Montmartre-Quartier* - Aquarell (17x12cm-7x5in) Zofingen 96......................... FF7 440 - £927 - **$1,437**

COGLE Henry George 1875-1957 [22]
🦋 *On the promenade* - Oil/board (26x33cm-10x13in) London 90 .... FF3 300 - £351 - **$590**

COGNACQ Jean 1909 [3]
🦋 *Pont des Arts* - Huile/toile Paris 91 .... FF3 000 - £300 - **$494**

COGNE Félix 1838-1907 [2]
🦋 *Jeune Zélandaise à sa fenêtre* - Huile/toile (111x80cm-44x31in) Bruxelles 95 .... FF11 770 - £1 424 - **$2,216**

COGNE François V. c.1870-c.1945 [1]
🗿 *Alors...la Marne se dressa!* - Sculpture (122cm-48in) New-York 91 .... FF25 650 - £2 575 - **$4,438**

COGNÉE Philippe 1957 [8]
🦋 *L'Homme au chien* - Huile/toile (190x190cm-75x75in) Versailles 96................................ FF15 000 - £1 945 - **$2,940**
🦋 *Sans titre* - Huile/toile (166x133cm-65x52in) Paris 96.. FF36 000 - £4 670 - **$7,120**

COGNIET Léon 1794-1880 [5]
🦋 *Le Tintoret peignant sa fille morte* - Huile/toile (72x81cm-28x32in) Paris 95 .... FF33 000 - £4 120 - **$6,660**
✏ *Jeune homme au chapeau* - Mine plomb (19x14cm-7x6in) Paris 94 .... FF6 000 - £681 - **$1,017**

COGOLLO Heriberto 1945 [4]
🦋 *Bolero* - Oil/canvas (130x97cm-51x38in) Miami, Florida 95 .... FF91 200 - £10 940 - **$17,000**
✏ *Le Créteur de chance* - Aquarelle (32x25cm-13x10in) Toulouse 96................................ FF5 300 - £687 - **$1,048**

COHEN Alfred XX [5]
🦋 *The Cliff Walk* - Oil/canvas (36x41cm-14x16in) London 94 .... FF2 330 - £280 - **$444**

COHEN Bernard 1933 [6]
🦋 *Abstract composition* - Oil/canvas (46x46cm-18x18in) London 92 .... FF2 930 - £300 - **$518**

COHEN Edvard 1838-1910 [1]
🦋 *Amfiteatret i Taormino* - Oil/canvas (100x143cm-39x56in) Köbenhavn 92 .... FF24 640 - £2 520 - **$5,130**

COHEN Harold 1928 [2]
✏ *Untitled* - Wash (28x50cm-11x20in) London 91 .... FF2 494 - £250 - **$412**

COHEN Isaac Michael 1884-1951 [6]
🦋 *Sons of Mr. & Mrs L. G. Montefiore* - Oil/canvas (104x86cm-41x34in) London 93 .... FF10 680 - £1 200 - **$1,790**

COHEN Katherine M. 1859-1914 [1]
🗿 *Bust of Abraham Lincoln* - Bronze (46cm-18in) New-York 94 .... FF21 400 - £2 496 - **$3,750**

COHEN Larry 1952 [8]
🦋 *Arizona and Ocean Ave* - Oil/canvas (76x46cm-30x18in) San Francisco-Los Angeles 96...... FF8 740 - £1 060 - **$1,700**

COHEN Mark 1943 [2]
📷 *Girl skipping rope* - Silver print (28x43cm-11x17in) New-York 94................................. FF3 720 - £444 - **$700**

COHEN Minnie Agnes 1864-? [1]
✏ *Jeune fille au bouquet/jeune fille* - Pastel/toile (80x63cm-31x25in) Paris 97 .... FF6 000 - £658 - **$1,053**

COHEN Nessa 1855-1915 [1]
🗿 *Hopi Relay Runner* - Bronze (23cm-9in) New-York 94... FF15 770 - £1 894 - **$3,000**

COHEN-GAN Pinjas 1942 [2]
✏ *Architecture, Painting & Sculpture* - Collage (68x77cm-27x30in) Tel Aviv 97.................. FF7 222 - £803 - **$1,350**

COHN Harold 1908 [5]
🦋 *Woman with face in hands* - Oil/canvas (89x81cm-35x32in) Cleveland, Ohio 92.................. FF11 100 - £1 162 - **$2,000**

COHN Max Arthur 1903 [3]
🦋 *La Paloma Bar & Grill* - Oil/canvas (71x96cm-28x38in) San Francisco-Los Angeles 95........ FF7 970 - £1 048 - **$1,600**

COIGNARD James 1925   [338]
- *Nature morte à la coupe de fruits* - Huile/toile (55x33cm-22x13in) Paris 97 .... FF4 100 - £441 - **$708**
- *Inter-bleu* - Acrylique/toile (102x92cm-40x36in) Paris 95 .... FF12 000 - £1 500 - **$2,352**
- *Nature morte* - Huile/papier/toile (50x37cm-20x15in) Paris 96 .... FF16 000 - £2 005 - **$3,090**
- *Symétrie des bruns* - Acrylique (146x114cm-57x45in) Paris 97 .... FF23 000 - £2 422 - **$3,954**
- *Laissez-les vivre* - Acrylique/toile (207x106cm-81x42in) Paris 96 .... FF42 000 - £5 410 - **$8,220**
- *La tête à la fenêtre* - Huile/toile (160x90cm-63x35in) Genève 89 .... FF105 300 - £11 096 - **$17,727**
- *Composition* - Bronze (17x32cm-7x13in) Paris 96 .... FF6 000 - £773 - **$1,175**
- *Frénésie collage* - Gouache (47x60cm-19x24in) Paris 94 .... FF7 500 - £875 - **$1,314**
- *Profil en rouge* - Gouache (50x31cm-20x12in) Stockholm 89 .... FF23 400 - £2 466 - **$3,939**

COIGNARD Louis 1810-1883   [10]
- *Cows watering in a cloudy landscape* - Oil/canvas (61x90cm-24x35in) Stockholm 96 .... FF12 300 - £1 535 - **$2,376**

COIGNET Jules 1798-1860   [32]
- *Chalet en montagne* - Huile/toile (28x35cm-11x14in) La Varenne Saint-Hilaire 97 .... FF5 000 - £542 - **$878**
- *L'aumone* - Huile/toile (56x47cm-22x19in) Paris 94 .... FF13 000 - £1 513 - **$2,280**
- *Pins à la villa Borghese* - Huile/papier/toile (36x27cm-14x11in) Monaco 90 .... FF48 000 - £4 959 - **$8,481**

COIGNET Marie XIX-XX   [2]
- *Citron, plat d'huîtres et bouteille* - Huile/toile (50x65cm-20x26in) Paris 95 .... FF21 000 - £2 646 - **$4,160**

COINCHON Jacques Antoine Th. 1814-1881   [4]
- *Pan* - Bronze (67cm-26in) London 92 .... FF11 700 - £1 200 - **$2,172**

COINS Raymond 1904   [3]
- *Angel* - Sculpture (30x23cm-12x9in) Litchfield, CT 92 .... FF12 740 - £1 520 - **$2,450**

COIZET Louis 1816-1876   [1]
- *Femme assise* - Pastel (96x78cm-38x31in) Québec 90 .... FF7 300 - £754 - **$1,290**

COKELBERGHS Virgi 1893-1967   [1]
- *Roses in a glass vase* - Oil/canvas (71x60cm-28x24in) Amsterdam 96 .... FF2 760 - £355 - **$545**

COL Jan David 1822-1900   [13]
- *Les dégustateurs* - Oil/panel (31x25cm-12x10in) Amsterdam 93 .... FF45 050 - £5 400 - **$8,230**
- *Training the dog* - Oil/canvas (80x65cm-31x26in) London 90 .... FF117 100 - £11 917 - **$23,418**

COLACICCHI Giovanni 1900-1993   [5]
- *Cardo, frammento e conchiglie* - Olio/tela (60x75cm-24x30in) Roma 91 .... FF59 200 - £6 064 - **$11,053**

COLACICCO Salvatore 1935   [46]
- *The steamer Plinius on Lake Como* - Oil/canvas (48x74cm-19x29in) Aylsham, Norfolk 95 ... FF4 185 - £550 - **$840**
- *British Man of war at Anchor off Naples* - Oil/panel (61x91cm-24x36in) London 97 .... FF7 970 - £849 - **$1,391**
- *British Man of War at Anchor off Malta* - Oil/panel (76x127cm-30x50in) London 97 .... FF12 195 - £1 300 - **$2,129**

COLAHAN Colin 1897   [2]
- *Trafalgar Square, World War II* - Oil/canvas (76x63cm-30x25in) New-York 91 .... FF28 500 - £2 872 - **$4,945**

COLAO Domenico 1881-1943   [2]
- *Donne alla fonte* - Olio/tavola (40x60cm-16x24in) Roma 94 .... FF12 870 - £1 517 - **$2,294**

COLAS Alphonse 1818-1887   [1]
- *Le musicien Lavaud et sa famille* - Huile/toile (144x112cm-57x44in) Monaco 90 .... FF30 000 - £3 099 - **$5,300**

COLAS Dominique 1960   [3]
- *Le voleur de poule* - Technique mixte/toile (35x72cm-14x28in) Bayeux 92 .... FF4 900 - £502 - **$882**

COLAVINI Arturo Marion 1862-1938   [2]
- *Young woman reclining* - Watercolour (76x117cm-30x46in) London 92 .... FF8 800 - £900 - **$1,550**

COLBRANDT Oscar 1879-1959   [3]
- *De heilige franciscus met duife* - Drawing (93x64cm-37x25in) Lokeren 91 .... FF13 170 - £1 311 - **$2,265**

COLDSTREAM William 1908-1987   [1]
- *Falmouth* - Oil/canvas (30x40cm-12x16in) London 91 .... FF24 700 - £2 476 - **$4,524**

COLE Alphaeus Philemon 1876-1989   [7]
- *The artist's wife* - Oil/canvas (152x91cm-60x36in) Bloomfield Hills, Michigan 95 .... FF6 120 - £763 - **$1,200**
- *Jjunge Frau im grünen Art-Déco-Kleid* - Öl/Leinwand (92x71cm-36x28in) Lindau 97 .... FF20 257 - £2 127 - **$3,484**

COLE Augusta Samwell XIX   [2]
- *Meditativa, 1850* - Acuarela (46x33cm-18x13in) Madrid 89 .... FF7 600 - £756 - **$1,201**

COLE Charles Octavius 1814-?   [2]
- *The sheel gatherers* - Oil/canvas (122x99cm-48x39in) New-York 92 .... FF65 000 - £6 900 - **$12,500**

COLE Emily 1843-1913   [1]
- *Apple blossoms/Moss rose* - Watercolour/paper New-York 95 .... FF2 410 - £302 - **$480**

COLE General Foister 1919-1991   [1]
- *Glazed earthenware face jugs* - Litchfield, CT 92 .... FF3 640 - £435 - **$700**

COLE George 1810-1883   [44]
- *Cattle watering* - Oil/canvas (36x48cm-14x19in) London 97 .... FF18 282 - £2 000 - **$3,185**
- *The new arrival* - Oil/panel (30x40cm-12x16in) London 96 .... FF23 600 - £2 800 - **$4,610**
- *Rural landscape with windmill*
  Oil/canvas (53x43cm-21x17in) Richmond Hill, Bournemouth 92 .... FF24 420 - £2 500 - **$4,300**
- *Eventide at Maple Durham on Thames*
  Oil/canvas (49x75cm-19x30in) Billinghurst, West Sussex 95 .... FF25 070 - £3 000 - **$4,770**

COLE George Vicat 1833-1893   [43]
- *Rest from labour* - Oil/canvas (11x19cm-4x7in) Hadspen 96 .... FF9 470 - £1 200 - **$1,816**
- *Chepstow from the Windcliff* - Oil/canvas (92x152cm-36x60in) London 94 .... FF168 000 - £20 000 - **$32,000**
- *The Harvesters* - Watercolour (35x50cm-14x20in) London 94 .... FF11 500 - £1 350 - **$2,050**

COLE James XIX [3]
- *The Comet* - Oil/canvas (54x90cm-21x35in) New-York 94 .... FF29 200 - £3 486 - **$5,500**

COLE James William c.1849-1882 [3]
- *Entertaining the baby* - Oil/canvas (41x52cm-16x20in) London 93 .... FF10 800 - £1 300 - **$1,885**

COLE John 1903 [2]
- *The village grocer's, Alfriston* - Oil/board (41x52cm-16x20in) London 89 .... FF4 400 - £425 - **$668**

COLE John H. c.1895-? [3]
- *The Skirts of the Wood in Winter* - Wash (33x51cm-13x20in) London 91 .... FF2 760 - £278 - **$538**

COLE John Vicat 1903 [5]
- *Cheshire Cheese, Fleet Street* - Oil/panel (41x30cm-16x12in) London 92 .... FF8 170 - £950 - **$1,668**

COLE Joseph Foxcroft 1837-1892 [4]
- *On the Rhine* - Oil/canvas (61x91cm-24x36in) North Berwick, Maine 94 .... FF7 040 - £814 - **$1,200**

COLE Joseph Greenleaf 1806-1858 [1]
- *Young curly-haired officer* - Oil/canvas (89x69cm-35x27in) New Orleans, Louisiana 92 .... FF6 860 - £797 - **$1,400**

COLE Leslie 1910 [2]
- *A cat resting on newspaper* - Oil/board (30x40cm-12x16in) London 96 .... FF9 120 - £1 100 - **$1,750**
- *Mechanics working on a Mosquito* - Wash (38x54cm-15x21in) London 90 .... FF6 360 - £640 - **$1,156**

COLE Philip Tennyson 1880-1930 [1]
- *Mother and daughter* - Wash (58x43cm-23x17in) London 91 .... FF9 470 - £943 - **$1,628**

COLE Rex Vicat 1870-1940 [11]
- *The Highlands towards Loch Etine* - Oil/canvas/board (30x40cm-12x16in) London 96 .... FF5 760 - £750 - **$1,142**
- *Storriths in Wharfdale* - Oil/canvas (127x152cm-50x60in) London 94 .... FF60 500 - £7 000 - **$10,310**

COLE Solomon c.1810-c.1855 [2]
- *Portrait of a young boy* - Oil/panel (22x18cm-9x7in) London 96 .... FF3 990 - £500 - **$770**

COLE Thomas 1801-1848 [14]
- *View of Boston* - Oil/canvas (86x120cm-34x47in) New-York 97 .... FF5 - £614 100 - **$1 e,+06**
- *River scene, probably early 1830s* - Oil/canvas (18x23cm-7x9in) Boston, Mass. 92 ...... FF78 000 - £9 310 - **$15,000**
- *Mount Etna* - Oil/canvas (81x122cm-32x48in) New-York 95 .... FF1 72e +06 - £137 000 - **$220,000**

COLE Thomas Casilear 1888-1976 [2]
- *Dorothea Fenwick Cole* - Oil/canvas (46x36cm-18x14in) Elgin, Illinois 92 .... FF5 720 - £683 - **$1,100**

COLEBROOKE Robert Hyde 1762-1808 [2]
- *Places in the Kingdom of Mysore (11)* - Aquatint (52x70cm-20x28in) London 96 .... FF10 420 - £1 300 - **$2,014**
- *Governor General's garden house* - Pencil (33x55cm-13x22in) London 91 .... FF10 080 - £1 001 - **$1,750**

COLEMAN Carlo 1807-1874 [1]
- *Subiaco, 1810* - Olio/carta/tela (36x54cm-14x21in) Roma 89 .... FF27 500 - £2 898 - **$4,630**

COLEMAN Charles Caryl 1840-1928 [11]
- *Outside the walls, 1868* - Oil/paper/canvas (16x35cm-6x14in) New-York 89 .... FF14 900 - £1 483 - **$2,354**
- *Vintage Time in a Capri garden* - Oil/panel (25x41cm-10x16in) New-York 96 .... FF70 800 - £9 180 - **$14,000**
- *The Rotch Warehouse, Nantucket*
  Watercolour/paper (28x33cm-11x13in) Dedham, Mass. 96 .... FF3 320 - £429 - **$650**

COLEMAN Edward XVIII-XIX [3]
- *Pike and other fish on a bank* - Oil/canvas (72x88cm-28x35in) London 95 .... FF20 040 - £2 600 - **$4,110**

COLEMAN Enrico, Henry 1846-1911 [27]
- *Buoi che arano un campo* - Olio/tela (60x24cm-24x9in) Milano 93 .... FF36 500 - £4 190 - **$6,270**
- *Pilgrimage to San Benedetto*
  Watercolour/paper (41x62cm-16x24in) San Francisco-Los Angeles 94 .... FF22 700 - £2 710 - **$4,250**
- *Cavalli bradi* - Watercolour/paper (51x73cm-20x29in) London 93 .... FF81 300 - £9 800 - **$14,200**

COLEMAN Francesco 1851-? [11]
- *Arab horsemen* - Oil/canvas (67x47cm-26x19in) London 95 .... FF34 560 - £4 500 - **$7,090**
- *A cavalry charge* - Watercolour/paper (37x53cm-15x21in) New-York 95 .... FF23 400 - £3 040 - **$4,800**

COLEMAN Glen O. 1897-1932 [5]
- *Minetta lane* - Lithographie (28x28cm-11x11in) New-York 92 .... FF8 840 - £938 - **$1,700**

COLEMAN Henry 1846-1911 [4]
- *Lavandaia e pecore lungo il Tevere* - Olio/tela (35x61cm-14x24in) Roma 95 .... FF15 600 - £2 050 - **$3,100**
- *Piediluco* - Watercolour (23x48cm-9x19in) London 95 .... FF10 400 - £1 300 - **$2,100**

COLEMAN Marion ?-1925 [1]
- *The Rose Garden* - Oil/canvas (63x91cm-25x36in) San Francisco-Los Angeles 92 .... FF14 850 - £1 520 - **$2,750**

COLEMAN Mary Suehanna Darter 1894-1956 [3]
- *Eucalyptus grove* - Oil/canvas (74x86cm-29x34in) San Francisco-Los Angeles 89 .... FF9 200 - £915 - **$1,453**

COLEMAN Michael 1946 [6]
- *Opportunity* - Oil/canvas/panel (43x76cm-17x30in) London 96 .... FF63 100 - £8 000 - **$12,100**
- *Indian encampment* - Gouache/paper (26x38cm-10x15in) New-York 93 .... FF26 400 - £3 310 - **$4,800**

COLEMAN Ralph Pallen 1892-1968 [2]
- *Woman sailors & natives in boat* - Oil/canvas (69x102cm-27x40in) New-York 96 .... FF22 000 - £2 840 - **$4,250**

COLEMAN Samuel 1832-1920 [1]
- *In the Granby Meadows* - Oil/board (23x41cm-9x16in) Mystic, Connecticut 96 .... FF20 970 - £2 750 - **$4,250**

COLEMAN William Stephen 1829-1904 [30]
- *The Toy Boat* - Oil/canvas (74x92cm-29x36in) New-York 96 .... FF50 000 - £6 470 - **$10,000**
- *The Goldfish Pond* - Oil/canvas (70x43cm-28x17in) London 95 .... FF94 700 - £12 000 - **$19,050**
- *Children and sheep/Geese* - Watercolour (16x22cm-6x9in) London 96 .... FF4 390 - £550 - **$853**
- *The Fan* - Watercolour (54x27cm-21x11in) London 97 .... FF22 857 - £2 400 - **$3,917**

COLESCOTT Robert 1925 [2]
- *Green Glove Rapist* - Acrylic/canvas (198x150cm-78x59in) New-York 96 .... FF82 800 - £10 700 - **$16,000**
- *Old Crow* - Watercolour/paper (58x44cm-23x17in) San Francisco-Los Angeles 92 .... FF3 650 - £432 - **$702**

COLETTE Colette Justine 1952 [3]
- *Justine* - Mixed media/canvas (101x76cm-40x30in) München 95 .... FF2 005 - £262 - $402
- *To Day if you want to look at me...* - Photo (33x33cm-13x13in) München 93 .... FF1 696 - £203 - $326
- *No Money No Art* - Drawing (33x33cm-13x13in) München 93 .... FF1 696 - £203 - $326

COLETTE François 1936 [7]
- *Têtes et Jeux* - Relief (53x26cm-21x10in) Paris 96 .... FF3 500 - £438 - $680

COLIBERT Nicolas 1750-1806 [1]
- *Européens en Afrique/Mariage/...* - Engraving (39x47cm-15x19in) Hadspen 96 .... FF2 760 - £350 - $530

COLIGNON Eugène ?-1961 [6]
- *Meuse* - Huile/panneau (65x95cm-26x37in) Bruxelles 91 .... FF6 800 - £686 - $1,325

COLIN Adèle Anaïs 1822-1899 [1]
- *Femme orientale* - Aquarelle (26x19cm-10x7in) Paris 92 .... FF7 000 - £717 - $1,233

COLIN Alexandre Marie 1798-1873 [7]
- *Othello et Desdémone* - Huile/toile (50x61cm-20x24in) Monaco 92 .... FF28 000 - £2 800 - $4,670
- *Amazali holding a Parrot* - Ink (29x38cm-11x15in) London 97 .... FF8 053 - £850 - $1,382

COLIN Alfred 1880-1944 [1]
- *Segelfartyg på stormigt have* - Oil/panel (98x118cm-39x46in) Söderköping 92 .... FF2 357 - £241 - $415

COLIN DE LA BIOCHAYE Marie Louis 1750-1813 [1]
- *Autoportrait* - Huile/toile (28x23cm-11x9in) Paris 96 .... FF2 000 - £235 - $394

COLIN Georges 1876-? [8]
- *Le naufragé* - Bronze (78cm-31in) Paris 97 .... FF9 000 - £932 - $1,541
- *An Egyptian Dancer* - Bronze (59cm-23in) London 97 .... FF40 000 - £4 200 - $685,6 8

COLIN Gustave 1828-1910/19 [39]
- *Femme au châle rouge* - Huile/toile (55x45cm-22x18in) Paris 97 .... FF3 000 - £318 - $522
- *La Lavandière* - Huile/toile (65x81cm-26x32in) Calais 97 .... FF8 000 - £857 - $1,402
- *Paysage* - Huile/toile (65x81cm-26x32in) Provins 96 .... FF20 000 - £2 287 - $3,810

COLIN Jean 1881-1961 [25]
- *Jeune femme à la guitare* - Huile/toile (46x38cm-18x15in) Bruxelles 97 .... FF2 451 - £266 - $434
- *Cuivre fleuri de roses* - Huile/toile (79x63cm-31x25in) Bruxelles 95 .... FF10 870 - £1 376 - $2,125
- *Dans les dunes* - Huile/toile (45x60cm-18x24in) Lokeren 92 .... FF46 000 - £5 350 - $9,380

COLIN Paul 1892-1985 [236]
- *Autoportrait* - Huile/toile (100x81cm-39x32in) Paris 90 .... FF3 200 - £326 - $640
- *Nu rouge* - Huile/toile (73x59cm-29x23in) Saint-Germain-en-Laye 95 .... FF18 000 - £2 355 - $3,605
- *Danseurs de charleston* - Huile/panneau (113x71cm-44x28in) Paris 89 .... FF220 000 - £23 182 - $37,037
- *Cigarettes Tigra* - Affiche (345x243cm-136x96in) New-York 96 .... FF8 150 - £960 - $1,600
- *Peugeot 1935, accélération* - Poster (161x120cm-63x47in) New-York 94 .... FF74 300 - £8 720 - $13,000
- *Portrait de Ary Adler* - Gouache/paper (99x71cm-39x28in) London 94 .... FF8 410 - £1 000 - $1,540
- *Carlos Gardel* - Gouache (64x45cm-25x18in) Paris 96 .... FF25 000 - £3 184 - $4,810
- *Ile-de-France* - Gouache (83x59cm-33x23in) Paris 89 .... FF120 000 - £12 645 - $20,202

COLIN Paul A. 1838-1916 [2]
- *Deux cygnes, Valmont* - Oil/panel (23x32cm-9x13in) Lindau 95 .... FF12 460 - £1 558 - $2,517

COLIN Paul-Émile 1867-1949 [34]
- *Femme au collier de perles* - Huile/panneau (73x60cm-29x24in) Paris 94 .... FF2 500 - £291 - $442
- *Le port de Lisbonne* - Huile/panneau (46x54cm-18x21in) Versailles 90 .... FF10 000 - £1 052 - $1,739
- *Paysage breton* - Huile/papier (16x22cm-6x9in) Paris 95 .... FF30 000 - £3 896 - $6,140

COLIN-LEFRANCQ Hélène XIX-XX [2]
- *Nu allongé* - Huile/toile (135x170cm-53x67in) Rennes 96 .... FF20 000 - £2 410 - $3,840

COLINET Claire Jeanne Robert XIX-XX [49]
- *Danseuse égyptienne* - Bronze (29cm-11in) Lyon 96 .... FF6 500 - £764 - $1,280
- *A snake dancer* - Bronze (49cm-19in) New-York 94 .... FF19 860 - £2 320 - $3,500
- *Theban Dancer* - Gilded bronze (55cm-22in) New-York 95 .... FF54 800 - £7 200 - $11,000

COLINUS Emile 1884-1966 [3]
- *Composition aux fruits et aux fleurs*
  Huile/toile (54x65cm-21x26in) La Varenne Saint-Hilaire 90 .... FF2 500 - £252 - $455

COLKETT Samuel David 1806-1863 [19]
- *Landscape with lane* - Oil/canvas (25x36cm-10x14in) Aylsham, Norfolk 93 .... FF16 600 - £2 000 - $3,100

COLKETT Victoria S. XIX-XX [2]
- *Great Court, Trinity College, Cambridge* - Oil/canvas (38x51cm-15x20in) London 94 .... FF6 840 - £800 - $1,192

COLL Joseph Clement 1881-1921 [3]
- *Man on horseback* - Ink (48x41cm-19x16in) New-York 95 .... FF12 620 - £1 590 - $2,500

COLLA Ettore 1896-1968 [7]
- *Senza titolo* - Collage/tela (100x70cm-39x28in) Prato 97 .... FF32 300 - £3 800 - $5,700
- *Trittico* - Assemblage (101x98cm-40x39in) Prato 97 .... FF238 000 - £28 000 - $42,000

COLLA Joseph 1841-? [2]
- *Bord de rivière* - Huile/toile (49x83cm-19x33in) Lyon 93 .... FF8 000 - £964 - $1,455

COLLAMARINI René 1904-1983 [2]
- *Femme* - Marbre (36cm-14in) Paris 96 .... FF8 000 - £1 035 - $1,570
- *Le couple* - Encre/papier (58x44cm-23x17in) Paris 90 .... FF2 600 - £277 - $465

COLLARD Auguste Hippolyte XIX [2]
- *Paysage: Maison aqueduc* - Tirage albuminé (30x40cm-12x16in) Paris 95 .... FF2 500 - £329 - $502

COLLART Marie 1842-1911 [2]
- *Cows by a Farmhouse* - Oil/canvas (141x121cm-56x48in) London 94 .... FF33 860 - £4 000 - $6,080

COLLAS Achille 1794-1859 [1]
Planches de numismatique - Gravure Paris 93 .... FF2 600 - £314 - $473
COLLAS Louis Antoine 1775-? [3]
Dame mit Turban - Miniature (7cm-3in) München 92 .... FF16 320 - £1 670 - $2,873
COLLE Auguste Michel 1872-1949 [6]
Rue animée à Baccarat - Huile/toile (52x77cm-20x30in) Paris 92 .... FF6 500 - £776 - $1,250
Nymphéas dans un jardin - Huile/toile (77x52cm-30x20in) Orléans 95 .... FF20 000 - £2 550 - $4,030
COLLE Jean XIX-XX [3]
Les Plomarch - Huile/toile (55x43cm-22x17in) Douarnenez 93 .... FF7 500 - £904 - $1,364
COLLE Michel 1872-1949 [3]
La rue des Dominicains, à Nancy - Huile/toile (55x38cm-22x15in) Reims 93 .... FF13 500 - £1 627 - $2,455
COLLET Charles XIX-XX [1]
Labourage - Bronze (29x53cm-11x21in) Senlis 89 .... FF7 200 - £716 - $1,137
COLLET Edouard-Louis 1876-? [1]
A virgin - Bronze (45cm-18in) New-York 91 .... FF8 390 - £841 - $1,385
COLLET Félix 1791-1854 [2]
Arc de Trajan - Encre (20x17cm-8x7in) Paris 92 .... FF3 500 - £418 - $673
COLLET Jacques Cl. 1792-? [3]
Château de Châtel/...de Cleppé - Huile/toile (108x145cm-43x57in) Paris 95 .... FF120 000 - £15 140 - $23,930
COLLET John c.1725-1780 [7]
Rustic lovers in a farmyard - Watercolour (12x18cm-5x7in) London 96 .... FF3 254 - £420 - $629
COLLET Louis 1930 [3]
Composition - Huile/toile (75x150cm-30x59in) Antwerpen 93 .... FF2 472 - £296 - $506
COLLETT Fredrik 1839-1914 [3]
Måneskinn over havnen - Oil/canvas (57x91cm-22x36in) Oslo 92 .... FF66 900 - £8 000 - $12,870
COLLETTE Alexandre Désiré 1814-1876 [1]
Costumes de fantaisie - Aquarelle (48x32cm-19x13in) Angers 97 .... FF14 000 - £1 509 - $2,489
COLLIANDER Ina 1905-1985 [2]
Fenêtre sur Paris - Oil/canvas (76x57cm-30x22in) Helsinki 93 .... FF4 880 - £558 - $831
Composition - Etching (77x39cm-30x15in) Helsinki 94 .... FF1 692 - £196 - $292
COLLIER Allan Caswell 1911-1990 [38]
Beside Teslin Lake, Yuron - Oil/canvas (61x81cm-24x32in) Toronto 94 .... FF9 820 - £1 148 - $1,732
COLLIER Arthur Bevan 1855-1890 [5]
Swiss Alpine scene - Oil/canvas (76x69cm-30x27in) Aylsham, Norfolk 94 .... FF3 550 - £420 - $656
COLLIER Edward c.1650-c.1710 [3]
Trompe l'œil - Oil/canvas (47x59cm-19x23in) London 96 .... FF201 000 - £26 000 - $39,440
COLLIER Imogen XIX-XX [5]
A bay hunter in a moorland landscape - Oil/canvas (49x59cm-19x23in) London 96 .... FF5 390 - £650 - $1,034
COLLIER John 1850-1934 [5]
Glass of wine with Caesar Borgia - Oil/canvas (85x110cm-33x43in) New Delhi 92 .... FF80 400 - £9 320 - $15,770
COLLIER John, Jr. 1913 [4]
Peru - Gelatin silver print (20x25cm-8x10in) San Francisco-Los Angeles 95 .... FF3 175 - £406 - $650
COLLIER Robert Porrett 1817-1886 [2]
Figure fishing on a river before a mill - Oil/canvas (52x77cm-20x30in) London 94 .... FF9 650 - £1 100 - $1,640
COLLIER Thomas 1840-1891 [40]
Gleaners in a field - Watercolour (24x34cm-9x13in) London 95 .... FF2 740 - £350 - $560
The hay wagon returning home - Watercolour (15x24cm-6x9in) London 96 .... FF11 960 - £1 500 - $2,327
COLLIGNON Eugène 1876-1961 [4]
Paysage d'hiver - Huile/toile/panneau (27x36cm-11x14in) Antwerpen 92 .... FF5 310 - £544 - $934
COLLIGNON Georges 1923 [88]
Abstraction - Huile/toile/carton Bruxelles 93 .... FF5 880 - £829 - $1,240
Opus Soleil Brillant - Huile/toile (81x54cm-32x21in) Liège 96 .... FF16 650 - £2 160 - $3,290
Komposite - Huile/toile (140x196cm-55x77in) Lokeren 90 .... FF153 000 - £16 478 - $26,765
Composition abstraite - Gouache/papier (19x26cm-7x10in) Liège 97 .... FF6 213 - £642 - $1,064
Maternité - Technique mixte/papier (100x62cm-39x24in) Liège 92 .... FF24 700 - £2 950 - $4,750
COLLIGNON Giuseppe ?-1863 [1]
Dame en habit Premier Empire - Huile/toile (74x62cm-29x24in) Paris 90 .... FF28 000 - £3 017 - $4,938
COLLIGNON Henri [1]
L'entrée du village - Huile/panneau (33x46cm-13x18in) Cannes 90 .... FF2 400 - £257 - $417
COLLIGNON M. c.1830-c.1880 [1]
Tomb of Sher Shah at Sasaram - Watercolour (11x16cm-4x6in) London 90 .... FF12 030 - £1 500 - $2,324
COLLIN Albéric 1886-1962 [9]
Lovers - Bronze (29cm-11in) London 97 .... FF40 000 - £4 200 - $685,68
Trois singes - Bronze (25x59cm-10x23in) Liège 97 .... FF59 678 - £6 168 - $10,220
COLLIN André 1862-1930 [7]
Panorama - Huile/toile (40x93cm-16x37in) Antwerpen 92 .... FF9 130 - £935 - $1,606
COLLIN DE VERMONT Hyacinthe 1693-1761 [2]
Repas d'Antoine et de Cléopâtre - Huile/toile (71x97cm-28x38in) Paris 93 .... FF85 000 - £10 240 - $15,450
A River God - Red chalk (16x25cm-6x10in) London 95 .... FF17 100 - £2 200 - $3,530
COLLIN Johannes 1873-1951 [1]
Head of a woman - Bronze (10cm-4in) Stockholm 96 .... FF1 925 - £245 - $371
COLLIN Marcus 1882-1966 [43]
Från Lappland - Oil/canvas (81x54cm-32x21in) Helsinki 94 .... FF18 350 - £2 204 - $3,480

I tågkupén - Watercolour (24x34cm-9x13in) Stockholm 95 .... *FF5 530* - *£691* - **$1,084**

COLLIN Nicolas Pierre 1820-? [1]
A man resting by a door - Oil/panel (24x19cm-9x7in) London 94 .... *FF6 300* - *£750* - **$1,187**

COLLIN Paul-Louis 1834-? [6]
Noir au banjo - Technique mixte/papier (47x61cm-19x24in) Paris 92 .... *FF38 000* - *£3 890* - **$6,840**

COLLIN Raphaël 1850-1916 [9]
Four Nymphs - Oil/canvas (49x48cm-19x19in) New-York 93 .... *FF17 400* - *£2 000* - **$3,000**
Horde - Bronze (29cm-11in) Paris 92 .... *FF42 000* - *£5 010* - **$8,070**
L'espiègle - Crayon/papier (31x24cm-12x9in) Paris 90 .... *FF14 000* - *£1 499* - **$2,435**

COLLINET Claire Jeanne Rob. XIX-XX [2]
Jongleuse aux deux boules - Bronze (37cm-15in) Paris 97 .... *FF8 500* - *£885* - **$1,448**

COLLINET Henri ?-1906 [2]
Au jardin, 1898 - Huile/toile (54x37cm-21x15in) Saint-Brieuc 89 .... *FF2 500* - *£256* - **$402**

COLLINGS Albert Henry ?-1947 [4]
Reflection - Oil/canvas (94x79cm-37x31in) London 92 .... *FF31 800* - *£3 800* - **$6,120**

COLLINGS Albert Henry 1858-1910 [2]
A portrait jof a seated Lady - Watercolour (37x27cm-15x11in) London 94 .... *FF2 970* - *£340* - **$499**

COLLINGS Charles John 1848-1931 [4]
Lake Superior - Watercolour (13x18cm-5x7in) Victoria, B.C. 94 .... *FF3 945* - *£467* - **$730**

COLLINGWOOD William 1819-1903 [3]
Falls of the Lledr, North Wales - Watercolour (33x49cm-13x19in) London 96 .... *FF4 400* - *£550* - **$853**

COLLINGWOOD William Gershom 1854-1932 [8]
Picking daffodils - Watercolour (25x36cm-10x14in) London 96 .... *FF14 340* - *£1 700* - **$2,800**

COLLINS Archibald 1853-1922 [1]
Choosing the apple - Oil/canvas (29x35cm-11x14in) London 92 .... *FF9 280* - *£950* - **$1,634**

COLLINS Cecil 1908-1989 [18]
Woman and landscape - Oil/board (28x32cm-11x13in) London 91 .... *FF16 300* - *£1 634* - **$2,985**
Standing Figure - Gouache/paper (25x19cm-10x7in) London 97 .... *FF6 999* - *£749* - **$1,209**

COLLINS Charles 1851-1921 [13]
An Irish village street - Oil/canvas (61x91cm-24x36in) London 95 .... *FF15 800* - *£2 000* - **$3,090**

COLLINS George Edward 1880-? [3]
Chaffinches - Wash (32x22cm-13x9in) London 91 .... *FF1 780* - *£180* - **$353**

COLLINS Hugh XIX [3]
Kitchen games - Oil/canvas (53x76cm-21x30in) London 95 .... *FF15 020* - *£1 900* - **$2,936**

COLLINS John F. 1888-1990 [1]
Film reels montage - Gelatin silver print (22x17cm-9x7in) New-York 89 .... *FF5 700* - *£567* - **$900**

COLLINS John W. 1897-? [1]
Spanish beauty - Oil/canvas (66x56cm-26x22in) Mystic, Connecticut 94 .... *FF2 920* - *£349* - **$550**

COLLINS Patrick 1911-1994 [2]
Quayside with Old Windlass - Oil/board (35x48cm-14x19in) Dublin 91 .... *FF27 250* - *£2 732* - **$4,991**
Brendan Behan - Black chalk (46x30cm-18x12in) London 96 .... *FF12 580* - *£1 600* - **$2,420**

COLLINS Samuel 1735-1768 [2]
An Officer in scarlet coat - Miniature (3cm-1in) London 95 .... *FF3 260* - *£420* - **$663**

COLLINS Thomas XIX [3]
Stiefmütterchen - Öl/Leinwand (36x30cm-14x12in) Wien 93 .... *FF9 620* - *£1 150* - **$1,850**

COLLINS William 1788-1847 [27]
Millwall on the Thames - Oil/canvas (61x74cm-24x29in) London 96 .... *FF16 980* - *£2 000* - **$3,334**
Children near Chichester - Oil/canvas (74x99cm-29x39in) London 96 .... *FF135 600* - *£17 000* - **$26,370**
The shrimp catcher - Watercolour (26x20cm-10x8in) London 96 .... *FF6 180* - *£800* - **$1,236**

COLLINS William Wiehe 1862-1951 [10]
Santiago, the cathedral - Watercolour (26x18cm-10x7in) London 96 .... *FF2 627* - *£340* - **$526**

COLLINSON James 1825-1881 [4]
A New Amusement - Oil/canvas (35x30cm-14x12in) London 92 .... *FF37 700* - *£4 500* - **$7,250**

COLLINSON Robert 1832-? [3]
Watermeadows - Oil/canvas (71x147cm-28x58in) London 93 .... *FF65 500* - *£7 500* - **$11,210**

COLLISON James B. 1825-1881 [1]
Eclipse/Acapulco/Steamboat - Drawing New Orleans, Louisiana 95 .... *FF1 540* - *£189* - **$300**

COLLISTER Alfred James 1895-1939 [13]
Three-masted ship at quay - Watercolour (30x46cm-12x18in) London 95 .... *FF3 860* - *£500* - **$803**

COLLMAN Karl 1788-1846 [1]
Fruit vendor - Watercolour (23x19cm-9x7in) Helsinki 95 .... *FF6 730* - *£814* - **$1,267**

COLLOMB Paul 1921 [13]
Bateaux au port - Huile/toile (46x81cm-18x32in) Paris 97 .... *FF6 000* - *£678* - **$1,087**
Le champ de blé - Huile/toile (65x79cm-26x31in) Grenoble 96 .... *FF19 200* - *£2 223* - **$3,680**
Vase de roses jaunes - Pastel (40x30cm-16x12in) Grenoble 96 .... *FF3 000* - *£382* - **$579**

COLLON Jean Roch 1894-1951 [3]
Jeune femme - Huile/toile (60x50cm-24x20in) Bruxelles 94 .... *FF3 660* - *£425* - **$631**
J'ai demandé ta tête - Huile/panneau (88cm-35in) Bruxelles 91 .... *FF16 600* - *£1 700* - **$3,080**

COLLOT Ernest René 1904-1955 [1]
Nature morte aux fleurs et fruits - Huile/carton (60x74cm-24x29in) Versailles 90 .... *FF25 000* - *£2 583* - **$4,417**

COLLOW John 1822-1878 [1]
Road to Palia, Castrazza, Corfu - Wash (40x27cm-16x11in) London 91 .... FF2 380 - £240 - $413

COLLS Ebenezer 1812-1897 [6]
Mount orgueil, Jersey - Oil/canvas (50x76cm-20x30in) London 97 .... FF20 638 - £2 200 - $3,603
H.M.S. Duke of wellington, Gosport - Oil/canvas (63x94cm-25x37in) New-York 97............ FF42 711 - £4 617 - $7,500

COLLUCCI Vicenzo 1898-? [1]
Piazza San Marco - Oil/panel (60x63cm-24x25in) München 93 .... FF5 090 - £608 - $978

COLMAN Roi Clarkson 1884-1945 [5]
Changing tide - Oil/board (35x51cm-14x20in) San Francisco 91 .... FF9 960 - £1 006 - $1,977

COLMAN Samuel 1832-1920 [17]
Torre del Vino, Alhambra - Oil/canvas (40x32cm-16x13in) New-York 95 .... FF33 260 - £4 210 - $6,500
The Village - Watercolour/paper New-York 94 .... FF6 310 - £758 - $1,200

COLMEIRO GUIMARAS Manuel 1901 [15]
Paisaje - Oleo/tabla (51x66cm-20x26in) Madrid 93 .... FF94 000 - £11 300 - $18,300
Paisaje - Acuarela/papel (32x24cm-13x9in) Madrid 96 .... FF9 020 - £1 033 - $1,720

COLMO Giovanni 1867-1947 [10]
Torino dalle colline - Olio/tavola (40x30cm-16x12in) Roma 95 .... FF4 750 - £608 - $976

COLMORE Nina 1889-1973 [4]
Nina, a Pekinese dog - Oil/canvas (35x39cm-14x15in) Billinghurst, West Sussex 93.......... FF4 000 - £460 - $690

CÖLN von David 1689-1763 [1]
Beata Kristina Fleming - Oil/canvas (78x64cm-31x25in) Stockholm 92 .... FF9 030 - £1 080 - $1,738

COLNOT Arnout 1887-1983 [47]
Still life - Oil/canvas (100x80cm-39x31in) Amsterdam 97 .... FF8 990 - £945 - $1,544
Tulips in a vase on a draped table - Oil/canvas (98x69cm-39x27in) Amsterdam 92........... FF22 600 - £2 700 - $4,350
Oosthalte Tramlijn Bergen - Charcoal/paper (44x61cm-17x24in) Amsterdam 94 .... FF2 604 - £309 - $482

COLNOT Karel 1921 [2]
Summerflowers in a vase & fruit - Oil/canvas (99x79cm-39x31in) Amsterdam 92 .... FF2 860 - £333 - $584

COLOMB Denise 1902 [9]
Antonin Artaud, assis dans un fauteuil - Photo (15x10cm-6x4in) Paris 92 .... FF5 000 - £582 - $1,020

COLOMBARI François, colonel XIX [3]
Mausolée d'Oldjaïtu Khodâ-bande - Aquarelle (9x15cm-4x6in) Paris 95 .... FF2 400 - £312 - $492

COLOMBEL Nicolas 1644-1717 [1]
Noli Me Tangere - Huile/toile (73x59cm-29x23in) Paris 93 .... FF87 000 - £10 480 - $15,820

COLOMBI Claudine 1927 [3]
Les foins - Huile/toile (50x65cm-20x26in) La Varenne Saint-Hilaire 90 .... FF3 000 - £302 - $545

COLOMBI Plinio 1873-1951 [30]
Frühlingslandschaft am Thunersee - Öl/Leinwand (100x80cm-39x31in) Bern 95 .... FF5 180 - £648 - $1,046
Schneeschmelze im Gebirge - Aquarell (53x74cm-21x29in) Zofingen 95 .... FF2 124 - £269 - $427

COLOMBO Ambrogio 1821-1890 [2]
Young woman riding a horse - Bronze (40cm-16in) London 90.. FF14 500 - £1 498 - $2,562

COLOMBO Giovanni Battista 1717-1793 [6]
Figurligt sceneri - Oil/canvas (270x210cm-106x83in) Vejle 92 .... FF128 500 - £13 140 - $22,630

COLOMBO Giovannino 1911 [2]
Naviglio Ticinese - Olio/tela (33x24cm-13x9in) Milano 92 .... FF8 520 - £1 014 - $1,640

COLOMBO Joe 1930-1971 [1]
Composizione nucleare - Olio/cartone (50x35cm-20x14in) Milano 90 .... FF24 400 - £2 457 - $4,780

COLOMBO Max 1877-? [3]
Jagt und Fischerei - Öl/Leinwand (82x56cm-32x22in) Stuttgart 95 .... FF12 630 - £1 620 - $2,546

COLOMBO Renzo 1856-1885 [4]
Buste de jeune femme - Bronze (68cm-27in) Madrid 95.. FF17 140 - £2 253 - $3,440

COLOMBOTTO ROSSO Enrico 1925 [8]
Figura - Olio/tela (60x50cm-24x20in) Torino 93 .... FF8 650 - £991 - $1,472
Figura - China (47x33cm-19x13in) Fossano (Cuneo) 96 .... FF2 016 - £252 - $396

COLOMER Jordi 1962 [2]
Paisaje de otono - Oleo/lienzo (45x36cm-18x14in) Madrid 90 .... FF4 100 - £425 - $721

COLONIA Isaac 1611-1663 [1]
Lady standing beside a table - Oil/panel (76x63cm-30x25in) London 92 .... FF18 560 - £1 900 - $3,276

COLONNA Angelo Michele 1600-1687 [1]
Etudes de plafond - Lavis (48x34cm-19x13in) Paris 89.. FF70 000 - £7 157 - $11,254

COLORETTI Ferdinando 1947 [5]
Personnages masqués marchant - Acrylique/toile (161x130cm-63x51in) Paris 95.............. FF5 100 - £611 - $971

COLOTTE Aristide 1885-1959 [2]
Deux baigneuses debout dos à dos - Relief (23x8x15cm-9x3x6in) Paris 96 .... FF18 000 - £2 257 - $3,480

COLQUHOUN Ithell 1906-1988 [17]
Dance of the Nine Opals - Oil/canvas (57x71cm-22x28in) London 96 .... FF23 560 - £3 000 - $4,540

COLQUHOUN Robert 1914-1962 [25]
Hebridean woman - Oil/canvas (91x61cm-36x24in) London 97 .... FF67 114 - £7 000 - $11,476
Woman with a cat - Color lithograph (40x28cm-16x11in) London 95 .... FF2 032 - £260 - $400
The swineherds - Watercolour (62x42cm-24x17in) London 93 .... FF14 400 - £1 800 - $2,610

COLSON Greg 1956 [2]
Land Usage - Metal (58x46x62cm-23x18x24in) New-York 96 .... FF3 370 - £435 - $650
Spray Away - Iron (37x32x46cm-15x13x18in) New-York 94.. FF14 160 - £1 610 - $2,400

COLSON Guillaume François 1785-1850 [2]
Scène de campagne - Huile/toile (35x65cm-14x26in) Paris 91 .... FF35 000 - £3 552 - $6,321
COLSON Jean-François Gilles 1733-1803 [5]
Jeune fille au turban rouge - Huile/panneau (39x52cm-15x20in) Monaco 92 .... FF42 000 - £5 010 - $8,070
COLSON Pierre Théodore 1805-1877 [1]
Vase de fleurs - Huile/toile (51x40cm-20x16in) Bruxelles 90 .... FF4 200 - £434 - $742
COLSOULLE Gustaaf 1843-1895 [3]
Le cheval et les moineaux - Huile/panneau (22x27cm-9x11in) Deauville 91 .... FF27 000 - £2 706 - $4,553
COLTELLACCI Giulio 1916-1986 [1]
La Dame de Coeur - Gouache (64x44cm-25x17in) London 95 .... FF7 340 - £950 - $1,502
COLTELLY VON ROCCAMARE Elfriede 1882-? [1]
In Gedanken - Öl/Leinwand (50x61cm-20x24in) Wien 93 .... FF9 900 - £1 162 - $1,646
COLUCCI Gio 1892-1974 [162]
Maternité, Paris - Huile/toile (73x50cm-29x20in) Paris 94 .... FF3 800 - £440 - $652
Masque bouche ouverte - Technique mixte/panneau (64x44cm-25x17in) Paris 94 .... FF4 500 - £521 - $772
Composition aux taureaux - Huile/isorel (92x73cm-36x29in) Argenteuil 90 .... FF25 000 - £2 677 - $4,348
Masque - Terracotta (34cm-13in) Reims 97 .... FF4 000 - £436 - $699
Nu féminin - Bois (70cm-28in) Paris 94 .... FF23 000 - £2 660 - $3,950
Visage - Aquarelle (57x42cm-22x17in) Paris 94 .... FF5 000 - £579 - $858
COLUCCI Vincenzo 1898-1968 [3]
Giovane africano A.XII - Olio/tela (86x76cm-34x30in) Roma 94 .... FF9 170 - £1 092 - $1,640
COLUNGA Alejandro 1948 [14]
Caballito con dragon (166x125cm-65x49in) New-York 97 .... FF74 626 - £7 924 - $13,000
Mi Corazon es un Chorro de Agua - Oil (166x125cm-65x49in) New-York 94 .... FF157 300 - £18 550 - $28,000
Nino en Caballito - Mixed media/paper (102x78cm-40x31in) New-York 94 .... FF44 900 - £5 300 - $8,000
COLVILLE Alexander 1920 [15]
Ocean Limited, 1962 - Oil (68x119cm-27x47in) Toronto 94 .... FF553 000 - £64 500 - $97,400
Three weeds - Watercolour, gouache/paper (47x29cm-19x11in) Toronto 92 .... FF30 100 - £3 080 - $5,300
COLVILLE Helen c.1880-c.1955 [1]
The Top of the Hill - Watercolour (28x38cm-11x15in) Dublin 95 .... FF4 760 - £618 - $980
COLVIN Calum 1961 [1]
Turkish Bath - Cibachrome print (97x76cm-38x30in) London 93 .... FF12 450 - £1 500 - $2,175
COLWAY James XX [2]
Piazza della Signoria, Florence - Watercolour/paper (64x92cm-25x36in) New-York 90 .... FF6 900 - £734 - $1,234
COLYER Vincent 1825-1888 [2]
Connecticut shore scene - Oil/canvas (36x61cm-14x24in) Mystic, Connecticut 96 .... FF11 100 - £1 445 - $2,200
Study of buffalo heads - Watercolour (12x16cm-5x6in) New-York 94 .... FF4 330 - £513 - $800
COMA Lionel 1944 [2]
Les îles, Cannes - Huile/toile (38x55cm-15x22in) Cannes 93 .... FF7 000 - £844 - $1,273
Village de Cagnes, le château - Huile/toile (60x73cm-24x29in) Cannes 93 .... FF12 000 - £1 446 - $2,182
COMAN Charlotte Buell 1833-1915 [2]
The farmyard - Oil/canvas (40x68cm-16x27in) Chicago 91 .... FF7 910 - £786 - $1,373
COMAS Y BLANCO Augusto 1862-1953 [2]
Paisaje campestre primaveral - Oleo/tabla (21x34cm-8x13in) Madrid 91 .... FF6 840 - £686 - $1,129
COMBA Pierre 1860-1934 [25]
Mountain Patrol - Watercolour (51x36cm-20x14in) London 97 .... FF3 683 - £400 - $653
COMBA Y GARCIA Juan 1852-1924 [1]
Los coleccionistas - Acuarela (33x43cm-13x17in) Madrid 92 .... FF2 225 - £259 - $454
COMBAS Robert 1957 [429]
Caca - Huile/papier/toile (86x90cm-34x35in) Paris 97 .... FF5 000 - £546 - $874
Dance - Acrylique/toile (55x46cm-22x18in) Paris 97 .... FF11 000 - £1 200 - $1,923
Le joueur de flûte - Acrylique (130x97cm-51x38in) Paris 97 .... FF19 500 - £2 127 - $3,409
Tête aux oiseaux - Acrylique/toile (103x175cm-41x69in) Paris 97 .... FF26 000 - £2 711 - $4,446
Groupe de rock - Acrylique/toile (130x97cm-51x38in) Besançon 97 .... FF32 000 - £3 475 - $5,613
Un Monseigneur énervé - Acrylic/canvas (217x212cm-85x83in) Amsterdam 97 .... FF53 941 - £5 670 - $9,266
La Bataille de l'Epange - Acrylique/toile (265x345cm-104x136in) Versailles 95 .... FF152 000 - £18 930 - $29,740
La fiancée de Belmondo - Acrylique/toile (228x157cm-90x62in) Paris 90 .... FF450 000 - £48 491 - $79,365
Le Minotaure - Sculpture (38cm-15in) Paris 96 .... FF12 000 - £1 488 - $2,325
La Négresse - Sculpture (123cm-48in) Paris 96 .... FF32 500 - £4 210 - $6,450
Couple - Gouache (35x28cm-14x11in) Paris 96 .... FF2 500 - £287 - $477
Double Saint-Bicephale - Gouache (136x106cm-54x42in) London 93 .... FF19 300 - £2 200 - $3,280
Carnaval - Pastel (92x62cm-36x24in) Paris 96 .... FF21 000 - £2 700 - $4,160
COMBAZ Gisbert 1869-1941 [13]
Seagulls - Oil/canvas (96x181cm-38x71in) London 94 .... FF7 240 - £850 - $1,267
Bouquet de roses - Oil/canvas (65x49cm-26x19in) London 90 .... FF44 600 - £4 622 - $7,838
Congrès des Avocats - Poster (76x157cm-30x62in) New-York 92 .... FF26 130 - £2 673 - $4,600
COMBE Jean-Marie 1945 [4]
Paysage provençal - Huile/panneau (33x24cm-13x9in) Marseille 96 .... FF4 500 - £513 - $862
COMBE-VELLUET Louis Alphonse ?-1902 [1]
Promenade au jardin public - Aquarelle (53x36cm-21x14in) Bayeux 93 .... FF3 800 - £435 - $644
COMBES Fernand 1856-? [1]
Nature morte aux pêches - Huile/toile (65x53cm-26x21in) Brive-la-Gaillarde 89 .... FF4 100 - £432 - $690

C

COMBET-DESCOMBES Pierre 1885-1966 [51]
- *Paysage à la rivière* - Huile/toile/carton (26x35cm-10x14in) Lyon 95 .... FF3 500 - £454 - $717
- *Paysage lacustre valloné* - Huile/toile (144x210cm-57x83in) Lyon 90 .... FF29 000 - £3 085 - $5,188
- *Nu debout* - Monotype Lyon 92 .... FF3 800 - £454 - $731
- *Nu assoupi à la robe rose* - Fusain (39x59cm-15x23in) Lyon 96 .... FF13 000 - £1 527 - $2,560

COMBETTE Joseph 1770-c.1840 [1]
- *Charlotte Thomas* - Huile/toile (43x35cm-17x14in) Lyon 90 .... FF3 800 - £383 - $744

COMBONI Adone 1880-1959 [2]
- *Büchern und Puppe* - Oil/board (22x24cm-9x9in) Luzern 89 .... FF7 800 - £798 - $1,254

COMELLI Dante 1880-? [1]
- *Villaggio montano* - Olio/tavola (46x56cm-18x22in) Milano 90 .... FF8 200 - £884 - $1,446

COMENSOLI Mario 1922-1993 [5]
- *Hotelpagen in der Pause* - Öl/Karton (61x29cm-24x11in) Zürich 94 .... FF14 300 - £1 700 - $2,695

COMERFORD John 1773-1835 [1]
- *William Omsby-Gore* - Miniature (8cm-3in) London 97 .... FF13 270 - £1 400 - $2,277

COMERINER Erich XX [2]
- *Suprematistische Komposition* - Woodcut (49x33cm-19x13in) Hamburg 91 .... FF30 400 - £3 048 - $5,018
- *Komposition KRLEA* - Collage (58x40cm-23x16in) Hamburg 91 .... FF38 900 - £3 901 - $6,421

COMERRE Léon François 1850-1916 [34]
- *Haifa* - Oil/canvas (117x145cm-46x57in) London 97 .... FF1 - £205 000 - $328,267
- *La musicienne à la jupe rose* - Huile/toile (46x38cm-18x15in) Paris 97 .... FF15 000 - £1 595 - $2,585
- *Le Triomphe du Cygne* - Oil/canvas (65x100cm-26x39in) London 97 .... FF319 344 - £35 000 - $56,046

COMERRE-PATON Jacqueline 1859-? [2]
- *Young girl reclining on a riverbank*
  Oil/canvas (127x183cm-50x72in) St. Louis, Miss. 92 .... FF42 600 - £4 360 - $7,500

COMETTA Augusto 1863-? [1]
- *Nougat Croc* - Poster (154x115cm-61x45in) New-York 95 .... FF5 050 - £636 - $1,000

COMFORT Charles Fraser 1900-1994 [7]
- *Pines, Georgian Bay* - Oil/masonite (30x41cm-12x16in) Toronto 94 .... FF8 910 - £1 052 - $1,587

COMFORT Tom Tyrone 1909-1939 [2]
- *Controller Power* - Oil/canvas (70x58cm-28x23in) San Francisco-Los Angeles 96 .... FF13 050 - £1 510 - $2,500

COMHAIRE Georges 1909 [3]
- *Deux baigneuses* - Pastel/papier (29x32cm-11x9in) Liège 91 .... FF3 650 - £374 - $678

COMINETTI Giuseppe 1882-1930 [1]
- *L'attente au jardin* - Huile/carton (33x25cm-13x10in) Monaco 92 .... FF20 000 - £2 000 - $3,334

COMMANDEUR Willem 1917-1966 [1]
- *Woman* - Sculpture (22cm-9in) Amsterdam 94 .... FF3 660 - £430 - $652

COMMARMOND Pierre 1897-1983 [13]
- *Le Transpyrénéen, Viaduc de Porta* - Affiche (99x62cm-39x24in) Neuilly 96 .... FF1 800 - £232 - $353

COMMAUCHE Jean François 1892-? [3]
- *Paysage* - Aquarelle Saint-Germain-en-Laye 93 .... FF1 900 - £229 - $346

COMMELERAN Y CARRERA Joan 1902-? [1]
- *La Anunciación* - Oleo/lienzo (92x73cm-36x29in) Madrid 93 .... FF4 700 - £565 - $915

COMMENT Jean-François 1919 [3]
- *Composition* - Huile/toile Bevaix 94 .... FF8 150 - £980 - $1,510
- *Composition* - Aquarell (29x40cm-11x16in) Zofingen 93 .... FF3 750 - £452 - $686

COMMERE Jean Yves 1920-1986 [93]
- *Vue sur Notre-Dame* - Oil/canvas (14x18cm-6x7in) New-York 96 .... FF7 820 - £943 - $1,500
- *Cerises et bouteilles* - Huile/toile (55x73cm-22x29in) Calais 97 .... FF12 000 - £1 315 - $2,106
- *Homework* - Oil/canvas (129x194cm-51x76in) New-York 97 .... FF34 823 - £3 663 - $6,000
- *La Cage aux oiseaux* - Huile/toile Rambouillet 92 .... FF180 000 - £18 500 - $33,330
- *Plage animée en été* - Aquarelle/papier (42x54cm-17x21in) Calais 97 .... FF5 000 - £548 - $878
- *Plage animée* - Aquarelle (44x56cm-17x22in) Le Touquet 92 .... FF12 000 - £1 228 - $2,113

COMMERE Léon Fr. 1850-1916 [5]
- *Diva Alboni* - Huile/toile (63x56cm-25x22in) Paris 92 .... FF7 400 - £883 - $1,424
- *Rosita Mauri* - Oil/canvas (76x61cm-30x24in) New-York 92 .... FF100 000 - £10 450 - $18,000

COMMERE Yves 1958 [13]
- *Poisson* - Huile/toile (61x38cm-24x15in) Paris 90 .... FF10 500 - £1 088 - $1,845
- *Sous-bois* - Huile/toile (81x60cm-32x24in) Paris 92 .... FF45 000 - £4 628 - $7,979
- *Beauté d'Europe* - Aquarelle (103x73cm-41x29in) Saint-Germain-en-Laye 95 .... FF9 000 - £1 158 - $1,846

COMMODI Andrea 1560-1638 [1]
- *Study of a sprawling Nude* - Red chalk/paper (14x25cm-6x10in) New-York 97 .... FF47 117 - £5 245 - $8,500

COMMON Violet M. XIX-XX [1]
- *Harvesters by a thatched cottage* - Watercolour (28x43cm-11x17in) London 92 .... FF1 843 - £220 - $355

COMMUNAL Jean Joseph Ernest 1911 [12]
- *Coucher de soleil* - Huile/panneau (32x41cm-13x16in) Lyon 97 .... FF3 600 - £390 - $633
- *Le port de Camogli, Italie* - Gouache (39x30cm-15x12in) Grenoble 92 .... FF1 500 - £175 - $306

COMMUNAL Joseph Victor 1876-1962 [24]
- *Le Lac du Chardonnet, Juillet* - Huile/carton (50x62cm-20x24in) Lyon 96 .... FF4 000 - £470 - $787
- *Le lac et le château du Bourget* - Huile/toile (61x50cm-24x20in) Lyon 92 .... FF8 500 - £1 014 - $1,635
- *Village dans les montagnes*
  Oil/canvas/board (114x147cm-45x58in) San Francisco-Los Angeles 90 .... FF28 600 - £2 955 - $5,053

COMOLÉRA Paul 1818-c.1897 [9]
- *Moineau paradant* - Bronze Bruxelles 94 .... FF2 146 - £247 - $367

Poule de Houdan et ses petits - Bronze (33cm-13in) Paris 96 .... FF13 800 - £1 790 - **$2,730**

COMOLLI Gigi XX [2]
🖝 *Giovane donna in giardino* - Olio/tela (89x80cm-35x31in) Milano 92 .... FF13 600 - £1 390 - **$2,393**

COMOLLI Luigi, Gigi 1893-1976 [8]
🖝 *Vaso di fiori* - Olio/tavola (75x60cm-30x24in) Milano 91 .... FF6 330 - £650 - **$1,180**

COMPARD Émile 1900-1977 [31]
🖝 *Bouquet de fleurs* - Huile/toile (80x64cm-31x25in) Quimper 97 .... FF4 800 - £514 - **$841**
Bouquet de fleurs - Huile/toile (61x50cm-24x20in) Paris 94 .... FF13 500 - £1 570 - **$2,337**
Le port, 1946 - Huile/toile (81x65cm-32x26in) Neuilly 90 .... FF40 000 - £4 283 - **$6,957**

COMPRIS Maurice 1885-1939 [3]
🖝 *Still life* - Oil/canvas (97x76cm-38x30in) Mystic, Connecticut 96 .... FF19 400 - £2 430 - **$3,750**

COMPTE-CALIX François Claudius 1813-1880 [10]
🖝 *The broken engagement* - Oil/canvas (74x56cm-29x22in) New-York 94 .... FF37 800 - £3 864 - **$7,000**
✐ *Étude de personnage assis* - Fusain (24x18cm-9x7in) Paris 95 .... FF1 900 - £247 - **$392**

COMPTON Charles 1828-1884 [1]
🖝 *The Tonight* - Oil/board (18x15cm-7x6in) London 97 .... FF3 130 - £320 - **$551**

COMPTON Edward Harrison 1881-1960 [138]
🖝 *Seelandschaft* - Öl/Leinwand (32x41cm-13x16in) Wien 97 .... FF10 512 - £1 117 - **$1,812**
A Meadow in Full Bloom - Oil/canvas (34x58cm-13x23in) London 96 .... FF23 600 - £3 000 - **$4,670**
Sommerabend am Starngerger See - Öl/Leinwand (50x60cm-20x24in) Heidelberg 95 .... FF41 700 - £5 410 - **$8,680**
Matterhorn mit Alpenpanorama - Öl/Leinwand (53x80cm-21x31in) Stuttgart 92 .... FF98 300 - £11 740 - **$18,900**
✐ *Der Misurinasee und die drei Zinnen, Tirol*
  Aquarell/Papier (23x35cm-9x14in) München 96 .... FF10 160 - £1 275 - **$1,962**
Zermatt - Gouache/paper (84x63cm-33x25in) New-York 95 .... FF35 800 - £4 460 - **$7,000**

COMPTON Edward Theodor 1849-1921 [99]
🖝 *Der Gipfel des Ankogel* - Oil/panel (39x32cm-15x13in) Köln 96 .... FF10 140 - £1 191 - **$1,995**
Taormina - Öl/Leinwand (60x80cm-24x31in) Wien 94 .... FF63 400 - £7 550 - **$11,950**
Panoramablick auf Cortina d'Ampezzo - Öl/Leinwand (72x122cm-28x48in) Wien 96 .... FF169 000 - £21 770 - **$33,050**
✐ *Wengen mit Mönch und Eiger* - Gouache/Karton (81x65cm-32x26in) Wien 97 .... FF38 224 - £4 064 - **$6,592**

COMTE Jacques Louis c.1781-? [2]
✐ *Fernanda Grifeo, Princess of Partanna* - Miniature (9cm-4in) London 96 .... FF89 100 - £11 500 - **$17,200**

COMTE Meiffren 1630-c.1705 [2]
🖝 *Pièces d'argent, pichet et tissus rayé* - Huile/toile (55x70cm-22x28in) Paris 96 .... FF85 000 - £9 680 - **$16,270**

COMTE Pierre Charles 1823-1895 [5]
🖝 *In the reading room* - Oil/canvas (40x53cm-16x21in) London 95 .... FF12 350 - £1 600 - **$2,570**
The ladies of the court at Fontainebleau
  Oil/canvas (122x98cm-48x39in) Toronto 89 .... FF137 100 - £14 018 - **$22,042**

COMTOIS Louis 1945-1990 [1]
✐ *Le cirque* - Gouache/papier (61x76cm-24x30in) Montréal 96 .... FF3 060 - £378 - **$591**

CONAN Gilbert XX [7]
🖝 *Extrême sentimen* - Huile/toile (38x55cm-15x22in) Paris 97 .... FF2 200 - £248 - **$398**

CONANT Alban Jasper 1821-1915 [1]
🖝 *A girl in an English countryside* - Oil/canvas/panel (114x94cm-45x37in) Chicago 94 .... FF22 070 - £2 650 - **$4,200**

CONCHILLOS Y FALCO Juan 1641-1711 [2]
✐ *La prière* - Pierre noire (32x26cm-13x10in) Rouen 92 .... FF11 000 - £1 126 - **$1,937**

CONCONI Luigi 1852-1917 [9]
🖝 *Fanciulla* - Tecnica mista/cartone (66x46cm-26x18in) Roma 94 .... FF30 060 - £3 600 - **$5,580**

CONDAMIN Joseph Henri 1847-1917 [2]
🖝 *The Eye-Catcher* - Oil/canvas (62x50cm-24x20in) New-York 94 .... FF31 900 - £3 800 - **$6,000**

CONDAMY de Charles Fernand c.1855-? [47]
🖝 *Cheval et petit chat* - Oil/canvas (61x73cm-24x29in) New-York 95 .... FF14 540 - £1 750 - **$2,750**
✐ *La partie de croquet* - Aquarelle, gouache (12x16cm-5x6in) Paris 96 .... FF6 000 - £686 - **$1,144**
La diligence - Aquarelle/papier (31x49cm-12x19in) Paris 97 .... FF12 000 - £1 274 - **$2,080**

CONDE de Alain 1935 [2]
🖝 *Composition* - Huile/toile (133x95cm-52x37in) Paris 89 .... FF15 000 - £1 493 - **$2,370**

CONDE Géo XIX-XX [4]
🏺 *Joueur de mandoline* - Céramique (33cm-13in) Paris 96 .... FF2 400 - £311 - **$471**

CONDER Charles Edward 1868-1909 [28]
🖝 *The beach, Pourville* - Oil/canvas (46x55cm-18x22in) London 92 .... FF391 000 - £40 000 - **$68,800**
✐ *A Bathing Party* - Watercolour (24x43cm-9x17in) London 96 .... FF3 460 - £450 - **$686**

CONDO George 1957 [77]
🖝 *Untitled* - Oil/canvas (23x19cm-9x7in) London 93 .... FF8 780 - £1 000 - **$1,490**
White + Grey Composition - Oil/canvas (103x92cm-41x36in) New-York 94 .... FF40 000 - £4 690 - **$7,000**
Vertical Abstraction - Olio/tela (116x89cm-46x35in) Prato 97 .... FF102 000 - £12 000 - **$18,000**
Nude with reflection - Oil/canvas (200x160cm-79x63in) New-York 92 .... FF324 000 - £33 100 - **$60,000**
✐ *Untitled* - Pastel (107x79cm-42x31in) New-York 97 .... FF17 442 - £1 832 - **$3,000**
Untitled - Watercolour (79x107cm-31x42in) New-York 97 .... FF30 233 - £3 175 - **$5,200**

CONDOY Honorio Garcia 1900-1953 [8]
🏺 *Couple, 1949* - Bronze (66cm-26in) Versailles 90 .... FF190 000 - £19 628 - **$33,569**
✐ *La danse* - Aquarelle (34x25cm-13x10in) Arles 93 .... FF2 300 - £288 - **$419**

CONDY Nicholas Matthew XIX [2]
🖝 *The gamblers/Rustic courtship* - Oil/panel (29x24cm-11x9in) London 95 .... FF22 130 - £2 800 - **$4,330**

C

CONDY Nicholas Matthew 1793-1857 [21]
🖼 *Fishermen at Penzance* - Oil/canvas (35x45cm-14x18in) London 94 .... FF**29 400** - £**3 500** - **$5,600**
✏ *Fisherboys on a beach* - Watercolour (15x11cm-6x4in) London 96 .... FF**6 800** - £**800** - **$1,334**

CONDY Nicholas Matthew, Jr 1816-1851 [14]
🖼 *A British Man-o'-War off Plymouth* - Oil/canvas (21x29cm-8x11in) London 92 .... FF**20 100** - £**2 400** - **$3,870**
🖼 *Gnome & other boats* - Oil/board (36x46cm-14x18in) London 91 .... FF**74 400** - £**7 551** - **$13,437**

CONDY Nicholas Sr. 1799-1859 [7]
🖼 *Tea time with Grandfather* - Oil/canvas (34x45cm-13x18in) London 90 .... FF**58 600** - £**5 964** - **$11,719**
✏ *Royal yacht Victoria & Albert* - Wash/paper (11x15cm-4x6in) London 90 .... FF**5 300** - £**567** - **$922**

CONE Martin D. 1891-1965 [3]
🖼 *Clouds* - Oil/canvas (46x51cm-18x20in) New-York 96 .... FF**61 800** - £**7 670** - **$12,000**

CONEJO Andrés 1913-1994 [8]
🖼 *Villajoyosa* - Oleo/tabla (51x62cm-20x24in) Madrid 95 .... FF**6 160** - £**778** - **$1,235**

CONELY William Brewster 1830-1911 [3]
🖼 *Richard Storrs Willis* - Oil/canvas (76x64cm-30x25in) Detroit, Michigan 96 .... FF**6 050** - £**759** - **$1,100**

CONES Nancy Ford XIX-XX [3]
📷 *Feeding Kitty* - Photograph (34x24cm-13x9in) New-York 93 .... FF**4 230** - £**484** - **$750**

CONEYE Stefan 1907-1978 [5]
🖼 *Der Liebesbrief* - Öl/Leinwand (72x100cm-28x39in) Wien 96 .... FF**5 860** - £**762** - **$1,150**

CONGDON William 1912 [2]
🖼 *Piazza Venice #5* - Olio/tavola (104x122cm-41x48in) Milano 90 .... FF**24 400** - £**2 483** - **$4,880**

CONGIU Sylvia Corinne 1953 [3]
🖼 *Sans titre* - Huile/toile (116x89cm-46x35in) Paris 94 .... FF**2 900** - £**338** - **$503**

CONINCK de Pierre Louis J. 1828-1910 [4]
🖼 *Portrait of a Girl with Her Cat* - Oil/canvas (70x50cm-28x20in) London 96 .... FF**30 650** - £**3 600** - **$5,960**

CONINCK de Robert XIX-XX [2]
🗟 *Espo. des Alliés, Galerie La Boëtie* - Poster (115x158cm-45x62in) London 95 .... FF**3 360** - £**380** - **$605**

CONINCK de Roger 1926 [7]
🖼 *Françoise* - Huile/toile (65x100cm-26x39in) Paris 94 .... FF**10 000** - £**1 190** - **$1,884**
✏ *Personnages* - Gouache (49x63cm-19x25in) Paris 94 .... FF**2 500** - £**324** - **$495**

CONINGH de Emy van Vrijberghe 1947-1992 [1]
🗿 *A farmer* - Bronze (18cm-7in) Amsterdam 95 .... FF**1 725** - £**220** - **$353**

CONINXLOO van Isaak 1580-1634 [1]
🖼 *Wooded landscape with men* - Oil/canvas (85x114cm-33x45in) London 90 .... FF**116 200** - £**12 362** - **$20,787**

CONKLING Mabel 1871-? [1]
🗿 *A Nereid with Baby Sea Sprites* - Bronze (82cm-32in) New-York 96 .... FF**31 300** - £**3 626** - **$6,000**

CONNAN Georges 1912-1987 [142]
🖼 *Variation symétrique XII* - Acrylique/papier (100x120cm-39x47in) Paris 90 .... FF**6 500** - £**696** - **$1,130**

CONNARD Philip 1875-1958 [22]
🖼 *Landscape with rainbow* - Oil/canvas (56x69cm-22x27in) London 93 .... FF**12 300** - £**1 400** - **$2,086**
🖼 *The Young Dancers* - Oil/canvas (14x112cm-6x44in) London 96 .... FF**79 000** - £**9 000** - **$15,120**
🗟 *Spring on Wimbledon Common* - Poster (98x126cm-39x50in) New-York 96 .... FF**8 150** - £**960** - **$1,600**

CONNAWAY Jay Hall 1893-1970 [9]
🖼 *Farrell's Point, Monhegan, Maine* - Oil/board (51x76cm-20x30in) Boston, Mass. 93 .... FF**4 125** - £**518** - **$750**
🖼 *Gathering Seaweed* - Oil/board (61x92cm-24x36in) New-York 95 .... FF**19 380** - £**2 493** - **$4,000**

CONNELL Edwin B. 1859-? [1]
🖼 *Cows by the river* - Oil/canvas (46x61cm-18x24in) Mystic, Connecticut 95 .... FF**5 130** - £**655** - **$1,050**

CONNELL Will 1898-1961 [5]
📷 *Mother Lode* - Gelatin silver print (20x23cm-8x9in) San Francisco-Los Angeles 96 .... FF**5 220** - £**605** - **$1,000**

CONNELLY Chuck 1955 [5]
🖼 *Collision* - Oil/canvas (167x198cm-66x78in) New-York 91 .... FF**25 650** - £**2 603** - **$4,633**

CONNELLY Pierre Francis 1841-1902 [1]
🗿 *Bust of a Creole gentleman* - Marble (86cm-34in) New Orleans, Louisiana 94 .... FF**5 410** - £**649** - **$1,000**

CONNER Bruce 1933 [2]
🖼 *Clam* - Mixed media (13x17x21cm-5x7x8in) New-York 95 .... FF**54 500** - £**6 810** - **$11,000**
✏ *Sans titre* - Collage (18x13cm-7x5in) Paris 96 .... FF**12 000** - £**1 493** - **$2,330**

CONNER John Anthony 1892-1971 [6]
🖼 *Sand verbenas* - Oil/canvas (61x77cm-24x30in) San Francisco-Los Angeles 90 .... FF**8 000** - £**841** - **$1,391**

CONNER John Ramsey 1869-1952 [4]
🖼 *The Fisher* - Oil/canvas (25x30cm-10x12in) Cambridge, Mass. 94 .... FF**11 400** - £**1 335** - **$2,000**

CONNER Paul 1881-1968 [1]
🖼 *Desert flowers Verbena* - Oil/board (58x76cm-23x30in) Detroit, Michigan 93 .... FF**5 230** - £**656** - **$950**

CONNOR Charles 1857-? [1]
🖼 *A woodland memory, 1902* - Oil/canvas New-York 90 .... FF**21 500** - £**2 287** - **$3,846**

CONNOR Linda S. 1944 [2]
📷 *Untitled (Two trees)*
  Selenium-toned printing-out paper (21x26cm-8x10in) San Francisco-Los Angeles 93 .... FF**1 770** - £**202** - **$300**

CONOR William 1881-1968 [37]
🖼 *Going to church* - Oil/canvas (55x65cm-22x26in) London 97 .... FF**131 333** - £**14 000** - **$23,023**
🖼 *The Lost Child* - Oil/canvas (92x71cm-36x28in) London 96 .... FF**196 600** - £**25 000** - **$37,800**
✏ *Mother and child* - Charcoal (29x23cm-11x9in) London 97 .... FF**37 524** - £**4 000** - **$6,578**

CONRAD Albert 1837-1887 [2]
🖼 *Die alte, alte Gesichichte* - Oil/panel (77x94cm-30x37in) Köln 94 .... FF**44 700** - £**5 320** - **$8,410**

CONRAD Carl Emmanuel 1810-1873 [1]
🖌 Strassenszene, Berlin - Oil/canvas (40x56cm-16x22in) München 89 .... FF219 600 - £22 454 - **$35,305**
CONRAD Frédéric 1916-1982 [3]
🖌 Voilier dans la brume - Huile/toile (122x81cm-48x32in) Bruxelles 90 .... FF6 200 - £652 - **$1,078**
CONRAD-KICKERT Conrad Jean Théodore 1882-1965 [25]
🖌 La Dranse à Morzine - Oil/cardboard (54x46cm-21x18in) Amsterdam 95 .... FF2 050 - £262 - **$418**
La crique - Huile/isorel (38x46cm-15x18in) Paris 90 .... FF10 300 - £1 170 - **$1,746**
Fruits au pot de gingembre - Huile/carton (48x60cm-19x24in) Chartres 90 .... FF25 000 - £2 694 - **$4,409**
CONRADE Alfred Charles 1863-1955 [11]
✍ Carrara/Genoa - Watercolour/board (54x38cm-21x15in) London 95 .... FF3 915 - £500 - **$800**
CONRADIN Christian Friedrich 1875-1917 [4]
🖌 Partie bei Scuol - Öl/Leinwand (46x29cm-18x11in) Zofingen 94 .... FF13 650 - £1 602 - **$2,430**
CONRARDY Georges 1908-1978 [3]
🖌 Fillette à sa toilette - Huile/toile (64x54cm-25x21in) Bruxelles 92 .... FF3 290 - £382 - **$671**
CONROY Stephen 1964 [6]
🖌 Kelvingrove - Oil/canvas (115x115cm-45x45in) London 92 .... FF125 600 - £15 000 - **$24,160**
CONSADORI Silvio 1909 [6]
🖌 Torcello - Olio/tela (30x60cm-12x24in) Milano 94 .... FF12 700 - £1 512 - **$2,270**
CONSAGRA Pietro 1920 [43]
🖌 Immagini su fondo celeste - Tecnica mista (85x120cm-33x47in) Roma 92 .... FF19 020 - £1 947 - **$3,350**
🗿 Composition - Bronze (37cm-15in) New-York 97 .... FF24 664 - £2 594 - **$4,249**
Colloquiro Duro - Bronze (84cm-33in) New-York 96 .... FF61 500 - £7 290 - **$12,000**
Forma - Bronzo (68x5x66cm-27x2x26in) Milano 92 .... FF131 400 - £13 440 - **$23,130**
CONSEIL Napoléon 1837-1871 [1]
🖌 Marine: vue du brick Obligado - Huile/toile (42x61cm-17x24in) Paris 93 .... FF19 000 - £2 290 - **$3,455**
CONSEMÜLLERS Erich 1902-1957 [2]
🖼 Aula in Dessau - Vernis mou Hamburg 91 .... FF6 760 - £678 - **$1,116**
📷 Photo d'un ballet de Schlemmer - Photo (10x13cm-4x5in) Paris 94 .... FF2 100 - £248 - **$377**
CONSOLAZIONE Giovanni 1908-1964 [2]
🖌 Pineta a mare - Olio/tela (100x70cm-39x28in) Roma 89 .... FF13 700 - £1 444 - **$2,306**
CONSTABLE Jane Bennett 1865-? [1]
🖌 Waiting for master, 1886 - Oil/canvas (53x43cm-21x17in) London 89 .... FF15 500 - £1 633 - **$2,609**
CONSTABLE John 1776-1837 [68]
🖌 Willy lott's House - Oil/canvas (34x42cm-13x17in) London 97 .... FF1 - £200 000 - **$324,560**
The lock - Oil/canvas (142x120cm-56x47in) London 90 .... FF9 - £9 - **$1**
Cloud study - Oil/paper/panel (24x30cm-9x12in) London 95 .... FF116 000 - £15 000 - **$23,920**
✍ Cattle grazing by a river - Wash (28x37cm-11x15in) London 97 .... FF169 331 - £18 000 - **$29,176**
A water mill - Watercolour (19x24cm-7x9in) London 93 .... FF299 000 - £36 000 - **$52,200**
CONSTABLE Lionel 1828-1887 [1]
🖌 Cloud study - Oil/paper/panel (23x30cm-9x12in) London 96 .... FF27 170 - £3 200 - **$5,330**
CONSTABLE OF ARUNDEL George S. XIX [2]
🖌 Arundel Castle - Oil/panel (23x33cm-9x13in) Billinghurst, West Sussex 94 .... FF6 000 - £720 - **$1,167**
CONSTANCIEL Jean 1829-? [1]
✍ Bas-reliefs, sculptures, décors - Dessin (20x27cm-8x11in) Paris 90 .... FF5 200 - £537 - **$919**
CONSTANS Louis Aristide Léon XIX [3]
🖌 Vase sur un entablement - Huile/toile (32x24cm-13x9in) Paris 96 .... FF21 000 - £2 620 - **$4,060**
CONSTANS Victor XX [3]
🖌 Fleuriste du Théâtre Madelin - Huile/toile (33x41cm-13x16in) Cannes 94 .... FF5 000 - £568 - **$848**
CONSTANT Benjamin 1845-1902 [49]
🖌 An Odalisque - Oil/panel (65x53cm-26x21in) Amsterdam 97 .... FF10 504 - £1 118 - **$1,828**
Portrait d'une élégante - Huile/toile (136x107cm-54x42in) Paris 95 .... FF50 000 - £6 540 - **$10,010**
The Tailor's shop - Huile/toile (64x100cm-25x39in) London 97 .... FF237 227 - £26 000 - **$41,634**
The carpet seller - Oil/canvas (114x137cm-45x54in) London 96 .... FF2 86e +06 - £245 000 - **$410,000**
CONSTANT Constant Nieuwenhuys 1920 [77]
🖌 Two birds - Oil/canvas (81x62cm-32x24in) Amsterdam 90 .... FF1 - £178 426 - **$300,036**
Portrait of a woman - Oil/canvas (50x40cm-20x16in) Köbenhavn 95 .... FF79 800 - £10 340 - **$16,240**
Moon Landscape with Happy Animals
   Oil/board (60x74cm-24x29in) Amsterdam 96 .... FF286 600 - £33 150 - **$54,900**
🖼 Vrouw en vogel - Lithograph (49x39cm-19x15in) Amsterdam 95 .... FF25 200 - £3 216 - **$5,140**
🗿 La Fleur Mécanique - Sculpture (140cm-55in) Amsterdam 93 .... FF122 400 - £14 070 - **$21,040**
✍ Portrait of a woman - Watercolour/paper (42x31cm-17x12in) Amsterdam 96 .... FF36 100 - £4 140 - **$6,890**
Untitled - Gouache (44x54cm-17x21in) London 96 .... FF63 000 - £7 200 - **$12,000**
CONSTANT DE REBECQUE Caroline XX [7]
🖌 Les êtres probes - Technique mixte/panneau (42x38cm-17x15in) Paris 96 .... FF2 000 - £236 - **$393**
CONSTANT Joseph 1892-1969 [30]
🖌 Still life - Oil/canvas/board (44x58cm-17x23in) Tel Aviv 92 .... FF12 200 - £1 278 - **$2,200**
🗿 Dog Running - Bronze (71cm-28in) Tel Aviv 97 .... FF12 834 - £1 427 - **$2,400**
CONSTANT Jules 1822-1895 [2]
🖌 Attelage de carriers - Huile/toile (48x100cm-19x39in) Bordeaux 97 .... FF9 500 - £997 - **$1,634**
CONSTANT Maurice XIX-XX [2]
🗿 Le Droit Civique - Bronze (45cm-18in) New-York 96 .... FF6 580 - £851 - **$1,300**

CONSTANT-DUVAL 1877-? [10]
Château of Amboise - Affiche (99x64cm-39x25in) Boulogne 96 .... FF*1 500* - £*187* - **$291**
CONSTANTIN Abraham 1785-1855 [5]
La Vierge au Poisson - Peinture (42x31cm-17x12in) Paris 93 .... FF*75 000* - £*8 520* - **$12,700**
Countess de Rastignac - Miniature (4cm-2in) Genève 92 .... FF*14 760* - £*1 520* - **$2,760**
CONSTANTIN Auguste Fernand 1824-1895 [8]
Lavandières - Oil/canvas (130x105cm-51x41in) Stockholm 94 .... FF*18 700* - £*2 215* - **$3,455**
Continental city - Watercolour (36x20cm-14x8in) New Orleans, Louisiana 95 .... FF*2 824* - £*347* - **$550**
CONSTANTIN D'AIX Jean Antoine 1756-1844 [16]
Jeunes femmes près d'une source - Huile/panneau (3x26cm-1x10in) Paris 95 .... FF*15 000* - £*1 925* - **$3,090**
A seated priest looking down - Red chalk (23x16cm-9x6in) London 95 .... FF*4 020* - £*520* - **$832**
Les cascades de Tivoli - Encre (44x59cm-17x23in) Monaco 93 .... FF*40 000* - £*4 820* - **$7,270**
CONSTANTIN Ivan 1895-? [2]
Norrländskt vinterlandskap - Oil/canvas (100x150cm-39x59in) Uppsala 93 .... FF*6 800* - £*771* - **$1,146**
CONSTANTIN Joseph-Sébastien 1793-1864 [1]
Entrée d'une église et personnages - Aquarelle (24x16cm-9x6in) Paris 90 .... FF*8 000* - £*857* - **$1,391**
CONSTANTINE George Hamilton 1878-c.1950 [20]
Near St. Michael's mount - Watercolour (36x52cm-14x20in) London 92 .... FF*14 660* - £*1 500* - **$2,580**
CONSTANTINI Giuseppe XIX-XX [2]
The card game - Oil/panel (26x19cm-10x7in) London 96 .... FF*31 900* - £*4 000* - **$6,160**
CONSUEGRA Hugo 1930 [2]
Composición Abstracta - Oil/canvas (102x102cm-40x40in) New-York 95 .... FF*7 650* - £*955* - **$1,500**
CONTANT Jules 1822-1885 [2]
Attelage de boeufs dans les marais - Huile/toile (130x220cm-51x87in) Troyes 92 .... FF*32 000* - £*3 290* - **$5,930**
CONTE Bernard XX [2]
Vers le Cap Nord, en Norvège - Huile/toile (37x55cm-15x22in) La Varenne Saint-Hilaire 96 .... FF*4 200* - £*483* - **$801**
CONTE Carlo 1898-1966 [1]
Donna Marina - Bronze (25x30x64cm-10x12x25in) Milano 93 .... FF*27 150* - £*3 090* - **$4,600**
CONTE Guillermo 1956 [3]
Milestone - Oil/canvas (250x180cm-98x71in) New-York 95 .... FF*86 700* - £*10 820* - **$17,000**
CONTE Michelangelo 1913 [1]
Causa ed Effetto - Mixed media (44x59cm-17x23in) London 91 .... FF*25 930* - £*2 581* - **$4,459**
CONTEL Jean-Charles 1895-1928 [11]
Vieilles maisons à Pont-Audemer - Huile/toile (45x61cm-18x24in) Le Havre 90 .... FF*9 000* - £*970* - **$1,587**
L'ancien Havre - Gouache (63x47cm-25x19in) Le Havre 90 .... FF*4 500* - £*458* - **$900**
CONTENCIN Charles Henry XX [3]
Le Wetterhorn - Huile/toile (44x54cm-17x21in) Paris 96 .... FF*6 500* - £*766* - **$1,276**
CONTENT Dan 1902-1990 [1]
Thoughtful couple - Oil/canvas (86x61cm-34x24in) New-York 94 .... FF*18 840* - £*2 212* - **$3,300**
CONTENT Marjorie 1898 [2]
New York City - Gelatin silver print (15x10cm-6x4in) New-York 92 .... FF*11 360* - £*1 162* - **$2,000**
CONTERNO Arturo 1871-1942 [1]
Nei pressi di Frabosa Soprana - Olio/tavola (43x51cm-17x20in) Torino 93 .... FF*2 930* - £*331* - **$493**
CONTESSE Gaston 1870-1946 [3]
Tête de jeune fille - Bronze (27cm-11in) Paris 93 .... FF*12 500* - £*1 420* - **$2,120**
CONTI Francesco 1681-1760 [1]
Sta Cecilia all'organo/Sta Caterina - Olio/tela (166x85cm-65x33in) Roma 89 .... FF*183 100* - £*18 722* - **$29,437**
CONTI Primo 1900-1988 [29]
Natura morta con chitarra - Olio/tela (40x62cm-16x24in) Milano 94 .... FF*14 940* - £*1 800* - **$2,790**
Figura nello studo - Olio/tavola (200x140cm-79x55in) Prato 97 .... FF*68 000* - £*8 000* - **$12,000**
Volto femminile - Encre Chine (31x21cm-12x8in) Roma 95 .... FF*5 720* - £*720* - **$1,160**
CONTI Regina 1890-? [1]
Campione gegen Melide - Oil/board (16x27cm-6x11in) Luzern 90 .... FF*10 900* - £*1 126* - **$1,926**
CONTI Tito 1842-1924 [33]
Giovane donna - Olio/tela (52x40cm-20x16in) Roma 96 .... FF*8 680* - £*1 006* - **$1,690**
Der geheime Verehrer - Oil/panel (34x25cm-13x10in) Wien 94 .... FF*34 200* - £*3 960* - **$5,880**
The Proposal - Oil/canvas (107x81cm-42x32in) London 95 .... FF*287 600* - £*36 000* - **$57,300**
CONTOPOULOS Alecos 1905-1975 [2]
Smoking the pipe - Oil/canvas/board (68x52cm-27x20in) Athens 95 .... FF*25 160* - £*3 255* - **$5,140**
Study on Mother Earth - Felt pen (33x24cm-13x9in) Athens 94 .... FF*6 670* - £*791* - **$1,233**
CONTRAULT Émile XIX-XX [2]
Le verger - Huile/carton (27x35cm-11x14in) Versailles 90 .... FF*9 000* - £*916* - **$1,800**
CONVENTI Francesco 1855-? [1]
Two Napolitan boys - Bronze (18cm-7in) Amsterdam 93 .... FF*3 014* - £*360* - **$580**
CONVERT Henri Louis 1789-1863 [1]
Régent Kehrli /Chartreuse, Brienz - Lithographie couleurs (16x21cm-6x8in) Bern 92 .... FF*2 284* - £*273* - **$440**
CONWAY Fred E. 1900-1972 [9]
Street scene - Oil/board (27x22cm-11x9in) San Francisco-Los Angeles 96 .... FF*4 150* - £*520* - **$800**
CONWAY John Severinus 1852-1925 [1]
Michelangelo's night - Charcoal (48x62cm-19x24in) New-York 92 .... FF*20 800* - £*2 210* - **$4,000**
CONZ Walter 1872-1947 [12]
Im Sonnenschein - Ol/Leinwand (63x80cm-25x31in) Bielefeld 95 .... FF*12 600* - £*1 620* - **$2,600**
Hafen von Meersburg - Etching (25x33cm-10x13in) Heidelberg 94 .... FF*1 508* - £*175* - **$260**

✏️ *Bodenseelandschaft* - Black chalk (31x45cm-12x18in) Hamburg 96 .... FF2 **720** - £**310** - $**520**

COODRIN Victor 1925 [5]
🖼️ *Basket of redcurrants* - Oil/canvas (49x59cm-19x23in) London 96 .... FF6 **970** - £**900** - $**1,347**

COOGHEN van der Leendert 1632-1681 [2]
🖼️ *The Woman with the Jug* - Etching (14x10cm-6x4in) London 97 .... FF4 **339** - £**449** - $**743**

COOK Beryl 1926 [41]
🖼️ *Ladies Bowling* - Oil/board (38x38cm-15x15in) London 94 .... FF48 **300** - £5 **800** - $**9,040**
🖼️ *Woman Running* - Serigraph (74x58cm-29x23in) Cleveland, Ohio 92 .... FF2 **700** - £**276** - $**475**

COOK Ebenezer Wake 1843-1926 [38]
✏️ *Thye Old Town, Mentone, France* - Watercolour (18x25cm-7x10in) London 95 .... FF5 **680** - £**720** - $**1,144**
The earthly paradise - Watercolour/paper (70x11cm-28x4in) New-York 90 .... FF31 **500** - £3 **351** - $**5,635**

COOK Gordon 1927-1985 [11]
🖼️ *Empty Yellow Bowl* - Oil/canvas (56x84cm-22x33in) San Francisco-Los Angeles 95 .... FF21 **040** - £2 **630** - $**4,250**
✏️ *House in the trees* - Watercolour/paper (23x20cm-9x8in) San Francisco-Los Angeles 92........ FF7 **300** - £**864** - $**1,404**

COOK Henry [1]
🖼️ *Wreck, Westmorland, Port Maddock* - Oil/canvas (51x91cm-20x36in) London 90 .... FF2 **700** - £**291** - $**476**

COOK Herbert Moxon 1844-1920 [15]
✏️ *Sheep grazing by the coast* - Watercolour (38x66cm-15x26in) London 95 .... FF2 **170** - £**280** - $**447**

COOK Howard Norton 1901-1980 [25]
🖼️ *The Battery, New York* - Oil/canvas (41x51cm-16x20in) New-York 96 .... FF44 **100** - £5 **620** - $**8,500**
🖼️ *Fiesta* - Etching (27x36cm-11x14in) New-York 94 .... FF8 **000** - £2 **090** - $**1,400**
New York Night - Lithograph (25x30cm-10x12in) New-York 95 .... FF25 **250** - £3 **180** - $**5,000**

COOK J.B. XIX-XX [2]
🖼️ *Figures with plough horses* - Oil/canvas (44x71cm-17x28in) London 92 .... FF7 **300** - £**750** - $**1,403**

COOK John A. 1870-1936 [8]
✏️ *Port scene* - Watercolour/board (18x26cm-7x10in) Cambridge, Mass. 91 .... FF2 **830** - £**287** - $**511**

COOK May Elizabeth 1881-1951 [1]
🗿 *A bronze turtle fountain* - Bronze (138cm-54in) New-York 95 .... FF37 **660** - £4 **710** - $**7,500**

COOK OF PLYMOUTH William c.1830-c.1890 [19]
✏️ *The culvers, Isle of Wight* - Watercolour (31x52cm-12x20in) London 92 .... FF2 **920** - £**300** - $**561**

COOK William Edwards 1881-? [4]
🖼️ *Belfry at Bruges* - Oil/board (31x41cm-12x16in) London 92 .... FF9 **210** - £1 **100** - $**1,772**

COOKE Arthur Claude 1867-? [2]
🖼️ *Eloped* - Oil/canvas (90x126cm-35x50in) Toronto 95 .... FF14 **400** - £1 **824** - $**2,900**

COOKE Ebenzer Wake 1843-1926 [1]
✏️ *Dunkeld, Perthshire* - Wash (58x39cm-23x15in) Glasgow 91 .... FF7 **980** - £**800** - $**1,317**

COOKE Edward William 1811-1880 [54]
🖼️ *Sailing boats, Venice* - Oil/panel (19x30cm-7x12in) London 96 .... FF5 **190** - £**650** - $**1,001**
🖼️ *Vessels off Portsmouth in a storm* - Oil/canvas (45x61cm-18x24in) London 97 .... FF48 **781** - £5 **200** - $**851,7 8**
🖼️ *Calais Sands with Shrimpers* - Oil/canvas (43x80cm-17x31in) London 97 .... FF82 **644** - £9 **000** - $**14,372**
🖼️ *A Calm Day on the Scheldt* - Oil/canvas (97x141cm-38x56in) London 96 .... FF521 **000** - £65 **000** - $**100,600**
✏️ *Beaching a Dutch Pink* - Pastel (23x34cm-9x13in) London 91 .... FF42 **300** - £4 **201** - $**7,345**

COOKE George E. 1793-1849 [1]
🖼️ *Ann H. Eason James, Alabama*
   Oil/canvas/board (18x13cm-7x5in) New Orleans, Louisiana 94 .... FF142 **100** - £16 **900** - $**26,000**

COOKE Isaac 1846-1922 [2]
✏️ *Coniston Water* - Watercolour (23x50cm-9x20in) London 95 .... FF3 **250** - £**420** - $**670**

COOKE John XIX-XX [2]
🖼️ *Bathing nymphs* - Oil/canvas (123x61cm-48x24in) New-York 90 .... FF42 **900** - £4 **446** - $**7,540**

COOKE John Percy XIX-XX [2]
🖼️ *Waiting hir turn* - Oil/canvas (86x115cm-34x45in) London 93 .... FF21 **600** - £2 **600** - $**3,770**

COOKE William Cubitt 1866-? [1]
✏️ *The Voice of Spring* - Watercolour, gouache (24x14cm-9x6in) London 90 .... FF8 **200** - £**884** - $**1,446**

COOKE William Edward XIX-XX [4]
🖼️ *Children at a river bank* - Oil/canvas (46x61cm-18x24in) London 93 .... FF7 **050** - £**850** - $**1,233**

COOKESLEY Margaret Murray c.1850-1927 [9]
🖼️ *In the harem* - Oil/canvas (91x45cm-36x18in) New-York 94 .... FF19 **000** - £2 **200** - $**3,250**
An exotic beauty, 1895 - Oil/panel (60x40cm-24x16in) New-York 89........................... FF62 **900** - £6 **259** - $**9,937**

COOKSEY May Louise Greville 1878-? [2]
🖼️ *The House at Bethany* - Oil/canvas (122x152cm-48x60in) London 90 .... FF10 **730** - £1 **092** - $**2,146**
✏️ *A stray bit of Orvieto* - Watercolour (32x22cm-13x9in) London 94 .... FF3 **386** - £**400** - $**608**

COOL de Gabriel 1854-? [3]
✏️ *Jeune femme* - Pastel (67x55cm-26x22in) Paris 92 .... FF3 **800** - £**454** - $**731**

COOL Thomas Simon 1831-1870 [2]
🖼️ *A peasant girl harvesting* - Oil/canvas (89x65cm-35x26in) Amsterdam 94 .... FF5 **810** - £**698** - $**1,130**

COOLE Brian XIX-XX [5]
🖼️ *Boston Harbor* - Oil/board (61x76cm-24x30in) Litchfield, CT 92 .... FF6 **380** - £**668** - $**1,150**

COOLEY Benjamin 1821-1899 [1]
🖼️ *A Western Eden* - Oil/canvas (91x125cm-36x49in) New-York 95 .... FF15 **400** - £1 **915** - $**3,000**

COOLIDGE Cassius Marcellus 1844-1934 [2]
🖼️ *The Big Bluff* - Oil/canvas (72x55cm-28x22in) North Bethesda, MD. 91 .... FF26 **970** - £2 **685** - $**4,638**

C

COOLIDGE Mary Rosamond 1884-? [3]
🖼 *Edna Hathaway* - Oil/canvas (81x66cm-32x26in) Mystic, Connecticut 93 .... FF4 400 - £552 - **$800**

COOLING John Albert 1860-1931 [1]
✏ *Seated male nude* - Charcoal/paper (60x29cm-24x11in) London 96 .... FF4 055 - £520 - **$800**

COOMANS Auguste 1855-? [5]
🖼 *Blick in ein Schafstall* - Oil/panel (17x26cm-7x10in) Lindau 94 .... FF8 220 - £954 - **$1,416**

COOMANS Heva XIX-XX [2]
🖼 *Classical beauties* - Oil/canvas (50x71cm-20x28in) New-York 92 .... FF62 400 - £7 450 - **$12,000**

COOMANS Pierre Ol. Joseph 1816-1889 [27]
🖼 *Woman painting a vase* - Oil/panel (24x20cm-9x8in) New-York 96 .... FF18 000 - £2 182 - **$3,500**
Amaryllis - Oil/canvas (81x64cm-32x25in) New-York 96 .... FF82 300 - £9 970 - **$16,000**
The Last Hour of Pompeii - Oil/canvas (101x158cm-40x62in) London 95 .... FF558 000 - £74 000 - **$115,300**

COOMBES Andrew XX [2]
🏙 *City bus tours* - Oil/board (96x122cm-38x48in) London 91 .... FF3 490 - £350 - **$576**

COOMBS Delbert Dana 1850-1938 [3]
🖼 *Mountain scene with cows* - Oil/canvas (50x76cm-20x30in) Cambridge, Mass. 91 .... FF5 990 - £601 - **$989**

COOMBS Edith Grace Lawson 1890-1986 [4]
🖼 *Milking Time/New Years Day* - Oil/panel (37x43cm-15x17in) Toronto 96 .... FF3 610 - £457 - **$692**

COOP Hubert 1872-1953 [16]
✏ *Low tide, mid summer* - Watercolour (61x86cm-24x34in) London 95 .... FF9 520 - £1 200 - **$1,887**

COOPER Abraham 1787-1868 [22]
🖼 *The Shooting Pony* - Oil/canvas (37x30cm-15x12in) London 96 .... FF17 550 - £2 200 - **$3,410**
Mango - Oil/canvas (71x92cm-28x36in) London 96 .... FF80 600 - £9 500 - **$15,840**

COOPER Alexander Davis c.1820-c.1890 [7]
🖼 *A dog's chance* - Oil/canvas (46x61cm-18x24in) London 95 .... FF18 260 - £2 400 - **$3,665**

COOPER Alfred Egerton 1883-1974 [12]
🖼 *The Australian* - Oil/canvas (117x89cm-46x35in) London 96 .... FF6 780 - £850 - **$1,310**

COOPER Alfred Heaton 1864-1929 [31]
🖼 *Emissaries, Sultan of Morocco* - Oil/canvas (91x71cm-36x28in) New-York 93 .... FF76 700 - £8 720 - **$13,000**
✏ *Peaceful strech/Lake landscape* - Watercolour (38x56cm-15x22in) London 95 .... FF5 420 - £700 - **$1,117**
Mountain stream, Lake District - Watercolour (74x53cm-29x21in) London 95 .... FF9 290 - £1 200 - **$1,914**

COOPER Alfred W. XIX-XX [2]
🖼 *A rainy day* - Oil/canvas (46x36cm-18x14in) London 95 .... FF31 540 - £3 800 - **$5,510**

COOPER Astley D. Montague 1856-1924 [8]
🖼 *War party on the trail* - Oil/canvas (45x55cm-18x22in) New-York 92 .... FF16 650 - £1 743 - **$3,000**

COOPER Austin 1890-1964 [5]
🗂 *Scarborough* - Poster (102x127cm-40x50in) London 94 .... FF5 410 - £650 - **$1,030**

COOPER Byron XIX-XX [2]
🖼 *Whitby* - Oil/canvas (51x91cm-20x36in) London 91 .... FF7 700 - £778 - **$1,529**

COOPER Calvin 1921 [2]
🗿 *Abe Lincoln* - Carved, painted wood Litchfield, CT 92 .... FF1 560 - £186 - **$300**

COOPER Colin Campbell 1856-1937 [57]
🖼 *A view of Paris* - Oil/canvas (50x64cm-20x25in) New-York 94 .... FF21 020 - £2 526 - **$4,000**
The 42nd Street Library - Oil/canvas (40x61cm-16x24in) New-York 94 .... FF118 000 - £13 920 - **$21,000**
Summer - Oil/canvas (127x153cm-50x60in) New-York 95 .... FF560 000 - £71 500 - **$115,000**
✏ *Harbor scene* - Watercolour/paper (38x36cm-15x14in) Baton Rouge, Louisiana 94 .... FF10 270 - £1 198 - **$1,800**

COOPER Edwin 1785-1833 [16]
🖼 *Dog frightening a cat* - Oil/canvas (46x55cm-18x22in) London 95 .... FF20 800 - £2 600 - **$4,200**
✏ *Racing scenes* - Pencil (27x47cm-11x19in) New-York 92 .... FF20 000 - £2 092 - **$3,600**

COOPER Edwin, Archt. 1874-1942 [2]
✏ *Marylebone Town Hall* - Watercolour (60x65cm-24x26in) London 95 .... FF5 010 - £650 - **$1,026**

COOPER Eileen 1953 [5]
🖼 *Hands supporting aerobatic figures* - Oil/board (81x56cm-32x22in) London 92 .... FF4 690 - £480 - **$828**
Long Nights - Charcoal (75x54cm-30x21in) London 97 .... FF3 735 - £400 - **$645**

COOPER Emma Lambert 1860-1920 [6]
🖼 *Chickens feeding* - Oil/canvas (66x81cm-26x32in) New-York 92 .... FF21 840 - £2 610 - **$4,200**

COOPER Frederick Charles c.1820-c.1880 [2]
✏ *Desert scene with figures*
Watercolour/paper (18x38cm-7x15in) Baton Rouge, Louisiana 94 .... FF3 680 - £442 - **$700**

COOPER George Gordon Byron ?-1933 [1]
✏ *Landscape* - Oil/panel (24x31cm-9x12in) Söderköping 92 .... FF3 020 - £309 - **$532**

COOPER Gerald 1898-1975 [19]
🖼 *Summer flowers in a glass bowl* - Oil/canvas (61x50cm-24x20in) London 95 .... FF34 800 - £4 400 - **$6,800**

COOPER Joseph Teal 1682-1743 [2]
🖼 *Still life of fruit* - Oil/canvas (95x123cm-37x48in) London 91 .... FF191 500 - £19 018 - **$33,250**

COOPER Margaret M. 1874-? [1]
🖼 *Ogunquit Harbor* - Oil/canvas (41x51cm-16x20in) Mystic, Connecticut 94 .... FF2 905 - £336 - **$500**

COOPER Ronald 1931 [3]
🗿 *No Escape* - Paint/wooden construction, carved wood (71cm-28in) Litchfield, CT 92 .... FF2 080 - £249 - **$400**

COOPER Samuel 1609-1672 [8]
✏ *Portrait of Lady Marsham* - Miniature (6cm-2in) London 97 .... FF94 787 - £10 000 - **$16,265**

COOPER Thomas Joshua 1946 [2]
📷 *Ritual indication, Alton, Staffordshire* - Gelatin silver print (11x16cm-4x6in) London 90 .... FF1 562 - £159 - **$312**

COOPER Thomas Sydney 1803-1902   [134]

- Goats on a Cliff, East Kent Coast - Oil/board (20x33cm-8x13in) London 97 .... FF9 183 - £1 000 - **$1,597**
- Sheep resting in a river landscape - Oil/canvas (82x106cm-32x42in) New-York 91 .... FF44 800 - £4 526 - **$8,893**
- Highland Cattle with Sheep - Oil/board (61x51cm-24x20in) London 97 .... FF47 619 - £5 000 - **$8,162**
- Cows in a watermeadow - Oil/canvas (96x127cm-38x50in) New-York 97 .... FF154 022 - £16 602 - **$27,000**
- On a Dairy Farm - Oil/canvas (122x183cm-48x72in) London 97 .... FF266 666 - £28 000 - **$45,707**
- Cattle, Canterbury meadows - Oil/canvas (122x189cm-48x74in) London 91 .... FF278 000 - £28 013 - **$48,240**
- ⟋ Near Pevensey - Watercolour (23x39cm-9x15in) London 96 .... FF18 440 - £2 400 - **$3,656**

COOPER William Heaton 1903   [22]

- ⟋ Mountainous landscape, Cumbria - Watercolour (38x55cm-15x22in) London 96 .... FF2 990 - £380 - **$590**
- Evening over Crummock Water - Watercolour (37x55cm-15x22in) London 94 .... FF5 830 - £700 - **$1,110**
- Rosthwaite-in-Borrowdale - Watercolour Leeds 92 .... FF12 210 - £1 250 - **$2,150**

COOPER William Savage XIX-XX   [10]

- Midsummer - Oil/canvas (101x81cm-40x32in) London 92 .... FF35 200 - £3 600 - **$6,210**
- The Spirit of Summer - Oil/canvas (102x82cm-40x32in) New-York 97 .... FF171 135 - £18 447 - **$30,000**

COOPER William Sidney 1854-1927   [58]

- Cattle and sheep in a farm landscape - Oil/board (24x34cm-9x13in) Cape Town 95 .... FF5 320 - £679 - **$1,090**
- Sheep grazing on a rocky hillside - Oil/canvas (113x88cm-44x35in) London 96 .... FF30 740 - £4 000 - **$6,090**
- ⟋ Cattle grazing, Langford, Essex - Watercolour (35x47cm-14x19in) London 96 .... FF7 220 - £900 - **$1,394**

COOSEMANS Joseph Théodore 1828-1904   [12]

- Paysage fluvial - Huile/toile (40x60cm-16x24in) Bruxelles 96 .... FF8 560 - £1 088 - **$1,646**

COPE Arthur Stockdale 1857-1940   [2]

- Rt. Hon. Sir William Harcourt, M.P. - Oil/canvas (124x99cm-49x39in) London 93 .... FF19 920 - £2 400 - **$3,480**

COPE Charles West 1811-1890   [8]

- The Life's Story - Oil/canvas (112x142cm-44x56in) London 97 .... FF26 692 - £2 800 - **$4,580**
- Maternal Affection - Oil/panel (65x47cm-26x19in) London 97 .... FF60 000 - £6 300 - **$10,284**

COPE George 1855-1929   [1]

- Strawberries & cakes - Oil/canvas (51x41cm-20x16in) New-York 95 .... FF115 600 - £13 840 - **$22,000**

COPE Leslie 1913   [3]

- Winter scene - Oil/board (40x50cm-16x20in) Elgin, Illinois 91 .... FF3 680 - £371 - **$639**

COPELAND Alfred Bryant 1840-1909   [3]

- Birth of Venus - Oil/canvas (68x116cm-27x46in) New-York 92 .... FF67 600 - £8 070 - **$13,000**

COPELAND M. Banyon Anderson XIX-XX   [1]

- Young girl with flowers - Oil/board (101x78cm-40x31in) London 96 .... FF5 360 - £700 - **$1,072**

COPEMAN Constance Gertrude 1864-?   [2]

- Young girl/Young girl - Oil/canvas (41x31cm-16x12in) Amsterdam 92 .... FF7 830 - £936 - **$1,508**

COPERS Leo 1947   [5]

- ⟋ Studies Fort Aspern - Pencil/paper (310x157cm-122x62in) Amsterdam 97 .... FF4 100 - £43 0 3 - **$703**

COPESTICK Ernest XX   [2]

- Rhododendrons in a jar - Oil/canvas (50x61cm-20x24in) Penzance, Cornwall 90 .... FF2 543 - £256 - **$462**

COPIEUX A. XIX-XX   [2]

- Maison dans la vallée - Huile/toile (45x64cm-18x25in) Rouen 90 .... FF3 000 - £321 - **$522**

COPIEUX Albert XIX-XX   [15]

- Plage de Sainte-Adresse - Huile/toile (50x73cm-20x29in) Le Havre 92 .... FF6 000 - £716 - **$1,154**
- ⟋ Paysage de montagne - Aquarelle (20x41cm-8x16in) Le Havre 96 .... FF2 700 - £317 - **$532**
- Le paquebot Paris à quai - Aquarelle (57x75cm-22x30in) Sainte Adresse 97 .... FF9 500 - £1 042 - **$1,707**

COPLANS John 1920   [7]

- 📷 Self-portrait - Gelatin silver print (99x119cm-39x47in) New-York 93 .... FF14 750 - £1 680 - **$2,500**

COPLEY Al 1910   [3]

- Abstract - Oil/board (28x36cm-11x14in) Cambridge, Mass. 92 .... FF2 340 - £280 - **$450**
- Figürliche Komposition - Color lithograph (48x33cm-19x13in) München 95 .... FF3 560 - £444 - **$720**
- Salt & Pepper, 1962 - Collage (46x33cm-18x13in) Verrières-Le-Buisson 97 .... FF24 500 - £2 623 - **$4,261**

COPLEY Billy 1946   [11]

- Arbre habité - Huile/toile (22x33cm-9x13in) Paris 95 .... FF6 000 - £762 - **$1,230**
- Outer Focus No. 7 - Huile/toile (72x60cm-28x24in) Paris 95 .... FF26 000 - £3 303 - **$5,330**

COPLEY John 1875-1950   [1]

- A London quartet - Etching New-York 91 .... FF1 995 - £200 - **$345**

COPLEY John Singleton 1738-1815   [10]

- George Augustus Eliott - Oil/canvas/board (50x32cm-20x13in) London 96 .... FF382 000 - £45 000 - **$75,000**
- ⟋ Prince Regent - Pencil (30x44cm-12x17in) New-York 94 .... FF50 600 - £5 960 - **$9,000**

COPLEY William N.- CPLY 1919-1996   [39]

- Untitled - Oil/canvas (99x81cm-39x32in) New-York 97 .... FF30 410 - £3 211 - **$5,200**
- Untitled - Oil/canvas (89x116cm-35x46in) München 96 .... FF54 200 - £6 800 - **$10,460**
- With wine and song they joyed.. - Oil/canvas (147x114cm-58x45in) New-York 97 .... FF76 024 - £8 028 - **$13,000**

COPMANN Peter 1794-1850   [2]

- Carl af Hessen - Oil/canvas (66x53cm-26x21in) København 90 .... FF6 100 - £653 - **$1,061**

COPNALL Frank T. 1870-?   [3]

- Edwardian Lady - Oil/canvas/board (33x23cm-13x9in) London 97 .... FF2 251 - £240 - **$39,3 9**

COPNALL John Bainbridge 1928   [7]

- Yellow house by the docks - Oil/board (41x51cm-16x20in) London 92 .... FF2 443 - £250 - **$431**

COPNALL Theresa Norah 1882-1972   [2]

- Daffodils, poppies, tulips and blossom - Oil/canvas (67x66cm-26x26in) London 94 .... FF21 300 - £2 500 - **$3,730**

C

COPPEDE Carlo 1868-? [1]
🖼 *Bacchanalian scene* - Oil/canvas (92x129cm-36x51in) London 90 .... FF*131 700* - £*13 403* - **$26,338**
COPPEDGE Fern Isabell 1888-1951 [16]
🖼 *Swan Creek Road* - Oil/canvas (64x76cm-25x30in) New-York 93 .... FF*64 900* - £*7 380* - **$11,000**
COPPEL Jeanne 1896-1971 [8]
🖼 *Sans titre* - Huile/carton (30x45cm-12x18in) Paris 94 .... FF*12 800* - £*1 530* - **$2,390**
✎ *Sans titre* - Collage (25x22cm-10x9in) Paris 94 .... FF*6 800* - £*813* - **$1,270**
COPPENOLLE van Edmond 1846-1914 [18]
🖼 *Lilas* - Huile/toile (65x49cm-26x19in) Barbizon 94 .... FF*17 000* - £*2 014* - **$3,140**
COPPENOLLE van Jacques 1878-1915 [22]
🖼 *Basse-cour* - Huile/toile (54x65cm-21x26in) Bordeaux 97 .... FF*5 900* - £*623* - **$1,020**
Panier de fleurs - Huile/toile (38x46cm-15x18in) Versailles 92 .... FF*13 200* - £*1 576* - **$2,540**
Still life with anemones - Oil/canvas New-York 90 .... FF*38 600* - £*3 887* - **$7,018**
COPPENS Frans 1895-1975 [5]
🖼 *Vue du plat pays* - Huile/toile (45x60cm-18x24in) Bruxelles 93 .... FF*5 270* - £*631* - **$1,078**
COPPENS Joep 1940 [1]
🗿 *Verheven Hart* - Bronze (79cm-31in) Amsterdam 95 .... FF*8 200* - £*1 045* - **$1,672**
COPPENS Omer 1864-1926 [15]
🖼 *Le porche du château* - Huile/panneau (35x46cm-14x18in) Bruxelles 97 .... FF*2 289* - £*252* - **$402**
Canal à Bruges - Huile/toile (80x95cm-31x26in) Lokeren 96 .... FF*13 330* - £*1 723* - **$2,630**
COPPIETERS Alberic 1878-1902 [1]
🖼 *Nature morte, blancs* - Huile/toile (57x81cm-22x32in) Bruxelles 89 .... FF*5 500* - £*562* - **$884**
COPPIN John S. 1904-1986 [8]
🖼 *Female swimming* - Oil/canvas Detroit, Michigan 94 .... FF*4 360* - £*506* - **$750**
COPPING Harold 1863-1932 [5]
✎ *Jacob y Esau* - Acuarela (39x24cm-15x9in) Madrid 90 .... FF*1 700* - £*181* - **$304**
COPPINI Eliseo Fausto 1870-? [1]
🖼 *Rêverie* - Oil/canvas (49x36cm-19x14in) New-York 93 .... FF*15 400* - £*1 930* - **$2,800**
COPPOLA Antonio 1839-? [11]
✎ *Dal convento dei Cappuccini* - Acquarello/carta (49x34cm-19x13in) Roma 95 .... FF*5 620* - £*738* - **$1,116**
COQUELIN Gabriel Eug. 1907-? [29]
🗿 *Femme à la grappe* - Bronze (19cm-7in) Soissons 96 .... FF*14 000* - £*1 697* - **$2,720**
Femme à la conque - Bronze (36cm-14in) Brest 96 .... FF*37 000* - £*4 460* - **$7,100**
COQUERET Pierre Charles 1761-1832 [3]
🖼 *Maréchal-Ferrant Anglais* - Etching (43x56cm-17x22in) North Bethesda, MD. 92 .... FF*4 160* - £*436* - **$750**
COQUET Pierre 1926 [7]
🖼 *Toits de Paris* - Huile/toile (47x66cm-19x26in) Paris 90 .... FF*3 800* - £*383* - **$744**
COQUILLAY Jacques 1935 [10]
🗿 *Nude* - Bronze (33cm-13in) Amsterdam 95 .... FF*20 050* - £*2 626* - **$4,020**
✎ *Plage à marée basse* - Pastel (62x47cm-24x19in) La Varenne Saint-Hilaire 97 .... FF*3 000* - £*323* - **$527**
CORABOEUF Jean-Alexandre 1870-1947 [2]
✎ *Jeune femme appuyée sur un coussin* - Crayon (53x49cm-21x19in) Paris 95 .... FF*2 000* - £*259* - **$417**
CORBASSIERE Yves XX [2]
🖼 *Composition, décembre* - Huile/toile (81x100cm-32x39in) Paris 95 .... FF*3 500* - £*419* - **$666**
CORBASSIERE-CODET Constance 1930 [6]
🖼 *Composition* - Huile/toile (81x100cm-32x39in) Saint-Dié 93 .... FF*4 800* - £*540* - **$814**
CORBEIL Gilles 1920-1986 [6]
🖼 *La course* - Huile/toile (40x33cm-16x13in) Montréal 96 .... FF*2 276* - £*217* - **$330**
CORBELLA Tito 1885-1966 [7]
🖼 *Buoi* - Olio/tavola (38x38cm-15x15in) Firenze 97 .... FF*4 590* - £*540* - **$810**
🖼 *Itala 61, La Sei Cilindri Due Litri Italiana* - Poster (137x97cm-54x38in) New-York 96 .. FF*10 180* - £*1 200* - **$2,000**
CORBELLINI Luigi 1901-1968 [78]
🖼 *Maternité* - Huile/toile (33x24cm-13x9in) Quimper 96 .... FF*3 000* - £*356* - **$586**
Paysage de Corse - Huile/toile (51x79cm-20x31in) Paris 95 .... FF*11 000* - £*1 426* - **$2,290**
Le déshabillé rose - Huile/toile (62x50cm-24x20in) Calais 90 .... FF*30 000* - £*3 021* - **$5,455**
CORBET Charles Louis 1758-1808 [2]
🗿 *Napoléon Bonaparte, Premier Consul* - Bronze (84cm-33in) Uppsala 90 .... FF*25 450* - £*2 606* - **$4,480**
CORBET Edith Ellenborough c.1850-1920 [2]
🖼 *Vestale agenouillée* - Huile/toile (63x48cm-25x19in) Troyes 89 .... FF*36 000* - £*3 681* - **$5,788**
CORBET Jean 1926 [53]
🖼 *Parc de la Tête d'Or* - Huile/panneau (73x54cm-29x21in) Paris 90 .... FF*3 500* - £*352* - **$686**
Cueillette près de Rochetaille - Huile/panneau (73x54cm-29x21in) Paris 90 .... FF*7 000* - £*705* - **$1,371**
CORBET Matthew Ridley 1850-1902 [3]
🖼 *Hurley-on-Thames, River flooded* - Oil/board (13x22cm-5x9in) London 96 .... FF*5 210* - £*650* - **$1,007**
CORBET Philip c.1800-c.1860 [2]
🖼 *The connoisseur* - Oil/panel (23x20cm-9x8in) Amsterdam 94 .... FF*6 100* - £*708* - **$1,050**
CORBINEAU Charles 1835-1901 [1]
🖼 *A l'Ile de la Jatte* - Huile/panneau (33x24cm-13x9in) Soissons 92 .... FF*9 800* - £*1 170* - **$1,885**
CORBINO Jon 1905-1964 [14]
🖼 *Circus performers* - Oil/canvas (25x20cm-10x8in) Mystic, Connecticut 94 .... FF*9 870* - £*1 141* - **$1,700**
✎ *Dressing up* - Pastel (36x41cm-14x16in) Mystic, Connecticut 95 .... FF*4 830* - £*580* - **$900**
CORBIT George Cecil 1892-1944 [1]
🖼 *Dusky fisherman* - Oil/canvas (63x76cm-25x30in) San Francisco-Los Angeles 92 .... FF*40 500* - £*4 140* - **$7,500**

CORBOULD Alfred Chantrey ?-1920 [2]
- *Infantry Officer* - Oil/canvas (90x69cm-35x27in) Billinghurst, West Sussex 91 .... FF7 930 - £805 - **$1,432**

CORBOULD Edward Henry 1815-1905 [11]
- *Family eating* - Watercolour (24x32cm-9x13in) London 97 .... FF9 407 - £1 000 - **$1,621**
- *The Earl of Surrey* - Watercolour (91x5x124cm-36x2x49in) London 96 .... FF63 300 - £7 500 - **$12,340**

CORBOULD Henry 1787-1844 [1]
- *Girl with her Spaniel beneath a tree* - Oil/panel (51x42cm-20x17in) London 92 .... FF5 080 - £520 - **$996**

CORBUSIER Jean-François 1810-1852 [2]
- *L'indiscrétion* - Huile/toile (50x40cm-20x16in) Bruxelles 91 .... FF12 200 - £1 298 - **$2,182**

CORCHON José María XIX [2]
- *Bodegón* - Oleo/lienzo (70x85cm-28x33in) Madrid 92. .... FF4 840 - £577 - **$930**

CORCHON Y DIAQUE Federico 1853-? [6]
- *Dama junto al río* - Oleo/tabla (35x23cm-14x9in) Madrid 92 .... FF6 770 - £787 - **$1,382**
- *Élégantes, Paris* - Oil/panel (41x32cm-16x13in) New-York 92. .... FF224 000 - £22 700 - **$45,000**

CORCOS Lucille 1908-1973 [2]
- *The Wedding* - Tempera/board (51x40cm-20x16in) New-York 96 .... FF21 920 - £2 540 - **$4,200**
- *Easter Sunday* - Tempera/paper (42x39cm-17x15in) New-York 96 .... FF11 480 - £1 330 - **$2,200**

CORCOS Vittorio Matteo 1859-1933 [21]
- *In the sunny south* - Oil/canvas (120x165cm-47x65in) New-York 96 .... FF1 - £152 700 - **$245,000**
- *Giovinetta con cappello* - Olio/tela (60x44cm-24x17in) Roma 95 .... FF77 200 - £9 880 - **$15,860**
- *La Robe blanche* - Oil/canvas (95x53cm-37x21in) San Francisco-Los Angeles 95 ... FF195 700 - £25 300 - **$40,000**

CORCUERA Francisco 1944 [5]
- *Sin título* - Mixed media/canvas (168x132cm-66x52in) New-York 94 .... FF106 100 - £12 630 - **$20,000**

CORDE Walter 1876-? [1]
- *Amazonenschlacht* - Öl/Leinwand (143x163cm-56x64in) Bremen 93 .... FF16 600 - £1 985 - **$3,196**

CORDERO Horacio 1945 [2]
- *Sans titre, 1984* - Huile/toile (64x54cm-25x21in) L'Isle-Adam 90 .... FF4 500 - £485 - **$794**

CORDERY Earl 1902-1977 [1]
- *Good night and goodby, Leonie* - Gouache (53x36cm-21x14in) New-York 94 .... FF4 850 - £570 - **$850**

CORDES Johann Wilhelm 1824-1869 [2]
- *A rocky coastline* - Oil/canvas (183x140cm-72x55in) London 96. .... FF9 570 - £1 200 - **$1,850**

CORDEY Frédéric 1854-1911 [12]
- *Cerisiers, Auvers-sur-Oise* - Huile/toile (38x46cm-15x18in) Pontoise 96. .... FF22 000 - £2 800 - **$4,240**

CORDIER Charles Henri Joseph 1827-1905 [31]
- *Juive d'Alger* - Bronze (71cm-28in) London 89. .... FF1 - £159 082 - **$249,848**
- *Vénus d'Afrique* - Bronze Rambouillet 93 .... FF150 000 - £18 750 - **$27,300**
- *Cheik arabe du Caire* - Bronze (92cm-36in) Paris 95 .... FF648 000 - £84 100 - **$133,300**

CORDIER Charles Pierre 1848-1909 [2]
- *Lutte inutile* - Huile/toile (60x81cm-24x32in) Paris 94 .... FF34 000 - £4 030 - **$6,280**

CORDIER Henri 1853-1926 [1]
- *The racehorse Prestige* - Bronze (43cm-17in) London 92 .... FF14 600 - £1 500 - **$2,805**

CORDIER Jacques 1937-1975 [9]
- *Le port de Saint-Tropez* - Huile/toile (46x61cm-18x24in) Neuilly 92 .... FF20 000 - £2 054 - **$3,850**

CORDIER Marie-Louise ?-1927 [2]
- *Le déjeuner des enfants* - Huile/toile (117x90cm-46x35in) Deauville 92 .... FF21 000 - £2 150 - **$3,700**

CORDIER Nicolas 1567-1612 [2]
- *Design for a statue of Henri IV* - Ink (41x22cm-16x9in) New-York 95 .... FF225 400 - £27 030 - **$42,000**

CORDIER Pierre 1933 [4]
- *Hommage à Muybridge* - Cibachrome print (24x24cm-9x9in) Paris 91 .... FF2 500 - £254 - **$452**

CORDREY John c.1765-1825 [7]
- *London-to-Brighton Royal Mail Coach* - Oil/board (32x48cm-13x19in) London 93 .... FF26 160 - £3 000 - **$4,440**
- *Princess Charlotte's State Landau* - Oil/canvas (54x88cm-21x35in) New-York 95 .... FF108 300 - £14 170 - **$22,000**

CORDUA Joannes 1698/1702-? [2]
- *Vanitas-Stilleben* - Öl/Leinwand (64x85cm-25x33in) Wien 97 .... FF76 736 - £8 288 - **$13,392**

COREGGIO Joseph 1810-1891 [1]
- *Früchtstilleben mit Zinnkrug* - Öl/Leinwand (78x62cm-31x24in) Wien 94 .... FF15 520 - £1 798 - **$2,940**

CORELLI Augusto 1853-? [13]
- *Songeuse au bord de l'eau* - Huile/toile (35x100cm-14x39in) Paris 91 .... FF30 000 - £2 999 - **$4,941**
- *Elegant woman in an interior* - Watercolour/paper (53x37cm-21x15in) New-York 93 .... FF9 280 - £1 067 - **$1,600**

CORELLI Giuseppe 1858-1921 [4]
- *Napoli da Posillipo* - Bodycolour (41x60cm-16x24in) London 89 .... FF6 300 - £644 - **$1,013**

CORFOU Michel XX [2]
- *Colombe* - Huile/toile (130x97cm-51x38in) Paris 91 .... FF2 100 - £209 - **$365**

CORINTH Lovis 1858-1925 [508]
- *Sonne im Buchenwald* - Öl/Leinwand (90x80cm-35x31in) Berlin 94. .... FF1 - £131 300 - **$205,400**
- *Amaryllis, Flieder, Anemonen* - Öl/Leinwand (80x70cm-31x28in) München 93 .... FF2 - £318 300 - **$470,000**
- *Sitzender Akt* - Öl/Leinwand (80x44cm-31x17in) Berlin 95 .... FF178 000 - £22 150 - **$34,800**
- *Ariadne auf Naxos* - Öl/Leinwand (119x148cm-47x58in) Berlin 97 .... FF777 032 - £82 524 - **$135,355**
- *Beim Frühstück* - Radierung (44x36cm-17x14in) Köln 97 .... FF4 731 - £497 - **$81,0 4**
- *Markgräfin von Bayreuth* - Lithographie (44x35cm-17x14in) Köln 97. .... FF9 463 - £994 - **$162,0 8**
- *Bergsee* - Farblithographie (28x26cm-11x10in) Köln 97 .... FF18 249 - £191 8 8 - **$3,124**
- *Vorfrühling im Gebirge* - Lithograph (47x59cm-19x23in) Berlin 97 .... FF50 507 - £536 4 6 - **$879,8 7**

Zwei Metzger schlachten ein Rind - Pencil (18x27cm-7x11in) München 96......................... FF3 050 - £383 - **$589**
Damenbildnis mit Hut - Pencil/paper (34x25cm-13x10in) Heidelberg 96........................... FF14 560 - £1 798 - **$2,810**
Rehskizzen - Aquarell/Karton (16x26cm-6x10in) Berlin 97................................... FF34 189 - £363 1 5 - **$5,955**
Walchensee im Schnee - Watercolour (36x51cm-14x20in) München 93................. FF277 000 - £31 200 - **$46,700**

CORKE C. Essenhigh XIX-XX [2]
Cottage interior, Chislehurst, Kent - Watercolour (36x52cm-14x20in) London 92 .... FF33 200 - £3 400 - **$5,860**
CORLAY Dominique XX [2]
L'Esprit de la Terre - Technique mixte/toile (120x207cm-47x81in) Paris 89 .... FF3 500 - £348 - **$553**
CORLEY Philip A. 1944 [29]
Picnic on a river bank - Oil/board (46x61cm-18x24in) Delray Beach, Florida 95......... FF8 470 - £1 113 - **$1,700**
CORLINI Giulio 1830-1887 [1]
Der Liebesbrief - Öl/Leinwand (121x147cm-48x58in) Wien 93....................... FF26 450 - £3 160 - **$5,090**
CORMIER Ernest 1885-1980 [1]
Rue - Huile/toile/carton (40x30cm-16x12in) Montréal 89 .... FF2 900 - £289 - **$458**
CORMIER Joseph Em. Descomps 1869-1950 [26]
Méditation - Bronze (42cm-17in) New-York 93 .... FF9 820 - £1 185 - **$1,800**
Candeur - Sculpture (20cm-8in) Paris 96 .... FF50 000 - £6 220 - **$9,640**
CORMON Fernand Piestre 1854-1924 [34]
Stanislas Lépine - Huile/toile (16x20cm-6x8in) Paris 94 .... FF4 000 - £478 - **$747**
Lady in a white dress - Oil/canvas (124x79cm-49x31in) London 96.................... FF11 680 - £1 500 - **$2,265**
Un déjeuner d'ami - Huile/toile (94x122cm-37x48in) Paris 97 .... FF170 000 - £18 547 - **$29,716**
CORNACCHINI Agostino 1685-1755 [1]
The Infant Christ asleep - Marble (23x47cm-9x19in) New-York 93 .... FF66 000 - £7 800 - **$12,000**
CORNÉ Michele Felice 1752-1845 [2]
Naval Scenes - Oil/canvas (45x60cm-18x24in) New-York 93 .... FF79 500 - £9 420 - **$14,500**
Capt James Critchen - Watercolour (34x46cm-13x18in) London 92................. FF21 500 - £2 200 - **$3,790**
CORNEAU Eugène 1894-1976 [44]
Quai de la Seine, Paris - Huile/toile (54x65cm-21x26in) Paris 93 .... FF10 000 - £1 250 - **$1,820**
Paris, la Seine, 1928 - Huile/toile (65x92cm-26x36in) Versailles 90 .... FF40 000 - £4 283 - **$6,957**
Nature morte aux fruits - Pastel (17x37cm-7x15in) Bern 95 .... FF1 720 - £224 - **$354**
CORNEILLE C. van Beverloo 1922 [589]
Complicité - Acrylique/toile (65x50cm-26x20in) Paris 95........................ FF20 500 - £2 566 - **$4,080**
Les Champs fleuris - Oil/canvas (100x72cm-39x28in) Stockholm 95 .... FF59 100 - £6 940 - **$11,620**
La Nuit bleue des Caraïbes - Oil/canvas (61x50cm-24x20in) Amsterdam 95...... FF110 200 - £14 070 - **$22,500**
Radieuse Journée - Oil/canvas (81x100cm-32x39in) Amsterdam 94.............. FF306 000 - £36 300 - **$56,600**
Panoplie printanière - Oil/canvas (88x12cm-35x5in) New-York 90.......... FF886 600 - £94 319 - **$158,605**
Le Soleil rouge - Color lithograph (90x62cm-35x24in) Amsterdam 97 .... FF2 490 - £261 - **$427**
Blue nude - Lithographie couleurs (114x81cm-45x32in) Amsterdam 97 .... FF4 503 - £478 - **$784**
Chants d'oiseau - Wood (54cm-21in) Amsterdam 97 .... FF12 070 - £1 396 - **$2,312**
Les Chants d'Oiseaux - Wood (55cm-22in) Amsterdam 97........................ FF14 061 - £1 474 - **$2,412**
Le couple, 1948 - Bronze (41cm-16in) Amsterdam 97 .... FF71 900 - £7 649 - **$12,862**
Le papillon-oiseau - Gouache/paper (28x22cm-11x9in) Amsterdam 97 .... FF7 630 - £825 - **$1,331**
Abstract Composition - Gouache/paper (23x30cm-9x12in) Amsterdam 97......... FF20 506 - £2 150 - **$3,518**
La nuit descend sur le jardin - Gouache/paper (50x66cm-20x26in) Amsterdam 97 .... FF58 436 - £6 142 - **$10,038**
Silence au coeur des motifs fleuris
    Gouache/paper (49x66cm-19x26in) London 89 .... FF242 100 - £24 755 - **$38,923**
CORNEILLE Michel I 1602-1664 [8]
Juda et Tamar - Huile/toile (154x149cm-61x59in) Paris 95 .... FF280 000 - £35 400 - **$56,600**
CORNEILLE Sylvia XX [4]
Le bal masqué - Huile/toile (116x73cm-46x29in) Deauville 93 .... FF5 500 - £663 - **$1,000**
CORNEL Karel 1890-1971 [2]
De leie te latem - Huile/toile (74x94cm-29x37in) Lokeren 96 .... FF7 900 - £1 006 - **$1,522**
CORNELIS Beniti 1946 [2]
Composition - Huile/toile (120x100cm-47x39in) Antwerpen 92 .... FF6 590 - £787 - **$1,268**
Kompositie - Aquarelle, gouache (95x64cm-37x25in) Lokeren 93 .... FF4 940 - £591 - **$1,010**
CORNELISSEN Rémy 1913-1990 [7]
St. Martin et le mendiant - Construction (35cm-14in) Antwerpen 96 .... FF5 590 - £721 - **$1,080**
CORNELIUS de Peter 1787-1867 [5]
Portrait eines bärtigen Alten - Drawing (28x22cm-11x9in) Stuttgart 96.............. FF8 120 - £941 - **$1,558**
CORNELIUS Jean Georges 1880-1963 [12]
Le Loup de mer - Huile/panneau (80x58cm-31x23in) Brest 93 .... FF10 000 - £1 205 - **$1,820**
CORNELL Joseph 1903-1972 [50]
Hickory dickory dock - Mixed media/board (30x22cm-12x9in) New-York 89 .... FF103 000 - £10 532 - **$16,559**
Untitled - Mixed media/board (39x11x27cm-15x4x11in) New-York 96............. FF440 000 - £56 800 - **$85,000**
Untitled - Construction (22x24cm-9x9x9in) New-York 96 .... FF388 400 - £50 100 - **$75,000**
Untitled - Construction (21x10x38cm-8x4x15in) New-York 93 .... FF1 3e +06 - £114 000 - **$170,000**
CORNELLIER Étienne 1838-1902 [1]
Chasse à la baleine - Huile/toile (82x106cm-32x42in) Senlis 93 .... FF18 000 - £2 146 - **$3,334**
CORNER Thomas 1865-1938 [2]
Gypsy Girl - Oil/canvas (54x38cm-21x15in) San Francisco-Los Angeles 96 .... FF14 350 - £1 662 - **$2,750**
CORNET Alphonse 1814-1874 [5]
Femme en costume Renaissance - Oil/canvas (149x109cm-59x43in) Köbenhavn 91 .... FF43 900 - £4 370 - **$7,549**
Saltimbanques à la fête foraine - Huile/toile (87x109cm-34x43in) Riom 96 .... FF103 000 - £12 420 - **$19,750**

CORNET Jacobus Ludovicus 1815-1882 [3]
🖼 *Woman doing her hair* - Oil/panel (28x21cm-11x8in) Amsterdam 95.................................... FF11 800 - £1 532 - $2,460
CORNET Paul 1892-1977 [13]
🗿 *Enfant marchant* - Bronze (38cm-15in) Paris 97 .... FF6 500 - £714 - $1,186
Adolescente - Bronze (126cm-50in) Paris 97 .... FF20 000 - £2 198 - $3,650
CORNICELIUS Georg 1825-1898 [3]
🖼 *Fahrendes Volk* - Oil/canvas (120x87cm-47x34in) Bern 91 .... FF79 800 - £7 944 - $13,723
CORNIENTI Cherubino 1816-1860 [1]
✎ *Paggetto in costume rinascimentale* - Inchiostro/carta (45x24cm-18x9in) Roma 89 ...... FF6 400 - £654 - $1,029
CORNIL Gaston 1883-? [2]
🖼 *Maison Boucher, Freuneuse* - Huile/carton (36x44cm-14x17in) Rouen 91 .... FF6 500 - £647 - $1,118
✎ *La rue Eau de Ribec, à Rouen* - Aquarelle (48x63cm-19x25in) Rouen 90................ FF4 500 - £485 - $794
CORNILLIER Pierre Emile 1862-? [1]
🖼 *Manufacture, vallée de la Seine* - (24x64cm-9x25in) Barbizon 90 .... FF11 000 - £1 136 - $1,943
CORNILLIET Jules Cornilliez 1830-1886 [3]
🖼 *Barque à voiles sur la plage* - Huile/toile (33x47cm-13x19in) Calais 92 .... FF6 500 - £776 - $1,250
CORNILLON Jean-Bapt. Joannès 1821-? [4]
🖼 *Panier de raisins et jetée de giroflées* - Huile/toile (92x65cm-36x26in) Paris 95 ...... FF19 000 - £2 407 - $3,820
CORNISH Hubert 1757-1832 [1]
✎ *Soldiers marching in St. Helena* - Watercolour (43x47cm-17x19in) London 92 .... FF5 030 - £600 - $967
CORNISH William Permeanus XIX-XX [2]
✎ *Bustling street outside the print shop*
    Watercolour/paper (76x116cm-30x46in) New-York 92 .... FF26 000 - £3 104 - $5,000
Saturday Night - Watercolour (75x115cm-30x45in) London 93 .... FF43 200 - £5 400 - $7,830
CORNO Johanne 1952 [4]
🖼 *Le dos* - Technique mixte (81x101cm-32x40in) Montréal 92 .... FF3 440 - £352 - $606
CORNOYER Paul 1864-1923 [31]
🖼 *Busy New York stret scene* - Oil/canvas (30x38cm-12x15in) St. Louis, Miss. 93 .... FF14 300 - £1 793 - $2,600
New York Skyline at Dusk - Oil/canvas (69x51cm-27x20in) North Berwick, Maine 94 ...... FF47 300 - £5 680 - $9,000
Late afternoon, Washington Square - Oil/canvas (56x66cm-22x26in) New-York 92 ...... FF416 000 - £49 700 - $80,000
CORNU Gilles 1947 [14]
🖼 *Visage pensif* - Huile/toile (52x60cm-20x24in) Arles 96 .... FF4 200 - £545 - $831
Peignoir rouge - Huile/toile (117x93cm-46x37in) Versailles 90 .... FF20 000 - £2 066 - $3,534
CORNU Jean-Alexis 1755-1807 [2]
✎ *Vesoul* - Gouache (42x56cm-17x22in) Paris 93 .... FF15 000 - £1 686 - $2,543
CORNU Jean-Jean 1819-1876 [3]
🖼 *Französische Sommerlandschaft* - Öl/Leinwand (40x65cm-16x26in) Bern 93 .... FF6 090 - £728 - $1,171
CORNU Paul Gustave XIX-XX [2]
🗿 *Jeune femme nue assise* - Sculpture (105cm-41in) Avignon 89 .... FF14 000 - £1 475 - $2,357
CORNU Pierre 1895-1996 [460]
🖼 *Nu à la fontaine* - Huile/toile (46x38cm-18x15in) Paris 97 .... FF4 000 - £436 - $699
Nu allongé au vase de fleurs - Huile/toile (50x65cm-20x26in) Paris 96 .... FF12 000 - £1 552 - $2,380
Madame Cornu aux Sablettes - Huile/toile (46x55cm-18x22in) Paris 97 .... FF15 000 - £1 641 - $2,613
Maternité - Huile/toile (55x46cm-22x18in) Les Baux-de-Provence 94 .... FF25 000 - £3 003 - $4,660
📇 *Jeune femme accoudée* - Lithographie Arles 92 .... FF2 000 - £205 - $393
✎ *Jeune fille au guéridon* - Pastel/papier (55x45cm-22x18in) Les Baux-de-Provence 96.... FF3 800 - £474 - $736
Le divan - Aquarelle/papier (40x52cm-16x20in) Soissons 92 .... FF6 000 - £716 - $1,154
CORNU Vital 1851-? [7]
🗿 *La Gloire* - Bronze (98cm-39in) London 94 .... FF27 450 - £3 200 - $4,770
CORNWELL Dean 1892-1960 [33]
🖼 *Farm villa with bell tower* - Oil/canvas/board (43x53cm-17x21in) New-York 96 .... FF12 300 - £1 460 - $2,400
Man, meeting Japanese woman - Oil/canvas (76x102cm-30x40in) New-York 92 ...... FF42 600 - £4 360 - $7,500
Woman firing pistol at standing mounties
    Oil/canvas (91x71cm-36x28in) New-York 96.......................... FF98 400 - £12 700 - $19,000
COROMALDI Umberto 1870-1948 [18]
🖼 *Castel Sant'Angelo* - Olio/tela (40x48cm-16x19in) Roma 96 .... FF8 710 - £1 092 - $1,664
✎ *Porto al tramonto* - Pastelli/carta (23x41cm-9x16in) Roma 90 .... FF3 700 - £394 - $662
COROMPAI Duilio 1876-1942 [1]
🖼 *La mietitura* - Olio/tavola (49x59cm-19x23in) Trieste 96 .... FF20 700 - £2 340 - $3,960
CORONA Poul 1872-1945 [5]
🖼 *Motiv af Skagen* - Oil/canvas (52x62cm-20x24in) Aalborg 96 .... FF2 200 - £276 - $425
CORONEL Pedro 1923-1985 [28]
🖼 *Retrato de Helen Lavista I* - Oil/masonite (121x80cm-48x31in) New-York 95 .... FF58 200 - £7 730 - $12,000
Composición en Azul y Verde - Oil/canvas (168x98cm-66x39in) New-York 95 ...... FF194 000 - £25 770 - $40,000
Solitario Solar - Oil/canvas (150x201cm-59x79in) New-York 95....................... FF357 000 - £44 600 - $70,000
✎ *Untitled* - Gouache/paper (27x37cm-11x15in) New-York 90............................ FF34 600 - £3 681 - $6,190
CORONEL Rafael 1932 [56]
🖼 *Tu consejo amigable* - Oil/canvas (102x127cm-40x50in) New-York 97 .... FF114 810 - £12 192 - $20,000
Caballo II - Oil/canvas (126x150cm-50x59in) New-York 94........................... FF224 700 - £26 500 - $40,000
Peregrini - Oil/canvas (227x150cm-89x59in) New-York 94 .... FF842 000 - £99 400 - $150,000
✎ *El Viejo* - Watercolour/paper (28x35cm-11x14in) New-York 94 .... FF18 600 - £2 210 - $3,500
Serie El Pintor - Chalks (60x46cm-24x18in) New-York 97 .... FF40 092 - £4 273 - $7,000

COROT Camille Jean-Bapt. 1796-1875   [217]

- Batelier, Ponte de l'Ile - Oil/canvas (49x74cm-19x29in) New-York 96 .... FF1 - £191 800 - **$290,000**
- Vachères à la fontaine - Oil/canvas (58x83cm-23x33in) New-York 96 .... FF3 - £447 000 - **$690,000**
- Les petits dénicheurs - Oil/canvas (72x101cm-28x40in) New-York 94 .... FF6 - £744 000 - **$1**
- A woodland path - Oil/canvas (33x23cm-13x9in) London 96 .... FF127 700 - £15 000 - **$24,830**
- Nu debout en pied - Oil/panel (38x28cm-15x11in) New-York 97 .... FF242 441 - £26 133 - **$42,500**
- Bourberouge, deux jeunes filles - Oil/canvas (24x38cm-9x15in) New-York 97 .... FF399 315 - £43 043 - **$70,000**
- Passeur en barque sur une rivière - Oil/canvas (32x45cm-13x18in) New-York 97 .... FF483 225 - £52 046 - **$85,000**
- Les vaches aux marais - Oil/canvas (38x45cm-15x18in) New-York 97 .... FF741 585 - £79 937 - **$130,000**
- Rencontre au bord du chemin
  Oil/canvas (46x74cm-18x29in) New-York 97 .... FF1 16 37e +06 - £109 458 - **$180,000**
- Le Dôme florentin - Eau-forte (24x16cm-9x6in) Paris 96 .... FF4 200 - £494 - **$826**
- Cache-cache - Cliché-verre (22x16cm-9x6in) Paris 96 .... FF5 200 - £611 - **$1,023**
- Souvenir d'Italie - Lithograph (13x18cm-5x7in) New-York 96 .... FF22 850 - £2 910 - **$4,400**
- L'église - Encre/papier (10x19cm-4x7in) Paris 96 .... FF6 000 - £684 - **$1,150**
- Vue présumée de Hollande - Crayon/papier (30x16cm-12x6in) Paris 97 .... FF16 500 - £1 732 - **$2,828**
- Paysage - Charcoal/paper (32x47cm-13x19in) New-York 96 .... FF140 200 - £17 850 - **$27,000**

CORPORA Antonio 1909   [127]

- Paesaggio - Olio/tela (35x45cm-14x18in) Prato 94 .... FF13 240 - £1 600 - **$2,480**
- Finestra sul lago, 1970 - Olio/tela (81x100cm-32x39in) Prato 97 .... FF23 800 - £2 800 - **$4,200**
- Mi illumino d'immenso - Acrilico (195x165cm-77x65in) Prato 97 .... FF44 200 - £5 200 - **$7,800**
- Barche - Olio/tela (65x81cm-26x32in) Milano 92 .... FF77 000 - £7 880 - **$13,560**
- Composizione - Olio/tela (146x114cm-57x45in) Milano 90 .... FF204 000 - £20 542 - **$39,961**
- Senza titolo - Pastelli/carta (50x65cm-20x26in) Prato 89 .... FF29 800 - £3 047 - **$4,791**

CORPRON Carlotta M. 1901-1988   [11]

- Light study - Silver print (5x3cm-2x1in) New-York 95 .... FF6 020 - £760 - **$1,200**

CORRADI Alfonso 1889-1972   [4]

- Frühling in Norditalien - Oil/panel (50x58cm-20x23in) Wien 96 .... FF4 820 - £601 - **$930**

CORRADI Ferdinand 1840-1903   [1]

- Brienz, Blick gegen die Kirche - Gouache (16x23cm-6x9in) Bern 92 .... FF2 790 - £285 - **$492**

CORRADI Konrad 1813-1818   [8]

- Ansicht eines Bergsees mit Inselchen - Aquarell/Papier (32x46cm-13x18in) Wien 94 .... FF14 620 - £1 753 - **$2,840**

CORRAL GONZALES Imeldo 1889-1976   [4]

- Vista de la Ría, Galicia - Oleo/tabla (24x29cm-9x11in) Madrid 95 .... FF8 660 - £1 094 - **$1,737**

CORREA Benito Rebolledo 1880-1964   [10]

- Young bather by the sea - Oil/canvas (50x43cm-20x17in) New-York 90 .... FF28 600 - £3 007 - **$4,974**
- At the water's edge - Oil/canvas (70x84cm-28x33in) New-York 96 .... FF154 300 - £18 700 - **$30,000**

CORREDOYRA Y RUIZ DE BARO María del Carmen 1893-1970   [1]

- Aldeana gallega - Oleo/lienzo (71x54cm-28x21in) Madrid 94 .... FF26 640 - £3 160 - **$4,920**

CORREGGIO Josef 1810-1891   [9]

- Früchtestilleben - Öl/Leinwand (60x48cm-24x19in) Düsseldorf 96 .... FF22 400 - £2 900 - **$4,480**

CORREGGIO Josef Kaspar 1870-1962   [3]

- Pflügender Bauer - Öl/Leinwand (40x50cm-16x20in) Lindau 93 .... FF6 540 - £741 - **$1,105**

CORREGGIO Katharina 1878-?   [1]

- Abendstimmung in der Stadt - Oil/canvas/board (21x15cm-8x6in) München 90 .... FF2 550 - £261 - **$503**

CORREGGIO Ludwig 1846-1920   [16]

- Gebirgsee bei Mittenwald - Öl/panel (19x25cm-7x10in) Lindau 91 .... FF11 830 - £1 178 - **$2,034**

CORREGGIO Max 1854-1908   [3]

- Prince regent shooting pheasant - Oil/canvas (68x118cm-27x46in) New-York 93 .... FF59 000 - £6 710 - **$10,000**

CORREIA Charles 1945-1988   [3]

- Jeune femme accroupie - Bronze (32cm-13in) Paris 95 .... FF15 000 - £1 940 - **$3,104**

CORREIA Jean-Claude 1945   [2]

- L'abîme dit, 1985 - Mixed media (122x81cm-48x32in) Paris 89 .... FF10 000 - £995 - **$1,580**

CORRELLEAU Ernest 1892-1936   [6]

- Village sur la vallée de l'Aven - Huile/toile (38x55cm-15x22in) Brest 94 .... FF10 000 - £1 182 - **$1,844**

CORRENS Jozef Cornelius 1814-1907   [5]

- Roses - Huile/panneau (27x40cm-11x16in) Antwerpen 95 .... FF7 780 - £973 - **$1,572**

CORRENTI Roberta 1945   [2]

- Figure - Olio/tela (40x45cm-16x18in) Vercelli 93 .... FF2 196 - £247 - **$393**

CORRETTE Marcel 1896-1946   [1]

- Les canards - Huile/panneau (46x38cm-18x15in) Versailles 89 .... FF3 200 - £318 - **$506**

CORRODI Alfonso 1889-?   [1]

- Kornerte - Öl/Leinwand (50x70cm-20x28in) Wien 96 .... FF9 740 - £1 265 - **$1,927**

CORRODI Arnoldo 1846-1874   [3]

- Gathering Grapes - Oil/canvas (84x56cm-33x22in) New-York 94 .... FF140 400 - £16 240 - **$24,000**

CORRODI Herman David Salomon 1844-1905   [91]

- Constantinople - Oil/canvas (86x165cm-34x65in) New-York 97 .... FF1 - £167 228 - **$275,000**
- Herbstliche Flusslandschaft - Öl/Leinwand (69x41cm-27x16in) Bern 96 .... FF26 560 - £3 210 - **$5,150**
- Street scene, Cairo - Oil/canvas (123x64cm-48x25in) London 96 .... FF61 500 - £7 800 - **$11,800**
- Vue du Caire - Huile/toile (128x75cm-50x30in) Paris 96 .... FF130 000 - £16 760 - **$25,450**

CORRODI Salomon 1810-1892   [22]

- A View of the Roman Forum - Watercolour (44x61cm-17x24in) London 96 .... FF35 760 - £4 200 - **$6,950**

CORSHAMMAR Åke 1904-1974   [2]

- Gata med villabebyggelse - Oil/canvas (67x52cm-26x20in) Göteborg 91 .... FF2 357 - £235 - **$405**

CORSI de Nicola 1882-1956 [31]
🖼 *Marina a Pozzuoli* - Olio/tavola (38x50cm-15x20in) Roma 95 .... FF14 040 - £1 845 - **$2,790**
Visita nella Villa - Olio/tela (57x91cm-22x36in) Roma 95 .... FF38 600 - £4 940 - **$7,930**
✎ *Posillipo verso sera* - Pastelli/carta (57x81cm-22x32in) Milano 95 .... FF20 860 - £2 660 - **$4,270**
CORSI DI BOGNASCO Giacinto 1829-1909 [2]
🖼 *Bateau à marée basse* - Huile/panneau (40x70cm-16x28in) Versailles 90 .... FF18 000 - £1 832 - **$3,600**
CORSI Giacomo [1]
🖼 *Marina al tramonto* - Olio/tela (98x158cm-39x62in) Firenze 91 .... FF13 970 - £1 401 - **$2,559**
CORSI Vicenzio c.1820-1877 [1]
🖼 *The Lamentation, after Perugino* - Oil/panel (221x19cm-87x7in) London 90 .... FF106 500 - £11 476 - **$18,783**
CORSIA Gilbert 1915-1985 [38]
🖼 *Femme au chignon* - Huile/panneau (46x50cm-18x20in) Honfleur 95 .... FF2 100 - £252 - **$392**
Composition - Huile/panneau (35x70cm-14x28in) Douai 95 .... FF5 400 - £676 - **$1,076**
✎ *La Prostituée* - Gouache (70x54cm-28x21in) Honfleur 95 .... FF1 900 - £228 - **$355**
CORT Cornelis 1533-1578 [14]
🗐 *Hercules and the Pygmies* - Engraving (32x46cm-13x18in) London 95 .... FF21 200 - £2 800 - **$4,295**
CORT de Hendrik Frans 1742-1810 [8]
🖼 *North West of Castle Howard* - Oil/panel (105x154cm-41x61in) London 96 .... FF559 000 - £70 000 - **$107,800**
🗐 *Twickenham & Richmond* - Vernis mou couleurs (39x55cm-15x22in) London 91 .... FF5 490 - £549 - **$904**
✎ *Chalk cliff near Lewes, Sussex* - Pencil (39x49cm-15x19in) London 92 .... FF3 130 - £320 - **$551**
CORT de Juul 1918-? [1]
🖼 *Nature morte* - Huile/toile (70x90cm-28x35in) Antwerpen 95 .... FF3 456 - £433 - **$689**
CORTAZZO Oreste 1836-? [10]
🖼 *Dreaming of His Love* - Oil/panel (22x25cm-9x10in) New-York 97 .... FF17 065 - £1 836 - **$3,000**
The Royal Celebration - Oil/canvas (88x146cm-35x57in) New-York 94 .... FF398 400 - £47 500 - **$75,000**
✎ *Promenade en voiture* - Aquarelle (61x49cm-24x19in) Deauville 95 .... FF16 000 - £2 056 - **$3,180**
CORTBEMDE van Balthazar 1612-1663 [1]
✎ *Le Bon Samaritain* - Lavis (26x18cm-10x7in) Paris 90 .... FF2 800 - £290 - **$492**
CORTE Francesco 1806-1889 [1]
🖼 *Schafhirte mit Herde* - Öl/Leinwand (115x87cm-45x34in) Wien 92 .... FF12 020 - £1 400 - **$2,454**
CORTELLEZZI Pietro 1898-? [1]
🖼 *Il muratorino* - Olio/tela (119x79cm-47x31in) Milano 90 .... FF53 200 - £5 440 - **$10,501**
CORTELLINI Y HERNANDEZ Angel María 1820-1882 [1]
🖼 *Puerto de Marín, Pontevedra* - Oleo/tabla (19x28cm-7x11in) Madrid 94 .... FF12 350 - £1 473 - **$2,313**
CORTES André 1815-1880 [24]
🖼 *Le taureau et les vaches* - Huile/toile (38x46cm-15x18in) Soissons 95 .... FF6 500 - £850 - **$1,302**
Troupeau s'abreuvant - Huile/toile (41x32cm-16x13in) Saint-Dié 97 .... FF22 000 - £2 486 - **$3,984**
Porte Saint-Martin en hiver, Paris - Oil/canvas (45x54cm-18x21in) London 92 .... FF78 100 - £8 000 - **$13,800**
CORTES Antonio Cordero 1827-1908 [11]
🖼 *Cattle in a meadow* - Oil/canvas (46x55cm-18x22in) London 96 .... FF7 700 - £1 000 - **$1,524**
CORTES ECHANOVE Javier 1890-? [1]
🖼 *Familia campesina* - Oleo/lienzo (100x130cm-39x51in) Madrid 93 .... FF18 800 - £2 260 - **$3,660**
CORTES Édouard 1882-1969 [368]
🖼 *Porte Saint-Denis en hiver* - Oil/canvas (33x46cm-13x18in) Chicago 96 .... FF16 700 - £2 026 - **$3,250**
Cathedral Notre-Dame - Oil/canvas (33x46cm-13x18in) Stockholm 97 .... FF37 340 - £3 890 - **$6,520**
Le Sacré Coeur, Paris - Oil/canvas (38x55cm-15x22in) New-York 97 .... FF57 045 - £6 149 - **$10,000**
Flowermarket at La Madeleine - Oil/canvas (33x46cm-13x18in) Stockholm 97 .... FF63 478 - £6 766 - **$11,084**
Quais du Louvre au crépuscule - Oil/canvas (46x55cm-18x22in) New-York 96 .... FF77 900 - £9 920 - **$15,000**
Omnibus derrière la Madeleine - Huile/toile (50x65cm-20x26in) Paris 97 .... FF88 050 - £9 231 - **$15,100**
Paris, crépuscule - Oil/canvas (46x55cm-18x22in) New-York 97 .... FF108 386 - £11 683 - **$19,000**
La Place Saint-Michel, Paris - Oil/canvas (65x92cm-26x36in) New-York 96 .... FF154 300 - £18 700 - **$30,000**
Place de la République, Paris - Oil/canvas (50x66cm-20x26in) New-York 97 .... FF198 975 - £21 431 - **$35,000**
Porte Saint-Denis et les boulevards - Huile/toile (51x102cm-20x40in) Paris 90 .... FF350 000 - £37 234 - **$62,612**
✎ *Sur les boulevards, Paris* - Bodycolour (19x32cm-7x13in) London 96 .... FF18 500 - £2 400 - **$3,660**
Grands Boulevards sous la neige - Gouache/paper (26x45cm-10x18in) New-York 92 .... FF44 200 - £5 280 - **$8,500**
CORTES Y AQUILAR Andrés c.1815-c.1880 [7]
🖼 *Patio de los Leones de la Alhambra* - Oleo/lienzo (44x61cm-17x24in) Madrid 94 .... FF17 600 - £2 050 - **$3,080**
CORTESE Edoardo 1856-? [1]
🖼 *Coastiera Amalfitana* - Oil/canvas (62x104cm-24x41in) London 92 .... FF21 500 - £2 500 - **$4,390**
CORTESE Federico 1829-1913 [10]
🖼 *Mountain road, Bay of Naples* - Oil/canvas (31x51cm-12x20in) London 91 .... FF21 940 - £2 200 - **$3,622**
CORTEZ Jenness 1945 [3]
🖼 *Post Parade* - Oil/canvas (117x102cm-46x40in) New-York 95 .... FF38 760 - £4 980 - **$8,000**
CORTEZO Victor XX [2]
🖼 *Escena de playa* - Oleo/lienzo (19x33cm-7x13in) Madrid 90 .... FF2 300 - £238 - **$404**
CORTHALS Leon 1877-1935 [2]
🖼 *Le chant* - Huile/toile (68x56cm-27x22in) Bruxelles 96 .... FF12 340 - £1 540 - **$2,385**
CORTIELLO Mario 1907 [9]
🖼 *La casa di Andrea Chenier* - Olio/tela (41x51cm-16x20in) Milano 94 .... FF6 570 - £762 - **$1,150**
CORTIER Amédée 1921-1976 [6]
✎ *Composition* - Gouache (69x51cm-27x20in) Bruxelles 93 .... FF6 590 - £788 - **$1,347**

C

CORTIJO MERIDA Francisco 1936 [2]
🖼 *Figura* - Oleo/tabla (64x48cm-25x19in) Madrid 93 .... FF4 180 - £480 - **$713**
CORTINA Y FARINOS Antonio 1841-1889 [2]
🖼 *Cabeza de árabe* - Oleo/lienzo (42x35cm-17x14in) Madrid 97 .... FF3 000 - £337 - **$540**
CORTOT Jean 1925 [13]
🖼 *Combat* - Huile/toile (88x115cm-35x45in) Paris 94 .... FF3 100 - £370 - **$581**
✍ *Composition* - Gouache (50x50cm-20x20in) Paris 90 .... FF2 800 - £298 - **$501**
CORTOT Jean-Pierre 1787-1843 [4]
🗿 *Le Vainqueur* - Bronze (38cm-15in) Paris 90 .... FF12 000 - £1 244 - **$2,109**
CORTY Giovanni Battista 1907-1946 [1]
🖼 *Der Kirchgang* - Öl/Leinwand (50x70cm-20x28in) Luzern 93 .... FF37 660 - £4 280 - **$6,380**
CORTY Jean 1878-1958 [6]
🖼 *Le bouquet de fleurs* - Huile/toile (65x46cm-26x18in) Genève 89 .... FF42 900 - £4 521 - **$7,222**
✍ *Autoportrait, 1943* - Crayon (21x17cm-8x7in) Genève 89 .... FF3 900 - £411 - **$657**
CORWIN Charles Abel 1857-1938 [9]
🖼 *Evening at Barton's* - Oil/canvas (35x61cm-14x24in) San Francisco-Los Angeles 96.... FF26 100 - £3 020 - **$5,000**
CORZAS Francisco 1936-1983 [33]
🖼 *El manco de mocorito* - Oil/canvas (81x70cm-32x28in) New-York 94 .... FF134 800 - £15 900 - **$24,000**
El peregrino - Oil/canvas (168x129cm-66x51in) New-York 92 .... FF397 600 - £40 700 - **$70,000**
Profeta - Oil/canvas (100x120cm-39x47in) New-York 94 .... FF663 000 - £79 000 - **$125,000**
✍ *Paseando* - Watercolour/paper (36x47cm-14x19in) New-York 94 .... FF17 160 - £2 060 - **$3,250**
COSCHELL Moritz Max Kocheles 1873-? [2]
🖼 *Hus i Positano* - Oil/canvas (57x42cm-22x17in) Malmö 94 .... FF4 024 - £477 - **$785**
Die Lesestunde - Öl/Leinwand (67x60cm-26x24in) Bremen 93 .... FF23 450 - £2 680 - **$3,990**
COSENZA Giuseppe 1847-1922 [6]
🖼 *La Pesca di Vongole* - Oil/panel (18x28cm-7x11in) London 94 .... FF15 240 - £1 800 - **$2,736**
COSGROVE Stanley Morel 1911 [149]
🖼 *Sous bois* - Huile/toile (61x38cm-24x15in) Montréal 97 .... FF11 589 - £1 256 - **$2,037**
Arbres d'été - Huile/isorel (51x60cm-20x24in) Montréal 95 .... FF19 800 - £2 510 - **$3,990**
Madeleine à table - Huile/toile (51x61cm-20x24in) Montréal 92 .... FF57 600 - £6 870 - **$11,070**
COSIJNS Gies 1920 [2]
🖼 *Dunes* - Huile/toile (50x62cm-20x24in) Bruxelles 96 .... FF2 463 - £285 - **$472**
COSOMATI Ettore 1871-1960 [3]
🖼 *Tessiner Ansicht* - Oil/canvas (75x60cm-30x24in) Luzern 92 .... FF7 230 - £864 - **$1,391**
COSSAAR Cornelis Johannis 1874-1966 [16]
🖼 *Embankment Steps* - Oil/canvas (40x61cm-16x24in) London 93 .... FF9 130 - £1 100 - **$1,595**
✍ *Trafalgar Square at night* - Watercolour (36x47cm-14x19in) Amsterdam 97 .... FF8 671 - £938 - **$1,512**
COSSARD Adolphe Auguste c.1870-? [2]
🏷 *Nouvelle Ligne Nice-Coni* - Affiche (100x62cm-39x24in) Paris 94 .... FF1 850 - £214 - **$320**
COSSIO Pancho Fr. Gutiérrez 1894-1970 [15]
🖼 *La mesa blanca* - Oleo/lienzo (60x73cm-24x29in) Madrid 93 .... FF106 800 - £12 720 - **$19,320**
Bodegon, circa 1926 - Oleo/tabla (47x46cm-19x18in) Madrid 90 .... FF464 400 - £49 722 - **$80,765**
✍ *Bodegón* - Gouache/papier (59x45cm-23x18in) Madrid 94 .... FF17 060 - £2 050 - **$3,080**
COSSMANN Hermann Maurice 1821-1890 [3]
🖼 *The Letter* - Oil/panel (60x48cm-24x19in) New-York 94 .... FF49 700 - £5 750 - **$8,500**
COSSON Hélier 1897-1976 [2]
✍ *Jeune femme à la balançoire* - Pastel (90x62cm-35x24in) Calais 95 .... FF3 500 - £460 - **$716**
COSSON Marcel 1878-1956 [306]
🖼 *Bar aux Champs-Elysées, Paris* - Oil/canvas (19x33cm-7x13in) Stockholm 97 .... FF7 547 - £797 - **$1,304**
Femme à sa toilette - Huile/toile (61x38cm-24x15in) Ourville-en-Caux 97 .... FF13 500 - £1 462 - **$2,371**
Le foyer du théâtre - Huile/panneau (27x35cm-11x14in) Calais 97 .... FF19 000 - £1 901 - **$3,207**
Ballerines au vase de fleurs - Huile/panneau (41x33cm-16x13in) Calais 97 .... FF25 500 - £2 795 - **$4,475**
Ballerines dans le foyer de l'Opéra - Huile/toile (46x55cm-18x22in) Calais 97 .... FF30 000 - £3 288 - **$5,265**
Le grand escalier de l'Opéra - Huile/toile (73x60cm-29x24in) Cannes 95 .... FF38 000 - £4 970 - **$7,760**
Courses à Longchamp - Huile/toile (50x73cm-20x29in) Pontoise 97 .... FF50 500 - £5 444 - **$8,868**
Chevaux de cirque à la parade - Huile/toile (60x73cm-24x29in) Paris 96 .... FF70 000 - £8 720 - **$13,520**
Aux courses - Huile/toile (60x73cm-24x29in) Versailles 90 .... FF155 000 - £16 012 - **$27,385**
✍ *La ballerine* - Pastel (44x60cm-17x24in) Deauville 92 .... FF18 000 - £1 843 - **$3,170**
COSTA Angelo 1851-1911 [14]
✍ *Vue du Fort d'Antibes* - Aquarelle (27x47cm-11x19in) Nice 93 .... FF24 000 - £2 730 - **$4,070**
COSTA Angelo Maria c.1670-1721 [1]
🖼 *View of Naples with Posillipo* - Oil/canvas (63x147cm-25x58in) London 91 .... FF452 000 - £44 997 - **$77,727**
COSTA BEIRO Alfonso 1943 [6]
🖼 *Islas Cíes. Vigo* - Oleo/lienzo (66x81cm-26x32in) Madrid 96 .... FF22 400 - £2 904 - **$4,430**
COSTA Claudia 1942 [4]
✍ *Magus* - Technique mixte/papier (72x50cm-28x20in) Milano 91 .... FF6 830 - £685 - **$1,127**
COSTA da Joao Batista 1865-1926 [2]
🖼 *Rio de Janeiro* - Oil/panel (38x56cm-15x22in) New-York 95 .... FF81 600 - £10 200 - **$16,000**
COSTA da Joseph Mendes 1863-1939 [2]
🗿 *King David* - Terracotta (28cm-11in) Amsterdam 97 .... FF38 082 - £3 994 - **$653,5 6**
COSTA Emanuele 1875-? [4]
🖼 *Happy hours* - Oil/canvas (64x50cm-25x20in) Québec 90 .... FF26 900 - £2 779 - **$4,753**
COSTA Emmanuel 1833-1921 [22]
🖼 *Man of war off the dutch coast* - Oil/canvas (69x89cm-27x35in) London 92 .... FF46 900 - £4 800 - **$8,270**

Vieux Nice - Aquarelle (31x18cm-12x7in) Nice 94 .... FF**10 500** - £1 192 - **$1,780**
Nice depuis Cimiez - Aquarelle (28x71cm-11x28in) Nice 94 .... FF**34 000** - £3 860 - **$5,760**

COSTA Franco 1934   [3]
Magnificent Gothenburg - Etching (50x165cm-20x65in) Göteborg 92 .... FF**1 807** - £216 - **$348**

COSTA Gianfrancesco 1711-1772   [2]
The Flight into Egypt - Red chalk (30x41cm-12x16in) London 95 .... FF**3 424** - £450 - **$687**

COSTA Giovanni 1826-1903   [23]
Before the masked ball - Oil/canvas (64x50cm-25x20in) London 95........................... FF**21 300** - £2 700 - **$4,290**
Perugio, Umbria, Italy
      Oil/panel (15x26cm-6x10in) Marlborough Crescent, Newcastle upon Tyne 94 .... FF**46 550** - £5 600 - **$8,620**
Portrait of a young Lady - Oil/canvas (114x70cm-45x28in) London 97 .... FF**161 905** - £17 000 - **$27,847**

COSTA Giovanni Battista 1859-1938   [1]
A happy moment - Oil/canvas (107x81cm-42x32in) Los Angeles 89 .... FF**74 400** - £7 607 - **$11,961**

COSTA Giuseppe 1852-1912   [4]
Contadinello in riposo - Olio/tela (23x37cm-9x15in) Roma 92 .... FF**5 810** - £691 - **$1,118**
An Odalisque with a red fan - Oil/canvas (80x100cm-31x39in) London 95 .... FF**101 800** - £13 500 - **$21,030**

COSTA Olga 1913-1993   [15]
Paisaje montañoso - Oil/masonite (61x91cm-24x36in) New-York 97 .... FF**74 456** - £7 936 - **$13,000**
Nacimiento - Oil/canvas (79x104cm-31x41in) New-York 95 .... FF**218 300** - £29 000 - **$45,000**
Tehuana sentada - Gouache/paper (61x48cm-24x19in) New-York 92 .... FF**116 500** - £12 200 - **$21,000**

COSTA Oreste 1851-1901   [16]
Jaktstilleben - Oil/canvas (90x75cm-35x30in) Stockholm 95 .... FF**13 820** - £1 726 - **$2,710**
Still Life with Fruit and Game - Oil/canvas (110x82cm-43x32in) New-York 94 .... FF**27 900** - £3 330 - **$5,250**
Dopo il rotorno dal mercato - Oil/canvas (112x79cm-44x31in) New-York 97 .... FF**121 386** - £12 940 - **$21,000**

COSTA Pietro 1849-1901   [1]
A kneeling Cherub - Marble (51cm-20in) London 94 .... FF**18 870** - £2 200 - **$3,280**

COSTAIN Harold Haliday 1895-1994   [21]
Lincoln Theatre, Miami Beach - Silver print (36x28cm-14x11in) New-York 93 .... FF**5 600** - £638 - **$950**

COSTANTINI Giuseppe 1843-1893   [14]
Playing hide and seek - Oil/panel (35x25cm-14x10in) London 93 .... FF**60 000** - £7 500 - **$10,870**

COSTANTINI Virgile 1882-?   [4]
Coccinelle - Oil/canvas (100x82cm-39x32in) New-York 93 .... FF**93 500** - £11 720 - **$17,000**

COSTE Albert 1896-1985   [18]
Composition cubiste - Huile/toile (81x65cm-32x26in) Versailles 92 .... FF**3 200** - £328 - **$576**
Composition - Aquarelle, gouache (25x14cm-10x6in) Montauban 95 .... FF**2 500** - £324 - **$512**

COSTE André 1900-1972   [1]
Am Luganersee - Oil/canvas (60x75cm-24x30in) Luzern 89 .... FF**3 300** - £337 - **$531**

COSTE Jean Baptiste XVIII-XIX   [3]
Terrasse du Jardin Negroni, Rome - Aquarelle (23x32cm-9x13in) Paris 94 .... FF**20 000** - £2 387 - **$3,750**

COSTE Pascal 1787-1879   [3]
Ruines du Parthénon - Huile/carton (29x41cm-11x16in) Paris 93 .... FF**28 000** - £3 180 - **$4,740**

COSTE Sylvain XX   [2]
Le marché en Provence - Huile/toile (55x46cm-22x18in) Arles 91 .... FF**2 000** - £201 - **$366**

COSTE Victor 1844-1923   [8]
Campement des pêcheurs - Huile/toile (38x55cm-15x22in) Avignon 90 .... FF**10 100** - £1 043 - **$1,784**

COSTE Waldemar 1887-?   [1]
Herrenportrait - Oil/panel (92x71cm-36x28in) Frankfurt 95....................................... FF**2 453** - £311 - **$494**

COSTE-CRASNIER Gin 1928   [64]
Naïade - Acrylique/toile (65x54cm-26x21in) Paris 92 .... FF**3 000** - £308 - **$556**
La roche féminine - Huile/toile (92x73cm-36x29in) Paris 91 .... FF**17 500** - £1 750 - **$2,882**
La plante - Crayon (41x32cm-16x13in) Paris 91 .... FF**1 500** - £150 - **$247**

COSTER de Adam 1586-1643   [5]
Boy singing by candelight - Oil/canvas (68x53cm-27x21in) New-York 96...................... FF**130 000** - £16 530 - **$25,000**

COSTER de Germaine 1895-?   [3]
Projet de reliure pour Chagall - Pastel (44x72cm-17x28in) Genève 91 .... FF**5 990** - £596 - **$1,030**

COSTER de Jules 1883-1972   [5]
Pique-nique en été - Huile/toile (46x35cm-18x14in) Antwerpen 96 .... FF**9 840** - £1 192 - **$1,913**

COSTER Gordon H. 1906-1991   [41]
Industrial Study - Silver print (50x38cm-20x15in) New-York 93 .... FF**9 020** - £1 032 - **$1,600**

COSTER Howard 1885-1959   [3]
T.E. Lawrence - Silver print (59x44cm-23x17in) London 90 .... FF**27 100** - £2 883 - **$4,848**

COSTES Paul 1860-1941   [3]
Cours d'eau sous les arbres - Huile/toile (83x109cm-33x43in) Toulouse 93 .... FF**12 000** - £1 500 - **$2,182**

COSTETTI Giovanni 1878-1949   [4]
Il bacio - Olio/cartone (39x30cm-15x12in) Roma 93.. FF**20 130** - £2 260 - **$3,600**

COSTETTI Romeo 1871-?   [1]
Donna orientale con l'ombrello blu - Olio/tela (70x58cm-28x23in) Roma 92................. FF**8 520** - £1 014 - **$1,640**

COSTI Raffaele 1909-1972   [10]
Cavalli in riva al mare - Olio/tavola (48x70cm-19x28in) Roma 95 .... FF**15 730** - £1 980 - **$3,190**
Paesaggio - Olio/tela (100x120cm-39x47in) Roma 92 .... FF**46 500** - £5 530 - **$8,940**

COSTIGAN John Edward 1888-1972 [21]
- *Landscape* - Oil/canvas (51x64cm-20x25in) Baton Rouge, Louisiana 94 .... FF7 880 - £947 - **$1,500**
- *Autumn wood interior* - Oil/canvas (61x76cm-24x30in) New-York 96 .... FF11 420 - £1 455 - **$2,200**
- *Mother and child* - Oil/canvas (69x67cm-27x26in) New-York 95 .... FF135 600 - £16 970 - **$27,000**

COSWAY Maria 1759-1838 [3]
- *Hon. George Lamb* - Oil/canvas (70x91cm-28x36in) London 93 .... FF37 350 - £4 500 - **$6,520**

COSWAY Richard 1742-1821 [40]
- *The artist's wife, Maria Cecilia*
  Oil/panel (63x46cm-25x18in) Sandon Hall, Staffordshire 92 .... FF25 800 - £3 000 - **$5,270**
- *John Philip Kemble* - Oil/canvas (127x102cm-50x40in) London 90 .... FF164 600 - £16 576 - **$29,927**
- *Anne Sarah Talbot* - Miniature (6cm-2in) London 97 .... FF11 407 - £1 200 - **$1,953**

COT Pierre-Auguste 1837-1883 [7]
- *Portrait d'officier* - Huile/toile (175x80cm-69x31in) Aurillac 95 .... FF8 700 - £1 068 - **$1,695**
- *Young maiden reading a book* - Oil/canvas (66x40cm-26x16in) London 93 ...... FF105 300 - £12 000 - **$17,880**
- *Dionysia* - Oil/canvas (108x78cm-43x31in) New-York 94 .... FF882 000 - £112 400 - **$170,000**

COTANI Paolo 1940 [2]
- *K 12 a* - Technique mixte/papier (101x100cm-40x39in) Milano 91 .... FF6 380 - £640 - **$1,104**

COTARD-DUPRÉ Thérèse 1877-? [2]
- *Feeding the chickens* - Oil/canvas (66x51cm-26x20in) New-York 95 .... FF46 000 - £5 730 - **$9,000**

COTES Francis 1726-1770 [28]
- *Lewis Cage* - Oil/canvas (169x110cm-67x43in) London 96 .... FF5 - £650 000 - $1 ,83e,+06
- *Portrait of a Lady* - Oil/canvas (69x54cm-27x21in) London 96 .... FF50 200 - £6 500 - **$9,860**
- *Anne Sandby as Emma* - Oil/canvas (115x91cm-45x36in) London 97 .... FF112 045 - £12 000 - **$19,474**
- *Lord Kingston/Lady Lingston* - Pastel/paper (60x44cm-24x17in) London 97 ...... FF70 225 - £7 500 - **$12,212**

COTES Samuel 1734-1818 [12]
- *A Gentleman, facing right in brown coat* - Miniature (4cm-2in) London 97 ...... FF2 750 - £300 - **$481**
- *A gentleman, facing right in black coat* - Miniature (5cm-2in) London 93 ...... FF14 400 - £1 800 - **$2,610**

COTMAN Frederick George 1850-1920 [33]
- *Canterbury from the Downs* - Oil/board (38x23cm-15x9in) London 95 .... FF4 310 - £550 - **$882**
- *Evening, Putney Pier* - Oil/canvas (46x38cm-18x15in) London 94 .... FF40 340 - £4 800 - **$7,670**
- *The Young Patriot* - Watercolour (34x26cm-13x10in) Billinghurst, West Sussex 94 ...... FF7 670 - £920 - **$1,490**

COTMAN John Joseph 1814-1878 [27]
- *The Lakeland Pathway* - Watercolour (24x33cm-9x13in) London 96 .... FF3 950 - £450 - **$756**
- *A wooded Landscape with a Cottage* - Watercolour (16x25cm-6x10in) London 97 ...... FF7 491 - £800 - **$1,302**
- *Landscape with figures crossing bridge*
  Watercolour (38x61cm-15x24in) Aylsham, Norfolk 96 .... FF27 370 - £3 300 - **$5,250**

COTMAN John Sell 1782-1842 [37]
- *Landscape with an Angler/Landscape* - Oil/board (51x38cm-20x15in) London 97 ...... FF93 371 - £10 000 - **$16,228**
- *The Gate of Cambridge Castle* - Pencil (20x28cm-8x11in) London 96 .... FF15 280 - £1 800 - **$3,000**
- *A Yorkshire manor house* - Watercolour (20x31cm-8x12in) London 96 .... FF67 900 - £8 000 - **$13,330**

COTMAN Miles Edmund 1810-1858 [12]
- *Landscape with St. Benet's Abbey* - Oil/canvas (40x51cm-16x20in) London 90 ...... FF53 300 - £5 368 - **$9,691**
- *Near Kentish Town* - Watercolour (23x30cm-9x12in) Aylsham, Norfolk 96 ...... FF16 600 - £2 000 - **$3,180**

COTOS George XX [2]
- *Lisières* - Huile/toile (50x61cm-20x24in) Paris 94 .... FF11 500 - £1 358 - **$2,060**

COTTAAR Piet Johannes 1878-1950 [4]
- *Sonnenblumen* - Oil/canvas (100x80cm-39x31in) Wien 91 .... FF9 600 - £956 - **$1,651**

COTTARD-FOSSEY Louise 1902-1983 [12]
- *Port du Sud de la Bretagne* - Huile/toile (46x38cm-18x15in) Saumur 95 ...... FF2 800 - £367 - **$561**

COTTAVOZ André 1922 [212]
- *Portrait du fils de l'artiste* - Huile/toile (73x50cm-29x20in) Paris 97 .... FF6 000 - £658 - **$1,053**
- *Bouquet rouge et blanc* - Huile/toile (73x55cm-29x22in) Paris 97 .... FF13 000 - £1 425 - **$2,282**
- *La baie du Golfe Juan* - Huile/toile (60x81cm-24x32in) Paris 97 .... FF19 000 - £2 082 - **$3,335**
- *La Ferme couchée* - Huile/toile (113x145cm-44x57in) Paris 96 .... FF68 000 - £8 810 - **$13,440**
- *Nature morte à la coupe de fruits* - Huile/toile (73x91cm-29x36in) Le Touquet 90 ...... FF121 000 - £12 314 - **$24,198**
- *Paysages avec arbres* - Bronze (22cm-9in) Paris 97 .... FF2 200 - £240 - **$385**
- *Jardin verdoyant* - Gouache/papier (47x67cm-19x26in) Arles 92 .... FF16 000 - £1 644 - **$2,963**

COTTET Charles 1863-1925 [89]
- *Paysage breton* - Huile/carton (32x41cm-13x16in) Paris 97 .... FF7 000 - £767 - **$1,229**
- *Bretonne épluchant ses pommes* - Huile/toile (77x100cm-30x39in) Quimper 97 ...... FF15 000 - £1 607 - **$2,820**
- *Le pays de la mer* - Huile/panneau (73x105cm-29x41in) Douarnenez 95 ...... FF37 000 - £4 820 - **$7,680**
- *Pardon en Bretagne* - Huile/toile (74x100cm-29x39in) Calais 96 .... FF90 000 - £11 220 - **$17,430**
- *Enterrement en Bretagne* - Lithographie couleurs (33x49cm-13x19in) Paris 94 ...... FF3 200 - £425 - **$660**
- *Visage de jeune fille des îles* - Pastel (50x45cm-20x18in) Brest 91 .... FF18 000 - £1 850 - **$3,350**

COTTI Antonio Maria 1840-1929 [1]
- *Festausklang* - Öl/Leinwand (37x24cm-15x9in) Wien 94 .... FF13 720 - £1 622 - **$2,530**

COTTIN Eugène 1840-1902 [1]
- *Cerf dans la forêt* - Huile/toile (55x46cm-22x18in) Saint-Dié 90 .... FF4 500 - £453 - **$881**

COTTIN Pierre 1823-1886 [1]
- *Illusions: Le Printemps* - Eau-forte (63x81cm-25x32in) Paris 95 .... FF7 000 - £846 - **$1,317**

COTTINGHAM Robert 1935 [25]
- *Jack & Hy* - Acrylic/paper (43x43cm-17x17in) New-York 94 .... FF23 240 - £2 685 - **$4,000**
- *Schaefer beer, 1976* - Oil/canvas (200x200cm-79x79in) New-York 89 ...... FF371 800 - £38 016 - **$59,775**
- *West 12th St.* - Watercolour/paper (72x53cm-28x21in) New-York 97 .... FF46 784 - £4 940 - **$8,000**

COTTON Olive XX [4]
Teacup Ballet - Silver print (28x20cm-11x8in) New-York 96.. FF**3 614** - £448 - **$700**

COTTON William H. 1880-? [3]
Peggy - Oil/canvas (38x30cm-15x12in) New-York 89.. FF**34 300** - £3 413 - **$5,419**
Mother and Child - Oil/canvas (76x63cm-30x25in) New-York 96....................... FF**135 000** - £17 200 - **$26,000**
Man seated on step with lawnmover - Pastel (38x25cm-15x10in) New-York 95 .... FF**11 740** - £1 520 - **$2,400**

COTTRAU Félix 1799-1852 [1]
La prière du soir - Huile/toile (115x80cm-45x31in) Monaco 91 .... FF**10 000** - £1 003 - **$1,651**

COTTRELL Henry J. XIX-XX [3]
Floss, a favourite spaniel - Oil/canvas (58x76cm-23x30in) London 91 .... FF**21 700** - £2 188 - **$4,229**

COUBERTIN de Charles Louis Fredy 1822-1908 [2]
Sur l'embarcadère - Huile/panneau (14x23cm-6x9in) Senlis 93 .... FF**3 600** - £434 - **$655**

COUBERTIN de Julien Bonaventure 1788-1871 [1]
Voyage au Brésil - Watercolour (23x30cm-9x12in) London 96 .... FF**103 700** - £13 000 - **$20,250**

COUBINE Othon 1883-1969 [41]
Nu assis - Huile/toile (81x65cm-32x26in) Saint-Dié 93 .... FF**4 000** - £482 - **$728**
Nature morte - Oil/canvas (46x55cm-18x22in) Amsterdam 95 .... FF**10 080** - £1 287 - **$2,060**
Vase de fleurs - Huile/toile (92x73cm-36x29in) Paris 96.. FF**56 000** - £6 600 - **$11,000**

COUCH Christopher 1946 [5]
Nadine Sleeping - Oil/canvas (203x127cm-80x50in) London 96.............................. FF**28 730** - £3 600 - **$5,540**

COUCHAUX Marcel 1877-1939 [43]
Les poules - Huile/toile (60x74cm-24x29in) Rouen 96 .... FF**25 500** - £3 300 - **$5,000**
Dindons sous la neige - Huile/toile (73x92cm-29x36in) Rouen 92........................... FF**55 000** - £5 630 - **$9,680**
La plage, les baigneurs - Huile/toile (50x65cm-20x26in) Rouen 90...................... FF**162 000** - £17 345 - **$28,174**
Nu au bain - Aquarelle (38x47cm-15x19in) Lyon 95.. FF**9 000** - £1 137 - **$1,804**

COUCHÉ Jacques 1759-? [1]
La Fuite à Dessein - Engraving New-York 93... FF**2 200** - £276 - **$400**

COUDER Alexandre Jean 1808-1879 [5]
Fleurs et fruits - Huile/toile (92x73cm-36x29in) Clermont-Ferrand 97 .... FF**26 500** - £2 811 - **$4,568**

COUDER Gustave Emile ?-1903 [5]
Basket of Grapes in a landscape - Oil/canvas (93x131cm-37x52in) New-York 97 .... FF**124 223** - £13 378 - **$22,000**

COUDER Louis Ch. Auguste 1790-1873 [9]
Jeune femme effeuillant une marguerite - Huile/panneau (19x12cm-7x5in) Paris 90........... FF**20 000** - £2 141 - **$3,478**
Cavalier pour la prise de Yorktown - Crayon (30x22cm-12x9in) Pontoise 97 .... FF**2 000** - £218 - **$350**

COUDERC Gabriel 1905 [8]
Bois de pins près d'Aups - Huile/toile (38x55cm-15x22in) Arles 91...................... FF**3 500** - £351 - **$641**

COUDRAY Georges Charles ?-1903 [11]
Zaira - Bronze (64cm-25in) Madrid 93 .... FF**16 400** - £1 875 - **$2,790**
Coureur japonais - Bronze (47cm-19in) London 95.. FF**24 050** - £3 000 - **$4,860**

COUDUN Patrice XX [3]
Sous-bois - Huile/toile (46x38cm-18x15in) Entzheim 93 .... FF**3 700** - £426 - **$634**

COUESSENS Jeanne [2]
Marchande de tomates - Huile/carton (52x75cm-20x30in) Paris 96........................ FF**4 000** - £507 - **$767**

COUKIDIS Emilios 1931 [2]
Pont traversant la Seine - Huile/toile (38x55cm-15x22in) Les Sables d'Olonne 94 .... FF**3 400** - £409 - **$634**

COULANGE-LAUTREC Emmanuel 1824-1898 [7]
La récompense du Ménestrel - Huile/carton (40x30cm-16x12in) Paris 93 .... FF**7 000** - £875 - **$1,273**
Femme aux colombes dans un parc - Huile/toile (100x191cm-39x75in) Paris 93........... FF**102 000** - £11 460 - **$17,300**
Paysage à la rivière - Aquarelle/papier (40x26cm-16x10in) Arles 93 .... FF**1 800** - £225 - **$328**

COULAUD Martin ?-1906 [4]
Moutons à l'étable - Huile/toile (49x66cm-19x26in) Lyon 97.............................. FF**12 000** - £1 301 - **$2,110**

COULDERY Horatio Henry 1832-1893 [34]
Dinner for two - Oil/panel (16x23cm-6x9in) London 96.. FF**5 810** - £700 - **$1,114**
A true reflection - Oil/canvas (69x89cm-27x35in) London 96............................... FF**34 840** - £4 200 - **$6,680**
A playful pair - Oil/canvas (26x28cm-10x11in) Billinghurst, West Sussex 93 .... FF**54 400** - £6 200 - **$9,230**

COULENTIANOS Costas 1918-1995 [5]
Cythère - Relief (142x110cm-56x43in) Paris 92.. FF**14 500** - £1 485 - **$2,610**

COULING Arthur Vivian 1890-? [2]
Beeches - Oil/panel (69x91cm-27x36in) Glasgow 91.. FF**7 480** - £750 - **$1,261**

COULIOU Jean-Yves 1916 [5]
Vallée de l'Elorn à la forêt Landerneau - Huile/panneau (37x45cm-15x18in) Quimper 97 .... FF**7 500** - £803 - **$1,315**

COULON Berthe 1907-1979 [2]
Tous les enfants du monde - Huile/panneau (105x80cm-41x31in) Bruxelles 93 .... FF**2 143** - £256 - **$438**

COULON Émile 1882-1974 [1]
La quémandeuse d'amour - Technique mixte/papier (34x15cm-13x6in) Bruxelles 96................. FF**2 460** - £297 - **$472**

COULON Éric 1888-1956 [10]
Renault, 6cv & 10cv - Poster (118x157cm-46x62in) London 96.............................. FF**7 460** - £950 - **$1,435**

COULON George David 1823-1904 [4]
Evangeline Oak - Oil/canvas (61x89cm-24x35in) New Orleans, Louisiana 92...................... FF**5 400** - £552 - **$950**

COULON George J.A. 1854-1922 [2]
Nature morte - Pastel/paper (69x33cm-27x13in) New Orleans, Louisiana 94............. FF**4 600** - £552 - **$850**

COULON Georges 1914-1990 [5]
🐦 *Nature morte à la soupière* - Huile/toile (55x46cm-22x18in) Paris 94 .... FF5 200 - £621 - **$974**
🏺 *Tête de jeune fille* - Terracotta (17cm-7in) Paris 95.......................... FF3 200 - £425 - **$660**
Jeune fille se coiffant - Bronze (33cm-13in) Pontoise 96 .... FF16 000 - £2 082 - **$3,170**

COULON Louis 1819-1855 [1]
🐦 *Repas familial* - Huile/toile (55x70cm-22x28in) Bruxelles 92 .... FF3 450 - £402 - **$704**

COULON Marie-P. Casbergue 1831-1914 [1]
🐦 *Nature morte: four small birds* - Pastel (38x30cm-15x12in) New Orleans, Louisiana 92.............. FF3 675 - £427 - **$750**

COULON Mary Elizabeth Emma 1859-1928 [1]
🖉 *The Bouquet* - Pastel (43x28cm-17x11in) New Orleans, Louisiana 92 .... FF2 940 - £342 - **$600**

COULON René Emile Charles 1882-? [1]
🐦 *Fishing vessels off a coastline* - Oil/panel (18x24cm-7x9in) London 90 .... FF5 800 - £599 - **$1,025**

COULSON John XIX-XX [2]
🐦 *A halt in the desert* - Oil/canvas (56x40cm-22x16in) New-York 93 .... FF12 980 - £1 477 - **$2,200**

COULTER William Alexander 1849-1936 [24]
🐦 *Sailboats at Moor* - Oil/canvas (30x51cm-12x20in) San Francisco-Los Angeles 96............ FF22 200 - £2 570 - **$4,250**
Sailing Ships, San Francisco
   Oil/canvas (91x154cm-36x61in) San Francisco-Los Angeles 96 .... FF311 000 - £39 000 - **$60,000**
🖉 *Historic marine scenes* - Ink/paper (22x28cm-9x11in) San Francisco-Los Angeles 94 .... FF13 920 - £1 645 - **$2,500**

COUMANS Raymond 1922 [2]
🐦 *Le port de Honfleur* - Huile/toile (50x60cm-20x24in) Bruxelles 94 .... FF3 140 - £360 - **$537**

COUMONT Charles 1822-1889 [5]
🐦 *The harvesters* - Oil/canvas (79x132cm-31x52in) London 95 .... FF20 240 - £2 600 - **$4,090**

COUNHAYE Charles 1884-1971 [25]
🐦 *Jésus chez les prostituées* - Huile/panneau (72x55cm-28x22in) Bruxelles 93 .... FF4 940 - £591 - **$1,010**
🖵 *Visitez Verviers* - Affiche Neigeuse .... FF3 760 - £480 - **$770**
🖉 *Santa Semona* - Aquarelle (34x45cm-13x18in) Bruxelles 95.......................... FF2 850 - £376 - **$578**

COUPÉ Louise 1877-1915 [1]
🐦 *Vase de fleurs* - Huile/toile (60x50cm-24x20in) Bruxelles 94 .... FF8 300 - £990 - **$1,562**

COUPER William 1853-1942 [8]
🏺 *Kneeling Psyche* - Marble (106cm-42in) London 97 .... FF185 874 - £20 000 - **$32,676**

COURANT Maurice 1847-1925 [43]
🐦 *Bateaux* - Oil/canvas (38x45cm-15x18in) Amsterdam 97 .... FF6 566 - £694 - **$1,126**
Le port - Huile/toile (46x55cm-18x22in) Cherbourg 97 .... FF23 000 - £2 456 - **$4,000**
L'entrée du port de Trouville - Huile/toile (50x65cm-20x26in) Le Touquet 90 .... FF42 000 - £4 339 - **$7,420**

COURBE Emile Jean Claude 1815-1882 [1]
🐦 *Woman with a lace collar* - Oil/canvas (100x81cm-39x32in) London 90 .... FF4 600 - £489 - **$823**

COURBET Gustave 1819-1877 [96]
🐦 *Bateaux sur la plage* - Oil/canvas (60x81cm-24x32in) New-York 94 .... FF1 - £190 000 - **$300,000**
Fleurs au pied d'un arbre - Oil/canvas (71x108cm-28x43in) New-York 97 .... FF7 - £813 000 - **$1**
Paysage aux deux moutons - Oil/canvas (50x61cm-20x24in) New-York 97 .... FF146 809 - £15 811 - **$26,000**
Adieu au Jura - Oil/canvas (49x60cm-19x24in) London 97 .... FF247 619 - £26 000 - **$42,590**
Paysage de Jura - Oil/canvas (179x140cm-70x55in) New-York 97 .... FF338 790 - £36 486 - **$60,000**
Marine, gros temps - Huile/toile (31x41cm-12x16in) Paris 97 .... FF570 000 - £59 622 - **$97,641**
Neige en forêt - Oil/canvas (51x65cm-20x26in) London 97 .... FF866 790 - £95 000 - **$152,124**
🖉 *Homme blessé* - Encre (17x22cm-7x9in) Paris 96 .... FF155 000 - £17 800 - **$29,560**

COURBOIN Eugène 1851-c.1915 [1]
🖉 *Halte à la fontaine* - Aquarelle (50x36cm-20x14in) Paris 93 .... FF5 000 - £570 - **$848**

COURDOUAN Vincent 1810-1893 [32]
🐦 *Port-Méjean, côte varoise* - Huile/toile (35x100cm-14x39in) Carpentras 96 .... FF43 000 - £5 580 - **$8,420**
La baie de Saint-Tropez/Le port - Huile/toile (40x70cm-16x28in) Paris 89 .... FF170 000 - £17 914 - **$28,620**
🖉 *Paysage côtier animé* - Aquarelle (46x75cm-18x30in) Marseille 95 .... FF28 500 - £3 746 - **$5,720**

COURIARDI Pelagia Petrowna 1848-1898 [1]
🐦 *Bauern bei der Heuernte* - Öl/Leinwand (73x120cm-29x47in) Hamburg 97 .... FF5 150 - £610 - **$951**

COURMES Alfred 1898-1993 [38]
🐦 *La Tentation de Saint-Antoine* - Huile (33x24cm-14x9in) Paris 97 .... FF13 500 - £1 467 - **$2,372**
Nature morte à la bouteille - Huile/carton (50x32cm-20x13in) Toulouse 97 .... FF24 200 - £2 597 - **$4,216**
Bain à Ostende/Naissance de Venus - Huile/panneau (49x34cm-19x13in) Paris 97 .... FF58 000 - £6 305 - **$10,191**
Journaliste bousculée par un comique - Huile/toile (130x162cm-51x64in) Paris 91 .... FF150 000 - £15 120 - **$26,500**
🖉 *Femme à la fenêtre* - Encre Chine/papier (31x22cm-12x9in) Paris 97 .... FF10 000 - £1 087 - **$1,757**
La sirène - Aquarelle, gouache (68x104cm-27x41in) Paris 97 .... FF20 000 - £2 174 - **$3,514**

COURNAULT Étienne 1891-1948 [20]
🐦 *Modèle de dos de profil* - Huile/toile (33x22cm-13x9in) Paris 97 .... FF17 000 - £1 848 - **$2,987**
Composition aux visages - Huile/toile (73x60cm-29x24in) Orléans 92 .... FF88 000 - £9 000 - **$15,500**
🏺 *Décor surréaliste* - Sculpture (77x28cm-30x11in) Paris 92 .... FF73 000 - £7 470 - **$13,140**

COURNICHOUX Édouard 1891-1968 [5]
🖵 *Le Touquet* - Affiche (70x100cm-28x39in) Paris 94.......................... FF4 800 - £556 - **$821**

COURSELLES-DUMONT André Paul 1889-? [1]
🐦 *Occupation prussienne en France* - Huile/toile (90x108cm-35x43in) Stuttgart 93................ FF16 700 - £1 915 - **$2,840**

COURSELLES-DUMONT Henri 1856-1918 [3]
🐦 *Le lion amoureux* - Huile/toile (77x58cm-30x23in) Paris 90 .... FF28 000 - £2 820 - **$5,485**

COURT Emily ?-1957 [10]
🐦 *Meeresküste* - Öl/Karton (15x13cm-6x5in) Stuttgart 92 .... FF5 470 - £562 - **$1,052**

COURT Joseph Désiré 1797-1865 [3]
- *Jeune femme du harem* - Huile/toile (131x98cm-52x39in) Paris 96 .... FF**35 000** - £**4 540** - **$6,920**

COURTAT Louis ?-1909 [3]
- *Reclining nude* - Oil/canvas (38x61cm-15x24in) New-York 91 .... FF**48 450** - £**4 882** - **$8,407**

COURTEN von Angelo 1848-? [8]
- *Italienne au puits* - Huile/toile (99x77cm-39x30in) Monaco 92 .... FF**45 000** - £**4 500** - **$7,500**

COURTENS Alfred 1889-1967 [4]
- *Buste de femme* - Bronze (45cm-18in) Antwerpen 92 .... FF**8 300** - £**850** - **$1,460**

COURTENS Frans 1850-1943 [55]
- *A farm/A farmyard near a village church*
  Oil/canvas (51x62cm-20x24in) Amsterdam 97 .... FF**13 179** - £**1 425** - **$2,299**
  Paysage ensoleillé avec bestiaux
  Huile/toile (70x90cm-28x35in) Villa Diodati, Cologny 96 .... FF**35 000** - £**4 335** - **$6,770**
  Embouchure de l'Escaut - Huile/toile (80x110cm-31x43in) Bruxelles 91 .... FF**111 700** - £**11 198** - **$20,459**

COURTENS Herman 1884-1956 [20]
- *Nounours* - Huile/toile (38x47cm-15x19in) Bruxelles 90 .... FF**5 670** - £**732** - **$1,120**
  Carnations and Anemones - Oil/canvas (80x104cm-31x41in) Amsterdam 97 .... FF**22 509** - £**2 395** - **$3,917**
- *Danseuses* - Pastel (50x47cm-20x19in) Bruxelles 89 .... FF**2 300** - £**242** - **$387**

COURTENS Pierre 1921 [2]
- *Nature morte au bouquet* - Huile/toile (91x72cm-36x28in) Montréal 90 .... FF**2 200** - £**234** - **$394**

COURTET Augustin 1821-1891 [1]
- *Jeune homme sur un dauphin* - Bronze Fontenay-Le-Comte 94 .... FF**4 100** - £**475** - **$704**

COURTICE Rody Kenny 1895-1973 [2]
- *Grandiflora Blanca* - Pastel/paper (46x53cm-18x21in) Toronto 92 .... FF**1 960** - £**234** - **$377**

COURTILLIER Marie-Antoinette XX [2]
- *Entrée de port* - Huile/toile (33x46cm-13x18in) Grenoble 90 .... FF**3 500** - £**372** - **$626**

COURTIN Caroline 1819-1875 [2]
- *Normannisches Gehöft* - Öl/Leinwand (37x49cm-15x19in) Konstanz 94 .... FF**20 400** - £**2 380** - **$3,580**

COURTIN Pierre Louis 1921 [21]
- *Blanche vallée* - Huile/toile (38x46cm-15x18in) Paris 93 .... FF**8 000** - £**1 000** - **$1,455**
- *Seconde machine* - Burin (35x29cm-14x11in) Paris 94 .... FF**2 300** - £**275** - **$431**

COURTOIS André 1734-1806 [1]
- *A lady in white dress* - Miniature (3cm-1in) London 95 .... FF**2 950** - £**380** - **$600**

COURTOIS DE BONNENCONTRE Ernest 1859-1955 [4]
- *Homme à son bureau* - Huile/toile (45x54cm-18x21in) Paris 94 .... FF**7 500** - £**872** - **$1,300**
- *A Street scene, Chile* - Watercolour (36x28cm-14x11in) London 95 .... FF**7 050** - £**880** - **$1,382**

COURTOIS Gustave 1853-1923 [4]
- *The New Bonnet* - Oil/canvas (51x34cm-20x13in) New-York 97 .... FF**48 351** - £**5 203** - **$8,500**

COURTOIS Pierre 1950 [3]
- *Rouen le matin* - Huile/toile (22x35cm-9x14in) Bayeux 96 .... FF**2 500** - £**324** - **$491**
- *Les falaises de Longues-sur-Mer* - Aquarelle (50x74cm-20x29in) Bayeux 96 .... FF**4 000** - £**518** - **$785**

COURTRIGHT Robert 1926 [2]
- *Navy Blue Thread* - Acrylic (172x180cm-68x71in) New-York 97 .... FF**40 627** - £**4 274** - **$7,000**
- *Mask* - Plaster (17cm-7in) New-York 91 .... FF**1 800** - £**180** - **$297**

COURVOISIER Jules 1884-1936 [4]
- *Vue du Doubs, 1909* - Huile/toile (130x96cm-51x38in) Genève 89 .... FF**19 500** - £**2 055** - **$3,283**

COURVOISIER Pierre 1756-1804 [1]
- *Palais et Pont des Beaux Arts* - Gouache (25x41cm-10x16in) Paris 95 .... FF**25 000** - £**2 990** - **$4,760**

COUSE Eanger Irving 1866-1936 [38]
- *A Quiet Day* - Oil/board (19x24cm-7x9in) New-York 96 .... FF**55 600** - £**7 220** - **$11,000**
  The Pueblo Weaver - Oil/board (40x51cm-16x20in) New-York 96 .... FF**182 700** - £**21 140** - **$35,000**
  Taos Indian and Pottery - Oil/canvas (61x73cm-24x29in) New-York 97 .... FF**495 916** - £**52 071** - **$85,000**
  Tom Tom Maker - Oil/canvas (89x117cm-35x46in) New-York 94 .... FF**1 82e +06** - £**128 200** - **$200,000**

COUSE William Percy 1898-? [1]
- *Boom Town* - Oil/canvas (30x76cm-12x30in) San Francisco-Los Angeles 92 .... FF**24 700** - £**2 950** - **$4,750**

COUSIN Charles XX [12]
- *Bord de rivière* - Huile/toile (38x55cm-15x22in) Paris 96 .... FF**4 200** - £**524** - **$811**

COUSIN Charles 1807-1887 [32]
- *Canal à Venise* - Huile/toile (63x48cm-25x19in) Provins 96 .... FF**5 600** - £**702** - **$1,083**
  Gondole sur le canal à Venise
  Huile/toile (54x65cm-21x26in) La Varenne Saint-Hilaire 93 .... FF**12 000** - £**1 500** - **$2,182**
  Gondole à Venise - Huile/toile (50x65cm-20x26in) Tongeren 92 .... FF**37 800** - £**4 390** - **$7,710**

COUSIN Jean Antoine 1788-1875 [1]
- *Ange Alexandre Bondon* - Pastel (54x41cm-21x16in) London 93 .... FF**2 670** - £**300** - **$447**

COUSIN Pierre Léonard 1788-c.1835 [1]
- *Lady with dark hair* - Miniature (15cm-6in) Genève 92 .... FF**14 880** - £**1 520** - **$2,620**

COUSIN Victor Gustave 1836-1894 [1]
- *Scène champêtre* - Huile/toile (92x142cm-36x56in) Antwerpen 94 .... FF**20 000** - £**2 400** - **$3,886**

COUSSENS Armand 1881-1935 [11]
- *La cueillette* - Huile/panneau (30x39cm-12x15in) Nîmes 91 .... FF**4 100** - £**407** - **$712**

COUSTOU Guillaume II 1716-1777 [1]
- *Madame Lecomte* - Bronze (58cm-23in) Paris 93 .... FF**53 000** - £**6 380** - **$9,630**

COUSTOU Nicolas 1658-1733 [1]
🏛 *Sphinges couchées* - Terracotta (80x40x113cm-31x16x44in) Paris 91 .... FF**110 000** - £11 084 - **$19,088**
COUSTURIER Lucie 1870-1925 [18]
🖼 *Nature morte* - Oil/canvas/board (45x62cm-18x24in) New-York 95 .... FF**18 560** - £2 370 - **$3,800**
Les fleurs bleues - Huile/toile (54x65cm-21x26in) Enghien 91 .... FF**60 000** - £6 089 - **$10,837**
🖋 *Bamako* - Aquarelle/papier (16x24cm-6x9in) Paris 97 .... FF**10 500** - £1 094 - **$1,789**
COUSYN E.L. ?-1926 [1]
🖋 *Bretonne tricotant près de la côte* - Pastel (28x24cm-11x9in) Brest 91 .... FF**1 900** - £189 - **$327**
COUTAN Amable Paul 1792-1837 [2]
🖋 *Etude d'arbre* - Dessin (29x28cm-11x11in) Paris 89 .... FF**1 500** - £153 - **$241**
COUTAN G. XIX-XX [3]
🖼 *Casino de Paris, 16 rue de Clichy* - Affiche (94x130cm-37x51in) Paris 96 .... FF**4 000** - £518 - **$785**
COUTAN Jules Félix 1848-1939 [3]
🏛 *Victoire ailée* - Bronze (62cm-24in) Paris 96 .... FF**6 000** - £780 - **$1,190**
COUTAU Hippolyte 1866-1946 [3]
🖼 *Maricottes, alpine village* - Oil/canvas (60x46cm-24x18in) Amsterdam 91 .... FF**4 810** - £485 - **$835**
COUTAUD Lucien 1904-1977 [269]
🖼 *Quelques trous sur une plage à trous* - Huile/toile (49x55cm-19x22in) Paris 96 .... FF**14 000** - £1 607 - **$2,670**
L'armoire aux végétations - Huile/toile (93x72cm-37x28in) Versailles 92 .... FF**23 000** - £2 354 - **$4,510**
Musique des Champs - Huile/toile (160x190cm-63x75in) Paris 96 .... FF**68 000** - £8 520 - **$13,140**
L'habitant du château, 1948 - Huile/toile (115x81cm-45x32in) Lyon 89 .... FF**210 000** - £20 896 - **$33,175**
🖋 *Femme-fleurs* - Gouache/papier (28x38cm-11x15in) Saint-Germain-en-Laye 91 .... FF**11 000** - £1 254 - **$2,106**
La lettre, ou l'Autoportrait - Gouache (85x115cm-33x45in) Paris 90 .... FF**70 000** - £7 158 - **$13,817**
COUTE L. 1877-? [1]
🖼 *Vase de fleurs* - Huile/toile (55x50cm-22x20in) Bruxelles 95 .... FF**3 800** - £476 - **$757**
COUTELAS Robert 1930-1985 [17]
🖼 *Palette du peintre* - Huile/toile (92x60cm-36x24in) Paris 96 .... FF**2 800** - £363 - **$550**
Bouquet stylisé - Huile/carton/toile (46x37cm-18x15in) Paris 92 .... FF**11 500** - £1 177 - **$2,255**
🖋 *La foire* - Technique mixte/papier (64x42cm-25x17in) Paris 92 .... FF**2 000** - £205 - **$393**
COUTTS Alice 1880-1973 [6]
🖼 *Indian child playing with a tortoise*
     Oil/board (28x21cm-11x8in) San Francisco-Los Angeles 92 .... FF**12 500** - £1 308 - **$2,250**
COUTTS Gordon 1869-1937 [15]
🖼 *Stagecoach on the Trail*
     Oil/canvas (66x93cm-26x37in) San Francisco-Los Angeles 93 .... FF**17 730** - £2 013 - **$3,000**
COUTTS Hubert ?-1921 [1]
🖋 *A Deserted Bay* - Watercolour (56x53cm-22x21in) London 94 .... FF**2 556** - £300 - **$456**
COUTURE Colette XX [4]
🖼 *Fleurs* - Huile (46x65cm-18x26in) Grenoble 92 .... FF**2 800** - £334 - **$539**
COUTURE Thomas 1815-1879 [26]
🖼 *Buste de femme nue* - Huile/toile (54x55cm-21x22in) Paris 96 .... FF**24 000** - £3 090 - **$4,760**
La sacrifice de Noé - Oil/canvas (113x146cm-44x57in) New-York 97 .... FF**67 758** - £7 297 - **$12,000**
The Realist - Oil/canvas (46x38cm-18x15in) New-York 87 .... FF**523 384** - £41 953 - **$75,091**
🖋 *Tête de jeune garçon* - Fusain (43x32cm-17x13in) Paris 94 .... FF**64 000** - £7 580 - **$11,820**
COUTURIER Charles 1768-1852 [1]
🖼 *Promeneurs en barque* - Huile/toile (48x60cm-19x24in) Paris 96 .... FF**8 500** - £1 100 - **$1,670**
COUTURIER Léon 1842-1935 [26]
🖼 *Portrait en pied d'un fusilier-marin* - Huile/toile (245x118cm-96x46in) Paris 95 .... FF**13 000** - £1 727 - **$2,680**
COUTURIER Philibert Léon 1823-1901 [26]
🖼 *Paysage avec oiseaux de basse-cour* - Huile/toile (55x95cm-22x37in) Bruxelles 97 .... FF**9 489** - £1 003 - **$1,641**
Fermière dans la basse-cour - Huile/toile (67x53cm-26x21in) Lindau 95 .... FF**23 150** - £2 893 - **$4,670**
Bodegón de caza - Oleo/lienzo (204x354cm-80x139in) Madrid 91 .... FF**162 500** - £16 416 - **$32,259**
COUTURIER Robert 1905 [21]
🏛 *Nu assis* - Bronze (15cm-6in) Versailles 91 .... FF**9 000** - £917 - **$1,787**
Nu cylindrique - Bronze (120cm-47in) Paris 92 .... FF**80 000** - £9 540 - **$15,400**
Femme - Bronze (120x24x25cm-47x9x10in) Paris 89 .... FF**205 000** - £20 398 - **$32,385**
COUTY Jean 1907-1991 [42]
🖼 *La maison Robinson sur le Rhône* - Huile/panneau (55x46cm-22x18in) Paris 96 .... FF**3 600** - £417 - **$690**
Le Pont au Change - Huile (60x92cm-24x36in) Lyon 94 .... FF**10 000** - £1 200 - **$1,940**
Le pont de Guillotière sous la neige - Huile/isorel (50x61cm-20x24in) Lyon 96 .... FF**19 000** - £2 380 - **$3,670**
COUVELET Jean-Baptiste 1772-1830/32 [3]
🖋 *Young lady with white muslin fichu* - Miniature (5cm-2in) Genève 92 .... FF**4 190** - £500 - **$805**
COUVEN von Ferdinand Wilhelm 1786-1866 [2]
🖼 *Figures in an alpine Landscape* - Oil/canvas (51x58cm-20x23in) Wien 96 .... FF**60 700** - £7 360 - **$11,800**
Landschaft im Altmühltal - Oil/canvas (58x72cm-23x28in) Köln 90 .... FF**136 000** - £13 907 - **$26,844**
COUVERCHEL Alfred 1834-1867 [2]
🖼 *Militaires au repos en Afrique* - Huile/toile (75x60cm-30x24in) Paris 93 .... FF**10 500** - £1 313 - **$1,910**
Porte-étendard, Afrique du Nord - Huile/toile (61x51cm-24x20in) Paris 95 .... FF**34 000** - £4 290 - **$6,780**
COUWENBERG Henricus Wilhelmus 1814-1845 [1]
🖼 *FluBlandschaft mit Bootsstaffage* - Oil/panel (29x23cm-11x9in) Stuttgart 91 .... FF**14 600** - £1 465 - **$2,436**
COUY Jean 1910-1984 [3]
🖼 *Composition, 1959* - Huile/toile (81x64cm-32x25in) Senlis 90 .... FF**22 500** - £2 324 - **$3,975**
COUZIJN Wessel 1912-1984 [7]
🏛 *Opstanding* - Bronze relief (27x8x53cm-11x3x21in) Amsterdam 97 .... FF**9 374** - £983 - **$1,608**

Belichaamde eenheid - Bronze (9x15x25cm-4x6x10in) Amsterdam 95 .... FF15 750 - £2 010 - **$3,215**
COVARRUBIAS Miguel 1904-1957 [61]
🖋 *George Gershwin* - Oil/canvas (76x99cm-30x39in) New-York 97 .... FF1 - £134 310 - **$220,000**
Balinesa - Oil/board (40x21cm-16x8in) New-York 95 .... FF71 400 - £8 910 - **$14,000**
Madre Joven, Bali - Oil/board (51x36cm-20x14in) New-York 95 .... FF224 500 - £28 000 - **$44,000**
✒ *Boceto para mules and men*
       Watercolour, gouache/paper (31x25cm-12x10in) New-York 94 .... FF10 210 - £1 194 - **$1,800**
Pueblo de Sumatra/Casas de Sumatra - Gouache/paper (13x17cm-5x7in) New-York 97.... FF40 092 - £4 273 - **$7,000**
Bali girl at the Beach of Sanur
       Watercolour/paper (38x48cm-15x19in) Singapore 95 .... FF561 000 - £71 600 - **$115,000**
COVARSI YUSTAS Adelardo 1885-1951 [4]
🖋 *Cazador en la serranía* - Oleo/lienzo (76x85cm-30x33in) Madrid 91 .... FF93 000 - £9 310 - **$15,500**
COVENTRY Gertrude Mary 1886-1964 [4]
🖋 *The harbour* - Oil/canvas (51x61cm-20x24in) Glasgow 96 .... FF20 730 - £2 400 - **$3,970**
COVENTRY Robert Mc Gown 1855-1914 [15]
🖋 *Trossachs burn* - Oil/board (31x23cm-12x9in) Auchterarder, Perthshire 92 .... FF6 660 - £700 - **$1,393**
✒ *St. Pauls* - Watercolour (25x20cm-10x8in) London 92 .... FF9 570 - £980 - **$1,690**
COVERT John 1882-1960 [1]
🖋 *Moorish warrior* - Oil/canvas (96x76cm-38x30in) New-York 93 .... FF10 450 - £1 310 - **$1,900**
COVILLE Jacky 1936 [2]
▪ *Personnages imaginaires* - Sculpture (73x33x55cm-29x13x22in) Orléans 96 .... FF8 500 - £970 - **$1,627**
COWARD Noël 1889-1973 [26]
🖋 *Fisherman in a boat* - Oil/board (30x38cm-12x15in) London 95 .... FF7 720 - £1 000 - **$1,580**
The Yacht - Oil/canvas (51x41cm-20x16in) London 96 .... FF28 100 - £3 200 - **$5,380**
Village store, Jamaica - Oil/canvas/board (50x58cm-20x23in) London 96 .... FF79 000 - £9 000 - **$15,120**
COWDY Richard XX [5]
▪ *Chicken* - Bronze (43cm-17in) London 96 .... FF2 306 - £300 - **$457**
COWEN William 1797-1861 [9]
✒ *Toulon harbour/Collioures, near Toulon* - Watercolour (16x25cm-6x10in) London 96 ..... FF2 633 - £300 - **$504**
Terapia on the Bosphorus, Turkey - Watercolour (17x26cm-7x10in) London 97............ FF14 045 - £1 500 - **$2,442**
COWEN William Wilson 1856-? [1]
🖋 *Harbor scene* - Oil/canvas (48x84cm-19x33in) Mystic, Connecticut 96 .... FF8 270 - £1 038 - **$1,600**
COWHAM Hilda Gertrude 1873-1964 [3]
✒ *Riva Schiavoni* - Watercolour (16x21cm-6x8in) London 96 .... FF10 130 - £1 300 - **$2,000**
COWIE Frederick c.1820-c.1880 [2]
🖋 *The Garden Swing* - Oil/board (44x33cm-17x13in) Hadspen 96 .... FF14 200 - £1 800 - **$2,724**
COWIE James 1886-1956 [9]
🖋 *Vermeer, still life* - Oil/board (21x23cm-8x9in) Glasgow 96 .... FF61 700 - £8 000 - **$12,100**
✒ *Portrait of a woman* - Coloured chalks (35x26cm-14x10in) Glasgow 96 .... FF11 570 - £1 500 - **$2,267**
COWIESON Agnes M. XIX-XX [8]
🖋 *Anemones in a vase*
       Oil/canvas (30x40cm-12x16in) Hopetoun House, South Queensferry 91 .... FF10 080 - £1 001 - **$1,750**
COWLES Russell 1887-1979 [2]
🖋 *Horses in a wood* - Oil/canvas (101x127cm-40x50in) Denver, Colorado 95 .... FF11 250 - £2 200 - **$1,424**
COWPER Frank Cadogan 1877-1958 [13]
🖋 *Lady Ledgard* - Oil/canvas (127x102cm-50x40in) London 92 .... FF48 850 - £5 000 - **$8,600**
Saint Francis of Assisi - Oil/canvas (92x74cm-36x29in) New-York 87 .... FF296 225 - £23 745 - **$42,500**
✒ *The Patient Griselda* - Watercolour (41x25cm-16x10in) London 95 .... FF239 700 - £31 000 - **$49,000**
COX Albert Scott 1863-1920 [4]
🖋 *Two old Sitters* - Oil/canvas (25x38cm-10x15in) North Berwick, Maine 92 .... FF3 380 - £404 - **$650**
COX Allyn 1896-1982 [1]
🖋 *Faggot carrier and woman* - Oil/canvas (132x102cm-52x40in) Chicago 93 .... FF4 950 - £621 - **$900**
COX Charles Brinton 1864-1905 [1]
🖋 *El Remudero, Mexico* - Oil/canvas (23x33cm-9x13in) New-York 96 .... FF14 620 - £1 692 - **$2,800**
COX Cornelis 1875-1956 [1]
🖋 *Heatherlandscape with shepherd* - Oil/canvas (85x136cm-33x54in) Amsterdam 90 ...... FF4 825 - £488 - **$918**
COX David 1783-1859 [158]
🖋 *Walk in the Hagley Road* - Oil/canvas (34x47cm-13x19in) London 97 .... FF28 011 - £3 000 - **$4,868**
Hayfield - Oil/canvas (10x15cm-4x6in) London 97....................................... FF149 394 - £16 000 - **$25,965**
✒ *Children playing by a river* - Watercolour (35x54cm-14x21in) London 97 .... FF16 933 - £1 800 - **$2,918**
Cavalry before Stirling Castle, Scotland - Watercolour (12x17cm-5x7in) London 97 ...... FF37 453 - £4 000 - **$6,513**
Victualling a Ship at Dawn - Watercolour (16x24cm-6x9in) London 97 .... FF65 543 - £7 000 - **$11,398**
Crossing Lancaster Sands - Watercolour (37x51cm-15x20in) London 97 .... FF921 915 - £98 000 - **$158,848**
COX David II 1809-1885 [58]
🖋 *Cattle and herdsmen on a windy day* - Oil/panel (23x35cm-9x14in) Salisbury, Wiltshire 95 ..... FF6 940 - £900 - **$1,446**
✒ *Drovers resting by a river with cattle* - Watercolour (48x61cm-19x24in) London 96 .... FF4 170 - £520 - **$806**
Richmond, Hudswell Bank, Yorkshire - Watercolour (41x66cm-16x26in) London 97 ...... FF29 963 - £3 200 - **$5,210**
COX Dorothy M. Lewis 1882-? [2]
✒ *Young girl standin beneath a tree* - Watercolour (63x48cm-25x19in) London 93 .... FF3 510 - £400 - **$596**
COX Elija Albert 1876-1955 [5]
🖋 *Washing the feet of Christ* - Oil/canvas (81x99cm-32x39in) London 92 .... FF4 400 - £450 - **$776**
The ships are dressed in flags - Oil/canvas (76x51cm-30x20in) London 91 .... FF16 370 - £1 643 - **$2,832**

C

COX Garstin 1892-1933 [30]
🖼 *March Sunshine* - Oil/canvas (36x46cm-14x18in) Penzance, Cornwall 96 .... FF2 340 - £300 - **$462**
Sundown at Kynance, Cornwall
   Oil/canvas (64x76cm-25x30in) Penzance, Cornwall 92 .... FF11 700 - £1 200 - **$2,244**

COX James 1956 [1]
🖼 *Edward, Prince of wales & monkey* - Oil/panel (51x38cm-20x15in) London 95 .... FF6 430 - £800 - **$1,293**

COX Jan 1919-1980 [20]
🖼 *Ruth Olson* - Huile/toile (130x59cm-51x23in) Antwerpen 92 .... FF18 120 - £2 164 - **$3,486**
✐ *Femme assise* - Pastel (46x27cm-18x11in) Antwerpen 93 .... FF3 234 - £370 - **$551**

COX John Rogers [2]
🖾 *Wheat Shocks* - Lithograph (20x28cm-8x11in) Detroit, Michigan 92 .... FF1 960 - £228 - **$400**

COX Kenyon 1856-1919 [1]
🖼 *September sunshine* - Oil/canvas Philadelphia 92 .... FF73 500 - £8 530 - **$15,000**

COYPEL Noël 1628-1707 [8]
🖼 *La Rosée* - Oil/canvas (121x182cm-48x72in) New-York 94 .... FF2 - £321 000 - **$475,000**

COYPEL Noël Nicolas 1690-1734 [5]
🖼 *The Triumph of Galatea* - Oil/canvas (97x124cm-38x49in) New-York 97 .... FF386 526 - £43 680 - **$70,000**

COZAR VIEDMA José 1944 [4]
🖼 *Montes y paisaje* - Oleo/tabla (73x99cm-29x39in) Madrid 91 .... FF3 520 - £356 - **$699**

COZENS John Robert 1752-1799 [14]
✐ *Rome from the Villa Madama* - Watercolour (25x30cm-10x12in) London 97 .... FF70 555 - £7 500 - **$12,157**
River landscape with mountains - Watercolour (49x67cm-19x26in) London 96 .... FF237 700 - £28 000 - **$46,700**
Vesuvius - Watercolour (36x52cm-14x20in) London 93 .... FF1 95e +06 - £126 000 - **$189,000**

COZZA Francesco 1605-1682 [5]
🖼 *Cleopatra* - Olio/tela (151x113cm-59x44in) Milano 92 .... FF308 000 - £31 500 - **$54,200**

COZZENS Frederick Schiller 1846-1928 [23]
🖾 *Ice boating on the Hudson* - Color lithograph (53x38cm-21x15in) Philadelphia 92 .... FF1 820 - £217 - **$350**
✐ *Barque at sea* - Watercolour (33x53cm-13x21in) Litchfield, CT 92 .... FF10 260 - £1 075 - **$1,850**

CRABEELS Florent Nicolas 1829-1896 [21]
🖼 *Paysan au repos* - Huile/panneau (28x49cm-11x19in) Antwerpen 95 .... FF9 500 - £1 190 - **$1,893**
Market Day - Oil/canvas (36x46cm-14x18in) London 95 .... FF38 600 - £5 000 - **$8,030**
La kermesse - Oil/panel (70x84cm-28x33in) London 93 .... FF199 200 - £24 000 - **$34,800**

CRACO Arthur 1869-1955 [4]
🗿 *Butor* - Sculpture (39cm-15in) Bruxelles 96 .... FF3 280 - £387 - **$644**

CRADOCK Marmaduke 1660-1717 [26]
🖼 *Peacock turkey and exotic fowl* - Oil/canvas (63x75cm-25x30in) London 97 .... FF50 420 - £5 400 - **$8,763**
A concert of exotic birds in a park - Oil/canvas (85x113cm-33x44in) London 96 .... FF95 700 - £12 000 - **$18,480**

CRAECK de Gaston Frank 1899-1954 [1]
🖼 *Huisje aan de waterkent* - Huile/carton (63x44cm-25x17in) Lokeren 93 .... FF2 916 - £333 - **$504**

CRAEYVANGER Gysbertus 1810-1895 [6]
🖼 *Harnachement du cheval*
   Huile/panneau (21x26cm-8x10in) Saint-Germain-en-Laye 92 .... FF14 500 - £1 490 - **$2,790**

CRAEYVANGER Reinier 1812-1880 [4]
🖼 *The young pupil* - Oil/canvas (72x62cm-28x24in) Amsterdam 95 .... FF10 810 - £1 306 - **$2,034**
✐ *A wise advice* - Watercolour (21x26cm-8x10in) Amsterdam 94 .... FF2 135 - £248 - **$368**

CRAFFONARA Aurelio 1875-1945 [4]
🖼 *Ragazza con cappelliera* - Olio/cartone (25x16cm-10x6in) Milano 89 .... FF34 300 - £3 614 - **$5,774**
🖾 *Industria Frigorifera* - Poster (97x140cm-38x55in) New-York 95 .... FF3 100 - £407 - **$650**

CRAFT Percy Robert 1856-1934 [10]
🖼 *Pelican Island* - Oil/canvas (51x61cm-20x24in) London 95 .... FF10 050 - £1 300 - **$2,054**
✐ *Cafe in Cairo* - Watercolour (28x18cm-11x7in) Birmingham 92 .... FF2 640 - £270 - **$465**

CRAFTY Victor Geruzez, dit 1840-1906 [12]
✐ *Chasse à courre* - Aquarelle/papier (19x27cm-7x11in) Paris 97 .... FF4 800 - £510 - **$832**

CRAGG Tony 1949 [38]
🗿 *Extrusion* - Plaster (159x40x40cm-63x16x16in) New-York 92 .... FF29 400 - £3 414 - **$6,000**
Knife, fork and spoon - Wood (183x183cm-72x72in) London 96 .... FF87 700 - £11 000 - **$16,960**
Commercial moon - Assemblage (225x125cm-89x49in) Paris 94 .... FF120 000 - £14 400 - **$23,300**
Loco - Wood (110x165x100cm-43x65x39in) New-York 92 .... FF182 000 - £21 720 - **$35,000**
Three cast bottles - Iron New-York 92 .... FF540 000 - £55 200 - **$95,000**

CRAHAY Albert 1881-1914 [3]
🖼 *Scène de plage animée* - Huile/panneau (45x57cm-18x22in) Antwerpen 94 .... FF9 160 - £1 100 - **$1,780**

CRAIG Charles 1846-1931 [6]
🖼 *Responding to the smoke signal* - Oil/canvas (71x91cm-28x36in) New-York 94 .... FF42 800 - £4 990 - **$7,500**

CRAIG Edith [1]
✐ *Portrait & figure studies (22)* - Watercolour London 89 .... FF7 700 - £766 - **$1,216**

CRAIG Edward Gordon 1872-1966 [2]
✐ *Set design, London* - Ink (24x27cm-9x11in) London 92 .... FF5 160 - £600 - **$1,053**

CRAIG Frank 1874-1918 [5]
✐ *Priest brings girl* - Gouache (41x53cm-16x21in) New-York 95 .... FF3 535 - £446 - **$700**
At a fancy restaurant - Gouache (43x71cm-17x28in) New-York 93 .... FF16 500 - £2 070 - **$3,000**

CRAIG Henry Robertson 1916-1984 [14]
🖼 *The drawing room at Coolmaine Castle* - Oil/canvas (76x102cm-30x40in) London 97 .... FF10 319 - £1 100 - **$1,809**
Morning mist, Chantilly - Oil/canvas (127x177cm-50x70in) New-York 91 .... FF34 200 - £3 446 - **$5,935**

CRAIG James Humbert 1878-1944 [69]
- Port-na-Blagh, Co. Donegal - Oil/panel (25x36cm-10x14in) London 97 .... FF14 071 - £1 500 - **$2,467**
- Fair Head - Oil/panel (30x43cm-12x17in) London 97 .... FF22 514 - £2 400 - **$3,947**
- Milking time - Oil/board (24x34cm-9x13in) London 97 .... FF56 285 - £6 000 - **$9,867**

CRAIG James Stevenson XIX [2]
- Junge Frau am Brunnen - Oil/canvas (60x50cm-24x20in) München 91 .... FF10 250 - £1 053 - **$1,910**

CRAIG Thomas Bigelow 1849-1924 [25]
- October, study from nature - Oil/canvas (51x41cm-20x16in) New-York 95 .... FF3 013 - £377 - **$600**
- Camping by the covered wagon - Oil/panel (23x36cm-9x14in) Mystic, Connecticut 96 .... FF10 600 - £1 380 - **$2,100**
- Figures ashore watching the sailboat - Oil/canvas Philadelphia 92 .... FF23 270 - £2 703 - **$4,750**

CRAIG William 1829-1875 [4]
- The Last of the Mohegans - Watercolour (25x36cm-10x14in) North Berwick, Maine 94 .... FF4 540 - £545 - **$850**

CRAIG William Marshall 1765-1834 [1]
- Rustic travellers in a storm - Watercolour (35x25cm-14x10in) London 93 .... FF3 115 - £350 - **$522**

CRAIG-WALLACE Robert 1886-1969 [3]
- Thelma IV & Vacuna - Oil/canvas (63x89cm-25x35in) London 94 .... FF25 200 - £3 000 - **$4,800**

CRALI Tullio 1910 [16]
- Illustrazioni a soggetto egiziano (10) - Tempera/cartone (9x13cm-4x5in) Firenze 97 .... FF12 240 - £1 440 - **$2,160**
- Bellezza cosmica - Olio/tela (60x49cm-24x19in) Trieste 95 .... FF30 800 - £3 900 - **$6,000**
- Tetti di Parigi - Acquarello/carta (33x26cm-13x10in) Firenze 97 .... FF4 760 - £560 - **$840**

CRAM Allen Gilbert 1886-1947 [5]
- People at the beach - Oil/board (41x51cm-16x20in) Mystic, Connecticut 94 .... FF15 030 - £1 790 - **$2,750**

CRAM E.G. XX [2]
- Coastal village, New England - Oil/canvas/board (30x39cm-12x15in) Cambridge, Mass. 91 ...... FF3 113 - £316 - **$562**

CRAMER Carl Cäsar 1822-1889 [3]
- Gasteiner Ache - Öl/Leinwand (57x45cm-22x18in) Wien 94 .... FF24 400 - £2 905 - **$4,600**

CRAMER Helene 1844-1916 [4]
- Mohnblüten in Ingwertopf - Öl/Leinwand (82x55cm-32x22in) Lindau 93 .... FF40 700 - £4 860 - **$7,830**

CRAMER Molly 1862-? [1]
- Trauben neben Äpfeln - Öl/Leinwand (50x80cm-20x31in) Stuttgart 93 .... FF3 050 - £365 - **$587**

CRAMER Peter 1726-1782 [3]
- Figures - Gouache (27x20cm-11x8in) Köbenhavn 95 .... FF1 950 - £249 - **$384**

CRAMER von Alphons 1834-1884 [2]
- Dalmatinische Tänzerin - Oil/panel (47x35cm-19x14in) Köln 92 .... FF11 870 - £1 418 - **$2,283**

CRAMER-BERKE Hubert 1886-? [1]
- Herbsttag bei Beilstein - Öl/Leinwand (70x94cm-28x37in) Köln 93 .... FF3 730 - £446 - **$718**

CRAMOYSAN Marcel 1915 [32]
- Village fortifié - Huile/toile (24x33cm-9x13in) Le Havre 96 .... FF5 500 - £646 - **$1,082**
- Venise, le Grand Canal - Huile/toile (65x81cm-26x32in) Monaco 93 .... FF13 000 - £1 625 - **$2,364**

CRAMPEL Paule c.1870-? [2]
- Passage d'un gué en Annam - Aquarelle, gouache (26x22cm-10x9in) Paris 95 .... FF2 200 - £275 - **$432**

CRAN Jules Ernest 1876-1926 [2]
- Cour de ferme - Huile/panneau (27x31cm-11x12in) Bruxelles 89 .... FF8 100 - £854 - **$1,364**

CRANCH Christopher P. 1813-1892 [4]
- Naples - Oil/canvas (63x100cm-25x39in) Chicago 91 .... FF4 380 - £435 - **$760**

CRANCH John 1806-1891 [1]
- Figures by a tree - Oil/panel (28x38cm-11x15in) London 97 .... FF11 938 - £1 300 - **$2,076**

CRANDELL John Bradshaw 1896-1966 [10]
- Blonde on horseback waving - Oil/canvas (102x76cm-40x30in) New-York 95 .... FF13 130 - £1 654 - **$2,600**
- Redhead with black shawl - Pastel (64x46cm-25x18in) New-York 95 .... FF10 760 - £1 393 - **$2,200**

CRANE Bruce 1857-1937 [20]
- Passing Storm - Oil/canvas (71x92cm-28x36in) New-York 96 .... FF10 110 - £1 313 - **$2,000**
- Summer Hills - Oil/canvas (76x81cm-30x32in) Detroit, Michigan 95 .... FF63 500 - £8 220 - **$13,000**
- Winter Sunset - Watercolour, gouache/paper (22x32cm-9x13in) New-York 95 ...... FF14 770 - £1 933 - **$3,000**

CRANE Frederick 1847-1915 [1]
- Seascape - Oil/canvas (61x91cm-24x36in) Elgin, Illinois 91 .... FF2 260 - £224 - **$392**

CRANE Robert Bruce 1857-1937 [25]
- Mohawk Hills - Oil/canvas/board (20x25cm-8x10in) New-York 92 .... FF7 800 - £931 - **$1,500**
- Harvest - Oil/canvas (51x76cm-20x30in) New-York 92 .... FF30 600 - £3 560 - **$6,250**
- February Thaw - Oil/canvas (71x91cm-28x36in) New-York 93 .... FF110 000 - £13 800 - **$20,000**

CRANE Thomas 1808-1859 [3]
- Young girls in a coastal landscape - Oil/canvas (47x55cm-19x22in) London 95 ..... FF33 900 - £4 400 - **$6,950**

CRANE Walter 1845-1915 [25]
- The Advent of Spring - Oil/canvas (69x164cm-27x65in) New-York 95 .... FF81 700 - £10 180 - **$16,000**
- Worm of spindleton heugh - Oil/canvas (74x16cm-29x6in) New-York 90 .... FF2 2e+06 - £212 979 - **$358,140**
- Shepherd's Bush - Watercolour (36x27cm-14x11in) London 96 .... FF33 740 - £4 000 - **$6,580**

CRANKE James 1707-1780 [1]
- Anne Newnham, Lady Ryder
  Oil/canvas (91x71cm-36x28in) Sandon Hall, Staffordshire 92 .... FF25 800 - £3 000 - **$5,270**

CRANS Johan Michae.Schmidt 1830-1908 [1]
- Mignon - Oil/panel (150x100cm-59x39in) Oslo 92 .... FF5 850 - £700 - **$1,126**

CRANSTOUN James Hall 1821-1907 [4]
- *The Tay looking at Perth bridge* - Oil/canvas (40x61cm-16x24in) Glasgow 91 ...... FF**16 950** - £1 **699** - $**2,858**
- *After the Storm* - Watercolour (36x51cm-14x20in) Aylsham, Norfolk 94 ...... FF**2 533** - £**300** - $**468**

CRAPELET Louis Amable 1822-1867 [40]
- *Colosses de Memnon, Haute-Égypte* - Huile/panneau (22x38cm-9x15in) Paris 95 ...... FF**12 000** - £1 **578** - $**2,410**
- *Au bord du Nil* - Huile/toile (26x44cm-10x17in) Paris 96 ...... FF**30 000** - £3 **470** - $**5,750**
- *La baie de Rio* - Huile/papier/toile (217x287cm-85x113in) Lyon 94 ...... FF**290 000** - £33 **900** - $**50,900**
- *Caravane dans les environs de Tunis* - Aquarelle (22x30cm-9x12in) Lyon 95 ...... FF**30 000** - £3 **884** - $**6,140**

CRAS Monique 1910 [2]
- *Sepron* - Gouache/papier (50x64cm-20x25in) Paris 93 ...... FF**8 500** - £1 **063** - $**1,546**

CRASH John Matos 1961 [3]
- *Mr. Fantastic, Super Hero Series* - Watercolour/paper (102x76cm-40x30in) Tarzana, CA 95... FF**2 054** - £**252** - $**400**

CRASKE Leonard 1882-1950 [1]
- *A leaping woman* - Bronze (71cm-28in) New-York 96 ...... FF**16 700** - £1 **934** - $**3,200**

CRATZ Benjamin Arthur 1886-1952 [1]
- *Village passage* - Oil/canvas (76x76cm-30x30in) St. Petersburg, Florida 92 ...... FF**3 980** - £**407** - $**700**

CRAUK Gustave 1827-1905 [1]
- *Homme portant moustache* - Marbre (57cm-22in) Paris 95 ...... FF**4 200** - £**524** - $**848**

CRAVERI Luigi 1865-1898 [1]
- *Cigni nello stagno* - Olio/tavola (40x25cm-16x10in) Bologna 92 ...... FF**2 265** - £**232** - $**399**

CRAVO NETO Mario 1947 [9]
- *Odé* - Gelatin silver print (46x46cm-18x18in) San Francisco-Los Angeles 95 ...... FF**8 800** - £1 **122** - $**1,800**

CRAWFORD Ebenezer c.1830-c.1890 [2]
- *A Musketeer* - Oil/canvas (26x30cm-10x12in) London 92 ...... FF**6 840** - £**700** - $**1,207**
- *Ben Jonson at Hawthorden* - Oil/canvas (75x62cm-30x24in) London 95 ...... FF**50 300** - £6 **500** - $**10,270**

CRAWFORD Edmund Thornton 1806-1885 [13]
- *Dutch river scene* - Oil/panel (41x58cm-16x23in) Auchterarder, Perthshire 95 ...... FF**14 070** - £1 **800** - $**2,770**

CRAWFORD Hugh Adam 1898-1982 [2]
- *Little Children Come Unto Me* - Watercolour (53x39cm-21x15in) Glasgow 92 ...... FF**1 954** - £**200** - $**344**

CRAWFORD Ralston 1906-1978 [19]
- *St. louis Cemetery, New Orleans* - Oil/canvas (76x56cm-30x22in) New-York 97 ...... FF**145 858** - £15 **315** - $**25,000**
- *Building facade* - Gelatin silver print (14x24cm-6x9in) San Francisco-Los Angeles 93 ...... FF**11 800** - £1 **346** - $**2,000**
- *Nacelles under construction* - Gouache (27x38cm-11x15in) New-York 92 ...... FF**34 100** - £3 **486** - $**6,000**

CRAWFORD Richard Goldie XIX-XX [2]
- *A seated young lady* - Oil/canvas (91x61cm-36x24in) London 93 ...... FF**2 434** - £**280** - $**420**

CRAWFORD Robert Cree 1842-1924 [12]
- *Duet - portraits* - Oil/canvas (111x147cm-44x58in) Edinburgh 92 ...... FF**41 900** - £5 **000** - $**8,050**

CRAWFORD Thomas 1811/14-1857 [3]
- *Bride of Abydos* - Marble (71cm-28in) New-York 94 ...... FF**134 800** - £15 **900** - $**24,000**

CRAWFORD Thomas Hamilton 1860-? [1]
- *Staircase Hall* - Watercolour (43x29cm-17x11in) London 94 ...... FF**11 760** - £1 **400** - $**2,216**

CRAWFORD Will 1869-1944 [1]
- *Men standing outside saloon* - Ink (33x51cm-13x20in) New-York 95 ...... FF**8 580** - £1 **082** - $**1,700**

CRAWFORD William Cadwell XIX-XX [2]
- *Girl, thought to be Ida McKenzie* - Oil/panel (62x50cm-24x20in) London 94 ...... FF**13 300** - £1 **600** - $**2,464**

CRAWHALL George Edward 1834-1909 [2]
- *A Buzard/A Merganser/A Woodcock* - Watercolour (23x32cm-9x13in) London 95 ...... FF**3 365** - £**420** - $**660**

CRAWHALL Joseph I 1793-1853 [1]
- *The novice* - Watercolour (22x27cm-9x11in) Glasgow 91 ...... FF**19 840** - £2 **000** - $**3,480**

CRAWHALL Joseph II 1861-1913 [15]
- *Bull Fight* - Watercolour (28x26cm-11x10in) London 95 ...... FF**83 200** - £11 **000** - $**16,870**
- *American jockeys* - Watercolour, gouache (41x31cm-16x12in) Edinburgh 89 ...... FF**387 400** - £39 **611** - $**62,283**

CRAWLEY Ida 1867-? [1]
- *Allegory with Sphinx and Vulture* - Oil/canvas (43x64cm-17x25in) Chicago 94 ...... FF**5 420** - £**633** - $**950**

CRAWSHAW Lionel Townsend 1864-1949 [4]
- *Hyde park corner* - Oil/canvas/board (26x20cm-10x8in) London 93 ...... FF**12 300** - £1 **400** - $**2,086**

CRAXTON John 1922 [32]
- *Self-portrait* - Oil (55x43cm-22x17in) London 93 ...... FF**83 400** - £9 **500** - $**14,150**
- *Boy, girl and cat* - Oil/canvas (203x117cm-80x46in) London 91 ...... FF**554 000** - £55 **151** - $**95,268**
- *Man playing a bouzouki* - Gouache (28x21cm-11x8in) London 91 ...... FF**51 400** - £5 **153** - $**9,414**

CREALOCK John Mansfield 1871-1959 [9]
- *St. Cloud* - Oil/canvas (82x103cm-32x41in) London 94 ...... FF**10 830** - £1 **300** - $**2,030**

CREBER Frank 1959 [3]
- *Side garden* - Oil/canvas (81x10cm-32x4in) London 90 ...... FF**9 200** - £**991** - $**1,623**

CREDIN Louis-Philippe 1772-1851 [1]
- *Engagement between Loire et Robuste* - Watercolour (20x32cm-8x13in) London 96 ...... FF**10 250** - £1 **300** - $**1,967**

CREEFT de José 1884-1983 [10]
- *Young Narcissus* - Sculpture (35cm-14in) New-York 95 ...... FF**19 380** - £2 **493** - $**4,000**
- *Embracing couple* - Waterpaint (21cm-8in) New-York 90 ...... FF**4 970** - £**506** - $**994**

CREGAN Martin 1788-1870 [4]
- *Colonel James Mac Alpine* - Oil/canvas (90x26cm-35x10in) London 93 ...... FF**26 070** - £3 **000** - $**4,470**

CREHAY Gérard 1816-1897 [4]
- *Tiger breaking cover* - Oil/canvas (63x101cm-25x40in) London 91 ...... FF**15 960** - £1 **596** - $**2,629**

CREHAY Gérard Antoine 1844-1936 [4]
- Paysage - Huile/toile (45x90cm-18x35in) Liège 96 .... FF3 290 - £413 - $636

CREIFELDS Richard 1853-1939 [3]
- Caught at Last - Oil/canvas (56x41cm-22x16in) New Orleans, Louisiana 95 .... FF4 890 - £624 - $1,000

CREIXAMS Pedro 1893-1965 [90]
- Portrait de jeune fille - Huile/toile (65x46cm-26x18in) Calais 97 .... FF6 000 - £600 - $1,012
- Le modèle posant - Huile/toile (130x95cm-51x35in) Paris 97 .... FF18 500 - £2 003 - $3,270
- Toréro - Huile/toile (116x73cm-46x29in) Paris 97 .... FF33 000 - £3 465 - $5,676
- Portrait de femme à la chemise rose - Oil/canvas (92x73cm-36x29in) London 93 ..... FF79 000 - £9 000 - $13,400

CREMA Giovan Battista 1883-1964 [10]
- Nei pressi del Colosseo - Olio/cartone (32x45cm-13x18in) Roma 92 .... FF9 300 - £1 106 - $1,790

CREMER Fritz 1906-1993 [4]
- Gekreuzigter - Pencil/paper (27x17cm-11x7in) Berlin 93 .... FF1 532 - £175 - $261

CREMER Jacob Johannes 1827-1880 [1]
- Summerlandscape with travellers - Oil/canvas (67x100cm-26x39in) Amsterdam 92 .... FF66 300 - £7 910 - $12,750

CREMER Jan 1940 [36]
- Abstract - Acrylic/paper (135x94cm-53x37in) Amsterdam 95 .... FF10 800 - £1 414 - $2,163
- Altai Gebergte I - Oil/canvas (130x95cm-51x37in) Amsterdam 97 .... FF17 381 - £1 827 - $2,985
- Crisiszee - Mixed media (86x110cm-34x43in) Amsterdam 91 .... FF30 060 - £2 992 - $5,169
- Figure - Gouache/paper (70x47cm-28x19in) Amsterdam 92 .... FF9 040 - £1 080 - $1,740

CREMIERE Léon c.1830-c.1880 [5]
- Prince Impérial enfant - Tirage papier salé (26x21cm-10x8in) Paris 95 .... FF100 000 - £11 970 - $19,030

CREMIEUX Edouard 1856-1944 [6]
- Rabbin lisant la meguilla de Pourim - Huile/bois (31x21cm-12x8in) Paris 94 ..... FF20 000 - £2 340 - $3,510

CREMONA Italo 1905-1979 [2]
- Nudio disteso in un interno - Olio/tela (60x50cm-24x20in) Milano 91 .... FF45 600 - £4 572 - $7,527

CREMONA Tranquillo 1837-1878 [2]
- Il Falconiere - Olio/tela (66x53cm-26x21in) Roma 93 .... FF68 500 - £7 830 - $11,640
- Giovinetta - Acquarello/carta (32x24cm-13x9in) Roma 93 .... FF43 250 - £4 940 - $7,350

CREMONINI Leonardo 1925 [32]
- Smoking Chimneys - Acrylique (38x65cm-15x26in) New-York 95 .... FF30 530 - £3 900 - $6,250
- Luna park, 1950 - Olio/tela (58x73cm-23x29in) Prato 90 .... FF89 300 - £9 225 - $15,777
- Les Sens et les Choses - Acrylique/toile (195x195cm-77x77in) Paris 95 .... FF430 000 - £55 700 - $89,500

CREPAZ Hans 1938 [4]
- Zirkus - Oil/panel (30x40cm-12x16in) Wien 96 .... FF5 770 - £724 - $1,127

CREPET Angelo Maria 1885-? [1]
- Notturno - Tempera/carta (99x71cm-39x28in) Roma 95 .... FF6 800 - £902 - $1,386

CRÉPIN Fleury Joseph 1875-1948 [8]
- Papillon - Huile/toile (20x33cm-8x13in) Toulouse 96 .... FF16 000 - £2 074 - $3,163
- Temple - Huile/toile (46x46cm-18x18in) Paris 96 .... FF45 000 - £5 830 - $8,900

CREPIN Louis Joseph Désiré 1828-1887 [5]
- Canal à Bruxelles - Huile/panneau (16x24cm-6x9in) Liège 90 .... FF4 900 - £506 - $866

CRÉPIN Louis-Philippe 1772-1851 [21]
- Bataille navale de Monte-Santo/Suite - Huile/toile (134x196cm-53x77in) Paris 95 .. FF1 -£223 500 - $361,000
- Pêcheurs près d'une rivière - Huile/panneau (22x32cm-9x13in) Paris 96 .... FF25 000 - £2 870 - $4,770
- Combat d'Algésiras - Lavis (30x46cm-12x18in) Paris 94 .... FF16 000 - £1 895 - $2,956

CREPY Léon Gérard 1872-? [4]
- Femme à l'orchidée - Pastel (46x38cm-18x15in) La Varenne Saint-Hilaire 94 .... FF3 600 - £419 - $624

CRESCENZO de Giuseppe 1849-1913 [1]
- Mullino nelle paludi - Olio/tela (50x69cm-20x27in) Roma 95 .... FF16 720 - £2 145 - $3,355

CRESPELLE Émile 1831-? [1]
- Lavandières - Huile/toile (44x53cm-17x21in) Paris 94 .... FF3 000 - £353 - $531

CRESPI Enrico 1854-1929 [4]
- Off the market - Oil/canvas (80x49cm-31x19in) New-York 95 .... FF30 660 - £3 820 - $6,000

CRESPIN Adolphe 1851-1944 [7]
- Paysage de rivière - Aquarelle (26x38cm-10x15in) Lokeren 95 .... FF1 628 - £203 - $329

CRESPIN Louis Charles 1892-1953 [2]
- Prêtres pendant l'office - Aquarelle (72x54cm-28x21in) Bruxelles 92 .... FF2 324 - £238 - $409

CRESPIN Paul 1859-1944 [2]
- Paul Hankar Architecte - Poster (53x39cm-21x15in) New-York 94 .... FF22 900 - £2 685 - $4,000

CRESPY LE PRINCE de Charles Édouard 1784-? [2]
- Monsieur de Saint-Preux et Julie - Huile/toile (38x45cm-15x18in) Paris 95 ... FF5 800 - £747 - $1,188

CRESSEY Herbert Ch., Bert 1883-1944 [2]
- Under the pepper trees - Oil/canvas (74x76cm-29x30in) San Francisco-Los Angeles 95 ...... FF8 850 - £1 007 - $1,500

CRESSEY Meta 1882-1964 [2]
- Still Life with Fruit and Flowers
  Oil/canvas (51x61cm-20x24in) San Francisco-Los Angeles 96 .... FF24 800 - £2 870 - $4,750

CRESSINI Carlo 1864-1938 [3]
- Il colle della Locce, Macugnaga - Olio/tela (86x11cm-34x4in) Milano 89 ..... FF41 200 - £4 341 - $6,936

CRESSWELL Albert 1879-1936 [5]
- Portrait de jeune fille à l'oiseau - Huile/panneau (35x27cm-14x11in) Pontoise 95 .. FF7 000 - £930 - $1,443

CRESSWELL William Nichol 1822-1888 [19]
- 🖼 *Stokes Gabriel Mill, Devon*
  Oil/canvas (43x68cm-17x27in) San Francisco-Los Angeles 94 .... FF**10 670** - £**1 274** - **$2,000**

CRESTI IL PASSIGNANO Domenico 1558-1638 [1]
- ✎ *Assaut d'une forteresse* - Encre (18x21cm-7x8in) Monaco 93 .... FF**95 000** - £**11 440** - **$17,270**

CRESTON René-Yves XX [5]
- 🖼 *Les paludiers* - Huile/toile (65x145cm-26x57in) Rennes 90 .... FF**17 000** - £**1 756** - **$3,004**

CRESWICK Thomas 1811-1869 [49]
- 🖼 *A peasant woman by a fence* - Oil/canvas (51x41cm-20x16in) New-York 93 .... FF**5 230** - £**656** - **$950**
- *On the Tees* - Oil/canvas (66x91cm-26x36in) New-York 97 .... FF**46 242** - £**4 930** - **$8,000**
- *The Trout Stream* - Oil/canvas (91x71cm-36x28in) New-York 97 .... FF**104 045** - £**11 092** - **$18,000**

CRETEN Georges 1887-1966 [57]
- 🖼 *L'été* - Huile/papier/toile (37x45cm-15x18in) Bruxelles 95 .... FF**13 400** - £**1 766** - **$2,715**
- *A Standing Nude* - Oil/canvas (88x65cm-35x26in) London 94 .... FF**117 600** - £**14 000** - **$22,160**
- ✎ *Nu* - Fusain (148x97cm-58x38in) Bruxelles 91 .... FF**11 452** - £**1 197** - **$1,960**

CRETEN Victor 1878-1966 [23]
- 🖼 *Fleurs* - Huile/carton (85x73cm-33x29in) Bruxelles 93 .... FF**11 530** - £**1 380** - **$2,357**
- ✎ *Chemin creux* - Gouache/carton (80x56cm-31x22in) Bruxelles 93 .... FF**4 615** - £**552** - **$943**

CRETIUS Constantin Johann 1814-1901 [1]
- 🖼 *Wettkampf auf der Syrinx* - Oil/canvas (103x116cm-41x46in) Ahlden 91 .... FF**98 000** - £**9 946** - **$17,700**

CRETTE Luigi 1823-1872 [7]
- 📷 *Alphonse Karr* - Tirage albuminé (26x19cm-10x7in) Paris 93 .... FF**5 500** - £**625** - **$932**

CRETU Dorin XX [12]
- 🖼 *Trace d'un portrait* - Huile/toile (140x114cm-55x45in) Paris 91 .... FF**2 000** - £**199** - **$347**

CREUS Jean 1940 [8]
- 🖼 *Femmes dans la prairie* - Huile/toile (33x46cm-13x18in) Bergerac 92 .... FF**3 200** - £**329** - **$616**

CREUSE de Auguste 1806-1839 [1]
- 🖼 *Louis-Philippe en buste* - Oil/canvas (78x64cm-31x25in) Paris 90 .... FF**39 000** - £**3 988** - **$7,698**

CREUTZ Magnus 1909-1989 [8]
- 🖼 *Interiör med stol och kläder* - Oil/canvas (81x55cm-32x22in) Stockholm 89 .... FF**4 200** - £**443** - **$707**

CREUZ Serge 1924 [3]
- ✎ *Edith Piaf* - Gouache (28x27cm-11x11in) Bruxelles 90 .... FF**2 600** - £**269** - **$459**

CREVEL René 1900-1935 [9]
- 🖼 *Port de pêche* - Huile/toile Vannes 93 .... FF**6 500** - £**813** - **$1,182**
- ✎ *Le bal masqué* - Aquarelle (51x97cm-20x38in) Paris 96 .... FF**1 900** - £**238** - **$368**

CREWS Monte 1888-1946 [2]
- 🖼 *Boy Scout attempts to sew uniform* - Oil/canvas (91x71cm-36x28in) New-York 95 .... FF**10 270** - £**1 330** - **$2,100**

CREYTENS Julien 1897-1972 [19]
- 🖼 *Nature morte* - Huile/toile (50x45cm-20x18in) Antwerpen 95 .... FF**2 422** - £**303** - **$490**
- *Bateaux de pêche à quai* - Huile/toile (105x95cm-41x37in) Bruxelles 97 .... FF**6 540** - £**704** - **$1,140**

CRIADO Felipe 1928 [3]
- 🖼 *Femeninos conversandeo* - Oleo/tabla (36x50cm-14x20in) Madrid 92 .... FF**6 290** - £**750** - **$1,210**

CRILEY Theodore Morrow 1880-1930 [19]
- 🖼 *Jameses Rocks, Bird Island*
  Oil/canvas (81x101cm-32x40in) San Francisco-Los Angeles 92 .... FF**15 920** - £**1 850** - **$3,250**

CRINER Guy XX [2]
- 🖼 *Un ange terrestre* - Technique mixte/panneau (73x54cm-29x21in) Paris 90 .... FF**2 000** - £**207** - **$353**

CRIPPA Roberto 1921-1972 [189]
- 🖼 *Totem* - Acrilico/cartone (71x50cm-28x20in) Prato 97 .... FF**13 600** - £**1 600** - **$2,400**
- *Uccello* - Tecnica mista/tavola (55x46cm-22x18in) Milano 96 .... FF**19 500** - £**2 262** - **$3,830**
- *Composizione* - Tecnica mista/tavola (70x100cm-28x39in) Prato 96 .... FF**32 800** - £**3 705** - **$6,270**
- *Totem* - Tecnica mista/tavola (165x135cm-65x53in) Milano 92 .... FF**93 000** - £**11 050** - **$17,880**
- *Spirali* - Olio/tela (162x130cm-64x51in) Milano 90 .... FF**408 000** - £**41 721** - **$80,532**
- *Totemica, anni '50* - Scultura (51cm-20in) Prato 97 .... FF**18 700** - £**2 200** - **$3,300**
- ✎ *Composizione* - Tecnica mista/carta (70x50cm-28x20in) Milano 93 .... FF**10 980** - £**1 232** - **$1,965**
- *Alamo, 1960* - Collage (144x114cm-57x45in) Prato 90 .... FF**279 200** - £**28 843** - **$49,329**

CRISCIMANNO Nicola XIX [2]
- 🖼 *Ironclad H.M.S. Swiftire* - Oil/board (28x47cm-11x19in) London 91 .... FF**59 800** - £**5 953** - **$10,283**

CRISCONIO Luigi 1893-1946 [4]
- 🖼 *Piazza mercato, a Napoli* - Olio/legno (34x42cm-13x17in) Roma 90 .... FF**16 000** - £**1 702** - **$2,862**

CRISENOY de Pierre Émile XIX [2]
- 🖼 *Vue du port de Cherbourg* - Huile/panneau (24x32cm-9x13in) Mayenne 93 .... FF**11 500** - £**1 361** - **$2,090**

CRISP Frank ?-1915 [7]
- ✎ *The fair, Impruneta* - Pencil (28x43cm-11x17in) London 92 .... FF**1 760** - £**180** - **$311**

CRISS Amy XX [2]
- 🖼 *Charme indiscret* - Huile/toile (100x100cm-39x39in) Paris 93 .... FF**2 600** - £**314** - **$473**

CRISS Francis 1901-1973 [9]
- 🖼 *Bird of Prey* - Oil/canvas (102x43cm-40x17in) New-York 94 .... FF**43 300** - £**5 130** - **$8,000**

CRISSAY Marguerite 1874-1945 [5]
- 🖼 *Jeune fille à l'écharpe rouge* - Huile/toile (46x55cm-18x22in) Saint-Dié 94 .... FF**2 800** - £**329** - **$491**

CRISTELLYS Vincente XIX-XX [2]
- 🖼 *Nu* - Huile/toile (79x58cm-31x23in) Verrières-le-Buisson 90 .... FF**10 000** - £**1 036** - **$1,757**

CRISTESCO Constantin XIX-XX [3]
- 🗿 *L'obstacle* - Bronze (48x40cm-19x16in) Bruxelles 97 .... FF**5 562** - £**578** - **$949**

Horses leaping a fence - Bronze (26cm-10in) London 92......................FF**17 530** - £**1 800** - **$3,260**
CRISTOBAL Juan 1898-1961 [1]
Busto de Mujer - Bronze (29cm-11in) Madrid 92............................FF**12 300** - £**1 233** - **$2,365**
CRISTOL Horace 1878-1959 [1]
Marché à la Martinique - Crayon (34x25cm-13x10in) Paris 92..............FF**6 000** - £**615** - **$1,056**
CRITE Allan Rohan 1910 [16]
Boston street scene - Oil/canvas/board (40x50cm-16x20in) New-York 92......FF**4 410** - £**513** - **$900**
Bit of romance, Hubert Street - Oil/canvas/board (45x61cm-18x24in) New-York 91......FF**45 600** - £**4 578** - **$7,889**
CRITON Jean 1930 [2]
Les dentelles du ciel - Fusain (50x65cm-20x26in) Paris 90.................FF**7 000** - £**745** - **$1,252**
CRITTENDEN John Denton 1834-1877 [1]
La Vertu - Marble (114cm-45in) London 96................................FF**43 200** - £**5 500** - **$8,310**
CRIVELLI IL CRIVELLONE Angelo Maria ?-1730/60? [5]
Ducks on a river bank - Oil/canvas (36x53cm-14x21in) London 91..........FF**59 500** - £**5 973** - **$10,294**
CRNCIC Menci Clemens 1865-? [1]
Ausfahrt des Erzherzogs Franz Karl - Watercolour/paper (42x61cm-17x24in) Wien 90 ....FF**2 600** - £**273** - **$452**
CROATTO Bruno 1875-1948 [22]
Casa in montagna - Olio/cartone (24x32cm-9x13in) Trieste 95..............FF**2 770** - £**351** - **$540**
La lettura - Olio/tela (100x82cm-39x32in) Roma 96.......................FF**33 500** - £**4 200** - **$6,400**
Veduta di Trieste dal mare - Olio/tela (61x100cm-24x39in) Trieste 92......FF**140 400** - £**14 370** - **$24,700**
CROCE della Johann Nepomuk 1706-1819 [4]
Lot & his daughters fleeing Sodom - Oil/canvas (87x70cm-34x28in) New-York 97 ....FF**14 790** - £**1 591** - **$2,600**
CROCETTI Venanzio 1913 [1]
Colpo di vento - Bronze (42x12x25cm-17x5x10in) Roma 94..................FF**9 300** - £**1 092** - **$1,612**
CROCHEPIERRE André Antoine 1860-1937 [2]
The old French peasant - Oil/canvas (66x81cm-26x32in) Chicago 94..........FF**7 240** - £**855** - **$1,300**
CROCIANI Émile 1902-1980 [2]
Peintre et de son chat - Huile/toile (73x60cm-29x24in) Aubagne 92..........FF**8 000** - £**955** - **$1,540**
CROCKER Andrew 1962 [5]
Flying man - Oil/canvas (94x110cm-37x43in) London 90.....................FF**9 200** - £**991** - **$1,623**
New broom, 1989 - Wash (44x31cm-17x12in) London 90......................FF**3 100** - £**334** - **$547**
CROCKER Charles 1877-1959 [1]
Moonlit pond - Oil/canvas (51x61cm-20x24in) San Francisco-Los Angeles 91......FF**4 795** - £**479** - **$790**
CROCKER John Denison 1823-1879 [4]
Morning Mist - Oil/canvas (46x71cm-18x28in) Mystic, Connecticut 94..........FF**9 300** - £**1 074** - **$1,600**
CROCQUEFER Eugène XIX [2]
Lion marchant - Bronze (13cm-5in) Saint-Germain-en-Laye 93...............FF**5 500** - £**688** - **$1,000**
CRODEL Charles, Carl 1894-1973 [31]
Amerikanische Malschule - Öl/Leinwand (50x44cm-20x17in) Köln 94..........FF**9 230** - £**1 084** - **$1,645**
Kinderwagen in der Landschaft - Lithographie (27x21cm-11x8in) München 89..........FF**2 200** - £**232** - **$370**
CRODEL Paul Eduard 1862-1928 [4]
Auf dem Lande - Oil/canvas (60x88cm-24x35in) Köln 92.....................FF**6 800** - £**696** - **$1,197**
CROEGAERT Georges 1848-1923 [42]
Still life - Oil/canvas (41x33cm-16x13in) London 95.......................FF**19 860** - £**2 400** - **$3,665**
Taking tea - Oil/panel (40x32cm-16x13in) London 96.......................FF**49 400** - £**5 800** - **$9,600**
A good smoke - Oil/panel (54x46cm-21x18in) New-York 97..................FF**142 125** - £**15 308** - **$25,000**
CROEGAERT VAN BREE Jan Jacob 1818-1897 [1]
La rade d'Anvers - Huile/panneau (25x70cm-10x28in) Antwerpen 90..........FF**25 900** - £**2 773** - **$4,504**
CROFT Arthur 1828-? [6]
Figures walking by a Highland burn - Watercolour (29x64cm-11x25in) London 95......FF**3 295** - £**420** - **$664**
CROFT Marjorie 1889-? [15]
Dressed dolls - Oil/canvas (13x17cm-5x7in) London 94.....................FF**2 880** - £**340** - **$514**
Gypsy Caravans - Watercolour (24x28cm-9x11in) London 94.................FF**4 660** - £**550** - **$830**
CROFTS Ernest 1847-1911 [25]
The March of an Army - Oil/canvas (26x41cm-10x16in) London 96............FF**13 830** - £**1 800** - **$2,740**
Charles I on his Way to Execution - Oil/canvas (91x137cm-36x54in) London 96..........FF**126 500** - £**15 000** - **$24,700**
Off to the Battle - Watercolour (12x18cm-5x7in) London 96.................FF**1 935** - £**250** - **$382**
CROÏN Jos 1894-1949 [8]
St. Cloud, vue sur Surenne - Oil/canvas (60x73cm-24x29in) Amsterdam 97......FF**4 159** - £**45 0 2** - **$725**
CROISSANT Auguste 1870-1941 [6]
Landau in der Pfalz - Öl/Leinwand (71x107cm-28x42in) München 94..........FF**68 000** - £**7 930** - **$11,920**
Die Kellerei in St. Martin - Watercolour (24x34cm-9x13in) Heidelberg 96......FF**2 310** - £**298** - **$452**
CROISSANT Eugen 1898-1975 [16]
Tegernsee - Oil/canvas (58x85cm-23x33in) Heidelberg 92...................FF**22 100** - £**2 262** - **$3,890**
Südländische Küstenlandschaft - Aquarell (34x49cm-13x19in) München 94......FF**3 250** - £**398** - **$590**
CROISSANT Hermann 1897-1963 [1]
Nelken in einer Vase - Öl/Karton (40x50cm-16x20in) Heidelberg 93..........FF**7 700** - £**898** - **$1,265**
CROISSANT Michael 1928 [3]
Pferdekopf I - Bronze (41x17x16cm-16x7x6in) München 92..................FF**34 000** - £**3 480** - **$5,980**
CROISY Aristide 1840-1899 [8]
Le Fusillier-Marin - Bronze (53cm-21in) Bruxelles 91.......................FF**9 130** - £**935** - **$1,694**

Le Nid - Biscuit "E.B. Paris" (38cm-15in) Reims 92 .... FF*15 800* - £*1 618* - **$2,844**

CROIX Benedicto 1934 [39]
🐦 *En la playa* - Oleo/lienzo (55x46cm-22x18in) Madrid 91 .... FF*3 193* - £*322* - **$622**

CROIX de la Pierre Frédéric 1709-1782 [1]
✎ *Gerdardus 't Hooft* - Pastel/paper (33x25cm-13x10in) Amsterdam 94 .... FF*4 240* - £*488* - **$725**

CROLA Georg Heinrich Croll 1804-1879 [3]
🐦 *Hallstatt am Hallstätter* - Ol/Leinwand (52x72cm-20x28in) München 93 .... FF*16 950* - £*2 025* - **$3,260**

CROLL Carl Robert 1800-1863 [1]
✎ *Die Kirche in Teplitz* - Aquarell/Papier (18x28cm-7x11in) Heidelberg 96 .... FF*4 070* - £*526* - **$797**

CROMBRUGGE van Jean 1890-1956 [5]
🐦 *Watermolen* - Huile/carton (41x33cm-16x13in) Lokeren 93 .... FF*2 916* - £*333* - **$504**

CROME John 1768-1821 [11]
🐦 *Bewaldete Landschaft* - Öl/Leinwand (31x38cm-12x15in) Wien 95 .... FF*19 970* - £*2 520* - **$3,984**
Yarmouth Jetty - Oil/canvas (99x126cm-39x50in) London 89 .... FF*271 200* - £*27 730* - **$43,601**
🗔 *At Stackford* - Eau-forte (17x22cm-7x9in) Paris 96 .... FF*2 500* - £*293* - **$441**

CROME John Berney 1794-1842 [11]
🐦 *Yarmouth beach scene with fisher folk*
    Oil/canvas (28x43cm-11x17in) Aylsham, Norfolk 96 .... FF*9 130* - £*1 200* - **$1,833**
Romantische Landschaft - Oil/canvas (75x111cm-30x44in) Lindau 91 .... FF*40 600* - £*4 042* - **$6,982**

CROME William Henry 1806-1873 [10]
🐦 *Extensive coastal landscape* - Oil/canvas (46x74cm-18x29in) Aylsham, Norfolk 94 .... FF*11 320* - £*1 300* - **$1,937**
Where Peaceful Slumber Be - Oil/canvas (147x201cm-58x79in) New-York 97 .... FF*68 260* - £*7 345* - **$12,000**

CROMEK Thomas Hartley 1809-1873 [17]
✎ *Church, Beauchamp Place, London* - Watercolour (47x34cm-19x13in) London 97 .... FF*22 472* - £*2 400* - **$3,907**
View of the acropolis - Watercolour (33x50cm-13x20in) London 97 .... FF*51 595* - £*5 500* - **$9,045**

CROMER Carlo M. 1889-? [2]
🐦 *Alt-Zuoz im Engadin* - Öl/Karton (30x39cm-12x15in) Zofingen 93 .... FF*8 700* - £*991* - **$1,478**
🗔 *Davos - Schatzalp* - Woodcut (14x10cm-6x4in) Heidelberg 93 .... FF*1 575* - £*184* - **$259**

CROMMELYNCK Robert 1895-1968 [12]
🐦 *Vue d'un pont* - Huile/toile (68x100cm-27x39in) Liège 96 .... FF*5 910* - £*731* - **$1,142**

CROMPTON James Shaw 1853-1916 [6]
✎ *Driving a Bargain* - Watercolour (35x26cm-14x10in) London 97 .... FF*12 229* - £*1 300* - **$2,113**

CROMWELL Tom XX [2]
🐦 *Blumenstilleben* - Oil/panel (50x40cm-20x16in) Köln 90 .... FF*9 500* - £*1 017* - **$1,652**

CRONHELM von Alexander 1810-1846 [1]
🐦 *Travellers in an Alpine landscape* - Oil/canvas (75x107cm-30x42in) Wien 96 .... FF*26 500* - £*3 210* - **$5,150**

CRONQVIST Lena 1938 [36]
🐦 *Flöt iland* - Oil/canvas (116x110cm-46x43in) Stockholm 94 .... FF*11 530* - £*1 367* - **$2,130**
I Arabien - Oil/canvas (110x100cm-43x39in) Stockholm 96 .... FF*26 900* - £*3 160* - **$5,290**
Madonna - Oil/canvas (170x125cm-67x49in) Stockholm 96 .... FF*444 000* - £*53 900* - **$86,400**

CROPSEY Jasper Francis 1823-1900 [72]
🐦 *Winter at Hasting-on-Hudson* - Oil/canvas (57x87cm-22x34in) New-York 97 .... FF*1* - £*128 961* - **$210,000**
Atumn Landscape - Oil/canvas (34x30cm-13x12in) London 97 .... FF*65 360* - £*7 000* - **$11,458**
Foggy Mornings, Long Island - Oil/canvas (30x51cm-12x20in) Portland, Maine 93 ...... FF*110 000* - £*13 800* - **$20,000**
Autumn landscape, Greenwood Lake - Oil/canvas (31x51cm-12x20in) New-York 95 .... FF*307 000* - £*38 800* - **$60,000**

CROS César-Isidore-Henri 1840-1907 [2]
🐦 *Nu au tissu jaune* - Öl/Metall (40x20cm-16x8in) Paris 91 .... FF*16 000* - £*1 604* - **$2,931**

CROS Henri 1840-1911 [5]
🗿 *Three nude female figures* - Sculpture (15cm-6in) New-York 96 .... FF*78 300* - £*9 092* - **$15,000**

CROSATO Giovanni Battista 1686-1758 [3]
✎ *Triomphe de Vénus* - Lavis (37x29cm-15x11in) Paris 95 .... FF*14 000* - £*1 765* - **$2,790**

CROSBIE William 1915 [9]
🐦 *Camel Bell toward Christmas*
    Oil/board (46x122cm-18x48in) Auchterarder, Perthshire 92 .... FF*13 330* - £*1 400* - **$2,786**

CROSBY Caresse 1892-? [1]
🗿 *Pudeur, femme nue debout* - Bronze (52cm-20in) Paris 94 .... FF*3 800* - £*440* - **$652**

CROSBY Frederick Gordon 1855-1943 [3]
✎ *Avro Manchester at dispersal* - Bodycolour (39x65cm-15x26in) London 91 .... FF*7 480* - £*745* - **$1,286**

CROSBY Percy Leo 1891-? [1]
✎ *Skippy* - Watercolour/paper New-York 96 .... FF*3 590* - £*426* - **$700**

CROSBY Raymond Moreau 1876-1945 [5]
✎ *Studies of women* - Pencil/paper (16x11cm-6x4in) New-York 95 .... FF*2 230* - £*278* - **$450**

CROSIO Luigi 1835-1915 [9]
🐦 *A Roman beauty* - Oil/canvas (51x36cm-20x14in) Billinghurst, West Sussex 96 .... FF*20 800* - £*2 700* - **$4,070**
Figure in a Pompeian Interior - Oil/canvas (50x34cm-20x13in) London 96 .... FF*51 100* - £*6 000* - **$9,930**

CROSMAN John H. 1897-? [1]
✎ *Corner of Franklin & Beaufain* - Watercolour (51x56cm-20x22in) Cambridge, Mass. 92 .... FF*2 340* - £*280* - **$450**

CROSS Alison 1952 [5]
🐦 *Nunhead Cemetery* - Oil/canvas (122x15cm-48x6in) London 90 .... FF*20 300* - £*2 188* - **$3,580**

CROSS Henri Edmond 1856-1910 [161]
🐦 *Antibes* - Oil/canvas (81x100cm-32x39in) New-York 95 .... FF*2* - £*300 600* - **$475,000**
Femmes liant la vigne - Oil/canvas (53x65cm-21x26in) New-York 97 .... FF*3* - £*345 352* - **$560,000**
Profil de femme au chapeau bleu - Huile/carton (50x40cm-20x16in) Deauville 93 .... FF*40 000* - £*4 495* - **$6,780**

Paysage de Provence - Oil/cardboard (19x23cm-7x9in) London 97 .... FF347 490 - £36 000 - **$59,526**
Aux Champs-Elysées - Lithographie couleurs (19x25cm-7x10in) Paris 97 .... FF12 500 - £1 323 - **$2,165**
Une déesse de la mer - Relief (34x21cm-13x8in) Paris 97 .... FF64 000 - £7 190 - **$10,840**
Paysage - Aquarelle (16x24cm-6x9in) Paris 95 .... FF11 200 - £1 423 - **$2,295**
Marseille, l'entrée du Vieux-Port - Aquarelle (16x24cm-6x9in) Paris 96 .... FF26 000 - £3 053 - **$5,110**
Paysage - Watercolour/paper (24x35cm-9x14in) New-York 90 .... FF160 200 - £17 043 - **$28,658**

CROSS Henri H. 1837-1918   [9]
Buffalo grazing on the Cody Ranch - Oil/canvas (76x127cm-30x50in) Elgin, Illinois 91 .... FF15 560 - £1 568 - **$2,700**

CROSS Peter 1630-1716   [2]
John Holles - Miniature (8cm-3in) London 95 .... FF203 300 - £26 000 - **$40,900**

CROSS Watson 1918   [1]
In the country - Watercolour/paper (29x42cm-11x17in) San Francisco-Los Angeles 89 .... FF4 900 - £488 - **$774**

CROSSE Malcolm XIX-XX   [3]
Devon Creek - Watercolour (33x51cm-13x20in) Ilkley, West Yorkshire 92 .... FF2 540 - £260 - **$448**

CROSSE Richard 1742-1810   [17]
Noblelady in white underslip - Miniature (3cm-1in) London 97 .... FF3 483 - £380 - **$609**
Francis Owen - Miniature (18cm-7in) London 97 .... FF132 702 - £14 000 - **$22,771**

CROSSLAND James Henry 1852-1904   [6]
Summer landscape - Oil/canvas (77x127cm-30x50in) Stockholm 95 .... FF12 200 - £1 597 - **$2,445**

CROTCH William 1775-1847   [5]
Tom, his son, Oxford - Watercolour (29x23cm-11x9in) London 92 .... FF5 860 - £600 - **$1,032**

CROTTI Jean 1878-1958   [72]
Composition - Huile/toile (46x55cm-18x22in) Paris 97 .... FF28 000 - £2 960 - **$4,805**
Animisme - Huile/toile (65x54cm-26x21in) Paris 95 .... FF52 000 - £6 900 - **$10,710**
L'égyptienne, 1905 - Huile/toile (47x39cm-19x15in) Paris 90 .... FF560 000 - £60 345 - **$98,765**
Le pavillon d'Afrique - Gouache (44x30cm-17x12in) Neuilly 96 .... FF9 500 - £1 226 - **$1,834**
Poésie sentimentale, 1920 - Gouache/papier (56x46cm-22x18in) Paris 90 .... FF500 000 - £53 879 - **$88,183**

CROUCH William c.1800-c.1850   [15]
Italianate landscapes - Watercolour (31x23cm-12x9in) London 96 .... FF6 560 - £850 - **$1,285**

CROUZAT Georges 1904   [2]
Faune à l'écureuil - Bronze (60cm-24in) Bruxelles 93 .... FF4 940 - £591 - **$1,010**

CROWE Eyre 1824-1910   [3]
Boys, Blue Coat School, London - Oil/panel (17x24cm-7x9in) New-York 91 .... FF17 930 - £1 811 - **$3,559**

CROWELL Tom   [6]
Vase de fleurs - Huile/panneau (40x50cm-16x20in) Saint-Dié 90 .... FF13 500 - £1 455 - **$2,381**

CROWLEY Nicholas Joseph 1813-1857   [5]
Portrait of a gentleman - Oil/canvas (220x150cm-87x59in) New-York 92 .... FF34 300 - £3 980 - **$7,000**

CROWQUILL Alfred H. Forrester 1804-1872   [2]
Fantasy, animals & sketches - Ink/paper New-York 90 .... FF4 730 - £488 - **$835**

CROXFORD William Edwards XIX-XX   [9]
Rural landscape with farmstead - Watercolour (33x51cm-13x20in) Aylsham, Norfolk 92 .... FF2 930 - £350 - **$564**

CROZES Joseph XX   [3]
Voiliers et pêcheurs - Huile/toile (55x100cm-22x39in) Lyon 95 .... FF4 000 - £506 - **$802**

CROZET du Roger XIX   [1]
A saddle hunter - Bronze (23cm-9in) London 96 .... FF13 160 - £1 500 - **$2,520**

CROZET Maurice 1896-?   [2]
Vase de mimosa - Huile/toile (54x65cm-21x26in) Paris 90 .... FF3 300 - £342 - **$580**
Paul Poiret - Mine plomb (23x15cm-9x6in) Paris 90 .... FF1 500 - £152 - **$285**

CROZIER Robert XIX   [2]
Doves and darlings - Oil/canvas (55x42cm-22x17in) London 92 .... FF33 200 - £3 400 - **$5,860**

CROZIER William 1933   [23]
Burn Out Lot - Oil/canvas (77x91cm-30x36in) London 95 .... FF5 210 - £650 - **$1,052**

CRUICKSHANK Frederick 1800-1868   [3]
Henry Temple - Oil/canvas (47x38cm-19x15in) London 92 .... FF67 000 - £8 000 - **$12,900**
Gentleman in a brown coat - Miniature (43x33cm-17x13in) London 92 .... FF1 564 - £160 - **$307**
A gentleman - Miniature (9cm-4in) London 95 .... FF2 950 - £380 - **$600**

CRUIKSHANK George 1792-1878   [14]
Oh then I see Queen Mab... - Oil/canvas (48x51cm-19x20in) New-York 92 .... FF23 600 - £2 470 - **$4,250**
King seated on felled tree - Watercolour (10x15cm-4x6in) New-York 96 .... FF7 170 - £851 - **$1,400**

CRUIKSHANK Isaac 1756-1816   [6]
Political charicature - Watercolour (33x23cm-13x9in) Litchfield, CT 93 .... FF3 300 - £390 - **$600**

CRUIKSHANK R.A. 1887-1904   [1]
Home - Oil/canvas (35x25cm-14x10in) Bern 90 .... FF3 100 - £330 - **$555**

CRUIKSHANK Robert Isaac 1789-1856   [6]
Barber's Pole in Fetter Lane - Watercolour (11x19cm-4x7in) London 96 .... FF3 240 - £420 - **$640**

CRUIKSHANK William 1848-1922   [65]
Hedgesparrow's nest/Nest & apple
    Oil/panel (9x12cm-4x5in) Netherbyres, Eyemouth, Berwickshire 91 .... FF17 450 - £1 737 - **$3,001**
White and yellow roses/Convolvulus - Watercolour (20x14cm-8x6in) London 96 .... FF3 870 - £500 - **$764**

CRUISE Aluyk Boyd 1860-1898   [2]
St. Louis cathedral, New Orleans
    Watercolour (36x28cm-14x11in) New Orleans, Louisiana 92 .... FF9 310 - £1 081 - **$1,900**

C

CRUXEN Jean-Marie XX [3]
- *Les plus élevées...* - Technique mixte/panneau (41x47cm-16x19in) Bruxelles 92 .... FF2 160 - £221 - **$380**

CRUYCE van den Claude 1961 [3]
- *Paysage de neige* - Huile/toile (60x75cm-24x30in) Bruxelles 92 .... FF2 490 - £255 - **$479**

CRUYS Cornelis c.1644-1660 [1]
- *Roemer, bread roll and pepperwith* - Oil/canvas (43x35cm-17x14in) Amsterdam 96... FF423 000 - £54 600 - **$81,600**

CRUZ HERRERA José Herrera 1890-1972 [30]
- *Espagnole* - Huile/isorel (40x30cm-16x12in) Paris 96 .... FF7 500 - £935 - **$1,450**
- *Mercado a Fez* - Oleo/lienzo (38x46cm-15x18in) Madrid 93 .... FF12 010 - £1 431 - **$2,174**
- *Musicienne marocaine* - Huile/panneau (55x46cm-22x18in) Paris 96 .... FF88 000 - £11 350 - **$17,230**
- *Jeunes femmes Berbères* - Sanguine (45x32cm-18x13in) Nice 92 .... FF6 200 - £635 - **$1,092**

CRUZ Y RIOS de la Luis, El Canario 1776-1853 [3]
- *Infante Don F. de Paula /...Louisa* - Miniature (7cm-3in) London 92 .... FF25 400 - £2 600 - **$4,480**

CRUZ-DIEZ Carlos 1923 [17]
- *Physichromie No. 510* - Mixed media/panel (100x122cm-39x48in) New-York 95 .... FF46 100 - £6 120 - **$9,500**
- *Physichromie 198* - Mixed media (71x201cm-28x79in) New-York 89 .... FF120 100 - £12 280 - **$19,309**
- *Physichromie No.200* - Relief (62x84cm-24x33in) Paris 97 .... FF45 000 - £4 739 - **$7,736**

CSAKI-COPONY Grete 1893-1990 [4]
- *Staffelsee* - Öl/Karton (70x99cm-28x39in) München 95 .... FF36 900 - £4 640 - **$7,380**
- *Allgäuer Landschaft mit See und Dorf* - Pastel (48x65cm-19x26in) München 95 .... FF8 600 - £1 130 - **$1,725**

CSAKY Joseph 1888-1971 [163]
- *Jeune femme* - Bronze (28cm-11in) La Varenne Saint-Hilaire 97 .... FF10 500 - £1 132 - **$1,844**
- *L'offrande ou la sebille* - Bronze (26cm-10in) Provins 97 .... FF29 000 - £3 080 - **$5,026**
- *L'architecte* - Bronze (73cm-29in) Calais 97 .... FF38 000 - £4 165 - **$6,669**
- *Femme nue au panier* - Bronze (97cm-38in) Paris 95 .... FF52 000 - £6 620 - **$10,120**
- *Tête cubiste* - Bronze (38x12x21cm-15x8in) Paris 97 .... FF125 000 - £13 025 - **$21,300**
- *Nu assis* - Sculpture (72cm-28in) Paris 95 .... FF360 000 - £45 800 - **$73,000**
- *Composition cubiste* - Sculpture (80cm-31in) London 88 .... FF600 600 - £55 000 - **$101,200**
- *Allégorie de la Géométrie* - Aquarelle (20x11cm-8x4in) Paris 96 .... FF17 000 - £2 050 - **$3,260**
- *Femme cubiste* - Aquarelle, gouache Paris 94 .... FF65 000 - £7 510 - **$11,180**

CSAPO Jenö 1875-1954 [1]
- *Roter Rosenstrauss in Glasvase* - Öl/Leinwand (69x56cm-27x22in) Lindau 95 .... FF3 560 - £445 - **$720**

CSATO Georges 1910-1993 [16]
- *Composition au cercle gris* - Huile/toile (100x81cm-39x32in) Paris 94 .... FF2 800 - £335 - **$549**

CSERNA Karoly 1867-1944 [5]
- *Sul Nilo* - Olio/tela (60x80cm-24x31in) Trieste 97 .... FF6 800 - £800 - **$1,200**

CSERNUS Tibor 1927 [2]
- *Femme coiffant* - Huile/toile (75x60cm-30x24in) Paris 89 .... FF40 000 - £3 980 - **$6,319**
- *Seated Nude* - Charcoal/paper (64x48cm-25x19in) Chicago 96 .... FF1 558 - £199 - **$300**

CSILLAG István 1881-? [1]
- *Ernte* - Oil/canvas (59x78cm-23x31in) Wien 90 .... FF3 800 - £400 - **$661**

CSILLAGHI Lajos 1829-1903 [1]
- *Soldaten von 5. Husarenregiment* - Öl/Leinwand (149x237cm-59x93in) Wien 94 .... FF36 600 - £4 360 - **$6,900**

CSOK István 1865-1961 [7]
- *Femmes en costume traditionnel* - Huile/toile (117x80cm-46x31in) Montréal 93 ..... FF17 200 - £1 880 - **$3,160**

CUARTAS Gregorio 1938 [1]
- *Autoretrato* - Oil/canvas (73x73cm-29x29in) New-York 92 .... FF22 700 - £2 324 - **$4,000**

CUBELLS Y RUIZ Enrique Martinez. 1874-1947 [5]
- *Merienda en la terraza* - Oleo/lienzo (65x54cm-26x21in) Madrid 97 .... FF23 830 - £2 740 - **$4,080**
- *Pesca del Bou, Valencia* - Oleo/lienzo (50x48cm-20x19in) Madrid 92 .... FF240 700 - £24 100 - **$46,200**

CUBITT Charlotte Kennard XIX-XX [3]
- *Street of the Chain, Jerusalem* - Watercolour (38x30cm-15x12in) Tel Aviv 94 .... FF31 700 - £3 800 - **$6,000**

CUBLEY Henry Hadfield c.1850-c.1910 [23]
- *In the woods, Matlock* - Oil/canvas (45x30cm-18x12in) Lichfield, Staffordshire 95 .... FF3 204 - £400 - **$628**

CUBLEY William Harold 1816-1896 [2]
- *There sleeps Titania* - Oil/canvas (40x71cm-16x28in) London 93 .... FF4 150 - £500 - **$725**

CUCCHI Enzo 1950 [73]
- *I Martiri d'Italia* - Oil/canvas (27x48cm-11x19in) London 95 .... FF28 760 - £3 600 - **$5,730**
- *Untitled* - Oil (281x350cm-111x138in) New-York 97 .... FF174 420 - £18 315 - **$30,000**
- *Albero Santo* - Huile/toile (195x203cm-77x80in) Versailles 91 .... FF950 000 - £98 140 - **$167,845**
- *Murograno* - Construction (250x450cm-98x177in) Milano 91 .... FF217 000 - £22 270 - **$40,400**
- *L'ombra vede* - Sculpture (700cm-276in) Milano 90 .... FF457 700 - £49 004 - **$79,600**
- *Untitled* - Ink/paper (10x6cm-4x2in) London 96 .... FF10 720 - £1 300 - **$2,085**
- *La Guerra delle Regioni* - Charcoal/paper (272x432cm-107x170in) New-York 96 ..... FF101 800 - £12 000 - **$20,000**

CUCCIONI Tomaso ?-1865 [3]
- *The Vatican* - 3-part mammoth-plate albumen panorama New-York 93 .... FF4 730 - £537 - **$800**

CUCUEL Edward 1875-1951 [59]
- *The New York Yacht Club, Long Island* - Oil/board (26x36cm-10x14in) New-York 96 FF14 540 - £1 852 - **$2,800**
- *Hafeneinfahrt* - Öl/Leinwand (81x75cm-32x30in) Stuttgart 94 .... FF45 300 - £5 370 - **$8,370**
- *The Rendez-vous* - Oil/canvas (85x60cm-33x24in) New-York 97 .... FF189 615 - £19 909 - **$32,500**
- *Sunny spring morning* - Oil/canvas (80x80cm-31x31in) New-York 97 ...... FF437 828 - £46 057 - **$75,000**
- *Reclining Woman in White* - Oil/canvas (74x104cm-29x41in) New-York 97 ...... FF933 488 - £98 016 - **$160,000**

CUDENNEC Patrice XX [46]
- *Pieta, Chateauneuf du Faou* - Huile/toile (27x22cm-11x9in) Brest 97 .... FF2 400 - £260 - **$421**

✏ _Village près de St-Nolff_ - Pastel (37x48cm-15x19in) Brest 91 .... **FF6 200 - £637 - $1,154**
   CUE Harold James 1887-1961 [1]
🖌 _Iroquois scout at moonrise_ - Oil/canvas (74x51cm-29x20in) Dedham, Mass. 96.................. **FF34 500 - £4 450 - $6,750**
   CUECO Henri Aguilella, dit 1929 [22]
🖌 _Deux personnages_ - Huile/toile (60x80cm-24x31in) Paris 94 .... **FF3 000 - £357 - $566**
   Clostras - Huile/toile (90x116cm-35x46in) Paris 93.. **FF22 000 - £2 530 - $3,790**
   La meute, c.1973 - Huile/toile (130x162cm-51x64in) Paris 90 .... **FF130 000 - £13 472 - $22,847**
✏ _Moutons derrière une palissade_ - Lavis/papier (75x105cm-30x41in) Paris 97................. **FF3 800 - £400 - $653**
   CUENCA MUÑOZ Rafael 1894-? [2]
🖌 _Patio de vecinos_ - Oleo/lienzo (50x40cm-20x16in) Madrid 96 .... **FF3 040 - £396 - $596**
   CUENI August 1883-1966 [8]
🖌 _Tulpen und Narzissen in Kelchglas_ - Huile/panneau (49x36cm-19x14in) Zofingen 91 .... **FF6 200 - £773 - $1,197**
▭ _Baslertor in Laufen_ - Gravure bois (36x25cm-14x10in) Zofingen 95 .... **FF1 910 - £242 - $385**
   CUEVA Daniel XX [4]
🖌 _Sans titre, 1989_ - Huile/toile (81x65cm-32x26in) Paris 89 .... **FF4 000 - £398 - $632**
   CUEVAS José Luis 1933 [62]
🗿 _Cabeza obscena_ - Bronze (36cm-14in) New-York 97 .... **FF57 274 - £6 105 - $10,000**
✏ _El abogado de los brujos_ - Indian ink (56x38cm-22x15in) New-York 95 .... **FF5 140 - £630 - $1,000**
   El músico/Casa de prostitución, Tanger - Drawing New-York 96.............................. **FF12 540 - £1 430 - $2,400**
   Lsd generation/Rtrato de Rudolph #4 - Ink New-York 97 .... **FF27 492 - £2 930 - $4,800**
   Lucrecia - Técnica mixta/papel (67x101cm-26x40in) México 93 .... **FF114 400 - £12 970 - $19,340**
   CUEVAS Telesforo 1849-1934 [4]
✏ _Casas/Casa al pie del camino_ - Lápiz (13x198cm-5x78in) Madrid 93 .... **FF1 504 - £181 - $293**
   CUGAT Delia 1930 [7]
🖌 _Hacia el este_ - Oil/canvas (97x130cm-38x51in) New-York 92 .... **FF54 000 - £5 520 - $9,500**
   CUGAT Xavier 1898-1990 [4]
✏ _Manuel Fraga_ - Dibujo (48x32cm-19x13in) Madrid 93 .... **FF2 350 - £283 - $458**
   CUGNIER Jean-François 1949 [45]
🖌 _Honfleur, le vieux bassin_ - Huile/toile (61x46cm-24x18in) La Varenne Saint-Hilaire 93....... **FF3 800 - £458 - $691**
   CUGNOT Louis Léon 1835-1894 [1]
🗿 _Corybante et Jupiter_ - Bronze (80cm-31in) La Roche-sur-Yon 92 .... **FF4 500 - £537 - $866**
   CUGUEN Victor Louis 1882-1969 [3]
🖌 _Chappele Provencale Bozmes_ - Oil/panel (50x60cm-20x24in) Retford, Nottinghamshire 94 ...... **FF3 880 - £450 - $669**
   CUISINIER Edmond 1857-1917 [2]
🖌 _La rivière_ - Huile/panneau (30x24cm-12x9in) Barbizon 96 .... **FF7 500 - £881 - $1,476**
   CUITT George I 1743-1818 [14]
🖌 _St. Mary's Church on the Swale_
     Oil/canvas (66x91cm-26x36in) Richmond, North Yorkshire 92.............................. **FF67 000 - £8 000 - $12,900**
   A view of Easby Abbey, Yorkshire - Oil/canvas (91x132cm-36x52in) London 90 ... **FF164 600 - £17 737 - $29,030**
✏ _The Foss at Richmond and Sleegill_
     Watercolour, gouache (36x51cm-14x20in) Richmond, North Yorkshire 92 .... **FF35 200 - £4 200 - $6,760**
   CUITT George II 1779-1854 [2]
🖌 _View near Llangollen, North Wales_
     Oil/panel (28x35cm-11x14in) Billinghurst, West Sussex 92 .... **FF8 380 - £850 - $1,615**
   CUIXART Modesto 1925 [26]
🖌 _Sin título_ - Técnica mixta (64x98cm-25x39in) Madrid 96 .... **FF32 100 - £3 670 - $6,110**
   Composiciòn - Técnica mixta/lienzo (100x81cm-39x32in) Madrid 97..................... **FF52 000 - £5 590 - $8,970**
   Sin título - Oleo/lienzo (81x65cm-32x26in) Madrid 91 .... **FF233 000 - £23 647 - $42,082**
✏ _Untitled_ - Gouache (53x101cm-21x40in) New-York 92 .... **FF16 650 - £1 743 - $3,000**
   CULIN Alice 1875-1950 [1]
▭ _New York World's Fair in 1939_ - Poster (99x72cm-39x28in) New-York 92....................... **FF23 860 - £2 440 - $4,200**
   CULL Alma Burlton 1880-1931 [8]
🖌 _Cruiser Squadron, North Sea_ - Oil/canvas (61x92cm-24x36in) London 93 .... **FF53 400 - £6 000 - $8,940**
✏ _Cruisers Caledon, H.M.S. Cardiff_
     Watercolour (26x63cm-10x25in) Salisbury, Wiltshire 92 .... **FF12 980 - £1 550 - $2,500**
   CULLBERG Erland 1931 [59]
🖌 _Komposition i grönt_ - Oil/canvas (100x73cm-39x29in) Uppsala 92 .... **FF2 640 - £270 - $465**
   Två målarhelgon - Oil/canvas (137x122cm-54x48in) Stockholm 96 .... **FF6 540 - £815 - $1,263**
   Figurer - Oil/canvas (130x130cm-51x51in) Stockholm 91 .... **FF26 200 - £2 608 - $4,505**
   CULLEN Isaac J. XIX-XX [17]
🖌 _The 1896 Derby_ - Oil/canvas (92x155cm-36x61in) London 94 .... **FF210 000 - £25 000 - $40,000**
✏ _The Ascot Stakes_ - Watercolour (25x36cm-10x14in) London 92 .... **FF2 736 - £280 - $482**
   CULLEN Maurice Galbraith 1866-1934 [25]
🖌 _Landscape_ - Oil/canvas (58x28cm-23x11in) Toronto 95 .... **FF8 930 - £1 185 - $1,845**
   Winter landscape - Oil/panel (37x35cm-14x14in) Toronto 95.................................. **FF32 200 - £4 270 - $6,640**
   Vue de Moret-sur-Loing - Oil/canvas (54x73cm-21x29in) Toronto 92 .... **FF142 000 - £14 520 - $25,000**
   CULLIN Isaac J. XIX-XX [21]
🖌 _The General_ - Oil/canvas (49x67cm-19x26in) Thetford, Norfolk 92............................. **FF15 900 - £1 900 - $3,060**
   Sir H. Farquhar's Chestnut - Oil/canvas (81x112cm-32x44in) New-York 94 .... **FF295 000 - £34 600 - $52,500**
✏ _The Molyneux Stakes_ - Watercolour (25x36cm-10x14in) Crewkerne, Somerset 93.................. **FF1 910 - £230 - $334**
   CULMANN Otfried H. 1949 [2]
✏ _Das rituelle Spiel_ - Gouache München 91 .... **FF2 130 - £216 - $385**

CULTRERA Armand 1901 [53]
San Francisco - Technique mixte/carton (44x177cm-17x70in) Arles 91 .... FF2 500 - £249 - **$430**
Coït Tour - Aquarelle (29x41cm-11x16in) Paris 90 .... FF2 000 - £214 - **$348**
CULVER Charles 1908-1967 [14]
Duck - Watercolour (56x38cm-22x15in) Bloomfield Hills, Michigan 94 .... FF5 810 - £674 - **$1,000**
CULVERHOUSE Johann Mongels 1820-1891 [23]
Frozen waterway with skaters - Oil/canvas (25x45cm-10x18in) Litchfield, CT 92 .... FF15 660 - £1 600 - **$2,900**
Skating by moonlight - Oil/canvas/board (98x137cm-39x54in) New-York 92 .... FF67 200 - £6 800 - **$13,500**
CUMBERLAND George 1754-1848 [2]
Girl with a basket, From nature - Watercolour (17x12cm-7x5in) Bristol, Avon 94 .... FF1 763 - £205 - **$305**
CUMBERWORTH Charles 1811-1852 [10]
Chasseresse Indienne - Bronze (54cm-21in) London 93 .... FF16 680 - £1 900 - **$2,830**
CUMBRAE-STEWART Janet Agnes 1885-1960 [2]
By the Lakeside - Pastel (54x37cm-21x15in) London 90 .... FF46 500 - £4 947 - **$8,318**
CUMING Beatrice 1903-1975 [2]
The Foundry-Electric Boat - Oil/canvas (81x102cm-32x40in) Mystic, Connecticut 96 .... FF20 200 - £2 627 - **$4,000**
CUMING Fred 1930 [19]
Reading on the Patio - Oil/masonite (25x21cm-10x8in) London 97 .... FF5 655 - £600 - **$974**
The Artist's studio - Oil/board (93x125cm-37x49in) London 96 .... FF38 700 - £5 000 - **$7,640**
CUMING Frederick G.R. 1865-1949 [9]
Brighton pier - Oil/board (37x25cm-15x10in) Billinghurst, West Sussex 93 .... FF4 150 - £500 - **$775**
CUMMING Arthur XIX [2]
Ship in Dry Dock - Oil/canvas (18x23cm-7x9in) Mystic, Connecticut 94 .... FF5 810 - £671 - **$1,000**
CUMMING James 1922-1991 [1]
Many moons - Oil/canvas (71x101cm-28x40in) Glasgow 91 .... FF7 480 - £750 - **$1,261**
CUMMING Robert 1943 [4]
Sitzender weiblicher Akt - Pencil (28x37cm-11x15in) Pforzheim 91 .... FF1 710 - £176 - **$318**
CUMMINGS Vera 1891-1949 [4]
Maori woman - Oil/canvas (21x15cm-8x6in) London 95 .... FF4 005 - £500 - **$785**
CUNAEUS Conradijn 1828-1895 [16]
Spaniel Putting up a Mallard - Oil/panel (39x49cm-15x19in) London 96 .... FF9 360 - £1 100 - **$1,820**
A dog in a garden - Oil/canvas (43x59cm-17x23in) Amsterdam 95 .... FF41 940 - £5 440 - **$8,730**
CUNDA Claude 1915 [5]
L'avion, 1975 - Huile/toile (100x100cm-39x39in) Paris 90 .... FF3 800 - £383 - **$691**
CUNDALL Charles Ernest 1890-1971 [50]
Clare Island from Achill - Oil/canvas (30x43cm-12x17in) London 97 .... FF2 801 - £300 - **$48,4 2**
Pont Neuf, Paris - Oil/canvas (51x91cm-20x36in) London 97 .... FF33 525 - £3 500 - **$5,736**
Demolition of Waterloo Bridge - Watercolour (23x46cm-9x18in) Crewkerne, Somerset 93 .... FF1 756 - £200 - **$298**
CUNDELL Nora Lucy Mowbray 1889-1948 [6]
T.A. Mac Gill - Oil/canvas (51x41cm-20x16in) London 91 .... FF3 450 - £348 - **$672**
CUNDY Clifford 1926-1992 [7]
Destiny - Bronze (36cm-14in) London 96 .... FF2 152 - £280 - **$427**
CUNEO Cyrus 1879-1916 [2]
Giving out the matches - Oil/board (38x27cm-15x11in) London 92 .... FF30 150 - £3 600 - **$5,800**
CUNEO José 1887-1977 [8]
Ranchos - Oil/canvas (54x66cm-21x26in) New-York 97 .... FF63 146 - £6 705 - **$11,000**
Rancho y Luna - Oil/canvas/board (146x98cm-57x39in) New-York 97 .... FF229 488 - £24 556 - **$40,000**
CUNEO Rinaldo 1877-1939 [14]
Rolling hills and farm - Oil/canvas (50x61cm-20x24in) San Francisco-Los Angeles 92 .... FF22 200 - £2 324 - **$4,000**
CUNEO Terence Tenison 1907-1996 [47]
Crane - Oil/canvas (76x64cm-30x25in) London 96 .... FF11 500 - £1 500 - **$2,382**
Old Tusker before Mount Kilimandjaro - Oil/canvas (65x100cm-26x39in) London 95 .. FF53 700 - £7 000 - **$11,110**
Bon Voyage, British Railways, SNCF - Poster (102x127cm-40x50in) London 95 .... FF4 600 - £520 - **$827**
CUNLIFFE D. c.1800-c.1860 [2]
The Fall - Oil/canvas (43x53cm-17x21in) London 96 .... FF7 180 - £900 - **$1,386**
CUNNINGHAM Earl 1893-1977 [5]
Spoonbill Point - Oil/masonite (58x109cm-23x43in) New-York 94 .... FF140 700 - £16 670 - **$26,000**
CUNNINGHAM Imogen 1883-1976 [63]
Mother and child - Platinum print (16x11cm-6x4in) New-York 91 .... FF4 560 - £459 - **$791**
Edward Weston and Margrethe Mather
     Gelatin silver print (23x18cm-9x7in) New-York 95 .... FF12 400 - £1 582 - **$2,500**
Magnolia Blossom - Gelatin silver print (26x34cm-10x13in) New-York 96 .... FF33 560 - £4 160 - **$6,500**
CUNY François Eugène 1839-1876 [2]
The lesson - Oil/canvas (64x110cm-25x43in) London 92 .... FF66 400 - £6 800 - **$11,700**
CUNY Jutta 1940-1983 [1]
Colonne lumineuse - Sculpture (146x34cm-57x13in) Paris 90 .... FF26 000 - £2 659 - **$5,132**
CUNZ Martha 1876-1961 [16]
Herbstwald im Isartal - Oil/Leinwand (69x89cm-27x35in) Bern 94 .... FF7 300 - £871 - **$1,363**
Bergsee - Woodcut (35x47cm-14x19in) Bern 94 .... FF2 400 - £283 - **$428**
CUPRIEN Frank 1871-1948 [3]
Song of the Pines - Oil/canvas (64x69cm-25x27in) San Francisco-Los Angeles 93 .. FF38 400 - £4 360 - **$6,500**
CUPSA Victor 1932 [3]
Les points cardinaux - Huile/toile (130x130cm-51x51in) London 95 .... FF5 920 - £756 - **$1,213**

CURCIO Edgardo 1881-1923 [2]
🖼 *Paesaggio con alberi* - Olio/tavola (18x25cm-7x10in) Roma 95 .... FF2 130 - £273 - **$427**
CURIE Parvine 1936 [4]
🗿 *Relief circulaire* - Bronze (10cm-4in) Saint-Germain-en-Laye 90 .... FF10 100 - £1 047 - **$1,775**
✏ *Composition* - Gouache (21x15cm-8x6in) Paris 93 .... FF1 800 - £225 - **$328**
CURILLON Pierre 1866-1954 [1]
🗿 *Bust of Verlaine* - Bronze (34cm-13in) New-York 93 .... FF2 190 - £264 - **$400**
CURLING Peter 1913-1988 [7]
🖼 *Brigadier Gerard* - Oil/canvas (56x66cm-22x26in) London 96 .... FF20 370 - £2 400 - **$4,000**
✏ *Study of a racehorse* - Watercolour, gouache (48x61cm-19x24in) New-York 95 .... FF10 830 - £1 418 - **$2,200**
CURNIER Venance 1889-1971 [1]
🖼 *Saintes-Marie-de-la-Mer, l'église* - Huile/carton (47x38cm-19x15in) Arles 92 .... FF2 000 - £205 - **$352**
CURNOCK James 1812-1870 [2]
🖼 *Kleine Korbflechterinnen* - Oil/panel (38x35cm-15x14in) Stuttgart 89 .... FF10 100 - £1 064 - **$1,700**
🖼 *Sisters* - Oil/panel (50x40cm-20x16in) London 92 .... FF21 500 - £2 200 - **$3,790**
CURNOCK James Jackson 1839-1892 [17]
🖼 *In the Lledr Valley* - Oil/canvas (44x60cm-17x24in) Toronto 92 .... FF6 910 - £825 - **$1,330**
✏ *Barrowdale, Cumbria* - Watercolour (32x40cm-13x16in) London 95 .... FF6 710 - £850 - **$1,350**
CUROS Jordi 1930 [24]
🖼 *Vista del Sena con Notre Dame al fondo* - Oleo/lienzo (73x92cm-29x36in) Madrid 97 .... FF2 400 - £258 - **$420**
Puesto de flores en las Ramblas - Oleo/lienzo (92x73cm-36x29in) Madrid 97 .... FF5 600 - £602 - **$980**
CURR Tom XX [5]
🖼 *Cunard Cruises* - Poster (102x64cm-40x25in) London 94 .... FF4 580 - £550 - **$871**
CURRAN Charles Courtney 1861-1942 [41]
🖼 *Woman with an Armful of Flowers* - Oil/canvas (28x40cm-11x16in) New-York 97 .... FF70 012 - £7 351 - **$12,000**
🖼 *Ladies on a Hill* - Oil/canvas (56x46cm-22x18in) New-York 96 .... FF1 44e +06 - £120 800 - **$200,000**
✏ *Woman with Laurel Wreath* - Watercolour (61x45cm-24x18in) New-York 96 .... FF39 150 - £4 530 - **$7,500**
CURREY Charles XIX-XX [1]
🗿 *A bulldog, circa 1900* - Bronze (14cm-6in) London 90 .... FF14 500 - £1 498 - **$2,562**
CURREY Henry XIX [2]
🖼 *Caravan, near Tunis* - Oil (30x47cm-12x19in) London 93 .... FF9 800 - £1 100 - **$1,640**
✏ *Lachine, St. Lawrence River* - Watercolour (23x34cm-9x13in) Toronto 95 .... FF1 866 - £235 - **$370**
CURRIE John S. c.1884-1914 [3]
✏ *Self-portrait* - Charcoal (27x26cm-11x10in) London 94 .... FF3 240 - £380 - **$567**
✏ *Portrait of Jane* - Black chalk/paper (31x24cm-12x9in) London 90 .... FF21 300 - £2 145 - **$3,873**
CURRIE Ken 1960 [3]
✏ *Union organiser* - Pencil (34x32cm-13x13in) London 92 .... FF4 890 - £500 - **$862**
CURRIE Sidney ?-1930 [5]
🖼 *Fishing by the riverbank* - Oil/canvas (51x75cm-20x30in) New-York 93 .... FF10 450 - £1 310 - **$1,900**
CURRIE William c.1820-c.1870 [2]
🖼 *Roslin Castle* - Oil/canvas (61x51cm-24x20in) Glasgow 96 .... FF5 180 - £600 - **$993**
CURRIER Edward Wilson 1857-1918 [2]
🖼 *Sheep in a landscape* - Oil/canvas (76x102cm-30x40in) San Francisco-Los Angeles 95 .... FF4 485 - £590 - **$900**
🖼 *Chinatown, San Francisco* - Oil/canvas (30x46cm-12x18in) New-York 89 .... FF14 300 - £1 382 - **$2,170**
CURRIER Joseph Frank 1843-1909 [4]
✏ *Tree by a house* - Pastel (10x20cm-4x8in) Mystic, Connecticut 94 .... FF5 230 - £604 - **$900**
CURRIER Mary Ann XX [3]
✏ *Mangoes* - Pastel (102x152cm-40x60in) New-York 97 .... FF18 714 - £1 976 - **$3,200**
CURRY Adolf 1879-1939 [2]
🖼 *Reclining female nude* - Oil/canvas (108x71cm-43x28in) Wien 95 .... FF12 240 - £1 613 - **$2,480**
✏ *Weiblicher Akt* - Graphite (37x28cm-15x11in) Wien 95 .... FF12 420 - £1 598 - **$2,565**
CURRY Charles XIX-XX [1]
🗿 *British bulldog* - Bronze (14cm-6in) London 91 .... FF12 340 - £1 237 - **$2,260**
CURRY John Stuart 1898-1946 [50]
🖼 *My Mother and Father* - Oil/canvas (76x91cm-30x36in) New-York 95 .... FF707 000 - £90 200 - **$145,000**
🖼 *John Brown* - Lithograph (37x27cm-15x11in) New-York 94 .... FF15 900 - £4 150 - **$2,783**
✏ *Children and School Sleigh* - Gouache/board (20x43cm-8x17in) New-York 93 .... FF11 000 - £1 380 - **$2,000**
CURRY Robert Franz 1872-1945 [27]
🖼 *Lagerhäuser in Passau* - Öl/Leinwand (81x100cm-32x39in) München 94 .... FF10 250 - £1 204 - **$1,827**
CURSITER Stanley 1887-1976 [12]
🖼 *Orkney Cliffs and coastline*
  Oil/canvas (71x91cm-28x36in) Auchterarder, Perthshire 95 .... FF54 700 - £7 000 - **$10,760**
  The mirror, 1913 - Oil/canvas (86x10cm-34x4in) Edinburgh 89 .... FF309 900 - £31 687 - **$49,823**
✏ *A girl with a blue and white vase* - Watercolour (37x27cm-15x11in) Glasgow 96 .... FF27 770 - £3 600 - **$5,440**
CURT Roger 1867-1930 [1]
🖼 *Table garnie* - Huile/toile (74x61cm-29x24in) Bruxelles 89 .... FF6 500 - £685 - **$1,094**
CURTIS Alice Marion 1847-1911 [1]
🖼 *Newcastle, New Hampshire* - Oil/canvas Cambridge, Mass. 89 .... FF9 200 - £941 - **$1,479**
CURTIS Asahel 1874-1941 [6]
📷 *Mt. Rainier* - Silver print (23x28cm-9x11in) New-York 94 .... FF3 485 - £404 - **$600**
CURTIS Calvin 1822-1893 [1]
🖼 *Farm along the housatonic* - Oil/canvas (45x61cm-18x24in) New-York 92 .... FF15 340 - £1 570 - **$2,700**

CURTIS David 1950 [2]
Pastoral twilight - Oil/canvas (51x102cm-20x40in) Cambridge, Mass. 93 .... FF6 050 - £759 - **$1,100**
CURTIS Edward Sherrif 1868-1954 [317]
Three Chiefs, Piegan - Albumen print (30x41cm-12x16in) New-York 96 .... FF15 540 - £1 920 - **$3,000**
Hidatsa Man - Platinum print (38x28cm-15x11in) New-York 96 .... FF20 630 - £2 650 - **$4,000**
Spirit of the Past - Orotone (33x25cm-13x10in) New-York 92 .... FF36 750 - £4 270 - **$7,500**
Cañon de Chelle, Navaho - Orotone (27x34cm-11x13in) New-York 93 .... FF67 700 - £7 740 - **$12,000**
CURTIS Leland 1897-? [5]
Desert and mountains - Oil/canvas (76x102cm-30x40in) San Francisco-Los Angeles 93 ... FF11 000 - £1 380 - **$2,000**
CURTIS Ralph Wormsley 1854-1922 [6]
Lady in a Black Hat - Oil/canvas (69x48cm-27x19in) New-York 96 .... FF36 540 - £4 230 - **$7,000**
CURTIS William Fuller 1873-? [1]
Red and white tulips - Wash (49x32cm-19x13in) North Bethesda, MD. 91 .... FF1 950 - £194 - **$335**
CURTOVICH Ovide 1855-? [1]
Under the cyprus trees - Oil/canvas (78x54cm-31x21in) London 96 .... FF44 500 - £5 500 - **$8,600**
CURZON de Paul Alfred 1820-1895 [7]
Ilot et montagne, Méthana, Epidaure - Huile/toile (35x61cm-14x24in) Paris 97 .... FF8 000 - £877 - **$1,404**
The reaperes - Oil/canvas (71x143cm-28x56in) New-York 93 .... FF47 200 - £5 370 - **$8,000**
CUSA Noel William 1909-1990 [4]
Widgeons - Watercolour (30x48cm-12x19in) London 94 .... FF4 690 - £550 - **$835**
CUSACHS Y CUSACHS Josep 1851-1908 [20]
Womens talk - Oil/canvas (78x119cm-31x47in) London 89 .... FF1 - £118 834 - **$186,849**
Pastor con pavos - Oleo/lienzo (187x193cm-74x76in) Madrid 94 .... FF36 900 - £4 360 - **$6,800**
The Hunting Party - Oil/canvas (47x98cm-19x39in) London 94 .... FF286 000 - £34 000 - **$53,800**
CUSI Y FERRET Manuel 1859-1922 [1]
Spanish beauty with a fan - Oil/canvas (68x56cm-27x22in) New-York 94 .... FF18 700 - £2 150 - **$3,200**
CUSSETTI Carlo 1866-? [3]
Lac Majeur, Milan, Gênes - Affiche (114x78cm-45x31in) Paris 92 .... FF1 600 - £164 - **$282**
CUSTER Edward L. 1837-1886 [4]
Goats in an alpine pass - Oil/canvas/board (66x95cm-26x37in) New-York 90 .... FF8 600 - £915 - **$1,538**
CUSTIS Eleanor Parke 1897-1983 [24]
Madonna del Sasso - Oil/canvas (61x56cm-24x22in) North Bethesda, MD. 92 .... FF13 870 - £1 453 - **$2,500**
At the well - Charcoal (64x48cm-25x19in) Cambridge, Mass. 93 .... FF4 400 - £552 - **$800**
CUTANDA Nicolau XIX-XX [3]
Maese Gil D'Avalos - Gouache (26x54cm-10x21in) Madrid 95 .... FF2 695 - £341 - **$541**
CUTANDA Y TORAYA Vicente 1850-1925 [4]
Two families - Oil/canvas (49x99cm-19x39in) London 93 .... FF33 200 - £4 000 - **$5,800**
CUTHBERT Vanessa 1960 [3]
Tea room - Pastel (59x42cm-23x17in) London 90 .... FF2 900 - £313 - **$511**
CUTLER Cecil E. XIX-XX [2]
Edward VII in Yachting Garb - Pastel/paper (20x15cm-8x6in) Boston, Mass. 94 .... FF2 436 - £289 - **$450**
CUTRONE Ronnie 1948 [15]
Stop and smell the flowers - Acrylic (183x183cm-72x72in) London 93 .... FF14 940 - £1 800 - **$2,610**
Untitled - Watercolour (76x56cm-30x22in) Amsterdam 97 .... FF1 798 - £189 - **$308**
CUTSEM van William 1944 [2]
Composition - Huile/toile (65x81cm-26x32in) Antwerpen 91 .... FF2 470 - £249 - **$429**
CUTTING Francis Harvey 1872-1964 [1]
Old custom house, California
   Oil/canvas (41x51cm-16x20in) San Francisco-Los Angeles 90 .... FF4 300 - £452 - **$748**
CUVELIER Joseph ?-1878 [3]
A thoroughbred horse - Bronze (37cm-15in) London 95 .... FF15 900 - £1 800 - **$2,864**
CUVILLIÉS de Jean François 1695-1768 [3]
Floral geschmückter Rocaille - Engraving Lindau 93 .... FF2 520 - £294 - **$414**
CUVILLON de Louis Robert 1848-? [1]
Veil dancer - Watercolour/paper (28x18cm-11x7in) Mystic, Connecticut 96 .... FF2 587 - £325 - **$500**
CUYCK van Michiel Thomas Ant. 1796-1875 [1]
Kermesse de village - Huile/panneau (29x40cm-11x16in) Bruxelles 93 .... FF7 250 - £867 - **$1,482**
CUYLEN van de Pieter 1909-1990 [7]
Stein auf Stein - Tempera (27x21cm-11x8in) Zofingen 92 .... FF2 855 - £341 - **$550**
CUYLENBURGH van Johannes Elize 1793-1841 [1]
Faggot gatherers/Fishing - Oil/panel (41x52cm-16x20in) London 95 .... FF34 560 - £4 500 - **$7,090**
CUYPER de Alfons 1887-1950 [1]
Les moissons, Latem - Huile/toile (59x105cm-23x41in) Lokeren 95 .... FF20 700 - £2 585 - **$4,060**
CUYPERS Franciscus R.H. 1820-1866 [1]
The day's bag - Oil/canvas (46x36cm-18x14in) London 91 .... FF14 880 - £1 510 - **$2,687**
CYBIS Jan 1897-1972 [4]
L'Atelier - Gouache/carton (25x34cm-10x13in) Warszawa 96 .... FF8 260 - £1 036 - **$1,610**
CYBULSKI Tadeusz 1878-1954 [1]
Nature morte - Oil/canvas/panel (55x65cm-22x26in) Warszawa 96 .... FF12 850 - £1 610 - **$2,506**
CYGNE E.J. 1929 [3]
Parisian street scene - Oil/canvas (41x51cm-16x20in) Chicago 94 .... FF3 060 - £362 - **$550**
CYR Georges 1880-1964 [16]
Pommiers à Caudebec - Huile/toile (38x46cm-15x18in) Cherbourg 97 .... FF2 200 - £235 - **$383**

Rade de Beyrouth - Huile/toile (46x55cm-18x22in) Paris 93 .... FF**20 000** - £2 410 - **$3,640**

Honfleur, Côte de Grâce - Aquarelle (39x30cm-15x12in) Honfleur 90 .... FF**14 000** - £1 509 - **$2,469**

CZACHORSKI Wladyslaw 1850-1911   [6]
Dziewczyna - Oil/panel (37x12cm-15x5in) Warszawa 96.......................... FF**82 600** - £10 350 - **$16,100**

CZAJKOWSKI Józef 1872-1947   [1]
Kirkut - Oil/panel (32x40cm-13x16in) Warszawa 96 .... FF**4 045** - £511 - **$778**

CZAJKOWSKI Stanislaw 1878-1954   [3]
Landscape - Oil/canvas (85x138cm-33x54in) Warszawa 94 .... FF**13 950** - £1 678 - **$2,657**

CZAPSKI Joseph 1896-1993   [5]
Vase of flowers - Oil/canvas (92x59cm-36x23in) Warszawa 94.......................... FF**36 800** - £4 210 - **$6,230**

CZARTORYSKA Anna z Sapiehów ks. 1799-1864   [1]
Adama Czartoryskiego - Oil/canvas (16x13cm-6x5in) Warszawa 94 .... FF**3 870** - £444 - **$656**

CZAYKOWSKI Ludwik 1895-1961   [1]
Gitarzysta - Huile/toile (100x74cm-39x29in) Warszawa 93 .... FF**4 670** - £509 - **$782**

CZECH Emil 1862-1929   [10]
Die Marktgasse in Wien - Öl/Leinwand (130x115cm-51x45in) Wien 96 .... FF**38 500** - £4 800 - **$7,440**

Alt Wiener Szene - Aquarell/Papier (77x40cm-30x16in) Wien 94.......................... FF**5 860** - £679 - **$1,008**

CZECH Karl Zecho 1896-1965   [2]
Zwei Krüge mit Blumen - Tempera/paper (45x67cm-18x26in) Wien 94 .... FF**4 880** - £556 - **$827**

CZEGKA Bertha XIX-XX   [2]
Liegender weiblicher Akt - Öl/Leinwand (72x100cm-28x39in) Wien 93 .... FF**16 830** - £2 010 - **$3,240**

CZENCZ János 1885-1960   [6]
Nudo nel paesaggio - Olio/tela (75x100cm-30x39in) Trieste 97 .... FF**7 820** - £920 - **$1,380**

CZENE Béla 1911-?   [4]
Le peintre et son modèle - Huile/panneau (70x74cm-28x29in) Bruxelles 94 .... FF**2 993** - £360 - **$555**

CZENE ISTUAN T.   [2]
Nature morte - Huile/panneau (30x40cm-12x16in) Toulouse 93 .... FF**2 000** - £241 - **$364**

CZERMAK Gisela 1871-1956   [1]
Wiener Hinterhof - Öl/Leinwand (50x38cm-20x15in) Wien 95.......................... FF**18 900** - £2 400 - **$3,810**

CZERMANSKI Zdzislaw 1900-1970   [1]
Woman at a table - Oil/cardboard (50x40cm-20x16in) Warszawa 96.......................... FF**2 050** - £259 - **$409**

CZERNOTZKY Ernst 1869-1939   [8]
Still life - Oil/panel (27x20cm-11x8in) New-York 96 .... FF**10 000** - £1 295 - **$2,000**

CZERNUS Tibor 1927   [2]
Ecrevisses et cageots - Oil/canvas New-York 89 .... FF**25 700** - £2 557 - **$4,060**

CZERNY Alfred 1934   [6]
Liegende - Mischtechnik/Karton (28x41cm-11x16in) Wien 95.......................... FF**5 390** - £710 - **$1,092**

Pferd - Bronze (44cm-17in) Wien 97 .... FF**19 112** - £2 032 - **$3,296**

Liegender Akt - Charcoal/paper (31x45cm-12x18in) Wien 96 .... FF**2 414** - £275 - **$463**

CZERNY Ludwig 1821-1889   [2]
Der Weg am Felsen - Aquarell/Papier (25x20cm-10x8in) Wien 92 .... FF**3 130** - £321 - **$551**

CZESCHKA Carl Otto 1878-1960   [7]
Tausendjahrfeier der Stadt Mödling - Lithographie (69x32cm-27x13in) Wien 92 .... FF**4 810** - £493 - **$847**

CZETENYI Janos 1955   [4]
Odyssée - Peinture (135x103cm-53x41in) Paris 91 .... FF**4 500** - £453 - **$781**

CZIZEK Franz 1870-1946   [2]
Am Himmel, Sievering - Watercolour, gouache/board (29x40cm-11x16in) Wien 90 .... FF**4 800** - £511 - **$859**

CZOBEL Bela Adalbert 1883-1976   [24]
Nu couché - Huile/toile (60x50cm-24x20in) Bruxelles 97 .... FF**5 556** - £602 - **$983**

View of Szentendre - Oil/canvas (60x73cm-24x29in) London 96 .... FF**13 160** - £1 500 - **$2,520**

Madame Czobel lisant - Huile/toile (73x60cm-29x24in) Paris 96.......................... FF**70 000** - £8 240 - **$13,740**

Café - Charcoal (59x47cm-23x19in) Köln 97 .... FF**7 773** - £816 - **$1,330**

CZYZEWSKI Tytus 1880-1945   [1]
Still life on the table - Oil/paper/panel (55x39cm-22x15in) Warszawa 95 .... FF**10 500** - £1 342 - **$2,156**

D

D'ACCARDI Gian Rodolfo 1906   [6]
Valle silenziosa - Olio/tavola (50x60cm-20x24in) Milano 95 .... FF**5 740** - £741 - **$1,178**

D'AGOSTINO Vincent 1898-?   [1]
Three children on the beach
   Oil/canvas (102x137cm-40x54in) Baton Rouge, Louisiana 94 .... FF**6 180** - £725 - **$1,100**

D'ALTRI Arnold 1904-1980   [3]
Stehender Maedchenakt - Bronze (44cm-17in) Luzern 92 .... FF**9 510** - £1 137 - **$1,830**

D'AMICO Peter 1924   [2]
Stormy seascape - Oil/canvas (76x112cm-30x44in) Delray Beach, Florida 96.......................... FF**5 000** - £648 - **$1,000**

D'ANNA Alessandro 1779-1810 [11]
Antico Teatro, Capua - Gouache (30x56cm-12x22in) Mystic, Connecticut 96 .... FF34 100 - £4 430 - **$6,750**
Posilipo, Naples - Bodycolour (28x59cm-11x23in) London 94 .... FF116 500 - £14 000 - **$21,560**

D'ARCANGELO Allan 1930 [11]
Series II - Acrylic/canvas (85x91cm-33x36in) New-York 95 .... FF4 840 - £642 - **$1,000**
Smoke dream - Acrylic/canvas (129x111cm-51x44in) New-York 93 .... FF70 800 - £8 050 - **$12,000**

D'ORA Dora Ph. Kalmus 1881-1960 [11]
Agnès Rittener - Photo (19x16cm-7x6in) Paris 92 .... FF2 500 - £256 - **$441**

D'OYLEY Charles, Bt. 1781-1845 [25]
Encampment at dusk by a river - Oil/canvas (20x27cm-8x11in) London 92 .... FF23 450 - £2 800 - **$4,510**
Ruins, Pagla Phul Bridge, Dacca - Oil/canvas (71x94cm-28x37in) London 94 .... FF145 800 - £17 500 - **$27,300**
Bastion at Rohtasgarh - Watercolour (12x16cm-5x6in) London 97 .... FF7 554 - £800 - **$1,308**

D'OYLY Charles Walters, Maj 1822-1900 [24]
Footbridge in the Himalyas - Watercolour (38x34cm-15x13in) London 95 .... FF4 820 - £600 - **$943**
Port and town, Calcutta - Watercolour (31x47cm-12x19in) London 95 .... FF22 500 - £2 800 - **$4,400**

D'YLEN Jean 1886-1938 [16]
La Liberté - Poster (157x115cm-62x45in) New-York 96 .... FF8 660 - £1 020 - **$1,700**

DA COSTA Franck 1925-1989 [141]
Baby robot - Assemblage (62x45cm-24x18in) Paris 90 .... FF2 900 - £301 - **$510**
La loco verte... - Assemblage (30x104cm-12x41in) Paris 90 .... FF10 000 - £1 036 - **$1,757**

DA COSTA John 1867-1931 [4]
Blue feathers - Oil/canvas (127x102cm-50x40in) New-York 94 .... FF89 800 - £10 600 - **$16,000**

DA COSTA Milton 1915 [2]
Menina Ajoelhada - Oil/canvas (65x54cm-26x21in) New-York 94 .... FF168 500 - £19 900 - **$30,000**

DA CUNHA Carlos 1907 [2]
Vue de Rio de Janeiro - Gouache (35x48cm-14x19in) Paris 95 .... FF1 800 - £236 - **$361**

DA MILANO Giulio 1895 [4]
Natura morta con la cetra - Olio/tela (50x120cm-20x47in) Fossano (Cuneo) 96 .... FF26 900 - £3 360 - **$5,280**

DA RIOS Luigi 1844-1892 [6]
Awaiting father's return - Oil/canvas (78x50cm-31x20in) London 91 .... FF61 800 - £6 197 - **$10,201**
Venetian Fruit Sellers - Watercolour (61x112cm-24x44in) London 94 .... FF88 200 - £10 500 - **$16,620**

DA ROCHA Luis 1945 [4]
Le pompier - Acrylique/toile (46x55cm-18x22in) Paris 90 .... FF9 500 - £984 - **$1,670**

DAALHOFF van Henri 1867-1953 [67]
Tempel van Eerbied - Oil/panel (45x56cm-18x22in) Amsterdam 97 .... FF3 293 - £356 - **$574**
A view of a village by a bridge - Oil/canvas (57x85cm-22x33in) Amsterdam 89 .... FF44 900 - £4 731 - **$7,559**

DABADIE Henri 1867-1949 [7]
Paysage d'Algérie - Huile/toile (65x81cm-26x32in) Paris 93 .... FF6 000 - £723 - **$1,091**

DABAT Alfred 1869-1935 [2]
Ouled Naïls au bains maures - Huile/carton (38x52cm-15x20in) Aubagne 95 .... FF2 700 - £350 - **$559**

DABIN Joël 1933 [6]
Venise - Huile/toile (50x50cm-20x20in) La Roche-sur-Yon 97 .... FF4 800 - £524 - **$850**

DABIT Eugène 1878-1936 [1]
Rue de village - Huile/toile (54x65cm-21x26in) Paris 95 .... FF5 500 - £675 - **$1,071**

DABO Leon 1868-1960 [21]
La chapelle Sainte-Anne, Saint-Tropez
    Oil/canvas/board (51x40cm-20x16in) New-York 96 .... FF10 380 - £1 323 - **$2,000**
Figures overlooking the Palisades - Oil/canvas (68x91cm-27x36in) New-York 96 .... FF43 000 - £5 580 - **$8,500**
La Ciotat-Plage... - Affiche (60x97cm-24x38in) Nice 96 .... FF2 700 - £337 - **$522**

DABO Theodore Scott 1877-? [2]
Nocturne - Oil/canvas (53x72cm-21x28in) San Francisco-Los Angeles 92 .... FF14 300 - £1 707 - **$2,750**

DABOS Jeanne 1763-1842 [1]
Le bain - Huile/toile (24x32cm-9x13in) Paris 93 .... FF12 000 - £1 446 - **$2,182**

DABOS Laurent 1761-1835 [5]
Marchande de fruits - Huile/toile (60x51cm-24x20in) Toulouse 95 .... FF35 000 - £4 550 - **$7,200**
Législateur/ Sa femme et ses enfants - Huile/panneau (65x55cm-26x22in) Paris 97 .... FF120 000 - £13 356 - **$21,684**

DABROWSKI Bonawentura 1807-1862 [1]
W przedsionku - Oil/canvas (35x26cm-14x11in) Warszawa 94 .... FF14 960 - £1 722 - **$2,575**

DACHAUER Wilhelm 1881-1951 [9]
Studie zu Die Reisen - Öl/Karton (26x35cm-10x14in) Wien 93 .... FF6 250 - £747 - **$1,203**

DACHTLER Karl c.1770-1803 [1]
Archduke Charles of Austria - Miniature (7cm-3in) Genève 95 .... FF6 810 - £850 - **$1,335**

DACO Henri 1866-1962 [1]
Paysage de la Basse-Meuse - Huile/toile (27x36cm-11x14in) Liège 89 .... FF2 600 - £274 - **$438**

DACOS G. 1940 [2]
Village en montagne - Huile/panneau (49x40cm-19x16in) Liège 90 .... FF2 106 - £213 - **$401**

DACZYNSKI Stanislaus 1856-? [1]
Frihedskaempere - Oil/canvas (56x85cm-22x33in) Köbenhavn 93 .... FF4 380 - £524 - **$842**

DADAMAINO 1935 [10]
Volumi a moduli sfasati - Plastica fustellata (100x100cm-39x39in) Milano 93 .... FF15 370 - £1 725 - **$2,750**
Interludio - China/carta (50x35cm-20x14in) Milano 96 .... FF3 685 - £473 - **$704**

DADAY Ferenc 1914-? [2]
Misteri dell'harem - Oleo/lienzo (65x38cm-26x15in) Trieste 93 .... FF3 260 - £371 - **$552**

DADD Frank 1851-1929   [7]
- Her lawyer - Oil/canvas (45x61cm-18x24in) London 91 .... FF**44 600** - £**4 494** - **$7,739**
- The Lonely Hearth - Watercolour (44x28cm-17x11in) London 97 .... FF**4 420** - £**480** - **$783**

DADD Richard 1817-1886   [7]
- Young Lady - Oil/board (28x20cm-11x8in) London 96 .... FF**42 450** - £**5 000** - **$8,330**
- Sir Thomas Phillips in Eastern costume - Watercolour (26x17cm-10x7in) London 93 .... FF**182 600** - £**22 000** - **$31,900**

DADE Ernest 1868-1935   [12]
- Fishing vessel, Lowestoft, Suffolk - Watercolour (86x130cm-34x51in) Salisbury, Wiltshire 92 ..... FF**3 320** - £**340** - **$651**
- Fishing smacks at sea - Watercolour (38x58cm-15x23in) Whitby, Yorks 92 .... FF**17 600** - £**1 800** - **$3,660**

DADO Miodrag Djuric, dit 1933   [153]
- Les Galeries des Ancêtres III - Oil/canvas (60x60cm-24x24in) London 95 .... FF**6 430** - £**850** - **$1,304**
- Galerie des Ancêtres - Huile/toile (60x60cm-24x24in) Paris 96 .... FF**18 000** - £**2 280** - **$3,450**
- Tyran cruel - Huile/toile (162x130cm-64x51in) Verrières-Le-Buisson 93 .... FF**38 500** - £**4 640** - **$7,000**
- Thomas More - Huile/toile (162x130cm-64x51in) Paris 95 .... FF**205 000** - £**26 300** - **$42,200**
- Buffon - Gouache/paper (75x55cm-30x22in) Amsterdam 97 .... FF**4 795** - £**504** - **$823**
- Sans titre - Technique mixte/papier (48x31cm-19x12in) Paris 96 .... FF**5 000** - £**644** - **$991**
- Sans titre - Pastel/papier (65x50cm-26x20in) Paris 96 .... FF**8 500** - £**1 102** - **$1,680**
- Composition - Aquarelle (66x50cm-26x20in) Paris 96 .... FF**60 000** - £**7 600** - **$11,500**

DAEL Auguste 1826-1884   [2]
- Illusion perdue - Huile/toile (262x200cm-103x79in) Bruxelles 94 .... FF**108 500** - £**12 950** - **$20,330**

DAELE van den Casimir 1818-1880   [5]
- The warrior's story - Oil/canvas (71x96cm-28x38in) London 95 .... FF**23 970** - £**3 000** - **$4,770**

DAELLIKER Johann Rudolf 1694-1769   [2]
- Franz I - Öl/Leinwand (84x65cm-33x26in) Bern 93 .... FF**39 400** - £**4 930** - **$7,200**

DAEMS Antoine 1871-1946   [2]
- Port méditerranéen - Huile/toile (70x80cm-28x31in) Bruxelles 91 .... FF**6 250** - £**627** - **$1,032**

DAENEN Adolphe 1921   [2]
- Nu féminin - Marbre Carrare (45cm-18in) Liège 92 .... FF**4 980** - £**510** - **$876**

DAENS Antoine 1871-1946   [4]
- Vue de Cattaro - Huile/toile/panneau (52x65cm-20x26in) Bruxelles 89 .... FF**6 200** - £**653** - **$1,044**

DAEPP Hans Arnold 1886-1949   [15]
- Rothorn mit Brienzersee - Öl/Leinwand (46x55cm-18x22in) Bern 96 .... FF**2 650** - £**321** - **$515**

DAEYE Hippolyte 1873-1952   [6]
- Suzanne au chapeau - Huile/toile (74x82cm-29x32in) Antwerpen 95 .... FF**111 400** - £**14 430** - **$22,800**

DAFFARN William George 1877-1908   [1]
- Academy study - Oil/canvas (76x64cm-30x25in) London 95 .... FF**6 400** - £**850** - **$1,320**

DAFFINGER Moritz Michael 1790-1849   [14]
- Young Lady in low-cut dress - Miniature (9x7cm-4x3in) London 97 .... FF**30 332** - £**3 200** - **$5,205**

DAG Sevket 1875-1944   [1]
- Göksu Çesmesi ve namazgâh tasi - Oil/canvas (46x38cm-18x15in) Istanbul 92 ... FF**18 420** - £**1 842** - **$3,280**

DAGNAC-RIVIERE Charles Henri 1864-1945   [21]
- Marie à Saint-Guénolé - Huile/panneau (32x40cm-13x16in) Brest 94 .... FF**3 300** - £**388** - **$584**
- Venise : la terrasse fleurie - Huile/panneau (60x73cm-24x29in) Paris 97 .... FF**11 000** - £**1 196** - **$1,933**
- Marché arabe - Huile/toile (55x46cm-22x18in) Paris 96 .... FF**19 800** - £**2 570** - **$3,880**

DAGNAN Isidore 1794-1873   [4]
- Porteuse de fagots - Huile/toile (78x107cm-31x42in) Lyon 89 .... FF**20 000** - £**2 107** - **$3,367**

DAGNAN-BOUVERET Pascal Adolphe Jean 1852-1929   [16]
- Child feeding grapes to a bird - Oil/panel (41x28cm-16x11in) New-York 92 .... FF**8 320** - £**872** - **$1,500**
- La bretonne - Oil/canvas (47x35cm-19x14in) New-York 93 .... FF**100 300** - £**11 400** - **$17,000**
- Gabriel Fauré - Dessin (13x8cm-5x3in) Paris 92 .... FF**7 000** - £**835** - **$1,347**

DAGNAUX Albert Marie A. 1861-1933   [13]
- Autumn - Oil/canvas (60x106cm-24x42in) London 91 .... FF**7 480** - £**748** - **$1,232**
- Paysage - Huile/toile (32x41cm-13x16in) Warszawa 91 .... FF**58 300** - £**5 950** - **$10,410**
- Paul petit garçon - Pastel (59x46cm-23x18in) Paris 93 .... FF**1 600** - £**193** - **$291**

DAGOIS Françoise Reine 1781-1862   [4]
- Le Sommeil d'Endymion - Oil/panel (21x27cm-8x11in) London 93 .... FF**26 070** - £**3 000** - **$4,500**

DAGOMER Charles c.1700-c.1768   [2]
- Oiseaux - Huile/toile (76x62cm-30x24in) Monaco 93 .... FF**360 000** - £**41 400** - **$62,100**

DAGONET Ernest 1856-1926   [1]
- Combat de cerfs - Bronze Reims 96 .... FF**19 500** - £**2 364** - **$3,790**

DAGOTY Gautier Pierre Ed. 1775-1871   [2]
- Anne-Françoise Bouttet - Miniature Paris 96 .... FF**5 500** - £**646** - **$1,082**

DAGOTY Pierre Édouard XVIII-XIX   [3]
- Young girl with brown hair - Miniature (5cm-2in) Genève 92 .... FF**15 500** - £**1 596** - **$2,900**

DAGRON Prudent René Patrice 1819-1900   [1]
- Selected balloning studies - Albumen print (22x29cm-9x11in) New-York 93 .... FF**2 397** - £**274** - **$425**

DAGUERRE Louis J. Mandé 1787-1851   [2]
- Architectural study, 1820s - Oil/canvas (31x39cm-12x15in) London 94 .... FF**127 800** - £**15 000** - **$22,400**
- Figures, church of St. Jean, Ehiers - Wash (23x16cm-9x6in) New-York 89 .... FF**34 300** - £**3 413** - **$5,419**

DAHL Anselm 1897   [32]
- Höstlandskap med stuga - Oil/canvas (68x98cm-27x39in) Göteborg 91 .... FF**4 340** - £**432** - **$746**
- Vinterlandskap - Oil/canvas (78x114cm-31x45in) Söderköping 90 .... FF**15 100** - £**1 627** - **$2,663**

DAHL Carl 1810-1887 [2]
🖝 Marine med fregat - Oil/canvas (131x90cm-52x35in) København 90............................ FF*131 700* - £14 192 - **$23,228**

DAHL Carl 1812-1865 [5]
🖝 French Ships in the Mediterranean - Oil/canvas (124x188cm-49x74in) London 97 ... FF*234 522* - £25 000 - **$40,947**

DAHL Hans 1881-1919 [10]
🖝 Fjordlandskap med flicka - Oil/canvas (57x44cm-22x17in) Stockholm 92........................ FF*28 300* - £2 895 - **$5,890**

DAHL Hans Andreas 1849-1937 [89]
🖝 A basket of roses with an umbrella - Oil/canvas (60x80cm-24x31in) København 96 .... FF*47 400* - £5 900 - **$9,140**
  Tre flickor på sommarvall - Oil/canvas (92x145cm-36x57in) Stockholm 97.................. FF*108 620* - £11 629 - **$18,937**
  With the wind - Oil/canvas (97x16cm-38x6in) London 90 .... FF*164 600* - £17 623 - **$28,626**

DAHL Johan Christian C. 1788-1857 [18]
🖝 Der Ausbruch des Vesuv - Oil/canvas (94x140cm-37x55in) London 95 .... FF*2* - £280 000 - **$440,000**
  Landscape with birch trees, sunset - Oil/canvas (11x14cm-4x6in) København 95 .... FF*43 500* - £5 410 - **$8,480**
  Norwegische Landschaft mit Wasserfall - Öl/Papier (20x23cm-8x9in) Köln 96 .... FF*121 700* - £14 300 - **$23,940**

DAHL Michael 1659-1743 [13]
🖝 Lord Hasting - Oil/canvas (123x99cm-48x39in) London 97 .... FF*46 686* - £5 000 - **$8,114**
  Lady standing by a column with a vase
    Oil/canvas (244x150cm-96x59in) New-York 97 .... FF*110 436* - £12 480 - **$20,000**

DAHL Olaf 1842-1895 [1]
🖝 Kuhherde am Wasserloch - Öl/Leinwand (83x63cm-33x25in) Stuttgart 95 .... FF*8 980* - £1 175 - **$1,800**

DAHL Peter 1934 [116]
🖝 Modell - Oil/canvas (99x80cm-39x31in) Stockholm 97 .... FF*16 603* - £1 753 - **$2,868**
  Kvinnlig modell - Oil/canvas (46x34cm-18x13in) Stockholm 96 .... FF*28 450* - £2 550 - **$5,500**
  Grön interiör - Oil/canvas (200x300cm-79x118in) Stockholm 94 .... FF*139 200* - £16 360 - **$26,170**
  Skål, Kära Ni - Oil/canvas (150x200cm-59x79in) Stockholm 96 .... FF*249 500* - £30 240 - **$48,500**
🖎 Venus II - Bronze (31cm-12in) Stockholm 94 .... FF*15 400* - £1 810 - **$2,890**
◇ Omfamnde par - Akvarell (49x35cm-19x14in) Stockholm 97 .... FF*9 056* - £956 - **$1,564**
  Sittande kvinna - Watercolour (50x25cm-20x10in) Stockholm 92 .... FF*37 700* - £3 860 - **$6,640**

DAHL Siegwald Johannes 1827-1902 [6]
🖝 Betragter aellingernes svommetur - Oil/canvas (19x25cm-7x10in) København 89............... FF*14 000* - £1 431 - **$2,251**

DAHL-JENSEN Jens P. 1874-? [1]
🖎 Los, 1906 - Bronze (19cm-7in) København 90... FF*2 600* - £260 - **$493**

DAHL-WOLFE Louise Dahl 1895-1989 [32]
📷 Marlene Dietrich - Gelatin silver print (18x18cm-7x7in) New-York 92 .... FF*8 820* - £1 024 - **$1,800**

DAHLANDER Knut 1883-1933 [1]
🖝 Sädesstravar - Oil/canvas (55x69cm-22x27in) Malmö 92 .... FF*2 074* - £213 - **$365**

DAHLBOM Wilhelm 1855-1928 [15]
🖝 Utsikt mot Hooks herrgård - Oil/canvas (85x115cm-33x45in) Göteborg 93..................... FF*7 400* - £910 - **$1,370**
  Landskap med kor - Oil/canvas (74x115cm-29x46in) Söderköping 90 .... FF*19 700* - £2 123 - **$3,474**

DAHLEN Nora 1869-? [1]
🖝 A Dachshund - Oil/canvas (54x62cm-21x24in) London 95... FF*7 990* - £1 000 - **$1,590**

DAHLEN Paul 1881-1954 [1]
🖝 Blumensträusse auf einem Tisch - Oil/canvas (30x35cm-12x14in) Luzern 92 .... FF*4 090* - £418 - **$721**

DAHLERUP J. Vilh. 1836-1907 [1]
◇ Englische Segel-Kriegsschiffe - Ink (46x71cm-18x28in) Hamburg 92 .... FF*7 800* - £932 - **$1,500**

DAHLGREEN Charles William 1864-1955 [7]
🖝 Landscape - Oil/masonite (56x66cm-22x26in) Chicago 93 .... FF*5 230* - £656 - **$950**

DAHLGREN Carl Christian 1841-1920 [8]
🖝 Marin landscape - Oil/canvas (46x61cm-18x24in) San Francisco-Los Angeles 91 .... FF*9 580* - £958 - **$1,578**

DAHLMAN Helge 1924-1979 [13]
🖝 Från Tölövikens strand - Oil/canvas (16x26cm-6x10in) Helsinki 94 .... FF*11 210* - £1 284 - **$1,900**
  Röda tak i bergsbyn - Oil/canvas (38x46cm-15x18in) Helsinki 92 .... FF*25 800* - £2 640 - **$4,540**

DAHLÖ Ture 1895-1970 [3]
🖝 Stilleben med blommor - Oil/canvas (46x39cm-18x15in) Stockholm 89 .... FF*5 100* - £537 - **$859**

DAHLQVIST Karl 1900-1971 [4]
🖝 Stilleben - Oil/panel (92x61cm-36x24in) Stockholm 95 .... FF*2 700* - £325 - **$511**

DAHLSKOG Ewald 1894-1950 [26]
🖝 Morgonridt - Oil/canvas (66x73cm-26x29in) Stockholm 96 .... FF*9 210* - £1 082 - **$1,812**
  Hammen i Porto Vendre - Oil/canvas (99x78cm-39x31in) Stockholm 93 .... FF*14 800* - £1 820 - **$2,740**
  Olivträden, 1940-42 - Oil/board (80x100cm-31x39in) Stockholm 89 .... FF*126 400* - £13 319 - **$21,279**

DAHM Helen 1878-1968 [16]
🖝 Fleurs dans un vase - Huile/panneau (48x39cm-19x15in) Zürich 95 .... FF*16 140* - £2 044 - **$3,250**
📷 Komposition - Monotype (36x28cm-14x11in) Zürich 96 .... FF*1 973* - £247 - **$381**
◇ Zwei Köpfe - Pastell/Papier (43x50cm-17x20in) Zürich 97 .... FF*7 896* - £839 - **$1,362**

DAHMEN Karl Fred 1917-1981 [231]
🖝 Stadtbild - Oil/canvas (24x27cm-9x11in) Köln 97 .... FF*11 804* - £1 239 - **$2,023**
  Vegetative Komposition - Oil/canvas/panel (54x79cm-21x31in) Köln 97 .... FF*20 236* - £2 124 - **$3,468**
  Etüde - Öl/Leinwand (44x41cm-17x16in) Köln 97 .... FF*40 472* - £4 249 - **$6,937**
  Tellurische Figur - Mixed media/canvas (100x100cm-47x39in) München 96 .... FF*156 300* - £17 800 - **$29,900**
  Tod des Matador - Mischtechnik (120x110cm-47x43in) Berlin 90 .... FF*340 000* - £34 601 - **$67,995**
📷 Ohne Titel/Regatta - Farbradierung Köln 97 .... FF*5 059* - £531 - **$867**
🖎 Montagekasten mit Seil - Sculpture (75x30cm-30x12in) München 91 .... FF*42 250* - £4 206 - **$7,265**
◇ Ohne Titel - Pastel/papier (57x44cm-22x17in) Köln 97 .... FF*10 118* - £1 062 - **$1,734**
  Ohne Titel - Mischtechnik/Papier (81x62cm-32x24in) Köln 97 .... FF*16 864* - £1 770 - **$2,890**

Komposition, 1979 - Mixed media drawing (120x120cm-47x47in) Köln 90 .... FF**101 400** - £**10 787** - **$18,140**
DAHMS Paul W. 1913-1988 [7]
🐦 *Fuchs im Schnee* - Öl/Leinwand (30x40cm-12x16in) München 94 .... FF**5 460** - £**646** - **$981**
DAHN & DOKOUPIL Walter/Jiri Georg 1954 [3]
🐦 *Untitled* - Acrylic/canvas (150x151cm-59x59in) London 92 .... FF**25 800** - £**3 000** - **$5,270**
DAHN Walter 1954 [56]
🐦 *Komposition* - Acrylic/canvas (57x47cm-22x19in) Hamburg 95 .... FF**9 270** - £**1 226** - **$1,880**
🐦 *Man is Crying Because...* - Oil/canvas (249x150cm-98x59in) New-York 93 .... FF**44 000** - £**5 520** - **$8,000**
🐦 *Man in a boat* - Acrylic/canvas (159x150cm-63x59in) New-York 92 .... FF**93 100** - £**9 520** - **$17,000**
🗿 *Paar mit Masken* - Sculpture (21x30cm-8x12in) Köln 89 .... FF**4 700** - £**481** - **$756**
✏️ *Ohne Titel* - Ink/paper (21x14cm-8x6in) Köln 92 .... FF**4 410** - £**527** - **$848**
DAIBEHESSE Jacques XX [18]
🐦 *Verre* - Huile/panneau (35x24cm-14x9in) Auxerre 95 .... FF**4 500** - £**561** - **$881**
✏️ *Composition au violon* - Pastel (27x21cm-11x8in) Auxerre 90 .... FF**2 500** - £**254** - **$500**
DAILLEUX Denis XX [3]
📷 *Sofia, Persan-Beaumont* - Photo (30x40cm-12x16in) Paris 95 .... FF**2 700** - £**355** - **$542**
DAIMLER Elise 1875-1956 [3]
🐦 *Sonnenbeschiener Waldweg* - Öl/Karton (38x46cm-15x18in) Stuttgart 95 .... FF**3 800** - £**498** - **$761**
DAINGERFIELD Elliott 1859-1932 [6]
🐦 *The dancers* - Oil/canvas/board (27x28cm-11x11in) New-York 93 .... FF**29 500** - £**3 356** - **$5,000**
DAINTREY Adrian Maurice 1902-1988 [10]
🐦 *Gondolas, Venice* - Oil/canvas/board (27x37cm-11x15in) London 94 .... FF**2 080** - £**250** - **$396**
DAINVILLE Maurice 1856-1930 [6]
🐦 *La gardienne d'oies* - Huile/toile (54x82cm-21x32in) Le Havre 95 .... FF**3 200** - £**419** - **$641**
DAIREAUX Stéphane XX [6]
🗿 *Figures aux échelles* - Sculpture (31x30x34cm-12x12x13in) Paris 97 .... FF**4 400** - £**465** - **$755**
DAIWAILLE Alexander Joseph 1818-1888 [12]
🐦 *A Cossak on Horseback* - Oil/panel (25x28cm-10x11in) Amsterdam 97 .... FF**15 006** - £**1 597** - **$2,611**
Drover with cattle on a woodland track - Oil/canvas (73x92cm-29x36in) London 93 .... FF**54 400** - £**6 200** - **$9,230**
Rhenish river landscape - Oil/panel (37x48cm-15x19in) Amsterdam 93 .... FF**265 000** - £**31 660** - **$51,000**
DAIWAILLE Jean Augustin 1786-1850 [4]
✏️ *Portait of an artist* - Pastel/paper (36x29cm-14x11in) Amsterdam 96 .... FF**12 040** - £**1 460** - **$2,340**
DAJEWSKI Pawel 1889-? [1]
🐦 *Die Tierfreundin* - Oil/canvas (108x101cm-43x40in) Bremen 90 .... FF**9 520** - £**973** - **$1,879**
DAKE Carel Lodewijk, Jr. 1886-1946 [24]
🐦 *A sawa* - Oil/board (49x80cm-19x31in) Amsterdam 90 .... FF**2 714** - £**276** - **$543**
Gateway under a flamboyant - Oil (74x100cm-29x39in) Amsterdam 96 .... FF**10 530** - £**1 277** - **$2,047**
The Flamboyant Tree - Oil/panel (60x73cm-24x29in) Singapore 95 .... FF**55 400** - £**7 060** - **$11,160**
DAL RE AMBROSI Carlos 1863-1948 [2]
🐦 *Paisaje de Cuenca* - Oleo/lienzo (55x66cm-22x26in) Madrid 92 .... FF**6 210** - £**633** - **$1,093**
DALBERG Carl Theodor 1744-1817 [1]
🐦 *Landschaft (Pyrenäen)* - Öl/Leinwand (78x63cm-31x25in) Stuttgart 96 .... FF**11 500** - £**1 333** - **$2,207**
DALBIS Eric 1957 [9]
🐦 *Sans titre* - Huile/toile (162x130cm-64x51in) Paris 96 .... FF**20 500** - £**2 353** - **$3,910**
✏️ *Nus* - Pastel (67x49cm-26x19in) Paris 96 .... FF**3 000** - £**345** - **$573**
DALBO Viktor 1883-1957 [1]
🐦 *Blommor i vas* - Oil/canvas (46x55cm-18x22in) Helsinki 94 .... FF**2 243** - £**257** - **$380**
DALBONO Edoardo 1841-1915 [26]
🐦 *Popolana al verone* - Olio/tavola (25x14cm-10x6in) Milano 90 .... FF**48 800** - £**4 914** - **$9,559**
Marina con barche e pescatori - Olio/tela (54x97cm-21x38in) Roma 94 .... FF**150 300** - £**18 000** - **$27,900**
Le sirene moderne, 1874 - Olio/tela (56x96cm-22x38in) Milano 89 .... FF**343 300** - £**34 159** - **$54,234**
✏️ *Evocazione classica* - Acquarello/carta (47x65cm-19x26in) Milano 90 .... FF**114 400** - £**12 170** - **$20,465**
DALBY John c.1820-c.1860 [6]
🐦 *Going Away* - Oil/board (23x30cm-9x12in) New-York 93 .... FF**16 500** - £**2 070** - **$3,000**
Full Cry - Oil/canvas (49x91cm-19x36in) New-York 95 .... FF**184 000** - £**23 300** - **$37,000**
DALBY OF YORK David 1790-1850 [23]
🐦 *Bay hunter in a landscape* - Oil/canvas (61x76cm-24x30in) London 94 .... FF**15 240** - £**1 800** - **$2,736**
Bay Colt with Jockey - Oil/canvas (52x65cm-20x26in) London 97 .... FF**32 680** - £**3 500** - **$5,680**
Captain Percy Williams - Oil/canvas (86x111cm-34x44in) London 95 .... FF**255 400** - £**33 000** - **$52,600**
DALBY OF YORK John 1795-1853 [11]
🐦 *Over the fence* - Oil/canvas (29x42cm-11x17in) Billinghurst, West Sussex 94 .... FF**25 600** - £**3 100** - **$4,730**
A Mastiff in an extensive landscape - Oil/canvas (51x61cm-20x24in) London 96 .... FF**75 800** - £**9 500** - **$14,730**
DALBY Thierry 1949 [4]
✏️ *La toilette* - Pastel (42x27cm-17x11in) Paris 92 .... FF**4 600** - £**471** - **$828**
DALE Henry Sheppard 1852-1921 [1]
✏️ *Venice* - Watercolour (39x59cm-15x23in) London 93 .... FF**5 040** - £**580** - **$870**
DALENS Dirk II 1658/59-1688 [5]
🐦 *Paysage à la rivière, Hollande* - Huile/panneau (46x84cm-18x33in) Paris 92 .... FF**66 000** - £**7 870** - **$12,700**
DALGAS Carlos 1820-1851 [2]
🐦 *View of Skarritsø* - Oil/canvas (52x75cm-20x30in) København 91 .... FF**5 270** - £**523** - **$915**
DALI Louis 1905 [4]
🐦 *Route de village* - Oil/canvas (23x28cm-9x11in) London 94 .... FF**3 770** - £**450** - **$704**

D

DALI Salvador 1904-1989 [980]

- *Paysage fantastique, midi héroïque* - Oil/canvas (51x46cm-20x18in) New-York 96 .... FF1 - £220 200 - **$329,500**
- *Assumpta corpuscularia lapislazulina* - Oil/canvas (229x144cm-90x57in) New-York 90 .... FF2 - £2 - **$3**
- *Grand opéra* - Oil/canvas (93cm-37in) New-York 97 .... FF2 - £275 670 - **$450,000**
- *Portrait de mon frère mort* - Oil/canvas (175x175cm-69x69in) New-York 95 .... FF3 - £506 000 - **$800,000**
- *Composition* - Huile/papier (30x35cm-12x14in) Paris 97 .... FF180 000 - £18 774 - **$30,780**
- *Ambassadeur Cardenas* - Huile/toile (61x50cm-24x20in) Paris 96 .... FF660 000 - £75 200 - **$126,300**
- *Trombone and a Sofa* - Oil/panel (19x24cm-7x9in) New-York 97 .... FF800 002 - £85 764 - **$140,000**
- *Espejo vivo* - Radierung (77x57cm-30x22in) Köln 91 .... FF3 380 - £355 - **$578**
- *Toledo* - Eau-forte, aquatinte (58x44cm-23x17in) Paris 97 .... FF7 500 - £794 - **$1,299**
- *La Place de la Concorde* - Eau-forte, aquatinte couleurs (44x58cm-17x23in) Paris 97 .... FF15 000 - £1 588 - **$2,598**
- *Plage de Cadaqués* - Etching, aquatint (33x45cm-13x18in) Heidelberg 95 .... FF34 800 - £4 510 - **$7,240**
- *Rhinocéros Chippendale* - Sculpture (34x18x28cm-13x7x11in) Paris 97 .... FF9 500 - £1 032 - **$1,666**
- *Saint Georges et le Dragon* - Bronzo (46x28x47cm-18x11x19in) Prato 97 .... FF22 100 - £2 600 - **$3,900**
- *Profil of Time* - Bronze (51cm-20in) Paris 96 .... FF40 000 - £4 740 - **$7,800**
- *Vénus à la girafe* - Bronze (110x17x43cm-43x7x17in) Versailles 97 .... FF55 500 - £5 866 - **$9,524**
- *La femme en flamme* - Bronze (176cm-69in) New-York 97 .... FF771 431 - £82 701 - **$135,000**
- *Constellations* - Encre (43x43cm-17x17in) Paris 97 .... FF22 000 - £2 389 - **$3,859**
- *Nature morte* - Ink (22x19cm-9x7in) London 97 .... FF45 400 - £5 500 - **$8,820**
- *Angels in the Clouds* - Ink (18x25cm-7x10in) New-York 97 .... FF52 234 - £5 495 - **$9,000**
- *Scène orientale* - Watercolour, gouache (38x28cm-15x11in) New-York 94 .... FF94 900 - £11 250 - **$18,000**
- *Deux têtes de Gala transformées* - Ink (51x76cm-20x30in) New-York 95 .... FF141 400 - £17 800 - **$28,000**
- *Los ninos cantores* - Watercolour, gouache (60x45cm-24x18in) New-York 97 .... FF228 572 - £24 504 - **$40,000**
- *Nu de dos* - Chalks/paper (64x48cm-25x19in) New-York 97 .... FF740 324 - £80 171 - **$130,000**
- *Adolescence* - Gouache (44x30cm-17x12in) New-York 90 .... FF1 44e +06 - £106 245 - **$208,783**

DALIBERT Christian 1946 [2]

- *Cassis* - Huile/toile (65x81cm-26x32in) Le Havre 95 .... FF2 000 - £262 - **$401**

DALIFARD Raymond 1901-1975 [3]

- *Paysage* - Huile/toile (61x73cm-24x29in) Paris 89 .... FF6 500 - £685 - **$1,094**

DALL Hans Mathias 1862-1920 [11]

- *On the beach* - Oil/canvas (30x71cm-12x28in) Viby J, Århus 96 .... FF3 520 - £442 - **$680**

DALL'OCCA BIANCA Angelo 1858-1942 [14]

- *Il paese di Torri, Lago di Garda* - Olio/cartone (51x72cm-20x28in) Milano 95 .... FF35 760 - £4 560 - **$7,320**
- *Le mie inspiratrici in montagna* - Pastelli/carta (100x70cm-39x28in) Milano 95 .... FF17 880 - £2 280 - **$3,660**

DALLAIRE Jean-Guy 1943 [6]

- *Spring of Life* - Bronze (21cm-8in) Hamburg 96 .... FF10 870 - £1 240 - **$2,080**

DALLAIRE Jean-Philippe 1916-1965 [45]

- *A cat, 1965* - Oil/canvas (73x59cm-29x23in) Toronto 89 .... FF232 500 - £23 773 - **$37,379**
- *Femme accoudée* - Gouache/papier (21x13cm-8x5in) Montréal 97 .... FF13 907 - £1 507 - **$2,444**
- *La chute d'Icare* - Gouache/papier (17x15cm-7x6in) Montréal 94 .... FF20 970 - £2 445 - **$3,675**

DALLET Jules 1876-? [1]

- *Colonie de Vacances à Deauville* - Huile/toile (73x117cm-29x46in) Lokeren 92 .... FF28 200 - £2 890 - **$4,960**

DALLEVES Raphy 1878-1940 [4]

- *La petite Hélène d'Evolène* - Huile (61x34cm-24x13in) Zürich 91 .... FF39 600 - £3 971 - **$6,537**
- *Walliser Bäuerin* - Tempera (60x47cm-24x19in) Bern 93 .... FF146 200 - £16 280 - **$24,800**
- *Walliser Trachtenfrau* - Aquarelle (34x17cm-13x7in) Bern 96 .... FF7 740 - £940 - **$1,505**

DALLIN Cyrus Edwin 1861-1944 [25]

- *The Protest* - Bronze (52cm-20in) New-York 93 .... FF19 250 - £2 414 - **$3,500**
- *Medicine Man* - Bronze (79cm-31in) Chicago 94 .... FF112 300 - £13 260 - **$20,000**

DALLINGER VON DALLING Alexander Johann 1783-1844 [6]

- *Der Stier* - Oil/panel (15x20cm-6x8in) Wien 92 .... FF12 030 - £1 207 - **$2,007**
- *Weideszene, 1847* - Oil/panel (29x36cm-11x14in) Wien 90 .... FF48 000 - £5 106 - **$8,587**

DALLINGER VON DALLING Johann Baptist II 1782-1868 [8]

- *Pferde mit Hirten* - Oil/panel (62x83cm-24x33in) Wien 93 .... FF29 700 - £3 450 - **$5,000**

DALLONI Emma Segur 1890-1968 [1]

- *L'atelier de Chevel* - Wash/paper (35x27cm-14x11in) North Bethesda, MD. 91 .... FF4 420 - £444 - **$765**

DALLOT Madeleine 1941 [3]

- *Le Pont des Soupirs* - Huile/toile (146x114cm-57x45in) Paris 91 .... FF25 000 - £2 519 - **$4,338**

DALLWIG Heinrich 1811-1857 [2]

- *Der Grenzübergang* - Oil/canvas (39x48cm-15x19in) Wien 89 .... FF16 800 - £1 770 - **$2,828**

DALMBERT Daniel 1918 [6]

- *Intérieur* - Huile/toile (100x81cm-39x32in) Paris 92 .... FF6 500 - £668 - **$1,250**

DALOU Aimé Jules 1838-1902 [236]

- *La désespérée* - Bronze (19cm-7in) Paris 97 .... FF13 500 - £1 406 - **$2,300**
- *Maternité* - Bronze (52cm-20in) Paris 97 .... FF20 500 - £2 237 - **$3,583**
- *Head of Sleeping Infant* - Bronze (26cm-10in) London 97 .... FF47 619 - £5 000 - **$8,162**
- *Le grand paysan* - Bronze (82cm-32in) London 97 .... FF104 762 - £11 000 - **$17,956**
- *Le grand paysan* - Bronze (198cm-78in) New-York 94 .... FF786 000 - £92 800 - **$140,000**

DALSEN van Jacob 1785-1857 [1]

- *Still life with grapes* - Oil/panel (22x30cm-9x12in) Amsterdam 94 .... FF6 100 - £708 - **$1,050**

DALSGAARD Christen 1824-1907 [13]

- *On the lake* - Oil/canvas (60x69cm-24x27in) London 96 .... FF12 770 - £1 600 - **$2,464**
- *En Sallingbonde udenfor sit hus* - Ink (23x16cm-9x6in) København 96 .... FF1 953 - £251 - **$385**

DALSGAARD Sven 1914 [60]

- *Den spanske hund* - Oil/canvas (54x44cm-21x17in) København 96 .... FF3 714 - £483 - **$736**

Bruden - Oil/canvas (100x100cm-39x39in) København 95 .... FF12 420 - £1 610 - **$2,530**
🏛 *Fuglekvinde* - Bronze (29cm-11in) København 96 .... FF2 210 - £288 - **$438**
Angst - Bronze (133cm-52in) København 96 .... FF15 850 - £1 967 - **$3,076**

DALTON Ernest Alfred 1887-1963 [4]
🖼 *The Farm Yard* - Oil/canvas (76x91cm-30x36in) Toronto 96 .... FF2 660 - £339 - **$512**

DALTON John 1792-? [2]
🖼 *Dörfliche Szene im Kanton Bern* - Oil/panel (34x41cm-13x16in) Luzern 92 .... FF16 000 - £1 910 - **$3,075**
🖊 *Genferseelandschaft* - Crayon/papier (14x20cm-6x8in) Bern 93 .... FF1 980 - £228 - **$340**

DALVIT Oskar 1911-1975 [6]
🖼 *Welt des Schmetterlings* - Oil/panneau (51x47cm-20x19in) Zürich 96 .... FF3 395 - £440 - **$672**

DALWOOD Hubert 1924-1976 [3]
🏛 *Untitled* - Sculpture (49cm-19in) London 91 .... FF6 480 - £650 - **$1,070**
Minos - Sculpture (206cm-81in) London 90 .... FF78 100 - £7 948 - **$15,619**

DALY Jehan XX [3]
🖊 *Young girl leaning against a wall* - Charcoal (28x19cm-11x7in) London 94 .... FF2 386 - £280 - **$418**

DALYELL Amy ?-1962 [1]
🖊 *Young girls gathering mussels* - Wash (23x30cm-9x12in) London 90 .... FF1 500 - £155 - **$264**

DALYELL Amy c.1880-1962 [1]
🖊 *Summer gardens*
Watercolour (27x39cm-11x15in) Marlborough Crescent, Newcastle upon Tyne 95 ...... FF1 663 - £210 - **$334**

DALZIEL Edward 1817-1905 [1]
🖊 *Scissors to grind* - Watercolour, gouache (34x42cm-13x17in) London 90 .... FF30 000 - £3 155 - **$5,217**

DALZIEL Herbert 1858-1941 [9]
🖼 *Landschaft* - Öl/Leinwand (41x61cm-16x24in) Wien 93 .... FF3 850 - £460 - **$740**

DALZIEL Owen 1860-1942 [3]
🖼 *Farmyard* - Oil/panel (20x25cm-8x10in) St. Petersburg, Florida 94 .... FF2 283 - £266 - **$400**
On the beach - Oil/panel (24x16cm-9x6in) London 96 .... FF17 680 - £2 300 - **$3,500**

DALZIEL Thomas Bolton Gil.S. 1823-1906 [2]
🖊 *Wending homewards* - Wash (47x75cm-19x30in) London 90 .... FF17 400 - £1 830 - **$3,026**

DAM VAN ISSELT van Lucie 1871-1949 [6]
🖼 *Still life of flowers* - Oil/panel (46x38cm-18x15in) Amsterdam 97 .... FF8 990 - £945 - **$1,544**

DAM van Jan 1857-1927 [1]
🖼 *Home work* - Oil/panel (39x32cm-15x13in) Amsterdam 96 .... FF13 500 - £1 698 - **$2,657**

DAMANE-DEMARTRAIS Michel Fr. 1763-1827 [2]
🖊 *Voiture publique/Traîneau/Kibitki* - Aquatint in colors London 93 .... FF8 300 - £1 000 - **$1,450**

DAMARÉ L. ?-1927 [2]
🖼 *Parisiana, Mam'zelle 5 Louis* - Poster (125x89cm-49x35in) London 96 .... FF5 100 - £650 - **$982**

DAMBACHER Walter 1911 [6]
🖼 *Nebula* - Oil/canvas (50x60cm-20x24in) Stuttgart 92 .... FF8 470 - £1 013 - **$1,630**
🖊 *Ohne Titel* - Ink (41x60cm-16x24in) Stuttgart 93 .... FF2 090 - £240 - **$356**

DAMBERGER Joseph 1867-1951 [1]
🖼 *Bauernmädchen* - Oil/panel (27x20cm-11x8in) Pforzheim 94 .... FF2 730 - £328 - **$517**

DAMBEZZA Léon Eugène 1865-? [1]
🖼 *Enfants dans le verger* - Huile/toile (46x61cm-18x24in) Calais 96 .... FF13 000 - £1 686 - **$2,570**

DAMBIERMONT Mary 1932-1993 [4]
🖼 *Nu de dos* - Technique mixte/carton (70x52cm-28x20in) Bruxelles 89 .... FF4 500 - £435 - **$683**

DAMBOISE Marcel 1903-? [1]
🏛 *Jean-Louis Barrault* - Bronze (50cm-20in) Paris 95 .... FF10 000 - £1 300 - **$2,060**

DAMBOURGEZ Edouard Jean 1844-1890 [3]
🖼 *An after dinner tale* - Oil/canvas (81x117cm-32x46in) New-York 94 .... FF16 380 - £1 895 - **$2,800**

DAME Ernest 1845-1920 [1]
🏛 *Gardienne de chèvres* - Bronze (48cm-19in) Bayeux 94 .... FF3 800 - £454 - **$712**

DAMEL Jan 1780-1840 [1]
🖊 *Scène de l'Antiquité* - Ink (71x48cm-28x19in) Warszawa 96 .... FF4 960 - £622 - **$966**

DAMER Anne Seymour 1749-1828 [1]
🏛 *Mary Berry* - Bronze (46cm-18in) London 91 .... FF158 700 - £16 257 - **$29,630**

DAMERON Émile Charles 1848-1908 [23]
🖼 *Maison au bord de l'eau* - Huile/toile (38x46cm-15x18in) Provins 97 .... FF10 000 - £1 078 - **$1,756**
Attelage de bœufs - Huile/toile (100x83cm-39x33in) København 96 .... FF16 930 - £2 193 - **$3,386**
L'étang de Saint-Cucufa - Oil/canvas (150x220cm-59x87in) New-York 96 .... FF93 400 - £11 900 - **$18,000**

DAMGAARD SØRENSEN Henning 1928 [8]
🖼 *Komposition No. 3* - Huile/canvas (52x69cm-20x27in) Vejle 94 .... FF2 610 - £307 - **$465**

DAMIAN Horia 1922 [14]
🖼 *La piscine* - Acrylique/toile (37x46cm-15x18in) Paris 97 .... FF2 300 - £253 - **$420**
Composition bleue - Technique mixte/carton (64x49cm-25x19in) Paris 91 .... FF8 800 - £874 - **$1,528**
🖊 *Composition* - Gouache (65x50cm-26x20in) Paris 93 .... FF4 500 - £512 - **$763**

DAMIANAKIS Nicolas 1920 [4]
🖊 *L'entrée du port* - Gouache/papier (33x35cm-13x14in) Paris 89 .... FF4 200 - £443 - **$707**

DAMIANO Bernard 1926 [37]
🖼 *Autoportrait* - Huile/toile (100x81cm-39x32in) Poitiers 91 .... FF10 000 - £1 008 - **$1,735**
Hommage à Van Gogh - Huile/toile (147x114cm-58x45in) Montauban 94 .... FF57 000 - £6 780 - **$10,840**

Le port de Nice - Gouache (65x50cm-26x20in) Montauban 95 .... FF2 100 - £276 - **$431**

DAMIANOS Constantin 1869-1953 [8]
Dorf im Winter, 1935 - Oil/canvas (65x79cm-26x31in) Wien 90 .... FF12 000 - £1 293 - **$2,116**

DAMIANOS Sofie 1872-1953 [2]
Muttertag - Oil/canvas/board (44x33cm-17x13in) Wien 92 .... FF3 850 - £460 - **$740**

DAMIEN Antony 1858-1943 [3]
Place parisienne - Gouache/carton (45x55cm-18x22in) Paris 91 .... FF1 600 - £160 - **$293**

DAMIEN François Joseph 1879-1973 [5]
Barques de pêche aux corps morts - Huile/toile (50x60cm-20x24in) Bruxelles 93 .... FF5 600 - £670 - **$1,145**

DAMIEN Jules 1852-1913 [3]
Bretagne, jour de marché - Aquarelle (24x33cm-9x13in) Les Baux-de-Provence 94 .... FF2 800 - £337 - **$522**

DAMIN Georges XX [2]
L'entrée du parc - Huile/toile (54x73cm-21x29in) Lyon 97 .... FF7 200 - £780 - **$1,266**

DAMIN Victor Louis XIX-XX [1]
Nature morte - Huile/toile (54x65cm-21x26in) Cherbourg 96 .... FF9 000 - £1 026 - **$1,723**

DAMINI Vincenzo 1700-1749 [1]
Abraham opfert Isaak - Öl/Leinwand (82x62cm-32x24in) Stuttgart 94 .... FF35 200 - £4 230 - **$6,700**

DAMIS Gustave 1811-1851 [1]
Flowers in a vase - Oil/canvas (35x28cm-14x11in) London 95 .... FF23 150 - £3 000 - **$4,820**

DAMIS Y CORTES Joaquín 1842-1920 [1]
Guitarrista - Oleo/lienzo (56x42cm-22x17in) Madrid 94 .... FF13 480 - £1 590 - **$2,400**

DAMISCH Günter 1958 [69]
Grünfeld-Rothimmel - Öl/Leinwand (60x40cm-24x16in) Wien 97 .... FF9 556 - £1 016 - **$1,648**
Tänzerin - Öl/Leinwand (45x30cm-18x12in) Wien 97 .... FF18 156 - £1 930 - **$3,131**
Ohne Titel - Acrylic/canvas (145x120cm-57x47in) Wien 95 .... FF34 300 - £4 440 - **$6,970**
Das Haus der Eltern - Öl/Leinwand (200x260cm-79x102in) Wien 93 .... FF72 100 - £8 620 - **$13,870**
Ohne Titel - Mischtechnik/Papier (100x69cm-39x27in) Wien 96 .... FF9 740 - £1 265 - **$1,927**

DAMM Bertil 1887-1942 [3]
Järnvägsstation - Oil/canvas (72x100cm-28x39in) Stockholm 91 .... FF3 020 - £304 - **$524**

DAMM Johan Frederik 1820-1894 [2]
Still life with fruits - Oil/canvas (33x40cm-13x16in) London 90 .... FF15 600 - £1 588 - **$3,120**

DAMMAN Benjamin Louis Aug. 1835-? [1]
The horse fair - Oil/panel (20x29cm-8x11in) New-York 91 .... FF2 556 - £319 - **$500**

DAMMANN Hans 1867-? [1]
Badende - Bronze (40cm-16in) Stuttgart 93 .... FF3 900 - £466 - **$750**

DAMME van Frans 1860-1925 [35]
Les échassiers, vue en Hollande - Huile/toile (36x55cm-14x22in) Bruxelles 97 .... FF5 556 - £602 - **$983**
Bateaux de pêche échoués - Huile/toile (70x100cm-28x39in) Bruxelles 96 .... FF21 400 - £2 670 - **$4,130**

DAMME van Suzanne 1901-1987 [30]
Barques de pêche à quai - Huile/toile (40x60cm-16x24in) Bruxelles 97 .... FF5 566 - £609 - **$972**
Composition - Huile/panneau (117x96cm-46x38in) Bruxelles 96 .... FF16 750 - £2 170 - **$3,350**
Vue de Cannes - Aquarelle (47x62cm-19x24in) Liège 95 .... FF3 354 - £428 - **$676**

DAMME van Sylva 1853-1935 [6]
La mare aux vaches - Huile/toile (68x107cm-27x42in) Bruxelles 90 .... FF13 800 - £1 451 - **$2,400**

DAMME von Jacobus Johannes 1877-1956 [1]
Enten - Öl/Leinwand (40x60cm-16x24in) Wien 93 .... FF6 250 - £747 - **$1,203**

DAMME-SYLVA van Émile 1853-1935 [13]
Vaches au pré en été - Huile/toile (36x50cm-14x20in) Antwerpen 97 .... FF5 549 - £595 - **$972**
Vaches à l'abreuvoir - Huile/toile (54x74cm-21x29in) Antwerpen 97 .... FF13 056 - £1 400 - **$2,288**

DAMMEIER Rudolf 1851-1936 [1]
The letter - Oil/canvas (101x83cm-40x33in) London 90 .... FF24 200 - £2 574 - **$4,329**

DAMOISEAUX Dieudonné 1918 [13]
Noce villageoise - Huile/panneau (64x79cm-25x31in) Bruxelles 94 .... FF3 320 - £399 - **$630**
La buveuse assise - Gouache (27x20cm-11x8in) Liège 92 .... FF1 992 - £204 - **$351**

DAMOUR Charles 1813-? [2]
Corbeille de fleurs - Aquarelle (56x43cm-22x17in) Paris 93 .... FF2 500 - £288 - **$431**

DAMOYE Emmanuel 1847-1916 [86]
Paysage lacustre - Huile/panneau (22x40cm-9x16in) Paris 97 .... FF3 000 - £324 - **$530**
Paysage - Huile/toile (65x110cm-26x43in) Clermont-Ferrand 97 .... FF18 000 - £1 909 - **$3,103**
Silhouettes dans la prairie - Huile/toile (49x71cm-19x28in) Lyon 97 .... FF23 500 - £2 547 - **$4,131**
La plaine - Oil/canvas (66x119cm-26x47in) London 97 .... FF38 147 - £4 200 - **$6,695**
Les blés en Bretagne - Oil/canvas (110x200cm-43x79in) New-York 97 .... FF213 919 - £23 059 - **$37,500**

DAMROW Charles 1916 [2]
The roundup - Oil/masonite (91x122cm-36x48in) North Bethesda, MD. 92 .... FF9 100 - £966 - **$1,750**

DAMSCHROEDER Jan Jac Matthys 1825-1905 [19]
A mother and child in a farm interior - Oil/canvas (38x47cm-15x19in) Amsterdam 95 .... FF12 720 - £1 590 - **$2,570**
The New Doll - Oil/canvas (83x118cm-33x46in) New-York 96 .... FF36 000 - £4 364 - **$7,000**

DAN Frode N. 1892-? [1]
Magnolia, 1938 - Watercolour/paper (48x63cm-19x25in) New-York 90 .... FF27 200 - £2 894 - **$4,866**

DAN Lars 1960 [7]
Mor of datter - Oil/canvas (150x104cm-59x41in) Köbenhavn 93 .... FF7 040 - £844 - **$1,352**

DAN Théodore 1917-1981 [1]
Mai 1978 - Huile/toile (46x55cm-18x22in) Paris 90 .... FF11 000 - £1 170 - **$1,968**

DANA Charles Edmund 1843-1924 [2]
Gameal Arabée - Watercolour/paper (51x38cm-20x15in) New-York 93 .... FF**10 030** - £**1 141** - **$1,700**

DANANCHE de Louis 1830-1885 [1]
Paysage animé de personnages - Huile/toile (110x83cm-43x33in) Grenoble 92 ...... FF**12 000** - £**1 396** - **$2,450**

DANBY Francis 1793-1861 [15]
Early morning, the fisherman's home - Oil/canvas (49x60cm-19x24in) London 96 ...... FF**135 800** - £**16 000** - **$26,670**
River Avon and King road - Watercolour (16x27cm-6x11in) Bristol, Avon 94 .... FF**18 060** - £**2 100** - **$3,125**

DANBY James Francis 1816-1875 [9]
Sunset - Oil/canvas (29x48cm-11x19in) London 96 .... FF**16 030** - £**1 900** - **$3,130**

DANBY Margaret XX [3]
Companions in a jug - Wash (34x24cm-13x9in) London 91 .... FF**1 796** - £**179** - **$309**

DANBY Thomas 1818-1886 [9]
Welsh pastoral - Oil/canvas (36x36cm-14x14in) London 92 .... FF**6 640** - £**680** - **$1,170**
Mountainous landscape - Watercolour (33x48cm-13x19in) London 93 .... FF**2 460** - £**280** - **$418**

DANCE George 1741-1825 [16]
Ladies and gentlemen in the dress - Coloured pencils/paper (22x19cm-9x7in) London 94 ..... FF**6 310** - £**750** - **$1,154**
Napoleon's Misfortune at the pyramids - Ink/paper (30x43cm-12x17in) London 89 ...... FF**12 600** - £**1 288** - **$2,026**

DANCE Nathaniel 1734-1811 [14]
Charlotte Hartley - Oil/canvas (89x68cm-35x27in) London 90 .... FF**125 900** - £**13 480** - **$21,896**
Portrait of a child - Coloured chalks (18cm-7in) London 96 .... FF**5 790** - £**680** - **$1,140**

DANCHIN Léon 1887-1939 [13]
Epagneul - Eau-forte couleurs (33x26cm-13x10in) Grenoble 94 .... FF**1 900** - £**227** - **$355**

DANDIRAN Frédéric François 1802-1876 [1]
Vue du Havre - Aquarelle (19x29cm-7x11in) Deauville 93 .... FF**24 500** - £**2 753** - **$4,150**

DANDOY Albert 1885-1977 [3]
Quartier de la Sambre à Namur - Huile/panneau (25x38cm-10x15in) Bruxelles 91 ...... FF**8 230** - £**825** - **$1,359**

DANDOY Armand 1834-1898 [2]
Bord de rivière - Huile/panneau (56x85cm-22x33in) Saint-Dié 96 .... FF**14 500** - £**1 665** - **$2,766**

DANDOY Auguste 1839-1893 [4]
Vaches à l'abreuvoir - Huile/toile (70x110cm-28x43in) Antwerpen 95 .... FF**15 060** - £**1 980** - **$3,020**

DANDRÉ-BARDON Michel-François 1700-1778 [11]
Les 4 âges de la vie - Huile/toile (37x29cm-15x11in) Aix-en-Provence 97 ...... FF**840 000** - £**89 124** - **$144,816**
Repos durant la Fuite en Égypte - Dessin (23x18cm-9x7in) Monaco 93 .... FF**15 000** - £**1 807** - **$2,730**

DANE Clemence Winifred Ashton 1885-1965 [1]
Sir Noël Coward - Bronze (35cm-14in) London 93 .... FF**14 400** - £**1 800** - **$2,610**

DANE David F. [3]
Broadland landscape with wherries - Oil/canvas (61x91cm-24x36in) Aylsham, Norfolk 94 ...... FF**6 260** - £**750** - **$1,157**

DANELUND Svend 1916 [2]
Vaeg, Skagen - Oil/canvas (120x103cm-47x41in) Aalborg 96 .... FF**7 130** - £**923** - **$1,426**

DANGAR Anne 1887-1951 [3]
Compotier - Terracotta (50cm-20in) Paris 95 .... FF**35 500** - £**4 530** - **$7,270**

DANGELO Sergio 1932 [33]
Dadagarden - Tecnica mista (30x40cm-12x16in) Milano 92 .... FF**2 720** - £**278** - **$479**
Il mulino - Olio/tela (70x50cm-28x20in) Milano 92 .... FF**13 600** - £**1 390** - **$2,393**
Isola dell'uccello prigioniero - Collage (50x70cm-20x28in) Milano 94 .... FF**3 390** - £**404** - **$605**

DANGER Henri Camille 1857-1937 [6]
Reclining nude with child - Oil/canvas (22x72cm-9x28in) London 96 .... FF**7 020** - £**900** - **$1,384**
Les Luciolles - Oil/canvas (83x112cm-33x44in) New-York 95 .... FF**158 400** - £**19 730** - **$31,000**

DANGMAN Paul 1899-1974 [3]
Bouquet de roses - Huile/isorel (69x49cm-27x19in) Mâcon 95 .... FF**4 400** - £**563** - **$898**

DANGON Jeanne 1873-1949 [1]
Still life with chrysanthemums - Oil/canvas (76x63cm-30x25in) New-York 92 .... FF**10 800** - £**1 104** - **$2,000**

DANGUY Jean Célestin 1863-1926 [1]
Cervatillos en el bosque - Oleo/lienzo (24x28cm-9x11in) Madrid 90 .... FF**2 400** - £**252** - **$417**

DANHAUSER Josef 1805-1845 [21]
Franz Danhauser - Oil/panel (26x33cm-10x13in) Wien 95 .... FF**14 170** - £**1 767** - **$2,860**
Familie am Feierabend - Oil/panel (87x109cm-34x43in) München 93 .... FF**75 700** - £**8 570** - **$12,800**
Studienblatt zu einem Knaben - Watercolour (21x28cm-8x11in) Wien 95 .... FF**6 240** - £**805** - **$1,205**

DANIEL Abraham ?-1806 [3]
Portrait of two children - Miniature (8cm-3in) London 91 .... FF**59 800** - £**5 979** - **$9,849**

DANIEL Joseph 1760-1803 [6]
A young lady - Miniature (7cm-3in) London 95 .... FF**6 650** - £**850** - **$1,337**

DANIELI Francesco 1852-? [1]
Sur la passerelle - Huile/toile (77x100cm-30x39in) Monaco 90 .... FF**120 000** - £**12 931** - **$21,164**

DANIELI Giuseppe 1865-1931 [13]
La lezione - Olio/tela (37x55cm-15x22in) Torino 93 .... FF**8 780** - £**992** - **$1,477**

DANIELL George 1913 [1]
Walking on air, The Arno, Italy - Silver print (33x20cm-13x8in) New-York 95 .... FF**6 020** - £**760** - **$1,200**

DANIELL Samuel 1775-1811 [6]
Boors returning from hunting - Aquatint (48x60cm-19x25in) London 96 .... FF**4 735** - £**600** - **$908**

DANIELL Thomas 1747-1840 [53]
Tree at a Shiva Shrine, Uttar Pradesh - Oil/canvas (94x135cm-37x53in) London 97 ...... FF**1** - £**125 000** - **$204,437**

D

Rock Cut temple at Kanheri, Bombay - Oil/canvas (63x76cm-25x30in) London 97 .... FF207 744 - £22 000 - **\$35,981**
Panoramic View of Lucknow - Pencil (33x60cm-13x24in) London 96.................................. FF13 630 - £1 700 - **\$2,634**
Entrance to the Khusrau Bagh, Allahabad - Pencil (48x69cm-19x27in) London 97 .... FF330 502 - £35 000 - **\$57,242**

DANIELL William 1769-1837 [62]
Lord Collingwood's Flagship - Oil/canvas (85x123cm-33x48in) New-York 94 .... FF63 700 - £7 600 - **\$12,000**
A Muhammadan of Rank - Oil/canvas (53x62cm-21x24in) London 97 .... FF377 716 - £40 000 - **\$65,420**
The Island of Staffa from the East - Aquatint (23x30cm-9x12in) London 95 .... FF11 540 - £1 500 - **\$2,410**
Figures bathing off a Ghat, Benares - Watercolour (22x19cm-9x7in) London 97 .... FF18 886 - £2 000 - **\$3,271**
Gate leading to a mosque, Uttar Pradesh
   Watercolour (54x82cm-21x32in) London 96 .... FF335 000 - £42 000 - **\$65,400**

DANIELLI Giovanni 1824-1890 [1]
Arkadische Landschaft - Ink (20x25cm-8x10in) Wien 92 .... FF1 924 - £230 - **\$370**

DANIELS Alfred 1926 [6]
London bridge, 1968 - Oil/canvas (71x90cm-28x35in) London 90 .... FF13 600 - £1 447 - **\$2,433**

DANIELS Andries 1580-? [7]
Blumenstrauss - Oil/copper (22x17cm-9x7in) Wien 97 .... FF191 840 - £20 720 - **\$33,480**

DANiëLS René 1950 [5]
Hollandse Nieuwe - Oil/canvas (120x135cm-47x53in) Stockholm 94 .... FF175 000 - £20 530 - **\$31,160**

DANIELS William 1813-1880 [2]
The artist as A brigand - Oil/canvas (87x67cm-34x26in) London 92 .... FF10 050 - £1 200 - **\$1,933**

DANIELSEN Steffan 1922-1976 [1]
Grindedrab - Oil/canvas (42x65cm-17x26in) Köbenhavn 94 .... FF3 494 - £406 - **\$602**

DANIELSEN Svend 1955 [2]
Komposition - Oil/canvas (91x100cm-36x39in) Köbenhavn 89 .... FF3 100 - £308 - **\$490**

DANIELSON Carl Johan 1866-1945 [9]
River landscape - Oil/canvas (64x109cm-25x43in) Helsinki 94 .... FF17 820 - £2 130 - **\$3,330**

DANIELSON-GAMBOGI Elin 1861-1919 [10]
På Åkern - Oil/canvas (61x98cm-24x39in) Helsinki 95 .... FF143 500 - £17 930 - **\$29,000**

DANIELSSON Emil 1882-1967 [2]
Firenze - Oil/canvas (41x38cm-16x15in) Helsinki 94 .... FF3 060 - £350 - **\$519**

DANIFER Sigurd 1894-1958 [4]
Skaergårdslandskap - Oil/canvas (67x78cm-26x31in) Oslo 92 .... FF7 380 - £756 - **\$1,300**

DANILOWATZ Josef 1877-1945 [6]
Ein Glas zuviel - Oil/panel (33x49cm-13x19in) Wien 92 .... FF12 030 - £1 207 - **\$2,314**
Großauge - Wash (36x24cm-14x9in) Wien 91 .... FF3 600 - £364 - **\$715**

DANION Patrick 1950 [3]
Requiem, 1989 - Acrylique/papier/panneau (112x122cm-44x48in) Paris 90 .... FF12 000 - £1 277 - **\$2,147**

DANIOTH Heinrich 1896-1953 [22]
Selbstbildnis - Öl/Leinwand (44x32cm-17x13in) Zürich 96 .... FF63 600 - £8 250 - **\$12,580**
Der Postbote - Lithographie (42x30cm-17x12in) Zofingen 92 .... FF2 046 - £209 - **\$361**
Grat-Zug - Ink/paper (121x145cm-48x57in) Luzern 92 .... FF14 460 - £1 728 - **\$2,780**

DANKMEYER Charles B. 1861-1923 [20]
The Vischpoort, Harderwijk - Oil/canvas (32x40cm-13x16in) Amsterdam 94 .... FF4 580 - £531 - **\$788**

DANKSIN Franz 1894-? [4]
Neuenburger Hafen - Oil/board (53x70cm-21x28in) Bern 92 .... FF2 232 - £228 - **\$393**

DANKWORTH August 1813-1854 [3]
Porträtt einer Frau - Pastel (33x26cm-13x10in) Bern 94 .... FF2 064 - £248 - **\$401**

DANLER Herbert 1928 [2]
Bauernhäuser - Oil/panel (22x43cm-9x17in) Wien 95 .... FF17 250 - £2 065 - **\$3,285**

DANLOUX Henri Pierre 1753-1809 [25]
Jeune femme au bonnet blanc - Huile/toile (32x26cm-13x10in) Paris 96 .... FF12 000 - £1 505 - **\$2,320**
Monsieur Desazard de Montgaillard - Huile/toile (62x52cm-24x20in) Mayenne 95 .... FF76 000 - £9 870 - **\$15,600**
Comtesse de Cluzel - Oil/canvas (62x52cm-25x20in) New-York 90 .... FF886 600 - £93 228 - **\$154,191**
Jeune femme, en buste - Craies (23x20cm-9x8in) Monaco 94 .... FF240 000 - £28 300 - **\$43,000**

DANNAT William Turner 1853-1929 [4]
Woman with castanets - Oil/canvas (66x38cm-26x15in) Chicago 94 .... FF46 100 - £5 430 - **\$8,200**
La danseuse - Pastel (97x40cm-38x16in) Paris 92 .... FF4 500 - £461 - **\$882**

DANNECKER von Johann Heinrich 1758-1841 [3]
Ariadne and the Panther - Marble New-York 97 .... FF68 886 - £7 536 - **\$12,000**

DANNENBERG Alice 1861-? [5]
Fillette faisant du patin à glace - Oil/canvas (46x61cm-18x24in) New-York 92 .... FF43 600 - £4 410 - **\$8,750**

DANNEQUIN Alfred Joseph ?-1890 [1]
Pêcheur au bord de la rivière - Huile/toile (77x117cm-30x46in) Paris 89 .... FF14 000 - £1 475 - **\$2,357**

DANNER Johann Georg 1782-c.1850 [1]
Landscapes with riders - Oil/panel (30x44cm-12x17in) London 95 .... FF55 600 - £7 200 - **\$11,480**

DANNER Sara Kolb 1894-1969 [8]
The Art Fair - Oil/board (71x76cm-28x30in) San Francisco-Los Angeles 92 .... FF7 350 - £854 - **\$1,500**

DANNESKJOLD-SAMSØE Adam Sophus 1874-1961 [1]
Jaegere i en robåd på en sø - Oil/canvas (133x117cm-52x46in) Viby J, Århus 96 ...... FF2 630 - £339 - **\$508**

DANNET Jean 1912 [5]
Les filets rouges des Hainas - Huile/toile (61x46cm-24x18in) Pont-Audemer 92 .... FF6 100 - £627 - **\$1,173**

DANNHAUER Ernst 1843-? [1]
Männlicher rückenakt - Pencil/paper (32x24cm-13x9in) Köln 94 .... FF2 406 - £287 - **\$453**

DANNHAUSER Johan Eduard 1869-? [1]
Polospieler - Bronze (33x17cm-13x7in) Bremen 92... FF13 600 - £1 392 - **$2,394**

DANS María Antonia 1932 [13]
Mujeres en el mercado - Oleo/tabla (60x73cm-24x29in) Madrid 94 .... FF18 600 - £2 170 - **$3,260**
Desnudo - Acuarela (31x48cm-12x19in) Madrid 95 .... FF6 730 - £851 - **$1,351**

DANSAERT Léon Marie Constant 1830-1909 [8]
The new servant - Oil/panel (40x52cm-16x20in) Amsterdam 97 .... FF44 924 - £4 749 - **$7,708**
Matinée musicale - Oil/panel (84x63cm-33x25in) London 91 .... FF109 100 - £11 073 - **$19,705**

DANTAN Antoine L. 1798-1878 [6]
Jeune napolitaine au tambourin - Bronze (40cm-16in) Paris 96 .... FF5 500 - £711 - **$1,083**
Flore - Terracotta (146cm-57in) Fontainebleau 92 .... FF22 000 - £2 252 - **$3,870**

DANTAN Edouard J. 1848-1897 [2]
Un Coin du Salon de 1880 - Oil/canvas (97x130cm-38x51in) New-York 95 .... FF971 000 - £121 000 - **$190,000**
Moulage sur Nature - Oil/canvas (131x103cm-52x41in) New-York 95 .... FF1 56e +06 - £136 200 - **$215,000**

DANTAN Jean-Pierre le Jeune 1800-1869 [3]
William Douglas-Hamilton - Marble (56cm-22in) London 95 .... FF16 030 - £2 000 - **$3,240**

DANTCHEV Georges XX [3]
Ours - Bronze (25cm-10in) Paris 95 .... FF5 500 - £700 - **$1,060**

DANTI Gino 1881-1968 [1]
Barrocciai - Huile/panneau (14x32cm-6x13in) Zofingen 95.................................... FF2 550 - £323 - **$513**

DANTU Georges 1867-? [7]
Les érables rouges - Huile/toile (65x54cm-26x21in) Bruxelles 94 .... FF4 950 - £569 - **$847**

DANVERS Verney le. XIX-XX [2]
Where It Is Warm and Bright - Poster (102x60cm-40x24in) London 94 .... FF7 200 - £850 - **$1,283**

DANVIN Victor 1802-1842 [1]
Hameau, Normandie - Huile/toile (42x64cm-17x25in) Paris 90 .... FF14 000 - £1 425 - **$2,800**

DANZ Robert 1841-? [5]
Erhöhter Warte - Öl/Leinwand (57x70cm-22x28in) Stuttgart 95 .... FF19 000 - £2 486 - **$3,810**

DANZINGER Itzhak 1916-1977 [16]
Rehabilitation of the Nesher Quarry
     Mixed media/board (25x34cm-10x13in) Tel Aviv 95 .... FF18 800 - £1 497 - **$2,400**
King of the shepherds - Sculpture (78cm-31in) Tel Aviv 96 .... FF108 700 - £13 430 - **$21,000**
King of the Shepherds - Polished brass (234cm-92in) Tel Aviv 94 .... FF468 000 - £54 700 - **$82,000**

DAOUST Sylvia 1902 [2]
Vierge à l'Enfant - Sculpture (40cm-16in) Montréal 89 .... FF3 700 - £378 - **$595**

DAPHNIS Nassos 1914 [6]
Composition #26
     Synthetic polymer silkscreened/canvas (168x142cm-66x56in) Cambridge, Mass. 91 . FF28 300 - £2 872 - **$5,111**
Untitled - Drawing (44x24cm-17x9in) New-York 93 .... FF7 080 - £806 - **$1,200**

DARAGON Guy 1944 [4]
Le vieux livre - Huile/toile (22x27cm-9x11in) Barjols 93 .... FF3 000 - £346 - **$518**
La Cène - Huile/toile Rennes 96 .... FF20 000 - £2 315 - **$3,830**

DARASSE Georges XIX-XX [3]
Repos à mi-côte - Huile/toile (50x72cm-20x28in) Paris 95 .... FF10 000 - £1 227 - **$1,947**

DARAZS Jozsef 1955 [3]
Totems I - Huile/panneau (100x100cm-39x39in) Paris 91 .... FF2 200 - £222 - **$382**

DARBEFEUILLE Paul 1852-1933 [2]
La libellule - Bronze (16cm-6in) Nice 96 .... FF4 800 - £551 - **$916**
A dancing Girl - Marble (85cm-33in) London 96 .... FF33 000 - £4 200 - **$6,350**

DARBEFEUILLE Victor Sacha XIX-XX [4]
Présentation de l'acrobate - Huile/toile (55x46cm-22x18in) Saint-Germain-en-Laye 93............... FF3 500 - £438 - **$637**

DARBES Joseph Friedrich A. 1747-1810 [1]
Porträtt av okänd dam - Pastel (30x25cm-12x10in) Stockholm 94 .... FF7 280 - £860 - **$1,297**

DARBOUR Ernestine XIX-XX [1]
Nature morte au lapin - Huile/toile (92x52cm-36x20in) Morlaix 93 .... FF4 200 - £525 - **$764**

DARBOUR Marguerite Mary XIX-XX [2]
Intérieur au fauteuil vert - Huile/toile (61x50cm-24x20in) Arles 94 .... FF8 000 - £930 - **$1,385**

DARBOVEN Hanne 1941 [14]
Sans Titre - Encre Chine/papier (29x21cm-11x8in) Paris 94 .... FF7 000 - £840 - **$1,360**
Variante 59 - Ink (31x23cm-12x9in) New-York 95 .... FF32 200 - £4 020 - **$6,500**

DARBY Mary ?-1869 [1]
Flood Hall, near Jerpoint - Watercolour (15x23cm-6x9in) Glasgow 92 .... FF2 010 - £240 - **$387**

DARCHE Joseph 1846-1906 [1]
La promenade en barque - Huile/toile (73x81cm-29x32in) Paris 91 .... FF22 500 - £2 270 - **$3,975**

DARCIS Jean-Louis ?-1801 [4]
Le Trente-un - Gravure (26x40cm-10x16in) Paris 96... FF3 600 - £434 - **$691**

DARCQ Albert 1848-1895 [1]
Portrait d'homme/Portrait de femme - Huile/toile (55cm-22in) Paris 92 .... FF6 000 - £617 - **$1,154**

DARCY-DUMOULIN Alexis Auguste 1815-1884 [1]
Personnages près du port - Huile/toile (61x50cm-24x20in) Versailles 92 .... FF10 000 - £1 027 - **$1,923**

DARDEL de Simone Gerda 1913 [1]
Flowers - Oil/canvas (73x92cm-29x36in) Stockholm 94 .... FF2 464 - £314 - **$475**

D

DARDEL von Fritz 1817-1901 [27]
- *Galata Bridge, Constantinople* - Oil/canvas (36x54cm-14x21in) London 97 .... FF**164 234** - £18 000 - **$28,823**
- *Elegant sällskap på båtutflykt* - Akvarell (21x31cm-8x12in) Stockholm 96 .... FF**3 695** - £471 - **$712**
- *Ryske och svenske tronföljaren, Malmö* - Akvarell (20x26cm-8x10in) Stockholm 95 .... FF**6 740** - £861 - **$1,375**

DARDEL von Nils 1888-1943 [44]
- *Den döende Dandyn* - Oil/canvas (140x180cm-55x71in) Stockholm 91 .... FF**6** - £619 201 - **$1 ,696,11e,+06**
- *Manlig modell* - Oil/canvas (81x60cm-32x24in) Stockholm 97 .... FF**33 207** - £3 506 - **$5,737**
- *Execution* - Oil/canvas (130x115cm-51x45in) Stockholm 96 .... FF**196 700** - £25 430 - **$37,700**
- *Villa Balestrino* - Akvarell (90x62cm-35x24in) Stockholm 94 .... FF**910 000** - £107 300 - **$162,000**

DARDENNE Léon 1865-1912 [2]
- *Le jour de lessive* - Huile/toile (54x65cm-21x26in) Antwerpen 96 .... FF**7 400** - £954 - **$1,428**

DARDOIZE Louis Émile 1826-1901 [3]
- *Paysage* - Huile/panneau (27x40cm-11x16in) Bern 94 .... FF**4 870** - £581 - **$908**

DAREL Georges 1892-1943 [13]
- *Il mulino* - Olio/tavola (41x54cm-16x21in) Milano 95 .... FF**2 440** - £320 - **$504**
- *Pépinière près Mies, Vaud* - Öl/Leinwand (55x46cm-22x18in) Zofingen 95 .... FF**19 130** - £2 500 - **$3,834**

DARGELAS André Henri 1828-1906 [13]
- *Young girl in a snowy village street* - Oil/panel (33x23cm-13x9in) New-York 93 .... FF**20 620** - £2 440 - **$3,750**
- *Blind man's buff* - Oil/canvas (57x76cm-22x30in) London 96 .... FF**63 800** - £7 500 - **$12,410**
- *La chandeleur* - Oil/panel (45x38cm-18x15in) London 97 .... FF**164 234** - £18 000 - **$28,823**

DARGENT Edouard Yan'Dargent 1824-1889 [12]
- *L'accident de chariot* - Lavis (30x49cm-12x19in) Brest 92 .... FF**3 200** - £328 - **$576**

DARIEN Henri Gaston 1864-1926 [16]
- *Petite paysanne près du puits* - Huile/toile (46x33cm-18x13in) Brest 94 .... FF**8 000** - £945 - **$1,475**
- *Quai du Louvre* - Oil/canvas (48x94cm-19x37in) London 96 .... FF**49 524** - £5 200 - **$8,518**
- *Boulevard Saint-Michel, Paris* - Oil/canvas (59x99cm-23x39in) New-York 93 .... FF**277 300** - £31 540 - **$47,000**

DARIER Albert 1843-? [1]
- *La double lecture* - Huile/panneau Genève 95 .... FF**13 600** - £1 722 - **$2,733**

DARIER-GUIGON Jenny 1845-? [1]
- *Hof eines Landsitzes* - Aquarell (25x29cm-10x11in) Bern 96 .... FF**2 000** - £213 - **$358**

DARIUS Darius Hecq Cauquil 1950 [3]
- *Les riches heures* - Oil/canvas (130x195cm-51x77in) Paris 90 .... FF**35 000** - £3 616 - **$6,184**

DARJOU Alfred H. 1832-1874 [3]
- *La marchande d'oiseaux* - Huile/toile (36x28cm-14x11in) Paris 94 .... FF**17 000** - £1 963 - **$2,935**

DARLEY Felix Octavius Carr 1822-1888 [13]
- *A working mother* - Watercolour/paper (36x51cm-14x20in) New-York 93 .... FF**10 620** - £1 208 - **$1,800**

DARLING Wilder M. 1856-1933 [2]
- *Fall landscape* - Oil/board (28x41cm-11x16in) Cleveland, Ohio 92 .... FF**2 637** - £276 - **$475**

DARLING William S. 1882-1963 [9]
- *Riders, Thunderbird Ranch*
  Oil/canvas/board (46x51cm-18x20in) San Francisco-Los Angeles 92 .... FF**12 150** - £1 242 - **$2,250**

DARMANIN José Miralles 1851-? [4]
- *Chez le notaire* - Oil/panel (33x46cm-13x18in) London 95 .... FF**12 520** - £1 600 - **$2,557**

DARNA Jan 1901-1974 [36]
- *Composition éclatée* - Huile/toile (46x61cm-18x24in) La Varenne Saint-Hilaire 90 .... FF**6 000** - £622 - **$1,054**
- *La reine endormie* - Huile/toile (73x92cm-29x36in) La Varenne Saint-Hilaire 90 .... FF**28 000** - £2 902 - **$4,921**

DARNAUD GUILHEM XX [2]
- *Offrande* - Huile/papier/panneau (76x105cm-30x41in) Neuilly 91 .... FF**2 450** - £246 - **$449**
- *Ambiguïté* - Gouache (125x72cm-49x28in) Neuilly 91 .... FF**2 800** - £281 - **$513**

DARNAUD Maxime 1931 [3]
- *Nature morte aux fruits* - Huile/toile (81x100cm-32x39in) Paris 96 .... FF**3 900** - £486 - **$757**
- *La chambre du voyageur* - Huile/toile (115x79cm-45x31in) Paris 90 .... FF**15 000** - £1 527 - **$3,000**

DARNAUT Hugo 1851-1937 [67]
- *Flusslandschaft* - Oil/Karton (34x29cm-13x11in) Wien 94 .... FF**17 150** - £2 027 - **$3,163**
- *Wooded landscape with cattle* - Oil/cardboard (36x50cm-14x20in) Wien 96 .... FF**36 200** - £4 130 - **$6,930**
- *Schloss Gloggnitz in Niederösterreich* - Öl/Karton (34x48cm-13x19in) Wien 94 .... FF**73 200** - £8 480 - **$12,600**
- *Sommeridylle* - Öl/Leinwand (56x43cm-22x17in) Wien 96 .... FF**289 600** - £33 000 - **$55,500**
- *Dorfstraße in Ungarn* - Watercolour (15x22cm-6x9in) Wien 92 .... FF**18 280** - £2 184 - **$3,515**

DARONDEAU Stanislas Henri B. 1807-1841 [3]
- *Environs de Rio de Janeiro (6)* - Ink (27x21cm-11x8in) London 93 .... FF**21 600** - £2 600 - **$3,770**

DARPY Lucien Gilbert 1875-? [4]
- *A basket of apples* - Oil/canvas (73x92cm-29x36in) London 95 .... FF**10 560** - £1 400 - **$2,180**

DARRAH Ann Sophia Towne 1819-1881 [1]
- *Figures near a shore* - Oil/canvas (66x102cm-26x40in) North Berwick, Maine 93 .... FF**13 750** - £1 724 - **$2,500**

DARRIEUX Charles René 1879-1958 [2]
- *Jardin du Luxembourg* - Oil/canvas (105x200cm-41x79in) New-York 91 .... FF**21 570** - £2 157 - **$3,552**

DARTIGUENAVE Prosper G. 1815-? [1]
- *Waiting for the coach* - Oil/panel (25x33cm-10x13in) London 95 .... FF**13 240** - £1 600 - **$2,444**

DARTIGUES Benoît 1959 [3]
- *Le bon coin* - Encres couleurs/papier (50x38cm-20x15in) Paris 91 .... FF**2 800** - £278 - **$486**

DARTS D'ARDEUIL Henri 1834-? [1]
- *Supplication* - Huile/toile (161x138cm-63x54in) Paris 92 .... FF**43 000** - £5 130 - **$8,270**

DARWIN Robin 1910-1974 [13]
- *Yvonne in a Summer Hat* - Oil/board (61x51cm-24x20in) London 97 .... FF**4 198** - £449 - **$725**

Piazza di Spagna, Roma
Oil/canvas (120x89cm-47x35in) Billinghurst, West Sussex 95 .... FF**20 900** - £*2 500* - **$3,975**

DASBURG Andrew Michael 1887-1979 [15]
Pinions - Oil/canvas (41x56cm-16x22in) Denver, Colorado 95 .... FF**66 500** - £*13 000* - **$8,410**
Taos Landscape - Watercolour (37x54cm-15x21in) New-York 96 .... FF**41 800** - £*4 830* - **$8,000**
View of Walpi
Watercolour/paper (34x42cm-13x17in) San Francisco-Los Angeles 90 .... FF**97 200** - £*10 041* - **$17,173**

DASHWOOD Geoffrey 1947 [3]
Starling - Bronze (29cm-11in) London 95 .... FF**12 270** - £*1 600* - **$2,540**
An owl - Bronze (15cm-6in) London 94 .... FF**23 860** - £*2 800* - **$4,250**

DASIO Ludwig 1871-1932 [1]
Tanzendes Mädchen - Bronze (62cm-24in) München 92 .... FF**12 200** - £*1 460* - **$2,350**

DASIO Maximilian 1865-1954 [1]
Kinder am Flussufer - Oil/panel (30x35cm-12x14in) München 94 .... FF**6 120** - £*714* - **$1,073**

DASNOY Albert 1901-1992 [11]
Jeanne - Huile/toile (70x52cm-28x20in) Bruxelles 92 .... FF**18 260** - £*1 870* - **$3,210**
Au parc de Bruxelles - Aquarelle (38x30cm-15x12in) Antwerpen 93 .... FF**6 470** - £*740* - **$1,100**

DASSAULT Olivier [28]
Le lac des oiseaux - Photo (70x100cm-28x39in) Paris 94 .... FF**9 000** - £*1 067* - **$1,663**

DASSELBORNE Lucien 1873-1952 [1]
Jardin - Huile/panneau (66x54cm-26x21in) Bruxelles 96 .... FF**4 020** - £*521* - **$804**

DASSON Henry 1825-1896 [4]
Cupid restraining a duck - Sculpture (55cm-22in) New-York 92 .... FF**14 560** - £*1 495* - **$2,706**

DASSONVAL Jean 1939 [3]
A quatorze heures de cheval - Huile/papier (50x65cm-20x26in) Saint-Germain-en-Laye 91 .... FF**4 000** - £*404* - **$794**

DASSONVILLE William E. 1879-1957 [9]
San Francisco Skyline - Gelatin silver print (20x23cm-8x9in) New-York 92 .... FF**9 800** - £*1 138* - **$2,000**

DASTUGUE Maxime 1851-1909 [2]
Le cavalier au bois - Huile/toile (46x38cm-18x15in) Deauville 92 .... FF**17 500** - £*1 790* - **$3,080**

DASVELDT Jan H. 1770-1850 [3]
Dogs seated in a landscape - Black chalk (14x15cm-6x6in) London 92 .... FF**3 710** - £*380* - **$728**

DAT Simone 1927 [3]
La ferme - Huile/panneau (61x100cm-24x39in) Paris 89 .... FF**4 500** - £*474* - **$758**
Les paysans - Huile/panneau (75x184cm-30x72in) Paris 90 .... FF**19 000** - £*1 934* - **$3,800**

DATER Judy R. Lichtenfeld 1941 [19]
Imogen & Twinka at Yosemite - Photograph (25x20cm-10x8in) New-York 94 .... FF**11 610** - £*1 347* - **$2,000**

DATHAN Johann Georg 1703-1748 [1]
Tod der Cleopatra - Huile/panneau (46x32cm-18x13in) Zürich 96 .... FF**32 900** - £*4 120* - **$6,340**

DAUBIGNY Amélie, née Dautel c.1796-1861 [1]
Jeune fille au corsage de dentelles - Miniature (11x8cm-4x3in) Paris 94 .... FF**6 000** - £*695* - **$1,030**

DAUBIGNY Charles François 1817-1878 [158]
Village, Bonnières - Oil/canvas (85x105cm-33x41in) New-York 95 .... FF**1** - £*203 600* - **$320,000**
Horses by the beach in Normandy - Oil/canvas (24x51cm-9x20in) London 96 .... FF**20 050** - £*2 500* - **$3,870**
Anon près d'une charrue - Oil/panel (20x35cm-8x14in) New-York 97 .... FF**91 272** - £*9 838* - **$16,000**
Bord de rivière, le soir - Oil/canvas (44x70cm-17x28in) New-York 97 .... FF**198 875** - £*21 431* - **$35,000**
Pâturage au bord de la rivière - Oil/canvas (46x81cm-18x32in) New-York 97 .... FF**369 525** - £*39 800* - **$65,000**
Rochers en bord de mer - Fusain/papier (28x43cm-11x17in) Paris 97 .... FF**2 500** - £*276* - **$440**
Village au bord de la rivière - Charcoal (34x50cm-13x20in) London 95 .... FF**38 850** - £*5 000* - **$7,960**
Bords de Seine - Crayon/papier (25x41cm-10x16in) Monaco 89 .... FF**120 000** - £*12 645* - **$20,202**

DAUBIGNY Karl 1846-1886 [67]
Paysage aux alentours d'une ville - Huile/toile (60x74cm-24x29in) Bruxelles 94 .... FF**8 300** - £*990* - **$1,562**
Dünenlandschaft - Öl (27x46cm-11x18in) Wien 97 .... FF**16 730** - £*1 778* - **$2,884**
Bateaux à marée-basse vers Trouville - Huile/panneau (31x41cm-12x16in) Barbizon 96 ...... FF**32 000** - £*3 990* - **$6,180**
Pêcheur au bord de la Seine à Mantes - Oil/panel (35x58cm-14x23in) New-York 97 .... FF**68 454** - £*7 379* - **$12,000**
Fisherman in a punt in a river landscape - Oil/panel (34x58cm-13x23in) New-York 91 ...... FF**91 200** - £*9 190* - **$15,825**

DAUBIGNY Pierre 1793-1858 [3]
Madame de Schrwink - Miniature (20cm-8in) London 92 .... FF**13 680** - £*1 400* - **$2,410**

DAUBNER Georg 1865-1926 [1]
Traversée des Vosges - Affiche (106x74cm-42x29in) Neuilly 96 .... FF**5 000** - £*645* - **$980**

DAUCHEZ André 1870-1948 [95]
Dunes au crépuscule - Huile/panneau (27x40cm-11x16in) Quimper 97 .... FF**3 000** - £*321* - **$526**
Les grands arbres au bord de mer - Huile/toile (37x60cm-15x24in) Quimper 97 .... FF**6 000** - £*643* - **$1,052**
A l'Ile Tudy, Marine - Huile/toile (38x46cm-15x18in) Brest 97 .... FF**9 500** - £*1 029* - **$1,668**
Sur l'Odet - Dessin (21x26cm-8x10in) Quimper 96 .... FF**2 300** - £*287* - **$446**
Baignade au grand paysage - Pastel (96x129cm-38x51in) Saumur 95 .... FF**8 100** - £*1 060* - **$1,622**

DAUCHEZ Philippe XX [11]
Hivernage - Aquarelle (27x36cm-11x14in) Quimper 96 .... FF**1 600** - £*200* - **$310**

DAUCHO Fernand 1898-? [1]
Bouquet de fleurs - Huile/toile (82x65cm-32x26in) Quimper 97 .... FF**3 500** - £*375* - **$614**

DAUCHOT Gabriel 1927 [128]
Aux courses - Huile/toile (47x19cm-19x7in) Paris 97 .... FF**2 800** - £*307* - **$491**
Jeune femme au chapeau - Huile/toile (80x40cm-31x16in) Paris 94 .... FF**5 500** - £*657* - **$1,031**

D

Concert dans un jardin public - Huile/toile (79x100cm-31x39in) Rouen 95......................FF*10 000* - £*1 308* - **$2,002**
Arlequin - Oil/canvas (132x81cm-52x32in) New-York 90.................................FF*37 300* - £*3 796* - **$7,459**
DAUDELIN Charles 1920 [7]
Sans titre - Sculpture (72x72cm-28x28in) Montréal 89 ....FF*2 400* - £*239* - **$379**
ABCD - Encres couleurs/papier (32x51cm-13x20in) Montréal 93 ....FF*2 676* - £*279* - **$468**
DAUDET Etienne Joseph 1673-1730 [1]
Nouveau Livre d'Ornements - Etching London 94 ....FF*8 400* - £*1 000* - **$1,583**
DAUDET Henri XIX-XX [3]
Août dans les Côtes du Nord, 1888 - Huile/toile (80x110cm-31x43in) Paris 90 ......FF*18 500* - £*1 917* - **$3,251**
DAUDIN Henri Ch. XIX-XX [4]
Femme en rose - Huile/toile (102x60cm-40x24in) Paris 95 ....FF*9 000* - £*1 195* - **$1,855**
DAUFIN Jacques 1930 [20]
Roses in a vase - Oil/canvas (79x97cm-31x38in) South Deerfield, Mass. 93 ....FF*2 063* - £*259* - **$375**
Le village - Huile/toile (73x54cm-29x21in) Douai 91 ....FF*10 000* - £*1 024* - **$1,867**
Le village aux toits rouges - Huile/toile (81x100cm-32x39in) Neuilly 92 ....FF*18 000* - £*1 850* - **$3,460**
DAUGE Claire [2]
Éléphant d'Afrique - Bronze (28cm-11in) Neuilly 96 ....FF*7 200* - £*848* - **$1,414**
DAUGHERTY James Henry 1874-1974 [5]
The wilderness road - Oil/canvas (92x110cm-36x43in) New-York 92 ....FF*73 500* - £*8 530* - **$15,000**
Untitled - Pastel/paper (60x91cm-24x36in) New-York 92.............................FF*3 430* - £*399* - **$700**
DAUMIER Honoré 1808-1879 [288]
La Fardeau - Oil/canvas (116x89cm-46x35in) London 93 ....FF*1* - £*1* - **$2**
L'Aquafortiste - Oil/canvas (13x18cm-5x7in) London 93 ....FF*387 000* - £*44 000* - **$65,500**
Le Sauvetage - Oil/canvas (16x25cm-6x10in) New-York 96 ....FF*828 000* - £*107 000* - **$160,000**
Paysagiste au travail - Lithographie Paris 96 ....FF*15 000* - £*1 870* - **$2,900**
Le ventre législatif - Lithograph (28x43cm-11x17in) London 92 ....FF*134 000* - £*16 000* - **$25,800**
Le Gâteux (Harle père) - Bronze (12cm-5in) London 96 ....FF*22 420* - £*2 900* - **$4,440**
Jacques Fr. Lefebvre - Bronze (19cm-7in) Paris 96 ....FF*40 000* - £*5 160* - **$7,830**
Le Petit Propriétaire - Bronze (17cm-7in) Paris 93 ....FF*49 000* - £*5 900* - **$8,910**
L'élégant, c.1855 - Bronze (17cm-7in) Paris 89 ....FF*50 000* - £*5 112* - **$8,039**
L'avocat saluant - Bronze (15cm-6in) Paris 93 ....FF*50 000* - £*6 020* - **$9,100**
Le Représentant nouant sa cravate - Bronze (17cm-7in) Paris 95 ....FF*82 000* - £*10 360* - **$16,580**
Ratapoil, c.1850 - Bronze (43cm-17in) London 89 ....FF*290 600* - £*29 714* - **$46,720**
La parade - Watercolour (44x34cm-17x13in) New-York 95.....................FF*5* - £*696 000* - **$1**
Feuille d'étude avec personnages - Encre/papier (21x26cm-8x10in) Paris 97 ......FF*14 000* - £*1 520* - **$2,456**
The head of a lawyer - Black chalk (13x11cm-5x4in) London 96 ....FF*72 400* - £*8 500* - **$14,240**
La chanson à boire - Watercolour/paper (25x35cm-10x14in) New-York 94 ......FF*3 5e +06* - £*363 000* - **$580,000**
DAUMILLER Adolf Gustav 1876-? [3]
Stehender Mädchenakt - Bronze (35cm-14in) Bremen 93 ....FF*3 730* - £*446* - **$718**
DAUNAS Ermengol 1843-1903 [4]
Galanteria - Oleo/tabla (37x46cm-15x18in) Madrid 93 ....FF*20 800* - £*2 395* - **$3,570**
DAUPHIN Eugène Baptiste E. 1857-1930 [2]
Le cap Brun, rade de Toulon - Huile/toile (33x46cm-13x18in) Neuilly 89 ......FF*19 000* - £*2 002* - **$3,199**
DAUPHIN Louis 1885-1926 [2]
Venise, un canal - Aquarelle (56x37cm-22x15in) Paris 96 ....FF*2 000* - £*254* - **$384**
DAUPTAIN Laurent XX [4]
Banlieue - Huile/toile (81x60cm-32x24in) Blois 95..................................FF*3 000* - £*363* - **$565**
DAUX Charles Edmond 1817-1888 [4]
La baigneuse - Huile/toile (46x22cm-18x9in) Fontainebleau 93 ....FF*35 000* - £*4 220* - **$6,360**
Portrait de femme décolletée - Pastel (55x38cm-22x15in) Paris 94 ....FF*5 500* - £*655* - **$1,036**
DAUX Henriette 1866-? [3]
Self-portrait at the easel - Oil/canvas (162x97cm-64x38in) London 95 ....FF*19 730* - £*2 500* - **$3,970**
DAUZATS Adrien 1804-1868 [27]
Le passage des Portes de Fer, Algérie
Huile/panneau (21x27cm-8x11in) Monaco 96..FF*55 000* - £*6 310* - **$10,500**
Tombeau du Sultan Kalaoun au Moristan-Caire
Huile/panneau (65x48cm-26x19in) Paris 89 ....FF*120 000* - £*12 270* - **$19,293**
The interior of the cathedral of Toledo - Watercolour (48x32cm-19x13in) London 97 ......FF*33 333* - £*3 500* - **$5,733**
DAVACH DE THEZE Marc Ferdinand 1880-1969 [4]
Au bord de la côte atlantique - Huile (62x92cm-24x36in) Grenoble 90 ....FF*2 500* - £*268* - **$435**
DAVANNE Louis Alphonse 1824-1912 [2]
Vues d'Etretat - Tirage albuminé (13x22cm-5x9in) Paris 96 ....FF*14 000* - £*1 596* - **$2,680**
DAVELOOZE Jean-Baptiste 1807-1886 [5]
Paysage - Huile/toile (70x84cm-28x33in) Bruxelles 97 ....FF*37 582* - £*4 071* - **$6,647**
DAVENPORT Carlson 1908-1972 [1]
Century of Progress - Oil/canvas (69x152cm-27x60in) New-York 92 ....FF*40 300* - £*4 810* - **$7,750**
DAVENPORT Henry 1882-? [2]
Wading on Cape Cod - Oil/board (76x64cm-30x25in) Portland, Maine 94 ......FF*14 070* - £*1 686* - **$2,600**
DAVENPORT Leslie 1905-? [3]
Red Lion, Bishops Bridge, Norwich
Mixed media (51x76cm-20x30in) Aylsham, Norfolk 94...............................FF*5 960* - £*700* - **$1,062**
DAVENPORT William Slocum 1868-? [1]
Bord de mer au Cap d'Antibes - Huile/toile (65x54cm-26x21in) Paris 94 ....FF*3 000* - £*349* - **$526**

DAVEY Randall 1887-1964 [16]
- Seated nude in Artist's Studio - Oil/board (93x67cm-37x26in) New-York 96 .... FF4 650 - £576 - **$900**
- Flowers - Oil/canvas (81x66cm-32x26in) Chicago 93 .... FF42 500 - £4 830 - **$7,200**
- Nude (48x33cm-19x13in) North Berwick, Maine 94 .... FF2 200 - £255 - **$375**

DAVID Charles 1797-1869 [1]
- Retour de Varennes/Exécution de Louis XVI - Gouache (14x21cm-6x8in) Bergerac 92 .... FF20 000 - £2 054 - **$3,850**

DAVID D'ANGERS Pierre Jean 1788-1856 [43]
- Laetitia Bonaparte - Bronze (16cm-6in) New-York 93 .... FF8 700 - £1 000 - **$1,500**
- Chateaubriand - Bronze (16cm-6in) New-York 94 .... FF8 820 - £888 - **$1,728**
- Louis-Philippe Ier - Marbre (62cm-24in) Rouen 92 .... FF33 000 - £3 380 - **$5,810**
- Homme jouant de la musique - Encre (21x17cm-8x7in) Paris 93 .... FF5 500 - £633 - **$940**

DAVID DE MARSEILLE Joseph Antoine 1725-1789 [2]
- Personnages au bord d'une rivière - Pierre noire (21x28cm-8x11in) Paris 89 .... FF4 000 - £422 - **$673**

DAVID Ernest 1838-? [1]
- Barbizon - Huile/panneau (32x41cm-13x16in) Provins 90 .... FF2 800 - £298 - **$501**

DAVID Eugène 1896-? [4]
- Le pingouin - Bronze (27cm-11in) Auxerre 91 .... FF3 200 - £325 - **$578**

DAVID Ferdinand 1860-? [2]
- Place de la mosquée Sidi M'Harez, Tunis - Huile/toile (46x55cm-18x22in) Paris 90 .... FF19 500 - £2 101 - **$3,439**

DAVID Fernand 1872-1927 [2]
- Bust of a young woman - Sculpture (47cm-19in) London 90 .... FF14 500 - £1 552 - **$2,522**

DAVID Giovanni 1743-1790 [4]
- Adam, Eve, Cain & Abel - Ink (29x25cm-11x10in) New-York 97 .... FF25 028 - £2 785 - **$4,500**

DAVID Gustave 1824-1891 [7]
- Beauté orientale - Aquarelle, gouache (34x23cm-13x9in) Paris 94 .... FF10 000 - £1 185 - **$1,850**

DAVID Hermine 1886-1971 [79]
- Cavalier - Huile/toile (31x40cm-12x16in) Saint-Germain-en-Laye 96 .... FF2 850 - £367 - **$565**
- Paysage - Huile/carton (63x53cm-25x21in) Paris 97 .... FF7 000 - £764 - **$1,224**
- Village de provence - Huile/panneau (68x57cm-27x22in) Paris 94 .... FF22 000 - £2 630 - **$4,160**
- La rue Royale - Huile/toile (65x70cm-26x28in) Paris 90 .... FF48 000 - £5 172 - **$8,466**
- Notre Dame, 1937 - Aquarelle, gouache (30x25cm-12x10in) Calais 90 .... FF7 000 - £749 - **$1,217**

DAVID Jacques Louis 1748-1825 [33]
- S. Le Peletier de St. Fargeau - Oil/canvas (60x49cm-24x19in) London 97 .... FF3 - £3 - **$5**
- Homme de profil - Mine plomb (19cm-7in) Paris 93 .... FF1 - £187 500 - **$279,600**
- Captives brought before Constantine - Black chalk (21x31cm-8x12in) London 97 ...... FF97 847 - £10 000 - **$16,654**
- Town in the Roman Campagna - Black chalk (14x23cm-6x9in) London 97 .... FF136 986 - £14 000 - **$23,315**

DAVID Jacques Louis Jules 1829-1886 [1]
- Les croisés se préparant au combat - Aquarelle, gouache (26x39cm-10x15in) Paris 93 .... FF6 000 - £674 - **$1,017**

DAVID Jean 1928 [3]
- A cruel game of chess - Oil/canvas (89x116cm-35x46in) Tel Aviv 96 .... FF31 100 - £3 840 - **$6,000**

DAVID José Maria 1944 [67]
- Le Guépard - Bronze (90x52cm-35x20in) Montauban 94 .... FF97 200 - £11 172 - **$16,759**
- Le Lynx - Bronze (45x56cm-18x22in) Middelburg 92 .... FF120 000 - £14 320 - **$23,077**
- Cheval cabré - Bronze (80cm-31in) Paris 91 .... FF121 000 - £12 097 - **$19,928**

DAVID Jules 1808-1892 [13]
- L'attention d'une mère - Huile/panneau (25x16cm-10x6in) Paris 96 .... FF3 300 - £414 - **$637**
- Amazone/Elégantes - Gouache (23x18cm-9x7in) Paris 90 .... FF6 500 - £696 - **$1,130**
- La partie de campagne - Aquarelle (30x23cm-12x9in) Paris 91 .... FF20 000 - £2 054 - **$3,720**

DAVID LEY Patricia XX [2]
- Jeu d'enfants - Huile/toile (60x80cm-24x31in) L'Isle-Adam 90 .... FF2 000 - £210 - **$348**

DAVID Louis 1792-1868 [5]
- Cavallerists - Watercolour (9x19cm-4x7in) Amsterdam 97 .... FF4 144 - £438 - **$711**
- A mother and child at the breakfast - Watercolour (18x15cm-7x6in) London 97 .... FF12 229 - £1 300 - **$2,107**

DAVID Maxime 1798-1870 [3]
- Jeune femme brune - Miniature (6cm-2in) Paris 95 .... FF12 000 - £1 450 - **$2,260**

DAVID Michael 1954 [11]
- Entelechy - Wax polymer emulsion/wood (76x61cm-30x24in) New-York 95 .... FF11 300 - £1 387 - **$2,200**
- Untitled, 1985 - Monotype (30x41cm-12x16in) San Francisco-Los Angeles 90 .... FF3 700 - £399 - **$653**
- Vampire in the ghetto no.37 - Sculpture (86x30x102cm-34x12x40in) New-York 90 .... FF28 600 - £2 964 - **$5,026**

DAVID Villiers 1906-1985 [8]
- Artist's sitting room, Cleveland Row - Oil/canvas (76x64cm-30x25in) London 94 .... FF3 410 - £400 - **$597**
- At the Turner Exhibition - Watercolour (11x16cm-4x6in) London 96 .... FF2 395 - £300 - **$462**

DAVID-NILLET Germain 1861-1932 [3]
- La cathédrale, Chartres - Huile/toile (35x33cm-14x13in) Neuilly 96 .... FF5 500 - £648 - **$1,080**

DAVIDSON Alexander ?-1887 [1]
- A restful moment - Oil/canvas (51x66cm-20x26in) London 91 .... FF2 976 - £299 - **$515**

DAVIDSON Allan XIX-XX [7]
- Drawing room interior - Oil/board (27x30cm-11x12in) Retford, Nottinghamshire 91 .... FF9 420 - £956 - **$1,701**

DAVIDSON Allen Douglas 1873-1932 [19]
- Female Nude on a Stool - Oil/board (18x16cm-7x6in) London 97 .... FF3 002 - £320 - **$524**
- Playful companions - Oil/canvas (66x48cm-26x32in) London 90 .... FF38 700 - £4 143 - **$6,730**

DAVIDSON Bessie 1880-1965 [12]
🖛 *Spring blossom, Savoie* - Oil/board (33x41cm-13x16in) London 89 .... FF**82 300** - £**8 415** - $**13,232**
DAVIDSON Bruce 1933 [12]
📷 *Man holding Border Collie/Boy* - Silver print (36x51cm-14x20in) New-York 94 .... FF**5 310** - £**634** - $**1,000**
DAVIDSON Charles 1820-1902 [4]
✎ *Bettws-y-Coed, Wales* - Watercolour (19x45cm-7x18in) London 94.......................... FF**2 386** - £**280** - $**418**
DAVIDSON Charles Grant 1820-1902 [2]
🖛 *Seascape* - Oil/canvas (25x41cm-10x16in) Litchfield, CT 93 .... FF**2 750** - £**325** - $**500**
DAVIDSON Clara 1874-? [2]
🖛 *Gartenblumen* - Oil/canvas (52x78cm-20x31in) Stuttgart 90 .... FF**8 400** - £**850** - $**1,598**
DAVIDSON Ezechiel 1792-1870 [1]
🖛 *The bitter medecine* - Oil/canvas (57x43cm-22x17in) Amsterdam 90 .... FF**19 600** - £**1 995** - $**3,920**
DAVIDSON George XIX-XX [3]
🖛 *From the harbour, Aberdeen* - Oil/panel (20x29cm-8x11in) Glasgow 96 .... FF**7 330** - £**950** - $**1,436**
DAVIDSON Joseph, Jo 1883-1952 [12]
🗿 *Marshal Ferdinand Foch* - Bronze (24cm-9in) New-York 90.......................... FF**14 900** - £**1 585** - $**2,665**
World Warn II Soldier: a bust - Bronze (48cm-19in) New-York 94 .... FF**31 530** - £**3 790** - $**6,000**
DAVIDSON Julian O. 1853-1893 [2]
✎ *Moonlit battle at sea* - Gouache (23x30cm-9x12in) New-York 94 .... FF**6 690** - £**803** - $**1,300**
DAVIDSON Lilian Lucy ?-1954 [2]
🖛 *The Dredgers* - Oil/canvas (23x30cm-9x12in) Glasgow 92 .... FF**7 120** - £**850** - $**1,370**
✎ *The Black House, Victoria* - Watercolour (31x24cm-12x9in) Dublin 95 .... FF**2 220** - £**289** - $**457**
DAVIDSON Majel 1885-1969 [4]
🖛 *The White House* - Oil/canvas (61x51cm-24x20in) London 94 .... FF**12 100** - £**1 400** - $**2,086**
DAVIDSON Mariana S. 1926 [4]
🖛 *Ballet Bolchoï* - Huile/toile (80x100cm-31x39in) Saint-Germain-en-Laye 92 .... FF**7 200** - £**740** - $**1,334**
DAVIDSON Morris 1898-? [2]
🖛 *Still life* - Oil/canvas (30x41cm-12x16in) Mystic, Connecticut 92 .... FF**2 414** - £**247** - $**425**
DAVIDSON Nora XIX-XX [2]
✎ *Here, Kitty !* - Wash (33x17cm-13x7in) London 91 .... FF**1 696** - £**169** - $**292**
DAVIDSON Patrick J. 1946 [4]
✎ *Hispania, 1909* - Aquarelle, gouache (50x65cm-20x26in) Paris 96 .... FF**2 500** - £**294** - $**492**
DAVIDSON Rowland XX [2]
🖛 *Hugging her teddy* - Oil/canvas (50x61cm-20x24in) Belfast 90 .... FF**8 700** - £**926** - $**1,556**
DAVIE Alan 1920 [102]
🖛 *Untitled* - Oil/canvas (51x61cm-20x24in) New-York 97 .... FF**14 035** - £**1 482** - $**2,400**
Marvellous feeling - Oil/paper/canvas (41x53cm-16x21in) London 92 .... FF**37 000** - £**3 800** - $**7,100**
A first movement in green, 57-8 - Oil/board (122x183cm-48x72in) London 97 .... FF**134 228** - £**14 000** - $**22,953**
Oh to be a serpent that I may... - Oil/canvas (181x254cm-71x100in) New-York 89 .... FF**486 200** - £**49 714** - $**78,167**
✎ *Bird head walls No. 4* - Gouache/papier (56x76cm-22x30in) London 96 .... FF**15 950** - £**2 000** - $**3,084**
Meditation castle no.3, 1969 - Gouache (56x76cm-22x30in) München 89.......................... FF**74 300** - £**7 829** - $**12,508**
DAVIES Albert Webster 1889-1967 [1]
🖛 *Surrender at Nashville* - Oil/masonite (45x60cm-18x24in) New-York 90 .... FF**6 900** - £**726** - $**1,200**
DAVIES Arthur Bowen 1862-1928 [80]
🖛 *Lady with roses* - Oil/board (39x17cm-15x7in) New-York 94.......................... FF**8 120** - £**962** - $**1,500**
Twin Lakes, Colorado - Oil/panel (13x23cm-5x9in) New-York 94 .... FF**10 440** - £**1 210** - $**2,000**
Heavenly Aphrodite - Oil/canvas (36x71cm-14x28in) New-York 95 .... FF**19 380** - £**2 493** - $**4,000**
Avatar - Oil/canvas (46x101cm-18x40in) New-York 97 .... FF**350 058** - £**36 756** - $**60,000**
🗿 *The Three Graces* - Sculpture (20cm-3in) New-York 89 .... FF**6 900** - £**687** - $**1,090**
✎ *Two female nudes* - Charcoal (51x43cm-20x17in) Dedham, Mass. 96 .... FF**4 600** - £**593** - $**900**
San Gimignano - Watercolour/board (24x31cm-9x12in) New-York 90 .... FF**22 100** - £**2 260** - $**4,362**
DAVIES Arthur Edward 1893-1967 [100]
🖛 *Norflk clay lump cottage with figures* - Oil/canvas Aylsham, Norfolk 90.......................... FF**10 700** - £**1 105** - $**1,890**
✎ *Stracey Arms Mill, Norwich* - Watercolour (25x38cm-10x15in) Aylsham, Norfolk 96.......................... FF**3 730** - £**450** - $**716**
London Street, Norwich - Watercolour (38x28cm-15x11in) Aylsham, Norfolk 96 .... FF**7 580** - £**950** - $**1,463**
DAVIES Edward 1841-1920 [1]
✎ *Plough Team, Leicester* - Watercolour (26x36cm-10x14in) London 96 .... FF**1 716** - £**220** - $**338**
DAVIES George XIX-XX [2]
📷 *Scenery of Norfolk & Suffolk* - Photograph New-York 90.......................... FF**17 200** - £**1 853** - $**3,034**
DAVIES Harold Christopher 1891-1976 [1]
🖛 *Third Street Bridge, San Francisco*
        Oil/canvas (58x66cm-23x26in) San Francisco-Los Angeles 92.......................... FF**6 840** - £**810** - $**1,316**
DAVIES James Hey 1844-? [3]
🖛 *River landscape with a cottage* - Oil/canvas (35x54cm-14x21in) London 95 .... FF**2 400** - £**300** - $**485**
Harvest time - Oil/canvas (30x76cm-12x30in) London 89 .... FF**6 800** - £**695** - $**1,093**
DAVIES John 1946 [13]
🗿 *Head of a Man* - Sculpture (165cm-65in) London 94 .... FF**38 500** - £**4 500** - $**6,740**
Gods, King, Politicians and Popes - Ink (97x76cm-38x30in) London 97 .... FF**8 403** - £**900** - $**145,2 6**
DAVIES John ?-1865 [3]
✎ *Figure on swing* - Mixed media/paper (52x42cm-20x17in) London 91 .... FF**49 900** - £**5 004** - $**8,237**
DAVIES Ken 1925 [2]
🖛 *Hartford, 1974* - Oil/board (25x40cm-10x16in) New-York 90 .... FF**20 000** - £**2 128** - $**3,578**
DAVIES Thomas, Major c.1737-1812 [2]
✎ *Roseau in Dominica* - Wash (31x47cm-12x19in) London 90.......................... FF**25 200** - £**2 681** - $**4,508**

DAVIES William 1826-1910 [7]
🖼 *Loch Eck, Argylishire* - Oil/canvas (42x57cm-17x22in) New-York 92 .... FF11 440 - £1 366 - **$2,200**

DAVILA Fernando 1953 [2]
🖼 *Incendio, 1988* - Oil/canvas (178x156cm-70x61in) New-York 90 .... FF17 200 - £1 830 - **$3,077**

DAVILA José Antonio 1935 [3]
🖼 *El Vigesimonoveno Encuentro* - Acrylic/canvas (121x131cm-48x52in) New-York 96 .... FF52 000 - £6 610 - **$10,000**

DAVIS Alexander Jackson 1803-1892 [1]
✏ *City Hall, New York* - Watercolour (31x43cm-12x17in) London 95 .... FF40 200 - £5 030 - **$8,000**

DAVIS Arthur XIX-XX [4]
🖼 *Gone to ground* - Oil/canvas (51x77cm-20x30in) London 91 .... FF6 910 - £693 - **$1,266**

DAVIS Arthur Alfred XIX-XX [6]
🖼 *The Kill* - Oil/canvas (91x61cm-36x24in) New-York 94 .... FF28 100 - £3 296 - **$5,000**

DAVIS Arthur Edward 1893-? [1]
🖼 *On the scent* - Oil/panel (115x42cm-45x17in) New-York 94 .... FF112 300 - £13 180 - **$20,000**

DAVIS Brad 1942 [3]
🖼 *Rabbits #4* - Mixed media/canvas (91x66cm-36x26in) San Francisco-Los Angeles 94 ...... FF11 200 - £1 460 - **$2,174**

DAVIS Charles Harold 1856-1932 [14]
🖼 *River scene* - Oil/canvas (33x41cm-13x16in) Mystic, Connecticut 96 .... FF20 700 - £2 594 - **$4,000**
The Springtime - Oil/canvas (64x76cm-25x30in) New-York 96 .... FF60 700 - £7 870 - **$12,000**

DAVIS Denholm XIX-XX [2]
🖼 *Portrait of a lady* - Oil/canvas (30x25cm-12x10in) London 89 .... FF15 500 - £1 498 - **$2,352**

DAVIS Dwight A. 1852-1944 [10]
📷 *Lady in white* - Platinum print (23x18cm-9x7in) New-York 92 .... FF2 940 - £342 - **$600**

DAVIS Edward Thompson 1833-1867 [5]
🖼 *Portrait of a Lady* - Oil/panel (15x10cm-6x4in) London 97 .... FF18 365 - £2 000 - **$3,194**

DAVIS Floyd McMillan 1896-1966 [18]
✏ *The Hunter* - Watercolour (41x30cm-16x12in) New Orleans, Louisiana 93 .... FF3 540 - £403 - **$600**

DAVIS Frederick c.1850-c.1895 [4]
✏ *River in a wooded landscape* - Watercolour (36x54cm-14x21in) London 96 .... FF1 650 - £200 - **$321**

DAVIS Frederick Williams 1862-1919 [4]
🖼 *The Curfew Tolls the Knell* - Oil/canvas (66x109cm-26x43in) London 93 .... FF29 900 - £3 600 - **$5,220**
✏ *Extensive river landscape* - Watercolour (25x46cm-10x18in) Aylsham, Norfolk 96 .... FF3 424 - £450 - **$687**

DAVIS Gene 1920-1985 [17]
🖼 *Citrus* - Oil/canvas (145x183cm-57x72in) New-York 96 .... FF33 300 - £3 950 - **$6,500**
Amber sonata, 1965 - Acrylic/canvas (236x124cm-93x49in) New-York 89 .... FF148 700 - £14 796 - **$23,491**

DAVIS Gladys Rockmore 1901-1967 [17]
🖼 *A girl with a cat* - Oil/canvas (38x46cm-15x18in) Bloomfield Hills, Michigan 96 .... FF4 300 - £547 - **$850**
August Afternoon - Oil/canvas (76x102cm-30x40in) New-York 93 .... FF32 400 - £3 710 - **$5,750**

DAVIS Henry William Banks 1833-1914 [11]
🖼 *Cattle on a Coastal Path* - Oil/canvas (42x69cm-17x27in) London 96 .... FF23 060 - £3 000 - **$4,570**

DAVIS John Scarlett 1804-1845 [5]
🖼 *The Long Gallery of the Uffizi* - Oil/canvas (107x141cm-42x56in) London 93 .... FF434 500 - £50 000 - **$74,500**
✏ *Pavillon de Flore, Tuileries, Paris* - Ink (21x16cm-8x6in) London 96 .... FF14 720 - £1 900 - **$2,843**

DAVIS Joseph H. 1811-1865 [1]
✏ *The Wentworth family* - Watercolour/board New-York 90 .... FF30 260 - £3 047 - **$5,928**

DAVIS Joseph Steeple 1844-1917 [1]
🖼 *Ye Red Lion Inn* - Oil/canvas (38x51cm-15x20in) St. Petersburg, Florida 96 .... FF4 860 - £632 - **$950**

DAVIS Leonard Moore 1864-1938 [5]
🖼 *Alaskan landscape* - Oil/canvas (46x61cm-18x24in) New-York 95 .... FF5 520 - £692 - **$1,100**

DAVIS Louis B. 1860-1941 [4]
✏ *Wedding procession of Saint George* - Pencil (7x24cm-3x9in) London 91 .... FF4 170 - £420 - **$735**

DAVIS Lucien 1860-1941 [9]
✏ *In the Conservatory* - Watercolour (92x68cm-36x27in) London 97 .... FF38 132 - £4 000 - **$6,543**

DAVIS Lynn 1944 [8]
📷 *Disco Bay, Greenland* - Gelatin silver print (71x71cm-28x28in) New-York 96 .... FF15 470 - £1 987 - **$3,000**

DAVIS Richard Barrett 1782-1854 [11]
🖼 *Huntsman and hounds* - Oil/board (18x23cm-7x9in) New-York 95 .... FF8 860 - £1 160 - **$1,800**
Maria - Oil/canvas (63x77cm-25x30in) New-York 97 .... FF54 913 - £5 854 - **$9,500**

DAVIS Roger 1898-1935 [1]
🖼 *Head of a young girl with red hair* - Oil/canvas (33x28cm-13x11in) Detroit, Michigan 93 .... FF4 125 - £518 - **$750**

DAVIS Ronald, Ron 1937 [15]
🖼 *Inside Light* - Polyester resin/Fiberglas (144x5x345cm-57x2x136in) New-York 96 .... FF35 660 - £4 200 - **$7,000**
📷 *Plane slab* - Installation (127x354cm-50x139in) New-York 92 .... FF20 800 - £2 483 - **$4,000**
✏ *Untitled* - Watercolour (56x77cm-22x30in) San Francisco-Los Angeles 93 .... FF14 750 - £1 680 - **$2,500**

DAVIS Samuel 1757-1819 [8]
✏ *Rajah's Villa, Wandecky* - Pencil (26x36cm-10x14in) London 92 .... FF25 400 - £2 600 - **$4,480**

DAVIS Stanley S. 1847-1898 [3]
🖼 *Hanging apples* - Oil/canvas (31x26cm-12x10in) New-York 93 .... FF76 700 - £8 720 - **$13,000**

DAVIS Stark 1885-? [2]
🖼 *Peacock* - Oil/board (30x30cm-12x12in) Chicago 93 .... FF4 950 - £621 - **$900**

DAVIS Stuart 1894-1964 [28]
- *Night life, 1962* - Oil/canvas (61x81cm-24x32in) New-York 89 .... FF4 - £467 894 - **$735,691**
- *Landscape in the colors of a pear* - Oil/canvas (38x56cm-15x22in) New-York 91 .... FF570 000 - £57 400 - **$100,000**
- *Theatre on the Beach* - Lithograph (27x38cm-11x15in) New-York 94 .... FF74 000 - £19 320 - **$12,950**
- *Small boats anchored* - Gouache/paper (30x34cm-12x13in) New-York 97 .... FF350 262 - £36 846 - **$60,000**

DAVIS Stuart G. XIX-XX [2]
- *The Garden Steps* - Oil/panel (30x22cm-12x9in) Billinghurst, West Sussex 94 .... FF8 470 - £1 000 - **$1,510**

DAVIS Theodore Russell 1840-1894 [1]
- *Evacuating Fort Sumpter* - Watercolour/board (15x18cm-6x7in) New-York 90 .... FF4 730 - £488 - **$835**

DAVIS Valentine 1854-1930 [7]
- *Some bargains* - Oil/board (45x30cm-18x12in) London 92 .... FF4 020 - £480 - **$774**

DAVIS Vestie E. 1903-1978 [1]
- *Nathan's at Coney Island* - Oil/canvas (46x61cm-18x24in) New-York 93 .... FF13 750 - £1 625 - **$2,500**

DAVIS W.H. ?-1865 [3]
- *Haymakers gathering* - Oil/canvas (60x10cm-24x4in) London 89 .... FF18 400 - £1 778 - **$2,792**

DAVIS Warren B. 1865-1928 [18]
- *Emma Fenton Voorhees* - Oil/canvas (92x61cm-36x24in) New-York 95 .... FF25 600 - £3 350 - **$5,200**
- *Nude with butterfly* - Pencil (20x13cm-8x5in) New-York 94 .... FF2 570 - £302 - **$450**

DAVIS Wayne Lambert 1904 [3]
- *Clearing the Trail* - Watercolour/paper (47x57cm-19x22in) New-York 95 .... FF2 954 - £387 - **$600**

DAVIS William 1812-1873 [4]
- *A sunny day* - Oil/canvas (30x46cm-12x18in) London 96 .... FF27 670 - £3 600 - **$5,480**

DAVIS William Henry c.1795-1885 [14]
- *Hereford Bull in a landscape*
  Oil/canvas (53x68cm-21x27in) San Francisco-Los Angeles 94 .... FF23 460 - £2 714 - **$4,000**

DAVIS William Steeple 1884-? [1]
- *Constitution & Guerriere/Schooner* - Ink (16x22cm-6x9in) New-York 93 .... FF2 360 - £269 - **$400**

DAVISON George 1856-1930 [6]
- *Pond at Western Green* - Photogravure (24x17cm-9x7in) London 90 .... FF3 710 - £378 - **$742**

DAVISON William XIX [2]
- *Shipping floundering in stormy Seas* - Watercolour (21x33cm-8x13in) London 97 .... FF5 525 - £600 - **$979**

DAVISSON Homer G. 1866-? [1]
- *Landscape* - Oil/board (64x51cm-25x20in) Mystic, Connecticut 94 .... FF4 650 - £537 - **$800**

DAVLOOZE Jean-Baptiste 1807-1886 [1]
- *Le moulin/La ferme* - Huile/toile (37x50cm-15x20in) Paris 92 .... FF11 000 - £1 313 - **$2,116**

DAVOINE Jean Irénée, René 1888-1962 [1]
- *Baigneuse* - Terracotta (47cm-19in) Saint-Dié 96 .... FF1 500 - £181 - **$288**

DAVOL Joseph B. 1864-1923 [2]
- *Willows in Winter* - Oil/canvas (73x91cm-29x36in) North Berwick, Maine 91 .... FF4 850 - £487 - **$839**

DAVRINGHAUSEN Heinrich Maria 1894-1970 [15]
- *Sitzende, 1931* - Tempera/tela (26cm-10in) Köln 89 .... FF37 200 - £3 804 - **$5,981**
- *Composition* - Encre Chine/papier (49x63cm-19x25in) Saint-Germain-en-Laye 95 .... FF15 000 - £1 895 - **$3,010**

DAWANT Albert Pierre 1852-1923 [1]
- *Scène d'assemblée* - Huile/toile (90x72cm-35x28in) Monaco 90 .... FF40 000 - £4 132 - **$7,067**

DAWE George 1781-1829 [6]
- *Major General Sir George Adam Wood* - Oil/canvas (93x73cm-37x29in) London 91 .... FF79 800 - £7 978 - **$13,143**

DAWE Henry 1790-1848 [1]
- *Sir Evan J. Murray McGregor* - Gravure (67x39cm-26x15in) Paris 93 .... FF1 550 - £187 - **$282**

DAWES Edwin M. 1872-1945 [3]
- *Wildflowers along the path*
  Oil/canvas (41x51cm-16x20in) San Francisco-Los Angeles 91 .... FF6 590 - £659 - **$1,085**

DAWS Frederick Thomas 1878-? [4]
- *A Sealyham* - Oil/board (26x34cm-10x13in) London 94 .... FF4 810 - £550 - **$814**

DAWS Lawrence 1927 [20]
- *Aeroplane over the outback* - Oil/canvas (158x157cm-62x62in) London 90 .... FF19 520 - £1 996 - **$3,853**
- *Kangaroo* - Gouache (60x76cm-24x30in) London 91 .... FF7 140 - £725 - **$1,290**

DAWSON Arthur 1857-1922 [2]
- *Woman feeding turkeys* - Oil/canvas (71x91cm-28x36in) Mystic, Connecticut 95 ...... FF9 660 - £1 158 - **$1,800**

DAWSON Byron Eric XIX-XX [2]
- *Cumbrian hill farm*
  Oil/board (47x59cm-19x23in) Marlborough Crescent, Newcastle upon Tyn 91 .... FF4 030 - £400 - **$700**

DAWSON Elsie May XIX-XX [2]
- *Anemones in a blue vase* - Oil/canvas (36x47cm-14x19in) London 91 .... FF2 793 - £278 - **$480**

DAWSON George Walter 1870-1938 [3]
- *White water lily* - Watercolour/paper (25x25cm-10x10in) New-York 95 .... FF5 330 - £686 - **$1,100**

DAWSON Henry Thomas 1811-1878 [18]
- *Mouth of the Menai Straits* - Oil/canvas (41x61cm-16x24in) London 96 .... FF6 780 - £850 - **$1,310**
- *A harbour Side* - Oil/canvas (60x96cm-24x38in) London 97 .... FF32 833 - £3 500 - **$5,732**

DAWSON Mabel 1887-1965 [5]
- *Fleet Minesweepers, Bangor Class* - Oil/board (36x52cm-14x20in) Boston, Mass. 91 .... FF15 850 - £1 609 - **$2,863**
- *The Gallant Hotspur* - Oil/canvas (61x91cm-24x36in) New-York 91 .... FF169 800 - £17 233 - **$30,668**
- *In the morning watch* - Wash/paper (31x48cm-12x19in) Boston, Mass. 91 .... FF19 800 - £2 010 - **$3,576**

DAWSON Manierre 1887-1969 [2]
- Red mur - Oil/canvas (40x61cm-16x24in) New-York 97 .... FF122 520 - £12 864 - **$21,000**

DAWSON Montague 1895-1973 [173]
- Clearing Skies - Oil/canvas (71x142cm-28x56in) New-York 97 .... FF1 - £129 276 - **$210,000**
- Units of the U.S Fleet Entering Algiers - Oil/board (36x54cm-14x21in) New-York 97 .... FF18 223 - £1 970 - **$3,200**
- Queen Elizabeth II's yacht Bluebottle - Oil/board (32x23cm-13x9in) New-York 97 .... FF63 583 - £6 778 - **$11,000**
- White Ship, The Thomas Stephens - Oil/canvas (60x90cm-24x35in) New-York 97 ..... FF104 045 - £11 092 - **$18,000**
- Ann McKim of Baltimore - Oil/canvas (51x76cm-20x30in) New-York 97 .... FF248 553 - £26 497 - **$43,000**
- Timaru New zealand Clipper - Oil/canvas (71x106cm-28x42in) London 97 .... FF478 426 - £51 000 - **$83,532**
- The Temporaly Flagship - Watercolour (49x74cm-19x29in) London 97 .... FF42 214 - £4 500 - **$7,370**
- The Clipper Ship Flying Fish
  Watercolour, gouache/board (42x68cm-17x27in) New-York 97 .... FF91 117 - £9 850 - **$16,000**

DAWSON Nelson 1859-1941 [3]
- Barges on the Thames/Off Whitby - Watercolour London 93 .... FF2 240 - £280 - **$406**

DAWSON-WATSON Dawson 1864-1939 [4]
- Harvested pasture - Oil/canvas (45x56cm-18x22in) New-York 89 .... FF14 300 - £1 382 - **$2,170**

DAX Adrien 1913-1979 [2]
- Sans titre - Technique mixte/papier (21x13cm-8x5in) Toulouse 96 .... FF3 000 - £389 - **$594**

DAXHELET Paul 1905 [61]
- La Terrasse du Gorille à Saint-Tropez - Huile/panneau (16x24cm-6x9in) Liège 96 .... FF2 960 - £371 - **$573**
- Zaïre, maternité - Huile/toile (130x195cm-51x77in) Paris 90 .... FF10 000 - £1 078 - **$1,764**
- Bakubas à la chasse - Aquarelle (34x47cm-13x19in) Paris 94 .... FF2 000 - £231 - **$346**

DAY Alexander Jnr. 1773-1841 [1]
- Venus/Antinous - Miniature (19cm-7in) London 91 .... FF19 940 - £1 994 - **$3,284**

DAY Francis James 1863-1942 [3]
- The marriage contract - Oil/canvas (87x69cm-34x27in) New-York 91 .... FF45 600 - £4 590 - **$8,000**

DAY Fred Holland 1864-1933 [10]
- Maynard P. White - Platinum print (23x18cm-9x7in) New-York 92 .... FF27 260 - £2 790 - **$4,800**

DAY William 1764-1807 [2]
- Anglers by boyd's rock on the Wye - Watercolour (36x52cm-14x20in) London 97 ...... FF6 585 - £700 - **$1,135**

DAY William Cave 1862-1924 [14]
- Knaresborough market - Oil/board (21x15cm-8x6in) London 91 .... FF4 560 - £458 - **$789**

DAYES Edward 1763-1804 [29]
- View of a Castle, possibly Conway - Oil/panel (36x44cm-14x17in) London 95 .... FF23 130 - £3 000 - **$4,740**
- Cottages in the Lake District - Pencil (16x28cm-6x11in) London 95 .... FF7 600 - £950 - **$1,536**
- Lycurgus & Athens/Theseus's Approach - Watercolour (57x79cm-22x31in) London 95..... FF40 000 - £5 000 - **$8,080**

DAYEZ Georges 1907-1991 [59]
- Vue d'Yport - Huile/toile (32x34cm-13x13in) Rouen 96 .... FF7 200 - £898 - **$1,390**
- Tête grecque et mandoline - Huile/toile (61x46cm-24x18in) Paris 94 .... FF11 000 - £1 280 - **$1,904**
- La pianiste, composition cubiste - Huile/toile (38x55cm-15x22in) Cannes 92 ...... FF34 000 - £3 480 - **$7,080**

DAYNES Edmond 1895-1986 [5]
- Port en Bretagne - Huile/toile (48x64cm-19x25in) Sceaux 90 .... FF3 100 - £315 - **$620**

DAZIARO J. XIX [2]
- Moscow - Albumen print (38x86cm-15x34in) New-York 92 .... FF13 000 - £1 380 - **$2,500**

DAZZI Arturo 1881-1966 [1]
- Pesci al sole - Olio/cartone (69x94cm-27x37in) Prato 97 .... FF20 400 - £2 400 - **$3,600**

DE ANDREA John 1945 [6]
- Dawn - Sculpture (122x46x91cm-48x18x36in) New-York 94 .... FF147 200 - £17 500 - **$28,000**

DE BALME Agnès 1958 [2]
- Voyage - Huile/toile (41x33cm-16x13in) Gex 95 .... FF3 000 - £374 - **$587**

DE BELLE Charles Ernest 1873-1939 [23]
- Coming Home - Huile/toile (4x46cm-2x18in) Montréal 96 .... FF2 250 - £291 - **$441**

DE BELZINS Nicolas XX [19]
- Plage - Huile/toile (61x50cm-24x20in) Saint-Dié 95 .... FF4 000 - £506 - **$802**

DE BIE Eugène 1914-1983 [1]
- La lettre d'amour - Huile/toile (80x60cm-31x24in) Bruxelles 90 .... FF6 500 - £700 - **$1,146**

DE CALLATAY Xavier 1932 [2]
- Sammy Penney at Preservation Hall
  Oil/canvas (117x122cm-46x48in) Baton Rouge, Louisiana 94 .... FF21 020 - £2 526 - **$4,000**

DE CILLIA Enrico 1910-1993 [3]
- Carso - Olio/faesite (24x30cm-9x12in) Trieste 93 .... FF5 190 - £601 - **$893**

DE CRANO Felix F. 1908-? [1]
- Woman by the hearth - Oil/canvas (51x36cm-20x14in) Mystic, Connecticut 95 ..... FF3 760 - £451 - **$700**

DE FOREST Henry Josiah 1860-1924 [1]
- Shuswap Lake, C.P.R. - Oil/board (20x29cm-8x11in) Toronto 96 .... FF2 713 - £326 - **$520**

DE FOREST Lockwood 1850-1932 [11]
- Trees and distant hills - Oil/board (61x87cm-24x34in) San Francisco-Los Angeles 93 .... FF17 730 - £2 013 - **$3,000**
- Vishram Ghat, Mathura - Oil/canvas (52x62cm-20x24in) London 96 .... FF68 200 - £8 500 - **$13,170**

DE GEER-BERGENSTRÅHLE Marie-Louise 1944 [2]
- Kyssen - Sérigraphie (58x84cm-23x33in) Stockholm 91 .... FF4 100 - £411 - **$751**

DE HAAS Mauritz Fred.Hendrik 1832-1895 [1]
- On watch - Oil/canvas (61x102cm-24x40in) New-York 94 .... FF28 750 - £3 356 - **$5,000**

D

D

DE LACY Charles John 1860-1936 [25]
Lighters on the Thames at Tilbury - Oil/canvas (56x91cm-22x36in) London 96 .... FF14 430 - £1 700 - **$2,834**
The Thames tug Danube - Oil/canvas (48x89cm-19x35in) London 96 .... FF33 960 - £4 000 - **$6,670**
Powerful arriving in Portsmouth - Watercolour (51x76cm-20x30in) London 96 .... FF17 040 - £2 200 - **$3,290**

DE LALL Oscar Daniel 1903-1971 [10]
Paysage d'Hiver - Huile/toile (51x66cm-20x26in) Montréal 95 .... FF3 265 - £430 - **$656**

DE LUCE Percival 1847-1914 [1]
Tidings from the Sea - Oil/canvas (109x152cm-43x60in) New-York 97 .... FF62 643 - £6 772 - **$11,000**

DE LUE Donald 1897-1988 [1]
Pénélope - Terracotta (26cm-10in) New-York 92 .... FF5 400 - £552 - **$950**

DE LUIGI Mario 1901-1978 [8]
Senza titolo - Olio (63x89cm-25x35in) Milano 92 .... FF16 270 - £1 935 - **$3,130**

DE MARCO Hugo XX [2]
Espacio modulato - Acrilico/tavola (52x52cm-20x20in) Milano 92 .... FF9 300 - £1 106 - **$1,790**

DE MARIA BERGLER Ettore XIX-XX [3]
Scorcio di Parigi - Olio/tavola (17x26cm-7x10in) Roma 96 .... FF8 370 - £1 050 - **$1,600**

DE MARIA Nicola 1954 [55]
Alexandrina - Olio/tela (34x28cm-13x11in) Milano 95 .... FF32 800 - £4 180 - **$6,710**
Angeli + Mare + Azzurri sentimenti - Oil (30x39cm-12x15in) New-York 91 .... FF85 500 - £8 677 - **$15,442**
Testa orfica incantata felice - Olio/tela (40x50cm-16x20in) Milano 94 .... FF100 800 - £12 000 - **$19,200**
Giorni del secolo nuovo - Acrylic/canvas (189x230cm-74x91in) New-York 92 ...... FF198 800 - £20 330 - **$35,000**
Regno dei Fiori - Acrylic/canvas (244x323cm-96x127in) London 93 .... FF307 000 - £35 000 - **$52,100**
Testa di fuoco - Olio/tela (160x200cm-63x79in) Lugano 91 .... FF376 000 - £37 888 - **$65,245**
Untitled - Watercolour (23x28cm-9x11in) London 95 .... FF12 040 - £1 500 - **$2,357**
Stagione - Watercolour, gouache (44x30cm-17x12in) Köln 95 .... FF34 300 - £4 490 - **$6,970**
Sogno della gioventù - Drawing (5x9cm-2x4in) London 90 .... FF48 400 - £5 016 - **$8,506**

DE NIRO Robert 1922 [2]
Bathers - Oil/canvas (165x183cm-65x72in) New-York 94 .... FF10 550 - £1 268 - **$2,000**

DE NITTIS Giuseppe 1846-1884 [39]
Hyde Park - Oil/canvas (43x33cm-17x13in) New-York 96 .... FF2 - £331 000 - **$500,000**
Serpentine, London - Oil/panel (27x36cm-11x14in) New-York 95 .... FF117 500 - £14 640 - **$23,000**
Place des Pyramides - Oil/panel (32x23cm-13x9in) New-York 91 .... FF855 000 - £86 155 - **$148,363**
Gentleman in repose - Watercolour, gouache New-York 94 .... FF22 900 - £2 408 - **$3,983**
Le Eleganti - Watercolour/paper (25x18cm-10x7in) London 94 .... FF215 200 - £25 000 - **$37,250**
Nudo con le Calze Rosse - Pastel/paper (81x99cm-32x39in) New-York 94 ... FF935 000 - £108 200 - **$160,000**

DE POLI Fabio 1947 [2]
Il Signore della birra - Acrilico/carta (145x100cm-57x39in) Prato 95 .... FF17 000 - £2 200 - **$3,465**

DE ROCCHI Francesco 1902-1978 [18]
Interno nel mio studio - Olio/tela (90x70cm-35x28in) Milano 91 .... FF54 700 - £5 552 - **$9,879**

DE ROME Albert 1885-1959 [2]
Monterey Bay - Oil/canvas/board (26x36cm-10x14in) San Francisco-Los Angeles 92 .... FF7 840 - £910 - **$1,600**
Bright Angel Cañyon, Grand Cañyon
    Watercolour/paper (29x19cm-11x7in) San Francisco-Los Angeles 93 .... FF3 025 - £380 - **$550**

DE RYCKE Serafien 1840-1915 [1]
Paysage - Huile/toile (48x65cm-19x26in) Lokeren 95 .... FF20 550 - £2 565 - **$4,150**

DE SCOLARI Osman Lorenzo 1908 [4]
Natura morta - Olio/tela (75x50cm-30x20in) Firenze 97 .... FF2 380 - £280 - **$420**

DE VILLE Vickers ?-1925 [2]
River estuary scene with figures - Oil/canvas Aylsham, Norfolk 90 .... FF6 200 - £668 - **$1,093**

DE YONG Joseph 1894-1975 [3]
Cowboy in the Doorway
    Watercolour/paper (66x46cm-26x18in) San Francisco-Los Angeles 96 .... FF12 950 - £1 624 - **$2,500**

DE YONGHE John 1856-1917 [1]
The New York Times - Poster (75x48cm-30x19in) New-York 96 .... FF6 210 - £802 - **$1,200**

DEABATE Teonesto 1898-1981 [2]
Natura morta - Olio/tela (100x70cm-39x28in) Torino 93 .... FF10 810 - £1 240 - **$1,840**

DEACON Richard 1949 [7]
Combination - Etching (78x61cm-31x24in) New-York 93 .... FF35 750 - £4 480 - **$6,500**
Like a Snail (B) - Sculpture (600x500x500cm-236x197x197in) Stockholm 94 .... FF121 400 - £14 250 - **$21,620**

DEAK-HENCZNE Adrienne Hermine 1895-1956 [14]
Vase of flowers - Oil/canvas (80x60cm-31x24in) Wien 95 .... FF15 670 - £2 065 - **$3,180**

DEAKIN Edwin, Edward 1838-1923 [16]
Malaga grapes - Oil/canvas (46x31cm-18x12in) San Francisco-Los Angeles 95 .... FF28 000 - £3 190 - **$4,750**
S. M. Brookes painting
    Oil/canvas (92x71cm-36x28in) San Francisco-Los Angeles 95 .... FF442 500 - £50 300 - **$75,000**

DEAKIN Jane 1962 [4]
Sacred spiral - Oil/canvas (183x228cm-72x90in) London 90 .... FF21 300 - £2 295 - **$3,757**

DEAKIN Peter XIX-XX [2]
The Watermill, North Wales - Oil/canvas (38x31cm-15x12in) London 95 .... FF4 340 - £550 - **$874**
Houghton Bridge near Arundel - Watercolour/paper (22x40cm-9x16in) London 90 ...... FF5 800 - £621 - **$1,009**

DEAN Catherine 1905 [3]
Flowers in a vase - Oil/board (61x40cm-24x16in) London 89 .... FF3 700 - £378 - **$595**

DEAN Frank 1865-1947 [11]
St. Mark's Square - Watercolour (36x25cm-14x10in) London 93 .... FF1 920 - £240 - **$348**

DEAN Peter 1939-1993 [1]
● *Star gazers, 1981* - Oil/canvas (152x127cm-60x50in) New-York 89 .... FF6 900 - £706 - **$1,109**

DEAN Walter Lofthouse 1854-1912 [6]
● *Looking across Gloucester Harbor*
　Oil/canvas (36x46cm-14x18in) North Berwick, Maine 93 .... FF2 613 - £328 - **$475**

DEANE Ada Emma 1864-1957 [2]
▧ *Spirit Photographs* - Gelatin silver print London 90 .... FF6 340 - £645 - **$1,268**

DEANE William Wood 1825-1873 [6]
⁄ *Florence with Pilgrims* - Pencil (52x76cm-20x30in) London 91 .... FF11 850 - £1 197 - **$2,352**

DEANES Edward XIX-XX [6]
● *Waterproofing the Sou'wester* - Oil/canvas (66x56cm-26x22in) London 97 .... FF11 938 - £1 300 - **$2,076**

DEARDEN Harold 1888-1969 [2]
● *Summer idyll* - Oil/canvas (84x93cm-33x37in) London 92 .... FF5 590 - £650 - **$1,141**

DEARLE John Henry 1860-1932 [4]
● *Marshes, Winchelsea* - Pencil (25x43cm-10x17in) London 92 .... FF5 080 - £520 - **$897**

DEARLY Max [2]
▧ *Jockey* - Bronze (32cm-13in) Bruxelles 91 .... FF1 975 - £198 - **$342**

DEARMAN John ?-c.1857 [2]
● *Farmer preparing his horses* - Oil/canvas (47x63cm-19x25in) New-York 97 .... FF69 364 - £7 394 - **$12,000**

DEARMER Mabel 1872-1915 [3]
▭ *Ibsen's Brand* - Poster (77x51cm-30x20in) New-York 92 .... FF5 720 - £683 - **$1,100**

DEARTH Henry Golden 1864-1918 [3]
● *Landscape with church* - Oil/canvas (81x114cm-32x45in) Detroit, Michigan 95 .... FF15 880 - £2 056 - **$3,250**

DEAS Charles 1818-1867 [4]
● *Indian warrior on the edge of a precipice* - Oil/canvas (93x67cm-37x26in) New-York 93 ..... FF1 - £188 000 - **$280,000**

DÉBAINS Thérèse 1907-1975 [9]
● *L'heure du thé* - Huile/toile (73x60cm-29x24in) Compiègne 90 .... FF10 000 - £1 052 - **$1,739**

DEBAT-PONSAN Edouard 1847-1913 [13]
● *Moisson en baie de Rotheneuf* - Huile/toile (49x65cm-19x26in) Brest 92 .... FF23 000 - £2 354 - **$4,140**
● *L'heure de la sieste* - Huile/toile (45x65cm-18x26in) Paris 91 .... FF69 000 - £6 950 - **$12,200**

DEBATTICE Jean 1919-1973 [2]
● *Ville romantique* - Huile/panneau (34x52cm-13x20in) Liège 90 .... FF4 200 - £450 - **$730**

DEBAY Auguste de Bay 1804-1865 [4]
● *Andromaque et son fils Astyanax* - Huile/toile (109x104cm-43x41in) Monaco 92 .... FF4 000 - £478 - **$770**
　Jeune sculpteur - Huile/toile (75x59cm-30x23in) Paris 92 .... FF55 000 - £5 630 - **$9,680**
▧ *Portrait bust of J.L. Bonjean* - Marble (79cm-31in) New Orleans, Louisiana 93 .... FF5 500 - £690 - **$1,000**

DEBAY Jean-Baptiste I 1779-1863 [2]
▧ *Bust of a general, possibly Joubert* - Bronze (53cm-21in) London 94 .... FF6 770 - £800 - **$1,216**

DEBELLE Alexandre 1805-1897 [9]
⁄ *Moulin à Saint-Quentin-sur-Isère* - Lavis (14x21cm-6x8in) Paris 95 .... FF2 000 - £257 - **$413**

DEBERDT Françoise 1934 [2]
● *Forêt magique* - Oil/canvas (58x71cm-23x28in) Tarzana, CA 94 .... FF4 370 - £521 - **$800**

DEBERITZ Peder 1880-1945 [11]
● *Landskap fra sørlandet* - Oil/canvas (56x68cm-22x27in) Oslo 92 .... FF34 700 - £3 555 - **$6,110**

DEBERNARDIS Olivia 1948 [2]
⁄ *Woman with mask* - Watercolour/paper (28x20cm-11x8in) Tarzana, CA 94 .... FF1 855 - £216 - **$325**

DEBERTI Liliane 1933 [2]
● *Bouquet d'automne* - Huile/toile (30x40cm-12x16in) Martigues 92 .... FF4 000 - £410 - **$720**
　Antiquités - Huile/toile (41x33cm-16x13in) Barjols 93 .... FF14 000 - £1 610 - **$2,414**

DEBES Marthe 1893-? [1]
● *Vierge à l'Enfant* - Huile/toile (80x72cm-31x28in) Warszawa 93 .... FF3 475 - £367 - **$563**

DEBICKI Stanislaw M. 1866-1924 [5]
● *Do Chederu* - Huile/toile (49x65cm-19x26in) Warszawa 92 .... FF29 160 - £2 976 - **$5,210**

DEBIEVE Robert XX [2]
⁄ *Fleurs de soleil* - Gouache (170x130cm-67x51in) Paris 89 .... FF3 500 - £358 - **$563**

DEBON Edmond 1846-1922 [1]
⁄ *Boulevard des Italiens, Paris* - Aquarelle (22x28cm-9x11in) La Varenne Saint-Hilaire 96 .... FF3 200 - £412 - **$635**

DEBRAS Louis 1820-1899 [3]
● *Richelieu et l'attaque de La Rochelle* - Oil/canvas (134x160cm-53x63in) London 96 .... FF38 500 - £5 000 - **$7,620**

DEBRAY Achille Hector C. 1799-1842 [1]
● *Laitière/Château de Schwerin* - Huile/toile (35x57cm-14x22in) Monaco 96 .... FF70 000 - £8 030 - **$13,350**

DEBRÉ Louis 1925 [2]
▧ *Main* - Bronze (30cm-12in) La Varenne Saint-Hilaire 93 .... FF2 000 - £241 - **$364**
　Tête de femme - Sculpture (33x24x17cm-13x9x7in) Paris 90 .... FF10 000 - £1 064 - **$1,789**

DEBRÉ Olivier 1920 [232]
● *La loire* - Huile/toile (19x70cm-7x28in) Paris 97 .... FF12 000 - £1 303 - **$2,105**
　Jardin trait rose oblique - Huile/toile (54x65cm-21x26in) Paris 97 .... FF23 000 - £2 422 - **$3,954**
　Loire Manche L'Impressionnisme - Huile/toile (100x100cm-39x39in) Paris 96 .... FF31 000 - £3 884 - **$5,980**
　Cours la Reine à la tache bleue - Huile/toile (100x105cm-39x41in) Douai 95 .... FF41 000 - £5 130 - **$8,160**
　Nature morte - Huile/toile (95x108cm-37x43in) Paris 97 .... FF58 000 - £6 049 - **$9,918**
　Grand personnage - Huile/toile (200x97cm-79x38in) Paris 96 .... FF77 000 - £8 770 - **$14,740**
　Sous-bois bleu, 1959 - Oil/canvas (100x100cm-39x39in) New-York 90 .... FF263 100 - £27 989 - **$47,066**

DECKEL de Luc 1907-1982 [1]
- *Village* - Huile/toile Bruxelles 91 .... FF2 **963** - £*299* - **$514**

DECKER Albert 1817-1871 [1]
- *Jungen Frau in Biedermeierkleid* - Aquarell/Papier (25x19cm-10x7in) Wien 93 .... FF2 **200** - £*250* - **$374**

DECKER Anja 1908-? [1]
- *Komposition* - Acrylic/cardboard (59x42cm-23x17in) Berlin 93 .... FF2 **263** - £*259* - **$385**

DECKER de Jos 1912 [12]
- *De Hoevepoort* - Huile/panneau (55x55cm-22x22in) Lokeren 95 .... FF5 **140** - £*641* - **$1,038**
- *Jeune femme debout* - Bronze (53cm-21in) Bruxelles 96 .... FF10 **860** - £*1 393* - **$2,140**
- *Les enfants danseurs* - Bronze (48x43cm-19x17in) Lokeren 96 .... FF59 **200** - £*7 540* - **$11,410**

DECKER de Luc 1907-1982 [1]
- *Etang à Termonde* - Huile/toile (65x80cm-26x31in) Bruxelles 91 .... FF8 **910** - £*893* - **$1,632**

DECKER Georg 1819-1894 [4]
- *Kronprinz Rudolfs* - Oil/canvas (79x63cm-31x25in) Wien 91 .... FF26 **400** - £*2 662* - **$5,145**
- *Josef Schönwald Ritter von Bingenstein* - Aquarell/Papier (24x18cm-9x7in) Wien 94 ...... FF4 **860** - £*571* - **$867**

DECKER Johann Stephan 1784-1844 [1]
- *Duc de Reichstadt en 1821* - Crayon/papier (40x31cm-16x12in) Paris 91 .... FF48 **000** - £*4 813* - **$7,923**

DECKER Joseph 1853-1924 [3]
- *Bough of pears with yellow jacket* - Oil/canvas (25x50cm-10x20in) New-York 90 .... FF858 **000** - £*91 277* - **$153,488**

DECKER Paul 1677-1713 [4]
- *Monplaisir palace* - Vernis mou couleurs (36x52cm-14x20in) London 91 .... FF36 **900** - £*3 689* - **$6,077**
- *Projet pour une orangerie* - Encre (31x58cm-12x23in) Paris 93................................ FF34 **000** - £*4 100* - **$6,180**

DECKER Robert M. 1847-? [1]
- *Snowy landscape* - Oil/canvas (25x36cm-10x14in) Philadelphia 95 .... FF7 **270** - £*917* - **$1,450**

DECKERS Edward 1873-1956 [1]
- *La farandole* - Bronze (71cm-28in) Antwerpen 94 .... FF23 **240** - £*2 730* - **$4,140**

DECKERS Émile 1885-1968 [31]
- *Jeune garçon algérien au turban blanc* - Huile/panneau (35x27cm-14x11in) Paris 95........ FF22 **000** - £*2 773* - **$4,390**
- *Jeunes filles arabes* - Huile/toile (66x81cm-26x32in) Paris 95 .... FF100 **000** - £*13 140* - **$20,060**
- *Portraits d'homme en turban* - Pastel (50x80cm-20x31in) Paris 95............................. FF80 **200** - £*10 540* - **$16,100**

DECKERS Jan XIX-XX [2]
- *Console, chaise et fleurs* - Huile/panneau (50x40cm-20x16in) Lyon 95 .... FF6 **500** - £*812* - **$1,274**

DECLAUX Josiane XX [2]
- *Nature morte aux melons* - Huile/toile (50x65cm-20x26in) Paris 90 .... FF4 **000** - £*415* - **$703**

DECLERCK Oscar 1892-1968 [2]
- *Tête d'homme* - Pierre (40x20x32cm-16x8x13in) Bruxelles 91 .... FF10 **800** - £*1 105* - **$2,002**

DECLERCQ Albert ?-1896 [1]
- *Gardien de moutons/... de vaches* - Huile/panneau (16x30cm-6x12in) Cherbourg 96 .... FF4 **000** - £*456* - **$766**

DECLUME Henri 1865-1940 [6]
- *Paysage* - Huile/toile (56x85cm-22x33in) Bruxelles 89 .... FF29 **200** - £*2 905* - **$4,613**

DECOENE Henri 1798-1866 [7]
- *Scène d'intérieur* - Huile/panneau (65x80cm-26x31in) Calais 93 .... FF31 **500** - £*3 940* - **$5,730**

DECOEUR Émile 1876-1953 [1]
- *Coupe-corolle sur talon* - Sculpture (14cm-6in) Paris 90...................................... FF31 **000** - £*3 170* - **$6,119**

DECORCHEMONT François E. 1880-1971 [7]
- *La prairie* - Huile/toile (38x46cm-15x18in) Rouen 91 .... FF5 **000** - £*498* - **$860**

DECORDE Jean 1948 [7]
- *Vase bleu* - Huile/toile (46x38cm-18x15in) Montauban 93.................................... FF2 **400** - £*289* - **$437**
- *Composition à la flûte* - Huile/toile (45x86cm-18x34in) Arles 93 .... FF20 **000** - £*2 410* - **$3,640**

DECOREIS Pierre 1834-1902 [1]
- *Poisson et langouste* - Huile/toile (54x81cm-21x32in) Neuilly 91 .... FF14 **000** - £*1 411* - **$2,429**

DECREUSE Jean-Pierre, Auguste 1806-1839 [1]
- *Self portrait in a black coat* - Oil/canvas (66x52cm-26x20in) London 95..................... FF113 **000** - £*15 000* - **$23,300**

DECRIND Paul Jean 1916-1995 [7]
- *Paysage aux toits rouges* - Huile/panneau (50x65cm-20x26in) Besançon 97 .... FF6 **500** - £*689* - **$1,120**
- *Vase de fleurs* - Aquarelle (69x48cm-27x19in) Besançon 95 .... FF2 **000** - £*263* - **$402**

DEDERKO Witold 1906 [1]
- *Nu* - Photo (4x10cm-2x4in) Paris 91 .... FF2 **000** - £*199* - **$344**

DEDICOVA Irena 1932-1990 [14]
- *Dépaysage (Pierre et Lune)* - Acrylique/toile (145x89cm-57x35in) Paris 94 .... FF4 **000** - £*460* - **$685**

DÉDINA Jan 1870-1955 [3]
- *Elegant boating party* - Gouache/board (50x35cm-20x14in) New-York 91 .... FF34 **200** - £*3 446* - **$5,935**

DEEGE Heinrich 1920 [2]
- *Rennbahn in Hassloch* - Aquarell/Papier (41x35cm-16x14in) Heidelberg 94 .... FF1 **714** - £*199* - **$295**

DEER Vera Deér 1912 [2]
- *Torso* - Bronze (44cm-17in) Wien 92.. FF3 **370** - £*403* - **$648**

DEERING Roger 1904 [4]
- *September Surf, Cape Elizabeth* - Oil/canvas (51x76cm-20x30in) North Berwick, Maine 94 .... FF2 **940** - £*353* - **$550**

DEES John Arthur XIX-XX [8]
- *Langdale Pikes, Lake District* - Watercolour (33x24cm-13x9in) Newcastle-upon-Tyne 93............ FF1 **660** - £*200* - **$290**

DEFAUX Alexandre 1826-1900 [72]
- *Cheval à l'écurie* - Huile/toile/panneau (40x60cm-16x24in) Barbizon 92 ...... FF16 000 - £1 638 - **$2,820**
- *En Bretagne* - Huile/toile (54x40cm-21x16in) Saint-Dié 97 ...... FF25 000 - £2 825 - **$4,527**
- *Le Moucheron* - Huile/toile (40x60cm-16x26in) Barbizon 94 ...... FF69 000 - £8 130 - **$12,270**
- *La ferme* - Pastel/papier (52x71cm-20x28in) Barbizon 94 ...... FF51 000 - £6 040 - **$9,420**

DEFEO Jay 1929-1989 [1]
- *Verdict #2* - Acrylic/canvas (244x183cm-96x72in) San Francisco-Los Angeles 95 ...... FF48 900 - £6 320 - **$10,000**

DEFER Jean Joseph Jules 1803-c.1870 [2]
- *Édouard Defer/Édouard Defer* - Aquarelle Paris 94 ...... FF12 500 - £1 478 - **$2,305**

DEFERNEX Jean-Baptiste 1729-1783 [2]
- *Madame de Fondville* - Bronze (38cm-15in) London 91 ...... FF13 900 - £1 424 - **$2,595**
- *Comte de Buffon* - Plâtre (82cm-32in) Paris 96 ...... FF135 000 - £16 360 - **$26,250**

DEFESCHE Pieter 1921 [20]
- *Kleine Vredeslyriek* - Oil/canvas (88x100cm-35x39in) Amsterdam 95 ...... FF8 020 - £1 050 - **$1,607**
- *Untitled* - Oil/canvas (118x167cm-46x66in) Amsterdam 97 ...... FF23 435 - £2 457 - **$4,021**
- *Two figures* - Watercolour, gouache/paper (52x67cm-20x26in) Amsterdam 94 ...... FF3 350 - £396 - **$602**

DEFIZE Alfred 1873-? [6]
- *Vue d'intérieur* - Huile/toile (64x54cm-25x21in) Liège 97 ...... FF2 616 - £270 - **$448**

DEFONTE Edmond Alphonse 1862-? [2]
- *La plage à Pornic* - Huile/toile (16x30cm-6x12in) Bergerac 92 ...... FF4 400 - £451 - **$792**

DEFOREST Henry J. 1860-1924 [1]
- *Washington River in the evening*
  Oil/canvas (59x91cm-23x36in) San Francisco-Los Angeles 92 ...... FF9 360 - £1 117 - **$1,800**

DEFOSSEZ Alfred, Freddy 1920 [25]
- *Jockey* - Huile/panneau (41x31cm-16x12in) Calais 95 ...... FF5 500 - £695 - **$1,103**
- *Louvre* - Huile/toile (73x91cm-29x36in) Saint-Dié 91 ...... FF29 500 - £2 994 - **$5,328**

DEFRANCE Léonard 1735-1805 [8]
- *Scènes de cabaret* - Huile/panneau (35x48cm-14x19in) Bourg-en-Bresse 93 ...... FF86 000 - £9 800 - **$14,580**

DEFRECHEUX Léon 1884-? [1]
- *Printemps au château de Saive* - Huile/toile (54x65cm-21x26in) Liège 90 ...... FF2 754 - £279 - **$524**

DEFREGGER von Franz 1835-1921 [97]
- *Wallfahrer* - Öl/Leinwand (136x178cm-54x70in) München 93 ...... FF1 - £218 300 - **$325,600**
- *Jägere med hundar* - Oil/canvas (42x28cm-17x11in) Stockholm 96 ...... FF35 800 - £4 080 - **$6,850**
- *Sabine* - Oil/panel (24x18cm-9x7in) Köln 94 ...... FF68 700 - £8 180 - **$12,940**
- *Junges Bauernmädchen* - Öl/Karton (82x49cm-32x19in) Wien 94 ...... FF185 500 - £22 070 - **$34,900**
- *Mädchenporträt* - Aquarell (31x24cm-12x9in) München 92 ...... FF22 100 - £2 262 - **$3,890**

DEGAINE Edouard 1887-1967 [3]
- *Eglise sur fond du vallon* - Huile/toile (54x45cm-21x18in) Lyon 89 ...... FF20 000 - £1 990 - **$3,160**

DEGAND Eugène 1829-? [1]
- *La halte* - Huile/panneau (23x37cm-9x15in) Paris 93 ...... FF7 400 - £892 - **$1,346**

DEGANS Xavier 1949 [6]
- *Campement insolite* - Huile/toile (72x100cm-28x39in) Calais 95 ...... FF16 000 - £2 103 - **$3,270**
- *Paysage d'hiver* - Aquarelle (45x54cm-18x21in) Le Touquet 90 ...... FF7 500 - £775 - **$1,325**

DEGAS Edgar 1834-1917 [479]
- *Le Bain* - Oil/canvas (65x81cm-26x32in) New-York 95 ...... FF1 - £1 - **$2**
- *Fillette portant des fleurs* - Oil/canvas (73x56cm-29x22in) London 96 ...... FF2 - £300 000 - **$462,000**
- *Danseuses* - Oil/canvas (140x80cm-55x31in) New-York 92 ...... FF3 - £3 - **$6**
- *Giulia Bellelli (Mme MAURI)* - Oil/canvas (25x19cm-10x7in) New-York 94 ...... FF3 - £441 000 - **$660,000**
- *Tête d'enfant* - Huile/papier Paris 97 ...... FF330 000 - £42 000 - **$57,453**
- *Mary Cassat at the Louvre* - Etching, aquatint (30x13cm-12x5in) New-York 96 ...... FF1 - £188 300 - **$310,000**
- *Petit Cabinet de Toilette* - Drypoint (12x8cm-5x3in) London 96 ...... FF105 300 - £12 000 - **$20,160**
- *Femme à sa toilette* - Monotype (52x67cm-20x26in) London 97 ...... FF241 312 - £25 000 - **$41,337**
- *Grande Arabesque* - Bronze (44cm-17in) New-York 95 ...... FF1 - £154 000 - **$250,000**
- *Cheval au galop* - Bronze (30cm-12in) New-York 95 ...... FF1 - £253 000 - **$400,000**
- *Le Tub* - Bronze (45x22cm-18x9in) London 97 ...... FF4 - £480 000 - **$793,680**
- *Petite Danseuse* - Bronze (95cm-37in) New-York 96 ...... FF5 - £6 - **$1, 8e,+07**
- *Danseuse bras levés* - Bronze (35cm-14in) London 96 ...... FF166 500 - £22 000 - **$33,750**
- *Danseuse au repos* - Bronze (43cm-17in) Stockholm 97 ...... FF552 632 - £58 904 - **$96,496**
- *Cheval franchissant un obstacle* - Bronze (30cm-12in) London 97 ...... FF868 725 - £90 000 - **$148,815**
- *Halévy and Taschereau families* - Albumen print (8x10cm-3x4in) New-York 96 ...... FF129 000 - £16 560 - **$25,800**
- *Femme au tub* - Pastel/paper (76x86cm-30x34in) New-York 96 ...... FF2 - £3 - **$4**
- *Danseuses* - Pastel/paper (60x63cm-24x25in) New-York 94 ...... FF5 - £6 - **$1 e,+07**
- *Jeune homme portant une calotte* - Aquarelle (28x22cm-11x9in) Paris 97 ...... FF25 000 - £2 755 - **$4,403**
- *Etude de chanteuses* - Ink/paper (13x20cm-5x8in) New-York 97 ...... FF85 715 - £9 189 - **$15,000**
- *Italienne des Abruzzes* - Pencil (33x21cm-13x8in) London 95 ...... FF318 000 - £42 000 - **$64,400**
- *Danseuse à la barre* - Fusain (32x24cm-13x9in) Paris 94 ...... FF326 000 - £37 900 - **$56,500**
- *Homme nu/Etude d'hommes nus* - Pencil (27x20cm-11x8in) New-York 95 ...... FF328 000 - £41 350 - **$65,000**
- *Danseuse rajustant son chausson* - Gouache (42x31cm-17x12in) London 97 ...... FF453 668 - £42 000 - **$77,714**
- *Scène de ballet* - Pastel (29x59cm-11x23in) London 96 ...... FF957 000 - £120 000 - **$184,800**

DEGENHARDT Gertrude 1940 [15]
- *Hier im Innern des Landes* - Watercolour (50x35cm-20x14in) Hamburg 96 ...... FF3 400 - £387 - **$650**

DEGENHARDT Hugo 1866-1901 [2]
- *Frühlingstag an der Isar* - Oil/panel (13x16cm-5x6in) Lindau 92 ...... FF8 160 - £835 - **$1,437**
- *Bodenseelandschaften* - Watercolour (17x40cm-7x16in) Zofingen 92 ...... FF2 665 - £318 - **$513**

DEGEORGE Christophe Thomas 1786-1854 [2]
- Comtesse Alice de Ferrussac - Oil/canvas (116x90cm-46x35in) London 93 .... FF28 200 - £3 400 - **$4,930**

DEGER Ernst 1809-1885 [2]
- The weeping Madonna - Oil/canvas (43x28cm-17x11in) London 92 .... FF7 810 - £800 - **$1,380**

DEGGELER Hans Kaspar 1699-1755 [1]
- Portrait d'homme tenant une boite - Huile/toile (79x62cm-31x24in) Paris 92 .... FF8 000 - £955 - **$1,540**

DEGLE Franz Joseph 1724-1812 [2]
- Bildnis einer Dame - Öl/Leinwand (42x33cm-17x13in) Wien 97 .... FF14 388 - £1 554 - **$2,511**

DEGLUME Henri 1865-1940 [23]
- Sous-bois en automne - Huile/toile (51x65cm-20x26in) Bruxelles 96 .... FF4 300 - £538 - **$835**
- Automne - Huile/toile (52x71cm-20x28in) Bruxelles 94 .... FF13 270 - £1 584 - **$2,500**

DEGNER Arthur 1887-1972 [6]
- Am Wannsee - Öl/Leinwand (70x89cm-28x35in) Berlin 94 .... FF92 700 - £11 080 - **$17,330**
- Landschaft - Gouache (60x72cm-24x28in) Frankfurt 92 .... FF6 800 - £696 - **$1,417**

DEGOBERT Guy 1914-1988 [3]
- Javel - Huile/toile (117x90cm-46x35in) Antwerpen 94 .... FF8 330 - £1 000 - **$1,620**

DEGODE Wilhelm 1862-1931 [6]
- Altes Schloss in der Eifel - Öl/Leinwand (68x91cm-27x36in) München 94 .... FF11 960 - £1 437 - **$2,275**

DEGOEYE Michel 1900-1958 [1]
- L'hôpital de la poupée - Huile/toile/carton (36x44cm-14x17in) Liège 95 .... FF3 416 - £436 - **$700**

DEGORCE Georges-Léo 1894-? [2]
- Le port de Nantes - Huile/toile (50x61cm-20x24in) Paris 90 .... FF5 500 - £570 - **$967**

DEGOTTEX Jean 1918-1988 [98]
- Wabi II, 1961 - Huile/toile (200x130cm-79x51in) Paris 89 .... FF1 - £115 911 - **$185,185**
- Composition - Acrylique/toile (44x99cm-17x39in) Paris 96 .... FF7 500 - £935 - **$1,450**
- Depli I - Acrylique (45x41cm-18x16in) Versailles 97 .... FF23 000 - £2 431 - **$3,947**
- Le Feu Noir - Huile/toile (220x198cm-87x78in) Paris 96 .... FF77 000 - £8 770 - **$14,740**
- Le Feu Noir - Huile/toile (220x198cm-87x78in) Versailles 93 .... FF235 000 - £28 300 - **$42,700**
- Composition - Encre (106x74cm-42x29in) Versailles 97 .... FF10 000 - £1 057 - **$1,716**
- Jaune IV - Aquarelle/papier (75x105cm-30x41in) Neuilly 92 .... FF61 500 - £6 300 - **$10,820**

DEGOUVE DE NUNCQUES William 1867-1935 [36]
- Village du Caillou-qui-Bique - Oil/canvas (42x63cm-17x25in) Amsterdam 96 .... FF30 100 - £3 450 - **$5,740**
- Brume sur le canal - Huile/toile (30x51cm-12x20in) Paris 97 .... FF120 000 - £12 504 - **$20,448**
- La nuit à Bruges, 1897 - Oil/canvas (60x90cm-24x35in) London 89 .... FF4 677e +06 - £428 630 - **$684,798**
- A woman & children around a cross - Pastel/paper (33x43cm-13x17in) Amsterdam 94 ...... FF13 780 - £1 634 - **$2,550**
- Le parc - Gouache/board (60x50cm-24x20in) London 89 .... FF72 600 - £7 224 - **$11,469**

DEGREEF Amédée 1878-1969 [21]
- Paysage en Flandres - Huile/toile (83x107cm-33x42in) Bruxelles 97 .... FF2 454 - £255 - **$419**
- Vase de fleurs - Huile/toile (66x82cm-26x32in) Bruxelles 95 .... FF7 430 - £930 - **$1,480**
- Au potager - Huile/toile (82x68cm-32x27in) Bruxelles 97 .... FF21 360 - £2 483 - **$4,360**

DEGREEF Jean-Baptiste 1852-1894 [20]
- Moisonneur - Huile/toile (31x50cm-12x20in) Antwerpen 97 .... FF6 552 - £692 - **$1,136**
- Étang du Rouge-Cloître - Huile/toile (51x82cm-20x32in) Bruxelles 93 .... FF13 180 - £1 576 - **$2,694**

DEHASPE François Joseph 1874-? [1]
- Ein stolzer Hahn - Aquarell/Papier (46x34cm-18x13in) Wien 92 .... FF4 810 - £483 - **$926**

DEHAUSSY Jules Jean-Baptiste 1812-1891 [1]
- Le Jugement de Pâris - Huile/panneau (97x134cm-38x53in) Paris 92 .... FF43 000 - £5 130 - **$8,270**

DEHN Adolf Arthur 1895-1968 [44]
- Up in the Sky - Oil/cardboard (76x56cm-30x22in) Chicago 96 .... FF5 190 - £662 - **$1,000**
- Farm Village in the Hills - Oil/board (71x107cm-28x42in) North Berwick, Maine 94 .... FF17 540 - £2 030 - **$3,000**
- Central Park - Watercolour, gouache/paper (51x69cm-20x27in) New-York 96 .... FF6 580 - £851 - **$1,300**
- The Grey Hudson - Gouache (49x75cm-19x30in) New-York 89 .... FF24 000 - £2 319 - **$3,642**

DEHN Georg 1843-1904 [1]
- Marktplatz mit Häusern - Öl/Leinwand (40x32cm-16x13in) Bern 96 .... FF18 740 - £2 273 - **$3,644**

DEHNER Dorothy 1901 [11]
- New York Landscape - Huile/toile (20x28cm-8x11in) Cambridge, Mass. 94 .... FF5 700 - £667 - **$1,000**
- Septanerian - Bronze (57cm-22in) New-York 90 .... FF16 400 - £1 651 - **$3,213**
- Watcher #2 - Bronze (53cm-21in) New-York 95 .... FF35 660 - £4 550 - **$7,300**

DEHODENCQ Alfred 1822-1882 [70]
- Fête juive à Tétuan - Huile/toile (120x90cm-47x35in) Paris 95 .... FF200 000 - £25 200 - **$39,600**
- Le conteur marocain - Huile/toile (120x168cm-47x66in) Paris 89 .... FF580 000 - £59 305 - **$93,248**
- Le petit marchand d'oranges - Aquarelle/papier (27x21cm-11x8in) Paris 97 .... FF12 100 - £1 291 - **$2,095**

DEHODENCQ Edmond 1864-1887 [6]
- Bord de l'eau - Aquarelle (16x24cm-6x9in) Maisons-Laffitte 90 .... FF1 700 - £176 - **$300**

DEHOUST Karl 1894-? [1]
- Stuttgart, Ansicht des Kunstgebäudes - Öl/Leinwand (37x57cm-15x22in) Stuttgart 93 ...... FF4 180 - £479 - **$711**

DEHOY Charles 1872-1940 [13]
- La chèvre - Huile/toile (51x60cm-20x24in) Bruxelles 92 .... FF13 280 - £1 360 - **$2,550**
- La lecture - Fusain (61x49cm-24x19in) Bruxelles 94 .... FF3 340 - £399 - **$626**

DEIBL Anton 1833-1883 [1]
- Children eating grapes, 1867 - Oil/canvas (57x67cm-22x26in) New-York 89 .... FF17 200 - £1 711 - **$2,717**

D

DEICHER Luise 1891-1973 [23]
- *Landschaft mit Bäumen* - Öl/Leinwand (110x80cm-43x31in) Stuttgart 96 .... FF3 714 - £450 - $722
- *Adam und Eva* - Öl/Leinwand (38x28cm-15x11in) Stuttgart 94 .... FF8 200 - £958 - $1,446

DEICHMANN Christine 1869-? [3]
- *Gronlaenderkvinde med to born* - Watercolour (86x64cm-34x25in) Köbenhavn 90 .... FF7 000 - £699 - $1,328

DEIKE Clara XX [2]
- *Portrait of a woman* - Gouache (56x43cm-22x17in) Cleveland, Ohio 92 .... FF25 560 - £2 615 - $4,500

DEIKER Carl 1879-? [4]
- *Rebhühner im Gebüsch* - Öl/Leinwand (53x44cm-21x17in) Köln 94 .... FF6 870 - £818 - $1,294
- *Balzende Auerhähne* - Aquarell (35x43cm-14x17in) Stuttgart 95 .... FF6 220 - £814 - $1,246

DEIKER Carl Friedrich 1836-1892 [24]
- *Jagdhund einen Fasan Apportierend* - Oil/panel (28x23cm-11x9in) Köln 93 .... FF10 850 - £1 296 - $2,087
- *Sauenjagd* - Oil/canvas (48x70cm-19x28in) Köln 92 .... FF30 500 - £3 646 - $5,870

DEIKER Johannes Christian 1822-1895 [9]
- *Retriever with dead game* - Oil/canvas (46x41cm-18x16in) London 96 .... FF16 160 - £2 100 - $3,156

DEINEKA Alexander Alexandrov 1889-1969 [4]
- *Jeune paysanne au foulard* - Huile/panneau (21x25cm-8x10in) Bern 95 .... FF10 800 - £1 350 - $2,180
- *Bord d'étang* - Gouache (35x48cm-14x19in) Paris 91 .... FF2 500 - £252 - $434

DEINEKO Olga Konstantinovna 1897-1970 [1]
- *Woman/standing/Costume design* - Pencil/paper London 90 .... FF12 100 - £1 304 - $2,134

DEINES Johann Wagner 1803-1880 [5]
- *Winter landscape* - Oil/panel (33x40cm-13x16in) Amsterdam 93 .... FF27 030 - £3 240 - $4,940
- *St. Anton bei Partenkirchen* - Pencil (30x39cm-12x15in) München 94 .... FF1 505 - £177 - $268

DEITERS Heinrich 1840-1916 [9]
- *Abendlicher Spaziergang* - Öl/Leinwand (63x91cm-25x36in) Düsseldorf 96 .... FF22 400 - £2 900 - $4,480

DEITZSCH Johann Jacob 1713-1776 [2]
- *Meat and vegetables on a ledge* - Gouache/vellum London 95 .... FF11 650 - £1 500 - $2,390
- *Dead birds and vegetables on a table* - Gouache/vellum (18x24cm-7x9in) London 95 .... FF11 650 - £1 500 - $2,390

DEIX Manfred 1949 [3]
- *Der Froschtäuscher* - Ink (61x48cm-24x19in) Wien 95 .... FF5 490 - £693 - $1,096

DÉJARDIN Julien Adolphe 1857-1907 [1]
- *Champ de coquelicots* - Huile/toile (45x72cm-18x28in) Paris 95 .... FF2 500 - £319 - $512

DEJEAN Louis 1872-1953 [6]
- *La Parisienne* - Bronze (36cm-14in) Paris 97 .... FF14 000 - £1 520 - $2,481

DEJOUX Daniel 1935 [17]
- *Vieux Paris* - Huile/toile (46x55cm-18x22in) Provins 97 .... FF2 000 - £215 - $351
- *La pêche* - Huile/toile (46x55cm-18x22in) L'Isle-Adam 94 .... FF10 000 - £1 196 - $1,960

DEJUINNE François Louis 1786-1844 [2]
- *Le Christ guérissant l'aveugle* - Huile/toile (24x29cm-9x11in) Paris 94 .... FF20 000 - £2 390 - $3,785
- *Thésée vainquant le minotaure* - Oil/canvas (113x14cm-44x6in) New-York 90 .... FF171 600 - £18 255 - $30,698

DEKEN de Albert 1915 [19]
- *Nature morte* - Huile/toile (80x100cm-31x39in) Lokeren 95 .... FF8 190 - £1 033 - $1,634
- *Nature morte* - Aquarelle (55x72cm-22x28in) Antwerpen 92 .... FF2 637 - £315 - $508

DEKEYSER Adrien 1914-1950 [14]
- *Légende de St Michel* - Huile/toile/panneau (76x53cm-30x21in) Bruxelles 95 .... FF4 650 - £476 - $818
- *Jour d'été* - Gouache (27x50cm-11x20in) Bruxelles 92 .... FF3 650 - £374 - $643

DEKKER Hendrik Adriaan Chr. 1836-1905 [1]
- *Wassermühle* - Öl/Leinwand (61x80cm-24x31in) Bremen 95 .... FF8 340 - £1 082 - $1,738

DEKKER Henricus Nicol.,Henk 1897-? [14]
- *Shipping, Rotterdam* - Oil/canvas (25x45cm-10x18in) Amsterdam 96 .... FF8 450 - £1 044 - $1,633

DEKKERS Ad 1928-1974 [15]
- *Driedeling door oplopende zaag* - Huile/panneau (120x120cm-47x47in) Antwerpen 96 ...... FF42 700 - £5 510 - $8,240
- *Eerste fase van cirkel naar vierkant* - Sculpture (90cm-35in) Amsterdam 90 .... FF18 000 - £1 940 - $3,175
- *7 Tekeningen '70* - Ink (61x61cm-24x24in) Amsterdam 97 .... FF3 002 - £318 - $523

DEKKERT Eugene 1865-1956 [12]
- *Hafen von Stettin* - Öl/Leinwand (81x120cm-32x47in) München 93 .... FF9 630 - £1 092 - $1,630

DEKORTE Albert Maurice 1889-1971 [3]
- *Le port de Concarneau* - Huile/toile (33x55cm-13x22in) Versailles 89 .... FF15 000 - £1 534 - $2,412
- *Au cirque* - Huile/toile (70x90cm-28x35in) Verrières-Le-Buisson 91 .... FF28 000 - £2 808 - $4,622

DEL BON Angelo 1898-1952 [39]
- *Nudo e finestra* - Olio/tela (54x65cm-21x26in) Prato 97 .... FF15 300 - £1 800 - $2,700
- *Paesaggio chiaro, 1946* - Olio/tela (46x38cm-18x15in) Milano 90 .... FF38 900 - £4 165 - $6,765
- *Marina adriatica* - Acquarello/carta (50x30cm-20x12in) Milano 93 .... FF8 320 - £948 - $1,410

DEL BONO Enrico 1915-? [1]
- *Vase de roses* - Huile/toile/panneau (50x40cm-20x16in) Paris 94 .... FF2 800 - £324 - $482

DEL DRAGO Antonio XVIII-XIX [2]
- *The temple of the Sybil, Tivoli* - Watercolour/paper (60x84cm-24x33in) New-York 92 ... FF16 980 - £1 713 - $3,000

DEL MARLE Félix Aimé 1889-1952 [7]
- *Composition* - Huile/papier/toile (66x40cm-26x16in) Paris 95 .... FF6 500 - £842 - $1,353
- *Bretonnes, 1913* - Huile/toile (116x89cm-46x35in) Paris 95 .... FF470 000 - £48 554 - $83,039
- *Catch as catch can* - Encre Chine (50x65cm-20x26in) Paris 94 .... FF105 000 - £12 300 - $18,500

DEL MUE Maurice 1875-1955 [1]
- *Trees in a pasture* - Oil/canvas (41x51cm-16x20in) San Francisco-Los Angeles 94 .... FF5 950 - £706 - $1,100

DEL PEZZO Lucio 1933 [46]
- *Immagine apparsa* - Olio/tela (55x46cm-22x18in) Milano 94... FF12 450 - £1 440 - **$2,124**
- *America the beautiful* - Tecnica mista (100x80cm-39x31in) Milano 92................................... FF34 900 - £4 150 - **$6,700**
- *Composizione a riquadri* - Assemblage (70x90cm-28x35in) Milano 92.................................... FF29 440 - £3 013 - **$5,180**
- *Composition* - Collage (29x31cm-11x12in) Boulogne 94.. FF5 500 - £646 - **$963**

DEL RE Marco 1950 [5]
- *Profile della storia* - Fusain (134x53cm-53x21in) Paris 91... FF15 000 - £1 511 - **$2,603**

DEL TORRE Giulio 1856-1932 [17]
- *Kinderunterhaltung* - Oil/panel (32x42cm-13x17in) Wien 96... FF24 100 - £3 110 - **$4,720**
- *Die kleinen Raucher* - Oil/panel (23x17cm-9x7in) Wien 95... FF98 000 - £12 680 - **$19,920**

DELABORDE Henri, vicomte 1811-1899 [4]
- *Près de la fontaine* - Huile/panneau (74x58cm-29x23in) Paris 90.. FF43 000 - £4 330 - **$8,423**
- *Béatrice et Dante* - Oil/canvas (102x93cm-40x37in) New-York 95...................................... FF138 000 - £17 200 - **$27,000**

DELABRIERE Édouard Paul 1829-1912 [40]
- *Lionne qui marche* - Bronze (34cm-13in) Venezia 96... FF6 800 - £840 - **$1,320**
- *Stag coursing* - Bronze (39cm-15in) London 97... FF14 620 - £1 700 - **$2,984**
- *Lion du Sénégal sur antilope* - Bronze (25cm-10in) London 97.. FF51 115 - £5 500 - **$8,986**

DELACHAUX Léon 1850-1919 [8]
- *Taking a Rest* - Oil/board (36x30cm-14x12in) New-York 96... FF14 530 - £1 682 - **$2,783**
- *The banjo player* - Oil/board (42x30cm-17x12in) New-York 97... FF204 320 - £21 493 - **$35,000**

DELACHAUX Théodore 1879-1949 [11]
- *Blumenstilleben* - Huile/toile (61x67cm-24x26in) Bern 93.. FF2 066 - £258 - **$378**
- *Chalet du Pays d'Enhaut* - Huile/toile (66x60cm-26x24in) Zürich 96.................................. FF23 840 - £2 760 - **$4,570**

DELACLUZE Jean Edmé Pascal M. 1778-1858 [3]
- *Une mère et ses fils* - Miniature (9cm-4in) Paris 95... FF25 000 - £3 284 - **$5,130**

DELACOU Yvonne XX [12]
- *Timidité* - Bronze (25cm-10in) Deauville 97... FF14 000 - £1 520 - **$2,480**
- *Jeanette* - Bronze (28cm-11in) Deauville 95... FF24 000 - £3 084 - **$4,770**

DELACOUR Benjamin XIX [2]
- *Jeune femme assise* - Miniature (9cm-4in) Paris 94.. FF14 000 - £1 616 - **$2,380**

DELACOUR Clovis XIX-XX [2]
- *Buste de dame de qualité* - Sculpture (17cm-7in) Paris 96.. FF7 500 - £933 - **$1,447**

DELACROIX Auguste 1809-1868 [11]
- *An afternoon break* - Oil/canvas (38x33cm-15x13in) New-York 92..................................... FF7 800 - £931 - **$1,500**
- *Jeune fille à la robe bleue* - Aquarelle (21x16cm-8x6in) Versailles 90................................. FF6 800 - £728 - **$1,183**

DELACROIX Eugène 1798-1863 [296]
- *Les Natchez* - Oil/canvas (90x117cm-35x46in) New-York 89.. FF2 - £2 - **$4**
- *Femme d'Alger* - Huile/toile (33x24cm-13x9in) Paris 94.. FF2 - £315 400 - **$511,000**
- *Landscape with Rocks, Augerville* - Oil/board (28x36cm-11x14in) New-York 97.......... FF254 093 - £27 365 - **$45,000**
- *Juive d'Alger* - Eau-forte (20x15cm-8x6in) Paris 91... FF2 800 - £327 - **$491**
- *Lion de l'Atlas* - Lithograph (33x47cm-13x19in) Los Angeles 94.. FF11 400 - £1 335 - **$2,000**
- *Turc sellant son cheval* - Aquatint (23x29cm-9x11in) New-York 96................................... FF66 600 - £7 900 - **$13,000**
- *An Arab scribe* - Watercolour/paper (20x27cm-8x11in) London 97............................... FF1 - £200 000 - **$327,620**
- *Allégorie de la Poésie* - Dessin (16x18cm-6x7in) Monaco 95... FF10 000 - £1 297 - **$2,063**
- *Etude de chevaux* - Encre (20x29cm-8x11in) Vendôme 97... FF34 000 - £3 610 - **$5,922**
- *Officier Turc* - Aquarelle/papier (13x8cm-5x3in) Paris 97.. FF90 000 - £9 846 - **$15,678**
- *A tiger attacking a horse,* - Watercolour (19x27cm-7x11in) London 94............................ FF277 300 - £33 000 - **$52,200**

DELACROIX Henry-Eugène 1845-1930 [1]
- *Peintre, Modèle et Garde-Champêtre* - Oil/canvas (63x79cm-25x31in) New-York 94 .... FF87 700 - £10 140 - **$15,000**

DELACROIX Marthe 1898-1970 [5]
- *Fenêtre fleurie* - Huile/toile (80x68cm-31x27in) Pontoise 95.. FF3 500 - £439 - **$697**

DELACROIX Pierre 1709-1782 [1]
- *Homme et femme* - Pastel (32x23cm-13x9in) Paris 90... FF25 000 - £2 677 - **$4,348**

DELACROIX Victor 1842-? [2]
- *La toilette matinale* - Oleo/lienzo (24x20cm-9x8in) Madrid 93.. FF27 040 - £3 114 - **$4,640**

DELACROIX-GARNIER Pauline 1863-1912 [3]
- *Sunlit garden* - Oil/canvas (46x61cm-18x24in) New-York 91.. FF44 950 - £4 475 - **$7,730**

DELAET A. 1866-1949 [2]
- *Drève* - Huile/panneau (19x25cm-7x10in) Antwerpen 94.. FF3 330 - £387 - **$574**

DELAFONTAINE Pierre-Maximilien 1774-1860 [2]
- *Hercule et le lion* - Encre Chine (37x36cm-15x14in) Paris 90... FF2 300 - £246 - **$400**

DELAFORGUE Franz 1887-? [2]
- *Partie am Niederrhein* - Oil/panel (40x60cm-16x24in) Köln 95.. FF6 130 - £615 - **$1,123**

DELAFOSSE Jean-Charles. 1734-1789 [2]
- *Design for a pedestal* - Ink (27x10cm-11x4in) London 92... FF10 250 - £1 050 - **$1,806**

DELAGE Pierre 1883-1956 [1]
- *L'heure du thé* - Huile/toile (63x73cm-25x29in) New-York 91... FF9 460 - £948 - **$1,733**

DELAGNEAU Jean-Claude 1933 [4]
- *Femme* - Sculpture (88cm-35in) Versailles 91.. FF12 000 - £1 203 - **$1,981**

DELAGRANGE Léon Noël 1872-1910 [8]
- *A scarf dancer* - Bronze (39cm-15in) New-York 94.. FF9 200 - £1 090 - **$1,700**
- *A dancer* - Bronze (45cm-18in) New-York 94... FF20 570 - £2 440 - **$3,800**

Calendar & auction results :   INTERNET : **www.artprice.com**   MINITEL : 3617 ARTPRICE

DELAHAUT Jo 1911-1992 [28]

Composition - Huile/panneau (160x120cm-63x47in) Bruxelles 96 .... FF24 700 - £3 140 - **$4,750**

Sans titre - Gouache (72x54cm-28x21in) Verrières-Le-Buisson 92 .... FF10 000 - £1 024 - **$1,760**

DELAHAYE Ernest Jean 1855-1921 [3]

La coda - Huile/toile (89x116cm-35x46in) Paris 96 .... FF23 000 - £2 973 - **$4,530**

DELAHAYE Jacques 1928 [2]

Sans titre - Bronze (15x18x43cm-6x7x17in) Monaco 96 .... FF7 000 - £804 - **$1,336**

DELAHAYE-MITTERAND Edwige XX [4]

Le retour de la pêche - Acrylique/toile (46x33cm-18x13in) Royan 92 .... FF3 700 - £379 - **$771**

DELAHOGUE Alexis-Auguste 1867-1950 [47]

Caravane vers Biskra - Huile/toile (38x55cm-15x22in) Paris 96 .... FF18 000 - £2 134 - **$3,510**

Place de Biskra - Huile/toile (50x65cm-20x26in) Paris 95 .... FF42 500 - £5 590 - **$8,530**

Marché de Gabès, Tunisie - Huile/toile (50x65cm-20x26in) Paris 94 .... FF170 000 - £20 130 - **$31,400**

DELAHOGUE Eugène Jules 1867-c.1935 [20]

Paysage orientaliste - Huile/toile (33x24cm-13x9in) Besançon 96 .... FF3 600 - £434 - **$691**

Une rue de village d'Afrique - Huile/toile (38x55cm-15x22in) Paris 94 .... FF14 000 - £1 670 - **$2,575**

Jardin en fleurs - Huile/toile (65x93cm-26x37in) Calais 97 .... FF22 000 - £2 356 - **$3,857**

DELAIGUE Constantin Victor XIX-XX [1]

Dante - Bronze Bruxelles 94 .... FF3 980 - £475 - **$750**

DELAISTRE André 1865-? [2]

Coucher de soleil - Huile/carton (30x70cm-12x28in) Rennes 97 .... FF2 650 - £279 - **$455**

DELAISTRE François Nicolas 1746-1832 [1]

Buste d'enfant - Terracotta (40cm-16in) Paris 96 .... FF26 000 - £3 010 - **$4,980**

DELAMAIN Paul 1821-1882 [1]

Landscape with Arabian horsemen
Oil/canvas (51x49cm-20x19in) San Francisco-Los Angeles 95 .... FF17 670 - £2 227 - **$3,500**

DELAMARE Francis ?-1973 [3]

Blankenberghe - Poster (99x5cm-39x2in) London 95 .... FF13 240 - £1 600 - **$2,444**

DELAMARE Patricia,Lola Stuart XX [45]

Le baiser à Picasso - Acrylique/toile (97x130cm-38x51in) Paris 90 .... FF10 500 - £1 131 - **$1,852**

Nativité à Depardieu - Encre Chine/papier (128x60cm-50x24in) Paris 91 .... FF1 500 - £149 - **$260**

DELAMARRE Patricia XX [3]

La Paloma et Mel Ferrer - Encre Chine (108x54cm-43x21in) Paris 91 .... FF3 000 - £303 - **$596**

DELAMARRE Raymond 1890 [6]

Mowgli, 1920 - Bas-relief (34x41cm-13x16in) Paris 97 .... FF4 200 - £440 - **$720**

DELAMARRE Théodore Didier 1824-1883 [1]

The Cellist - Oil/panel (28x15cm-11x6in) Mystic, Connecticut 92 .... FF2 840 - £291 - **$500**

DELAMOTTE William Alfred 1775-1863 [5]

Views at Sundhurst - Bodycolour (26x36cm-10x14in) London 97 .... FF5 833 - £620 - **$1,005**

The promenade, Brighton - Wash (28x49cm-11x19in) London 91 .... FF30 240 - £3 003 - **$5,251**

DELAMOTTE William Alfred 1805-? [2]

Figures on a path, Oxford beyond - Oil/board (29x38cm-11x15in) London 92 .... FF7 330 - £750 - **$1,290**

Berne, Switzerland - Watercolour (21x30cm-8x12in) London 95 .... FF8 780 - £1 100 - **$1,750**

DELANCE Paul Louis 1848-1924 [20]

Hôpital Militaire - Huile/toile (60x80cm-24x31in) Paris 93 .... FF7 200 - £818 - **$1,220**

Adjusting her skate - Oil/panel (65x27cm-26x11in) New-York 96 .... FF83 100 - £10 580 - **$16,000**

DELANCE-FEURGARD Julie 1859-1892 [15]

Jeune femme au livre - Huile/toile (91x71cm-36x28in) Paris 93 .... FF16 500 - £1 875 - **$2,797**

DELANEY Alan XX [2]

Cavalry officers - Oil/canvas (40x30cm-16x12in) Elgin, Illinois 91 .... FF4 520 - £449 - **$785**

DELANNE Henri 1940 [2]

Naissance, 1982 - Bronze (40x18x27cm-16x7x11in) Paris 89 .... FF12 000 - £1 194 - **$1,896**

DELANNOY Aristide 1874-1911 [1]

Bébé avec ses jouets - Oil/canvas (46x56cm-18x22in) London 94 .... FF5 150 - £600 - **$902**

DELANNOY Marie-Thérèse XX [6]

Un nu et son reflet - Huile/papier (106x77cm-42x30in) Paris 91 .... FF3 000 - £303 - **$596**

DELANO Gerard Curtis 1890-1972 [1]

A break from the hunt - Oil/canvas (102x76cm-40x30in) New-York 94 .... FF18 540 - £2 163 - **$3,250**

DELANO Jack XX [8]

Alfred Parrott - Gelatin silver print (25x18cm-10x7in) San Francisco-Los Angeles 95 .... FF3 240 - £423 - **$650**

DELANOY Hippolyte 1849-1899 [5]

Vase de fleurs et livre - Oil/panel (19x24cm-7x9in) New-York 94 .... FF14 100 - £1 705 - **$2,600**

DELANOY Jacques 1820-1890 [2]

Still life with grapes and plums - Oil/canvas/board (27x41cm-11x16in) New-York 90 .... FF31 500 - £3 351 - **$5,635**

DELANY Mary Granville 1700-1788 [2]

Folio of watercolours of Ireland - (10) (21x31cm-8x12in) London 92 .... FF18 420 - £2 200 - **$3,545**

DELAP Tony 1927 [2]

Jaipur Jinee - Acrylic/canvas (178x216cm-70x85in) San Francisco-Los Angeles 95 .... FF21 040 - £2 630 - **$4,250**

Tilted Table with Arc - Bronze (34cm-13in) San Francisco-Los Angeles 94 .... FF11 610 - £1 347 - **$2,000**

DELAPEINE Charles Samuel 1826-1894 [2]

Knorriger Baum vor Uferlandschaft - Öl/Leinwand (46x40cm-18x16in) Bern 95 .... FF3 230 - £420 - **$663**

DELAPIERRE Roger 1935 [2]

Marché à Genève - Öl/Leinwand (54x65cm-21x26in) Bern 93 .... FF8 370 - £1 000 - **$1,610**

DELAPLANCHE Eugène 1836-1891 [5]
Nymphe aux fleurettes - Bronze (62cm-24in) Bruxelles 93 .... FF6 260 - £749 - **$1,280**
A naked violin player - Bronze (100cm-39in) London 96 .... FF34 800 - £4 500 - **$6,870**

DELAPORTE Janine 1928 [2]
Trompe-l'oeil au microscope - Huile/panneau (61x50cm-24x20in) Nice 95 .... FF4 000 - £519 - **$820**

DELAPORTE Maurice Eugène 1878-1964 [3]
Salon de Madame de Maintenon - Oil/canvas (71x78cm-28x31in) London 95 .... FF27 650 - £3 600 - **$5,670**

DELAPP Terry 1934 [5]
Two Plams - Acrylic/canvas (61x81cm-24x32in) San Francisco-Los Angeles 93 .... FF13 750 - £1 724 - **$2,500**

DELAPUENTE Fernando 1909-1976 [5]
Campos de Castilla - Oleo/lienzo (81x100cm-32x39in) Madrid 90 .... FF23 000 - £2 447 - **$4,114**

DELAROCHE Jules Hippolyte 1795-1849 [1]
Jeune fille dans une vasque - Oil/paper/panel New-York 97 .... FF67 758 - £7 297 - **$12,000**

DELAROCHE Paul 1797-1856 [28]
Emperor Napoléon in his study - Oil/aquatints (117x90cm-46x35in) New-York 94 ...... FF2 - £258 400 - **$390,000**
Homme assis à la canne - Huile/toile (9x81cm-4x32in) Lyon 96 .... FF16 000 - £2 060 - **$3,170**
L'Enfance de Pic de La Mirandole - Huile/toile (103x97cm-41x38in) Paris 94 .... FF122 000 - £14 140 - **$21,000**
Les Girondins - Watercolour/paper (13x26cm-5x10in) London 97 .... FF59 048 - £6 200 - **$10,156**

DELARUE Louis-Félix 1720-1765 [5]
Bacchus et son cortège - Encre (20x15cm-8x6in) Paris 93 .... FF4 500 - £543 - **$818**

DELARUE Lucien 1925 [2]
Nice, Côte d'Azur - Oil/canvas (46x56cm-18x22in) Chicago 95 .... FF3 264 - £409 - **$650**

DELASALLE Angèle 1867-1938 [1]
The pilgrim, 1910 - Oil/canvas (89x79cm-35x31in) San Francisco-Los Angeles 90 ...... FF5 100 - £536 - **$887**

DELATOUSCHE Germain 1898-1966 [5]
Le passage Barrault, Paris - Huile/toile (61x50cm-24x20in) Limoges 92 .... FF6 000 - £615 - **$1,080**

DELATRE Eugène 1864-1938 [29]
Bord de Seine, la maison au toit rouge - Huile/toile (32x46cm-13x18in) Paris 96 ...... FF26 000 - £3 010 - **$4,980**
Portrait de Huysmans - Eau-forte, aquatinte couleurs (43x29cm-17x11in) Paris 96 ...... FF3 800 - £437 - **$725**
Olympia - Lavis (27x22cm-11x9in) Cannes 91 .... FF2 200 - £221 - **$381**

DELATTRE Joseph 1858-1912 [43]
Le chemin vers le village - Huile/toile (43x59cm-17x23in) Pontoise 97 .... FF29 000 - £3 126 - **$5,092**
Soir de la Seine - Huile/toile (22x59cm-9x23in) Paris 93 .... FF40 000 - £4 820 - **$7,270**
Rouen, le pont tranbordeur - Huile/toile (46x61cm-18x24in) Rouen 90 .... FF160 000 - £16 361 - **$31,581**

DELAUNAIS Alfred 1876-1941 [2]
Voiles blancs en prière - Pastel (31x23cm-12x9in) Bruxelles 94 .... FF1 660 - £199 - **$315**

DELAUNAY Jules, dit Duval c.1815-1906 [8]
Cavalrymen - Oil/canvas (55x45cm-22x18in) New-York 91 .... FF5 990 - £599 - **$987**

DELAUNAY Jules-Élie 1828-1891 [12]
Mercure invantant le caducée - Huile/toile (176x113cm-69x44in) Paris 95 .... FF65 000 - £8 260 - **$13,200**
Standing female nude - Red chalk/paper (31x18cm-12x7in) New-York 92 .... FF2 220 - £233 - **$400**

DELAUNAY Marcel 1876-1959 [14]
Bourriche de moules - Huile/toile (50x61cm-20x24in) Cherbourg 96 .... FF6 000 - £766 - **$1,188**

DELAUNAY Maurice [1]
Paris, Porte Saint-Denis - Oleo/cartón (26x37cm-10x15in) Madrid 91 .... FF2 980 - £297 - **$512**

DELAUNAY Michèle 1942 [14]
Chemin dans les vignes - Huile/toile (46x55cm-18x22in) Arles 93 .... FF3 200 - £369 - **$552**

DELAUNAY Pierre 1675-1774 [1]
Paysage de la Campagne romaine - Huile/toile (50x65cm-20x26in) Paris 89 .... FF2 500 - £249 - **$395**

DELAUNAY Pierre François 1759-1789 [1]
Le Goûter - Huile/toile (127x162cm-50x64in) Bayeux 96 .... FF440 000 - £52 200 - **$85,800**

DELAUNAY Robert 1885-1941 [56]
Premier disque - Oil/canvas (134cm-53in) New-York 91 .... FF2 - £2 - **$4**
Femme nue lisant - Oil/canvas (195x205cm-77x81in) New-York 95 .... FF3 - £475 000 - **$750,000**
Nature morte au vase de fleurs - Oil/canvas (47x55cm-19x22in) London 97 .... FF308 880 - £32 000 - **$52,912**
L'Équipe de Cardiff, No. 8 - Oil/canvas/board (45x35cm-18x14in) London 96 .... FF763 000 - £87 000 - **$146,200**
Les coureurs - Oils (65x81cm-26x32in) London 97 .... FF965 250 - £100 000 - **$165,350**
La Tour - Lithographie (62x44cm-24x17in) Paris 97 .... FF100 000 - £10 590 - **$17,320**
Rhythme - Gouache (19x11cm-7x4in) Berlin 97 .... FF135 981 - £14 441 - **$23,687**
La Verseuse portugaise - Pastel/paper (76x105cm-30x41in) London 96 .... FF758 000 - £95 000 - **$146,300**

DELAUNAY Simone XX [3]
Rue à Montmartre - Huile/toile (73x54cm-29x21in) Versailles 90 .... FF3 200 - £322 - **$627**

DELAUNAY Sonia Delaunay-Terk 1885-1979 [304]
Composition - Huile/papier (9x13cm-4x5in) Cherbourg 97 .... FF11 000 - £1 175 - **$1,913**
Nature morte - Oil (54cm-21in) London 96 .... FF11 700 - £14 000 - **$21,560**
Nature morte portugaise - Oil/paper/canvas (66x92cm-26x36in) New-York 96 .... FF388 400 - £50 100 - **$75,000**
Untitled - Color lithograph (50x65cm-20x26in) Amsterdam 97 .... FF4 100 - £43 0 3 - **$703**
Komposition - Color lithograph (91x65cm-36x26in) Wien 95 .... FF24 500 - £3 170 - **$4,980**
Projet de tissu - Gouache (50x48cm-20x19in) Paris 96 .... FF6 500 - £838 - **$1,273**
Rythme couleur - Aquarelle (28x21cm-11x8in) Köln 97 .... FF28 726 - £3 019 - **$4,918**
Rythme coloré no. 1556 - Gouache (77x57cm-30x22in) New-York 94 .... FF170 000 - £19 670 - **$29,000**

D

DELAUNAY Victor XIX-XX [3]
🖼 *Saint Suliac la Rance* - Huile/toile (60x83cm-24x33in) Avranches 92 .... FF**6 600** - £*674* - **$1,184**
DELAUNAY-DUVAL Arsène XIX-XX [2]
🖼 *Hôtel du Jura, Paris* - Huile/toile (73x51cm-29x20in) Paris 90 .... FF**7 500** - £*803* - **$1,304**
DELAUNE Étienne 1518/19-1595 [7]
▱ *Combat: Centaures et Lapithes* - Gravure Paris 96 .... FF**3 800** - £*474* - **$734**
DELAUNEY Alfred Alexandre 1830-1894 [2]
✎ *Vue des ruines des Tuileries* - Lavis (27x19cm-11x7in) Paris 91 .... FF**2 500** - £*254* - **$452**
DELAUNOIS Alfred Napoléon 1876-1941 [7]
✎ *Paysage d'hiver* - Pastel (45x50cm-18x20in) Antwerpen 95 .... FF**3 430** - £*444* - **$702**
DELAVAL Pierre Louis 1790-1870 [2]
🖼 *Boy wearing a blue jacket* - Oil/canvas (65x54cm-26x21in) New-York 95 .... FF**20 830** - £*2 657* - **$4,200**
DELAVALLÉE Gabrielle [4]
🖼 *Le sentier rose* - Huile/toile (46x65cm-18x26in) Douarnenez 94 .... FF**3 800** - £*461* - **$723**
DELAVALLÉE Henri 1862-1943 [61]
🖼 *Ferme près du village* - Huile/panneau (13x23cm-5x9in) Douarnenez 95 .... FF**5 500** - £*717* - **$1,142**
Chaumière en Bretagne - Huile/toile (24x33cm-9x13in) Paris 97 .... FF**25 000** - £*2 723* - **$4,348**
Le puits en hiver - Huile/toile (38x46cm-15x18in) Paris 95 .... FF**300 000** - £*39 400* - **$60,200**
✎ *Le hameau de Gruchy* - Pastel (32x44cm-13x17in) Douarnenez 96 .... FF**15 000** - £*1 920* - **$2,975**
DELAVILLA Friedrich Karl 1884-1967 [1]
🖼 *Selbstportrait* - Oil/canvas (45x36cm-18x14in) Frankfurt 91 .... FF**2 704** - £*271* - **$468**
DELAVILLE Louis c.1770-1841 [4]
🗿 *Femme de qualité* - Terracotta (35cm-14in) Paris 90 .... FF**7 800** - £*835* - **$1,357**
Prométhée - Terracotta (63cm-25in) New-York 94 .... FF**50 600** - £*5 970* - **$9,000**
DELAYE Alice 1884-1963 [2]
🖼 *Enfants récoltant des fruits* - Huile/carton (75x104cm-30x41in) Paris 94 .... FF**2 200** - £*256* - **$389**
DELAYE Théophile J. 1896-? [3]
✎ *Casbah de Sî Hammadi à Tahourirt* - Aquarelle/papier (28x39cm-11x15in) Paris 97 ... FF**5 000** - £*532* - **$862**
DELBOS Julius M. 1879-1970 [15]
🖼 *The young shepherd* - Oil/canvas (76x102cm-30x40in) New-York 94 .... FF**6 850** - £*799* - **$1,200**
✎ *Boats in a harbor* - Watercolour (51x76cm-20x30in) North Berwick, Maine 93 .... FF**1 650** - £*207* - **$300**
DELBOSCO Roland 1926 [15]
🖼 *Paysage du Lubéron* - Huile/toile (89x130cm-35x51in) Toulouse 95 .... FF**10 000** - £*1 264* - **$2,022**
DELCAMBRE Élysée 1930 [19]
🖼 *L'Epte à Giverny* - Huile/toile (46x55cm-18x22in) Provins 93 .... FF**4 000** - £*482* - **$728**
DELCAMBRE Henri 1911 [1]
🗿 *Les dieux larres* - Bronze (25x19x24cm-10x7x9in) Paris 92 .... FF**2 500** - £*299* - **$481**
DELCLOCHE Paul Joseph 1716-1755 [3]
🖼 *Scène orientale* - Huile/toile (117x114cm-46x45in) Liège 91 .... FF**29 900** - £*3 060* - **$5,540**
DELCOL Roger XX [2]
🖼 *Composition* - Huile/toile (80x60cm-31x24in) Antwerpen 91 .... FF**2 916** - £*290* - **$506**
DELCOL Roland 1942 [15]
🖼 *Nu* - Huile/toile (60x80cm-24x31in) Antwerpen 94 .... FF**3 670** - £*440* - **$713**
DELCOURT Maurice 1877-1917 [4]
▱ *Place Saint-Georges* - Gravure bois couleurs (19x32cm-7x13in) Paris 97 .... FF**4 500** - £*476* - **$779**
DELCOURT Olivier XX [2]
🖼 *La plage* - Huile/toile (33x41cm-13x16in) Argenteuil 90 .... FF**4 200** - £*450* - **$730**
DELDEN van J. 1779-1831 [1]
✎ *Schafhirten in Landschaften* - Ink (13x15cm-5x6in) Bremen 91 .... FF**1 880** - £*193* - **$350**
DELDERENNE Léon 1864-1921 [6]
🖼 *Sous-bois* - Huile/toile (105x93cm-41x37in) Antwerpen 93 .... FF**4 580** - £*520* - **$774**
DELDEVEZ Jean 1909-1983 [16]
🖼 *Village de Provence* - Huile/panneau (50x61cm-20x24in) Cannes 91 .... FF**4 800** - £*485* - **$953**
✎ *Homme à la Lune* - Gouache/carton (12x17cm-5x7in) Paris 94 .... FF**2 300** - £*265* - **$391**
DELEAU Michel 1917-1985 [6]
✎ *Lion marchant* - Crayon/papier (14x20cm-6x8in) Paris 92 .... FF**1 500** - £*154* - **$264**
DELECHAUX Marcelin 1821-1902 [1]
🖼 *Repas de l'enfant* - Oil/panel (33x24cm-13x9in) København 94 .... FF**17 400** - £*1 996* - **$2,974**
DELECLUZE Étienne Jean 1781-1863 [9]
✎ *Châteaubriand à l'enterrement de Girodet* - Crayon (16x12cm-6x5in) Paris 92 .... FF**5 000** - £*512* - **$900**
DELECLUZE Eugène 1882-? [8]
🖼 *Le langoustier bleu, Finistère* - Huile/toile (46x55cm-18x22in) Versailles 91 .... FF**6 500** - £*655* - **$1,267**
DELEN van Dirk 1605-1671 [12]
🖼 *Church interior with the circumcision* - Oil/panel (49x64cm-19x25in) London 97 .... FF**35 883** - £*3 800* - **$6,175**
Figures in a palace colonnade - Oil/panel (36x48cm-14x19in) Amsterdam 93 .... FF**198 600** - £*22 850* - **$34,000**
The courtyard and gardens of a Palace - Oil/panel (48x64cm-19x25in) London 96 .... FF**442 000** - £*55 000* - **$85,700**
DELERIVE Nicolas Louis Albert c.1750-c.1810 [6]
🖼 *Étude de chiens et chats* - Huile/toile (102x135cm-40x53in) Paris 92 .... FF**70 000** - £*8 350* - **$13,460**
DELESSARD Auguste Joseph 1827-1890 [4]
🖼 *Troupeau traversant un gué* - Huile/toile (31x43cm-12x17in) Lindau 96 .... FF**8 100** - £*1 046* - **$1,565**
DELESTRE Eugène 1862-1919 [3]
🖼 *Matinée d'été, Herblay-sur-Seine* - Oil/canvas (115x160cm-45x63in) København 95 ...... FF**18 600** - £*2 436* - **$3,780**

DELÉTANG Robert A. 1874-1951 [8]
- *La jeune Sévillane* - Huile/panneau (81x45cm-32x18in) Paris 93 .... FF2 000 - £241 - **$364**

DELETTRE Alexandre 1973 [5]
- *L'Enfant Sauvage* - Huile/toile (81x116cm-32x46in) Paris 92 .... FF2 100 - £214 - **$396**

DELETTRE Bernard [2]
- *Rouen, le pré aux loups* - Huile/toile (54x65cm-21x26in) Le Havre 92 .... FF5 500 - £563 - **$968**

DELFAU André XX [2]
- *Serenade: design for the decor* - Gouache (29x37cm-11x15in) New-York 91 .... FF3 190 - £324 - **$576**

DELFGAAUW Gerardus Johannes 1882-1947 [43]
- *A Mill in a Polder Landscape* - Oil/canvas (60x49cm-24x19in) Amsterdam 94 .... FF2 210 - £263 - **$420**
- *Cows by a ditch* - Oil/canvas (50x80cm-20x31in) Amsterdam 97 .... FF6 241 - £675 - **$1,088**
- *Vue des Polders* - Huile/toile (60x100cm-24x39in) Bruxelles 96 .... FF24 600 - £2 915 - **$4,800**

DELFOS Abraham c.1729/31-1820 [1]
- *Winter landscape with skaters* - Black chalk (31x40cm-12x16in) Amsterdam 92 .... FF1 960 - £234 - **$377**

DELFOSSE August 1832-1899 [2]
- *Riverlandscape with travellers* - Oil/panel (26x33cm-10x13in) Amsterdam 92 .... FF7 280 - £748 - **$1,400**

DELFOSSE Georges Marie Joseph 1869-1939 [21]
- *Maison de Pierre du Calvet* - Huile/toile (27x35cm-11x14in) Montréal 92 .... FF4 990 - £580 - **$1,018**

DELFS Moritz 1823-1906 [3]
- *Sommertag an der Küste* - Oil/canvas (91x129cm-36x51in) Köln 91 .... FF20 300 - £2 035 - **$3,351**

DELFTS Moritz 1823-1906 [1]
- *Wesen lauern dem Reitersmann auf* - Öl/Leinwand (49x41cm-19x16in) Stuttgart 96 .... FF4 060 - £504 - **$787**

DELGADO Alvaro 1922 [22]
- *Arlequín* - Oleo/lienzo (93x75cm-37x30in) Madrid 93 .... FF19 800 - £2 250 - **$3,350**
- *Vista de Madrid* - Acuarela/papel (35x48cm-14x19in) Madrid 97 .... FF8 000 - £860 - **$1,400**

DELGADO RAMOS Alvaro 1922 [20]
- *Arlequín* - Oleo/lienzo (61x45cm-24x18in) Madrid 91 .... FF32 500 - £3 283 - **$6,452**
- *Bodegon de la caracolá, 1948* - Oleo/lienzo (100x81cm-39x32in) Madrid 90 .... FF86 400 - £8 926 - **$15,265**
- *Perdiz roja captada* - Drawing (61x44cm-24x17in) Madrid 91 .... FF12 300 - £1 233 - **$2,030**

DELHAYE José 1921 [5]
- *Arbre sous la lune* - Huile/panneau (91x58cm-36x23in) Liège 93 .... FF7 580 - £906 - **$1,550**
- *Phantasme* - Collage (50x70cm-20x28in) Liège 90 .... FF8 900 - £953 - **$1,548**

DELHOMME Léon Alexandre 1841-1895 [1]
- *A walking panther* - Bronze (65cm-26in) New-York 93 .... FF12 010 - £1 450 - **$2,200**

DELHOMMEAU Charles 1883-? [1]
- *Panthère en marche* - Bronze (31cm-12in) Paris 93 .... FF28 000 - £3 374 - **$5,090**

DELIGNE Adolphe Julien 1818-? [1]
- *Der Strassenmusikant* - Öl/Leinwand (64x52cm-25x20in) Hamburg 96 .... FF3 400 - £387 - **$650**

DELIGNY Théodore 1798-1863 [2]
- *Portrait d'homme* - Huile/toile (24x19cm-9x7in) Versailles 96 .... FF3 500 - £435 - **$679**
- *Scène orientale* - Aquarelle (25x31cm-10x12in) Saint-Dié 95 .... FF2 000 - £259 - **$410**

DELITZ Leo 1882-1966 [6]
- *Waldlandschaft* - Öl (48x59cm-19x23in) Wien 97 .... FF2 878 - £304 - **$497**
- *Scene from World War I* - Oil/canvas (43x72cm-17x28in) Wien 95 .... FF7 830 - £1 032 - **$1,590**

DELKESKAMP Friedrich Wilhelm 1794-1872 [1]
- *Römerberge, Frankfurt-am-Main* - Engraving (41x49cm-16x19in) Frankfurt 97 .... FF5 400 - £582 - **$948**

DELL Adolf 1890-1977 [1]
- *Haus hinter Bäumen* - Oil/canvas/board (43x46cm-17x18in) Düsseldorf 91 .... FF7 430 - £749 - **$1,289**

DELL Edwin 1914-1970 [2]
- *St Johns, Cambridge* - Watercolour (37x56cm-15x22in) London 97 .... FF3 735 - £400 - **$645**

DELL John Henry c.1836-1888 [6]
- *Feeding the rabbits* - Oil/panel (28x38cm-11x15in) Exeter, Devon 92 .... FF20 100 - £2 400 - **$3,870**

DELL'ACQUA Cesare Felix Georges 1821-1904 [5]
- *Scène familiale* - Huile/toile (84x120cm-33x47in) Bruxelles 96 .... FF33 000 - £4 260 - **$6,460**
- *La Danza del Decameron* - Ink (38x54cm-15x21in) Wien 93 .... FF4 455 - £512 - **$741**

DELL'ORTO Uberto 1848-1895 [1]
- *Paseggio fluviale con cascine* - Olio/tavola (25x16cm-10x6in) Milano 95 .... FF10 200 - £1 353 - **$2,080**

DELLA FAILLE D'HUYSSE Gabrielle 1863-1926 [2]
- *L'étang aux bouleaux* - Huile/toile (87x70cm-34x28in) Bruxelles 96 .... FF13 180 - £1 574 - **$2,536**

DELLA ROCCA Giovanni 1788-1858 [3]
- *La famiglia del contadino* - Olio/tavola (26x34cm-10x13in) Roma 96 .... FF33 500 - £4 200 - **$6,400**

DELLA TORRE Enrico 1931 [8]
- *Natura morta* - Olio/carta/tela (48x47cm-19x26in) Milano 95 .... FF8 800 - £1 148 - **$1,764**

DELLEANI Lorenzo 1840-1908 [22]
- *Arabs resting in a street* - Oil/panel (17x22cm-7x9in) London 96 .... FF27 930 - £3 500 - **$5,390**
- *La catena Alpina sopra a Courmayeur* - Olio/tavola (31x45cm-12x18in) Roma 96 .... FF67 000 - £8 400 - **$12,800**
- *Nevi basse* - Olio/tela (112x92cm-44x36in) Roma 95 .... FF196 000 - £25 100 - **$40,300**

DELLENBAUGHT Frederick Samuel 1853-1935 [1]
- *Knitting beside the hearth* - Oil/canvas (91x74cm-36x29in) New-York 92 .... FF19 900 - £2 034 - **$3,500**

DELLEPIANE David 1866-1925 [10]
- *Les Martigues* - Huile/toile (33x19cm-13x7in) Marseille 90 .... FF8 000 - £857 - **$1,391**
- *Embarquement en Afrique du Nord*

Oil/canvas (140x190cm-55x75in) New-York 93..FF**165 000** - £*20 700* - **$30,000**
🗈 *Exposition Coloniale, Marseille - Affiche (165x105cm-65x41in) Paris 93* ....FF**3 500** - £*403* - **$603**
DELLEPIANE Davide 1830-1897 [1]
🖛 *A figure on a mountain at dusk - Oil/canvas (54x72cm-21x28in) London 89* ....FF**82 300** - £*8 189* - **$13,002**
DELLEPIANE IL MULINARETTO Giovanni Maria 1660-1745 [1]
🖛 *Portrait de femme - Huile/toile (105x85cm-41x33in) Monaco 94* ....FF**28 000** - £*3 320* - **$5,170**
DELLGRUEN Franziskus 1901-1984 [3]
🖛 *Passanten in der Großstadt - Oil/canvas (105x83cm-41x33in) Ahlden 92* ....FF**20 400** - £*2 090* - **$3,590**
DELMAS Lucien XX [8]
🖛 *Arlequin à la guitare - Acrylique/toile (35x46cm-14x18in) Montauban 95* ....FF**3 500** - £*437* - **$707**
DELMONT Félix 1794-1867 [2]
〽 *Homme barbu - Miniature (9x8cm-4x3in) Paris 92*...FF**3 800** - £*391* - **$731**
DELMOTTE Marcel 1901-1984 [112]
🖛 *Deux femmes - Huile/panneau (70x50cm-28x20in) Liège 97* ....FF**12 262** - £*1 267* - **$2,100**
Trois Grâces - Huile/panneau (100x155cm-39x61in) Bruxelles 95 ....FF**34 600** - £*4 324* - **$6,980**
La Paix - Huile/toile (120x250cm-47x98in) Bruxelles 95 ....FF**118 500** - £*15 070* - **$22,800**
〽 *Nu - Gouache (60x80cm-24x31in) Bruxelles 96* ....FF**8 370** - £*1 084* - **$1,675**
DELOBBE François Alfred 1835-1920 [13]
🖛 *Nymphe à la rivière - Oil/canvas (55x100cm-22x39in) New-York 95* ....FF**41 100** - £*5 040* - **$8,000**
Les lavandières - Oil/canvas (56x81cm-22x32in) New-York 97 ....FF**127 913** - £*13 777* - **$22,500**
DELOBRE Émile Augustin V. 1873-1956 [15]
🖛 *Harbor with sailboats - Oil/panel (33x40cm-13x16in) New-York 91* ....FF**24 220** - £*2 441* - **$4,203**
Vase de fleurs - Oil/canvas (41x35cm-16x14in) New-York 95.................................FF**29 350** - £*3 800* - **$6,000**
DELOOSE Jean-Joseph 1770-1849 [1]
🖛 *Dame de qualité - Huile/toile (84x63cm-33x25in) Bruxelles 95* ....FF**3 346** - £*440* - **$672**
DELORAS Henriette 1901-1941 [80]
🖛 *Fruits d'automne - Huile/toile (38x46cm-15x18in) Lyon 96* ....FF**3 000** - £*353* - **$590**
〽 *Couple au café - Pastel (18x14cm-7x6in) Grenoble 96* ....FF**6 600** - £*840* - **$1,273**
DELORME Marguerite 1876-1946 [2]
🖛 *Ville marocaine - Huile/panneau (36x45cm-14x18in) Neuilly 91* ....FF**11 000** - £*1 103* - **$1,816**
〽 *Arabes conversant - Aquarelle (29x43cm-11x17in) Paris 93* ....FF**2 800** - £*338* - **$510**
DELORME Raphaël 1886-1962 [18]
🖛 *Trois femmes au jardin - Huile/panneau (46x61cm-18x24in) Paris 95* ....FF**15 000** - £*1 930* - **$3,073**
Three female nudes on the beach - Oil/canvas (58x79cm-23x31in) New-York 94........FF**102 100** - £*11 930* - **$18,000**
DELORMOZ Paul 1895-1980 [100]
🖛 *Aux Sables d'Olonnes - Huile/carton (27x41cm-11x16in) Paris 92* ....FF**5 000** - £*511* - **$897**
〽 *La Faye - Aquarelle (23x32cm-9x13in) La Varenne Saint-Hilaire 92*........................FF**1 800** - £*184* - **$317**
DELORT Ch. Edouard, Edmond 1841-1895 [15]
🖛 *La marchande de fleurs - Oil/canvas (51x39cm-20x15in) New-York 97* ....FF**62 750** - £*6 763* - **$11,000**
The Harvest Festival - Oil/canvas (69x102cm-27x40in) New-York 94........................FF**138 000** - £*16 480* - **$26,000**
〽 *Promenade en barque - Aquarelle, gouache/papier (20x12cm-8x5in) Calais 96* ....FF**3 500** - £*402* - **$668**
DELORT Charles Eugène 1789-1847 [2]
🖛 *La rue du Gros Horloge - Huile/toile (31x22cm-12x9in) Rouen 90* ....FF**2 600** - £*269* - **$459**
DELOS Julio 1937 [2]
🖛 *Las hermanas - Technique mixte/toile (81x65cm-32x26in) Paris 91* ....FF**15 000** - £*1 540* - **$2,790**
DELOYE Gustave 1848-1899 [5]
🯄 *Jeune femme au turban - Terracotta (94cm-37in) Lyon 96* ....FF**38 000** - £*4 580* - **$7,290**
〽 *Courses à Marly-le-Roi - Gouache/papier (12x34cm-5x13in) Deauville 92* ....FF**20 000** - £*2 047* - **$3,520**
DELPECH Guy Jean XX [4]
🖛 *Eclatements - Huile/toile (116x73cm-46x29in) Paris 91* ....FF**2 000** - £*205* - **$373**
DELPECH Herman XIX-XX [7]
🖛 *Bassin d'Arcachon - Huile/toile (60x81cm-24x32in) La Varenne Saint-Hilaire 91* ....FF**12 500** - £*1 263* - **$2,481**
DELPECH Pierre Charles Eug. XIX-XX [1]
🯄 *Clytie - Bronze (39cm-15in) London 92*..FF**6 330** - £*650* - **$1,177**
DELPERÉE Émile 1850-1896 [6]
🖛 *Enfant en costume - Huile/toile (70x55cm-28x22in) Liège 91* ....FF**4 860** - £*487* - **$890**
DELPEY André 1880-1964 [1]
🖛 *Taormina, le Théâtre antique - Huile/panneau (38x55cm-15x22in) Köln 95* ....FF**3 550** - £*448* - **$711**
DELPLANQUE Georges Emile 1903 [10]
🖛 *Trébeurden - Huile/toile (33x46cm-13x18in) Brest 91* ....FF**5 200** - £*518* - **$894**
DELPORTE Charles 1928 [26]
🖛 *Soleil blanc - Huile/toile (30x40cm-12x16in) Bruxelles 93* ....FF**3 296** - £*394* - **$674**
DELPRAT Hélène 1958 [11]
🖛 *Rumore di pioggia... - Oil/canvas (197x280cm-78x110in) Köbenhavn 92* ....FF**29 040** - £*2 910* - **$5,580**
〽 *Sans titre - Gouache/papier (69x101cm-27x40in) Paris 92* ....FF**3 800** - £*391* - **$731**
DELPY Henri Jacques 1877-1957 [59]
🖛 *Pêche sur létang - Huile/panneau (60x92cm-24x36in) Le Havre 96* ....FF**4 000** - £*470* - **$787**
Lavandières au bord de l'Oise - Huile/panneau (37x61cm-15x24in) Paris 97 ....FF**8 000** - £*870* - **$1,393**
A river landscape at sunset - Oil/canvas (33x46cm-13x18in) New-York 92 ....FF**11 440** - £*1 366* - **$2,200**
Bord de rivière - Huile/toile (33x60cm-13x24in) Barbizon 92................................FF**113 000** - £*11 560* - **$19,900**
DELPY Hippolyte-Camille 1842-1910 [151]
🖛 *Les bords de l'Yonne près de Joigny - Oil/panel (32x60cm-13x24in) London 94* ....FF**31 100** - £*3 600* - **$5,320**
Effet de neige rue des Martyrs, Paris

Oil/canvas (76x127cm-30x50in) New-York 96 .... FF119 400 - £15 200 - **$23,000**
Le port de Dieppe - Oil/canvas (125x201cm-49x79in) New-York 95 .... FF257 000 - £31 500 - **$50,000**

DELPY Lucien Victor F. 1898-1967 [50]
🐦 *Près de la chapelle* - Huile/toile (50x100cm-20x39in) Brest 94 .... FF7 500 - £886 - **$1,383**
Brest, le port de guerre, La Penfeld - Huile/toile (130x170cm-51x67in) Brest 94 .... FF25 000 - £2 934 - **$4,420**
✏ *Le port de Quimper* - Gouache/papier (47x58cm-19x23in) Morlaix 96 .... FF8 500 - £1 090 - **$1,680**

DELSA Edmond 1875-1955 [3]
🐦 *L'étang, la Calamine* - Huile/panneau (32x42cm-13x17in) Liège 89 .... FF2 600 - £274 - **$438**

DELSAILLE Alain XX [3]
🐦 *La moisson* - Huile/toile (55x65cm-22x26in) Douai 90 .... FF2 100 - £214 - **$420**

DELSAUX Willem Charles L. 1862-1945 [23]
🐦 *Etang en forêt de Soignes sous la neige* - Huile/toile (60x90cm-24x35in) Bruxelles 97 ...... FF2 618 - £277 - **$453**
Marée-basse - Huile/toile (54x166cm-21x65in) Bruxelles 96 .... FF7 700 - £997 - **$1,540**

DELSENBACH Johann Adam 1687-1765 [1]
🖵 *Zwei Ansichten von Nürnberg* - Engraving (19x30cm-7x12in) Bern 92 .... FF1 713 - £205 - **$330**

DELTANQUE Georges Émile 1860-1950 [1]
🐦 *Printemps provençal* - Huile/toile Saint-Dié 92 .... FF3 600 - £369 - **$706**

DELTEIL Loÿs 1869-1927 [1]
🖵 *Villiers de l'Isle-Adam* - Eau-forte (23x17cm-9x7in) Paris 91 .... FF4 500 - £457 - **$813**

DELTIL Jean Julien 1791-1863 [3]
🖵 *Vues du Brésil*
Panoramic papier peint in colours. Pub. by Zuber (180x266cm-71x105in) London 96. FF36 100 - £4 500 - **$6,970**

DELTOMBE Paul 1878-1971 [27]
🐦 *Le Midi* - Huile/toile (46x55cm-18x22in) Paris 97 .... FF4 000 - £426 - **$692**
Coupe de fruits - Huile/toile (33x41cm-13x16in) Nantes 95 .... FF9 500 - £1 200 - **$1,920**
Port du Midi - Huile/toile (65x81cm-26x32in) Versailles 90 .... FF49 000 - £5 062 - **$8,657**

DELUC Gabriel 1850-1916 [3]
🐦 *Weiblicher Akt* - Oil/canvas (105x85cm-41x33in) Luzern 91 .... FF37 600 - £3 816 - **$6,791**

DELUCA Peter XX [2]
🐦 *Doëlan* - Huile/toile (65x94cm-26x37in) Concarneau 93 .... FF7 500 - £904 - **$1,364**

DELUERMOZ Henri 1876-1943 [9]
🐦 *La panthère noire et la louve* - Huile/toile/panneau (55x106cm-22x42in) Paris 94 ...... FF15 000 - £1 750 - **$2,630**
✏ *L'ourson* - Gouache/papier (23x42cm-9x17in) Paris 96 .... FF3 200 - £366 - **$610**

DELUOL André 1909 [2]
🗿 *Sérénité* - Sculpture (40x19x30cm-16x7x12in) Paris 90 .... FF14 500 - £1 543 - **$2,594**

DELVAL Robert 1897-? [23]
🐦 *Le Morvan, Voutenay-sur-Cure* - Huile/toile (50x61cm-20x24in) Montréal 91 .... FF2 580 - £259 - **$435**
Le Moulin de la Galette - Huile/toile (55x46cm-22x18in) Semur-en-Auxois 90 .... FF19 000 - £2 034 - **$3,304**
La Seine, l'Ile Saint-Louis - Huile/toile (60x73cm-24x29in) Paris 90 .... FF59 000 - £6 358 - **$10,406**

DELVAUX Edouard 1806-1862 [1]
🐦 *Rivière en sous-bois* - Huile/toile (82x97cm-32x38in) København 96 .... FF24 060 - £3 116 - **$4,810**

DELVAUX Ferdinand Marie 1782-1815 [1]
🐦 *Klassisk ruinlandskap med figurer* - Oil/panel (44x35cm-17x14in) Stockholm 94 .... FF14 380 - £1 704 - **$2,660**

DELVAUX Paul 1897-1994 [356]
🐦 *Femme drapée* - Oil/panel (197x97cm-78x38in) London 96 .... FF1 - £195 000 - **$300,300**
Ruines de Selinonte - Oil/canvas (140x220cm-55x87in) New-York 96 .... FF3 - £441 000 - **$660,000**
La Joie de Vivre - Oil/canvas (101x120cm-40x47in) London 93 .... FF7 - £920 000 - **$1**
Paysage Mosan - Oil/canvas (80x100cm-31x39in) Amsterdam 97 .... FF101 888 - £10 710 - **$17,503**
🖵 *Deux nus dans un intérieur* - Lithographie couleurs Bruxelles 97 .... FF10 621 - £1 151 - **$1,879**
Paiolive - Lithographie (71x90cm-28x35in) Köln 97 .... FF20 277 - £2 131 - **$3,471**
The Rivals - Lithographie couleurs (66x51cm-26x20in) London 97 .... FF67 568 - £7 000 - **$11,574**
✏ *Les Amies* - Watercolour (74x109cm-29x43in) London 95 .... FF1 - £180 000 - **$285,000**
Iphygénie - Ink/paper (13x11cm-5x4in) New-York 97 .... FF17 143 - £1 838 - **$3,000**
Leathem Saint-Martin - Watercolour (52x72cm-20x28in) London 96 .... FF61 900 - £8 000 - **$12,250**
Au théatre - Ink (35x26cm-14x10in) London 97 .... FF173 745 - £18 000 - **$29,763**
Le carnaval - Watercolour (63x100cm-25x39in) London 97 .... FF849 420 - £88 000 - **$145,508**

DELVIGNE Julien XX [5]
🐦 *La Seine à Bougival* - Huile/toile (30x73cm-12x29in) Paris 96 .... FF5 500 - £637 - **$1,054**

DELVIGNE Théodore XIX-XX [1]
🐦 *Femme nue allongée* - Huile/toile/carton (62x81cm-24x32in) Paris 93 .... FF11 000 - £1 236 - **$1,865**

DELVILLE Jean 1867-1953 [10]
🐦 *A self portrait* - Oil/canvas (38x28cm-15x11in) London 94 .... FF84 600 - £10 000 - **$15,200**
✏ *Flora - Portrait of the Artist's Wife* - Chalks (54x44cm-21x17in) London 94 .... FF254 000 - £30 000 - **$45,600**

DELVIN Jean J. 1853-1922 [8]
🐦 *L'étalon* - Huile/toile (60x50cm-24x20in) Bruxelles 91 .... FF11 520 - £1 169 - **$2,081**
✏ *La dame au façe-à-main* - Pastel/toile (110x114cm-43x45in) Bruxelles 95 .... FF1 692 - £220 - **$352**

DELVOLVÉ-CARRIERE Lisbeth 1875-1934 [2]
🐦 *Azalée blanc* - Huile/toile (55x46cm-22x18in) Paris 87 .... FF12 000 - £1 224 - **$1,948**

DEMACHY Robert 1859-1936 [17]
📷 *Woman with diaphanous drape* - Gum bichromat print (16x6cm-6x2in) London 96 ...... FF12 400 - £1 600 - **$2,394**

DEMAERTELAERE Louis 1810-1864 [1]
🐦 *Paysage avec troupeau* - Huile/panneau (58x76cm-23x30in) Bruxelles 92 .... FF24 900 - £2 550 - **$4,790**

DEMAGNY Marcel 1949 [5]
🖼 *Composition* - Huile/toile (100x65cm-39x26in) Nancy 90 .... FF**9 000** - £**970** - **$1,587**

DEMAN Albert 1927 [28]
🖼 *Papillon* - Huile/toile (46x65cm-18x26in) Calais 97 .... FF**5 200** - £**557** - **$912**
Vase de fleurs - Huile/toile (92x65cm-36x26in) Calais 97 .... FF**14 500** - £**1 553** - **$2,542**

DEMANET Victor 1895-1964 [26]
🗿 *Visage de jeune homme* - Bronze Bruxelles 95 .... FF**3 680** - £**466** - **$720**
La tentation - Bronze (31x17x58cm-12x7x23in) Bruxelles 97 .... FF**9 816** - £**1 044** - **$1,710**
L'effort - Bronze (60x65cm-24x26in) Versailles 91 .... FF**27 000** - £**2 728** - **$5,360**

DEMANGE Adolphe 1857-c.1930 [2]
✏ *Fillette au col blanc* - Pastel (61x50cm-24x20in) Bayeux 91 .... FF**6 500** - £**646** - **$1,129**

DEMANGE Paul XIX-XX [1]
🗿 *Guerrier* - Bronze (55cm-22in) Saint-Dié 92 .... FF**3 000** - £**358** - **$577**

DEMARCHELIER Patrick 1944 [1]
📷 *Madonna-Silver* - Gelatin silver print (46x36cm-18x14in) New-York 96 .... FF**9 800** - £**1 260** - **$1,900**

DEMARCY Antoinette-Louise 1788-1859 [2]
✏ *Homme en habit noir* - Miniature (9cm-4in) Paris 96 .... FF**1 500** - £**194** - **$300**

DEMAREST Suzanne 1900-1985 [3]
🖼 *Sur la plage* - Oil/canvas (24x40cm-9x16in) New-York 91 .... FF**11 320** - £**1 149** - **$2,045**

DEMARIA Bernabé 1824-1910 [1]
🖼 *El truco de gallo* - Oil/board (45x59cm-18x23in) London 92 .... FF**27 350** - £**2 800** - **$4,820**

DEMARIA Pierre 1896 [2]
🖼 *L'Enfant Prodige* - Huile/toile (116x89cm-46x35in) Paris 96 .... FF**2 600** - £**330** - **$499**

DEMARNE Jean-L. Demarnette 1744-1829 [42]
🖼 *La halte à l'abreuvoir* - Huile/toile (24x47cm-9x19in) Lille 97 .... FF**96 000** - £**9 945** - **$16,444**
Une Foire en Franche-Comté - Huile/panneau (48x62cm-19x24in) Paris 92 .... FF**180 000** - £**21 500** - **$34,600**
✏ *Halte du troupeau* - Crayon/papier (28x42cm-11x17in) Paris 96 .... FF**4 600** - £**526** - **$877**

DEMARNE Pierre 1924 [8]
🖼 *L'Oedipe clé de la Ya* - Huile/toile (72x59cm-28x23in) Douai 96 .... FF**4 700** - £**604** - **$928**
✏ *Composition* - Gouache (26x20cm-10x8in) Douai 94 .... FF**1 800** - £**213** - **$324**

DEMARTEAU Gilles II le Jeune 1750-1802 [7]
✏ *Jeune fille à la rose* - Etching (31x72cm-12x28in) London 92 .... FF**40 000** - £**4 780** - **$7,700**

DEMAY Jean-François 1798-1850 [10]
🖼 *Officier debout dans une calèche* - Huile/panneau (33x46cm-13x18in) Monaco 93 .... FF**90 000** - £**10 210** - **$15,220**

DEMEAUX Jean-Pierre XX [2]
🖼 *Sans titre* - Acrylique/bois (70x70cm-28x28in) Paris 92 .... FF**6 500** - £**668** - **$1,250**

DEMEL Franz 1878-1947 [12]
🖼 *St. Stephen's cathedral, Wien* - Oil/canvas (81x71cm-32x28in) Chicago 92 .... FF**11 270** - £**1 310** - **$2,300**
✏ *Die Franziskanerkirche in Wien* - Aquarell/Papier (28x21cm-11x8in) Wien 94 .... FF**3 410** - £**409** - **$663**

DEMETRIADES Marios 1965 [5]
✏ *Derrynaine II* - Wash (51x70cm-20x28in) London 90 .... FF**2 500** - £**269** - **$441**

DEMETROPOULOS Charles 1912-1976 [9]
✏ *Boston Garden, Swan Boats* - Watercolour (46x69cm-18x27in) Cambridge, Mass. 93 .... FF**5 230** - £**618** - **$950**

DEMETZ Karl 1909-1986 [21]
🖼 *Harte Winterarbeit* - Oil/Leinwand (60x80cm-24x31in) Lindau 97 .... FF**10 128** - £**1 063** - **$1,742**
Auf der Dorfstraß - Oil/canvas (40x50cm-16x20in) Stuttgart 91 .... FF**23 500** - £**2 356** - **$4,304**

DEMEURISSE René 1895-1961 [21]
🖼 *Nature morte aux oignons* - Huile/papier (39x58cm-15x23in) Pontoise 97 .... FF**2 600** - £**280** - **$457**

DEMEYER Baron Adolph 1868-1946 [48]
📷 *Mrs. Irene Castle* - Photograph (4x35cm-2x14in) New-York 94 .... FF**15 970** - £**1 852** - **$2,750**

DEMIANOFF Pierre XX [23]
🖼 *Composition abstraite 7* - Huile/toile (73x92cm-29x36in) Arles 96 .... FF**3 000** - £**381** - **$576**

DEMIANY Carl Friedrich 1768-1823 [1]
✏ *Junger Mann* - Miniature (7x6cm-3x2in) Wien 93 .... FF**6 730** - £**805** - **$1,295**

DEMIANY Carl Theodor 1801-1840 [1]
🖼 *Young Lady* - Oil/canvas (38x36cm-15x14in) København 95 .... FF**11 050** - £**1 357** - **$2,153**

DEMIN Giovanni 1786-1859 [2]
✏ *Daw: Apollo mounting his chariot* - Ink (34x55cm-13x22in) London 95 .... FF**5 410** - £**700** - **$1,120**

DEMING Edwin Willard 1860-1942 [29]
🖼 *Sitting Bull haranguing the Sioux village*
       Oil/board (60x51cm-24x20in) San Francisco-Los Angeles 95 .... FF**9 960** - £**1 310** - **$2,000**
Western landscape with Indians - Oil/canvas (51x61cm-20x24in) New-York 96 .... FF**50 600** - £**6 560** - **$10,000**
🗿 *Buffalo* - Bronze (36cm-14in) Detroit, Michigan 93 .... FF**34 900** - £**4 030** - **$6,000**

DEMJEN Z. 1860-1927 [2]
🖼 *La récolte du maïs* - Huile/toile (40x27cm-16x11in) Bruxelles 90 .... FF**5 800** - £**599** - **$1,025**

DEMMIN Erich 1911 [2]
🖼 *Südliche Landschaft* - Öl/Leinwand (60x80cm-24x31in) Dresden 95 .... FF**2 074** - £**271** - **$416**

DEMONCHY André 1914 [11]
🖼 *Le train Paris-Strasbourg, Dormans* - Huile/toile (38x46cm-15x18in) Paris 97 .... FF**2 500** - £**272** - **$439**

DEMONT Adrien 1851-1918 [5]
🖼 *Landsape* - Oil/canvas (46x86cm-18x34in) London 94 .... FF**5 570** - £**650** - **$977**

DEMONT-BRETON Virginie 1859-1935 [8]
🖼 *Playing in the surf* - Oil/canvas (77x105cm-30x41in) New-York 93 .... FF**53 100** - £**6 040** - **$9,000**

DEMPSEY Noeleen 1960 [4]
- *Problems of an Ad Man* - Acrylic/canvas (244x183cm-96x72in) London 90 .... FF**5 800** - £625 - **$1,023**

DEMUTH Charles 1883-1935 [31]
- *Woolworth Building Roof #1* - Watercolour/paper (11x15cm-4x6in) New-York 94 .... FF**13 480** - £1 590 - **$2,400**
- *Newsboy* - Watercolour (27x22cm-11x9in) New-York 97 .... FF**128 429** - £13 510 - **$22,000**
- *At Marshall's* - Watercolour (20x25cm-8x10in) New-York 97 .... FF**233 372** - £24 504 - **$40,000**

DEMUTH Eric 1903-? [3]
- *Standing nude* - Bronze (35cm-14in) Malmö 95 .... FF**2 793** - £349 - **$564**

DEMUTH von Anni 1866-? [1]
- *Boating scene* - Oil/canvas (93x125cm-37x49in) New-York 92 .... FF**15 120** - £1 546 - **$2,800**

DENATO Olivier 1968 [9]
- *La Caravelle* - Huile/panneau (19x27cm-7x11in) L'Isle-Adam 94 .... FF**2 100** - £239 - **$356**

DENÉCHEAU Séraphin 1831-1912 [4]
- *Diane sur un croissant de lune* - Bronze (96cm-38in) New-York 93 .... FF**44 000** - £5 520 - **$8,000**
- *Femme caressant une chimère* - Bronze (101cm-40in) London 91 .... FF**99 200** - £9 959 - **$17,163**

DENEFLE Jean René XIX-XX [3]
- *La Place du Tertre* - Huile/toile (60x81cm-24x32in) Saint-Dié 96 .... FF**19 000** - £2 380 - **$3,670**

DENES Agnes 1938 [2]
- *Map projections, the Doughnut* - Watercolour (61x76cm-24x30in) New-York 90 .... FF**14 900** - £1 544 - **$2,619**

DÉNEUX Gabriel Charles 1856-? [10]
- *Procession* - Huile/panneau (61x50cm-24x20in) Morlaix 92 .... FF**5 100** - £522 - **$898**
- *Grand Atlas, Kasba Taguendef* - Pastel (46x62cm-18x24in) Paris 94 .... FF**3 000** - £357 - **$571**

DENEUX Jean Dieudonné 1749-1786 [1]
- *Fontaine fleurie* - Huile/toile (71x91cm-28x36in) Orléans 94 .... FF**38 000** - £4 310 - **$6,440**

DENEUX Jules 1869-1895 [1]
- *Le Tréport* - Huile/toile (38x55cm-15x22in) Paris 91 .... FF**4 500** - £454 - **$877**

DENGG Gertrude 1885-? [1]
- *Sitzende Bulldogge* - Bronze (10cm-4in) Wien 92 .... FF**2 405** - £288 - **$463**

DENIER Jacques 1894-? [5]
- *Vase de fleurs* - Huile/toile (65x50cm-26x20in) Grenoble 94 .... FF**2 000** - £239 - **$379**

DENIERE Guillaume XIX [2]
- *Philosophe assis* - Bronze (42cm-17in) Paris 93 .... FF**5 200** - £585 - **$881**

DENIS BELGRANO José 1843-1917 [8]
- *Dama paseando por el jardín* - Oleo/tabla (48x25cm-19x10in) Madrid 97 .... FF**6 368** - £688 - **$1,104**
- *En el patio de caballos* - Oleo/lienzo (49x67cm-19x26in) Madrid 91 .... FF**43 340** - £4 378 - **$8,604**

DENIS Catherine XX [7]
- *Sans titre* - Huile/toile (81x65cm-32x26in) Paris 97 .... FF**2 800** - £316 - **$50,7 8**

DENIS Claude, Claudius 1878-? [1]
- *Jardin du Luxembourg, Paris* - Oil/board (30x56cm-12x22in) New-York 94 .... FF**14 630** - £1 770 - **$2,700**

DENIS Ernest Paul 1917-1976 [1]
- *Fleurs blanches* - Huile/toile (90x70cm-35x28in) Antwerpen 95 .... FF**2 036** - £250 - **$397**

DENIS Jean-Claude 1951 [7]
- *Duranton* - Encres couleurs/papier (33x44cm-13x17in) Paris 91 .... FF**3 200** - £318 - **$556**

DENIS Maurice 1870-1943 [254]
- *La plage au petit temple* - Huile/toile (114x196cm-45x77in) Paris 96 .... FF**1** - £143 500 - **$220,000**
- *Portrait de jeune garçon* - Huile/toile/carton (41x33cm-16x13in) Senlis 93 .... FF**15 000** - £1 807 - **$2,730**
- *Après la procession* - Huile/toile (49x59cm-19x23in) Paris 97 .... FF**53 000** - £5 809 - **$9,302**
- *La fête au jardin* - Huile/carton (30x34cm-12x13in) Paris 97 .... FF**95 000** - £10 412 - **$16,673**
- *Alo devant la maison de garde* - Oil (49x39cm-19x15in) New-York 97 .... FF**114 286** - £12 252 - **$20,000**
- *Septima Hora* - Huile/toile (63x90cm-25x35in) Paris 96 .... FF**310 000** - £40 100 - **$61,400**
- *Sur le canapé d'argent pâle* - Lithographie couleurs (40x29cm-16x11in) Paris 96 .... FF**42 000** - £4 930 - **$8,260**
- *Deux infirmières* - Pastel (47x32cm-19x13in) Zürich 93 .... FF**13 060** - £1 495 - **$2,230**
- *Femme aux fleurs* - Aquarelle (147x67cm-58x26in) Paris 96 .... FF**68 000** - £8 660 - **$13,100**

DENIS Pierre Louis 1811-1847 [1]
- *Fleurs* - Oil/canvas (38x55cm-15x22in) Uppsala 90 .... FF**18 300** - £1 959 - **$3,183**

DENIS Simon 1755-1813 [31]
- *Le Passage du gué* - Huile/toile (56x57cm-22x22in) Paris 95 .... FF**30 000** - £3 790 - **$6,060**
- *Campagne italienne* - Huile/papier/panneau (30x41cm-12x16in) Paris 96 .... FF**145 000** - £16 580 - **$27,640**
- *Vue de Rome* - Pierre noire (44x68cm-17x27in) Monaco 92 .... FF**9 000** - £900 - **$1,500**

DENISANE Raoul 1838-1902 [1]
- *La révérence au fou du Roi* - Aquarelle (43x33cm-17x13in) Château d'Arare 92 .... FF**2 232** - £228 - **$393**

DENISE Emile 1907-1986 [1]
- *Bateaux, port de Dieppe* - Huile/panneau (31x48cm-12x19in) Louviers 90 .... FF**7 000** - £725 - **$1,230**

DENISE-MARTIN XX [18]
- *En Septembre* - Huile/toile (65x46cm-26x18in) Blois 94 .... FF**8 700** - £1 045 - **$1,656**

DENISOFF Victor, Deni 1886-1946 [5]
- *Tombe de la Contre-Révolution* - Affiche (94x69cm-37x27in) Paris 92 .... FF**1 500** - £179 - **$289**

DENISOV V.I. 1862-1921 [1]
- *Dreamisland* - Oil/canvas Moscow 93 .... FF**9 320** - £1 073 - **$1,600**

DENK Josef Lamberg 1783-1860 [1]
- *Porträt eines Herrn* - Oil/canvas (100x78cm-39x31in) Wien 89 .... FF**13 400** - £1 333 - **$2,117**

DENMAN Herbert F. 1855-1903 [1]
Harvest moon, Normandy - Oil/canvas (25x36cm-10x14in) Mystic, Connecticut 94 .... **FF11 680 - £1 395 - $2,200**
DENNER Balthasar 1685-1749 [22]
An old blind man - Oil/panel (42x33cm-17x13in) Amsterdam 96 .... **FF7 550 - £975 - $1,458**
Portrait of a Gentleman - Oil/canvas (75x61cm-30x24in) Wien 96 .... **FF27 600 - £3 345 - $5,370**
Bildnis eines alten Mannes - Oil/panel (43x35cm-17x14in) Wien 91 .... **FF216 600 - £21 983 - $39,120**
DENNERY Gustave L. 1863-? [3]
Les bretonnes - Huile/toile (65x46cm-26x18in) Douarnenez 90 .... **FF20 000 - £2 014 - $3,636**
DENNING Charles Frederick W. 1876-1940 [3]
Town on an estuary - Oil/board (84x112cm-33x44in) Salisbury, Wiltshire 92 .... **FF3 130 - £320 - $613**
DENNING Stephen Poyntz 1795-1864 [1]
The fortune teller - Oil/panel (30x41cm-12x16in) London 93 .... **FF3 560 - £400 - $596**
DENNIS Charles W. 1898-? [2]
The Stone Bridge - Oil/canvas (51x76cm-20x30in) Montréal 91 .... **FF4 730 - £480 - $854**
DENNIS Morgan 1892-1987 [2]
Whiskey & Sody, Texaco Scotties - Oil/board (25x36cm-10x14in) Portland, Maine 94 .... **FF3 250 - £389 - $600**
DENNIS Roger Wilson 1902 [3]
Morning at Noank - Oil/canvas (69x84cm-27x33in) New-York 92 .... **FF11 960 - £1 428 - $2,300**
DENNONE Alex 1879-1953 [1]
La ramasseuse de châtaignes - Huile/toile (70x100cm-28x39in) Bruxelles 97 .... **FF27 829 - £3 043 - $4,862**
DENNY Gideon Jacques 1830-1886 [4]
Encampment at sunset - Oil/board (31x46cm-12x18in) San Francisco-Los Angeles 95 ...... **FF14 750 - £1 680 - $2,500**
DENNY Robyn 1930 [8]
C.P./3.A - Acryl/Leinwand (61x53cm-24x21in) Köln 97 .... **FF3 035 - £318 - $520**
DENONNE Alexandre 1879-1953 [43]
Nu à la lecture - Huile/toile (81x70cm-32x28in) Bruxelles 89 .... **FF6 800 - £677 - $1,074**
A l'ombre du platane - Huile/toile (71x80cm-28x31in) Bruxelles 92 .... **FF26 560 - £2 720 - $4,670**
Verger à l'automme - Pastel/toile (70x80cm-28x31in) Bruxelles 97 .... **FF2 947 - £322 - $517**
DENSLOW William Wallace 1856-1915 [1]
Card Mill/Williams Point - Pencil (30x25cm-12x10in) New-York 92 .... **FF1 960 - £228 - $400**
DENT Rupert Arthur XIX-XX [2]
Old Friends - Oil/canvas (44x61cm-17x24in) London 95 .... **FF6 920 - £900 - $1,445**
Puppies in council - Watercolour/paper (29x53cm-11x21in) London 96 .... **FF4 950 - £600 - $962**
DENTON John 1774-c.1841 [1]
Study of a young angler - Watercolour/paper (22x15cm-9x6in) London 90 .... **FF4 100 - £413 - $745**
DENY Jeanne 1749-c.1815 [1]
Vue des Environs de Manheim - Etching (17x22cm-7x9in) Heidelberg 96 .... **FF1 558 - £192 - $301**
DENYS Isaac 1647-1690 [2]
Fruits on a marble ledge - Oil/canvas (52x44cm-20x17in) London 90 .... **FF174 300 - £18 782 - $30,741**
DENZEL Anton 1888-? [7]
Bauer mit Ochsengespann - Oil/canvas (36x55cm-14x22in) Stuttgart 92 .... **FF7 520 - £773 - $1,447**
DEPARDON Raymond 1942 [3]
Iowa - Gelatin silver print (23x36cm-9x14in) London 94 .... **FF2 980 - £350 - $523**
DEPARIS Michèle XX [4]
Fleurs - Huile/toile (65x50cm-26x20in) Les Sables d'Olonne 92 .... **FF5 000 - £512 - $1,042**
DEPERO Fortunato 1892-1960 [118]
La charrete siciliane - Tempera (630x87cm-248x34in) Douai 94 .... **FF28 000 - £3 310 - $5,030**
Bagnante - Olio/tavola (36x29cm-14x11in) Prato 97 .... **FF100 300 - £11 800 - $17,700**
Nitrito in velocita - Tempera/board (40x50cm-16x20in) New-York 92 .... **FF188 000 - £19 320 - $35,000**
Treno partorito dal sole - Gouache/carta (24x17cm-9x7in) Milano 94 .... **FF31 250 - £3 705 - $5,800**
Figura - Tempera/carta (76x78cm-30x31in) Milano 89 .... **FF146 500 - £14 980 - $23,553**
DEPERTHES Jacques 1936 [8]
Village - Huile/toile (54x65cm-21x26in) Paris 96 .... **FF4 000 - £502 - $773**
Troinex - Huile/toile (73x54cm-29x21in) London 95 .... **FF17 770 - £2 270 - $3,640**
DEPERTHES Jean-Baptiste 1761-1833 [1]
Coastal landscape at sunset - Oil/panel (20x24cm-8x9in) London 92 .... **FF7 120 - £850 - $1,370**
DEPLECHIN Valentin Eugène 1852-1926 [1]
Amphitrite, on a stylized dolphin - Bronze (25cm-10in) Bloomfield Hills, Michigan 90 .... **FF4 290 - £434 - $816**
DEPOORTER Frans 1898-1987 [8]
Ferme dans le Brabant Wallon - Huile/toile (50x60cm-20x24in) Bruxelles 93 .... **FF5 600 - £670 - $1,145**
DEPPE Gustav 1913 [6]
Komposition - Gouache (31x44cm-12x17in) München 92 .... **FF4 420 - £453 - $778**
DEPPE Paula 1887-1922 [1]
Weiblicher Akt mit aufgestütztem Arm - Oil/canvas (74x68cm-29x27in) München 91 .... **FF7 100 - £721 - $1,282**
DEPRÉ Marcel 1919 [11]
Le café - Huile/toile (38x61cm-15x24in) Paris 92 .... **FF5 000 - £512 - $880**
DEQUEL Oreste 1923-1989 [2]
Il toro - Bronze (50cm-20in) Trieste 93 .... **FF12 800 - £1 438 - $2,293**
DEQUENE Albert Ch. 1897-1973 [3]
Beffroi de Lille - Aquarelle, gouache (57x38cm-22x15in) Lille 96 .... **FF2 000 - £259 - $394**
DEQUENE Jean-Pierre 1905-1954 [4]
Nu - Huile/toile (60x50cm-24x20in) Bruxelles 93 .... **FF3 460 - £414 - $707**

D

DEQUENNE Jean-Pierre 1905-1954 [1]
- *Nu debout* - Huile/panneau (103x74cm-41x29in) Bruxelles 95 .... FF2 684 - £323 - $508

DEQUET Alain 1920-1980 [2]
- *Pommes et raisins* - Huile/toile (46x55cm-18x22in) Morlaix 94 .... FF3 000 - £360 - $555

DEQUEVAUVILLER François 1745-c.1807 [4]
- *Coucher des Ouvrières en Modes* - Engraving (34x41cm-13x16in) München 93 .... FF4 450 - £527 - $803

DERAIN André 1880-1954 [470]
- *Phare de Collioure* - Huile/toile (22x35cm-9x14in) Deauville 94 .... FF1 - £189 300 - $294,000
- *Le Pont de Chatou* - Huile/toile (81x100cm-32x39in) Paris 90 .... FF4 - £4 - $8 e,+06
- *Portrait de femme* - Huile/papier/toile (29x19cm-11x7in) Paris 96 .... FF21 500 - £2 593 - $4,124
- *Vase de chrysanthèmes* - Oil/canvas (35x40cm-14x16in) London 95 .... FF90 800 - £12 000 - $18,400
- *Geneviève assise dans un fauteuil* - Oil/canvas (58x48cm-23x19in) London 96 .... FF127 700 - £16 000 - $24,640
- *Bords de Seine à Chatou* - Oil/canvas (60x76cm-24x30in) London 93 .... FF307 000 - £37 000 - $53,600
- *La clairière* - Oil/canvas (33x41cm-13x16in) New-York 94 .... FF733 000 - £84 800 - $125,000
- *Femme en buste tournée vers la droite* - Lithographie (42x49cm-17x19in) Paris 97 .... FF6 000 - £635 - $1,039
- *Femme à la broche* - Bronze (13cm-5in) Paris 96 .... FF11 500 - £1 394 - $2,236
- *La belle Fille* - Bronze (13cm-5in) London 95 .... FF34 100 - £4 500 - $6,900
- *Buste de femme* - Bronze (32cm-13in) New-York 96 .... FF77 700 - £10 020 - $15,000
- *Nu assis de dos* - Crayon/papier (21x17cm-8x7in) Paris 97 .... FF2 000 - £226 - $362
- *Nu penché* - Sanguine/papier (60x46cm-24x18in) Paris 97 .... FF23 000 - £2 509 - $4,020
- *Baigneuses* - Watercolour/paper (44x53cm-17x21in) London 96 .... FF103 700 - £13 000 - $20,020
- *Collioure* - Aquarelle (32x24cm-13x9in) Paris 92 .... FF800 000 - £95 400 - $154,000

DERANTON Joseph 1756-1814 [3]
- *Young man* - Miniature (7cm-3in) Genève 92 .... FF14 020 - £1 444 - $2,620

DERAY Odette 1920 [3]
- *Le métro à dix sept heures* - Huile/toile (54x65cm-21x26in) Paris 89 .... FF4 000 - £398 - $632

DERBRÉ Louis 1925 [12]
- *Femme assise* - Bronze (24x17cm-9x7in) Paris 97 .... FF15 000 - £1 637 - $2,622
- *Couple debout* - Bronze (69cm-27in) Paris 96 .... FF40 000 - £4 960 - $7,750

DERBY Alfred Thomas 1821-1873 [2]
- *Mr. Herschel & his daughter* - Oil/panel (41x58cm-16x23in) Glasgow 91 .... FF4 960 - £500 - $875

DERBY William 1786-1847 [2]
- *Countess of Carlisle with her daughter* - Watercolour (25x20cm-10x8in) London 96 .... FF4 240 - £550 - $838

DERCHAIN Philippe 1873-1947 [25]
- *Le soir tombe dans la vallée* - Huile/panneau (43x50cm-17x20in) Liège 93 .... FF4 285 - £513 - $876
- *Pays de Herve* - Dessin (52x71cm-20x28in) Liège 92 .... FF5 600 - £669 - $1,078
- *La branche* - Crayons couleurs (88x70cm-35x28in) Liège 93 .... FF18 040 - £2 076 - $3,094

DERCHE Charles Édouard XIX-XX [2]
- *L'hiver, le printemps au Maroc* - Affiche (100x61cm-39x24in) Paris 94 .... FF3 000 - £341 - $511

DERCHE Jules H. 1896-? [2]
- *Vue d'Arbalou, Atlas* - Aquarelle Paris 95 .... FF8 000 - £1 035 - $1,635

DERCHEU Jules Derchieu 1864-1912 [2]
- *Jeune femme* - Bronze (68cm-27in) Marseille 95 .... FF13 000 - £1 685 - $2,706

DERCKSEN Marinus Hendrikus 1814-1866 [1]
- *After dinner* - Oil/panel (28x38cm-11x15in) Amsterdam 96 .... FF4 910 - £631 - $968

DERENDINGER-ROUX Olga 1887-? [4]
- *Blumenstilleben* - Oil/canvas (19x26cm-7x10in) Bern 90 .... FF2 000 - £213 - $358

DERENS Gerrit Jan 1831-1898 [2]
- *Dutch fishergirls* - Oil/panel (32x24cm-13x9in) London 94 .... FF3 430 - £400 - $602

DERERA von Endré 1903-? [1]
- *Seestück* - Öl/Leinwand (70x100cm-28x39in) Bremen 93 .... FF4 040 - £487 - $790

DEREUX Philippe 1918 [3]
- *Jour de Gloire* - Technique mixte (21x33cm-8x13in) Toulouse 96 .... FF6 300 - £764 - $1,225

DERI Kálmán 1859-? [3]
- *Danseuse au harem* - Huile/toile (171x80cm-67x31in) Paris 95 .... FF115 000 - £15 100 - $23,100

DERIANS A. XIX [2]
- *La bergerie* - Huile/toile (49x65cm-19x26in) Rennes 96 .... FF2 600 - £337 - $516

DERIEUX Roger 1922 [14]
- *Kvinde siddende/Landskab* - Oil/panel København 94 .... FF2 805 - £337 - $545
- *Angle rouge* - Collage (19x20cm-7x8in) Paris 93 .... FF3 500 - £422 - $637

DERINGER Fritz 1903-1951 [2]
- *Ried bei Uetikon mit Bauernhof* - Huile/panneau (38x47cm-15x19in) Zofingen 95 .... FF3 610 - £458 - $726
- *Novembertag im Seepark* - Gouache (20x23cm-8x9in) Zofingen 96 .... FF1 737 - £217 - $335

DERIQ André 1955 [5]
- *Pommes* - Huile/isorel (25x30cm-10x12in) Saint-Dié 94 .... FF2 400 - £282 - $421

DERKERT Siri 1888-1973 [30]
- *Sara* - Mixed media (29x22cm-11x9in) Stockholm 94 .... FF10 300 - £1 195 - $1,774
- *Birgit och Niklas* - Mixed media (35x42cm-14x17in) Stockholm 91 .... FF27 140 - £2 702 - $4,667
- *Sara och Carlo* - Pastel (57x81cm-22x32in) Stockholm 96 .... FF4 920 - £636 - $942

DERKEVORKIAN Gabriel 1932 [2]
- *Amourescente Lucisardée* - Huile/toile (105x72cm-41x28in) Douai 96 .... FF3 800 - £474 - $734

D

DERKINDEREN Antoon 1859-1935 [1]
St. John the Baptist in the moutains - Oil/canvas (112x170cm-44x67in) Amsterdam 90 .... FF7 **840** - £789 - **$1,536**

DERKSEN Gijsbertus 1870-1920 [2]
Peasantwoman peeling potatoes - Oil/canvas (46x34cm-18x13in) Amsterdam 97 .... FF3 **293** - £356 - **$574**

DERNY Marcel 1937-1975 [3]
Milan - Sculpture (30cm-12in) Pontoise 95 .... FF6 **400** - £841 - **$1,314**

DERO André XX [9]
Le désert - Huile/panneau (40x100cm-16x39in) Antwerpen 91 .... FF3 **950** - £398 - **$685**

DEROME Albert 1885-1959 [2]
Monterey Cypress, Cypress Point
Oil/canvas (45x61cm-18x24in) San Francisco-Los Angeles 91 .... FF15 **670** - £1 579 - **$2,719**

DEROTTE Marie-Claude XX [2]
Détente matinale - Aquarelle (68x49cm-27x19in) Rouen 90 .... FF2 **400** - £248 - **$424**

DEROUIN René 1936 [5]
Espace et densité VIII - Monotype (91x59cm-36x23in) Montréal 94 .... FF3 **440** - £396 - **$589**
Sans titre - Relief (74cm-29in) Montréal 93 .... FF2 **670** - £303 - **$452**
Série 8990 Equinoxe II - Relief (102x153cm-40x60in) Montréal 91 .... FF10 **320** - £1 043 - **$2,049**

DEROUX Charles 1932 [3]
La biscuit brisé - Technique mixte (11x11cm-4x4in) Antwerpen 92 .... FF4 **285** - £512 - **$824**

DEROY Isidore Laurent 1797-1886 [16]
Bern - Lithographie (44x55cm-17x22in) Bern 95 .... FF6 **020** - £783 - **$1,236**

DERRÉ Émile 1867-? [1]
Lovers seated naked on a rock - Bronze (58cm-23in) London 90 .... FF9 **700** - £1 002 - **$1,714**

DERUJINSKY Gleb W. 1888-1975 [6]
Adolphe Bolm as Harlequin - Bronze (33cm-13in) Boston, Mass. 93 .... FF22 **550** - £2 830 - **$4,100**

DERY Bela 1870-1932 [1]
Stoccolma (Stockholm) - Olio/cartone (29x36cm-11x14in) Trieste 93 .... FF2 **896** - £330 - **$491**

DÉRY Kálmán 1859-1940 [1]
Ungarisches Wirthaus - Öl/Leinwand (105x150cm-41x59in) Wien 96 .... FF120 **700** - £13 750 - **$23,100**

DES CLAYES Berthe 1877-1968 [37]
A Quiet Tree-lined River Bend - Oil/canvas (36x51cm-14x20in) Toronto 95 .... FF3 **580** - £457 - **$731**
The red sleigh: Como - Huile/panneau (20x25cm-8x10in) Montréal 97 .... FF7 **164** - £776 - **$1,259**
Horse and red sleigh in winter - Oil/canvas (44x60cm-17x24in) Toronto 90 .... FF22 **000** - £2 340 - **$3,936**
Autumn on the farm - Pastel (29x34cm-11x13in) Montréal 93 .... FF8 **030** - £910 - **$1,354**

DES CLAYES Gertrude 1979-1949 [1]
Sally Gertrude - Pastel (63x51cm-25x20in) Montréal 95 .... FF4 **350** - £573 - **$874**

DES FONTAINES André 1869-? [6]
Paysannes et vaches - Pastel/papier (15x20cm-6x8in) Saint-Dié 97 .... FF3 **900** - £440 - **$706**

DES GRANGES David 1611/13-c.1675 [2]
Young Lady in blue dress - Miniature (7cm-3in) London 97 .... FF66 **351** - £7 000 - **$11,386**

DESACHE Hervé XX [2]
Les quatre saisons - Technique mixte, dessin (60x80cm-24x31in) Paris 91 .... FF6 **500** - £655 - **$1,267**

DESAMBRAGES Joseph 1804-1873 [1]
L'ancienne passerrelle Saint-Jean - Huile/toile (48x60cm-19x24in) Lyon 96 .... FF42 **000** - £5 430 - **$8,320**

DESANGES Louis William 1822-? [5]
Hon. Amias L. Orde-Powlett - Oil/canvas (91cm-36in) London 92 .... FF41 **900** - £5 000 - **$8,050**

DESARNOD Auguste le Jeune c.1812-1849 [2]
Officier de la Garde de Nicolas Ier - Aquarelle/papier (23x17cm-9x7in) Paris 95 .... FF5 **400** - £676 - **$1,076**

DESAVARY Charles 1837-1885 [10]
Jeune paysanne près de la ferme - Huile/toile (50x61cm-20x24in) Calais 97 .... FF8 **000** - £877 - **$1,404**
Fleurs de serre - Oil/canvas (146x111cm-57x44in) New-York 95 .... FF59 **000** - £7 240 - **$11,500**
Vue de la Scarpe - Cliché-verre (9x14cm-4x6in) Paris 96 .... FF5 **200** - £670 - **$1,030**

DESBOIS Jules 1851-1935 [10]
Faunesses, Le baiser - Bronze (15cm-6in) Paris 97 .... FF23 **500** - £2 448 - **$4,004**

DESBORDES Constant Joseph 1761-1827 [1]
Auguste Barre de Saint-Fare - Huile/toile (65x54cm-26x21in) Paris 95 .... FF22 **000** - £2 890 - **$4,415**

DESBOUTIN Marcellin 1823-1902 [20]
Deux enfants - Huile/toile (16x25cm-6x10in) Paris 95 .... FF4 **200** - £546 - **$864**

DESBROSSES Jean 1835-1906 [10]
Paysage à l'étang - Huile/toile (40x26cm-16x10in) Neuilly 97 .... FF2 **300** - £253 - **$404**
Dorflandschaft in der Auvergne - Öl/Leinwand (24x39cm-9x15in) Pforzheim 94 .... FF5 **800** - £697 - **$1,098**

DESBROSSES Léopold 1821-1908 [24]
Moutons et bergère sur le chemin - Huile/toile (65x54cm-26x21in) Barbizon 96 .... FF5 **500** - £686 - **$1,062**

DESCAINE de Henri 1799-1852 [1]
Femme grecque/Soldat grec - Lithographie (58x48cm-23x19in) Paris 95 .... FF18 **500** - £2 344 - **$3,720**

DESCAMPS Gabriel Alexandre 1803-1860 [2]
Paysage avec combat de félins - Aquarelle (23x36cm-9x14in) Monaco 90 .... FF40 **000** - £4 132 - **$7,067**

DESCAMPS Guillaume Désiré J. 1779-1858 [2]
Le jeune franc-tireur - Huile/toile (60x50cm-24x20in) Paris 95 .... FF125 **000** - £15 750 - **$24,930**

DESCAMPS Jean-Baptiste 1706-1791 [1]
Seated nude, his back turned - Red chalk (43x55cm-17x22in) London 93 .... FF9 **960** - £1 200 - **$1,740**

DESCAMPS Pierre Olivier 1920 [2]
Femme à la porte en verre - Bronze (52cm-20in) Paris 95 .... FF4 **000** - £510 - **$771**

DESCATOIRE Alexandre 1874-1949 [8]

Satyre et nyhmphes - Bronze (34x17x54cm-13x7x21in) Douai 94......................FF3 000 - £355 - **$539**

DESCH Auguste 1877-1924 [38]

Jeune fille à la robe rouge - Huile/toile (80x63cm-31x25in) Paris 94...............FF27 500 - £3 203 - **$4,850**

Paysage - Encre (65x50cm-26x20in) Provins 97......................................FF1 800 - £194 - **$316**

Jeunes filles à la poupée - Gouache (60x46cm-24x18in) Paris 94..................FF15 000 - £1 747 - **$2,650**

DESCHAMPS Gabriel 1919 [40]

Ramatuelle au printemps - Huile/carton (38x46cm-15x18in) Provins 97............FF2 500 - £266 - **$433**

La Turbie - Oil/canvas (46x55cm-18x22in) New-York 95.............................FF9 780 - £1 266 - **$2,000**

Monaco - Oil/canvas (46x56cm-18x22in) London 96................................FF35 100 - £4 000 - **$6,720**

DESCHAMPS Gérard 1937 [26]

Bache de l'armée américaine - Technique mixte/toile (75x94cm-30x37in) Versailles 92...... FF23 000 - £2 354 - **$4,140**

Chiffons - Accumulation (52x13x58cm-20x5x23in) Paris 96.........................FF20 000 - £2 280 - **$3,830**

Corsets roses - Accumulation (130x143cm-51x56in) Paris 95......................FF140 000 - £17 700 - **$28,300**

DESCHAMPS Louis 1846-1902 [2]

Fille au tambourin - Huile/toile (55x38cm-22x15in) Dijon 96.......................FF16 000 - £1 852 - **$3,065**

DESCHAMPS Pierre Olivier XX [3]

Envol d'oiseaux, Japon - Photo (50x40cm-20x16in) Paris 95.......................FF1 800 - £237 - **$362**

DESCHAMPS Suzanne XIX-XX [5]

Nature morte de fleurs - Huile/toile (71x59cm-28x23in) Bergerac 92...............FF9 500 - £972 - **$1,710**

DESCHARNES Robert XX [2]

Dali à Port-Ligat avec ses amis - Tirage argentique (50x70cm-20x28in) Paris 96....FF1 500 - £187 - **$290**

DESCHENES François XX [15]

Reflet d'une hélice rouge - Huile/toile (97x130cm-38x51in) Paris 91...............FF5 000 - £512 - **$934**

DESCHILLIE Mammie 1920 [2]

Cow - Paint/cardboard cut-out (66x86cm-26x34in) Litchfield, CT 92...............FF3 120 - £373 - **$600**

DESCHMACKER Paul Alex 1889-1973 [26]

Nus dans un paysage à l'étang - Huile/toile (90x130cm-35x51in) Lyon 96..........FF2 600 - £324 - **$503**

Montmartre et le Sacré-Coeur - Huile/toile (60x81cm-24x32in) Versailles 90........FF31 000 - £3 212 - **$5,448**

Deux nus debout - Aquarelle (43x26cm-17x10in) Calais 93.........................FF1 500 - £170 - **$254**

DESCHWANDEN von Melchior Paul 1811-1881 [6]

Maria mit Jesusknaben - Öl/Leinwand (67x60cm-26x24in) Zofingen 93..............FF8 630 - £1 040 - **$1,578**

DESCHWANDEN von Theodor 1826-1861 [3]

Autoportrait - Huile/carton (19x14cm-7x6in) Zofingen 95..........................FF6 380 - £834 - **$1,278**

DESCLAUX Claudine XX [2]

Et Dieu créa la femme - Huile/toile (65x50cm-26x20in) Montauban 92..............FF2 400 - £246 - **$423**

DESCOINPS J. XIX-XX [1]

Jeune femme - Bronze (47cm-19in) Rouen 92......................................FF2 000 - £239 - **$385**

DESCOMPS Claude 1928-1972 [1]

La bouteille noire - Huile/toile (25x41cm-10x16in) Paris 90.......................FF2 000 - £204 - **$400**

DESCOMPS Jean-Bernard 1872-1948 [2]

A lion - Bronze (22cm-9in) New-York 93...FF3 830 - £461 - **$700**

DESCOURS Michel Pierre 1741-1814 [1]

Madame de Polastron - Huile/toile (117x88cm-46x35in) Paris 94..................FF68 000 - £6 980 - **$13,080**

DESCUDE C. 1881-? [1]

Port scene, 1912 - Oil/canvas (21x27cm-8x11in) San Francisco-Los Angeles 90........FF2 900 - £305 - **$504**

DESEINE Claude André 1740-1823 [2]

Robespierre portant une perruque - Terracotta Paris 89...........................FF95 000 - £9 453 - **$15,008**

DESEINE Louis Pierre 1749-1822 [1]

Nymphs supporting a Putto - Terracotta (39cm-15in) New-York 93..................FF11 600 - £1 334 - **$2,000**

DESENFANS Albert C. 1845-? [1]

A bather - Bronze (75cm-30in) London 96..FF17 360 - £2 200 - **$3,330**

DESENNE Alexandre Joseph 1785-1827 [4]

Scène du lutrin - Encre (9x6cm-4x2in) Paris 94....................................FF2 000 - £237 - **$369**

DESFARGES Serge 1944 [5]

Qui dit mieux ?, 1988 - Huile/toile (66x114cm-26x45in) Aubagne 90...............FF7 500 - £808 - **$1,323**

DESFONTAINES André 1869-? [2]

Bords de la Sèvre - Oil/canvas (38x55cm-15x22in) London 90.....................FF9 700 - £1 032 - **$1,735**

La charette de foin - Pastel (23x28cm-9x11in) Paris 92............................FF2 200 - £263 - **$423**

DESFRICHES Aignan Thomas 1715-1800 [21]

Les voyageurs sur la route - Crayon/papier (37x26cm-15x10in) Bruxelles 97.........FF13 080 - £1 408 - **$2,280**

Paysage au clair de lune, Saint Mesmin - Crayon (9x15cm-4x6in) Paris 96..........FF25 000 - £3 030 - **$4,860**

DESGACHONS André S. 1871-? [2]

Paysage - Aquarelle/papier (38x50cm-15x20in) Vitry-Le-François 96...............FF4 100 - £526 - **$813**

DESGARETS Odette 1891-? [2]

La couture devant la fenêtre - Huile/toile (72x50cm-28x20in) Versailles 90..........FF7 000 - £754 - **$1,235**

DESGOFFE Alexandre 1805-1882 [7]

Paysage montagneux - Huile/papier (20x29cm-8x11in) Paris 97...................FF6 500 - £691 - **$1,123**

Etude de drapé - Crayon (47x30cm-19x12in) Paris 97.............................FF3 800 - £404 - **$657**

DESGOFFE Blaise Alexandre 1830-1901 [7]

Personnage - Huile/panneau (41x33cm-16x13in) Paris 97..........................FF14 000 - £1 620 - **$2,680**

Le bureau du roi Louis XV - Huile/toile (110x135cm-43x53in) Paris 95.............FF41 000 - £5 340 - **$8,410**

Nature morte dite aux objets Wallace - Huile/toile (99x150cm-39x59in) Monaco 92....... FF**270 000** - £**27 630** - **$48,600**
DESGRANGE Charles 1821-? [1]
🦅 *Bacchante, trompe-l'œil* - Huile/toile (46x37cm-18x15in) Monaco 94 .... FF**8 000** - £**945** - **$1,437**
DESHAIES Jacques 1941 [3]
🦅 *Le port de Port-en-Bessin* - Huile/toile (60x73cm-24x29in) Bayeux 89 .... FF**8 000** - £**768** - **$1,246**
DESHAYES Célestin 1817-? [2]
🦅 *Paysanne près d'une clairière* - Huile/panneau (38x60cm-15x24in) Morlaix 93 .... FF**16 500** - £**1 990** - **$3,000**
DESHAYES Charles F. 1831-1895 [13]
🦅 *An afternoon of fishing on the river* - Oil/panel (23x33cm-9x13in) New-York 90 .... FF**14 900** - £**1 585** - **$2,665**
Rivière dans un paysage animé - Oil/panel (15x29cm-6x11in) Lindau 95 .... FF**24 930** - £**3 115** - **$5,030**
DESHAYES DE COLLEVILLE Jean-Baptiste 1729-1765 [14]
🦅 *Minerva heralding the arrival of the Arts*
  Oil/canvas (53x65cm-21x26in) New-York 97........................... FF**303 699** - £**34 320** - **$55,000**
✏ *A young Man embracing a Nymph*
  Black & white chalks (28x29cm-11x11in) New-York 97............... FF**44 346** - £**4 936** - **$8,000**
DESHAYES Eugène 1828-1890 [80]
🦅 *Le port de Marseille* - Huile/panneau (24x14cm-7x9in) Paris 95 .... FF**6 500** - £**821** - **$1,304**
La cour de ferme - Huile/panneau (46x51cm-18x20in) Saint-Dié 97 .... FF**12 000** - £**1 356** - **$2,173**
Irises along a riverbank - Oil/canvas (57x73cm-22x29in) New-York 94 .... FF**61 700** - £**7 290** - **$11,000**
DESHAYES Eugène François 1868-1939 [36]
🦅 *Les rochers rouges* - Huile/toile La Rochelle 97 .... FF**5 000** - £**539** - **$878**
Barques de pêche près de la rive - Huile/panneau (18x44cm-7x17in) Calais 97 .... FF**10 000** - £**1 001** - **$1,688**
Jardin d'Alger - Huile/toile (65x81cm-26x32in) La Rochelle 97 .... FF**35 500** - £**3 827** - **$6,234**
DESHAYES Frédéric Léon 1883-1970 [8]
🦅 *Route de Toulon* - Huile/toile (38x61cm-15x24in) Paris 94 .... FF**5 000** - £**598** - **$934**
✏ *Vézelay* - Aquarelle (30x49cm-12x19in) Troyes 89 .... FF**2 000** - £**205** - **$322**
DESIGNOLLE Ernest 1850-? [2]
🦅 *Pont sur le ruisseau* - Aquarelle (24x33cm-9x13in) Paris 97 .... FF**2 800** - £**307** - **$491**
DESILLAS Stelios 1873-? [1]
🦅 *Still life with cherries* - Oil/board (43x68cm-17x27in) London 93 .... FF**28 100** - £**3 200** - **$4,770**
DESIRÉ-LUCAS Louis Marie 1869-1928 [69]
🦅 *Villefranche par temps de mistral* - Huile/toile (38x46cm-15x18in) Douarnenez 96............... FF**11 000** - £**1 407** - **$2,180**
Jeune bretonne à la cruche - Huile/toile (65x54cm-26x21in) Douarnenez 94 .... FF**28 500** - £**3 460** - **$5,420**
Village et clocher de Ploaré - Huile/toile (60x73cm-24x29in) Brest 93 .... FF**35 000** - £**4 220** - **$6,360**
DESJARDINS Louis-Léon 1823-1914 [41]
🦅 *La chaumière* - Huile/panneau (13x24cm-5x9in) Grenoble 94 .... FF**3 200** - £**380** - **$592**
DESJOBERT Louis Rémy Eugène 1817-1863 [3]
🦅 *Bord de rivière aux moulins* - Huile/toile (41x71cm-16x28in) Barbizon 96 .... FF**17 500** - £**2 055** - **$3,440**
DESLANDES E.A., baron XIX-XX [3]
🦅 *Venise* - Huile/toile (87x125cm-34x49in) Paris 92 .... FF**15 000** - £**1 536** - **$2,700**
DESLIENS Cécile XIX [2]
🦅 *Still life lilacs and violin* - Oil/canvas (100x65cm-39x26in) New-York 94 .... FF**52 600** - £**6 090** - **$9,000**
DESLIGNIERES André 1880-1968 [1]
📖 *Illustrations: Le Père Perdrix* - Gravure bois Paris 96........................... FF**2 400** - £**310** - **$474**
DESMADRYL Narcisse E.J. 1801-? [1]
🦅 *Giove e antiope* - Oil/canvas (81x53cm-32x21in) New-York 90 .... FF**18 600** - £**1 956** - **$3,235**
DESMAISON Jeanne XIX-XX [1]
✏ *Bouquet de fleurs du Cosmos* - Aquarelle/papier (96x60cm-38x24in) Lille 96 .... FF**3 000** - £**388** - **$591**
DESMARAIS Jean-Baptiste Fr. 1756-1813 [2]
🦅 *Tugend der Lucrecia nach Livius* - Öl/Leinwand (89x159cm-35x63in) Stuttgart 94........ FF**171 000** - £**20 540** - **$32,500**
DESMARÉES Georg 1697-1776 [8]
🦅 *Adelheid Gräfin Toerring-Seefeld* - Öl/Leinwand (80x63cm-31x25in) Wien 97 .... FF**62 348** - £**6 734** - **$10,881**
Portrait of a violoncelist - Oil/canvas (13x110cm-5x43in) København 95 .... FF**163 200** - £**20 300** - **$31,800**
DESMARQUAIS Charles Hippolyte 1823-? [5]
🦅 *Bord de rivière* - Huile/panneau (47x86cm-19x34in) Paris 93 .... FF**10 500** - £**1 313** - **$1,910**
DESMAZIERES Erik XX [21]
📖 *Grande bataille* - Eau-forte (50x70cm-20x28in) Paris 96 .... FF**3 100** - £**393** - **$595**
DESMETH H. 1865-1940 [1]
🦅 *Dans l'atelier du peintre* - Huile/toile Bruxelles 90 .... FF**22 700** - £**2 446** - **$4,004**
DESMEURES Victor Jean 1895-? [4]
📖 *Expo. Coloniale Internationale* - Affiche (152x111cm-60x44in) Neuilly 96 .... FF**2 800** - £**363** - **$550**
DESMIT Benjamin Alexandre 1812-1885 [2]
🦅 *La leçon, 1893* - Huile/carton (92x132cm-36x52in) Bruxelles 89 .... FF**2 400** - £**239** - **$379**
DESMOND Creswell Harley 1877-1953 [1]
🦅 *Leopard with its prey* - Oil/canvas (41x69cm-16x27in) London 94 .... FF**5 540** - £**650** - **$986**
DESMONS Paul Ghislain [2]
🦅 *Reflets d'automne* - Huile/toile (47x38cm-19x15in) Grenoble 95 .... FF**3 500** - £**461** - **$710**
DESMOULINS Augustin François B. 1788-1856 [1]
🦅 *L. de Vinci peignant François Ier* - Huile/panneau (32x23cm-13x9in) Paris 89 .... FF**31 000** - £**3 267** - **$5,219**
DESNOS Ferdinand 1901-1958 [53]
🦅 *Le bouquet de la Mariée* - Huile/carton (33x44cm-13x17in) Paris 97 .... FF**5 000** - £**543** - **$877**
Vase de fleurs - Huile/toile (65x40cm-26x16in) Lyon 93 .... FF**14 500** - £**1 747** - **$2,637**
✏ *Paysage en bouquet* - Crayon/papier (14x21cm-6x8in) Paris 97 .... FF**3 000** - £**326** - **$526**

DESNOS Louis-Adélaïde 1807-? [1]
🖌 *La Toilette* - Oil/canvas (100x81cm-39x32in) New-York 94 .... FF27 800 - £3 214 - **$4,750**

DESNOYER François 1894-1972 [99]
🖌 *Maison au toit jaune* - Huile/panneau (24x33cm-9x13in) Calais 97 .... FF8 200 - £820 - **$1,384**
Le meeting aérien - Huile/toile (55x33cm-22x13in) Calais 97 .... FF15 000 - £1 644 - **$2,633**
Antibes - Oil/canvas (129x96cm-51x38in) London 97 .... FF34 452 - £3 800 - **$6,043**
Port de Sète, 1943 - Huile/toile (60x92cm-24x36in) Paris 89 .... FF250 000 - £24 876 - **$39,494**

DESNOYERS Auguste Gaspard L. 1779-1857 [2]
🖾 *La Transfiguration* - Gravure (73x49cm-29x19in) Madrid 94 .... FF1 650 - £195 - **$297**

DESNOYERS Nicolette 1951 [9]
🖌 *Nature morte aux poires* - Huile/toile (30x60cm-12x24in) Aubagne 93 .... FF5 200 - £599 - **$897**

DESPARMET-FITZGERALD Xavier 1861-? [2]
🖌 *Montrouge* - Huile/toile (150x100cm-59x39in) Bordeaux 95 .... FF11 500 - £1 390 - **$2,164**

DESPAX Jean-Baptiste 1710-1773 [4]
🖌 *Le Sacrifice d'Isaac* - Huile/toile (71x57cm-28x22in) Paris 92 .... FF23 000 - £2 745 - **$4,420**
François Joachim de Pierre - Huile/toile (223x172cm-88x68in) Paris 91 .... FF220 000 - £21 848 - **$38,198**

DESPIAU Charles 1874-1946 [84]
🗿 *Tête de femme* - Bronze (36cm-14in) Paris 96 .... FF21 500 - £2 780 - **$4,260**
Femme debout - Bronze (63cm-25in) New-York 94 .... FF47 300 - £5 630 - **$9,000**
Adolescence - Bronze (118cm-46in) London 95 .... FF200 000 - £26 000 - **$41,200**
🖉 *Modèle assis à terre* - Sanguine (25x35cm-10x14in) Paris 96 .... FF3 000 - £345 - **$573**
Liegender weiblicher Akt - Red chalk (25x35cm-10x14in) Köln 97 .... FF6 083 - £639 - **$1,041**

DESPIERRE Jacques Ceria, dit 1912 [56]
🖌 *Personnages aux lances* - Huile/toile (22x48cm-9x19in) Paris 95 .... FF5 000 - £664 - **$1,030**
Tobic - Öl/Leinwand (80x115cm-31x45in) Luzern 94 .... FF12 170 - £1 452 - **$2,270**
Au soleil - Huile/toile (114x195cm-45x77in) Paris 92 .... FF91 000 - £9 340 - **$17,500**

DESPLACES Louis 1682-1739 [1]
🖉 *Figures and cattle by a river* - Gouache (17x26cm-7x10in) New-York 96 .... FF8 880 - £1 164 - **$1,800**

DESPLANQUE Xavier [2]
🖌 *Petit port breton* - Huile/toile (38x46cm-15x18in) Brest 92 .... FF2 600 - £266 - **$468**

DESPORTES Alexandre François 1661-1743 [19]
🖌 *Exotic birds/Birds* - Oil/canvas (113x133cm-44x52in) New-York 95 .... FF4 - £547 000 - **$850,000**
Plums in a basket - Oil/canvas (71x89cm-28x35in) New-York 97 .... FF170 844 - £18 213 - **$30,000**
🖉 *Écureuil tenant une balle bleue* - Dessin (21x13cm-8x7in) Monaco 92 .... FF26 000 - £2 660 - **$4,680**

DESPORTES Francisque 1849-1899 [3]
🖌 *Vénus* - Oil/canvas (124x207cm-49x81in) London 96 .... FF93 500 - £12 000 - **$18,440**

DESPORTES Henriette XIX-XX [2]
🖌 *Paysannes dans la cuisine préparant la soupe*
   Huile/toile (116x95cm-46x37in) Arles 89 .... FF14 600 - £1 538 - **$2,458**

DESPORTES Michel 1942-1994 [19]
🖌 *La nef des Argonautes* - Technique mixte/toile Brive-la-Gaillarde 96 .... FF10 000 - £1 140 - **$1,914**
🖾 *Pont de Pierre, Bordeaux* - Eau-forte Brive-la-Gaillarde 96 .... FF1 500 - £172 - **$286**
🖉 *Les carrelets* - Aquarelle/papier Brive-la-Gaillarde 96 .... FF3 000 - £345 - **$573**

DESPRET Georges 1862-1952 [1]
🗿 *Jeune femme nue, debout* - Sculpture (27cm-11in) Zürich 95 .... FF86 300 - £11 120 - **$17,560**

DESPREZ Eric 1951 [2]
🖉 *Sans titre* - Technique mixte/papier (76x97cm-30x38in) Montréal 94 .... FF3 010 - £346 - **$516**

DESPUJOLS Jean 1886-1965 [3]
🖌 *Nu allongé aux colombes* - Huile/toile (114x162cm-45x64in) Paris 93 .... FF65 000 - £7 400 - **$11,010**

DESRAIS Claude Louis 1746-1816 [16]
🖉 *Religious subjects (4)* - Ink (8x6cm-3x2in) London 97 .... FF2 644 - £280 - **$45,5 2**
Sixty-tree erotic Drawings - Mixed media/paper London 97 .... FF53 816 - £5 500 - **$9,159**

DESRIVIERES Elisa, née Leroy ?-1895 [2]
🖌 *Portrait* - Huile/toile (73x60cm-29x24in) Montauban 94 .... FF3 800 - £449 - **$683**
🖉 *Mademoiselle du Roy de Bliquy* - Pastel (64x53cm-25x21in) Bruxelles 92 .... FF3 296 - £394 - **$634**

DESROUSSEAU Laurent H. Alph. L. 1862-1906 [2]
🖌 *Scène d'intérieur* - Huile/panneau (50x61cm-20x24in) Calais 90 .... FF6 000 - £642 - **$1,043**
The River Crossing - Oil/canvas (49x68cm-19x27in) New-York 94 .... FF43 600 - £5 200 - **$8,200**

DESRUISSEAU Rose-Marie 1933-1988 [35]
🖌 *Lutte des classes* - Huile/toile (143x107cm-56x42in) Paris 92 .... FF18 000 - £2 093 - **$3,674**
Libération - Huile/toile (122x92cm-48x36in) Paris 92 .... FF62 000 - £7 210 - **$12,650**

DESSAR Louis Paul 1867-1952 [7]
🖌 *Woman tending sheep* - Oil/canvas (30x41cm-12x16in) Detroit, Michigan 95 .... FF7 820 - £1 012 - **$1,600**
French snow scene - Oil/canvas (25x41cm-10x16in) Mystic, Connecticut 94 .... FF29 200 - £3 486 - **$5,500**

DESSENIS Alfons 1874-1952 [7]
🖌 *Laethem* - Huile/toile (57x99cm-22x39in) Antwerpen 96 .... FF3 780 - £437 - **$724**
🖉 *Chemin de la ferme* - Crayons couleurs/papier (55x74cm-22x29in) Bruxelles 93 .... FF3 460 - £414 - **$707**

DESSERPRIT Roger 1923-1985 [2]
🗿 *Relief* - Bois (85x53cm-33x21in) Paris 93 .... FF12 500 - £1 507 - **$2,273**

DESSI' Gianni 1955 [9]
🖌 *Senza titolo* - Olio/carta (64x44cm-25x17in) Milano 96 .... FF6 050 - £702 - **$1,188**
Doppio senso - Oil New-York 97 .... FF29 070 - £3 053 - **$5,000**

Masque - Aquarelle, gouache/papier (31x22cm-12x9in) Paris 94 .... FF6 200 - £725 - **$1,090**
DESSONS Pierre 1936 [12]
Baignoire - Huile/toile (200x220cm-79x87in) Paris 96 .... FF3 200 - £368 - **$611**
DESSOUSLAVY Georges 1898-1952 [7]
Portrât Regina, 1949 - Oil/canvas (45x38cm-18x15in) Luzern 89 .... FF7 800 - £798 - **$1,254**
DESSOUSLAVY Thomas 1800-1850 [2]
Golfo di Napoli - Öl/Leinwand (53x79cm-21x31in) Zürich 96 .... FF74 500 - £9 320 - **$14,470**
DESSURNE Mark 1825-1885 [1]
Girl with oranges - Oil/canvas (36cm-14in) London 89 .... FF14 500 - £1 528 - **$2,441**
DESTAILLEUR Henri P. 1816-? [1]
Constantinople/Bouyouk Déré - Lavis/papier (18x27cm-7x11in) Paris 93 .... FF5 000 - £603 - **$910**
DESTARAC Michèle 1943 [4]
De la Série des Terres Brûlées - Huile/toile (147x114cm-58x45in) Paris 95 .... FF2 000 - £349 - **$413**
DESTOT Étienne 1864-1918 [1]
Dr. Ollier calmant une mère - Bronze (63cm-25in) New-York 94 .... FF22 470 - £2 653 - **$4,000**
DESTOUCHES von Johanna 1869-1956 [21]
Tulpen in einer Vase - Oil/canvas (54x58cm-21x23in) München 92 .... FF18 650 - £2 230 - **$3,590**
Lilien - Pencil (63x44cm-25x17in) München 96 .... FF3 390 - £425 - **$654**
DESTRÉE Johannes Josephus 1827-1888 [13]
View of a castle - Oil/panel (20x16cm-8x6in) Amsterdam 95 .... FF4 660 - £605 - **$971**
Summer landscape with the Hunter - Oil/canvas (70x100cm-28x39in) Amsterdam 97 .... FF27 011 - £2 874 - **$4,700**
DESVALLIERES Georges 1861-1950 [37]
Académie, modèle de dos - Huile/toile (81x126cm-32x50in) Paris 96 .... FF3 700 - £436 - **$727**
Scène mythologique, Apollon - Huile/toile (135x96cm-53x38in) Paris 96 .... FF15 500 - £1 826 - **$3,043**
Modèle - Huile/toile (161x140cm-63x55in) Paris 95 .... FF60 000 - £7 620 - **$12,300**
DESVARREUX Raymond 1876-1961 [23]
Vaches au pâturage - Huile/toile (58x68cm-23x27in) Paris 96 .... FF3 700 - £462 - **$715**
Entrée du village - Huile/panneau (32x41cm-13x16in) Barbizon 96 .... FF12 500 - £1 560 - **$2,414**
Napoléon and his Troops - Oil/canvas (56x46cm-22x18in) New-York 96 .... FF36 000 - £4 364 - **$7,000**
DESVARREUX-LARPENTEUR James 1847-1937 [9]
Changing pastures - Oil/canvas (59x80cm-23x31in) Billinghurst, West Sussex 93 .... FF12 450 - £1 500 - **$2,175**
DESVAUX Auguste 1813-? [1]
Chasseur dans un paysage - Huile/panneau (35x26cm-14x10in) Paris 93 .... FF22 000 - £2 650 - **$4,000**
DESVERGNES Charles 1860-1928 [2]
La Vierge Marie et l'Enfant Jésus - Terracotta (56cm-22in) Paris 93 .... FF7 500 - £904 - **$1,364**
DESVIGNES Herbert Clayton XIX [2]
Le chasseur - Huile/toile (21x35cm-8x14in) Grenoble 93 .... FF3 000 - £337 - **$509**
DETAILLE Édouard 1848-1912 [85]
Soldats endormis - Huile/toile (21x30cm-8x12in) Paris 96 .... FF10 000 - £1 212 - **$1,944**
Les Incroyables - Oil/canvas (27x22cm-11x9in) New-York 94 .... FF37 200 - £4 440 - **$7,000**
Retour de carabiniers de la charge - Oil/canvas (93x77cm-37x30in) New-York 94 .... FF239 000 - £28 160 - **$42,500**
Bonaparte et l'Institut d'Égypte - Aquarelle/papier (53x36cm-21x14in) Paris 97 .... FF5 200 - £567 - **$909**
La tour de Londres - Watercolour, gouache (65x95cm-26x37in) Paris 97 .... FF74 158 - £7 993 - **$13,000**
DETANGER Germain 1846-1902 [1]
Porteuse d'eau - Huile/toile Podensac 96 .... FF5 700 - £655 - **$1,087**
DETHAN-ROULLET Marie-Thérèse 1870-1940 [91]
Le bouquet de fleurs - Huile/toile (55x46cm-22x18in) Versailles 90 .... FF3 800 - £400 - **$661**
Vase de renoncules - Aquarelle (39x32cm-15x13in) Versailles 92 .... FF2 800 - £288 - **$539**
Nature morte aux fraises et aux pêches - Aquarelle (53x76cm-21x30in) Versailles 90 .... FF8 000 - £841 - **$1,391**
DETHLEFFS-EDELMANN Fridel 1899-1982 [2]
Wiesen im Allgäu - Öl/Karton (37x49cm-15x19in) Lindau 93 .... FF6 780 - £810 - **$1,305**
DETHOMAS Maxime 1867-1929 [10]
L'attente - Fusain (63x48cm-25x19in) Paris 90 .... FF6 000 - £614 - **$1,184**
DETILLEUX Guillaume 1886-? [1]
Petit Ville (Mont St-Martin) - Huile/toile (99x78cm-39x31in) Liège 96 .... FF2 465 - £305 - **$476**
DETILLEUX Servais 1874-1940 [1]
Bédouin devant l'entrée d'une ville - Huile/toile (94x53cm-37x21in) Paris 95 .... FF20 000 - £2 534 - **$4,020**
DETMERS Julius XIX [2]
The pink parasol - Oil/canvas (58x39cm-23x15in) New-York 93 .... FF14 500 - £1 667 - **$2,500**
DETMOLD Charles Maurice 1883-1908 [16]
Pheasant breaking cover - Wash (30x43cm-12x17in) London 90 .... FF5 000 - £517 - **$883**
DETMOLD Edward Julian 1883-1957 [24]
Eastern horsemen in exotic setting - Drypoint (26x43cm-10x17in) London 90 .... FF2 700 - £279 - **$477**
Chaffinch - Watercolour/board (53x11cm-21x4in) New-York 94 .... FF6 500 - £787 - **$1,200**
DETMOLD Henry XIX-XX [2]
Le retour de pêche - Huile/toile (90x150cm-35x59in) Fontainebleau 91 .... FF30 000 - £3 025 - **$5,847**
DETOUCHE Henry-Julien 1854-1913 [8]
22e Exposition des Cent - Poster (64x42cm-25x17in) London 96 .... FF3 740 - £480 - **$738**
Une Thaïlandaise - Aquarelle (114x74cm-45x29in) Neuilly 96 .... FF3 600 - £464 - **$705**
DETOUCHE Laurent Didier 1815-1882 [1]
Couple dînant joyeusement - Oil/canvas (54x65cm-21x26in) Köbenhavn 91 .... FF18 480 - £1 876 - **$3,338**
DETRAIT Jacques 1948 [2]
La Nouvelle Héloïse - Huile/panneau (122x162cm-48x64in) Saint-Germain-en-Laye 95 .... FF15 000 - £1 930 - **$3,080**

DETRE Constant 1891-1945 [1]
La voie de l'expérience - Pastel (60x50cm-24x20in) Auxerre 90 .... FF3 000 - £319 - **$537**
DETRIAUX Serge 1919 [5]
Mes amis viennent la nuit - Huile/panneau (110x75cm-43x30in) Bruxelles 90 .... FF4 900 - £515 - **$852**
DÉTRIER Pierre Louis 1822-1897 [7]
Mother and child - Bronze (41cm-16in) New-York 92 .... FF9 430 - £988 - **$1,700**
La grande soeur - Bronze (66cm-26in) Saint-Dié 96 .... FF13 000 - £1 630 - **$2,530**
DETRIEUX Serge 1919 [2]
L'Epoux de la Lumière - Huile/panneau (89x116cm-35x46in) Bruxelles 92 .... FF2 490 - £255 - **$438**
DETRO Alexander 1873-? [1]
Madonna mit Hl. Elizabeth - Öl/Leinwand (136x104cm-54x41in) Bremen 94 .... FF8 280 - £980 - **$1,527**
DETROY Léon 1857-1955 [98]
Paysage Corse - Huile/toile (70x111cm-28x44in) Paris 97 .... FF4 500 - £489 - **$789**
Rivière à Gargillesse - Oil/canvas (54x73cm-21x29in) Amsterdam 96 .... FF12 070 - £1 396 - **$2,312**
paysage de Pont-Aven - Huile/toile (65x81cm-26x32in) Versailles 90 .... FF60 000 - £6 198 - **$10,601**
Musiciens et danseuses à Kairouan - Pastel (33x26cm-13x10in) Paris 95 .... FF5 000 - £631 - **$997**
DETROYES Georges 1921 [18]
Pêcheurs mauresques - Huile/toile (33x19cm-13x7in) Châlons-sur-Marne 95 .... FF2 500 - £324 - **$521**
DETRY Arsène 1897-1981 [2]
Village - Huile/toile (50x60cm-20x24in) Bruxelles 95 .... FF3 460 - £433 - **$699**
DETTER Theodor 1886-1957 [2]
Lustwandeln im Grünen - Mischtechnik (23x27cm-9x11in) Wien 89 .... FF4 800 - £464 - **$728**
DETTHOW Eric 1888-1952 [17]
Yvonne Detthow, Paris - Oil/canvas (55x45cm-22x18in) Stockholm 94 .... FF7 700 - £904 - **$1,447**
DETTI Cesare Auguste 1847-1914 [42]
Visit to a village tavern - Oil/canvas (46x60cm-18x24in) New-York 93 .... FF47 200 - £5 370 - **$8,000**
The emcampment - Oil/canvas (66x125cm-26x49in) New-York 95 .... FF98 300 - £12 670 - **$20,000**
Al Mercato - Oil/canvas (81x117cm-32x46in) London 97 .... FF319 344 - £35 000 - **$56,046**
DETTMANN Ludwig 1865-1944 [6]
Blumenstilleben - Öl/Leinwand (123x175cm-48x69in) Stuttgart 93 .... FF22 600 - £2 594 - **$3,850**
Waldlandschaft mit Rotwild - Pastel (23x58cm-9x23in) Köln 94 .... FF4 080 - £476 - **$715**
DETTMANN Walter 1914-1984 [1]
Meeresbrandung an frühen Abend - Öl/Leinwand (70x100cm-28x39in) Düsseldorf 96 .... FF6 100 - £753 - **$1,177**
DETWILLER Frederick K. 1882-1953 [1]
French street scene - Watercolour (28x20cm-11x8in) North Berwick, Maine 92 .... FF2 400 - £246 - **$500**
DEUCHERT Heinrich 1840-1923 [2]
Herbstlandschaft - Öl/Leinwand (64x87cm-25x34in) Stuttgart 95 .... FF19 350 - £2 354 - **$3,810**
DEULLY Eugène 1860-? [16]
Sous-bois en automne - Huile/toile (61x50cm-24x20in) Paris 92 .... FF4 200 - £430 - **$740**
Les Lettres de l'Absent - Oil/canvas (38x46cm-15x18in) London 93 .... FF17 560 - £2 000 - **$2,980**
Un morceau de sucre au perroquet - Oil/canvas (62x38cm-24x15in) Amsterdam 93 .... FF33 030 - £3 960 - **$6,040**
DEUM Beb 1960 [2]
Lipstick Hotel, pour Nitro - Aquarelle, gouache (37x26cm-15x10in) Paris 92 .... FF3 200 - £328 - **$576**
DEURS van Caroline 1860-1932 [6]
Palace gardens - Oil/canvas (48x61cm-19x24in) London 95 .... FF7 830 - £1 000 - **$1,600**
DEUSSER August 1870-1942 [4]
Blumenstilleben - Öl/panel (58x48cm-23x19in) Düsseldorf 91 .... FF11 830 - £1 192 - **$2,053**
DEUTMANN Frans 1867-1915 [8]
Mother & child feeding chickens - Oil/canvas (57x42cm-22x17in) Amsterdam 94 .... FF5 200 - £624 - **$1,010**
DEUTSCH Boris 1892-1978 [4]
One World or None - Oil/canvas (152x114cm-60x45in) New-York 93 .... FF32 450 - £3 690 - **$5,500**
DEUTSCH David 1943 [3]
Animation régionale - Gouache (91x27x89cm-36x11x35in) New-York 97 .... FF23 215 - £2 442 - **$4,000**
DEUTSCH Ludwig 1855-1930 [28]
Before the prayer - Oil/panel (27x41cm-11x16in) London 95 .... FF43 400 - £5 500 - **$8,730**
Le guérisseur, en Afrique du Nord - Huile/panneau (49x61cm-19x24in) Paris 95 .... FF305 000 - £40 100 - **$61,200**
The musician - Oil/panel (39x55cm-15x22in) London 97 .... FF904 761 - £95 000 - **$155,619**
DEUTSCH von Rudolf Friedrich 1835-? [1]
The Triumph of Venus - Oil/canvas (175x152cm-69x60in) London 95 .... FF58 900 - £7 800 - **$12,150**
DEUTZMANN Willi 1897-1958 [1]
Schwarze Vögel, 1948 - Tecnica mista/tela (65x95cm-26x37in) Köln 89 .... FF8 400 - £859 - **$1,350**
DEUX Fred 1924 [22]
Horsphère - Technique mixte/papier (23x31cm-9x12in) Paris 96 .... FF6 500 - £843 - **$1,285**
DEVADE Marc 1943-1983 [12]
Peinture - Acrylique/toile (149x198cm-59x78in) Paris 94 .... FF24 000 - £2 854 - **$4,390**
Avril, 1976 - Huile/toile (150x150cm-59x59in) Paris 89 .... FF83 000 - £8 746 - **$13,973**
Sans Titre - Aquarelle/papier (60x80cm-24x31in) Paris 94 .... FF4 900 - £583 - **$932**
DEVAL Pierre 1897-1993 [143]
Jeune fille à sa lecture - Huile/toile (33x41cm-13x16in) Paris 97 .... FF6 800 - £745 - **$1,193**
Dormeuse - Huile/toile (49x64cm-19x25in) Lyon 95 .... FF10 500 - £1 327 - **$2,104**
Le repos - Huile/toile (61x74cm-24x29in) Arles 96 .... FF30 000 - £3 850 - **$5,820**
Jeune fille étendue - Pastel (50x62cm-20x24in) Neuilly 91 .... FF25 000 - £2 483 - **$4,341**

D

Nu dans l'herbe - Pastel (40x64cm-16x25in) Neuilly 94 .... *FF54 500* - *£6 340* - **$9,430**
DEVALOIS Monique XX [4]
● *Corvette* - Huile/toile (31x54cm-12x21in) La Baule 93 .... *FF2 000* - *£225* - **$339**
DEVAMBEZ André 1867-1943 [58]
● *Le voleur* - Huile/panneau (23x35cm-9x14in) Paris 97 .... *FF13 000* - *£1 401* - **$2,311**
Retour de la pêche, Yport - Oil/panel (26x35cm-10x14in) London 96 .... *FF31 900* - *£4 000* - **$6,160**
Le réveil de Gulliver - Huile/toile (110x130cm-43x51in) Paris 91 .... *FF150 100* - *£15 130* - **$26,500**
DEVAS Anthony 1911-1958 [15]
● *Yachting girls* - Oil/canvas (41x51cm-16x20in) London 94 .... *FF5 410* - *£650* - **$1,030**
Seated nude - Oil/canvas (61x51cm-24x20in) London 95 .... *FF39 600* - *£5 000* - **$7,940**
DEVAUD Patrick 1954 [9]
● *Nature morte aux fruits* - Huile/toile (27x41cm-11x16in) Auxerre 92 .... *FF5 000* - *£597* - **$962**
DEVAULX François Théodore 1808-1870 [1]
🏛 *George Washington* - Bronze (46cm-18in) London 95 .... *FF7 710* - *£1 000* - **$1,596**
DEVAUX Jules Ernest 1837-? [2]
● *Dancing lessons* - Oil/panel (46x37cm-18x15in) New-York 90 .... *FF20 000* - *£2 128* - **$3,578**
Birthday celebrations - Oil/panel (55x46cm-22x18in) London 91 .... *FF79 000* - *£7 920* - **$14,469**
DEVAUX Paul [1]
● *L'Ile de la Cité* - Huile/toile (63x80cm-25x31in) Lyon 91 .... *FF7 000* - *£717* - **$1,307**
DEVE Emile Jean 1866-? [1]
● *Le retour des foins* - Huile/toile (120x180cm-47x71in) Calais 90 .... *FF25 500* - *£2 730* - **$4,435**
DEVÉ Eugène 1826-1887 [1]
● *Vachère et son troupeau* - Oil/canvas (55x77cm-22x30in) New-York 95 .... *FF17 180* - *£2 067* - **$3,250**
DEVE Philippe E. 1937 [4]
✎ *Composition, 1971* - Aquarelle (54x68cm-21x27in) Le Touquet 89 .... *FF9 000* - *£920* - **$1,447**
DEVEAUD-FABRE Henriette 1866-? [1]
✎ *B. Winans, princesse de Béarn* - Miniature (10x8cm-4x3in) Paris 90 .... *FF3 000* - *£319* - **$536**
DEVEAUX Jacques Martial 1825-? [1]
✎ *Académie d'hommes nus* - Dessin (59x39cm-23x15in) Paris 89 .... *FF4 000* - *£409* - **$643**
DEVEDEUX Louis 1820-1874 [15]
● *Femme turque et enfants* - Huile/toile (55x32cm-22x13in) Paris 94 .... *FF22 000* - *£2 606* - **$4,065**
Napoléon Bonaparte en Egypte - Huile/toile (91x131cm-36x52in) Lille 97 .... *FF80 000* - *£8 288* - **$13,704**
DEVENTER van Jan Frederik 1822-1886 [2]
● *Laubwald mit Staffage* - Oil/panel (23x25cm-9x10in) Frankfurt 93 .... *FF6 440* - *£770* - **$1,240**
DEVENTER van John 1903-1952 [1]
● *Ijsvermaak* - Oil/canvas (46x69cm-18x27in) Amsterdam 93 .... *FF5 510* - *£634* - **$947**
DEVENTER van Willem Antonie 1824-1893 [15]
● *Segelboote auf der Schelde, Holland* - Öl/Leinwand (37x53cm-15x21in) Zürich 95 ... *FF30 200* - *£3 890* - **$6,150**
Shipping in an estuary - Oil/panel (38x55cm-15x22in) London 96............................ *FF132 000* - *£15 500* - **$25,960**
DEVÉRIA Achille 1800-1857 [41]
● *Naïades au bain* - Huile/panneau (28x38cm-11x15in) Avignon 91 .... *FF25 000* - *£2 570* - **$4,650**
Modèle au repos - Huile/toile (32x40cm-13x16in) Paris 94 .... *FF50 000* - *£5 920* - **$9,230**
✎ *Jeune femme se préparant pour le bal* - Aquarelle (19x17cm-7x7in) Paris 90 .... *FF30 000* - *£3 099* - **$5,300**
DEVERIA Eugène 1808-1865 [49]
● *Général et de Madame de Tournemine* - Huile/toile (66x54cm-26x21in) Paris 97 ...... *FF12 000* - *£1 315* - **$2,106**
Cardinal Wolsey & Catherine of Aragon
     Oil/canvas (146x118cm-57x46in) New-York 94 .... *FF56 200* - *£6 630* - **$10,000**
Mme. Jules-Antoine Droz - Huile/toile (171x130cm-67x51in) Cheverny 95 .... *FF245 000* - *£31 440* - **$49,400**
✎ *Jeune femme portant un châle* - Pastel (59x48cm-23x19in) Paris 91 .... *FF22 000* - *£2 206* - **$4,029**
DEVERIA Henri V. 1829-1897 [1]
● *Déclaration d'amour dans la forêt* - Huile/panneau (32x23cm-13x9in) Paris 90 .... *FF3 500* - *£362* - **$618**
DEVERIN Edouard 1881-? [1]
✎ *La passerelle des Arts* - Gouache (13x17cm-5x7in) Paris 90 .... *FF1 800* - *£191* - **$322**
DEVETTA Edoardo 1912-1993 [9]
● *Case a Burano* - Olio/tela (39x50cm-15x20in) Trieste 93 .... *FF7 320* - *£822* - **$1,310**
DEVIATOV Sergeï 1955 [2]
● *La nuit blanche* - Huile/toile (81x60cm-32x24in) Cherbourg 93 .... *FF3 200* - *£400* - **$582**
DEVIEUX Henri 1839-1898 [3]
● *Venice* - Oil/canvas (35x65cm-14x26in) San Francisco-Los Angeles 92 .... *FF15 600* - *£1 862* - **$3,000**
DEVIGNE Edouard 1808-1866 [2]
● *La récolte des pommes* - Huile/panneau (70x60cm-28x24in) Antwerpen 90 .... *FF32 400* - *£3 447* - **$5,796**
DEVIGNE Félix XIX [2]
● *L'éducation du jeune chien* - Huile/panneau (41x34cm-16x13in) Paris 90 .... *FF21 500* - *£2 165* - **$4,212**
DEVILLARIO René Marie Léon 1874-1942 [1]
● *Femme à la robe rouge* - Huile/toile (41x33cm-16x13in) Saint-Dié 95 .... *FF2 000* - *£263* - **$411**
DEVILLE James ?-1846 [1]
🏛 *Antinous, after the Antique*
     Pair of George III green-painted lead figures (2) (86cm-34in) Clifton Little Venice 94 . *FF29 930* - *£3 500* - **$5,280**
DEVILLE Jean 1872-? [2]
● *Paysage aux Moulineaux* - Huile/toile (68x76cm-27x30in) Saint-Germain-en-Laye 89 .... *FF7 000* - *£738* - **$1,178**
DEVILLE Jean 1901-1972 [1]
● *Chemin dans la campagne* - Huile/toile (50x65cm-20x26in) Versailles 92 .... *FF8 000* - *£820* - **$1,440**

DEVILLE Maurice 1860-? [1]
Cycles Aluminium - Affiche (121x85cm-48x33in) Paris 93 .... FF2 900 - £326 - **$492**
DEVILLE-CHABROL Marie-Paule 1952 [59]
La sensuelle - Bronze (11x23cm-4x9in) Calais 97 .... FF12 000 - £1 315 - **$2,106**
Maternité - Bronze Paris 97 .... FF29 000 - £3 155 - **$5,049**
L'Absente - Sanguine (31x57cm-12x22in) Le Touquet 96 .... FF5 000 - £593 - **$976**
DEVILLERS A. XIX-XX [2]
Marché en Normandie - Huile/toile (50x61cm-20x24in) Cherbourg 93 .... FF7 000 - £800 - **$1,187**
DEVILLEZ Louis Henry 1855-? [1]
Buste d'éphèbe - Bronze Bruxelles 91 .... FF1 944 - £196 - **$379**
DEVILLY Louis-Théodore 1818-1886 [2]
Nature morte aux souris - Huile/toile (46x55cm-18x22in) Paris 94 .... FF4 000 - £474 - **$740**
Sentinelle/Cavalier - Aquarelle Paris 92 .... FF9 000 - £921 - **$1,585**
DEVINE Bernard 1884-? [1]
Fanueil Hall, Boston - Oil/canvas (76x91cm-30x36in) New-York 93 .... FF15 400 - £1 930 - **$2,800**
DEVIS Anthony 1729-1816 [31]
Mountain goats on a rocky outcrop - Watercolour (23x32cm-9x13in) London 95 .... FF3 480 - £450 - **$711**
Children and monkeys on a camel - Pencil (13x20cm-5x8in) London 91 .... FF13 100 - £1 301 - **$2,275**
DEVIS Arthur William 1763-1822 [10]
Head of Rampersaud - Oil/canvas (43x36cm-17x14in) London 93 .... FF65 200 - £7 500 - **$11,170**
DEVIS Thomas Anthony 1757-1810 [1]
Honourable Miss Jane Duncan - Oil/canvas (70x58cm-28x23in) London 91 .... FF7 930 - £805 - **$1,432**
DEVOLL Usher 1873-1941 [3]
East River, New York - Oil/canvas New-York 89 .... FF160 200 - £16 881 - **$26,970**
DEVOS Albert Isidore 1868-1950 [6]
Retour de la pêche - Huile/panneau (40x50cm-16x20in) Bruxelles 91 .... FF7 450 - £747 - **$1,365**
DEVOS Berenice 1922 [3]
Soir d'hiver en Flandres - Huile/toile (60x90cm-24x35in) Bruxelles 94 .... FF2 330 - £280 - **$432**
DEVOS Léon 1897-1974 [61]
Nature morte aux perdrix - Huile/toile (50x60cm-20x24in) Antwerpen 94 .... FF8 240 - £961 - **$1,445**
Still life - Oil/canvas (50x65cm-20x26in) Amsterdam 97 .... FF17 980 - £1 890 - **$3,088**
Le petit nu - Huile/toile (54x38cm-21x15in) Bruxelles 90 .... FF48 600 - £5 170 - **$8,694**
DEVOS Pierre 1917-1972 [9]
Jeune femme - Huile/toile (100x70cm-39x28in) Antwerpen 96 .... FF5 250 - £636 - **$1,012**
DEVREESE Godefroid 1861-1941 [4]
Buste d'adolescent - Bronze (38cm-15in) Bruxelles 96 .... FF5 910 - £684 - **$1,132**
DEVRIENT Wilhelm 1799-? [1]
Grooming the family dog - Oil/canvas (31x42cm-12x17in) New-York 93 .... FF22 000 - £2 760 - **$4,000**
DEWAR J.S. XIX-XX [1]
Seated Lady by a bunch of flowers - Oil/canvas (91x70cm-36x28in) London 95 .... FF2 190 - £280 - **$441**
DEWASNE Jean 1921 [27]
L'Amour, la mourre - Email/panneau (50x65cm-20x26in) Versailles 94 .... FF37 000 - £4 380 - **$6,840**
Komposition - Serigraph (63x110cm-25x43in) Köbenhavn 96 .... FF2 216 - £288 - **$438**
Composition - Gouache/papier (55x74cm-22x29in) Paris 96 .... FF20 000 - £2 490 - **$3,880**
DEWEHRT Friedrich 1808-? [2]
Kinder am Hauseingang - Oil/canvas (57x44cm-22x17in) Wien 92 .... FF24 060 - £2 413 - **$4,010**
DEWERMOZ Henri 1876-1946 [4]
Baigneuses - Huile/papier (15x20cm-6x8in) Saint-Dié 91 .... FF2 000 - £202 - **$347**
DEWEY Charles Melville 1849-1937 [4]
Lowville, New York - Oil/canvas (84x107cm-33x42in) New-York 94 .... FF11 230 - £1 326 - **$2,000**
DEWHURST Wynford 1864-c.1941 [17]
Cattle grazing - Oil/canvas (38x55cm-15x22in) London 96 .... FF15 200 - £1 800 - **$2,963**
DEWING Thomas Wilmer 1851-1938 [6]
A musician - Oil/panel (38x25cm-15x10in) New-York 97 .... FF58 377 - £6 141 - **$10,000**
Seated woman - Pastel/board (27x18cm-11x7in) New-York 91 .... FF22 800 - £2 289 - **$3,945**
DEWISME Alfred XIX [2]
Pêcheurs sur la grève - Huile/panneau (16x21cm-6x8in) Calais 92 .... FF5 000 - £512 - **$880**
DEWOLF Wallace Leroy 1854-1930 [1]
The Desert - Oil/canvas (76x102cm-30x40in) Chicago 96 .... FF19 730 - £2 514 - **$3,800**
DEWS John Steven 1949 [16]
Ariel & Taeping - Oil/canvas (51x76cm-20x30in) London 93 .... FF45 650 - £5 500 - **$8,520**
White Heather Racing Waterwitch - Oil/canvas (61x91cm-24x36in) London 97 .... FF140 714 - £15 000 - **$24,568**
Renger & Endeavour II racing - Oil/canvas (51x76cm-20x30in) New-York 93 .... FF330 000 - £41 400 - **$60,000**
DEXEL Walter 1890-1973 [68]
Mit gelbem Quadrat - Oil/canvas (71x60cm-28x24in) Köln 91 .... FF91 200 - £9 145 - **$15,054**
Mappe 1 - Farbserigraphie (58x42cm-23x17in) Köln 97 .... FF9 125 - £95 9 4 - **$1,562**
Häuser - Pencil/paper (21x16cm-8x6in) Köln 94 .... FF6 840 - £803 - **$1,218**
Mit blauer Scheibe - Gouache (39x30cm-15x12in) München 90 .... FF86 700 - £8 823 - **$17,339**
DEXTER Henry 1806-1876 [1]
Bust of a man - Marble (69cm-27in) New-York 91 .... FF8 490 - £862 - **$1,533**
DEXTER Walter 1876-1958 [10]
Kings Lynn from over-the-water

Oil/canvas (41x56cm-16x22in) Penzance, Cornwall 96 .... *FF14 570 - £1 800 - $2,814*

DEYDIER René 1882-1942 [1]
🖼 *Le Bal de la Marine* - Huile/toile (73x60cm-29x24in) Reims 92 .... *FF11 500 - £1 177 - $2,025*

DEYRIEUX Georges 1820-1868 [1]
🖼 *Nature morte de fleurs et de fruits* - Huile/toile (37x46cm-15x18in) Paris 91 ...... *FF40 000 - £4 010 - $7,326*

DEYROLLE Jean 1911-1967 [73]
🖼 *Composition* - Tempera/toile (88x63cm-35x25in) Versailles 95 .... *FF3 600 - £471 - $721*
Athelme, Opus 432 - Tempera/toile (80x40cm-31x16in) Paris 95 .... *FF10 600 - £1 393 - $2,127*
Cosme Opus 503 - Tempera/toile (100x81cm-39x32in) Paris 97 .... *FF26 000 - £2 824 - $4,560*
Béatrix, Opus 480 - Oil/canvas (65x92cm-26x36in) København 90 .... *FF118 500 - £12 687 - $20,609*
📄 *Composition 204* - Gouache (40x33cm-16x13in) København 93 .... *FF29 640 - £3 365 - $5,020*

DEYROLLE Théophile Louis 1844-1923 [45]
🖼 *Calvaire au crépuscule en Bretagne* - Huile/toile (55x46cm-22x18in) Morlaix 97 ... *FF10 200 - £1 099 - $1,791*
Les lavandières - Huile/toile (33x41cm-13x16in) Quimper 96 .... *FF23 000 - £2 870 - $4,460*
La fin de journée des faneuses - Oil/canvas (89x128cm-35x50in) New-York 97 .... *FF158 102 - £17 027 - $28,000*

DEZAUNAY Émile Alfred 1854-1938 [63]
🖼 *Le Croisic, l'ancienne criée* - Huile/panneau (26x34cm-10x13in) Rennes 96 .... *FF15 000 - £1 810 - $2,880*
Moisson en bord de mer - Huile/toile (55x46cm-22x18in) Brest 96 .... *FF34 000 - £3 900 - $6,490*
Jeune bretonne à l'île aux Moines - Oil/canvas (92x73cm-36x29in) London 89 .... *FF164 600 - £16 830 - $26,463*
🖼 *Jeune fille de Rosporden* - Eau-forte, aquatinte couleurs (28x20cm-11x8in) Brest 96 ... *FF10 000 - £1 148 - $1,910*
📄 *Au café en Bretagne* - Aquarelle, gouache (32x40cm-13x16in) Douarnenez 92 .... *FF22 000 - £2 626 - $4,230*

DEZAUNAY Guy Jean J. 1896-1964 [1]
🖼 *Étretat, porte et falaise d'Aval* - Huile/carton (29x38cm-11x15in) Douarnenez 96 ...... *FF2 800 - £358 - $556*

DEZENTJÉ Ernest 1885-1972 [18]
🖼 *Lake of Telegarwana, Java* - Oil/board (68x89cm-27x35in) Amsterdam 94 .... *FF3 050 - £354 - $525*
Kali Besar, Batavia - Oil/canvas (93x136cm-37x54in) Amsterdam 96 .... *FF51 200 - £6 200 - $9,940*

DEZENTJÉ Eugène XX [3]
🖼 *De Goenoeng Salak in regentijd* - Oil/canvas/board (31x50cm-12x20in) Amsterdam 91 ..... *FF12 020 - £1 211 - $2,086*

DEZEUZE Daniel 1942 [6]
📄 *Sans titre, 1986* - Pastel/papier (52x50cm-20x20in) Paris 89 .... *FF7 500 - £746 - $1,185*

DÉZIRÉ Henri 1878-1965 [8]
🖼 *Bouquet de mimosas* - Huile/toile (55x46cm-22x18in) Le Havre 96 .... *FF2 500 - £294 - $492*
Dried flowers in a jug - Oil/canvas (100x82cm-39x32in) London 96 .... *FF10 010 - £1 300 - $1,980*

DHAWAN Rajendra 1936 [3]
📄 *Sans titre* - Huile/toile (89x116cm-35x46in) Paris 90 .... *FF20 000 - £2 014 - $3,918*

DHEEDENE Georges 1909-1973 [5]
🖼 *De Leie* - Huile/toile (76x85cm-30x33in) Lokeren 95 .... *FF7 500 - £947 - $1,498*

DHO Régis 1947 [2]
🖼 *Tête persanne* - Lithographie (40x60cm-16x24in) Paris 90 .... *FF2 000 - £210 - $348*
📄 *Rosengestalt* - Ink (57x38cm-22x15in) München 91 .... *FF5 130 - £527 - $954*

DI BELLO Bruno 1938 [5]
🖼 *Variazione sul nome Bach* - Tecnica mista (120x96cm-47x38in) Milano 92 .... *FF19 370 - £2 304 - $3,725*

DI BENEDETTO Angelo 1913-1992 [1]
🖼 *White on White #4* - Acrylic/canvas (147x147cm-58x58in) Denver, Colorado 95 .... *FF3 326 - £650 - $421*

DI BENEDETTO Steve 1958 [7]
🖼 *Domestic paralysis* - Acrylic/canvas (152x152cm-60x60in) New-York 93 .... *FF10 450 - £1 310 - $1,900*

DI CARLO Vittorio Maria 1939 [3]
🖼 *La congolese* - Olio/tela (70x70cm-28x28in) Vercelli 93 .... *FF5 490 - £616 - $983*

DI CHINICO Giacomo 1845-1884 [1]
🖼 *Bearded man, Napoli* - Oil/canvas (58x44cm-23x17in) London 91 .... *FF4 960 - £498 - $858*

DI DONNA Henry 1932 [5]
🖼 *Composition* - Huile/toile (73x92cm-29x36in) Paris 95 .... *FF2 000 - £259 - $414*
Diagramme en méditation - Acrylic/canvas (100x100cm-39x39in) Paris 89 .... *FF11 500 - £1 144 - $1,817*
Hymne à Ganesha - Acrylique/toile (195x130cm-77x51in) Paris 90 .... *FF58 000 - £6 170 - $10,376*

DI DONNA Porfirio 1942-1986 [4]
🖼 *Naples* - Oil (214x127cm-84x50in) New-York 97 .... *FF11 608 - £1 221 - $2,000*

DI MACCIO G. 1948 [2]
🖼 *Portrait fantastique* - Huile/toile (5546cm-2183in) Paris 91 .... *FF24 500 - £2 517 - $4,560*
📄 *Buste de femme fantastique* - Crayon (33x22cm-13x9in) Paris 94 .... *FF6 000 - £699 - $1,052*

DI MARINO Francesco 1892-1954 [1]
🖼 *Veduta costiera* - Olio/tavola (25x35cm-10x14in) Roma 89 .... *FF3 200 - £337 - $539*

DI NAPOLI Marco XX [2]
📄 *Le Centaure* - Gouache (37x64cm-15x25in) Verrières-Le-Buisson 93 .... *FF2 900 - £350 - $528*

DI PALMA Giordano [3]
📄 *Rue dans les souks* - Aquarelle (36x28cm-14x11in) Paris 96 .... *FF3 200 - £417 - $634*

DI ROCCA Luigi 1940 [6]
🖼 *Femmes sur la terrasse* - Huile/panneau (30x40cm-12x16in) Montauban 94 .... *FF3 600 - £414 - $616*

DI ROSA Hervé 1959 [95]
🖼 *Le marin* - Acrylique/toile (73x100cm-29x39in) Arles 96 .... *FF15 100 - £1 790 - $2,946*
Tout ce que peut faire Badblackblock
  Acrylique/toile (185x140cm-73x55in) Saint-Germain-en-Laye 95 .... *FF23 000 - £2 960 - $4,720*
20 000 Foes - Acrylique/toile (149x280cm-59x110in) Paris 90 .... *FF250 000 - £25 176 - $45,455*
🗿 *Monsieur X* - Sculpture (30x16x21cm-12x6x8in) Paris 97 .... *FF5 500 - £606 - $969*
📄 *Sans titre* - Gouache/papier (76x56cm-30x22in) Paris 96 .... *FF7 000 - £908 - $1,384*

L'artiste et les conservateurs - Gouache (75x54cm-30x21in) Verrières-Le-Buisson 90 .... **FF39 000** - *£4 029* - **$6,890**

DI ROSA Richard, "Buddy" 1963 [13]
Poules - Métal (39cm-15in) Paris 96 .... **FF3 600** - *£411* - **$690**
Buste de l'Ultrafemme - Sculpture (76x36x75cm-30x14x30in) Paris 94 .... **FF10 500** - *£1 253* - **$1,967**

DI SUVERO Mark 1933 [48]
Ring - Sculpture (265x235x211cm-104x93x83in) New-York 97 .... **FF1** - *£122 100* - **$200,000**
Untitled - Painted steel (2 parts) (28x28x44cm-11x11x17in) New-York 94 .... **FF87 100** - *£10 100* - **$15,000**
Untitled - Iron (57x25x69cm-22x10x27in) New-York 97 .... **FF290 360** - *£30 545* - **$50,000**

DI TEANA Marino 1920 [3]
Parcours sans fin - Sculpture (80cm-31in) Paris 96 .... **FF48 000** - *£5 510* - **$9,150**

DIAGNE Marianne 1953 [2]
Poung Zulus, 1988 - Huile/papier (160x150cm-63x59in) Marseille 90 .... **FF17 000** - *£1 712* - **$3,091**

DIAGO Roberto 1920-1957 [6]
Florero - Oil/canvas (75x56cm-30x22in) New-York 97 .... **FF45 819** - *£4 884* - **$8,000**
Mujer - Oil/board (70x56cm-28x22in) New-York 94 .... **FF69 000** - *£8 210* - **$13,000**
Abstracto - Ink/paper (28x36cm-11x14in) New-York 92 .... **FF20 800** - *£2 483* - **$4,000**

DIAKOV Serguëi 1951 [2]
Ruelle à Yalta - Huile/carton (70x50cm-28x20in) Paris 93 .... **FF4 500** - *£543* - **$818**

DIAMOND Jessica 1957 [3]
Money Having Sex - Acrylic/paper (124x97cm-49x38in) New-York 94 .... **FF4 500** - *£531* - **$800**

DIANA François 1903-1993 [90]
Environs de Sanary - Huile/carton (73x90cm-29x35in) Arles 96 .... **FF2 300** - *£301* - **$460**
La plage - Huile/carton (50x73cm-20x29in) Aubagne 91 .... **FF5 100** - *£506* - **$886**
Les Augustins, Marseille - Gouache (34x46cm-13x18in) Arles 94 .... **FF1 500** - *£180* - **$294**

DIAQUÉ Ricardo C. XIX [2]
Élégante à l'ombrelle - Huile/panneau (35x26cm-14x10in) Saint-Dié 97 .... **FF6 500** - *£734* - **$1,177**

DIART Jules Édouard c.1840-c.1890 [1]
Flowers in a terracotta vase
  Oil/canvas (93x74cm-37x29in) San Francisco-Los Angeles 95 .... **FF53 800** - *£6 960* - **$11,000**

DIAZ CARRENO Francisco 1840-1903 [2]
Femme à la guitare - Huile/toile (41x23cm-16x9in) Bruxelles 94 .... **FF2 820** - *£337* - **$532**
La fragua de Vulcano - Acuarela/papel (30x40cm-12x16in) Madrid 94 .... **FF7 440** - *£868* - **$1,305**

DIAZ DE LA PEÑA Narcisse Virgile 1807-1876 [217]
Landscape, Fontainebleau - Oil/panel (55x74cm-22x29in) London 90 .... **FF5** - *£540 279* - **$924,011**
Coin de forêt - Huile/papier/panneau (15x23cm-6x9in) Saint-Dié 97 .... **FF3 200** - *£361* - **$579**
Nymph and Putti in a Landscape - Oil (27x19cm-11x7in) London 97 .... **FF18 165** - *£2 000* - **$3,188**
La bataille de Medina-Coeli - Huile/papier/toile (24x41cm-9x16in) Barbizon 96 .... **FF26 000** - *£3 053* - **$5,110**
Forêt de Fontainebleau - Oil/panel (30x46cm-12x18in) New-York 97 .... **FF31 286** - *£3 367* - **$5,500**
Oriental figures in a forest - Oil/paper (36x27cm-14x11in) London 97 .... **FF45 714** - *£4 800* - **$7,862**
Bûcheronne dans une éclaircie - Oil/panel (54x74cm-21x29in) New-York 97 .... **FF102 681** - *£11 068* - **$18,000**
Ramasseuse de bois - Oil/canvas (46x65cm-18x26in) New-York 97 .... **FF184 763** - *£19 900* - **$32,500**
Sous-bois - Encre Chine (14x23cm-6x9in) Paris 96 .... **FF6 200** - *£718* - **$1,188**
Landscape with a brooding sky - Watercolour, gouache (11x16cm-4x6in) New-York 96 ..... **FF24 700** - *£2 993* - **$4,800**

DIAZ DE LEON Francisco 1897-1975 [2]
Ciudad de Amecameca - Pastel/paper (96x78cm-38x31in) New-York 90 .... **FF114 400** - *£12 170* - **$20,465**

DIAZ DOMINGUEZ Angel 1881-? [1]
En el jardín - Oleo/lienzo (176x96cm-69x38in) Madrid 94 .... **FF3 320** - *£400* - **$615**

DIAZ Gérard 1938 [11]
Grands arbres - Huile/toile (135x135cm-53x53in) Paris 93 .... **FF6 000** - *£691* - **$1,035**
Lotus - Pastel (71x100cm-28x39in) Paris 93 .... **FF5 200** - *£599* - **$897**

DIAZ José 1930-1990 [5]
Amanecer - Oleo/lienzo (175x190cm-69x69in) Madrid 95 .... **FF4 425** - *£575* - **$911**

DIAZ Luis 1939 [10]
Le déshabillé bleu - Pastel (33x33cm-13x13in) Paris 95 .... **FF3 200** - *£383* - **$610**

DIAZ MERRY Manuel XIX-XX [2]
P.L.M. Tanger - Affiche (62x100cm-24x39in) Marseille 93 .... **FF1 700** - *£213* - **$309**

DIBBETS Jan 1941 [17]
Montreal - Type C color print (124x124cm-49x49in) New-York 96 .... **FF92 000** - *£11 860* - **$18,000**
Guinnes Hopstore, Dublin - Pencil (72x100cm-28x39in) New-York 95 .... **FF35 940** - *£4 410* - **$7,000**
Octagon II - Watercolour (185x184cm-73x72in) New-York 95 .... **FF297 000** - *£37 100* - **$60,000**

DIBDIN Thomas R. Coleman 1810-1893 [43]
Figures in a Town Square in France - Watercolour (54x36cm-21x14in) London 97 ..... **FF3 763** - *£400* - **$650**
The Temple of Kapila Devi - Watercolour (28x39cm-11x15in) London 95 .... **FF24 100** - *£3 000* - **$4,710**

DICHTL Erich 1890-1955 [2]
Rehbock und Gaiß am Bach - Öl/Leinwand (80x100cm-31x39in) Wien 97 .... **FF13 429** - *£1 417* - **$2,321**

DICK Ernesto 1889-1959 [1]
Porto di Trieste, pescatori in attesa - Olio (50x57cm-20x22in) Trieste 92 .... **FF5 890** - *£603* - **$1,037**

DICK Karl Theophil 1884-1967 [14]
Pferdefuhrwerk in Basel - Öl/Leinwand (69x87cm-27x34in) Zofingen 94 .... **FF10 170** - *£1 205* - **$1,880**

DICK William Reid 1879-1961 [14]
Lady - Bronze (42cm-17in) London 94 .... **FF7 730** - *£920* - **$1,472**
Naked figure of Venus - Bronze (23cm-9in) London 96 .... **FF29 500** - *£3 500* - **$5,760**

D

DICKENMAN Rudolf 1832-1888 [1]
Zürich, vue de l'Eglise St-Pierre - Aquatinte couleurs Genève 91 .... FF1 980 - £199 - **$331**
DICKENMANN Johann Rudolf 1793-1884 [1]
Innerschweizerische Landschaft - Aquarell/Papier (29x43cm-11x17in) Lindau 94 .... FF7 500 - £896 - **$1,413**
DICKENS CHANG Zhang Jianguo 1948 [2]
Old Black Joe - Oil/canvas (122x152cm-48x60in) Hong Kong 95 .... FF80 000 - £9 580 - **$15,530**
DICKERHOF Urs 1941 [12]
Mr. Bojangles - Acrylique/toile (75x100cm-30x39in) Bern 95 .... FF47 300 - £6 150 - **$9,710**
Abstrakte Komposition - Sérigraphie couleurs (60x80cm-24x31in) Bern 95 .... FF1 893 - £246 - **$389**
Dessin intime - Crayon (41x29cm-16x11in) Bern 94 .... FF2 037 - £247 - **$396**
DICKERT Adolf 1878-? [1]
Der Haupmarkt in Nürnberg - Öl/Leinwand (57x105cm-22x41in) Köln 94 .... FF3 413 - £404 - **$613**
DICKEY Dan 1910-1961 [1]
By the sea - Oil/canvas/board (101x81cm-40x32in) San Francisco-Los Angeles 92 .... FF16 200 - £1 656 - **$3,000**
DICKINSON Edwin Walter 1891-1978 [14]
Truro church interior - Oil/canvas (53x76cm-21x30in) New-York 94 .... FF20 560 - £2 436 - **$3,800**
Concert touche - Pencil/paper (20x12cm-8x5in) New-York 92 .... FF8 820 - £1 024 - **$1,800**
DICKINSON J. Reed 1844-? [2]
Lone tree on the monterey coast
Oil/canvas/board (68x53cm-27x21in) San Francisco-Los Angeles 90 .... FF3 100 - £326 - **$539**
DICKINSON Lowes Cato 1819-1908 [2]
John Ruskin - Coloured chalks (56x44cm-22x17in) London 96 .... FF7 320 - £950 - **$1,448**
DICKINSON Preston 1891-1930 [10]
Still life - Oil/board (14x9cm-6x4in) New-York 92 .... FF53 900 - £6 260 - **$11,000**
Still Life with Pipe and letters - Oil/canvas (40x30cm-16x12in) New-York 97 .... FF140 023 - £14 702 - **$24,000**
Along the Harlem, c.1925 - Pastel/paper (36x58cm-14x23in) New-York 89 .... FF137 300 - £14 468 - **$23,114**
DICKINSON Sydney Edward 1890-1980 [1]
Unrest (Nude) - Oil/canvas (157x117cm-62x46in) Chicago 94 .... FF20 220 - £2 386 - **$3,600**
DICKINSON William 1746-1823 [1]
A folio of landscapes - Watercolour London 93 .... FF5 640 - £680 - **$986**
DICKMAN Charles 1863-1943 [1]
Harbor scene at dusk - Oil/canvas (66x81cm-26x32in) San Francisco-Los Angeles 92 .... FF13 500 - £1 380 - **$2,500**
DICKSEE Francis B., Frank 1853-1928 [9]
The Mirror - Oil/canvas (95x118cm-37x46in) New-York 93 .... FF3 - £500 000 - **$725,000**
The Waveney below Beccles - Oil/board (37x53cm-15x21in) London 96 .... FF15 370 - £2 000 - **$3,046**
DICKSEE Herbert Thomas 1862-1942 [35]
In the enemy's country - Etching (51x69cm-20x27in) London 96 .... FF3 550 - £450 - **$681**
On the alert - Watercolour, gouache (44x69cm-17x27in) New-York 89 .... FF40 000 - £3 980 - **$6,319**
DICKSEE John Robert 1817-1905 [4]
Florine - Oil/canvas (38x32cm-15x13in) London 92 .... FF26 800 - £3 200 - **$5,160**
DICKSEE Margaret Isabel 1858-1903 [1]
Miss Angel, Angelica Kauffmann - Oil/canvas (112x86cm-44x34in) London 96 .... FF169 000 - £22 000 - **$33,500**
DICKSEE Thomas Francis 1819-1895 [9]
Distant Thoughts - Oil/canvas (56x46cm-22x18in) London 96 .... FF27 250 - £3 200 - **$5,360**
Waiting - Oil/canvas (76x63cm-30x25in) New-York 91 .... FF136 800 - £13 785 - **$23,738**
DICKSON Frank 1862-1936 [1]
Rapallo - Oil/canvas (21x25cm-8x10in) Salisbury, Wiltshire 93 .... FF2 610 - £300 - **$450**
DICQUEMARE Jacques François 1733-1789 [2]
Design for a sundial - Ink (20x15cm-8x6in) London 92 .... FF2 930 - £300 - **$516**
DICROLA Gérard 1943 [7]
Versailles No. 3 - Huile/toile (35x27cm-14x11in) Saint-Germain-en-Laye 92 .... FF2 900 - £297 - **$511**
Le Tre Grazie, 1989-1990 - Technique mixte/panneau (142x94cm-56x37in) Paris 90 .... FF17 500 - £1 813 - **$3,076**
DIDAY Jean François 1802-1877 [31]
Marine - Öl/Leinwand (39x26cm-15x10in) Zürich 96 .... FF20 360 - £2 640 - **$4,030**
Wetterhorn - Öl (44x58cm-17x23in) Zürich 97 .... FF57 245 - £6 086 - **$9,875**
Lauterbrunnen - Huile/toile (73x97cm-29x38in) Zürich 91 .... FF218 000 - £21 859 - **$35,985**
DIDERON Louis Jules 1901-? [5]
Femme allongée - Bronze (23cm-9in) Evreux 96 .... FF22 500 - £2 780 - **$4,350**
Baigneuse s'essuyant - Sanguine (49x32cm-19x13in) Paris 90 .... FF8 500 - £904 - **$1,521**
DIDI Supriadi 1963-1989 [2]
A Balinese beauty - Oil/board (68x52cm-27x20in) Amsterdam 96 .... FF2 710 - £329 - **$527**
DIDIER Clovis François-Aug. 1858-? [2]
Ascension périlleuse - Huile/toile (60x51cm-24x20in) Lille 96 .... FF11 000 - £1 372 - **$2,124**
DIDIER Émile 1890-1965 [7]
Quai de Saône - Huile/toile (54x73cm-21x29in) Lyon 96 .... FF7 500 - £881 - **$1,476**
DIDIER Jules 1831-1892 [21]
Vaches sous les arbres - Oil/canvas (85x61cm-33x24in) Köbenhavn 93 .... FF12 210 - £1 386 - **$2,065**
Au Bois de Boulogne - Oil/canvas (81x121cm-32x48in) New-York 96 .... FF129 600 - £16 500 - **$24,960**
Costumes d'Ischia - Aquarelle (22x27cm-9x11in) Paris 94 .... FF4 900 - £583 - **$923**
DIDIER Luc 1954 [127]
Baruges à l'Île Fedrun - Huile/toile (33x46cm-13x18in) La Varenne Saint-Hilaire 96 .... FF7 000 - £849 - **$1,361**
Watergang à Saint-Omer - Huile/toile (46x61cm-18x24in) La Varenne Saint-Hilaire 94 .... FF12 500 - £1 405 - **$2,120**
Le Loir à Lavardin - Huile/toile (65x92cm-26x36in) La Varenne Saint-Hilaire 94 .... FF21 500 - £2 416 - **$3,644**

DIDIER Pierre 1929 [19]

🖼 *Courlis* - Huile/toile (81x60cm-32x24in) Lons-Le-Saunier 92 .... FF**8 000** - £820 - **$1,410**
📃 *L'Offrande* - Lithographie Saint-Dié 96 .... FF**1 800** - £212 - **$354**
✏ *Loir sur l'étang* - Aquarelle (46x61cm-18x24in) Saint-Dié 92 .... FF**3 000** - £307 - **$529**

DIDIER-POUGET William 1864-1959 [24]

🖼 *Paysage de bruyères* - Huile/toile (36x51cm-14x20in) Paris 95 .... FF**3 500** - £454 - **$729**
Paysage de bruyères en Limousin - Huile/toile (50x61cm-20x24in) Fontainebleau 95 ... FF**14 000** - £1 788 - **$2,873**
Vallée de la Dordogne - Huile/toile (73x90cm-29x35in) Toulouse 89 .... FF**254 000** - £25 274 - **$40,126**

DIDIONI Francesco 1859-1895 [1]

✏ *Idle moments* - Pencil (30x20cm-12x8in) London 92 .... FF**4 400** - £450 - **$776**

DIDONET Henri Bournet 1932 [5]

🖼 *La Ville Haute* - Öl/Leinwand (50x50cm-20x20in) Luzern 93 .... FF**19 020** - £2 162 - **$3,224**
✏ *Chantons sous la pluie* - Pastel (33x33cm-13x13in) Paris 93 .... FF**32 000** - £3 596 - **$5,420**

DIEBENKORN Richard 1922-1993 [149]

🖼 *Berkeley #66* - Oil/canvas (106x92cm-42x36in) New-York 95 .... FF**1** - £161 000 - **$260,000**
Ocean park &40, 1971 - Oil/canvas (236x205cm-93x81in) New-York 90 .... FF**9** - £973 617 - **$1**
O.P. 85 #8 - Acrylic (71x60cm-28x24in) New-York 97 .... FF**290 700** - £30 525 - **$50,000**
📃 *High Green, Version II*
   Etching, aquatint in colors (134x86cm-53x34in) New-York 97 .... FF**160 000** - £17 153 - **$28,000**
✏ *Untitled* - Drawing (32x43cm-13x17in) New-York 97 .... FF**139 536** - £14 652 - **$24,000**
Untitled - Charcoal/paper (60x48cm-24x19in) New-York 97 .... FF**360 046** - £37 876 - **$62,000**

DIEBOLDT Jean-Michel 1779-c.1825 [3]

🖼 *Shipping off the coast* - Oil/canvas (22x27cm-9x11in) New-York 94 .... FF**5 850** - £671 - **$1,000**
Marine, soleil couchant - Huile/toile (37x52cm-15x20in) Le Touquet 91 .... FF**30 000** - £3 045 - **$5,418**

DIEBOLT Georges 1816-1861 [2]

🗿 *Bust of a Lady* - Marble (56cm-22in) London 96 .... FF**29 400** - £3 800 - **$5,810**

DIECK von Jacob 1805-1852 [3]

🖼 *Maler mit seiner familie* - Oil/panel (72x58cm-28x23in) Hamburg 95 .... FF**44 700** - £5 900 - **$9,040**

DIEDEREN Jef 1920 [18]

🖼 *Chartres III* - Acrylic/canvas (135x135cm-53x53in) Amsterdam 96 .... FF**18 040** - £2 070 - **$3,444**
✏ *Untitled* - Gouache (55x75cm-22x30in) Amsterdam 92 .... FF**5 460** - £560 - **$962**

DIEDERICH Hunt 1884-1953 [1]

🗿 *Iron figural lampshade* - Early 20th Century (29cm-11in) New-York 92 .... FF**26 000** - £3 104 - **$5,000**

DIEDERICH William Hunt 1884-1953 [5]

🗿 *Diana and hound* - Bronze (63cm-25in) New-York 92 .... FF**41 600** - £4 278 - **$7,376**

DIEDRICKSEN Theodore 1884-? [1]

🖼 *Egyptian fantasy* - Oil/canvas (112x96cm-44x38in) New-York 93 .... FF**52 200** - £6 550 - **$9,500**

DIEFENBACH Lucidus 1886-1958 [2]

🖼 *Egern im Morgensonne* - Öl/Leinwand (80x70cm-31x28in) München 95 .... FF**5 320** - £672 - **$1,067**

DIEFFENBACH Anton 1831-1914 [14]

🖼 *Die Heuback* - Oil/canvas (37x44cm-15x17in) San Francisco-Los Angeles 95 ...... FF**23 000** - £2 975 - **$4,700**

DIEFFENBACH August W. 1858-? [2]

🖼 *Paysage* - Huile/panneau (28x34cm-11x13in) Entzheim 96 .... FF**8 500** - £1 065 - **$1,640**

DIEFFENBACH Carl Wilhelm 1851-1913 [5]

🖼 *Loreley* - Oil/canvas (100x69cm-39x27in) München 92 .... FF**9 470** - £1 102 - **$1,934**

DIEFFENBACHER August Wilhelm 1858-1940 [7]

🖼 *Uferidylle, Chiemsee Fraueninsel* - Öl/Karton (35x48cm-14x19in) Lindau 94 ...... FF**11 940** - £1 425 - **$2,247**

DIEGO de Julio 1900-1979 [5]

🖼 *Ballet Masques* - Oil/paper (44x59cm-17x23in) New-York 95 .... FF**14 770** - £1 933 - **$3,000**

DIEHL Arthur Vidal 1870-1929 [23]

🖼 *Venetian scene* - Oil/canvas (36x66cm-14x26in) Delray Beach, Florida 94 .... FF**3 780** - £437 - **$650**

DIEHL Gösta 1899-1964 [9]

🖼 *Liggande* - Oil/canvas (34x56cm-13x22in) Helsinki 93 .... FF**7 510** - £903 - **$1,366**
✏ *Olivträd* - Akvarell (46x49cm-18x19in) Helsinki 94 .... FF**4 230** - £491 - **$729**

DIEHL Gottfried 1896-1956 [1]

📃 *Weisse Nächte* - Lithographie (53x40cm-21x16in) München 96 .... FF**1 526** - £191 - **$295**

DIEHL Hanns 1877-1946 [2]

🖼 *Südliche Landschaft* - Öl/Leinwand (65x129cm-26x51in) Wien 96 .... FF**5 860** - £762 - **$1,150**

DIEHLE Alwin 1854-? [2]

🖼 *Boating in the Bulrushes* - Oil/canvas (107x66cm-42x26in) London 91 .... FF**41 700** - £4 202 - **$7,236**

DIELMAN Ernest B. 1893-? [1]

🖼 *Wiesenlandschaft mit Schafherde* - Oil/panel (50x68cm-20x27in) Köln 91 .... FF**13 520** - £1 356 - **$2,232**

DIELMAN Frederick 1847-1935 [6]

🖼 *Feeding the dog* - Oil/canvas (41x27cm-16x11in) New-York 93 .... FF**19 250** - £2 414 - **$3,500**
✏ *Personification of peace*
   Watercolour, gouache/paper (37x32cm-15x13in) New-York 94 .... FF**30 200** - £3 630 - **$5,750**

DIELMANN Jakob Fürchtegott 1809-1885 [10]

🖼 *The Children's Greeting* - Oil/canvas (40x35cm-16x14in) London 96 .... FF**53 700** - £6 800 - **$10,800**
✏ *Familie unter Torbogen* - Watercolour (12x10cm-5x4in) Lindau 96 .... FF**7 430** - £896 - **$1,426**

DIELMANN Julius 1862-1931 [1]

🖼 *Blick auf Königstein mit Burgruine* - Oil/canvas (50x70cm-20x28in) Frankfurt 91 ... FF**15 200** - £1 526 - **$2,630**

D

DIELMANN Pierre-Emmanuel 1800-1858 [1]
🐄 Cow and sheep in a landscape - Oil/panel (55x71cm-22x28in) New-York 90...................... *FF16 000 - £1 682* - **$2,783**
DIEM Peter Karl 1890-1956 [3]
Sommerblumenstrauß im Birnkrug - Oil/canvas (100x70cm-39x28in) Stuttgart 90...................... *FF2 720 - £278* - **$537**
DIEMER Michael Zeno 1867-1939 [33]
🖼 Lustyacht Princessin Victoria Luise - Öl/Leinwand (60x91cm-24x36in) Frankfurt 96............ *FF11 310 - £1 423* - **$2,230**
Men of War off the Coast - Oil/canvas (78x123cm-31x48in) London 97 .... *FF89 119 - £9 500 - $1,556,0 5*
🖌 Rettungsboot auf stürmischer See - Gouache/paper (43x29cm-17x11in) Hamburg 96 .... *FF6 120 - £697* - **$1,170**
DIEMKE Ewald 1925 [3]
🖼 Früchtestilleben mit Trauben - Oil/panel (15x25cm-6x10in) Stuttgart 92 .... *FF10 150 - £1 181* - **$2,072**
DIEN Achille 1832-? [2]
🖼 Parisian boulevard - Oil/board (27x35cm-11x14in) San Francisco-Los Angeles 93............ *FF22 050 - £2 517* - **$3,750**
DIENER Michael Zeno 1867-1939 [1]
🖼 Felsenküste mit Leuchtturm - Öl/Leinwand (58x85cm-23x33in) Frankfurt 93 .... *FF10 170 - £1 215* - **$1,957**
DIENER Rolf 1906-1991 [7]
🖼 Blauer Grund - Öl/Karton (47x58cm-19x23in) Pforzheim 91 .... *FF13 680 - £1 405* - **$2,546**
🖌 Sinnendes Mädchen - Gouache (44x33cm-17x13in) Bremen 94 .... *FF2 070 - £245* - **$382**
DIENER-DENES Rudolf 1889-1956 [1]
🖼 Micisapkás fiu - Oil/canvas (80x60cm-31x24in) Budapest 89 .... *FF11 000 - £1 159* - **$1,852**
DIENES de André XX [7]
📷 Marylin shows death - Photo (8x7cm-3x3in) Paris 96 .... *FF3 500 - £452* - **$676**
DIENINGHOFF Wilhelm, Willy 1903-1984 [4]
🖌 Anemonen in einer Vase - Aquarell (55x43cm-22x17in) Heidelberg 94 .... *FF2 230 - £267* - **$433**
DIENST Eugène c.1875-? [2]
🖌 Projet pour un salon d'apparat - Aquarelle (37x46cm-15x18in) Paris 89 .... *FF14 500 - £1 528* - **$2,441**
DIEPOLD von Leo Klein 1865-1944 [6]
🖼 Forsthaus Hinter Bäumen - Öl/Leinwand (90x104cm-35x41in) Berlin 94 .... *FF8 540 - £1 008* - **$1,520**
DIEPRAAM Willem XX [2]
📷 Peggy, Amsterdam - Gelatin silver print (45x31cm-18x12in) London 90 .... *FF3 904 - £397* - **$781**
DIER Erhard Amadeus 1893-1969 [20]
🖼 Sankt Stephan - Oil/panel (90x100cm-35x39in) Wien 94 .... *FF2 930 - £333* - **$497**
Sitzender Akt - Oil/canvas (84x56cm-33x22in) Bern 92 .... *FF20 460 - £2 090* - **$3,600**
🖌 Die Gratulanten - Aquarell/Papier (17x19cm-7x7in) Wien 96 .... *FF2 444 - £318* - **$479**
DIERCKX Pierre Jacques 1855-1947 [5]
🖼 Au rouet - Huile/toile (68x54cm-27x21in) Bruxelles 97 .... *FF13 096 - £1 432* - **$2,288**
DIERE Myriam XX [4]
🖼 Nature morte au violon - Huile/carton (26x22cm-10x9in) Brest 89 .... *FF2 000 - £211* - **$337**
🖌 Le canal près du pont - Aquarelle (24x40cm-9x16in) Brest 89 .... *FF2 200 - £232* - **$370**
DIERICKX Karel 1940 [6]
🖼 Tête - Huile/toile (152x200cm-60x79in) Antwerpen 95...................... *FF8 650 - £1 081* - **$1,747**
🖌 Paysage - Aquarelle, gouache (75x63cm-30x25in) Lokeren 94 .... *FF1 670 - £198* - **$309**
DIERICKX Pierre Jacques 1855-1947 [5]
🖼 A moment's peace - Oil/canvas (35x46cm-14x18in) London 91 .... *FF6 410 - £646* - **$1,249**
DIERICKX Raymond 1904-1981 [1]
🖼 Le vagabond - Huile/panneau (29x62cm-11x24in) Bruxelles 92 .... *FF2 160 - £221* - **$380**
DIERKENS Gustave 1885-1940 [6]
🖼 Canal en été - Huile/toile (60x80cm-24x31in) Bruxelles 96 .... *FF6 330 - £818* - **$1,250**
DIERX Léon 1841-1912 [1]
🖼 Paysanne dans une prairie - Huile/panneau (17x41cm-7x16in) Paris 95 .... *FF3 000 - £389* - **$621**
DIES Albert Christophe 1755-1822 [8]
🖌 Extensive Lanscape at Tivoli - Ink (47x67cm-19x26in) London 97 .... *FF19 905 - £2 100* - **$3,416**
DIESNER Gerhild 1915 [14]
🖼 Eine rosa Blume - Öl/Leinwand (50x34cm-20x13in) Wien 95 .... *FF39 750 - £5 110* - **$8,200**
🖌 Abendsonne in der Provence - Watercolour/board (14x18cm-6x7in) Wien 91 .... *FF19 250 - £1 930* - **$3,178**
DIETER Hans 1881-1978 [12]
🖼 Der Sonnenaufgang - Öl/Leinwand (70x120cm-28x47in) Konstanz 93 .... *FF27 130 - £3 240* - **$5,220**
DIÉTERLE Georges Pierre 1844-1937 [1]
🖼 Vaches sous les pommiers - Huile/toile (32x42cm-13x17in) Pontoise 96 .... *FF18 500 - £2 355* - **$3,570**
DIETERLE Jules Pierre M. 1811-1889 [1]
🖌 Renaissance Palace - Ink (37x60cm-15x24in) London 92 .... *FF10 250 - £1 050* - **$1,806**
DIETERLE Marie, née Marcke 1856-1935 [14]
🖼 Cattle wading by a stream - Oil/canvas (54x69cm-21x27in) New-York 94 .... *FF18 700 - £2 150* - **$3,200**
Troupeau de vaches - Oil/canvas (130x165cm-51x65in) New-York 90 .... *FF91 500 - £9 734* - **$16,369**
DIETERLE Otto 1891-? [2]
🖼 Hügelige Sommerlandschaft - Öl/Karton (50x40cm-20x16in) Stuttgart 95 .... *FF2 070 - £268* - **$421**
DIETHE Alfred 1836-1919 [4]
🖌 Schwarzwaldmädchen - Aquarell/Papier (36x24cm-14x9in) München 94 .... *FF5 150 - £610* - **$951**
DIETL Fritz 1880-? [1]
🏺 Dose mit Nikolo - Ceramic (12cm-5in) Wien 96 .... *FF8 640 - £1 047* - **$1,680**
DIETLER Johann Friedrich 1804-1874 [18]
🖌 Ida de STürler im Fauteuil - Watercolour (28x22cm-11x9in) Zürich 92 .... *FF5 580 - £570* - **$983**
DIETMAN Erik 1937 [38]
🖼 Grovt Art Dilleri - Technique mixte/panneau (100x150cm-39x59in) Paris 96 .... *FF2 500 - £290* - **$479**

Country Cubism - Mixed media/canvas (144x195cm-57x77in) Stockholm 96 .... FF10 750 - £1 263 - **$2,114**

Cuisinier - Bronze (35x30x20cm-14x12x8in) Versailles 97 .... FF15 000 - £1 586 - **$2,574**

22,5cm of Leucoplast... - Collage (21x27cm-8x11in) Paris 96 .... FF2 400 - £283 - **$472**

DIETRICH Adelheid 1827-? [20]
Floral still life - Oil/canvas (33x26cm-13x10in) New-York 94 .... FF163 000 - £19 200 - **$29,000**

DIETRICH Adolf 1877-1957 [26]
Vase de fleurs - Huile/carton (36x28cm-14x11in) Zürich 96 .... FF78 100 - £9 780 - **$15,070**

Rebenbogen mit Unterseelandschaft - Huile/panneau (82x54cm-32x21in) Zürich 95... FF467 000 - £59 200 - **$94,000**

Motiv am Untersee - Lithographie (24x31cm-9x12in) Bern 95 .... FF8 880 - £1 134 - **$1,820**

DIETRICH Carl 1775-? [2]
Ansicht des Dorfes Dobien - Gouache (35x50cm-14x20in) Leipzig 92 .... FF13 600 - £1 392 - **$2,394**

DIETRICH Friedrich Christoph 1779-1847 [1]
Klosterruin bei Mondschein - Etching, aquatint (35x49cm-14x19in) Pforzheim 96 .... FF1 650 - £213 - **$323**

DIETRICH Johann Heinrich 1822-? [1]
Partie bei Branneburg - Pencil/paper (33x36cm-13x14in) Lindau 95 .... FF1 780 - £223 - **$360**

DIETRICH Klaus 1940 [2]
Paris 2040 - Huile/toile (27x35cm-11x14in) Paris 96 .... FF3 800 - £457 - **$708**

La ville dans la mer - Huile/toile (46x55cm-18x22in) Paris 89 .... FF23 000 - £2 289 - **$3,633**

DIETRICHSON Mathilde 1837-1921 [7]
Sommerhave ved huse - Oil/canvas (38x46cm-15x18in) Oslo 93 .... FF10 400 - £1 232 - **$1,870**

Grandfather's Favorite - Oil/canvas (109x79cm-43x31in) New-York 97 .... FF102 330 - £11 021 - **$18,000**

DIETRICY Christian Wilhelm E. 1712-1774 [60]
Presentation, Temple - Oil/panel (46x63cm-18x25in) London 97 .... FF38 600 - £5 000 - **$7,550**

Hagar & Ishmael - Oil/copper (39x32cm-15x13in) New-York 95 .... FF209 300 - £25 100 - **$39,000**

L'atelier du peintre - Lavis (22x33cm-9x13in) Paris 97 .... FF2 500 - £276 - **$440**

DIETSCH Barbara Regina 1706-1783 [14]
Celosia christata - Gouache (32x25cm-13x10in) Hamburg 96 .... FF11 550 - £1 316 - **$2,210**

Anemone, narcissi & other flowers - Bodycolour (29x20cm-11x8in) London 92 .... FF68 400 - £7 000 - **$13,400**

DIETZ Edzard 1893-1963 [5]
Bouquet de fleurs - Huile/toile (27x12cm-11x5in) Deauville 92 .... FF8 000 - £820 - **$1,410**

DIETZ Theodor 1813-1870 [1]
La charge de Wallenstein - Huile/toile (97x130cm-38x51in) Paris 90 .... FF60 000 - £6 198 - **$10,601**

DIETZE Bruno 1867-? [1]
Junge, hübsche Bajadere - Oil/canvas (62x46cm-24x18in) Lindau 92 .... FF14 900 - £1 732 - **$3,040**

DIETZE Carl XIX [2]
Hafen von Rotterdam mit St Lorenz - Oil/canvas (36x28cm-14x11in) Ahlden 92 .... FF7 450 - £866 - **$1,520**

DIETZI Hans 1864-1929 [3]
Junge Mutter mit Kleinkind - Öl/Karton (28x45cm-11x18in) Bern 96 .... FF13 640 - £1 733 - **$2,624**

DIETZLER Jakob 1789-1855 [1]
Koblenz - Öl/Leinwand (44x112cm-17x44in) Köln 95 .... FF117 000 - £14 780 - **$23,460**

DIETZSCH Barbara Regina 1706-1783 [12]
Giant Excelsior (2) - Bodycolour (29x21cm-11x8in) London 97 .... FF24 645 - £2 600 - **$4,229**

Still life of a red chrysanthemum - Gouache (29x21cm-11x8in) London 91 .... FF73 000 - £7 500 - **$13,570**

DIETZSCH Johann Christoph 1710-1769 [9]
Figures in a panoramic landscape - Gouache/vellum (17x21cm-7x8in) New-York 97 .... FF15 017 - £1 671 - **$2,700**

DIETZSCH Margaretha Barbara 1716-1795 [2]
Flowers with butterflies & insects - Gouache (28x20cm-11x8in) London 96 .... FF33 760 - £4 200 - **$6,550**

DIEU Antoine 1662-1727 [1]
Triumph of the Church over Heresy - Red chalk/paper (32x22cm-13x9in) New-York 97 ..... FF17 738 - £1 974 - **$3,200**

DIEU Victor 1862-1939 [4]
Approche de la tempête - Huile/toile (80x100cm-31x39in) Bruxelles 91 .... FF4 940 - £498 - **$857**

Paysage de neige - Pastel (49x69cm-19x27in) Bruxelles 93 .... FF1 980 - £237 - **$404**

DIEUDONNÉ de Emmanuel XIX-XX [2]
Étude de nu - Oil/canvas/board (117x76cm-46x30in) San Francisco-Los Angeles 93 .... FF29 400 - £3 356 - **$5,000**

DIEUDONNE Eugène Paul 1825-? [1]
Lady in a white lace dress - Oil/canvas (105x66cm-41x26in) New-York 92 .... FF41 600 - £4 970 - **$8,000**

DIEUDONNE Jacques Augustin 1795-1873 [1]
Buste du duc d'Angoulême - Bronze (78cm-31in) Paris 97 .... FF65 000 - £6 994 - **$11,427**

DIEULAFE Yvon 1903 [2]
Vase de fleurs - Huile/panneau (60x50cm-24x20in) Paris 93 .... FF4 000 - £460 - **$689**

DIEVENBACH Hendricus Anthonius 1872-1946 [13]
Dried flowers in a glass vase - Oil/canvas (45x36cm-18x14in) Amsterdam 97 .... FF2 253 - £243 - **$39,3 7**

Mother making a flower garland - Oil/canvas (31x39cm-12x15in) Amsterdam 97 .... FF5 529 - £584 - **$948**

DIEY Yves 1892-1984 [30]
Jeune fille alanguie - Huile/toile (46x61cm-18x24in) Arles 96 .... FF2 500 - £317 - **$480**

En vacances - Huile/toile (146x114cm-57x45in) Montréal 96 .... FF8 620 - £1 118 - **$1,795**

Jeune femme demi-nue, Venise - Pastel (65x50cm-26x20in) Bevaix 94 .... FF6 110 - £735 - **$1,131**

DIEZ Anto 1914-1992 [6]
Hiver en Flandre - Huile/toile (70x90cm-28x35in) Antwerpen 95 .... FF5 870 - £736 - **$1,170**

Moederliefde - Pastel (99x68cm-39x27in) Lokeren 92 .... FF10 800 - £1 105 - **$1,900**

DIEZ Edzard 1893-1963 [1]
Die Rialtobrücke in Venedig - Oil/canvas (27x35cm-11x14in) München 92 .... FF17 000 - £1 740 - **$2,993**

D

DIEZ Hugo 1863-? [4]
● *Halberg ins Kochertal, 1921* - Oil/canvas (58x78cm-23x31in) Stuttgart 90 .... FF3 400 - £351 - $601
DIEZ Julius 1870-? [1]
● *Die Jagd nach dem Glück* - Oil/panel (88x88cm-35x35in) Stuttgart 91 .... FF8 110 - £817 - $1,407
DIEZ Julius 1870-1957 [8]
● *Dame und Igelkönig* - Oil/panel (31x31cm-12x12in) München 95 .... FF10 020 - £1 310 - $2,007
DIEZ Sylvain XX [10]
● *Cactus* - Acrylique/toile (92x65cm-36x26in) Paris 97 .... FF2 800 - £316 - $50,7 8
DIEZ von Wilhelm 1839-1907 [10]
● *Outside the Tavern* - Oil/panel (39x31cm-15x12in) Wien 96 .... FF16 560 - £2 007 - $3,220
DIEZLER Jakob 1789-1855 [5]
● *Rhiner riverscape* - Oil/canvas (52x74cm-20x29in) New-York 95 .... FF69 000 - £8 600 - $13,500
DIFFRE Jean 1864-? [3]
● *Au Cabaret, Chanteurs* - Huile/toile (120x96cm-47x38in) Paris 96 .... FF13 000 - £1 648 - $2,493
DIGBY R. David 1936 [3]
⬚ *Moorland landscape* - Watercolour (40x31cm-16x12in) London 92 .... FF6 330 - £650 - $1,216
DIGEL Karl XX [2]
● *Eindrucksvolle Novemberstimmung* - Oil/panel (60x80cm-24x31in) Stuttgart 95 .... FF4 550 - £584 - $937
DIGGELMANN Alex Walter 1902-1987 [8]
⬚ *Arosa* - Poster (102x64cm-40x25in) London 94 .... FF4 160 - £500 - $792
Schweizerhof, Zürich - Poster (128x91cm-50x36in) New-York 95 .... FF13 130 - £1 654 - $2,600
DIGGS Arthur 1888-? [2]
● *Aspens and anemones* - Oil/masonite (36x41cm-14x16in) Chicago 96 .... FF2 077 - £265 - $400
DIGHTON Denis 1792-1827 [3]
⬚ *Elegant couple out hawking*
 Watercolour (37x53cm-15x21in) Billinghurst, West Sussex 92 .... FF8 800 - £900 - $1,550
Officers of the life guards - Pencil (56x52cm-22x20in) London 92 .... FF33 200 - £3 400 - $5,860
DIGHTON Joshua 1831-1908 [3]
⬚ *Fred Archer* - Watercolour (19x13cm-7x5in) London 96 .... FF15 280 - £1 800 - $3,000
DIGHTON Richard 1785-1880 [12]
⬚ *Gentleman wearing a black coat* - Watercolour (27x23cm-11x9in) London 95 .... FF3 995 - £500 - $796
DIGHTON Robert 1752-1814 [14]
⬚ *A flat between two sharps* - Pencil (32x24cm-13x9in) London 92 .... FF9 770 - £1 000 - $1,720
Term Time - Watercolour (34x25cm-13x10in) London 92 .... FF29 300 - £3 000 - $5,160
DIGHTON William Edward 1822-1853 [1]
⬚ *Arabs by the Ruins at Luxor* - Watercolour (35x55cm-14x22in) London 96 .... FF8 500 - £1 100 - $1,670
DIGMAN Greta P:Son 1906-1988 [1]
● *Rea* - Oil/canvas (16x22cm-6x9in) Malmö 93 .... FF2 750 - £347 - $521
DIGNAM Mary Ella Williams. 1860-1938 [1]
● *Harbour scene* - Oil/canvas (41x56cm-16x22in) Toronto 95 .... FF2 523 - £320 - $508
DIGNIMONT André 1891-1965 [533]
● *Vase de fleurs* - Huile/panneau (65x50cm-26x20in) Paris 90 .... FF4 600 - £477 - $808
 Portrait d'élégante un soir de bal - Huile/panneau (65x54cm-26x21in) Louviers 92 ... FF61 000 - £6 321 - $10,721
⬚ *Nu assis* - Encre Chine (47x32cm-19x13in) Neuilly 97 .... FF4 000 - £440 - $702
La jeune mariée - Gouache/papier (38x32cm-15x13in) Calais 97 .... FF7 000 - £750 - $1,227
Au bar - Watercolour, gouache (44x44cm-17x17in) London 95 .... FF33 250 - £4 200 - $6,670
DIJCK van Albert 1902-1951 [15]
● *Fillette à la queue de cheval* - Huile/toile (48x36cm-19x14in) Antwerpen 93 .... FF29 100 - £3 330 - $4,950
⬚ *Jeune fille au chapeau* - Fusain (40x30cm-16x12in) Antwerpen 95 .... FF2 230 - £289 - $457
DIJCK van Alexander 1866-1933 [1]
● *Holländische Sommerlandschaft* - Ol/Leinwand (49x40cm-19x16in) Bremen 92 .... FF4 070 - £487 - $783
DIJCKMANNS Joseph Laurent 1811-1888 [1]
● *Interior with an old woman* - Oil/panel (18x17cm-7x7in) Amsterdam 90 .... FF12 060 - £1 220 - $2,294
DIJK van Harry 1922 [3]
● *Hollandische Flußlandschaft* - Oil/panel Augsburg 91 .... FF2 197 - £221 - $380
DIJK van Willem Cornelis 1826-1881 [2]
● *Flower girl* - Oil/panel (50x41cm-20x16in) Amsterdam 97 .... FF4 408 - £482 - $773
DIJKSTRA Evert 1948 [15]
● *A view in the Stadspark, Groningen* - Oil/panel (29x40cm-11x16in) Amsterdam 89 ... FF25 500 - £2 687 - $4,293
⬚ *Portrait of a girl, 1926* - Watercolour/paper (52x41cm-20x16in) Amsterdam 90 .... FF7 800 - £830 - $1,395
DIJKSTRA Johan 1896-1978 [19]
● *Mountainous Landscape, Switzerland* - Oil/canvas (68x98cm-27x39in) Amsterdam 97 ... FF19 040 - £1 996 - $3,267
Landscape/Female nude - Oil/canvas (81x153cm-32x60in) Amsterdam 93 .... FF116 200 - £13 370 - $20,000
⬚ *A farm* - Watercolour (37x47cm-15x19in) Amsterdam 97 .... FF4 508 - £487 - $786
DIJKSTRA Rineke 1959 [3]
▨ *Abstract composition* - Bronze (30cm-12in) Amsterdam 93 .... FF2 863 - £342 - $551
DIJON Christiane 1942 [2]
● *Composition* - Technique mixte/panneau (127x97cm-50x38in) Poitiers 91 .... FF12 500 - £1 260 - $2,169
DIJSSELHOF Gerrit Willem 1866-1924 [12]
● *Lobster-Ray-Kreeftenrog* - Oil/canvas (30x40cm-12x16in) Amsterdam 94 .... FF13 800 - £1 643 - $2,624
⬚ *Sturgeons* - Watercolour/paper (63x97cm-25x38in) Amsterdam 95 .... FF3 500 - £437 - $706
DIKE Phillip 1906 [2]
⬚ *Balboa Harbor* - Watercolour/paper (36x51cm-14x20in) San Francisco-Los Angeles 92 ..... FF16 650 - £1 743 - $3,000

DILGER Richard Alexander 1887-1973 [4]
- *Blumenstilleben* - Oil/board (107x82cm-42x32in) Bremen 91 .... FF4 770 - £474 - **$828**
- *Schwarzwaldstädtchen* - Oil/canvas (37x47cm-15x19in) Konstanz 93 .... FF20 340 - £2 430 - **$3,914**

DILIGENT Raphaël L. 1885-? [2]
- *Woman bearing a sheaf of wheat* - Stone (41cm-16in) New-York 93 .... FF9 820 - £1 185 - **$1,800**
- *Camille Claudel* - Bronze (24cm-9in) Pontoise 96 .... FF94 000 - £12 230 - **$18,620**

DILL Anton 1826-1887 [1]
- *Ansicht von Nürnberg* - Aquarell (34x45cm-13x18in) München 93 .... FF36 740 - £4 200 - **$6,220**

DILL Laddie John 1943 [13]
- *Untitled* - Mixed media/panel (118x178cm-46x70in) San Francisco-Los Angeles 95 .... FF2 476 - £310 - **$500**
- *Untitled* - Oil/canvas (124x216cm-49x85in) San Francisco-Los Angeles 92 .... FF13 700 - £1 620 - **$2,630**
- *Untitled* - Mixed media/paper (81x161cm-32x63in) San Francisco-Los Angeles 94 .... FF13 060 - £1 516 - **$2,250**

DILL Ludwig 1848-1940 [82]
- *In der abendlichen Lagune* - Öl/Leinwand (56x74cm-22x29in) Stuttgart 96 .... FF20 400 - £2 380 - **$3,580**
- *Venezianischer Fischer am Bootssteg* - Oil/panel (31x48cm-12x19in) Düsseldorf 96 .... FF54 100 - £6 860 - **$10,380**
- *Silberpappeln im Dachauer Moos* - Gouache (27x38cm-11x15in) Stuttgart 96 .... FF15 360 - £2 000 - **$3,040**
- *Dachau-Landschaft* - Gouache (45x70cm-18x28in) Düsseldorf 95 .... FF45 400 - £5 770 - **$9,210**

DILL Otto 1884-1957 [112]
- *Abschied von der Heimat* - Oil/canvas (81x55cm-32x22in) Frankfurt 92 .... FF13 600 - £1 392 - **$2,394**
- *Löwenpaar* - Öl/Leinwand (47x65cm-19x26in) München 94 .... FF41 200 - £4 880 - **$7,610**
- *Reitende Araber in der Wüste* - Öl/Leinwand (60x80cm-24x31in) München 96 .... FF64 400 - £8 070 - **$12,420**
- *Parisansicht gegen Notre-Dame* - Oil/panel (70x100cm-28x39in) Stuttgart 94 ...... FF188 500 - £22 600 - **$36,600**
- *Pferdekopf* - Aquarell (49x35cm-19x14in) Stuttgart 94 .... FF15 780 - £1 872 - **$2,916**

DILL-MALBURG Johanna 1860-1944 [2]
- *Baumbestandene Flußlandschaft* - Woodcut in colors (34x44cm-13x17in) Pforzheim 91 ...... FF4 090 - £410 - **$749**
- *Baumbestandener Hügel* - Pastel (69x96cm-27x38in) Pforzheim 95 .... FF2 840 - £355 - **$557**

DILLENS Adolf Alexander 1821-1877 [11]
- *Quand elle chantait...* - Huile/toile (100x130cm-39x51in) Antwerpen 97 .... FF89 760 - £9 625 - **$15,730**

DILLENS Albert 1844-? [7]
- *Hassidic Love* - Oil/canvas (73x61cm-29x24in) London 96 .... FF14 570 - £1 800 - **$2,814**

DILLENS Henri Jozef 1812-1872 [11]
- *A flower girl outside a cottage* - Oil/panel (44x36cm-17x14in) New-York 93 ...... FF23 100 - £2 897 - **$4,200**
- *Centre of attraction* - Oil/panel (72x105cm-28x41in) London 94 .... FF107 600 - £12 500 - **$18,620**

DILLENS Juliaan 1849-1904 [5]
- *Le Lac de Garde* - Huile/toile (71x79cm-28x31in) Bruxelles 89 .... FF5 200 - £532 - **$836**
- *Meisjeshoofd* - Bronze (27cm-11in) Lokeren 94 .... FF7 970 - £940 - **$1,420**

DILLENS Paul 1874-1965 [3]
- *Shelling Beans* - Oil/canvas (70x56cm-28x22in) Amsterdam 94 .... FF8 580 - £1 022 - **$1,633**

DILLER Burgoyne 1906-1965 [17]
- *First Theme # 4* - Oil/canvas (107x107cm-42x42in) New-York 96 .... FF388 400 - £50 100 - **$75,000**
- *Second Theme* - Pencil (47x27cm-19x11in) New-York 95 .... FF32 200 - £4 020 - **$6,500**

DILLER Richard 1890-1969 [1]
- *Blick auf Linz* - Oil/canvas (50x76cm-20x30in) Wien 91 .... FF14 400 - £1 455 - **$2,859**

DILLEY Ramon 1933 [56]
- *Une de Pigalle* - Oil/board (25x18cm-10x7in) London 97 .... FF10 138 - £1 100 - **$1,796**
- *Voiliers à Saint-Tropez* - Huile/toile (24x35cm-9x14in) Deauville 93 .... FF70 000 - £7 860 - **$11,860**
- *Venise* - Gouache/papier (20x25cm-8x10in) Paris 96 .... FF5 000 - £644 - **$991**

DILLIS Cantius 1785-1856 [7]
- *Schloss Neubeuern* - Charcoal (19x30cm-7x12in) München 94 .... FF9 570 - £1 124 - **$1,705**

DILLIS von Johann Georg 1759-1841 [45]
- *Zwei sitzende Frauen im Gespräch* - Ink (11x10cm-4x4in) Heidelberg 95 .... FF1 566 - £203 - **$326**
- *An der Isar* - Ink (22x30cm-9x12in) München 96 .... FF14 180 - £1 830 - **$2,740**
- *Blick von Praterinsel zum Siechenhaus* - Ink (42x34cm-17x13in) München 96 ...... FF74 700 - £8 510 - **$14,300**

DILLON Frank 1823-1909 [11]
- *The Hypaetral Temple at Philae* - Oil/canvas (79x136cm-31x54in) London 93 ...... FF53 400 - £6 000 - **$8,940**

DILLON Gerard 1916-1971 [39]
- *Man and dog* - Oil/board (31x40cm-12x16in) London 96 .... FF17 060 - £2 200 - **$3,340**
- *Goat Herd* - Oil/canvas (50x61cm-20x24in) London 96 .... FF42 600 - £5 500 - **$8,230**
- *Aran islanders in their Sunday best* - Oil/board (57x77cm-22x30in) London 95 .... FF176 700 - £20 000 - **$31,800**

DILLON Julia 1834-1919 [1]
- *Floral still life* - Oil/canvas (86x71cm-34x28in) Cambridge, Mass. 91 .... FF3 240 - £322 - **$563**

DILLY Georges 1876-? [2]
- *Scène d'intérieur en Flandre* - Huile/toile (82x65cm-32x26in) Calais 97 .... FF14 500 - £1 553 - **$2,542**

DIMITRIJEVIC Braco 1948 [2]
- *The casual passer* - Offset (78x56cm-31x22in) Paris 92 .... FF3 200 - £328 - **$564**

DIMOS Georges 1923 [12]
- *La Place Saint-Marc* - Huile/toile (54x73cm-21x29in) Montélimar 92 .... FF6 000 - £698 - **$1,225**

DINCKEL George W. 1890-? [2]
- *Seascape* - Oil/canvas/board (61x76cm-24x30in) Baton Rouge, Louisiana 93 ...... FF5 200 - £626 - **$950**

DINDALE Étienne 1899-1965 [6]
- *Nature morte* - Huile/toile (92x100cm-36x39in) Bruxelles 90 .... FF2 900 - £297 - **$573**

D

DINE Jim 1935 [314]
- The march painting, 1981 - Acrylic/canvas (244x214cm-96x84in) New-York 90 .... FF1 - £152 128 - **$255,814**
- A little scissors and a little scewdriver - Oil (14x14cm-6x6in) New-York 97 .... FF133 722 - £14 042 - **$23,000**
- Little Black Tools - Oil/canvas (91x61cm-36x24in) New-York 96 .... FF336 600 - £43 450 - **$65,000**
- Painting Pleasures - Mixed media (210x109cm-83x43in) New-York 95 .... FF594 000 - £74 200 - **$120,000**
- Bill Clinton Robe - Woodcut in colors (53x39cm-21x15in) New-York 97 .... FF17 143 - £1 838 - **$3,000**
- The robe in France - Lithographie couleurs (97x72cm-38x28in) London 97 .... FF28 958 - £3 000 - **$4,960**
- The Earth - Lithographie couleurs (117x81cm-46x32in) New-York 97 .... FF60 000 - £6 432 - **$10,500**
- L.A. eye works, 1982 - Etching, aquatint (127x11cm-50x4in) New-York 89 .... FF200 200 - £20 470 - **$32,187**
- Tallix heart - Bronze (99x22x53cm-39x9x21in) New-York 92 .... FF156 000 - £18 620 - **$30,000**
- The House (Heart) - Bronze (178x42x188cm-70x17x74in) New-York 97 .... FF523 260 - £54 945 - **$90,000**
- Flo-master hearts - Watercolour/paper (33x35cm-13x14in) London 97 .... FF35 647 - £3 800 - **$622,4 2**
- The Orange Toothbrush - Watercolour (49x74cm-19x29in) London 95 .... FF81 100 - £10 500 - **$16,600**
- Turquoise Chalk on Jessie's Face
  Mixed media/paper (1116x81cm-439x32in) New-York 88 .... FF107 460 - £9 936 - **$18,000**

DINEL Pierre Roland 1919 [2]
- Sans titre, 1978 - Sculpture (72cm-28in) Montréal 89 .... FF1 600 - £155 - **$243**

DINET Étienne, Nasreddine 1861-1929 [178]
- Bou Saada - Huile/carton (20x27cm-8x11in) Paris 95 .... FF14 000 - £1 765 - **$2,790**
- Oasis de Laghouat - Huile/carton (27x35cm-11x14in) Paris 96 .... FF60 000 - £7 480 - **$11,580**
- Portrait d'Arabe barbu - Huile/toile (39x43cm-15x17in) Paris 96 .... FF105 000 - £13 160 - **$20,300**
- Le vieux conteur - Huile/toile (151x165cm-59x65in) Paris 97 .... FF470 000 - £49 961 - **$80,981**
- Le Croissant - Huile/toile (127x84cm-50x33in) Paris 95 .... FF600 000 - £78 800 - **$120,400**
- Danseuse de la tribu des Ouled-Naïl - Huile/toile (81x70cm-32x28in) Paris 96 .... FF800 000 - £103 100 - **$156,600**
- Comité des Fêtes, Alger - Affiche (179x100cm-70x39in) Neuilly 96 .... FF9 000 - £1 160 - **$1,762**
- Jeune garçon lisant - Mine plomb (18x27cm-7x11in) Paris 96 .... FF18 000 - £2 134 - **$3,510**
- La palmeraie - Aquarelle, gouache (30x20cm-12x8in) Paris 95 .... FF80 000 - £10 510 - **$16,050**

DING Henri Marius 1844-1898 [3]
- Bust of a gentleman - Marble (64cm-25in) London 94 .... FF6 720 - £800 - **$1,280**

DING SHAOGUANG 1939 [2]
- White night - Coloured inks/paper (197x120cm-78x47in) Hong Kong 92 .... FF1 - £149 000 - **$258,700**

DINGEMANS Wallko Jans 1873-1925 [2]
- The St. Jan Cathedral, Bois-le-Duc - Oil/canvas (45x60cm-18x24in) Amsterdam 97 .... FF2 598 - £281 - **$453**

DINGLE Adrian, John Darley 1911-1974 [12]
- All Day Long - Oil/board (38x71cm-15x28in) Victoria, B.C. 93 .... FF3 120 - £326 - **$546**

DINGLE Thomas, Jnr. XIX-XX [7]
- Classical landscape - Oil/canvas (18x23cm-7x9in) London 93 .... FF5 150 - £620 - **$900**
- River at Sunset - Watercolour (29x44cm-11x17in) London 97 .... FF1 832 - £220 - **$349**

DINGLI Charles Caruana XIX [2]
- Figures & donkeys, Maltese street - Watercolour (94x69cm-37x27in) London 92 .... FF37 100 - £3 800 - **$6,530**

DINGLI Edward Caranua 1876-? [3]
- Landscape - Oil/panel (25x41cm-10x16in) Detroit, Michigan 95 .... FF11 300 - £1 415 - **$2,250**

DINGWALL Gordon XIX-XX [1]
- Woman smelling roses - Gouache (33x25cm-13x10in) New-York 96 .... FF7 690 - £911 - **$1,500**

DINKEL Ernest Michael 1894-? [2]
- Mythical forest with a maiden - Oil/board (56x53cm-22x21in) Richmond, North Yorkshire 94 .... FF3 020 - £350 - **$520**

DINKEL Markus 1762-1832 [5]
- Berner Trachtenmädchen - Aquarell/Papier (15x11cm-6x4in) Zürich 93 .... FF3 560 - £406 - **$605**

DINKLAGE Erna 1895-? [2]
- Ema Dinklage Sohn beim Früstuck - Oil/panel (70x60cm-28x24in) München 96 .... FF78 000 - £9 770 - **$15,040**

DINNERSTEIN Harvey 1928 [4]
- Vigil - Pastel New-York 92 .... FF5 270 - £552 - **$950**

DINSDALE John Bentham 1927 [9]
- Windsor castle - Oil/canvas (91x122cm-36x48in) London 91 .... FF3 990 - £400 - **$673**
- Guerriere & Constitution - Oil/canvas (71x91cm-28x36in) London 97 .... FF22 514 - £2 400 - **$3,930**

DIODATI Francesco Paolo 1864-? [4]
- Caseggiati - Olio/tela (32x55cm-13x22in) Roma 96 .... FF5 030 - £630 - **$960**

DIOGG Felix Maria 1764-1834 [2]
- Herrenporträt mit Hund - Oil/panel (60x50cm-24x20in) Bern 92 .... FF7 610 - £910 - **$1,465**
- Selbstbildnis mit entblösster Schulter - Ol/Leinwand (106x83cm-42x33in) Bern 93 .... FF33 600 - £3 740 - **$5,700**

DIOMEDE Miguel 1902-1974 [1]
- Woman seated/Desnudo de frente - Oil/canvas New-York 95 .... FF9 750 - £1 197 - **$1,900**

DIONISI Pierre 1904-1970 [1]
- Nudo - Olio/tela (146x90cm-57x35in) Firenze 90 .... FF71 000 - £7 149 - **$13,908**

DIONISI Valentino 1939 [2]
- Busto in grigio - Acrilico/tela (80x120cm-31x47in) Milano 93 .... FF7 960 - £906 - **$1,350**

DIRANIAN Sarkis XIX-XX [5]
- Pretty woman with poppies - Oil/canvas (61x50cm-24x20in) London 95 .... FF33 160 - £4 200 - **$6,670**

DIRCKINCK-HOLMFELD Helmuth 1835-1912 [6]
- Hollandskt flodlandskab, 1873 - Oil/canvas (42x69cm-17x27in) København 90 .... FF5 100 - £550 - **$899**

DIRCKX Anton 1878-1967 [12]
- Cargo steamer moored in Rotterdam - Oil/canvas (34x50cm-13x20in) Amsterdam 96 .... FF4 530 - £560 - **$875**

DIRIKS Edvard 1855-1930 [32]
- Port de Norvège - Huile/toile (38x46cm-15x18in) Pontoise 96 .... FF12 500 - £1 590 - **$2,410**

Sommarlandskap - Oil/panel (65x110cm-26x43in) Stockholm 94 .... FF34 500 - £4 090 - **$6,380**
Après l'orage - Huile/toile (60x73cm-24x29in) Paris 96 .... FF86 000 - £10 120 - **$16,880**

DIRK Nathaniel 1895-1961 [2]
Windstept - Watercolour/board (34x45cm-13x18in) Cambridge, Mass. 91 .... FF2 490 - £247 - **$432**

DIRKS Andreas 1866-1922 [13]
Segelboote vor einem Fischerdorf - Öl/Leinwand (73x54cm-29x21in) Bern 96 .... FF5 700 - £692 - **$1,110**
Schiffe in einer gepeitschten See - Öl/Leinwand (133x177cm-52x70in) Stuttgart 96 .... FF17 060 - £2 220 - **$3,380**

DIRKSEN Reyn 1924 [3]
Holland-Afrika Lijn - Poster (96x60cm-38x24in) New-York 96 .... FF4 140 - £535 - **$800**

DIRKX Théo 1896-1967 [3]
Chantier rue Gachard à Ixelles - Aquarelle (49x33cm-19x13in) Bruxelles 90 .... FF2 400 - £252 - **$417**

DIRUBE Rolando 1928 [2]
Sin título - Mixed media (160x62cm-63x24in) New-York 97 .... FF45 924 - £4 876 - **$8,000**
Abstracto - Gouache/paper (25x19cm-10x7in) Delray Beach, Florida 96 .... FF7 170 - £851 - **$1,400**

DIS van Jan Anton 1945 [2]
De weg terug - Oil/board (31x40cm-12x16in) Amsterdam 92 .... FF5 730 - £684 - **$1,102**

DISCART Jean B. XIX-XX [3]
An Arab Smoker - Oil/panel (33x24cm-13x9in) New-York 94 .... FF255 000 - £30 400 - **$48,000**

DISCHLER Hermann 1866-1935 [24]
Baldenweger Buck - Öl/Leinwand (55x88cm-22x35in) Frankfurt 93 .... FF9 500 - £1 134 - **$1,827**
Schwarzwaldhof am Hang im Frühling - Öl/Karton (31x43cm-12x17in) Staufen 95 .... FF16 500 - £2 115 - **$3,323**
Wintermorgen am Feldberg - Öl/Leinwand (141x200cm-56x79in) Bern 95 .... FF116 100 - £15 100 - **$23,840**

DISDERI André Adolphe 1819-1890 [6]
Prince Impérial - Tirage albuminé (24x18cm-9x7in) Paris 95 .... FF14 000 - £1 676 - **$2,664**

DISEN Andreas Edvard 1845-1923 [11]
Sagbruk - Oil/canvas (50x71cm-20x28in) Oslo 91 .... FF13 020 - £1 312 - **$2,259**

DISERTORI Benvenuto 1887-1969 [4]
Il pero - Acquaforte (29x23cm-11x9in) Milano 92 .... FF4 460 - £530 - **$857**

DISFARMER Frank XX [1]
Sailors - Silver print (18x28cm-7x11in) New-York 95 .... FF5 520 - £696 - **$1,100**

DISLER Martin 1949-1996 [63]
Mirror of Light - Acrylic/canvas (196x151cm-77x59in) New-York 97 .... FF21 762 - £2 289 - **$3,749**
Ohne Titel - Öl/Leinwand (125x97cm-49x38in) Zürich 97 .... FF65 140 - £6 925 - **$11,237**
Die Verbannung - Technique mixte/toile (225x225cm-89x89in) Zürich 94 .... FF101 000 - £11 700 - **$17,400**
Ohne Titel - Gouache (50x60cm-20x24in) Luzern 93 .... FF10 210 - £1 275 - **$2,002**
Ohne Titel - Technique mixte/papier (158x280cm-62x110in) Zürich 95 .... FF59 300 - £7 680 - **$12,330**

DISMORR Jessica 1885-1939 [8]
Landscape with figures - Oil/board (31x39cm-12x15in) London 91 .... FF25 640 - £2 602 - **$4,631**
Figures in a park - Pencil (22x28cm-9x11in) London 92 .... FF5 590 - £650 - **$1,141**

DISRAELI Robert 1905-1990 [1]
Cat and ball - Silver print (33x28cm-13x11in) New-York 95 .... FF8 720 - £1 122 - **$1,800**

DISTELI Martin 1802-1844 [1]
Die Schlacht bei St. Jakob - Encre (15x20cm-6x8in) Bern 93 .... FF2 855 - £341 - **$550**

DISTELI Reynold Oscar 1893-? [2]
Chapelle du Lac Noir à Zermatt - Öl/Leinwand (38x46cm-15x18in) Bern 94 .... FF2 830 - £328 - **$488**

DITCHFIELD Arthur 1842-1888 [2]
Sennen Cove - Oil/canvas (20x43cm-8x17in) Penzance, Cornwall 90 .... FF3 230 - £325 - **$587**

DITSCHEINER Adolf Gustav 1846-1904 [5]
Seeufer (Mondsee?) - Öl/Leinwand (56x87cm-22x34in) Wien 94 .... FF24 500 - £2 896 - **$4,520**

DITSCHER Otto 1903 [2]
Chrysanthemen in Kugelvase - Tempera/papier (41x44cm-16x17in) Stuttgart 93 .... FF2 090 - £240 - **$356**

DITTEN von Johannes 1848-1924 [5]
Sommer i Lofoten - Oil/canvas (49x80cm-19x31in) Oslo 92 .... FF16 500 - £1 690 - **$2,904**

DITTMAN Edmund XIX [2]
Holländische Mühle - Oil/canvas (38x54cm-15x21in) Zofingen 92 .... FF11 900 - £1 216 - **$2,096**

DITTRICH Simon 1940 [8]
Gewitterstimmung - Mixed media/paper (32x39cm-13x15in) München 93 .... FF8 010 - £915 - **$1,352**

DITTWEILER Ludwig 1844-1891 [2]
Südliche Landschaft mit Burgruine - Öl/Karton (69x45cm-27x18in) Heidelberg 96 .... FF4 750 - £614 - **$930**
Fondamenta del Vin - Gouache (95x34cm-37x13in) Heidelberg 96 .... FF13 200 - £1 630 - **$2,550**

DITZLER Anton 1811-1845 [1]
La fuite - Oil/board (30x35cm-12x14in) New-York 90 .... FF5 700 - £574 - **$1,036**

DIULGHEROFF Nicolas 1901-1982 [8]
Astrazione, 1924 - Olio/tela (70x85cm-28x33in) Prato 89 .... FF91 500 - £9 356 - **$14,711**
Composizione - Matita/carta (16x16cm-6x6in) Milano 94 .... FF13 410 - £1 596 - **$2,394**

DIVECKY von Josef 1887-1951 [2]
Holzschnitte zu Goethes Faust - Woodcut (28x21cm-11x8in) Zürich 94 .... FF1 874 - £221 - **$359**
Illustration zu einem Märchen - Ink (13x12cm-5x5in) Wien 92 .... FF2 890 - £296 - **$509**

DIVERLY Éliane 1914 [3]
Le Butinage - Aquarelle (33x43cm-13x17in) Provins 96 .... FF2 300 - £301 - **$460**

D

DIX Mary Anne XIX [2]

Chrysanthemums/Fungi & blackberries - Watercolour (61x46cm-24x18in) London 94 .... FF**2 017** - £**240** - **$384**

DIX Otto 1891-1969 [423]

Allee - Öl/Karton (46x36cm-18x14in) Stuttgart 94 .... FF**61 400** - £**7 870** - **$12,370**
Elisabeth Stephan - Öl/Leinwand (80x67cm-31x26in) Stuttgart 96 .... FF**94 500** - £**11 450** - **$18,370**
Vasen und Muschell - Öl/Leinwand (34x44cm-13x17in) Köln 96 .... FF**183 500** - £**20 900** - **$35,100**
Bäumen und Blick über den Untersee - Öl/Leinwand (52x69cm-20x27in) Berlin 96 .... FF**302 400** - £**34 440** - **$57,800**
Businessman Max Roesberg, Dresden
Oil/canvas (94x63cm-37x25in) Berlin 92 .... FF**3 6e +06** - £**313 000** - **$539,000**
I.N.R.I. (Christuskopf von vorn) - Farblithographie (66x45cm-26x18in) Köln 97 .... FF**11 152** - £**1 172** - **$1,909**
Selbstbildnis mit Zigarette - Etching (34x27cm-13x11in) Berlin 96 .... FF**37 400** - £**4 260** - **$7,150**
Leonie - Lithographie (47x37cm-19x15in) München 92 .... FF**220 000** - £**26 330** - **$42,400**
Liebespaar - Aquarelle, gouache/papier (64x49cm-25x19in) München 94 .... FF**1** - £**174 500** - **$265,000**
Portrait Mutzli - Ink (43x28cm-17x11in) Köln 97 .... FF**8 111** - £**852** - **$1,388**
Sitzender weiblicher Halbakt - Pastell (56x38cm-22x15in) Hamburg 97 .... FF**31 682** - £**3 389** - **$5,522**
Mont d'Or - Pastel (32x50cm-13x20in) München 93 .... FF**87 000** - £**9 940** - **$14,700**

DIX Anna ?-1959 [2]

Ducks on a river - Watercolour (34x49cm-13x19in) Glasgow 96 .... FF**8 100** - £**1 050** - **$1,587**

DIXON Arthur Percy XIX-XX [2]

Mother and child - Oil/canvas (41x51cm-16x20in) London 91 .... FF**12 900** - £**1 309** - **$2,330**
Edinburgh Flower Market - Oil/canvas (101x152cm-40x60in) London 95 .... FF**108 200** - £**14 000** - **$22,100**

DIXON Charles XVIII-XIX [2]

Prince Edward Charles Stuart - Miniature (4cm-2in) Fingask Castle, Rait 93 .... FF**18 260** - £**2 200** - **$3,190**

DIXON Charles Edward 1872-1934 [112]

At full sail - Oil/canvas (97x71cm-38x28in) London 92 .... FF**10 710** - £**1 099** - **$1,991**
Limehouse Reach - Watercolour/paper (27x78cm-11x31in) London 97 .... FF**26 267** - £**2 800** - **$4,586**
London Bridge - Watercolour (36x78cm-14x31in) London 97 .... FF**52 533** - £**5 600** - **$9,172**

DIXON Emily XIX-XX [2]

Picking flowers - Oil/canvas (58x40cm-23x16in) London 91 .... FF**10 350** - £**1 044** - **$2,017**

DIXON Francis 1879-1967 [5]

Seascapes - Oil/board (13x18cm-5x7in) Mystic, Connecticut 96 .... FF**2 587** - £**325** - **$500**

DIXON Frederick Clifford 1902-? [1]

Ducks on the pond, Richmond Park - Watercolour (26x38cm-10x15in) London 96 .... FF**1 542** - £**200** - **$305**

DIXON George Scholefield 1890-? [3]

New Brighton, British Railways - Poster (102x127cm-40x50in) London 96 .... FF**7 020** - £**900** - **$1,384**

DIXON Harry 1861-1942 [5]

Daphine - Oil/canvas (61x51cm-24x20in) London 90 .... FF**8 700** - £**931** - **$1,513**

DIXON James 1887-1970 [11]

The first airship - Oil/paper (46x53cm-18x21in) London 97 .... FF**8 443** - £**900** - **$1,480**
Sinking of the Titanic - Oil/paper (56x76cm-22x30in) London 97 .... FF**22 514** - £**2 400** - **$3,947**

DIXON James Budd 1900-1967 [1]

Abstract painting - Huile/toile (121x97cm-48x38in) Paris 92 .... FF**4 500** - £**461** - **$792**

DIXON Joseph Kossuth XIX-XX [1]

Chief Tin-Tin-Meet-Sa Umatilla - Silver print (94x74cm-37x29in) New-York 96 .... FF**30 640** - £**3 950** - **$6,000**

DIXON Maynard 1875-1946 [71]

End of a Mesa - Oil/board (13x21cm-5x8in) San Francisco-Los Angeles 95 .... FF**22 420** - £**2 950** - **$4,500**
Zabriskie Point, Death Valley
Oil/canvas (25x35cm-10x14in) San Francisco-Los Angeles 96 .... FF**57 400** - £**6 650** - **$11,000**
The Navajo - Oil/canvas (51x76cm-20x30in) New-York 96 .... FF**649 000** - £**82 600** - **$125,000**
Buffalo Hunt - Watercolor (30x28cm-12x11in) St. Petersburg, Florida 94 .... FF**28 530** - £**3 330** - **$5,000**
The Insurrecto - Gouache/paper (46x32cm-18x13in) San Francisco-Los Angeles 96 ...... FF**82 900** - £**10 400** - **$16,000**

DIXON Nellie Gertrude XIX-XX [3]

Two girls gathering woon - Oil/canvas (41x47cm-16x19in) London 89 .... FF**67 800** - £**6 746** - **$10,711**

DIXON Otto Murray 1885-1917 [4]

Hen partridge and her chicks - Watercolour (62x48cm-24x19in) London 95 .... FF**8 810** - £**1 100** - **$1,727**

DIXON Pelham XIX-XX [3]

Tynemouth Abbey
Watercolour (24x34cm-9x13in) Marlborough Crescent, Newcastle upon Tyne 94 .... FF**1 693** - £**200** - **$304**

DIXON Percy 1862-1924 [2]

A still lake - Watercolour (43x66cm-17x26in) Torquay, Devon 92 .... FF**3 130** - £**320** - **$652**

DJAAFAR Hasan 1919-1995 [11]

Sultan mosque, Singapore - Oil/canvas (101x70cm-40x28in) Singapore 95 .... FF**16 620** - £**2 120** - **$3,350**

DJANIRA Dja. Gomez Pereira 1914-1979 [1]

Iglesia en Congonhas do Campo - Oil/canvas (61x59cm-24x23in) New-York 94 .... FF**23 900** - £**2 843** - **$4,500**

DJAYA Otto 1916 [2]

Mimpi (Droom) - Oil/canvas (40x60cm-16x24in) Amsterdam 95 .... FF**10 080** - £**1 287** - **$2,060**

DJAYA Raden Agus 1913 [4]

Fire-dance - Oil/canvas (121x101cm-48x40in) Amsterdam 96 .... FF**6 630** - £**852** - **$1,285**

DJIVANIAN Hakob 1929 [3]

La femme endormie - Huile/toile (60x66cm-24x26in) Paris 94 .... FF**2 800** - £**331** - **$502**

DLUGACH Mikhail O. 1893-1989 [4]

The Captain's Daughter - Poster (107x108cm-42x43in) New-York 95 .... FF**9 750** - £**1 270** - **$2,000**

DMITRIENKO Pierre 1925-1974 [82]

Icône rouge - Huile/toile (24x19cm-9x7in) Paris 96 .... FF**13 000** - £**1 673** - **$2,577**

Garde - Huile/toile (146x114cm-57x45in) Paris 97 .... **FF36 500 - £3 982 - $6,380**
Le Fusillé - Huile/toile (116x89cm-46x35in) Versailles 93 .... FF210 000 - £25 300 - **$38,200**
le voyant 3, 1967 - Huile/toile (160x130cm-63x51in) Paris 90 .... FF600 000 - £61 983 - **$106,007**
⬘ *Mutant, 1972* - Gouache/papier (19x14cm-7x6in) Versailles 90 .... FF47 000 - £4 870 - **$8,260**

DMITRIEV Romuald 1928 [6]
⬗ *Female nude* - Oil/canvas (100x100cm-39x39in) London 95 .... FF2 333 - £300 - **$482**

DMITRIJEW Wladimir Wladimirow. 1900-1948 [1]
⬘ *Bühnenbildentwurf* - Mischtechnik/Papier (38x31cm-15x12in) Lindau 96 .... FF14 200 - £1 710 - **$2,720**

DO AMARAL Tarsila 1886-1973 [2]
⬗ *baporu* - Oil/canvas (85x73cm-33x29in) New-York 95 .... FF6 - £837 000 - **$1**
Tres desnudos - Oil/canvas (46x26cm-18x10in) New-York 96 .... FF287 300 - £32 740 - **$55,000**

DOAT Taxile 1851-1938 [1]
🏺 *Coloquinte à décor de chérubins* - Céramique (34cm-13in) Paris 92 .... FF25 500 - £3 043 - **$4,900**

DOBASHI Jun 1910-1975 [28]
⬗ *Composition* - Huile/toile (65x81cm-26x32in) Paris 95 .... FF6 000 - £750 - **$1,176**
Composition Momoyama - Mixed media/canvas (54x93cm-21x37in) München 95 .... FF27 650 - £3 620 - **$5,540**
Poussière des étoiles II - Huile/toile (89x116cm-35x46in) Versailles 89 .... FF120 000 - £12 645 - **$20,202**

DOBBIN John 1815-1884 [4]
⬘ *Brougham Hall, Westmorland* - Watercolour (21x39cm-8x15in) London 94 .... FF5 610 - £650 - **$965**

DÖBEL Carl 1903-1959 [1]
⬘ *Nach dem Sturm* - Mixed media/paper (36x64cm-14x25in) Berlin 94 .... FF1 538 - £182 - **$274**

DÖBELI Othmar 1874-1922 [44]
⬗ *Strohdachhaus bei Küngoldingen* - Öl/Leinwand (40x76cm-16x30in) Zofingen 96 .... FF3 515 - £438 - **$679**
Hochstudhaus bei Oftringen - Öl/Leinwand (55x100cm-22x39in) Zofingen 95 .... FF11 700 - £1 530 - **$2,343**
Aargauer Dorf - Oil/canvas (69x54cm-27x21in) Zofingen 92 .... FF22 300 - £2 280 - **$3,930**

DOBIASCHOWSKY Franz 1818-1867 [3]
⬘ *Im Maleratelier* - Öl/Leinwand (37x30cm-15x12in) Wien 95 .... FF9 800 - £1 290 - **$1,986**

DOBLAS PINTO Manuel 1957 [9]
⬗ *Cadaqués* - Oleo/lienzo (90x116cm-35x46in) Madrid 97 .... FF3 800 - £408 - **$665**

DOBLHOFF von Hertha 1886-1961 [1]
⬗ *Grosstadt-Impression* - Öl/Leinwand (83x68cm-33x27in) Wien 95 .... FF17 420 - £2 210 - **$3,510**

DOBRAJA Inta 1940 [4]
⬗ *Nature morte aux fleurs* - Huile/toile (73x73cm-29x29in) Paris 90 .... FF8 500 - £856 - **$1,545**

DOBRINA Olga 1920 [2]
⬗ *Composition à la pastèque* - Huile/toile (79x64cm-31x25in) Paris 91 .... FF3 000 - £298 - **$521**

DOBRINSKY Isaac 1891-1973 [23]
⬗ *Portrait d'un garçonnet* - Huile/papier (29x17cm-11x7in) Paris 97 .... FF2 800 - £305 - **$489**
Femme pensive au lit - Huile/carton (60x50cm-24x20in) Paris 97 .... FF5 000 - £546 - **$874**
Portrait de femme au chapeau - Huile/carton (67x46cm-26x18in) Troyes 91 ...... FF20 000 - £2 005 - **$3,301**

DOBROTKA Edward XX [26]
⬗ *Bryant Park Chorus* - Oil/canvas (76x71cm-30x28in) Cleveland, Ohio 92 .... FF20 440 - £2 092 - **$3,600**
⬘ *At the Station* - Watercolour (38x51cm-15x20in) Cleveland, Ohio 92 .... FF3 124 - £320 - **$550**

DOBROWLSKI Odo 1883-1917 [3]
⬘ *L'église Saint-Germain-des-Prés* - Watercolour (62x45cm-24x18in) Warszawa 95 .... FF1 558 - £197 - **$311**

DOBROWOLSKI Waclaw 1890-1969 [1]
⬗ *Guerre contre l'analphabétisme* - Huile/toile (92x130cm-36x51in) Paris 91 ...... FF7 500 - £747 - **$1,290**

DOBROWSKY Josef 1889-1964 [158]
⬗ *Dame in Rot* - Oil/panel (51x44cm-20x17in) Wien 97 .... FF14 334 - £1 524 - **$2,472**
Bildnis einer blonden Frau - Öl/Leinwand (100x80cm-39x31in) Wien 96 .... FF38 600 - £4 400 - **$7,400**
Olympia - Öl/Leinwand (44x38cm-17x15in) Wien 97 .... FF62 114 - £6 604 - **$10,712**
Markt - Oil/wood (120x153cm-47x60in) Wien 97 .... FF182 096 - £19 152 - **$31,274**
⬘ *Kraftwerk* - Aquarell/Papier (44x55cm-17x22in) Wien 97 .... FF15 347 - £1 619 - **$2,653**
Junge Frau in Blau - Gouache/papier (69x57cm-27x22in) Wien 97 .... FF28 668 - £3 048 - **$4,944**

DOBRZYCKI Zygmunt 1896-1970 [2]
⬗ *Vue de campagne, 1934* - Huile/toile (55x66cm-22x26in) Bruxelles 90 .... FF5 800 - £617 - **$1,038**
⬘ *L'Enlèvement des Sabines* - Encre (47x61cm-19x24in) Bruxelles 96 .... FF1 570 - £202 - **$307**

DOBSON Cowan 1894-1980 [7]
⬗ *The Countess of Weir, seated* - Oil/canvas (128x101cm-50x40in) London 92 ...... FF7 620 - £780 - **$1,494**

DOBSON Frank 1888-1963 [66]
⬗ *Trees in a landscape* - Oil/panel (25x36cm-10x14in) London 96 .... FF24 570 - £2 800 - **$4,700**
🏺 *Woman with Birds* - Terracotta (30cm-12in) London 96 .... FF27 060 - £3 500 - **$5,360**
⬘ *Nude lying on her back* - Watercolour (31x48cm-12x19in) London 90 .... FF40 700 - £4 358 - **$7,078**

DOBSON Henry John 1858-1928 [17]
⬗ *Some Sad News* - Oil/canvas (71x92cm-28x36in) Glasgow 96 .... FF9 500 - £1 100 - **$1,820**

DOBSON Henry Raeburn 1901-? [1]
⬘ *A Quiet River* - Watercolour/paper (13x33cm-5x13in) Glasgow 96 .... FF3 024 - £350 - **$580**

DOBSON William 1611-1646 [3]
⬗ *Sir Thomas Chicheley* - Oil/canvas (101x80cm-40x31in) London 92 .... FF898 000 - £92 000 - **$158,200**

DOBSON William Charles Th. 1817-1898 [8]
⬗ *The Cottager's welcome* - Oil/canvas (94x75cm-37x30in) Stockholm 96 .... FF63 800 - £7 270 - **$12,200**
⬘ *Kate Kearney* - Watercolour (42x55cm-17x22in) London 96 .... FF20 740 - £2 600 - **$4,030**

DOBUZHINSKII Mstislaw Valerianov. 1875-1957 [34]
- Circus, Marianople, Lithuania - Oil/canvas (45x55cm-18x22in) London 97 .... FF22 857 - £2 400 - **$3,931**
- Study of two porcelain groups - Charcoal (49x55cm-19x22in) London 97 .... FF12 381 - £1 300 - **$2,129**
  Stage designs for Revizor
      Watercolour, gouache/paper (27x36cm-11x14in) London 95 .... FF12 930 - £1 700 - **$2,596**
- Views: Albany, Paris, New York. - Watercolour London 97 .... FF14 286 - £1 500 - **$2,457**

DOBYASCHOFSKY Franz 1818-1867 [2]
- Ragazzi in un paesaggio - Olio/tela (147x118cm-58x46in) Milano 90 .... FF257 300 - £26 185 - **$51,456**

DOCHARTY Alexander Brownlie 1862-c.1940 [13]
- Loch Morar, winter - Oil/canvas (44x62cm-17x24in) Glasgow 91 .... FF11 900 - £1 200 - **$2,090**

DOCHARTY James 1829-1878 [6]
- Kilchurn castle, Loch Awe - Oil/canvas (50x76cm-20x30in) Edinburgh 92 .... FF7 330 - £750 - **$1,290**

DOCKREE Mark Edwin 1856-1890 [3]
- Evening on the Heath/Sunrise Dolgelly - Oil/board (15x20cm-6x8in) Dorchester, Dorset 92 ..... FF6 150 - £630 - **$1,207**

DODD Arthur Charles XIX-XX [10]
- On the scent - Oil/canvas (45x61cm-18x24in) London 90 .... FF15 500 - £1 601 - **$2,739**

DODD Charles Tattershall 1815-1878 [6]
- Nobleman's house/Village church/... - Oil/canvas (33x47cm-13x19in) London 91 .... FF59 500 - £5 996 - **$10,325**
- Sir Charles Harding/A Soldier - Coloured chalks (38x11cm-15x4in) London 93 .... FF1 602 - £180 - **$268**

DODD Francis 1874-1949 [18]
- Travellers Joy - Oil/canvas (96x62cm-38x24in) London 91 .... FF5 160 - £518 - **$893**
- Strand with sky - Etching (34x25cm-13x10in) London 92 .... FF2 930 - £300 - **$611**
- Woman descending the stairs - Charcoal (38x28cm-15x11in) London 92 .... FF3 520 - £420 - **$677**

DODD Louis 1943 [40]
- A Squadron of the Red at sea - Oil/canvas (80x103cm-31x41in) London 96 .... FF11 880 - £1 400 - **$2,334**
- Brooklyn Waterfront ... - Oil/panel (40x60cm-16x24in) London 97 .... FF30 019 - £3 200 - **$5,241**
- Nelson's Command arriving at St. Kitts.. - Oil/panel (54x79cm-21x31in) London 97 ...... FF54 409 - £5 800 - **$9,499**

DODD Ralph c.1756-1817 [1]
- Three-master, said to be Cracker - Oil/canvas (55x77cm-22x30in) London 92 .... FF97 700 - £10 000 - **$17,240**

DODD Robert 1748-1816 [12]
- Survivors from a shipwreck - Oil/canvas (20x29cm-8x11in) London 96 .... FF32 260 - £3 800 - **$6,330**
- The William Pitt East Indiaman - Oil/canvas (81x144cm-32x57in) London 97 ...... FF272 046 - £29 000 - **$47,499**
- A Royal Salute - Engraving (52x75cm-20x30in) London 97 .... FF3 279 - £349 - **$572**

DODDS Albert Charles 1888-1964 [1]
- Members of the hunt - Oil/panel (40cm-16in) London 92 .... FF4 890 - £500 - **$1,018**

DODDS Peggy 1900-? [1]
- Masquerade - Oil/canvas (76x64cm-30x25in) New-York 95 .... FF9 840 - £1 290 - **$2,000**

DODEIGNE Eugène 1923 [58]
- Prière - Bronze (84cm-33in) Paris 96 .... FF60 000 - £7 480 - **$11,580**
- Claire - Bronze (163cm-64in) Paris 96 .... FF72 000 - £8 970 - **$13,900**
- Composition - Fusain (107x74cm-42x29in) Paris 96 .... FF11 000 - £1 327 - **$2,110**

DODEL-FAURE Elisabeth 1872-1952 [1]
- Jardin à La Sauvetat - Huile/carton (37x52cm-15x20in) Clermont-Ferrand 95 .... FF3 200 - £399 - **$624**

DODENHOFF Heinz 1889-1981 [5]
- Abendfrieden - Öl/Karton (70x100cm-28x39in) Bremen 94 .... FF6 850 - £795 - **$1,180**

DÖDERHULTAREN Axel Petersson 1868-1952 [54]
- Fingerkrok - Wood (29cm-11in) Stockholm 94 .... FF14 380 - £1 704 - **$2,660**
- Auktion - Wood Stockholm 96 .... FF45 400 - £5 870 - **$8,700**
- Auktion - Wood Stockholm 93 .... FF123 400 - £14 000 - **$20,850**

DODGE Edward Samuel 1816-1857 [1]
- The Boot Mender - Oil/canvas (33x45cm-13x18in) New-York 96 .... FF27 140 - £3 140 - **$5,200**

DODGE William De Leftwich 1867-1935 [13]
- For her Majesty's Hand - Oil/canvas (91x167cm-36x66in) New-York 97 .... FF58 343 - £6 126 - **$10,000**
- Lady in pink - Watercolour (30x18cm-12x7in) Mystic, Connecticut 97 .... FF2 556 - £262 - **$450**

DODGSON George Haydock 1811-1880 [6]
- Figures at Haddon Hall - Watercolour (1270x1778cm-500x700in) London 93 .... FF3 320 - £400 - **$580**

DODINH Huong 1945 [5]
- Sans titre - Huile (64x94cm-25x37in) Paris 92 .... FF14 000 - £1 440 - **$2,482**

DODWELL Edward 1767-1832 [6]
- Lake Copais & Acrophia - Watercolour (33x45cm-13x18in) Toronto 96 .... FF62 000 - £7 070 - **$11,870**

DOEBELE Paul 1900-? [1]
- Der Bildhauer im Atelier - Huile/panneau (123x87cm-48x34in) Zofingen 94 .... FF5 620 - £660 - **$1,001**

DOELEMAN Johan Hendrik 1848-1913 [6]
- Elegant ladies strolling, Arnhem - Oil/panel (32x48cm-13x19in) Amsterdam 93 .... FF9 610 - £1 152 - **$1,757**

DOELL Leopold Friedrich ?-1856 [1]
- Duke of Saxe Coburg - Oil/canvas (123x96cm-48x38in) London 95 .... FF73 300 - £9 500 - **$15,260**

DOELL Ludwig 1789-1863 [1]
- Amor und Psyche mit Schwänen - Öl/Leinwand (103x135cm-41x53in) Bremen 95 .... FF41 700 - £5 410 - **$8,680**

DOEPLER Emil 1855-1922 [1]
- Liebespaar im Wald - Oil/panel (44x35cm-17x14in) München 92 .... FF2 374 - £284 - **$457**

DOERNER Adolf 1892-? [1]
- Sommerblumen mit Quitten - Oil/canvas (64x78cm-25x31in) Bremen 91 .... FF8 510 - £845 - **$1,478**

DOERNER Max 1870-1939 [4]
- Im Hochsommer - Öl/Leinwand (56x60cm-22x24in) Bremen 94 .... FF4 830 - £572 - **$891**

DOERR Charles Augustin V. 1815-1894 [4]
- Le chien d'Alcibiade - Huile/toile (97x130cm-38x51in) Paris 94 .... FF61 000 - £7 290 - **$11,400**

DOES van der Willem 1889-1963 [14]
- Indonesian boys & a karbouw - Oil/canvas (45x60cm-18x24in) Amsterdam 94 .... FF12 800 - £1 487 - **$2,205**
- A pasar - Oil/canvas (70x70cm-28x28in) Amsterdam 96 .... FF23 500 - £3 020 - **$4,560**

DOESBURG van Elsa 1875-1957 [1]
- Before the mirror - Oil/canvas (69x57cm-27x22in) Amsterdam 93 .... FF4 220 - £504 - **$812**

DOESBURG van Theo 1883-1931 [5]
- Paysage, 1916 - Oil/canvas (31x26cm-12x10in) New-York 90 .... FF457 600 - £48 681 - **$81,860**
- Still life, 1916 - Oil/canvas (35x40cm-14x16in) New-York 90 .... FF858 000 - £91 277 - **$153,488**
- Kinderhoofdjes - Pastel/paper (23x30cm-9x12in) Amsterdam 92 .... FF60 300 - £7 200 - **$11,600**

DOESER Jacobus Johannes 1884-1914 [17]
- Potato pickers - Oil/canvas (88x99cm-35x39in) Penzance, Cornwall 91 .... FF8 890 - £891 - **$1,628**
- Cows/Figures and horses - Gouache/paper Amsterdam 90 .... FF2 413 - £243 - **$473**

DOEVE Eppo 1907-1982 [1]
- Ascent of an air balloon - Watercolour (24x32cm-9x13in) Amsterdam 95 .... FF1 545 - £187 - **$291**

DOGADKINE K. XX [2]
- La vieille église - Huile/panneau Paris 92 .... FF2 200 - £225 - **$395**

DOGARTH Erich Josef, Donau 1927 [8]
- Blumenvase - Oil/panel (41x31cm-16x12in) Wien 94 .... FF15 520 - £1 798 - **$2,940**

DOGARTH Oskar Robert 1898-1961 [11]
- Blumenstilleben - Oil/panel (41x31cm-16x12in) Lindau 95 .... FF12 460 - £1 558 - **$2,517**
- Großes Blumenstück - Oil/panel (101x85cm-40x33in) Wien 91 .... FF86 600 - £8 789 - **$15,641**

DOGGETT Ruth XIX-XX [3]
- Still life, chrysanthemums - Oil/canvas (35x38cm-14x15in) Newbury, Berkshire 91 ...... FF3 770 - £380 - **$654**

DOGMORE OF SWAFFHAM John 1793-1871 [1]
- An angler on the Tummel - Olio/tela/cartone (21x28cm-8x11in) London 95 .... FF2 240 - £280 - **$453**

DOHANOS Stevan 1907-1994 [16]
- Tired Museum Feet - Oil/masonite (73x60cm-29x24in) New-York 94 .... FF131 400 - £15 780 - **$25,000**
- Saturday evening at a rural barber shop
  Watercolour, gouache (69x53cm-27x21in) New-York 96 .... FF20 500 - £2 430 - **$4,000**
- Waiting in line at the grocery store - Gouache (53x48cm-21x19in) New-York 93 .... FF143 000 - £17 930 - **$26,000**

DOHLMANN Augusta 1847-1914 [29]
- Nature morte - Oil/canvas (49x62cm-19x24in) Viby J, Århus 95 .... FF4 500 - £584 - **$925**
- Chrysanthemums in an Imari vase - Oil/canvas (46x38cm-18x15in) London 96 .... FF12 140 - £1 500 - **$2,345**
- Foxgloves - Oil/canvas (101x68cm-40x27in) New-York 92 .... FF47 300 - £4 790 - **$9,500**

DOHLMANN Helen 1870-1942 [1]
- Cazador/Joven contemplado el mar - Bronze (32cm-13in) Madrid 89 .... FF4 100 - £432 - **$690**

DOHM Heinrich 1875-1940 [10]
- Spejling af kvinde - Oil/canvas (65x53cm-26x21in) Viby J, Århus 96 .... FF3 066 - £396 - **$592**
- In the salon - Oil/canvas (89x120cm-35x47in) London 96 .... FF37 000 - £4 800 - **$7,310**

DOHR Günther 1936 [3]
- Cylindrogramm S5 - Objekt (49cm-19in) Luzern 93 .... FF5 550 - £631 - **$940**

DOIGNEAU Édouard 1865-1954 [44]
- En Bretagne - Huile/toile (54x65cm-21x26in) Rennes 97 .... FF11 000 - £1 192 - **$1,915**
- Campement - Huile/carton (50x61cm-20x24in) Paris 90 .... FF30 000 - £3 053 - **$6,000**
- Cavaliers marocains devant la Kasbah
  Aquarelle, gouache (33x45cm-13x18in) Paris 96 .... FF11 000 - £1 274 - **$2,107**

DOILLON-TOULOUSE Madeleine ?-1967 [5]
- Le Haut-Jura - Huile/toile (50x62cm-20x24in) Devecey 89 .... FF6 000 - £632 - **$1,010**

DOISNEAU Robert 1912-1994 [116]
- Prévert et son chien - Photo Vendôme 96 .... FF4 400 - £544 - **$851**
- L'accordéoniste à La Tartine - Gelatin silver print (18x28cm-7x11in) New-York 95 ...... FF9 920 - £1 265 - **$2,000**
- Le Baiser de l'Hôtel de Ville - Gelatin silver print (23x28cm-9x11in) New-York 94 ...... FF26 130 - £3 030 - **$4,500**

DOKOUPIL Jiri Georg 1954 [47]
- Untitled - Acrylic/canvas (71x56cm-28x22in) New-York 95 .... FF11 300 - £1 387 - **$2,200**
- Roman und Beatrice - Spray/panel (230x230cm-91x91in) New-York 95 .... FF37 750 - £4 940 - **$7,660**
- Die theoretischen Bilder - Oil/canvas (205x617cm-81x243in) New-York 92 .... FF233 000 - £23 800 - **$41,000**
- Guggenheim - Bronze (25cm-10in) New-York 96 .... FF16 400 - £1 944 - **$3,200**
- Sex Drugs Rock'n Roll - Watercolour/paper (75x56cm-30x22in) London 96 .... FF15 670 - £1 900 - **$3,050**

DOLAN Philip [3]
- Grapes & apple - Watercolour (20x29cm-8x11in) London 92 .... FF6 840 - £700 - **$1,204**

DOLBY Edwin Thomas XIX-XX [17]
- Birminham & Gloucester Railway - Lithograph (25x42cm-10x17in) London 91 .... FF2 976 - £300 - **$516**

DOLCH Walter 1894-1970 [1]
- Azaleen am Wegesrand - Öl/Leinwand (48x62cm-19x24in) Kempten 96 .... FF2 546 - £330 - **$499**

DOLE William 1917-1983 [7]
- Quad - Collage/paper (28x36cm-11x14in) San Francisco-Los Angeles 95 .... FF6 840 - £886 - **$1,400**

DOLEETTA Giuseppe 1859-? [3]
- Ceiling design - Gouache (28x41cm-11x16in) London 94 .... FF2 070 - £240 - **$357**

DOLICE Leon Louis 1892-1960 [9]
- New York City scene - Pastel (38x25cm-15x10in) Mystic, Connecticut 94 .... FF1 640 - £195 - **$300**

D

DOLL Anton 1826-1887 [68]
Winterlandschaft - Oil/panel (20x48cm-8x19in) München 95 .... FF**10 640** - £1 344 - **$2,133**
Dorfstrasse im Gebirge - Oil/panel (15x25cm-6x10in) München 94 .... FF**55 300** - £6 530 - **$9,930**
Stadtansicht mit Pferdemarkt - Oil/Leinwand (18x26cm-7x10in) München 93 ...... FF**84 700** - £10 120 - **$16,300**
Alternerding in Oberbayern/Oberbnayern
   Oil/panel (23x34cm-9x13in) München 93 .... FF**155 000** - £17 540 - **$26,160**
DOLLA Noël 1945 [9]
Croix - Technique mixte (220x220cm-87x87in) Paris 94 .... FF**11 000** - £1 318 - **$2,084**
DOLLE Jacques 1926 [10]
Le village en Dordogne - Huile/toile (46x55cm-18x22in) Paris 94 .... FF**2 000** - £232 - **$344**
DOLLERSCHELL Eduard 1887-1948 [3]
Tulpen im Tonkrug - Oil/canvas (51x61cm-20x24in) Köln 91 .... FF**3 405** - £338 - **$591**
DOLLMAN John Charles 1851-1934 [21]
Duck and green peas - Oil/canvas (46x61cm-18x24in) London 94 .... FF**21 800** - £2 600 - **$4,100**
No Sale - Watercolour (49x100cm-19x39in) Billinghurst, West Sussex 94 .... FF**10 030** - £1 250 - **$1,964**
DOLLOND William Anstey XIX-XX [13]
Across the Bay - Watercolour (46x21cm-18x8in) London 97 .... FF**27 548** - £3 000 - **$4,791**
DOLLSCHEIN Anny 1893-1946 [3]
Still life - Mixed media/paper (66x50cm-26x20in) Wien 96 .... FF**6 250** - £784 - **$1,221**
DOLPH John Henry 1835-1903 [24]
Deux chiots - Huile/toile (40x50cm-16x20in) Genève 96 .... FF**4 370** - £506 - **$837**
Best Friends - Oil/canvas (61x36cm-24x14in) New-York 95 .... FF**21 340** - £2 670 - **$4,250**
Time Out Haying, New Haven - Oil/canvas (56x102cm-22x40in) New-York 94 ...... FF**48 500** - £5 660 - **$8,500**
DOLPHIJN Denis 1902-1992 [2]
Paysage - Huile/panneau (50x60cm-20x24in) Antwerpen 92 .... FF**2 637** - £315 - **$508**
DOLPHIJN Victor, Vic 1909-1993 [24]
Modèle debout - Huile/toile (95x73cm-37x29in) Antwerpen 95 .... FF**4 090** - £515 - **$810**
Nu assis - Pastel (35x26cm-14x10in) Antwerpen 91 .... FF**2 270** - £228 - **$416**
DOLPHIJN Willem 1935 [10]
Stilleven met fruitschaal en kruik - Huile/panneau (39x49cm-15x19in) Lokeren 94 ...... FF**10 800** - £1 273 - **$1,920**
DOLS Jean 1909-1994 [38]
Le gai village - Eau-forte (33x43cm-13x17in) Liège 96 .... FF**2 165** - £281 - **$428**
DOLWICK William 1909-1993 [2]
Sailors holding Coke bottles - Gouache (20x43cm-8x17in) New-York 94 .... FF**10 300** - £1 235 - **$2,000**
DOM Paul 1885-? [5]
View in Delft - Oil/canvas (65x60cm-26x24in) Amsterdam 92 .... FF**8 430** - £980 - **$1,720**
DOMBROWSKI Stephan 1849-1909 [1]
Waldesruh - Oil/canvas (34x22cm-13x9in) Bern 90 .... FF**3 500** - £372 - **$626**
DOMBROWSKI von Carl Ritter 1872-? [18]
Kreisende Seeadler - Öl/Leinwand (78x70cm-31x28in) Wien 96 .... FF**14 400** - £1 745 - **$2,800**
Rotwild auf der Waldlichtung - Pastell/Karton (90x150cm-35x59in) Wien 96 .... FF**7 720** - £880 - **$1,480**
DOMELA César Nieuwenhuis 1900-1993 [39]
Composition abstraite - Tempera (60x44cm-24x17in) Paris 97 .... FF**10 000** - £1 057 - **$1,716**
Relief 22a - Mixed media/panel (65x60cm-26x24in) Amsterdam 95 .... FF**111 000** - £14 150 - **$22,630**
Relief, 1980 - Huile/toile (110x75cm-43x30in) Paris 90 .... FF**180 000** - £18 595 - **$31,802**
Relief, composition Fabian, n°68 - Relief (130x146cm-51x57in) Paris 96 .... FF**54 500** - £6 250 - **$10,400**
Sept photomontages - Photo (59x44cm-23x17in) Paris 96 .... FF**13 000** - £1 532 - **$2,550**
La Ligne bleue - Gouache (65x50cm-26x20in) Paris 95 .... FF**17 000** - £2 170 - **$3,480**
Composition - Gouache (75x53cm-30x21in) Versailles 90 .... FF**90 000** - £9 698 - **$15,873**
DOMELA Jan 1894-1973 [6]
Farmhouse - Oil/canvas/board (31x41cm-12x16in) San Francisco-Los Angeles 95 ...... FF**3 740** - £492 - **$750**
DOMENECH Y MONTANER Lluis 1849-1923 [2]
Le Semeur - Bronze (41cm-16in) New Orleans, Louisiana 93 .... FF**6 600** - £828 - **$1,200**
DOMENGE Y ANTIGA Melchor 1871-1939 [1]
Paisaje - Oleo/lienzo (76x64cm-30x25in) Madrid 90 .... FF**2 100** - £225 - **$365**
DOMENICI Carlo 1898-1981 [27]
Mucca bianca - Olio (35x50cm-14x20in) Firenze 97 .... FF**4 420** - £520 - **$780**
Strada di campagna - Olio/tavola (29x39cm-11x15in) Firenze 97 .... FF**7 140** - £840 - **$1,260**
Casolare - Olio/tavola (48x80cm-19x31in) Prato 96 .... FF**15 170** - £1 800 - **$2,970**
DOMENJOZ Raoul 1896-1978 [15]
Vue d'un port du midi - Huile/toile (65x81cm-26x32in) Saint-Dié 97 .... FF**4 600** - £519 - **$83,3 6**
Les rives du lac vers Yverdon - Huile/toile (31x52cm-12x20in) Genève 91 .... FF**12 750** - £1 310 - **$2,373**
DOMER Jean B., dit Joanny 1833-1896 [5]
Fruits et bijoux sur une nappe - Huile/toile (40x32cm-16x13in) Paris 97 .... FF**6 500** - £690 - **$1,132**
DOMERGUE Emile J. 1879-? [5]
Hortensias - Huile/toile/carton (27x35cm-11x14in) Grenoble 91 .... FF**4 200** - £426 - **$759**
DOMERGUE Gaston 1885-1927 [5]
Falaises à Alger - Huile/toile (55x38cm-22x15in) Paris 94 .... FF**3 600** - £419 - **$624**
DOMERGUE Jean-Gabriel 1889-1962 [729]
Portrait de Dola - Huile/panier (25x18cm-10x7in) Brest 97 .... FF**10 000** - £1 083 - **$1,756**
Elégante à la voilette - Huile/panneau (24x19cm-9x7in) Calais 97 .... FF**24 000** - £2 570 - **$4,207**
Portrait de Lucita - Huile/panneau (55x46cm-22x18in) Calais 97 .... FF**35 000** - £3 503 - **$5,908**
Nu debout - Huile/toile (92x73cm-36x29in) Calais 97 .... FF**53 000** - £5 809 - **$9,302**
Jeune femme au bord de l'eau - Huile/isorel (65x81cm-26x32in) Paris 97 .... FF**66 000** - £6 877 - **$11,246**

Chou - Huile/isorel (63x53cm-25x21in) Lyon 96 .... FF**98 000** - £12 750 - **$19,400**
Deauville, après-midi aux courses - Huile/toile (231x161cm-91x63in) Deauville 93 .... FF**570 000** - £64 000 - **$96,600**
✏ *La jeune courtisane* - Lavis (35x30cm-14x12in) Calais 96 .... FF**8 200** - £1 023 - **$1,590**
La Parisienne au Cabaret - Gouache (72x53cm-28x21in) Paris 97 .... FF**25 000** - £2 715 - **$4,385**
Magda Tagliaferro - Aquarelle, gouache/papier (120x80cm-47x31in) Paris 90 .... FF**140 000** - £15 086 - **$24,691**

DOMI 1951 [2]
🖻 *Jazz Dance* - Technique mixte/panneau (50x60cm-20x24in) Rambouillet 93 .... FF**8 000** - £1 000 - **$1,455**

DOMICENT Martin 1823-1898 [1]
🖻 *Vorstellung einer Gauklerfamilie* - Oil/panel (38x46cm-15x18in) Stuttgart 94 .... FF**6 860** - £814 - **$1,268**

DOMINGO FALLOLA Roberto 1883-1956 [94]
🖻 *Rejoneador* - Oleo/tabla (29x49cm-11x19in) Madrid 95 .... FF**32 700** - £4 130 - **$6,560**
Sol de tarde Valencia - Oil/canvas (76x90cm-30x35in) New-York 97 .... FF**270 038** - £29 084 - **$47,500**
🖾 *Bilbao, Corridas Generales* - Poster (240x115cm-94x45in) London 95 .... FF**3 535** - £400 - **$637**
✏ *The Bullfight* - Gouache/board (33x53cm-13x21in) New-York 97 .... FF**17 411** - £1 831 - **$3,000**
Puente de Segovia - Gouache (50x65cm-20x26in) Madrid 90 .... FF**135 000** - £14 454 - **$23,478**

DOMINGO Roberto 1867-1956 [4]
🖾 *Corriodas Generales, Bilbao* - Poster (46x24cm-18x9in) London 94 .... FF**55 100** - £6 500 - **$9,800**
✏ *A Spanish cowboy* - Gouache/paper (28x24cm-11x9in) Amsterdam 96 .... FF**4 540** - £569 - **$876**

DOMINGO SEGURA Francesco 1893-1974 [1]
🖻 *Desnudo de mujer tumbada* - Oleo/lienzo (54x65cm-21x26in) Madrid 94 .... FF**4 950** - £591 - **$932**

DOMINGO Y MARQUES Francisco 1842-1920 [51]
🖻 *Caballero condecorado* - Oleo/tabla (26x17cm-10x7in) Madrid 97 .... FF**8 955** - £967 - **$1,552**
Valencia against Napoléon's Troops - Oil/canvas (51x81cm-20x32in) New-York 95 ...... FF**23 400** - £3 040 - **$4,800**
An afternoon of sport - Oil/panel (65x53cm-26x21in) New-York 94 .... FF**234 000** - £24 840 - **$45,000**
✏ *Pareja de gitanas* - Pastel/papier (19x27cm-7x11in) Madrid 94 .... FF**10 360** - £1 223 - **$1,845**

DOMINGUE Maurice 1918 [37]
✏ *St-Henri, mon pays, mes amours !* - Aquarelle/papier (46x61cm-18x24in) Montréal 96 ...... FF**1 894** - £223 - **$373**
Palm Springs - Aquarelle/papier (36x55cm-14x22in) Montréal 95 .... FF**4 460** - £572 - **$900**

DOMINGUEZ BÉCQUIN Joaquín 1817-1879 [2]
🖻 *La Giralda* - Oleo/lienzo (53x41cm-21x16in) Madrid 90 .... FF**70 200** - £7 516 - **$12,209**

DOMINGUEZ BÉCQUER José 1805-1841 [4]
🖻 *Caballero romántico* - Oleo/tabla (37x29cm-15x11in) Madrid 93 .... FF**15 570** - £1 855 - **$2,820**

DOMINGUEZ BÉCQUER Valeriano 1834-1870 [4]
✏ *Duelo y muerte de amantes* - Acuarela (15x11cm-6x4in) Madrid 95 .... FF**2 695** - £341 - **$541**

DOMINGUEZ Irène 1928 [2]
🖻 *Tango à trois hommes* - Huile/toile (99x73cm-39x29in) La Varenne Saint-Hilaire 90 .... FF**5 700** - £591 - **$1,002**

DOMINGUEZ NEIRA Pedro 1894-? [1]
✏ *Naturaleza muerta* - Gouache/paper (35x52cm-14x20in) San Francisco-Los Angeles 94 ...... FF**2 614** - £303 - **$450**

DOMINGUEZ Nelson 1947 [2]
🖻 *Vendedor de Máscaras* - Oil/canvas (180x120cm-71x47in) New-York 95 .... FF**28 060** - £3 504 - **$5,500**

DOMINGUEZ Oscar 1906-1958 [293]
🖻 *Los porrones* - Huile/toile (115x85cm-45x33in) Paris 90 .... FF**2** - £310 493 - **$504,348**
Der Ritter - Tempera (60x44cm-24x17in) Köln 97 .... FF**35 485** - £3 729 - **$6,075**
Composition surréaliste - Huile/toile (11x17cm-4x7in) Paris 97 .... FF**52 000** - £5 423 - **$8,892**
Composition aux boites d'allumettes - Huile/isorel (14x17cm-6x7in) Paris 97 .... FF**115 000** - £11 994 - **$19,665**
Hirondelle de l'eau - Huile/toile (41x25cm-16x10in) Paris 94 .... FF**412 000** - £48 400 - **$72,800**
Toreador - Ink (48x62cm-19x24in) Köln 94 .... FF**27 200** - £3 096 - **$5,200**
L'enlèvement d'Europe - Fusain (132x148cm-52x58in) Paris 90 .... FF**480 000** - £49 741 - **$84,359**

DOMINGUEZ Y SANCHEZ Manuel 1839-1906 [2]
🖻 *Caravana de camellos* - Oleo/lienzo (49x67cm-19x26in) Madrid 90 .... FF**37 250** - £3 751 - **$7,297**

DOMINICI de Antonio 1730-1800 [1]
✏ *Le Char de Vénus* - Gouache (19x30cm-7x12in) Paris 90 .... FF**6 200** - £664 - **$1,078**

DOMINICIS de Gino 1947 [2]
📷 *Mozzarella in carrozza* - Photograph (28x34cm-11x13in) Firenze 89 .... FF**114 400** - £11 383 - **$18,073**
✏ *Senza titolo* - Grafite (39x29cm-15x11in) Milano 94 .... FF**138 400** - £16 030 - **$24,200**

DOMINIK Tadeusz 1928 [2]
🖻 *Composition abstraite* - Huile/toile (81x65cm-32x26in) Paris 95 .... FF**5 000** - £626 - **$1,004**

DOMINIQUE John August 1893-? [4]
🖻 *Landscape near Goleta* - Oil/canvas (41x51cm-16x20in) San Francisco-Los Angeles 95 .... FF**5 900** - £671 - **$1,000**

DOMMERSEN William Raymond 1850-1927 [103]
🖻 *The Gate St. Lou, Bruges* - Oil/canvas (46x36cm-18x14in) London 97 .... FF**8 255** - £880 - **$1,441**
Zieriksee on the Scheldt, Holland - Oil/canvas (28x38cm-11x15in) London 96 .... FF**15 400** - £2 000 - **$3,050**
Hollandsk kanalparti, Amsterdam - Oil/canvas (60x123cm-24x48in) København 96 ...... FF**35 640** - £4 620 - **$7,130**

DOMMERSHUIJZEN Cornelis Christaan 1842-1928 [33]
🖻 *Sun-beams* - Oil/canvas (28x52cm-11x20in) Amsterdam 95 .... FF**6 800** - £821 - **$1,278**
Dutch town with townsfolk - Oil/canvas (71x92cm-28x36in) London 95 .... FF**22 100** - £2 800 - **$4,450**
View of De Waag, Amsterdam - Oil/canvas (51x78cm-20x31in) Amsterdam 92 .... FF**97 100** - £9 960 - **$18,670**

DOMMERSHUIJZEN Pieter Cornelis 1834-1908 [82]
🖻 *Elborg on the Zuider See, Holland* - Oil/panel (27x39cm-11x15in) Stockholm 97 .... FF**25 391** - £2 706 - **$4,433**
Frisian coast, Holland - Oil/panel (26x37cm-10x15in) London 97 .... FF**100 000** - £10 500 - **$1,720,0 5**
Amsterdam Street - Oil/canvas (77x62cm-30x24in) London 96 .... FF**223 000** - £28 000 - **$43,100**

D

DOMOND Wilmino 1925 [2]
🖼 *La traversée du ruisseau* - Huile/panneau (60x40cm-24x16in) Paris 94 .... FF**15 000** - £**1 750** - **$2,630**

DOMOTO Hisao 1928 [17]
🖼 *Sans titre* - Huile/toile (60x90cm-24x35in) Paris 95 .... FF**20 000** - £**2 590** - **$4,140**
Solution de Continuite#16
    Acrylic/canvas (114x147cm-45x58in) San Francisco-Los Angeles 96 ...... FF**56 600** - £**6 860** - **$11,000**
Solution de continuité #29 - Oil/canvas (195x152cm-77x60in) New-York 92 .... FF**390 000** - £**46 600** - **$75,000**

DOMOTO Insho 1891-1975 [1]
🖼 *Tableau n.4* - Oil/canvas (60x120cm-24x47in) Berlin 90 .... FF**102 000** - £**10 380** - **$20,398**

DOMPÉ Hernan 1946 [2]
🗿 *Novia Azul* - Wood (201cm-79in) New-York 94 .... FF**37 200** - £**4 420** - **$7,000**

DOMSAITIS Pranas 1880-1965 [5]
🖼 *Female figures in a landscape* - Oil/board Cape Town 91 .... FF**2 050** - £**207** - **$356**

DOMSCHEIT Franz 1880-? [1]
🖼 *Vision* - Öl/Leinwand (56x60cm-22x24in) Heidelberg 96 .... FF**16 930** - £**2 090** - **$3,270**

DON Jean 1900-1985 [4]
🖼 *Deauville* - Poster (160x120cm-63x47in) London 95 .... FF**3 360** - £**380** - **$605**

DONA Lydia 1955 [6]
🖼 *Biochemical essays* - Oil/canvas (147x213cm-58x84in) New-York 90 .... FF**22 400** - £**2 280** - **$4,480**

DONADINI Ermenegildo 1847-1936 [2]
🖼 *Blumenstilleben in Porzellanvase* - Oil/panel (58x38cm-23x15in) Pforzheim 90 .... FF**3 230** - £**330** - **$638**
✏ *Boulle-Spieler in Venedig* - Aquarell (30x45cm-12x18in) Frankfurt 94 .... FF**4 690** - £**646** - **$981**

DONADINI Ermenegildo le jeune 1876-? [1]
🖼 *Wisente an der Tränke* - Oil/canvas (86x114cm-34x45in) Bremen 91 .... FF**15 200** - £**1 524** - **$2,509**

DONADINI Jean-Paul 1951 [2]
🖼 *Stilleben mit Uhr und Schwan* - Farbserigraphie (52x74cm-20x29in) Bern 91 .... FF**2 770** - £**279** - **$481**
✏ *Les arums* - Gouache (70x50cm-28x20in) Châlons-sur-Marne 92 .... FF**5 500** - £**565** - **$1,020**

DONADIO Serge XX [2]
🖼 *Bougeoir et cerises* - Huile/panneau (27x22cm-11x9in) Nantes 90 .... FF**6 500** - £**649** - **$1,233**

DONADONI Stefano 1844-1911 [10]
✏ *Castel Sant'Angelo, Roma* - Watercolour (25x38cm-10x15in) London 96 .... FF**6 300** - £**720** - **$1,200**

DONADONI Stefano XIX [3]
✏ *The Spanish Steps, Rome* - Pencil (13x20cm-5x8in) London 94 .... FF**3 520** - £**420** - **$663**

DONAGHUE John Talbott ?-1903 [1]
🗿 *Sophocles playing a lyre* - Bronze (113cm-44in) London 95 .... FF**136 300** - £**17 000** - **$27,500**

DONAGHY John 1838-1931 [4]
🖼 *Sailing toy boats* - Oil/canvas (71x51cm-28x20in) New-York 94 .... FF**17 980** - £**2 120** - **$3,200**

DONALD Elizabeth XIX-XX [1]
🖼 *The young fencer* - Oil/canvas (92x71cm-36x28in) London 96 .... FF**13 930** - £**1 800** - **$2,750**

DONALD John Milne 1819-1858 [5]
🖼 *Figures by a stream* - Oil/canvas (83x121cm-33x48in) New-York 91 .... FF**19 950** - £**2 010** - **$3,462**

DONALDSON Andrew Benjamin 1840-1919 [4]
✏ *Pilgrims of the Night* - Watercolour (30x61cm-12x24in) London 96 .... FF**7 680** - £**1 000** - **$1,523**

DONALDSON David Abercrombie 1916 [2]
🖼 *Cutty Sark & Tam O'Shanter, Maryhill* - Oil/canvas (107x102cm-42x40in) London 95 .... FF**30 300** - £**4 000** - **$6,140**

DONALDSON John 1737-1801 [4]
✏ *Young Lady* - Miniature (4cm-2in) London 97 .... FF**5 037** - £**550** - **$881**

DONALDSON Kim 1952 [4]
✏ *Sable* - Pastel/paper (52x72cm-20x28in) London 96 .... FF**14 200** - £**1 800** - **$2,724**

DONAS Marthe Tour-Donas 1885-1967 [14]
🖼 *Crysanthèmes* - Huile/panneau (47x37cm-19x15in) Lokeren 94 .... FF**50 100** - £**5 930** - **$9,250**
✏ *Composition cubiste aux pipes* - Gouache (29x22cm-11x9in) Paris 96 .... FF**10 000** - £**1 158** - **$1,916**

DONAT Frederick Reginald XIX-XX [3]
🖼 *Enjoying the Spirit* - Oil/canvas (41x51cm-16x20in) Baton Rouge, Louisiana 93 .... FF**10 940** - £**1 317** - **$2,000**

DONATH Gabriel Ambrosius 1684-1760 [2]
🖼 *Kircheninterieur* - Oil/canvas (46x61cm-18x24in) Köln 90 .... FF**115 600** - £**11 821** - **$22,817**

DONATI Carlo 1874-? [1]
🖼 *Gli sposi* - Olio/tavola (70x68cm-28x27in) Roma 94 .... FF**23 400** - £**2 800** - **$4,340**

DONATI Enrico 1909 [19]
🖼 *Ruby* - Mixed media/canvas (127x152cm-50x60in) New-York 97 .... FF**24 664** - £**2 594** - **$4,249**
The Three Elders - Oil/canvas (180x250cm-71x98in) New-York 94 .... FF**63 900** - £**7 410** - **$11,000**

DONATI Lazzaro 1926 [11]
🖼 *La bella madre* - Oil/panel (50x70cm-20x28in) New-York 96 .... FF**3 610** - £**464** - **$700**

DONATI Marina 1936 [3]
🗿 *Abstract form with nude* - Bronze (36cm-14in) Chicago 95 .... FF**2 670** - £**343** - **$550**

DONAUER Friedrich 1880-1957 [1]
✏ *Schiffsanlegestelle Alte Liebe* - Aquarell/Papier (38x45cm-15x18in) Heidelberg 94 .... FF**2 125** - £**255** - **$413**

DONDAINE Lucien 1926 [33]
🖼 *Enfants en vacances* - Huile/toile (41x33cm-16x13in) Entzheim 95 .... FF**2 700** - £**345** - **$544**

DONDEL Jean-Claude 1904 [12]
🖼 *Les citrons* - Huile/toile (50x61cm-20x24in) Paris 90 .... FF**6 500** - £**691** - **$1,163**
✏ *Les poires* - Aquarelle (23x35cm-9x14in) Paris 90 .... FF**1 900** - £**202** - **$340**

DONE Ken XX [3]
- *Parrots, for a 1985 calendar* - Oil/paper (37x51cm-15x20in) Salisbury, Wiltshire 93 .... FF22 600 - £2 600 - **$3,900**

DONGEN van Guus 1878-1946 [3]
- *Winterlandschafteg* - Oil/panel (50x60cm-20x24in) Stuttgart 92 .... FF2 710 - £315 - **$553**

DONGEN van Jean 1883-1970 [1]
- *Autoportrait* - Plâtre (52cm-20in) Paris 96 .... FF1 500 - £194 - **$300**

DONGEN van Kees 1877-1968 [466]
- *Au Bois* - Huile/toile (54x65cm-21x26in) Paris 97 .... FF1 - £135 460 - **$221,520**
- *Le clown* - Huile/toile (100x81cm-39x32in) Paris 90 .... FF1 - £1 - **$2**
- *La Laguna di Venezia* - Oil/canvas (147x114cm-58x45in) London 97 .... FF4 - £480 000 - **$793,680**
- *La Danseuse et le Clown* - Oil/canvas (125x92cm-49x36in) London 97 .... FF9 - £950 000 - **$1**
- *A Couple* - Oil/canvas/board (17x11cm-7x4in) Amsterdam 97 .... FF11 716 - £1 228 - **$2,010**
- *Cantier (Hollande)* - Oil/board (24x30cm-9x12in) Amsterdam 97 .... FF99 602 - £10 446 - **$1,709,2 3**
- *Portrait de femme* - Oil/canvas (55x46cm-22x18in) London 97 .... FF212 355 - £22 000 - **$36,377**
- *Le Nil* - Huile/toile (73x50cm-29x20in) Paris 97 .... FF460 000 - £58 300 - **$92,500**
- *Jeune femme blonde* - Lithographie couleurs (103x72cm-41x28in) Paris 97 .... FF4 000 - £436 - **$699**
- *Les deux amies* - Aquarelle (35x55cm-22x19in) Paris 90 .... FF1 - £129 132 - **$220,848**
- *Ane* - Coloured crayons/paper (12x21cm-5x8in) Amsterdam 97 .... FF4 392 - £460 - **$753**
- *Vue du Caire* - Encre Chine (32x27cm-13x11in) Calais 97 .... FF8 200 - £820 - **$1,384**
- *Le Colonial* - Watercolour (30x22cm-12x9in) London 97 .... FF14 506 - £1 600 - **$2,544**
- *Souvenir du Bois de Boulogne* - Aquarelle, gouache (18x25cm-7x10in) Paris 97 .... FF28 000 - £3 360 - **$5,270**
- *Velada de San Juan* - Watercolour (32x49cm-13x19in) Amsterdam 97 .... FF93 744 - £9 832 - **$16,086**
- *Femme au chapeau fleuri* - Aquarelle (24x33cm-9x13in) Paris 96 .... FF350 000 - £40 500 - **$67,000**

DONGHI Antonio 1897-1963 [18]
- *Paesaggio romano* - Olio/tela (35x55cm-14x22in) Milano 95 .... FF217 500 - £27 000 - **$43,800**
- *Nudo allo specchio* - Matita/carta (16x24cm-6x9in) Venezia 96 .... FF8 620 - £975 - **$1,650**
- *Il giocolere* - Matita/carta (38x28cm-15x11in) Milano 94 .... FF51 500 - £6 200 - **$9,610**

DONIN Christoph 1930 [2]
- *Madame Höllenteufel in der Garderobe* - Mixed media/panel (30x21cm-12x8in) Wien 96 .... FF4 870 - £633 - **$963**

DONKIN Alice Emily XIX-XX [2]
- *Does it Boil ?* - Oil/canvas (90x70cm-35x28in) London 93 .... FF22 830 - £2 600 - **$3,874**

DONNAY Auguste 1862-1921 [34]
- *Paysage d'Automne* - Huile/panneau (43x63cm-17x25in) Liège 96 .... FF21 370 - £2 680 - **$4,130**
- *Vallée de l'Ourthe* - Huile/toile (68x102cm-26x40in) Liège 96 .... FF43 300 - £5 610 - **$8,560**
- *Meule en hiver* - Pastel/papier (28x33cm-11x15in) Liège 96 .... FF5 910 - £684 - **$1,132**

DONNAY Jean 1897-1992 [8]
- *Paysage d'hiver* - Huile/panneau (33x23cm-13x9in) Liège 91 .... FF3 400 - £341 - **$623**
- *Farandole* - Encre Chine (18x26cm-7x10in) Bruxelles 94 .... FF2 160 - £259 - **$409**

DONNE Benjamin James M. 1831-1928 [2]
- *The Bathers* - Oil/canvas (23x30cm-9x12in) Aylsham, Norfolk 93 .... FF2 075 - £250 - **$363**
- *Coastal scene* - Wash London 91 .... FF1 687 - £169 - **$292**

DONNE Henry Richard Beadon 1860-1949 [33]
- *Puma Peninsula, Sestri* - Watercolour (33x51cm-13x20in) London 95 .... FF2 170 - £280 - **$447**
- *Winkelatten, Zermatt* - Watercolour, gouache (35x51cm-14x20in) London 89 .... FF10 700 - £1 128 - **$1,801**

DONNE Walter H. 1867-? [3]
- *The Bay of Naples* - Oil/board (30x40cm-12x16in) London 97 .... FF18 433 - £2 000 - **$3,266**

DONNE Winnifred 1882-1944 [2]
- *The Pied Piper of Hamlin* - Watercolour (92x73cm-36x29in) London 93 .... FF34 860 - £4 200 - **$6,090**

DONNER Carl XX [8]
- *Teal by the water's edge* - Watercolour (33x50cm-13x20in) London 91 .... FF2 435 - £250 - **$453**

DONNER VON RICHTER Otto 1828-1911 [3]
- *Junges Mädchen sitzend* - Oil/panel (12x7cm-5x3in) München 90 .... FF8 400 - £899 - **$1,461**
- *Rues animées de Pompéi* - Huile/toile (43x79cm-17x31in) Paris 97 .... FF50 000 - £5 340 - **$8,765**

DONNOT Bertrand 1949 [3]
- *Sur le dos* - Sculpture (17x22x20cm-7x9x8in) Paris 92 .... FF4 500 - £463 - **$866**

DONNY Désiré 1798-1861 [3]
- *Coastal scene with resting fishermen* - Oil/canvas (50x58cm-20x23in) Amsterdam 94 ... FF18 300 - £2 124 - **$3,150**

DONOHO Gaines Ruger 1857-1916 [2]
- *Hayricks in Autumn* - Oil/canvas Cambridge, Mass. 90 .... FF8 000 - £851 - **$1,431**
- *Winter Twilight* - Charcoal (23x36cm-9x14in) New Orleans, Louisiana 94 .... FF2 110 - £254 - **$400**

DONOVAN Phoebe 1902 [2]
- *Harvesting* - Pastel (34x47cm-13x19in) Belfast 90 .... FF4 100 - £436 - **$733**

DONZÉ Numa 1885-1952 [14]
- *Basel* - Öl/Leinwand (67x115cm-26x45in) Zürich 96 .... FF7 640 - £990 - **$1,510**

DONZÉ Paul 1891-1954 [9]
- *Tessiner Berglandschaft* - Öl/Leinwand (90x90cm-35x35in) Bern 95 .... FF3 440 - £448 - **$707**

DONZEL Charles 1824-1889 [6]
- *Au bord de l'eau* - Huile/toile (81x116cm-32x46in) Paris 95 .... FF21 000 - £2 620 - **$4,120**

DONZELLI Bruno 1941 [22]
- *Paesaggio più aeroplano* - Tecnica mista/tela (100x100cm-39x39in) Milano 94 ...... FF5 880 - £680 - **$1,003**
- *Identikit di maestro italiano* - Acrilico/tela (90x100cm-35x39in) Roma 92 .... FF12 400 - £1 475 - **$2,384**

DOOLAARD Cornelis Jan 1944 [3]
🖝 *Doopseltje* - Oil/panel (23x33cm-9x13in) Amsterdam 94 .... FF2 437 - £288 - **$438**
DOOLITTLE James N. 1886-1954 [6]
🖾 *Carol Lombard* - Color carbro print (32x27cm-13x11in) San Francisco-Los Angeles 95 ...... FF13 430 - £1 715 - **$2,750**
DOOMS Vic 1912 [4]
🖝 *Marine* - Huile/panneau (60x70cm-24x28in) Lokeren 93 .... FF13 740 - £1 573 - **$2,340**
DOOREN van Edmond 1895-1965 [14]
🖝 *Paysage surréaliste* - Huile/toile (70x87cm-28x34in) Antwerpen 94 .... FF6 600 - £758 - **$1,130**
✐ *Au port* - Dessin (32x47cm-13x19in) Antwerpen 94 .... FF2 000 - £232 - **$344**
DOOREN van Emile 1865-1949 [1]
🖝 *Marais* - Huile/panneau (23x34cm-9x13in) Bruxelles 90 .... FF7 800 - £806 - **$1,378**
DOORN van Tinus, Jnr. 1905-1940 [4]
🖝 *Stilleven* - Oil/canvas (36x65cm-14x26in) Amsterdam 96 .... FF8 600 - £1 103 - **$1,694**
DOOYEWAARD Jaap Jacob 1876-1969 [25]
🖝 *Rasmus, Noorse Boer* - Oil/canvas (65x54cm-26x21in) Amsterdam 97 .... FF7 281 - £787 - **$1,270**
🖝 *A ballerina seated* - Oil/canvas (81x73cm-32x29in) Amsterdam 93 .... FF30 130 - £3 600 - **$5,800**
✐ *Ballerina seated* - Chalks/paper (54x41cm-21x16in) Amsterdam 94 .... FF1 980 - £234 - **$356**
DOOYEWAARD Willem 1892-1980 [35]
🖝 *Can-Can dancing-girl* - Oil/canvas (100x73cm-39x29in) Amsterdam 90 .... FF56 900 - £5 896 - **$10,000**
🖝 *Cowering Balinese man* - Oil/canvas (100x75cm-39x30in) Singapore 95 .... FF561 000 - £71 660 - **$115,000**
✐ *The gloves* - Charcoal (66x31cm-26x12in) Amsterdam 96 .... FF11 660 - £1 498 - **$2,300**
DOPCHIE Eugene 1873-? [2]
🖝 *Beluik te Akkerghem* - Huile/panneau (60x52cm-24x20in) Lokeren 94 .... FF3 984 - £470 - **$710**
DÖPLER Emil 1855-1922 [1]
✐ *Album mit Tischkarten* - Ink München 96 .... FF9 800 - £1 265 - **$1,890**
DOPPELMAYR Friedrich Wilhelm 1776-c.1850 [2]
✐ *Voralpenlandschaft* - Ink (38x46cm-15x18in) München 94 .... FF16 470 - £1 950 - **$3,043**
DORAN Albert XIX-XX [2]
🖝 *Lac de la Mazille* - Huile/panneau (65x48cm-26x19in) Paris 97 .... FF2 000 - £212 - **$348**
DORAZIO Pietro 1927 [186]
🖝 *Intorno, 1997* - Olio/tela (45cm-18in) Prato 97 .... FF17 000 - £2 000 - **$3,000**
Majora II°, 1984 - Acrilico/tela (130x160cm-51x63in) Prato 97 .... FF95 200 - £11 200 - **$16,800**
Collier - Olio/tela (81x100cm-32x39in) Milano 94 .... FF254 000 - £30 240 - **$45,400**
Pandora - Olio/tela (180x140cm-71x55in) Milano 90 .... FF710 000 - £71 495 - **$139,079**
✐ *Composition* - Watercolour, gouache/paper (67x47cm-26x19in) München 96 .... FF12 570 - £1 432 - **$2,405**
Reticolo, 1986 - Tempera/carta (36x25cm-14x10in) Prato 97 .... FF18 700 - £2 200 - **$3,300**
DORBRITZ Marguerite 1886-? [1]
🖝 *Les chats* - Huile/toile (46x61cm-18x24in) Paris 89 .... FF8 000 - £796 - **$1,264**
DORCHIN Laurent 1968 [9]
🖝 *Composition No. 3* - Huile/toile (46x38cm-18x15in) Allaman 94 .... FF6 460 - £750 - **$1,114**
DORCHIN Yaacov 1946 [9]
🖾 *Peade Dove* - Bronze (58cm-23in) Tel Aviv 97 .... FF9 626 - £1 070 - **$1,800**
DORCHY Henri 1920 [2]
🖝 *Résurrection pascale* - Huile/panneau (117x82cm-46x32in) Antwerpen 95 .... FF3 810 - £476 - **$769**
DORÉ Armand 1824-c.1882 [2]
🖝 *Moulin et maisons près du rivage* - Huile/toile (50x81cm-20x32in) Lindau 93 .... FF13 560 - £1 667 - **$2,440**
DORÉ Gustave 1832-1883 [126]
🖝 *Lac/Lac de montagne, ciel gris* - Huile/carton (15x32cm-6x13in) Paris 97 .... FF37 000 - £4 026 - **$6,442**
Scotch Landscape - Oil/canvas (112x195cm-44x77in) New-York 94 .... FF102 681 - £11 068 - **$18,000**
Midsummer Night's Dream - Oil/canvas (275x200cm-108x79in) London 95 .... FF499 000 - £65 000 - **$102,300**
🖾 *Madonna and child* - Bronze (48cm-19in) New-York 94 .... FF13 000 - £1 574 - **$2,400**
La Danse - Bronze (88cm-35in) Paris 95 .... FF300 000 - £35 900 - **$57,100**
✐ *La Marseillaise* - Encre (17x15cm-7x6in) Paris 97 .... FF5 500 - £603 - **$965**
Le vol de l'aigle - Aquarelle (48x58cm-19x23in) Paris 96 .... FF20 000 - £2 600 - **$3,960**
Les Fées - Watercolour, gouache (40x69cm-16x27in) New-York 97 .... FF164 865 - £17 757 - **$29,000**
DOREN van Emile 1865-1949 [8]
🖝 *Bruyère en septembre* - Huile/toile (60x100cm-24x39in) Bruxelles 97 .... FF21 242 - £2 301 - **$3,757**
DOREN van Raymond 1906 [7]
🖾 *Scènes érotiques* - Photo Paris 94 .... FF2 500 - £295 - **$448**
✐ *A female nude* - Pastel Bloomfield Hills, Michigan 92 .... FF4 080 - £418 - **$800**
DORFI Albert Dorfinant 1881-1976 [7]
🖾 *Grande Roue de Paris* - Poster (157x116cm-62x46in) New-York 94 .... FF12 610 - £1 540 - **$2,400**
✐ *Moët & Chandon* - Gouache (41x32cm-16x13in) New-York 93 .... FF6 600 - £828 - **$1,200**
DORFINANT Gaston 1880-? [1]
✐ *Buvez Coca-Cola* - Gouache (39x30cm-15x12in) New-York 92 .... FF23 860 - £2 440 - **$4,200**
DÖRFLER Roland 1926 [4]
✐ *St Angelo auf Ischia* - Aquarell (46x63cm-18x25in) Stuttgart 92 .... FF3 385 - £394 - **$691**
DORIGNAC Georges 1879-1925 [13]
🖝 *Le Câlin* - Huile/toile (81x101cm-32x40in) Bordeaux 95 .... FF8 000 - £1 051 - **$1,606**
✐ *Modèle assis* - Encre Chine (41x43cm-16x17in) Paris 89 .... FF2 800 - £279 - **$442**
DORIGNY Louis 1654-1742 [3]
✐ *Trois muses* - Sanguine (30x27cm-12x11in) Paris 97 .... FF5 000 - £521 - **$855**
DORIGNY Nicolas 1657-1746 [5]
✐ *Homme à la couronne de laurier* - Sanguine/papier (36x31cm-14x12in) Genève 89 .... FF2 100 - £221 - **$354**

DÖRING Adam Lude, Rudolf 1925 [6]
🔹 *Winkel und Finger* - Acrylic/paper (25x25cm-10x10in) München 96 .... FF7 800 - £978 - $1,505
✏️ *Profil 79* - Watercolour (24x24cm-9x9in) München 96 .... FF2 373 - £298 - $458

DÖRING Rudolf 1888-? [2]
🔹 *Winterlandschaft* - Öl/Leinwand (70x100cm-28x39in) Dresden 95 .... FF2 766 - £362 - $554

DORION Charles S. XIX-XX [1]
🔹 *Sailboats in the moonlight* - Oil/canvas (11x17cm-4x7in) Chicago 96 .... FF4 300 - £558 - $850

DORION Pierre 1959 [2]
🔹 *Perspective* - Huile (91x66cm-36x26in) Montréal 90 .... FF3 496 - £356 - $699

DORIS Michail Papageorgiou 1896-1987 [10]
🔹 *Athens Park* - Oil/board (65x127cm-26x50in) Athens 95 .... FF13 630 - £1 763 - $2,785

DORIVAL Georges, Géo 1879-1968 [37]
▭ *Venise* - Poster (110x79cm-43x31in) London 94 .... FF3 290 - £380 - $567

DORLAN Jean Pierre 1951 [9]
🔹 *La riviera* - Huile/toile (33x45cm-13x18in) Provins 93 .... FF3 000 - £375 - $546

DORLEANS Raymond XX [2]
🔹 *Paysage* - Huile/toile (61x81cm-24x32in) Paris 96 .... FF5 200 - £673 - $1,020

DORMONT Jacques 1914 [2]
🔹 *Portrait d'enfant* - Huile/panneau (40x32cm-16x13in) Bruxelles 89 .... FF3 400 - £338 - $537

DORN Albert 1904-1965 [1]
✏️ *Invasion of Normandy* - Watercolour (33x38cm-13x15in) New-York 96 .... FF9 840 - £1 270 - $1,900

DORNAC Paul Marsan, dit ?-1941 [1]
✏️ *Portrait de Rodin à Meudon* - Tinta (12x17cm-5x7in) Paris 91 .... FF5 500 - £558 - $993

DÖRNBERGER Karl 1864-1940 [18]
🔹 *Sommeridyll* - Oil/canvas (100x120cm-39x47in) Tönsberg 91 .... FF17 360 - £1 736 - $2,859

DORNE Albert 1904-1965 [1]
✏️ *Football coach sending player* - Watercolour (36x33cm-14x13in) New-York 96 .... FF9 220 - £1 094 - $1,800

DORNE van Martin 1736-1808 [2]
🔹 *Flowers/Fruits and flowers* - Oil/canvas (57x41cm-22x16in) New-York 92 .... FF112 700 - £13 100 - $23,000

DORNER Johan Jakob I 1741-1813 [5]
🔹 *Antiochus and Stratonice* - Oil/panel (53x38cm-21x15in) London 95 .... FF27 370 - £3 500 - $5,500

DORNER Johann Conrad 1809-1866 [2]
🔹 *Elderly lady* - Oil/canvas (105x80cm-41x31in) Amsterdam 90 .... FF12 000 - £1 240 - $2,120

DORNER Johann Jakob II 1775-1852 [13]
🔹 *Mühle unweit TRaunstein in Baiern* - Öl/Leinwand (52x48cm-20x19in) München 93 .... FF57 600 - £6 880 - $11,100
✏️ *Bauernhaus, Mühlthal* - Watercolour (20x27cm-8x11in) München 94 .... FF5 150 - £610 - $951

DÖRNER Max 1870-1939 [4]
🔹 *Dorfplatz mit Blick auf eine Kirche* - Oil/canvas (56x59cm-22x23in) München 90 .... FF4 700 - £503 - $817

DORNOIS Albert Pierre XIX-XX [2]
🔹 *Vue de la porte de Vire* - Huile/toile (46x32cm-18x13in) Paris 94 .... FF5 500 - £657 - $1,027

DORO Theo 1896-1973 [3]
▭ *Sports d'Hiver, Vosges* - Poster (98x63cm-39x25in) New-York 96 .... FF8 150 - £960 - $1,600

DOROGOFF Alexander Matwjejew. 1819-1850 [2]
✏️ *Villa auf dem Land* - Watercolour (17x25cm-7x10in) München 91 .... FF3 250 - £334 - $605

DORPH Anton Lauritz Johan. 1831-1914 [26]
🔹 *Frederik Syrensen* - Oil/panel (26x21cm-10x8in) København 96 .... FF3 120 - £404 - $624
🔹 *On the lake* - Oil/canvas (71x100cm-28x39in) London 96 .... FF23 100 - £3 000 - $4,570

DORPH Bertha Green 1875-1960 [10]
🔹 *Lille lyshåret pige* - Oil/canvas (46x40cm-18x16in) København 96 .... FF7 990 - £1 024 - $1,575
✏️ *The music room* - Watercolour (25x23cm-10x9in) London 92 .... FF2 825 - £290 - $543

DÖRR Carl 1777-1842 [1]
▭ *Gegend bei Burgdorf* - Aquatinte (25x39cm-10x15in) Bern 95 .... FF15 500 - £2 012 - $3,180

DÖRR Ferdinand 1880-1968 [9]
🔹 *Schwarzwaldlandschaft* - Öl/Karton (24x32cm-9x13in) Köln 93 .... FF4 550 - £521 - $774

DORR Nell 1893-1988 [1]
📷 *Mother and Child* - Gelatin silver print (36x25cm-14x10in) New-York 96 .... FF14 440 - £1 854 - $2,800

DÖRR Paul 1892-? [1]
🔹 *Neckarlandschaft mit Wehr vor Bergen* - Öl/Leinwand (76x100cm-30x39in) Stuttgart 95 .... FF4 825 - £625 - $981

DÖRRBECKER Karl 1894-1983 [4]
🔹 *Landschaft* - Öl/Leinwand (64x80cm-25x31in) Frankfurt 93 .... FF5 430 - £648 - $1,044

DORRÉE Émile 1883-1959 [8]
🔹 *Allée ombragée* - Huile/toile (81x53cm-32x21in) Cherbourg 92 .... FF8 700 - £891 - $1,532

DORRIEN-SMITH Anne XIX-XX [2]
🔹 *Fishing wharf* - Oil/canvas (28x38cm-11x15in) Penzance, Cornwall 93 .... FF2 400 - £300 - $435

DORS Mirabelle XX [1]
🔹 *Départ sur fond de flammes* - Huile/panneau (106x76cm-42x30in) Paris 94 .... FF5 500 - £640 - $964

DORSCH Ferdinand 1875-1938 [3]
✏️ *Blick ins land* - Gouache/Karton (37x54cm-15x21in) Wien 91 .... FF6 260 - £635 - $1,131

DORSCHFELDT G.A. 1898-? [2]
🔹 *Sommerlicher Blumenstrauss* - Öl/Karton (89x80cm-35x31in) Lindau 95 .... FF8 200 - £1 024 - $1,654

D

DORSEY William 1942 [13]
🦅 Coast at Ojai - Oil/board (81x96cm-32x38in) San Francisco-Los Angeles 96 .... FF9 320 - £1 170 - **$1,800**
DORSI Achille 1845-1922 [1]
🗿 Nudo di donna - Bronze (40cm-16in) Roma 94 .... FF6 010 - £720 - **$1,116**
DORT van Willem 1875-1949 [2]
🦅 Moored fishing vessels - Oil/canvas (50x61cm-20x24in) Amsterdam 96 .... FF9 000 - £1 130 - **$1,770**
DORVAL-DÉGLISE Jacques XIX-XX [2]
🗿 Séléné - Bronze (17cm-7in) Montréal 95 .... FF1 995 - £263 - **$401**
Aphrodite reclining upon the waves - Marble (58cm-23in) New-York 93 .... FF7 080 - £806 - **$1,200**
DORVILLE Jean 1902-1985 [4]
🦅 Le Moulin Rouge, Paris - Huile/toile (22x26cm-9x10in) Calais 93 .... FF2 000 - £230 - **$345**
DOSAMANTES Francisco 1911-1986 [4]
La Victima del Cacique
   Oil/canvas (200x120cm-79x47in) San Francisco-Los Angeles 95 .... FF27 230 - £3 404 - **$5,500**
DOSEKIN Nikolay Vasilyevich 1863-1935 [2]
🦅 The Town at Night - Oil/panel (61x65cm-24x26in) Moscow 94 .... FF12 900 - £1 493 - **$2,200**
✏ Settlement on Murman - Watercolour/paper (28x43cm-11x17in) Moscow 94 .... FF3 255 - £385 - **$600**
DOSENBERGER Ernst 1898-1963 [4]
🦅 Heuarbeiterinnen - Öl/Leinwand (42x64cm-17x25in) Wien 95 .... FF6 410 - £767 - **$1,220**
DOSSETTI Joseph-Dominique 1923 [19]
🦅 Nu au voile noir - Huile/toile (72x59cm-28x23in) Paris 96 .... FF11 000 - £1 370 - **$2,134**
DOSWALD Oskar 1887-1966 [2]
✏ Skyline von New York - Gouache (16x13cm-6x5in) Bern 92 .... FF1 675 - £200 - **$322**
DOTARO Jean XX [6]
✏ Petit grain - Aquarelle (30x40cm-12x16in) Strasbourg 94 .... FF1 800 - £216 - **$350**
DOTREMONT Christian 1922-1983 [27]
✏ Untitled - Crayon (31x24cm-12x9in) Amsterdam 97 .... FF2 634 - £276 - **$45,2 6**
Chéri, quand tu liras ceci, je serai vivant - Encre/papier (53x71cm-21x28in) Paris 95 .... FF18 000 - £2 155 - **$3,426**
Glissaglissa d'averse du Nord... - Ink/paper (66x50cm-26x20in) Amsterdam 90 .... FF59 900 - £6 372 - **$10,716**
DOTTI Pietro 1833-? [1]
✏ Tempio di Vesta, Roma - Acquarello/carta (38x49cm-15x19in) Roma 95 .... FF7 110 - £943 - **$1,450**
DOTTORI Gerardo 1884-1977 [28]
🦅 Paesaggio - Olio/cartone (30x38cm-12x15in) Prato 97 .... FF23 800 - £2 800 - **$4,200**
Temporale -città - Olio/carta/tela (32x45cm-13x18in) Prato 97 .... FF81 600 - £9 600 - **$14,400**
✏ Studio per Dolomiti - Inchiostro/carta (23x16cm-9x6in) Milano 95 .... FF10 330 - £1 292 - **$2,006**
DOUBA Josef 1866-1928 [2]
✏ The promenade - Gouache (30x37cm-12x15in) London 93 .... FF26 560 - £3 200 - **$4,640**
DOUBEK Frantisek Bohumil 1865-? [7]
🦅 Children bathing - Oil/canvas (31x40cm-12x16in) London 92 .... FF11 700 - £1 200 - **$2,244**
✏ Medieval maiden/Classical maiden - Watercolour (23x15cm-9x6in) London 92 .... FF1 954 - £200 - **$345**
DOUBOVIC Nicolas 1960 [5]
🦅 Au café, le soir - Huile/toile (60x80cm-24x31in) Douarnenez 94 .... FF3 900 - £469 - **$727**
DOUBTING James 1841-1904 [1]
🦅 Pie in the sky - Oil/canvas/panel (23x39cm-9x15in) Bristol, Avon 96 .... FF2 184 - £280 - **$431**
DOUCAS Hector 1885-1969 [1]
🦅 Lilac in a vase - Oil/canvas (61x50cm-24x20in) Athens 94 .... FF11 110 - £1 318 - **$2,055**
DOUCET Clément 1894-1950 [1]
✏ Autoportrait avec Jean Wiener - Crayon (18x25cm-7x10in) Paris 92 .... FF6 000 - £716 - **$1,154**
DOUCET Henri 1883-1915 [2]
🦅 Rivière devant le village - Huile/toile (59x81cm-23x32in) Versailles 91 .... FF16 000 - £1 593 - **$2,751**
DOUCET Henri Lucien 1856-1895 [5]
🦅 Galli-Marié in the role of Carmen - Oil/canvas (193x84cm-76x33in) London 94 .... FF57 700 - £7 200 - **$11,150**
DOUCET Jacques 1924-1994 [103]
🦅 Untitled - Acrylic/paper (48x68cm-19x27in) Amsterdam 97 .... FF10 788 - £1 134 - **$1,853**
Sans titre - Huile/toile (72x53cm-28x21in) Paris 96 .... FF40 000 - £4 590 - **$7,630**
Sans titre - Huile/toile (40x80cm-16x31in) Paris 97 .... FF72 000 - £7 610 - **$12,355**
Mémoire des falaises - Huile/toile (97x130cm-38x51in) Versailles 90 .... FF210 000 - £22 629 - **$37,037**
✏ Abstract composition - Mixed media/paper (77x58cm-30x23in) Amsterdam 95 .... FF25 200 - £3 216 - **$5,140**
DOUCHEZ Jacques 1921 [2]
🦅 Peinture sans titre - Huile/toile (50x66cm-20x26in) Paris 93 .... FF74 000 - £8 810 - **$13,830**
DOUDELET Charles 1861-1938 [8]
🦅 La jeune femme et la Mort - Huile/toile (70x90cm-28x35in) Bruxelles 93 .... FF3 626 - £434 - **$741**
✏ Religieuse en prière - Encre/papier (33x26cm-13x10in) Antwerpen 95 .... FF1 692 - £217 - **$341**
DOUDIET Alphonse 1807-1872 [3]
✏ Tigre dans la jungle - Acuarela (42x35cm-17x14in) Madrid 92 .... FF4 840 - £562 - **$987**
DOUEK Victor 1915 [3]
🗿 Patience - Bronze (14x6x6cm-6x2x2in) Paris 92 .... FF1 500 - £154 - **$289**
DOUGHERTY Parke Curtis 1862-? [3]
🦅 French street scene - Oil/canvas (64x78cm-25x31in) Mystic, Connecticut 91 .... FF2 400 - £239 - **$413**
Winter morning : quai Voltaire - Oil/canvas (66x81cm-26x32in) New-York 91 .... FF34 200 - £3 433 - **$5,917**
DOUGHERTY Paul 1877-1947 [19]
🦅 Rocky coast - Oil/canvas (91x86cm-36x34in) San Francisco-Los Angeles 92 .... FF26 950 - £3 130 - **$5,500**

DOUGHTY Thomas 1793-1856 [12]
Fishing - Oil/canvas (55x68cm-22x27in) New-York 96.................................... FF154 500 - £19 200 - $30,000
DOUGLAS Andrew 1871-1935 [2]
Cows grazing - Öl/Leinwand (43x61cm-17x24in) Lindau 95 .... FF11 400 - £1 424 - $2,300
DOUGLAS Bloomfield 1832-1906 [1]
Lake Achigan/Lac Achigan - Oil/canvas (20x30cm-8x12in) Toronto 94 .... FF5 730 - £670 - $1,010
DOUGLAS Edward Algernon S. c.1850-c.1920 [10]
End of a Good Day/A Blank Day - Oil/canvas (61x31cm-24x12in) New-York 93 .... FF66 000 - £8 270 - $12,000
DOUGLAS Edwin 1848-1914 [14]
Two Setters with the Day's Bag - Oil/canvas (148x95cm-58x37in) London 95 .... FF52 600 - £6 800 - $10,740
DOUGLAS John 1867-? [1]
Children building a fire - Watercolour, gouache (33x48cm-13x19in) Glasgow 90 .... FF25 200 - £2 611 - $4,429
DOUGLAS Walter 1868-? [3]
On His Own Hill - Oil/canvas (30x41cm-12x16in) North Berwick, Maine 94 .... FF9 940 - £1 150 - $1,700
DOUGLAS William Fettes 1822-1891 [5]
The rejected suitor - Oil/panel (35x51cm-14x20in) Auchterarder, Perthshire 95 .... FF13 300 - £1 700 - $2,615
DOUGUET Max XX [2]
Lesconil dans le calme du matin - Aquarelle (31x40cm-12x16in) Brest 89 .... FF4 200 - £443 - $707
DOUGY Édouard 1912-1989 [5]
La montagne où s'est perdue... - Huile/toile (100x81cm-39x32in) Paris 90 .... FF2 000 - £253 - $399
DOUILLARD Alexis M.L. 1835-1905 [1]
The loving granddaughter - Oil/canvas (102x158cm-40x62in) Amsterdam 91 .... FF7 250 - £720 - $1,259
DOUKAS Hector 1885-1969 [3]
A village street - Oil/board (48x59cm-19x23in) Athens 93 .... FF20 400 - £2 344 - $3,504
DOUKAS Ionnis 1838-1916 [1]
Prince Constantine the First - Oil/canvas (52x42cm-20x17in) Athens 96 .... FF38 200 - £4 930 - $7,370
DOUKHANOV Vladimir 1954 [2]
Gels d'automne - Huile/toile (100x80cm-39x31in) Paris 93 .... FF3 200 - £386 - $582
DOULAIN Dominique 1948 [2]
Sans titre - Technique mixte (69x86cm-27x34in) Paris 90 .... FF5 500 - £570 - $967
Composition - Sculpture (85cm-33in) Paris 91 .... FF7 500 - £745 - $1,302
DOUMET Zacharie Félix 1761-1818 [6]
Campagne de Toulon - Gouache (42x52cm-17x20in) Paris 92 .... FF45 000 - £5 370 - $8,650
DOUMONT Edmond 1879-? [1]
La brodeuse - Huile/toile (117x89cm-46x35in) Bruxelles 97 .... FF32 720 - £3 400 - $5,580
DOURY Claudine XX [2]
Yémen - Photo (4x50cm-2x20in) Paris 95... FF3 300 - £434 - $663
DOUTRELEAU Pierre 1938 [26]
Canal d'été - Huile/toile (65x92cm-26x36in) Versailles 97 .... FF4 000 - £438 - $702
Canal - Huile/toile (46x65cm-18x26in) Reims 96 .... FF8 200 - £1 028 - $1,586
Marine - Huile/toile (71x49cm-28x19in) Nantes 96 .... FF25 000 - £3 250 - $4,950
DOUVEN Frans Bartholomeus 1688-1726 [1]
Euterpe - Oil/canvas (132x139cm-52x55in) London 91 .... FF41 500 - £4 161 - $7,601
DOUVEN Jacques 1908 [3]
Lourmarin in de Provence - Huile/toile (60x40cm-24x16in) Lommel 91.......... FF5 510 - £557 - $1,094
DOUZETTE Fritz 1878-1955 [1]
Frühlingslandschaft - Aquarell (19x29cm-7x11in) Stuttgart 96................. FF2 050 - £267 - $406
DOUZETTE Louis, Carl Ludwig 1834-1924 [30]
Kühe in weiter Marschlandschaft - Öl/Karton (35x48cm-14x19in) Stuttgart 95............ FF11 550 - £1 482 - $2,380
Heimtreib der Kühherde - Öl/Leinwand (94x62cm-37x24in) Bremen 94 .... FF25 750 - £3 094 - $4,760
DOUZON Théodore 1829-1914 [1]
Sous-bois - Huile/toile (58x76cm-23x30in) Zürich 91......................... FF22 970 - £2 303 - $3,792
DOVA Gianni 1925-1991 [121]
Granio del Dittatore - Huile/toile (50x40cm-20x16in) Paris 97 .... FF13 500 - £1 427 - $2,317
Due figure - Olio/carta/tela (70x60cm-28x24in) Milano 96 .... FF33 600 - £3 302 - $6,600
Incanto nella foresta - Olio/tela (150x100cm-59x39in) Milano 92 .... FF217 400 - £22 250 - $38,300
Lo stagno - Tempera/carta (130x87cm-51x34in) Milano 94 .... FF28 240 - £3 360 - $5,040
DOVASTON Margaret 1884-? [11]
The New Model - Oil/canvas (52x69cm-20x27in) New-York 95 .... FF53 600 - £6 960 - $11,000
DOVE Arthur Garfield 1880-1946 [20]
Wind (No.3) - Oil (39x53cm-15x21in) New-York 96 .... FF1 - £128 646 - $210,000
Cow at Play - Oil/canvas (51x77cm-20x30in) New-York 95................... FF487 000 - £62 200 - $100,000
(Untitled) Centerport III - Watercolour/paper (15x23cm-6x9in) New-York 97 .... FF46 674 - £4 900 - $8,000
DOVE Thomas ?-1887 [1]
Duke of Edinburgh at Liverpool - Oil/canvas (61x92cm-24x36in) London 96........... FF11 830 - £1 500 - $2,270
DOVERA Achille 1838-1895 [9]
Les Iles Boromées - Oil/panel (22x40cm-9x16in) Aubagne 91 .... FF54 000 - £5 455 - $10,720
DOVIANE Auguste 1825-1887 [4]
Barque au bout du Lac de Genève - Huile/toile (40x61cm-16x24in) Grenoble 94 .... FF5 000 - £583 - $883
DOW Arthur Wesley 1857-1922 [5]
The Hayfields - Oil/canvas board (20x25cm-8x10in) Cambridge, Mass. 94 .... FF50 600 - £5 970 - $9,000
Marsh creek - Woodcut in colors (15x23cm-6x9in) New-York 92 .... FF12 200 - £1 278 - $2,200

D

DOW Thomas Millie 1818-1919 [1]
Spring - Oil/canvas (134x99cm-53x39in) Edinburgh 92... FF34 200 - £3 500 - **$6,020**

DOWD James Henry 1883-1956 [1]
Ride and Ride Well - Poster (102x60cm-40x24in) London 95 .... FF1 820 - £220 - **$336**

DOWD Robert 1934-1995 [9]
Homage to Gauguin - Oil/canvas (117x163cm-46x64in) New-York 96 .... FF30 030 - £3 880 - **$5,800**

DOWELL Charles Rennie ?-1935 [2]
Still life - Oil/canvas (63x76cm-25x30in) Glasgow 96 .... FF2 590 - £300 - **$497**

DOWLING Robert Hawke 1827-1886 [1]
The slave dealer - Oil/canvas (101x127cm-40x50in) London 92.. FF138 200 - £16 500 - **$26,600**

DOWNARD Ebenezer Newman c.1810-c.1890 [2]
Followers of the Drum - Oil/canvas (46x35cm-18x14in) London 96...................................... FF30 500 - £3 800 - **$5,890**

DOWNES Lionel Fielding 1900-1972 [2]
St-Fereol, P.Q. Winter - Huile/toile (36x46cm-14x18in) Montréal 90 .... FF2 404 - £245 - **$481**

DOWNES Rackstraw 1939 [2]
110th and Broadway - Oil/canvas (58x99cm-23x39in) New-York 92 .... FF73 800 - £7 550 - **$13,000**

DOWNIE John Patrick 1871-1945 [4]
Preparing to be towed - Oil/canvas (51x76cm-20x30in) London 94...................................... FF12 600 - £1 500 - **$2,400**

DOWNIE Patrick 1854-1945 [22]
Fisherman on the shore - Oil/panel (27x35cm-11x14in) Glasgow 96 .... FF4 750 - £550 - **$910**
Duck resting - Oil/panel (25x35cm-10x14in) Edinburgh 92 .... FF31 260 - £3 200 - **$5,500**
Nearing Home, Firth of Clyde - Gouache London 96... FF3 440 - £450 - **$696**

DOWNING Delapoer XIX-XX [5]
The Interupted Trist - Oil/canvas (87x122cm-34x48in) London 96....................................... FF24 770 - £3 200 - **$4,890**

DOWNING Joe 1925 [10]
Composition - Huile/toile (73x92cm-29x36in) Versailles 97... FF4 500 - £476 - **$772**
Composition aux agrafes - Collage/papier (12x20cm-5x8in) Paris 95 .... FF2 500 - £313 - **$503**

DOWNMAN John 1750-1824 [48]
Lt. Col. F. Downman - Oil/canvas (74x62cm-29x24in) London 96.. FF30 900 - £4 000 - **$6,070**
Lady in an open landscape - Black & white chalks (20x16cm-8x6in) London 97 .... FF16 854 - £1 800 - **$2,930**
Lady - Black & white chalks (20x16cm-8x6in) London 97 .... FF70 225 - £7 500 - **$12,212**

DOYEN Gabriel François 1726-1806 [6]
Le Sacrifice de Virginie - Lavis (18x31cm-7x12in) Monaco 92.. FF110 000 - £11 260 - **$19,800**

DOYEN Gustave 1837-? [2]
Young Girl in a White Dress - Oil/canvas (87x54cm-34x21in) London 94............................. FF328 000 - £39 000 - **$61,700**

DOYLE Alexander 1857-1922 [1]
Robert E. Lee - Bronze (51cm-20in) New-York 92 .... FF44 200 - £5 280 - **$8,500**

DOYLE Charles Altamont 1832-1893 [8]
Figures ice-skating - Watercolour (74x119cm-29x47in) London 94 .... FF59 800 - £7 000 - **$10,430**

DOYLE John 1797-1868 [2]
Temple of Poseidon-Paestum - Wash (30x45cm-12x18in) London 91 .... FF1 815 - £182 - **$314**

DOYLE Richard 1824-1883 [6]
Fairies asleep beside a Lake - Watercolour (25x36cm-10x14in) London 96 .... FF32 300 - £4 200 - **$6,400**

DOYLE-JONES Francis W. ?-1938 [1]
The athlete - Bronze (37cm-15in) New-York 94 .... FF16 860 - £1 990 - **$3,000**

DOYLY-JOHN C.R. 1906-? [4]
Old bridge, Venice/Palazzo Morosini - Oil/canvas New-York 95 .... FF10 900 - £1 362 - **$2,200**
Cape Town from Table Bay - Drawing (17x27cm-7x11in) London 91 .... FF20 830 - £2 099 - **$3,614**

DRACHKOVITCH-THOMAS Albert 1928 [19]
Paysage - Huile/isorel (20x50cm-8x20in) Saint-Dié 94.. FF5 500 - £668 - **$1,046**

DRACHMANN Holger 1846-1908 [51]
Marine - Oil/canvas (39x65cm-15x26in) København 95... FF7 090 - £928 - **$1,440**
Hamburg harbour - Oil/canvas (60x84cm-24x33in) København 95 .... FF44 200 - £5 430 - **$8,610**

DRAEWING Peter Paul 1876-? [2]
Frühling am Weiher - Öl/Leinwand (69x98cm-27x39in) Rudolstadt-Thüringen 96................. FF10 210 - £1 278 - **$1,983**

DRAH George 1867-1922 [1]
Landschaft - Öl/Leinwand (50x41cm-20x16in) Wien 96 .... FF2 890 - £361 - **$559**

DRAHONET Alexandre J. Dubois 1791-1834 [6]
Dame avec des fleurs rouges - Huile/toile (65x55cm-26x22in) Paris 91 .... FF60 000 - £6 016 - **$9,904**
Les Trois Grâces - Oil/canvas (96cm-38in) New-York 95 .... FF231 000 - £28 350 - **$45,000**
Capriccio View of Rome - Bodycolour (41x29cm-16x11in) London 96 .... FF12 400 - £1 600 - **$2,430**

DRAHOS Tom 1947 [5]
Composition - Photo (58x57cm-23x22in) Paris 96 .... FF2 800 - £362 - **$541**

DRAHTMANN Christoffer 1856-1932 [5]
Rehe am Waldrand - Oil/canvas (63x80cm-25x31in) Stuttgart 90 .... FF6 100 - £630 - **$1,078**

DRAIJER Rein 1899-1986 [3]
Abstract - Oil/canvas (60x40cm-24x16in) Amsterdam 94 .... FF16 720 - £1 975 - **$2,976**

DRAINS Georges A. XIX-XX [5]
Histoires Incertaines - Aquarelle Paris 92 .... FF9 800 - £1 170 - **$1,885**

DRAKE Elizabeth 1866-1954 [4]
Rural landscape - Watercolour (25x36cm-10x14in) London 92.. FF1 564 - £160 - **$275**

DRAKE John Poad 1794-1883 [1]
Shipping at low tide, Halifax - Oil/canvas (68x98cm-27x39in) Toronto 94........................... FF312 000 - £37 100 - **$58,700**

DRAKE Nathan 1728-1778 [1]
● *Study of Arthur Wentwork* - Oil/canvas (41x62cm-16x24in) London 96 .... FF2 590 - £320 - **$501**
DRAMARD de Georges 1839-1900 [3]
● *The dancer* - Oil/canvas (104x73cm-41x29in) London 93 .... FF114 100 - £13 000 - **$19,370**
DRANOS Tom XX [3]
▨ *Sans titre* - Silver print (127x168cm-50x66in) Paris 90 .... FF8 000 - £862 - **$1,411**
DRANSY Jules Isnard 1883-c.1945 [7]
▱ *Nicolas, fines bouteilles* - Poster (212x138cm-83x54in) New-York 92 .... FF9 360 - £1 117 - **$1,800**
DRAPELL Joseph 1940 [2]
● *Smart Bunny* - Oil/canvas (128x170cm-50x67in) Toronto 95 .... FF5 600 - £705 - **$1,110**
DRAPER Herbert James 1864-1920 [5]
● *Dancing Nymphs & Bacchants* - Oil/canvas (156x215cm-61x85in) København 96 .... FF156 000 - £20 200 - **$31,200**
DRAPPIER Edmond XIX-XX [2]
▯ *Le Passage difficile* - Bronze (34cm-13in) Paris 95 .... FF33 500 - £4 350 - **$6,860**
DRASCH Hans 1882-1973 [1]
▱ *Seelandschaft* - Aquarell/Papier (36x51cm-14x20in) Zofingen 95 .... FF2 336 - £296 - **$470**
DRATHMANN Christoffer 1856-1932 [6]
● *Hirschjagd* - Öl/Leinwand (65x120cm-26x47in) Schloss Osterberg 95 .... FF6 940 - £892 - **$1,410**
Deer in a landscape - Oil/canvas (67x101cm-26x40in) London 90 .... FF21 470 - £2 185 - **$4,294**
DRATZ Constant 1875-? [2]
▱ *Paysage d'été* - Pastel (26x25cm-10x10in) Bruxelles 91 .... FF1 975 - £199 - **$343**
DRATZ Jean 1903-1967 [2]
● *Champ de blé* - Huile/toile (60x90cm-24x35in) Bruxelles 93 .... FF2 472 - £296 - **$506**
DRATZ-BARAT Charles XIX-XX [4]
● *Place de la Concorde* - Huile/toile (46x61cm-18x24in) København 92 .... FF7 040 - £720 - **$1,240**
DRAX Henri 1899-1966 [1]
▱ *Nu* - Pastel (58x96cm-23x38in) Provins 90 .... FF8 500 - £878 - **$1,502**
DRAYTON Grace 1875-1936 [3]
▱ *Young girl with life preserver* - Watercolour (18x15cm-7x6in) New-York 94 .... FF11 840 - £1 420 - **$2,300**
DRECHT van Johannes 1737-1807 [3]
● *Putti* - Oil/canvas (88x196cm-35x77in) London 95 .... FF45 700 - £6 000 - **$9,160**
DREGER von Tom 1868-1949 [8]
● *Erzherzogin Maria Josepha* - Öl/Leinwand (120x81cm-47x32in) Wien 97 .... FF6 714 - £708 - **$1,161**
DREHSCH Johann C. 1710-1769 [2]
▱ *Flusslandschaft* - Gouache (18x23cm-7x9in) Bremen 93 .... FF7 800 - £932 - **$1,500**
DREI Ercole 1886-1973 [2]
● *Inoria dormiente* - Olio/tavola (26x32cm-10x13in) Prato 94 .... FF11 910 - £1 440 - **$2,232**
▯ *Dedalo e Icaro* - Bronze (26cm-10in) Roma 95 .... FF12 580 - £1 584 - **$2,550**
DREIBHOLTZ Christiaan 1799-1874 [7]
● *A dutch three-master on a choppy sea* - Oil/canvas (58x83cm-23x33in) Amsterdam 89 ..... FF25 500 - £2 537 - **$4,028**
DREIER Katherine S. 1877-1952 [1]
● *Improvisation* - Oil/canvas (41x76cm-16x30in) New-York 93 .... FF33 000 - £4 140 - **$6,000**
DREIFELD-KOMAROVA Meta 1919 [2]
● *Backyard* - Oil/canvas (47x61cm-19x24in) London 94 .... FF12 600 - £1 500 - **$2,375**
● *Poppies* - Oil/canvas (37x78cm-15x31in) London 94 .... FF13 450 - £1 600 - **$2,533**
DREILING Frederik H. Cornelis 1805-1853 [2]
● *Bewaldete Gebirgslandschaft* - Öl/Leinwand (103x126cm-41x50in) Wien 97 .... FF28 776 - £3 108 - **$5,022**
DRENTHE van Albertus Jacobus Sap 1835-c.1883 [5]
● *Winter landscape* - Oil/canvas (65x93cm-26x37in) Amsterdam 95 .... FF3 994 - £506 - **$780**
DRÉSA Jacques 1869-1929 [1]
▱ *Femme au perroquet* - Aquarelle, gouache (44x35cm-17x14in) Paris 92 .... FF3 800 - £391 - **$731**
DRESCHER Arno 1882-1971 [2]
● *Fruits* - Oil/canvas (32x24cm-13x9in) München 95 .... FF2 766 - £362 - **$554**
DRESSLER Adolf 1833-1881 [4]
● *Am Weiher* - Öl/Leinwand (80x106cm-31x42in) Bremen 93 .... FF11 800 - £1 420 - **$2,303**
DRESSLER Alberto 1879-? [1]
▱ *Weiblicher Akt* - Drawing Hamburg 96 .... FF6 120 - £697 - **$1,170**
DRESSLER August Wilhelm 1886-1970 [7]
▱ *Der Schuster* - Etching (24x21cm-9x8in) Berlin 96 .... FF2 204 - £275 - **$426**
▱ *Liegender weiblicher Akt* - Aquarell/Papier (38x51cm-15x20in) Hamburg 94 .... FF4 110 - £494 - **$800**
DRESSLER Edward James 1859-1907 [2]
● *Summer landscape* - Oil/canvas (76x102cm-30x40in) New-York 93 .... FF13 200 - £1 656 - **$2,400**
DRESSLER Franz Vinzenz 1918 [7]
● *An der Donau* - Öl/Leinwand (38x47cm-15x19in) Wien 93 .... FF6 430 - £761 - **$1,070**
DRESSLER Friedrich W. Albert 1822-1897 [1]
● *Klosterruine im Mondschein* - Öl/Leinwand (49x61cm-19x24in) Bremen 95 .... FF17 230 - £2 230 - **$3,505**
DREUX de Alfred 1810-1860 [44]
● *Mounts of Abd el Kader* - Oil/canvas (86x112cm-34x44in) London 93 .... FF3 - £420 000 - **$626,000**
Chasse à courre - Huile/toile (26x39cm-10x15in) Paris 97 .... FF31 000 - £3 292 - **$5,372**
Amazonz et ses deux lièvres - Huile/toile (74x60cm-29x24in) Paris 96 .... FF175 000 - £20 250 - **$33,500**
▱ *Morning gallop* - Watercolour (23x44cm-9x17in) London 97 .... FF242 857 - £25 500 - **$41,771**

DREUX P. XIX-XX [2]
Un Beausseron - Bronze (31cm-12in) Paris 93 .... FF3 200 - £360 - **$543**

DREUX-DORCY de Pierre Joseph 1789-1874 [1]
Tête de Madone, Madame de *** - Huile/toile (65x55cm-26x22in) Paris 93 .... FF8 000 - £1 000 - **$1,455**

DREVET Joannès 1854-1940 [27]
La Grave - Aquatinte couleurs (24x29cm-9x11in) Lyon 94 .... FF1 500 - £178 - **$277**
Le troupeau près du village - Aquarelle (24x30cm-9x12in) Grenoble 92 .... FF2 000 - £205 - **$352**
Orage sur le Colombier - Aquarelle/papier (22x29cm-9x11in) Lyon 97 .... FF2 300 - £24 9 9 - **$402**

DREVET Paul XIX [3]
Fleurs et cascade - Huile/toile (65x54cm-26x21in) Lyon 96 .... FF20 500 - £2 410 - **$4,030**

DREVITSON Neil 1944 [4]
Woman picking flowers - Watercolour/paper (61x91cm-24x36in) Chicago 95 .... FF1 507 - £189 - **$300**

DREW Clement 1806-1889 [7]
Minot's Light from the Shore - Oil/canvas (28x18cm-11x7in) South Deerfield, Mass. 93...... FF10 450 - £1 310 - **$1,900**

DREW George W. 1875-1968 [21]
Old Homestead - Oil/board (30x41cm-12x16in) Mystic, Connecticut 96 .... FF2 220 - £291 - **$450**
A Day of Yachting - Oil/canvas (46x91cm-18x36in) New-York 96 .... FF10 440 - £1 210 - **$2,000**

DREWES Werner 1899-1985 [51]
Explosive - Öl/Leinwand (17x19cm-7x7in) München 94 .... FF9 820 - £1 233 - **$1,897**
The Tressle - Oil/masonite (51x61cm-20x24in) New-York 92 .... FF32 660 - £3 340 - **$5,750**
Komposition - Watercolour (37x50cm-15x20in) München 94 .... FF5 830 - £691 - **$1,078**

DREWS Kai 1884-1964 [40]
Interior - Oil/canvas (40x32cm-16x13in) Köbenhavn 96 .... FF6 140 - £765 - **$1,186**

DREY Léopold 1879-1953 [1]
Falaises devant la mer - Huile/toile (63x52cm-25x20in) Rouen 91 .... FF6 500 - £647 - **$1,118**

DREYDORFF Johann Georg 1873-1935 [2]
Dorfstrasse beim Schnee - Öl/Leinwand (48x58cm-19x23in) Köln 93 .... FF5 460 - £646 - **$981**

DREYER Dankvart 1816-1852 [7]
Led ved et stengaerde - Oil/canvas (37x25cm-15x10in) Köbenhavn 96 .... FF5 330 - £683 - **$1,050**
Landskab med Barlöse Kirke - Oil/panel (28x51cm-11x20in) Köbenhavn 92 .... FF28 160 - £2 880 - **$5,870**

DREYER Paul Uwe 1939 [4]
Phasenemblem - Oil/canvas (100x95cm-39x37in) Köln 91 .... FF14 200 - £1 424 - **$2,344**

DREYFUS-LEMAITRE Henri 1859-1946 [1]
Französische Hafenansicht - Oil/canvas (24x35cm-9x14in) Luzern 90 .... FF8 600 - £915 - **$1,538**

DREYFUS-STERN Jean 1890-? [10]
Deux nus - Huile/toile (80x57cm-31x22in) Paris 94 .... FF10 000 - £1 175 - **$1,967**
Scène de marché - Gouache (31x45cm-12x18in) Toulouse 89 .... FF2 800 - £295 - **$471**

DRIAN Étienne Adrien D. 1885-1961 [36]
Compositions aux pots de fleurs - Huile/toile (73x117cm-29x46in) Paris 97 .... FF6 200 - £668 - **$1,102**
L'égégante au miroir - Huile/papier (180x50cm-71x20in) Paris 95 .... FF60 000 - £7 970 - **$12,360**
Ciseaux et vase de fleurs - Aquarelle, gouache (44x51cm-17x20in) Paris 90 ...... FF10 000 - £1 033 - **$1,767**
Elégante en noir - Aquarelle, gouache (72x54cm-28x21in) Paris 90 .... FF65 000 - £7 004 - **$11,464**

DRIELING Frederik H.C. 1805-1852 [1]
Wooded valley & an artist drawing - Oil/panel (25x32cm-10x13in) Amsterdam 97 ... FF6 910 - £730 - **$1,185**

DRIELST van Egbert 1746-1818 [11]
Shepherds under an Oak - Ink (45x62cm-18x24in) New-York 97 .... FF33 259 - £3 702 - **$6,000**

DRIES Jean 1886-1973 [3]
Les tournesols - Huile/toile (50x61cm-20x24in) Calais 96 .... FF7 300 - £838 - **$1,393**

DRIES Jean Driesbach, dit 1905-1973 [8]
Course à Deauville - Huile/toile (48x64cm-19x25in) Lyon 95 .... FF8 000 - £1 011 - **$1,604**
Jeune danseuse assise - Gouache (40x33cm-16x13in) Honfleur 93 .... FF3 100 - £357 - **$535**

DRIESSCHE van den Ernest 1894-1985 [37]
Muzikanten - Huile/panneau (39x34cm-15x13in) Lokeren 96 .... FF4 940 - £629 - **$951**
Stilleven/De voortuin/Bij de kapel - Huile/toile Lokeren 91 .... FF13 170 - £1 311 - **$2,265**
Carnaval - Pastel (33x43cm-13x17in) Antwerpen 91 .... FF2 430 - £241 - **$422**

DRIESSCHE van den Jan 1954 [4]
Afbraak 2000 - Technique mixte/papier (73x55cm-29x22in) Antwerpen 95........... FF12 700 - £1 623 - **$2,550**

DRIESSCHE van den Lucien 1926-1991 [8]
Fleurs et montres - Huile/panneau (56x45cm-22x18in) Antwerpen 96 .... FF3 450 - £446 - **$666**

DRIESSCHE van Marcel 1925 [14]
Village - Huile/toile (69x85cm-27x33in) Antwerpen 96 .... FF3 610 - £438 - **$702**

DRIESTEN van Arend Jan 1878-1969 [27]
House on a riverbank - Oil/canvas (40x30cm-16x12in) Amsterdam 90 .... FF3 000 - £310 - **$530**
Peasant in a rowingboat - Oil/canvas (31x41cm-12x16in) Amsterdam 93 .... FF13 510 - £1 620 - **$2,470**
Hoogmade - Watercolour (28x42cm-11x17in) Amsterdam 94 .... FF8 530 - £1 008 - **$1,532**

DRIESTEN van Joseph Emmanuel 1853-? [1]
Landschaft mit Baumgruppe - Öl/Leinwand (30x49cm-12x19in) Bern 92 .... FF6 090 - £728 - **$1,171**

DRIGGS Elsie 1898-1992 [4]
The Dogs do Bark - Watercolour/paper (38x52cm-15x20in) New-York 93 .... FF4 680 - £587 - **$850**

DRING William 1904-1990 [12]
River landscape - Oil/canvas/board (21x25cm-8x10in) London 90 .... FF4 300 - £457 - **$769**
A young girl - Pastel (33x26cm-13x10in) London 94 .... FF2 025 - £240 - **$375**

DRINKWATER Agnes Milton XIX-XX [5]
A rest by the shrine - Oil/canvas (71x91cm-28x36in) London 89 .... FF11 600 - £1 186 - **$1,865**

DRINKWATER George Carr 1880-1941 [1]
- Young Victorian girl riding a camel - Oil/paper/board (62x51cm-24x20in) Toronto 92 .... FF2 496 - £298 - **$480**

DRISCHLER Josef 1838-? [1]
- Indianer auf der Jagd - Bronze (26cm-10in) Stuttgart 93 .... FF3 060 - £366 - **$552**

DRIVER Thomas 1791-1852 [1]
- Gentleman, in a dark coat - Oil/canvas (28x21cm-11x8in) London 95 .... FF31 100 - £4 000 - **$6,370**

DRIVIER Léon Ernest 1878-1951 [22]
- Baigneuses - Huile/toile (65x81cm-26x32in) Paris 93 .... FF9 500 - £1 188 - **$1,728**
- An archer - Bronze (50cm-20in) Paris 89 .... FF31 200 - £3 650 - **$5,500**
- Baigneuses - Pastel (30x47cm-12x19in) La Varenne Saint-Hilaire 95 .... FF6 400 - £823 - **$1,321**

DROBECK Johanna 1897-? [1]
- Lachende Frau mit Gesanbuch - Oil/panel (64x46cm-25x18in) Lindau 93 .... FF2 625 - £306 - **$432**

DROESBEKE Albert 1886-1929 [3]
- Le rail - Huile/toile (68x49cm-27x19in) Bruxelles 91 .... FF42 800 - £4 313 - **$7,427**

DROESE Felix 1952 [46]
- Wirtschaftsfigur mit Doppeltem Mittelpunkt - Mixed media (68x61cm-27x24in) Köln 93 .. FF20 000 - £2 260 - **$3,370**
- Ernst Bloch, 1979 - Serigraph (50x35cm-20x14in) Bielefeld 89 .... FF2 700 - £261 - **$410**
- Der Fahrer vom Oleander - Mixed media/paper (100x55cm-39x22in) München 95 .... FF8 460 - £1 082 - **$1,730**

DROISY Emma M. 1868-? [1]
- Jeune femme brune au noeud bleu - Pastel (68x46cm-27x18in) Paris 95 .... FF4 500 - £569 - **$903**

DROIT Jean 1884-1961 [6]
- Jeux Olympiques, Paris - Poster (116x76cm-46x30in) London 96 .... FF23 400 - £3 000 - **$4,610**

DROLLING Martin 1752-1817 [15]
- La cage aux oiseaux - Huile/toile (26x33cm-10x13in) Paris 96 .... FF32 000 - £3 880 - **$6,220**
- Femme libérant un oiseau/... - Oil/canvas (43x36cm-17x14in) New-York 95 ...... FF383 000 - £47 800 - **$75,000**

DROLLING Michel-Martin 1786-1851 [8]
- L'école des soeurs - Huile/toile (32x45cm-13x18in) Paris 96 .... FF22 000 - £2 760 - **$4,250**

DROMIK Dominique 1953 [72]
- Jeune femme au piano-bar - Huile/toile (60x73cm-24x29in) Provins 94 .... FF2 800 - £331 - **$517**
- Femme au collier rouge - Huile/toile (46x38cm-18x15in) Bordeaux 95 .... FF5 000 - £634 - **$1,006**
- Lecture dans la chambre - Huile/toile (55x46cm-22x18in) Paris 90 .... FF11 000 - £1 140 - **$1,933**

DROUAIS François Hubert 1727-1775 [6]
- Jeune femme au manteau orné de roses - Huile/toile (73x60cm-29x24in) Paris 96 .... FF130 000 - £16 300 - **$25,130**
- Young boy holding a portfolio - Oil/canvas (59x48cm-23x19in) New-York 96 .... FF828 000 - £102 300 - **$160,000**

DROUAIS Jean Germain 1763-1788 [4]
- Académie, a Male Nude as Mars - Oil/canvas (183x127cm-72x50in) New-York 96 .... FF49 400 - £6 460 - **$10,000**
- Male academy - Black chalk (54x38cm-21x15in) New-York 92 .... FF17 460 - £1 794 - **$3,250**

DROUANT Armand 1898-1978 [5]
- Sous la neige - Huile/toile (50x61cm-20x24in) Paris 92 .... FF2 300 - £236 - **$414**

DROUART Raphaël 1894-1972 [2]
- Séraphita, d'Honoré de Balzac - Gravure bois Paris 91 .... FF2 000 - £259 - **$395**

DROUET-REVEILLAUD Suzanne 1885-1973 [2]
- Porteuses d'eau au Maroc - Huile/toile (98x130cm-39x51in) Paris 93 .... FF4 300 - £495 - **$740**

DROUGGE Mauritz 1874-1949 [7]
- Marine - Oil/canvas (46x58cm-18x23in) Tönsberg 92 .... FF4 015 - £480 - **$772**

DROUILLET Gérard XX [2]
- Figures - Acrylique (199x89cm-78x35in) Genève 91 .... FF23 200 - £2 380 - **$4,310**

DROUIN Jean-Pierre 1782-1861 [6]
- Portrait de jeune femme - Miniature (13x11cm-5x4in) Paris 97 .... FF7 300 - £788 - **$1,290**

DROULERS Robert 1920-1994 [1]
- Composition - Huile/toile (46x38cm-18x15in) Antwerpen 96 .... FF6 560 - £795 - **$1,265**

DROUOT Édouard 1859-1945 [93]
- La Muse des Bois - Bronze (75cm-30in) New-York 96 .... FF9 320 - £1 162 - **$1,800**
- An archer - Bronze (69cm-27in) London 97 .... FF12 322 - £1 300 - **$2,114**
- A Boy eating an Oyster - Marble (70cm-28in) London 96 .... FF31 400 - £4 000 - **$6,050**
- Running camel - Bronze (53cm-21in) London 93 .... FF57 100 - £6 500 - **$9,680**

DROWN William Staples ?-1915 [7]
- Church across a river - Oil/canvas (36x46cm-14x18in) North Berwick, Maine 92 .... FF2 556 - £262 - **$450**
- Golden Gate/Lake George - Pastel (56x23cm-22x9in) North Bethesda, MD. 92 .... FF4 940 - £525 - **$950**

DROZ Jules Antoine 1804-1872 [2]
- Maréchal Ney, Prince de la Moskowa - Bronze (22cm-9in) Reims 92 .... FF4 200 - £430 - **$740**
- Le Lierre - Marbre Pont-Audemer 96 .... FF150 000 - £18 100 - **$28,800**

DRTIKOL Frantisek 1883-1961 [79]
- Female nude - Bromoil print (31x21cm-12x8in) London 96 .... FF4 490 - £580 - **$868**
- Nude boy - Silver print (23x13cm-9x5in) New-York 96 .... FF19 600 - £2 517 - **$3,800**
- Movement study, female nude - Silver print (27x22cm-11x9in) London 96 .... FF93 000 - £12 000 - **$17,950**

DRÜCK Elise 1862-1934 [1]
- Sommerlicher Hochwald - Oil/canvas (61x79cm-24x31in) Stuttgart 91 .... FF8 850 - £879 - **$1,537**

DRÜCK Hermann 1856-1931 [19]
- Uferpartie am Gardasee bei Malcesine - Öl/Karton (48x67cm-19x26in) Stuttgart 94 .... FF3 400 - £397 - **$596**
- Schloss Waldenbuch bei Tübingen - Öl/Leinwand (70x118cm-28x46in) Stuttgart 94 .... FF20 400 - £2 380 - **$3,580**

DRUET Antoine 1857-? [8]
- *Palais de Patan à Katmandou, Népal* - Huile/toile (74x94cm-29x37in) Reims 95 .... FF13 000 - £1 690 - **$2,670**
- *Indian Ladies with Panthers* - Oil/canvas (73x93cm-29x37in) London 97 .... FF33 994 - £3 600 - **$5,887**
- *Le bain des femmes au harem* - Oil/canvas (100x73cm-39x29in) New-York 92 .... FF199 200 - £20 160 - **$40,000**

DRUET Emile XIX-XX [1]
- *Rodin sculpture of a female nude* - Gelatin silver print (25x15cm-10x6in) New-York 90 .... FF7 400 - £797 - **$1,305**

DRUET Eugène 1868-1917 [4]
- *Nijinski* - Tirage d'époque (23x15cm-9x6in) Paris 95 .... FF6 500 - £817 - **$1,300**

DRUIJNEN van Gerrit 1825-1876 [1]
- *Sheep in a barn/Cattle and sheep* - Oil/panel (17x23cm-7x9in) Amsterdam 90 .... FF6 030 - £610 - **$1,147**

DRUKS Michael 1940 [24]
- *Nude* - Acrylic/panel (81x62cm-32x24in) Tel Aviv 96 .... FF5 180 - £650 - **$1,000**
- *Haberdashery* - Collage (56x38cm-22x15in) Tel Aviv 97 .... FF2 409 - £267 - **$450**

DRUM David Clayton 1944 [5]
- *Pagoda Pines* - Oil/canvas (91x104cm-36x41in) Toronto 91 .... FF6 450 - £647 - **$1,065**

DRUMAUX Angelina 1881-1959 [25]
- *Le Baldo, lac de Garde* - Huile/panneau (21x27cm-8x11in) Bruxelles 97 .... FF2 781 - £294 - **$481**
- *Fleurs dans le vase de Chine* - Huile/toile (81x65cm-32x26in) Bruxelles 97 .... FF8 497 - £920 - **$1,503**
- *Lilac and pansies in a basket on a table*
  Oil/canvas (65x92cm-26x36in) Taipei, Taiwan 93 .... FF49 500 - £5 620 - **$9,840**

DRUMÉ Auguste XX [4]
- *Autumn landscape with a village* - Oil/canvas (90x165cm-35x65in) Amsterdam 92 .... FF7 250 - £745 - **$1,395**

DRUMMOND Arthur 1871-1951 [8]
- *A Mother and Child* - Oil/canvas (75x54cm-30x21in) London 94 .... FF21 850 - £2 600 - **$4,160**
- *Allegory of the British Empire* - Oil/canvas (305x209cm-120x82in) London 96 .... FF176 800 - £23 000 - **$35,000**

DRUMMOND J. Nelson XIX-XX [2]
- *M.Weather on the Sand, Barmouth* - Pastel (44x90cm-17x35in) London 93 .... FF5 780 - £650 - **$969**

DRUMMOND James 1816-1877 [12]
- *The Pet Gull* - Oil/canvas (61x51cm-24x20in) London 96 .... FF12 830 - £1 600 - **$2,480**
- *Elderly fsiherman & two boys*
  Watercolour (44x60cm-17x24in) Retford, Nottinghamshire 92 .... FF7 330 - £750 - **$1,290**

DRUMMOND Julian E. XIX-XX [3]
- *The Toy Yachts* - Watercolour (43x71cm-17x28in) London 93 .... FF5 400 - £650 - **$943**

DRUMMOND Malcolm 1880-1945 [7]
- *The Mode* - Oil/canvas (43x33cm-17x13in) London 96 .... FF10 000 - £1 300 - **$1,980**

DRUMMOND Samuel 1785-1844 [1]
- *The summit of Snowdon* - Wash (43x59cm-17x23in) London 91 .... FF3 790 - £379 - **$624**

DRUMMOND William XIX [2]
- *Father and daughter on a terrace* - Wash (53x43cm-21x17in) Penzance, Cornwall 91 .... FF3 470 - £350 - **$602**

DRUMMOND-DAVIES Nora 1862-1949 [2]
- *Morning Exercise* - Oil/canvas (76x64cm-30x25in) Billinghurst, West Sussex 94 .... FF19 160 - £2 200 - **$3,280**

DRURY Alfred Ed. Briscoe 1856-1944 [10]
- *Seated Boy* - Bronze (28cm-11in) London 97 .... FF20 952 - £2 200 - **$3,591**
- *Age of Innocence* - Bronze (41cm-16in) London 94 .... FF30 500 - £3 600 - **$5,430**

DRURY John H. 1816-? [1]
- *Fishermen on the rock* - Oil/canvas (51x66cm-20x26in) Mystic, Connecticut 96 .... FF4 660 - £576 - **$900**

DRURY Paul Dalou 1903 [5]
- *Girl engraving on wood* - Etching (17x15cm-7x6in) London 92 .... FF1 954 - £200 - **$345**

DRYANDER Johan Friedrich 1756-1812 [2]
- *Deux militaire à cheval* - Huile/toile (48x57cm-19x22in) Monaco 89 .... FF110 000 - £11 591 - **$18,519**

DRYDEN Ernst Deutsch 1883-1938 [4]
- *Champagne Veuve Devaux* - Affiche (118x155cm-46x61in) Paris 94 .... FF9 500 - £1 091 - **$1,627**
- *Der Konfektionär* - Watercolour (44x31cm-17x12in) London 93 .... FF1 992 - £240 - **$348**

DRYER Moira 1957-1992 [11]
- *Box plaid* - Acrylic/panel (122x155cm-48x61in) New-York 92 .... FF31 200 - £3 725 - **$6,000**
- *Domestic Life* - Metal (183cm-72in) Stockholm 94 .... FF8 570 - £1 006 - **$1,527**

DRYSDALE Alexander John 1870-1934 [92]
- *Cypresses* - Oil/board (48x30cm-19x12in) New Orleans, Louisiana 94 .... FF6 390 - £739 - **$1,100**
- *Early Morning on Folse River*
  Oil/board (58x43cm-23x17in) New Orleans, Louisiana 95 .... FF15 850 - £1 980 - **$3,200**
- *Bayou with oaks* - Watercolour/board (25x76cm-10x30in) New Orleans, Louisiana 95 .... FF10 250 - £1 310 - **$2,100**

DU BOIS Guy Pène 1884-1958 [35]
- *Seated nude* - Oil/canvas (51x41cm-20x16in) New-York 95 .... FF20 460 - £2 590 - **$4,000**
- *The Dancer* - Oil/canvas (40x30cm-16x12in) New-York 97 .... FF58 343 - £6 126 - **$10,000**
- *The circus tent* - Oil/panel (51x63cm-20x25in) New-York 89 .... FF715 000 - £69 082 - **$108,498**

DU BOIS Marianne 1919 [2]
- *Kleine Strasse* - Öl/Leinwand (38x46cm-15x18in) Bern 96 .... FF3 870 - £470 - **$753**

DU CAMP Maxime 1822-1894 [10]
- *Jérusalem: quartier oriental* - Tirage papier salé (16x23cm-6x9in) Paris 95 .... FF7 500 - £986 - **$1,506**

DU PASQUIER Louis 1808-1885 [1]
- *Früchstilleben auf Marmorplatte* - Öl/Leinwand (28x33cm-11x13in) Bern 93 .... FF15 220 - £1 820 - **$2,930**

DU PASSAGE Arthur Marie, comte 1838-1900 [13]
- *Cheval à l'entraînement* - Bronze (20cm-8in) Paris 95 .... FF23 500 - £3 050 - **$4,810**
- *Pur-sang au pas et son lad* - Bronze (33cm-13in) Paris 95 .... FF68 000 - £8 820 - **$13,930**

DU PASSAGE Charles Marie, comte 1848-1926 [4]
Héron blessé - Aquarelle (20x31cm-8x12in) Paris 90 .... FF4 000 - £413 - **$707**
DU PASSAGE Edouard Guy, comte 1872-1925 [5]
Cheval et son lad - Bronze (35cm-14in) Paris 95 .... FF30 500 - £3 810 - **$6,160**
Joueurs de polo - Bronze (51cm-20in) Paris 91 .... FF86 000 - £8 673 - **$16,762**
Pur-sang - Aquarelle/papier Rambouillet 95 .... FF13 000 - £1 630 - **$2,590**
DU PELOUX Benoît XX [6]
Battue de perdreaux - Encres couleurs (35x55cm-14x22in) Paris 95 .... FF4 200 - £558 - **$866**
DUAIV 1952 [6]
Paysage de Provence - Huile/toile (65x54cm-26x21in) Brive-la-Gaillarde 95 .... FF5 200 - £684 - **$1,063**
DUARTE Angel 1930 [2]
Lichtobjekt - Installation (43x6x43cm-17x2x17in) Luzern 93 .... FF2 973 - £338 - **$504**
DUB Jaroslav 1878-? [1]
Near the Kinneret lake - Oil/canvas (45x56cm-18x22in) London 90 .... FF2 900 - £309 - **$519**
DUBAIL Berthe 1911-1984 [7]
En contraste - Huile/toile (92x81cm-36x32in) Bruxelles 95 .... FF3 530 - £457 - **$722**
Composition - Gouache (44x66cm-17x26in) Bruxelles 91 .... FF2 963 - £299 - **$514**
DUBAR Louis 1876-1951 [1]
De Wasbeurt - Bronze (50cm-20in) Lokeren 90 .... FF11 300 - £1 210 - **$1,965**
DUBASTY Adolphe Henri 1814-1884 [5]
Mother and child in an interior - Oil/canvas (47x37cm-19x15in) København 96 .... FF21 920 - £2 733 - **$4,235**
DUBASTY Joseph XIX [2]
Genreszene - Oil/panel (27x36cm-11x14in) Wien 91 .... FF52 900 - £5 331 - **$9,179**
DUBAUT Pierre Olivier 1886-1968 [36]
Course de trot - Huile/toile (54x80cm-21x31in) Paris 97 .... FF5 900 - £631 - **$1,028**
Les joueurs de Polo - Aquarelle (45x58cm-18x23in) Paris 97 .... FF5 900 - £631 - **$1,028**
DUBAY Pierre 1942 [3]
Arrivée du Grand Prix - Aquarelle (40x54cm-16x21in) Deauville 95 .... FF8 000 - £1 028 - **$1,590**
DUBBELS Hendrick Jacobsz. 1620/21-1676 [8]
Shipping in a calm - Oil/canvas (61x77cm-24x30in) London 94 .... FF295 500 - £35 000 - **$54,600**
DUBE Mattie 1861-? [1]
Feeding the kitten - Oil/canvas (92x60cm-36x24in) New-York 91 .... FF8 490 - £862 - **$1,533**
DUBIGEON Loïc 1934 [2]
Cobra-Firestone, 1984 - Huile/toile (73x60cm-29x24in) Paris 90 .... FF5 000 - £532 - **$894**
DUBISCHARD Mirta XX [2]
Portrait de femme à l'aigrette - Pastel (52x66cm-20x26in) La Varenne Saint-Hilaire 90 .... FF7 100 - £715 - **$1,291**
DÜBLIN Jacques 1901-1978 [8]
Herbstlandschaft - Oil/cardboard (40x54cm-16x21in) Luzern 89 .... FF21 500 - £2 198 - **$3,457**
DUBOC Jean-Jacques 1930-1990 [5]
St Pierre de Manneville - Huile/toile (54x66cm-21x26in) Rouen 89 .... FF6 000 - £614 - **$965**
DUBOIS Albert 1930 [2]
Carafe and Grapes - Oil/board (35x42cm-14x17in) Amsterdam 97 .... FF5 102 - £543 - **$888**
DUBOIS Arsène XIX-XX [2]
Im Bistro - Öl/Leinwand (74x100cm-29x39in) München 92 .... FF67 800 - £8 100 - **$13,040**
DUBOIS Charles Edouard 1847-1885 [11]
Waldlandschaft mit Teich - Oil/panel (38x31cm-15x12in) Wien 91 .... FF16 800 - £1 697 - **$3,335**
DUBOIS D'AISSCHE Louis 1822-1864 [3]
La procession - Huile/panneau (115x190cm-45x75in) Antwerpen 96 .... FF29 550 - £3 420 - **$5,660**
DUBOIS DE NEHAUT L.P.T., Chevalier 1799-1872 [2]
Manoeuvre après la Revue - Tirage papier salé (19x22cm-7x9in) Paris 95 .... FF2 800 - £335 - **$533**
DUBOIS E. XIX-XX [1]
Le petit porteur d'eau - Bronze (23cm-9in) Paris 91 .... FF1 700 - £169 - **$295**
DUBOIS Ernest Henri 1863-1931 [4]
Le pardon - Sculpture (80cm-31in) Paris 97 .... FF42 000 - £4 582 - **$7,342**
DUBOIS Etienne Jean-F. 1796-1864 [1]
La grand-mère - Huile/toile (46x38cm-18x15in) Paris 92 .... FF20 500 - £2 100 - **$4,020**
DUBOIS Fernand 1877-1939 [1]
Nu féminin - Bronze (28cm-11in) Liège 93 .... FF6 560 - £755 - **$1,125**
DUBOIS François 1790-1871 [2]
Allégories: La Musique/La Littérature - Huile/toile (84x168cm-33x66in) Paris 94 ... FF90 000 - £10 480 - **$15,900**
DUBOIS Henri P. 1837-1909 [1]
An Arab reading a letter - Oil/canvas (65x53cm-26x21in) New-York 93 .... FF236 000 - £26 840 - **$40,000**
DUBOIS Jean 1789-1849 [4]
Panorama des Alpes - Aquatinte couleurs (30x118cm-12x46in) Bern 93 .... FF22 120 - £2 464 - **$3,755**
DUBOIS Jules 1888-1958 [4]
Bord de rivière avec pêcheurs - Huile/toile (50x70cm-20x28in) Bruxelles 95 .... FF5 120 - £649 - **$1,030**
DUBOIS Jules Charles Théo. 1804-1879 [3]
Stormy day, french coast - Oil/canvas (20x31cm-8x12in) London 91 .... FF11 970 - £1 199 - **$2,018**
DUBOIS Louis 1830-1880 [11]
Rabbin Sefarad - Huile/panneau (55x45cm-22x18in) Bruxelles 94 .... FF2 830 - £340 - **$524**
Paysage avec ruines - Huile/toile (95x150cm-37x59in) Antwerpen 90 .... FF25 900 - £2 773 - **$4,504**

D

DUBOIS Marius 1944 [2]
🖼 Le Miroir aux Alouettes - Oil/canvas (114x114cm-45x45in) Toronto 95 .... FF18 660 - £2 350 - **$3,695**
✏ Ange musicien - Fusain/papier (91x61cm-36x24in) Montréal 95 .... FF2 132 - £270 - **$428**

DUBOIS Paul 1859-1938 [9]
🗿 Nu allongé - Marbre (28cm-11in) Bruxelles 96 .... FF8 540 - £988 - **$1,636**
Petit napoliatin - Bronze (69cm-27in) Lindau 96 .... FF15 230 - £1 764 - **$2,920**

DUBOIS Paul 1829-1905 [53]
🗿 Courage militaire - Bronze (37cm-15in) Paris 97 .... FF4 500 - £476 - **$772**
Le Florentin - Bronze (61cm-24in) Paris 97 .... FF11 100 - £1 173 - **$1,905**
Maternité - Bronze (63cm-25in) London 97 .... FF42 857 - £4 500 - **$7,345**

DUBOIS Paul Elie 1886-1949 [14]
🖼 Sommet de l'Asekrem, Hoggar - Huile/toile (44x75cm-17x30in) Paris 97 .... FF6 500 - £691 - **$1,120**
Joueuse d'Amzad - Huile/toile (46x55cm-18x22in) Paris 89 .... FF40 000 - £4 215 - **$6,734**
🖼 Le Hoggar... - Affiche (157x118cm-62x46in) Boulogne 95 .... FF3 800 - £492 - **$778**

DUBOIS Raphaël 1888-? [41]
🖼 Les lumières de la ville - Huile/carton/toile (48x52cm-19x20in) Bruxelles 97 .... FF6 217 - £649 - **$1,064**
Place Sainte-Catherine, Bruxelles - Huile/toile (120x123cm-47x48in) Bruxelles 91 .... FF70 800 - £7 186 - **$12,787**

DUBOIS Roger Maximilien 1894-1918 [1]
🖼 Nu assis - Huile/toile/carton Bruxelles 90 .... FF15 400 - £1 591 - **$2,721**

DUBOIS Simon Du Bois 1632-1708 [2]
🖼 Portrait of a gentleman - Oil/canvas (75x63cm-30x25in) London 91 .... FF21 820 - £2 215 - **$3,941**

DUBOIS-PILLET Albert 1845-1890 [11]
🖼 Vase de fleurs des champs - Huile/toile (73x59cm-29x23in) Calais 97 .... FF15 000 - £1 644 - **$2,633**
Promenade à cheval - Huile/toile (100x140cm-39x55in) Saint-Dié 96 .... FF55 000 - £7 000 - **$10,600**
Le Puy en hiver - Oil/canvas (37x50cm-15x20in) London 94 .... FF420 500 - £50 000 - **$76,900**

DUBORD Jean-Pierre 1949 [123]
🖼 Remorqueur à quai - Huile/toile (22x27cm-9x11in) Grenoble 96 .... FF3 400 - £433 - **$656**
Route de campagne - Huile/toile (50x61cm-20x24in) Orléans 95 .... FF10 000 - £1 314 - **$2,053**
Oléron, bateaux - Huile/toile (50x65cm-20x26in) Grenoble 91 .... FF22 100 - £2 264 - **$4,126**

DUBOSCQ-SOLEIL Louis Jules 1817-1886 [3]
📷 Pompe de Notre-Dame - Daguerreotype New-York 96 .... FF15 500 - £1 920 - **$3,000**

DUBOST Antoine 1769-1825 [2]
🖼 Le retour d'Hélène - Oil/canvas (130x192cm-51x76in) New-York 93 .... FF413 000 - £47 000 - **$70,000**

DUBOUCHET Alexandre 1852-1882 [2]
🖼 La côte normande - Huile/toile (32x46cm-13x18in) Paris 92 .... FF17 500 - £1 790 - **$3,080**

DUBOUCHET Gustave Joseph 1867-? [2]
🖼 Chaton turbulent - Huile/toile (65x54cm-26x21in) Paris 90 .... FF7 500 - £789 - **$1,304**

DUBOUCHET Henri Joseph 1833-1909 [4]
🖼 Environs de Rome - Huile/toile (26x67cm-10x26in) Paris 97 .... FF3 500 - £371 - **$609**
✏ Autoportrait - Crayon (26x21cm-10x8in) Paris 92 .... FF3 500 - £418 - **$673**

DUBOULOZ Jean Aug. Dubouleau 1800-1870 [2]
🖼 La Danse Macabre, allégorie - Oil/canvas (47x55cm-19x22in) Stockholm 89 .... FF27 100 - £2 771 - **$4,357**

DUBOULOZ-MONET Deborah XX [3]
🖼 Cueillette des fleurs - Huile/toile (50x61cm-20x24in) Mâcon 94 .... FF3 600 - £429 - **$685**

DUBOURCQ Pierre Louis 1815-1873 [3]
🖼 Peasant family in the woods - Oil/canvas (75x94cm-30x37in) Amsterdam 93 .... FF90 100 - £10 800 - **$16,470**

DUBOURG Augustin 1758-1800 [6]
✏ Young Lad - Miniature (6cm-2in) London 97 .... FF18 957 - £2 000 - **$3,253**

DUBOURG FANTIN-LATOUR Victoria 1840-1926 [3]
🖼 Vase de fleurs - Huile/toile (41x33cm-16x13in) Grenoble 91 .... FF87 000 - £8 830 - **$15,713**

DUBOURG Louis Alexandre 1825-1891 [8]
🖼 Vue du port de Honfleur - Huile/toile Honfleur 96 .... FF65 000 - £8 300 - **$12,850**

DUBOURJAL Savinien Edme 1795/97-1853 [2]
✏ Young gentleman with black hair - Miniature (8cm-3in) Genève 92 .... FF7 380 - £760 - **$1,380**

DUBOUT Albert 1906-1978 [31]
🗿 Le torero - Sculpture (54cm-21in) Paris 96 .... FF8 500 - £1 060 - **$1,642**
✏ Le traquenard - Stylo bille (22x32cm-9x13in) Paris 97 .... FF3 300 - £356 - **$579**
Il y avait du brouillard, Chef ! - Aquarelle (24x22cm-9x9in) Paris 90 .... FF10 000 - £1 033 - **$1,767**

DUBOVSKOIJ Nikolaj Nikanorovich 1859-1918 [8]
🖼 Approaching storm - Oil/canvas (46x71cm-18x28in) London 96 .... FF21 000 - £2 400 - **$4,000**
Harbour view, Riga - Oil/canvas (44x61cm-17x24in) London 96 .... FF80 400 - £9 200 - **$15,340**

DUBOY Paul 1830-1887 [4]
🗿 A winged girl - Bronze (68cm-27in) New-York 93 .... FF11 200 - £1 275 - **$1,900**
Two women and a baby - Bronze (80cm-31in) London 93 .... FF43 200 - £5 200 - **$7,540**

DUBRAY Cyrus 1927-1979 [1]
✏ Kompositie - Dessin (61x98cm-24x39in) Lokeren 92 .... FF2 470 - £295 - **$476**

DUBRAY-BESNARD Charlotte 1855-1931 [2]
🗿 Reclining female figure - Marble (135cm-53in) New-York 94 .... FF175 400 - £20 300 - **$30,000**

DUBREUIL Chéri François M. 1828-? [10]
🖼 Auslaufendes Schlachtschiff - Öl/Leinwand (50x89cm-20x35in) Bern 95 .... FF12 040 - £1 566 - **$2,473**
Marine - Huile/toile (158x198cm-62x78in) Biarritz 96 .... FF51 000 - £6 360 - **$9,850**

DUBREUIL Pierre 1891-1970 [7]
✏ Fête des chevaux près d'Arradon - Aquarelle (32x48cm-13x19in) Brest 94 .... FF5 000 - £591 - **$922**

DUBREUIL Pierre 1872-1944 [24]
- *Through my spectacles, c.1929* - Oil/paper (17x22cm-7x9in) New-York 90 .... FF108 700 - £11 713 - **$19,171**
- *Behind the scenes* - Oil print (23x18cm-9x7in) New-York 95 .... FF106 500 - £13 700 - **$22,000**
- *Myself* - Oil print (23x18cm-9x7in) New-York 96 .... FF206 300 - £26 500 - **$40,000**

DUBREUIL Victor XIX-XX [2]
- *Money to Burn* - Oil/canvas (61x81cm-24x32in) New-York 96 .... FF1 - £172 000 - **$260,000**
- *One Dollar* - Oil/canvas (20x31cm-8x12in) New-York 93 .... FF11 800 - £1 343 - **$2,000**

DUBRINSKY Isaac 1891-1973 [1]
- *A girl* - Oil/canvas (46x27cm-18x11in) Tel Aviv 92 .... FF4 160 - £436 - **$750**

DUBROVSKY Nikolai Nikanorovich 1859-1918 [5]
- *Landscape at sunset* - Oil/canvas (36x54cm-14x21in) Moscow 94 .... FF10 510 - £1 263 - **$2,000**

DUBSKY Mario 1939-1985 [1]
- *Trebizond* - Oil/canvas (170x170cm-67x67in) London 92 .... FF2 736 - £280 - **$570**

DUBUC Jean-Louis 1946 [20]
- *Le bistrot* - Huile/toile (55x38cm-22x15in) Arles 93 .... FF4 200 - £507 - **$764**
- *Casino* - Huile/toile (65x54cm-26x21in) Provins 96 .... FF14 100 - £1 613 - **$2,690**

DUBUC Roland 1924 [212]
- *La gare du Nord sous la neige* - Huile/toile (38x46cm-15x18in) Paris 97 .... FF4 000 - £430 - **$702**
- *Le Moulin de la Galette* - Huile/toile (73x92cm-29x36in) Provins 94 .... FF12 000 - £1 398 - **$2,120**
- *Les moulins de Montmartre* - Huile/toile (130x97cm-51x38in) Paris 91 .... FF31 000 - £3 108 - **$5,117**
- *Le Lapin Agile* - Aquarelle (40x57cm-16x22in) Provins 94 .... FF4 500 - £527 - **$790**
- *La Place Blanche* - Gouache (48x63cm-19x25in) Paris 90 .... FF15 000 - £1 527 - **$3,000**

DUBUCAND A.E. le Fils XIX-XX [1]
- *A French poodle* - Bronze (13cm-5in) London 92 .... FF8 800 - £1 050 - **$1,692**

DUBUCAND Alfred 1828-1894 [70]
- *Cavalier à cheval* - Bronze Nancy 97 .... FF9 000 - £981 - **$1,593**
- *Kaolin (-* Bronze (36cm-14in) Saint-Jean-de-Luz 95 .... FF16 600 - £2 150 - **$3,380**
- *Chaseur berbère* - Bronze (74cm-29in) Paris 96 .... FF62 000 - £8 020 - **$12,280**

DUBUFE Claude-Marie 1790-1864 [21]
- *Portrait de Madame Plantain* - Huile/toile (65x54cm-26x21in) Paris 97 .... FF12 500 - £1 370 - **$2,194**
- *La Vierge et l'Enfant* - Huile/toile (145x104cm-57x41in) Lille 96 .... FF51 000 - £6 590 - **$10,040**
- *Princesse de Beauvau* - Huile/toile (130x97cm-51x38in) Paris 91 .... FF140 000 - £14 038 - **$23,110**

DUBUFE Édouard L. 1820-1883 [12]
- *Portrait d'Ottilie Flahaut, née Hendley* - Huile/toile (130x80cm-51x31in) Paris 96 .... FF40 000 - £4 570 - **$7,620**
- *L'odalisque endormie* - Huile/toile (123x220cm-48x87in) Paris 93 .... FF350 000 - £43 750 - **$63,600**

DUBUFE Édouard M. Guillaume 1853-1909 [21]
- *Sunlit courtyard* - Oil/panel (39x28cm-15x11in) New-York 93 .... FF24 800 - £2 820 - **$4,200**
- *Anacapri* - Pastel (56x38cm-22x15in) Paris 96 .... FF4 600 - £577 - **$890**
- *Un Dieu, presque un enfant ...* - Watercolour (63x47cm-25x19in) London 95 .... FF56 000 - £7 000 - **$11,310**

DUBUFFET Jean 1901-1985 [782]
- *Escalier III* - Acrylic/canvas (251x130cm-99x51in) New-York 97 .... FF1 - £146 520 - **$240,000**
- *Route du Pas-de-Calais* - Oil/canvas (114x145cm-45x57in) London 96 .... FF2 - £265 000 - **$408,000**
- *Pèse-cheveu* - Oil/canvas (193x149cm-76x59in) New-York 96 .... FF2 - £2 - **$4**
- *Hommes et Arbres* - Mixed media/canvas (96x161cm-38x63in) London 96 .... FF5 - £750 000 - **$1**
- *Mire G 158 (Boléro)* - Acrylic/paper (100x67cm-39x26in) New-York 95 .... FF154 000 - £18 900 - **$30,000**
- *Site avec un personnage* - Acrylic/paper/canvas (67x50cm-26x20in) New-York 96 .... FF247 095 - £25 946 - **$42,500**
- *Brousse au mouton* - Oil/canvas (74x92cm-29x36in) New-York 96 .... FF500 001 - £53 603 - **$87,500**
- *L'Esplanade rose* - Oil/canvas (89x116cm-35x46in) London 96 .... FF878 000 - £110 000 - **$169,400**
- *Célébrator* - Screenprint in colors (50x34cm-20x13in) New-York 97 .... FF12 571 - £1 348 - **$2,200**
- *Le Fugitif* - Screenprint in colors (69x49cm-27x19in) New-York 97 .... FF34 286 - £3 676 - **$6,000**
- *Nez carotte* - Lithograph (60x38cm-24x15in) Berlin 97 .... FF104 899 - £11 140 - **$18,272**
- *Charche-Aubaine* - Sculpture (88x20x48cm-35x8x19in) New-York 97 .... FF1 - £195 360 - **$320,000**
- *Untitled* - Sculpture (15x6cm-6x2in) London 96 .... FF113 800 - £14 500 - **$21,920**
- *Bel chevelu* - Assemblage (63x48cm-25x19in) New-York 94 .... FF406 400 - £47 100 - **$70,000**
- *Botloque* - Gouache/paper (67x45cm-26x18in) New-York 96 .... FF1 - £158 000 - **$260,000**
- *Monsieur Macadam* - Mixed media drawing (73x60cm-29x24in) London 90 .... FF7 - £798 626 - **$1**
- *Lieu III* - Collage (3x5175x5cm-1x2037x2in) New-York 97 .... FF26 316 - £2 779 - **$4,500**
- *Paysage avec un personnage* - Collage/paper (48x37cm-19x15in) New-York 97 .... FF81 301 - £8 553 - **$14,000**
- *Exodus* - Ink (33x25cm-13x10in) New-York 97 .... FF104 652 - £10 989 - **$18,000**
- *Maquette for Nez carotte* - Collage (63x44cm-25x17in) New-York 95 .... FF353 400 - £44 500 - **$70,000**
- *Dentiste* - Ink (35x32cm-14x13in) New-York 97 .... FF871 080 - £91 635 - **$150,000**

DUBUIS Fernand 1908-1991 [10]
- *Composition* - Huile/toile (92x60cm-36x24in) Paris 91 .... FF6 000 - £605 - **$1,041**
- *Composition* - Aquarelle (54x68cm-21x27in) Paris 92 .... FF4 200 - £430 - **$740**

DUBUISSON Albert-Lucien 1850-1937 [2]
- *Entrée du port de Pornic* - Huile/toile (50x61cm-20x24in) Brest 90 .... FF13 000 - £1 329 - **$2,566**

DUBUISSON Alexandre 1805-1870 [8]
- *Le relais de poste, 1837* - Huile/toile (65x107cm-26x42in) Lyon 90 .... FF36 000 - £3 854 - **$6,261**
- *The hayfield* - Oil/canvas (89x131cm-35x52in) New-York 95 .... FF102 200 - £12 730 - **$20,000**

DUC Antoine 1932 [10]
- *Emeraude* - Huile/panneau (18x15cm-7x6in) Sceaux 90 .... FF6 500 - £671 - **$1,148**

DUC Edmond Eug. 1856-? [6]
- *Les glaneuses* - Pastel (28x22cm-11x9in) Deauville 92 .... FF4 000 - £410 - **$720**

D

D

DUCAIRE Maryse 1911 [6]
🖼 *Yolande* - Huile/toile (54x65cm-21x26in) Paris 93 .... FF2 800 - £338 - **$510**
DUCAIRE-ROQUE Maryse 1911 [4]
🖼 *Ballerines* - Huile/toile (34x26cm-13x10in) Cannes 93 .... FF2 600 - £325 - **$473**
DUCASSE Gervais Emmanuel 1903-1988 [7]
🖼 *Bal travesti* - Huile/isorel (60x60cm-24x24in) Paris 95 .... FF4 000 - £507 - **$805**
✏ *Marché Vallière, Port-au-Prince* - Gouache (61x81cm-24x32in) New-York 94 ..... FF5 840 - £695 - **$1,100**
DUCASSE Louis 1881-1939 [1]
🖼 *Félicie Ducasse, assise* - Huile/toile (101x82cm-40x32in) Paris 95 .... FF50 000 - £6 290 - **$10,000**
DUCATE Marie 1957 [3]
🖼 *La musicienne* - Acrylique/toile (61x50cm-24x20in) Neuilly 90 .... FF4 400 - £471 - **$765**
DUCATEL Louis 1902 [2]
🖼 *Paysage de montagne* - Huile/toile (65x81cm-26x32in) Morlaix 92 .... FF3 000 - £308 - **$577**
DUCATEZ Raymond XX [3]
📄 *Félix Pernod et la Fée Verte...* - Affiche (157x116cm-62x46in) Boulogne 95 ...... FF2 200 - £280 - **$444**
DUCE Alberto 1916 [5]
🖼 *Concierto* - Oleo/tablex (60x48cm-24x19in) Madrid 93 .... FF2 670 - £318 - **$483**
DUCE VAQUERO Alberto 1915 [2]
🖼 *Procesion a la Basilica del Pilar* - Oleo/lienzo (60x82cm-24x32in) Madrid 90 .... FF9 700 - £1 032 - **$1,735**
DUCH Ursule 1911 [3]
✏ *Vase de tulipes roses* - Gouache (65x50cm-26x20in) Paris 90 .... FF2 100 - £217 - **$371**
DUCHAMP Marcel 1887-1968 [67]
🖼 *Courant d'air* - Huile/toile (60x50cm-24x20in) Paris 90 .... FF1 - £196 281 - **$335,689**
   La Boîte en valise
      Emboîtage cartonné: répliques de 68 oeuvres de M.D (39x9x37cm-15x4x15in) Paris 95 .... FF185 000 - £23 160 -
      $36,840
📄 *A l'Infinitif* - Screenprint (33x28cm-13x11in) New-York 96 .... FF33 660 - £4 345 - **$6,500**
✏ *L.H.O.O.Q., la Joconde* - Print (30x23cm-12x9in) London 89 .... FF271 200 - £27 730 - **$43,601**
🗿 *Bouche-evier* - Bronze (6cm-2in) New-York 93 .... FF13 720 - £1 562 - **$2,326**
✏ *Tzanck check* - Encre (37x53cm-15x21in) Paris 90 .... FF1 - £192 719 - **$313,043**
✏ *Objets et Monts de Piété* - Crayon (54x46cm-21x18in) Paris 96 .... FF34 000 - £4 260 - **$6,570**
✏ *Nude descending a Staircase* - Ink (35x20cm-14x8in) New-York 94 .... FF85 600 - £22 400 - **$15,000**
DUCHAMP Suzanne 1889-1963 [15]
🖼 *Femmes nues à la fontaine* - Huile/toile (89x116cm-35x46in) Paris 97 .... FF30 000 - £3 261 - **$5,271**
✏ *Intimité* - Oil/canvas (50x65cm-20x26in) London 94 .... FF84 100 - £10 000 - **$15,380**
✏ *Questionnaire 147* - Pencil (32x27cm-13x11in) London 92 .... FF29 200 - £3 000 - **$5,610**
DUCHAMP-VILLON Raymond 1876-1918 [9]
🗿 *Petit cheval* - Bronze (39cm-15in) New-York 89 .... FF4 - £497 137 - **$781,672**
Les Amants - Plâtre (68x101cm-27x40in) Paris 95 .... FF90 000 - £11 770 - **$18,020**
Cheval et cavalier - Bronze (27cm-11in) Paris 96 .... FF212 000 - £24 540 - **$40,600**
DUCHATEAU Hugo 1938 [4]
✏ *Sans titre* - Dessin (78x78cm-31x31in) Antwerpen 93 .... FF3 640 - £445 - **$650**
DUCHATEAU Olivier 1876-1939 [4]
✏ *Danseuse* - Sanguine (57x30cm-22x12in) Liège 90 .... FF3 200 - £331 - **$565**
DUCHATEL Frederikus Jacobus 1856-? [2]
🖼 *A Wintry rural canal scene*
      Oil/canvas (56x38cm-22x15in) Leominster, Herefordshire 92 .... FF21 500 - £2 200 - **$3,790**
✏ *Boating on a canal* - Watercolour/paper (24x35cm-9x14in) New-York 92 ...... FF8 520 - £872 - **$1,500**
DUCHEIN Paul XX [3]
🗿 *La Petite Officine* - Bois (56x16x44cm-22x6x17in) Paris 95 .... FF7 000 - £883 - **$1,396**
DUCHEMIN Daniel 1866-? [1]
🖼 *Vieille ferme et moulin* - Huile/toile (53x73cm-21x29in) Reims 89 .... FF4 200 - £418 - **$664**
DUCHENNE DE BOULOGNE Guillaume Benjamin 1806-1875 [1]
📷 *Faradisation du muscle frontal* - Albumen print (18x11cm-7x4in) New-York 96 ...... FF25 800 - £3 200 - **$5,000**
DUCHESNE Charles ?-1823 [1]
🖼 *Comte d'Escars, Pair de France* - Huile/toile (65x54cm-26x21in) Monaco 90 .... FF60 000 - £6 135 - **$11,843**
DUCHESNE DES ARGILLIERS J-B. Duch. de Gisors 1770-1856 [1]
✏ *Louise-Marie, Queen of Belgium* - Miniature (5cm-2in) Genève 89 .... FF42 900 - £4 387 - **$6,897**
DUCHOISELLE XIX [6]
🗿 *Indian Squaw in Canoe* - Bronze (56cm-22in) London 91 .... FF49 600 - £4 979 - **$8,581**
DUCIS Louis 1775-1847 [4]
🖼 *Tombeau de Virgile* - Huile/toile (90x108cm-35x43in) Bruxelles 96 .... FF42 700 - £4 940 - **$8,170**
✏ *Duc de Reggio* - Crayon (30x23cm-12x9in) Paris 95 .... FF3 500 - £447 - **$717**
DÜCKER Eugen Gustav 1841-1916 [6]
🖼 *Fischer am Strand von Katwijk* - Oil/panel (65x90cm-26x35in) Düsseldorf 96 .... FF13 540 - £1 672 - **$2,616**
DUCLAUX Jean-Antoine 1783-1868 [15]
🖼 *Promenade en charette* - Huile/toile (25x33cm-10x13in) Toulouse 93 .... FF12 000 - £1 372 - **$2,034**
Vue animée de la campagne lyonnaise - Huile/toile (103x62cm-41x24in) Mayenne 97 ... FF71 500 - £7 693 - **$12,341**
✏ *Les Aqueducs de Beaunant* - Dessin (31x51cm-12x20in) Lyon 97 .... FF6 500 - £703 - **$1,138**
DUCLERE Teodoro 1816-1867 [5]
🖼 *Costiera amalfitana* - Olio/tela (32x46cm-13x18in) Roma 94 .... FF28 240 - £3 360 - **$5,040**
✏ *Napoli* - Aquarelle (38x26cm-15x10in) Bern 94 .... FF11 560 - £1 386 - **$2,246**
DUCLOS Antoine Jean 1742-1795 [2]
📄 *Concert devant un palais* - Eau-forte Paris 93 .... FF10 000 - £1 150 - **$1,720**

Jeune femme accoudée - Sanguine (43x28cm-17x11in) Monaco 89......................... FF*110 000* - £11 591 - **$18,519**
DUCOMMUN Jean 1920-1958 [5]
Vani, jeune femme assise sur un lit - Huile/toile (92x65cm-36x26in) Genève 96................. FF*9 530* - £1 104 - **$1,827**
DUCORNET César 1806-1856 [3]
Jeune garçon de profil - Pierre noire (29x36cm-11x14in) Paris 95............................ FF*1 600* - £208 - **$330**
DUCORRON Julien Joseph 1770-1848 [4]
Paysage avec moulin à eau - Huile/toile (72x91cm-28x36in) Bruxelles 97................. FF*32 680* - £3 540 - **$5,780**
DUCOS DE HAURON Louis 1837-1920 [1]
Colour study of a vase of flowers - Photo (17x12cm-7x5in) London 91.................. FF*10 080* - £1 003 - **$1,733**
DUCRET Maurice 1953 [5]
Komposition - Oil/paper/panel (62x47cm-24x19in) Luzern 90............................ FF*5 900* - £628 - **$1,055**
DUCREUX Joseph 1735-1802 [2]
Smiling man in a Grey-blue Jacket - Oil/canvas (56x43cm-22x17in) New-York 97............ FF*56 948* - £6 071 - **$10,000**
Le Joueur éploré/Le Discret - Gravure (31x22cm-12x9in) Paris 96............................ FF*2 500* - £303 - **$487**
DUCREUX Rose Adélaïde 1761-1802 [1]
Lady, seated by a table - Oil/canvas (195x130cm-77x51in) New-York 96...................... FF*296 000* - £38 800 - **$60,000**
DUCROS Édouard 1856-1936 [4]
Marine - Huile/panneau (19x27cm-7x11in) Aix-en-Provence 95............................ FF*5 200* - £673 - **$1,064**
DUCROT Victor c.1852-1912 [3]
La Loue dans le Jura - Huile/carton (24x33cm-9x13in) Reims 90............................ FF*4 800* - £491 - **$947**
DUCROT-ICARD Francine XIX-XX [1]
Buste de jeune fille - Terracotta (35cm-14in) Paris 92............................ FF*3 200* - £328 - **$564**
DUCULTIT Gabriel 1878-1955 [2]
Paysage de neige - Aquarelle (17x22cm-7x9in) Grenoble 92............................ FF*1 600* - £186 - **$327**
DUCZYNSKA von Irma 1869-? [1]
Harmonie - Tempera/toile (180x180cm-71x71in) Wien 93............................ FF*24 050* - £2 873 - **$4,630**
DUDA-GRACZ Jerzy 1941 [8]
Obraz 2061, Piekny Instalator - Oil/panel (80x60cm-31x24in) Warszawa 96............ FF*18 300* - £2 087 - **$3,510**
DUDANT Roger 1929-1991 [35]
Kompositie - Huile/toile (89x130cm-35x51in) Lokeren 95............................ FF*7 540* - £940 - **$1,523**
Composition - Encre Chine (55x77cm-22x30in) Bruxelles 97............................ FF*2 290* - £242 - **$396**
DUDLEY Frank V. 1868-1957 [5]
Farm scene with cornshucks - Oil/canvas (46x61cm-18x24in) Chicago 93............................ FF*14 160* - £1 610 - **$2,400**
DUDLEY Thomas c.1634-1700 [3]
The cliffs, Whitby - Wash (67x47cm-26x19in) London 90............................ FF*2 300* - £232 - **$418**
DUDOLE Claude XX [2]
Liberté - Bronze (17cm-7in) Rambouillet 90............................ FF*4 800* - £496 - **$848**
DUDOV Yuri 1918-1976 [2]
Mountain village - Oil/canvas (40x60cm-16x24in) London 95............................ FF*4 670* - £600 - **$963**
DUDOVICH Marcello 1878-1962 [69]
La signora delle camelie - Olio/tela (49x39cm-19x15in) Trieste 93............................ FF*21 960* - £2 465 - **$3,930**
E&A. Mele - Poster (207x143cm-81x56in) New-York 94............................ FF*57 800* - £7 050 - **$11,000**
Donna anni '20 - Acquarello/carta (41x24cm-16x9in) Trieste 92............................ FF*7 700* - £788 - **$1,356**
La bellezza - Tempera/carta (59x47cm-23x19in) Trieste 96............................ FF*13 450* - £1 520 - **$2,574**
DUDREVILLE Leonardo 1885-1976 [22]
Chioggia - Olio/tavola (27x37cm-11x15in) Milano 94............................ FF*11 410* - £1 323 - **$1,997**
Ritratto di donna - Olio/tavola (50x40cm-20x16in) Torino 94............................ FF*21 620* - £2 480 - **$3,680**
Senso - Olio/tela (85x121cm-33x48in) Roma 93............................ FF*190 300* - £21 350 - **$34,060**
DUE Ole Wolhardt Stampe 1875-1925 [1]
Ville en hiver avec personnages - Huile/toile (65x89cm-26x35in) Bruxelles 90............................ FF*5 800* - £617 - **$1,038**
DUELL Heinz 1938 [2]
Wien - Ink (68x95cm-27x37in) München 95............................ FF*9 630* - £1 266 - **$1,932**
DUERINCKX Adrien Paul 1887-1938 [2]
Dimanche ensoleillé - Huile/toile (70x114cm-28x45in) Bruxelles 93............................ FF*3 130* - £375 - **$640**
DUESSEL Henry A. XIX-XX [3]
Oakdale - Oil/canvas (20x30cm-8x12in) New Orleans, Louisiana 94............................ FF*7 420* - £865 - **$1,300**
DUEZ Ernest Ange 1843-1896 [17]
Jeune femme au bord de la mer - Oil/canvas (95x99cm-37x39in) New-York 97 FF*285 225* - £30 745 - **$50,000**
Marée basse à Villerville - Aquarelle (30x45cm-12x18in) La Varenne Saint-Hilaire 97............ FF*5 000* - £542 - **$878**
La chasse aux papillons - Aquarelle/papier (29x40cm-11x16in) Pontoise 94............................ FF*30 000* - £3 580 - **$5,620**
DUFAU Clémentine Hélène 1869-1937 [6]
In the Garden - Oil/panel (23x33cm-9x13in) New-York 94............................ FF*6 810* - £796 - **$1,200**
L'Enfant à travers les âges, Petit Palais - Poster (137x99cm-54x39in) London 95............ FF*10 600* - £1 200 - **$1,910**
DUFAUX Frédéric 1852-1943 [26]
Le Rêve - Öl/Leinwand (46x61cm-18x24in) Bern 93............................ FF*4 190* - £500 - **$805**
Junge Frau beim Richten der Haare - Öl/Leinwand (65x50cm-26x20in) Bern 96............ FF*45 500* - £5 770 - **$8,740**
Jeunes Algériennes dans leur intérieur - Huile/toile (190x150cm-75x59in) Paris 94....... FF*400 000* - £46 300 - **$76,600**
DUFAUX Henri 1879-? [4]
Hauts plateaux du Fouta-Djalon - Huile/toile (54x119cm-21x47in) Genève 91............................ FF*4 640* - £476 - **$863**
DUFEU Édouard Jacques 1840-1900 [27]
Sur la terrasse, Venise - Huile/toile (46x55cm-18x22in) Paris 95............................ FF*4 500* - £583 - **$931**

Caïques sur le Bosphore - Huile/panneau (37x55cm-15x22in) Paris 97 .... FF8 000 - £850 - **$1,378**
Venise, le Grand Canal - Huile/toile (65x81cm-26x32in) Paris 92 .... FF41 000 - £4 770 - **$8,360**
DUFF John 1943 [3]
🏛 *Blue serrated wedge* - Installation (203x7x12cm-80x3x5in) New-York 93 .... FF53 100 - £6 040 - **$9,000**
✐ *Untitled* - Graphite (57x47cm-22x19in) New-York 93 .... FF6 050 - £759 - **$1,100**
DUFF John Robert Keitley 1862-1938 [6]
🖼 *Coastal scene with sheep* - Oil/canvas (39x55cm-15x22in) Crewkerne, Somerset 92 .... FF7 980 - £820 - **$1,534**
Extended polygon - Mixed media (160x17x38cm-63x7x15in) New-York 91 .... FF19 470 - £1 952 - **$3,214**
Sheep grazing on a clifftop - Watercolour (28x41cm-11x16in) London 95 .... FF3 080 - £400 - **$642**
DUFFAUD Jean-Baptiste 1853-1927 [2]
🖼 *Martigues, bord de mer* - Huile/toile (38x55cm-15x22in) Lille 97 .... FF8 500 - £880 - **$145,65 5**
DUFFAUT Préfète 1923 [30]
🖼 *Ville imaginaire* - Huile/toile (51x51cm-20x20in) Paris 96 .... FF2 800 - £363 - **$550**
Jacmel - Oil/masonite (61x41cm-24x16in) New-York 94 .... FF8 500 - £1 011 - **$1,600**
ceremonia Sibbi-Deux aux - Oil/masonite (50x60cm-20x24in) New-York 90 .... FF34 300 - £3 649 - **$6,136**
DUFFIELD Mary E,née Rosenberg 1819-1914 [23]
🖼 *Goldlack und Stiefmütterchen* - Öl/Leinwand (26x21cm-10x8in) Lindau 93 .... FF14 000 - £1 633 - **$2,300**
✐ *White roses and clematis*
    Watercolour (21x36cm-8x14in) Marlborough Crescent, Newcastle upon Tyne 93 .... FF6 760 - £760 - **$1,133**
DUFFIELD William D. 1816-1863 [10]
🖼 *Still life with fruit and a duck on a table* - Oil/canvas (51x82cm-20x32in) London 96 .... FF32 560 - £4 200 - **$6,370**
DUFFY Patrick Vincent 1836-1909 [3]
🖼 *Glendalough, Co. Wicklow* - Oil/canvas (36x61cm-14x24in) Dublin 95 .... FF4 760 - £618 - **$980**
DUFLOS Robert 1898-? [6]
✐ *Femme nue allongée* - Pastel (40x73cm-16x29in) Bourges 95 .... FF4 000 - £515 - **$834**
DUFNER Edward 1871-1957 [15]
🖼 *Golden days* - Oil/canvas (137x37cm-54x15in) New-York 89 .... FF1 - £116 973 - **$183,923**
🖼 *Early Morning* - Oil/canvas (30x41cm-12x16in) Mystic, Connecticut 94 .... FF24 600 - £2 926 - **$4,500**
Down by the Pond - Oil/canvas (41x46cm-16x18in) New-York 95 .... FF75 300 - £9 420 - **$15,000**
DUFOOR Frédéric 1934 [2]
🖼 *Nu* - Huile/toile (47x64cm-19x25in) Bruxelles 92 .... FF2 966 - £354 - **$571**
DUFOUR Bernard 1922 [58]
🖼 *Rue de l'Abbaye...* - Huile/toile (92x73cm-36x29in) Paris 97 .... FF2 800 - £296 - **$480**
Sans titre - Huile/toile (100x65cm-39x26in) Paris 97 .... FF5 000 - £529 - **$858**
Paysans Aveyron... - Huile/toile (130x162cm-51x64in) Paris 95 .... FF12 000 - £1 560 - **$2,470**
Femme - Huile/toile (100x81cm-39x32in) Paris 91 .... FF38 000 - £3 810 - **$6,960**
DUFOUR Camille Emile 1841-? [6]
🖼 *Maisons près du canal* - Huile/toile (46x55cm-18x22in) Paris 96 .... FF10 000 - £1 294 - **$1,962**
DUFOUR Jeannine 1922 [5]
🖼 *Bouquet* - Huile/toile (35x27cm-14x11in) Thoiry 93 .... FF2 000 - £241 - **$364**
DUFOUR Marcellin 1946 [2]
🖼 *Maison dans la neige* - Huile/toile (51x61cm-20x24in) Montréal 93 .... FF2 230 - £233 - **$390**
DUFOURMANTELLE Thierry 1953 [2]
🏛 *Sans titre* - Sculpture (95x40x75cm-37x16x30in) Paris 92 .... FF2 500 - £257 - **$481**
DUFRAISSE Stéphane 1953 [5]
🖼 *Nature morte* - Huile/toile (54x44cm-21x17in) Lyon 90 .... FF17 000 - £1 820 - **$2,957**
DUFRANE Paul 1922 [8]
🖼 *Pélerins d'Emmaüs* - Huile/panneau (40x55cm-16x22in) Bruxelles 90 .... FF4 200 - £450 - **$730**
DUFRENE François 1930-1983 [15]
🖼 *Dessous d'affiches* - Decollage (114x146cm-45x57in) Lyon 96 .... FF52 000 - £6 690 - **$10,300**
✐ *Peu ou Proust* - Collage/papier (46x55cm-18x22in) Köln 93 .... FF17 240 - £1 950 - **$2,910**
Show et froid, 1970 - Collage (80x64cm-31x25in) Versailles 90 .... FF70 000 - £7 543 - **$12,346**
DUFRENE Maurice 1876-1955 [7]
◳ *Rayon des Soieries* - Poster (120x80cm-47x31in) New-York 96 .... FF5 180 - £669 - **$1,000**
DUFRENOY Georges 1870-1942 [9]
🖼 *Vue d'Italie* - Huile/carton (35x26cm-14x10in) Paris 97 .... FF2 200 - £249 - **$398**
Palais à Venise - Huile/toile (93x73cm-37x29in) Paris 93 .... FF20 000 - £2 500 - **$3,640**
DUFRESNE Charles 1876-1938 [117]
🖼 *Nature morte* - Huile/toile (38x54cm-15x21in) Paris 95 .... FF14 000 - £1 810 - **$2,860**
Femme dans un intérieur (Arlequin) - Huile/papier/toile (65x54cm-26x21in) Paris 96 .... FF25 000 - £3 250 - **$4,950**
Nature morte aux fleurs et aux fruits - Oil/canvas (81x100cm-32x39in) London 94 .... FF74 000 - £8 800 - **$13,530**
Nature morte fleurs et fruits - Huile/toile (81x101cm-32x40in) Paris 89 .... FF480 000 - £49 080 - **$77,170**
◳ *Le Triomphe de Galatée* - Eau-forte (32x42cm-13x17in) Paris 97 .... FF6 000 - £653 - **$1,039**
✐ *Repos près du moulin* - Gouache (23x30cm-9x12in) Paris 96 .... FF9 000 - £1 171 - **$1,783**
Cavaliers - Aquarelle (25x32cm-10x13in) Paris 96 .... FF21 000 - £2 717 - **$4,120**
DUFTAS Robert XX [3]
✐ *Female nude from behind* - Pastel (54x91cm-21x36in) London 96 .... FF21 830 - £2 800 - **$4,300**
DUFY Jean 1888-1964 [667]
🖼 *Le champ de blé* - Huile/toile (22x12cm-9x5in) Paris 97 .... FF9 500 - £1 032 - **$1,666**
Vase de fleurs - Öl/Leinwand (35x27cm-14x11in) Wien 97 .... FF28 668 - £3 048 - **$4,944**
La Cité - Oil/canvas (20x48cm-8x19in) New-York 97 .... FF38 305 - £4 029 - **$6,600**
Scène de port - Oil/canvas (50x65cm-20x26in) New-York 96 .... FF67 000 - £8 610 - **$13,000**
Le cirque - Oil/canvas (61x46cm-24x18in) New-York 97 .... FF128 572 - £13 784 - **$22,500**
Le Havre - Huile/toile (81x65cm-32x26in) Paris 96 .... FF192 000 - £22 220 - **$36,800**

L'orchestre - Oil/canvas (54x81cm-21x32in) New-York 91 .... **FF273 600** - *£27 768* - **$49,415**
◊ Nature morte aux fruits - Aquarelle, gouache/papier (31x47cm-12x19in) Provins 97 .... **FF5 300** - *£563* - **$918**
Paysage des environs de Preuilly - Aquarelle (53x41cm-21x16in) Paris 97 .... **FF23 000** - *£2 498* - **$4,034**
Les écuyères au cirque - Gouache/papier (23x40cm-9x16in) Paris 97 .... **FF33 000** - *£3 587* - **$5,798**
Paris, calèches devant le Moulin Rouge - Gouache/papier (27x37cm-11x15in) Paris 97 .... **FF44 000** - *£4 783* - **$7,731**
Les courses - Watercolour (46x64cm-18x25in) London 96 .... **FF76 400** - *£9 000* - **$15,000**
La Butte Montmartre - Gouache (41x59cm-16x23in) Paris 90 .... **FF620 000** - *£65 195* - **$107,826**

DUFY Raoul 1877-1953 [973]
☛ 14 juillet, Havre - Huile/toile (81x50cm-32x20in) Paris 97 .... **FF1** - *£1* - **$2**
Bassin des yachtes, Dauville - Oil/canvas (55x131cm-22x52in) New-York 96 .... **FF1** - *£122 520* - **$200,000**
Le Grand cirque - Oil/canvas (89x116cm-35x46in) New-York 96 .... **FF2** - *£361 000* - **$540,000**
Moisson méditerranéenne - Oil/canvas (22x50cm-9x20in) Paris 97 .... **FF115 000** - *£12 397* - **$20,447**
Le dépiquage gris - Huile/toile (33x41cm-13x16in) Paris 97 .... **FF250 000** - *£26 050* - **$42,600**
Les Martigues - Oil/panel (37x46cm-15x18in) London 97 .... **FF482 625** - *£50 000* - **$82,675**
▱ Baigneuses - Gravure (52x36cm-20x14in) Bruxelles 97 .... **FF4 905** - *£528* - **$855**
Le Cortège d'Amphitrite - Lithographie couleurs (33x44cm-13x17in) Paris 95 .... **FF31 000** - *£3 920* - **$6,270**
⌘ Jardins des Papillons - Ceramic (41cm-16in) New-York 96 .... **FF220 000** - *£27 200* - **$42,500**
◊ Tribune et paddock, Chantilly
   Watercolour, gouache/papier (50x63cm-20x25in) New-York 89 .... **FF1** - *£181 309* - **$285,080**
Becquerel en pied - Mine plomb (65x50cm-26x20in) Paris 97 .... **FF3 900** - *£425* - **$682**
Les chinois - Gouache/paper (13x33cm-5x13in) London 97 .... **FF8 160** - *£900* - **$1,431**
Amsterdam - Ink (48x63cm-19x25in) London 96 .... **FF16 500** - *£2 000* - **$3,210**
Madame Dufy - Gouache/papier (64x49cm-25x19in) Paris 97 .... **FF31 000** - *£3 382* - **$5,419**
Fès, les terrasses - Watercolour (48x63cm-19x25in) Amsterdam 97 .... **FF104 884** - *£11 025* - **$18,018**
Montmartre, les escaliers - Pastel (50x36cm-20x14in) London 97 .... **FF250 965** - *£26 000* - **$42,991**
Arlequin à la Lyre - Watercolour, gouache/paper (65x50cm-26x20in) London 97 ... **FF366 795** - *£38 000* - **$62,833**
Le pesage à Dauville - Watercolour, gouache/paper (50x65cm-20x26in) London 97 ... **FF501 930** - *£52 000* - **$85,982**

DUGASSEAU Charles 1812-1885 [1]
☛ La moisson - Huile/toile (37x64cm-15x25in) Barbizon 96 .... **FF10 500** - *£1 233* - **$2,065**

DUGDALE James XX [2]
◊ Musso-Targa Florio - Wash/paper (48x58cm-19x23in) Hendon 91 .... **FF3 770** - *£386* - **$704**

DUGDALE John 1961 [1]
▥ Self-Portrait in Rondout Creek, NY - Platinum print (23x18cm-9x7in) New-York 96 ... **FF28 500** - *£3 520* - **$5,500**

DUGHET Gaspard Poussin 1615-1675 [32]
☛ Travellers on a Path, a Town - Oil/canvas (66x49cm-26x19in) London 97 .... **FF93 871** - *£10 608* - **$17,000**
An Italianate, wooded, River Landscape
   Oil/canvas (142x197cm-56x78in) London 94 .... **FF613 000** - *£72 000* - **$109,200**
◊ Paysages montagneux et boisés - Pierre noire/papier (21x33cm-8x13in) Paris 97 ... **FF3 000** - *£320* - **$519**

DUGMORE Edward 1915 [2]
☛ Untitled - Acrylic/board (129x36cm-51x14in) San Francisco-Los Angeles 95 .... **FF8 300** - *£1 075* - **$1,700**
Untitled NYC #5 - Pastel (61x46cm-24x18in) San Francisco-Los Angeles 95 .... **FF4 705** - *£588* - **$950**

DUGOURC Jean Démosthène 1749-1825 [12]
◊ Hommage au Grand-Duc Paul de Russie - Crayon (51x37cm-20x15in) Paris 96 .... **FF12 000** - *£1 544* - **$2,380**
Study for a Turkish room - Watercolour/paper (22x28cm-9x11in) New-York 97 .... **FF55 617** - *£6 190* - **$10,000**

DUGRES Marc 1907 [19]
☛ Vue d'un port - Huile/isorel (48x54cm-19x21in) La Varenne Saint-Hilaire 94 .... **FF2 500** - *£296* - **$462**

DUGUAY Rodolphe 1891-1973 [20]
☛ La Vierge à l'enfant - Huile/panneau (61x50cm-24x20in) Montréal 93 .... **FF2 902** - *£306* - **$501**
Paysage maritime - Huile/panneau (32x35cm-13x14in) Montréal 93 .... **FF6 910** - *£825* - **$1,330**

DUGUET Medeleine 1909-1974 [1]
☛ La lectrice - Huile/toile (52x105cm-20x41in) Bruxelles 93 .... **FF2 620** - *£302* - **$451**

DUGUID Henry XIX [4]
☛ Linlithgow Palace - Oil/canvas (51x76cm-20x30in) New-York 97 .... **FF88 169** - *£9 488* - **$15,500**

DUHAMEL Gaston XIX-XX [2]
☛ La Seine au Petit Andelys - Huile/toile (33x46cm-13x18in) Pont-Audemer 90 ..... **FF2 000** - *£210* - **$348**

DUHEM Henri Aimé 1860-1941 [8]
☛ Lever de lune embrumé - Huile/toile (38x45cm-15x18in) Senlis 93 .... **FF6 000** - *£715* - **$1,111**
◊ Les pêcheurs - Aquarelle (22x28cm-9x11in) Douai 90 .... **FF1 800** - *£194* - **$317**

DÜHRKOOP Rudolph 1848-1918 [1]
▥ Self-portrait, Berlin - Platinum print (15x20cm-6x8in) New-York 92 .... **FF7 350** - *£854* - **$1,500**

DUIKER Simon 1874-1941 [4]
☛ Peasant woman peeling potatoes - Oil/canvas (72x61cm-28x24in) Amsterdam 95 ... **FF4 390** - *£560* - **$900**

DUINEN van Jacob Hendrik 1840-1885 [2]
☛ Two-master & steamer, Amsterdam - Oil/canvas (52x67cm-20x26in) Amsterdam 94 ... **FF5 200** - *£624* - **$1,010**

DUJARDIN John, Jnr. c.1810-c.1870 [1]
☛ The New Comrade - Oil/panel (46x61cm-18x24in) London 96 .... **FF11 230** - *£1 400* - **$2,170**

DUJARDIN Karel 1621/22-1678 [7]
☛ Saint Paul - Oil/canvas (179x139cm-70x55in) New-York 97 .... **FF2** - *£249 600* - **$400,000**
Jeune mère au sein son fils - Huile/panneau (31x42cm-12x17in) Paris 97 ..... **FF170 000** - *£17 833* - **$29,189**
◊ Bridge over a wide river - Ink (10x20cm-4x8in) Amsterdam 94 .... **FF60 800** - *£7 180* - **$10,820**

DUJARDIN-BEAUMETZ Henri Charles E. 1852-1913 [2]
☛ Soldaten in der Schlacht - Öl/Leinwand (50x78cm-20x31in) Bern 93 .... **FF12 560** - *£1 500* - **$2,416**
◊ Militaires de la fin du XIXème siècle - Dessin Paris 97 .... **FF1 600** - *£174* - **$279**

DUJON Christiane 1942 [2]
● *Le Christ réssuscité* - Technique mixte/toile (162x130cm-64x51in) Tours 92 .... FF**11 000** - £1 126 - $1,937
DUKAS Ioannis 1838-1916 [1]
● *Samson and Delilah* - Oil/canvas (131x111cm-52x44in) Athens 95 .... FF**83 800** - £10 840 - $17,140
DUKE Peder 1938 [23]
● *Blåa konstrater* - Oil/canvas (115x115cm-45x45in) Malmö 91 .... FF**11 230** - £1 115 - $1,950
▭ *Komposition, 1983* - Serigraph (56x56cm-22x22in) Stockholm 90 .... FF**1 800** - £193 - $313
DUKIN Martin Stjepan 1955 [11]
● *Sternenhimmel* - Oil/panel (29x38cm-11x15in) Wien 96 .... FF**3 860** - £498 - $756
DUKIN Stjepan 1943 [6]
● *Nächtliche Aufruhr* - Oil/panel (29x39cm-11x15in) Wien 95 .... FF**2 000** - £253 - $401
DUKKERS Ed 1923 [4]
● *Griek Ontbij* - Oil/canvas (60x50cm-24x20in) Amsterdam 96 .... FF**2 406** - £276 - $460
DULAC Charles 1865-1898 [1]
▭ *L'escalier de Versailles* - Lithographie couleurs Paris 92 .... FF**3 800** - £391 - $731
DULAC Charles André XIX-XX [2]
◢ *Rivière dans une plaine* - Pastel/papier (30x46cm-12x18in) Paris 97 .... FF**14 500** - £1 570 - $2,563
DULAC Edmond 1882-1953 [13]
◢ *Cinderella and Prince Charming* - Watercolour/board (43x36cm-17x14in) New-York 94 .... FF**20 320** - £2 460 - $3,750
Caricature of Ivan Mestrovitch - Watercolour (29x31cm-11x12in) London 97 .... FF**47 893** - £5 000 - $8,195
DULAC Jean 1902-1968 [3]
● *Les Gorges du Tarn* - Huile/toile (38x55cm-15x22in) Toulouse 94 .... FF**3 600** - £430 - $675
DULAC Sébastien 1802-c.1860 [2]
● *La vie de Bohème* - Oleo/lienzo (58x74cm-23x29in) Madrid 93 .... FF**29 100** - £3 353 - $5,000
DULIEU DE CHEVENOUX Louis Marie 1752-? [2]
◢ *Rouvier facing right in lilac coat* - Miniature (7cm-3in) London 96 .... FF**9 300** - £1 200 - $1,795
DULIEU René XX [5]
● *L'île Saint-Honorat , baie de Cannes* - Huile/toile (50x60cm-20x24in) Mayenne 93 .... FF**5 500** - £688 - $1,000
DULIN Pierre 1669-1748 [1]
◢ *Jeune femmes en Vertumne* - Huile/toile (73x88cm-29x35in) Deauville 94 .... FF**32 000** - £3 910 - $6,070
DULK Markus 1949 [4]
◢ *Katastrophe Phaeton* - Öl/Leinwand (125x100cm-49x39in) Zürich 96 .... FF**4 520** - £567 - $872
◢ *Fenster* - Mischtechnik/Papier (100x75cm-39x30in) Zürich 96 .... FF**2 880** - £361 - $556
DULMEN KRUMPELMAN van Erasmus Bernard 1897-1986 [19]
● *Bathing girls* - Oil/canvas (100x60cm-39x24in) Amsterdam 92 .... FF**4 820** - £576 - $928
Une Midinette - Oil/canvas (98x65cm-39x26in) Amsterdam 95 .... FF**31 350** - £4 000 - $6,420
◢ *Figures in a street* - Black chalk (47x28cm-19x11in) Amsterdam 94 .... FF**2 745** - £319 - $473
DULONG Jean-Louis 1800-1868 [1]
● *Napoléon Ier visitant une ferme* - Huile/toile (92x73cm-36x29in) Mâcon 90 .... FF**15 000** - £1 550 - $2,650
DULONGPRÉ Louis 1759-1843 [2]
◢ *Monsieur Pierre Grisé* - Pastel/toile (38x30cm-15x12in) Montréal 89 .... FF**11 300** - £1 092 - $1,715
DULUARD Hippolyte F.L. 1871-? [3]
● *Portrait of a Cavalier* - Oil/panel (106x90cm-42x35in) New-York 95 .... FF**21 140** - £2 545 - $4,000
DULUDE Claude 1931 [2]
● *Sans titre* - Huile/toile (86x115cm-34x45in) Montréal 97 .... FF**2 280** - £241 - $394
DUMAIGE Henry Étienne 1830-1888 [29]
▨ *Femme à l'antique, assise* - Bronze (40cm-16in) Paris 96 .... FF**6 200** - £802 - $1,228
Avant le combat - Bronze (67cm-26in) Lyon 94 .... FF**13 000** - £1 560 - $2,524
A man and a woman - Bronze (80cm-31in) London 96 .... FF**27 000** - £3 200 - $5,270
DUMARESQ Armand. 1826-1895 [2]
● *Un Oriental* - Huile/toile (29x19cm-11x7in) Paris 93 .... FF**4 500** - £543 - $818
▭ *French military prints* - Print (66x46cm-26x18in) Detroit, Michigan 92 .... FF**1 560** - £166 - $300
DUMAS Antoine 1820-1859 [4]
▭ *Kamouraska, 1977* - Lithographie (43x53cm-17x21in) Montréal 90 .... FF**3 900** - £418 - $678
DUMAS Antoine 1932 [7]
● *Roller Coaster* - Huile/toile (75x101cm-30x40in) Montréal 95 .... FF**14 200** - £1 796 - $2,850
▭ *Montréal et ses amants* - Lithographie (40x43cm-16x17in) Montréal 96 .... FF**1 518** - £144 - $220
DUMAS Gaëtan 1879-1950 [6]
● *Les Tuileries* - Oil/canvas/board (21x26cm-8x10in) London 95 .... FF**3 170** - £400 - $636
● *Flamme et Feu/Terre et Sève/...* - Gouache (60x17cm-24x7in) Paris 96 .... FF**1 700** - £200 - $335
DUMAS Marlene 1953 [6]
● *The girl can't help it* - Acrylic/canvas (58x35cm-23x14in) Amsterdam 94 .... FF**16 850** - £1 997 - $3,113
◢ *Just Good Friends* - Mischtechnik/Papier (33x42cm-13x17in) Wien 96 .... FF**10 620** - £1 210 - $2,034
DUMAS Michel 1812-1885 [15]
● *Tête de femme* - Huile/toile (21x16cm-8x6in) Paris 89 .... FF**8 500** - £896 - $1,431
◢ *Étude de mains croisés* - Crayon (34x24cm-13x9in) Paris 94 .... FF**4 500** - £527 - $794
DUMAS Pierre Henri 1886-1967 [1]
● *Night Club scene* - Oil/canvas (72x90cm-28x35in) New-York 92 .... FF**30 500** - £3 196 - $5,500
DUMAS Pierre Ludovic 1892-? [10]
● *Port de La Rochelle* - Huile/toile (60x73cm-24x29in) Saumur 90 .... FF**6 500** - £655 - $1,182
◢ *Chevaux sur la plage* - Aquarelle (30x38cm-12x15in) Saumur 90 .... FF**3 000** - £323 - $529
DUMAS Richard XX [3]
▣ *Elle est au Nord* - Photo (21x20cm-8x8in) Paris 95 .... FF**5 200** - £684 - $1,044

DUMAS Victor 1831-1878 [2]
● *Arrivée de la diligence, St. Malo* - Huile/bois (17x23cm-7x9in) Genève 91 .... FF9 270 - £952 - **$1,726**
DUMAX Ernest Joachim 1811-? [2]
● *Vaches dans les prés* - Huile/toile (26x40cm-10x16in) Paris 95 .... FF4 200 - £531 - **$843**
DUMERAC Brigitte 1948 [34]
● *La palette* - Huile/toile (65x46cm-22x18in) Royan 94 .... FF3 600 - £440 - **$684**
DUMERAY Madame, née Brinau XVIII-XIX [3]
▱ *Monsieur Boirot-Desserviers* - Miniature (13cm-5in) Paris 94 .... FF4 500 - £534 - **$832**
Louis-Philippe Jeune - Miniature (15x13cm-6x5in) Paris 97 .... FF6 800 - £745 - **$1,193**
DUMINI Adolfo 1863-? [1]
● *Femme dénudée avec un serpent* - Huile/toile (122x96cm-48x38in) Morlaix 92 .... FF5 200 - £533 - **$916**
DUMINIL Frank 1933 [66]
● *Sans titre* - Huile/toile (73x60cm-29x24in) Saint-Pair 96 .... FF8 000 - £1 014 - **$1,535**
Composition - Huile/toile (130x97cm-51x38in) Paris 90 .... FF19 000 - £2 047 - **$3,351**
DUMITRESCO Natalia 1915 [37]
● *Composition* - Huile/toile (24x33cm-9x13in) Paris 97 .... FF6 500 - £706 - **$1,140**
Rythm in red - Huile/toile (81x100cm-32x39in) Paris 97 .... FF16 500 - £1 737 - **$2,836**
Composition, c.1956 - Huile/toile (65x81cm-26x32in) Paris 90 .... FF99 000 - £10 600 - **$17,217**
▱ *Sans titre* - Gouache/papier (20x31cm-8x12in) Monaco 96 .... FF7 000 - £804 - **$1,336**
DUMM Edwina 1893-1991 [2]
▱ *Tippie at a windy corner* - Ink (58x38cm-23x15in) New-York 94 .... FF4 570 - £537 - **$800**
DUMMER H. Boylston 1878-1945 [2]
● *Winter snow scene* - Oil/board (51x46cm-20x18in) Mystic, Connecticut 96 .... FF3 700 - £485 - **$750**
DUMONCEAU DE BERGENDAL Gravin Mathilde 1877-1952 [9]
● *Canal en hiver* - Huile/toile (75x100cm-30x39in) Antwerpen 96 .... FF6 570 - £760 - **$1,258**
DUMONCEAU Mathilde 1877-1952 [2]
● *Jardin en Brabant* - Huile/toile (60x50cm-24x20in) Bruxelles 97 .... FF16 340 - £1 770 - **$2,890**
DUMOND Frank Vincent 1865-1951 [14]
● *Two figures and harp* - Oil/canvas (28x36cm-11x14in) New-York 96 .... FF10 760 - £1 276 - **$2,100**
Fleur de Lys - Oil/canvas/board (24x17cm-9x7in) New-York 96 .... FF57 400 - £6 650 - **$11,000**
DUMOND Frederick Melville 1867-1927 [2]
● *Petrified Forest* - Oil/canvas (61x91cm-24x36in) San Francisco-Los Angeles 96 .... FF5 220 - £605 - **$1,000**
DUMONSTIER Etienne II 1520-1603 [2]
▱ *Portrait de dame blonde* - Crayons couleurs (24x18cm-9x7in) Paris 90 .... FF50 000 - £5 113 - **$9,869**
DUMONT Alfred 1828-1894 [5]
● *Les Baux* - Oil/canvas/board (50x34cm-20x13in) Bern 92 .... FF4 840 - £494 - **$852**
DUMONT Augustin Alexandre 1801-1884 [2]
▨ *Milon de Crotone* - Bronze (80cm-31in) Saint-Dié 96 .... FF13 000 - £1 667 - **$2,563**
DUMONT Claude 1938 [49]
● *Paris, rives de la Seine* - Huile/toile (46x55cm-18x22in) L'Isle-Adam 92 .... FF4 000 - £410 - **$720**
▱ *Manoir en Périgord* - Aquarelle (33x47cm-13x19in) Montauban 95 .... FF2 300 - £276 - **$438**
DUMONT François 1886-1962 [5]
● *La Marguerite de Faust* - Oil/panel (75x45cm-30x18in) New-York 91 .... FF9 960 - £1 006 - **$1,977**
DUMONT François XIX [2]
● *Mariage au XVe siècle* - Oil/canvas (85x145cm-33x57in) Luzern 92 .... FF14 460 - £1 728 - **$2,780**
DUMONT Gaston Aimé 1899-1984 [2]
▨ *Pan* - Bronze (95cm-37in) Paris 95 .... FF30 000 - £3 810 - **$6,090**
DUMONT Henri Julien 1856-1921 [4]
● *Terrasse et branches fleuries* - Huile/toile (65x54cm-26x21in) Le Touquet 93 .... FF4 500 - £506 - **$763**
Le Café de la Paix, Paris - Oil/panel (77x116cm-30x46in) New-York 94 .... FF332 000 - £39 600 - **$62,500**
DUMONT Jacques Edme 1761-1844 [2]
▨ *L'Amour* - Terracotta (21cm-8in) Paris 95 .... FF23 000 - £2 900 - **$4,560**
DUMONT Marie Nicole Vestier 1767-1846 [1]
● *L'auteur à ses occupations* - Huile/toile (54x44cm-21x17in) Monaco 90 .... FF150 000 - £15 496 - **$26,502**
DUMONT Nicolas Ant., Tony 1752-? [1]
▱ *Hortense de Beauharnais* - Miniature (9x7cm-4x3in) Paris 94 .... FF25 000 - £3 000 - **$4,860**
DUMONT Pierre 1920-1987 [3]
▱ *Lorraine Le Mans* - Gouache (26x37cm-10x15in) Paris 93 .... FF2 000 - £241 - **$364**
DUMONT Pierre 1884-1936 [155]
● *Paysage de Normandie* - Huile/toile (65x81cm-26x32in) Reims 97 .... FF15 500 - £1 691 - **$2,709**
Notre-Dame de Paris - Huile/toile (66x81cm-26x32in) Paris 95 .... FF40 000 - £5 280 - **$8,100**
La Cathédrale de Rouen - Huile/toile (92x73cm-36x29in) Paris 96 .... FF49 000 - £5 910 - **$9,400**
Le port du Havre - Huile/toile (72x92cm-28x36in) Paris 89 .... FF300 000 - £30 675 - **$48,232**
DUMONT-DUPARC Robert 1866-? [8]
● *Batterie indochinoise, Saïgon/Tonkin* - Huile/carton (16x22cm-6x9in) Reims 94 .... FF4 000 - £473 - **$719**
DUMOUCHEL Albert 1916-1971 [22]
● *Nature morte* - Huile/toile (71x60cm-28x24in) Montréal 97 .... FF8 428 - £913 - **$1,481**
▤ *Les amants* - Sérigraphie (34x28cm-13x11in) Montréal 96 .... FF2 250 - £291 - **$441**
▱ *Portrait d'homme* - Fusain/papier (63x49cm-25x19in) Montréal 91 .... FF2 580 - £259 - **$446**
DUMOULIN Albert 1871-1935 [3]
▱ *Canal en Flandres* - Aquarelle/papier (26x45cm-10x18in) Bruxelles 93 .... FF1 566 - £187 - **$320**
Visages symbolistes - Dessin (40x53cm-16x21in) Bruxelles 90 .... FF4 900 - £506 - **$866**

DUMOULIN François Aimé L. 1753-1836 [2]
Capture of the Island of St. Eustatius - Gouache/paper (41x65cm-16x26in) London 97...... FF37 524 - £4 000 - **$6,578**
DUMOULIN Léonce XIX-XX [1]
The sunflower girl - Marble (122cm-48in) London 92.. FF116 800 - £12 000 - **$21,700**
DUMOULIN Louis 1860-1924 [12]
Paysage de montagne - Huile/toile (29x39cm-11x15in) Paris 95 .... FF7 000 - £882 - **$1,387**
Der Nikko Tempel - Oil/canvas (55x38cm-22x15in) Bern 91 .... FF71 300 - £7 185 - **$12,372**
Le Tour du Monde en 1900 - Encre (125x150cm-49x59in) Monaco 89 .... FF30 000 - £3 161 - **$5,051**
DUMOULIN Romeo 1883-1943 [56]
Corrida - Oil/board (18x22cm-7x9in) London 95 .... FF8 460 - £1 100 - **$1,743**
Baignade des enfants à la rivière - Huile/toile Bruxelles 96 .... FF29 500 - £3 476 - **$5,800**
Deux curés marchant - Huile/toile (55x66cm-22x26in) Bruxelles 90 .... FF113 400 - £11 540 - **$22,678**
Deux siècles - Aquarelle/papier (25x35cm-10x14in) Bruxelles 95 .... FF8 380 - £1 010 - **$1,586**
Chemin du marché en Bretagne - Aquarelle/papier (37x73cm-15x29in) Bruxelles 92 .. FF31 540 - £3 230 - **$5,550**
DUN Nicolas François 1764-1832 [2]
Jeune femme en robe bleue - Miniature (6x6cm-2x2in) Paris 91 .... FF8 500 - £852 - **$1,557**
DUNAND Jean 1877-1942 [33]
La moisson - Peinture (60x80cm-24x31in) Paris 97 .... FF180 000 - £19 548 - **$31,896**
La Pêche - Panneau: laque or, laques couleurs Paris 94 .... FF700 000 - £81 600 - **$122,600**
L'enfant au crabe - Bronze (57cm-22in) Paris 95 .... FF13 000 - £1 622 - **$2,626**
Grand cobra - Bronze (37cm-15in) Paris 89 .... FF220 000 - £23 182 - **$37,037**
Petite table basse rectangulaire
   Incrustation coquilles d'oeuf et laque argent (32x35x46cm-13x14x18in) Paris 91 .. FF56 500 - £5 800 - **$10,510**
DUNANT Jacques 1825-1870 [3]
Paysage de montagne - Huile/toile (130x111cm-51x44in) Paris 93 .... FF11 500 - £1 386 - **$2,090**
DUNANT Marc XIX [2]
Lake of Geneva - Gouache (69x94cm-27x37in) London 92 .... FF1 954 - £200 - **$344**
DUNAU Wilhelm 1875-? [1]
Bergstrasse in Lauffen am Neckar - Öl/Leinwand (70x80cm-28x31in) Stuttgart 93 .. FF6 960 - £798 - **$1,184**
DUNBAR Harold C. 1882-1953 [5]
Autumn, Hamburg Connecticut - Oil/canvas (41x41cm-16x16in) Cleveland, Ohio 92 .. FF2 556 - £262 - **$450**
DUNBAR Patrick XIX-XX [1]
Seascape with a schooner - Oil/canvas (71x102cm-28x40in) New Orleans, Louisiana 95 .. FF2 310 - £284 - **$450**
DUNCAN Charles Stafford 1892-? [2]
Girl in Red Coat - Oil/canvas (183x86cm-72x34in) San Francisco-Los Angeles 94 .. FF21 650 - £2 566 - **$4,000**
DUNCAN Dorothée 1903-1957 [1]
Sailor's Chapel - Huile/isorel (60x46cm-24x18in) Montréal 95 .... FF2 132 - £270 - **$428**
DUNCAN Edward 1803-1882 [64]
Bateaux de pêche devnat la jetée
   Huile/panneau (23x46cm-9x18in) Saint-Germain-en-Laye 92 .... FF12 200 - £1 456 - **$2,347**
Near Swansea, South Wales - Watercolour (13x19cm-5x7in) Bristol, Avon 96 ...... FF2 750 - £350 - **$530**
To the rescue off Ramsgate - Watercolour (49x78cm-19x31in) London 95 .... FF13 200 - £1 700 - **$2,683**
Landing sheep, Isle of Wight - Watercolour (34x53cm-13x21in) London 97 .... FF39 511 - £4 200 - **$6,808**
DUNCAN Harold C. 1882-1953 [2]
Flowers in a jug - Oil/board (57x54cm-22x21in) Toronto 91 .... FF2 365 - £237 - **$390**
DUNCAN James 1806-1881 [3]
Bringing homme the kill - Aquarelle (16x24cm-6x9in) Montréal 92 .... FF10 320 - £1 056 - **$1,817**
The City of Montreal from the Mountain - Watercolour (34x58cm-13x23in) London 96 .. FF68 200 - £8 500 - **$13,170**
DUNCAN Jo XX [8]
The indian winner - Huile/toile (55x46cm-22x18in) Douai 90 .... FF5 800 - £590 - **$1,160**
DUNCAN John McKirdy 1866-1945 [11]
A Mystic Beauty - Oil/canvas (61x46cm-24x18in) London 94 .... FF67 200 - £8 000 - **$12,800**
Uriel - Watercolour (91x38cm-36x15in) London 94 .... FF3 070 - £360 - **$537**
DUNCAN Lawrence c.1850-c.1895 [4]
Preparing for market - Watercolour (52x71cm-20x28in) London 96 .... FF20 240 - £2 400 - **$3,950**
DUNCAN Mary 1885-c.1967 [3]
Boat in a Bay - Oil/board (56x61cm-22x24in) London 97 .... FF2 356 - £250 - **$406**
DUNCAN Raymond ?-1967 [1]
Stiliserad komposition - Mixed media/canvas (86x97cm-34x38in) Stockholm 91 ...... FF7 730 - £775 - **$1,290**
DUNCAN Thomas 1807-1845 [1]
Robert & Thomas George Barclay - Oil/canvas (100x126cm-39x50in) London 91 ..... FF268 000 - £27 200 - **$48,403**
DUNCAN Walter 1869-1918 [1]
Children resting in a landscape - Watercolour (14x19cm-6x7in) London 94 .... FF1 564 - £160 - **$276**
DUNCANSON Robert Scott 1817-1872 [9]
The falls - Oil/canvas (86x73cm-34x29in) New-York 91 .... FF107 800 - £10 822 - **$18,651**
DUNDAS Agnes XIX-XX [2]
Head of a terrier - Oil/board (29cm-11in) London 94 .... FF45 400 - £5 200 - **$7,700**
DUNÉR Sten 1931 [4]
Blåsorna I Oppningen 2 - Oil/canvas (80x60cm-31x24in) Stockholm 92 .... FF3 770 - £386 - **$664**
DUNET Alfred 1889-1939 [40]
Café sur la place - Huile/toile (32x41cm-13x16in) Paris 95 .... FF16 000 - £2 000 - **$3,136**
La rue Norvins à Montmartre - Huile/toile (65x54cm-26x21in) Paris 92 .... FF31 000 - £3 700 - **$5,960**
Rue à Montmartre - Gouache (39x39cm-15x15in) Provins 95 .... FF6 500 - £830 - **$1,334**
La Marne à Nogent - Gouache (29x40cm-11x16in) Paris 92 .... FF28 000 - £3 340 - **$5,380**

DUNHAM Carroll 1949 [46]
- Untitled No. 2 - Acrylic (104x74cm-41x29in) New-York 95 .... FF31 500 - £4 170 - **$6,500**
- Oak Bottom - Mixed media (124x102cm-49x40in) New-York 94 .... FF73 600 - £8 750 - **$14,000**
- Wild grain - Mixed media (183x121cm-72x48in) New-York 92 .... FF230 000 - £23 500 - **$42,000**
- Full Spectrum - Color lithograph Stockholm 94 .... FF5 500 - £646 - **$980**
- Ceiling - Gouache (104x81cm-41x32in) New-York 94 .... FF63 100 - £7 500 - **$12,000**

DUNIKOWSKI Xavery 1875-1964 [1]
- Portret Kobiety - Oil/canvas (63x50cm-25x20in) Warszawa 92 .... FF8 330 - £850 - **$1,258**

DUNKARTON Robert John 1744-1811 [1]
- Portrait of gentleman - Pastel/paper (26x21cm-10x8in) London 89 .... FF5 800 - £593 - **$932**

DUNKEL Joachim 1925 [3]
- Kreuzigung IV - Bronze (43cm-17in) Köln 89 .... FF47 300 - £4 836 - **$7,605**

DUNKER Balthasar Anton 1746-1807 [7]
- Vue de Morat - Etching in colors (22x38cm-9x15in) Bern 92 .... FF11 900 - £1 216 - **$2,096**
- Boot an der Ueberfahrt - Aquarell/Papier (20x26cm-8x10in) Zürich 97 .... FF3 948 - £420 - **$681**
- Wooded landscape - Bodycolour (21x25cm-8x10in) London 94 .... FF24 100 - £3 000 - **$4,680**

DUNKI Louis 1856-1915 [7]
- Schweizer Gardist - Watercolour (37x14cm-15x6in) Zofingen 92 .... FF4 090 - £418 - **$721**

DUNLAP Helena 1876-1955 [2]
- Still life in Tahiti - Oil/canvas (61x53cm-24x21in) San Francisco-Los Angeles 95 ... FF8 120 - £962 - **$1,500**
- Southern pines - Pastel/paper (51x61cm-20x24in) New Orleans, Louisiana 94 ... FF1 586 - £191 - **$300**

DUNLAY Thomas R. XX [2]
- Straffordshire bowl and fruit - Oil/canvas (45x61cm-18x24in) New-York 91 ...... FF4 810 - £486 - **$850**

DUNLOP Elizabeth Maria 1820-1883 [2]
- Landscapes - Oil/board (9x14cm-4x6in) Toronto 96 .... FF23 250 - £2 790 - **$4,450**

DUNLOP Ronald Ossory 1894-1973 [149]
- Figures in a Street - Oil/canvas (38x45cm-15x18in) London 97 .... FF4 241 - £450 - **$731**
- Portrait of Josephine - Oil/board (49x39cm-19x15in) London 97 .... FF8 403 - £900 - **$145,2 6**
- At the regatta - Oil/canvas (122x183cm-48x72in) London 91 .... FF43 650 - £4 398 - **$7,574**

DUNN Arthur XIX-XX [1]
- Mark Twain - Silver print (22x30cm-9x12in) London 92 .... FF2 930 - £300 - **$516**

DUNN Harvey T. 1884-1952 [17]
- Fisherman - Oil/canvas (30x41cm-12x16in) Philadelphia 95 .... FF2 510 - £317 - **$500**
- Men at sea - Oil/canvas (66x102cm-26x40in) Philadelphia 95 .... FF28 830 - £3 640 - **$5,750**
- Miracle at Jupiter Gulch
  Oil/canvas (76x102cm-30x40in) San Francisco-Los Angeles 95 .... FF149 500 - £19 640 - **$30,000**

DUNN Henry Treffy 1838-1899 [1]
- Found - Oil/canvas (99x81cm-39x32in) London 91 .... FF170 000 - £22 000 - **$34,760**

DUNN Joseph 1806-1860 [2]
- Dragoon Officer with his horse
  Oil/canvas (85x110cm-33x43in) Billinghurst, West Sussex 93 .... FF43 900 - £5 000 - **$7,450**

DUNNING Robert Spear 1829-1905 [13]
- Ships off the Coast, Newport - Oil/canvas (16x28cm-6x11in) New-York 94 ...... FF36 800 - £4 420 - **$7,000**
- Roses and Fruit - Oil/canvas (53x32cm-21x13in) New-York 97...................... FF245 041 - £25 729 - **$42,000**

DUNNINGTON Albert XIX-XX [11]
- Boats, Port Erin - Oil/canvas (25x46cm-10x18in) Birmingham 92 .... FF4 090 - £420 - **$786**

DUNOUY Alexandre 1757-1841 [12]
- Landscape with a riding party - Oil/canvas (58x113cm-23x44in) London 96 ...... FF41 250 - £5 000 - **$8,020**
- Village au pied des montagnes, Italie - Huile/toile (112x157cm-44x62in) Paris 96 ... FF300 000 - £37 600 - **$58,000**

DUNOYER DE SEGONZAC André 1884-1974 [342]
- L'église de Moret sur Loing - Oil/canvas (55x81cm-22x32in) New-York 95 ...... FF23 215 - £2 442 - **$4,000**
- La barque - Huile/toile (65x81cm-26x32in) Paris 97 .... FF39 000 - £4 204 - **$6,934**
- La vallée du Morin - Oil/canvas (65x81cm-26x32in) London 94 .... FF69 000 - £8 200 - **$12,600**
- Le comptoir vert - Oil/canvas (66x101cm-26x40in) New-York 89 .... FF386 100 - £38 418 - **$60,995**
- Méditerranée - Eau-forte (34x46cm-13x18in) Paris 94 .... FF14 800 - £1 775 - **$2,885**
- Portrait - Encre (22x20cm-9x8in) Paris 97 .... FF4 000 - £438 - **$702**
- Saint-Tropez - Encre Chine (51x77cm-20x30in) Paris 97.............................. FF28 000 - £3 032 - **$4,950**
- Nature morte aux fruits - Watercolour/paper (56x78cm-22x31in) London 97 ...... FF96 525 - £10 000 - **$16,535**
- Syphon bleu - Watercolour (58x78cm-23x31in) New-York 94 .... FF171 300 - £21 100 - **$30,000**
- Nature morte au tapis rouge - Watercolour (57x77cm-22x30in) New-York 92 ... FF291 300 - £30 500 - **$52,500**

DUNOYER Jacques Michel 1933 [3]
- Chemin fleuri, Provence - Huile/toile (73x60cm-29x24in) Luxembourg 96 ...... FF19 700 - £2 280 - **$3,776**

DUNOYER Pierre 1949 [7]
- Peinture - Acrylique/toile (165x150cm-65x59in) Paris 96 .... FF10 000 - £1 244 - **$1,940**
- Branche de saule - Acrylic/canvas (97x194cm-38x76in) New-York 92 .... FF41 100 - £4 200 - **$7,500**

DUNSMORE John Ward 1856-1945 [4]
- The pastor's visit - Oil/canvas (61x41cm-24x16in) Toronto 89 .... FF3 400 - £348 - **$547**

DUNSTAN Bernard 1920 [62]
- Getting out of bed - Oil/board (29x24cm-11x9in) London 96........................ FF7 280 - £900 - **$1,407**
- Interior, Vernet-les-bains - Oil/canvas/board (46x46cm-18x18in) London 96 ...... FF17 560 - £2 200 - **$3,390**
- The Blue Towel - Distemper/canvas (109x100cm-43x39in) London 93 .... FF49 800 - £6 000 - **$8,700**

D

DUNTON William Herbert 1878-1936 [8]
🐎 *Cowboy escaping on horse* - Oil/canvas (76x51cm-30x20in) New-York 95 .... FF**45 400** - £**5 720** - **$9,000**
Portrait of a warrior - Oil/canvas (81x64cm-32x25in) New-York 94 .... FF**162 300** - £**19 230** - **$30,000**
DUNTZE Johannes Bertholomus 1823-1895 [22]
🐎 *Winter landscape* - Oil/canvas (36x48cm-14x19in) London 95 .... FF**20 370** - £**2 700** - **$4,210**
Dorf im Winter mit Eisläufern - Öl/Leinwand (35x49cm-14x19in) Wien 96 .... FF**43 500** - £**5 450** - **$8,450**
Winter landscape - Oil/canvas (98x135cm-39x53in) New-York 96 .... FF**180 000** - £**21 800** - **$35,000**
DÜNZ Johannes 1645-1736 [1]
L'église de Noville - Huile/panneau (41x27cm-16x11in) Bern 94 .... FF**2 684** - £**322** - **$522**
DUPAGNE Adrien 1889-1980 [53]
🐎 *Buste de femme* - Huile/toile (54x65cm-21x26in) Liège 95 .... FF**3 400** - £**432** - **$690**
Odalisque - Huile/toile (65x80cm-26x31in) Liège 90 .... FF**19 440** - £**1 967** - **$3,698**
🖉 *Marché en Espagne* - Crayon (34x48cm-13x19in) Liège 91 .... FF**4 860** - £**487** - **$890**
DUPAGNE Arthur 1895-1961 [32]
🗿 *Tête de garçon numpende* - Terre cuite (30x20cm-12x8in) Paris 97 .... FF**11 000** - £**1 200** - **$1,923**
Tipoyeur - Bronze (57x47cm-22x19in) Paris 97 .... FF**31 300** - £**3 415** - **$5,471**
Tireur à l'arc - Bronze (54x30x42cm-21x12x17in) Bruxelles 97 .... FF**62 092** - £**6 726** - **$10,982**
🖉 *Porteuse d'eau* - Pastel/papier (65x54cm-26x21in) Bruxelles 93 .... FF**5 930** - £**710** - **$1,212**
DUPAIN Edmond Louis 1847-? [8]
🐎 *Chasing after the flower for the lady* - Oil/canvas (99x71cm-39x28in) New-York 93 .... FF**22 000** - £**2 760** - **$4,000**
Ernest Mouchez en grand uniforme - Huile/toile (156x108cm-61x43in) Paris 96 .... FF**54 000** - £**6 770** - **$10,430**
DUPAN Barthélémy Du Pan 1712-1763 [2]
🐎 *Princess Augusta of Saxe Gotha* - Oil/canvas (58x47cm-23x19in) London 95 .... FF**61 900** - £**8 000** - **$12,760**
🖉 *Studies of portraits and hands* - Black & white chalks (30x44cm-12x17in) London 91 .... FF**34 700** - £**3 500** - **$6,120**
DUPARC Amaury XX [2]
🐎 *Nu assis* - Huile/toile (73x60cm-29x24in) Paris 97 .... FF**2 000** - £**216** - **$353**
DUPAS Jean 1882-1964 [40]
🐎 *Scène mythologique* - Huile/panneau L'Isle-Adam 94 .... FF**18 000** - £**2 127** - **$3,320**
Femmes aux lévriers - Huile/toile (55x52cm-22x20in) Paris 93 .... FF**65 000** - £**7 830** - **$11,820**
Study for les perruches - Oil/paper/canvas (42x42cm-17x17in) New-York 97 .... FF**232 560** - £**24 420** - **$40,000**
🖼 *Green-Line Coach* - Poster (101x63cm-40x25in) New-York 95 .... FF**8 580** - £**1 082** - **$1,700**
Bordeaux - Poster (109x70cm-43x28in) New-York 92 .... FF**21 840** - £**2 610** - **$4,200**
🖉 *Harmonie de rose/La palme* - Watercolour/paper New-York 97 .... FF**75 407** - £**8 000** - **$13,000**
La Dame en vert/Les rameaux - Watercolour/paper New-York 97 .... FF**92 808** - £**9 846** - **$16,000**
DUPATY Charles Louis M. 1771-1825 [3]
🐎 *L'Offrande à Athéna* - Huile/toile Dijon 96 .... FF**22 000** - £**2 667** - **$4,280**
DUPAU Louise 1874-1966 [1]
🐎 *Fleurs dans le jardin* - Huile/toile (73x51cm-29x20in) Grenoble 92 .... FF**3 000** - £**307** - **$529**
DUPÉRAC Étienne 1525-1601/04 [1]
🖉 *Das Forum Romanum* - Red chalk/paper (19x27cm-7x11in) Köln 90 .... FF**10 200** - £**1 043** - **$2,013**
DUPIN Léon XX [5]
🖼 *Chemin de Fer du Nord* - Poster (104x74cm-41x29in) New-York 95 .... FF**5 250** - £**688** - **$1,100**
DUPLAIN Albert 1890-1978 [1]
Château de Glérolle et St. Saphorin - Öl/Leinwand (45x60cm-18x24in) Bern 95 .... FF**4 090** - £**532** - **$840**
DUPLAIN Ami-Ferdinand 1893-1966 [9]
Uferpartie mit Segelboot - Öl/Leinwand (40x32cm-16x13in) Bern 94 .... FF**3 840** - £**445** - **$662**
DUPLAN Edmond 1910-1988 [2]
🐎 *Tête de jeune fille* - Peinture (24x19cm-9x7in) Saint-Dié 89 .... FF**3 800** - £**378** - **$600**
DUPLESSI-BERTAUX Jean 1747-1819 [10]
🐎 *Le bivouac/Le bivouac sous la neige* - Huile/toile (23x23cm-9x9in) Paris 96 .... FF**20 500** - £**2 660** - **$4,050**
🖉 *Réddition d'une ville* - Gouache (28x41cm-11x16in) Paris 96 .... FF**5 500** - £**646** - **$1,082**
Bal public sous le Directoire - Encre (11x16cm-4x6in) Paris 97 .... FF**13 000** - £**1 596** - **$2,530**
DUPLESSIS Joseph-Siffrède 1725-1802 [6]
🐎 *Louis François Petit-Radel* - Huile/toile (64x53cm-25x21in) Paris 96 .... FF**140 000** - £**18 100** - **$27,730**
DUPLESSY Jean Alphonse 1817-? [2]
🐎 *Baumbestandene Flußlandschaft* - Painting (18x23cm-7x9in) Pforzheim 92 .... FF**4 760** - £**488** - **$933**
DUPON Josuë 1864-1935 [4]
🗿 *Samson en de Leuw* - Bronze (47cm-19in) Lokeren 94 .... FF**54 800** - £**6 460** - **$9,750**
DUPONT Alphonse 1793-1877 [4]
🐎 *Les temples d'Agrigente/Mont Soracte* - Oil/canvas (75x100cm-30x39in) New-York 96 ..... FF**77 900** - £**9 920** - **$15,000**
🖉 *Voyage en Italie* - Crayon Paris 96 .... FF**20 000** - £**2 593** - **$3,920**
DUPONT DE LILLE François 1756-1821 [1]
🐎 *Baigneuse à la cascade* - Huile/toile (73x59cm-29x23in) Paris 94 .... FF**50 000** - £**5 740** - **$8,550**
DUPONT DE MONTFIQUET Louis Richard Fr. 1734-1765 [2]
🐎 *Femme dans un œil-de-bœuf* - Huile/toile (73x56cm-29x22in) Paris 93 .... FF**12 000** - £**1 446** - **$2,182**
DUPONT Félix [2]
🖉 *Banquet* - Aquarelle, gouache (57cm-22in) Morlaix 93 .... FF**1 600** - £**193** - **$291**
DUPONT Finette 1899-1986 [8]
🐎 *Nu féminin* - Huile/toile (100x80cm-39x31in) Liège 90 .... FF**6 200** - £**664** - **$1,078**
🖉 *Portrait* - Lavis (20x15cm-8x6in) Paris 93 .... FF**1 800** - £**217** - **$328**
DUPONT Gainsborough c.1754-1797 [11]
🐎 *King George III* - Oil/canvas (76x63cm-30x25in) London 93 .... FF**39 240** - £**4 500** - **$6,660**
DUPONT Pieter 1870-1911 [6]
🖼 *Man on horseback in a town* - Etching (29x45cm-11x18in) Amsterdam 95 .... FF**1 750** - £**219** - **$353**

A horse tram in Paris - Pastel (42x5cm-17x2in) Amsterdam 94 .... **FF18 400** - *£2 190* - **$3,500**

DUPONT Victor 1875-? [1]
Femme à sa toilette - Huile/toile (77x60cm-30x24in) Paris 92 .... **FF4 500** - *£537* - **$866**

DUPRAT Albert Ferdinand 1882-? [23]
La vallée - Huile/toile (32x39cm-13x15in) Pontoise 97 .... **FF4 200** - *£453* - **$738**
La Lagune, Venise - Huile/toile (45x100cm-18x39in) Chaumont 95 .... **FF16 500** - *£2 087* - **$3,225**
Rio San Tomaso, Venezia - Huile/toile (65x54cm-26x21in) Nice 96 .... **FF30 000** - *£3 470* - **$5,750**

DUPRAT Emmanuel XX [2]
Burroughs - Huile/toile (65x54cm-26x21in) Versailles 92 .... **FF2 500** - *£256* - **$491**

DUPRAY Henry Louis 1841-1909 [17]
The Greeting - Oil/panel (33x23cm-13x9in) New-York 94 .... **FF4 880** - *£591* - **$900**
Parade sur le Champ de Mars - Huile/toile (54x73cm-21x29in) Paris 96 .... **FF17 000** - *£2 130* - **$3,290**

DUPRÉ Alfred 1904-1956 [2]
Sommertag am Rhienufer bei Köln - Oil/Leinwand (60x81cm-24x32in) Köln 93 .... **FF3 730** - *£446* - **$718**

DUPRE François-Xavier 1803-1871 [2]
Etude de la Villa Médicis - Huile/papier (33x64cm-13x25in) Paris 89 .... **FF64 000** - *£6 743* - **$10,764**
Portrait de jeune fille en buste - Crayon (14x10cm-6x4in) Paris 90 .... **FF3 500** - *£377* - **$617**

DUPRÉ Giovanni Dupré 1817-1882 [1]
Sapho - Marble (73cm-29in) New-York 93 .... **FF94 400** - *£10 730* - **$16,000**

DUPRÉ Jules 1811-1889 [173]
Paysage - Huile/panneau (6x15cm-2x6in) Saint-Dié 97 .... **FF10 000** - *£1 130* - **$1,811**
Sailing-ships on choppy seas - Oil/board (21x32cm-8x13in) Amsterdam 97 .... **FF22 460** - *£2 374* - **$3,853**
Field at Barbizon - Oil/canvas (27x37cm-11x15in) New-York 97 .... **FF28 442** - *£3 061* - **$5,000**
Vaches à l'étang - Huile/toile (45x65cm-18x26in) Marseille 96 .... **FF41 500** - *£5 360* - **$8,010**
La gardienne de vaches - Huile/toile (46x56cm-18x22in) Barbizon 92 .... **FF127 000** - *£13 000* - **$22,360**
Intérieur de ferme dans le Berry - Oil/canvas (48x63cm-19x25in) New-York 92 .. **FF483 000** - *£49 400* - **$85,000**
Moutons près de la rivière - Graphite (44x60cm-17x24in) Nancy 95 .... **FF12 000** - *£1 450* - **$2,260**
Cattle watering - Watercolour/paper (25x36cm-10x14in) London 97 .... **FF61 905** - *£6 500* - **$10,647**

DUPRÉ Julien 1851-1910 [73]
Vaches au pâturage - Huile/panneau (13x22cm-5x9in) Pontoise 96 .... **FF10 000** - *£1 273* - **$1,930**
Bergère et troupeau - Huile/toile (38x54cm-15x21in) Neuilly 96 .... **FF50 000** - *£5 740* - **$9,530**
La gardeuse de vaches - Oil/canvas (38x55cm-15x22in) New-York 97 .... **FF188 249** - *£20 292* - **$33,000**
Le Regain - Oil/canvas (100x127cm-39x50in) New-York 94 .... **FF2 22e +06** - *£238 600* - **$360,000**

DUPRÉ Léon Victor 1816-1879 [102]
Shepherd and his flock - Oil/panel (9x17cm-4x7in) London 97 .... **FF17 257** - *£1 900* - **$3,029**
La mare - Huile/toile (27x35cm-11x14in) Barbizon 96 .... **FF28 500** - *£3 350* - **$5,610**
Effet de lumière sur le marais - Huile/toile (33x46cm-13x18in) Barbizon 96 .... **FF45 000** - *£5 610* - **$8,690**
Le petit vacher - Huile/toile (43x57cm-17x22in) Barbizon 96 .... **FF68 000** - *£7 980* - **$13,370**
Paysage normand - Huile/toile (54x79cm-21x31in) Neuilly 90 .... **FF122 000** - *£12 638* - **$21,431**

DUPRÉ Louis 1789-1837 [7]
Macédonien fumant - Huile/toile (67x57cm-26x22in) Paris 93 .... **FF31 000** - *£3 875* - **$5,640**
Ali Pacha de Janina chassant - Lithograph (28x47cm-11x19in) London 95 .... **FF9 600** - *£1 200* - **$1,940**
The musicians - Watercolour/paper (13x19cm-5x7in) London 95 .... **FF19 970** - *£2 500* - **$3,980**

DUPREY Jean-Pierre 1930-1959 [2]
Jeune fille assise - Sculpture (40x16x13cm-16x6x5in) Paris 96 .... **FF15 000** - *£1 866* - **$2,910**

DUPROT Albert Ferdinand 1882-? [1]
Marine - Huile/toile (48x33cm-19x13in) Bruxelles 91 .... **FF8 230** - *£829* - **$1,428**

DUPUIS David XX [3]
Tingle Becomes a Chill - Mixed media/canvas (183x152cm-72x60in) New-York 93 ...... **FF14 100** - *£1 614* - **$2,400**

DUPUIS Émile XIX-XX [1]
Fabrique, Automobiles, Herstal - Affiche (74x105cm-29x41in) Nice 96 .... **FF4 300** - *£537* - **$831**

DUPUIS Geo, Georges 1874-1932 [2]
Les Misérables, Victor Hugo - Affiche (194x129cm-76x51in) Boulogne 96 .... **FF6 100** - *£794* - **$1,210**

DUPUIS Jean XX [2]
Le retour - Huile/panneau (54x65cm-21x26in) Versailles 91 .... **FF5 500** - *£548* - **$946**

DUPUIS Lodewijk, Louis 1843-1921 [2]
Massala, a bust - Bronze (56cm-22in) London 96 .... **FF43 900** - *£5 000* - **$8,400**

DUPUIS Maurice 1882-1959 [11]
Stilleven met rosen - Huile/toile (49x61cm-19x24in) Lokeren 94 .... **FF43 200** - *£5 090* - **$7,680**

DUPUIS Pierre 1833-? [2]
Pivoines au vase japonais - Oil/canvas (125x100cm-49x39in) New-York 96 .... **FF51 900** - *£6 610* - **$10,000**

DUPUY Émile 1877-1956 [1]
Exposition Universelle, Liège - Affiche (128x77cm-50x30in) Paris 95 .... **FF2 200** - *£288* - **$441**

DUPUY Gilles Marie 1948 [2]
Les arènes de Béziers - Huile/toile (65x54cm-26x21in) Saint-Dié 92 .... **FF4 000** - *£478* - **$770**

DUPUY Laurence XIX-XX [4]
Mare près de la ferme - Huile/toile (50x65cm-20x26in) Le Havre 91 .... **FF14 500** - *£1 440* - **$2,518**
Danseuse aux cymbales - Bronze (63cm-25in) Paris 94 .... **FF3 800** - *£440* - **$652**
Girl playing jand dancin to cymbals - Bronze (62cm-24in) London 94 .... **FF11 870** - *£1 400* - **$2,113**

DUPUY Paul Michel 1869-1949 [58]
Enfant au bord de la plage - Huile/toile (41x34cm-16x13in) Paris 96 .... **FF16 350** - *£1 887* - **$3,120**
Fountain at the Tuileries - Oil/canvas (46x61cm-18x24in) New-York 94 .... **FF44 900** - *£5 300* - **$8,000**

Enfant jouant sur la plage - Oil/canvas (61x77cm-24x30in) New-York 97........................ FF*154 022* - £*16 602* - **$27,000**
DUPUY Philippe 1959 [3]
Pique-nique - Pastel (33x29cm-13x11in) Paris 92... FF*2 100* - £*215* - **$378**
DUPUY Pierre 1936 [15]
Place Pigale - Huile/toile (46x55cm-18x22in) Troyes 90.......................... FF*6 500* - £*696* - **$1,130**
DUQUESNOY, Fattore di Putti François 1594-1643 [2]
Jupiter & Bacchus/Apollo & Cupid - Bronze (26cm-10in) London 93............ FF*782 000* - £*90 000* - **$135,000**
Studies of Putti - Black, red & white chalks/paper (16x29cm-6x11in) New-York 97 .... FF*18 073* - £*2 011* - **$3,249**
DURA Gaetano XIX [2]
View of Capri - Gouache/board (31x45cm-12x18in) New-York 92.................. FF*11 100* - £*1 162* - **$2,000**
DURAMEAU Louis Jean-Jacques 1733-1796 [6]
Quos Ego - Encre (32x41cm-13x16in) Paris 93 .... FF*42 000* - £*5 060* - **$7,630**
Figure allégorique - Pierre noire (35x54cm-14x21in) Paris 97................. FF*260 000* - £*27 638* - **$44,928**
DURAN BENET Rafael 1931 [6]
Vista el puerto con barcos - Oleo/lienzo (81x100cm-32x39in) Madrid 97............. FF*11 940* - £*1 290* - **$2,070**
DURAN Jaume 1891-1983 [1]
Mujer arrodillada con cántaro - Marble (111cm-44in) Madrid 96................. FF*50 200* - £*6 260* - **$9,700**
DURANCAMPS Rafael 1891-1979 [26]
Paisaje de encinas con castillo e Iglesia - Oleo/tabla (20x26cm-8x10in) Madrid 93 ... FF*18 800* - £*2 260* - **$3,660**
Cadaqués - Oil/board (38x61cm-15x24in) London 97............................ FF*38 078* - £*4 200* - **$6,679**
Capea de pueblo - Oleo/lienzo (41x59cm-16x23in) Madrid 97.................... FF*90 000* - £*9 675* - **$15,525**
DURAND André 1807-1867 [5]
Intérieur du Kremlin - Pencil/paper (47x30cm-19x12in) London 95 .... FF*11 410* - £*1 500* - **$2,290**
DURAND Asher Brown 1796-1886 [13]
Summer on Lake George - Oil/canvas (36x60cm-14x24in) New-York 95 .... FF*43 600* - £*5 420* - **$8,500**
An august afternoon - Oil/canvas (30x25cm-12x10in) New-York 89 .... FF*125 800* - £*13 256* - **$21,178**
DURAND Gabriel 1812-? [1]
Operettensängerin Lilli Spielmann - Pastell/Papier (63x53cm-25x21in) Wien 90 ...... FF*9 600* - £*1 009* - **$1,670**
DURAND Gustave 1905-? [2]
La brioche - Huile/toile (46x55cm-18x22in) Saint-Germain-en-Laye 91 .... FF*6 500* - £*655* - **$1,267**
DURAND Jean 1894-1977 [4]
Grande panthère - Huile/panneau (46x76cm-18x30in) Soissons 95 .... FF*5 000* - £*649* - **$1,024**
Guerriers touareg - Huile/panneau (120x86cm-47x34in) Paris 96................ FF*33 000* - £*3 820* - **$6,320**
DURAND Jean-François 1731-1778 [1]
Landscape /Landscape - Gouache (32x48cm-13x19in) New-York 95 .... FF*64 400* - £*7 720* - **$12,000**
DURAND Joanny 1886-1956 [2]
Une famille de travailleur - Bronze (50cm-20in) Autun 96..................... FF*11 500* - £*1 420* - **$2,224**
Nu debout - Bronze (63cm-25in) Lille 92 .... FF*14 000* - £*1 438* - **$2,593**
DURAND John c.1740-c.1785 [2]
Gentleman in gold buttoned blue frock
   Oil/canvas (87x68cm-34x27in) New-York 90................................. FF*148 700* - £*15 636* - **$25,861**
DURAND Louis 1817-? [2]
Le Château de Chillon - Huile/toile (38x56cm-15x22in) Bern 95............... FF*5 180* - £*648* - **$1,046**
DURAND Simon 1838-1886 [6]
Genève - Huile/toile (73x95cm-29x37in) London 95........................... FF*23 700* - £*3 024* - **$4,850**
En attendant son fiancé - Oil/Leinwand (83x126cm-33x50in) Zürich 93........ FF*137 000* - £*16 360* - **$26,350**
DURAND-BRAGER Jean-Baptiste Henri 1814-1879 [35]
Vue du Cap - Huile/toile (27x40cm-11x16in) Le Puy 96...................... FF*7 500* - £*972* - **$1,470**
Vue portuaire animée - Huile/panneau (29x50cm-11x20in) Bruxelles 96........ FF*15 840* - £*2 074* - **$3,210**
Entrée du port avec jetée - Huile/toile (74x119cm-29x47in) Paris 94......... FF*35 000* - £*4 150* - **$6,460**
Combat naval, côte marocaine - Huile/toile (59x105cm-23x41in) Paris 92...... FF*80 000* - £*8 190* - **$14,080**
DURAND-ROSÉ Auguste 1887-1962 [41]
Paysage de Provence - Huile/toile (68x92cm-27x36in) Paris 95............... FF*4 000* - £*500* - **$808**
DURANDEAU Auguste Antoine 1854-? [2]
Soldat fumant la pipe - Huile/toile (30x46cm-12x18in) Paris 94............. FF*7 000* - £*820* - **$1,234**
DURANDELLE Louis Émile 1839-1917 [4]
Le Nouvel Opéra de Paris - Albumen print (23x38cm-9x15in) New-York 95 ...... FF*4 850* - £*623* - **$1,000**
DURANEL Jean 1946 [26]
La Mer Rouge - Huile/toile (65x54cm-26x21in) Boulogne 94................... FF*2 200* - £*250* - **$374**
Plage et phare - Huile/toile (55x46cm-22x18in) Boulogne 94................. FF*4 600* - £*526* - **$780**
DURANGEL Léopold 1828-1891/8 [1]
Portrait de femme arabe - Pastel/toile (46x38cm-18x15in) Paris 95........... FF*10 000* - £*1 267* - **$2,010**
DURANS Marcel [3]
Les moulins de Pont-Aven - Huile/toile (65x91cm-26x36in) Douarnenez 94..... FF*2 500* - £*304* - **$476**
DURANTE Domenico Maria 1879-1944 [1]
Sorriso - Olio/tavola (44x33cm-17x13in) Roma 97.......................... FF*13 600* - £*1 390* - **$2,393**
DURANTE Fortunato 1787-1863 [3]
Holy family - Ink (26x19cm-10x7in) London 92............................ FF*6 840* - £*700* - **$1,340**
DURANTI Fortunato 1787-1863 [4]
Suffer the little children to come unto me - Mine plomb (15x19cm-6x7in) New-York 92 ... FF*8 490* - £*857* - **$1,500**
DURAY Émile 1862-? [2]
La cartomancienne - Huile/toile (98x131cm-39x52in) Paris 97............... FF*20 000* - £*2 140* - **$3,460**

DURBAN Arne 1912 [8]
Sittende kvinne - Bronze (30cm-12in) Oslo 92 .... FF*19 230* - £*2 300* - **$3,700**

DÜRCK Friedrich 1809-1884 [6]
Sweet dreams of Christmas - Oil/canvas (88x100cm-35x39in) London 93 .... FF*49 800* - £*6 000* - **$8,700**

DURDEN James 1878-1964 [1]
Woman in an interior - Oil/canvas (76x63cm-30x25in) London 94 .... FF*2 330* - £*280* - **$444**

DUREAU George 1930 [22]
Joel Parson - Oil/canvas (61x46cm-24x18in) New Orleans, Louisiana 93 .... FF*5 310* - £*604* - **$900**
Sonny Singleton - Photo (35x28cm-14x11in) Paris 96 .... FF*2 000* - £*228* - **$383**
Male nude - Charcoal/paper (124x97cm-49x38in) New Orleans, Louisiana 94 .... FF*6 430* - £*739* - **$1,100**

DUREL Auguste 1904 [6]
Aix-en-Provence - Huile/toile (56x33cm-22x13in) Saint-Dié 96 .... FF*2 000* - £*235* - **$394**

DUREL Gaston Jules L. 1879-1954 [11]
Souk Riffain - Oil/board (31x41cm-12x16in) London 94 .... FF*15 130* - £*1 800* - **$2,850**
Le charmeur de serpents - Huile/toile (38x54cm-15x21in) Paris 92 .... FF*20 000* - £*2 042* - **$3,588**

DUREN Terrence Romaine 1907 [2]
The tree - Oil/canvas (60x75cm-24x30in) New-York 93 .... FF*4 510* - £*517* - **$800**

DURENNE Eugène-Antoine 1860-1944 [47]
Sur la terrasse - Huile/toile (38x55cm-15x22in) Paris 97 .... FF*2 500* - £*270* - **$445**
Marseille, le pont transbordeur - Huile/papier (23x30cm-9x12in) Paris 96 .... FF*7 500* - £*967* - **$1,468**
Femme dans un intérieur No. 1 - Huile/papier/toile (31x23cm-12x9in) Paris 95 .... FF*20 000* - £*2 590* - **$4,160**
Au bord de la rivière, 1926 - Huile/toile (92x73cm-36x29in) Verrières-Le-Buisson 90 .. FF*135 000* - £*14 454* - **$23,478**

DÜRER Albrecht 1471-1528 [390]
Samson & the Lion - Woodcut (38x27cm-15x11in) London 94 .... FF*1* - £*180 000* - **$281,000**
The Flight into Egypt - Woodcut (29x21cm-11x8in) London 97 .... FF*96 525* - £*10 000* - **$16,535**
Adam and Eve - Engraving (24x19cm-9x7in) London 95 .... FF*181 700* - £*24 000* - **$36,800**

DURET André 1921 [41]
Village - Huile/toile (61x50cm-24x20in) Blois 94 .... FF*3 400* - £*394* - **$582**

DURET Francisque Joseph 1804-1865 [16]
Improvvisatore - Bronze (55cm-22in) London 96 .... FF*5 450* - £*660* - **$1,060**
Danseur jouant la tarantelle - Bronze (54cm-21in) Rambouillet 95 .... FF*15 000* - £*1 942* - **$3,070**

DURET-DUJARRIC Isabelle 1949 [53]
Bord de mer - Huile/panneau (32x25cm-13x10in) Provins 96 .... FF*53 000* - £*6 720* - **$10,160**
Soir d'hiver - Huile/panneau (32x25cm-13x10in) Besançon 96 .... FF*60 000* - £*7 230* - **$11,500**
Chemin du Printemps - Huile/papier (102x73cm-40x29in) Autun 92 .... FF*380 000* - £*44 200* - **$77,500**

DUREY René 1890-1959 [50]
Pêcheur près du pont - Huile (22x27cm-9x11in) La Varenne Saint-Hilaire 95 .... FF*3 800* - £*467* - **$740**
Paysage à la tour - Huile/toile (60x73cm-24x29in) Brest 90 .... FF*25 000* - £*2 556* - **$4,935**

DURHAM Cornelius Beris XIX [2]
Sir Henry Hunloke - Miniature (19cm-7in) London 92 .... FF*11 720* - £*1 200* - **$2,064**

DURHAM Joseph 1814-1877 [2]
A young Cricketer, circa 1850 - Bronze (41cm-16in) London 90 .... FF*5 800* - £*621* - **$1,009**

DURHAM Mary Edith ?-1944 [1]
The naughty Jack Russel - Oil/canvas (91x71cm-36x28in) London 90 .... FF*11 600* - £*1 202* - **$2,039**

DURHEIM Carl 1810-1890 [4]
Studentikadarstellung - Lithographie (31x46cm-12x18in) Bern 93 .... FF*1 976* - £*220* - **$336**

DURIAU Alfred F. 1877-1958 [3]
Ferme au soleil - Huile/toile (57x76cm-22x30in) Antwerpen 91 .... FF*11 340* - £*1 126* - **$1,969**

DURIEU Eugène Jean Louis 1800-1874 [4]
Young nude with drapery - Albumen print (20x13cm-8x5in) New-York 96 .... FF*12 900* - £*1 600* - **$2,500**

DURIEUX Caroline 1896-1989 [2]
Judi Terence - Color lithograph (53x43cm-21x17in) New Orleans, Louisiana 94 .... FF*2 734* - £*325* - **$500**

DURIEUX René Auguste 1892-1952 [2]
Institut de France - Oil/canvas (61x48cm-24x19in) Chicago 92 .... FF*3 610* - £*378* - **$650**

DÜRIG Rolf 1926-1985 [18]
Jüngling mit Pferd - Öl/Leinwand (77x55cm-30x22in) Bern 95 .... FF*3 023* - £*378* - **$611**
Blauroter Palmenhain - Öl/Leinwand (50x61cm-20x24in) Bern 96 .... FF*8 150* - £*988* - **$1,584**
Paysage III, Sète, 1949 - Oil/board (39x56cm-15x22in) Bern 90 .... FF*17 200* - £*1 830* - **$3,077**

DÜRINGER Daniel 1720-1786 [1]
Pastorale Landschaft - Oil/canvas (112x152cm-44x60in) Luzern 90 .... FF*66 300* - £*7 053* - **$11,860**

DURKIN John 1868-1903 [1]
Southern coastal town - Watercolour/paper (46x66cm-18x26in) Mystic, Connecticut 96 ... FF*4 920* - £*608* - **$950**

DUROSEAU Joseph XX [5]
Grand tête - Wood (90cm-35in) New-York 92 .... FF*4 540* - £*465* - **$800**

DÜRR Louis 1896-1973 [20]
Lago - Oil/canvas (36x48cm-14x19in) Bern 92 .... FF*6 470* - £*773* - **$1,245**

DÜRR Thomas Friedemann 1931 [2]
Blumenwiese - Oil/canvas (71x86cm-28x34in) Stuttgart 90 .... FF*3 400* - £*348* - **$671**

DURRANT Roy Turner 1925 [23]
Inscape Spragg's lane - Acrylic (59x84cm-23x33in) London 94 .... FF*2 223* - £*260* - **$390**
Walberswick - Mixed media/paper (53x74cm-21x29in) London 93 .... FF*3 320* - £*400* - **$580**

DÜRRENMATT Friedrich, Fritz 1921-1991 [3]
🖾 *Prometheus* - Lithographie (63x47cm-25x19in) Bern 94 .... FF2 424 – £281 – **$418**

DURRIE George Henry 1820-1863 [11]
🖝 *Self-portrait* - Oil/panel (31x25cm-12x10in) New-York 94 .... FF14 600 – £1 723 – **$2,600**
Winter scene - Oil/canvas (23x33cm-9x13in) Mystic, Connecticut 95 .... FF80 500 – £9 650 – **$15,000**
Winter Landscape - Oil/canvas (36x61cm-14x24in) New-York 96 .... FF176 500 – £22 500 – **$34,000**

DURRIE John 1818-? [3]
🖝 *Grapes, peaches and plum* - Oil/canvas (18x24cm-7x9in) New-York 94 .... FF44 700 – £5 370 – **$8,500**

DÜRRWANG Rudolf 1883-1936 [5]
🖝 *St. Antönien* - Ol/Leinwand (60x70cm-24x28in) Zofingen 93 .... FF7 120 – £811 – **$1,210**

DÜRSCHKE Max 1875-? [2]
🖝 *Stilleben mit Porzellanfigur* - Oil/canvas (75x68cm-30x27in) München 91 .... FF4 090 – £410 – **$749**

DURST Alan Lydiat 1883-1970 [3]
🗿 *Marriage* - Wood (59cm-23in) London 93 .... FF7 200 – £900 – **$1,305**

DURST Auguste 1842-1930 [2]
🖝 *Jeune fille sur un pont* - Oil/canvas (59x81cm-23x32in) New-York 93 .... FF37 100 – £4 660 – **$6,750**

DURY-VASSELON Hortense XIX-XX [7]
🖝 *Assorted flowers in a glass vase* - Oil/canvas (55x46cm-22x18in) London 95 .... FF31 440 – £3 800 – **$5,800**

DUSATTI Walter 1930 [2]
🖝 *White vase* - Oil/canvas (30x30cm-12x12in) Chicago 94 .... FF5 140 – £610 – **$950**

DUSAUSSAY Jules 1828-? [1]
🖝 *Scène champêtre, Seine* - Huile/toile (30x46cm-12x18in) Paris 90 .... FF12 000 – £1 227 – **$2,369**

DUSAUTOY Jacques-Léon 1817-1894 [1]
🖝 *Deux femmes au bain* - Huile/toile (115x85cm-45x33in) Le Havre 92 .... FF10 000 – £1 027 – **$1,852**

DUSCH Anton Carl 1760-1829 [1]
🖝 *Bergrigt landskab med figurer* - Oil/canvas (33x49cm-13x19in) Vejle 94 .... FF12 180 – £1 430 – **$2,170**

DUSCHEK Richard 1884-? [1]
🖝 *Hounds in the woods* - Oil/canvas (36x51cm-14x20in) Frankfurt 95 .... FF3 504 – £444 – **$705**

DUSENBURY Walter 1939 [1]
🗿 *Abstract* - Bronze (43cm-17in) Chicago 94 .... FF1 895 – £225 – **$350**

DUSI Antonio 1725-1776 [1]
🖝 *Chats débarquant d'un bateau* - Huile/toile (89x109cm-35x43in) Paris 90 .... FF100 000 – £10 331 – **$17,668**

DUSPEL Raoul XIX-XX [2]
🗿 *Femme drapée* - Marbre (77cm-30in) Paris 92 .... FF9 500 – £972 – **$1,673**

DUSS Arnold Werner 1905 [3]
🖝 *Zigeunerin* - Oil/panel (51x40cm-20x16in) Bern 92 .... FF2 093 – £250 – **$403**
🗿 *Kniender, weiblicher Akt* - Plaster (43cm-17in) Zofingen 92 .... FF2 046 – £209 – **$361**

DUSSART Ghislain 1926 [4]
🖝 *Portrait* - Huile/papier/toile (187x50cm-74x20in) Provins 91 .... FF2 250 – £226 – **$389**

DUSSAU Georges 1947 [4]
🖾 *Une Semaine en Septembre*
    Eau-forte, aquatinte couleurs (76x57cm-30x22in) Hamburg 96 .... FF2 720 – £310 – **$520**

DUSSEK Eduard Adrian 1871-1930 [5]
🖝 *Farbentragender Student* - Ol/Leinwand (98x70cm-39x28in) Lindau 96 .... FF4 730 – £611 – **$913**

DÜSSEL Eugen 1879-? [2]
🖝 *Blumenstilleben mit Tulpen* - Ol/Leinwand (50x60cm-20x24in) Köln 93 .... FF4 410 – £527 – **$848**

DUSSELSMA Niklaas Wegman 1811-1878 [1]
🖝 *Riverlandscape with herdsman* - Oil/panel (51x66cm-20x26in) Amsterdam 92 .... FF4 520 – £525 – **$921**

DUSSOUR Louis 1905-1986 [3]
🖝 *Ruines à Rogliano* - Huile/toile (64x100cm-25x39in) Clermont-Ferrand 90 .... FF8 500 – £916 – **$1,499**
Berger d'Arcadie - Huile/toile (81x100cm-32x39in) Clermont-Ferrand 95 .... FF18 000 – £2 240 – **$3,510**

DUTEIL Jean-Claude 1950 [26]
🖝 *La fête au large* - Huile/toile (46x61cm-18x24in) Le Havre 92 .... FF8 000 – £820 – **$1,410**

DUTERRAU Benjamin 1767-1851 [2]
🖝 *La chasse au lièvre* - Huile/toile (79x103cm-31x41in) Tours 95 .... FF15 000 – £1 900 – **$3,020**

DUTERTRE André 1753-1842 [2]
🖝 *Menbre de l'expédition d'Égypte* - Huile/toile (59x40cm-23x16in) Rennes 93 ...... FF20 000 – £2 500 – **$3,640**
🖾 *Grande Place du Port Neuf* - Engraving (36x71cm-14x28in) New Orleans, Louisiana 95 ...... FF9 750 – £1 197 – **$1,900**

DUTEURTRE Pierre 1911 [13]
🖝 *Nu assis* - Huile/toile (92x69cm-36x27in) Rouen 95 .... FF2 800 – £367 – **$561**
Déjeuner au jardin - Huile/toile (54x65cm-21x26in) Paris 92 .... FF5 000 – £512 – **$880**

DUTHIE William XIX-XX [2]
🖝 *The artist's wife* - Oil/canvas (34x43cm-13x17in) Edinburgh 91 .... FF9 570 – £953 – **$1,646**

DUTHOIT Aimé ?-1869 [1]
✏ *Intérieur de Notre-Dame de Nesle* - Dessin (28x35cm-11x14in) Paris 92 .... FF1 500 – £179 – **$289**

DUTILLEUX Constant 1807-1865 [9]
🖝 *Meule devant la ferme* - Huile/toile (24x33cm-9x13in) Paris 93 .... FF7 000 – £844 – **$1,273**
✏ *Paysage animé* - Fusain (19x30cm-7x12in) Douai 94 .... FF2 700 – £319 – **$485**

DUTILLIEU Pierre Jos., Jef 1876-1960 [15]
🖝 *Port de pêche* - Huile/toile (50x66cm-20x26in) Bruxelles 95 .... FF3 620 – £461 – **$697**

DUTRIAC Georges XIX-XX [3]
🖝 *Révélation troublante* - Huile/toile (45x28cm-18x11in) Paris 95 .... FF9 500 – £1 234 – **$1,955**
🖾 *Engagez-vous...* - Affiche (120x80cm-47x31in) Paris 94 .... FF1 600 – £182 – **$272**

DUTRIEU Edmond 1882-1962 [1]
Les dunes - Huile/toile (48x36cm-19x25in) Liège 90 .... FF2 270 - £230 - $432
DUTTA ROY Shyamal 1934 [3]
Conversation - Watercolour/paper (46x56cm-18x22in) London 96 .... FF5 670 - £700 - $1,094
DUTTON Thomas Goldsworth c.1820-1891 [22]
Cutter Yacht Phantom - Lithograph (31x46cm-12x18in) London 93 .... FF3 380 - £380 - $567
Paddlesteamer Harwich - Watercolour (34x71cm-13x28in) London 94 .... FF35 300 - £4 200 - $6,710
DUTZCHOLD Henri 1841-1891 [2]
Out of reach - Oil/canvas (66x47cm-26x19in) London 96 .... FF10 210 - £1 200 - $2,010
DUVAL Béatrice 1880-1973 [1]
Ferme à Arcy-sur-Cure - Huile/papier/toile (45x33cm-18x13in) Paris 91 .... FF39 000 - £3 910 - $7,143
DUVAL DE MONTULLÉ Émilie Turpin de Cr. XVIII-XIX [2]
L'Amitié et la Vieillesse - Miniature (23x29cm-9x11in) Paris 92 .... FF36 000 - £3 702 - $6,383
DUVAL Étienne 1824-1914 [5]
Les Baux - Öl/Karton (19x50cm-7x20in) Bern 94 .... FF3 230 - £375 - $557
DUVAL Eugène S.G. 1845-? [2]
Nude shepherd with his dog - Oil/canvas (99x200cm-39x79in) London 95 .... FF143 000 - £19 000 - $29,500
Lavandières, berges de l'Isère - Aquarelle (19x24cm-7x9in) Grenoble 95 .... FF3 600 - £475 - $730
DUVAL Jean-Maurice 1871-? [1]
Diane au bain surprise par Actéon - Oil/canvas (114x180cm-45x71in) Paris 95 .... FF10 000 - £1 308 - $2,002
DUVAL John 1834-1881 [3]
Coastal landscape with shepherd boy
   Oil/canvas (43x61cm-17x24in) Aylsham, Norfolk 92 .... FF14 170 - £1 450 - $2,494
DUVAL Marcel 1890-1985 [18]
Cannes, la Croisette - Gouache (45x55cm-18x22in) L'Isle-Adam 92 .... FF1 800 - £184 - $324
DUVAL Peter 1835-1860 [1]
Washington's Entry - Engraving (74x107cm-29x42in) Mystic, Connecticut 94 .... FF1 598 - £185 - $275
DUVAL-GOZLAN Léon 1853-1941 [22]
Vieux moulin - Huile/panneau (31x46cm-12x18in) Paris 97 .... FF5 200 - £565 - $921
Saint-Goustan, Morbihan - Huile/toile (50x77cm-20x30in) Lyon 97 .... FF21 000 - £2 276 - $3,692
Village Church by a Canal - Oil/canvas (115x152cm-45x60in) New-York 97 .... FF84 698 - £9 122 - $15,000
DUVAL-LECAMUS Jules Alexandre 1814-1878 [2]
The troubador - Oil/canvas (101x81cm-40x32in) New-York 90 .... FF48 600 - £5 203 - $8,452
DUVAL-LECAMUS Pierre 1790-1854 [6]
Portrait de Claude-Marie Dubufe - Huile/toile (41x32cm-16x13in) Paris 91 .... FF52 000 - £5 240 - $9,023
DUVALL Fanny Eliza 1861-1939 [3]
Chrysanthemums - Oil/canvas (61x87cm-24x34in) San Francisco-Los Angeles 96 ...... FF36 540 - £4 230 - $7,000
DUVALL John 1816-1892 [8]
Gypsies encampment - Oil/canvas (36x46cm-14x18in) Aylsham, Norfolk 95 .... FF7 310 - £950 - $1,525
DUVANEL Joseph Edward 1933 [2]
Das Liebespaar - Acryl/Leinwand (90x80cm-35x31in) Zofingen 93 .... FF10 300 - £1 171 - $1,746
DUVANEL Jules 1844-? [1]
Marché à Limours - Oil/canvas (65x53cm-26x21in) Toronto 95 .... FF3 476 - £455 - $697
DUVAUX Jules Antoine 1818-1884 [1]
Prunkvolle balusterförmige Vasen - Aquarell (30x19cm-12x7in) Lindau 94 .... FF1 706 - £204 - $321
DUVEAU Louis 1818-1867 [2]
Épisode de la révolte de Fouesnant - Huile/toile (73x60cm-29x24in) Quimper 94 .... FF10 000 - £1 201 - $1,862
DUVENECK Frank 1848-1919 [14]
Indian Head - Oil/canvas (61x51cm-24x20in) New-York 96 .... FF52 200 - £6 040 - $10,000
Grand Canal, Venice - Etching (30x48cm-12x19in) New-York 93 .... FF2 975 - £340 - $500
DUVENT Charles 1867-1940 [3]
Red Square in winter - Oil/canvas (65x49cm-26x19in) London 92 .... FF19 540 - £2 000 - $3,450
DUVERGER Alexandre 1888-? [1]
Halte-là - Bronze (58cm-23in) Bruxelles 92 .... FF7 910 - £944 - $1,522
DUVERGER Maurice Alex. Véron 1845-? [1]
Simple jeunesse - Marble (196cm-77in) London 96 .... FF108 300 - £14 000 - $21,400
DUVERGER Théophile Emmanuel 1821-1886 [29]
At the spinning-wheel - Oil/panel (39x33cm-15x13in) Amsterdam 96 .... FF24 100 - £2 920 - $4,680
Les conseils du père - Huile/panneau (51x75cm-20x30in) Lyon 94 .... FF40 000 - £4 680 - $7,010
His First Shave - Oil/panel (45x37cm-18x15in) New-York 95 .... FF66 400 - £8 270 - $13,000
DUVERNOY Charles Fr. 1796-1872 [2]
Vue de Marly-le-Roi - Huile/panneau (22x32cm-9x13in) Paris 91 .... FF17 000 - £2 014 - $3,140
DUVERT Bernard 1951 [10]
Le Curé de campagne - Huile/toile (100x80cm-39x31in) Paris 91 .... FF4 500 - £447 - $781
DUVIEUX Henri c.1855-? [68]
Venise, le Grand Canal - Huile/toile (41x65cm-16x26in) Calais 97 .... FF17 000 - £1 863 - $2,984
Constantinople - Oil/canvas (40x65cm-16x26in) London 94 .... FF29 400 - £3 500 - $5,540
Il Bacino, Venezia - Oil/canvas (50x92cm-20x36in) New-York 95 .... FF59 000 - £7 600 - $12,000
DUVILLIER René 1919 [75]
Le glaive et la mer - Huile/toile (130x194cm-51x76in) Paris 97 .... FF10 000 - £1 057 - $1,716
Cycle aérien 38-39 - Huile/toile (97x195cm-38x77in) Paris 90 .... FF65 000 - £6 915 - $11,628
Sans titre - Aquarelle (56x90cm-22x35in) Paris 96 .... FF5 000 - £649 - $992

DUVIVIER Thomas Germain 1735-1814 [3]
- *Vanité* - Huile/toile (62x78cm-24x31in) Monaco 91 .... FF80 000 - £8 060 - **$14,030**

DUVOISIN Henri 1877-1959 [3]
- *Nature morte* - Huile/toile (58x66cm-23x26in) Bern 94 .... FF2 064 - £248 - **$401**

DUWE Harald 1926-1984 [1]
- *Kinder am Strand* - Mischtechnik (20x26cm-8x10in) Hamburg 90 .... FF9 100 - £940 - **$1,608**

DUWEE Henri-Joseph 1810-1884 [2]
- *Seule au monde* - Huile/panneau (48x33cm-19x13in) Liège 96 .... FF9 850 - £1 140 - **$1,887**
- *La fille au tambourin* - Oil/canvas (90x110cm-35x43in) Amsterdam 92 ... FF18 800 - £1 926 - **$3,310**

DUXA Carl 1871-1937 [30]
- *Einer zuviel* - Öl/Leinwand (26x21cm-10x8in) Wien 96 .... FF6 350 - £825 - **$1,245**
- *A secret shared* - Oil/canvas (79x64cm-31x25in) London 94 .... FF28 600 - £3 400 - **$5,380**
- *Die Karlskirche in Wien* - Aquarell/Papier (27x17cm-11x7in) Wien 94 ..... FF2 420 - £278 - **$414**

DUYCK Edward 1856-1897 [2]
- *Temptation* - Oil/canvas (31x22cm-12x9in) Amsterdam 92 .... FF6 070 - £622 - **$1,068**
- *Alcazar Royal, Bruxelles Sans-Gêne* - Poster (104x91cm-41x36in) London 96 .. FF8 570 - £1 100 - **$1,690**

DUYN Willy 1936 [2]
- *Stilleben, 1969* - Oil/board (50x60cm-20x24in) Wien 90 .... FF5 300 - £557 - **$922**

DUYTS den Gustave 1850-1897 [5]
- *Abords de village le soir* - Aquarelle/papier (24x34cm-9x13in) Bruxelles 94 .. FF2 656 - £314 - **$473**

DUZI Christophe Dudzinski 1953 [7]
- *Man, woman, snake* - Huile/toile (130x97cm-51x38in) Paris 90 .... FF3 000 - £315 - **$522**

DVORACEK Ludvik 1895-1970 [3]
- *Hügelige Landschaft* - Öl/Karton (50x70cm-20x28in) Wien 92 .... FF4 330 - £435 - **$833**

DVORAK Franz, Frantisek 1862-1927 [16]
- *At the races* - Oil/canvas (97x114cm-38x45in) New-York 92 .... FF83 200 - £8 710 - **$15,000**
- *The Angel of the Birds* - Oil/canvas (107x203cm-42x80in) London 97 .. FF419 709 - £46 000 - **$73,660**

DVORAK Karel 1893-1950 [1]
- *Hermes (Merkur)* - Bronze (96cm-38in) Köln 94 .... FF8 570 - £1 028 - **$1,666**

DVORSKY Bohumir 1902-1988 [7]
- *Grosse figurenreiche Landschaft* - Öl/Leinwand (90x162cm-35x64in) München 92 ..... FF16 950 - £2 025 - **$3,260**
- *Königszug* - Oil/canvas (98x194cm-39x76in) München 91 .... FF50 700 - £5 047 - **$8,719**

DWIGHT Mabel 1876-1955 [5]
- *Queer fish* - Lithograph (25x33cm-10x13in) Mystic, Connecticut 92 ..... FF3 980 - £407 - **$700**

DWORSKY Emilie 1883-1959 [1]
- *Maria am Gestade* - Aquarell/Papier (45x42cm-18x17in) Wien 94 .... FF4 875 - £585 - **$946**

DWURMIK Edward 1943 [3]
- *Zurich* - Oil/canvas (146x114cm-57x45in) Warszawa 95 .... FF13 020 - £1 664 - **$2,673**

DWYER Nancy 1954 [6]
- *Rich* - Acrylic/canvas (200x228cm-79x90in) New-York 92 .... FF23 400 - £2 794 - **$4,500**
- *Fate built* - Installation (41x60x184cm-16x24x72in) New-York 92 .... FF34 300 - £3 980 - **$7,000**

DYBSKY Evgeni 1955 [4]
- *Landscape with falling stars* - Oil/canvas (150x200cm-59x79in) New-York 92 .. FF19 360 - £2 340 - **$4,000**

DYCE William 1806-1864 [1]
- *Lady and her children* - Oil/canvas (122x99cm-48x39in) New-York 92 .. FF11 100 - £1 162 - **$2,000**

DYCK Hermann 1812-1874 [2]
- *Kircheninneres mit Taufstein* - Oil/canvas (51x41cm-20x16in) München 91 ..... FF8 170 - £819 - **$1,496**
- *Kirchenkapelle mit betendem Mönch* - Aquarell/Papier (56x42cm-22x17in) Wien 93 .. FF4 310 - £518 - **$743**

DYCK van Abraham 1635/36-1672 [5]
- *An old woman with a staff* - Oil/panel (71x54cm-28x21in) London 90 ... FF234 200 - £23 949 - **$46,227**

DYCK van Albert 1902-1951 [27]
- *Hoeve met paard en veulen* - Technique mixte/toile (32x45cm-13x18in) Antwerpen 94 .. FF7 420 - £865 - **$1,300**
- *Franske* - Huile/toile (50x45cm-20x18in) Antwerpen 94 .... FF69 200 - £8 070 - **$12,140**
- *A village square* - Black chalk (59x67cm-23x26in) Amsterdam 97 .... FF6 935 - £750 - **$1,210**

DYCK van Anthonius 1599-1641 [31]
- *Elizabeth Stuart* - Oil/canvas (74x59cm-29x23in) London 96 .... FF1 - £160 000 - **$242,700**
- *Cardinal Infant of Austria* - Oil/canvas (108x89cm-43x35in) New-York 97 .. FF88 349 - £9 984 - **$16,000**
- *Beach with a ship* - Ink (19x29cm-7x11in) London 94 .... FF541 000 - £65 000 - **$100,100**

DYCKERHOFF Friedrich 1815-1887 [1]
- *Mannheimer Strassenszene* - Aquarell/Papier (21x20cm-8x8in) Heidelberg 96 .. FF3 386 - £418 - **$654**

DYCKMANS Josephus Laurentius 1811-1888 [3]
- *The lace maker* - Oil/panel (48x37cm-19x15in) London 93 .... FF46 400 - £5 800 - **$8,410**

DYE Charlie 1896-1973 [3]
- *Lunch* - Oil/masonite (51x76cm-20x30in) New-York 95 .... FF130 500 - £16 340 - **$26,000**

DYE Clarkson 1869-1955 [1]
- *San Antonio de Padua Mission* - Oil/canvas (63x76cm-25x30in) Los Angeles 90 .. FF17 200 - £1 782 - **$3,023**

DYER Charles Gifford 1851-1912 [1]
- *Celebration, cathedral interior*
  Oil/canvas (81x107cm-32x42in) North Bethesda, MD. 92 .... FF19 420 - £2 034 - **$3,500**

DYER Hezekiah Anthony 1872-1943 [10]
- *River in a summer landscape* - Watercolour (36x51cm-14x20in) Boston, Mass. 93 .. FF1 925 - £242 - **$350**

DYER Nancy A. 1903-? [2]
- *The Young Artist* - Watercolour (18x28cm-7x11in) Mystic, Connecticut 94 .. FF3 554 - £423 - **$650**

DYER William Henry [3]
Brixham harbour - Watercolour (36x53cm-14x21in) Penzance, Cornwall 92 .... FF1 564 - £160 - $276
DYF Marcel Dreyfus, dit 1899-1985 [236]
Vase de fleurs - Huile/toile (46x38cm-18x15in) Calais 97 .... FF25 000 - £2 740 - $4,388
Notre-Dame, Paris - Oil/canvas (64x79cm-25x31in) Delray Beach, Florida 96 .... FF30 940 - £3 974 - $6,000
Vase de fleurs - Huile/toile (65x54cm-26x21in) Calais 97 .... FF38 000 - £4 070 - $6,661
Femme à la toilette - Oil/canvas (66x53cm-26x21in) London 97 .... FF63 463 - £7 000 - $11,131
Nature morte - Oil/canvas (73x92cm-29x36in) London 90 .... FF145 300 - £15 657 - $25,626
DYKHOFF van Gerard 1933 [7]
Hoorn - Huile/toile (61x51cm-24x20in) Montréal 92 .... FF2 496 - £298 - $480
DYKMAN Alida Sara 1876-1965 [2]
Chrysanthemen in reliefierter Vase - Oil/canvas (85x59cm-33x23in) Stuttgart 89 .... FF8 800 - £850 - $1,335
DYONNET Edmond 1859-1954 [7]
Autoportrait - Huile/panneau (33x24cm-13x9in) Montréal 95 .... FF3 420 - £434 - $689
DYRDON Henryk 1860-1894 [1]
Two peasants in an interior - Oil/cardboard (78x61cm-31x24in) Warszawa 95 .... FF12 600 - £1 610 - $2,587
DYRING Moya 1908-1967 [4]
Amorosa, 1931 - Oleo/lienzo (90x75cm-35x30in) Madrid 89 .... FF16 200 - £1 612 - $2,559
DYSON-SMITH Charles William XIX-XX [3]
Nude dancer - Bronze (33cm-13in) Banbury, Oxfordshire 92 .... FF12 210 - £1 250 - $2,155
DYXHOORN Pieter Aarnout 1810-1889 [1]
Hoorn, on the Zuider Zee, Holland - Oil/panel (27x36cm-11x14in) London 95 .... FF9 050 - £1 200 - $1,870
DZHOGIN Pavel Pavlovich 1834-1885 [1]
Valaam, landscape at sunset - Oil/canvas (72x93cm-28x37in) Moscow 94 .... FF85 000 - £10 180 - $16,500
DZIGURSKI Alexander 1910 [31]
Seascape - Oil/canvas (61x91cm-24x36in) New-York 91 .... FF6 790 - £686 - $1,200
Monterey Seascape - Oil/canvas (61x122cm-24x48in) San Francisco-Los Angeles 96... FF23 300 - £2 920 - $4,500
DZUBAS Friedel 1915-1994 [34]
Northern - Oil/canvas (89x89cm-35x35in) New-York 97 .... FF17 411 - £1 831 - $3,000
Built Up - magna/canvas (119x274cm-47x108in) New-York 96 .... FF100 000 - £12 940 - $20,000
After gray, 1974 - Acrylic/canvas (154x261cm-61x103in) New-York 90 .... FF171 600 - £18 255 - $30,698
Untitled - Drawing (86x86cm-34x34in) San Francisco-Los Angeles 92 .... FF8 660 - £1 026 - $1,667

E

EADIE Robert 1877-1954 [7]
Summer flowers - Watercolour (38x27cm-15x11in) Auchterarder, Perthshire 95 .... FF3 130 - £400 - $616
EADIE William XIX-XX [3]
Donkey & trap on a country lane
   Oil/canvas (29x44cm-11x17in) Billinghurst, West Sussex 91 .... FF7 930 - £796 - $1,372
EAGLE Arnold 1914-1993 [6]
Marcel Duchamp in his studio - Silver print (21x33cm-8x13in) New-York 91 .... FF1 710 - £172 - $297
EAGLES John 1783-1855 [2]
The edge of the wood - Watercolour, gouache (27x48cm-11x19in) London 90 .... FF5 300 - £534 - $964
EAKINS Thomas Coperthwait 1844-1916 [7]
Young girl meditating - Oil/canvas (18x13cm-7x5in) New-York 94 .... FF162 300 - £19 230 - $30,000
Francesco Romano - Oil/canvas (51x41cm-20x16in) New-York 94 .... FF449 000 - £53 000 - $80,000
EARDLEY Joan Kathleen H. 1921-1963 [32]
The Field in Sunset, No. 1 - Oil/board (95x103cm-37x41in) Glasgow 96 .... FF69 100 - £8 000 - $13,240
Boy with a Comic - Oil/canvas (77x63cm-30x25in) Glasgow 94 .... FF147 800 - £17 500 - $27,300
Blue Trousers - Pastel (24x16cm-9x6in) Edinburgh 96 .... FF17 270 - £2 200 - $3,330
Glasgow tenement - Gouache (17x22cm-7x9in) Edinburgh 92 .... FF48 850 - £5 000 - $8,600
EARL George 1824-1908 [16]
Perth station, going south - Oil/canvas (122x213cm-48x84in) London 90 .... FF2 - £280 145 - $479,117
Portrait of Queeny, a Pug - Oil/board (30cm-12in) London 96 .... FF24 600 - £3 200 - $4,870
Jeune fille et son chien - Huile/toile (120x180cm-47x71in) Monaco 95 .... FF300 000 - £38 260 - $60,400
EARL James 1751-1801 [1]
Frances Hortin and her sister - Oil/canvas (61x52cm-24x20in) New-York 93 .... FF47 200 - £5 370 - $8,000
EARL Maud 1864-1943 [37]
A New Book - Oil/canvas (37x68cm-15x27in) London 96 .... FF20 800 - £2 700 - $4,060
The Village Tyranbt - Oil/canvas (41x53cm-16x21in) London 94 .... FF50 700 - £5 800 - $8,580
A brindle and white greyhound - Oil/canvas (102x129cm-40x51in) London 91 .... FF133 000 - £13 413 - $25,922
EARL Ralph 1751-1801 [2]
John Phelps - Oil/canvas (196x124cm-77x49in) New-York 96 .... FF1 9e +06 - £139 000 - $210,000
EARL Thomas P. c.1900-1935 [3]
Precipitation - Oil/canvas (63x76cm-25x30in) London 96 .... FF32 260 - £3 800 - $6,330
EARLE Augustus 1793-1838 [1]
Raza Island - Watercolour (16x54cm-6x21in) London 93 .... FF108 000 - £13 000 - $18,850

EARLE Charles 1832-1893 [10]
∅ *The flower market, Brussels* - Watercolour (32x48cm-13x19in) London 92 .... FF12 900 - £1 500 - **$2,633**

EARLE Eyvind 1916 [11]
● *Big Sur* - Oil/masonite (71x56cm-28x22in) New-York 96 .... FF36 250 - £4 680 - **$7,000**
⌂ *Beyond Paradise* - Serigraph (64x97cm-25x38in) Tarzana, CA 94 .... FF3 830 - £456 - **$700**

EARLE Lawrence Carmichael 1845-1921 [6]
● *Marsh* - Oil/canvas (90x124cm-35x49in) New-York 93 .... FF33 000 - £4 140 - **$6,000**
∅ *At the doorway* - Watercolour/paper (71x49cm-28x19in) New-York 96 .... FF7 270 - £926 - **$1,400**

EARLE Paul Bernard 1872-1955 [2]
● *Vue d'une paroisse* - Huile/toile (64x76cm-25x30in) Montréal 90 .... FF2 400 - £242 - **$436**

EARLOM Richard 1743-1822 [13]
⌂ *Liones and Whelps* - Etching (51x62cm-20x24in) London 97 .... FF12 548 - £1 300 - **$2,149**
∅ *A draped figure* - Pencil (44x28cm-17x11in) London 95 .... FF24 860 - £3 200 - **$5,090**

EARLY Miles J. 1886-? [3]
∅ *Late November* - Oil/canvas (46x61cm-18x24in) Chicago 93 .... FF4 130 - £470 - **$700**

EARP Edwin XIX-XX [15]
∅ *Loch scene with boats* - Watercolour (25x41cm-10x16in) Aylsham, Norfolk 94 .... FF2 350 - £270 - **$403**

EARP Henry I 1831-1914 [37]
● *Cows watering* - Oil/canvas (42x32cm-17x13in) London 95 .... FF5 210 - £650 - **$1,052**
∅ *Salisbury cathedral/Stratford-on-Avon* - Watercolour (25x35cm-10x14in) London 96 .... FF5 460 - £700 - **$1,076**

EARTHART John Franklin 1853-1938 [3]
● *Spring landscape* - Oil/canvas (30x46cm-12x18in) New Orleans, Louisiana 94 .... FF3 230 - £374 - **$550**

EAST Alfred 1849-1913 [75]
● *River scene* - Oil/canvas (58x89cm-23x35in) Aylsham, Norfolk 95 .... FF6 470 - £850 - **$1,298**
   Hampstaed Heath - Huile/toile (61x107cm-24x42in) Bruxelles 97 .... FF11 438 - £1 239 - **$2,023**
   A Pastoraol Scene - Oil/canvas (122x152cm-48x60in) New-York 97 .... FF36 974 - £3 979 - **$6,500**
   A spring morning - Oil/canvas (69x107cm-27x42in) London 90 .... FF105 800 - £10 704 - **$20,124**
∅ *Figures walking through a village* - Watercolour (53x67cm-21x26in) London 96 .... FF26 400 - £3 200 - **$5,130**

EAST Benoit 1915 [3]
● *Nature morte aux cruchons* - Huile/toile (35x51cm-14x20in) Montréal 96 .... FF4 050 - £385 - **$587**

EASTLAKE Charles Lock 1793-1865 [4]
● *Naples* - Oil/paper/canvas (23x34cm-9x13in) London 91 .... FF12 100 - £1 202 - **$2,101**

EASTMAN Charlotte Fuller 1878-1965 [3]
∅ *On the beach* - Pastel (28x41cm-11x16in) North Berwick, Maine 93 .... FF1 760 - £221 - **$320**

EASTMAN Frank Samuel 1878-1964 [4]
● *Haystacks, Amberley* - Oil/canvas (72x92cm-28x36in) London 94 .... FF11 920 - £1 400 - **$2,090**
∅ *Academic male nude life studies* - Charcoal (74x41cm-29x16in) Chicago 95 .... FF2 430 - £312 - **$500**

EASTMAN Michael 1947 [6]
▦ *Montreal balcony* - Color coupler print (33x91cm-13x36in) New-York 93 .... FF13 200 - £1 656 - **$2,400**

EASTMAN William Joseph 1881-1950 [1]
∅ *Central City* - Watercolour/paper (61x81cm-24x32in) Denver, Colorado 95 .... FF3 840 - £750 - **$486**

EASTON Reginald 1807-1893 [3]
∅ *Miss Gertrude Paget* - Miniature (8cm-3in) London 92 .... FF17 600 - £1 800 - **$3,096**

EASTWOOD Walter 1867-? [2]
● *Sailing boat /Figures picking flowers*
   Oil/canvas (24x35cm-9x14in) Retford, Nottinghamshire 94 .... FF3 630 - £420 - **$621**
∅ *A farmstead at Warton* - Watercolour (49x58cm-19x23in) Retford, Nottinghamshire 94 .... FF1 693 - £200 - **$304**

EATON Charles Harry 1850-1901 [5]
● *Early Spring* - Oil/canvas (61x91cm-24x36in) Boston, Mass. 95 .... FF30 300 - £3 894 - **$6,250**

EATON Charles Warren 1857-1934 [22]
● *Rolling Hills* - Oil/board (30x41cm-12x16in) Mystic, Connecticut 96 .... FF3 370 - £416 - **$650**
   Wooded landscape at dusk - Oil/canvas (61x51cm-24x20in) New-York 94 .... FF7 880 - £947 - **$1,500**
   Landscape - Oil/canvas (51x61cm-20x24in) Cambridge, Mass. 93 .... FF15 340 - £1 745 - **$2,600**
∅ *Winter Sunset* - Watercolour, gouache/board (34x49cm-13x19in) New-York 95 .... FF23 760 - £2 965 - **$4,800**

EATON Dorothy 1893-? [4]
● *Working together* - Oil/canvas (76x101cm-30x40in) New-York 90 .... FF7 960 - £810 - **$1,592**

EBBE Axel 1868-1941 [7]
⬮ *Atlas dotter* - Bronze (44cm-17in) Malmö 96 .... FF6 840 - £887 - **$1,340**

EBBESEN Torben XX [7]
● *Komposition* - Bronze (96cm-38in) København 94 .... FF14 540 - £1 850 - **$2,814**
∅ *Impromptu Nr. 2* - Collage (70x50cm-28x20in) København 94 .... FF4 390 - £520 - **$811**

EBEL Fritz 1835-1895 [13]
● *Sous-bois aux cerfs* - Huile/toile (100x85cm-39x33in) Antwerpen 97 .... FF14 742 - £1 557 - **$2,556**
   Eine bewaldete Landschaft - Oil/canvas (87x139cm-34x55in) London 95 .... FF50 600 - £6 500 - **$10,210**

EBEL Henri 1849-1931 [3]
∅ *Travaux des champs* - Gouache (80x66cm-31x26in) Saint-Dié 93 .... FF5 000 - £576 - **$862**

EBELING Allan 1897-1975 [2]
● *Roser, bogegrene og forglemmigejer* - Oil/canvas (38x30cm-15x12in) København 89 .... FF4 000 - £409 - **$643**

EBER Elk, Erich 1892-1941 [1]
● *Bayerischer Bauer mit Pfeife* - Oil/canvas (50x39cm-20x15in) Heidelberg 95 .... FF2 087 - £271 - **$435**

EBERHARD Heinrich 1884-1973 [18]
● *Die Brücke* - Oil/panel (24x30cm-9x12in) München 92 .... FF13 600 - £1 392 - **$2,394**

EBERHARD Konrad 1768-1859 [1]
∅ *Entwurf zum Ilias-Fries* - Pencil (28x35cm-11x14in) München 92 .... FF5 760 - £689 - **$1,110**

EBERHARDT Johann Jakob 1820-1889 [1]
🖼 *Interieur des 17. Jahrhunderts* - Oil/canvas (40x33cm-16x13in) Stuttgart 92 .... FF8 120 - £945 - **$1,660**
EBERHARDT Wilhelm 1875-? [1]
🖼 *Katharinenkirche, Hamburg* - Öl/Karton (49x30cm-19x12in) Hamburg 93 .... FF2 236 - £254 - **$378**
EBERL François Zdenek 1887-1962 [35]
🖼 *Maison à Monte-Carlo* - Huile/toile (46x55cm-18x22in) Saint-Dié 97 .... FF4 800 - £542 - **$869**
Le collier rouge, nu étendu - Huile/toile (54x75cm-21x30in) Paris 95 .... FF13 000 - £1 708 - **$2,670**
Portrait de femme - Huile/toile (35x27cm-14x11in) Paris 90 .... FF205 000 - £21 949 - **$35,652**
EBERLE Abastenia St. Leger 1878-1942 [5]
🖼 *Bacchanale* - Bronze (48cm-19in) New-York 93 .... FF44 000 - £5 520 - **$8,000**
EBERLE Adolf 1843-1914 [13]
🖼 *Jägerlatein* - Oil/panel (57x71cm-22x28in) München 95 .... FF95 700 - £12 100 - **$19,200**
Brotzeit - Oil/panel (60x71cm-24x28in) Köln 93 .... FF135 600 - £16 200 - **$26,100**
Familienglück im Scheuneninterieur - Oil/panel (60x76cm-24x30in) Stuttgart 91 .... FF306 400 - £30 429 - **$53,200**
EBERLE Robert 1815-1860 [2]
🖼 *Cattle on a woodland Path* - Oil/canvas (86x108cm-34x43in) Wien 96 .... FF88 300 - £10 700 - **$17,170**
EBERLEIN Georg 1819-1884 [1]
🗿 *Girl in Regency dress* - Sculpture Billinghurst, West Sussex 91 .... FF3 710 - £384 - **$737**
EBERLEIN Gustav Heinrich 1847-1926 [2]
🗿 *Tango, a dancing couple* - Bronze (55cm-22in) Singapore 95 .... FF48 500 - £6 180 - **$9,770**
EBERLEIN Johann Christian 1770-1815 [1]
✏ *Tivoli with the Temple of Sybil* - Watercolour (31x44cm-12x17in) London 95 .... FF10 880 - £1 400 - **$2,247**
EBERLIN Jonna XIX [2]
🖼 *Buket of rose* - Oil/panel (23x33cm-9x13in) Köbenhavn 90 .... FF14 930 - £1 510 - **$2,840**
EBERS Emil 1807-1884 [2]
🖼 *Der Flickschneider* - Oil/canvas (54x45cm-21x18in) Berlin 91 .... FF54 100 - £5 491 - **$9,771**
EBERS Hermann 1881-1955 [3]
🖼 *Sommerstrauss* - Öl/Leinwand (50x60cm-20x24in) München 93 .... FF5 090 - £608 - **$978**
EBERSBERG von Carl Martin 1818-1880 [1]
🖼 *Kaiser Wilhelm II* - Oil/canvas (29x38cm-11x15in) Stuttgart 89 .... FF7 400 - £715 - **$1,123**
EBERSBERGER Max 1852-? [1]
🖼 *Stilleben mit Früchten, 1906* - Oil/canvas (66x86cm-26x34in) Luzern 89 .... FF31 200 - £3 190 - **$5,016**
EBERT Albert 1906-1976 [2]
🖼 *Venus mit Amor und Putten* - Oil/panel (22x29cm-9x11in) Berlin 96 .... FF40 700 - £5 080 - **$7,860**
EBERT Anton 1845-1896 [25]
🖼 *Dame mit Rosen im Haar* - Oil/panel (21x16cm-8x6in) Wien 95 .... FF7 460 - £915 - **$1,453**
Far Away Thoughts - Oil/canvas (100x74cm-39x29in) New-York 97 .... FF18 203 - £1 959 - **$3,200**
Kitchen interior with mother and child - Oil/panel (39x30cm-15x12in) Wien 96 .... FF62 800 - £7 150 - **$12,020**
EBERT Carl 1821-1885 [22]
🖼 *The old mill* - Oil/canvas (61x87cm-24x34in) New-York 90 .... FF34 300 - £3 672 - **$5,965**
Dorfstrasse - Öl/Leinwand (68x87cm-27x34in) München 95 .... FF173 800 - £21 950 - **$34,840**
EBERT Charles H. 1873-1959 [5]
🖼 *Ebert's pond* - Oil/canvas (91x91cm-36x36in) New-York 92 .... FF22 050 - £2 560 - **$4,500**
EBERT Mary Robert 1873-1956 [1]
🖼 *Mohegan Island, Maine* - Oil/canvas (63x76cm-25x30in) New-York 91 .... FF50 900 - £5 166 - **$9,193**
EBERZ Josef 1880-1942 [27]
🖼 *Südliche Landschaft* - Oil/panel (87x62cm-34x24in) Göttingen 95 .... FF38 260 - £4 960 - **$7,960**
Träume - Öl/Karton (24x19cm-9x7in) Köln 94 .... FF95 700 - £11 230 - **$17,050**
✏ *Insel des Vergessens* - Coloured chalks (37x479cm-15x189in) Köln 95 .... FF6 860 - £898 - **$1,394**
EBERZ-ALBER Gertrud 1879-1955 [1]
🖼 *Stilleben* - Oil/cardboard (60x40cm-24x16in) München 94 .... FF3 420 - £402 - **$610**
EBLE Theo 1899-1974 [6]
✏ *Siesta am Fischerstrand* - Gouache (42x64cm-17x25in) Zofingen 92 .... FF3 810 - £455 - **$732**
EBNER Lajos Deàk 1850-1934 [2]
🖼 *An ambush by a camp* - Oil/canvas (20x33cm-8x13in) New-York 95 .... FF11 700 - £1 520 - **$2,400**
EBNER Pauline, Paula 1872-1949 [2]
✏ *Ihr Kinderlein kommet* - Aquarell/Papier (29x25cm-11x10in) Wien 93 .... FF8 800 - £997 - **$1,496**
EBNER Richard 1860-1911 [4]
🖼 *In der Hofreitschule* - Oil/canvas (51x91cm-20x36in) München 92 .... FF10 250 - £1 053 - **$1,973**
EBNER von Fritz 1869-1922 [1]
🖼 *In der Hofreitschule* - Öl/Leinwand (51x92cm-20x36in) Wien 92 .... FF28 860 - £3 356 - **$5,890**
EBSTER Manfred 1941 [2]
🖼 *Verwitterte Landschaft* - Oil/panel (40x60cm-16x24in) Wien 94 .... FF4 880 - £556 - **$827**
EBURNE Emma 1819-1885 [1]
🖼 *Lambeds, North Wales* - Oil/canvas (28x36cm-11x14in) London 90 .... FF11 710 - £1 192 - **$2,342**
EBY Kerr 1889-1946 [12]
🖼 *September 13* - Etching (26x40cm-10x16in) New-York 93 .... FF11 000 - £1 380 - **$2,000**
ECCARDT John Giles c.1720-1779 [1]
🖼 *James, 8th Earl of Abercorn* - Oil/canvas (46x29cm-18x11in) London 93 .... FF60 800 - £7 000 - **$10,430**
ECHAGÜE José Ortiz 1886-1980 [1]
📷 *Segovia* - 2 Fresson carbon prints London 95 .... FF3 200 - £400 - **$647**

ECHARDT Christian Fred. Emil 1832-1914 [4]
🌠 *Skibe udfor kyst* - Oil/canvas (40x60cm-16x24in) Viby J, Århus 94 .... FF*14 760* - £*1 775* - **$2,734**

ECHAURI Miguel Angel 1927 [3]
🌠 *Paisaje montañaso* - Oleo/lienzo (100x91cm-39x36in) Madrid 96 .... FF*22 300* - £*2 900* - **$4,370**

ECHAURREN Pablo 1951 [1]
🌠 *Emozione impassibile, 1989* - Acrilico/tela (50x50cm-20x20in) Roma 89 .... FF*9 200* - £*941* - **$1,479**

ECHAUZ BUSIAN Francisco 1927 [8]
🌠 *Jardín IX* - Oleo/lienzo (81x65cm-32x26in) Madrid 95 .... FF*10 050* - £*1 305* - **$2,070**
✒ *Niña con molinillo de viento* - Gouache (43x33cm-17x13in) Madrid 95 .... FF*3 430* - £*439* - **$690**

ECHAVE José 1921 [2]
✒ *Composición* - Collage (110x150cm-43x59in) Madrid 94 .... FF*2 106* - £*244* - **$363**

ECHENA José 1845-1912 [4]
🌠 *La favorita en peligro* - Oleo/lienzo (65x105cm-26x41in) Madrid 90 .... FF*135 000* - £*14 547* - **$23,810**

ECHENIQUE ANCHORENA Francisco 1890-1948 [2]
🌠 *Paisaje vasco* - Oleo/lienzo (43x58cm-17x23in) Madrid 96 .... FF*3 810* - £*436* - **$726**

ECHEVARRIA de Federico 1911 [2]
🌠 *Gitano y caballos* - Oleo/lienzo (100x81cm-39x32in) Madrid 96 .... FF*32 100* - £*3 670* - **$6,110**

ECHEVARRIA Enrique 1923-1972 [1]
🌠 *La cocinera* - Oil/canvas (87x80cm-34x31in) New-York 97 .... FF*5 727* - £*610* - **$1,000**

ECHEVARRIA Y ZURICALDAY de Juan 1875-1931 [2]
🌠 *Bodegón* - Oleo/lienzo (46x62cm-18x24in) Madrid 93 .... FF*31 200* - £*3 590* - **$5,360**

ECHTER Michael 1812-1879 [2]
🌠 *Putten mit einer Blütengirlande* - Oil/canvas (81x231cm-32x91in) München 92 .... FF*11 900* - £*1 218* - **$2,334**

ECHTLER Adolf 1843-1914 [8]
🌠 *Rastendes Mädchen* - Oil/panel (29x19cm-11x7in) Wien 93 .... FF*36 100* - £*4 310* - **$6,940**
🌠 *After the assignation* - Oil/canvas (180x234cm-71x92in) New-York 95 .... FF*154 000* - £*18 900* - **$30,000**

ECK Ernst 1879-1941 [3]
🌠 *Salzkammergutsee* - Öl/Leinwand (51x85cm-20x33in) Wien 97 .... FF*4 316* - £*455* - **$746**

ECK Jacques 1812-1887 [2]
🌠 *Portrait of a composer* - Oil/canvas (92x73cm-36x29in) New-York 92 .... FF*16 650* - £*1 743* - **$3,000**

ECK Walter 1895-1973 [2]
🌠 *Badende Frauen unter Bäumen* - Oil/canvas (91x75cm-36x30in) München 92 .... FF*5 100* - £*522* - **$898**

ECKARDT Aloys 1845-1906 [2]
🌠 *Hammerschmiede mit drei Arbeitern* - Öl/Leinwand (52x63cm-20x25in) München 94 ... FF*11 220* - £*1 310* - **$1,967**

ECKARDT Christian 1832-1914 [37]
🌠 *Stormy coastal landscape* - Oil/canvas (39x63cm-15x25in) Köbenhavn 96 .... FF*2 674* - £*347* - **$535**
🌠 *Kalundborg* - Oil/canvas (55x42cm-22x17in) Köbenhavn 96 .... FF*7 100* - £*810* - **$1,360**
Porto Ferraio, Elba - Oil/canvas (80x125cm-31x49in) Köbenhavn 96 .... FF*63 800* - £*7 280* - **$12,220**

ECKART Christian 1959 [3]
🌠 *Deatil painting #516* - Mixed media (66x69cm-26x27in) New-York 92 .... FF*19 350* - £*1 960* - **$3,500**

ECKELBERG Walther 1872-? [1]
🌠 *Frieri genom fönster* - Oil/canvas (89x72cm-35x28in) Malmö 92 .... FF*8 580* - £*1 026* - **$1,650**

ECKELBOOM Hendrick Daniël 1806-1847 [3]
🌠 *Reisende im Waldlandschaft* - Öl/Leinwand (44x58cm-17x23in) Düsseldorf 92 .... FF*23 800* - £*2 436* - **$4,190**

ECKENBRECHER von Themistokles 1842-1921 [39]
🌠 *Ruderboot bei Nacht* - Öl/Leinwand (32x24cm-13x9in) Rudolstadt-Thüringen 96 .... FF*2 567* - £*333* - **$508**
🌠 *Fjordlandschaft* - Öl/Leinwand (55x89cm-22x35in) Göttingen 95 .... FF*11 470* - £*1 490* - **$2,390**
Postdam heiliger See - Oil/cardboard (33x23cm-13x9in) Berlin 96 .... FF*30 600* - £*3 483* - **$5,850**
Constantinople at Sunset - Oil/canvas (33x52cm-13x20in) London 96 .... FF*92 400* - £*12 000* - **$18,300**

ECKENER Alexander 1870-1944 [18]
🌠 *Bauer mit Ochsen* - Öl/Karton (26x33cm-10x15in) Stuttgart 92 .... FF*6 120* - £*627* - **$1,077**

ECKENFELDER Friedrich 1861-1938 [28]
🌠 *Bauer mit einem Schimmelgespann* - Öl/Leinwand (39x40cm-15x16in) Stuttgart 93 .... FF*29 300* - £*3 314* - **$4,940**
🌠 *Rastende Pferde vor einer Kutsche* - Oil/canvas (37x55cm-15x22in) Stuttgart 92 .... FF*64 600* - £*6 610* - **$11,370**
Junge mit Eseln am Brunnen - Öl/Leinwand (31x46cm-12x18in) München 96 .... FF*109 800* - £*13 770* - **$21,200**

ECKERLER Karl 1852-1926 [3]
🌠 *Schwester des Künstlers* - Öl/Leinwand (96x69cm-38x27in) Konstanz 94 .... FF*3 755* - £*444* - **$675**

ECKERSBERG Christoffer Wilhelm 1783-1853 [67]
🌠 *Forum Romanum* - Oil/canvas (32x41cm-13x16in) Köbenhavn 92 .... FF*1* - £*146 500* - **$235,600**
🌠 *Cloister San Lorenzo Fuori le Mure* - Oil/canvas (33x44cm-13x17in) Köbenhavn 96 ... FF*17 540* - £*2 186* - **$3,390**
Louise Christiane Fugl - Oil/canvas (47x39cm-19x15in) Köbenhavn 96 .... FF*204 000* - £*23 250* - **$39,050**
✒ *Interiør med stående* - Ink (31x18cm-12x7in) Köbenhavn 94 .... FF*27 900* - £*3 293* - **$4,970**

ECKERSBERG Hansine Kerrn 1826-1860 [1]
🌠 *Roses and lilies* - Oil/canvas (57x45cm-22x18in) New-York 92 .... FF*31 200* - £*3 725* - **$6,000**

ECKERSBERG Johan Frederick 1822-1870 [7]
🌠 *Utsikt mot Romsdalshorn* - Oil/canvas (25x34cm-10x13in) Oslo 92 .... FF*21 700* - £*2 220* - **$3,820**
The Oslofjord - Oil/canvas (65x100cm-26x39in) London 93 .... FF*63 200* - £*7 200* - **$10,720**

ECKERSLEY Tom 1914-? [4]
🗐 *The London Museum* - Poster (102x64cm-40x25in) London 94 .... FF*2 035* - £*240* - **$363**

ECKERT Georg Maria 1828-1903 [4]
🌠 *Das Heidelberger Schloss* - Oil/panel (23x29cm-9x11in) Heidelberg 95 .... FF*15 670* - £*2 010* - **$3,164**
✒ *Tauberbischofsheim* - Watercolour (33x46cm-13x18in) Heidelberg 92 .... FF*1 830* - £*213* - **$373**

ECKERT Henri Ambrose 1807-1840 [3]
🦅 *Travellers resting* - Oil/panel (30x40cm-12x16in) New-York 90 .... FF21 500 - £2 261 - **$3,739**
Gefangennahme: Andreas Hofer - Oil/panel (37x46cm-15x18in) München 93 .... FF62 000 - £7 020 - **$10,460**
ECKERT Jindrich 1833-1905 [1]
📷 *Goûter de printemps* - Tirage albuminé (16x20cm-6x8in) Paris 90 .... FF3 500 - £362 - **$618**
ECKERT Walter 1913-1991 [2]
🦅 *Ohne Titel* - Mixed media/canvas (50x40cm-20x16in) Wien 95 .... FF3 500 - £442 - **$702**
✏️ *Melancholie* - Wash (28x31cm-11x12in) Wien 91 .... FF3 370 - £338 - **$556**
ECKHARDT Christian Fr. 1832-1914 [3]
🦅 *Marine* - Oil/canvas (66x102cm-26x40in) Köbenhavn 92 .... FF35 200 - £3 600 - **$6,200**
ECKHARDT Ferdinand 1876-? [2]
✏️ *R. Strauss, Alpensymphonie* - Mischtechnik/Papier (71x84cm-28x33in) Wien 96 .... FF4 810 - £613 - **$926**
ECKHARDT Georg Ludwig 1770-1794 [1]
✏️ *Mann mit Turban* - Ink/paper (26x21cm-10x8in) Hamburg 96 .... FF2 380 - £271 - **$455**
ECKHARDT Jenny 1816-1850 [1]
🦅 *Stilleben mit Pfirsichen, Trauben* - Oil/panel (24x27cm-9x11in) München 94 .... FF10 230 - £1 210 - **$1,840**
ECKHOUT Jacob Joseph 1793-1861 [1]
🦅 *Gentleman in a candlelit interior* - Oil/panel (85x64cm-33x25in) New-York 96 .... FF29 830 - £3 620 - **$5,800**
ECKL Vilna 1892-1982 [10]
✏️ *Tänzerinnen* - Pastel/paper (71x55cm-28x22in) Wien 94 .... FF15 540 - £1 823 - **$2,770**
ECKMANN Otto 1865-1902 [3]
🦅 *Gymnasiast von seinen Erlebnissen* - Oil/canvas (45x62cm-18x24in) Stuttgart 92 ..... FF10 200 - £1 044 - **$1,796**
ECOLE ROMAINE XVI [2]
🦅 *L'enlèvement des Sabines* - Huile/toile (194x288cm-76x113in) Paris 89 .... FF130 000 - £13 699 - **$21,886**
🦅 *Portrait d'un chevalier de Toscane* - Huile/toile (80x65cm-31x26in) Paris 89 ...... FF400 000 - £42 150 - **$67,340**
ECONOMOPOULOS Nikos 1953 [1]
📷 *Greece* - Gelatin silver print (36x56cm-14x22in) London 94 .... FF1 704 - £200 - **$299**
ECONOMOU Ioannis 1860-1931 [1]
🦅 *General Gousis* - Oil/panel (40x32cm-16x13in) Athens 96 .... FF12 860 - £1 490 - **$2,466**
ECONOMOU Michalis 1888-1933 [4]
🦅 *Aegean Blue* - Oil/canvas (51x60cm-20x24in) Athens 94 .... FF189 000 - £22 400 - **$34,900**
EDDIS Eden Upton 1812-1901 [3]
🦅 *Study on Albury Heath* - Oil/canvas (142x112cm-56x44in) London 97 .... FF81 030 - £8 500 - **$13,904**
EDDY Don 1944 [8]
🦅 *Toyota Showroom Window I* - Acrylic/canvas (123x174cm-48x69in) New-York 95 ...... FF74 300 - £9 280 - **$15,000**
EDDY Henry Brevoort 1872-1935 [1]
🗐 *Nex Sunday's, N.Y. Journal* - Poster (65x99cm-26x39in) New-York 94 .... FF5 260 - £642 - **$1,000**
EDDY Henry Stephens 1878-1944 [1]
🦅 *Country landscape* - Oil/board (20x25cm-8x10in) Cambridge, Mass. 91 .... FF2 264 - £230 - **$409**
EDDY John William XVIII-XIX [2]
🗐 *Byen Risør* - Aquatint Tönsberg 92 .... FF1 997 - £205 - **$416**
EDE Basil 1931 [28]
🦅 *Ptarmigan in winter landscape* - Oil/canvas (69x89cm-27x35in) London 94 .... FF34 100 - £4 000 - **$6,070**
✏️ *A snowy owl* - Watercolour (63x51cm-25x20in) London 95 .... FF9 030 - £1 200 - **$1,863**
EDE Frederick Ch. Vipont 1865-1907 [15]
🦅 *Troupeau à la mare* - Huile/toile (59x87cm-23x34in) Barbizon 95 .... FF8 000 - £1 046 - **$1,602**
Summer landscape with stream - Oil/canvas (38x46cm-15x18in) New-York 93 ...... FF17 050 - £2 140 - **$3,100**
✏️ *Lady with a parasol* - Wash (27x40cm-11x16in) Montréal 91 .... FF3 010 - £305 - **$544**
EDE Karl 1894-1918 [1]
🗿 *Kvinnotorso* - Bronze (13cm-5in) Stockholm 89 .... FF4 200 - £429 - **$675**
EDELFELT Albert 1854-1905 [72]
🦅 *Woman in a sunlit interior* - Oil/canvas (44x59cm-17x23in) London 90 .... FF1 - £160 728 - **$261,078**
Baptême de Sainte Mathilde - Huile/toile (74x53cm-29x21in) Sceaux 96 .... FF20 000 - £2 593 - **$3,954**
Une Citoyenne de l'An II - Oil/canvas (61x46cm-24x18in) Stockholm 94 .... FF218 500 - £25 770 - **$38,900**
Skrattande modell med duk - Oil/canvas (55x46cm-22x18in) Stockholm 96 .... FF500 000 - £57 800 - **$95,600**
✏️ *Gentleman and lady* - Watercolour/board (58x41cm-23x16in) New-York 94 ...... FF12 180 - £1 400 - **$2,100**
Vilande dansös - Pastel (38x58cm-15x23in) Helsinki 93 .... FF153 000 - £17 600 - **$26,300**
EDELMANN Albert 1886-1963 [1]
🦅 *Fleurs* - Huile/carton (27x24cm-11x9in) Zofingen 95 .... FF2 890 - £378 - **$580**
EDELMANN Charles Auguste 1879-1950 [21]
🦅 *Vase de fleurs* - Huile/carton (32x46cm-13x18in) Besançon 96 .... FF3 600 - £434 - **$691**
Nature morte au pichet de fleurs - Huile/isorel (60x92cm-24x36in) Versailles 91 ...... FF17 500 - £1 765 - **$3,411**
✏️ *Femme nue* - Pastel (55x30cm-22x12in) Paris 96 .... FF2 200 - £259 - **$432**
EDELMANN Jean 1916 [2]
🦅 *Le réveil-matin* - Huile/carton (21x23cm-8x9in) Paris 92 .... FF7 500 - £768 - **$1,320**
EDELMANN Yrjö 1941 [29]
🦅 *Omslagspapper* - Oil/canvas (190x140cm-56x75in) Stockholm 94 .... FF21 850 - £2 580 - **$3,890**
🗐 *Kvinna lutande mot landskap* - Lithograph (58x42cm-22x17in) Malmö 92 .... FF2 074 - £208 - **$399**
✏️ *Herre i kostym* - Gouache (52x42cm-20x17in) Stockholm 91 .... FF16 970 - £1 689 - **$2,918**
EDEN Denis William 1878-1949 [4]
🦅 *A Pilgrim* - Oil/canvas (56x50cm-22x20in) London 95 .... FF15 800 - £2 000 - **$3,176**

E

EDEN Emily 1797-1869 [1]
Princes & People of India - Lithograph (52x37cm-20x15in) London 95 .... FF**20 070** - £2 500 - **$3,930**

EDEN William 1844-1913 [4]
Sonning Bridge on the Thames - Watercolour (33x48cm-13x19in) London 93 .... FF**4 570** - £550 - **$798**

EDENS Henning 1885-1943 [3]
Fischkutter im Hamburger Hafen - Oil/board (32x42cm-13x17in) Bremen 90 .... FF**12 240** - £1 252 - **$2,416**

EDER Gyula 1875-? [6]
The Infant Bacchus - Oil/canvas (52x36cm-20x14in) London 93 .... FF**4 830** - £550 - **$820**
Kaiserin Zita mit Otto in Budapest - Öl/Leinwand (90x110cm-35x43in) Wien 94 .... FF**48 800** - £5 810 - **$9,200**

EDER Otto 1924-1982 [4]
Liegender Akt - Oil/hardboard (34x74cm-13x29in) Wien 96 .... FF**24 040** - £3 060 - **$4,630**

EDER Y GATTENS Federico María XIX [2]
Peasant family on a cart - Oil/panel (33x26cm-13x10in) London 94 .... FF**29 600** - £3 500 - **$5,320**
Feria de Abril en Sevilla - Oleo/lienzo (135x103cm-53x41in) Madrid 92 .... FF**59 400** - £6 050 - **$10,450**

EDERER Carl 1875-1950 [5]
Verschneite Winterlandschaft - Öl/Karton (22x31cm-9x12in) Lindau 96 .... FF**3 040** - £367 - **$584**

EDGAR William XIX-XX
Koko Head at sea - Oil/canvas (52x76cm-20x30in) San Francisco-Los Angeles 93 .... FF**16 500** - £2 070 - **$3,000**

EDGCUMBE Ursula 1900-1985 [2]
Three horses, Keystone - Stone (39x21x34cm-15x8x13in) London 92 .... FF**12 210** - £1 250 - **$2,155**

EDGE John William c.1810-c.1870 [2]
Figures by a beatched vessel - Watercolour/paper (12x22cm-5x9in) London 90 .... FF**4 800** - £514 - **$835**

EDGERTON Harold Eugene 1903-1990 [42]
Atomic Bombe Explosion - Silver print (46x36cm-18x14in) New-York 94 .... FF**4 650** - £539 - **$800**
Milk Drop Coronet/30 Cal. Through Soap - Gelatin silver print (18x23cm-7x9in) New-York 96 .... FF**8 250** - £1 060 - **$1,600**
Swing de golf - Tirage argentique (18x23cm-7x9in) Paris 92 .... FF**11 000** - £1 383 - **$2,200**

EDGREN Jac 1899-1980 [8]
Utflykt - Akvarell (16x23cm-6x9in) Söderköping 92 .... FF**2 170** - £222 - **$382**

EDIS Olive XIX-XX [1]
King George V, St. James's Palace - Carbon print (23x18cm-9x7in) London 96 .... FF**3 406** - £400 - **$670**

EDLER VON HABERMANN Franz 1788-1866 [1]
Schlachtenszene - Aquarell/Karton (20x27cm-8x11in) Wien 90 .... FF**2 200** - £227 - **$389**

EDLICH Stephen 1944 [2]
Chord Suite No. 140 - Mixed media/canvas (113x77cm-44x30in) New-York 95 .... FF**2 570** - £315 - **$500**
Airmail - Mixed media/canvas (152x213cm-60x84in) New-York 94 .... FF**23 750** - £2 850 - **$4,500**

EDLINGER Josef Georg 1741-1819 [6]
Familienbildnis - Ink (19x14cm-7x6in) München 91 .... FF**2 535** - £252 - **$436**

EDMONDS Francis William 1806-1863 [4]
Devotion - Oil/canvas (51x36cm-20x23in) New-York 95 .... FF**168 000** - £20 120 - **$32,000**

EDMONSON William J. 1868-1951 [2]
California coast - Oil/canvas (69x61cm-27x24in) St. Petersburg, Florida 92 .... FF**6 810** - £698 - **$1,200**

EDMONSTON Samuel 1825-? [7]
I aye feel safe when... - Oil/canvas (46x34cm-18x13in) Glasgow 96 .... FF**11 570** - £1 500 - **$2,267**

EDMONSTONE Robert 1795-1834 [5]
The soldier's farewell - Oil/canvas (76x95cm-30x37in) London 92 .... FF**16 600** - £1 700 - **$2,930**
Leopold Cust - Oil/canvas (46x62cm-18x24in) London 95 .... FF**150 000** - £19 000 - **$30,200**

EDOUARD Albert 1845-? [3]
Promenade en barque - Huile/toile (62x46cm-24x18in) Bayeux 92 .... FF**15 000** - £1 536 - **$2,700**

EDOUART Augustin Amant C.F. 1789-1861 [6]
Lady on horseback - Lavis (30x23cm-12x9in) New Orleans, Louisiana 91 .... FF**7 580** - £898 - **$1,400**

EDRIDGE Henry 1769-1821 [34]
Gentleman wearing a green coat - Miniature (8cm-3in) London 97 .... FF**4 273** - £449 - **$73,2 2**

EDSBERG Knud 1911 [17]
Interior - Oil/canvas (78x64cm-31x25in) København 95 .... FF**2 836** - £372 - **$576**

EDSON Aaron Allan 1846-1888 [11]
Cows resting by river, early evening - Oil/canvas (59x87cm-23x34in) Toronto 94 .... FF**14 750** - £1 740 - **$2,625**

EDUARDO Jorge 1936 [2]
Veneza, villa Adriana - Oil/masonite (162x67cm-64x26in) New-York 89 .... FF**57 200** - £5 849 - **$9,196**

EDVARDSSON Kurt 1930
Liemannens skugga, interiör - Oil/canvas (100x95cm-39x37in) Stockholm 92 .... FF**4 900** - £502 - **$863**

EDVI-ILLES Aladar 1870-? [3]
On the beach - Oil/canvas (50x70cm-20x28in) Stockholm 96 .... FF**6 150** - £767 - **$1,188**

EDWARDS Alfred Sanderson 1852-1915 [1]
La plage en mer du Nord - Huile/toile (51x76cm-20x30in) Montréal 90 .... FF**2 900** - £313 - **$511**

EDWARDS Emmet 1906-? [1]
Zena Res. from bridge - Watercolour (28x35cm-11x14in) New-York 94 .... FF**3 154** - £379 - **$600**

EDWARDS George 1694-1773 [4]
The Crested Cockow Shot at Gibraltar - Etching (23x20cm-9x8in) New-York 96 .... FF**3 650** - £440 - **$700**
A Horned dog - Watercolour (38x53cm-15x21in) London 92 .... FF**5 030** - £600 - **$967**

EDWARDS George Wharton 1869-1950 [12]
Landscape - Oil/canvas (76x76cm-30x30in) Mystic, Connecticut 94 .... FF**9 300** - £1 074 - **$1,600**
Ile de la Cité, Paris - Oil (63x48cm-25x19in) New-York 92 .... FF**62 500** - £6 390 - **$11,000**
The flemish lacemaker - Pastel (43x32cm-17x13in) New-York 89 .... FF**51 500** - £4 976 - **$7,815**

EDWARDS John Paul 1884-1968 [2]

Dear tree & bushes/Landscape & lake - Gelatin silver print San Francisco-Los Angeles 93........ FF2 065 - £236 - **$350**

EDWARDS Les 1949 [3]

Tomb world - Huile/carton (42x66cm-17x26in) Paris 89... FF30 000 - £2 985 - **$4,739**

EDWARDS Lionel Dalhousie R. 1878-1966 [105]

Hollywood Houses - Oil/canvas (61x66cm-24x26in) San Francisco-Los Angeles 96.............. FF9 840 - £1 234 - **$1,900**
Captain Frank and Lady Avice Spicer - Oil/canvas (51x76cm-20x30in) London 94 .... FF46 100 - £5 500 - **$8,630**
The Grand National - Oil/canvas (51x71cm-20x28in) New-York 95........................... FF99 400 - £12 600 - **$20,000**
Pic-Sticking - Watercolour (32x46cm-13x18in) London 94 .... FF10 150 - £1 200 - **$1,824**
The Whitbread Gold Cup - Watercolour (43x61cm-17x24in) London 96...................... FF25 470 - £3 000 - **$5,000**
A Meet of the Quorn - Gouache/paper (38x56cm-15x22in) New-York 96 .... FF104 400 - £12 080 - **$20,000**

EDWARDS Mary Ellen Freer 1839-c.1910 [6]

Little Mischief - Oil/canvas (52x66cm-20x26in) London 95 .... FF82 200 - £10 500 - **$16,840**

EDWARDS Mary Jeannette 1906-1974 [1]

Portrait of Willard Van Dyke - Gelatin silver print (20x18cm-8x7in) New-York 95............. FF8 930 - £1 140 - **$1,800**

EDWARDS Paul XX [2]

B. Bardot - l'envers de la légende - Collage (110x140cm-43x55in) Sceaux 90 .... FF10 000 - £1 033 - **$1,767**

EDY-LEGRAND Édouard Léon Louis 1892-1970 [17]

La Tour Eiffel - Huile/carton (80x63cm-31x25in) Paris 96 .... FF4 700 - £609 - **$940**
Le Douar - Huile/panneau (77x106cm-30x42in) Paris 96 .... FF26 000 - £3 135 - **$4,990**
Le cheval rose - Huile/panneau (100x130cm-39x51in) Paris 95 .... FF60 000 - £7 560 - **$11,960**

EDZARD Dietz 1893-1963 [119]

Fleurs devant la fenêtre, Montmartre
    Oil/canvas (61x51cm-24x20in) San Francisco-Los Angeles 95............................ FF6 190 - £774 - **$1,250**
Coiffure aux Roses - Oil/canvas (41x33cm-16x13in) London 97 .... FF14 506 - £1 600 - **$2,544**
Die Sängerin - Öl/Leinwand (80x65cm-31x26in) Düsseldorf 96 .... FF32 740 - £4 240 - **$6,540**
Jeune femme au café - Huile/toile (71x65cm-28x26in) Berlin 95 .... FF114 000 - £14 180 - **$22,270**

EDZARD Kurt 1890-1972 [4]

Liegender männlicher Akt - Bronze (8cm-3in) München 96 .... FF5 440 - £620 - **$1,040**
Mädchenkopf - Bronze (31x16x22cm-12x6x9in) München 93 .... FF10 260 - £1 215 - **$1,852**

EDZGVERADZE Giya 1953 [1]

Flags at half-mast, 1987 - Oil/canvas (200x200cm-79x79in) New-York 90 .... FF68 600 - £7 298 - **$12,272**

EECKHOUDT van den Jean 1875-1946 [15]

Nature morte - Huile/panneau (42x34cm-17x13in) Antwerpen 95 .... FF7 780 - £973 - **$1,572**
Arbres sous l'emprise du vent - Huile/toile (66x90cm-26x35in) Antwerpen 96........... FF29 600 - £3 820 - **$5,710**
Fleurs - Pastel/carton (33x28cm-13x11in) Bruxelles 95 .... FF2 730 - £346 - **$550**

EECKHOUT Jacobus Josephus 1793-1861 [11]

Portrait of Mr. Chesnaye - Oil/canvas (146x125cm-57x49in) New-York 92 .... FF80 400 - £8 420 - **$14,500**

EECKHOUT Victor 1821-1879 [9]

Tetouan, Morocco - Oil/canvas (25x19cm-10x7in) London 94 .... FF3 184 - £380 - **$597**
Outside the Mosque - Oil/canvas (100x140cm-39x55in) London 97 .... FF95 238 - £10 000 - **$16,381**
A Moroccan soldier - Watercolour (35x24cm-14x9in) New-York 93 .... FF4 425 - £504 - **$750**

EEDEN van den Nicolas 1856-1918 [4]

Autoportrait du peintre - Huile/toile (150x102cm-59x40in) Bruxelles 90 .... FF10 530 - £1 072 - **$2,106**

EEGHEN van Johanna 1822-1868 [1]

Figures with an ox-cart on a path - Oil/panel (44x55cm-17x22in) Amsterdam 89 ...... FF6 600 - £675 - **$1,061**

EEKMAN Nicolas Mathieu 1889-1973 [54]

Zittende boer - Huile/toile (56x36cm-22x14in) Lokeren 96 .... FF3 670 - £474 - **$724**
Le retour du fils prodigue III - Huile/toile (61x50cm-24x20in) Bruxelles 97............. FF9 804 - £1 062 - **$1,734**
Vente de Carnaval - Huile/panneau (73x83cm-29x33in) Antwerpen 96 .... FF49 200 - £5 960 - **$9,560**
Tijl uylenspiegel - Eau-forte Bruxelles 97 .... FF2 451 - £266 - **$434**
Femme nue et tourterelles - Aquarelle (46x36cm-18x14in) Paris 97 .... FF7 500 - £781 - **$1,278**
Le passeur - Crayon/papier (97x112cm-38x44in) Paris 91 .... FF18 000 - £1 788 - **$3,125**

EEL Knud P. 1914-1967 [12]

Landscape, Hjaelpensbjerg - Oil/canvas (65x116cm-26x46in) Viby J, Århus 96........ FF2 815 - £334 - **$550**

EELKEMA Eelke Jelles 1788-1839 [3]

Still life with fruits - Oil/panel (29x35cm-11x14in) Amsterdam 91 .... FF9 010 - £908 - **$1,563**

EEMANS Marc 1907 [20]

Roc devant l'horizon - Huile/toile (75x60cm-30x24in) Bruxelles 96 .... FF18 040 - £2 124 - **$3,540**
Sans titre - Fusain/papier (63x46cm-25x18in) Bruxelles 96 .... FF5 580 - £657 - **$1,095**

EERELMAN Otto 1839-1926 [40]

En hest og en karl i en stald - Oil/canvas (35x44cm-14x17in) Viby J, Århus 96........ FF6 680 - £866 - **$1,337**
Saint Bernard puppies - Oil/canvas (24x29cm-9x11in) Amsterdam 96 .... FF51 800 - £6 020 - **$8,920**
Picking flowers - Oil/canvas (45x35cm-18x14in) Amsterdam 97.................... FF165 876 - £17 535 - **$28,462**
King Charles spaniels - Bodycolour (53x42cm-21x17in) Amsterdam 97 .... FF69 116 - £7 306 - **$11,859**

EERENBEEMT van den Gerard Leonard 1936 [2]

Untitled - Collage/paper (22x21cm-9x8in) Amsterdam 96 .... FF2 263 - £262 - **$434**

EF ZAMBO Istvan 1950 [3]

Paysage rouge - Huile/papier (60x120cm-24x47in) Paris 91 .... FF8 000 - £806 - **$1,388**

EFFENBERGER Hermann 1842-1911 [3]

Vista de Roma - Oleo/lienzo (65x94cm-26x37in) Madrid 94................`.. FF14 420 - £1 730 - **$2,800**

EGAN Eloise 1874-1967 [13]
Street scene at sunset - Oil/canvas (64x76cm-25x30in) Mystic, Connecticut 92 .... FF2 200 - £260 - $400
EGEA Y MARIN Juan XIX-XX [4]
Pescando - Oleo/cartón (30x42cm-12x17in) Madrid 92 .... FF2 970 - £303 - $523
EGEDIUS Alfdan 1877-1899 [1]
Pike ved gruen - Watercolour (23x20cm-9x8in) Tönsberg 92 .... FF8 780 - £1 050 - $1,690
EGENDER-WINTSCH Trudy 1902-1985 [1]
Gartenrestaurant mit Schiffsländte - Öl/Leinwand (56x84cm-22x33in) Bern 94 .... FF3 840 - £445 - $662
EGER Agnes 1878-? [1]
Bad Flinzberg im Riesengebirge - Öl/Leinwand (55x82cm-22x32in) Bremen 93 .... FF7 460 - £891 - $1,435
EGERER-BREZINA Marianne 1868-? [1]
Stilleben mit Trauben - Oil/panel (40x79cm-16x31in) Wien 93 .... FF4 790 - £575 - $825
EGERSDOERFER Andreas 1866-? [3]
Herbstliche Flusslandschaft - Öl/Leinwand (54x42cm-21x17in) Stuttgart 95 .... FF6 570 - £800 - $1,294
EGERSDORFER Heinrich 1853-1915 [3]
A pair of lion - Watercolour (37x58cm-15x23in) London 95 .... FF3 840 - £500 - $794
EGERTON Daniel Thomas 1800-1842 [8]
El iztaccihuati desde chalco - Oil/board (33x41cm-13x16in) New-York 92 .... FF780 000 - £93 100 - $150,000
Paisaje con volcán - Watercolour/paper (22x27cm-9x11in) New-York 93 .... FF88 600 - £10 060 - $15,000
EGG Augustus Leopold 1816-1863 [4]
Portrait of a woman - Oil/panel (28x23cm-11x9in) London 95 .... FF10 050 - £1 300 - $2,054
EGG Ewald 1884-1955 [1]
Fischerboot an der Trave - Öl/Karton (31x39cm-12x15in) Hamburg 96 .... FF3 220 - £402 - $623
EGGELER Stefan 1894-? [1]
Der Krieg - Chalks/paper (38x46cm-15x18in) München 95 .... FF3 980 - £520 - $796
EGGELING Viking 1880-1925 [3]
Abstract composition - Pencil/paper (46x33cm-18x13in) Boston, Mass. 93 .... FF9 350 - £1 173 - $1,700
Diagonal Symphony - Crayon/papier (45x32cm-18x13in) Paris 90 .... FF52 000 - £5 389 - $9,139
EGGEN Annar 1897-1977 [1]
Fra Marokko - Oil/canvas (50x60cm-20x24in) Oslo 92 .... FF3 346 - £400 - $644
EGGENA Gustav 1850-? [2]
Dorf im Abendlicht - Öl/Leinwand (30x55cm-12x22in) Stuttgart 96 .... FF5 080 - £588 - $974
Edeldamen bei der Falkenjagd - Oil/canvas (59x81cm-23x32in) München 91 .... FF22 130 - £2 219 - $4,053
EGGENHOFER Nick 1897-1985 [23]
The chase - Oil/board (36x25cm-14x10in) St. Petersburg, Florida 92 .... FF15 620 - £1 598 - $2,750
Trailing Texas Longhorns
Oil/board (51x76cm-20x30in) San Francisco-Los Angeles 95 .... FF70 800 - £8 050 - $12,000
Stagecoach at wells Fargo office - Gouache (23x28cm-9x11in) New-York 94 .... FF20 600 - £2 470 - $4,000
EGGENSCHWILER Franz 1930 [21]
Ausfluss der Zeit - Multiple (44x32cm-17x13in) Luzern 92 .... FF1 675 - £200 - $322
Hammer II - Sculpture (20cm-8in) Zofingen 92 .... FF2 360 - £282 - $454
EGGER Jean, Hans 1897-1934 [3]
Head of an old man - Black chalk/paper (41x29cm-16x11in) Wien 96 .... FF10 620 - £1 210 - $2,034
EGGER-LIENZ Albin 1868-1926 [42]
Totentanz - Öl/Leinwand (127x155cm-50x61in) Wien 94 .... FF2 - £265 700 - $395,000
Porträt Bruder Eduard - Öl/Leinwand (43x31cm-17x12in) Wien 95 .... FF44 400 - £5 310 - $8,440
Entwurf zu Weberei - Tempera/Karton (53x99cm-21x39in) Wien 97 .... FF181 564 - £19 304 - $31,312
Das Mittagessen - Öl/Karton (68x97cm-27x38in) Wien 94 .... FF777 000 - £91 100 - $138,400
Gurt, Patronentasche/Hand-Beinstudien - Craies/papier (37x33cm-15x13in) Wien 97 .... FF11 990 - £1 265 - $2,073
Eine Patrouille - Aquarelle, gouache (44x60cm-17x24in) Wien 95 .... FF84 100 - £10 680 - $16,750
Protest der Toten - Tempera/papier (78x108cm-31x43in) Wien 94 .... FF122 000 - £14 520 - $23,220
EGGERS Johan Peter 1855-1907 [3]
En sejlbåd i høj sø - Oil/canvas (40x62cm-16x24in) Viby J, Århus 91 .... FF4 400 - £438 - $757
EGGERT Sigmund 1839-1896 [4]
The Surprise Visitor - Oil/canvas/panel (72x95cm-28x37in) New-York 95 .... FF35 800 - £4 460 - $7,000
EGGERTZ-WESTFELT Ingeborg. 1855-1936 [1]
Morian - Oil/canvas (118x72cm-46x28in) Stockholm 95 .... FF12 450 - £1 597 - $2,510
EGGIMANN Hans 1872-1929 [7]
Liebeslied/Die Nörgler - Etching Bern 93 .... FF2 284 - £273 - $440
EGGIMANN Walter XX [2]
Bern, Waisenhausplatz - Aquarell (30x22cm-12x9in) Bern 94 .... FF1 697 - £197 - $293
EGGINGTON Frank J. 1908-1990 [19]
Evening, Co. Mayo - Watercolour (24x34cm-9x13in) Dublin 95 .... FF5 950 - £773 - $1,223
EGGINGTON Wycliffe 1875-1951 [14]
Evening, Lough Laggan - Watercolour (36x53cm-14x21in) Dublin 95 .... FF4 760 - £618 - $980
EGGINTON Frank J. 1908-1990 [33]
View across a lake - Oil/canvas (52x74cm-20x29in) Billinghurst, West Sussex 92 .... FF14 170 - £1 450 - $2,494
Cashel, Connemara - Watercolour/paper (25x36cm-10x14in) London 97 .... FF8 255 - £880 - $1,447
EGGINTON Wycliffe 1875-1951 [48]
Glenragiff, Co. Cork
Watercolour (24x35cm-9x14in) Castle Upton, Templepatrick, Co. Antrim 93 .... FF3 950 - £450 - $671
Wind on the Common - Watercolour (53x73cm-21x29in) London 96 .... FF9 300 - £1 200 - $1,795
EGGLESTON Benjamin 1867-1937 [5]
Woman with a fan - Oil/canvas (61x61cm-24x24in) Litchfield, CT 92 .... FF4 335 - £444 - $850

EGGLESTON William 1939 [27]
- Southern Suite - Dye-transfer print (23x38cm-9x15in) New-York 96 .... FF14 440 - £1 854 - **$2,800**
- Greenwood, Mississippi - Dye-transfer print (28x46cm-11x18in) New-York 96 .... FF87 600 - £11 260 - **$17,000**

EGGLI Jakob 1812-1880 [5]
- Rheinauerthor - Gouache (43x46cm-17x18in) Zofingen 91 .... FF9 100 - £912 - **$1,502**

EGGONOPOULOS Nikos 1910-1985 [2]
- The artist and his model - Oil/canvas (42x72cm-17x28in) Athens 93 .... FF384 000 - £44 100 - **$66,000**
- La Mort d'Orphée - Watercolour (21x13cm-8x5in) Athens 93 .... FF28 800 - £3 310 - **$4,950**

EGLAU Max 1825-? [3]
- Twilight at the river's edge - Oil/board (20x30cm-8x12in) North Berwick, Maine 92 .... FF3 900 - £466 - **$750**

EGLEY William 1798-1870 [4]
- Captain Fred. Cherbury Bligh - Miniature (6cm-2in) London 92 .... FF5 370 - £550 - **$946**

EGLEY William Maw 1826-1919 [12]
- The slave market - Oil/canvas (70x91cm-28x36in) London 96 .... FF18 600 - £2 400 - **$3,644**
- Study for Glaucus, Vesuvius - Pencil (19x24cm-7x9in) London 95 .... FF3 103 - £400 - **$632**

EGLI Charles Adolf 1894-1979 [2]
- Walliser Dorflandschaft - Oil/board (67x84cm-26x33in) Bern 90 .... FF4 700 - £500 - **$841**

EGLI Ernst 1912 [2]
- Komposition VIII - Öl/Leinwand (81x100cm-32x39in) Zürich 93 .... FF3 960 - £451 - **$672**
- Ägäis/Agäis/Ohne Titel - Lithographie couleurs Zürich 96 .... FF1 528 - £198 - **$302**

EGLIN Karl Martin 1787-1850 [1]
- Klosters St Urban, Luzern - Lithographie (26x42cm-10x17in) Genève 91 .... FF2 376 - £238 - **$397**

EGLITIS Vilnis XX [5]
- Maisonnette - Huile/toile (78x100cm-31x39in) Paris 90 .... FF2 500 - £254 - **$500**

EGLOFFSTEIN von Julie 1792-1869 [1]
- Ansicht eines Hauses - Ink (21x31cm-8x12in) Berlin 96 .... FF2 040 - £232 - **$390**

EGMONT van Piet 1889-1965 [1]
- Geabstraheerde rode kool - Oil/cardboard (53x37cm-21x15in) Amsterdam 95 .... FF2 920 - £370 - **$570**

EGNELL Allan 1884-1960 [6]
- Joh Banér efter segern vid Wolfenbrütel - Oil/canvas (65x97cm-26x38in) Malmö 92 .... FF7 770 - £928 - **$1,495**

EGNER Marie 1850-1940 [48]
- Kleine Bachlandschaft - Öl/Leinwand (20x24cm-8x9in) Wien 93 .... FF17 100 - £1 940 - **$2,910**
- Landschaft mit blühender Wiese - Öl/Karton (24x34cm-9x13in) Wien 96 .... FF48 700 - £6 320 - **$9,630**
- Iris - Oil/panel (35x27cm-14x11in) Wien 96 .... FF434 500 - £49 500 - **$83,200**
- Bauernhäuser - Aquarell/Papier (31x40cm-12x16in) Wien 94 .... FF21 960 - £2 614 - **$4,140**

EGOROFF Evdokim 1832-1891 [1]
- Ancienne histoire russe - Gravure Paris 96 .... FF2 800 - £365 - **$555**

EGOROV Andrei Afanas'evich 1878-1954 [1]
- The Loggers' Return - Gouache/papier (32x49cm-13x19in) London 89 .... FF14 500 - £1 483 - **$2,331**

EGOROV Andrei Simonoviev 1861-1924 [1]
- Fleurs des champs - Huile/toile (75x65cm-30x26in) Paris 91 .... FF2 600 - £261 - **$429**

EGRY Jozsef 1883-1951 [3]
- Nude on a verandah - Oil/canvas (50x61cm-20x24in) Amsterdam 93 .... FF10 850 - £1 296 - **$2,087**

EGTER VAN WISSEKERKE Anna 1872-1969 [8]
- Tobacco & pipe - Oil/canvas (20x20cm-8x8in) Amsterdam 90 .... FF3 620 - £370 - **$715**

EGUSQUIZA Y BARRENA Rogelio 1845-1915 [2]
- Aline Mason - Oleo/lienzo (77x63cm-30x25in) Madrid 92 .... FF53 200 - £6 180 - **$10,850**

EGVILLE d' James T. Herve ?-1880 [6]
- Fishing craft on a Venetian lagoon - Wash (29x53cm-11x21in) London 91 .... FF5 420 - £547 - **$1,056**

EHLERS Henry 1897-? [3]
- Bamberger & Hertz, Hosen Woche - Poster (235x83cm-93x33in) New-York 92 .... FF10 800 - £1 104 - **$1,900**

EHLINGER Maurice 1896-1981 [55]
- Nu allongé - Huile/toile (33x55cm-13x22in) Saint-Dié 97 .... FF4 800 - £542 - **$869**
- Le Journal intime - Huile/toile (55x46cm-22x18in) Sceaux 96 .... FF10 800 - £1 104 - **$2,135**
- Nu allongé dans un jardin - Huile/toile (81x100cm-32x39in) Saint-Dié 94 .... FF21 000 - £2 444 - **$3,680**

EHM Josef 1909-1989 [7]
- Nude - Gelatin silver print (36x28cm-14x11in) New-York 94 .... FF12 770 - £1 482 - **$2,200**

EHMSEN Heinrich, Heinz 1886-1964 [18]
- L'Etang La Ville - Oil/canvas (60x45cm-24x18in) Berlin 90 .... FF37 300 - £4 460 - **$7,170**
- Illustrationen zu Emanuel Quint - Etching (24x20cm-9x8in) Hamburg 96 .... FF1 823 - £221 - **$355**
- Tanz in der Matrosenkneipe - Watercolour (27x37cm-11x15in) Berlin 93 .... FF5 220 - £597 - **$888**

EHO Hugo 1891-1979 [1]
- Stilleben med hare - Oil/canvas (80x55cm-31x22in) Helsinki 90 .... FF12 900 - £1 390 - **$2,275**

EHRARDT Alfred 1901-1984 [3]
- Wattshurhtur - Silver print (11x16cm-4x6in) Paris 90 .... FF1 500 - £162 - **$265**

EHRARDT Paul W. 1872-? [1]
- Variastilleben mit gelben Rosen - Öl/Leinwand (70x60cm-28x24in) Köln 94 .... FF8 870 - £1 048 - **$1,594**

EHRENBERG Frederick ?-1910 [1]
- Circus wagons - Oil/board (28x46cm-11x18in) Mystic, Connecticut 94 .... FF3 280 - £391 - **$600**

EHRENBERG Paul 1876-1949 [4]
- Herbstliche Voralpenlandschaft - Öl/Leinwand (70x99cm-28x39in) Lindau 94 .... FF6 170 - £733 - **$1,141**

E

EHRENBERG Wilhelm Schubert 1630-1676 [4]
The Liberation of Saint Peter - Oil/canvas (62x88cm-24x35in) London 95 .... **$5,660**

EHRENGRANAT Axel W. 1786-1861 [1]
Tvätterskor vid kvarn - Drawing (27x38cm-11x15in) Stockholm 89 .... FF4 700 - £495 - **$791**

EHRENHALT Amaranth Roslyn XX [4]
What's your name ?, 1988 - Huile/toile (80x65cm-31x26in) Paris 90 .... FF6 000 - £642 - **$1,043**

EHRENSTRAHL von David Klöcker 1629-1698 [9]
Karl X Gustaf - Oil/canvas (242x150cm-95x59in) Stockholm 92 .... FF70 700 - £7 240 - **$12,450**

EHRENTRAUT Julius 1841-1923 [3]
Ein Anschlag - Oil/panel (30x23cm-12x9in) London 92 .... FF17 600 - £2 100 - **$3,383**

EHRHARDT Alfred 1901 [2]
Das Watt - Gelatin silver print (48x28cm-19x11in) New-York 92 .... FF9 360 - £994 - **$1,800**

EHRHARDT Curt 1895-1972 [5]
Mond-Lichter-Baum - Oil/paper (81x60cm-32x24in) Berlin 94 .... FF78 600 - £9 270 - **$13,980**

EHRHARDT Karl Ludwig Adolf 1813-1899 [1]
Rebecca at the Well - Oil/canvas (127x94cm-50x37in) Bloomfield Hills, Michigan 94 .... FF24 160 - £2 924 - **$4,500**

EHRHARDT Paul W. 1872-? [1]
Stilleben mit Rosen - Öl/Leinwand (50x60cm-20x24in) Stuttgart 95 .... FF3 650 - £444 - **$720**

EHRIG Frances Belle 1912-? [2]
Seascape - Oil/canvas (71x97cm-28x38in) North Berwick, Maine 93 .... FF3 025 - £380 - **$550**

EHRIG William 1892-1962 [1]
Ogunquit seascape - Oil/canvas (71x91cm-28x36in) North Berwick, Maine 94 .... FF4 270 - £513 - **$800**

EHRLICH Felix 1866-1931 [4]
Das wundersame Ständchen - Oil/canvas (85x120cm-33x47in) Bern 91 .... FF59 400 - £5 985 - **$10,307**

EHRLICH Franz 1907-1983 [4]
Ohne Titel - Pencil (41x34cm-16x13in) Köln 97 .... FF10 138 - £1 065 - **$1,735**

EHRLICH Georg 1897-1966 [23]
Portrait Elisabeth Bergner - Lithographie (35x31cm-14x12in) Hamburg 95 .... FF1 786 - £236 - **$362**
Three choir boys - Bronze (43cm-17in) London 93 .... FF19 920 - £2 400 - **$3,480**
Aktbildnis eines Knaben - Watercolour (48x31cm-19x12in) Wien 96 .... FF2 890 - £361 - **$559**

EHRMANN François Émile 1833-1910 [1]
Apollo and the Muses - Oil/canvas (36x66cm-14x26in) London 96 .... FF8 100 - £1 000 - **$1,563**

EHRMANNS von Theodor Freiherr 1843-1923 [24]
Im Reich des Krummhölzer - Öl/Leinwand (101x132cm-40x52in) Wien 96 .... FF5 360 - £696 - **$1,060**
Wanderer am Wildbach - Öl/Leinwand (72x99cm-28x39in) Wien 94 .... FF12 120 - £1 405 - **$2,297**
Insel Nonnenwerth am Rhein - Öl/Leinwand (45x75cm-18x30in) Wien 94 .... FF34 000 - £3 990 - **$6,060**

EHSES Edgar 1894-1964 [1]
Abstrakte Komposition - Collage (25x28cm-10x11in) Heidelberg 96 .... FF2 647 - £342 - **$518**

EIBISCH Eugeniusz 1896-1987 [11]
Lezaca dziewczyna - Huile/panneau (60x71cm-24x28in) Warszawa 92 .... FF20 830 - £2 126 - **$3,720**
Young woman standing - Oil/canvas (81x65cm-32x26in) Warszawa 96 .... FF77 100 - £9 620 - **$14,900**

EIBL Ludwig 1842-1918 [8]
Stilleben mit Wildente - Öl/Leinwand (73x92cm-29x36in) Wien 92 .... FF24 050 - £2 797 - **$4,910**

EIBNER Friedrich 1825-1877 [7]
Numerous townfolk, München - Oil/panel (31x25cm-12x10in) Amsterdam 91 .... FF272 000 - £27 012 - **$47,227**

EICH Friedrich 1748-1807 [1]
Personnages & paysage rocheux - Encre (47x33cm-19x13in) Paris 92 .... FF2 000 - £205 - **$360**

EICHENBERG Fritz 1901-1990 [6]
The Aquarium - Woodcut (16x12cm-6x5in) San Francisco-Los Angeles 93 .... FF2 340 - £293 - **$425**

EICHENS Friedrich Eduard 1804-1877 [1]
Conversation with the artist's family - Drawing (54x72cm-21x28in) New-York 90 .... FF95 800 - £9 647 - **$18,766**

EICHHOLTZ Jacob 1776-1842 [2]
Mrs. John Bannister Gibson - Oil/canvas (73x61cm-29x24in) New-York 93 .... FF26 550 - £3 020 - **$4,500**

EICHHORN Albert 1811-1851 [2]
Landschaft mit Gebirgsbach - Öl/Leinwand (34x51cm-13x20in) München 95 .... FF9 220 - £1 165 - **$1,850**

EICHHORN Alfred 1909-1972 [68]
Ohne Titel - Mixed media (45x60cm-18x24in) Pforzheim 93 .... FF11 870 - £1 418 - **$2,283**
Manhattan - Öl/Karton (62x87cm-24x34in) Stuttgart 92 .... FF23 250 - £2 390 - **$4,470**
Hommage à Max Ernst - Color lithograph (63x48cm-25x19in) Stuttgart 92 .... FF2 565 - £264 - **$494**
Ohne Titel - Mischtechnik/Papier (55x38cm-22x15in) München 95 .... FF2 820 - £360 - **$579**
Komposition mit Schwarz - Gouache (51x39cm-20x15in) Stuttgart 90 .... FF6 800 - £728 - **$1,183**
Schweben - Ink/paper (27x47cm-11x19in) Stuttgart 92 .... FF13 680 - £1 405 - **$2,630**

EICHHORN Gustav 1875-1928 [1]
Alte Mühle in Wiesenlandschaft - Oil/panel (11x20cm-4x8in) München 92 .... FF7 460 - £891 - **$1,435**

EICHINGER Erwin 1892-1950 [18]
Portrait of a man smoking a pipe - Oil/panel (27x21cm-11x8in) London 91 .... FF8 970 - £899 - **$1,481**
The Connoisseur - Oil/panel (42x31cm-17x12in) London 96 .... FF24 700 - £2 900 - **$4,800**

EICHINGER Otto 1922 [15]
Rabbi - Oil/board (27x20cm-11x8in) New-York 94 .... FF6 500 - £787 - **$1,200**
The Talmud examination - Oil/panel (30x42cm-12x17in) Tel Aviv 96 .... FF26 540 - £3 440 - **$5,200**

EICHINGER Ulrich XX [5]
Portrait of a Rabbi - Oil/panel (26x19cm-10x7in) New-York 92 .... FF8 320 - £872 - **$1,500**

EICHLER Hermans 1842-1901 [1]
- *Generäle im Habit des 18 Jh.* - Oil/canvas (30x24cm-12x9in) Lindau 92 .... FF4 760 - £488 - **$838**

EICHLER Johann Conrad 1688-1748 [1]
- *Johann Veltheim* - Öl/Leinwand (82x60cm-32x24in) Köln 94 .... FF30 600 - £3 570 - **$5,360**

EICHLER Joseph 1724-c.1783 [1]
- *Portrait of a general* - Oil/canvas (114x91cm-45x36in) Amsterdam 92 .... FF13 350 - £1 367 - **$2,350**

EICHLER Matthias Gottfried 1748-1818 [1]
- *Maison de paysans à Stettlen* - Eau-forte (36x54cm-14x21in) Bern 93 .... FF14 220 - £1 584 - **$2,414**

EICHLER Reinhold Max 1872-1947 [6]
- *Junge Frau in rotem Kleid* - Öl/Leinwand (95x74cm-37x29in) München 92 .... FF18 650 - £2 230 - **$3,590**
- *Der Schneemann* - Gouache/papier (44x36cm-17x14in) München 94 .... FF5 810 - £683 - **$1,035**

EICHLER Theodor 1868-? [3]
- *Stående nøgen kvinde* - Bronze (30cm-12in) København 91 .... FF6 600 - £670 - **$1,192**

EICHMAN von Bernard 1899-1970 [1]
- *Coastal Inlet, Pacific grove*
  Watercolour/paper (33x43cm-13x17in) San Francisco-Los Angeles 96 .... FF39 150 - £4 530 - **$7,500**

EICHOLTZ Jacob 1776-1842 [1]
- *Mrs. J. Benedict* - Oil/canvas (74x58cm-29x23in) New Orleans, Louisiana 93 .... FF2 065 - £235 - **$350**

EICHRODT Hellmut 1872-1930 [1]
- *Maja-Tee* - Poster (99x76cm-39x30in) New-York 92 .... FF5 110 - £523 - **$900**

EICHRODT Otto 1867-1944 [1]
- *Kappelrodeck* - Öl/Karton (53x45cm-21x18in) Heidelberg 95 .... FF4 180 - £537 - **$844**

EICHSTAEDT Rudolph 1857-1924 [3]
- *Gehöft mit Bauerngarten* - Öl/Leinwand (75x101cm-30x40in) Bremen 94 .... FF5 480 - £636 - **$944**

EICKELBERG Willem Hendrik 1845-1920 [20]
- *A nice summer's day* - Oil/canvas (44x66cm-17x26in) Amsterdam 93 .... FF24 020 - £2 880 - **$4,390**

EICKEMEYER Rudolf 1862-1932 [10]
- *In my Studio (Evelyn Nesbitt)* - Platinum print (18x23cm-7x9in) New-York 96 .... FF18 800 - £2 175 - **$3,600**

EICKEN von Elisabeth 1862-1940 [4]
- *Sommarlandskap* - Oil/canvas (92x136cm-36x54in) Stockholm 94 .... FF14 360 - £1 723 - **$2,715**

EICKHOFF Gottfred 1902 [9]
- *Stående model* - Bronze (40cm-16in) København 93 .... FF7 880 - £942 - **$1,515**

EIDENBERGER Josef 1899-1991 [3]
- *Aus dem Mühlviertel* - Öl/Leinwand (61x78cm-24x31in) Wien 95 .... FF19 700 - £2 360 - **$3,754**

EIDRIGEVICIUS Stasys 1943 [5]
- *Talk with Son* - Pastel/paper (48x65cm-19x26in) Warszawa 95 .... FF7 560 - £966 - **$1,553**

EIEBAKKE August 1867-1938 [3]
- *Kirke og rødt hus* - Oil/canvas (100x100cm-39x39in) Oslo 91 .... FF28 650 - £2 873 - **$4,729**

EIELSON Jorge 1924 [2]
- *Toile tendue* - Acrylique/toile (146x95cm-57x37in) Paris 96 .... FF2 000 - £232 - **$384**

EIGENBERGER Robert 1890-1979 [4]
- *Möwen* - Öl/Leinwand (91x143cm-36x56in) Wien 94 .... FF3 396 - £394 - **$644**

EIGETSU Kitazawa 1907-1990 [1]
- *Ko (Incense)* - Ink (64x49cm-25x19in) New-York 97 .... FF43 328 - £4 623 - **$7,500**

EIGHTS James 1798-1882 [2]
- *Vanderheyden Palace/House* - Watercolour New-York 93 .... FF9 900 - £1 170 - **$1,800**

EIJSDEN van Robert 1810-1890 [1]
- *Johan van Oldenbarneveldt* - Oil/panel (65x77cm-26x30in) Amsterdam 90 .... FF19 320 - £1 966 - **$3,864**

EIKAAS Ludvig 1920 [15]
- *Edsavleggelsen i Stortinget* - Oil/panel (40x60cm-16x24in) Oslo 93 .... FF10 400 - £1 210 - **$1,786**

EIKJAER P.M. XIX [2]
- *Äpfelzweig* - Oil/panel (30x28cm-12x11in) Ahlden 92 .... FF5 780 - £592 - **$1,017**

EILERS Conrad 1845-1914 [5]
- *Fischerdorf an der Ostsee* - Oil/canvas/board (28x43cm-11x17in) Hamburg 96 .... FF4 750 - £593 - **$917**

EILERS Gustav 1834-1911 [1]
- *Schloss Taufers* - Gouache (54x62cm-21x24in) Konstanz 94 .... FF4 080 - £476 - **$715**

EILERS Wilhelm 1857-1919 [1]
- *Madonna mit Kind* - Öl/Leinwand (138x105cm-54x41in) München 94 .... FF5 440 - £635 - **$954**

EILSHEMIUS Louis Michel 1864-1942 [50]
- *Boat by the Shore* - Oil/board (48x55cm-19x22in) San Francisco-Los Angeles 96 .... FF5 220 - £605 - **$1,000**
- *Figures on a moonlit beach* - Oil/board (57x67cm-22x26in) New-York 94 .... FF9 700 - £1 131 - **$1,700**
- *Two nudes on a road* - Watercolour/paper (35x25cm-14x10in) New-York 93 .... FF3 950 - £452 - **$700**

EIMER Walter 1899-1983 [4]
- *Heidelberg, Dossenheim* - Aquarell/papier (50x39cm-20x15in) Heidelberg 94 .... FF1 782 - £207 - **$307**

EINARSSON Gudmundur 1895-1963 [1]
- *Islandsk bygd ved fjelde* - Oil/canvas (89x135cm-35x53in) København 89 .... FF12 300 - £1 224 - **$1,943**

EINBECK Georges 1871-1951 [11]
- *Liebespaar* - Öl/Karton (60x50cm-24x20in) Zofingen 96 .... FF13 230 - £1 650 - **$2,554**
- *Jesus mit zwei Jüngern* - Gouache/Karton (65x50cm-26x20in) Luzern 92 .... FF8 920 - £912 - **$1,572**

EINBECK Walter 1890-? [3]
- *Nacktes Liebespaar am Strand* - Oil/canvas (138x145cm-54x57in) Lindau 92 .... FF17 000 - £1 740 - **$2,993**

EINBERGER Andreas 1878-1953 [3]
- *Bergmadonna* - Öl/Leinwand (121x100cm-48x39in) Wien 95 .... FF33 160 - £4 210 - **$6,600**

EINHARDT Karl 1885-1959 [1]
- *Boote auf dem Bodensee* - Öl/Leinwand (39x50cm-15x20in) Lindau 94 .... FF4 090 - £489 - **$771**

EINSLE Anton 1801-1871 [7]
- *Bauernmädchen* - Oil/paper/canvas (50x37cm-20x15in) München 92 .... FF18 600 - £2 165 - **$3,800**
- *A Woman before a Mirror* - Oil/canvas (96x127cm-38x50in) Wien 96 .... FF408 000 - £49 400 - **$79,300**

EINSLE Josef 1794-c.1850 [3]
- *Empire-Dame in blauem Kleid* - Miniature (7cm-3in) Stuttgart 92 .... FF7 520 - £773 - **$1,333**

EINSTEIN William 1907-1972 [1]
- *Concrétion 1931 No. 1* - Huile/panneau (33x55cm-13x22in) Paris 97 .... FF39 000 - £4 107 - **$6,704**

EIRISCH Marie-Hélène 1957 [9]
- *Composition abstraite* - Huile/toile (27x35cm-11x14in) Compiègne 93 .... FF10 000 - £1 230 - **$1,855**

EISCH Erwin 1927 [2]
- *Hommage à Picasso* - Sculpture (47cm-19in) Paris 90 .... FF13 000 - £1 329 - **$2,566**

EISELE Christian Charles C. ?-1919 [4]
- *Lake, Swiss Alps* - Oil/canvas (76x127cm-30x50in) St. Petersburg, Florida 96 .... FF6 000 - £777 - **$1,200**

EISEN Charles Dom. Joseph 1720-1778 [21]
- *La cueillette des cerises* - Huile/panneau (3x26cm-1x10in) Paris 96 .... FF22 000 - £2 760 - **$4,280**
- *Allégorie de la Fidélité* - Huile/panneau (73x61cm-29x24in) Wien 96 .... FF43 300 - £5 430 - **$8,450**
- *La Tentation Amoureuse* - Ink (37x27cm-15x11in) London 94 .... FF50 000 - £5 800 - **$8,610**

EISEN Ikeda, Keisai 1790-1848 [13]
- *A triptych of three beauties* - Print in colors (36x25cm-14x10in) New-York 92 .... FF22 700 - £2 324 - **$4,000**

EISENBERG Henri 1942 [4]
- *Don Quichotte* - Acrylique/toile (41x27cm-16x11in) Paris 96 .... FF2 200 - £284 - **$431**

EISENBLÄTTER Wilhelm 1866-? [2]
- *Hafenstadt* - Öl/Leinwand (61x98cm-24x39in) Bremen 93 .... FF8 750 - £1 001 - **$1,488**

EISENCHER Jacob XX [2]
- *Two Sisters* - Oil/canvas (135x108cm-53x43in) Tel Aviv 97 .... FF64 171 - £7 136 - **$12,000**

EISENDIECK Suzanne 1908 [80]
- *Clown* - Oil/canvas (23x14cm-9x6in) London 97 .... FF4 901 - £520 - **$844**
- *Aux Sablettes, dimanche à Menton* - Oil/canvas (52x66cm-20x26in) New-York 95 .... FF15 880 - £2 026 - **$3,250**
- *La Midinette* - Oil/canvas (86x64cm-34x25in) Amsterdam 93 .... FF27 730 - £3 310 - **$5,330**

EISENGRÄBER Felix 1874-1940 [1]
- *Dorfweiher* - Oil/canvas (59x49cm-23x19in) München 91 .... FF3 040 - £309 - **$549**

EISENHOWER Dwight D. 1890-1969 [1]
- *Coastal landscape* - Oil/canvas (30x40cm-12x16in) New-York 91 .... FF33 960 - £3 422 - **$5,893**

EISENHUT, Franz 1857-1903 [10]
- *Rue de la Casbah d'Alger* - Huile/toile (46x34cm-18x13in) Paris 94 .... FF20 000 - £2 370 - **$3,696**
- *An Arab slave market* - Oil/canvas (135x223cm-53x88in) London 95 .... FF338 000 - £44 000 - **$69,300**
- *Koranläsning* - Oil/canvas (90x160cm-35x63in) Stockholm 96 .... FF557 000 - £69 500 - **$107,600**

EISENHUT Max Ernst 1899-? [1]
- *Dorf in verschneiter Lanschaft* - Öl/Leinwand (31x48cm-12x19in) Zofingen 95 .... FF2 550 - £334 - **$512**

EISENMENGER Rudolf Hermann 1902 [4]
- *Der Frühling* - Oil/panel (140x75cm-55x30in) Wien 95 .... FF7 400 - £885 - **$1,408**

EISENSCHER Yaacov 1896-1980 [30]
- *Safed* - Oil/canvas (53x64cm-21x25in) Tel Aviv 97 .... FF11 230 - £1 248 - **$2,100**
- *Galilee* - Watercolour (20x22cm-8x9in) Tel Aviv 97 .... FF1 711 - £190 - **$320**

EISENSCHITZ Willy 1889-1974 [86]
- *Paysage de Provence* - Huile/toile (54x65cm-21x26in) Paris 96 .... FF4 500 - £529 - **$885**
- *Campagne d'Aix-en-Provence* - Oil/canvas (60x73cm-24x29in) London 94 .... FF21 020 - £2 500 - **$3,845**
- *Paysage de la Drôme* - Huile/toile (81x100cm-32x39in) Aubagne 91 .... FF50 000 - £5 013 - **$9,158**
- *Canal Saint-Denis, Paris* - Aquarell/Papier (38x52cm-15x20in) Wien 95 .... FF8 910 - £1 132 - **$1,774**

EISENSCHÜTZ Willy 1889-? [1]
- *Südfranzösische Landschaft* - Öl/Leinwand (50x61cm-20x24in) München 95 .... FF8 600 - £1 130 - **$1,725**

EISENSTAEDT Alfred 1898-1995 [21]
- *Dr. Josef Goebbels, Geneva* - Silver print (23x15cm-9x6in) New-York 96 .... FF13 400 - £1 722 - **$2,600**
- *V-J Day Times Square, NYC* - Silver print (43x30cm-17x12in) New-York 96 .... FF35 100 - £4 430 - **$7,000**

EISLER Georg 1928 [35]
- *Zeichnender und Modell* - Öl/Leinwand (60x80cm-24x31in) München 96 .... FF12 200 - £1 530 - **$2,355**
- *Sitzende in einem Interieur* - Öl/Leinwand (55x43cm-22x17in) Wien 95 .... FF19 600 - £2 580 - **$3,970**
- *Und David tanzte mit aller Macht* - Ink/paper (44x55cm-17x22in) Wien 96 .... FF7 700 - £980 - **$1,482**

EISMAN-SEMENOWSKY Emile ?-1911 [31]
- *Jeune fille aux roses* - Huile/panneau (32x26cm-13x10in) Paris 96 .... FF10 000 - £1 294 - **$1,962**
- *Jeune brune aux fleurs* - Huile/panneau (40x32cm-16x13in) Bruxelles 94 .... FF20 040 - £2 390 - **$3,755**
- *Winter* - Oil/panel (56x38cm-22x15in) Billinghurst, West Sussex 97 .... FF66 200 - £8 600 - **$12,970**

EITEL Jacques 1926 [5]
- *La Roche Pot, Bourgogne* - Huile/toile (61x73cm-24x29in) Paris 90 .... FF6 000 - £604 - **$1,091**

EITNER Ernst Wilhelm H. 1867-1955 [14]
- *Blick auf Ratzeburg* - Oil/panel (65x79cm-26x31in) Hamburg 95 .... FF16 470 - £2 087 - **$3,314**
- *Mädchen im Walde* - Öl/Leinwand (80x100cm-31x39in) Bremen 94 .... FF41 300 - £4 910 - **$7,850**
- *Damenhandfeldball* - Pastel (68x95cm-27x37in) Bremen 94 .... FF20 700 - £2 450 - **$3,820**

EJSMOND Franciszek, Franz 1859-1931 [1]
- *Récolte des pommes de terre* - Huile/toile (41x33cm-16x13in) Warszawa 95 .... FF12 600 - £1 610 - **$2,587**

EJSMOND Stanislaw 1894-1939 [1]
- ✎ White roses - Pastel (67x97cm-26x38in) Warszawa 95.. FF12 500 - £1 580 - **$2,496**

EJSTRUP Kaj 1902-1956 [13]
- 🖼 Sommerlandskab - Oil/canvas (84x100cm-33x39in) København 95........................... FF2 485 - £322 - **$506**

EKDAHL Inger Vivica 1922 [2]
- 🖼 Komposition - Oil/canvas (54x54cm-21x21in) Stockholm 92................................... FF3 160 - £378 - **$609**

EKEGÅRDH Hans 1881-1962 [49]
- 🖼 Bouquet de fleurs - Huile/toile (73x60cm-29x24in) Orléans 95................................ FF5 800 - £740 - **$1,170**
- 🖼 Le sommeil - Huile/panneau (66x92cm-26x36in) Paris 96....................................... FF13 800 - £1 792 - **$2,703**
- ✎ Femme au lit lisant - Aquarelle, gouache/papier (18x24cm-7x9in) Bayeux 92............ FF2 500 - £256 - **$450**

EKELAND Arne 1908 [18]
- 🖼 Søndag - Oil/canvas (90x93cm-35x37in) København 92.. FF57 800 - £6 720 - **$11,880**
- 🖼 Søndag ved fabriken - Oil/canvas (120x150cm-47x59in) Tønsberg 93.................... FF360 000 - £41 900 - **$61,800**
- ✎ Komposisjon i blått og hvitt - Gouache/paper (65x50cm-26x20in) Oslo 91.............. FF12 150 - £1 218 - **$2,006**

EKELS Jan Ekels I 1724-1781 [6]
- 🖼 The Herengracht, Amsterdam - Oil/canvas (43x54cm-17x21in) Amsterdam 95........... FF43 800 - £5 520 - **$8,660**

EKELS Jan Ekels II 1759-1793 [3]
- 🖼 A musical party - Oil/canvas (74x86cm-29x34in) London 93.................................... FF33 360 - £3 800 - **$5,660**

EKELUND Poul 1920-1976 [75]
- 🖼 Marklandskab - Oil/canvas (36x42cm-14x17in) København 95................................ FF2 900 - £376 - **$594**
- 🖼 Siddende kvinde - Oil/canvas (68x57cm-27x22in) København 95............................. FF12 420 - £1 610 - **$2,530**

EKELUND Ragnar 1892-1960 [13]
- 🖼 Fransk gatuvy - Oil/canvas (54x64cm-21x25in) Helsinki 90.................................... FF44 700 - £4 549 - **$8,939**
- ✎ Stadsvy - Akvarell (35x25cm-14x10in) Helsinki 93.. FF5 630 - £636 - **$928**

EKEMAN-ALLESSON Lorenz 1791-1828 [1]
- 📖 Booten und Landschaften... - Lithographie Heidelberg 94....................................... FF2 470 - £296 - **$480**

EKENAES Jahn 1847-1920 [13]
- 🖼 A sailor lighting his pipe - Oil/canvas (28x23cm-11x9in) London 96........................ FF5 400 - £700 - **$1,067**
- 🖼 Fisherfolk on a lake - Oil/canvas (59x106cm-23x42in) London 94............................ FF47 600 - £5 500 - **$8,130**

EKIERT Jean 1907-1993 [9]
- 🖼 Nu cubiste - Huile/toile (22x15cm-9x6in) Neuilly 96.. FF2 000 - £236 - **$393**

EKLUND Claes 1944 [5]
- ✎ Ansikte - Tempera/paper (141x116cm-56x46in) Stockholm 95................................ FF16 800 - £2 196 - **$3,360**

EKLUND Kalle 1891-1964 [1]
- 🖼 Vadstenaslätten - Oil/canvas (45x64cm-18x25in) Söderköping 92.......................... FF5 370 - £550 - **$946**

EKLUND Niilo 1894-1931 [2]
- 🖼 Grönskande landskap - Oil/canvas (53x65cm-21x26in) Helsinki 91........................ FF5 020 - £500 - **$863**

EKLUND Pehr 1875-1943 [3]
- 🖼 Träd vid ladugård - Oil/panel (21x26cm-8x10in) Söderköping 92........................... FF2 074 - £213 - **$407**

EKLUND Sten 1942 [3]
- 🖼 Komposition - Mixed media (54x69cm-21x27in) Stockholm 92................................ FF10 370 - £1 062 - **$1,826**

EKMAN DE GEER-BERGENSTRÅHLE Marie-Louise 1944 [31]
- 🖼 Husmorsbestyr - Oil/canvas (56x47cm-22x19in) Stockholm 95.............................. FF16 950 - £2 204 - **$3,480**
- ✎ Staden - Gouache (69x92cm-27x36in) Stockholm 95.. FF14 500 - £1 896 - **$2,903**
- Gästerna - Gouache (97x130cm-38x51in) Stockholm 91.. FF61 300 - £6 221 - **$11,071**

EKMAN Emil 1880-1951 [20]
- 🖼 Marine - Oil/canvas (63x99cm-25x39in) Göteborg 96.. FF5 670 - £733 - **$1,096**
- Marin - Oil/canvas (127x207cm-50x81in) Stockholm 94... FF21 120 - £2 490 - **$3,760**

EKMAN Henri 1949 [2]
- 🖼 Composition sur fond rouge - Huile/toile (162x129cm-64x51in) Paris 90................. FF8 500 - £856 - **$1,665**
- Sans titre - Acrylique/toile (100x100cm-39x39in) Paris 92.................................... FF50 000 - £5 120 - **$9,800**

EKMAN Robert Wilhelm 1808-1873 [10]
- 🖼 Möte vid vägkorsningen - Oil/canvas (48x60cm-19x24in) Helsinki 95.................... FF46 300 - £5 790 - **$9,350**

EKSERGIAN Carnig 1855-1931 [1]
- ✎ Diseur de bonne aventure - Huile/toile (54x42cm-21x17in) Paris 92..................... FF100 000 - £10 212 - **$17,940**

EKSTEDT Sven 1894-1950 [1]
- 🖼 Efter ett besök i Grünewalds ateljé - Oil/canvas (67x86cm-26x34in) Uppsala 90....... FF3 300 - £353 - **$574**

EKSTRÖM Per 1844-1935 [259]
- 🖼 Solnedgång över Stockholms slott - Oil/canvas (32x47cm-13x19in) Stockholm 97..... FF12 735 - £1 363 - **$2,220**
- Soldis - Oil/canvas (63x89cm-25x35in) Stockholm 97... FF30 713 - £3 288 - **$5,354**
- Fransk bygata - Oil/canvas (140x100cm-55x39in) Stockholm 97............................ FF44 946 - £4 812 - **$7,836**
- Fransk landskap - Oil/canvas (188x287cm-74x113in) Stockholm 97........................ FF131 092 - £14 035 - **$22,855**
- Sommarlandskap, Frankrike - Oil/canvas (100x73cm-39x29in) Stockholm 92.......... FF298 000 - £35 600 - **$57,300**

EKSTRÖM Thea 1920-1988 [17]
- 🖼 31.III.63 - Oil/panel (61x91cm-24x36in) Malmö 92... FF5 470 - £560 - **$963**
- ✎ Komposition - Mixed media/paper (64x49cm-25x19in) Stockholm 95.................... FF2 290 - £300 - **$459**

EKWALL Emma 1838-1925 [17]
- 🖼 Young Girl in a greenhouse - Oil/panel (30x20cm-12x8in) Stockholm 97................ FF17 923 - £1 910 - **$3,129**
- Målarlektionen - Oil/panel (26x30cm-10x12in) Stockholm 97................................ FF31 462 - £3 368 - **$5,485**

EKWALL Knut 1843-1912 [16]
- 🖼 Flicka med ljus - Oil/canvas (97x69cm-38x27in) Stockholm 93.............................. FF35 260 - £4 000 - **$5,960**

E

EL GLAOUI Hassan XX [7]
Au galop - Gouache (77x107cm-30x42in) Paris 91 .... FF**7 000** - £**695** - **$1,215**

ELAND Arthur 1884-1948 [1]
Een vischvijver bij Rjitjoeroeg Garut - Oil/canvas (50x70cm-20x28in) Amsterdam 96 .... FF**4 520** - £**548** - **$878**

ELAND Leonardus Jos., Leo 1884-1952 [39]
Sumatra Seelandschaft - Öl/Leinwand (80x100cm-31x39in) Lindau 97 .... FF**8 103** - £**850** - **$1,393**
Working in the sawah, Java - Oil/canvas (80x100cm-31x39in) Amsterdam 96 .... FF**24 100** - £**3 096** - **$4,670**
A sunlit street in a North-African town - Charcoal (43x59cm-17x23in) Amsterdam 96 ...... FF**1 510** - £**183** - **$293**

ELBAZ Alain 1941 [4]
La fontaine Concorde - Encre (40x50cm-16x20in) Paris 91 .... FF**2 000** - £**199** - **$347**

ELCO Charles 1962 [13]
Sans titre - Huile/toile (116x89cm-46x35in) Paris 91 .... FF**3 500** - £**348** - **$608**

ELDH Albert 1878-1955 [3]
Bust of Henning Swartz - Marble (46cm-18in) Stockholm 96 .... FF**6 920** - £**863** - **$1,337**
Ungdom - Bronze (42cm-17in) Stockholm 96 .... FF**54 600** - £**6 810** - **$10,540**

ELDH Carl 1873-1955 [50]
H.K.H. Kronprins Gustaf Adolf - Bronze (34cm-13in) Stockholm 97 .... FF**5 283** - £**557** - **$912**
Linnea - Bronze (33cm-13in) Stockholm 95 .... FF**10 750** - £**1 340** - **$2,300**
Innocence - Bronze (87cm-34in) Stockholm 94 .... FF**75 500** - £**8 940** - **$13,950**

ELDRIDGE Edwin C. XIX-XX [2]
The Cardinal's treasures - Oil/canvas (65x80cm-26x31in) New-York 94 .... FF**64 300** - £**7 440** - **$11,000**

ELENA Giuseppe 1801-1867 [1]
Landschaft mit Felsenschlucht - Watercolour (19x15cm-7x6in) Wien 93 .... FF**3 370** - £**403** - **$648**

ELENIUS Eric 1885-1940 [3]
Alg - Bronze (30cm-12in) Stockholm 95 .... FF**3 790** - £**501** - **$768**

ELESKIEWICZ Stanislas 1900-1963 [14]
Trois hommes rêvent... - Huile/carton (56x75cm-22x30in) Paris 96 .... FF**2 800** - £**322** - **$535**
Allégorie - Huile/panneau (58x78cm-23x31in) Paris 95 .... FF**10 000** - £**1 294** - **$2,044**

ELETSKAYA Elena 1941 [2]
Nature morte aux fruits - Huile/toile (60x80cm-24x31in) Douarnenez 94 .... FF**3 100** - £**373** - **$578**

ELFWEN Eric 1921 [15]
Kustlandskap - Oil/panel (44x54cm-17x21in) Söderköping 94 .... FF**2 240** - £**268** - **$420**
Fönsterutsikt - Oil/canvas (84x68cm-33x27in) Stockholm 90 .... FF**8 400** - £**894** - **$1,503**

ELGOOD George Samuel 1851-1943 [39]
Italian Campagna - Watercolour (17x34cm-7x13in) London 97 .... FF**4 704** - £**500** - **$813**
Cottage New Border - Watercolour (24x36cm-9x14in) London 95 .... FF**13 920** - £**1 800** - **$2,844**
The Gardens Levens Hall - Watercolour (39x61cm-15x24in) London 96 .... FF**48 000** - £**6 000** - **$9,300**

ELGSTRÖM Ossian 1883-1950 [4]
I Malströmmen, vikingabat i strömvirvel - Gouache (40x53cm-16x21in) Stockholm 89 .... FF**2 500** - £**249** - **$395**

ELIAERTS Jan Frans 1761-1848 [9]
Fruit and a potted plant - Oil/canvas (60x43cm-24x17in) New-York 96 .... FF**90 600** - £**11 200** - **$17,500**
Corbeille de fleurs - Huile/toile (83x68cm-33x27in) Orléans 93 .... FF**520 000** - £**58 400** - **$88,100**

ELIAS Emily XIX [2]
The watering place - Oil/canvas (40x61cm-16x24in) London 92 .... FF**3 130** - £**320** - **$552**

ELIAS Etienne 1932 [10]
De rode berg - Oil/canvas (70x55cm-28x22in) Amsterdam 96 .... FF**11 460** - £**1 327** - **$2,197**
Composition - Dessin (64x45cm-25x18in) Antwerpen 92 .... FF**2 490** - £**255** - **$438**

ELIAS Etienne Michiels 1936 [11]
De profeet - Oil/canvas (80x70cm-31x28in) Amsterdam 97 .... FF**7 192** - £**756** - **$1,235**

ELIAS Modi 1947 [4]
Chassidic dance - Oil/canvas (130x130cm-51x51in) Amsterdam 91 .... FF**30 060** - £**3 014** - **$4,962**
Tehilim 90 - Oil/canvas (128x130cm-50x51in) Tel Aviv 94 .... FF**89 300** - £**10 730** - **$17,000**
The western wall - Watercolour/paper (70x100cm-28x39in) Amsterdam 92 .... FF**12 740** - £**1 305** - **$2,244**

ELIASBERG Paul 1907-1984 [20]
Stierkampf (Tauromachie) - Etching (37x47cm-15x19in) München 96 .... FF**1 575** - £**204** - **$312**
Skyros - Ink/paper (50x35cm-20x14in) München 96 .... FF**4 580** - £**574** - **$883**

ELIE Aglaé XVIII-XIX [2]
Jeune femme assise - Huile/toile (100x81cm-39x32in) Paris 91 .... FF**12 000** - £**1 203** - **$2,198**

ELIM Frank, Elie de la M. XX [13]
Les courses - Huile/toile (54x73cm-21x29in) Charleville-Mezières 94 .... FF**12 000** - £**1 402** - **$2,077**
The polo match - Watercolour (77x54cm-30x21in) London 95 .... FF**19 020** - £**2 200** - **$3,250**

ELIOT Granville XIX-XX [2]
The tray of fruit - Oil/canvas (86x55cm-34x22in) London 90 .... FF**10 700** - £**1 109** - **$1,880**

ELIOT Maurice 1864-? [4]
Femme à sa lessive - Huile/toile (125x116cm-49x46in) Wien 96 .... FF**7 330** - £**952** - **$1,436**

ELISOFON Eliot 1911-1973 [1]
Leopard Print Fashion Ad - Gelatin silver print (25x33cm-10x13in) New-York 89 .... FF**7 400** - £**736** - **$1,169**

ELISSEEV Konstantin S. 1890-1968 [2]
Studio di copertina - Acquarela (45x34cm-18x13in) Milano 93 .... FF**4 150** - £**481** - **$714**

ELJASZ-RADZIKOWSKI Walery 1841-1905 [2]
Trzy konie - Oil (14x22cm-6x9in) Warszawa 94 .... FF**2 463** - £**292** - **$452**

ELK van Ger 1941 [8]
Seven cubist Mounthpieces - Acrylic (74x156cm-29x61in) Amsterdam 97 .... FF**20 977** - £**2 205** - **$3,603**
Missing Persons - Color lithograph (59x83cm-23x33in) Amsterdam 95 .... FF**2 050** - £**262** - **$418**

⊘ *Study for Orange, Bleu, Blanc* - Gouache (102x210cm-40x83in) Paris 96 .... FF*16 000* - £*2 030* - **$3,070**

ELKINS Henry Arthur 1847-1884 [3]
🖐 *Rocky Mountain landscape*
Oil/canvas (92x152cm-36x60in) San Francisco-Los Angeles 94 .... FF*48 700* - £*5 770* - **$9,000**

ELLE Edouard 1859-1911 [5]
⊘ *Barques échouées* - Aquarelle/papier (37x53cm-15x21in) Bruxelles 97 .... FF*3 595* - £*389* - **$636**

ELLEGAARD Inge 1953 [3]
🖐 *Englen med fåret* - Oil/canvas (149x188cm-59x74in) Köbenhavn 95 .... FF*5 330* - £*690* - **$1,083**

ELLEHAMMER Vilhelm 1871-1946 [1]
📷 *J.Ch.H. Ellehammer's Experiment* - Album: 35 gelatin silver prints c.1920 New-York 94 ..... FF*26 560* - £*3 170* - **$5,000**

ELLENRIEDER Maria 1791-1863 [9]
🖐 *Wir huldigen dem Heiligen* - Öl/Leinwand (31x36cm-12x14in) München 92 .... FF*27 130* - £*3 240* - **$5,220**
⊘ *Cellist & a Violinist/Johannes Gerstener* - Ink (10x12cm-4x5in) London 97 .... FF*5 209* - £*550* - **$894**

ELLER Lucien Roudier, dit 1894-1940 [6]
🖐 *Französische Strassenszene* - Oil/Leinwand (50x66cm-20x26in) Pforzheim 93 .... FF*13 560* - £*1 620* - **$2,610**
⊘ *Nus couchés* - Encre Chine (28x40cm-11x16in) Saint-Germain-en-Laye 95 .... FF*2 100* - £*266* - **$422**

ELLINGER David XX [2]
🖐 *Wash Day, drying on the line* - Oil/canvas (66x91cm-26x36in) New-York 91 .... FF*12 150* - £*1 225* - **$2,368**

ELLIOT Edward 1850-1916 [2]
🖐 *The Herring Market, Lowestoft* - Oil/canvas (102x181cm-40x71in) London 96 .... FF*62 000* - £*8 000* - **$11,970**

ELLIOT Geoffrey [2]
🖐 *Peur* - Huile/panneau (56x70cm-22x28in) Antwerpen 92 .... FF*3 650* - £*374* - **$643**

ELLIOTT Charles Loring 1812-1868 [1]
🖐 *Portrait of a boy, bust-length* - Oil/panel (63x55cm-25x22in) London 96 .... FF*10 530* - £*9 230* - **$1,804**

ELLIOTT Emily Louise Orr 1867-1952 [2]
🖐 *Centre Island, Toronto* - Oil/board (13x29cm-5x11in) Toronto 95 .... FF*2 523* - £*320* - **$508**

ELLIOTT John 1858-1925 [3]
⊘ *A Coastal Fishing Village* - Watercolour (23x51cm-9x20in) London 94 .... FF*2 515* - £*300* - **$474**

ELLIOTT OF NEWCASTLE Robinson 1814-1894 [5]
🖐 *The pet rabbits* - Oil/panel (23x18cm-9x7in) London 97 .... FF*4 190* - £*500* - **$806**

ELLIOTT Patricia 1959 [3]
🖐 *Night still life* - Oil/canvas (32x39cm-13x15in) London 90 .... FF*2 100* - £*226* - **$370**

ELLIOTT William, Lieutenant ?-1792 [2]
🖐 *The battle of the Saints* - Oil/canvas (92x13cm-36x5in) London 90 .... FF*135 600* - £*13 656* - **$24,655**
🖐 *Harbour & City of The Havana* - Etching (41x59cm-16x23in) London 95 .... FF*9 610* - £*1 200* - **$1,884**

ELLIS Alice Blanche XIX-XX [3]
⊘ *La jument de bronze* - Wash (25x35cm-10x14in) London 90 .... FF*5 800* - £*610* - **$1,009**

ELLIS Andrew 1968 [2]
🖐 *A saker falcon with prey* - Acrylic/board (40x60cm-16x24in) London 96 .... FF*6 710* - £*850* - **$1,286**

ELLIS Arthur 1856-1918 [3]
⊘ *Fishing Craft, Venice* - Watercolour (24x35cm-9x14in) London 96 .... FF*2 020* - £*230* - **$387**

ELLIS Edwin John 1841-c.1895 [31]
🖐 *Sailing off the cliffs* - Oil/canvas (45x84cm-18x33in) London 96 .... FF*4 520* - £*580* - **$876**
Fishermen unloading their catch - Oil/canvas (51x107cm-20x42in) London 95 .... FF*15 520* - £*2 000* - **$3,156**
⊘ *Autumnal landscape* - Watercolour (44x81cm-17x32in) Retford, Nottinghamshire 94 .... FF*3 460* - £*400* - **$592**

ELLIS Fremont F. 1897-1985 [11]
🖐 *Santa Fe Mountains* - Oil/board (61x77cm-24x30in) San Francisco-Los Angeles 95 .... FF*59 800* - £*7 860* - **$12,000**
🖐 *Indian village, New Mexico* - Oil/canvas (76x101cm-30x40in) New-York 96 .... FF*206 000* - £*25 600* - **$40,000**

ELLIS Gérald XX [7]
🖐 *Troupeau de chèvres* - Huile/toile (51x65cm-20x26in) Grenoble 91 .... FF*5 500* - £*548* - **$946**

ELLIS Joseph F. 1783-1848 [2]
🖐 *Marine* - Huile/panneau (25x34cm-10x13in) Bruxelles 96 .... FF*22 140* - £*2 607* - **$4,350**

ELLIS Lionel 1903 [7]
🖐 *Vase de fleurs* - Huile/carton (50x40cm-20x16in) Lille 96 .... FF*4 500* - £*582* - **$886**

ELLIS Paul H. 1882-1908 [10]
🖐 *Fishing* - Oil/canvas (40x60cm-16x24in) Billinghurst, West Sussex 93 .... FF*10 370* - £*1 250* - **$1,938**
⊘ *Biskra, Algeria/Moors, Tangier* - Watercolour (25x35cm-10x14in) Bristol, Avon 97 .... FF*4 290* - £*450* - **$736**

ELLIS Robert 1930 [2]
🖐 *London Night Club* - Oil/canvas (61x51cm-24x20in) London 94 .... FF*21 800* - £*2 600* - **$4,080**

ELLIS Tristram James 1844-1922 [34]
⊘ *Moscow* - Watercolour (34x24cm-13x9in) London 97 .... FF*7 619* - £*800* - **$1,310**
Ships in the golden horn, Constantinople
Watercolour/paper (32x51cm-13x20in) London 96 .... FF*43 900* - £*5 500* - **$8,470**

ELLIS William Bruce 1881-1941 [4]
🖐 *Thirlmere lake, Cumberland* - Oil/canvas (40x56cm-16x22in) London 94 .... FF*6 410* - £*750* - **$1,124**

ELLISON Thomas 1866-? [2]
🖐 *A busy Continental Market* - Watercolour (71x101cm-28x40in) London 96 .... FF*12 030* - £*1 500* - **$2,324**

ELLMINGER Ignaz 1843-1894 [19]
🖐 *Vierspänner in der Puszta* - Öl/Leinwand (23x47cm-9x19in) Frankfurt 95 .... FF*5 530* - £*735* - **$1,140**
🖐 *Rast an der Quelle* - Öl/Leinwand (53x67cm-21x26in) Wien 95 .... FF*29 300* - £*3 390* - **$5,040**
🖐 *Ländliche Idylle* - Oil/canvas (80x123cm-31x48in) Wien 89 .... FF*192 000* - £*20 232* - **$32,323**

ELLSWORTH Clarence Arthur 1885-1961 [4]
- Indian brave - Oil/board (28x25cm-11x10in) Mystic, Connecticut 96 .... FF2 070 - £260 - **$400**
- Indian riding - Oil/canvas (60x92cm-24x36in) San Francisco-Los Angeles 93 .... FF23 370 - £2 930 - **$4,250**

ELLYS John c.1701-1757 [1]
- Mrs Hester Booth, the dancer - Oil/canvas (122x89cm-48x35in) London 89 .... FF639 200 - £65 358 - **$102,765**

ELMER Edwin Romanzo 1850-1923 [1]
- White magnolias in a glass pitcher - Oil/canvas (43x39cm-17x15in) New-York 89 .... FF40 000 - £3 865 - **$6,070**

ELMERICH Charles Édouard 1813-1889 [5]
- Wanderer mit Hund - Huile/panneau (19x37cm-7x15in) Bern 93 .... FF5 150 - £593 - **$883**
- Petits lapins sur le chemin - Aquarelle (28x43cm-11x17in) Paris 93 .... FF2 500 - £302 - **$455**

ELMES Willard Frederic XX [11]
- Making Sure Makes A Hit! - Poster (112x92cm-44x36in) London 96 .... FF2 513 - £320 - **$484**

ELMIGER Franz 1882-1934 [8]
- Ochsenkarren - Öl/Leinwand (46x62cm-18x24in) Bern 96 .... FF13 440 - £1 630 - **$2,614**

ELMORE Alfred W. 1815-1881 [9]
- Suspicions aroused - Oil/canvas (54x43cm-21x17in) London 91 .... FF69 400 - £7 043 - **$12,534**

ELMORE Richard XIX-XX [4]
- The last load - Oil/canvas (61x91cm-24x36in) London 97 .... FF13 489 - £1 500 - **$2,533**

ELOUIS Jean Pierre Henri 1755-1840 [2]
- Baron de Cheux - Huile/toile (73x60cm-29x24in) Paris 96 .... FF20 500 - £2 373 - **$3,930**
- General Anthony Wayne - Oil/canvas (45x35cm-18x14in) New-York 92 .... FF454 000 - £46 500 - **$80,000**

ELOUT-DRABBE Mies 1875-1956 [2]
- Garden with a pond - Coloured chalks (26x38cm-10x15in) Amsterdam 94 .... FF17 760 - £2 106 - **$3,283**

ELSAS Paul 1896-? [1]
- Mélodie picturale - Collage/panel (50x100cm-20x39in) Stuttgart 90 .... FF12 920 - £1 321 - **$2,550**

ELSASSER Friedrich August 1810-1845 [2]
- Throught a mountainous landscape - Oil/canvas (120x174cm-47x69in) New-York 93 .... FF20 650 - £2 350 - **$3,500**

ELSEN Alfred 1850-1914 [1]
- L'orée du bois - Huile/panneau (30x40cm-12x16in) Bruxelles 97 .... FF2 126 - £234 - **$373**

ELSHEMIUS Louis M. 1864-1942 [1]
- Landscape with figures - Oil/board (22x35cm-9x14in) Mystic, Connecticut 91 .... FF2 700 - £271 - **$455**

ELSHOLTZ Ludwig 1805-1850 [3]
- Schilderung des Soldatenlebens - Öl/Leinwand (3x42cm-1x17in) Schloss Osterberg 95 .... FF20 800 - £2 676 - **$4,230**

ELSINGA Johannes 1893-1969 [5]
- Veere - Oil/paper/board (25x32cm-10x13in) Amsterdam 94 .... FF8 530 - £1 008 - **$1,532**

ELSLEY Arthur John 1861-1952 [26]
- Bedtime story - Oil/canvas (108x75cm-43x30in) New-York 96 .... FF1 - £137 100 - **$220,000**
- Playtime - Oil/canvas (97x74cm-38x29in) London 94 .... FF136 800 - £16 000 - **$23,840**
- Hard pressed - Oil/canvas (102x89cm-40x35in) London 96 .... FF276 700 - £36 000 - **$54,800**

ELSNER Franz 1898-1977 [14]
- Beim Heurigen - Öl/Leinwand (60x74cm-24x29in) Wien 95 .... FF13 710 - £1 807 - **$2,780**
- Dorflandschaft am See - Mischtechnik/Papier (43x61cm-17x24in) Wien 96 .... FF2 923 - £380 - **$578**

ELSNER Karl 1865-1935 [2]
- Dürnstein an der Donau - Watercolour/board (45x36cm-18x14in) Wien 91 .... FF3 360 - £334 - **$583**

ELSNER Otto 1893-1956 [5]
- Flusslandschaft mit Ruine - Gouache/papier (86x58cm-34x23in) Wien 95 .... FF7 600 - £950 - **$1,532**

ELST van Johannes 1883-1952 [2]
- Fish market, Holland - Oil/canvas (41x61cm-16x24in) Montréal 93 .... FF12 930 - £1 465 - **$2,180**

ELST Walter XX [2]
- Nature morte - Huile/canvas (40x50cm-16x20in) Antwerpen 92 .... FF9 130 - £935 - **$1,606**

ELSTER Toni 1861-1948 [1]
- Diedige Morgenluft im Hafen - Öl/Leinwand (53x70cm-21x28in) Bremen 93 .... FF5 390 - £650 - **$1,053**

ELTEN van Elisabeth Kruseman 1876-? [3]
- Famille paysanne - Huile/toile (95x76cm-37x30in) Avignon 95 .... FF16 500 - £2 170 - **$3,310**

ELTEN van Hendrik D. Kruseman 1829-1904 [28]
- Woodland creek - Oil/canvas (98x76cm-39x30in) New-York 92 .... FF10 920 - £1 304 - **$2,100**
- Waiting for the tide, Long Island - Oil/canvas (29x38cm-11x15in) New-York 94 ...... FF89 800 - £10 600 - **$16,000**
- Cows in a meadow - Watercolour/paper (35x54cm-14x21in) Amsterdam 96 .... FF14 520 - £1 820 - **$2,803**

ELTSEVA Daria 1970 [4]
- Dimanche d'hiver - Huile/toile (38x46cm-15x18in) Grenoble 96 .... FF2 100 - £262 - **$406**

ELUARD Paul 1895-1952 [2]
- Cadavre exquis - Pastel (32x24cm-13x9in) Paris 89 .... FF80 000 - £7 960 - **$12,638**

ELUCHANS Alejandro XX [2]
- Reflections - Acrylic/canvas (152x122cm-60x48in) Boston, Mass. 92 .... FF9 650 - £988 - **$1,700**

ELVEN van J-Baptiste Tetar,dit 1805-1879 [9]
- Intérieur d'église - Huile/panneau (47x38cm-19x15in) Saint-Brieuc 91 .... FF8 500 - £857 - **$1,475**
- View in Amsterdam - Oil/panel (22x29cm-9x11in) Amsterdam 91 .... FF15 030 - £1 509 - **$2,600**

ELVEN van Pierre Tetar 1828-1908 [18]
- Mercato in città - Olio/tela (104x77cm-41x30in) Roma 95 .... FF14 980 - £1 970 - **$2,976**
- Parkgezicht met koets - Huile/toile (51x81cm-20x32in) Lokeren 94 .... FF31 700 - £3 760 - **$5,860**
- A coffee house - Watercolour (27x45cm-11x18in) London 92 .... FF16 750 - £2 000 - **$3,220**

ELVGREN Gillette 1914-1980 [2]
- Magazine cover: undressing woman - Oil/canvas (74x58cm-29x23in) New-York 95 ...... FF107 600 - £13 920 - **$22,000**

ELWELL D. Jerome 1857-1912 [5]
- Forêt de Fontainebleau, France - Oil/canvas (117x86cm-46x34in) Cambridge, Mass. 93 .... FF5 500 - £650 - **$1,000**
- Milford Harbour - Gouache (15x23cm-6x9in) Mystic, Connecticut 92.................................... FF2 272 - £233 - **$400**

ELWELL Frederick William 1870-1958 [12]
- View of Chamonix, France
  Oil/panel (31x41cm-12x16in) San Francisco-Los Angeles 95 .... FF29 350 - £3 800 - **$6,000**
- The New Purchase - Oil/canvas (102x127cm-40x50in) London 96................................ FF422 000 - £50 000 - **$82,300**

ELWELL Mary Dawson 1874-? [4]
- Hallway with a fanlight door - Oil/canvas (75x62cm-30x24in) London 93.................... FF21 360 - £2 400 - **$3,580**

ELWELL Robert Farrington 1874-1962 [5]
- Indian in a canoe - Sculpture (92cm-36in) Montréal 95 .... FF12 250 - £1 550 - **$2,465**

ELWYN John 1916-? [7]
- Conversation - Oil/canvas (70x90cm-28x35in) London 91 .... FF6 110 - £616 - **$1,191**

ELZER Hendrik Jacob 1808-1866 [1]
- River landscape - Oil/panel (25x32cm-10x13in) Amsterdam 91 .... FF16 830 - £1 708 - **$3,040**

ELZINGA Johannes 1893-1969 [3]
- Strolling in the park of Saint-Cloud - Oil/canvas/board (22x32cm-9x13in) Amsterdam 92........... FF4 860 - £497 - **$855**

ELZINGRE Edouard 1880-1966 [13]
- Chevaux au galop - Huile/toile (24x41cm-9x16in) Bern 95 .... FF3 890 - £486 - **$785**
- XXeme des Jeux Olympiques - Poster (103x74cm-41x29in) London 96 .... FF9 350 - £1 200 - **$1,845**
- Dans l'atelier de l'horloger - Aquarell (55x44cm-22x17in) Bern 93 .... FF2 180 - £251 - **$374**

EMANUEL Anund 1859-1941 [5]
- Marin med segelfartyg - Oil/canvas (38x56cm-15x22in) Malmö 92 .... FF3 206 - £328 - **$565**

EMANUEL Frank Lewis 1868-1948 [7]
- Halfagalz at Sunset - Oil/panel (26x35cm-10x14in) London 97 .... FF3 871 - £420 - **$685**

EMANUEL John 1930 [6]
- Reclining nude - Oil/canvas (91x122cm-36x48in) Penzance, Cornwall 96 .... FF2 590 - £320 - **$501**

EMBDE von der August 1780-1862 [3]
- Mädchen am Fenster - Öl/Leinwand (49x40cm-19x16in) München 94 .... FF54 900 - £6 500 - **$10,140**

EMBLEMA Salvatore 1929 [6]
- Astratto in blu e nero - Olio (150x130cm-59x51in) Roma 91 .... FF7 740 - £793 - **$1,445**

EMBLETON Ronald [2]
- Elsdon Fair
  Watercolour (39x53cm-15x21in) Marlborough Crescent, Newcastle upon Tyne 92 .... FF1 508 - £180 - **$290**

EMELE Wilhelm 1830-1905 [1]
- Bataille - Huile/toile (25x34cm-10x13in) Liège 91 .... FF9 720 - £974 - **$1,780**

EMERIC E. Vagh-Weinman, dit 1919 [1]
- Paysage en hiver - Huile/carton (33x45cm-13x18in) Toulouse 90 .... FF4 000 - £428 - **$696**

EMERICH Erwin 1876-? [1]
- Malerische Häuserzeile, Markdorf - Öl/Leinwand (66x76cm-26x30in) Lindau 95 .... FF2 760 - £352 - **$556**

EMERSON Charles Chase 1874-1922 [1]
- Finding the way - Oil/canvas/board (38x51cm-15x20in) New-York 95.................................. FF18 930 - £2 386 - **$3,750**

EMERSON Edith XIX-XX [2]
- Old Lyme scene - Gouache (26x36cm-10x14in) Mystic, Connecticut 91 .... FF1 500 - £150 - **$253**

EMERSON Peter Henry 1856-1936 [48]
- The Haunt of the Pike - Albumen print (20x28cm-8x11in) New-York 95 .... FF6 020 - £760 - **$1,200**
- Wherries Waiting for the Turn of the Tide
  Platinum print (18x28cm-7x11in) New-York 94 .... FF15 100 - £1 750 - **$2,600**

EMERSON William C. 1865-? [2]
- The Big Cloud - Oil/board (38x51cm-15x20in) Elgin, Illinois 95 .... FF3 570 - £446 - **$700**

EMERY James 1819-1899 [2]
- Sailing in Maine - Oil/canvas (56x81cm-22x32in) Portland, Maine 93 .... FF14 300 - £1 793 - **$2,600**

EMERY John 1777-1822 [1]
- Ships at sea - Watercolour/paper (15x18cm-6x7in) North Berwick, Maine 92.................................. FF2 565 - £262 - **$475**

EMERY Leslie 1912 [2]
- Study of old porfiro - Oil/board (30x38cm-12x15in) Elgin, Illinois 91 .... FF2 550 - £261 - **$476**

EMETT Rowland 1906-1990 [2]
- Smugglers Cove - Ink (23x25cm-9x10in) London 91 .... FF2 143 - £220 - **$399**

EMIOT Pierre-Paul 1887-? [5]
- Les voiles rouges - Huile/toile (73x100cm-29x39in) Paris 97 .... FF7 000 - £791 - **$1,268**

EMMENEGGER Hans 1866-1940 [8]
- Stilleben - Öl/Leinwand (26x36cm-10x14in) Luzern 94.. FF24 340 - £2 904 - **$4,540**

EMMERICK van Govert 1808-1882 [20]
- Vessels before a windmill - Oil/canvas (58x74cm-23x29in) London 95 .... FF3 995 - £500 - **$796**
- Holländischer Hafen mit Segelschiffen - Öl/Leinwand (52x68cm-20x27in) Hamburg 97 ... FF12 470 - £1 334 - **$2,173**
- Rowing-boat/Sailingvessels - Oil/panel (18x25cm-7x10in) Amsterdam 95.................... FF23 850 - £2 980 - **$4,820**

EMMERSON Henry Hetherington 1831-1895 [7]
- Boys dragging a reluctant goat - Oil/canvas (44x75cm-17x30in) Newcastle-upon-Tyne 93 ... FF4 980 - £600 - **$870**

EMMERSON Robert Jackson XIX-XX [1]
- Autumn - Bronze (39cm-15in) London 95 .... FF7 430 - £950 - **$1,494**

EMMET Lydia Field 1886-1952 [2]
- Miss Ginny and Polly - Oil/canvas (127x102cm-50x40in) New-York 94 .... FF146 000 - £17 230 - **$26,000**

EMMINGER Eberhard 1808-1885 [4]
🖼 *Tiber und die Stadt, Rom* - Lithograph (74x107cm-29x42in) München 92 .... *FF6 800 - £696 - $1,334*
EMMONS Chansonetta S. XIX-XX [2]
🖼 *Landscapes & scenes of Maine* (7) - Platinum print (10x15cm-4x6in) New-York 92 .... *FF1 562 - £160 - $275*
EMMONS Dorothy Stanley 1891-? [1]
🖼 *Lower Town, Quebec* - Oil/board (23x28cm-9x11in) North Berwick, Maine 92 .... *FF6 250 - £640 - $1,100*
EMMS John 1843-1912 [126]
🖼 *Greyhound said to be Lucifer II* - Oil/canvas (46x36cm-18x14in) New-York 96 .... *FF21 700 - £2 813 - $4,250*
   Arab Maid - Oil/canvas (46x61cm-18x24in) New-York 97 .... *FF57 803 - £6 162 - $10,000*
   The new forest buck hounds - Oil/canvas (76x109cm-30x43in) New-York 97 .... *FF277 454 - £29 578 - $48,000*
EMÖD Aurel 1897-1958 [1]
🖼 *Sitzender weiblicher Rückenakt* - Oil/canvas (90x70cm-35x28in) Wien 92 .... *FF5 300 - £512 - $804*
EMOND Martin 1895-1965 [24]
🖼 *Bergigt sommarlandskap* - Oil/panel (61x91cm-24x36in) Malmö 96 .... *FF2 584 - £335 - $507*
   Fran Sandhammaren - Oil/canvas (60x90cm-24x35in) Malmö 90 .... *FF12 600 - £1 349 - $2,191*
   ✎ *Kvarnen* - Gouache (66x50cm-26x20in) Malmö 94 .... *FF2 060 - £239 - $355*
EMONDS Pierre XIX [5]
🖼 *Fontaine du Luxembourg* - Tirage albuminé (24x31cm-9x12in) Paris 96 .... *FF8 500 - £970 - $1,627*
EMPERAIRE Achille 1829-1898 [2]
🖼 *Le duel* - Huile/toile (75x120cm-30x47in) Marseille 89 .... *FF115 000 - £11 443 - $18,167*
   ✎ *Femme nue assise* - Red chalk/paper (16x12cm-6x5in) New-York 94 .... *FF15 420 - £1 810 - $2,700*
EMPI Maurice 1932 [48]
🖼 *Les courses* - Huile/toile (38x55cm-15x22in) Le Havre 96 .... *FF4 800 - £564 - $944*
   Le Café de Flore - Huile/toile (54x65cm-21x26in) Le Havre 93 .... *FF13 000 - £1 480 - $2,204*
   ✎ *Aux courses* - Gouache/paper (50x66cm-20x26in) New-York 94 .... *FF8 180 - £940 - $1,400*
EMPRIN Giuliano 1902-? [1]
🖼 *Campagna a Savoulx* - Olio/tela (20x35cm-8x14in) Torino 93 .... *FF3 840 - £434 - $647*
EMSLEY Walter XIX-XX [2]
✎ *A country lane* - Watercolour (36x51cm-14x20in) Torquay, Devon 92 .... *FF3 130 - £320 - $652*
EMSLIE Alfred Edward 1848-1918 [7]
🖼 *And the child grew...* - Oil/canvas (53x35cm-21x14in) London 96 .... *FF19 950 - £2 500 - $3,850*
   ✎ *Our Great Shot* - Watercolour (38x26cm-15x10in) London 96 .... *FF2 074 - £250 - $398*
ENAULT François 1869-1918 [1]
🖼 *Retour à la ferme* - Huile/toile (46x60cm-18x24in) Paris 96 .... *FF4 100 - £531 - $820*
ENCKE Erdmann 1843-1896 [1]
🖼 *Otto Fürst von Bismarck* - Bronze (55cm-22in) München 92 .... *FF4 080 - £418 - $718*
ENCKE Fedor 1851-1926 [2]
🖼 *Sardische Hirten* - Oil/canvas (106x66cm-42x26in) Leipzig 92 .... *FF12 920 - £1 323 - $2,275*
ENCKELL Magnus 1870-1925 [3]
✎ *Sydländskt parklandskap* - Watercolour/paper (29x33cm-11x13in) Helsinki 92 .... *FF3 010 - £360 - $579*
ENCKELL Rabbe 1903-1974 [1]
🖼 *Tempel* - Oil/canvas (19x27cm-7x11in) Helsinki 90 .... *FF10 480 - £1 072 - $2,069*
ENCKELL Torger 1901-1991 [5]
🖼 *Villa Lante* - Oil/canvas (41x33cm-16x13in) Helsinki 95 .... *FF11 000 - £1 375 - $2,220*
ENDARA CROW Gonzalo 1936 [5]
🖼 *Untitled* - Acrylic/canvas (80x120cm-31x47in) New-York 92 .... *FF73 800 - £7 550 - $13,000*
ENDE am Hans 1864-1918 [33]
🖼 *Birken am Moordamm* - Öl/Leinwand (36x49cm-14x19in) Bremen 94 .... *FF48 300 - £5 710 - $8,900*
   Morgen in der Heide - Öl/Leinwand (90x170cm-35x67in) Bielefeld 96 .... *FF85 300 - £11 100 - $16,900*
   Birken am Moorgraben - Öl/Leinwand (127x121cm-50x48in) Bremen 94 .... *FF240 000 - £27 800 - $41,300*
   ✎ *Kanal und Birkengruppe* - Pencil Bremen 93 .... *FF4 530 - £518 - $764*
ENDE Edgar 1901-1965 [17]
🖼 *Tombe des Spielers* - Oil/panel (67x97cm-26x38in) München 94 .... *FF65 200 - £7 720 - $12,040*
   Neue Bucephalos - Öl/Leinwand (120x90cm-47x35in) Köln 92 .... *FF101 700 - £12 150 - $19,560*
   ✎ *Nähmaschine des Dionysos* - Gouache/papier (40x58cm-16x23in) Köln 93 .... *FF30 500 - £3 646 - $5,870*
ENDE Hans 1864-1918 [2]
🖼 *Moorkate* - Etching (36x35cm-14x14in) Bremen 92 .... *FF3 740 - £383 - $659*
ENDE van den Jaap 1944 [3]
🖼 *Structure S1* - Acrylic/panel (100x100cm-39x39in) Amsterdam 94 .... *FF3 980 - £472 - $736*
ENDER Axel 1853-1920 [24]
🖼 *Norsk landskab* - Oil/canvas (61x87cm-24x34in) København 96 .... *FF31 030 - £3 540 - $5,940*
   Norwegians sledding in the snow - Oil/canvas (54x78cm-21x31in) London 95 .... *FF61 400 - £8 000 - $12,600*
ENDER Eduard 1822-1883 [8]
🖼 *Die Schnapphähne* - Oil/panel (37x45cm-15x18in) Wien 93 .... *FF18 280 - £2 184 - $3,515*
   Les astronomes - Huile/toile (79x95cm-31x37in) Bruxelles 97 .... *FF47 386 - £5 133 - $8,381*
ENDER Johann Nepomuk 1793-1854 [9]
🖼 *Retour du troupeau* - Huile/toile Corbeil-Essonnes 92 .... *FF77 000 - £7 880 - $13,560*
   ✎ *Fräulein in Weissem Spitzenkleid* - Aquarell/Papier (21x18cm-8x7in) Wien 94 .... *FF9 740 - £1 168 - $1,893*
ENDER Ksenia 1895-1955 [1]
🖼 *Composition, c.1917* - Oil/paper (53x47cm-21x19in) London 90 .... *FF145 300 - £15 457 - $25,993*
ENDER Thomas 1793-1875 [80]
🖼 *Mountainous landscape* - Öl/Karton (35x48cm-14x19in) Wien 96 .... *FF57 900 - £6 600 - $11,100*
   Sorrento - Oil/canvas (75x106cm-30x42in) Wien 96 .... *FF477 000 - £57 800 - $92,600*
   ✎ *Landschaft mit einem Kurort* - Aquarell/Papier (26x37cm-10x15in) Wien 96 .... *FF24 000 - £2 910 - $4,670*

Das Wormserjoch von Trafoi - Aquarell/Papier (32x49cm-13x19in) Wien 96 .... **FF44 100** - *£5 710* - **$8,810**
ENDERLE Johann Baptist 1725-1798 [2]
🖼 *Die Taufe Christi am Jordan* - Öl/Leinwand (25x39cm-10x15in) Köln 94 .... **FF32 560** - *£3 820* - **$5,700**
ENDERLEIN Ewald Max Karl 1872-1958 [5]
🖼 *Heidelandschaft mit Ginster* - Oil/canvas (38x65cm-15x26in) Köln 92 .... **FF4 070** - *£487* - **$783**
ENDERS Jean Joseph 1862-1936 [5]
🖼 *Nature morte au vase et miroir* - Oil/canvas/panel (96x130cm-38x51in) New-York 96 .... **FF28 560** - *£3 640* - **$5,500**
ENDLICH Frans 1880-1965 [2]
🖼 *Wiese mit Mohnblumen* - Oil/canvas (40x60cm-16x24in) Ahlden 92 .... **FF2 040** - *£209* - **$359**
ENDRES Louis John 1896-1989 [137]
🖼 *Jeune mauresque* - Huile/toile (50x40cm-20x16in) Paris 93 .... **FF4 500** - *£543* - **$818**
La toilette - Huile/toile (103x103cm-41x41in) Paris 93 .... **FF8 000** - *£920* - **$1,377**
Pastorale - Huile/toile (100x150cm-39x59in) Paris 92 .... **FF31 000** - *£3 173* - **$5,460**
🖌 *Berbère* - Pastel (62x46cm-24x18in) Paris 93 .... **FF4 600** - *£529* - **$792**
ENDZEL Jacques 1927 [5]
🖼 *Bord de mer* - Huile/toile (55x46cm-22x18in) Paris 89 .... **FF3 800** - *£367* - **$577**
ENEA Giuseppe 1863-? [1]
🖌 *Cherubs in Arcadia* - Pastel (88x228cm-35x90in) London 90 .... **FF27 270** - *£2 775* - **$5,454**
ENEHJELM Chris 1954 [2]
🖼 *Fluid for Miss Snowsvare* - Acrylic/canvas (100x78cm-39x31in) Helsinki 94 .... **FF14 800** - *£1 717* - **$2,550**
ENFIELD Henry 1849-1908 [5]
🖼 *Geiranger Fjord* - Öl/Leinwand (72x117cm-28x46in) Hamburg 96 .... **FF8 150** - *£930* - **$1,560**
ENGALIERE Marius 1824-1857 [7]
🖼 *Fontaine à Marseille* - Huile/toile (29x46cm-11x18in) Aix-en-Provence 97 .... **FF15 000** - *£1 563* - **$2,556**
Retour de féria en Andalousie - Huile/toile (37x56cm-15x22in) Marseille 89 .... **FF52 000** - *£5 174* - **$8,215**
🖌 *Fleurs et fruits* - Gouache (10x14cm-4x6in) Paris 96 .... **FF1 500** - *£174* - **$288**
ENGBERG Gabriel 1872-1953 [10]
🖼 *Höst* - Oil/canvas (69x100cm-27x39in) Stockholm 92 .... **FF29 800** - *£3 560* - **$5,730**
🖌 *Vinterbild, 1896* - Akvarell (19x12cm-7x5in) Helsinki 90 .... **FF2 400** - *£259* - **$423**
ENGEBRET Bjarne 1905-1985 [4]
🖼 *Helgelandskysten* - Oil/canvas (110x179cm-43x70in) Oslo 92 .... **FF26 050** - *£2 666* - **$4,590**
ENGEL Frederik 1872-1958 [3]
🖼 *Yearlings by a fence* - Oil/canvas (51x70cm-20x28in) Amsterdam 93 .... **FF10 540** - *£1 260* - **$2,030**
ENGEL Johann Friedrich 1844-1921 [12]
🖼 *Oberbayerische Buben amüsieren sich* - Oil/panel (34x26cm-13x10in) Lindau 95 .... **FF18 020** - *£2 250* - **$3,640**
Knabe in alpenländischer Tracht - Oil/panel (36x25cm-14x10in) Stuttgart 89 .... **FF47 300** - *£4 570* - **$7,178**
ENGEL Jules 1915 [3]
🖌 *Facade* - Gouache/paper (35x53cm-14x21in) San Francisco-Los Angeles 92 .... **FF5 470** - *£648* - **$1,052**
ENGEL Morris 1918 [2]
📷 *Coney Island, New York City* - Gelatin silver print (20x15cm-8x6in) New-York 93 .... **FF2 840** - *£322* - **$480**
ENGEL Nissan 1931 [13]
🖼 *Le clown* - Huile/toile (65x46cm-26x18in) Paris 91 .... **FF3 800** - *£381* - **$696**
🖌 *Serenade* - Etching in colors (67x52cm-26x20in) München 96 .... **FF1 700** - *£194* - **$325**
ENGEL Otto Heinrich 1866-1949 [15]
🖼 *Sommers-Ende* - Öl/Leinwand (100x124cm-39x49in) Köln 93 .... **FF47 500** - *£5 670* - **$9,130**
🖌 *Weite Landschaft* - Pencil (19x33cm-7x13in) Hamburg 94 .... **FF3 130** - *£365* - **$543**
ENGEL VON DER RABENAU Carl 1817-1870 [2]
🖼 *Die Brautschau* - Öl/Leinwand (86x70cm-34x28in) München 91 .... **FF175 600** - *£22 100* - **$35,150**
🖌 *Leonhardskirche in Frankfurt* - Aquarell/Papier (19x25cm-7x10in) München 94 .... **FF30 900** - *£3 660* - **$5,710**
ENGEL Werner Emil 1880-1941 [2]
🖼 *Altstadtgasse im Sonnenlicht* - Öl/Leinwand (41x30cm-16x12in) Zofingen 95 .... **FF6 370** - *£807* - **$1,281**
ENGEL-PAK Ernest 1885-1965 [49]
🖼 *Composition* - Huile/toile (29x13cm-11x5in) Liège 96 .... **FF2 465** - *£305* - **$476**
Composition - Huile/carton (54x39cm-21x15in) Paris 90 .... **FF15 000** - *£1 510* - **$2,938**
🖌 *Musiciens* - Pastel (45x62cm-18x24in) Saint-Germain-en-Laye 93 .... **FF4 000** - *£500* - **$728**
ENGELBACH Florence Neumengen 1872-1951 [12]
🖼 *Roses in a vase* - Oil/canvas (41x51cm-16x20in) London 95 .... **FF3 610** - *£450* - **$729**
ENGELBERTS Willem Jodocus M. 1809-1887 [2]
🖼 *Rich & poor, Dam square, Amsterdam* - Oil/canvas (49x40cm-19x16in) Amsterdam 94 ...... **FF16 670** - *£1 930* - **$2,850**
ENGELEN René 1897-1971 [6]
🖼 *Petit port* - Huile/toile (50x60cm-20x24in) Antwerpen 92 .... **FF3 626** - *£433* - **$697**
ENGELEN van Louis 1856-1940 [7]
🖼 *Zuiders landschap* - Huile/panneau (25x36cm-10x14in) Lokeren 92 .... **FF5 980** - *£612* - **$1,051**
ENGELEN van Piet 1863-1924 [7]
🖼 *Broedende patrijzen* - Huile/panneau (38x45cm-15x18in) Lokeren 91 .... **FF12 340** - *£1 243* - **$2,141**
ENGELHARD Anton 1872-1936 [5]
🖼 *Weilburg, Herbst* - Öl/Leinwand (61x81cm-24x32in) Heidelberg 95 .... **FF5 910** - *£767* - **$1,231**
ENGELHARD Julius Ussy 1883-1964 [6]
🖼 *Box-Kampf* - Poster (123x90cm-48x35in) New-York 93 .... **FF16 500** - *£2 070* - **$3,000**
ENGELHARDT Edna Palmer XX [2]
🖼 *Sunny Day in Winter* - Oil/canvas (64x76cm-25x30in) North Berwick, Maine 93 .... **FF5 310** - *£604* - **$900**

ENGELHARDT Georg 1823-1883 [17]

🖾 *Berglandskap* - Oil/canvas (76x64cm-30x25in) Stockholm 94 .... *FF21 570* - *£2 556* - **$3,990**
   Mountain torrent - Oil/canvas (68x98cm-27x39in) New-York 92 .... *FF33 300* - *£3 486* - **$6,000**

ENGELHARDT Georg Hermann 1855-? [4]

   Gebirgsbach - Oil/canvas (25x35cm-10x14in) Nürnberg 92 .... *FF2 990* - *£307* - **$527**

ENGELHARDT Josef 1864-1941 [35]

🖾 *Dame auf einem Bärenfell sitzend* - Oil/panel (24x38cm-9x15in) Wien 90 .... *FF16 800* - *£1 718* - **$3,316**
   Idle moments - Oil/canvas (81x294cm-32x116in) London 93 .... *FF43 900* - *£5 000* - **$7,450**
  📁 *Junges Mädchen in einer Blumenwiese* - Aquarell (42x30cm-17x12in) Wien 89 .... *FF4 800* - *£478* - **$758**

ENGELHARDT-KYFFHÄUSER Otto 1884-1965 [2]

🖾 *Trommelfeuer an der Westfront* - Oil/canvas (65x80cm-26x31in) München 92 .... *FF5 420* - *£630* - **$1,105**

ENGELMANN Burkhard [2]

📙 *Costume contre le choléra* - Lithographie couleurs (26x35cm-10x14in) Paris 90 .... *FF1 500* - *£153* - **$300**

ENGELMANN Gottfried II 1814-1897 [1]

📙 *Costume préservatif contre le choléra* - Lithographie couleurs (26x35cm-10x14in) Paris 92 ...... *FF2 000* - *£205* - **$352**

ENGELMANN Martin 1924-1992 [17]

🖾 *Le Destin* - Huile/toile (101x81cm-40x32in) Paris 96 .... *FF4 000* - *£519* - **$791**
  📁 *Untitled* - Gouache/paper (46x61cm-18x24in) Amsterdam 94 .... *FF2 135* - *£251* - **$380**

ENGELMÜLLER Ferdinand 1867-1924 [5]

🖾 *Coastal landscape* - Oil/cardboard (44x34cm-17x13in) Praha 95 .... *FF3 730* - *£483* - **$762**
  📁 *Weite, sommerliche Landschaft, Holland* - Pastel (70x87cm-28x34in) Pforzheim 93 .... *FF3 084* - *£355* - **$533**

ENGELS Astrid 1941 [2]

🖾 *Magic Moment* - Oil/canvas (100x80cm-39x31in) Amsterdam 96 .... *FF9 680* - *£1 213* - **$1,870**

ENGELS Léo 1882-1952 [6]

🖾 *Le marchand de tapis* - Huile/toile (60x74cm-24x29in) Bruxelles 95 .... *FF9 240* - *£1 204* - **$1,895**

ENGELS Lisl 1916-? [2]

📁 *Tulpen in grünem Krug* - Tempera/paper (58x43cm-23x17in) Wien 96 .... *FF9 600* - *£1 164* - **$1,866**

ENGELS Lucila 1920-1993 [4]

🖾 *Woman with child* - Oil/canvas (80x69cm-31x27in) Amsterdam 94 .... *FF2 144* - *£254* - **$397**

ENGELS Robert 1866-1926 [3]

🖾 *Pflügende Bauern* - Gouache (44x34cm-17x13in) Stuttgart 93 .... *FF2 610* - *£300* - **$444**

ENGELSBERG Leon 1908 [9]

🖾 *Jerusalem* - Oil/canvas (70x54cm-28x21in) Tel Aviv 97 .... *FF27 808* - *£3 092* - **$5,200**
   Jerusalem - Oil/canvas (72x57cm-28x22in) Tel Aviv 93 .... *FF75 300* - *£8 770* - **$13,500**
  📁 *Jerusalem, view from the studio* - Watercolour (68x36cm-27x14in) Tel Aviv 96 .... *FF9 320* - *£1 170* - **$1,800**

ENGELSTED Malthe O. 1852-1930 [11]

🖾 *Interior* - Oil/canvas (54x60cm-21x24in) Viby J, Århus 95 .... *FF6 470* - *£841* - **$1,332**

ENGELUND Svend Arne 1908-? [51]

🖾 *Marklandskab* - Oil/canvas (57x70cm-22x28in) København 94 .... *FF7 040* - *£875* - **$1,368**
   Markfelter, Vrå - Oil/canvas (90x120cm-35x47in) København 93 .... *FF17 600* - *£2 110* - **$3,380**
  📁 *Landskab med bondegård* - Watercolour (44x60cm-17x24in) København 96 .... *FF4 050* - *£522* - **$792**

ENGER Erling 1899-1990 [21]

🖾 *Landskap* - Oil/panel (38x46cm-15x18in) Oslo 92 .... *FF10 410* - *£1 066* - **$1,834**
   Skogparti - Oil/canvas (65x80cm-26x31in) Tönsberg 91 .... *FF34 700* - *£3 499* - **$6,763**

ENGILBERT Jón 1908-1972 [6]

🖾 *Pige i rod kjole* - Oil/canvas (97x70cm-38x28in) København 90 .... *FF7 000* - *£745* - **$1,252**

ENGL Hugo 1852-1926 [8]

🖾 *Erste Begegnung* - Oil/panel (30x24cm-12x9in) Lindau 96 .... *FF32 100* - *£3 870* - **$6,160**
   Heimkehr von der Jagd - Ol/Leinwand (130x95cm-51x37in) Stuttgart 94 .... *FF256 400* - *£30 800* - **$48,800**

ENGL Josef Benedikt 1867-1907 [3]

  📁 *Wiener Kaffehaus/Doit partir pour Leipzig* - Drawing (30x46cm-12x18in) Hamburg 94 .... *FF1 544* - *£183* - **$286**

ENGLAND E.S. XIX [2]

🖾 *Chickens* - Oil/canvas (33x23cm-13x9in) Detroit, Michigan 92 .... *FF11 700* - *£1 397* - **$2,250**

ENGLAND William ?-1896 [1]

📷 *International Exhibition of 1862* - 86 hand-coloured stereocards/yellow card London 96 ..... *FF23 240* - *£3 000* - **$4,490**

ENGLEHEART George 1752-1829 [36]

  📁 *Mrs. Catharine Inglis* - Miniature (4cm-2in) London 97 .... *FF13 270* - *£1 400* - **$2,277**

ENGLEHEART John Cox Dillman 1783-1862 [6]

  📁 *Junger Offizier* - Miniature (8x6cm-3x2in) Köln 92 .... *FF18 700* - *£1 914* - **$3,290**

ENGLISH Frank F. 1854-1922 [17]

🖾 *Cows in a pasture* - Watercolour, gouache (28x51cm-11x20in) Philadelphia 95 .... *FF5 520* - *£696* - **$1,100**
   Figures and horse cart in a landscape
      Watercolour (58x99cm-23x39in) Philadelphia 93 .... *FF21 450* - *£2 535* - **$3,900**

ENGLUND Lars 1933 [15]

🖾 *Triangelkomposition* - Mixed media (26x20cm-10x8in) Stockholm 91 .... *FF3 180* - *£319* - **$582**
🖾 *Mobil* - Metal (72cm-28in) Stockholm 95 .... *FF5 340* - *£699* - **$1,070**
   Flätverk - Relief (212x180cm-83x71in) Stockholm 96 .... *FF30 500* - *£3 930* - **$5,970**

ENGMANN Harald 1903-1968 [36]

🖾 *Parti fra Nyboder* - Oil/canvas (30x39cm-12x15in) Viby J, Århus 96 .... *FF4 380* - *£565* - **$846**
   Det store Kredslob - Oil/canvas (96x115cm-38x45in) København 94 .... *FF61 100* - *£7 200* - **$10,870**
  📁 *Stuegang på hospitalet* - Watercolour (23x35cm-9x14in) København 96 .... *FF4 860* - *£633* - **$964**

ENGONOPOULOS Nikos 1910-1985 [2]

🖾 *Theseus and Minotaur* - Oil/canvas (60x73cm-24x29in) Athens 94 .... *FF278 000* - *£32 930* - **$51,400**
  📁 *Saint Marcos Square, Zakinthos* - Tempera/paper (30x36cm-12x14in) Athens 96 .... *FF36 050* - *£4 650* - **$6,960**

ENGRAND Georges 1852-? [1]
Coloquinte - Bronze (20cm-8in) Paris 93 .... FF5 100 - £615 - **$927**

ENGSTFELD Albert 1876-? [1]
Prozession, Düseeldorfer Altstadt - Tempera drawing (16x23cm-6x9in) Köln 92 .... FF2 713 - £324 - **$522**

ENGSTRÖM Albert 1869-1940 [24]
Det gula huset vid Grisslehamn - Oil/canvas (75x100cm-30x39in) Stockholm 94 .... FF37 900 - £4 470 - **$6,740**
Vid lagugården - Mixed media/paper (25x14cm-10x16in) Stockholm 97 .... FF10 188 - £1 075 - **$1,760**
Kolingen - Akvarell (32x31cm-13x12in) Stockholm 89 .... FF38 400 - £4 046 - **$6,465**

ENGSTRÖM Leander 1886-1927 [42]
Fjällsjö vid Rautasjärvi - Oil/canvas (47x67cm-19x26in) Stockholm 95 .... FF40 540 - £5 270 - **$8,320**
Norrlandsflicka som broderar - Oil/canvas (76x62cm-30x24in) Stockholm 97 .... FF347 162 - £36 662 - **$59,984**
Fasanjägare på Fyn - Oil/canvas (94x79cm-37x31in) Stockholm 95 .... FF774 000 - £96 600 - **$151,800**
Nymfen, 1920 - Gouache/paper (71x87cm-28x34in) Stockholm 89 .... FF374 400 - £38 282 - **$60,193**

ENGSTRÖM Martin 1952 [5]
Elegi - Oil/canvas (146x120cm-57x47in) Stockholm 94 .... FF11 420 - £1 340 - **$2,035**

ENGSTRÖM Torolf 1909-1987 [2]
Kvinnokropp - Bronze (20cm-8in) Stockholm 97 .... FF2 439 - £271 - **$441**

ENGUERRAND GOURGUE Jacques 1934 [7]
Royaume du Démon - Oil/masonite (198x120cm-78x47in) New-York 91 .... FF42 400 - £4 221 - **$7,291**

ENHUBER von Karl 1811-1877 [4]
Kleiner Junge spielt mit seinem Grossvater
  Öil/Leinwand (43x33cm-17x13in) München 93 .... FF26 240 - £3 000 - **$4,440**

ENJOLRAS Delphin 1865-1945 [129]
Nu devant la cheminée - Huile/panneau (20x14cm-8x6in) Lille 97 .... FF15 500 - £1 605 - **$2,655**
Soir de fête - Huile/toile (46x55cm-18x22in) Bruxelles 95 .... FF47 400 - £6 140 - **$9,850**
Dîner au bord du lac - Oil/canvas (60x72cm-24x28in) New-York 97 .... FF114 090 - £12 298 - **$20,000**
La toilette - Pastel/paper (58cm-23in) London 95 .... FF48 950 - £6 200 - **$9,840**
The boudoir - Pastel/paper (62x90cm-24x35in) New-York 93 .... FF118 000 - £13 420 - **$20,000**

ENNEKING John J. 1854-1922 [3]
Twilight - Oil/canvas (18x28cm-7x11in) New-York 92 .... FF19 600 - £2 276 - **$4,000**

ENNEKING John Joseph 1841-1916 [67]
Landscape at sunset - Oil/canvas (48x58cm-19x23in) Baton Rouge, Louisiana 94 .... FF18 260 - £2 130 - **$3,200**
Trout Brook, early autumn - Oil/canvas (56x76cm-22x30in) New-York 95 .... FF60 200 - £7 540 - **$12,000**
Sandy Road - Oil/canvas (64x76cm-25x30in) New-York 94 .... FF222 000 - £26 300 - **$41,000**

ENNEKING Joseph Eliot 1881-1942 [5]
The Ledge - Oil/canvas (30x36cm-12x14in) Cambridge, Mass. 93 .... FF7 150 - £897 - **$1,300**
Waterfront, Mystic, Connecticut - Oil/canvas/board (34x28cm-13x11in) New-York 95 .... FF43 440 - £5 410 - **$8,500**

ENNESS Augustus William 1876-? [25]
Man riding on a mule, North Africa - Oil/canvas (51x61cm-20x24in) London 92 .... FF3 910 - £400 - **$690**

ENNION Eric Arnold Roberts 1900-1981 [5]
Heron & coots - Watercolour (34x48cm-13x19in) London 95 .... FF9 780 - £1 300 - **$2,020**

ENNIS George Pearse 1884-1936 [6]
Rising fog - Oil/canvas (61x71cm-24x28in) Philadelphia 92 .... FF6 370 - £740 - **$1,300**
Cutler Cove, Maine - Watercolour (41x51cm-16x20in) Portland, Maine 93 .... FF4 280 - £487 - **$725**

ENOCK Arthur Henry XIX-XX [19]
Figures on foreshore - Watercolour (33x46cm-13x18in) Penzance, Cornwall 92 .... FF5 070 - £520 - **$972**

ENOTRIO 1920-1989 [19]
Paesaggio calabrese - Olio/tavola (50x70cm-20x28in) Roma 95 .... FF6 860 - £864 - **$1,392**
binario morto - Olio/tavola (50x70cm-20x28in) Roma 92 .... FF10 070 - £1 198 - **$1,937**

ENRIGHT Maginel Wright 1881-1966 [1]
Elegant lady with groom - Watercolour, gouache (41x26cm-16x10in) Malmö 96 .... FF2 280 - £296 - **$447**

ENRIQUEZ Carlos 1901-1955 [18]
Banistas - Oil/canvas/board (51x41cm-20x16in) New-York 96 .... FF52 000 - £6 610 - **$10,000**
Odile - Oil/canvas (79x63cm-31x25in) New-York 94 .... FF125 600 - £14 750 - **$22,000**
Mujeres desnudas - Ink (24x19cm-9x7in) New-York 97 .... FF25 773 - £2 747 - **$4,500**

ENRIQUEZ Nicolás 1738-1770 [5]
Virgen de Guadalupe - Oil/copper (84x65cm-33x26in) New-York 96 .... FF218 500 - £27 800 - **$42,000**

ENROTH Erik 1917-1975 [5]
Huvudlösa människor - Oil/canvas (90x70cm-35x28in) Helsinki 93 .... FF26 430 - £3 020 - **$4,500**

ENSCHEDÉ Christiana Gerarda 1791-1873 [1]
Flowers and fruit on a marble ledge - Oil/canvas (36x31cm-14x12in) Amsterdam 93 .... FF34 300 - £3 930 - **$5,840**

ENSELING Josef 1886-1957 [3]
Femme à la draperie - Bronze (99x44cm-39x17in) Paris 97 .... FF30 000 - £3 273 - **$5,244**

ENSINCK Charles Victor 1846-1914 [3]
His first champagne - Oil/canvas (78x59cm-31x23in) Amsterdam 91 .... FF16 530 - £1 678 - **$2,985**

ENSOR James 1860-1949 [381]
Nature morte au Homard et au Crabe - Oil/canvas (61x74cm-24x29in) London 97 .... FF1 - £190 000 - **$314,165**
Marine - Oil/canvas (15x12cm-6x5in) Amsterdam 97 .... FF58 600 - £6 730 - **$11,200**
Marine Grise au Voilier - Oil/board (26x34cm-10x13in) Amsterdam 97 .... FF123 039 - £12 904 - **$21,113**
Choux, Rode bieten - Oil/canvas (28x43cm-11x17in) London 97 .... FF347 490 - £36 000 - **$59,526**
Japonaiserie - Oil/cardboard (26x32cm-10x13in) Amsterdam 97 .... FF419 538 - £44 100 - **$72,072**
L'ange exterminateur - Eau-forte Bruxelles 97 .... FF7 853 - £816 - **$1,348**

Le Christ insulté - Etching (48x36cm-19x14in) London 97 .... FF**9 652** - £1 000 - **$1,653**
Demons me turlupinant - Etching (24x30cm-9x12in) London 97 .... FF**12 548** - £1 300 - **$2,149**
La vengeance de Hop-Frog - Drypoint (48x36cm-19x14in) London 97 .... FF**53 089** - £5 500 - **$9,094**
Sorcières dans la Bourrasque - Pencil/paper (18x24cm-7x9in) Amsterdam 97 .... FF**16 339** - £1 713 - **$2,803**
La Vierge salvatrice - Crayon (34x22cm-13x9in) New-York 97 .... FF**80 000** - £8 576 - **$14,000**
L'ostendaise, De oostendse - Gouache/paper (76x60cm-30x24in) London 97 .... FF**231 660** - £24 000 - **$39,684**

ENSOR Mary XIX [6]
Roses and a bird's nest - Oil/board (27x32cm-11x13in) London 96 .... FF**5 030** - £650 - **$993**

ENTE Lily Lena 1905-1985 [1]
The head - Marble (36cm-14in) Cambridge, Mass. 91 .... FF**3 420** - £343 - **$592**

ENTRAYGUES d' Charles Bertrand 1851-? [7]
Puppet show - Oil/canvas (33x40cm-13x16in) New-York 90 .... FF**45 800** - £4 872 - **$8,193**
Table des enfants - Oil/canvas (98x13cm-39x5in) New-York 90 .... FF**400 400** - £41 492 - **$70,369**

ENZINGER Hans 1889-1972 [22]
Vid kasernen - Oil/panel (7x11cm-3x4in) Stockholm 95 .... FF**9 510** - £1 220 - **$1,920**
Feldarbeit - Oil/panel (10x13cm-4x5in) Wien 94 .... FF**15 540** - £1 825 - **$2,770**

EPINAT Fleury 1764-1830 [6]
Paysage d'Italie avec monastère - Encre (28x43cm-11x17in) Paris 95 .... FF**2 800** - £363 - **$578**

EPINAY d' Prosper 1836-c.1915 [19]
Buste de Madame Leghait - Terracotta (55cm-22in) Provins 97 .... FF**30 000** - £3 234 - **$5,268**
Buste de Diane - Sculpture (68cm-27in) Paris 90 .... FF**36 000** - £3 731 - **$6,327**
Diane de Windsor, Lady Dudley - Marble (77cm-30in) London 97 .... FF**85 714** - £9 000 - **$14,691**
Marion - Marble (91x35x52cm-36x14x20in) New-York 97 .... FF**677 580** - £72 972 - **$120,000**

EPKO XX [10]
Fleurs dans un vase - Oil/canvas (63x45cm-25x18in) London 92 .... FF**3 420** - £350 - **$602**

EPP Peter 1790-c.1815 [1]
Selbstbildnis - Ol/Leinwand (50x44cm-20x17in) Göttingen 95 .... FF**10 000** - £1 294 - **$2,033**

EPP Rudolf 1834-1910 [46]
A young woman from Zillertal - Oil/canvas (75x58cm-30x23in) London 95 .... FF**15 570** - £2 000 - **$3,144**
The bowl of milk - Oil/canvas (46x38cm-18x15in) London 95 .... FF**71 900** - £9 000 - **$14,320**
The morning meal - Oil/canvas (94x112cm-37x44in) New-York 96 .... FF**205 700** - £24 940 - **$40,000**

EPPELE Gérard 1929 [10]
La photo couleur - Huile/toile (130x81cm-51x32in) Paris 94 .... FF**6 500** - £741 - **$1,102**
Duo I, no.1044 - Gouache (66x50cm-26x20in) Paris 89 .... FF**3 000** - £290 - **$455**

EPPENS William H. 1885-? [2]
Dunes landscape - Oil/canvas (61x76cm-24x30in) Chicago 96 .... FF**5 710** - £728 - **$1,100**

EPPER Ignaz 1892-1969 [38]
Der Tunnel - Ol/Leinwand (45x35cm-18x14in) Zürich 96 .... FF**271 500** - £35 200 - **$53,700**
Im Boot - Woodcut (47x61cm-19x24in) Zürich 96 .... FF**3 700** - £464 - **$714**
Selbstportrait - Fusain/papier (49x50cm-19x20in) Zürich 97 .... FF**29 609** - £3 148 - **$5,108**

EPPLE Bernard 1912 [2]
Versunkene Stadt - Engraving (50x64cm-20x25in) Heidelberg 96 .... FF**1 630** - £210 - **$319**

EPPLE Emil 1877-? [2]
A standing female nude - Bronze (62cm-24in) New-York 89 .... FF**22 900** - £2 413 - **$3,855**

EPPS Emily Williams 1842-? [1]
The Little Gardener - Oil/canvas (29x43cm-11x17in) Hadspen 96 .... FF**24 460** - £3 100 - **$4,690**

EPSTEIN Elisabeth 1879-1956 [5]
Kubistische Komposition - Öl/Leinwand (37x33cm-15x13in) Zürich 96 .... FF**7 210** - £935 - **$1,427**

EPSTEIN Henri 1892-1944 [197]
Jeune femme au beret rouge - Huile/toile (35x27cm-14x11in) Paris 97 .... FF**6 600** - £717 - **$1,170**
Paysage - Huile/toile (51x71cm-20x28in) Paris 97 .... FF**18 400** - £1 998 - **$3,260**
Retour de pêche à Concarneau - Huile/toile (97x130cm-38x51in) Paris 97 .... FF**41 000** - £4 506 - **$7,483**
Port méditerranéen - Aquarelle (38x53cm-15x21in) Paris 97 .... FF**5 700** - £619 - **$1,010**

EPSTEIN Jacob 1880-1959 [247]
Portrait of Dame Myra Hess - Plaster (63cm-25in) New-York 97 .... FF**6 965** - £732 - **$1,200**
Gertrude, the Bather - Bronze (96cm-38in) London 96 .... FF**30 930** - £4 000 - **$6,130**
Esther - Bronze (43cm-17in) London 97 .... FF**43 145** - £4 500 - **$7,377**
Sir Winston Chuchill - Bronze (30cm-12in) London 96 .... FF**175 600** - £22 000 - **$33,900**
Still Life with Orange and Flowers - Gouache (43x56cm-17x22in) London 96 .... FF**14 340** - £1 700 - **$2,800**
Portrait of a young girl - Black chalk (52x35cm-20x14in) London 96 .... FF**17 560** - £2 200 - **$3,390**
Peonies, 1926 - Gouache (55x43cm-22x17in) London 90 .... FF**63 000** - £6 745 - **$10,957**

EPSTEIN Jehudo 1870-1945 [14]
Interior of Synagogue - Oil/cardboard (33x23cm-13x9in) Tel Aviv 92 .... FF**5 550** - £581 - **$1,000**
Lesendes Mädchen - Öl/Leinwand (128x89cm-50x35in) Wien 97 .... FF**15 334** - £1 612 - **$2,633**
The chess game - Oil/canvas (53x56cm-21x22in) London 97 .... FF**180 700** - £18 500 - **$31,900**

EQUIPO CRONICA R. Solbes/M. Valdés 1964-1981 [12]
Ruptura no.1 - Acrylique/panneau (163x126cm-64x50in) Paris 92 .... FF**115 000** - £11 770 - **$20,240**
Juego peligroso - Serigrafia (65x50cm-26x20in) Madrid 95 .... FF**2 816** - £366 - **$580**
Soldado - Gouache (52x50cm-20x20in) Madrid 93 .... FF**15 840** - £1 820 - **$2,700**

ERB Erno, Erb 1890-1943 [8]
Procesja - Oil/canvas (49x70cm-19x28in) Kraków 93 .... FF**6 250** - £638 - **$1,116**

ERB Leo 1928 [4]
Komposition - Pencil/paper (129x99cm-51x39in) Köln 93 .... FF**16 950** - £2 025 - **$3,260**
Lineares Papier - Collage (100x100cm-39x39in) Köln 89 .... FF**17 900** - £1 830 - **$2,878**

ERBA Carlo 1884-1917 [4]
/ *Studio di donna che fila la lana* - Matita/carta (36x26cm-14x10in) Roma 91 .... FF**16 400** - £1 680 - **$3,062**
ERBA Enrico 1895-1979 [2]
🖼 *Lago del Trentino* - Olio/tela (80x60cm-31x24in) Milano 94 .... FF**3 390** - £404 - **$605**
ERBE Paul 1894-1972 [6]
🖼 *Bücklingen auf einem Teller* - Oil/canvas/board (40x50cm-16x20in) Stuttgart 91 .... FF**11 230** - £1 115 - **$1,950**
ERBE Robert 1844-1903 [6]
/ *Viel Lärm um nichts* - Aquarell (20x16cm-8x6in) Stuttgart 96 .... FF**8 530** - £1 110 - **$1,690**
ERBE-VOGEL Hermann 1907-1976 [1]
/ *Komposition* - Gouache (22x35cm-9x14in) Hamburg 96 .... FF**2 070** - £258 - **$400**
ERBEN Ulrich 1940 [21]
🖼 *Arilas I* - Collage/carton (150x100cm-59x39in) München 94 .... FF**11 620** - £1 365 - **$2,070**
/ *Farbprobe* - Collage (60x80cm-24x31in) Köln 96 .... FF**3 400** - £387 - **$650**
Ohne Titel - Collage (140x159cm-55x63in) Köln 93 .... FF**39 000** - £4 660 - **$7,500**
ERBSLÖH Adolf 1881-1947 [12]
🖼 *Dahlienstrauss* - Öl/Leinwand (73x62cm-29x24in) München 95 .... FF**36 100** - £4 750 - **$7,240**
Maisonne - Oil/cardboard (32x41cm-13x16in) München 96 .... FF**160 000** - £20 060 - **$30,900**
⬜ *Sitzender Akt* - Lithographie (23x16cm-9x6in) München 94 .... FF**2 720** - £312 - **$465**
ERDELY de Francis Ferencz 1904-1959 [14]
🖼 *Oil Refinery Worker* - Oil/canvas (124x84cm-49x33in) San Francisco-Los Angeles 94 ...... FF**35 200** - £4 170 - **$6,500**
/ *Reclining woman* - Charcoal/paper (53x71cm-21x28in) Baton Rouge, Louisiana 94 .... FF**2 426** - £283 - **$425**
ERDMANN Axel 1873-1954 [2]
🖼 *Kungliga Operan, Stockholm* - Oil/canvas (48x70cm-19x28in) Stockholm 94 .... FF**10 760** - £1 286 - **$2,010**
ERDMANN Moritz 1845-1919 [7]
🖼 *Hochgebirgslandschaft mit Alm* - Oil/panel (17x28cm-7x11in) Hamburg 96 .... FF**2 880** - £360 - **$557**
ERDMANN Otto 1834-1905 [11]
/ *Proposing a suitor* - Oil/canvas (66x54cm-26x21in) Toronto 92 .... FF**16 320** - £1 947 - **$3,140**
Reading the Will - Oil/canvas (100x127cm-39x50in) New-York 97 .... FF**198 975** - £21 431 - **$35,000**
ERDMANN-MENZEL Adolf Friedrich 1815-1905 [1]
/ *Seitenkapelle, Salzburg* - Pencil/paper (38x25cm-15x10in) Wien 93 .... FF**72 100** - £8 620 - **$13,870**
ERDTELT Alois 1851-1911 [2]
/ *Jungen Frau mit rotem Schultertuch* - Öl/Leinwand (57x47cm-22x19in) Bremen 94 .... FF**20 700** - £2 450 - **$3,820**
ERDTMAN Elias 1863-1945 [16]
🖼 *Aftonstämning över vinterälv* - Oil/canvas (65x90cm-26x35in) Stockholm 96 .... FF**2 695** - £343 - **$519**
Efter långvarig torka, Ufö - Oil/canvas (72x38cm-28x15in) Stockholm 93 .... FF**19 240** - £2 364 - **$3,560**
EREMIN Iurii 1881-1940 [2]
📷 *At Demerdzhi, Crimea* - Gelatin silver print (18x25cm-7x10in) London 93 .... FF**4 570** - £550 - **$798**
ERFMAN Ferdinand 1901-1968 [16]
🖼 *The theater loge* - Oil/canvas (40x51cm-16x20in) Amsterdam 92 .... FF**19 720** - £2 020 - **$3,470**
/ *Sitting woman* - Watercolour (41x31cm-16x12in) Amsterdam 92 .... FF**9 640** - £1 152 - **$1,855**
ERHARDT Alfred 1901-1984 [2]
📷 *Wotten meer, Nordsee* - Gelatin silver print (28x48cm-11x19in) London 96 .... FF**17 040** - £2 200 - **$3,290**
ERHARDT Georg Friedrich 1825-1881 [3]
🖼 *Standing man* - Oil/canvas (76x58cm-30x23in) København 96 .... FF**6 140** - £765 - **$1,186**
ERHARDT Wilhelm 1815-1890 [1]
🖼 *Baie méditerranéenne* - Huile/toile (74x25cm-29x10in) Versailles 90 .... FF**8 000** - £818 - **$1,579**
ERHARDY Joseph 1928 [3]
🗿 *Couple* - Bronze (21cm-8in) Paris 95 .... FF**13 000** - £1 727 - **$2,680**
ERICHSEN Thorvald 1868-1939 [12]
🖼 *Etter solnedgang, Lillehammer* - Oil/canvas (73x65cm-29x26in) Oslo 92 .... FF**26 760** - £3 200 - **$5,150**
Blomster i vinduet - Oil/canvas (73x60cm-29x24in) Oslo 93 .... FF**264 000** - £30 700 - **$45,300**
ERICKSON Carl, Eric 1891-1958 [3]
/ *Boris Kochno* - Drawing (58x44cm-23x17in) London 95 .... FF**9 270** - £1 200 - **$1,897**
ERICSON David 1870-1946 [5]
🖼 *La Fête de la Thora* - Huile/toile (82x65cm-32x26in) Troyes 91 .... FF**8 200** - £822 - **$1,354**
Venetian Carnival - Oil/canvas (81x81cm-32x32in) New-York 94 .... FF**38 000** - £4 400 - **$6,500**
ERICSON Johan Erik 1849-1925 [47]
🖼 *Vintermotiv, Marstrand* - Oil/panel (33x41cm-13x16in) Göteborg 96 .... FF**12 100** - £1 564 - **$2,340**
Kustlandskap, Bohuslän - Oil/canvas (83x127cm-33x50in) Stockholm 96 .... FF**21 530** - £2 686 - **$4,160**
Segelbåtar vid brygga, Marstrand - Oil/canvas (88x140cm-35x55in) Göteborg 92 ...... FF**55 100** - £6 580 - **$10,600**
ERIKS Jac 1895-1965 [1]
🖼 *Dorp in Zuid-Limburg, Noorbeek* - Oil/canvas (80x100cm-31x39in) Amsterdam 96 ...... FF**2 760** - £355 - **$545**
ERIKSEN Bjarne 1882-1970 [9]
🖼 *Strandparti med pram* - Oil/canvas (61x73cm-24x29in) Oslo 92 .... FF**6 080** - £622 - **$1,070**
ERIKSEN Edvard 1876-1959 [1]
⬜ *Den lille Havfrue* - Eau-forte, aquatinte couleurs (58cm-23in) København 90 .... FF**96 500** - £9 821 - **$19,298**
ERIKSEN Hans 1912-1982 [11]
🖼 *An interior* - Oil/board (61x61cm-24x24in) London 91 .... FF**20 160** - £2 007 - **$3,467**
ERIKSEN Lars 1869-1928 [3]
🖼 *Vår* - Oil/canvas (81x101cm-32x40in) Tönsberg 91 .... FF**5 640** - £569 - **$1,099**
ERIKSEN Sigurd 1884-1976 [17]
🖼 *Landskap* - Oil/canvas (100x95cm-39x37in) Tönsberg 93 .... FF**6 400** - £744 - **$1,100**

Løvebakken og Karl Johan - Oil/canvas (85x100cm-33x39in) Oslo 91 .... FF27 800 - £2 801 - **$4,824**
ERIKSEN Vigilius 1722-1782 [2]
🖌 *Juliane Marie* - Oil/canvas (79x61cm-31x24in) København 92 .... FF219 000 - £26 160 - **$42,100**
📎 *Elisabeth Petrovna* - Pencil (23x18cm-9x7in) København 92 .... FF10 500 - £1 256 - **$2,020**
ERIKSSON Christian 1858-1935 [21]
🗿 *Elof* - Bronze (20cm-8in) Stockholm 95 .... FF4 300 - £536 - **$840**
Sittande lapp - Bronze (21cm-8in) Stockholm 97 .... FF10 566 - £1 115 - **$1,825**
ERIKSSON Elis 1906 [3]
🗿 *Komposition* - Relief (24x24cm-9x9in) Stockholm 92 .... FF3 300 - £338 - **$581**
ERIKSSON Eve 1910 [6]
🖌 *Privat* - Oil/canvas (55x45cm-22x18in) Stockholm 95 .... FF3 466 - £442 - **$682**
ERIKSSON Gustaf 1880-1920 [2]
🖌 *Självporträtt* - Oil/canvas (92x64cm-36x25in) Stockholm 95 .... FF3 300 - £420 - **$670**
ERIKSSON Liss 1919 [11]
🗿 *Mansfigur* - Bronze (30cm-12in) Göteborg 92 .... FF8 760 - £898 - **$1,544**
ERIXSON Sven X:et 1899-1970 [266]
🖌 *Vårvinterlandskap* - Oil/canvas (38x45cm-15x18in) Stockholm 96 .... FF5 340 - £688 - **$1,045**
Utsikt från fönstret - Oil/panel (47x55cm-19x22in) Stockholm 96 .... FF13 070 - £1 540 - **$2,570**
Interiör med fabriksutsikt - Oil/panel (78x96cm-31x38in) Stockholm 97 .... FF24 150 - £2 550 - **$4,172**
Under spansk stjärnhimmel - Oil/canvas (60x65cm-24x26in) Stockholm 96 .... FF69 200 - £8 630 - **$13,360**
Amerikanarens hus - Oil/canvas (74x116cm-29x46in) Stockholm 92 .... FF289 000 - £34 540 - **$55,600**
📎 *Morgonbadet II* - Gouache (27x40cm-11x16in) Stockholm 96 .... FF7 800 - £945 - **$1,516**
Vilda djur i djungeln - Watercolour (19x29cm-7x11in) Stockholm 95 .... FF24 830 - £3 090 - **$4,860**
ERKELENS Anthonie XVIII-XIX [3]
📎 *Fishing boats* - Ink (19x28cm-7x11in) Amsterdam 93 .... FF12 280 - £1 392 - **$2,075**
ERKELENS Frans Willem 1937 [1]
🖌 *Leda en de Zwaan* - Oil/canvas (60x45cm-24x18in) Amsterdam 96 .... FF3 990 - £513 - **$787**
ERLACH von Gertrud 1861-? [1]
🖌 *Fishing harbor* - Oil/board (51x41cm-20x16in) North Berwick, Maine 93 .... FF2 655 - £302 - **$450**
ERLANGER d' Rodolphe 1872-1932 [1]
🖌 *Sidi Bou Saïd* - Huile/panneau (12x18cm-5x7in) Paris 92 .... FF12 500 - £1 280 - **$2,200**
ERLBERG Georg 1807-1884 [1]
📎 *Aufbruch zur Falkenjagd* - Aquarell (26x35cm-10x14in) Köln 94 .... FF5 100 - £595 - **$894**
ERLER Franz 1883-1942 [1]
🖌 *Bergsee* - Oil/canvas/board (53x67cm-21x26in) Wien 92 .... FF4 810 - £560 - **$982**
ERLER Fritz 1868-1940 [10]
🖌 *Am Waldbach* - Oil/canvas (140x76cm-55x30in) Stockholm 96 .... FF18 900 - £2 445 - **$3,620**
ERLER Georg O. 1871-1951 [3]
📎 *Hall in Tirol* - Chalks/paper (52x37cm-20x15in) Hamburg 94 .... FF5 280 - £614 - **$913**
ERLER-SAMADEN Erich 1870-1946 [13]
🖌 *Dorfkirche im Engadin* - Öl/Leinwand (90x70cm-35x28in) Bremen 95 .... FF10 500 - £1 347 - **$2,163**
Im ersten Grün - Öl/Leinwand (95x985cm-37x388in) Düsseldorf 96 .... FF20 300 - £2 510 - **$3,924**
ERMAKOV Guénnadi 1926 [2]
🖌 *Station balnéaire de Dzintary* - Huile/toile (65x80cm-26x31in) Saint-Etienne 92 .... FF4 600 - £473 - **$816**
ERMÉ Désiré XIX [3]
📷 *Une rue au Caire* - Tirage albuminé (27x23cm-11x9in) Paris 95 .... FF12 500 - £1 643 - **$2,510**
ERNECKE Franz 1856-? [2]
🖌 *Bären auf der Jagd* - Oil/board (45x62cm-18x24in) Bremen 90 .... FF4 760 - £487 - **$940**
📎 *Zwei Bären* - Mixed media/paper (44x60cm-17x24in) Wien 93 .... FF4 810 - £575 - **$925**
ERNESTO XX [3]
🖌 *Le thé aux chats* - Huile/toile (162x130cm-64x51in) Paris 95 .... FF40 000 - £5 280 - **$8,100**
ERNI Hans 1909 [197]
🖌 *Zwei Stiere* - Öl/Leinwand (77x106cm-30x42in) Zürich 96 .... FF20 550 - £2 575 - **$3,965**
Liebende - Mixed media/canvas (67x55cm-26x22in) Bern 95 .... FF52 600 - £6 570 - **$9,600**
Couple jouant - Huile/toile (48x53cm-19x21in) Le Touquet 91 .... FF78 000 - £7 765 - **$13,413**
📎 *Antikisierende Szene* - Ink (38x28cm-15x11in) Zürich 94 .... FF9 630 - £1 130 - **$1,716**
Reiter und Pferd - Gouache/papier (52x38cm-20x15in) Zürich 96 .... FF18 950 - £2 320 - **$3,570**
Liebespaar - Mischtechnik/Papier (102x44cm-40x17in) Bern 95 .... FF30 100 - £3 910 - **$6,180**
ERNST Gustav 1858-1945 [2]
📎 *Ortschaft an der Haardt* - Watercolour (49x32cm-19x13in) Heidelberg 92 .... FF2 040 - £209 - **$359**
ERNST Heinrich 1887-? [2]
🖌 *Sommertag* - Oil/canvas (60x80cm-24x31in) Köln 92 .... FF5 430 - £648 - **$1,044**
ERNST Helge 1916-1991 [63]
🖌 *Opstilling* - Oil/canvas (33x55cm-13x22in) København 96 .... FF3 700 - £460 - **$718**
Still life - Oil/canvas (100x65cm-39x26in) København 96 .... FF15 920 - £2 070 - **$3,154**
Opstilling med kande - Oil/canvas (100x81cm-39x32in) København 93 .... FF24 400 - £2 770 - **$4,130**
ERNST Jimmy 1920-1984 [24]
🖌 *Morning tought* - Tempera/canvas (101x127cm-40x50in) New-York 92 .... FF49 400 - £5 240 - **$9,500**
📎 *Abstract in greys* - Gouache/paper (58x43cm-23x17in) New-York 92 .... FF13 520 - £1 614 - **$2,600**
Biomorphic Shapes - Gouache/paper (22x30cm-9x12in) New-York 96 .... FF24 760 - £2 986 - **$4,750**
ERNST Leopold 1808-1862 [2]
🖌 *Der erschöpfte Kreuzritter* - Oil/canvas (47x34cm-19x13in) Wien 92 .... FF10 580 - £1 084 - **$1,864**
📎 *Feldherren in Gewandung des XVII* - Watercolour (31x38cm-12x15in) München 94 .... FF9 520 - £1 111 - **$1,670**

ERNST Max 1891-1976 [570]

- La horde - Huile/toile (41x33cm-16x13in) Paris 91 .... FF2 - £213 131 - **$379,280**
- Fleurs stylisées, 1929 - Huile/toile (92x72cm-36x28in) Enghien 90 .... FF8 - £877 944 - **$1**
- Judith, Porte ouverte sur la forêt - Huile/toile/panneau (31x22cm-12x9in) Paris 97 ... FF65 000 - £8 360 - **$12,880**
- Composition au soleil - Huile/panneau (14x9cm-6x4in) Paris 97 .... FF100 000 - £10 430 - **$17,100**
- Amazon forest - Oil/canvas/board (40x30cm-16x12in) London 97 .... FF212 355 - £22 000 - **$36,377**
- Les Amanites - Oil/canvas (46x55cm-18x22in) London 97 .... FF366 795 - £38 000 - **$62,833**
- Paysage - Oil/canvas (46x54cm-18x21in) London 97 .... FF540 540 - £56 000 - **$92,596**
- Vol Nuptial - Oil/canvas (81x65cm-32x26in) London 95 .... FF719 000 - £95 000 - **$145,700**
- Les requins/La forêt à l'aube - Lithographie couleurs (44x34cm-17x13in) London 97 .... FF10 618 - £1 100 - **$1,818**
- Les noces interrompues - Etching (35x24cm-14x9in) London 97 .... FF14 479 - £1 500 - **$2,480**
- The King playing with the Queen - Bronze (97cm-38in) New-York 92 .... FF5 - £626 000 - **$1**
- Le Roi, La Reine, Le Fou - Bronze (15cm-6in) Amsterdam 97 .... FF35 153 - £3 687 - **$6,032**
- Masque aux yeux invisibles - Bronze (87cm-34in) Luxembourg 96 .... FF59 700 - £6 920 - **$11,450**
- Janus - Bronze (45cm-18in) Amsterdam 97 .... FF181 629 - £19 049 - **$31,168**
- Mon ami Pierrot - Bronze (50cm-20in) Paris 96 .... FF303 000 - £39 200 - **$59,600**
- Paysage en ferraille ... - Gouache (78x68cm-31x27in) New-York 93 .... FF3 - £429 500 - **$640,000**
- Jouvence - Drawing (69x46cm-27x18in) London 96 .... FF15 470 - £2 000 - **$3,064**
- Marie, qui suis-je?... - Collage (14x16cm-6x6in) New-York 97 .... FF88 000 - £11 400 - **$18,000**
- Das Meer und die Sonne - Mixed media/paper (13x16cm-5x6in) London 97 .... FF193 050 - £20 000 - **$33,070**
- Le Surréalisme et la Peinture - Pastel (56x46cm-22x18in) London 95 .... FF469 000 - £62 000 - **$95,100**

ERNST Oscar 1886-1944 [1]

- Bündner Dorfwinkel - Öl/Leinwand (53x48cm-21x19in) Zofingen 95 .... FF2 765 - £362 - **$554**

ERNST Otto 1884-1967 [18]

- Pfingstrosen - Öl/Leinwand (55x40cm-22x16in) Zofingen 96 .... FF4 135 - £515 - **$798**
- Weltmeisterschaften 1923 - Poster (90x128cm-35x50in) New-York 95 .... FF6 060 - £764 - **$1,200**

ERNST Rudolph 1854-1932 [77]

- Orientale bei der Lektüre - Öl/Leinwand (61x51cm-24x20in) Düsseldorf 96 .... FF110 200 - £14 270 - **$22,050**
- L'Etang Sacré - Oil/panel (92x72cm-36x28in) London 96 .... FF264 700 - £33 000 - **$51,100**
- In the Garden of the Harem - Oil/panel (55x45cm-22x18in) London 97 .... FF328 468 - £36 000 - **$57,647**
- Avant la Chasse - Oil/panel (72x92cm-28x36in) London 96 .... FF638 000 - £75 000 - **$125,600**
- La cueillette des roses - Aquarelle, gouache (39x30cm-15x12in) Paris 94 .... FF45 000 - £5 230 - **$7,800**
- La toilette - Aquarelle, gouache/papier (26x21cm-10x8in) Paris 89 .... FF62 000 - £6 533 - **$10,438**
- The Reader - Watercolour/paper (32x49cm-13x19in) New-York 95 .... FF167 000 - £20 470 - **$32,500**

ERNST von Ilda 1873-? [1]

- Steilküste mit Brandung - Oil/panel (83x68cm-33x27in) Lindau 96 .... FF3 210 - £415 - **$620**

ERNST Wolfgang 1942 [2]

- Ohne Titel, 1976 - Mischtechnik/papier (62x87cm-24x34in) Wien 89 .... FF7 200 - £759 - **$1,212**

EROFEEV Vassili 1937 [2]

- La femme au fichu - Huile/toile (55x31cm-22x12in) Paris 90 .... FF5 000 - £509 - **$1,000**

EROLI Erulo 1854-1916 [5]

- Dream of Pilate's wife - Oil/canvas (202x250cm-80x98in) New-York 95 .... FF358 000 - £44 600 - **$70,000**
- Rollenporträts eines Schauspielers - Aquarell/Papier (27x18cm-11x7in) Köln 96 .... FF2 537 - £298 - **$499**

ERP van Theodoor 1874-1959 [1]

- D:16 - Poster (100x64cm-39x25in) New-York 92 .... FF18 170 - £1 860 - **$3,200**

ERPERLING Joseph Esper 1707-1775 [1]

- Adoration des Mages/Des Bergers - Huile/toile (60x42cm-24x17in) Paris 90 .... FF225 000 - £22 657 - **$44,074**

ERPIKUM Léon Vuilleminot c.1835-? [3]

- Diana beim Bade - Huile/panneau (33x23cm-13x9in) Bern 93 .... FF5 540 - £638 - **$950**

ERRANI Carlo, Charles 1804-1860 [2]

- Dame de qualité vêtue d'une robe bleue - Miniature (11x9cm-4x4in) Paris 96 .... FF5 500 - £712 - **$1,100**

ERRARD Charles II 1606-1689 [1]

- Minerva seated by a cartouche - Ink (24x17cm-9x7in) New-York 95 .... FF20 400 - £2 446 - **$3,800**

ERRO Gudmundur 1932 [248]

- Hommage à Boucher - Acrylique/toile (83x100cm-33x39in) Paris 97 .... FF11 000 - £1 147 - **$1,881**
- La vie de Van Gogh - Acrylique/toile (162x97cm-64x38in) Paris 97 .... FF20 000 - £2 106 - **$3,438**
- Castle of fear - Acrylique/toile (162x97cm-64x38in) Paris 97 .... FF33 000 - £3 475 - **$5,673**
- New! Meatballs - Acrylique/toile (88x100cm-35x39in) Paris 97 .... FF110 000 - £11 550 - **$18,920**
- A travers l'Atlantique - Acrylique/toile (195x150cm-77x59in) Paris 90 .... FF350 000 - £36 269 - **$61,511**
- Personnages - Encre/papier (50x32cm-20x13in) Toulouse 96 .... FF2 800 - £363 - **$554**
- Portraits - Feutre (24x17cm-9x7in) Paris 97 .... FF6 100 - £666 - **$1,066**
- The rogue girl, 1968 - Collage/papier (65x27cm-26x11in) Paris 90 .... FF18 000 - £1 940 - **$3,175**

ERTÉ Romain de Tirtoff 1892-1990 [401]

- Phoenix reborn - Serigraph in colors (71x102cm-28x40in) Tarzana, CA 96 .... FF5 420 - £701 - **$1,070**
- Madam Butterfly - Bronze (46cm-18in) Bloomfield Hills, Michigan 96 .... FF10 440 - £1 210 - **$2,000**
- Kiss of Fire - Bronze (53cm-21in) Chicago 96 .... FF13 500 - £1 720 - **$2,600**
- The Wedding - Bronze (42cm-17in) Milano 93 .... FF36 600 - £4 110 - **$6,550**
- Danseuse - Gouache/papier (31x21cm-12x8in) Paris 97 .... FF4 800 - £524 - **$839**
- Study for an aids Gala Poster - Gouache (47x37cm-19x15in) New-York 94 .... FF10 230 - £1 175 - **$1,750**
- Armide ou la mirage - Gouache/board (40x29cm-16x11in) New-York 96 .... FF17 411 - £1 831 - **$3,000**
- Costume design: Thaïs - Gouache (38x28cm-15x11in) New-York 96 .... FF24 760 - £2 986 - **$4,750**
- Costume design for Les Folies-Bergères - Gouache (25x36cm-10x14in) New-York 96 .... FF31 300 - £3 770 - **$6,000**
- La Princesse Baudour al Badour - Gouache (57x98cm-22x39in) New-York 96 .... FF152 000 - £18 000 - **$29,600**

E

ERTL Marie 1837-c.1890 [3]
- *Altaussee/Fuchsbauer* - Öl/Leinwand (43x77cm-17x30in) Wien 95 .... FF45 500 - £5 680 - **$9,200**

ERTZ Edward Frederick 1862-1954 [6]
- *Elégante au chapeau rouge* - Huile/toile (46x38cm-18x15in) Calais 97 .... FF10 000 - £1 071 - **$1,753**
- *View over a bay* - Gouache (30x16cm-12x6in) London 91 .... FF3 226 - £320 - **$560**

ERWITT Elliot 1928 [31]
- *Dog* - Silver print (20x30cm-8x12in) New-York 96 .... FF3 100 - £384 - **$600**
- *California* - Gelatin silver print (30x46cm-12x18in) London 94 .... FF10 220 - £1 200 - **$1,790**

ERXLEBEN August 1859-? [1]
- *Reiterschlacht* - Oil/canvas (58x80cm-23x31in) Frankfurt 92 .... FF18 700 - £1 914 - **$3,290**

ESBENS Emile Etienne 1821-? [2]
- *Le paresseux* - Oil/panel (39x30cm-15x12in) London 97 .... FF52 920 - £5 800 - **$9,288**
- *L'oiseleur et la mouche* - Aquarelle (28x42cm-11x17in) Nice 92 .... FF4 200 - £430 - **$756**

ESBRAT Raymond Noël 1809-1856 [1]
- *A country farmstead* - Oil/canvas (37x45cm-15x18in) London 95 .... FF5 020 - £650 - **$1,044**

ESBROECK van Edouard 1869-1949 [2]
- *Au potager* - Huile/toile (37x65cm-15x26in) Lokeren 95 .... FF30 950 - £4 070 - **$6,210**

ESCACENA Y DIEGUEZ José 1855-1909 [2]
- *Seated Arab guard* - Oil/board (48x37cm-19x15in) New-York 93 .... FF35 400 - £4 030 - **$6,000**

ESCALIER Eléonore née Légerot 1827-1888 [1]
- *Vase de fleurs* - Huile/toile (67x51cm-26x20in) Bordeaux 97 .... FF17 000 - £1 829 - **$2,989**

ESCALIER Nicolas Félix 1843-? [2]
- *Amiral Vallon, député de Brest* - Huile/toile (72x53cm-28x21in) Brest 94 .... FF3 400 - £402 - **$611**

ESCART Charles 1748-1810 [1]
- *River scene* - Oil/panel (55x80cm-22x31in) London 92 .... FF46 900 - £4 800 - **$8,250**

ESCAZENA José 1800-1855 [1]
- *Figures by a Moorish doorway* - Oil/board (43x36cm-17x14in) New-York 95 .... FF6 130 - £764 - **$1,200**

ESCHARD Charles 1748-1810 [9]
- *Deux personnages* - Encre (12x10cm-5x4in) Rouen 93 .... FF4 100 - £494 - **$746**

ESCHBACH Paul André 1881-1961 [75]
- *Neige, Dijon* - Huile/toile (50x61cm-20x24in) Versailles 91 .... FF6 500 - £655 - **$1,267**
- *Vieux pont sur la Côte d'Or* - Huile/isorel (27x35cm-11x14in) Provins 90 .... FF6 800 - £685 - **$1,236**
- *Maison sous les arbres* - Huile/toile (73x92cm-29x36in) Arles 92 .... FF8 200 - £840 - **$1,444**
- *Elegantes sortant de la serre* - Huile/toile (66x47cm-26x19in) Le Havre 93 .... FF16 000 - £1 930 - **$2,910**

ESCHEMANN Jean-Bernard XIX-XX [2]
- *Shepherd with his flock* - Oil/canvas (100x76cm-39x30in) London 92 .... FF4 890 - £500 - **$862**

ESCHENBURG von Marianne 1883-1942 [1]
- *Das Maleratelier* - Öl/Karton (36x27cm-14x11in) Wien 93 .... FF14 660 - £1 662 - **$2,493**

ESCHER Károly 1890-1966 [1]
- *Swimmer, 1930s* - Gelatin silver print (36x25cm-14x10in) New-York 96 .... FF20 700 - £2 560 - **$4,000**

ESCHER Konrad 1756-1823 [1]
- *Château de Bellevue, Paris* - Aquarelle (11x19cm-4x7in) Paris 96 .... FF2 600 - £331 - **$501**

ESCHER Mauritz Cornelius 1898-1972 [132]
- *Three worlds* - Lithographie (36x24cm-14x9in) Amsterdam 97 .... FF14 410 - £1 530 - **$2,510**
- *Boven en Onder* - Lithograph (61x30cm-24x12in) Amsterdam 97 .... FF26 364 - £2 765 - **$4,524**
- *Ascending & Descending* - Lithograph (35x28cm-14x11in) New-York 96 .... FF46 600 - £6 020 - **$9,000**
- *Other World* - Woodcut (38x32cm-15x13in) London 90 .... FF92 000 - £9 504 - **$16,254**
- *Remains of a Roman aquaduct* - Black chalk (48x66cm-19x26in) Amsterdam 90 .... FF62 900 - £6 498 - **$11,113**

ESCHER von Ernst Alfred 1881-1963 [3]
- *Rüti und Rapperswil* - Oil/canvas (89x110cm-35x43in) Luzern 92 .... FF6 850 - £818 - **$1,318**

ESCHKE Herman 1823-1900 [5]
- *Marine med russisk skib* - Oil/canvas (79x130cm-31x51in) København 95 .... FF13 600 - £1 697 - **$2,664**

ESCHKE Hermann Richard 1859-1944 [9]
- *Weite Berglandschaft* - Öl/Leinwand (92x112cm-36x44in) Köln 93 .... FF6 100 - £730 - **$1,174**
- *Greifswald am Bodden* - Öl/Karton (27x43cm-11x17in) Köln 93 .... FF11 540 - £1 321 - **$1,964**
- *Badeszene am Stechliner See* - Pastel/paper (38x49cm-15x19in) Hamburg 96 .... FF5 100 - £581 - **$975**

ESCHKE Oskar 1851-1892 [3]
- *Seeküste im Abendrot* - Oil/canvas (56x86cm-22x34in) Köln 90 .... FF13 500 - £1 445 - **$2,348**

ESCHWEGE von F.A. Elmar 1856-1935 [4]
- *Vor der Pirschhütte* - Oil/panel (70x94cm-28x37in) Leipzig 95 .... FF10 680 - £1 335 - **$2,157**

ESCLUSA Manuel [2]
- *Port de Barcelone* - Photo (25x25cm-10x10in) Paris 92 .... FF2 000 - £239 - **$385**

ESCOBAR Vicente 1757-1834 [1]
- *Don Agustín de la heras y carazo* - Oil/canvas (90x68cm-35x27in) New-York 91 .... FF16 950 - £1 687 - **$2,915**

ESCOBEDO Eberto 1919 [2]
- *Paisaje cubano* - Oil/canvas (92x107cm-36x42in) New-York 92 .... FF33 800 - £4 035 - **$6,500**

ESCOFFIER Béatrice 1954 [4]
- *Le baillant réflechissant* - Bronze (26x11cm-10x4in) La Varenne Saint-Hilaire 94 .... FF6 000 - £720 - **$1,165**

ESCRIBANO LIÑAN Francisco de Paula 1820-1900 [1]
- *Milagro de los panes y los peces* - Oleo/lienzo (81x147cm-32x58in) Madrid 96 .... FF19 340 - £2 510 - **$3,824**

ESCUDERO Pedro XX [3]
- *Red Horse* - Oil/canvas (56x76cm-22x30in) Delray Beach, Florida 96 .... FF2 750 - £356 - **$550**

ESCUDIE Roger 1920 [2]
- *Marée basse* - Huile/toile (99x130cm-39x51in) Monaco 93... FF7 500 – £938 – **$1,364**

ESCUDIER Charles Jean Auguste 1848-? [3]
- *A Spanish beauty* - Oil/canvas/board (66x81cm-26x32in) New-York 95.......................... FF9 560 – £1 156 – **$1,800**
- *Enfants jouant sur les rochers* - Oil/canvas (65x100cm-26x39in) New-York 93............... FF71 500 – £8 960 – **$13,000**

ESHERICK W. Harton 1887-1970 [1]
- *April plowing* - Woodcut (28x33cm-11x13in) Philadelphia 92.. FF2 025 – £207 – **$375**

ESKILSON Peter 1820-1872 [13]
- *I konstnärens ateljé* - Oil/canvas (22x27cm-9x11in) Stockholm 94.......................... FF7 280 – £860 – **$1,297**
- *Barn interior with mother and child* - Oil/canvas (38x31cm-15x12in) Stockholm 96 .... FF19 200 – £2 255 – **$3,775**

ESKOLA Kalle 1912 [3]
- *Parkbild* - Oil/canvas (69x58cm-27x23in) Helsinki 94.. FF5 730 – £669 – **$1,008**

ESKOLA Uuno 1889-1958 [1]
- *Stilleben* - Oil/canvas (50x60cm-20x24in) Helsinki 95.. FF4 630 – £579 – **$935**

ESLNER Otto 1893-1956 [1]
- *Schloß Seebenstein* - Aquarell/Papier (65x48cm-26x19in) Wien 90.......................... FF9 600 – £1 021 – **$1,717**

ESMENARD d' Inès XVIII-XIX [2]
- *Officer in blue uniform* - Miniature (4cm-2in) London 93....................................... FF3 600 – £450 – **$653**

ESMOND Diane XX [2]
- *Jean-Louis Barrault* - Fusain (39x34cm-15x13in) Paris 95....................................... FF3 000 – £390 – **$618**

ESNAULT Maurice dit Joannes 1854-1940 [4]
- *La crique* - Huile/panneau (60x74cm-24x29in) Avignon 89...................................... FF4 000 – £422 – **$673**

ESNÉE-PERRIN Marthe 1845-? [1]
- *Les labours* - Huile/toile (40x70cm-16x28in) Paris 91.. FF4 200 – £421 – **$769**

ESNOUL Paul 1882-1960 [22]
- *La pointe de Pen-Hir* - Huile/toile (100x73cm-39x29in) Nantes 90.......................... FF4 400 – £456 – **$773**

ESPAGNAT d' Georges 1870-1950 [243]
- *A Flower Still Life with Fruit* - Oil/canvas (46x38cm-18x15in) Amsterdam 94.......... FF29 295 – £3 072 – **$5,027**
- *Vallée du Juziers* - Oil/canvas (38x55cm-15x22in) New-York 97.............................. FF69 646 – £7 327 – **$12,000**
- *Fillette assise* - Huile/toile (73x54cm-29x21in) Paris 97.. FF130 000 – £14 222 – **$22,646**
- *Baigneuses* - Oil/canvas (132x162cm-52x64in) London 97.................................... FF173 745 – £18 000 – **$29,763**
- *Deux pêcheurs à la ligne* - Oil/canvas (97x130cm-38x51in) London 96.................. FF368 600 – £42 000 – **$70,500**
- *Enfants dans le parc* - Oil/canvas (81x100cm-32x39in) New-York 90.................... FF706 000 – £71 092 – **$138,296**
- *Après-midi au jardin* - Aquarelle (17x22cm-7x9in) Calais 93................................. FF13 500 – £1 554 – **$2,330**
- *Nu* - Pastel (60x40cm-24x16in) Deauville 94... FF37 000 – £4 400 – **$7,040**

ESPALIOUX Joseph 1921-1986 [1]
- *Attitude de cheval* - Huile/toile (61x50cm-24x20in) Auxerre 90.............................. FF6 500 – £691 – **$1,163**

ESPALTER Y RULL Joaquín 1809-1880 [2]
- *El reposo de la Odalisca* - Oleo/lienzo (61x100cm-24x39in) Madrid 90.................. FF7 700 – £972 – **$1,544**
- *Manuel y Matilde Alvarez Amoros* - Oleo/lienzo (156x123cm-61x48in) Madrid 91 .... FF89 400 – £9 016 – **$17,425**

ESPARBES d' Jean 1898-1968 [30]
- *Maternité* - Huile/toile (55x46cm-22x18in) Troyes 94.. FF3 500 – £402 – **$668**
- *L'accordéoniste* - Huile/toile (55x46cm-22x18in) Soissons 96.............................. FF4 800 – £618 – **$951**
- *Vieil homme et l'oiseau chanteur* - Huile/toile (61x50cm-24x20in) Reims 91.......... FF7 500 – £745 – **$1,302**
- *Autoportrait au verre* - Huile/toile (64x54cm-25x21in) Nice 96............................ FF17 000 – £2 200 – **$3,400**
- *Le décorateur de masques* - Huile/toile (61x50cm-24x20in) Reims 91.................. FF20 500 – £2 036 – **$3,559**
- *Autoportrait à la guitare* - Huile/toile (60x73cm-24x29in) Orléans 91.................. FF25 000 – £2 570 – **$4,650**

ESPEJO Jean 1931 [47]
- *Paysage d'hiver* - Huile/toile (22x27cm-9x11in) Saint-Dié 95.............................. FF4 100 – £512 – **$804**
- *Hôtel du Pont* - Huile/toile (22x27cm-9x11in) Douai 94.. FF5 800 – £666 – **$992**
- *Le pique-nique* - Huile/toile (60x81cm-24x32in) Saint-Dié 93.............................. FF20 000 – £2 300 – **$3,450**

ESPÉRANDIEU Henri 1829-1874 [1]
- *Apollon et son cortège* - Encre Chine (26x29cm-10x11in) Paris 96...................... FF2 100 – £247 – **$413**

ESPERLIN Joseph 1707-1775 [2]
- *Laissez venir à Moi les enfants* - Huile/toile (112x170cm-44x67in) Paris 93.................. FF170 000 – £19 540 – **$29,200**

ESPI Albert 1924 [7]
- *Paysage au cabanon* - Huile/toile (50x61cm-20x24in) Arles 93............................ FF3 000 – £362 – **$546**
- *Pêcheurs à Cassis* - Gouache/papier (37x45cm-15x18in) Arles 93 .... FF2 000 – £250 – **$364**

ESPIC d' Christian XX [4]
- *Le Vert-Galant* - Huile/toile (54x81cm-21x32in) Montauban 95.......................... FF14 000 – £1 747 – **$2,830**

ESPINA Y CAPO Juan 1848-1933 [8]
- *Paisaje* - Oleo/lienzo (120x65cm-47x26in) Madrid 90... FF9 700 – £1 045 – **$1,711**
- *Paisaje con casas* - Carboncillo (21x33cm-8x13in) Madrid 97............................ FF1 592 – £172 – **$276**

ESPINAL de Juan 1714-1783 [1]
- *Arcangel San Miguel* - Oleo/lienzo (91x64cm-36x25in) Madrid 90...................... FF81 000 – £8 617 – **$14,490**

ESPINASSE Raymond 1897-1985 [57]
- *Cactus sur la fenêtre* - Huile/toile (61x50cm-24x20in) Paris 92.......................... FF3 200 – £329 – **$593**
- *Cordes* - Huile/toile (155x80cm-61x31in) Castres 91.. FF20 000 – £2 005 – **$3,663**
- *Les danseuses* - Crayons couleurs/papier (40x30cm-16x12in) Arles 91.............. FF3 500 – £348 – **$602**

ESPINOS Benito 1748-1818 [2]
- *Vase de fleurs* - Huile/panneau (73x47cm-29x19in) Monaco 89.......................... FF420 000 – £44 257 – **$70,707**

E

ESPINOS Luis XIX-XX [2]
Niña de azul - Pastel (41x33cm-16x13in) Madrid 91 .... FF2 190 - £219 - **$365**
ESPINOUZE Henri 1915 [4]
🖝 *Paysage* - Huile Paris 90 .... FF3 500 - £362 - **$618**
ESPLANDIU Juan 1901-1978 [17]
🖝 *Figuras en la playa* - Oleo/lienzo (89x145cm-35x57in) Madrid 92 .... FF43 800 - £4 384 - **$8,410**
La era con Madrid al fondo - Acuarela (45x61cm-18x24in) Madrid 96 .... FF3 244 - £422 - **$636**
ESPOSITO d' Vincenzo XIX-XX [40]
A Luzzu in open seas - Watercolour, gouache (24x11cm-9x4in) London 92 .... FF4 480 - £460 - **$860**
ESPOSITO Enzo XX [4]
🖝 *Komposition* - Mischtechnik (52x68cm-20x27in) München 93 .... FF2 077 - £234 - **$351**
Carta no. 8 - Pastelli/carta (50x72cm-20x28in) Milano 93 .... FF3 294 - £370 - **$590**
Carta N. 8 - Pastelli/carta (55x75cm-22x30in) Milano 92 .... FF3 624 - £371 - **$638**
ESPOSITO Gaetano 1858-1911 [30]
🖝 *Neapolitanischen Mädchens* - Öl (37x22cm-15x9in) Wien 97 .... FF13 384 - £1 422 - **$2,307**
Dolce riposo - Olio/tela (50x78cm-20x31in) Roma 94 .... FF60 100 - £7 200 - **$11,160**
Valetta Harbour - Gouache (21x37cm-8x15in) London 93 .... FF5 600 - £700 - **$1,015**
ESPOY Angel 1869-1962 [28]
🖝 *Breaking vawes* - Oil/canvas (63x76cm-25x30in) San Francisco-Los Angeles 92 .... FF7 840 - £910 - **$1,600**
High Desert - Oil/canvas (76x102cm-30x40in) San Francisco-Los Angeles 93 .... FF25 100 - £2 850 - **$4,250**
ESQUIVEL Y SUAREZ DE URBINA Antonio María 1806-1857 [11]
🖝 *Dos escudos protegidos* - Oleo/lienzo (132x178cm-52x70in) Madrid 97 .... FF14 000 - £1 505 - **$2,450**
Dama con vestido azul - Oleo/lienzo (92x73cm-36x29in) Madrid 95 .... FF24 200 - £3 096 - **$4,870**
Maja desnuda - Oleo/lienzo (105x163cm-41x64in) Madrid 92 .... FF242 000 - £28 100 - **$49,350**
ESS Barbara 1948 [3]
📷 *Untitled* - Photograph in colour (134x159cm-53x63in) New-York 97 .... FF5 263 - £556 - **$900**
ESSCHE van Paul 1907-1981 [2]
Tête fantastique - Huile/toile (60x50cm-24x20in) Antwerpen 91 .... FF6 480 - £644 - **$1,125**
ESSEN Johannes Cornelis 1854-1936 [4]
🖝 *Pelicans* - Oil/canvas (97x134cm-38x53in) Amsterdam 91 .... FF12 020 - £1 220 - **$2,171**
ESSEN van Jan 1854-1936 [8]
🖝 *Question Brûlante* - Oil/panel (23x31cm-9x12in) Amsterdam 96 .... FF7 260 - £910 - **$1,402**
ESSENTHIER Walter 1892-? [1]
Junger Mann und Windhund - Aquarell/Papier (33x40cm-13x16in) Wien 92 .... FF10 580 - £1 084 - **$1,864**
ESSER Max 1885-1943 [3]
🗿 *Fischotter* - Bronze (25cm-10in) Bremen 94 .... FF9 600 - £1 113 - **$1,652**
ESSEX William 1784-1869 [2]
Queen Victoria in coronation robes - Miniature (9cm-4in) London 96 .... FF4 290 - £550 - **$846**
ESSFELD Alexander 1897-1939 [2]
🖝 *Avant la tempête* - Huile/toile (110x160cm-43x63in) Bruxelles 91 .... FF8 230 - £826 - **$1,424**
ESSIG George Emerick 1838-1926 [6]
Sailboat in a cove - Watercolour/paper (38x64cm-15x25in) Baton Rouge, Louisiana 94 .... FF3 370 - £396 - **$600**
ESSINGER Hans 1900-1977 [1]
🖝 *Chioggia* - Oil/panel (50x68cm-20x27in) Wien 96 .... FF4 810 - £603 - **$940**
ESTALELLA Ramón 1893-1986 [5]
🖝 *Braojos* - Oleo/tabla (54x64cm-21x25in) Madrid 91 .... FF27 350 - £2 742 - **$4,515**
ESTALL William Charles 1857-1897 [5]
🖝 *At the well* - Oil/canvas (92x61cm-36x24in) Stockholm 92 .... FF13 550 - £1 620 - **$2,607**
The duck pond - Watercolour (23x38cm-9x15in) London 92 .... FF1 843 - £220 - **$355**
ESTE Gaudi 1947 [1]
🗿 *Perro, 1989* - Bronze (29x53cm-11x21in) New-York 90 .... FF24 000 - £2 553 - **$4,293**
ESTENBERG Per 1772-1848 [1]
Neptunus' triumf - Ink (14x50cm-6x20in) Stockholm 92 .... FF2 710 - £324 - **$522**
ESTERL Felix 1894-1931 [1]
Baumbestandene Landschaft - Öl/Leinwand (60x80cm-24x31in) Pforzheim 93 .... FF5 430 - £648 - **$1,044**
ESTERL Martin 1947 [2]
🖝 *Reihenfolge 4* - Mischtechnik (62x89cm-24x35in) Wien 90 .... FF2 400 - £252 - **$417**
ESTERLE von Max 1870-1947 [1]
Romantische Kate am Wintertag - Gouache (54x77cm-21x30in) Lindau 93 .... FF2 713 - £324 - **$522**
ESTES Richard 1936 [50]
🖝 *B & O* - Oil/canvas (122x152cm-48x60in) New-York 94 .... FF1 - £131 300 - **$210,000**
Nedick's - Oil/canvas (121x167cm-48x66in) New-York 93 .... FF2 - £282 000 - **$420,000**
Urban Landscape #2 - Acrylic/board (60x46cm-24x18in) New-York 95 .... FF157 400 - £20 860 - **$32,500**
American Express Downtown - Oil/canvas (61x91cm-24x36in) New-York 96 .... FF560 000 - £66 000 - **$110,000**
🖼 *Urban landscapes no.3* - Screenprint (50x70cm-20x28in) New-York 90 .... FF68 600 - £7 109 - **$12,056**
ESTEVE Maurice 1904 [231]
🖝 *Trigourec, 1972* - Oil/canvas (146x97cm-57x38in) London 90 .... FF2 - £281 789 - **$461,199**
Rouvraie - Huile/toile (22x27cm-9x11in) Paris 96 .... FF57 000 - £7 140 - **$11,000**
Nomade - Oil/canvas (27x19cm-11x7in) London 97 .... FF131 333 - £14 000 - **$22,930**
Vindon - Huile/toile (61x50cm-24x20in) Paris 95 .... FF280 000 - £36 800 - **$56,200**
Les fiancés du Nouvel An - Huile/toile (135x72cm-53x28in) Paris 94 .... FF525 000 - £62 500 - **$98,800**
🖼 *Cali* - Lithographie couleurs (37x60cm-15x24in) London 97 .... FF10 618 - £1 100 - **$1,818**
Brandevin - Lithograph Köbenhavn 94 .... FF24 340 - £2 795 - **$4,160**
L'Oiseau de nuit - Pastel (23x31cm-9x12in) London 96 .... FF19 330 - £2 500 - **$3,830**

Composition - Watercolour (43x59cm-17x23in) London 97 .... FF**63 790** - £**6 800** - **$11,137**
Aquarelle No. 1031 - Watercolour (69x52cm-27x20in) London 96 .... FF**119 800** - £**15 500** - **$23,750**
Paysage - Gouache (50x64cm-20x25in) Paris 90 .... FF**500 000** - £**51 653** - **$88,339**

ESTEVE Y VILELLA Rafael 1772-1847 [1]
Amor maligno - Grabado (40x30cm-16x12in) Madrid 96 .... FF**1 766** - £**208** - **$347**

ESTEVES Antonio 1910-1983 [1]
Flowers in a blue vase - Acrylic/panel (49x35cm-19x14in) New-York 90 .... FF**2 600** - £**273** - **$452**

ESTIENNE d' Henry 1872-1949 [12]
Mère et enfant auprès de l'âtre
  Huile/toile (50x42cm-20x17in) La Varenne Saint-Hilaire 96 .... FF**10 000** - £**1 212** - **$1,944**
Fileuse de Bou-Saâda - Pastel (63x47cm-25x19in) La Varenne Saint-Hilaire 96 ...... FF**15 500** - £**1 780** - **$2,960**

ESTLER Georg 1860-? [1]
Winter, Sächsischen Schweiz - Öl/Leinwand (73x119cm-29x47in) Stuttgart 95 .... FF**5 600** - £**719** - **$1,154**

ESTOPPEY David 1862-1952 [3]
Über den Dächern von Murten - Oil/board (32x45cm-13x18in) Bern 92 .... FF**3 426** - £**409** - **$660**
Étang de Grevin, Savoie - Huile/toile (33x46cm-13x18in) Zürich 91 .... FF**7 920** - £**794** - **$1,307**

ESTOUILLY d' Octave XIX [1]
Chevaux dans une prairie - Huile/toile (66x82cm-26x32in) Senlis 94. .... FF**32 500** - £**3 730** - **$5,570**

ESTRADA Adolfo 1927 [6]
Sartén con huevos y tocinos - Oleo/lienzo (41x33cm-16x13in) Madrid 93 .... FF**8 010** - £**954** - **$1,450**

ESTRADA María Pepa 1915 [2]
El duello ante caballeros - Óleo/lienzo (50x61cm-20x24in) Madrid 91 .... FF**7 040** - £**701** - **$1,211**

ESTREUX DE MAINGOVAL d' Marguerite 1815-1899 [1]
Parc clos de murs près d'Auteuil - Pierre noire (40x55cm-16x22in) Paris 92 .... FF**4 500** - £**463** - **$833**

ESTRUGA Oscar 1933 [4]
El escultor - Gouache (48x64cm-19x25in) Madrid 92 .... FF**12 150** - £**1 238** - **$2,140**

ETBAUER Theodore 1892-1975 [2]
Hamburg-Amerika Linie, Croisiere - Affiche (84x60cm-33x24in) New-York 96 .... FF**5 180** - £**669** - **$1,000**

ETCHELLS Frederick 1886-1973 [4]
Cellular composition - Oil/panel (26x34cm-10x13in) London 91 .... FF**17 850** - £**1 812** - **$3,224**

ETCHEVERRY Denis 1867-1950 [11]
Conversation dans un parc - Huile/toile (73x100cm-29x39in) Quimper 97 .... FF**14 000** - £**1 499** - **$2,454**
Ils avaient trop bu de Vin Mariani - Encre Chine (23x31cm-9x12in) Monaco 89 .... FF**42 000** - £**4 426** - **$7,071**

ETCHEVERS Christine 1953 [13]
Entrée de la vie - Huile/toile (116x89cm-46x35in) Paris 91 .... FF**2 500** - £**248** - **$434**

ETERNOD de Marcel Victor 1891-? [3]
Lac Neuchâtel des Rasses - Huile/toile (47x63cm-19x25in) Bern 94 .... FF**3 640** - £**422** - **$627**

ETERSEN von Hans Ritter 1850-1914 [1]
Wintertag im alten Hafenviertel - Öl/Leinwand (78x105cm-31x41in) Köln 94 .... FF**8 500** - £**992** - **$1,490**

ETEVE Raoul XX [8]
The Old Mill - Oil/canvas (46x55cm-18x22in) Montréal 94 .... FF**3 156** - £**374** - **$584**

ETEX Antoine 1808-1888 [2]
Danaé, 1894 - Oil/canvas (25x49cm-10x19in) Québec 90 .... FF**2 900** - £**300** - **$512**

ETHOFER Theodor Josef 1849-1915 [3]
Tennengauer Tracht - Mischtechnik/Karton (66x41cm-26x16in) Wien 91 .... FF**14 400** - £**1 455** - **$2,859**

ETIENNE 1952 [2]
Le Poète - Bronze (20cm-8in) Paris 95 .... FF**13 000** - £**1 655** - **$2,507**

ETIENNE Charnélus 1966 [2]
Le Jardin d'Éden - Huile/toile (61x82cm-24x32in) Paris 93 .... FF**5 200** - £**627** - **$946**

ÉTIENNE Francis Paul 1874-1960 [1]
Arab women in a Harem - Oil/canvas (69x106cm-27x42in) London 92 .... FF**79 500** - £**9 500** - **$15,300**

ETIENNE Jackson 1961 [5]
Jungle imaginaire - Huile/toile (61x91cm-24x36in) Paris 93 .... FF**2 500** - £**302** - **$455**

ETIENNE René XIX-XX [2]
Bord de mer - Huile/panneau (43x56cm-17x22in) Paris 90 .... FF**2 800** - £**289** - **$495**

ÉTIENNE-MARTIN 1913-1995 [9]
Le Bec - Bronze (66x64x150cm-26x25x59in) Paris 96 .... FF**121 000** - £**13 800** - **$23,160**

ETKIN Suzan, Sue 1955 [5]
Inventory - Acrylic/canvas (274x366cm-108x144in) Stockholm 96 .... FF**5 770** - £**720** - **$1,114**

ETNIER Stephen Morgan 1903-1984 [4]
Bibber's Boat Shed - Oil/canvas (33x53cm-13x21in) Portland, Maine 93 .... FF**20 650** - £**2 350** - **$3,500**

ETROG Sorel 1933 [26]
Study for La Mer - Bronze (23cm-9in) New-York 95 .... FF**9 280** - £**1 185** - **$1,900**
Moses - Bronze (127cm-50in) Toronto 96 .... FF**47 500** - £**6 050** - **$9,130**

ETTING Emlen 1905-1992 [22]
Wartime twilight - Oil/canvas (45x71cm-18x28in) New-York 92 .... FF**11 360** - £**1 162** - **$2,000**

ETTY William 1787-1849 [57]
Head and shoulders of a nude man - Oil/board (25x21cm-10x8in) London 96 .... FF**4 030** - £**520** - **$790**
Peace and War - Oil/canvas (7x64cm-3x25in) London 96 .... FF**16 040** - £**2 000** - **$3,100**
Ariadne at Naxos - Oil/panel (70x52cm-28x20in) San Francisco-Los Angeles 94 .... FF**52 800** - £**6 110** - **$9,000**

E

EUGEN Prins Napoléon Bernadotte 1865-1947 [54]

Utsikt mot Fåfängan - Oil/canvas (34x50cm-13x20in) Stockholm 97 .... FF16 603 - £1 753 - **$2,868**
Piazza di Spagna, Roma - Oil/panel (32x36cm-13x14in) Stockholm 97 .... FF26 968 - £2 887 - **$4,701**
Vättern blånar - Oil/canvas (62x100cm-24x39in) Stockholm 99 .... FF52 000 - £6 480 - **$10,140**
Nassja peninsula, Orgarden
    Oil/board (38x55cm-15x22in) San Francisco-Los Angeles 90 .... FF171 600 - £18 373 - **$29,843**
Skymning vid Arno, Florens - Akvarell (75x60cm-30x24in) Stockholm 95. .... FF31 650 - £4 140 - **$6,430**

EULER Carl 1815-? [1]

Hochwürden auf Krankenbesuch - Oil/canvas (65x75cm-26x30in) Stuttgart 91 .... FF8 510 - £845 - **$1,478**

EULER Pierre Nicolas 1846-c.1905 [2]

Jetée de rose, aiguière et son bassin - Huile/toile (52x73cm-20x29in) Lyon 94 .... FF9 000 - £1 070 - **$1,647**

EURICH Richard Ernest 1903-1992 [64]

The Visit - Oil/board (35x30cm-14x12in) London 97... FF7 180 - £749 - **$1,228**
The Bait Digger - Oil/board (20x21cm-8x8in) London 97 .... FF11 969 - £1 249 - **$2,047**
Water's Edge - Oil/board (30x61cm-12x24in) London 97 .... FF28 736 - £3 000 - **$4,917**
Newlyn Harbour - Oil/canvas (41x51cm-16x20in) London 94 .... FF69 200 - £8 000 - **$11,920**

EUSTACHE Charles Fr. 1820-1870 [8]

Égyptienne accoudée - Crayons couleurs/papier (20x28cm-8x11in) Paris 95 .... FF1 500 - £198 - **$304**

EUSTACHE Robert XIX-XX [2]

Scène de rue en Orient - Huile/toile (71x57cm-28x22in) Paris 95. .... FF3 500 - £461 - **$710**
Les gens de maison - Huile/toile (65x92cm-26x36in) Paris 90 .... FF50 000 - £5 113 - **$9,869**

EUSTACHE-LORSAY Louis-Alexandre 1822-? [1]

The celebration - Oil/panel (37x46cm-15x18in) London 92 .... FF18 500 - £1 900 - **$3,550**

EVANS A.E. XIX [3]

Croix des Gardes, Villa Sprungland - Wash (43x68cm-17x27in) London 90. .... FF4 100 - £436 - **$733**

EVANS Bernard 1929 [3]

Punting by a Riverside Church - Watercolour (23cm-9in) London 94 .... FF2 665 - £320 - **$507**

EVANS Bernard Walter 1843-1922 [12]

Cannes - Watercolour (35x52cm-14x20in) Hadspen 96 .... FF7 890 - £1 000 - **$1,513**
Antibes from the Cap d'Antibes - Watercolour (39x74cm-15x29in) London 93 .... FF15 360 - £1 850 - **$2,683**

EVANS David 1895-? [2]

Nude female torso - Marble (30cm-12in) London 94. .... FF15 240 - £1 800 - **$2,736**

EVANS DE SCOTT David Scott 1847-1898 [7]

Grandfather's Clock - Oil/canvas (115x74cm-45x29in) New-York 94 .... FF84 200 - £9 940 - **$15,000**

EVANS Donald 1945-1977 [3]

Joisas, 10 stamps - Watercolour/paper (21x7cm-8x3in) Amsterdam 96 .... FF16 600 - £1 920 - **$3,180**

EVANS Floyd B. 1890-1966 [7]

After the Wind - Silver print (43x33cm-17x13in) New-York 92 .... FF2 556 - £262 - **$450**

EVANS Fred McNamara XIX-XX [20]

The fisherman - Watercolour (20x15cm-8x6in) London 95 .... FF4 550 - £550 - **$856**

EVANS Frederick Henry 1853-1943 [30]

Cathedral - Platinum print (10x8cm-4x3in) New-York 95 .... FF4 850 - £623 - **$1,000**
The Great East Window - Platinum print (27x18cm-11x7in) New-York 96 .... FF38 700 - £4 800 - **$7,500**
When the Boats Come Home - Watercolour (38x32cm-15x13in) Crewkerne, Somerset 93 .... FF4 980 - £600 - **$870**

EVANS Frederick M. XIX-XX [7]

Fisherman's Story - Aquarelle (66x84cm-26x33in) Montréal 96 .... FF6 830 - £855 - **$1,318**

EVANS George William 1780-1852 [1]

River, New South Wales - Watercolour (18x29cm-7x11in) London 96 .... FF127 600 - £16 000 - **$24,930**

EVANS James Guy 1810-? [1]

Ship Russia, Captain Ashlin Gilliat
    Oil/canvas (71x127cm-28x50in) New Orleans, Louisiana 94 .... FF47 500 - £5 700 - **$9,000**

EVANS Jessie Benton 1866-1954 [3]

Southwestern landscape - Oil/canvas (64x76cm-25x30in) Mystic, Connecticut 95 .... FF3 420 - £437 - **$700**

EVANS Lucile 1894-1993 [3]

Apple - Encaustic (28x36cm-11x14in) Portland, Maine 94 .... FF3 250 - £389 - **$600**

EVANS Merlyn Oliver 1910-1973 [16]

Two forms in a landscape - Oil/canvas/board (30x42cm-12x17in) London 94 .... FF11 540 - £1 350 - **$2,024**
Large Interior - Oil/canvas (101x127cm-40x50in) London 94 .... FF54 200 - £6 500 - **$10,530**

EVANS OF BRISTOL William 1809-1858 [3]

English country town scene - Watercolour (20x33cm-8x13in) London 92 .... FF5 260 - £540 - **$1,010**

EVANS OF ETON William 1798-1877 [13]

An Italian seaside town - Watercolour (15x24cm-6x9in) London 96 .... FF4 420 - £520 - **$867**
Party outside Haddon Hall, Derbyshire - Watercolour (56x76cm-22x30in) London 97 .... FF22 578 - £2 400 - **$3,890**

EVANS Powys Arthur, Quiz 1899-? [5]

Circus at Chartres - Oil/board (31x25cm-12x10in) London 90 .... FF6 800 - £728 - **$1,183**
Hilaire Belloc in a Sussex pub - Ink (16x11cm-6x4in) London 93 .... FF1 660 - £200 - **$290**

EVANS Samuel 1829-1904 [2]

Sunset on Brighton Sands - Watercolour (14x52cm-6x20in) London 93 .... FF6 640 - £800 - **$1,160**

EVANS Walker 1903-1975 [190]

Chicago street scene - Silver print (18x18cm-7x7in) New-York 96 .... FF10 310 - £1 325 - **$2,000**
Bucket-Seat Model T, Alabama - Gelatin silver print (18x23cm-7x9in) New-York 96 .... FF16 570 - £2 047 - **$3,200**
City Lunch Counter - (14x21cm-6x8in) New-York 94 .... FF63 900 - £7 410 - **$11,000**

EVANS Will [2]

Street scene, St Ives - Watercolour (38x45cm-15x18in) Margam Park, Wales 92 .... FF2 930 - £300 - **$518**

EVARD André 1876-1972 [1]
- *Fleurs* - Huile/panneau (65x50cm-26x20in) Bern 94 .... FF2 684 - £322 - **$522**

EVE Jean 1900-1968 [38]
- *Capucines vollubilis* - Huile/toile (55x38cm-22x15in) Paris 97 .... FF4 000 - £427 - **$692**
- *Saint-Clair sur Epte* - Oil/canvas (50x65cm-20x26in) New-York 94 .... FF21 100 - £2 535 - **$4,000**
- *Paysage à l'étang* - Huile/toile (50x73cm-20x29in) Paris 97 .... FF50 000 - £5 430 - **$8,770**

EVEN André 1918 [54]
- *Paysage rose* - Huile/toile (26x40cm-10x16in) Quimper 97 .... FF2 200 - £236 - **$386**
- *Paysage au champ jaune* - Huile/toile (54x80cm-21x31in) Brest 97 .... FF4 840 - £520 - **$843**
- *Paysages de Bretagne* - Pastel Paris 97 .... FF2 500 - £272 - **$439**

EVEN Jean 1910-1986 [12]
- *Paysage jaune* - Huile/toile (54x55cm-21x26in) Brest 95 .... FF2 800 - £350 - **$549**
- *La table au soleil* - Huile/toile (90x106cm-35x42in) Neuilly 96 .... FF20 500 - £2 415 - **$4,024**
- *Composition au clocher et à la barrière* - Gouache (35x50cm-14x20in) Brest 94 .... FF3 100 - £367 - **$572**

EVENEPOEL Henri 1872-1899 [18]
- *Les bateliers* - Huile/toile (27x35cm-11x14in) Bruxelles 95 .... FF22 500 - £2 810 - **$4,540**
- *Le petite Charles en arabe* - Huile (73x50cm-29x20in) Lokeren 92 .... FF821 000 - £95 500 - **$167,600**
- *Au square* - Lithographie couleurs Paris 96 .... FF7 800 - £1 010 - **$1,560**

EVERDINGEN van Adrianus 1832-1912 [16]
- *A farm among trees* - Oil/paper/panel (35x54cm-14x21in) Amsterdam 97 .... FF2 773 - £30 0 1 - **$483**
- *Peasant & horse-drawn cart* - Oil/canvas (65x94cm-26x37in) Amsterdam 97 .... FF19 005 - £2 009 - **$326,1 5**
- *Angler by a bridge* - Watercolour/paper (37x60cm-15x24in) Amsterdam 92 .... FF3 034 - £311 - **$535**

EVEREN van Jay 1875-1947 [3]
- *Afternoon stroll* - Oil/canvas (38x51cm-15x20in) Philadelphia 95 .... FF3 260 - £412 - **$650**

EVERETT Walter H. 1880-1946 [1]
- *The Garden of Eden* - Oil/canvas (53x46cm-21x18in) New-York 93 .... FF14 160 - £1 610 - **$2,400**

EVERGOOD Philip Howard Fr. 1901-1973 [29]
- *Girl and Giant Squash* - Oil/canvas (61x46cm-24x18in) New-York 94 .... FF8 410 - £1 010 - **$1,600**
- *Still life with pitcher and fruit* - Oil/canvas (77x64cm-30x25in) New-York 96 .... FF41 200 - £5 120 - **$8,000**
- *What's the weather going to be ?* - Oil/canvas (88x63cm-35x25in) New-York 91 ...... FF83 900 - £8 423 - **$14,516**
- *Wharfside pub* - Gouache/paper (33x41cm-13x16in) New-York 90 .... FF20 000 - £2 103 - **$3,478**

EVERITT Allen Edward 1824-1882 [1]
- *Oak-panelled gallery interior* - Watercolour (29x43cm-11x17in) London 95 .... FF3 840 - £500 - **$788**

EVERS Anton Clemens Albr. 1802-1848 [1]
- *Elegante Dame* - Oil/canvas (27x20cm-11x8in) Stuttgart 89 .... FF2 500 - £242 - **$379**

EVERS Ivar Elis 1866-? [1]
- *Young girl with straw hat* - Oil/canvas (91x76cm-36x30in) North Bethesda, MD. 91 ...... FF4 730 - £474 - **$866**

EVERS Rienke Theodorus 1816-? [1]
- *Rocky landscape with a torrent* - Oil/panel (70x51cm-28x20in) Amsterdam 94 .... FF3 940 - £453 - **$674**

EVERSEN Adrianus 1818-1897 [77]
- *Townsfolk resting on a church square* - Oil/panel (16x13cm-6x5in) Amsterdam 97 ...... FF23 519 - £2 572 - **$4,125**
- *Townsfolk in a sunlit street* - Oil/canvas (45x36cm-18x14in) Amsterdam 94 .... FF45 750 - £5 310 - **$7,870**
- *Town with villagers on a market square*
  Oil/panel (23x30cm-9x12in) Amsterdam 97 .... FF207 348 - £2 192 0 3 - **$35,578**
- *A Busy Amsterdam Street* - Oil/canvas New-York 94 .... FF505 000 - £60 200 - **$95,000**
- *Townsfolk strolling in a street* - Watercolour (18x14cm-7x6in) Amsterdam 96 .... FF13 800 - £1 773 - **$2,723**

EVERSEN Jan H. 1906 [4]
- *Still life with shells and lemon* - Oil/canvas/board (40x50cm-16x20in) London 90 .... FF14 640 - £1 490 - **$2,928**

EVERSEN Johannes Hendrik 1916-? [7]
- *Roses in a vase* - Oil (27x21cm-11x8in) Amsterdam 96 .... FF12 640 - £1 533 - **$2,457**
- *Bread on a table* - Oil/canvas (61x51cm-24x20in) Taipei, Taiwan 93 .... FF67 800 - £7 700 - **$13,500**

EVERSHED Thomas 1817-1890 [4]
- *Red Butte, Republican River*
  Watercolour/paper (20x31cm-8x12in) San Francisco-Los Angeles 95 .... FF11 800 - £1 343 - **$2,000**

EVES Reginald Grenville 1876-1941 [3]
- *A sunlit river*
  Oil/panel (23x38cm-11x15in) Marlborough Crescent, Newcastle upon Tyne 93 .... FF6 230 - £700 - **$1,043**

EVRARD André 1936 [2]
- *Penjab XXXI* - Oil/canvas (54x76cm-21x30in) Bern 91 .... FF4 750 - £479 - **$824**

EVRARD Jean-Marie 1776-1860 [3]
- *Portrait de jeune femme* - Miniature (16x12cm-6x5in) Paris 92 .... FF7 500 - £768 - **$1,320**

EVRARD Paula 1876-1927 [5]
- *Lilas* - Huile/toile (80x70cm-31x28in) Bruxelles 95 .... FF6 390 - £773 - **$1,203**

ÉVRARD Victor 1807-1877 [2]
- *One of the Three Fates* - Bronze (30cm-12in) London 95 .... FF28 600 - £3 800 - **$5,900**

EWALD Reinhold 1890-1974 [7]
- *In Café* - Oil/panel (40x50cm-16x20in) Frankfurt 95 .... FF20 720 - £2 754 - **$4,270**

EWBANK John Wilson 1779-1847 [7]
- *Evening, Highlands of Scotland* - Oil/canvas (51x68cm-20x27in) Glasgow 91 .... FF12 960 - £1 299 - **$2,185**

EWEN William Patterson 1925 [5]
- *Patterned squares* - Huile (61x61cm-24x24in) Montréal 92 .... FF8 600 - £870 - **$1,652**
- *Orange abstract* - Huile/toile (91x117cm-36x46in) Montréal 91 .... FF53 700 - £5 385 - **$8,864**

EWERBECK Ernst 1872-? [1]
Weiblicher Halbakt - Woodcut (27x22cm-11x9in) Bremen 95 .... FF1 720 - £226 - $345

EWERS Heinrich 1817-1885 [2]
Die Herzöge von Mecklenburg - Öl/Leinwand (100x126cm-39x50in) Köln 94 .... FF89 300 - £10 630 - $16,820

EWERT Per 1869-1894 [1]
Gröna träd vid älv - Oil/canvas (43x61cm-17x24in) Stockholm 91 .... FF5 190 - £527 - $937

EXIL Levoy 1944 [2]
Jardin aux tourterelles - Huile/isorel (61x61cm-24x24in) Paris 96 .... FF3 300 - £427 - $648

EXINGER Otto 1897-1957 [2]
Mädchen - Öl/Leinwand (74x100cm-29x39in) Wien 97 .... FF13 418 - £1 411 - $2,304

EXNER Aage 1870-1951 [5]
Interiør med to Fanøkoner, Sønderho - Oil/canvas (80x62cm-31x24in) København 94 .... FF13 900 - £1 597 - $2,380

EXNER Julius 1825-1910 [51]
A woman with a child - Oil/panel (30x21cm-12x8in) Viby J, Århus 96 .... FF2 640 - £331 - $510
Moder siger godnat - Oil/canvas (30x35cm-12x14in) Viby J, Århus 94 .... FF16 500 - £1 984 - $3,055
Interior scene - Oil/canvas (80x95cm-31x37in) København 96 .... FF39 900 - £4 550 - $7,640

EXPORT Valie 1940 [5]
Einfügung - Photograph (40x59cm-16x23in) Wien 95 .... FF6 070 - £758 - $1,226

EXTER Alexandra Alexandrov 1884-1949 [20]
Etude de personnage - Oil/canvas (53x45cm-21x18in) London 97 .... FF33 333 - £3 500 - $5,733
Castles under the sea - Oil/canvas (90x111cm-35x44in) London 94 .... FF84 100 - £10 000 - $15,380
At the café - Watercolour (63x40cm-25x16in) London 96 .... FF101 400 - £13 000 - $20,100

EXTER Dirk 1953-1953 [1]
Besneeuwde hoeve en horoizolder - Huile/toile (70x80cm-28x31in) Tongeren 92 .... FF10 710 - £1 280 - $2,060

EXUMÉ Nesly 1960 [12]
Cascade - Huile/toile (91x61cm-36x24in) Paris 92 .... FF5 000 - £597 - $962

EYB Rudolf 1893-1971 [1]
Dürnstein - Oil/cardboard (38x46cm-15x18in) Wien 90 .... FF2 900 - £305 - $504

EYBERGEN van Johanna Serarda T. 1865-1950 [2]
Minding baby - Oil/canvas (58x78cm-23x31in) New-York 90 .... FF16 000 - £1 713 - $2,783

EYBL Franz 1806-1880 [15]
Kruzifixus - Öl/Leinwand (68x55cm-27x22in) Wien 94 .... FF10 670 - £1 236 - $2,020
Bauernmädchen und junger Mann - Oil/panel (45x37cm-18x15in) München 92 .... FF153 000 - £15 660 - $26,930
Anton Diabelli - Watercolour (21x17cm-8x7in) London 93 .... FF34 860 - £4 200 - $6,090

EYCK Charles 1897-1933 [16]
Kermesse - Huile/toile (62x70cm-24x28in) Bruxelles 97 .... FF2 945 - £307 - $504
A still life with bottles - Oil/panel (49x49cm-19x19in) Amsterdam 97 .... FF13 871 - £1 500 - $2,420
Afbraak Utrecht - Gouache/paper (67x75cm-26x28in) Amsterdam 95 .... FF11 030 - £1 407 - $2,250

EYCK van Hector 1872-1924 [1]
Heidelandschap - Huile/toile (100x80cm-39x31in) Lokeren 94 .... FF5 840 - £692 - $1,080

EYCK van Nicolaas I 1617-1678 [1]
Die Schlacht bei Calloo - Öl/Leinwand (120x170cm-47x67in) Wien 93 .... FF88 200 - £9 970 - $14,860

EYCKEN van den Charles 1809-1891 [3]
Polishing brass in an interior - Oil/panel (43x54cm-17x21in) London 95 .... FF27 630 - £3 500 - $5,560

EYCKEN van den Charles, Jnr. 1859-1923 [17]
Garçonnet et chien de cirque - Huile/toile (50x35cm-20x15in) Bruxelles 95 .... FF10 930 - £1 322 - $2,057
Mischief - Oil/canvas (33x44cm-13x17in) London 95 .... FF34 700 - £4 500 - $7,230
Jewel Thieves - Oil/canvas (39x49cm-15x19in) San Francisco-Los Angeles 92 .... FF62 400 - £7 450 - $12,000

EYCKEN van der Robert 1933 [7]
The Chequered Floor - Acrylic/board (121x80cm-48x31in) London 94 .... FF2 420 - £280 - $414

EYCKEN van Jean Baptiste 1809-1853 [1]
Interior & family having coffee - Oil/panel (52x46cm-20x18in) Amsterdam 96 .... FF5 140 - £645 - $993

EYCKEN van Julie 1812-? [1]
Familienidylle - Oil/panel (39x33cm-15x13in) Leipzig 95 .... FF35 600 - £4 450 - $7,190

EYDEN William Arnold, Jnr. 1893-? [6]
Indiana woods - Watercolour (53x71cm-21x28in) North Berwick, Maine 92 .... FF3 840 - £394 - $800

EYDEN William Arnold, Snr. 1859-1919 [2]
Winter trees at twilight - Oil/canvas (45x61cm-18x24in) Elgin, Illinois 91 .... FF2 264 - £228 - $393

EYER Johann Adam 1755-1837 [1]
Tulips, leafage & heart - Watercolour (15x9cm-6x4in) New-York 93 .... FF60 500 - £7 150 - $11,000

EYERMAN J.R. 1906-1985 [3]
Stardust - Dye-transfer print (25x33cm-10x13in) New-York 95 .... FF2 665 - £343 - $550

EYGELSHOVEN Léon 1882-1967 [1]
Deux Pierrots - Oil/canvas (72x52cm-28x20in) London 90 .... FF36 800 - £3 813 - $6,467

EYK van der Abraham 1684-1726 [2]
Musiker - Oil/panel (48x39cm-19x15in) Stuttgart 92 .... FF74 600 - £8 910 - $14,350

EYLES Charles 1851-? [1]
Rhayder, North Wales - Oil/canvas (43x64cm-17x25in) London 93 .... FF4 570 - £550 - $798

EYMER Arnoldus Johannes 1803-1863 [4]
Watermill with anglers - Oil/canvas (65x88cm-26x35in) Amsterdam 90 .... FF28 500 - £3 032 - $5,098

EYRE Ivan Kenneth 1935 [4]
Quill Meadow - Acrylic/canvas (142x142cm-56x56in) Toronto 96 .... FF106 400 - £13 550 - $20,460

EYRE Louisa 1872-1953 [6]
A boy holding a rabbit - Bronze (31cm-12in) New-York 95 .... FF**3 515** - £**440** - **$700**
EYRE Vincent, Lieutenant 1811-1881 [1]
Cabul Prisoners - Lithograph (27x22cm-11x9in) London 95 .... FF**14 450** - £**1 800** - **$2,830**
EYRES Emily c.1850-c.1910 [2]
Taking tea - Oil/canvas (91x71cm-36x28in) London 90 .... FF**29 340** - £**2 952** - **$5,334**
Young girl seated with her pet lamb - Watercolour (48x59cm-19x23in) London 91 ..... FF**3 700** - £**380** - **$688**
EYSDEN van Tadeus 1900-1980 [1]
Strandsteentjes - Tempera/paper (47x56cm-19x22in) Amsterdam 96 .... FF**2 570** - £**322** - **$497**
EYSKENS Félix 1882-1968 [1]
Près de la ferme - Huile/toile (80x61cm-31x24in) Antwerpen 96 .... FF**3 940** - £**456** - **$755**
EYTON Anthony 1923 [7]
Kitchen table - Oil/canvas (64x81cm-25x32in) London 95 .... FF**5 690** - £**720** - **$1,113**
EYÜBOGLU Bedri Rahmi 1913-1975 [1]
Kagni - Acrylic/panel (80x80cm-31x31in) Istanbul 92 .... FF**7 240** - £**724** - **$1,288**
EYÜBOGLU Eren 1912-1988 [1]
Bursa'da han kahvesi - Oil/panel (50x70cm-20x28in) Istanbul 92 .... FF**4 930** - £**494** - **$878**
EZDORF Johann Christian M. 1801-1851 [6]
A wooded Landscape - Oil/canvas (68x81cm-27x32in) Wien 96 .... FF**30 350** - £**3 680** - **$5,900**
EZEKIEL Moses Jacob 1844-1917 [3]
Bust of Robert E. Lee - Bronze (20cm-8in) New Orleans, Louisiana 93 .... FF**6 490** - £**739** - **$1,100**
Robert E. Lee - Bronze (23cm-9in) New Orleans, Louisiana 93 .... FF**15 340** - £**1 745** - **$2,600**

F

FAABORG Finn 1902 [4]
Samtal vid bord - Oil/panel (46x55cm-18x22in) Malmö 94 .... FF**2 430** - £**282** - **$419**
FABBI Alberto 1858-? [2]
The dancing girl - Oil/canvas (190x84cm-75x33in) London 95 .... FF**67 100** - £**8 500** - **$13,500**
Orientales faisant des bulles de savon - Aquarelle (40x24cm-16x9in) Paris 93 .... FF**10 500** - £**1 265** - **$1,910**
FABBI Fabio 1861-1946 [56]
Danseuses et musiciens/Marchandes - Huile/toile (95x68cm-37x27in) Paris 97 .... FF**8 000** - £**850** - **$1,378**
The slave market - Oil/canvas (100x55cm-39x22in) New-York 96 .... FF**100 000** - £**12 940** - **$20,000**
Dance in the Harem - Oil/canvas (80x129cm-31x51in) New-York 97 .... FF**142 613** - £**15 373** - **$25,000**
Divertissement dans un patio au harem - Huile/toile (61x80cm-24x31in) Paris 96 ... FF**300 000** - £**38 880** - **$59,400**
The dancing girl - Watercolour (44x31cm-17x12in) London 95 .... FF**20 520** - £**2 600** - **$4,130**
FABBRI Agenore 1911 [18]
Forma, 1959 - Olio/tela (96x86cm-38x34in) Milano 89 .... FF**132 700** - £**13 569** - **$21,334**
Senza titolo - Sculpture (34cm-13in) Prato 97 .... FF**8 840** - £**1 040** - **$1,560**
Personaggio - Bronze (60cm-24in) Milano 95 .... FF**29 800** - £**3 800** - **$6,100**
FABER DU FAUR von Hans 1863-1940 [11]
Irmgard und Armgard - Oil/paper (24x16cm-9x6in) Hamburg 93 .... FF**10 850** - £**1 296** - **$2,087**
Auf der Rennbahn - Woodcut in colors (14x18cm-6x7in) Stuttgart 91 .... FF**6 810** - £**676** - **$1,182**
Der Ausritt - Gouache (11x16cm-4x6in) Pforzheim 95 .... FF**3 920** - £**489** - **$791**
FABER DU FAUR von Otto 1828-1901 [16]
Fuchshengst mit weisser Fassel - Ol/Leinwand (36x43cm-14x17in) Heidelberg 95 ... FF**2 960** - £**380** - **$598**
Berber in weißem Burnus - Oil/canvas/board (60x40cm-24x16in) Stuttgart 89 .... FF**15 500** - £**1 633** - **$2,609**
The Victors' Return - Oil/canvas (98x277cm-39x109in) New-York 94 .... FF**146 200** - £**16 900** - **$25,000**
FABER Johann 1778-1846 [3]
Italienische Landschaft - Pencil (28x35cm-11x14in) Hamburg 94 .... FF**1 542** - £**180** - **$272**
FABER Johann Theodor 1771-1852 [2]
Peasants preparing Fruit/Plucking Birds - Oil/panel (31x39cm-12x15in) New-York 97 .... FF**39 818** - £**4 285** - **$7,000**
FABER Karl Gott. Traugott 1785-1863 [3]
Ortschaft mit Heuernte - Aquarell (29x29cm-11x11in) München 93 .... FF**3 930** - £**466** - **$710**
FABER Martin Hermansz 1587-1648 [1]
Anbetung der Hirten vor Rom - Oil/canvas (122x199cm-48x78in) Wien 91 .... FF**182 400** - £**18 286** - **$33,408**
FABER Will 1901-1987 [7]
Una isla en el espacio - Oleo/lienzo (80x65cm-31x26in) Madrid 89 .... FF**48 600** - £**5 121** - **$8,182**
Sin titulo - Gouache/papier (48x60cm-19x24in) Madrid 95 .... FF**3 604** - £**450** - **$727**
FABI-ALTINI Francesco 1830-1906 [1]
David returning from the battle - Marble (149cm-59in) London 94 .... FF**738 000** - £**86 000** - **$128,100**
FABIAN Gottfried 1905-1984 [9]
Ohne Titel - Öl/Leinwand (80x60cm-31x24in) Wien 97 .... FF**16 723** - £**1 778** - **$2,884**
Ohne Titel - Aquarell/Papier (61x42cm-24x17in) Wien 95 .... FF**5 920** - £**708** - **$1,126**
FABIAN Max 1873-1926 [1]
Frank Goldstrom - Pastel (65x45cm-26x18in) London 89 .... FF**2 500** - £**263** - **$421**
FABIANO Fabien 1883-1962 [16]
Les amoureux - Huile/carton (14x19cm-6x7in) Paris 96 .... FF**2 500** - £**322** - **$496**

Enveloppe vélo Michelin - Affiche (79x120cm-31x47in) Nice 96 .... FF3 **500** - £437 - **$676**
Modèle de dos, debout - Fusain (41x28cm-16x11in) Paris 93 .... FF2 **000** - £225 - **$339**
FABIEN Louis 1924 [12]
Girl in café - Oil/canvas (46x38cm-18x15in) Delray Beach, Florida 96 .... FF2 **304** - £300 - **$450**
Baigneuse dans l'étang doré - Oil/canvas (97x145cm-38x57in) Chicago 93 .... FF15 **400** - £1 930 - **$2,800**
FABIJANSKI Erasmus Rudolf 1829-1891 [1]
Figure in costume che ballano - Olio/tela (94x63cm-37x25in) Bologna 91 .... FF18 **230** - £1 828 - **$3,009**
FABIJANSKI Stanislaw Ignacy 1865-1947 [3]
Cracow - Watercolour, gouache (39x49cm-15x19in) London 96 .... FF5 **700** - £650 - **$1,092**
FABIUS Jan 1820-1889 [3]
Children at the Willebrordusput at Heiloo
    Oil/canvas (47x57cm-19x22in) Amsterdam 92 .... FF12 **140** - £1 246 - **$2,334**
FABLO Serge Ventadour 1938 [21]
L'harmonie du monde - Huile/panneau (40x50cm-16x20in) Montréal 92 .... FF3 **440** - £352 - **$606**
FABRA Alberto 1920 [2]
Jeune femme à la cruche - Huile/toile (100x81cm-39x32in) Versailles 90 .... FF9 **800** - £1 056 - **$1,728**
FABRE Auguste Victor 1882-1939 [1]
Ladies admiring a bird - Oil/canvas (61x76cm-24x30in) New-York 92 .... FF10 **220** - £1 046 - **$1,800**
FABRE François-Xavier 1766-1837 [7]
Vittorio Alfieri - Huile/toile (32x25cm-13x10in) Monaco 94 .... FF180 **000** - £21 260 - **$32,300**
FABRE Jan 1958 [6]
Wandelende bladeren - Technique mixte (210x150cm-83x59in) Lokeren 93 .... FF58 **200** - £6 660 - **$9,900**
Workshop - Dessin (20x15cm-8x6in) Antwerpen 92 .... FF6 **640** - £680 - **$1,168**
Sabel - Pencil/paper (241x149cm-84x59in) Amsterdam 97 .... FF34 **462** - £3 622 - **$5,920**
FABRES Y COSTA Antonio María 1854-1936 [15]
The Favourite - Oil/panel (24x41cm-9x16in) London 95 .... FF96 **000** - £12 000 - **$19,400**
The Pasha's repose - Oil/canvas (85x146cm-33x57in) New-York 87 .... FF470 **475** - £37 712 - **$67,500**
In the Harem - Watercolour (53x37cm-21x15in) London 96 .... FF50 **100** - £6 500 - **$9,900**
FABRI Willem Adrianus 1853-1925 [2]
Moorland with peasants - Oil/canvas (106x93cm-42x37in) Amsterdam 90 .... FF6 **030** - £610 - **$1,147**
FABRINI Giuseppe Antonio 1740-? [1]
L'Innocence - Huile/toile Lyon 90 .... FF400 **000** - £42 827 - **$69,565**
FABRIS Jacopo 1689-1761 [2]
Veduta del Tevere, Castel Sant'Angelo - Olio/tela (76x92cm-30x36in) Roma 90 .... FF375 **300** - £39 926 - **$67,138**
FABRO Luciano 1936 [2]
Efeso - Marble (350x38x96cm-138x15x38in) New-York 93 .... FF357 **500** - £44 800 - **$65,000**
FABRON Luigi 1855-1907 [2]
Hay-time - Oil/panel (31x24cm-12x9in) Amsterdam 92 .... FF9 **100** - £932 - **$1,603**
FABRY Elysée 1882-1949 [29]
Raymond et Claire - Huile/toile (101x106cm-40x42in) Bruxelles 92 .... FF5 **980** - £612 - **$1,051**
Village ardenais sous la neige - Huile/toile (90x116cm-35x46in) Bruxelles 95 .... FF10 **880** - £1 410 - **$2,180**
FABRY Emile 1865-1966 [8]
Vers l'inconnu - Huile/toile (110x131cm-43x52in) Bruxelles 95 .... FF43 **250** - £5 410 - **$8,730**
Les trois âges - Dessin (56x75cm-22x30in) Bruxelles 95 .... FF7 **780** - £973 - **$1,572**
FACCHETTI Paul XX [3]
Jean Fautrier - Silver print (49x35cm-19x14in) Paris 92 .... FF3 **400** - £350 - **$654**
FACCIOLA Giovanni 1729-1809 [4]
The Forum, Roma - Watercolour (23x40cm-9x16in) London 93 .... FF2 **400** - £300 - **$435**
FACHAT Louis 1924 [5]
Sans titre - Huile/papier/toile (97x65cm-38x26in) Paris 95 .... FF3 **200** - £401 - **$643**
FACHINETTI Carlo 1870-? [3]
The Happy Family - Oil/canvas (89x71cm-35x28in) New-York 93 .... FF68 **700** - £8 620 - **$12,500**
FACKERE van de Jef 1879-1946 [4]
Nu de dos - Pastel/papier (78x61cm-31x24in) Bruxelles 93 .... FF7 **910** - £946 - **$1,617**
FACKERT Oscar 1891-? [1]
Woman in an interior - Oil/board (41x30cm-16x12in) Mystic, Connecticut 96 .... FF9 **840** - £1 216 - **$1,900**
FACQ Gustave 1902-1971 [2]
Péniche à quai - Huile/toile (61x50cm-24x20in) Bruxelles 95 .... FF3 **346** - £424 - **$654**
FADER Fernando 1882-1935 [2]
Después de la Lluvia - Oil/canvas (40x60cm-16x24in) New-York 91 .... FF114 **000** - £11 570 - **$20,590**
FAED James 1821-1911 [13]
Burn running through heather
    Oil/canvas (41x61cm-16x24in) Hopetoun House, South Queensferry 90 .... FF24 **200** - £2 574 - **$4,329**
FAED James, Jnr. 1857-1920 [4]
On a hillside - Oil/panel (16x24cm-6x9in) Edinburgh 92 .... FF6 **840** - £700 - **$1,204**
FAED John 1820-1902 [11]
George Washington - Oil/canvas (142x105cm-56x41in) New-York 97 .... FF3 - £374 400 - **$600,000**
John Wesley and the maid - Oil/canvas/board (75x63cm-30x25in) Glasgow 96 .... FF11 **570** - £1 500 - **$2,267**
A Family in an Interior - Oil/canvas (91x120cm-36x47in) New-York 97 .... FF136 **519** - £14 690 - **$24,000**
FAED Thomas 1826-1900 [33]
Woman in a hat - Oil/canvas (51x41cm-20x16in) Chicago 96 .... FF6 **750** - £860 - **$1,300**
Outside the Red Lion - Oil/canvas (51x68cm-20x27in) London 96 .... FF32 **500** - £4 200 - **$6,420**
Home and the Homeless - Oil/panel (36x51cm-14x20in) London 96 .... FF77 **400** - £10 000 - **$15,280**

Home and the homeless - Oil/canvas (66x96cm-26x38in) London 92 .... **FF244 200** - **£25 000** - **$43,100**

FAEDDERHOLT Ludvig 1809-1830 [1]
● *Mand med pelsbraemmet hue* - Oil/canvas (21x18cm-8x7in) København 91 .... **FF2 634** - **£262** - **$453**

FAESTER Hans Julius 1856-1929 [1]
● *Frühlingswiese* - Öl/Leinwand (60x90cm-24x35in) Wien 92 .... **FF33 700** - **£4 020** - **$6,470**

FAFARD Joseph, Joe 1942 [6]
🗿 *A calf* - Sculpture (28cm-11in) Toronto 94 .... **FF29 230** - **£3 480** - **$5,500**

FAGAN Betty Maude Christ. ?-1932 [2]
● *Lustre en cristal* - Oil/canvas (102x73cm-40x29in) New-York 92 .... **FF9 880** - **£1 180** - **$1,900**
The first haircut - Oil/canvas (96x73cm-38x29in) London 92 .... **FF83 700** - **£10 000** - **$16,100**

FAGAN Robert 1761-1816 [2]
● *Miss Emily Manley* - Oil/canvas (70x59cm-28x23in) London 92 .... **FF273 500** - **£28 000** - **$48,300**

FAGAN William Bateman 1860-1948 [1]
🗿 *George Gordon, Lord Byron* - Marble (43cm-17in) London 90 .... **FF7 700** - **£824** - **$1,339**

FAGARD Gérard XX [13]
● *Marché à Sanary* - Huile/toile (54x65cm-21x26in) Neuilly 93 .... **FF5 200** - **£591** - **$881**

FAGERBERG Carl 1878-1948 [2]
🗿 *Såningsman* - Bronze (62cm-24in) Helsinki 94 .... **FF4 570** - **£546** - **$854**
Staende älgtjur - Bronze (27cm-11in) Stockholm 89 .... **FF14 500** - **£1 483** - **$2,331**

FAGERKVIST Thor 1884-1960 [2]
● *Pojken med rosorna* - Oil/canvas/board (66x47cm-26x19in) Stockholm 91 .... **FF27 140** - **£2 702** - **$4,667**

FAGERLIN Ferdinand 1825-1907 [10]
● *Interiör* - Oil/canvas/panel (33x42cm-13x17in) Stockholm 97 .... **FF2 439** - **£271** - **$441**
Interiör - Oil/canvas (40x46cm-16x18in) Malmö 96 .... **FF29 640** - **£3 840** - **$5,810**
Testunden - Oil/canvas (74x99cm-29x39in) Stockholm 89 .... **FF163 800** - **£16 748** - **$26,334**

FÄGERPLAN Axel Johan 1798-1865 [1]
● *Porträtt av landsfkiskal* - Oil/canvas (37x31cm-15x12in) Göteborg 90 .... **FF22 460** - **£2 297** - **$4,433**

FAGES Arthur 1902 [1]
● *Port en Méditerranée* - Huile/toile (54x73cm-21x29in) Lyon 92 .... **FF12 000** - **£1 228** - **$2,160**

FAGET-BERNARD Georges 1944 [1]
● *La piste du Temps* - Huile/toile (130x97cm-51x38in) Paris 90 .... **FF15 000** - **£1 510** - **$2,938**

FAGGIANO Antonio 1946 [2]
🖉 *Addenda alle città impossibili...* - Pastelli (75x82cm-30x32in) Milano 93 .... **FF3 660** - **£411** - **$655**

FAGNANI Giuseppe 1819-1873 [1]
● *Jeune femme à sa toilette* - Huile/toile (102x128cm-40x50in) Lyon 89 .... **FF92 000** - **£9 694** - **$15,488**

FAGNIEZ François Xavier 1936 [3]
● *Théâtre d'extérieur* - Huile/toile (92x73cm-36x29in) Paris 92 .... **FF7 500** - **£770** - **$1,443**
Noir XIX - Huile/toile (162x11cm-64x4in) Paris 90 .... **FF41 000** - **£4 390** - **$7,130**

FAHEY Edward Henry 1844-1907 [5]
🖉 *Pine trees near Pesquiers* - Wash (33x56cm-13x22in) London 91 .... **FF5 590** - **£556** - **$961**

FAHEY James 1804-1885 [1]
🖉 *Crossing a ford* - Watercolour (33x48cm-13x19in) London 95 .... **FF5 420** - **£700** - **$1,117**

FAHLCRANTZ Axel 1851-1925 [14]
● *Lekande barn på is* - Oil/canvas (52x100cm-20x39in) Stockholm 95 .... **FF3 170** - **£390** - **$618**
Gryning - Oil/canvas (98x160cm-39x63in) Uppsala 95 .... **FF10 320** - **£1 342** - **$2,120**

FAHLCRANTZ Carl Johan 1774-1861 [15]
● *Alplandskap med kor* - Oil/canvas (32x42cm-13x17in) Malmö 96 .... **FF3 870** - **£459** - **$755**
Sommarlandskap - Oil/canvas (74x96cm-29x38in) Stockholm 96 .... **FF21 500** - **£2 526** - **$4,230**
Vy över Sparreholm - Oil/canvas (90x117cm-35x46in) Stockholm 89 .... **FF65 500** - **£6 517** - **$10,348**

FAHLE Gustaf Adolf 1906-1989 [16]
● *Vinter Fyrudden* - Oil/canvas (37x60cm-15x24in) Söderköping 94 .... **FF3 760** - **£449** - **$705**

FAHLGREN Carl August 1819-1905 [10]
● *Parti från Småland* - Oil/panel (20x28cm-8x11in) Stockholm 91 .... **FF5 340** - **£535** - **$978**

FAHLSTRÖM Öyvind 1928-1976 [25]
● *Sanspiper* - Huile (40x60cm-16x24in) Paris 92 .... **FF28 000** - **£3 340** - **$5,380**
Sitting... six months later - Mixed media (55x116cm-22x46in) London 92 .... **FF361 500** - **£37 000** - **$63,800**
🖉 *Study for Life Span No. 3* - Tempera/paper (25x36cm-10x14in) New-York 96 .... **FF11 470** - **£1 383** - **$2,200**

FÄHNLE Hans 1903-1968 [5]
● *Theatersszene* - Oil/panel (40x30cm-16x12in) Stuttgart 92 .... **FF13 560** - **£1 620** - **$2,610**

FAHRBACH Carl Ludwig 1835-1902 [11]
● *Buchenwald mit Sonneneinfall* - Öl/Leinwand (40x30cm-16x12in) Heidelberg 96 .... **FF10 830** - **£1 338** - **$2,093**

FAHRENKROG Ludwig 1867-1915 [1]
● *Die heilige Stunde* - Oil/canvas (167x263cm-66x104in) London 92 .... **FF43 800** - **£4 500** - **$8,410**

FAHRI Jean-Claude 1940 [2]
🗿 *Colonne* - Sculpture (72cm-28in) Paris 92 .... **FF2 000** - **£239** - **$385**

FAHRINGER Carl 1874-1952 [64]
● *Juhmarkt* - Öl/Leinwand (50x60cm-20x24in) Wien 95 .... **FF14 850** - **£1 886** - **$2,956**
Kai - Öl/Karton (52x36cm-20x14in) Wien 95 .... **FF36 100** - **£4 590** - **$6,940**
Höllandischer Markt - Öl/Leinwand (79x62cm-31x24in) Wien 95 .... **FF132 200** - **£17 420** - **$26,800**
🖉 *Waldohreule* - Gouache/Karton (25x21cm-10x8in) Wien 97 .... **FF15 290** - **£1 625** - **$2,636**

F

FAHRLÄNDER Franz Xaver 1793-c.1850 [2]
Bildnis einer Dame - Miniature (9x7cm-4x3in) Wien 96 .... FF**5 760** - £**698** - **$1,120**
FAHRNER Kurt 1932-1977 [12]
Aus Jericho - Öl/Karton (39x24cm-15x9in) Luzern 93 .... FF**11 100** - £**1 262** - **$1,880**
Ohne Titel - Collage (9x9cm-4x4in) Zofingen 94 .... FF**2 240** - £**265** - **$414**
FAIGENBAUM Patrick 1954 [2]
Famille Rucelli, Florence - Photo (37x37cm-15x15in) Paris 94 .... FF**5 500** - £**652** - **$1,016**
FAIRBAIRN Thomas 1820-1884 [1]
Village of Carmyle on the Clyde - Watercolour (37x62cm-15x24in) London 95 .... FF**1 655** - £**200** - **$312**
FAIRCHILD Hurlstone 1893-1966 [1]
At the Ends of the Catalinas - Oil/canvas (61x77cm-24x30in) Denver, Colorado 95 ... FF**5 120** - £**1 000** - **$648**
FAIRHURST Angus 1966 [2]
Gimme colour - Photogravure (39x53cm-15x21in) London 93 .... FF**14 940** - £**1 800** - **$2,610**
FAIRLESS Thomas Ker 1825-1853 [2]
Shipping off the coast - Oil/canvas (35x43cm-14x17in) London 96 .... FF**5 190** - £**650** - **$1,001**
FAIRLEY Barker 1887-1986 [6]
Eroded hillside - Oil/board (29x36cm-11x14in) Toronto 94 .... FF**5 850** - £**696** - **$1,101**
FAIRLIE John XIX [1]
A watermill with cattle watering - Oil/canvas (71x92cm-28x36in) London 94 .... FF**31 630** - £**3 700** - **$5,510**
FAIRMAN Frances C. 1836-1923 [12]
English Toy Ferrier - Oil/canvas (61x51cm-24x20in) London 94 .... FF**34 200** - £**4 000** - **$5,960**
Long haired terrier - Watercolour (42x52cm-17x20in) Billinghurst, West Sussex 93 ... FF**7 880** - £**950** - **$1,473**
FAIRMAN James 1826-1904 [20]
By the River - Oil/canvas (81x114cm-32x45in) New-York 95 .... FF**14 560** - £**1 823** - **$2,900**
Sunlight on the coast - Oil/canvas (58x90cm-23x35in) New-York 92 .... FF**24 500** - £**2 845** - **$5,000**
Middle east - Oil/canvas (80x113cm-31x44in) London 97 .... FF**140 714** - £**15 000** - **$24,668**
FAISTAUER Anton 1887-1930 [31]
Sommerblumenstrauss - Öl/Leinwand (55x46cm-22x18in) München 95 .... FF**70 500** - £**9 020** - **$14,400**
Blumen in weisser Vase - Oil/paper/panel (38x26cm-15x10in) Wien 97 .... FF**383 360** - £**40 320** - **$65,840**
Mann beim Lesen - Lithograph Wien 91 .... FF**13 480** - £**1 352** - **$2,225**
Portrait eines jungen Mannes - Lithograph Wien 91 .... FF**15 400** - £**1 544** - **$2,542**
Mutter mit Kind - Coloured chalks/paper (64x49cm-25x19in) Wien 95 .... FF**26 940** - £**3 550** - **$5,460**
Geburt Christi - Mischtechnik/Papier (216x150cm-85x59in) Wien 96 .... FF**111 000** - £**12 650** - **$21,260**
FAISTENBERGER Anton 1663-1708 [4]
Italienische Ideallandschaft mit Hirten - Öl/Leinwand (80x103cm-31x41in) Wien 94 ...... FF**156 000** - £**18 700** - **$30,300**
FAISTENBERGER Joseph Franz 1675-1724 [1]
Bewaldete Gebirgslandscahft - Öl/Leinwand (66x51cm-26x20in) Wien 94 .... FF**38 850** - £**4 560** - **$6,920**
FAITHFUL Leila 1898-? [1]
On the river - Oil/canvas (44x49cm-17x19in) London 90 .... FF**15 500** - £**1 660** - **$2,696**
FAIVRE Abel 1856-1914 [18]
La vague - Huile/toile (65x81cm-26x32in) Douai 92 .... FF**10 000** - £**1 024** - **$1,760**
Un beau mariage... - Crayon (4x40cm-2x16in) Paris 95 .... FF**1 800** - £**233** - **$373**
En villégiature à Etretat - Gouache (23x40cm-9x16in) Bayeux 91 .... FF**11 100** - £**1 102** - **$1,927**
FAIVRE Antoine J.E., Tony 1830-1905 [2]
A Romance - Oil/canvas (48x148cm-19x58in) Billinghurst, West Sussex 93 .... FF**28 700** - £**3 300** - **$4,950**
FAIVRE Jules-Abel 1867-1945 [9]
Jeune femme en buste, nue - Huile/toile (24x19cm-9x7in) Paris 95 .... FF**2 500** - £**311** - **$488**
FAIVRE Justin 1902 [7]
Natural Bridges - Oil/canvas (66x102cm-26x40in) San Francisco-Los Angeles 93 ... FF**13 300** - £**1 510** - **$2,250**
Oakland Estuary - Watercolour/paper (33x29cm-13x11in) San Francisco-Los Angeles 95 ... FF**6 970** - £**917** - **$1,400**
FAIVRE Maxime 1856-1914 [3]
Paysage de la campagne normande - Huile/toile (26x35cm-10x14in) Vendôme 97 ... FF**2 700** - £**294** - **$477**
Jeune femme à la voilette - Huile/panneau (20x19cm-8x7in) Quimper 95 .... FF**10 500** - £**1 360** - **$2,146**
FAIVRE-DUFFER Louis Stanislas 1818-1897 [2]
Jeune mère et son enfant - Huile/toile (36cm-14in) La Flèche 95 .... FF**15 200** - £**1 997** - **$3,120**
FAIZANT Jacques 1918 [6]
Vous venez avec l'intention d'acheter ? - Encre/papier (20x26cm-8x10in) Paris 93 ...... FF**3 500** - £**399** - **$594**
FAJARDO José Luis 1941 [2]
Cabeza - Oleo/lienzo (60x50cm-24x20in) Madrid 93 .... FF**4 840** - £**556** - **$825**
FAJNZGANG Dominique XX [2]
Sans titre - Huile/toile (92x73cm-36x29in) Paris 92 .... FF**8 500** - £**870** - **$1,667**
FAJON Rose Jeanne 1789-? [1]
Floral bouquet in a basket - Oil/canvas (46x55cm-18x22in) New-York 91 .... FF**18 400** - £**1 867** - **$3,323**
FALANGA Michele 1870-1942 [1]
Young boy drawing on a wall
 Oil/canvas (76x51cm-30x20in) Bloomfield Hills, Michigan 96 .... FF**6 320** - £**804** - **$1,250**
FALARDEAU Antoine Sébastien 1822-1889 [6]
Pont des brigands - Huile/toile (101x137cm-40x54in) Montréal 89 .... FF**10 800** - £**1 075** - **$1,706**
FALAT Julian 1853-1929 [23]
Ice landscape - Oil/canvas (140x59cm-55x23in) Warszawa 94 .... FF**28 600** - £**3 440** - **$5,440**
Kalwaria - Oil/canvas (111x190cm-44x75in) Warszawa 96 .... FF**101 100** - £**12 770** - **$19,450**
Pond in a landscape - Watercolour/board (31x62cm-12x24in) Warszawa 96 .... FF**40 400** - £**5 060** - **$7,870**
FALBE-HANSEN Carl 1896-1969 [1]
Place du Tertre, Paris - Oil/canvas (250x140cm-98x55in) København 90 .... FF**4 400** - £**456** - **$773**

FALCHETTI Alberto 1878-1951 [7]
- *Tramonto sul Pizzo di Sciora* - Olio/tela (60x100cm-24x39in) Milano 95 .... FF*16 400* - £*2 090* - **$3,355**

FALCHETTI Giuseppe 1843-1918 [6]
- *Trauben in einem Fenster* - Oil/canvas (60x40cm-24x16in) Luzern 92 .... FF*15 620* - £*1 596* - **$2,750**

FALCHI Ange 1913-1989 [2]
- *Composition* - Huile/toile (81x54cm-32x21in) Paris 90 .... FF*39 000* - £*3 927* - **$7,091**

FALCHI Mario 1950 [3]
- *Palude* - Olio/tela (50x70cm-20x28in) Vercelli 93 .... FF*2 013* - £*226* - **$361**

FALCINELLI Marcel 1900-1980 [9]
- *Pêcheur* - Huile/toile (50x97cm-20x38in) Douai 94 .... FF*5 000* - £*574* - **$855**

FALCK Gustaf 1853-1888 [1]
- *Italienrinde med barn* - Oil/canvas (65x57cm-26x22in) København 91 .... FF*4 400* - £*447* - **$795**

FALCK Jarl 1901-1948 [5]
- *Sommarkväll* - Oil/paper (28x38cm-11x15in) Helsinki 94 .... FF*13 750* - £*1 594* - **$2,367**

FALCO de Filippo 1852-c.1890 [2]
- *Piazza Municipio, Napoli* - Olio/tavola (30x37cm-12x15in) Roma 90 .... FF*13 300* - £*1 360* - **$2,625**

FALCO Joaquim 1958 [2]
- *Aspiradora* - Oil/canvas (130x97cm-51x38in) Prato 94 .... FF*8 120* - £*966* - **$1,450**

FALCON Thomas Adolphus 1872-? [2]
- *Winter in Purbeck* - Oil/canvas (103x192cm-41x76in) London 94 .... FF*4 390* - £*500* - **$745**
- *The young Shepherds* - Oil/panel (29x40cm-11x16in) London 94 .... FF*14 800* - £*1 700* - **$2,533**

FALCONER John M. 1820-1902 [3]
- *William Penn's House, Philadelphia*
  Watercolour/paper (44x60cm-17x24in) New-York 96 .... FF*20 900* - £*2 417* - **$4,000**

FALCONET Étienne Maurice 1716-1791 [6]
- *Venus and Cupid* - Marble (34cm-13in) London 92 .... FF*58 600* - £*6 000* - **$11,500**

FALCONET Pierre Étienne 1741-1791 [6]
- *Miss Nanette Thelluson* - Huile/toile (71x66cm-28x26in) Paris 96 .... FF*200 000* - £*25 070* - **$38,700**
- *Boy holding a peach*
  Black, red & white chalks/paper (43x34cm-17x13in) New-York 90 .... FF*125 800* - £*13 228* - **$21,878**

FALCONI Walter 1935 [2]
- *Persefone* - Olio/tela (60x50cm-24x20in) Prato 96 .... FF*5 730* - £*680* - **$1,122**

FALCOU Raphaël 1862-1949 [2]
- *Homme lisant* - Huile/panneau (19x24cm-7x9in) Provins 90 .... FF*3 600* - £*388* - **$635**

FALCOZ Alphonse Aug. 1813-? [1]
- *Scène d'intérieur* - Huile/toile (41x33cm-16x13in) Lyon 92 .... FF*3 000* - £*308* - **$556**

FALCUCCI Robert 1900-1989 [40]
- *Tête du Christ* - Huile/toile (63x53cm-25x21in) Quimper 94 .... FF*4 200* - £*486* - **$721**
- *Plein air* - Huile/toile (146x97cm-57x38in) Paris 93 .... FF*20 000* - £*2 410* - **$3,640**
- *10ème Rallye Automobile, Monte-Carlo* - Poster (119x80cm-47x31in) New-York 94 .... FF*31 460* - £*3 690* - **$5,500**

FALDI Arturo 1856-1911 [4]
- *Building a fire* - Oil/canvas (234x208cm-92x82in) New-York 93 .... FF*100 300* - £*11 400* - **$17,000**

FALERO Emilio 1947 [2]
- *La Entrega de Guérnica a España* - Oil/canvas (121x151cm-48x59in) New-York 96 .... FF*83 600* - £*9 520* - **$16,000**

FALERO Luis Ricardo 1851-1896 [15]
- *The Artist's model* - Oil/canvas (30x23cm-12x9in) London 97 .... FF*10 899* - £*1 200* - **$1,913**
- *A lady by the sea* - Oil/canvas (72x39cm-28x15in) New Delhi 92 .... FF*31 800* - £*3 690* - **$6,240**
- *Allegory of Painting* - Oil/canvas (105x195cm-41x77in) New-York 95 .... FF*143 000* - £*17 820* - **$28,000**

FALGUIERE Alexandre 1831-1900 [68]
- *Diane à l'arc* - Bronze (46cm-18in) Limoges 95 .... FF*11 500* - £*1 434* - **$2,220**
- *Buste de Sémiramis* - Bronze (72cm-28in) Nice 92 .... FF*18 000* - £*2 150* - **$3,460**
- *Mignon* - Bronze Brive-la-Gaillarde 97 .... FF*25 200* - £*2 749* - **$4,405**
- *Danseuse égyptienne* - Marble (164cm-65in) New-York 94 .... FF*292 000* - £*34 850* - **$55,000**
- *A sketchbook of drawings* - Pencil (9x12cm-4x5in) New-York 94 .... FF*10 100* - £*1 193* - **$1,800**

FALIES Victor 1849-1901 [1]
- *Promenade des Anglais/Naples* - Aquarelle, gouache (12x17cm-5x7in) Orléans 95 .... FF*2 700* - £*345* - **$544**

FALIZE Pierre 1876-1953 [5]
- *Prunier livre vite et bien* - Affiche (210x133cm-83x52in) Boulogne 96 .... FF*4 800* - £*625* - **$951**

FALK Hans 1918 [32]
- *Mauerkreisel* - Öl/Leinwand (94x132cm-37x52in) Zürich 97 .... FF*31 583* - £*3 358* - **$5,448**
- *New & Flashy Dance House* - Acrylique/toile (153x200cm-60x79in) Zürich 95 .... FF*80 600* - £*10 450* - **$15,940**
- *Im Restaurant* - Mischtechnik/Papier (29x42cm-11x17in) Zofingen 95 .... FF*9 670* - £*988* - **$1,703**

FALK Hjalmar 1856-1938 [12]
- *Styrsö* - Watercolour, gouache (26x55cm-10x22in) Stockholm 92 .... FF*12 250* - £*1 255* - **$2,160**

FALK Lars 1927 [2]
- *Modulskulptur i färg* - Sculpture (77cm-30in) Stockholm 92 .... FF*10 400* - £*1 242* - **$2,000**

FALK Lars Erik 1922 [29]
- *Geometrisk komposition* - Oil/board (65x44cm-26x17in) Stockholm 90 .... FF*12 200* - £*1 298* - **$2,182**
- *Modulskulptur i färg 53* - Aluminium (83cm-33in) Stockholm 94 .... FF*10 620* - £*1 250* - **$1,997**
- *Komposition* - Gouache (43x20cm-17x8in) Stockholm 90 .... FF*22 500* - £*2 324* - **$3,975**

FALK Ragnar 1903-1977 [35]
- *Växt, frukter och vaser* - Oil/canvas (40x46cm-16x18in) Göteborg 94 .... FF*2 624* - £*306* - **$460**

Flowers - Oil/canvas (93x73cm-37x29in) Göteborg 95 .... FF**10 020** - £1 252 - **$1,965**

FALK Robert Rafaelovich 1886-1958 [19]

Professor A.I. Yarocky - Oil/canvas (63x52cm-25x20in) Moscow 93 .... FF**17 700** - £2 013 - **$3,000**

Still life with fruit and a bootle of wine - Oil/canvas (63x65cm-25x26in) London 96 .... FF**46 800** - £6 000 - **$9,280**

Blossoming almond-tree - Tempera/paper (50x42cm-20x17in) Moscow 93 .... FF**5 900** - £671 - **$1,000**

FALK-STEIN Sonja 1904-1968 [1]

Abendstimmung - Öl/Leinwand (57x80cm-22x31in) Bern 94 .... FF**3 640** - £422 - **$627**

FALKE Gisela 1900-? [1]

Good Cards - Oil/canvas (69x53cm-27x21in) Litchfield, CT 92 .... FF**5 830** - £610 - **$1,050**

FALKEISEN Johann Jakob 1804-1883 [1]

Schweizer Gebirgssee - Oil/canvas (31x39cm-12x15in) München 92 .... FF**9 180** - £940 - **$1,616**

FALKENBERG Georg Richard 1850-c.1915 [2]

The shrine - Oil/canvas (114x75cm-45x30in) Billinghurst, West Sussex 96 .... FF**11 930** - £1 550 - **$2,340**

FALKENBERG Richard 1875-1948 [6]

Herbstliche Parklandschaft - Öl/Leinwand (70x81cm-28x32in) München 93 .... FF**5 220** - £597 - **$882**

FALL George c.1848-1925 [24]

Durham, the cathedral - Watercolour (21x15cm-8x6in) Retford, Nottinghamshire 93 ...... FF**3 040** - £380 - **$551**

York Minster - Watercolour (23x33cm-9x13in) London 93 .... FF**3 154** - £380 - **$551**

York Minster - Watercolour (31x25cm-12x10in) London 95 .... FF**4 260** - £550 - **$877**

FALLA Emil 1882-1953 [1]

Sitzender Akt in Interieur - Oil/canvas (100x73cm-39x29in) Bern 91 .... FF**59 400** - £5 985 - **$10,307**

FALLER Louis-Clément 1819-1901 [16]

La liseuse - Huile/panneau (21x15cm-8x6in) Troyes 96 .... FF**4 400** - £519 - **$864**

Grand chêne près de la chaumière - Huile/panneau (31x46cm-12x18in) Barbizon 96 ... FF**10 600** - £1 322 - **$2,047**

FALSEN Mimi 1861-1957 [2]

Interior - Oil/canvas (77x69cm-30x27in) Oslo 92 .... FF**2 510** - £300 - **$483**

FALTER John Philip 1910-1982 [4]

July 4th, the family portrait - Oil/canvas (66x61cm-26x24in) New-York 97 .... FF**145 942** - £15 352 - **$25,000**

FALTER Marcel 1866-? [11]

Les boeufs - Huile/toile (73x100cm-29x39in) Versailles 90 .... FF**8 000** - £814 - **$1,600**

FALTIN Margarete 1865-? [1]

Interior - Watercolour (40x31cm-16x12in) Amsterdam 95 .... FF**2 797** - £363 - **$583**

FALZONI Giulio 1900-? [4]

Londo, Piccadilly - Acquarelio (49x68cm-19x27in) Milano 92 .... FF**5 890** - £603 - **$1,037**

FAMA Jorge XX [1]

Le Spectre de la Rose - Gelatin silver print (60x50cm-24x20in) New-York 95 .... FF**15 030** - £1 802 - **$2,800**

FAMARS TESTAS de Willem 1834-1896 [6]

Arab saddling a horse - Oil/canvas (15x19cm-6x7in) Amsterdam 97 .... FF**19 108** - £2 090 - **$3,351**

Street scene in an Oriental city - Wash (12x17cm-5x7in) Amsterdam 91 .... FF**9 010** - £914 - **$1,627**

FAMIN Auguste Pierre 1776-1859 [1]

La Villa Médicis - Aquarelle (14x21cm-6x8in) Paris 94 .... FF**13 000** - £1 547 - **$2,450**

FAMIN Charles XIX [2]

La Mare aux fées - Tirage albuminé (18x24cm-7x9in) Paris 95 .... FF**3 800** - £478 - **$760**

FANART Alphonse Cl. Antonin 1831-1903 [15]

Ferme du Haut-Doubs - Huile/toile (40x60cm-16x24in) Besançon 96 .... FF**11 100** - £1 340 - **$2,130**

Le passage du gué - Huile/toile (80x130cm-31x51in) Besançon 95 .... FF**54 000** - £6 750 - **$10,900**

FANCELLI Pietro 1764-1850 [5]

Wisdom holding a book and a staff - Chalks/paper (54x40cm-21x16in) London 91 .... FF**7 980** - £798 - **$1,314**

FANELLI Francesco 1863-1924 [5]

Vele al vento - Olio/tela (190x117cm-75x46in) Milano 89 .... FF**54 900** - £5 785 - **$9,242**

FANELLI-SEMAH Louis Joseph 1804-1875 [2]

La courtisane - Huile/toile (46x38cm-18x15in) Paris 95 .... FF**11 500** - £1 386 - **$2,090**

FANGEL H.G., Maud Tousey XIX-XX [2]

The Quartier Latin - Poster (122x49cm-48x19in) London 93 .... FF**11 410** - £1 300 - **$1,937**

Snoozing blonde baby - Pastel (25x23cm-10x9in) New-York 96 .... FF**8 800** - £1 137 - **$1,700**

FANGH Desiderius 1876-? [7]

Dame mit blauem Sonnenschirm - Oil/canvas (102x72cm-40x28in) Wien 89 .... FF**16 800** - £1 770 - **$2,828**

Der Leopoldsberg - Aquarell/Papier (30x40cm-12x16in) Wien 96 .... FF**2 880** - £372 - **$557**

FANGOR Wojciech 1922 [9]

M 14 - Öl/Leinwand (92x92cm-36x36in) München 96 .... FF**9 820** - £1 233 - **$1,897**

FANNER Alice Maud 1865-1930 [8]

Summer morning, Datchet - Oil/board (27x36cm-11x14in) London 95 .... FF**31 340** - £4 000 - **$6,420**

FANTACCHIOTTI Cesare 1844-1922 [3]

The Goatherd - Bronze (157cm-62in) London 97 .... FF**185 874** - £20 000 - **$32,676**

Importante fontaine - Marbre Carrare (205cm-81in) Paris 93 .... FF**205 000** - £25 600 - **$37,300**

FANTACCHIOTTI Odoardo 1809-1877 [1]

Woman in Renaissance dress - Marble (64cm-25in) London 94 .... FF**42 400** - £5 000 - **$7,540**

FANTI Lucio 1945 [2]

Maïakowski ou la mouette rieuse - Huile/toile (99x79cm-39x31in) Paris 89 .... FF**3 300** - £337 - **$531**

Composition à la barque, 1984 - Aquarelle/vélin (56x76cm-22x30in) Paris 89 .... FF**3 800** - £367 - **$577**

FANTI Settimo 1852-? [1]

Le repos des chasseurs - Oil/canvas (55x72cm-22x28in) Bern 91 .... FF**8 710** - £878 - **$1,511**

FANTIN-LATOUR Henri-Théodore 1836-1904 [243]

🌑 *Marguerites et dahlias* - Oil/canvas (39x25cm-15x10in) London 97 .... FF1 - £125 000 - **$206,687**
Roses et verre de vin - Oil/canvas (40x35cm-16x14in) London 94 .... FF1 - £230 000 - **$359,500**
Fleurs et fruits - Oil/canvas (55x54cm-22x21in) New-York 91 .... FF7 - £809 897 - **$1**
Fontainebleau - Huile/toile (25x32cm-10x13in) Paris 96 .... FF19 000 - £2 410 - **$3,644**
Le Jugement de Pâris - Huile/toile (42x34cm-17x13in) Paris 97 .... FF72 000 - £7 826 - **$12,650**
La Tentation de Saint Antoine - Oil/canvas (61x75cm-24x30in) London 95 .... FF231 500 - £30 000 - **$48,200**
Pêches et raisins - Oil/canvas (34x47cm-13x19in) London 93 .... FF483 000 - £55 000 - **$82,000**
Dahlias - Oil/canvas (59x74cm-23x29in) London 95 .... FF6 6e +05 - £800 000 - **$1**
🔲 *The Evocation of Erda* - Lithograph (28x37cm-11x15in) London 95 .... FF5 060 - £650 - **$1,022**
✏ *Le Conseil des Dieux* - Crayon (16x17cm-6x7in) Paris 97 .... FF2 500 - £283 - **$453**
Baigneuses, Diane surprise - Crayon/papier (24x42cm-9x17in) Paris 97 .... FF6 300 - £712 - **$1,141**
Dame de qualité - Pastel (72x56cm-28x22in) Maisons-Laffitte 95 .... FF39 000 - £5 130 - **$7,820**
L'anniversaire - Pastel/papier (62x50cm-24x20in) Paris 97 .... FF400 000 - £41 840 - **$68,520**

FANTIN-LATOUR Théodore 1805-1872 [4]

✏ *La duchesse de Laguenont* - Pastel (72x58cm-28x23in) Bruxelles 91 .... FF51 800 - £5 144 - **$8,994**

FANTIN-LATOUR Victoria Dubourg 1840-1926 [10]

🌑 *Vase de roses jaunes* - Oil/canvas (45x65cm-18x26in) London 96 .... FF22 340 - £2 800 - **$4,310**
White Hydrangeas - Oil/canvas (39x39cm-15x15in) New-York 97 .... FF135 516 - £14 594 - **$24,000**

FANTUZZI Eliano 1909-1987 [21]

🌑 *Natura morta con fiori e limoni* - Olio/tela (50x70cm-20x28in) Roma 95 .... FF2 736 - £351 - **$550**
Figure with flowers - Oil/canvas (89x69cm-35x27in) Delray Beach, Florida 95 .... FF5 370 - £696 - **$1,100**
Partito di calcio - Olio/tela (70x100cm-28x39in) Roma 95 .... FF12 580 - £1 584 - **$2,550**

FANTY-LESCURE Emma ?-1935 [4]

🌑 *Chrysanthemenstrauss* - Öl/Leinwand (81x65cm-32x26in) München 92 .... FF13 540 - £1 575 - **$2,763**

FARAH Girgis XX [6]

🗿 *Une nouvelle chronoplastique no.13* - Sculpture (102x77cm-40x30in) Paris 92 .... FF1 500 - £154 - **$289**

FARAONI Enzo 1920 [9]

🌑 *Natura morta con foglie* - Olio/tela (50x60cm-20x24in) Prato 93 .... FF5 050 - £577 - **$858**

FARAZYN Edgard 1858-1938 [45]

🌑 *Le laboureur* - Huile/panneau (33x44cm-13x17in) Bruxelles 94 .... FF6 160 - £715 - **$1,061**
Les pêcheurs de crevettes - Huile/toile (90x140cm-35x55in) Antwerpen 94 .... FF16 500 - £1 895 - **$2,824**
Een zomerse dag - Huile/toile (70x109cm-28x43in) Lokeren 91 .... FF123 400 - £12 641 - **$23,040**

FARCY de Alphonse 1817-? [1]

🌑 *Tierherde in einer Landschaft* - Painting (46x68cm-18x27in) Wien 91 .... FF16 840 - £1 697 - **$2,922**

FARDEL Robert 1867-? [1]

🌑 *Vue de Notre-Dame de Paris* - Huile/toile (65x54cm-26x21in) Fontainebleau 92 .... FF3 000 - £307 - **$529**

FARE Arthur Cecil 1876-1958 [4]

✏ *Street in Liverpool* - Watercolour (41x28cm-16x11in) Leamington Spa 93 .... FF3 864 - £460 - **$709**

FARE Leopold 1926 [3]

🌑 *Afton vid Magaluf, Mallorca* - Oil/canvas (88x115cm-35x45in) Stockholm 90 .... FF5 600 - £600 - **$974**

FAREY Cyril Arthur 1888-? [4]

✏ *Design for Huncoat Power Station* - Pencil (58x112cm-23x44in) London 96 .... FF3 874 - £500 - **$748**

FAREY John 1791-1850 [1]

✏ *Drawings for windmills* - Watercolour (52x36cm-20x14in) London 96 .... FF22 500 - £2 800 - **$4,370**

FARFA 1881-1964 [2]

✏ *Girotondo nell'asilo* - Tempera/carta (29x24cm-11x9in) Milano 96 .... FF26 800 - £3 440 - **$5,120**

FARGE Pierre c.1900-? [12]

🌑 *La Monnaie* - Huile/carton (40x46cm-16x26in) Saint-Dié 97 .... FF2 500 - £282 - **$452**

FARGEOT Ferdinand 1880-1957 [3]

✏ *La lecture* - Pastel (37x26cm-15x10in) Paris 94 .... FF4 200 - £490 - **$736**

FARHAT Ammar 1911-1986 [3]

🌑 *Préparation du poisson* - Huile/toile (73x60cm-29x24in) Paris 96 .... FF102 000 - £13 150 - **$19,960**

FÄRHM Evert 1901-1971 [18]

🌑 *Flicka plockar blommor* - Oil/panel (32x45cm-13x18in) Malmö 92 .... FF2 830 - £290 - **$498**

FARIA de Candido Aragonez 1849-1911 [7]

🖻 *Ordre de l'Empereur* - Poster (90x123cm-35x48in) New-York 96 .... FF4 585 - £540 - **$900**

FARIA Estrela 1910 [5]

🖻 *Pionniers dans la Plaine* - Affiche (160x120cm-63x47in) Nice 93 .... FF4 800 - £579 - **$873**
🖻 *Conquête du Pôle* - Affiche (120x160cm-47x63in) Nice 93 .... FF200 000 - £24 100 - **$36,400**

FARIA Jacques XIX-XX [7]

🖻 *La Périchole...* - Affiche (80x59cm-31x23in) Boulogne 95 .... FF3 000 - £389 - **$614**

FARIA Manuel 1895-1980 [2]

🌑 *Igreja da Gloria* - Oil/canvas (33x41cm-13x16in) New-York 95 .... FF24 260 - £3 220 - **$5,000**

FARINA Isodoro 1857-1898 [5]

🌑 *The red parasol* - Oil/canvas (93x62cm-37x24in) New-York 89 .... FF91 500 - £9 104 - **$14,455**

FARKAS Etienne Istvan 1887-1944 [1]

🌑 *Nature morte* - Huile/panneau (39x27cm-15x11in) Pontoise 97 .... FF12 000 - £1 294 - **$2,107**

FARKAS Joszef XIX-XX [2]

🌑 *Femme au chapeau fleuri* - Huile/toile (81x54cm-32x21in) Paris 95 .... FF25 000 - £2 990 - **$4,760**

FARKASHAZY Miklos 1895-1964 [4]

🌑 *Ritormo a casa* - Olio/cartone (48x68cm-19x27in) Trieste 95 .... FF9 240 - £1 170 - **$1,800**

Macska - Mixed media/paper (17x14cm-7x6in) Budapest 89 .... FF1 600 - £169 - $269
FARLEY Denis XX [2]
L'actif et le passif en Champagne - Photo (76x98cm-30x39in) Montréal 94 .... FF1 720 - £198 - $295
FARLEY Richard Blossom 1875-1901 [2]
Crows watching sunrise - Oil/canvas (63x81cm-25x32in) Philadelphia 90 .... FF27 360 - £2 798 - $5,400
FARMER Alice 1865-1930 [1]
Aristocratic woman - Oil/canvas (48x28cm-19x11in) Cleveland, Ohio 92 .... FF2 080 - £218 - $375
FARMER Emily c.1826-1905 [5]
Picking flowers - Watercolour (26x18cm-10x7in) London 93 .... FF14 940 - £1 800 - $2,610
FARNBOROUGH Lady Amelia,née Hume 1762-1837 [4]
The Pont au Change, Paris - Oil/panel (77x60cm-30x24in) London 97 .... FF8 264 - £900 - $1,437
FARNDON Walter 1876-1964 [8]
Winter village - Oil/canvas (64x76cm-25x30in) San Francisco-Los Angeles 93 .... FF17 730 - £2 013 - $3,000
FARNETI Stefano 1855-1926 [1]
Im Harem - Öl/Leinwand (90x125cm-35x49in) Wien 93 .... FF73 300 - £8 310 - $12,400
FARNHAM Ammi Merchant 1846-1922 [1]
Santa Barbara meadow
   Oil/canvas (50x40cm-20x16in) San Francisco-Los Angeles 92 .... FF14 850 - £1 520 - $2,750
FARNHAM Sally James 1876-1943 [6]
Two elephants - Bronze (19cm-7in) New-York 92 .... FF13 520 - £1 436 - $2,600
FARNSWORTH Alfred Villiers 1858-1908 [4]
Bolinas Bay - Watercolour/paper (27x48cm-11x19in) San Francisco-Los Angeles 92 ... FF11 100 - £1 162 - $2,000
FARNSWORTH Jerry 1895-1983 [13]
The Picnic - Oil/canvas (104x91cm-41x36in) New Orleans, Louisiana 94 .... FF9 780 - £1 173 - $1,900
FARNUM Herbert Cyrus 1866-? [6]
Cooking in the wilds - Oil/canvas (43x56cm-17x22in) Mystic, Connecticut 95............. FF3 220 - £386 - $600
FARNY Henry Francis 1847-1916 [24]
Danger - Oil/canvas (56x101cm-22x40in) New-York 97 .... FF3 - £350 037 - $570,000
The Tablet Dance - Gouache/board (37x55cm-15x22in) New-York 97 .... FF93 349 - £9 801 - $16,000
Drawing Water - Gouache/paper (22x41cm-9x16in) New-York 97 .... FF204 000 - £21 441 - $35,000
Painting Pots - Gouache/paper (35x51cm-14x20in) New-York 96 .... FF571 000 - £72 700 - $110,000
FARQUHARSON David 1840-1907 [33]
Sheep in the Highlands - Oil/canvas (30x51cm-12x20in) Glasgow 96 .... FF4 240 - £550 - $831
Seed Time - Oil/canvas (23x34cm-9x13in) Glasgow 96 .... FF19 870 - £2 300 - $3,810
Cattle grazing in a Sunlit Meadow - Oil/canvas (74x127cm-29x50in) London 97 .... FF156 106 - £17 000 - $27,147
FARQUHARSON John XIX-XX [9]
Meandering river - Watercolour (30x52cm-12x20in) London 92 .... FF3 310 - £340 - $636
FARQUHARSON Joseph 1846-1935 [35]
Ruins of the Temple at Karnak - Oil/canvas (61x93cm-24x37in) New-York 95 .... FF40 900 - £5 090 - $8,000
A ferry on the Nile - Oil/canvas (38x61cm-15x24in) London 94 .... FF55 400 - £6 500 - $9,860
When the Mist with Evening glows - Oil/canvas (100x137cm-39x54in) London 96 ...... FF753 000 - £98 000 - $149,300
FARR Ellen Fr. Burpee 1840-1907 [3]
Pepper Tree - Oil/canvas (61x41cm-24x16in) San Francisco-Los Angeles 93 .... FF9 450 - £1 074 - $1,600
FARRE Henri 1871-1934 [3]
Personnages en barque sur l'étang - Huile/toile (54x73cm-21x29in) Versailles 90 ... FF19 000 - £1 913 - $3,455
Bears at Soldier Field - Oil/canvas (66x112cm-26x44in) Chicago 94 .... FF24 900 - £2 950 - $4,600
FARREN Robert XIX-XX [2]
Donkeys and geese - Oil/canvas (76x127cm-30x50in) London 91 .... FF49 400 - £4 990 - $9,807
Cymbeline, Act IV, II - Watercolour (60x90cm-24x35in) London 93 .... FF7 840 - £980 - $1,421
FARRER Henry 1843-1903 [15]
Stream at sunset - Watercolour (63x43cm-25x17in) New-York 95 .... FF10 900 - £1 360 - $2,200
Sunset, New York harbor - Watercolour (63x95cm-25x37in) New-York 92 .... FF108 000 - £11 040 - $19,000
FARRER Thomas Charles 1839-1891 [1]
Fishing vessels at sunset - Oil/canvas (51x76cm-20x30in) London 92 .... FF5 860 - £600 - $1,035
FARRERAS RICART Francisco 1927 [15]
Collage 987 - Acrylic/paper (100x100cm-39x39in) Madrid 90 .... FF59 400 - £6 401 - $10,476
Composición de tubos y madera 239-A - Collage (65x50cm-26x20in) Madrid 94 ...... FF18 720 - £2 156 - $3,213
Sin título - Collage (100x80cm-39x31in) Madrid 90 .... FF129 600 - £13 787 - $23,184
FARRET Bastiaan 1809-1866 [1]
Estuary with sailors in a boat - Oil/canvas (31x39cm-12x15in) Amsterdam 91......... FF12 080 - £1 200 - $2,097
FARRET Claudine XX [3]
Compotier et poires - Huile/toile (46x38cm-18x15in) Provins 93 .... FF2 600 - £314 - $473
FARREY Pierre Francis 1900-? [2]
Marrakech - Aquarelle (32x48cm-13x19in) Paris 93.. FF2 000 - £230 - $344
FARRIER Charlotte 1796-1882 [1]
Lady on a terrace writing - Miniature (22cm-9in) Lichfield, Staffordshire 93 .... FF1 840 - £230 - $334
FARRIER Robert 1796-1879 [6]
The unexpected return - Oil/panel (83x122cm-33x48in) London 92 .... FF30 100 - £3 500 - $6,140
FARRINGTON Robert 1874-1962 [2]
Indian in canoe - Bronze (36cm-14in) London 93 .... FF5 230 - £630 - $914
FARROUKH Mustapha 1901-1957 [1]
Chibli Bek El-Mallât - Encre (17x10cm-7x4in) Paris 93 .... FF10 000 - £1 205 - $1,820

FARSKY Otto XIX-XX [5]

🖌 Cardinal & flowers - Oil/panel (36x20cm-14x8in) Chicago 93 .... FF3 440 - £431 - $625

FARUFFINI Federico 1831-1869 [7]

🖌 Figura di donna in abito verde - Olio/tela (35x24cm-14x9in) Milano 90 .... FF54 900 - £5 878 - $9,548

FARULLI Fernando 1923 [1]

🖌 Figura di diplomatico - Olio/tela (70x60cm-28x24in) Firenze 89 .... FF11 900 - £1 184 - $1,880

FASANOTTI Gaetano 1831-1882 [5]

🖌 Lago lombardo con pescatori - Olio/tela (38x59cm-15x23in) Milano 95 .... FF27 800 - £3 690 - $5,670

Bellagio, Lago di Como - Oil/canvas (65x100cm-26x39in) London 95 .... FF119 800 - £15 000 - $23,860

FASINI Alexandre 1892-1942 [19]

🖌 Nature morte au couteau - Huile/toile (38x55cm-15x22in) Paris 95 .... FF4 500 - £569 - $903

Personnages dans un paysage - Huile/toile (65x54cm-26x21in) Paris 96 .... FF18 000 - £2 256 - $3,474

FASOLO Giovan Antonio 1530-1572 [1]

🖌 Girl adoring the Christ Child - Oil/canvas (96x82cm-38x32in) London 91 ...... FF269 300 - £26 924 - $44,352

FASSBENDER Joseph 1903-1974 [17]

🖌 Märchenwald - Öl/Karton (34x24cm-24x34in) Berlin 94 .... FF30 750 - £3 630 - $5,470

🖼 Mensch und Maschine - Monotype (63x86cm-25x34in) Köln 94 .... FF17 100 - £2 006 - $3,045

✏ Blumenstilleben - Aquarell/Papier (52x34cm-20x13in) Köln 93 .... FF11 030 - £1 248 - $1,860

FASSIANOS Alexandre, Alecos 1935 [153]

🖌 Bouquet de fleurs - Huile/toile (38x46cm-15x18in) Paris 96 .... FF9 000 - £1 167 - $1,787

Personnages aux oiseaux - Huile/toile (58x44cm-23x17in) Paris 97 .... FF26 000 - £2 748 - $4,462

Quel est donc ? - Huile/toile (116x81cm-46x32in) Paris 96 .... FF40 500 - £4 910 - $7,870

The Blue Figure - Oil/canvas (95x80cm-37x31in) Athens 96 .... FF53 600 - £6 200 - $10,270

Mon cher fumeur - Huile (100x81cm-39x32in) Paris 96 .... FF75 000 - £9 350 - $14,480

The Cat - Oil/canvas (135x170cm-53x67in) Athens 96 .... FF159 000 - £20 520 - $30,700

🏺 Poterie visage - Terre cuite (30cm-12in) Paris 92 .... FF4 000 - £478 - $770

✏ Paysage - Crayons couleurs (50x32cm-20x13in) Paris 97 .... FF2 200 - £239 - $390

L'homme bleu - Gouache (39x50cm-15x20in) Paris 97 .... FF8 500 - £885 - $1,448

Portrait et tête de cheval - Crayons couleurs (25x25cm-10x10in) Paris 97 .... FF31 500 - £3 970 - $6,240

Here I am ! - Bodycolour (98x102cm-39x40in) Athens 94 .... FF133 400 - £15 800 - $24,660

FASSIN de Nicolas Henri J. 1728-1811 [5]

🖌 Italianate coastal landscape - Oil/canvas (68x87cm-27x34in) Amsterdam 94 ...... FF109 800 - £10 200 - $18,720

FASTENAEKENS Gilbert 1955 [2]

📷 Cambrai - Photo (30x43cm-12x17in) Paris 94 .... FF1 800 - £213 - $323

FASTER Leopold 1921 [2]

🖌 Cycliste - Huile/toile (75x65cm-30x26in) Antwerpen 93 .... FF2 124 - £241 - $360

FASZBENDER Joseph 1903-1974 [3]

✏ Ariete - Wash/paper (37x49cm-15x19in) Köln 92 .... FF6 800 - £696 - $1,197

FATH René Maurice 1850-1922 [6]

🖌 Au jardin - Huile/toile (94x127cm-37x50in) Montréal 94 .... FF8 100 - £1 026 - $1,632

La mare aux cannes, Fontainebleau - Öl/Leinwand (65x85cm-26x33in) Wien 93 .... FF28 860 - £3 450 - $5,550

FATORI XIX-XX [2]

🏺 Jeune femme jouant avec un chien - Ivory, bronze (29cm-11in) Saint-Etienne 92 .... FF31 000 - £3 173 - $5,460

FATTORI Giovanni 1825-1908 [64]

🖌 Sosta di Lancieri - Oil/canvas (39x28cm-15x11in) London 94 .... FF1 - £185 000 - $281,000

L'Arno alle Cascine - Olio/tela (11x21cm-4x8in) Roma 96 .... FF60 100 - £6 960 - $11,700

Alle manovre - Olio/tavola (8x17cm-3x7in) Milano 95 .... FF97 200 - £12 240 - $19,720

Manovra di Cavalieri - Oil/panel (17x25cm-7x10in) New-York 94 .... FF265 600 - £31 700 - $50,000

🖼 Le Gabbrigiane - Acquaforte (34x22cm-13x9in) Firenze 97 .... FF7 140 - £840 - $1,260

✏ Sosta di Cavalleria - Watercolour (35x47cm-14x19in) London 94 .... FF1 - £185 000 - $281,000

Contadine in riva al mare - Acquarello/carta (27x34cm-11x13in) Milano 95 .... FF119 200 - £15 200 - $24,400

FAU André 1896-? [3]

🖌 Montmartre - Huile/toile (33x41cm-13x16in) Arles 91 .... FF2 500 - £249 - $430

FAU Fernand 1858-1917 [1]

🖼 La Vie illustrée, journal d'actualité - Affiche Bruxelles 95 .... FF2 050 - £262 - $420

FAUBERT Jean 1946 [96]

🖌 Musicien - Huile/panneau (37x27cm-15x11in) Paris 97 .... FF3 100 - £338 - $542

Femme au journal - Huile/panneau (112x58cm-44x23in) Paris 91 .... FF9 500 - £950 - $1,565

✏ Personnage - Aquarelle/papier (31x20cm-12x8in) Morlaix 96 .... FF1 500 - £192 - $297

FAUCHÉ Léon 1868-1950 [18]

🖌 Diablotin - Huile/carton (26x19cm-10x7in) Montauban 92 .... FF2 600 - £266 - $458

🖼 Chat endormi - Monotype (11x18cm-4x7in) Saint-Dié 94 .... FF2 500 - £304 - $476

FAUCHER Pierre 1932 [2]

🖌 Histoires - Huile/toile (100x81cm-39x32in) Paris 96 .... FF3 000 - £389 - $594

FAUCHEUR Jean 1956 [6]

🖌 La vache ! - Acrylique/toile (207x142cm-81x56in) Paris 92 .... FF11 000 - £1 313 - $2,116

FAUCON Bernard 1950 [17]

📷 Le navire - Tirage Fresson (30x40cm-12x12in) Paris 96 .... FF2 700 - £349 - $522

La douzième chambre d'amour - Photo (60x60cm-24x24in) Paris 93 .... FF6 000 - £750 - $1,091

FAUCONNET Guy Pierre 1882-1920 [1]

🖌 Pâturage - Huile/carton (39x30cm-15x12in) Paris 92 .... FF14 000 - £1 433 - $2,520

FAUCONNIER Émile Eug. 1857-? [1]
- Marché à Bou-Saâda - Huile/toile (50x65cm-20x26in) Paris 94 .... FF14 500 - £1 675 - **$2,504**

FAUCONNIER-CLERGET Berthe 1882-? [1]
- Jeune femme au bandeau - Miniature (16x13cm-6x5in) Paris 90 .... FF2 200 - £236 - **$383**

FAUERHOLDT Viggo 1832-1883 [14]
- Coastal landscape - Oil/canvas (7x22cm-3x9in) Köbenhavn 96 .... FF2 674 - £347 - **$535**
- Abend an der Nordseeküste - Öl/Leinwand (20x26cm-8x10in) Köln 95 .... FF12 410 - £1 570 - **$2,490**
- Udsigt fra Dampskibsbroen - Oil/canvas (80x116cm-31x46in) Köbenhavn 90 .... FF52 500 - £5 332 - **$10,024**

FAUGERON Adolphe 1866-? [2]
- Nu et allongé - Huile/panneau (38x73cm-15x29in) Chartres 89 .... FF5 000 - £498 - **$790**
- Naiad - Oil/canvas (146x96cm-57x38in) New-York 89 .... FF51 500 - £5 124 - **$8,136**

FAUGINET Jean Auguste 1809-1847 [4]
- An Arab stallion - Bronze (33cm-13in) London 96 .... FF15 480 - £2 000 - **$3,056**
- Cheval - Bronze (34cm-13in) New-York 94 .... FF42 100 - £4 940 - **$7,500**

FAULHABER Hermine 1884-1952 [3]
- Die Schubertkirche in Lichtental - Aquarell/Papier (29x19cm-11x7in) Wien 92 .... FF5 290 - £632 - **$1,018**

FAULHAMMER Richard 1883-1951 [3]
- Sonnenblumen in einem Glas - Aquarell/Papier (60x40cm-24x16in) Wien 93 .... FF5 940 - £682 - **$988**

FAULKNER Benjamin Rawlinson 1787-1849 [3]
- Louisa, Countess of Kintore - Oil/canvas (240x147cm-94x58in) London 92 .... FF70 300 - £7 200 - **$12,380**
- Sir John Polar Ross - Oil/canvas (126x100cm-50x39in) London 96 .... FF127 600 - £16 000 - **$24,930**

FAULKNER Frank 1946 [3]
- Mirror - Acrylic/paper (152x183cm-60x72in) New-York 96 .... FF8 280 - £1 070 - **$1,600**

FAULKNER John 1835-1894 [64]
- A riverside cottage in a wooded glen - Oil/canvas (51x91cm-20x36in) London 97 .... FF24 390 - £2 600 - **$4,276**
- Rounding Poolbeg point, Dublin - Watercolour (38x63cm-15x25in) London 97 .... FF14 071 - £1 500 - **$2,467**
- A fishing boat off a rocky coast - Watercolour (45x76cm-18x30in) London 97 .... FF24 390 - £2 600 - **$4,276**

FAULL Emma 1956 [17]
- Bustards - Watercolour (73x108cm-29x43in) London 96 .... FF11 800 - £1 500 - **$2,270**

FAURA-LLAVARI Ramon 1945 [3]
- Couple - Huile/toile (61x50cm-24x20in) Sens 92 .... FF3 800 - £454 - **$731**

FAURÉ Alphonse XIX-XX [2]
- Atelier de l'artiste - Huile/toile (90x130cm-35x51in) Royan 91 .... FF15 000 - £1 493 - **$2,579**

FAURE Amandus 1874-1931 [26]
- Seiltänzer - Öl/Leinwand (72x91cm-28x36in) Stuttgart 95 .... FF6 550 - £848 - **$1,332**
- Wiesenblumen - Öl/Karton (44x34cm-17x13in) Wien 95 .... FF14 700 - £1 936 - **$2,980**

FAURE DE BROUSSÉ Vincent Désiré XIX [4]
- Bust of a lady - Bronze (66cm-26in) New-York 90 .... FF10 300 - £1 103 - **$1,791**

FAURE Elisabeth 1906-1964 [19]
- Rue Arssa Del-Serb, Fès - Huile/papier (64x81cm-25x32in) Paris 92 .... FF10 500 - £1 075 - **$1,850**
- Les anémones - Oil/canvas (85x56cm-33x22in) New-York 90 .... FF398 000 - £40 504 - **$79,594**
- Village malgache - Aquarelle, gouache/papier (35x65cm-14x26in) Paris 90 .... FF5 300 - £548 - **$936**

FAURE Eugène 1822-1879 [9]
- Baigneuse - Huile/panneau (43x28cm-17x11in) Grenoble 95 .... FF3 000 - £396 - **$609**
- Les dénicheurs - Huile/toile (53x38cm-21x15in) Barbizon 92 .... FF28 000 - £2 866 - **$4,930**

FAURE Francis 1951 [2]
- Sans titre - Acrylic/canvas (130x97cm-51x38in) Paris 89 .... FF10 500 - £1 045 - **$1,659**

FAURE Germain 1884-? [4]
- Façade Louis-XVI - Lavis (55x148cm-22x58in) Paris 91 .... FF21 000 - £2 086 - **$3,646**

FAURE Jean Victor Louis 1786-1879 [2]
- A view of Rome - Oil/canvas (48x69cm-19x27in) London 94 .... FF2 116 - £250 - **$380**

FAURE L. Lucien 1892-? [5]
- Championnat du Monde de Lutte - Poster (120x80cm-47x31in) London 96 .... FF2 030 - £260 - **$400**

FAURE Victor Amédée 1801-1878 [1]
- Duc d'Orléans & Duc de Chartres - Huile/carton (25x18cm-10x7in) Paris 94 .... FF15 000 - £1 736 - **$2,575**

FAURER Louis 1916 [11]
- Barnum & Bailey Dressing Rooms, NYC - Silver print (20x30cm-8x12in) New-York 96 .... FF3 100 - £384 - **$600**
- City Hall Square, Philadelphia - Gelatin silver print (30x25cm-12x10in) New-York 95 .... FF8 430 - £1 075 - **$1,700**

FAURET Léon J.J. 1863-1955 [7]
- Week-end à Deauville - Huile/toile (72x53cm-28x21in) Paris 93 .... FF36 000 - £4 340 - **$6,540**

FAURHOLDT Viggo XIX [1]
- En hollandsk kuf og fiskerbåde - Oil/canvas (47x60cm-19x24in) Köbenhavn 92 .... FF3 504 - £419 - **$673**

FAUSER Arthur 1911-? [3]
- Liegende - Öl/Leinwand (91x130cm-36x51in) München 95 .... FF5 290 - £677 - **$1,080**

FAUSETT William Dean 1913-? [2]
- Rural landscape - Watercolour/paper (53x71cm-21x28in) Baton Rouge, Louisiana 93 .... FF4 425 - £504 - **$750**

FAUST Heinrich 1843-1891 [1]
- Paysage boisé - Huile/toile (23x31cm-9x12in) Bordeaux 95 .... FF3 100 - £391 - **$614**

FAUSTIN Célestin 1948-1981 [2]
- Cérémonie en bleu - Huile/toile (60x50cm-24x20in) Paris 95 .... FF30 000 - £3 800 - **$6,030**

FAUSTIN Obès 1959 [2]
- Demande à Dambalha - Huile/toile (35x25cm-14x10in) Paris 92 .... FF4 000 - £478 - **$770**

FAUSTMAN Molly 1883-1966 [5]
🖌 *Tuttan läser sagor för lillebror* - Oil/panel (80x55cm-31x22in) Stockholm 91 .... FF5 090 - £521 - $950
FAUSTNER Luitpold 1845-1925 [3]
🖌 *Dachsteinmassiv* - Oil/canvas (93x70cm-37x28in) Wien 89 .... FF26 400 - £2 782 - $4,444
FAUT Ernest 1879-1961 [6]
🖌 *Naakt* - Huile/panneau (35x35cm-14x14in) Lokeren 94 .... FF6 010 - £712 - $1,110
FAUTRIER Jean 1898-1964 [357]
🖌 *Tête d'otage, 1944* - Huile/papier/toile (64x54cm-25x21in) Paris 90 .... FF1 - £1 - $2
Mort du sanglier - Oil/canvas (162x130cm-64x51in) London 96 .... FF2 - £270 000 - $416,000
Nature morte aux poissons - Huile/toile (65x81cm-26x32in) Paris 97 .... FF60 000 - £6 342 - $10,296
Bouquet de fleurs sur fond noir - Huile/toile (64x53cm-25x21in) Paris 97 .... FF85 000 - £8 985 - $14,586
Paysage sombre III - Huile/papier/toile (38x61cm-15x24in) Paris 97 .... FF510 000 - £53 703 - $87,669
Tête de Partisan, Budapest - Oil/paper/canvas (27x22cm-11x9in) London 94 .... FF791 000 - £95 000 - $146,300
Végétaux - Oil/paper/canvas (81x100cm-32x39in) London 96 .... FF1 5e +06 - £120 000 - $200,000
🖾 *Nu fond bleu* - Etching, aquatint in colors (54x48cm-21x19in) London 97 .... FF6 270 - £649 - $107,4 5
La Forêt - Eau-forte, aquatine couleurs (45x35cm-18x14in) München 95 .... FF13 140 - £1 718 - $2,630
Bergeronnette - Eau-forte (11x13cm-4x5in) Lokeren 95 .... FF20 550 - £2 565 - $4,150
🗿 *Grand nu couché* - Bronze (18x28cm56cm-7x11x22in) London 97 .... FF187 618 - £20 000 - $32,758
Buste aux seins nus - Bronze (39cm-15in) London 95 .... FF386 000 - £50 000 - $79,000
✏ *Composition* - Fusain/papier (28x47cm-11x19in) Paris 97 .... FF10 000 - £1 042 - $1,704
Composition - Watercolour, gouache/paper (48x63cm-19x25in) London 96 .... FF31 350 - £3 800 - $6,100
Paysage - Gouache (17x20cm-7x8in) London 96 .... FF69 600 - £9 000 - $13,800
Huluberlu - Technique mixte/papier (64x81cm-25x32in) Paris 95 .... FF800 000 - £101 000 - $161,700
FAUVEL Georges H. 1890-? [9]
🖌 *Chien de berger* - Oleo/tabla (29x40cm-11x16in) Madrid 91 .... FF4 060 - £404 - $698
Les chiens au relais - Huile/toile (80x62cm-31x24in) Soissons 96 .... FF10 500 - £1 233 - $2,065
FAUVEL Hippolyte 1835-? [2]
🖌 *Petit pêcheur en chemin vers la plage* - Oil/canvas (68x100cm-27x39in) Köbenhavn 95 .... FF2 660 - £348 - $540
FAUVEL Paul 1927 [2]
🖌 *Le chien de garde* - Huile/toile (59x73cm-23x29in) Le Havre 91 .... FF2 000 - £200 - $329
FAUVELET Jean-Baptiste 1819-1883 [4]
🖌 *The connoisseur* - Oil/panel (21x16cm-8x6in) London 92 .... FF15 480 - £1 800 - $3,160
FAUVET Françoise 1947 [48]
🖌 *Vases de fleurs sur le guéridon* - Huile/toile (65x54cm-26x21in) Versailles 91 .... FF2 600 - £262 - $451
FAUX-FROIDURE Eugénie 1886-? [16]
✏ *Vase aux oeillets blancs* - Aquarelle (28x20cm-11x8in) Paris 96 .... FF5 200 - £652 - $1,005
Bouquet de roses et dahlias - Aquarelle/papier (148x78cm-58x31in) Paris 97 .... FF22 000 - £2 400 - $3,846
FAVAI Gennaro 1882-1958 [12]
🖌 *Doge's Palace from the Bacino* - Oil/panel (51x71cm-20x28in) New-York 95 .... FF17 000 - £2 055 - $3,200
FAVANNE de Henri Antoine 1668-1752 [15]
🖌 *Renaud dans la forêt enchantée* - Huile/toile (74x91cm-29x36in) Toulouse 97 .... FF100 000 - £10 620 - $17,420
✏ *Deux études de femmes* - Dessin (20x37cm-8x15in) Monaco 95 .... FF14 000 - £1 816 - $2,890
FAVÉN Antti 1882-1948 [17]
🖌 *Läsande naken kvinna* - Oil/canvas/panel (60x90cm-24x35in) Helsinki 95 .... FF9 260 - £1 157 - $1,870
Sommardag - Oil/canvas (62x52cm-24x20in) Helsinki 94 .... FF37 000 - £4 290 - $6,370
Spelkväll - Oil/canvas (81x100cm-32x39in) Helsinki 93 .... FF74 500 - £8 560 - $12,800
FAVERO Andrea 1837-1914 [1]
🖌 *Bambini sdraiati nel prato* - Olio/tela (48x66cm-19x26in) Milano 95 .... FF29 350 - £3 895 - $5,980
FAVEROT Joseph 1862-? [2]
🖌 *Clown au parapluie* - Huile/panneau (35x26cm-14x10in) Villeneuve la Garenne 97 .... FF8 000 - £846 - $1,373
Clown dompteur - Huile/panneau (27x41cm-11x16in) Villeneuve la Garenne 97 .... FF15 000 - £1 586 - $2,574
FAVIER Eugène 1860-? [2]
✏ *Jeune femme au chapeau* - Pastel (30x24cm-12x9in) Neuilly 89 .... FF30 000 - £3 161 - $5,051
FAVIER Gilles XX [2]
📷 *Matthieu Kassowitz, Paris* - Photo (24x30cm-9x12in) Paris 95 .... FF1 900 - £250 - $382
FAVIER Philippe 1957 [36]
🖌 *Haricots III* - Huile/panneau (12x18cm-5x7in) Paris 94 .... FF14 000 - £1 630 - $2,424
Les Vents, 21 Février - Huile sous verre (14x20cm-6x8in) Paris 93 .... FF27 000 - £3 253 - $4,910
✏ *Betty trois poivrons* - Gouache/papier (24x32cm-9x13in) Paris 97 .... FF5 000 - £546 - $874
FAVIER Pierre 1899-1969 [2]
🖌 *Retour de la pêche* - Huile/panneau (25x23cm-10x9in) Paris 92 .... FF6 000 - £615 - $1,080
FAVORIN Alfred 1860-1928 [1]
🖌 *Vy över sjön* - Oil/canvas (36x50cm-14x20in) Helsinki 94 .... FF2 957 - £339 - $501
FAVORIN Ellen 1853-1919 [15]
🖌 *Vy fran Ruokolaks* - Olja/papper (45x35cm-6x8in) Helsinki 89 .... FF28 800 - £2 945 - $4,630
FAVORY André 1888-1937 [76]
🖌 *Trois nus* - Huile/toile (64x81cm-25x32in) Paris 97 .... FF3 000 - £320 - $519
Nu au bord de la rivière - Huile/toile (87x72cm-34x28in) Paris 96 .... FF6 200 - £777 - $1,197
Modèle au sein nu - Huile/toile (73x54cm-29x21in) Soissons 94 .... FF12 000 - £1 440 - $2,330
Nu sur le lit - Huile/toile (81x100cm-32x39in) Versailles 92 .... FF20 500 - £2 105 - $3,940
✏ *Baigneuses* - Aquarelle/papier (46x46cm-18x18in) Paris 96 .... FF3 800 - £447 - $748

FAVRAY de Antoine 1706-1798 [7]
● *Portrait d'un dignitaire turc* - Huile/toile (80x63cm-31x25in) Paris 94 .... **FF300 000** - £35 900 - **$58,700**
FAVRE DE THIERRENS Jacques 1895-1973 [7]
● *Nu* - Huile/toile (38x46cm-15x18in) Versailles 93 .... **FF6 000** - £674 - **$1,017**
FAVRE Joseph 1885-1942 [2]
● *Wiese mit blühende Obstbäumen* - Öl/Leinwand (46x55cm-18x22in) Bern 95 ...... **FF5 590** - £727 - **$1,148**
FAVRE Maurice 1875-1915 [1]
🗿 *An alert bull* - Bronze (55cm-22in) London 96 .... **FF14 850** - £1 800 - **$2,890**
FAVRE Pierre 1906-1963 [5]
⬦ *Femme au bouquet* - Gouache (33x22cm-13x9in) Grenoble 92 .... **FF1 500** - £154 - **$264**
FAVRE Valérie 1959 [2]
⬦ *Scène de chasse* - Technique mixte/papier (100x100cm-39x39in) Paris 90 .... **FF9 000** - £964 - **$1,565**
FAVRE-GUILLARMOD Marie 1824-1872 [1]
● *Trophées de chasse* - Huile/toile (46x38cm-18x15in) Château d'Arare 92 .... **FF3 160** - £323 - **$557**
FAVREAU Jean-Pierre XX [2]
📷 *Maio* - gelatino bromure (26x38cm-10x15in) Paris 92 .... **FF1 500** - £175 - **$306**
FAVREAU Marcel 1921 [17]
● *Le retour de la messe, Montréal* - Huile/toile (61x91cm-24x36in) Montréal 92..... **FF2 580** - £264 - **$455**
FAVRETTO Giacomo 1849-1887 [15]
● *The Proposal* - Oil/panel (36x48cm-14x19in) Toronto 95 .... **FF8 600** - £1 097 - **$1,755**
Cortile del Palazzo Pisani - Oil/board (24x19cm-9x7in) Luzern 94 .... **FF54 600** - £5 583 - **$8,778**
⬦ *Popolana che lavora all'uncinetto* - China/carta (32x21cm-13x8in) Milano 89 ...... **FF45 800** - £4 557 - **$7,235**
FAWCETT Robert 1903-1967 [1]
⬦ *Hercule Poirot with suspects* - Coloured inks (46x48cm-18x19in) New-York 96...... **FF23 060** - £2 734 - **$4,500**
FAWKES Lionel Grimston 1849-1931 [2]
⬦ *Drawing room of Queen's House* - Watercolour (24x37cm-9x15in) London 95 ...... **FF11 520** - £1 500 - **$2,363**
FAY Fred 1901 [6]
● *La gare* - Oil/canvas (67x72cm-26x28in) Bern 91 .... **FF4 750** - £479 - **$824**
FAY Georges ?-1916 [2]
📇 *Omega Oil, Stops Pain* - Poster (71x107cm-28x42in) London 94 .... **FF6 050** - £700 - **$1,043**
FAY Hanns 1888-1957 [13]
● *Lilien in einer Glasvase* - Öl/Leinwand (80x100cm-31x39in) Heidelberg 93 ...... **FF18 300** - £2 187 - **$3,520**
⬦ *Sommerblumenstrauss* - Aquarell/Papier (61x51cm-24x20in) Heidelberg 96 ...... **FF6 100** - £753 - **$1,177**
FAY Joe 1950 [4]
⬦ *Grizzly and Cowboy*
⠀⠀⠀⠀Mixed media/paper (77x113cm-30x44in) San Francisco-Los Angeles 93 .... **FF3 300** - £414 - **$600**
FAY Ludwig Benno 1859-1906 [6]
● *The Mischievous Visitor* - Oil/canvas (56x76cm-22x30in) New-York 92 .... **FF56 800** - £5 810 - **$10,000**
FAYE André 1887-1963 [1]
● *Bouquet de fleurs* - Huile/toile (60x50cm-24x20in) Paris 90 .... **FF4 000** - £421 - **$696**
FAYSASH Julius F. XX [3]
● *Gary* - Oil/canvas (48x46cm-19x18in) Cleveland, Ohio 92 .... **FF16 470** - £1 685 - **$2,900**
FAZAN Jacques XX [3]
● *Vieille gare sous la neige* - Huile/toile (65x54cm-26x21in) Blois 95 .... **FF2 500** - £324 - **$509**
FAZIOLI Renato 1900-1955 [1]
📷 *Le Scale*
⠀⠀⠀⠀Photocollage: gelatin silver print, paper cut-outs (36x22cm-14x9in) New-York 94... **FF87 100** - £10 100 - **$15,000**
FAZZINI Pericle 1913-1987 [33]
🗿 *Acrobata* - Bronze (11cm-4in) New-York 94... **FF11 340** - £1 340 - **$2,000**
Falling man - Bronze (39cm-15in) New-York 94.. **FF40 900** - £4 700 - **$7,000**
Gatto - Bronze (45x27x78cm-18x11x31in) Roma 94 .... **FF78 700** - £9 240 - **$13,640**
FEARNLEY Thomas 1802-1842 [11]
● *Vadstena castle, lake Vättern, Sweden* - Oil/canvas (49x80cm-19x31in) London 96 ...... **FF159 600** - £20 000 - **$30,800**
FEARON Hilda 1878-1917 [3]
● *Summer Fishing* - Oil/canvas (61x76cm-24x30in) London 97 .... **FF38 314** - £4 000 - **$6,556**
FEBVRE Édouard XIX-XX [41]
● *Les roulottes* - Huile/toile (54x65cm-21x26in) Paris 94 .... **FF3 800** - £456 - **$720**
Le jardin du Luxembourg - Huile/toile (54x82cm-21x32in) Lyon 97 .... **FF20 000** - £2 158 - **$3,534**
⬦ *Roulottes et manège* - Aquarelle (27x35cm-11x14in) Paris 96 .... **FF1 800** - £232 - **$357**
FECHELM Carl Traugott 1748-1819 [4]
● *Blick auf den Gendarmenmarkt* - Öl/Leinwand (55x96cm-22x38in) Stuttgart 96 .... **FF105 800** - £13 760 - **$20,950**
FECHELM Johann Friedrich 1746-1794 [1]
● *Rocky landscape with a bridge* - Oil/canvas (44x55cm-17x22in) Warszawa 93 ...... **FF25 000** - £2 550 - **$3,774**
FECHIN Nicolai Ivanovich 1881-1955 [7]
● *Relics* - Oil/canvas (63x76cm-25x30in) New-York 94 .... **FF741 000** - £74 600 - **$130,000**
FECHNER Hans 1860-1931 [1]
● *Eine gute Nachricht* - Öl/Leinwand (49x38cm-19x15in) München 94 .... **FF22 300** - £2 640 - **$4,120**
FECTEAU Marcel 1927 [15]
● *Ferme des Laurentides* - Huile/panneau Montréal 91 .... **FF6 880** - £691 - **$1,190**
FEDDEN A. Romilly 1875-1939 [4]
⬦ *Moonlit river landscape* - Watercolour (59x73cm-23x29in) London 92 .... **FF11 720** - £1 200 - **$2,070**
FEDDEN Mary 1915 [171]
● *Still Life Flowers in a vase* - Oil/board (30x25cm-11x10in) London 96 .... **FF4 640** - £550 - **$905**

Camellias - Oil/paper (21x18cm-8x7in) London 97 .... FF6 065 - £649 - $1,048
Plums and Roses on a Table - Oil/board (39x35cm-15x14in) London 97 .... FF10 271 - £1 100 - $1,774
Two Palm Trees - Oil/canvas (61x76cm-24x30in) London 97 .... FF17 908 - £1 900 - $3,087
Fano - Oil/canvas (61x51cm-24x20in) London 97 .... FF24 928 - £2 600 - $4,262
Fruit and flowers - Oil/canvas (76x61cm-30x24in) London 96 .... FF51 900 - £6 500 - $10,010
Indian Fruit - Gouache/paper (20x23cm-8x9in) London 97 .... FF4 669 - £500 - $806
By the Sea 2 - Watercolour, gouache (18x21cm-7x8in) London 96. .... FF8 900 - £1 100 - $1,720

FEDDER Otto 1873-1919 [19]
Holländische Winterlandschaft - Öl/Leinwand (34x70cm-13x28in) München 95 .... FF14 200 - £1 792 - $2,844
Partie am Starnberger See - Öl/Leinwand (47x82cm-19x32in) München 92 .... FF39 000 - £4 660 - $7,500

FEDDERS Julius 1838-1909 [2]
Tranquil Pond - Oil/canvas (35x53cm-14x21in) North Bethesda, MD. 91 .... FF16 980 - £1 711 - $2,946

FEDDERSEN Hans Peter II 1848-1941 [4]
Mondnacht über der Küste - Oil/cardboard (48x43cm-19x17in) Köln 94 .... FF56 600 - £6 780 - $11,000

FEDDERSEN Martin Peter Georg 1849-1930 [3]
Landschaft an der Elbe - Oil/panel (35x51cm-14x20in) Bremen 94 .... FF3 780 - £451 - $720

FEDELER Carl 1837-1897 [2]
Shipping on high seas at sunset - Oil/canvas (71x47cm-28x19in) New-York 95 .... FF17 000 - £2 055 - $3,200

FEDER Adolphe 1886-1945 [60]
Paysage au bord de rivière - Huile/toile (46x60cm-18x24in) Paris 97 .... FF3 500 - £382 - $612
L'entrée du village - Huile/toile (54x65cm-21x26in) Paris 97 .... FF7 000 - £764 - $1,224
Monestier-sur-Ceron - Huile/papier/toile (65x81cm-26x32in) Paris 90 .... FF12 000 - £1 293 - $2,116
Deux femmes - Gouache/papier (41x30cm-16x12in) Paris 90 .... FF7 500 - £808 - $1,323

FEDERICO Michele 1884-? [27]
Faraglione and Monacone Rock - Oil/canvas (91x112cm-36x44in) Toronto 92 .... FF4 730 - £484 - $833
Blue calm at sunset - Oil/canvas (54x71cm-21x28in) New-York 91 .... FF14 200 - £1 453 - $2,500

FEDERLE Aegidius 1810-1876 [2]
Chute du Rhin du Fischetz - Aquarell (19x29cm-7x11in) Lindau 94 .... FF5 120 - £611 - $963

FEDERLE Helmut 1944 [25]
Desolation Row - Acrylic/canvas (205x337cm-81x133in) London 93 .... FF136 000 - £17 000 - $24,650
Okinava - Acrylic/canvas (229x325cm-90x128in) New-York 92 .... FF245 000 - £28 450 - $50,000
Der letzte Buchstabe meines Namens - Graphit (27x22cm-11x9in) Wien 94 .... FF8 770 - £1 052 - $1,704

FEDI Pio 1825-1892 [4]
Cupid and Psyche - Marble (119cm-47in) London 96 .... FF185 600 - £22 000 - $36,200

FÉDIER Franz 1922 [17]
Komposition - Öl/Leinwand (53x76cm-21x30in) Zürich 96 .... FF2 055 - £258 - $397
Komposition - Öl (34x32cm-13x13in) Luzern 92 .... FF6 090 - £728 - $1,171

FEDKOWICZ Jerzy 1891-1959 [2]
Martwa natura z wazonem i roslina - Huile/panneau (62x54cm-24x21in) Warszawa 92 ... FF8 330 - £850 - $1,490

FEDOROV Alexandre 1954 [4]
Au café bleu - Huile/toile (54x65cm-18x24in) Arcachon 93 .... FF2 000 - £230 - $345

FEDOROV Alexei V. 1927 [2]
In Vishni Volocher - Oil/board (39x65cm-15x26in) London 94 .... FF12 600 - £1 500 - $2,375

FEDOROVA Maria 1859-1934 [12]
River landscape - Oil/canvas (71x123cm-28x48in) Helsinki 94 .... FF16 300 - £1 868 - $2,763

FEDOROVSKI Fedor F. 1883-1955 [2]
Festa in maschera - Gouache (64x97cm-25x38in) Milano 92 .... FF10 070 - £1 198 - $1,937

FEDOTOW Pawel 1815-1852 [1]
Young man - Oil (25x20cm-10x8in) London 90 .... FF62 300 - £6 273 - $12,204

FEELEY Paul 1910-1966 [2]
Untitled - Construction (20x20x20cm-8x8x8in) New-York 95 .... FF7 750 - £1 027 - $1,600

FEGUIDE Marcel 1888-1974 [5]
Le bain - Huile/panneau (49x62cm-19x24in) Lyon 89 .... FF4 000 - £422 - $673
Baigneuse - Huile/toile (565x256cm-222x101in) Lille 96 .... FF49 000 - £5 940 - $9,520

FEHDMER Richard Henri 1860-? [8]
Elegant skaters on a frosen lake - Oil/canvas (74x56cm-29x22in) Amsterdam 94 ... FF9 150 - £1 062 - $1,575

FEHER Emeric 1904-1966 [3]
Nu solarisé, 1935 - Silver print (19x14cm-7x6in) Paris 90 .... FF1 500 - £162 - $265

FEHER Georges 1929 [5]
Nature morte au pichet, 1983 - Huile/toile (46x55cm-18x22in) Auxerre 90 .... FF3 000 - £319 - $537

FEHER Laszlo 1953 [3]
Fête - Huile/toile (120x90cm-47x35in) Paris 91 .... FF20 000 - £2 015 - $3,470

FEHLING Heinrich Cristoph 1654-1725 [1]
Studies of a Putto - Red chalk (11x15cm-4x6in) London 93 .... FF6 150 - £700 - $1,043

FEHR Bartholomé 1747-1811 [1]
Vue de la Ville de Berne - Watercolour (25x40cm-10x16in) Bern 92 .... FF8 180 - £836 - $1,441

FEHR Friedrich 1862-1927 [3]
Young woman holding roses - Oil/canvas (94x79cm-37x31in) Mystic, Connecticut 94 ... FF12 750 - £1 520 - $2,400

FEHR Gertrude 1898 [8]
Nude study - Gelatin silver print (20x28cm-8x11in) New-York 92 .... FF9 360 - £994 - $1,800

FEHR Henri 1890-1964 [12]
Nu au bord de la rivière - Huile/panneau (163x199cm-64x78in) Zürich 91 .... FF47 500 - £4 763 - $7,841

Ballerine à l'éventail - Pastel (92x73cm-36x29in) Genève 91 .... FF21 250 - £2 180 - **$3,954**
La sieste - Pastel/papier (68x105cm-27x41in) Zürich 91 .... FF59 400 - £5 956 - **$9,805**

FEHR Henry Ch. 1867-1940 [3]
Spirit of Waves - Bronze (87cm-34in) London 93 .... FF39 500 - £4 500 - **$6,700**

FEHR Jules Henri 1890-1971 [5]
Danseuse - Pastel (56x45cm-22x18in) Genève 89 .... FF12 100 - £1 237 - **$1,945**

FEHR Konrad 1854-1933 [2]
Åløb i skov - Oil/canvas (78x117cm-31x46in) Viby J, Århus 96 .... FF2 464 - £245 - **$424**
Portrait - Gouache (147x95cm-58x37in) Viby J, Århus 94 .... FF2 184 - £254 - **$376**

FEHRLE Jacob Wilhelm 1884-1974 [17]
Stehender weiblicher Akt - Bronze (28cm-11in) Hamburg 95 .... FF5 320 - £672 - **$1,067**
Weiblicher Akt mit Badetruch - Bronze (55cm-22in) Stuttgart 94 .... FF25 700 - £3 084 - **$5,000**
Sitzender weiblicher Akt - Pencil (53x38cm-21x15in) Heidelberg 96 .... FF5 430 - £701 - **$1,062**

FEID Josef 1801-1877 [13]
Vieh an der Tränke - Oil/canvas (53x68cm-21x27in) Wien 91 .... FF24 000 - £2 383 - **$4,167**
Neukirchen - Öl/Karton (43x56cm-17x22in) Wien 93 .... FF78 400 - £8 860 - **$13,200**

FEIERTAG Karl 1874-1944 [17]
Homeward Bound - Oil/canvas (60x81cm-24x32in) London 95 .... FF10 560 - £1 400 - **$2,180**
Sommertag - Öl/Leinwand (68x55cm-27x22in) Köln 94 .... FF24 000 - £2 880 - **$4,660**
Schifahrende Kinder - Aquarell/Papier (27x17cm-11x7in) Wien 94 .... FF7 730 - £888 - **$1,324**

FEIGL Friedrich 1884-1965 [9]
Olympia - Oil/canvas (71x87cm-28x34in) Zofingen 94 .... FF7 320 - £868 - **$1,354**
Landschaften mit Bäumen - Etching München 94 .... FF2 223 - £261 - **$396**

FEIGLER Fritz 1889-1948 [1]
Still life - Oil/canvas (110x76cm-43x30in) Amsterdam 95 .... FF7 710 - £1 010 - **$1,545**

FEIKL Stanislav 1883-1933 [1]
Prag - Oil/canvas (90x109cm-35x43in) Wien 92 .... FF9 620 - £1 120 - **$1,963**

FEIKS Alfred 1880-1953 [2]
Stierkampf - Oil/canvas (56x70cm-22x28in) Wien 91 .... FF36 000 - £3 584 - **$6,191**

FEILER Paul 1918 [34]
Boscowan - Oil/canvas (70x79cm-28x31in) London 97 .... FF16 008 - £1 700 - **$2,788**
Porthglaze - Oil/canvas (91x91cm-36x36in) London 95 .... FF19 300 - £2 500 - **$3,950**
Rocks - Pastel (34x39cm-13x15in) London 96 .... FF2 790 - £360 - **$547**

FEILHAMMER Franz Anton 1817-1888 [2]
Blumenbouquet - Oil/panel (24x21cm-9x8in) Wien 96 .... FF3 910 - £508 - **$766**

FEIN Leon 1926 [2]
Wild flowers - Oil/canvas (73x60cm-29x24in) Tel Aviv 95 .... FF5 520 - £692 - **$1,100**

FEININGER Andreas 1907 [42]
Troistedt... - Woodcut (17x22cm-7x9in) Berlin 96 .... FF22 100 - £2 516 - **$4,225**
Veins of a Leaf (Solarized) - Gelatin silver print (35x28cm-14x11in) New-York 96 .... FF10 320 - £1 280 - **$2,000**
The Photojournalist - Gelatin silver print (33x25cm-13x10in) New-York 96 .... FF25 800 - £3 310 - **$5,000**

FEININGER Lyonel 1871-1956 [470]
Draisinenfahrer - Oil/canvas (95x85cm-37x33in) New-York 93 .... FF8 - £940 000 - **$1**
Bauernhaus mit Obstbäumen - Oil/canvas/board (37x61cm-15x24in) München 95 .... FF298 300 - £39 000 - **$59,700**
On the beach - Oil/canvas (40x52cm-16x20in) New-York 96 .... FF429 000 - £54 100 - **$85,000**
Glasscherbenbild - Oil/canvas (72x65cm-28x26in) New-York 92 .... FF1 35e +06 - £104 500 - **$190,000**
Kirche mit Stern - Woodcut (28x21cm-11x8in) Heidelberg 96 .... FF14 560 - £1 798 - **$2,810**
Kreuzende Segelschiffe, 2 - Woodcut (17x22cm-7x9in) Berlin 97 .... FF20 203 - £2 145 - **$3,519**
Die grüne Brücke - Etching (26x19cm-10x7in) Berlin 97 .... FF36 909 - £3 919 - **$6,429**
The Disparagers - Etching (22x27cm-9x11in) New-York 96 .... FF72 500 - £9 350 - **$14,000**
Kreuzende Segelschiffe II - Wood Bern 91 .... FF18 200 - £1 825 - **$3,004**
Toy Figures and Houses - Wood New-York 96 .... FF77 700 - £10 020 - **$15,000**
Landstrasse - Chalks/paper (20x24cm-8x9in) Berlin 97 .... FF38 852 - £4 126 - **$6,767**
Sympatic Gallery Visitors - Watercolour (8x14cm-3x6in) New-York 94 .... FF71 000 - £8 440 - **$13,500**
Island Sea - Ink (31x47cm-12x19in) Berlin 97 .... FF97 129 - £10 315 - **$16,919**
Along the Shore - Watercolour (19x28cm-7x11in) New-York 97 .... FF108 572 - £11 639 - **$19,000**
Dorfkirche in St. Guénolé, Bretagne - Watercolour (32x47cm-13x19in) Berlin 97 .... FF135 981 - £14 441 - **$23,687**
Jachtrennen - Watercolour (30x47cm-12x19in) Berlin 97 .... FF407 942 - £43 325 - **$71,061**

FEININGER T. Lux 1910 [8]
Bauhaus Group - Gelatin silver print (10x8cm-4x3in) New-York 92 .... FF8 520 - £872 - **$1,500**

FEINSTEIN Guy 1929 [3]
Composition - Huile/toile (60x73cm-24x29in) Paris 90 .... FF3 500 - £368 - **$609**

FEIST Werner David 1909 [2]
Still life - Silver print (15x20cm-6x8in) New-York 94 .... FF4 520 - £539 - **$850**

FEITELSON Lorser 1898-1978 [5]
Magical Space Forms - Oil/canvas (152x132cm-60x52in) New-York 96 .... FF82 800 - £10 700 - **$16,000**
Untitled - Oil/canvas (152x127cm-60x50in) New-York 94 .... FF116 200 - £13 420 - **$20,000**

FEITH Gustav 1875-1951 [20]
Vase of flowers - Öl/Leinwand (55x43cm-22x17in) Wien 96 .... FF14 430 - £1 810 - **$2,820**
Schlossmauer - Pastel (22x16cm-9x6in) Wien 96 .... FF4 800 - £620 - **$927**
Herbstblummenstrauss - Aquarell/Papier (27x19cm-11x7in) Wien 95 .... FF15 200 - £1 900 - **$3,064**

FEITO LOPEZ Luis 1929 [116]
465A - Huile/toile (38x46cm-15x18in) Paris 94 .... FF18 000 - £2 050 - **$3,446**
Composición 10 - Oleo/lienzo (80x80cm-31x31in) Madrid 96 .... FF26 470 - £3 430 - **$5,230**

Composiciòn azul - Técnica mixta/lienzo (58x105cm-23x41in) Madrid 97 .... FF**52 000** - £5 590 - **$8,970**
Sans titre - Technique mixte/toile (113x145cm-44x57in) Paris 97 .... FF**84 000** - £8 845 - **$14,440**
Composicion, 1962 - Oleo/lienzo (90x116cm-35x46in) Madrid 90 .... FF**378 000** - £40 213 - **$67,621**
🎨 *Sans titre* - Bronze (33x18x20cm-13x7x8in) Montréal 97 .... FF**13 760** - £1 408 - **$2,423**
✏️ *Untitled* - Ink/paper (35x43cm-14x17in) London 94 .... FF**10 530** - £1 220 - **$1,790**
Sans titre - Aquarelle/papier (24x36cm-9x14in) Montréal 90 .... FF**20 600** - £2 220 - **$3,633**

FEKETE Esteban 1924 [30]
Komposition - Öl/Karton (67x84cm-26x33in) Pforzheim 93 .... FF**30 500** - £3 646 - **$5,870**
🖼️ *Sich Kämmende* - Woodcut in colors (45x30cm-18x12in) Heidelberg 93 .... FF**1 610** - £188 - **$265**
✏️ *Schiffsmotiv* - Aquarelle, gouache/papier (12x17cm-5x7in) Hamburg 96 .... FF**2 140** - £244 - **$410**

FELBER Carl Friedrich 1880-1932 [23]
Alpine winter landscape - Oil/canvas (60x90cm-24x35in) London 95 .... FF**3 786** - £500 - **$767**
Erdscholle am Waldrand - Oil/canvas (90x81cm-35x32in) München 92 .... FF**11 900** - £1 218 - **$2,095**

FELBIER Maurice 1903 [4]
Enfants - Huile/toile (60x50cm-24x20in) Antwerpen 95 .... FF**4 500** - £563 - **$908**

FELBINGER von Franz Ritter 1844-1906 [1]
Homme à la pipe au gilet rouge
   Huile/panneau (45x37cm-18x15in) Lons-Le-Saunier 94 .... FF**11 000** - £1 272 - **$1,880**

FELBRA Walter Feller-Brand 1917 [5]
Landschaft mit Feldweg - Öl/Karton (15x21cm-6x8in) Bern 95 .... FF**2 590** - £324 - **$524**

FELD Otto 1860-1911 [1]
✏️ *Abend am Strand* - Pastell (26x45cm-10x18in) Hamburg 92 .... FF**4 410** - £527 - **$848**

FELDBAUER Max 1869-1948 [9]
Weiblicher Akt in Interieur - Öl/Leinwand (102x102cm-40x40in) München 94 ...... FF**20 500** - £2 410 - **$3,654**
✏️ *Soldat in Paradeuniform* - Aquarell (55x27cm-22x11in) München 95 .... FF**3 384** - £423 - **$683**

FELDHUSEN Anna 1867-1951 [6]
Blick auf den Kühberg bei Dachau - Oil/cardboard (45x36cm-18x14in) Heidelberg 95 .... FF**9 750** - £1 252 - **$1,970**

FELDHÜTTER Ferdinand 1842-1898 [24]
Der Flirt - Öl/Leinwand (40x50cm-16x20in) Pforzheim 93 .... FF**9 250** - £1 155 - **$1,870**
Alpenländische Landschaft - Oil/panel (13x26cm-5x10in) Stuttgart 93 .... FF**15 860** - £1 794 - **$2,675**
Hohen-Aschau (Bayern) - Öl/Leinwand (42x62cm-17x24in) Wien 95 .... FF**49 500** - £6 320 - **$10,250**

FELDMANN Carl Albert 1894-1966 [5]
Soneware pot on a draped table - Oil/canvas (43x36cm-17x14in) Amsterdam 90 .... FF**5 130** - £525 - **$1,013**

FELDMANN Peter 1790-1871 [1]
✏️ *Katz und Loreley* - Pencil (25x35cm-10x14in) Hamburg 96 .... FF**2 040** - £232 - **$390**

FELDMANN Wilhelm 1859-1932 [3]
Wasserlandschaft bei Berlin - Öl/Leinwand (60x100cm-24x39in) Hamburg 95 ...... FF**48 100** - £6 360 - **$9,740**

FELEZ Mariano 1883-? [3]
Marina - Oleo/lienzo (83x104cm-33x41in) Madrid 94 .... FF**26 900** - £3 133 - **$4,710**

FELGENHAUER Richard 1895-? [2]
Knabe - Oil/panel (60x58cm-24x23in) Wien 91 .... FF**24 060** - £2 442 - **$4,345**

FELGENTREFF Paul 1854-1933 [11]
Landstrasse 6. Oberaudorf - Oil/canvas (46x64cm-18x25in) London 96 .... FF**7 020** - £800 - **$1,344**
Interior of a Weinstube - Oil/canvas (87x121cm-34x48in) New-York 95 .... FF**46 700** - £6 020 - **$9,500**

FELGER Paul Erich 1910-1979 [2]
Südliche Landschaft - Öl (49x68cm-19x27in) Stuttgart 93 .... FF**2 436** - £280 - **$415**

FELGUÉREZ Manuel 1928 [5]
Poza Rica - Oil/canvas (120x100cm-47x39in) New-York 94 .... FF**67 400** - £7 950 - **$12,000**

FELICI Augusto 1851-? [1]
🗿 *Bust of a woman* - Marble (93cm-37in) New-York 96 .... FF**61 700** - £7 480 - **$12,000**

FÉLIX Auguste XIX [2]
✏️ *Six designs for hats* - Ink (11x12cm-4x5in) London 92 .... FF**2 930** - £300 - **$516**

FÉLIX Claudius 1875-? [5]
La rivière Baillou - Huile/toile (37x54cm-15x21in) Boulogne 96 .... FF**5 000** - £627 - **$967**

FELIX Eugen 1837-1906 [8]
Portrait of a boy with his dog - Oil/panel (144x94cm-57x37in) London 92 .... FF**12 980** - £1 550 - **$2,500**

FELIX Franz 1892-? [1]
New Orleans - Oil/canvas (79x53cm-31x21in) Cambridge, Mass. 93 .... FF**5 600** - £638 - **$950**

FELIX Isidor XIX [2]
Élégantes près de la mer - Huile/toile (79x63cm-31x25in) Saint-Germain-en-Laye 91 .... FF**28 000** - £2 824 - **$5,457**

FELIX Juliette 1869-? [1]
✏️ *Jeune femme au collier de corail* - Pastel (60x45cm-24x18in) Reims 90 .... FF**3 000** - £321 - **$522**

FELIX Karl Eugene 1837-1906 [4]
Ships off the coast - Oil/canvas (43x89cm-17x35in) Mystic, Connecticut 94 .... FF**4 920** - £586 - **$900**

FELIXMÜLLER Conrad 1897-1977 [166]
Winterlandschaft im Solling - Öl/Leinwand (42x82cm-17x32in) Berlin 96 .... FF**67 800** - £8 460 - **$13,100**
Akt und Zeichner - Oil/canvas (90x110cm-35x43in) London 94 .... FF**234 700** - £28 000 - **$44,200**
Liebespaar - Oil/canvas (67x84cm-26x33in) Berlin 92 .... FF**918 000** - £94 000 - **$161,600**
🖼️ *Malerfamilie* - Woodcut (41x27cm-16x11in) Köln 97 .... FF**8 111** - £852 - **$1,388**
Erste Schritte - Woodcut (50x32cm-20x13in) Köln 97 .... FF**27 036** - £2 841 - **$4,628**
Kohlenbergarbeiter - Color lithograph (57x41cm-22x16in) London 96 .... FF**194 200** - £24 000 - **$37,500**
✏️ *Halbportrait einer lesenden Frau* - Ink/paper (48x40cm-19x16in) Pforzheim 93 .... FF**8 140** - £972 - **$1,566**

Vater und Tochter - Ink (42x33cm-17x13in) Köln 95 .... FF**27 800** - £3 640 - **$5,650**
Selbstbildnis Zeichnend - Aquarell (64x49cm-25x19in) Berlin 94 .... FF**189 000** - £22 600 - **$35,300**

FELKEL Karl 1896-1973   [8]
🍂 *Bouquet de fleurs* - Huile/toile (70x55cm-28x22in) Paris 97 .... FF**3 100** - £337 - **$549**

FELL Herbert Granville 1872-1951   [1]
✏ *The Studio Girl* - Watercolour (28x20cm-11x8in) London 95 .... FF**7 730** - £1 000 - **$1,580**

FELL Sheila 1931-1979   [15]
🍂 *Reaping* - Oil/canvas (64x76cm-25x30in) London 96 .... FF**8 530** - £1 110 - **$1,690**
Receding Fields II - Oil/canvas/board (99x119cm-39x47in) London 97 .... FF**23 541** - £2 500 - **$4,101**

FELLER Frank 1848-1908   [4]
✏ *Arabs on horseback* - Watercolour/paper (36x26cm-14x10in) London 96 .... FF**3 300** - £400 - **$642**

FELLERMEYER Josef 1862-?   [2]
🍂 *Damen-Halbportrait* - Ol/Leinwand (58x48cm-23x19in) Kempten 96 .... FF**4 110** - £539 - **$833**

FELLINGER Leo 1884-1975   [1]
🍂 *Krug mit Blumen* - Oil/canvas (63x54cm-25x21in) Wien 90 .... FF**16 800** - £1 787 - **$3,005**

FELLINI Federico 1920-1993   [1]
✏ *Scena erotica* - Acquarello (21x29cm-8x11in) Milano 96 .... FF**13 440** - £1 560 - **$2,640**

FELLNER Ferdinand August M. 1799-1859   [3]
✏ *Illustration zu dem Nibelungenzyklus* - Ink (35x47cm-14x19in) München 94 .... FF**12 350** - £1 463 - **$2,283**

FELLNER Jean-Pierre XX   [5]
Fauteuil blanc - Dessin (99x116cm-39x46in) Paris 91 .... FF**2 000** - £205 - **$373**

FELLOWES James c.1690-c.1760   [1]
🍂 *Mrs. Egerton* - Oil/canvas (67x51cm-26x20in) London 95 .... FF**14 380** - £1 800 - **$2,864**

FÉLON Joseph 1818-1896   [3]
✏ *Modèle nu allongé sur le dos* - Crayon (25x36cm-10x14in) Paris 93 .... FF**4 300** - £484 - **$730**

FELS Jan Jacob 1816-1883   [3]
🍂 *Figures on a path along a stream* - Oil/panel (40x55cm-16x22in) Amsterdam 95 ..... FF**15 530** - £2 015 - **$3,235**

FELTRIN Victor 1909-1993   [9]
🗿 *Maternité* - Bois Brive-la-Gaillarde 95 .... FF**3 000** - £389 - **$618**

FELU Charles François 1830-1900   [1]
🍂 *A fisherboy* - Oil/panel (27x21cm-11x8in) London 96 .... FF**2 325** - £300 - **$449**

FELY-MOUTTET 1893-1953   [9]
🍂 *Pont Coudon, Toulon* - Huile/toile (60x73cm-24x29in) Paris 92 .... FF**2 000** - £233 - **$409**
✏ *Composition géométrique* - Gouache (51x33cm-20x13in) Lyon 91 .... FF**2 000** - £206 - **$373**

FÉNASSE Paul XIX-XX   [3]
🍂 *La baie d'Alger* - Huile/toile (76x164cm-30x65in) Paris 95 .... FF**128 000** - £16 130 - **$25,500**

FENDI Peter 1796-1842   [20]
✏ *A young girl* - Watercolour/paper (9x6cm-4x2in) Wien 95 .... FF**10 950** - £1 390 - **$2,205**
Two young girls - Watercolour (13x12cm-5x5in) Wien 95 .... FF**19 600** - £2 580 - **$3,970**
Maria und Karoline von Liechenstein - Watercolour (17x20cm-7x8in) Wien 95 .... FF**177 000** - £22 100 - **$35,760**

FENG GANGBAI 1884-1971   [1]
🍂 *Village at foothills* - Oil/canvas (51x61cm-20x24in) Hong Kong 96 .... FF**29 800** - £3 540 - **$5,820**

FENGER-KROG Louise 1961   [2]
🍂 *Sfinxen* - Oil/canvas (122x120cm-48x47in) Stockholm 96 .... FF**6 860** - £885 - **$1,344**

FENINGA Teen G.G. 1841-?   [1]
🍂 *Sailors in distress* - Oil/canvas (42x66cm-17x26in) Amsterdam 93 .... FF**7 800** - £893 - **$1,328**

FENN Gene 1911   [5]
📷 *Elsa Schiaparelli* - Silver print (28x21cm-11x8in) London 95 .... FF**2 704** - £350 - **$554**

FENN George 1810-1871   [1]
🍂 *Racehorse with jockey up* - Oil/canvas (56x65cm-22x26in) New-York 94 .... FF**30 900** - £3 626 - **$5,500**

FENN Harry 1845-1911   [11]
✏ *House of S. Colman, Newport* - Ink (30x45cm-12x18in) New-York 91 .... FF**4 560** - £460 - **$889**

FENN Werner 1932   [3]
🗿 *Schweinehirte* - Bronze (36cm-14in) München 93 .... FF**12 200** - £1 460 - **$2,350**

FENNEKER Josef 1895-1956   [1]
🖼 *Gräfin Mariza* - Poster (142x95cm-56x37in) New-York 92 .... FF**22 700** - £2 324 - **$4,000**

FENNELL John Grenville 1807-1872   [3]
🍂 *Jousting with donkeys* - Oil/canvas (37x52cm-15x20in) Glasgow 92 .... FF**6 280** - £750 - **$1,208**

FENNER-BEHMER Hermann 1866-1913   [1]
🍂 *Nach dem Bade* - Oil/canvas (116x88cm-46x35in) Ahlden 92 .... FF**47 600** - £4 870 - **$8,380**

FENNERS Theodor Hugo 1877-1956   [2]
🍂 *Im Gebirge* - Öl/Karton (57x48cm-22x19in) Lindau 94 .... FF**8 570** - £1 018 - **$1,585**

FENOSA Apelles 1899-1988   [51]
🗿 *Femme s'habillant* - Bronze (16cm-6in) Paris 97 .... FF**13 000** - £1 355 - **$2,223**
Dahlia - Bronze (16cm-6in) Paris 97 .... FF**16 500** - £1 720 - **$2,821**
Femme drapée - Bronze (15cm-6in) Paris 97 .... FF**26 000** - £3 370 - **$5,090**
Joueuse de flûte - Bronze (43cm-17in) Paris 95 .... FF**40 000** - £5 270 - **$8,110**
Femme en pied aux seins nus - Bronze (89cm-35in) Paris 97 .... FF**85 000** - £8 865 - **$14,535**

FENOYL de Pierre 1945-1987   [5]
📷 *Paysage* - Photo (36x53cm-14x21in) Paris 91 .... FF**3 800** - £378 - **$653**

FENTON Beatrice 1887-1983   [3]
🗿 *A child with wings rising a frog* - Bronze (44cm-17in) New-York 96 .... FF**28 700** - £3 324 - **$5,500**

FENTON Hallie Champlin Hyde 1880-1935 [1]
- *Woman at a mirror* - Oil/canvas (101x81cm-40x32in) London 95.................... FF8 780 - £1 100 - **$1,750**

FENTON Roger 1819-1869 [35]
- *The Miners Bridge from below* - Albumen print (38x43cm-15x17in) London 96.................... FF2 300 - £270 - **$453**
- *Hyde Park, 1850s* - Salt print (35x43cm-14x17in) London 96.................... FF13 950 - £1 800 - **$2,693**
- *Still life with casket and coral* - Albumen print (28x28cm-11x11in) London 94.................... FF68 100 - £8 000 - **$11,930**

FENWICK Thomas ?-c.1850 [2]
- *River landscape & an Abbey ruin* - Oil/canvas (71x91cm-28x36in) Glasgow 93.................... FF5 200 - £650 - **$943**

FÉNYES Adolphe 1867-1945 [6]
- *Couple in park bench* - Oil/canvas (41x51cm-16x20in) New Orleans, Louisiana 96.................... FF9 770 - £1 225 - **$1,900**
- *Street scene* - Oil/canvas (60x40cm-24x16in) Tel Aviv 96.................... FF25 500 - £3 310 - **$5,000**

FENZL Emil 1865-1921 [6]
- *Bauernhof* - Öl/Leinwand (32x43cm-13x17in) Wien 94.................... FF5 830 - £685 - **$1,040**
- *An der Donau* - Aquarell/Papier (47x60cm-19x24in) Wien 93.................... FF5 770 - £690 - **$1,110**

FEODOROVA Maria Alekseevna 1859-1916 [2]
- *Motiv från Terijoki* - Oil/canvas (18x34cm-7x13in) Helsinki 93.................... FF4 080 - £470 - **$702**

FEOKTISTOV Vladimir 1947 [2]
- *Vieille dame* - Huile/toile (100x100cm-39x39in) Paris 95.................... FF2 500 - £324 - **$521**

FER Edouard 1887-1959 [15]
- *Nature morte* - Huile/toile (16x22cm-6x9in) Nice 93.................... FF8 900 - £1 113 - **$1,620**
- *Les flamands roses et la grenouille* - Huile/toile (232x150cm-91x59in) Genève 91.................... FF52 200 - £5 350 - **$9,700**
- *Jeune femme* - Aquarelle (20x13cm-8x5in) Nice 94.................... FF2 500 - £284 - **$424**

FERAGUTTI VISCONTI Adolfo 1850-1924 [1]
- *Esposizione, Genova* - Poster (96x205cm-38x81in) New-York 95.................... FF7 570 - £954 - **$1,500**

FÉRAL Eugène XIX-XX [2]
- *Jeune fille au lys* - Huile/panneau (46x36cm-18x14in) Monaco 95.................... FF8 500 - £1 102 - **$1,754**

FÉRAT Serge 1881-1958 [36]
- *Paysage* - Huile/toile (80x60cm-31x24in) Paris 92.................... FF15 000 - £1 790 - **$2,885**
- *Le cirque* - Huile/toile (41x33cm-16x13in) Le Touquet 94.................... FF28 000 - £3 330 - **$5,330**
- *La famille* - Gouache/carton (19x6cm-7x2in) Paris 92.................... FF12 000 - £1 234 - **$2,128**
- *Au cirque* - Gouache (27x20cm-11x8in) Paris 90.................... FF32 000 - £3 306 - **$5,654**

FÉRAUD Albert 1921 [84]
- *Composition* - Sculpture (17cm-7in) Douai 96.................... FF2 900 - £362 - **$561**
- *Les tubes* - Sculpture (106x20x22cm-42x8x9in) Paris 97.................... FF4 500 - £489 - **$789**
- *Composition* - Sculpture (103cm-41in) Toulouse 96.................... FF10 000 - £1 297 - **$1,977**
- *Composition* - Metal (210cm-83in) Köbenhavn 92.................... FF35 000 - £4 070 - **$7,150**
- *Composition* - Encre Chine (97x115cm-38x45in) Le Touquet 94.................... FF2 500 - £298 - **$476**

FERBER Herbert 1906-1991 [6]
- *Pointer* - Sculpture (61x20x25cm-24x8x10in) New-York 94.................... FF15 340 - £1 745 - **$2,600**

FERDINAND Jean 1898-1973 [1]
- *Madame et l'officier* - Crayon/papier (21x28cm-8x11in) Paris 97.................... FF1 500 - £163 - **$263**

FERDINANDUS Alexandre ?-1888 [1]
- *Place de la Madeleine* - Huile/toile (38x46cm-15x18in) Le Havre 96.................... FF6 000 - £705 - **$1,180**

FEREKIDIS Nicholaos 1862-1929 [1]
- *House surrounded by poppies* - Oil/hardboard (40x50cm-16x20in) Athens 96.................... FF17 150 - £1 985 - **$3,290**

FERENCZY Jozef 1866-1925 [2]
- *The serenade* - Oil/canvas (66x53cm-26x21in) London 93.................... FF7 900 - £900 - **$1,341**

FERENCZY Karoly 1862-1917 [4]
- *Les deux amis* - Huile/toile (77x98cm-30x39in) Bruxelles 92.................... FF15 770 - £1 615 - **$2,774**

FERG Franz de Paula 1689-1740 [39]
- *Peasants by classical monuments* - Oil/copper (13x10cm-5x4in) London 97.................... FF26 490 - £2 800 - **$4,567**
- *Soldiers and peasants* - Oil/panel (26x21cm-10x8in) London 97.................... FF70 955 - £7 500 - **$12,233**
- *Market scene/Village kermesse* - Oil/copper (38x47cm-15x19in) London 96.................... FF337 600 - £42 000 - **$65,500**

FERGNANI Corrado 1910-1986 [1]
- *Venezia* - Olio/tela (55x45cm-22x18in) Milano 89.................... FF9 200 - £969 - **$1,549**

FERGOLA Francesco XIX [2]
- *La Baie de Naples* - Huile/toile (31x81cm-12x32in) Bayeux 96.................... FF90 000 - £10 660 - **$17,560**

FERGOLA Salvatore 1779-1877 [5]
- *La Badia di Cava dei Tirreni* - Olio/tela (53x66cm-21x26in) Roma 90.................... FF73 200 - £7 485 - **$14,448**
- *Veduta di Paestum* - Mixed media/paper (26x32cm-10x13in) Roma 90.................... FF13 700 - £1 457 - **$2,451**

FERGUSON Elizabeth 1884-1925 [1]
- *Fruit* - Oil/canvas (33x48cm-13x19in) North Berwick, Maine 93.................... FF4 125 - £518 - **$750**

FERGUSON Henry Augustus 1851-1911 [8]
- *San Giorgio Maggiore, Venice* - Oil/canvas (26x43cm-10x17in) New-York 93.................... FF13 200 - £1 656 - **$2,400**
- *Glen falls on the Hudson* - Oil/canvas (38x64cm-15x25in) New-York 91.................... FF119 800 - £12 027 - **$20,727**

FERGUSON James 1710-1776 [5]
- *Three ladies* - Plumbagos/paper (3) (5cm-2in) London 95.................... FF2 950 - £380 - **$600**

FERGUSON John Knox XIX [2]
- *Flowers from a loved one* - Oil/canvas (56x43cm-22x17in) London 89.................... FF5 800 - £593 - **$932**

FERGUSON Nancy Maybin XIX-XX [3]
- *The Sailors in Town* - Oil/board (28x30cm-11x12in) Cambridge, Mass. 94.................... FF15 730 - £1 857 - **$2,800**

F

FERGUSON Roy Young [2]
⟋ Shipping in Valletta harbour - Pencil (38x71cm-15x28in) London 92 .... FF2 930 - £300 - **$518**

FERGUSON William Gowe 1632-1695 [19]
● Jagdstilleben mit erlegtem Federwild - Öl/Leinwand (51x44cm-20x17in) Wien 96 .... FF12 180 - £1 580 - **$2,410**
Still life with pigeon, chaffinch - Oil/canvas (61x74cm-24x29in) London 91 .... FF30 240 - £3 003 - **$5,251**
Nature morte aux oiseaux - Huile/toile (74x64cm-29x25in) Paris 93 .... FF50 000 - £6 020 - **$9,100**

FERGUSON John Duncan 1874-1961 [135]
● Seabrakers - Oil/board (11x14cm-4x6in) Edinburgh 93 .... FF19 300 - £2 200 - **$3,280**
Boulevard St. Michael - Oil/panel (19x24cm-7x9in) Auchterarder, Perthshire 92 .... FF152 300 - £16 000 - **$31,840**
Girl and fruit - Oil/board (75x63cm-30x25in) London 97 .... FF526 818 - £55 000 - **$90,139**
⟋ Near St. Tonge, Royan - Charcoal (17x21cm-7x8in) Edinburgh 92 .... FF14 240 - £1 700 - **$2,740**
Off Antibes - Gouache (23x18cm-9x7in) Glasgow 91 .... FF29 900 - £2 996 - **$5,042**

FERLOV MANCOBA Sonja 1911-1984 [4]
🗿 A l'écoute du Silence - Bronze (29cm-11in) Köbenhavn 93 .... FF35 200 - £4 020 - **$6,000**

FERMEUSE Victor 1894-1963 [9]
● Abattage des arbres, Riviera - Huile/toile (100x80cm-39x31in) Bruxelles 95 .... FF3 810 - £476 - **$769**

FERNAND-DUBOIS Émile 1869-? [2]
🗿 Seated female nude - Bronze (37cm-15in) New-York 92 .... FF7 800 - £931 - **$1,500**
Bust of Marshal Foch - Bronze (66cm-26in) London 90 .... FF10 200 - £1 054 - **$1,802**

FERNAND-RENAULT Albert XX [2]
● Baigneuse assise - Huile/toile (65x54cm-26x21in) Morlaix 92 .... FF2 300 - £275 - **$443**

FERNAND-TROCHAIN Jean-Fernand, dit 1879-1969 [1]
● Le port - Oil/canvas (60x73cm-24x29in) London 91 .... FF3 950 - £396 - **$723**

FERNANDE Joseph 1741-1799 [1]
🗿 Nobleman facing sinister - Marble (31x25cm-12x10in) London 92 .... FF97 400 - £10 000 - **$18,700**

FERNANDEZ Agustín 1928 [18]
● Retrato de una mujer - Oil/canvas (107x71cm-42x28in) New-York 94 .... FF31 200 - £3 650 - **$5,500**
Blue Figure - Oil/canvas (117x86cm-46x34in) Miami, Florida 95 .... FF64 400 - £7 720 - **$12,000**
La Mesa - Oil/canvas (118x94cm-46x37in) New-York 95 .... FF99 000 - £12 410 - **$18,000**

FERNANDEZ ALVARADO José 1875-1935 [1]
● Armada española - Oil/lienzo (126x83cm-50x33in) Madrid 94 .... FF36 900 - £4 374 - **$6,810**

FERNANDEZ Arístides 1904-1934 [3]
⟋ Untitled - Ink (22x32cm-9x13in) New-York 92 .... FF88 800 - £9 300 - **$16,000**

FERNANDEZ BALBUENA Roberto 1890-1966 [1]
● Lavanderas de Chiapas - Oleo/lienzo (50x70cm-20x28in) Madrid 96 .... FF8 140 - £1 056 - **$1,610**

FERNANDEZ CARPIO Manuel 1853-? [1]
● Vista de Venecia - Oleo/lienzo (24x32cm-9x13in) Madrid 94 .... FF20 600 - £2 470 - **$4,000**

FERNANDEZ DE LA TORRE Néstor Martín 1887-1938 [5]
⟋ Amanecer del Atlántico - Gouache (34x34cm-13x13in) Madrid 94 .... FF110 600 - £13 000 - **$21,750**

FERNANDEZ DE VILLASANTE Julio Moisés 1890-1968 [1]
● Gitana - Oleo/lienzo (132x101cm-52x40in) Madrid 96 .... FF28 070 - £3 213 - **$5,350**

FERNANDEZ Eduardo Pelayo 1850-? [1]
● A summer idyll - Oil/panel (48x33cm-19x13in) New-York 89 .... FF74 400 - £7 403 - **$11,754**

FERNANDEZ Luis 1900-1973 [6]
● Paysage - Huile/toile (60x73cm-24x29in) Paris 94 .... FF70 000 - £8 350 - **$13,110**
Composition - Huile/bois (18x149cm-7x59in) Paris 93 .... FF180 000 - £20 500 - **$30,500**

FERNANDEZ SANAHUJA Manuel XIX [2]
● Mozo descansando de un carromato - Oleo/tabla (24x18cm-9x7in) Madrid 96 .... FF15 270 - £1 980 - **$3,020**

FERNANDEZ Virgilio, Virxilio XX [2]
⟋ Joven campesina en el balcón - Acuarela (43x31cm-17x12in) Madrid 92 .... FF2 700 - £275 - **$475**

FERNANDEZ Y GONZALEZ Domingo 1862-? [4]
● Misiva amorosa - Oleo/lienzo (56x40cm-22x16in) Madrid 93 .... FF6 010 - £716 - **$1,087**

FERNANDEZ Y JIMENEZ Federico 1841-? [1]
● Odalisques on a terrace - Oil/canvas (23x28cm-9x11in) New-York 94 .... FF32 150 - £3 690 - **$5,500**

FERNANDEZ Y RODRIGUEZ Silvio 1850-? [1]
● A good smoke - Oil/canvas (100x76cm-39x30in) New-York 92 .... FF24 300 - £2 484 - **$4,500**

FERNEL Fernand 1872-1934 [13]
● La loge des Fratellini - Huile/carton (59x86cm-23x34in) Paris 94 .... FF2 800 - £326 - **$491**
⬒ Quinquina Michaud - Poster (140x97cm-55x38in) New-York 94 .... FF3 250 - £389 - **$600**

FERNELEY Claude Lorraine 1822-1891 [13]
● A chesnut hunter in a loose box - Oil/canvas (61x79cm-24x31in) London 97 .... FF17 341 - £1 849 - **$3,000**
Hunt Scury - Oil/canvas (51x89cm-20x35in) London 97 .... FF51 354 - £5 500 - **$8,925**

FERNELEY John, Jnr. 1815-1862 [51]
● George Lloyd and W. Naylor - Oil/canvas (47x72cm-19x28in) New-York 95 .... FF98 400 - £12 880 - **$20,000**
Shamrock - Oil/canvas (71x91cm-28x36in) London 96 .... FF212 200 - £25 000 - **$41,700**

FERNELEY John, Snr. 1782-1860 [44]
● Waiting For The Master - Oil/canvas (106x128cm-42x50in) London 96 .... FF1 - £175 000 - **$292,000**
Fire Fly - Oil/canvas (68x88cm-27x35in) London 92 .... FF98 040 - £10 500 - **$17,039**
Emilius, winner of the Derby - Oil/canvas (62x76cm-24x30in) New-York 97 .... FF173 409 - £18 486 - **$30,000**
Morning, Hyde Park - Oil/canvas (91x83cm-36x33in) London 91 .... FF383 000 - £38 036 - **$66,500**
Hunters belonging to Robert Myddelton
Oil/canvas (112x160cm-44x63in) New-York 97 .... FF491 326 - £52 377 - **$85,000**

FERNELEY Sarah 1812-1903 [2]
● River landscape with a woman - Oil/canvas (63x76cm-25x30in) London 91 .... FF39 900 - £3 989 - **$6,571**

FERNEMAN Albin Verner 1894 [4]
- Furor i älvdal - Oil/canvas (40x40cm-16x16in) Stockholm 89 .... FF6 300 - £627 - **$995**

FERNEZ Louis 1900-1983 [1]
- L'Amirauté d'Alger - Gouache (45x60cm-18x24in) Paris 96 .... FF7 500 - £868 - **$1,437**

FERNHOUT Edgar 1921-1976 [12]
- Vruchten - Oil/canvas (30x30cm-12x12in) Amsterdam 95 .... FF27 800 - £3 640 - **$5,560**
- Still life - Oil/panel (23x23cm-9x9in) Amsterdam 96 .... FF132 300 - £15 180 - **$25,260**

FERNIER Robert 1895-1977 [20]
- Côte brune, La Grand'Combe - Huile/panneau (33x41cm-13x16in) Paris 96 .... FF12 500 - £1 627 - **$2,477**

FERNIQUE Albert 1841-1898 [1]
- La liberté éclairant le monde - Albumen print (15x10cm-6x4in) New-York 89 .... FF9 700 - £965 - **$1,532**

FERNKORN von Anton Ritter 1813-1878 [3]
- Eugen von Savoyen - Bronze (63cm-25in) Wien 92 .... FF72 100 - £8 620 - **$13,870**

FERNSCHNEIDER Harvey XX [2]
- Reclining male nude with flowers
  Gelatin silver print (49x49cm-19x19in) San Francisco-Los Angeles 95 .... FF2 320 - £296 - **$475**

F

FEROGIO François Fortuné A. 1805-1888 [2]
- La collation - Pastel (22x42cm-9x17in) Paris 96 .... FF6 000 - £778 - **$1,175**

FERON Eloi Firmin 1802-1896 [1]
- The ambush - Oil/canvas (33x41cm-13x16in) London 90 .... FF39 500 - £3 978 - **$7,738**

FERON Eric 1946 [2]
- Jardin en fleurs - Huile/toile (92x73cm-36x29in) Rouen 90 .... FF4 500 - £460 - **$888**

FERON Julien Hippolyte 1864-1944 [8]
- Paysage d'hiver dans le Var - Huile/toile (54x65cm-21x26in) Rouen 96 .... FF5 300 - £629 - **$1,034**
- Vase de fleurs et pommes - Oil/canvas (80x99cm-31x39in) New-York 92 .... FF55 500 - £5 810 - **$10,000**

FERON William 1858-1894 [10]
- Parisian street scene - Oil/canvas (56x38cm-22x15in) Stockholm 96 .... FF31 100 - £3 550 - **$5,960**
- Mother's day - Oil/canvas (89x130cm-35x51in) London 94 .... FF84 600 - £10 000 - **$15,200**

FERRACCI Antoine 1890-? [4]
- L'Amour et l'argent - Oil/Leinwand (176x120cm-69x47in) Wien 95 .... FF34 260 - £4 330 - **$6,690**

FERRACCI René 1927-1982 [2]
- Belle de Jour, de Luis Buñuel - Poster (160x119cm-63x47in) London 96 .... FF2 312 - £300 - **$458**

FERRAGUTI Arnaldo 1862-1925 [10]
- The young steastresses - Oil/canvas (40x60cm-16x24in) London 92 .... FF38 960 - £4 000 - **$7,480**

FERRAND Ernest Justin 1846-1932 [4]
- Pêcheur au harpon - Bronze (115cm-45in) Lyon 92 .... FF14 000 - £1 433 - **$2,465**

FERRAND Gabriel 1887-1984 [4]
- Balinese dancers/Boy - Watercolour Amsterdam 93 .... FF2 806 - £322 - **$478**

FERRAND Jean-Pierre 1902-1983 [4]
- Champs de blé - Huile/toile (33x41cm-13x16in) Auxerre 94 .... FF24 000 - £2 303 - **$3,738**

FERRANDIZ Y BADENES Bernardo 1835-1885 [2]
- A sign of respect - Oil/panel (24x33cm-9x13in) New-York 94 .... FF27 100 - £3 280 - **$5,000**

FERRANT Angel 1891-1961 [7]
- Escultura - Crayons couleurs/papier (21x16cm-8x6in) Madrid 94 .... FF4 144 - £476 - **$710**

FERRANT Y FISCHERMANS Alejandro 1843-1917 [2]
- Dama con antifaz - Oleo/lienzo (56x37cm-22x15in) Madrid 91 .... FF38 300 - £3 887 - **$6,917**
- En cardenal - Acuarela (35x23cm-14x9in) Madrid 94 .... FF7 200 - £860 - **$1,350**

FERRANTI Francesco 1873-? [1]
- Pascolo tra le rocce - Olio/tela (140x130cm-55x51in) Roma 95 .... FF38 600 - £4 940 - **$7,930**

FERRARA Jackie 1929 [3]
- A209 Zogg - Sculpture (285x105x80cm-112x41x31in) New-York 92 .... FF93 100 - £9 520 - **$17,000**

FERRARI Agostino 1938 [9]
- Giardino - Acrilico/tela (160x120cm-63x47in) Milano 93 .... FF17 040 - £2 027 - **$3,280**
- Contadina con fascine - Watercolour/paper (38x26cm-15x10in) Milano 89 .... FF3 000 - £316 - **$505**

FERRARI Antoine 1910-1994 [70]
- Nature morte aux aubergines - Huile/isorel (54x32cm-21x13in) Arles 95 .... FF4 800 - £633 - **$973**
- Fleurs et fruits - Huile/isorel (73x54cm-29x21in) Les Baux-de-Provence 95 .... FF9 000 - £1 163 - **$1,855**
- Modèle à l'atelier - Huile/panneau (82x54cm-32x21in) Aubagne 91 .... FF19 000 - £1 887 - **$3,299**

FERRARI Arturo 1861-1932 [9]
- Certosa de Pavia - Oil/canvas (30x50cm-12x20in) Wien 91 .... FF16 800 - £1 668 - **$2,917**

FERRARI Berto 1887-1965 [15]
- Coastal landscape - Oil/board (70x75cm-28x30in) London 95 .... FF3 770 - £500 - **$780**

FERRARI Carlo 1861-1950 [2]
- Chi Dorme non Piglia Pesci - Oil/canvas (56x76cm-22x30in) New-York 94 .... FF58 400 - £6 970 - **$11,000**

FERRARI Carlo il Ferrarin 1813-1871 [1]
- A busy Italian square - Oil/canvas (73x96cm-29x38in) London 92 .... FF125 600 - £15 000 - **$24,160**

FERRARI Filippo 1819-1897 [1]
- Boy and dog - Marble (53cm-21in) London 91 .... FF26 670 - £2 674 - **$4,885**

FERRARI Giovanni Battista 1829-1906 [5]
- Traghetto sul canale - Olio/tela (56x80cm-22x31in) Roma 96 .... FF62 000 - £7 770 - **$11,840**

FERRARI Giuseppe 1840-1905 [1]
Portrait of a Maronite - Watercolour/paper (71x54cm-28x21in) New-York 93 .... FF76 700 - £8 720 - **$13,000**
FERRARINI Giuseppe 1846-? [1]
Gli ultimi giorni dell'autunna Sintorni - Oil/canvas (137x111cm-54x44in) London 90 .... FF9 700 - £1 039 - **$1,687**
FERRARINI Per Giuseppe 1852-1887 [1]
Dante and Beatrice - Oil/canvas (123x98cm-48x39in) London 91 .... FF35 900 - £3 600 - **$5,926**
FERRARIO Carlo 1833-1907 [1]
Italian courtyard - Watercolour (20x33cm-8x13in) London 95 .... FF3 200 - £400 - **$647**
FERRARIS Arthur 1856-c.1930 [1]
Arab coming out of the mosque - Oil/panel (27x16cm-11x6in) London 95 .... FF27 630 - £3 500 - **$5,560**
Bedouin at the armourers - Oil/canvas (60x80cm-24x31in) London 95 .... FF410 500 - £52 000 - **$82,500**
FERRAT Charles Hippolyte 1830-1882 [1]
Bacchantes - Bronze (59cm-23in) New-York 93 .... FF15 340 - £1 745 - **$2,600**
FERRATO Georges 1949 [15]
La mère et l'enfant - Huile/toile (73x54cm-29x21in) Douai 96 .... FF2 900 - £373 - **$573**
FERRAZZI Benvenuto 1892-1969 [2]
Autoritratto alla finestra - Olio/tela (90x73cm-35x29in) Roma 90 .... FF38 900 - £4 192 - **$6,861**
FERRAZZI Ferruccio 1891-1978 [8]
Ritratto di Lisa - Olio/tela (40x35cm-16x14in) Roma 92 .... FF8 600 - £881 - **$1,516**
Il colle oppio - Olio/tela (124x98cm-49x39in) Milano 91 .... FF136 700 - £13 874 - **$24,689**
Adolescente, 1912 - Olio/tela (130x127cm-51x50in) Roma 89 .... FF915 400 - £93 599 - **$147,170**
FERREN John 1905-1970 [27]
Composition aux ocres - Huile/toile (38x46cm-15x18in) Paris 97 .... FF8 000 - £873 - **$1,398**
Composition-silhouette - Huile/toile (81x65cm-32x26in) Paris 96 .... FF12 000 - £1 410 - **$2,360**
Sans titre, 1931-1935 - Huile/toile (63x76cm-25x30in) Paris 90 .... FF40 000 - £4 310 - **$7,055**
Abstract in green - Gouache/paper (32x48cm-13x19in) New-York 92 .... FF7 770 - £814 - **$1,400**
FERREOL Maurice 1906-1969 [1]
Nu à la perruche bleue - Huile/toile (91x65cm-36x26in) Lyon 91 .... FF14 000 - £1 438 - **$2,606**
FERRER CARBONELL Juan 1892-? [1]
Bahia de Concepción - Oleo/lienzo (45x65cm-18x26in) Madrid 94 .... FF6 190 - £738 - **$1,166**
FERRER Gabriel 1834-1883 [1]
Caballero a caballo - Oleo/lienzo (104x78cm-41x31in) Madrid 96 .... FF15 030 - £1 725 - **$2,870**
FERRER Guy 1955 [8]
Laser disc - Huile/toile/panneau (45x55cm-18x22in) Boulogne 93 .... FF4 500 - £539 - **$830**
FERRER Joachim 1929 [8]
Le Sorcier - Huile/papier/panneau (74x54cm-29x21in) Versailles 95 .... FF6 000 - £778 - **$1,250**
La lumière en otage, 1989 - Acrylique/toile (40x40cm-16x16in) Paris 90 .... FF12 000 - £1 277 - **$2,147**
Calligraphie - Encre (22x14cm-9x6in) Paris 95 .... FF2 300 - £288 - **$459**
FERRERE Cécile 1847-? [2]
Summer Flowers - Oil/canvas (86x109cm-34x43in) London 96 .... FF29 800 - £3 500 - **$5,860**
FERRERI Victor 1915 [2]
Cuivre et terre cuite - Huile/toile (27x16cm-11x6in) Alès 94 .... FF3 000 - £359 - **$565**
FERRI Domenico 1857-? [2]
Wagon on a path in a river landscape - Oil/canvas (40x56cm-16x22in) London 89 .... FF14 500 - £1 443 - **$2,291**
Views of Paris - Oil/canvas (53x75cm-21x30in) New-York 94 .... FF101 100 - £11 930 - **$18,000**
FERRI Gaetano 1822-1896 [2]
Vue de la Rade d'Hyères - Huile/toile (56x165cm-22x65in) Nice 92 .... FF31 000 - £3 875 - **$5,640**
FERRIER Dick, Richard 1929 [7]
Rocky Mountain Foothills - Acrylic/masonite (76x101cm-30x40in) Toronto 93 .... FF2 580 - £282 - **$474**
FERRIER Gabriel 1847-1914 [24]
La joueuse de mandoline - Huile/panneau (41x32cm-16x13in) Calais 97 .... FF5 500 - £589 - **$964**
Portrait d'enfant - Huile/toile (38x46cm-15x18in) Dijon 96 .... FF15 500 - £1 794 - **$2,970**
A Harem beauty holding a fan - Oil/canvas (152x107cm-60x42in) New-York 94 .... FF281 000 - £32 500 - **$48,000**
FERRIER George Straton ?-1912 [8]
The Coolins, Skye - Watercolour (99x137cm-39x54in) London 95 .... FF3 800 - £480 - **$762**
The golfer - Watercolour/paper (64x52cm-25x20in) Musselburgh, Scotland 92 .... FF146 500 - £15 000 - **$25,860**
FERRIER Henry 1928 [4]
Coup de mistral dans les Alpilles - Huile/carton/toile (50x65cm-20x26in) Arles 90 .... FF8 000 - £806 - **$1,455**
FERRIER James c.1840-c.1900 [7]
Near Loch Marie, Ross-shire, 1872
  Watercolour, gouache (24x40cm-9x16in) New-York 90 .... FF8 600 - £915 - **$1,538**
FERRIERES de Georges, comte 1837-1907 [1]
Piqueur sautant - Bronze (34cm-13in) Paris 95 .... FF40 500 - £5 250 - **$8,300**
FERRIGNO Antonio 1863-? [4]
Visitors to an italianate garden - Oil/canvas (75x74cm-30x29in) New-York 92 .... FF25 000 - £2 615 - **$4,500**
FERRIS Edythe 1897-? [3]
Trout - Oil/canvas (64x91cm-25x36in) North Berwick, Maine 93 .... FF2 200 - £276 - **$400**
FERRIS Jean Leon Gerome 1863-1930 [6]
The Marabout's lion - Oil/canvas (81x153cm-32x60in) New-York 90 .... FF75 000 - £9 700 - **$15,000**
FERRIS Sidney XX [2]
The Bank of England - Etching (20x30cm-8x12in) London 93 .... FF1 650 - £190 - **$285**
FERRO Gabriel 1903-? [1]
Paysage de neige - Huile/toile (46x55cm-18x22in) Le Havre 92 .... FF3 200 - £382 - **$616**

FERRO LA GRÉE Georges 1941 [58]
- Venise - Huile/toile (38x55cm-15x22in) Carpentras 96 .... FF4 000 - £520 - **$784**
- Près du Croisic - Huile/toile (54x65cm-21x26in) Montauban 96 .... FF9 200 - £1 195 - **$1,802**
- Enfants au bord de l'eau - Huile/toile (50x61cm-20x24in) Troyes 91 .... FF14 000 - £1 390 - **$2,431**

FERRON Marcelle 1924 [36]
- Sans titre - Huile/toile (183x101cm-72x40in) Montréal 97 .... FF21 070 - £2 284 - **$3,704**
- Sans titre - Gouache/papier (46x37cm-18x15in) Montréal 95 .... FF2 523 - £320 - **$508**

FERRONI Egisto 1835-1912 [7]
- Young beauty playing a mandoline - Oil/canvas (33x34cm-13x13in) London 92 .... FF8 800 - £900 - **$1,552**

FERRONI Gianfranco 1927 [23]
- Interno - Olio/tela (70x90cm-28x35in) Milano 96 .... FF52 500 - £6 470 - **$10,670**
- Oggetti e aerografo - Litografia (31x30cm-12x12in) Milano 93 .... FF3 110 - £349 - **$557**
- Ragazzo al caffè, 1958 - Gouache (91x70cm-36x28in) Milano 89 .... FF27 500 - £2 898 - **$4,630**

FERRONI Guido 1888-1979 [1]
- Sul Viale Quisisana - Olio/tavola (60x50cm-24x20in) Prato 96 .... FF5 060 - £600 - **$990**

FERRONI Ricardo 1934 [2]
- Endimione - Olio/tela (80x100cm-31x39in) Prato 97 .... FF28 900 - £3 400 - **$5,100**

FERRY Georges 1819-1877 [1]
- Junge Frau im Wiesengrund - Öl/Leinwand (27x34cm-11x13in) Bern 93 .... FF5 330 - £637 - **$1,025**

FERRY Isabelle H. ?-1937 [7]
- Building the boat - Oil/canvas (43x61cm-17x24in) Cambridge, Mass. 93 .... FF5 900 - £671 - **$1,000**

FERRY Jean Georges 1851-1926 [1]
- La science et l'imagination - Pastel/papier (100x80cm-39x31in) Antwerpen 96 .... FF14 800 - £1 910 - **$2,855**

FERRY Jules Jean 1844-? [2]
- A Retriever flushing ducks - Oil/canvas (143x216cm-56x85in) London 94 .... FF20 170 - £2 400 - **$3,800**

FERSTEL von Max 1859-1936 [1]
- Entwurf für eine Kapelle - Drawing (52x42cm-20x17in) Wien 96 .... FF3 600 - £437 - **$700**

FERSTLER Heinrich 1800-? [2]
- Die Geschwister - Aquarell (35x45cm-14x18in) München 92 .... FF6 120 - £627 - **$1,200**

FERVEL Auguste XIX-XX [2]
- Elegant couples in Venice - Watercolour (40x29cm-16x11in) London 92 .... FF9 770 - £1 000 - **$1,724**

FERVILLE-SUAN Charles Georges XIX-XX [2]
- Pêcheuse de crevettes - Bronze (55cm-22in) Liège 90 .... FF6 500 - £671 - **$1,148**
- Young man in Renaissance dress - Bronze (101cm-40in) New-York 93 .... FF24 750 - £3 104 - **$4,500**

FERWEDA Barend 1880-1958 [2]
- Hochsommerliche Feldlandschaft - Oil/Leinwand (31x65cm-12x26in) Bielefeld 96 .... FF2 030 - £252 - **$394**

FERWEDA Jacobus Hendrik 1818-1889 [1]
- A fish mongster - Oil/canvas (44x36cm-17x14in) Amsterdam 93 .... FF3 920 - £468 - **$754**

FERY John 1865-1935 [7]
- Boats Along the Coast
  Oil/canvas/board (26x40cm-10x16in) San Francisco-Los Angeles 96 .... FF7 250 - £910 - **$1,400**

FESEL Christoph 1737-1805 [1]
- Grisaillemalerei - Oil/canvas (106x118cm-42x46in) München 91 .... FF8 450 - £858 - **$1,526**

FESER Albert 1901 [2]
- Hamburger Hafen - Oil/canvas (39x52cm-15x20in) Hamburg 91 .... FF21 970 - £2 203 - **$3,666**

FESHIN Nikolay Ivanovich 1881-1955 [3]
- Country-house in winter - Oil/canvas (37x40cm-15x19in) Moscow 93 .... FF8 840 - £1 007 - **$1,500**

FESNEAU Auguste H. 1873-. [2]
- Venise, clair de lune - Huile/toile (38x61cm-15x24in) Morlaix 90 .... FF3 500 - £352 - **$686**

FESSLER Albert 1908-1978 [3]
- Marttag in Nürnberg - Öl/Leinwand (98x88cm-39x35in) Köln 93 .... FF10 170 - £1 215 - **$1,957**

FESTA Tano 1938-1988 [170]
- Il moro, 1979 - Acrilico/tela (70x50cm-28x20in) Prato 97 .... FF8 160 - £960 - **$1,440**
- Seza titolo, 1984 - Acrilico/tela (70x100cm-28x39in) Prato 97 .... FF13 600 - £1 600 - **$2,400**
- Ritratto di Catherine Deneuve - Olio/tela (80x60cm-31x24in) Venezia 96 .... FF17 250 - £1 950 - **$3,300**
- Personaggio, 1984 - Acrilico/tela (120x100cm-47x39in) Roma 96 .... FF18 300 - £1 972 - **$3,228**
- Frammento michelangiolesco - Smalto/tela (80x100cm-31x39in) Roma 95 .... FF38 600 - £4 860 - **$7,830**
- Rosso N. 29 - Tecnica mista/tela (99x150cm-39x59in) Milano 96 .... FF73 700 - £9 460 - **$14,080**
- Particolare della Cappella Sistina - Oil/panel (194x130cm-76x51in) Milano 90 .... FF352 400 - £36 405 - **$62,261**
- Persiana nera - Relief (100x11x80cm-39x4x31in) Milano 92 .... FF32 900 - £3 920 - **$6,330**

FESTER Jean-Claude 1943-1979 [1]
- Bistro - Huile/toile (60x73cm-24x29in) Paris 91 .... FF4 000 - £397 - **$695**

FETHERSTONHAUGH Olive Jane Graham 1896-? [1]
- Opening Day, Belvedere
  Mixed media/board (46x122cm-18x48in) San Francisco-Los Angeles 92 .... FF4 660 - £541 - **$950**

FETTE Heinrich 1802-1872 [1]
- Battle scene - Oil/canvas (33x43cm-13x17in) New-York 92 .... FF9 720 - £994 - **$1,800**

FETTING Rainer 1949 [77]
- S. Grau-Rot - Acrylic/canvas (170x135cm-67x53in) London 96 .... FF48 100 - £6 220 - **$9,530**
- Mondnacht - Acrylic/canvas (280x220cm-110x87in) München 96 .... FF88 300 - £10 060 - **$16,900**
- Susanne - Acrylic/canvas (170x135cm-67x53in) London 95 .... FF138 800 - £18 000 - **$28,630**
- Van Gogh Mauer - Acrylic/canvas (300x225cm-118x89in) London 90 .... FF445 500 - £46 166 - **$78,295**

⌂ *Selbst* - Serigraph in colors (99x99cm-39x39in) München 96 .... FF11 520 - £1 445 - **$2,224**
✎ *Cortona Anne-Claude* - Akvarell (49x35cm-19x14in) Stockholm 95 .... FF6 870 - £898 - **$1,376**
   Komposition med kvinna och fågel - Gouache (70x100cm-28x39in) Stockholm 94 .... FF19 130 - £2 220 - **$3,295**
   FETZ Jean XX [3]
🖼 *L'homme et le chien* - Technique mixte/panneau (100x80cm-39x31in) Neuilly 89 .... FF2 900 - £306 - **$488**
   FEUBURE le Carl 1847-1911 [1]
🖼 *Bachmühle bei Tölz* - Oil/panel (13x20cm-5x8in) Stuttgart 92 .... FF10 150 - £1 181 - **$2,072**
   FEUCHERE Jean-Jacques 1807-1852 [11]
🏺 *Belzébuth* - Bronze (35cm-14in) Auxerre 93 .... FF16 000 - £1 823 - **$2,710**
   Satan - Bronze (34cm-13in) New-York 94 .... FF42 140 - £4 970 - **$7,500**
   FEUCHT Theodor 1867-1944 [6]
🖼 *Sommerliche Landschaft* - Oil/panel (26x32cm-10x13in) Hamburg 94 .... FF5 780 - £677 - **$1,020**
   FEUCHTER Louis J. 1885-1957 [2]
🖼 *Central Park Lions* - Oil/board (15x21cm-6x8in) New-York 94 .... FF8 120 - £962 - **$1,500**
✎ *Poor mans bathing beach* - Watercolour/paper (23x30cm-9x12in) New-York 95 .... FF3 880 - £499 - **$800**
   FEUDEL Arthur 1857-1929 [5]
🖼 *Fishing pinks, Holland* - Oil/canvas (73x99cm-29x39in) Toronto 89 .... FF4 200 - £429 - **$675**
✎ *Moonshine on the strand, Katwijk* - Watercolour/paper (45x64cm-18x25in) New-York 93 .... FF4 130 - £489 - **$751**
   FEUERBACH Anselm 1829-1880 [14]
🖼 *Junge Musikanten am Brunnen* - Oil/canvas (24x32cm-9x13in) London 96 .... FF51 100 - £6 000 - **$10,050**
   Lady Wearing a pearl Necklace - Oil/canvas (77x57cm-30x22in) Wien 96 .... FF143 500 - £17 400 - **$27,900**
✎ *Spielende Kinder am Seeufer* - Ink/paper (6x18cm-2x7in) Köln 89 .... FF6 800 - £717 - **$1,145**
   FEUERHAHN Hermann 1873-? [1]
🏺 *Steinbock mit einer jungen Frau* - Sculpture (49cm-19in) Leipzig 95 .... FF5 340 - £668 - **$1,080**
   FEUERMAN Carole Jeane 1945 [4]
✎ *Courtney's Christmas* - Sculpture (60x25x46cm-24x10x18in) New-York 96 .... FF38 840 - £5 010 - **$7,500**
   FEUERMÜLLER Carl Fried. Moritz 1807-1865 [1]
🖼 *Am Kamin* - Öl/Leinwand (62x53cm-24x21in) Köln 93 .... FF31 500 - £3 600 - **$5,360**
   FEUERSTEIN Emile 1856-? [1]
✎ *Bouquet de fleurs* - Aquarelle, gouache/papier (62x48cm-24x19in) Reims 90 .... FF7 500 - £803 - **$1,304**
   FEUERSTEIN Ernst 1903 [5]
🖼 *Besinnung* - Painting (53x43cm-21x17in) Stuttgart 92 .... FF5 130 - £527 - **$986**
✎ *Solo* - Watercolour, gouache (62x47cm-24x19in) Stuttgart 92 .... FF6 090 - £709 - **$1,244**
   FEUERSTEIN Martin 1856-1931 [2]
🖼 *Lasset die Kindlein zu mir kommen...* - Öl/Leinwand (108x146cm-43x57in) München 95 .... FF21 300 - £2 690 - **$4,270**
   FEUGEREUX Jean 1923-1992 [14]
✎ *Maïs et blés* - Aquarelle/papier (53x72cm-21x28in) Versailles 96 .... FF2 500 - £285 - **$479**
   FEUILLATE Raymond 1901-1971 [3]
🖼 *Remorqueurs sur le fleuve* - Huile/toile (46x55cm-18x22in) Versailles 90 .... FF4 200 - £423 - **$823**
   FEULARD Jean-Pierre 1790-1849 [2]
✎ *Jeune femme en robe rose* - Miniature (10x7cm-4x3in) Paris 95 .... FF4 200 - £534 - **$861**
   FEURE de Georges 1868-1943 [56]
🖼 *Portrait de Marguerite* - Huile/toile (80x63cm-31x25in) Paris 95 .... FF95 000 - £12 070 - **$19,300**
   Pavillon en Indonésie - Huile/panneau (74x116cm-29x46in) Paris 94 .... FF600 000 - £70 800 - **$107,500**
⌂ *Le Journal des Ventes* - Poster (61x41cm-24x16in) New-York 95 .... FF32 800 - £4 135 - **$6,500**
✎ *Solitude* - Gouache (43x25cm-17x10in) Paris 96 .... FF45 000 - £5 820 - **$8,860**
   Promeneuses - Gouache/papier (60x48cm-24x19in) Paris 93 .... FF290 000 - £33 330 - **$49,800**
   FEUTCHER Louis 1885-1957 [9]
🖼 *Harbour scene* - Oil/board (28x36cm-11x14in) Mystic, Connecticut 93 .... FF6 050 - £759 - **$1,100**
✎ *Cheasapeake Bay scene* - Watercolour (18x28cm-7x11in) Mystic, Connecticut 93 .... FF7 150 - £897 - **$1,300**
   FEUZ Werner 1882-1956 [1]
✎ *Landarbeiter an der Werkbank* - Öl/Leinwand (60x70cm-24x28in) Bern 93 .... FF2 376 - £274 - **$408**
   FEY C.O. 1894-? [2]
🖼 *Schwarzwild* - Oil/board (60x50cm-24x20in) Bremen 92 .... FF5 100 - £522 - **$898**
   FEYEN Eugène J. 1815-1908 [24]
🖼 *Enfants sur le port* - Huile/carton (16x25cm-6x10in) La Varenne Saint-Hilaire 96 ...... FF6 000 - £772 - **$1,190**
   Marché aux bestiaux en Bretagne - Huile/carton (27x48cm-11x19in) Brest 94 ...... FF14 000 - £1 655 - **$2,580**
   Jardin à Cancale - Huile/toile Nancy 95 .... FF34 500 - £4 304 - **$6,970**
   FEYEN Kornelius 1886-1957 [1]
✎ *Fortshaus bei Krefeld* - Aquarell/Papier (59x47cm-23x19in) Düsseldorf 92 .... FF4 760 - £488 - **$838**
   FEYEN-PERRIN François Nicolas A. 1826-1888 [25]
🖼 *Jeune pêcheuse au panier* - Huile/toile (69x47cm-27x19in) Brest 94 .... FF11 500 - £1 360 - **$2,120**
   Muschelsucher am Strand - Öl/Leinwand (112x148cm-44x58in) Wien 97 .... FF16 730 - £1 778 - **$2,884**
✎ *Nus de dos* - Pastel (32x46cm-13x18in) Brest 94 .... FF6 200 - £733 - **$1,143**
   FEYERABEND Erich 1889-? [1]
🖼 *Pferdemarkt in Polen* - Öl/Leinwand (41x51cm-16x20in) München 93 .... FF14 240 - £1 700 - **$2,740**
   FEYFAR Zdenko 1913 [4]
📷 *L'arbre du lac* - Photo (25x39cm-10x15in) Paris 96 .... FF1 600 - £182 - **$307**
   FFOLKES Michael XX [2]
✎ *I'm sorry but...* - Watercolour (35x24cm-14x9in) London 93 .... FF2 656 - £320 - **$464**
   FIALA Anthony 1869-1950 [1]
📷 *Camp on the Polar ice-fields* - Silver print (15x48cm-6x19in) New-York 94 .... FF2 324 - £270 - **$400**

F

FIALA Josef 1882-1963 [5]
- *Badende am Flussufer* - Öl/Leinwand (90x150cm-35x59in) Wien 96 .... FF**7 220** - £*901* - **$1,396**

FIASCHI P.C.E. XIX-XX [9]
- *Mmother and infant* - Marble (56cm-22in) Singapore 95 .... FF**19 040** - £*2 430* - **$3,840**
- *Young boy and girl* - Alabaster (73cm-29in) London 97 .... FF**39 034** - £*4 200* - **$6,862**

FIAUX Lélo 1911-1964 [1]
- *Bettgeflüster* - Öl/Karton (60x51cm-24x20in) Bern 92 .... FF**15 220** - £*1 820* - **$2,930**

FICHARD von Maximilian 1836-? [2]
- *Landschaft im Badischen* - Oil/panel (28x42cm-11x17in) Köln 93 .... FF**9 800** - £*1 121* - **$1,666**

FICHEFET Georges 1864-1954 [8]
- *Vue méditerranéenne* - Huile/toile (50x69cm-20x27in) Bruxelles 91 .... FF**23 040** - £*2 338* - **$4,161**

FICHEL Eugène 1826-1895 [42]
- *Le paiement des gages* - Huile/toile (48x61cm-19x24in) Paris 96 .... FF**32 000** - £*4 140* - **$6,340**
- *La partie de cartes* - Huile/panneau (21x27cm-8x11in) Saint-Germain-en-Laye 90 .... FF**53 000** - £*5 420* - **$10,461**
- *A l'Opéra* - Aquarelle, gouache (30x23cm-12x9in) Senlis 94 .... FF**14 500** - £*1 665* - **$2,483**

FICHET Pierre 1927 [21]
- *Composition* - Huile/toile (65x100cm-26x39in) Paris 96 .... FF**5 500** - £*685* - **$1,067**
- *Le linge de la flagellation* - Huile/toile (160x80cm-63x31in) Paris 91 .... FF**22 000** - £*2 233* - **$3,973**

FICHOT Jean-Michel 1959 [1]
- *Femme-feuille* - Bronze (36x46cm-14x18in) Paris 90 .... FF**20 000** - £*2 073* - **$3,515**

FICHOT Michel Charles 1817-1903 [1]
- *Nouveau Louvre/Champs Elysées* - Lithographie couleurs (63x90cm-25x35in) Paris 92 .... FF**3 200** - £*328* - **$564**

FICHTNER de Hugo 1872-? [1]
- *Charge de cavalerie* - Huile/toile (27x41cm-11x16in) Paris 94 .... FF**3 000** - £*341* - **$509**

FICUS André Hans 1919 [3]
- *Dalmatisches Uferstädtchen* - Öl/Karton (55x77cm-22x30in) Lindau 95 .... FF**8 270** - £*1 056* - **$1,670**

FIDANZA Gregorio 1759-1823 [1]
- *Veduta di Tivoli* - Oil/canvas (65x62cm-26x24in) Milano 92 .... FF**172 000** - £*17 600* - **$30,300**

FIDELER Bernard XX [25]
- *Nu* - Fusain/papier (50x65cm-20x26in) Entzheim 92 .... FF**2 400** - £*287* - **$462**

FIDLER Anton c.1825-1855 [3]
- *Fruit with birds on ledge* - Oil/canvas (23x74cm-9x29in) London 89 .... FF**82 300** - £*8 189* - **$13,002**

FIDLER Harry 1856-1935 [29]
- *Apple blossom* - Oil/canvas (46x56cm-18x22in) London 95 .... FF**11 080** - £*1 400* - **$2,223**
- *Cows grazing* - Oil/canvas (51x61cm-20x24in) London 97 .... FF**24 276** - £*2 600* - **$4,194**

FIDLER Laura ?-1936 [2]
- *The Red umbrella* - Oil/canvas (63x53cm-25x21in) London 94 .... FF**13 320** - £*1 600* - **$2,535**

FIDRIT Charles André 1881-1927 [2]
- *Maison de l'Infante à Bayonne* - Huile/toile (50x66cm-20x26in) Calais 92 .... FF**5 000** - £*597* - **$962**

FIDUS Hugo Höppner 1868-1947/47 [19]
- *The Lovers* - Oil/canvas (56x77cm-22x30in) Wien 96 .... FF**55 200** - £*6 690* - **$10,730**
- *Despair* - Watercolour (24x37cm-9x15in) Wien 96 .... FF**27 600** - £*3 345* - **$5,370**
- *A water Nymph* - Pastel (49x63cm-19x25in) Wien 96 .... FF**220 700** - £*26 760* - **$42,900**

FIEBIG Carl 1812-1874 [4]
- *Martwa natura* - Huile/toile (23x31cm-9x12in) Warszawa 91 .... FF**10 000** - £*1 015* - **$1,806**

FIEBIG Frédéric 1885-1953 [11]
- *Marché* - Huile/carton (21x19cm-8x7in) Saint-Dié 93 .... FF**6 500** - £*739* - **$1,100**
- *Oiseau et insecte* - Gouache (43x50cm-17x20in) Saint-Dié 94 .... FF**3 400** - £*413* - **$647**

FIECHTER Arnold 1879-1943 [2]
- *Autoportrait au chapeau* - Öl/Karton (23x17cm-9x7in) Zofingen 94 .... FF**2 240** - £*265* - **$414**

FIECHTER Franz 1896-1974 [4]
- *Blümlisalp mit Lauterbrunnental* - Öl/Leinwand (95x75cm-37x30in) Bern 95 .... FF**4 750** - £*594* - **$960**

FIEDLER Anton, Antonia XIX [2]
- *Rosen und Kirschen* - Oil/panel (29x23cm-11x9in) Wien 96 .... FF**16 860** - £*2 102* - **$3,260**

FIEDLER Arnold 1900-1985 [13]
- *L'Atelier du peintre* - Oil/cardboard (43x57cm-17x22in) Köln 95 .... FF**19 240** - £*2 475* - **$3,970**

FIEDLER Carl Christian 1789-1851 [2]
- *A lady in white dress* - Miniature (7cm-3in) London 95 .... FF**3 260** - £*420* - **$663**

FIEDLER François 1921 [4]
- *Sans titre, 1961* - Huile/toile (194x97cm-76x38in) Paris 90 .... FF**30 000** - £*3 099* - **$5,300**

FIEDLER Franz 1885-1956 [1]
- *Woman wearing a head scarf* - Gelatin silver print (18x15cm-7x6in) London 96 .... FF**12 400** - £*1 600* - **$2,394**

FIEDLER Herbert 1891-1962 [11]
- *Bathing nudes* - Oil/canvas (52x64cm-20x25in) Amsterdam 96 .... FF**7 840** - £*907* - **$1,503**

FIEDLER Johann Christian 1697-1765 [1]
- *Sculptor Georg Friedrich Donett* - Oil/canvas (85x67cm-33x26in) London 95 .... FF**42 450** - £*5 500* - **$8,770**

FIEDLER Kurt 1878-? [1]
- *Havel im Winter* - Öl/Leinwand (62x100cm-24x39in) Bremen 94 .... FF**3 800** - £*449* - **$700**

FIEDLER Marianne 1864-1904 [1]
- *Äpfeln, Trauben, Birnen* - Oil/canvas (79x63cm-31x25in) Stuttgart 91 .... FF**9 530** - £*946* - **$1,655**

FIEDLER Toni 1899-1977 [1]
🔲 *Büste Otto Dix* - Wood (34cm-13in) Berlin 95 .... FF**24 020** - £3 143 - **$4,880**
FIELD Edward Loyal 1856-1914 [7]
🔲 *New England Farm Scene* - Oil/canvas (30x40cm-12x16in) San Francisco-Los Angeles 96 ..... FF**7 830** - £906 - **$1,500**
FIELD Edwin Wilkins XIX [2]
◻ *Near the Castle, Hampstead* - Watercolour (23x48cm-9x19in) London 92 .... FF**2 410** - £280 - **$492**
FIELD Hamilton Easter 1873-1922 [1]
🔲 *Street scene, Zürich* - Oil/panel (21x12cm-8x5in) New-York 95 .... FF**5 020** - £629 - **$1,000**
FIELD John M. 1771-1841 [1]
◻ *Steam boat on a river* - Watercolour (17x30cm-7x12in) London 96 .... FF**3 490** - £450 - **$674**
FIELD Robert c.1769-1819 [2]
◻ *Thomas Chase/J. Towney Chase* - Miniature New-York 92 .... FF**26 870** - £2 758 - **$4,994**
FIELD Walter 1837-1901 [7]
🔲 *Henley Regatta* - Oil/canvas (140x242cm-55x95in) London 94 .... FF**1 25e +06** - £122 000 - **$195,000**
◻ *Westminster, the river frozen* - Pencil (66x102cm-26x40in) London 92 .... FF**7 810** - £800 - **$1,380**
FIELDER Herbert 1891-1962 [1]
🔲 *De Schiler en zijn Model* - Oil/board (25x29cm-10x11in) Amsterdam 95 .... FF**5 360** - £684 - **$1,093**
FIELDING Anthony V. Copley 1787-1855 [95]
🔲 *Fischerboote aud bewegter See* - Ol/Leinwand (45x81cm-18x32in) Wien 97 .... FF**14 388** - £1 554 - **$2,511**
◻ *Rievaulx Abbey, Yorkshire* - Oil/panel (35x44cm-14x17in) London 91 .... FF**169 500** - £16 946 - **$27,915**
🔲 *Fishermen landing their Catch* - Watercolour (58x42cm-23x17in) London 97 .... FF**14 045** - £1 500 - **$2,442**
 Shipping in a storm off Portsmouth - Watercolour (62x94cm-24x37in) London 97 ...... FF**33 866** - £3 600 - **$5,835**
 The shepherd, 1853 - Watercolour (55x96cm-22x38in) London 90 .... FF**72 600** - £7 773 - **$12,626**
FIELDING Nathan Theodore 1747-c.1814 [3]
🔲 *Burley-on-the-Hill* - Oil/canvas (46x56cm-18x22in) London 95 .... FF**24 670** - £3 200 - **$5,050**
FIELDING Newton Smith Limbird 1787-1855 [16]
◻ *Fischer mit Fangnetz am Meerstrand* - Aquarell/Papier (15x13cm-6x5in) Wien 97 .... FF**4 780** - £508 - **$824**
 Sheepdog beside a moored baot - Watercolour/paper London 89 .... FF**16 500** - £1 687 - **$2,653**
FIELDING Thales 1793-1837 [3]
◻ *Fishing/Cattle watering* - Watercolour (11x15cm-4x6in) London 95 .... FF**2 840** - £360 - **$572**
FIENE Ernest 1894-1966 [53]
🔲 *Maine Lobsterman* - Oil/canvas (64x76cm-25x30in) Wolfeboro, NH 96 .... FF**2 530** - £322 - **$500**
 Tall Fractioning Towers, Texas - Oil/canvas (86x122cm-34x48in) New-York 94 .... FF**26 300** - £3 160 - **$5,000**
 Night Shift Aliquippa plant - Oil/canvas (91x121cm-36x48in) New-York 94 .... FF**101 100** - £11 930 - **$18,000**
◻ *On the Farm* - Watercolour/paper (37x54cm-15x21in) New-York 95 .... FF**7 380** - £967 - **$1,500**
FIERROS ALVAREZ Dionisio 1827-1894 [7]
🔲 *Marineo con su familia* - Oleo/lienzo (47x37cm-19x15in) Madrid 95 .... FF**48 400** - £6 190 - **$9,730**
FIERZ Albert 1861-? [2]
🔲 *Still life with flowers and fruit* - Oil/canvas (79x54cm-31x21in) London 94 .... FF**33 860** - £4 000 - **$6,080**
FIESCHI Giannetto 1921 [3]
🔲 *Il ragazzo* - Olio/tela (200x100cm-79x39in) Roma 92 .... FF**27 200** - £2 780 - **$4,790**
FIETZ Gerhard 1910 [17]
🔲 *Ohne Titel* - Acrylic/paper (30x34cm-12x13in) Stuttgart 93 .... FF**12 060** - £1 365 - **$2,035**
◻ *Ohne Titel* - Aquarell (23x26cm-9x10in) Stuttgart 93 .... FF**15 500** - £1 755 - **$2,617**
FIEVEZ Edgard 1880-1976 [3]
🔲 *Vase de fleurs* - Huile/toile (40x60cm-16x24in) Bruxelles 90 .... FF**3 200** - £343 - **$557**
FIEVEZ Eugene 1880-1976 [1]
🔲 *Weiße Rosen* - Oil/canvas (60x50cm-24x20in) Wien 89 .... FF**16 800** - £1 623 - **$2,549**
FIEVRE Yolande 1907-1983 [12]
🔲 *Oniroscope* - Technique mixte/panneau (37x45cm-15x18in) Paris 96 .... FF**6 000** - £747 - **$1,164**
🔲 *Gloria I* - Assemblage (24x44x24cm-9x2x9in) Paris 97 .... FF**20 000** - £2 086 - **$3,420**
FIGARI Pedro 1861-1938 [63]
🔲 *Pumas* - Oil/board (28cm-11in) New-York 97 .... FF**86 108** - £9 144 - **$15,000**
 Candombe - Oil/board (40x50cm-16x20in) New-York 97 .... FF**257 733** - £27 472 - **$45,000**
 Baile en el Campo - Oil/board (61x80cm-24x31in) New-York 97 .... FF**504 011** - £53 724 - **$88,000**
FIGEL Albert 1889-1955 [3]
🔲 *Bub auf Schaukelpferd* - Oil/board (105x71cm-41x28in) Wien 93 .... FF**5 290** - £632 - **$1,018**
FIGEL Fredrik 1884-1969 [1]
🔲 *Tiberias* - Oil/canvas (61x81cm-24x32in) Tel Aviv 94 .... FF**17 700** - £2 013 - **$3,000**
FIGERIO Roberto XIX [2]
◻ *Les petits resquilleurs* - Huile/toile (58x81cm-23x32in) Genève 91 .... FF**17 000** - £1 745 - **$3,163**
FIGGE Eddie 1904 [4]
🔲 *Ryska balettskolan* - Oil/canvas (33x38cm-13x15in) Stockholm 96 .... FF**7 190** - £930 - **$1,377**
FIGLINESI Costanzo Waldemaro 1912 [1]
🔲 *Paysage provençal* - Huile/toile (50x65cm-20x26in) Neuilly 89 .... FF**7 000** - £738 - **$1,178**
FIGUEHENRIC Eric 1942 [3]
🔲 *La mort du grand Duc* - Acrylique/toile (94x118cm-37x46in) Paris 90 .... FF**2 800** - £289 - **$495**
FIGUERAS Alfred 1898-1980 [2]
🔲 *Procesión en Montserrat* - Oleo/lienzo (75x60cm-30x24in) Madrid 93 .... FF**19 130** - £2 280 - **$3,460**
◻ *La casbah d'Alger* - Aquarelle (30x23cm-12x9in) Paris 90 .... FF**2 000** - £216 - **$353**
FIGURA Hans 1898-? [4]
🔲 *Lackenhof am Ötscher* - Oil/canvas/board (48x58cm-19x23in) Wien 92 .... FF**14 430** - £1 724 - **$2,775**

FIKENTSCHER Otto 1862-1945 [8]
🖼 Rehbock - Öl/Leinwand (53x44cm-21x17in) Heidelberg 96 .... FF5 420 - £669 - **$1,046**

FILARSKI Dirk H.W. 1885-1964 [87]
🖼 Cortez - Oil/canvas (80x100cm-31x39in) Amsterdam 96 .... FF16 600 - £1 920 - **$3,180**
Still life with painter's tools - Oil/canvas (55x70cm-22x28in) Amsterdam 96 .... FF36 200 - £4 190 - **$6,930**
't houde hof, in bergen - Oil/canvas (54x65cm-21x26in) Amsterdam 91 .... FF81 100 - £8 074 - **$13,946**
✏ Village in a mountainous landscape
    Gouache/paper (56x65cm-22x26in) Amsterdam 93 .... FF9 610 - £1 152 - **$1,757**

FILDES Denis Quintin 1889-? [1]
🖼 Mrs Henry Blyth - Oil/canvas (73x51cm-29x20in) London 90 .... FF2 350 - £247 - **$408**

FILDES Luke 1844-1927 [11]
🖼 The village wedding - Oil/canvas (151x255cm-59x100in) London 92 .... FF2 - £250 000 - **$431,000**
Josephine Agnew, quarter length - Oil/canvas (55x43cm-22x17in) London 96 .... FF72 200 - £9 000 - **$13,940**

FILIBERTI Georges 1881-1970 [23]
🖼 Lumen - Huile/toile (130x97cm-51x38in) Paris 97 .... FF2 500 - £267 - **$433**
Equinoxe, 1967 - Huile/toile (73x116cm-29x46in) Lyon 89 .... FF35 000 - £3 688 - **$5,892**

FILIGER Charles 1863-1928 [20]
🖼 Nature morte aux noix - Huile/panneau (9x10cm-4x4in) Paris 89 .... FF50 000 - £5 112 - **$8,039**
✏ Élévation I, 3 Novembre - Encre Paris 95 .... FF35 000 - £4 545 - **$7,170**
Génie à la guirlande - Gouache/panneau (36x71cm-14x28in) Paris 95 .... FF200 000 - £25 300 - **$40,400**

FILIP Konrad 1874-? [4]
🖼 The serenade - Oil/canvas (50x70cm-20x28in) New-York 92 .... FF26 000 - £3 104 - **$5,000**

FILIPKIEWICZ Mieczyslaw 1891-1951 [1]
🖼 Bouquet de fleurs dans un vase - Huile/carton (99x68cm-39x27in) Warszawa 93 .... FF5 820 - £670 - **$1,001**

FILIPKIEWICZ Stefan 1879-1944 [13]
🖼 Vase de gentianes - Huile/carton (70x60cm-28x24in) Warszawa 94 .... FF9 950 - £1 140 - **$1,687**
✏ Winter landscape - Watercolour/board (34x50cm-13x20in) Warszawa 96 .... FF6 270 - £792 - **$1,207**

FILIPOV Konstantin Nikolaev. 1830-1878 [3]
🖼 Vid Källan - Oil/canvas (36x48cm-14x19in) Helsinki 94 .... FF20 400 - £2 335 - **$3,454**

FILIPOV Viktor 1930 [2]
🖼 Travailleurs - Huile/toile (52x43cm-20x17in) Paris 92 .... FF3 500 - £421 - **$696**

FILIPOVIC Franjo 1930 [2]
🖼 Auf der Strasse nacht Hlebine - Oil/panel (64x92cm-25x36in) Wien 93 .... FF10 580 - £1 264 - **$2,035**

FILIPPELLI Cafiero 1889-1973 [19]
🖼 Nel porto di Livorno - Olio/tavola (25x40cm-10x16in) Trieste 95 .... FF10 780 - £1 365 - **$2,100**
Chierichetti in sagrestia - Olio/tavola (59x53cm-23x21in) Milano 90 .... FF27 500 - £2 926 - **$4,920**

FILIPPI de Fernando 1940 [10]
🖼 L'albero poeta - Olio/tela (100x70cm-39x28in) Vercelli 93 .... FF7 320 - £822 - **$1,310**

FILIPPI de Marie-Claire 1946 [3]
🗿 Double vision - Sculpture (46x14x19cm-18x6x7in) Paris 90 .... FF8 000 - £851 - **$1,431**

FILIPPINI Felice 1917-1988 [5]
🖼 Kopf vor rotem Grund - Acrylique/toile (71x54cm-28x21in) Bern 95 .... FF6 450 - £839 - **$1,325**

FILIPPOVSKI Grigorij G. 1909-1987 [2]
✏ Paesaggio - Pastelli/carta (33x48cm-13x19in) Milano 92 .... FF3 874 - £461 - **$745**

FILKUKA Anton 1888-1957 [47]
🖼 Frühling in der Lobau - Öl/Leinwand (70x100cm-28x39in) Wien 96 .... FF8 680 - £1 120 - **$1,700**
Alm - Öl/Leinwand (95x145cm-37x57in) Wien 95 .... FF17 250 - £2 222 - **$3,510**
Ice Breakers in a winter landscape - Oil/canvas (205x300cm-81x118in) London 90 .... FF60 400 - £6 147 - **$12,079**

FILLA Emil 1882-1952 [53]
🖼 Nature morte aux fruits et aux fleurs - Oil/board (65x53cm-26x21in) London 91 .... FF37 900 - £3 800 - **$6,256**
Figures near the window - Oil/canvas (163x130cm-64x51in) Stockholm 96 .... FF175 300 - £22 600 - **$34,340**
Zena - Oil/canvas (100x74cm-39x29in) New-York 93 .... FF522 000 - £65 500 - **$95,000**
▱ Akte - Etching (50x35cm-20x14in) München 92 .... FF8 500 - £870 - **$1,497**
🗿 Stehende - Bronze (45cm-18in) München 95 .... FF18 700 - £2 390 - **$3,820**
✏ Composition aux fruits et compotier - Aquarelle (30x39cm-12x15in) Paris 96 .... FF33 000 - £3 820 - **$6,320**

FILLATREAU Benoist 1843-c.1880 [5]
🖼 Bord de rivière, Grande Chartreuse - Huile/toile (41x60cm-16x24in) Paris 91 .... FF8 500 - £857 - **$1,475**

FILLETTE Pierre 1926 [29]
🖼 Nature morte - Huile/toile (55x46cm-22x18in) Les Andelys 94 .... FF2 500 - £290 - **$429**
Composition cubiste - Huile/toile (65x92cm-26x36in) L'Isle-Adam 90 .... FF4 100 - £431 - **$713**

FILLIA Luigi 1904-1936 [8]
🖼 Aeropittura - Olio/tavola (50x65cm-20x26in) Prato 97 .... FF78 200 - £9 200 - **$13,800**
Il cammino - Olio/tela (81x6cm-32x2in) Milano 95 .... FF199 600 - £24 800 - **$40,200**

FILLIARD Ernest 1868-1933 [24]
🖼 Stilleben mit Rosen - Huile/toile/carton (15x12cm-6x5in) Bern 95 .... FF4 300 - £560 - **$883**
✏ Coupe de gentianes - Aquarelle/papier (6x8cm-2x3in) Grenoble 96 .... FF4 100 - £482 - **$807**
Vase d'oeillets - Aquarelle (52x42cm-20x17in) Grenoble 96 .... FF10 000 - £1 273 - **$1,930**

FILLIOU Robert 1926-1987 [13]
▱ Dear Skywatcher - Lithographie (48x32cm-19x13in) Köln 93 .... FF1 526 - £182 - **$294**
🗿 La tour de Seine sans rien voir
    Pupitre de musique, boite en carton, 3 photomatons (120x43cm-47x17in) Paris 94 ... FF13 500 - £1 620 - **$2,620**
✏ Collage aus Briefbogen - Collage (48x32cm-19x13in) Bielefeld 91 .... FF2 043 - £205 - **$374**

FILLOL GRANELL Antonio 1870-1930 [2]
🐦 *Love Struck* - Oil/canvas (124x183cm-49x72in) New-York 97 .... FF96 976 - £10 453 - **$17,000**
FILLON Arthur 1900-1974 [52]
Le jardin des Tuileries - Huile/toile (46x61cm-18x24in) Pontoise 97 .... FF5 300 - £571 - **$931**
Les acrobates - Huile/toile (92x66cm-36x26in) Paris 96 .... FF19 000 - £2 165 - **$3,640**
Une place à Paris - Huile/toile (54x65cm-21x26in) Paris 91 .... FF23 000 - £2 306 - **$4,213**
🖊 *Pêcheurs à la ligne* - Aquarelle (30x40cm-12x16in) Le Havre 93 .... FF2 600 - £296 - **$441**
Promenade à dos d'âne - Gouache (45x31cm-18x12in) Le Havre 93 .... FF3 500 - £399 - **$594**
FILLON Marie 1953 [9]
🗿 *Bord de mer* - Terracotta (35x41cm-14x16in) Paris 93 .... FF3 000 - £362 - **$546**
FILMUS Tully 1903 [4]
🐦 *Nora* - Oil/canvas (87x58cm-34x23in) New-York 90 .... FF12 930 - £1 316 - **$2,586**
FILOCAMO Luigi 1906-? [1]
🐦 *Due figure* - Olio/tavola (40x30cm-16x12in) Milano 94 .... FF5 420 - £640 - **$1,024**
FILONOV Pavel Nikolaevitch 1883-1941 [5]
🖊 *Eternal revolution* - Watercolour, gouache (15x21cm-6x8in) London 92 .... FF121 700 - £12 500 - **$23,370**
FILOSA Giovanni Battista 1850-1935 [13]
🐦 *Indolence* - Oil/canvas (65x50cm-26x20in) New-York 91 .... FF54 100 - £5 451 - **$9,388**
🖊 *The love letter* - Watercolour (68x53cm-27x21in) London 92 .... FF21 770 - £2 600 - **$4,190**
FILZMOSER Anton 1897-1969 [1]
🖊 *Am Inn* - Öl/Karton (20x26cm-8x10in) Wien 96 .... FF3 370 - £422 - **$658**
FIMA 1916-1991 [27]
🐦 *Mountains* - Oil/canvas (65x46cm-26x18in) Tel Aviv 95 .... FF6 140 - £777 - **$1,200**
Chinese Street - Oil/canvas (117x89cm-46x35in) Tel Aviv 94 .... FF33 040 - £3 760 - **$5,600**
🖊 *Vase of flowers* - Watercolour (61x45cm-24x18in) Tel Aviv 96 .... FF3 110 - £390 - **$600**
FIN José, Vilato Ruiz 1916-1969 [12]
🐦 *Joven* - Oleo/lienzo (100x81cm-39x32in) Madrid 96 .... FF6 080 - £791 - **$1,191**
Bodegón con quinge - Oleo/lienzo (65x93cm-26x37in) Madrid 96 .... FF16 050 - £1 892 - **$3,150**
FINART Noël-Dieudonné 1797-1852 [8]
🐦 *Cavaliers russes* - Huile/toile (32x40cm-13x16in) Paris 96 .... FF18 000 - £2 084 - **$3,450**
Scène de campement - Huile/toile (52x66cm-20x26in) Paris 96 .... FF70 000 - £9 050 - **$13,870**
🖊 *Cavaliers Kalmouchs* - Aquarelle (16x22cm-6x9in) Paris 92 .... FF1 600 - £191 - **$308**
FINAZZER Arturo 1893-1953 [2]
🐦 *Città* - Olio/tavola (36x45cm-14x18in) Trieste 96 .... FF2 415 - £273 - **$462**
FINCH Alfred Wilhelm 1854-1930 [13]
🐦 *View of a town* - Oil/canvas (35x50cm-14x20in) Helsinki 95 .... FF16 200 - £2 025 - **$3,274**
Från utsiksplatsen - Oil/canvas (50x40cm-20x16in) Helsinki 92 .... FF45 900 - £4 695 - **$8,070**
FINCH E.E. 1833-1850 [1]
🐦 *Anna Harmon* - Oil/canvas (71x64cm-28x25in) New-York 95 .... FF83 000 - £10 750 - **$17,000**
FINCH Francis Oliver 1802-1862 [11]
🖊 *Goatherd by a castle* - Watercolour (20x28cm-8x11in) London 97 .... FF5 644 - £600 - **$973**
FINCH Heneage of Aylesford 1751-1812 [4]
🖊 *Abergavenny* - Ink (21x28cm-8x11in) London 94 .... FF7 140 - £850 - **$1,360**
FINCH Willy 1854-1930 [2]
🐦 *Boats on the Beach* - Oil/canvas (24x32cm-9x13in) Amsterdam 97 .... FF58 590 - £6 145 - **$10,054**
FINCK Hazel 1894-1977 [4]
🐦 *Village on the bay* - Oil/canvas (63x76cm-25x30in) New-York 92 .... FF24 500 - £2 845 - **$5,000**
FINCK Ludwig 1857-? [2]
🐦 *Vue de campagne* - Huile/toile (72x97cm-28x38in) Bruxelles 94 .... FF7 920 - £910 - **$1,356**
FINCK Wolfgang 1945 [3]
🐦 *Ohne Titel* - Mixed media (126x160cm-50x63in) Hamburg 96 .... FF5 120 - £666 - **$1,014**
FIND Ludvig 1869-1945 [19]
🐦 *Portraet af lille pige* - Oil/canvas (47x36cm-19x14in) Vejle 94 .... FF2 960 - £347 - **$527**
Interior med lille pige - Oil/canvas (80x65cm-31x26in) Vejle 94 .... FF7 860 - £912 - **$1,354**
FINDEN William 1787-1852 [1]
🖼 *Interior of a Highlander's cottage* - Engraving (25x30cm-10x12in) London 95 ..... FF1 740 - £220 - **$340**
FINDING Ole 1937 [7]
🐦 *At pege af hverandre* - Oil/panel (93x95cm-37x37in) København 96 .... FF3 520 - £438 - **$684**
FINELI Claude 1956 [92]
🐦 *Église des Zitelles, Venise* - Huile/toile (46x33cm-18x13in) Charleville-Mezières 93 .... FF9 000 - £1 084 - **$1,637**
Lampe Gallé et Rodin - Huile/toile (33x46cm-13x18in) Langres 92 .... FF14 100 - £1 444 - **$2,540**
Marché à Venise - Huile/toile (65x50cm-26x20in) Bulgnéville 91 .... FF30 000 - £2 999 - **$4,941**
FINELLI Carlo 1786-1853 [2]
🗿 *Pâris coiffé du bonnet phrygien* - Marbre (72cm-28in) Paris 93 .... FF16 500 - £1 875 - **$2,797**
The Archangel Michael - Marble (100cm-39in) London 95 .... FF344 000 - £44 000 - **$69,100**
FINERT Noël Dieudonné 1797-1852 [1]
🖊 *Napoléon à cheval et ses généraux* - Aquarelle/papier (8x14cm-3x6in) Paris 97 .... FF1 500 - £171 - **$287**
FINES Eugène François 1826-? [1]
🐦 *Enfants réprimandés dans l'église* - Huile/toile (90x78cm-35x31in) Paris 95 ...... FF25 500 - £3 250 - **$5,120**
FINETTI de Gino 1877-1955 [6]
🐦 *Natura morta di fiori* - Olio/tela (70x41cm-28x16in) Trieste 93 .... FF11 710 - £1 315 - **$2,096**
Garbin auf Brioni - Oil/canvas (46x62cm-18x24in) Wien 91 .... FF62 400 - £6 256 - **$11,429**
FINGESTEN Michael, Michl 1884-1943 [13]
🖼 *Selbstportrait* - Lithograph (44x34cm-17x13in) Hamburg 97 .... FF3 101 - £331 - **$540**

FINI Leonor 1908-1996 [331]
- Portrait de jeune femme - Huile/panneau (40x31cm-16x12in) Neuilly 96 .... FF22 500 - £2 650 - **$4,420**
- Portrait de Marcalla Van Karnstein - Huile/toile (46x38cm-18x15in) Paris 96 .... FF34 000 - £3 874 - **$6,510**
- La belle Dorothée - Huile/panneau/toile (32x28cm-13x11in) Paris 96 .... FF55 000 - £6 810 - **$10,650**
- La Sphinge - Oil/paper (31x41cm-12x16in) London 96 .... FF140 400 - £16 000 - **$26,900**
- L'élève - Oil/canvas (46x46cm-18x18in) London 90 .... FF484 300 - £52 188 - **$85,414**
- Sans titre - Eau-forte couleurs (68x52cm-27x20in) Paris 97 .... FF11 000 - £1 163 - **$1,888**
- L'étreinte - Sanguine/papier (36x28cm-14x11in) Saint-Dié 97 .... FF2 500 - £282 - **$452**
- La sorcière - Encre Chine (27x18cm-11x7in) Paris 96 .... FF3 000 - £391 - **$595**
- Trois visages - Encre (22x13cm-9x7in) Paris 96 .... FF8 000 - £1 020 - **$1,540**
- La danseuse - Aquarelle/papier (36x30cm-14x12in) Calais 97 .... FF11 000 - £1 206 - **$1,931**
- La femme-oiseau - Aquarelle (22x20cm-9x8in) Calais 96 .... FF19 000 - £2 464 - **$3,760**
- Trois personnages - Dessin (105x166cm-41x65in) Bruxelles 97 .... FF55 556 - £6 018 - **$9,826**

FINK Aaron 1955 [5]
- Portrait - Oil/board (40x36cm-16x14in) Amsterdam 97 .... FF8 391 - £882 - **$1,441**

FINK Anton ?-1886 [4]
- Knabenportrait - Oil/canvas (55x44cm-22x17in) Lindau 92 .... FF2 720 - £279 - **$479**

FINK Anton, Tone 1944 [7]
- Tor - Öl/Leinwand (31x26cm-12x10in) Wien 96 .... FF6 820 - £885 - **$1,350**
- Salzburger Abfluss - Mischtechnik/Papier (50x35cm-20x14in) Wien 94 .... FF4 875 - £585 - **$946**

FINK August 1846-1916 [7]
- Winterabend - Öl/Leinwand (25x40cm-10x16in) Bremen 94 .... FF30 840 - £3 576 - **$5,310**

FINK Don 1923 [5]
- Composition abstraite - Huile/toile (72x115cm-28x45in) Paris 95 .... FF3 500 - £443 - **$684**

FINK Larry 1941 [4]
- Couple Whispering at Party
  Gelatin silver print (23x23cm-9x9in) Bloomfield Hills, Michigan 94 .... FF1 710 - £200 - **$300**

FINK Theophil Waldemar 1893-1948 [12]
- View across a lake - Oil/canvas (53x86cm-21x34in) Billinghurst, West Sussex 92 .... FF5 860 - £600 - **$1,032**

FINK Waldemar 1893-1948 [15]
- Mountainous lake landscape - Oil/canvas (54x85cm-21x33in) London 94 .... FF2 933 - £350 - **$550**

FINKELSTEIN Sacha XX [4]
- Bateau-lavoir - Huile/toile Paris 93 .... FF5 500 - £688 - **$1,000**

FINKELSTEIN Samuel 1890-1942 [3]
- Gartenlandschaft - Öl/Leinwand (65x54cm-26x21in) Köln 92 .... FF10 850 - £1 296 - **$2,087**

FINKIELMAN Nadia XX [3]
- Feu Urbain - Huile/panneau (155x102cm-61x40in) Paris 94 .... FF2 800 - £326 - **$485**

FINLAY Ian Hamilton 1925 [2]
- Four Kings For The republic - Installation (115x89x180cm-45x35x71in) Paris 94 .... FF35 000 - £4 200 - **$6,800**

FINN Herbert John 1860-? [23]
- Yachts on a calm sea - Watercolour (33x46cm-13x18in) London 95 .... FF1 550 - £200 - **$319**
- Lincoln cathedral - Watercolour (102x66cm-40x26in) London 95 .... FF4 170 - £520 - **$842**

FINNE Ferdinand 1910 [7]
- Fisk i alle fasonger - Aquatint Tönsberg 92 .... FF1 563 - £160 - **$275**

FINNE Henrik 1898-1992 [5]
- Arbeid på et hvalkokeri - Oil/panel (137x190cm-54x75in) Oslo 93 .... FF11 200 - £1 303 - **$1,923**

FINNEMORE Joseph 1860-1939 [6]
- Proclamation of King Edward VII - Oil/panel (23x32cm-9x13in) London 93 .... FF7 470 - £900 - **$1,305**

FINNESSY Emily XIX [1]
- Cimabue - Bronze (51cm-20in) London 92 .... FF10 710 - £1 100 - **$1,990**

FINNIE John 1829-1907 [6]
- Wooded river landscape - Oil/canvas (53x76cm-21x30in) London 94 .... FF7 290 - £850 - **$1,278**
- Cornfield by a river - Watercolour (33x51cm-13x20in) London 93 .... FF1 520 - £190 - **$276**

FINO José Maria 1896-? [2]
- Puerto de San Sebastián - Oleo/tabla (61x50cm-24x20in) Madrid 96 .... FF4 010 - £486 - **$780**

FINOT Jules, baron 1826-1906 [3]
- Chevaux avant le départ de la course - Gouache Paris 94 .... FF12 000 - £1 417 - **$2,150**

FINSLER Hans 1891-1972 [1]
- Zwei Eier - Photo (58x43cm-23x17in) Zürich 96 .... FF17 820 - £2 310 - **$3,524**

FINSTER Herbert 1930 [3]
- Coca Cola bottle/Elvis at 3 - Oil/panel New-York 90 .... FF27 740 - £2 793 - **$5,434**

FINSTER Howard, Reverend 1916 [22]
- Don't Be a Tail - Paint/wood cut-out (69x28cm-27x11in) Litchfield, CT 92 .... FF3 900 - £466 - **$750**
- George Washington at 23
  Paint/thick wooden cut-out (132x33cm-52x13in) Litchfield, CT 92 .... FF10 920 - £1 304 - **$2,100**
- Black Panther - Felt pen (30x9x70cm-12x4x28in) New-York 94 .... FF5 900 - £671 - **$1,000**

FINSTERER Alfred 1908-1996 [2]
- Harlekin - Etching (54x41cm-21x16in) Köln 89 .... FF2 500 - £256 - **$402**

FIODOROV Alexei 1927 [2]
- Le tourneur - Huile/toile (74x114cm-29x45in) Paris 91 .... FF5 200 - £516 - **$903**

FIODOROV Dimitri 1938 [2]
- Au bord de la Volga - Huile/toile (60x99cm-24x39in) Paris 92 .... FF4 000 - £466 - **$817**

F

FIORENTINO Antonio Enrico 1894-? [2]
🖋 *Piazza Tasso, Sorrento* - Huile/panneau (24x19cm-9x7in) Zofingen 95 .... FF2 765 - £362 - **$554**
FIORENZE Franco 1912-1992 [1]
🖼 *Humphrey Bogart in Tokio Joe* - Poster (140x99cm-55x39in) London 96 .... FF4 240 - £550 - **$838**
FIORI de Ernesto 1884-1945 [4]
🗿 *Jeune homme nu, c.1911* - Bronze (177cm-70in) Paris 89 .... FF300 000 - £31 612 - **$50,505**
FIORI di Ernesto 1884-1945 [2]
🗿 *Stehender Frauenakt* - Bronze (133cm-52in) Bern 93 .... FF72 300 - £8 630 - **$13,900**
FIORINI Chiara 1956 [2]
🖋 *Signe d'écriture en mouvement* - Technique mixte/panneau (130x97cm-51x38in) Paris 91 ..... FF4 500 - £453 - **$781**
FIORINI Teresa Voigt 1799-1880 [1]
🖋 *Schwestern mit Stoppelockenfrisur* - Miniature (16x13cm-6x5in) Wien 92 .... FF15 400 - £1 840 - **$2,960**
FIORONI Giosetta 1933 [7]
🖋 *James Joyce* - Smalto (98x67cm-39x26in) Roma 95 .... FF3 430 - £432 - **$696**
Liberty - Smalto/tela (105x100cm-47x39in) Roma 95 .... FF16 720 - £2 145 - **$3,355**
FIOT Maximilien 1886-1953 [32]
🗿 *Bécasse* - Bronze (67cm-26in) Saint-Dié 95 .... FF9 500 - £1 186 - **$1,862**
Seated Schnauzer - Bronze (23cm-9in) London 93 .... FF14 050 - £1 600 - **$2,384**
Chevreuils débusqués - Bronze (62cm-24in) Soissons 96 .... FF55 000 - £7 000 - **$10,600**
FIRLE Walter 1859-1929 [11]
🖋 *The singing lesson* - Oil/canvas (126x88cm-50x35in) London 92 .... FF34 200 - £3 500 - **$6,020**
FIRMENICH Joseph 1821-1891 [3]
🖋 *Gulf of Palermo* - Oil/canvas (135x189cm-53x74in) London 95 .... FF60 400 - £8 000 - **$12,460**
FIRMIN Claude 1864-1944 [19]
🖋 *Berger et bergère conversant* - Huile/toile (73x92cm-29x36in) Paris 96 .... FF10 500 - £1 216 - **$2,010**
La cueillette des olives - Huile/panneau (46x55cm-18x22in) Avignon 91 .... FF39 000 - £4 005 - **$7,260**
🖋 *Mas de Provence, 1910* - Pastel (29x41cm-11x16in) Avignon 90 .... FF3 100 - £320 - **$548**
FIRMIN-GIRARD Marie François 1838-1921 [42]
🖋 *A Rainy Day* - Oil/canvas (24x35cm-9x14in) London 95 .... FF22 140 - £2 600 - **$4,355**
La ferme - Huile/toile (50x65cm-20x26in) Paris 93 .... FF79 000 - £8 870 - **$13,400**
Picking wildflowers - Huile (16x26cm-6x10in) New-York 95 .... FF102 200 - £12 730 - **$20,000**
A Declaration of Love - Oil/canvas (85x65cm-33x26in) New-York 95 .... FF189 000 - £23 550 - **$37,000**
FIRNROHR Emil 1881-1968 [4]
🖋 *Felsküste, Portofino* - Öl/Karton (50x60cm-20x24in) Pforzheim 95 .... FF2 130 - £266 - **$418**
FISAREK Aloïs 1906-1980 [1]
🖋 *Zwei Figuren* - Oil/panel (27x29cm-11x11in) München 91 .... FF5 070 - £505 - **$872**
FISCHBACH August 1828-1860 [1]
🖋 *Following an elegant lady home* - Oil/canvas (65x50cm-26x20in) New-York 95 .... FF17 000 - £2 055 - **$3,200**
FISCHBACH Johann Heinrich 1797-1871 [13]
🖋 *Junge Frau vor Marterl Betend* - Oil/copper (31x25cm-12x10in) München 93 .... FF110 100 - £12 470 - **$18,600**
🖼 *Environs de Laybach* - Huile/toile (28x42cm-11x17in) Wien 91 .... FF6 240 - £620 - **$1,083**
🖋 *Bauerngruppe an einem Teich* - Aquarell/Papier (13x18cm-5x7in) Wien 91 .... FF3 186 - £377 - **$588**
FISCHBECK Ludwig 1866-1954 [5]
🖋 *Westturm auf Wangerooge* - Oil/canvas (69x102cm-27x40in) Bremen 90 .... FF11 900 - £1 217 - **$2,349**
FISCHER Adolf 1856-1908 [1]
🖋 *Femme au turban* - Huile/toile (42x35cm-17x14in) Paris 92 .... FF12 000 - £1 232 - **$2,230**
FISCHER Adolphe 1860-1918 [1]
🖋 *La Sultane, 1885* - Huile/toile (35x42cm-14x17in) Paris 90 .... FF9 500 - £1 017 - **$1,652**
FISCHER Alexander 1869-1942 [1]
🖋 *Boreas, der Gott des Nordwindes* - Öl/Leinwand (148x142cm-58x56in) Wien 94 .... FF43 700 - £5 130 - **$7,790**
FISCHER Anton Otto 1882-1962 [24]
🖋 *Aircraft Carrier* - Oil/canvas/board (30x41cm-12x16in) Delray Beach, Florida 93 .... FF5 500 - £690 - **$1,000**
Sailors conversing on deck - Oil/canvas (61x46cm-24x18in) New-York 94 .... FF9 260 - £1 111 - **$1,800**
Longshoremen unloading freighters - Oil/canvas (56x102cm-22x40in) New-York 96 .... FF13 460 - £1 740 - **$2,600**
FISCHER Arthur 1872-1948 [1]
🖋 *Spanische Tänzerin* - Oil/panel (152x72cm-60x28in) Frankfurt 96 .... FF5 140 - £647 - **$1,013**
FISCHER August 1854-1921 [79]
🖋 *Kanalparti Hamborg* - Oil/canvas (38x53cm-15x21in) København 96 .... FF7 130 - £923 - **$1,426**
Nürnberg, Häusergruppe an der Pegnitz - Öl/Leinwand (38x50cm-15x20in) Wien 93 .... FF16 770 - £2 010 - **$2,890**
Mercato in Via Nassa a Lugano - Olio/tela (47x37cm-19x15in) Lugano 92 .... FF81 800 - £8 360 - **$14,400**
FISCHER Benno 1828-1865 [2]
🖋 *Biedermeier-Paar* - Öl/Leinwand (73x58cm-29x23in) Hamburg 97 .... FF2 292 - £245 - **$399**
FISCHER Carl 1820-1911 [12]
🖋 *Udsigt over byens tage* - Oil/panel (73x55cm-29x22in) København 90 .... FF3 100 - £334 - **$547**
FISCHER Carl 1887-1962 [13]
🖋 *En laesende kvinde ved et bord* - Oil/canvas (72x59cm-28x23in) Viby J, Århus 96 .... FF7 620 - £983 - **$1,472**
FISCHER Carl H. 1885-1955 [26]
🖋 *Vase of flowers* - Oil/canvas (70x100cm-28x39in) København 95 .... FF2 387 - £293 - **$465**
Still life - Oil/canvas (72x94cm-28x37in) Malmö 96 .... FF4 570 - £541 - **$891**
Poppies and wild summer Flowers - Oil/canvas (70x100cm-28x39in) London 97 .... FF12 716 - £1 400 - **$2,232**
FISCHER Clara 1856-? [1]
🖋 *Apfelsinen* - Oil/canvas (39x46cm-15x18in) Malmö 96 .... FF8 740 - £1 133 - **$1,713**
FISCHER Cuno 1914-1973 [1]
🗿 *Liebespaae, 1956* - Sculpture (30x28cm-12x11in) Stuttgart 90 .... FF5 700 - £589 - **$1,007**

FISCHER Edmund XIX-XX [13]
🖼 *Fra den gamle koncertsal i Tivoli* - Oil/canvas (66x57cm-26x22in) København 93......................... FF2 290 - £275 - **$440**
FISCHER Egon 1935 [2]
🗿 *Objekt* - Metal (22cm-9in) København 95.. FF2 283 - £285 - **$461**
FISCHER Fritz 1925-1986 [1]
🖼 *Schaufensterkopf mit Flasche* - Oil/panel (44x50cm-17x20in) Wien 94....................................... FF2 910 - £337 - **$552**
FISCHER Fritz 1889-1974 [3]
🖼 *Stilleben mit Früchten* - Öl/Leinwand (50x65cm-20x26in) Frankfurt 96.. FF8 900 - £1 152 - **$1,758**
FISCHER Guido 1901-1972 [2]
🖼 *Frauenpaar auf Seinebrücke* - Oil/canvas (38x55cm-15x22in) Zofingen 92.................................. FF3 235 - £387 - **$623**
🖼 *Frühlingslandschaft bei Entfelden* - Woodcut in colors (37x45cm-15x18in) Zofingen 91............. FF1 782 - £181 - **$322**
FISCHER Gustav Ericson 1846-1893 [1]
🖼 *Den lille maler ved staffeliet* - Oil/canvas (50x41cm-20x16in) København 94............................. FF9 560 - £1 098 - **$1,636**
FISCHER Hans 1909-1958 [7]
🖼 *Gardien de l'inconnu I* - Lithographie (62x47cm-24x19in) Bern 94... FF1 616 - £187 - **$279**
FISCHER Hans Christian 1849-1896 [6]
🖼 *Interior* - Oil/canvas (32x29cm-13x11in) Vejle 94.. FF22 700 - £2 634 - **$3,910**
FISCHER Hans Eric 1907-1982 [2]
🖼 *Cycladische Formen* - Öl/Leinwand (105x120cm-41x47in) Bern 93.. FF4 950 - £591 - **$952**
FISCHER Heinrich 1820-1886 [1]
🖼 *Berne vue depuis l'Enghe* - Color lithograph Bern 92... FF4 190 - £500 - **$805**
FISCHER Heinz H. 1956 [2]
🖼 *Surreale Apfelstilleben* - Öl/Leinwand (30x40cm-12x16in) Frankfurt 94....................................... FF2 062 - £246 - **$389**
FISCHER Holger XX [6]
🖼 *Still life* - Oil/canvas (36x50cm-14x20in) København 96.. FF3 370 - £385 - **$646**
FISCHER Jakob Henri 1844-1898 [1]
🖼 *Der Christoffelturm in Bern* - Öl/Leinwand (74x63cm-29x25in) Bern 94....................................... FF4 460 - £533 - **$833**
FISCHER Johann 1919 [2]
✏ *Die Rauchfangekehren* - Coloured pencils (40x30cm-16x12in) London 96.................................. FF8 250 - £1 000 - **$1,604**
FISCHER Johann George Paul 1786-1875 [4]
✏ *William Pitt* - Miniature (10cm-4in) Madrid 96.. FF3 590 - £413 - **$686**
FISCHER Johannes 1888-1955 [12]
🖼 *Am Meer* - Öl/Leinwand (105x150cm-41x59in) Wien 93.. FF12 020 - £1 437 - **$2,313**
FISCHER Joseph 1761-c.1815 [1]
🖼 *Fruits et fleurs/Corbeille de fleurs* - Huile/toile (41x31cm-16x12in) Paris 95............... FF300 000 - £39 400 - **$60,200**
FISCHER Joseph 1769-1822 [1]
🖼 *Artist lying on a bed* - Etching, aquatint (12x23cm-5x9in) London 92....................................... FF7 810 - £800 - **$1,380**
FISCHER Leopold 1814-1860 [13]
✏ *Junge adelige Dame* - Watercolour (30x25cm-12x10in) Köln 94... FF10 280 - £1 207 - **$1,800**
FISCHER Lothar 1933 [59]
🖼 *Die Götter Steigen ans Licht* - Mischtechnik (60x41cm-24x16in) München 94............................ FF23 930 - £2 810 - **$4,260**
🗿 *Susanna im Bad* - Clay sculpture (35cm-14in) Amsterdam 96.. FF19 600 - £2 270 - **$3,760**
Reiterschiff - Terracotta (58x21x51cm-23x8x20in) Milano 93.. FF118 100 - £13 580 - **$20,300**
✏ *Ohne Titel* - Aquarell/Papier (34x25cm-13x10in) München 95... FF10 320 - £1 356 - **$2,070**
FISCHER Ludwig 1825-1905 [3]
🖼 *Mühle in gebirgiger Landschaft* - Öl/Leinwand (52x38cm-20x15in) Wien 93................................. FF10 540 - £1 264 - **$1,815**
FISCHER Ludwig Hans 1848-1915 [16]
🖼 *Istanbul (?)* - Öl/Leinwand (48x69cm-19x27in) Wien 96... FF14 430 - £1 810 - **$2,820**
✏ *Italianate villa garden, Abbazia* - Watercolour (17x12cm-7x5in) London 94.............................. FF15 430 - £1 800 - **$2,680**
Der Christkindlmarkt am Hof - Aquarell/Papier (14x21cm-6x8in) Wien 92................................. FF48 100 - £4 930 - **$8,470**
FISCHER Melton 1859-1939 [1]
🖼 *Elégante au miroir* - Huile/toile (131x101cm-52x40in) Maisons-Lafitte 90........................... FF135 000 - £13 946 - **$23,852**
FISCHER Oskar 1892-1955 [6]
🖼 *Ruelle à Ohain* - Huile/toile (38x46cm-15x18in) Bruxelles 96.. FF6 330 - £830 - **$1,284**
🖼 *Reitendes Paar* - Lithographie (25x22cm-10x9in) Heidelberg 96... FF3 386 - £418 - **$654**
✏ *Weihnacht im Urwald* - Mixed media/paper (14x19cm-6x7in) München 93................................ FF14 540 - £1 638 - **$2,454**
FISCHER Otto 1870-1947 [1]
🖼 *Nach dem Gewitter* - Oil/panel (61x71cm-24x28in) Stuttgart 93... FF2 960 - £340 - **$504**
FISCHER Paul 1860-1934 [272]
🖼 *Royal Theatre's Ballet School* - Oil/canvas (52x103cm-20x41in) London 90.......................... FF1 - £124 433 - **$202,122**
On the beach, Falsterbo - Oil/canvas (35x55cm-14x22in) Malmö 96... FF5 320 - £690 - **$1,042**
Söndagspromenad, Köpenhamn - Oil/panel (32x21cm-13x8in) Stockholm 97............................ FF14 339 - £1 514 - **$2,477**
Marmorbroen med figurer - Oil/panel (20x25cm-8x10in) Stockholm 97..................................... FF29 433 - £3 108 - **$5,085**
Flowers market, Hejbro Plads - Oil/panel (32x38cm-13x15in) København 95............................. FF53 200 - £6 960 - **$10,800**
Young girl with flowers, Copenhagen
     Oil/canvas (56x40cm-22x16in) Stockholm 97... FF149 360 - £15 920 - **$26,080**
Hvidsten - Oil/canvas (45x37cm-18x15in) New-York 97.. FF184 763 - £19 900 - **$32,500**
✏ *Stadsbild från Kongens Nytorv* - Akvarell (39x25cm-15x10in) Stockholm 97............................. FF19 622 - £2 072 - **$3,390**
FISCHER R.M. 1947 [2]
🗿 *Flame* - Sculpture (142x78x144cm-56x31x57in) New-York 92.. FF14 560 - £1 740 - **$2,800**
FISCHER Richard 1826-? [1]
🖼 *Waldbach im Herbst* - Öl/Leinwand (82x60cm-32x24in) Lindau 96.. FF4 460 - £576 - **$861**

FISCHER Richard Kurt 1913-? [2]
- Mädchen - Oil/panel (120x92cm-47x36in) Wien 92 .... FF3 370 - £345 - **$594**

FISCHER Siegfried 1899-1974 [4]
- Pflanzen - Öl/Leinwand (50x59cm-20x23in) Wien 95 .... FF6 490 - £820 - **$1,295**
- Zwetschken, Äpfeln und Birnen - Oil/canvas (59x79cm-23x31in) Wien 92 .... FF18 280 - £2 184 - **$3,515**

FISCHER Vilhelm Theodor 1857-1928 [13]
- To heste på en eng - Oil/canvas (75x100cm-30x39in) København 95 .... FF8 800 - £1 063 - **$1,655**
- Horses in a meadow - Oil/canvas (75x101cm-30x40in) London 95 .... FF39 500 - £5 000 - **$7,940**

FISCHER Vinzenz 1729-1810 [1]
- Romantische Flusslandschaft - Oil/panel (26x31cm-10x12in) Wien 94 .... FF41 300 - £4 850 - **$7,350**

FISCHER Wilhelm 1912-1970 [2]
- Frau und Kind, 1956 - Oil/board (58x56cm-23x22in) Stuttgart 90 .... FF4 400 - £471 - **$765**
- Menschen - Color lithograph Hamburg 96 .... FF2 720 - £310 - **$520**

FISCHER William 1841-? [1]
- Italian holiday, Sorento - Oil/canvas (104x131cm-41x52in) Stockholm 90 ..... FF98 300 - £10 457 - **$17,585**

FISCHER-COERLIN Ernst Albert 1853-? [2]
- Labourer - Oil/board (46x30cm-18x12in) London 94 .... FF6 000 - £700 - **$1,052**

FISCHER-ELPONS Georg 1866-? [3]
- Rose Tulpen in Lötz-Vase - Öl/Leinwand (63x51cm-25x20in) Lindau 95 .... FF19 600 - £2 450 - **$3,955**

FISCHER-GEISING Heribert 1886-? [3]
- Junger Mann - Oil/cardboard (51x34cm-20x13in) Berlin 95 .... FF22 300 - £2 920 - **$4,530**

FISCHER-HANSEN Else 1905 [37]
- Komposition - Oil/canvas (54x69cm-21x27in) København 94 .... FF3 870 - £461 - **$729**
- Komposition - Oil/canvas (92x73cm-36x29in) København 91 .... FF7 040 - £706 - **$1,175**

FISCHER-HANSEN Judith 1952 [2]
- Abstrakt komposition - Oil/panel (200x120cm-79x47in) København 93 .... FF6 160 - £739 - **$1,183**

FISCHER-KLEMM Ursula 1908 [2]
- Alter Ego - Oil/board (102x80cm-40x31in) Bern 92 .... FF8 370 - £1 000 - **$1,610**

FISCHER-KÖYSTRAND Carl 1861-1918 [10]
- Hunde an der Leine vor einer Wand - Charcoal (13x34cm-5x13in) München 92 ... FF4 420 - £453 - **$867**

FISCHER-SCHUPPACH Hans 1906-1987 [6]
- Hafen in südlichen Stadt - Aquarell/Papier (39x46cm-15x18in) Bielefeld 93 ... FF2 450 - £286 - **$403**

FISCHER-TRACHAU Otto 1878-1958 [1]
- Stadtansicht (Hamburg) - Watercolour (30x37cm-12x15in) Hamburg 94 .... FF2 450 - £287 - **$433**

FISCHHOF Georg 1859-1914 [9]
- Winterwald - Öl/Leinwand (99x66cm-39x26in) Lindau 94 .... FF12 960 - £1 547 - **$2,440**

FISCHL Eric 1948 [91]
- The stuntman - Oil/canvas (141x226cm-56x89in) New-York 90 .... FF3 - £395 532 - **$665,116**
- Untitled - Oil/paper (39x34cm-15x13in) New-York 96 .... FF48 400 - £5 700 - **$9,500**
- Untitled - Oil (121x146cm-48x57in) New-York 97 .... FF145 350 - £15 263 - **$25,000**
- On the Stairs of the Temple - Oil/canvas (292x356cm-115x140in) New-York 97 ... FF930 240 - £97 680 - **$160,000**
- Beach balls - Etching, aquatint (137x98cm-54x39in) New-York 94 .... FF14 300 - £1 676 - **$2,500**
- Untitled - Watercolour/paper (13x9cm-5x4in) New-York 96 .... FF7 250 - £936 - **$1,400**
- Untitled - Gouache/paper (87x113cm-34x44in) New-York 95 .... FF19 370 - £2 570 - **$4,000**
- Untitled - Charcoal (155x193cm-61x76in) New-York 96 .... FF203 700 - £24 000 - **$40,000**

FISCHLI & WEISS Peter/David 1952/1946 [9]
- Untitled - Black rubber (14x50x71cm-6x20x28in) New-York 93 .... FF23 100 - £2 897 - **$4,200**
- New York - Photo (26x39cm-10x15in) Zürich 95 .... FF6 350 - £824 - **$1,322**

FISCHLI Hans 1909-1989 [1]
- Komposition - Öl/Leinwand (63x54cm-25x21in) Zürich 96 .... FF5 960 - £690 - **$1,142**

FISCHLI Peter 1952 [2]
- Selected images - Photograph (23x30cm-9x12in) New-York 96 .... FF19 150 - £2 470 - **$3,750**

FISCHLOF George 1859-1914 [2]
- On the Lagoon, Venezia - Oil/canvas (47x69cm-19x27in) London 93 .... FF18 260 - £2 200 - **$3,190**

FISCHOF Georg 1859-1914 [2]
- Faggot gatherers in a river landscape - Oil/canvas (73x98cm-29x39in) London 95 ... FF6 320 - £800 - **$1,270**

FISEN Englebert 1655-1733 [1]
- Christ & St. Peter in Paradise - Oil/canvas (81x112cm-32x44in) Amsterdam 92 ... FF15 170 - £1 553 - **$2,670**

FISH Anne Hariet, Sefton ?-1964 [2]
- Women on diving platform - Watercolour, gouache (25x25cm-10x10in) New-York 96 ... FF15 020 - £1 940 - **$2,900**

FISH George Drummond XIX-XX [3]
- A Scottish river - Watercolour (31x46cm-12x18in) London 95 .... FF3 070 - £400 - **$630**

FISH Janet 1938 [29]
- Apples - Oil/canvas (76x86cm-30x34in) New-York 97 .... FF52 234 - £5 495 - **$9,000**
- Crystal Ball - Oil/canvas (132x154cm-52x61in) New-York 97 .... FF150 987 - £15 883 - **$26,000**
- Seven Honey Jars - Oil/canvas (50x50cm-20x20in) New-York 97 .... FF185 830 - £19 549 - **$32,000**
- Apples - Pastel/paper (46x60cm-18x24in) New-York 96 .... FF28 700 - £3 460 - **$5,500**

FISHER Alvin 1792-1863 [5]
- By the Waterside - Oil/canvas (61x89cm-24x35in) New-York 96 .... FF52 200 - £6 040 - **$10,000**

FISHER Anna S. 1873-1942 [2]
- The artist in her studio - Oil/canvas (76x64cm-30x25in) St. Petersburg, Florida 96 ... FF43 000 - £5 580 - **$8,500**

FISHER Anton Otto 1882-1962 [5]
- Arab boat pasing freighter - Oil/canvas (61x81cm-24x32in) New-York 94 ... FF12 000 - £1 408 - **$2,100**

FISHER Bud, Harry Conway 1885-1954 [2]
Mutt and Jeff Daily Strip - Ink (22x73cm-9x29in) New-York 91 .... FF*3 960* - £*406* - **$739**
FISHER Charles XIX-XX [4]
Village near a river - Oil/canvas (76x127cm-30x50in) New Orleans, Louisiana 94 .... FF*7 040* - £*834* - **$1,300**
FISHER Edith XIX-XX [7]
Colourful flower border by a cottage - Watercolour (38x25cm-15x10in) Castlecomer 92 .... FF*3 023* - £*352* - **$617**
FISHER Ellen Bowdich Thayer 1847-1911 [4]
Flowering clover - Watercolour/paper (8x12cm-3x5in) New-York 95 .... FF*4 020* - £*503* - **$800**
FISHER Ernest Albert 1853-? [1]
The green vase - Oil/canvas (74x56cm-29x22in) New-York 95 .... FF*5 290* - £*636* - **$1,000**
FISHER George Bulteel 1764-1834 [6]
Windermere & Langdale Pikes - Watercolour (47x63cm-19x25in) London 94 .... FF*6 040* - £*700* - **$1,040**
FISHER Gladys Caldwell 1907-1952 [1]
Ricky - Wood (33cm-13in) Denver, Colorado 95 .... FF*11 250* - £*2 200* - **$1,424**
FISHER Harrison 1877-1934 [3]
Sunday Best - Gouache (68x51cm-27x20in) New-York 89 .... FF*10 300* - £*1 025* - **$1,627**
FISHER Harrison C. 1875-1934 [5]
Woman singing at piano - Watercolour (64x41cm-25x16in) New-York 94 .... FF*56 600* - £*6 790* - **$11,000**
FISHER Horace ?-1893 [3]
Terrace in Capri - Oil/canvas (71x102cm-28x40in) London 92 .... FF*31 260* - £*3 200* - **$5,520**
FISHER Hugh XIX-XX [1]
Dutch coastal scene with cows
 Watercolour/paper (48x64cm-19x25in) Bloomfield Hills, Michigan 96 .... FF*1 930* - £*234* - **$375**
FISHER Hugo 1867-1917 [6]
Gathering faggots - Watercolour, gouache (33x64cm-13x25in) North Berwick, Maine 92 .... FF*4 800* - £*492* - **$1,000**
FISHER Hugo Melville 1878-1946 [6]
Seascape - Oil/canvas/board (36x51cm-14x20in) Baton Rouge, Louisiana 93 .... FF*3 835* - £*437* - **$650**
FISHER Janet XIX-XX [2]
On the breezy hillside - Oil/panel (51x91cm-20x36in) London 90 .... FF*7 300* - £*782* - **$1,270**
FISHER Joël 1947 [1]
Grand Valor - Bronze (119cm-47in) New-York 95 .... FF*29 700* - £*3 710* - **$6,000**
FISHER Jonathan ?-1809 [1]
Landscape with a view of a house - Oil/canvas (108x147cm-43x58in) London 89 .... FF*96 900* - £*9 908* - **$15,579**
FISHER Joshua 1859-? [6]
The cottage door - Watercolour (18x26cm-7x10in) Billinghurst, West Sussex 94 .... FF*4 660* - £*550* - **$830**
FISHER Leonard Everett 1924 [5]
Boxing - Oil/canvas (64x88cm-25x35in) New-York 92 .... FF*34 300* - £*3 980* - **$7,000**
FISHER Ludwig Hans 1848-1915 [1]
Arab caravan - Oil/canvas/board (67x121cm-26x48in) London 95 .... FF*23 170* - £*2 800* - **$4,280**
FISHER Mark 1841-1923 [22]
The picnic - Oil/canvas (23x34cm-9x13in) Dublin 95 .... FF*9 510* - £*1 236* - **$1,957**
Landscape with Cattle - Oil/canvas (56x79cm-22x31in) London 97 .... FF*23 946* - £*2 500* - **$4,097**
Pastoral Landscape - Watercolour (18x24cm-7x9in) London 94 .... FF*3 330* - £*400* - **$624**
FISHER Melton Samuel 1859-1939 [1]
Mazzie in Blue - Oil/canvas/board (52x74cm-20x29in) Denver, Colorado 95 .... FF*9 210* - £*1 800* - **$1,165**
FISHER Otto 1882-1962 [1]
Ship at sea - Oil/canvas (12x16cm-5x6in) Philadelphia 95 .... FF*2 243* - £*295* - **$450**
FISHER Paul 1864-1932 [9]
Boys sitting on a bathing jetty, Norway - Oil/canvas (40x53cm-16x21in) London 97 ...... FF*114 286* - £*12 000* - **$19,657**
Lago de pátzcuaro - Watercolour/paper (24x30cm-9x12in) New-York 97 .... FF*31 573* - £*3 352* - **$5,500**
FISHER Percy Harland 1867-1944 [16]
Best of friends - Oil/canvas (73x63cm-29x25in) London 90 .... FF*21 470* - £*2 185* - **$4,294**
Boy with a west highland white - Oil/canvas (142x101cm-56x40in) London 90 .... FF*64 500* - £*6 525* - **$12,268**
Lady wearing a shawl and a hat - Pastel (75x62cm-30x24in) London 90 .... FF*6 050* - £*616* - **$1,210**
FISHER R. MacCaulay [2]
Scottish landscape with sheep - Oil/canvas (43x58cm-17x23in) Aylsham, Norfolk 93 .... FF*4 740* - £*540* - **$805**
FISHER Randi 1920 [2]
Husfasader i Kvällsbelysning - Oil/panel (143x52cm-56x20in) Stockholm 95 .... FF*4 090* - £*511* - **$1,041**
FISHER Rowland 1885-1969 [19]
Man walking horse - Oil/board (43x49cm-17x19in) London 91 .... FF*4 030* - £*413* - **$752**
FISHER Samuel Melton 1860-1939 [4]
The necklage - Oil/canvas (149x117cm-59x46in) London 91 .... FF*64 800* - £*6 498* - **$10,697**
FISHER Thomas 1782-1836 [2]
Chillington, Maidstone, Kent - Watercolour (19x25cm-7x10in) London 94 .... FF*4 450* - £*500* - **$745**
FISHER Vernon 1943 [7]
Mamba - Mixed media/canvas (160x320cm-63x126in) San Francisco-Los Angeles 93 .... FF*41 300* - £*4 700* - **$7,000**
FISHER Vilhelm Th. 1857-1928 [1]
Bondepige samt kreatur - Oil/canvas (52x71cm-20x28in) Vejle 90 .... FF*2 600* - £*277* - **$465**
FISHER William 1890-? [2]
New York Harbor - Oil/board (36x46cm-14x18in) North Berwick, Maine 92 .... FF*2 600* - £*311* - **$500**

F

FISHER William Mark 1841-1923 [9]
- 🖼 *A Summer day's* - Oil/canvas (58x76cm-23x30in) New-York 92 .... FF23 600 - £2 470 - **$4,250**
- ✏ *Ponies by a pool* - Watercolour (25x36cm-10x14in) London 94 .... FF3 834 - £450 - **$672**

FISHER-CLAY Elizabeth Campbell 1871-1959 [1]
- ✏ *Lady in black dress* - Oil/canvas (48x41cm-19x16in) Aylsham, Norfolk 96 .... FF2 125 - £270 - **$419**

FISHMAN Louise 1939 [4]
- 🖼 *Bath and mardin* - Oil/canvas (119x104cm-47x41in) New-York 93 .... FF64 900 - £7 380 - **$11,000**
- ✏ *Untitled* - Watercolour (30x22cm-12x9in) New-York 92 .... FF5 530 - £560 - **$1,000**

FISHWICK Clifford 1923 [9]
- 🖼 *Man in striped Jersey* - Oil/canvas (30x47cm-12x19in) London 96 .... FF2 947 - £380 - **$577**

FISK Harry T. 1887-1974 [2]
- 🖼 *Men, boy and dog on camping trip* - Oil/canvas (91x81cm-36x32in) New-York 96 .... FF12 430 - £1 605 - **$2,400**
- ✏ *Central Park at night* - Watercolour/paper (56x43cm-22x17in) Chicago 93 .... FF1 770 - £202 - **$300**

FISK William Henry 1827-1884 [5]
- 🖼 *Troublesome Days* - Oil/canvas (89x130cm-35x51in) London 93 .... FF24 000 - £3 000 - **$4,350**
- ✏ *Figures in the grounds of a house* - Pencil (48x23cm-19x9in) London 92 .... FF3 130 - £320 - **$552**

FISKE Gertrude 1878-1961 [7]
- 🖼 *Shore Farm* - Oil/canvas (76x91cm-30x36in) New-York 95 .... FF55 200 - £6 910 - **$11,000**

FISZL Hèléne 1912 [9]
- 🖼 *L'aube* - Huile/toile (60x91cm-24x36in) Paris 92 .... FF2 000 - £205 - **$360**

FITGER Arthur Heinrich 1840-1909 [2]
- 🖼 *Icarius, 1905* - Oil/canvas (129x194cm-51x76in) New-York 90 .... FF45 800 - £4 904 - **$7,965**

FITLER William Crothers 1857-1915 [11]
- 🖼 *The Winding Brook* - Oil/canvas (20x36cm-8x14in) New-York 96 .... FF10 380 - £1 323 - **$2,000**
- ✏ *Brook and trees* - Watercolour (51x36cm-20x14in) South Deerfield, Mass. 94 .... FF5 150 - £618 - **$1,000**

FITTKE Arturo 1873-1910 [3]
- 🖼 *Carnevale* - Olio/tela (142x74cm-56x29in) Trieste 93 .... FF40 300 - £4 520 - **$7,200**

FITTON James 1899-1982 [13]
- 🖼 *Playboy* - Oil/board (122x61cm-48x24in) London 96 .... FF29 150 - £3 800 - **$6,030**
- *Entering harbour* - Oil/board (91x77cm-36x30in) London 96 .... FF47 900 - £6 000 - **$9,240**
- 🖼 *Variety for a Change by Underground* - Poster (102x64cm-40x25in) London 96 .... FF2 184 - £280 - **$431**

FITZ W. Grancel 1894-1963 [29]
- 📷 *Nude (double exposure)* - Silver print (25x20cm-10x8in) New-York 95 .... FF3 880 - £499 - **$800**
- *Baseball* - Gelatin silver print (20x24cm-8x9in) New-York 95 .... FF9 080 - £914 - **$1,779**

FITZCLARENCE George A., Lt.-Col. 1794-1842 [1]
- ✏ *Rocket Coprs* - Watercolour (15x13cm-6x5in) London 96 .... FF5 980 - £750 - **$1,170**

FITZGERALD Florence ?-1927 [4]
- ✏ *A daisy chain* - Oil/canvas (46x30cm-18x12in) London 91 .... FF17 780 - £1 796 - **$3,530**

FITZGERALD Frederick R. 1897-1938 [11]
- ✏ *Balholm (?), Norway*
  Watercolour, gouache (54x77cm-21x30in) Billinghurst, West Sussex 93 .... FF3 735 - £450 - **$698**

FITZGERALD Gerald 1873-1935 [4]
- ✏ *Gordon Falls* - Watercolour (34x38cm-13x15in) London 97 .... FF4 241 - £450 - **$731**

FITZGERALD Harrington 1847-1930 [1]
- 🖼 *Smuggler's cave* - Oil/canvas (41x66cm-16x26in) New-York 94 .... FF11 980 - £1 398 - **$2,100**

FITZGERALD John Austen 1832-1906 [12]
- 🖼 *The Fairy Bower* - Oil/canvas (26x31cm-10x12in) London 95 .... FF33 960 - £4 500 - **$7,010**
- 🖼 *Who killed Cock Robin ?* - Oil/canvas (25x30cm-10x12in) London 91 .... FF248 000 - £25 170 - **$44,791**
- ✏ *The intruders* - Watercolour, gouache (37x29cm-15x11in) London 90 .... FF63 000 - £6 789 - **$11,111**

FITZGERALD Lionel Lemoine 1890-1956 [12]
- 🖼 *Winter landscape* - Oil/canvas (28x36cm-11x14in) Toronto 94 .... FF37 000 - £4 410 - **$6,970**
- ✏ *Cloud Formations* - Watercolour (60x45cm-24x18in) Toronto 96 .... FF3 294 - £376 - **$631**

FITZI Johann Ulrich 1798-1855 [2]
- 🖼 *Appenzeller Landschaft* - Huile/panneau (30x49cm-12x19in) Zürich 96 .... FF59 600 - £6 900 - **$11,410**
- ✏ *Gais* - Aquarelle (26x44cm-10x17in) Zürich 96 .... FF67 500 - £7 820 - **$12,940**

FITZPATRICK Brian 1932-1974 [8]
- ✏ *Tunnel of Love* - Watercolour (20x13cm-8x5in) London 94 .... FF3 890 - £450 - **$665**

FIUME Salvatore 1915 [93]
- 🖼 *Pulcinella* - Olio/masonite (40x55cm-16x22in) Milano 95 .... FF19 370 - £2 470 - **$3,965**
- *Donne in gioielleria* - Olio/tavola (45x65cm-18x26in) Prato 97 .... FF44 200 - £5 200 - **$7,800**
- *Nudo* - Olio/tavola (78x104cm-31x41in) Milano 96 .... FF53 800 - £6 240 - **$10,560**
- *La terrazza del sultano* - Olio/masonite (125x182cm-49x72in) Prato 96 .... FF268 000 - £33 600 - **$51,200**

FIX-MASSEAU Pierre Félix Masseau 1869-1937 [36]
- 🖼 *Scène de plage* - Huile/panneau (27x22cm-11x9in) Deauville 92 .... FF10 500 - £1 075 - **$1,850**
- *Exactitude* - Poster (100x61cm-39x24in) New-York 94 .... FF39 400 - £4 810 - **$7,500**
- 🗿 *Le Secret* - Bronze (29cm-11in) New-York 96 .... FF12 530 - £1 450 - **$2,400**
- *Le Secret* - Bronze (28cm-11in) New-York 96 .... FF40 900 - £4 700 - **$7,000**
- ✏ *Bally* - Gouache (88x60cm-35x24in) Boulogne 96 .... FF2 600 - £340 - **$520**

FJAESTAD Gustaf 1868-1948 [57]
- 🖼 *Vårlandskap* - Oil/panel (74x90cm-28x35in) Stockholm 96 .... FF19 200 - £2 255 - **$3,775**
- *Vinterlandskap med röd stuga* - Oil/canvas (113x125cm-44x49in) Stockholm 97 .... FF49 441 - £5 293 - **$8,619**
- *Vinterdag vid racken* - Oil/canvas (109x75cm-43x30in) Stockholm 97 .... FF83 017 - £8 767 - **$14,344**
- *Vinterlandskap, Wermland, 1903* - Oil/canvas (73x87cm-29x34in) Söderköping 90 .... FF252 700 - £27 231 - **$44,568**

FJAESTAD Maja 1873-1961 [11]
- *Kyrkogårdsmuren* - Print (36x38cm-14x15in) Malmö 96 .... FF1 780 - £211 - **$348**

FJELL Kai 1907-1989 [50]
- *Liggende madonna* - Oil/canvas (60x70cm-24x28in) Oslo 92 .... FF83 600 - £10 000 - **$16,100**
- *Felespilleren* - Oil/canvas (70x80cm-28x31in) Tönsberg 92 .... FF356 000 - £36 400 - **$69,800**
- *Bruden* - Lithograph Tönsberg 92 .... FF9 610 - £1 118 - **$1,963**
- *Kvinne på sengen* - Pastel (24x31cm-9x12in) Oslo 92 .... FF35 600 - £3 644 - **$6,270**

FJELLSTRÖM Per Ericsson 1719-1790 [1]
- *Capitain Daniel Silfversparre* - Oil/canvas (74x59cm-29x23in) Stockholm 94 .... FF5 830 - £688 - **$1,037**

FLACH Hannes Maria 1901-1936 [1]
- *Female unde i atelier* - Gelatin silver print (20x13cm-8x5in) New-York 94 .... FF9 300 - £1 078 - **$1,600**

FLACH Henri XX [2]
- *Le bal musette* - Huile/panneau (60x80cm-24x31in) Rambouillet 91 .... FF8 500 - £852 - **$1,403**

FLACHAT Antoine XIX [2]
- *L'Ile Barbe* - Huile/toile (46x38cm-18x15in) Lyon 89 .... FF2 000 - £211 - **$337**

FLACHERON Frédéric, Comte 1813-1883 [3]
- *Cloître de Saint-Jean-de Latran* - Tirage papier salé (24x33cm-9x13in) Chartres 92 .... FF3 000 - £308 - **$577**

FLACHERON Grégoire Isidore 1806-1873 [4]
- *Chèvres dans les ruines* - Huile/carton (32x24cm-13x9in) Lyon 97 .... FF3 600 - £380 - **$617**

FLACK Audrey 1931 [5]
- *Time to save* - Oil/canvas (203x162cm-80x64in) New-York 91 .... FF1 - £132 953 - **$236,599**
- *Coconut lemon cake, 1974* - Acrylic/canvas (61x76cm-24x30in) New-York 90 .... FF171 600 - £18 255 - **$30,698**

FLAD Georg 1853-1913 [2]
- *Die alte Holzsammlerin* - Oil/canvas (62x85cm-24x33in) Wien 92 .... FF12 030 - £1 232 - **$2,120**
- *Winterabend in Dachau* - Oil/canvas (52x72cm-20x28in) Köln 92 .... FF66 100 - £7 900 - **$12,720**

FLAGG H. Peabody 1859-1937 [3]
- *Sheep grazing, Brittany* - Oil/board (48x66cm-19x26in) Québec 90 .... FF2 400 - £257 - **$417**

FLAGG James Montgomery 1877-1960 [34]
- *Speed Up America* - Oil/canvas (122x76cm-48x30in) New-York 95 .... FF70 300 - £8 800 - **$14,000**
- *Old Lyme scene* - Watercolour/paper (53x36cm-21x14in) Mystic, Connecticut 96 .... FF3 530 - £460 - **$700**
- *Woman splashing in wave* - Watercolour - Paper (66x51cm-26x20in) New-York 96 .... FF15 540 - £2 005 - **$3,000**

FLAHAUT Léon Charles 1831-? [1]
- *Falaises normandes* - Huile/panneau (41x72cm-16x28in) Senlis 94 .... FF7 000 - £804 - **$1,200**

FLAHERTY Robert Joseph 1884-1951 [1]
- *Photographic still* - Silver print (38x48cm-15x19in) New-York 92 .... FF4 260 - £436 - **$750**

FLAIG Waldemar 1892-1932 [4]
- *Fluct nach Ägypten* - Öl/Karton (50x46cm-20x18in) Bern 96 .... FF3 056 - £371 - **$594**

FLAMAND Georges XIX-XX [11]
- *Ophélie* - Bronze (21cm-8in) Paris 93 .... FF7 500 - £938 - **$1,364**
- *Naïade* - Bronze (46cm-18in) Paris 97 .... FF39 000 - £4 224 - **$6,833**

FLAMEN Albert 1564-1646 [7]
- *Diverses espèces de poissons...* - Etching London 94 .... FF8 460 - £1 000 - **$1,520**
- *Ducks surprised by a dog/Fish* - Ink (11x19cm-4x7in) Amsterdam 95 .... FF11 100 - £1 476 - **$2,290**

FLAMENG François 1856-1923 [19]
- *Molière attendant Louis XIV à Versailles* - Oil/canvas (87x65cm-34x26in) Stockholm 96 ...... FF48 400 - £6 040 - **$9,350**
- *Windsor* - Oil/panel (63x80cm-25x31in) New-York 97 .... FF136 908 - £14 757 - **$24,000**
- *Jean-Jacques Henner* - Pencil/paper (27x21cm-11x8in) London 94 .... FF7 560 - £900 - **$1,425**
- *Elégante au départ des courses* - Pastel/toile (55x46cm-22x18in) Mayenne 97 .... FF113 000 - £12 159 - **$19,504**

FLAMENG Léopold 1831-1911 [1]
- *Cour de ferme en Normandie* - Huile/toile (27x40cm-11x16in) Paris 91 .... FF4 000 - £406 - **$722**

FLAMENG Marie-Auguste 1843-1893 [2]
- *Bateaux dans un port* - Huile/toile (47x54cm-19x21in) Paris 90 .... FF10 000 - £1 071 - **$1,739**

FLAMM Albert 1823-1906 [12]
- *Bord de mer dans le Midi* - Oil/canvas (96x53cm-38x21in) Stockholm 96 .... FF32 700 - £3 726 - **$6,250**
- *Süditalienische Küstenlandschaft* - Öl/Leinwand (95x148cm-37x58in) Köln 94 .... FF81 600 - £9 520 - **$14,300**

FLANAGAN Barry 1941 [27]
- *The Port Pusher* - Bronze London 97 .... FF56 497 - £6 000 - **$9,841**
- *Hare on a Pyramid* - Bronze (204x46x189cm-80x18x74in) London 97 .... FF734 464 - £78 000 - **$127,943**

FLANDERS Wim 1943 [2]
- *Schovenbinders* - Huile/panneau (60x70cm-24x28in) Lokeren 94 .... FF5 970 - £713 - **$1,125**

FLANDIN Eugène Napoléon 1803-1876 [21]
- *On the Bosphorus* - Oil/canvas (90x133cm-35x52in) New-York 96 .... FF207 700 - £26 450 - **$40,000**
- *A View of Istanbul* - Watercolour (36x26cm-14x10in) London 94 .... FF33 600 - £4 000 - **$6,330**
- *Scutari from the Bosphorus* - Watercolour (50x37cm-20x15in) London 94 .... FF42 000 - £5 000 - **$7,910**

FLANDRIN Auguste 1804-1842 [3]
- *Portrait de femme* - Huile/toile (46x36cm-18x14in) Paris 93 .... FF33 000 - £3 790 - **$5,680**

FLANDRIN Eugène 1803-1876 [1]
- *Musicians in an interior* - Pencil (19x16cm-7x6in) London 94 .... FF8 640 - £1 000 - **$1,478**

FLANDRIN Hippolyte 1809-1864 [40]
- *Tomelle dans le Bugey* - Huile/carton (20x15cm-8x6in) Paris 97 .... FF4 000 - £425 - **$691**
- *Autoportrait, 29 Novembre 1853* - Huile/toile (46x38cm-18x15in) Paris 90 .... FF40 000 - £4 132 - **$7,067**
- *Jésus-Christ et les petits enfants* - Oil/canvas (51x61cm-20x24in) New-York 97 .... FF159 726 - £17 217 - **$28,000**

F

The last supper - Watercolour (24x28cm-9x11in) London 97 .... FF19 048 - £2 000 - **$3,276**

FLANDRIN Jules 1871-1947 [174]
● *Venise* - Huile/toile (66x120cm-26x47in) Orléans 95 .... FF3 100 - £396 - **$625**
Maison en Dauphiné - Huile/toile (46x55cm-18x22in) Calais 97 .... FF6 500 - £696 - **$1,139**
Paris, boulevard animé - Huile/toile (60x92cm-24x36in) Le Touquet 95 .... FF13 000 - £1 540 - **$2,537**
Arlequin et colombines - Huile/toile (100x130cm-39x51in) Paris 96 .... FF34 000 - £4 400 - **$6,670**
Les Orientales: Nijinsky - Huile/toile (81x65cm-32x26in) Paris 95 .... FF100 000 - £11 970 - **$19,030**
Jacqueline Marval - Eau-forte (17x13cm-7x5in) Grenoble 94 .... FF2 900 - £347 - **$542**
Chemin à Corenc - Pastel (19x28cm-7x11in) Grenoble 91 .... FF4 500 - £451 - **$743**

FLANDRIN Paul H. 1856-1921 [6]
Charge de cavalerie - Crayon (14x21cm-6x8in) Paris 89 .... FF1 600 - £159 - **$253**

FLANDRIN Paul J. 1811-1902 [21]
● *Vallée de Charabeth (Ain)* - Huile/toile (24x16cm-9x6in) Paris 90 .... FF9 000 - £964 - **$1,565**
La Gassaude, en Provence - Huile/toile (27x36cm-11x14in) Paris 95 .... FF14 000 - £1 820 - **$2,880**
Académie d'homme - Huile/papier (63x33cm-25x13in) Paris 95 .... FF35 400 - £4 600 - **$7,280**
Portrait d'homme assis - Crayon/papier (33x24cm-13x9in) Paris 97 .... FF6 000 - £638 - **$1,037**
Seated lady holding a daisy - Black chalk (42x26cm-17x10in) London 96 .... FF29 800 - £3 500 - **$5,860**

FLANNAGAN John Bernard 1895-1942 [10]
🗿 *Bear* - Cast stone (21cm-8in) New-York 94 .... FF15 700 - £1 830 - **$2,750**
Noy Uet - Bronze (33cm-13in) New-York 93 .... FF30 250 - £3 790 - **$5,500**

FLASCHNER Madeleine 1933 [4]
● *Nu de dos* - Huile/toile (65x50cm-26x20in) Lyon 92 .... FF6 500 - £776 - **$1,250**

FLASHAR Bruno Max 1885-1915 [9]
● *Pfingstrosenstrauß in weißer Vase* - Oil/canvas (78x82cm-31x32in) München 92 .... FF8 140 - £972 - **$1,566**

FLASSCHOEN Gustave 1868-1940 [60]
● *Petit pont en Hollande* - Huile/toile/panneau (20x30cm-8x12in) Bruxelles 97 .... FF6 217 - £646 - **$1,060**
Gezicht aan de Bab-Mansourh te Meknes - Huile/toile (35x50cm-14x20in) Lokeren 91 .... FF24 700 - £2 459 - **$4,247**
Le chargement des légumes sur l'Escaut
   Huile/toile (93x109cm-37x43in) Antwerpen 97 .... FF58 752 - £6 300 - **$10,296**
Pour les armes, les cuivres et la laine - Aquarelle/papier (26x34cm-10x13in) Bruxelles 94 .... FF4 460 - £512 - **$763**

FLATAU Joanna 1943 [2]
Daisy - Pastel gras (107x75cm-42x30in) Paris 91 .... FF5 000 - £505 - **$993**

FLATTER Richard 1822-1876 [1]
● *Ein Kavalier hält zwei Damen* - Öl/Leinwand (92x79cm-36x31in) München 93 .... FF10 320 - £1 170 - **$1,744**

FLATZ Johann Gebhard 1800-1881 [2]
● *Die Verklärung des hl. Franziskus* - Öl/Leinwand (137x96cm-54x38in) Wien 93 .... FF28 860 - £3 450 - **$5,550**

FLAUBERT Paul 1928 [165]
● *Dans les foins* - Huile/toile (38x46cm-15x18in) Provins 93 .... FF4 400 - £550 - **$800**
Environs de Rouen - Huile/toile (41x24cm-16x9in) Cannes 93 .... FF8 200 - £1 025 - **$1,490**
Bord de l'eau en automne - Huile/toile (46x55cm-18x22in) Reims 91 .... FF20 500 - £2 036 - **$3,559**

FLAUNET Eugène L. ?-1885 [1]
● *Courli, vanneau, chevalier* - Huile/toile (62x73cm-24x29in) Paris 95 .... FF10 000 - £1 270 - **$2,050**

FLAVELL Geoff H. XIX-XX [2]
● *Louisiana Swamp at Dusk* - Oil/canvas (51x107cm-20x42in) St. Petersburg, Florida 94 .... FF5 990 - £699 - **$1,050**
Landscape - Watercolour (51x71cm-20x28in) Chicago 95 .... FF2 134 - £267 - **$425**

FLAVIN Dan 1933 [46]
🗿 *Untitled (to Paolina)* - Metal (147x23x61cm-58x9x24in) München 96 .... FF108 700 - £12 380 - **$20,800**
Untitled - Sculpture (266x266cm-105x105in) New-York 97 .... FF261 324 - £27 491 - **$45,000**
Monument for V. Tatlin - Sculpture (309cm-122in) New-York 91 .... FF513 000 - £52 065 - **$92,653**
For Laurie and Morgan - Coloured pencils (45x55cm-18x22in) New-York 97 .... FF17 544 - £1 853 - **$3,000**
(To Barnett Newman) Two and Four - Ink (42x55cm-17x22in) New-York 94 .... FF55 200 - £6 400 - **$9,500**
Loving Memory of Toiny from Leo & Me
   Coloured crayons (43x54cm-17x21in) New-York 96 .... FF81 500 - £9 600 - **$16,000**

FLAXMAN John 1755-1826 [11]
Project for a monument to Sir W. Jones - Pencil (26x21cm-10x8in) London 92 .... FF4 890 - £500 - **$860**
Harriet Mathew, wearing a lace cap - Pencil (19x15cm-7x6in) London 96 .... FF12 860 - £1 600 - **$2,495**

FLAXMAN Mary Anne 1768-1833 [1]
● *Eleanor Anne Porden* - Oil/canvas (112x141cm-44x56in) London 91 .... FF178 500 - £18 116 - **$32,239**

FLÉCHARD Charles XIX-XX [2]
● *Ferme normande* - Huile/toile (65x73cm-26x29in) Cherbourg 97 .... FF6 000 - £641 - **$1,043**

FLECHTNER Otto 1881-? [1]
Mädchenaktstudie - Charcoal (53x37cm-21x15in) München 96 .... FF1 696 - £203 - **$326**

FLECK Joseph Amadeus 1892-1977 [6]
● *Girl with mantilla* - Oil/canvas (61x51cm-24x20in) Chicago 93 .... FF28 600 - £3 590 - **$5,200**

FLECK Karl Anton 1928-1983 [28]
● *Muklosch 3 in Rot* - Technique mixte/panneau (47x35cm-19x14in) Wien 97 .... FF16 723 - £1 778 - **$2,884**
Chobot - Coloured pencils/paper (83x62cm-33x24in) Wien 97 .... FF7 188 - £756 - **$1,234**
Gumpoldskirchen - Mischtechnik/Papier (63x90cm-25x35in) Wien 95 .... FF14 700 - £1 936 - **$2,980**

FLECK Ralph 1951 [9]
● *Alpenstück 30/VII* - Oil/canvas (70x95cm-28x37in) München 92 .... FF9 520 - £974 - **$1,676**

FLECKENSTEIN Louis 1866-1943 [3]
📷 *Sadakichi Hartmann* - Silver print (17x22cm-7x9in) New-York 90 .... FF24 300 - £2 619 - **$4,286**

FLEETWOOD-WALKER Bernard 1892-? [2]
● *Portrait of a young girl* - Oil/canvas (53x37cm-21x15in) London 89 .... FF11 600 - £1 121 - **$1,760**

Head study of Eileen - Watercolour (28x22cm-11x9in) London 95 .... FF2 **405** - £*300* - **$486**

FLEISCHER Max 1861-? [3]
Sommernachmittag mit Frauen - Oil/canvas (50x60cm-20x24in) Stuttgart 90 .... FF6 **800** - £*728* - **$1,183**

FLEISCHMANN Adolph Richard 1892-1969 [49]
Komposition 458 R.C. - Öl/Leinwand (100x65cm-39x26in) Köln 97 .... FF57 **336** - £*6 019* - **$9,827**
Ohne Titel - Öl/Leinwand (73x60cm-29x24in) Hamburg 93 .... FF176 **300** - £*21 060* - **$33,900**
Komposition - Oil/canvas (100x81cm-39x32in) München 97 .... FF248 **000** - £*25 400* - **$43,700**
Komposition - Gouache/papier (48x32cm-19x13in) Köln 97 .... FF8 **432** - £*885* - **$1,445**
Komposition - Gouache/papier (60x48cm-24x19in) Köln 97 .... FF13 **154** - £*1 380* - **$2,254**
Komposition - Gouache/papier Köln 97 .... FF40 **472** - £*4 249* - **$6,937**
Ohne Titel - Gouache (62x46cm-24x18in) Stuttgart 92 .... FF81 **400** - £*9 720* - **$15,660**

FLEISCHMANN Emil XIX-XX [2]
Indian Beauty in traditional Dress - Oil/canvas (63x46cm-25x18in) London 97 .... FF12 **716** - £*1 400* - **$2,232**

FLEISCHMANN Josef XIX-XX [3]
Schaubild Schmetterlinge - Watercolour (19x12cm-7x5in) Berlin 92 .... FF2 **040** - £*209* - **$359**

FLEISCHMANN Trude 1895-1990 [11]
Toni Birkmeyer ballet - Photograph (27x34cm-11x13in) New-York 96 .... FF6 **130** - £*791* - **$1,200**
Déjeuner sur l'herbe - Photograph (18x17cm-7x7in) New-York 96 .... FF17 **880** - £*2 306* - **$3,500**

FLEMALLE Bertholet 1614-1675 [1]
L'Assomption de la Vierge - Huile/toile (234x143cm-92x56in) Monaco 94 .... FF100 **000** - £*11 800* - **$17,920**

FLEMING Alexander M. 1878-1929 [2]
Sunlit autumn trees - Oil/canvas (56x45cm-22x18in) Toronto 91 .... FF2 **150** - £*216* - **$355**

FLEMING Ian 1906 [1]
Portrait of the artist - Etching (30x25cm-12x10in) London 92 .... FF2 **150** - £*220* - **$380**

FLEMING William 1804-? [1]
Peasants playing cards - Oil/panel (52x44cm-20x17in) Amsterdam 93 .... FF15 **070** - £*1 800* - **$2,900**

FLERS Camille 1802-1868 [35]
Le hameau au bord de la rivière - Huile/toile (27x35cm-11x14in) Pontoise 96 .... FF13 **500** - £*1 720* - **$2,603**
Bord de rivière, le Bac - Huile/panneau (23x36cm-9x14in) Pontoise 96 .... FF21 **000** - £*2 393* - **$4,020**
Scène de la vie champêtre - Huile/toile (58x92cm-23x36in) Barbizon 95 .... FF66 **000** - £*8 630* - **$13,210**
A riverscape - Watercolour/paper (21x34cm-8x13in) London 97 .... FF18 **095** - £*1 900* - **$3,112**

FLESCH-BRUNNINGEN von Luma 1856-? [2]
Vorbereitung zum Ball - Oil/panel (69x48cm-27x19in) München 94 .... FF40 **950** - £*4 840* - **$7,350**

FLETCHER Aaron Dean 1817-1902 [3]
Mrs. P. Adams/M. W. Adams - Oil/canvas (66x58cm-26x23in) New-York 90 .... FF37 **200** - £*3 912* - **$6,470**

FLETCHER Archibald Michael 1887-? [1]
Florence from the Arno - Pencil (37x27cm-15x11in) Leeds 92 .... FF1 **560** - £*160* - **$299**

FLETCHER Blandford 1866-1936 [5]
The ferry - Huile/toile (43x61cm-17x24in) Montréal 92 .... FF3 **840** - £*458* - **$738**

FLETCHER Christine B. XX [3]
Ship with figures - Bromoil print (23x15cm-9x6in) New-York 93 .... FF4 **425** - £*504* - **$750**

FLETCHER Edward 1857-1945 [8]
London's River - Oil/canvas (75x127cm-28x50in) London 96 .... FF10 **070** - £*1 300* - **$1,945**

FLETCHER Edwin 1857-1945 [20]
Ships in harbour - Oil/canvas (23x30cm-9x12in) Mystic, Connecticut 95 .... FF2 **147** - £*258* - **$400**
On the Thames at Limehouse - Oil/canvas (76x127cm-30x50in) London 92 .... FF10 **710** - £*1 099* - **$1,991**

FLETCHER George 1914-1987 [3]
North side ob Beech lake - Oil/masonite (59x90cm-23x35in) Toronto 92 .... FF2 **304** - £*275* - **$443**

FLETCHER Hanslip 1874-1955 [2]
Groombridge place - Watercolour (25x38cm-10x15in) Groombridge, Kent 92 .... FF4 **730** - £*550* - **$965**

FLETCHER Henry c.1729-? [1]
The Months in Flowers - Engraving (41x31cm-16x12in) London 95 .... FF26 **900** - £*3 400* - **$5,250**

FLEUR Willy 1888-1967 [7]
Botanical garden - Oil/canvas (40x51cm-16x20in) Amsterdam 95 .... FF3 **760** - £*480* - **$771**

FLEURENT Robert 1904-1981 [11]
La neige au Vésinet - Huile/carton (33x41cm-13x16in) Paris 90 .... FF3 **500** - £*363* - **$615**

FLEURY Albert François 1848-? [1]
At the seaside - Oil/board (24x32cm-9x13in) London 91 .... FF28 **200** - £*2 807* - **$4,849**

FLEURY D'HERBEZ Lucienne XX [4]
Boujiloud, Maroc - Huile/panneau (60x73cm-24x29in) Paris 94 .... FF8 **000** - £*952* - **$1,523**
Marocaine assise - Huile/toile (100x80cm-39x31in) Paris 92 .... FF24 **000** - £*2 457* - **$4,230**

FLEURY de James Vivien XIX-XX [12]
Rue à Saint-Malo - Oil/canvas (69x51cm-27x20in) London 95 .... FF4 **410** - £*550* - **$891**
Alpine lake view - Oil/canvas (51x76cm-20x30in) London 92 .... FF12 **700** - £*1 300* - **$2,240**

FLEURY Fanny Laurent 1848-? [8]
Portrait de jeune fille kabyle - Huile/panneau (35x26cm-14x10in) Paris 96 .... FF10 **500** - £*1 216* - **$2,010**
The Bouquet - Oil/canvas (61x45cm-24x18in) New-York 94 .... FF106 **700** - £*12 600* - **$19,000**

FLEURY François Antoine L. 1804-1858 [4]
La Seine vers Saint-Cloud - Huile/toile (21x32cm-8x13in) Pontoise 96 .... FF23 **000** - £*2 930* - **$4,435**

FLEURY Jules Amédée 1845-? [1]
Vallée de Quincampoix - Huile/panneau (29x41cm-11x16in) Bruxelles 92 .... FF17 **300** - £*2 065* - **$3,330**

FLEURY Pierre 1900-? [5]
- *Paimpolaise dans la brume* - Huile/toile (73x99cm-29x39in) Paris 93 .... FF7 100 - £856 - **$1,291**

FLEURY Richard 1777-1852 [1]
- *Renaud et Larmide* - Lavis (18x14cm-7x6in) Paris 89 .... FF3 400 - £338 - **$537**

FLEURY Robert 1797-1890 [1]
- *Jeune berger et son troupeau* - Aquarelle (18x26cm-7x10in) Saint-Dié 95 .... FF2 500 - £322 - **$516**

FLEURY Robert Tony 1837-1912 [2]
- *Portrait of a woman/Portrait of a child* - Oil/panel (35x26cm-14x10in) London 93 .... FF38 600 - £4 400 - **$6,550**

FLICKEL Paul Franz 1852-1903 [4]
- *Im Ilsethal im Harz* - Öl/Leinwand (59x75cm-23x30in) München 93 .... FF15 260 - £1 823 - **$2,935**

FLICKINGER Paul 1941 [6]
- *Femmes aux oiseaux* - Huile/toile (122x118cm-48x46in) Paris 94 .... FF25 000 - £2 960 - **$4,620**

FLIEHER Anton 1800-1880 [1]
- *Ansicht von Meran* - Oil/panel (21x29cm-8x11in) Wien 95 .... FF9 000 - £1 137 - **$1,805**

FLIEHER Karl 1881-1958 [39]
- *Zell on the Sea* - Oil/canvas (58x78cm-23x31in) New-York 96 .... FF11 000 - £1 424 - **$2,200**
- *Grins Im Loch (bei Landeck)* - Öl/Leinwand (96x74cm-38x29in) Wien 93 .... FF28 860 - £3 450 - **$5,550**
- *Zell am See* - Gouache/paper (8x11cm-3x4in) Wien 95 .... FF6 490 - £820 - **$1,295**
- *Alter Winkel in Weissenkirchen, Wachau* - Gouache/carton (25x33cm-10x13in) Wien 94 ..... FF22 050 - £2 607 - **$4,070**

FLIER van der Helmert Richard 1827-1899 [3]
- *Rastender Reiter* - Oil/canvas (45x59cm-18x23in) Köln 91 .... FF16 900 - £1 695 - **$2,790**

FLINK Rudolf 1906-1989 [19]
- *Landskap* - Oil/canvas (47x57cm-19x22in) Göteborg 96 .... FF4 050 - £462 - **$775**

FLINT Francis Russell 1915 [17]
- *Lifeboat to the rescue* - Oil/canvas New-York 90 .... FF12 900 - £1 299 - **$2,345**
- *At the Well* - Watercolour (39x56cm-15x22in) London 97 .... FF3 264 - £349 - **$563**

FLINT Robert Purves 1883-1947 [1]
- *Hornse Beach* - Watercolour (33x53cm-13x21in) London 92 .... FF2 680 - £320 - **$516**

FLINT Saville Lumley W. XIX-XX [2]
- *Weide am Bach* - Oil/canvas (46x76cm-18x30in) Wien 92 .... FF36 100 - £3 620 - **$6,940**

FLINT William Russell 1880-1969 [453]
- *Diane* - Oil/canvas (30x25cm-12x10in) London 94 .... FF4 550 - £550 - **$840**
- *Gypsies at Granada* - Oil/canvas (48x60cm-19x24in) London 97 .... FF26 144 - £2 800 - **$4,517**
- *Make-up* - Oil/canvas (61x51cm-24x20in) London 96 .... FF263 300 - £30 000 - **$50,400**
- *Lydia on the Sands*
  reproduction in colours (Michael Stewart) (50x67cm-20x26in) Honiton, Devon 95 .... FF3 040 - £390 - **$613**
- *Reclining Nude I* - Print in colors (32x58cm-13x23in) Lewes 92 .... FF12 700 - £1 300 - **$2,490**
- *My Third Three Graces* - Chalks (30x19cm-12x7in) London 96 .... FF5 760 - £750 - **$1,142**
- *Mrs Belhoughton* - Red chalk/paper (30x39cm-12x15in) London 97 .... FF15 873 - £1 700 - **$2,741**
- *Two Studies of Lavinia* - Coloured pencils (21x33cm-8x13in) London 97 .... FF28 011 - £3 000 - **$4,840**
- *On the beach* - Watercolour (49x67cm-19x26in) London 96 .... FF32 400 - £4 000 - **$6,250**
- *The Howe* - Watercolour (51x67cm-20x26in) London 97 .... FF52 682 - £5 500 - **$9,013**
- *Roxanna in a breeze* - Watercolour (48x66cm-19x26in) London 96 .... FF76 900 - £9 500 - **$14,850**
- *Cherry gatherer's retreat, Drome valley*
  Watercolour/paper (38x55cm-15x22in) London 97 .... FF143 816 - £15 000 - **$24,592**
- *A Sunburned Pandora* - Watercolour (23x35cm-9x14in) London 94 .... FF293 000 - £35 000 - **$55,000**
- *Variation on a Theme II* - Watercolour (50x67cm-20x26in) London 94 .... FF720 000 - £85 000 - **$129,200**

FLINTOE Johannes 1786-1870 [4]
- *Voringsfossen, Hardanger* - Watercolour (49x36cm-19x14in) Oslo 91 .... FF60 800 - £6 090 - **$10,140**

FLIPART Charles Jos,Giuseppe 1721-1797 [1]
- *Lady playing a harpsichord* - Oil/canvas (43x36cm-17x14in) New-York 91 .... FF42 750 - £4 308 - **$7,418**

FLIPSEN Alfred W. Philippe 1868-? [1]
- *Coastal landscape near Boulogne* - Oil/canvas (50x65cm-20x26in) Stuttgart 95 .... FF7 000 - £898 - **$1,442**

FLIPSEN Victor Ph. 1841-1907 [4]
- *Bâteau de pêche au large* - Huile/toile (18x34cm-7x13in) Paris 97 .... FF3 000 - £318 - **$522**

FLOCH Joseph 1895-1977 [64]
- *Femme assise* - Huile/toile (46x33cm-18x13in) Paris 96 .... FF9 500 - £1 225 - **$1,860**
- *Liegende am roten Diwan* - Öl/Leinwand (74x61cm-29x24in) Wien 97 .... FF43 002 - £4 572 - **$7,416**
- *Zwei Frauen auf der Terrasse* - Oil/panel (61x46cm-24x18in) Wien 97 .... FF62 114 - £6 604 - **$10,712**
- *Das gelbe Haus in Lunz am See* - Öl/Leinwand (55x69cm-22x27in) Wien 97 .... FF311 480 - £32 760 - **$53,495**
- *Sitzende mit verschränkten Armen* - Drawing (51x33cm-20x13in) Wien 96 .... FF5 850 - £759 - **$1,156**

FLOCH Lionel 1895-1972 [40]
- *Barques* - Huile/panneau (37x46cm-15x18in) Rennes 97 .... FF2 900 - £305 - **$498**
- *L'entrée du port* - Huile/toile (49x60cm-19x24in) Lyon 96 .... FF8 000 - £997 - **$1,545**
- *Retour des thoniers* - Huile/panneau (49x60cm-19x24in) Lyon 96 .... FF15 000 - £1 870 - **$2,900**

FLOCKEMANN August 1849-1915 [2]
- *Niederrheinlandschaft im Winter* - Oil/panel (34x25cm-13x10in) Stuttgart 90 .... FF6 100 - £653 - **$1,061**
- *Am winterlichen Waldweg* - Oil/panel (34x25cm-13x10in) Wien 91 .... FF16 800 - £1 672 - **$2,889**

FLOCKENHAUS Heinz 1858-1930 [14]
- *Herbstabend am Niederrhein* - Oil/panel (39x50cm-15x20in) Köln 91 .... FF25 350 - £2 542 - **$4,185**

FLOCON Albert Mentzel, dit 1909-1994 [5]
- *Photo d'un esprit pur* - Mixed media/paper (12x16cm-5x6in) Hamburg 96 .... FF6 390 - £728 - **$1,222**

FLODIN Hilda 1877-1958 [3]
- *Park* - Oil/canvas (61x50cm-24x20in) Helsinki 94 .... FF2 855 - £327 - **$484**

FLODING Per 1731-1791 [2]

Porträtt av Gustaf III - Engraving (56x35cm-22x14in) Stockholm 95 .... FF22 600 - £2 960 - **$4,590**

Bibliskt motiv - Ink/paper (37x18cm-15x7in) Stockholm 96 .... FF1 754 - £228 - **$344**

FLODMAN Carl 1863-1888 [5]

Fischer boats on the beach - Oil/canvas/panel (26x30cm-10x12in) Stockholm 95.... FF6 490 - £848 - **$1,300**

Höstackar, 1884 - Oil/canvas (30x40cm-12x16in) Stockholm 90 .... FF30 000 - £3 233 - **$5,291**

FLOGNY de Eugène Victor 1825-? [2]

Troupeau s'abreuvant - Huile/toile (38x61cm-15x24in) Paris 92 .... FF5 900 - £604 - **$1,040**

Robert, duc de Chartres - Huile/panneau (47x35cm-19x14in) Monaco 96.................. FF38 000 - £4 360 - **$7,250**

FLOHERTY John, Jr. 1907-? [1]

Man with clenched fist - Gouache (43x25cm-17x10in) New-York 94........................... FF4 000 - £470 - **$700**

FLORA Paul 1922 [98]

Der Heuschober - Ink/paper (27x38cm-11x15in) Wien 93 .... FF2 646 - £316 - **$509**

Krieger - Ink (46x63cm-18x25in) Wien 97 .... FF9 584 - £1 008 - **$1,646**

Der Tod als Trommler - Ink (42x61cm-17x24in) Wien 97 .... FF15 334 - £1 612 - **$2,633**

Damengepäck - Ink (22x24cm-9x9in) Wien 97.. FF33 544 - £3 528 - **$5,761**

FLORA-CARAVIA Thalia 1871-1960 [11]

View of Constantinople - Oil/cardboard (21x29cm-8x11in) Athens 96 .... FF21 200 - £2 740 - **$4,100**

Flamenco - Pastel/paper (62x42cm-24x17in) Athens 96 .... FF6 360 - £821 - **$1,230**

FLORDAVID F. 1891-1958 [2]

Femme au châle vert - Oil/canvas (117x81cm-46x32in) New-York 93 .... FF4 430 - £505 - **$751**

FLORÉN Lars 1889-1979 [8]

Stockholmsutsikt - Oil/canvas (65x73cm-26x29in) Malmö 95 .... FF6 740 - £669 - **$1,170**

FLORES KAPEROTXIPI Mauricio 1901 [11]

Brindis en el caserío - Oleo/lienzo (81x100cm-32x39in) Madrid 95........................... FF30 250 - £3 975 - **$6,070**

FLORES Pedro 1897-1967 [59]

Arlequins musiciens - Huile/toile (32x26cm-13x10in) Versailles 92 .... FF15 000 - £1 540 - **$2,885**

Une rue à Paris - Huile/toile (51x61cm-20x24in) Madrid 95 .... FF24 130 - £3 130 - **$4,970**

Portrait d'Oscar Dominguez - Huile/toile (46x38cm-18x15in) L'Isle-Adam 90............. FF59 000 - £6 204 - **$10,261**

Arlequin guitariste - Aquarelle (28x20cm-11x8in) Calais 96...................................... FF3 200 - £368 - **$611**

Arlequin à la guitare - Pastel (29x20cm-11x8in) Paris 97 .... FF7 000 - £760 - **$1,228**

FLORIAN Maximilian 1901-1982 [9]

Blumen - Öl/Leinwand (64x61cm-25x24in) Wien 93 .... FF15 400 - £1 840 - **$2,960**

Landschaft - Aquarell/Papier (42x58cm-17x23in) Wien 97 .... FF2 398 - £253 - **$415**

FLORIDO BERNILS Enrique 1873-1929 [6]

Puerto de Málaga - Oleo/lienzo (35x60cm-14x24in) Madrid 95 .... FF28 960 - £3 374 - **$5,080**

Entrada al puerto de Sevilla, 1906 - Oil/canvas (70x125cm-28x49in) London 90 .... FF77 500 - £8 031 - **$13,620**

FLORIMONT de Charles Fred. Barth. 1802-1846 [1]

Hay-barge & Dutch merchant - Oil/panel (24x31cm-9x12in) Amsterdam 94 .... FF12 120 - £1 402 - **$2,073**

FLORNOY Olivier 1894-1962 [1]

Elegant dinner party - Oil/board (46x55cm-18x22in) Toronto 95............................... FF2 865 - £366 - **$585**

FLOROT Gustave 1885-1965 [41]

Les noces du clown - Huile/carton (55x46cm-22x18in) Paris 90 .... FF5 000 - £517 - **$883**

Scène de sérénade - Huile/toile (80x99cm-31x39in) Paris 89 .... FF35 000 - £3 579 - **$5,627**

FLOT Louis XIX-XX [2]

Scène de rue à Tunis - Huile/panneau (35x26cm-14x10in) Paris 95 .... FF19 000 - £2 500 - **$3,810**

FLOTATS Luis 1917 [2]

Boulevard du Palais, Paris - Oleo/lienzo (27x41cm-11x16in) Madrid 95..................... FF2 620 - £345 - **$527**

FLOUQUET Pierre-Louis 1900-1967 [16]

Juges dansant sur la plage - Huile/toile (80x100cm-31x39in) Bruxelles 91 .... FF9 130 - £935 - **$1,694**

Portret van de Dichter A. Declercq - Huile/toile (76x55cm-30x22in) Lokeren 94 .... FF123 700 - £14 410 - **$21,660**

Maternité - Encre Chine (36x26cm-14x10in) Paris 93 .... FF15 500 - £1 762 - **$2,620**

FLOUR Jules A. 1864-1921 [1]

Le Printemps - Huile/toile (60x80cm-24x31in) Paris 96 .... FF15 000 - £1 950 - **$2,940**

FLOUTIER Louis XX [17]

Pelota in a Basque square - Oil/canvas (64x99cm-25x39in) Penzance, Cornwall 96 .... FF6 480 - £800 - **$1,250**

La Baie de Saint-Jean-de-Luz - Huile/toile Pau 92 .... FF35 000 - £3 580 - **$6,160**

FLOWER Cedric 1920 [7]

View of Melbourne - Watercolour (34x53cm-13x21in) London 97 .... FF2 054 - £220 - **$354**

FLOWER Charles Edwin 1871-? [8]

The garden path - Wash (33x27cm-13x11in) London 89 .... FF4 600 - £458 - **$727**

FLOYD Donald H. 1892-1965 [10]

Tintern Abbey - Oil/canvas (51x76cm-20x30in) London 97 .... FF6 065 - £649 - **$1,048**

FLÜCK Johann Peter 1902-1954 [5]

Selbstbildnis im Atelier - Öl/Leinwand (115x85cm-45x33in) Bern 93 .... FF31 900 - £3 990 - **$5,830**

FLÜGGEN Gisbert 1811-1859 [1]

Bildnis Kaharina Flüggen - Öl/Leinwand (26x25cm-10x10in) München 96.................. FF17 000 - £1 935 - **$3,250**

FLÜGGEN Hans 1875-1942 [1]

Landschaft mit kleinem Bauernhaus - Oil/panel (15x21cm-6x8in) München 89 .... FF3 000 - £307 - **$482**

FLÜGGEN Josef 1842-1906 [2]

Romulus und Remus - Öl/Leinwand (121x100cm-48x39in) München 93...................... FF3 784 - £429 - **$640**

F

FLUMIANI Ugo 1876-1938 [20]
- *Grande marina con barche* - Olio/tela (75x90cm-30x35in) Trieste 96 .... FF28 400 - £3 570 - $5,440

FLY Camillus Sydney 1849-1901 [2]
- *Council betwen Crook & Geronimo* - Printing-out paper print (10x20cm-4x8in) New-York 94 ..... FF2 390 - £285 - $450

FLYCKT Manfred 1893-1956 [20]
- *Landskap med träd* - Oil/panel (50x59cm-20x23in) Göteborg 96 .... FF4 050 - £462 - $775
- *Skogsinteriör, 1943* - Oil/board (60x72cm-24x28in) Göteborg 90 .... FF18 300 - £1 947 - $3,274

FO Dario XX [2]
- *Bozzetto, opera dello sghignazzo* - Tecnica mista/carta (48x66cm-19x26in) Milano 92 .... FF2 710 - £323 - $522

FOCARDI IL PITTORE DEL GARDA Piero 1889-? [7]
- *L'addio* - Olio/cartone (18x21cm-7x8in) Torino 93 .... FF3 294 - £372 - $554
- *Dorfstrasse* - Oil/canvas (116x165cm-46x65in) Zürich 90 .... FF85 800 - £9 123 - $15,326

FOCARDI Ruggero 1864-1934 [4]
- *Colline toscane* - Olio/cartone (17x39cm-7x15in) Milano 92 .... FF6 800 - £696 - $1,196

FOCHT Frédéric C., Fred 1879-? [5]
- *Hippocampe* - Bronze (52x72cm-20x28in) Rennes 97 .... FF4 400 - £477 - $766
- *A skier* - Bronze (44cm-17in) New-York 94 .... FF48 700 - £5 770 - $9,000

FOCUS Georges 1641-1708 [1]
- *Sainte Famille et St. Jean-Baptiste* - Lavis (33x47cm-13x19in) Paris 97 .... FF16 500 - £1 754 - $2,851

FOELIX Heinrich 1757-1821 [2]
- *Johann Philipp von Waldersdorff* - Öl/Leinwand (41x28cm-16x11in) Heidelberg 96 .... FF67 700 - £8 360 - $13,080

FOGARTY Thomas 1873-1938 [6]
- *The gossip* - Ink/paper (35x66cm-14x26in) New-York 97 .... FF3 700 - £389 - $643

FOGEL Seymour 1911-1984 [1]
- *Stevedores, New Orleans*
  Charcoal/paper (48x38cm-19x15in) New Orleans, Louisiana 96 .... FF9 580 - £1 184 - $1,850

FOGELIN Anders 1933-1982 [13]
- *Vegetation* - Oil/canvas (58x51cm-23x20in) Göteborg 95 .... FF3 870 - £501 - $792

FOGELQUIST Jörgen 1927 [13]
- *Muren* - Oil/canvas (116x116cm-46x46in) Stockholm 94 .... FF5 130 - £603 - $964
- *Figur i rött* - Oil/canvas (59x27cm-23x11in) Stockholm 89 .... FF15 000 - £1 534 - $2,412

FOGGIE David 1878-1948 [1]
- *Near Killan* - Watercolour (25x38cm-10x15in) London 97 .... FF1 565 - £170 - $277

FOGLIA Giuseppe 1888-1950 [1]
- *Sitzender Akt* - Oil/canvas (93x95cm-37x37in) Zürich 89 .... FF33 200 - £3 395 - $5,338

FOHN Emanuel 1881-1966 [17]
- *Meerküste in Südfrankreich* - Mischtechnik (50x65cm-20x26in) Wien 90 .... FF21 600 - £2 209 - $4,263
- *Segelschiff am Strand* - Aquarell (37x57cm-15x22in) München 93 .... FF6 100 - £730 - $1,174

FOHR Carl Philipp 1795-1818 [1]
- *Leichenbegängnis* - Etching (22x11cm-9x4in) Hamburg 92 .... FF7 480 - £766 - $1,317

FOHR Daniel 1801-1862 [2]
- *Fisher mit ihren Booten am Strand* - Watercolour (16x23cm-6x9in) Heidelberg 96 .... FF6 100 - £753 - $1,177

FOKIN Leonid Alexandrovich 1930-1985 [3]
- *La maternelle du village* - Huile/carton (105x129cm-41x51in) Paris 92 .... FF10 000 - £1 163 - $2,040

FOKIN Nicolai Michailovich 1869-1930 [1]
- *Vinterlandskap* - Oil/paper (30x40cm-12x16in) Helsinki 95 .... FF5 610 - £678 - $1,056

FOKKE Simon 1712-1784 [2]
- *Bombardement of Bergen-Op-Zoom* - Ink (15x26cm-6x10in) London 94 .... FF13 800 - £1 600 - $2,376

FOKKENS Phocas 1888-1965 [2]
- *Vallée d'Etsau, Pyrénées* - Oil/canvas (114x147cm-45x58in) Amsterdam 95 .... FF3 070 - £389 - $600

FOLBERG Neil 1950 [3]
- *Dawn, Utah* - Cibachrome print (96x74cm-38x29in) San Francisco-Los Angeles 95 .... FF8 470 - £1 105 - $1,700

FOLCHI Ferdinand 1822-1883 [3]
- *The Barter* - Watercolour (50x36cm-20x14in) London 94 .... FF50 400 - £6 000 - $9,500

FOLCHI Paolo XIX-XX [3]
- *A game of dominoes* - Watercolour (59x39cm-23x15in) London 96 .... FF59 600 - £7 000 - $11,720

FOLCKER Göran 1920 [7]
- *Komposition, 1954* - Oil/board (26x52cm-10x20in) Stockholm 89 .... FF8 900 - £938 - $1,498

FOLDES Imre 1881-? [1]
- *Adolescente* - Olio/tela (50x50cm-20x20in) Trieste 93 .... FF3 260 - £371 - $552

FOLDES Peter 1924 [7]
- *Personnages* - Huile/toile (202x213cm-80x84in) Paris 95 .... FF4 200 - £503 - $800

FOLDI Peter 1949 [3]
- *Soleil lèves-toi* - Huile/panneau (45x58cm-18x23in) Paris 91 .... FF6 000 - £605 - $1,041

FOLEY Henry John 1818-1874 [12]
- *Doge's Palace/Bridge of Sighs* - Oil/canvas (51x76cm-20x30in) London 91 .... FF8 430 - £846 - $1,459
- *A youth by a stream* - Bronze (54cm-21in) London 96 .... FF11 600 - £1 500 - $2,292

FOLEY Joseph B. c.1840-c.1890 [1]
- *Off Dover Castle* - Oil/canvas (26x46cm-10x18in) London 95 .... FF7 760 - £1 000 - $1,580

FOLINGSBY George Frederick 1828-1891 [2]
- *The first lesson* - Oil/canvas (83x63cm-33x25in) London 90 .... FF96 900 - £10 375 - $16,852

FOLINSBEE John Fulton 1892-1972 [9]
- *Bucks County Winter* - Oil/board (20x33cm-8x13in) New-York 96 .... FF8 310 - £1 058 - $1,600

Into the Woods - Oil/canvas (51x41cm-20x16in) Chicago 96... FF49 300 - £6 280 - **$9,500**

FOLKERTS Poppe 1875-? [5]
Enghuisen, Holland - Oil/panel (50x61cm-20x24in) Bremen 95... FF52 500 - £6 730 - **$10,810**

FOLKESTAD Bernhard 1879-1933 [6]
Stilleben - Oil/canvas (120x140cm-47x55in) Tönsberg 92.. FF23 400 - £2 800 - **$4,500**

FOLLENFANT Henry XIX-XX [3]
Two rustic farm views - Oil/canvas (61x51cm-24x20in) Toronto 93 .... FF5 350 - £606 - **$904**

FOLLENWEIDER Rudolf 1774-1847 [1]
Schloss Oberhofen,Thunersee - Aquarelle (41x58cm-16x23in) Bern 96............................ FF18 330 - £2 223 - **$3,564**

FOLLIN Krister 1936 [2]
Komposition - Oil/canvas (46x38cm-18x15in) Stockholm 89.. FF4 700 - £495 - **$791**

FOLLINI Carlo 1848-1938 [15]
Maskentreiben - Öl/Karton (25x19cm-10x7in) München 94.. FF5 780 - £664 - **$988**
Marina - Oil/canvas (61x100cm-24x39in) London 96... FF30 650 - £3 600 - **$6,030**
Campagna a Fiumetto, Viareggio - Olio/tela (65x91cm-26x36in) Milano 95 .... FF66 400 - £8 810 - **$13,540**

FOLLOT Paul 1877-1941 [1]
Le Normandie/Appartements (2) - Dessin Dreux 90... FF8 900 - £953 - **$1,548**

FOLMER Georges 1895-1977 [3]
Composition - Technique mixte/carton (24x18cm-9x7in) Versailles 90................................ FF8 000 - £829 - **$1,406**

FOLON Jean-Michel 1934 [60]
Homme bleu au regard rouge volant - Aquarelle (43x57cm-17x22in) Paris 96 .... FF8 500 - £1 077 - **$1,630**
Untitled - Watercolour (56x76cm-22x30in) New-York 97... FF18 860 - £1 984 - **$3,249**
L'été, 1984 - Aquarelle/papier (58x78cm-23x31in) Paris 89.. FF60 000 - £5 970 - **$9,479**

FOLTMAR Christoffer 1718-1759 [2]
Frederik V, kopi efter Pilo - Gouache (25x20cm-10x8in) Viby J, Århus 91 .... FF15 840 - £1 587 - **$2,671**

FOLTYN Frantisek 1891-1976 [10]
Composition - Huile/toile (73x92cm-29x36in) Paris 92.. FF19 000 - £1 945 - **$3,345**
Komposition - Oil/canvas (92x60cm-36x24in) München 91... FF135 200 - £13 459 - **$23,249**
Cubist still life, 1924 - Oil/canvas (64x81cm-25x32in) London 90.................................... FF532 700 - £57 403 - **$93,951**

FOLTZ Albert 1906-1964 [4]
Majorque - Gouache (26x34cm-10x13in) Honfleur 90.. FF3 100 - £310 - **$588**

FOMINE Anatoli 1925 [2]
Soir d'été - Huile/toile (64x119cm-25x47in) Paris 92.. FF6 000 - £716 - **$1,154**

FON WOO Jade 1911-1983 [10]
Hyde Street - Watercolour/paper (36x53cm-14x21in) San Francisco-Los Angeles 93............ FF8 860 - £1 007 - **$1,500**

FONCICA John Joseph 1817-1895 [1]
A horse in a stable - Watercolour (32x42cm-13x17in) London 96 .... FF3 050 - £380 - **$589**

FONDA Enrico 1892-1929 [7]
Lo studio dell'artista - Olio (71x91cm-28x36in) Trieste 92.. FF20 400 - £2 086 - **$3,590**
24 disegni - Matita/carta Trieste 95.. FF1 694 - £215 - **$330**

FONDA Harry Stuart 1864-1942 [1]
Monterey cypress - Oil/board (23x16cm-9x6in) San Francisco-Los Angeles 91 .... FF5 990 - £599 - **$987**

FONECHE André XX [6]
Souvenir de Bretagne - Oil/canvas (46x73cm-18x29in) Amsterdam 94 .... FF4 870 - £576 - **$875**

FONG Lee Man 1913-1988 [16]
Two rabbits - Oil/board (99x46cm-39x18in) Amsterdam 94 .... FF128 000 - £14 870 - **$22,050**
Balinese girl - Oil/board (61x82cm-24x32in) Amsterdam 94... FF240 200 - £28 800 - **$43,900**
Ceremonial, Bali - Pastel/paper (40x22cm-16x9in) Singapore 95 .... FF56 100 - £7 160 - **$11,500**

FONG OF CALCUTTA Lai XIX-XX [2]
The four-masted barque Holkar - Oil/canvas (61x83cm-24x33in) London 91 .... FF21 940 - £2 184 - **$3,773**

FONK Hanna 1905-1969 [2]
A Young girl resting on the Rocks - Oil/canvas (131x105cm-52x41in) London 96............... FF15 330 - £1 800 - **$3,015**

FONSECA Gonzalo 1922 [10]
Tabaco - Oil/board (4x55cm-2x22in) New-York 95 .... FF24 260 - £3 220 - **$5,000**
Nivea saturna vacca - Sculpture (29x23x30cm-11x11x12in) New-York 94 .... FF214 778 - £22 893 - **$37,500**
Concinnitas - Marble (88x52x119cm-35x20x47in) New-York 94 .... FF372 000 - £44 200 - **$70,000**

FONSECA Reynaldo 1925 [5]
Menina com cachorro - Oil/canvas (100x80cm-39x31in) New-York 92 .... FF57 200 - £6 830 - **$11,000**

FONT Constantin 1890-1954 [19]
La baie de Rappalo - Huile/toile (60x73cm-24x29in) Paris 97... FF3 100 - £338 - **$542**
Bou-Saada - Huile/toile (50x100cm-20x39in) Pau 94.. FF13 500 - £1 554 - **$2,330**
Place de village au Pays Basque - Huile/toile (60x92cm-24x36in) Biarritz 90 .... FF24 000 - £2 442 - **$4,800**

FONTAINE Alexandre Victor 1815-? [1]
Les petits dénicheurs - Huile/toile (32x25cm-13x10in) Barbizon 96 .... FF9 000 - £1 057 - **$1,770**

FONTAINE André 1802-? [1]
Jeune garçon dans un paysage - Huile/toile (40x31cm-16x12in) Chartres 95 .... FF12 200 - £1 540 - **$2,447**

FONTAINE Benoit 1806-1887 [1]
Fruits et fleurs - Huile/toile (91x126cm-36x50in) Grenoble 92.. FF20 000 - £2 326 - **$4,080**

FONTAINE Felix 1896-1971 [1]
Belgian harbour - Oil/canvas (50x65cm-20x26in) Amsterdam 95 .... FF9 450 - £1 206 - **$1,930**

FONTAINE Gabriel 1945 [31]
Ce vieux village - Huile/toile (50x61cm-20x24in) La Varenne Saint-Hilaire 92 .... FF5 500 - £565 - **$1,058**
FONTAINE Gustave 1877-1952 [1]
Woman - Bronze (27cm-11in) Amsterdam 97 .... FF8 990 - £945 - **$1,544**
FONTAINE Victor 1837-1884 [6]
Flowers in a blue and white vase - Oil/canvas (94x57cm-37x22in) New-York 93 .... FF6 870 - £862 - **$1,250**
FONTALLARD Jean François Gérard 1777-1858 [2]
Madame Mazeau de Sainte-Anne - Miniature (13x11cm-5x4in) Paris 94 .... FF14 000 - £1 660 - **$2,587**
FONTAN Léo 1884-1965 [11]
Bouquet de fleurs - Huile/toile (84x108cm-33x43in) Bordeaux 96 .... FF11 200 - £1 297 - **$2,146**
Elégante devant sa glace - Aquarelle (43x37cm-17x15in) Paris 89 .... FF4 000 - £422 - **$673**
FONTANA Ernesto 1837-1918 [4]
Al riparo - Olio/tela (64x49cm-25x19in) Milano 93 .... FF66 000 - £7 590 - **$11,340**
FONTANA Lucio 1899-1968 [474]
Concetto Spaziale - Oil/canvas (178x123cm-70x48in) London 95 .... FF2 - £310 000 - **$476,000**
Concetto Spaziale - Waterpaint/canvas (35x27cm-14x11in) London 96 .... FF105 000 - £12 000 - **$20,000**
Concetto Spaziale - Technique mixte/panneau (60x75cm-24x30in) Paris 96 .... FF250 000 - £29 440 - **$49,100**
Concetto spaziale, Teatrino - Waterpaint/canvas (146x164cm-57x65in) London 96 .... FF439 000 - £55 000 - **$84,800**
Concetto spaziale - Waterpaint/canvas (92x73cm-36x29in) London 96 .... FF797 000 - £100 000 - **$154,200**
La fine di dio, 1963 - Mixed media/canvas (178x123cm-70x48in) London 89 .... FF5 3 62e +06 - £514 949 - **$809,678**
Red spatial concept - Silkscreen (71x55cm-28x22in) London 90 .... FF27 330 - £2 795 - **$5,394**
Concetto spaziale - Terracotta (50cm-20in) Prato 97 .... FF51 000 - £6 000 - **$9,000**
Concetto spaziale, Natura - Terracotta (29x32x29cm-11x13x11in) London 95 .... FF280 500 - £34 000 - **$54,500**
Concetto Spaziale Natura - Bronze (58cm-23in) London 94 .... FF967 000 - £115 000 - **$177,000**
Concetto spaziale - Photograph (21cm-8in) Milano 90 .... FF123 600 - £13 233 - **$21,496**
Concetto spaziale - Pastel/canvas (100x70cm-39x28in) London 90 .... FF1 - £140 072 - **$239,558**
Sans titre - Stylo bille (22x28cm-9x11in) Paris 97 .... FF6 500 - £687 - **$1,115**
Nudo - Carboncino/carta (70x50cm-28x20in) Prato 97 .... FF15 300 - £1 800 - **$2,700**
Concetto spaziale - Matita (34x23cm-13x9in) Milano 95 .... FF33 200 - £4 290 - **$6,820**
Concetto spaziale - Matita (35x50cm-14x20in) Prato 97 .... FF51 000 - £6 000 - **$9,000**
Concetto spaziale - Pastel/canvas (80x60cm-31x24in) London 89 .... FF774 800 - £79 223 - **$124,566**
FONTANA Pietro 1787-1858 [1]
C. Bonaparte, Queen of Naples - Sculpture (52cm-20in) London 89 .... FF213 100 - £22 455 - **$35,875**
FONTANA Roberto 1844-1907 [3]
Giovane donna nello studio del pittore - Olio/tela e tavola (32x13cm-13x5in) Milano 90 ...... FF77 600 - £7 935 - **$15,317**
FONTANAROSA Lucien-Joseph 1912-1975 [92]
Le jeune flûtiste - Huile/toile (33x27cm-13x11in) Calais 97 .... FF12 000 - £1 201 - **$2,025**
Ls ballerines - Huile/toile (46x33cm-18x13in) Calais 97 .... FF31 000 - £3 398 - **$5,441**
Retour de la chasse - Huile/toile (97x131cm-38x52in) Le Touquet 95 .... FF51 000 - £6 340 - **$9,940**
La Salute, Venise - Huile/toile (130x130cm-51x51in) Le Touquet 95 .... FF111 000 - £13 800 - **$21,640**
Le petit violoncelliste - Gouache (40x52cm-16x20in) Le Touquet 95 .... FF17 000 - £2 115 - **$3,315**
Les ballerines - Pastel (64x49cm-25x19in) Le Touquet 93 .... FF29 000 - £3 260 - **$4,920**
FONTANES de Raymond Coignande 1875-? [1]
Vieilles tombes, Égypte - Huile/toile (58x72cm-23x28in) Paris 92 .... FF7 500 - £895 - **$1,443**
FONTANESI Antonio 1818-1882 [6]
Figura nel paesaggio - Olio/tavola (21x30cm-8x12in) Roma 91 .... FF90 100 - £8 948 - **$15,644**
Il lavoro - Eau-forte (17x26cm-7x10in) Roma 89 .... FF5 700 - £583 - **$916**
FONTANESI Francesco 1751-1795 [2]
Fantaisie d'architecture - Encre (31x42cm-12x17in) Paris 89 .... FF4 500 - £460 - **$723**
FONTANET Noël 1898-1982 [6]
Salon de l'Automobile, Genève - Poster (91x128cm-36x50in) New-York 95 .... FF15 150 - £1 910 - **$3,000**
FONTCUBERTA Joan 1955 [3]
Hommage à Roland Topor - Photo (26x26cm-10x10in) Paris 91 .... FF3 500 - £348 - **$602**
FONTEBASSO Francesco Salvatore 1709-1769 [14]
Italianate river landscape with peasants - Oil/canvas (53x70cm-21x28in) London 97 .... FF141 911 - £15 000 - **$24,465**
Alexander & Roxanne - Oil/canvas (63x79cm-25x31in) New-York 94 .... FF733 000 - £84 800 - **$125,000**
Sainte Hélène découvrant la Vraie Croix - Encre (51x25cm-20x10in) Paris 96 .... FF13 500 - £1 586 - **$2,656**
FONTEBUONI Anastasio 1571-1626 [1]
T. Orsini & C. de'Medici - Oil/canvas (179x245cm-70x96in) London 93 .... FF1 - £1 - **$2**
FONTEIN Adriana Sophia 1888-1965 [1]
Still life with flowers - Oil/panel (18x14cm-7x6in) Amsterdam 91 .... FF2 556 - £259 - **$462**
FONTENAY de Louis Henri 1800-? [1]
Emperor Napoléon III - Miniature (7cm-3in) London 95 .... FF23 460 - £3 000 - **$4,720**
FONTENAY de SAINT-AFFRIQUE André 1913 [6]
Paysage, Oberland/Paysage au pont - Huile/toile (26x41cm-10x16in) Reims 94 .... FF19 000 - £2 246 - **$3,500**
Boussy Saint-Antoine - Encre (42x57cm-17x22in) Paris 91 .... FF2 000 - £202 - **$354**
FONTENE Robert 1892-1980 [1]
Gouache originale - Dessin (51x37cm-20x15in) Paris 90 .... FF3 000 - £304 - **$571**
FONTIJN Pieter 1773-1839 [3]
The loot - Oil/canvas (62x49cm-24x19in) Amsterdam 91 .... FF21 140 - £2 099 - **$3,671**
FONTINELLE Louis XIX-XX [3]
Les ours - Céramique (20cm-8in) Paris 92 .... FF1 500 - £179 - **$289**
FONTY XX [8]
Venise - Huile/panneau (16x22cm-6x9in) Toulouse 94 .... FF3 500 - £398 - **$594**

FONVILLE Horace Antoine 1832-1914 [9]
- *Fontaine sous l'apprenti* - Huile/panneau (50x65cm-20x26in) Barbizon 94 .... FF**5 000** - £**593** - **$924**
- *Chaudrons et fruits* - Huile/toile (38x56cm-15x22in) Barbizon 94 .... FF**29 000** - £**3 435** - **$5,360**

FONVILLE Nicolas Victor 1805-1856 [8]
- *Paysage du Lyonnais* - Huile/toile (41x59cm-16x23in) Grenoble 92 .... FF**19 000** - £**2 210** - **$3,880**

FONVISIN Arthur Vladimirovich 1882-1979 [4]
- *Goblet of wine* - Watercolour/paper (64x44cm-25x17in) Moscow 94 .... FF**15 100** - £**1 750** - **$2,600**

FOOT Frederick XIX [2]
- *Buckfast Abbey, Devon* - Oil/canvas (44x64cm-17x25in) London 92 .... FF**15 080** - £**1 800** - **$2,900**

FOOTE Will Howe 1878-1965 [13]
- *Baboquivari Peak, Arizona* - Oil/board (31x41cm-12x16in) New-York 95 .... FF**2 010** - £**252** - **$400**
- *Fish Houses, Monhegan Island, Maine* - Oil/board (31x31cm-12x12in) New-York 95 .... FF**11 040** - £**1 383** - **$2,200**
- *Pleasant Valley* - Oil/canvas (76x76cm-30x30in) New-York 94 .... FF**134 189** - £**14 089** - **$23,000**

FOOTIT Frederick Francis 1850-1935 [1]
- *Street scene at Dusk* - Oil/canvas London 89 .... FF**33 900** - £**3 275** - **$5,144**

FOPPIANI Gustavo 1925-1986 [11]
- *Cattedrale e triciclo* - Olio/tavola (28x31cm-11x12in) Milano 96 .... FF**13 400** - £**1 720** - **$2,560**
- *Citta antica* - Technique mixte/papier (81x51cm-32x20in) Paris 97 .... FF**21 000** - £**2 150** - **$3,700**

FOR Lee Joo 1929 [1]
- *Tablescape* - Acrylic/canvas (91x152cm-36x60in) Singapore 95 .... FF**17 530** - £**2 240** - **$3,600**

FORAIN Henri 1917 [6]
- *Femmes à la calèche* - Huile/panneau (45x68cm-18x27in) Verrières-Le-Buisson 91 .... FF**6 800** - £**682** - **$1,122**
- *Portrait of a girl* - Watercolour/paper (37x26cm-15x10in) Amsterdam 97 .... FF**49 446** - £**5 197** - **$8,494**

FORAIN Jean-Louis 1852-1931 [294]
- *La danseuse au cerceau* - Oil/panel (33x23cm-13x9in) New-York 97 .... FF**1** - £**159 781** - **$259,090**
- *A l'église* - Huile/toile (44x55cm-18x22in) Paris 96 .... FF**19 000** - £**2 380** - **$3,670**
- *La Femme adultère* - Huile/panneau (60x73cm-24x29in) Paris 95 .... FF**35 000** - £**4 370** - **$6,860**
- *Le Solo* - Oil/canvas (65x54cm-26x21in) London 95 .... FF**63 900** - £**8 000** - **$12,730**
- *La répétition des ballerines* - Oil/canvas (81x65cm-32x26in) London 97 .... FF**96 525** - £**10 000** - **$16,535**
- *Femme à sa toilette* - Oil/canvas (65x54cm-26x21in) London 97 .... FF**231 660** - £**24 000** - **$39,684**
- *A l'Opéra* - Etching (17x25cm-7x10in) London 96 .... FF**5 990** - £**750** - **$1,155**
- *Marianne pleurant sur Reims* - Crayon (41x54cm-16x21in) Paris 96 .... FF**3 800** - £**477** - **$734**
- *Bords de mer et Femme en chemise* - Aquarelle/papier (49x40cm-19x16in) Paris 97 .... FF**8 000** - £**869** - **$1,403**
- *Au Mont de Piété* - Aquarelle (21x25cm-8x10in) Saint-Dié 97 .... FF**17 000** - £**1 921** - **$3,078**
- *Mariage au jardin d'hiver* - Lavis (31x22cm-12x9in) Paris 97 .... FF**33 000** - £**3 617** - **$5,792**
- *Scène nocturne* - Pastel/paper (63x53cm-25x21in) London 97 .... FF**199 456** - £**22 000** - **$34,984**

FORBAT Alfred 1897-1972 [1]
- *Composition géométrique* - Pastel (30x24cm-12x9in) Paris 96 .... FF**4 700** - £**605** - **$931**

FORBES Alexander ?-1839 [2]
- *A Chestnut Gelding* - Oil/canvas New Orleans, Louisiana 93 .... FF**19 170** - £**2 180** - **$3,250**

FORBES Edwin C. 1839-1895 [3]
- *Mother and calf* - Oil/board (25x30cm-10x12in) Mystic, Connecticut 91 .... FF**3 396** - £**345** - **$613**
- *Drummer, Rappahanock Station* - Drawing (50x34cm-20x13in) New-York 90 .... FF**54 800** - £**5 657** - **$9,674**

FORBES Elizabeth A.Stanhope 1859-1912 [20]
- *The Bluebell Wood* - Oil/panel (29x24cm-11x9in) London 94 .... FF**118 500** - £**14 000** - **$21,300**
- *The Christmas tree* - Watercolour (45x36cm-18x14in) London 95 .... FF**56 500** - £**7 500** - **$11,640**
- *Midday Rest* - Watercolour (46x33cm-18x13in) London 94 .... FF**155 700** - £**18 000** - **$26,800**

FORBES Helen K. 1891-1945 [10]
- *Death Valley* - Oil/canvas (86x102cm-34x40in) San Francisco-Los Angeles 91 .... FF**10 180** - £**1 018** - **$1,677**

FORBES John Colin 1846-1925 [8]
- *Ducks in a marshland at sunset* - Oil/canvas (46x61cm-18x24in) Toronto 92 .... FF**4 224** - £**504** - **$812**
- *Miss Kate Sutherland* - Oil/canvas (53x42cm-21x17in) Toronto 89 .... FF**13 500** - £**1 380** - **$2,170**

FORBES Kenneth Keith 1892-1980 [9]
- *Woman in Front of Mirror* - Oil/canvas (48x33cm-19x13in) Toronto 94 .... FF**4 500** - £**527** - **$794**

FORBES Stanhope Alexander 1857-1947 [65]
- *Thatched Cottages, Cornwall* - Oil/board (26x35cm-10x14in) London 96 .... FF**16 900** - £**2 200** - **$3,350**
- *Lane in the Hamlet of Roseworthy* - Oil/canvas/board (28x36cm-11x14in) London 97 .... FF**57 471** - £**6 000** - **$9,833**
- *High Water, Gweek, Cornwall* - Oil/canvas (51x64cm-20x25in) London 96 .... FF**71 800** - £**9 000** - **$13,860**
- *Old Cronies* - Oil/canvas (46x38cm-18x15in) London 97 .... FF**134 099** - £**14 000** - **$22,945**
- *Old newlyn* - Oil/canvas (38x30cm-15x12in) London 92 .... FF**448 000** - £**46 000** - **$86,000**

FORBES Vivian 1891-1937 [4]
- *Angels resting* - Oil/cardboard (413x333cm-163x131in) London 95 .... FF**5 030** - £**650** - **$1,037**
- *Icarus on the shore* - Gouache (21x28cm-8x11in) London 93 .... FF**1 602** - £**180** - **$268**

FORBIN de Louis, comte 1777-1841 [3]
- *Escalier dans Rome* - Lavis (14x10cm-6x4in) Paris 94 .... FF**4 600** - £**548** - **$867**

FORCELLA Nicola XIX-XX [9]
- *Au café arabe* - Huile/toile (56x44cm-22x17in) Paris 96 .... FF**52 000** - £**6 710** - **$10,180**
- *At the Mosque* - Oil/canvas (51x71cm-20x28in) London 96 .... FF**142 600** - £**18 500** - **$28,200**
- *Rue animée au Caire* - Aquarelle (39x24cm-15x9in) Saint-Germain-en-Laye 92 .... FF**3 500** - £**359** - **$617**

FORCEVILLE-DUVETTE Gédéon Alph. Casimir 1799-1886 [1]
- *Buste de N. Blasset* - Plâtre (50x24x37cm-20x9x15in) Bayeux 94 .... FF**3 100** - £**370** - **$581**

FORD Edward Onslow 1852-1901 [5]
🔨 Linos - Bronze (76cm-30in) London 95 .... FF54 700 - £7 000 - **$11,000**
FORD Henry Chapman 1828-1894 [3]
🖼 Fairy Arch, Mackinac Island - Oil/canvas (76x128cm-30x50in) New-York 94 ...... FF157 300 - £18 550 - **$28,000**
FORD Henry Justice 1860-1941 [7]
🖼 Famille indienne - Huile/toile (62x44cm-24x17in) Paris 97 .... FF7 500 - £818 - **$1,311**
✏ Princess & the wolves - Pastel/board (27x39cm-11x15in) New-York 94 .... FF10 830 - £1 312 - **$2,000**
FORD Ruth van Sickel 1897-1980 [4]
🖼 New England town - Oil/canvas (91x73cm-36x29in) Elgin, Illinois 91 .... FF8 470 - £841 - **$1,471**
✏ Farm in winter - Watercolour (53x74cm-21x29in) Elgin, Illinois 92 .... FF3 050 - £320 - **$550**
FOREAU Henri Louis 1866-1938 [56]
🖼 Paysage sous la neige - Huile/toile (27x35cm-11x14in) Pontoise 97 .... FF4 800 - £517 - **$843**
Abendstimmung - Öl/Leinwand (115x160cm-45x63in) Hamburg 96 .... FF14 240 - £1 777 - **$2,750**
✏ Vue du parc de Versailles - Aquarelle (27x37cm-11x15in) Paris 97 .... FF2 800 - £304 - **$496**
Versailles - Aquarelle (24x36cm-9x14in) Paris 92 .... FF10 500 - £1 075 - **$1,890**
FOREL Eugène XIX-XX [5]
🖼 Au cinéma - Oil/canvas (50x65cm-20x26in) London 96 .... FF27 740 - £3 600 - **$5,490**
FOREST Avril XX [2]
🖼 Personnage dans l'arbre - Huile/toile (60x75cm-24x30in) Paris 96 .... FF7 500 - £970 - **$1,472**
FOREST Dawn Valério 1930 [2]
🖼 Composition abstraite - Huile/toile (97x130cm-38x51in) Paris 94 .... FF3 500 - £415 - **$647**
FOREST de Roy 1930 [11]
🖼 Attack of the Big Foot
Acrylic/canvas (185x216cm-73x85in) San Francisco-Los Angeles 93 ...... FF110 000 - £13 800 - **$20,000**
✏ Untitled, 1983 - Watercolour (59x80cm-23x31in) New-York 90 .... FF22 900 - £2 373 - **$4,025**
FOREST Fred 1933 [2]
🖼 Parcel Reseau - Oeuvre virtuelle (Internet) Paris 96 .... FF58 000 - £7 000 - **$11,120**
📷 Lénine-Gorbatchev - Photo (32x24cm-13x9in) Paris 90 .... FF3 500 - £363 - **$615**
FOREST Pierre 1881-1971 [14]
🖼 Vase de fleurs - Huile/panneau (72x81cm-28x32in) Provins 90 .... FF5 500 - £568 - **$972**
FORESTIER Adolphe 1801-1885 [1]
🖼 Hanging the washing - Oil/canvas (31x36cm-12x14in) London 94 .... FF4 720 - £550 - **$827**
FORESTIER Auguste 1887-1958 [1]
🔨 Dieu ailé - Wood (54cm-21in) London 96 .... FF115 500 - £14 000 - **$22,450**
FORESTIER de Henri Joseph 1787-1868 [2]
🖼 Ulysse et les prétendants de Pénélope
Oil/canvas (114x148cm-45x58in) New-York 92 .... FF208 000 - £24 830 - **$40,000**
FORESTIER Étienne XIX-XX [4]
🔨 La course - Bronze (52cm-20in) Paris 96 .... FF15 000 - £1 722 - **$2,860**
FORESTIER Henri Claudius 1875-1922 [9]
🖼 Nature morte aux fleurs - Huile/toile (41x34cm-16x13in) Genève 96 .... FF3 580 - £414 - **$685**
Nature morte aux fruits et aux fleurs - Huile/toile (46x53cm-18x15in) Genève 91 ... FF6 570 - £675 - **$1,222**
🗎 Village Suisse, Exposition Paris - Poster (165x97cm-65x38in) London 94 .... FF5 930 - £700 - **$1,056**
FORETAY Alfred 1861-1944 [9]
🖼 Das Badevergnügen - Oil/canvas (37x55cm-15x22in) Bern 90 .... FF5 900 - £628 - **$1,055**
🔨 Indienne - Bronze (28cm-11in) Bruxelles 93 .... FF2 637 - £316 - **$539**
Étoile d'Amour - Marble (114cm-45in) London 96 .... FF135 000 - £16 000 - **$26,340**
FOREWAKER A. Moulton 1873-1942 [4]
✏ A Spanish town by moonlight - Gouache/vellum (21x61cm-8x24in) London 92 ... FF22 600 - £2 700 - **$4,350**
FÖRG Franz Walter 1812-1844 [1]
🖼 Bergstelze - Öl/Metall (23x18cm-9x7in) Lindau 96 .... FF2 370 - £275 - **$455**
FÖRG Günther 1952 [69]
🖼 Bleibild 115/85 - Acrylic/paper (60x40cm-24x16in) New-York 97 .... FF31 977 - £3 358 - **$5,500**
Canto - Acrylic/paper (214x159cm-84x63in) London 95 .... FF55 600 - £7 200 - **$11,380**
Lead Painting - Oil/panel (211x85cm-83x33in) New-York 96 .... FF101 800 - £12 000 - **$20,000**
Untitled 65-88, 1988 - Acrylic/panel (69x54cm-27x21in) New-York 90 ..... FF217 400 - £23 128 - **$38,891**
🔨 Bronzerelief - Bronze (260x141cm-102x56in) New-York 96 .... FF48 700 - £5 770 - **$9,500**
📷 Bahnhof, Florenz - Photograph (180x120cm-71x47in) London 96 .... FF38 700 - £5 000 - **$7,660**
Untitled - Photograph (269x123cm-106x48in) New-York 93 .... FF55 000 - £6 900 - **$10,000**
✏ Untitled - Watercolour (31x23cm-12x9in) New-York 93 .... FF74 200 - £9 310 - **$13,500**
FORGELOT Charles Albert 1876-? [1]
🖼 Paris rooftops - Oil/canvas (65x53cm-26x21in) London 94 .... FF16 800 - £2 000 - **$3,166**
FORGIOLI Attilio 1933 [21]
🖼 Composizione - Olio/tela (55x56cm-22x22in) Milano 94 .... FF9 400 - £1 120 - **$1,792**
✏ Paesaggio - Pastelli/carta (60x60cm-24x24in) Milano 93 .... FF7 210 - £824 - **$1,226**
FORKER Edwin L. 1876-1958 [1]
🖼 Twenty Nine Palms - Oil/canvas (64x76cm-25x30in) Tarzana, CA 94 ...... FF2 950 - £338 - **$500**
FORLEE Eric XX [3]
🖼 A pair of zebra in the bush - Oil/canvas (58x89cm-23x35in) London 94 ... FF25 560 - £3 000 - **$4,550**
FORLIN Corrado 1913-1942 [1]
🖼 Simultaneità del poema di Marinetti - Olio/tela (86x95cm-34x37in) Trieste 93 ... FF65 700 - £7 610 - **$11,300**
FORMIS BEFANI Achille 1832-1905 [3]
🖼 On the banks of the Bosphorus - Oil/canvas (64x124cm-25x49in) New-York 91 ... FF228 000 - £22 975 - **$39,563**

FORNARA Carlo 1871-1968 [8]
- *La casa del pittore a Prestinone* - Olio/tela (65x80cm-26x31in) Milano 95 .... FF*286 000* - £*36 000* - **$58,000**

FORNARA Sallustio 1852-1922 [4]
- *Gli incantatori di serpenti* - Olio/tela (76x58cm-30x23in) Roma 93 .... FF*61 300* - £*7 000* - **$10,420**

FORNEROD Rodolphe 1877-1953 [6]
- *Un chanteur de la Butte* - Huile/toile (50x66cm-20x26in) Paris 96 .... FF*4 000* - £*502* - **$772**
- *Jeune fille aux nattes* - Huile/toile (92x73cm-36x29in) Paris 96 .... FF*16 000* - £*2 070* - **$3,140**

FORNIER Kitty Tollin-Fornier ?-c.1908 [2]
- *Jeune fille assise au bouquet de roses* - Huile/toile (108x78cm-43x31in) Bern 95 .... FF*6 910* - £*864* - **$1,396**
- *A slave girl* - Oil/canvas (102x65cm-40x26in) London 94 .... FF*39 800* - £*4 600* - **$6,800**

FORNS BADA Carlos 1956 [2]
- *Cafetera, tuerca y otros objetos* - Oleo/lienzo (100x81cm-39x32in) Madrid 96 .... FF*6 020* - £*730* - **$1,170**

FORNS Y ROMANS Rafael 1868-1939 [2]
- *Gatitos* - Oleo/lienzo (60x49cm-24x19in) Madrid 93 .... FF*11 570* - £*1 378* - **$2,093**

FORQUIN Jean-Claude XX [2]
- *Nature morte à la table ronde* - Huile/toile (100x100cm-39x39in) Versailles 90 .... FF*8 000* - £*818* - **$1,579**

FORREST Archibald Stevenson XIX-XX [3]
- *St. Thomas* - Oil/canvas/board (40x45cm-16x18in) London 93 .... FF*7 050* - £*850* - **$1,318**

FORREST Charles Ramus c.1750-1827 [2]
- *Bridge on the Echemin River, May* - Watercolour (42x62cm-17x24in) London 95 .... FF*19 420* - £*2 500* - **$3,980**

FORREST James Haughton Capt. 1825-1925 [21]
- *Duel in the Solent* - Oil/canvas (64x115cm-25x45in) London 93 .... FF*325 000* - £*37 000* - **$55,100**

FORREST Robert, sculpt. 1790-1852 [2]
- *Nelson in military uniform* - Carved stone (223cm-88in) London 92 .... FF*129 000* - £*15 000* - **$26,300**

FORREST Thomas Theodosius 1728-1784 [2]
- *Study* - Watercolour (34x53cm-13x21in) London 94 .... FF*3 280* - £*380* - **$565**

FORREST William 1805-1889 [1]
- *The Great Fall Niagara* - Engraving (45x70cm-18x28in) London 95 .... FF*2 510* - £*320* - **$506**

FORRESTALL Thomas de Vany, Tom 1936 [5]
- *Bay of Fundy* - Tempera/board (61x122cm-24x48in) Toronto 94 .... FF*30 700* - £*3 590* - **$5,410**
- *Waiting for the Tall Ships* - Watercolour (36x48cm-14x19in) Victoria, B.C. 93 .... FF*3 120* - £*357* - **$530**

FORRESTER James 1729-1775 [2]
- *Italianate landscape by moonlight* - Oil/canvas (96x134cm-38x53in) London 92 .... FF*53 700* - £*5 500* - **$9,460**

FORRESTER John 1922 [2]
- *Wendigo Mark* - Oil/canvas (101x81cm-40x32in) London 91 .... FF*4 490* - £*450* - **$741**

FORRESTER Joseph James 1809-1861 [1]
- *Douro/Portuguese landscape* - Oil/panel (42x60cm-17x24in) London 93 .... FF*74 100* - £*8 500* - **$12,580**

FORSBERG Carl Johan 1868-1938 [11]
- *On the beach, Fanø* - Watercolour (49x64cm-19x25in) København 96 .... FF*3 070* - £*389* - **$588**
- *Water reflections* - Watercolour (64x49cm-25x19in) London 90 .... FF*27 100* - £*2 902* - **$4,713**

FORSBERG Nils I 1842-1934 [11]
- *Reverendissime Franciscum* - Oil/canvas (118x90cm-46x35in) Malmö 96 .... FF*5 930* - £*769* - **$1,162**
- *The Belly Dancer* - Oil/canvas (210x124cm-83x49in) London 95 .... FF*175 700* - £*22 000* - **$35,000**

FORSBERG Nils II 1870-1961 [6]
- *Blomsterplockare* - Oil/canvas (45x54cm-18x21in) Stockholm 95 .... FF*4 550* - £*601* - **$921**

FORSELL Ola 1899-1964 [2]
- *Vitharig man med yxa, 1948* - Oil/canvas (46x40cm-18x16in) Malmö 89 .... FF*4 300* - £*440* - **$691**

FORSETH Einar 1892-1988 [25]
- *Kustlandskap* - Oil/canvas (60x71cm-24x28in) Stockholm 93 .... FF*2 820* - £*320* - **$478**
- *Svanar* - Oil/canvas (132x81cm-52x32in) Stockholm 96 .... FF*12 100* - £*1 565* - **$2,320**
- *Landskap med vattenfall* - Watercolour, gouache (44x39cm-17x15in) Stockholm 89 .... FF*2 500* - £*249* - **$395**

FORSLUND Bror 1909-1982 [3]
- *Dansan min docka* - Bronze (22cm-9in) Malmö 96 .... FF*1 703* - £*202* - **$333**

FORSLUND Jonas 1754-1809 [5]
- *Grevinnan C. Augusta Löwenhjelm* - Oil/canvas (64x53cm-25x21in) Stockholm 97 .... FF*18 113* - £*1 912* - **$3,129**
- *F. Lefebure och Mlle. Plank* - Pastel (67x91cm-26x36in) Stockholm 93 .... FF*22 200* - £*2 730* - **$4,110**

FORSLUND Leonard 1959 [2]
- *Vingresors Värld* - Oil/canvas (122x160cm-48x63in) Stockholm 94 .... FF*9 520* - £*1 120* - **$1,790**

FORSMAN Erik 1916-1976 [7]
- *Tomte med kälke lastad* - Akvarell (22x16cm-9x6in) Malmö 94 .... FF*3 330* - £*397* - **$634**
- *Tomtedansen* - Aquarelle, gouache (36x65cm-14x26in) Stockholm 89 .... FF*35 600* - £*3 640* - **$5,723**

FORSSELL Victor 1846-1931 [1]
- *Götgatan från Skanstull i månsken* - Oil/panel (20x35cm-8x14in) Stockholm 97 .... FF*22 641* - £*2 391* - **$3,912**
- *Motiv från Torne Träsk* - Oil/panel (34x41cm-13x16in) Stockholm 90 .... FF*32 760* - £*3 350* - **$6,466**
- *Strandlandskap med barn i eka, Gotland* - Oil/panel (60x50cm-24x20in) Stockholm 92 .... FF*44 300* - £*4 540* - **$7,800**
- *Utsikt över trädgård* - Pastel (48x63cm-19x25in) Stockholm 90 .... FF*9 430* - £*1 206* - **$1,925**

FORSSTRÖM Edvard 1854-1934 [2]
- *Gustav Vasa inför kung Hans* - Oil/canvas (108x146cm-43x57in) Stockholm 96 .... FF*15 400* - £*1 960* - **$2,964**

FORSSTRÖM Jonny 1948 [3]
- *Jakt, 1977* - Gouache (24x31cm-9x12in) Göteborg 90 .... FF*2 500* - £*268* - **$435**

FORSSTRÖM Wiking 1931 [3]
- *Sommarnatt* - Oil/panel (46x32cm-18x13in) Helsinki 94 .... FF*3 595* - £*417* - **$620**

F

FORSTÉN Lennart 1817-1886 [1]
Januarikväll - Oil/canvas (36x52cm-14x20in) Helsinki 93.................... FF5 730 - £648 - **$944**

FÖRSTER Berthold Paul 1851-? [2]
An dem Lilienhag - Öl/Leinwand (94x68cm-37x27in) Bremen 93.................... FF8 470 - £1 013 - **$1,630**

FORSTER George c.1830-c.1895 [10]
Still Life with Fruit and Bird's Nest
    Oil/canvas/board (44x54cm-17x21in) New-York 96.................... FF57 100 - £7 270 - **$11,000**
Still life of porcelain and biscuits - Oil/board (35x43cm-14x17in) New-York 96............. FF180 200 - £22 400 - **$35,000**

FORSTER Gustav ?-1888 [1]
Familien won W.'s born - Oil/canvas (106x125cm-42x49in) Köbenhavn 92.................... FF19 360 - £1 980 - **$4,030**

FORSTER John Wycliffe Lowes 1850-1938 [5]
The cup of coffee - Oil/canvas (81x65cm-32x26in) London 91.................... FF5 950 - £600 - **$1,032**

FORSTER Thomas c.1677-1712 [7]
Cleric in black gown & white panels - Miniature (10cm-4in) London 97.................... FF5 687 - £600 - **$976**

FÖRSTERLING Otto 1843-1904 [1]
Waldinneres mit Bach - Öl/Leinwand (42x56cm-17x22in) Köln 94.................... FF15 080 - £1 810 - **$2,930**

FORSTNER Leopold 1878-1936 [3]
Fflowers on a mossy bank - Oil/canvas (120x90cm-47x35in) New-York 92............. FF88 400 - £9 380 - **$17,000**
Das Moderne Bureau, Wien - Poster (189x63cm-74x25in) Wien 95.................... FF19 220 - £2 400 - **$3,880**

FORSYTH Cecilia 1874-1952 [1]
Rose/Fountain/Border/... - Watercolour (37x14cm-15x6in) Glasgow 92.................... FF1 856 - £190 - **$327**

FORSYTH Gordon Mitchell 1879-1952 [1]
Chartres - Watercolour (40x30cm-16x12in) London 92.................... FF3 520 - £360 - **$690**

FORSYTHE Victor Clyde 1885-1962 [1]
China Cove - Oil/canvas (64x81cm-25x32in) San Francisco-Los Angeles 93.................... FF14 780 - £1 680 - **$2,500**

FORT Jean Antoine Siméon 1793-1861 [2]
Vue du Puy-de-Dôme - Huile/toile (45x30cm-18x12in) Monaco 96.................... FF72 000 - £8 260 - **$13,730**
La ramasseuse de fagots - Aquarelle/papier (39x27cm-15x11in) Paris 97.................... FF4 000 - £422 - **$691**

FORT Siméon 1793-1861 [7]
Petite ramasseuse de bois - Aquarelle/papier (40x28cm-16x11in) Paris 96.................... FF2 200 - £259 - **$433**

FORT Théodore c.1810-? [27]
Palefrenier et cheval dans l'écurie
    Huile/toile (65x54cm-26x21in) La Varenne Saint-Hilaire 97.................... FF4 600 - £498 - **$808**
Chevaux à l'écurie - Huile/toile (50x61cm-20x24in) Reims 93.................... FF13 500 - £1 627 - **$2,455**
Post horses - Watercolour (14x22cm-6x9in) Billingshurst, West Sussex 92.................... FF4 690 - £480 - **$826**

FORT-SIMÉON Elisabeth Collin XIX [2]
La reine Amélie, Canal du Tréport - Aquarelle (20x37cm-8x15in) Louviers 92.................... FF22 000 - £2 252 - **$3,870**

FORTESCUE William Banks c.1855-1924 [13]
Young seamstress - Oil/canvas (71x91cm-28x36in) London 96.................... FF11 800 - £1 400 - **$2,305**
Village gossip - Oil/canvas (59x44cm-23x17in) London 97.................... FF115 052 - £12 000 - **$19,674**

FORTESCUE-BRICKDALE Eleanor 1871-1945 [4]
Love and Adversity - Watercolour, gouache/board (52x34cm-20x13in) New-York 90.......... FF22 400 - £2 312 - **$3,954**
Love and his Couterfeits - Watercolour (66x133cm-26x52in) London 96.................... FF717 000 - £85 000 - **$140,000**

FORTESS Karl Eugene 1907 [1]
Pipeline Hill - Oil/canvas (56x81cm-22x32in) New-York 95.................... FF3 690 - £484 - **$750**

FORTEZA FORTEZA Miguel 1881-? [1]
Barcas en la orilla - Oleo/lienzo (38x47cm-15x19in) Madrid 92.................... FF7 290 - £743 - **$1,283**

FORTEZA Nicolas 1918 [4]
Formentor, Mallorca - Oleo/lienzo (46x64cm-18x25in) Madrid 94.................... FF11 610 - £1 370 - **$2,066**

FORTI Ettore XIX-XX [22]
The Carpet Merchant - Oil/canvas (53x81cm-21x32in) Detroit, Michigan 94.................... FF79 600 - £9 470 - **$15,000**
Una distrazione pericolosa - Oil/canvas (60x100cm-24x39in) London 96.................... FF103 700 - £13 000 - **$20,020**
The Flower Seller - Oil/canvas (52x83cm-20x33in) London 96.................... FF289 500 - £34 000 - **$56,300**

FORTIER Ivanohé 1936 [3]
Sans titre - Métal (92x18x29cm-36x7x11in) Montréal 93.................... FF4 460 - £465 - **$780**

FORTIN Charles 1815-1865 [3]
Breton couple by a well - Oil/canvas (40x32cm-16x13in) London 92.................... FF5 860 - £700 - **$1,128**
Enfants bretons jouant avec un oiseau - Huile/panneau (35x28cm-14x11in) Monaco 93..... FF15 000 - £1 726 - **$2,587**

FORTIN Marc Aurèle 1888-1970 [105]
Gros arbre au crépuscule - Huile/panneau (16x23cm-6x9in) Montréal 97.................... FF8 292 - £876 - **$1,433**
Au coin du feu - Huile/panneau (61x86cm-24x34in) Montréal 97.................... FF19 071 - £2 014 - **$3,295**
Winter Street Scene - Oil/board (39x60cm-15x24in) Toronto 96.................... FF49 400 - £6 290 - **$9,500**
Grande-Vallée - Oil/board (91x122cm-36x48in) Toronto 95.................... FF214 500 - £28 440 - **$44,300**
Hochelaga - Eau-forte (5x7cm-2x3in) Montréal 96.................... FF8 330 - £980 - **$1,640**
Maison sous les arbres - Aquarelle (20x31cm-8x12in) Montréal 97.................... FF10 520 - £1 220 - **$1,813**
Champs de choux - Aquarelle/papier (49x70cm-19x28in) Montréal 93.................... FF49 900 - £5 450 - **$9,160**

FORTIS Guilio XIX [2]
A couple of lovers - Oil/canvas (29x36cm-11x14in) London 92.................... FF7 540 - £900 - **$1,450**

FÖRTSCH Hans 1859-? [1]
Im Dachauer Moor - Oil/canvas (90x80cm-31x35in) München 94.................... FF5 100 - £546 - **$887**

FORTUNE Euphemia Charleton 1885-1969 [7]
Pirate's cove, Point Lobos - Oil/canvas (30x41cm-12x16in) Los Angeles 90.................... FF57 200 - £5 927 - **$10,053**
Fiesta de Los Angeles
    Watercolour/board (24x67cm-9x26in) San Francisco-Los Angeles 91.................... FF14 980 - £1 498 - **$2,467**

FORTUNEY 1878-1950 [116]
- Promenade au parc - Oil/canvas (47x63cm-19x25in) London 95 .... FF15 660 - £2 000 - **$3,196**
- Elégante au chapeau - Pastel (35x24cm-14x9in) Calais 96 .... FF5 000 - £649 - **$990**
- Femme dans ses fourrures - Pastel (51x33cm-20x13in) Orléans 96 .... FF8 000 - £988 - **$1,545**
- Brocanteur à Tunis - Pastel (46x46cm-18x18in) Paris 96 .... FF12 000 - £1 423 - **$2,340**
- Portrait de Coco Chanel - Pastel Fontainebleau 94 .... FF24 500 - £2 784 - **$4,165**

FORTUNY Y DE MADRAZO Mariano 1871-1949 [8]
- Jeune femme au chemisier bleu - Huile/panneau (9x7cm-4x3in) Paris 96 .... FF21 000 - £2 430 - **$4,020**
- Retrato del pintor Moragas - Carboncillo (39x26cm-15x10in) Madrid 90 .... FF27 000 - £2 872 - **$4,830**

FORTUNY Y MARSAL Mariano 1838-1874 [35]
- Arab fantasia at Tangiers - Oil/canvas (51x62cm-20x24in) New-York 97 .... FF1 - £111 740 - **$200,000**
- Contemplating the Portrait - Oil/canvas (40x32cm-16x13in) New-York 97 ... FF142 613 - £15 373 - **$25,000**
- La lectura - Tinta/papel (14x11cm-6x4in) Madrid 96 .... FF8 020 - £946 - **$1,576**
- Niño Joaquín Soriano y B. Aldamar - Acuarela (44x34cm-18x13in) Madrid 94 ... FF155 800 - £18 470 - **$28,760**

FORTY Jean-Jacques 1743-1800 [1]
- Hercule et Hébé - Huile/papier (22x16cm-9x6in) Paris 91 .... FF4 200 - £423 - **$729**

FORUP Carl Christian 1883-1939 [8]
- Portrait - Oil/canvas (80x71cm-31x28in) Viby J, Århus 94 .... FF3 480 - £400 - **$595**
- A summer's day, 1911 - Oil/canvas/board (28x25cm-11x10in) London 90 .... FF25 200 - £2 611 - **$4,429**

FOSBURGH James Whitney 1910-1978 [1]
- Barbara C. Paley - Oil/canvas (63x51cm-25x20in) New-York 91 .... FF9 050 - £912 - **$1,570**

FOSCHI Francesco ?-1805 [14]
- Paysage des Alpes - Huile/toile (86x94cm-34x37in) Monaco 91 .... FF220 000 - £22 200 - **$38,600**

FOSCHI Pier Francesco 1502-1567 [4]
- The Madonna and Child - Oil/panel (114x88cm-45x35in) London 94 .... FF928 000 - £110 000 - **$171,500**

FOSDICK James William 1858-1937 [1]
- Nymphs playing near waterfalls - Oil/canvas (76x61cm-30x24in) New-York 94 ...... FF6 850 - £799 - **$1,200**

FOSIE Johanne Westengård 1726-1764 [6]
- Et kobbel hunde jager - Gouache (17x22cm-7x9in) Köbenhavn 93 .... FF7 040 - £844 - **$1,352**

FOSNES Sigurd 1877-1943 [1]
- Fra Studenterlunden - Oil/canvas (64x80cm-25x31in) Oslo 91 .... FF2 170 - £218 - **$363**

FOSS Harald 1843-1922 [28]
- Landscape, Himmelbjergegnen - Oil/canvas (83x125cm-33x49in) Köbenhavn 95 ...... FF3 170 - £396 - **$622**
- Weite Hügellandschaft - Oil/canvas (62x115cm-24x45in) Wien 92 .... FF19 250 - £1 930 - **$3,700**

FOSS Olivier 1920 [21]
- Häuserzeile an der Seine - Oil/canvas (50x61cm-20x24in) Bern 92 .... FF2 232 - £228 - **$393**
- Rue à Ménilmontant - Huile/toile (55x46cm-22x18in) Le Touquet 95 .... FF8 000 - £995 - **$1,560**

FOSS Peter N. 1830-1900 [1]
- Constance af Kbhn - Oil/paper (49x73cm-19x29in) Viby J, Århus 89 .... FF13 200 - £1 313 - **$2,085**

FOSSATI Domenico 1743-1784 [2]
- Le triomphe du Printemps - Encre (34x26cm-13x10in) Paris 96 .... FF2 200 - £275 - **$425**

FOSSOUX Claude 1946 [42]
- Bouquet - Huile/toile (38x46cm-15x18in) La Varenne Saint-Hilaire 93 .... FF7 200 - £868 - **$1,310**
- La cueillette - Huile/toile (46x55cm-18x22in) La Varenne Saint-Hilaire 92 ...... FF13 200 - £1 576 - **$2,540**
- Après-midi dans le jardin - Huile/toile (65x81cm-26x32in) Paris 91 .... FF41 000 - £4 390 - **$7,130**

FOSTER Alice C. 1873-? [1]
- Lady arranging flowers in interior
  Oil/canvas (66x46cm-26x18in) North Bethesda, MD. 92 .... FF7 140 - £731 - **$1,400**

FOSTER Benjamin, Ben 1852-1926 [18]
- Stream though the forest - Oil/canvas (56x46cm-22x18in) Mystic, Connecticut 94 ... FF7 350 - £854 - **$1,500**
- Morning, late autumn - Oil/canvas (107x122cm-42x48in) New-York 94 .... FF24 250 - £2 830 - **$4,250**

FOSTER Birkett 1825-1899 [16]
- Surrey Landscape - Watercolour (10x17cm-4x7in) London 97 .... FF22 038 - £2 400 - **$3,833**
- On the Bacino, Venice - Watercolour (35x53cm-14x21in) London 97 .... FF257 116 - £28 000 - **$44,713**

FOSTER Frederick Lucas 1842-1899 [1]
- Hunters pursuing a moose - Wash (40x57cm-16x22in) Toronto 89 .... FF4 400 - £450 - **$707**

FOSTER Gilbert XIX-XX [2]
- The village pond - Oil/canvas (50x76cm-20x30in) London 94 .... FF21 600 - £2 600 - **$4,004**
- Ducks by a pond - Wash (25x35cm-10x14in) London 91 .... FF3 556 - £357 - **$651**

FOSTER Hal, Harold R. 1892-1981 [7]
- Tarzan Sunday Page - Ink (49x67cm-19x26in) New-York 91 .... FF45 300 - £4 640 - **$8,458**

FOSTER Herbert Wilson XIX-XX [5]
- Alma, wearing a chiffon dress
  Watercolour (60x49cm-24x19in) Retford, Nottinghamshire 94 .... FF5 180 - £600 - **$891**

FOSTER John Ernest 1877-c.1965 [3]
- Azaleas - Oil/canvas (126x101cm-50x40in) Billinghurst, West Sussex 91 .... FF50 900 - £5 067 - **$8,753**

FOSTER Mary 1853-1885 [1]
- Richmond Castle, Yorkshire - Watercolour/paper (41x61cm-16x24in) New-York 92 ... FF5 400 - £552 - **$1,000**

FOSTER Myles Birket 1825-1899 [181]
- View of Venice - Oil/canvas (164x282cm-65x111in) London 93 .... FF216 000 - £26 000 - **$37,700**
- Coblenz - Watercolour (15x23cm-6x9in) London 96 .... FF26 260 - £3 400 - **$5,250**
- An Old Fiddler - Watercolour (30x44cm-12x17in) London 95 .... FF56 800 - £7 200 - **$11,430**

F

The swing - Watercolour (20x26cm-8x10in) London 96 .... FF135 000 - £16 000 - **$26,340**
Bellagio, Lake Como - Watercolour (33x71cm-13x28in) London 93 .... FF192 000 - £24 000 - **$34,800**
FOSTER Robert W. c.1820-c.1890 [2]
The Express - Oil/canvas (66x102cm-26x40in) New Orleans, Louisiana 93 .... FF19 800 - £2 483 - **$3,600**
FOSTER Will 1882-1953 [1]
Discussion at dinner - Oil/canvas (86x58cm-34x23in) New-York 94 .... FF22 840 - £2 680 - **$4,000**
FOSTER William Frederick 1883-1953 [5]
Seated figures in an interior - Oil/canvas (69x94cm-27x37in) Baton Rouge, Louisiana 93 .... FF7 670 - £873 - **$1,300**
FOSTER William Gilbert 1855-1924 [12]
The new puppy - Oil/canvas (31x47cm-12x19in) London 91 .... FF33 700 - £3 420 - **$6,087**
Ducks on a flooded meadow - Watercolour (41x64cm-16x25in) London 93 .... FF4 150 - £500 - **$725**
FOSTER William Harden 1886-1941 [2]
Man & moose horn attracts only a bull - Oil/canvas (66x51cm-26x20in) New-York 96 .... FF8 200 - £972 - **$1,600**
FOTHERGILL George Algernoon 1868-? [1]
A cumberland trail hound - Pencil (50x66cm-20x26in) London 91 .... FF2 960 - £299 - **$577**
FOTINSKI Serge 1887-1971 [3]
Maisons et grands arbres - Huile/toile (50x66cm-20x26in) Chaumont 93 .... FF5 500 - £627 - **$932**
FOUACE Guillaume R. 1827-1895 [28]
Still life with fish and oysters - Oil/canvas (65x81cm-26x32in) New-York 95 .... FF33 400 - £4 100 - **$6,500**
Rosiers - Huile/toile (112x72cm-44x28in) Cherbourg 97 .... FF53 000 - £5 660 - **$9,217**
Les poires - Huile/toile (43x65cm-17x26in) Cherbourg 91 .... FF73 000 - £7 319 - **$13,300**
FOUBERT Émile L. 1848-1911 [13]
Lavandières - Huile/panneau (33x41cm-13x16in) Pontoise 95 .... FF12 000 - £1 594 - **$2,474**
Les bords de Seine à Vétheuil - Oil/panel (24x32cm-9x13in) New-York 96 .... FF35 300 - £4 500 - **$6,800**
FOUCART Pascal XX [11]
E93-28 - Acrylique/toile (86x112cm-34x44in) Paris 96 .... FF2 000 - £236 - **$393**
FOUCHÉ Nicolas 1653-1733 [2]
Marie-Thérèse de Bourbon - Huile/toile (118x88cm-46x35in) Monaco 89 .... FF55 000 - £5 796 - **$9,259**
FOUGASSE Cyril K. Bird 1887-1965 [5]
Careless Talk Costs Lives - Poster (32x20cm-13x8in) London 95 .... FF4 315 - £550 - **$870**
Woodland echo - Ink (14x24cm-6x9in) London 92 .... FF1 660 - £170 - **$326**
FOUGERAT Emmanuel 1869-1958 [4]
Sieste - Huile/toile (33cm-13in) Montréal 92 .... FF3 010 - £308 - **$591**
Nu assis - Huile/toile (46x38cm-18x15in) Versailles 90 .... FF10 000 - £1 078 - **$1,764**
FOUGERE Amanda 1821-? [1]
Le panier de cerises - Huile/toile (116x89cm-46x35in) Paris 92 .... FF21 000 - £2 150 - **$3,780**
FOUGERON André 1913 [16]
Nature morte - Huile/toile (50x72cm-20x28in) Paris 94 .... FF7 500 - £884 - **$1,340**
La mêlée de rugby - Huile/toile (22x33cm-9x13in) Le Touquet 89 .... FF42 000 - £4 294 - **$6,752**
Enfant sur les épaules de son père - Aquarelle, gouache (73x51cm-29x20in) Paris 96 .... FF3 000 - £387 - **$588**
Portrait de femme, 1944 - Pastel (45x62cm-18x24in) Paris 90 .... FF14 000 - £1 472 - **$2,435**
FOUGSTEDT Arvid 1888-1949 [21]
Porträtt av spanjor - Oil/canvas (61x43cm-24x17in) Stockholm 96 .... FF5 680 - £734 - **$1,087**
Porträtt av Eric - Oil/canvas (100x49cm-39x19in) Stockholm 95 .... FF14 360 - £1 814 - **$2,800**
Erik i dörren, Inne och ute - Oil/canvas (116x86cm-46x34in) Stockholm 92 ... FF113 100 - £11 580 - **$19,900**
Kvinna med hinkar i landskap - Akvarell (59x47cm-23x19in) Stockholm 95 .... FF5 860 - £751 - **$1,181**
FOUGSTEDT Nils 1881-1954 [1]
Dansande kvinna - Bronze (23cm-9in) Stockholm 90 .... FF2 800 - £298 - **$501**
FOUILLÉ Georges 1909-1994 [9]
Trois-mâts Saint-Florent - Gouache (38x53cm-15x21in) Paris 92 .... FF8 000 - £955 - **$1,540**
FOUJITA Léonard Tsuguharu 1886-1968 [650]
Femme assise - Oil/canvas (60x73cm-24x29in) London 96 .... FF1 - £160 000 - **$246,400**
Deux enfants, 1952 - Oil/canvas (35x27cm-14x11in) New-York 90 .... FF3 - £334 681 - **$562,791**
Le Calvaire breton - Oil/canvas (34x24cm-13x9in) New-York 95 .... FF58 700 - £7 600 - **$12,000**
Cupidon - Huile/toile (46x38cm-18x15in) Paris 96 .... FF180 000 - £23 300 - **$35,660**
Portrait de Youki au foulard - Oil/canvas (24x19cm-9x7in) New-York 97 .... FF271 429 - £29 099 - **$47,500**
Fillette à la croix - Oil/canvas (33x23cm-13x9in) New-York 97 .... FF308 572 - £33 080 - **$54,000**
Petite fille sous la neige - Huile/toile (27x22cm-11x9in) Paris 97 .... FF500 000 - £52 300 - **$85,650**
Les enfants sur le mur à Meudon - Oil/canvas (25x40cm-10x16in) New-York 97 ... FF857 145 - £91 890 - **$150,000**
Deux femmes au printemps - Oil/canvas (65x50cm-26x20in) New-York 90 ... FF1 2 96e +07 - £1 953 19e +06 - **$1**
Profil de femme allongée - Eau-forte (26x33cm-10x15in) Paris 95 .... FF13 000 - £1 640 - **$2,575**
Girl holding a cat - Lithographie couleurs (43x22cm-17x9in) London 97 .... FF21 236 - £2 200 - **$3,637**
Girl holding a Cat - Lithographie couleurs (38x27cm-15x11in) London 97 .... FF40 540 - £4 200 - **$6,944**
Seated nude - Etching in colors (58x38cm-23x15in) New-York 94 .... FF65 700 - £7 820 - **$12,500**
L'enfant nu - Encre (27x20cm-11x8in) Calais 97 .... FF14 000 - £1 534 - **$2,457**
Jeune fille au chat - Encre (22x15cm-9x6in) Paris 97 .... FF30 000 - £3 258 - **$5,316**
Portrait de femme - Encre Chine (38x29cm-15x11in) Paris 97 .... FF54 000 - £5 796 - **$9,439**
Jeune femme au ruban - Lavis (26x18cm-10x7in) Paris 97 .... FF80 000 - £8 336 - **$13,632**
Mère et enfant - Encre (22x15cm-9x6in) Nice 97 .... FF108 000 - £11 253 - **$18,403**
Buste de femme allongée - Indian ink (27x33cm-11x13in) New-York 95 .... FF220 000 - £28 500 - **$45,000**
Le petit cavalier - Watercolour (48x32cm-19x13in) London 94 .... FF353 000 - £42 000 - **$64,600**
Vierge à l'Enfant - Watercolour (30x21cm-12x8in) London 90 .... FF839 000 - £85 793 - **$165,604**
FOULD Consuelo 1862-1927 [1]
Un passage risqué - Oil/canvas (185x105cm-73x41in) New-York 91 .... FF69 700 - £7 041 - **$13,837**

FOULKES Llyn 1934 [5]
- The Hill is Blue - Mixed media/board (126x104cm-50x41in) New-York 94 .... FF26 550 - £3 020 - **$4,500**
- In der Führer's face - Collage (20x25cm-8x10in) New-York 90 .... FF5 100 - £529 - **$896**

FOULLONGNE Alfred Charles 1821-1897 [1]
- La mare aux canards - Aquarelle (16x34cm-6x13in) Saint-Dié 94 .... FF1 600 - £182 - **$271**

FOULQUES Elisa 1864-? [1]
- Still life of fruit in a basket - Oil/canvas (39x33cm-15x13in) London 95 .... FF5 590 - £700 - **$1,114**

FOULSTON John 1772-1842 [1]
- Civil & Military Library, Devonport - Watercolour (16x22cm-6x9in) London 93 .... FF9 600 - £1 200 - **$1,740**

FOUQUERAY Charles D. 1869/72?-1956 [42]
- L'entrée au port - Huile/toile (84x65cm-33x26in) Pontoise 97 .... FF8 000 - £862 - **$1,405**
- Christophe Colomb - Huile/toile (139x190cm-55x75in) Pontoise 94 .... FF12 000 - £1 294 - **$2,107**
- The Maharaja's Arrival - Oil/canvas (153x120cm-60x47in) London 97 .... FF51 936 - £5 500 - **$8,995**
- The Quick Starting Pair - Poster (76x114cm-30x45in) New-York 93 .... FF19 800 - £2 483 - **$3,600**
- Marins après la corvée de charbon - Aquarelle/papier (21x12cm-8x5in) Paris 97 .... FF3 800 - £401 - **$65,2 8**

FOUQUET Louis Vincent 1803-1863 [1]
- Couple surpris par l'orage - Huile/panneau (69x51cm-27x20in) Paris 90 .... FF18 000 - £1 813 - **$3,526**

FOUQUET Pierre 1909 [2]
- Paysage d'automne - Huile/toile (27x41cm-11x16in) Rouen 90 .... FF4 000 - £428 - **$696**

FOUQUIERES Jacques 1580-1659 [6]
- City in winter - Oil/panel (56x85cm-22x33in) London 92 .... FF1 74e +06 - £110 000 - **$189,200**

FOUR Victor 1929-1986 [3]
- The King of Spades - Oil/wood (160x59cm-63x23in) Amsterdam 91 .... FF23 450 - £2 350 - **$3,910**

FOURAU Hugues 1803-1873 [2]
- Achille poursuivi par le Xanthe - Huile/toile (112x145cm-44x57in) Paris 94 .... FF102 000 - £12 120 - **$18,820**
- Portrait of a little girl - Pastel (44x52cm-17x20in) London 95 .... FF20 350 - £2 600 - **$4,155**

FOURCAUD Adolphe 1770-1849 [1]
- Fleurs - Aquarelle (25x20cm-10x8in) Bruxelles 92 .... FF11 620 - £1 190 - **$2,044**

FOURES Camille 1929 [5]
- Sans titre - Huile/toile (72x91cm-28x36in) Paris 91 .... FF2 500 - £253 - **$496**

FOURIÉ Albert-Auguste 1854-? [4]
- Miroir d'eau, 1910 - Huile/toile (81x100cm-32x39in) Versailles 89 .... FF52 000 - £5 317 - **$8,360**

FOURMOIS Théodore 1819-1871 [25]
- Paysage - Huile/toile (32x25cm-13x10in) Bruxelles 95 .... FF5 080 - £658 - **$1,056**
- Paaysage avec bétail - Huile/papier/toile (33x44cm-13x17in) Bruxelles 97 .... FF10 634 - £1 125 - **$1,840**
- A Peasant-Woman and Cows - Oil/canvas (79x102cm-31x40in) Amsterdam 97 .... FF54 022 - £5 747 - **$9,400**

FOURNEL Pierre 1924 [1]
- Ciel, sable et sel - Technique mixte/panneau (130x88cm-51x35in) London 95 .... FF9 300 - £1 188 - **$1,905**

FOURNERY Félix 1865-1938 [4]
- Élégantes - Gouache (42x60cm-17x24in) Paris 95 .... FF1 500 - £188 - **$303**

FOURNIER Alain A. 1931-1983 [112]
- Vase de dahlias - Huile/toile (116x89cm-46x35in) Calais 97 .... FF2 000 - £214 - **$351**
- Vase de fleurs - Huile/toile (100x81cm-39x32in) Calais 97 .... FF4 300 - £461 - **$754**
- Grand arbre en bordure de mer - Huile/toile (130x97cm-51x38in) Calais 97 .... FF8 200 - £878 - **$1,437**

FOURNIER Alexis Jean 1865-1948 [16]
- A Village on the Waterfront - Oil/panel (16x24cm-6x9in) Amsterdam 97 .... FF3 601 - £383 - **$627**
- The Pumpkin Field - Oil/board (31x47cm-12x19in) New-York 95 .... FF14 770 - £1 933 - **$3,000**
- Hollyhocks in the garden - Oil/canvas (66x102cm-26x40in) New-York 97 .... FF186 200 - £21 620 - **$38,000**

FOURNIER Alfred Victor 1872-1924 [7]
- Port-Croh - Huile/toile (35x45cm-14x18in) Paris 97 .... FF4 000 - £420 - **$685**
- Jeunes Bretonnes en conversation - Huile/toile (38x55cm-15x22in) Brest 96 .... FF21 000 - £2 700 - **$4,074**

FOURNIER Charles 1803-1854 [3]
- Jeunes filles de la Légion d'Honneur - Huile/toile (82x65cm-32x26in) Paris 97 .... FF48 000 - £5 097 - **$8,361**

FOURNIER DES ORMES Charles 1777-1850 [1]
- Chasseur et son chien - Huile/toile (38x46cm-15x18in) Paris 96 .... FF9 500 - £1 230 - **$1,864**

FOURNIER Gabriel 1893-1963 [23]
- Paysage de provence - Huile/toile (14x22cm-6x9in) Paris 97 .... FF2 600 - £277 - **$450**
- Fleurs dans un vase d'apothicaire - Huile/toile (83x54cm-33x21in) Neuilly 96 .... FF5 500 - £710 - **$1,062**
- Jeune femme à la lecture - Huile/toile (50x65cm-20x26in) Saint-Dié 92 .... FF20 000 - £2 387 - **$3,850**

FOURNIER Hippolyte XIX-XX [2]
- Nature morte sur un entablement - Huile/toile (74x101cm-29x40in) Wien 96 .... FF7 350 - £951 - **$1,470**
- La jeune mère - Huile/toile (134x167cm-53x66in) Paris 97 .... FF50 000 - £5 350 - **$8,650**

FOURNIER Louis Edouard 1857-? [5]
- Mädchen beim Seifenblasen-Spiel - Öl/Leinwand (46x38cm-18x15in) Bern 95 .... FF2 580 - £336 - **$530**

FOURNIER Marcel 1869-1917 [1]
- Maisons dans la vallée - Huile/toile (54x73cm-21x29in) Calais 97 .... FF10 000 - £1 001 - **$1,688**

FOURNIER Paul 1939 [4]
- Mid-April's Dance - Oil/canvas (122x366cm-48x144in) Toronto 94 .... FF11 250 - £1 315 - **$1,984**

FOURNIER Victor Edmond Ch. 1872-1924 [6]
- Marché breton - Huile/toile (50x61cm-20x24in) Paris 96 .... FF8 000 - £807 - **$1,559**
- Conversation au jardin - Huile/toile (73x54cm-29x21in) Avignon 96 .... FF13 000 - £1 630 - **$2,510**

F

FOUS Jean 1901-1971 [59]
🦋 *Le lapin à Gil* - Huile/toile (22x27cm-9x11in) Paris 97 .... FF3 000 - £329 - **\$527**
Vive la mariée - Huile/panneau (41x32cm-16x13in) Calais 94.. FF4 000 - £476 - **\$732**
Fête foraine à la Bastille
    Huile/panneau (61x46cm-24x18in) La Varenne Saint-Hilaire 93 .... FF8 500 - £1 063 - **\$1,546**

FOUSSIER Jean 1886-1950 [1]
✎ *Saint-Jean-des-Vignes, Soissons* - Gouache (20x20cm-8x8in) Soissons 94 .... FF5 200 - £615 - **\$934**

FOWERAKER Alexander Moulton 1873-1942 [41]
🦋 *The peach orchard, Granada, Spain*
    Oil/canvas (71x92cm-28x36in) Billinghurst, West Sussex 96 .... FF10 010 - £1 300 - **\$1,960**
✎ *Moonlight, A Dorset Village* - Watercolour (23x25cm-9x10in) Aylsham, Norfolk 96 ...... FF8 650 - £1 100 - **\$1,706**
Moonlight, Spain/The blue pool - Watercolour (53x36cm-21x14in) London 93 .... FF20 850 - £2 400 - **\$3,600**

FOWLER Daniel 1810-1894 [8]
✎ *Bridge over a gorge* - Watercolour (33x22cm-13x9in) Toronto 92 .... FF4 730 - £484 - **\$833**

FOWLER Frank 1852-1910 [1]
🦋 *Lady in white holding a fan* - Oil/canvas (170x102cm-67x40in) New-York 95 .... FF35 900 - £4 470 - **\$7,000**

FOWLER Robert 1853-1926 [22]
🦋 *Eunoe* - Oil/canvas (128x76cm-50x30in) London 93 .... FF48 000 - £6 000 - **\$8,700**
✎ *Summer Pleasures* - Watercolour (30x90cm-12x35in) London 96 .... FF4 640 - £600 - **\$927**
The Mask Painters - Watercolour/paper (70x121cm-28x48in) New-York 97 .... FF68 220 - £7 348 - **\$12,000**

FOWLER William I 1761-1832 [1]
🦋 *Morning on the Stour* - Oil/canvas (49x90cm-19x35in) Billinghurst, West Sussex 94 .... FF6 610 - £780 - **\$1,177**

FOWLER William II 1796-c.1880 [2]
🦋 *Windsor Castle from the Thames* - Oil/canvas (53x71cm-21x28in) London 95 .... FF19 730 - £2 500 - **\$3,970**

FOWLES Arthur Wellington c.1815-1883 [12]
🦋 *The battle of Texel, 11th August 1673* - Oil/canvas (50x81cm-20x32in) London 92 ...... FF34 100 - £3 501 - **\$6,338**

FOX Charles James 1860-c.1920 [13]
🦋 *Williton, Somerset* - Oil/canvas (48x68cm-19x27in) London 92 .... FF19 050 - £1 950 - **\$3,360**
✎ *Sunlit village street* - Watercolour (36x51cm-14x20in) London 95 .... FF2 170 - £280 - **\$447**

FOX Charles Lewis 1854-1927 [1]
🦋 *Little Dutch girl, a prayer* - Oil/canvas (43x33cm-17x13in) North Bethesda, MD. 92 ...... FF4 160 - £442 - **\$800**

FOX Emanuel Phillips 1865-1915 [21]
🦋 *Wooded landscape* - Oil/canvas (46x38cm-18x15in) London 94 .... FF15 000 - £1 800 - **\$2,806**
The Doge Palace, Venice - Oil/panel (26x35cm-10x14in) London 95 .... FF38 450 - £4 800 - **\$7,530**

FOX George c.1816-1910 [3]
🦋 *A game of crib* - Oil/panel (23x30cm-9x12in) London 89 .... FF11 600 - £1 121 - **\$1,760**

FOX Henry Charles 1855-1929 [130]
🦋 *Dell quay, Sussex/Bosham mill, Sussex*
    Oil/canvas (35x52cm-14x20in) Billinghurst, West Sussex 92 .... FF8 280 - £840 - **\$1,596**
✎ *Cattle/River through a Landscape* - Watercolour (34x52cm-13x20in) London 97 .... FF5 985 - £650 - **\$1,061**
Bosham Quay - Watercolour (51x73cm-20x29in) London 93 .... FF10 230 - £1 150 - **\$1,714**

FOX John Richard 1927 [5]
🦋 *Quebec* - Oil/canvas (76x61cm-30x24in) Chicago 92 .... FF3 470 - £363 - **\$625**

FOX John Shirley c.1860-1939 [4]
🦋 *Lilac Time* - Oil/canvas (91x62cm-36x24in) New-York 94.. FF87 700 - £10 140 - **\$15,000**
✎ *When Did You Last See Your Father ?*
    Watercolour (43x69cm-17x27in) St. Petersburg, Florida 96 .... FF8 750 - £1 133 - **\$1,750**

FOX Lorraine 1925-1976 [1]
✎ *Anna and Her Daughters* - Watercolour (46x36cm-18x14in) New-York 93 .... FF2 065 - £235 - **\$350**

FOX Robert Atkinson 1860-1927 [7]
🦋 *Waterfall in a canyon* - Oil/canvas (91x71cm-36x28in) San Francisco-Los Angeles 94 ...... FF18 940 - £2 245 - **\$3,500**

FOX-PITT Douglas 1864-1922 [1]
✎ *Brighton/Corfu/Market scene* - Wash (30x38cm-12x15in) Billinghurst, West Sussex 91 ...... FF1 984 - £199 - **\$343**

FRAAS Gustave 1920 [13]
🦋 *Le Grand Canal, Venise* - Huile/toile (54x65cm-21x26in) Paris 93 .... FF2 200 - £265 - **\$400**

FRACCAROLI Innocenzo 1805-1882 [1]
🗿 *The Expulsion of Eve* - Marble (103cm-41in) London 96 .... FF27 500 - £3 500 - **\$5,290**

FRADELLE Henri Joseph Fradel 1778-1865 [4]
🦋 *The Origin of Painting* - Oil/panel (196x262cm-77x103in) London 92........................ FF21 500 - £2 200 - **\$3,784**

FRAENKEL-HAHN Louise 1878-1939 [2]
🦋 *Blumenstrauss in chinesischer Vase* - Mischtechnik/Karton (62x52cm-24x20in) Wien 95 ...... FF3 465 - £440 - **\$690**

FRAERMANN Theophil 1884-? [1]
🦋 *Auf dem Boulevard* - Öl/Leinwand (43x62cm-17x24in) Bremen 92 .... FF27 130 - £3 240 - **\$5,220**

FRAGIACOMO Pietro 1856-1922 [26]
🦋 *Streda di paese, Serravalle* - Olio/tela (48x31cm-19x12in) Roma 96 .... FF10 680 - £1 240 - **\$2,080**
Barche a secco - Olio/cartone (16x32cm-6x13in) Roma 96 .... FF40 100 - £4 640 - **\$7,800**
On the lagoon, Venice - Oil/canvas (55x100cm-22x39in) London 92 .... FF448 000 - £46 000 - **\$86,000**

FRAGONARD Alexandre Évariste 1780-1850 [26]
🦋 *Hamlet devant le fantôme de son père* - Huile/toile (41x32cm-16x13in) Paris 90 .... FF50 000 - £5 165 - **\$8,834**
Henri IV - Huile/toile (50x42cm-20x17in) Paris 89 .... FF850 000 - £89 568 - **\$143,098**
✎ *Épisode de la Bataille d'Iéna* - Crayon (18x77cm-7x30in) Paris 92 .... FF34 000 - £3 480 - **\$6,120**
La Fureur d'Oedipe - Ink (77x53cm-30x21in) New-York 94.. FF218 000 - £26 000 - **\$41,000**

FRAGONARD Jean-Honoré 1732-1806 [74]
🦋 *Le Lever* - Huile/toile (74x59cm-29x23in) Paris 95 .... FF8 - £1 77e +06 - **\$1**

La Visitation de la Vierge - Huile/toile (24x32cm-9x13in) Monaco 92 .... FF800 000 - £81 900 - **\$144,000**
La famille du Satyre, 1763 - Etching (14x21cm-6x8in) London 90.............................. FF33 900 - £3 502 - **\$5,989**
M. A.G. De La Girennerie - Pierre noire (12cm-5in) Paris 97.............................. FF25 000 - £2 655 - **\$4,355**
Agar consolé par un ange - Pierre noire/papier (29x20cm-11x8in) Paris 97 .... FF70 000 - £7 441 - **\$12,096**
Terraces of a distant Villa - Red chalk/paper (23x36cm-9x14in) New-York 97 .... FF166 296 - £18 510 - **\$30,000**
Mädchen mit blauer Schleife - Miniature (7x5cm-3x2in) Zürich 93 .... FF212 500 - £24 330 - **\$36,250**
La huche - Crayon (26x39cm-10x15in) Paris 97 .... FF700 000 - £74 690 - **\$121,170**

FRAGONARD Marie Anne Gérard 1745-1823 [2]
Artist seated at an easel in a studio - Ink (23x19cm-9x7in) London 93 .... FF3 115 - £350 - **\$522**
A young girl with a straw hat - Miniature (7x5cm-3x2in) London 97 .... FF37 915 - £4 000 - **\$6,506**

FRAGONARD Théophile Evariste 1806-1876 [6]
Scène d'émeute - Huile/toile (59x49cm-23x19in) Paris 97 .... FF9 000 - £978 - **\$1,581**
Projet d'éventail: scènes galantes - Aquarelle (35x18cm-14x7in) Paris 95 .... FF3 900 - £518 - **\$804**

FRAGUIER de Armand Gabriel 1803-1873 [2]
Odalisque couchée - Huile/toile (62x108cm-24x43in) Cheverny 96 .... FF113 000 - £14 320 - **\$21,670**

FRAICHOT Claude Joseph 1732-1803 [3]
Pains, fromage & flacon de vin - Huile/toile (47x57cm-19x22in) Paris 90 .... FF245 000 - £25 389 - **\$43,058**

FRAICHOT Pierre Antoine 1690-1763 [1]
Nature morte aux légumes - Huile/toile (57x74cm-22x29in) Paris 92 .... FF34 000 - £4 060 - **\$6,540**

FRAIKIN Charles Auguste 1817-1893 [1]
Amour couché - Marbre (30x55x80cm-12x22x31in) Bruxelles 95 .... FF36 900 - £4 860 - **\$7,460**

FRAIKIN Maxime XIX-XX [3]
Ce Michelin est Indéchirable - Poster (117x76cm-46x30in) London 96 .... FF3 900 - £500 - **\$769**

FRAILE ALCALDE Alfonso 1930-1988 [13]
Imagen de un desconocido, 1965 - Oleo/lienzo (130x122cm-51x48in) Madrid 90 .... FF129 600 - £13 966 - **\$22,857**
16 x 1 No. 16 - Técnica mixta/papel (140x120cm-55x47in) Madrid 95 .... FF40 040 - £5 000 - **\$8,080**

FRAIPONT Georges 1873-1912 [4]
Paris, la République - Aquarelle (25x36cm-10x14in) Paris 93 .... FF19 000 - £2 375 - **\$3,455**

FRAISINGER Caspar 1560-1599 [1]
Unter dem Kreuz - Ink (13x17cm-5x7in) München 93 .... FF3 390 - £405 - **\$653**

FRAMA Henrich Maryan, dit 1949 [5]
Enigme - Huile/toile (50x61cm-20x24in) Versailles 92 .... FF40 000 - £4 110 - **\$7,700**
Energie - Huile/toile (61x50cm-24x20in) Paris 91 .... FF59 000 - £6 060 - **\$10,980**
Hommage à Arthur Rimbaud - Encre (62x48cm-24x19in) Paris 90 .... FF40 000 - £4 071 - **\$7,999**

FRAME Robert 1924 [3]
Coast - Oil/canvas (102x122cm-40x48in) San Francisco-Los Angeles 95 .... FF3 220 - £403 - **\$650**

FRAMPTON Edward 1846-1929 [1]
Te Deum Laudamus - Oil/panel (99x192cm-39x76in) London 93 .... FF24 900 - £2 800 - **\$4,170**

FRAMPTON George 1860-1928 [9]
Saint Christina - Bronze (43x24cm-17x9in) London 97 .... FF17 143 - £1 800 - **\$2,938**
Peter Pan - Bronze (48cm-19in) London 96 .... FF101 200 - £12 000 - **\$19,750**

FRAMPTON Reginald Edward 1870-1923 [7]
*Stone walls do not a prison make... * - Oil/canvas (90x55cm-35x22in) London 92 .... FF292 000 - £30 000 - **\$56,100**
Spring - Watercolour (34x39cm-13x15in) London 97 .... FF57 143 - £6 000 - **\$9,794**

FRAN-BARO 1926 [65]
La Seine au pont Alexandre III - Huile/toile (46x55cm-18x22in) La Varenne Saint-Hilaire 97 ...... FF2 500 - £271 - **\$439**
La Seine au Pont-Neuf - Huile/toile (54x65cm-21x26in) Quimper 96 .... FF13 000 - £1 540 - **\$2,537**
Le café des Deux Magots - Huile/toile (50x65cm-20x26in) La Varenne Saint-Hilaire 92 .... FF30 000 - £3 070 - **\$5,280**

FRANC François 1926 [2]
Phare de la flotte, Île-de-Ré - Huile/toile (46x55cm-18x22in) Versailles 91 .... FF5 000 - £504 - **\$868**

FRANÇAIS Anne 1909 [21]
Paysage - Huile/toile (92x65cm-36x26in) Paris 97 .... FF3 000 - £323 - **\$527**
Les nuits de Cannes - Huile/toile (50x65cm-20x26in) Le Havre 90 .... FF12 500 - £1 347 - **\$2,205**

FRANÇAIS François Louis 1814-1897 [49]
Woodgatherers in a forest - Oil/canvas/panel (49x40cm-19x16in) Amsterdam 97 .... FF6 910 - £730 - **\$1,185**
Flusslandschaft - Huile/panneau (17x36cm-7x14in) Bern 95 .... FF12 470 - £1 620 - **\$2,560**
Ruisseau du Puits-Noir - Oil/canvas (46x32cm-18x13in) New-York 97 .... FF20 440 - £2 547 - **\$4,000**
Bord de rivière, Les Vaux de Cernay - Huile/toile (38x46cm-15x18in) Barbizon 94 .... FF60 500 - £7 160 - **\$11,180**
Paysage - Pastel (55x82cm-22x32in) Paris 93 .... FF15 000 - £1 807 - **\$2,730**
Les fouilles à Pompéi - Aquarelle (30x41cm-12x16in) Paris 94.............................. FF50 000 - £5 780 - **\$8,580**

FRANCALANCIA Riccardo 1886-1965 [10]
Strada di paese - Olio/tela (48x40cm-19x16in) Prato 94 .... FF36 400 - £4 400 - **\$6,820**
Anfora e conchiglia - Olio/tela (65x50cm-26x20in) Roma 90 .... FF68 700 - £7 403 - **\$12,116**
Casale di quattrucci - Olio/tela/cartone (50x69cm-20x27in) Prato 90 .... FF96 100 - £9 928 - **\$16,979**

FRANCE Eurilda Loomis 1865-1931 [5]
My Garden - Watercolour/paper (43x56cm-17x22in) New-York 95 .... FF25 100 - £3 143 - **\$5,000**

FRANCE Jessie Leach 1862-? [4]
Venice - Oil/board (23x30cm-9x12in) Portland, Maine 93 .... FF2 200 - £276 - **\$400**

FRANCES Esteban 1908-1963 [8]
Composición surrealista - Oleo/lienzo (59x73cm-23x29in) Madrid 92 .... FF59 400 - £6 050 - **\$10,450**
El abejorro - Gouache (43x58cm-17x23in) New-York 90 .... FF35 500 - £3 777 - **\$6,351**

FRANCES Juana Concepción 1927-1990 [1]
👁 Sin título - Oleo/lienzo (89x116cm-35x46in) Madrid 93 .... FF10 120 - £1 162 - $1,725
FRANCES Y PASCUAL Plácido 1834-1902 [5]
👁 Five young Spanish beauties - Oil/canvas (48x151cm-19x59in) Köbenhavn 93 .... FF62 900 - £7 150 - $10,720
FRANCESCHI de Mariano 1849-1896 [10]
👁 Middle eastern market - Oil/canvas (48x73cm-19x29in) New-York 90 .... FF34 300 - £3 607 - $5,965
🖉 Arab caravan before a desert town - Watercolour (33x51cm-13x20in) London 95 .... FF4 245 - £550 - $883
Arabs by a Village - Watercolour (37x55cm-15x22in) London 96 .... FF15 330 - £1 800 - $2,980
FRANCESCHI Emilio 1839-1890 [1]
🏛 Contadino a riposo - Marbre (35cm-14in) Milano 95 .... FF7 150 - £912 - $1,464
FRANCESCHI Jean Paul Paschal 1826-1894 [1]
🏛 Muse - Bronze (110cm-43in) Paris 94 .... FF24 000 - £2 800 - $4,210
FRANCESCHI Louis Julien, Jules 1825-1893 [3]
🏛 Woman seated on a sphinx - Bronze (96cm-38in) New-York 96 .... FF55 000 - £7 120 - $11,000
FRANCESCHINI Edoardo 1928 [28]
👁 Senza titolo - Olio/tela (100x81cm-39x32in) Milano 95 .... FF4 580 - £600 - $945
🖉 Composizione - Tecnica mista/carta (100x70cm-39x28in) Milano 94 .... FF1 942 - £231 - $347
FRANCESCO de Benjamino ?-1869 [1]
👁 Toskanische Flusslandschaft - Oil/canvas (35x49cm-14x19in) Luzern 92 .... FF22 300 - £2 280 - $3,930
FRANCESE Franco 1920 [19]
👁 Imbarco - Olio/tela (55x46cm-22x18in) Prato 97 .... FF13 600 - £1 600 - $2,400
Imbarco - Olio/tela (65x54cm-26x21in) Milano 92 .... FF24 900 - £2 550 - $4,390
Notte d'amore - Olio/tela (152x158cm-60x62in) Milano 93 .... FF68 500 - £7 830 - $11,640
FRANCHERE Joseph Charles 1866-1921 [26]
👁 Ferme près de la rivière - Huile/panneau (19x26cm-7x10in) Montréal 96 .... FF2 625 - £339 - $514
Loading the sleigh - Huile/carton (24x34cm-9x13in) Montréal 94 .... FF14 060 - £1 688 - $2,730
After supper - Oil/canvas (82x104cm-32x41in) Toronto 92 .... FF111 800 - £11 440 - $19,700
FRANCHEVILLE de Clémence A. Lenique 1875-? [1]
👁 The artist's model - Oil/canvas (60x76cm-24x30in) New-York 90 .... FF12 600 - £1 340 - $2,254
FRANCHI Alessandro 1838-1914 [1]
👁 Dame bei der Toilette - Öl/Leinwand (90x112cm-35x44in) Wien 97 .... FF35 970 - £3 885 - $6,277
FRANCHINA Nino 1912-1988 [5]
🏛 Senza titolo - Bronze (67x11cm-26x4in) Milano 95 .... FF12 160 - £1 520 - $2,360
FRANCHINI Antonio XIX [2]
👁 Love's little emissary - Marble (73cm-29in) New-York 90 .... FF629 200 - £66 936 - $112,558
FRANCIA Alexandre T. 1820-1884 [15]
👁 Flat calm at dusk - Oil/canvas (51x76cm-20x30in) London 94 .... FF40 900 - £4 800 - $7,160
🖉 Départ des pêcheurs - Aquarelle/papier (19x24cm-7x9in) Bruxelles 96 .... FF9 910 - £1 242 - $1,925
Retour de pêche - Aquarelle/papier (1x69x41cm-27x16in) Paris 97 .... FF24 000 - £2 618 - $4,195
FRANCIA François Thom. Louis 1772-1839 [13]
👁 Marine - Huile/toile (87x98cm-34x39in) Calais 90 .... FF63 000 - £6 442 - $12,435
🖉 View of the acropolis, Athens - Mixed media/paper (19x28cm-7x11in) London 97 .... FF4 690 - £500 - $822
Vaisseaux par mer forte - Aquarelle (51x55cm-20x22in) Paris 95 .... FF15 000 - £1 980 - $3,040
FRANCILLON René 1878-1973 [8]
👁 Winter in Schleissheim - Oil/canvas/panel (41x30cm-16x12in) Hamburg 96 .... FF6 800 - £774 - $1,300
FRANCINI Mauro 1924 [2]
👁 Pesce bianco - Oil/board (54x67cm-21x26in) New-York 90 .... FF15 920 - £1 620 - $3,184
FRANCIS James 1949 [2]
🏛 Pilastre - Marbre (60cm-24in) Le Havre 92 .... FF5 000 - £512 - $880
FRANCIS John 1780-1861 [1]
🏛 Bust of Lord John Russell - Marble (73cm-29in) London 96 .... FF36 860 - £4 200 - $7,050
FRANCIS John Deffett 1815-1901 [3]
👁 Red Riding Hood - Oil/canvas (121x81cm-48x32in) New-York 97 .... FF36 974 - £3 979 - $6,500
FRANCIS John F. 1808-1886 [12]
👁 Pommes et châtaignes - Oil/panel (18x22cm-7x9in) Monaco 93 .... FF23 000 - £2 647 - $3,966
Basket of cherries - Oil/panel (38x48cm-15x19in) New-York 95 .... FF329 000 - £42 000 - $67,500
FRANCIS Mark 1962 [2]
👁 Endless - Oil/canvas (82x82cm-32x32in) London 90 .... FF4 800 - £517 - $847
FRANCIS Sam 1923-1994 [456]
👁 Red - Oil/canvas (310x190cm-122x75in) New-York 94 .... FF6 - £774 000 - $1
Untitled - Oil/canvas (17x12cm-7x5in) New-York 97 .... FF26 117 - £2 747 - $4,500
Untitled #8 - Oil/paper (15x15cm-6x6in) New-York 97 .... FF87 108 - £9 164 - $15,000
Untitled - Acrylic/canvas (73x60cm-29x24in) New-York 97 .... FF150 987 - £15 883 - $26,000
Malibu - Acrylic/paper (68x53cm-27x21in) New-York 97 .... FF249 710 - £26 269 - $43,000
Untitled #74-700 - Acrylic/paper (92x182cm-36x72in) London 96 .... FF377 000 - £48 000 - $72,600
Vertical Blue and Yellow - Oil/canvas (82x40cm-32x16in) New-York 97 .... FF726 000 - £96 200 - $150,000
🖼 Bright Jade Ghost - Lithographie (63x91cm-25x36in) New-York 97 .... FF25 714 - £2 757 - $4,500
Untitled (EXP-SF-63-11] - Woodcut (75x62cm-30x24in) New-York 97 .... FF91 429 - £9 802 - $16,000
🖉 Untitled - Gouache/paper (151x112cm-59x44in) New-York 95 .... FF1 - £212 000 - $330,000
Untitled - Watercolour/paper (29x23cm-11x9in) New-York 97 .... FF63 954 - £6 716 - $11,000
Green, Blue, Red - Gouache/paper (45x37cm-18x15in) New-York 97 .... FF174 216 - £18 327 - $30,000
Untitled - Watercolour/paper (102x65cm-40x26in) New-York 97 .... FF494 190 - £51 893 - $85,000
FRANCIS Thomas Edward XIX-XX [8]
👁 Near Assen, Holland - Oil/canvas (41x62cm-16x24in) New-York 96 .... FF9 500 - £1 230 - $1,900

Quimper, Brittany - Watercolour (26x35cm-10x14in) Toronto 92 .... FF2 **580** - £**264** - **$455**

FRANCISCI de Anthony 1887-1964 [3]
Moon and Clouds - Bronze (59cm-23in) London 96 .... FF16 **030** - £**1 900** - **$3,130**

FRANCISCI de Anthony. 1887-1964 [1]
Twilight - Bronze (32cm-13in) New-York 95 .... FF20 **100** - £**2 515** - **$4,000**

FRANCISCO de Pietro 1873-1969 [3]
Tunis, pèlerinage au Marabou - Huile/toile (53x131cm-21x52in) La Varenne Saint-Hilaire 93...... FF4 **000** - £**450** - **$678**

FRANCISCO John Bond 1863-1931 [10]
Pasadena - Oil/canvas (40x50cm-16x20in) San Francisco-Los Angeles 93 .... FF12 **370** - £**1 552** - **$2,250**

FRANCISCO PÉREZ MARTINEZ José 1907 [2]
Paisaje de la ría - Oleo/lienzo (58x73cm-23x29in) Madrid 97 .... FF6 **965** - £**752** - **$1,207**

FRANCK Adolf 1841-1929 [1]
Südtiroler Weinschenke bei Bozen - Oil/canvas (85x113cm-33x44in) Köln 90............ FF**129 200** - £**13 212** - **$25,502**

FRANCK Albert Jacques 1899-1973 [14]
Ottawa Street - Oil/masonite (31x26cm-12x10in) Toronto 93 .... FF8 **600** - £**940** - **$1,580**
Toronto Backyard Scene - Watercolour (49x61cm-19x24in) Toronto 95 .... FF5 **230** - £**658** - **$1,035**

FRANCK Antoine Pierre 1723-1796 [1]
A pastoral scene - Wood relief (38x53cm-15x21in) London 91 .... FF13 **900** - £**1 400** - **$2,436**

FRANCK de Paul XIX-XX [2]
Départ des pêcheurs - Huile/toile (54x73cm-21x29in) Morlaix 90 .... FF10 **500** - £**1 124** - **$1,826**

FRANCK Henri 1877-1957 [4]
Un coin à Nice - Huile/toile (89x116cm-35x46in) Grenoble 95 .... FF6 **500** - £**836** - **$1,342**

FRANCK L. 1944 [13]
Journée d'été - Huile/toile Le Mans 97 .... FF9 **200** - £**989** - **$1,614**
La terre - Bronze (31cm-12in) Versailles 92 .... FF12 **000** - £**1 228** - **$2,113**

FRANCK Lucien 1857-1920 [4]
Port de pêche - Huile/toile (60x84cm-24x33in) Bruxelles 93 .... FF29 **660** - £**3 550** - **$6,060**

FRANCK Martine 1938 [3]
La Brusc, South of France - Gelatin silver print (23x36cm-9x14in) London 94 .... FF3 **410** - £**400** - **$597**

FRANCK Myriam 1948 [5]
L'enlacement - Bronze (28x26x23cm-11x10x9in) La Varenne Saint-Hilaire 90 .... FF11 **000** - £**1 178** - **$1,913**

FRANCK Philipp 1860-1944 [5]
Garden landscape - Oil/canvas (86x74cm-34x29in) New-York 94 .... FF48 **200** - £**5 540** - **$8,250**
Wannseegarten - Öl/Leinwand (121x140cm-48x55in) Berlin 97 .... FF**330 239** - £**35 072** - **$57,525**

FRANCK Robert 1924 [12]
Cape Cod - Photograph (34x22cm-13x9in) New-York 94 .... FF15 **970** - £**1 852** - **$2,750**

FRÄNCKEL Liepmann 1774-1857 [3]
Mandsportraet - Miniature (6x5cm-2x2in) Köbenhavn 92 .... FF3 **344** - £**342** - **$697**

FRANCKEN Ruth 1924 [6]
Composition - Huile/toile (107x95cm-42x37in) Paris 92 .... FF6 **000** - £**615** - **$1,056**
Abstrakte Komposition - Gouache (97x66cm-38x26in) Düsseldorf 92 .... FF3 **400** - £**348** - **$599**

FRANCKI Jacques 1920-1987 [1]
Seine à Parmain (le pré du Lay) - Huile/toile (60x81cm-24x32in) Pontoise 96 .... FF7 **500** - £**955** - **$1,446**

FRANCKL Franz 1881-? [1]
Amperlandschaft mit Häusern - Oil/canvas (52x95cm-20x37in) Stuttgart 91 .... FF4 **460** - £**448** - **$772**

FRANCKY BOY Sevehon 1954 [26]
Sur la route - Acrylique/toile (100x150cm-39x59in) Paris 97 .... FF3 **000** - £**327** - **$524**
Le perroquet - Acrylique/toile (74x91cm-29x36in) Paris 90 .... FF20 **000** - £**2 073** - **$3,515**

FRANCO CORDERO José XIX-XX [3]
Paisaje - Oleo/lienzo (50x30cm-20x12in) Madrid 94 .... FF13 **500** - £**1 622** - **$2,496**

FRANCO Joseph Napoléon 1811-? [1]
Fleurs et fruits sur un entablement - Oil/panel (38x52cm-15x20in) New-York 95 .... FF35 **800** - £**4 460** - **$7,000**

FRANCO Siron, Gessiron 1947 [7]
Serie Peles - Oil/canvas (110x89cm-43x35in) New-York 95 .... FF66 **300** - £**8 280** - **$13,000**

FRANÇOIS Alphonse 1814-1888 [1]
Floraison d'églantines - Aquarelle, gouache (34x26cm-13x10in) Zürich 95 .... FF19 **400** - £**2 500** - **$3,950**

FRANÇOIS Ange 1800-1867 [2]
The Serenade - Oil/panel (51x55cm-20x22in) London 95 .... FF27 **240** - £**3 450** - **$5,480**

FRANÇOIS Célestin 1787-1846 [3]
L'atelier du peintre - Huile/toile (48x55cm-19x22in) Lille 97 .... FF60 **000** - £**6 216** - **$10,278**

FRANÇOIS Georges, Géo 1880-1968 [5]
Évian-les-Bains - Affiche (101x61cm-40x24in) Paris 94 .... FF3 **400** - £**393** - **$587**

FRANÇOIS Gustave F. Barraud 1883-1964 [2]
Paysage d'été - Oil/canvas (92x73cm-36x29in) Bern 90 .... FF8 **600** - £**915** - **$1,538**

FRANÇOIS Jean 1903-1977 [3]
Ermitage St. Thibaut, Marcourt - Huile/toile Liège 90 .... FF2 **300** - £**246** - **$400**

FRANÇOIS Joseph 1759-1851 [9]
A la ferme - Huile/toile (50x77cm-20x30in) Bruxelles 89 .... FF9 **700** - £**965** - **$1,532**
Automne - Huile/toile (50x85cm-20x33in) Bruxelles 95 .... FF10 **030** - £**1 270** - **$1,960**

FRANÇOIS Joseph Charles 1851-1940 [23]
Lisière d'un bois en Ardennes - Huile/toile (32x53cm-13x21in) Bruxelles 97 .... FF3 **105** - £**336** - **$549**

Paysage hivernal - Huile/toile (75x93cm-30x37in) Bruxelles 97 .... *FF14 078 - £1 539 - **$2,460***

FRANÇOIS Jules Charles 1809-1861　[1]
● *Le repas des pigeons* - Huile/toile (29x16cm-11x6in) Genève 89 .... *FF10 100 - £1 064 - **$1,700***

FRANÇOIS Marcel 1908-1987　[2]
⌀ *Le pont des Arts* - Aquarelle (43x32cm-17x13in) Nantes 89 .... *FF1 700 - £174 - **$273***

FRANÇOIS Pierre Joseph 1759-1851　[2]
● *Réjouissance dans l'atelier* - Huile/toile (48x55cm-19x22in) Paris 96 .... *FF58 000 - £7 500 - **$11,500***

FRANDSEN Erik August 1956　[8]
● *Komposition* - Mixed media/panel (118x90cm-46x35in) Viby J, Århus 92 .... *FF7 880 - £942 - **$1,515***
⌀ *Figurkomposition* - Mixed media/paper (100x70cm-39x28in) Köbenhavn 95 .... *FF3 106 - £403 - **$632***

FRANDZEN Eugene 1893-1972　[1]
● *Mountainous landscape* - Oil/canvas (64x76cm-25x30in) Chicago 93 .... *FF6 050 - £759 - **$1,100***

FRANEK-KOCH Sabine 1939　[2]
● *Unheilvoller Traum* - Mixed media/panel (57x46cm-22x18in) Berlin 96 .... *FF4 240 - £529 - **$820***
⌀ *Terror di Mundi* - Ink (44x61cm-17x24in) Berlin 96 .... *FF1 865 - £233 - **$361***

FRANG-PAHLAMA Felix 1862-1932　[1]
● *Insjölandskap* - Oil/canvas (38x65cm-15x26in) Helsinki 93 .... *FF12 200 - £1 394 - **$2,077***

FRANGIAMORE Salvatore 1853-1915　[6]
● *The unveiling* - Oil/canvas/board (62x50cm-24x20in) New-York 92 .... *FF67 600 - £7 170 - **$13,000***
⌀ *Druken cavaliers in a tavern* - Wash (64x48cm-25x19in) London 91 .... *FF3 790 - £377 - **$652***

FRANGIPANE Niccolo 1555-1600　[2]
● *Christ carrying the Cross* - Oil/panel (53x45cm-21x18in) New-York 96 .... *FF67 600 - £8 600 - **$13,000***

FRANIÉ Félix XIX-XX　[1]
▦ *Lanciers sortant d'un bois* - Tirage argentique (53x78cm-21x31in) Paris 90 .... *FF3 400 - £346 - **$680***

FRANK Edvard 1909-1972　[31]
⌀ *Erotische Zeichnungen* - Ink (29x21cm-11x8in) Berlin 96 .... *FF2 710 - £339 - **$524***
Fünf weiblichen Akten - Aquarell/Papier (48x63cm-19x25in) Köln 94 .... *FF10 940 - £1 284 - **$1,950***

FRANK Ellen A. 1889-1912　[3]
⌀ *A red parrot* - Watercolour (53x24cm-21x9in) London 92 .... *FF2 150 - £220 - **$422***

FRANK Eugen XIX　[2]
● *Fasanenpaar in herbstlicher Landschaft* - Oil/paper/canvas (19x16cm-7x6in) Bremen 94 .... *FF3 440 - £410 - **$654***

FRANK Franz 1897-1986　[9]
● *Landschaft mit Kutsche* - Öl/Leinwand (66x100cm-26x39in) Stuttgart 92 .... *FF20 340 - £2 430 - **$3,914***
Geburtstagsblumen - Oil/canvas (89x71cm-35x28in) Stuttgart 92 .... *FF81 400 - £9 720 - **$15,660***
⌀ *Heurigenpartie in Sievering* - Aquarell/Papier (13x11cm-5x4in) Wien 96 .... *FF14 400 - £1 860 - **$2,780***

FRANK Friedrich 1871-1945　[43]
⌀ *Wien, Karlsplatz mit Naschmarkt* - Aquarell/Papier (33x55cm-13x22in) Wien 97 .... *FF11 945 - £1 270 - **$2,060***
Das Obere Belvedere - Aquarell/Papier (17x23cm-7x9in) Wien 95 .... *FF34 300 - £4 520 - **$6,950***
Das Burgtheater in Wien - Watercolour, gouache/paper (24x31cm-9x12in) Wien 96 .... *FF65 000 - £8 140 - **$12,680***

FRANK Gerald A. 1889-?　[1]
● *Phlox, 1922* - Oil/board Cambridge, Mass. 89 .... *FF13 700 - £1 401 - **$2,203***

FRANK Hans 1884-1948　[14]
⌀ *A rabbit amongst dandelions* - Oil/board London 94 .... *FF21 600 - £2 500 - **$3,695***
⌀ *Staffelsee* - Aquarell/Papier (27x48cm-11x19in) Wien 95 .... *FF7 590 - £947 - **$1,533***

FRANK Heinz 1939　[6]
⌀ *Entwurf für eine Installation* - Pencil/paper (58x87cm-23x34in) Wien 93 .... *FF4 810 - £575 - **$925***

FRANK Josef 1885-1967　[4]
⌀ *Canapé* - Bois, bambou (70x75x195cm-28x30x77in) Stockholm 92 .... *FF6 600 - £676 - **$1,162***

FRANK Josef 1873-?　[5]
● *Word of advice* - Oil/canvas (47x37cm-19x15in) London 94 .... *FF9 240 - £1 100 - **$1,742***

FRANK Leo 1884-1948　[5]
● *Sommer am Mondsee* - Öl/Karton (48x64cm-19x25in) Wien 96 .... *FF36 540 - £4 740 - **$7,220***

FRANK Lucien 1857-1920　[113]
⌀ *Moulin, lumière bleue* - Huile/panneau (21x16cm-8x6in) Paris 97 .... *FF9 500 - £1 008 - **$1,654***
Sneeuwlandschap met wandelaar - Huile/panneau (27x36cm-11x14in) Lokeren 92 .... *FF33 200 - £3 400 - **$5,840***
Boulevard sous la brume - Huile/toile (90x88cm-35x35in) Bruxelles 95 .... *FF95 300 - £12 060 - **$18,630***
Promeneurs - Fusain (31x39cm-12x15in) Bruxelles 96 .... *FF15 870 - £2 036 - **$3,130***
Le marché aux oiseaux, Bruxelles - Pastel/papier (42x52cm-17x20in) Bruxelles 97 .... *FF31 046 - £3 363 - **$5,491***

FRANK Mary 1933　[6]
▯ *Flower woman* - Terracotta (67x57x43cm-26x22x17in) New-York 92 .... *FF35 940 - £3 640 - **$6,500***
⌀ *Walking woman* - Charcoal (65x50cm-26x20in) New-York 95 .... *FF6 670 - £820 - **$1,300***

FRANK Raoul 1867-1939　[2]
● *Küste bei Abbazia* - Öl/Leinwand (42x53cm-17x21in) Wien 96 .... *FF7 310 - £948 - **$1,446***

FRANK Robert 1924　[174]
▦ *Welsh Miners* - Silver print (20x33cm-8x13in) New-York 96 .... *FF7 220 - £927 - **$1,400***
Paris - Gelatin silver print (15x25cm-6x10in) New-York 96 .... *FF14 440 - £1 854 - **$2,800***
Los Angeles - Gelatin silver print (46x30cm-18x0x12in) New-York 96 .... *FF92 800 - £11 920 - **$18,000***

FRANK Walter A. 1848-1908　[5]
⌀ *Young Anglers* - Watercolour/paper (38x25cm-15x10in) London 90 .... *FF11 600 - £1 242 - **$2,017***

FRANK William Arnee 1808-1897　[5]
⌀ *Water Fall, North Wales* - Watercolour (30x48cm-12x19in) Bristol, Avon 94 .... *FF2 880 - £350 - **$544***

FRANK-BOGGS 1855-1926　[217]
● *Trois-mâts au Havre* - Huile/toile (81x54cm-32x21in) Paris 97 .... *FF12 000 - £1 319 - **$2,190***

On the Quay - Oil/canvas (46x61cm-18x24in) New-York 96.. **FF36 540 - £4 230 - $7,000**
La seine à Paris - Oil/canvas (54x65cm-21x26in) New-York 97............................... **FF122 520 - £12 864 - $21,000**
Honfleur - Aquarelle/papier (28x44cm-11x17in) Paris 95.. **FF7 600 - £986 - $1,557**
Le Louvre et le pont du Carousel - Aquarelle (26x40cm-10x16in) Calais 96............ **FF14 000 - £1 815 - $2,770**
Le phare, Trouville - Aquarelle (26x40cm-10x16in) Deauville 92............................ **FF22 000 - £2 252 - $3,870**

FRANK-KRAUSS Robert 1893-1950 [23]
Nachtwächter in einer Kleinstadt - Oil/panel (24x16cm-9x6in) Köln 96................... **FF2 232 - £262 - $439**
Stilleben mit Rosenstrauss - Oil/panel (54x45cm-21x18in) Bremen 95.................. **FF9 100 - £1 168 - $1,875**
Ungleiches Paar - Öl/Leinwand (38x32cm-15x13in) München 94............................ **FF18 800 - £2 260 - $3,575**

FRANK-WILL 1900-1951 [297]
Hiver, village sous la neige - Huile/toile (65x82cm-26x32in) Paris 97.................... **FF8 500 - £934 - $1,551**
Les vaisseaux pavoisés - Huile/toile (97x132cm-38x52in) Calais 97.................... **FF20 200 - £2 142 - $3,506**
Paris, le Pont-Neuf et la Cité - Huile/toile (65x93cm-26x37in) Calais 95............. **FF38 500 - £4 860 - $7,720**
Coup de soleil sur Notre Dame - Huile/toile (73x100cm-29x39in) Soissons 90..... **FF135 100 - £13 749 - $27,018**
Marché à Dreux - Aquarelle (57x72cm-22x28in) Paris 97..................................... **FF9 000 - £956 - $1,560**
Promeneurs à Thonery - Aquarelle (48x53cm-19x21in) La Varenne Saint-Hilaire 92 .. **FF10 000 - £1 024 - $1,760**
Semur - Aquarelle (50x65cm-20x26in) Paris 97.. **FF15 000 - £1 563 - $2,556**
Voiliers dans le port de Saint-Malo - Aquarelle/papier (50x146cm-20x57in) Calais 97 .... **FF24 000 - £2 570 - $4,207**
Le port de Camaret - Aquarelle (45x54cm-18x21in) Paris 94............................... **FF145 000 - £17 130 - $26,400**

FRANKE Albert Julius 1860-1924 [12]
A good story - Oil/panel (18x23cm-7x9in) London 95... **FF31 950 - £4 000 - $6,360**
An Arab market by a city gate - Oil/panel (24x36cm-9x14in) London 96.............. **FF123 300 - £16 000 - $24,400**

FRANKE Fritz 1895-1966 [1]
Forsthaus Mitteldick - Ink (20x28cm-8x11in) Heidelberg 96................................ **FF1 930 - £238 - $373**

FRANKE Hanny, Joh. Emil 1890-1973 [16]
Taunuslandschaft - Öl/Leinwand (26x36cm-10x14in) München 95....................... **FF12 110 - £1 463 - $2,280**
An der Nidda - Aquarell/Papier (23x34cm-9x13in) Bad Vilbel 94......................... **FF3 260 - £391 - $633**

FRÄNKEL Clemens 1872-1944 [12]
Märzstimmung im Zugspitzgebiet - Öl/Leinwand (78x97cm-31x38in) München 93..... **FF2 440 - £279 - $412**
Geheimnisvolle Prozession - Öl/Leinwand (1x92cm-36in) Wien 96...................... **FF7 800 - £1 012 - $1,542**

FRÄNKEL Karl 1895-1964 [1]
Wienerischen Spiel - Woodcut Wien 93... **FF2 405 - £288 - $463**

FRANKEN J. 1878-1959 [1]
Sunflower and pewter - Oil/canvas (105x96cm-41x38in) Laren 90...................... **FF8 400 - £894 - $1,503**

FRANKEN Johannes P. Josephus 1896-? [4]
Venetian beggars - Oil/canvas (94x75cm-37x30in) Amsterdam 95..................... **FF4 080 - £520 - $835**

FRANKEN Marianne 1884-1945 [3]
Elegant lady wearing a hat - Oil/board (67x50cm-26x20in) Amsterdam 95.......... **FF2 510 - £320 - $514**

FRANKEN Petrus Johannes Corn 1866-1911 [1]
Cows by a fence - Oil/canvas (36x49cm-14x19in) Amsterdam 92....................... **FF2 730 - £280 - $481**

FRANKEN Pierre Antoine ?-1928 [1]
Rue du Moulin-de-Beurre, Paris - Huile/toile (61x43cm-24x17in) Paris 90.......... **FF8 000 - £818 - $1,579**

FRANKEN PZN J. 1896-1977 [2]
Tulips and fruit - Oil/canvas (68x64cm-27x25in) Amsterdam 96......................... **FF16 600 - £1 920 - $3,180**

FRANKEN Theodor 1811-1876 [1]
Das Geschenk - Öl/Leinwand (26x31cm-10x12in) Bremen 95............................. **FF8 700 - £1 128 - $1,810**

FRANKENBERG Erich 1890-? [1]
Interieur und Flusslandschaft - Pastel (73x100cm-29x39in) Stuttgart 94............ **FF8 160 - £952 - $1,430**

FRANKENBERGER Johann 1807-1874 [1]
Damenporträt - Oil/canvas (74x59cm-29x23in) München 91............................... **FF6 840 - £702 - $1,273**

FRANKENTHALER Helen 1928 [128]
Yellow caterpillar - Oil/canvas (237x304cm-93x120in) New-York 90................... **FF3 - £395 532 - $665,116**
Untitled - Acrylic/canvas (71x60cm-28x24in) London 94.................................... **FF41 900 - £5 000 - $7,890**
Cats Green - Acrylic/canvas (113x65cm-44x26in) New-York 97.......................... **FF174 216 - £18 327 - $30,000**
High frequency - Acrylic/canvas (181x153cm-71x60in) New-York 97.................. **FF232 560 - £24 420 - $40,000**
Approach - Oil/canvas (208x197cm-82x78in) New-York 96................................ **FF518 000 - £66 800 - $100,000**
Cedar Hill - Woodcut in colors (51x63cm-20x25in) New-York 97........................ **FF31 429 - £3 369 - $5,500**
Untitled - Mixed media/paper (67x51cm-26x20in) New-York 92.......................... **FF51 100 - £5 230 - $9,000**

FRANKFORT Eduard 1864-1920 [4]
Two Rabbi's studying the Talmud - Oil/canvas (80x100cm-31x39in) Amsterdam 89 .... **FF35 900 - £3 783 - $6,044**

FRANKL Franz 1881-1940 [13]
Sommerlandschaft - Oil/canvas (35x45cm-14x18in) München 91........................ **FF9 570 - £983 - $1,782**
Giesshübl - Öl/Leinwand (51x77cm-20x30in) Wien 95....................................... **FF294 000 - £38 050 - $59,800**

FRANKL Gerhard 1901-1965 [21]
Blick auf Salzburg III - Öl/Leinwand (48x56cm-19x22in) Wien 96...................... **FF120 200 - £15 070 - $23,500**
Ober St. Veit - Etching (14x19cm-6x7in) Wien 96.. **FF1 950 - £253 - $386**
Flasche, Zwiebel, Messer und Apfel - Watercolour (66x47cm-26x19in) Wien 96..... **FF62 600 - £7 800 - $12,100**

FRANKL Gyula 1840-? [1]
Knabe mit Blütenkranz - Oil/canvas (45x39cm-18x15in) Wien 89...................... **FF21 600 - £2 087 - $3,278**

FRANKOT Roel 1911-1986 [4]
Ruimte Ervaring - Oil/canvas (60x80cm-24x31in) Amsterdam 96....................... **FF7 820 - £897 - $1,493**

FRANQUE Jean-Pierre 1774-1860 [2]
🖼 *Isabel Carlota de Baviera* - Oleo/lienzo (101x111cm-40x44in) Madrid 96 .... FF30 100 - £3 760 - **$5,820**
FRANQUELIN Jean Augustin 1798-1839 [8]
🖼 *Le Polonais* - Oil/canvas (100x80cm-39x31in) New-York 95 .... FF85 800 - £10 300 - **$16,000**
FRANQUINET Eugene 1875-1940 [1]
🖼 *Yellow cannas* - Oil/canvas (76x64cm-30x25in) San Francisco-Los Angeles 93 .... FF13 750 - £1 724 - **$2,500**
FRANS Paul 1958 [6]
🖼 *Am Strand von Deauville* - Oil/panel (46x55cm-18x22in) Luzern 89 .... FF11 700 - £1 196 - **$1,881**
FRANSAERT Karel 1948 [3]
🖼 *Kompositie* - Acrylique/papier (49x63cm-19x25in) Lokeren 92 .... FF6 310 - £646 - **$1,110**
FRANSIOLLI Thomas Adrian 1906 [3]
🖼 *On Brimmer Street* - Oil/canvas (41x51cm-16x20in) Cambridge, Mass. 92 .... FF20 800 - £2 483 - **$4,000**
FRANSSON Bengt 1935 [2]
🖼 *Gamla stan från Katarinavägen* - Oil/canvas (79x98cm-31x39in) Stockholm 91 .... FF6 320 - £637 - **$1,097**
FRANTA 1930 [3]
🖼 *Le bain* - Huile/toile (100x100cm-39x39in) Paris 97 .... FF2 400 - £259 - **$427**
Struktur und Fleisch - Öl/Leinwand (100x100cm-39x39in) München 94 .... FF11 960 - £1 405 - **$2,130**
FRANTISEK Franz Simon 1877-1942 [2]
🖼 *Der Parthenon* - Oil/canvas (81x65cm-32x26in) Stuttgart 90 .... FF43 900 - £4 700 - **$7,635**
FRANTSOUSOV Youri 1946 [2]
🖼 *Les petits rats* - Huile/toile (33x62cm-13x24in) Paris 91 .... FF6 500 - £666 - **$1,214**
FRANTZ Samuel Marshall 1890-? [3]
🖼 *Men in elegant interior* - Oil/canvas (64x43cm-25x17in) New-York 96 .... FF11 780 - £1 398 - **$2,300**
FRANZ Carl 1863-? [1]
🖼 *Frühlingsstrasse in Garmisch* - Öl/Leinwand (43x60cm-17x24in) Lindau 95 .... FF4 275 - £534 - **$863**
FRANZ Carl Joseph 1829-1875 [1]
🖼 *Dampfschiffstation* - Oil/canvas (78x54cm-31x21in) Nürnberg 91 .... FF27 600 - £2 767 - **$5,055**
FRANZ Ettore Roesler 1845-1907 [40]
✏ *Piazza dell'Olmo a Tivoli* - Acquarello/carta (28x41cm-11x16in) Roma 93 .... FF23 800 - £2 670 - **$4,260**
Sbocco della Cloaca Massima - Watercolour (74x53cm-29x21in) London 95 .... FF52 800 - £7 000 - **$10,900**
A street scene in the Ghetto, Rome - Watercolour (76x53cm-30x21in) London 94 .... FF124 300 - £14 500 - **$21,800**
FRANZ Heinrich 1871-1942 [1]
🖼 *Vorgebirgslandschaft* - Öl/Leinwand (77x86cm-30x34in) München 94 .... FF8 500 - £992 - **$1,490**
FRANZ Janz 1946 [2]
✏ *Die Nacht voll Seeligkeit* - Mixed media/paper (74x105cm-29x41in) Wien 94 .... FF2 200 - £250 - **$373**
FRANZ JOSEPH I. Kaiser v. Österreich 1830-1916 [1]
✏ *Ländliche figurale Szene* - Pencil (23x34cm-9x13in) Wien 96 .... FF21 920 - £2 845 - **$4,340**
FRANZ Otto D. 1871-? [1]
🖼 *Repose at the summit* - Oil/panel (83x98cm-33x39in) San Francisco-Los Angeles 92 .... FF8 320 - £993 - **$1,600**
FRANZ-DREBER H. 1822-1875 [1]
🖼 *Huntsmen in a landscape* - Oil/canvas (123x88cm-48x35in) London 92 .... FF48 850 - £5 000 - **$8,620**
FRANZEN John Erik 1942 [21]
🖼 *Ulrika* - Oil/canvas (88x56cm-35x22in) Stockholm 92 .... FF10 370 - £1 062 - **$1,826**
✏ *Vinröd Harley Davidson* - Gouache (28x46cm-11x18in) Stockholm 96 .... FF5 380 - £672 - **$1,040**
Harley Davidson - Mixed media/paper (23x54cm-9x21in) Stockholm 95 .... FF9 530 - £1 248 - **$1,910**
FRANZEN Werner 1928 [7]
🗿 *Schreibender Knabe* - Bronze (31cm-12in) Köln 94 .... FF3 770 - £453 - **$733**
FRANZINI D'ISSONCOURT Charles H. 1872-? [2]
🖼 *Two children* - Oil/canvas (145x97cm-57x38in) London 92 .... FF35 200 - £4 200 - **$6,760**
FRAPPA José 1854-1904 [11]
🖼 *Fille aux oranges* - Oil/canvas (83x53cm-33x21in) New-York 92 .... FF18 720 - £2 235 - **$3,600**
A toast to the Cardinal - Oil/panel (72x100cm-28x39in) New-York 96 .... FF180 000 - £21 800 - **$35,000**
FRASCHETTI Giuseppe 1879-1956 [1]
🖼 *Forte dei Marmi* - Olio/cartone (39x53cm-15x20in) Prato 96 .... FF13 140 - £1 560 - **$2,574**
FRASER Alexander XIX-XX [21]
🖼 *The young boat builder* - Oil/canvas (26x31cm-10x12in) London 93 .... FF7 050 - £850 - **$1,233**
Scene near Newhaven - Oil/canvas (72x110cm-28x43in) London 94 .... FF30 100 - £3 500 - **$5,200**
FRASER Alexander, Jnr. 1825-1899 [15]
🖼 *A gypsy emcampment* - Oil/board (19x24cm-7x9in) London 96 .... FF4 125 - £500 - **$802**
Uddingston Ferry on the River Clyde - Oil/canvas (66x94cm-26x37in) London 97 .... FF176 190 - £18 500 - **$30,199**
FRASER Alexander, Snr. 1786-1865 [8]
🖼 *Old man with a pipe* - Oil/canvas (58x46cm-23x18in) London 96 .... FF6 380 - £800 - **$1,232**
Poultry Buyer - Oil/canvas (64x76cm-25x30in) New-York 95 .... FF38 300 - £4 770 - **$7,500**
FRASER Arthur Anderson 1861-1904 [18]
✏ *The Brook* - Watercolour (30x45cm-12x18in) London 96 .... FF5 060 - £600 - **$988**
FRASER Calum 1956 [2]
🖼 *Man with umbrella* - Acrylique/toile (120x38cm-47x15in) Paris 90 .... FF14 000 - £1 509 - **$2,469**
FRASER Claud Lovat 1890-1921 [11]
🖼 *Scenes: style of the Beggar's Opera* - Oil/board (66x38cm-26x15in) London 93 .... FF6 220 - £750 - **$1,088**
✏ *A Dandy of the Forties* - Watercolour (20x8cm-8x3in) London 94 .... FF3 770 - £450 - **$710**
FRASER Donald Hamilton 1929 [32]
🖼 *Flowers - Orange and Black Background* - Oil/board (37x28cm-15x11in) London 97 .... FF6 999 - £749 - **$1,209**
Landscape with Yellow Sky - Oil/board (61x76cm-24x30in) London 97 .... FF14 939 - £1 600 - **$2,581**

Beachscape - Oil/canvas (61x46cm-24x18in) London 97 .... FF**28 736** - £*3 000* - **$4,916**
Venice - the Salute, Dusk - Watercolour (25x40cm-10x16in) London 97 .... FF**6 598** - £*700* - **$1,137**
FRASER Douglass 1883-1955 [2]
Creeping Shadows, Vallejo
    Oil/canvas (66x91cm-26x36in) San Francisco-Los Angeles 93 .... FF**20 700** - £*2 350* - **$3,500**
FRASER Eric George 1902-1984 [3]
The Art of Beer making - Watercolour (33x36cm-13x14in) London 92 .... FF**25 960** - £*3 100* - **$4,990**
FRASER Francis Arthur XIX [2]
On the towpath - Wash (35x53cm-14x21in) London 90 .... FF**3 700** - £*382* - **$654**
FRASER Garden William 1856-1921 [2]
A house on the banks of a river - Watercolour/paper (25x33cm-10x13in) London 89 .... FF**8 200** - £*816* - **$1,295**
FRASER George Gordon c.1820-1895 [6]
Hemingford abbots - Watercolour (26x38cm-10x15in) London 97 .... FF**10 486** - £*1 100* - **$1,799**
FRASER James Baillie 1783-1856 [2]
Calcutta and its Environs - Aquatint in colors (37x50cm-15x20in) London 95 .... FF**13 650** - £*1 700* - **$2,670**
FRASER James Earle 1876-1953 [7]
Dr. William Nye Swift at the Helm - Bronze (54x63cm-21x25in) New-York 92 .... FF**6 370** - £*740* - **$1,300**
Storm Driven - Bronze (40cm-16in) New-York 96 .... FF**114 200** - £*14 550* - **$22,000**
FRASER John 1858-1927 [14]
A fishing boat off a jetty - Oil/canvas (61x91cm-24x36in) London 93 .... FF**5 160** - £*580* - **$864**
Canot de pêcheur dans une crique - Aquarelle (54x78cm-21x31in) Paris 96 .... FF**5 000** - £*627* - **$967**
FRASER John Arthur 1838-1898 [4]
Mount Sir Donald From the Lake road - Oil/canvas (76x56cm-30x22in) Toronto 96 .... FF**62 000** - £*7 070* - **$11,870**
Bow River - Watercolour (36x48cm-14x19in) Toronto 96 .... FF**8 640** - £*1 094* - **$1,740**
FRASER John Simpson c.1840-c.1900 [3]
Landing the catch, Arbroath - Watercolour (40x60cm-16x24in) London 95 .... FF**3 675** - £*460* - **$732**
FRASER Laura Gardin 1889-1966 [3]
Polo player - Bronze (32cm-13in) New-York 94 .... FF**27 330** - £*3 283* - **$5,200**
FRASER Malcolm 1869-1949 [6]
Shipwrecked - Oil/canvas (40x61cm-16x24in) London 94 .... FF**3 530** - £*425* - **$655**
Fishing smacks & a rowing boat
    Watercolour (28x44cm-11x17in) Marlborough Crescent, Newcastle upon Tyne 94 ... FF**2 330** - £*280* - **$432**
FRASER Robert Winchester 1848-1906 [24]
Bedfordshire/Hemingford
    Watercolour (16x35cm-6x14in) Marlborough Crescent, Newcastle upon Tyne 92 .... FF**6 940** - £*710* - **$1,224**
FRASER Robert Winter 1872-1930 [26]
Woodland Pool - Watercolour (46x25cm-18x10in) Aylsham, Norfolk 95 .... FF**4 970** - £*600* - **$916**
FRASER Thomas Douglas 1885-1955 [1]
Mountainous landscape & horses - Oil/canvas (46x56cm-18x22in) Litchfield, CT 92 .... FF**2 080** - £*218* - **$375**
FRASER William A. c.1840-1925 [1]
Wet Night, Colombus Circle, N.Y. - Gelatin silver print (33x25cm-13x10in) New-York 96 ..... FF**41 300** - £*5 300* - **$8,000**
FRASNAY Pierre 1928 [7]
Atelier d'Alberto Giacometti - Photo (27x21cm-11x8in) Paris 93 .... FF**2 100** - £*253* - **$382**
FRASS Wilhelm 1886-? [3]
Putto - Terracotta (57cm-22in) Wien 93 .... FF**7 810** - £*887* - **$1,330**
FRASSI Pietro 1706-1778 [1]
Seated male nude - Black chalk (25x38cm-10x15in) London 96 .... FF**5 820** - £*750* - **$1,140**
FRAST Karoline 1841-1902 [1]
Kaiserin Elisabeth - Oil/canvas (68x54cm-27x21in) Wien 91 .... FF**7 200** - £*717* - **$1,238**
FRATIN Christophe 1800-1864 [100]
Le Père Odry - Bronze (18x9cm-7x4in) London 97 .... FF**17 143** - £*1 800* - **$2,938**
The bear dentist - Bronze (15cm-6in) London 90 .... FF**24 200** - £*2 500* - **$4,276**
Rhinocéros attaqué par un serpent - Bronze (32cm-13in) New-York 93 .... FF**77 000** - £*9 650* - **$14,000**
FRATINI Enrico 1890-1968 [1]
Moored boats with fisherman - Oil/panel (19x27cm-7x11in) Amsterdam 90 .... FF**2 413** - £*244* - **$459**
FRATREL Joseph I 1730-1783 [5]
Le fils du meunier - Etching (45x32cm-18x13in) London 92 .... FF**4 690** - £*480* - **$828**
FRATTINI Vittore 1937 [2]
Volo - Construction (102x76cm-40x30in) Milano 92 .... FF**9 960** - £*1 020* - **$1,755**
FRAU José 1898-1976 [27]
Cielo y montaña sobre el pueblo - Oleo/lienzo (73x92cm-29x36in) Madrid 97 .... FF**25 870** - £*2 795* - **$4,485**
Bañistas - Oleo/lienzo (154x207cm-61x81in) Madrid 92 .... FF**81 000** - £*8 250* - **$14,250**
FRAUCHIGER Charlotte 1898-1989 [14]
Blick in die Schlucht - Oil/canvas (73x50cm-29x20in) Bern 94 .... FF**2 790** - £*285* - **$492**
Stampahäuser am Morgen - Pastell (43x51cm-17x20in) Bern 92 .... FF**4 464** - £*456* - **$786**
FRAUENBERGER Erich 1924 [1]
Blumenstrauss in einer Vase - Oil/panel (49x38cm-19x15in) München 93 .... FF**2 800** - £*321* - **$474**
FRAYE André 1887-1963 [12]
L'écluse - Huile/toile (61x74cm-24x29in) Nantes 91 .... FF**10 000** - £*1 003* - **$1,651**
Le port du Havre - Aquarelle (24x31cm-9x12in) Le Havre 93 .... FF**2 800** - £*338* - **$510**

F

Calendar & auction results :   INTERNET : www.artprice.com   MINITEL : 3617 ARTPRICE

FRAZER William Miller 1864-1961 [58]
- Sheep grazing - Oil/canvas (40x61cm-16x24in) Glasgow 96 .... FF8 480 - £1 100 - **$1,662**
- In the fens - Oil/canvas (38x56cm-15x22in) Auchterarder, Perthshire 92 .... FF11 420 - £1 200 - **$2,390**
- A quiet retreat - Oil/canvas (35x46cm-14x18in) Glasgow 96 .... FF11 600 - £1 202 - **$2,039**
- The village street - Oil/board (39x35cm-15x14in) Auchterarder, Perthshire 95 ..... FF11 720 - £1 500 - **$2,307**
- The shore at Dramadoon, Arran
   Oil/canvas (30x46cm-12x18in) Auchterarder, Perthshire 95 .... FF25 000 - £3 200 - **$4,920**
- September - Oil/canvas (76x64cm-30x25in) Auchterarder, Perthshire 95 .... FF42 200 - £5 400 - **$8,300**

FRAZETTA Frank 1928 [10]
- Vampirella - Pencil/paper (25x36cm-10x14in) New-York 95 .... FF18 920 - £2 513 - **$3,900**

FRECCIA Pietro 1814-1856 [1]
- Los Amantes - Marbre (95x63x88cm-37x25x35in) Madrid 94 .... FF290 300 - £34 200 - **$51,700**

FRECHKOP Leonid 1897-1982 [55]
- Bouquet de roses - Huile/toile (46x38cm-18x15in) Antwerpen 94 .... FF2 500 - £300 - **$486**
- Assoupie - Huile/toile (92x152cm-36x60in) Bruxelles 95 .... FF4 015 - £508 - **$785**
- Les baigneuses - Huile/toile (190x140cm-75x55in) Bruxelles 96 .... FF10 050 - £1 300 - **$2,010**
- Three nudes in an interior - Huile/toile (131x182cm-52x72in) Amsterdam 94 ..... FF49 000 - £5 810 - **$9,050**
- Nu allongé - Pastel/papier (51x68cm-20x27in) Bruxelles 91 .... FF7 900 - £802 - **$1,427**

FRÉCHON Charles 1856-1929 [34]
- Les meules - Huile/toile (57x73cm-22x29in) Rouen 93 .... FF35 000 - £4 220 - **$6,360**
- Le jardin du peintre - Huile/toile (36x27cm-14x11in) Rouen 94 .... FF50 800 - £6 040 - **$9,100**
- Le chemin creux - Huile/toile (60x73cm-24x29in) Rouen 92 .... FF103 000 - £10 540 - **$18,130**
- Jardin de l'artiste, Mont-Saint-Aignan - Huile/toile (65x81cm-26x32in) Paris 92 ..... FF255 000 - £30 400 - **$49,000**

FRECHON Michel 1892-1974 [14]
- Vieille rue à Rouen - Fusain (58x45cm-23x18in) Rouen 92 .... FF2 600 - £311 - **$500**
- Le petit déjeuner - Fusain (37x49cm-15x19in) Deauville 92 .... FF18 000 - £1 843 - **$3,170**

FRECKLETON Harry 1890-1979 [3]
- The Harbour Wall - Oil/canvas (64x51cm-25x20in) Chicago 93 .... FF2 340 - £293 - **$425**

FREDDIE Vilhelm 1909-1995 [58]
- Surrealistiskt stilleben - Oil/canvas (27x35cm-11x14in) Stockholm 96 .... FF13 840 - £1 726 - **$2,673**
- Morgen - Oil/canvas (80x60cm-31x24in) København 95 .... FF26 500 - £3 255 - **$5,170**
- Surrealistisk komposition - Oil/masonite (65x54cm-26x21in) København 94 ...... FF43 950 - £5 230 - **$8,280**
- Komposition - Collage (37x24cm-15x9in) København 96 .... FF3 725 - £484 - **$737**
- Surrelistisk komposition - Collage (33x43cm-13x17in) København 96 .... FF19 500 - £2 533 - **$3,860**

FREDENTHAL David 1914-1958 [2]
- Snow in the village - Watercolour (55x76cm-22x30in) New-York 92 .... FF3 690 - £378 - **$650**

FREDERIC Georges 1900-1981 [9]
- Nieuport - Huile/toile (60x80cm-24x31in) Lokeren 92 .... FF3 984 - £408 - **$701**
- Hiver - Huile/toile (73x94cm-29x37in) Lokeren 93 .... FF45 400 - £5 180 - **$7,840**

FREDERIC Léon 1856-1940 [43]
- Les dentelières - Huile/toile (135x105cm-53x41in) Bruxelles 96 .... FF18 420 - £2 385 - **$3,685**
- Les éplucheuses de pommes de terre - Huile/toile (120x95cm-47x37in) Bruxelles 94 ..... FF87 400 - £10 130 - **$15,050**
- Zelfportret - Pastel (42x37cm-17x15in) Lokeren 93 .... FF7 770 - £888 - **$1,344**

FREDERIC Millie Bruhl 1878-1939 [1]
- Three ladies under a tree - Oil/board (36x38cm-14x15in) Delray Beach, Florida 94 ..... FF2 950 - £336 - **$500**

FREDERICKS Ernest 1877-1927 [7]
- Landscape - Oil/canvas (58x56cm-23x22in) Detroit, Michigan 92 .... FF2 556 - £262 - **$450**

FREDERICKS Marshall Maynard 1908-? [17]
- Lion & monkey - Bronze (28cm-11in) Bloomfield Hills, Michigan 93 .... FF11 800 - £1 343 - **$2,000**
- Boy on bear - Bronze (28cm-11in) Bloomfield Hills, Michigan 94 .... FF42 800 - £5 000 - **$7,500**

FREDERICO Cavalier Michèle 1884-? [6]
- Breaking waves, Capri - Oil/canvas (135x173cm-53x68in) London 92 .... FF4 870 - £500 - **$935**

FREDERIKSEN Axel 1881-? [1]
- Interior with mother & child - Oil/canvas (44x50cm-17x20in) København 95 ..... FF6 190 - £760 - **$1,206**

FRÉDOU Jean Martial 1711-1795 [5]
- Madame Victoire - Oil/canvas/panel (78x62cm-31x24in) Stockholm 96 .... FF27 230 - £3 105 - **$5,210**
- Fille du roi Louis XV - Pastel (44x36cm-17x14in) Paris 96 .... FF4 500 - £560 - **$868**

FREDRICKS Charles DeForest 1823-1894 [1]
- Negro en el Cepo - Silver print (16x22cm-6x9in) New-York 96 .... FF12 770 - £1 647 - **$2,500**

FREDRIKS Per 1887-1947 [1]
- Vaksalagatan i Uppsala - Oil/canvas (48x63cm-19x25in) Uppsala 92 .... FF2 710 - £315 - **$554**

FREDRIKSEN Stinius 1922-1977 [2]
- Forarbeide på Nidarosdomen - Plaster (74cm-29in) Oslo 92 .... FF2 342 - £280 - **$451**

FREDRIKSSON Carl Einar, Figge 1887-1951 [9]
- Vase of flowers - Oil/canvas (45x37cm-18x15in) Söderköping 93 .... FF2 810 - £319 - **$476**

FREED Leonard 1929 [2]
- Harlem, NY - Gelatin silver print (48x30cm-19x12in) London 94 .... FF5 540 - £650 - **$970**

FREEDLEY Durr 1888-1938 [1]
- Woman wearing a pearl necklace - Drawing (20x18cm-8x7in) Boston, Mass. 94 ..... FF2 284 - £268 - **$400**

FREEDMAN Barnett 1901-1958 [5]
- The farmstead - Oil/canvas (48x58cm-18x22in) London 90 .... FF8 560 - £866 - **$1,628**
- God Save Our Queen - Gouache (48x100cm-19x39in) London 93 .... FF5 270 - £600 - **$894**

FREEDMAN Constance 1928-1982 [1]
- The chorus - Bronze (23cm-9in) London 91 .... FF6 050 - £620 - **$1,130**

FREEMAN Charles H. 1859-1918 [1]
🖼 *Haystacks in winter* - Oil/canvas (51x61cm-20x24in) New-York 95 .... FF6 300 - £810 - **$1,300**
FREEMAN Don 1908-1978 [11]
🖼 *Washington Square Art Show* - Lithograph (23x28cm-9x11in) Chicago 93 .... FF2 510 - £286 - **$425**
FREEMAN Will. Philip Barnes 1813-1897 [8]
🖼 *Barge on the Norfolk Broads* - Oil/panel (24x33cm-9x13in) London 95 .... FF18 550 - £2 400 - **$3,790**
✏ *Stormy Norfolk landscape* - Watercolour (23x30cm-9x12in) Aylsham, Norfolk 96 .... FF3 120 - £400 - **$615**
FREER Frederick Warren 1849-1908 [3]
🖼 *The old letter* - Oil/canvas (61x48cm-24x19in) New-York 93 .... FF24 750 - £3 104 - **$4,500**
FREER Henry Branston XIX-XX [7]
✏ *Medway Barge Race* - Watercolour/paper (13x29cm-5x11in) London 97 .... FF3 002 - £320 - **$524**
FREGERE Claude 1921 [3]
🖼 *Guitare et trompette* - Huile/toile (73x54cm-29x21in) Neuilly 91 .... FF6 000 - £606 - **$1,191**
FREI Hans 1868-1947 [15]
🗿 *Mädchenportrait* - Relief (12x9cm-5x4in) Zofingen 96 .... FF1 572 - £196 - **$304**
Frauenakt mit Rose - Bronze (19x11cm-7x4in) Zofingen 96 .... FF3 100 - £387 - **$599**
FREI Werner 1907-1983 [1]
✏ *Autoportrait* - Aquarell (32x27cm-13x11in) Zofingen 94 .... FF5 700 - £675 - **$1,053**
FREIFELD Eric 1919-1984 [3]
✏ *Pansies* - Watercolour (53x76cm-21x30in) Toronto 94 .... FF9 000 - £1 052 - **$1,588**
FREIJMUTH Alphons 1940 [5]
🖼 *Mariage* - Acrylic/canvas (120x120cm-47x47in) Amsterdam 92 .... FF15 170 - £1 553 - **$2,670**
✏ *Portrait* - Pastel/paper (40x33cm-16x13in) Amsterdam 90 .... FF6 020 - £616 - **$1,188**
FREILICHER Jane 1924 [3]
🖼 *Bluish horizon* - Oil/canvas (203x177cm-80x70in) New-York 92 .... FF72 800 - £7 730 - **$14,000**
🖼 *Bouquet in green vase* - Color lithograph (76x56cm-30x22in) New-York 92 .... FF1 665 - £174 - **$300**
✏ *Flowers, tea cup and spoon* - Pastel/paper (60x47cm-24x19in) New-York 96 .... FF6 780 - £817 - **$1,300**
FREIST Greta 1904-1993 [12]
🖼 *Ohne Titel* - Öl/Leinwand (74x100cm-29x39in) Wien 96 .... FF24 140 - £2 750 - **$4,620**
La danseuse - Öl/Leinwand (99x71cm-39x28in) Wien 96 .... FF154 000 - £19 600 - **$29,630**
FREITAG Clemens 1883-? [9]
🖼 *Jagdstück* - Öl/Leinwand (70x80cm-28x31in) Köln 93 .... FF3 730 - £446 - **$718**
FREIXANES José 1953 [5]
🖼 *Faro mareante* - Huile/toile (140x140cm-55x55in) Paris 90 .... FF15 000 - £1 510 - **$2,938**
FREIXAS CORTES Jordi 1917-1984 [3]
✏ *Procesiòn del corpus* - Oleo/lienzo (41x33cm-16x13in) Madrid 97 .... FF3 400 - £382 - **$612**
FRELAUT Jean 1879-1954 [94]
🖼 *L'église de Séné près de Vannes* - Huile/carton (41x60cm-16x24in) Honfleur 93 .... FF10 500 - £1 208 - **$1,810**
Petite chaumière à Douarnenez - Huile/toile (46x55cm-18x22in) Douarnenez 96 .... FF16 800 - £2 150 - **$3,330**
🖼 *Feu de la Saint-Jean* - Eau-forte (12x19cm-5x7in) Quimper 96 .... FF2 450 - £306 - **$475**
✏ *Locmariaquer* - Aquarelle/papier (21x26cm-8x10in) Quimper 97 .... FF4 000 - £428 - **$701**
FRÉMIET Emmanuel 1824-1910 [166]
🗿 *Cocher romain* - Bronze (41cm-16in) New-York 95 .... FF12 840 - £1 576 - **$2,500**
Napoléon III à cheval - Bronze (36cm-14in) New-York 95 .... FF19 420 - £2 420 - **$3,800**
Gorille enlevant une femme - Bronze (50cm-20in) New-York 96 .... FF87 400 - £10 600 - **$17,000**
✏ *Singe s'épouillant* - Aquarelle (12x20cm-5x8in) Soissons 94 .... FF8 000 - £910 - **$1,360**
FREMOND André XIX-XX [13]
🖼 *Veneur à cheval* - Huile/toile (81x100cm-32x39in) Paris 92 .... FF10 500 - £1 075 - **$1,850**
FRÉMONT Caroline Céline Gab. c.1850-? [3]
🖼 *Bouquet de roses* - Huile/isorel (45x55cm-18x22in) Le Havre 91 .... FF4 500 - £447 - **$781**
FRÉMONT Charles XIX-XX [1]
🗿 *shepherd and shepherdess* - Marble (92cm-36in) London 93 .... FF48 000 - £6 000 - **$8,700**
FREMONT Pierre 1886-1974 [16]
🖼 *Les pyramides d'Egypte* - Huile/carton (24x33cm-9x13in) Versailles 89 .... FF6 500 - £665 - **$1,045**
FRÉMONT Suzanne C. D. 1876-1962 [9]
🖼 *Mosquée* - Huile/toile (46x65cm-18x26in) Paris 96 .... FF2 000 - £251 - **$386**
FRÉMY Antoine Alex. Aug. 1816-1885 [7]
✏ *Shipping in the Bay of Rio de Janeiro* - Bodycolour (19x28cm-7x11in) London 95 .... FF9 210 - £1 150 - **$1,806**
FRENCH Alice Helm 1864-? [2]
🖼 *Portrait of a young girl* - Oil/canvas (61x46cm-24x18in) Mystic, Connecticut 93 .... FF2 200 - £276 - **$400**
FRENCH Annie 1872-1965 [11]
✏ *Picking flowers* - Watercolour (23x43cm-9x17in) Glasgow 96 .... FF23 320 - £2 700 - **$4,470**
FRENCH Daniel Chester 1850-1931 [6]
🗿 *Disarmament* - Bronze (36cm-14in) New-York 95 .... FF10 040 - £1 257 - **$2,000**
George Washington - Bronze (82cm-32in) New-York 96 .... FF154 500 - £19 200 - **$30,000**
FRENCH Frederick, Fred XIX-XX [3]
🖼 *A Jack Russell Terrier* - Oil/canvas (23x31cm-9x12in) London 96 .... FF4 770 - £620 - **$932**
FRENCH Jared 1905 [3]
🖼 *The double* - Tempera/board (57x78cm-22x31in) New-York 97 .... FF1 799 74e +06 - £113 608 - **$185,000**
FRENCH Michael 1951 [6]
🖼 *We Enjoyed a Warm Spring* - Acrylic/masonite (56x101cm-22x40in) Toronto 92 .... FF9 600 - £1 145 - **$1,845**

FRENCH Percy 1854-1920 [15]
- *The road to the Hills, Connemara* - Watercolour (24x34cm-9x13in) London 94 .... FF5 150 - £620 - $955
- *A view in the Alps* - Watercolour/paper (17x25cm-7x10in) London 97 .... FF14 540 - £1 550 - $2,549

FRENCH Russell Lawrence XIX-XX [1]
- *Red Rock, No. 1, 1920s* - Silver print (25x33cm-10x13in) New-York 92 .... FF2 272 - £233 - $400

FRENCH Suzanne XX [4]
- *Beneath the Chateau* - Oil/board (30x76cm-12x30in) London 97 .... FF2 639 - £280 - $454

FRENCH William Percy 1845-1920 [18]
- *In Ould Donegal* - Watercolour (25x35cm-10x14in) Dublin 95 .... FF13 480 - £1 750 - $2,773

FRENDER Helge 1906-1976 [13]
- *Blomsterstilleben* - Oil/canvas (60x49cm-24x19in) Söderköping 93 .... FF5 340 - £606 - $903
- *Vallmo och iris, 1946* - Oil/canvas (61x50cm-24x20in) Stockholm 89 .... FF11 200 - £1 180 - $1,886

FRENEL Yitzhak 1899-1981 [14]
- *Alley in Safed* - Oil/canvas (65x50cm-26x20in) Tel Aviv 94 .... FF8 800 - £1 040 - $1,600
- *The road to Safed* - Pastel (45x54cm-18x21in) Tel Aviv 94 .... FF3 830 - £456 - $700

FRENKEL Yitzhak 1899-1981 [26]
- *Safed* - Oil/panel (49x33cm-19x13in) Tel Aviv 97 .... FF5 617 - £624 - $1,050
- *Festive Meal* - Oil/canvas (85x66cm-33x26in) Tel Aviv 95 .... FF14 800 - £1 854 - $2,950
- *Safed, landscape and figures* - Gouache/paper (48x64cm-19x25in) Tel Aviv 93 .... FF2 735 - £329 - $500

FRENNET Lucien 1838-1949 [7]
- *Quai bruxellois* - Huile/panneau (21x26cm-8x10in) Antwerpen 97 .... FF4 570 - £490 - $800

FRENTZ Rudolf Rudolfovich 1888-1956 [1]
- *Jägare med byte och hundar* - Oil/canvas (103x125cm-41x49in) Malmö 96 .... FF30 950 - £3 670 - $6,040

FRENTZ Rudolph 1831-1888 [1]
- *Jäger mit erlegtem Wild* - Öl/Leinwand (66x92cm-26x36in) München 95 .... FF14 200 - £1 792 - $2,844

FRENZ Alexander 1861-? [2]
- *Nymphe und Einhorn am Bachufer* - Oil/panel (60x50cm-24x20in) München 93 .... FF8 470 - £1 013 - $1,630
- *European lady wearing a kimono* - Pastel (94x64cm-37x25in) London 92 .... FF3 420 - £350 - $713

FRENZEL Oskar 1855-1915 [1]
- *Cattle in an extensive landscape* - Oil/canvas (91x121cm-36x48in) London 96 .... FF9 620 - £1 200 - $1,860

FREQUENEZ Paul Léon 1876-1943 [13]
- *Laboureur* - Huile/toile (90x120cm-35x47in) Angoulême 93 .... FF4 100 - £513 - $746
- *Parc de Saint-Cloud in the snow* - Oil/canvas (154x200cm-61x79in) New-York 89 ...... FF114 400 - £11 383 - $18,073
- *Ruisseau* - Aquarelle Angoulême 93 .... FF2 400 - £300 - $437

FRERE BENOIT 1915 [7]
- *First Communion* - Oil/panel (60x73cm-24x29in) New-York 91 .... FF29 900 - £3 021 - $5,936
- *The reprimand* - Wash (28x23cm-11x9in) London 91 .... FF1 786 - £179 - $309

FRERE Ch. Théodore, Bey 1814-1888 [109]
- *Bords du Nil* - Huile/panneau (18x24cm-7x9in) Paris 93 .... FF7 000 - £844 - $1,273
- *A Caravan Resting in an Oasis* - Oil/panel (14x22cm-6x9in) New-York 97 .... FF22 753 - £2 448 - $4,000
- *At the Oasis* - Oil/panel (26x41cm-10x16in) London 97 .... FF36 496 - £4 000 - $6,405
- *Desert Camp in the Evening Glow* - Oil/canvas (79x126cm-31x50in) New-York 97 ...... FF141 163 - £15 203 - $25,000
- *Caravane arrivant à Baalbeck* - Huile/panneau (23x38cm-9x15in) Paris 95 .... FF180 000 - £23 300 - $36,800
- *Pilgrims workshipping, Jerusalem*
  Oil/canvas (142x204cm-56x80in) London 94 .... FF1 8e +06 - £120 000 - $190,000
- *Alger vue des hauteurs* - Encre (41x83cm-16x33in) Paris 96 .... FF20 000 - £2 580 - $3,916

FRERE Charles Édouard 1837-1894 [4]
- *A young girl painting* - Oil/panel (31x23cm-12x9in) London 96 .... FF13 870 - £1 800 - $2,743
- *A good story* - Oil/panel (30x24cm-12x9in) Billinghurst, West Sussex 94 .... FF67 700 - £8 200 - $12,500

FRERE Michel 1961 [2]
- *Composition* - Acrylique/toile (200x150cm-79x59in) Liège 95 .... FF28 500 - £3 635 - $5,750

FRÈRE Pierre Édouard 1819-1886 [23]
- *In the Schoolroom* - Oil/panel (24x19cm-9x7in) London 96 .... FF14 640 - £1 900 - $2,896
- *The Sewing Lesson* - Oil/panel (46x38cm-18x15in) San Francisco-Los Angeles 93 .... FF41 200 - £4 700 - $7,000

FRERE Samuel 1847-1931 [2]
- *Promenade en bord de Seine* - Huile/toile (37x55cm-15x22in) Rouen 91 .... FF4 000 - £398 - $688
- *Bord de mer* - Huile/toile (44x61cm-17x24in) Rouen 90 .... FF9 000 - £930 - $1,590

FRERET Armand Auguste 1830-1919 [11]
- *Port de Cherbourg et Fort du Roule* - Huile/toile (129x68cm-51x27in) Cherbourg 93 .... FF17 000 - £1 940 - $2,880

FRERICHS Wilhelm Charles Ant. 1829-1905 [9]
- *Figures in the mountains* - Oil/canvas (81x61cm-32x24in) Mystic, Connecticut 95 .... FF19 540 - £2 494 - $4,000
- *Skating in winter* - Oil/canvas (76x117cm-30x46in) New-York 92 .... FF72 800 - £8 690 - $14,000

FRESENIUS Richard Hermann Jul. 1844-1903 [8]
- *Fischerboote vor der Küste* - Oil/canvas (65x100cm-26x39in) Frankfurt 92 .... FF17 000 - £1 740 - $3,540

FRESET Georges 1894-1975 [4]
- *Epilobes dans un paysage vallonné* - Huile/cuivre (61x50cm-24x20in) Chaumont 97 .... FF5 800 - £615 - $1,010

FRESNOY du Charles Alphonse 1611-1688 [1]
- *Renaud abandonnant Armide* - Huile/toile (112x154cm-44x61in) Monaco 92 .... FF280 000 - £28 660 - $50,400

FREUD Lucian 1922 [45]
- *The painter's room* - Oil/canvas (62x76cm-24x30in) London 94 .... FF3 - £460 000 - $707,000
- *Self Portrait with Bella Freud* - Oil/panel (18x20cm-7x8in) New-York 94 .... FF263 000 - £31 300 - $50,000
- *Landscape with bat* - Oil/canvas (22x16cm-9x6in) London 95 .... FF385 000 - £50 000 - $79,200
- *Small Figure* - Oil/canvas (22x33cm-9x13in) London 96 .... FF878 000 - £110 000 - $169,400
- *Head and shoulders of a girl* - Etching (69x54cm-27x21in) London 97 .... FF20 140 - £2 400 - $3,790

Blond Girl - Etching (86x71cm-34x28in) New-York 97 .... FF**37 143** - £3 982 - **$6,500**
Girl in a White Dress - Pastel (57x48cm-22x19in) London 96 .... FF**2** - £330 000 - **$508,000**
Self-portrait - Watercolour (33x24cm-13x9in) London 95 .... FF**200 400** - £26 000 - **$41,400**

FREUDENBERG Eduard 1808-? [1]
Alkemisten - Oil/canvas (21x25cm-8x10in) Stockholm 95 .... FF**2 915** - £363 - **$569**

FREUDENBERG Jacobus 1818-1873 [3]
Skaters by a booth on frozen waterway - Oil/panel (20x26cm-8x10in) Amsterdam 92 .... FF**13 650** - £1 402 - **$2,626**

FREUDENBERGER Sigismond 1745-1801 [27]
La visite au chalet - Etching (20x26cm-8x10in) Zürich 92 .... FF**18 270** - £2 182 - **$3,514**
Die Rückkehr vom Felde - Aquarell (20x27cm-8x11in) Bern 92 .... FF**40 000** - £4 770 - **$7,680**

FREUDENBERGER Walter XIX-XX [1]
Stilleben mit Pfingstrosen - Öl/Leinwand (68x56cm-27x22in) Heidelberg 95 .... FF**4 170** - £542 - **$870**

FREUDENTHAL Peter 1938 [26]
Studie till Drachmann lever - Oil/canvas (62x40cm-24x16in) Stockholm 96 .... FF**3 050** - £394 - **$598**
May 13, 1982 - Oil/canvas (130x90cm-51x35in) Stockholm 96 .... FF**8 570** - £1 040 - **$1,668**
Eli, 1979 - Oil/canvas (100x65cm-39x26in) Stockholm 90 .... FF**28 100** - £2 989 - **$5,027**

FREUDWEILER Daniel Albert 1793-1827 [1]
Mappe mit 25 Portraitzeichnungen - Drawing Wien 95 .... FF**29 860** - £3 790 - **$6,010**

FREUND Fritz 1859-1942 [3]
Good view - Oil/canvas (80x59cm-31x23in) London 92 .... FF**19 540** - £2 000 - **$3,440**

FREUND Gisèle 1912 [18]
Jean-Paul Sartre - Tirage argentique (27x20cm-11x8in) Paris 96 .... FF**6 500** - £811 - **$1,256**
Jean Cocteau - Tinta (27x20cm-11x8in) Paris 91 .... FF**11 500** - £1 167 - **$2,077**

FREUND Wilhelm 1860-? [1]
Uferszene an einem prachtvollen - Oil/canvas (59x77cm-23x30in) Lindau 91 .... FF**2 873** - £286 - **$494**

FREUNDLICH Otto 1878-1943 [16]
Untitled - Oil/canvas (16x18cm-6x7in) Amsterdam 96 .... FF**27 150** - £3 140 - **$5,200**
Komposition - Tempera/board (51x38cm-20x15in) Berlin 95 .... FF**235 000** - £29 230 - **$45,900**
Stehende Maske, 1909 - Bronze (51cm-20in) Köln 90 .... FF**253 400** - £26 957 - **$45,331**
Komposition - Pastel (30x24cm-12x9in) Hamburg 93 .... FF**203 400** - £24 300 - **$39,100**

FREW Alexander ?-1908 [3]
Coast near Bute - Oil/canvas (35x51cm-14x20in) London 97 .... FF**2 801** - £300 - **$48,4 2**

FREY Albert 1870-1948 [2]
Strasse in Avignon - Öl/Papier (37x44cm-15x17in) Bern 93 .... FF**3 235** - £387 - **$623**

FREY Alice 1895-1981 [44]
Ballerines - Huile/toile (100x65cm-39x26in) Bruxelles 97 .... FF**11 459** - £1 253 - **$2,002**
Les Sept Jours de la Création - Huile/panneau Lokeren 93 .... FF**30 800** - £3 515 - **$5,320**
Arlequin - Aquarelle/papier (46x30cm-18x12in) Bruxelles 97 .... FF**3 929** - £430 - **$689**
Jeune fille et le Diable - Pastel (53x72cm-21x28in) Bruxelles 94 .... FF**23 100** - £2 653 - **$3,954**

FREY August 1912 [3]
Kinderpaar - Öl/Leinwand (81x60cm-32x24in) Zofingen 95 .... FF**3 190** - £417 - **$640**

FREY Ernst 1893-? [1]
Stilleben mit Orangen - Öl/Leinwand (40x51cm-16x20in) Düsseldorf 96 .... FF**4 135** - £536 - **$827**

FREY Eugène 1864-1930 [4]
A bridge in Paris - Oil/canvas (28x45cm-11x18in) Amsterdam 93 .... FF**4 680** - £536 - **$797**
Pivoines - Huile/toile (72x99cm-28x39in) Monaco 91 .... FF**40 000** - £4 011 - **$6,603**

FREY Guido 1875-1949 [1]
Mohnblumen in Glasvase - Watercolour (50x48cm-20x19in) Zofingen 93 .... FF**1 780** - £203 - **$303**

FREY Johann Jacob 1813-1865 [19]
Landschaft in der Campagna - Öl/Leinwand (26x36cm-10x14in) Stuttgart 96 ... FF**37 540** - £4 880 - **$7,430**
Sorrento - Oil/canvas (100x137cm-39x54in) London 96 .... FF**192 500** - £24 000 - **$37,200**
Landschaft mit Aquädukt - Aquarell (31x45cm-12x18in) Luzern 89 .... FF**17 200** - £1 759 - **$2,765**

FREY Johann Wilhelm 1830-1909 [16]
Thor m. der Dominikaner-Bastei - Watercolour (20x26cm-8x10in) Wien 95 .... FF**6 580** - £821 - **$1,330**

FREY Joseph 1892-1977 [1]
Mountain scene - Oil/canvas (51x61cm-20x24in) San Francisco-Los Angeles 89 .... FF**4 600** - £458 - **$727**

FREY Ludwig 1953 [3]
Romantische Seelandschaft - Oil/panel (11x18cm-4x7in) Kempten 96 .... FF**2 030** - £241 - **$396**

FREY Max Adolf Peter 1874-? [5]
Muss-i-denn-i-denn... - Oil/panel (70x70cm-28x28in) Stuttgart 95 .... FF**5 260** - £675 - **$1,060**

FREY Oskar 1883-1966 [9]
Schwarzwaldtal bei Schönmünzach - Oil/panel (44x56cm-17x22in) Stuttgart 95 .... FF**3 800** - £498 - **$761**
Rotenbergkapelle durch Bäume - Gouache (29x39cm-11x15in) Stuttgart 92 .... FF**4 070** - £487 - **$783**

FREY Wilhelm 1826-1911 [4]
Beim Melken - Öl/Leinwand (37x47cm-15x19in) Heidelberg 93 .... FF**11 900** - £1 388 - **$1,955**

FREY-MOOCK Adolf 1881-1954 [54]
Satyr und Mädchen - Öl/Karton (35x30cm-14x12in) München 94 .... FF**5 490** - £651 - **$1,014**
Stürmische See - Öl/Leinwand (47x35cm-19x14in) München 94 .... FF**10 250** - £1 204 - **$1,827**
Pallas Athéné - Huile/toile (100x70cm-39x28in) Paris 95 .... FF**32 000** - £4 185 - **$6,410**

FREY-SURBEK Jeanne Marguerite 1886-1980 [25]
Nature morte - Huile/toile (54x73cm-21x29in) Bern 96 .... FF**11 400** - £1 384 - **$2,220**
Blumensträusschen - Aquarell (13x11cm-5x4in) Bern 94 .... FF**1 616** - £187 - **$279**

FREYBERG Conrad 1842-1915 [3]
🦋 *Playful antics* - Oil/canvas (43x58cm-17x23in) New-York 94 .... FF36 500 - £4 285 - **$6,500**
FREYBURG Frank Proschwitzny 1862-? [4]
🦋 *A Fox in Distress* - Oil/canvas (91x137cm-36x54in) New-York 96 .... FF71 400 - £9 260 - **$14,000**
FREYMUTH Alphons 1940 [5]
🦋 *Meisje voor Spiegel* - Oil/canvas (120x80cm-47x31in) Amsterdam 97 .... FF15 583 - £1 638 - **$2,676**
🦋 *Head* - Sculpture (30cm-12in) Amsterdam 97 .... FF11 387 - £1 197 - **$1,956**
🖉 *Three figures* - Gouache (56x74cm-22x29in) Amsterdam 94 .... FF3 950 - £467 - **$704**
FREYMUTH Julius 1881-? [1]
🦋 *Bauernhaus mit Teich* - Öl/Leinwand (35x43cm-14x17in) Bremen 92 .... FF3 390 - £405 - **$653**
FREYTAG Otto 1888-1980 [2]
🖉 *Die Bremer Stadtmusikanten* - Aquarell (59x49cm-23x19in) Berlin 94 .... FF3 090 - £370 - **$578**
FREZIN Roger 1927 [2]
🦋 *Bottines de Chaplin* - Technique mixte/carton (150x140cm-59x55in) Paris 91 .... FF13 000 - £1 291 - **$2,257**
FRIANT Émile 1863-1932 [15]
🦋 *Jeune fille au panier* - Huile/toile (107x65cm-42x26in) Lyon 97 .... FF35 000 - £3 794 - **$6,153**
🖉 *La Toussaint* - Huile/toile (81x100cm-32x39in) Paris 89 .... FF100 000 - £9 950 - **$15,798**
🖉 *Femme à la cigarette* - Pastel/papier (70x51cm-28x20in) Paris 90 .... FF30 000 - £3 212 - **$5,217**
FRIBERG Lars 1918 [4]
🦋 *Rävar vid lyan* - Oil/canvas (72x48cm-28x19in) Söderköping 93 .... FF2 530 - £287 - **$428**
FRIBERG Roj 1934 [19]
🦋 *Festmåltid* - Oil/panel (95x125cm-37x49in) Stockholm 92 .... FF23 570 - £2 413 - **$4,150**
📇 *Raserad bro, 1981* - Color lithograph (148x88cm-58x35in) Stockholm 99 .... FF1 600 - £169 - **$269**
🖉 *Vegetation* - Pencil/paper (88x120cm-35x47in) Göteborg 96 .... FF2 800 - £320 - **$537**
FRIBERG Ryno 1920 [3]
🦋 *Rosor i silvervas* - Oil/canvas (41x33cm-16x13in) Malmö 90 .... FF5 150 - £524 - **$1,030**
FRIBOULET Jef E. 1919 [106]
🦋 *Le bain de soleil sur la plage* - Huile/toile (73x96cm-29x38in) Calais 97 .... FF6 800 - £728 - **$1,192**
Nature morte au siphon - Huile/toile (55x65cm-22x26in) Calais 94 .... FF12 000 - £1 422 - **$2,217**
🗿 *Couple enlacé* - Bronze (29cm-11in) Le Havre 96 .... FF25 000 - £3 250 - **$4,950**
🖉 *Personnage à la bouteille* - Aquarelle (87x61cm-34x24in) Saint-Germain-en-Laye 92 ... FF5 000 - £512 - **$900**
FRICH Joachim 1810-1858 [9]
🦋 *Hardangerfjorde* - Öl/Leinwand (94x126cm-37x50in) Wien 96 .... FF26 400 - £3 200 - **$5,130**
🦋 *Norsk landskab* - Oil/canvas (53x48cm-21x19in) København 89 .... FF54 440 - £5 562 - **$8,746**
🖉 *Det store treet* - Pencil/paper (31x24cm-12x9in) Oslo 93 .... FF2 400 - £279 - **$412**
FRICK de Paul 1864-1935 [23]
🦋 *Village en bord de mer* - Huile/carton (27x41cm-11x16in) Douarnenez 93 .... FF3 400 - £410 - **$619**
Le marché aux fleurs - Huile/toile (50x61cm-20x24in) Verrières-Le-Buisson 90 .... FF11 000 - £1 140 - **$1,933**
FRICK Ernest 1881-1956 [1]
🖉 *Tessiner Bauernleben* - Aquarell Zofingen 95 .... FF5 950 - £779 - **$1,193**
FRICKE August 1829-1894 [2]
🦋 *Sommerlicher Garten mit Terrasse* - Öl/Leinwand (55x65cm-22x26in) Bremen 94 ..... FF2 760 - £327 - **$509**
Peddle-steamer outside Hamburg - Oil/canvas (88x135cm-35x53in) Amsterdam 92 ...... FF97 100 - £9 930 - **$17,100**
FRICKE Hermann 1886-? [1]
🦋 *Sommerblumenstrauss* - Öl/Leinwand (80x90cm-31x35in) München 94 .... FF8 160 - £952 - **$1,430**
FRICKER Henri 1881-1952 [1]
🦋 *Vieilles maisons, Friare* - Huile/carton (31x27cm-12x11in) Besançon 95 .... FF4 000 - £518 - **$819**
FRID Ludvig 1855-1909 [2]
🦋 *Flicka vid brunn* - Oil/canvas (165x93cm-65x37in) Malmö 92 .... FF42 400 - £4 340 - **$7,470**
FRIDELL Axel 1894-1935 [73]
🦋 *Stilleben med en vas* - Oil/panel (37x29cm-15x11in) Stockholm 95 .... FF10 210 - £1 277 - **$2,603**
📇 *Bergsund* - Engraving (30x20cm-12x8in) Stockholm 96 .... FF2 287 - £295 - **$448**
Mr. Simmons - Engraving (30x24cm-12x9in) Stockholm 96 .... FF15 400 - £1 960 - **$2,964**
🖉 *Caféscen* - Watercolour, gouache (23x30cm-9x12in) Stockholm 90 .... FF17 800 - £1 894 - **$3,184**
FRIDH Torsten 1914 [2]
🗿 *Ballerina* - Bronze (82cm-32in) Stockholm 97 .... FF36 226 - £3 825 - **$6,259**
FRIE Peter 1947 [2]
📇 *Strandgräs* - Color lithograph (43x60cm-17x24in) Stockholm 90 .... FF1 800 - £193 - **$313**
FRIEBERG Ryno 1920 [11]
🦋 *Körsbärskvist i vas* - Oil/canvas (33x41cm-13x16in) Malmö 96 .... FF2 510 - £325 - **$492**
🦋 *Solrosor* - Oil/canvas (61x41cm-24x16in) Stockholm 89 .... FF8 000 - £843 - **$1,347**
FRIEBERGER Padhi 1928 [5]
🦋 *Materialcollage* - Mixed media/panel (161x54x66cm-63x21x26in) Wien 95 .... FF9 800 - £1 290 - **$1,986**
FRIED Heinrich Jakob 1802-1870 [1]
🦋 *Dorf Grub an der Würblitz* - Öl/Leinwand (47x68cm-19x27in) Wien 96 .... FF13 540 - £1 695 - **$2,630**
FRIED Pal 1893-1955 [72]
🦋 *Ballet dancer* - Oil/canvas (48x64cm-19x25in) Delray Beach, Florida 94 .... FF2 404 - £289 - **$450**
At the Opera - Oil/canvas (76x61cm-30x24in) Toronto 95 .... FF5 760 - £730 - **$1,160**
Il fascino delle calze nere - Olio/tela (75x100cm-30x39in) Trieste 97 .... FF14 280 - £1 680 - **$2,520**
The intermission - Oil/canvas (75x60cm-30x24in) London 90 .... FF21 300 - £2 200 - **$3,763**
🖉 *Nude* - Pastel/paper (70x50cm-28x20in) Wien 96 .... FF7 200 - £873 - **$1,400**
Sleeping nude - Pastel (69x94cm-27x37in) Delray Beach, Florida 94 .... FF21 920 - £2 517 - **$3,750**
FRIEDBERGER Salomon 1828-1908 [1]
🦋 *Venetian gateway, Dalmatian town* - Oil/canvas (50x63cm-20x25in) London 93 .... FF29 050 - £3 500 - **$5,080**

FRIEDENBERG Wilhelm 1845-1911 [1]
- Kind in Taunuslandschaft - Öl/Leinwand (81x57cm-32x22in) Frankfurt 94 .... FF15 300 - £1 790 - **$2,700**

FRIEDENSON Arthur 1872-1955 [7]
- Dorset landscape - Oil/canvas (71x92cm-28x36in) London 95 .... FF13 880 - £1 800 - **$2,840**

FRIEDENTHAL David 1914-1958 [2]
- The Wounded Bird
  Watercolour/paper (150x79cm-59x31in) San Francisco-Los Angeles 93 .... FF5 500 - £690 - **$1,000**

FRIEDERICI Walter 1874-1943 [2]
- Voralpenlandschaft - Öl/Leinwand (67x80cm-26x31in) Göttingen 95 .... FF2 413 - £313 - **$491**

FRIEDLAENDER Alfred von Malheim 1860-1927 [23]
- Der galante Reiter - Oil/panel (21x26cm-8x10in) Wien 94 .... FF9 670 - £1 110 - **$1,655**
- The approaching Cavalry - Oil/canvas (55x90cm-22x35in) Wien 94 .... FF77 200 - £9 360 - **$15,020**

FRIEDLAENDER Camilla von Malheim 1856-1926 [10]
- Tankard and a violin on a table - Oil/panel (20x26cm-8x10in) London 94 .... FF15 500 - £1 800 - **$2,680**

FRIEDLAENDER Friedrich v. Malheim 1825-1901 [20]
- A domestic discussion - Oil/panel (27x21cm-11x8in) London 94 .... FF12 600 - £1 500 - **$2,375**
- In der Wirtstube - Oil/panel (20x28cm-8x11in) Göttingen 95 .... FF27 800 - £3 610 - **$5,790**
- Byscen, målaren på besök - Oil/panel (57x78cm-22x31in) Stockholm 93 .... FF225 600 - £25 600 - **$38,140**

FRIEDLAENDER Hedwig von Malheim 1863-1916 [4]
- Deux jeunes enfant jouant - Oil/panel (19x21cm-7x8in) København 91 .... FF12 320 - £1 250 - **$2,225**

FRIEDLAENDER Johnny 1912-1992 [223]
- Formes - Oil/canvas München 91 .... FF111 500 - £11 316 - **$20,138**
- Prières de l'aube - Farbradierung (33x30cm-13x12in) Hamburg 97 .... FF4 044 - £432 - **$705**
- Die Wunder des Himmels - Etching, aquatint in colors Hamburg 97 .... FF11 459 - £122 6 4 - **$1,997**
- Komposition - Aquarell/Papier (22x16cm-9x6in) München 94 .... FF15 730 - £1 846 - **$2,800**
- Paysage - Aquarell/Papier (57x76cm-22x30in) Köln 93 .... FF51 700 - £5 850 - **$8,720**

FRIEDLAENDER Julius 1810-1861 [16]
- Children playing - Oil/canvas (232x23cm-91x9in) Viby J, Århus 94 .... FF6 160 - £737 - **$1,150**
- The sick child - Oil/canvas (54x51cm-21x20in) London 93 .... FF92 100 - £10 500 - **$15,640**

FRIEDLANDER Lee 1934 [29]
- Galen, Virginia - Silver print (18x23cm-7x11in) New-York 96 .... FF5 160 - £640 - **$1,000**
- Knoxville, Tennessee - Gelatin silver print (15x23cm-6x9in) New-York 94 .... FF8 710 - £1 010 - **$1,500**

FRIEDLINGER Jeno 1890-? [2]
- An elegant still life - Oil/canvas (61x76cm-24x30in) New-York 96 .... FF2 324 - £288 - **$450**

FRIEDMANN Arnold 1879-1947 [7]
- Abstraction - Oil/canvas (43x53cm-17x21in) New-York 92 .... FF96 500 - £9 870 - **$17,000**
- Pigeons in the Park - Oil/canvas (51x61cm-20x24in) New-York 97 .... FF204 200 - £21 441 - **$35,000**

FRIEDRICH Alexander 1895-1968 [2]
- Das Abbild, Opus V - Etching, aquatint in colors (34x24cm-13x9in) Hamburg 97 .... FF2 629 - £281 - **$458**

FRIEDRICH Andreas 1798-1877 [1]
- Altarbild: Himmelfahrt Mariens - Öl/Leinwand (245x130cm-96x51in) Kempten 96 .... FF15 420 - £2 020 - **$3,123**

FRIEDRICH August J.H. 1789-1843 [2]
- Drei Astern - Gouache/papier (27x21cm-11x8in) Köln 95 .... FF3 800 - £494 - **$780**

FRIEDRICH Carolina Friederica 1749-1815 [3]
- Assorted flowers in a glass vase - Oil/copper (63x44cm-25x17in) New-York 95 .... FF306 600 - £38 200 - **$60,000**

FRIEDRICH Caspar David 1774-1840 [10]
- Spaziergang - Oil/canvas (33x43cm-13x17in) London 93 .... FF1 - £2 - **$3 ,45e,+06**
- Landschaft mit Hütten - Oil/panel (27x37cm-11x15in) Berlin 92 .... FF509 000 - £60 700 - **$97,800**
- Kreidefelsen auf der Insel Möen - Drawing (60x95cm-24x37in) Köln 93 .... FF271 300 - £32 400 - **$52,200**

FRIEDRICH Clara 1894-? [1]
- Komposition - Casein/Leinwand Zofingen 94 .... FF3 010 - £354 - **$537**

FRIEDRICH Gustav Adolf 1824-1889 [3]
- The Horse Fair - Oil/canvas (68x112cm-27x44in) London 93 .... FF166 000 - £20 000 - **$29,000**

FRIEDRICH Harald 1858-1933 [4]
- Graubünder Berglandschaft - Aquarell (49x37cm-19x15in) Heidelberg 93 .... FF1 560 - £186 - **$300**

FRIEDRICH Heinz 1924 [23]
- Siebeldingen in der Pfalz - Öl/Leinwand (40x50cm-16x20in) Heidelberg 96 .... FF6 430 - £794 - **$1,243**
- Tanz der Salome - Woodcut in colors (80x53cm-31x21in) Heidelberg 96 .... FF2 640 - £326 - **$511**
- Odenwald - Aquarell/Papier (24x32cm-9x13in) Heidelberg 96 .... FF2 170 - £281 - **$425**

FRIEDRICH Leo ?-1986 [1]
- Variété - Charcoal/paper (55x45cm-22x18in) Wien 94 .... FF3 880 - £450 - **$735**

FRIEDRICH Ludwig 1827-1916 [2]
- Äusseres Altes Thor in Pegau - Watercolour (19x26cm-7x10in) Heidelberg 94 .... FF2 470 - £286 - **$425**

FRIEDRICH Otto 1862-1937 [13]
- Sitzende Dame mit Schleierhut - Öl/Metall (38x23cm-11x9in) Wien 91 .... FF13 440 - £1 347 - **$2,462**
- Dame in Violett - Black chalk (24x27cm-9x11in) Wien 95 .... FF1 960 - £258 - **$397**

FRIEDRICH Woldemar 1846-1910 [2]
- Peasant Family - Oil/canvas/board (63x81cm-25x32in) London 96 .... FF36 100 - £4 500 - **$6,970**
- Goethe und Frau von Stein - Watercolour Köln 94 .... FF2 057 - £242 - **$361**

FRIEDRICHS Fritz 1882-1928 [6]
- Bruder des Künstlers - Pencil (35x20cm-14x8in) Hamburg 93 .... FF4 410 - £527 - **$848**

F

FRIELING Florian 1939-1994 **[2]**
🖼 *Pfälzer Dorflandschaft* - Öl/Karton (61x80cm-24x31in) Heidelberg 94 .... FF7 540 - £904 - **$1,466**
FRIEND Donald Stuart Leslie 1914-1989 **[92]**
✏ *Porta San Fernando, Florence* - Watercolour (30x47cm-12x19in) London 97 .... FF6 536 - £700 - **$1,129**
The verandah sofa - Watercolour (71x10cm-28x4in) London 89 .... FF87 200 - £8 916 - **$14,019**
FRIEND Washington F. c. 1820-1891 **[7]**
✏ *On Lake Massawappi* - Watercolour (24x38cm-9x15in) London 96 .... FF5 210 - £650 - **$1,007**
FRIES Bernhard 1820-1879 **[11]**
🖼 *Das Neckartal bei Nackargemünd* - Öl/Papier (19x28cm-7x11in) Heidelberg 96 .... FF21 000 - £2 590 - **$4,055**
✏ *Landschaft mit Hütten unter Bäumen* - Watercolour (22x32cm-9x13in) Heidelberg 94 .... FF1 885 - £219 - **$325**
FRIES Charles Arthur 1854-1940 **[6]**
🖼 *San Diego Bay* - Oil/board (51x41cm-20x16in) San Francisco-Los Angeles 95 .... FF14 950 - £1 965 - **$3,000**
FRIES Emmanuel 1778-1852 **[1]**
🖼 *Grapes & peaches on a relief* - Oil/canvas (143x111cm-56x44in) London 93 .... FF175 600 - £20 000 - **$29,800**
FRIES Ernst 1801-1833 **[2]**
🖼 *Stift Neuburg bei Hedelberg* - Lithographie (14x19cm-6x7in) München 96 .... FF2 720 - £310 - **$520**
✏ *Die Schwester des Künstlers* - Pencil/paper (23x18cm-9x7in) München 92 .... FF32 200 - £3 850 - **$6,200**
FRIES Leonhard F. Willy 1881-? **[1]**
🖼 *Marque PKZ* - Poster (126x89cm-50x35in) New-York 95 .... FF16 160 - £2 036 - **$3,200**
FRIES Wilhelm 1819-1878 **[1]**
🖼 *Schloss Schoenberg* - Öl/Leinwand (31x46cm-12x18in) Heidelberg 94 .... FF4 630 - £555 - **$900**
FRIESE Richard 1886-1935 **[4]**
🖼 *Löwenpaa* - Öl/Leinwand (79x114cm-31x45in) Köln 95 .... FF156 000 - £19 700 - **$31,300**
FRIESE Richard Bernhard L. 1854-1918 **[15]**
🖼 *Der erlegte Eber* - Öl/Leinwand (51x69cm-20x27in) Wien 92 .... FF14 430 - £1 724 - **$2,775**
🖼 *Polar bear and cubs* - Oil/canvas (94x128cm-37x50in) New-York 95 .... FF492 000 - £64 400 - **$100,000**
✏ *Kapitaler Hirsch im Schnee* - Gouache/carton (49x38cm-19x15in) Köln 93 .... FF8 740 - £1 001 - **$1,488**
FRIESEKE Frederick Carl 1874-1939 **[36]**
🖼 *Garden in June* - Oil/canvas (64x81cm-25x32in) New-York 95 .... FF4 -541 000 - **$850,000**
🖼 *Stellita Stapleton at La Beauvairie* - Oil/panel (27x35cm-11x14in) New-York 95 .... FF90 300 - £11 310 - **$18,000**
Woman and Goat - Oil/canvas (63x81cm-25x32in) New-York 96 .... FF467 000 - £59 500 - **$90,000**
The Gold Locket - Oil/board (75x75cm-30x30in) New-York 95 .... FF828 000 - £105 700 - **$170,000**
FRIESENDAHL Carl 1886-1948 **[5]**
🗿 *Vildsvin* - Bronze (24cm-9in) Stockholm 92 .... FF8 950 - £917 - **$1,577**
FRIESENDAHL Halvar 1889-1953 **[2]**
🗿 *Sorg, 1917* - Sculpture (10cm-4in) Stockholm 92 .... FF8 000 - £843 - **$1,347**
FRIESZ Émile-Othon 1879-1949 **[543]**
🖼 *L'Estaque, 1907* - Huile/toile (65x81cm-26x32in) Paris 89 .... FF5 -572 597 - **$900,322**
Le Port de Saint Malo, 1935 - Huile/toile (54x65cm-21x26in) Paris 97 .... FF5 000 - £543 - **$886**
Portrait de Madame Friesz - Huile/toile (53x45cm-21x18in) Paris 97 .... FF18 000 - £1 940 - **$3,200**
Femme au canapé vert - Huile/toile (180x85cm-71x33in) Paris 97 .... FF30 000 - £3 258 - **$5,316**
Vase de tulipes - Huile/toile (65x81cm-26x32in) Calais 97 .... FF41 000 - £4 391 - **$7,187**
Femme nue allongée près du fleuve - Huile/toile (96x130cm-38x51in) München 96 ...... FF69 500 - £8 710 - **$13,400**
Les jarres à Cap-Brun - Huile/toile (73x60cm-29x24in) Saint-Dié 94 .... FF85 000 - £9 980 - **$16,720**
Le Havre, la sortie du Paris - Oil/canvas (65x81cm-26x32in) London 97 .... FF115 830 - £12 000 - **$19,842**
Le port normand, Honfleur - Oil/canvas (65x81cm-26x32in) London 97 .... FF250 965 - £26 000 - **$42,991**
Le bassin du Havre - Huile/toile (63x81cm-25x32in) Paris 95 .... FF650 000 - £85 400 - **$130,400**
🖼 *Petit paysage méditerranéen* - Gravure bois Paris 96 .... FF1 900 - £246 - **$380**
✏ *Couple sous le pommier* - Aquarelle (32x25cm-13x10in) Paris 97 .... FF5 000 - £535 - **$871**
Saint-Malo - Aquarelle (36x47cm-14x19in) Saint-Dié 92 .... FF21 000 - £2 440 - **$4,290**
La Baie du Bec d'Aigle, Toulon - Aquarelle (50x37cm-20x15in) Paris 93 .... FF78 000 - £8 860 - **$13,220**
FRIETZSCHE Georg 1903-1986 **[1]**
✏ *Drei Akte im Freien* - Coloured crayons/paper (26x37cm-10x15in) Berlin 96 .... FF2 720 - £310 - **$520**
FRIGERIO Luigi 1873-? **[1]**
🖼 *Pescatori sulla spiaggia* - Olio/tela (95x144cm-37x57in) Roma 95 .... FF7 900 - £1 014 - **$1,586**
FRIGERIO Raffaele XIX **[11]**
🖼 *Declining to Share his Bottle of Wine* - Huile/toile (49x69cm-19x27in) Montréal 96 .... FF5 430 - £619 - **$1,040**
FRIIS Frederick Trapp 1865-1909 **[7]**
🖼 *Santa Maria Novella* - Oil/canvas (53x53cm-21x21in) New-York 91 .... FF31 350 - £3 147 - **$5,424**
✏ *Woman playing guitar* - Pastel (43x56cm-17x22in) Ossipee, NH 95 .... FF1 710 - £222 - **$350**
FRIIS Hans 1839-1892 **[17]**
🖼 *Efterårsdag* - Oil/canvas (55x73cm-22x29in) København 95 .... FF3 980 - £489 - **$775**
Aalholm Slot - Oil/canvas (37x56cm-15x22in) København 95 .... FF15 080 - £1 720 - **$2,887**
FRIMODT Charlotte 1862-1950 **[3]**
🖼 *Fra slotsparken ved Frederiksborg* - Oil/canvas (57x70cm-22x28in) København 90 .... FF2 600 - £273 - **$452**
FRIMODT Johanne N. Louise 1861-1920 **[3]**
🖼 *Nature morte* - Oil/canvas (54x72cm-21x28in) København 91 .... FF9 680 - £970 - **$1,632**
FRIND August 1852-1924 **[1]**
🖼 *Früchten auf Tisch* - Woodcut in colors (20x25cm-8x10in) Pforzheim 91 .... FF3 380 - £339 - **$585**
FRINK Elizabeth 1930-1993 **[161]**
🖼 *Baboon* - Color lithograph (75x53cm-30x21in) London 96 .... FF4 810 - £600 - **$930**
🗿 *Horse* - Bronze (229x252cm-90x99in) London 96 .... FF1 -140 000 - **$224,500**
Bird - Bronze (41cm-16in) New-York 97 .... FF40 627 - £4 274 - **$7,000**
Walking Man - Bronze (50cm-20in) London 97 .... FF117 702 - £12 500 - **$20,503**

Warrior's head - Bronze (43cm-17in) London 96 .... FF**191 500** - *£24 000* - **$36,960**
Eagle - Watercolour (65x50cm-26x20in) London 97 .... FF6 **780** - *£720* - **$118,1 1**
Tiger Head - Watercolour (75x55cm-30x22in) London 97 .... FF8 **941** - *£949* - **$1,557**
Standing Horse - Pencil/paper (76x56cm-30x22in) London 97 .... FF18 **832** - *£2 000* - **$3,280**
Lying down Horse - Watercolour (50x64cm-20x25in) London 97 .... FF35 **782** - *£3 800* - **$6,233**
Seated horse - Watercolour (78x56cm-31x22in) London 96 .... FF51 **100** - *£6 200* - **$9,940**

FRIPP Alfred Downing 1822-1895 [5]
Specimens from North Wales - Watercolour (56x76cm-22x30in) London 93 .... FF16 **600** - *£2 000* - **$2,900**

FRIPP Charles Edwin 1854-1906 [2]
The young fisherman - Watercolour (25x20cm-10x8in) London 93 .... FF3 **984** - *£480* - **$696**

FRIPP Constance Louise XIX-XX [3]
Florence, the Arno - Watercolour (20x35cm-8x14in) London 96 .... FF2 **755** - *£350* - **$543**

FRIPP George Arthur 1813-1896 [51]
The Ponte Lucano, Tivoli - Oil/canvas (36x57cm-14x22in) London 92 .... FF25 **400** - *£2 600* - **$4,470**
Valley of the River Adur, W. Sussex - Watercolour/paper (23x36cm-9x14in) London 96 .. FF9 **360** - *£1 100* - **$1,843**
Eel Traps on the Thames - Watercolour (35x51cm-14x20in) London 96 .... FF20 **050** - *£2 500* - **$3,870**

FRIPP Innes 1867-? [5]
At the blacksmith's - Oil/canvas (51x61cm-20x24in) London 91 .... FF5 **980** - *£598* - **$985**
Ibises in flight - Watercolour/board (74x100cm-29x39in) London 93 .... FF5 **210** - *£600* - **$900**

FRIPP Thomas William 1864-1931 [7]
Snow-caped mountain - Watercolour (29x23cm-11x9in) Toronto 92 .... FF2 **690** - *£321* - **$517**

FRISCH Johan Didrik 1835-1867 [1]
En ung pige, somvander blomster - Oil/canvas (56x71cm-22x28in) København 90 ..... FF18 **400** - *£1 970* - **$3,200**

FRISCH Johann Christoph 1738-1815 [4]
Arab caravan - Oil/canvas (45x76cm-18x30in) New-York 93 .... FF7 **700** - *£966* - **$1,400**

FRISCHE Heinrich Ludwig 1831-1901 [5]
Gebirgstal mit einem Bach - Öl/Leinwand (133x193cm-52x76in) München 94 ..... FF13 **670** - *£1 642* - **$2,600**

FRISENDAHL Carl 1886-1948 [6]
Herkules och tjuren - Bronze (37cm-15in) Stockholm 95 .... FF11 **750** - *£1 468* - **$2,304**

FRISENDAHL Fredrik 1891 [2]
Dans - Bronze (23cm-9in) Stockholm 96 .... FF2 **745** - *£354* - **$538**

FRISENDAHL Halvar 1889-1953 [2]
Gråtande modell - Bronze (11cm-4in) Göteborg 92 .... FF2 **830** - *£290* - **$498**

FRISHMUTH Harriet Whitney 1880-1980 [34]
The Star - Bronze (49cm-19in) New-York 96 .... FF33 **900** - *£3 930* - **$6,500**
Reflections - Bronze (39cm-15in) New-York 97 .... FF75 **846** - *£7 963* - **$13,000**
Ruppert Eagle - Bronze (107cm-42in) New-York 97 .... FF277 **129** - *£29 098* - **$47,500**

FRISIA Donato 1883-1953 [6]
Paesaggio - Olio/tela (60x50cm-24x20in) Milano 94 .... FF6 **440** - *£760* - **$1,216**

FRISK Lennart 1918-1991 [5]
Älgar i vinterlandskap - Oil/canvas (80x100cm-31x39in) Uppsala 96 .... FF4 **230** - *£490* - **$810**

FRISMUTH Harriet Whitney 1880-1980 [54]
Allegro - Bronze (30cm-12in) New-York 93 .... FF32 **450** - *£3 690* - **$5,500**
Crest of the Wave - Bronze (53cm-21in) New-York 94 .... FF62 **800** - *£7 320* - **$11,000**
Joy of the Waters - Bronze (161cm-63in) New-York 93 .... FF324 **500** - *£36 900* - **$55,000**

FRISON Jehan 1882-1961 [62]
Stilleven met theepot - Huile/toile (34x38cm-13x15in) Lokeren 93 .... FF5 **340** - *£611* - **$908**
L'attente - Huile/toile (110x80cm-43x31in) Antwerpen 95 .... FF20 **070** - *£2 640* - **$4,030**
L'armistice à Malines - Huile/toile (79x103cm-31x41in) Bruxelles 91 .... FF42 **800** - *£4 313* - **$7,427**
Intérieur - Monotype Bruxelles 96 .... FF1 **730** - *£220* - **$333**

FRISON-FABRICE Lucienne 1889-? [2]
Couple enlacé - Miniature Toulouse 91 .... FF1 **500** - *£149* - **$260**

FRISSELL Toni 1907-1988 [4]
V2 Boy, England - Gelatin silver print (25x25cm-10x10in) New-York 95 ...... FF12 **400** - *£1 582* - **$2,500**

FRISTRUP Niels 1837-1909 [7]
Parti fra Marcuspladsen i Venedig - Oil/canvas (39x61cm-15x24in) København 89 ..... FF48 **300** - *£4 939* - **$7,765**

FRISWELL Harry P. Hain c.1860-c.1910 [2]
Nude looking out to sea - Oil/canvas (41x33cm-16x13in) London 90 .... FF15 **500** - *£1 660* - **$2,696**

FRITH Francis 1822-1898 [20]
Pyramids at El-Geezeh - Albumen print (38x48cm-15x19in) New-York 96 ..... FF14 **440** - *£1 854* - **$2,800**

FRITH William Powell 1819-1909 [35]
John Knox rebuking M. Queen of Scots - Oil/canvas (57x77cm-22x30in) London 97 ...... FF85 **714** - *£9 000* - **$14,691**
L'Avare - Oil/canvas (89x140cm-35x55in) New-York 97 .... FF341 **100** - *£36 738* - **$60,000**
The Minstrel - Watercolour (59x89cm-23x35in) London 93 .... FF24 **900** - *£2 800* - **$4,170**

FRITSCH Ernst 1892-1965 [13]
Sanssouci - Öl/Leinwand (60x73cm-24x29in) Berlin 94 .... FF61 **800** - *£7 390* - **$11,550**
Aufgehende Sonne über einem Dorf - Watercolour (31x40cm-12x16in) Berlin 96 ...... FF10 **870** - *£1 240* - **$2,080**

FRITSCH Hans 1870-1945 [1]
Neckarlandschaft mit Eisenbahn - Tempera/carton (47x40cm-19x16in) Heidelberg 94 ... FF2 **400** - *£278* - **$413**

FRITSCH Melchior 1826-1889 [6]
Vom Gewitter überrascht - Oil/canvas (23x35cm-9x14in) Ahlden 92 .... FF14 **280** - *£1 462* - **$2,514**

FRITSCH Willibald 1876-? [1]
🎨 *Galoppierender Reiter* - Bronze (31cm-12in) München 94 .... FF3 900 - £477 - **$708**
FRITZ Andreas 1828-1906 [16]
🌊 *Skovparti fra Moesgaard, Århus* - Oil/canvas (89x89cm-35x35in) Viby J, Århus 91 .... FF7 740 - £771 - **$1,331**
FRITZ Henry Eugene 1875-? [1]
🎨 *Bathing in the River* - Oil/canvas Cambridge, Mass. 90 .... FF2 900 - £309 - **$519**
FRITZ Herman 1873-? [2]
🏺 *Amazone sur un taureau* - Bronze (39x11x38cm-15x4x15in) Montréal 89 .... FF7 300 - £769 - **$1,229**
FRITZ Marcus Bech 1868-1942 [1]
🎨 *Aaen* - Oil/canvas (91x89cm-36x35in) Viby J, Århus 94 .... FF7 810 - £940 - **$1,448**
FRITZ Max 1849-? [3]
🎨 *Morgensonne* - Öl/Leinwand (64x96cm-25x38in) Köln 93 .... FF15 400 - £1 762 - **$2,620**
🎨 *Schlesisches Dorf* - Oil/canvas (85x120cm-33x47in) Pforzheim 91 .... FF130 000 - £13 340 - **$24,200**
FRITZE Louis ?-1896 [1]
✒ *Englischer Offizier* - Pastell (40x32cm-16x13in) Stuttgart 89 .... FF2 500 - £242 - **$379**
FRITZEL Wilhelm 1870-1943 [10]
🎨 *Heuernte mit Bauernpaar* - Öl/Leinwand (40x55cm-16x22in) Düsseldorf 96 .... FF13 540 - £1 672 - **$2,616**
FRITZSCH Claudius Ditlev 1763-1841 [1]
🎨 *Glasvase med roser og syrener* - Oil/canvas (55x46cm-22x18in) København 96 .... FF55 200 - £7 150 - **$11,040**
FRITZSCHE Otto 1872-1948 [1]
🎨 *Parklandschaft, Dresden* - Öl/Leinwand (65x88cm-26x35in) Leipzig 95 .... FF2 137 - £267 - **$432**
FRITZVOLD Reidar 1920 [7]
🎨 *Skoda letter, Fellan, Telemark* - Oil/panel (60x75cm-24x30in) Tönsberg 91 .... FF5 640 - £564 - **$929**
FRIZ von Marie 1835-? [1]
🎨 *Bauernhof in Kierling* - Oil/panel (63x49cm-25x19in) Lindau 96 .... FF14 900 - £1 725 - **$2,856**
FRIZE Bernard 1949 [4]
🎨 *Sans titre B2* - Huile/toile (90x94cm-35x37in) Paris 97 .... FF12 000 - £1 268 - **$2,059**
Volontaires - Acrylique/toile (173x260cm-68x102in) Paris 96 .... FF50 000 - £6 480 - **$9,880**
FRÖBE Gerd 1913-1989 [1]
🎨 *Ansicht von Berlin* - Oil/board (100x100cm-39x39in) München 90 .... FF15 200 - £1 627 - **$2,643**
FROBENIUS Hermann 1871-1954 [3]
🎨 *Winterliche Gebirgslandschaft* - Öl/Leinwand (106x162cm-42x64in) Bielefeld 93 .... FF8 750 - £1 020 - **$1,438**
FRÖBERG Maria 1886-1962 [3]
🎨 *Norrländskt panorama* - Oil/canvas (50x180cm-20x71in) Stockholm 91 .... FF12 250 - £1 243 - **$2,212**
FRÖDING Jonas 1905-1959 [7]
🏺 *Pojke med litet barn på axlarna* - Bronze (34cm-13in) Malmö 96 .... FF3 950 - £513 - **$775**
Naken staende kvinna - Bronze (48cm-19in) Malmö 90 .... FF10 300 - £1 103 - **$1,791**
FROEDMAN-CLUZEL Boris M. XIX-XX [8]
🏺 *Danse russe* - Bronze (16cm-6in) Paris 95 .... FF31 000 - £3 710 - **$5,900**
FROEHLICH Bernhard 1823-1885 [1]
🎨 *Bauernkinder mit Schneemann* - Öl/Leinwand (26x21cm-10x8in) Stuttgart 96 .... FF30 460 - £3 530 - **$5,840**
FROGNIER Paul 1914 [4]
🎨 *Le soleil rouge, 1975* - Huile/toile (80x100cm-31x39in) Bruxelles 89 .... FF4 500 - £448 - **$711**
FRÖHLICH Emil 1862-? [2]
🎨 *Blick auf die Seine* - Öl/Leinwand (37x55cm-15x22in) München 94 .... FF5 130 - £616 - **$975**
FRÖHLICH Fritz 1910 [13]
🎨 *Harlekin in der Wüste* - Mischtechnik (38x38cm-15x15in) München 93 .... FF3 460 - £390 - **$585**
✒ *Komposition R* - Aquarell/Papier (31x34cm-12x13in) Wien 93 .... FF3 960 - £465 - **$659**
FRÖHLICH Leopold 1873-1946 [2]
🎨 *Apokalyptischer Reiter* - Öl/Leinwand (160x111cm-63x44in) Wien 95 .... FF3 920 - £517 - **$794**
FRÖHLICH Otto 1869-? [2]
🎨 *Mondnacht am See im Herbst* - Oil/board (24x19cm-9x7in) München 92 .... FF8 500 - £870 - **$1,497**
FROHNER Adolf 1934 [66]
🎨 *Bildnis* - Oil/canvas (100x80cm-39x31in) Wien 93 .... FF16 830 - £2 010 - **$3,240**
Bindungen - Öl/Leinwand (150x100cm-59x39in) Wien 96 .... FF39 000 - £5 060 - **$7,700**
Grosses Familienbild - Mixed media/panel (170x20x130cm-67x8x51in) Wien 95 .... FF78 300 - £10 140 - **$15,940**
✒ *Frau am Fenster auf der Strasse* - Aquarell/Papier (61x43cm-24x17in) Wien 94 .... FF7 280 - £856 - **$1,300**
Untersicht - Aquarelle (65x50cm-26x20in) Wien 97 .... FF15 290 - £1 625 - **$2,636**
FROIDMONT P. XX [1]
🏺 *Woman seated with an amphora* - Alabaster (48cm-19in) London 96 .... FF14 920 - £1 700 - **$2,856**
FRÖLICH Edma 1859-? [1]
🎨 *Interiør med rose* - Oil/canvas (49x41cm-19x16in) København 93 .... FF5 670 - £644 - **$960**
FRÖLICH Emil 1862-? [1]
🎨 *Blick über die Seine, Paris* - Öl/Leinwand (37x56cm-15x22in) Köln 94 .... FF3 740 - £437 - **$656**
FRØLICH Lorenz 1820-1908 [22]
🎨 *Mytologisk sceneri* - Oil/canvas (28x41cm-11x16in) København 95 .... FF4 400 - £532 - **$828**
✒ *Hagbard* - Watercolour (87x40cm-34x16in) København 95 .... FF1 760 - £213 - **$331**
FRÖLICH Otto 1869-? [1]
🎨 *Waldstück mit Figurenstaffage* - Öl/Leinwand (112x71cm-44x28in) Bremen 93 .... FF7 660 - £876 - **$1,294**
FRÖLICHER Otto 1840-1890 [15]
🎨 *Oberbayerische Landschaft im Sommer* - Oil/canvas (41x58cm-16x23in) Luzern 91 .... FF25 740 - £2 612 - **$4,649**
🎨 *Bäumen und Weidenden Schafen* - Öl/Leinwand (60x90cm-24x35in) Zürich 96 .... FF79 500 - £9 200 - **$15,220**
✒ *Selbstportrait des Künstlers* - Crayon Zofingen 94 .... FF1 527 - £179 - **$272**

FROM Einar 1872-1972 [3]
- Beach scene - Oil/canvas (53x81cm-21x32in) Elgin, Illinois 92 .... FF3 050 - £320 - **$550**

FROMANGER Gérard 1939 [51]
- Il fait toujours beau quelque part - Huile/toile (162x114cm-64x45in) Versailles 97 .... FF3 000 - £317 - **$515**
- Unique instantané - Huile/toile (73x60cm-29x24in) Paris 97 .... FF15 000 - £1 580 - **$2,579**
- Boulevard des Italiens - Huile/toile (100x100cm-39x39in) Paris 94 .... FF28 000 - £3 305 - **$5,020**
- Rouge de Cadmium clair - Huile/toile (150x200cm-59x79in) Paris 90 .... FF175 000 - £18 737 - **$30,435**
- Mirage: Grotte de l'Apothicaire - Collage (23x30cm-9x12in) Paris 93 .... FF4 000 - £482 - **$728**
- Avenue des Champs-Elysées - Pastel/papier (100x70cm-39x28in) Paris 90 .... FF13 000 - £1 309 - **$2,547**

FRÖMEL-FOCHLER Lotte 1884-? [1]
- Blühende Kakteen - Aquarell (65x44cm-26x17in) München 92 .... FF5 090 - £608 - **$978**

FROMENT Eugène 1820-1900 [1]
- Allégorie de la Confession - Pierre noire (12x20cm-5x8in) Paris 93 .... FF2 000 - £230 - **$343**

FROMENT-DELORMEL Jacques Victor Eug. 1820-1900 [1]
- Pawnee Children froliking - Oil/canvas (42x155cm-17x61in) New-York 94 .... FF154 000 - £18 370 - **$29,000**

FROMENT-MEURICE Jacques 1864-1948 [1]
- Vache couchée et son veau - Sculpture (13cm-5in) Paris 90 .... FF5 100 - £519 - **$1,020**

FROMENTIN Eugène 1820-1876 [99]
- Voleurs de nuit - Oil/canvas (132x204cm-52x80in) New-York 95 .... FF1 - £157 500 - **$250,000**
- Halte de chameliers - Huile/toile (34x49cm-13x19in) Paris 90 .... FF50 000 - £5 315 - **$8,615**
- Coup de vent dans les plaines d'Alfa - Huile/panneau (44x60cm-17x24in) Paris 96 ..... FF100 000 - £12 470 - **$19,300**
- Halte d'un chef arabe - Huile/toile (105x144cm-41x57in) Paris 96 .... FF250 000 - £32 300 - **$49,500**
- Halte devant Laghouat, juillet - Fusain (23x38cm-7x13in) Paris 95 .... FF12 000 - £1 520 - **$2,414**
- Arabe assis, El-Aghouat, 11 Juin - Fusain (31x23cm-12x9in) Paris 95 .... FF31 000 - £3 930 - **$6,230**

FROMKES Maurice 1872-1931 [1]
- Her Birthday Dress - Oil/canvas (61x46cm-24x18in) New Orleans, Louisiana 93 .... FF38 350 - £4 360 - **$6,500**

FROMMEL Carl Ludwig 1789-1863 [5]
- Tyrol - Steel engraving, 11 plates/wove London 92 .... FF5 860 - £700 - **$1,128**
- In Salem - Watercolour, gouache (23x20cm-9x8in) Heidelberg 96 .... FF10 150 - £1 254 - **$1,962**

FRÖMMEL Franz Josef 1889-1968 [1]
- Blick auf Eierbrecht bei Wittikon - Ol/Leinwand (66x85cm-26x33in) Bern 93 .... FF2 093 - £250 - **$403**

FROMMHOLD Ernst 1879-1955 [8]
- Städtchern an der Weser - Ol/Leinwand (60x80cm-24x31in) Frankfurt 94 .... FF2 383 - £279 - **$421**

FROMUTH Charles Henry 1866-1937 [17]
- Concarneau, la Ville Close - Huile/toile (65x81cm-26x32in) Quimper 94 .... FF55 000 - £6 600 - **$10,240**
- Matinée de janvier dans le port - Pastel (32x46cm-13x18in) Quimper 94 .... FF18 000 - £2 083 - **$3,090**
- Le retour des sardiniers - Pastel (46x42cm-18x17in) Nantes 90 .... FF50 000 - £5 181 - **$8,787**

FRONIUS Hans 1903-1988 [84]
- Bildnis Otto Benesch - Oil/panel (86x61cm-34x24in) Wien 96 .... FF38 600 - £4 400 - **$7,400**
- Landschaft - Oil/panel (35x62cm-14x24in) Wien 92 .... FF52 900 - £6 320 - **$10,170**
- Im Gasthaus - Woodcut (17x13cm-7x5in) Wien 96 .... FF2 436 - £316 - **$482**
- Der Maler - Ink (30x21cm-12x8in) Wien 95 .... FF4 900 - £646 - **$993**
- Der Reiter - Black chalk/paper (27x18cm-11x7in) Wien 96 .... FF8 670 - £1 081 - **$1,675**

FRONTIER Jean Charles 1701-1763 [1]
- Solomon's Sacrifice to Ashtoreth
  Black & white chalks (27x40cm-11x16in) New-York 97 .... FF26 607 - £2 962 - **$4,800**

FROOD Hester 1882-1971 [4]
- Elvet Bridge, Durham - Watercolour (20x22cm-8x9in) London 96 .... FF1 703 - £220 - **$336**

FROOD Millie XX [2]
- Workers in the field - Oil/board (51x63cm-20x25in) Glasgow 90 .... FF11 600 - £1 202 - **$2,039**

FRÖSCHL Carl 1848-1934 [6]
- Family in an interior - Oil/canvas (84x72cm-33x28in) New-York 95 .... FF25 550 - £3 183 - **$5,000**

FROST Anna S.R. 1873-1955 [1]
- Moving shadows - Oil/canvas (61x76cm-24x30in) San Francisco-Los Angeles 89 .... FF9 700 - £965 - **$1,532**

FROST Arthur Burdett, Jr. 1887-1917 [20]
- Political Talk - Watercolour, gouache (46x65cm-18x26in) New-York 93 .... FF35 750 - £4 480 - **$6,500**

FROST Arthur Burdett, Sr. 1851-1928 [25]
- Fishing from the Old fence - Oil/canvas (56x92cm-22x36in) New-York 96 .... FF19 730 - £2 514 - **$3,800**
- Storytime - Watercolour (34x34cm-13x13in) San Francisco-Los Angeles 95 .... FF8 260 - £940 - **$1,400**
- Congressman's Day of Reckoning - Watercolour (43x66cm-17x26in) New-York 96 .... FF23 300 - £3 010 - **$4,500**

FROST Cyril Fred. Ratcliff 1911-1991 [1]
- Dartmoor/River on Dartmoor - Watercolour (37x57cm-15x22in) Crewkerne, Somerset 93 .... FF1 670 - £190 - **$283**

FROST George Albert 1843-? [7]
- Living the Artic - Oil/canvas (71x102cm-28x40in) San Francisco-Los Angeles 93 .... FF13 750 - £1 724 - **$2,500**

FROST John 1890-1937 [7]
- Pool at Sundown - Oil/panel (61x71cm-24x28in) San Francisco-Los Angeles 93 .... FF137 500 - £17 240 - **$25,000**

FROST Martin 1875-1928 [1]
- Rammassage des pommes de terre - Oil/canvas (84x122cm-33x48in) Warszawa 93 ...... FF18 860 - £1 930 - **$3,125**

FROST Sergius 1900-1994 [15]
- Marine - Oil/canvas (140x140cm-39x55in) Köbenhavn 96 .... FF7 100 - £810 - **$1,360**

FROST Terry 1915 [97]
- Red and Black (Lincoln) - Oil/canvas (183x132cm-72x52in) Penzance, Cornwall 96 ...... FF10 420 - £1 300 - **$2,014**

R, Y + B PLus White (collage) - Oil/canvas (127x150cm-50x59in) London 96 .... FF23 940 - £3 000 - **$4,620**
Blue and black verticals - Oil/board (213x160cm-84x63in) London 96 .... FF45 400 - £5 500 - **$8,820**
Abstract with vertical reds - Oil/canvas (63x76cm-25x30in) London 89 .... FF125 900 - £12 873 - **$20,241**
Untitled - Gouache (37x31cm-15x12in) London 97 .... FF5 184 - £550 - **$893**
Illustrations to poems by J. Donne, ... - Gouache London 93 .... FF13 600 - £1 700 - **$2,465**

FROST William Edward 1810-1877 [25]
Mother and child - Oil/board (19x15cm-7x6in) London 95 .... FF2 685 - £340 - **$540**
Il Penseroso - Oil/board/canvas (56x47cm-22x19in) London 97 .... FF17 447 - £1 900 - **$3,034**
A Nymph - Oil/paper/panel (15x12cm-6x5in) London 97 .... FF50 505 - £5 500 - **$8,783**

FROSTÉ Nicolas Sébastien 1790-1856 [1]
Porträt einer jungen Frau - Huile/toile (72x59cm-28x23in) Köln 94 .... FF2 743 - £329 - **$533**

FROSTERUS-SEGERSTRÅLE Hanna 1867-1946 [2]
Åldring - Pastel (37x38cm-15x15in) Helsinki 94 .... FF5 080 - £589 - **$874**

FROTHINGHAM John 1786-1864 [1]
Governor John Endicott - Oil/panel (91x79cm-36x31in) Chicago 94 .... FF8 120 - £962 - **$1,500**

FROUMAK Ruvim 1902-1977 [1]
Old man smoking a pipe - Oil/canvas (52x41cm-20x16in) London 89 .... FF9 700 - £992 - **$1,559**

FROY Martin 1926 [2]
Seated woman - Oil/masonite (15x122cm-6x48in) London 96 .... FF2 990 - £380 - **$575**

FRØYSAA Knut 1919-1987 [2]
Fra Slottsparken, Oslo - Oil/canvas (80x100cm-31x39in) Oslo 93 .... FF3 200 - £372 - **$550**
Månenatt - Oil/canvas (80x100cm-31x39in) Tönsberg 92 .... FF17 360 - £1 777 - **$3,405**

FRUDAKIS Anthony P. 1953 [3]
Mercury - Bronze (46cm-18in) Bloomfield Hills, Michigan 93 .... FF1 788 - £224 - **$325**

FRUGIER Françoise XX [3]
Le baiser - Bronze (38cm-15in) Saint-Dié 94 .... FF9 000 - £1 080 - **$1,747**

FRÜH Eugen 1914-1975 [6]
Deux visages - Öl/Leinwand (50x60cm-20x24in) Konstanz 94 .... FF10 230 - £1 210 - **$1,840**

FRUHMANN Johann 1928-1985 [2]
Kleine Komposition Nr. 2 - Oil/panel (55x40cm-22x16in) München 94 .... FF12 650 - £1 485 - **$2,254**
Ohne Titel - Monotype (37x25cm-15x10in) Wien 93 .... FF7 820 - £887 - **$1,322**

FRÜHTRUNK Günter 1923-1983 [59]
Gelb-Blau-Weiss - Acryl/Leinwand (82x73cm-32x29in) Köln 97 .... FF53 963 - £5 665 - **$9,249**
Offenes Weiss - Acryl/Leinwand (120x120cm-47x47in) Köln 97 .... FF97 808 - £10 268 - **$16,764**
Reihe - Öl/Leinwand (134x150cm-53x59in) Köln 94 .... FF130 000 - £15 250 - **$23,140**

FRÜMANN Johann 1928-1985 [2]
Ohne Titel - Oil (45x36cm-18x14in) Wien 92 .... FF19 240 - £2 300 - **$3,700**

FRUMERIE de Agnès 1869-1913 [2]
La Mélancolie - Marbre (50cm-20in) Stockholm 95 .... FF11 360 - £1 502 - **$2,303**

FRY Anthony 1927 [3]
Dance, blue and green - Oil/canvas (61x76cm-24x30in) London 93 .... FF4 570 - £550 - **$798**

FRY Harry Windsor XIX-XX [2]
Lorenzo - Watercolour, gouache (44x34cm-17x13in) London 93 .... FF10 400 - £1 300 - **$1,885**

FRY John Hemming 1861-1946 [1]
Couple enchaîné - Huile/toile (64x50cm-25x20in) Paris 95 .... FF2 400 - £317 - **$487**

FRY Lewis G. 1860-1933 [3]
Making hay, Limpsfield - Oil/canvas (53x66cm-21x26in) Birmingham 92 .... FF3 710 - £380 - **$654**

FRY Peter Wickens ?-1860 [1]
Country house - Photograph (17x22cm-7x9in) London 89 .... FF1 500 - £153 - **$241**

FRY Roger Elliot 1866-1934 [24]
River bank, Spring - Oil/panel (33x41cm-13x16in) London 95 .... FF14 900 - £1 900 - **$3,004**
Apples, plums and a jug - Oil/canvas (36x46cm-14x18in) London 94 .... FF40 600 - £4 800 - **$7,300**
A garden scene, 1915 - Oil/canvas (92x71cm-36x28in) London 90 .... FF213 100 - £22 670 - **$38,122**

FRY Sherry Edmondson 1879-1966 [2]
Girl Seated on a Basin - Bronze (44cm-17in) New-York 96 .... FF26 100 - £3 020 - **$5,000**

FRY Windsor XIX-XX [2]
Flowers in a blue and white Vase - Oil/board (54x42cm-21x17in) London 97 .... FF5 602 - £600 - **$96,8 4**

FRYDMAN Maurice 1928 [2]
L'oeuf - Huile/panneau (117x81cm-46x32in) Bruxelles 94 .... FF4 950 - £577 - **$867**

FRYDMAN Monique 1943 [4]
Jaune majeur IV - Technique mixte/toile (196x210cm-77x83in) Paris 94 .... FF25 000 - £2 893 - **$4,290**
Composition - Pastel (58x58cm-23x23in) Paris 94 .... FF3 500 - £405 - **$601**

FRYE Thomas 1710-1762 [8]
Portrait of Edward Goldney - Oil/canvas (74x62cm-29x24in) London 93 .... FF34 760 - £4 000 - **$5,960**

FRYTOM van Frederick 1632-1707 [2]
Flusslandschaft - Oil/panel (41x43cm-16x17in) Köln 90 .... FF47 600 - £4 867 - **$9,395**

FUCHS Bernie 1933 [3]
Couple with little car at lakeside - Tempera (46x66cm-18x26in) New-York 96 .... FF22 000 - £2 840 - **$4,250**
5 GPA Golf Hall of Fame Posters - Poster (61x48cm-24x19in) New-York 94 .... FF17 160 - £2 013 - **$3,000**
Lou Gehrig/Yogi Berra/Lou Brock - Pencil New-York 96 .... FF5 700 - £736 - **$1,100**

FUCHS Carl 1836-1886 [2]
Wildwasser - Huile/panneau (17x23cm-7x9in) Bern 93 .... FF5 330 - £637 - **$1,025**

FUCHS Danièle 1931 [12]
- Vue de la maison - Huile/toile (60x73cm-24x29in) Saint-Germain-en-Laye 91 .... FF*12 000* - £*1 233* - **$2,233**

FUCHS Emil 1866-1929 [9]
- Hirtenkönig - Etching (23x15cm-9x6in) Wien 94 .... FF*5 340* - £*628* - **$952**
- Great dane - Bronze (14cm-6in) London 92 .... FF*12 660* - £*1 300* - **$2,353**

FUCHS Erich 1916 [2]
- Selbstportrait III - Etching (18x13cm-7x5in) Hamburg 94 .... FF*1 873* - £*218* - **$324**

FUCHS Ernst 1930 [213]
- Isabel - Öl/Leinwand (70x50cm-28x20in) Wien 96 .... FF*29 230* - £*3 794* - **$5,780**
- Salome - Öl/Leinwand (80x70cm-31x28in) Wien 93 .... FF*147 000* - £*16 620* - **$24,770**
- Cherubskopf III/Sphinx/Selbstportrait - Radierung (20x16cm-8x6in) Hamburg 97 .... FF*2 427* - £*259* - **$423**
- Samson - Radierung (31x52cm-12x20in) Hamburg 97 .... FF*7 583* - £*811* - **$1,321**
- Venusgürtel - Bronze (42cm-17in) Wien 96 .... FF*8 800* - £*1 143* - **$1,723**
- Sphinx - Bronze (19x15x36cm-7x6x14in) Wien 94 .... FF*15 470* - £*1 777* - **$2,650**
- Papagena - Pastel/paper (28x21cm-11x8in) Wien 96 .... FF*9 620* - £*1 206* - **$1,880**
- Halbakt - Charcoal/paper (70x49cm-28x19in) Wien 97 .... FF*16 786* - £*1 771* - **$2,902**
- Stehender, weiblicher Akt - Red chalk (100x70cm-39x28in) Wien 93 .... FF*48 900* - £*5 540* - **$8,250**

FUCHS Georg Mathias 1719-1797 [4]
- Portraet af professor Ove Malling - Oil/canvas (80x62cm-31x24in) København 93 .... FF*15 600* - £*1 790* - **$2,667**

FUCHS Hans 1860-1937 [1]
- Musikalisches Stilleben - Oil/canvas (48x140cm-19x55in) Lindau 92 .... FF*18 700* - £*1 914* - **$3,290**

FUCHS Hermann 1871-? [1]
- Le terrassier assoiffé - Bronze (42cm-17in) Bruxelles 92 .... FF*5 930* - £*708* - **$1,141**

FUCHS Jacques F. 1922-1980 [5]
- Spielende Kinder - Öl/Leinwand (24x32cm-9x13in) Bern 93 .... FF*4 880* - £*611* - **$892**

FUCHS Karl 1836-1886 [6]
- Aubrücke bei Esslingen - Oil/canvas/board (48x60cm-19x24in) Stuttgart 89 .... FF*7 400* - £*715* - **$1,123**
- Schwäbische Lichterfest, Eßlingen - Watercolour (31x21cm-12x8in) Stuttgart 90 .... FF*7 400* - £*792* - **$1,287**

FUCHS Kurt 1905-1960 [1]
- Heimkehr von Fasching - Öl/Karton (50x40cm-20x16in) Pforzheim 93 .... FF*4 750* - £*567* - **$913**

FUCHS Otto 1897-1987 [1]
- Kirchlein in Dachau-Etzenhausen - Aquarell (29x41cm-11x16in) München 89 .... FF*3 400* - £*358* - **$572**

FUCHS Robert 1896-1981 [2]
- Truthahn - Oil/panel (110x88cm-43x35in) Wien 95 .... FF*2 950* - £*357* - **$556**
- Paradies - Oil/canvas (94x110cm-37x43in) Wien 91 .... FF*15 360* - £*1 540* - **$2,813**

FUCHS Rudolf 1868-1918 [2]
- Nude model - Oil/cardboard (50x30cm-20x12in) Moscow 94 .... FF*21 230* - £*2 527* - **$4,000**

FUCHS Therese 1849-? [10]
- Hardangerfjord - Oil/canvas (79x119cm-31x47in) London 94 .... FF*4 580* - £*550* - **$847**

FUCHS-NORDHOFF von Felix Freiherr 1881-1954 [2]
- Segelboote - Öl/Leinwand (100x90cm-39x35in) Wien 96 .... FF*3 600* - £*437* - **$700**

FUECHSEL Hermann 1883-1915 [7]
- Presidential Range, Vermont - Oil/canvas (45x76cm-18x30in) New-York 94 .... FF*21 020* - £*2 526* - **$4,000**

FUENTE de la Luis XIX-XX [2]
- Ensueno, 1986 - Sculpture (90cm-35in) New-York 90 .... FF*108 700* - £*11 564* - **$19,445**

FUERTES Antonio 1940 [2]
- Castellano - Oleo/lienzo (30x40cm-12x16in) Madrid 91 .... FF*3 460* - £*349* - **$674**

FUERTES Louis Agassiz 1874-1927 [6]
- Lesser Whistling Teal - Gouache/paper (25x36cm-10x14in) New-York 92 .... FF*23 400* - £*2 794* - **$4,500**

FUES Christian 1772-1836 [2]
- Landscape with cows, sheep & figures - Oil/canvas (88x114cm-35x45in) New-York 90 ...... FF*11 400* - £*1 199* - **$1,983**

FUETER Max 1898-1983 [5]
- Bergweg - Aquarell (29x43cm-11x17in) Bern 94 .... FF*2 424* - £*281* - **$418**

FUGA Ferdinando 1699-1780 [1]
- Fountain/Doorway - Ink (42x17cm-17x7in) London 91 .... FF*9 920* - £*1 000* - **$1,750**

FÜGER Friedrich Heinrich 1751-1818 [29]
- The penitent Magdalen - Oil/canvas (53x68cm-21x27in) New-York 96 .... FF*26 650* - £*3 160* - **$5,200**
- Nymphe allongée dans un paysage - Huile/toile (54x68cm-21x27in) Zürich 95 .... FF*129 400* - £*16 680* - **$26,340**
- Vastal Virgin led to her Execution - Black chalk (64x130cm-25x51in) London 97 .... FF*68 493* - £*7 000* - **$11,657**

FUGERE Henry 1872-? [13]
- Il est quatre heures - Bronze (38cm-15in) Paris 96 .... FF*2 100* - £*249* - **$410**
- Athénienne à sa coiffure - Ivory, bronze (32cm-13in) Paris 94 .... FF*13 500* - £*1 585* - **$2,390**

FUHR Franz Xaver 1898-1973 [30]
- Das rote Kleid - Öl/Leinwand (100x65cm-39x26in) Berlin 96 .... FF*30 600* - £*3 483* - **$5,850**
- Tierpark des Fürsten X - Öl/Leinwand (49x60cm-19x24in) München 95 .... FF*48 200* - £*6 330* - **$9,660**
- Kaffeeterrasse - Öl/Leinwand (67x77cm-26x30in) Berlin 95 .... FF*257 400* - £*33 700* - **$52,300**
- Selbstporträt mit Hut - Pastel (54x40cm-21x16in) Heidelberg 96 .... FF*17 640* - £*2 280* - **$3,450**

FÜHRER Kai 1940 [4]
- Komposition - Oil/canvas (50x50cm-20x20in) København 92 .... FF*2 640* - £*270* - **$465**

FÜHRICH von Josef 1800-1876 [10]
- Heilige Familie - Öl/Leinwand (160x101cm-63x40in) Wien 94 .... FF*19 420* - £*2 280* - **$3,460**
- Befreiung Petri aus dem Kerker - Pencil/paper (30x23cm-12x9in) Wien 95 .... FF*12 440* - £*1 580* - **$2,507**

FUHRKEN Fritz 1894-1943 [1]
Bunter Sommerblumenstrauss - Öl/Leinwand (45x53cm-18x21in) Bremen 93 .... FF3 134 - £358 - **$530**
FUHRMANN Arend 1918-1984 [2]
Vier Quadrate - Öl/Leinwand (100x100cm-39x39in) Luzern 93 .... FF7 130 - £811 - **$1,210**
Ohne Titel - Öl/Leinwand (90x90cm-35x35in) Luzern 93 .... FF12 680 - £1 442 - **$2,150**
FUHRMANN Ernest XX [4]
Plant study - Gelatin silver print (18x23cm-7x9in) San Francisco-Los Angeles 93 .... FF1 770 - £202 - **$300**
FUHRMANN Max 1860-1908 [2]
The alchemist - Oil/canvas (52x60cm-20x24in) London 95 .... FF11 050 - £1 400 - **$2,223**
FUJISHIMA Takeji 1867-1943 [2]
Woman in profile - Oil/panel (46x38cm-18x15in) New-York 96 .... FF3 - £414 400 - **$620,000**
New Year's Day, Port of Taipei - Oil/canvas (45x60cm-18x24in) New-York 96 .. FF410 000 - £48 600 - **$80,000**
FUJITA Kenji 1955 [11]
Drunk inb the Furnace - Metal (40cm-16in) Stockholm 94 .... FF3 570 - £419 - **$636**
Untitled - Relief (45x54x43cm-18x21x17in) New-York 92 .... FF10 400 - £1 242 - **$2,000**
FUKUI Ryonosuke 1924-1986 [2]
Old capital - Oil/canvas (64x52cm-25x20in) New-York 92 .... FF49 400 - £5 900 - **$9,500**
FULCONIS Louis Guillaume 1817-1873 [1]
Pair of busts of Polish warrior - Bronze (12cm-5in) New-York 90 .... FF16 400 - £1 651 - **$3,213**
FULDE Edward B. XIX-XX [3]
Jeune femme dans un paysage - Huile/toile (73x91cm-29x36in) Paris 90 .... FF15 000 - £1 550 - **$2,650**
FULLA Ludovit 1902-1980 [1]
Bratislava - Öl/Leinwand (101x80cm-40x31in) Bern 93 .... FF16 750 - £2 000 - **$3,220**
FULLER Arthur Davenport 1889-1966 [6]
Couple watching woman leave parlor - Oil/canvas (66x51cm-26x20in) New-York 94 .... FF14 400 - £1 730 - **$2,800**
FULLER Edmund G. 1891-1973 [5]
Seascape - Oil/canvas (51x76cm-20x30in) Penzance, Cornwall 94 .... FF7 200 - £820 - **$1,222**
FULLER George 1822-1890 [6]
Girl with bowl - Oil/canvas (66x46cm-26x18in) Denver, Colorado 95 ...... FF9 210 - £1 800 - **$1,165**
FULLER Leonard John 1891-1973 [8]
Junk - Oil/canvas (70x90cm-28x35in) London 89 .... FF7 700 - £766 - **$1,216**
FULLER Richard Henry 1822-1871 [4]
Fisherman in a pond - Oil/canvas (38x66cm-15x26in) New-York 92 .... FF11 760 - £1 366 - **$2,400**
FULLEYLOVE John 1845-1908 [35]
Friars on the steps of a church - Oil/board (25x34cm-10x13in) New-York 92 .... FF9 720 - £994 - **$1,800**
Saint-Paul's Churchyard - Watercolour (13x18cm-5x7in) London 96 .... FF6 530 - £850 - **$1,295**
Athens from Lycabettus - Watercolour (19x28cm-7x11in) London 95 .... FF14 200 - £1 800 - **$2,860**
FULLJAMES Penelope 1942 [3]
Uganda Panels - Oil/canvas (93x117cm-37x46in) London 96 .... FF20 500 - £2 600 - **$3,934**
FULLONTON Robert Dudley 1876-1933 [1]
Tuna boats - Oil/canvas (41x51cm-16x20in) San Francisco-Los Angeles 89 .... FF4 300 - £428 - **$679**
FULLWOOD Albert Henry 1864-1930 [25]
A clipper in a calm - Oil/panel (19x36cm-7x14in) London 94 .... FF5 830 - £700 - **$1,091**
FULLWOOD John 1854-1931 [10]
Sheep on the woodland path - Wash/paper (36x53cm-14x21in) London 91 .... FF2 760 - £278 - **$538**
FULOP Karoly 1898-1963 [1]
Lake Echoes - Watercolour/paper (36x46cm-14x18in) San Francisco-Los Angeles 92 .. FF2 450 - £285 - **$500**
FULTON David 1848-1930 [26]
Young fishermen - Oil/canvas (62x52cm-24x20in) Auchterarder, Perthshire 95 .... FF23 450 - £3 000 - **$4,610**
In the Happy Autumn Fields
 Oil/canvas (76x64cm-30x25in) Auchterarder, Perthshire 95 .... FF58 600 - £7 500 - **$11,530**
Fishing for tiddlers - Watercolour (38x61cm-15x24in) Auchterarder, Perthshire 95 ...... FF10 160 - £1 300 - **$2,000**
FULTON Fitch Burt 1879-1955 [3]
Grazing in the yard - Oil/canvas (63x76cm-25x30in) San Francisco-Los Angeles 92 .... FF11 020 - £1 280 - **$2,250**
FULTON Hamish 1946 [31]
Skyscape, Kent, Circular Walks - Photograph (49x61cm-19x24in) London 97 .... FF25 424 - £2 700 - **$4,428**
Facing both Ways - Photograph (53x73cm-21x29in) London 97 .... FF35 782 - £3 800 - **$6,233**
FULTON James Black 1875-1922 [1]
Highland valley - Wash (38x55cm-15x22in) Toronto 89 .... FF2 200 - £232 - **$370**
FULTON Samuel 1855-1941 [5]
Golden Retrievers & Boxer - Oil/canvas (69x89cm-27x35in) London 94 ...... FF61 500 - £7 200 - **$10,720**
FULWIDER Edwin L. 1913 [3]
The vanishing american - Oil/canvas (61x76cm-24x30in) New-York 92 ...... FF63 700 - £7 400 - **$13,000**
Oxford Station, Ohio - Watercolour/paper (36x53cm-14x21in) New-York 95 .... FF4 850 - £623 - **$1,000**
FUMAGALLI Celestino 1864-1941 [1]
Le quattro stagioni - Bronze (55x41cm-22x16in) Roma 94 .... FF30 430 - £3 570 - **$5,270**
FUNCH Edgar 1915-1995 [3]
Composition - Bronze (21cm-8in) Köbenhavn 96 .... FF2 820 - £350 - **$547**
FUNCH Herman Frederik 1841-1919 [3]
Gravhund der jagger en aelling, 1894 - Oil/canvas (49x66cm-19x26in) Köbenhavn 94 .... FF2 800 - £280 - **$531**
FUNI Achille 1890-1972 [42]
Natura morta - Olio/cartone (39x28cm-15x11in) Prato 97 .... FF45 900 - £5 400 - **$8,100**
Giove - Olio/tela (160x161cm-63x63in) Milano 94 .... FF117 000 - £14 000 - **$21,700**

F

Composizione con figure - Carboncino/carta (48x31cm-19x12in) Prato 97 .... **FF23 120 – £2 720 – $4,080**
Interno metafisico, 1938 - Pastelli/carta (70x105cm-28x41in) Milano 90 .... **FF87 000 – £9 315 – $15,130**

FUNK Adolf 1903 [3]
Frühstücksstilleben, 1936 - Aquarell (32x40cm-13x16in) Bern 90 .... **FF2 300 – £245 – $411**

FUNK Heinrich 1807-1877 [4]
Chiemsee und Insel Herrenchiemsee - Oil/canvas (78x11cm-31x4in) München 89 .... **FF108 100 – £11 053 – $17,379**
Landschaft mit untergehender Sonne - Aquarell/Papier (23x36cm-9x14in) Wien 90 .... **FF9 600 – £1 021 – $1,717**

FUNK John 1895-1964 [4]
Rehearsal - Silver print (15x15cm-6x6in) New-York 95 .... **FF5 330 – £686 – $1,100**

FUNKE Anton 1869-1955 [3]
Flowers and apples - Oil/canvas/panel (38x49cm-15x19in) Amsterdam 94 .... **FF11 600 – £1 346 – $1,995**

FUNKE Bernard [1]
Feldblumenstrauß in Glasvase - Oil/panel (42x53cm-17x21in) Köln 91 .... **FF2 535 – £254 – $418**

FUNKE Bernd 1902-? [2]
Abend im Moor - Oil/cardboard (43x61cm-17x24in) Köln 94 .... **FF2 390 – £283 – $430**

FUNKE Helene 1869-1957 [23]
Mädchenbildnis - Öl/Leinwand (52x41cm-20x16in) Wien 97 .... **FF14 334 – £1 524 – $2,472**
Stilleben mit Melone vor Landschaft - Oil/panel (67x80cm-26x31in) Wien 96 .... **FF31 400 – £3 580 – $6,010**
Le port de Saint-Tropez - Watercolour (23x29cm-9x11in) Wien 96 .... **FF5 300 – £661 – $1,023**

FUNKE Jaromír 1896-1945 [25]
Perfume Bottle - Gelatin silver print (23x28cm-9x11in) New-York 94 .... **FF12 770 – £1 482 – $2,200**
Light Abstraction with Shadows - Gelatin silver print (28x23cm-11x9in) New-York 96.. .... **FF49 200 – £6 080 – $9,500**

FUNKE-KUPPER Albert Johann 1894-1934 [1]
Bulb-fields - Oil/canvas (31x41cm-12x16in) Amsterdam 94 .... **FF4 570 – £540 – $821**

FUNKE-KÜPPER Anton 1869-1955 [8]
Poppies in a glass vase - Oil/canvas (41x51cm-16x20in) Amsterdam 93 .... **FF4 204 – £504 – $769**

FUNNO Michele c.1830-c.1880 [2]
Brig Diadem & the bay of Naples - Bodycolour (49x69cm-19x27in) London 92 .... **FF13 680 – £1 400 – $2,414**

FURCHTEGOTT Jacob 1809-1885 [1]
Enfants devant une chapelle - Huile/toile (30x24cm-12x9in) Bruxelles 93 .... **FF13 180 – £1 576 – $2,694**

FURCY DE LAVAULT Albert Tibule 1847-1915 [14]
Summer flowers on a Table - Oil/canvas (61x82cm-24x32in) London 97 .... **FF14 532 – £1 600 – $2,550**
Nature morte de fleurs et fruit - Huile/toile (90x150cm-35x59in) Paris 97 .... **FF57 000 – £6 150 – $10,072**
Pêches, raisins et fleurs - Huile/toile (114x176cm-45x69in) Nantes 90 .... **FF220 000 – £22 727 – $38,869**

FURET François 1842-1919 [19]
Chardonne - Öl/Leinwand (37x56cm-15x22in) Bern 96 .... **FF12 400 – £1 575 – $2,385**
Chrysanthemums in a glass vase - Oil/canvas (73x62cm-29x24in) London 95 .... **FF35 500 – £4 500 – $7,140**
Erntezezene in Aeschi, Berner Oberland - Pastell/Papier (37x49cm-15x19in) Bern 94 .... **FF8 000 – £944 – $1,424**

FURLANI Giuseppe 1888-1957 [1]
Sentiero nel bosco - Olio/tela (140x111cm-55x44in) Trieste 93 .... **FF13 840 – £1 603 – $2,380**

FURNISS May,Marian Elizabeth XIX-XX [1]
The Wood Saving - Wash (20x25cm-8x10in) London 91 .... **FF2 367 – £239 – $461**

FURSE Charles Wellington 1868-1904 [4]
Mary Cane - Oil/canvas (155x81cm-61x32in) London 93 .... **FF59 800 – £7 200 – $10,440**

FURSE Roger XX [2]
L. Olivier in the role of Henry V - Watercolour (36x36cm-14x14in) London 92 .... **FF5 440 – £650 – $1,047**

FÜRST Abraham 1869-1951 [1]
Segelschiff auf bewegter See - Woodcut in colors (49x75cm-19x30in) München 91 .... **FF2 030 – £206 – $367**

FURST August 1868-1951 [1]
Flowers in a vase and butterflies - Oil/panel (61x51cm-24x20in) San Francisco 89 .... **FF5 700 – £551 – $865**

FÜRST Edmund 1874-? [2]
Die Brücke - Oil/canvas (35x48cm-14x19in) London 89 .... **FF6 800 – £677 – $1,074**

FÜRST Geo 1888-? [1]
Bronze figure of the artist's son - Bronze (122cm-48in) London 90 .... **FF92 000 – £9 850 – $16,000**

FÜRST Gustaf 1840-? [2]
Ung pige efter badet - Oil/canvas (70x48cm-28x19in) Köbenhavn 90 .... **FF7 900 – £851 – $1,393**

FÜRST Joseph 1947 [7]
Nature morte au vase - Huile/panneau (40x50cm-16x20in) Strasbourg 94 .... **FF6 000 – £714 – $1,142**

FURT Léonce XIX-XX [3]
Promenade des enfants, jardin public - Huile/toile (55x73cm-22x29in) La Rochelle 96 .... **FF19 500 – £2 364 – $3,790**

FURTWÄNGLER Albert XX [9]
Bauernhaus im Schwarzwald - Öl/Leinwand (44x63cm-17x25in) Staufen 95 .... **FF2 106 – £270 – $425**

FURULUND Thore 1943 [2]
Ryggvendt kvinne - Oil/canvas (50x61cm-20x24in) Oslo 93 .... **FF3 200 – £372 – $550**

FURY Dominique 1953 [2]
Autoportrait à l'otange - Acrylique/toile (50x50cm-20x20in) Paris 95 .... **FF2 000 – £266 – $413**
Composition no. 9, 1989 - Mixed media (50x150cm-20x59in) Paris 89 .... **FF13 500 – £1 343 – $2,133**

FUSARO Jean 1925 [84]
Église à Palerme, Sicile - Huile/toile (24x33cm-9x13in) Orléans 96 .... **FF8 700 – £1 132 – $1,724**
Le Rhône à Lyon - Huile/toile (38x46cm-15x18in) Paris 90 .... **FF13 000 – £1 425 – $2,282**
Bateaux sur le Rhône - Huile/toile (33x50cm-13x20in) Paris 97 .... **FF17 000 – £1 863 – $2,984**

F

Brume au soleil - Huile/toile (73x42cm-29x17in) Lyon 97.. FF30 000 - £3 129 - **$5,130**
Campagne portugaise - Huile/toile (81x100cm-32x39in) Paris 92.......................... FF75 000 - £7 713 - **$13,299**
Venise, la lagune - Huile/toile (65x100cm-26x39in) Paris 91.................................... FF112 000 - £11 229 - **$20,514**
Saint-Paul - Dessin Lyon 97.. FF2 700 - £292 - **$47,3 4**
Village du Beaujolais en Automne - Pastel/papier (31x48cm-12x19in) Lyon 97 .... FF13 000 - £1 407 - **$2,277**
FUSI Walter 1924 [4]
Omaggio a Mozart - Tecnica mista/tela (90x120cm-35x47in) Prato 93.................... FF7 210 - £824 - **$1,226**
FUSS Adam 1960 [7]
Woman holding head - Photograph (60x50cm-24x20in) New-York 97 .... FF8 721 - £916 - **$1,500**
FUSS Albert 1889-1969 [2]
Hamburg, Amerika Linie, Havana - Poster (100x84cm-39x33in) New-York 94 .... FF5 720 - £671 - **$1,000**
FUSS-AMORE Elisabeth XX [2]
Bal musette - Huile/toile (80x80cm-31x31in) Paris 94.. FF4 000 - £466 - **$702**
FÜSSEL Carl Chr. 1811-1849 [1]
Polske frigsfanger under eskorte - Oil/canvas (94x142cm-37x56in) Köbenhavn 95............ FF46 100 - £5 880 - **$9,070**
FÜSSLI Johann Heinrich 1741-1825 [80]
Satan & Ithuriel's Lance's Touch - Oil/canvas (230x276cm-91x109in) New-York 94 ...... FF3 -£444 000 - **$690,000**
Persée tenant la tête de Méduse - Encre (22x18cm-9x7in) Paris 94 .... FF52 000 - £6 090 - **$9,160**
Self Portrait, seated in a chair - Black chalk (11x13cm-4x5in) London 97 .... FF117 416 - £12 000 - **$19,984**
The Massacre of the Innocents - Pencil (24x37cm-9x15in) London 92 .... FF488 500 - £50 000 - **$86,000**
FÜSSLI Johann Kaspar 1706-1782 [2]
Johann H. Füssli und seiner Gattin - Huile/panneau (17x12cm-7x5in) Zürich 95 .... FF17 000 - £2 152 - **$3,416**
Schlacht bei Dornach - Pencil/paper (17x27cm-7x11in) Zürich 94 .... FF3 740 - £440 - **$715**
FÜSSLI Wilhelm Heinrich 1830-1916 [4]
Sophie von Meiss - Pastel (85x45cm-33x18in) Konstanz 93 .... FF1 526 - £182 - **$294**
FUSSMANN Klaus 1938 [149]
A still life - Oil/canvas (30x36cm-12x14in) Amsterdam 94.. FF8 510 - £1 005 - **$1,515**
Stilleben mit Henkelkrug - Öl/Leinwand (46x45cm-18x18in) München 96 .... FF30 600 - £3 483 - **$5,850**
Stilleben - Öl/Leinwand (100x116cm-39x46in) Köln 95 .... FF68 600 - £8 980 - **$13,940**
Gammellück - Woodcut in colors (52x59cm-20x23in) Hamburg 97 .... FF2 292 - £245 - **$399**
Drei rote Blumen - Aquarell/Papier (22x31cm-9x12in) Hamburg 95 .... FF7 550 - £1 000 - **$1,532**
Selbst im Spiegel - Watercolour/paper (72x70cm-28x28in) Amsterdam 97 .... FF11 987 - £1 260 - **$2,059**
Landschaft - Gouache/papier (15x22cm-6x9in) Düsseldorf 96 .... FF15 160 - £1 962 - **$3,030**
Sommer in Gelting - Pastel (75x75cm-30x30in) Berlin 94 .... FF37 880 - £4 520 - **$7,060**
FUSTER Alberto XIX-XX [2]
Roses an painted fan - Oil/canvas (56x33cm-22x13in) Boston, Mass. 93 .... FF4 680 - £587 - **$850**
FUSTIER Geo, Georges 1891-1982 [6]
Female wearing a hat and coat - Oil/canvas (89x69cm-35x27in) New-York 97.......... FF29 003 - £3 077 - **$5,000**
FUTTERER August 1865-1927 [6]
Mädchen im Walde - Ink (33x25cm-13x10in) Heidelberg 92 .... FF1 558 - £181 - **$318**
FUTTERER Josef 1871-1930 [4]
Bauern vor der Schenke am Tisch - Öl/Karton (26x34cm-10x13in) München 94.......... FF9 520 - £1 111 - **$1,670**
FUTURA 2000 1955 [4]
Junior Achievement - Enamel/canvas (132x244cm-52x96in) New-York 95 .... FF10 650 - £1 412 - **$2,200**
Back to the Future - Tecnica mista/tela (180x180cm-71x71in) Milano 93 .... FF65 900 - £7 400 - **$11,800**
FYFE William B. Collier 1836-1882 [2]
Tareas domésticas - Oleo/lienzo (101x81cm-40x32in) Madrid 93............................. FF11 440 - £1 318 - **$1,964**
FYODOROV Vyacheslav Andreyv. 1918-1985 [2]
The Pier - Oil/canvas/board (34x58cm-13x23in) London 96 .... FF4 260 - £550 - **$823**

G

G'SCHREY Paran 1921-1967 [2]
Komposition mit Blau - Aquarell/Papier (48x62cm-19x24in) Berlin 93 .... FF4 550 - £547 - **$827**
GAAG van der Lotti 1923 [11]
Voyage en Orient - Technique mixte (65x50cm-26x20in) Paris 90 .... FF15 000 - £1 606 - **$2,609**
Untitled - Ink/paper (14x12cm-6x5in) Amsterdam 95.. FF6 790 - £890 - **$1,360**
GAAL Cornelis Jacobus 1796-1858 [2]
The Reading Lesson - Oil/panel (51x38cm-20x15in) New-York 94 .... FF23 400 - £2 685 - **$4,000**
GAAL Ferenc 1891-1956 [1]
Bunter Blumenstrauss im Licht - Öl/Leinwand (80x60cm-31x24in) Lindau 93............. FF7 120 - £851 - **$1,370**
GAALEN van Alexander 1670-1728 [1]
Military engagement - Oil/canvas (40x51cm-16x20in) London 92 .... FF19 260 - £2 300 - **$3,706**
GABAIN Ethel 1883-1950 [12]
Yellow Gloves - Oil/canvas (42x51cm-17x20in) London 94 .... FF21 300 - £2 500 - **$3,730**
Désenchantés - Lithograph (42x51cm-17x20in) London 90 .... FF3 400 - £342 - **$618**
GABANI Giuseppe 1846-1899 [12]
The Snake Charmer - Oil/panel (28x45cm-11x18in) London 96.................................. FF55 500 - £7 200 - **$10,970**
Horsemen gaurding an encampment - Watercolour (61x98cm-24x39in) London 96 .... FF13 870 - £1 800 - **$2,743**

Arab warriors - Watercolour/paper (88x121cm-35x48in) London 94................................ FF**117 600** - £**14 000** - **$22,160**

GABARD Ernest 1879-1957 [2]
⌂ *Pau-Aviation, Coupe Paris-Pau* - Poster (79x118cm-31x46in) London 96........................ FF**4 710** - £**600** - **$906**

GABART Ernest 1879-1957 [1]
⌂ *Pau Aviation* - Poster (78x118cm-31x46in) New-York 93.. FF**4 950** - £**621** - **$900**

GABBIANI Antonio Domenico 1652-1726 [10]
✎ *Studies of hands and drapery* - Red chalk/paper (24x41cm-9x16in) London 97.................... FF**4 721** - £**500** - **$812**
Prisoners & a Roman leader/Studies - Ink (33x46cm-13x18in) London 93.......................... FF**19 100** - £**2 200** - **$3,300**

GABE Nicolas Edward 1814-1865 [6]
🖝 *Voilier échoué* - Huile/panneau (46x32cm-18x13in) La Varenne Saint-Hilaire 94............... FF**8 800** - £**1 055** - **$1,710**
Voiliers en Hollande - Huile/toile (48x65cm-19x26in) Senlis 95............................... FF**21 000** - £**2 660** - **$4,220**

GABILLOT Francisque 1818-1876 [2]
✎ *Tour Constance, Aigues-Mortes* - Aquarelle (23x34cm-9x13in) Nîmes 92......................... FF**4 000** - £**411** - **$741**

GABINO Amadeo 1922 [3]
⌂ *Cubo giratorio* - Sculpture (34x26x26cm-13x10x10in) Madrid 97................................ FF**5 330** - £**632** - **$984**
✎ *Homenaje a Bach, nº3* - Collage (73x53cm-29x21in) Madrid 97.................................. FF**4 975** - £**537** - **$862**

GABL Alois 1845-1893 [1]
🖝 *Peasant mother feeding a child* - Oil/canvas (47x37cm-19x15in) Amsterdam 91................. FF**84 600** - £**8 402** - **$14,689**

GABLER Ambrosius 1762-1834 [2]
⌂ *Studienblatt mit 12 Köpfen* - Etching (15x12cm-6x5in) Wien 94................................ FF**5 370** - £**622** - **$924**

GABLER Ernst 1872-1937 [2]
🖝 *Der Radierer* - Oil/canvas (111x90cm-44x35in) Stuttgart 89................................... FF**9 500** - £**918** - **$1,442**

GABLER Hans 1908-1977 [1]
🖝 *Vorfrühling im Oytal bei Oberstdorf* - Oil/panel (70x80cm-28x31in) Kempten 96............... FF**5 750** - £**682** - **$1,120**

GABO Naum Neemia Pevsner 1890-1977 [15]
⌂ *Opus four* - Monotype (15x13cm-6x5in) Berlin 97... FF**19 426** - £**2 063** - **$3,383**
Opus three - Monotype (19x14cm-7x6in) Berlin 97... FF**31 081** - £**3 300** - **$5,414**
⌂ *Linear Contruction* - Construction (60x24x60cm-24x9x24in) London 97.......................... FF**1** - £**165 000** - **$272,827**
Maquette for the Bijkenkorf Construction - Wood (24x6cm-9x2in) Amsterdam 93.................. FF**54 100** - £**6 480** - **$9,880**
✎ *Esquisse* - Charcoal (41x47cm-16x19in) London 92... FF**29 200** - £**3 000** - **$5,610**

GABOR Jenö 1893-1971 [2]
✎ *La danza e la musica* - Acquarello (51x46cm-20x18in) Trieste 93.............................. FF**7 600** - £**865** - **$1,288**
Jazzband, 1930 - Pastell/Karton (66x49cm-26x19in) Luzern 89.................................. FF**74 100** - £**7 577** - **$11,913**

GABOR Laszlo 1895-1938 [1]
🖝 *Südliche Landschaft* - Öl/Leinwand (48x62cm-19x24in) Wien 95................................ FF**10 980** - £**1 386** - **$2,190**

GABOR Papp 1873-1931 [1]
🖝 *Alla luce del camino* - Olio/tela (120x100cm-47x39in) Trieste 97............................ FF**6 800** - £**800** - **$1,200**

GABORIAUD Josué 1883-1955 [15]
🖝 *Cour de ferme* - Huile/toile (65x81cm-26x32in) Cherbourg 97................................. FF**2 600** - £**278** - **$452**
Les lavandières - Huile/toile (55x38cm-22x15in) Paris 92..................................... FF**12 500** - £**1 280** - **$2,250**
✎ *Scène de chasse à courre* - Aquarelle (70x30cm-28x12in) Chaumont 92......................... FF**30 000** - £**3 070** - **$5,400**

GABRIEL Anastasios 1952 [1]
🖝 *Le Module* - Huile/toile (200x300cm-79x118in) Senlis 90..................................... FF**90 000** - £**9 636** - **$15,652**

GABRIEL C. Wallis XIX-XX [3]
🖝 *Pinion* - Oil/canvas (61x77cm-24x30in) Toronto 93... FF**4 300** - £**470** - **$790**

GABRIEL François 1893-1993 [28]
🖝 *Floral still life* - Oil/canvas (61x51cm-24x20in) New-York 94............................... FF**11 920** - £**1 443** - **$2,200**
Floral still life - Oil/canvas (127x102cm-50x40in) New-York 95............................... FF**26 430** - £**3 180** - **$5,000**

GABRIEL Justin 1838-? [1]
🖝 *Venedig* - Oil/canvas (47x56cm-19x22in) Wien 91... FF**13 440** - £**1 355** - **$2,620**

GABRiËl Paul Joseph Const. 1828-1903 [54]
🖝 *A polder landscape with a farm* - Oil/canvas (16x25cm-6x10in) Amsterdam 97.................. FF**6 935** - £**750** - **$1,210**
Skaters on a Frozen River by a Mill - Oil/panel (25x33cm-10x13in) Amsterdam 97.............. FF**27 611** - £**2 938** - **$4,804**
De Winkel - Oil/canvas (65x102cm-26x40in) Amsterdam 97...................................... FF**195 078** - £**20 755** - **$33,943**
✎ *Polder landscape with mill* - Watercolour (34x56cm-13x22in) Amsterdam 92.................... FF**56 100** - £**5 760** - **$10,800**

GABRINI Pietro 1856-1926 [50]
🖝 *Fatherly Advice* - Oil/canvas (53x77cm-21x30in) London 94.................................. FF**25 400** - £**3 000** - **$4,560**
An outing on the Bay - Oil/canvas (63x101cm-25x40in) New-York 97............................ FF**68 220** - £**7 348** - **$12,000**
The arrival - Oil/canvas (150x84cm-59x33in) London 94....................................... FF**169 300** - £**20 000** - **$30,400**
✎ *In the park* - Watercolour (50x35cm-20x14in) Billinghurst, West Sussex 96................... FF**17 700** - £**2 300** - **$3,470**

GABRITCHEWSKY Eugene 1892-1980 [2]
✎ *E.R. 237-G 310* - Aquarelle/papier (14x21cm-6x8in) Monaco 96............................... FF**4 200** - £**483** - **$801**

GABRON Guilliam 1619-1678 [3]
🖝 *Still life with fruit & Vessels* - Oil/canvas (156x121cm-61x48in) New-York 96.............. FF**390 000** - £**49 600** - **$75,000**

GACHAL Jozsef Eölvedi 1889-? [1]
🖝 *Ansicht eines Dorfes* - Oil/canvas (60x80cm-24x31in) München 91............................ FF**6 760** - £**678** - **$1,116**

GACHET Jules 1859-1914 [3]
🖝 *Villages tessinois* - Huile/carton (41x23cm-16x9in) Genève 91.............................. FF**4 640** - £**476** - **$863**

GACHET Mario 1879-1983 [2]
🖝 *Parco in autunno* - Olio/cartone (48x67cm-19x26in) Torino 93............................... FF**6 590** - £**744** - **$1,108**

GÄCKLE Albert 1853-? [1]
🖝 *Wildbach zwischen Wiesen* - Oil/board Stuttgart 89... FF**2 200** - £**213** - **$334**

G

GADAÏEV Lazar 1938 [2]
Kneeling man - Bronze (33cm-13in) London 90 .... FF3 910 - £393 - $711

GADALOV Oleg 1935 [2]
Le palais bleu - Huile (40x40cm-16x16in) Paris 92 .... FF2 000 - £205 - $372

GADAN Antoine 1854-1934 [23]
Berger dans la campagne bônoise - Huile/toile (50x81cm-20x32in) Paris 96 ... FF16 000 - £1 852 - $3,065
Bergère au bord de la mer, Bône - Huile/toile (57x100cm-22x39in) Paris 94 ... FF23 000 - £2 656 - $3,970
Oued dans le sud algérien - Huile/toile (72x130cm-28x51in) Paris 92 .... FF78 000 - £7 980 - $13,730

GADANYI Jenö 1896-1960 [2]
Ciel d'orage - Gouache (59x85cm-23x33in) Paris 93 .... FF50 000 - £6 020 - $9,100

GADBOIS Louise 1896-1985 [14]
Mandoline et citrons - Huile/toile (33x50cm-13x20in) Montréal 89 .... FF7 300 - £746 - $1,174

GADEGAARD Paul 1920 [18]
Komposition - Oil/canvas (92x74cm-36x29in) Köbenhavn 95 .... FF12 420 - £1 610 - $2,530

GADÖ Karl Bertil 1916 [10]
Morgon - Oil/canvas (48x58cm-19x23in) Malmö 90 .... FF9 360 - £953 - $1,872
Septemberdag - Oil/canvas (95x116cm-37x46in) Malmö 90 .... FF28 100 - £2 860 - $5,620

GADOUD L. XIX-XX [3]
Vins Camp Romain - Poster (152x114cm-60x45in) New-York 96 .... FF6 070 - £775 - $1,200

GADSBY William Hippon 1844-1924 [4]
Sunday Evening - Oil/canvas (68x56cm-27x22in) London 94 .... FF12 600 - £1 500 - $2,400

GAELEN van Alexander 1670-1728 [2]
Ryttarbatalj vid en borg - Oil/canvas/panel (40x51cm-16x20in) Stockholm 92 ... FF20 740 - £2 123 - $3,650

GAERTNER Bernard 1881-1938 [2]
Blühender Garten in einem Dorf - Öl/Leinwand (71x56cm-28x22in) München 93 ... FF5 250 - £613 - $863

GAERTNER Eduard 1801-1877 [4]
Schlossfreiheit, Berlin - Oil/canvas (56x96cm-22x38in) London 93 .... FF7 5e +06 - £850 000 - $1

GAERTNER Fritz 1882-1958 [1]
Reife ährenfelder vorn - Öl/Leinwand (71x90cm-28x35in) München 94 .... FF4 420 - £516 - $775

GAETA Enrico 1840-1887 [2]
Il Golfo di Napoli da Posillipo - Tempera/cartone (31x41cm-12x16in) Roma 96 ... FF7 350 - £852 - $1,430

GAFFRON von Margarethe 1878-? [1]
Blumen am Fenster - Oil/canvas/board (27x34cm-11x13in) Wien 90 .... FF5 800 - £617 - $1,038

GÄFGEN Wolfgang 1936 [4]
Composition - Gravure La Varenne Saint-Hilaire 94 .... FF1 500 - £177 - $270
Charlie's canapé - Pencil/paper (100x130cm-39x51in) London 91 .... FF7 410 - £743 - $1,357

GAGARIN Paul, Paolo 1885-c.1980 [2]
The Sugar Loaf, Rio de Janeiro - Oil/canvas (46x39cm-18x15in) London 97 .... FF14 939 - £1 600 - $2,619

GAGARIN Prince Grigori Grigorievich 1810-1893 [9]
Julia Taafe at a ball in Rome - Watercolour (29x23cm-11x9in) London 96 ..... FF7 220 - £900 - $1,394

GAGE George William 1887-1957 [1]
Armed robbery at the oil well - Oil/board (74x97cm-29x38in) New-York 93 .... FF4 680 - £587 - $850

GAGE Paul 1902-1983 [48]
Rue animée à Alger - Huile/toile (55x46cm-22x18in) Paris 92 .... FF3 500 - £418 - $673
Kouba d'E.Dinet à Bou-Saâda - Huile/toile (55x46cm-22x18in) Paris 94 .... FF8 700 - £1 005 - $1,503
Place du Gouvernement, Alger - Gouache (26x35cm-10x14in) Paris 93 .... FF2 000 - £241 - $364

GAGEN Robert Ford 1847-1926 [6]
Last of the Fog - Watercolour (31x46cm-12x18in) Toronto 94 .... FF4 290 - £511 - $808

GAGG Gebhard 1838-1921 [3]
Kloster- und Hotelleben im Konstanz - Aquarell (34x62cm-13x24in) Lindau 93 ... FF7 000 - £817 - $1,150

GAGLIANI Oliver Lewis 1917 [2]
Window with Clothing - Gelatin silver print (27x20cm-11x8in) San Francisco-Los Angeles 95 .... FF2 687 - £343 - $550

GAGLIARDINI Julien Gustave 1846/48-1927 [33]
Village du Midi - Huile/panneau (25x20cm-10x8in) Deauville 94 .... FF8 500 - £1 002 - $1,490
Élégante - Huile/panneau (42x32cm-17x13in) Saint-Dié 96 .... FF13 500 - £1 757 - $2,675
Bord de mer - Huile/toile (38x61cm-15x24in) Bayeux 94 .... FF23 000 - £2 675 - $3,990
Régates à Deauville - Oil/canvas (38x61cm-15x24in) New-York 94 .... FF74 300 - £8 870 - $14,000

GAGLIARDO IL SPAGNOLETTO Bartolomeo 1555-c.1526 [1]
St. Francis/Evangelist writing - Black chalk (18x16cm-7x6in) New-York 93 ... FF11 000 - £1 300 - $2,000

GAGLIONE Jackie 1942 [3]
La maison des oliviers - Huile (46x55cm-18x22in) Barjols 93 .... FF3 000 - £346 - $518

GAGNAIRE Aline XX [5]
Composition - Huile/toile (33x42cm-13x17in) Verrières-Le-Buisson 91 .... FF3 800 - £383 - $659
Signes - Encre Chine/papier (50x70cm-20x28in) Toulouse 96 .... FF2 500 - £303 - $487

GAGNEAU Paul Léon ?-1910 [3]
Lavandière au bord de l'étang - Huile/toile (47x61cm-19x24in) Saint-Dié 97 ... FF11 000 - £1 243 - $1,992

GAGNON Aristide 1930 [5]
Tête de femme - Bronze (41cm-16in) Montréal 92 .... FF3 070 - £357 - $627

GAGNON Clarence Alphonse 1881-1942 [45]
Les Laurentides, Ste-Hilarion - Huile/panneau (12x17cm-5x7in) Montréal 96 ... FF11 120 - £1 398 - $2,190
Baie St. Paul - Oil/panel (11x18cm-4x7in) Toronto 95 .... FF39 200 - £4 940 - $7,760
Sur le Rialto, Venezia - Oil/panel (11x18cm-4x7in) Toronto 95 .... FF93 300 - £11 750 - $18,470
Canal San Pietro, Venice - Eau-forte (15x21cm-6x8in) Montréal 96 .... FF7 360 - £840 - $1,410

Dans les Alpes - Aquarelle/papier (11x14cm-4x6in) Montréal 96 .... FF8 060 - £926 - **$1,538**

GAGNON Pauline XX [2]
Derrière chez nous - Huile/toile (41x51cm-16x20in) Montréal 91 .... FF3 225 - £323 - **$591**

GAGNON René 1927 [12]
Petites Iles, Saguenay - Huile/masonite (46x61cm-18x24in) Montréal 91 .... FF2 580 - £256 - **$448**

GAGYU Ueda 1919 [2]
Diving girls - Watercolour/paper (45x37cm-18x15in) New-York 92 .... FF57 200 - £6 830 - **$11,000**

GAHLBECK Rudolf 1895-? [2]
Mecklenburger Seelandschaft - Öl/Leinwand (71x121cm-28x48in) Bremen 95 .... FF2 064 - £271 - **$414**

GAIANI Egisto 1832-c.1890 [1]
Bacchanalian scene - Sculpture (48x131cm-19x52in) London 94 .... FF27 450 - £3 200 - **$4,770**

GAIDAN Louis 1847-1925 [13]
Les pins près de la mer - Oil/canvas (150x111cm-59x44in) Stockholm 95 .... FF18 100 - £2 367 - **$3,675**
Promenade dans la pinède - Huile/toile (54x73cm-21x29in) Nîmes 92 .... FF60 000 - £6 140 - **$10,800**
Promenade en bord de mer - Huile/toile (54x73cm-21x29in) Arles 90 .... FF205 000 - £21 244 - **$36,028**

GAIGHER Horazio 1870-1938 [2]
Liegende - Öl/Leinwand (60x100cm-24x39in) Wien 93 .... FF28 860 - £3 450 - **$5,550**

GAIGNERON de Jean 1890-? [6]
Arabes devant la casbah - Huile/toile (65x81cm-26x32in) Paris 93 .... FF25 000 - £3 125 - **$4,550**

GAIJKEMA Jan 1798-1875 [1]
Apples, grapes, a pear on a ledge - Oil/panel (18x22cm-7x9in) Amsterdam 95 .... FF6 180 - £746 - **$1,162**

GAIL Wilhelm 1804-1890 [8]
Gypsy family by a Gothic cloister - Watercolour (23x30cm-9x12in) London 93 .... FF2 240 - £280 - **$406**

GAILLARD Christian 1951 [2]
La espera - Huile/toile (92x73cm-36x29in) Paris 91 .... FF4 000 - £401 - **$733**
Basse altitude - Huile/toile (130x89cm-51x35in) Paris 90 .... FF7 500 - £775 - **$1,325**

GAILLARD Franz 1861-1932 [2]
Four teddy bears - Oil/board (44x59cm-17x23in) Amsterdam 93 .... FF18 020 - £2 160 - **$3,294**

GAILLARD Jean-Jacques 1890-1976 [8]
Vert et jaune, ça fait Printemps - Oil/canvas/board (33x45cm-13x18in) London 96 .... FF7 020 - £800 - **$1,344**
La cuisine de la belle Biron - Huile/toile (120x90cm-47x35in) Bruxelles 90 .... FF291 600 - £31 021 - **$52,165**
Fillette enfilant des perles - Dessin (36x55cm-14x22in) Paris 91 .... FF2 800 - £280 - **$461**

GAILLARD Marcel 1886-1947 [1]
Bretons sur le rivage/Barques - Aquarelle (32x50cm-13x20in) Quimper 96 .... FF1 800 - £225 - **$349**

GAILLARD Mme., née Chacerée-B c.1780-c.1840 [2]
Young girl in white dress curling fair hair - Miniature (5cm-2in) London 97 .... FF15 052 - £1 600 - **$2,596**

GAILLARD Philippe XX [13]
Buste d'homme - Acrylique (110x90cm-43x35in) Paris 92 .... FF3 200 - £372 - **$653**

GAILLARD René 1719-1790 [3]
Les Amants Surpris - Engraving München 94 .... FF2 570 - £302 - **$452**

GAILLARD Robert 1722-1785 [1]
Jupiter & Callisto - Etching London 92 .... FF5 030 - £600 - **$967**

GAILLARDOT Pierre 1910 [63]
Champs en fleurs - Huile/toile (81x99cm-32x39in) Le Havre 96 .... FF5 000 - £588 - **$983**
Les régates à Trouville - Huile/toile (73x92cm-29x36in) Deauville 97 .... FF11 000 - £1 194 - **$1,949**
Cannes - la Croisette - Huile/toile (80x60cm-31x24in) Cannes 90 .... FF26 000 - £2 734 - **$4,522**
La plage de Deauville - Aquarelle (28x50cm-11x20in) Deauville 97 .... FF4 500 - £488 - **$797**
Deauville, le rond des présentations - Aquarelle (50x65cm-20x26in) Deauville 95 .... FF16 000 - £2 056 - **$3,180**

GAILLIARD Franz 1861-1932 [30]
Près du brise-lames - Huile/toile (28x36cm-11x14in) Bruxelles 97 .... FF3 599 - £381 - **$623**
La confection du bouquet - Huile/toile (70x56cm-28x22in) Bruxelles 96 .... FF28 060 - £3 620 - **$5,600**
Tigre dévorant un paon - Huile/toile (115x115cm-45x45in) Antwerpen 96 .... FF65 700 - £8 480 - **$12,700**
Notes blanches sur la mer - Huile/toile (125x172cm-49x68in) Lokeren 92 .... FF398 400 - £40 800 - **$70,100**
Les bouquinistes - Gouache (89x58cm-35x23in) Bruxelles 95 .... FF59 200 - £5 965 - **$10,273**

GAILLIARD Jean-Jacques 1890-1976 [50]
Château de Tervueren - Huile/panneau (50x36cm-20x14in) Bruxelles 96 .... FF6 570 - £760 - **$1,258**
La Païva - Technique mixte (69x48cm-27x19in) Bruxelles 89 .... FF13 800 - £1 411 - **$2,219**
Composition - Huile/toile (68x56cm-27x22in) Bruxelles 93 .... FF98 800 - £11 820 - **$20,220**
Terrasse sur le lac de Côme - Dessin (27x21cm-11x8in) Bruxelles 92 .... FF2 324 - £238 - **$409**
Lez Diable/Le paravent - Aquarelle (31x25cm-12x10in) Bruxelles 93 .... FF2 472 - £296 - **$506**

GAINON Jacqueline XX [6]
Afrique, 1985 - Acrylique/toile (170x140cm-67x55in) Paris 90 .... FF13 000 - £1 383 - **$2,326**

GAINSBOROUGH Thomas 1727-1788 [106]
Travellers near a Wood - Oil/canvas (77x128cm-30x50in) New-York 97 .... FF2 -£249 600 - **$400,000**
The Blue Page - Oil/canvas (165x113cm-65x44in) London 89 .... FF9 - £1 205 48e +06 - **$1**
Mrs. William Davenport - Oil/canvas (73x61cm-29x24in) New-York 97 .... FF79 727 - £8 499 - **$14,000**
Sir Charles Hanbury Williams - Oil/canvas (214x127cm-84x50in) London 96 .... FF277 500 - £35 900 - **$54,500**
Sheep Labs, fence & Hillock - Oil/canvas (21x25cm-8x10in) London 97 .... FF504 203 - £54 000 - **$87,631**
Cattle watering below a Church
    Black & white chalks (28x35cm-11x14in) London 97 .... FF243 446 - £26 000 - **$42,335**
Herdsman & cattle passing a cottage
    Black & white chalks (28x37cm-11x15in) London 94 .... FF689 000 - £82 000 - **$131,000**

G

GAIROARD Eugenio XIX [2]
- Souvenir de Pruneta, Toscane - Huile/panneau (23x19cm-9x7in) Carpentras 94 .... FF**7 500** - £**892** - **$1,427**

GAISSER Jakob Emanuel 1825-1899 [27]
- A Game of Chess - Oil/panel (37x31cm-15x12in) London 96 .... FF**10 800** - £**1 400** - **$2,134**
- The Rehersal - Oil/canvas (83x67cm-33x26in) New-York 96 .... FF**29 000** - £**3 754** - **$5,800**
- Grace - Oil/canvas (94x117cm-37x46in) London 95 .... FF**113 200** - £**15 000** - **$23,370**

GAISSER Max 1857-1922 [16]
- Unewarteter Besuch - Oil/panel (65x52cm-26x20in) Stuttgart 91 .... FF**12 940** - £**1 297** - **$2,370**
- Der antrag - Oil/panel (61x49cm-24x19in) New-York 97 .... FF**193 953** - £**20 907** - **$34,000**

GAITET Louis Alphonse 1836-1919 [1]
- A Young Maiden - Oil/canvas (203x114cm-80x45in) Nymans, Handcross, West Sussex 94..... FF**7 620** - £**900** - **$1,368**

GAITIS Yannis 1923-1984 [19]
- Blue - Acrylic/canvas (54x65cm-21x26in) New-York 96.. FF**19 470** - £**2 310** - **$3,800**
- Deep Blue - Oil/canvas (162x114cm-64x45in) Athens 96... FF**40 300** - £**5 200** - **$7,780**
- People and Aeroplanes - Oil/canvas (130x97cm-51x38in) Athens 93 .... FF**79 100** - £**9 100** - **$13,600**
- Untitled - Watercolour (64x48cm-25x19in) Athens 93 .... FF**9 600** - £**1 103** - **$1,650**

GAITONDE V.S. 1924 [3]
- Untitled - Oil/canvas (115x86cm-45x34in) London 96 .... FF**89 000** - £**11 000** - **$17,200**

GAITTÉ Antoine Joseph 1753-? [1]
- Autoportrait présumé - Aquarelle (10x8cm-4x3in) Paris 96 .... FF**2 400** - £**282** - **$473**

GAJONI Adriano 1913-1965 [1]
- Ritratto della fidanzata - Olio/tela/tavola (57x38cm-22x15in) Milano 95 .... FF**7 850** - £**1 014** - **$1,612**

GAJONI Antonio Luigi 1889-? [4]
- La grappe de raisin - Huile/toile (100x81cm-39x32in) Versailles 90 .... FF**28 000** - £**2 902** - **$4,921**

GAL Menchu 1922 [8]
- Paisaje de Irún - Acuarela (45x62cm-18x24in) Madrid 96 .... FF**9 160** - £**1 188** - **$1,810**

GALAN Julio Galán 1958 [2]
- Niño elefante tomando elerat 7 - Oil (117x188cm-46x74in) New-York 97 .... FF**214 778** - £**22 893** - **$37,500**

GALAN Lyne Gaël XX [11]
- Elégance - Pastel/papier (65x50cm-26x20in) Paris 90 .... FF**3 500** - £**377** - **$617**

GALAND Léon 1872-1960 [19]
- Bouquet dans un pichet - Huile/toile (46x61cm-18x24in) Lindau 94 .... FF**4 110** - £**477** - **$708**
- Nu au chignon - Huile/toile (46x61cm-18x24in) Saint-Dié 91 .... FF**7 600** - £**762** - **$1,255**
- Pastorale - Huile/toile (274x327cm-108x129in) Lyon 96 .... FF**100 000** - £**12 860** - **$19,800**

GALANIS Demetrius 1882-1966 [26]
- Still life, pewter - Oil/canvas (46x55cm-18x22in) Athens 95 .... FF**46 100** - £**5 970** - **$9,420**
- Paysage provençal - Huile/toile (60x76cm-24x30in) Paris 88 .... FF**70 000** - £**6 951** - **$12,215**
- Paris l'été - Encre Chine (53x41cm-21x16in) Angers 97 .... FF**3 200** - £**345** - **$569**

GALANT René XX [2]
- Au café, 1974 - Huile/toile (54x64cm-21x25in) La Varenne Saint-Hilaire 90 .... FF**7 000** - £**723** - **$1,237**

GALANTE Filippo 1872-? [1]
- Un enfant dans un intérieur - Huile/panneau (31x41cm-12x16in) Monaco 90 .... FF**65 000** - £**7 004** - **$11,464**

GALANTE Francesco 1884-1972 [4]
- Maternità - Olio/tavola (40x50cm-16x20in) Roma 96 .... FF**8 040** - £**1 008** - **$1,536**

GALANTI Mario XX [2]
- Départ pour la pêche - Huile/toile (30x60cm-12x24in) Le Mans 92 .... FF**2 200** - £**226** - **$423**

GALARNEAU Léopold 1896-? [2]
- Monte-Christo - Oil/canvas (46x64cm-18x25in) New Orleans, Louisiana 95 .... FF**5 480** - £**693** - **$1,100**

GALBALLY Cecil ?-1995 [1]
- Fishermen setting nets - Oil/board (31x41cm-12x16in) London 96................................. FF**11 010** - £**1 400** - **$2,117**

GALBIATI Alessandra 1963 [2]
- Cassetta di mele - Relief (30x10x45cm-12x4x18in) Milano 91 .... FF**2 710** - £**279** - **$506**

GALBUSERA Gioachimo 1871-1942 [18]
- Lavandières au village - Huile/toile (101x60cm-40x24in) Bern 95 .... FF**43 000** - £**5 590** - **$8,830**

GALDI Vincenzo XIX-XX [2]
- Two male nudes in Classical pose - Albumen print (20x15cm-8x6in) London 93 .... FF**7 900** - £**900** - **$1,341**

GALE George Albert 1893-1951 [1]
- Sailing - Oil/board (79x64cm-31x25in) North Berwick, Maine 92 .... FF**2 210** - £**264** - **$425**

GALE William 1823-1909 [15]
- Gathering Fir Cones - Oil/canvas (56x39cm-22x15in) London 94 .... FF**16 800** - £**2 000** - **$3,200**

GALEA Luigi Maria 1847-1917 [50]
- Steamship Perim off Valetta - Oil/board (35x60cm-14x24in) London 97 .... FF**14 071** - £**1 500** - **$2,456**
- Valetta Harbour - Oil/panel (48x82cm-19x32in) London 93 .... FF**56 400** - £**6 800** - **$9,860**
- Shipping before Valetta Harbour - Bodycolour (13x33cm-5x13in) London 96..................... FF**6 560** - £**750** - **$1,250**

GALEANO Raimondo 1948 [7]
- Adrianopoli - Acrilico/tela (100x100cm-39x39in) Prato 96 .... FF**11 400** - £**1 428** - **$2,176**

GALEK Stanislaw 1876-1961 [6]
- Pejzaz zimowy - Huile/toile (27x37cm-11x15in) Warszawa 92 .... FF**2 083** - £**213** - **$372**
- Góralczyk przed szalasem - Watercolour (37x52cm-15x20in) Warszawa 94 .... FF**2 494** - £**287** - **$429**

GALERNE Prosper 1836-? [1]
- Villge en bord de rivière - Huile/toile (26x40cm-10x16in) Paris 94 .... FF**16 500** - £**1 904** - **$2,803**

GALEY Gaston Pierre 1880-1959 [6]
- Femme à l'enfant - Huile/carton (35x37cm-14x15in) Genève 91 .... FF**18 540** - £**1 904** - **$3,450**

GALEY Jean Fabien 1877-? [2]
- *Hafen mit Segelbooten* - Huile/toile (67x51cm-26x20in) München 92 .... FF**30 500** - £3 646 - **$5,870**

GALI-FABRA Francisco 1880-1965 [2]
- *Exposicion de Barcelona* - Poster (100x69cm-39x27in) London 95 .... FF**1 883** - £240 - **$380**

GALICE Louis 1854-? [6]
- *Cirque d'Hiver, Les Alliés en Chine* - Affiche (88x124cm-35x49in) Paris 97 .... FF**3 200** - £343 - **$553**

GALIEN-LALOUE Eugène 1854-1941 [456]
- *Chemin dans la forêt* - Huile/panneau (22x16cm-9x6in) Provins 94 .... FF**4 200** - £486 - **$721**
- *Village au bord de la rivière* - Huile/toile (48x64cm-19x25in) Lyon 97 .... FF**8 500** - £920 - **$1,489**
- *Village près de l'étang* - Huile/toile (54x73cm-21x29in) Le Havre 96 .... FF**14 900** - £1 940 - **$2,950**
- *Bord d'étang/Chemin forestier* - Huile/toile (24x33cm-9x13in) Lyon 97 .... FF**30 000** - £3 249 - **$5,256**
- *Un port au crépuscule* - Oil/canvas (46x65cm-18x26in) San Francisco-Los Angeles 95 .... FF**48 000** - £6 040 - **$9,500**
- *Grands boulevards de Paris* - Oil/canvas (63x114cm-25x45in) New-York 97 .... FF**326 888** - £35 207 - **$57,500**
- *Paysage* - Gouache (29x46cm-11x18in) Versailles 90 .... FF**4 000** - £410 - **$720**
- *A Parisian street* - Bodycolour (20x33cm-8x13in) London 97 .... FF**18 165** - £2 000 - **$3,188**
- *The ancient Trocadero, Paris* - Bodycolour (44x32cm-17x13in) London 97 .... FF**31 789** - £3 500 - **$5,579**
- *L'Opéra, Paris* - Gouache/paper (21x32cm-8x13in) Amsterdam 97 .... FF**41 468** - £4 383 - **$7,115**
- *Animation devant la gare de l'Est* - Gouache/papier (19x30cm-7x12in) Paris 97 .... FF**51 000** - £5 314 - **$8,690**
- *Quai du Louvre* - Gouache/paper (18x30cm-7x12in) London 97 .... FF**68 571** - £7 200 - **$11,794**
- *Place de la République* - Gouache/papier (18x30cm-7x12in) London 97 .... FF**83 809** - £8 800 - **$14,415**
- *Paris, La Porte Saint-Denis* - Gouache/papier (45x58cm-18x23in) New-York 97 .... FF**154 022** - £16 602 - **$27,000**
- *Les boulevards de Paris* - Watercolour (19x31cm-7x12in) New-York 97 .... FF**285 225** - £30 745 - **$50,000**

GALIMBERTI Silvio 1878-? [1]
- *Landscape* - Oil/panel (15x23cm-6x9in) Mystic, Connecticut 94 .... FF**2 324** - £277 - **$425**

GALIMBERTI-PROVAZKOVA Marie XIX-XX [1]
- *Obst und Krug* - Öl/Leinwand (45x60cm-18x24in) Wien 95 .... FF**10 770** - £1 420 - **$2,184**

GALITSKY Rostislav Nicolaev. 1920-1971 [2]
- *Repos dans la palmeraie* - Huile/toile/carton (125x92cm-49x36in) Versailles 90 .... FF**3 500** - £358 - **$691**

GALL François 1912-1988 [330]
- *Women Washing* - Oil/canvas (22x26cm-9x10in) New-York 97 .... FF**6 384** - £671 - **$1,100**
- *Seated Young Woman with Parasol* - Oil/canvas (22x28cm-9x11in) New-York 97 .... FF**17 411** - £1 831 - **$3,000**
- *Young woman lying on the grass* - Oil/canvas (38x46cm-15x18in) New-York 95 .... FF**29 500** - £3 624 - **$5,750**
- *La jeune Quercynoise* - Huile/toile (60x74cm-24x29in) Paris 94 .... FF**60 000** - £7 000 - **$10,510**
- *Sur la jetée à Trouville* - Huile/toile (65x81cm-26x32in) Versailles 90 .... FF**140 000** - £14 463 - **$24,735**
- *La danseuse* - Gouache/papier (53x61cm-21x24in) New-York 90 .... FF**13 700** - £1 420 - **$2,408**

GALL Richard 1914 [2]
- *La montagne* - Gouache (46x30cm-18x12in) Paris 90 .... FF**6 000** - £638 - **$1,073**

GALLAGHER Frederick O'Neill XIX-XX [2]
- *Riverbank with trees* - Oil/canvas (20x25cm-8x10in) Glasgow 97 .... FF**2 010** - £240 - **$387**

GALLAGHER Michael 1898-? [2]
- *Golden ship, 1978* - Acrylic/paper/canvas (103x75cm-41x30in) New-York 90 .... FF**11 400** - £1 181 - **$2,004**

GALLAGHER Sears 1869-1955 [6]
- *Man with red kerchief* - Watercolour (25x18cm-10x7in) North Berwick, Maine 93 .... FF**2 063** - £259 - **$375**

GALLAIT Louis 1810-1887 [13]
- *Delilah* - Oil/panel (53x41cm-21x16in) New-York 95 .... FF**13 210** - £1 590 - **$2,500**
- *Le maître des pauvres* - Huile/toile (93x74cm-37x29in) Bruxelles 97 .... FF**57 260** - £5 985 - **$9,800**
- *A Plan of Escape* - Watercolour (38x29cm-15x11in) London 95 .... FF**5 990** - £750 - **$1,193**

GALLAND André 1886-1965 [9]
- *Étretat* - Poster (100x62cm-39x24in) London 95 .... FF**2 483** - £300 - **$459**

GALLAND Gilbert 1870-1956 [21]
- *Paysage montagneux, Algérie* - Huile/toile (30x65cm-12x26in) Paris 92 .... FF**6 500** - £776 - **$1,250**
- *Les grands voiliers à Marseille* - Huile/papier (64x90cm-25x35in) Arles 89 .... FF**20 000** - £2 107 - **$3,367**
- *Une rue à Bou-Saâda* - Aquarelle (42x27cm-17x11in) Paris 90 .... FF**2 200** - £286 - **$436**

GALLAND Jules ?-1924 [6]
- *Tombeaux de bonzes, Hanoï* - Huile/carton (60x61cm-24x24in) Paris 95 .... FF**6 000** - £725 - **$1,130**

GALLAND Pierre Victor 1822-1892 [5]
- *Diane* - Huile/carton (66x8cm-26x3in) Paris 95 .... FF**10 000** - £1 260 - **$1,980**
- *Amour à la flûte de Pan* - Huile/toile (171x165cm-67x65in) Paris 93 .... FF**83 000** - £9 540 - **$14,300**
- *Les trophées* - Huile/toile (310x195cm-122x77in) Paris 90 .... FF**145 000** - £14 601 - **$28,404**
- *Naumachie, temple antique* - Dessin (27x38cm-11x15in) Paris 91 .... FF**1 800** - £180 - **$297**

GALLARD de Michel 1921 [54]
- *Le chantier* - Huile/panneau (100x81cm-39x32in) Paris 97 .... FF**14 000** - £1 527 - **$2,447**
- *L'atelier du peintre* - Huile/toile (97x131cm-38x52in) Calais 96 .... FF**26 000** - £3 370 - **$5,140**
- *Village sous la neige* - Huile/toile (97x131cm-38x52in) Le Touquet 94 .... FF**49 000** - £5 710 - **$8,600**

GALLARD-LÉPINAY Emmanuel 1842-1885 [16]
- *A three-master in a harbour* - Oil/canvas/board (14x19cm-6x7in) Amsterdam 97 .... FF**7 603** - £803 - **$1,304**
- *Entrée d'un voilier sous remorque* - Huile/toile (46x65cm-18x26in) Calais 95 .... FF**23 000** - £3 023 - **$4,700**
- *Le grand canal de Venise* - Huile/toile (53x91cm-21x36in) Pontoise 96 .... FF**49 000** - £6 240 - **$9,440**

GALLARDO Luis XIX-XX [5]
- *Pueblo de montaña* - Oleo/lienzo (47x60cm-19x24in) Madrid 93 .... FF**5 820** - £671 - **$1,000**

GALLATIN Albert Eugene 1882-1952 [5]
- *No. 72* - Oil/canvas/board (37x25cm-15x10in) New-York 94 .... FF**28 530** - £3 330 - **$5,000**

G

GALLE André 1761-1844 [1]
⌀ *Louis XVIII in Paris / Duc d'Angoulême* - Drawing (32x25cm-13x10in) New-York 95 .... FF7 510 - £901 - **$1,400**
GALLE Cornelius II 1615-1678 [2]
▱ *Archduke Leopold William* - Etching (37x26cm-15x10in) London 96 .... FF6 220 - £780 - **$1,203**
GALLÉ Émile 1846-1904 [21]
⌀ *Dog* - Tin-glazed earthenware (31cm-12in) London 96 .... FF27 000 - £3 200 - **$5,270**
GALLE Pierre 1883-1960 [1]
● *Le Casino de Nice, 21 avril* - Huile/panneau (2x33cm-1x13in) Paris 96 .... FF2 100 - £248 - **$413**
GALLE Theodore 1571-1633 [2]
▱ *Tempest with sea-monsters* - Etching (29x42cm-11x17in) London 92 .... FF4 890 - £500 - **$862**
GALLEGOS Y ARNOSA José 1859-1917 [26]
● *Cavaliers arabes, Tanger* - Huile/panneau (23x35cm-9x14in) Lyon 89 .... FF120 000 - £11 940 - **$18,957**
La visita del Cardinal - Oil/panel (44x61cm-17x24in) London 96 .... FF306 500 - £36 000 - **$60,300**
The Mass/The Confession - Oil/panel (39x61cm-15x24in) New-York 95 .... FF470 000 - £58 600 - **$92,000**
GALLELLI Massimo 1863-1956 [2]
● *Bambine al riva al mare* - Olio/tela (139x178cm-55x70in) Milano 94 .... FF104 400 - £12 300 - **$18,600**
GALLÉN Harald 1880-1931 [1]
● *Salla* - Oil/canvas (30x49cm-12x19in) Helsinki 91 .... FF6 020 - £599 - **$1,035**
GALLEN-KALLELA Akseli 1865-1931 [48]
● *Gatuförsäljare i Budapest* - Oil/canvas (14x17cm-6x7in) Helsinki 92 .... FF28 700 - £2 934 - **$5,050**
A winter wood - Oil/canvas (88x65cm-35x26in) London 96 .... FF42 400 - £5 500 - **$8,380**
Solnedgang - Oil/canvas (45x40cm-18x16in) Helsinki 90 .... FF366 700 - £39 515 - **$64,674**
⌀ *Sjölandskap med lofthus* - Akvarell (28x29cm-11x11in) Göteborg 94 .... FF14 720 - £1 707 - **$2,535**
Conceptio Artis - Gouache (65x47cm-26x19in) Helsinki 93 .... FF96 500 - £11 030 - **$16,440**
GALLENSTEIN August Kurtz 1856-1916 [1]
● *The school room* - Oil/panel London 89 .... FF77 500 - £7 924 - **$12,460**
GALLET Jean-Baptiste 1820-1848 [1]
● *Fleurs dans une urne sculptée* - Huile/toile (100x81cm-39x32in) Monaco 87 .... FF150 000 - £14 205 - **$25,905**
GALLETTI Lia 1943 [3]
● *Ghetto* - Oil/canvas (139x103cm-55x41in) New-York 97 .... FF17 222 - £1 828 - **$3,000**
GALLI 1944 [4]
● *Da wo Sehnsucht entsteht* - Oil (101x80cm-40x31in) Köln 91 .... FF11 500 - £1 167 - **$2,077**
⌀ *Ohne Titel* - Mixed media/paper (50x66cm-20x26in) Köln 92 .... FF4 750 - £567 - **$913**
GALLI Aldo 1906-1981 [3]
● *Composizione, 1970* - Olio/cartone (58x36cm-23x14in) Milano 89 .... FF64 100 - £6 378 - **$10,126**
⌀ *Composizione bianca* - Relief (91x76cm-36x30in) Milano 92 .... FF32 900 - £3 920 - **$6,330**
⌀ *Konkrete Komposition* - Collage (69x49cm-27x19in) Bern 95 .... FF3 023 - £378 - **$611**
GALLI Edoardo 1854-? [1]
● *Contadina nel bosco con capra* - Olio/tela (107x170cm-42x67in) Milano 90 .... FF71 000 - £7 149 - **$13,908**
GALLI Federica 1932 [7]
▱ *Il canneto/Cascita Mulino/...* - Acquaforte Milano 94 .... FF4 840 - £561 - **$847**
GALLI Fortunato ?-1918 [4]
⌀ *Mignon* - Marble (112cm-44in) London 96 .... FF71 000 - £9 000 - **$13,620**
GALLI Giuseppe 1868-1953 [3]
● *Rococo interior with musicians* - Oil/canvas (42x31cm-17x12in) København 96 .... FF26 730 - £3 460 - **$5,350**
GALLI Pietro 1804-1877 [1]
⌀ *Ovalt relief, Amor på Jupiters ørn* - Marble (43x59cm-17x23in) København 90 .... FF36 900 - £3 733 - **$7,019**
GALLI Riccardo 1869-1944 [2]
● *Shepherd & flock returning home* - Oil/panel (35x46cm-14x18in) New-York 93 .... FF6 600 - £828 - **$1,200**
Veduta della spiaggia di Riccione - Olio/tela/cartone (29x49cm-11x19in) Milano 90 .... FF8 200 - £884 - **$1,446**
GALLI Riccardo 1839-? [4]
⌀ *Fanciulla* - Sculpture (103cm-41in) Firenze 89 .... FF50 300 - £5 143 - **$8,087**
GALLIAC Louis 1849-1934 [2]
● *Maler und Modell im Atelier* - Öl/Leinwand (46x55cm-18x22in) München 92 .... FF20 340 - £2 430 - **$3,914**
GALLIAN George Octave L.V. 1855-? [1]
● *Vague déferlante* - Huile/toile Toulon 93 .... FF11 500 - £1 386 - **$2,090**
GALLIANI Omar 1954 [11]
● *La designazione del nome* - Olio/tela (250x195cm-98x77in) Prato 97 .... FF57 800 - £6 800 - **$10,200**
⌀ *Disegno* - Matita (50x50cm-20x20in) Prato 93 .... FF6 490 - £742 - **$1,104**
GALLIARI Fabrizio 1709-1790 [7]
⌀ *Two Stage Designs* - Ink (30x42cm-12x17in) London 97 .... FF14 218 - £1 500 - **$2,440**
GALLIARI Gaspare 1761-1823 [3]
⌀ *Quay from an arcade* - Black chalk (21x30cm-8x12in) New-York 92 .... FF18 100 - £1 827 - **$3,200**
GALLIARI Giuseppino 1752-1817 [1]
⌀ *Study of farm buildings* - Pencil (21x25cm-8x10in) London 96 .... FF3 215 - £400 - **$624**
GALLIBERT Geneviève Marie 1888-1978 [3]
● *Le Cap d'Antibes* - Oil/canvas (45x61cm-18x24in) Leyburn, North Yorkshire 90 .... FF14 640 - £1 490 - **$2,928**
GALLIEN Pierre Antoine 1896-1963 [1]
▱ *Composition* - Gravure (24x24cm-9x9in) Paris 93 .... FF3 200 - £360 - **$543**
GALLIEN-BERTHON Marie-Clotilde 1870-? [6]
⌀ *La fileuse* - Aquarelle (55x78cm-22x31in) Paris 89 .... FF11 000 - £1 125 - **$1,768**
GALLIER Achille Gratien 1814-1871 [2]
● *Sommerliche Abendlandschaft* - Oil/canvas (38x55cm-15x22in) Lindau 91 .... FF8 110 - £807 - **$1,395**

⬥ *Römische Landschaft und St. Peter* - Aquarell/Papier (23x36cm-9x14in) Wien 94 .... FF*14 650* - £*1 696* - **$2,520**

GALLINA Gallo 1796-1874 [1]
🖼 *Il bagno di Diana* - Olio/tela (101x124cm-40x49in) Milano 90 .... FF*45 800* - £*4 872* - **$8,193**

GALLISON Henry Hammond 1850-1910 [2]
🖼 *A Gray Day* - Oil/canvas (89x114cm-35x45in) New-York 94 .... FF*18 540* - £*2 163* - **$3,250**

GALLITIN Albert E. 1882-1952 [1]
🖼 *Toscanini at Hudson Villa/Goodbye* - Oil/canvas/board Cambridge, Mass. 89 .... FF*4 600* - £*470* - **$740**

GALLIZIO Giuseppe Pinot 1902-1964 [15]
🖼 *Senza titolo, 1963* - Olio/tela (60x73cm-24x29in) Prato 97 .... FF*17 000* - £*2 000* - **$3,000**
Rosemarie - Öl/Leinwand (100x80cm-39x31in) Berlin 92 .... FF*23 740* - £*2 835* - **$4,570**
⬥ *Senza titolo* - Tecnica mista/carta (70x50cm-28x20in) Milano 92 .... FF*13 600* - £*1 390* - **$2,393**

GALLO Carlo Leon 1875-? [1]
🖼 *Constantinople* - Huile/toile (68x91cm-27x36in) Paris 92 .... FF*6 000* - £*716* - **$1,154**

GALLO Frank 1933 [9]
🗂 *Secrets* - Cast paper (137x101cm-54x40in) San Francisco-Los Angeles 93 .... FF*3 850* - £*483* - **$700**
🗿 *Beach figure* - Sculpture (160cm-63in) New-York 91 .... FF*45 600* - £*4 595* - **$7,913**

GALLO Giuseppe 1954 [7]
🖼 *Untitled, 1986* - Mixed media/panel (109x32cm-43x13in) New-York 90 .... FF*32 900* - £*3 409* - **$5,782**

GALLO Vincent 1961 [5]
🖼 *Marriage of two families* - Oil (60x3x90cm-24x1x35in) New-York 91 .... FF*11 400* - £*1 157* - **$2,059**

GALLOCHE Louis 1670-1761 [3]
⬥ *A praying Man, Half-length* - Black & white chalks (39x51cm-15x20in) London 97 .... FF*68 493* - £*7 000* - **$11,657**

GALLOIS Émile 1882-1965 [1]
🖼 *Villeneuve les Avignon* - Oil/canvas (60x40cm-24x16in) Amsterdam 89 .... FF*12 000* - £*1 264* - **$2,020**

GALLON Robert 1845-1925 [45]
🖼 *Returning from church* - Oil/canvas (61x102cm-24x40in) New-York 94 .... FF*14 040* - £*1 624* - **$2,400**
On the River Yare - Oil/canvas (61x102cm-24x40in) New-York 97 .... FF*39 818* - £*4 285* - **$7,000**
Moel Siabod, North Wales/Snowden - Oil/canvas (51x76cm-20x30in) London 96 .... FF*105 400* - £*12 500* - **$20,570**
⬥ *Windsor castle* - Wash (20x36cm-8x14in) London 90 .... FF*10 700* - £*1 153* - **$1,887**

GALLOTI Alessandro 1879-1961 [1]
🖼 *Lagunenlandschaft* - Oil/canvas (82x124cm-32x49in) Bern 92 .... FF*31 600* - £*3 230* - **$5,570**

GALLOTTI Alessandro 1879-1961 [1]
🖼 *Serina/Casa a Serina* - Olio/cartone (17x29cm-7x11in) Milano 95 .... FF*5 360* - £*684* - **$1,098**

GALOFRE Y GIMÉNEZ Baldomero 1849-1902 [36]
🖼 *Descanso con la recua de mulos* - Oleo/tabla (18x32cm-7x13in) Madrid 94 .... FF*18 700* - £*2 246* - **$3,456**
Mercado - Oleo/tabla (22x35cm-9x14in) Madrid 96 .... FF*44 700* - £*5 660* - **$8,570**
Caballistas descansando en la feria - Oleo/tabla (34x48cm-13x19in) Madrid 94 .... FF*228 000* - £*26 900* - **$40,600**
Los caballistas - Oleo/tabla (43x67cm-17x26in) Madrid 89 .... FF*648 000* - £*64 478* - **$102,370**
⬥ *Corniche animée de personnages* - Aquarelle/papier (17x35cm-7x14in) Toulouse 94 .... FF*15 000* - £*1 790* - **$2,810**

GALOYER François 1944 [2]
🗿 *Grand Duc* - Sculpture (82cm-32in) Paris 91 .... FF*15 000* - £*1 500* - **$2,470**
Marabout - Sculpture (91cm-36in) Paris 91 .... FF*45 000* - £*4 499* - **$7,411**

GALSTER Henrik Ludvig 1826-1901 [2]
🖼 *Keiserlig Kongelige Familie i Baadt* - Oil/canvas (50x72cm-20x28in) København 92 .... FF*2 200* - £*225* - **$388**
Østervold, København - Oil/canvas (46x61cm-18x24in) Viby J, Århus 96 .... FF*2 365* - £*305* - **$457**

GALSWORTHY Frank 1863-? [3]
⬥ *Irises in a meadow* - Watercolour (98x75cm-39x30in) London 95 .... FF*1 588* - £*200* - **$315**

GALTER Pietro XIX [2]
⬥ *Boys fishing on the Venetian lagoon* - Watercolour (33x55cm-13x22in) London 94 .... FF*3 050* - £*360* - **$548**

GALTIER-BOISSIERE Jean 1891-1966 [1]
⬥ *Le harem* - Aquarelle (38x52cm-15x20in) Paris 94 .... FF*2 300* - £*268* - **$399**

GALTIER-BOISSIERE Louise XIX-XX [3]
🖼 *Vase de fleurs* - Huile/carton/toile (76x52cm-30x20in) Paris 94 .... FF*3 000* - £*354* - **$538**

GALVAN José 1705-1766 [1]
🖼 *Reclining male nude* - Oil/canvas (96x136cm-38x54in) New-York 95 .... FF*429 000* - £*51 500* - **$80,000**

GALVAN Y CANDELA José Maria 1837-1899 [2]
🗂 *Angeles* - Grabado Madrid 92 .... FF*1 730* - £*176* - **$304**

GALVANO Albino 1907-1991 [1]
⬥ *Nudo disteso* - China/carta (22x32cm-9x13in) Vercelli 93 .... FF*1 830* - £*206* - **$328**

GALVAO Alfredo 1900-? [1]
🖼 *Entrada do Jardim Botanico* - Oil/masonite (27x35cm-11x14in) New-York 95 .... FF*22 960* - £*2 866* - **$4,500**

GALWEY Enrique 1864-1931 [4]
🖼 *Paisaje con camino y arbusto* - Oleo/lienzo (45x53cm-18x21in) Madrid 92 .... FF*7 250* - £*843* - **$1,480**

GAMAIN Louis 1803-1871 [7]
🖼 *Le Véloce, Sainte-Adresse* - Huile/toile (58x70cm-23x28in) Paris 94 .... FF*30 000* - £*3 555* - **$5,540**

GAMARRA José 1934 [9]
🖼 *Untitled* - Oil/canvas (89x116cm-35x46in) Amsterdam 94 .... FF*9 020* - £*1 035* - **$1,722**
Tango - Acrylic/canvas (99x99cm-39x39in) London 95 .... FF*15 830* - £*2 000* - **$3,176**
La risa del chajá - Oil/canvas (149x200cm-59x79in) New-York 92 .... FF*150 000* - £*15 700* - **$27,000**

GAMBA DE PREYDOUR Jules-Alexandre 1846-? [1]
🖼 *Elégante au parapluie* - Huile/toile (35x21cm-14x8in) Paris 96 .... FF*4 800* - £*556* - **$920**

G

GAMBA Enrico 1831-1883 [16]
- Portrait - Oil/board (47x32cm-19x13in) Cambridge, Mass. 91 .... FF*11 970* - £*1 202* - **$2,071**
- Alla fonte - Olio/tela (41x60cm-16x24in) Milano 90 .... FF*50 300* - £*5 385* - **$8,748**
- Peasant courtship/Hunter's proposal - Watercolour (38x24cm-15x9in) London 96 .... FF*10 830* - £*1 400* - **$2,140**

GAMBA Francesco 1818-1887 [2]
- La Sosta - Oil/canvas (41x60cm-16x24in) London 95 .... FF*36 200* - £*4 800* - **$7,480**

GAMBA Giovani Battista 1846-? [2]
- L'Orientale - Marbre (40cm-16in) Soissons 96 .... FF*33 000* - £*4 250* - **$6,540**
- A seated Nymph - Marble (148cm-58in) London 93 .... FF*156 400* - £*18 000* - **$27,000**

GAMBA Pipein 1868-1954 [3]
- Lotteria Napoli Verona - Poster (206x101cm-81x40in) London 96 .... FF*12 470* - £*1 600* - **$2,460**

GAMBARD Henri Augustin 1819-? [1]
- La Maladie d'Alexandre - Oil/canvas (114x147cm-45x58in) New-York 87 ..... FF*174 250* - £*13 968* - **$25,000**

GAMBARINI Giuseppe 1680-1725 [5]
- Scène de danse avec musiciens - Huile/toile (54x65cm-21x26in) Paris 97 .... FF*34 000* - £*3 618* - **$5,916**

GAMBART Jean Hector 1854-1891 [3]
- Figures in a music room - Oil/canvas (50x61cm-20x24in) London 94 .... FF*35 300* - £*4 200* - **$6,650**

GAMBARTES Leonidas 1909-1963 [6]
- Yuyera - Mixed media (81x61cm-32x24in) New-York 97 .... FF*40 184* - £*4 267* - **$7,000**

GAMBEE Martin 1905-? [1]
- Southwestern landscape
  Watercolour/paper (41x56cm-16x22in) Bloomfield Hills, Michigan 96 .... FF*3 343* - £*406* - **$650**

GAMBERINI Giovacchino 1859-? [3]
- Santa Maria Novella, Florence - Oil/canvas (75x58cm-30x23in) London 96 .... FF*29 800* - £*3 500* - **$5,790**

GAMBERT Otto 1842-1924 [1]
- Am Weiher - Öl/Leinwand (70x100cm-28x39in) Stuttgart 96 .... FF*6 770* - £*784* - **$1,298**

GAMBEY Léon 1883-1914 [1]
- Charge de la Garde Impériale - Gouache (50x44cm-20x17in) Paris 90 .... FF*3 200* - £*340* - **$572**

GAMBIER Léon XX [10]
- Pont levant à Dieppe - Huile/toile (60x81cm-24x32in) Dieppe 96 .... FF*10 800* - £*1 392* - **$2,114**
- Canal à Amsterdam - Encre Chine (30x50cm-12x20in) Paris 95 .... FF*1 500* - £*197* - **$308**

GAMBIN Edwin 1876-? [2]
- Étude de femme - Oil/board (36x28cm-14x11in) Chicago 95 .... FF*2 385* - £*299* - **$475**

GAMBLE John Marshall 1863-1957 [21]
- Canon Glade, Soft Maples
  Oil/canvas (61x76cm-24x30in) San Francisco-Los Angeles 94 .... FF*13 530* - £*1 604* - **$2,500**
- California Wildflowers - Oil/canvas (30x46cm-12x18in) San Francisco-Los Angeles 94 .... FF*43 300* - £*5 130* - **$8,000**
- Poppy field near Banning
  Oil/canvas (46x61cm-18x24in) San Francisco-Los Angeles 93 .... FF*94 500* - £*10 730* - **$16,000**

GAMBLE Roy C. 1887-1972 [12]
- Autumnal landscape - Oil/canvas (51x41cm-20x16in) St. Louis, Miss. 92 .... FF*3 250* - £*388* - **$625**

GAMBLIN Jacques 1738-1803 [1]
- Scène de l'Histoire Antique - Huile/toile (3x48cm-1x19in) Paris 95 .... FF*7 000* - £*906* - **$1,430**

GAMBOGI Emile XIX [2]
- Portrait de femme en buste - Huile/toile (95x75cm-37x30in) Paris 97 .... FF*2 600* - £*269* - **$445**

GAMBOGI Raffaello 1874-1943 [3]
- A Rest From Harvesting - Oil/canvas (120x240cm-47x94in) London 96 .... FF*357 600* - £*42 000* - **$69,500**

GAMELIN Jacques 1738-1803 [22]
- Combat de cavalerie près d'un pont - Huile/toile (97x135cm-38x53in) Paris 96 .... FF*48 000* - £*6 020* - **$9,280**
- A Battle outside a besieged City - Ink (51x80cm-20x31in) New-York 97 .... FF*27 716* - £*3 085* - **$5,000**

GAMES Abram 1914 [11]
- B.O.A.C. - Poster (99x64cm-39x25in) London 95 .... FF*5 330* - £*680* - **$1,075**

GAMLEY Andrew Archer ?-1949 [4]
- Morning in the harbour - Oil/canvas (66x79cm-26x31in) Glasgow 91 .... FF*18 950* - £*1 899* - **$3,195**
- Busy Cornish harbour scene - Watercolour (25x36cm-10x14in) Aylsham, Norfolk 92 .... FF*3 410* - £*350* - **$655**

GAMMELL Robert Hale Ives 1893-1981 [13]
- Porcelain figurines - Oil/canvas (38x51cm-15x20in) Boston, Mass. 95 .... FF*12 110* - £*1 558* - **$2,500**
- Anthony - Charcoal (64x51cm-25x20in) Cambridge, Mass. 93 .... FF*6 050* - £*715* - **$1,100**

GAMMIUS Helene 1854-? [1]
- Sleeping boy in the barn - Oil/canvas (93x136cm-37x54in) Helsinki 94 .... FF*9 460* - £*1 131* - **$1,770**

GAMMON Reginald William 1894-? [3]
- Hommage to Vincent - Oil/board (56x69cm-22x27in) London 94 .... FF*4 940* - £*580* - **$864**

GAMOY Bernard XX [2]
- Astre - Technique mixte/papier (55x75cm-22x30in) Montréal 94 .... FF*2 580* - £*297* - **$442**

GAMP von Botho Freiherr 1894-1977 [7]
- Schiffslände in Nonnenhorn - Öl/Karton (39x57cm-15x22in) Lindau 92 .... FF*6 430* - £*748* - **$1,313**
- Bunter Sommerstrauss auf Blau - Watercolour (47x36cm-19x14in) München 92 .... FF*4 240* - £*507* - **$816**

GAMPENRIEDER Karl 1860-1930 [3]
- La Coquette - Oil/canvas (117x57cm-46x22in) San Francisco-Los Angeles 94 .... FF*48 000* - £*5 730* - **$9,000**

GAMPERT Jean-Louis 1884-1924 [1]
- Femmes en fleurs - Huile (38x72cm-15x28in) Zürich 91 .... FF*4 750* - £*476* - **$784**

GAMPERT Otto 1842-1924 [33]
- Herbstlandschaft - Öl/Leinwand (33x46cm-13x18in) Zürich 96 .... FF*4 670* - £*605* - **$923**

G

Paysage de campagne - Huile/toile (40x61cm-16x24in) Zürich 95 .... **FF17 040** - *£2 230* - **$3,460**
Im Dachauer Land - Pencil/paper (26x44cm-10x17in) München 93 .... **FF2 580** - *£293* - **$436**

GAMY Marguerite Montaut XIX-XX [11]
Paris-Madrid 1911 - Lithograph (45x90cm-18x35in) Hendon 92 .... **FF2 930** - *£300* - **$516**

GANAY de Isabelle 1960 [28]
Paysage de neige - Huile/toile (81x100cm-32x39in) Deauville 95 .... **FF4 800** - *£617* - **$953**
Giverny sous la neige - Huile/toile (65x81cm-26x32in) Deauville 93 .... **FF17 000** - *£2 050* - **$3,090**

GANDAT A. ?-1797 [1]
Promeneurs en montagne - Huile/toile (220x130cm-87x51in) Paris 93 .... **FF85 000** - *£9 550* - **$14,400**

GANDOLFI Gaetano 1734-1802 [34]
A girl with a rose in her hair - Oil/canvas (44x33cm-17x13in) London 97 .... **FF359 507** - *£38 000* - **$61,978**
Portrait of a young boy - Chalks/paper (15x11cm-6x4in) New-York 97 .... **FF72 302** - *£8 047* - **$13,000**

GANDOLFI Luigi 1810-1869 [1]
Charles Felix of Savoy - Miniature (7cm-3in) Genève 92 .... **FF7 010** - *£722* - **$1,311**

GANDOLFI Mauro 1764-1834 [6]
Studies of heads - Ink (15x25cm-6x10in) London 90 .... **FF92 000** - *£9 265* - **$16,727**

GANDOLFI Ubaldo 1728-1781 [30]
Saint Peter in penitence - Oil/canvas (45x37cm-18x15in) London 92 .... **FF370 000** - *£38 000* - **$71,000**
Design for a fountain - Ink (29x20cm-11x8in) New-York 97 .... **FF122 357** - *£13 618* - **$22,000**

G

GANDON Adolphe 1828-1889 [3]
Schweizer Artillerie - Öl/Leinwand (57x75cm-22x30in) Bern 94 .... **FF38 000** - *£4 484* - **$6,760**

GANDON James 1743-1823 [1]
House in a landscape - Watercolour (37x54cm-15x21in) Glasgow 92 .... **FF23 450** - *£2 800* - **$4,510**

GANDY Herbert c.1850-c.1920 [3]
A welcome - Oil/canvas (180x77cm-71x30in) London 90 .... **FF141 000** - *£14 265* - **$26,819**

GANDY Joseph Michael 1771-1843 [3]
Capriccio of a Roman port - Watercolour (36x53cm-14x21in) London 93 .... **FF23 240** - *£2 800* - **$4,060**

GANDY-DEERING John Peter 1787-1850 [8]
Windmills, Greece - Watercolour (13x13cm-5x5in) London 92 .... **FF6 280** - *£750* - **$1,208**

GANESCO Constantin 1864-c.1940 [7]
Isaac en prière - Bronze (24cm-9in) Bruxelles 96 .... **FF5 900** - *£695* - **$1,160**

GANGAND Arthur 1863-? [1]
Etretat, Casino, Lawn tennis - Affiche (105x76cm-41x30in) Boulogne 95 .... **FF4 850** - *£624* - **$1,001**

GANGLOFF Georges XIX-XX [1]
L'élégante au lévrier - Huile/toile (98x74cm-39x29in) Lille 96 .... **FF7 500** - *£970* - **$1,477**

GANGOLF Paul 1879-c.1945 [13]
Tom Mix II - Etching (14x18cm-6x7in) Heidelberg 96 .... **FF1 630** - *£210* - **$319**
Fischerboote am Strand von Collioure - Aquarell (20x27cm-8x11in) Heidelberg 93 .... **FF3 045** - *£355* - **$501**

GANGYNER Georg Anton 1807-1876 [2]
Johann Baptist Gaudy - Öl/Leinwand (24x17cm-9x7in) Zofingen 93 .... **FF7 120** - *£811* - **$1,210**

GANIERE George E. 1865-? [1]
Lincoln the Debator - Plaster (56cm-22in) Chicago 92 .... **FF2 840** - *£291* - **$500**

GANKEVICH Alexandre XX [2]
Nature morte aux fleurs - Huile/toile (25x19cm-10x7in) Paris 91 .... **FF5 000** - *£501* - **$916**

GANLY Brigid 1909 [3]
Ah, Spring, Spring - Oil/canvas (50x40cm-20x16in) Dublin 90 .... **FF16 900** - *£1 746* - **$2,986**

GANMAR Georg 1916 [2]
Stående rådjur - Bronze (50cm-20in) Stockholm 95 .... **FF10 470** - *£1 377* - **$2,100**

GANNAM John 1907-1965 [2]
Couple on couch, she on telephone - Pastel (36x56cm-14x22in) New-York 96 .... **FF10 350** - *£1 337* - **$2,000**

GANNE Pierre-Christian 1902-1984 [1]
Les arbres du plan de Dieu - Huile/toile (73x92cm-29x36in) Paris 90 .... **FF10 000** - *£1 033* - **$1,767**

GANNE Yves 1931 [12]
Femme au dos nu, fond rouge - Oil/canvas (92x66cm-36x26in) London 96 .... **FF6 630** - *£850* - **$1,307**

GANRYO 1798-1852 [2]
Le port de Bâle, Suisse - Oil/canvas (81x99cm-32x39in) New-York 95 .... **FF12 840** - *£1 576* - **$2,500**

GANS E.D. 1832-1874 [1]
Extensive forest interior - Oil/canvas (82x97cm-32x38in) New-York 90 .... **FF9 700** - *£1 032* - **$1,735**

GANS Heinrich 1890-1973 [3]
Der Odeonsplatz in München - Oil/panel (76x95cm-30x37in) München 94 .... **FF6 140** - *£726* - **$1,104**

GANSO Emil 1895-1941 [35]
Nude from Behind - Oil/canvas (47x35cm-19x14in) New-York 96 .... **FF8 350** - *£967* - **$1,600**
Joyce in a Green Dress
    Oil/canvas (76x64cm-30x25in) San Francisco-Los Angeles 94 .... **FF92 000** - *£10 900* - **$17,000**
Jeune fille lascive - Fusain (46x35cm-18x14in) Saint-Germain-en-Laye 95 .... **FF6 500** - *£836* - **$1,334**

GANTNER Bernard 1928 [122]
Paysage de neige - Huile/toile (54x72cm-21x28in) Paris 97 .... **FF7 000** - *£764* - **$1,224**
Paysage - Technique mixte/carton (33x50cm-13x20in) Paris 91 .... **FF10 000** - *£993* - **$1,736**
Annonce du printemps aux Préludes - Huile/toile (89x116cm-35x46in) Besançon 95 .... **FF20 000** - *£2 630* - **$4,014**
L'étang sous la neige, 1984 - Huile/toile (97x130cm-38x51in) Auxerre 90 .... **FF83 000** - *£8 830* - **$14,848**
Paysage - Pastel (15x19cm-6x7in) Saint-Dié 96 .... **FF4 000** - *£510* - **$771**

Les toits de Colmar - Pastel gras/papier (51x68cm-20x27in) Auxerre 91 .... **FF15 000 - £1 522 - $2,709**

GANTNER Hans, Johann 1853-1914 [3]
Ochsengespann - Öl/Leinwand (36x55cm-14x22in) Kempten 96 .... **FF6 850 - £898 - $1,388**

GANTZ John XVIII-XIX [2]
Watercarriers before a Villa, Madras - Watercolour (26x44cm-10x17in) London 97 .... **FF9 443 - £1 000 - $1,635**

GANTZ Justinian Walter 1802-1862 [8]
Brodie Castle - Watercolour (25x42cm-10x17in) London 95 .... **FF8 830 - £1 100 - $1,730**
Elephant on the Road to Madras - Watercolour (20x29cm-8x11in) London 97 .... **FF33 050 - £3 500 - $5,724**

GANZ Edwin 1871-1957 [10]
Cheval et personnage - Huile/toile (25x32cm-10x13in) Bruxelles 89 .... **FF6 200 - £653 - $1,044**

GANZEVOORT Wybrand 1935 [2]
Composition - Huile/toile (35x70cm-14x28in) Antwerpen 94 .... **FF5 000 - £600 - $971**

GANZO Emil 1895-1941 [1]
Rooftops, New York - Lithograph (44x29cm-17x11in) New-York 95 .... **FF2 525 - £318 - $500**

GARABEDIAN Charles 1923 [2]
Ruins VII - Acrylic/canvas (182x182cm-72x72in) New-York 94 .... **FF57 100 - £6 700 - $10,000**
Untitled - Mixed media/paper (38x40cm-15x16in) San Francisco-Los Angeles 94 .... **FF6 970 - £808 - $1,200**

GARABETIAN Cricor 1908 [8]
Femme à l'ombrelle - Huile/toile Lyon 91 .... **FF3 100 - £319 - $577**

GARACHE Claude 1929 [7]
Gesse - Huile/toile (146x114cm-57x45in) Paris 95 .... **FF10 000 - £1 315 - $2,044**
Bapaume - Huile/toile (115x145cm-45x57in) Paris 95 .... **FF26 000 - £3 370 - $5,360**

GARAND Olivier 1954 [2]
Offrande, 1989 - Acrylique/toile (130x161cm-51x63in) Paris 89 .... **FF5 500 - £547 - $869**
Jardins - Aquarelle/papier (80x121cm-31x48in) Paris 94 .... **FF1 950 - £231 - $360**

GARANGER Marc 1935 [2]
Femme algérienne - Silver print (18x18cm-7x7in) Paris 90 .... **FF2 000 - £216 - $353**

GARAT Francis c.1870-? [36]
Dimanche d'hiver sur les fortifications - Aquarelle (19x27cm-7x11in) Pontoise 97 .... **FF2 400 - £259 - $421**
Argenteuil - Aquarelle (24x44cm-9x17in) Pontoise 97 .... **FF4 000 - £431 - $702**
Le Pont-Neuf - Aquarelle, gouache (48x61cm-19x24in) Deauville 93 .... **FF20 000 - £2 410 - $3,640**

GARATE Y CLAVERO Juan José 1870-1939 [15]
Venetian view - Oil/panel (27x52cm-11x20in) New-York 95 .... **FF79 600 - £9 760 - $15,500**
Dama con sombrero - Pastel (64x48cm-25x19in) Madrid 97 .... **FF6 050 - £795 - $1,215**

GARAUD Gustave Césaire 1847-1914 [7]
Village de Tende - Huile/toile (45x32cm-18x13in) Lyon 97 .... **FF16 000 - £1 726 - $2,827**
Enfants sur le pont - Pastel (42x51cm-17x20in) Rudolstadt-Thüringen 96 .... **FF4 760 - £542 - $910**

GARBARI Tullio 1892-1931 [1]
La musa paesana - Olio/cartone/tela (49x39cm-19x15in) Milano 91 .... **FF191 400 - £19 425 - $34,569**

GARBE Herbert 1888-1945 [2]
Elefant - Bronze (45cm-18in) Frankfurt 95 .... **FF11 400 - £1 420 - $2,300**

GARBE Richard 1876-1957 [4]
Boy and girl - Bronze (29cm-11in) London 96 .... **FF4 460 - £580 - $883**
Carved stone lionesses - Sculpture (35x47x66cm-14x19x26in) London 92 .... **FF41 000 - £4 200 - $7,240**

GARBELL Alexandre, Sacha 1903-1970 [158]
Composition abstraite - Huile/toile (100x81cm-39x32in) Paris 97 .... **FF7 000 - £740 - $1,201**
Pavillons de Baltard - Huile/toile (66x98cm-26x39in) Paris 96 .... **FF17 500 - £2 110 - $3,360**
Paysage - Huile/toile (150x150cm-59x59in) Paris 95 .... **FF40 000 - £5 170 - $8,170**
Maison dans la ville - Gouache (12x16cm-5x6in) Calais 94 .... **FF5 500 - £642 - $964**

GARBELL Camille 1945 [2]
Couple enlacé - Bronze (27cm-11in) Paris 96 .... **FF3 400 - £440 - $674**

GARBER Daniel 1880-1958 [16]
Cold Spring Harbor - Oil/board (46x51cm-18x20in) New-York 97 .... **FF277 129 - £29 098 - $47,500**
Corn, or Autumn in the Hills - Oil/canvas (106x128cm-42x50in) New-York 95 .... **FF639 000 - £79 500 - $125,000**
Mending - Oil/canvas (116x106cm-46x42in) New-York 94 .... **FF2 22e +06 - £238 600 - $360,000**

GARBER Johann 1947 [2]
Das Abendmahl - Ink/paper (43x62cm-17x24in) Wien 95 .... **FF2 500 - £316 - $502**

GARBUZ Yair 1945 [17]
Untitled - Mixed media/panel (79x120cm-31x47in) Tel Aviv 94 .... **FF15 830 - £1 900 - $3,000**

GARCEAU Harry Joseph 1876-1954 [1]
White River, Muncie, Indiana - Oil/canvas (41x51cm-16x20in) North Berwick, Maine 92 .... **FF4 540 - £465 - $800**

GARCIA ABUJA Francisco 1924 [5]
Dama con busto desnudo - Técnica mixta (20x16cm-8x6in) Madrid 90 .... **FF2 300 - £246 - $400**

GARCIA BARRENA Carmelo 1926 [8]
Vista de Brujas - Oleo/lienzo (50x61cm-20x24in) Madrid 95 .... **FF18 550 - £2 316 - $4,395**

GARCIA CABRAL Ernesto 1890-1968 [2]
La estrella - Gouache (25x22cm-10x9in) México 92 .... **FF4 140 - £425 - $756**

GARCIA CARRILERO Enrique 1900-? [4]
Paisaje com campesinos - Oleo/lienzo (45x60cm-18x24in) Madrid 93 .... **FF2 670 - £318 - $483**
Siete dibujos academicos - Charcoal Madrid 92 .... **FF3 240 - £330 - $570**

GARCIA CARRIO Angel 1886-1972 [2]
Pescadores - Oleo/lienzo (60x73cm-24x29in) Madrid 93 .... **FF12 220 - £1 470 - $2,380**
Paisaje - Acuarela/papel (24x35cm-9x14in) Madrid 96 .... **FF3 450 - £438 - $662**

GARCIA DE BUCIÑOS Manuel [2]
🗿 *Torso de dama* - Bronze (52cm-20in) Madrid 92 .... FF13 300 - £1 587 - **$2,560**
GARCIA Diego XIX [2]
🖼 *Cavaliers au pied de la mosquée* - Huile/toile (92x73cm-36x29in) Paris 89 .... FF50 000 - £5 112 - **$8,039**
GARCIA ERGÜIN Ignacio 1934 [10]
🖼 *La Trilla* - Oleo/lienzo (33x51cm-13x20in) Madrid 93 .... FF6 650 - £767 - **$1,143**
GARCIA FONS Pierre 1928 [6]
🖼 *Trois poules* - Huile/toile (92x65cm-36x26in) Paris 91 .... FF7 100 - £712 - **$1,300**
GARCIA LOPEZ José Manuel [10]
🖼 *India* - Oleo/tabla (33x21cm-13x8in) Madrid 94 .... FF4 150 - £499 - **$768**
GARCIA Mario 1927 [3]
🖼 *Composition* - Huile/toile (54x65cm-21x26in) Luzern 93 .... FF3 170 - £361 - **$538**
GARCIA MENCIA Antonio 1871-1915 [7]
🖼 *Los anteojos* - Oleo/lienzo (40x33cm-16x13in) Madrid 92 .... FF54 700 - £5 480 - **$10,500**
✏ *Mujer desnuda* - Acuarela/papel (40x64cm-16x25in) Madrid 97 .... FF11 000 - £1 182 - **$1,925**
GARCIA Michèle 1947 [37]
🖼 *Vendanges* - Huile/toile (24x35cm-9x14in) Bédarieux 92 .... FF3 000 - £307 - **$625**
GARCIA NUÑEZ Armando 1883-1965 [9]
🖼 *Paisaje* - Oleo/lienzo (21x18cm-8x7in) México 93 .... FF15 250 - £1 730 - **$2,580**
GARCIA OCHOA Luis 1920 [13]
🖼 *Figuras en un prostíbulo* - Oleo/lienzo (81x100cm-32x39in) Madrid 91 .... FF65 600 - £6 578 - **$10,829**
✏ *Paisaje de Asturias* - Acuarela (50x72cm-20x28in) Madrid 92 .... FF9 720 - £990 - **$1,710**
GARCIA PATIÑO Antonio 1932 [5]
🖼 *Mujer desnuda sentada* - Oleo/lienzo (100x73cm-39x29in) Madrid 96 .... FF16 100 - £2 000 - **$3,120**
GARCIA SANTA OLALLA Francisco 1870-1895 [1]
🖼 *Columbus, Spanish Court* - Oil/canvas (71x98cm-28x39in) New-York 92 .... FF260 000 - £31 030 - **$50,000**
GARCIA SEVILLA Ferrán 1949 [7]
🖼 *Pariso 54* - Oil/canvas (163x130cm-64x51in) Athens 93 .... FF24 000 - £2 757 - **$4,120**
✏ *Composición* - Gouache (73x51cm-29x20in) Madrid 96 .... FF5 680 - £721 - **$1,091**
GARCIA Y MENCIA Antonio 1850-? [5]
🖼 *The Orange Seller* - Oil/canvas (125x90cm-49x35in) New-York 94 .... FF140 400 - £16 570 - **$25,000**
✏ *An allegory of time* - Wash (56x79cm-22x31in) London 90 .... FF46 500 - £4 819 - **$8,172**
GARCIA Y MENCIA Julio 1851-? [3]
✏ *Alegoría de la Diosa de la Fortuna* - Acuarela, gouache (40x27cm-16x11in) Madrid 95 .... FF3 230 - £413 - **$649**
GARCIA Y RAMOS José 1852-1912 [20]
🖼 *Corte de los RR.CC* - Oleo/lienzo (48x36cm-19x14in) Madrid 96 .... FF12 210 - £1 584 - **$2,415**
La gitana andaluza - Oleo/lienzo (55x36cm-22x14in) Madrid 93 .... FF26 700 - £3 180 - **$4,830**
Semana Santa en Sevilla - Oil/canvas (145x83cm-57x33in) London 90 .... FF309 900 - £32 114 - **$54,464**
GARCIA Y RODRIGUEZ Manuel 1863-1925 [63]
🖼 *Calle de Quiros, Cadiz* - Oil/canvas (27x35cm-11x14in) London 93 .... FF22 250 - £2 500 - **$3,725**
Jardines del Alcazar, Sevilla - Oil/canvas (53x89cm-21x35in) New-York 95 .... FF76 600 - £9 540 - **$15,000**
A Sunny Garden, Seville - Oil/canvas (74x98cm-29x39in) New-York 95 .... FF153 300 - £19 100 - **$30,000**
✏ *Street scene with a mosque, Tangier* - Watercolour (30x19cm-12x7in) London 93 .... FF21 950 - £2 500 - **$3,725**
GARCIA-MALIBRAN María Felicia 1808-1836 [1]
✏ *Ruisseau, arbre et rocher* - Crayon (33x26cm-13x10in) Paris 92 .... FF4 800 - £494 - **$851**
GARCIN Jeanne XIX-XX [1]
🖼 *La lettre* - Huile/toile (34x24cm-13x9in) Saint-Dié 96 .... FF4 800 - £611 - **$925**
GARCIN Louis-Marius 1821-1898 [1]
🖼 *Embarquement en gondole, Venise* - Huile/toile (59x81cm-23x32in) Paris 95 .... FF44 000 - £5 710 - **$9,010**
GARD Frans 1892-? [8]
🖼 *Landskap* - Oil/canvas Söderköping 90 .... FF2 000 - £216 - **$353**
GARDAIR Christian 1938 [3]
✏ *Composition, 1987* - Gouache (35x26cm-14x10in) Douai 92 .... FF3 000 - £323 - **$529**
GARDANNE Auguste c.1840-c.1890 [5]
🖼 *La relève des sentinelles* - Huile/toile (27x21cm-11x8in) Versailles 90 .... FF4 000 - £409 - **$790**
GARDEL-LEISER Emma 1866-1964 [1]
🖼 *Mânskensstudie* - Watercolour (25x17cm-10x7in) Göteborg 92 .... FF4 710 - £483 - **$830**
GARDELL-ERICSON Anna 1853-1939 [123]
🖼 *Åstols fiskeläge* - Oil/canvas (35x50cm-14x20in) Göteborg 96 .... FF9 080 - £1 173 - **$1,753**
✏ *Segelbåt i solnedgång* - Akvarell (33x49cm-13x19in) Stockholm 97 .... FF17 229 - £1 844 - **$3,003**
Stockrosor - Akvarell (40x56cm-16x22in) Stockholm 97 .... FF23 222 - £2 486 - **$4,048**
Kustmotiv med segelbåtar - Akvarell (52x79cm-20x31in) Göteborg 96 .... FF31 900 - £3 640 - **$6,100**
Sommarlandskap i solnedgang - Akvarell (50x32cm-20x13in) Stockholm 89 .... FF112 300 - £11 174 - **$17,741**
GARDELLE Robert 1682-1766 [2]
✏ *Damenbildnis* - Miniature (9x7cm-4x3in) Bern 93 .... FF6 330 - £721 - **$1,075**
GARDEN William Fraser 1856-1921 [40]
✏ *Stokesay Castle, Shropshire* - Watercolour (18x35cm-7x14in) London 96 .... FF10 760 - £1 400 - **$2,132**
In the wood/The wood at dusk - Wash (27x38cm-11x15in) London 91 .... FF99 200 - £9 996 - **$17,214**
GARDENTY Georges XIX-XX [3]
🖼 *Marché en Bretagne* - Huile/toile (50x61cm-20x24in) Le Havre 91 .... FF13 000 - £1 291 - **$2,257**
GARDET Georges 1863-1939 [40]
🗿 *Crouching panther* - Bronze (17x48cm-7x19in) New-York 92 .... FF6 660 - £698 - **$1,200**

Combat de cerfs - Bronze (53x45x22cm-21x18x9in) Paris 93........................ FF**10 500** - £**1 265** - **$1,910**
Mastiffs bookends/Lion/Lioness - Bronze New-York 95............................ FF**19 900** - £**2 520** - **$4,000**
Cheval tartare - Aquarelle (13x19cm-5x7in) Soissons 94........................ FF**5 000** - £**569** - **$850**
GARDET Joseph Antoine 1861-1891 [1]
Femme à la vasque - Sculpture (70cm-28in) Paris 92........................... FF**22 500** - £**2 310** - **$4,330**
GARDIER du Raoul 1871-1952 [7]
Croiseur sur les côtes d'Afrique - Huile/carton (51x47cm-20x19in) Paris 93 ... FF**24 000** - £**2 760** - **$4,140**
Sur le pont d'un cargo - Aquarelle Vendôme 93....................... FF**3 400** - £**410** - **$619**
GARDIN Gabriel Gervais 1814-1907 [1]
Jack Russel Terrier - Oil/panel (16x12cm-6x5in) Frankfurt 92.................... FF**4 420** - £**453** - **$778**
GARDINER Alfred Clive 1891-1960 [4]
Season Tickets, Save Time - Poster (100x63cm-40x25in) New-York 96.............. FF**17 320** - £**2 040** - **$3,400**
GARDINER Eliza Draper 1871-1955 [20]
The Little Yachtsman - Linocut in colors (18x23cm-7x9in) Cambridge, Mass. 93 ... FF**2 475** - £**311** - **$450**
GARDINER Stanley Horace 1887-1952 [9]
View towards St. Michaels Mount - Oil/board (43x48cm-17x19in) Penzance, Cornwall 95 ... FF**3 550** - £**450** - **$715**
Farmstead at Mousehole - Oil/board (63x76cm-25x30in) London 93.............. FF**12 450** - £**1 500** - **$2,175**
GARDNER Alexander 1821-1882 [27]
Sharpshooter/General Sherman - Albumen print New-York 95.................... FF**5 020** - £**633** - **$1,000**
Lincoln's second inauguration - Albumen print (18x23cm-7x9in) New-York 95 ... FF**37 600** - £**4 740** - **$7,500**
GARDNER Daniel 1750-1805 [27]
Amelia Sloper - Pastel (51x41cm-20x16in) London 97.......................... FF**24 345** - £**2 600** - **$4,233**
Maria and Emma Wilbraham - Watercolour (85x58cm-33x23in) London 97........ FF**35 581** - £**3 800** - **$6,187**
Member of the Brooke family
  Bodycolour (78x60cm-31x24in) Mere Hall, Knutsford, Cheshire 94 .... FF**144 000** - £**17 000** - **$25,650**
GARDNER Derek George M. 1914 [7]
Tea clipper Spindrift - Oil/canvas (71x106cm-28x42in) London 93............. FF**49 800** - £**6 000** - **$9,300**
GARDNER Fred 1880-1952 [1]
Kitchen, bedroom & bath - Oil/canvas (41x51cm-16x20in) New-York 95......... FF**8 030** - £**1 006** - **$1,600**
GARDNER Lisa 1956 [4]
Sans titre - Acrylique/toile (58x75cm-23x30in) Paris 97..................... FF**4 700** - £**531** - **$851**
GARDNER Philip 1922-1986 [1]
Natures Tooth Marks - Watercolour (28x33cm-11x13in) Aylsham, Norfolk 93....... FF**1 660** - £**200** - **$310**
GARDNER William Biscombe 1847-1919 [8]
Ferreting - Oil/canvas (86x112cm-34x44in) London 92....................... FF**7 810** - £**800** - **$1,380**
Mending the old net, Hastings
  Watercolour (37x27cm-15x11in) Billinghurst, West Sussex 94 .... FF**12 920** - £**1 550** - **$2,510**
GARDNER-SOPER James Hamlin 1877-? [2]
Gala Evening - Oil/canvas (73x50cm-29x20in) New-York 96.................... FF**19 830** - £**2 296** - **$3,800**
GARDUÑO Flor XX [5]
Agua, Valle Nacional, Mexico
  Gelatin silver print (31x23cm-12x9in) San Francisco-Los Angeles 93 ..... FF**7 080** - £**808** - **$1,200**
GARDY Claude 1937 [19]
Enfant jouant sur la plage - Huile/toile (22x27cm-9x11in) Paris 94......... FF**3 800** - £**440** - **$652**
GAREIS Franz 1755-1803 [1]
Gruppen mit weiblichen Figuren - Chalks (20x32cm-8x13in) München 92....... FF**3 050** - £**365** - **$587**
GAREIS Fritz 1872-1925 [1]
Abendkonzert - Öl/Leinwand (50x110cm-20x43in) Wien 94..................... FF**13 580** - £**1 573** - **$2,573**
GAREL Philippe 1945 [8]
Autoportrait - Huile/panneau (44x38cm-17x15in) Versailles 97............... FF**4 000** - £**423** - **$686**
Nature morte - Huile/toile (68x68cm-27x27in) Paris 87..................... FF**8 500** - £**804** - **$1,220**
Le miroir - Bronze (88x27cm-35x11in) Paris 92............................ FF**6 000** - £**615** - **$1,080**
GARELLA Antonio XIX-XX [3]
Mädchenbüste - Alabaster (34cm-13in) Wien 93............................. FF**14 430** - £**1 724** - **$2,775**
GARELLE Georges XX [5]
Porte Saint-Denis - Huile/toile Le Havre 91............................... FF**6 000** - £**600** - **$988**
GAREMYN Jan Anton 1712-1799 [9]
Conversation villageoise au bord du lac - Huile/toile (46x55cm-18x22in) Paris 96 ... FF**17 500** - £**2 270** - **$3,460**
Coastal scene with fishermen - Oil/canvas (101x117cm-40x46in) London 90 ... FF**406 800** - £**40 967** - **$73,964**
A Man holding up an Oil Lamp/A Cat - Black & white chalks (21x34cm-8x13in) London 97 ... FF**2 464** - £**260** - **$423**
GARET Jedd 1955 [9]
Poisoned gems - Oil/canvas (185x145cm-73x57in) London 94.................. FF**8 470** - £**1 000** - **$1,510**
Mom and dad, 1983 - Acrylic/canvas (185x144cm-73x57in) New-York 89........ FF**20 000** - £**1 990** - **$3,160**
Interior wit spiral rug - Pastel/paper (36x60cm-14x24in) San Francisco-Los Angeles 94 ... FF**8 130** - £**943** - **$1,400**
GARF Salomon 1879-1943 [12]
A Still Life with a porcelain statue - Oil/canvas (54x49cm-21x19in) Amsterdam 97 ... FF**2 251** - £**239** - **$392**
A farmyard, Laren - Oil/canvas (65x84cm-26x33in) Amsterdam 96............. FF**4 800** - £**603** - **$944**
A sunny day at the beach - Oil/canvas (29x39cm-11x15in) Amsterdam 96...... FF**43 000** - £**5 520** - **$8,470**
GARFINKIEL David 1902-1970 [25]
Couple de danseurs - Huile/toile (31x24cm-12x9in) Paris 97............... FF**4 200** - £**458** - **$734**
Paysage - Huile/panneau (45x53cm-18x21in)............................... FF**7 600** - £**827** - **$1,323**
Jeunes filles à l'oiseau rouge - Huile/toile (60x73cm-24x29in) Neuilly 96 ... FF**13 800** - £**1 626** - **$2,710**
GARGALLO Pablo 1881-1934 [21]
Petit marin à la pipe - Bronze (20cm-8in) London 97....................... FF**130 309** - £**13 500** - **$22,322**

Masque de Kiki de Montparnasse - Bronze (20cm-8in) London 96.................... FF279 300 - £35 000 - **$53,900**
Petite danseuse - Sculpture (36cm-14in) New-York 96 .... FF820 000 - £97 200 - **$160,000**
GARGIULO MICCO SPADARO Domenico 1612-1679 [17]
Martyrdom of Saint Lawrence - Oil/canvas (104x132cm-41x52in) London 97.............. FF340 585 - £36 000 - **$58,716**
A Satyr unveiling a Nymph - Ink (9x15cm-4x6in) London 97 .... FF8 313 - £849 - **$1,414**
GARGIULO Oronzo 1869-1906 [1]
Testa di ragazzo - Bronze (30cm-12in) Milano 95 .... FF6 550 - £836 - **$1,342**
GARIAZZO Pier Antonio 1879-1963 [7]
Monique, la danseuse - Oil/board (64x59cm-25x23in) Amsterdam 90 .... FF2 800 - £289 - **$495**
Danseuses balinaises - Huile/panneau (59x75cm-23x30in) Paris 96 .... FF35 000 - £4 390 - **$6,760**
GARIBALDI Joseph 1863-1941 [20]
Cour de ferme - Huile/toile Marseille 96 .... FF31 000 - £3 865 - **$5,990**
Le Port de Marseille - Huile/toile (90x70cm-35x28in) Marseille 96 .... FF60 000 - £7 480 - **$11,580**
Cathédrale d'Auxerre - Oil/canvas (120x161cm-47x63in) New-York 94 .... FF122 100 - £14 580 - **$23,000**
GARIN Léon Jean-Bapt. 1822-? [1]
Scène de bataille, ville médiévale - Huile/toile (113x145cm-44x57in) Paris 90.................... FF5 000 - £518 - **$879**
GARIN Louis 1889-1959 [7]
Les courants du Golfe du Morbihan - Huile/toile (50x61cm-20x24in) Chartres 96 .... FF4 000 - £519 - **$791**
Jour de pardon en Bretagne - Huile/toile (200x115cm-79x45in) Brest 94 .... FF45 000 - £5 280 - **$7,960**
Autocars Les Mouettes, Saint-Malo - Affiche (120x80cm-47x31in) Paris 96 .... FF3 200 - £386 - **$614**
GARINEI Giovanni 1846-? [1]
Dancers & musicians in a tavern - Oil/canvas (47x61cm-19x24in) London 90 .... FF38 700 - £4 143 - **$6,730**
GARINEI Michele 1871-1960 [2]
Giardino, scuola di Pomologia Firenze - Olio/tavola (24x34cm-9x13in) Firenze 97 .... FF5 100 - £600 - **$900**
GARINO Angelo 1860-1945 [14]
Mater Purissima - Olio/tela (146x89cm-57x35in) Milano 95 .... FF25 740 - £3 240 - **$5,220**
Picking Flowers, Nice - Oil/canvas (65x81cm-26x32in) London 90 .... FF102 200 - £10 401 - **$20,438**
GARINO Raymond XX [2]
Corrida - Huile/panneau (61x46cm-24x18in) Montauban 96 .... FF3 400 - £442 - **$666**
GARIOT Paul Césaire 1811-? [3]
Paysage, soleil couchant - Huile/panneau (19x27cm-7x11in) Paris 92 .... FF10 000 - £1 194 - **$1,923**
Pandora's Box - Oil/panel (81x56cm-32x22in) New-York 90 .... FF70 600 - £7 109 - **$13,830**
GARIPUY Jules 1817-1893 [1]
Portrait de femme - Huile/toile (65x54cm-26x21in) Toulouse 95 .... FF2 200 - £291 - **$446**
GARLAND Charles Trevor 1855-1906 [3]
Father and daughter at prayer - Oil/canvas (91x71cm-36x28in) Penzance, Cornwall 96 .... FF5 210 - £650 - **$1,007**
Doddy and her pets - Oil/canvas (41x29cm-16x11in) London 90 .... FF72 600 - £7 500 - **$12,827**
GARLAND Henry XIX-XX [20]
A dog distracted by a robin - Oil/board (12x21cm-5x8in) London 97 .... FF2 698 - £300 - **$506**
Collecting Cattle in the Highlands - Oil/canvas (61x91cm-24x36in) New-York 97 .... FF21 616 - £2 326 - **$3,800**
A herd of Highland cattle - Oil/canvas (76x127cm-30x50in) Fingask Castle, Rait 93.......... FF62 200 - £7 500 - **$10,870**
GARLAND Valentine Thomas ?-1914 [8]
Cornered - Oil/panel (30x21cm-12x8in) London 91 .... FF12 400 - £1 249 - **$2,152**
The New Puppies - Oil/canvas (25x20cm-10x8in) London 96 .... FF46 500 - £5 800 - **$8,980**
GARLIN Simone 1941 [13]
La Madonne aux Lys - Huile/panneau (22x31cm-9x12in) Montboucher-sur-Jabron 93 .... FF4 000 - £482 - **$728**
La petite marchande - Huile/toile (46x55cm-18x22in) Romans-sur-Isère 95 .... FF12 000 - £1 580 - **$2,433**
GARMS Coenraad Matthias 1863-1944 [9]
Buurtje te Zandvoort - Oil/canvas (31x41cm-12x16in) Amsterdam 95 .... FF2 010 - £243 - **$378**
GARNEAU J. Elzébort 1891-1965 [2]
Traîneau - Aquarelle/papier (23x35cm-9x14in) Montréal 95 .... FF2 257 - £282 - **$443**
GARNELO Y ALDFA José 1866-1945 [3]
La carta - Oleo/lienzo (57x35cm-22x14in) Madrid 90 .... FF45 900 - £4 883 - **$8,211**
GARNERAY Ambroise Louis. 1783-1857 [13]
Voilier de pêche échoué sur la grève - Huile/toile (33x40cm-13x16in) Paris 95 .... FF23 000 - £3 023 - **$4,700**
Vue de Caen animée - Gravure (41x53cm-16x21in) Bayeux 94 .... FF4 000 - £481 - **$745**
Marine - Aquarelle (18x25cm-7x10in) Brive-la-Gaillarde 95 .... FF14 500 - £1 905 - **$2,976**
GARNERAY Auguste Simon 1785-1824 [3]
Young man, probably an actor - Miniature (8cm-3in) Genève 92 .... FF8 850 - £912 - **$1,656**
GARNERAY Hippolyte 1787-1858 [7]
Réunion galante, Fontainebleau - Huile/toile (25x45cm-10x18in) Paris 95 .... FF45 000 - £5 980 - **$9,270**
Vue d'un port - Aquarelle (12x9cm-5x4in) Paris 95 .... FF4 500 - £568 - **$897**
GARNERAY Jean-François 1755-1837 [1]
Dame in Boudoir beim Ankleiden - Öl/Leinwand (68x51cm-27x20in) Köln 95 .... FF74 400 - £9 260 - **$14,500**
GARNERAY Louis Ambroise 1783-1857 [9]
Pêcheurs dans la tempête - Huile/toile (89x112cm-35x44in) La Rochelle 96 .... FF37 000 - £4 250 - **$7,060**
Honfleur - Gravure Paris 89 .... FF1 800 - £190 - **$303**
Port de Bayonne - Pierre noire (15x23cm-6x9in) Paris 91 .... FF32 000 - £3 178 - **$5,556**
GARNETT William A. 1916 [10]
Two Trees on Hill, Calif. - Gelatin silver print (40x50cm-16x20in) New-York 96 .... FF9 300 - £1 152 - **$1,800**
GARNIER Benoît Joseph G. 1865-? [1]
23 Mars, Concert suivi de bal - Poster (83x120cm-33x47in) New-York 96 .... FF5 180 - £669 - **$1,000**

GARNIER Charles 1825-1898 [1]
Projet de décor - Encre (26x20cm-10x8in) Paris 95 .... FF1 500 - £195 - $312

GARNIER Étienne Barthélémy 1759-1849 [2]
Jeune fille dans un jardin - Huile/toile (114x81cm-45x32in) Monaco 95 .... FF150 000 - £19 450 - $30,940
Académie d'homme nu, bras levés - Pierre noire (59x45cm-23x18in) Paris 94 .... FF7 500 - £895 - $1,412

GARNIER François ?-1762 [3]
A bowl of strawberries - Oil/panel (18x30cm-7x12in) London 96 .... FF155 500 - £18 000 - $29,800

GARNIER Geoffrey Sneyd 1889-c.1971 [1]
Old Newlyn Harbour - Print Penzance, Cornwall 96 .... FF2 030 - £260 - $400

GARNIER Gustave Alexandre 1834-? [2]
Sultan 'Abdulaziz - Marbre (76cm-30in) Paris 90 .... FF130 000 - £13 230 - $25,998

GARNIER Jean 1632-1705 [1]
Paysanne tenant des épis de blé - Bronze (41cm-16in) Paris 90. .... FF2 000 - £205 - $395

GARNIER Jean, sculpt. 1853-1910 [2]
L'Enfant prodigue - Bronze (42cm-17in) Lokeren 96 .... FF6 000 - £775 - $1,185

GARNIER Jean, sculpt. 1820-1895 [6]
Elle est cassée - Bronze (44cm-17in) Paris 96. .... FF2 500 - £323 - $493

GARNIER Jules 1847-1889 [13]
The artist's model - Oil/canvas (41x31cm-16x12in) London 95 .... FF21 130 - £2 800 - $4,360
Relaxing in a hammock - Oil/panel (28x22cm-11x9in) New-York 95 .... FF51 300 - £6 300 - $10,000
La constat d'adultère - Oil/canvas (268x358cm-106x141in) London 90 .... FF213 100 - £22 816 - $37,061

GARNIER Michel 1753-1819 [5]
Young girl listening to a conversation - Oil/canvas (47x38cm-19x15in) London 95 ...... FF529 000 - £68 000 - $109,100

GARNIER Pierre 1847-? [3]
Bouquet de fleurs - Huile/toile (59x73cm-23x29in) Paris 93 .... FF15 500 - £1 742 - $2,630

GARNIER-GEOFFROY Daniel [5]
Modèle - Sanguine (46x33cm-18x13in) Paris 96 .... FF1 500 - £194 - $300

GARNIER-SALBREUX Pierre Henri 1880-? [1]
Cléopâtre, 1918 - Aquarelle (27x33cm-11x13in) Paris 89 .... FF3 000 - £307 - $482

GAROLA Pietro Francesco 1638-1716 [3]
Capriccio of the Colosseum, Rome - Oil/canvas (83x104cm-33x41in) London 96 .... FF51 800 - £6 000 - $9,930

GAROPESANI Ferrucio 1914 [2]
Flusslandschaft - Oil/canvas (40x50cm-16x20in) Bern 92 .... FF2 604 - £266 - $459

GAROUSTE Gérard 1946 [22]
Scène mythologique - Huile/toile (46x33cm-18x13in) Paris 96. .... FF15 000 - £1 866 - $2,910
Indienne - Acrylique/toile (19x210cm-7x83in) Paris 94 .... FF120 000 - £14 220 - $22,170
Le nu rouge - Huile/toile (130x161cm-51x63in) Paris 95 .... FF174 000 - £18 392 - $29,858
La chute de l'Ange - Huile/toile (200x180cm-79x71in) Versailles 91 .... FF210 000 - £21 057 - $34,665
Personnages - Pastel/papier (114x78cm-45x31in) Saint-Germain-en-Laye 96 .... FF33 000 - £4 270 - $6,540

GARRARD George 1760-1826 [7]
Groom/Stablehand/Housekeeper/...
Oil/canvas/board (44x36cm-17x14in) New-York 97 .... FF91 013 - £9 794 - $16,000
Brewhouse Yard, Whitbread Brewery - Oil/canvas (71x91cm-28x36in) London 90 ... FF309 900 - £33 394 - $54,656

GARRAUD Léon 1877-1961 [10]
Roses dans un vase - Huile/carton (23x20cm-11x8in) Lyon 97 .... FF7 000 - £758 - $1,226
Le Pont Tilsitt - Huile/toile (32x45cm-13x18in) Lyon 97 .... FF11 000 - £1 191 - $1,927
Vase de fleurs - Aquarelle, gouache (23x20cm-9x8in) Lyon 92 .... FF4 000 - £478 - $770

GARREAU Georges XIX-XX [3]
L'Amenokal - Bronze (76cm-30in) Paris 95 .... FF18 000 - £2 280 - $3,630

GARRET Edmund Harry 1853-1929 [2]
House in Bermuda - Watercolour (33x48cm-13x19in) North Berwick, Maine 93 .... FF2 320 - £267 - $400

GARRETT Edmund Henry 1853-1929 [2]
Peacocks in the garden
Oil/canvas (76x63cm-30x25in) San Francisco-Los Angeles 92 .... FF15 600 - £1 862 - $3,000

GARRETTO Paolo Federico 1903-1991 [4]
Almicar, Confortable... - Poster (159x119cm-63x47in) New-York 95 .... FF5 000 - £630 - $990

GARRIC Fernand XIX-XX [2]
Le Petit Chaperon Rouge - Affiche (120x160cm-47x63in) Nice 93 .... FF3 800 - £458 - $691

GARRIDO Eduardo Léon 1856-1949 [47]
La Belle guitariste - Oil/panel (55x46cm-22x18in) New-York 95. .... FF40 900 - £5 090 - $8,000
Dressing for the Ball - Oil/panel (63x80cm-25x31in) New-York 94 .... FF138 000 - £16 480 - $26,000
La Farandole - Oil/panel (92x72cm-36x28in) New-York 95 .... FF434 400 - £54 100 - $85,000

GARRIDO Leandro Ramón 1868-1909 [16]
Descansando de la siega - Oleo/tablex (50x65cm-20x26in) Madrid 93. .... FF2 450 - £292 - $443
Élégante au bal masqué - Huile/toile (41x33cm-16x13in) Paris 95 .... FF32 500 - £4 074 - $6,280
Badende im Mondschein - Oil/canvas (101x49cm-40x19in) Düsseldorf 92 .... FF64 600 - £6 610 - $11,370

GARRIDO Louis Édouard 1893-1982 [40]
St Vaast la Hougue - Huile/panneau (16x27cm-6x11in) Cherbourg 97 .... FF4 100 - £438 - $713
Courseulles et son port de pêche - Huile/toile (25x33cm-10x13in) Cherbourg 97 ... FF7 000 - £748 - $1,217
Flotille de pêche, St Vaast la Hougue
Huile/panneau (33x41cm-13x16in) Cherbourg 97 .... FF11 500 - £1 228 - $2,000

GARRISON Olive XIX-XX [1]
Industrial Tool Abstraction - Silver print (1x9cm-4in) New-York 96 .... FF18 070 - £2 240 - $3,500

GARRONE Joséphine ?-1889 [1]
- *Jeune femme de trois-quarts* - Huile/toile (60x50cm-24x20in) Paris 91 .... FF2 800 - £282 - **\$546**

GARRONE Romolo 1891-? [1]
- *Piano a Usseglio con baite* - Olio/tela (23x33cm-9x13in) Milano 95 .... FF3 580 - £456 - **\$732**

GARROS Catherine 1954 [32]
- *Le port de Marseille* - Huile/toile (54x74cm-21x29in) Arles 96 .... FF7 000 - £900 - **\$1,357**

GARROUSTE Henri 1890-? [15]
- *La place des Victoires à Paris* - Huile/toile (46x61cm-18x24in) Vernon 90 .... FF8 000 - £806 - **\$1,455**
- *Composition cubiste et le pointilliste* - Gouache (27x36cm-11x14in) Lyon 89 .... FF3 800 - £367 - **\$577**

GARROW Simon 1946 [2]
- *A Private View* - Oil/canvas (76x61cm-30x24in) London 97 .... FF2 828 - £300 - **\$487**
- *The Drinks Party* - Gouache/board (45x61cm-18x24in) London 97 .... FF3 735 - £400 - **\$645**

GARRY Charley 1891-1973 [4]
- *Danseuse de French Can-Can* - Huile/panneau (24x18cm-9x7in) Rennes 96 .... FF2 000 - £259 - **\$397**

GARSIDE Oswald 1879-1942 [13]
- *Venetian fishing boats* - Watercolour (43x56cm-17x22in) London 93 .... FF10 680 - £1 200 - **\$1,790**

GARSIDE Thomas Hilton 1906-1980 [34]
- *Autumn St. Hilaire mountain* - Huile/toile (31x41cm-12x16in) Montréal 94 .... FF3 420 - £411 - **\$665**
- *Politics* - Oil/canvas (51x66cm-20x26in) Toronto 94 .... FF14 620 - £1 740 - **\$2,753**
- *North River in Winter* - Pastel (54x75cm-21x30in) Montréal 96 .... FF7 750 - £884 - **\$1,484**

GARSTIN Alethea 1894-1978 [11]
- *Shelles on a newspaper* - Oil/board (23x25cm-9x10in) Penzance, Cornwall 96 .... FF5 770 - £720 - **\$1,115**
- *Figures beside beachside homes*
  Oil/board (23x25cm-9x10in) Penzance, Cornwall 93 .... FF13 800 - £1 550 - **\$2,310**
- *Ducks on the mud* - Watercolour (20x23cm-8x9in) Penzance, Cornwall 94 .... FF2 985 - £340 - **\$507**

GARSTIN Norman 1847-1926 [15]
- *The Morning Round* - Oil/canvas (55x40cm-22x16in) London 96 .... FF31 000 - £4 000 - **\$5,980**
- *Madonna Lilies* - Oil/panel (27x21cm-11x8in) Glasgow 92 .... FF58 600 - £7 000 - **\$11,270**
- *A street in Peel, Isle of Man* - Watercolour (18x26cm-7x10in) London 97 .... FF11 257 - £1 200 - **\$1,973**

GARTHWAITE William 1821-1899 [3]
- *Shipping off the coast* - Oil/canvas (86x107cm-34x42in) London 94 .... FF67 200 - £8 000 - **\$12,800**

GARTMANN Albert 1876-? [3]
- *Das Modell* - Oil/canvas (100x80cm-39x31in) Wien 90 .... FF16 800 - £1 787 - **\$3,005**

GARTMEIER Hans 1910-1985 [34]
- *Nature morte* - Huile/toile/panneau (57x70cm-22x28in) Bern 96 .... FF13 640 - £1 733 - **\$2,624**
- *Zwei alte Freunde* - Lithographie (20x27cm-8x11in) Zofingen 96 .... FF1 654 - £206 - **\$320**
- *Kaltacker bei Burgdorf* - Aquarell (21x27cm-8x11in) Bern 94 .... FF3 300 - £396 - **\$642**

GARTNER DE LA PEÑA José 1866-1918 [1]
- *Pueblo costero* - Oleo/lienzo (29x65cm-11x26in) Madrid 90 .... FF25 300 - £2 587 - **\$4,994**

GÄRTNER Friedrich 1824-1905 [1]
- *Tempel der Concordia in Agrigent* - Watercolour (47x65cm-19x26in) München 93 ... FF122 000 - £14 580 - **\$23,500**

GÄRTNER Fritz 1882-1958 [11]
- *Im Blumengarten, Rosen* - Öl/Leinwand (121x134cm-48x53in) München 92 .... FF22 040 - £2 633 - **\$4,240**

GÄRTNER Hanna 1899-? [1]
- *Büste einer Frau* - Marbre (44cm-17in) Wien 93 .... FF5 770 - £690 - **\$1,110**

GÄRTNER von Friedrich 1792-1847 [1]
- *Handwaschbecken* - Ink/paper (29x28cm-11x11in) München 94 .... FF6 160 - £730 - **\$1,124**

GARUTTI Alberto XX [2]
- *Costanti e costanti variabili* - Tecnica mista/tela (50x90cm-20x35in) Milano 93 .... FF3 660 - £411 - **\$655**

GARVÉ Theo 1902-1987 [3]
- *Früchten und Champagnerflasche* - Öl/Leinwand (41x95cm-16x37in) München 92 ...... FF28 800 - £3 440 - **\$5,540**

GARVENS Oskar 1874-1951 [1]
- *Tischgesellschaft* - Watercolour (34x28cm-13x11in) München 92 .... FF6 100 - £730 - **\$1,174**

GARVEY Edmund c.1740-1813 [3]
- *Extensive river landscape* - Oil/canvas (103x129cm-41x51in) Stockholm 96 .... FF20 000 - £2 494 - **\$3,860**

GARVIE Thomas Bowman 1859-? [3]
- *An Italian village street* - Oil/canvas/board (30x20cm-12x8in) London 91 .... FF2 760 - £278 - **\$538**

GARY Charles 1891-? [3]
- *Portrait en pied d'une comédienne* - Huile/toile Fontainebleau 93 .... FF13 000 - £1 625 - **\$2,364**

GARZOLINI Ciro 1883-1972 [5]
- *Sentiero di montagna* - Olio/tela/cartone (39x49cm-15x19in) Trieste 96 .... FF4 340 - £546 - **\$832**

GARZOLINI Giuseppe 1850-1938 [4]
- *Torrente di montagna* - Olio/tela (47x67cm-19x26in) Trieste 92 .... FF9 060 - £927 - **\$1,595**

GASC de Anna Rosina Lisiew. 1713-1783 [2]
- *Ferdinand von Braunschweig* - Oil/canvas (117x89cm-46x35in) Köln 90 .... FF10 200 - £1 043 - **\$2,013**

GASCOYNE George Gascognie 1862-1953 [2]
- *Homewards* - Oil/canvas (72x125cm-28x49in) New-York 95 .... FF34 550 - £4 175 - **\$6,500**

GASIOROWSKI Gérard 1930-1986 [12]
- *Fleurs* - Acrylique/papier (74x61cm-29x24in) Paris 95 .... FF27 000 - £3 500 - **\$5,570**
- *Pots de fleurs* - Acrylique/papier (76x62cm-30x24in) Paris 89 .... FF82 000 - £8 159 - **\$12,954**

GASKELL George Arthur XIX-XX [4]
- *Washing the plant* - Watercolour (69x52cm-27x20in) Billinghurst, West Sussex 93 ... FF8 780 - £1 000 - **\$1,490**

G

GASKIN Arthur Joseph 1862-1928 [5]
The flight into Egypt - Watercolour, gouache (44x55cm-17x22in) London 89 .... FF4 800 - £478 - $758

GASPAR Gyula 1957 [2]
Mariage - Tecnica mista/tela (60x72cm-24x28in) Paris 91 .... FF2 800 - £282 - $486

GASPAR Jean 1864-? [1]
Lionceau couché - Bronze (24x30x42cm-9x12x17in) Bruxelles 94 .... FF5 640 - £673 - $1,062

GASPAR Jean-Marie 1861-1931 [2]
L'adolescence - Plâtre (70x66cm-28x26in) Bruxelles 96 .... FF6 000 - £786 - $1,216

GASPARD Leon 1882-1964 [19]
Kermesse - Oil/canvas/board (94x11cm-37x4in) New-York 90 .... FF1 - £152 128 - $255,814
Marope, 1962 - Oil/canvas (35x26cm-14x10in) New-York 89 .... FF54 300 - £5 552 - $8,730
Sleighs in the snow - Pastel (27x23cm-11x9in) New-York 95 .... FF6 780 - £872 - $1,400

GASPARD Leon Schulman 1882-1935 [14]
Russian snow scene - Oil/canvas (67x61cm-26x24in) New-York 93 .... FF1 - £154 400 - $230,000
Abords d'une Mosquée en Tunisie - Huile/toile (32x41cm-13x16in) Paris 96 .... FF15 000 - £1 870 - $2,900
In the wilderness of Siberia - Oil/board (86x76cm-34x30in) New-York 91 .... FF299 600 - £30 077 - $51,835

GASPARI Antonio 1670-1730 [1]
Capriccio of architectural ruins - Oil/canvas (124x177cm-49x70in) New-York 89 .... FF154 400 - £15 363 - $24,392

GASPARY de Eugène XIX-XX [1]
Dindon - Bronze Aubagne 90 .... FF3 000 - £315 - $522

GASPERI Cristofano 1716-1804 [1]
Adoration of the Shepherds - Ink (16x12cm-6x5in) London 95 .... FF4 250 - £550 - $880

GASQ Paul Jean Baptiste 1860-1944 [6]
Hommage aux Agriculteurs - Bronze (50cm-20in) Paris 96 .... FF9 000 - £1 140 - $1,726
Le baiser - Bronze (70cm-28in) Paris 93 .... FF29 000 - £3 375 - $5,040

GASS Alfred 1912-1987 [1]
Baselbieter Dorf - Huile/panneau (41x53cm-16x21in) Zofingen 94 .... FF3 815 - £448 - $680

GASSEN Gottlieb 1805-1878 [1]
Mandolienspieler - Öl/Leinwand (24x23cm-9x9in) München 93 .... FF28 800 - £3 440 - $5,540

GASSER Bruno 1947 [5]
Tagtraum - Acrylic (78x74cm-31x29in) Luzern 92 .... FF15 620 - £1 596 - $2,750
Gras - Drawing (46x64cm-18x25in) Luzern 92 .... FF12 180 - £1 455 - $2,343

GASSER Henry Martin 1909-1981 [62]
Harlem Palladium - Oil/canvas/board (30x43cm-12x17in) New-York 92 .... FF10 000 - £1 046 - $1,800
Port Scene - Watercolour (53x74cm-21x29in) Cambridge, Mass. 94 .... FF8 430 - £995 - $1,500
Turner's grocery - Watercolour/paper (50x63cm-20x25in) New-York 92 .... FF15 540 - £1 627 - $2,800

GASSER Leonardo 1831-? [4]
Young lady - Oil/canvas (64x48cm-25x19in) London 95 .... FF53 800 - £7 000 - $11,020

GASSIES Jean Bruno 1786-1832 [7]
La lapidation de Saint-Etienne - Huile/panneau (26x20cm-10x8in) Pontoise 97 .... FF4 000 - £436 - $699
Man liest dem Kaiser eine Schriftrolle vor
   Huile/toile/panneau (130x161cm-51x63in) Zürich 96 .... FF49 700 - £6 220 - $9,640

GASSIES Jean-Bapt. Georges 1829-1919 [7]
L'Hallali - Huile/toile (78x118cm-31x46in) Barbizon 94 .... FF47 000 - £5 850 - $9,160
Chevreuil et sanglier - Aquarelle (29x45cm-11x18in) Cherbourg 97 .... FF4 000 - £427 - $696

GASSNER Charles 1915-1977 [1]
Untitled - Charcoal/paper (51x86cm-20x34in) Tarzana, CA 96 .... FF2 610 - £302 - $500

GASSOWSKI de Alexander 1835-1900 [3]
Marécage - Huile/toile (35x55cm-15x22in) Brussels 93 .... FF2 455 - £283 - $423
Paysage - Oil/canvas (42x74cm-17x29in) Viby J, Århus 94 .... FF11 870 - £1 422 - $2,217

GAST Franz 1927-1993 [1]
Vrouwenkopje - Bronze (15cm-6in) Amsterdam 95 .... FF4 730 - £603 - $965

GASTALDI Michel XX [2]
Saint-Paul-de-Vence - Huile/toile (54x65cm-21x26in) Aubagne 92 .... FF17 500 - £1 790 - $3,080
Le repos - Huile/toile (65x81cm-26x32in) Provins 96 .... FF32 000 - £4 055 - $6,140

GASTAUD Pierre 1920 [22]
Composition - Huile/toile (64x80cm-25x31in) Le Touquet 93 .... FF7 000 - £787 - $1,187
Varia - Technique mixte/carton (97x70cm-38x28in) Paris 90 .... FF28 000 - £2 820 - $5,091
Compositions - Gouache/papier (25x17cm-10x7in) Paris 95 .... FF1 800 - £218 - $339

GASTÉ Constant Georges 1869-1910 [13]
La fileuse, Bou-Saâda - Huile/panneau (42x25cm-17x10in) Paris 96 .... FF10 500 - £1 216 - $2,010
Portrait de jeune fille de Bou-Saâda - Huile/panneau (40x32cm-16x13in) Paris 94 ..... FF23 000 - £2 675 - $3,990
Jeune fille de Bou-Saâda - Huile/panneau (40x32cm-16x13in) Paris 93 .... FF38 000 - £4 330 - $6,440

GASTEIGER Anna Sophie 1878-1954 [4]
Vase of flowers - Oil/cardboard (101x75cm-40x30in) Wien 95 .... FF18 600 - £2 450 - $3,770

GASTEIGER Jacob 1953 [4]
Ohne Titel - Öl/Karton (49x37cm-19x15in) Wien 94 .... FF10 720 - £1 285 - $2,082

GASTEMANS Emiel 1883-1956 [14]
Dockers au port - Huile/toile/panneau (27x38cm-11x15in) Antwerpen 97 .... FF4 586 - £484 - $795

GASTINEAU Henry 1791-1876 [13]
Carrick-a-Rede Rope Bridge - Watercolour (75x99cm-30x39in) London 95 .... FF7 370 - £950 - $1,500
Salzburg - Watercolour (76x132cm-30x52in) London 93 .... FF45 650 - £5 500 - $7,970

GASTINI Marco 1938 [3]
Senza titolo - Tecnica mista/cartone (71x101cm-28x40in) Milano 93 .... FF4 030 - £452 - $721

GASTO Pere 1909 [16]
- *Figura* - Oleo/lienzo (61x50cm-24x20in) Madrid 93 .... FF**22 250** - £2 650 - **$4,025**
- *Figura en amarillo* - Técnica mixta/papel (63x47cm-25x19in) Madrid 96 .... FF**3 665** - £476 - **$725**

GASTYNE de Marc 1889-? [1]
- *Nu* - Huile/toile (97x130cm-38x51in) Versailles 89 .... FF**2 600** - £251 - **$395**

GAT Eliahu 1919-1987 [11]
- *Boats* - Oil/canvas (70x100cm-28x39in) Tel Aviv 97 .... FF**6 417** - £713 - **$1,200**
- *Sea of Galilee* - Oil/canvas (70x100cm-28x39in) Tel Aviv 96 .... FF**22 900** - £1 940 - **$3,000**

GATCH Lee 1902-1968 [21]
- *Self-portrait* - Oil/canvas (41x31cm-16x12in) New-York 94 .... FF**5 340** - £630 - **$950**
- *Through the Barn* - Oil/canvas (43x71cm-17x28in) New-York 95 .... FF**13 330** - £1 660 - **$2,600**
- *Easter morning* - Oil (56x102cm-22x40in) New-York 92 .... FF**26 000** - £2 760 - **$5,000**

GATE JONSSON Simon 1883-1945 [4]
- *Soldyrkan, naken flicka* - Oil/canvas (94x69cm-37x27in) Stockholm 92 .... FF**13 550** - £1 620 - **$2,607**
- *Pokal, graverad, hexagonal* - Sculpture (24cm-9in) Stockholm 90 .... FF**9 360** - £953 - **$1,872**

GATERMANN Karl 1883-1959 [2]
- *La baignade* - Huile/panneau (61x84cm-24x33in) Montréal 92 .... FF**3 440** - £352 - **$606**

GATIER Pierre 1878-1944 [5]
- *Métropolis, ou Le Super-film* - Burin (14x20cm-6x8in) Paris 95 .... FF**2 400** - £309 - **$496**

GATINE Sergueï 1923 [2]
- *Young School Girl* - Oil/board (35x25cm-14x10in) London 97 .... FF**3 770** - £400 - **$650**

GATINES de René Ch. 1853-1902 [1]
- *Bretonische Landschaft* - Oil/panel (38x61cm-15x24in) Düsseldorf 96 .... FF**13 100** - £1 695 - **$2,620**

GÄTKE Heinrich 1814-c.1880 [2]
- *Helgoland-Motive* - Pencil/paper Hamburg 94 .... FF**2 916** - £346 - **$539**

GATLEY Alfred 1816-1863 [1]
- *The naked nymph Echo* - Marble (76x117cm-30x46in) London 93 .... FF**121 600** - £14 000 - **$21,000**

GATTEAUX Edouard J. 1788-1881 [1]
- *Le Chevalier d'Assas* - Bronze (58cm-23in) Monaco 89 .... FF**10 000** - £995 - **$1,580**

GATTERI Giuseppe Lorenzo 1829-1884 [1]
- *Insurrezione dei Greci contro les turca* - Olio/tela (85x118cm-33x46in) Trieste 93 .... FF**83 000** - £9 610 - **$14,280**

GATTI Annibale 1827-1909 [2]
- *Galileo receiving John Milton* - Oil/canvas (99x86cm-39x34in) London 90 .... FF**14 640** - £1 490 - **$2,928**
- *Studio di allegoria* - Acquarello/carta (36x20cm-14x8in) Firenze 97 .... FF**1 700** - £200 - **$300**

GATTI Antoine 1852-? [1]
- *Chickens in a farmyard* - Oil/canvas (41x36cm-16x14in) Mystic, Connecticut 96 .... FF**4 140** - £512 - **$800**

GATTI Jesualdo 1855-1893 [1]
- *Chien de meute couché* - Bronze (17cm-7in) Paris 90 .... FF**35 000** - £3 747 - **$6,087**

GATTO Bartolomeo 1938 [15]
- *Risveglio* - Olio/cartone (70x70cm-28x28in) Milano 94 .... FF**12 000** - £1 428 - **$2,142**
- *Gallura: ultimo sole* - Olio/tela (320x205cm-126x81in) Milano 93 .... FF**101 300** - £11 530 - **$17,160**

GATTO Victor Joseph 1893-1965 [6]
- *Jungle scene* - Oil/canvas (61x76cm-24x30in) Litchfield, CT 92 .... FF**10 920** - £1 304 - **$2,100**

GATTORNO Antonio 1904-1980 [2]
- *Platanera* - Watercolour (49x39cm-19x15in) New-York 97 .... FF**28 637** - £3 052 - **$5,000**

GAUBAULT Alfred Émile ?-1895 [8]
- *Militaires* - Huile/panneau (35x27cm-14x11in) Beaune 93 .... FF**2 300** - £277 - **$419**

GAUBE Bernard 1952 [8]
- *Composition, Avennes* - Huile/toile (199x130cm-78x51in) Antwerpen 91 .... FF**3 984** - £408 - **$766**

GAUBERT Albin ?-1895 [1]
- *L'Hôtel des Princes, Monaco* - Watercolour (39x38cm-15x15in) London 96 ...... FF**6 420** - £800 - **$1,240**

GAUCHAT Pierre 1902-1956 [1]
- *Schuster, 150 Jahre* - Poster (128x92cm-50x36in) New-York 93 .... FF**5 310** - £604 - **$900**

GAUCHER Yves 1934 [5]
- *Untitled* - Serigraph in colors (56x56cm-22x22in) Toronto 96 .... FF**2 130** - £243 - **$409**

GAUCHEREL Léon 1816-1886 [2]
- *Les lavandières* - Huile/toile (35x27cm-14x11in) La Varenne Saint-Hilaire 96 .... FF**2 200** - £267 - **$428**

GAUD Jules 1848-1912 [2]
- *Französisches Landschaft* - Öl/Karton (26x40cm-10x16in) Bern 95 .... FF**5 630** - £705 - **$1,030**

GAUD Léon 1844-1908 [10]
- *Maison de village* - Öl/Karton (24x32cm-9x13in) Zürich 95 .... FF**4 250** - £538 - **$854**
- *Landschaft bei Genf* - Öl (50x80cm-20x31in) Bern 94 .... FF**32 000** - £3 780 - **$5,700**

GAUDEFROY Alphonse 1845-1936 [3]
- *The courtship* - Oil/canvas (63x77cm-25x30in) New-York 95 .... FF**10 570** - £1 273 - **$2,000**
- *Dalou's atelier* - Oil/canvas (61x50cm-24x20in) London 90 .... FF**111 400** - £11 508 - **$19,682**

GAUDENZI Pietro 1880-1955 [4]
- *Sacra maternità* - Olio/tela (104cm-41in) Milano 89 .... FF**68 700** - £7 239 - **$11,566**

GAUDET Raymond XX [3]
- *La Tour de l'Isle* - Huile/toile (38x55cm-15x22in) Grenoble 93 .... FF**2 500** - £281 - **$424**

GAUDEZ Adrien Étienne 1845-1902 [48]
- *L'Angélus* - Bronze (70cm-28in) Calais 93 .... FF**12 800** - £1 543 - **$2,330**
- *Watteau* - Bronze (81cm-32in) Delray Beach, Florida 95 .... FF**22 330** - £2 673 - **$4,250**

La danse au Moyen-Age - Bronze (90cm-35in) Paris 97 .... **FF83 000** - *£9 097* - **$14,567**

GAUDFROY Fernand 1885-1964 [3]
🖼 *Poupée de bois et mimosas* - Huile/toile (70x60cm-28x24in) Bruxelles 95 .... **FF3 700** - *£448* - **$697**

GAUDI Antonio 1852-1926 [1]
✏ *Cheminée*
Béton armé, poli, satiné. Fabric. "Barcelona" (119x36x148cm-47x14x58in) Liège 92... **FF18 260** - *£1 870* - **$3,210**

GAUDIER-BRZESKA Henri 1896-1915 [68]
🏺 *Masque ornemental* - Bronze (70cm-28in) London 97 .... **FF143 678** - *£15 000* - **$24,583**
Amour - Alabaster (47cm-19in) London 96 .... **FF348 000** - *£45 000* - **$69,000**
✏ *Standing male nude* - Black chalk (38x25cm-15x10in) London 94 .... **FF10 050** - *£1 200* - **$1,884**
Portrait of Horace Brodsky - Ink (31x23cm-12x9in) London 95 .... **FF21 100** - *£2 800* - **$4,350**
Still life with a teapot - Pastel (38x56cm-15x22in) London 90 .... **FF144 000** - *£14 655* - **$28,798**

GAUDIN Alain 1951 [4]
✏ *La promenade* - Aquarelle (24x34cm-9x13in) Lokeren 95 .... **FF5 690** - *£711* - **$1,116**

GAUDIN Henri XX [12]
🖼 *L'abeille 23* - Huile/carton (22x27cm-9x11in) Le Havre 92 .... **FF3 800** - *£389* - **$670**

GAUDIN Simone 1902-? [1]
🖼 *Chrysanthemenstrauss* - Oil/canvas (64x81cm-25x32in) Lindau 92 .... **FF9 470** - *£1 102* - **$1,934**

GAUDISSARD Emile 1872-1956 [1]
Nu au turban - Huile/carton (106x76cm-42x30in) Paris 91 .... **FF55 000** - *£5 582* - **$9,934**

GAUDRY ALLARD Julie XIX-XX [3]
🏺 *Timidité* - Marbre (25x18cm-10x7in) Paris 97 .... **FF1 500** - *£163* - **$261**

GAUDY Georges 1872-? [10]
🖼 *Jardin à la Panne* - Huile/toile (35x45cm-14x18in) Antwerpen 96 .... **FF2 300** - *£297* - **$445**
🖼 *Usines Delin, Cycles, Automobiles* - Poster (110x84cm-43x33in) New-York 96 .... **FF13 460** - *£1 740* - **$2,600**

GAUERMANN Friedrich 1807-1862 [58]
🖼 *Pont sur la cascade* - Huile/toile (6x79cm-2x31in) Paris 96 .... **FF12 000** - *£1 505* - **$2,320**
Waldbach - Oil/paper/canvas (34x43cm-13x17in) Wien 95 .... **FF44 100** - *£5 810* - **$8,930**
Mädchen mit zwei Ziegen - Öl/Papier (33x44cm-13x17in) Wien 94 .... **FF317 000** - *£37 760* - **$59,700**
Heimkehr vor der Jagd - Oil/panel (85x105cm-33x41in) Wien 96 .... **FF869 000** - *£99 000* - **$166,400**
🖼 *Ländlische Szene in den Alpen* - Vernis mou couleurs (15x18cm-6x7in) Wien 91 .... **FF18 240** - *£1 811* - **$3,167**
✏ *Zkizzenbuch von Jahre 1830* - Drawing (19x24cm-7x9in) Wien 96 .... **FF12 000** - *£1 550* - **$2,317**

GAUERMANN Jacob 1773-1843 [3]
✏ *Grasende Kuh* - Pencil/paper (13x20cm-5x8in) Heidelberg 93 .... **FF1 540** - *£180* - **$253**

GAUFFIER Louis 1762-1801 [5]
🖼 *Angel releasing St. Peter from prison*
Oil/paper/canvas (19x12cm-7x5in) New-York 89 .... **FF271 700** - *£27 035* - **$42,923**

GAUFFRIAUX E. XIX-XX [19]
🖼 *Le port du Croisic* - Huile/toile (37x45cm-15x18in) Quimper 97 .... **FF3 000** - *£321* - **$526**
L'attente - Huile/toile (73x54cm-29x21in) La Varenne Saint-Hilaire 96 .... **FF6 000** - *£689* - **$1,145**

GAUGAIN Philip A. XIX [2]
🖼 *The Welcomed Rest* - Oil/canvas (84x130cm-33x51in) Exeter, Devon 92 .... **FF36 150** - *£3 700* - **$6,360**

GAUGAIN Thomas 1748-1810 [2]
🖼 *Jean-Jacques Rousseau* - Oil/canvas (72x58cm-28x23in) London 93 .... **FF14 940** - *£1 800* - **$2,610**

GAUGENGIGL Ignaz Marcel 1855-1932 [9]
🖼 *Woman holding irises* - Oil/canvas (76x64cm-30x25in) Mystic, Connecticut 96 .... **FF18 920** - *£2 463* - **$3,750**
The painter - Oil/panel (21x14cm-8x6in) New-York 92 .... **FF73 800** - *£7 550* - **$13,000**

GAUGUIN Jean René 1881-1961 [32]
🏺 *Ung mand* - Bronze (31cm-12in) Köbenhavn 94 .... **FF2 980** - *£358* - **$580**
Zebra med kid - Ceramic (31cm-12in) Köbenhavn 93 .... **FF8 800** - *£1 005* - **$1,500**

GAUGUIN Paul 1848-1903 [201]
🖼 *Coloquintes* - Oil/canvas (40x52cm-16x20in) New-York 97 .... **FF1** - *£1* - **$3**
Paysage d'hiver - Oil/canvas (56x39cm-22x15in) New-York 97 .... **FF1** - *£189 906* - **$310,000**
Entre les lys - Oil/canvas (92x73cm-36x29in) New-York 89 .... **FF5** - *£5* - **$9**
Bouquet de fleurs - Oil/panel (13x18cm-5x7in) New-York 95 .... **FF707 000** - *£89 000* - **$140,000**
🖼 *Je vous salue Marie* - Monotype (63x51cm-25x20in) London 94 .... **FF2** - *£350 000* - **$538,000**
Te Arii Vahine, Opoi - Gravure bois (16x28cm-6x11in) Paris 97 .... **FF45 000** - *£4 765* - **$7,794**
Nu assis et étude de jambe - Monotype (35x24cm-14x11in) Paris 97 .... **FF340 000** - *£36 006* - **$58,888**
🏺 *Stèle au Christ* - Bronze (52cm-20in) San Francisco-Los Angeles 92 .... **FF20 770** - *£2 646* - **$4,000**
Hina e Te Fatou - Bronze (36cm-14in) Zürich 95 .... **FF82 000** - *£10 560* - **$16,680**
Te Atua (Les dieux) - Bois (20x58cm-8x23in) Paris 95 .... **FF300 000** - *£37 900* - **$60,600**
✏ *Bretonnes devant la mer II* - Pastel (74x51cm-29x20in) London 90 .... **FF5** - *£584 440* - **$956,543**
Étude: mains et figure!...portrait - Crayon (15x11cm-6x4in) Paris 97 .... **FF18 000** - *£1 888* - **$3,088**
Deux têtes, Tahiti - Ink (31x20cm-12x8in) Köbenhavn 94 .... **FF69 800** - *£8 230* - **$12,420**

GAUGUIN Paul René 1911-1976 [8]
🖼 *Fra Ibiza* - Oil/panel (37x40cm-15x16in) Tönsberg 92 .... **FF2 260** - *£231* - **$471**
Komposisjon - Mixed media/panel (40x50cm-16x20in) Oslo 93 .... **FF7 200** - *£837* - **$1,237**
🖼 *Tupp og blommor* - Lithograph (61x92cm-24x36in) Stockholm 91 .... **FF2 357** - *£238* - **$409**

GAUGUIN Pola 1883-1961 [6]
🖼 *Sabinierinnenes rov* - Oil/canvas (37x45cm-15x18in) Oslo 92 .... **FF9 110** - *£933* - **$1,605**

GAUJEAN Eugène 1850-1900 [3]
🖼 *Flamma Vestalis* - Etching (40x15cm-16x6in) Billinghurst, West Sussex 93 .... **FF8 570** - *£980* - **$1,460**

GAUKEL Hans 1872-1914 [2]
🖼 *Schlafender Mädchenakt* - Öl/Leinwand (57x103cm-22x41in) Stuttgart 93 .... **FF5 570** - *£639* - **$947**

GAUL Arrah Lee 1888-1980 [16]
- *D'Aguiar street, Hong Kong* - Oil/canvas (76x63cm-30x25in) New-York 89 .... FF5 700 - £567 - **$900**
- *Ohne Titel* - Coloured chalks/paper (100x70cm-39x28in) Köln 91 .... FF8 450 - £858 - **$1,526**

GAUL August 1869-1921 [72]
- *Liegender Esel* - Bronze (12cm-5in) Stuttgart 94 .... FF15 300 - £1 785 - **$2,680**
- *Käuzchen mit Gewandtem Kopf* - Bronze (7cm-3in) Berlin 94 .... FF15 380 - £1 814 - **$2,736**
- *Gehender Esel* - Bronze (10cm-4in) Berlin 95 .... FF15 440 - £2 020 - **$3,140**
- *Katze* - Bronze (20cm-8in) Bremen 92 .... FF27 200 - £2 784 - **$4,790**
- *Pinguin* - Bronze (37cm-15in) Köln 94 .... FF40 950 - £4 840 - **$7,350**
- *Kämpfende Widder* - Bronze (15cm-6in) Düsseldorf 95 .... FF55 900 - £7 100 - **$11,340**
- *Ein Adler* - Pencil/paper (30x23cm-12x9in) Köln 94 .... FF2 400 - £282 - **$421**

GAUL Franz 1837-1906 [2]
- *Herrenportrait* - Öl/Leinwand (16x15cm-6x6in) Wien 96 .... FF2 164 - £276 - **$417**

GAUL Gilbert William 1855-1919 [15]
- *Landscape with figure*
  Oil/canvas/board (28x38cm-11x15in) Baton Rouge, Louisiana 94 .... FF14 040 - £1 650 - **$2,500**
- *Cold Comfort on the Outpost* - Oil/canvas (63x77cm-25x30in) New-York 92 .... FF130 000 - £15 520 - **$25,000**

GAUL Gustav 1836-1888 [4]
- *The boat builder* - Oil/canvas/board (30x41cm-12x16in) New-York 92 .... FF19 600 - £2 276 - **$4,000**

GAUL Winifred 1928 [12]
- *Ohne Titel* - Mixed media/canvas (60x50cm-24x20in) Berlin 93 .... FF27 130 - £3 240 - **$5,220**
- *American dinner* - Mixed media drawing (55x44cm-22x17in) Berlin 92 .... FF25 430 - £3 040 - **$4,890**

GAULD David 1866-1936 [11]
- *Calves* - Oil/canvas (51x67cm-20x26in) Auchterarder, Perthshire 95 .... FF31 260 - £4 000 - **$6,150**

GAULEY Robert David 1875-1943 [2]
- *Helene and Blanquito* - Oil/canvas (93x75cm-37x30in) San Francisco-Los Angeles 92 .... FF9 360 - £1 117 - **$1,800**

GAULT DE SAINT-GERMAIN Pierre Marie 1754-1842 [2]
- *A village street* - Oil/panel (34x46cm-13x18in) Amsterdam 94 .... FF39 650 - £3 690 - **$6,760**

GAULTIER Léonard 1561-1630/41 [1]
- *Le Jugement Dernier* - Burin (31x28cm-12x11in) Paris 96 .... FF1 600 - £182 - **$307**

GAUME Henry Rene 1834-? [1]
- *The letter* - Oil/panel (23x18cm-9x7in) Amsterdam 94 .... FF5 520 - £657 - **$1,050**

GAUMOIS de William 1865-1941 [1]
- *Sir Nicolas Carter nach Holbein* - Pencil (51x42cm-20x17in) Zürich 94 .... FF4 860 - £572 - **$930**

GAUMY Jean XX [2]
- *Plage de Fonçillon* - Gelatin silver print (28x41cm-11x16in) London 94 .... FF3 580 - £420 - **$627**

GAUNT William Norman 1900-? [37]
- *Final Fence* - Oil/canvas (45x121cm-18x48in) London 95 .... FF4 250 - £550 - **$864**
- *A Close Finish* - Gouache (38x51cm-15x20in) London 95 .... FF2 820 - £360 - **$578**

GAUPMANN Rudolf 1815-1877 [8]
- *Junger blonder Mann* - Watercolour/board (22x18cm-9x7in) Wien 91 .... FF4 320 - £429 - **$750**

GAUPP Charles 1921-1943 [1]
- *A head and a still life* - Oil/canvas (50x80cm-20x31in) Amsterdam 90 .... FF6 030 - £610 - **$1,147**

GAUPP Paul 1898-1975 [1]
- *Kemptener Wirtsfrau* - Öl/Leinwand (73x55cm-29x22in) Kempten 96 .... FF2 400 - £315 - **$486**

GAUQUIÉ Henri 1858-1927 [13]
- *Faune et bacchante* - Bronze (38cm-15in) Saint-Etienne 92 .... FF14 200 - £1 454 - **$2,500**
- *Hercules and the Lion* - Bronze (81cm-32in) London 96 .... FF20 400 - £2 600 - **$3,930**

GAURY Maurice 1924 [2]
- *Départ de la régate* - Huile/toile (74x60cm-29x24in) Le Touquet 90 .... FF8 000 - £814 - **$1,600**

GAUSE Wilhelm 1853-1916 [9]
- *In der 1881 salonausstellung* - Oil/paper/canvas (21x31cm-8x12in) New-York 97 .. FF142 612 - £15 372 - **$25,000**
- *Morning boudoir* - Ink (36x27cm-14x11in) New-York 95 .... FF5 110 - £637 - **$1,000**

GAUSH Alexandre Fedorovich 1873-1947 [1]
- *Summer landscape* - Oil/canvas (80x41cm-31x16in) Moscow 93 .... FF11 800 - £1 343 - **$2,000**

GAUSSEN Adolphe 1871-1954 [19]
- *Les îles d'Hyères* - Huile/toile (50x65cm-20x26in) Orléans 96 .... FF6 000 - £781 - **$1,190**
- *Port de Marseille* - Huile/toile (50x65cm-20x26in) Paris 96 .... FF13 000 - £1 527 - **$2,560**
- *Paysage du Midi* - Huile/toile (81x100cm-32x39in) Paris 95 .... FF27 500 - £3 570 - **$5,660**

GAUSSON Léo M. 1860-1944 [38]
- *Paysage d'été* - Huile/carton (22x15cm-9x6in) Paris 96 .... FF4 600 - £592 - **$912**
- *Paysage aux meules* - Huile/carton (26x35cm-10x14in) Paris 95 .... FF7 100 - £938 - **$1,440**
- *Maison au bord de la rivière* - Oil/canvas (60x100cm-24x39in) London 94 .... FF126 100 - £15 000 - **$23,070**

GAUTHERIN Jacques 1929 [12]
- *Antibes, vue du Cap* - Huile/toile (46x55cm-18x22in) Paris 94 .... FF18 000 - £2 156 - **$3,410**

GAUTHERIN Jean 1840-1890 [7]
- *Clotilde de Surville* - Bronze (103cm-41in) Carcassonne 95 .... FF16 500 - £2 170 - **$3,310**

GAUTHEROT Claude 1796-1825 [1]
- *Napoléon blessé devant Ratisbonne* - Oil/canvas (28x43cm-11x17in) London 91 .... FF69 400 - £7 043 - **$12,534**

GAUTHIER Albert 1903 [2]
- *Tempête au port* - Huile/toile (46x60cm-18x24in) Nîmes 90 .... FF4 000 - £409 - **$790**

GAUTHIER Joachim George 1897-1988 [14]
Black Spruce, Algonquin Park - Oil/board (40x51cm-16x20in) Toronto 95 .... FF5 900 - £782 - $1,218
GAUTHIER Oscar 1921 [67]
Composition - Huile/toile (92x60cm-36x24in) Paris 97 .... FF6 500 - £712 - $1,141
Sans titre - Huile/toile (116x89cm-46x35in) Paris 95 .... FF17 500 - £2 095 - $3,330
Saint Oscar - Peinture (92x65cm-36x26in) La Varenne Saint-Hilaire 92 .... FF57 000 - £5 830 - $10,030
Abstraction, 1952 - Huile/toile (81x65cm-32x26in) Paris 89 .... FF120 000 - £11 940 - $18,957
Composition - Gouache (36x41cm-14x16in) La Varenne Saint-Hilaire 92 .... FF13 500 - £1 382 - $2,377
GAUTHIER Stany XX [4]
Bateaux à Douarnenez - Huile/panneau (49x61cm-19x24in) Morlaix 97 .... FF3 600 - £38 8 8 - $632
GAUTHUS Alain 1959 [6]
La gitane - Technique mixte/panneau (130x97cm-51x38in) Poitiers 91 .... FF2 500 - £252 - $434
GAUTIER D'AGOTY Jean-Baptiste 1740-1786 [4]
Portrait de femme - Huile/toile (81x65cm-32x26in) Paris 96 .... FF20 000 - £2 370 - $3,900
Le Contrat de mariage - Huile/toile (104x136cm-41x54in) Monaco 93 .... FF320 000 - £38 550 - $58,200
GAUTIER D'AGOTY Pierre Édouard 1775-1871 [1]
Young girl, standing half-lenght - Oil/canvas (43x53cm-17x21in) New-York 97 .... FF38 653 - £4 368 - $7,000
GAUTIER Firmin ?-1877 [1]
Pommes et aux cruches - Huile/toile (42x50cm-17x20in) Lindau 94 .... FF6 820 - £814 - $1,284
GAUTIER Jacques Louis 1831-? [6]
Mephistopheles - Bronze (34cm-13in) New-York 90 .... FF5 550 - £559 - $1,087
Méphistophèles - Bronze (89cm-35in) London 91 .... FF21 730 - £2 179 - $3,980
GAUTIER Louis 1855-1947 [6]
L'aïoli - Huile/toile (73x89cm-29x35in) Aix-en-Provence 94 .... FF40 000 - £4 660 - $7,060
GAUTIER Lucien 1850-1925 [1]
Le Vieux-Montmartre - Eau-forte (33x24cm-13x9in) Grenoble 94 .... FF3 000 - £359 - $568
GAUTIER Marie-Madeleine 1956 [7]
Femme assise - Bronze Le Mans 97 .... FF2 500 - £268 - $438
Porteuse d'eau - Bronze (40cm-16in) La Varenne Saint-Hilaire 94 .... FF7 200 - £864 - $1,398
GAUTIER Philippe XX [2]
L'Orchestre - Huile/toile (40x80cm-16x31in) Bern 95 .... FF3 023 - £378 - $611
GAUTIER René Georges 1887-? [3]
Bouquet de fleurs blanches - Huile/toile (55x46cm-22x18in) Paris 96 .... FF2 800 - £330 - $550
GAUTIER-GALLET Gustave c.1880-1950 [32]
Nature morte - Huile/toile Versailles 92 .... FF2 500 - £257 - $481
Paris, Le Pont Neuf - Aquarelle (30x40cm-12x16in) Versailles 90 .... FF1 500 - £161 - $261
GAUTIEZ Pierre 1923 [2]
Abbaye de St. Martin-de-Boscherville - Huile/panneau (60x73cm-24x29in) Rouen 95 .... FF4 500 - £589 - $901
GAUTSCHI Joseph 1900-1977 [2]
Bergdorf - Huile/panneau (30x45cm-12x18in) Bern 94 .... FF2 270 - £273 - $442
GAUTSCHI Rolf 1932 [2]
Eisenbahnbrücke in Kleinbasel - Oil/Leinwand (80x110cm-31x43in) Zofingen 93 .... FF4 500 - £543 - $823
Basler Trommler und Pfeifer - Gouache (45x38cm-18x15in) Zofingen 94 .... FF1 527 - £179 - $272
GAUVIN Alain 1936 [4]
J'Attends - Oil/canvas (81x100cm-32x39in) Köbenhavn 94 .... FF4 440 - £566 - $860
GAUVREAU Pierre 1922 [6]
Parce que - Huile/toile (61x49cm-24x19in) Montréal 90 .... FF88 100 - £9 372 - $15,760
GAUVRIT Jean Jacques 1948 [10]
Garden scene - Oil/canvas (38x46cm-15x18in) Delray Beach, Florida 96 .... FF7 170 - £932 - $1,400
GAVAGNIN Natale 1851-? [3]
Fishing Craft in the Lagoon, Venice - Bodycolour (15x24cm-6x9in) London 97 .... FF2 578 - £280 - $457
GAVARDIE de Jean 1909-1961 [15]
Le vélomoteur - Oil/canvas (72x35cm-28x14in) Stockholm 92 .... FF9 420 - £965 - $1,660
Barques et filets - Huile/toile (50x61cm-20x24in) Le Havre 91 .... FF36 000 - £3 575 - $6,251
La tonnelle - Gouache/papier (50x37cm-20x15in) Paris 94 .... FF4 500 - £524 - $780
GAVARNI Paul Sulpice 1804-1866 [109]
Étude de cheval blanc - Huile/carton (37x46cm-15x18in) Bayeux 94 .... FF2 800 - £335 - $525
La Maison d'or à 8 heures du matin - Huile/papier/panneau (16x21cm-6x8in) Paris 96 .... FF9 000 - £1 042 - $1,724
Invalides du Sentiment, le bel Adolphe - Watercolour (31x21cm-12x8in) London 97 .... FF4 516 - £480 - $780
Femme ôtant sa chemise - Mine plomb (20x14cm-8x6in) Monaco 95 .... FF30 000 - £3 890 - $6,190
GAVARNI Pierre 1846-1932 [26]
Cavalier rouge et blanc - Huile/toile (50x42cm-20x17in) Bayeux 94 .... FF8 000 - £930 - $1,387
Andromède - Huile/toile (186x118cm-73x46in) Bayeux 94 .... FF49 000 - £5 700 - $8,500
L'Allée du Bois - Huile/toile (120x195cm-47x77in) Bayeux 91 .... FF770 000 - £77 196 - $141,031
GAVARRONE Domenico c.1820-c.1880 [2]
The Ship Cairngorm - Watercolour (47x69cm-19x27in) Glasgow 92 .... FF24 420 - £2 500 - $4,300
GAVIN Malcolm 1874-? [1]
Young ladies arranging daffodils - Huile/toile (76x63cm-30x25in) Montréal 91 .... FF15 480 - £1 552 - $2,555
GAVIN Robert 1827-1883 [4]
The Flower Mission - Oil/canvas (72x105cm-28x41in) London 95 .... FF31 600 - £4 000 - $6,350
GAVREL Geneviève 1909 [165]
Les bateaux - Huile/toile (92x73cm-36x29in) Paris 89 .... FF4 600 - £485 - $774
Raisin et bougie - Dessin (55x45cm-22x18in) Paris 89 .... FF2 000 - £211 - $337

GAW William A. 1891-1973 [3]
- Arrangement in blue - Oil/canvas (56x46cm-22x18in) San Francisco-Los Angeles 92 .... FF5 400 - £552 - **$1,000**
- Belvedere Lagoon - Oil/canvas (41x51cm-16x20in) San Francisco-Los Angeles 93 .... FF38 400 - £4 360 - **$6,500**

GAWELL Oskar 1888-1955 [23]
- Mädchen mit Katze - Öl/Leinwand (60x71cm-24x28in) Bremen 94 .... FF14 150 - £1 673 - **$2,610**
- Dorfstrasse mit Menschen - Aquarell (25x23cm-10x9in) Köln 93 .... FF7 460 - £891 - **$1,435**

GAY Abel 1877-1961 [4]
- Paysage à l'étang - Huile/carton (27x35cm-11x14in) Lyon 97.................................. FF2 800 - £303 - **$490**

GAY August 1891-1949 [13]
- Street scene - Oil/board (30x35cm-12x14in) San Francisco 91 .... FF44 800 - £4 526 - **$8,893**

GAY Berthe 1851-1922 [1]
- Ein Paar Rosen-Stilleben - Oil/canvas (26x36cm-10x14in) Luzern 89 .... FF11 700 - £1 196 - **$1,881**

GAY Edward B. 1837-1928 [35]
- Leaving for the Hunt - Oil/canvas (43x69cm-17x27in) Cambridge, Mass. 94 .... FF5 780 - £695 - **$1,100**
- The Quiet Run - Oil/canvas (84x108cm-33x43in) New-York 96 .... FF13 500 - £1 720 - **$2,600**
- Gathering bait - Oil/canvas (51x91cm-20x36in) New-York 93 .... FF53 100 - £6 040 - **$9,000**

GAY George Howell 1856-1937 [37]
- Seascape - Watercolour (25x51cm-10x20in) Tarzana, CA 94 .... FF1 770 - £210 - **$325**
- The New Jersey Shoreline - Watercolour/paper (36x68cm-14x27in) New-York 95 .... FF5 910 - £773 - **$1,200**

GAY Jacques-Louis 1851-1925 [1]
- Bergère et ses moutons - Huile/toile Fontainebleau 91 .... FF6 500 - £646 - **$1,129**

GAY Nikolaï Nikolaïvitch 1831-1894 [1]
- Petrus förnekar Kristus - Oil/canvas (63x45cm-25x18in) Helsinki 94 .... FF26 430 - £3 065 - **$4,550**

GAY Walter 1856-1937 [33]
- Sunrise in Japanese village - Oil/canvas (41x56cm-16x22in) New-York 94 .... FF14 270 - £1 664 - **$2,500**
- The artist's studio - Oil/canvas (39x32cm-15x13in) London 94 .... FF37 800 - £4 500 - **$7,120**
- Le Buste, Chez Hellen - Oil/board (55x45cm-22x18in) New-York 96.................. FF104 400 - £12 080 - **$20,000**
- Interior of a living room - Watercolour/paper (28x37cm-11x15in) New-York 95 .... FF29 070 - £3 740 - **$6,000**

GAY Winckworth Allan 1821-1910 [8]
- White Head, Cohasset - Oil/masonite (20x30cm-8x12in) Dedham, Mass. 96 .... FF8 680 - £1 120 - **$1,700**

GAYA Ramón 1910 [7]
- Paisaje con rio - Gouache (50x40cm-20x16in) Madrid 96................................... FF20 040 - £2 300 - **$3,825**

GAYE Joseph 1803-1862 [1]
- Femme brune tenant des fleurs - Aquarelle, gouache/papier (17x12cm-7x5in) Paris 89.......... FF8 000 - £818 - **$1,286**

GAYLOR Samuel Wood 1883-? [1]
- Central Park, New York - Watercolour (27x41cm-11x16in) New-York 93 .... FF6 600 - £828 - **$1,200**

GAYMANS Christiaan H. Jacob 1831-1922 [1]
- Street scene in Viterbo, Italy - Oil/canvas (35x26cm-14x10in) Amsterdam 94 .... FF5 190 - £602 - **$893**

GAYRARD Paul 1807-1855 [11]
- A workhorse - Bronze (25cm-10in) New-York 92 .... FF5 720 - £683 - **$1,100**
- Irish wolfhound - Bronze (33cm-13in) New-York 97 .... FF34 682 - £3 697 - **$6,000**

GAYRAU Guy, Leclerc-Gayrau 1942 [16]
- Soumova - Huile/toile (81x100cm-32x39in) Douai 95 .... FF2 200 - £283 - **$453**

GAYRAUD-JOHNSON Françoise XX [4]
- Marrakech - Huile/toile (65x50cm-26x20in) Châlons-sur-Marne 95 .... FF2 500 - £322 - **$509**

GAYRIN Louis Albert 1911-1971 [13]
- Bouquet de fleurs et piano - Huile/toile (81x65cm-32x26in) Paris 89 .... FF2 800 - £279 - **$442**
- Composition à la guitare - Huile/toile (81x100cm-32x39in) La Varenne Saint-Hilaire 90 ...... FF11 000 - £1 140 - **$1,933**
- Composition à la partition de musique
  Gouache/papier (75x105cm-30x41in) La Varenne Saint-Hilaire 90....................... FF3 500 - £363 - **$615**

GAYS Eugenio 1861-1938 [2]
- Laguna di Venezia - Acquarello/carta (46x63cm-18x25in) Milano 93 .... FF8 780 - £990 - **$1,472**

GAZAY Robert XIX-XX [2]
- Jeanne de France - Poster (160x115cm-63x45in) New-York 92 .... FF4 160 - £497 - **$800**

GAZE Harold XX [5]
- Spring Fairies with Red Roses
  Watercolour (33x26cm-13x10in) San Francisco-Los Angeles 93 .... FF9 450 - £1 074 - **$1,600**

GAZEAU DE LA BOUERE Antoine X., Tancrède 1800-1881 [1]
- Paysage oriental - Huile/toile (29x18cm-11x7in) Saint-Germain-en-Laye 92 .... FF2 800 - £288 - **$539**

GAZZERA Romano 1906-1985 [3]
- Fiore dei sospiri - Huile/toile (90x50cm-35x20in) Milano 91 .... FF27 340 - £2 775 - **$4,938**

GAZZERI Ernesto 1866-? [3]
- An Athlete - Marble (103cm-41in) London 95....................................... FF39 800 - £4 500 - **$7,160**
- Nude with a palm frond - Sculpture (178cm-70in) New-York 90.................... FF120 100 - £12 859 - **$20,887**

GDANIETZ Wilhelm 1893-1962 [11]
- Bergbauer mit Wanderstock - Öl/Leinwand (61x71cm-24x28in) München 94 .... FF5 120 - £605 - **$920**

GÉA-PANTER Geneviève Dellove 1909 [5]
- Composition - Huile/toile (162x130cm-64x51in) Douai 95 .... FF2 200 - £283 - **$453**

GEAR Mabel 1900 [11]
- Vanity of vanities - Oil/canvas (62x75cm-24x30in) London 90........................ FF10 080 - £1 020 - **$1,917**

GEAR William 1915-1975 [58]
- Landscape Element - Oil/canvas (51x41cm-20x16in) London 97 .... FF5 602 - £600 - **$96,8 4**

Winter Hedgerow - Huile/toile (100x81cm-39x32in) Paris 95 .... FF14 500 - £1 816 - **$2,913**
Landscape with blue - Oil/canvas (98x70cm-39x28in) London 91 .... FF41 500 - £4 161 - **$7,601**
Landscape with moutains - Watercolour, gouache (49x63cm-19x25in) London 92 .... FF12 900 - £1 500 - **$2,633**

GEARHART Frances H. 1869-1959 [18]
Twilight Nears - Woodcut in colors (23x12cm-9x5in) San Francisco-Los Angeles 95 .... FF4 210 - £526 - **$850**

GEBAUER Christian David 1777-1831 [7]
Landscape - Oil/canvas (63x88cm-25x35in) København 95 .... FF3 990 - £522 - **$810**
Heste i landskab - Oil/canvas (36x44cm-14x17in) København 90 .... FF20 200 - £2 044 - **$3,842**

GEBAUER Ernst 1782-1865 [1]
Madonna mit Kind - Oil/copper (33x25cm-13x10in) Köln 93 .... FF7 800 - £932 - **$1,500**

GEBAUER van Carel Mauritz 1806-c.1860 [2]
Rosen in Vase - Oil/panel (33x26cm-13x10in) Wien 96 .... FF13 720 - £1 776 - **$2,743**

GÉBEL Gérard XX [38]
Le gué - Huile/toile (41x33cm-16x13in) Saint-Dié 97 .... FF2 300 - £259 - **$416**
Paysage d'Alsace - Huile/toile (64x86cm-25x34in) Saint-Dié 96 .... FF9 000 - £1 171 - **$1,783**

GEBHARD Albert 1869-1937 [5]
Mountain Twilight - Oil/panel (70x60cm-28x24in) New-York 94 .... FF9 500 - £1 141 - **$1,800**
Landskap från Sibbo - Watercolour/paper (17x26cm-7x10in) Helsinki 94 .... FF2 960 - £344 - **$510**

GEBHARD Johannes 1894-1976 [14]
Ålandskap - Oil/canvas (46x55cm-18x22in) Helsinki 90 .... FF13 980 - £1 423 - **$2,796**
Kukkolanmäki, Kangaslampi - Akvarell (42x30cm-17x12in) Helsinki 89 .... FF6 500 - £665 - **$1,045**

GEBHARDT Johann Andreas XIX [2]
Familienporträts Winterholler - Öl/Leinwand (72x53cm-28x21in) Wien 96 .... FF7 220 - £901 - **$1,396**

GEBHARDT Karl 1860-1917 [7]
Klostereingang - Öl/Karton (25x33cm-10x13in) München 93 .... FF2 450 - £281 - **$415**
A suspicious client - Oil/canvas (73x98cm-29x39in) London 96 .... FF71 800 - £9 000 - **$13,860**

GEBHARDT Karl Max 1834-1915 [3]
Abschied - Oil/canvas (60x75cm-24x30in) Wien 89 .... FF48 000 - £5 058 - **$8,081**

GEBHARDT Ludwig 1830-1908 [10]
Spaziergang am Flussufer - Öl/Leinwand (37x30cm-15x12in) Frankfurt 96 .... FF5 140 - £665 - **$1,014**
Ansicht von Schloß Wolfegg - Oil/canvas (64x99cm-25x39in) Wien 92 .... FF16 840 - £1 724 - **$2,966**

GEBHARDT Max 1864-? [1]
Jäger vor dem Tor einer Burg - Watercolour (32x24cm-13x9in) Heidelberg 93 .... FF2 713 - £324 - **$522**

GEBHARDT von Eduard 1838-1925 [15]
Bildnis eines Ratsherren - Öl/Leinwand (80x60cm-31x24in) Köln 93 .... FF5 760 - £689 - **$1,110**
Christ visiting Nicodin - Oil/canvas (120x100cm-47x39in) Moscow 94 .... FF106 100 - £12 630 - **$20,000**

GEBHARDT Wilhelm 1827-1893 [1]
Figures by a ruiin - Wash (21x30cm-8x12in) Amsterdam 90 .... FF2 260 - £229 - **$430**

GEBLER Friedrich Otto 1838-1917 [21]
Cattle & sheep drinking from a river - Oil/canvas (51x68cm-20x27in) New-York 96 .... FF25 700 - £3 120 - **$5,000**
Tiere vor einem Stall - Öl/Leinwand (27x34cm-11x13in) München 94 .... FF51 300 - £6 080 - **$9,360**
A good rest - Oil/canvas (76x101cm-30x40in) London 97 .... FF190 476 - £20 000 - **$32,762**

GECELLI Johannes 1925 [4]
Schneller im Licht II - Acrylic/paper (100x70cm-39x28in) Heidelberg 94 .... FF17 820 - £2 066 - **$3,070**

GECHTER Jean-Fr. Théodore 1796-1844 [20]
Workhorse - Bronze (41cm-16in) New-York 92 .... FF7 280 - £870 - **$1,400**
Levrette au lièvre mort - Bronze (36cm-14in) Riom 95 .... FF24 000 - £3 160 - **$4,870**

GECHTER Thomas XIX [2]
A horse - Bronze (13cm-5in) London 94 .... FF4 660 - £550 - **$836**

GECK Tell 1894-1986 [5]
Bei Mandello - Öl/Karton (40x60cm-16x24in) Stuttgart 92 .... FF2 142 - £219 - **$377**
Zeitungslesender im Halbprofil - Ink (33x18cm-13x7in) Stuttgart 93 .... FF2 090 - £240 - **$356**

GEDDES Andrew 1783-1844 [4]
Sir David Wilkie - Oil/canvas (76x63cm-30x25in) London 91 .... FF29 900 - £2 989 - **$4,924**

GEDDES William 1841-1884 [3]
Prize takers from the isla - Oil/canvas (51x76cm-20x30in) Auchterarder, Perthshire 92 ..... FF61 900 - £6 500 - **$12,930**

GEDLEK Ludwig 1847-1904 [19]
Reges Treiben im Feldlager - Oil/canvas (21x41cm-8x16in) Ahlden 97 .... FF33 850 - £3 940 - **$6,910**
In a Polish village - Oil/canvas (76x120cm-30x47in) Warszawa 95 .... FF92 400 - £11 800 - **$18,970**

GEDOVIUS Germán 1867-1937 [1]
Flores - Oleo/lienzo (50x50cm-20x20in) México 92 .... FF51 300 - £5 270 - **$9,360**

GEEFS Fanny 1807-1883 [3]
Pitié, Amour, Douleur - Huile/toile (84x134cm-33x53in) Bruxelles 95 .... FF21 860 - £2 643 - **$4,115**

GEEFS Jozef Germain 1808-1885 [2]
Bust of a Bacchante - Marble (46cm-18in) Amsterdam 91 .... FF10 820 - £1 098 - **$1,954**

GEEFS Willem 1805-1883 [1]
Le Lion amoureux - Bronze (36cm-14in) London 96 .... FF18 430 - £2 100 - **$3,530**

GEEL van Jacob 1584/85-c.1640 [2]
Rocky landscape - Oil/canvas (16x20cm-6x8in) Amsterdam 93 .... FF46 600 - £5 360 - **$7,960**

GEELEN van Christian I 1755-1826 [2]
Child in uniform, East India - Oil/canvas (71x57cm-28x22in) London 91 .... FF11 970 - £1 197 - **$1,971**

GEELMUYDEN Ola 1858-1944 [1]
Bergens Vaag, Havnen i Bergen - Oil/canvas (28x39cm-11x15in) København 96 .... FF4 434 - £506 - **$850**

GEENEN van Pauline XIX [2]
A girl, facing left - Miniature (10cm-4in) London 95 .... FF4 300 - £550 - $865
GEERAERTS Jan 1814-1890 [1]
Tomb of William the Silent - Oil/panel (83x68cm-33x27in) New-York 94 .... FF26 300 - £3 020 - $4,500
GEERLINGS Gerald Kenneth 1897-1958 [6]
Grand Canal - Etching (3x20cm-1x8in) Chicago 93 .... FF8 250 - £1 035 - $1,500
GEERTS Franz, François 1850-1944 [1]
La conversation - Huile/bois (24x19cm-9x7in) Antwerpen 94 .... FF3 334 - £400 - $648
GEERTSEN Ib 1919 [20]
Komposition - Oil/canvas (59x85cm-23x33in) Viby J, Århus 96 .... FF2 630 - £339 - $508
Komposition - Oil/canvas (97x130cm-38x51in) København 92 .... FF9 200 - £1 070 - $1,877
GEERTZ Julius 1837-1902 [2]
Schoolroom discipline - Oil/canvas (71x64cm-28x25in) London 95 .... FF27 800 - £3 600 - $5,780
GEERY Samuel Lancaster 1813-1891 [1]
Forest stream - Oil/canvas (52x68cm-20x27in) New-York 90 .... FF14 920 - £1 518 - $2,984
GEEST de Wybrand Simonsz. 1592-1660 [2]
Henry, 4th Lord de La Warr - Oil/panel (44x32cm-17x13in) New-York 95 ..... FF53 700 - £6 430 - $10,000
GEEST van Chris 1942 [2]
De Schrijver aan het Werk - Oil/canvas (50x60cm-20x24in) Amsterdam 95 ..... FF5 360 - £684 - $1,093
GEETS Willem 1838-1919 [9]
Brotherly love - Oil/panel (40x32cm-16x13in) Amsterdam 97 .... FF9 904 - £1 054 - $1,723
Showing the jewels - Oil/canvas (112x172cm-44x68in) London 96 .... FF85 300 - £11 000 - $16,700
Jeune fille au chapeau - Pastel/carton (44x36cm-17x14in) Bruxelles 94 ..... FF7 970 - £940 - $1,420
GEFFCKEN Walter 1872-1950 [13]
Japonaise à sa musique - Huile/carton (32x47cm-13x19in) Paris 89 .... FF19 000 - £1 891 - $3,002
Vornehme Gesellschaft - Aquarell (33x28cm-13x11in) München 94 .... FF2 550 - £298 - $447
GEGERFELT von Cecilia 1885-1971 [2]
Kanalmotiv fran Venedig - Akvarell (12x21cm-5x8in) Stockholm 89 .... FF1 500 - £149 - $237
GEGERFELT von Gunhild, Amanda G. 1853-1896 [1]
Kanal i Venedig - Pastel (65x38cm-26x15in) Stockholm 94 .... FF11 500 - £1 380 - $2,172
GEGERFELT von Lotten 1834-1915 [1]
Metande par i roddbat - Oil/board (24x32cm-9x13in) Stockholm 90 .... FF4 900 - £525 - $852
GEGERFELT von Wilhelm 1844-1920 [158]
Vinterkväll - Oil/canvas (28x47cm-11x19in) Stockholm 97 .... FF9 364 - £1 002 - $1,632
Vid lagunen utanför Venedig - Oil/canvas (96x64cm-38x25in) Stockholm 96 ..... FF18 900 - £2 445 - $3,620
Kanal i Venedig - Oil/canvas (70x45cm-28x18in) Stockholm 96 .... FF34 200 - £3 900 - $6,550
Venetian nattbild - Oil/canvas (60x90cm-24x35in) Stockholm 97 .... FF68 917 - £7 378 - $12,015
Riva degli Schiavoni, Venezia - Oil/canvas (55x86cm-22x34in) Stockholm 90 ..... FF262 100 - £28 244 - $46,226
Fiskare utanför Venedig - Akvarell (37x55cm-15x22in) Stockholm 90 .... FF16 800 - £1 810 - $2,963
GEHBE Eduard 1845-c.1935 [4]
Blumenstilleben - Oil/canvas (63x79cm-25x31in) Wien 92 .... FF16 840 - £1 690 - $2,810
GEHLIN Hugo 1889-1953 [3]
Liggande modell - Oil/panel (36x53cm-14x21in) Malmö 90 .... FF2 153 - £219 - $431
GEHR Arnold XIX-XX [1]
Elbert G. Hubbard & friends - Silver print (15x23cm-6x9in) New-York 92 ..... FF5 680 - £581 - $1,000
GEHR Ferdinand 1896-? [5]
Ohne Titel - Woodcut in colors (65x49cm-26x19in) Zofingen 94 .... FF2 645 - £314 - $489
GEHR Herbert 1910-1981 [5]
Gaudi Cathedral, Barcelona - Gelatin silver print (23x18cm-9x7in) New-York 92 ..... FF6 810 - £698 - $1,200
GEHRI Franz 1882-1960 [8]
Mann mit Pfeife - Öl/Leinwand (43x34cm-17x13in) Bern 94 .... FF2 477 - £297 - $482
GEHRI Karl 1850-1922 [8]
Meerjungfrau mit Schleier - Huile/panneau (81x56cm-32x22in) Bern 94 ..... FF3 230 - £375 - $557
GEHRIG Jacob 1846-1922 [3]
Blick auf Meersburg - Öl/Leinwand (22x50cm-9x20in) Stuttgart 94 .... FF20 500 - £2 396 - $3,610
GEHRMANN Paul 1861-? [1]
Swans by a neo-classical building - Oil/canvas (198x178cm-78x70in) Amsterdam 92 ..... FF5 420 - £630 - $1,106
GEHRTS Carl 1853-1898 [3]
Idyll Dreams - Charcoal (34x36cm-13x14in) London 96 .... FF19 140 - £2 400 - $3,720
GEHRTS Johannes 1855-? [1]
Rehe am Waldrand - Aquarell/Papier (22x32cm-9x13in) Köln 96 .... FF2 030 - £238 - $399
GEHUCHTE van de Jean 1862-1885 [1]
Bruyère à Kalmthout - Huile/panneau (16x34cm-6x13in) Antwerpen 94 ..... FF2 000 - £232 - $344
GEIBEL Casimir 1839-1896 [5]
Ploughing the fields - Oil/canvas (66x100cm-26x39in) New-York 92 .... FF28 600 - £3 414 - $5,500
GEIBEL Hermann 1889-1972 [5]
Weiblicher Torso - Marble (21cm-8in) Heidelberg 94 .... FF8 480 - £1 095 - $1,660
GEIGENBERGER Otto 1881-1946 [4]
Südliche Stadt am Meer - Öl/Leinwand (80x102cm-31x40in) München 92 ..... FF16 280 - £1 944 - $3,130
GEIGER Carl Joseph 1822-1905 [4]
Friedrich von Schiller in Ganzfigur - Öl/Leinwand (190x100cm-75x39in) Stuttgart 93 ..... FF34 800 - £3 990 - $5,920

G

GEIGER Caspar Augustin 1847-1901 [4]
- The visiting salesman - Oil/canvas/board (57x35cm-22x14in) London 96 .... FF55 300 - £6 500 - **$10,880**

GEIGER Conrad 1751-1808 [2]
- A Turkish wedding - Oil/panel (23x16cm-9x6in) London 94 .... FF16 900 - £2 000 - **$3,120**

GEIGER Ernst Samuel 1876-1965 [14]
- Seelandschaft - Öl/Leinwand (38x46cm-15x18in) Bern 94 .... FF22 700 - £2 723 - **$4,410**

GEIGER Peter Johann Nepomuk 1805-1880 [4]
- Schwert haltenden Ritters - Oil/board (38x24cm-15x9in) Ahlden 92 .... FF15 300 - £1 566 - **$2,694**

GEIGER Richard 1870-1945 [63]
- Pierrot und Columbine - Öl/Leinwand (100x75cm-39x30in) Wien 95 .... FF7 340 - £968 - **$1,490**
- An allegory of Autumn - Oil/canvas (100x80cm-39x31in) London 96 .... FF21 830 - £2 800 - **$4,300**
- Suonatrice di tamburello - Acquarello/carta (70x50cm-28x20in) Trieste 97 .... FF6 120 - £720 - **$1,080**

GEIGER Rupprecht 1908 [65]
- Lila und Blau auf Schwarz - Öl/Karton (67x83cm-26x33in) Berlin 96 .... FF5 590 - £698 - **$1,081**
- Bild E IV (Paisaje) - Tempera/panel (62x59cm-24x23in) München 96 .... FF101 600 - £12 750 - **$19,620**
- Komposition mit Balken - Oil/canvas (60x80cm-24x31in) Berlin 92 .... FF169 500 - £20 250 - **$32,600**
- Ohne Titel - Graphit (71x49cm-28x19in) Köln 97 .... FF8 769 - £920 - **$150,3 6**
- Ohne Titel, 1981 - Gouache (97x70cm-38x28in) Düsseldorf 90 .... FF28 700 - £2 965 - **$5,071**

GEIGER Willi 1878-1971 [34]
- Sonnenblumen im blauer Vase - Oil/panel (50x60cm-20x24in) Köln 97 .... FF4 393 - £461 - **$752**
- Blumenvase - Oil/canvas (70x50cm-28x20in) München 91 .... FF20 300 - £2 021 - **$3,491**
- Felsenhäuser in Spanien - Watercolour, gouache/paper (34x50cm-13x20in) München 96 .... FF2 090 - £271 - **$413**
- Blick auf den Chiemsee - Watercolour (26x35cm-10x14in) München 95 .... FF9 830 - £1 238 - **$1,970**

GEIGER-WEISSHAUPT Fanny Edle 1862-1931 [1]
- Bauernhof - Woodcut in colors (26x35cm-10x14in) München 91 .... FF5 580 - £566 - **$1,008**

GEIGER-WOLFRATSHAUSEN Emil XIX-XX [1]
- Prinzessin - Alabaster (29cm-11in) Wien 95 .... FF10 800 - £1 400 - **$2,210**

GEIJER VON ZITZEWITZ Anna 1891-? [1]
- Sechs träsnitt från Upsala - Woodcut in colors (21x23cm-8x9in) Uppsala 96 .... FF2 383 - £276 - **$457**

GEIJP Adrian M. 1855-1926 [4]
- Peasant and a horse-drawn - Oil/canvas (65x89cm-26x35in) Amsterdam 92 .... FF6 070 - £622 - **$1,068**

GEILLE DE SAINT LEGER Léon 1864-? [6]
- La porteuse d'eau - Huile/toile (46x61cm-18x24in) Paris 95 .... FF10 500 - £1 330 - **$2,120**

GEIRNAERT Jozef 1791-1859 [4]
- Les petits chapardeurs - Huile/panneau (37x32cm-15x13in) Versailles 89 .... FF30 000 - £3 067 - **$4,823**

GEIS Joseph XIX-XX [3]
- Das Wundertier Kaleoku - Ink (33x30cm-13x12in) München 92 .... FF1 700 - £174 - **$300**

GEISEL Theodor S. Dr. Seuss 1904-1991 [1]
- The Cat in the Hat - Drawing (18x10cm-7x4in) New-York 96 .... FF28 200 - £3 340 - **$5,500**

GEISELER Hermann 1903-1975 [2]
- From the window of the artist's studio - Oil/canvas (100x80cm-39x31in) Lindau 95 .... FF17 240 - £2 200 - **$3,475**

GEISER Karl 1898-1957 [21]
- Sitzende - Eau-forte (20x15cm-8x6in) Zofingen 95 .... FF2 210 - £289 - **$443**
- Junge Schweizer Soldaten - Bronze (43cm-17in) Bern 93 .... FF32 350 - £3 864 - **$6,220**
- Frauenbildnis - Encre (27x17cm-11x7in) Zürich 96 .... FF2 334 - £303 - **$462**

GEISSER Johann Joseph 1824-1894 [11]
- Sommerliche Lanschaft - Öl/Leinwand (37x56cm-15x22in) Zofingen 94 .... FF10 170 - £1 205 - **$1,880**

GEISSLER Arthur 1887-? [1]
- Cholera-Präservatif = Mannes - Gravure (21x27cm-8x11in) Paris 90 .... FF2 100 - £214 - **$420**

GEISSLER Christian Gottlieb 1729-1814 [3]
- Ausbruch des Vesuv, 1794 - Gouache (11x17cm-4x7in) Bern 92 .... FF4 190 - £500 - **$805**

GEISSLER Paul 1881-? [4]
- Winterliches Dresden - Öl/Leinwand (78x69cm-31x27in) Stuttgart 94 .... FF14 700 - £1 767 - **$2,800**

GEISSLER Wilhelm 1848-1928 [1]
- Sommerabend - Öl/Leinwand (43x75cm-17x30in) Hamburg 96 .... FF16 300 - £1 858 - **$3,120**

GEIST August Christian 1835-1868 [4]
- Flusslandschaft mit einem Ruderboot - Oil/Leinwand (20x28cm-8x11in) Köln 95 .... FF29 340 - £3 820 - **$6,020**
- Waldinneres mit Mädchen - Pencil (12x9cm-5x4in) Heidelberg 95 .... FF2 440 - £313 - **$493**

GEIST Carl Friedrich W. 1870-? [1]
- Zehnjährigen Mädchens - Pastell (73x50cm-29x20in) Stuttgart 90 .... FF2 686 - £272 - **$511**

GEISTED Jørgen XX [3]
- Komposition - Watercolour (75x59cm-30x23in) Köbenhavn 94 .... FF2 460 - £293 - **$464**

GEITLINGER Ernst 1895-1972 [6]
- Der Liebhaber - Öl/Leinwand (81x63cm-32x25in) München 94 .... FF10 300 - £1 220 - **$1,902**
- Gelb auf Schwarz - Serigraph (57x38cm-22x15in) München 96 .... FF1 575 - £204 - **$312**
- Komposition Schwarz-Rotviolett - Gouache/papier (73x51cm-29x20in) München 96 .... FF9 490 - £1 190 - **$1,830**

GELARDI Herdis 1916-1991 [2]
- Still life - Oil/masonite (40x50cm-16x20in) Köbenhavn 95 .... FF3 360 - £413 - **$655**

GELATI Lorenzo 1824-1893 [3]
- Veduta di Roma dal Pincio - Olio/tela (45x74cm-18x29in) Roma 94 .... FF35 300 - £4 200 - **$6,300**

GELBENEGGER Franz 1875-1933 [1]
- The Lily Pond - Oil/canvas (69x69cm-27x27in) Bristol, Avon 96 .... FF5 940 - £720 - **$1,155**

GELDER van Eugène Joseph A. 1856-? [2]
- *Blumen in Vase* - Oil/panel (35x25cm-14x10in) Wien 95 .... FF8 940 - £1 098 - $1,744

GELDER van Lucia Mathilde 1865-1899 [2]
- *Grandfather's stories* - Oil/canvas (68x88cm-27x35in) London 96.................................... FF59 800 - £7 500 - $11,550

GELDER William Bagnall XIX-XX [3]
- *A Hertfordshire Farm* - Oil/panel (31x40cm-12x16in) London 95 .... FF5 400 - £700 - $1,105

GELDEREN van Simon 1905-1984 [21]
- *Montmartre et le Sacré-Coeur* - Huile/toile (50x40cm-20x16in) Bruxelles 93 .... FF2 780 - £320 - $479
- *Nature morte* - Huile/toile (100x120cm-39x47in) Bruxelles 92 .... FF7 250 - £866 - $1,395
- *La Promenade des Anglais* - Huile/toile (60x80cm-24x31in) Bruxelles 89 .... FF24 300 - £2 561 - $4,091

GELDHOF Herbert 1929 [2]
- *Gorille* - Bronze (28cm-11in) Antwerpen 97 .... FF6 552 - £692 - $1,136

GELEYN Gaston 1892-1946 [2]
- *Fleurs* - Huile/toile (80x90cm-31x35in) Bruxelles 94 .... FF5 010 - £598 - $940

GELHAY Édouard 1856-? [8]
- *An afternoon in the park* - Oil/canvas (33x42cm-13x17in) London 95 .... FF5 380 - £650 - $1,012
- *Le Clou de l'Exposition...* - Poster (196x140cm-77x55in) New-York 95 .... FF4 880 - £635 - $1,000
- *Intérieur et élégante devant son miroir* - Gouache (33x26cm-13x10in) Lyon 97 .... FF5 500 - £593 - $972

GÉLIBERT Gaston 1850-1931 [3]
- *Pack of dogs and wolf* - Oil/canvas (91x170cm-36x67in) Detroit, Michigan 92............ FF22 700 - £2 324 - $4,000

GÉLIBERT Jules Bertrand 1834-1916 [20]
- *Chiens de chasse* - Huile/toile (33x41cm-13x16in) Saint-Etienne 96 .... FF11 800 - £1 530 - $2,310
- *Épagneuls et cols-verts* - Huile/toile (50x66cm-20x26in) Paris 96 .... FF21 000 - £2 320 - $4,030
- *Le repos* - Oil/canvas (51x80cm-20x31in) New-York 97 .... FF76 748 - £8 266 - $13,500
- *Prince Napoléon's bloodhound* - Bronze (34cm-13in) New-York 93 .... FF28 900 - £3 620 - $5,250

GÉLIBERT Paul Jean P. 1802-1882 [6]
- *La tonte du mouton* - Huile/toile (53x45cm-21x18in) Reims 96 .... FF9 000 - £1 161 - $1,762
- *Moutons s'abreuvant* - Huile/toile (84x120cm-33x47in) Pau 92 .... FF34 500 - £3 544 - $6,630

GELINET Marcel 1895-1984 [1]
- *Péniche* - Huile/panneau (38x46cm-15x18in) Paris 90 .... FF2 100 - £218 - $369

GELIS-DIDOT Pierre Henri 1853-? [1]
- *Absinthe Parisienne, bois donc...* - Poster (119x81cm-47x32in) New-York 96 .... FF8 660 - £1 020 - $1,700

GELISSEN Maximilian Lambert 1786-1867 [3]
- *Midwinter* - Oil/canvas (33x46cm-13x18in) Billinghurst, West Sussex 92 .... FF12 700 - £1 300 - $2,236

GELLER Johann Nepomuk 1860-1954 [21]
- *Rastende Marktfrauen* - Oil/Karton (13x21cm-5x8in) Wien 96 .... FF14 450 - £1 802 - $2,790
- *Marktszene* - Oil/panel (39x55cm-15x22in) Wien 95 .... FF60 700 - £7 570 - $12,260
- *Sonntag im Prater* - Öl/Leinwand (57x88cm-22x35in) Wien 96 .... FF107 100 - £13 900 - $21,200
- *Marktfrauen* - Mischtechnik/Papier (31x28cm-12x11in) Wien 97 .... FF19 112 - £2 032 - $3,296

GELLER Peter Isaakovitch 1862-? [1]
- *Destruction of theTemple, Jerusalem* - Oil/canvas (66x56cm-26x22in) Amsterdam 94 ..... FF52 000 - £6 240 - $10,100

GELLER William Overend XIX [2]
- *Christ at the Tomb* - Oil/canvas (76x64cm-30x25in) Chicago 93 .... FF5 020 - £571 - $850

GELLERSTEDT Albert Theodor 1836-1914 [5]
- *Månskensnatt vid hjälmaren* - Watercolour (21x33cm-8x13in) Stockholm 92 .... FF2 890 - £346 - $557

GELLERT Hugo 1892-? [2]
- *See the Soviet Union in the making* - Poster (97x64cm-38x25in) New-York 94.............. FF3 250 - £389 - $600

GELLES Carl XIX-XX [2]
- *Torso* - Bronze (22cm-9in) Wien 94 .... FF14 570 - £1 710 - $2,596

GELLI Edoardo 1852-1933 [3]
- *The Toast* - Oil/panel (30x21cm-12x8in) London 97 .... FF25 432 - £2 800 - $4,463

GELLIN Denis 1886-? [1]
- *Cérès* - Plâtre (78cm-31in) Paris 96 .... FF5 700 - £660 - $1,092

GELMO Marianne XIX-XX [2]
- *Früchtestilleben* - Oil/panel (36x44cm-14x17in) Wien 91 .... FF13 440 - £1 355 - $2,620

GELON Joseph XIX-XX [2]
- *Allégorie de la Danse* - Huile/toile (38x46cm-15x18in) Reims 94 .... FF17 500 - £2 065 - $3,136

GEMICKE Joakim 1959 [3]
- *Utan titel* - Oil/canvas (210x150cm-83x59in) Stockholm 93.................................... FF5 180 - £637 - $960

GEMIGNANI Ulysse XIX-XX [3]
- *Satyres aux cymbales* - Bronze (56x17x61cm-22x7x24in) Paris 97 .... FF16 000 - £1 738 - $2,806

GEMITO Vincenzo 1852-1929 [56]
- *Autoritratto, 1920* - Tempera/board (70x69cm-28x27in) Milano 90 .... FF242 600 - £25 809 - $43,399
- *L'Aquaiolo* - Bronze (54cm-21in) London 94.. FF16 930 - £2 000 - $3,040
- *Neopolitan boy with a flask* - Bronze (49cm-19in) New-York 93 .... FF73 700 - £8 390 - $12,500
- *Alessandro Magno* - Acquarello/carta (35x50cm-14x20in) Roma 95 .... FF10 600 - £1 394 - $2,110

GEMM Walter 1898-? [1]
- *Im Wald* - Öl/Leinwand (54x68cm-21x27in) Bremen 93 .... FF2 035 - £243 - $392

GEMPT te Bernhard 1826-1879 [7]
- *Bolognese with his Master's Slippers* - Oil/canvas (55x75cm-22x30in) London 96 .... FF24 600 - £3 200 - $4,870

GEMZOE Peter Henrik 1811-1879 [2]
- *Lady, seated at a table* - Oil/canvas (43x30cm-17x12in) London 93 .... FF3 740 - £450 - $684

GEN PAUL 1895-1975 [1124]

- Le musicien - Huile/panneau (32x21cm-13x8in) Bordeaux 97 .... FF5 000 - £525 - **$860**
- Jockey à l'arrivée - Huile/panneau (41x27cm-16x11in) Paris 97 .... FF12 500 - £1 370 - **$2,194**
- Montmartre, la rue de l'Abreuvoir - Huile/panneau (37x46cm-15x18in) Calais 97 .... FF30 000 - £3 288 - **$5,265**
- Le bâteau du Havre - Trouville - Huile/toile (73x92cm-29x36in) Paris 96 .... FF46 000 - £5 580 - **$8,940**
- A Parisian Street - Oil/canvas (65x80cm-26x31in) New-York 97 .... FF72 548 - £7 632 - **$12,500**
- Le Violoniste - Huile/toile (91x60cm-36x24in) Paris 96 .... FF106 000 - £12 850 - **$20,600**
- Le tilbury - Huile/toile (73x92cm-29x36in) Paris 93 .... FF190 000 - £22 900 - **$34,550**
- Montmartre, place du Tertre - Huile/toile (65x81cm-26x32in) Paris 90 .... FF500 000 - £53 191 - **$89,445**
- Femme - Aquarelle (43x31cm-17x12in) Paris 97 .... FF3 500 - £396 - **$634**
- Don Quichotte - Gouache (32x23cm-13x9in) Paris 97 .... FF5 200 - £565 - **$921**
- Les jockeys - Aquarelle/papier (48x63cm-19x25in) Paris 97 .... FF8 000 - £828 - **$1,370**
- Cavaliers en forêt - Aquarelle/papier (37x45cm-15x18in) Calais 97 .... FF10 500 - £1 125 - **$1,841**
- Le Bal du Moulin de la Galette - Gouache (49x63cm-19x25in) Paris 97 .... FF16 000 - £1 706 - **$2,768**
- Vieille maison - Aquarelle, gouache/papier (49x65cm-19x26in) Calais 97 .... FF23 000 - £2 302 - **$3,882**
- Le Moulin Rouge - Gouache/papier (56x65cm-22x26in) Bevaix 94 .... FF57 100 - £6 860 - **$10,550**
- Place du Tertre - Gouache (48x63cm-19x25in) Paris 97 .... FF114 000 - £12 152 - **$19,722**

GENABETH van Eléonore Eugénie 1819-1891 [1]

- Hirtin mit Kuhherde auf einem Weg - Oil/canvas (56x95cm-22x37in) München 91 ...... FF11 830 - £1 186 - **$1,953**

GENAILLE Félix François 1826-1880 [3]

- Les deux soeurs - Crayon (33x27cm-13x11in) Paris 93 .... FF3 200 - £386 - **$582**
- Salon de la comtesse de Salverte - Watercolour (31x41cm-12x16in) London 94 .... FF151 300 - £18 000 - **$28,500**

GENBERG Anton 1862-1939 [93]

- Landskap med jägare - Oil/canvas (41x65cm-16x26in) Stockholm 97 .... FF26 414 - £2 789 - **$4,564**
- Motiv från Skeppsbron, Stockholm - Oil/canvas (65x92cm-26x36in) Stockholm 97 ...... FF35 957 - £3 849 - **$6,268**
- Solig vinterdag, motiv fran Täby - Oil/canvas (110x178cm-43x70in) Stockholm 89 ...... FF318 200 - £31 662 - **$50,269**

GENDALL John 1790-1865 [9]

- Angler am Waldbach - Oil/panel (30x23cm-12x9in) Wien 92 .... FF7 220 - £740 - **$1,271**
- St. Paul's Cathedral, London - Oil/canvas (109x151cm-43x59in) New-York 93 .... FF176 000 - £22 070 - **$32,000**
- On the River at Le Havre - Watercolour (22x30cm-9x12in) London 95 .... FF23 220 - £3 000 - **$4,790**

GENDRE Patrice XX [7]

- Le démonté - Huile/toile (55x46cm-22x18in) Paris 91 .... FF2 000 - £205 - **$373**

GENDRON Pierre 1932 [8]

- Epine - Oil/canvas (79x69cm-31x27in) Toronto 94 .... FF6 140 - £718 - **$1,082**

GENDROT Félix Albert 1866-? [3]

- Moonlit landscape - Oil/canvas Cambridge, Mass. 90 .... FF11 400 - £1 213 - **$2,039**

GENECHTEN van Jean-Baptiste 1902-1986 [1]

- Croisement de chemin, Anderlecht - Aquarelle, gouache (67x95cm-26x37in) Bruxelles 93 .... FF1 980 - £237 - **$404**

GENEGEN van Jos 1857-1936 [22]

- Ferme en campine - Huile/toile (52x70cm-20x28in) Antwerpen 97 .... FF4 914 - £519 - **$852**

GENELLI Bonaventura 1798-1868 [4]

- Die sieben Töchter des Raguel - Pencil/paper (36x50cm-14x20in) München 92 .... FF3 400 - £348 - **$667**

GENERALIC Ivan 1914 [6]

- At the table - Verre églomisé (89x99cm-35x39in) Amsterdam 94 .... FF26 840 - £3 150 - **$4,780**

GENERALIC Josip le Jeune 1936 [7]

- Klapperstorch mit Wickelkind - Oil (34x24cm-13x9in) Wien 91 .... FF9 600 - £968 - **$1,871**

GENERALIC Milan 1950 [9]

- Weingarten - Oil (34x44cm-13x17in) Wien 92 .... FF7 220 - £724 - **$1,204**

GENESEN van Franz 1887-1945 [5]

- Chalutiers à quai - Huile/toile (70x80cm-28x31in) Bruxelles 95 .... FF2 370 - £307 - **$493**

GENET Paulette c.1890-? [2]

- La fenaison - Huile/carton (36x44cm-14x17in) Nantes 90 .... FF6 800 - £728 - **$1,183**

GENETZ Meri 1885-1943 [2]

- Fruktstilleben - Oil/canvas (92x73cm-36x29in) Helsinki 90 .... FF3 914 - £400 - **$773**

GENICOT Robert 1890-1981 [4]

- Marché au maroc - Huile/toile (46x61cm-18x24in) Paris 92 .... FF11 000 - £1 126 - **$1,937**

GENIES Carole XX [6]

- Nu II - Acrylique/toile (116x89cm-46x35in) Paris 97 .... FF4 000 - £452 - **$724**

GENIN John 1830-1895 [3]

- Jean Baptiste Bellocq - Oil/canvas (132x102cm-52x40in) New Orleans, Louisiana 94 .... FF33 400 - £3 860 - **$5,750**

GENIN Lucien 1894-1958 [397]

- Quartier animé à Montmartre - Huile/toile (55x33cm-22x13in) Besançon 96 .... FF6 000 - £772 - **$1,190**
- Le Moulin-Rouge - Huile/toile (50x61cm-20x24in) Paris 93 .... FF25 000 - £2 748 - **$4,563**
- Guinguette à Bry-sur-Marne - Huile/toile (60x73cm-24x29in) Paris 91 .... FF135 000 - £13 534 - **$24,726**
- Mistinguett, Paris - Huile/toile (60x73cm-24x29in) Paris 90 .... FF300 000 - £32 328 - **$52,910**
- La Porte Saint-Martin - Gouache (25x33cm-10x13in) Paris 93 .... FF10 500 - £1 313 - **$1,910**
- 14-Juillet place du Tertre - Gouache (48x59cm-19x23in) La Varenne Saint-Hilaire 94 ...... FF19 500 - £2 240 - **$3,340**
- Le marché - Gouache/carton (46x54cm-18x21in) Paris 91 .... FF34 000 - £3 409 - **$6,227**
- Régates au bord de la Seine - Gouache (38x46cm-15x18in) L'Isle-Adam 90 .... FF78 000 - £8 083 - **$13,708**

GENIN Robert 1884-1943 [10]

- Figürliche Kompositionen - Lithographie (45x40cm-18x16in) München 92 .... FF2 880 - £345 - **$555**
- Weiblicher Akt in Landschaft - Pastel/paper (66x52cm-26x20in) Köln 91 .... FF8 110 - £823 - **$1,465**

GENIOLE Alfred André 1813-1861 [1]

- Pardon en Bretagne - Huile/toile (125x195cm-49x77in) Nantes 96 .... FF34 500 - £4 490 - **$6,830**

GENIS René 1922 [41]
- *La tage à Tolède* - Oil/canvas (81x54cm-32x21in) New-York 97 .... FF6 965 - £732 - **$1,200**
- *Grand bouquet d'été* - Huile/toile (100x100cm-39x39in) Bordeaux 96 .... FF17 000 - £2 187 - **$3,370**
- *Cyprès et la montagnette, Bandol* - Huile/toile (50x65cm-20x26in) Paris 92 .... FF29 000 - £2 970 - **$5,110**

GENISSON Claude XX [6]
- *Tentation de Saint Antoine* - Gouache/papier (50x25cm-20x10in) Paris 97 .... FF4 500 - £487 - **$795**

GENISSON Jules Victor 1805-1860 [12]
- *A Cathedral interior* - Oil/canvas (41x31cm-16x12in) London 96 .... FF2 873 - £360 - **$555**
- *Inside the cathedral of Amiens* - Oil/panel (58x45cm-23x18in) Amsterdam 91 .... FF18 630 - £1 877 - **$3,233**
- *Intérieur de cathédrale* - Huile/panneau (106x80cm-42x31in) Bruxelles 93 .... FF24 700 - £2 955 - **$5,050**

GENKINGER Fritz 1934 [7]
- *Selbstbildnis* - Öl/Leinwand (45x33cm-18x13in) Stuttgart 94 .... FF13 720 - £1 630 - **$2,536**

GENNARELLI Amadeo XIX-XX [21]
- *Femme nue agenouillée* - Marbre (48cm-19in) Paris 95 .... FF20 000 - £2 635 - **$4,054**

GENNARO de Gaetano 1890-? [1]
- *A Man from Aran* - Oil/board (58x46cm-23x18in) Dublin 95 .... FF13 480 - £1 750 - **$2,773**

GENOD Michel Philibert 1795-1862 [2]
- *La Fammille attablée* - Huile/toile (42x51cm-17x20in) Nîmes 94 .... FF7 000 - £827 - **$1,290**

GENOT Luc [3]
- *L'Hiver* - Huile/panneau (37x44cm-15x17in) Bruxelles 95 .... FF4 150 - £520 - **$826**
- *Le lendemain de l'aube* - Huile/toile (54x80cm-21x31in) Liège 89 .... FF16 200 - £1 565 - **$2,458**

GENOT M.P. 1795-1862 [1]
- *Cuisine Lyonnaise* - Huile/toile (44x35cm-17x14in) Paris 93 .... FF19 000 - £2 170 - **$3,220**

GENOTAT Fritz 1876-? [1]
- *Stift Melk an der Donau* - Öl/Leinwand (82x65cm-32x26in) Bremen 95 .... FF5 160 - £678 - **$1,035**

GENOUD Marin 1893-1966 [5]
- *Les environs de Lyon* - Huile/panneau (90x60cm-20x24in) Paris 97 .... FF3 000 - £318 - **$522**

GENOUD Nanette 1907-1987 [5]
- *Nu à l'atelier* - Huile/toile (73x56cm-29x22in) München 95 .... FF7 950 - £1 040 - **$1,592**

GENOVES Juan 1930 [14]
- *Artefactos Nucleares* - Huile/toile (120x110cm-47x43in) Versailles 96 .... FF25 500 - £3 195 - **$4,920**
- *Hombres en el asfalto* - Grisaille (29x46cm-11x18in) Madrid 97 .... FF9 000 - £1 012 - **$1,620**

GENSCHOW Georg 1828-1902 [1]
- *Engstlensee in der Schweiz* - Oil/canvas (87x126cm-34x50in) Stuttgart 90 .... FF22 100 - £2 260 - **$4,362**

GENSLER Martin 1811-1881 [1]
- *Familjescen utanför ett hus* - Oil/panel (46x38cm-18x15in) Stockholm 89 .... FF28 100 - £2 873 - **$4,518**

GENTH Lillian M. 1876-1953 [13]
- *The tailor shop* - Oil/canvas (50x58cm-20x23in) New-York 92 .... FF11 100 - £1 162 - **$2,000**
- *Reflections* - Oil/canvas (127x96cm-50x38in) New-York 91 .... FF57 000 - £5 722 - **$9,862**

GENTHE Arnold 1869-1942 [32]
- *Chinatown, San Francisco* - Silver print (25x33cm-10x13in) New-York 96 .... FF4 130 - £530 - **$800**
- *Isadora Duncan* - Gelatin silver print (23x30cm-9x12in) New-York 94 .... FF15 940 - £1 900 - **$3,000**

GENTIL Gabrielle [2]
- *Ne me tuez pas, 1985* - Huile/toile (73x60cm-29x24in) Provins 90 .... FF7 500 - £808 - **$1,323**
- *Sous-bois à Fontainebleau* - Aquarelle (50x34cm-20x13in) Provins 90 .... FF1 500 - £162 - **$265**

GENTILINI Franco 1909-1981 [87]
- *Figure, inizi anni'40* - Olio/tavola (34x27cm-13x11in) Prato 97 .... FF47 600 - £5 600 - **$8,400**
- *Paesaggio di Toledo* - Olio/tela (61x80cm-24x31in) Milano 96 .... FF174 200 - £22 360 - **$33,300**
- *Cattedrale* - Olio/tela (150x100cm-59x39in) Milano 94 .... FF300 000 - £35 700 - **$53,500**
- *Periferia* - Olio/tela (130x160cm-51x63in) Milano 91 .... FF520 000 - £53 400 - **$96,700**
- *Banchetto* - Terracotta (29x57cm-11x22in) Milano 94 .... FF8 470 - £1 008 - **$1,512**
- *Ragazza con pera* - Bronze (77x23x67cm-30x9x26in) Prato 93 .... FF97 300 - £11 120 - **$16,550**
- *Cattedrale* - Gouache/carta (46x34cm-18x13in) Milano 92 .... FF54 400 - £5 560 - **$9,570**
- *Cattedrale* - Tempera/carta (71x55cm-28x22in) Prato 97 .... FF170 000 - £20 000 - **$30,000**

GENTILS Philippe XX [2]
- *Le Sentier bleu en désordre* - Technique mixte (75x75cm-30x30in) Paris 89 .... FF3 200 - £327 - **$514**

GENTILS Vic 1919 [27]
- *Untitled* - Pianoparts/wood (62x48cm-24x19in) Amsterdam 94 .... FF35 100 - £4 120 - **$6,240**
- *Fleur* - Wood (122x122cm-48x48in) Amsterdam 97 .... FF32 224 - £3 379 - **$5,529**
- *Schaakspel* - Bronze Lokeren 93 .... FF65 900 - £7 880 - **$13,470**
- *Composition* - Gouache/papier (19x18cm-7x7in) Bruxelles 97 .... FF4 902 - £531 - **$867**

GENTINETTA Bruno 1937 [2]
- *Herbstbaeume am See* - Öl/Leinwand (39x45cm-15x18in) Luzern 92 .... FF2 017 - £241 - **$388**
- *Die schwarze Spinne* - Gravure bois (64x48cm-25x19in) Bern 95 .... FF1 936 - £252 - **$398**

GENTNER Hans Johann 1853-1914 [1]
- *Liechtensteiner Alpen* - Öl/Leinwand (51x41cm-20x16in) Frankfurt 94 .... FF3 060 - £352 - **$523**

GENTY Emmanuel 1830-1904 [2]
- *Paysage* - Huile/carton (25x33cm-10x13in) Neuilly 96 .... FF2 500 - £323 - **$483**

GENTZ Ismaël 1862-1914 [4]
- *Bildnis des Josef Kohler* - Pencil/paper (35x30cm-14x12in) Hamburg 97 .... FF2 696 - £288 - **$470**
- *Old Jewish man sitting on a staircase*
  Watercolour/paper (58x31cm-23x12in) Amsterdam 94 .... FF15 900 - £1 910 - **$3,090**

G

GENTZ Wilhelm Karl 1822-1890 [5]
- *The snake charmer* - Oil/canvas (60x93cm-24x37in) New-York 95 .... FF*138 600* - £*17 000* - **$27,000**

GENZKEN Isa 1948 [2]
- *Kleiner Pavillon* - Sculpture (34x39x45cm-13x15x18in) Köln 92 .... FF*30 600* - £*3 130* - **$5,390**

GENZMER Berthold 1858-1927 [2]
- *Fishing by a brook* - Oil/canvas (51x65cm-20x26in) Los Angeles 89 .... FF*9 200* - £*941* - **$1,479**
- *Mädchen mit Ball* - Aquarell/Papier (18x13cm-7x5in) Wien 94 .... FF*7 310* - £*876* - **$1,420**

GÉO-LACHAUX Georges Marius 1891-? [3]
- *La rue Mouffetard, 1948* - Huile/toile (54x65cm-21x26in) Troyes 90 .... FF*10 000* - £*1 078* - **$1,764**

GEOFFROY Stéphane 1827-c.1900 [37]
- *Vénus de Milo* - Négatif papier (22x21cm-9x8in) Paris 95 .... FF*3 800* - £*478* - **$760**

GEOFFROY Henry 1853-1924 [37]
- *Le petite bretonne* - Huile/toile (41x30cm-16x12in) Calais 91 .... FF*15 000* - £*1 511* - **$2,603**
- *Lunchtime* - Oil/canvas (50x37cm-20x15in) London 95 .... FF*49 900* - £*6 500* - **$10,230**
- *Départ pour l'école* - Oil/canvas (61x38cm-24x15in) New-York 97 .... FF*102 330* - £*11 021* - **$18,000**
- *Leçon coranique* - Huile/toile (151x200cm-59x79in) Paris 95 .... FF*651 000* - £*85 500* - **$130,600**
- *La marchande de noisettes* - Watercolour/paper (39x27cm-15x11in) New-York 94 .... FF*16 380* - £*1 895* - **$2,800**

GEOFFROY Jean 1853-1924 [3]
- *Le jour de visite à l'hopital* - Huile/toile (119x92cm-47x36in) Paris 97 .... FF*40 000* - £*4 272* - **$7,012**
- *Indécision* - Huile/toile (65x54cm-26x21in) Nantes 92 .... FF*116 500* - £*11 920* - **$20,960**

GEOFFROY Roland 1905-1976 [1]
- *Le cablier Astragale, Nice* - Huile/toile (54x82cm-21x32in) Le Mans 93 .... FF*2 500* - £*302* - **$455**

GEORGE Eric 1881-? [3]
- *Study of a male torso* - Red chalk/paper (52x38cm-20x15in) New-York 92 .... FF*4 440* - £*465* - **$800**

GEORGE Ernest 1839-1922 [70]
- *Venice* - Watercolour (34x24cm-13x9in) London 96 .... FF*4 830* - £*550* - **$924**

GEORGE Herbert XIX-XX [4]
- *End of the Harvest* - Watercolour (13x19cm-5x7in) London 94 .... FF*2 570* - £*300* - **$447**

GEORGE Jean-Philippe 1818-1888 [5]
- *Le Wetterhorn* - Huile/carton (27x27cm-11x11in) Genève 96 .... FF*2 385* - £*276* - **$457**
- *Le Lac du Bourget à Châtillon* - Huile/toile (32x44cm-13x17in) Genève 96 .... FF*18 280* - £*2 116* - **$3,500**

GEORGE-JUILLARD Jean Philippe 1818-1888 [16]
- *Chalet dans les Alpes* - Öl/Karton (19x29cm-7x11in) Bern 95 .... FF*6 480* - £*810* - **$1,308**
- *Vierwaldstättersee-Landschaft* - Öl/Leinwand (64x53cm-25x21in) Bern 94 .... FF*32 000* - £*3 780* - **$5,700**

GEORGEL Christine 1947 [3]
- *La manifestation* - Acrylique/toile (81x65cm-32x26in) Saint-Dié 96 .... FF*4 200* - £*494* - **$826**

GEORGES Charles E. 1869-1970 [1]
- *On the banks, west country river* - Watercolour (36x52cm-14x20in) London 92 .... FF*3 120* - £*320* - **$599**

GEORGES Claude 1929-1988 [32]
- *Sans titre* - Huile/toile (100x73cm-39x29in) Paris 97 .... FF*3 200* - £*338* - **$549**
- *Composition* - Huile/toile (113x145cm-44x57in) Paris 96 .... FF*9 000* - £*1 033* - **$1,717**
- *Métal elliptique* - Huile/toile (161x129cm-63x51in) Paris 91 .... FF*41 000* - £*4 099* - **$6,752**

GEORGES Jean XX [2]
- *Le port de Marseille* - Huile/panneau (33x23cm-13x9in) Cannes 90 .... FF*5 000* - £*539* - **$882**

GEORGES Jean-Louis ?-1893/94 [2]
- *Pommes et verre de vin* - Huile/toile (40x32cm-16x13in) Paris 95 .... FF*3 000* - £*388* - **$618**
- *Still life with fruits* - Oil/canvas (100x80cm-39x31in) New-York 92 .... FF*139 500* - £*14 100* - **$28,000**

GEORGES-MICHEL Michel 1886-1985 [13]
- *Mannequins à Longchamp* - Huile/carton/toile (49x60cm-19x24in) Paris 94 .... FF*3 000* - £*352* - **$529**

GEORGESCOU Nicolaï 1946-1995 [4]
- *Jeune femme* - Huile/toile (110x110cm-43x43in) Saint-Dié 96 .... FF*3 000* - £*376* - **$580**

GEORGET Charles Jean ?-1895 [3]
- *Village en bord de Seine* - Huile/toile (21x33cm-8x13in) Versailles 92 .... FF*7 000* - £*835* - **$1,347**

GEORGI Edwin 1896-1964 [1]
- *Man looks up at guest* - Gouache (41x51cm-16x20in) New-York 96 .... FF*7 690* - £*911* - **$1,500**

GEORGI Friedrich Otto 1819-1874 [12]
- *View of Jerusalem* - Oil/canvas (33x43cm-13x17in) Tel Aviv 92 .... FF*88 400* - £*10 550* - **$17,000**
- *Les deux majestés* - Oil/canvas (67x91cm-26x36in) New-York 89 .... FF*165 900* - £*16 507* - **$26,209**

GEORGI Walter 1871-1924 [4]
- *Junge Frau* - Öl/Leinwand (88x70cm-35x28in) Frankfurt 94 .... FF*12 930* - £*1 513* - **$2,280**
- *Höfling begrüsst Rokokodame* - Aquarell/Papier (29x29cm-11x11in) Lindau 97 .... FF*2 363* - £*248* - **$406**

GEORGII-HILDEBRANDT Irene 1880-? [1]
- *Standing male nude* - Bronze (56cm-22in) Frankfurt 96 .... FF*9 450* - £*1 115* - **$1,857**

GEORGIN François 1801-1863 [1]
- *La mort de Duroc* - Fixé sous verre (31x61cm-12x24in) Paris 94 .... FF*3 200* - £*375* - **$565**

GEORGIOU Elpida 1958 [3]
- *Masks* - Oil/canvas (183x121cm-72x48in) London 90 .... FF*31 000* - £*3 341* - **$5,467**

GEOROY 1906-1983 [4]
- *Paysage* - Huile/toile (90x100cm-35x39in) Antwerpen 95 .... FF*5 870* - £*736* - **$1,170**

GEPPERT Eugeniusz 1890-1979 [7]
- *Zólty Dzbanek z Pasiakami* - Oil/canvas (73x92cm-29x36in) Kraków 93 .... FF*13 330* - £*1 360* - **$2,380**
- *Przejazdzka* - Watercolour, gouache/board (40x59cm-16x23in) Warszawa 96 .... FF*9 060* - £*1 130* - **$1,750**

GERALIS Apostolos 1886-1983 [17]
- *The Prayer* - Oil/canvas (89x70cm-35x28in) Athens 94 .... FF**89 000** - £10 540 - **$16,440**
- *Two girls* - Oil/canvas (98x100cm-39x39in) Athens 93 .... FF**240 000** - £27 570 - **$41,200**

GERALIS Loucas 1875-1958 [7]
- *Village street* - Oil/hardboard (41x31cm-16x12in) Athens 96 .... FF**25 730** - £2 980 - **$4,930**

GERANIOTIS Dimitrios 1871-1966 [1]
- *The General Vasos* - Oil/canvas (125x90cm-49x35in) Athens 96 .... FF**68 600** - £7 940 - **$13,150**

GERANZANI Cornelio 1880-1955 [2]
- *Ragazzo con gatto* - Olio/tela (100x83cm-39x33in) Genova 89 .... FF**34 300** - £3 507 - **$5,514**

GÉRARD Claude Charles 1757-1826 [1]
- *Cinq scènes mythologiques* - Mine plomb (19x14cm-7x6in) Paris 93 .... FF**4 500** - £506 - **$763**

GÉRARD Émile 1932 [19]
- *Paysage de rêve* - Huile/toile (54x73cm-21x29in) Saint-Dié 97 .... FF**2 800** - £316 - **$50,7 8**
- *La plage des Sables-d'Olonne* - Aquarelle (50x61cm-20x24in) Saint-Dié 94 .... FF**2 200** - £250 - **$373**

GÉRARD Emilien 1894-1975 [1]
- *Le port au sabke* - Huile/toile (37x48cm-15x19in) Paris 92 .... FF**3 200** - £328 - **$564**

GÉRARD François, baron 1770-1837 [22]
- *Arthur O'Connor* - Huile/toile (74x58cm-29x23in) Paris 96 .... FF**180 000** - £22 550 - **$34,740**
- *Comte Louis-Michel Pac* - Huile/toile (71x52cm-28x20in) Monaco 94 .... FF**800 000** - £94 700 - **$147,800**
- *Enfant dormant au Musée* - Pencil/paper (12x18cm-5x7in) Stockholm 96 .... FF**16 150** - £2 014 - **$3,120**

GÉRARD Gaston 1859-? [3]
- *Abundance* - Oil/panel (60x81cm-24x32in) London 96 .... FF**8 900** - £1 100 - **$1,720**

GERARD Henry 1860-1925 [11]
- *Le Palais des Doges, Venise* - Huile/panneau (46x55cm-18x22in) Paris 95 .... FF**9 000** - £1 158 - **$1,844**
- *Coucher de solei, bassin Saint-Marc* - Huile/panneau (66x88cm-26x35in) Paris 92 .... FF**17 000** - £1 740 - **$3,060**

GERARD Joseph 1821-1895 [1]
- *La fuite des Ménapiens* - Huile/toile (134x326cm-53x128in) Bruxelles 90 .... FF**27 500** - £2 841 - **$4,859**

GERARD Louis Auguste 1783-1862 [2]
- *Troupeau devant une ferme* - Huile/toile (25x32cm-10x13in) Paris 95 .... FF**8 000** - £1 016 - **$1,640**
- *Plage des bains de mer, Trouville*
  Huile/panneau (63x46cm-25x18in) Clermont-Ferrand 90 .... FF**57 000** - £5 888 - **$10,071**

GERARD Luc 1934 [24]
- *Honfleur* - Huile/toile (14x22cm-6x9in) Le Havre 96 .... FF**2 900** - £341 - **$571**

GERARD Lucien XIX [6]
- *Rentrée à l'étable* - Oil/canvas (79x60cm-31x24in) Amsterdam 95 .... FF**11 130** - £1 390 - **$2,247**
- *In pursuit of the stag* - Oil/canvas (187x216cm-74x85in) New-York 97 .... FF**69 364** - £7 394 - **$12,000**

GÉRARD Lydie 1920 [5]
- *Espace* - Huile/toile (46x61cm-18x24in) Versailles 91 .... FF**2 500** - £249 - **$430**

GÉRARD Marguerite 1761-1837 [16]
- *Jeune fille aux colombes* - Huile/toile (61x50cm-24x20in) Paris 90 .... FF**1** - £147 150 - **$249,561**
- *La Jeune guitariste* - Oil/canvas (44x37cm-17x15in) New-York 95 .... FF**228 000** - £27 350 - **$42,500**
- *A lady in purple dress and white shirt* - Miniature (7cm-3in) London 93 .... FF**17 600** - £2 200 - **$3,190**

GÉRARD Pascal 1941 [23]
- *Les tentes sur la plage* - Huile/toile (50x61cm-20x24in) Le Havre 96 .... FF**4 600** - £541 - **$905**
- *Le port* - Huile/toile (50x61cm-20x24in) Paris 91 .... FF**11 000** - £1 103 - **$2,015**

GÉRARD Paul 1931 [2]
- *Cavalier du Train* - Huile/panneau (23x32cm-9x13in) Paris 90 .... FF**8 700** - £885 - **$1,740**

GERARD Pierre 1885-? [2]
- *Fünf Enten auf dem Teich* - Oil/canvas (61x78cm-24x31in) Stuttgart 91 .... FF**5 750** - £577 - **$995**

GÉRARD Théodore 1829-1895 [48]
- *Jeune servante et chien* - Huile/toile (49x37cm-19x15in) Bruxelles 97 .... FF**19 608** - £2 124 - **$3,468**
- *Grace before the meal* - Oil/canvas (42x32cm-17x13in) New-York 95 .... FF**30 800** - £3 780 - **$6,000**
- *The house of cards* - Oil/panel (59x73cm-23x29in) New-York 92 .... FF**83 200** - £9 930 - **$16,000**
- *The Happy Family* - Oil/panel (56x71cm-22x28in) London 94 .... FF**159 700** - £19 000 - **$30,100**

GERASCH Alfred 1864-1905 [1]
- *Der Hauptplatz von Mödling* - Aquarell/Papier (15x21cm-6x8in) Wien 94 .... FF**12 100** - £1 388 - **$2,070**

GERASCH August 1822-1908 [10]
- *Der Nesträuber* - Oil/panel (53x42cm-21x17in) Wien 95 .... FF**17 130** - £2 167 - **$3,346**

GERASCH Franz 1826-1893 [10]
- *Rudolf I. nach der Schlacht* - Aquarell/Papier (32x44cm-13x17in) Wien 96 .... FF**9 630** - £1 201 - **$1,860**

GERBAUD Abel 1888-1954 [10]
- *La ferme à Cette* - Huile/toile (54x65cm-21x26in) La Flèche 94 .... FF**5 000** - £597 - **$937**

GERBAULT Henry 1863-1930 [4]
- *Blanc ou noir* - Aquarelle/papier (32x22cm-13x9in) Bruxelles 93 .... FF**3 626** - £434 - **$741**

GERBER François 1945 [16]
- *Paysage animé* - Huile/toile (73x92cm-29x36in) Nancy 91 .... FF**9 700** - £996 - **$1,805**
- *Jeune femme seins nus* - Pastel (75x55cm-30x22in) Saint-Dié 92 .... FF**5 500** - £640 - **$1,123**

GERBER Hans 1910-1978 [1]
- *Komposition* - Collage (36x26cm-14x10in) Bern 90 .... FF**5 100** - £543 - **$912**

GERBER Théo 1928 [2]
- *Surreale Farbkomposition* - Lithographie (37x35cm-15x14in) Luzern 92 .... FF**1 523** - £182 - **$293**
- *Départ pour Demain* - Aquarell/Papier (104x130cm-41x51in) Luzern 93 .... FF**24 740** - £2 955 - **$4,760**

GERBIER D'OUVILLY Balthasar c.1593-1667 [1]
- *G. Villiers, Duke of Buckingham* - Oil/panel (75x63cm-30x25in) London 96 .... FF*46 400* - £*6 000* - **$9,100**

GERBIG Alexander 1878-1948 [6]
- *Italienische Landschaft* - Oil (60x66cm-24x26in) Köln 89 .... FF*25 700* - £*2 628* - **$4,132**

GERDAGO Gerda Iro 1906-? [5]
- *A dancer* - Ivory, bronze (35cm-14in) New-York 94 .... FF*21 650* - £*2 566* - **$4,000**

GERDES Ed 1887-1945 [3]
- *Still life* - Oil/canvas (81x112cm-32x44in) Amsterdam 93 .... FF*3 060* - £*352* - **$527**

GERDES Ludger 1954 [5]
- *Ohne Titel* - Acrylic/paper (202x91cm-80x36in) Köln 94 .... FF*13 040* - £*1 545* - **$2,410**

GÉRÉ Alexandre 1807-? [1]
- *Scène animée sur la rivière* - Huile/toile (42x60cm-17x24in) Grenoble 96 .... FF*4 700* - £*552* - **$925**

GERE Charles March 1860-1959 [6]
- *A village seen from the meadows* - Oil/canvas (15x31cm-6x12in) London 94 .... FF*12 600* - £*1 500* - **$2,400**
- *Hut in a Mountainous Landscape* - Watercolour (18x23cm-7x9in) London 97 .... FF*2 801* - £*300* - **$48,4 2**

GERE Margaret 1878-1965 [3]
- *Nativity* - Oil/canvas (36x38cm-14x15in) London 91 .... FF*8 560* - £*877* - **$1,598**

GERECHTER Siegmund 1850-1902 [1]
- *Berta von Schafenberg* - Ol/Leinwand (97x67cm-38x26in) Lindau 94 .... FF*19 870* - £*2 305* - **$3,420**

GERELL Greta 1898-1982 [35]
- *Nature morte* - Oil/paper (24x19cm-9x7in) Stockholm 96 .... FF*6 870* - £*891* - **$1,360**
- *När Roslagen blommar* - Oil/canvas (35x27cm-14x11in) Stockholm 94 .... FF*17 240* - £*2 067* - **$3,260**
- *Uteservering i Paris* - Oil/canvas (60x50cm-24x20in) Stockholm 89 .... FF*65 500* - £*6 902* - **$11,027**

GERGELY Imre 1868-1914 [16]
- *Mercato di fiori* - Olio/tela (60x80cm-24x31in) Trieste 97 .... FF*7 140* - £*840* - **$1,260**

GERHARD Adolf 1910-1975 [2]
- *Großstadtgasse* - Oil/canvas (90x121cm-35x48in) München 90 .... FF*10 200* - £*1 038* - **$2,040**

GERHARD Johan Friedrich 1695-1748 [1]
- *Dreng siddende ved et fuglebur* - Oil/canvas (19x14cm-7x6in) Köbenhavn 89 .... FF*22 000* - £*2 249* - **$3,537**

GERHARDINGER Constantin 1888-1970 [10]
- *Im Aiblinger Moor* - Ol/Karton (34x41cm-13x16in) München 94 .... FF*20 530* - £*2 433* - **$3,750**

GERHARDT Aloys 1837-1889 [3]
- *Markt vor einem Dorf in Ungarn* - Oil/panel (13x39cm-5x15in) Wien 95 .... FF*12 230* - £*1 548* - **$2,390**

GERHARDT Eduard 1813-1888 [1]
- *Palazzo di Othello/Venice/Verona* - Watercolour (31x23cm-12x9in) London 92 .... FF*6 350* - £*650* - **$1,323**

GÉRICAULT Théodore 1791-1824 [104]
- *Laure Bro* - Huile/toile (45x55cm-18x22in) Monaco 89 .... FF*3* - £*3* - **$5**
- *Horse-portrait: Tamerlan* - Oil/canvas (44x54cm-17x21in) London 96 .... FF*962 000* - £*120 000* - **$186,000**
- *The Coal Waggon* - Lithographie (19x31cm-7x12in) Paris 94 .... FF*9 500* - £*1 112* - **$1,675**
- *Vues urbaines* - Encre (19x14cm-7x6in) Paris 97 .... FF*12 000* - £*1 322* - **$2,113**
- *Chevaux se mordant l'échine* - Aquarelle (6x8cm-2x3in) Paris 94 .... FF*53 000* - £*6 260* - **$9,650**
- *Allégorie de la Force* - Encre (13x11cm-5x4in) Paris 92 .... FF*74 000* - £*7 570* - **$13,030**
- *Cheval de charettes dans les limons* - Crayon (15x22cm-6x9in) Paris 91 .... FF*78 000* - £*7 916* - **$14,088**
- *Feuille de croquis militaires* - Encre (9x14cm-4x6in) Paris 92 .... FF*80 000* - £*9 540* - **$15,400**
- *Scène antique* - Ink (20x25cm-8x10in) London 94 .... FF*508 000* - £*60 000* - **$91,200**

GERICKE XIX-XX [1]
- *Hussard à cheval* - Bronze Versailles 95 .... FF*10 000* - £*1 303* - **$2,076**

GERICKE Willi 1895-1970 [1]
- *Abend am Meer* - Oil/canvas (60x80cm-24x31in) Ahlden 92 .... FF*3 400* - £*348* - **$599**

GERITZ Franz 1895-1945 [6]
- *Mirror lake* - Wood (30x21cm-12x8in) Cambridge, Mass. 91 .... FF*1 853* - £*186* - **$321**

GERLACH Georg 1874-1962 [7]
- *Still life* - Öl/Karton (53x66cm-21x26in) Lindau 96 .... FF*5 080* - £*588* - **$974**

GERLE Aron 1860-1930 [19]
- *Interior* - Oil/canvas (82x66cm-32x26in) Malmö 96 .... FF*5 030* - £*596* - **$982**
- *Vårafton, Norrtullsgatan* - Oil/canvas (95x122cm-37x48in) Stockholm 93 .... FF*17 760* - £*2 182* - **$3,290**

GERLICZY von Emil 1872-1924 [9]
- *Stilleben mit Bücherregal* - Öl/Leinwand (54x69cm-21x27in) Wien 94 .... FF*6 840* - £*777* - **$1,160**
- *Figur im Raum* - Aquarell/Papier (55x37cm-22x15in) Wien 96 .... FF*5 380* - £*698* - **$1,053**

GERLWH Gerardus Ladage 1878-1932 [6]
- *Gezicht op de Mas* - Watercolour, gouache, gouache/paper (71x51cm-28x20in) Amsterdam 95 .... FF*6 170* - £*808* - **$1,236**

GERMAIN Jacques 1915 [144]
- *Composition* - Huile/toile (65x81cm-26x32in) Paris 97 .... FF*8 200* - £*899* - **$1,439**
- *Composition n° 709* - Huile/toile (65x81cm-26x32in) Paris 96 .... FF*15 000* - £*1 853* - **$2,896**
- *Composition* - Huile/toile (114x146cm-45x57in) Versailles 92 .... FF*33 000* - £*3 380* - **$5,940**
- *Composition, 1957* - Huile/papier (33x37cm-13x15in) Pont-Audemer 90 .... FF*160 000* - £*16 113* - **$29,091**
- *Sans titre* - Gouache (76x56cm-30x22in) Paris 96 .... FF*5 800* - £*753* - **$1,136**
- *Composition* - Gouache (44x59cm-17x23in) La Varenne Saint-Hilaire 93 .... FF*12 000* - £*1 500* - **$2,182**

GERMAIN Jean-Baptiste 1841-1910 [9]
- *An Arab man on his camel* - Bronze (67cm-26in) New-York 93 .... FF*8 850* - £*1 007* - **$1,500**

GERMAIN-JACOB Jean 1900 [7]
- *Bretagne 66* - Huile/toile (46x55cm-18x22in) Paris 90 .... FF*2 800* - £*290* - **$492**
- *La rue Lepic* - Pastel/carton (31x24cm-12x9in) Paris 92 .... FF*3 000* - £*307* - **$529**

GERMAIN-THILL Alphonse 1873-1925 [4]
● *Le marché aux fruits* - Huile/toile (92x70cm-36x28in) Paris 94 .... FF60 000 - £7 140 - **$11,410**

GERMANA Mimmo 1944-1992 [25]
● *Paesaggio, 1990* - Acrilico/tela (60x50cm-24x20in) Prato 97 .... FF9 520 - £1 120 - **$1,680**
Volo tra cielo e mare - Olio/tela (120x140cm-47x55in) Milano 94 .... FF19 030 - £2 204 - **$3,330**
Volo d'angelo - Olio/tela (260x210cm-102x83in) Prato 95 .... FF34 000 - £4 400 - **$6,930**

GERMĀR von Hedwig 1854-? [3]
● *Wooded hilly landscape* - Oil/canvas (25x43cm-10x17in) Amsterdam 95 .... FF2 544 - £318 - **$514**

GERMASHEV Mikhail Markianovich 1868-1930 [5]
● *Winterliches Flusslandschaft* - Öl/Leinwand (80x89cm-31x35in) Wien 96 .... FF26 600 - £3 330 - **$5,160**

GERMELA Raimund 1868-1945 [11]
● *Häuser am Wasser* - Öl/Leinwand (105x115cm-41x45in) Wien 96 .... FF10 600 - £1 321 - **$2,047**
By the Thames - Oil/canvas (108x137cm-43x54in) London 96 .... FF132 300 - £16 500 - **$25,560**
⬠ *Schöne und Faun* - Mischtechnik/Papier (62x80cm-24x31in) Wien 95 .... FF10 980 - £1 386 - **$2,190**

GERMENIS Vasilis 1896-1966 [5]
● *Santorini* - Oil/canvas (59x79cm-23x31in) London 93 .... FF35 100 - £4 000 - **$5,960**

GERNANDT Arvid Wilhelm 1863-1920 [5]
● *Café Schweizer, Stockholm* - Oil/canvas (32x19cm-29x47in) London 94 .... FF29 400 - £3 500 - **$5,540**
⬠ *Det gamla kaféet* - Watercolour (25x33cm-10x13in) Uppsala 92 .... FF1 603 - £164 - **$282**

GERNES Poul 1925 [3]
● *Komposition* - Oil/canvas (67x6cm-26x2in) København 96 .... FF4 610 - £599 - **$912**

GERNEZ Paul-Élie 1888-1948 [212]
● *La Baie de Seine, 1917* - Huile/toile (50x65cm-20x26in) Paris 97 .... FF7 800 - £847 - **$1,382**
Entrée du port de Trouville - Huile/toile (33x45cm-13x18in) Paris 97 .... FF18 000 - £1 903 - **$3,103**
Le port de Honfleur - Huile/panneau (55x100cm-22x39in) Pontoise 97 .... FF35 000 - £3 773 - **$6,146**
Honfleur, le retour des voiliers - Huile/carton (41x65cm-16x26in) Deauville 97 .... FF50 700 - £550 6 2 - **$898,4 4**
La grève, la jetée, les chevaux - Huile/toile (54x73cm-21x29in) Deauville 94 .... FF85 000 - £10 380 - **$16,130**
Sortie du vieux bassin à Honfleur - Huile/toile (60x81cm-24x32in) Granville 90 .... FF285 000 - £29 968 - **$49,565**
⬠ *Vase de roses* - Pastel (40x31cm-16x12in) Saint-Dié 96 .... FF21 000 - £2 733 - **$4,160**
Nu au vase de fleurs - Pastel/papier (47x34cm-19x13in) Paris 97 .... FF34 000 - £3 709 - **$5,943**
La plage de Deauville - Pastel (40x62cm-16x24in) Deauville 95 .... FF70 000 - £9 000 - **$13,900**
Nature morte au pichet - Pastel (57x84cm-22x33in) Paris 90 .... FF275 000 - £29 634 - **$48,501**

GEROME François 1895-? [8]
● *L'Opéra, Paris* - Oil/canvas (61x76cm-24x30in) Delray Beach, Florida 93 .... FF5 600 - £638 - **$950**

GÉROME Jean-Léon 1824-1904 [215]
● *Le Derviche tourneur* - Oil/canvas (74x95cm-29x37in) New-York 97 .... FF5 - £566 378 - **$925,000**
Napoléon in Egypt - Oil/panel (58x88cm-23x35in) New-York 97 .... FF8 - £881 745 - **$1**
Lévriers mangeant dans une Assiette - Huile/panneau (11x17cm-4x7in) Monaco 94 .... FF28 000 - £3 305 - **$5,020**
Tigre couché, au clair de lune - Huile/toile (25x46cm-10x18in) Paris 96 .... FF96 000 - £12 030 - **$18,550**
Lion sur une falaise - Oil/canvas (60x91cm-24x36in) New-York 96 .... FF311 500 - £39 700 - **$60,000**
Japanese imploring a divinity - Oil/canvas (71x59cm-28x23in) New-York 97 .... FF790 510 - £85 134 - **$140,000**
▯ *Danseuse mauresque* - Sculpture (182cm-72in) New-York 90 .... FF2 - £243 404 - **$409,302**
La joueuse de boules - Bronze (36cm-14in) London 97 .... FF23 810 - £2 500 - **$4,081**
Frederick the Great on Horseback - Bronze (40x35cm-16x14in) London 97 .... FF76 190 - £8 000 - **$13,059**
Bonaparte entrant à Caire - Bronze (41cm-16in) New-York 97 .... FF101 637 - £10 946 - **$18,000**
Sarah Bernhardt - Plaster (68cm-27in) New-York 97 .... FF684 540 - £73 788 - **$120,000**
⬠ *Danse du sabre* - Crayon/papier (34x22cm-13x9in) Paris 97 .... FF10 000 - £1 063 - **$1,723**
Le Roi Candaule - Encre (33x49cm-13x19in) Paris 94 .... FF34 000 - £4 030 - **$6,280**

GERRARD Charles Robert 1892-1964 [10]
● *Poinsettias in a vase* - Oil/board (123x71cm-48x28in) London 96 .... FF4 800 - £600 - **$931**

GERRER Robert Gregory 1867-? [1]
● *Landscape* - Oil/canvas (53x74cm-21x29in) Cleveland, Ohio 92 .... FF3 750 - £393 - **$675**

GERRITS Geo. Ger 1893-1965 [8]
● *Verkenners bespeuren onraad* - Oil/canvas (60x40cm-24x16in) Amsterdam 97 .... FF16 990 - £1 781 - **$2,915**
▱ *Untiteld* - Linocut in colors (41x26cm-16x10in) Amsterdam 97 .... FF2 195 - £230 - **$376**
⬠ *Abstract composition* - Gouache (49x32cm-19x13in) Amsterdam 94 .... FF9 700 - £1 114 - **$1,658**

GERRY Samuel Lancaster 1813-1891 [17]
● *Mount Washington Vista* - Oil/canvas (53x76cm-20x30in) New-York 92 .... FF49 000 - £5 690 - **$10,000**
⬠ *Sailboat seen through the cove* - Watercolour (33x48cm-13x19in) Philadelphia 93 .... FF1 925 - £228 - **$350**

GERSHANIK Roman Vasilievich 1898-1959 [2]
⬠ *Asian scene* - Gouache/paper (71x54cm-28x21in) London 90 .... FF5 800 - £625 - **$1,023**

GERSHOV Solomon Moiseevich 1906-1989 [1]
● *Ludwig van Beethoven* - Oil/paper (54x47cm-21x19in) London 89 .... FF11 600 - £1 186 - **$1,865**

GERSHUNI Moshe 1936 [7]
● *To the Hebrews* - Oil (95x139cm-37x55in) Tel Aviv 96 .... FF25 500 - £3 310 - **$5,000**
⬠ *Composition* - Mixed media/paper (99x69cm-39x27in) Tel Aviv 94 .... FF18 470 - £2 220 - **$3,500**

GERSON Wojcieh 1831-1901 [7]
⬠ *Bukowina* - Aquarelle/papier (12x18cm-5x7in) Warszawa 92 .... FF4 170 - £426 - **$744**

GERSON-DĄBROWSKA Maria Józefa 1869-1942 [1]
⬠ *Zjawa dziewczeki z wiankiem na glowie* - Oil/canvas (51x82cm-20x32in) Warszawa 93 ...... FF18 530 - £1 960 - **$3,000**

GERSTENBRAND Alfred 1891-1977 [4]
⬠ *In Begleitung* - Aquarell/Papier (39x37cm-15x15in) Wien 94 .... FF3 160 - £371 - **$563**

GERSTMEYER Josef 1801-1870 [6]
- *Klosterhof bei Nacht* - Oil/canvas (55x68cm-22x27in) Wien 91 .... FF*8 640* - £*858* - **$1,500**
- *Calvario di Rovereto* - Gouache/papier (20x27cm-8x11in) Wien 96 .... FF*12 000* - £*1 455* - **$2,333**

GERSTNER Karl 1930 [5]
- *Ohne Titel* - Serigraph (79x79cm-31x31in) Köln 89 .... FF*2 000* - £*205* - **$322**

GERSZO Gunther 1915 [11]
- *Rojo-Azul-Naranja* - Oil/masonite (55x46cm-22x18in) New-York 95 .... FF*116 400* - £*15 460* - **$24,000**
- *Abstracción en azul* - Oil/canvas (100x66cm-39x26in) New-York 92 .... FF*238 500* - £*24 400* - **$42,000**

GERTH Fritz XIX-XX [1]
- *A naked girl* - Bronze (106cm-42in) London 95 .... FF*39 150* - £*5 200* - **$8,070**

GERTLER Mark 1892-1939 [39]
- *Still Life with Fruit* - Oil/canvas (28x38cm-11x15in) London 96 .... FF*30 930* - £*4 000* - **$6,130**
- *Still Life* - Oil/canvas (61x51cm-24x20in) London 96 .... FF*162 991* - £*17 000* - **$27,871**
- *Boxers* - Oil/canvas (122x91cm-48x36in) London 97 .... FF*526 818* - £*55 000* - **$90,139**

GERTNER Johan Vilhelm 1818-1871 [8]
- *Fra Frederiksborg Slot* - Oil/canvas (68x53cm-27x21in) København 93 .... FF*19 260* - £*2 302* - **$3,700**
- *Bertel Thorvaldsen, profilportræt* - Pencil (18x16cm-7x6in) København 92 .... FF*3 504* - £*419* - **$673**

GERTSCH Franz 1930 [14]
- *Fluss in Mondschein* - Gravure bois couleurs (29x47cm-11x19in) Bern 96 .... FF*3 260* - £*396* - **$634**
- *Françoise* - Collage (110x66cm-43x26in) Bern 94 .... FF*64 600* - £*7 490* - **$11,130**

GERVAIS Eugène XIX [2]
- *Flowers in a straw basket* - Oil/canvas (92x73cm-36x29in) New-York 96 .... FF*19 000* - £*2 460* - **$3,800**

GERVAIS Lise 1933 [47]
- *Composition* - Huile/toile (61x51cm-24x20in) Montréal 97 .... FF*2 107* - £*228* - **$370**
- *Théorème à plasticien* - Huile/toile (134x132cm-53x52in) Montréal 93 .... FF*17 200* - £*1 880* - **$3,160**
- *La tricoteuse* - Encre/papier (28x21cm-11x8in) Montréal 94 .... FF*1 936* - £*223* - **$332**

GERVAIS Paul Jean 1859-c.1936 [11]
- *Baigneuses au bord de l'eau* - Huile/carton (30x44cm-12x17in) Paris 92 .... FF*10 000* - £*1 163* - **$2,040**
- *La conseillère* - Oil/canvas (155x201cm-61x79in) New-York 97 .... FF*62 535* - £*6 735* - **$11,000**

GERVESE A. Millot 1880-1959 [1]
- *Artillerie de marine/Abordage/Bal* - Estampe (28x56cm-11x22in) Paris 95 .... FF*3 200* - £*404* - **$638**

GERVEX Henri 1852-1929 [42]
- *Jeune femme à l'ombrelle Japonaise* - Huile/toile (35x27cm-14x11in) Paris 96 .... FF*23 000* - £*2 790* - **$4,520**
- *Jeune femme à l'éventail* - Huile/toile (46x38cm-18x15in) Clermont-Ferrand 97 .... FF*40 000* - £*4 244* - **$6,896**
- *Le Marché aux Fleurs* - Oil/canvas (80x59cm-31x23in) New-York 96 .... FF*437 000* - £*53 000* - **$85,000**
- *Élégante au chapeau* - Pastel/toile (44x37cm-17x15in) Paris 95 .... FF*17 500* - £*2 205* - **$3,466**
- *Jeune femme assise à l'éventail* - Pastel (114x79cm-45x31in) Paris 94 .... FF*85 000* - £*10 040* - **$15,500**

GERVEX Marguerite XX [2]
- *Marguerite au chapeau* - Huile/toile (65x81cm-26x32in) Versailles 90 .... FF*4 000* - £*421* - **$696**

GÉRY-GALLY Marguerite XIX-XX [3]
- *Le thé au jardin* - Huile/toile (97x111cm-38x44in) Paris 94 .... FF*5 800* - £*675* - **$1,017**

GERZ Jochen 1940 [8]
- *Die griechische Witwe* - Photograph (17x23cm-7x9in) Köln 89 .... FF*3 400* - £*348* - **$547**

GERZSO Gunther 1916 [40]
- *Naranja-verde-azul* - Oil (46x65cm-18x26in) New-York 97 .... FF*126 291* - £*13 411* - **$22,000**
- *Verde-Azul-Naranja* - Oil (46x65cm-18x26in) New-York 97 .... FF*183 590* - £*19 644* - **$32,000**
- *Paysage archaïque* - Oil/canvas (60x92cm-24x36in) New-York 97 .... FF*257 733* - £*27 472* - **$45,000**
- *Paisaje* - Oil/masonite (110x65cm-43x26in) New-York 95 .... FF*689 000* - £*86 000* - **$135,000**
- *White stele* - Bronze (42cm-17in) New-York 89 .... FF*62 900* - £*6 431* - **$10,113**

GESELSCHAP Eduard 1814-1878 [2]
- *Grandmother's Bible* - Oil/canvas (31x25cm-12x10in) New-York 95 .... FF*31 700* - £*3 820* - **$6,000**

GESINIUS-VISSER Bob 1898-1978 [2]
- *Junges Paar mit Fischstilleben* - Oil/panel (73x60cm-29x24in) München 94 .... FF*6 840* - £*803* - **$1,218**

GÉSINUS-VISSER Bob 1898-? [1]
- *Das Liebespaar (St. Eulalia)* - Oil/panel (73x60cm-29x24in) Düsseldorf 95 .... FF*10 440* - £*1 341* - **$2,110**

GESLIN Jacques 1954 [2]
- *Jungle domestique* - Huile/toile (51x41cm-20x16in) Paris 93 .... FF*5 000* - £*603* - **$910**

GESLIN Jean-Charles 1814-1885 [1]
- *Paysage fantastique* - Huile/panneau (24x61cm-9x24in) Paris 93 .... FF*5 600* - £*700* - **$1,018**

GESMAR Charles, Carl 1900-1928 [40]
- *Mistinguett, Moulin Rouge* - Poster (122x79cm-48x31in) New-York 94 .... FF*14 030* - £*1 610* - **$2,400**
- *Porteuses d'étoiles* - Aquarelle, gouache (57x46cm-22x18in) Paris 97 .... FF*2 000* - £*214* - **$346**

GESNE de Jean Victor Albert 1834-1903 [4]
- *Chiens de meute* - Huile/toile (38x46cm-15x18in) Saint-Dié 97 .... FF*10 800* - £*1 220* - **$1,955**

GESSA Y ARIAS Sebastián 1840-1920 [6]
- *Bodegón de frutas* - Oleo/lienzo (38x22cm-15x9in) Madrid 94 .... FF*10 720* - £*1 266* - **$1,927**

GESSNER Johann Conrad 1764-1826 [7]
- *Am Bach* - Öl/Leinwand (61x78cm-24x31in) Zürich 95 .... FF*14 430* - £*1 870* - **$2,853**
- *Ruine bei der unteren Klus* - Oil/canvas (76x91cm-30x36in) Zürich 94 .... FF*60 900* - £*7 270* - **$11,710**
- *Pferde und Knechte im Stall*
  Aquarell, Gouache/Papier (43x48cm-17x19in) Zürich 94 .... FF*76 700* - £*8 900* - **$13,220**

GESSNER Richard 1894-1989 [5]
- *Partie in Dachau* - Oil/canvas (98x92cm-39x36in) Köln 91 .... FF*11 830* - £*1 186* - **$1,953**

G

GESSNER Robert S. 1908-1982 [5]
🖌 *Sol Naranjo* - Gouache (36x24cm-14x9in) Luzern 94 .... FF**12 850** - £1 508 - **$2,290**
GESSNER Salomon 1730-1788 [7]
🖌 *Ein Junge reicht Wasser zu einer Bettler* - Aquarell/Papier (19x27cm-7x11in) Köln 94 .... FF**4 125** - £491 - **$777**
GEST Margaret Ralston 1900-? [1]
🖼 *The city* - Oil/canvas (96x70cm-38x28in) New-York 89 .... FF**12 600** - £1 254 - **$1,991**
GEST Maurice XX [2]
🖼 *Le pont de Tancarville* - Huile/panneau (37x53cm-15x21in) Rouen 90 .... FF**2 200** - £227 - **$389**
GESTA Gino XIX-XX [2]
🖼 *Rast bei der Parforcejagd* - Oil/canvas (43x68cm-17x27in) Stuttgart 91 .... FF**10 140** - £1 017 - **$1,692**
GESTEL Leo 1881-1941 [152]
🖼 *Farmhouse with a cornfield* - Oil/canvas (37x63cm-15x25in) Amsterdam 95 .... FF**10 800** - £1 414 - **$2,163**
   A farm among trees - Oil/canvas (65x50cm-26x20in) Amsterdam 95 .... FF**58 660** - £7 670 - **$11,740**
   Zittende Vrouw - Oil/canvas (114x88cm-45x35in) Amsterdam 97 .... FF**123 039** - £12 904 - **$21,113**
   Mallorca - Oil/canvas (39x54cm-15x21in) Amsterdam 97 .... FF**269 703** - £28 350 - **$46,332**
   Fleurs - Oil/canvas (91x74cm-36x29in) Amsterdam 95 .... FF**923 000** - £117 800 - **$188,400**
🖌 *St. Jans processie te Laren* - Coloured chalks (46x64cm-18x25in) Amsterdam 97 .... FF**17 980** - £1 890 - **$3,088**
   Horses in a Field - Watercolour/paper (71x95cm-28x37in) Amsterdam 97 .... FF**53 941** - £5 670 - **$9,266**
   A Still Life with Flowers - Watercolour/paper (100x90cm-39x35in) Amsterdam 97 .... FF**131 828** - £13 826 - **$22,622**
GETAZ Jean-Louis 1931 [2]
🗔 *Saanenhäuser im Winter I* - Lithographie couleurs (26x37cm-10x15in) Bern 96 .... FF**2 650** - £321 - **$515**
GETZ Arthur 1913-1996 [1]
🖼 *End of St. Patrick's Day Parade* - Casein (58x43cm-23x17in) New-York 96 .... FF**28 200** - £3 340 - **$5,500**
GETZ Leon 1896-1971 [1]
🖼 *Cityscape* - Oil/panel (57x44cm-22x17in) Warszawa 96 .... FF**10 650** - £1 346 - **$2,127**
GEUDENS Albert 1869-1949 [11]
🖼 *Intérieur* - Huile/toile (50x60cm-20x24in) Antwerpen 97 .... FF**3 931** - £415 - **$681**
   Terrasse de café - Technique mixte (54x68cm-21x27in) Antwerpen 95 .... FF**45 000** - £5 620 - **$9,080**
GEUDTNER Anna 1844-? [1]
🖌 *Stilleben mit halb gefülltem Römer* - Gouache (27x34cm-11x13in) Leipzig 91 .... FF**4 394** - £441 - **$725**
GEUFFROY Henry Charles 1891-1969 [2]
🖼 *Vue de Langres, Haute-Marne* - Huile/toile (27x41cm-11x16in) Chaumont 91 .... FF**2 300** - £228 - **$399**
GEVAERT Door XX [2]
🖼 *Composition* - Huile/toile (100x140cm-39x55in) Antwerpen 91 .... FF**2 106** - £209 - **$366**
GEVAERT Elisabeth XX [4]
🖼 *Hotel Am Wattenmeer in Niebüll* - Öl/Leinwand (40x30cm-16x12in) Bern 96 .... FF**2 120** - £257 - **$412**
GEVERS René 1869-? [2]
🖌 *Béguinage à Bruges, le soir* - Crayons couleurs (101x147cm-40x58in) Bruxelles 96 .... FF**14 030** - £1 810 - **$2,750**
GEWECKE Walter 1867-? [1]
🖼 *Blumenstilleben* - Öl/Leinwand (66x50cm-26x20in) Köln 94 .... FF**3 740** - £437 - **$656**
GEY Leonhard 1838-1894 [1]
🖌 *Vita Heinrichs des Löwen* - Gouache (55x75cm-22x30in) Bremen 94 .... FF**10 310** - £1 228 - **$1,962**
GEYE Osmane XX [2]
▨ *Femme* - Marbre (54cm-21in) L'Isle-Adam 90 .... FF**6 600** - £675 - **$1,303**
GEYER Alexius 1816-1883 [3]
🖼 *Türkische Kirchhof bei Rom* - Oil/canvas (57x94cm-22x37in) Luzern 91 .... FF**51 900** - £5 167 - **$8,925**
GEYER Conrad 1816-1893 [1]
🖌 *Zeichner auf einem felsen sitzend* - Pencil/paper (10x15cm-4x6in) Heidelberg 95 .... FF**1 810** - £233 - **$366**
GEYER Fritz 1875-1947 [13]
🖼 *Ulm und das Münster* - Öl/Leinwand (80x69cm-31x27in) Stuttgart 94 .... FF**8 230** - £977 - **$1,522**
   Markt in Regensburg - Öl/Leinwand (50x43cm-20x17in) München 93 .... FF**13 070** - £1 482 - **$2,210**
GEYER Georg 1823-1912 [20]
🖼 *Berglandschaft mit Blick auf einen See* - Oil/panel (42x55cm-17x22in) Wien 96 .... FF**10 600** - £1 321 - **$2,047**
   Ziegen am Waldbach - Oil/panel (28x30cm-11x12in) Wien 94 .... FF**12 200** - £1 414 - **$2,100**
   Blick auf den Grundlsee - Öl/Leinwand (51x75cm-20x30in) Wien 93 .... FF**43 300** - £5 170 - **$8,320**
GEYER Johann ?-1711 [1]
🖼 *Historische Szene* - Oil/canvas (76x63cm-30x25in) Wien 89 .... FF**14 400** - £1 391 - **$2,185**
GEYER Johann 1807-1875 [2]
🖼 *Ein Besuch im Zoo* - Öl/Leinwand (92x74cm-36x29in) Köln 94 .... FF**42 850** - £5 140 - **$8,320**
GEYER Ludwig Heinrich Chr. 1779-1821 [1]
🖌 *Im Burgzimmer* - Aquarell (29x22cm-11x9in) Bern 94 .... FF**5 250** - £609 - **$905**
GEYER Wilhelm 1900-1968 [4]
🖼 *Stilleben mit Fischen* - Öl/Leinwand (31x41cm-12x16in) Stuttgart 93 .... FF**12 880** - £1 540 - **$2,480**
GEYGER Ernst Moritz 1861-1941 [5]
▨ *An Archer* - Bronze (64cm-25in) London 96 .... FF**29 400** - £3 800 - **$5,810**
   Bogenschutze - Bronze (63cm-25in) London 97 .... FF**46 469** - £5 000 - **$8,169**
GEYLING Josef 1825-? [2]
🖼 *Zusammenkunft Kaiser Joseph II. mit Friedrich dem Grossen*
   Öl/Leinwand (104x89cm-41x35in) Wien 95 .... FF**12 650** - £1 578 - **$2,555**
GEYLING Remigius 1878-1974 [6]
🖌 *Entwurf für eine Tapete oder Stoff* - Gouache/carton (45x41cm-18x16in) Wien 95 .... FF**2 240** - £284 - **$452**
   Flucht vor der neuen Zeit - Watercolour (32x23cm-13x9in) Wien 95 .... FF**17 480** - £2 205 - **$3,490**

G

GEYLING Rudolf 1839-1904 [4]
🖼 *Fischende Amoretten* - Oil/panel (26x15cm-10x6in) Wien 92 .... FF*13 480* - £1 351 - **$2,590**
GEYP Adrianus Marinus 1855-1926 [20]
🖼 *Ducks in a pond* - Oil/canvas (76x93cm-30x37in) Amsterdam 97 .... FF*5 200* - £562 - **$907**
Wooded river landscape - Oil/canvas (70x50cm-28x20in) Amsterdam 97 .... FF*25 918* - £2 740 - **$4,447**
GHEDINI Giuseppe Antonio 1707-1791 [1]
✏ *La Madonna col Bambino* - Inchiostro (69cm-27in) Roma 89 .... FF*2 100* - £215 - **$338**
GHEDUZZI Cesare 1894-1944 [5]
🖼 *Paesaggio* - Olio/tela (50x70cm-20x28in) Roma 90 .... FF*7 300* - £777 - **$1,306**
GHEDUZZI Giuseppe 1889-1957 [9]
🖼 *Mietitura nella Campagna Romana* - Olio/tavola (39x50cm-15x20in) Roma 93 .... FF*16 470* - £1 850 - **$2,950**
L'affilacoltelli - Olio/tavola (48x64cm-19x25in) Milano 89 .... FF*41 200* - £4 100 - **$6,509**
GHEDUZZI Ugo 1853-1925 [2]
🖼 *Interno con galline* - Olio/tavola (38x58cm-15x23in) Milano 95 .... FF*7 430* - £936 - **$1,510**
GHENT Peter 1856-1911 [8]
🖼 *Coastal view* - Oil/canvas (92x151cm-36x59in) London 95 .... FF*3 950* - £500 - **$773**
✏ *Colwyn Bay* - Watercolour (29x45cm-11x18in) London 92 .... FF*3 520* - £360 - **$621**
GHEQUIER de Alexis 1817-1869 [2]
🖼 *Fleurs sur un entablement* - Huile/toile (65x54cm-26x21in) Calais 92 .... FF*20 000* - £2 387 - **$3,850**
GHERMANDI Quinto 1916 [3]
🗿 *Laterna Magica, 1963* - Bronze (28cm-11in) Köbenhavn 89 .... FF*10 500* - £1 074 - **$1,688**
GHERRI-MORO Bruno 1899-1967 [9]
🖼 *Femme pensive* - Huile/toile (115x85cm-45x33in) Bern 94 .... FF*19 000* - £2 200 - **$3,270**
Weiblicher Akt - Öl/Leinwand (90x72cm-35x28in) Bern 96 .... FF*20 660* - £2 625 - **$3,975**
🗿 *Nicolas de Flue* - Relief (31x21cm-12x8in) Bern 94 .... FF*3 300* - £396 - **$642**
GHEVONDIAN Rouben 1942 [4]
🖼 *Le Temps I* - Huile/toile (81x87cm-32x34in) Paris 95 .... FF*2 800* - £335 - **$533**
GHEZ Gilles 1945 [4]
🖼 *Jardin des Migof corps* - Technique mixte (85x96cm-33x38in) Antwerpen 96 .... FF*42 600* - £5 160 - **$8,220**
🗿 *Mémoires d'une bête* - Assemblage (52x103x52cm-20x41x20in) Antwerpen 96 .... FF*1 640* - £199 - **$316**
GHIGLIA Oscar 1876-1945 [12]
🖼 *Donna seduta* - Olio/tavola (11x14cm-4x6in) Milano 95 .... FF*15 100* - £1 950 - **$3,100**
La moglie Isa nello studio - Olio/tela (55x46cm-22x18in) Milano 95 .... FF*120 800* - £15 600 - **$24,800**
GHIGLIA Paolo 1889-1915 [2]
🖼 *Canale di Livorno con barche* - Olio/tela (60x80cm-24x31in) Milano 95 .... FF*7 430* - £936 - **$1,510**
GHIGLIA Paulo 1905-1979 [6]
🖼 *Ragazza che legge* - Olio/tela (50x35cm-20x14in) Firenze 97 .... FF*5 780* - £680 - **$1,020**
GHIGLIA Valentino 1903-1960 [5]
🖼 *Stella di natale* - Olio/cartone (70x50cm-28x20in) Milano 90 .... FF*11 530* - £1 173 - **$2,306**
GHIGLIERI Lorenzo E. 1931 [3]
🗿 *American Bald Eagle* - Bronze (91cm-36in) New-York 95 .... FF*27 470* - £3 590 - **$5,500**
GHIGLION-GREEN Maurice 1913 [30]
🖼 *Fin de saison* - Huile/toile (33x41cm-13x16in) La Varenne Saint-Hilaire 96 .... FF*3 500* - £452 - **$686**
Le remorqueur - Huile/toile (38x46cm-15x18in) La Varenne Saint-Hilaire 93 .... FF*9 700* - £1 213 - **$1,764**
La Conciergerie sous la neige - Huile/panneau (50x61cm-20x24in) Calais 89 .... FF*25 000* - £2 634 - **$4,209**
GHIKA Nikos Hadjikyriakos 1906-1994 [33]
🖼 *The Castle* - Huile/toile (33x41cm-13x16in) Athens 94 .... FF*62 200* - £7 380 - **$11,500**
Girl in an armchair II - Tempera (37x30cm-15x12in) Athens 94 .... FF*155 600* - £18 440 - **$28,760**
By the Pool - Oil/canvas (101x160cm-40x63in) Athens 95 .... FF*566 000* - £73 200 - **$115,600**
🗿 *Family of Semicentaurs* - Bronze (56x46cm-22x18in) Athens 93 .... FF*36 000* - £4 135 - **$6,180**
✏ *Chalkidiki* - Watercolour (22x27cm-9x11in) Athens 96 .... FF*27 560* - £3 560 - **$5,320**
Hydra - Soft pencil/paper (37x50cm-15x20in) Athens 95 .... FF*52 400* - £6 780 - **$10,710**
GHILCHIK David L. 1892-? [1]
🖼 *A strecht of the Thames* - Oil/canvas (51x65cm-20x26in) London 92 .... FF*2 443* - £250 - **$431**
GHIRRI Luigi 1943-1992 [5]
📷 *Versailles* - Tirage couleur (36x45cm-14x18in) Paris 92 .... FF*2 000* - £233 - **$409**
GHOBERT Bernard 1914-1975 [1]
✏ *La fenêtre éclairée* - Pastel (23x28cm-9x11in) Antwerpen 93 .... FF*1 940* - £222 - **$330**
GIACHI E. XIX [2]
🖼 *The new shoes* - Oil/canvas (79x70cm-31x28in) New-York 94 .... FF*112 300* - £13 250 - **$20,000**
GIACOMELLI Hector 1822-1904 [4]
✏ *Oiseaux sur une branche* - Aquarelle, gouache (27x40cm-11x16in) Orléans 96 .... FF*4 100* - £507 - **$792**
GIACOMELLI Mario 1925 [22]
📷 *Scanno, Italia del Sud* - Photograph (30x39cm-12x15in) New-York 96 .... FF*7 660* - £988 - **$1,500**
GIACOMETTI Alberto 1901-1966 [432]
🖼 *Diego dans l'atelier* - Oil/canvas (116x78cm-46x31in) New-York 89 .... FF*1* - £1 - **$2**
Table et pommes - Oil/canvas (45x37cm-18x15in) New-York 97 .... FF*1* - £122 520 - **$200,000**
Maloja - Oil/canvas (46x55cm-18x22in) New-York 96 .... FF*2* - £307 400 - **$460,000**
Diego dans l'atelier - Oil/canvas (72x60cm-28x24in) New-York 96 .... FF*8* - £1 - **$1**
Madame Pierre Dupont - Oil/canvas (27x22cm-11x9in) London 96 .... FF*335 000* - £42 000 - **$64,700**
📖 *Rue d'Alesia* - Farblithographie (74x53cm-29x21in) Hamburg 97 .... FF*111 122* - £1 189 - **$1,938**
Tête d'homme - Lithographie (13x13cm-5x5in) München 96 .... FF*15 600* - £1 955 - **$3,010**
Maison de Giacometti à Maloja - Lithographie Bern 95 .... FF*30 460* - £3 890 - **$6,230**
🗿 *Femme debout I* - Bronze (268cm-106in) New-York 89 .... FF*2* - £2 - **$4**

Diego au blouson - Bronze (36cm-14in) New-York 95 .... FF3 - £445 000 - **$700,000**
La Place II - Bronze (24x43x64cm-9x17x25in) New-York 95 .... FF9 - £1 - **$2 e,+06**
Main avec coupelle - Bronze (17cm-7in) Paris 97 .... FF50 000 - £5 330 - **$8,650**
Mère et fille - Bronze (15cm-6in) Paris 97 .... FF120 000 - £12 792 - **$20,760**
Composition cubiste - Bronze (63cm-25in) New-York 97 .... FF6 575 - **$125,000**
Tête de Diego - Bronze (31cm-12in) New-York 97 .... FF1 285 74e +06 - £110 268 - **$180,000**
Trois visages rouges - Stylo bille (9x21cm-4x8in) Paris 97 .... FF19 000 - £1 979 - **$3,237**
Tête d'homme - Crayon/papier (22x15cm-9x6in) Zürich 95 .... FF44 500 - £5 760 - **$9,250**
Seated Woman - Ballpoint pen (37x27cm-15x11in) New-York 97 .... FF91 429 - £9 802 - **$16,000**
Personnage dans un intérieur - Pencil/paper (48x33cm-19x13in) New-York 97 .... FF228 572 - £24 504 - **$40,000**
Annette - Pencil/paper (48x30cm-19x12in) New-York 97 .... FF468 573 - £50 233 - **$82,000**

GIACOMETTI Augusto 1877-1947 [54]
Die Sinnlichkeit - Öl/Leinwand (180x138cm-71x54in) Zürich 97 .... FF2 - £272 805 - **$442,650**
Farbkreis - Öl/Leinwand (69x68cm-27x27in) Zürich 97 .... FF157 916 - £16 788 - **$27,240**
Fische - Öl/Leinwand (78x84cm-31x33in) Zürich 97 .... FF671 143 - £71 349 - **$115,770**
Grisons-Suisse - Poster (128x90cm-50x35in) London 96 .... FF24 300 - £3 000 - **$4,690**
Stampa - Pastell (24x32cm-9x13in) Bern 92 .... FF70 700 - £7 220 - **$12,440**
Selbstbildnis - Pastell (31x23cm-12x9in) Zürich 95 .... FF127 400 - £16 140 - **$25,600**

GIACOMETTI Diego 1902-1985 [127]
Hommage à Boecklin - Bronze (90x47x106cm-35x19x42in) Paris 97 .... FF1 - £172 590 - **$282,645**
Table aux Caryatides - Bronze (76cm-30in) Monaco 97 .... FF2 - £281 000 - **$467,000**
L'Autruche - Bronze (52cm-20in) New-York 97 .... FF300 001 - £32 162 - **$52,500**

GIACOMETTI Giovanni 1868-1933 [77]
Capomago auf den Silsersee - Öl/Leinwand (51x60cm-20x24in) Zürich 96 ... FF1 - £202 400 - **$335,000**
Maloja mit Monte Forno - Öl/Leinwand (38x46cm-15x18in) Zürich 96 ..... FF107 300 - £12 420 - **$20,540**
Ottilia mit Blumenstrauss - Öl/Leinwand (90x73cm-35x29in) Zürich 96 ... FF355 311 - £37 773 - **$61,290**
Principio di Primavera - Öl/Leinwand (71x60cm-28x24in) Zürich 96 ..... FF658 000 - £85 200 - **$130,000**
Herbstlandschaft - Öl/Karton (48x41cm-19x16in) Zürich 96 .... FF933 000 - £121 000 - **$184,500**
Zwei Frauen im Schneesturm - Lithographie (99x69cm-39x27in) Zofingen 94 ... FF16 870 - £1 980 - **$3,003**
Im Bergell - Watercolour (22x29cm-9x11in) Bern 92 .... FF38 060 - £4 550 - **$7,320**
Engadiner Bergspitzen - Aquarell/Papier (49x36cm-19x14in) Zürich 97 ... FF71 062 - £7 555 - **$12,258**
Maloja mit Piz Badile - Aquarelle (26x34cm-10x13in) Zürich 96 .... FF127 100 - £14 720 - **$24,350**

GIACOMOTTI Félix Henri 1828-1909 [5]
Georges Bizet, assis - Huile/toile (62x48cm-24x19in) Paris 92 .... FF45 000 - £5 370 - **$8,650**

GIAI-MINIET Marc 1946 [4]
La danse du serpent - Aquarelle (50x65cm-20x26in) Paris 89 .... FF3 600 - £348 - **$546**

GIALLINA Angelos 1857-1939 [83]
Shipping in coastal waters - Watercolour/paper (38x71cm-15x28in) London 96 ... FF14 940 - £1 900 - **$2,873**
Italienische Küste mit Fischerboot - Aquarell/Papier (23x58cm-9x23in) Wien 96 ... FF25 000 - £3 160 - **$5,010**
Cactus with Acropolis - Watercolour/paper (24x48cm-9x19in) Athens 96 ... FF38 600 - £4 470 - **$7,400**
Santa Maria della Salute e la Dogana - Watercolour (38x71cm-15x28in) London 95 ... FF94 700 - £12 000 - **$19,050**

GIAMBOLOGNA Jean de Boulogne c.1529-1608 [5]
The Rape of a Sabine - Bronze (59cm-23in) London 89 .... FF2 - £2 - **$4 ,761,79e,+06**

GIAMPICCOLI Marco Sebastiano ?-1782 [1]
Principali prospettive di Venezia - Engraving (23x32cm-9x13in) New-York 94 ... FF26 270 - £6 860 - **$4,600**

GIAMPIETRI Septimio 1852-1924 [2]
The Forum, Rome - Watercolour/paper (35x52cm-14x20in) London 89 ..... FF5 300 - £542 - **$852**

GIANFANTI Anselmo 1857-1903 [3]
Annetta Giacometti - Öl/Leinwand (71x51cm-28x20in) München 94 .... FF6 120 - £714 - **$1,073**

GIANI Felice 1758-1823 [20]
Charity - Oil/canvas (23x18cm-9x7in) New-York 94 .... FF46 900 - £5 430 - **$8,000**
Apollon/Diane - Mine plomb (11x26cm-4x10in) Paris 93 .... FF12 000 - £1 446 - **$2,182**
Paolo and Francesca - Ink (44x70cm-17x28in) New-York 96 .... FF118 400 - £15 500 - **$24,000**

GIANI Giovanni 1866-1937 [4]
Port, Constantinople - Huile/toile (70x100cm-28x39in) Bruxelles 96 ... FF38 500 - £4 990 - **$7,700**

GIANI Giuseppe 1829-1885 [2]
Valetta, Malta - Oil/canvas (46x77cm-18x30in) Stockholm 95 .... FF34 560 - £4 315 - **$6,770**

GIANINI Albert J.W. 1876-? [2]
Bauerngehöft - Öl/Leinwand (98x117cm-39x46in) Frankfurt 95 .... FF2 850 - £356 - **$576**
Paysage ensoleillé - Pastel/papier (21x34cm-8x13in) Bruxelles 92 .... FF2 990 - £306 - **$526**

GIANNACCINI Ilio 1897-1968 [3]
Paesaggio - Olio/tela (61x91cm-24x36in) Roma 92 .... FF9 060 - £927 - **$1,595**

GIANNETTI Raffaele 1837-1915 [4]
Episodio storico - Olio/tela (50x71cm-20x28in) Lugano 92 .... FF70 700 - £7 220 - **$12,440**

GIANNI Gerolamo 1837-? [3]
Views of Malta - Oil/canvas (49x76cm-19x30in) London 95 .... FF65 600 - £8 500 - **$13,650**

GIANNI Gian XIX-XX [40]
On the Maltese Coast - Oil/cardboard (15x38cm-6x15in) London 91 ..... FF14 880 - £1 499 - **$2,582**
Valetta Harbour, Malta - Oil/board (23x47cm-9x19in) London 97 .... FF34 514 - £3 800 - **$6,057**
Grand Harbour with Fort St. Angelo - Oil/canvas (20x68cm-8x27in) London 96 ... FF110 700 - £13 000 - **$21,500**

GIANNI Giovanni 1866-1937 [2]
Napoli - Olio/tela (71x104cm-28x41in) Roma 96 .... FF66 800 - £7 740 - **$13,000**

Calendar & auction results : INTERNET : **www.artprice.com** MINITEL : 3617 ARTPRICE

GIANNI Girolamo 1837-? [19]
- *The Grand harbor, Malta* - Oil/canvas (21x68cm-8x27in) New-York 92 .... FF**36 400** - £**4 345** - **$7,000**
- *The Grand Harbour, Valetta* - Oil/canvas (35x101cm-14x40in) London 93 .... FF**87 100** - £**10 500** - **$15,230**
- *Valletta, Malta* - Watercolour, gouache (17x37cm-7x15in) New-York 92 .... FF**16 200** - £**1 656** - **$3,000**

GIANNI Giuseppe 1829-1885 [2]
- *Grand Harbour, Malta* - Oil/canvas (20x68cm-8x27in) New-York 91 .... FF**35 860** - £**3 623** - **$7,119**

GIANNI M. XIX-XX [37]
- *Lago di Lugano* - Bodycolour (11x30cm-4x12in) London 96 .... FF**1 716** - £**220** - **$338**
- *Fishing craft, Naples* - Watercolour (47x65cm-19x26in) London 96 .... FF**4 720** - £**600** - **$931**

GIANNI Maria XIX-XX [15]
- *Marina Grande, Capri* - Gouache (48x89cm-19x35in) London 96 .... FF**5 780** - £**750** - **$1,143**

GIANNINI Giovanni 1930 [13]
- *Femme au rocher* - Huile/toile (92x73cm-36x29in) Paris 93 .... FF**5 500** - £**663** - **$1,000**
- *Paysage* - Aquarelle/papier (51x38cm-20x15in) Paris 94 .... FF**3 600** - £**426** - **$664**

GIANOLI Louis 1868-1957 [9]
- *Bergdorf* - Öl/Leinwand (43x55cm-17x22in) Bern 93 .... FF**4 355** - £**502** - **$747**

GIANQUINTO Alberto 1929 [10]
- *La magnolia* - Olio/tela/cartone (50x40cm-20x16in) Roma 92 .... FF**8 150** - £**835** - **$1,436**
- *Girasoli* - Olio/tela (90x110cm-35x43in) Roma 92 .... FF**24 900** - £**2 550** - **$4,390**

GIAQUINTO Corrado 1703-1766 [18]
- *Saint Herculanus* - Oil/canvas (59x46cm-23x18in) New-York 97 .... FF**44 174** - £**4 992** - **$8,000**
- *Last Communion of St. Mary of Egypt* - Oil/canvas (70x54cm-28x21in) London 94 ..... FF**802 000** - £**95 000** - **$148,200**
- *The Death of San Filipo Neri* - Black chalk (23x18cm-9x7in) London 94 .... FF**3 290** - £**380** - **$561**

GIARDELLI Giovanni XIX [6]
- *Pescatori che tirano le reti* - Olio/tela (70x119cm-28x47in) Roma 93 .... FF**18 300** - £**2 054** - **$3,275**

GIARDIELLO Giovanni XIX-XX [5]
- *Coastal Italian Village* - Oil/canvas (60x79cm-24x31in) New-York 94 .... FF**11 380** - £**1 377** - **$2,100**

GIARDIELLO Giuseppe XIX-XX [17]
- *A Neapolitan Celabration* - Oil/canvas (48x102cm-19x40in) London 94 .... FF**42 000** - £**5 000** - **$7,910**

GIAUDRONE Domingo 1889-? [1]
- *Afternoon in The Country* - Oil/canvas (259x186cm-102x73in) New-York 94 .... FF**58 500** - £**6 760** - **$10,000**

GIAUQUE Ferdinand 1895-1973 [6]
- *Landschaft* - Öl/Leinwand (81x100cm-32x39in) Bern 94 .... FF**18 250** - £**2 180** - **$3,410**
- *Baumlandschaft mit See* - Aquarell (61x47cm-24x19in) Bern 93 .... FF**4 570** - £**546** - **$879**

GIBAULT Eugène XIX [2]
- *Pêches et amandes* - Huile/toile (24x35cm-9x14in) Paris 93 .... FF**12 000** - £**1 380** - **$2,062**

GIBB Harry W. Phelan 1870-1948 [3]
- *Winter* - Oil/canvas (49x75cm-19x30in) Marlborough Crescent, Newcastle upon Tyne 93 .... FF**3 860** - £**440** - **$656**

GIBB Phelan Harry 1870-1948 [10]
- *Bathing nudes* - Oil/canvas (46x107cm-18x42in) Amsterdam 96 .... FF**6 640** - £**768** - **$1,272**

GIBB Robert 1845-1932 [5]
- *Profeten* - Oil/canvas (93x150cm-37x59in) Stockholm 97 .... FF**5 335** - £**594** - **$964**

GIBBONS Arthur 1947 [3]
- *Ceret* - Sculpture (173cm-68in) New-York 94 .... FF**5 280** - £**634** - **$1,000**

GIBBONS William XIX [1]
- *After the battle* - Oil/canvas (88x112cm-35x44in) London 91 .... FF**14 880** - £**1 510** - **$2,687**

GIBBS Anthony 1951 [6]
- *Snow Prince* - Oil/canvas (46x23cm-18x9in) London 95 .... FF**61 400** - £**8 000** - **$12,700**

GIBBS George 1870-1942 [2]
- *Indian in canoe* - Gouache (30x56cm-12x22in) New-York 96 .... FF**7 770** - £**1 003** - **$1,500**

GIBBS James c.1792-1841 [8]
- *Cattle watering* - Oil/copper (10x14cm-4x6in) London 92 .... FF**6 060** - £**620** - **$1,070**

GIBBS Thomas Binney 1870-? [2]
- *Reclining female nude* - Oil/board (13x21cm-5x8in) London 96 .... FF**3 120** - £**400** - **$615**

GIBERT Jean Amédée 1869-? [1]
- *La Villa Médicis* - Oil/canvas (28x39cm-11x15in) San Francisco 89 .... FF**2 300** - £**222** - **$349**

GIBERT Jean-Baptiste A. 1803-1889 [2]
- *Offrande des bergers à Vénus*
  Huile/toile (98x80cm-39x31in) Saint-Germain-en-Laye 92 .... FF**33 000** - £**3 840** - **$6,730**

GIBERT Joseph M. 1808-1884 [1]
- *Jeune femme assise brodant* - Huile/panneau (30x22cm-12x9in) Paris 93 .... FF**7 500** - £**862** - **$1,291**

GIBERT Lucien 1904-1988 [18]
- *Lion en marche* - Bronze (57cm-22in) Soissons 96 .... FF**12 000** - £**1 528** - **$2,314**
- *Femme nue étendue* - Bronze (28cm-11in) Lille 95 .... FF**42 000** - £**5 230** - **$8,190**

GIBNEY Luke 1894-1960 [1]
- *Seascape with figure* - Oil/canvas/board (51x61cm-20x24in) San Francisco-Los Angeles 92 ..... FF**2 053** - £**243** - **$395**

GIBON Hippolyte Louis XIX [2]
- *Un coin du jardin* - Huile/toile (50x65cm-20x26in) Paris 95 .... FF**9 000** - £**1 135** - **$1,795**

GIBON Sengai 1750-1837 [1]
- *Shoki the Demon-Queller* - Ink (122x54cm-48x21in) New-York 90 .... FF**45 800** - £**4 746** - **$8,049**

GIBRAN Kahlil 1922 [6]
- *Saint John the Baptist* - Sculpture (223cm-88in) Cambridge, Mass. 91 .... FF**21 220** - £**2 154** - **$3,833**
- *Birds* - Pencil (54x71cm-21x28in) Boston, Mass. 91 .... FF**7 190** - £**720** - **$1,212**

GIBSON Charles Dana 1867-1944 [19]
- Art Student - Oil/canvas (114x89cm-45x35in) Bloomfield Hills, Michigan 95 .... FF9 180 - £1 144 - **$1,800**
- Monte Carlo - Ink (48x33cm-19x13in) New-York 94 .... FF14 850 - £1 743 - **$2,600**
- Two women in an interior - Ink (53x56cm-21x22in) New-York 93 .... FF33 000 - £4 140 - **$6,000**

GIBSON David Cooke 1827-1856 [2]
- The Inexpected Arrival - Oil/canvas (54x41cm-21x16in) London 96 .... FF18 560 - £2 200 - **$3,620**

GIBSON George 1904 [3]
- Barbados, A Town Square
  Watercolour/paper (34x46cm-13x18in) San Francisco-Los Angeles 96 .... FF4 180 - £484 - **$800**

GIBSON John 1790-1866 [4]
- The Sleeping Shepherd Boy - Marble (105x38x91cm-41x15x36in) London 97 .... FF114 286 - £12 000 - **$19,588**

GIBSON Ralph 1939 [31]
- Arm with bracelet - Gelatin silver print (32x21cm-13x8in) San Francisco-Los Angeles 95 .... FF3 420 - £437 - **$700**
- Leda - Gelatin silver print (30x46cm-12x18in) New-York 94 .... FF9 560 - £1 141 - **$1,800**

GIBSON Richard 1615-1690 [2]
- A gentleman, nearly full face - Miniature (7cm-3in) London 94 .... FF72 000 - £8 500 - **$12,820**

GIBSON Walter Hamilton 1850-1896 [1]
- Mountainous landscape - Oil/board (20x36cm-8x14in) New Orleans, Louisiana 94 ...... FF3 960 - £476 - **$750**

GIBSON William 1909-1988 [6]
- Fönstret - Oil/panel (39x20cm-15x8in) Malmö 91 .... FF2 810 - £279 - **$488**

GIBSON William Alfred 1866-1931 [13]
- Windswept trees by a farmsteading - Oil/canvas (63x76cm-25x30in) London 96 ...... FF5 510 - £700 - **$1,090**
- The Ferry - Oil/canvas (60x72cm-24x28in) Edinburgh 93 .... FF39 500 - £4 500 - **$6,700**

GID Raymond 1905 [9]
- Le Silence de la Mer - Affiche (159x119cm-63x47in) Paris 95 .... FF3 300 - £413 - **$658**

GIDAL Tim 1909 [9]
- Damascus - Silver print (23x15cm-9x6in) New-York 95 .... FF2 910 - £374 - **$600**

GIDDING Marinus 1863-1925 [4]
- Figures by a Mill - Watercolour (49x38cm-19x15in) Amsterdam 94 .... FF2 913 - £347 - **$554**

GIDE François Théophile 1822-1890 [9]
- Le déjeuner - Huile/toile (60x91cm-24x36in) Entzheim 97 .... FF15 000 - £1 585 - **$2,574**
- The Storyteller - Oil/canvas (150x198cm-59x78in) Chicago 92 .... FF103 000 - £11 950 - **$21,000**
- Flamants roses en Egypte - Aquarelle/papier (55x40cm-22x16in) Paris 96 .... FF8 400 - £987 - **$1,653**

GIEBEL Heinrich 1865-1951 [1]
- Madchenbildnis - Öl/Leinwand (39x31cm-15x12in) Köln 94 .... FF34 300 - £4 110 - **$6,660**

GIEDHILL Thomas 1851-1915 [1]
- Spring Sunshine - Oil/canvas (46x31cm-18x12in) Göteborg 95 .... FF2 956 - £393 - **$610**

GIEL van Eduard 1945 [8]
- The blue electric box - Multiple Antwerpen 92 .... FF5 310 - £544 - **$934**
- Moonlichtening III/III - Assemblage (44x44cm-17x17in) Antwerpen 96 .... FF4 930 - £636 - **$952**

GIEL van Frans 1892-1975 [13]
- Ferme blanche sous un poirier - Huile/toile (100x100cm-39x39in) Antwerpen 92 ...... FF11 620 - £1 190 - **$2,044**
- Koopdag te Salp bij Wechelderzande - Huile/toile (106x118cm-42x46in) Lokeren 95 ...... FF89 100 - £10 170 - **$15,400**

GIELS Ludo 1931 [18]
- Danseur - Métal (58cm-23in) Antwerpen 94 .... FF1 665 - £193 - **$287**
- Le beau petit chapeau - Assemblage (27cm-11in) Antwerpen 93 .... FF3 626 - £434 - **$741**

GIERSING Harald 1881-1927 [51]
- Saeterdalen, Norge - Oil/canvas (44x58cm-17x23in) Köbenhavn 94 .... FF3 510 - £421 - **$682**
- Standing nude model - Oil/canvas (62x47cm-24x19in) Köbenhavn 96 .... FF22 000 - £2 733 - **$4,270**
- Opstilling med flasker og malerbötter - Oil/panel (74x84cm-29x33in) Köbenhavn 94 ...... FF48 900 - £5 670 - **$8,420**

GIERYMSKI Aleksander 1850-1901 [3]
- Jardin du Luxembourg, Paris - Oil/canvas (54x65cm-21x26in) Warszawa 94 ...... FF80 100 - £9 180 - **$13,600**

GIERYMSKI Maksymilian 1846-1874 [4]
- Osty - Oil/cardboard (13x22cm-5x9in) Warszawa 93 .... FF62 900 - £7 240 - **$10,820**
- Austrian hussars - Oil/canvas (31x43cm-12x17in) Warszawa 96 .... FF202 000 - £25 300 - **$39,400**

GIES Emil 1872-? [7]
- Glaskaraffe und Fisch - Öl/Leinwand (54x67cm-21x26in) Frankfurt 95 .... FF6 750 - £728 - **$1,185**
- In Gedanken - Oil/canvas (100x75cm-39x30in) Stuttgart 92 .... FF33 200 - £3 860 - **$6,770**

GIES Joseph W. 1860-1935 [7]
- The Garden - Oil/canvas (5x46cm-2x18in) St. Petersburg, Florida 95 .... FF5 650 - £693 - **$1,100**

GIES Ludwig 1887-1966 [9]
- Mondschaf - Porcelain KMP-Berlin (33cm-13in) Köln 94 .... FF6 190 - £737 - **$1,177**
- Geigerin - Bronze (57cm-22in) Köln 95 .... FF17 160 - £2 245 - **$3,485**

GIESA Albert 1887-1971 [2]
- Partie einer Stadt mit Kirche - Öl/Leinwand (80x60cm-31x24in) Stuttgart 93 ...... FF5 860 - £663 - **$988**

GIESE Marie [2]
- Blühende Kastanie im Garten - Oil/canvas (65x65cm-26x26in) München 92 ...... FF6 120 - £627 - **$1,077**

GIESE Max Eduard 1867-1916 [3]
- Altstadtsrasse - Öl/Leinwand (77x67cm-30x26in) Bremen 94 .... FF10 310 - £1 228 - **$1,962**

GIESEL Hermann 1847-1906 [2]
- Ein Jäger mit seinem Hund - Öl/Karton (8x14cm-3x6in) Köln 95 .... FF8 850 - £1 103 - **$1,728**
- Ricordi di Venezia - Watercolour (29x16cm-11x6in) Wien 92 .... FF3 850 - £460 - **$740**

G

GIESS Jules Alfred 1901-1973 [7]
- *La route de Soultz* - Huile/carton (35x27cm-14x11in) Provins 93 .... FF**2 800** - £*350* - **$510**

GIESSEL Franz 1902 [2]
- *Reisenbergweg* - Oil/panel (49x70cm-19x28in) Wien 94 .... FF**9 760** - £*1 110* - **$1,656**

GIESSEL Wilhelm F. 1869-1938 [4]
- *At the inn* - Oil/canvas (52x42cm-20x17in) Lindau 95 .... FF**9 650** - £*1 232* - **$1,946**

GIESSEN van de Arie 1898-1950 [3]
- *Nu* - Encre Antwerpen 94 .... FF**2 165** - £*251* - **$373**

GIETL von Josua 1847-1922 [4]
- *Landschaft* - Öl/Leinwand (48x69cm-19x27in) Hamburg 94 .... FF**20 400** - £*2 390* - **$3,600**

GIFFARD Léon XIX-XX [2]
- *Bord de rivière* - Huile/toile (40x55cm-16x22in) Calais 92 .... FF**5 000** - £*512* - **$880**

GIFFEY René 1884-1965 [2]
- *Deux dessins sado-masochistes* - Coloured crayons (14x18cm-6x7in) Paris 90 .... FF**2 300** - £*235* - **$455**

GIFFORD Charles Henry 1839-1904 [9]
- *Boats at Dusk* - Oil/canvas (31x41cm-12x16in) New-York 96 .... FF**33 900** - £*3 930* - **$6,500**

GIFFORD John XIX [20]
- *Waiting for the Master* - Oil/canvas (76x64cm-30x25in) Glasgow 96 .... FF**12 100** - £*1 400* - **$2,317**
- *The Day's Bag* - Oil/canvas (18x23cm-7x9in) London 97 .... FF**29 385** - £*3 200* - **$5,110**

GIFFORD Robert Swain 1840-1905 [17]
- *Evening* - Oil/canvas (76x102cm-30x40in) New-York 94 .... FF**26 960** - £*3 180* - **$4,800**

GIFFORD Sanford Robinson 1823-1880 [37]
- *Morning on the Hudson* - Oil/canvas (35x76cm-14x30in) San Francisco-Los Angeles 92 .... FF**2** - £*310 300* - **$500,000**
- *Swiss Scene* - Oil/canvas (31x24cm-12x9in) New-York 96 .... FF**62 600** - £*7 250* - **$12,000**
- *Mont Merino on the Hudson, Olana* - Oil/canvas (19x37cm-7x15in) New-York 96 .... FF**197 300** - £*25 130* - **$38,000**

GIGANTE Achille 1823-1846 [2]
- *La riviera di Chiaia. Nápoles* - Acuarela (28x42cm-11x17in) Madrid 97 .... FF**20 000** - £*2 150* - **$3,450**

GIGANTE Ercole 1815-1860 [15]
- *Rivage italien près de Naples* - Huile/panneau (15x20cm-6x8in) Le Touquet 96 .... FF**4 000** - £*475* - **$781**
- *Vietri, gulf of Salerno* - Oil/canvas (51x38cm-20x15in) London 95 .... FF**67 900** - £*9 000* - **$14,020**
- *Il convento dei Cappuccini* - Oil/canvas (52x75cm-20x30in) Amsterdam 97 .... FF**110 584** - £*11 690* - **$1,897,5 1**

GIGANTE Gaetano 1770-1840 [3]
- *Ritratto di Gaspare Selvaggi, 1830* - Olio/tela (21x16cm-8x6in) Roma 89 .... FF**6 900** - £*727* - **$1,162**

GIGANTE Giacinto 1806-1876 [31]
- *Paysans dansant, Naples* - Huile/papier (18x25cm-7x10in) Paris 97 .... FF**30 000** - £*3 204* - **$5,259**
- *Bay of Naples* - Oil/canvas (37x59cm-15x23in) London 96 .... FF**115 000** - £*13 500* - **$22,340**
- *Napoli dall'Arenella* - Oil/canvas (53x79cm-21x31in) London 97 .... FF**428 833** - £*47 000* - **$75,261**
- *Roma, San Pietro* - Watercolour (59x49cm-23x19in) London 95 .... FF**63 000** - £*8 200* - **$12,910**
- *La villa reale di Caposele* - Tempera/carta (18x25cm-7x10in) Roma 92 .... FF**90 600** - £*9 270* - **$15,950**

GIGER Hans Rudolf 1940 [10]
- *Tau, 1977* - Acryl (100x70cm-39x28in) Zürich 89 .... FF**46 800** - £*4 785* - **$7,524**
- *Phantastischer Brunnen* - Lithographie couleurs (54x82cm-21x32in) Bern 96 .... FF**2 037** - £*247* - **$396**

GIGER Paul 1939 [2]
- *Schneelandschaft* - Öl/Leinwand (80x100cm-31x39in) Luzern 93 .... FF**3 570** - £*406* - **$605**

GIGLI Lorenzo 1896-? [1]
- *All'Arco di Tito* - Acquarello/carta (70x50cm-28x20in) Roma 95 .... FF**5 350** - £*684* - **$1,098**

GIGNON Louis XX [2]
- *L'entrée du Souk, Tunis* - Huile/toile (45x61cm-18x24in) Paris 96 .... FF**5 000** - £*645* - **$980**

GIGNOUS Eugenio 1850-1906 [14]
- *Isola dei Pescatori* - Olio/tela (27x34cm-11x13in) Roma 93 .... FF**46 850** - £*5 360* - **$7,970**
- *Feriolo, Lago Maggiore* - Olio/tela (49x74cm-19x29in) Milano 90 .... FF**159 700** - £*16 330* - **$31,522**
- *Lo scoglio di Quarto* - Watercolour/paper (39x60cm-15x24in) Milano 90 .... FF**20 600** - £*2 220* - **$3,633**

GIGNOUS Lorenzo 1862-1958 [9]
- *Paesaggio montano* - Olio/tela (65x45cm-26x18in) Roma 96 .... FF**5 680** - £*658* - **$1,105**
- *Sesto Calende* - Olio/tela (30x50cm-12x20in) Milano 95 .... FF**11 920** - £*1 520* - **$2,440**

GIGNOUX Regis François 1816-1882 [12]
- *River landscape at sunset* - Oil/canvas (31x54cm-12x21in) London 96 .... FF**11 920** - £*1 400* - **$2,345**
- *Winter scene* - Oil/canvas (36x51cm-14x20in) New-York 94 .... FF**51 400** - £*6 090* - **$9,500**
- *Skating scene* - Oil/canvas (66x81cm-26x32in) Boston, Mass. 91 .... FF**135 800** - £*13 782* - **$24,527**

GIGNOUX Robert 1872-1906 [1]
- *Semur en Auxois* - Huile/toile (46x61cm-18x24in) Paris 90 .... FF**7 500** - £*775* - **$1,325**

GIGOLA Giovanni Battista 1769-1841 [1]
- *Young Lady, in white dress* - Miniature (5cm-2in) London 95 .... FF**17 040** - £*2 200* - **$3,290**

GIGOU Paul Camille 1834-1871 [1]
- *Villars près de Apt, Vaucluse* - Huile/papier/toile (20x31cm-8x12in) Paris 92 .... FF**9 000** - £*921* - **$1,620**

GIGOUX DE GRANDPRÉ Pierre Emile 1826-? [4]
- *Landschaft bei Hanoi* - Oil/panel (53x33cm-21x13in) Wien 90 .... FF**12 000** - £*1 244* - **$2,109**

GIGOUX Jean 1806-1894 [2]
- *Danseuse posant dans un jardin* - Huile/toile (185x105cm-73x41in) Paris 94 .... FF**15 000** - £*1 784* - **$2,744**

GIGUERE Roland 1929 [10]
- *Le point cardinal* - Huile/toile (66x56cm-26x22in) Montréal 89 .... FF**3 400** - £*348* - **$547**

GIHON Albert Dakin 1866-? [2]
- *French landscape* - Oil/canvas (46x33cm-18x13in) Mystic, Connecticut 96 .... FF**3 104** - £*389* - **$600**

GIHON Clarence Montfort 1871-1929 [13]
- Le port de La Rochelle - Huile/carton (32x40cm-13x16in) Paris 94 .... FF11 500 - £1 340 - $2,016
- Le bateau-lavoir au quai d'Anjou - Huile/toile (65x81cm-26x32in) Paris 97 .... FF39 000 - £4 274 - $6,845

GIJSELMAN Warner 1827-? [1]
- Shipping moored on a river - Oil/panel (24x30cm-9x12in) London 92 .... FF14 240 - £1 700 - $2,740

GIJSWIJT Agnieta Cornelia XIX-XX [2]
- Kralen rijgen, 1911 - Oil/canvas (50x65cm-20x26in) Amsterdam 89 .... FF4 800 - £464 - $728

GIL GALLANGO Felipe 1868-1938 [2]
- Patio Sevillano - Oleo/tabla (24x17cm-9x7in) Madrid 94 .... FF3 510 - £414 - $630

GIL GARCIA Juan 1879-1930 [5]
- Bodegón - Oil/canvas (59x96cm-23x38in) Miami, Florida 95 .... FF32 200 - £3 860 - $6,000

GIL Y SALA Ignacio 1912-? [1]
- A Sunny Day - Oil/canvas (73x92cm-29x36in) New-York 94 .... FF28 100 - £3 250 - $4,800

GILADI Aharon 1907-1993 [21]
- Figures - Oil/canvas (38x46cm-15x18in) Tel Aviv 97 .... FF2 995 - £33 3 3 - $560
- Family at a table - Oil/canvas (80x130cm-31x51in) Tel Aviv 94 .... FF20 520 - £2 400 - $3,600

GILARD Raymond 1881-? [1]
- La place - Gouache (40x60cm-16x24in) Liège 90 .... FF3 600 - £385 - $626

GILARDI Piero 1942 [18]
- Greto di torrente - Gommapiuma (100x100cm-39x39in) Milano 94 .... FF19 030 - £2 204 - $3,330
- Fondo marino - Mixed media (120x165cm-47x65in) Milano 92 .... FF113 200 - £11 600 - $19,930
- Cavallo - Scultura (60x190x60cm-24x75x24in) Milano 91 .... FF29 400 - £3 020 - $5,470

GILBAULT Joseph Eugène XIX [2]
- Rosen in Glaskelch, 1877 - Oil/canvas (50x35cm-20x14in) Luzern 89 .... FF9 800 - £1 002 - $1,576

GILBERT & GEORGE 1943/1942 [57]
- Praying - 16 photographs in frames (240x200cm-94x79in) New-York 95 .... FF290 500 - £38 500 - $60,000
- Bloody Life No. 4
  16 hand-dyed photographs, in metal frames (246x206cm-97x81in) London 96 .. FF678 000 - £85 000 - $131,000
- Henry Ainley - Collage (112x82cm-44x32in) New-York 96 .... FF45 850 - £5 400 - $9,000

GILBERT Albert ?-1927 [1]
- Flußlandschaft - Oil/canvas (25x40cm-10x16in) Köln 90 .... FF4 700 - £503 - $817

GILBERT Alfred 1854-1934 [24]
- Pierette - Ivory, bronze (33cm-13in) London 95 .... FF11 210 - £1 400 - $2,200
- Victory - Bronze (20cm-8in) London 97 .... FF20 952 - £2 200 - $3,591
- Comedy and Tragedy - Bronze (33cm-13in) London 96 .... FF202 000 - £23 000 - $38,640

GILBERT André XIX-XX [1]
- Whirling: two girls dancing - Bronze (42cm-17in) New-York 95 .... FF10 930 - £1 386 - $2,200

GILBERT Antoine XX [3]
- Colère de l'Ange - Huile/toile (65x54cm-26x21in) Paris 90 .... FF4 500 - £453 - $818

GILBERT Arthur 1819-1895 [27]
- Mountainous landscape at dawn - Oil/board (23x31cm-9x12in) London 95 .... FF3 200 - £400 - $647
- Winter river landscape with sportsmen - Oil/canvas (15x25cm-6x10in) London 92 .... FF10 250 - £1 050 - $1,810
- Greenwich from the Isle of Dogs - Oil/canvas (35x53cm-14x21in) London 97 .... FF38 095 - £4 000 - $6,529

GILBERT Arthur Hill 1894-1970 [22]
- Monterey Cypress
  Oil/canvas/board (38x45cm-15x18in) San Francisco-Los Angeles 96 .... FF13 050 - £1 510 - $2,500
- Path though the trees - Oil/canvas (61x76cm-24x30in) San Francisco-Los Angeles 93 .... FF30 250 - £3 790 - $5,500

GILBERT C. Allan 1873-1929 [2]
- Standing woman holding rose - Pastel (102x38cm-40x15in) New-York 93 .... FF13 750 - £1 724 - $2,500

GILBERT C. Ivar 1882-1959 [2]
- Going a Mile Down - Oil/canvas (71x76cm-28x30in) New-York 96 .... FF7 790 - £992 - $1,500

GILBERT Dennis 1922-? [1]
- Lilies before a garden fence - Oil/board (39x58cm-15x23in) London 93 .... FF3 510 - £400 - $596

GILBERT Emile Jacques 1793-1874 [1]
- Album of drawings, southern Italy - Drawing London 90 .... FF9 760 - £993 - $1,952

GILBERT Fanny 1820-? [1]
- Lac et paysage de montagne - Oil/Leinwand (68x105cm-27x41in) Bielefeld 95 .... FF10 330 - £1 338 - $2,103

GILBERT François Ambroise G. 1816-1891 [1]
- Koehern & Hallsport on the Rhine - Oil/canvas (31x46cm-12x18in) London 93 .... FF9 960 - £1 200 - $1,740

GILBERT Frederick c.1850-c.1890 [3]
- Study of Miss Mathews - Watercolour London 95 .... FF2 780 - £360 - $579

GILBERT George Edward 1948-1988 [2]
- Canada goose - Watercolour (38x43cm-15x17in) North Bethesda, MD. 92 .... FF1 804 - £189 - $325

GILBERT Horace Walter 1855-? [2]
- On hills/Early autumn day - Oil/canvas (46x61cm-18x24in) London 91 .... FF22 700 - £2 293 - $4,506
- Scottish loch scene - Watercolour (15x23cm-6x9in) Aylsham, Norfolk 93 .... FF2 370 - £270 - $403

GILBERT John 1817-1897 [20]
- Sleeping prince's guard dog - Oil/canvas (23x48cm-9x19in) New-York 96 .... FF10 760 - £1 276 - $2,100
- Rumplestiltskin and the Princess - Watercolour (42x29cm-17x11in) London 93 ...... FF13 900 - £1 600 - $2,400

GILBERT John Graham 1794-1866 [2]
- Portrait of a lady - Oil/canvas (75x63cm-30x25in) Banbury, Oxfordshire 91 .... FF10 910 - £1 099 - $1,893

GILBERT Joseph Francis 1792-1855 [3]
- The upper lake of Killarney - Oil/canvas (83x122cm-33x48in) London 96 .... *FF18 600* - £2 400 - **$3,644**

GILBERT Josiah 1814-1892 [5]
- Seated young girl with dog - Drawing (142x117cm-56x46in) Salisbury, Wiltshire 92 .... *FF1 954* - £200 - **$383**

GILBERT Kate Elizabeth 1843-? [3]
- Figures before a cottage on the coast - Oil/board (15x23cm-6x9in) London 94 .... *FF3 350* - £400 - **$632**

GILBERT Pierre Julien 1783-1860 [6]
- Combat: Le Phaëton et La Pique - Fusain (37x58cm-15x23in) Paris 96 .... *FF5 100* - £591 - **$977**
- Le port de Brest - Aquarelle (35x55cm-14x22in) Paris 95 .... *FF24 000* - £3 140 - **$4,870**

GILBERT René Joseph 1858-1914 [2]
- The red parasol - Oil/canvas (72x59cm-28x23in) New-York 93 .... *FF77 000* - £9 650 - **$14,000**

GILBERT Stephen 1910 [30]
- Untitled - Oil/canvas (16x22cm-6x9in) Amsterdam 93 .... *FF7 950* - £915 - **$1,368**
- Dancing Gadflies - Oil/canvas (39x65cm-15x26in) London 95 .... *FF30 900* - £4 000 - **$6,320**
- A three headed monster, 1945 - Oil/canvas (54x45cm-21x18in) Amsterdam 90 .... *FF59 900* - £6 372 - **$10,716**
- Composition - Aquarelle, gouache (50x55cm-20x22in) Arles 90 .... *FF14 500* - £1 503 - **$2,548**

GILBERT Thomas Jarvis XIX-XX [2]
- Broke - Oil/board (26x38cm-10x15in) London 91 .... *FF7 930* - £805 - **$1,432**

GILBERT Victor 1847-1933 [97]
- La toilette - Huile/toile (46x38cm-18x15in) Soissons 95 .... *FF22 000* - £2 850 - **$4,580**
- Coin de la halle aux poissons - Oil/canvas (73x59cm-29x23in) New-York 97 .... *FF45 636* - £4 919 - **$8,000**
- Arrosant le jardin - Oil/canvas (61x50cm-24x20in) New-York 97 .... *FF185 396* - £19 984 - **$32,500**
- Pavillon de la marée, Halles-Centrales - Oil/canvas (83x11cm-33x4in) London 89 ... *FF629 500* - £64 366 - **$101,206**
- La cueillette - Aquarelle, gouache/papier (38x28cm-15x11in) La Flèche 94 .... *FF17 000* - £2 030 - **$3,185**
- The Flower seller - Watercolour/paper (22x28cm-9x11in) New-York 97 .... *FF36 765* - £3 982 - **$6,500**
- Lady in a garden - Pastel/paper (92x73cm-36x29in) New-York 89 .... *FF286 000* - £28 458 - **$45,182**

GILBERT W.J. XIX [2]
- English landscape with cattle - Oil/canvas (58x86cm-23x34in) Aylsham, Norfolk 96 .... *FF5 330* - £700 - **$1,070**

GILBERT Walter c.1870-1946 [2]
- The First Singing Lesson - Sculpture (169cm-67in) London 93 .... *FF45 200* - £5 200 - **$7,800**

GILBERT-JESPERSEN Anne Marie 1849-1925 [3]
- Foraeldre leger med deres førstefødte - Oil/canvas (28x38cm-11x15in) København 92 ...... *FF4 840* - £486 - **$931**

GILBERT-MARTIN Charles 1839-1905 [1]
- Bouquet champêtre - Huile/toile (46x38cm-18x15in) Paris 94 .... *FF18 500* - £2 176 - **$3,250**

GILBOA Nahum 1917 [1]
- Marriage in Jerusalem - Oil/canvas (53x76cm-21x30in) Tel Aviv 95 .... *FF56 200* - £7 270 - **$11,500**

GILCHRIST Philip Thomson 1865-1956 [6]
- Rainbow at sunset - Oil/canvas (43x54cm-17x21in) London 96 .... *FF6 870* - £900 - **$1,393**
- Streatley-on-Thames, Berkshire - Oil/canvas (102x127cm-40x50in) London 93 .... *FF30 400* - £3 800 - **$5,510**

GILCHRIST William Wallace Jr. 1879-1926 [2]
- Gilchrist family at breakfast - Oil/board (47x62cm-19x24in) New-York 93 .... *FF129 800* - £14 770 - **$22,000**
- Artist'Daughter, Nellie & a friend - Watercolour/paper (34x49cm-13x19in) New-York 94 .... *FF7 880* - £947 - **$1,500**

GILDEMEESTER Anna 1867-? [1]
- Étonnés de se trouver ensemble
  Coloured chalks/paper (36x58cm-14x23in) Amsterdam 90 .... *FF10 550* - £1 062 - **$2,067**

GILDEMEESTER Jan Jansz. 1744-1799 [2]
- Roses, narcissi & African marigold - Watercolour (26x20cm-10x8in) Amsterdam 95 .... *FF2 620* - £349 - **$541**

GILDEMEESTER Paulus Adriaan 1858-1930 [1]
- Angler by a river - Oil/canvas (49x68cm-19x27in) Amsterdam 94 .... *FF3 066* - £365 - **$583**

GILDEMEISTER Max 1872-1935 [2]
- Kühe auf dem Heimweg - Oil/canvas (57x80cm-22x31in) Wien 92 .... *FF5 770* - £671 - **$1,178**

GILDOR Jacob 1948 [30]
- Figure in Landscape - Mixed media (100x70cm-39x28in) Tel Aviv 97 .... *FF6 417* - £713 - **$1,200**
- Soldier - Tempera/board (49x36cm-19x14in) Tel Aviv 94 .... *FF20 770* - £2 470 - **$3,800**
- Côte d'Azur - Aquarell (70x100cm-28x39in) Heidelberg 93 .... *FF5 090* - £608 - **$978**

GILE Selden Connor 1877-1947 [29]
- Western town - Oil/canvas (25x31cm-10x12in) San Francisco-Los Angeles 95 .... *FF24 900* - £3 275 - **$5,000**
- Point Richmond - Oil/canvas (61x76cm-24x30in) San Francisco-Los Angeles 95 .... *FF399 000* - £52 400 - **$80,000**
- Bolinas - Watercolour/paper (34x25cm-13x10in) San Francisco-Los Angeles 96 .... *FF16 960* - £1 964 - **$3,250**

GILES Catherina Dawson 1878-1955 [1]
- Dahlias & other flowers in a vase - Watercolour (89x59cm-35x23in) London 94 .... *FF2 330* - £280 - **$444**

GILES Godfrey Douglas 1857-1941 [9]
- Darraidou - Oil/canvas (49x61cm-19x24in) London 93 .... *FF3 320* - £400 - **$608**
- St. Maclou - Oil/canvas (51x61cm-20x24in) London 96 .... *FF20 370* - £2 400 - **$4,000**
- Incident at the Battle of Tamai, Sudan - Oil/canvas (97x169cm-38x67in) London 94 ... *FF218 500* - £26 000 - **$41,600**

GILES Howard Everett 1876-1955 [1]
- A Nothern Shore - Oil/canvas (76x91cm-30x36in) Elgin, Illinois 95 .... *FF11 730* - £1 465 - **$2,300**

GILES James William 1801-1870 [8]
- Morning in the highlands
  Oil/board (25x50cm-10x20in) Hopetoun House, South Queensurry 90 .... *FF15 500* - £1 649 - **$2,773**
- Italian shepherd near Tivoli - Watercolour (60x44cm-24x17in) Glasgow 96 .... *FF15 430* - £2 000 - **$3,020**

GILES John XIX-XX [2]
- Deer leaping a fence - Oil/board (25x38cm-10x15in) London 91 .... *FF24 800* - £2 517 - **$4,479**

GILES John Alfred ?-1862 [1]
● *Little girl* - Oil/canvas (76x64cm-30x25in) St. Petersburg, Florida 94 .... FF6 280 - £732 - **$1,100**

GILES Tony 1925 [2]
● *Jubilee smoke* - Oil/board (51x76cm-20x30in) Penzance, Cornwall 95 .... FF2 483 - £300 - **$468**

GILES William 1872-? [2]
🖼 *Mother of Pearl* - Gelatin silver print (13x9cm-5x4in) San Francisco-Los Angeles 93 .... FF3 540 - £404 - **$600**

GILI Anna Caterina 1729-1751 [2]
● *Garland of flowers & peacock* - Oil/canvas (63x49cm-25x19in) London 91 .... FF72 600 - £7 210 - **$12,605**

GILI Y ROIG Baldoremo 1837-1926 [1]
● *Paisaje con casas* - Oleo/lienzo (22x31cm-9x12in) Madrid 95 .... FF5 250 - £671 - **$1,054**

GILIOLI Emile 1911-1977 [79]
🏛 *Untitled* - Bronze poli (23cm-9in) New-York 97 .... FF8 125 - £854 - **$1,400**
   Quart de Soleil - Bronze (27cm-11in) Paris 95 .... FF21 000 - £2 790 - **$4,330**
   Babeth - Bronze (33cm-13in) Versailles 89 .... FF46 100 - £4 714 - **$7,412**
   Esprit, Eau et Sang - Bronze (130cm-51in) Besançon 96 .... FF52 500 - £6 480 - **$10,130**
🖋 *Soleil couchant* - Pastel (56x54cm-22x21in) Versailles 96 .... FF5 000 - £627 - **$965**
   Visage de femme - Fusain/papier (65x50cm-26x20in) Saint-Germain-en-Laye 93 .... FF15 000 - £1 807 - **$2,730**

GILL André Gosset de Gui. 1840-1895 [3]
● *Portrait de l'acteur Daubray* - Huile/toile (81x65cm-32x26in) Paris 95 .... FF16 000 - £2 093 - **$3,204**

GILL Colin Uwin 1892-1940 [5]
● *Bistro* - Oil/canvas (91x71cm-36x28in) London 95 .... FF5 010 - £600 - **$954**
🖋 *Young Lady wearing a Hat* - Pencil (44x33cm-17x13in) London 94 .... FF3 000 - £360 - **$555**

GILL Edmund Ward 1820-1894 [20]
● *A mountain torrent* - Oil/canvas (25x19cm-10x7in) London 95 .... FF4 990 - £600 - **$943**
   River in a rocky landscape - Oil/canvas (115x150cm-45x59in) Köbenhavn 96 .... FF31 600 - £3 935 - **$6,100**

GILL Eric 1882-1940 [45]
🏛 *The hampshire hog* - Stone (78cm-31in) London 89 .... FF77 500 - £7 924 - **$12,460**
   Mother and child - Stone (58cm-23in) London 92 .... FF469 000 - £56 000 - **$90,200**
🖋 *Study for Madonna* - Pencil (36x29cm-14x11in) London 92 .... FF3 520 - £360 - **$621**
   Sanchia Attwater - Pencil (24x18cm-9x7in) London 96 .... FF11 800 - £1 500 - **$2,270**
   Standing nude boy - Ink (17x13cm-7x5in) London 95 .... FF26 350 - £3 500 - **$5,430**

GILL George Reynold 1827-1904 [1]
🖋 *A. Gorge looking for the Welsh hills* - Watercolour (20x28cm-8x11in) Bristol, Avon 96 .... FF1 728 - £220 - **$333**

GILL Madge 1882-1961 [3]
🖋 *Figure Studies* - Ink/paper (43x41cm-17x16in) London 97 .... FF3 548 - £380 - **$61,3 9**
   Venus, mid heaven - Ink (148x88cm-58x35in) Düsseldorf 93 .... FF30 500 - £3 646 - **$5,870**

GILL William c.1800-c.1870 [8]
● *Mountainous river landscape* - Oil/board (31x26cm-12x10in) London 91 .... FF4 760 - £483 - **$860**
   Guy Fawkes - Oil/canvas (97x134cm-38x53in) London 95 .... FF58 000 - £7 500 - **$11,850**

GILL William XIX-XX [2]
● *A waterfall* - Oil/board (18x14cm-7x6in) London 94 .... FF3 270 - £380 - **$565**
🖋 *Old Market, Douglas, Isle of Man* - Watercolour (23x35cm-9x14in) London 97 .... FF3 499 - £380 - **$620**

GILL William Ward XIX [2]
● *Loch Katrine* - Oil/canvas (28x71cm-11x28in) Billinghurst, West Sussex 93 .... FF6 470 - £780 - **$1,131**

GILLARD William XIX [7]
● *A wooded river landscape* - Oil/canvas (50x88cm-20x35in) London 92 .... FF5 840 - £600 - **$1,086**

GILLBERG Jakob Axel 1769-1845 [6]
🖋 *King Carl XIV* - Miniature (4cm-2in) London 95 .... FF5 860 - £750 - **$1,180**

GILLCHREST Joan 1918 [3]
● *Church and people* - Oil/board (21x16cm-8x6in) Penzance, Cornwall 93 .... FF2 905 - £350 - **$508**

GILLE Christian Friedrich 1805-1899 [3]
🖋 *Cattle* - Drawing (32x41cm-13x16in) London 90 .... FF4 100 - £417 - **$820**

GILLES Barthel 1891-1977 [9]
● *Schwebender Akt* - Tempera/panel (40x30cm-16x12in) Berlin 93 .... FF12 180 - £1 393 - **$2,073**
   In the kitchen, Mill in Ingersauel - Tempera/panel (40x30cm-16x12in) Berlin 92 .... FF85 000 - £8 700 - **$14,960**
🖋 *Waldstück* - Watercolour/board (64x49cm-25x19in) Köln 91 .... FF8 780 - £891 - **$1,586**

GILLES Peter 1953 [3]
🖋 *Ohne Titel* - Charcoal (99x69cm-39x27in) Köln 94 .... FF2 735 - £321 - **$488**

GILLES Pierre 1913 [2]
● *Port breton* - Huile/toile (50x65cm-20x26in) Rennes 97 .... FF2 500 - £272 - **$435**

GILLES Piet 1887-1965 [3]
● *Village sous la neige* - Huile/toile (90x100cm-35x39in) Antwerpen 93 .... FF8 240 - £985 - **$1,684**

GILLES Werner 1894-1961 [88]
● *Kleinstadt am Fluss* - Öl/Leinwand (32x41cm-13x16in) Berlin 96 .... FF18 700 - £2 130 - **$3,575**
   Still life - Oil/paper (31x49cm-12x19in) Stuttgart 96 .... FF33 760 - £4 090 - **$6,560**
   Ischia Landschaft - Öl/Papier (65x89cm-26x35in) Köln 97 .... FF74 349 - £7 814 - **$12,729**
   Landschaft auf Ischia - Öl/Leinwand (32x46cm-13x18in) München 96 .... FF105 000 - £13 170 - **$20,270**
🖋 *Landschaft* - Aquarell/Papier (20x29cm-8x11in) Köln 97 .... FF12 142 - £1 274 - **$2,081**
   Dämmerungen - Aquarell (32x41cm-12x17in) München 96 .... FF26 670 - £3 130 - **$4,750**
   Der Geiger - Aquarelle, gouache (46x59cm-18x23in) Berlin 93 .... FF48 700 - £5 570 - **$8,290**

GILLES Yvonne 1899-? [1]
● *La barque* - Huile/toile (46x61cm-18x24in) Bruxelles 90 .... FF10 300 - £1 096 - **$1,843**

GILLES-MURIQUE Jeannine 1924 [45]
- *L'Oriental* - Huile/toile (116x89cm-46x35in) Boulogne 95 .... FF**2 000** - £240 - **$381**
- *La chute* - Huile/toile (81x116cm-32x46in) Paris 90 .... FF**6 500** - £700 - **$1,146**

GILLESPIE George K. 1924-1996 [8]
- *Near Gortahork, Co. Donegal* - Oil/canvas (61x91cm-24x36in) London 97 .... FF**14 071** - £1 500 - **$2,467**

GILLESPIE Janetta S. ?-1956 [1]
- *The cupboard* - Watercolour (34x53cm-14x21in) Glasgow 91 .... FF**1 588** - £160 - **$280**

GILLET Guillaume 1912-1987 [3]
- *Saint-Pierre de Rome* - Huile/toile (46x56cm-18x22in) Paris 93 .... FF**10 000** - £1 151 - **$1,713**

GILLET Numa-François 1868-? [10]
- *Paysage et jeune femme à la coiffe* - Huile/toile (36x45cm-14x18in) Lyon 94 .... FF**8 000** - £928 - **$1,378**
- *Sursum Corda* - Huile/toile (81x60cm-32x24in) Paris 89 .... FF**25 000** - £2 634 - **$4,209**

GILLET Roger-Edgard 1924 [66]
- *Landscape* - Oil/canvas (22x27cm-9x11in) Amsterdam 97 .... FF**7 492** - £787 - **$1,287**
- *Tante Marie* - Huile/toile (81x65cm-32x26in) Paris 92 .... FF**16 000** - £1 638 - **$2,820**
- *Composition* - Huile/toile (130x80cm-51x31in) Paris 96 .... FF**22 000** - £2 720 - **$4,255**
- *Composition, 1958* - Huile/toile (100x73cm-39x29in) Paris 90 .... FF**80 000** - £8 565 - **$13,913**
- *Composition* - Gouache (58x38cm-23x15in) Paris 97 .... FF**4 500** - £476 - **$772**
- *Composititon, 1960* - Aquarelle (43x57cm-17x22in) Paris 90 .... FF**18 000** - £1 893 - **$3,130**

GILLETT Edward Frank 1874-1927 [1]
- *The Reed Cutter, Barton Broad* - Watercolour (20x15cm-8x6in) Aylsham, Norfolk 93 .... FF**2 324** - £280 - **$406**

GILLGREN Sven 1889-1966 [1]
- *Vid stadens utkant* - Oil/canvas (60x73cm-24x29in) Stockholm 89 .... FF**5 100** - £537 - **$859**

GILLI Claude 1938 [19]
- *Coulée* - Technique mixte/panneau (100x40cm-39x16in) Paris 94 .... FF**4 000** - £457 - **$678**
- *Coeurs et personnages* - Technique mixte/panneau (91x153cm-36x60in) Paris 90 .... FF**25 000** - £2 591 - **$4,394**
- *Métal en fusion* - Bronze (64x48x80cm-25x19x31in) Versailles 94 .... FF**10 600** - £1 257 - **$2,016**
- *Rose* - Assemblage (120x46x60cm-47x2x24in) Paris 90 .... FF**16 000** - £1 611 - **$2,909**

GILLIARD Eugène 1861-1921 [2]
- *Au-dessus de Derborence* - Öl/Leinwand (53x73cm-21x29in) Bern 94 .... FF**5 250** - £609 - **$905**

GILLIES William George 1898-1973 [29]
- *Late Autumn near Heriot* - Oil/canvas (41x51cm-16x20in) Edinburgh 96 .... FF**15 700** - £2 000 - **$3,024**
- *Winter sun* - Oil/canvas (47x58cm-19x23in) Glasgow 96 .... FF**32 440** - £4 200 - **$6,350**
- *The Tweed, near Lyne* - Watercolour (39x56cm-15x22in) Edinburgh 92 .... FF**25 400** - £2 600 - **$4,470**
- *Still life with Christmas paper* - Watercolour/paper (67x86cm-26x34in) Glasgow 96 .... FF**95 000** - £11 000 - **$18,200**

GILLING Otto [1]
- *Taormina, Sicily* - Wash (15x24cm-6x9in) London 91 .... FF**4 350** - £436 - **$797**

GILLIS Marcel 1897-1972 [2]
- *Paysage d'hiver* - Huile/toile (133x93cm-52x37in) Bruxelles 91 .... FF**3 950** - £405 - **$737**

GILLIS Piet 1887-1965 [2]
- *Hoek van de dender* - Huile/toile (53x45cm-21x18in) Lokeren 96 .... FF**4 930** - £610 - **$952**

GILLMOR Robert 1936 [3]
- *Avocets at Minsmere* - Watercolour (39x32cm-15x13in) London 95 .... FF**13 040** - £1 700 - **$2,700**

GILLOT Eugène Louis 1867-1925 [39]
- *St. Paul's from across the Thames* - Oil/canvas (63x80cm-25x31in) Bristol, Avon 96 .... FF**9 070** - £1 100 - **$1,765**
- *Usines et rue animée* - Huile/toile (89x144cm-35x57in) Paris 95 .... FF**45 000** - £5 930 - **$9,120**
- *Le marché de Nice* - Pastel (54x45cm-21x18in) Paris 89 .... FF**18 000** - £1 840 - **$2,894**

GILLRAY James 1756/7-1815 [21]
- *The lover's Dream* - Etching London 97 .... FF**6 757** - £700 - **$1,157**

GILMAN Harold 1876-1919 [13]
- *Romney Marsh, Kent* - Oil/canvas (30x40cm-12x16in) London 97 .... FF**71 839** - £7 500 - **$12,291**
- *Kirkegaten, Flekkerjord* - Oil/canvas (51x61cm-20x24in) London 97 .... FF**766 280** - £80 000 - **$131,112**
- *Girl dressing* - Charcoal (30x23cm-12x9in) London 93 .... FF**4 390** - £500 - **$745**

GILMAN Peter XX [3]
- *Barges Moored at an Estuary* - Oil/board (23x30cm-9x12in) London 97 .... FF**5 069** - £550 - **$898**

GILOT Françoise 1921 [26]
- *Enfant dans un fauteuil* - Huile/toile (55x33cm-22x13in) Paris 97 .... FF**5 000** - £529 - **$862**
- *Intérieur au peintre* - Huile/toile (72x60cm-28x24in) Paris 97 .... FF**12 000** - £1 268 - **$2,069**
- *Le tribut de Minos* - Oil/canvas (100x81cm-39x32in) Luzern 89 .... FF**70 200** - £7 178 - **$11,286**
- *Paloma Picasso enfant dormant* - Crayon (49x65cm-19x26in) Paris 96 .... FF**8 000** - £1 002 - **$1,544**

GILPIN Laura 1891-1979 [30]
- *Rio Grande Before a Storm* - Gelatin silver print (50x38cm-20x15in) New-York 96 .... FF**16 780** - £2 080 - **$3,250**
- *The Prelude* - Platinum, palladium print (15x20cm-6x8in) New-York 96 .... FF**48 500** - £6 260 - **$9,500**

GILPIN Sawrey 1733-1807 [24]
- *Horses in a wooded landscape* - Oil/canvas (63x76cm-25x30in) London 96 .... FF**19 300** - £2 400 - **$3,740**
- *Gulliver addressing the houyhhnhnms* - Oil/canvas (63x76cm-25x30in) London 97 .... FF**88 702** - £9 500 - **$15,417**
- *A Grey Pony* - Oil/canvas (136x173cm-54x68in) London 97 .... FF**712 948** - £76 000 - **$123,340**
- *Lord Grosvenor's Mambrino* - Watercolour (28x38cm-11x15in) London 94 .... FF**19 830** - £2 300 - **$3,416**

GILPIN William 1724-1804 [7]
- *Figures on Horseback on a Track* - Watercolour (17x25cm-7x10in) London 97 .... FF**2 822** - £300 - **$488**

GILQUIN Albert 1861-1936 [1]
- *Figure by a stream* - Oil/canvas (51x64cm-20x25in) New-York 91 .... FF**7 970** - £805 - **$1,582**

GILROY John Thomas Young XX [9]
- *The Prize Catch* - Wash (21x18cm-8x7in) Marlborough Crescent, Newcastle upon Tyn 91 .... FF**2 194** - £220 - **$370**

GILROY John William XIX-XX [11]
- Bay horse in a stable
  Oil/canvas (22x29cm-9x11in) Marlborough Crescent, Newcastle upon Tyne 94 .... FF3 386 - £400 - $608
  The Farm Children - Oil/canvas (90x69cm-35x27in) Berwick-upon-Tweed 91 .... FF29 760 - £3 020 - $5,375

GILS Fritz 1901-1957 [1]
- *Weiblicher Halbakt mit Früchtekorb* - Oil/panel (145x74cm-57x29in) Frankfurt 96 .... FF9 940 - £1 250 - $1,958

GILSOUL Victor 1867-1939 [65]
- *Avant l'Orage* - Huile/toile (81x100cm-32x39in) Bruxelles 96 .... FF6 330 - £830 - $1,284
  Béguinage à Bruxelles - Huile/toile (98x146cm-39x57in) Bruxelles 95 .... FF23 700 - £3 070 - $4,930
  Le pêcheur aux nénuphars - Huile/toile (65x81cm-26x32in) Bruxelles 91 .... FF94 600 - £9 532 - $16,415

GILSOUL-HOPPE Ketty 1868-1939 [11]
- *L'entrée fleurie* - Aquarelle/papier (56x71cm-22x28in) Bruxelles 92 .... FF15 770 - £1 615 - $3,030

GILST van Aarnout 1898-? [9]
- *Nieuwkoopse plassen* - Oil/canvas (50x70cm-20x28in) Amsterdam 95................... FF2 626 - £317 - $494

GILTAY Frits 1907 [2]
- *View in a village* - Oil/canvas (40x60cm-16x24in) Amsterdam 90 .... FF2 110 - £213 - $401

GIMENEZ Y MARTIN Juan 1858-? [2]
- *A Venetian backwater* - Oil/panel (24x39cm-9x15in) London 95 .... FF24 830 - £3 000 - $4,580
  In the harem - Oil/canvas (56x39cm-22x15in) London 97 .... FF295 238 - £31 000 - $50,781

GIMENO Andrés 1879-? [6]
- *Les Trois Grâces* - Huile/toile (48x41cm-19x16in) Le Touquet 94 .... FF5 500 - £655 - $1,046

GIMENO ARASA Francesc 1858-1927 [7]
- *Barcas en el puerto* - Oleo/lienzo (19x25cm-7x10in) Madrid 97 .... FF17 910 - £1 935 - $3,105
  La costa de Llanca, en Gerona - Oleo/lienzo (23x47cm-9x19in) Madrid 92 .... FF58 000 - £6 740 - $11,840

GIMES Lajos 1886-1944/45 [2]
- *Interno con ficus e quadri* - Olio/tela (30x40cm-12x16in) Trieste 97 .... FF4 760 - £560 - $840

GIMMI Wilhelm 1886-1965 [105]
- *Portrait de femme* - Huile/toile (33x24cm-13x9in) Paris 97 .... FF5 400 - £610 - $978
  Femme au tub - Huile/panneau (41x33cm-16x13in) Zürich 96 .... FF16 440 - £2 060 - $3,170
  Quatre personnages dans un intérieur - Huile/panneau (26x35cm-10x14in) Bern 96 .... FF26 500 - £3 210 - $5,150
  Sitzende - Öl/Leinwand (46x38cm-18x15in) Zürich 96 .... FF42 400 - £5 500 - $8,390
  La Seine au Pont-Marie, Paris - Öl/Leinwand (46x55cm-18x22in) Zürich 96 .... FF89 100 - £11 550 - $17,620
  Lac de Géronde - Huile/toile (46x55cm-18x22in) Bern 96 .... FF163 000 - £19 760 - $31,700
- *Nu* - Aquarell/Papier (31x24cm-12x9in) Zürich 97 .... FF7 501 - £797 - $1,294
  Stilleben - Aquarelle/papier (24x29cm-9x11in) Zürich 95 .... FF13 550 - £1 757 - $2,820

GIMOND Marcel 1894-1961 [17]
- *Pintade qui marche* - Bronze (18cm-7in) Soissons 96 .... FF16 200 - £1 882 - $3,140
  Nu assis - Bronze (46cm-18in) Pontoise 96 .... FF78 000 - £10 140 - $15,450
- *Nu assis* - Sanguine (35x28cm-14x11in) Paris 97 .... FF8 500 - £927 - $1,486

GINAC Auguste 1927-1982 [1]
- *Paysage animé des îles* - Huile/panneau (155x101cm-61x40in) Nîmes 90 .... FF3 600 - £372 - $636

GINAIN Eugène Louis 1818-1886 [6]
- *Huntsmen bringing down a steer* - Oil/canvas (205x130cm-81x51in) London 96 .... FF24 300 - £3 000 - $4,690
  The falcon hunt - Oil/canvas (204x130cm-80x51in) London 93 .... FF174 300 - £21 000 - $30,450
- *La Prise de la Smala d'Abd-el-Kader* - Aquarelle, gouache (16x29cm-6x11in) Monaco 96 .... FF3 800 - £437 - $725

GINDERTAEL van Roger 1899-1982 [40]
- *Plage à Knokke* - Huile/panneau (36x38cm-14x15in) Antwerpen 96 .... FF11 480 - £1 391 - $2,230
  Le choix difficile - Huile/panneau (50x60cm-20x24in) Antwerpen 96 .... FF90 300 - £11 660 - $17,440
- *Les réfugiers* - Aquarelle, gouache/papier (67x53cm-26x21in) Paris 97 .... FF3 500 - £373 - $606
  Het klimopblad - Aquarelle/papier (32x32cm-13x13in) Antwerpen 96 .... FF19 700 - £2 544 - $3,810

GINE Alexander Vasiliev. 1830-1880 [3]
- *Parklandskap* - Oleo/lienzo (73x115cm-29x45in) Helsinki 95................................. FF22 440 - £2 710 - $4,224

GINER Vicente 1886-1943 [4]
- *Diálogo* - Oleo/lienzo (73x54cm-29x21in) Madrid 91 .... FF8 670 - £876 - $1,721

GINÉS DE AGUIRRE Andrés 1727-c.1815 [1]
- *Retrato de Carlos III* - Oleo/lienzo (143x108cm-56x43in) Madrid 93................. FF77 800 - £9 270 - $14,000

GINGELEN van Jacques 1801-1864 [5]
- *Sunset over a harbour* - Oil/canvas (36x52cm-14x20in) Amsterdam 90 .... FF9 600 - £1 034 - $1,693

GINGRAS Gilles Emmanuel 1932 [38]
- *Neige poudreuse* - Huile/toile (51x61cm-20x24in) Montréal 91 .... FF4 730 - £470 - $821

GINNER Charles 1878-1952 [35]
- *Kenwood Pond, Autumn* - Oil/canvas (43x56cm-17x22in) London 97 .... FF119 731 - £12 500 - $20,486
  Factories and barges, Leeds - Oil/canvas (50x61cm-20x24in) London 93 .... FF240 000 - £30 000 - $43,500
- *Batheaston, Rain* - Watercolour (40x28cm-16x11in) London 97 .... FF25 560 - £3 000 - $4,480
  Meachard, Bostcastle, Cornwall - Watercolour (22x30cm-9x12in) London 90 .... FF53 300 - £5 707 - $9,270

GINNETT Louis 1875-1946 [4]
- *Summer* - Oil/canvas (23x33cm-9x13in) London 95 .... FF7 000 - £900 - $1,445

GINO Gio 1899-? [1]
- *Oberitalienische Herbstlandschaft* - Oil/canvas (46x55cm-18x22in) Heidelberg 91 .... FF2 312 - £237 - $407

GINOTTI Giacomo 1845-1897 [1]
- *La Schiava, esclave sur un rocher* - Marbre (154cm-61in) Milano 91........................... FF100 200 - £10 264 - $18,708

GINSBERG Allen XX [3]
Jack Kerouac Looking Out Window - Silver print (23x33cm-9x13in) New-York 95 .... FF**4 600** - £*592* - **\$950**
GIOBBI Edward Gioachino 1926 [4]
Day After Day #2 - Oil/canvas (152x152cm-60x60in) Detroit, Michigan 93 .... FF**8 800** - £*1 104* - **\$1,600**
GIOJA Belisario 1829-1906 [22]
A game of chess with the Cardinal - Watercolour (53x75cm-21x30in) New-York 92 .... FF**12 500** - £*1 278* - **\$2,200**
GIOJA Camillo XIX [3]
Donne al focolare - Acquarello/carta (55x37cm-22x15in) Roma 95 .... FF**4 260** - £*546* - **\$854**
GIOJA Edoardo, Edward 1862-1936 [2]
Elegant suitor & pensive beauty - Oil/canvas (72x40cm-28x16in) Toronto 91 .... FF**11 180** - £*1 135* - **\$2,019**
In the fields - Pastel (39x59cm-15x23in) London 92 .... FF**13 400** - £*1 600* - **\$2,580**
GIOLDASIS Dimitrios 1897-? [1]
Village street, Epirus - Oil/canvas/board (35x44cm-14x17in) Athens 93 .... FF**15 600** - £*1 792* - **\$2,680**
GIOLI Francesco 1846-1922 [16]
Castiglione dalla pineta - Olio/tela (29x55cm-11x22in) Roma 96 .... FF**33 500** - £*4 200* - **\$6,400**
Madre con bambini, campagna toscana - Olio/tela (73x45cm-29x18in) Milano 95...... FF**145 200** - £*19 270* - **\$29,600**
Firenze dal ponte S. Trinita - Pastelli/cartone (80x60cm-31x24in) Firenze 97 .... FF**32 300** - £*3 800* - **\$5,700**
GIOLI Luigi 1854-1947 [17]
La campana - Olio/tavola (50x33cm-20x13in) Prato 96 .... FF**16 850** - £*2 000* - **\$3,300**
L'Aratura - Olio/carta/tela (122x74cm-48x29in) Firenze 97 .... FF**51 000** - £*6 000* - **\$9,000**
L'abbeverata, 1896 - Olio/tela (70x140cm-28x55in) Milano 90 .... FF**329 500** - £*35 278* - **\$57,304**
GIOLI Paolo 1942 [2]
From the Series Camera Obscura - Polaroid (10x20cm-4x8in) New-York 95 .... FF**9 920** - £*1 265* - **\$2,000**
GIONIMA Antonio 1697-1732 [8]
Angels advising Lot to leave Sodom - Oil/canvas (86x112cm-34x44in) London 96.......... FF**29 300** - £*3 800* - **\$5,740**
GIORDA Patrice 1952 [11]
Promenade No. VIII - Acrylique/toile (80x100cm-31x39in) Paris 94 .... FF**12 000** - £*1 404* - **\$2,105**
Promenade No. IV - Acrylique/toile (162x200cm-64x79in) Paris 94 .... FF**37 000** - £*4 310* - **\$6,490**
GIORDANI Giovanni 1884-1969 [1]
Processione in Tirolo - Acquarello/carta (49x55cm-19x22in) Trieste 93 .... FF**4 760** - £*534* - **\$852**
GIORDANI Italo XIX-XX [35]
Les Martigues - Huile/toile (46x61cm-18x24in) Paris 96 .... FF**3 000** - £*388* - **\$591**
Pêcheur - Huile/panneau (57x70cm-22x28in) Allaman 94................................. FF**6 190** - £*743* - **\$1,203**
L'allée des grands arbres en automne
  Huile/panneau (124x82cm-49x32in) Bayeux 90 .... FF**20 000** - £*2 066* - **\$3,534**
GIORDANO DI PALMA Léon Jean 1886-? [1]
Dans les Souks - Aquarelle (34x43cm-13x17in) Paris 95................................. FF**4 000** - £*522* - **\$821**
GIORDANO Felice 1880-1964 [37]
Rocky Coastal Landscape - Oil/canvas/board (60x90cm-24x35in) London 96 .... FF**4 270** - £*501* - **\$830**
Cortile a Capri - Olio/tela (60x80cm-24x31in) Milano 95 .... FF**11 920** - £*1 520* - **\$2,440**
Marina Grande, Capri - Olio/tela (60x120cm-24x47in) Roma 96........................ FF**33 400** - £*3 870* - **\$6,500**
GIORDANO Francesco XX [2]
Le raisin blanc - Huile/toile (40x50cm-16x20in) Montauban 94....................... FF**4 200** - £*483* - **\$718**
GIORDANO Luca Fa Presto 1632-1705 [68]
Immaculate Conception - Oil/canvas (200x150cm-79x59in) New-York 97 .... FF**1** - £*162 240* - **\$260,000**
Adoration of the Shepherds - Oil/canvas (200x170cm-79x67in) New-York 97 ...... FF**455 584** - £*48 568* - **\$80,000**
The Damned/Studies of Skeletons - Black chalk (51x37cm-20x15in) New-York 96 ... FF**118 400** - £*15 500* - **\$24,000**
GIORGETTI Angelo 1899-1960 [13]
Alp Grünn ins Puschlav - Öl/Leinwand (65x80cm-26x31in) Zofingen 94 .... FF**6 020** - £*707* - **\$1,073**
Liegender Akt auf weissem Tuch - Öl/Leinwand (60x97cm-24x38in) Bern 91 .... FF**15 840** - £*1 596* - **\$2,749**
GIOVANNI di Luigi 1856-1938 [2]
Der galante Verehrer - Öl/Leinwand (63x79cm-25x31in) Wien 94..................... FF**14 570** - £*1 710* - **\$2,596**
Mother and child in Palermo - Pencil (48x23cm-19x9in) London 92 .... FF**9 250** - £*950* - **\$1,777**
GIOVANNI Robert XIX-XX [3]
Grand Pardon en Bretagne - Huile/toile (40x80cm-16x31in) Saint-Dié 93 .... FF**2 000** - £*225* - **\$339**
GIOVANNI Vincenzo 1816-? [1]
Pope leaving Rome - Oil/canvas (51x98cm-20x39in) London 89..................... FF**145 300** - £*14 857* - **\$23,360**
GIOVANNINI Francesco XX [2]
Il Viandante - Gelatin silver print (36x28cm-14x11in) New-York 93 .... FF**5 230** - £*656* - **\$950**
GIOVANNINI Vincenzo 1816-1868 [6]
Papal Carriage & Escart before Rome - Oil/canvas (46x94cm-18x37in) London 96 .... FF**69 300** - £*9 000* - **\$13,720**
GIPKENS Julius 1883-? [2]
Kupferberg Gold - Poster (69x95cm-27x37in) London 96 .... FF**2 830** - £*360* - **\$544**
GIPO 1908-1988 [14]
La boucherie - Huile/toile (30x40cm-12x16in) Pertuis 92 .... FF**11 000** - £*1 130* - **\$2,116**
GIPS Abraham Frans 1861-1943 [1]
The red cabbage field - Oil/canvas (45x71cm-18x28in) Amsterdam 92 .... FF**4 820** - £*560* - **\$983**
GIPS Cornelis Armandus 1829-1892 [4]
Traveller in a wooded landscape - Oil/panel (41x55cm-16x22in) Amsterdam 96...... FF**4 300** - £*552* - **\$847**
GIR Charles F. Girard 1883-1941 [19]
La Ronde - Huile/toile (86x127cm-34x50in) Paris 93 .... FF**6 500** - £*739* - **\$1,102**
Léo Madelaine - Poster (160x119cm-63x47in) London 95 .... FF**1 768** - £*200* - **\$319**
La Cantine des poilus - Bronze Mayenne 92 .... FF**15 000** - £*1 536* - **\$2,640**

GIRALDEZ Y PEÑALVER Adolfo XIX-XX [3]
- Puerto de Sevilla - Oleo/lienzo (60x100cm-24x39in) Madrid 94 .... FF*14 350* - £*1 700* - **$2,650**

GIRALDON Adolphe 1855-1933 [1]
- Ferme dans la vallée - Huile/toile (44x61cm-17x24in) Paris 93 .... FF*2 500* - £*281* - **$424**

GIRAN Christiane 1942 [6]
- Réjanéador - Huile/toile (101x81cm-40x32in) Aubagne 92 .... FF*6 000* - £*615* - **$1,056**

GIRAN-MAX Léon 1867-1927 [31]
- Bord de rivière sous la neige - Huile/toile (46x61cm-18x24in) Calais 97 .... FF*12 000* - £*1 556* - **$2,373**
- Environs d' Éragny-sur-Oise - Huile/toile (61x50cm-24x20in) Pontoise 95 .... FF*68 000* - £*8 610* - **$13,680**
- Le pont de la concorde - Aquarelle (21x26cm-8x10in) Pontoise 96 .... FF*2 600* - £*331* - **$502**

GIRARD Albert 1839-1920 [4]
- Paysage fluvial - Huile/toile (30x35cm-12x14in) Paris 92 .... FF*7 500* - £*768* - **$1,320**
- Children playing, Saint-Tropez - Oil/canvas (68x43cm-27x17in) London 93 .... FF*20 800* - £*2 600* - **$3,770**
- Les dénicheurs - Lavis (23x17cm-9x7in) Nantes 89 .... FF*2 000* - £*199* - **$316**

GIRARD André 1901-1968 [56]
- Le quai des Esclavons - Huile/toile (122x175cm-48x69in) Paris 93 .... FF*17 000* - £*2 050* - **$3,090**
- Columbia - Affiche (120x160cm-47x63in) Nice 96 .... FF*2 500* - £*312* - **$483**

GIRARD Eugène 1853-1907 [1]
- Femme arabe et son enfant - Huile/panneau (41x27cm-16x11in) Paris 89 .... FF*8 000* - £*796* - **$1,264**

GIRARD Johann Peter 1769-1851 [2]
- Vue de Nidau & des environs - Gouache (35x43cm-14x17in) Bern 96 .... FF*18 330* - £*2 223* - **$3,564**

GIRARD Michel 1939 [18]
- Clos des brumes - Huile/toile (60x73cm-24x29in) Paris 92 .... FF*2 500* - £*256* - **$441**

GIRARD Paul-Albert 1839-1920 [3]
- Danse nègre à Alger - Huile/toile (62x73cm-24x29in) Paris 97 .... FF*78 000* - £*8 291* - **$13,439**

GIRARDET Edouard Henri 1819-1880 [9]
- The artist's model - Oil/panel (27x21cm-11x8in) London 90 .... FF*10 700* - £*1 105* - **$1,890**
- L'oued de Bou-Saâda - Huile/toile (68x109cm-27x43in) Paris 96 .... FF*172 000* - £*20 840* - **$33,440**
- Halte au vieux Caire - Aquarelle (18x22cm-7x9in) Paris 93 .... FF*8 500* - £*968* - **$1,440**

GIRARDET Eugène 1853-1907 [52]
- Evening encampment - Oil/canvas (71x47cm-28x19in) London 97 .... FF*1 - £*154 545* - **$253,160**
- Passage à Bou-Saada - Huile/panneau (24x32cm-9x13in) Paris 97 .... FF*18 000* - £*1 940* - **$3,200**
- Détente au Sud algérien - Huile/toile (55x45cm-22x18in) Alençon 93 .... FF*34 500* - £*3 930* - **$5,850**
- Maison du tailleur, ville arabe - Huile/toile (40x50cm-16x20in) Paris 94 .... FF*68 000* - £*7 910* - **$11,820**

GIRARDET Henri 1848-1904 [5]
- Outdoor school in Biskra - Oil/canvas (23x32cm-9x13in) London 95 .... FF*26 240* - £*3 400* - **$5,460**

GIRARDET Jules 1856-? [15]
- Junger Gemüseverkäufer - Oil/canvas (74x96cm-29x38in) Luzern 92 .... FF*44 600* - £*4 560* - **$7,860**
- Jeune arabe au marché - Huile/toile (74x95cm-29x37in) Paris 94 .... FF*90 000* - £*10 460* - **$15,760**
- Napoléon at the Austrian Royal Court
  Oil/canvas (86x126cm-34x50in) New-York 94 .... FF*204 700* - £*23 700* - **$35,000**

GIRARDET Karl 1813-1871 [28]
- Mühlebach bei Brienz - Öl/Karton (46x36cm-18x14in) Zürich 96 .... FF*23 840* - £*2 760* - **$4,570**
- Figures on the banks of Lac Majeur - Oil/canvas (34x56cm-13x22in) London 95 .... FF*55 900* - £*7 000* - **$11,130**
- Baalbek Valley, Lebanon - Oil/canvas (123x194cm-48x76in) London 94 .... FF*137 200* - £*16 000* - **$24,050**

GIRARDET Léon 1857-1895 [7]
- Le montreur d'ours
  Aquarelle, gouache/papier (54x76cm-21x30in) Brive-la-Gaillarde 97 .... FF*18 500* - £*2 018* - **$3,234**

GIRARDET Paul-Armand 1859-? [1]
- Vue d'Antibes des hauteurs - Huile/panneau (24x33cm-9x13in) La Varenne Saint-Hilaire 97 ...... FF*2 000* - £*216* - **$351**

GIRARDIN Eugène 1861-1898 [1]
- Danseuse du harem, Alger - Aquarelle, gouache/papier (43x27cm-17x11in) Paris 90 .... FF*5 500* - £*593* - **$970**

GIRARDIN Francis J., Frank 1856-1945 [3]
- Topanga Cañyon - Oil/board (51x75cm-20x30in) San Francisco-Los Angeles 92 .... FF*10 260* - £*1 050* - **$1,900**

GIRARDIN Julien 1824-1896 [1]
- Pavots, roses, pivoines, pêches - Huile/toile (151x106cm-59x42in) Avignon 91 .... FF*70 000* - £*7 190* - **$13,030**

GIRARDIN Pauline, née Joannis 1818-? [1]
- Branche de lilas - Aquarelle/papier (56x44cm-22x17in) Paris 97 .... FF*17 000* - £*1 783* - **$2,917**

GIRARDON François 1628-1715 [3]
- Louis XIV - Sculpture (68cm-27in) Paris 89 .... FF*700 000* - £*73 753* - **$117,736**

GIRARDON Pierre Gustave 1821-1887 [1]
- Bords du Rhône - Huile/toile (33x55cm-13x22in) Lyon 92 .... FF*10 000* - £*1 024* - **$1,760**

GIRARDOT Ernest Gustave c.1840-c.1895 [6]
- The First Toy - Oil/canvas (50x38cm-20x15in) London 95 .... FF*13 580* - £*1 700* - **$2,705**

GIRARDOT Henri 1878-1937 [2]
- Fleurs dans un vase - Huile/toile (81x60cm-32x24in) Grenoble 92 .... FF*6 000* - £*698* - **$1,225**

GIRARDOT Louis-Auguste 1856-1933 [14]
- Jeune femme berbère - Huile/toile (50x70cm-20x29in) Paris 96 .... FF*8 000* - £*1 030* - **$1,558**
- Femme du Maroc avec une fillette - Oil/canvas (77x47cm-30x19in) New-York 97 .... FF*82 433* - £*8 878* - **$14,500**
- Une femme au foulard jaune - Oil/canvas (82x65cm-32x26in) New-York 97 .... FF*214 567* - £*23 108* - **$38,000**

GIRARDOT Philippe XX [2]
- Après-midi en bord de mer - Pastel (17x22cm-7x9in) La Varenne Saint-Hilaire 90 .... FF*4 500* - £*466* - **$791**

GIRAUD Charles 1819-1892 [3]
🖼 *Marie de Revigaud* - Huile/toile (35x55cm-14x22in) Paris 97 .... FF72 000 - £7 552 - **$12,355**
GIRAUD Émile 1825-1892 [2]
🖼 *Comte de Lancosne-Brèves* - Huile/toile (64x81cm-25x32in) Paris 92 .... FF105 000 - £12 530 - **$20,200**
GIRAUD Grégoire 1783-1836 [1]
🗿 *Chien couché* - Bronze (10cm-4in) Paris 95 .... FF2 500 - £313 - **$498**
GIRAUD Henri ?-1895 [3]
🗿 *Éphèbe victorieux* - Bronze (58cm-23in) Auxerre 94 .... FF6 500 - £752 - **$1,116**
GIRAUD Jean-Luc XX [6]
🖼 *L'adoré* - Technique mixte (28x40cm-11x16in) Paris 92 .... FF2 300 - £268 - **$470**
✏ *Reflet d'hiver* - Pastel (15x19cm-6x7in) Paris 91 .... FF3 000 - £307 - **$560**
GIRAUD Pierre 1937 [2]
🖼 *Marine* - Huile/toile (54x65cm-21x26in) Ourville-en-Caux 94 .... FF5 200 - £606 - **$912**
GIRAUD Pierre François Eug. 1806-1881 [9]
✏ *L'âne de la princesse Mathilde* - Lavis (20x25cm-8x10in) Paris 96 .... FF2 200 - £279 - **$422**
Roma, Piazza della Verita - Aquarelle (40x57cm-16x22in) Monaco 92 .... FF14 000 - £1 400 - **$2,334**
GIRAUD Pierre François Grég 1783-1836 [1]
🗿 *Philoctete a Lemnos* - Bronze (94cm-37in) Monaco 94 .... FF80 000 - £9 450 - **$14,370**
GIRAUD Sébastien Charles 1819-1892 [4]
🖼 *Blumenstilleben* - Oil/canvas (71x57cm-28x22in) Wien 91 .... FF48 000 - £4 778 - **$8,254**
GIRAULT Daniel 1945 [2]
🖼 *Promenade au parc* - Huile/toile (73x60cm-29x24in) Paris 92 .... FF4 500 - £461 - **$810**
GIRAULT Gaston XX [3]
🖼 *Bateaux échoués* - Huile/toile (42x48cm-17x19in) Le Havre 91 .... FF4 500 - £447 - **$781**
GIRAULT Louis C. XIX-XX [4]
🖼 *Sailboat on Lake Pontchartrain* - Oil/board (23x30cm-9x12in) New Orleans, Louisiana 92 .... FF3 185 - £370 - **$650**
✏ *Figures on a footbridge in the rocks* - Pastel (20x30cm-8x12in) New Orleans, Louisiana 92 .... FF1 960 - £228 - **$400**
GIRBAL Gaston 1888-c.1978 [9]
🖼 *Tozeur* - Huile/toile (89x99cm-35x39in) Versailles 89 .... FF8 000 - £818 - **$1,286**
🖼 *Joséphine Baker* - Affiche (114x145cm-45x57in) Paris 97 .... FF14 100 - £1 510 - **$2,436**
GIRIEUD Pierre 1876-1948 [9]
✏ *Psyché et ses sœurs* - Aquarelle/papier (24x18cm-9x7in) Paris 97 .... FF2 100 - £237 - **$380**
GIRIN David 1848-1917 [31]
🖼 *Nymphes dans un parc* - Huile/toile (50x60cm-20x24in) Lyon 97 .... FF2 300 - £24 9 9 - **$402**
Vaches et oies dans la Dombes - Huile/carton (46x36cm-18x14in) Paris 97 .... FF9 000 - £955 - **$1,567**
Clair de lune sur l'étang - Huile/carton (36x45cm-14x18in) Paris 97 .... FF14 000 - £1 486 - **$2,438**
Parisienne dans la foule - Huile/toile (41x32cm-16x13in) Paris 97 .... FF27 000 - £2 867 - **$4,703**
GIRIN Raoul de La G. XIX [2]
🖼 *Dragon au repos, Second Empire* - Huile/panneau (20x15cm-8x6in) Paris 96 .... FF2 000 - £258 - **$392**
Enfant aux cheveux bouclés - Huile/toile (28x35cm-11x14in) Lyon 92 .... FF8 000 - £820 - **$1,410**
GIRKE Raimund 1930 [60]
🖼 *Abstrakte Komposition* - Tempera/canvas (31x48cm-12x19in) Köln 96 .... FF17 000 - £1 935 - **$3,250**
Untitled - Oil/canvas (160x129cm-63x51in) London 95 .... FF38 540 - £4 800 - **$7,540**
Ohne Titel - Tempera/canvas (55x60cm-22x24in) Köln 96 .... FF51 000 - £5 800 - **$9,750**
Graue Strukturen - Tempera (75x110cm-30x43in) Berlin 92 .... FF81 600 - £8 350 - **$14,360**
✏ *Ohne Titel* - Gouache/carton (62x88cm-24x35in) Köln 94 .... FF18 870 - £2 235 - **$3,490**
GIRLING Edmund M. 1796-1871 [2]
✏ *London from Primrose Hill* - Watercolour (23x43cm-9x17in) London 94 .... FF3 520 - £420 - **$663**
GIRLING Fred Jay XIX-XX [2]
✏ *John Brown's Shipyard* - Watercolour (45x59cm-18x23in) London 94 .... FF4 540 - £520 - **$776**
GIRODET DE ROUCY TRIOSON Anne-Louis 1767-1824 [26]
🖼 *Reine Hortense* - Huile/toile (61x50cm-24x20in) Monaco 91 .... FF1 - £130 352 - **$214,592**
Paysage d'Italie - Oil/paper/board New-York 94 .... FF52 600 - £6 090 - **$9,000**
✏ *Tempête du premier chat de l'Eneide* - Crayon (26x38cm-10x15in) New-York 97 ... FF68 220 - £7 348 - **$12,000**
Énée au chevet de Pallas - Encre Chine Marseille 96 .... FF275 000 - £31 940 - **$53,300**
GIRODON Gabriel Charles 1884-1941 [4]
🖼 *L'homme à la pipe, 1908* - Huile/toile (38x46cm-15x18in) Paris 90 .... FF2 200 - £236 - **$383**
GIROL Paul 1911-1989 [29]
🖼 *Cimetière de bateaux* - Huile/toile (60x92cm-24x36in) Quimper 95 .... FF4 000 - £518 - **$818**
GIROMETTI Pietro ?-1850 [1]
✏ *Homme en habit* - Miniature (7x6cm-3x2in) Paris 91 .... FF23 500 - £2 385 - **$4,244**
GIRON Charles 1850-1914 [6]
🖼 *An Egyptian beauty* - Oil/canvas (82x32cm-32x13in) London 95 .... FF55 300 - £7 000 - **$11,110**
GIRONA María 1923 [5]
🖼 *Frutero* - Oleo/lienzo (54x65cm-21x26in) Madrid 96 .... FF7 300 - £927 - **$1,403**
GIRONCOLI Bruno 1936 [36]
🖼 *Frohe Weihnacht* - Collage/carton (114x100cm-45x39in) Wien 95 .... FF34 300 - £4 520 - **$6,950**
✏ *Kopfstudie* - Pencil (34x24cm-13x9in) Wien 97 .... FF5 750 - £604 - **$987**
Ohne Titel - Mischtechnik/Papier (62x89cm-24x35in) Wien 96 .... FF39 000 - £5 060 - **$7,700**
GIRONELLA Alberto 1929 [4]
🖼 *De Velasquez, 1960* - Mixed media/board (56x35cm-22x14in) New-York 90 .... FF53 500 - £5 691 - **$9,571**
GIRONIERE Yvan Benoist XX [6]
🗿 *Joueur de polo* - Bronze (33cm-13in) Deauville 93 .... FF11 000 - £1 236 - **$1,865**
✏ *Piqueux et cheval* - Aquarelle (25x32cm-10x13in) Paris 92 .... FF1 600 - £164 - **$288**

GIROUARD Henriquetta Lucquin 1819-1866 [1]
- La Madeleine repentante - Oil/canvas/board (194x129cm-76x51in) New-York 94 .... FF16 260 - £1 967 - **$3,000**

GIROUST Jean Antoine Th. 1753-1817 [3]
- Hector's farewell to Andromache - Oil/canvas (121x97cm-48x38in) New-York 94 .... FF20 530 - £2 375 - **$3,500**
- Oedipe à Colonne - Huile/toile (160x193cm-63x76in) Paris 91 .... **FF680 000 - £69 657 - $126,960**

GIROUX Achille 1820-1894 [5]
- Cavalière et ses chiens - Huile/toile (72x58cm-28x23in) Paris 97 .... FF23 500 - £2 496 - **$4,073**

GIROUX André 1801-1879 [4]
- Philémon, Baucis, Jupiter et Mercure - Oil/canvas (38x47cm-15x19in) New-York 92 .... FF32 400 - £3 276 - **$6,500**

GIRSCHER Bernhard 1822-1870 [3]
- Oberbayrischer Hof am See - Öl/Leinwand (42x59cm-17x23in) Bremen 93 .... FF22 900 - £2 760 - **$4,475**

GIRTIN Thomas 1775-1802 [26]
- Flodden Field, Northumberland - Watercolour/paper (7x12cm-3x5in) London 95.............. FF11 610 - £1 500 - **$2,393**
- Pont Aberglaslyn, North Wales - Watercolour (24x37cm-9x15in) London 97 .... FF35 581 - £3 800 - **$6,187**
- Kirkstall abbey, Yorkshire - Wash (31x52cm-12x20in) London 91 .... FF744 000 - £75 509 - **$134,374**

GIRV Alfred Alexandrovich 1880-1918 [1]
- Boy entering a garden - Oil/canvas (38x31cm-15x12in) London 95 .... FF11 410 - £1 500 - **$2,290**

GIRY Lily 1868-? [1]
- Vue de Delft - Aquarelle Lyon 93 .... FF12 000 - £1 350 - **$2,034**

GISBERT Antonio 1835-1901 [6]
- The heir apparent - Oil/panel (37x45cm-15x18in) New-York 92 .... FF144 400 - £14 620 - **$29,000**

GISCHIA Léon 1903-1991 [59]
- Le buveur - Huile/toile (100x73cm-39x29in) Paris 93.................. FF11 000 - £1 326 - **$2,000**
- Nature morte au guéridon - Huile/toile (116x81cm-46x32in) Paris 96 .... FF25 000 - £3 240 - **$4,900**
- Vase de fruits et pipe - Huile/toile (81x65cm-32x26in) Paris 89 .... FF55 000 - £5 624 - **$8,842**
- Mandoline devant la fenêtre - Huile/toile (50x65cm-20x26in) Paris 90 .... FF160 000 - £17 131 - **$27,826**
- Composition au vase - Gouache (48x35cm-19x14in) Le Touquet 92 .... FF8 000 - £955 - **$1,540**

GISELA Josef 1851-1899 [8]
- Haymaking - Oil/panel (17x24cm-7x9in) Wien 95 .... FF124 400 - £15 780 - **$25,060**

GISEVIUS Gerhard 1879-? [1]
- Blühende Fluren - Öl/Leinwand (79x120cm-31x47in) Bremen 94 .... FF11 650 - £1 350 - **$2,006**

GISIKO-SPÄRCK Ida 1859-1940 [6]
- Varlandskap, 1886 - Oil/board (13x16cm-5x6in) Stockholm 89.................. FF7 000 - £716 - **$1,125**

GISLANDER William 1890-1937 [60]
- Fasaner i landskap - Oil/canvas (83x110cm-33x43in) Malmö 96 .... FF7 740 - £917 - **$1,510**
- Snäppa på mosse - Oil/canvas (78x99cm-31x39in) Malmö 91 .... FF13 100 - £1 301 - **$2,275**
- Sträckande svanor över kustlandskap - Oil/canvas (123x237cm-48x93in) Malmö 89 .... FF45 900 - £4 693 - **$7,379**

GISLER Edouard 1818-? [2]
- Portrait d'homme - Huile/toile (73x61cm-29x24in) Bruxelles 93 .... FF4 285 - £513 - **$876**

GISSON André 1910 [160]
- Carnations in a white vase - Oil/canvas (51x40cm-20x16in) New-York 97 .... FF6 965 - £732 - **$1,200**
- La Plage - Oil/canvas (58x28cm-23x11in) London 97 .... FF9 066 - £1 000 - **$1,590**
- Summer in the park - Oil/canvas (51x61cm-20x24in) Detroit, Michigan 93 .... FF14 750 - £1 680 - **$2,500**
- Sunny afternoon by the shore - Oil/canvas (61x76cm-24x30in) New-York 97 .... FF23 215 - £2 442 - **$4,000**
- Dans le jardin - Oil/canvas (41x51cm-16x20in) New-York 90 .... FF34 300 - £3 554 - **$6,028**

GISZINGER Imre 1895-1936 [3]
- Still life - Oil/panel (13x13cm-5x5in) Mystic, Connecticut 92 .... FF2 130 - £218 - **$375**

GITTARD Alexandre 1832-1904 [4]
- Lavandière sous le pont - Huile/panneau (26x21cm-10x8in) Le Havre 90 .... FF7 800 - £794 - **$1,560**

GITTINS Edith 1868-1887 [1]
- Winchester & the cathedral - Watercolour (20x31cm-8x12in) London 95.................. FF5 130 - £650 - **$1,032**

GIUFFRIDA Nino 1924 [104]
- Acrobate au cirque - Huile/toile (50x65cm-20x26in) Provins 96 .... FF2 500 - £324 - **$495**
- Pierrette dessinant - Huile/toile (46x55cm-18x22in) Paris 95 .... FF3 600 - £387 - **$632**
- Corbeille de fruits - Huile/toile (55x46cm-22x18in) Cannes 93 .... FF4 800 - £552 - **$826**
- Ambiguïté - Huile/toile (73x60cm-29x24in) Versailles 91 .... FF34 000 - £3 409 - **$5,612**
- Le clown - Pastel (45x31cm-18x12in) Albi 90 .... FF7 500 - £803 - **$1,304**

GIULIANI G. 1889-1960 [1]
- The courtyard - Watercolour (46x64cm-18x25in) Portland, Maine 94 .... FF7 040 - £843 - **$1,300**

GIULIANO Bartolomeo 1825-1909 [9]
- Acquaiola - Olio/tela (44x30cm-17x12in) Torino 93 .... FF31 100 - £3 510 - **$5,230**
- Paysanne aux cerises - Huile/toile (148x111cm-58x44in) Monaco 90 .... FF240 000 - £25 862 - **$42,328**

GIUNNI Piero 1912 [5]
- Campi in autunno - Olio/tela (70x90cm-28x35in) Milano 94 .... FF10 600 - £1 260 - **$1,890**

GIUNTA Joseph 1911 [48]
- Hiver - Huile/isorel (61x75cm-24x30in) Montréal 94.................. FF4 610 - £538 - **$809**
- Automne Laurentians, Que. - Huile/panneau (51x61cm-20x24in) Montréal 90 .... FF11 360 - £1 208 - **$2,029**

GIUNTA Marc 1954 [3]
- Aquarium - Acrylique/toile (40x65cm-16x26in) Paris 93 .... FF2 200 - £262 - **$412**

GIUSTI Giuseppe 1872-? [2]
- Pescatori nel Golfo di Napoli - Olio/tela (38x75cm-15x30in) Roma 94 .... FF14 120 - £1 680 - **$2,520**

G

GIUSTI Guglielmo 1824-c.1916 [23]
- Costiera napoletana - Olio/tela (72x96cm-28x38in) Roma 91 .... FF27 030 - £2 684 - **$4,693**
- Küstenstrasse bei Amalfi - Gouache/papier (37x45cm-15x18in) Wien 94 .... FF10 740 - £1 244 - **$1,848**
- Beached Boats before Naples - Gouache (35x48cm-14x19in) London 96 .... FF21 300 - £2 500 - **$4,140**

GIUSTO Fausto XIX-XX [8]
- Grands boulevards au crépuscule - Huile/toile (27x46cm-11x18in) Luxembourg 95 .... FF21 800 - £2 870 - **$4,415**

GIVLER William 1908 [1]
- Columbia River View (Oregon) - Oil/canvas (58x91cm-23x36in) Cambridge, Mass. 94 .... FF4 470 - £537 - **$850**

GJERDEVIK Niels Erik 1962 [9]
- Komposition - Oil/canvas (75x115cm-30x45in) København 91 .... FF6 160 - £618 - **$1,028**

GJÖRWELL Brite Louise 1768-1806 [1]
- Djurgården mot Fredrikshovs Slott - Akvarell (22x32cm-9x13in) Stockholm 95 .... FF9 430 - £1 206 - **$1,925**

GLAAB Karl Heinz 1896 [7]
- Schäfer mit Schafherde - Oil/canvas (80x104cm-31x41in) Frankfurt 91 .... FF2 873 - £292 - **$519**

GLACKENS William James 1870-1938 [72]
- Cap Noir, St. Pierre - Oil/canvas (63x76cm-25x30in) New-York 96 .... FF1 - £178 500 - **$270,000**
- Town Pier, Long Island - Oil/canvas (66x81cm-26x32in) New-York 95 .... FF4 - £619 000 - **$950,000**
- Flowers in an ironstone urn - Oil/canvas (41x30cm-16x12in) New-York 94 .... FF131 400 - £15 780 - **$25,000**
- The Floral Bonnet - Oil/canvas (34x27cm-13x11in) New-York 97 .... FF379 230 - £39 819 - **$65,000**
- Bathers and yellow house - Watercolour (20x31cm-8x12in) New-York 94 .... FF34 240 - £3 990 - **$6,000**
- The Gazebo, Hartford - Pastel/paper (31x40cm-12x16in) New-York 91 .... FF85 500 - £8 610 - **$15,000**

GLADSTONE Gerald 1928 [3]
- Untitled - Oil/canvas (114x137cm-45x54in) Toronto 96 .... FF2 090 - £265 - **$401**

GLAIZE Auguste Barthélémy 1807-1893 [4]
- Léon Glaize, un des fils de l'artiste - Huile/toile (48x40cm-19x16in) Paris 96 .... FF26 000 - £3 260 - **$5,030**
- Femme pleurant - Fusain (52x34cm-20x13in) Paris 96 .... FF7 500 - £940 - **$1,450**

GLAIZE Léon P. 1842-1932 [6]
- Confidences dans le parc de Rosebois - Huile/toile (50x61cm-20x24in) Paris 96 .... FF25 000 - £3 134 - **$4,830**
- Rêve de Nausicaa - Oil/canvas (45x61cm-18x24in) London 95 .... FF120 000 - £15 000 - **$24,240**

GLANSDORFF Hubert 1877-1964 [40]
- Bloemen in Blauwe Vaas - Huile/toile (77x100cm-30x39in) Lokeren 94 .... FF8 300 - £990 - **$1,562**
- Fleurs - Huile/toile (100x120cm-39x47in) Bruxelles 97 .... FF17 974 - £1 947 - **$3,179**
- Pavots et pivoines, 1937 - Huile/toile (86x106cm-34x42in) Liège 89 .... FF29 200 - £3 077 - **$4,916**

GLARNER Fritz 1899-1972 [22]
- Tondo #52 - Oil/canvas (124cm-49in) New-York 91 .... FF1 - £138 840 - **$247,074**
- Relational painting - Oil/canvas (41x33cm-16x13in) Zürich 91 .... FF257 400 - £25 810 - **$42,489**
- Drawing - Fusain (43x41cm-17x16in) Zürich 91 .... FF15 360 - £2 040 - **$3,170**
- Abstract Composition - Charcoal (70x50cm-28x20in) Amsterdam 97 .... FF58 590 - £6 145 - **$10,054**

GLASCO Joseph 1925 [5]
- Portrait heads - Oil (183x269cm-72x106in) New-York 91 .... FF14 250 - £1 446 - **$2,574**

GLÄSER Max 1858-? [1]
- Blick auf den Zellersee - Oil/canvas (71x95cm-28x37in) Wien 91 .... FF36 100 - £3 624 - **$6,246**

GLASER Milton 1929 [4]
- Dylan - Poster (84x56cm-33x22in) London 96 .... FF3 240 - £420 - **$635**

GLASGOW Alexander c.1840-c.1890 [1]
- Portrait of Charles Dickens - Oil/board (24x19cm-9x7in) London 94 .... FF40 900 - £4 800 - **$7,280**

GLASHORT van Arend 1796-1856 [1]
- Winter, view of the Ij. Amsterdam - Oil/canvas (46x57cm-18x22in) Amsterdam 92 .... FF12 140 - £1 243 - **$2,137**

GLASNER Jakob 1879-1942 [1]
- Tauwetter - Öl/Leinwand (80x90cm-31x35in) Berlin 93 .... FF5 050 - £608 - **$919**

GLASS Franz Paul 1886-1964 [1]
- ELuxus Auto, Dion Monopol - Poster (119x89cm-47x35in) New-York 92 .... FF6 810 - £698 - **$1,200**

GLASS James William 1825-1857 [4]
- Lady on horseback - Oil/canvas (63cm-25in) London 95 .... FF23 130 - £3 000 - **$4,740**
- Richard Coeur de Lion - Oil/canvas (176x241cm-69x95in) New-York 93 .... FF344 000 - £43 100 - **$62,500**

GLASS Jean-Pierre 1946 [16]
- Scène de port du Conquet - Huile/toile (65x92cm-26x36in) Sens 94 .... FF2 500 - £289 - **$432**
- Discussion dans les prés - Pastel (65x60cm-26x24in) Sens 93 .... FF2 800 - £323 - **$483**

GLASS John Hamilton 1820-1885 [12]
- Beached fishing boats, St. Monance - Oil/canvas (76x127cm-30x50in) London 91 .... FF25 800 - £2 618 - **$4,660**
- Autumnal stream - Watercolour (50x73cm-20x29in) London 92 .... FF4 730 - £550 - **$965**

GLASS Margaret XX [7]
- Towards Wiveton - Pastel (38x56cm-15x22in) Aylsham, Norfolk 95 .... FF3 460 - £450 - **$723**

GLASS William Mervyn 1885-1965 [12]
- Iona - Oil/board (40x48cm-16x19in) Auchterarder, Perthshire 92 .... FF24 750 - £2 600 - **$5,170**

GLASSER Louis Eugène 1897-? [3]
- Tunisie, l'Atlas - Huile/toile (46x55cm-18x22in) Versailles 91 .... FF2 000 - £202 - **$347**

GLASSON Lancelot Myles 1894-? [2]
- Bunter Blumenstrauss - Öl/Leinwand (60x80cm-24x20in) Wien 94 .... FF2 450 - £290 - **$452**
- The model - Oil/canvas (73x96cm-29x38in) London 91 .... FF20 700 - £2 088 - **$4,035**

GLATT Karl 1912 [4]
- Basler Schrebergarten - Huile/toile (79x202cm-31x80in) Zofingen 94 .... FF16 870 - £1 980 - **$3,003**

GLATTACKER Adolf 1878-1971 [1]
- Mit vierzig wird man erst gescheit - Ink (14x17cm-6x7in) Bern 96 .... FF2 240 - £272 - **$436**

GLATTE Adolf 1866-1920   [4]
Im Dachauer Moor - Öl/Leinwand (100x69cm-39x27in) Wien 93 .... FF12 020 - £1 437 - **$2,313**

GLATTER Armin 1861-1931   [3]
Popolana - Olio/tela (70x50cm-28x20in) Trieste 97 .... FF4 760 - £560 - **$840**
Piros ruhás nö - Oil (44x34cm-17x13in) Budapest 89 .... FF6 900 - £727 - **$1,162**

GLATTFELDER Hans-Jörg 1939   [5]
Grobmaschiger Dreiwichtling - Acryl/Leinwand (35x35cm-14x14in) Zürich 96 .... FF11 120 - £1 288 - **$2,130**
Pyr 72 - Relief (51x10x51cm-20x4x20in) Luzern 93 .... FF7 930 - £901 - **$1,344**
Pyr 12/67 - Relief (70x10x70cm-28x4x28in) Luzern 93 .... FF17 840 - £2 027 - **$3,020**

GLATZ Oscar 1872-1958   [7]
Children in the field at midday - Oil/canvas (66x81cm-26x32in) New-York 95 .... FF20 440 - £2 547 - **$4,000**

GLATZ Theodor Tivadar 1818-1871   [1]
Tájkép, 1842 - Oil/canvas (33x47cm-13x19in) Budapest 89 .... FF6 000 - £632 - **$1,010**

GLAUS Alfred 1890-1971   [4]
Majola - Öl/Leinwand (60x70cm-24x28in) Bern 95 .... FF4 320 - £540 - **$872**
Im Gebirge - Oil/canvas (65x90cm-26x35in) Bern 92 .... FF106 500 - £12 730 - **$20,500**

GLAZEBROOK Hugh de Twenebrokers 1855-1937   [2]
Ruined Watermill, Nervia Valley - Oil (20x12cm-8x5in) London 94 .... FF7 450 - £880 - **$1,338**
Rosaline - Oil/canvas (57x41cm-22x16in) London 91 .... FF59 500 - £6 000 - **$10,500**

GLEASON Joe Duncan 1881-1959   [1]
Manuel - Watercolour/paper (38x28cm-15x11in) San Francisco-Los Angeles 95 .... FF2 990 - £393 - **$600**

GLEAVE Joseph Lea 1908-1965   [1]
Design for the Colombus Memorial - Pencil (29x113cm-11x44in) London 93 .... FF8 300 - £1 000 - **$1,450**

GLEBOCKI Adrian 1833-1905   [1]
Le marchand ambulant - Huile/toile (35x24cm-14x9in) Warszawa 93 .... FF11 080 - £1 276 - **$1,907**

GLEBOW Alexander 1962   [2]
Liegender Frauenakt in Rückenansicht - Öl/Leinwand (60x100cm-24x39in) Bern 94 .... FF4 040 - £468 - **$696**

GLEDITSCH Rolf Juell 1892-1984   [6]
Gårdbyninger og mennesker - Oil/panel (35x56cm-14x22in) Oslo 92 .... FF4 340 - £445 - **$764**

GLEERUP Knud 1884-?   [1]
Lolland landscape - Oil/canvas (66x85cm-26x33in) North Bethesda, MD. 91 .... FF3 990 - £401 - **$690**

GLEF Genev. Laurent-Fabre 1935   [12]
Les coquelicots - Huile/toile (27x35cm-11x14in) Paris 90 .... FF2 800 - £302 - **$494**

GLEHN de Jane Erin, née Emmet XIX-XX   [2]
Wilfred Gabriel de Glehn, Venice
        Oil/canvas/panel (41x48cm-16x19in) New-York 95 .... FF117 500 - £14 640 - **$23,000**

GLEHN de Wilfred Gabriel 1870-1951   [59]
Picnic at the river's edge - Oil/canvas (51x61cm-20x24in) London 96 .... FF24 570 - £2 800 - **$4,700**
Reclining female nude - Oil/canvas (56x71cm-22x28in) London 96 .... FF65 800 - £7 500 - **$12,600**
The Pianist - Oil/canvas (107x76cm-42x30in) London 95 .... FF98 000 - £12 500 - **$20,050**
Helford river, Barbara & Elma - Oil/canvas London 90 .... FF339 000 - £36 296 - **$58,957**
Standing female nude - Red chalk (38x25cm-15x10in) London 96 .... FF4 830 - £550 - **$924**
Gondolas, St. Marks - Watercolour, gouache London 89 .... FF40 700 - £4 162 - **$6,543**

GLEHN von Oswald 1858-?   [1]
Boreas and Orithyia - Oil/canvas (63x142cm-25x56in) London 96 .... FF115 300 - £15 000 - **$22,840**

GLEICH John 1879-?   [7]
Samländische Küste - Oil/panel (23x38cm-9x15in) Bremen 95 .... FF6 260 - £812 - **$1,304**
On the Ganges (72x102cm-28x40in) London 92 .... FF82 800 - £8 500 - **$15,900**

GLEICHAUF Rudolf 1826-1896   [1]
Tanzstudien - Pencil/paper (17x12cm-7x5in) München 96 .... FF2 704 - £321 - **$528**

GLEICHEN Helena 1873-1947   [4]
View of the Cotswolds - Oil/board (12x21cm-5x8in) London 91 .... FF2 570 - £260 - **$510**

GLEICHEN von Feodora, Countess 1861-1922   [1]
Edward VII - Marble (77cm-30in) London 92 .... FF7 300 - £750 - **$1,358**

GLEICHEN-RUSSWURM Heinrich Ludwig 1836-1901   [2]
Landschaft mit Apfelbäumen - Pastell (35x50cm-14x20in) Hamburg 91 .... FF4 394 - £441 - **$733**

GLEICHMANN Otto 1887-1963   [16]
Mädchenbildnis - Mixed media (56x43cm-22x17in) Köln 97 .... FF10 138 - £1 065 - **$1,735**
Paar - Gouache/paper (61x44cm-24x17in) Köln 92 .... FF17 000 - £1 740 - **$2,993**
Die Flussstadt - Watercolour (20x24cm-8x9in) München 92 .... FF35 600 - £4 250 - **$6,850**

GLEIM Eduard 1812-1899   [3]
Chiemgau-Landschaft - Öl/Leinwand (68x122cm-27x48in) München 93 .... FF27 130 - £3 240 - **$5,220**

GLEITSMAN Raphael 1910-?   [2]
The White Dam - Oil/canvas (98x113cm-39x44in) New-York 96 .... FF250 600 - £29 000 - **$48,000**
Cathedral - Watercolour/paper (41x51cm-16x20in) Cleveland, Ohio 92 .... FF1 990 - £204 - **$350**

GLEIZES Albert 1881-1953   [325]
La femme qux gants noirs - Huile/toile (61x50cm-24x20in) Paris 90 .... FF1 - £161 638 - **$264,550**
Paysage - Huile/toile (102x102cm-40x40in) Paris 90 .... FF3 - £353 319 - **$573,913**
Moret-sur-Loing sous la neige - Huile/toile (60x74cm-24x29in) Calais 97 .... FF36 000 - £3 856 - **$6,311**
Moret-sur-Loing sous la neige - Huile/toile (60x74cm-24x29in) Calais 97 .... FF51 000 - £5 590 - **$8,951**
L'Étrange musicien - Oil/canvas (181x111cm-71x44in) London 96 .... FF245 700 - £28 000 - **$47,000**
Espagnoles à l'éventail - Huile/toile (92x73cm-36x29in) Paris 96 .... FF640 000 - £72 900 - **$122,500**

Sans titre - Linogravure (37x29cm-15x11in) Montréal 92 .... FF5 160 - £522 - **$991**
Composition - Pochoir (69x50cm-27x20in) Paris 96 .... FF5 500 - £713 - **$1,087**
Composition cubiste : la ville - Pochoir (55x37cm-22x15in) Paris 92 .... FF6 000 - £617 - **$1,154**
Le marché de Bagnères-de-Bigorre - Aquarelle Paris 97 .... FF7 000 - £769 - **$1,278**
A Town Square, Bievre - Watercolour (24x36cm-9x14in) Amsterdam 97 .... FF8 200 - £86 0 7 - **$1,407**
Paysage à Bagnères-de-Bigorre - Encre Chine (35x48cm-14x19in) Paris 96 .... FF15 000 - £1 930 - **$2,973**
Leonardo da Vinci - Gouache (55x24cm-22x9in) Deauville 95 .... FF28 000 - £3 600 - **$5,560**
La mise au tombeau - Gouache/papier (34x39cm-13x15in) Paris 97 .... FF32 000 - £3 478 - **$5,622**
Composition cubiste - Gouache (24x18cm-9x7in) Saint-Dié 96 .... FF37 000 - £4 590 - **$7,160**
Igor Stravinsky - Gouache/papier (29x24cm-11x9in) Paris 96 .... FF165 000 - £20 670 - **$31,840**
Vaudeville, Broadway - Gouache (36x29cm-14x11in) Paris 94 .... FF185 000 - £21 530 - **$32,430**
Ascot cup, New York - Aquarelle, gouache (27x25cm-11x10in) Paris 90 .... FF550 000 - £58 887 - **$95,652**

GLEN Edward 1887-1963 [1]
Reclining nude woman - Oil/canvas (59x78cm-23x31in) Toronto 90 .... FF10 800 - £1 149 - **$1,932**

GLEN Robert 1940 [6]
Cheetah heads - Bronze (20cm-8in) London 94 .... FF6 820 - £800 - **$1,214**
Three impala - Bronze (28cm-11in) London 94 .... FF25 560 - £3 000 - **$4,550**

GLENAVY Beatrice, née Elvery 1883-1970 [4]
Soldier sailor - Oil/canvas (43x53cm-17x21in) London 97 .... FF18 762 - £2 000 - **$3,289**
The Intruder (71x96cm-28x38in) London 96 .... FF186 000 - £24 000 - **$35,900**

GLENDENING Alfred Augustus XIX-XX [56]
Stretch of the river - Oil/canvas (62x98cm-24x39in) London 97 .... FF11 691 - £1 300 - **$2,195**
Swans at Bisham Abbey - Oil/canvas (51x81cm-20x32in) New-York 97 .... FF98 255 - £10 475 - **$17,000**
Coastal landscape - Watercolour (33x53cm-13x21in) Bloomfield Hills, Michigan 97 .... FF31 360 - £3 670 - **$5,500**

GLENDENING Alfred Augustus, Jr. 1861-1907 [63]
Peasant woman & child - Oil/canvas (26x46cm-10x18in) Edinburgh 96 .... FF14 130 - £1 800 - **$2,720**
Harvest Time - Oil/canvas (25x41cm-10x16in) London 97 .... FF38 567 - £4 200 - **$6,707**
River valley - Oil/canvas (50x81cm-20x32in) London 94 .... FF52 800 - £6 200 - **$9,400**
The cottage garden - Oil/canvas (61x40cm-24x16in) New-York 93 .... FF100 300 - £11 400 - **$17,000**
Roaming - Watercolour/board (41x61cm-16x24in) New-York 94 .... FF20 320 - £2 460 - **$3,750**
In the fields - Watercolour (56x51cm-22x20in) London 96 .... FF76 000 - £9 000 - **$14,800**

GLENDENING Alfred Augustus, Sr. XIX-XX [11]
Cumberland - Oil/canvas (40x66cm-16x26in) London 92 .... FF20 640 - £2 400 - **$4,210**
The Thames at Windsor - Oil/canvas (31x56cm-12x22in) London 93 .... FF46 500 - £5 600 - **$8,120**

GLENNIE Arthur ?-1890 [2]
Cattle grazing beside a lake - Watercolour (41x64cm-16x25in) London 93 .... FF11 410 - £1 300 - **$1,937**

GLETTE Erich 1896-1980 [3]
Interieur mit Bett - Oil/panel (50x35cm-20x14in) München 92 .... FF5 760 - £689 - **$1,110**

GLEW E.L. 1817-1870 [1]
Lieutenant General Winfield Scott - Oil/canvas (76x64cm-30x25in) Philadelphia 92 .... FF8 820 - £1 024 - **$1,800**

GLEYRE Charles 1808-1874 [2]
Les Illusions Perdues - Oil/canvas (71x117cm-28x46in) London 95 .... FF30 000 - £3 800 - **$6,030**
A poet playong the lyre - Pencil (40x21cm-16x8in) London 91 .... FF12 960 - £1 296 - **$2,134**

GLICENSTEIN Enrico, Enock Henryk 1870-1942 [5]
Orphée - Marbre Carrare (106cm-42in) Paris 96 .... FF75 000 - £9 670 - **$14,680**
Vase of flowers - Watercolour (27x36cm-11x14in) Tel Aviv 93 .... FF2 440 - £284 - **$437**

GLICKSBERG Haim 1904-1970 [2]
Flower on window sill - Oil/canvas (65x56cm-26x22in) Tel Aviv 95 .... FF45 700 - £5 720 - **$9,100**

GLIKSBERG Chaim 1904-1970 [14]
Flowers & Bowl of fruit - Oil/canvas (61x50cm-24x20in) Tel Aviv 97 .... FF39 352 - £4 183 - **$6,800**
Neve Zedek - Oil/canvas (46x48cm-18x19in) Tel Aviv 93 .... FF111 700 - £13 500 - **$20,500**

GLINDONI Henri Gillard 1852-1913 [28]
The connoisseur - Oil/canvas (28x18cm-11x7in) London 95 .... FF5 430 - £650 - **$1,034**
Tasting the broth - Oil/canvas (36x47cm-14x19in) London 93 .... FF11 620 - £1 400 - **$2,100**
A New Regime - Oil/canvas (121x156cm-48x61in) London 92 .... FF40 200 - £4 200 - **$7,730**
The Flower Girl - Oil/canvas (76x64cm-30x25in) London 95 .... FF88 900 - £11 500 - **$18,170**
Forty winks - Watercolour (54x77cm-21x30in) Billinghurst, West Sussex 94 .... FF15 260 - £1 800 - **$2,716**

GLINK Franz Xaver 1795-1873 [1]
Darstellung der Hl. Cäcilie - Oil/canvas (187x136cm-74x54in) München 91 .... FF10 900 - £1 093 - **$1,996**

GLINN Burt 1925 [5]
Highland warriors, New Guinea - Dye-transfer print (36x53cm-14x21in) London 94 .... FF5 960 - £700 - **$1,044**

GLINSKY Vincent 1895-1975 [1]
Female torso - Bronze (53cm-21in) New-York 94 .... FF5 410 - £641 - **$1,000**

GLINTENKAMP Hendrik 1887-1946 [6]
View in Rondo, Sapin - Oil/board (20x24cm-8x9in) North Bethesda, MD. 91 .... FF4 234 - £424 - **$775**
Four figure studies/N. Y. - Pencil/paper (21x12cm-8x5in) New-York 92 .... FF2 940 - £342 - **$600**

GLINZ Theo 1890-1962 [7]
Tessiner Landschaft - Oil/panel (29x40cm-11x16in) Zofingen 91 .... FF5 150 - £523 - **$930**
Obsternte, 1919 - Watercolour (33x26cm-13x10in) Luzern 89 .... FF2 700 - £276 - **$434**

GLISENTI Achille ?-1906 [4]
The Reading of the Will - Oil/canvas (84x124cm-33x49in) New-York 95 .... FF40 900 - £5 090 - **$8,000**
The Artist's studio - Oil/panel (64x91cm-25x36in) New-York 96 .... FF100 000 - £12 940 - **$20,000**

GLOAG Isabel Lilian 1865-1917 [3]
The Choice - Oil/canvas (17x137cm-7x54in) London 95 .... FF113 000 - £15 000 - **$23,300**

GLOB Johannes 1882-1955 [4]
- Flugten til Aegypten - Oil/canvas (140x150cm-55x59in) Köbenhavn 95 .... FF6 200 - £812 - **$1,260**

GLÖCKNER Emil Gustav Adolf 1868-? [1]
- Nu allongé dans la prairie - Oil/canvas (104x197cm-41x78in) London 94 .... FF172 200 - £20 000 - **$29,800**

GLÖCKNER Hermann 1889-1987 [12]
- Dunkle Linienbündel - Tempera (31x45cm-12x18in) München 93 .... FF17 300 - £1 950 - **$2,920**
- Ohne Titel - Watercolour (36x50cm-14x20in) Berlin 90 .... FF11 180 - £1 396 - **$2,160**

GLOEDEN von baron Wilhelm 1856-1931 [45]
- Garçons dans des ruines romaines - Tirage albuminé (16x12cm-6x5in) Paris 95 .... FF1 700 - £205 - **$322**
- Nude boy - Albumen print (16x12cm-6x5in) San Francisco-Los Angeles 96 .... FF3 530 - £452 - **$700**
- Two boys with roses - Platinum print (38x28cm-15x11in) New-York 96 .... FF20 700 - £2 560 - **$4,000**

GLØERSEN Jacob 1852-1912 [6]
- Sommerlandskap fra Rollag - Oil/canvas (82x65cm-32x26in) Oslo 91 .... FF19 960 - £2 001 - **$3,295**

GLOSS Ludwig 1851-1903 [2]
- The Philosopher - Oil/panel (37x26cm-15x10in) London 94 .... FF16 080 - £1 900 - **$2,890**

GLOUX Henri [2]
- Le port de Concarneau, animation - Huile/toile (90x148cm-35x58in) Brest 97 .... FF3 000 - £325 - **$527**

GLOVER John 1767-1849 [52]
- Hobart Town, Tasmania - Oil/canvas (51x71cm-20x28in) London 90 .... FF1 - £133 947 - **$225,242**
- Cephalus & Procris - Oil/canvas (71x94cm-28x37in) London 97 .... FF39 400 - £4 200 - **$6,816**
- Loch Coruisk, Isle of skye - Oil/canvas (48x69cm-19x27in) London 97 .... FF65 360 - £7 000 - **$11,360**
- A short-horn bull & other cattle - Oil/canvas (24x363cm-9x143in) London 96 .... FF221 000 - £28 000 - **$44,500**
- Patterdale Old Church, Cumbria - Watercolour (33x42cm-13x17in) London 97 .... FF42 135 - £4 500 - **$7,327**
- The Temple of Sibyl, Tivoli - Watercolour (52x77cm-20x30in) London 96 .... FF89 100 - £10 500 - **$17,500**

GLOVER Sybil Mullen XX [14]
- Homage to Scott III - Watercolour (48x66cm-19x26in) Honiton, Devon 95 .... FF2 650 - £340 - **$535**

GLOVER William XIX-XX [2]
- Figures & animals crossing a Bridge - Oil/canvas (75x114cm-30x45in) London 97 ...... FF32 680 - £3 500 - **$5,680**

GLÜCK Anselm 1950 [12]
- Es knallt und kracht - Ol/Leinwand (150x230cm-59x91in) Wien 96 .... FF31 400 - £3 580 - **$6,010**
- Ohne Titel - Pencil/paper (48x64cm-19x25in) Wien 93 .... FF1 924 - £230 - **$370**

GLÜCK Anton 1869-? [1]
- Landschaft mit Feldern - Oil/canvas (48x62cm-19x24in) Stuttgart 92 .... FF4 420 - £453 - **$778**

GLUCK Eugène 1820-1898 [1]
- Scène orientaliste: le repos - Aquarelle (28x43cm-11x17in) Paris 94 .... FF8 000 - £930 - **$1,401**

GLUCK Hannah Gluckstein 1895-1978 [3]
- From Joldwyns, Cornwall - Oil/canvas (23x30cm-9x12in) London 92 .... FF4 100 - £420 - **$723**
- Baldock & Bell, Albert Hall - Oil/canvas/panel (26x21cm-10x8in) London 91 .... FF77 900 - £8 000 - **$14,480**

GLÜCKERT Johannes 1868-? [2]
- Neckarsteinach - Öl/Leinwand (42x57cm-17x22in) Köln 93 .... FF6 100 - £730 - **$1,174**

GLÜCKLICH Simon 1863-? [2]
- Frühlingslied - Oil/board (58x46cm-23x18in) Bremen 91 .... FF12 840 - £1 294 - **$2,228**
- A Celebration of Spring - Oil/canvas (77x140cm-30x55in) New-York 95 .... FF122 600 - £15 280 - **$24,000**

GLUCKMANN Grigory 1898-? [32]
- Les trois amies - Huile/panneau (22x46cm-9x18in) Paris 91 .... FF20 000 - £2 000 - **$3,294**
- Story's end - Oil/board (71x76cm-28x30in) San Francisco-Los Angeles 92 .... FF44 400 - £4 650 - **$8,000**
- The dressing room - Oil/panel (90x70cm-35x28in) London 97 .... FF59 048 - £6 200 - **$10,156**

GLUD Wilfred Peter 1892-1946 [10]
- Planting geraniums - Oil/canvas (80x95cm-31x37in) London 96 .... FF7 180 - £900 - **$1,386**

GLUME Johann Gottlieb 1711-1778 [2]
- Die Näherin - Red chalk (29x19cm-11x7in) Hamburg 94 .... FF4 460 - £529 - **$824**

GLUSHENKO Nicolas 1902-1977 [7]
- Le lever, c.1959 - Huile/carton (59x82cm-23x32in) Paris 89 .... FF7 500 - £790 - **$1,263**

GLÜSING Martin Franz 1885-1956 [4]
- Coastal landscape - Oil/canvas (70x101cm-28x40in) Frankfurt 90 .... FF2 137 - £267 - **$432**

GMELIN Felix 1962 [5]
- Kruka med två växter - Oil/panel (78x58cm-31x23in) Stockholm 92 .... FF5 190 - £531 - **$913**

GMELIN Johann Georg 1810-1854 [2]
- Amalfi im Golf von Sorrent - Ol/Leinwand (68x97cm-27x38in) München 93 .... FF158 300 - £17 930 - **$26,740**

GMELIN Wilhelm Friedrich 1760-1820 [5]
- Les Cascatelles de Tivoli - Aquatint (37x54cm-15x21in) Hamburg 94 .... FF3 430 - £407 - **$634**
- Im Kolosseum - Ink (24x31cm-9x12in) Wien 92 .... FF7 220 - £740 - **$1,271**

GNILITSKAÏA Ludmila 1948 [2]
- Bénédiction - Huile/toile (90x130cm-35x51in) Paris 90 .... FF3 000 - £307 - **$592**

GNOLI Domenico 1933-1970 [35]
- Chevelure masculine - Huile/toile (135x200cm-53x79in) Enghien 90 .... FF2 - £278 373 - **$452,174**
- Tower in the Room - Oil/canvas (35x25cm-14x10in) London 95 .... FF53 000 - £7 000 - **$10,730**
- Couple en bateau - Tempera (65x54cm-26x21in) London 95 .... FF105 300 - £12 000 - **$17,880**
- La Casa Vuota - Oil/canvas (190x130cm-75x51in) London 94 .... FF574 000 - £68 000 - **$106,000**
- Donne peruviane - Inchiostro (45x35cm-18x14in) Milano 95 .... FF27 450 - £3 600 - **$5,670**

GOBAUT Gaspard 1814-1882 [20]
- Ruines du château d'Espaly - Huile/panneau (23x35cm-9x14in) Pforzheim 94 .... FF17 840 - £2 142 - **$3,344**

Vue de l'Arc de Triomphe - Aquarelle/papier (12x18cm-5x7in) Pontoise 97 .... FF7 200 - £786 - **$1,259**
La Seine, Pont des Saints-Pères, Paris - Aquarelle (12x18cm-5x7in) Monaco 89 .... FF18 000 - £1 897 - **$3,030**

GOBBIS Giuseppe 1730-? [2]
The Nun's Parlor - Oil/canvas (82x114cm-32x45in) New-York 95 .... FF429 000 - £51 500 - **$80,000**

GÖBEL Angilbert Wunibald 1821-1882 [1]
Herr mit Orden - Öl/Leinwand (63x49cm-25x19in) Frankfurt 93 .... FF2 790 - £313 - **$468**

GÖBEL Camilla 1871-1965 [2]
Blumen in Vase - Öl/Leinwand (121x61cm-48x24in) Wien 94 .... FF9 710 - £1 141 - **$1,730**

GÖBELL Gerrit Hendrik 1786-1833 [4]
Peasants and a horse-drawn-cart - Oil/canvas (42x55cm-17x22in) Amsterdam 94 .... FF36 700 - £4 404 - **$7,130**
Severl skaters on a frozen waterway
 Oil/canvas (76x90cm-30x35in) Amsterdam 94 .... FF228 700 - £26 550 - **$39,400**

GOBER Robert 1954 [29]
Untitled - Installation (66x61x71cm-26x24x28in) New-York 92 .... FF625 000 - £63 900 - **$110,000**
Untitled - Installation (112x99x180cm-44x39x71in) New-York 92 .... FF1 22e +06 - £104 500 - **$180,000**
Untitled - Pencil (35x28cm-14x11in) New-York 97 .... FF122 094 - £12 821 - **$21,000**

GOBERT Bernard 1914-1975 [1]
La terrasse - Dessin (39x49cm-15x19in) Bruxelles 91 .... FF2 963 - £299 - **$514**

GOBERT Julie XIX [3]
Port de Boulogne - Huile/toile (97x130cm-38x51in) Paris 96 .... FF24 000 - £2 820 - **$4,720**

GOBERT Martial ?-1860 [1]
Officer, nearly full face in cuirass - Miniature (7cm-3in) London 94 .... FF5 910 - £700 - **$1,091**

GOBIET Bernard 1892-? [4]
Split - Öl/Leinwand (59x81cm-23x32in) Düsseldorf 95 .... FF12 280 - £1 596 - **$2,530**

GOBILLARD Paule 1869-1946 [7]
Reclining Nude - Oil/canvas (41x51cm-16x20in) Toronto 96 .... FF2 520 - £288 - **$483**
Assiette de fruits et à la soupière - Huile/toile (54x73cm-21x29in) Paris 96 .... FF12 000 - £1 447 - **$2,302**

GOBIN Patrice XX [5]
Sans titre - Technique mixte/panneau (120x100cm-47x39in) Paris 89 .... FF4 500 - £448 - **$711**

GÖBL-WAHL Camilla 1871-1965 [21]
Malven - Oil/canvas (114x49cm-45x19in) Wien 90 .... FF5 780 - £580 - **$1,110**
Roser i en vase - Oil/canvas (80x60cm-31x24in) Viby J, Århus 90 .... FF7 460 - £763 - **$1,472**
Stilleben mit Blumen - Öl/Leinwand (89x109cm-35x43in) Wien 96 .... FF12 060 - £1 556 - **$2,360**

GOBLÉ Steven 1749-1799 [2]
Charette dans un paysage - Crayon (16x18cm-6x7in) Paris 93 .... FF2 200 - £265 - **$400**

GOBLE Warwick 1862-1943 [13]
In the courtyard - Watercolour (32x22cm-13x9in) London 96 .... FF4 860 - £600 - **$938**

GOBLET-MULLER Jean-Didier XX [5]
R.A.S. - Technique mixte/panneau (114x146cm-45x57in) Paris 90 .... FF2 500 - £259 - **$439**

GOBO Georges Gobeau 1876-1958 [102]
Le Port de Saint-Tropez - Huile/carton (19x24cm-7x9in) Douai 94 .... FF2 500 - £298 - **$471**
Quimperlé, le pont - Huile/panneau (25x33cm-10x13in) Douarnenez 96 .... FF5 200 - £665 - **$1,031**
Le thonier vert - Huile/toile (45x54cm-18x21in) Quimper 97 .... FF8 500 - £910 - **$1,490**
Thoniers sous voiles - Pastel (22x26cm-9x10in) Brest 94 .... FF2 600 - £305 - **$460**

GOCKE Alexander 1877-? [1]
Häuser in Schneelandschaft - Oil/canvas (51x63cm-20x25in) München 91 .... FF2 030 - £206 - **$367**

GOCKINGA Reneke 1864-1915 [1]
Flowers & apples on a table - Oil/panel (45x36cm-18x14in) Amsterdam 96 .... FF5 110 - £642 - **$1,004**

GODAERT Johannes 1617-1668 [2]
Dune landscape near Middelburg - Oil/copper (20x25cm-8x10in) London 96 .... FF930 000 - £120 000 - **$182,000**

GODARD A. XIX-XX [3]
Charm of the Orient - Ivory, bronze (49cm-19in) London 92 .... FF39 100 - £3 962 - **$7,179**

GODARD Gabriel 1933 [14]
Rentrée des classes - Oil/canvas (90x73cm-35x29in) New-York 92 .... FF6 370 - £740 - **$1,300**
Laveuses bleues - Oil/canvas (100x100cm-39x39in) New-York 94 .... FF10 210 - £1 194 - **$1,800**

GODBOLD Samuel Berry XIX [2]
Mrs Walpole and daughter - Watercolour, gouache (80x59cm-31x23in) London 90 .... FF6 300 - £679 - **$1,111**

GODCHAUX Alfred 1835-1895 [17]
Gros temps - Huile/toile (62x92cm-24x36in) Paris 97 .... FF8 200 - £901 - **$1,497**
Boats along the Sea - Oil/canvas (80x130cm-31x51in) New-York 94 .... FF26 300 - £3 045 - **$4,500**

GODCHAUX Émile c.1860-? [38]
Grinwelwald weterhorn, Suisse - Huile/toile (17x35cm-7x14in) Paris 96 .... FF7 000 - £825 - **$1,375**
Pêcheur au bord de la rivière - Huile/toile (50x92cm-20x36in) Grenoble 96 .... FF12 000 - £1 528 - **$2,314**
Sur le port - Huile/toile (32x55cm-13x22in) Paris 94 .... FF28 000 - £3 260 - **$4,870**

GODCHAUX Roger 1878-? [19]
Vase de fleurs blanches - Oil/canvas (74x100cm-29x39in) Köbenhavn 90 .... FF20 200 - £2 124 - **$3,513**
Vase de fleurs - Oil/canvas (81x115cm-32x45in) New-York 93 .... FF59 000 - £6 710 - **$10,000**
Lionne qui marche - Bronze (26cm-10in) Roubaix 95 .... FF13 500 - £1 715 - **$2,767**
Elephant and rider - Bronze (58cm-23in) New-York 94 .... FF129 200 - £15 160 - **$23,000**

GODDARD George Bouverie 1832-1886 [2]
The Horse Fair - Oil/canvas (122x245cm-48x96in) New-York 94 .... FF84 200 - £9 880 - **$15,000**

GODDERIS Jack 1916-1971 [34]
Roulotte et deux chevaux - Huile/toile (76x85cm-30x33in) Antwerpen 90 .... FF8 100 - £873 - **$1,429**

Quartier industriel - Gouache/papier (28x40cm-11x16in) Antwerpen 93.................................... FF**1** 813 - £217 - **$371**

GODDING Emiel Hendrik 1841-1898   [2]

Le coupé de la diligence - Huile/toile (90x125cm-35x49in) Bruxelles 96................................ FF**12** 300 - £1 450 - **$2,415**

GODEBSKI Cyprien 1835-1909   [3]

Jeune faune - Bronze (59cm-23in) Marseille 92.. FF**23** 000 - £2 745 - **$4,420**

GODEBY Charles Léon 1870-1952   [32]

Fond du port - Huile/panneau (32x40cm-13x16in) Quimper 96.. FF**5** 000 - £593 - **$976**

GODEFROY Félix ?-1848   [3]

Artist drawing from a male model - Oil/canvas (38x28cm-15x11in) New-York 90 .... FF**35** 300 - £3 555 - **$6,915**

GODEL Karl 1896-1982   [1]

Hofburg, Michaelertor im Regen - Aquarell/Papier (44x40cm-17x16in) Wien 96.............. FF**12** 000 - £1 550 - **$2,317**

GODENNE Jean Julien J. 1830-1926   [2]

Vue de Gand - Huile/panneau (20x28cm-8x11in) Bruxelles 89.. FF**8** 100 - £806 - **$1,280**

GODET Danièle XX   [6]

Les patineurs - Huile/panneau (19x27cm-7x11in) La Varenne Saint-Hilaire 93.................... FF**3** 800 - £475 - **$691**

GODET Henri 1863-1937   [17]

Girl with snake - Bronze (36cm-14in) Delray Beach, Florida 96.. FF**2** 597 - £331 - **$500**
Réveil de l'Aurore - Bronze Bordeaux 96.. FF**22** 500 - £2 904 - **$4,345**

GODET Julius XIX-XX   [2]

The Lledr Valley, North Wales - Oil/canvas (71x107cm-28x42in) London 93........................ FF**14** 940 - £1 800 - **$2,610**
Richmond Park - Watercolour (23x32cm-9x13in) London 96.. FF**2** 202 - £280 - **$424**

GODET Pierre XX   [2]

Risbras - Huile/toile (65x54cm-26x21in) Concarneau 93.. FF**6** 600 - £795 - **$1,200**

GODEWOLS Ludwig 1870-1926   [7]

Krug, Schale und Apfeln - Öl/Leinwand (53x45cm-21x18in) Bielefeld 96............................ FF**6** 140 - £800 - **$1,217**
Bielefeld. Strassenzug Am Bach - Öl/Leinwand (64x80cm-25x31in) Bielefeld 94.............. FF**15** 650 - £1 825 - **$2,740**

GODFRESEN Charles 1866-1941   [1]

Hedlandskap med fågel - Oil/canvas (74x85cm-29x33in) Stockholm 95.............................. FF**2** 905 - £370 - **$590**

GODFRINON Ernst Jean Joseph 1878-1927   [18]

A Park - Oil/canvas (64x74cm-25x29in) Amsterdam 97.. FF**21** 971 - £2 304 - **$3,770**
Flowers in a vase - Oil/canvas (70x54cm-28x21in) Amsterdam 96...................................... FF**45** 300 - £5 240 - **$8,670**
Chrysanthèmes et parasol - Oil/canvas (55x70cm-22x28in) London 89.............................. FF**242** 100 - £24 090 - **$38,246**

GODIEN Adrien 1873-1949   [5]

Monts du Lyonnais - Huile/carton (28x40cm-11x16in) Lyon 97.. FF**3** 500 - £37 9 5 - **$613**

GODIN Louis Victor 1776-1831   [1]

Design for a trompe-l'oil ceiling - Watercolour (29x25cm-11x10in) London 95.................. FF**14** 600 - £1 900 - **$2,993**

GODIN Raymonde 1930   [3]

Lianes, 1985 - Huile/toile (100x100cm-39x39in) Paris 90.. FF**6** 000 - £638 - **$1,073**

GODINAU Jacobus Ludovicus 1811-1873   [1]

Vist to the cobbler's shop - Oil/canvas (53x63cm-21x25in) London 92................................ FF**10** 740 - £1 100 - **$1,897**

GODINNET Léon 1925-1989   [8]

Animation place de la Contrescarpe
        Huile/toile (27x35cm-11x14in) La Varenne Saint-Hilaire 90.. FF**4** 100 - £425 - **$721**
Paris, le pont Alexandre III - Gouache (16x27cm-6x11in) Chaumont 92.............................. FF**2** 800 - £334 - **$539**

GODOY CASTRO Federico 1869-1939   [2]

La Balançoire - Oil/canvas (150x200cm-59x79in) New-York 94.. FF**248** 600 - £28 750 - **$42,500**
Pareja de mujeres andaluzas - Acuarela/papel (34x22cm-13x9in) Madrid 94.................... FF**5** 380 - £627 - **$943**

GODSAL Philip 1747-1826   [1]

Drawing of a state coach - Watercolour, gouache (33x47cm-13x19in) New-York 96.......... FF**12** 340 - £1 616 - **$2,500**

GODSELL Mary E. XIX-XX   [2]

A fish girl, Brittany - Watercolour (18x24cm-7x9in) Billinghurst, West Sussex 93.............. FF**3** 486 - £420 - **$610**

GODWARD John William 1861-1922   [57]

The Quiet Pet - Oil/canvas (51x76cm-20x30in) New-York 97.. FF**1** - £153 075 - **$250,000**
Atalanta - Oil/canvas (51x42cm-20x17in) New-York 97.. FF**341** 100 - £36 738 - **$60,000**
An Arcadian beauty - Oil/canvas (51x40cm-20x16in) New-York 97.................................... FF**399** 315 - £43 043 - **$70,000**

GODY Émile XX   [3]

Montmartre, le moulin de la galette - Huile/carton (48x56cm-19x22in) L'Isle-Adam 89 .... FF**4** 200 - £406 - **$637**

GOEBEL Gottfried 1906-1975   [3]

Gelbe Rosen - Pencil (42x37cm-17x15in) Wien 94.. FF**5** 860 - £697 - **$1,103**

GOEBEL Hermann 1885-1945   [7]

Garten mit Landhaus - Öl/Leinwand (56x70cm-22x28in) Frankfurt 93................................ FF**11** 510 - £1 290 - **$1,930**
Flußlandschaft am hellen Sommertag - Oil/canvas (80x91cm-31x36in) Stuttgart 91.............. FF**32** 350 - £3 243 - **$5,925**
Fischerhütten am Bodensee - Watercolour (31x37cm-12x15in) Heidelberg 96.................. FF**2** 206 - £285 - **$432**

GOEBEL Karl 1824-1899   [33]

Ansicht von Hallstadt in Tirol - Pencil/paper (34x42cm-13x17in) Hamburg 97.................. FF**2** 696 - £288 - **$470**
Sir Joseph Edgar Boehm - Watercolour (44x31cm-17x12in) London 97.............................. FF**9** 407 - £1 000 - **$1,621**
Überfahrt einer Hochzeitsgesellschaft
        Aquarell/Papier (35x50cm-14x20in) München 94.. FF**44** 600 - £5 280 - **$8,240**

GOEBEL Karl 1866-?   [1]

Mädchens in Tracht - Oil/canvas (100x75cm-39x30in) Luzern 92...................................... FF**14** 460 - £1 728 - **$2,780**

GOEBEL Karl Peter 1791-1823   [2]

Jakob segnet die Söhne Josefs - Oil/canvas (106x138cm-42x54in) Wien 92...................... FF**52** 900 - £5 310 - **$10,180**

G

Calendar & auction results :   INTERNET : **www.artprice.com**   MINITEL : 3617 ARTPRICE

GOEBEL Kurt 1906 [3]
Zukunftsvisionen - Mischtechnik/Papier (58x75cm-23x30in) Salzburg 94 .... FF**1 703** - £202 - **$315**

GOEDVRIEND Theodor Franciskus 1879-1969 [15]
Red mushrooms on a forest bank - Oil/canvas (75x100cm-30x39in) Amsterdam 97 .... FF**6 241** - £675 - **$1,088**

GOEHLER Hermann 1874-1959 [1]
Eibsee - Öl/Karton (33x23cm-13x9in) Heidelberg 92 .... FF**2 336** - £272 - **$477**

GOEJE de Pieter 1789-1859 [1]
Pastoral landscape - Oil/canvas (42x51cm-17x20in) San Francisco-Los Angeles 93 .... FF**17 870** - £2 240 - **$3,250**

GOEMARE Joost 1574-1610 [2]
Paysans sur une route - Huile/panneau (48x64cm-19x25in) Paris 97 .... FF**35 000** - £3 745 - **$6,055**

GOENÉ Rien 1929 [2]
Abstract figure - Bronze (57cm-22in) Amsterdam 95 .... FF**5 020** - £640 - **$1,027**

GOENEUTTE Norbert 1854-1894 [69]
Le labour - Huile/carton (31x22cm-12x9in) Pontoise 97 .... FF**2 800** - £302 - **$492**
Servante chez Monsieur Duval - Huile/toile (105x75cm-41x30in) Paris 96 .... FF**45 000** - £5 610 - **$8,690**
Dame avec son chien - Oil/canvas (62x49cm-24x19in) New-York 97 .... FF**114 090** - £12 298 - **$20,000**
Reine Goeneutte & Jean Guérard - Oil/canvas (145x115cm-57x45in) London 89 .... FF**774 800** - £79 223 - **$124,566**
Jeune femme - Pastel (55x38cm-22x15in) Paris 97 .... FF**14 000** - £1 520 - **$2,481**
Élégante dans un intérieur - Aquarelle (45x33cm-18x13in) Paris 95 .... FF**61 500** - £7 540 - **$11,970**

GOEPFERT Hermann 1926-1982 [10]
AR 86/64 - Sculpture (50x9x45cm-20x4x18in) Köln 91 .... FF**14 870** - £1 491 - **$2,455**

GOERG Édouard 1893-1969 [212]
Moïse sur Mont du Sinaï - Huile/toile (61x50cm-24x20in) Calais 97 .... FF**13 300** - £1 331 - **$224,5 4**
La femme à l'oiseau - Huile/toile (65x54cm-26x21in) Saint-Dié 97 .... FF**25 000** - £2 825 - **$4,527**
Brune et blonde - Huile/toile (65x54cm-26x21in) Paris 96 .... FF**36 500** - £4 580 - **$7,100**
La jeune mère aux deux jumeaux - Huile/toile (61x50cm-24x20in) Paris 97 .... FF**50 000** - £5 250 - **$8,600**
Chevaux de bois, Champs-Elysées - Huile/toile (65x81cm-26x32in) Paris 96 .... FF**95 000** - £11 840 - **$18,340**
La ville - Huile/toile (80x129cm-31x51in) Paris 94 .... FF**242 000** - £29 000 - **$45,800**
La mariée - Gouache/papier (42x32cm-17x13in) Paris 97 .... FF**6 500** - £709 - **$1,136**
Jeunes femmes au bord de l'eau - Gouache (31x49cm-12x19in) Versailles 91 .... FF**33 000** - £3 308 - **$6,044**

GOERG Emma 1860-? [1]
Rosenstilleben - Öl/Leinwand (49x68cm-19x27in) Bremen 92 .... FF**4 410** - £527 - **$848**

GOERG Louis 1885-? [1]
Vue de Paris - Huile/carton (29x35cm-11x14in) Zürich 96 .... FF**4 240** - £550 - **$840**

GOERING C. Anton 1836-1905 [3]
Lake, Venezuela - Watercolour/paper (15x27cm-6x11in) London 97 .... FF**140 057** - £15 000 - **$24,552**

GOERITZ Mathías 1915-1990 [4]
Escuadra negra - Lithograph (72x97cm-28x38in) México 92 .... FF**3 420** - £351 - **$613**

GOESCHEN Irene 1883-? [1]
Frauengestalt in südlicher Pergola - Öl/Leinwand (70x50cm-28x20in) Hamburg 93 .... FF**2 374** - £284 - **$457**

GOETHALS Raymond Eugène 1804-1864 [4]
Bergers dans la prairie - Huile/panneau (29x45cm-11x18in) Pontoise 94 .... FF**12 000** - £1 528 - **$2,314**

GOETHEM van Edward 1857-1924 [1]
Fissing vessels at anchor - Watercolour (13x7cm-5x3in) London 96 .... FF**2 063** - £250 - **$401**

GOETTL Helmut 1934 [2]
Gottesaue - Etching (39x33cm-15x13in) Heidelberg 94 .... FF**1 714** - £206 - **$333**

GOETZ Gottfried Bernhard 1708-1774 [1]
Die fünf Sinne - Engraving (28x18cm-11x7in) Heidelberg 93 .... FF**9 800** - £1 143 - **$1,610**

GOETZ Henri 1909-1989 [384]
Composition - Huile/toile (33x41cm-13x16in) Paris 95 .... FF**3 000** - £394 - **$616**
Composition - Huile/toile (32x36cm-13x14in) Calais 97 .... FF**7 000** - £750 - **$1,227**
Composition - Huile/toile (113x145cm-44x57in) Paris 97 .... FF**18 000** - £1 877 - **$3,078**
Composition - Huile/toile (160x113cm-63x44in) Paris 97 .... FF**28 000** - £2 920 - **$4,788**
Composition surréaliste - Huile/carton (41x51cm-16x20in) Neuilly 92 .... FF**62 000** - £6 350 - **$10,910**
Composition surréaliste - Huile/panneau (52x43cm-20x17in) Versailles 90 .... FF**160 000** - £16 529 - **$28,269**
Composition - Encre Chine/papier (23x31cm-9x12in) Paris 96 .... FF**1 800** - £224 - **$349**
Composition - Gouache (49x58cm-19x23in) Versailles 97 .... FF**2 800** - £296 - **$480**
Composition - Pastel (48x62cm-19x24in) Paris 97 .... FF**4 100** - £44 4 3 - **$724**
Sans titre - Aquarelle, gouache/papier (28x22cm-11x9in) Paris 96 .... FF**15 000** - £1 780 - **$2,930**
Composition - Pastel (33x47cm-13x19in) Paris 90 .... FF**120 000** - £12 435 - **$21,090**

GOETZ Johannes 1865-? [1]
Young boy balancing on a ball - Bronze (24cm-9in) New-York 93 .... FF**5 470** - £659 - **$1,000**

GOETZ Karl Otto. 1914 [4]
Foss - Color lithograph (66x50cm-26x20in) München 94 .... FF**2 730** - £326 - **$514**

GOETZ Richard V. 1915 [2]
Tabletop still life - Oil/masonite (45x91cm-18x36in) Boston, Mass. 91 .... FF**2 400** - £239 - **$413**

GOETZE Leopold XIX-XX [1]
Young girl wearing a bonnet - Mezzotint (52x41cm-20x16in) London 96 .... FF**3 620** - £460 - **$716**

GOETZE Martin 1865-? [1]
Glory of Labor - Bronze (28cm-11in) New-York 95 .... FF**15 860** - £1 910 - **$3,000**

GOETZE Sigismund 1866-1939 [5]
Morgendämmerung am See - Oil/panel (39x65cm-15x26in) Wien 90 .... FF**4 800** - £496 - **$848**

GOEYE de Michel 1900-1958 [1]
Graham-Paige, Agent général - Poster (64x99cm-25x39in) New-York 95 .... FF**6 680** - £876 - **$1,400**

GOEZU André 1939 [4]
🖌 *Semeuse* - Huile/toile (46x55cm-18x22in) Lokeren 93.. FF2 *590* - £*296* - **$448**
GOFF Frederick E.J. 1855-1931 [50]
✏ *Blackfriar's Bridge* - Watercolour (11x15cm-4x6in) Billinghurst, West Sussex 96 .... FF6 *190* - £*800* - **$1,223**
GOFF Lloyd Lózes 1917-1983 [3]
🖌 *Lady Godiva* - Oil/canvas (76x61cm-30x24in) New-York 92.. FF34 *100* - £*3 486* - **$6,000**
GOFF Robert Charles, Col. 1837-1922 [11]
🖾 *Florence/Assouan/Ponte Vecchio/...* - Etching (21x28cm-8x11in) London 95................... FF1 *520* - £*200* - **$308**
✏ *On the Tiber, Rome* - Pencil (23x33cm-9x13in) London 92.. FF2 *736* - £*280* - **$483**
St. John's Cathedral, Valetta - Watercolour (35x52cm-14x20in) London 97.................. FF30 *019* - £*3 200* - **$5,262**
GOFFINON Aristide 1881-1952 [4]
🖌 *Nature morte aux fleurs* - Huile/toile (98x119cm-39x47in) Bruxelles 91 .... FF13 *170* - £*1 321* - **$2,174**
GOGARTEN Heinrich 1850-1911 [14]
🖌 *Waldlandschaft bei Mondschein* - Öl/Leinwand (60x90cm-24x35in) Bern 95 .... FF14 *250* - £*1 782* - **$2,880**
Golfo di Napoli col Vesuvio - Olio/tela (54x88cm-21x35in) Milano 90 .... FF68 *700* - £*7 309* - **$12,290**
GOGGHE Rémy 1854-1935 [1]
🖌 *Joueurs de boules* - Huile/toile (80x54cm-31x21in) Lille 96 .... FF10 *000* - £*1 247* - **$1,930**
GOGH van Marie 1821-1897 [1]
🖌 *The Admonition* - Oil/canvas (66x51cm-26x20in) Amsterdam 91 .... FF15 *100* - £*1 500* - **$2,622**
GOGH van Vincent 1853-1890 [66]
🖌 *Pollard birches* - Oil/canvas/panel (43x58cm-17x23in) London 96............................ FF3 - £*450 000* - **$693,000**
Docteur Gachet - Oil/canvas (66x57cm-26x22in) New-York 90 .... FF4 - £*4* - **$7**
Jardin à Auvers - Huile/toile (64x80cm-25x31in) Paris 90 .... FF5 - £*6* - **$1 ,57€,+07**
Edge of a wheatfield - Canvas (40x32cm-16x13in) New-York 97 .... FF1 *33 29€ +07* - £*1* - **$1**
🖾 *Docteur Gachet* - Eau-forte (18x14cm-7x6in) Paris 97 .... FF430 *000* - £*45 537* - **$74,476**
✏ *Landschap met Vrouw* - Ink (29x43cm-11x17in) London 96............................... FF1 - £*140 000* - **$235,000**
Jardin de fleurs, Arles - Ink (61x49cm-24x19in) New-York 90 .... FF3 - £*3* - **$7**
Portrait of a Woman - Pencil/paper (29x20cm-11x8in) Amsterdam 97........... FF585 *904* - £*61 451* - **$100,543**
Young scheveningen woman
Watercolour, gouache/paper (52x36cm-20x14in) New-York 96 .... FF2 *5e +06* - £*243 000* - **$400,000**
GOGIN Charles 1844-1931 [2]
🖌 *Shoreman lad, Charley Rosbrooke* - Oil/canvas/board (27x17cm-11x7in) London 89.............. FF7 *700* - £*787* - **$1,238**
✏ *A Mother's Farewell* - Watercolour (19x28cm-7x11in) London 96.............................. FF5 *460* - £*700* - **$1,076**
GOGO Félix 1872-1953 [2]
🖌 *Jeune femme cueillant des fleurs* - Huile/toile (101x86cm-40x34in) Lokeren 95................... FF24 *260* - £*3 190* - **$4,870**
GOGOIS Émile A. 1869-? [2]
🖌 *Nature morte aux fruits* - Huile/toile (71x103cm-28x41in) Paris 89 .... FF4 *000* - £*398* - **$632**
GOGOIS Pierre 1935 [31]
🖌 *Gondoles* - Huile/toile (55x38cm-22x15in) Montauban 96................................. FF2 *600* - £*338* - **$510**
Composition abstraite - Huile/toile (82x101cm-32x40in) Paris 96 .... FF19 *000* - £*2 380* - **$3,670**
GOGUEN Jean 1928-1989 [2]
🖌 *Etude en jaune* - Huile/toile (51x63cm-20x25in) Montréal 92 .... FF7 *740* - £*783* - **$1,487**
GOGUET Maurice 1899-? [1]
🖌 *Bouquet de lilas* - Huile/carton (48x59cm-19x23in) Saint-Dié 92 .... FF2 *500* - £*256* - **$441**
GOHL Edward Heinrich 1862-? [1]
✏ *Village scene* - Watercolour (38x58cm-15x23in) Delray Beach, Florida 96 .... FF1 *625* - £*211* - **$325**
GÖHLER Hermann 1874-1959 [12]
🖌 *Herbsttag im Park* - Öl/Leinwand (40x50cm-16x20in) Pforzheim 95 .... FF10 *650* - £*1 330* - **$2,090**
Seeufer mit mächtigen Bäumen - Öl/Leinwand (106x106cm-42x42in) Köln 95 .... FF17 *700* - £*2 205* - **$3,455**
GÖHRING August 1891-1965 [1]
🏺 *Papagei* - Ceramic (48cm-19in) Wien 96... FF4 *800* - £*582* - **$933**
GOICHON Auguste 1890-1961 [2]
✏ *Zouave du 1er Régiment* - Aquarelle (34x22cm-13x9in) Paris 90............................. FF1 *500* - £*160* - **$268**
GOINGS Ralph 1928 [9]
🖌 *Tiled Lunch Counter* - Oil/canvas (122x163cm-48x64in) Chicago 94 .... FF314 *600* - £*37 100* - **$56,000**
✏ *Yellow Van* - Watercolour/paper (27x37cm-11x15in) New-York 96 .... FF26 *060* - £*3 143* - **$5,000**
GOITIA Francisco 1882-1960 [1]
🖌 *Naturaleza muerta* - Oil/canvas (60x60cm-24x24in) New-York 93 .... FF70 *800* - £*8 050* - **$12,000**
GOLA Emilio 1851-1923 [7]
🖌 *Ragazza nel bosco* - Olio/tela (76x60cm-30x24in) Milano 90 .... FF164 *800* - £*17 645* - **$28,661**
GOLAY Mary XIX-XX [4]
🖌 *Jetée de fleurs* - Huile/toile (80x146cm-31x57in) Paris 97.............................. FF23 *000* - £*2 498* - **$4,076**
🖾 *One representing poppies/Other irises* - Lithograph (95x38cm-37x15in) New-York 95 .... FF5 *910* - £*773* - **$1,200**
GOLD Albert 1906 [2]
🖌 *Albbauern bei der Ernte* - Oil/cardboard (80x69cm-31x27in) Stuttgart 90 .... FF4 *100* - £*424* - **$724**
✏ *At the Allentown Fair* - Watercolour (25x41cm-10x16in) Litchfield, CT 92 .... FF2 *880* - £*295* - **$600**
GOLD Anton 1914-1970 [2]
🖌 *Dörfliche Szene mit Frauen* - Öl/Karton (64x48cm-25x19in) Stuttgart 92 .... FF3 *420* - £*351* - **$658**
GOLD Ferdinand Karl 1882-1981 [9]
🖌 *Wegscheid in Krems an die Donau* - Oil/board (43x43cm-17x17in) Wien 91 .... FF3 *120* - £*315* - **$619**
GOLDBECK Walter Dean 1882-1925 [3]
🖌 *The Light of N.Y.* - Oil/canvas (71x56cm-28x22in) San Francisco-Los Angeles 96 .... FF13 *050* - £*1 510* - **$2,500**

G

GOLDBERG Avraham 1903 [2]
🖼 *Jewish family* - Oil/canvas/board (39x49cm-15x19in) Tel Aviv 93 .... FF5 170 - £622 - **$945**

GOLDBERG Chaïm Leib 1917 [4]
✏ *Violoniste du shtetl* - Aquarelle/papier (61x46cm-24x18in) Paris 95 .... FF5 000 - £634 - **$1,004**

GOLDBERG Eric 1890-1959 [3]
🖼 *Coquelicots* - Huile/toile (65x54cm-26x21in) Montréal 91 .... FF5 680 - £573 - **$1,107**

GOLDBERG Fred F. XX [2]
🖼 *Cable cars along market street* - Oil/canvas (76x102cm-30x40in) San Francisco 91 .... FF9 460 - £956 - **$1,878**

GOLDBERG Glenn 1953 [6]
🖼 *Black place, 1986* - Oil/canvas (244x17cm-96x7in) New-York 89 .... FF91 500 - £9 356 - **$14,711**

GOLDBERG Gustav Adolf 1848-1911 [2]
🖼 *Liegender Frauenakt* - Oil/canvas (79x112cm-31x44in) München 92 .... FF8 550 - £878 - **$1,644**

GOLDBERG Michael 1924 [14]
🖼 *Untitled* - Oil/board (34x27cm-13x11in) New-York 93 .... FF13 200 - £1 656 - **$2,400**
Still life, 1963 - Mixed media/canvas (101x218cm-40x86in) New-York 90 .... FF143 000 - £15 213 - **$25,581**
✏ *Abstract* - Mixed media/paper (69x94cm-27x37in) Baton Rouge, Louisiana 94 .... FF9 130 - £1 065 - **$1,600**

GOLDBERG Rube 1883-1970 [8]
🗿 *Guest of Honour* - Bronze (59x21cm-23x8in) London 95 .... FF4 620 - £600 - **$950**

GOLDEN Rolland 1931 [4]
✏ *Biloxi Port Authority* - Watercolour/paper (64x53cm-25x21in) New Orleans, Louisiana 94 .... FF4 130 - £470 - **$700**

GOLDEN van Daan 1936 [2]
🖼 *Untitled* - Oil/canvas (61x80cm-24x31in) Amsterdam 94 .... FF4 900 - £581 - **$906**
📷 *Untitled* - Photograph (12x18cm-5x7in) Amsterdam 93 .... FF4 590 - £528 - **$790**

GOLDENSKY Elias XIX-XX [1]
📷 *Barges, circa 1905* - Photograph (17x22cm-7x9in) New-York 90 .... FF6 900 - £744 - **$1,217**

GOLDFARB Shirley 1925-1980 [1]
🖼 *Les temples, 1965* - Huile/toile (65x54cm-26x21in) La Varenne Saint-Hilaire 90 .... FF3 600 - £373 - **$633**

GOLDFARD Louis 1932 [6]
🖼 *Princesse* - Huile (61x50cm-24x20in) Grenoble 89 .... FF3 200 - £327 - **$514**

GOLDHAMMER Charles XIX-XX [2]
🖼 *Young woman* - Oil/canvas/panel (102x76cm-40x30in) Toronto 93 .... FF2 453 - £278 - **$415**

GOLDIE Charles Frederick 1870-1947 [4]
🖼 *Looking backward Wiripine Ninia* - Oil/canvas/board (23x18cm-9x7in) London 97 ...... FF158 731 - £17 000 - **$27,826**

GOLDIN Nan 1953 [3]
📷 *Clements at Hotel Savoy, Berlin* - Cibachrome print (51x51cm-20x20in) New-York 96 .... FF6 730 - £832 - **$1,300**

GOLDSCHMIDT Ernst 1879-1959 [2]
🖼 *A girl in a red dress* - Oil/canvas (136x96cm-54x38in) Viby J, Århus 94 .... FF3 043 - £350 - **$521**

GOLDSCHMIDT Hilde 1897-1980 [14]
🖼 *Selbstbildnis* - Öl/Leinwand (63x49cm-25x19in) Wien 96 .... FF48 300 - £5 500 - **$9,240**
✏ *Selbst* - Watercolour (47x41cm-19x16in) Hamburg 91 .... FF6 080 - £610 - **$1,015**

GOLDSCHMIEDT Milan 1931 [7]
🖼 *Elettronicamente Parlando...* - Acrilico/tavola (125x100cm-49x39in) Milano 94 .... FF9 960 - £1 200 - **$1,860**

GOLDSCHMIT Bruno 1881-1964 [6]
🖼 *Trachtenpaar in Hügeliger Landschaft* - Öl/Karton (49x31cm-19x12in) Lindau 97 .... FF5 739 - £602 - **$987**
✏ *Sommerlichen Rosengarten* - Mixed media drawing (70x45cm-28x18in) Lindau 92 .... FF1 693 - £197 - **$346**

GOLDSMITH Walter c.1860-c.1930 [5]
✏ *Bray Lock, River Thames* - Watercolour (44x90cm-17x35in) London 92 .... FF10 740 - £1 100 - **$1,892**

GOLDSTEEN Arthur 1908 [2]
🖼 *Cupboard filled with treasures* - Oil/board (77x36cm-30x14in) Amsterdam 92 .... FF8 430 - £980 - **$1,720**

GOLDSTEIN Jack 1945 [12]
Untitled, #103 - Acrylic/canvas (244x244cm-96x96in) New-York 97 .... FF10 526 - £1 112 - **$1,800**
Untitled, 1987 - Acrylic/canvas (213x152x182cm-84x60x72in) New-York 90 .... FF74 400 - £7 710 - **$13,076**

GOLDSTEIN Johann Theodor 1798-1871 [1]
🖼 *Schweizer Gebirgssee* - Öl/Leinwand (41x58cm-16x23in) München 92 .... FF25 400 - £2 950 - **$5,180**

GOLDSWORTHY Andy 1956 [4]
📷 *Leaves laid in River Pools* - Cibachrome print (49x49cm-19x19in) London 94 .... FF5 910 - £700 - **$1,092**
✏ *Dandelion Line* - Collage (142x86cm-56x34in) London 94 .... FF7 700 - £900 - **$1,350**

GOLDTHWAIT Harold XIX-XX [13]
🖼 *Sheep grazing/Sheep* - Oil/panel (18x28cm-7x11in) London 97 .... FF4 503 - £480 - **$786**

GOLDTHWAITE Anne Wilson 1875-1944 [4]
🖼 *Chinaberry Trees* - Oil/canvas New-York 90 .... FF9 200 - £979 - **$1,646**

GOLE Jacob 1660-1737 [3]
📷 *Violonist & lute player* - Mezzotint (24x19cm-9x7in) London 95 .... FF3 786 - £500 - **$767**

GOLFARELLI Tullo c.1870-c.1920 [1]
🗿 *Aux Champs* - Bronze (32cm-13in) Malmö 94 .... FF2 750 - £328 - **$524**

GOLFIER Claude 1932 [7]
🗿 *Sophie* - Bronze (29cm-11in) La Varenne Saint-Hilaire 95 .... FF12 000 - £1 473 - **$2,337**

GOLIASCH Wilhelm 1922-1986 [3]
🖼 *Seine au Pont-Marie, Paris* - Huile/toile (50x61cm-20x24in) Bern 96 .... FF4 890 - £593 - **$950**

GOLINKIN Joseph Webster 1896-1977 [11]
🖨 *The Long Court* - Lithograph (48x41cm-19x16in) Chicago 93 .... FF3 025 - £380 - **$550**

GOLKE Pauline XIX-XX [2]
🖼 *Meine ersten Schi* - Oil/canvas (135x90cm-53x35in) Wien 91 .... FF2 400 - £242 - **$468**

G

GOLL Karl 1870-1951 [10]

🖌 *Junge Dame in blauem Kleid* - Oil/canvas/board (41x29cm-16x11in) Stuttgart 92 .... FF4 100 - £422 - **$790**

GOLLER Bruno 1901 [20]

🖌 *Frauenbildnis* - Öl/Leinwand (42x32cm-17x13in) Köln 96 .... FF136 000 - £15 480 - **$26,000**

Zwei Frauenköpfe, 1958 - Oil/canvas (55x120cm-22x47in) London 89 .... FF271 200 - £27 730 - **$43,601**

Zwei Hütte - Oil/canvas (100x120cm-39x47in) Berlin 90 .... FF663 000 - £67 472 - **$132,589**

GOLLINGS William Elling 1878-1932 [7]

🖌 *Cowboys Roping a Horse*

Oil/canvas (99x76cm-39x30in) San Francisco-Los Angeles 96 .... FF36 300 - £4 550 - **$7,000**

GOLLOB Heinrich 1886-1917 [1]

🖌 *Stilleben mit Figurine* - Oil/canvas (80x70cm-31x28in) Wien 92 .... FF8 660 - £869 - **$1,445**

GOLO 1948 [2]

🖌 *Voiliers* - Huile/toile (65x54cm-26x21in) Montauban 93 .... FF2 700 - £304 - **$458**

GOLOFRE Y GIMENEZ Baldomero 1849-1902 [1]

🖊 *Beached vessels on the shore* - Wash (23x31cm-9x12in) London 90 .... FF6 800 - £702 - **$1,201**

GOLOUB Stéphan 1927 [2]

🖌 *Les fleurs du jardin* - Huile/carton (70x50cm-28x20in) Paris 91 .... FF5 800 - £594 - **$1,083**

GOLOVIN Alexander Yakovlev. 1864-1930 [6]

🖊 *Spanish woman* - Watercolour (40x33cm-16x13in) London 97 .... FF7 619 - £800 - **$1,310**

Flowers near the window - Watercolour/paper (45x61cm-18x24in) Moscow 94 .... FF28 300 - £3 395 - **$5,500**

GOLSE Jean-Jacques 1830-1879 [1]

🖌 *Portrait d'une fillette* - Huile/toile (116x90cm-46x35in) Beauvais 95 .... FF25 500 - £3 350 - **$5,120**

GOLTZ Alexander Demetrius 1857-1944 [10]

🖌 *Beim Blumenpflücken* - Oil/canvas (117x147cm-46x58in) Wien 92 .... FF26 450 - £3 076 - **$5,400**

GOLUB Leon 1922 [19]

🖌 *Blue head* - Oil/canvas (96x76cm-38x30in) New-York 97 .... FF46 512 - £4 884 - **$8,000**

Head (VI) - Oil/canvas (121x103cm-48x41in) New-York 96 .... FF82 800 - £10 700 - **$16,000**

White Squad III - Acrylic/canvas (308x434cm-121x171in) New-York 92 .... FF234 000 - £27 930 - **$45,000**

GOMANSKY Edmund 1854-? [3]

🗿 *La Danse* - Bronze (76cm-30in) Warszawa 96 .... FF13 770 - £1 726 - **$2,685**

GOMAR Y GOMAR Antonio 1853-1911 [5]

🖌 *La cantera: paisaje y peñas* - Oleo/lienzo (111x156cm-44x61in) Madrid 93 .... FF22 900 - £2 635 - **$3,930**

GOMBAR Andras 1946 [3]

🖌 *Nature morte aux oignons* - Huile/panneau (40x50cm-16x20in) L'Isle-Adam 92 .... FF6 000 - £615 - **$1,080**

GOMES Karel 1930 [23]

🗿 *Children on a giraffe* - Bronze (36x43x48cm-14x17x19in) Amsterdam 94 .... FF6 700 - £792 - **$1,204**

Girl embracing a man - Bronze (43cm-17in) Amsterdam 93 .... FF13 800 - £1 584 - **$2,370**

GOMEZ CAMPUZANO Ricardo 1893-1981 [2]

🖌 *Landscape* - Oil/canvas (51x74cm-20x29in) London 94 .... FF12 500 - £1 500 - **$2,340**

GOMEZ MIR Eugenio 1877-1938 [3]

🖌 *Paisaje con casas en la ladera* - Oleo/tabla (50x48cm-20x19in) Madrid 92 .... FF10 880 - £1 265 - **$2,220**

View of a city - Oil/canvas (116x107cm-46x42in) New-York 87 .... FF194 240 - £19 510 - **$32,000**

GOMEZ SOLER Francesco 1870-1899 [1]

🖌 *Man with a botthe of Champagne* - Oil/canvas (100x50cm-39x20in) Købenbavn 95 .... FF15 950 - £2 034 - **$3,140**

GOMEZ Y CROS Antonio 1809-1863 [1]

🖌 *Retrato de nina* - Oleo/lienzo (85x69cm-33x27in) Madrid 89 .... FF43 200 - £4 417 - **$6,945**

GOMEZ Y GIL Guillermo 1862-1942 [15]

🖌 *Paisaje costero* - Oleo/lienzo (87x117cm-34x46in) Madrid 96 .... FF22 050 - £2 530 - **$4,210**

Gipsies at the beach - Oil/canvas/board (105x141cm-41x56in) London 93 .... FF10 000 - £13 500 - **$19,570**

GOMILA Juan 1942 [2]

🖌 *Tomy* - Oleo/lienzo (81x100cm-32x39in) Madrid 95 .... FF4 440 - £568 - **$892**

GOMMAERTS F. 1894-? [1]

🖌 *La fenaison* - Huile/toile (88x104cm-35x41in) Bruxelles 94 .... FF9 130 - £1 072 - **$1,626**

GOMZÉ François 1861-1949 [5]

🖌 *Intérieur fleuri* - Huile/toile (53x63cm-21x25in) Bruxelles 94 .... FF2 990 - £351 - **$533**

GONCHAROVA Natallia Sergeevna 1881-1962 [162]

🖌 *Still life with Magnolia* - Oil/canvas (50x61cm-20x24in) London 97 .... FF30 476 - £3 200 - **$5,241**

Still life with flowers - Oil/canvas (65x47cm-26x19in) London 97 .... FF85 714 - £9 000 - **$14,742**

Danseuses espagnoles - Oil/canvas (127x364cm-50x143in) New-York 94 .... FF526 000 - £62 500 - **$100,000**

River landscape - Oil/canvas (99x87cm-39x34in) London 96 .... FF2 62e +06 - £235 000 - **$395,000**

🖨 *La Cité* - Lithographie couleurs (22x14cm-9x6in) Paris 97 .... FF13 000 - £1 412 - **$2,304**

🖊 *Composition constructiviste* - Gouache (75x26cm-30x10in) Paris 96 .... FF33 500 - £4 330 - **$6,570**

Composition - Gouache (75x25cm-30x10in) Paris 94 .... FF92 000 - £10 620 - **$15,900**

GONDOUIN Emmanuel 1883-1934 [47]

🖌 *Fruits* - Huile/panneau (33x46cm-13x18in) Paris 96 .... FF17 000 - £2 C15 - **$3,320**

Le soleil bleu, Versailles - Huile/toile (108x137cm-43x54in) Paris 97 .... FF42 000 - £4 565 - **$7,379**

Personnage dans une clairière - Huile/toile (134x190cm-53x75in) Paris 92 .... FF140 000 - £14 398 - **$24,824**

🖊 *Le pichet bleu* - Aquarelle/papier (46x31cm-18x12in) Paris 97 .... FF4 000 - £430 - **$702**

Pierrot - Fusain/papier (48x33cm-19x13in) Paris 95 .... FF9 000 - £1 137 - **$1,805**

GOÑI Lorenzo 1911 [2]

🖊 *Joven con sombrero* - Ink (38x28cm-15x11in) Madrid 89 .... FF4 600 - £485 - **$774**

GONIN Francesco 1808-1889 [70]
- Le Frêne et la maison au loin - Huile/carton (52x38cm-20x15in) Paris 97 .... FF8 500 - £927 - **$1,486**
- La maison carrée - Aquarelle (42x31cm-17x12in) Paris 97 .... FF26 000 - £2 837 - **$4,545**

GONIN Jacques Fernand 1883-? [4]
- Portrait de Madame X - Oil/canvas (194x114cm-76x45in) New-York 97 .... FF29 070 - £3 052 - **$5,000**

GONNE Christian Friedrich 1813-1906 [2]
- Dressing up the bridge - Oil/canvas (126x147cm-50x58in) Amsterdam 89 .... FF47 900 - £4 766 - **$7,567**
- Cabaret - Aquarelle (24x37cm-9x15in) Liège 95 .... FF2 380 - £303 - **$483**

GÖNNER Rudolf 1872-1926 [1]
- Hauptbahnhof in München - Öl/Leinwand (43x65cm-17x26in) Leipzig 95 .... FF9 260 - £1 157 - **$1,870**

GONNET Tony XX [9]
- Composition-visage - Huile/carton (55x46cm-22x18in) Paris 97 .... FF6 000 - £652 - **$1,054**

GONORD François 1756-c.1825 [1]
- Marie-Antoine Lemoyne - Aquarelle (32x24cm-13x9in) Paris 97 .... FF37 000 - £3 992 - **$6,538**

GONTARD Moris 1940 [5]
- Le pont, 1966 - Huile/toile (46x66cm-18x26in) Aubagne 89 .... FF3 700 - £378 - **$595**

GONTHIER Georges 1886-1961 [5]
- Forêt d'oliviers - Huile/panneau (41x33cm-16x13in) Fontainebleau 91 .... FF7 800 - £782 - **$1,288**

GONTIER Clément 1876-1918 [14]
- Fillette courant - Huile/toile La Flèche 91 .... FF12 500 - £1 284 - **$2,327**
- La marchande de fleurs, 1891 - Huile/toile (80x44cm-31x17in) Neuilly 89 .... FF35 500 - £3 741 - **$5,976**

GONTIER Louis XIX-XX [2]
- Barque sur la plage, soleil levant - Huile/toile (67x100cm-26x39in) Autun 93 .... FF19 000 - £2 375 - **$3,455**

GONTIER Pierre Camille 1840-? [5]
- Vase de fleurs sur un entablement - Huile/toile (92x66cm-36x26in) Calais 94 .... FF28 500 - £3 323 - **$4,990**
- Vögel zwischen Blütenzweigen - Oil/canvas (92x74cm-36x29in) Bern 91 .... FF75 800 - £7 546 - **$13,035**

GONZAGA Giovanfrancesco 1921 [2]
- I Cacciatori della Guardia, Wagram - Olio/tela (50x60cm-20x24in) Vercelli 93 .... FF13 170 - £1 480 - **$2,360**

GONZAGA Pietro di Gottardo 1751-1831 [5]
- The interior of a palace - Ink (41x30cm-16x12in) London 92 .... FF5 860 - £700 - **$1,128**

GONZALES DE LA PEÑA José 1887-1961 [1]
- Desfile real por el Paseo del Rey - Oleo/lienzo (33x41cm-13x16in) Madrid 96 .... FF10 050 - £1 250 - **$1,950**

GONZALES Eva 1849-1883 [12]
- Le Petit Lever - Oil/canvas (51x61cm-20x24in) London 94 .... FF1 - £140 000 - **$219,000**
- Bouquet de roses de Juin - Oil/canvas (61x50cm-24x20in) London 96 .... FF92 800 - £12 000 - **$18,400**
- La toilette - Oil/canvas (64x46cm-25x18in) New-York 97 .... FF471 430 - £50 540 - **$82,500**

GONZALES Felix, Lex 1938 [11]
- Horse family - Oil/canvas (76x102cm-30x40in) Tarzana, CA 94 .... FF2 574 - £302 - **$450**

GONZALES MARCOS Angel 1900-1978 [3]
- Sierra Morena - Oleo/lienzo (145x80cm-57x31in) Madrid 97 .... FF3 800 - £400 - **$661**

GONZALES Xavier 1898-? [2]
- Cityscape - Oil/paper/board (22x30cm-9x12in) Chicago 96 .... FF2 403 - £312 - **$475**
- Tenament Houses - Gouache/paper Mystic, Connecticut 96 .... FF3 950 - £518 - **$800**

GONZALES COLLADO Antonio 1930 [5]
- Deux clowns - Huile/toile (46x55cm-18x22in) Paris 96 .... FF4 000 - £507 - **$767**

GONZALEZ Ernesto 1840-? [1]
- San Francisco Javier - Oleo/lienzo (124x94cm-49x37in) Madrid 95 .... FF5 650 - £742 - **$1,134**

GONZALEZ Juan Antonio 1842-1914 [11]
- Escena de interior - Oleo/lienzo (41x33cm-16x13in) Madrid 96 .... FF12 030 - £1 377 - **$2,292**
- Recibiendo las noticias - Oleo/lienzo (51x73cm-20x29in) Madrid 92 .... FF91 900 - £10 670 - **$18,750**

GONZALEZ Juan Francisco 1853-1933 [1]
- American Dream - Mixed media/paper (122x90cm-48x35in) New-York 95 .... FF8 730 - £1 071 - **$1,700**

GONZALEZ Julio 1876-1942 [110]
- Monsieur Cactus - Mischtechnik (24x11cm-9x4in) München 90 .... FF68 000 - £6 920 - **$13,599**
- Le Baiser - Iron (26x7x28cm-10x3x11in) New-York 90 .... FF6 - £730 213 - **$1**
- Nu debout mélancolique - Bronze (26cm-10in) New-York 96 .... FF76 800 - £9 110 - **$15,000**
- Petite Montserrat effrayée - Bronze (30cm-12in) London 97 .... FF193 050 - £20 000 - **$33,070**
- Femme dite Les trois plis - Bronze (125x16x27cm-49x6x11in) Paris 93 .... FF705 000 - £79 200 - **$119,500**
- Deux femmes debout - Acuarela (16x11cm-6x4in) Madrid 94 .... FF26 930 - £3 094 - **$4,610**
- Femme - Encre Chine (24x14cm-9x6in) Paris 96 .... FF40 000 - £4 560 - **$7,650**
- Les modistes - Pastel (30x23cm-12x9in) London 96 .... FF107 700 - £13 500 - **$20,800**

GONZALEZ MARCOS Angel 1900-1977 [10]
- El brindis: concierto marroquí - Oleo/lienzo (46x55cm-18x22in) Madrid 93 .... FF4 990 - £575 - **$857**
- Salida de corrales - Gouache (45x59cm-18x23in) Madrid 92 .... FF2 052 - £209 - **$361**

GONZALEZ OLAZABAL Maximiliano 1926 [3]
- Mujer abstracta - Oil/canvas (84x67cm-33x26in) New-York 97 .... FF33 800 - £4 035 - **$6,500**

GONZALEZ PALMA Luis 1957 [3]
- Retrato de niño
  Hand-toned print, paper fragments of text (99x108cm-39x43in) New-York 96 .... FF38 300 - £4 940 - **$7,500**

GONZALEZ Roberta 1909-1976 [13]
- Nu féminin - Huile/carton (55x37cm-22x15in) Paris 90 .... FF4 000 - £407 - **$800**
- Maternité - Fusain (39x32cm-15x13in) Paris 94 .... FF3 600 - £417 - **$620**

GONZALEZ SANTOS Manuel 1875-1949 [3]
- Feeding the Doves - Oil/canvas (57x82cm-22x32in) New-York 97 .... FF130 755 - £14 083 - **$23,000**

G

GONZALEZ SERRANO Manuel 1917-1948 [9]
- Ventana y candado - Oil/board (30x40cm-12x16in) New-York 89 .... FF**34 300** - £3 507 - **$5,514**
- Rosa blanca - Gouache/paper (31x48cm-12x19in) New-York 97 .... FF**5 166** - £548 - **$900**

GONZALEZ TORRES Felix 1957-1996 [2]
- Untitled - C-print jigsaw puzzle (27x34cm-11x13in) New-York 96 .... FF**30 560** - £3 600 - **$6,000**

GONZALEZ VELAZQUEZ Isidoro 1765-1829 [3]
- Fuente de Cibeles/Fuente de Neptuno - Grabado (46x69cm-18x27in) Madrid 96 .... FF**4 410** - £535 - **$858**

GONZALEZ VELAZQUEZ Zacarías 1763-1834 [3]
- Martyrdom, San Pedro Pascual - Oil/canvas (74x39cm-29x15in) London 90 .... FF**77 900** - £7 966 - **$15,376**

GONZALEZ Zacarías 1923 [9]
- Arlequines - Oleo/tablex (59x48cm-23x19in) Madrid 90 .... FF**18 900** - £1 952 - **$3,339**
- La copa con paño de lunares - Pastel (46x27cm-18x11in) Madrid 94 .... FF**2 060** - £247 - **$400**

GONZALVO Pablo 1827-1896 [2]
- Basílica de San Vicente de Avila - Oleo/lienzo (39x65cm-15x26in) Madrid 93 .... FF**51 700** - £6 210 - **$10,060**

GOOD John Willis 1845-1879 [15]
- Horse and Jockey - Bronze (27cm-11in) New-York 96 .... FF**15 320** - £1 985 - **$3,000**
- Before the Race - Bronze (33cm-13in) London 96 .... FF**33 960** - £4 000 - **$6,670**

GOOD Samuel S. 1808-1885 [1]
- Venus stealing Cupid's last Arrow - Oil/canvas (127x101cm-50x40in) New-York 92 .... FF**13 870** - £1 453 - **$2,500**

GOODALL Alfred Edward 1819-1908 [6]
- Building the Embankment - Watercolour (34x54cm-13x21in) London 96 .... FF**7 220** - £900 - **$1,394**
- Statue of B. Colleoni, Venice - Watercolour (40x56cm-16x22in) London 96 .... FF**21 100** - £2 500 - **$4,115**

GOODALL Edward Angelo 1819-1908 [23]
- Blois from across the Loire - Oil/canvas (43x66cm-17x26in) London 93 .... FF**14 050** - £1 600 - **$2,384**
- Barmouth - Watercolour (16x23cm-6x9in) London 97 .... FF**15 052** - £1 600 - **$2,601**

GOODALL Frederick 1822-1904 [94]
- Pets of the Harem - Oil/canvas (147x182cm-58x72in) New-York 97 .... FF**2** - £244 920 - **$400,000**
- The Camel Train - Oil/panel (23x53cm-9x21in) London 97 .... FF**6 428** - £700 - **$1,118**
- The Rising of the Nile - Oil/panel (40x69cm-16x27in) London 97 .... FF**15 370** - £2 000 - **$3,046**
- Egyptian Pilgrims arriving at an Inn - Oil/panel (20x27cm-8x11in) London 97 .... FF**47 750** - £5 200 - **$8,304**
- Scène champêtre - Aquarelle, gouache (24x42cm-9x17in) Soissons 95 .... FF**20 000** - £2 616 - **$4,005**

GOODALL George XIX-XX [2]
- In Algiers - Wash (35x50cm-14x20in) London 91 .... FF**2 173** - £218 - **$398**

GOODALL Herbert ?-1907 [1]
- Alice & Grace near Eastbourne - Oil/canvas/board (30x37cm-12x15in) London 90 .... FF**2 600** - £277 - **$465**

GOODALL John Edward XIX-XX [6]
- Abendliche Parklandschaft mit Bachlauf - Öl/Karton (20x28cm-8x11in) Lindau 97 .... FF**5 064** - £531 - **$87,1 5**

GOODALL John Strickland 1908 [17]
- On the beach - Watercolour (15x21cm-6x8in) London 96 .... FF**5 780** - £750 - **$1,143**
- The Regatta, Cowes - Watercolour (25x37cm-10x15in) London 93 .... FF**16 900** - £1 900 - **$2,830**

GOODALL Thomas F. c.1857-1944 [1]
- Children crossing South Walsham Broad
  Oil/canvas (78x96cm-31x38in) Aylsham, Norfolk 91 .... FF**38 000** - £3 839 - **$7,544**

GOODALL Walter 1830-1889 [10]
- The Harvest Girl - Oil/board (42x29cm-17x11in) London 96 .... FF**3 930** - £500 - **$756**
- Femme portant un panier - Huile/toile (65x40cm-26x16in) Paris 90 .... FF**31 000** - £3 202 - **$5,477**
- Birds nesting - Watercolour (33x29cm-13x11in) London 92 .... FF**6 820** - £700 - **$1,310**

GOODCHILD Lilian Clark XIX-XX [1]
- Pigs & hens in the farmyard - Watercolour (52x35cm-20x14in) Bristol, Avon 96 .... FF**3 040** - £390 - **$600**

GOODE Joe 1937 [8]
- Ocean blue - Oil/board (122x114cm-48x45in) New-York 93 .... FF**20 900** - £2 620 - **$3,800**
- Bed - Graphite (50x63cm-20x25in) New-York 92 .... FF**20 800** - £2 210 - **$4,000**

GOODELMAN Aaron J. 1890-1978 [1]
- Steel worker - Bronze (33cm-13in) New-York 90 .... FF**14 900** - £1 595 - **$2,591**

GOODEN Stephen 1892-1955 [2]
- St. George - Engraving (16cm-6in) London 95 .... FF**1 713** - £220 - **$346**

GOODHUE Bertram G. 1869-1924 [1]
- Portrait of women - Poster (49x34cm-19x13in) New-York 92 .... FF**4 160** - £497 - **$800**

GOODMAN Bertram 1904-1988 [4]
- The evolution of Tools - Tempera/panel (198x610cm-78x240in) New-York 92 .... FF**107 800** - £12 520 - **$22,000**
- The Chess Players - Watercolour (52x34cm-20x13in) New-York 93 .... FF**4 400** - £552 - **$800**

GOODMAN Brenda 1943 [5]
- Heart - Oil/paper (104x74cm-41x29in) Bloomfield Hills, Michigan 93 .... FF**5 500** - £690 - **$1,000**

GOODMAN George XIX [2]
- Primroses, Bird's nest and a Butterfly - Oil/canvas (41x30cm-16x12in) London 97 .... FF**57 197** - £6 000 - **$9,815**

GOODMAN John Reginald 1878-? [15]
- Young Anglers - Watercolour (23x15cm-9x6in) London 95 .... FF**2 700** - £350 - **$563**

GOODMAN Lily [2]
- Young dark haired girl - Pastel (48x36cm-19x14in) Retford, Nottinghamshire 91 .... FF**2 183** - £219 - **$378**

GOODMAN Maude Scanes c.1840-c.1895 [3]
- In the Garden - Oil/canvas (76x61cm-30x24in) London 97 .... FF**56 933** - £6 200 - **$9,901**

G

GOODMAN Robert Gwelo 1871-1939 [24]
🖾 *Mountains at evening* - Oil/canvas (47x60cm-19x24in) London 95 .... FF15 220 - £1 900 - **$2,983**
GOODMAN Sidney 1936 [3]
🖾 *Tretching out* - Oil/canvas (229x73cm-90x29in) New-York 97 .... FF52 326 - £5 495 - **$9,000**
GOODNOUGH Robert Arthur 1917 [46]
🖾 *Process GL* - Acrylic/canvas (198x198cm-78x78in) New-York 92 .... FF10 400 - £1 104 - **$2,000**
  Devils in a Boat - Oil/canvas (213x213cm-84x84in) New-York 94 .... FF20 060 - £2 410 - **$3,800**
  Abstraction - Oil/canvas (198x198cm-78x78in) New-York 96 .... FF30 000 - £3 884 - **$6,000**
GOODPASTER Denzil 1908 [2]
🗝 *Three Dancing Women* - Carved wood, paint (30cm-12in) Litchfield, CT 92 .... FF2 860 - £342 - **$550**
GOODRIDGE Eliza 1798-1882 [1]
✎ *Young girl in white spotted dress* - Miniature (9cm-4in) London 97 .... FF21 637 - £2 300 - **$3,732**
GOODWIN Albert 1845-1932 [244]
🖾 *Village of Simplon, Switzerland* - Oil/board (28x47cm-11x19in) London 97 .... FF8 443 - £900 - **$1,474**
  Reculver, Kent - Oil/paper/panel (32x53cm-13x21in) London 97 .... FF16 529 - £1 800 - **$2,874**
  Agra, indian Afterglow - Oil/canvas (107x142cm-42x56in) London 97 .... FF75 543 - £8 000 - **$13,084**
✎ *Rye* - Watercolour (33x33cm-9x13in) London 96 .... FF11 800 - £1 400 - **$2,305**
  Merano, Northern Italy - Watercolour (26x37cm-10x15in) London 94 .... FF30 250 - £3 600 - **$5,700**
  St. Hilda's Abbey, Whitby - Watercolour (14x24cm-5x10in) London 97 .... FF47 750 - £5 200 - **$8,304**
  Port Antonio, Jamaica - Watercolour (18x25cm-7x10in) London 93 .... FF64 100 - £7 200 - **$10,720**
GOODWIN Arthur Clifton 1866-1941 [48]
🖾 *T-Wharf, Boston* - Oil/canvas (76x91cm-30x36in) San Francisco-Los Angeles 96 .... FF20 900 - £2 417 - **$4,000**
  57th Street, New York City - Oil/canvas (64x76cm-25x30in) New-York 95 .... FF48 700 - £6 220 - **$10,000**
  Beach Scene - Oil/canvas (54x65cm-21x26in) New-York 96 .... FF114 800 - £13 300 - **$22,000**
✎ *Boston garden* - Pastel (33x48cm-13x19in) Boston, Mass. 91 .... FF31 100 - £3 156 - **$5,617**
GOODWIN Betty Roodish 1923 [7]
🖾 *Nature morte aux fleurs des champs* - Huile/masonite (53x127cm-21x50in) Montréal 94 .... FF31 800 - £3 405 - **$5,530**
✎ *Stone eater* - Pastel (47x68cm-19x27in) New-York 91 .... FF5 990 - £601 - **$989**
GOODWIN Gilberta Daniels 1890-? [1]
🖾 *Allegorical screen* - Oil/canvas (71x157cm-28x62in) Mystic, Connecticut 95 .... FF6 980 - £837 - **$1,300**
GOODWIN Harry c.1840-1925 [19]
✎ *Square before San Michele, Lucca* - Watercolour (30x30cm-12x12in) London 95 .... FF3 484 - £450 - **$718**
GOODWIN Leslie [2]
🖾 *Quay* - Oil/canvas (41x51cm-16x20in) Birmingham 92 .... FF9 770 - £1 000 - **$1,720**
✎ *Sunny morning coast* - Watercolour (36x56cm-14x22in) Birmingham 92 .... FF2 930 - £300 - **$516**
GOODWIN Philip Russell 1882-1935 [8]
🖾 *The Prize Catch* - Oil/canvas (96x62cm-38x24in) New-York 95 .... FF43 500 - £5 500 - **$8,500**
  Moose hunting - Oil/canvas (71x10cm-28x4in) New-York 90 .... FF108 700 - £11 564 - **$19,445**
GOODWIN Richard LaBarre 1840-1910 [11]
🖾 *Two woodcocks* - Oil/canvas (48x38cm-19x15in) Chicago 93 .... FF11 800 - £1 343 - **$2,000**
  After the hunt - Oil/canvas (142x92cm-56x36in) New-York 97 .... FF186 806 - £19 651 - **$32,000**
GOODWIN Samuel XIX-XX [2]
✎ *On the Banks of the Medway* - Wash (10x15cm-4x6in) London 89 .... FF6 000 - £632 - **$1,010**
GOODWIN Sidney Paul 1867-1944 [43]
✎ *Bristol cathedral at dusk* - Watercolour (11x17cm-4x7in) London 94 .... FF4 710 - £550 - **$820**
GOODWIN William Sidney 1833-1916 [3]
✎ *Stonehenge* - Watercolour (14x26cm-6x10in) London 94 .... FF2 743 - £320 - **$477**
GOOKINS James F. 1840-1904 [1]
🖾 *Kufstein, Tyrol* - Oil/canvas (71x121cm-28x48in) Elgin, Illinois 91 .... FF7 920 - £798 - **$1,374**
GOOLEN van Tony 1924-1985 [6]
🖾 *La rue Lambermont* - Huile/toile (82x116cm-32x46in) Bruxelles 92 .... FF6 640 - £680 - **$1,168**
GOORIS Jean 1891-1963 [3]
🖾 *Paysage* - Huile/toile (60x70cm-24x28in) Bruxelles 90 .... FF4 100 - £424 - **$724**
GOOS Berend 1815-1885 [3]
🖾 *Parti fra Ilsethal* - Oil/cardboard (39x62cm-15x24in) Viby J, Århus 96 .... FF4 230 - £530 - **$816**
  Udsigt over Hamborg - Oil/canvas (28x42cm-11x17in) København 91 .... FF28 100 - £2 791 - **$4,879**
GOOSSENS Henri Léonard 1822-1890 [1]
🖾 *Moutons dans un paysage* - Huile/toile (108x91cm-43x36in) Liège 96 .... FF8 900 - £919 - **$1,572**
GOOSSENS Josse 1876-1929 [6]
🖾 *In a café* - Oil/canvas (35x45cm-14x18in) London 93 .... FF36 900 - £4 200 - **$6,260**
GOOSSENS Simon 1893-? [1]
🗝 *Trois figures debout* - Bronze (48cm-19in) Antwerpen 94 .... FF10 000 - £1 200 - **$1,943**
GOPAR Juan 1958 [2]
🖾 *Lanzarote* - Técnica mixta/tabla (100x80cm-39x31in) Madrid 94 .... FF11 400 - £1 345 - **$2,030**
GORALSKY Pierre-Henri 1961 [5]
🖾 *La Couronne* - Huile/toile (81x65cm-32x26in) Entzheim 94 .... FF3 400 - £394 - **$584**
GÖRANSSON Åke 1902-1942 [31]
🖾 *Interiör med grön stol* - Oil/canvas (34x27cm-13x11in) Stockholm 96 .... FF24 950 - £3 024 - **$4,850**
  Lilly Falk - Oil/panel (24x34cm-9x13in) Stockholm 97 .... FF67 923 - £7 173 - **$11,736**
  Den bla vasen - Oil/canvas (48x43cm-19x17in) Stockholm 89 .... FF280 800 - £29 589 - **$47,273**
GORBATOV Konstantin Ivanovich 1876-1945 [32]
🖾 *In Amalfi* - Oil/canvas (72x91cm-28x36in) London 97 .... FF209 524 - £22 000 - **$36,038**
✎ *Pskov* - Watercolour/paper (33x47cm-13x19in) London 97 .... FF30 476 - £3 200 - **$5,241**
  Northern provincial town - Gouache (50x67cm-20x26in) London 92 .... FF40 200 - £4 800 - **$7,730**

G

GORBELY Edward 1909-? [1]
- *The Vendor* - Oil/canvas (91x74cm-36x29in) Chicago 94 .... FF13 920 - £1 645 - **$2,500**

GORBITZ Henriette [4]
- *Grenoble, les quais* - Huile (38x55cm-15x22in) Grenoble 92 .... FF2 300 - £275 - **$443**

GÖRBITZ Johan 1782-1853 [2]
- *Madame Duplan* - Miniature (7cm-3in) Lindau 94 .... FF7 500 - £896 - **$1,413**

GORBOUNOV Nicolas 1952 [3]
- *Le fils prodigue* - Huile/toile (60x50cm-24x20in) Douarnenez 94 .... FF3 300 - £397 - **$615**

GORCHOV Ron 1930 [5]
- *Constant* - Oil/canvas (104x99cm-41x39in) Bloomfield Hills, Michigan 93 .... FF8 250 - £1 035 - **$1,500**

GORDAENS Jacob 1593-1678 [1]
- *Plaisirs de musique en famille* - Huile/toile Genève 89 .... FF101 400 - £10 685 - **$17,071**

GORDE Gaston 1908-? [3]
- *Championnats, L'Alpe-d'Huez* - Poster (118x77cm-46x30in) New-York 93 .... FF8 260 - £940 - **$1,400**

GORDER van Luther Emerson 1861-1931 [2]
- *Flower sellers, St.Denis, Paris*
  Oil/canvas (46x61cm-18x24in) San Francisco-Los Angeles 93 .... FF16 500 - £2 070 - **$3,000**

GORDIETS Eugene Ya. 1952 [2]
- *Mother and child* - Oil/canvas (88x111cm-35x44in) Elgin, Illinois 91 .... FF8 490 - £856 - **$1,473**

GORDIGIANI Edoardo 1866-1961 [2]
- *Alberi nel parco* - Olio/tela/cartone (34x44cm-13x17in) Roma 92 .... FF5 890 - £603 - **$1,037**

GORDIGIANI Michele 1835-1909 [6]
- *La bouquetière à la rose* - Huile/toile (125x97cm-49x38in) Paris 94 .... FF175 000 - £20 100 - **$29,930**

GORDIJN Herman 1932 [2]
- *Untitled* - Oil/canvas (65x55cm-26x22in) Amsterdam 91 .... FF19 530 - £1 957 - **$3,260**
- *Woman in an Italian town* - Pencil/paper (48x62cm-19x24in) Amsterdam 96 .... FF1 815 - £228 - **$351**

GORDILLO Gun 1945 [6]
- *Relief* - Relief (100cm-39in) Köbenhavn 96 .... FF13 260 - £1 725 - **$2,630**
- *Plumbum* - Drawing (115x50cm-45x20in) Köbenhavn 91 .... FF11 410 - £1 144 - **$2,090**

GORDILLO Luis Rodríguez 1939 [26]
- *Atardecer en cemento* - Acrylique/papier (144x158cm-57x62in) Madrid 93 .... FF66 700 - £7 950 - **$12,070**
- *Magmatica* - Oleo/lienzo/tabla (92x73cm-36x29in) Madrid 91 .... FF271 000 - £26 913 - **$47,054**
- *Sín título* - Técnica mixta/papel (56x16cm-22x6in) Madrid 91 .... FF15 400 - £1 768 - **$2,625**

GORDIN Sidney 1918 [2]
- *Untitled IV/Untitled* - Drawing New-York 93 .... FF7 150 - £897 - **$1,300**

GORDINE Dora 1906-1991 [2]
- *Bust of a youth* - Bronze (48cm-19in) London 96 .... FF3 840 - £500 - **$762**
- *Standing nude with arms raised* - Bronze (65cm-26in) London 92 .... FF15 600 - £1 600 - **$2,990**

GORDON Hortense C. Mattice 1889-1961 [7]
- *Feathers from the Sudan* - Oil/canvas (74x62cm-29x24in) Toronto 92 .... FF6 450 - £660 - **$1,136**

GORDON John Sloan 1868-1940 [2]
- *Santa Maria la Salute, Venice* - Oil/canvas/board (34x27cm-13x11in) Toronto 94 ...... FF3 650 - £431 - **$650**
- *Newhaven* - Wash (40x25cm-16x10in) Toronto 91 .... FF1 828 - £186 - **$330**

GORDON John Watson 1788-1864 [13]
- *Hon. M. E.J. C. A. Oliphant of Gask* - Oil/canvas (241x150cm-95x59in) Glasgow 96 .... FF40 100 - £5 000 - **$7,740**

GORDON Leon 1889-1943 [1]
- *Man folding shirts* - Oil/canvas (51x38cm-20x15in) New-York 95 .... FF7 570 - £954 - **$1,500**

GORDON Willy 1918 [3]
- *Stående modell* - Terracotta (56cm-22in) Malmö 92 .... FF2 350 - £281 - **$452**
- *Man and womanb* - Bronze (31cm-12in) Stockholm 95 .... FF7 590 - £945 - **$1,485**

GORDON-CUMMING Constance Frederica 1837-1924 [28]
- *Adam's Peak, Sri lanka* - Watercolour (49x75cm-19x30in) London 95 .... FF11 240 - £1 400 - **$2,200**
- *Elephant, Sri Lanka* - Watercolour (25x35cm-10x14in) London 97 .... FF18 886 - £2 000 - **$3,271**

GORDON-SMITH Dorothy XIX-XX [2]
- *Still life of flowers* - Oil/canvas (51x41cm-20x16in) London 93 .... FF2 990 - £360 - **$522**

GORDY Robert 1933-1986 [7]
- *Bathers* - Lithograph (81x61cm-32x24in) New Orleans, Louisiana 94 .... FF1 644 - £210 - **$325**
- *Still life of Flying Vegetables* - Ink (53x58cm-21x23in) New Orleans, Louisiana 94 .... FF5 470 - £651 - **$1,000**

GORE Charles 1729-1807 [4]
- *Boats off the pier at Calais* - Ink (16x40cm-6x16in) London 96 .... FF5 190 - £650 - **$1,008**

GORE Frederick 1913 [49]
- *A sunlit landscape* - Oil/canvas (71x92cm-28x36in) London 95 .... FF13 220 - £1 700 - **$2,730**
- *Elm Park Gardens* - Oil/canvas (81x92cm-32x36in) London 95 .... FF28 100 - £3 200 - **$5,380**
- *Bonnieux* - Oil/canvas (81x101cm-32x40in) London 97 .... FF57 471 - £6 000 - **$9,833**

GORE Spencer Frederick 1878-1914 [10]
- *Garth house, Hertingfordbury* - Oil/canvas (30x41cm-12x16in) London 92 .... FF56 500 - £5 800 - **$10,840**
- *Mornington crescent* - Oil/canvas (51x40cm-20x16in) London 97 .... FF239 462 - £25 000 - **$40,972**

GORE William Henry XIX-XX [10]
- *Overwhelmed by the News* - Oil/canvas (61x53cm-24x21in) London 96 .... FF61 500 - £8 000 - **$12,180**

GOREE Jan 1670-1731 [1]
- *Inquisition en Amérique du Sud* - Encre (12x17cm-5x7in) Paris 92 .... FF2 500 - £256 - **$491**

G

GÖRELE Hamit 1903-1980 [1]
Ada'da semsiyeli kadinlar - Oil/cardboard (36x49cm-14x19in) Istanbul 92...................... FF18 420 - £1 842 - **$3,280**
GORGE Paul 1856-1941 [6]
Le pêcheur - Huile/toile (48x60cm-19x24in) Antwerpen 92...................... FF21 600 - £2 210 - **$3,800**
GORGON Vincenz 1891-1961 [2]
Die Rax - Öl/Leinwand (42x52cm-17x20in) Wien 96...................... FF2 886 - £362 - **$564**
GORGUET Auguste-François 1862-1927 [6]
Un soir étoilé - Huile/toile (73x45cm-29x18in) Paris 97...................... FF2 500 - £270 - **$445**
The Fountain of Youth - Oil/canvas (150x102cm-59x40in) London 97 .... FF41 058 - £4 500 - **$7,206**
Le déjeuner des Amoureux - Oil/canvas (60x49cm-24x19in) New-York 97 .... FF148 317 - £15 987 - **$26,000**
GORHAM-CLARK Hope XIX-XX [1]
Monte Carlo Star - Huile/toile (41x51cm-16x20in) Boston, Mass. 95 .... FF3 634 - £468 - **$750**
GORI A. XIX-XX [2]
Dancing girl poised on one foot - Bronze (93cm-37in) London 92...................... FF24 100 - £2 800 - **$4,910**
GORI Affortunato 1895-1925 [4]
Le déshabillé - Ivory, bronze (36cm-14in) Tongeren 92...................... FF13 280 - £1 360 - **$2,336**
Danseuse orientale - Marbre (93cm-37in) Lille 96 .... FF62 000 - £7 510 - **$12,050**
GORI Georges XX [4]
Femme aux deux lévriers - Sculpture (46x81cm-18x32in) Paris 97 .... FF4 500 - £490 - **$783**
GORI Gino Paolo 1911-1991 [2]
Natura morta - Olio/tela (50x59cm-20x23in) Prato 96 .... FF2 190 - £260 - **$429**
GORIN Jean 1899-1981 [34]
Composition No. 128 - Huile/bois (100x100cm-39x39in) Paris 96 .... FF33 000 - £4 280 - **$6,550**
Composition No. 15 - Huile/isorel (68x56cm-27x22in) Paris 95 .... FF56 000 - £7 430 - **$11,540**
Composition no.1 - Oil/wood (59x60cm-23x24in) Amsterdam 97 .... FF123 039 - £12 904 - **$21,113**
Rythme statique, 1945 - Huile/panneau (94x63cm-37x25in) Paris 90 .... FF550 000 - £56 995 - **$96,661**
Composition Horizontale No. 4 - Relief (55x5x125cm-22x2x49in) Versailles 94 .... FF90 000 - £10 660 - **$16,630**
Aménagement d'une salle de séjour - Encre Chine (25x44cm-10x17in) Paris 96 .... FF3 500 - £454 - **$695**
Composition spatio-temporelle - Collage (49x64cm-19x25in) Paris 96 .... FF8 000 - £1 037 - **$1,590**
GORIN Stanislas 1820-c.1865 [1]
La rade d'un port - Aquarelle (62x97cm-24x38in) Paris 96 .... FF71 000 - £8 900 - **$13,720**
GORIUSHKIN-SOROKOPUDOV Ivan Silych 1873-1954 [5]
Spring in the Old Town - Oil/canvas (103x121cm-41x48in) Moscow 94 .... FF68 000 - £8 150 - **$13,200**
Young girl with headscarf - Gouache (54x46cm-21x18in) London 96 .... FF77 000 - £8 800 - **$14,670**
GORKUM van Jacobus 1827-1880 [2]
House on the Waterfront - Oil/canvas (74x78cm-29x31in) Amsterdam 97 .... FF9 004 - £958 - **$1,567**
GORKY Arshile 1904-1948 [48]
Apricots on the Fields - Oil/canvas (78x112cm-31x44in) New-York 95 .... FF1 - £2 - **$3**
Landscape, Gaylordsville - Oil/canvas (56x46cm-22x18in) New-York 89 .... FF143 000 - £14 229 - **$22,591**
Virginia Pastel - Pastel (51x70cm-20x28in) New-York 95...................... FF1 - £250 300 - **$390,000**
Still Life - Pencil/paper (27x19cm-11x7in) San Francisco-Los Angeles 96 .... FF25 700 - £3 120 - **$5,000**
Untitled - Ink (77x57cm-30x22in) New-York 94 .... FF236 500 - £28 140 - **$45,000**
GÖRLICH Marie 1851-1896 [1]
Horse rider - Oil/canvas (50x40cm-20x16in) Malmö 95 .... FF6 540 - £817 - **$1,320**
GORLICH Sofie 1855-1893 [1]
Feeding the birds - Oil/canvas (71x95cm-28x37in) London 90 .... FF10 700 - £1 078 - **$1,945**
GÖRLING Felix 1860-? [1]
Actress in Spanish costume - Bronze (58cm-23in) London 90 .... FF19 400 - £2 064 - **$3,470**
GORMAN R.C. 1933 [2]
Indian woman with jar - Serigraph (68x91cm-27x36in) Boston, Mass. 91 .... FF8 390 - £841 - **$1,415**
Tasha - Bronze (62cm-24in) San Francisco-Los Angeles 95 .... FF25 100 - £2 850 - **$4,250**
GORMLEY Antony 1950 [5]
Proof - Plaster (77x56x86cm-30x22x34in) New-York 94 .... FF125 600 - £14 750 - **$22,000**
GORNIK April 1953 [12]
Charente - Woodcut in colors (57x70cm-22x28in) New-York 96 .... FF9 840 - £1 270 - **$1,900**
Waterspout - Pastel/paper (96x127cm-38x50in) New-York 94 .... FF15 840 - £1 900 - **$3,000**
GORNIK Friedrich 1877-1943 [5]
Horse and plow - Bronze (19cm-7in) New-York 94 .... FF11 230 - £1 320 - **$2,000**
GORP van Henri Nicolas 1756-1819 [10]
Jeune garçon avec son chien - Huile/toile (22x16cm-9x6in) Paris 92 .... FF11 500 - £1 177 - **$2,025**
Officier assis - Huile/panneau (33x26cm-13x10in) Paris 96 .... FF30 000 - £3 890 - **$5,930**
L'exemple des Amours - Aquarelle, gouache (38x30cm-15x12in) Paris 95 .... FF42 000 - £5 150 - **$8,180**
GORRIN Ulysse 1884-1965 [2]
Douarnenez, Le Port Rhu - Huile/toile (50x60cm-20x24in) Brest 93 .... FF4 400 - £507 - **$756**
GORSE France 1897 [1]
Thanksgiving - Sculpture (50cm-20in) North Bethesda, MD. 91 .... FF4 345 - £434 - **$716**
GORSKI Konstanty 1868-1934 [1]
Resting between shows - Bronze (23x38cm-9x15in) London 90 .... FF17 600 - £1 817 - **$3,107**
GORSLINE Douglas Warner 1913 [4]
Express Stop - Etching (16x15cm-6x6in) New-York 96 .... FF2 077 - £265 - **$400**
GORSON Aaron Henry 1872-1933 [8]
Industrial Landscape - Oil/canvas (63x76cm-25x30in) New-York 94 .... FF30 200 - £3 630 - **$5,750**
Pittsburgh mills at night - Oil/canvas (91x121cm-36x48in) New-York 91 .... FF137 800 - £13 834 - **$23,841**
Pittsburgh Steel Mill - Pencil (20x30cm-8x12in) Delray Beach, Florida 95 .... FF2 630 - £315 - **$500**

GORSTKIN-WYWIORSKI Michael 1861-1926 [11]
- Landscape with ducks by stream - Oil/canvas (79x119cm-31x47in) Castlecomer 92........... FF26 670 - £3 100 - $5,440

GORTER Arnold Marc 1866-1933 [58]
- Herfstgoud - Oil/canvas (76x101cm-30x40in) Amsterdam 93 .... FF6 610 - £792 - $1,208
- Trees reflecting in a stream - Oil/canvas (62x79cm-24x31in) New-York 94 .... FF16 260 - £1 967 - $3,000
- Vaches au bord d'un canal - Huile/toile (100x75cm-39x30in) Paris 97 .... FF32 000 - £3 450 - $5,690
- Spring, cows under pollard-willows
  Oil/canvas (130x161cm-51x63in) Amsterdam 90.............................. FF149 800 - £15 936 - $26,798
- An orchard near Laren - Watercolour (45x61cm-18x24in) Amsterdam 95 .... FF17 100 - £2 217 - $3,560

GORUS Jaak 1901-1981 [15]
- Lutte gréco-romaine - Huile/toile (52x55cm-20x26in) Bruxelles 92 .... FF5 310 - £544 - $1,021

GORUS Pieter 1881-1941 [21]
- De Schelde te Buggenhout - Huile/toile (50x70cm-20x28in) Lokeren 96 .... FF6 580 - £839 - $1,268
- Dreef in het bos - Huile/toile (55x65cm-22x26in) Lokeren 96 .... FF18 330 - £2 370 - $3,620
- Moulin au crépuscule - Huile/toile (100x119cm-39x47in) Lokeren 94 .... FF60 100 - £7 120 - $11,100

GORUS Stephan 1913 [6]
- Lente - Huile/toile (166x121cm-65x48in) Lokeren 94...................................... FF14 940 - £1 762 - $2,660

GORY Affortunato 1895-1925 [21]
- La Curieuse - Ivory, bronze (19cm-7in) Paris 96... FF9 200 - £1 190 - $1,823
- Garçonne en pyjama - Ivory, bronze (35cm-14in) Lyon 96 .... FF15 000 - £1 940 - $2,970
- Young woman - Marble (63cm-25in) London 97 .... FF35 316 - £3 800 - $6,208

GORYSHKIN-SOROKOPUDOV Ivan 1873-1954 [1]
- Påskmorgon - Oil/canvas (27x38cm-11x15in) Helsinki 95 .... FF12 730 - £1 592 - $2,570

GOS Albert H. 1852-1942 [21]
- Torrentalp - Öl/Leinwand (24x35cm-9x14in) Bern 96 .... FF4 890 - £593 - $950
- Bergsee mit umgebenden Felsgruppen - Öl/Karton (44x54cm-17x21in) Bern 96 .... FF11 980 - £1 523 - $2,306
- Rifflesee mit Blick auf den Monte Rosa - Oil/canvas (107x150cm-42x59in) Bern 92 .... FF36 160 - £4 320 - $6,950

GOS François Marc Eug. 1880-1975 [23]
- Plage de Camaret - Huile/panneau (20x28cm-8x11in) Bern 95 .... FF2 150 - £280 - $442
- Les Dents du Midi - Öl/Leinwand (33x41cm-13x16in) Bern 94 .... FF7 430 - £891 - $1,444

GÖSCHL Roland 1932 [7]
- Ohne Titel - Oil/panel (140x130cm-55x51in) Wien 94...................................... FF36 600 - £4 360 - $6,900
- Plastik - Wood (35cm-14in) Wien 95 .... FF29 400 - £3 870 - $5,960
- Skizze für Redner - Pencil/paper (51x38cm-20x15in) Wien 95 .... FF7 340 - £968 - $1,490

GOSCIMSKI Wladyslav 1836-1894 [1]
- Sta. Maria della Salute, Venezia - Oil/panel (21x27cm-8x11in) Warszawa 96................ FF12 130 - £1 533 - $2,335

GOSE Francisco Javier 1876-1915 [9]
- Bord de Seine animé - Huile/toile (50x55cm-20x26in) Calais 90 .... FF40 000 - £4 028 - $7,273
- Le Frou-Frou - Fusain (46x28cm-18x11in) Angers 97 .... FF2 800 - £302 - $498
- Retrato de nina con sombrero - Pastel (49x42cm-19x17in) Madrid 90 .... FF24 800 - £2 638 - $4,436

GOSE Jean-François 1827-? [1]
- Place de la Concorde - Huile/toile (54x65cm-21x26in) Argentan 95 .... FF32 500 - £3 890 - $6,180

GOSEDA Horyu I 1827-1892 [1]
- Woman washing clothes - Watercolour/board (31x65cm-12x26in) New-York 91 .... FF67 800 - £6 733 - $11,772

GÖSER Carl F. 1803-1858 [4]
- Grablegung Christi mit Johannes und den beiden Marien
  Oil/copper (44x35cm-17x14in) Stuttgart 91.................................. FF16 900 - £1 697 - $2,924

GOSLING William 1824-1883 [14]
- Changing Pastures - Oil/canvas (66x152cm-26x60in) London 96............................ FF28 900 - £3 600 - $5,580
- Hot day in the harvest field - Oil/canvas (83x160cm-33x63in) London 92.................... FF175 300 - £18 000 - $33,660
- On the Thames - Watercolour (24x47cm-9x19in) London 92 .... FF7 800 - £800 - $1,496

GOSS John 1886-1964 [1]
- Women out for a stroll - Oil/canvas (66x55cm-26x22in) Mystic, Connecticut 91 .... FF6 590 - £656 - $1,133

GOSSE Laura Sylvia 1881-1968 [9]
- Mountains by a River - Oil/board (51x39cm-20x15in) London 97............................ FF2 801 - £300 - $48,4 2
- Girl with a pram, Dieppe - Oil/canvas (51x41cm-20x16in) London 94....................... FF18 740 - £2 200 - $3,280
- Woman reading newspaper - Coloured chalks (43x30cm-17x12in) London 96 .... FF2 753 - £350 - $530
- Seated woman reading - Pastel (42x20cm-17x8in) London 91 .... FF3 175 - £319 - $549

GOSSE Nicolas Louis 1787-1878 [12]
- Reine Marie-Amélie - Huile/toile (62x44cm-24x17in) Monaco 96 .... FF55 000 - £6 310 - $10,500
- Passage on the River Styx - Oil/canvas (145x117cm-57x46in) New-York 95 .... FF102 200 - £12 730 - $20,000

GOSSELIN Albert 1862-1931 [3]
- Cottages by a stream - Oil/canvas (60x81cm-24x32in) New-York 92 .... FF34 100 - £3 486 - $6,000

GOSSELIN Charles 1834-1892 [1]
- Carico del barcone - Olio/tela (82x66cm-32x26in) Roma 90................................ FF5 320 - £536 - $1,042

GOSSELIN Ferdinand J. 1862-? [2]
- Cottages by a wooded stream - Oil/canvas (60x81cm-24x32in) New-York 94 .... FF17 000 - £2 030 - $3,200

GOSSELIN Gérard 1933 [3]
- Hommage à Cézanne - Acrylique/toile (81x100cm-32x39in) Paris 92 .... FF2 300 - £275 - $443

GOSSELIN Marie Josèphe 1898-? [1]
- Nu de dos allongé - Huile/toile (81x100cm-32x39in) Paris 96............................. FF3 500 - £451 - $694

G

GOSSELIN-PARELLE Maurice 1876-1931 [1]
- *Cathédrale de Rouen* - Huile/carton (22x16cm-9x6in) Rouen 90 .... FF4 000 - £431 - $705

GOSSENS Josse 1876-1929 [1]
- *Woman in an interior* - Oil/canvas (88x79cm-35x31in) London 93 .... FF29 050 - £3 500 - $5,080

GÖSSER Wilhelm 1881-1966 [1]
- *Mutter Erde* - Bronze (48cm-19in) London 92 .... FF15 600 - £1 600 - $2,896

GOSSETT John Noah c.1790-1870 [3]
- *Paris from Montmartre* - Watercolour (24x68cm-9x27in) London 93 .... FF2 634 - £300 - $447

GOSSIN Louis XIX-XX [3]
- *Diana bathing* - Marble (58cm-23in) Singapore 95 .... FF62 300 - £7 940 - $12,560

GOSTI Jean-Yves 1960 [5]
- *Brut de trogne III* - Technique mixte/carton (130x97cm-51x38in) Paris 91 .... FF7 800 - £792 - $1,409
- *Sans titre* - Marbre (35x9x58cm-14x4x23in) Versailles 96 .... FF7 500 - £961 - $1,488

GÖSTL Johann Baptist 1813-1895 [1]
- *Selbstporträt des Künstlers* - Aquarell/Papier (21x17cm-8x7in) Wien 94 .... FF2 440 - £292 - $474

GOTCH Bernard Cecil 1876-? [5]
- *Stokesay castle, Shropshire* - Watercolour (24x36cm-9x14in) London 92 .... FF2 920 - £300 - $561

GOTCH Thomas Cooper 1854-1931 [40]
- *The Message* - Oil/canvas (84cm-33in) London 90 .... FF1 - £150 083 - $256,678
- *Watering the holly hocks* - Oil/canvas (41x30cm-16x12in) Penzance, Cornwall 95 .... FF8 270 - £1 000 - $1,557
- *Mrs. John Crooke* - Oil/canvas (193x99cm-76x39in) London 94 .... FF143 000 - £17 000 - $27,200
- *Angel and Attendants* - Watercolour (122x91cm-48x36in) London 97 .... FF26 144 - £2 800 - $4,517

GOTH Imre 1893-1982 [26]
- *Young woman* - Oil/panel (35x27cm-14x11in) London 94 .... FF6 350 - £750 - $1,140
- *In der Untergrundbahn* - Oil/canvas (91x147cm-36x58in) London 93 .... FF96 000 - £12 000 - $17,400
- *A Film set* - Charcoal (34x43cm-13x17in) London 93 .... FF6 240 - £780 - $1,131

GÖTH Moricz 1873-1939 [19]
- *Farmers market in Hungary* - Oil/canvas (100x75cm-39x30in) Amsterdam 93 .... FF4 900 - £563 - $842

GOTH Sárika 1900-1991 [8]
- *Still life with fish* - Oil/canvas (50x63cm-20x25in) Amsterdam 91 .... FF9 620 - £963 - $1,604

GÖTHE Erik Gustav 1779-1838 [1]
- *Seated Bacchus, holding a cup* - Bronze (122cm-48in) London 93 .... FF608 000 - £70 000 - $105,000

GOTHEIN Werner 1890-1968 [26]
- *Lausbuben* - Woodcut (29x23cm-11x9in) Köln 95 .... FF2 800 - £360 - $578
- *Südlicher Hafen* - Coloured chalks (13x9cm-5x4in) Heidelberg 96 .... FF3 120 - £403 - $611

GOTKO Jacques XIX-XX [2]
- *Paysage à Zitaÿna* - Aquarelle (28x34cm-11x13in) Paris 93 .... FF2 200 - £265 - $400

GOTLIEB Jules 1897-? [2]
- *Woman on burro* - Oil/canvas (81x71cm-32x28in) New-York 94 .... FF12 000 - £1 408 - $2,100

GOTSCH Friedrich Karl 1900-1984 [89]
- *Bouquet de fleurs dans un vase jaune* - Huile/toile (58x45cm-23x18in) Paris 93 .... FF50 000 - £6 020 - $9,100
- *Unser Westermarkenhaus* - Öl/Leinwand (49x66cm-19x26in) Hamburg 97 .... FF84 260 - £9 015 - $14,687
- *Mann und Frau vor den Wellen* - Öl/Leinwand (95x150cm-37x59in) Berlin 97 .... FF174 832 - £18 567 - $30,454
- *Sonne über dem Meer II* - Oil/canvas (60x75cm-24x30in) London 89 .... FF368 000 - £36 617 - $58,136
- *Porträt Kokoschka* - Woodcut (50x35cm-20x14in) Heidelberg 96 .... FF1 646 - £197 - $320
- *Der Franzose in Amsterdam* - Woodcut (40x57cm-16x22in) Hamburg 97 .... FF1 696 - £203 - $326
- *Jimmy* - Woodcut (32x33cm-13x13in) Hamburg 96 .... FF2 543 - £318 - $492
- *Faust und Mephisto* - Woodcut (72x51cm-28x20in) Hamburg 95 .... FF17 522 - £2 316 - $3,550
- *Landschaft* - Aquarell/Papier (45x61cm-18x24in) Berlin 96 .... FF9 510 - £1 084 - $1,820
- *Mädchen an der Treppe* - Aquarell (62x43cm-24x17in) Hamburg 96 .... FF20 000 - £2 280 - $3,830
- *Bauernhof in Eiderstedt* - Aquarell (46x64cm-18x25in) Hamburg 96 .... FF26 330 - £3 190 - $5,120

GOTSCHKE Walter XX [3]
- *Rudy Caracciola driving*
  Mixed media/paper (53x99cm-21x39in) Bloomfield Hills, Michigan 92 .... FF22 050 - £2 560 - $4,500

GOTT Joseph 1785-1860 [5]
- *A young girl carrying a basket* - Marble (122cm-48in) Clifton Little Venice 94 .... FF34 200 - £4 000 - $6,030

GOTTFRIED Steffan Johann 1815-1905 [1]
- *Tempête au bord d'une rivière* - Huile/toile (39x54cm-15x21in) Zürich 96 .... FF7 810 - £979 - $1,507

GÖTTING Jean-Claude 1963 [10]
- *Femme à la terrasse* - Pastel gras/papier (28x22cm-11x9in) Paris 91 .... FF2 800 - £278 - $486

GOTTLIEB Adolph 1903-1974 [86]
- *Coalescence* - Oil/canvas (228x183cm-90x72in) New-York 96 .... FF1 - £210 000 - $350,000
- *J.M.W. Turner, Grand Canal, Venice* - Oil/paper (8x13cm-3x5in) New-York 96 .... FF21 750 - £2 810 - $4,200
- *Movement East to West* - Oil/masonite (28x34cm-11x13in) New-York 94 .... FF186 000 - £21 550 - $32,000
- *Solstice* - Oil/canvas (76x61cm-30x24in) New-York 97 .... FF638 792 - £67 199 - $110,000
- *Splatter* - Enamel (182x213cm-72x84in) New-York 95 .... FF1 4e +06 - £130 000 - $210,000
- *Untitled* - Aquatint in colors (81x61cm-32x24in) New-York 96 .... FF20 700 - £2 674 - $4,000
- *Untitled* - Watercolour (30x25cm-12x10in) Delray Beach, Florida 96 .... FF31 150 - £3 970 - $6,000
- *Cryptic Tablets* - Gouache/paper (35x26cm-14x10in) New-York 94 .... FF57 800 - £6 880 - $11,000
- *Mood indigo, 1946* - Watercolour, gouache/paper (62x47cm-24x19in) New-York 89 .... FF457 600 - £46 789 - $73,569

GOTTLIEB Harry 1895-1992 [6]
- *Boat in drydock* - Oil/board (50x61cm-20x24in) New-York 95 .... FF10 830 - £1 418 - $2,200
- *Working people* - Watercolour New-York 94 .... FF3 425 - £400 - $600

GOTTLIEB Henry 1892-1966 [22]
- Paradise - Oil/canvas (107x196cm-42x77in) London 91 .... FF**14 880** - £1 499 - **$2,582**

GOTTLIEB Leopold 1883-1933 [16]
- Nudes - Oil/panel (48x63cm-19x25in) Tel Aviv 95 .... FF**21 460** - £2 574 - **$4,000**
- Kobieta za Stolem - Gouache/paper (41x30cm-16x12in) Warszawa 94 .... FF**11 050** - £1 267 - **$1,874**

GOTTLIEB Moritz, Maurycy 1856-1879 [3]
- Akt - Oil/canvas (77x58cm-30x23in) London 89 .... FF**48 400** - £4 816 - **$7,646**
- Dziewczyna z kwiatami - Oil/canvas/panel (34x25cm-13x10in) Warszawa 96 .... FF**413 000** - £51 800 - **$80,500**

GOTTLOB Ernest 1744-1889 [1]
- Vieux visage de marin - Huile/toile (81x60cm-32x24in) Douarnenez 90 .... FF**11 000** - £1 108 - **$2,000**

GOTTLOB Fernand Louis 1873-1935 [4]
- Exposition des Peintres Lithographes - Poster (118x79cm-46x31in) New-York 96 .... FF**8 280** - £1 070 - **$1,600**
- Scène de bal - Aquarelle, gouache (42x36cm-17x14in) Paris 93 .... FF**2 100** - £253 - **$382**

GOTTO Basil 1866-1954 [1]
- Sleeping woman - Bronze (35cm-14in) London 91 .... FF**3 830** - £392 - **$715**

GOTTSCHALK Albert 1866-1906 [24]
- Kokkenhaven, a barn - Oil/canvas (57x67cm-22x26in) København 96 .... FF**5 320** - £607 - **$1,020**
- Landevej, motiv fra Frederiksvaerk - Oil/canvas (42x59cm-17x23in) Vejle 94 .... FF**12 170** - £1 398 - **$2,082**

GOTTSCHICK Johann Chr. Benjamin 1776-1844 [1]
- Undine - Radierung (28x23cm-11x9in) Hamburg 97 .... FF**2 022** - £216 - **$352**

GOTTSCHO Samuel XX [9]
- Telescope at Times Square - Silver print (28x25cm-11x10in) New-York 95 .... FF**2 910** - £374 - **$600**

GOTTSCHOW Albert E. 1891-1977 [8]
- Besuch im Museum - Tecnica mista/tela (49x68cm-19x27in) Frankfurt 91 .... FF**2 724** - £273 - **$499**
- Strandzene in Holland - Gouache (47x68cm-19x27in) Frankfurt 91 .... FF**2 535** - £254 - **$418**

GOTTWALD Eduard 1896-1955 [1]
- Schwarzwälder Tal - Oil/panel (63x79cm-25x31in) Freiburg 96 .... FF**3 220** - £404 - **$622**

GOTTWALD Frederick C. 1860-1941 [1]
- Cypress trees - Oil/canvas (76x69cm-30x27in) New-York 95 .... FF**8 720** - £1 122 - **$1,800**

GOTUZZO Leopoldo 1887-1983 [1]
- Baiana - Oil/canvas (88x68cm-35x27in) New-York 92 .... FF**27 750** - £2 905 - **$5,000**

GÖTZ Ferdinand 1874-? [2]
- The Temptation of St. Anthony - Oil/canvas (150x181cm-59x71in) London 93 .... FF**14 940** - £1 800 - **$2,610**
- Portrait of young ladies - Pastel (5x29cm-2x11in) London 97 .... FF**12 600** - £1 349 - **$2,191**

GÖTZ Gottfried Bernhard 1708-1774 [4]
- Christus am Kreuz verspottet - Ink (13x8cm-5x3in) Heidelberg 92 .... FF**7 480** - £766 - **$1,317**

GöTZ Johannes 1865-1910 [4]
- Balancierender Knabe - Bronze (49cm-19in) Köln 95 .... FF**17 730** - £2 240 - **$3,555**

GÖTZ Karl Otto 1914 [78]
- Ohne Titel - Mischtechnik/Karton (64x98cm-25x39in) Köln 96 .... FF**40 800** - £4 640 - **$7,800**
- Fydor - Öl/Leinwand (100x120cm-39x47in) Köln 97 .... FF**74 199** - £7 790 - **$12,718**
- La Marychine - Mischtechnik (120x100cm-47x39in) Köln 97 .... FF**114 672** - £12 039 - **$19,655**
- Westfälische Bauernhöfe - Aquarell/Papier (26x33cm-10x13in) Köln 97 .... FF**10 814** - £1 136 - **$1,851**
- Ohne Titel - Watercolour (25x22cm-10x9in) Berlin 95 .... FF**32 000** - £3 990 - **$6,260**
- Abstrakte Komposition - Watercolour (69x99cm-27x39in) München 93 .... FF**93 300** - £11 050 - **$16,850**

GÖTZ-RÄCKNITZ Paul 1873-1952 [25]
- Die Post ist da - Oil/panel (26x38cm-10x15in) München 95 .... FF**3 550** - £448 - **$711**

GÖTZE Martin 1865-? [2]
- A child and a bloodhound - Bronze (13cm-5in) London 96 .... FF**6 960** - £900 - **$1,376**

GÖTZELMANN Eduard 1830-1903 [3]
- Heimfahrt - Oil/panel (25x47cm-10x19in) Wien 92 .... FF**18 300** - £1 834 - **$3,520**

GÖTZENBERGER Jakob 1800-1866 [1]
- Die Eltern des Künstlers - Pencil (22x17cm-9x7in) Heidelberg 96 .... FF**1 524** - £188 - **$295**

GÖTZINGER Hans 1867-1941 [22]
- Blick aus Hallstatt - Aquarell/Papier (20x26cm-8x10in) Wien 93 .... FF**2 200** - £250 - **$374**
- Blick über Wien - Watercolour/paper (45x54cm-18x21in) Wien 89 .... FF**10 600** - £1 055 - **$1,675**

GÖTZLOFF Karl Wilhelm 1799-1866 [12]
- Grotte, Amalfi - Öl/Leinwand (38x55cm-15x22in) München 93 .... FF**101 700** - £12 150 - **$19,560**

GOTZSCHE Kai G. 1886-? [1]
- Arch of Titus, Rome - Oil/canvas (80x65cm-31x26in) London 90 .... FF**7 300** - £743 - **$1,460**

GOUAST René 1897-1980 [10]
- Terrasse en Tunisie - Huile/toile (46x61cm-18x24in) Paris 92 .... FF**4 500** - £463 - **$866**

GOUAT Marie-Claire XX [3]
- Nu assis - Huile/toile (80x60cm-31x24in) Bruxelles 90 .... FF**2 300** - £238 - **$406**

GOUBAUD Innocent Louis 1780-1847 [3]
- Napoléon I seated on the Trone - Black & white chalks (58x46cm-23x18in) London 97 ..... FF**35 225** - £3 600 - **$5,995**

GOUBERT Lucien 1887-1964 [34]
- Bord de mer dans la Hague - Huile/toile (46x61cm-18x24in) Cherbourg 97 .... FF**7 000** - £748 - **$1,217**
- Maupertus - Dessin (14x23cm-6x9in) Cherbourg 97 .... FF**2 200** - £235 - **$383**

GOUBIE Jean Richard 1842-1899 [12]
- Figures and horses in a courtyard
  Oil/canvas/panel (61x91cm-24x36in) Bloomfield Hills, Michigan 92 .... FF**67 600** - £8 070 - **$13,000**

G

The Meet - Oil/canvas (56x70cm-22x28in) San Francisco-Los Angeles 93................... FF**147 000** - £16 780 - **$25,000**
GOUBINE Sergeï 1949 [2]
🖌 *Le samovar au jardin* - Huile/toile (54x70cm-21x28in) Paris 92........................ FF**4 300** - £441 - **$757**
GOUDIACHVILI Lado 1896-1980 [2]
🖌 *Les Kintos* - Huile/toile (88x129cm-35x51in) Avranches 90........................ FF**230 000** - £24 784 - **$40,564**
✎ *Les deux apaches* - Crayon (40x30cm-16x12in) Paris 94........................ FF**20 000** - £2 340 - **$3,530**
GOUETSKI Sëmen 1902-1972 [2]
🖌 *Les bergers* - Huile/toile (90x130cm-35x51in) Paris 91........................ FF**6 800** - £682 - **$1,245**
GOUGIS Jacqueline XX [13]
🖌 *Regard d'un jardin* - Huile/toile (46x38cm-18x15in) Provins 93........................ FF**5 500** - £663 - **$1,000**
Repos à l'ombre des glycines - Huile/toile (41x33cm-16x13in) Paris 90........................ FF**13 000** - £1 392 - **$2,261**
GOUILLARD-VIONNET Michèle 1940 [2]
✎ *Gestes rouges* - Technique mixte/papier (60x73cm-24x29in) Paris 97........................ FF**2 500** - £282 - **$452**
GOULD Alexander Carruthers 1870-1948 [19]
🖌 *Incoming Tides, Porlock Weir* - Oil/canvas (59x61cm-23x24in) London 96........................ FF**39 500** - £4 500 - **$7,560**
✎ *A hayfield at Porlock, Somerset* - Watercolour (28x46cm-11x18in) London 92........................ FF**2 513** - £300 - **$484**
GOULD Chester 1900-1987 [1]
✎ *Daily comic strips* - Ink (13x41cm-5x16in) New-York 96........................ FF**4 100** - £487 - **$800**
GOULD David XIX-XX [2]
✎ *A wooded glade* - Watercolour (25x33cm-10x13in) London 93........................ FF**2 283** - £260 - **$388**
GOULD Fletcher O. 1906 [3]
📷 *Boulder Dam* - Photograph (42x34cm-17x13in) New-York 95........................ FF**12 110** - £1 558 - **$2,500**
GOULD John F. 1906-? [19]
✎ *Banded Hare-Kangaroo* - Pencil (30x49cm-12x19in) London 91........................ FF**23 940** - £2 383 - **$4,117**
GOULD John J. 1804-1881 [7]
✎ *Carduelis Elegans* - Lithograph (46x33cm-18x13in) New Orleans, Louisiana 93........................ FF**1 540** - £193 - **$280**
✎ *Swinhoe's Pheasant* - Watercolour (54x37cm-21x15in) London 95........................ FF**37 960** - £5 000 - **$7,700**
GOULD Joseph J., Jr. 1880-1935 [3]
▥ *Lippincott's, October* - Poster (46x35cm-18x14in) New-York 96........................ FF**6 110** - £720 - **$1,200**
GOULDEN Jean 1878-1947 [1]
🖌 *Résurrection* - Email (53x39cm-21x15in) Paris 93........................ FF**49 000** - £5 900 - **$8,910**
GOULDEN Richard Reginald 1877-1932 [1]
🗿 *Nude Boy* - Bronze (235cm-93in) London 94........................ FF**63 000** - £7 500 - **$12,000**
GOULDSMITH Edmond, Edward 1852-1934 [2]
✎ *Coast, Isle of Man* - Watercolour (108x68cm-43x27in) London 95........................ FF**10 050** - £1 300 - **$2,054**
GOULET Claude 1925 [17]
🖌 *Affrontement* - Technique mixte/toile (100x100cm-39x39in) Montréal 93........................ FF**3 010** - £329 - **$553**
GOULET Michel 1944 [3]
🗿 *États des directions* - Sculpture (63x31x140cm-25x12x55in) Montréal 91........................ FF**12 900** - £1 303 - **$2,561**
GOULINAT Jean Gabriel 1883-1972 [16]
🖌 *L'Ourmarin* - Huile/panneau (35x27cm-14x11in) Soissons 94........................ FF**2 500** - £284 - **$425**
Vue d'Italie - Huile/toile (34x56cm-13x22in) Calais 93........................ FF**5 000** - £576 - **$862**
GOUMOIS de William 1865-1941 [2]
🖌 *Vagues brisées* - Oil/board (30x60cm-12x24in) Bern 92........................ FF**2 976** - £304 - **$524**
GOUNAROPOULOS Giorgios 1889-1977 [18]
🖌 *Jeune femme à son ouvrage* - Huile/toile (73x54cm-29x21in) Le Touquet 93........................ FF**16 500** - £1 854 - **$2,797**
Couple - Huile/toile (70x120cm-28x47in) Athens 96........................ FF**59 400** - £7 660 - **$11,470**
A House in the Forest - Oil/canvas (96x130cm-38x51in) Athens 93........................ FF**132 000** - £15 160 - **$22,670**
GOUNOD François Louis 1758-1823 [3]
🖌 *Gentleman in a brown jacket* - Oil/canvas (24x18cm-9x7in) London 97........................ FF**13 245** - £1 400 - **$2,283**
Comte d'Artois, futur Charles X - Huile/toile (65x54cm-26x21in) Paris 96........................ FF**31 000** - £3 884 - **$5,980**
GOUPIL Frédéric ?-1878 [2]
🖌 *Young lady holding a Chihuahua...* - Oil/canvas (40x30cm-16x12in) London 97........................ FF**7 640** - £849 - **$1,434**
✎ *Wounded in battle* - Watercolour/paper (37x27cm-15x11in) New-York 93........................ FF**9 440** - £1 074 - **$1,600**
GOUPIL Jules Adolphe 1839-1883 [11]
🖌 *Jeune femme en gris* - Huile/panneau (92x57cm-36x22in) Sceaux 95........................ FF**60 000** - £7 770 - **$12,480**
La leçon de musique - Oil/canvas (119x83cm-47x33in) New-York 97........................ FF**102 330** - £11 021 - **$18,000**
GOUPIL Léon Lucien 1834-1890 [2]
🖌 *Portrait de fillette* - Huile/panneau (36x27cm-14x11in) Paris 96........................ FF**6 000** - £695 - **$1,150**
GOURCEROL Jean-Marie 1931 [2]
🗿 *Chouette sur une branche* - Bronze (14cm-6in) Paris 91........................ FF**2 300** - £233 - **$415**
GOURCUFF de Élisabeth XX [5]
🗿 *Le coq* - Bronze (40cm-16in) Paris 95........................ FF**5 000** - £648 - **$1,041**
GOURDAULT Pierre 1880-1915 [8]
🖌 *Cours d'eau en Bretagne* - Huile/toile (46x55cm-18x22in) Neuilly 91........................ FF**14 500** - £1 440 - **$2,518**
GOURDET Pierre Eugène ?-1889 [2]
🖌 *Vases, livres et pichet d'étain* - Huile/toile (65x81cm-26x32in) Wien 94........................ FF**28 940** - £3 730 - **$5,670**
GOURDON Michel XX [3]
✎ *Le Centurion* - Gouache (32x21cm-13x8in) Soissons 90........................ FF**1 500** - £160 - **$268**
GOURDON Nicole 1947 [3]
🖌 *Les couleurs de l'étang* - Huile/toile (50x61cm-20x24in) Montauban 94........................ FF**3 500** - £402 - **$599**
GOURGUE Jacques Enguerrand 1930 [24]
🖌 *Village scene* - Oil/canvas (101x45cm-40x18in) New-York 92........................ FF**10 800** - £1 104 - **$1,900**

G

La Tentation d'Adam - Oil/canvas (116x101cm-46x40in) New-York 94 .... FF31 850 - £3 790 - **$6,000**

GOURLIER Paul Dominique 1813-1869 [1]
- *Badende Nymphe am Waldbach* - Öl/Leinwand (22x30cm-9x12in) München 93 .... FF4 240 - £507 - **$816**

GOURMELIN Gaston 1920 [2]
- *Personnages et mur* - Encre Chine (62x48cm-24x19in) Paris 87 .... FF2 500 - £255 - **$406**

GOUTIERE-VERNOLLE Jean XX [6]
- *Le vieux port d'Auray* - Huile/carton (60x45cm-24x18in) Brest 97 .... FF4 000 - £433 - **$702**
- *Place de l'église* - Aquarelle (55x42cm-22x17in) Concarneau 92 .... FF2 800 - £287 - **$493**

GOUVION SAINT-CYR de Henri 1888-? [1]
- *Ophelia* - Oil/canvas (2144x141cm-844x56in) New-York 92 .... FF83 200 - £8 830 - **$16,000**

GOUVRANT Gérard 1946 [83]
- *Les joyeux drilles* - Huile/toile (55x46cm-22x18in) Arcachon 93 .... FF6 000 - £723 - **$1,091**
- *Clown au bandéon* - Huile/toile (60x73cm-24x29in) Bordeaux 95 .... FF12 000 - £1 518 - **$2,430**
- *Les clowns* - Huile/toile (60x73cm-24x29in) Allaman 94 .... FF41 300 - £4 950 - **$8,020**

GOUWE Adriaan Herman 1875-1965 [28]
- *Landscape* - Oil/canvas (50x70cm-20x28in) Amsterdam 97 .... FF5 993 - £630 - **$1,029**
- *Farmer and horses ploughing a field* - Oil/canvas (47x73cm-19x29in) Amsterdam 97 .... FF9 016 - £975 - **$1,573**
- *Baigneuses à Tahiti* - Oil/canvas (98x81cm-39x32in) Amsterdam 97 .... FF37 459 - £3 937 - **$6,435**

GOUWELOOS Charles 1867-1946 [38]
- *Vue de Bruxelles* - Huile/toile (32x40cm-13x16in) Bruxelles 92 .... FF2 990 - £306 - **$526**
- *Pensive* - Huile/toile (90x107cm-35x42in) Bruxelles 92 .... FF29 900 - £3 060 - **$5,260**

GOUWELOOS Jean 1868-1943 [52]
- *Repos du modèle* - Huile/toile (64x53cm-25x21in) Bruxelles 95 .... FF6 700 - £883 - **$1,360**
- *Elégante à la rose* - Huile/toile (84x66cm-33x26in) Bruxelles 97 .... FF30 285 - £3 312 - **$5,291**
- *On the beach* - Oil/canvas (59x80cm-23x31in) London 90 .... FF155 000 - £16 012 - **$27,385**

GOVAERTS Jean 1898-1985 [11]
- *Nuages en Mer du Nord* - Huile/toile (51x60cm-20x24in) Bruxelles 94 .... FF2 500 - £290 - **$430**

GOW Andrew Carrick 1848-1920 [13]
- *News from the front* - Oil/canvas (76x63cm-30x25in) New-York 92 .... FF41 600 - £4 970 - **$8,000**
- *Farewell to Nelson, Portsmouth* - Oil/canvas (152x99cm-60x39in) New Delhi 92 .... FF221 000 - £25 600 - **$43,300**
- *A loyal bird* - Watercolour (29x34cm-11x13in) London 89 .... FF12 600 - £1 288 - **$2,026**

GOW Marie Louise 1851-1929 [4]
- *Young girl* - Oil/canvas (75x53cm-30x21in) London 91 .... FF15 380 - £1 544 - **$2,661**
- *All spick and span* - Wash (23x14cm-9x6in) London 90 .... FF33 900 - £3 653 - **$5,979**

GOWANS George Russell 1843-1924 [1]
- *Early Days, Aberdeen Fish Market* - Watercolour (6x9cm-2x4in) London 94 .... FF3 000 - £350 - **$522**

GOWER Ronald Sutherland 1845-1915 [1]
- *Marie-Antoinette leaving the Conciergerie* - Bronze (29cm-11in) London 94 .... FF22 040 - £2 600 - **$3,920**

GOWIN Emmet 1941 [24]
- *Edith, Danville, Virginia* - Albumen print (16x16cm-6x6in) San Francisco-Los Angeles 95 ..... FF8 470 - £1 105 - **$1,700**

GOWING Lawrence 1918 [2]
- *Valley bellow the Wyche, Malvern* - Oil/board (22x30cm-9x12in) London 95 .... FF12 550 - £1 600 - **$2,530**

GOY Auguste 1812-1875 [5]
- *Bretonnes en conversation* - Huile/panneau (33x43cm-13x17in) Brest 92 .... FF12 000 - £1 432 - **$2,310**
- *Lavoir à Quimperlé* - Crayon (34x25cm-13x10in) Concarneau 92 .... FF1 600 - £164 - **$282**

GOYA Y LUCIENTES Francisco 1746-1828 [171]
- *Bullfight, Suerte de Varas* - Oil/canvas (50x60cm-20x24in) London 92 .... FF3 - £4 - **$7**
- *Rita Luna* - Oil/canvas (42x34cm-17x13in) New-York 95 .... FF4 - £595 000 - **$925,000**
- *Por que fue sensible* - Aquatint (21x15cm-8x6in) London 97 .... FF9 166 - £949 - **$1,570**
- *Dibersion de España* - Lithograph (30x41cm-12x16in) London 97 .... FF59 846 - £6 200 - **$10,251**
- *Judith and Holofernes* - Watercolour (9x8cm-4x3in) New-York 97 .... FF4 - £530 400 - **$850,000**

GOYDER Alice Lirkby 1875-? [2]
- *Suffolk Punch mare* - Wood (35cm-14in) London 92 .... FF2 443 - £250 - **$430**

GOYEN van Jan Jozefsz. 1596-1665 [140]
- *River Estuary* - Oil/panel (27x42cm-11x17in) New-York 97 .... FF1 - £187 200 - **$300,000**
- *Estuary with fishermen* - Oil/panel (25x40cm-10x16in) London 96 .... FF2 - £310 000 - **$483,000**
- *Marine aux navires Hollandais* - Huile/panneau (37x50cm-15x20in) Paris 97 .... FF400 000 - £41 960 - **$68,680**
- *Town in Holland on the banks of a Canal*
  Black chalk (16x27cm-6x11in) London 97 .... FF205 479 - £21 000 - **$34,973**

GOYERS Antoine 1829-1869 [1]
- *Portrait de famille* - Huile/toile (155x124cm-61x49in) Bruxelles 90 .... FF27 500 - £2 926 - **$4,920**

GOYET Eugène 1798-1857 [1]
- *Portrait de chasseur* - Huile/toile (147x114cm-58x45in) Lyon 89 .... FF3 500 - £358 - **$563**

GOYO Hachiguchi 1880?-1921 [7]
- *Young woman looking in a mirror* - Print (55x39cm-22x15in) New-York 92 .... FF104 000 - £12 410 - **$20,000**
- *Woman standing in kimono* - Pencil/paper (42x29cm-17x11in) New-York 92 .... FF26 000 - £3 104 - **$5,000**

GOYON de Marie ?-1889 [1]
- *Jeune femme assise sur une chaise* - Aquarelle (34x26cm-13x10in) Paris 90 .... FF2 200 - £236 - **$383**

GÖZ Gottfried Bernhard 1708-1774 [1]
- *Adoration of the Shepherd* - Ink (14x26cm-6x10in) London 97 .... FF20 850 - £2 400 - **$3,600**

GOZLAN Claude 1930 [10]
- *Nocturne ma Vie* - Huile/toile (92x73cm-36x29in) Paris 95 .... FF5 000 - £654 - **$1,001**

G

Personnage caravagesque - Huile/toile (114x148cm-45x58in) Paris 95 .... *FF10 000* - *£1 308* - **$2,002**
Hommage à la Révolution - Huile/toile (114x146cm-45x57in) L'Isle-Adam 93 .... *FF55 000* - *£6 630* - **$10,000**

GOZZARD James Walter 1888-1950 [6]
🖝 *The road to the farm* - Oil/canvas (40x60cm-16x24in) London 92 .... *FF6 350* - *£650* - **$1,323**
🖌 *A Misty Morning* - Watercolour (51x41cm-20x16in) Doncaster, South Yorkshire 92 .... *FF2 930* - *£300* - **$518**

GOZZI Marco 1759-1839 [1]
🖝 *Forêt avec bergers* - Huile/panneau (99x57cm-39x22in) Paris 91 .... *FF78 000* - *£7 821* - **$12,876**

GRAADT VAN ROGGEN Johannes 1867-1959 [1]
🖝 *Mediterranean Coast* - Oil/canvas (80x68cm-31x27in) Amsterdam 93 .... *FF3 980* - *£458* - **$684**

GRAAF Paul 1866-1903 [1]
🖝 *Hästdroskan* - Oil/canvas (94x78cm-37x31in) Stockholm 96 .... *FF12 840* - *£1 464* - **$2,457**

GRAAF van der Barend Willem 1798-1886 [1]
🖝 *Haybarge & shipping on a river* - Oil/panel (31x46cm-12x18in) Amsterdam 91 .... *FF4 530* - *£454* - **$830**

GRAAFF de Jacoba 1857-1940 [1]
🖝 *By the fire place* - Oil/canvas (29x39cm-11x15in) Amsterdam 92 .... *FF3 014* - *£360* - **$580**

GRAB von Bertha 1846-c.1921 [3]
🖌 *Blick auf Hallstatt* - Öl/Leinwand (45x56cm-18x22in) Wien 96 .... *FF12 070* - *£1 376* - **$2,310**

GRAB Walter 1927-1989 [3]
🖌 *Denkmal für einen Einsamen* - Huile/panneau (59x72cm-23x28in) Luzern 94 .... *FF6 900* - *£823* - **$1,287**

GRABACH John R. 1886-1981 [21]
🖝 *Portrait of an artist* - Oil/canvas (40x30cm-16x12in) New-York 93 .... *FF8 520* - *£872* - **$1,500**
Connecticut River in winter, Deerfield
Oil/canvas (107x122cm-42x48in) New-York 93 .... *FF88 000* - *£11 030* - **$16,000**
🖌 *Jersey City from New York Dock* - Watercolour (15x20cm-6x8in) North Bethesda, MD. 92 ... *FF4 440* - *£465* - **$800**

GRABAR Igor Emanuilovich 1871-1960 [4]
🖌 *Landschaft mit Bauern* - Öl/Leinwand (96x148cm-38x58in) Hamburg 93 .... *FF67 100* - *£7 600* - **$11,330**

GRÄBHEIN Wilhelm 1859-? [7]
🖝 *Gute Freunde* - Oil/canvas (55x76cm-22x30in) Ahlden 92 .... *FF20 400* - *£2 090* - **$3,590**
🖝 *Hirschbrunft* - Oil/canvas (89x71cm-35x28in) Köln 91 .... *FF74 900* - *£7 509* - **$13,718**

GRABMAYER Franz 1927 [8]
🖝 *Rote Landschaft* - Öl/Leinwand (100x100cm-39x39in) Wien 97 .... *FF16 772* - *£1 764* - **$2,880**
🖌 *Tänzerin* - Mischtechnik/Papier (107x75cm-42x30in) Wien 96 .... *FF4 810* - *£603* - **$940**

GRABOWSKI Stanislas 1901-1957 [2]
🖝 *Guitare* - Huile/panneau (53x40cm-21x16in) Paris 92 .... *FF45 000* - *£4 620* - **$8,650**
🖌 *Barques au port* - Aquarelle, gouache/papier (53x71cm-21x28in) Warszawa 93 .... *FF14 030* - *£1 510* - **$2,425**

GRABWINKLER Paul 1880-1946 [9]
🖝 *Ansicht der Dolomiten* - Oil/canvas (100x70cm-39x28in) Luzern 92 .... *FF8 370* - *£1 000* - **$1,610**
🖌 *Nude standing on crouched man*
Pencil (79x48cm-31x19in) St. Petersburg, Florida 92 .... *FF11 930* - *£1 220* - **$2,100**

GRABWINKLER Peter 1885-1943 [6]
🖌 *Blick auf das Tennengebirge* - Oil/panel (75x98cm-30x39in) Wien 97 .... *FF7 188* - *£756* - **$1,234**

GRACE Alfred Fitzwalter 1884-1903 [1]
🖌 *On the Hillside in Spring* - Watercolour (46x74cm-18x29in) London 95 .... *FF10 380* - *£1 300* - **$2,070**

GRACE James Edward 1851-1908 [9]
🖝 *An autumnal river landscape* - Oil/canvas (61x91cm-24x36in) London 95 .... *FF12 170* - *£1 600* - **$2,444**

GRACE John Gregory 1809-1889 [1]
🖌 *Sstained glass with roundets of the Royal Arms* - Watercolour (14x28cm-6x11in) London 95 ..... *FF4 610* - *£600* - **$945**

GRACH Pierre 1898-1987 [3]
▱ *Le Parisien* - Poster (158x115cm-62x45in) New-York 95 .... *FF4 040* - *£509* - **$800**

GRACHT van der Gisele Watersloot 1912-? [1]
🖝 *Harbour in the South of France* - Oil/canvas (60x80cm-24x31in) Amsterdam 93 .... *FF10 510* - *£1 260* - **$1,922**

GRADA de Raffaele 1885-1957 [30]
🖝 *Alpi Apuane* - Olio/tela (44x63cm-17x25in) Milano 94 .... *FF16 030* - *£1 920* - **$2,976**
🖝 *Paesaggio* - Olio/tela (50x60cm-20x24in) Torino 93 .... *FF49 700* - *£5 700* - **$8,460**
🖌 *Paesaggio fluviale* - Acquarello/carta (23x16cm-9x6in) Milano 94 .... *FF5 260* - *£624* - **$976**

GRADISCHNIG Ernst 1949 [2]
🖌 *Ohne Titel* - Mischtechnik/Papier (27x38cm-11x15in) Wien 96 .... *FF6 250* - *£784* - **$1,221**

GRADL Hermann 1883-1964 [9]
🖝 *Picknick an einem See* - Oil/panel (70x95cm-28x37in) Köln 94 .... *FF27 400* - *£3 290* - **$5,330**

GRADT Johan H. 1821-? [1]
🖝 *Et hus ved en flod- aften* - Oil/canvas (28x27cm-11x11in) Viby J, Århus 94 .... *FF2 604* - *£314* - **$483**

GRAEB Carl Georg Anton 1816-1884 [2]
🖝 *Figures before a Monastery* - Oil/canvas (54x64cm-21x25in) Wien 96 .... *FF33 100* - *£4 014* - **$6,440**
🖌 *Palace's entrance hall* - Watercolour/paper (30x24cm-12x9in) Moscow 93 .... *FF4 710* - *£537* - **$800**

GRAEBER Otto 1885-1952 [2]
🖌 *Schwarzwaldlandschaft mit Häusern* - Öl/Karton (38x48cm-15x19in) Pforzheim 92 .... *FF3 400* - *£348* - **$667**

GRAECEN Edmund 1877-1949 [3]
🖝 *Southport harbor* - Oil/canvas (50x40cm-20x16in) New-York 91 .... *FF44 800* - *£4 449* - **$7,779**

GRAEF de Jan 1877-1952 [10]
🖝 *Matin dans le parc* - Huile/toile (100x100cm-39x39in) Antwerpen 96 .... *FF2 965* - *£372* - **$572**

GRAEF Oscar 1861-1912 [1]
🖝 *The trysting place* - Oil/canvas (105x81cm-41x32in) London 93 .... *FF16 800* - *£2 100* - **$3,045**

GRAEF Richard 1879-1945 [1]
- Amperpartie - Öl/Leinwand (51x71cm-20x28in) München 92 .... FF20 340 - £2 430 - **$3,914**

GRAEF Robert A. c.1878-1951 [1]
- We shall take up the study of man - Watercolour (46x46cm-18x18in) New-York 95 .... FF9 300 - £1 203 - **$1,900**

GRAEFF Werner 1901-1978 [2]
- Nibor - Öl/Leinwand (33x90cm-13x35in) Köln 93 .... FF16 280 - £1 944 - **$3,130**

GRAEFLE Albert 1807-1889 [2]
- Aus der römischen Geschichte - Oil/canvas (93x61cm-37x24in) Stuttgart 91 .... FF10 140 - £1 017 - **$1,692**

GRAEME Colin 1858-1910 [53]
- At the end of the day - Oil/canvas (67x49cm-26x19in) London 96 .... FF9 120 - £1 100 - **$1,750**
- Stetters with the day's bag - Oil/canvas (61x75cm-24x30in) London 93 .... FF19 920 - £2 400 - **$3,720**

GRAESER Camille 1882-1980 [9]
- Dislokation - Sérigraphie couleurs (80x80cm-31x31in) München 95 .... FF3 250 - £425 - **$651**

GRAETZ Fritz 1875-1915 [2]
- Heimkehr von Kirchgang - Watercolour (68x75cm-27x30in) Stuttgart 89 .... FF8 100 - £854 - **$1,364**

GRAEVENITZ von Gerhard 1934 [2]
- Stehendes Reh - Bronze (19cm-7in) Stuttgart 95 .... FF13 330 - £1 710 - **$2,687**

GRAF Emil 1901-1980 [1]
- Viehschau in Appenzell - Öl/Karton (60x90cm-24x35in) Bern 96 .... FF22 400 - £2 720 - **$4,360**

GRAF Franz 1954 [4]
- Ohne Titel - Mixed media (30x22cm-12x9in) Wien 93 .... FF2 886 - £345 - **$555**

GRAF Franz 1840-? [4]
- Sommarblomster - Oil/canvas (90x60cm-35x24in) Stockholm 91 .... FF11 700 - £1 162 - **$2,031**
- Coastal landscape - Oil/canvas (54x120cm-21x47in) New-York 94 .... FF53 100 - £6 340 - **$10,000**

GRAF Gerhard 1883-1960 [7]
- Lübeck - Öl/Leinwand (88x115cm-35x45in) Hamburg 93 .... FF4 310 - £489 - **$728**
- Das Danziger Kranentor - Oil/canvas (87x115cm-34x45in) Köln 91 .... FF7 490 - £751 - **$1,372**
- Moltkeplatz zum Spreebogen - Öl/Leinwand (70x61cm-28x24in) Bremen 95 .... FF43 500 - £5 640 - **$9,050**

GRAF Gottfried 1881-1938 [5]
- Jagd - Woodcut (21x30cm-8x12in) München 93 .... FF1 567 - £179 - **$265**
- Komposition - Wash/paper (20x15cm-8x6in) Stuttgart 91 .... FF6 080 - £613 - **$1,055**

GRAF Karl 1859-1925 [1]
- Schneeberg von der Eicherthütte - Oil/canvas (43x59cm-17x23in) Wien 90 .... FF14 400 - £1 532 - **$2,576**

GRAF Karl 1902-1986 [2]
- Edelkastanie bei der Kropsburg - Öl/Karton (67x84cm-26x33in) Heidelberg 92 .... FF11 840 - £1 378 - **$2,420**
- Die Rheinbrücke bei Speyer - Chalks (29x37cm-11x15in) Heidelberg 95 .... FF1 568 - £201 - **$317**

GRAF Ludwig Ferdinand 1868-1932 [3]
- Still life - Oil/panel (40x39cm-16x15in) Wien 96 .... FF135 200 - £15 400 - **$25,900**

GRAF Oskar 1873-1957 [3]
- Landschaft mit Fluss und Brücke - Öl/Leinwand (54x70cm-21x28in) München 96 .... FF8 130 - £1 020 - **$1,570**
- Beim Stelldichein mit dem Jäger - Öl/Leinwand (106x81cm-42x32in) Wien 94 .... FF34 200 - £3 960 - **$5,880**

GRAF Paul Emanuel 1856-1903 [11]
- Jägare på pass - Oil/panel (50x35cm-20x14in) Stockholm 96 .... FF5 230 - £652 - **$1,010**
- På väg till skolan - Oil/canvas (120x50cm-47x20in) Stockholm 97 .... FF21 724 - £2 325 - **$3,787**
- The boating pond - Oil/canvas (60x73cm-24x29in) New-York 93 .... FF310 000 - £35 240 - **$52,500**

GRAF Philip 1874-? [5]
- Fraueninsel im Chiemsee - Öl/Leinwand (70x100cm-28x39in) Frankfurt 93 .... FF15 600 - £1 863 - **$3,000**

GRAF Urs 1942 [4]
- Juralandschaft - Mischtechnik (70x100cm-28x39in) Bern 95 .... FF5 180 - £648 - **$1,046**

GRAFF Anton 1736-1813 [25]
- Männerportrait - Öl/Leinwand (71x58cm-28x23in) Zürich 97 .... FF43 427 - £4 617 - **$7,491**
- Johan Georg Chevalier de Saxe - Öl/Leinwand (62x50cm-24x20in) München 93 .... FF103 200 - £11 700 - **$17,440**
- Moses Mendelssohn - Oil/canvas (61x50cm-24x20in) London 96 .... FF164 000 - £19 000 - **$31,440**
- Johann Georg Sulzer - Ink (12x9cm-5x4in) Bern 92 .... FF10 650 - £1 273 - **$2,050**

GRAFFENRIED Anton Rudo Yvon 1719-1780 [1]
- Evening landscape - Oil/canvas (47x74cm-19x29in) London 95 .... FF19 880 - £2 600 - **$3,980**

GRAFTON Robert Wadsworth 1876-1936 [1]
- St. Roch Cemetary Chapel
  Oil/canvas (51x84cm-20x33in) New Orleans, Louisiana 92 .... FF53 900 - £6 260 - **$11,000**

GRAHAM Dan 1942 [5]
- Homes for America - Offset (50x56cm-20x22in) Köln 93 .... FF9 660 - £1 154 - **$1,860**
- Ziggurat Skyscraper, New York City - Photograph (69x51cm-27x20in) New-York 94 .... FF10 110 - £1 194 - **$1,800**

GRAHAM George 1881-1949 [18]
- Bolton Castle - Oil/canvas (84x110cm-33x43in) London 94 .... FF4 610 - £550 - **$864**
- Barnard castle - Pencil (28x38cm-11x15in) London 92 .... FF1 760 - £180 - **$311**

GRAHAM James Lillie 1873-1965 [1]
- Winter landscape - Oil/canvas (39x50cm-15x20in) London 91 .... FF6 940 - £699 - **$1,204**

GRAHAM James of Fereneze 1806-1869 [5]
- Philip's Fountain - Photograph (26x20cm-10x8in) London 90 .... FF32 900 - £3 500 - **$5,886**

GRAHAM John 1920 [2]
- Repast - Oil/canvas (30x55cm-12x22in) New-York 92 .... FF16 650 - £1 743 - **$3,000**
- Harlequin - Oil/canvas (63x50cm-25x20in) New-York 88 .... FF405 000 - £37 915 - **$67,500**

GRAHAM John 1754-1817 [6]
- *Head of a woman* - Oil/masonite (40x33cm-16x13in) New-York 89 .... *FF314 600 - £32 168 - $50,579*
- *Untitled* - Ink/paper (28x19cm-11x7in) New-York 90 .... *FF6 900 - £734 - $1,234*

GRAHAM John D. 1881-1961 [6]
- *Hand and egg* - Oil/canvas (44x59cm-17x23in) New-York 97 .... *FF151 780 - £15 966 - $26,000*
- *Head of a woman* - Mixed media/paper (61x48cm-24x19in) New-York 95 .... *FF702 000 - £93 000 - $145,000*

GRAHAM Kathleen M. 1913 [3]
- *Indian Summer* - Oil/canvas (122x366cm-48x144in) Toronto 94 .... *FF13 300 - £1 555 - $2,345*

GRAHAM Peter 1836-1921 [21]
- *Highland cattle* - Oil/canvas (61x92cm-24x36in) Glasgow 96 .... *FF25 900 - £3 000 - $4,970*
- *The home of the Gannet*
  Oil/canvas (127x183cm-50x72in) Hopetoun House, South Queensferry 90 .... *FF82 300 - £8 755 - $14,723*

GRAHAM Robert 1938 [11]
- *Kentucky Derby* - Sculpture (183x65x76cm-72x26x30in) New-York 93 .... *FF30 250 - £3 790 - $5,500*
- *Fountain Figure II* - Bronze (190cm-75in) New-York 95 .... *FF484 000 - £64 200 - $100,000*

GRAHAM Robert Alexander 1873-1946 [1]
- *Woman with a vase of flowers*
  Oil/canvas (40x50cm-16x20in) San Francisco-Los Angeles 92 .... *FF6 100 - £640 - $1,100*

GRAHAM Thomas Alexander 1840-1906 [1]
- *Best of friends* - Oil/canvas (180x170cm-71x67in) London 92 .... *FF44 000 - £4 500 - $7,760*

GRAHAM William 1841-1910 [3]
- *Church interior* - Oil/canvas (43x30cm-17x12in) Mystic, Connecticut 91 .... *FF2 264 - £230 - $409*

GRAHN Hjalmar 1882-1949 [10]
- *Motiv från Stadsgården* - Oil/canvas (62x50cm-24x20in) Stockholm 96 .... *FF4 055 - £492 - $789*

GRAIG Yan [1]
- *Femme accoudée sur un fauteuil* - Pastel (96x64cm-38x25in) Le Havre 91 .... *FF6 000 - £596 - $1,042*

GRAILLON Félix Adrien H. 1833-1893 [2]
- *Stehender Bäcker und Bäckersfrau* - Terracotta (23cm-9in) Pforzheim 93 .... *FF6 100 - £730 - $1,174*

GRAILLON Pierre Adrien 1809-1872 [4]
- *La Rencontre* - Terracotta (18x31cm-7x12in) Dieppe 92 .... *FF12 100 - £1 243 - $2,240*

GRAILLY de Victor 1804-1889 [24]
- *Peasant girl herding cattle* - Oil/canvas (37x54cm-15x21in) Amsterdam 97 .... *FF10 366 - £1 095 - $1,778*
- *View of West Point* - Oil/canvas (51x69cm-20x27in) New-York 96 .... *FF46 900 - £5 660 - $9,000*

GRAINCOURT Antoine Noël B. 1748-1823 [1]
- *Maréchal de Trouville* - Mine plomb (10x8cm-4x3in) Paris 90 .... *FF4 300 - £460 - $748*

GRAINDORGE Mathilde 1842-? [1]
- *La veillée* - Aquarelle Concarneau 92 .... *FF1 900 - £195 - $335*

GRAM Lennart 1910 [8]
- *Syende flicka* - Oil/board (59x42cm-23x17in) Stockholm 89 .... *FF6 100 - £643 - $1,027*

GRAMATTÉ Walter 1897-1929 [35]
- *Lauschen* - Woodcut (39x31cm-15x12in) München 93 .... *FF2 440 - £279 - $412*
- *Selbstportrait* - Etching in colors Bern 95 .... *FF13 110 - £1 674 - $2,685*
- *Sinnendes Mädchen III* - Watercolour (40x32cm-16x13in) Heidelberg 93 .... *FF43 750 - £5 100 - $7,190*

GRAMATYKA Antoni 1841-1922 [2]
- *Ruiny Zamku w Lubowli* - Oil/canvas (42x70cm-17x28in) Warszawa 94 .... *FF8 570 - £982 - $1,453*

GRAMATYKA-OSTROWSKA Anna 1884-? [1]
- *Mönche in der Lesestube* - Oil/Leinwand (81x154cm-32x61in) Wien 96 .... *FF6 250 - £784 - $1,221*

GRAMATZKI Eve 1935 [5]
- *Chemise gris-ocre* - Crayon/papier (50x65cm-20x26in) Paris 95 .... *FF3 500 - £455 - $720*

GRAMMOUDAKIS Georgios 1825-1875 [1]
- *Temple of Olympious Zeus* - Oil/canvas (36x50cm-14x20in) Athens 96 .... *FF17 150 - £1 985 - $3,290*

GRAN Daniel 1694-1757 [8]
- *Weibliche Allegorien* - Ink (14x18cm-6x7in) Heidelberg 92 .... *FF7 450 - £866 - $1,520*

GRAN Enrique 1928 [2]
- *Sin titulo* - Oleo/lienzo (63x147cm-25x58in) Madrid 93 .... *FF6 600 - £758 - $1,125*

GRAN Halfdan 1869-1930 [6]
- *Ripor i höstlandskap* - Oil/canvas (90x140cm-35x55in) Helsinki 94 .... *FF21 400 - £2 450 - $3,630*
- *Tiur, jeger og ski* - Ink (25x33cm-10x13in) Oslo 92 .... *FF2 007 - £234 - $410*

GRANATA Louis XIX-XX [2]
- *Vieil Arabe en turban* - Huile/panneau (46x38cm-18x15in) Paris 96 .... *FF3 500 - £422 - $672*

GRANBERG Johan R. 1828-1903 [1]
- *Vy över sågverk och hamn* - Oil/canvas (70x127cm-28x50in) Uppsala 93 .... *FF3 980 - £451 - $671*

GRANBERG Julius 1859-1936 [2]
- *Vattendrag och målande konstnär* - Oil/canvas (50x33cm-20x13in) Göteborg 92 .... *FF4 520 - £525 - $922*

GRANCHI-TAYLOR Achille 1857-1921 [50]
- *Sourire d'adolescent* - Huile/toile (28x19cm-11x7in) Brest 93 .... *FF2 000 - £241 - $364*
- *Balançoire sur le quai* - Huile/toile (28x18cm-11x7in) Brest 93 .... *FF3 000 - £362 - $546*
- *Bretonne de Pont-Aven près de l'âtre* - Huile/toile (112x85cm-44x33in) Brest 89 .... *FF25 000 - £2 634 - $4,209*
- *Marins sur la jetée à Concarneau* - Fusain (37x87cm-15x34in) Quimper 97 .... *FF20 000 - £2 142 - $3,506*

GRAND-CARTERET Jean-Albert 1903 [7]
- *Portrait of a white dog* - Pastel/paper (49x66cm-19x26in) New-York 92 .... *FF7 560 - £773 - $1,400*

GRAND-MÈRE PARIS Elise Guerrebout 1906-1982 [7]
- *Paysage près d'Albi* - Huile/toile (22x27cm-9x11in) Calais 94 .... *FF3 500 - £415 - $647*

L'enterrement au village - Huile/toile (24x34cm-9x13in) Le Touquet 92 .... FF**6 500** - £**666** - **$1,145**
GRANDAUER Josef 1822-1897 [2]
🔴 *Lille dreng i brun velourdragt* - Oil/canvas (58x46cm-23x18in) Köbenhavn 90 .... FF**4 000** - £**431** - **$705**
🖉 *Hof im Garnisonsspital, 1859* - Aquarell (28x38cm-11x15in) Wien 90 .... FF**4 300** - £**460** - **$748**
GRANDE Severin 1869-1934 [7]
🔴 *Landskap fra Son* - Oil/canvas (65x75cm-26x30in) Oslo 92 .... FF**7 110** - £**850** - **$1,368**
Oppstilling med krukker - Oil/canvas (57x65cm-22x26in) Oslo 92 .... FF**26 050** - £**2 666** - **$4,590**
GRANDGERARD Colette 1946 [10]
🔴 *Nu au sac à main II* - Huile/papier (146x114cm-57x45in) Les Andelys 90 .... FF**4 500** - £**460** - **$888**
GRANDGÉRARD Lucien 1880-1970 [22]
🔴 *The young ballerina* - Oil/panel (51x41cm-20x16in) London 96 .... FF**4 820** - £**600** - **$935**
GRANDI Francesco 1831-1891 [2]
🔴 *Paesaggio con pastorello e capre* - Olio/tela (35x54cm-14x21in) Roma 95 .... FF**6 240** - £**820** - **$1,240**
Riposo durante la Fuga in Egitto - Olio/tela (183x260cm-72x102in) Roma 90 .... FF**53 200** - £**5 357** - **$10,421**
GRANDI Giuseppe Domenico 1848-1894 [1]
🗿 *Figure of Cesare Beccaria* - Bronze (49cm-19in) London 92 .... FF**24 420** - £**2 500** - **$4,310**
GRANDIN Eugène 1833-1919 [12]
🖉 *Le trois-mâts La Belle Poule en rade*
    Aquarelle, gouache (18x27cm-7x11in) Sainte Adresse 97 .... FF**4 600** - £**504** - **$826**
Le yacht Bijou - Aquarelle (16x25cm-6x10in) Paris 90 .... FF**15 400** - £**1 591** - **$2,721**
GRANDIN Svän 1906-1982 [9]
🔴 *I zigenarlägret* - Oil/canvas (100x80cm-39x31in) Göteborg 94 .... FF**3 206** - £**374** - **$562**
GRANDIO Constantino 1926-1977 [26]
🔴 *Abstracción en gris* - Oleo/lienzo (50x76cm-20x30in) Madrid 97 .... FF**9 950** - £**1 075** - **$1,725**
Paisana - Oleo/tabla (63x48cm-25x19in) Madrid 97 .... FF**28 000** - £**3 010** - **$4,900**
El café Gijón - Oleo/tabla (68x49cm-27x19in) Madrid 95 .... FF**84 600** - £**10 700** - **$17,000**
GRANDJEAN Jean 1752-1781 [2]
🖉 *The waterfalls at Terni* - Ink (55x41cm-22x16in) Amsterdam 92 .... FF**13 560** - £**1 620** - **$2,610**
GRANDJEAN Raymond 1929 [7]
🔴 *Composition en blanc* - Huile/toile (65x46cm-26x18in) Lyon 91 .... FF**4 500** - £**463** - **$838**
🖉 *Pictogrammes bleu NN* - Watercolour (27x22cm-11x9in) New-York 94 .... FF**2 340** - £**269** - **$400**
GRANDKOVSKII Nikolai Karlovich 1864-1907 [2]
🔴 *He loves me, he loves me not* - Oil/canvas (45x63cm-18x25in) Amsterdam 93 .... FF**9 640** - £**1 152** - **$1,855**
GRANDMAISON de Louis 1928 [5]
🔴 *Composition* - Huile/toile (100x73cm-39x29in) Paris 92 .... FF**3 000** - £**308** - **$577**
GRANDMOULIN Léandre J. Ghislain 1873-1957 [3]
🗿 *Nu assis* - Bronze (36cm-14in) Lokeren 95 .... FF**7 930** - £**991** - **$1,556**
GRANDPIERRE-DEVERZY Adrienne M. 1798-? [3]
🔴 *L'hommage* - Huile/toile (74x60cm-29x24in) Paris 96 .... FF**9 000** - £**1 091** - **$1,770**
GRANDVILLE Jean Ignace Gérard 1803-1847 [21]
🔴 *La portière* - Oil/canvas (46x38cm-18x15in) Bern 92 .... FF**13 320** - £**1 590** - **$2,563**
🖉 *Montreur d'animaux* - Aquarelle (16x29cm-6x11in) Paris 96 .... FF**8 000** - £**940** - **$1,574**
Berlioz dirigeant la Symph. Fantastique - Lavis (17x12cm-7x5in) Paris 94 .... FF**36 000** - £**4 280** - **$6,780**
GRANDVILLE Nathalie XX [4]
🔴 *Elle, dans les plis du temps* - Technique mixte/toile (65x81cm-26x32in) Paris 97 .... FF**4 500** - £**508** - **$814**
GRANELL Eugenio Fernandez 1912 [9]
🔴 *La cortina verde* - Óleo/lienzo (106x81cm-42x32in) Madrid 94 .... FF**144 800** - £**16 870** - **$25,400**
🖉 *Dos figuras* - Acuarela (34x42cm-13x17in) Madrid 94 .... FF**30 730** - £**3 630** - **$5,660**
GRANER Ernst 1865-1943 [65]
🔴 *Gemüseernte im Garten* - Öl/Karton (45x34cm-18x13in) Wien 95 .... FF**15 840** - £**2 024** - **$3,280**
🖉 *Franz Joseph in seiner Kutsche* - Aquarell/Papier (55x67cm-22x26in) Wien 97 .... FF**21 501** - £**2 286** - **$3,708**
Der Stephansplatz, Wien - Aquarell/Papier (39x48cm-15x19in) Wien 96 .... FF**63 700** - £**8 240** - **$12,730**
GRANER Rosa Rainold Murray 1904-1962 [1]
🔴 *Young black person* - Oil/board New Orleans, Louisiana 92 .... FF**2 083** - £**242** - **$425**
GRANER Y ARULFI Luis 1863-1929 [42]
🔴 *Joven con mantilla* - Óleo/lienzo (76x63cm-30x25in) Madrid 97 .... FF**5 572** - £**602** - **$966**
🔴 *Junges Mädchen mit Laterne* - Öl/Leinwand (79x40cm-31x16in) Wien 96 .... FF**28 900** - £**3 604** - **$5,580**
The temptress - Oil/canvas (101x182cm-40x72in) New-York 93 .... FF**129 800** - £**14 770** - **$22,000**
GRANER Y VIÑUELAS Antonio XIX-XX [1]
🔴 *En el camino* - Oleo/lienzo (42x67cm-17x26in) Madrid 94 .... FF**7 460** - £**857** - **$1,276**
GRANET François-Marius 1775-1849 [38]
🔴 *Lavandières dans un lavoir voute* - Oil/panel (40x32cm-16x13in) London 97 .... FF**59 048** - £**6 200** - **$10,156**
Bénédiction nuptiale, St Étienne-du-Mont - Huile/toile (97x129cm-38x51in) Paris 94 .... FF**75 000** - £**8 720** - **$12,980**
🖉 *Les moines au réfectoire* - Lavis (18x23cm-7x9in) Paris 97 .... FF**23 000** - £**2 445** - **$3,974**
La mort de Poussin - Aquarelle (17x24cm-7x9in) Paris 94 .... FF**43 000** - £**5 050** - **$8,450**
GRANFELT Erik 1919-1990 [6]
🔴 *A street* - Oil/canvas (80x65cm-31x26in) Helsinki 94 .... FF**15 600** - £**1 863** - **$2,915**
GRANGER Geneviève 1877-1967 [2]
🗿 *Jeune femme fleurie* - Bronze (40cm-16in) Bruxelles 96 .... FF**14 800** - £**1 884** - **$2,850**
GRANGER Gerald G. XX [1]
📷 *Flower still life* - Photograph (33x25cm-13x10in) New-York 89 .... FF**7 400** - £**736** - **$1,169**

GRANGILLES Gilles 1952 [3]
☞ *La cabane du pêcheur* - Huile/toile (65x54cm-26x21in) Toulouse 92 .... FF8 500 - £873 - **$1,635**

GRANIÉ Joseph 1866-1915 [4]
⬧ *Homme portant un chapeau* - Mine plomb (24x18cm-9x7in) Pontoise 97 .... FF3 300 - £360 - **$577**

GRANIER Louis XVII-XVIII [2]
⬧ *Bronze figure of Bacchus* - Bronze (36cm-14in) New-York 92 .... FF102 200 - £10 437 - **$18,335**

GRANINGER Leopold 1852-1941 [8]
⬧ *Sommerliche Landschaft* - Aquarell/Papier (23x32cm-9x13in) Wien 95 .... FF8 100 - £1 012 - **$1,635**

GRANOVSKY Sam XX [2]
☞ *Danseuses* - Huile/toile (130x160cm-51x63in) Saint-Dié 93 .... FF10 000 - £1 124 - **$1,695**
⬧ *Les chats* - Pastel/papier (27x32cm-11x13in) Paris 92 .... FF2 500 - £256 - **$491**

GRANSOW Helmut 1921 [12]
☞ *Late September* - Huile/toile/carton (41x51cm-16x20in) Montréal 93 .... FF2 893 - £329 - **$490**

GRANT Alice XIX-XX [3]
☞ *Basket of flowers* - Öl/Karton (22x27cm-9x11in) Lindau 95 .... FF8 900 - £1 113 - **$1,798**

GRANT Allan XX [2]
⬧ *Georgia O'Keeffe* - Gelatin silver print (28x25cm-11x10in) San Francisco-Los Angeles 93 .... FF1 918 - £219 - **$325**

GRANT Carleton c.1860-c.1920 [10]
⬧ *An Afternoon's Fishing* - Watercolour (34x63cm-13x25in) London 96 .... FF5 900 - £750 - **$1,163**

GRANT Charles Henry 1866-1939 [1]
☞ *No. 2, Lake George* - Oil/canvas (79x84cm-31x33in) Baton Rouge, Louisiana 93 .... FF10 940 - £1 317 - **$2,000**

GRANT Clement Rollins 1849-1893 [5]
☞ *Gathering on the beach* - Oil/canvas (71x122cm-28x48in) New-York 92 .... FF48 300 - £4 940 - **$8,500**

GRANT Donald 1942 [21]
☞ *Rhino Charge* - Oil/canvas (68x104cm-27x41in) London 95 .... FF30 700 - £4 000 - **$6,350**
⬧ *African cow elephant* - Charcoal (38x53cm-15x21in) London 94 .... FF2 727 - £320 - **$486**

GRANT Douglas 1894-? [1]
☞ *Fall at Wagon Road Gap* - Oil/canvas (61x76cm-24x30in) North Berwick, Maine 93 .... FF2 065 - £235 - **$350**

GRANT Duncan Edmund 1846-1924 [85]
☞ *Monaco from Cap St Martin* - Oil/canvas (61x51cm-24x20in) London 91 .... FF34 340 - £3 443 - **$6,290**
☞ *Abstract* - Oil/canvas (83x83cm-33x33in) London 90 .... FF251 800 - £26 012 - **$44,488**
⬧ *Psyche and Amor* - Watercolour, gouache (24x32cm-9x13in) London 90 .... FF23 200 - £2 397 - **$4,099**

GRANT Duncan J. Corrowr 1885-1978 [123]
☞ *Flora* - Oil/board (57x56cm-22x22in) London 93 .... FF7 050 - £850 - **$1,233**
The Garden, Charleston - Oil/canvas (51x42cm-20x17in) London 97 .... FF18 850 - £2 000 - **$3,249**
Standing Male Nude - Oil/canvas (86x51cm-34x20in) New-York 97 .... FF34 823 - £3 663 - **$6,000**
The chess-players - Oil/canvas (55x74cm-22x29in) London 95 .... FF113 700 - £14 500 - **$22,920**
⬧ *Male Nude* - Charcoal/paper (56x38cm-22x15in) New-York 97 .... FF9 866 - £103 8 2 - **$1,700**
⬧ *Vanessa Bell* - Black chalk/paper (67x59cm-26x23in) London 97 .... FF38 314 - £4 000 - **$6,555**

GRANT Dwinell 1912 [4]
☞ *Contrathemis* - Collage (22x28cm-9x11in) New-York 93 .... FF8 250 - £1 035 - **$1,500**

GRANT Francis 1803-1878 [22]
☞ *John Hay Mackenzie* - Oil/canvas (30x34cm-12x13in) Edinburgh 89 .... FF29 100 - £2 975 - **$4,678**
George Ch. Bingham - Oil/canvas (241x148cm-95x58in) London 95 .... FF86 100 - £11 000 - **$17,640**
Ch. Trelawny - Oil/canvas (180x124cm-71x49in) New-York 95 .... FF870 000 - £110 200 - **$175,000**

GRANT Frederic Milton 1886-1959 [8]
☞ *Ivory and Red* - Oil/canvas (76x76cm-30x30in) New-York 95 .... FF7 750 - £997 - **$1,600**

GRANT Gordon Hope 1875-1962 [47]
⬧ *Mission Acclomplished, U.S.S. Saragota*
⠀⠀⠀Oil/canvas (61x81cm-24x32in) San Francisco-Los Angeles 93 .... FF13 750 - £1 724 - **$2,500**
⬧ *Sail and steam* - Oil/canvas (100x125cm-39x49in) New-York 93 .... FF34 400 - £4 310 - **$6,250**
⬧ *Old salt* - Watercolour/paper (25x18cm-10x7in) Mystic, Connecticut 96 .... FF2 200 - £276 - **$425**
Gloucester Craft - Watercolour, gouache/paper (39x57cm-15x22in) New-York 95 .... FF6 440 - £803 - **$1,300**

GRANT Ian McDonald 1904 [4]
☞ *Mrs. Margaret Macdonald Grant* - Oil/canvas (76x50cm-30x20in) London 89 .... FF4 400 - £425 - **$668**

GRANT James Ardern 1885-1973 [9]
☞ *Ann Grant & Jim Palucci at 270* - Oil/canvas (80x63cm-31x25in) London 96 .... FF6 800 - £850 - **$1,320**
⬧ *The young equestrian* - Pastel (66x48cm-26x19in) London 96 .... FF2 800 - £350 - **$543**

GRANT Keith 1930 [17]
☞ *Fjord* - Oil/canvas (152x203cm-60x80in) London 97 .... FF3 264 - £349 - **$563**
☞ *Fjord* - Oil/canvas (91x119cm-36x47in) London 94 .... FF18 800 - £2 200 - **$3,300**
⬧ *Narrow Road, Deep North* - Mixed media/paper (30x44cm-12x17in) London 92 .... FF2 513 - £300 - **$484**

GRANT Mathilde 1918 [8]
☞ *Nu au perroquet* - Huile/toile (65x81cm-26x32in) Paris 90 .... FF12 500 - £1 338 - **$2,174**

GRANVILLE-SMITH Walter 1870-1938 [4]
⬧ *Resting in the inn* - Watercolour (43x74cm-17x29in) North Berwick, Maine 94 .... FF15 130 - £1 897 - **$2,750**

GRARD George 1901-1984 [20]
⬧ *Nu debout* - Bronze (60cm-24in) Antwerpen 96 .... FF36 100 - £4 370 - **$6,950**
Printemps - Bronze (130cm-51in) Amsterdam 94 .... FF260 300 - £30 850 - **$48,100**

GRAS Francisco 1897-? [2]
⬧ *Mauresque au foulard jaune* - Pastel/papier (60x30cm-24x12in) Paris 96 .... FF10 000 - £1 186 - **$1,950**

GRAS Jean-Pierre XIX-XX [4]
☞ *Bouquet* - Huile/isorel (48x38cm-19x15in) Avignon 91 .... FF5 000 - £501 - **$916**

GRASDORP Willem 1678-1723 [4]
- *Stilleben mit Früchten* - Oil/canvas (39x32cm-15x13in) Wien 92............................ FF**72 200** - £7 240 - **$13,880**

GRÄSER Ernst 1884-1944 [2]
- *Christus und Martha* - Oil/canvas (115x90cm-45x35in) Stuttgart 92................. FF**2 052** - £211 - **$395**
- *Zinnsgroschen* - Woodcut in colors (39x50cm-15x20in) Stuttgart 90................ FF**1 700** - £174 - **$336**

GRASHEY Otto 1833-1912 [2]
- *Dackel auf der Pirsch* - Öl/Karton (46x57cm-18x22in) Wien 96................... FF**18 600** - £2 410 - **$3,720**

GRASHOF Otto 1812-1876 [1]
- *Russische Reiterschlachtszene* - Acryl (32x39cm-13x15in) Bremen 94.................. FF**23 400** - £2 783 - **$4,450**

GRASS Carl Gotthard 1767-1814 [1]
- *Italianate landscape with a family* - Oil/canvas (48x61cm-19x24in) New-York 91 .... FF**124 500** - £12 545 - **$21,604**

GRASS Günter 1927 [14]
- *Alle Vier* - Lithographie (73x54cm-29x21in) Bern 91 .... FF**2 770** - £279 - **$481**
- *Pomuchel* - Ink (29x42cm-11x17in) München 94................................. FF**9 570** - £1 124 - **$1,705**

GRASS-MICK Auguste 1873-1963 [22]
- *Promenade dans le parc d'Avignon* - Huile/isorel (32x24cm-13x9in) Paris 90 .... FF**12 000** - £1 262 - **$2,087**
- *Marseille, fenêtre sur le vieux port* - Huile/panneau (45x33cm-18x13in) Calais 97 ...... FF**16 000** - £1 754 - **$2,808**
- *Rue Saint-Antoine, 14 Juillet 1911* - Crayon/papier (17x11cm-7x4in) Nice 93 .... FF**5 100** - £580 - **$865**

GRÄSSEL Franz 1861-1948 [11]
- *Enten mit Küken am Bachufer* - Oil/canvas (43x63cm-17x25in) München 91 .... FF**87 800** - £8 804 - **$14,493**
- *Enten auf einem Weiher* - Watercolour (29x52cm-11x20in) München 92 .... FF**23 740** - £2 835 - **$4,570**

GRASSERE Gérard 1915-1994 [6]
- *Untitled* - Oil/canvas (60x60cm-24x24in) Amsterdam 93 .... FF**5 430** - £648 - **$1,044**

GRASSET Edmond 1852-1880 [1]
- *Edmond Rabouille* - Bronze (47cm-19in) New-York 94 .... FF**33 700** - £3 980 - **$6,000**

GRASSET Eugène 1841-1917 [31]
- *Vue de Venise* - Öl (41x61cm-16x24in) Zürich 94 .... FF**9 720** - £1 144 - **$1,860**
- *The morphine addict* - Lithograph (40x30cm-16x12in) New-York 97 .... FF**26 163** - £2 747 - **$4,500**
- *Bonne nouvelle* - Watercolour (115x29cm-45x11in) London 96 .... FF**59 000** - £7 000 - **$11,520**

GRASSHOFF Fritz 1913 [2]
- *Sommer in Patras* - Pastell München 91 .... FF**3 040** - £309 - **$549**

GRASSI Niccola 1682-1750 [5]
- *Rebecca at the Well* - Oil/canvas (92x114cm-36x45in) London 95.................. FF**60 900** - £8 000 - **$12,210**

GRASSI Vittorio Amadeo 1725-? [1]
- *Paesagio del Tevere* - Olio/tavola (41x31cm-16x12in) Roma 94 .... FF**11 700** - £1 400 - **$2,170**

GRASSIN Edouard 1897-1983 [1]
- *Composition* - Huile/carton (45x31cm-18x12in) Paris 89 .... FF**4 000** - £398 - **$632**

GRASSIS Giuseppe 1870-1949 [2]
- *Cumiana* - Olio/tavola (23x33cm-9x13in) Milano 95............................ FF**6 800** - £902 - **$1,386**
- *Torrente di montagna* - Olio/tela (88x125cm-35x49in) Milano 90 .... FF**24 400** - £2 483 - **$4,880**

GRASSMANN Günther 1900-1993 [1]
- *Bregenz* (31x49cm-12x19in) Heidelberg 95 .... FF**1 672** - £215 - **$338**

GRASSMAYR Johann George D. 1691-1751 [1]
- *Akstudien* - Drawing Wien 95 .... FF**10 120** - £1 265 - **$2,043**

GRATCHEV Alexei Petrovitch 1780-1850 [17]
- *Officier à cheval* - Bronze (32cm-13in) Bruxelles 92............................ FF**16 600** - £1 700 - **$2,920**
- *Le Cosaque* - Bronze (42cm-17in) Soissons 96 .... FF**30 000** - £3 485 - **$5,810**

GRATCHEV Georgi Ivanovich 1860-1893 [2]
- *La conversation champêtre* - Bronze (10x19cm-4x7in) Lille 97 .... FF**3 900** - £40 4 4 - **$66,8 7**

GRATE Erik 1896-1983 [45]
- *Owl-Goddes* - Bronze (27x19x19cm-11x7x7in) New-York 94 .... FF**20 650** - £2 350 - **$3,500**
- *Vären* - Marble (126cm-50in) Stockholm 94 .... FF**79 800** - £9 450 - **$14,750**
- *Mjuka och hårda former* - Ink (24x16cm-9x6in) Stockholm 92 .... FF**3 020** - £309 - **$532**

GRATH Anton 1881-? [2]
- *Lady Godiva* - Bronze (66cm-26in) London 92 .... FF**29 200** - £3 000 - **$5,430**

GRATIA Charles Louis 1815-1911 [2]
- *Frédéric Chopin* - Huile/toile (80x63cm-31x25in) Paris 96 .... FF**122 000** - £15 230 - **$23,640**
- *Little girl with a bouquet of flowers*
  Pastel (59x49cm-23x19in) Billinghurst, West Sussex 92 .... FF**10 350** - £1 050 - **$1,995**

GRÄTZ Rudolf 1820-? [1]
- *Die Heilige Cäcilie spielt Orgel* - Öl/Leinwand (80x103cm-31x41in) Stuttgart 95......... FF**4 210** - £540 - **$849**

GRÄTZ Theodor 1859-1947 [9]
- *Seenlandschaft im Vorgebirge* - Oil/canvas (70x100cm-28x39in) München 90 .... FF**10 200** - £1 043 - **$2,013**
- *Tanzfest der Tiere* - Gouache (29x26cm-11x10in) Heidelberg 92 .... FF**3 320** - £386 - **$677**

GRAU Enrique 1920 [10]
- *Magia* - Oil/canvas (90cm-50x35in) New-York 97 .... FF**189 436** - £20 116 - **$33,000**
- *Dos mujeres* - Watercolour (70x94cm-28x37in) New-York 94 .... FF**63 700** - £7 580 - **$12,000**

GRAU Gustave 1873-1919 [1]
- *Baigneuses* - Huile/toile (55x54cm-22x21in) Paris 95 .... FF**3 600** - £455 - **$728**

GRAU SANTOS Julián 1937 [14]
- *Bodegón* - Oleo/lienzo (60x73cm-24x29in) Madrid 96 .... FF**19 340** - £2 510 - **$3,824**
- *Plaza de Barcelona* - Acuarela (73x51cm-29x20in) Madrid 92 .... FF**6 770** - £787 - **$1,382**

G

GRAU Xavier 1951 [3]
🖼 *Las amigas* - Oleo/lienzo (195x250cm-77x98in) Madrid 91 .... *FF45 950 - £4 664 - $8,299*

GRAU-SALA Emilio 1911-1975 [416]
🖼 *Montmartre* - Huile/toile (25x20cm-10x8in) Neuilly 96 .... FF16 000 - £1 884 - $3,140
La Lecture - Huile/toile (46x39cm-18x15in) Le Touquet 95 .... FF33 000 - £4 300 - $6,770
Mère et sa fille à l'entrée du village - Huile/toile (60x73cm-24x29in) Paris 97 .... FF71 000 - £7 654 - $12,624
Le Port de Honfleur - Huile/toile (65x81cm-26x32in) Paris 97 .... FF132 000 - £13 754 - $22,492
Le bal-musette - Oil/canvas (151x103cm-59x41in) London 97 .... FF276 300 - £35 000 - $55,600
Les deux amies - Oil/canvas (116x89cm-46x35in) London 89 .... FF532 700 - £54 468 - $85,643
✏ *Le galant* - Aquarelle (17x17cm-7x7in) Paris 97 .... FF5 000 - £565 - $906
Le goûter - Gouache (24x32cm-9x13in) Calais 95 .... FF12 000 - £1 516 - $2,407
Bailarinas - Pastel (50x65cm-20x26in) Madrid 96 .... FF44 100 - £5 350 - $8,580
Le déjeuner des enfants - Pastel (91x92cm-36x36in) Paris 90 .... FF155 000 - £15 774 - $30,998

GRAU-SANTOS Juan 1937 [7]
🖼 *Jardín de Sitges* - Oleo/cartón (44x37cm-17x15in) Madrid 91 .... FF18 050 - £1 819 - $3,132
✏ *Miguel Mihura* - Gouache (30x20cm-12x8in) Madrid 91 .... FF2 710 - £274 - $538

GRAUBNER Gotthard 1930 [70]
🖼 *Fliessblatt* - Oil/canvas (41x33cm-16x13in) Köln 96 .... FF9 510 - £1 084 - $1,820
Untitled - Acrylic (60x47cm-24x19in) London 92 .... FF111 800 - £13 000 - $22,800
Kissenbild - Acrylic/canvas (203x15x153cm-80x6x60in) London 96 .... FF282 600 - £36 000 - $54,400
✏ *Ohne Titel* - Gouache/papier (49x49cm-19x19in) Köln 97 .... FF14 840 - £155 8 4 - $2,543
Komposition in Rot-Violett - Watercolour (74x55cm-29x22in) Berlin 93 .... FF45 800 - £5 470 - $8,800

GRAUBNER Oscar XX [1]
📷 *M. Bourke-White photographing* - Gelatin silver print (33x22cm-13x9in) New-York 89 .... FF4 600 - £458 - $727

GRAUENGAARD Ewald August 1889-1962 [1]
🖼 *Solsikkere* - Oil/canvas (136x121cm-54x48in) København 96 .... FF3 700 - £460 - $718

GRAUMANN Alexander 1870-? [1]
🗿 *Weiblicher Akt mit Kopftuch* - Bronze (56cm-22in) Frankfurt 93 .... FF3 316 - £371 - $556

GRAUSS Gerhard Hendrik 1882-1929 [4]
🖼 *Nus* - Huile/toile (170x195cm-67x77in) Antwerpen 92 .... FF24 700 - £2 950 - $4,750
✏ *Belgian refugees* - Watercolour (48x63cm-19x25in) Amsterdam 95 .... FF6 180 - £746 - $1,162

GRAVE Jan Evert 1759-1805 [1]
✏ *Men in boat & woman on bridge* - Black chalk (33x52cm-13x20in) Amsterdam 92 ..... FF3 014 - £360 - $580

GRAVE Janke 1878-1958 [1]
🖼 *Südliche Stadtansicht* - Oil/panel (80x100cm-31x39in) München 93 .... FF2 275 - £260 - $385

GRAVELOT Hubert Fr. d'Anville 1699-1773 [14]
✏ *Saint-Barthélémy* - Encre (18x13cm-7x5in) Paris 95 .... FF6 200 - £761 - $1,208
Young page kneeling to the right
  Black & white chalks (34x24cm-13x9in) New-York 96 .... FF54 300 - £7 110 - $11,000

GRAVEROL A. 1865-1949 [1]
✏ *Paul Verlaine, Hôpital Broussais* - Aquarelle/papier (32x24cm-13x9in) Paris 95 .... FF9 000 - £1 190 - $1,824

GRAVEROL Jane 1910 [5]
✏ *L'entente* - Pastel/papier (64x49cm-25x19in) Bruxelles 97 .... FF3 272 - £346 - $566

GRAVES Abbott Fuller 1859-1936 [31]
🖼 *A Tavern Conversation* - Oil/canvas (51x61cm-20x24in) New-York 95 .... FF30 800 - £3 830 - $6,000
Still life of roses - Oil/canvas (35x45cm-14x18in) New-York 97 .... FF116 754 - £12 282 - $20,000
Boston State House from the Terrace
  Oil/canvas (80x129cm-31x51in) New-York 95 .... FF347 500 - £43 300 - $68,000
Pond Lilies - Oil/canvas (76x102cm-30x40in) New-York 95 .... FF888 000 - £117 300 - $180,000

GRAVES Henry Richard c.1820-c.1885 [3]
🖼 *Lady Dorothy Nevill* - Oil/panel (26x20cm-10x8in) London 96 .... FF34 900 - £4 500 - $6,830

GRAVES Morris 1910 [25]
🖼 *Flowers* - Oil/canvas (56x51cm-22x20in) New-York 92 .... FF18 200 - £2 173 - $3,500
Gandor Drinking Moonlight - Oil/canvas (122x229cm-48x90in) New-York 97 .... FF233 372 - £24 504 - $40,000
✏ *Woodpecker* - Gouache/paper (69x51cm-27x20in) New-York 95 .... FF40 900 - £5 180 - $8,000

GRAVES Nancy 1940 [25]
🖼 *Liq (Shadow Series)* - Mixed media/canvas (229x35x163cm-90x14x64in) London 93 .... FF20 800 - £2 600 - $3,770
Defacta - Oil/canvas (163x193cm-64x76in) New-York 94 .... FF74 200 - £8 710 - $13,000
Fluttering of Wings and Skirts
  Mixed media/canvas (188x53x239cm-74x21x94in) New-York 97 .... FF174 420 - £18 315 - $30,000
🗿 *Walk (Spill Series)* - Bronze (90cm-35in) New-York 95 .... FF64 400 - £8 040 - $13,000
Byrd - Bronze (52x23x18cm-20x9x7in) New-York 88 .... FF150 000 - £14 043 - $25,000
✏ *Honokohau* - Watercolour/board (112x127cm-44x50in) New-York 90 .... FF49 700 - £5 058 - $9,939

GRAVESEN Betty 1873-1920 [1]
🗿 *Sittande flicka med fjäril i handen* - Bronze (31cm-12in) Malmö 92 .... FF5 660 - £580 - $996

GRAVINA Antonio 1934 [24]
🖼 *Élégantes sur les quais* - Huile/toile (50x70cm-20x28in) Lille 95 .... FF7 800 - £940 - $1,476

GRAVIS Jef 1938 [2]
🖼 *Signe de tête, 1989* - Technique mixte/carton (102x70cm-40x28in) Paris 89 .... FF8 000 - £796 - $1,264
✏ *L'homme assis de Baracoa* - Collage (80x60cm-31x24in) Paris 90 .... FF5 000 - £517 - $883

GRAY Anthony John [3]
🖼 *Innamorata* - Oil/canvas (52x183cm-20x72in) London 93 .... FF2 656 - £320 - $464

GRAY Charles Alden 1857-1923 [1]
🖼 *Adam und Eva* - Öl/Leinwand (70x85cm-28x33in) Bremen 94 .... FF10 280 - £1 192 - $1,770

G

GRAY Cleve 1918 [3]
- *Waimea, square* - Acrylic/canvas (174x170cm-69x67in) New-York 92 .... FF*15 600* - £*1 862* - **$3,000**
- *Conjunction &150* - Acrylic/canvas (188x14cm-74x6in) New-York 89 .... FF*68 600* - £*7 014* - **$11,029**

GRAY Douglas Stannus 1890-1959 [1]
- *Chicken Game* - Oil/panel (27x34cm-11x13in) London 97 .... FF*5 131* - £*549* - **$886**

GRAY George 1880-1943 [4]
- *Fly fishing* - Oil/canvas (77x127cm-30x50in) Gleneagles Hôtel - Pertshire 90 .... FF*14 500* - £*1 449* - **$2,751**

GRAY Henri Boulanger 1858-c.1924 [25]
- *Riz Abadie* - Poster (140x97cm-55x38in) New-York 96 .... FF*8 660* - £*1 020* - **$1,700**

GRAY Henri Peters 1819-1877 [1]
- *Spirit of the Times* - Oil/board New-York 89 .... FF*51 500* - £*5 427* - **$8,670**

GRAY Henry Percy 1869-1952 [70]
- *Sand Dunes Near Monterey*
  Oil/board (40x49cm-16x19in) San Francisco-Los Angeles 96 .... FF*77 700* - £*9 740* - **$15,000**
- *Monterey Peninsula*
  Watercolour/paper (25x35cm-10x14in) San Francisco-Los Angeles 96 .... FF*36 300* - £*4 550* - **$7,000**
- *Monterey Sand Dunes*
  Watercolour/paper (40x53cm-16x21in) San Francisco-Los Angeles 96 .... FF*117 400* - £*13 600* - **$22,500**

GRAY J. Crosbie XX [2]
- *A Leaf of Gold* - Oil/canvas (41x51cm-16x20in) London 92 .... FF*2 247* - £*230* - **$396**

GRAY Jack c.1920-c.1990 [4]
- *The Doryman* - Oil/board (63x76cm-25x30in) New-York 96 .... FF*99 100* - £*11 480* - **$19,000**

GRAY Jack Lorimer 1927-1981 [17]
- *Two men in a row boat* - Oil/canvas (61x91cm-24x36in) Delray Beach, Florida 94 .... FF*24 970* - £*2 970* - **$4,750**
- *The Schooner Alcala* - Oil/canvas (92x152cm-36x60in) New-York 93 .... FF*165 000* - £*20 700* - **$30,000**

GRAY James ?-1947 [7]
- *Roses in a silver bowl* - Watercolour (47x68cm-19x27in) Auchterarder, Perthshire 95 .... FF*10 940* - £*1 400* - **$2,153**

GRAY Jessie Dixon XIX-XX [2]
- *Seascape with children* - Oil/canvas (25x36cm-10x14in) Detroit, Michigan 92 .... FF*5 680* - £*581* - **$1,000**
- *A sleeping child* - Watercolour (14x21cm-6x8in) Glasgow 92 .... FF*2 490* - £*300* - **$435**

GRAY John Abernathy Lynas c.1870-c.1940 [8]
- *At the cottage door* - Watercolour (47x90cm-19x35in) London 96 .... FF*5 400* - £*700* - **$1,067**

GRAY Mary 1891-1964 [1]
- *New England Fireplace* - Oil/canvas (51x41cm-20x16in) San Francisco-Los Angeles 92 .... FF*5 200* - £*621* - **$1,000**

GRAY Norah Neilson 1882-1931 [1]
- *Fairies* - Watercolour (32x43cm-13x17in) Glasgow 96 .... FF*6 940* - £*900* - **$1,360**

GRAY Percy 1869-1952 [15]
- *Sand dunes, Monterey* - Oil/canvas (41x51cm-16x20in) Los Angeles 90 .... FF*103 000* - £*10 674* - **$18,102**
- *Monterey cypress* - Watercolour/paper (25x34cm-10x13in) Los Angeles 90 .... FF*45 800* - £*4 746* - **$8,049**
- *Eucalyptus grove* - Watercolour/paper (53x75cm-21x30in) Los Angeles 90 .... FF*243 100* - £*25 192* - **$42,724**

GRAY Ronald 1868-1951 [1]
- *Crowborough Common* - Oil/canvas (46x61cm-18x24in) London 95 .... FF*5 650* - £*750* - **$1,164**

GRAY William Hal c.1820-c.1895 [3]
- *Children in a Cottage Garden* - Watercolour (14x25cm-6x10in) London 97 .... FF*2 578* - £*280* - **$457**

GRAZIANI Alfio Paolo 1900-? [2]
- *Mimose e viole* - Olio/tela (70x50cm-28x20in) Trieste 96 .... FF*5 010* - £*630* - **$960**

GRAZIANI Pierre 1932 [6]
- *Composition nuagiste* - Huile/toile (38x55cm-15x22in) Paris 89 .... FF*6 000* - £*614* - **$965**
- *Composition* - Aquarelle (49x64cm-19x25in) Paris 89 .... FF*3 200* - £*327* - **$514**

GRAZIOSI Giuseppe 1879-1942 [7]
- *Porto* - Olio/tavola (41x56cm-16x22in) Prato 94 .... FF*25 800* - £*3 120* - **$4,840**
- *Al sole* - Bronze (75cm-30in) Roma 94 .... FF*63 500* - £*7 560* - **$11,340**
- *Female bather* - Sculpture (162cm-64in) London 95 .... FF*256 000* - £*34 000* - **$52,800**

GRAZZINI Renzo 1912-1989 [1]
- *Fiori di campo* - Oil/panel (90x70cm-35x28in) Firenze 89 .... FF*6 000* - £*597* - **$948**

GREACEN Edmund William 1877-1949 [7]
- *Spring flowers in a blue vase* - Oil/canvas (76x63cm-30x25in) New-York 92 .... FF*18 460* - £*1 890* - **$3,250**

GREACEN Nan 1909 [2]
- *Floral still life with teapot vase* - Oil/canvas (51x41cm-20x16in) New Orleans, Louisiana 95 .... FF*3 595* - £*442* - **$700**

GREASON William 1884-? [3]
- *Dock scene with boats* - Oil/canvas (69x91cm-27x36in) Bloomfield Hills, Michigan 96 .... FF*4 300* - £*547* - **$850**

GREATOREX Eliza Pratt 1820-1897 [3]
- *Lanscape with cows* - Oil/canvas (38x64cm-15x25in) New-York 94 .... FF*10 280* - £*1 218* - **$1,900**

GREAVES Derrick 1927 [4]
- *Deal* - Oil/canvas (20x25cm-8x10in) London 97 .... FF*4 482* - £*480* - **$774**

GREAVES Henry 1850-1900 [3]
- *Church street, Chelsea* - Pencil (50x65cm-20x26in) London 92 .... FF*40 900* - £*4 200* - **$7,850**

GREAVES Walter 1846-1930 [28]
- *The Thames at Chelsea* - Oil/board (31x51cm-12x20in) London 95 .... FF*14 100* - £*1 800* - **$2,890**
- *Chelsea in snow* - Oil/canvas (61x40cm-24x16in) London 92 .... FF*107 400* - £*11 000* - **$18,920**
- *On the Thames* - Ink (19x26cm-7x10in) London 96 .... FF*1 930* - £*250* - **$378**
- *James McNeil Whistler, Chelsea* - Watercolour (61x49cm-24x19in) London 94 .... FF*33 860* - £*4 000* - **$6,080**

G

GREBE Fritz 1850-1925 [3]
🖼 *Grazing cows near a river* - Oil/canvas (60x70cm-24x28in) Laren 90 .... FF7 200 - £766 - **$1,288**
GREBEISTEN Ferdinand 1883-1974 [1]
🖼 *Holzsuchende Personen im Wald* (41x53cm-16x21in) Kempten 96 .... FF4 750 - £616 - **$931**
GREBEL Alphonse, dit Pock 1885-1968 [1]
🗿 *Soldier, figure wrapped in blankets* - Bronze (23cm-9in) New-York 89 .... FF3 200 - £327 - **$514**
GREBER Charles 1853-1935 [1]
🗿 *Jardiniers supportant une vasque* - Ceramic (30x14x37cm-12x6x15in) Pontoise 97 .... FF3 800 - £403 - **$661**
GREBER Henri 1854-1941 [1]
🗿 *Narcissus* - Bronze (118cm-46in) London 92 .... FF54 200 - £7 000 - **$10,700**
GRECHANIK Igor 1960 [3]
🗿 *Solo saxophone* - Bronze (70cm-28in) Versailles 92 .... FF4 600 - £471 - **$810**
GRECO Alberto 1931-1965 [2]
✎ *El General rie, rie...* - Collage (22x19cm-9x7in) Madrid 96 .... FF6 020 - £710 - **$1,182**
GRECO el Dom. Theotokopoulos c.1541-1614 [9]
🖼 *Christ on the Cross* - Oil/canvas (43x28cm-17x11in) New-York 97 .... FF1 - £2 4 36e +06 - **$3**
The Espolio - Oil/panel (71x46cm-28x18in) New-York 96 .... FF2 - £304 000 - **$460,000**
GRECO Emilio 1913-1995 [79]
🖼 *La ragazza col cappello giallo* - Oil/board (40x30cm-16x12in) London 90 .... FF16 500 - £1 710 - **$2,900**
Erica - Tempera/tela (40cm-16in) London 89 .... FF174 300 - £17 343 - **$27,536**
🗿 *Piccola bagnante II* - Bronze (60cm-24in) New-York 95 .... FF70 700 - £8 900 - **$14,000**
Standing bather - Bronze (59cm-23in) New-York 94 .... FF154 200 - £18 100 - **$27,000**
Large bather VI - Bronze (212cm-83in) New-York 92 .... FF637 000 - £74 000 - **$130,000**
✎ *Nudo femminile* - Pencil (44x29cm-17x11in) London 96 .... FF2 280 - £260 - **$437**
Figura femminile - China/carta (68x51cm-27x20in) Roma 93 .... FF11 400 - £1 320 - **$1,936**
Abbraccio - China/carta (70x105cm-28x41in) Milano 93 .... FF34 900 - £4 150 - **$6,700**
GRECO Emilio XIX-XX [32]
🖼 *Blumenarangement* - Öl/Leinwand (120x90cm-47x35in) Stuttgart 95 .... FF8 300 - £1 085 - **$1,660**
Prachtvolles Stilleben - Öl/Leinwand (131x181cm-52x71in) Stuttgart 95 .... FF23 860 - £3 060 - **$4,810**
GRECOLINI Giovanni Antonio 1675-1725 [1]
✎ *Seated male nude/Study of a child* - Red chalk London 92 .... FF8 300 - £850 - **$1,628**
GREDER Ulf 1949 [3]
▭ *Restauranginteriör/Rose cottage* - Lithograph Malmö 92 .... FF1 886 - £189 - **$363**
GREEF de Jean 1852-1894 [3]
🖼 *La briqueterie* - Huile/toile (98x140cm-39x55in) Bruxelles 91 .... FF9 960 - £1 020 - **$1,850**
GREEF de Jean 1784-1837 [2]
🖼 *Nature morte aux cuivres* - Huile/panneau (35x31cm-14x12in) Bruxelles 91 .... FF5 270 - £531 - **$914**
GREEF Jean-Baptiste 1812-? [1]
🖼 *Les luteurs* - Tempera/tela (53cm-21in) Bruxelles 91 .... FF2 916 - £290 - **$506**
GREEN Alan 1932 [9]
🖼 *Seven rectangles* - Oil/canvas (210x140cm-83x55in) London 97 .... FF16 319 - £1 800 - **$2,862**
▭ *Black over ochre* - Etching (70x83cm-28x33in) Köln 90 .... FF2 700 - £287 - **$483**
✎ *Drawing No. 91* - Gouache (67x87cm-26x34in) København 95 .... FF3 370 - £437 - **$686**
GREEN Amos 1735-1807 [5]
✎ *Near Settle* - Watercolour (24x37cm-9x15in) London 92 .... FF3 910 - £400 - **$766**
GREEN Anthony 1939 [9]
🖼 *Mary arranging Nasturtium at Mole End* - Oil/board (183x183cm-72x72in) London 95........ FF18 170 - £2 400 - **$3,680**
The Red Studio - Oil/board (153cm-60in) London 96 .... FF51 800 - £6 400 - **$10,000**
✎ *1st and 4th working drawing for Ritz* - Watercolour (150x128cm-59x50in) London 95 .... FF4 920 - £650 - **$997**
GREEN Bernard 1887-1951 [2]
🖼 *River landscape* - Oil/canvas (46x61cm-18x24in) Baton Rouge, Louisiana 94 .... FF2 530 - £297 - **$450**
GREEN Charles 1840-1898 [22]
🖼 *The Consultation* - Oil/canvas (74x100cm-29x39in) New-York 96 .... FF100 000 - £12 940 - **$20,000**
✎ *Distant Thoughts* - Watercolour (27x21cm-11x8in) London 96 .... FF7 480 - £950 - **$1,474**
✎ *G. Varden preparing to go on Parade* - Watercolour (44x63cm-17x25in) London 96 .... FF30 300 - £3 800 - **$5,900**
GREEN Charles Edwin Lewis 1844-1915 [8]
🖼 *Rolling Hills* - Oil/canvas Cambridge, Mass. 90 .... FF8 600 - £915 - **$1,538**
GREEN David Gould 1854-1918 [2]
✎ *Unloading the catch* - Watercolour (23x34cm-9x13in) London 94 .... FF1 704 - £200 - **$304**
GREEN Elizabeth Shippen 1871-1954 [1]
✎ *Children watching clouds in field* - Watercolour (51x38cm-20x15in) New-York 94 .... FF33 450 - £4 010 - **$6,500**
GREEN Frank Russell 1856-1949 [6]
🖼 *Milking the cow* - Oil/canvas (25x40cm-10x16in) New-York 92 .... FF3 885 - £407 - **$700**
Haying in august - Oil/canvas (45x75cm-18x30in) New-York 91 .... FF57 000 - £5 740 - **$10,000**
GREEN Henry Towneley 1836-1899 [2]
✎ *The letter* - Watercolour (14x18cm-6x7in) London 94 .... FF4 060 - £480 - **$730**
GREEN James 1771-1834 [6]
🖼 *Officer in uniform in a landscape* - Oil/canvas (91x71cm-36x28in) London 94 .... FF38 800 - £4 500 - **$6,610**
GREEN John Kenneth XIX-XX [2]
🖼 *Figures before a Village Pond* - Oil/canvas (51x76cm-20x30in) London 96 .... FF16 030 - £1 900 - **$3,130**
GREEN Mrs. James,née Green 1776-1845 [1]
✎ *Mother and son* - Miniature (15cm-6in) London 92 .... FF13 680 - £1 400 - **$2,410**
GREEN Richard Crafton 1848-? [1]
🖼 *Italian bay* - Oil/canvas (137x234cm-54x92in) London 91 .... FF44 450 - £4 490 - **$8,824**

GREEN Roland 1896-1972 [80]

🖼 *Green woodpecker on an tree stump* - Oil/board (59x44cm-23x17in) London 96 .... FF7 860 - £1 000 - **$1,512**
✏ *Redshank and Stint* - Watercolour/paper (25x30cm-10x12in) Aylsham, Norfolk 94 .... FF5 010 - £600 - **$925**
Snipe feeding in a marsh - Watercolour (39x43cm-15x17in) London 94 .... FF19 720 - £2 300 - **$3,460**

GREEN Valentine 1739-1813 [10]

✏ *Sir Josuah Reynolds* - Lavis (15x19cm-6x7in) Paris 92 .... FF2 200 - £263 - **$423**

GREEN William 1761-1823 [1]

✏ *Grasmere from Loughrigg side* - Watercolour (35x49cm-14x19in) London 97 .... FF5 644 - £600 - **$973**

GREEN-ELLIOTT Elizabeth Sheppen 1871-1954 [1]

🖼 *Die Falscheit* - Öl/Karton (62x47cm-24x19in) Lindau 92 .... FF12 240 - £1 253 - **$2,155**

GREENAWAY Kate 1846-1901 [10]

✏ *The young gardeners* - Watercolour (8x10cm-3x4in) Edinburgh 92 .... FF7 950 - £950 - **$1,530**

GREENBAUM Joseph 1864-1940 [1]

🖼 *Mrs. Morris Albee* - Oil/canvas (89x74cm-35x29in) San Francisco-Los Angeles 90 .... FF5 700 - £606 - **$1,020**

GREENBERG Maurice 1893-? [1]

🖼 *Seated lady* - Oil/canvas (51x41cm-20x16in) Chicago 94 .... FF2 436 - £289 - **$450**

GREENBERG Samuel 1905 [1]

🖼 *Abstract* - Oil/canvas (46x53cm-18x21in) Chicago 94 .... FF2 300 - £273 - **$425**

GREENBLAT Rodney Alan 1960 [11]

🖼 *Royal Armoire, 1984* - Mixed media (226x122x89cm-89x48x35in) New-York 89 .... FF85 800 - £8 773 - **$13,794**
🖼 *Go Go Golf* - Serigraph (81x109cm-32x43in) Tarzana, CA 94 .... FF2 066 - £237 - **$350**
✏ *Headdresses* - Gouache (54x47cm-21x19in) New-York 90 .... FF10 940 - £1 113 - **$2,188**

GREENE Albert van Nesse 1887-? [2]

🖼 *Houses by pond in winter* - Oil/canvas (65x81cm-26x32in) New-York 92 .... FF14 560 - £1 740 - **$2,800**

GREENE Edward D.E. 1823-1879 [1]

🖼 *Alms for the poor* - Oil/canvas Cambridge, Mass. 89 .... FF5 100 - £521 - **$820**

GREENE Gertrude 1911-1956 [3]

🖼 *Configuration* - Oil/canvas (102x127cm-40x50in) Mystic, Connecticut 95 .... FF16 120 - £2 057 - **$3,300**

GREENE J. Barry 1895-1966 [4]

🖼 *Seated woman* - Oil/canvas (56x46cm-22x18in) Chicago 93 .... FF4 680 - £587 - **$850**

GREENE John Beasley 1832-1856 [13]

📷 *Constantine, Algeria* - Salt print (23x30cm-9x12in) New-York 93 .... FF18 330 - £2 097 - **$3,250**

GREENE Mary Charlotte XIX-XX [1]

✏ *Trafalgar Square* - Watercolour (44x76cm-17x30in) London 95 .... FF4 750 - £600 - **$953**

GREENE Milton H. 1922-1985 [41]

🖼 *Portrait of Marilyn Monroe* - Silkscreen (115x88cm-45x35in) London 91 .... FF5 040 - £502 - **$867**
📷 *Marilyn Monroe* - Gelatin silver print (38x48cm-15x19in) New-York 93 .... FF4 680 - £587 - **$850**
Marilyn Monroe - Gelatin silver print (38x38cm-15x15in) New-York 95 .... FF12 110 - £1 558 - **$2,500**

GREENE Stanley XX [3]

📷 *Paris* - Photo (40x30cm-16x12in) Paris 95 .... FF4 600 - £605 - **$923**

GREENE Stephen XX [2]

🖼 *Light, 1979* - Oil/canvas (122x122cm-48x48in) New-York 89 .... FF5 700 - £583 - **$916**

GREENE Thomas Garland 1875-1955 [10]

🖼 *Mortrait of Dr. Lorne Pierce* - Oil/canvas (66x76cm-26x30in) Toronto 96 .... FF3 040 - £385 - **$583**

GREENE Walter L. XIX-XX [2]

🖼 *House in the woods* - Oil/canvas (56x71cm-22x28in) North Berwick, Maine 92 .... FF3 360 - £344 - **$700**

GREENHAM Peter 1909 [7]

🖼 *Figures by a lake* - Oil/board (25x39cm-10x15in) London 95 .... FF5 710 - £750 - **$1,145**

GREENHAM Robert Duckworth 1906-1975 [46]

🖼 *The Punch & Judy Show* - Oil/canvas/board (46x36cm-18x14in) London 96 .... FF10 460 - £1 350 - **$2,050**
The entertainer - Oil/canvas (43x61cm-17x24in) London 97 .... FF34 516 - £3 600 - **$5,902**
✏ *Ballet dancer dressing* - Pastel/paper (51x42cm-20x17in) London 95 .... FF3 860 - £480 - **$776**

GREENLAW Alexander John 1818-1870 [6]

📷 *Study, southern India* - Photograph (40x45cm-16x18in) London 91 .... FF11 080 - £1 103 - **$1,905**

GREENLEAF Jacob I. 1887-1968 [16]

🖼 *Afternoon Light* - Oil/canvas/board (30x38cm-12x15in) Delray Beach, Florida 95 .... FF2 630 - £315 - **$500**

GREENOUGH Horatio 1805-1852 [1]

🗿 *Boy seated on a grassy mound* - Marble (69cm-27in) London 94 .... FF22 900 - £2 700 - **$4,074**

GREENOUGH Richard Saltonstall 1819-1904 [3]

🗿 *Female portrait bust* - Marble (73cm-29in) New-York 91 .... FF44 950 - £4 513 - **$7,777**
Circe - Marble (128cm-50in) New-York 95 .... FF216 000 - £27 030 - **$43,000**

GREENUP Joseph ?-1946 [2]

✏ *Weiblicher Akt vor Küstenlandschaft* - Aquarell (70x52cm-28x20in) Frankfurt 95 .... FF8 900 - £1 110 - **$1,798**

GREENWOOD George Parker XIX-XX [2]

🖼 *Liverpoool from the Mersey* - Oil/canvas/board (53x86cm-21x34in) London 96 .... FF9 470 - £1 200 - **$1,816**

GREENWOOD Joseph H. 1857-1927 [3]

🖼 *Autumn Oaks* - Oil/canvas (58x81cm-23x32in) Bloomfield Hills, Michigan 96 .... FF5 140 - £624 - **$1,000**

GREENWOOD Marion 1909-1970 [9]

🖼 *Seated semi-nude* - Oil/canvas (91x61cm-36x24in) Delray Beach, Florida 94 .... FF7 670 - £873 - **$1,300**
✏ *Oriental man* - Watercolour (43x28cm-17x11in) Delray Beach, Florida 96 .... FF2 560 - £333 - **$500**

GREENWOOD Orlando 1892-1989 [134]

🖼 *Horses* - Oil/canvas (112x142cm-44x56in) London 96 .... FF6 900 - £900 - **$1,430**

A Vase of Tulips - Oil/canvas (66x56cm-26x22in) London 97 .... FF*16 590* - £*1 800* - **$2,939**
Delphiniums in a vase - Oil/canvas (84x71cm-33x28in) London 90 .... FF*43 600* - £*4 390* - **$8,541**
Richmond Park, London Underground - Poster (99x61cm-39x24in) London 95 ... FF*6 620* - £*800* - **$1,222**
At the opera - Watercolour (54x63cm-21x25in) Billinghurst, West Sussex 92 .... FF*9 070* - £*920* - **$1,750**
GREENWOOD Parker 1850-1904 [5]
Oceanic at sea - Oil/canvas (36x61cm-14x24in) London 95 .... FF*12 410* - £*1 600* - **$2,525**
GREEVES Richard XIX-XX [1]
Chief Crazy Horse - Bronze (102cm-40in) New-York 90 .... FF*13 700* - £*1 457* - **$2,451**
GREF Franz Heinrich 1872-1957 [8]
Verschneiter Garten - Oil/canvas (39x43cm-15x17in) Stuttgart 92 .... FF*13 680* - £*1 405* - **$2,630**
Freiluftftheater im Park einer Villa - Aquarell (48x63cm-19x25in) Stuttgart 92 ... FF*2 035* - £*243* - **$392**
GREF Konrad 1823-1907 [1]
Baumstudie - Öl/Karton (34x42cm-13x17in) Wien 96 .... FF*6 290* - £*787* - **$1,220**
GREFE Conrad 1823-1907 [1]
Der alte Laubbaum - Öl/Karton (342x42cm-135x17in) Wien 96 .... FF*2 436* - £*316* - **$482**
GREFERATH Johannes 1872-1946 [5]
Dorf an einem Fluss - Oil/Leinwand (63x76cm-25x30in) Köln 93 .... FF*9 650* - £*1 092* - **$1,630**
GREFFE Léon 1881-1949 [1]
Vue de Paris - Huile/toile (50x61cm-20x24in) Paris 90 .... FF*8 000* - £*851* - **$1,431**
GREGERSEN Emil 1921 [8]
Komposition - Oil/canvas (46x61cm-18x24in) Viby J, Århus 96 .... FF*4 580* - £*574* - **$884**
GREGERSEN Julius 1860-1953 [2]
Fra Flensborg Havn - Oil/canvas (37x50cm-15x20in) Vejle 89 .... FF*11 400* - £*1 201* - **$1,919**
GRÉGOIRE Alexandre 1922 [7]
Joyeuses fêtes - Huile/toile (40x60cm-16x24in) Paris 95 .... FF*3 800* - £*482* - **$765**
GREGOIRE Jan 1887-1960 [2]
Summer bouquet in a basket - Mixed media/board (61x50cm-24x20in) Amsterdam 95 ... FF*2 610* - £*331* - **$510**
The Good Samaritan - Gouache/paper (80x59cm-31x23in) Amsterdam 95 .... FF*2 162* - £*261* - **$407**
GRÉGOIRE Louis 1840-1890 [26]
A Classical maiden - Bronze (64cm-25in) London 97 .... FF*8 053* - £*849* - **$1,381**
Bacchanalian group - Bronze (71cm-28in) London 96 .... FF*21 670* - £*2 800* - **$4,280**
Mozart au violon - Bronze (73cm-29in) Paris 91 .... FF*53 000* - £*5 276* - **$9,114**
GREGOIRE Paul XVIII-XIX [2]
La pluie - Pierre noire (10x14cm-4x6in) Paris 95 .... FF*3 600* - £*475* - **$730**
GRÉGOIRE Paul XIX-XX [5]
Marché au beure en Pays bigouden - Huile/toile (130x95cm-51x37in) Brest 96 ... FF*59 000* - £*6 770* - **$11,250**
GREGOOR Gillis Smak 1770-1843 [5]
Wooded landscape - Oil/canvas (72x95cm-28x37in) Amsterdam 92 .... FF*27 100* - £*3 240* - **$5,220**
Herdsmen resting along a road - Black chalk (24x30cm-9x12in) Amsterdam 92 .... FF*3 014* - £*360* - **$580**
GREGOOR Paula 1912 [4]
Heide - Huile/toile (50x60cm-20x24in) Tongeren 90 .... FF*5 670* - £*577* - **$1,134**
GREGOR Harold 1929 [4]
Illinois Landscape #32 - Acrylic/canvas (152x213cm-60x84in) New-York 88 ... FF*50 745* - £*4 692* - **$8,500**
GREGORI Ferdinando 1743-1804 [1]
Apollo und Daphne - Etching (43x31cm-17x12in) Bern 94 .... FF*2 626* - £*305* - **$453**
GREGORI Gino 1906-1973 [93]
Nature morte au verre - Huile/toile (155x62cm-61x24in) Paris 95 .... FF*7 500* - £*970* - **$1,545**
Nu, 1973 - Huile/toile (65x54cm-26x21in) Verrières-Le-Buisson 90 .... FF*15 500* - £*1 670* - **$2,734**
GREGORIAN Jean XIX-XX [2]
Les Salons du Louvre - Huile/toile (55x46cm-22x18in) Saint-Germain-en-Laye 93 ... FF*4 500* - £*543* - **$818**
GREGORIO de Francesco 1862-1912 [1]
Galante Szene - Oil/panel (47x30cm-19x12in) Wien 89 .... FF*19 200* - £*2 023* - **$3,232**
GREGORIO de Giuseppe 1920 [5]
Composizione - Olio/tela (98x99cm-39x39in) Milano 91 .... FF*7 740* - £*777* - **$1,339**
Marina d'inverno - Olio/tela (90x110cm-35x43in) Milano 92 .... FF*52 100* - £*5 330* - **$9,170**
GREGORIO de Marco 1829-1876 [3]
Veduta di villa fra gli alberi - Olio/tela (61x92cm-24x36in) Milano 89 .... FF*173 900* - £*17 303* - **$27,472**
GREGORIUS Albert J.F. 1774-1853 [1]
Paul Hélie de St-Paul - Huile/toile (64x64cm-25x25in) Paris 90 .... FF*19 000* - £*1 943* - **$3,750**
GREGORY Charles 1849-1920 [6]
Abdul-Aziz in England - Oil/canvas (79x99cm-31x39in) London 89 .... FF*150 100* - £*14 935* - **$23,712**
Children gathering flowers - Watercolour (36x52cm-14x20in) Montréal 93 .... FF*8 470* - £*960* - **$1,430**
GREGORY Charles 1810-1896 [5]
The yacht America - Oil/canvas (40x61cm-16x24in) London 92 .... FF*63 500* - £*6 500* - **$11,200**
Sultan Abdul-Aziz, Royal naval review - Oil/canvas (78x98cm-31x39in) London 96 ... FF*236 700* - £*30 000* - **$45,400**
GREGORY Edward John 1850-1909 [13]
Duet - Oil/canvas (29x23cm-11x9in) London 97 .... FF*24 786* - £*2 600* - **$4,253**
Mabel Galloway - Watercolour (48x39cm-19x15in) London 94 .... FF*5 980* - £*700* - **$1,043**
GREGORY George 1849-1938 [40]
Portsmouth Harbour - Oil/canvas (50x75cm-20x30in) Retford, Nottinghamshire 93 ... FF*6 640* - £*800* - **$1,160**
Caught on the Rocks - Oil/canvas (76x127cm-30x50in) London 97 .... FF*35 647* - £*3 800* - **$622,4 2**
Sailing off the Isle of Wight - Watercolour (20x32cm-8x13in) London 92 .... FF*3 520* - £*360* - **$621**

GREGORY George Frederick 1815-c.1885 [6]
A Merchantman - Watercolour (51x91cm-20x36in) London 97 .... FF**7 032** - £**750** - **$1,233**
GREGORY John 1879-1958 [3]
Toy Venus - Bronze (33cm-13in) New-York 96 .... FF**33 900** - £**3 930** - **$6,500**
GREGORY Yvonne 1889-1970 [6]
W. Heath Robinson - Silver print (37x27cm-15x11in) London 93 .... FF**2 490** - £**300** - **$435**
GREGUSS Imre 1856-1910 [1]
Scène de chasse à courre - Huile/toile (79x100cm-31x39in) Bruxelles 90 .... FF**21 100** - £**2 245** - **$3,775**
GREIFFENHAGEN Maurice William 1862-1931 [7]
An idyll - Oil/board (35x25cm-14x10in) London 89 .... FF**8 700** - £**890** - **$1,399**
GREIG James 1861-1941 [5]
Newlyn harbour - Watercolour (30x45cm-12x18in) London 93 .... FF**1 992** - £**240** - **$372**
GREIL Alois 1842-1902 [10]
The fruit vendor, Naples - Oil/panel (20x25cm-8x10in) North Bethesda, MD. 92 ... FF**2 340** - £**249** - **$450**
Die vielen Gesichter Sarajewos - Watercolour (9x17cm-4x7in) Wien 96 .... FF**8 640** - £**1 047** - **$1,680**
GREINER Otto 1869-1916 [16]
Porträt Paul Horst-Schulze - Lithographie (30x37cm-12x15in) Berlin 94 .... FF**2 050** - £**242** - **$365**
Römischer Krieger mit Courtisane - Drawing (41x39cm-16x15in) Heidelberg 96 .... FF**12 870** - £**1 590** - **$2,486**
GREIS Otto 1913 [5]
Kompositionen - Oil/canvas (19x24cm-7x9in) München 91 .... FF**14 200** - £**1 414** - **$2,442**
Tuareg-Serie - Öl/Leinwand (115x70cm-45x28in) Köln 92 .... FF**40 472** - £**4 249** - **$6,937**
Komposition mit Kreisen - Aquarell/Papier (47x47cm-19x19in) Heidelberg 94 ...... FF**8 570** - £**1 028** - **$1,665**
GREIVE Johan Conrad, Jnr. XIX-XX [4]
Townsfolk strolling, Amsterdam - Oil/canvas (38x60cm-15x24in) Amsterdam 91 ..... FF**60 100** - £**6 056** - **$10,429**
On the canal at Oudewater - Watercolour (20x30cm-8x12in) London 92 .... FF**6 880** - £**800** - **$1,404**
GREIVE Johan Conrad, Snr. 1837-1891 [8]
Royal Barge & a two-master - Oil/panel (37x53cm-15x21in) Amsterdam 97 .... FF**81 032** - £**8 621** - **$14,099**
Damrak, Amsterdam - Oil/canvas (62x90cm-24x35in) Amsterdam 97 .... FF**380 137** - £**40 186** - **$65,227**
Harbour - Watercolour/paper (28x43cm-11x17in) Amsterdam 97 .... FF**49 520** - £**5 268** - **$8,616**
GRELLET Georges XIX-XX [14]
Contre le froid… - Affiche (86x59cm-34x23in) Boulogne 95 .... FF**2 000** - £**254** - **$404**
GRELLET Roger 1924 [3]
L'église de Chennevières - Gouache (56x76cm-22x30in) La Varenne Saint-Hilaire 91 .... FF**4 000** - £**397** - **$695**
GREMION Charles XIX-XX [1]
Sitzender Hase - Bronze (9cm-4in) Bremen 93 .... FF**3 050** - £**365** - **$587**
GREMKE Deidrich Henry 1860-1939 [2]
Mountain landscape - Oil/canvas (45x61cm-18x24in) San Francisco-Los Angeles 92 .. FF**13 870** - £**1 453** - **$2,500**
GRENET DE JOIGNY Dominique Adolphe 1821-1885 [4]
Promenade au bord de l'eau - Huile/toile (25x45cm-10x18in) Reims 97 .... FF**16 000** - £**1 691** - **$2,746**
GRENET Edouard 1875-? [3]
Portrait de fillette à la poupée - Huile/toile (115x89cm-45x35in) Deauville 92 .... FF**7 000** - £**720** - **$1,347**
GRENIER DE SAINT MARTIN François, Francisque 1793-1867 [4]
Cheval hunter dans un pré - Huile/toile (24x32cm-9x13in) Paris 91 .... FF**9 000** - £**902** - **$1,486**
Riding a donkey - Oil/canvas (46x38cm-18x15in) Amsterdam 91 .... FF**24 050** - £**2 423** - **$4,173**
GRENIER Henry XX [3]
Place Moray, Montparnasse - Oil/canvas/panel (55x40cm-22x16in) New-York 89 .... FF**4 000** - £**409** - **$643**
La Tour Saint-Jacques, Paris
          Watercolour, gouache/paper (70x50cm-28x20in) San Francisco-Los Angeles 94 .... FF**6 940** - £**828** - **$1,300**
GRENIER Madeleine 1929-1982 [9]
Pénitents, 1960 - Huile/toile (100x81cm-39x32in) Paris 90 .... FF**8 000** - £**851** - **$1,431**
Sans titre - Aquarelle, gouache (56x75cm-22x30in) Paris 91 .... FF**2 800** - £**288** - **$522**
GRENNES Johannes 1875-1963 [5]
Interiør med pige der spiller på guitar - Oil/canvas (60x55cm-24x22in) København 96 .... FF**6 210** - £**708** - **$1,190**
Young women seated in a garden - Oil/canvas (33x48cm-13x19in) København 95 .... FF**32 640** - £**4 060** - **$6,360**
GRESKO Georg 1920-1963 [3]
Landschaft - Aquarell (48x40cm-19x16in) Hamburg 93 .... FF**4 820** - £**546** - **$814**
GRESLEY Frank 1855-1936 [20]
King's Newton/Tree mile bridge
          Oil/canvas (27x38cm-11x15in) Billinghurst, West Sussex 92 .... FF**9 260** - £**940** - **$1,786**
Cattle watering - Watercolour (27x38cm-11x15in) London 92 .... FF**6 350** - £**650** - **$1,118**
GRESLEY Harold 1892-1967 [9]
Pastoral landscape - Watercolour (21x27cm-8x11in) Billinghurst, West Sussex 92 ..... FF**5 720** - £**580** - **$1,102**
GRESLEY James Stephen 1829-1908 [10]
Beehives in a garden - Oil/canvas (23x21cm-9x8in) Hadspen 96 .... FF**16 570** - £**2 100** - **$3,180**
Fast flowing rocky stream - Watercolour (43x63cm-17x25in) Retford, Nottinghamshire 92 ...... FF**4 690** - £**480** - **$826**
GRESLY Gaspard, Gabriel 1712-1756 [4]
Marchande de cerises - Huile/toile (82x65cm-32x26in) Paris 92 .... FF**180 000** - £**20 930** - **$36,700**
GRESY Prosper 1810-1974 [5]
Paysage méridional - Huile/panneau (25x39cm-10x15in) Ourville-en-Caux 97 ...... FF**2 200** - £**238** - **$386**
Paysage de montagne - Huile/panneau (34x49cm-13x19in) La Varenne Saint-Hilaire 97 .... FF**34 000** - £**3 682** - **$5,970**
GRETH Julius XIX [2]
Waldlandschaft mit Heuwagen - Öl/Leinwand (79x55cm-31x22in) Bremen 93 .... FF**9 050** - £**1 035** - **$1,530**

G

GRETHE Carlos 1864-1913 [13]
🖼 *Fischerboote in ruhiger See* - Öl/Karton (33x48cm-13x19in) Stuttgart 93 .... FF**13 920** - £**1 597** - **\$2,370**
📖 *Hafenmotiv* - Color lithograph (36x49cm-14x19in) Hamburg 96 .... FF**2 440** - £**305** - **\$472**
GRETHER Ferdinand Karl 1886-1945 [1]
🖼 *Partie bei Sinsheim a. Elsenz* - Öl/Leinwand (75x100cm-30x40in) Heidelberg 96 .... FF**4 070** - £**526** - **\$797**
GRETZNER Harold 1902-1977 [5]
✎ *Woolworth Building, San Francisco*
    Watercolour/paper (41x48cm-16x19in) San Francisco-Los Angeles 95 .... FF**6 970** - £**917** - **\$1,400**
GREUTER Jakob 1890-1984 [2]
🖼 *La Belle Époque* - Oil/canvas (26x23cm-10x9in) Bern 93 .... FF**2 590** - £**309** - **\$498**
✎ *A Homo Medicus* - Coloured pencils (35x21cm-14x8in) London 96 .... FF**13 200** - £**1 600** - **\$2,567**
GREUX Amédée Paul 1836-? [1]
✎ *Talking to the Maid* - Watercolour (31x24cm-12x9in) London 97 .... FF**2 026** - £**220** - **\$359**
GREUZE Jean-Baptiste 1725-1805 [61]
🖼 *Young child playing with a dog* - Oil/canvas (64x53cm-25x21in) Boston, Mass. 92 .... FF**1** - £**161 400** - **\$260,000**
 Jeune fille pensive - Huile/toile (57x49cm-22x19in) Paris 97 .... FF**360 000** - £**37 764** - **\$61,812**
✎ *Tête de jeune fille vue de profil* - Sanguine/papier (44x35cm-17x14in) Paris 97 .... FF**75 000** - £**7 973** - **\$12,960**
The improper proposal - Ink (33x26cm-13x10in) New-York 97 .... FF**417 128** - £**46 425** - **\$75,000**
GREVATTE Michael XX [5]
🗿 *Classical female head* - Sculpture (56cm-22in) London 96 .... FF**2 690** - £**350** - **\$534**
GREVE Anita 1903-1972 [1]
🖼 *Hester og mennesker* - Oil/canvas (36x38cm-14x15in) Oslo 92 .... FF**2 344** - £**240** - **\$413**
GREVE-LINDAU Georg 1876-? [1]
🖼 *Hamburger Hafen* - Öl/Leinwand (7x100cm-3x39in) Hamburg 95 .... FF**3 855** - £**489** - **\$776**
GREVEDON Henri 1776-1860 [3]
🖼 *L'apprentissage des novices* - Huile/toile (32x24cm-13x9in) Paris 89 .... FF**9 500** - £**971** - **\$1,527**
📖 *Béatrix/Rosine/Délie* - Lithographie couleurs (39x32cm-15x11in) Paris 96 .... FF**2 800** - £**361** - **\$545**
✎ *Quatre portraits de jeunes filles* - Pierre noire (14x9cm-6x4in) Paris 96 .... FF**3 000** - £**364** - **\$584**
GREVEDON Pierre Louis, Henri 1776-1860 [2]
✎ *Homme assis* - Aquarelle (31x23cm-12x9in) Paris 92 .... FF**13 000** - £**1 552** - **\$2,500**
GREVELL Arthur 1891-1966 [2]
🖼 *Mary Capaert, 1934* - Oil/canvas (65x46cm-26x18in) Genève 89 .... FF**19 500** - £**2 055** - **\$3,283**
GRÉVIN Alfred 1827-1892 [13]
✎ *Projets de costumes* - Aquarelle Monaco 95 .... FF**2 800** - £**363** - **\$578**
GREWENIG Hermann 1919-? [1]
✎ *Schild und Schwert* - Gouache (75x56cm-30x22in) Frankfurt 94 .... FF**1 720** - £**205** - **\$324**
GREY de Roger 1918-1995 [17]
🖼 *Camer Street* - Oil/canvas (101x101cm-40x40in) London 95 .... FF**15 830** - £**2 000** - **\$3,176**
GREY John 1873-1957 [1]
🖼 *Dog* - Oil/canvas (50x58cm-20x23in) Detroit, Michigan 91 .... FF**2 550** - £**257** - **\$442**
GREY Maria 1950 [8]
🖼 *Le verre gravé* - Huile/panneau (40x50cm-16x20in) Nevers 94 .... FF**4 000** - £**481** - **\$761**
GRIBAUDO Ezio 1929 [8]
🖼 *Cavalli, 1989* - Technique mixte (35x40cm-14x16in) Paris 89 .... FF**8 000** - £**843** - **\$1,347**
GRIBBLE Bernard Finegan 1873-1962 [20]
🖼 *Armada vessels off the cliffs* - Oil/panel (30x41cm-12x16in) London 96 .... FF**4 490** - £**580** - **\$868**
Battleships in action - Oil/board (68x48cm-27x19in) Amsterdam 96 .... FF**14 500** - £**1 790** - **\$2,800**
GRIBLING Frank 1933 [2]
🖼 *Composition with figures* - Oil/canvas (100x100cm-39x39in) Amsterdam 91 .... FF**13 650** - £**1 402** - **\$2,540**
GRIBOUVAL Auguste Jean XIX-XX [2]
🖼 *Femmes au café* - Huile/toile (73x92cm-29x36in) Paris 91 .... FF**20 000** - £**2 015** - **\$3,470**
GRIEBEL Otto 1895-1972 [3]
✎ *Colibri-Bar* - Aquarell (43x35cm-17x14in) München 95 .... FF**38 800** - £**4 950** - **\$7,950**
GRIEBEL Richard XX [2]
🖼 *Hamburger Hafen* - Öl/Leinwand (75x100cm-30x39in) München 93 .... FF**2 625** - £**301** - **\$445**
GRIEKEN van Jan 1950 [14]
🖼 *Baia Algados* - Huile/toile (70x100cm-28x39in) Lokeren 94 .... FF**12 370** - £**1 442** - **\$2,167**
✎ *Fabriek in Sao Luis* - Pastel (52x72cm-20x28in) Lokeren 92 .... FF**5 920** - £**688** - **\$1,207**
GRIENT van der Cornelis 1827-1918 [1]
✎ *Rotterdam at night* - Watercolour (28x23cm-11x9in) Amsterdam 94 .... FF**2 120** - £**244** - **\$363**
GRIEPENKERL Christian 1839-1916 [3]
🖼 *Die Witwe mit ihren Freiern* - Öl/Leinwand (33x41cm-13x16in) Wien 95 .... FF**4 900** - £**635** - **\$996**
GRIER Edmund Wyly 1862-1957 [2]
✎ *The Old Spadina Road Bridge* - Oil/board (27x36cm-11x14in) Toronto 95 .... FF**3 400** - £**435** - **\$695**
GRIER Louis Monroe 1864-1920 [6]
🖼 *The road into St. Ives* - Oil/canvas (50x76cm-20x30in) Penzance, Cornwall 96 .... FF**4 055** - £**520** - **\$800**
GRIERSON Charles Mac Iver 1864-1939 [12]
✎ *The picnic* - Wash (28x36cm-11x14in) London 91 .... FF**16 760** - £**1 690** - **\$3,267**
GRIESHABER Helmut A.P., Hap 1909-1981 [252]
📖 *Maler mit Bild* - Woodcut in colors (50x39cm-20x15in) Köln 93 .... FF**3 380** - £**355** - **\$578**
Polnischer Kreuzweg - Woodcut in colors Hamburg 97 .... FF**12 133** - £**1 298** - **\$2,115**
✎ *Siamkatzen* - Gouache (48x43cm-19x17in) München 93 .... FF**54 700** - £**6 480** - **\$9,870**

GRIEVE Walter Graham 1872-1937 [3]
- *Roses in a vase* - Oil/canvas/board (53x42cm-21x17in) Glasgow 91 .... FF37 900 - £3 798 - **$6,391**

GRIFFA Giorgio 1936 [11]
- *Composizione* - Oil/canvas (110x110cm-43x43in) Milano 90 .... FF16 500 - £1 755 - **$2,952**

GRIFFIER Robert 1688-1750 [12]
- *Paysage de neige* - Huile/toile (43x31cm-17x12in) Paris 95 .... FF71 000 - £8 880 - **$14,140**

GRIFFIN Brian 1948 [1]
- *George Melly* - Gelatin silver print (35x35cm-14x14in) London 91 .... FF2 976 - £300 - **$516**

GRIFFIN Thomas Bailey 1858-? [13]
- *Hunting dogs pointing* - Oil/canvas (61x91cm-24x36in) New-York 90 .... FF9 360 - £957 - **$1,848**

GRIFFIN Walter P. S. 1861-1935 [14]
- *Old Church Tower, France* - Oil/canvas (84x92cm-33x36in) New-York 94 .... FF33 700 - £3 980 - **$6,000**
- *Norway* - Pastel/paper (13x18cm-5x7in) Boston, Mass. 94 .... FF3 520 - £417 - **$650**

GRIFFIN William Davenport 1894 [2]
- *The brig Mary off hull* - Oil/panel (47x72cm-19x28in) London 90 .... FF29 100 - £3 016 - **$5,114**

GRIFFITH Grace Myrtle Allison 1885-1955 [2]
- *The Lei women*
  Watercolour/paper (38x43cm-15x17in) San Francisco-Los Angeles 92 .... FF10 540 - £1 104 - **$1,900**

GRIFFITH Louis Oscar 1875-1956 [1]
- *On the hill* - Oil/canvas (25x36cm-10x14in) Chicago 93 .... FF3 300 - £414 - **$600**

GRIFFITH Mcses 1747-1819 [4]
- *Beddgelert, Caernarvonshire* - Pencil (17x22cm-7x9in) London 93 .... FF7 900 - £900 - **$1,341**

GRIFFITH William Alexander 1866-1940 [4]
- *Laguna Hills* - Oil/canvas/panel (40x51cm-16x20in) San Francisco-Los Angeles 91 .... FF25 650 - £2 585 - **$4,451**
- *Mountains edge* - Pastel/paper (51x61cm-20x24in) San Francisco-Los Angeles 94 .... FF6 480 - £663 - **$1,200**

GRIFFITHS Harley Cameron 1908-1981 [2]
- *Queensland landscape* - Oil/canvas (77x102cm-30x40in) London 90 .... FF11 710 - £1 197 - **$2,311**

GRIFFITHS John 1838-1918 [2]
- *An Afghan* - Wash (34x25cm-13x10in) London 91 .... FF10 970 - £1 099 - **$1,850**

GRIFFITHS L.R. 1837-1918 [1]
- *The Bay at Bombay* - Watercolour (35x50cm-14x20in) London 95 .... FF13 650 - £1 700 - **$2,670**

GRIFFITHS Moses 1747-1819 [10]
- *Fountains abbey, Yorkshire* - Watercolour (35x33cm-14x13in) London 90 .... FF25 200 - £2 538 - **$4,582**

GRIFFITHS Wilfred Frank 1917 [1]
- *Kennissis Lake/Eagle Lake* - Oil/board (20x30cm-8x12in) Toronto 92 .... FF2 260 - £231 - **$398**

GRIFFON Gabriel 1866-1938 [7]
- *Les Lavandières* - Huile/panneau (46x55cm-18x22in) Aix-en-Provence 96 .... FF21 000 - £2 410 - **$4,010**

GRIGGS Frederick Landseer 1876-1938 [13]
- *St Botolph's Boston* - Etching (26x18cm-10x7in) London 92 .... FF2 150 - £220 - **$422**
- *Cathedral interior* - Pencil (13x15cm-5x6in) London 92 .... FF1 760 - £180 - **$311**

GRIGGS Samuel W. 1827-1898 [7]
- *N. Conway, NH* - Oil/board (20x25cm-8x10in) North Berwick, Maine 92 .... FF8 320 - £993 - **$1,600**
- *Lake George* - Oil/canvas (46x76cm-18x30in) New-York 89 .... FF51 500 - £5 124 - **$8,136**

GRIGNANI Franco 1908 [2]
- *Fotogramma* - Silver print (24x17cm-9x7in) London 92 .... FF4 890 - £500 - **$860**

GRIGORESCU Nicolas Jon 1838-1907 [7]
- *Shepherdess with their flock* - Oil/canvas (44x76cm-17x30in) London 93 .... FF24 900 - £3 000 - **$4,350**

GRIGORIEV Boris Dimitrevich 1886-1939 [22]
- *Geraniums in the garden at Borisella* - Oil/canvas (73x60cm-29x24in) London 96 .... FF54 600 - £7 000 - **$10,830**
- *Faces of Russia, Liki rasseya* - Oil/canvas (200x250cm-79x98in) London 92 .... FF377 000 - £45 000 - **$72,500**
- *Life in the country* - Watercolour (42x32cm-17x13in) London 92 .... FF8 370 - £1 000 - **$1,610**

GRIGORIEV Igor 1934 [2]
- *Nature morte russe* - Huile/toile Saint-Germain-en-Laye 92 .... FF3 000 - £308 - **$556**

GRIGORIEV Nikolay Mikhailovich 1880-1943 [3]
- *Still life with a carafe* - Oil/cardboard (33x22cm-13x9in) Moscow 93 .... FF2 950 - £336 - **$500**

GRIJS de Hendrik Frederik 1866-1933 [3]
- *Artist in his studio* - Oil/canvas (76x64cm-30x25in) Mystic, Connecticut 94 .... FF3 486 - £403 - **$600**

GRILL Oswald 1878-1964 [21]
- *Blick über die Wälder des Attersees* - Öl/Leinwand (90x119cm-35x47in) Wien 93 .... FF14 430 - £1 724 - **$2,775**
- *Weitenegg an der Donau* - Pastel/papier (89x63cm-35x25in) Wien 93 .... FF8 650 - £1 034 - **$1,665**

GRILLET Hélène XIX [1]
- *Petite fille à la poupée* - Huile/toile (92x72cm-36x28in) Paris 90 .... FF22 000 - £2 355 - **$3,826**

GRILLON Roger 1881-1938 [22]
- *Nature morte de fruits* - Huile/toile (50x65cm-20x26in) Saint-Dié 92 .... FF6 000 - £615 - **$1,080**
- *Nu au miroir* - Huile/toile (92x73cm-36x29in) Paris 97 .... FF16 000 - £1 750 - **$2,787**
- *La Rochelle* - Aquarelle (22x28cm-9x11in) Saint-Dié 92 .... FF1 500 - £154 - **$294**

GRIM Maurice Grimaldi 1890-1968 [1]
- *Le paradis terrestre* - Huile/carton (38x46cm-15x18in) Paris 97 .... FF4 800 - £521 - **$842**

GRIMALDI Alfredo XX [3]
- *Village aux couleurs du Sud* - Huile/toile (70x70cm-28x28in) Nevers 94 .... FF4 500 - £541 - **$856**

GRIMALDI DEL POGGETTO Stanislas XIX-XX [1]
- *Horse and buggy* - Bronze (18cm-7in) New-York 95 .... FF18 640 - £2 360 - **$3,750**

GRIMALDI William 1751-1830 [7]

⟡ *A Lady* - Miniature (6cm-2in) London 96 .... FF6 **200** - £*800* - **$1,197**

GRIMANI Guido 1871-1933 [8]

🖙 *View of Venice* - Oil/canvas (90x120cm-35x47in) London 92 .... FF25 **400** - £*2 600* - **$4,480**

GRIMAUD Aimé Louis XIX [2]

🖙 *Bananas, Mauritius* - Oil/canvas (67x60cm-26x24in) London 97 .... FF11 **205** - £*1 200* - **$1,964**

GRIMELUND Johannes Martin 1842-1917 [36]

🖙 *Le lever en Norvège* - Huile/toile (38x55cm-15x22in) Paris 92 .... FF7 **500** - £*824* - **$1,369**

Fjordparti - Oil/canvas (31x53cm-12x21in) Oslo 92 .... FF11 **700** - £*1 362* - **$2,390**

Anvers, vue de l'Escaut - Oil/canvas (38x61cm-15x24in) New-York 92 .... FF48 **300** - £*4 940* - **$8,500**

GRIMM Alfons 1898-1954 [2]

🖙 *Mein Zimmer an der Schipfe, Zürich* - Öl/Karton (30x23cm-12x9in) Zofingen 93 .... FF2 **375** - £*271* - **$403**

GRIMM Arthur 1883-1948 [6]

🖙 *Parklandschaft mit Brücke* - Öl/Leinwand (60x80cm-24x31in) Köln 97 .... FF12 **842** - £*1 349* - **$2,198**

GRIMM Carl Heinrich Adolph 1799-1843 [3]

🖙 *Vor dem Hauseingang* - Öl/Leinwand (77x66cm-30x26in) Wien 93 .... FF33 **700** - £*4 020* - **$6,470**

GRIMM Johann G. 1846-1887 [2]

🖙 *Coastal landscape, Capri* - Oil/canvas (16x12cm-6x5in) Kempten 96 .... FF5 **080** - £*638* - **$989**

GRIMM Louise Dorothea E. 1805-c.1850 [2]

⟡ *Rosen* - Gouache/paper (33x25cm-13x10in) Wien 91 .... FF6 **240** - £*620* - **$1,083**

GRIMM Ludwig Emil 1790-1865 [6]

⟡ *Tegernseer Bauernmädchens* - Pencil/paper (13x13cm-5x5in) München 94 .... FF5 **490** - £*650* - **$1,014**

GRIMM Paul 1892-1974 [28]

🖙 *Lone Smoke Tree* - Oil/canvas (66x102cm-26x40in) San Francisco-Los Angeles 95 .... FF4 **240** - £*557* - **$850**

Los Angeles Harbor - Oil/canvas (52x62cm-20x24in) San Francisco-Los Angeles 93 .... FF16 **500** - £*2 070* - **$3,000**

GRIMM Pierre 1898-1979 [6]

🖙 *Bodegón* - Oleo/lienzo (79x99cm-31x39in) Madrid 93 .... FF8 **900** - £*1 060* - **$1,610**

GRIMM Samuel Hieronymus 1733-1794 [24]

🖙 *Paysage fluvial animé* - Huile/toile (47x58cm-19x23in) Avignon 91 .... FF38 **000** - £*3 900* - **$7,070**

⟡ *End of the Upper Terrace, Surrey* - Ink (18x26cm-7x10in) London 95 .... FF4 **780** - £*620* - **$980**

Island between Brentford and Kew - Watercolour (25x33cm-10x13in) London 92 .... FF31 **260** - £*3 200* - **$5,500**

GRIMM Stanley 1891-c.1967 [2]

🖙 *Summer flowers in a red vase* - Oil/canvas (45x36cm-18x14in) London 92 .... FF2 **345** - £*280* - **$452**

GRIMM Stephanie 1887-1977 [1]

⟡ *Blütenpracht am Tulpenbaum* - Aquarell (60x49cm-24x19in) Heidelberg 92 .... FF3 **216** - £*374* - **$657**

GRIMM Wilhelm 1904-1986 [31]

🖙 *Rummelpott* - Öl/Leinwand (100x70cm-39x28in) Hamburg 95 .... FF38 **300** - £*4 840* - **$7,680**

🗐 *Elegie* - Woodcut in colors (24x32cm-9x13in) Hamburg 97 .... FF3 **033** - £*324* - **$528**

⟡ *Mädchenportrait* - Watercolour (13x8cm-5x3in) Hamburg 97 .... FF2 **022** - £*216* - **$352**

GRIMOU Alexis 1680-1740 [7]

🖙 *Duchesse de Caumont-Laforce* - Huile/toile (55x46cm-22x18in) Cheverny 96 .... FF105 **000** - £*13 300* - **$20,130**

GRIMOU Jean c.1680-1733 [3]

🖙 *Autoportrait à la palette* - Huile/toile (72x59cm-28x23in) Paris 89 .... FF180 **000** - £*18 967* - **$30,303**

GRIMSHAW John Atkinson 1836-1893 [119]

🖙 *Fairfax House* - Oil/canvas (73x64cm-29x25in) London 97 .... FF1 - £*120 000* - **$191,628**

Grapes, a Peach in a Mossy Knoll - Oil/board (20x25cm-8x10in) London 97 .... FF50 **505** - £*5 500* - **$8,782**

A Stag by Moonlight - Oil/board (35x25cm-14x10in) London 97 .... FF101 **010** - £*11 000* - **$17,566**

Colwith Force - Oil/board (35x44cm-14x17in) London 97 .... FF190 **476** - £*20 000* - **$32,648**

Moon, Gas and Starlight, Whitby - Oil/canvas (34x43cm-8x17in) London 97 .... FF238 **323** - £*25 000* - **$40,895**

Lovers by Roundhay Park Lane - Oil/cardboard (32x53cm-13x21in) London 97 .... FF532 **597** - £*58 000* - **$92,620**

⟡ *The Vale of Newlands, Cumberland* - Watercolour (33x49cm-13x19in) London 96 .... FF76 **000** - £*9 000* - **$14,800**

GRIMSHAW Louis H. 1870-1943 [7]

🖙 *Scarborough* - Oil/canvas (30x45cm-12x18in) London 97 .... FF96 **418** - £*10 500* - **$16,767**

GRIMSRUND Jan 1937-1991 [1]

🖙 *Dame med kat* - Oil/canvas (51x46cm-20x18in) Oslo 92 .... FF4 **780** - £*489* - **$841**

GRINBERG Alexander 1885-1979 [1]

📷 *Sergey Eisenstein* - Gelatin silver print (10x8cm-4x3in) New-York 92 .... FF4 **900** - £*570* - **$1,000**

GRINSSON Boris 1907-? [1]

🗐 *Le Caïd, Warner Bross* - Poster (160x119cm-63x47in) London 96 .... FF10 **400** - £*1 350* - **$2,057**

GRINSSON Louis XX [2]

🗐 *7 Ans de Réflexion* - Affiche (120x160cm-47x63in) Nice 93 .... FF2 **100** - £*253* - **$382**

GRIOIS Georges 1872-1944 [2]

🖙 *Orchard in full bloom* - Oil/canvas (46x56cm-18x22in) London 90 .... FF2 **900** - £*309* - **$519**

GRIPENHOLM Ulf 1943 [11]

🖙 *Modell* - Oil/canvas (92x75cm-36x30in) Stockholm 92 .... FF21 **700** - £*2 220* - **$3,820**

🗐 *Nattvandrare, 1977* - Color lithograph (50x68cm-20x27in) Stockholm 89 .... FF3 **200** - £*309* - **$486**

⟡ *Skuggor och figurer* - Mixed media/paper (22x25cm-9x10in) Stockholm 94 .... FF6 **620** - £*768* - **$1,140**

GRIPS Charles Joseph 1825-1920 [10]

🖙 *Femme à son rouet* - Huile/panneau (32x25cm-13x10in) Lokeren 95 .... FF43 **500** - £*5 720* - **$8,730**

GRIPS Frits 1869-1961 [1]

🖙 *Flowers in a vase, fruit on a plate* - Oil/canvas (72x50cm-28x20in) Amsterdam 94 .... FF3 **030** - £*348* - **$518**

GRIS Juan 1887-1927 [117]

🖙 *Le jacquet* - Oil/canvas (80x53cm-31x21in) New-York 96 .... FF1 - £*2 72e +06* - **$3**

Verre et Bouteille - Oil/canvas (46x27cm-18x11in) London 97 .... FF1 - £*180 000* - **$297,630**

Paysage, Céret - Oil/canvas (100x65cm-39x26in) London 95 .... **FF1 - £1 - $2**
Guitare et verre - Mixed media/board (55x47cm-22x19in) New-York 97 .... **FF6 - £677 600 - $1**
Tête d'arlequin - Oil/canvas (35x24cm-14x9in) New-York 92 .... **FF386 000 - £40 700 - $70,000**
Le compotier - Oil/canvas (46x38cm-18x15in) New-York 97 .... **FF2 91 75e +06 - £215 600 - $350,000**
Le Violon - Gouache (30x26cm-12x10in) London 95 .... **FF1 - £240 000 - $368,000**
La lampe - Watercolour (27x21cm-11x8in) New-York 97 .... **FF1 - £154 000 - $250,000**
Arlequin d'après Cézanne - Pencil/paper (22x17cm-9x7in) New-York 94 .... **FF102 700 - £12 060 - $18,000**
Nature morte - Gouache (14x18cm-6x7in) New-York 93 .... **FF289 000 - £36 200 - $52,500**
Nature morte devant la fenêtre - Gouache (21x16cm-8x6in) London 95 .... **FF820 462 - £85 000 - $140,547**
GRISARD Jean Louis Victor 1797-1867 [1]
Temple de Vesta à Tivoli - Dessin (16x12cm-6x5in) Paris 92 .... **FF2 900 - £346 - $558**
GRISEL Georges 1811-1877 [2]
Le lac de Wallenstadt, c.1833 - Huile/carton (30x40cm-12x16in) Genève 89 .... **FF2 700 - £285 - $455**
GRISEL Philippe 1930 [2]
Paysans à table - Huile/toile (72x90cm-28x35in) Neuilly 97 .... **FF2 000 - £220 - $351**
Église de campagne - Huile/toile (73x92cm-29x36in) Le Touquet 95 .... **FF20 000 - £2 490 - $3,900**
GRISET Ernest 1844-1907 [19]
A frigate bird feeding her young - Oil/board (57x43cm-22x17in) London 95 .... **FF3 740 - £450 - $708**
Figure with draped Shoulders - Watercolour (35x25cm-14x10in) London 94 .... **FF1 586 - £190 - $293**
Le mammouth, 1882 - Aquarelle, gouache/papier (87x12cm-34x5in) Versailles 90 .... **FF38 000 - £4 069 - $6,609**
GRISON François-Adolphe 1845-1914 [27]
Elégante au manchon, ou L'Hiver - Huile/panneau (22x16cm-9x6in) Zürich 96 ... **FF15 100 - £1 750 - $2,890**
The hunting party - Oil/canvas (284x149cm-112x59in) New-York 92 .... **FF72 800 - £8 690 - $14,000**
A woman sewing - Watercolour/paper (34x73cm-13x29in) New-York 95 .... **FF7 930 - £954 - $1,500**
GRISOT Pierre 1911-1995 [138]
Deux ballerines - Huile/isorel (35x27cm-14x11in) Paris 97 .... **FF5 500 - £573 - $937**
Catherine - Huile/isorel (33x24cm-13x9in) Provins 97 .... **FF8 000 - £850 - $1,386**
Jeunes cavaliers en course - Huile/toile (56x36cm-22x14in) Provins 95 .... **FF13 000 - £1 596 - $2,530**
Surprises - Huile/toile (55x46cm-22x18in) Montauban 90 .... **FF30 000 - £3 099 - $5,300**
GRISWOLD Casimir Clayton 1834-? [2]
Ponte Milvio, Roma - Oil/canvas (42x84cm-17x33in) London 91 .... **FF59 300 - £5 991 - $11,772**
GRITCHENKO Alexis 1883-1977 [10]
Paysage portugais - Oil/board (38x46cm-15x18in) London 95 .... **FF11 580 - £1 500 - $2,370**
GRITSCHKER-KUNZENDORF von Anna 1871-? [1]
Stilleben mit Vogel und Zitronen - Öl/Leinwand (21x47cm-8x19in) Bremen 94 .... **FF8 970 - £1 061 - $1,654**
GRITTEN Henry C. 1818-1873 [10]
Coastal scene - Oil/canvas (45x73cm-18x29in) London 95 .... **FF23 200 - £3 000 - $4,740**
GRIVAZ Eugène 1852-1915 [4]
C'est l'heure de jouer - Aquarelle (33x24cm-13x9in) Pontoise 96 .... **FF3 000 - £382 - $579**
GRIVOLAS Antoine 1843-1902 [3]
Nature morte de fruits - Huile/toile Avignon 96 .... **FF4 800 - £602 - $926**
GRIVOLAS Pierre 1823-1906 [8]
Le Pont Saint Bénézet - Huile/toile (39x61cm-15x24in) Entzheim 97 .... **FF8 000 - £845 - $1,372**
GRIZMEK Waldemar 1918-1984 [1]
Frau - Bronze (31cm-12in) Frankfurt 94 .... **FF9 960 - £1 371 - $2,084**
GROB Angela 1922-1972 [2]
Harlekin mit Laute - Oil/canvas (120x90cm-47x35in) Bern 91 .... **FF9 500 - £957 - $1,648**
GROB Konrad 1828-1904 [6]
Fensterin - Öl/Leinwand (68x49cm-27x19in) München 93 .... **FF33 900 - £4 050 - $6,520**
GROBE Herman 1857-1938 [15]
Krabbenfischer - Oil/canvas (56x75cm-22x30in) Düsseldorf 92 .... **FF10 940 - £1 124 - $2,104**
GROBÉTY Claude 1940 [28]
Le petit déjeuner au Herald Tribune - Huile/toile (146x97cm-57x38in) Versailles 89 .... **FF23 000 - £2 352 - $3,698**
La cuisine - Fusain (72x105cm-28x41in) Calais 96 .... **FF5 200 - £649 - $1,007**
GRÖBLI Ueli 1955 [2]
Spätabendlandschaft - Tempera/panneau (50x120cm-20x47in) Zürich 94 .... **FF5 620 - £660 - $1,001**
GROBON Anthelme Eugène 1820-1878 [4]
Fruits - Aquarelle (29x23cm-11x9in) Pontoise 95 .... **FF4 800 - £631 - $985**
GROBON François Frédéric 1815-1901/02 [10]
Paysage à la rivière - Huile/panneau (23x38cm-9x15in) Lyon 97 .... **FF6 300 - £665 - $108,1 8**
Pfingstrosen - Öl/Leinwand (46x56cm-18x22in) Wien 93 .... **FF21 640 - £2 586 - $4,160**
Petit bras de mer dans le port de Caen - Pierre noire (39x61cm-15x24in) Chaumont 97 .... **FF1 900 - £201 - $330**
GROBON Jean Michel 1770-1853 [5]
Le Transport du bois - Aquarelle (29x50cm-11x23in) La Flèche 95 .... **FF18 000 - £2 365 - $3,695**
GROCHOWIAK Thomas 1914 [2]
Emporstrebend - Lithographie (49x31cm-19x12in) Heidelberg 93 .... **FF1 750 - £204 - $288**
Ohne Titel - Pastel (60x42cm-24x17in) Köln 92 .... **FF7 140 - £731 - $1,257**
GROEBER Hermann 1865-1935 [11]
Die Unterhaltung - Oil/panel (79x68cm-31x27in) München 94 .... **FF34 400 - £4 090 - $6,470**
Stehender weiblicher Akt - Red chalk (61x44cm-24x17in) München 91 .... **FF13 000 - £1 335 - $2,420**
GROEN Hendrik Pieter 1886-1964 [13]
Flowers in vases - Oil/canvas (60x81cm-24x32in) Amsterdam 97 .... **FF2 598 - £281 - $453**

GROEN Piet 1886-1964 [3]
- *Sheaves of corn near a village* - Oil/canvas (50x60cm-20x24in) Amsterdam 96 .... FF5 400 - £678 - **$1,061**

GROENEVELD Berend 1866-1941 [1]
- *Figures in a street, Montmartre* - Oil/canvas (50x40cm-20x16in) Amsterdam 93 .... FF2 102 - £252 - **$385**

GROENEVELD Cornelis 1882-1952 [3]
- *Dutch interior* - Oil/canvas (59x74cm-23x29in) Toronto 95 .... FF9 360 - £1 186 - **$1,885**

GROENEWEGEN Adrianus Johannes 1879-1963 [42]
- *Cows in a fresh morning light*
  Oil/canvas (40x52cm-16x20in) Lichfield, Staffordshire 95 .... FF10 020 - £1 200 - **$1,910**
- *Milking time* - Oil/canvas (81x101cm-32x40in) Amsterdam 92 .... FF19 600 - £2 340 - **$3,770**
- *In the meadow* - Watercolour (16x23cm-6x9in) Amsterdam 95 .... FF3 110 - £403 - **$647**
- *Sheep in a Meadow* - Watercolour/paper (17x25cm-7x10in) Amsterdam 97 .... FF7 203 - £766 - **$1,253**
- *Milking time/Ploughing* - Watercolour (38x58cm-15x23in) Amsterdam 96 .... FF19 470 - £2 447 - **$3,830**

GROENINGEN van Benny 1946 [2]
- *De Ontbijttafel* - Dessin (104x75cm-41x30in) Lokeren 92 .... FF3 320 - £340 - **$584**

GRÖGER Friedrich Carl 1766-1838 [5]
- *Dubbelporträtt föreställande Emelie och J.F. Petersen p*
  Oil/canvas (205x148cm-81x58in) Stockholm 90 .... FF103 000 - £10 482 - **$20,598**

GROH August 1871-? [2]
- *Susanne im Bade* - Öl/Leinwand (82x126cm-32x50in) Kempten 96 .... FF6 850 - £898 - **$1,388**
- *Kinderbildnis* - Pastel/paper (51x42cm-20x17in) Heidelberg 95 .... FF1 880 - £244 - **$391**

GROHE Glenn 1912-1956 [1]
- *He's Watching You* - Poster (102x72cm-40x28in) New-York 96 .... FF5 090 - £600 - **$1,000**

GROHMANN Reinhold 1877-1915 [1]
- *Motiv von der Seine, Paris* - Öl/Karton (35x46cm-14x18in) Bremen 93 .... FF3 370 - £406 - **$658**

GROIS Josef ?-1850 [2]
- *Telfs im Oberinntal* - Oil/panel (22x33cm-9x13in) Wien 93 .... FF10 900 - £1 264 - **$1,833**
- *K.K. Kreisstadt Bregenz* - Etching (37x63cm-15x25in) Wien 95 .... FF10 980 - £1 386 - **$2,190**

GROISEILLIEZ de Marcelin 1837-1880 [2]
- *Plage bretonne* - Huile/panneau (27x47cm-11x19in) Paris 95 .... FF11 000 - £1 350 - **$2,142**

GROLIG Curtius 1805-1863 [6]
- *Aux abords de la ville* - Huile/toile (93x141cm-37x56in) Paris 92 .... FF68 000 - £6 960 - **$11,970**

GROLL Albert Lorey 1866-1952 [9]
- *Dsert clouds* - Oil/canvas (63x77cm-25x30in) Chicago 91 .... FF9 030 - £897 - **$1,568**

GRÖLL Henriette 1911 [12]
- *Pichet de tulipes* - Huile/toile (61x50cm-24x20in) Grenoble 96 .... FF6 800 - £799 - **$1,338**

GRÖLL Wenzel 1889-1969 [1]
- *Landschaft mit Ruine* - Öl/Leinwand (90x120cm-35x47in) Wien 93 .... FF3 465 - £407 - **$577**

GROLLERON Paul Louis Narcisse 1848-1901 [22]
- *Paysan de l'Armée Vendéenne de 1793* - Huile/toile (41x27cm-16x11in) Versailles 91 ...... FF4 500 - £457 - **$813**
- *Soldiers encampment* - Oil/canvas (25x33cm-10x13in) New Orleans, Louisiana 95 .... FF15 140 - £1 933 - **$3,100**
- *The advance guard* - Oil/canvas (61x74cm-24x29in) New-York 91 .... FF39 900 - £4 021 - **$6,924**

GROLLIER de Marquise de Fuligny 1742-1828 [1]
- *Nature morte* - Huile/toile (53x64cm-21x25in) Paris 95 .... FF90 000 - £11 370 - **$18,200**

GROM-ROTTMAYER Hermann 1877-1953 [13]
- *Das Leben* - Öl/Karton (34x49cm-13x19in) Wien 96 .... FF10 710 - £1 391 - **$2,120**
- *Der Informierte* - Watercolour, gouache/paper (44x31cm-17x12in) Wien 92 .... FF2 405 - £280 - **$491**

GROMAIRE Marcel 1892-1971 [366]
- *Nu au chapeau bleu* - Huile/toile (80x65cm-31x26in) Enghien 90 .... FF1 - £198 073 - **$321,739**
- *Ferme près de Charny* - Huile/panneau (33x41cm-13x16in) Paris 96 .... FF32 000 - £3 670 - **$6,100**
- *Femme au panier de fleurs* - Huile/papier/toile (46x38cm-18x15in) Paris 97 .... FF68 000 - £7 453 - **$11,934**
- *Alignements de Carnac* - Huile/toile (81x100cm-32x39in) Paris 97 .... FF180 000 - £18 756 - **$30,672**
- *La Cité* - Huile/toile (81x100cm-32x39in) Paris 95 .... FF325 000 - £41 300 - **$66,000**
- *Nu aux poteries* - Huile/toile (100x81cm-39x32in) Paris 97 .... FF550 000 - £57 530 - **$94,215**
- *Nu, la petite russe* - Eau-forte (23x17cm-9x7in) Paris 97 .... FF6 000 - £635 - **$1,039**
- *Nu au vase de fleurs* - Eau-forte (23x17cm-9x7in) Paris 97 .... FF24 500 - £2 594 - **$4,243**
- *Paysage au clocher* - Encre Chine/papier (32x25cm-13x10in) Paris 97 .... FF4 000 - £435 - **$703**
- *Vue d'Aubusson* - Encre Chine/papier (25x32cm-10x13in) Paris 97 .... FF10 000 - £1 043 - **$1,710**
- *Elseneur* - Aquarelle (33x50cm-13x20in) Paris 97 .... FF15 000 - £1 564 - **$2,565**
- *Le bûcheron* - Aquarelle (32x43cm-13x17in) Paris 95 .... FF33 000 - £4 270 - **$6,740**
- *Etude préparatoire pour l'Epargne* - Gouache/carton (114x34cm-45x13in) Paris 97 .... FF160 000 - £16 688 - **$27,360**

GROMME Owen J. 1896-1991 [1]
- *Grand nu blond sur fond noir* - Huile/toile (100x81cm-39x32in) Paris 87 .... FF1 - £149 920 - **$275,840**

GRØNBECH Søren 1863-1934 [1]
- *To tiggerdrenge* - Olie/canvas (48x57cm-19x22in) København 91 .... FF4 400 - £441 - **$726**

GRONE Ferdinand E. XIX-XX [5]
- *Lifting Clouds* - Oil/canvas (48x74cm-19x29in) Aylsham, Norfolk 95 .... FF4 620 - £600 - **$963**
- *Fishing on a Continental river* - Watercolour, gouache (42x60cm-17x24in) London 92 .... FF2 540 - £260 - **$448**

GRÖNHOLM Paul 1907-1992 [4]
- *I trädgården* - Oil/canvas (72x60cm-28x24in) Helsinki 94 .... FF3 260 - £374 - **$553**

GRÖNLAND Nel, Nelius 1859-? [4]
- *Trauben, Melone und Ananas* - Öl/Leinwand (75x170cm-30x67in) Bremen 94 .... FF7 220 - £860 - **$1,374**

GRÖNLAND René 1849-1892 [1]
- *Still life with oysters* - Oil/panel (20x29cm-8x11in) New-York 93 .... FF11 600 - £1 334 - **$2,000**

GRØNLAND Theude 1817-1876 [8]
- *Roses and other flowers* - Oil/canvas (55x41cm-22x16in) London 96 .... *FF34 700* - *£4 500* - **$6,860**

GRÖNMYRA Oscar 1874-1911 [3]
- *Vinterbild med hästar* - Oil/panel (36x46cm-14x18in) Göteborg 95 .... *FF3 250* - *£432* - **$670**

GRONOWSKI Tadeusz 1894-1990 [3]
- *Challenge Gordon Bennett* - Poster (98x66cm-39x26in) London 95 .... *FF10 600* - *£1 200* - **$1,910**

GRÖNVALL Sven 1908-1975 [4]
- *Kaffepaus* - Oil/panel (50x61cm-20x24in) Helsinki 93 .... *FF3 805* - *£458* - **$692**

GRÖNVIK Gunvor 1912-1955 [1]
- *Vy från Esbo* - Oil/canvas (54x63cm-21x25in) Helsinki 94 .... *FF3 060* - *£350* - **$519**

GRØNVOLD Bernt Borchgrevink 1859-1923 [1]
- *Fra fjelldalen i Tyrol* - Pastel (47x64cm-19x25in) Oslo 92 .... *FF1 737* - *£174* - **$334**

GRÖNVOLD Henrik 1858-1940 [2]
- *Turtur Tigrinus/Turtur Coppingeri* - Watercolour (30x22cm-12x9in) London 93 .... *FF4 000* - *£500* - **$725**

GRØNVOLD Marcus 1845-1929 [5]
- *Promenaden* - Oil/canvas (72x45cm-28x18in) Oslo 91 .... *FF16 930* - *£1 698* - **$2,795**

GROOME Esther M. ?-1929 [2]
- *Gloucester Harbor* - Oil/board (33x48cm-13x19in) Cambridge, Mass. 90 .... *FF20 000* - *£2 128* - **$3,578**

GROOME William Henry Ch. XIX-XX [2]
- *The best of friends must part* - Oil/canvas (76x102cm-30x40in) London 90 .... *FF89 100* - *£9 205* - **$15,742**
- *Young mother and baby* - Wash London 91 .... *FF4 170* - *£419* - **$721**

GROOMS Red 1937 [97]
- *Man in a yellow hat* - Acrylic/paper (94x122cm-37x48in) New-York 89 .... *FF200 200* - *£20 470* - **$32,187**
- *Hot Dog Vendor* - Lithographie (85x25x67cm-33x10x26in) New-York 97 .... *FF25 714* - *£2 757* - **$4,500**
- *Little Italy* - Color lithograph (68x98cm-27x39in) New-York 94 .... *FF68 600* - *£8 040* - **$12,000**
- *Mimi fat feet lady, 1970* - Sculpture (42cm-17in) New-York 89 .... *FF74 400* - *£7 403* - **$11,754**
- *Bicentennial Bandwagon* - Gouache (48x62cm-19x24in) New-York 96 .... *FF20 850* - *£2 515* - **$4,000**
- *Jean-Louis Scherrer* - Gouache/paper (74x109cm-29x43in) New-York 93 .... *FF60 500* - *£7 580* - **$11,000**
- *Joan Mitchell, 1987* - Chalks/paper (240x73cm-94x29in) New-York 90 .... *FF343 000* - *£36 511* - **$61,395**

GROOT de Annemarie XX [2]
- *Flowers in a vase, melon & apples* - Oil/canvas (99x119cm-39x47in) Amsterdam 97 .... *FF5 200* - *£562* - **$907**

GROOT de Catharina 1812-1900 [1]
- *Kanallandschaft im Winter* - Oil/Leinwand (46x65cm-18x26in) Stuttgart 93 .... *FF3 103* - *£351* - **$524**

GROOT de Frans Arn. Breuhaus 1824-1872 [6]
- *Peasants haying* - Oil/panel (50x65cm-20x26in) Amsterdam 97 .... *FF34 514* - *£3 672* - **$6,005**
- *A Dairyviertel in Amsterdam* - Oil/canvas (33x46cm-13x18in) New-York 94 .... *FF105 200* - *£12 180* - **$18,000**

GROOT de Joseph 1828-1899 [4]
- *Jeune femme et enfants* - Huile/panneau (40x32cm-16x13in) Bruxelles 97 .... *FF4 902* - *£531* - **$867**

GROOT de Maurits 1880-1934 [2]
- *Portrait of a Rabbi* - Oil/panel (23x15cm-9x6in) Amsterdam 97 .... *FF2 418* - *£255* - **$414**
- *Rabbi's studying* - Oil/canvas (73x54cm-29x21in) Amsterdam 89 .... *FF12 000* - *£1 264* - **$2,020**

GROOTENS Adrianus Johannes 1864-1957 [1]
- *Paysage du Cantal* - Oil/canvas (60x73cm-24x29in) Amsterdam 93 .... *FF2 410* - *£288* - **$464**

GROOTH George Christopher 1716-1749 [1]
- *Nobleman wearing a coat* - Oil/canvas/panel (87x67cm-34x26in) New-York 92 .... *FF29 400* - *£3 414* - **$6,000**

GROOTVELD Jan David Geerling 1821-1890 [1]
- *Wooded winter landscape* - Oil/panel (11x9cm-4x4in) Amsterdam 92 .... *FF3 010* - *£350* - **$615**

GROOTVELD van Jan Hendrik 1808-1865 [10]
- *The Pawnbroker* - Oil/panel (51x66cm-20x26in) London 93 .... *FF24 000* - *£3 000* - **$4,350**

GROOVER Jan 1953 [29]
- *Untitled* - Type C color print (36x46cm-14x18in) New-York 92 .... *FF9 800* - *£1 138* - **$2,000**

GROPIUS Walter 1883-1969 [1]
- *Entwurf, Chicago Tribune Building* - Photograph (22x13cm-9x5in) Köln 89 .... *FF8 100* - *£828* - **$1,302**

GROPPER William 1897-1977 [41]
- *The untouchables* - Oil/canvas (101x127cm-40x50in) New-York 91 .... *FF1* - *£118 675* - **$207,487**
- *Waiter* - Oil/panel (31x31cm-12x12in) New-York 93 .... *FF11 550* - *£1 450* - **$2,100**
- *The Lawmakers* - Oil/canvas (41x51cm-16x20in) New-York 94 .... *FF86 600* - *£10 250* - **$16,000**
- *Ballerina* - Gouache/paper (38x28cm-15x11in) Baton Rouge, Louisiana 94 .... *FF4 210* - *£495* - **$750**
- *Two musicians* - Watercolour, gouache/paper (51x36cm-20x14in) New-York 95 .... *FF17 950* - *£2 234* - **$3,500**

GROS Baron Antoine Jean 1771-1835 [11]
- *Madame de Poussielgue* - Huile/toile (73x59cm-29x23in) Chartres 96 .... *FF1* - *£201 000* - **$306,400**
- *Mameluk à cheval, appelant au secours* - Lithographie (32x23cm-13x9in) Paris 95 .... *FF2 500* - *£332* - **$516**
- *Portrait de jeune femme assise* - Encre (22x18cm-9x7in) Paris 89 .... *FF78 000* - *£7 975* - **$12,540**

GROS Jean-Baptiste Louis 1793-1870 [4]
- *El pico de orizaba* - Oil/canvas (46x33cm-18x13in) New-York 90 .... *FF271 700* - *£28 904* - **$48,605**

GROS Lucien Alphonse 1845-1913 [13]
- *Port breton animé* - Huile/toile (65x84cm-26x33in) Calais 95 .... *FF16 500* - *£2 136* - **$3,380**
- *Ergolèse, atelier de Joseph Vernet* - Aquarelle/papier (26x36cm-10x14in) Paris 97 .... *FF1 600* - *£176* - **$282**

GRÖSCHEL Rudolf 1891-1985 [8]
- *Wasserflasche und Krug* - Öl/Leinwand (56x66cm-22x26in) München 93 .... *FF10 500* - *£1 201* - **$1,777**

GROSCLAUDE Louis Aimé 1784/86-1869 [2]
- *La marchande de fleurs* - Huile/toile (40x32cm-16x13in) Cherbourg 91 .... *FF4 000* - *£401* - **$733**

Der Trinker - Watercolour (21x19cm-8x7in) Bern 92 .... FF1 860 - £190 - $328

GROSEMANS Arthur 1906 [2]
● *Paysage* - Huile/panneau (30x40cm-12x16in) Tongeren 90 .... FF2 916 - £297 - $583
⬚ *Composition* - Technique mixte/papier (33x39cm-13x15in) Bruxelles 97 .... FF2 288 - £248 - $405

GROSJEAN Henry 1864-1948 [19]
● *L'étang aux nénuphars* - Huile/toile (46x73cm-18x29in) Paris 91 .... FF3 800 - £377 - $660
Saint-Amour et la Bresse - Huile/toile (88x143cm-35x56in) Devecey 89 .... FF17 000 - £1 791 - $2,862
⬚ *Paysage du Revermont* - Pastel/papier (34x48cm-13x19in) Lons-le-Saunier 90 .... FF3 500 - £356 - $700

GROSJEAN Jules A. ?-1906 [2]
🔲 *A dancing lady* - Bronze (72cm-28in) New-York 94 .... FF46 800 - £5 370 - $8,000

GROSMAN John 1916 [3]
🔲 *Mother and child* - Bronze (57cm-22in) Amsterdam 93 .... FF3 003 - £360 - $550

GROSPERRIN Claude 1936-1977 [26]
● *Le départ des voiliers* - Huile/toile (65x81cm-26x32in) Calais 97 .... FF6 200 - £664 - $1,087
Le château - Huile/toile (92x73cm-36x29in) Auxerre 90 .... FF37 000 - £3 765 - $7,399
⬚ *Joueurs de polo* - Gouache (45x60cm-18x24in) Luxembourg 96 .... FF4 104 - £476 - $787

GROSPIETSCH Florian 1789-1830 [2]
⬚ *Orpheus charming the animals* - Oil/canvas (46x57cm-18x22in) London 91 .... FF59 500 - £6 039 - $10,746

GROSS Adolf 1873-1933 [2]
● *Figürliche Szene* - Öl/Leinwand (97x123cm-38x48in) Wien 96 .... FF7 700 - £961 - $1,490

GROSS Anthony 1905-1984 [35]
● *Abdel Kader ben Coucous* - Oil/canvas/board (41x30cm-16x12in) London 94 .... FF2 665 - £320 - $507
Stone wall and church at Coulourges - Oil/canvas (97x130cm-38x51in) London 95 ...... FF7 830 - £1 000 - $1,604
Mme. Maradène, Saint-Matré - Oil/canvas (46x61cm-18x24in) London 91 .... FF26 800 - £3 200 - $5,020
⬚ *Girl in yellow, Pentonville Road* - Watercolour (38x55cm-15x22in) London 96 .... FF10 830 - £1 400 - $2,140

GROSS Chaim 1904-1991 [56]
🔲 *Mother and child* - Bronze (23cm-9in) New-York 95 .... FF3 934 - £507 - $800
The Unicyclist - Wood (25cm-10in) New-York 93 .... FF12 970 - £1 484 - $2,300
Seated nude - Wood (35cm-14in) Tel Aviv 96 .... FF22 970 - £2 980 - $4,500
Mother Playing - Bronze (76cm-30in) New-York 96 .... FF125 300 - £14 500 - $24,000
⬚ *The Musik Maker* - Watercolour (56x34cm-22x13in) San Francisco-Los Angeles 93 .... FF7 150 - £897 - $1,300

GROSS Einar 1895-? [3]
● *Marine, 1944* - Oil/canvas (130x155cm-51x61in) København 90 .... FF3 500 - £377 - $617

GROSS Frantisek 1909-1985 [9]
● *Komposition* - Oil/panel (34x39cm-13x15in) Düsseldorf 90 .... FF15 200 - £1 627 - $2,643
⬚ *Maschinen-Komposition* - Pastell (24x18cm-9x7in) Düsseldorf 90 .... FF10 100 - £1 081 - $1,757

GROSS Gaétano 1956 [2]
● *L'artiste et son modèle* - Huile/panneau (49x72cm-19x28in) Paris 90 .... FF36 000 - £3 664 - $7,199

GROSS Hans 1893-1981 [1]
⬚ *Wattenmeer* - Aquarell (47x61cm-19x24in) Hamburg 92 .... FF1 870 - £192 - $330

GROSS Michael 1953 [2]
● *Abstraction* - Oil/canvas (129x98cm-51x39in) Tel Aviv 94 .... FF58 100 - £6 970 - $11,000

GROSS Mijael 1921 [4]
● *Nude-landscape* - Oil/canvas (90x119cm-35x47in) Tel Aviv 95 .... FF48 900 - £6 320 - $10,000

GROSS Otto 1898-1970 [6]
● *Sonnenblumen* - Oil/canvas (73x53cm-29x21in) Stuttgart 91 .... FF4 730 - £475 - $818

GROSS Peter Alfred 1849-1914 [4]
● *Bord de rivière* - Huile/toile (48x66cm-19x26in) Paris 90 .... FF18 000 - £1 927 - $3,130

GROSS-SATTELMAIR Karl XX [2]
● *Drei Türme im Gauer Tal* - Oil/canvas (51x71cm-20x28in) Bremen 91 .... FF2 724 - £271 - $473

GROSSBERG Carl 1894-1940 [3]
⬚ *Das Papierrollen-Magazin* - Aquarell/Papier (40x50cm-16x20in) Berlin 96 .... FF61 000 - £7 610 - $11,800

GROSSE Bruno 1892-1976 [1]
● *Hafenbucht* - Öl/Leinwand (51x70cm-20x28in) Stuttgart 94 .... FF5 150 - £611 - $951

GROSSE Franz Theodor 1829-1891 [5]
● *Miss Hedwig Henschel* - Oil/panel (50x36cm-20x14in) Edinburgh 91 .... FF19 150 - £1 906 - $3,293
⬚ *10 Bl. Akademiestudien* - Pencil/paper Wien 95 .... FF1 500 - £189 - $299

GROSSI Carlo 1857-1931 [2]
● *Peonies in a vase* - Oil/canvas (96x64cm-38x25in) London 91 .... FF22 170 - £2 207 - $3,812
⬚ *Cipressi a villa d'Este* - Pastelli/carta (52x43cm-20x17in) Roma 89 .... FF3 200 - £337 - $539

GROSSI de Adelchi 1852-1892 [8]
⬚ *Weintrinkendes römisches Paar* - Aquarell/Papier (36x27cm-14x11in) Bielefeld 96 ... FF3 380 - £420 - $656

GROSSI Luigi di Giuseppe 1729-1795 [2]
🔲 *Officer, shown in profile to right* - Marble (41cm-16in) Clifton Little Venice 94 ...... FF27 370 - £3 200 - $4,830
Katharina die Große - Relief (63x48cm-25x19in) Bremen 92 .... FF64 300 - £7 480 - $13,120

GROSSI Proferio 1923 [4]
● *Natura morta* - Huile/panneau (80x60cm-31x24in) Zofingen 94 .... FF4 880 - £579 - $902

GROSSMAN Ludwig W. 1894-1960 [2]
● *Landscape* - Oil/board (50x52cm-20x20in) London 95 .... FF2 270 - £300 - $461

GROSSMAN Nancy 1940 [6]
🔲 *T.Y.V.L.* - Patent leather with zippers (39cm-15in) New-York 95 .... FF30 800 - £3 780 - $6,000
⬚ *Tether* - Wash (102x66cm-40x26in) New-York 93 .... FF5 500 - £690 - $1,000

GROSSMANN Rudolf 1882-1941 [35]
- Thomas Mann, Julius Meier-Graefe - Mischtechnik München 94 .... FF3 080 - £362 - **$549**
- Berliner Strassenbau - Öl/Leinwand (46x55cm-18x22in) Köln 97 .... FF18 587 - £1 953 - **$3,182**
- Sitzende - Ink (46x23cm-18x9in) München 96 .... FF14 100 - £1 804 - **$2,880**

GROSSMITH Weedon W. ?-1919 [1]
- Tough yarn - Oil/canvas (89x66cm-35x26in) London 96 .... FF8 780 - £1 100 - **$1,694**

GROSSO Alberto 1860-1928 [1]
- Ruelle, San Remo/Chemin de mer - Huile/panneau (29x19cm-11x7in) Monaco 90 .... FF48 000 - £5 172 - **$8,466**

GROSSO Giacomo 1860-1938 [9]
- Signora di profilo - Olio/tela (53x40cm-21x16in) Roma 95 .... FF26 730 - £3 420 - **$5,490**

GROSSO SANCHEZ Alfonso 1893-? [2]
- Joselillo, el maletilla - Oleo/lienzo (63x54cm-25x21in) Madrid 93 .... FF31 700 - £3 814 - **$6,180**

GROSVENOR Robert 1937 [3]
- Untitled - Wood blocks painted with creosote pinned, dowel (86x88x215cm-34x35x85in) New-York 94 ...... FF122 000 -
  £14 140 - **$21,000**

GROSVENOR Thelma Cudlipp 1891-? [1]
- Woman watching soldiers departing - Watercolour (38x25cm-15x10in) New-York 95 .... FF3 180 - £412 - **$650**

GROSZ August Ignatz 1847-1917 [3]
- Tor zum Klosterneuburger Friedhof - Öl/Leinwand (35x27cm-14x11in) Wien 96 .... FF2 650 - £331 - **$512**

GROSZ George 1893-1959 [398]
- Vegetation - Oil/masonite (61x51cm-24x20in) New-York 96 .... FF23 500 - £2 720 - **$4,500**
- Weiblicher Akt - Oil/canvas (60x50cm-24x20in) New-York 94 .... FF73 600 - £8 750 - **$14,000**
- Nude - Oil/board (40x51cm-16x20in) Amsterdam 96 .... FF90 200 - £10 350 - **$17,220**
- Lotte Schmalhausen auf dem Tisch - Oil/canvas (85x68cm-33x27in) London 94 .... FF453 000 - £54 000 - **$85,200**
- Peripherie - Lithographie (30x22cm-12x9in) Heidelberg 96 .... FF12 000 - £1 484 - **$2,320**
- Female nude - Ink/paper (26x25cm-10x10in) München 96 .... FF6 780 - £850 - **$1,308**
- A Street in Marseille - Ink/paper (39x59cm-15x23in) New-York 97 .... FF18 860 - £1 984 - **$3,249**
- Ehepaar - Dessin (50x39cm-20x15in) Köln 97 .... FF26 982 - £2 832 - **$4,624**
- Something to tell the boys - Acquarello/carta (60x47cm-24x19in) Venezia 96 .... FF43 400 - £5 460 - **$8,320**
- Elegantes Paar - Ink (63x48cm-25x19in) Berlin 97 .... FF66 048 - £7 014 - **$11,505**
- Folierei - Watercolour/paper (50x39cm-20x15in) New-York 97 .... FF131 429 - £14 090 - **$23,000**
- Inflation - Watercolour, gouache (46x59cm-18x23in) London 96 .... FF332 000 - £41 000 - **$64,100**
- Five o'clock Tea - Watercolour (46x60cm-18x24in) Berlin 97 .... FF893 587 - £94 902 - **$155,658**

GROTH Vilhelm 1842-1899 [10]
- Near a lake - Oil/canvas (41x65cm-16x26in) Malmö 94 .... FF5 590 - £649 - **$963**

GROTH-JENSEN J. P. 1918 [12]
- Gult traelager - Oil/canvas (57x44cm-22x17in) København 94 .... FF2 096 - £243 - **$361**

GROTT Teodor 1884-1972 [2]
- Reclining nude - Oil/canvas (99x80cm-39x31in) Warszawa 95 .... FF7 350 - £940 - **$1,510**
- Vase of roses - Watercolour/paper (60x47cm-24x19in) Warszawa 96 .... FF5 120 - £647 - **$1,023**

GROTTGER Artur 1837-1867 [4]
- An inn - Oil/canvas (52x64cm-20x25in) Warszawa 96 .... FF128 500 - £16 100 - **$25,050**
- Horses - Watercolour/paper (40x59cm-16x23in) Warszawa 96 .... FF57 900 - £7 210 - **$11,170**

GROULEFF Alfred G. 1858-1941 [1]
- Landskap - Oil/canvas (65x52cm-26x20in) Tönsberg 93 .... FF6 000 - £717 - **$1,092**

GROUP UNOVIS (Malevitch Chashnik, Suetin) 1919-1922 [1]
- Suprematist relief - Sculpture (45x7x44cm-18x3x17in) London 91 .... FF553 000 - £55 441 - **$101,286**

GROUX Charles Jean 1802-1865 [2]
- L'aumône - Huile/toile (45x37cm-18x15in) Bruxelles 95 .... FF8 650 - £1 081 - **$1,747**

GROUX de Charles 1825-1870 [17]
- Le calvaire - Huile/toile (82x55cm-32x22in) Bruxelles 97 .... FF13 906 - £1 453 - **$2,380**
- At the Pawnbroker's - Oil/panel (24x27cm-9x11in) Amsterdam 90 .... FF30 000 - £3 191 - **$5,367**
- Scène historique - Aquarelle (35x23cm-14x9in) Bruxelles 95 .... FF4 840 - £606 - **$978**

GROUX de Henri 1867-1930 [51]
- La parade militaire - Huile/toile (192x249cm-76x98in) Lille 97 .... FF10 500 - £1 087 - **$1,798**
- Le bal des 4 Z'arts - Oil/canvas (27x46cm-11x18in) New-York 97 .... FF45 636 - £4 919 - **$8,000**
- Portrait de Dante - Pastel (72x50cm-28x20in) Neuilly 96 .... FF4 200 - £524 - **$811**
- Richard Wagner - Pastel (32x48cm-13x19in) Paris 94 .... FF10 500 - £1 230 - **$1,850**

GROUX de Victor 1895-? [8]
- Vue de Flandres - Huile/toile (50x74cm-20x29in) Bruxelles 94 .... FF2 820 - £332 - **$503**

GROVER Oliver Dennett 1861-1927 [8]
- Venice - Oil/canvas (72x102cm-28x40in) San Francisco-Los Angeles 94 .... FF27 840 - £3 290 - **$5,000**

GROVES Hannah Cutier 1868-1952 [2]
- Cooper pond - Oil/canvas (51x61cm-20x24in) Philadelphia 93 .... FF3 850 - £455 - **$700**

GROVES Robert E. ?-c.1944 [3]
- Off fishing, Sennen Cove - Watercolour, gouache (36x52cm-14x20in) London 97 .... FF4 290 - £440 - **$823**

GRUAU René 1909 [49]
- Le Foyer de l'Opéra - Huile/toile Marseille 92 .... FF30 000 - £3 080 - **$5,560**
- Femme au chapeau noir - Encre Chine (58x49cm-23x19in) Paris 97 .... FF5 500 - £597 - **$975**
- Sourire de blonde - Gouache (65x50cm-26x20in) Paris 94 .... FF15 000 - £1 792 - **$2,800**

GRUB Emile 1893-? [4]
- Anémones - Huile/toile (50x60cm-20x24in) Nancy 90 .... FF6 500 - £671 - **$1,148**

G

GRUBACS Carlo 1850-? [35]
- *La Dogana e la Salute, Venezia* - Oil/canvas (21x27cm-8x11in) London 95 .... FF27 160 - £3 600 - **$5,610**
- *On the Venitian Lagoon* - Oil/canvas (52x73cm-20x29in) London 97 .... FF66 667 - £7 000 - **$11,466**
- *St Mark's & Doge's palace, Venice* - Oil/canvas (64x102cm-25x40in) London 97 .... FF200 000 - £21 000 - **$34,400**

GRUBACS Giovanni 1829-1919 [12]
- *The Bridge of Sighs, Venice* - Oil/panel (25x14cm-10x6in) London 95 .... FF16 200 - £2 100 - **$3,200**
- *A Venetian Festival* - Oil/canvas (67x92cm-26x36in) London 94 .... FF57 100 - £6 800 - **$10,760**
- *Colpo di vento a Riva degli Schiavoni* - Olio/tela (77x109cm-30x43in) Venezia 96 .... FF115 600 - £14 280 - **$22,440**

GRUBACS Marco 1839-1910 [9]
- *Blick auf die Seufzerbrücke* - Oil/panel (27x14cm-11x6in) Wien 96 .... FF12 180 - £1 580 - **$2,410**

GRUBBE Lawrence Carrington XIX-XX [3]
- *Little Red Riding Home* - Oil/canvas (168x102cm-66x40in) London 93 .... FF46 400 - £5 800 - **$8,410**

GRUBE Eduards 1935 [11]
- *La porte* - Huile/toile (114x146cm-45x57in) Paris 90 .... FF2 000 - £201 - **$364**

GRUBE Erich 1890-? [1]
- *Still life* - Oil/canvas (75x60cm-30x24in) Frankfurt 96 .... FF2 400 - £310 - **$474**

GRUBER Carl 1803-1845 [1]
- *Ring-necked parakeet* - Watercolour (39x31cm-15x12in) London 92 .... FF24 350 - £2 500 - **$4,680**

GRUBER Erwin 1918-1992 [2]
- *Das Schwarze Hemdchen* - Oil/Leinwand (105x90cm-41x35in) Stuttgart 93 .... FF10 440 - £1 197 - **$1,776**

GRUBER Francis 1912-1948 [44]
- *Deuc femmes posant dans l'atelier* - Huile/toile (81x65cm-32x26in) Paris 97 .... FF90 000 - £9 702 - **$16,002**
- *Le triomphe de l'amour* - Oil/canvas (88x116cm-35x46in) London 97 .... FF289 575 - £30 000 - **$49,605**
- *Nu aux fleurs* - Huile/toile (92x73cm-36x29in) Paris 96 .... FF904 000 - £97 414 - **$159,436**
- *Femme nue debout de face* - Crayon/papier (62x48cm-24x19in) Paris 95 .... FF34 000 - £4 370 - **$6,860**

GRÜBER Franz 1878-1945 [3]
- *Früchte- und Blumenstilleben* - Oil/panel (60x47cm-24x19in) Wien 95 .... FF36 700 - £4 840 - **$7,440**

GRUBER Franz Josef ?-1854 [2]
- *Grossmutter* - Öl/Leinwand (26x33cm-10x13in) Wien 93 .... FF19 800 - £2 300 - **$3,330**

GRUBER Franz Xaver 1801-1862 [3]
- *Iris Germanica Alba* - Aquarell/Papier (37x26cm-15x10in) Köln 94 .... FF5 480 - £644 - **$961**

GRUBER Jacques 1870-1936 [12]
- *Automne* - Huile/toile (80x124cm-31x49in) Paris 89 .... FF45 000 - £4 742 - **$7,576**
- *Poisson et anémones* - Aquarelle (52x30cm-20x12in) Paris 95 .... FF2 000 - £263 - **$402**

GRUBER-GLEICHENBERG Franz 1886-? [2]
- *Vase of flowers* - Oil/canvas (82x64cm-32x25in) Wien 95 .... FF24 970 - £3 150 - **$4,980**

GRUBICI DE DRAGON Vittore 1851-1920 [1]
- *Paesaggio boschivo* - Olio/tela (94x72cm-37x28in) Milano 89 .... FF155 600 - £15 483 - **$24,581**

GRUBISSA Guglielmo 1908-1983 [7]
- *Aquileia* - Olio/faesite (47x77cm-19x30in) Trieste 93 .... FF2 076 - £241 - **$357**
- *Lago e montagne* - Acquarello/carta (49x69cm-19x27in) Trieste 96 .... FF2 004 - £252 - **$384**

GRUCHY Gabriel XIX-XX [1]
- *Vieux marchand de fleurs* - Oil/canvas (140x99cm-55x39in) Stockholm 96 .... FF59 200 - £7 380 - **$11,430**

GRUDER Julius Hans 1824-1890 [2]
- *Woman with two babies* - Oil/canvas (65cm-26in) London 93 .... FF31 540 - £3 800 - **$5,510**

GRUELLE Johnny 1880-1938 [1]
- *Raggedy Ann knocking on door* - Watercolour (13x23cm-5x9in) New-York 96 .... FF11 780 - £1 398 - **$2,300**

GRUGER Frederic R. 1871-1953 [3]
- *Man carried away from banquet* - Drawing (30x56cm-12x22in) New-York 94 .... FF4 120 - £494 - **$800**

GRÜN Jules-Alexandre 1868-1934 [37]
- *Nature morte au cuivres* - Oil/canvas (130x196cm-51x77in) New-York 97 .... FF56 850 - £6 123 - **$10,000**
- *Figures in an interior* - Oil/canvas (60x81cm-24x32in) New-York 90 .... FF91 500 - £9 797 - **$15,913**
- *Scala, c'est d'un Raid!* - Poster (125x99cm-49x39in) London 96 .... FF7 850 - £1 000 - **$1,510**
- *Bouquet de roses* - Pastel (45x36cm-18x14in) Bayeux 95 .... FF4 000 - £517 - **$828**
- *Promeneuse, 1er Avril* - Pastel/toile (64x40cm-25x16in) Paris 96 .... FF13 000 - £1 618 - **$2,507**

GRÜN Maurice 1869-1947 [11]
- *Marché en Bretagne* - Huile/carton (16x22cm-6x9in) Quimper 97 .... FF5 000 - £536 - **$877**
- *Concarneau* - Huile/toile (46x61cm-18x24in) Concarneau 92 .... FF22 000 - £2 252 - **$3,870**

GRÜNBAUM Johann 1760-1827 [2]
- *Carl Maria von Zedtwitz* - Miniature (5x4cm-2x2in) Wien 94 .... FF9 760 - £1 131 - **$1,680**

GRUNBERG Alexandre Danilovich XIX-XX [1]
- *Dancer* - Bromoil print (28x18cm-11x7in) New-York 96 .... FF4 130 - £512 - **$800**

GRUND Johann 1808-1887 [5]
- *A Game of Cards* - Oil/canvas (55x68cm-22x27in) London 96 .... FF7 240 - £850 - **$1,407**
- *La promenade, 1877* - Huile/toile (50x75cm-20x30in) Paris 90 .... FF60 000 - £6 424 - **$10,435**

GRÜND Norbert Joseph Carl 1717-1767 [9]
- *Kavalier und Dame* - Oil/panel (7x11cm-3x4in) Wien 91 .... FF33 700 - £3 420 - **$6,087**

GRUNDELL-GRÜNEWALD Märta 1908-1946 [1]
- *Fiol och amrylis* - Oil/canvas (64x65cm-25x26in) Malmö 90 .... FF5 150 - £524 - **$1,030**

GRUNDIG Hans 1901-1958 [8]
- *Imperialismus* - Etching (24x33cm-9x13in) Berlin 95 .... FF3 203 - £399 - **$627**
- *Louise Hahn* - Watercolour/paper (29x39cm-11x15in) Amsterdam 94 .... FF5 490 - £645 - **$977**

GRUNDIG-LANGER Lea 1906-1977 [12]
- *Mondlandschaft* - Linocut (31x33cm-12x13in) Bielefeld 95 .... FF1 895 - £246 - **$386**

GRUNDMANN Basilius 1726-1798 [2]
- Küchenszene - Oil/copper (46x34cm-18x13in) Wien 92 .... FF*36 100* - £*3 620* - **$6,940**

GRUNDMARK Paul 1887-? [2]
- Norrländskt landskap - Oil/panel (34x49cm-13x19in) Söderköping 91 .... FF*3 300* - £*335* - **$596**

GRUNDTVIG Axel Valdemar 1867-1911 [1]
- Marine med sejskibe i Oprørt Hav - Oil/canvas (81x124cm-32x49in) København 90 .... FF*8 780* - £*888* - **$1,670**

GRÜNENWALD Alexander Rudolf 1849-1890 [2]
- Kirchweihvergnügen - Öl/Leinwand (46x54cm-18x21in) Köln 93 .... FF*19 240* - £*2 202* - **$3,270**

GRÜNENWALD Jakob 1822-1896 [10]
- Nach dem Hagelschlag - Öl/Leinwand (58x83cm-23x33in) Stuttgart 93 .... FF*121 800* - £*13 970* - **$20,700**
- Weinlese im Neckartal - Woodcut in colors (15x22cm-6x9in) Stuttgart 91 .... FF*9 530* - £*955* - **$1,745**
- Schwäbischen Bauernhaus - Watercolour (24x37cm-9x15in) Stuttgart 95 .... FF*32 860* - £*4 000* - **$6,470**

GRUNER Erich 1881-? [1]
- Tavern interior - Pastel (49x63cm-19x25in) London 91 .... FF*3 470* - £*350* - **$602**

GRÜNEWALD Arthur 1887-? [2]
- Hamburg - Öl/Leinwand (70x59cm-28x23in) Hamburg 94 .... FF*3 770* - £*448* - **$698**

GRÜNEWALD Isaac 1889-1946 [235]
- Sigrid och Iván - Oil/canvas (130x200cm-51x79in) Stockholm 96 .... FF*2* - £*288 600* - **$483,000**
- Esther Enna vid pianot - Oil/canvas (91x66cm-36x26in) Stockholm 96 .... FF*17 700* - £*2 206* - **$3,416**
- Stilleben med Chiantiflaska - Oil/panel (41x33cm-16x13in) Stockholm 97 .... FF*28 679* - £*3 028* - **$4,955**
- Höststämning i Abisko - Oil/panel (54x65cm-21x26in) Stockholm 97 .... FF*43 773* - £*4 622* - **$7,563**
- Blommande amaryllis - Oil/canvas (65x54cm-26x21in) Stockholm 97 .... FF*61 131* - £*6 455* - **$10,562**
- Soirée dansante, Hasselbacken - Oil/canvas (81x100cm-32x39in) Stockholm 92 .... FF*244 000* - £*29 140* - **$46,900**
- Fiskebåtar på stranden, Étretat - Gouache/paper (49x65cm-19x26in) Stockholm 97 ...... FF*14 339* - £*1 514* - **$2,477**
- Tullhuset, Danvikstull, Stockholm - Gouache (65x49cm-26x19in) Stockholm 95 .... FF*33 800* - £*4 210* - **$6,610**
- Utsikt från ateljén mot Gamla Stan - Pastel (66x47cm-26x19in) Stockholm 93 .... FF*88 100* - £*10 000* - **$14,920**

GRÜNEWALD Ivàn 1911 [3]
- Motiv från Chatillon, France - Oil/canvas (65x54cm-26x21in) Stockholm 91 .... FF*3 394* - £*342* - **$589**

GRUNFELD Thomas 1956 [2]
- Out of Wood - Oil/canvas/board (95x208cm-37x82in) New-York 95 .... FF*7 750* - £*1 027* - **$1,600**
- ich will, ich muss, ich kann - Wood (290x29x97cm-114x11x38in) Wien 94 .... FF*53 200* - £*6 110* - **$9,100**

GRÜNLER Ehregott 1797-1881 [1]
- Johann Friedrich Genthe - Öl/Leinwand (75x64cm-30x25in) Hamburg 93 .... FF*5 160* - £*585* - **$872**

GRÜNLER Louis 1809-? [2]
- Friedrich August Kost - Oil/canvas München 90 .... FF*4 080* - £*417* - **$805**

GRUNSWEIGH Nathan 1880-? [7]
- Coin de rue au village - Huile/toile (38x46cm-15x18in) Paris 91 .... FF*6 000* - £*600* - **$988**
- Scène de Shabbat - Huile/toile (107x124cm-42x49in) Paris 92 .... FF*28 500* - £*2 920* - **$5,130**

GRÜNT Zdenek 1919-1987 [13]
- Village - Huile/carton (19x24cm-7x9in) Saumur 90 .... FF*26 000* - £*2 618* - **$4,727**

GRÜNWALD Béla Iványi 1867-1940 [5]
- The offering - Oil/canvas (99x73cm-39x29in) London 93 .... FF*8 300* - £*1 000* - **$1,450**

GRÜNWALD Carl 1907-1968 [6]
- Afrika - Öl/Papier (32x45cm-13x18in) Köln 97 .... FF*4 393* - £*461* - **$752**
- Weihnachten (61x72cm-24x28in) München 96 .... FF*25 400* - £*3 190* - **$4,910**

GRÜNWEDEL Carl 1815-1895 [2]
- Schloss Hohenschwangau - Aquarell/Papier (13x10cm-5x4in) Heidelberg 96 .... FF*2 880* - £*356* - **$556**

GRUNZWEIG Bedrich 1910 [6]
- New York - Gelatin silver print (28x23cm-11x9in) New-York 94 .... FF*8 660* - £*1 026* - **$1,600**

GRUPPE Charles Paul 1860-1940 [73]
- The Boathouse - Oil/board (20x28cm-8x11in) Chicago 93 .... FF*4 425* - £*504* - **$750**
- River scene - Oil/canvas (36x51cm-14x20in) Mystic, Connecticut 96. .... FF*11 100* - £*1 445* - **$2,200**
- Baiting the Hooks - Oil/canvas (46x61cm-18x24in) North Berwick, Maine 93 .... FF*25 660* - £*2 920* - **$4,350**
- Woodcutters - Watercolour (46x66cm-18x26in) Amsterdam 95 .... FF*10 560* - £*1 370* - **$2,200**

GRUPPE Emile Albert 1896-1978 [137]
- Crashing waves - Oil/canvas/board (24x35cm-9x14in) New-York 92 .... FF*2 220* - £*233* - **$400**
- Florida coastal scene - Oil/canvas (51x61cm-20x24in) Delray Beach, Florida 96 .... FF*6 230* - £*794* - **$1,200**
- Vermont Birches - Oil/canvas (76x61cm-30x24in) Mystic, Connecticut 96 .... FF*14 240* - £*1 760* - **$2,750**
- The Harbor - Oil/canvas (76x91cm-30x36in) San Francisco-Los Angeles 96 .... FF*33 900* - £*3 930* - **$6,500**
- Spring - Oil/canvas (63x76cm-25x30in) New-York 92 .... FF*72 800* - £*8 690* - **$14,000**

GRUPPE Karl Heinrich 1893-1982 [1]
- The goose girl - Bronze (54cm-21in) New-York 91 .... FF*39 900* - £*4 006* - **$6,903**

GRUPPE Robert C. XX [2]
- Lake Como - Oil/canvas (40x51cm-16x20in) San Francisco-Los Angeles 96 .... FF*10 360* - £*1 300* - **$2,000**

GRUS Jaroslav 1891-1983 [6]
- Uferlandschaft - Oil/canvas (80x98cm-31x39in) München 91 .... FF*15 200* - £*1 513* - **$2,614**
- Blumen am Fenster - Oil/canvas (73x96cm-29x38in) München 91 .... FF*60 800* - £*6 053* - **$10,455**

GRUSINSKY Peter Nikolajewitsch 1837-1892 [1]
- Schneelandschaft mit Pferdeschlitten - Öl/Leinwand (55x38cm-22x15in) Hamburg 94 .... FF*6 050* - £*718* - **$1,120**

GRUSLIN René Marcel 1910-1988 [9]
- Scène de labour - Huile/toile (63x53cm-25x21in) Provins 89 .... FF*9 500* - £*1 001* - **$1,599**

G

GRUSS Franz 1891-c.1975 [2]
- Maitanz - Oil/panel (80x130cm-31x51in) Wien 95 .... FF3 674 - £484 - $745
- Bildnis eines Mädchens - Woodcut in colors (69x53cm-27x21in) Wien 91 .... FF3 850 - £388 - $668

GRUST Theodor 1859-? [1]
- Interiör med läsande kvinna - Oil/canvas (55x43cm-22x17in) Stockholm 92 .... FF14 900 - £1 780 - $2,870

GRÜTTEFIEN Elisabeth XIX-XX [4]
- Norsk fjordparti - Oil/canvas (80x120cm-31x47in) Köbenhavn 91 .... FF5 440 - £540 - $945

GRÜTTER Hans 1900 [4]
- Olten_- Huile/panneau (51x40cm-20x16in) Zofingen 95 .... FF2 980 - £390 - $597

GRÜTZKE Johannes 1937 [36]
- Der Bildhauer und sein Modell - Oil/canvas (63x80cm-25x31in) Berlin 91 .... FF43 900 - £4 402 - $7,247
- Walter Ulbricht - Oil/canvas (160x190cm-63x75in) Bremen 92 .... FF204 000 - £20 900 - $35,900
- Madame Margot - Chalks/paper (48x63cm-19x25in) Berlin 95 .... FF8 900 - £1 108 - $1,740

GRÜTZNER von Eduard 1846-1925 [46]
- A happy Monk - Oil/board (13x10cm-5x4in) Amsterdam 94 .... FF16 830 - £2 020 - $3,270
- Mönch mit Brotzeit - Oil/panel (24x19cm-9x7in) München 94 .... FF89 200 - £10 560 - $16,500
- Mönche, Klosterbibliothek bei Weir - Oil/canvas (65x80cm-26x31in) München 92 ... FF170 000 - £17 400 - $33,330
- In der Klosterküche zu Andechs - Öl/Leinwand (87x69cm-34x27in) München 94 ... FF428 000 - £50 700 - $78,000

GRUVA Knut G:son 1902-1981 [3]
- Kustmotiv med fiskare vid nät - Oil/panel (38x61cm-15x24in) Göteborg 92 .... FF2 260 - £270 - $435

GRUYAERT Harry 1941 [2]
- Asilia, Morocco - Dye-transfer print (43x69cm-17x27in) London 94 .... FF8 520 - £1 000 - $1,492

GRUYTER Jacob Willem 1817-1908 [16]
- Shipping near Ijmuiden - Oil/canvas (30x50cm-12x20in) Amsterdam 93 .... FF32 740 - £3 750 - $5,580

GRUZINSKY Piotr Nikolaevich 1835-1892 [1]
- Vinterväg - Oil/canvas (31x44cm-12x17in) Helsinki 93 .... FF11 230 - £1 290 - $1,930

GRYSPOS Nikitas 1873-1975 [1]
- Woman - Oil/canvas (66x52cm-26x20in) Athens 96 .... FF11 800 - £1 365 - $2,260

GRZIMEK Waldemar 1918-1984 [8]
- Sitzende junge Frau - Etching (34x29cm-13x11in) Heidelberg 95 .... FF1 740 - £226 - $362
- Kniende - Bronze (26cm-10in) Berlin 95 .... FF23 130 - £2 880 - $4,520

GSCHEIDEL Martin 1857-? [2]
- Fisherman on the coast - Oil/canvas (48x72cm-19x28in) Köbenhavn 95 .... FF3 546 - £464 - $720

GSCHOSMANN Ludwig 1894-1988 [41]
- A night at the ball - Oil/canvas (81x71cm-32x28in) London 94 .... FF6 660 - £800 - $1,267
- Blick auf Tegernsee - Oil/canvas (51x60cm-20x24in) München 91 .... FF15 400 - £1 580 - $2,863
- Am Tegernsee - Aquarell (33x47cm-13x19in) München 94 .... FF1 542 - £183 - $282

GSELL Hans 1884-1915 [1]
- Cookaburra - Bronze (15cm-6in) London 93 .... FF4 320 - £520 - $754

GSELL Jakob Laurenz 1786-1870 [2]
- Bischofzell - Lithographie (14x19cm-6x7in) Bern 93 .... FF4 510 - £564 - $823

GSELL Laurent 1860-1944 [14]
- Bord de Méditerranée - Huile/toile (32x40cm-13x16in) Paris 97 .... FF2 000 - £226 - $362
- Paysage de Provence - Huile/toile (49x61cm-19x24in) Paris 92 .... FF18 000 - £1 848 - $3,346
- Odalisque - Oil/canvas (92x73cm-36x29in) London 93 .... FF131 700 - £15 000 - $22,350

GSUR Karl Friedrich 1871-1939 [5]
- Mitglieder des Wiener Künstlerhauses - Oil/canvas (164x286cm-65x113in) Wien 92 ..... FF24 050 - £2 873 - $4,630

GU GONGDU 1941 [4]
- Nu dans la forêt - Aquarelle (35x55cm-14x22in) Deauville 94 .... FF4 600 - £543 - $806

GU LINSHI 1865-1929 [2]
- Landscape - Ink/paper (34x271cm-13x107in) New-York 96 .... FF18 030 - £2 257 - $3,500

GUACCI Michelangelo 1910-1967 [1]
- Fiori - Acquarello/carta (37x49cm-15x19in) Trieste 96 .... FF6 900 - £780 - $1,320

GUACCIMANNI Alessandro 1864-1927 [4]
- The Venetian Lagoon - Oil/panel (23x61cm-9x24in) San Francisco-Los Angeles 95 ... FF12 230 - £1 583 - $2,500
- Venice - Watercolour/board (63x45cm-25x18in) New-York 91 .... FF3 420 - £345 - $593

GUACCIMANNI Vittorio 1859-1938 [3]
- Gassenjunge - Oil/panel (35x26cm-14x10in) Salzburg 94 .... FF6 810 - £807 - $1,260

GUAGNINI Nicolás 1966 [2]
- El Bien y el Mal - Oil/panel (146x146cm-57x57in) New-York 94 .... FF20 000 - £2 346 - $3,500

GUALDI Pedro 1810-1857 [1]
- Ciudad de México - Oleo/lienzo (98x146cm-39x58in) México 92 .... FF2 - £231 000 - $403,000

GUALLINO Patrick 1943 [16]
- Le fantaisiste - Acrylique/toile (130x97cm-51x38in) Paris 89 .... FF2 500 - £249 - $395
- Les bijoux sonores, 1990 - Acrylique/toile (130x97cm-51x38in) Paris 90 .... FF7 500 - £808 - $1,323
- Princesse dénudée - Sculpture (88x21x42cm-35x8x17in) Paris 91 .... FF5 500 - £556 - $1,092

GUANSE Antonio 1926 [27]
- Face au désert - Huile/toile (81x65cm-32x26in) Verrières-Le-Buisson 94 .... FF5 400 - £555 - $1,040
- Paisaje con montañas - Collage (20x15cm-8x6in) Madrid 91 .... FF1 896 - £190 - $347
- Sans titre - Pastel (56x47cm-22x19in) Paris 92 .... FF2 200 - £226 - $423

GUARANA Jacopo 1720-1808 [6]
- Das Urteil des Paris - Copper engraving (35x47cm-14x19in) München 92 .... FF2 040 - £209 - $359

GUARDABASSI Guerrino 1841-? [10]
- Amore materno - Oil/canvas (29x21cm-11x8in) London 92 .... FF23 370 - £2 400 - $4,490

G

Junges Mädchen mit einem Stab - Watercolour/paper (47x23cm-19x9in) Köln 92...................... FF5 **780** - £592 - **$1,017**

GUARDI Francesco 1712-1793 [89]

Vue de la Place Saint Marc - Huile/toile (71x95cm-28x37in) Paris 91 .... FF3 - £367 446 - **$642,428**
Giudecca et Zattere, Venise - Huile/toile (120x205cm-47x81in) Monaco 89 .... FF8 - £8 - **$1**
The return of the Bucintoro, Venice - Oil/canvas (38x61cm-15x24in) New-York 97 .... FF313 214 - £33 391 - **$55,000**
The Piazza san Marco, Venice - Oil/canvas (39x63cm-15x25in) New-York 97 .... FF993 924 - £112 320 - **$180,000**
Capriccio beside the Venetian Lagoon - Ink (27x39cm-11x15in) New-York 97 .... FF582 036 - £64 785 - **$105,000**
Capriccio beside the Venetian Lagoon - Ink/paper (27x39cm-11x15in) London 90 ..... FF726 400 - £73 152 - **$132,073**

GUARDI Giacomo 1764-1835 [110]

Santa Maria Zobenigo di Venezia - Öl/Leinwand (43x43cm-17x17in) Wien 97 .... FF119 900 - £12 950 - **$20,925**
La Giudecca, Venezia - Öl/Leinwand (30x41cm-12x16in) Wien 94 .... FF218 000 - £25 430 - **$38,200**
San Giorgio Maggiore, Venice - Oil/panel (18x32cm-7x13in) New-York 91 .... FF607 000 - £61 214 - **$118,307**
The Dodge's Palace, Venice - Bodycolour (14x21cm-6x8in) London 97................. FF63 601 - £6 500 - **$10,825**
Canale Grande, Santa Chiara - Aquarelle (35x62cm-14x24in) Paris 95 .... FF150 000 - £19 620 - **$30,460**

GUARDIA de la Wenceslao 1861-? [1]

Embarquement de La Fayette - Oil/canvas (114x162cm-45x64in) New-York 93 .... FF106 200 - £12 080 - **$18,000**

GUARIENTI Carlo 1923 [19]

Autoritratto con la maschera - Tecnica mista/tavola (121x108cm-48x43in) Milano 94 .... FF21 600 - £2 600 - **$4,030**
Il tempo e' denaro - Tecnica mista/tavola (152x131cm-60x52in) Milano 94...................... FF88 200 - £10 500 - **$15,750**
Personaggio - Collage (65x54cm-26x21in) Milano 92 .... FF38 500 - £3 940 - **$6,780**

GUARINO Salvatore Anthony 1883-1919 [1]

The Tiber, Rome - Oil/canvas (63x76cm-25x30in) New-York 92 .... FF11 960 - £1 270 - **$2,300**

GUARLOTTI Giovanni 1869-1954 [1]

Sulle alture, Vonzo - Olio/cartone (36x51cm-14x20in) Milano 95 .... FF12 360 - £1 640 - **$2,520**

GUARNERIO Pietro 1842-1881 [2]

Forced Prayer - Marble (89cm-35in) London 96 .... FF58 900 - £7 500 - **$11,340**

GUARNIERI Luciano 1930 [3]

Paesaggio - Olio/tavola (24x39cm-9x15in) Prato 96 .... FF5 730 - £680 - **$1,122**

GUARNIERO Pietro 1842-1881 [1]

Forced Prayer - Marble (88cm-35in) New-York 95... FF28 140 - £3 560 - **$5,500**

GUASTALLA Pierre 1891-1968 [53]

Nu de dos - Huile/toile (55x46cm-22x18in) Brest 97 .... FF7 000 - £758 - **$1,229**
Paysage de Provence - Huile/toile (65x92cm-26x36in) Brest 92 .... FF28 500 - £2 920 - **$5,130**
Crozon, 1923 - Aquarelle, gouache/papier (28x36cm-11x14in) Brest 89.................... FF3 200 - £337 - **$539**

GUAY Gabriel 1848-? [3]

Lavandières, Pas-de-Calais - Oil/canvas (56x69cm-22x27in) Stockholm 92 .... FF8 010 - £820 - **$1,410**

GUAYASAMIN Oswaldo 1919 [48]

Meditación - Oil/canvas (40x30cm-16x12in) New-York 94 .... FF42 500 - £5 050 - **$8,000**
Desnudo de India - Oil/canvas/panel (51x40cm-20x16in) New-York 95 .... FF97 000 - £12 880 - **$20,000**
Cabezas - Oil/canvas (98x68cm-39x27in) New-York 97 .... FF315 546 - £33 764 - **$55,000**
El ave - Bronze (176cm-69in) New-York 97 .... FF132 032 - £14 020 - **$23,000**
Dos niños - Watercolour (61x49cm-24x19in) New-York 96 .... FF62 700 - £7 140 - **$12,000**

GUAZZONI Edoardo 1869-1946 [1]

Autunno in Brianza - Olio/tavola (59x69cm-23x27in) Milano 95 .... FF5 720 - £720 - **$1,160**

GUBA Rudolf XX [3]

Lake scene with boats - Oil/canvas (89x114cm-35x45in) Chicago 94....................... FF11 130 - £1 316 - **$2,000**

GUBBELS Klaas 1934 [18]

Man with a chair - Oil/canvas (80x100cm-31x39in) Amsterdam 95 .... FF9 450 - £1 206 - **$1,930**
Coffeepot - Lithographie couleurs Amsterdam 97 .... FF2 101 - £223 - **$366**
Teapot - Watercolour (18x25cm-7x10in) Amsterdam 97 .... FF6 935 - £750 - **$1,210**

GUBLER Conrad 1904-? [1]

Weisse Hortensien - Huile/panneau (73x58cm-29x23in) Bern 95 .... FF2 160 - £270 - **$436**

GUBLER Eduard 1891-1971 [2]

Les mariés et la famille - Huile/toile (165x140cm-65x55in) Zürich 96 .... FF123 300 - £15 450 - **$23,800**

GUBLER Ernst 1895-1958 [2]

Badende - Tempera (68x48cm-27x19in) Zürich 94 .... FF8 230 - £968 - **$1,573**

GUBLER Jakob 1891-1963 [1]

Stilleben mit Apfeln - Oil/canvas (36x48cm-14x19in) Luzern 89 .... FF4 700 - £481 - **$756**

GUBLER Max 1898-1973 [23]

Stehender Männerakt - Öl/Leinwand (46x34cm-18x13in) Zürich 97 .... FF36 440 - £4 320 - **$6,730**
Im Atelier (Stilleben) - Öl/Leinwand (65x51cm-26x20in) Zürich 95........................ FF114 300 - £14 820 - **$23,800**
Landschaft bei Schlieren - Öl/Leinwand (116x130cm-46x51in) Zürich 97 .... FF256 614 - £27 281 - **$44,265**

GUCCIONE Piero 1933 [16]

Primavera - Olio/tela (100x90cm-39x35in) Milano 93 .... FF73 200 - £8 210 - **$13,100**
Tramonto - Pastelli/carta (24x63cm-9x25in) Milano 91 .... FF38 700 - £3 928 - **$6,990**

GUCHT van Jose 1913-1980 [6]

Vue de ville - Aquarelle/papier (47x65cm-19x26in) Antwerpen 96 .... FF1 806 - £209 - **$346**

GUDDEN Rudolf 1863-1935 [2]

Lady in an Interior - Oil/canvas (100x80cm-39x31in) London 96 .... FF9 240 - £1 200 - **$1,830**

GUDE Hans Fredrik 1825-1903 [53]

Landskap - Oil/canvas (38x50cm-15x22in) Tönsberg 96 .... FF25 600 - £3 060 - **$4,660**
Sommarlandskap, Romdal, 25 Aug. - Oil/canvas (45x61cm-18x24in) Stockholm 96 .... FF80 700 - £10 070 - **$15,600**

Sommernatt - Oil/canvas (99x161cm-39x63in) Oslo 92 .... FF*418 000* - £*48 600* - **$85,300**

GUDE Nils 1859-1908 [2]
🖝 *Homme au turban* - Huile/toile (77x61cm-30x24in) Paris 96 .... FF*15 500* - £*2 006* - **$3,100**

GUDGEON Ralston 1910-1984 [31]
🖝 *Swallows* - Oil/canvas (52x36cm-20x14in) Billinghurst, West Sussex 96 .... FF*2 760* - £*360* - **$552**
🖉 *A Scarlet Macaw on a branch* - Watercolour (61x51cm-24x20in) London 94 .... FF*3 580* - £*420* - **$638**
Spotted Woodpeckers - Watercolour (51x60cm-20x24in) London 97 .... FF*23 042* - £*2 500* - **$4,083**

GUDIN Emile 1874-1957 [2]
🖉 *Fontaine dans un parc* - Aquarelle (55x44cm-22x17in) Nancy 89 .... FF*12 000* - £*1 194* - **$1,896**

GUDIN Henriette Herminie 1825-? [54]
🖝 *Felouques le long du Bosphore* - Huile/panneau (13x20cm-5x8in) Aubagne 95 .... FF*13 700* - £*1 774* - **$2,790**
Marine - Huile/toile (32x49cm-13x19in) Corbeil-Essonnes 94 .... FF*17 000* - £*2 014* - **$3,140**
View of Istanbul - Oil/panel (21x41cm-8x16in) London 96 .... FF*24 060* - £*3 000* - **$4,650**

GUDIN Jean Antoine 1802-1880 [8]
🖝 *Fischerboote vor der Küste* - Oil/panel (28x40cm-11x16in) München 93 .... FF*15 260* - £*1 823* - **$2,935**
🖉 *Marine* - Lavis (24x32cm-9x13in) Paris 95 .... FF*4 000* - £*505* - **$798**

GUDIN Jean-Louis 1799-1823 [3]
🖝 *Marine* - Huile/panneau (76x112cm-30x44in) Paris 94 .... FF*2 500* - £*298* - **$458**

GUDIN Théodore, baron 1802-1880 [39]
🖝 *Coucher de soleil sur la mer* - Huile/papier (38x52cm-15x20in) Lille 97 .... FF*7 000* - £*725* - **$1,199**
Beached fishing vessels at sunset - Oil/canvas (36x66cm-14x26in) London 95 .... FF*14 200* - £*1 800* - **$2,860**
Seaton, Scotland - Oil/canvas (49x74cm-19x29in) London 97 .... FF*59 048* - £*6 200* - **$10,156**
🖉 *Arab warriors by the shore of Algeria*
    Watercolour/paper (29x44cm-11x17in) London 97 .... FF*20 952* - £*2 200* - **$3,603**

GUDMUNDSEN-HOLMGREEN Johan 1858-1912 [3]
🖝 *En lille pige med sin dukke* - Oil/canvas (115x75cm-45x30in) København 91 .... FF*14 080* - £*1 438* - **$2,554**

GUDMUNDSSON Eggert 1906-1983 [2]
🖉 *Fjeldlandskab, Island* - Watercolour (37x53cm-15x21in) København 92 .... FF*2 024* - £*207* - **$357**

GUDMUNDSSON Sigurdur 1942 [5]
🖉 *Garden* - Pencil/paper (25x32cm-10x13in) Amsterdam 97 .... FF*2 195* - £*230* - **$376**

GUDNASON Svavar 1909-1988 [29]
🖝 *Komposition* - Oil/canvas (89x70cm-35x28in) København 94 .... FF*30 700* - £*3 640* - **$5,680**
🖉 *Komposition* - Watercolour (48x62cm-19x24in) København 95 .... FF*4 440* - £*575* - **$903**

GUÉ Arthur XIX-XX [2]
🖝 *In the Tuileries, Paris* - Oil/panel (24x32cm-9x13in) London 91 .... FF*20 160* - £*2 007* - **$3,467**

GUÉ David John 1836-1917 [2]
🖝 *Ship at sea* - Oil/panel (20x15cm-8x6in) Mystic, Connecticut 95 .... FF*2 684* - £*322* - **$500**
🖉 *Crashing waves* - Wash (33x53cm-13x21in) Mystic, Connecticut 91 .... FF*1 557* - £*158* - **$281**

GUÉ Jean-Marie Oscar 1809-1877 [3]
🖉 *Veduta di Roma* - Gouache/carta (23x29cm-9x11in) Genova 90 .... FF*22 900* - £*2 452* - **$3,983**

GUE Julien Michel 1789-1843 [2]
🖝 *Tiroler Berghütten* - Oil/canvas (33x45cm-13x18in) Lindau 94 .... FF*15 350* - £*1 832* - **$2,890**

GUEDEN Colette [1]
🏺 *Buste de jeune fille* - Céramique (51cm-20in) Paris 97 .... FF*11 500* - £*1 249* - **$2,038**

GUÉDY Gaston Édouard 1874-? [4]
🖝 *Bibliophile assis à son bureau* - Huile/toile (117x143cm-46x56in) Avranches 93 .. FF*13 500* - £*1 552* - **$2,324**
Avant le bain - Oil/canvas (198x92cm-78x36in) London 95 .... FF*84 900* - £*11 000* - **$17,660**

GUEDY Jules 1805-1876 [1]
🖝 *Environs de Voreppe* - Huile/toile (33x41cm-13x16in) Grenoble 92 .... FF*8 500* - £*988* - **$1,735**

GUEDY Théodore Jules 1837-? [3]
🖝 *Barque sur le fleuve* - Huile/toile (38x63cm-15x25in) Bern 95 .... FF*6 480* - £*810* - **$1,308**
Paysage suisse - Huile/toile (46x71cm-18x28in) Paris 91 .... FF*25 000* - £*2 537* - **$4,515**

GUÉGUEN Suzanne XX [10]
🖉 *Pardon en Bretagne* - Aquarelle, gouache (38x27cm-15x11in) Douarnenez 93 .... FF*2 000* - £*241* - **$364**

GUELDRY Charles Albert 1884-1973 [1]
🖝 *Portrait de femme* - Huile/carton (42x34cm-17x13in) Paris 96 .... FF*2 200* - £*285* - **$440**

GUELDRY Ferdinand Joseph 1858-1945 [24]
🖝 *Chemin de halage à La Roche-sur-Yon* - Huile/toile (54x73cm-21x29in) Paris 96 .. FF*16 500* - £*2 143* - **$3,270**
On the lake - Oil/canvas (54x71cm-21x28in) London 92 .... FF*50 800* - £*5 200* - **$8,940**
Repairing the skull, 1895 - Oil/canvas (40x45cm-16x18in) New-York 89 .... FF*103 000* - £*10 249* - **$16,272**
🖉 *Chevaux dans la rivière* - Pastel (49x71cm-19x28in) Versailles 92 .... FF*7 500* - £*768* - **$1,350**

GUELTRY Charles Albert 1884-1973 [1]
🖉 *Pont de Grenelle* - Aquarelle (27x46cm-11x18in) La Varenne Saint-Hilaire 93 .... FF*1 900* - £*229* - **$346**

GUELTZL de Marco 1958-1992 [14]
🏺 *Les deux insectes* - Métal Lyon 93 .... FF*13 000* - £*1 478* - **$2,204**

GUENARD Hortaire J. 1827-1899 [2]
🖝 *Choctaw child* - Oil/canvas (46x38cm-18x15in) New Orleans, Louisiana 92 .... FF*5 390* - £*626* - **$1,100**

GUÉNOT Auguste 1882-1966 [3]
🏺 *Polo player* - Bronze (37cm-15in) New-York 95 .... FF*12 430* - £*1 575* - **$2,500**
A reclining woman with Putto - Marble (46cm-18in) Singapore 95 .... FF*51 900* - £*6 620* - **$10,460**

GUENZI Costantino 1926 [2]
🖝 *Paesaggio* - Olio/tela (70x90cm-28x35in) Milano 93 .... FF*4 030* - £*452* - **$721**

GUÉRARD Amédée 1824-1908 [2]
- Beaucoup de fatigue pour rien - Oil/canvas (133x96cm-52x38in) London 89 .... FF9 700 - £965 - **$1,532**
- Young mother playing with her child - Oil/canvas (85x122cm-33x48in) London 93 .... FF70 500 - £8 500 - **$12,320**

GUÉRARD Eugène Charles Fr. 1821-1866 [7]
- Procession sous Henri II - Huile/toile (160x128cm-63x50in) Paris 97 .... FF28 000 - £3 021 - **$4,948**
- La pêche aux canards sur le Rhin - Lithographie couleurs (37x45cm-15x18in) Paris 92 .... FF2 100 - £215 - **$370**

GUÉRARD Henri Charles 1846-1897 [18]
- Nature morte - Huile/toile (33x24cm-13x9in) Paris 89 .... FF4 600 - £485 - **$774**
- Dans les blés - Pointe sèche couleurs (11x15cm-4x6in) Paris 96 .... FF2 800 - £319 - **$536**
- Chat guettant des crabes - Lavis (18x60cm-7x24in) Paris 96 .... FF7 500 - £965 - **$1,487**

GUÉRARD von Bernhard ?-1836 [3]
- Ida Guérard/Carolin von Guérard - Oil/panel (24x17cm-9x7in) London 95 .... FF18 200 - £2 200 - **$3,360**
- Fürst Karl von Schwarzenberg - Ink/paper (23x18cm-9x7in) München 96 .... FF7 320 - £918 - **$1,413**

GUÉRARD-GONZALES Jeanne 1856-1924 [6]
- Paysage de Toscane - Oil/canvas (26x46cm-10x18in) London 96 .... FF28 900 - £3 500 - **$5,610**
- Poireaux, navets, oignons - Watercolour/paper (9x25cm-4x10in) London 96 .... FF8 250 - £1 000 - **$1,604**

GUERCHET-JEANNIN Anne-Marie 1945 [15]
- Le pied rouge - Technique mixte/panneau (89x116cm-35x46in) Paris 91 .... FF6 200 - £616 - **$1,077**

GUERCHON Isa XX [4]
- Compotier de fruits - Huile/toile (50x61cm-20x24in) Paris 95 .... FF4 000 - £507 - **$804**

GUERCHOV Solomon Moiseevich 1906-1989 [1]
- Paysage près de Léningrad - Gouache/papier (65x49cm-26x19in) Paris 91 .... FF2 800 - £280 - **$461**

GUÉRET de Yvonne [6]
- Vieille rue de Rouen - Pastel (68x54cm-27x21in) Rouen 90 .... FF4 000 - £413 - **$707**

GUÉRET Pierre 1908-1966 [4]
- Les pommiers en fleurs - Aquarelle, gouache (50x59cm-20x23in) Rouen 92 .... FF2 800 - £287 - **$493**

GUÉRIN Armand Manago 1913-1983 [42]
- Paris, le métro aérien et la Tour Eiffel - Huile/panneau (46x55cm-18x22in) Bern 95 .... FF5 610 - £702 - **$1,134**
- L'Opéra de Paris - Huile/isorel (46x54cm-18x21in) London 95 .... FF16 080 - £2 052 - **$3,290**

GUÉRIN Charles 1875-1939 [26]
- Vase de roses - Huile/toile (65x81cm-26x32in) Paris 93 .... FF3 800 - £458 - **$691**
- Jeunes femmes au parc - Huile/toile (100x100cm-39x39in) Paris 97 .... FF25 000 - £2 670 - **$4,382**
- Le collier de perles - Aquarelle (18x16cm-7x6in) Paris 90 .... FF1 600 - £161 - **$291**

GUÉRIN Ernest 1887-1952 [96]
- Notre-Dame de Penhors - Huile/toile (50x110cm-20x43in) Nantes 92 .... FF51 000 - £5 220 - **$9,180**
- Le retour des Sardiniers, Bretagne - Aquarelle/papier (13x23cm-5x9in) Lyon 97 .... FF2 800 - £938 - **$1,539**
- Village de pêcheurs en Bretagne - Aquarelle (26x34cm-10x13in) Brest 97 .... FF15 200 - £1 646 - **$2,669**
- Notre-Dame de la Joie, Penmarch - Aquarelle (50x110cm-20x43in) Douarnenez 93 .... FF33 500 - £4 040 - **$6,090**

GUÉRIN Gabriel Christophe 1790-1846 [1]
- French village scene - Wash (12x10cm-5x4in) South Deerfield, Mass. 91 .... FF1 800 - £180 - **$304**

GUÉRIN Jean Urbain 1761-1836 [11]
- Madame Récamier - Miniature (8cm-3in) London 97 .... FF24 645 - £2 600 - **$4,229**

GUÉRIN Jules 1866-1946 [5]
- The White House - Gouache (71x51cm-28x20in) New-York 93 .... FF11 200 - £1 275 - **$1,900**

GUÉRIN LE GUAY André 1872-c.1945 [6]
- Embarcadère animé - Huile/panneau (16x25cm-6x10in) Bruxelles 97 .... FF3 110 - £340 - **$545**
- Paysage lacustre - Huile/toile (77x101cm-30x40in) Paris 90 .... FF10 500 - £1 131 - **$1,852**

GUÉRIN Paulin Jean-Bapt. 1783-1855 [1]
- Luisa Enriqueta de Borbón - Oleo/lienzo (10x86cm-4x34in) Madrid 96 .... FF26 100 - £3 260 - **$5,040**

GUÉRIN Pierre Narcisse 1774-1833 [7]
- Hector leaving Andromeda - Pencil (36x29cm-14x11in) New-York 94 .... FF26 560 - £3 170 - **$5,000**

GUÉRIN Thérèse 1861-1933 [2]
- The flowering bush - Oil/canvas (88x69cm-35x27in) New-York 95 .... FF51 300 - £6 300 - **$10,000**

GUERLINCK Arnold XX [3]
- Coupe de raisins - Collage (65x50cm-26x20in) Verrières-Le-Buisson 92 .... FF5 500 - £563 - **$968**

GUERMACHEFF Mikhaïl M., Michel 1867-1930 [6]
- Winter river landscape - Oil/canvas (63x55cm-25x22in) London 95 .... FF5 530 - £700 - **$1,112**

GUEROULT Maurice 1875-? [1]
- Jeune femme - Huile/carton (46x32cm-18x13in) Versailles 90 .... FF2 600 - £263 - **$495**

GUERRA Achille 1832-? [5]
- La tarantella - Oil/canvas (63x98cm-25x39in) London 96 .... FF31 900 - £4 000 - **$6,160**

GUERRA DEL CANO Teresa 1937 [2]
- Nu allongé, 1986 - Bronze (30x34x70cm-12x13x28in) Paris 90 .... FF28 000 - £3 017 - **$4,938**

GUERRA ZAMORA Evaristo 1942 [11]
- Casas de pueblo - Oleo/lienzo (65x81cm-26x32in) Madrid 96 .... FF12 040 - £1 420 - **$2,364**

GUERRANT Roger 1930-1977 [1]
- Port à marée basse - Aquarelle (46x60cm-18x24in) Le Havre 93 .... FF13 000 - £1 480 - **$2,204**

GUERRERO GALVAN Jesús 1910-1973 [30]
- Cabeza de mujer - Oil/canvas (46x38cm-18x15in) New-York 97 .... FF85 911 - £9 157 - **$15,000**
- Maternidad - Oil/canvas (61x48cm-24x19in) New-York 96 .... FF286 000 - £36 400 - **$55,000**
- Juego de niñas - Oil/canvas (117x160cm-46x63in) New-York 95 .... FF841 000 - £105 000 - **$165,000**
- El Espejo - Watercolour (56x40cm-22x16in) New-York 93 .... FF22 000 - £2 760 - **$4,000**

G

Mujeres y niños en camino
    Watercolour, gouache/paper (33x45cm-13x18in) New-York 95.................................. FF76 500 - £9 550 - **$15,000**
GUERRERO José 1914-1991 [13]
🖼 *Negro rojo* - Oleo/lienzo (99x109cm-39x43in) Madrid 92.. FF77 400 - £9 230 - **$14,880**
Sol y sombra - Oleo/lienzo (127x155cm-50x61in) Madrid 90.. FF270 000 - £27 190 - **$49,091**
🖼 *Abstracto* - Litografía (77x55cm-30x22in) Madrid 93... FF3 055 - £368 - **$595**
GUERRERO Pedro E. 1917 [2]
📷 *Wall Street/Off the 3rd Avenue* - Gelatin silver print (30x25cm-12x10in) New-York 93... FF10 450 - £1 310 - **$1,900**
GUERRERO Rosario 1944 [2]
🖼 *Huipil* - Grabado (64x52cm-25x20in) México 92.. FF2 880 - £296 - **$526**
GUERRESCHI Giuseppe 1929-1985 [14]
🖼 *Paesaggio* - Olio/tela (50x40cm-20x16in) Milano 89... FF32 000 - £3 272 - **$5,145**
Monumento - Olio/tela (105x125cm-41x49in) Milano 91.. FF86 500 - £8 673 - **$14,279**
✍ *Ottavia Manunta* - Pastelli/carta (101x72cm-40x28in) Milano 94............................ FF12 450 - £1 440 - **$2,124**
GUERRICCHIO Luigi 1932 [2]
🖼 *Albero* - Olio/tela (50x40cm-20x16in) Roma 89.. FF4 600 - £470 - **$740**
✍ *Interno di paese* - Pastelli (70x50cm-28x20in) Milano 94... FF3 460 - £401 - **$605**
GUERRIER Raymond 1920 [51]
🖼 *Petit bambara* - Huile/toile (55x46cm-22x18in) Paris 96... FF7 000 - £844 - **$1,343**
Alpilles No. 2 - Huile/toile (131x161cm-52x63in) Versailles 96.................................... FF8 500 - £1 090 - **$1,686**
La longue table - Huile/toile (73x184cm-29x72in) Douai 90....................................... FF42 000 - £4 274 - **$8,399**
✍ *Cheval de cirque* - Gouache/papier (59x67cm-23x26in) Paris 95............................. FF3 500 - £443 - **$702**
GUERRIER Rony 1950 [2]
🖼 *Gingerbread houses* - Huile/toile (61x41cm-24x16in) Paris 92................................. FF3 100 - £370 - **$597**
GUERRINI Giovanni 1887-? [1]
🖼 *Mostra Internazionale, Arti Decorative* - Poster (69x49cm-27x19in) New-York 92 ...... FF7 280 - £870 - **$1,400**
GUERTCHOV Solomon 1906-1989 [10]
✍ *Le grand-pères et le petit fils* - Gouache/papier (67x59cm-26x23in) Paris 90............. FF18 000 - £1 860 - **$3,180**
GUÉRY Armand 1850-1912 [70]
🖼 *Les vieux saules en mars* - Huile/toile (46x55cm-18x22in) Reims 97........................ FF20 000 - £2 182 - **$3,496**
Berger et ses moutons , Champagne - Huile/toile (81x121cm-32x48in) Reims 95......... FF42 500 - £5 370 - **$8,600**
Paris, le quai des Saints-Pères - Huile/toile (80x120cm-31x47in) Reims 90 ... FF192 000 - £20 690 - **$33,862**
✍ *Les toits du village* - Pastel/papier (65x81cm-26x32in) Calais 97............................. FF8 500 - £932 - **$1,492**
GUÉRY Paul Jean Sébastien 1898-? [1]
🗿 *Bacchante et petit satyre* - Bronze (18cm-7in) Paris 94.. FF2 300 - £266 - **$395**
GUERZONI Franco 1948 [2]
🖼 *Studio per affresco* - Tecnica mista/cartone (70x99cm-28x39in) Prato 96 .... FF6 210 - £702 - **$1,188**
GUERZONI Stéphanie Caroline 1887-1970 [5]
🖼 *Mont Colon* - Öl/Leinwand (65x89cm-26x35in) Bern 94.. FF4 130 - £495 - **$802**
GUES Alfred François 1833-? [7]
🖼 *A Game of Dice* - Oil/panel (47x28cm-19x11in) London 93....................................... FF13 170 - £1 500 - **$2,235**
GUESDON Alfred 1808-1876 [3]
🖼 *Vue de Trieste* - Lithographie couleurs (28x44cm-11x17in) Bern 92........................ FF3 045 - £364 - **$586**
GUET Charlemagne Oscar 1801-1871 [5]
🖼 *Rendezvous in Park* - Oil/canvas (54x54cm-25x21in) Stuttgart 89............................ FF18 600 - £1 960 - **$3,131**
Jeune fille et les papillons - Huile/toile (177x117cm-70x46in) Monaco 91................. FF65 000 - £6 518 - **$10,730**
GUETAL Laurent, abbé 1841-1892 [27]
🖼 *Tranquil River landscape* - Oil/canvas (40x65cm-16x26in) London 97 .... FF7 266 - £800 - **$1,275**
Bergère près de la source - Huile/toile (52x82cm-20x32in) Barbizon 94.................... FF16 500 - £1 954 - **$3,050**
GUÉTIN Victor Oscar 1873-? [1]
🖼 *Alter Mann bei der Zeitungslektüre* - Huile/panneau (23x14cm-9x6in) Bern 94.......... FF2 626 - £305 - **$453**
GUETON Antonin 1886-1941 [1]
🗿 *Mozart* - Bronze (70cm-28in) New-York 89... FF18 600 - £1 960 - **$3,131**
GUETTA Solange XX [2]
🖼 *Sans titre* - Huile/toile (80x80cm-31x31in) Boulogne 94.. FF3 000 - £343 - **$509**
GUEVARA Alvaro 1894-1951 [3]
🖼 *Imaginary Theatre* - Oil/canvas (122x199cm-48x78in) London 92............................. FF6 350 - £650 - **$1,121**
Maruja - Encaustic/paper/canvas (49x34cm-19x13in) London 95.............................. FF23 170 - £3 000 - **$4,740**
GUEVARA de Juan Niño 1632-1686 [1]
✍ *Virgin & Child bearing roses above* - Ink (25x17cm-10x7in) London 92.................... FF44 000 - £4 500 - **$7,740**
GUEY Fernand L. 1877-? [2]
🖼 *Cascade au Bois de Boulogne* - Oil/canvas (155x215cm-61x85in) New-York 96.......... FF181 700 - £23 150 - **$35,000**
GUEYLON G. XIX [1]
🗿 *Mozart enfant jouant du violon* - Bronze (67cm-26in) Morlaix 89............................. FF13 000 - £1 294 - **$2,054**
GUFFENS Godfried Egide 1823-1901 [1]
🖼 *Lovers in a classical landscape* - Oil/canvas (95x86cm-37x34in) Amsterdam 90....... FF33 200 - £3 379 - **$6,639**
GUGEL Karl Adolf 1820-1885 [4]
🖼 *Mädchenporträt* - Oil/canvas (63x50cm-25x20in) München 91................................ FF9 530 - £955 - **$1,745**
GUGEL von Fabius 1910 [2]
✍ *Die Augen des Schicksals* - Ink (21x31cm-8x12in) München 92............................... FF7 820 - £801 - **$1,377**
GUGG Hugo 1878-1956 [1]
🖼 *Baumlandschaft im Sommer* - Oil/canvas/board (54x75cm-21x30in) Heidelberg 92.... FF4 930 - £505 - **$868**

GUGGENBERGER Theodor Otto Michael 1866-1929 [5]
🖼 *Der Zellersee* - Oil/canvas (60x80cm-24x31in) Wien 91 .... FF**10 560** - £**1 065** - $**2,058**
GUGGENBERGER Thomas 1815-1882 [1]
🖼 *Berchtesgarden* - Öl/Leinwand (90x60cm-35x24in) Köln 94 .... FF**5 490** - £**658** - $**1,066**
GUGLI Laurent 1959 [2]
🖼 *Composition fantastique* - Technique mixte/toile (100x130cm-39x51in) Douai 92 .... FF**7 000** - £**717** - $**1,260**
GUGLIELMI Gennaro 1804-c.1855 [6]
🖼 *I giovani adulti* - Oil/canvas (48x37cm-19x15in) London 94 .... FF**36 160** - £**4 200** - $**6,260**
GUGLIELMI Gregorio 1714-1773 [1]
🖼 *Mercury of Four Continents* - Oil/canvas (53x63cm-21x25in) Warszawa 93 .... FF**64 600** - £**6 590** - $**9,740**
GUGLIELMI Luigi 1834-1907 [1]
🗿 *Vanita* - Marble (72cm-28in) New-York 94 .... FF**53 100** - £**6 340** - $**10,000**
GUGLIELMI O. Louis 1906-1956 [10]
🖼 *St. George's Church* - Oil/canvas (77x61cm-30x24in) New-York 94 .... FF**115 000** - £**13 420** - $**20,000**
✎ *Minetta lane* - Gouache (51x38cm-20x15in) New-York 91 .... FF**85 500** - £**8 610** - $**15,000**
GUIAUD Jacques 1811-1876 [2]
✎ *Vue du château de Monaco* - Coloured crayons (17x25cm-7x10in) Paris 90 .... FF**5 800** - £**621** - $**1,009**
GUIBAL Nicolas 1725-1784 [2]
🖼 *Nativité* - Huile/toile (120x80cm-47x31in) Stuttgart 95 .... FF**23 730** - £**2 886** - $**4,670**
GUIBERT Hervé 1954-1993 [2]
📷 *La Sacristie* - Photo (14x22cm-6x9in) Paris 96 .... FF**2 800** - £**362** - $**541**
GUICHARD Joseph Benoit 1806-1880 [3]
🖼 *Une fête champêtre* - Oil/canvas (64x80cm-25x31in) London 94 .... FF**25 400** - £**3 000** - $**4,560**
GUIDALEVITCH Victor 1892-1962 [11]
📷 *Street scene* - Silver print (36x28cm-14x11in) New-York 94 .... FF**6 900** - £**824** - $**1,300**
GUIDI Giuseppe 1881-1931 [6]
🖼 *Odalisca* - Olio/tela (110x147cm-43x58in) Roma 92 .... FF**72 500** - £**7 420** - $**12,760**
GUIDI Virgilio 1891-1984 [153]
🖼 *Bacino di San Marco* - Olio/tela (40x30cm-16x12in) Milano 93 .... FF**8 780** - £**986** - $**1,572**
Venezia - Olio/tela (50x60cm-20x24in) Prato 97 .... FF**18 360** - £**2 160** - $**3,240**
Isola di San Giorgio - Olio/tela (40x50cm-16x20in) Prato 96 .... FF**42 900** - £**5 380** - $**8,200**
Venezia - Olio/tavola (50x43cm-20x17in) Milano 94 .... FF**117 600** - £**14 000** - $**22,400**
Veduta di Roma - Olio/tela (64x77cm-25x30in) Milano 90 .... FF**355 000** - £**35 747** - $**69,540**
✎ *Studio per La Passeggiata* - Matita/carta (27x19cm-11x7in) Prato 96 .... FF**6 740** - £**800** - $**1,320**
GUIET Michel 1919 [3]
🖼 *Composition bleue* - Huile/toile (73x60cm-29x24in) L'Isle-Adam 92 .... FF**2 800** - £**287** - $**504**
GUIETTE Jules 1852-1901 [4]
🖼 *Wood gatherers* - Oil/canvas (102x103cm-40x41in) Amsterdam 92 .... FF**13 540** - £**1 575** - $**2,764**
GUIETTE René 1893-1976 [85]
🖼 *Vieux moulin* - Huile/toile (90x60cm-35x24in) Bruxelles 95 .... FF**11 700** - £**1 540** - $**2,350**
Route - Oil/canvas (116x81cm-46x32in) Amsterdam 96 .... FF**28 660** - £**3 316** - $**5,490**
Le canoë - Huile/toile (80x100cm-31x39in) Bruxelles 91 .... FF**247 000** - £**25 068** - $**44,611**
✎ *Nu* - Gouache (62x43cm-24x17in) Antwerpen 94 .... FF**10 820** - £**1 255** - $**1,864**
Joueurs de cartes, 1928 - Gouache/paper (58x43cm-23x17in) London 89 .... FF**82 300** - £**8 189** - $**13,002**
GUIGNARD Alberto da Veiga 1896-1962 [1]
🖼 *Ouro Preto, Baloes* - Oil/panel (36x27cm-14x11in) New-York 95 .... FF**153 000** - £**19 100** - $**30,000**
GUIGNARD Alexandre-Gaston 1848-1922 [13]
🖼 *Vache blanche* - Öl/Karton (18x24cm-7x9in) Zofingen 93 .... FF**3 750** - £**452** - $**686**
Berger et son troupeau - Huile/panneau (65x100cm-26x39in) Saint-Dié 97 .... FF**14 000** - £**1 582** - $**2,535**
GUIGNARD Roland 1917 [4]
🖼 *Le port* - Huile/toile (60x81cm-24x32in) Zofingen 95 .... FF**8 500** - £**1 112** - $**1,704**
GUIGNÉ Alexis Eugène 1839-? [2]
🖼 *Paysage à la rivière* - Huile/toile (40x60cm-16x24in) Provins 96 .... FF**3 900** - £**489** - $**754**
✎ *Ruisseau en forêt* - Aquarelle (26x37cm-10x15in) Cherbourg 90 .... FF**2 400** - £**255** - $**429**
GUIGNEBERT Vincent. 1921 [4]
🖼 *Le lever* - Huile/toile (147x88cm-58x35in) Calais 97 .... FF**2 900** - £**311** - $**508**
GUIGNET Adrien Jean 1816-1854 [6]
🖼 *Les tireurs à l'arc* - Huile/panneau (22x37cm-9x15in) Lyon 97 .... FF**10 000** - £**1 084** - $**1,758**
Pélerins dans des ruines égyptiennes - Huile/toile (97x146cm-38x57in) Paris 96 .... FF**34 000** - £**4 400** - $**6,670**
GUIGNET Jean-Baptiste 1810-1857 [1]
🖼 *Alphonse Napoléon* - Huile/toile (73x60cm-29x24in) Paris 92 .... FF**6 500** - £**776** - $**1,250**
GUIGON Charles Louis 1807-1882 [6]
🖼 *Canal vénitien* - Öl/Leinwand (64x76cm-25x30in) Zürich 94 .... FF**13 100** - £**1 540** - $**2,503**
GUIGOU Paul Camille 1834-1871 [41]
🖼 *Rivière à lourmarin* - Oil/canvas (71x11cm-28x4in) New-York 89 .... FF**1** - £**130 905** - $**207,836**
Limonest: la Route de Lyon - Huile/toile (15x22cm-6x9in) Paris 94 .... FF**38 000** - £**4 500** - $**7,020**
Lavandièresn soleil couchant - Huile/toile (46x55cm-18x22in) Paris 96 .... FF**80 000** - £**9 700** - $**15,740**
Calanque de Mourepiane, Saint-André - Huile/toile (23x47cm-9x19in) Paris 97 .... FF**270 000** - £**29 538** - $**47,034**
✎ *Paysage* - Crayon (9x15cm-4x6in) Paris 94 .... FF**7 000** - £**833** - $**1,320**
Bord de rivière dans le Midi - Aquarelle (20x29cm-8x11in) Monaco 94 .... FF**13 000** - £**1 536** - $**2,335**
GUIGUES Emile 1825-1904 [1]
✎ *Travaux en Oisans* - Fusain (32x44cm-13x17in) Grenoble 91 .... FF**3 000** - £**301** - $**495**

GUIGUES Louis-Jacques 1873-? [1]
🔲 *Nocturne* - Marble (36cm-14in) Paris 90 .... FF2 000 - £201 - $392

GUIGUET François Joseph 1860-1937 [66]
🐦 *Autoportrait au pinceaux* - Huile/toile (73x82cm-29x32in) Paris 97 .... FF18 000 - £1 911 - $3,135
Fillette et son chien - Huile/papier (26x34cm-10x13in) Lyon 97 .... FF24 000 - £2 599 - $4,204
Montmartre, la place Ravignan - Huile/toile (90x106cm-35x42in) Lyon 90 .... FF132 000 - £13 498 - $26,055
✏ *Les quais, Lyon* - Pastel (22x30cm-9x12in) Grenoble 92 .... FF4 800 - £492 - $845
Nu - Crayon (38x27cm-15x11in) Lyon 97 .... FF12 000 - £1 299 - $2,102

GUIGUET Louis 1861-1928 [3]
🐦 *Rives du Drac* - Huile/toile (72x116cm-28x46in) Grenoble 92 .... FF18 000 - £2 093 - $3,674

GUIJARRO Antonio 1923 [8]
🐦 *Bodegón caligráfico* - Oleo/lienzo (81x100cm-32x39in) Madrid 96 .... FF26 470 - £3 430 - $5,230

GUILBAUD G. 1907 [5]
✏ *Les colza, route de Cahors* - Gouache Montauban 91 .... FF2 000 - £202 - $397

GUILBERT Jean-Philippe 1941 [2]
🐦 *Composition* - Huile/toile (154x195cm-61x77in) Versailles 92 .... FF10 000 - £1 024 - $1,760

GUILBERT Maurice 1876-1938 [13]
🐦 *Paysage brabançon* - Huile/toile (71x76cm-28x30in) Bruxelles 95 .... FF4 350 - £572 - $873
Eglise de Veere - Huile/panneau (76x62cm-30x24in) Liège 91 .... FF10 700 - £1 073 - $1,766
Paysage méditerranéen - Huile/toile (58x65cm-23x26in) Bruxelles 90 .... FF40 500 - £4 184 - $7,155

GUILBERT Narcisse 1878-1942 [89]
🐦 *Panorama de Rouen* - Huile/toile (32x46cm-13x18in) Calais 97 .... FF25 000 - £2 740 - $4,388
Bord de Seine à Sahurs, automne - Huile/toile (46x61cm-18x24in) Paris 93 .... FF41 000 - £4 940 - $7,450
Après-midi à Biessard - Huile/toile (54x73cm-21x29in) Rouen 92 .... FF86 000 - £8 800 - $15,140
Le pont Boildieu à Rouen - Huile/toile (46x65cm-18x26in) Paris 90 .... FF160 000 - £17 241 - $28,219

GUILBERT Robert XX [11]
🐦 *Le port de la forêt Fouesnant* - Huile/toile (50x65cm-20x26in) Le Havre 91 .... FF3 500 - £350 - $576
✏ *Bateaux de pêche au Havre* - Gouache (44x52cm-17x20in) Le Havre 89 .... FF3 000 - £307 - $482

GUILFORD James c.1870-? [1]
🐦 *Sailing off the Needles, Isle of Wight* - Oil/canvas (71x107cm-28x42in) London 95 .... FF6 980 - £900 - $1,420

GUILHEM Paul 1959 [2]
🐦 *Nu au bord de mer* - Huile/isorel (38x46cm-15x18in) Montauban 90 .... FF2 800 - £289 - $494

GUILLAIN Marthe 1890-1974 [14]
🐦 *Jeune rêveuse* - Huile/toile (60x74cm-24x29in) Bruxelles 96 .... FF2 500 - £323 - $494

GUILLAUME Albert 1873-1942 [72]
🐦 *L'automne* - Huile/toile (100x55cm-39x22in) Paris 97 .... FF18 500 - £2 013 - $3,221
La séduction - Huile/panneau (35x26cm-14x10in) Paris 90 .... FF40 000 - £4 255 - $7,156
A La Coupole - Huile/panneau (65x53cm-26x21in) Paris 96 .... FF98 000 - £12 200 - $19,000
Le Chef d'Œuvre - Oil/panel (82x65cm-32x26in) New-York 97 .... FF180 688 - £19 459 - $32,000
🖼 *La tribune aux courses* - Affiche couleur (77x190cm-30x75in) Genève 91 .... FF5 150 - £517 - $860
✏ *Les lendemains d'Amour* - Aquarelle, gouache (22x20cm-9x8in) Deauville 92 .... FF13 000 - £1 330 - $2,290

GUILLAUME Edmond 1826-1894 [2]
✏ *La maison Suonairici à Pompeï* - Gouache (46x26cm-18x10in) Paris 95 .... FF14 000 - £1 800 - $2,890

GUILLAUME Émile 1867-? [2]
🔲 *Nu à la longue chevelure* - Bronze Paris 96 .... FF4 800 - £551 - $916

GUILLAUME Louis Mathieu Didier 1816-1892 [1]
🐦 *Still life of tulips* - Oil/canvas (61x46cm-24x18in) North Bethesda, MD. 92 .... FF6 630 - £680 - $1,300

GUILLAUME R. M. 1876-? [1]
🐦 *Port de la vieille ville* - Huile/toile (50x72cm-20x28in) Paris 90 .... FF18 000 - £1 927 - $3,130

GUILLAUME Roger 1867-1943 [2]
🐦 *Paysage au bord du canal* - Huile/toile (200x80cm-79x31in) Saint-Germain-en-Laye 96 ..... FF40 000 - £5 010 - $7,720

GUILLAUMET Gustave 1840-1887 [48]
🐦 *Famille dans la palmeraie* - Huile/toile (30x35cm-12x14in) Paris 97 .... FF8 000 - £850 - $1,378
An Arab stallion - Oil/canvas/board (29x35cm-11x14in) London 94 .... FF18 500 - £2 200 - $3,480
The Oasis - Oil/canvas (36x81cm-14x32in) London 94 .... FF57 600 - £6 800 - $10,330
Un marché arabe en Algérie - Huile/toile (63x96cm-25x38in) Paris 95 .... FF330 000 - £43 400 - $66,200
✏ *Etude d'un oriental debout* - Sanguine/papier (58x36cm-23x14in) Paris 97 .... FF4 200 - £446 - $726
La Casbah - Pastel (30x43cm-12x17in) Calais 95 .... FF18 000 - £2 366 - $3,680

GUILLAUMET Yvonne 1885-? [1]
🐦 *Le Petit Andelys* - Huile/toile (37x45cm-15x18in) Rouen 90 .... FF7 000 - £723 - $1,237

GUILLAUMIN Armand 1841-1927 [329]
🐦 *Les Bréjots, mai 1917* - Huile/toile (24x33cm-9x13in) Paris 97 .... FF47 000 - £5 128 - $8,216
Paysage à Villiers-sur-Morin - Huile/toile (46x55cm-18x22in) Paris 97 .... FF67 000 - £7 310 - $11,712
Paysage de la Creuse - Huile/toile (60x73cm-24x29in) Paris 97 .... FF102 000 - £10 996 - $18,136
Paysage de la Creuse - Oil/canvas (73x92cm-29x36in) New-York 96 .... FF143 500 - £17 000 - $28,000
Entré du village de Gif - Oil/canvas (55x65cm-22x26in) New-York 97 .... FF185 715 - £19 910 - $32,500
Le hameau - Oil/canvas (60x81cm-24x32in) New-York 97 .... FF242 858 - £26 036 - $42,500
Route de Damiette à Saint-Rémy - Huile/toile (60x73cm-24x29in) Paris 97 .... FF370 000 - £38 554 - $63,048
Paysage de l'Ile de France - Oil/canvas (62x73cm-24x29in) New-York 97 .... FF911 168 - £98 672 - $160,000
🖼 *Les Meules* - Lithographie couleurs (35x51cm-14x20in) Paris 96 .... FF13 000 - £1 620 - $2,510
✏ *Nature morte* - Pastel/papier (60x45cm-24x18in) Paris 97 .... FF15 000 - £1 629 - $2,631
Environs de Crozant - Pastel (47x63cm-19x25in) Paris 96 .... FF48 000 - £5 560 - $9,200
Après-midi de campagne - Pastel/papier (30x47cm-12x19in) Paris 97 .... FF75 000 - £8 085 - $13,335
La lecture de Mme Guillaumin - Pastel/paper (40x67cm-16x26in) New-York 94 .... FF157 700 - £18 760 - $30,000

Saint-Père - Pastel (47x62cm-19x24in) London 89 .... FF**406 800** - £*41 595* - **\$65,402**

GUILLEBAUD Jean-François 1718-1799 [2]
🖼 *H. de Martine, P.D. de Beausobre, ...* - Huile/toile (86x134cm-34x53in) Paris 90 .... FF**23 000** - £*2 316* - **\$4,505**
✏ *A lady/A gentleman* - Pastel (25x19cm-10x7in) London 96 .... FF**22 500** - £*2 900* - **\$4,400**

GUILLEMER Ernest 1839-1913 [9]
🖼 *Bord de rivière* - Huile/toile (40x73cm-16x29in) Barbizon 96 .... FF**15 500** - £*1 932* - **\$2,993**

GUILLEMET Antoine J.-Bapt. 1843-1918 [75]
🖼 *Paysage de Dordogne* - Huile/toile (36x57cm-14x22in) Cherbourg 97 .... FF**15 000** - £*1 602* - **\$2,609**
Vue des hauteurs de Paris - Huile/toile (25x35cm-10x14in) Barbizon 96 .... FF**32 000** - £*3 760* - **\$6,300**
Le Vieux Villerville - Huile/toile (131x200cm-52x79in) Bordeaux 96 .... FF**162 000** - £*20 900* - **\$31,300**
✏ *L'Anse du Cul du Loup* - Dessin (21x31cm-8x12in) Cherbourg 91 .... FF**9 500** - £*952* - **\$1,740**

GUILLEMET Antoine Jean-B. 1843-1918 [1]
✏ *Le parc à huîtres* - Pierre noire (29x45cm-11x18in) Paris 94 .... FF**3 200** - £*383* - **\$598**

GUILLEMIN Alexandre 1817-1880 [11]
🖼 *La conversation au salon* - Huile/toile (38x46cm-15x18in) Versailles 91 .... FF**9 000** - £*902* - **\$1,648**
Feeding the poultry - Oil/panel (25x19cm-10x7in) London 95 .... FF**15 980** - £*2 000* - **\$3,180**
Scène familiale - Huile/panneau (58x46cm-22x18in) Bruxelles 96 .... FF**58 200** - £*6 900* - **\$11,350**

GUILLEMIN Émile Coriolan Hipp. 1841-1907 [33]
🗿 *Orientale portant une cruche* - Bronze (200cm-79in) New-York 95 .... FF**1** - £*141 800* - **\$225,000**
Camels and riders - Sculpture (44cm-17in) London 97 .... FF**8 825** - £*950* - **\$1,551**
Zingara - Bronze (91cm-36in) New-York 94 .... FF**108 386** - £*11 683* - **\$19,000**

GUILLEMIN Louis Nicolas Victor 1831-1906 [1]
🖼 *Église au bord du canal* - Huile/toile (74x100cm-29x39in) Bern 95 .... FF**9 500** - £*1 188* - **\$1,920**

GUILLEMINET Claude 1821-1860 [39]
🖼 *Le poulailler* - Huile/panneau (25x19cm-10x7in) Calais 96 .... FF**6 000** - £*778* - **\$1,186**
Basse-cour - Huile/panneau (41x32cm-16x13in) Versailles 96 .... FF**13 000** - £*1 670* - **\$2,520**
Scène de basse-cour - Huile/toile (54x65cm-21x26in) Paris 89 .... FF**27 000** - £*2 845* - **\$4,545**

GUILLEMINOT René 1900-1975 [2]
🖼 *Picnic i det gröna* - Oil/canvas (27x41cm-11x16in) Stockholm 90 .... FF**6 600** - £*702* - **\$1,181**

GUILLEMOT Alexandre-Charles 1786-1831 [1]
🖼 *Amours d'Acis et Galatea* - Oil/canvas (146x114cm-57x45in) New-York 94 ...... FF**263 000** - £*30 440* - **\$45,000**

GUILLEN Heliodoro 1864-1940 [4]
🖼 *Niña jugando* - Oleo/lienzo (62x86cm-24x34in) Madrid 93 .... FF**15 720** - £*1 875* - **\$3,020**
Pescadores arreglando las redes - Oleo/lienzo (70x100cm-28x39in) Madrid 92 .... FF**59 400** - £*6 050* - **\$10,450**

GUILLERMO Juan 1916-1968 [4]
🖼 *San Antonio de la Florida* - Oleo/lienzo (65x81cm-26x32in) Madrid 91 .... FF**23 250** - £*2 331* - **\$3,838**

GUILLERY Franz Paul 1863-? [2]
🖼 *Sommertag in Harburg* - Oil/canvas (75x57cm-30x22in) Lindau 92 .... FF**16 320** - £*1 670* - **\$2,873**

GUILLERY Theodor 1900-1976 [3]
🖼 *Sonnenblumen im Garten* - Oil/canvas (50x60cm-20x24in) Lindau 91 .... FF**14 200** - £*1 431* - **\$2,464**

GUILLON Charles Nicolas 1756-? [1]
✏ *Dame in blauem Kleid* - Wash/paper (5cm-2in) Wien 91 .... FF**7 220** - £*728* - **\$1,253**

GUILLON Eugène Antoine 1834-? [2]
🖼 *Roméo et Juliette* - Huile/toile (66x96cm-26x38in) Monaco 92 .... FF**35 000** - £*3 580* - **\$6,300**

GUILLONNET Octave 1872-1967 [40]
🖼 *Canal à Venise* - Huile/panneau (41x32cm-16x13in) Paris 94 .... FF**6 000** - £*699* - **\$1,043**
Paysage symboliste - Huile/toile (55x81cm-22x32in) Calais 92 .... FF**19 000** - £*1 945* - **\$3,726**
Le bain de soleil - Huile/toile (65x54cm-26x21in) Paris 90 .... FF**115 000** - £*12 392* - **\$20,282**
✏ *Colin Maillard* - Pastel (27x27cm-11x11in) Paris 89 .... FF**6 700** - £*685* - **\$1,077**

GUILLOT Abel 1908-1970 [1]
🖼 *Rêve énigmatique* - Acrylique/toile (104x127cm-41x50in) Paris 90 .... FF**2 000** - £*213* - **\$358**

GUILLOT Donat XIX [2]
🖼 *Les lavandières* - Huile/toile (32x46cm-13x18in) Paris 93 .... FF**5 500** - £*633* - **\$947**

GUILLOU Alfred 1844-1926 [26]
🖼 *Voiliers au soleil couchant* - Huile/toile (33x46cm-13x18in) Rennes 97 .... FF**12 000** - £*1 261* - **\$2,062**
Retour des pêcheurs - Huile/toile (26x34cm-10x13in) Entzheim 96 .... FF**25 000** - £*3 234* - **\$4,910**
Le port - Huile/toile (100x73cm-39x29in) Pont-Audemer 90 .... FF**55 000** - £*5 539* - **\$10,000**

GUILLOUX Albert Gaston 1871-1952 [3]
🗿 *La Douleur* - Marbre (49cm-19in) Rambouillet 90 .... FF**65 000** - £*6 545* - **\$12,733**

GUILLOUX Charles Victor 1866-1946 [39]
🖼 *Bords de mer* - Huile/toile (33x46cm-13x18in) Versailles 91 .... FF**10 500** - £*1 060* - **\$1,855**
Paysage de neige avec inondations - Huile/toile (38x46cm-15x18in) Paris 89 .... FF**33 000** - £*3 284* - **\$5,213**
✏ *Paysage de Bretagne* - (32x24cm-13x9in) Paris 97 .... FF**13 500** - £*1 457* - **\$2,385**

GUILMARD Henri 1849-? [2]
🖼 *Trouville* - Huile/toile (15x27cm-6x11in) Deauville 93 .... FF**8 000** - £*900* - **\$1,356**

GUIMARAES de José 1939 [3]
🗿 *Curieux personnage* - Sculpture (48cm-19in) Paris 90 .... FF**22 000** - £*2 215* - **\$4,310**

GUIMARD Hervé XX [4]
✏ *Vanité au téléphone* - Pastel (65x51cm-26x20in) Paris 95 .... FF**2 500** - £*316* - **\$506**

GUINAND René 1892-1974 [3]
🖼 *Uzès, Gard* - Öl/Karton (38x33cm-15x13in) Bern 94 .... FF**5 250** - £*609* - **\$905**

GUINAND René ?-1983 [3]
🖼 *Village* - Huile/toile (54x65cm-21x26in) Genève 89 .... FF11 700 - £1 196 - **$1,881**
GUINARD Robert 1896-? [1]
🖼 *Vue de Rabat* - Huile/panneau (39x55cm-15x22in) Paris 94 .... FF16 000 - £1 895 - **$2,956**
GUINART Francesc 1888-1974 [3]
🖼 *Mercado* - Oleo/lienzo (50x60cm-20x24in) Madrid 94 .... FF9 260 - £1 105 - **$1,735**
GUINDON Jean 1883-1976 [14]
🖼 *Port sur la Méditerranée* - Huile/panneau (50x72cm-20x28in) Neuilly 93 .... FF6 500 - £739 - **$1,102**
✎ *Barques avec pêcheurs* - Gouache (32x49cm-13x19in) Toulon 95 .... FF3 200 - £405 - **$626**
GUINDRAND Antoine 1801-1843 [3]
🖼 *Près de la chaumière* - Huile/toile (37x56cm-15x22in) Lyon 96 .... FF13 000 - £1 568 - **$2,494**
GUINEA de Anselmo 1855-c.1906 [3]
🖼 *Il tamburello* - Olio/tela (101x61cm-40x24in) Roma 94 .... FF31 800 - £3 780 - **$5,670**
Momentos de ocio - Oleo/lienzo (101x62cm-40x24in) Madrid 94 .... FF74 100 - £8 900 - **$14,400**
GUINEGAULT Georges Pierre 1893-? [9]
✎ *Sous les remparts de Marrakech*
    Aquarelle, gouache/papier (45x91cm-18x36in) Paris 97 .... FF17 500 - £1 860 - **$3,015**
GUINGAND Klaus XX [5]
🖼 *Serge Gainsbourg* - Acrylique/toile (200x150cm-79x59in) Paris 95 .... FF50 000 - £6 290 - **$10,000**
GUINIER Henri 1867-1927 [12]
🖼 *Jeune fille assise* - Huile/toile (65x54cm-26x21in) Les Baux-de-Provence 95 .... FF10 200 - £1 318 - **$2,102**
✎ *Jeune bretonne de Plougastel-Daoulas* - Pastel (30x37cm-12x15in) Le Havre 90 .... FF4 000 - £431 - **$705**
GUINNESS May 1863-1955 [5]
🖼 *Le manteau jaune* - Oil/board (66x51cm-26x20in) London 97 .... FF28 143 - £3 000 - **$4,934**
Autumn flowers - Oil/canvas (71x92cm-28x36in) London 95 .... FF123 700 - £14 000 - **$22,270**
GUINO Michel 1926 [2]
🗿 *Ailettes d'avion - Tendresse chinoise* - Sculpture (38cm-15in) Paris 95 .... FF2 000 - £266 - **$413**
✎ *Sans titre* - Mine plomb (39x28cm-15x11in) Paris 89 .... FF1 500 - £158 - **$253**
GUINO Richard 1890-1973 [67]
🗿 *Torse de femme* - Bronze (34cm-13in) Paris 96 .... FF10 000 - £1 290 - **$1,957**
Les deux amies - Terracotta (37cm-15in) Soissons 96 .... FF23 000 - £2 870 - **$4,440**
Venus Victrix - Bronze (84cm-33in) Paris 95 .... FF180 000 - £23 320 - **$37,460**
✎ *Nu de dos* - Sanguine (46x25cm-18x10in) Soissons 96 .... FF5 800 - £723 - **$1,120**
GUINOVART Josep 1927 [29]
🖼 *El Forat Mirall* - Technique mixte/panneau (100x73cm-39x29in) Paris 96 .... FF11 000 - £1 263 - **$2,100**
Sin titulo, 1979 - Oleo/lienzo (81x100cm-32x39in) Madrid 90 .... FF48 600 - £4 894 - **$8,836**
Sin titulo, 1978 - Técnica mixta/tabla (122x61cm-48x24in) Madrid 90 .... FF151 200 - £16 293 - **$26,667**
✎ *Habana* - Técnica mixta/papel (51x75cm-20x30in) Madrid 97 .... FF11 000 - £1 182 - **$1,925**
GUINTOTARDI Filippo 1768-1831 [1]
✎ *Ciambellari/Altalena* - Watercolour (31x23cm-12x9in) London 90 .... FF25 200 - £2 698 - **$4,383**
GUINZBURG Frederick V. 1897-1978 [1]
🗿 *Peacock Fountain* - Bronze (65cm-26in) New-York 95 .... FF40 200 - £5 030 - **$8,000**
GUIONNET Jean-Jacques XX [3]
🖼 *Formes bleues et carrées* - Technique mixte/toile (140x140cm-55x55in) Paris 94 .... FF6 500 - £756 - **$1,126**
GUIRAMAND Paul 1926 [45]
🖼 *Voiliers* - Huile/toile (65x45cm-26x18in) Paris 96 .... FF9 000 - £1 122 - **$1,740**
La cueillette des fleurs - Huile/toile (146x115cm-57x45in) Rouen 95 .... FF15 000 - £1 962 - **$3,004**
14 juillet, 1965 - Huile/toile (195x131cm-77x52in) Versailles 89 .... FF97 500 - £9 701 - **$15,403**
🗿 *Cheval* - Bronze (46cm-18in) Paris 97 .... FF38 000 - £4 176 - **$6,935**
GUIRAND DE SCÉVOLA Lucien Victor 1871-1950 [67]
🖼 *Vue d'un château, 1902* - Huile/toile (50x65cm-20x26in) Paris 90 .... FF6 800 - £728 - **$1,183**
Soirée intime - Huile/carton (42x33cm-17x13in) Soissons 96 .... FF10 500 - £1 366 - **$2,080**
Jeune femme au bord d'un bassin - Huile/toile (60x73cm-24x29in) Paris 96 .... FF20 000 - £2 600 - **$4,300**
A Still Life with Fruit and Flowers - Oil/canvas (52x63cm-20x25in) London 94 .... FF37 000 - £4 400 - **$6,960**
✎ *Bouquet dans un vase* - Pastel (78x168cm-31x66in) Paris 96 .... FF6 500 - £824 - **$1,247**
Jeune femme - Aquarelle (32x37cm-13x15in) Paris 94 .... FF43 000 - £5 030 - **$7,580**
GUIRAUD-RIVIERE Maurice 1881-? [35]
🗿 *La fuite* - Bronze (22cm-9in) Soissons 96 .... FF6 700 - £812 - **$1,303**
L'Envoi du Baiser - Bronze (38cm-15in) Paris 94 .... FF20 000 - £2 370 - **$3,695**
La comète - Bronze (52cm-20in) New-York 97 .... FF69 768 - £7 326 - **$12,000**
GUIROYE de René 1912 [16]
🖼 *Village de montagne* - Huile/toile (65x81cm-26x32in) Versailles 90 .... FF4 500 - £455 - **$856**
GUISE Pieter Jan 1814-1859 [2]
🖼 *Cows in a meadow* - Oil/panel (22x30cm-9x12in) Amsterdam 95 .... FF7 000 - £874 - **$1,413**
Wooded sloping landsdcape with cows - Oil/panel (27x38cm-11x15in) Amsterdam 89 ...... FF13 500 - £1 343 - **$2,133**
GUISLAIN J.M. XIX-XX [1]
🖼 *Port* - Huile/toile (80x60cm-31x24in) Bruxelles 90 .... FF3 600 - £372 - **$636**
GUISTI Guglielmo 1824-1916 [1]
✎ *Baie de Naples* - Gouache/papier (16x24cm-6x9in) Paris 97 .... FF7 800 - £849 - **$1,358**
GUITÉ Suzanne 1927-1981 [1]
🗿 *Tête de femme* - Pierre (41x30cm-16x12in) Montréal 90 .... FF6 900 - £739 - **$1,200**
GUITERAS José 1885-1950 [1]
🖼 *Une fontaine à Paris* - Oleo/lienzo (55x46cm-22x18in) Madrid 96 .... FF11 150 - £1 417 - **$2,142**

G

GUITET James 1925 [48]

- 92. 40 P 1970 - Huile/toile (100x73cm-39x29in) Paris 97 .... FF2 500 - £270 - **$445**
- Val David 2 - Huile/toile (114x145cm-45x57in) Montréal 97 .... FF5 900 - £639 - **$1,037**
- 50/50.10.79 (2) - Collage (50x50cm-20x20in) Paris 91 .... FF9 000 - £909 - **$1,787**

GUITRY Sacha 1885-1957 [27]

- Réjane - Crayon (13x18cm-5x7in) Paris 94 .... FF2 200 - £257 - **$386**
- Yvonne Printemps - Gouache (34x26cm-13x10in) Paris 94 .... FF6 400 - £745 - **$1,108**

GUITTET Georges Henri 1871-1902 [2]

- Porteur d'eau - Bronze (27cm-11in) Paris 95 .... FF5 000 - £634 - **$1,006**

GUJRAL Satish 1925 [2]

- Lady with bird - Acrylic/canvas (152x141cm-60x56in) London 95 .... FF43 000 - £5 500 - **$8,640**

GULBENKIAN H. ?-1968 [5]

- Route à l'entrée de la ville - Huile/toile (32x45cm-13x18in) Versailles 91 .... FF4 000 - £398 - **$688**

GULBRANSSON Olaf 1873-1958 [40]

- M.G. Melchior - Oil/board (35x46cm-14x18in) Malmö 90 .... FF36 500 - £3 908 - **$6,348**
- Bildnis Oskar Wilde - Pencil (22x15cm-9x6in) München 93 .... FF5 090 - £608 - **$978**
- Tulpen für Josef Best - Ink (48x36cm-19x14in) München 93 .... FF13 560 - £1 620 - **$2,610**
- Geburtenrückgang in Deutschland - Aquarell (29x24cm-11x9in) Bern 93 .... FF34 400 - £4 160 - **$6,400**

GULDAGER Christian 1762-1826 [1]

- Lady in blue, seated - Oil/canvas (74x64cm-29x25in) Chicago 94 .... FF8 120 - £962 - **$1,500**

GULIK van Cornelius 1938 [3]

- Winterlandscape with skaters - Oil/canvas (38x55cm-15x22in) Amsterdam 91 .... FF5 410 - £543 - **$936**

GULIK van Franciscus Lodewijk 1841-1899 [4]

- Riverlandscape with a windmill - Oil/panel (18x27cm-7x11in) Amsterdam 97 .... FF5 529 - £584 - **$948**
- Rotterdam with the Hoofdpoort - Oil/canvas (58x89cm-23x35in) Amsterdam 91 .... FF36 100 - £3 664 - **$6,520**

GULLAGER Christian 1762-1826 [1]

- Nancy Dorr Clapp & husband - Oil/canvas (73x61cm-29x24in) New-York 90 .... FF74 400 - £7 823 - **$12,939**

GULLBY Folke 1912-1982 [16]

- Söndagsmetaren - Etching (14x25cm-6x10in) Stockholm 89 .... FF3 800 - £367 - **$577**

GULLICHSEN Alvar 1961 [3]

- Som Näsan går genom stången - Oil/canvas (140x125cm-55x49in) Helsinki 94 .... FF14 480 - £1 730 - **$2,707**

GULLY John 1819-1888 [6]

- Mitre Peak, Milford Sound - Watercolour (35x63cm-14x25in) London 97 .... FF51 595 - £5 500 - **$9,045**

GUMERY Adolphe 1861-1943 [13]

- Le retour des flamants roses, Tunis - Huile/toile (81x105cm-32x41in) Paris 96 .... FF9 500 - £1 225 - **$1,860**
- Le conteur - Huile/toile (99x80cm-39x31in) Versailles 90 .... FF36 000 - £3 879 - **$6,349**

GUMLICH-KEMPF Anna 1860-1940 [1]

- Blauen Rittersporn and Astern - Oil/panel (61x43cm-24x17in) Bremen 93 .... FF2 090 - £239 - **$353**

GUMMESON Per 1858-1928 [26]

- Gardsinteriör, Gardstanga - Oil/canvas (50x44cm-20x17in) Malmö 90 .... FF3 700 - £396 - **$643**
- Träd i höstskrud framför sita hus - Oil/canvas (54x82cm-21x32in) Malmö 94 .... FF10 300 - £1 023 - **$1,788**

GUMSHEIMER Friedrich XIX-XX [2]

- Hochheim am Main - Oil/canvas (54x100cm-21x39in) Frankfurt 92 .... FF18 700 - £1 914 - **$3,290**

GUMUCIO Y CASTRO Manuel XX [2]

- Llevando las cabras - Oleo/lienzo (62x74cm-24x29in) Madrid 91 .... FF5 470 - £548 - **$903**

GUNDERSEN Gunnar S. 1921-1983 [20]

- Komposisjon - Oil/canvas (120x100cm-47x39in) Oslo 92 .... FF46 900 - £4 800 - **$8,250**
- Komposisjon - Serigraph (53x46cm-21x18in) Oslo 92 .... FF2 510 - £292 - **$513**
- Oppstilling med lampe - Watercolour (33x26cm-13x10in) Oslo 92 .... FF7 810 - £800 - **$1,376**

GUNDERSEN Helene 1858-1934 [1]

- Kvinneakt - Oil/canvas (56x41cm-22x16in) Oslo 91 .... FF5 640 - £566 - **$931**

GUNDLACH Henry 1884-1965 [5]

- Morsum Kliff auf Sylt - Öl/Leinwand (50x40cm-20x16in) Hamburg 97 .... FF4 550 - £486 - **$793**

GUNIA Stascho 1897-1966 [1]

- Weiblicher Akt - Coloured crayons (40x28cm-16x11in) Wien 95 .... FF3 944 - £473 - **$751**

GUNN Archibald, Archie 1863-1930 [4]

- A Lecture on Technical Education - Oil/canvas (42x33cm-17x13in) London 96 .... FF5 810 - £750 - **$1,122**
- Cherries in danger - Oil/canvas (55x38cm-22x15in) San Francisco-Los Angeles 93 .... FF35 750 - £4 480 - **$6,500**

GUNN Herbert James 1893-1964 [25]

- Still life with Gazelles - Oil/canvas (46x36cm-18x14in) London 96 .... FF6 480 - £800 - **$1,250**
- Cheyne Walk, London
  Oil/canvas/board (25x36cm-10x14in) San Francisco-Los Angeles 95 .... FF58 700 - £7 600 - **$12,000**
- Sunbathers - Oil/canvas (35x46cm-14x18in) London 90 .... FF309 900 - £32 014 - **$54,753**

GUNN William Archibald 1877-? [1]

- St. Ives, Morning - Watercolour (47x59cm-19x23in) Bristol, Avon 94 .... FF2 580 - £300 - **$447**

GUNNE Carl 1893-1979 [43]

- Stadsbild - Oil/canvas (60x81cm-24x32in) Stockholm 95 .... FF4 230 - £520 - **$824**
- Solbelyst fjärd - Oil/canvas (50x73cm-20x29in) Stockholm 89 .... FF11 200 - £1 180 - **$1,886**

GUNNERUD Arne Johan Vinje 1930 [2]

- Stèle - Bronze (162cm-64in) New-York 95 .... FF10 820 - £1 393 - **$2,200**

GUNNEWEG Hermanus Petrus Ant. 1846-1934 [1]

- Riverlandscape with peasant - Oil/canvas (68x100cm-27x39in) Amsterdam 92 .... FF4 214 - £490 - **$860**

GUNSAM Karl Josef 1900-1972 [8]
- *Sommerblumen im Steingutopf* - Öl/Leinwand (47x37cm-19x15in) Wien 97 .... FF23 890 - £2 540 - **$4,120**
- *Am Donaukanal* - Pastel/paper (42x52cm-17x20in) Wien 96 .... FF10 620 - £1 210 - **$2,034**

GUNSCHMANN Karl 1895-1984 [4]
- *Badende im Park* - Oil/panel (100x80cm-39x31in) Frankfurt 97 .... FF4 388 - £473 - **$770**

GUNTEN van Roger 1933 [3]
- *En la sombra* - Acrylic/canvas (57x43cm-22x17in) México 92 .... FF25 200 - £2 590 - **$4,600**
- *Desnudo con tres aves* - Acrylic/paper/panel (100x66cm-39x26in) New-York 90 .... FF57 200 - £6 085 - **$10,233**

GUNTERMANN Wilhelm 1887-1976 [2]
- *Der Zitronenpflückerin* - Öl/Karton (80x60cm-31x24in) Heidelberg 94 .... FF2 570 - £309 - **$500**
- *Altartriptychon* - Coloured crayons Heidelberg 92 .... FF1 972 - £202 - **$347**

GÜNTHER Carl Hermann 1837-1909 [1]
- *Gute Freunde* - Öl/Leinwand (63x45cm-25x18in) Wien 95 .... FF8 320 - £1 097 - **$1,688**

GÜNTHER Christian Aug. 1759-1824 [3]
- *Schloss Moritzburg* - Watercolour (45x61cm-18x24in) Hamburg 94 .... FF3 600 - £427 - **$666**

GÜNTHER Erwin Carl Wilhelm 1864-1927 [13]
- *Marine* - Öl/Leinwand (65x100cm-26x39in) Köln 94 .... FF9 600 - £1 151 - **$1,866**

GÜNTHER Georg 1886-? [3]
- *Bildnis einer Bauern* - Öl/Leinwand (78x60cm-31x24in) Köln 94 .... FF5 140 - £617 - **$1,000**

GÜNTHER Ignaz 1725-1775 [1]
- *Putto (Bozzetto)* - Wood (13cm-5in) München 93 .... FF77 000 - £8 800 - **$13,030**

GÜNTHER Joseph 1820-? [1]
- *Der Rheinfall bei Schaffhausen* - Oil/canvas (24x32cm-9x13in) Luzern 92 .... FF6 090 - £728 - **$1,171**
- *Der Rheinfall bei Schaffhausen* - Gouache (35x48cm-14x19in) Bern 92 .... FF12 560 - £1 500 - **$2,416**

GUNTHER Julius 1830-? [1]
- *Little secret* - Oil/canvas (50x40cm-20x16in) Amsterdam 92 .... FF12 640 - £1 470 - **$2,580**

GÜNTHER Margot 1937 [5]
- *Die rote Strasse* - Oil/panel (100x100cm-39x39in) Pforzheim 92 .... FF11 870 - £1 418 - **$2,283**

GUNTHER Max 1934-1974 [2]
- *La ville: changement de saison* - Huile/toile (60x130cm-24x51in) Nanterre 92 .... FF5 000 - £512 - **$880**

GÜNTHER-NAUMBURG Otto 1856-1941 [8]
- *Abendliche Bucht* - Öl/Leinwand (47x94cm-19x37in) Bremen 94 .... FF14 420 - £1 733 - **$2,670**
- *Kaysersberg* - Aquarell (48x31cm-19x12in) Bielefeld 95 .... FF2 585 - £335 - **$526**

GUNZ Engelbert XX [2]
- *Orientalische Reiterszenen* - Öl/Leinwand (54x44cm-21x17in) Bern 96 .... FF4 074 - £494 - **$792**

GUO BOCHUAN 1901-1974 [2]
- *Nude* - Oil/paper (28x33cm-11x13in) Taipei 92 .... FF251 000 - £25 600 - **$52,300**

GUO DONGRONG Kuo Tong-jong 1927 [3]
- *Scene of France* - Oil/canvas (45x53cm-18x21in) Taipei, Taiwan 92 .... FF85 400 - £8 700 - **$17,800**

GUR ARIE Meir 1891-1951 [1]
- *The fruit vendor* - Watercolour (65x47cm-26x19in) Tel Aviv 96 .... FF2 073 - £260 - **$400**

GURDJAN Akop 1886-1948 [3]
- *Isadora Duncan* - Bronze (45cm-18in) London 92 .... FF9 740 - £1 000 - **$1,810**

GURI 1951 [3]
- *La serviette rouge* - Huile/toile (61x50cm-24x20in) Paris 96 .... FF2 800 - £338 - **$538**

GURK Eduard 1801-1841 [2]
- *Schloßhof* - Ink (9x14cm-4x6in) Wien 92 .... FF12 030 - £1 232 - **$2,120**

GURLITT Ludwig H. Theodor 1812-1897 [9]
- *Berglandschaft mit mächtigen Felsen* - Oil/canvas (44x63cm-17x25in) Stuttgart 91 .... FF37 200 - £3 730 - **$6,200**

GURNEY Jeremiah 1812-1895 [3]
- *Elderly woman* - Daguerreotype New-York 96 .... FF3 356 - £416 - **$650**

GURO Elena 1877-1913 [1]
- *Martyshkino* - Oil/cardboard (32x28cm-13x11in) London 89 .... FF19 400 - £1 984 - **$3,119**

GURR Lena 1897 [2]
- *Balleteuse cubiste* - Oil/board (39x29cm-15x11in) Luzern 90 .... FF5 500 - £585 - **$984**

GURSCHNER Gustav 1873-1971 [12]
- *Die Nacht* - Bronze (25cm-10in) Wien 93 .... FF3 850 - £460 - **$740**
- *Femme à l'arceau* - Bronze (64cm-25in) Paris 95 .... FF25 000 - £3 176 - **$5,120**

GURSCHNER Herbert 1901-1975 [14]
- *Tyroler Straße* - Oil/canvas (34x31cm-13x12in) London 93 .... FF18 260 - £2 200 - **$3,190**
- *Kirchgang/Auf die Alm* - Woodcut in colors Wien 95 .... FF10 770 - £1 396 - **$2,190**

GURSKY Andreas 1955 [4]
- *Huhner* - Photograph (101x84cm-40x33in) New-York 94 .... FF17 130 - £2 010 - **$3,000**

GURVICH José 1927-1974 [9]
- *Kibbutz* - Oil/board (23x34cm-9x13in) New-York 97 .... FF28 702 - £3 048 - **$5,000**
- *Untitled* - Oil/canvas (101x124cm-40x49in) New-York 91 .... FF96 200 - £9 763 - **$17,375**

GUS Gustave d'Erlich 1911 [7]
- *Vacances du psychanaliste de Madame* - Encre/papier (32x25cm-13x10in) Paris 93 .... FF5 000 - £570 - **$848**

GUSCHIN Nicolas 1890-1964 [1]
- *Le bois* - Huile/carton (35x23cm-14x9in) Paris 89 .... FF3 000 - £307 - **$482**

GUSSINYE Pere 1890-1980 [1]
- *Paisaje de Bañolas* - Oleo/lienzo (92x73cm-36x29in) Madrid 94 .... FF26 900 - £3 133 - **$4,710**

G

GUSSMANN Otto 1869-1926 [2]
🖼 *Deutsche Kunst-Gewerbe, Dresden* - Poster (89x58cm-35x23in) New-York 96 .... FF*10 180* - £1 200 - **$2,000**
    GUSSONI Vittorio 1893-1968 [10]
🖼 *Spanish lady portrait* - Oil/canvas (58x48cm-23x19in) St. Petersburg, Florida 95 .... FF*6 160* - £756 - **$1,200**
    Nudo di fanciulla al bagno - Olio/tavola (60x50cm-24x20in) Milano 89 .... FF*11 000* - £1 159 - **$1,852**
    GUSSOW Bernard 1881-1957 [10]
🖼 *The Window* - Oil/board (76x58cm-30x23in) Detroit, Michigan 93 .... FF*13 050* - £1 500 - **$2,250**
    GUSSOW Carl 1843-1907 [6]
🖼 *Spaziergang am Waldweg* - Oil/Leinwand (147x83cm-58x33in) Wien 96 .... FF*26 500* - £3 303 - **$5,120**
    GUSTAVSSON Erik Birger 1913 [6]
🖼 *Blommor i vas* - Oil/canvas (80x61cm-31x24in) Stockholm 90 .... FF*14 040* - £1 429 - **$2,808**
    GUSTAVSSON Gösta 1895-1962 [2]
🖼 *Svenska Amerikalinjens kryssningsfartyg* - Oil/canvas (52x60cm-20x24in) Stockholm 91 .... FF*6 270* - £629 - **$1,148**
🖼 *Strandcafé, Stockholm* - Lithograph (44x55cm-17x22in) Söderköping 92 .... FF*1 697* - £174 - **$299**
    GUSTIN Paul Morgan 1886-? [1]
🖼 *Quinault, Seattle, Washington* - Oil/canvas (66x81cm-26x32in) New-York 96 .... FF*12 460* - £1 588 - **$2,400**
    GUSTON Philip 1913-1980 [79]
🖼 *As It Goes* - Oil/canvas (193x260cm-76x102in) New-York 93 .... FF*2* - £276 000 - **$400,000**
    Beggar's Joys - Oil/canvas (181x173cm-71x68in) New-York 96 .... FF*7* - £930 000 - **$1**
    Winter Flower - Oil/masonite (79x103cm-31x41in) New-York 94 .... FF*162 600* - £18 850 - **$28,000**
    Untitled - Oil/paper/board (63x91cm-25x36in) New-York 95 .... FF*287 000* - £35 900 - **$58,000**
    Painter and model - Oil/masonite (76x101cm-30x40in) New-York 92 .... FF*1 26e +06* - £104 800 - **$190,000**
🖼 *East Side* - Lithograph (83x108cm-33x43in) New-York 93 .... FF*27 500* - £3 450 - **$5,000**
✎ *Untitled* - Ink/paper (46x61cm-18x24in) New-York 96 .... FF*35 660* - £4 200 - **$7,000**
    Untitled - Graphite (31x37cm-12x15in) New-York 96 .... FF*117 100* - £13 800 - **$23,000**
    Untitled, 1953 - Ink/paper (61x45cm-24x18in) New-York 90 .... FF*243 100* - £25 192 - **$42,724**
    GUTAHAZY Guyla Nemeth 1880-? [3]
🖼 *Cavalli da tiro* - Olio/tela (35x40cm-10x16in) Trieste 97 .... FF*2 210* - £260 - **$390**
    GUTEKUNST Frederick 1831-1917 [1]
📷 *Ulysses S. Grant* - Albumen print (44x39cm-17x15in) New-York 94 .... FF*15 970* - £1 852 - **$2,750**
    GÜTERBOCK Leopold 1820-1881 [2]
🖼 *A Bacchante* - Oil/canvas (80x62cm-31x24in) London 95 .... FF*51 300* - £6 500 - **$10,320**
✎ *Les maisons de bois* - Fusain (28x42cm-11x17in) Paris 91 .... FF*3 500* - £348 - **$602**
    GÜTERSLOH Albert Paris 1887-1973 [37]
✎ *Cassa* - Ink (30x22cm-12x9in) Wien 92 .... FF*5 770* - £690 - **$1,110**
    Handkuss am unrechten Ort - Aquarelle (13x15cm-5x6in) Köln 97 .... FF*14 532* - £1 527 - **$2,487**
    Stilleben mit Blumenstrauss - Gouache/paper (31x22cm-12x9in) Wien 96 .... FF*62 500* - £7 960 - **$12,040**
    GUTERSOHN Ulrich 1862-? [3]
✎ *Kloster Rathausen an der Reuss* - Watercolour/paper (36x49cm-14x19in) Luzern 92 .... FF*3 616* - £432 - **$696**
    GUTFREUND Otto 1889-1927 [7]
🗿 *Mädchenkopf* - Bronze (20x23x22cm-8x9x9in) Köln 97 .... FF*17 573* - £184 7 4 - **$3,008**
    Sich Umarmende - Bronze (63cm-25in) München 92 .... FF*272 000* - £27 840 - **$47,900**
    GUTH Hella 1912 [10]
🖼 *Composition* - Huile/bois (27x35cm-11x14in) Saint-Germain-en-Laye 94 .... FF*4 500* - £531 - **$795**
✎ *Composition* - Gouache (42x30cm-17x12in) Paris 94 .... FF*1 600* - £190 - **$296**
    GUTHERZ Carl 1844-1907 [1]
🖼 *Autumn Melancholy* - Oil/canvas (38x49cm-15x19in) New-York 87 .... FF*41 820* - £3 352 - **$6,000**
    GUTHRIE James 1859-1930 [8]
🖼 *Summer House, Kirkcudbright* - Oil/panel (25x31cm-10x12in) Edinburgh 96 ...... FF*432 000* - £55 000 - **$83,100**
✎ *Woman wearing a grey cloak* - Pastel/paper (31x26cm-12x10in) Edinburgh 92 .... FF*54 400* - £6 500 - **$10,470**
    GUTHRIE Robin Craig 1902-1971 [3]
🖼 *Harting village, Sussex* - Oil/canvas (72x91cm-28x36in) London 91 .... FF*3 970* - £403 - **$717**
    GUTHRIE W.D. XIX [3]
🖼 *Fallen roses* - Oil/canvas (46x66cm-18x26in) New-York 92 .... FF*3 640* - £435 - **$700**
    GUTIERREZ DE LA VEGA José 1791-1865 [6]
🖼 *Murillo e su familia de la Inmaculada* - Oleo/lienzo (105x86cm-41x34in) Madrid 90 ...... FF*48 600* - £5 170 - **$8,694**
    GUTIERREZ Ernesto 1873-1934 [8]
🖼 *Palacio Real, Madrid* - Oil/panel (19x31cm-7x12in) London 96 .... FF*23 840* - £2 800 - **$4,630**
    GUTIERREZ Felipe 1824-1904 [1]
🖼 *Bodegón* - Oil/canvas (63x84cm-25x33in) New-York 95 .... FF*153 000* - £19 100 - **$30,000**
    GUTIÉRREZ Francisco 1906-1945 [2]
🖼 *Mujeres en el Muelle* - Oil/canvas (51x73cm-20x29in) New-York 95 .... FF*92 100* - £12 240 - **$19,000**
    GUTIERREZ Oswaldo 1917 [2]
🖼 *Encrucijada* - Oil/canvas/board (54x69cm-21x27in) New-York 92 .... FF*16 650* - £1 743 - **$3,000**
✎ *Bodegón* - Gouache/paper (69x54cm-27x21in) New-York 92 .... FF*19 420* - £2 034 - **$3,500**
    GUTIERREZ VIGUERA Mariano 1934-1984 [5]
🖼 *Calle de Alcala* - Oleo/lienzo (65x81cm-26x32in) Madrid 91 .... FF*5 150* - £516 - **$943**
    GUTIERREZ VIGUERA Mariano XX [2]
🖼 *Paseo de la modistilla, París* - Oleo/lienzo (73x92cm-29x36in) Madrid 91 ...... FF*7 660* - £767 - **$1,277**
    GUTJAHR Heinrich 1889-1973 [2]
🖼 *Friedhofsberg, Bensheim-Auerbach* - Oil/canvas (63x73cm-25x29in) Heidelberg 92 ...... FF*3 740* - £383 - **$659**

GUTLICH Johann 1920 [12]
🖼 *Farmer holding a scythe* - Oil/canvas (100x90cm-39x35in) Amsterdam 96 .... FF4 600 - £591 - $908
GUTMAN Nachum 1898-1980 [79]
🖼 *Buggy in a landscape* - Oil/canvas (60x73cm-24x29in) San Francisco-Los Angeles 95 ...... FF15 880 - £2 056 - $3,250
Halutzim - Oil/canvas/board (23x27cm-9x11in) Tel Aviv 97 .... FF46 296 - £4 922 - $8,000
Entering the Synagogue - Oil/canvas (64x46cm-25x18in) Tel Aviv 96 .... FF86 700 - £11 250 - $17,000
House in an orchard - Oil/canvas (58x71cm-23x28in) Tel Aviv 96 .... FF488 000 - £61 100 - $94,100
🗿 *Meditation* - Bronze (33cm-13in) Tel Aviv 93 .... FF16 350 - £1 974 - $3,000
✏ *Galilee, Landscape and Figures* - Watercolour (30x43cm-12x17in) Tel Aviv 97 .... FF22 460 - £2 497 - $4,200
Boats in Jaffa Port - Gouache (38x55cm-15x22in) Tel Aviv 97 .... FF48 128 - £5 352 - $9,000
GUTMAN Nathan 1914 [30]
🖼 *Bouquet* - Huile/toile (54x65cm-21x26in) Paris 96 .... FF2 800 - £363 - $550
✏ *La danse des fidèles* - Huile/toile (65x81cm-26x32in) Paris 90 .... FF21 000 - £2 263 - $3,704
✏ *Fontaine sur la place* - Gouache (34x47cm-13x19in) Paris 93 .... FF5 000 - £603 - $910
GUTMANN Harry 1933 [2]
🖼 *Architecture* - Huile/papier (70x50cm-28x20in) Paris 90 .... FF2 800 - £289 - $495
GUTMANN John 1905 [17]
📷 *Good Luck Toes* - Photograph (23x20cm-9x8in) New-York 95 .... FF12 110 - £1 558 - $2,500
GUTMANN Viktor 1887-1963 [1]
🖼 *Der Stephansplatz* - Öl/Karton (34x29cm-13x11in) Wien 95 .... FF4 470 - £576 - $923
GUTSCHOW Arvid 1900-1984 [2]
📷 *Untitled* - Silver print (20x15cm-8x6in) New-York 93 .... FF3 850 - £483 - $700
GUTTERO Alfredo 1882-1932 [1]
🖼 *Anunciación con Paloma*
Polychromed gesso/composition board (75x59cm-30x23in) New-York 95 .... FF395 400 - £49 400 - $77,500
GUTTMAN Bernhard 1869-1936 [1]
🖼 *Seated female nude* - Oil/canvas (114x88cm-45x35in) New-York 92 .... FF19 420 - £2 034 - $3,500
GUTTMAN Harry 1933 [13]
🖼 *Oeuvre abstraite* - Huile/panneau (30x33cm-12x13in) Montréal 90 .... FF3 280 - £335 - $647
GUTTUSO Renato 1912-1986 [289]
🖼 *Nudo in piedi* - Acrilico/carta/tela (98x67cm-39x26in) Prato 97 .... FF35 700 - £4 200 - $6,300
Figura di donna - Acrilico (204x133cm-80x52in) Prato 97 .... FF64 600 - £7 600 - $11,400
Il bricco blu - Olio/tela (33x25cm-13x10in) Venezia 96 .... FF123 600 - £15 540 - $23,700
Velate - Olio/tela (106x94cm-42x37in) Prato 95 .... FF262 600 - £34 000 - $53,500
Bottles and paint brushes - Oil/canvas (54x73cm-21x29in) New-York 91 .... FF339 600 - £34 220 - $58,929
Teschi e bucrani, 1939 - Olio/tela (67x55cm-26x22in) Roma 89 .... FF823 900 - £84 243 - $132,460
🖨 *Tetti di Roma* - Serigrafia (145x120cm-57x47in) Milano 93 .... FF6 150 - £701 - $1,042
✏ *Nude woman* - Charcoal/paper (48x69cm-19x27in) Boston, Mass. 95 .... FF6 300 - £810 - $1,300
Homme dans les ruines d'un palais - Aquarelle (50x45cm-20x18in) Paris 95 .... FF12 000 - £1 525 - $2,460
Cesto di limoni - Tecnica mista/carta (40x50cm-16x20in) Roma 93 .... FF32 040 - £3 710 - $5,450
Natura Morta - Charcoal/paper (75x99cm-30x39in) New-York 94 .... FF60 000 - £7 040 - $10,500
GUTWEIN Johann Georg ?-1718 [1]
🖼 *Trompe l'oeil* - Oil/canvas (39x25cm-15x10in) Köln 89 .... FF67 600 - £7 123 - $11,380
GUTZWILLER Sebastian 1800-1872 [1]
🖼 *Therese Geissmann* - Öl/Leinwand (70x57cm-28x22in) Bern 94 .... FF3 920 - £471 - $762
GUY Bracha 1948 [3]
🖨 *Leisurely* - Serigraph (71x112cm-28x44in) Göteborg 95 .... FF2 120 - £274 - $434
GUY Francis 1760-1820 [1]
🖼 *Brooklyn in winter* - Oil/canvas (98x124cm-39x49in) New-York 92 .... FF227 000 - £23 240 - $40,000
GUY James 1909-1963 [3]
🖼 *Abstract* - Oil/canvas (48x56cm-19x22in) Mystic, Connecticut 95 .... FF3 490 - £419 - $650
GUY Louis Jean-Bapt. 1824-1888 [15]
🖼 *Silhouettes, chemin d'Afrique du Nord* - Huile/papier (13x21cm-5x8in) Paris 97 .... FF3 300 - £350 - $574
Noir tenant un cheval - Huile/panneau (24x33cm-9x13in) Paris 95 .... FF10 000 - £1 315 - $2,007
Moine rentrant de la ville - Huile/toile (43x65cm-17x26in) Le Touquet 92 .... FF45 000 - £4 610 - $7,920
GUY Seymour Joseph 1824-1910 [10]
🖼 *A Lady with flowers* - Oil/canvas (78x64cm-31x25in) San Francisco-Los Angeles 93 .... FF14 780 - £1 680 - $2,500
Summer Issue - Oil/canvas (44x35cm-17x14in) New-York 95 .... FF173 200 - £20 500 - $32,000
GUYARD Laurent 1723-1788 [1]
🗿 *La Carità* - Marbre (106cm-42in) Milano 95 .... FF316 000 - £40 800 - $63,200
GUYDO Henri 1868-? [2]
🖨 *Amara Blanqui* - Affiche (120x193cm-47x76in) Paris 94 .... FF3 800 - £437 - $651
✏ *Ramasseuse de châtaignes, Pont-Aven* - Pastel (33x23cm-13x9in) Quimper 94 .... FF2 800 - £332 - $518
GUYE François Ernest 1865-1938 [1]
🖼 *Stilleben* - Oil/canvas (34x46cm-13x18in) Bern 92 .... FF3 720 - £380 - $655
GUYOMARD Gérard 1936 [33]
🖼 *Composition* - Huile/toile (82x100cm-32x39in) Paris 96 .... FF4 000 - £470 - $787
Composition au visage - Acrylique/toile (100x81cm-39x32in) Paris 94 .... FF12 000 - £1 396 - $2,077
Interview - Huile/toile (115x90cm-45x35in) Paris 90 .... FF38 000 - £4 043 - $6,798
✏ *La stratégie de l'atelier* - Aquarelle (48x35cm-19x14in) Paris 90 .... FF3 500 - £362 - $618
GUYON Maximilienne Goepp 1868-1903 [3]
🖨 *La Mode Nationale* - Affiche (140x198cm-55x78in) Paris 93 .... FF4 000 - £482 - $728
GUYONNET Edward H., Edouard 1885-1980 [5]
🖼 *Le marché de Concarneau* - Huile/toile (37x45cm-15x18in) Louviers 90 .... FF16 500 - £1 661 - $3,232

GUYOT Antoine P., le Jeune 1777-? [2]
- Château de Rosny - Oil/canvas (31x48cm-12x19in) New-York 95 .... FF*132 600* - £16 560 - **$26,000**

GUYOT Georges Lucien 1885-1973 [72]
- Les deux zèbres - Huile/carton (46x55cm-18x22in) Paris 94 .... FF*3 200* - £383 - **$598**
- Perroquet sur une branche - Huile/toile (73x51cm-29x20in) Paris 91 .... FF*20 000* - £2 030 - **$3,612**
- Tigre - Lithographie (31x45cm-12x17in) Paris 93 .... FF*2 900* - £350 - **$528**
- Chien bas-rouge couché - Bronze (9cm-4in) Paris 97 .... FF*4 000* - £425 - **$691**
- Babouin - Bronze (41x12x44cm-16x5x17in) Paris 94 .... FF*33 000* - £3 940 - **$6,180**
- Orang-outang - Bronze (33cm-13in) Paris 92 .... FF*70 000* - £8 350 - **$13,460**
- Chats siamois assis et couchés - Encre Chine (36x44cm-14x17in) Paris 97 .... FF*5 000* - £543 - **$878**
- Panthère - Fusain (63x91cm-25x36in) Paris 96 .... FF*20 000* - £2 510 - **$3,870**

GUYOT Jacques Henri 1946 [11]
- Jazz - Huile/panneau (54x73cm-21x29in) Louviers 91 .... FF*12 100* - £1 228 - **$2,185**

GUYOT Louise 1869-1927 [1]
- Im Stall wartet eine Schafherde - Öl/Leinwand (58x78cm-23x31in) Stuttgart 94 .... FF*11 960* - £1 398 - **$2,110**

GUYOT-GUILLAIN Félix 1878-1960 [1]
- Sidi bou-Saïd - Huile/toile (48x41cm-19x16in) Paris 96 .... FF*14 000* - £1 620 - **$2,680**

GUYS Constantin 1802-1892 [181]
- Une lorette - Crayon (31x19cm-12x7in) Paris 97 .... FF*4 000* - £425 - **$693**
- Promenade en calèche - Aquarelle (21x30cm-8x12in) Paris 97 .... FF*8 000* - £870 - **$1,393**
- La rencontre au bois - Encre (24x37cm-9x15in) Paris 97 .... FF*11 500* - £1 227 - **$1,991**
- Jeune femme au tablier bleu - Aquarelle (25x18cm-10x7in) Paris 97 .... FF*23 000* - £2 535 - **$4,050**
- Bal à l'Opéra - Aquarelle (28x19cm-11x7in) Monaco 93 .... FF*100 000* - £11 500 - **$17,240**

GUZMAN Alberto 1927 [2]
- Partition analogique - Bronze (59cm-23in) Paris 95 .... FF*2 200* - £285 - **$454**

GUZMAN Federico 1964 [8]
- Pasaporte - Mixed media/canvas (40x40cm-16x16in) Stockholm 94 .... FF*7 850* - £922 - **$1,400**

GUZMAN Juan Bautista XIX-XX [4]
- The farewell, 1890 - Oil/canvas (139x87cm-55x34in) London 89 .... FF*40 700* - £4 050 - **$6,430**

GUZZARDI Giuseppe 1845-1914 [5]
- Abendliche Unterhaltung - Öl/Leinwand (26x22cm-10x9in) Wien 94 .... FF*26 600* - £3 053 - **$4,550**

GUZZI Beppe 1902-1982 [2]
- Fiori secchi - Olio/tela (50x60cm-20x24in) Roma 94 .... FF*6 960* - £820 - **$1,240**

GUZZI Virgilio 1902-1978 [5]
- Ritratto di ragazza - Olio/tela (75x50cm-30x20in) Roma 90 .... FF*12 420* - £1 251 - **$2,433**

GWATHMEY Robert 1903-1988 [31]
- Mountain woman - Oil/canvas (52x42cm-20x17in) New-York 95 .... FF*26 650* - £3 430 - **$5,500**
- Sheeling peas - Oil/canvas (91x51cm-36x20in) New-York 91 .... FF*71 900* - £7 218 - **$12,440**
- End of Day - Oil/canvas (76x91cm-30x36in) New-York 95 .... FF*141 300* - £18 040 - **$29,000**
- Southern farmer - Gouache/board (46x36cm-18x14in) New-York 93 .... FF*25 400* - £2 903 - **$4,500**

GWEN 1920 [40]
- Les Bigoudènes - Huile/toile (73x60cm-29x24in) Brest 97 .... FF*2 600* - £282 - **$457**
- Bahia - Huile/toile (97x145cm-38x57in) Morlaix 96 .... FF*5 500* - £705 - **$1,087**

GWEN John 1876-1939 [1]
- Girls & woman in church - Watercolour (26x20cm-10x8in) London 94 .... FF*40 900* - £4 800 - **$7,160**

GWOZDECKI Gustaw 1880-1935 [2]
- Czytajaca (Seated woman) - Oil/panel (23x15cm-9x6in) Kraków 93 .... FF*7 080* - £723 - **$1,265**

GWYNNE-JONES Allan 1892-1982 [15]
- French roses - Oil/board (28x20cm-11x8in) London 92 .... FF*7 810* - £800 - **$1,376**
- Terracotta jug with wild flowers - Oil/canvas (61x51cm-24x20in) London 94 .... FF*46 550* - £5 500 - **$8,360**
- Cottages at twilight, Donegal - Watercolour (19x25cm-7x10in) London 95 .... FF*3 160* - £400 - **$618**

GYDE PETERSEN Hans 1862-1943 [9]
- Peder S. Krøyer's studio at Skagen - Oil/canvas (55x66cm-22x26in) London 95 .... FF*36 900* - £4 800 - **$7,560**

GYERTYANY-NEMETH Gyula 1892-? [1]
- Sonniger Tag im Kaffeegarten - Oil/canvas (41x50cm-16x20in) Ahlden 92 .... FF*16 250* - £1 890 - **$3,316**

GYLLENBERG Ossian 1884-1943 [4]
- Motiv från Ramsjö hamn - Oil/canvas (74x100cm-29x39in) Malmö 92 .... FF*4 610* - £551 - **$886**

GYLLENHAMMAR Charlotte 1964 [2]
- Utan title - Oil/canvas (241x60cm-95x24in) Stockholm 93 .... FF*3 700* - £455 - **$685**
- Bonden och poeten - Bronze (113cm-44in) Stockholm 93 .... FF*2 220* - £273 - **$411**

GYLLENSTIERNA Malin 1889-1980 [1]
- Ateljéstudie - Oil/canvas (67x87cm-26x34in) Stockholm 96 .... FF*14 500* - £1 870 - **$2,840**

GYLLING Olof 1870-1929 [3]
- Snäppor - Oil/canvas (43x82cm-17x32in) Stockholm 92 .... FF*3 206* - £328 - **$668**

GYNNING Lars Olof 1920 [3]
- Sandhamns-regatta - Oil/canvas (126x200cm-50x79in) Stockholm 94 .... FF*31 500* - £3 704 - **$5,920**

GYSELINCKX Joseph 1845-? [12]
- Entertaining with her marionette - Oil/panel (32x23cm-13x9in) New-York 95 .... FF*15 330* - £1 910 - **$3,000**

GYSELMAN Warner 1827-? [3]
- Anglers in a lake landscape - Oil/canvas (61x91cm-24x36in) London 90 .... FF*17 400* - £1 803 - **$3,058**

GYSIN Brion 1916-1986 [10]
- Mush mirrors - Huile/toile (73x54cm-29x21in) Paris 93 .... FF*27 000* - £3 375 - **$4,910**

G

    ⬦ *Sans titre* - Aquarelle/papier (33x26cm-13x10in) Monaco 96 .... **FF12 500** - £1 435 - **$2,385**
    GYSIN Emil 1883-1967   [2]
    ⬦ *Berglandschaft mit Dents Blanches* - Aquarell (39x55cm-15x22in) Bern 93 .... **FF1 903** - £227 - **$366**
    GYSIS Nicholaos 1842-1901   [19]
    🖝 *Feeding time for the parrots* - Oil/canvas (54x33cm-21x13in) London 95 .... **FF55 300** - £7 000 - **$11,110**
    Portrait of a young girl - Oil/canvas (41x33cm-16x13in) Athens 95 .... **FF188 700** - £24 400 - **$38,560**
    Secret School - Oil/panel (58x74cm-23x29in) Athens 93 .... **FF4 8e +06** - £469 000 - **$700,000**

H

    HAADER Hermine 1855-1928   [1]
    🖝 *Herbstliches Blumenstilleben* - Öl/Leinwand (50x37cm-20x15in) Wien 94 .... **FF7 760** - £900 - **$1,470**
    HAAG Berthold 1912-1981   [1]
    🖝 *Alpenveilchen* (37x31cm-15x12in) Berlin 93 .... **FF3 480** - £398 - **$593**
    HAAG Carl 1820-1915   [46]
    ⬦ *The Holy Rock, Jerusalem* - Watercolour (102x57cm-40x22in) London 94 .... **FF1** - £140 000 - **$221,600**
    The plea, 1852 - Watercolour, gouache (51x36cm-20x14in) London 89 .... **FF7 300** - £769 - **$1,229**
    Filial Love - Watercolour/paper (117x79cm-46x31in) New-York 96 .... **FF45 000** - £5 820 - **$9,000**
    HAAG Charles 1867-1933   [9]
    🗿 *Summack* - Wood (36cm-14in) Chicago 93 .... **FF2 475** - £311 - **$450**
    HAAG Hans Johann 1841-1919   [4]
    🖝 *Heuernte am See* - Öl/Leinwand (56x74cm-22x29in) Wien 96 .... **FF12 040** - £1 502 - **$2,326**
    HAAG Jean-Paul c.1850-c.1895   [3]
    🖝 *Feeding the chicks* - Oil/panel (28x22cm-11x9in) London 94 .... **FF49 900** - £5 800 - **$8,640**
    HAAG Johann 1841-?   [2]
    🖝 *Parforcereiter mit Beaglehunden* - Öil/canvas (55x68cm-22x27in) Wien 89 .... **FF31 200** - £3 288 - **$5,253**
    HAAG Robert 1886-?   [1]
    ▱ *Bachlandschaft mit Baumgruppen* - Woodcut in colors (36x45cm-14x18in) Stuttgart 91 .... **FF2 384** - £239 - **$437**
    HAAG Tethart Ph. Christ. 1737-1812   [3]
    ⬦ *Général et ses troupes* - Sanguine (21x19cm-8x7in) Paris 96 .... **FF8 500** - £1 050 - **$1,644**
    HAAGEN-MÜLLER Victor 1894-1959   [3]
    🖝 *Contemplation at the Table* - Oil/canvas (119x100cm-47x39in) London 97 .... **FF25 432** - £2 800 - **$4,463**
    HAAKØ Hans 1897-1984   [7]
    🖝 *Parti fra Gudhjem havn* - Oil/canvas (101x125cm-40x49in) København 92 .... **FF3 520** - £353 - **$677**
    HAALAND Lars Laurits Larsen 1855-1938   [20]
    🖝 *Marine* - Oil/canvas (64x100cm-25x39in) Tönsberg 92 .... **FF9 980** - £1 022 - **$2,080**
    Marine - Oil/canvas (67x120cm-26x47in) Tönsberg 91 .... **FF38 200** - £3 849 - **$6,629**
    HAALKE Hjalmar 1894-1964   [7]
    🖝 *Landskap med innsjø* - Oil/canvas (43x50cm-17x20in) Oslo 91 .... **FF6 940** - £697 - **$1,160**
    HAAN de Dirk 1832-1886   [2]
    🖝 *Canal with townsfolk promenading* - Oil/panel (39x49cm-15x19in) Amsterdam 97 .... **FF9 408** - £1 029 - **$1,650**
    HAAN de Franciscus Antonius 1823-1873   [2]
    🖝 *Wooded landscape with travellers* - Oil/panel (45x59cm-18x23in) Amsterdam 95 .... **FF12 720** - £1 590 - **$2,570**
    HAAN de Jürgen 1936   [3]
    ⬦ *Figure* - Coloured crayons (50x64cm-20x25in) Amsterdam 93 .... **FF7 810** - £936 - **$1,428**
    HAAN de Wim 1913-1967   [5]
    🖝 *A composition* - Oil/canvas (90x80cm-35x31in) Amsterdam 94 .... **FF19 760** - £2 334 - **$3,520**
    HAANEBRINK Willem Albertus 1762-1842   [1]
    ⬦ *Oude Gracht/Bezembrug, Utrecht* - Black chalk Amsterdam 92 .... **FF11 450** - £1 368 - **$2,203**
    HAANEN Adriana Johanna 1814-1895   [11]
    🖝 *Flowers and peaches* - Oil/panel (30x25cm-12x10in) London 91 .... **FF89 200** - £9 053 - **$16,110**
    ⬦ *Pink roses* - Watercolour (21x26cm-8x10in) Amsterdam 96 .... **FF18 060** - £2 190 - **$3,510**
    HAANEN George Gillis 1807-1876/81   [18]
    🖝 *Fischerboote am Strand* - Öl/Leinwand (66x80cm-26x31in) München 93 .... **FF14 580** - £1 742 - **$2,805**
    HAANEN van Cecil 1844-1914   [6]
    🖝 *The Fortune teller* - Oil/canvas (56x77cm-22x30in) New Delhi 92 .... **FF53 000** - £6 150 - **$10,400**
    HAANEN van Elisabeth Alida 1809-1845   [1]
    🖝 *The pet bird* - Oil/panel (44x36cm-17x14in) London 94 .... **FF64 300** - £7 600 - **$11,550**
    HAANEN van Remigius Adrianus 1812-1894   [53]
    🖝 *Flusslandschaft im Mondschein* - Öl/Leinwand (46x62cm-18x24in) Lindau 95 .... **FF20 300** - £2 537 - **$4,100**
    Wintervergnügen - Öl/Leinwand (52x66cm-20x26in) Wien 96 .... **FF60 100** - £7 530 - **$11,740**
    Snowy landscape with figures
       Oil/canvas (81x118cm-32x46in) San Francisco-Los Angeles 95 .... **FF138 800** - £17 500 - **$27,500**
    HAANSTRA Folkert 1884-1966   [1]
    🖝 *Borederij* - Oil/canvas (28x36cm-11x14in) Amsterdam 96 .... **FF3 310** - £380 - **$632**
    HAAPANEN John Nichols 1891-?   [9]
    🖝 *Stream in Winter* - Oil/canvas (56x46cm-22x18in) Cambridge, Mass. 94 .... **FF2 850** - £334 - **$500**
    HAARD de Pieter 1914   [4]
    🖝 *Composition XVI* - Oil/panel (92x56cm-36x22in) Amsterdam 92 .... **FF6 030** - £720 - **$1,160**

HAARDT van Georges 1907-1980 [12]
- *Composition abstraite* - Huile/toile (91x73cm-36x29in) Paris 91 .... FF3 500 - £355 - $632
- *Composition, 1953* - Huile/papier/toile (32x24cm-13x9in) Paris 89 .... FF11 000 - £1 095 - $1,738

HAAREN van Dirk Johannes 1878-1953 [4]
- *Prins Hendrikkade, Amsterdam* - Oil/canvas (32x42cm-13x17in) Amsterdam 96 .... FF2 150 - £276 - $424

HAARTMAN Axel 1877-1969 [24]
- *Konstnärshemmet* - Oil/canvas (81x70cm-32x28in) Helsinki 94 .... FF12 160 - £1 410 - $2,094
- *Nådendals kyrka* - Pastel (40x30cm-16x12in) Uppsala 92 .... FF3 490 - £357 - $614

HAAS August 1866-1943 [2]
- *Aelpler beim Betruf* - Pastel (31x43cm-12x17in) Zofingen 92 .... FF1 750 - £209 - $337

HAAS de Aad 1920-1972 [10]
- *Masks* - Oil/board (47x33cm-19x13in) Amsterdam 93 .... FF18 400 - £2 110 - $3,156
- *Zwart-wit* - Linocut Amsterdam 92 .... FF15 170 - £1 553 - $2,670
- *Two nudes* - Gouache/paper (33x25cm-13x10in) Amsterdam 93 .... FF12 260 - £1 408 - $2,104

HAAS de Jan Herman 1810-1856 [1]
- *Shepherdess & shepherdboy* - Oil/panel (58x46cm-23x18in) Amsterdam 90 .... FF15 600 - £1 660 - $2,791

HAAS de Jean Hubert Léonard 1832-1908 [31]
- *Cows in the dunes* - Oil/panel (30x47cm-12x19in) Amsterdam 93 .... FF4 820 - £576 - $928
- *Holländische Küstenlandschaft* - Oil/panel (31x46cm-12x18in) Stuttgart 95 .... FF17 500 - £2 245 - $3,605
- *Cattle under stormy skies* - Oil/panel (100x161cm-39x63in) New-York 95 .... FF29 500 - £3 800 - $6,000

HAAS de Mauritz Frederik H. 1832-1895 [30]
- *Sailing vessels at sunset* - Oil/canvas (35x63cm-14x25in) London 95 .... FF13 820 - £1 800 - $2,835
- *View on Long Island Sound* - Oil/canvas (25x58cm-10x23in) New-York 96 .... FF43 800 - £5 430 - $8,500
- *Ship breaking up on the rocks*
  Oil/canvas (134x240cm-53x94in) San Francisco-Los Angeles 92 .... FF114 400 - £13 660 - $22,000

HAAS de William Frederick 1830-1880 [2]
- *Glades along the Shabungunk* - Oil/canvas (41x66cm-16x26in) New-York 94 .... FF18 400 - £2 210 - $3,500
- *October Day Off Mt. Desert* - Oil/canvas (56x91cm-22x36in) New-York 92 .... FF98 800 - £11 800 - $19,000

HAAS Ernst 1921-1986 [17]
- *Guggenheim Museum* - Photograph (24x35cm-9x14in) New-York 96 .... FF12 770 - £1 647 - $2,500

HAAS Gustav 1889-1953 [2]
- *Am Altrhein* - Öl/Leinwand (51x66cm-20x26in) Heidelberg 94 .... FF6 170 - £715 - $1,062

HAAS Helen 1877-? [1]
- *Kees van Dongen* - Plâtre (30cm-12in) Pontoise 96 .... FF6 000 - £781 - $1,190

HAAS HEMKEN de Willem 1831-1911 [7]
- *Groothoofdspoort, Dordrecht* - Oil/panel (62x87cm-24x34in) Amsterdam 92 .... FF21 100 - £2 520 - $4,060

HAAS Michel 1934 [17]
- *Mère et enfants* - Peinture (101x130cm-40x51in) Paris 93 .... FF26 000 - £3 130 - $4,730
- *Fleur* - Technique mixte/papier (106x80cm-42x31in) Paris 94 .... FF25 000 - £2 924 - $4,390

HAAS Richard 1936 [7]
- *621 Sixth Avenue* - Drypoint (36x86cm-14x34in) Boston, Mass. 92 .... FF2 414 - £247 - $425
- *38 row* - Graphite (68x45cm-27x18in) New-York 91 .... FF13 480 - £1 352 - $2,225

HAAS Robert 1898-1977 [1]
- *Erinnerung an den Bodensee* - Öl/Leinwand (85x75cm-33x30in) Heidelberg 95 .... FF13 900 - £1 804 - $2,896

HAAS Theodore 1861-1933 [1]
- *Bei der Heuernte* - Öl/Karton (24x40cm-9x16in) Heidelberg 94 .... FF5 830 - £699 - $1,132

HAAS van der Hermina 1843-1921 [3]
- *Roemer & peeled lemons in a bowl* - Oil/panel (46x38cm-18x15in) Amsterdam 95 .... FF5 560 - £672 - $1,046

HAASA-JASTROW Kurt 1885-? [2]
- *Norddeutsche Landschaft* - Öl/Leinwand (65x85cm-26x33in) Rudolstadt-Thüringen 96 .... FF3 740 - £426 - $715
- *Schifflände in Brunnen* - Oil/canvas (80x96cm-31x38in) Luzern 92 .... FF13 400 - £1 368 - $2,360

HAASE Carl, Carlo F. 1820-1876 [3]
- *Fornaci in azione* - Olio/tela (57x76cm-20x30in) Trieste 92 .... FF54 400 - £5 560 - $9,570

HAASE Hermann 1879-? [1]
- *Reiterin und Mädchen* - Sculpture (39cm-15in) Köln 93 .... FF5 430 - £648 - $1,044

HAASE Hermann Georg 1864-1912 [1]
- *Female nude astride an ox* - Bronze (64cm-25in) London 93 .... FF13 030 - £1 500 - $2,250

HAASE-JASTROW Kurt 1885-1958 [1]
- *Im berliner Tiergarten* - Öl/Leinwand (106x115cm-42x45in) Berlin 94 .... FF30 900 - £3 695 - $5,780

HAAVARDSHOLM Magnbild Karoline 1880-1964 [1]
- *Utsikt over Oslo* - Oil/canvas (90x105cm-35x41in) Oslo 92 .... FF2 175 - £260 - $419

HAAXMAN Peter 1854-1937 [3]
- *Solitude* - Oil/canvas (101x170cm-40x67in) New-York 95 .... FF153 300 - £19 100 - $30,000

HAAXMAN Pieter Alardus 1814-1884 [7]
- *Grandfather's birthday* - Oil/canvas (56x46cm-22x18in) Amsterdam 97 .... FF19 005 - £2 009 - $326,1 5

HABBAH Moïse Abraham 1928 [7]
- *Le bordel* - Sculpture (13x5x30cm-5x2x12in) Paris 91 .... FF8 000 - £806 - $1,388

HABBE Nikolai 1827-1889 [8]
- *Mor og barn* - Oil/canvas (57x47cm-22x19in) Aalborg 91 .... FF5 280 - £526 - $908

HABENSCHADEN Sebastian 1813-1868 [3]
- *Blumenliebhaber* - Oil/panel (37x47cm-15x19in) München 92 .... FF10 150 - £1 181 - $2,072

HABERJAHN Ferdinand Gabriel 1890-1956 [6]
🖌 *Sur la plage* - Huile/toile (85x75cm-33x30in) Bevaix 94 .... FF4 890 - £588 - $905
HÄBERLIN von Carl 1832-1911 [2]
🖌 *Les prisonniers* - Huile/toile (97x161cm-38x63in) Paris 91 .... FF75 000 - £7 560 - $13,250
HABERMANN Rolf 1891-1975 [3]
🖌 *Treppe zum Haus* - Öl/Karton (54x65cm-21x26in) Wien 95 .... FF3 196 - £387 - $602
HABERMANN von Franz Xaver 1721-1796 [2]
✏ *Mädchen mit Hund unter dem Arm* - Aquarelle, gouache (21x14cm-8x6in) München 95 .... FF10 540 - £1 326 - $2,110
HABERMANN von Hugo Freiherr 1849-1929 [26]
🖌 *Liegender weiblicher Akt mit Mantel* - Oil/cardboard (37x49cm-15x19in) München 93 .... FF8 900 - £1 053 - $1,605
🖌 *Sonnenanbeter* - Öl/Karton (34x49cm-13x19in) Düsseldorf 96............................ FF14 470 - £1 873 - $2,894
✏ *Karneval* - Pastel (63x53cm-25x21in) Pforzheim 95 .... FF5 340 - £666 - $1,080
HABERMANN von Hugo II 1899-1981 [2]
🖌 *Zwei weiblicher Akte im Gras* - Öl/Karton (35x50cm-14x20in) Köln 95 .... FF7 550 - £988 - $1,534
HABERT Alfred Louis 1824-1893 [2]
🗿 *Cupid standing with chin resting on hand*
       Bronze (27cm-11in) Billinghurst, West Sussex 91 .... FF2 930 - £304 - $582
HABL Willy 1888-1964 [7]
🗐 *Landschaften und Figürliches* - Etching Hamburg 93 .... FF2 960 - £336 - $500
✏ *Im Gartenkaffee* - Aquarell/Papier (27x35cm-11x14in) Heidelberg 95 .... FF1 810 - £233 - $366
HABLIK Wenzel August 1881-1934 [3]
🗐 *Esszimmer des Itzehoer Hauses* - Vernis mou (17x13cm-7x5in) Hamburg 91 .... FF5 750 - £577 - $949
HABSBOURG von Franz Joseph I 1830-1916 [1]
✏ *Ländliche figurale Szene* - Pencil (23x34cm-9x13in) Wien 92 .... FF24 050 - £2 873 - $4,630
HACCOU Johannes Cornelius 1798-1839 [2]
🖌 *Riverlandscape with travllers* - Oil/panel (33x44cm-13x17in) Amsterdam 92 .... FF3 910 - £455 - $799
HACCOU Lodewijk Gillis 1792-c.1830 [4]
✏ *An American man-o'-war/The same* - Watercolour (17x21cm-7x8in) Amsterdam 95............ FF11 100 - £1 476 - $2,290
HACHE Louis 1893 [3]
🖌 *Le balcon du Sud* - Huile/panneau (60x80cm-24x31in) Antwerpen 93..................... FF3 296 - £394 - $674
HACKAERT Jacob Philip 1737-1807 [2]
🖌 *Figures before a waterfall* - Oil/canvas (63x87cm-25x34in) London 90 .... FF426 100 - £45 916 - $75,150
✏ *Philosophers by a Tree* - Black chalk (80x62cm-31x24in) London 97 .... FF37 182 - £3 800 - $6,328
HACKENBROICH Anton 1878-? [2]
🖌 *The young Apprentices* - Oil/canvas (135x171cm-53x67in) London 94 .... FF62 400 - £7 500 - $11,880
HACKER Adolf 1873-1943 [3]
🖌 *Pige siddende, Heidelberg* - Oil/canvas (50x39cm-20x15in) København 91 .... FF10 970 - £1 108 - $2,178
HACKER Arthur 1858-1919 [15]
🖌 *A fisherwoman on the beach* - Oil/canvas (60x50cm-24x20in) Amsterdam 93.............. FF4 990 - £572 - $850
 The Little Mother - Oil/canvas (153x103cm-60x41in) London 96 .... FF72 200 - £9 000 - $13,940
 A girl in a punt - Oil/canvas (46x38cm-18x15in) London 89 .... FF339 000 - £34 663 - $54,502
HACKER Dieter 1942 [17]
🖌 *Modell* - Oil/canvas (196x286cm-77x113in) New-York 95 .... FF47 000 - £5 880 - $9,500
🗿 *Windsbraut* - Bronze (59cm-23in) New-York 91 .... FF12 820 - £1 292 - $2,225
✏ *Schwarze Botin, 1984* - Watercolour, gouache (78x107cm-31x42in) New-York 89.......... FF22 900 - £2 342 - $3,682
HACKER Horst 1842-1906 [5]
🖌 *Gebirgssee* - Öl/Leinwand (95x121cm-37x48in) München 94 .... FF13 600 - £1 587 - $2,384
HACKERT Carl Ludwig 1740-1800 [8]
🗐 *Vue de la Mer de Glace à Chamonix*
       Gravure cuivre (34x46cm-13x18in) Château d'Arare 92 .... FF8 920 - £912 - $1,572
HACKERT Johann Gottlieb 1744-1773 [3]
✏ *View of the Ponte Molle* - Ink (34x46cm-13x18in) London 91 .... FF74 800 - £7 478 - $12,319
HACKL von Gabriel 1843-1926 [4]
🖌 *Gratulation zur Hochzeit* - Oil/panel (21x34cm-8x13in) München 91 .... FF5 750 - £577 - $949
HADAD Abraham 1937 [8]
🖌 *Crime passionnel* - Huile/toile (81x100cm-32x39in) Paris 91 .... FF10 000 - £993 - $1,736
✏ *Visage souriant* - Aquarelle/papier (29x19cm-11x7in) Paris 92 .... FF4 000 - £410 - $720
HADAMARD Auguste 1823-1886 [1]
🖌 *Primera declaración de amor* - Oleo/lienzo (55x84cm-22x33in) Madrid 94 .... FF22 660 - £2 720 - $4,400
HADDELSEY Vincent 1929 [4]
🖌 *Full Steam Ahead* - Oil/canvas (51x61cm-20x24in) London 95 .... FF7 210 - £900 - $1,458
HADDOCK Arthur Earl 1895-1980 [1]
🖌 *Santa Fe landscape* - Oil/canvas (41x51cm-16x20in) Elgin, Illinois 93 .... FF3 850 - £483 - $700
HADDON Arthur Trevor 1864-1941 [57]
🖌 *At the Well* - Oil/canvas (40x30cm-16x12in) London 96 .... FF5 100 - £600 - $1,000
 Springtime - Oil/canvas (51x76cm-20x30in) London 95 .... FF24 740 - £3 200 - $5,060
 Gateway to Fez - Oil/canvas (75x51cm-30x20in) New-York 93 .... FF44 250 - £5 030 - $7,500
HADDON David W. XIX-XX [17]
🖌 *The squire'daughter* - Oil/canvas (61x51cm-24x20in) London 94 .... FF8 520 - £1 000 - $1,517
HADEN Francis Seymour 1818-1910 [31]
🗐 *Sunset on the Thames* - Drypoint (13x20cm-5x8in) Chicago 94 .... FF2 810 - £332 - $500
HADENGUE Louis M. XIX-XX [2]
🖌 *L'enlumineur* - Huile/panneau (14x24cm-6x9in) Saint-Germain-en-Laye 91 .... FF8 000 - £802 - $1,465

La Favorite - Aquarelle (40x58cm-16x23in) Paris 94 .... FF2 800 - £336 - **$531**

HADENGUE Sébastien 1932 [4]
Les shèmes 4 - Encres couleurs/papier (54x52cm-21x20in) Paris 91 .... FF4 200 - £424 - **$834**

HADER Elmer Stanley 1889-1973 [1]
Moonlight, Paris - Oil/canvas (78x58cm-31x23in) New-York 92 .... FF24 500 - £2 845 - **$5,000**

HADER Ernst XIX [4]
Der Tandler - Öl/Leinwand (86x106cm-34x42in) Bremen 93 .... FF27 850 - £3 184 - **$4,700**

HADOL Paul 1835-1875 [1]
Ménagerie Impériale - Watercolour, gouache (10x8cm-4x3in) Warszawa 93 .... FF5 960 - £641 - **$1,030**

HADZI Dimitri 1921 [3]
Samurai I - Bronze (43cm-17in) New-York 95 .... FF12 800 - £1 646 - **$2,600**

HAECK Léopold 1869-1928 [5]
Charette dans un paysage - Huile/panneau (50x40cm-20x16in) Antwerpen 91 .... FF7 290 - £724 - **$1,266**

HAEFELFINGER Eugen 1898-1979 [1]
Metallrelief in Holz-Wandvitrine - Relief (35x10x79cm-14x4x31in) Zürich 91 .... FF19 800 - £1 985 - **$3,268**

HAEFLIGER Leopold 1929-1989 [5]
Fasan - Oil/canvas (43x85cm-17x33in) Luzern 92 .... FF10 410 - £1 064 - **$1,834**

HAEGER Anton Heinrich 1832-? [1]
Parti i klostret Maulbruun - Oil/canvas (48x35cm-19x14in) Vejle 94 .... FF2 610 - £300 - **$447**

HAEHNEL Julius Heinrich 1823-1909 [1]
Marauding lion - Bronze (19cm-7in) London 91 .... FF6 910 - £693 - **$1,266**

HAEN de Abraham 1707-1743 [2]
The Castle of Zuylen - Ink (17x26cm-7x10in) Amsterdam 93 .... FF9 820 - £1 113 - **$1,660**

HAENEN de Frédéric XIX [2]
Rassemblement - Encre Chine (44x30cm-17x12in) Provins 92 .... FF2 200 - £226 - **$423**

HAENGER Max, Jnr.. 1898-? [1]
Pfau, Hahn, Enten auf der Wiese - Öl/Karton (11x17cm-4x7in) München 92 .... FF8 460 - £984 - **$1,727**

HAENIGSEN Harry 1900-1991 [2]
6 gag cartoons - Watercolour (23x25cm-9x10in) New-York 94 .... FF3 140 - £369 - **$550**

HAER de Adolf 1892-1944 [5]
Junge Menschen (Paar) - Öl/Leinwand (43x30cm-17x12in) Köln 96 .... FF64 500 - £7 350 - **$12,350**
Segelboot am Strand - Coloured chalks (33x44cm-13x17in) Heidelberg 95 .... FF4 870 - £632 - **$1,014**

HAEREN-ROBELUS Louise XIX-XX [1]
Trois chats - Bronze (17cm-7in) Lokeren 91 .... FF32 900 - £3 315 - **$5,709**

HAERNING August 1874-1961 [6]
Allée dans un bois - Huile/toile (76x64cm-30x25in) Paris 92 .... FF4 000 - £411 - **$770**

HAES Y FORTUNY de Carlos 1826-1898 [9]
Lavanderas - Oleo/lienzo (63x48cm-25x19in) Madrid 93 .... FF47 000 - £5 650 - **$9,150**

HAESE d' Reinhoud 1928 [27]
Le Baise-main - Sculpture (60cm-24in) Lokeren 93 .... FF19 440 - £2 220 - **$3,360**
What did I do that for - Sculpture (45cm-18in) Köbenhavn 95 .... FF33 600 - £4 120 - **$6,540**
Fully Aware of the Situation - Sculpture (53cm-21in) Lokeren 95 .... FF51 400 - £6 410 - **$10,380**

HAESE d' Roel 1921 [5]
Een zeillschip - Encre (32x24cm-13x9in) Lokeren 94 .... FF4 290 - £500 - **$751**

HAESELICH Georg 1806-1894 [2]
By the watermill - Oil/canvas (123x89cm-48x35in) New-York 94 .... FF10 520 - £1 218 - **$1,800**

HAFFEN Lucien 1888-1968 [1]
Quai Saint-Nicolas sous la neige - Huile/toile (54x65cm-21x26in) Saint-Dié 90 .... FF6 600 - £711 - **$1,164**

HAFFEN Yvonne. [2]
Le Pardon de St. Anne la Palud - Gouache (50x60cm-20x24in) Douarnenez 92 .... FF4 000 - £410 - **$785**

HAFFENRICHTER Hans 1897-1981 [1]
Arabische Märchen - Mixed media/paper (23x30cm-9x12in) München 93 .... FF9 570 - £1 134 - **$1,730**

HAFFNER Félix 1818-1875 [1]
La Halte - Huile/toile (70x86cm-28x34in) Troyes 92 .... FF20 500 - £2 105 - **$3,800**

HAFFNER Léon 1881-1972 [89]
Destroyer de la Marine Nationale - Huile/isorel (39x79cm-15x31in) Paris 96 .... FF3 000 - £353 - **$590**
Goélettes sous voiles - Lithographie (32x44cm-13x17in) Brest 89 .... FF5 000 - £527 - **$842**
Voiliers - Gouache (34x75cm-13x30in) Morlaix 97 .... FF3 900 - £420 - **$684**
Voilier - Gouache (38 5x79cm-15x31in) Morlaix 97 .... FF5 800 - £625 - **$1,018**
Des voiliers en course - Gouache (78x38cm-31x15in) Paris 97 .... FF12 500 - £1 364 - **$2,185**

HAFFTEN von Karl 1831-1884 [2]
At sundown towards Meeresbrandung - Oil/canvas (91x140cm-36x55in) London 96 .... FF15 400 - £2 000 - **$3,050**

HÄFLIGER Leopold 1929-1988 [51]
Liebespaar - Oil/canvas (70x50cm-28x20in) Bern 91 .... FF7 130 - £718 - **$1,237**
Blauer Rittersporn - Oil/canvas (120x100cm-47x39in) Luzern 90 .... FF23 400 - £2 489 - **$4,186**
Herrenportrait - Aquarell (18x13cm-7x5in) Zofingen 91 .... FF1 607 - £189 - **$286**

HAFNER Carl 1814-1873 [1]
Landscapes with distant towns - Oil/canvas (28x37cm-11x15in) New-York 92 .... FF18 900 - £1 932 - **$3,500**

HAFNER Charles Andrew 1888-? [2]
Peter Pan - Bronze (150cm-59in) New-York 92 .... FF113 600 - £11 620 - **$20,000**

H

HAFNER Rudolf 1893-1951 [8]
- Salzburg, Untersberg - Öl/Leinwand (48x70cm-19x28in) Wien 96 .... FF5 760 - £698 - $1,120

HAFOR Hans Forster 1917-1994 [1]
- Licht III - Huile/toile (35x50cm-14x20in) Luzern 94 .... FF2 810 - £330 - $501

HAFSTRÖM Axel Gillis 1841-1909 [7]
- Kyrkobesöket, 1864 - Oil/canvas (64x56cm-25x22in) Stockholm 90 .... FF11 200 - £1 207 - $1,975

HÅFSTRÖM Jan 1937 [27]
- Stegen - Mixed media/panel (100x102cm-39x40in) Stockholm 93 .... FF22 900 - £2 600 - $3,880
- Untitled - Construction (103x12x73cm-41x5x29in) Stockholm 95 .... FF8 270 - £1 031 - $1,620

HAGAN Robert Frederick 1918 [13]
- Corner Store, Dunbas St. - Oil/panel (18x23cm-7x9in) Toronto 94 .... FF3 240 - £383 - $577
- Exploration of Canada Series - Drawing (25x20cm-10x8in) Toronto 92 .... FF3 225 - £330 - $568

HAGARTY Clara Sophia 1871-1958 [2]
- Delphiniums (82x56cm-32x22in) Toronto 94 .... FF9 740 - £1 160 - $1,835
- Luxembourg gardens - Oil/board (26x34cm-10x13in) Toronto 92 .... FF55 900 - £5 720 - $9,840

HAGARTY Parker 1859-1934 [6]
- A country woman on a footbridge - Watercolour/paper (33x24cm-13x9in) London 96 .... FF2 624 - £300 - $501

HAGBERG Rune 1924 [10]
- Ikonoklassi - Mixed media/panel (94x45cm-37x18in) Stockholm 94 .... FF7 700 - £904 - $1,447
- Ikonoklassi - Mixed media/paper (82x44cm-32x17in) Stockholm 93 .... FF3 850 - £473 - $713

HAGBORG August 1852-1921 [80]
- Musselplockerska - Oil/canvas (92x65cm-36x26in) Stockholm 97 .... FF47 193 - £5 052 - $8,227
- The First Quarrel - Oil/panel (93x73cm-37x29in) New-York 97 .... FF198 975 - £21 431 - $35,000
- October: The potato gatheres - Oil/canvas (291x193cm-115x76in) New-York 97 .... FF795 900 - £85 722 - $140,000

HAGE Matthijs 1882-1961 [1]
- Domestic bliss - Oil/canvas (53x63cm-21x25in) Amsterdam 97 .... FF3 293 - £356 - $574

HAGEDORN Karl 1889-1969 [28]
- The Lateen Sail - Oil/canvas (63x76cm-25x30in) London 94 .... FF15 570 - £1 800 - $2,680
- Unloading timber at the quayside - Watercolour/paper (31x52cm-12x20in) London 94 .... FF3 834 - £450 - $672

HAGEDORN-OLSEN Jeppe 1929 [5]
- Landscape - Oil/canvas (65x91cm-26x36in) København 96 .... FF3 346 - £416 - $650

HAGEDORN-OLSEN Thorvald 1902-1996 [52]
- Model i landskab - Oil/canvas (82x64cm-32x25in) København 96 .... FF2 376 - £243 - $419
- Sommerlandskab med cyclist - Oil/canvas (55x75cm-22x30in) København 96 .... FF5 720 - £737 - $1,120

HAGEL Alfred 1885-1945 [2]
- Auf der Veranda - Tempera/papier (36x30cm-14x12in) Wien 95 .... FF4 930 - £590 - $938

HAGEL Otto 1909-1973 [5]
- F. Delanoe Roosevelt - Silver print (33x25cm-13x10in) New-York 92 .... FF5 880 - £683 - $1,200

HAGELGANS Michel Christoph Em. 1725-1766 [3]
- Maria Felizitas of Savoy - Oil/canvas (80x64cm-31x25in) London 95 .... FF25 300 - £3 200 - $4,940

HAGELSTEIN Paul 1825-1868 [6]
- Place Royale, Bruxelles - Oil/canvas (83x120cm-33x47in) København 96 .... FF24 830 - £2 830 - $4,755

HAGEMAN Victor Charles 1868-1928 [28]
- Jeunes villageoises - Huile/toile (124x115cm-49x45in) Bruxelles 94 .... FF5 660 - £657 - $975
- Port oriental - Huile/toile (112x112cm-44x44in) Antwerpen 94 .... FF20 000 - £2 400 - $3,886
- Matelot hindou au repos - Aquarelle (110x90cm-43x35in) Bruxelles 94 .... FF9 150 - £1 062 - $1,577

HAGEMANN Albinia 1824-1897 [1]
- Coastal landscape, Calais - Oil/canvas (74x116cm-29x46in) Viby J, Århus 95 .... FF11 500 - £1 503 - $2,347

HAGEMANN BJØRN Iwan 1784-1871 [1]
- Interior, Haregade Nyboder - Wash (22x32cm-9x13in) Vejle 91 .... FF4 390 - £440 - $804

HAGEMANN de Godefroy c.1820-1877 [7]
- Parklandskap med figurer, Saint-Cyr - Oil/canvas (82x100cm-32x39in) Stockholm 94 .... FF19 300 - £2 263 - $3,435

HAGEMANN Oskar H. 1888-1985 [15]
- Bildnis August Herling - Öl/Karton (50x40cm-20x16in) Heidelberg 93 .... FF5 090 - £608 - $978

HAGEMANS Maurice 1852-1917 [151]
- Descente de la Lesse - Huile/toile (40x60cm-16x24in) Bruxelles 91 .... FF6 580 - £663 - $1,142
- Moutons au bord de l'eau - Huile/toile (40x54cm-16x21in) Antwerpen 96 .... FF19 700 - £2 385 - $3,826
- Avant l'orage - Huile/toile (130x200cm-51x79in) Bruxelles 94 .... FF39 500 - £4 046 - $7,375
- Au bord de la mare - Aquarelle/papier (30x40cm-12x16in) Bruxelles 97 .... FF7 203 - £788 - $1,258
- Barque de pêche amarrée - Aquarell/Papier (73x124cm-29x49in) Bruxelles 97 .... FF31 065 - £3 344 - $5,415

HAGEMANS Paul 1884-1959 [61]
- Marché en Provence - Huile/panneau (50x60cm-20x24in) Liège 95 .... FF8 540 - £1 090 - $1,750
- Ballerine - Huile/toile (78x60cm-31x24in) Bruxelles 96 .... FF21 670 - £2 840 - $4,390
- L'atelier de l'artiste - Huile/toile (100x118cm-39x46in) Antwerpen 97 .... FF52 224 - £5 600 - $9,152

HAGEMEISTER Karl 1848-1933 [30]
- Weiher - Öl/Leinwand (48x75cm-19x30in) Berlin 95 .... FF30 900 - £4 040 - $6,270
- Herbstlicher Birkenwald - Öl/Leinwand (205x119cm-81x47in) Berlin 95 .... FF61 800 - £8 080 - $12,540
- Weiher - Öl/Leinwand (71x93cm-28x37in) Wien 95 .... FF188 000 - £23 900 - $37,440
- Gewitterstimmung an der See - Pastell (70x100cm-28x39in) Berlin 97 .... FF34 966 - £3 713 - $6,090

HAGEMEYER Johan 1884-1962 [8]
- Eucalyptus, Carmel - Gelatin silver print (20x24cm-8x9in) New-York 96 .... FF20 650 - £2 560 - $4,000

HAGEN Else 1914 [6]
- Zareptas krukke - Oil/canvas (90x115cm-35x45in) Tönsberg 91 .... FF13 900 - £1 390 - $2,289
- På loftet - Tempera/paper (62x54cm-24x21in) Oslo 96 .... FF9 720 - £1 126 - $1,864

HAGEN Jacob ten 1820-c.1880 [3]
- *Sommerliche Hafenansicht* - Öl/Leinwand (60x85cm-24x33in) Lindau 95 .... FF22 400 - £2 860 - **$4,520**

HAGEN Max 1862-1914 [3]
- *Bewaldete Landschaft* - Öl/Leinwand (64x98cm-25x39in) München 93 .... FF2 713 - £324 - **$522**

HAGEN Theodor Joseph 1842-1919 [7]
- *Motiv aus Thüringen* - Öl/Leinwand (31x47cm-12x19in) Heidelberg 95 .... FF11 140 - £1 430 - **$2,250**

HAGEN van der William ?-1745 [1]
- *Bacchus, Hercules, Venus, Pan...* - Oil/canvas London 96 .... FF141 600 - £18 000 - **$27,200**

HAGEN Walter 1910 [4]
- *Dorflandschaft mit Bahnübergang* - Oil/canvas (46x55cm-18x22in) Zofingen 91 .... FF4 750 - £482 - **$858**

HAGENAUER Carl 1872-1928 [1]
- *Marabu* - Bronze (25cm-10in) Wien 95 .... FF16 200 - £2 024 - **$3,270**

HAGENAUER Franz 1906-1986 [58]
- *Tanzende Afrikanerin* - Sculpture (26cm-10in) Wien 97 .... FF3 826 - £408 - **$662**
- *Négresse, Vienne* - Bronze (27cm-11in) Wien 92 .... FF21 660 - £2 217 - **$3,810**
- *Weiblicher Kopf* - Sculpture (40cm-16in) Berlin 92 .... FF74 800 - £7 650 - **$13,170**

HAGENAUER Karl 1898-1956 [35]
- *Springende Gazelle* - Sculpture (31cm-12in) Wien 95 .... FF4 420 - £572 - **$904**
- *Tennis* - Bronze (22cm-9in) London 89 .... FF14 500 - £1 528 - **$2,441**
- *Büste einer Frau mit Perlkette* - Sculpture (58cm-23in) Wien 95 .... FF75 900 - £9 460 - **$15,330**

HAGER Albert 1857-1934 [8]
- *Zittende hond* - Huile/toile/panneau (62x36cm-24x14in) Lokeren 95 .... FF2 400 - £300 - **$470**
- *Lion couché* - Bronze (28x41x60cm-11x16x24in) Bruxelles 93 .... FF12 700 - £1 790 - **$2,675**

HAGER Anna 1901-1979 [1]
- *Stilleben mit Kamelie* - Oil/canvas (46x60cm-18x24in) München 89 .... FF5 100 - £521 - **$820**

HAGERUP Nels 1864-1922 [14]
- *High tide* - Oil/canvas (51x76cm-20x30in) San Francisco-Los Angeles 92 .... FF9 310 - £1 081 - **$1,900**

HÄGG Axel Herman. 1835-1921 [3]
- *Marinererlandskap* - Watercolour (20x13cm-8x5in) Stockholm 95 .... FF4 290 - £546 - **$871**

HÄGG Erik 1870-? [2]
- *Fregaten Vanadis* - Akvarell (13x20cm-5x8in) Stockholm 90 .... FF2 500 - £268 - **$435**

HÄGG Herman 1884-1966 [6]
- *Vy över Kungsträdgården* - Oil/canvas (38x46cm-15x18in) Stockholm 96 .... FF2 364 - £306 - **$473**

HÄGG Jakob 1839-1931 [20]
- *Ångbåt bland segelfartyg* - Oil/canvas (57x76cm-22x30in) Stockholm 94 .... FF31 300 - £3 694 - **$5,570**
- *Fullriggare under Unionsflagg* - Oil/canvas (65x86cm-26x34in) Stockholm 93 .... FF100 000 - £12 270 - **$18,500**
- *Segelfartyg* - Akvarell (25x17cm-10x7in) Stockholm 96 .... FF7 020 - £911 - **$1,390**

HAGGIS John Alfred 1897-1968 [1]
- *Working man* - Watercolour (32x24cm-13x9in) London 92 .... FF1 660 - £170 - **$293**

HÄGGQVIST Eric 1912-1952 [1]
- *En man matar faglar* - Pastell (39x42cm-15x17in) Söderköping 90 .... FF1 800 - £194 - **$317**

HAGHE Louis 1806-1885 [33]
- *Council of war at Corutai* - Oil/canvas (105x140cm-41x55in) London 91 .... FF45 900 - £4 589 - **$7,559**
- *The Holy Land* - Lithograph (59x43cm-23x17in) London 97 .... FF282 219 - £30 000 - **$48,627**
- *Basilique St.Pierre à Rome* - Aquarelle/papier (93x72cm-37x28in) Antwerpen 97 .... FF26 112 - £2 800 - **$4,576**
- *The artist's studio* - Watercolour (67x92cm-26x36in) London 96 .... FF67 800 - £8 500 - **$13,180**

HAGLUND Frans 1822-1910 [2]
- *Fruktstilleben* - Oil/canvas (27x35cm-11x14in) Göteborg 93 .... FF4 290 - £528 - **$795**

HAGLUNDH Sture 1908-1978 [3]
- *Höstlandskap med stuga* - Oil/canvas (32x40cm-13x16in) Stockholm 89 .... FF2 300 - £229 - **$363**

HAGN von Ludwig 1819-1898 [3]
- *Vor dem Duell* - Öl/Leinwand (70x100cm-28x39in) Wien 95 .... FF15 900 - £1 952 - **$3,100**

HAGN von Richard 1850-? [1]
- *Intérieur de château Renaissance* - Huile/toile (56x45cm-22x18in) Paris 97 .... FF6 000 - £629 - **$1,029**

HAGONDOKOFF Constantin 1934 [41]
- *Camélias 01* - Huile/toile (50x65cm-20x26in) Versailles 90 .... FF4 000 - £405 - **$761**

HAGSTRÖM Emil 1892-1982 [2]
- *Smörblommor och penséer* - Oil/panel (27x17cm-11x7in) Stockholm 94 .... FF4 370 - £516 - **$778**

HAGUE John Houghton 1842-? [3]
- *Beehives, Caton, Lancaster* - Oil/canvas (51x76cm-20x30in) London 93 .... FF6 220 - £750 - **$1,088**

HAGUE Joshua Anderson 1850-1916 [13]
- *Hypericums in a blue earthenware jug*
  Oil/canvas (53x36cm-21x14in) Billinghurst, West Sussex 95 .... FF4 015 - £500 - **$786**
- *Breaking waves* - Oil/canvas (51x76cm-20x30in) London 91 .... FF11 850 - £1 197 - **$2,352**

HAGUE Louis 1806-1885 [2]
- *Recueil des dominicains, Firenze* - Huile/toile (110x155cm-43x61in) Bruxelles 89 .... FF35 600 - £3 640 - **$5,723**

HAGUE Michael XX [2]
- *Seated woman and Satyr with brood* - Watercolour (15x36cm-6x14in) New-York 96 .... FF4 400 - £569 - **$850**

HAGUE Raoul 1905 [2]
- *Swamp Pepperwood*
  Carved pepperwood/wooden base (72x49x160cm-28x19x63in) New-York 93 .... FF77 000 - £9 650 - **$14,000**

HAGUETTE Georges J.-Marie 1854-1906 [1]
🖋 *Approaching storm* - Oil/canvas (66x50cm-26x20in) London 93 .... FF28 000 - £3 500 - **$5,080**
HAHN Albert Pieter 1877-1918 [2]
🖋 *A seasonal worker* - Oil/canvas (40x46cm-16x18in) Amsterdam 96 .... FF3 680 - £473 - **$726**
▱ *Colonial Exhibition Semarang* - Poster (110x80cm-43x31in) Singapore 96 .... FF10 740 - £1 398 - **$2,130**
HAHN Carl Wilhelm 1786-1836 [2]
✎ *Birds* - Watercolour, gouache (25x20cm-10x8in) London 90 .... FF7 300 - £782 - **$1,270**
HAHN Charles Gustave 1845-1925 [1]
🖋 *Bauernhof im Gebirge* - Öl/Leinwand (29x45cm-11x18in) Bern 94 .... FF4 540 - £545 - **$882**
HAHN Friedemann 1949 [27]
🖋 *Anita Ekberg (?)* - Öl/Leinwand (100x80cm-39x31in) München 95 .... FF6 150 - £774 - **$1,230**
🖋 *Caroll Baker und George Peppard* - Oil/canvas (150x80cm-59x31in) München 89 ...... FF27 000 - £2 845 - **$4,545**
✎ *Weibliches Portrait* - Aquarell (78x56cm-31x22in) München 93 .... FF5 700 - £642 - **$961**
HAHN Hermann 1868-1942 [1]
🗿 *Sitzende Frau* - Plaster (33cm-13in) München 96 .... FF3 740 - £426 - **$715**
HAHN Josef 1839-1906 [5]
🖋 *Dachau* - Oil/board (13x25cm-5x10in) München 90 .... FF4 400 - £471 - **$765**
HAHN Karl Wilhelm 1829-1887 [3]
🖋 *In the Storm* - Oil/canvas (46x66cm-18x26in) San Francisco-Los Angeles 93 .... FF46 750 - £5 860 - **$8,500**
HAHN Siegbert B. XX [2]
🖋 *Der Herbstbaum* - Huile/toile (45x35cm-18x14in) Paris 95 .... FF22 500 - £2 835 - **$4,460**
HAHN William, Karl Wilh. 1829-1887 [9]
🖋 *Cattle Watering in the Woods*
　　Oil/canvas (63x94cm-25x37in) San Francisco-Los Angeles 96 .... FF31 300 - £3 626 - **$6,000**
HÄHNISCH Anton 1817-1897 [1]
✎ *Countess Sollogub & her daughter* - Watercolour/paper (24x29cm-9x11in) London 95 ...... FF11 410 - £1 500 - **$2,290**
HAHS Philip B. 1853-1882 [5]
🖋 *First step* - Oil/board (25x46cm-10x18in) Philadelphia 92 .... FF28 200 - £3 270 - **$5,750**
HAID Fritz 1904-1986 [4]
✎ *Haus am See/Wintersonne/...* - Watercolour München 95 .... FF3 160 - £398 - **$633**
HAID Johann Gottfried 1710-1776 [1]
📷 *Mr. Foote as major Sturgeon* - Mezzotint (40x49cm-16x19in) London 95 .... FF5 200 - £650 - **$1,050**
HAID Johann Jakob 1704-1767 [3]
▱ *Der Mahler* - Engraving (41x32cm-16x13in) Hamburg 94 .... FF2 212 - £259 - **$390**
HAID Johann Philipp 1730-1806 [1]
✎ *Gentlemen smoking & drinking* - Ink/paper (16x21cm-6x8in) London 90 .... FF2 900 - £313 - **$511**
HAIER Josef 1816-1891 [3]
🖋 *Musikantin mit kleinem Jungen* - Oil/canvas (53x42cm-21x17in) Düsseldorf 91 .... FF8 450 - £851 - **$1,466**
HAIG Axel Herman 1835-1921 [15]
📷 *Mont St. Michel* - Etching (87x63cm-34x25in) London 92 .... FF1 892 - £220 - **$386**
✎ *Klostergard med människor vid brunn* - Akvarell (54x38cm-21x15in) Stockholm 90 ..... FF6 100 - £649 - **$1,091**
HAIGH Alfred Grenfell 1870-1963 [12]
🖋 *Calling the hounds* - Oil/canvas (71x92cm-28x36in) London 93 .... FF16 000 - £2 000 - **$2,900**
🖋 *Sweet Briar* - Oil/canvas (56x76cm-22x30in) New-York 97 .... FF36 124 - £3 851 - **$6,250**
HAIGH-WOOD Charles 1856-1927 [3]
🖋 *Master B. Horridge & J. L. Horridge* - Oil/canvas (117x89cm-46x35in) New-York 97 ... FF31 286 - £3 367 - **$5,500**
HAILE Sam 1909-1948 [2]
🖋 *Shop Window in Trinidad* - Oil/canvas (92x71cm-36x28in) London 94 .... FF34 200 - £4 000 - **$6,000**
HAILSTONE Bernard 1910 [2]
🖋 *The blitz* - Oil/canvas (71x92cm-28x39in) London 91 .... FF2 580 - £259 - **$446**
HAIM-WENTSCHER Tina 1887-? [1]
🗿 *Tilla Durieux* - Bronze (30cm-12in) Stuttgart 89 .... FF3 000 - £316 - **$505**
HAINARD Robert 1906-? [2]
▱ *Ententenfamilie im Schiff* - Lithographie couleurs (39x49cm-15x19in) Bern 95 .... FF2 160 - £270 - **$436**
HAINE Désiré 1900-1989 [3]
🖋 *Le Palais, Belle-Ile-en-Mer* - Huile/toile (80x90cm-31x35in) Antwerpen 96 .... FF3 294 - £413 - **$636**
HAINES Frederick Stanley 1879-1960 [22]
🖋 *Autumn in Vermont* - Oil/board (41x51cm-16x20in) Toronto 96 .... FF3 100 - £372 - **$594**
　 Autumn afternoon - Oil/board (76x91cm-30x36in) Toronto 91 .... FF12 040 - £1 207 - **$1,987**
HAINES Lett XX [3]
✎ *Nautch Girl* - Bodycolour (26x23cm-10x9in) London 97 .... FF3 393 - £360 - **$584**
HAINES Richard 1906-1984 [3]
🖋 *Three Men* - Oil/canvas (63x76cm-25x30in) San Francisco-Los Angeles 96 .... FF4 180 - £484 - **$800**
HAINES William Henry 1812-1884 [6]
🖋 *Piazza San Marco* - Oil/canvas (76x127cm-30x50in) New-York 95 .... FF58 400 - £7 600 - **$12,000**
✎ *Mrs. Henry* - Watercolour (20x16cm-8x6in) London 95 .... FF2 650 - £320 - **$499**
HAINS Raymond 1926 [75]
🖋 *Pour changer la vie* - Decollage (93x89cm-37x35in) Paris 96 .... FF18 000 - £2 244 - **$3,480**
　 Les Rois Mages - Affiches arrachées/toile (107x105cm-42x41in) Paris 96 .... FF39 000 - £4 890 - **$7,520**
　 Entremets de la Palissade - Decollage (128x120cm-50x47in) Paris 96 .... FF115 000 - £13 630 - **$21,240**
　 J. Dubuffet au C.N.A.C. - Collage/canvas (80x80cm-31x31in) Paris 89 .... FF270 000 - £26 866 - **$42,654**
▱ *Composition* - Affiche Paris 93 .... FF60 000 - £6 820 - **$10,170**
🗿 *Seita* - Bois (98x19x80cm-39x7x31in) Versailles 93 .... FF31 000 - £3 735 - **$5,640**

SEITA, 1970 - Technique mixte/papier (90x47x80cm-35x19x31in) Paris 90 .... FF*90 000* - £*9 326* - **$15,817**

HAITE Georges Charles 1855-1924 [17]
Boats in a river landscape - Oil/canvas (60x101cm-24x40in) London 93 .... FF*9 800* - £*1 100* - **$1,640**
Guards band passing along the Mall
Watercolour, gouache (28x51cm-11x20in) London 92 .... FF*7 330* - £*750* - **$1,527**

HAIZMANN Richard 1895-1963 [1]
Vögel - Ink/paper (30x42cm-12x17in) Hamburg 95 .... FF*5 780* - £*733* - **$1,163**

HAJAMADI Fariba 1957 [6]
As Much as Afterview - Oil (139x320cm-55x126in) New-York 96 .... FF*12 300* - £*1 460* - **$2,400**

HAJDU Étienne 1907 [30]
Petite figure dorée - Bronze (51cm-20in) New-York 95 .... FF*15 660* - £*2 025* - **$3,200**
La Dame de Bagneux - Bronze (38cm-15in) New-York 95 .... FF*24 460* - £*3 165* - **$5,000**
Tête de jeune femme - Marbre (43cm-17in) Paris 96 .... FF*42 000* - £*5 430* - **$8,240**
Languedoc - Marbre (68cm-27in) Versailles 96 .... FF*59 000* - £*7 400* - **$11,380**
Les deux oiseaux - Bronze (51x12x46cm-20x5x18in) Paris 91 .... FF*62 000* - £*6 247* - **$10,758**
Sans titre - Encre/papier (90x63cm-35x25in) Paris 96 .... FF*3 500* - £*433* - **$676**

HAJDU Laszlo 1938 [3]
Soir - Huile/toile (100x140cm-39x55in) Paris 91 .... FF*5 000* - £*504* - **$868**

HAJEK Otto Herbert 1927 [31]
Dynamische Bewegung XV - Oil/canvas (100x100cm-39x39in) Köln 96 .... FF*32 300* - £*3 680* - **$6,170**
Raumknoten - Bronze (22cm-9in) München 94 .... FF*39 300* - £*4 615* - **$7,000**
Raumknoten - Bronze (70cm-28in) Berlin 96 .... FF*136 000* - £*15 480* - **$26,000**

HAJEK-HALKE Heinz 1898-1983 [14]
Montage with piano - Silver print (40x30cm-16x12in) London 94 .... FF*5 110* - £*600* - **$895**

HAK Miroslav 1911-1978 [2]
Open window - Silver print (38x27cm-15x11in) New-York 90 .... FF*5 100* - £*519* - **$1,020**

HAKA Janusz 1951 [4]
Body building - Olio/tela (200x150cm-79x59in) Milano 92 .... FF*3 874* - £*461* - **$745**

HÅKANSSON Håkan 1944 [3]
Uppställning med terra di Siena - Oil/canvas (77x97cm-30x38in) Göteborg 94 .... FF*6 560* - £*765* - **$1,150**

HAKE Claes 1945 [5]
Röd - Mixed media/canvas (151x102cm-59x40in) Stockholm 93 .... FF*5 770* - £*710* - **$1,070**
Älskande par under solen - Bronze (121cm-48in) Stockholm 93 .... FF*17 020* - £*2 090* - **$3,150**

HALAUSKA Ludwig 1827-1882 [20]
Motiv aus dem Ötztal - Öl/Leinwand (32x47cm-13x19in) Wien 93 .... FF*34 200* - £*3 880* - **$5,810**

HALAY Maurice 1864-1934 [1]
Aiguilles de Port-Coton à Belle-Ile - Huile/toile (81x53cm-32x21in) Paris 93 .... FF*49 000* - £*5 900* - **$8,910**

HALBART Gustave 1846-1913 [4]
Vaches et rivière - Huile/toile (34x49cm-13x19in) Liège 94 .... FF*3 340* - £*396* - **$617**

HALBERG-KRAUSS Fritz 1874-1951 [83]
Herbstlandschaft - Öl/Leinwand (49x70cm-19x28in) München 92 .... FF*11 870* - £*1 418* - **$2,283**
Wildwasser in den bayerischen Alpen - Öl/Karton (52x62cm-20x24in) Köln 94 .... FF*16 330* - £*1 904* - **$2,860**
Am Chiemsee - Oil/cardboard (41x32cm-16x13in) Bremen 93 .... FF*21 360* - £*2 550* - **$4,110**
Kornernte in Oberbayern - Öl/Karton (34x39cm-13x15in) München 95 .... FF*27 500* - £*3 620* - **$5,520**
Die Fraueninsel im Chiemsee - Öl/Karton (70x100cm-28x39in) München 92 .... FF*77 800* - £*9 050* - **$15,900**

HALBIG von Johann 1814-1882 [1]
Kaiserin Elisabeth von Österreich - Marble (54cm-21in) Wien 94 .... FF*39 050* - £*4 650* - **$7,350**

HALBOU G. XX [2]
Tête de bacchante - Bronze (28cm-11in) Bruxelles 94 .... FF*3 660* - £*425* - **$631**

HALD Edward 1883-1980 [7]
Kyrkogardsgrinden, 1911 - Oil/board (61x50cm-24x20in) Stockholm 90 .... FF*8 600* - £*888* - **$1,519**
Blommor och flodhäst - Pastell (63x49cm-25x19in) Stockholm 89 .... FF*6 600* - £*695* - **$1,111**

HALE Edward Matthew 1852-1924 [5]
Attendents at the Coliseum - Oil/canvas (6x24cm-2x9in) London 94 .... FF*15 130* - £*1 800* - **$2,880**

HALE Ellen Day 1855-1940 [4]
Folly Cove, Rockport, Massachusset - Oil/canvas (66x86cm-26x34in) New-York 89 .... FF*57 200* - £*5 849* - **$9,196**

HALE Gardner 1894-1931 [2]
L'atelier de couture - Huile/toile (270x80cm-106x31in) Paris 95 .... FF*11 000* - £*1 398* - **$2,233**

HALE Lilian Westcott 1881-1963 [8]
Town & Country Mouse
Oil/canvas/board (122x107cm-48x42in) Denver, Colorado 95 .... FF*143 300* - £*28 000* - **$18,120**
The Veil - Charcoal/paper (56x36cm-22x14in) Boston, Mass. 93 .... FF*88 600* - £*10 060* - **$15,000**

HALE Philip Leslie 1865-1931 [11]
Lady in black - Oil/board (91x76cm-36x30in) New-York 89 .... FF*85 800* - £*8 773* - **$13,794**
The red book - Pencil/paper (25x20cm-10x8in) Boston, Mass. 95 .... FF*4 850* - £*623* - **$1,000**

HALE William Matthew 1837-1929 [10]
In Bristol harbour - Watercolour/paper (26x38cm-10x15in) New-York 95 .... FF*5 620* - £*700* - **$1,100**

HALEY John XIX-XX [1]
Katherine Hepburn at age 16 - Silver print (25x17cm-10x7in) New-York 90 .... FF*13 200* - £*1 422* - **$2,328**

HALFNIGHT Richard William 1855-1925 [9]
Punt in a river landscape - Oil/canvas (61x51cm-24x20in) London 93 .... FF*6 580* - £*750* - **$1,118**

HALHED Harriet ?-1933 [3]
🖼 The Hem of His Garment - Oil/canvas (95x95cm-37x37in) London 96 .... FF29 500 - £3 500 - **$5,760**

HALICKA Alice 1895-1975 [24]
🖼 Table dressée - Huile/toile (65x92cm-26x36in) Paris 95 .... FF12 000 - £1 594 - **$2,474**
Nature morte - Huile/toile (50x61cm-20x24in) Paris 88 .... FF42 000 - £4 028 - **$7,379**
✏ Composition au violoncelle - Gouache (15x19cm-6x7in) Paris 94 .... FF8 500 - £988 - **$1,472**

HALIL PASA 1857-1937 [5]
🖼 Bogaz'da piknik - Oil/canvas (27x46cm-11x18in) Istanbul 92 .... FF39 500 - £3 950 - **$7,020**

HALIP Jakob 1908-1980 [1]
📷 Entrée à Odessa - Tirage c.1960 (57x49cm-22x19in) Paris 94 .... FF5 800 - £687 - **$1,072**

HALKE Heinz Hajek 1898-1983 [2]
📷 Spiegel akt - Photograph (34x24cm-13x9in) Paris 90 .... FF4 000 - £413 - **$707**

HALKETT François Jos.Clément XIX-XX [3]
🖼 Portrait of a lady - Oil/canvas (53x41cm-21x16in) London 94 .... FF15 130 - £1 800 - **$2,850**

HALKIN Just XX [1]
Jane Fonda nue sur la plage - Photo (27x18cm-11x7in) Paris 96 .... FF1 600 - £207 - **$309**

HALL Clifford Eric Martin 1904-1973 [44]
🖼 Portrait of a young Woman - Oil/board (30x23cm-12x9in) London 97 .... FF2 765 - £300 - **$489**
Sketch fot the Sun - Oil/board (25x33cm-10x13in) London 97 .... FF7 005 - £760 - **$1,241**
Changing on the Beach - Oil/board (66x91cm-26x36in) London 97 .... FF36 866 - £4 000 - **$6,532**
✏ Woman standing at her Dressing Table - Charcoal (51x30cm-20x12in) London 97 .... FF8 295 - £900 - **$1,469**

HALL Edith Emma D. 1883-? [1]
🖼 Farm houses - Oil/board (43x53cm-17x21in) Baton Rouge, Louisiana 93 ..... FF4 570 - £521 - **$775**

HALL Edna Clarke 1881-? [1]
✏ Looking out to sea - Pencil (24x37cm-9x15in) London 92 .... FF2 730 - £280 - **$524**

HALL Eleck 1857-1910 [1]
📷 Buffalo Waterfront - Platinum print (7x10cm-3x4in) New-York 89 .... FF4 300 - £428 - **$679**

HALL Frederick 1860-1948 [39]
🖼 Les oies - Huile/toile/carton (33x41cm-13x16in) Paris 97 .... FF10 200 - £1 121 - **$1,862**
On a Cottage Farm - Oil/board (32x46cm-13x18in) London 97 .... FF14 006 - £1 500 - **$2,420**
The village street - Oil/canvas (51x64cm-20x25in) London 96 .... FF50 300 - £6 500 - **$9,930**
✏ Sunny Morn, Bossington
          Watercolour (50x59cm-20x23in) Billinghurst, West Sussex 94 .... FF41 700 - £5 000 - **$8,100**

HALL Frederick Garrison 1879-1946 [5]
🖼 Dancing Putto - Oil/board (25x20cm-10x8in) Boston, Mass. 94 .... FF9 740 - £1 155 - **$1,800**

HALL George Henry 1825-1913 [11]
🖼 The flower seller - Oil/canvas (74x91cm-29x36in) Boston, Mass. 93 .... FF14 780 - £1 680 - **$2,500**
Bric-à-brac still life - Oil/canvas (122x92cm-48x36in) New-York 97 .... FF875 655 - £92 115 - **$150,000**

HALL George Lowthian 1825-1888 [5]
✏ Figures on a windswept beach - Watercolour (15x48cm-6x19in) London 92 ... FF1 760 - £180 - **$367**

HALL H.R. XIX-XX [18]
🖼 Moorland Rovers, Loch Carwish - Huile/toile (61x92cm-24x36in) Reims 94 ... FF5 000 - £600 - **$971**
Highland Cattle by a Loch - Oil/canvas (61x91cm-24x36in) New-York 97 ...... FF18 203 - £1 959 - **$3,200**

HALL Harry 1814-1882 [57]
🖼 Cossack - Huile/toile (75x50cm-15x20in) Paris 97 .... FF17 000 - £1 805 - **$2,946**
Voltigeur, against The flying dutchm - Oil/canvas (71x91cm-28x36in) New-York 97 ... FF52 023 - £5 546 - **$9,000**
Prince Plausible & George Fordham up
          Oil/canvas (56x76cm-22x30in) New-York 97 .... FF150 288 - £16 021 - **$26,000**
The Great Match - Oil/canvas (73x138cm-29x54in) London 96 .... FF781 000 - £92 000 - **$153,400**

HALL Henry Bryan I 1808-1884 [1]
🖼 Gettysburg - Engraving (36x89cm-14x35in) North Bethesda, MD. 92 .... FF7 140 - £731 - **$1,400**

HALL Jessie ?-1915 [7]
🖼 Autumn - Oil/canvas/board (20x30cm-8x12in) London 92 .... FF5 030 - £600 - **$967**
✏ Shepherd and flock - Watercolour (29x39cm-11x15in) Retford, Nottinghamshire 93 ... FF3 650 - £140 - **$63¢**

HALL Lillemor Rudolf 1930 [2]
🖼 Former av figur - Oil/canvas (75x68cm-30x27in) Malmö 92 .... FF2 719 - £324 - **$522**

HALL Norma Bassett 1890-? [4]
🖼 Sanctuario - Silkscreen in colors (30x38cm-12x15in) New-York 94 .... FF1 760 - £209 - **$325**

HALL Oliver 1869-1937 [7]
🖼 A Lancashire stone quarry - Oil/canvas (46x54cm-18x21in) London 91 .... FF3 470 - £350 - **$613**

HALL Patrick 1906-1992 [1]
✏ Castille, Malta - Watercolour (38x55cm-15x22in) London 96 .... FF7 460 - £850 - **$1,428**

HALL Patrick 1935 [3]
✏ Low tide on the Beach - Watercolour (49x77cm-19x30in) London 97 .... FF3 548 - £380 - **$61,3 9**

HALL Peter 1958 [2]
✏ After the rain, Timbavati - Watercolour (56x80cm-22x31in) London 95 .... FF6 140 - £800 - **$1,270**

HALL Peter Adolf 1739-1793 [12]
✏ A young Gentleman - Miniature (7cm-3in) London 97 .... FF58 768 - £6 200 - **$10,084**

HALL Richard 1857-1942 [6]
🖼 Young girl in a Kimono - Oil/panel (46x38cm-18x15in) London 96 .... FF22 460 - £2 800 - **$4,340**
Porträtt på liten vallflicka i gröngräset - Oil/canvas (130x95cm-51x37in) Göteborg 94 ... FF84 600 - £9 810 - **$14,570**

HALL van Fritz 1899-1945 [2]
🗿 An athletic man - Bronze (56cm-22in) Amsterdam 93 .... FF14 410 - £1 730 - **$2,636**

HALL van Jan Jacob Teyler 1794-1851 [3]
- Songbird in an exotic landscape - Oil/panel (36x44cm-14x17in) Amsterdam 91 .... FF**3 910** - £393 - **$676**

HALL-NEALE George 1863-1940 [5]
- On the Dunes - Oil/board (23x30cm-9x12in) London 94 .... FF**2 960** - £350 - **$532**

HALL-NEALE Maud c.1910-1960 [10]
- The daisy chain - Oil/canvas (89x63cm-35x25in) Billinghurst, West Sussex 93 .... FF**10 800** - £1 300 - **$2,015**

HÅLLANDER Gunnar 1915-1980 [6]
- Bukett vita blommor - Oil/panel (38x46cm-15x18in) Stockholm 91 .... FF**12 170** - £1 212 - **$2,093**

HALLANDER Karl-Johan 1935 [2]
- Korum inför nästa anfall - Oil/canvas (64x88cm-25x35in) Stockholm 91 .... FF**5 150** - £513 - **$886**

HALLATZ Emil 1837-1888 [2]
- Pferdeportrait Erin - Öl/Leinwand (46x61cm-18x24in) Lindau 96 .... FF**10 800** - £1 396 - **$2,086**

HALLAVANYA von Emilia 1874-1960 [2]
- Mädchenpaar - Öl/Leinwand (68x51cm-27x20in) Zofingen 95 .... FF**4 680** - £612 - **$937**

HALLBECK Carl Svante 1826-1897 [1]
- Ruinerna i Helge, Visby - Akvarell (29x43cm-11x17in) Stockholm 90 .... FF**7 500** - £808 - **$1,323**

HALLBERG Carl 1855-1940 [2]
- Vallflicka med kor - Oil/canvas (44x63cm-17x25in) Stockholm 96 .... FF**2 745** - £354 - **$538**

HALLBERG Ragnar 1892-1966 [1]
- Landskap, Bretagne - Oil/panel (18x24cm-7x9in) Göteborg 93 .... FF**2 310** - £265 - **$395**

HALLBERG-KRAUSS Fritz 1874-1951 [2]
- Halbinsel Höri am Untersee (Bodensee) - Öl/Karton (38x50cm-15x20in) Lindau 94 .... FF**31 900** - £3 785 - **$5,900**

HALLÉ Charles Edward 1846-1919 [4]
- Luna - Oil/canvas (69x51cm-27x20in) London 94 .... FF**222 300** - £26 000 - **$38,740**
  Paolo and Francesca - Oil/canvas (186x123cm-73x48in) London 92 .... FF**974 000** - £100 000 - **$187,000**

HALLÉ Claude Guy 1652-1736 [1]
- Eliezer et Rebecca - Encre (12x15cm-5x6in) Monaco 93 .... FF**30 000** - £3 615 - **$5,450**

HALLÉ Noël 1711-1791 [13]
- Holy Family - Oil/canvas (46x37cm-18x15in) London 96 .... FF**622 000** - £72 000 - **$119,100**
- Personnage tenant une flèche brisée - Pierre noire (46x32cm-18x13in) Paris 96 .... FF**102 000** - £11 980 - **$20,060**

HALLE Oscar 1850-1921 [2]
- Mère et enfant - Huile/toile (58x34cm-23x13in) Bruxelles 91 .... FF**3 620** - £365 - **$628**

HALLE Samuel Baruch Ludwig 1824-1889 [4]
- Buy me flowers - Oil/canvas (79x61cm-31x24in) New-York 91 .... FF**35 960** - £3 580 - **$6,184**
  Mother's pet, 1860 - Oil/canvas (125x100cm-49x39in) London 90 .... FF**106 500** - £11 002 - **$18,816**

HALLENCREUTZ Olga 1887-1967 [1]
- Stockholms slott - Oil/panel (24x33cm-9x13in) Stockholm 91 .... FF**2 810** - £280 - **$483**

HALLENGREN Manne, Aug. Emanuel 1875-? [5]
- Vinterlandskap - Oil/canvas (60x89cm-24x35in) Söderköping 92 .... FF**3 770** - £386 - **$664**

HALLENSLEBEN Ruth 1898-1977 [2]
- Kohlenbergbau - Photograph (17x23cm-7x9in) Köln 89 .... FF**4 400** - £450 - **$707**

HALLER Anna 1872-1924 [15]
- Flieder - Huile/toile (80x120cm-31x47in) Zofingen 95 .... FF**6 370** - £807 - **$1,281**
- Blühender Rosenbusch - Aquarell (28x68cm-11x27in) Zofingen 96 .... FF**5 380** - £670 - **$1,037**

HALLER Hermann 1880-1950 [1]
- Stehender Mädchenakt - Bronze (60cm-24in) Bern 92 .... FF**16 370** - £1 672 - **$2,880**

HALLER Roman 1920 [4]
- Ohne Titel - Öl/Leinwand (36x30cm-14x12in) Wien 95 .... FF**9 800** - £1 290 - **$1,986**
- Ohne Titel - Aquarell/Papier (37x30cm-15x12in) Wien 92 .... FF**2 650** - £271 - **$466**

HALLER Tony 1907-1944 [5]
- Monte Pelmo, Dolomiten - Öl/Leinwand (60x80cm-24x31in) Wien 96 .... FF**4 320** - £524 - **$840**

HALLER von Berthold 1878-1942 [1]
- Nach dem Gewitter - Öl/Leinwand (44x63cm-17x25in) Bern 94 .... FF**2 020** - £234 - **$348**

HALLER VON HALLERSTEIN Christoph 1771-1839 [1]
- Odalisque au perroquet - Huile/toile (82x102cm-32x40in) Paris 96 .... FF**182 000** - £23 430 - **$35,440**

HALLER Wilhelm 1873-? [2]
- Hochdorf - Tempera/canvas (46x90cm-18x35in) Heidelberg 93 .... FF**2 035** - £243 - **$392**

HALLET André 1890-1959 [77]
- Le lac du Kiru - Huile/toile (50x60cm-20x24in) Antwerpen 97 .... FF**2 285** - £245 - **$400**
  Route dans le Brabant Wallon - Huile/toile (60x96cm-24x38in) Bruxelles 97 .... FF**5 893** - £644 - **$1,030**
  La maison d'Alfred Bastien au sous la neige
    Huile/panneau (32x41cm-13x16in) Bruxelles 97 .... FF**11 452** - £1 211 - **$1,981**
  Le pont - Huile/panneau (81x50cm-32x20in) Liège 94 .... FF**28 000** - £3 350 - **$5,720**
  Printemps sur la Dyle - Huile/toile (75x60cm-30x24in) Bruxelles 92 .... FF**132 800** - £13 600 - **$23,360**

HALLETT Hendricks A. 1847-1921 [9]
- Marsh on a cloudy day - Oil/canvas (38x75cm-15x30in) New-York 91 .... FF**8 490** - £857 - **$1,500**
- Sailboats in a cove - Watercolour (36x48cm-14x19in) North Berwick, Maine 93 .... FF**3 480** - £400 - **$600**

HALLEY Peter 1953 [20]
- Grey to Black - Acrylic/canvas (158x325cm-62x128in) New-York 95 .... FF**155 000** - £20 540 - **$32,000**
  Blue cell with smokestack
    Mixed media/canvas (125x160cm-49x63in) New-York 91 .... FF**283 000** - £28 722 - **$51,113**
  Two cells with circulating conduit - Acrylic (163x265cm-64x104in) New-York 93 .... FF**708 000** - £80 500 - **$120,000**

HALLEZ Germain Joseph 1769-1840 [1]
🐚 Buste de M. de Châteaubourg - Huile/toile (65x53cm-26x21in) Mayenne 95 .... FF12 000 - £1 560 - **$2,504**
HALLEZ Jacques 1923 [2]
🌱 Nature morte au panier - Huile/toile (60x73cm-24x29in) Saint-Dié 92 .... FF3 200 - £382 - **$616**
HALLEZ Paul 1872-1965 [4]
🌱 Petite fille avec chèvre - Huile/toile (65x92cm-26x36in) Paris 97 .... FF2 500 - £270 - **$445**
✏️ Le chevet de la cathédrale - Aquarelle (65x44cm-26x17in) Paris 90 .... FF2 100 - £218 - **$369**
HALLIDAY Alan 1952 [3]
🌱 Tangiers Bay, Morocco - Oil/canvas (37x45cm-15x18in) London 90 .... FF7 800 - £829 - **$1,393**
HALLIDAY Edward Irvine 1902 [4]
🌱 Presenting the Cloth - Oil/canvas (91x122cm-36x48in) London 94 .... FF15 240 - £1 800 - **$2,736**
HALLIER Theodor 1908-1982 [1]
🌱 Felder am Dorfrand - Öl/Leinwand (88x101cm-35x40in) Bremen 93 .... FF4 180 - £478 - **$706**
HALLMANN Anton 1812-1845 [3]
✏️ Corneto Tarquinia - Pencil/paper (21x43cm-8x17in) Hamburg 96 .... FF9 170 - £1 045 - **$1,755**
HALLOWELL George Hawley 1871-1926 [5]
✏️ Cataract Brook - Watercolour/paper (76x52cm-30x20in) New-York 95 .... FF14 540 - £1 870 - **$3,000**
HALLOWELL Robert 1886-1939 [4]
✏️ New England harbor view - Wash (41x50cm-16x20in) North Bethesda, MD. 91 .... FF2 025 - £205 - **$402**
HALLSTRÖM Björn 1916-1982 [7]
🌱 Fisknät framför hus - Oil/canvas (50x60cm-20x24in) Malmö 90 .... FF4 210 - £428 - **$842**
HALLSTRÖM Carl 1850-1929 [7]
🌱 Ångfartyg i Lindalssundet - Oil/canvas (91x133cm-36x52in) Stockholm 92 .... FF7 730 - £792 - **$1,361**
HALLSTRÖM Eric 1893-1946 [103]
🌱 Interiör med blommor i vas - Oil/canvas (46x30cm-18x12in) Stockholm 96 .... FF6 150 - £767 - **$1,188**
Östra station - Oil/panel (45x54cm-18x21in) Stockholm 97 .... FF11 320 - £1 195 - **$1,956**
Morgon, Ytterkolksele - Oil/canvas/board (86x99cm-34x39in) Stockholm 91 .... FF48 700 - £4 848 - **$8,375**
Barnsjukhuset, 1918 - Oil/board (45x90cm-18x35in) Stockholm 89 .... FF299 500 - £31 560 - **$50,421**
✏️ Interiör med tvättande kvinna - Gouache (47x54cm-19x21in) Malmö 90 .... FF11 230 - £1 143 - **$2,246**
Utsikt fran Söder, 1925 - Akvarell (49x62cm-19x24in) Stockholm 89 .... FF140 400 - £14 356 - **$22,572**
HALLSTRÖM Staffan 1914-1976 [103]
🌱 I solskenet - Oil/canvas (59x56cm-23x22in) Stockholm 96 .... FF4 580 - £593 - **$916**
Gungan - Oil/canvas (104x117cm-41x46in) Stockholm 96 .... FF23 400 - £2 835 - **$4,550**
Vilande hundar - Oil/canvas (73x133cm-29x52in) Stockholm 96 .... FF45 700 - £5 900 - **$8,950**
Ingens hundar I - Oil/canvas (89x116cm-35x46in) Stockholm 95 .... FF149 800 - £18 720 - **$38,200**
✏️ Sundbyberg - Mixed media/paper (33x43cm-13x17in) Stockholm 95 .... FF8 400 - £1 098 - **$1,680**
HALM Pauline 1842-? [1]
🌱 Flowers & glass of Champagne - Oil/canvas (108x77cm-43x30in) New-York 93 .... FF118 000 - £13 420 - **$20,000**
HALM Peter 1854-? [4]
🗂️ Battersea Bridge - Etching in colors (59x44cm-23x17in) San Francisco-Los Angeles 93 .... FF2 063 - £259 - **$375**
HALM von Peter 1854-1923 [6]
🗂️ London bei Nacht - Print (59x44cm-23x17in) Heidelberg 94 .... FF5 480 - £658 - **$1,066**
HALMI Artur Lajos 1866-1939 [7]
✏️ Lady Dorothy Rose Duveen - Pastel (121x79cm-48x31in) London 94 .... FF10 300 - £1 200 - **$1,804**
HALMONÉ Patricia XX [3]
🌱 La pause - Acrylique/toile (65x92cm-26x36in) Paris 96 .... FF3 000 - £386 - **$595**
HALNON Frederick James 1881-1958 [3]
▨ Young woman, her hair tied with vines - Bronze (34cm-13in) London 90 .... FF14 500 - £1 498 - **$2,562**
HALONEN Arttu 1885-1963 [2]
▨ Sittande flicka - Bronze (24cm-9in) Göteborg 90 .... FF3 900 - £415 - **$698**
Mor och barn - Bronze (76cm-30in) Helsinki 92 .... FF10 750 - £1 100 - **$1,893**
HALONEN Emil 1875-1950 [7]
▨ Flicka, 1903 - Bronze (43cm-17in) Helsinki 90 .... FF6 500 - £700 - **$1,146**
HALONEN Kalle 1899-1947 [1]
🌱 Gammal lada - Oil/canvas/board (33x41cm-13x16in) Helsinki 90 .... FF8 390 - £858 - **$1,656**
HALONEN Pekka 1865-1933 [41]
🌱 Höstfärger - Oil/canvas (40x45cm-16x18in) Helsinki 94 .... FF44 400 - £5 150 - **$7,650**
Vinterlandskap - Oil/canvas (74x55cm-29x22in) Helsinki 94 .... FF100 200 - £11 970 - **$18,740**
Skogslandskap, 1914 - Oil/panel (55x75cm-22x30in) Stockholm 89 .... FF205 900 - £21 697 - **$34,663**
HALOU Alfred Jean 1875-1939 [1]
▨ Couple de paysans italiens - Bronze (40cm-16in) Madrid 96 .... FF12 060 - £1 500 - **$2,340**
HALPEIN Stacha 1919-1969 [3]
🌱 Composition - Huile/toile (89x116cm-35x46in) Paris 90 .... FF2 200 - £236 - **$383**
HALPERT Samuel A. 1884-1930 [3]
🌱 Summer landscape - Oil/canvas (51x61cm-20x24in) San Francisco-Los Angeles 94 .... FF11 130 - £1 316 - **$2,000**
HALSALL William Formby 1841-1919 [4]
🌱 Sailing off the coast - Oil/canvas (30x50cm-12x20in) New-York 90 .... FF9 880 - £1 010 - **$1,950**
HALSE George XIX-XX [3]
▨ Young Englands - Marble (72cm-28in) London 93 .... FF40 400 - £4 600 - **$6,850**
HALSEY MERGAN Harry XIX-XX [2]
🌱 Busy Night on the Thames - Oil/canvas (51x61cm-20x24in) London 94 .... FF2 980 - £350 - **$523**
HALSMAN Philippe 1906-1979 [119]
📷 Albert Einstein - Silver print (30x25cm-12x10in) New-York 93 .... FF5 900 - £671 - **$1,000**

Dali Atomicus - Gelatin silver print (23x32cm-9x13in) New-York 96 .... FF*18 070* - £*2 240* - **$3,500**

HALSWELLE Keeley 1832-1891   [15]
🖝 *Outside St Peter's, Rome* - Oil/canvas (34x53cm-13x21in) Glasgow 96 .... FF*10 800* - £*1 400* - **$2,116**
The Wreck, Newhaven - Oil/canvas (126x176cm-50x69in) London 97 .... FF*51 595* - £*5 500* - **$9,008**
🖉 *Morecambe: a wet day* - Watercolour (29x49cm-11x19in) Billinghurst, West Sussex 95 .... FF*5 460* - £*680* - **$1,068**

HÁLSZEL Johann Baptist 1710/12-1777   [2]
🖝 *Orangen und Walnüssen* - Oil/copper (47x37cm-19x15in) München 91 .... FF*41 000* - £*4 210* - **$7,630**

HALTER Marek 1936   [11]
🖝 *Port de pêche* - Huile/toile (50x65cm-20x26in) Paris 96 .... FF*7 000* - £*804* - **$1,336**

HAM Geo, Georges Hamel 1900-1972   [73]
🖝 *Bosch au Rallye de Monte Carlo* - Öl/Papier (102x76cm-40x30in) Paris 91 .... FF*4 500* - £*447* - **$781**
▱ *Monaco, 5ème. Grand Prix Automobile* - Poster (119x78cm-47x31in) New-York 96 .... FF*20 700* - £*2 674* - **$4,000**
🖉 *Carambolage automobile* - Gouache (50x65cm-20x26in) Paris 95 .... FF*2 800* - £*351* - **$558**
Hydravion sur sa cale - Gouache (38x70cm-15x28in) Paris 92 .... FF*16 500* - £*1 685* - **$2,960**
Les Darl'mat, brouillard du Mans 1937 - Gouache (35x50cm-14x20in) Paris 90 .... FF*48 000* - £*5 139* - **$8,348**

HAMACHER Theodor 1825-1865   [2]
🖝 *Junge Dame im Weissem Kleid* - Öl/Leinwand (50x39cm-20x15in) Köln 93 .... FF*10 170* - £*1 215* - **$1,957**

HAMACHER Willy 1805-1909   [5]
🖝 *Friede, Bogenbrücke mit Kirche* - Öl/Leinwand (90x130cm-35x51in) Bremen 95 .... FF*4 820* - £*633* - **$966**

HAMADA Chimei 1917   [2]
▱ *Soaring* - Etching (35x44cm-14x17in) New-York 97 .... FF*24 263* - £*2 589* - **$4,200**

HAMAGUCHI Yozo 1909   [120]
▱ *Gypsy* - Aquatinte (30x30cm-12x12in) Paris 94 .... FF*31 000* - £*3 610* - **$5,390**
Grapes in Darkness - Aquatint in colors (34x29cm-13x11in) London 96 .... FF*59 000* - £*7 390* - **$11,400**
🖉 *Sans titre* - Pastel/papier (63x47cm-25x19in) Paris 97 .... FF*11 000* - £*1 163* - **$1,888**

HÄMÄLÄINEN Väinö 1876-1940   [13]
🖝 *Isupptagning i Myllykylä* - Oil/canvas (47x36cm-19x14in) Helsinki 94 .... FF*37 700* - £*4 320* - **$6,390**
Klar vinterdag, 1901 - Oil/canvas (39x30cm-15x12in) Helsinki 89 .... FF*43 100* - £*4 407* - **$6,929**
🖉 *Högt uppifran Koli, 1929* - Akvarell (37x30cm-15x12in) Helsinki 89 .... FF*15 800* - £*1 616* - **$2,540**

HAMANN Julie C. 1842-1916   [1]
🖝 *Voksende hvide og lyslilla syrener* - Oil/canvas (92x64cm-36x25in) København 91 .... FF*8 340* - £*828* - **$1,448**

HAMANN Julie Caroline 1842-1916   [1]
🖝 *Forelsket kvinde* - Oil/canvas (54x44cm-21x17in) Viby J, Århus 93 .... FF*5 280* - £*633* - **$1,014**

HAMBIDGE Jay 1867-1924   [1]
🖉 *Tramp's depot* - Gouache/paper (54x35cm-21x14in) New-York 90 .... FF*2 990* - £*309* - **$528**

HAMBLETON Richard 1954   [8]
🖝 *Untitled* - Mixed media/canvas (223x162cm-88x64in) Amsterdam 97 .... FF*4 687* - £*491* - **$804**

HAMBLETT Theora 1895-?   [1]
🖝 *Children Under Tree* - Oil/canvas (41x30cm-16x12in) New Orleans, Louisiana 94 .... FF*8 800* - £*1 018* - **$1,500**

HAMBLING Maggie 1945   [14]
🖝 *Battersea Park Herons* - Oil/canvas (81x150cm-32x59in) London 96 .... FF*25 900* - £*3 200* - **$5,000**

HAMBORN Axel 1892-1987   [7]
🖝 *Bogserbatar* - Oil/panel (27x34cm-11x13in) Malmö 89 .... FF*2 600* - £*266* - **$418**

HAMBOURG André 1909   [323]
🖝 *L'entrée du village* - Huile/carton (22x27cm-9x11in) Deauville 97 .... FF*5 000* - £*543* - **$886**
Les oliviers - Huile/toile (60x73cm-24x29in) Paris 97 .... FF*13 000* - £*1 429* - **$2,373**
Ksar es Souk - Huile/toile (50x73cm-20x29in) Paris 97 .... FF*28 000* - £*2 917* - **$4,771**
Temps gris sur la plage - Huile/toile (60x73cm-24x29in) Paris 97 .... FF*35 000* - £*3 819* - **$6,118**
Trouville, plage animée - Huile/toile (60x73cm-24x29in) Calais 97 .... FF*58 000* - £*6 212* - **$10,167**
Deauville, la plage - Huile/toile (60x73cm-24x29in) Calais 96 .... FF*92 000* - £*11 470* - **$17,770**
Régates - Huile/toile (81x100cm-32x39in) Bourg-en-Bresse 90 .... FF*375 000* - £*39 894* - **$67,084**
▱ *Soleil sur la plage* - Lithographie couleurs Paris 93 .... FF*1 500* - £*188* - **$273**
🖉 *La palais Dario, Venise* - Aquarelle (24x18cm-9x7in) Paris 93 .... FF*3 500* - £*400* - **$594**
Vue de Paris - Pastel (13x41cm-5x16in) Deauville 93 .... FF*10 000* - £*1 124* - **$1,695**
Jeune femme sur la plage - Aquarelle (28x44cm-11x17in) Le Touquet 89 .... FF*30 000* - £*3 067* - **$4,823**

HAMBRESIN Albert 1850-1938   [3]
🗿 *Buste de femme* - Bronze (69cm-27in) Lokeren 95 .... FF*7 540* - £*940* - **$1,523**

HAMBÜCHEN Georg 1901-1971   [8]
🖝 *Düsseldorfer Marktszene* - Öl/Karton (40x50cm-16x20in) Köln 94 .... FF*5 830* - £*700* - **$1,133**

HAMBÜCHEN Wilhelm 1869-1939   [17]
🖝 *Strandszene* - Öl/Leinwand (60x80cm-24x31in) Köln 93 .... FF*8 050* - £*921* - **$1,370**
Fischerboote am Strand - Oil/canvas (70x100cm-28x39in) Köln 92 .... FF*15 600* - £*1 863* - **$3,000**

HAMBURGER Hélène 1836-1919   [2]
🖝 *Peaches, grapes, a tomato & hazelnuts* - Oil/panel (21x27cm-8x11in) Amsterdam 97 .... FF*6 241* - £*675* - **$1,088**

HAMEL Jack 1890-1951   [6]
🖝 *The sunbathers* - Oil/board (50x60cm-20x24in) Amsterdam 96 .... FF*7 980* - £*1 024* - **$1,573**

HAMEL Otto 1866-1950   [25]
🖝 *Kirchgang im Sommer* - Öl/Leinwand (31x49cm-12x19in) Frankfurt 94 .... FF*2 750* - £*328* - **$518**
Santa Maria del Salute, Venezia - Öl/Leinwand (46x60cm-18x24in) Wien 96 .... FF*8 640* - £*1 047* - **$1,680**

HAMEL Théophile 1817-1870   [2]
🖝 *L'Adoration du Christ* - Huile/toile (101x57cm-40x22in) Montréal 91 .... FF*47 300* - £*4 748* - **$8,184**

HAMELIN Jacques Gustave 1809-? [1]
Cadet, small three - Oil/canvas (41x32cm-16x13in) London 93 .... FF4 400 - £550 - **$798**

HAMESSE Adolphe Jean 1849-1925 [9]
A pond in a Forest at Sunrise - Oil/canvas (44x27cm-17x11in) Amsterdam 97 .... FF9 004 - £958 - **$1,567**
Landschap met schaapherder - Huile/toile (95x165cm-37x65in) Lokeren 94 .... FF29 700 - £3 460 - **$5,200**

HAMILTON Cuthbert 1885-1959 [2]
The breakfast table - Indian ink (56x38cm-22x15in) London 91 .... FF7 270 - £729 - **$1,332**

HAMILTON Eva Henrietta 1876-1960 [6]
Celbridge Abbey - Oil/canvas (51x36cm-20x14in) Castlecomer 92 .... FF21 330 - £2 480 - **$4,350**

HAMILTON Gavin 1723-1797 [4]
Venus presenting Helen to Paris - Oil/canvas (48x48cm-19x19in) London 94 .... FF33 640 - £4 000 - **$6,150**

HAMILTON Gawen 1697-1737 [2]
Mr. Matthew Robinson - Oil/canvas (53x40cm-21x16in) London 89 .... FF34 900 - £3 678 - **$5,875**

HAMILTON George 1882-? [1]
Circus scene - Oil/board (40x50cm-16x20in) Mystic, Connecticut 91 .... FF2 400 - £241 - **$405**

HAMILTON Gustavus 1739-1775 [2]
George Gore in scarlet coat - Miniature (3cm-1in) London 97 .... FF6 635 - £700 - **$1,139**

HAMILTON Hamilton 1847-1928 [16]
Country road - Oil/canvas (76x86cm-30x34in) New-York 96 .... FF23 370 - £2 976 - **$4,500**
The farewell - Oil/canvas (71x44cm-28x17in) New-York 92 .... FF137 200 - £15 930 - **$28,000**

HAMILTON Helen 1889-1970 [1]
White Water rapids - Oil/canvas (46x61cm-18x24in) New-York 96 .... FF10 380 - £1 323 - **$2,000**

HAMILTON Hugh Douglas 1739-1808 [25]
Portrait of an officer - Oil/canvas (74x61cm-29x24in) London 91 .... FF35 300 - £3 506 - **$6,129**
G. Crosbie of Dunlo Castle, Eire - Pastel (23x18cm-9x7in) London 96 .... FF7 090 - £920 - **$1,402**
Antonio Canova, bust length - Pastel (26x18cm-10x7in) London 95 .... FF50 300 - £6 500 - **$10,270**

HAMILTON James 1819-1878 [13]
Atlantic City, waves after a gale
   Oil/canvas (51x86cm-20x34in) North Bethesda, MD. 92 .... FF11 650 - £1 220 - **$2,100**

HAMILTON James Whitelaw 1860-1932 [12]
Venezia - Oil/canvas (46x36cm-18x14in) Auchterarder, Perthshire 95 .... FF14 070 - £1 800 - **$2,770**
The Clyde at Greenock - Watercolour (25x33cm-10x13in) London 92 .... FF2 533 - £260 - **$487**

HAMILTON John McLure 1853-1939 [20]
Gentleman seated at a desk - Oil/canvas (91x152cm-36x60in) Philadelphia 92 ...... FF9 800 - £1 138 - **$2,000**
Children and roses - Oil/canvas (91x152cm-36x60in) New-York 94 .... FF50 200 - £6 280 - **$10,000**
The young navigator - Oil/canvas (147x97cm-58x38in) New-York 91 .... FF215 700 - £21 654 - **$37,319**

HAMILTON Juan B. 1945 [3]
Abstract form 14 - Sculpture (68x43x38cm-27x17x15in) New-York 93 .... FF38 350 - £4 360 - **$6,500**

HAMILTON Letitia Marion 1878-1964 [57]
The wards hounds - Oil/canvas/board (20x25cm-8x10in) London 97 .... FF10 788 - £1 150 - **$1,891**
A Garden at Shankhill - Oil/canvas/board (40x50cm-16x20in) London 96 .... FF46 500 - £6 000 - **$8,970**
Quayside, Roundstone, Connemara - Oil/canvas (38x46cm-15x18in) London 89 ..... FF242 100 - £24 755 - **$38,923**

HAMILTON Mary Riter 1873-1954 [4]
Luxembourg Gardens - Oil/panel (16x24cm-6x9in) Montréal 93 .... FF3 790 - £430 - **$640**

HAMILTON Richard 1922 [84]
Putting on de Stijl - Screenprint in colors (30x42cm-12x17in) London 96 .... FF5 540 - £695 - **$1,072**
I'm Dreaming of a White Christmas
   Screenprint in colors (76x103cm-30x41in) New-York 96 .... FF15 540 - £2 005 - **$3,000**
Picasso's Menina - Etching (75x57cm-30x22in) New-York 93 .... FF53 100 - £6 040 - **$9,000**
The Citizen - Dye-transfer print (49x49cm-19x19in) London 96 .... FF7 620 - £955 - **$1,473**
Study for $he - Watercolour, gouache (31x24cm-12x9in) London 95 .... FF75 700 - £9 800 - **$15,500**

HAMILTON Wilbur Dean 1864-? [2]
Spring landscape with river - Oil/canvas (30x41cm-12x16in) Boston, Mass. 94 ...... FF23 000 - £2 126 - **$4,200**

HAMILTON William 1751-1801 [18]
Aneas & Dido/King Lear & King of France - Oil/canvas (61x40cm-24x16in) London 92 .. FF37 100 - £3 800 - **$6,550**
Palamon and Arcite - Oil/canvas (123x154cm-48x61in) Wien 95 .... FF318 000 - £38 000 - **$61,900**
The Chariot of Cupid - Watercolour Billinghurst, West Sussex 93 .... FF3 150 - £420 - **$630**

HAMLET William the Elder XVIII-XIX [3]
Gentleman standing in profile - Silhouette (23cm-9in) London 96 .... FF2 045 - £260 - **$394**

HAMLIN Edith A. 1902 [4]
Golden November - Oil/board (31x41cm-12x16in) San Francisco-Los Angeles 95 ..... FF8 850 - £1 007 - **$1,500**

HAMLIN Vincent T. 1900-1994 [1]
Two daily comic strips - Ink (10x51cm-4x20in) New-York 95 .... FF2 936 - £380 - **$600**

HAMM Eugen 1885-1930 [3]
Landschaft mit getauchtem Himmel - Aquarell (23x32cm-9x13in) Leipzig 95 .... FF6 050 - £757 - **$1,223**

HAMMAN Édouard J. 1819-1888 [7]
Brouilles en amour - Huile/panneau (27x35cm-11x14in) Lokeren 95 .... FF18 400 - £2 420 - **$3,694**

HAMMAN Edouard Michel F. XIX-XX [2]
Drover watering Cattle at a Stream - Oil/canvas (80x140cm-31x55in) London 96 ..... FF20 430 - £2 400 - **$4,020**

HAMMANN Marius 1879-1936 [3]
Ung pige i en have - Oil/canvas (63x74cm-25x29in) Viby J, Århus 95 .... FF2 265 - £283 - **$458**

HAMMANN Marius 1879-1936 [7]
Interior med ung pige der sidder og syr - Oil/canvas (51x42cm-20x17in) København 90 .. FF3 300 - £356 - **$582**

HAMMARÉN Carl-Erik 1922-1990 [8]
- Landskap - Oil/canvas (47x61cm-19x24in) Göteborg 92 .... FF3 160 - £378 - **$609**

HAMME van Alexis 1818-1875 [12]
- Preparations for a dinner - Oil/board (51x41cm-20x16in) North Berwick, Maine 92 .... FF24 000 - £2 457 - **$5,000**
- The fruit seller - Oil/panel (75x61cm-30x24in) London 95 .... FF71 000 - £9 000 - **$14,300**

HAMMEL Albert 1883-? [1]
- Alte Römerbrücke in Tirol - Watercolour/board (50x72cm-20x28in) Heilbronn 91 .... FF2 873 - £290 - **$499**

HAMMEL Otto 1866-1950 [2]
- Port scene - Oil/canvas (79x114cm-31x45in) Mystic, Connecticut 96 .... FF4 660 - £576 - **$900**

HAMMER Christian Gottlob 1779-1864 [7]
- Vue de la Bastey - Etching (45x54cm-18x21in) Heidelberg 95 .... FF6 960 - £894 - **$1,406**

HAMMER Erik 1853-? [1]
- Vorbau: Fachwerkbauernhaus - Oil/panel (53x44cm-21x17in) Köln 91 .... FF2 030 - £204 - **$335**

HAMMER Guido 1821-1898 [4]
- Gemsen in Hochgebirgslandschaft - Oil/canvas (47x37cm-19x15in) München 91 .... FF6 840 - £702 - **$1,273**

HAMMER Hans 1878-? [4]
- Gebückter Frauenakt - Öl/Karton (60x47cm-24x19in) München 93 .... FF16 100 - £1 878 - **$2,645**

HAMMER Hans Jörgen 1815-1882 [4]
- Bedstefar med to små børn - Oil/canvas (30x25cm-12x10in) Vejle 91 .... FF3 700 - £371 - **$611**
- a landscape - Oil/canvas (76x106cm-30x42in) London 96 .... FF34 060 - £4 000 - **$6,620**

HAMMER John Johann 1842-1906 [4]
- In the garden - Oil/canvas (73x118cm-29x46in) New-York 92 .... FF36 400 - £3 864 - **$7,000**

HAMMER Viktor 1882-1968 [5]
- Young Woman Half Length - Oil/panel (62x48cm-24x19in) London 96 .... FF4 625 - £600 - **$914**
- Weiblicher Halbakt - Oil/canvas/board (53x46cm-21x18in) Wien 92 .... FF19 240 - £2 300 - **$3,700**
- Portrait of a Lady - Watercolour (125x94cm-49x37in) London 95 .... FF3 456 - £450 - **$709**

HAMMER William 1821-1889 [20]
- Still life with dead hare - Oil/canvas (88x110cm-35x43in) Stockholm 95 .... FF25 200 - £3 294 - **$5,040**
- Roman roses - Oil/canvas (27x36cm-11x14in) New-York 97 .... FF96 977 - £10 453 - **$17,000**
- Fruits of the Garden and Field - Oil/canvas (223x168cm-88x66in) New-York 94 ..... FF614 000 - £71 000 - **$105,000**

HAMMERSCHMIDT Joseph 1873-? [1]
- Sitzendes nacktes Mädchen - Marble (90cm-35in) Stuttgart 91 .... FF15 660 - £1 570 - **$2,868**

HAMMERSHØI Svend 1873-1948 [25]
- Garnisonskirkens - Oil/canvas (65x52cm-26x20in) København 95 .... FF3 100 - £406 - **$630**
- Christ Church College, Oxford - Oil/canvas (94x76cm-37x30in) London 97 .... FF7 266 - £800 - **$1,275**
- Regensen, Copenhagen - Oil/canvas (93x81cm-37x32in) London 96 .... FF19 260 - £2 500 - **$3,810**

HAMMERSHØI Vilhelm 1864-1916 [32]
- Svend Hammershei, 19 år gammel - Oil/canvas (47x36cm-19x14in) København 92 .... FF44 000 - £4 500 - **$9,160**
- Fra en bagerstudie - Oil/canvas (60x73cm-24x29in) København 94 .... FF113 000 - £12 970 - **$19,340**
- Woman in an interior - Oil/canvas (71x55cm-28x22in) København 96 .... FF298 000 - £37 160 - **$57,600**
- Kunstnerens selvportraet - Pencil (24x18cm-9x7in) København 92 .... FF39 600 - £4 050 - **$8,250**

HAMMERSTIEL Robert 1933 [2]
- Im Schein der Lampe - Acrylic/canvas (150x200cm-59x79in) Wien 96 .... FF24 040 - £3 060 - **$4,630**

HAMMES Chris 1872-1965 [7]
- Peasant on a horse-drawn cart - Oil/panel (26x46cm-10x18in) Amsterdam 93 .... FF3 014 - £360 - **$580**

HAMMITT Howard 1876-1960 [4]
- Jack-in-the-pulpit - Gelatin silver print (41x34cm-16x13in) New-York 90 .... FF3 530 - £355 - **$691**

HAMMON George H. XIX-XX [5]
- Sydney Harbour - Watercolour (25x37cm-10x15in) London 95 .... FF5 130 - £650 - **$1,032**

HAMMOND Arthur J. 1875-1947 [19]
- Gloucester Harbor - Oil/board (30x41cm-12x16in) Cambridge, Mass. 92 .... FF3 120 - £373 - **$600**

HAMMOND Jane 1950 [3]
- Untitled (21.79) - Oil/canvas (183x137cm-72x54in) Bloomfield Hills, Michigan 93 .... FF31 600 - £3 966 - **$5,750**

HAMMOND John A. 1843-1939 [41]
- Whitby harbour - Huile/panneau (27x34cm-11x13in) Montréal 92 .... FF4 730 - £484 - **$833**
- Harbour scene - Oil/board (34x42cm-13x17in) Toronto 94 .... FF8 180 - £974 - **$1,542**
- Market slip, St. John - Oil/board (6x101cm-2x40in) Toronto 96 .... FF36 800 - £4 200 - **$7,050**

HAMMOND Robert John XIX-XX [21]
- Girls feding chickens - Oil/canvas (33x51cm-13x20in) Ilkley, West Yorkshire 92 .... FF14 660 - £1 500 - **$2,580**

HAMMOND William Oxenden XIX-XX [2]
- Oystercatchers - Watercolour (49x75cm-19x30in) London 94 .... FF12 860 - £1 500 - **$2,255**

HAMMONS David XX [2]
- The wine leading the wine - Monotype (101x119cm-40x47in) New-York 92 .... FF33 800 - £4 035 - **$6,500**
- American costume - Ink (62x49cm-24x19in) New-York 93 .... FF27 500 - £3 450 - **$5,000**

HAMNETT Nina 1890-1956 [3]
- The twelve pins, Galway - Watercolour (12x26cm-5x10in) London 91 .... FF2 143 - £220 - **$399**

HAMON Jean-Louis 1821-1874 [4]
- Espérance et Aurore - Huile/panneau (35x51cm-14x20in) Paris 96 .... FF10 800 - £1 240 - **$2,060**

HAMON Pierre Paul 1817-1860 [1]
- Napoleon III et Eugénie - Huile/toile (132x100cm-52x39in) Monaco 91 .... FF480 000 - £48 400 - **$84,200**

HAMON Roland 1909-1987 [237]
- Montmartre, au soleil levant - Huile/toile (50x65cm-20x26in) La Varenne Saint-Hilaire 92 .... FF4 500 - £463 - **$866**

Montmartre, boulevard Rochechouart
    Huile/toile (54x55cm-21x22in) La Varenne Saint-Hilaire 90 .... FF**12 500** - £1 314 - **$2,174**
✎ *Honfleur, le port* - Aquarelle (27x36cm-11x14in) Limoges 90 .... FF**3 400** - £352 - **$598**

HAMONET Louis [5]
✎ *Saint-Cast* - Aquarelle/papier (22x37cm-9x15in) Rennes 97 .... FF**2 100** - £228 - **$366**

HAMPE Guido 1839-1902 [23]
🖿 *Wintertag am Vierwaldstättersee* - Öl/Leinwand (39x55cm-15x22in) Düsseldorf 96 .... FF**5 080** - £627 - **$981**
  Alte Mühle im stillen Wadtal - Öl/Leinwand (56x46cm-22x18in) München 95 .... FF**10 640** - £1 344 - **$2,133**
  Im Pustertal - Öl/Leinwand (87x61cm-34x24in) Wien 96 .... FF**24 100** - £3 110 - **$4,720**

HAMPEL Charlotte 1863-? [2]
🖿 *Frau beim Blumenstecken* - Öl/Leinwand (81x61cm-32x24in) Wien 95 .... FF**32 900** - £4 100 - **$6,640**
✎ *A road in a park* - Watercolour/paper (43x32cm-17x13in) Amsterdam 89 .... FF**21 000** - £2 213 - **$3,535**

HAMPEL Sigmund Walter 1868-1949 [23]
🖿 *Interieur mit junger Frau und Blumen*
    Mischtechnik/Karton (35x28cm-14x10in) Wien 96 .... FF**21 640** - £2 713 - **$4,230**
  A girl reading, 1913 - Oil/panel (37x48cm-15x19in) London 90 .... FF**125 900** - £13 006 - **$22,244**
✎ *Morgentoilette* - Mixed media/paper (29x22cm-11x9in) Wien 94 .... FF**9 760** - £1 110 - **$1,655**

HAMPER John XX [2]
🖿 *Hereford cathedral* - Oil/canvas (89x64cm-35x25in) London 92 .... FF**6 820** - £700 - **$1,310**

HAMPSHIRE Ernest Llewellyn 1882-? [3]
🖿 *Extensive autumn landscape* - Oil/canvas (75x100cm-30x39in) Toronto 95 .... FF**6 840** - £867 - **$1,378**

HAMPSON Albert W. 1911-1990 [2]
🖿 *Couple enjoying ice creams* - Oil/canvas (79x84cm-31x33in) New-York 96 .... FF**10 250** - £1 215 - **$2,000**
✎ *Soda fountain scene* - Pastel (99x71cm-39x28in) New-York 96 .... FF**24 340** - £2 886 - **$4,750**

HAMPSON Frank XX [6]
✎ *Untitled* - Gouache (40x51cm-16x20in) London 94 .... FF**4 550** - £550 - **$840**

HAMPTON Ethel S. XIX-XX [2]
✎ *Canada* - Watercolour (13x18cm-5x7in) London 92 .... FF**5 860** - £700 - **$1,128**

HAMPTON Herbert 1862-1929 [1]
🖿 *Spring flowers & bronze sculpture* - Oil/canvas (49x35cm-19x14in) London 90 .... FF**2 700** - £280 - **$475**

HAMSPOHN [3]
🝙 *Harlekin* - Bronze (45cm-18in) Frankfurt 92 .... FF**3 740** - £383 - **$659**

HAMSUN Tore 1912 [2]
🖿 *Vinter, Sørlandet* - Oil/canvas (77x95cm-30x37in) Oslo 92 .... FF**10 870** - £1 265 - **$2,220**

HAMZA Hans 1879-1945 [10]
🖿 *Das Siegel* - Oil/panel (20x15cm-8x6in) Wien 94 .... FF**16 980** - £1 966 - **$3,216**
  A Viennese café - Oil/panel (40x31cm-16x12in) London 96 .... FF**127 700** - £15 000 - **$25,130**

HAMZA Johann 1850-1927 [19]
🖿 *The Argument* - Oil/panel (38x28cm-14x11in) London 95 .... FF**41 540** - £5 200 - **$8,270**
  Réunion d'élégantes - Oil/canvas (65x80cm-26x31in) New-York 94 .... FF**146 000** - £17 430 - **$27,500**
  Die hochzeit/Das tauffest - Oil/panel (34x44cm-13x17in) New-York 97 ...... FF**741 585** - £79 937 - **$130,000**

HANAK Anton 1875-1934 [16]
🝙 *Der brennende Mensch* - Bronze (29cm-11in) Wien 95 .... FF**14 800** - £1 770 - **$2,815**
✎ *Kniender* - Pencil/paper (30x20cm-12x8in) Wien 95 .... FF**2 970** - £378 - **$592**
  Stehender Akt - Aquarell/Papier (27x17cm-11x7in) Wien 96 .... FF**16 900** - £1 926 - **$3,236**

HANAU Jan 1864-1925 [1]
🖿 *Gasse einer holländischen Stadt* - Oil/canvas/panel (24x18cm-9x7in) Stuttgart 90 ... FF**5 700** - £589 - **$1,007**

HANAU Jean Théodore 1899-1966 [2]
🖿 *Standing soldier* - Oil/canvas (145x86cm-57x34in) Chicago 94 .... FF**3 620** - £428 - **$650**

HANCK Sophia XIX [2]
🖿 *Brogede blomster i Graesk vase* - Oil/canvas (41x32cm-16x13in) Köbenhavn 91 .... FF**27 200** - £2 727 - **$4,982**

HANCOCK Charles 1795-1868 [4]
🖿 *Don John with William Scott up* - Oil/canvas (51x69cm-20x27in) New-York 97 .... FF**52 023** - £5 546 - **$9,000**

HANCOCK Mildred Welsford XIX-XX [2]
🖿 *Portrait of a young girl, in white* - Oil/canvas (56cm-22in) London 93 .... FF**8 010** - £900 - **$1,341**

HAND Thomas ?-c.1804 [7]
🖿 *Dick knight & the Pytcheley hunt* - Oil/canvas (58x76cm-23x30in) New-York 97 ...... FF**46 242** - £4 930 - **$8,000**

HANDCOCK Alexander 1853-c.1932 [2]
✎ *Shipping on the Avon* - Watercolour (51x73cm-20x29in) Clifton, Bristol 93 .... FF**4 810** - £580 - **$841**

HANDEL-MAZETTI von Eduard Frhr. 1885-1950 [1]
🖿 *Winteransicht von St Moritz* - Oil/canvas (70x85cm-28x33in) Luzern 92 .... FF**10 270** - £1 228 - **$1,977**

HANDEST Aage 1894-? [1]
🖿 *Passanten auf der Straße* - Oil/canvas (56x44cm-22x17in) Düsseldorf 90 .... FF**15 200** - £1 627 - **$2,643**

HANDL Hermann 1891-1964 [2]
🖿 *Apliner Ferner, Stubai, Tirol* - Oil/canvas (100x84cm-39x33in) Wien 91 .... FF**5 300** - £534 - **$920**

HANDLER Richard 1932 [34]
🖿 *Assorted flowers* - Oil/canvas (45x38cm-18x15in) Lindau 95 .... FF**4 020** - £543 - **$831**
  Grosses Blumenstück - Oil/panel (81x70cm-32x28in) Wien 95 .... FF**10 760** - £1 362 - **$2,103**
  Grosser dekorativer Blumenstrauss - Oil/wood Wien 97 .... FF**24 015** - £2 545 - **$4,160**

HANDLER-LINDNER Gertraud 1948 [2]
🖿 *Früchtestilleben mit Eichkatzerl* - Öl/Leinwand (62x46cm-24x18in) Wien 93 ...... FF**4 810** - £575 - **$925**

HANDMANN Emmanuel Jakob 1718-1781 [10]
🖿 *Frau C.M. Sinner* - Öl/Leinwand (92x47cm-36x19in) Bern 93 .... FF**24 400** - £3 050 - **$4,460**

HANDSCHIN Johannes 1899-1948 [3]
🖾 *Indiana Stumpen* - Poster (128x90cm-50x35in) New-York 96.. FF8 150 - £960 - **$1,600**
HANDWERCK Eduard 1824-1883 [1]
🖝 *Fischerfamilien im Mondschein* - Oil/panel (27x40cm-11x16in) Stuttgart 94 .... FF6 830 - £799 - **$1,205**
HÄNEL Georg 1879-1955 [3]
🖝 *Dresden* - Öl/Leinwand (60x81cm-24x32in) Dresden 95 .... FF25 930 - £3 390 - **$5,190**
HANF Bob 1894-1944 [1]
✏ *Company sitting round a table* - Charcoal/paper (50x51cm-20x20in) Amsterdam 92 .... FF4 220 - £504 - **$812**
HANFSTAENGL Franz 1804-1877 [2]
🖝 *Theodore Kolocotronis* - Oil/canvas (33x27cm-13x11in) London 90 .... FF234 200 - £23 834 - **$46,836**
HANFT Willy XIX-XX [4]
🖝 *Berchtesgaden mit Watzmann* - Öl/Leinwand (70x100cm-28x39in) Lindau 96 .... FF7 430 - £960 - **$1,435**
HÄNGER Max I 1874-1955 [63]
🖝 *Hühnerhof mit Pfau* - Oil/panel (18x24cm-7x9in) Stuttgart 96.................................. FF4 060 - £504 - **$787**
Hahn mit Hennen und Enten - Öl/Karton (10x12cm-4x5in) Lindau 95 .... FF10 300 - £1 393 - **$2,130**
Herbst am stillen Waldweiher - Öl/Leinwand (46x60cm-18x24in) München 94 .... FF18 700 - £2 180 - **$3,280**
HÄNGER Max II 1898-? [4]
🖝 *Hühner und Enten am Weiher* - Oil/panel (18x24cm-7x9in) Stuttgart 96 .... FF8 800 - £1 020 - **$1,688**
HANICOTTE Augustin 1870-1957 [26]
🖝 *Fête villageoise* - Huile/toile (60x75cm-24x30in) Paris 96 .... FF39 000 - £4 590 - **$7,650**
Collioure - Huile/toile (78x223cm-31x88in) Paris 96 .... FF115 000 - £14 340 - **$22,200**
🖾 *Vue de Collioure* - Lithographie (35x50cm-14x20in) Vendôme 97 .... FF4 000 - £436 - **$708**
✏ *La Clarté, Bretonne et sa vache* - Aquarelle (19x25cm-7x10in) Brest 96 .... FF3 500 - £451 - **$680**
Une grande réunion d'enfants - Aquarelle (49x77cm-19x30in) Granville 90 .... FF60 000 - £6 309 - **$10,435**
HANIN René 1873-1943 [8]
🖝 *Bouquet de lilas* - Huile/toile (65x50cm-26x20in) Paris 96 .... FF35 000 - £4 110 - **$6,880**
Fécamp - Huile/toile (54x73cm-21x29in) Paris 97 .... FF55 000 - £5 929 - **$9,779**
✏ *Bateaux dans le port de Fécamp* - Fusain/papier (64x49cm-25x19in) Paris 96 .... FF16 500 - £1 940 - **$3,246**
HANIOTI Elisa 1940 [9]
🖝 *Pont de Paris, 1986* - Huile/toile (44x54cm-17x21in) Toulouse 90 .... FF2 200 - £236 - **$383**
HÄNISCH Alois 1866-1937 [5]
🖝 *Flowers* - Oil/canvas (29x35cm-11x14in) Wien 95 .... FF11 260 - £1 460 - **$2,290**
HANKE-FÖRSTER Ursula [2]
▯ *Faun* - Bronze (17cm-7in) New-York 94 .... FF5 280 - £634 - **$1,000**
HANKEY William Lee 1869-1952 [44]
🖝 *Peasant girl holding a young child* - Oil/canvas (150x109cm-59x43in) London 95 ..... FF36 150 - £4 500 - **$7,270**
Sardine boats, Concarneau - Oil/canvas (51x61cm-20x24in) Toronto 89 .... FF93 000 - £9 509 - **$14,952**
✏ *The Field Worker* - Watercolour (33x20cm-13x8in) London 93 .... FF13 280 - £1 600 - **$2,320**
Young girl and wheelbarrow
    Watercolour/paper (74x62cm-29x24in) San Francisco-Los Angeles 94 .... FF58 700 - £6 780 - **$10,000**
HANKINS Cornelius H. 1864-1946 [1]
🖝 *Blue Ridge Mountains* - Oil/canvas Cambridge, Mass. 89 .... FF2 300 - £235 - **$370**
HANLON John Paul, Jack 1913-1968 [4]
🖝 *Grasse, Provence* - Oil/canvas (38x55cm-15x22in) London 96 .... FF11 010 - £1 400 - **$2,117**
HANN Johann Lorenz 1737-1802 [2]
🖝 *Foro Romano, Roma* - Oil/canvas (23x37cm-9x15in) London 95 .... FF41 500 - £5 500 - **$8,570**
HANN Rudolf 1886-? [2]
🖝 *Salome mit dem Kopf Johannes* - Oil/canvas (97x54cm-38x21in) Wien 90 .... FF24 000 - £2 553 - **$4,293**
HANNA Forman 1930 [5]
📷 *Nude, Arizona* - Gelatin silver print (35x28cm-14x11in) San Francisco-Los Angeles 93 .... FF5 310 - £606 - **$900**
HANNA Thomas King 1872-1957 [1]
🖝 *Western sky* - Oil/board (63x76cm-25x30in) San Francisco 89 .... FF15 700 - £1 517 - **$2,382**
HANNAFORD Charles A. XIX-XX [10]
✏ *Hauling for the next reach* - Watercolour (25x38cm-10x15in) Aylsham, Norfolk 93 .... FF2 547 - £290 - **$433**
HANNAFORD Charles E. 1863-1955 [27]
🖝 *Off the fishing grounds* - Oil/canvas (53x90cm-21x35in) London 94 .... FF4 320 - £500 - **$740**
✏ *The Bure below Wroxham Bridge* - Watercolour (23x33cm-9x13in) Aylsham, Norfolk 93............ FF2 075 - £250 - **$388**
St. Pauls from the Thames - Watercolour/paper (46x71cm-18x28in) London 97 ...... FF8 068 - £860 - **$1,408**
HANNAFORD Michael 1832-1891 [1]
✏ *British Parliament building* - Watercolour (35x51cm-14x20in) Toronto 92 .... FF2 690 - £275 - **$474**
HANNAH Robert 1812-1909 [1]
🖝 *Refreshing the weary* - Oil/canvas (61x52cm-24x20in) London 92 .... FF58 600 - £6 000 - **$10,340**
HANNAM Florence XIX-XX [2]
✏ *An elegant lady in an interior* - Watercolour (44x64cm-17x25in) London 92 .... FF15 600 - £1 600 - **$2,896**
HANNAUX Emmanuel 1855-1934 [6]
▯ *Allégorie: La Source* - Marbre (30cm-12in) Montréal 95.............................. FF14 300 - £1 782 - **$2,800**
Le Poète et la Sirène - Bronze (77cm-30in) New-York 95 .... FF51 100 - £6 360 - **$10,000**
HANNAUX Paul 1899-1954 [5]
🖝 *Grand bouquet de lilas* - Huile/toile (60x80cm-24x31in) Paris 90 .... FF7 000 - £723 - **$1,237**
HANNEMANN Walter 1868-? [2]
🖝 *Junge Adelige* - Oil/panel (59x44cm-23x17in) Staufen 95........................... FF3 130 - £406 - **$652**

H

HANNEN van Remigius 1812-1894 [2]
🍃 Le marché aux poissons à l'aube - Huile/panneau (42x52cm-17x20in) Paris 97 .... FF*40 000* - £*4 376* - **$6,968**
HANNER Hans 1883-? [1]
🍃 Zwei Schwestern, 1931 - Oil/canvas (133x105cm-52x41in) Stuttgart 90 .... FF*50 700* - £*5 428* - **$8,817**
HANNETON Henri 1822-1911 [13]
🍃 Paysage - Huile/toile (63x79cm-25x31in) Bruxelles 95 .... FF*8 380* - £*1 104* - **$1,700**
HANNEY Clifford 1890-? [2]
🍃 The road to the coast, Gwithian - Oil/canvas (51x66cm-20x26in) Penzance, Cornwall 94 .... FF*2 557* - £*300* - **$456**
🖌 The white ducks - Watercolour (32x43cm-13x17in) London 94 .... FF*1 710* - £*200* - **$300**
HANNO von Carl 1901-1953 [4]
🍃 Maler og modell - Oil/panel (46x38cm-18x15in) Oslo 96 .... FF*4 460* - £*516* - **$854**
HANNON Théodore 1851-1916 [7]
🍃 Jetée de roses - Huile/toile (38x60cm-15x24in) Calais 94 .... FF*3 500* - £*415* - **$647**
🖌 A la mode japonaise - Aquarelle/papier (80x56cm-31x22in) Bruxelles 97 .... FF*2 456* - £*269* - **$429**
Kinderen aan het meer - Pastel (22x28cm-9x11in) Lokeren 91 .... FF*7 130* - £*715* - **$1,306**
HANNOTIAU Alexandre 1863-1901 [2]
🍃 Portrait d'enfant - Huile/toile (116x80cm-46x31in) Bruxelles 96 .... FF*4 690* - £*607* - **$938**
🗔 A.J. Kymeulen - Poster (67x38cm-26x15in) New-York 92 .... FF*10 800* - £*1 104* - **$1,900**
HANNY Karl 1879-1972 [2]
🗿 Adorantin - Bronze (48cm-19in) Bern 96 .... FF*4 074* - £*494* - **$792**
HANOTEAU Hector 1823-1890 [10]
🍃 Nature morte aux raisins & aux coings - Huile/toile (58x71cm-23x28in) Nancy 89 .... FF*10 000* - £*1 054* - **$1,684**
Le gardien du troupeau et son chien - Huile/toile (60x74cm-24x29in) Barbizon 93 .... FF*56 000* - £*6 290* - **$9,500**
HANRATH Otto 1882-19474 [1]
🍃 Jaap Meyer - Oil/canvas (140x96cm-55x38in) Amsterdam 92 .... FF*13 540* - £*1 575* - **$2,764**
HANRIOT Jules Armand 1853-1877 [3]
🍃 Nymphe au bain - Huile/toile (138x85cm-54x33in) Paris 90 .... FF*36 000* - £*3 642* - **$6,847**
HANS Josephus Gerardus 1826-1891 [8]
🍃 A River at Dusk - Oil/panel (36x49cm-14x19in) Amsterdam 97 .... FF*7 803* - £*830* - **$1,358**
Winter landscape with faggot gatherers - Oil/canvas (63x52cm-25x20in) London 95 .... FF*31 600* - £*4 000* - **$6,350**
HANSCH Anton 1813-1876 [25]
🍃 Alpine lake landscape - Oil/canvas (44x60cm-17x24in) London 96 .... FF*8 900* - £*1 100* - **$1,720**
Gebirgsbach und figuraler Staffage - Öl/Leinwand (45x57cm-18x22in) Wien 94 .... FF*21 860* - £*2 567* - **$3,894**
Die drei Zinnen bei Ampezzo in Südtirol - Oil/canvas (45x59cm-18x23in) Köln 92 .... FF*74 800* - £*7 650* - **$13,170**
HÄNSCH Johannes 1875-1945 [7]
🍃 Blauer Mittag, Altenberg - Öl/Leinwand (60x80cm-24x31in) Frankfurt 93 .... FF*11 200* - £*1 337* - **$2,153**
HANSCHE Reinhold 1867-? [2]
🍃 Tjur pa en gren - Oil/canvas (74x97cm-29x38in) Köbenhavn 90 .... FF*7 900* - £*851* - **$1,393**
HANSEN Adolph Heinrich 1859-1925 [8]
🍃 The young mother - Oil/canvas (48x46cm-19x18in) London 90 .... FF*33 900* - £*3 606* - **$6,064**
HANSEN Al, Alfred Earl 1927-1995 [14]
🖌 Teppich Venus - Collage (61x38cm-24x15in) Köln 96 .... FF*5 440* - £*620* - **$1,040**
HANSEN Anne Marie 1852-1941 [4]
🍃 En kone vinder garn - Oil/canvas (70x64cm-28x25in) Viby J, Århus 94 .... FF*3 910* - £*470* - **$724**
HANSEN Armin Carl 1886-1957 [41]
🍃 Nude on the Beach
    Oil/canvas/board (30x41cm-12x16in) San Francisco-Los Angeles 94 .... FF*18 940* - £*2 245* - **$3,500**
Old Monterey - Oil/board (25x31cm-10x12in) San Francisco-Los Angeles 95 .... FF*74 700* - £*9 820* - **$15,000**
Outward Bound
    Oil/canvas/board (46x61cm-18x24in) San Francisco-Los Angeles 94 .... FF*278 400* - £*32 900* - **$50,000**
🗔 Sardine Barge - Etching (33x37cm-13x15in) San Francisco-Los Angeles 93 .... FF*16 220* - £*1 846* - **$2,750**
HANSEN Arne L. 1921 [19]
🍃 Stålvaerk, Teglholmen - Oil/canvas (50x61cm-20x24in) Köbenhavn 96 .... FF*4 610* - £*599* - **$912**
HANSEN Asor 1862-1929 [2]
🍃 Lesende kvinne - Oil/canvas (81x73cm-32x29in) Oslo 92 .... FF*8 680* - £*889* - **$1,530**
HANSEN Björn T. 1942 [10]
🍃 Komposition - Oil/canvas (92x73cm-36x29in) Köbenhavn 92 .... FF*2 890* - £*346* - **$556**
🖌 Figurkompositioner - Gouache (17x12cm-7x5in) Köbenhavn 95 .... FF*2 650* - £*326* - **$517**
HANSEN Carel Lodewijk 1765-1840 [2]
🍃 Rural town, Hasselt - Oil/canvas (57x74cm-22x29in) Amsterdam 95 .... FF*6 270* - £*800* - **$1,284**
Cobbler, Agnieten chapel, Amsterdam - Oil/canvas (53x43cm-21x17in) London 93 .... FF*34 760* - £*4 000* - **$6,000**
HANSEN Carl 1870-1934 [2]
🍃 Skovparti, efterår - Oil/canvas (67x90cm-26x35in) Köbenhavn 96 .... FF*2 630* - £*328* - **$509**
HANSEN Constantin 1804-1880 [46]
🍃 Flöjtespillende yngling - Oil/canvas (36x27cm-14x11in) Köbenhavn 96 .... FF*6 660* - £*854* - **$1,313**
Portrait of Thorkild Christian Dahl - Oil/panel (47x39cm-19x15in) Viby J, Århus 94 .... FF*25 170* - £*3 030* - **$4,660**
Saul throwing his spear at David - Oil/canvas (144x198cm-57x78in) London 92 .... FF*62 800* - £*7 500* - **$12,080**
HANSEN Ejnar 1884-1965 [4]
🍃 Vase of roses - Oil/canvas (56x46cm-22x18in) San Francisco-Los Angeles 93 .... FF*20 620* - £*2 587* - **$3,750**
HANSEN Ernst 1892-1968 [2]
🍃 Mädchen in isländischerTracht - Öl/Leinwand (91x61cm-36x24in) Lindau 93 .... FF*3 150* - £*368* - **$518**
HANSEN Hans 1769-1828 [1]
🍃 Geheimestatsminister Ove Sehested - Oil/canvas (84x51cm-33x20in) Köbenhavn 93 .... FF*2 816* - £*338* - **$541**

HANSEN Hans 1870-c.1925 [5]
Snake charmers - Watercolour, gouache/paper (18x30cm-7x12in) New-York 93 .... FF3 245 - £369 - **$550**
HANSEN Hans 1874-1948 [4]
Pontone auf den Hafen von Amalfi - Oil/Leinwand (97x133cm-38x52in) Wien 95 .... FF20 230 - £2 525 - **$4,090**
HANSEN Hans Andersen 1854-1948 [1]
Maagen af Nykobing - Drawing (51x63cm-20x25in) Vejle 90 .... FF2 800 - £290 - **$492**
HANSEN Hans Christian 1861-1928 [1]
Artist's son - Coloured crayons Vejle 94 .... FF1 652 - £190 - **$283**
HANSEN Hans Nicolaj 1853-1923 [17]
Winterlandscape - Oil/canvas (108x138cm-43x54in) Köbenhavn 95 .... FF4 430 - £565 - **$872**
Café at Bordeaux - Watercolour (25x37cm-10x15in) Glasgow 92 .... FF2 750 - £320 - **$562**
HANSEN Harald H. 1890-1967 [20]
Cirkus - Oil/canvas (41x70cm-16x28in) Viby J, Århus 94 .... FF3 125 - £376 - **$579**
HANSEN Heinrich 1821-1890 [42]
A Pointer Bitch and puppies - Oil/canvas (50x70cm-20x28in) London 96 ...... FF21 560 - £2 600 - **$4,140**
Fra Dogepaladset i Venedig - Oil/canvas (69x85cm-27x33in) Köbenhavn 95 .... FF51 300 - £6 290 - **$9,980**
La Sala delle Quattro Porte - Oil/canvas (68x95cm-27x37in) New-York 95 .. FF153 300 - £19 100 - **$30,000**
HANSEN Herman Wendelborg 1854-1924 [13]
Pony express rider - Oil/canvas (51x76cm-20x30in) New-York 90 .... FF148 700 - £15 819 - **$26,601**
Bucking Bronco - Watercolour/paper (34x24cm-13x9in) San Francisco-Los Angeles 95 .... FF29 500 - £3 356 - **$5,000**
The Attack - Watercolour/paper (50x70cm-20x28in) New-York 97 .... FF99 183 - £10 414 - **$17,000**
HANSEN Jens Peter Helge 1943 [10]
Ramt - Oil/canvas (105x120cm-41x47in) Köbenhavn 91 .... FF4 840 - £486 - **$808**
HANSEN Johannes 1903-? [2]
Reclining young girl - Bronze (20x57cm-8x22in) Vejle 94 .... FF5 740 - £659 - **$981**
HANSEN Jop 1899-1960 [5]
Reitdiep met kalf en fabrik - Oil/panel (47x51cm-19x20in) Amsterdam 95 .... FF23 630 - £3 015 - **$4,820**
HANSEN Josef Theodor 1848-1912 [73]
Vue de Pompeï - Huile/toile (21x27cm-8x11in) Paris 96 .... FF28 000 - £3 240 - **$5,360**
Fontainebleau - Oil/canvas (49x59cm-19x23in) London 94 .... FF67 200 - £8 000 - **$12,660**
Dining Room/Drawing Room - Oil/canvas (26x34cm-10x13in) New-York 97 .... FF442 099 - £47 654 - **$77,500**
HANSEN Kjeld 1919 [3]
Solnedgang - Oil/canvas (49x59cm-19x23in) Köbenhavn 91 .... FF2 200 - £219 - **$378**
HANSEN Lambertus Johannes 1803-1859 [3]
Cleaning up the mess - Oil/canvas (66x81cm-26x32in) Amsterdam 91 .... FF18 120 - £1 799 - **$3,146**
HANSEN Niels 1880-1946 [5]
Opstilling med tulipaner i en bojan - Oil/canvas (80x66cm-31x26in) Köbenhavn 90 .... FF4 800 - £497 - **$844**
HANSEN Niels Christian 1834-? [2]
Playing in the dunes - Oil/canvas (34x42cm-13x17in) New-York 94 .... FF18 960 - £2 295 - **$3,500**
HANSEN Osmund 1908-1995 [2]
Tre hvide felter - Oil/canvas (125x100cm-49x39in) Köbenhavn 96 .... FF7 040 - £875 - **$1,368**
HANSEN Peter Marius 1868-1928 [37]
Ploughing horses - Oil/canvas (35x43cm-14x17in) Köbenhavn 96 .... FF7 190 - £896 - **$1,390**
Kunstnerens hustru ved vindue - Oil/canvas (44x32cm-17x13in) Köbenhavn 94 .... FF19 200 - £2 230 - **$3,310**
Forårsdag, Italien - Watercolour (25x33cm-10x13in) Köbenhavn 95 .... FF4 260 - £552 - **$872**
HANSEN Peter Syrak 1833-1904 [1]
King Christian X - Oil/canvas (120x90cm-47x35in) Viby J, Århus 95 .... FF3 520 - £426 - **$662**
HANSEN Sigvard 1859-1938 [54]
Vinterparti fra Lillehammer - Oil/canvas (70x100cm-28x39in) Aalborg 96 .... FF5 280 - £662 - **$1,020**
Children on a bench in a park - Oil/canvas (46x67cm-18x26in) Viby J, Århus 96 .. FF12 320 - £1 545 - **$2,380**
Ladies Having tea in a Forest - Oil/canvas (42x62cm-17x24in) London 96 .... FF25 540 - £3 000 - **$4,970**
HANSEN Syrak 1866-1956 [1]
Hostscene - Oil/canvas (69x98cm-27x39in) Köbenhavn 95 .... FF2 660 - £348 - **$540**
HANSEN William 1909-1991 [2]
Opstilling med flaske og kander - Oil/canvas (81x100cm-32x39in) Köbenhavn 91 .... FF2 464 - £245 - **$424**
HANSEN-JACOBSEN Niels 1861-1941 [1]
Figurgruppe - Sculpture (17cm-7in) Köbenhavn 95 .... FF2 900 - £363 - **$586**
HANSEN-REISTRUP Karl Frederik 1863-1920 [22]
En rytter moder - Oil/canvas (46x52cm-18x20in) Köbenhavn 89 .... FF4 200 - £429 - **$675**
Lojtnant Cai de Saint-Aubin ved Hojen Kro
    Oil/canvas (74x126cm-29x50in) Viby J, Århus 90 .... FF23 300 - £2 415 - **$4,095**
Slagscene med dragoner - Watercolour (52x72cm-20x28in) Vejle 94 .... FF2 620 - £304 - **$452**
HANSEN-SVANEKE Bertel 1883-1937 [5]
Portrait of Mogens Jacob Holmblad - Oil/canvas (87x64cm-34x25in) Köbenhavn 96 .... FF6 570 - £833 - **$1,260**
An interior with a bureau de dame - Oil/canvas (61x46cm-24x18in) London 91 .... FF34 300 - £3 415 - **$5,898**
HANSI Jean-Jacques Waltz 1873-1951 [19]
Obernai, la procession de Sainte-Odile - Affiche (106x76cm-42x30in) Boulogne 96 .... FF2 800 - £349 - **$544**
Obernai - Aquarelle (35x24cm-14x9in) Saint-Dié 94 .... FF9 000 - £1 080 - **$1,747**
HANSKENS Georges 1959 [59]
Fleurs et fruits - Technique mixte (71x80cm-28x31in) Saint-Dié 96 .... FF2 000 - £251 - **$386**
Tulipes - Huile/toile (92x73cm-36x29in) Saint-Dié 95 .... FF5 500 - £687 - **$1,078**
A croquer - Huile/toile (27x22cm-11x9in) Saint-Dié 94 .... FF15 200 - £1 760 - **$2,610**

H

Le Pigeon - Bronze (30cm-12in) Belfort 92 .... FF**8 500** - £**1 014** - **$1,635**
Nu allongé - Pastel/papier (58x78cm-23x31in) Saint-Dié 96 .... FF**4 800** - £**616** - **$946**
HANSMA Douwe 1812-1891 [1]
Peasant family around a table - Oil/canvas (102x65cm-40x26in) Amsterdam 92 .... FF**10 540** - £**1 260** - **$2,030**
HANSOM Joseph Aloysius 1803-1882 [1]
Victorian Gothic marble fireplace - Marble (106x134cm-42x53in) Bristol, Avon 95 .... FF**31 700** - £**4 100** - **$6,550**
HANSON Duane 1925 [6]
Old Woman in Folding Chair
   Vinyl, polychromed in oil, with accessories (117x91x56cm-46x36x22in) New-York 94. FF**420 500** - £**50 000** - **$80,000**
HANSON Joseph Mellor 1900-1961 [3]
Composition dynamique - Oil/canvas/panel (60x73cm-24x29in) Stockholm 96 .... FF**22 870** - £**2 950** - **$4,480**
HANSPERS Olle 1923 [8]
To Abraham van der Meulen - Engraving (63x49cm-25x19in) Stockholm 89 .... FF**9 400** - £**961** - **$1,511**
HANSSON Berta 1910 [3]
Aftonrodnad, Fredrika - Oil/canvas (27x32cm-11x13in) Uppsala 93 .... FF**3 690** - £**418** - **$622**
HANSSON Gunnar 1913 [3]
Hönor - Ceramic Malmö 96 .... FF**4 180** - £**542** - **$820**
HANSSON Nils 1900 [2]
Norwegisher Fjord mit Segelschiffen - Oil/canvas (70x110cm-28x43in) Köln 90 .... FF**7 800** - £**835** - **$1,357**
HANSSON Rolf 1953 [9]
Dovara - Oil/panel (122x100cm-48x39in) Stockholm 95 .... FF**28 230** - £**3 690** - **$5,650**
HANSTEEN Niels 1855-1912 [36]
Coastal landscape with ships - Oil/canvas (65x80cm-26x31in) Köbenhavn 95 .... FF**11 800** - £**1 467** - **$2,300**
A Sleigh Ride - Oil/canvas (68x102cm-27x40in) London 95 .... FF**31 600** - £**4 000** - **$6,350**
Christiania - Oil/canvas (150x241cm-59x95in) London 92 .... FF**136 800** - £**14 000** - **$24,140**
HANTAï Simon 1922 [47]
Composition - Oil/canvas (95x83cm-37x33in) London 91 .... FF**39 700** - £**4 000** - **$6,889**
Composition abstraite - Huile/toile (89x78cm-35x31in) Paris 94 .... FF**80 000** - £**9 310** - **$13,900**
Sans titre - Huile/toile (121x110cm-48x43in) Paris 96 .... FF**185 000** - £**23 200** - **$35,700**
Untitled - Acrylic/canvas (214x176cm-84x69in) London 96 .... FF**348 000** - £**45 000** - **$69,000**
Composition, 1972 - Acrylique/toile (220x243cm-87x96in) Paris 89 .... FF**950 000** - £**94 527** - **$150,079**
HANTECOURT d' Aloïse XVIII-XIX [1]
Jeunes femmes et un curieux - Pierre noire (48x40cm-19x16in) Paris 96 .... FF**3 000** - £**364** - **$584**
HANTZSCH Johann-Gottlieb 1794-1848 [1]
Jagdstilleben mit Hasen - Oil/paper/panel (17x21cm-7x8in) Hamburg 91 .... FF**10 140** - £**1 017** - **$1,692**
HANUSCH Margarete 1904-1993 [1]
Heimkehr des verlorenen Sohnes - Wood (59cm-23in) Wien 94 .... FF**2 910** - £**337** - **$552**
HANZL Stefan 1960 [2]
Vir maestus, Sitzender Akt - Metal (22x31cm-9x12in) Wien 95 .... FF**15 980** - £**2 016** - **$3,190**
HAPPEL Friedrich 1825-1854 [2]
Mård anfallande höna - Oil/canvas (55x66cm-22x26in) Göteborg 92 .... FF**5 870** - £**702** - **$1,130**
HAPPEL Karl 1819-1914 [4]
Kinder der Familie Ritzhaupt - Oil/canvas (145x108cm-57x43in) München 89 .... FF**47 300** - £**4 836** - **$7,605**
HAPPEL Peter Heinrich 1813-1854 [1]
Romantische Berglandschaft - Öl/Leinwand (58x87cm-23x34in) Köln 94 .... FF**25 700** - £**3 084** - **$5,000**
HAQUETTE Georges Jean Marie 1854-1906 [19]
Bracing the waves - Oil/canvas (65x51cm-26x20in) London 92 .... FF**7 810** - £**800** - **$1,380**
The fisherman's return - Oil/canvas (45x55cm-18x22in) London 92 .... FF**13 680** - £**1 400** - **$2,414**
Pulling in the catch - Oil/canvas (100x150cm-39x59in) London 96 .... FF**34 060** - £**4 000** - **$6,700**
HARA Jacques 1933 [58]
Le village en hiver - Huile/toile (27x35cm-11x14in) Paris 96 .... FF**2 300** - £**292** - **$441**
La petite rue - Huile/toile (41x33cm-16x13in) Soissons 89 .... FF**4 000** - £**422** - **$673**
Village en hiver - Huile/toile (54x65cm-21x26in) Paris 95 .... FF**10 500** - £**1 270** - **$1,976**
HARA Katsuro XX [4]
Vue de Paris - Huile/toile (65x81cm-26x32in) Paris 96 .... FF**22 000** - £**2 830** - **$4,360**
HARANGHY Jeno 1894-1951 [1]
Starysmokovec - Poster (94x64cm-37x25in) London 96 .... FF**4 710** - £**600** - **$906**
HARARI Hanahiah 1912 [3]
Divers - Screenprint (25x33cm-10x13in) Cambridge, Mass. 92 .... FF**3 120** - £**373** - **$600**
HARASIMOWICZ Marceli 1859-1935 [2]
River landscape at sunset - Oil/canvas (92x67cm-36x26in) Warszawa 96 .... FF**26 640** - £**3 364** - **$5,320**
Landscape - Watercolour/paper (7x15cm-3x6in) Warszawa 96 .... FF**7 130** - £**890** - **$1,380**
HARBOE Edvard Valdemar 1834-1883 [2]
Helsingør - Oil/canvas (39x52cm-15x20in) London 95 .... FF**11 050** - £**1 400** - **$2,223**
HARBOU von Adolph 1879-1939 [4]
Composition - Gouache/papier (24x19cm-9x7in) Paris 94 .... FF**3 500** - £**399** - **$594**
HARBUGER Francis 1905 [3]
Marmite rouge, ecuelle, louche, 1972 - Technique mixte/toile (38x46cm-15x18in) Paris 90 ..... FF**5 800** - £**584** - **$1,055**
HARBURGER Alice 1891-1942 [2]
Blumenstilleben in roter Kelchvase - Oil/canvas (23x45cm-9x18in) Stuttgart 93 .... FF**14 480** - £**1 638** - **$2,440**
HARBURGER Edmund 1846-1906 [9]
Porträt eines alten Mannes - Oil/panel (24x18cm-9x7in) München 92 .... FF**6 780** - £**810** - **$1,305**

HARCOURT Clewin 1870-? [1]
- *Figures on a lake shore* - Oil/board (24x34cm-9x13in) London 91 .... FF**8 770** - £**877** - $**1,444**

HARCOURT George 1869-1947 [4]
- *Late News* - Oil/canvas (216x282cm-85x111in) London 95 .... FF**129 300** - £**16 500** - $**26,470**
- *A tangled skein* - Oil/canvas (193x254cm-76x100in) London 91 .... FF**377 000** - £**38 262** - $**68,090**

HARD Ronny 1950 [2]
- *Östergatan, Malmö* - Oil/panel (80x100cm-31x39in) Malmö 95 .... FF**2 725** - £**341** - $**550**

HARDENBERG Lambertus 1822-1900 [1]
- *Fishmarket in front of De Waag* - Wash (30x40cm-12x16in) Amsterdam 90 .... FF**9 040** - £**910** - $**1,771**

HARDENBERG van Cornelius 1755-1843 [3]
- *An exotic bird on a branch* - Watercolour (24x19cm-9x7in) London 96 .... FF**9 240** - £**1 150** - $**1,793**

HARDER Hans 1792-1873 [1]
- *Fra Furesøen ved Lille Kalv* - Oil/canvas (27x34cm-11x13in) Köbenhavn 95 .... FF**22 000** - £**2 660** - $**4,140**

HARDIE Charles Martin 1858-1916 [12]
- *Returning Home* - Oil/canvas (58x89cm-23x35in) New-York 97 .... FF**11 377** - £**1 224** - $**2,000**
- *The secret meeting, 1986*
  Oil/canvas (59x76cm-23x30in) Hopetoun House, South Queensferry 90 .... FF**29 100** - £**3 096** - $**5,206**

HARDIE Martin 1875-1952 [19]
- *Spring at Leintwardine, Shropshire* - Watercolour (26x38cm-10x15in) London 93 .... FF**2 634** - £**300** - $**447**

HARDIE Robert Gordon 1854-1904 [1]
- *Le Petit Soldat* - Oil/canvas (167x127cm-66x50in) North Bethesda, MD. 91 .... FF**19 920** - £**1 997** - $**3,648**

HARDIN Joseph 1921-1989 [1]
- *Man with a Spear* - Mixed media/paper (48x13cm-19x5in) Litchfield, CT 92 .... FF**1 820** - £**217** - $**350**

HARDING Frederick XIX [2]
- *A young girl* - Miniature (5cm-2in) London 91 .... FF**1 696** - £**170** - $**279**

HARDING George Perfect 1775-1853 [12]
- *Elizabeth Long* - Watercolour (20x16cm-8x6in) London 95 .... FF**2 280** - £**300** - $**462**

HARDING James Duffield 1797-1853 [30]
- *Vevey* - Vernis mou couleurs (23x34cm-9x13in) München 91 .... FF**1 860** - £**185** - $**320**
- *Whitby* - Watercolour (31x48cm-12x19in) London 94 .... FF**4 010** - £**480** - $**740**
- *A Castle on the Rhine* - Watercolour (28x21cm-11x8in) London 96 .... FF**10 840** - £**1 400** - $**2,094**

HARDIVILLER d' Achille Charles 1795-? [1]
- *Henri IV en armure* - Huile/toile (148x230cm-58x91in) Paris 92 .... FF**30 000** - £**3 580** - $**5,770**

HARDORFF Rudolf 1816-1907 [1]
- *Stürmische See* - Öl/Leinwand (106x138cm-42x54in) Bremen 93 .... FF**40 700** - £**4 860** - $**7,830**

HARDT Ernst 1869-1917 [1]
- *Heidelandschaft* - Öl/Leinwand (65x100cm-26x39in) Göttingen 93 .... FF**10 680** - £**1 383** - $**2,173**

HARDWICK James Jessop 1831-1917 [7]
- *Primroses & Violets on a Bank* - Watercolour (13x18cm-5x7in) London 94 .... FF**4 200** - £**500** - $**792**
- *Roses in a blue and white Vase* - Watercolour (40x33cm-16x13in) London 97 .... FF**29 466** - £**3 200** - $**5,221**

HARDWICK Melbourne Havelock 1857-1916 [14]
- *Canal in Venice* - Oil/canvas (51x41cm-20x16in) Boston, Mass. 93 .... FF**7 150** - £**897** - $**1,300**
- *Rocky coast* - Wash (30x43cm-12x17in) Mystic, Connecticut 91 .... FF**2 100** - £**209** - $**361**

HARDWOOD James 1818-? [1]
- *Great Synagogue, London* - Oil/panel (36x29cm-14x11in) Amsterdam 91 .... FF**27 050** - £**2 712** - $**4,465**

HARDY A. Gertrude XIX-XX [2]
- *Frederick Daniel Hardy Esq.* - Oil/board (28x24cm-11x9in) London 92 .... FF**4 190** - £**500** - $**806**

HARDY André 1887-1986 [304]
- *Près du feu* - Huile/toile (36x46cm-14x18in) Pontoise 97 .... FF**3 800** - £**410** - $**667**
- *Coin de ferme à Berteloge* - Huile/papier (27x36cm-11x14in) Bayeux 94 .... FF**8 000** - £**955** - $**1,500**
- *Épluchage des légumes* - Huile/papier/toile (28x37cm-11x15in) Bayeux 92 .... FF**19 000** - £**1 945** - $**3,420**
- *La fenaison - la mise en botte* - Mine plomb (13x20cm-5x8in) Bayeux 89 .... FF**3 600** - £**368** - $**579**
- *Le ravaudage du filet* - Aquarelle (41x30cm-16x12in) Bayeux 89 .... FF**3 700** - £**378** - $**595**
- *Vieille rue de Caen* - Aquarelle, gouache (35x23cm-14x9in) Bayeux 89 .... FF**5 200** - £**532** - $**836**

HARDY Anna Elizabeth 1839-1934 [4]
- *Flowers on a branch* - Oil/canvas (43x25cm-17x10in) North Berwick, Maine 92 .... FF**5 200** - £**621** - $**1,000**
- *Hollyhocks* - Oil/canvas (71x36cm-28x14in) Mystic, Connecticut 96 .... FF**20 970** - £**2 750** - $**4,250**

HARDY Bert 1913 [3]
- *Boys on a Shopping Errand* - Silver print (30x40cm-12x16in) London 94 .... FF**2 215** - £**260** - $**388**

HARDY Dudley 1865-1922 [36]
- *To the bull ring* - Oil/canvas (71x61cm-28x24in) London 92 .... FF**17 530** - £**1 800** - $**3,366**
- *The Albionette* - Poster (100x73cm-39x29in) New-York 94 .... FF**4 580** - £**537** - $**800**
- *The Bird Seller* - Gouache (23x27cm-9x11in) London 94 .... FF**6 100** - £**720** - $**1,094**

HARDY Frederick Daniel 1826-1911 [23]
- *Sealing the letter* - Oil/canvas (39x54cm-15x21in) London 95 .... FF**7 830** - £**1 000** - $**1,600**
- *Blind Man's Buff* - Oil/panel (14x19cm-6x7in) London 97 .... FF**18 113** - £**1 900** - $**3,108**
- *Feeding the Rabbits* - Oil/canvas (72x91cm-28x36in) New-York 96 .... FF**51 000** - £**6 620** - $**10,000**

HARDY George 1822-1909 [5]
- *Granfather's Return* - Oil/panel (36x30cm-14x12in) London 94 .... FF**59 600** - £**7 000** - $**10,620**

HARDY Heywood 1843-1933 [101]
- *Meeting in the forest* - Oil/canvas (46x36cm-18x14in) New-York 96 .... FF**30 850** - £**3 740** - $**6,000**
- *A surprise Encounter* - Oil/canvas (51x61cm-20x24in) London 97 .... FF**95 238** - £**10 000** - $**16,324**

H

A Helping Hand - Oil/canvas (61x91cm-24x36in) London 97.. FF**247 933** - £**27 000** - **$43,116**
HARDY James, Jnr. 1832-1889 [55]
🖝 *Fruit and game on a draped table* - Oil/canvas (36x46cm-14x18in) New-York 95 .... FF**12 180** - £**1 583** - **$2,500**
   Setters - Oil/canvas (48x65cm-19x26in) Glasgow 96... FF**115 700** - £**15 000** - **$22,660**
   A good day's sport - Oil/canvas (56x78cm-22x31in) London 97............................... FF**381 316** - £**40 000** - **$65,432**
🖉 *Watching the Pot* - Watercolour (27x35cm-11x14in) London 97.................................... FF**43 159** - £**4 700** - **$7,505**
   Young huntsman with two retrievers - Wash (43x32cm-17x13in) Glasgow 91 .... FF**83 800** - £**8 466** - **$16,636**
HARDY Marie-Louise XX [4]
🖝 *Composition abstraite* - Huile/toile (60x73cm-24x29in) Saint-Germain-en-Laye 95 .... FF**2 000** - £**242** - **$377**
HARDY Norman H. c.1864-1914 [1]
🖉 *Australian Aboriginals paddling* - Watercolour (36x51cm-14x20in) London 95.................. FF**3 160** - £**400** - **$636**
HARDY Thomas Bush 1848-1897 [210]
🖝 *Harbor, sunset* - Oil/canvas (52x77cm-20x30in) New-York 95 .... FF**6 330** - £**823** - **$1,300**
   Entrance to Calais Harbour - Oil/canvas (86x137cm-34x54in) Aylsham, Norfolk 93 .... FF**49 800** - £**6 000** - **$9,300**
   Portsmouth Harbour - Watercolour (48x76cm-19x30in) Billinghurst, West Sussex 95 ...... FF**11 280** - £**1 350** - **$2,147**
   Calais Pier/On the Doggerbank - Watercolour (11x17cm-4x7in) London 97 .... FF**15 948** - £**1 700** - **$2,784**
   Greenwich Hospital/On the Medway
     Watercolour (2500x3500cm-984x1378in) London 97 .... FF**24 390** - £**2 600** - **$4,258**
HARDY William Howard XIX-XX [4]
🖝 *Figure in a river landscape* - Oil/canvas (61x106cm-24x42in) London 97 .... FF**8 539** - £**949** - **$1,603**
HARE Augustus J. Cuthbert 1834-1903 [5]
🖉 *Maison des Templiers* - Watercolour (30x25cm-12x10in) London 92 .... FF**3 015** - £**360** - **$580**
HARE Channing Weir 1899-1976 [3]
🖝 *Mirror, Mirror* - Oil/canvas (102x86cm-40x34in) New-York 95 .... FF**14 050** - £**1 807** - **$2,900**
HARE James H., Jimmy 1856-1946 [17]
📷 *Glen H. Curtiss in flight* - (29x25cm-11x10in) New-York 94...................................... FF**15 940** - £**1 900** - **$3,000**
HARE John Knowles 1882-1947 [4]
🖝 *Rockport Harbor* - Oil/canvas (63x76cm-25x30in) Cambridge, Mass. 90 .... FF**5 100** - £**543** - **$912**
🖉 *Nantucket Fish Pier* - Watercolour (33x41cm-13x16in) Cambridge, Mass. 94 .... FF**2 103** - £**253** - **$400**
HARE Julius 1859-1932 [2]
🖝 *Girl with a blue hat* - Oil/canvas (92x71cm-36x28in) London 93 .... FF**9 130** - £**1 100** - **$1,595**
HARE Saint George 1857-? [2]
🖝 *The bridesmaid* - Oil/canvas (81x64cm-32x25in) London 89 .... FF**48 400** - £**5 100** - **$8,148**
🖉 *The captives* - Pastel (89x69cm-35x27in) London 89 .... FF**40 700** - £**4 162** - **$6,543**
HARE William c.1800-c.1860 [2]
🖝 *Schooner, Village Gem* - Oil/board (56x69cm-22x27in) Chicago 94 .... FF**24 900** - £**2 950** - **$4,600**
HAREUX Ernest 1847-1909 [34]
🖝 *Le feu dans la campagne* - Oil/canvas (38x53cm-15x21in) London 97 .... FF**8 629** - £**950** - **$1,514**
   Bord de rivière aux grands arbres - Huile/toile (60x81cm-24x32in) Bayeux 91 .... FF**12 500** - £**1 241** - **$2,170**
   La Romanche à Séchilienne - Huile/toile (75x92cm-30x36in) Grenoble 96 .... FF**37 000** - £**4 350** - **$7,280**
HARFORD John Scandrett 1785-1866 [1]
🖉 *The Colosso, Roma* - Watercolour (37x60cm-15x24in) London 95.............................. FF**7 100** - £**900** - **$1,430**
HARGITT Edward 1835-1895 [21]
🖝 *On the White Adder*
     Oil/board (30x45cm-12x18in) Hopetoun House, South Queensferry 91 .... FF**11 080** - £**1 100** - **$1,924**
🖉 *Arran* - Watercolour (17x25cm-7x10in) London 92.. FF**3 910** - £**400** - **$688**
HARGREAVES Lucy XIX-XX [7]
🖝 *Officer of the 9th Lancers* - Oil/canvas (64x76cm-25x30in) London 95........................ FF**24 100** - £**3 000** - **$4,710**
HARI Johannes, Sr. 1772-1849 [3]
🖝 *Scène d'intérieur en Hollande* - Huile/panneau (29x30cm-11x12in) Compiègne 91 .... FF**14 000** - £**1 404** - **$2,311**
   Lady and gentleman - Oil/canvas (114x131cm-45x52in) London 94 .... FF**16 080** - £**1 900** - **$2,890**
HARING Keith 1958-1990 [346]
🖝 *Black painting* - Acrylique/toile (350x550cm-138x217in) Paris 89 .... FF**1** - £**189 673** - **$303,030**
   Untitled - Acrylic/panel (30x40cm-12x16in) New-York 95 .... FF**17 330** - £**2 166** - **$3,500**
   Untitled - Acrylic/canvas (30x30cm-12x12in) New-York 97 .... FF**58 480** - £**6 175** - **$10,000**
   OH T. - Acrylique/papier (57x76cm-22x30in) Lyon 96 .... FF**165 000** - £**21 220** - **$32,700**
   Red-Yellow-Blue # 7 - Acrylic/canvas (213x122cm-84x48in) New-York 96 .... FF**214 000** - £**25 200** - **$42,000**
   Tony - Acrylique/toile (76x76cm-30x30in) Lyon 96 .... FF**400 000** - £**51 500** - **$79,200**
⟱ *Art Attack on Aids* - Screenprint (76x50x76cm-30x20x30in) New-York 97 .... FF**14 857** - £**1 593** - **$2,600**
   Pop Shop II - Screenprint in colors (30x38cm-12x15in) New-York 97 .... FF**42 857** - £**4 595** - **$7,500**
🗱 *Unborn life enlighted* - Construction (50x32cm-20x13in) Amsterdam 91 .... FF**8 500** - £**872** - **$1,582**
   Running Figure - Metal (48cm-19in) New-York 97 .... FF**40 627** - £**4 274** - **$7,000**
   Totem - Sculpture (184cm-72in) New-York 94 .... FF**52 600** - £**6 250** - **$10,000**
   Untitled - Sculpture (46x133x77cm-18x52x30in) New-York 97 .... FF**162 602** - £**17 105** - **$28,000**
🖉 *Amphora, Oct. 22-84* - Felt pen/paper (52cm-20in) New-York 89 .... FF**1** - £**119 522** - **$189,763**
   Sans titre - Feutre (26x35cm-10x14in) Cherbourg 96 .... FF**7 400** - £**843** - **$1,417**
   Untitled - Gouache (34x25cm-13x10in) New-York 97 .... FF**20 468** - £**2 161** - **$3,500**
   Radiant Baby and barking Dog - Gouache/paper (60x44cm-24x17in) New-York 97 ...... FF**69 686** - £**7 331** - **$12,000**
   See, Haer, Speak No Evil - Mixed media/paper (70x69cm-28x27in) New-York 97...... FF**185 830** - £**19 549** - **$32,000**
   Animals - Mixed media drawing (123x155cm-48x61in) London 89 .... FF**445 500** - £**45 552** - **$71,624**
HARITONOFF Nicholas B. 1880-1914 [1]
🖝 *Around the camp fire* - Oil/panel (18x29cm-7x11in) New-York 93 .... FF**6 200** - £**710** - **$1,100**
HÄRKÖNEN Eino 1886-1944 [2]
🖝 *Flicka med fläta* - Oil/canvas (68x40cm-27x16in) Helsinki 90 .... FF**13 980** - £**1 430** - **$2,759**

HARLAMOFF Alexei Alexeivich 1842-1915 [56]

Caucasian flower girl - Oil/canvas (104x74cm-41x29in) Detroit, Michigan 96 .... FF1 - £175 300 - **$270,000**
Young Girl - Oil/canvas (45x35cm-18x14in) London 97 .... FF47 230 - £5 200 - **$8,289**
A young beauty - Oil/canvas (57x45cm-22x18in) London 96 .... FF127 700 - £15 000 - **$25,130**
Young girl with flowers - Oil/canvas (119x86cm-47x34in) New-York 93 .... FF412 500 - £51 700 - **$75,000**
An elegant Lady - Pastel/canvas (61x50cm-24x20in) London 97 .... FF22 707 - £2 500 - **$3,985**
A Young Girl with Flowers - Watercolour (45x30cm-18x12in) London 96 .... FF106 400 - £12 500 - **$20,700**

HARLAND-FISHER Percy 1865-1944 [2]

Anthony Fisher, the artist's son - Oil/canvas (127x76cm-50x30in) Penzance, Cornwall 91 .... FF6 940 - £704 - **$1,253**

HARLES Victor Joseph 1894-1975 [3]

Composition - Oil/canvas/board (30x22cm-12x9in) New-York 89 .... FF18 300 - £1 768 - **$2,777**

HARLESTON Edwin 1882-1931 [1]

Happy Lad - Oil/canvas (43x38cm-17x15in) North Bethesda, MD. 91 .... FF2 490 - £250 - **$456**

HARLEY Don XX [3]

The Man from Nowhere - Gouache/board (27x38cm-11x15in) London 94 .... FF1 570 - £190 - **$290**

HARLFINGER Richard 1873-1948 [6]

Landschaft mit Fabrik - Öl/Leinwand (46x51cm-18x20in) Wien 97 .... FF7 167 - £762 - **$1,236**
In der Wirtsstube - Öl/Leinwand (33x48cm-13x19in) Wien 94 .... FF14 650 - £1 696 - **$2,520**

HARLICKA Alice 1894-1975 [1]

Nature morte cubiste - Huile/toile (67x54cm-26x21in) Genève 91 .... FF18 540 - £1 904 - **$3,450**

HARLOFF Guy 1933-1991 [12]

Composizione ad U - Olio/masonite (38x28cm-15x11in) Milano 94 .... FF4 290 - £504 - **$756**
Mesurateur filigrane - Collage (16x37cm-6x15in) Milano 93 .... FF5 490 - £616 - **$983**

HARLOW George Henry 1787-1819 [17]

Francis Bacon - Oil/canvas (65x56cm-26x22in) London 97 .... FF23 343 - £2 500 - **$4,057**
Emily Calmady - Oil/canvas (90x70cm-35x28in) London 96 .... FF55 800 - £7 000 - **$10,850**
The Proposal - Oil/canvas (92x71cm-36x28in) New-York 95 .... FF204 000 - £24 450 - **$38,000**

HARLOW Louis Kinney 1850-1930 [2]

Harbor scene - Watercolour (48x74cm-19x29in) Mystic, Connecticut 92 .... FF3 690 - £378 - **$650**

HARMAR Fairlie 1876-1945 [5]

Lady Arranging flowers - Oil/canvas (76x56cm-30x22in) London 97 .... FF7 470 - £800 - **$1,290**

HARMER Alexander F. 1856-1925 [2]

Braves hunting on horseback - Oil/canvas (45x76cm-18x30in) New-York 92 .... FF39 800 - £4 070 - **$7,000**
Chinatown, Los Angeles
Oil/canvas (48x76cm-19x30in) San Francisco-Los Angeles 95 .... FF149 500 - £19 640 - **$30,000**

HARMON Annie Lyle 1855-1930 [2]

Illilouette Falls, Yosemite - Oil/canvas (61x40cm-24x16in) San Francisco-Los Angeles 93 .... FF9 900 - £1 242 - **$1,800**

HARMON Lily XIX-XX [2]

Girl with Compote - Oil/canvas (46x30cm-18x12in) North Berwick, Maine 94 .... FF3 230 - £374 - **$550**
Boy and dog - Wash (30x20cm-6x8in) Mystic, Connecticut 91 .... FF2 100 - £210 - **$354**

HARMS Anton Friedrich 1695-1745 [1]

Lièvre, coupe de fruits et panier - Huile/toile (87x106cm-34x42in) Paris 95 .... FF140 000 - £18 400 - **$28,100**

HARMS-RINGDAHL Astrid 1912-1984 [6]

Vardag i Kaseberga - Oil/canvas (33x71cm-13x28in) Stockholm 89 .... FF3 500 - £348 - **$553**

HARNETT William Michael 1848-1892 [16]

Still life with blue tobacco box - Oil/canvas (35x46cm-14x18in) New-York 97 .... FF2 - £294 768 - **$480,000**
Pipe and tobacco - Oil/canvas (15x20cm-6x8in) New-York 95 .... FF341 600 - £40 900 - **$65,000**
View from the artist's window, NY - Watercolour (44x43cm-17x17in) New-York 95 .... FF6 150 - £766 - **$1,200**

HARNEY Paul E. 1850-1915 [2]

Chickens in a farmyard, 1909 - Oil/canvas (25x35cm-10x14in) London 90 .... FF3 700 - £382 - **$654**

HARNISCH Paul Wilhelm 1874-? [1]

Winter im Walde - Öl/Leinwand (46x33cm-18x13in) Bremen 94 .... FF6 170 - £715 - **$1,062**

HARO Etienne François 1827-1897 [1]

Junge Frau vor einem Toilettentisch - Oil/canvas (78x63cm-31x25in) Luzern 90 .... FF17 600 - £1 872 - **$3,148**

HAROLD Alexander 1856-1924 [3]

Bonsecours Market, Montreal - Oil/canvas (71x102cm-28x40in) Toronto 95 .... FF21 450 - £2 844 - **$4,430**

HAROUTUNIAN Arthur 1958 [3]

Motif oriental - Huile/toile (92x102cm-36x40in) Paris 94 .... FF3 000 - £354 - **$538**

HARPER Adolf Friedrich 1725-1806 [2]

Moonlit river landscape - Oil/canvas (72x116cm-28x46in) London 95 .... FF30 430 - £4 000 - **$6,110**

HARPER Edward Steel, Jnr. 1878-1951 [1]

River & girl bear waters edge - Oil/board (46x76cm-18x30in) Birmingham 92 .... FF4 980 - £510 - **$977**

HARPER Henry Andrew 1835-1900 [17]

The Old City Wall's, Jerusalem - Watercolour (22x56cm-9x22in) Tel Aviv 92 .... FF19 420 - £2 034 - **$3,500**

HARPER William St-John 1851-1910 [1]

Wood pinks, 1898 - Oil/canvas (71x34cm-28x13in) New-York 90 .... FF85 800 - £9 128 - **$15,349**

HARPIGNIES Henri Joseph 1819-1916 [425]

Paysage - Huile/toile (65x93cm-26x37in) Paris 94 .... FF5 800 - £690 - **$1,093**
Paysage - Huile/toile (23x16cm-9x6in) Paris 97 .... FF13 000 - £1 401 - **$2,311**
Paysage nocturne, clair de lune - Huile/panneau (32x43cm-13x17in) Paris 97 .... FF24 000 - £2 568 - **$4,183**
St. Senery-le-Céré - Huile/toile (20x16cm-8x6in) Paris 96 .... FF58 000 - £7 030 - **$11,400**
Paysage à hérisson - Oil/panel (22x29cm-9x11in) London 97 .... FF71 428 - £7 500 - **$12,285**

Moonlight - Oil/canvas (111x85cm-44x33in) New-York 97 .... **FF193 290 - £20 818 - $34,000**
View of Saint-Privé - Oil/canvas (46x61cm-18x24in) London 92 .... **FF400 500 - £41 000 - $70,500**
A Rman Peasant - Bodycolour (23x15cm-9x6in) London 97 .... FF3 791 - £400 - **$651**
River through a wind-swept landscape
    Watercolour/paper (24x33cm-9x13in) New-York 97 .... FF9 101 - £979 - **$1,600**
Le pêcheur - Aquarelle/papier (23x32cm-9x13in) Paris 97 .... FF18 500 - £1 942 - **$3,170**
Paris, le Pont des Arts - Aquarelle (32x24cm-13x9in) Paris 94 .... FF38 000 - £4 500 - **$7,020**
Le Palais des césars à Rome - Aquarelle (24x34cm-9x13in) Monaco 89 .... **FF160 000 - £16 860 - $26,936**

HARPLEY Sydney [2]
Basia Reclining - Bronze (66cm-26in) London 97 .... FF4 241 - £450 - **$731**

HARR Karl Erik 1940 [9]
Kvinne i landskap - Oil/canvas (101x130cm-40x51in) Oslo 92 .... FF11 700 - £1 400 - **$2,252**
Sjøsetting - Lithograph (33x44cm-13x17in) Oslo 92 .... FF2 007 - £234 - **$410**

HARR van der Hermann 1867-1938 [1]
Alte Fischer am Strand - Ol/Leinwand (65x95cm-26x37in) Stuttgart 93 .... FF4 520 - £519 - **$770**

HARRACH von Ferdinand Graf 1832-1915 [2]
Saint-Privé - Huile/panneau (55x38cm-22x15in) Paris 90 .... **FF40 000 - £4 071 - $7,999**

HARRADEN Richard Bankes 1778-1862 [8]
Wolseley Hall, Staffordshire - Oil/canvas (40x59cm-16x23in) London 90 .... FF29 100 - £3 096 - **$5,206**
Peterborough cathedral - Wash (13x21cm-5x8in) London 91 .... FF13 960 - £1 396 - **$2,299**

HARRIET Fulchran Jean 1778-1805 [1]
Cephalus and Procris - Oil/canvas (96x12cm-38x5in) New-York 90 .... **FF80 100 - £8 301 - $14,077**

HARRINGTON Charles 1865-1943 [24]
The Sussex Ouse - Watercolour (36x53cm-14x21in) Leamington Spa 93 .... FF7 830 - £880 - **$1,312**

HARRINGTON George 1832-1911 [2]
Cows in a landscape - Oil/canvas (30x38cm-12x15in) Mystic, Connecticut 96 .... FF3 280 - £427 - **$650**

HARRINGTON Robert 1800-1882 [5]
Ben bolt a chestnut hunter - Oil/canvas (71x91cm-28x36in) London 89 .... FF12 600 - £1 254 - **$1,991**

HARRIOTT William Henry ?-1839 [6]
Oberstein, Germany - Watercolour (23x17cm-9x7in) London 92 .... FF3 850 - £460 - **$741**

HARRIS Edwin 1855-1906 [25]
Faraway Thoughts - Oil/canvas/panel (51x41cm-20x16in) London 94 .... FF30 800 - £3 600 - **$5,360**
Dorothy - Oil/canvas (122x71cm-48x28in) New-York 95 .... **FF123 400 - £15 150 - $24,040**

HARRIS F.H. Howard XIX [2]
Bustling marketplace in Granada - Oil/canvas (55x84cm-22x33in) New-York 93 ...... FF9 900 - £1 242 - **$1,800**

HARRIS George 1847-c.1915 [15]
Fishing in a Welsh lake - Oil/board (33x54cm-13x21in) Bristol, Avon 94 .... FF3 700 - £430 - **$640**

HARRIS Henry 1805-1865 [5]
Keynsham Lock - Oil/canvas (29x60cm-11x24in) Clifton, Bristol 91 .... FF7 930 - £796 - **$1,372**

HARRIS Henry 1852-1926 [33]
Tintern Abbey - Oil/canvas (28x60cm-11x24in) Bristol 97 .... FF5 099 - £540 - **$878**
A Glen in Ross-shire - Watercolour/paper (32x60cm-13x24in) Bristol 97 .... FF2 077 - £220 - **$358**

HARRIS James 1810-1887 [7]
At Anchor, off Swansea - Oil/canvas (61x91cm-24x36in) New-York 97 .... **FF91 117 - £9 850 - $16,000**

HARRIS Lawren Stewart H. 1885-1970 [26]
Richmond Street - Oil/canvas (61x66cm-24x26in) Toronto 92 .... **FF1 - £154 000 - $265,000**
Farm Houses - Oil/board (20x25cm-8x10in) Toronto 96 .... FF38 750 - £4 650 - **$7,420**
Beaver Pond - Oil/panel (27x35cm-11x14in) Toronto 96 .... **FF135 600 - £16 270 - $25,970**

HARRIS Robert 1849-1919 [10]
At Kennebunk/Mahone Bay, N.S. - Oil/board (15x21cm-6x8in) Toronto 96 .... FF10 650 - £1 280 - **$2,040**

HARRIS Robert George 1911 [2]
Woman in red at art opening - Oil/canvas (56x84cm-22x33in) New-York 96 .... FF15 380 - £1 823 - **$3,000**

HARRIS Sam Hyde 1889-1977 [29]
Desert Sentinel - Oil/canvas (61x76cm-24x30in) San Francisco-Los Angeles 92 ... FF9 310 - £1 081 - **$1,900**
Carlsbad Station - Oil/canvas (46x61cm-18x24in) San Francisco-Los Angeles 92 ...... FF29 700 - £3 036 - **$5,500**

HARRIS William Edward c.1860-c.1930 [11]
Homestead at Broadway - Oil/canvas (30x22cm-12x9in) London 94 .... FF11 930 - £1 400 - **$2,124**
Busy village street - Oil/canvas (49x75cm-19x30in) London 91 .... FF37 900 - £3 789 - **$6,242**

HARRISON Alexander, Thomas 1853-1930 [15]
Mer bretonne - Huile/toile (71x123cm-28x48in) Paris 92 .... FF8 800 - £901 - **$1,584**
Vague au clair de lune - Huile/toile (27x35cm-11x14in) Douarnenez 95 .... FF26 000 - £3 390 - **$5,400**

HARRISON Birge Lowell 1854-1929 [7]
Frosty morning - Oil/canvas (77x101cm-30x40in) New-York 92 .... FF27 750 - £2 905 - **$5,000**
Red Oaks - Oil/canvas (48x61cm-19x24in) New-York 97 .... **FF160 443 - £16 846 - $27,500**
Hauling Firewood - Pastel/paper (63x76cm-25x30in) New-York 96 .... FF12 000 - £1 390 - **$2,300**

HARRISON Charles Harmony 1842-1902 [41]
Yarmouth fishing boat - Oil/canvas (36x46cm-14x18in) Aylsham, Norfolk 92 ...... FF12 210 - £1 250 - **$2,544**
Extensive Norfolk landscape - Watercolour (46x74cm-18x29in) Aylsham, Norfolk 96 ...... FF6 090 - £800 - **$1,222**
Fishing boats/Steam trawlers on a calm
    Watercolour (29x47cm-11x19in) Billinghurst, West Sussex 93 .... FF13 280 - £1 600 - **$2,480**

HARRISON Claude 1922 [4]
Backyard of power - Oil/hardboard (25x20cm-10x8in) London 92 .... FF4 380 - £450 - **$814**

HARRISON Clifford XX [8]
Plates & ceramic figurine - Oil/board (53x91cm-21x36in) Billinghurst, West Sussex 92 ...... FF6 840 - £700 - **$1,204**

HARRISON George XIX [2]
- *View on the Lledr, North Wales* - Oil/canvas (40x54cm-16x21in) London 92 .... FF3 120 - £320 - **$599**

HARRISON George L. XIX-XX [4]
- *The courtship* - Oil/canvas (66x50cm-26x20in) New-York 93 .... FF12 650 - £1 495 - **$2,300**
- *A young traveller resting at a bridge* - Watercolour (41x56cm-16x22in) London 96...................... FF2 787 - £360 - **$551**

HARRISON John Cyril 1898-1985 [225]
- *Blackcock* - Watercolour (38x56cm-15x22in) Glasgow 96 .... FF10 800 - £1 400 - **$2,116**
- *Past the Butts, Red Grouse, Moorland* - Watercolour (57x77cm-22x30in) London 97 ...... FF29 385 - £3 200 - **$5,110**
- *Grouse at dawn* - Watercolour (54x75cm-21x30in) London 94 .... FF85 700 - £10 000 - **$15,030**

HARRISON Lovell Birge 1854-? [1]
- *Light of Lévis* - Huile/toile (65x69cm-26x27in) Montréal 96 .... FF5 760 - £662 - **$1,098**

HARRISON Mabel XIX-XX [14]
- *Flowers in a vase* - Oil/canvas (51x61cm-20x24in) London 94 .... FF3 210 - £380 - **$593**

HARRISON Maria XIX-XX [2]
- *Still life of roses in a blue vase* - Wash (35x27cm-14x11in) London 90 .... FF15 500 - £1 649 - **$2,773**

HARRISON Mark Robert 1819-1894 [4]
- *Critics in the Studio* - Oil/canvas (58x79cm-23x31in) New-York 92 .... FF19 900 - £2 034 - **$3,500**

HARRISON Sarah Cecilia 1863-? [1]
- *Rosalie Doyle, age 18* - Oil/cardboard (42x30cm-17x12in) London 93 .... FF4 000 - £500 - **$725**

HARRISON Ted 1926 [3]
- *Village en hiver* - Acrylique/toile (61x76cm-24x30in) Montréal 96 .... FF9 100 - £1 068 - **$1,790**

HARROS-CHING Ray 1939 [2]
- *Eye of the Storm* - Oil/board (67x90cm-26x35in) London 95 .... FF365 000 - £47 600 - **$75,600**

HARST van der Johannes Hendrik 1854-1929 [1]
- *Peasantwoman walking on a road* - Oil/canvas (32x42cm-13x17in) Amsterdam 92 .... FF6 020 - £700 - **$1,230**

HART Claudia 1955 [6]
- *Untitled* - Oil/canvas (198x153cm-78x60in) Stockholm 94 .... FF9 640 - £1 131 - **$1,717**

HART George Overbury Pop 1868-1933 [12]
- *Harvesting* - Oil/canvas (102x147cm-40x58in) London 93 .... FF20 750 - £2 500 - **$3,625**
- *Happy Days* - Etching (26x22cm-10x9in) New-York 96 .... FF2 337 - £298 - **$450**

HART J. Lawrence c.1830-1907 [5]
- *Stratford-on-Avon church* - Wash (88x59cm-35x23in) London 90 .... FF3 904 - £397 - **$781**

HART James Mac Dougal 1828-1901 [26]
- *Grazing cattle* - Oil/canvas (30x41cm-12x16in) Detroit, Michigan 94 .... FF13 900 - £1 645 - **$2,500**
- *Deer in Woods at Dusk* - Oil/canvas (51x86cm-20x34in) New-York 96 .... FF33 900 - £3 930 - **$6,500**
- *Cows by the water's edge* - Oil/canvas (101x137cm-40x54in) New-York 90 .... FF160 200 - £16 550 - **$28,304**

HART James Turpin 1835-1899 [2]
- *Peep for a pin* - Oil/panel (41x33cm-16x13in) London 89 .... FF56 200 - £5 922 - **$9,461**

HART Joel Tanner 1810-1877 [1]
- *Erastus Brigham Bigelow* - Marble (64cm-25in) Boston, Mass. 93 .... FF48 800 - £5 540 - **$8,250**

HART Mary Theresa G. 1829-1921 [2]
- *A wildflower bouquet* - Oil/canvas (26x25cm-10x10in) New-York 93 .... FF24 800 - £2 820 - **$4,200**

HART Pro, Kevin Charles 1928 [133]
- *Hutstudy no.2* - Oil/canvas/board (35x40cm-14x16in) London 91 .... FF4 960 - £503 - **$896**

HART Solomon Alexander 1806-1881 [3]
- *Book of Ecclesiastes* - Oil/panel (46x37cm-18x15in) London 96 .... FF24 770 - £3 200 - **$4,890**

HART Thomas 1830-1916 [35]
- *Wreckers hauling a barrel* - Watercolour (20x51cm-8x20in) Penzance, Cornwall 94 .... FF3 860 - £440 - **$656**

HART Thomas Gray XIX [2]
- *Winchester Cathedral* - Watercolour (47x67cm-19x26in) Winchester, Hants 92 .... FF15 050 - £1 750 - **$3,070**

HART William 1830-1908 [2]
- *Hunstein's bird of Paradise* - Watercolour (43x35cm-17x14in) London 96 .... FF11 800 - £1 500 - **$2,270**

HART William M. 1823-1894 [42]
- *Hudson river style landscape at sunset* - Oil/canvas Detroit, Michigan 94 .... FF15 700 - £1 830 - **$2,750**
- *Cows in a pasture* - Oil/canvas (76x114cm-30x45in) San Francisco-Los Angeles 94 .... FF51 400 - £6 100 - **$9,500**

HART William Matthew 1830-1908 [19]
- *Scale-feathered Malkoha* - Watercolour (54x37cm-21x15in) London 95 .... FF28 850 - £3 800 - **$5,850**
- *Chinese Monal* - Watercolour (37x55cm-15x22in) London 95 .... FF136 600 - £18 000 - **$27,700**

HARTA Felix Albrecht 1884-1967 [20]
- *Abend* - Öl/Leinwand (35x52cm-14x20in) Wien 97 .... FF15 347 - £1 619 - **$2,653**
- *Gebirgslandschaft im Schnee II* - Öl/Leinwand (66x91cm-26x36in) Wien 97 .... FF62 296 - £6 552 - **$10,699**
- *Männlicher Akt* - Aquarell/Papier (40x30cm-16x12in) Wien 94 .... FF3 880 - £450 - **$735**

HARTE Glynn Boyd XX [2]
- *Desirée's parasol, Marrakesh* - Wash (60x45cm-24x18in) London 91 .... FF2 494 - £250 - **$412**

HARTENTHAL von Mathilde 1843-1920 [1]
- *Krug mit Narzissen* - Oil/canvas (39x28cm-15x11in) Wien 92 .... FF3 610 - £370 - **$636**

HARTER Thomas John, Tom 1905-1981 [1]
- *Riders in an Arizona landscape*
  Oil/canvas (61x51cm-24x20in) San Francisco-Los Angeles 91 .... FF3 896 - £390 - **$642**

HARTES Wilhelm 1860-1926 [3]
- *Vor der Reise* - Mixed media (60x80cm-24x31in) Köln 94 .... FF7 540 - £905 - **$1,466**

HARTH Philipp 1885-1968 [1]

Junger Stier - Bronze (14cm-6in) München 94 .... FF3 420 - £402 - $610

HARTIER Pierre C. 1894 [3]
Remorqueur à quai - Huile/carton (34x36cm-13x14in) Paris 92 .... FF6 500 - £668 - $1,204

HARTIG Carl Christoph 1888-? [3]
Jardin des Tuileries, Paris - Öl/Leinwand (66x81cm-26x32in) München 93 .... FF19 150 - £2 190 - $3,233

HARTIG Fred 1901-1973 [1]
Spielende Kinder - Öl/Leinwand (123x83cm-48x33in) Lindau 93 .... FF21 000 - £2 450 - $3,450

HARTIG Hans 1873-1936 [9]
On the waterfront - Oil/canvas (85x78cm-33x31in) New-York 91 .... FF7 910 - £787 - $1,360

HARTIG Jörg 1932 [2]
Orphisch abstraktiv - Oil/panel (128x169cm-50x67in) Wien 95 .... FF5 990 - £756 - $1,195

HARTIGAN Grace 1922 [9]
East Hampton - Oil/paper (71x56cm-28x22in) New-York 90 .... FF47 900 - £4 823 - $9,383
Abstract composition - Watercolour (57x72cm-22x28in) New-York 95 .... FF12 840 - £1 576 - $2,500
Where is she ? - Gouache/paper (114x89cm-45x35in) New-York 89 .... FF37 200 - £3 804 - $5,981

HARTING Marinus 1816-? [2]
Landscape with figures along a river - Oil/panel (35x50cm-14x20in) New-York 90 .... FF16 000 - £1 611 - $2,909

HARTINGER Anton 1806-1890 [13]
Blumenstrauß in einer Glasvase - Oil/panel (29x32cm-11x9in) Wien 89 .... FF240 000 - £25 290 - $40,404
Zwei blattfüllende Blumenbouquets - Aquarell (48x33cm-19x13in) Hamburg 95 .... FF9 810 - £1 243 - $1,974

HARTJENS Arend ?-1802 [1]
Man-o'-war& smaller shipping - Ink (35x45cm-14x18in) Amsterdam 92 .... FF14 470 - £1 728 - $2,783

HARTLAND Albert Henry 1840-1893 [16]
The Highlands - Watercolour (33x48cm-13x19in) London 96 .... FF2 553 - £320 - $497
Liverpool's smoke from New Brighton - Watercolour (39x65cm-15x26in) London 97 .... FF8 443 - £900 - $1,480

HARTLEY Alfred 1855-1933 [5]
Flock of sheep - Oil/canvas (51x61cm-20x24in) Bletchingley, Surrey 92 .... FF5 470 - £560 - $1,140

HARTLEY Henry 1930 [21]
Méditation sur la mort - Huile/panneau (100x81cm-39x32in) Entzheim 95 .... FF2 700 - £341 - $542
Le Chien qui sourit - Aquarelle (100x200cm-39x79in) Paris 94 .... FF2 500 - £300 - $474

HARTLEY Jonathan Scott 1845-1912 [4]
Whirlwind - Bronze (77cm-30in) New-York 93 .... FF38 500 - £4 830 - $7,000

HARTLEY Marsden 1877-1943 [45]
Pitcher with Calla Lilies - Oil/canvas (94x65cm-37x26in) New-York 97 .... FF1 - £208 284 - $340,000
Still Life - Oil (35x56cm-14x22in) New-York 97 .... FF116 686 - £12 252 - $20,000
New Mexico recollections #7 - Oil/canvas (58x91cm-23x36in) New-York 97 .... FF437 572 - £45 945 - $75,000
Sickle Pears - Pastel/paper (26x37cm-10x15in) New-York 95 .... FF71 500 - £8 910 - $14,000

HARTLEY Rachel V. 1884-? [3]
South hampton Beach Scene - Oil/board (30x41cm-12x16in) St. Petersburg, Florida 94 .... FF8 560 - £998 - $1,500

HARTMAN C. Bertram 1882-1960 [16]
Connecticut apple tree - Oil/canvas (81x100cm-32x39in) New-York 93 .... FF7 700 - £966 - $1,400
Exchange Place #1 - Watercolour/paper (56x38cm-22x15in) New-York 96 .... FF9 110 - £1 178 - $1,800

HARTMAN Mauno 1930 [2]
San Marco II - Mixed media (50x70cm-20x28in) Helsinki 94 .... FF3 545 - £414 - $624
Träguldtackor - Wood (101cm-40in) Helsinki 94 .... FF6 340 - £736 - $1,093

HARTMANN Adolf 1900-? [3]
Der Hafen von Marseille - Gouache (50x70cm-20x28in) München 95 .... FF3 864 - £487 - $774

HARTMANN Carl 1818-1857 [4]
Dorfstraße im Chiemgau - Oil/canvas (40x50cm-16x20in) Stuttgart 91 .... FF28 940 - £2 901 - $5,301

HARTMANN Carl 1861-1927 [2]
Der Raucher - Oil/canvas (48x35cm-19x14in) London 97 .... FF77 555 - £8 500 - $13,611
Picking wild flowers - Watercolour (15x10cm-6x4in) London 95 .... FF3 316 - £420 - $667

HARTMANN Emil 1900-1971 [1]
Weiblicher Akt - Öl/Leinwand (58x35cm-23x14in) Zofingen 93 .... FF3 170 - £361 - $538

HARTMANN Erich 1886-1974 [15]
Stilleben mit Totenkopf - Öl/Leinwand (50x60cm-20x24in) Hamburg 96 .... FF9 170 - £1 045 - $1,755
Eli Wallach, The Misfits - Gelatin silver print (33x20cm-13x8in) London 94 .... FF5 110 - £600 - $895
Waldlandschaft in Ostholstein - Watercolour (47x63cm-19x25in) Hamburg 97 .... FF3 202 - £342 - $558

HARTMANN Johann Joseph 1753-1830 [7]
Vue de l'isle Saint-Pierre sur le lac de Brienne - Gravure (28x42cm-11x17in) Paris 96 ...... FF8 000 - £1 035 - $1,570
Blick auf den Bieler See - Gouache (27x41cm-11x16in) Heidelberg 96 .... FF13 540 - £1 672 - $2,616

HARTMANN Karl 1861-? [2]
Freiburg Bazaar - Öl/Leinwand (76x120cm-30x47in) Lindau 96 .... FF12 500 - £1 506 - $2,400
Portrait of a lady in a blue dress - Wash (28x23cm-11x9in) London 91 .... FF2 394 - £238 - $412

HARTMANN Leopold 1862-1938 [1]
Pflügender Bauer - Oil/panel (59x56cm-23x22in) Wien 90 .... FF21 600 - £2 231 - $3,816

HARTMANN Ludwig 1835-1902 [14]
Rast auf einem Feldweg - Öl/Leinwand (53x76cm-21x30in) Stuttgart 94 .... FF82 000 - £9 580 - $14,450
Feeding the horses at a tavern - Oil/canvas (28x50cm-11x20in) London 92 .... FF209 300 - £25 000 - $40,300

HARTMANN Oluf 1879-1910 [6]
Hexeridt - Oil/canvas (23x17cm-9x7in) København 92 .... FF7 440 - £890 - $1,430
Tobias med fisken, forstudie - Oil/canvas (46x61cm-18x24in) København 91 .... FF7 740 - £777 - $1,339
Mappe indeholdende ti raderinger - Estampe København 90 .... FF16 700 - £1 777 - $2,987

HARTMANN Paul 1890-? [4]
🖼 *Chiemsee Bucht von Mühlen* - Oil/panel (47x60cm-19x24in) Rudolstadt-Thüringen 96 .... FF3 740 - £426 - $715
HARTMANN Richard 1868-1921 [1]
🖼 *Mädchen in dunklem Kleid* - Oil/Karton (71x47cm-28x19in) München 95 .... FF2 750 - £312 - $466
HARTMANN Richard 1901 [2]
🖼 *Les moissons* - Huile/toile (38x46cm-15x18in) Genève 91 .... FF2 125 - £218 - $396
HARTMANN Sven 1943 [4]
✏ *Kater Jakob wühlt in einer Zeitung* - Watercolour (24x18cm-9x7in) Luzern 90 .... FF5 900 - £610 - $1,042
HARTMANN Werner 1945-1993 [2]
🖼 *Spiel der Bienen* - Öl/Leinwand (27x35cm-11x14in) Luzern 92 .... FF3 810 - £455 - $732
HARTMANN Werner 1903-1981 [8]
🖼 *Die Bauerin* - Oil/board (32x40cm-13x16in) London 89 .... FF8 700 - £866 - $1,374
✏ *Seelandschaft* - Aquarell (24x28cm-9x11in) Bern 93 .... FF1 713 - £205 - $330
HARTMANN-AMMAN Nanette Carmen 1916 [1]
🖼 *Paysage de neige* - Huile/toile (38x46cm-15x18in) Genève 91 .... FF2 705 - £278 - $504
HARTOGENSIS Joseph 1822-1865 [4]
🖼 *View of a river* - Oil/panel (16x20cm-6x8in) Amsterdam 94 .... FF15 330 - £1 825 - $2,915
✏ *A river with a castle on a rock* - Watercolour (18x13cm-7x5in) Amsterdam 90 .... FF4 800 - £517 - $847
HARTOGH Rudolf Franz XX [2]
✏ *Entwurfszeichnung Klubstuhl I* - Pencil (27x34cm-11x13in) Hamburg 91 .... FF9 120 - £914 - $1,505
HARTOW George Henry 1787-1819 [1]
🖼 *Autoritratto* - Olio/tela (36x26cm-14x10in) Firenze 90 .... FF13 700 - £1 457 - $2,451
HARTRICK Archibald Standish 1864-1950 [5]
🖼 *The Toy Boat* - Oil/canvas (53x66cm-21x26in) London 93 .... FF4 570 - £550 - $798
HARTSON Walter C. 1866-? [5]
🖼 *Day in june* - Oil/canvas (51x71cm-20x28in) Philadelphia 93 .... FF11 550 - £1 365 - $2,100
HARTUNG Hans 1904-1989 [579]
🖼 *Composition T - 48 - 1* - Huile/toile (97x146cm-38x57in) Versailles 94 .... FF1 - £151 600 - $236,500
 Composition - Acrylique/carton (50x74cm-20x29in) Paris 94 .... FF31 500 - £3 690 - $5,550
 T1965-E50 - Oil/canvas (45x65cm-18x26in) London 97 .... FF45 331 - £5 000 - $7,951
 T 1973-H33.1973 - Oil/Leinwand (81x100cm-32x39in) Köln 97 .... FF128 163 - £13 455 - $21,967
 T 1971-H11.1971 - Acryl/Leinwand (142x180cm-56x71in) Köln 97 .... FF168 635 - £17 705 - $28,905
 Composition - Technique mixte (348x73cm-137x29in) Versailles 97 .... FF210 000 - £22 197 - $36,036
 T 1958 - 12 - Oil/canvas (92x60cm-36x24in) London 95 .... FF378 500 - £50 000 - $76,700
 T 47-10, 1947 - Huile/toile (146x97cm-57x38in) Paris 90 .... FF8 2e +06 - £828 512 - $1
 8, 1953 - Aquatint (37x51cm-15x20in) München 89 .... FF21 300 - £2 244 - $3,586
✏ *Farandole* - Pastel/papier (48x37cm-19x15in) Versailles 97 .... FF23 000 - £2 431 - $3,947
 Composition - Pastel/papier (23x29cm-9x11in) Versailles 97 .... FF33 000 - £3 488 - $5,663
 Composition - Pastel (47x62cm-19x24in) Paris 97 .... FF72 000 - £7 610 - $12,355
 Sans titre - Pastel (49x69cm-19x27in) Paris 96 .... FF110 000 - £12 950 - $21,600
 Komposition in weiß - Mischtechnik/Papier (64x48cm-25x19in) Ahlden 92 .... FF170 000 - £17 400 - $29,900
 Composition, 1947 - Pastel (56x73cm-22x29in) Paris 90 .... FF450 000 - £46 488 - $79,505
HARTUNG Heinrich 1888-1966 [2]
🖼 *Motiv von Oberrhein* - Oil/cardboard (60x49cm-24x19in) Köln 94 .... FF5 490 - £658 - $1,066
HARTUNG Heinrich 1851-1919 [14]
🖼 *Kleines Stadtchen am Rhein* - Oil/panel (34x50cm-13x20in) Bremen 93 .... FF26 100 - £3 120 - $5,020
 Am Ententeich - Öl/Leinwand (71x100cm-28x39in) Düsseldorf 95 .... FF59 200 - £7 600 - $11,950
HARTUNG Johann XIX [7]
🖼 *Kittens and a artist's palette* - Oil/panel (31x39cm-12x15in) New-York 94 .... FF19 630 - £2 320 - $3,500
HARTUNG Karl 1908-1967 [9]
🗿 *Sitzende* - Bronze (35cm-14in) Berlin 97 .... FF120 440 - £12 791 - $2,098,0 3
✏ *Figurenstudie* - Watercolour (50x34cm-20x13in) Berlin 91 .... FF16 900 - £1 682 - $2,906
HARTUNG Wilhelm 1878-1957 [6]
🖼 *Frühlingswiese* - Öl/Leinwand (41x56cm-16x22in) Zürich 96 .... FF5 090 - £660 - $1,007
 XXIIème Fête Fédérale du Chant - Poster (119x80cm-47x31in) New-York 94 .... FF8 800 - £1 104 - $1,600
HARTWELL Charles Leonard 1873-1951 [4]
🗿 *Call of the Sea* - Bronze (38cm-15in) London 96 .... FF7 600 - £900 - $1,482
 Naked fisher boy - Bronze (30cm-12in) London 92 .... FF15 600 - £1 600 - $2,896
HARTWICH Emil Hermann 1801-1879 [1]
🖼 *Magd mit Kühen an derTränke* - Öl/Leinwand (37x57cm-15x22in) München 93 .... FF12 040 - £1 365 - $2,035
HARTWICH Herman 1853-1926 [8]
🖼 *Streu aufladen in Südtirol* - Öl/Leinwand (45x60cm-18x24in) Köln 94 .... FF44 200 - £5 160 - $7,750
HARTWICH Renée 1895-1970 [2]
🖼 *Margeriten und Klatschmohn* - Öl/Leinwand (70x55cm-28x22in) Wien 93 .... FF4 890 - £554 - $831
HARTWICK George Gunther ?-1857 [2]
🖼 *In the Catskills* - Oil/canvas (84x122cm-33x48in) New-York 94 .... FF25 300 - £2 980 - $4,500
HARTWIG Cleo 1911-1988 [1]
🗿 *Seated woman* - Marble (27cm-11in) New-York 95 .... FF5 330 - £686 - $1,100
HARTWIG Heine 1937 [11]
🖼 *Indiarnerzelt am Fluss* - Oil/panel (44x67cm-17x26in) München 93 .... FF6 440 - £770 - $1,240
HARTWIG Heinie 1939 [3]
🖼 *Camp in the Aspens* - Oil/masonite (28x43cm-11x17in) Baton Rouge, Louisiana 94 .... FF4 570 - £533 - $800

HARTWIG Josef 1850-1956 [1]
🖼 *Monastery* - Oil/canvas (74x79cm-29x31in) New Orleans, Louisiana 93 .... FF3 245 - £369 - **$550**

HARTWIG Max 1873-1939 [13]
🖼 *Flußlandschaft mit Dorf* - Oil/board (10x10cm-4x4in) Zofingen 90 .... FF21 500 - £2 287 - **$3,846**
▱ *Kloster Benediktbeuern* - Woodcut in colors (12x15cm-5x6in) München 91 .... FF3 380 - £339 - **$558**

HARTZ Lauritz 1903-1987 [28]
🖼 *Haveparti med kvinde* - Oil/canvas (48x48cm-19x27in) København 92 .... FF5 260 - £628 - **$1,010**
▱ *Landscape with harbour* - Oil/canvas (72x86cm-28x34in) København 95 .... FF18 630 - £2 413 - **$3,790**
▱ *Kystparti* - Watercolour (20x29cm-8x11in) København 93 .... FF1 584 - £190 - **$305**

HARTZ Louis 1869-1935 [4]
🖼 *Beauty in a bathing suit* - Oil/panel (35x25cm-14x10in) Amsterdam 97 .... FF10 804 - £1 149 - **$1,880**

HARVEG Rino 1918 [3]
🖼 *Bymusikken i Kragerø* - Oil/panel (50x60cm-20x24in) Oslo 92 .... FF3 470 - £356 - **$612**

HARVENG Karl Friedrich 1832-1874 [1]
🖼 *Conversation on washing day* - Oil/canvas (36x50cm-14x20in) Toronto 91 .... FF17 200 - £1 725 - **$2,839**

HARVEY Alice 1894-? [2]
🖼 *Cliffs at Abiquiqui, 1962* - Oil/canvas (101x122cm-40x48in) New-York 90 .... FF2 300 - £245 - **$411**

HARVEY Elizabeth 1860-1957 [5]
🗿 *Resting lion* - Bronze (19cm-7in) San Francisco-Los Angeles 94 .... FF11 130 - £1 316 - **$2,000**

HARVEY Elsie M. 1893-? [1]
▱ *Hirah, study of a peacock* - Watercolour (9x11cm-4x4in) Glasgow 93 .... FF2 400 - £300 - **$435**

HARVEY George 1801-1878 [12]
🖼 *Early American Vista* - Oil/board (23x30cm-9x12in) New-York 90 .... FF12 600 - £1 340 - **$2,254**
Autumn - Oil/canvas (64x49cm-25x19in) New-York 92 .... FF137 200 - £15 930 - **$28,000**
▱ *Central Park* - Watercolour/paper (28x44cm-11x17in) New-York 95 .... FF55 200 - £6 910 - **$11,000**

HARVEY George Wainwright 1855-1920 [5]
🖼 *Ipswich marshes* - Oil/canvas (25x36cm-10x14in) Mystic, Connecticut 96 .... FF4 540 - £591 - **$900**
▱ *Coastal scene* - Watercolour (28x43cm-11x17in) Cambridge, Mass. 93 .... FF2 475 - £293 - **$450**

HARVEY Gertrude 1889-1966 [9]
🖼 *Summer flowers* - Oil/board (38x30cm-15x12in) Penzance, Cornwall 92 .... FF4 400 - £450 - **$776**

HARVEY Harold C. 1874-1941 [54]
🖼 *Ploughing* - Oil/canvas (61x76cm-24x30in) Penzance, Cornwall 94 .... FF61 400 - £7 000 - **$10,430**
Daffodils - Oil/canvas (51x41cm-20x16in) London 90 .... FF149 200 - £17 000 - **$28,560**
Sea Pinks, 1913 - Oil/canvas (35x16cm-14x6in) London 90 .... FF348 700 - £36 023 - **$61,608**

HARVEY Harold Leroy 1899-1971 [22]
📷 *Woman wearing veil* - Silver print (36x28cm-14x11in) New-York 93 .... FF6 490 - £739 - **$1,100**

HARVEY Herbert Johnson 1884-1928 [4]
🖼 *The New Piece* - Oil/canvas (30x41cm-12x16in) New Orleans, Louisiana 94 .... FF16 270 - £1 880 - **$2,800**

HARVEY John Rathbone ?-1933 [5]
🖼 *Fox terrier on a sofa* - Oil/canvas (53x43cm-21x17in) London 91 .... FF16 760 - £1 690 - **$3,267**
▱ *Girl reading* - Pastel (47x37cm-19x15in) London 92 .... FF3 130 - £320 - **$551**

HARVEY Marion Rodger Hamil. 1886-1971 [4]
▱ *Springer Spaniel* - Coloured chalks (29x39cm-11x15in) Glasgow 96 .... FF7 340 - £850 - **$1,407**

HARVEY Monique XX [2]
🖼 *Paysage d'intérieur* - Huile/toile (121x91cm-48x36in) Montréal 91 .... FF4 730 - £474 - **$798**

HARVEY Nellie XIX-XX [2]
🖼 *Girl with a chicken and chicks* - Oil/canvas (30x23cm-12x9in) London 90 .... FF7 560 - £765 - **$1,438**

HARVEY Reginald Llewellyn 1888-1963 [7]
🖼 *Over the plough* - Oil/canvas (45x33cm-18x13in) London 93 .... FF3 200 - £400 - **$580**

HARVEY Seymour Garstin XIX-XX [2]
🖼 *The Lady of Shalot* - Oil/panel (67x48cm-26x19in) København 91 .... FF5 270 - £523 - **$915**

HARWOOD John Hammond 1904 [2]
🖼 *Drying Skates* - Oil/canvas (41x51cm-16x20in) London 93 .... FF9 650 - £1 100 - **$1,640**

HARWOOD Lucy 1893-1972 [1]
🖼 *Flowers in vases and fish* - Oil/canvas (40x51cm-16x20in) London 96 .... FF3 990 - £520 - **$826**

HARY Gyula 1864-1946 [5]
🖼 *Canale Grande, Venezia* - Oil/panel (16x34cm-6x13in) Wien 95 .... FF6 580 - £821 - **$1,330**

HARZE Léopold 1831-1893 [3]
🗿 *Candeur et modestie* - Terracotta (32cm-13in) Liège 97 .... FF2 780 - £287 - **$476**
Bust of a young woman - Marble (47cm-19in) London 96 .... FF25 300 - £3 000 - **$4,940**

HASBROUCK Du Bois Fenelon 1860-1934 [3]
🖼 *A bright day in November* - Oil/board (30x45cm-12x18in) New-York 96 .... FF38 600 - £4 800 - **$7,500**

HASCH Carl 1774-1850 [7]
🖼 *Bachlandschaft* - Oil/canvas (39x47cm-15x19in) Wien 91 .... FF24 000 - £2 389 - **$4,127**

HASCH Carl 1834-1897 [25]
🖼 *Wald Interieur bei Hieflau* - Öl/Leinwand (36x36cm-14x14in) Wien 95 .... FF12 370 - £1 572 - **$2,464**
Mountain river landscape
  Oil/canvas (45x37cm-18x15in) San Francisco-Los Angeles 93 .... FF44 700 - £5 100 - **$7,600**

HASEGAWA Kiyoshi 1891-1980 [275]
🖼 *La Roche, Seine & Oise* - Huile/toile (19x27cm-7x11in) Paris 90 .... FF26 000 - £3 380 - **$5,150**
Bouquet sur fond vert - Huile/toile (65x54cm-26x21in) Paris 90 .... FF190 000 - £19 628 - **$33,569**
Village provençal - Huile/toile (54x65cm-21x26in) Paris 90 .... FF270 000 - £27 893 - **$47,703**
Le moulin - Huile/toile (54x65cm-21x26in) Tokyo 89 .... FF663 000 - £69 863 - **$111,616**
▱ *Marquixanes, Pyrénées-Orientales* - Drypoint (17x30cm-7x12in) New-York 95 .... FF12 120 - £1 527 - **$2,400**

Oiseau apprivoisé, 1962 - Estampe Paris 90 .... **FF90 000** - *£9 298* - **$15,901**
⬡ *Corbeille de fruits* - Encre (50x32cm-20x13in) Paris 92 .... **FF5 000** - *£512* - **$880**
Saint-Paul du Var - Sanguine (48x62cm-19x24in) Paris 92 .... **FF8 000** - *£820* - **$1,410**
Huts along a stream, in autumn
    Watercolour, gouache (67x92cm-26x36in) Amsterdam 90 .... **FF19 500** - *£2 014* - **$3,445**
Nu - Aquarelle (20x11cm-8x4in) Paris 90 .... **FF63 000** - *£6 508* - **$11,131**

HASEGAWA Soichi 1929 [21]
🖾 *Recherche A* - Huile (91x58cm-36x23in) Paris 97 .... **FF11 000** - *£1 174* - **$1,904**
🖾 *Lune sur la Pagode* - Etching (50x60cm-20x24in) Köln 92 .... **FF1 526** - *£182* - **$294**
⬡ *Ville de rêves* - Aquarelle (10x15cm-4x6in) Argenteuil 90 .... **FF3 000** - *£321* - **$522**

HASELEER Frans 1804-1872 [1]
🖾 *Après la visite* - Huile/panneau (55x42cm-22x17in) Antwerpen 93 .... **FF39 550** - *£4 730* - **$8,080**

HASELTINE Herbert 1877-1962 [18]
🖾 *Tête et encolure de cheval* - Bronze (28cm-11in) Cannes 93 .... **FF27 000** - *£3 253* - **$4,910**
Carlos Unzue astride his hunter - Bronze (74cm-29in) New-York 97 .... **FF115 606** - *£12 324* - **$20,000**
British Champion Animals - Bronze New-York 95 .... **FF780 000** - *£99 500* - **$160,000**

HASELTINE James Henry 1833-1907 [1]
🖾 *Bust of Cleopatra* - Marble (56cm-22in) New-York 97 .... **FF87 514** - *£9 189* - **$15,000**

HASELTINE William Stanley 1835-1900 [21]
🖾 *Bay of Naples, near Sorrento* - Oil/canvas (34x49cm-13x19in) New-York 94 .... **FF5 620** - *£663* - **$1,000**
Valle dei Molini, Amalfi - Oil/board (52x42cm-20x17in) New-York 95 .... **FF40 900** - *£5 180* - **$8,000**
Lago Maggiore - Oil/canvas (56x92cm-22x36in) New-York 96 .... **FF229 700** - *£26 600* - **$44,000**

HASEMANN Wilhelm 1850-1913 [2]
🖾 *Young woman* - Oil/canvas (30x23cm-12x9in) London 91 .... **FF10 910** - *£1 107* - **$1,970**
Verfallenes Bauerngehöft - Oil/canvas (52x82cm-20x32in) Stuttgart 90 .... **FF30 400** - *£3 141* - **$5,371**

HASENCLEVER Johann Peter 1810-1853 [3]
🖾 *Lesegesellschaft* - Öl/Leinwand (67x79cm-26x31in) Düsseldorf 95 .... **FF153 200** - *£19 660* - **$30,930**

HASENFRATZ Walter 1904-1983 [2]
🖾 *Strand I* - Öl/Leinwand (38x55cm-15x22in) München 95 .... **FF4 230** - *£540* - **$868**

HASENPFLUG Carl Georg Adolf 1802-1858 [8]
🖾 *Klosterruine im Winter* - Öl/Leinwand (110x134cm-43x53in) München 92 .... **FF135 600** - *£16 200* - **$26,100**

HASHIMOTO GAHO 1835-1908 [2]
⬡ *Boatman* - Ink (97x36cm-38x14in) Tokyo 92 .... **FF21 500** - *£2 200* - **$3,785**

HASKELL Ernest 1876-1925 [3]
⬡ *Tree roots* - Ink (14x28cm-6x11in) New-York 90 .... **FF3 486** - *£360* - **$615**

HASKINS John 1938 [12]
🖾 *River Lea* - Huile/panneau (43x55cm-17x22in) Arles 92 .... **FF8 000** - *£820* - **$1,410**

HASLEGRAVE Adelaide L. XIX-XX [2]
⬡ *Shepherd & his flock on a country path*
    Watercolour, gouache (35x25cm-14x10in) London 89 .... **FF3 300** - *£348* - **$556**

HASLEHURST Ernest William 1866-1949 [39]
⬡ *Village on an estuary, Devon* - Wash (34x52cm-13x20in) London 91 .... **FF5 720** - *£577* - **$1,115**

HÄSLER Rudolf 1927 [2]
🖾 *Figur I/Figur III* - Etching (16x14cm-6x6in) Luzern 89 .... **FF1 600** - *£164* - **$257**

HASLUND Otto 1842-1917 [8]
🖾 *Flicka med palett* - Oil/canvas (74x85cm-29x33in) Stockholm 93 .... **FF12 580** - *£1 546* - **$2,330**

HASPE de François-Joseph 1874-1950 [2]
🖾 *Village méditerranéen* - Huile/toile (50x91cm-20x36in) Bruxelles 90 .... **FF4 500** - *£473* - **$783**

HASS Fritz 1864-1930 [2]
🖾 *Rudolf Christoph Eucken* - Oil/canvas (70x65cm-28x26in) Lindau 91 .... **FF6 760** - *£673* - **$1,162**

HASS Siegfried 1848-1908 [6]
🖾 *Gathering wood*, 1897 - Oil/canvas (65x96cm-26x38in) London 89 .... **FF8 700** - *£890* - **$1,399**

HASSALL John 1868-1948 [12]
⬡ *The Song* - Watercolour (36x23cm-14x9in) London 91 .... **FF2 920** - *£300* - **$543**

HASSAM Childe F. 1859-1935 [118]
🖾 *Room of Flowers* - Oil/canvas (86x86cm-34x34in) New-York 93 .... **FF2** - *£3* - **$5 e,+06**
In the Old House - Oil/canvas (80x123cm-31x48in) New-York 95 .... **FF4** - *£591 000* - **$950,000**
The Butterfly - Oil/panel (18x10cm-7x4in) New-York 97 .... **FF134 189** - *£14 089* - **$23,000**
The Hawk's Nest - Oil/canvas (51x35cm-20x14in) New-York 97 .... **FF262 544** - *£27 567* - **$45,000**
Snow storm, NY - Oil/canvas (40x30cm-16x12in) New-York 97 .... **FF1 507 86e +06** - *£110 538* - **$180,000**
🖾 *The Hay Barn* - Etching (26x37cm-10x15in) New-York 94 .... **FF18 400** - *£2 190* - **$3,500**
The White Kimono - Etching (18x27cm-7x11in) New-York 95 .... **FF80 800** - *£10 170* - **$16,000**
⬡ *Horse drawn cabs, NY* - Pastel/canvas (45x55cm-18x22in) New-York 93 .... **FF1** - *£241 400* - **$350,000**
Impression - Watercolour/paper (31x46cm-12x18in) New-York 92 .... **FF36 750** - *£4 270* - **$7,500**
The Barn, Cos Cob - Pastel/paper (56x46cm-22x18in) New-York 97 .... **FF262 544** - *£27 567* - **$45,000**

HASSCHE van Henri 1774-1841 [1]
🖾 *Bergers et lavandières* - Huile/panneau (4x67cm-2x26in) Paris 95 .... **FF70 000** - *£9 200* - **$14,050**

HASSE Ernst 1819-1860 [3]
⬡ *Cochons d'Inde* - Aquarelle Paris 93 .... **FF3 600** - *£434* - **$655**

HASSEBRAUCK Ernst 1905-1974 [22]
⬡ *Crysanthemen* - Öl/Leinwand (94x79cm-37x31in) München 95 .... **FF31 800** - *£4 160* - **$6,370**
⬡ *Früchtstilleben* - Gouache/carton (57x80cm-22x31in) Berlin 96 .... **FF6 800** - *£774* - **$1,300**

H

HASSELBACH Wilhelm 1846-? [3]
- Bauernstubeninterieur - Oil/canvas (67x57cm-26x22in) Stuttgart 91 .... FF22 130 - £2 198 - **$3,842**

HASSELBERG Per 1850-1894 [9]
- Grodan - Bronze (30cm-12in) Stockholm 91 .... FF15 560 - £1 560 - **$2,596**

HASSELBLATT Adolf 1823-196 [1]
- Landscape - Oil/canvas (45x65cm-18x26in) Helsinki 95 .... FF16 830 - £2 034 - **$3,170**

HASSELGREN Gustaf Erik 1781-1827 [2]
- The procession of Alexander the Great
  Oil/canvas (147x176cm-58x69in) Stockholm 97 .... FF33 606 - £3 582 - **$5,868**

HASSELHORST Johann Heinrich 1825-1904 [4]
- Das Erwachen - Öl/Leinwand (50x80cm-20x31in) Frankfurt 92 .... FF44 400 - £5 310 - **$8,540**

HASSELL Hilton MacDonald 1910-1980 [4]
- Rue d'Auteuil, Québec - Oil/hardboard (46x56cm-18x22in) Toronto 94 .... FF4 280 - £512 - **$800**

HASSELQUIST Thekla Holmström 1850-? [1]
- Alplandskap - Oil/canvas (42x56cm-17x22in) Malmö 96 .... FF2 167 - £257 - **$423**

HASSELRIIS Ludwig, Louis 1844-1912 [2]
- Gosse med druvklase - Marble (77cm-30in) Stockholm 96 .... FF15 130 - £1 956 - **$2,900**

HASSELT van Willem 1882-1963 [35]
- Plaine à Auxonnette - Oil/board (28x40cm-11x16in) London 97 .... FF10 879 - £1 200 - **$1,908**
- Le Bassin d'Arcachon - Huile/toile (54x65cm-21x26in) Paris 95 .... FF23 000 - £2 900 - **$4,590**
- Jeune femme cousant dans un intérieur - Pastel (15x23cm-6x9in) Calais 97 .... FF4 000 - £400 - **$675**

HASSELWANDER Josef 1812-1878 [1]
- 6 Bildern zu Krimhild und Siegfried - Oil/panel (13x13cm-5x5in) Wien 96 .... FF31 300 - £3 904 - **$6,050**

HASSENTEUFEL Hans 1887-? [9]
- Jeune femme au turban vert - Huile/toile (95x70cm-37x28in) Paris 90 .... FF12 000 - £1 285 - **$2,087**

HASSLWANDER Josef 1812-1878 [1]
- An der Pforte - Oil/panel (36x29cm-14x11in) Wien 89 .... FF24 000 - £2 529 - **$4,040**

HASSMANN Karl Ludwig 1868-1933 [7]
- Napoleon zu Pferd - Oil/canvas (42x30cm-17x12in) Luzern 92 .... FF11 410 - £1 364 - **$2,196**
- Die Jugend - Pastel/paper (160x58cm-63x23in) Wien 96 .... FF36 200 - £4 130 - **$6,930**

HASTAIRE Claude Hilaire 1946 [10]
- Les belles années no.5 - Huile (92x73cm-36x29in) Paris 91 .... FF9 200 - £914 - **$1,597**
- L'actualité de Goya - Technique mixte/papier (65x81cm-26x32in) Saint-Germain-en-Laye 94 ..... FF4 500 - £538 - **$843**

HASTNER IL CORAZZA Hieronymus 1665-1729 [1]
- Rocky river with fishermen - Oil/canvas (127x185cm-50x73in) London 90 .... FF164 600 - £17 737 - **$29,030**

HATCHARD David XX [2]
- Composition abstraite, 1972 - Peinture (60x92cm-24x36in) Paris 89 .... FF5 000 - £527 - **$842**

HATFIELD Joseph Henry 1863-1928 [2]
- Road at sunset - Oil/canvas (46x61cm-18x24in) North Berwick, Maine 93 .... FF10 450 - £1 310 - **$1,900**

HATHAWAY George M. c.1852-1903 [12]
- Seascape with ships - Oil/board (15x25cm-6x10in) North Berwick, Maine 93 .... FF4 950 - £621 - **$900**

HATHAWAY Rufus 1770-1822 [1]
- Israel Forster - Oil/canvas (51x43cm-20x17in) New-York 92 .... FF113 400 - £11 600 - **$21,000**

HATHERELL William 1855-1928 [3]
- Catch! - Oil/canvas (79x130cm-31x51in) London 89 .... FF92 000 - £9 694 - **$15,488**

HATTEM van Arie 1860-1924 [1]
- Lost hussar - Oil/canvas (37x53cm-15x21in) Amsterdam 91 .... FF6 010 - £610 - **$1,085**

HATTERSLEY Frederick William 1860-? [7]
- Rovers crossing the Sands - Watercolour/paper (25x36cm-10x14in) London 96 .... FF6 390 - £750 - **$1,257**

HATVANY Ferencz 1881-? [1]
- Reclining nude - Oil/canvas (74x110cm-29x43in) New-York 93 .... FF23 100 - £2 897 - **$4,200**

HATVANY Perlusz Gyula 1896-1944 [1]
- Az oltárkö felhök között Erdélyen - Pastel/paper (69x55cm-27x22in) Budapest 89 .... FF2 200 - £232 - **$370**

HATZ Felix 1904 [29]
- Ekan - Oil/canvas (55x70cm-22x28in) Stockholm 95 .... FF6 440 - £851 - **$1,305**
- Stilleben i blatt, 1940 - Oil/canvas (62x49cm-24x19in) Stockholm 89 .... FF21 500 - £2 266 - **$3,620**

HATZIS Vassilios 1870-1915 [10]
- Sailing bessel - Oil/canvas/board (97x33cm-38x13in) London 93 .... FF72 000 - £9 000 - **$13,050**
- Crossing the Bridge - Pastel (49x28cm-19x11in) London 96 .... FF23 000 - £2 700 - **$4,470**

HAU Eduard Petrovich 1807-1870 [1]
- Interior of a cottage - Watercolour (21x28cm-8x11in) London 89 .... FF40 700 - £4 050 - **$6,430**

HAU Eva XIX [3]
- The Boudoir - Gouache/board (35x25cm-14x10in) New-York 97 .... FF85 275 - £9 185 - **$15,000**

HAU Hieronymus 1679-? [3]
- Der verlorene Sohn - Öl/Leinwand (178x143cm-70x56in) Schloss Osterberg 95 .... FF31 200 - £4 014 - **$6,340**

HAU Woldemar Ivanovich 1816-1895 [6]
- Portrait of a Lady - Watercolour/paper (26x21cm-10x8in) London 97 .... FF34 286 - £3 600 - **$5,897**

HAUBENSTOCK-RAMATI Roman 1919-1994 [1]
- Alea - Silkscreen Wien 97 .... FF2 878 - £304 - **$497**

HAUBTMANN Michael 1843-1921 [4]
- Das antike Theater von Taormina - Oil/Leinwand (67x107cm-26x42in) München 93 .... FF55 000 - £6 240 - **$9,300**

HAUCHECORNE Gaston 1880-1945 [7]
- Chinoise à l'éventail - Terracotta (16cm-6in) Paris 93 .... FF1 700 - £196 - **$293**

Torso of an old man - Bronze (71cm-28in) New-York 89 .... FF*28 600* - £*3 014* - **$4,815**

HAUCK Friedrich Ludwig 1718-1801   [2]
● *Dame Halbprofil nach links* - Öl/Leinwand (45x37cm-18x15in) Bern 95 .... FF*3 023* - £*378* - **$611**

HAUDEBOURT-LESCOT Hortense Antoinette 1784-1845   [12]
● *Voleur de raisin/Jeune fille* - Oil/canvas (44x33cm-17x13in) New-York 97 .... FF*79 727* - £*8 499* - **$14,000**
  Le voyage de noces - Oil/canvas (62x50cm-24x20in) New-York 95 .... FF*189 000* - £*23 550* - **$37,000**
✎ *L. de Savoie et la reddition de Pavie* - Pierre noire (38x30cm-15x12in) Paris 91 .... FF*9 000* - £*913* - **$1,625**

HAUEISEN Albert 1872-1954   [31]
● *Johanna Haueisen* - Oil/canvas (62x56cm-24x22in) Stuttgart 89 .... FF*9 500* - £*1 001* - **$1,595**
  Blumenstilleben - Öl/Leinwand (63x51cm-25x20in) Heidelberg 94 .... FF*32 000* - £*4 150* - **$6,660**
✎ *Blumenstilleben* - Watercolour (48x38cm-19x15in) Heidelberg 96 .... FF*5 080* - £*627* - **$981**

HAUENFELS von Erich Miller 1889-1972   [4]
● *Winterlandschaft* - Oil/canvas (65x83cm-26x33in) Wien 91 .... FF*9 600* - £*956* - **$1,651**

HAUER Leopold 1896-1984   [21]
● *Marseille* - Öl/Leinwand (49x75cm-19x30in) Wien 96 .... FF*31 260* - £*3 920* - **$6,110**
✎ *Dorfstrasse* - Aquarell/Papier (14x19cm-6x7in) Wien 95 .... FF*4 495* - £*567* - **$897**

HAUFLER Max 1910-1965   [2]
● *Surrealistische Landschaft* - Öl/Leinwand (52x70cm-20x28in) Zofingen 93 .... FF*25 730* - £*2 930* - **$4,370**
✎ *Waldlandschaft* - Charcoal (46x62cm-18x24in) Bern 92 .... FF*1 637* - £*167* - **$288**

HAUG Erwin 1913   [3]
✎ *Seligenstadt am Main* - Aquarell/Papier (24x32cm-9x13in) Heidelberg 95 .... FF*1 603* - £*206* - **$324**

HAUG Kristian 1862-?   [2]
● *Zwei Rehe in Frühlingslandschaft* - Oil/canvas (59x70cm-23x28in) München 91 ...... FF*5 410* - £*549* - **$977**

HAUG von Robert 1857-1922   [33]
● *Pferd mit Reiter* - Öl/Leinwand (38x23cm-15x9in) Stuttgart 96 .... FF*3 050* - £*353* - **$585**
  Spaziergang - Öl/Leinwand (44x28cm-17x11in) Köln 95 .... FF*24 830* - £*3 136* - **$4,980**

HAUGEN SØRENSEN Arne 1932   [12]
● *Indledende-indladende form* - Oil/canvas (115x148cm-45x58in) Köbenhavn .... FF*22 200* - £*2 590* - **$3,894**

HAUGEN SØRENSEN Jørgen. 1934   [7]
🗿 *Komposition* - Sculpture (50cm-20in) Köbenhavn 94 .... FF*15 680* - £*1 830* - **$2,750**

HAUGHTON Moses 1734-1804   [3]
● *Sigismunda* - Oil/canvas (125x101cm-49x40in) San Francisco-Los Angeles 92 .... FF*52 700* - £*5 520* - **$9,500**

HAUGK von Gustav 1804-?   [2]
● *Blick vom Meer auf dem Vulkan* - Öl/Leinwand (25x37cm-10x15in) Lindau 97 .... FF*12 829* - £*1 347* - **$2,206**

HAUKEBÖ Gunnar 1909-1993   [5]
● *Danserinner* - Oil/canvas (92x110cm-36x43in) Oslo 93 .... FF*5 600* - £*652* - **$962**

HAUNOLD Carl 1813-1876   [26]
● *Häuser am Fluss* - Öl/Karton (22x35cm-9x14in) Wien 93 .... FF*5 860* - £*665* - **$997**
  Landscape - Oil/canvas (33x44cm-13x17in) Wien 95 .... FF*22 400* - £*2 840* - **$4,510**
✎ *Felsiger Weg im Gebirge* - Pencil (16x25cm-6x10in) Wien 93 .... FF*2 475* - £*284* - **$412**

HAUNOLD Karl Franz Emanuel 1832-1911   [13]
● *Schweine voe einer Burgmauer* - Öl/Leinwand (58x44cm-23x17in) Wien 95 .... FF*6 360* - £*805* - **$1,243**
  Blick auf Puchberg am Schneeberg - Öl/Leinwand (216x44cm-85x17in) Wien 95 .... FF*25 300* - £*3 156* - **$5,110**

HAUNSTETTER Joseph 1858-1944   [1]
● *Sydtysk landsby i bakket landskab* - Oil/canvas (120x185cm-47x73in) Köbenhavn 93 .... FF*21 900* - £*2 616* - **$4,210**

HAUPERT Madeleine 1910-?   [2]
✎ *Cruche de fleurs* - Gouache (58x47cm-23x19in) Bruxelles 94 .... FF*2 000* - £*232* - **$344**

HAUPT Karl Hermann 1904-1983   [4]
✎ *Konstruktive Farbkomposition* - Coloured inks (30x21cm-12x8in) München 92 .... FF*4 070* - £*487* - **$783**

HAUPT Matti 1912   [7]
🗿 *Flickhuvud* - Bronze (33cm-13in) Helsinki 93 .... FF*12 010* - £*1 444* - **$2,186**
✎ *Standing nude* - Mixed media/paper (35x26cm-14x10in) Helsinki 93 .... FF*4 880* - £*558* - **$831**

HAUPTMANN Ivo 1886-1973   [80]
● *Der grosse Fisch* - Öl/Leinwand (51x65cm-20x26in) Hamburg 97 .... FF*7 078* - £*757* - **$1,233**
  Obstschüssel mit Tonkrug - Öl/Leinwand (33x46cm-13x18in) Bremen 95 .... FF*17 500* - £*2 245* - **$3,605**
  Hamburger Hafen - Oil/canvas (48x63cm-19x25in) Berlin 91 .... FF*70 600* - £*7 165* - **$12,751**
✎ *Segelboote* - Aquarell/Papier (27x40cm-11x16in) Berlin 95 .... FF*14 580* - £*1 820* - **$2,817**

HAUPTMANN Karl 1880-1947   [15]
● *Schwarzwaldlandschaft* - Öl/Karton (53x46cm-21x18in) Stuttgart 93 .... FF*16 700* - £*1 915* - **$2,840**

HAUPTMANN Sven 1911-1984   [10]
✎ *Komposition* - Collage (38x30cm-15x12in) Köbenhavn 93 .... FF*2 640* - £*317* - **$507**

HAUREL 1944   [13]
● *Les voiles* - Huile/toile (46x55cm-18x22in) Montauban 94 .... FF*3 100* - £*356* - **$531**

HAUS Hendrik 1803-1843   [1]
● *Rheinlandschaft* - Oil/panel (15x20cm-6x8in) Lindau 93 .... FF*7 800* - £*932* - **$1,500**

HAUSCHILD Maximilien Albert 1810-1895   [1]
● *Basilique Saint-Pierre de Rome* - Huile/toile (97x74cm-38x29in) Genève 89 .... FF*25 400* - £*2 677* - **$4,276**

HAUSCHKA Hermann XX   [2]
✎ *Lloyd Trestino* - Watercolour/board (23x19cm-9x7in) London 89 .... FF*4 500* - £*448* - **$711**

HAUSE Rudolf 1877-1961   [4]
● *Am Chiemsee* - Öl/Leinwand (60x70cm-24x28in) München 94 .... FF*5 130* - £*602* - **$914**

H

HAUSEN von Werner 1870-1951 [5]
- Tidig vår - Oil/canvas (53x67cm-21x26in) Helsinki 94 .... FF11 720 - £1 343 - **$1,986**

HAUSER Carry 1895-1985 [59]
- Herr mit Zigarette - Öl/Karton (58x45cm-23x18in) Wien 94 .... FF63 100 - £7 400 - **$11,250**
- Mädchen mit Katze - Ink/paper (47x30cm-19x12in) Wien 95 .... FF5 990 - £756 - **$1,195**
- Paar - Pencil/paper (26x21cm-10x8in) Wien 96 .... FF12 220 - £1 587 - **$2,393**

HAUSER Erich 1930 [5]
- Ohne Titel - Etching (33x33cm-13x13in) Heidelberg 95 .... FF1 742 - £224 - **$352**
- Bodenskulptur - Metal (122cm-48in) Frankfurt 93 .... FF20 340 - £2 430 - **$3,914**

HAUSER Johann 1926-1996 [11]
- Frau mit rotem Kopf - Coloured pencils (39x29cm-15x11in) Wien 97 .... FF11 980 - £1 260 - **$2,057**

HAUSER John 1859-1918 [2]
- Indian warrior - Gouache/board (36x26cm-14x10in) New-York 93 .... FF13 540 - £1 550 - **$2,400**

HAUSER Renée Yolande 1919 [20]
- Lavoir sur la place du village - Huile/carton (54x54cm-21x21in) Bern 95 .... FF2 590 - £324 - **$524**
- L'Arche de Noé après le Déluge - Huile/panneau (74x110cm-29x43in) Bern 96 .... FF14 880 - £1 890 - **$2,860**

HAUSFELDT Hans 1902-1977 [1]
- Landschaft - Oil/paper (24x35cm-9x14in) Hamburg 94 .... FF4 310 - £501 - **$746**

HAUSHOFER Maximilian 1811-1866 [5]
- Kapelle an einem Seeufer - Öl/Leinwand (58x72cm-23x28in) Wien 94 .... FF195 300 - £22 600 - **$33,600**

HAUSKNECHT Otto 1851-1908 [3]
- Motiv aus dem Salzkammergut - Oil/panel (13x21cm-5x8in) Wien 96 .... FF2 193 - £285 - **$434**

HAUSLEITNER Rudolf 1840-1918 [9]
- Kaiserin Elisabeth von Österreich - Oil/panel (56x22cm-22x9in) Wien 95 .... FF37 940 - £4 730 - **$7,660**

HAUSMANN Gustav 1827-1899 [4]
- In den österreichischen Alpen - Oil/canvas (86x122cm-34x48in) Köln 92 .... FF18 700 - £1 914 - **$3,290**

HAUSMANN Raoul 1886-1971 [33]
- Composition, 1960 - Huile/toile (92x73cm-36x29in) Paris 89 .... FF18 000 - £1 840 - **$2,894**
- Fiat modes, 1920 - Silver print (15x10cm-6x4in) New-York 89 .... FF62 900 - £6 259 - **$9,937**
- Dada siegt - Collage (33x27cm-13x11in) London 87 .... FF2 - £240 000 - **$436,800**
- Komposition Rot-Schwarz - Tempera/paper (19x14cm-7x6in) Berlin 92 .... FF6 800 - £696 - **$1,197**

HAUSMANN Wilhelm 1906-1980 [1]
- Liegende - Bronze (32cm-13in) München 94 .... FF6 840 - £803 - **$1,218**

HAUSNER Rudolf 1914-1995 [30]
- Blauer Adam - Acrylic/paper (44x63cm-17x25in) Wien 94 .... FF154 700 - £17 760 - **$26,470**
- Adam Masstäblich I - Farbserigraphie (64x64cm-25x25in) Hamburg 97 .... FF2 090 - £223 - **$364**

HAUSSMANN Carl 1825-1886 [1]
- Hochgebirgsklamm mit Wildbach - Oil/canvas (50x42cm-20x17in) Stuttgart 91 .... FF4 600 - £461 - **$843**

HAUSSMANN Georges Eugène 1809-1891 [1]
- Design for an Italianate garden - Watercolour, gouache (36x52cm-14x20in) London 95 .... FF7 000 - £900 - **$1,445**

HAUSSY d' Arsène Désiré 1830-? [3]
- Moutons au paturage - Huile/toile (24x30cm-9x12in) Fontainebleau 94 .... FF7 000 - £844 - **$1,273**

HAUSTRAETE Gaston 1878-1949 [67]
- Vase fleuri - Huile/toile (24x30cm-31x26in) Bruxelles 96 .... FF2 460 - £292 - **$480**
- Intérieur d'église - Huile/toile (100x80cm-39x31in) Lokeren 96 .... FF9 160 - £1 184 - **$1,810**
- Paysage animé - Huile/toile (70x80cm-28x31in) Bruxelles 90 .... FF32 400 - £3 347 - **$5,724**

HAUSTRATE Alain 1915-1967 [1]
- L'heure du thé - Huile/toile (100x80cm-39x31in) Bruxelles 92 .... FF7 300 - £748 - **$1,285**

HAUSWIRTH Hans Johan Jakob 1808-1871 [10]
- Scènes de montagne - Silhouette (27x38cm-11x15in) Château d'Arare 92 .... FF52 100 - £5 320 - **$9,170**

HAUTERIVES d' Arnaud 1944 [3]
- Le phalène - Huile/toile (120x120cm-47x47in) Paris 95 .... FF3 000 - £383 - **$603**

HAUTH van Emil 1899-1974 [4]
- Stilleben mit Rotweinglass - Öl/Leinwand (24x16cm-9x6in) Stuttgart 92 .... FF3 050 - £365 - **$587**
- Bildnisstudie 3 - Pencil (31x27cm-12x11in) München 93 .... FF2 010 - £226 - **$339**

HAUTOT Rachel-Lucy 1882-? [2]
- Arab woman - Bronze (58cm-23in) Chicago 93 .... FF1 650 - £207 - **$300**
- Arab flautist - Bronze (58cm-23in) New Delhi 92 .... FF21 200 - £2 460 - **$4,160**

HAUTRIVE Mathilde 1881-1963 [2]
- Les coquelicots - Oil/canvas (42x44cm-17x17in) London 88 .... FF45 640 - £4 000 - **$7,400**

HAVARD James 1937 [48]
- Cree Camp - Acrylic/canvas (152x183cm-60x72in) New-York 97 .... FF38 012 - £4 014 - **$6,500**
- Cheyenne, 1977 - Acrylic/canvas (240x160cm-94x63in) New-York 89 .... FF214 500 - £21 343 - **$33,886**
- Flamenco knees - Mixed media/paper (71x61cm-28x24in) New-York 91 .... FF19 950 - £2 025 - **$3,603**

HAVE Henrik 1946 [7]
- Komposition - Oil/canvas (130x90cm-47x35in) København 95 .... FF7 990 - £1 034 - **$1,625**

HAVELL Alfred Charles 1855-1928 [10]
- Pretty Polly - Oil/canvas (31x38cm-12x15in) New-York 95 .... FF11 810 - £1 547 - **$2,400**

HAVELL Charles Richards XIX [3]
- Sunshine and Showers - Oil/canvas (37x32cm-15x13in) London 95 .... FF5 930 - £750 - **$1,160**

HAVELL Edmund, Jnr. 1819-1894 [11]
- Mr. Harry Mac Calmont's Isinglass - Oil/canvas (64x84cm-25x33in) London 89 .... FF94 900 - £9 703 - **$15,257**
- Sir John Cope at Bramshill House - Oil/canvas (94x147cm-37x58in) New-York 96 .... FF204 000 - £26 470 - **$40,000**

HAVELL Robert, Jnr. 1793-1878 [7]
- The Hudson River near West Point - Oil/canvas (55x76cm-22x30in) New-York 95 .... FF*128 300* - £*16 950* - **$26,000**
- View of West Point - Engraving (62x78cm-24x31in) New-York 92.. FF*32 400* - £*3 310* - **$6,000**

HAVELL William 1782-1857 [10]
- Figures conserving by a roadside - Watercolour (54x74cm-21x29in) London 97 .... FF*18 727* - £*2 000* - **$3,256**

HAVELOOSE d' Marnix 1885-1973 [2]
- Nu couché - Bronze (19x33cm-7x13in) Liège 97 .... FF*7 194* - £*743* - **$1,232**

HAVEN de Frank, Franklin 1856-1934 [20]
- October Afternoon - Huile/panneau (30x35cm-12x14in) Paris 97 .... FF*3 300* - £*359* - **$575**
- York, Maine, In October about 6P.M.
  Oil/canvas (76x61cm-30x24in) San Francisco-Los Angeles 96...................... FF*12 950* - £*1 624* - **$2,500**

HAVENITH Hugo 1853-? [1]
- Young child with dead game - Oil/canvas (132x102cm-52x40in) New-York 91 .... FF*11 950* - £*1 207* - **$2,372**

HAVERKAMP Gerhard Christiaan 1872-1926 [8]
- Street scene, Antwerp - Oil/canvas (131x75cm-52x30in) London 93...................... FF*30 700* - £*3 500* - **$5,220**
- A cornfield - Pastel (23x60cm-9x24in) Amsterdam 95 .... FF*3 710* - £*448* - **$698**

HAVERMAET van Pieter 1834-1897 [1]
- Premier jour - Huile/toile (138x98cm-54x39in) Bruxelles 95 .... FF*8 360* - £*1 058* - **$1,635**

HAVERMAN Hendrik Johannes 1857-1928 [18]
- Salem de Barbier van Constantine - Oil/panel (38x24cm-15x9in) Amsterdam 94 .... FF*6 100* - £*708* - **$1,050**
- Camels resting, Tanger - Watercolour (42x64cm-17x25in) Amsterdam 94 .... FF*3 660* - £*425* - **$630**

HAVERMAN Johan Adolf 1812-1885 [1]
- Landskap med hus och kreatur - Vernis mou couleurs (11x17cm-4x7in) Stockholm 90 .... FF*4 700* - £*500* - **$841**

HAVERS Alice Mary 1850-1890 [1]
- The First Arrivals - Oil/canvas (61x129cm-24x51in) London 97......................... FF*428 981* - £*45 000* - **$73,611**

HAVET Henri 1862-1913 [1]
- Japanese Lady pouring tea - Oil/canvas (133x82cm-52x32in) London 97 .... FF*36 331* - £*4 000* - **$6,376**

HAVILAND Paul Burty 1880-1950 [3]
- Woman before a mirror - Cyanotype (24x19cm-9x7in) New-York 96 .... FF*15 500* - £*1 920* - **$3,000**

HAVILAND Paul E. XIX-XX [2]
- Study of female nude - Platinum print (13x10cm-5x4in) New-York 94 .... FF*11 610* - £*1 347* - **$2,000**

HAVINDEN John 1908 [11]
- This is Britain - Silver print (12x16cm-5x6in) London 96 .... FF*4 650* - £*600* - **$898**

HAVLENA Julia 1882-1969 [2]
- Pfingstrosen und Kirshen - Öl/Karton (49x36cm-19x14in) Wien 93 .... FF*5 290* - £*632* - **$1,018**

HAVRANEK Friedrich 1821-1899 [1]
- Waldlandschaft im Wiener Prater - Woodcut in colors (38x29cm-15x11in) Ahlden 91 .... FF*11 830* - £*1 201* - **$2,137**

HAVSTEEN-MIKKELSEN Sven 1912 [24]
- Landscape - Oil/canvas (40x55cm-16x22in) København 96...................... FF*5 280* - £*656* - **$1,025**
- Hav - Oil/canvas (130x195cm-51x77in) København 93 .... FF*30 800* - £*3 520* - **$5,250**

HAWARDEN Clementina 1822-1865 [1]
- Fanny Stephenson/... with Isabella - Albumen print London 95........................... FF*7 600* - £*950* - **$1,536**

HAWEIS Stephen 1878-1969 [2]
- Maiden in a garden - Oil/masonite (71x57cm-28x22in) New-York 95 .... FF*5 810* - £*748* - **$1,200**

HAWKINS Louis Welden 1849-1910 [42]
- Pins à La Bocca - Huile/carton/toile (45x65cm-18x26in) Paris 96............... FF*16 500* - £*2 135* - **$3,240**
- Portrait de Jacqueline - Huile/toile (55x46cm-22x18in) Rouen 90..................FF*58 000* - £*6 210* - **$10,087**
- Les auréoles, 1894 - Oil/canvas (61x50cm-24x20in) London 89 .... FF*503 800* - £*53 066* - **$84,781**
- Récolte à Barbizon - Aquarelle (23x34cm-9x13in) Barbizon 96 .... FF*4 000* - £*499* - **$773**
- Repos après la moisson - Aquarelle (73x52cm-29x20in) Paris 95 .... FF*20 000* - £*2 616* - **$4,005**
- Masque - Gouache/papier Paris 93 .... FF*220 000* - £*25 300* - **$37,800**

HAWKINS Robert 1948 [4]
- Vision - Oil/canvas (182x124cm-72x84in) Stockholm 95 .... FF*5 340* - £*699* - **$1,070**

HAWKINS William L. 1895-1990 [5]
- Capitol Building - Enamel/panel (58x111cm-23x44in) New-York 92 .... FF*35 100* - £*3 590* - **$6,500**

HAWKSLEY Dorothy Webster 1884-c.1971 [6]
- The fair Rebecca - Wash (27x16cm-11x6in) London 90 .... FF*25 200* - £*2 698* - **$4,383**

HAWKSWORTH J.H. XIX [2]
- Children by a pond - Oil/canvas (28x40cm-11x16in) Leeds 92 .... FF*2 513* - £*300* - **$484**

HAWKSWORTH Willian Th. Martin 1853-1935 [1]
- Thistles - Oil/canvas (68x51cm-27x20in) London 94 .... FF*33 600* - £*4 000* - **$6,400**

HAWLEY Hughson 1850-1936 [4]
- Lincoln Safe Deposit Company
  Watercolour/paper (53x46cm-21x18in) Bloomfield Hills, Michigan 94 .... FF*4 330* - £*514* - **$800**

HAWLICEK Ernst 1888-1938 [1]
- Felsige Klamm mit Wasserfall - Aquarell/Papier (7x9cm-3x4in) Wien 93........................ FF*1 980* - £*227* - **$330**

HAWLICEK Vincenz 1864-1914 [14]
- Alte Schmiede in Eisenkappl - Aquarell/Papier (33x26cm-13x10in) Wien 92................ FF*6 730* - £*805* - **$1,295**

HAWORTH Bobs Cogill 1900-1988 [15]
- Three nudes by the pier - Oil/canvas (91x61cm-36x24in) Toronto 94 .... FF*7 780* - £*930* - **$1,454**
- Repair, Torpedo boat - Watercolour (54x36cm-21x14in) Toronto 92 .... FF*6 880* - £*704* - **$1,211**

H

HAWORTH Peter 1889-1986 [16]
- Cross Country Autumn - Oil/panel (28x36cm-11x14in) Toronto 93 .... FF2 007 - £228 - **$339**

HAWTHORNE Charles Webster 1872-1930 [14]
- Blue boy - Oil/masonite (61x50cm-24x20in) New-York 92 .... FF36 900 - £3 780 - **$6,500**
- Wild flowers - Oil/panel (76x64cm-30x25in) New-York 95 .... FF112 000 - £14 300 - **$23,000**
- American motherhood
  Charcoal/paper (32x27cm-13x11in) San Francisco-Los Angeles 90 .... FF34 300 - £3 543 - **$6,060**

HAWTHORNE Elwin 1905-1952 [1]
- Mile End Road - Oil/canvas (40x51cm-16x20in) London 91 .... FF4 540 - £459 - **$901**

HAWTHORNE Marion C. 1870-1945 [4]
- Palazzo Foscari, Venezia - Gouache/paper Cambridge, Mass. 90 .... FF5 700 - £606 - **$1,020**

HAY Bernard, Bernardo 1864-? [25]
- Girl on a terrace overlooking a bay - Oil/canvas (55x35cm-22x14in) London 94 .... FF5 080 - £600 - **$912**
- Kanal in Venedig - Öl/Leinwand (94x59cm-37x23in) Köln 96 .... FF16 230 - £1 906 - **$3,190**
- A Venetian backwater - Oil/canvas (94x60cm-37x24in) London 92 .... FF44 000 - £4 500 - **$7,760**

HAY Cecil George Jackson 1899-? [1]
- Oriental vase on a stand & books - Oil/canvas (36x29cm-14x11in) London 94 .... FF2 025 - £240 - **$375**

HAY Dominic XX [2]
- Posing nude - Bronze (32cm-13in) Toronto 92 .... FF2 016 - £241 - **$388**

HAY Emily XIX-XX [3]
- God's House, Chester - Watercolour (48x36cm-19x14in) London 92 .... FF2 540 - £260 - **$530**

HAY George H. 1831-1913 [4]
- The young archers - Oil/canvas (54x41cm-21x16in) London 95 .... FF22 830 - £3 000 - **$4,580**

HAY James Hamilton 1874-1916 [1]
- Carboy, glasses & ceramic teapot - Oil/canvas (61x91cm-24x36in) London 94 .... FF6 240 - £750 - **$1,188**

HAY John A.M. 1887-? [2]
- Fashionable lady, seated - Oil/canvas (121x91cm-48x36in) Torquay, Devon 91 .... FF4 590 - £457 - **$789**

HAY Peter Alexander 1866-1952 [11]
- Valley of the Tone, Somerset - Oil/canvas (51x61cm-20x24in) London 96 .... FF11 530 - £1 500 - **$2,285**
- Grandads Sea Tales
  Watercolour (75x62cm-30x24in) Marlborough Crescent, Newcastle upon Tyne 94 .... FF5 820 - £700 - **$1,078**

HAY Thomas Marjoribanks 1862-1921 [5]
- Highland Loch - Watercolour (53x76cm-21x30in) Edinburgh 95 .... FF5 410 - £700 - **$1,107**

HAY William Hardie 1859-? [1]
- Strolling by the shore - Oil/canvas (41x61cm-16x24in) Gleneagles Hôtel - Pertshire 90 .... FF7 300 - £729 - **$1,385**

HAY William M. c.1820-c.1900 [5]
- On the sand hills of Berck-sur-Mer - Oil/canvas (63x94cm-25x37in) London 91 .... FF18 450 - £1 850 - **$3,046**

HAYAKAWA Miki 1904-1953 [2]
- Sleeping boy - Oil/board (41x51cm-16x20in) San Francisco-Los Angeles 94 .... FF16 700 - £1 974 - **$3,000**

HAYCOCK Maurice Hall 1900 [3]
- Summer, Gatineau, Québec - Oil/board (27x33cm-11x13in) Mont-Royal Quebec 89 .... FF2 200 - £213 - **$334**

HAYD Karl 1882-1945 [4]
- Hainburg - Oil/canvas (49x59cm-19x23in) Wien 90 .... FF10 600 - £1 128 - **$1,896**

HAYDEN Charles H. 1856-1901 [1]
- Gloucester - Oil/canvas (43x53cm-17x21in) Cambridge, Mass. 94 .... FF3 370 - £398 - **$600**

HAYDEN Edward Parker ?-1922 [2]
- Summer landscape - Oil/canvas (56x79cm-22x31in) Dedham, Mass. 96 .... FF9 700 - £1 252 - **$1,900**

HAYDEN Henri 1883-1970 [203]
- Personnage cubiste - Oil/canvas (99x65cm-39x26in) London 90 .... FF1 - £160 083 - **$273,781**
- Vue du Ussy - Huile/toile (54x73cm-21x29in) Paris 97 .... FF9 000 - £974 - **$1,591**
- La route du village - Huile/toile (65x81cm-26x32in) Paris 96 .... FF20 000 - £2 506 - **$3,860**
- Le port d'Honfleur - Huile/toile (46x55cm-18x22in) Deauville 97 .... FF35 000 - £3 801 - **$6,202**
- Nature morte au jeu d'échec - Huile/toile (46x54cm-18x21in) Paris 97 .... FF72 000 - £7 826 - **$12,650**
- Vin et cigarette - Oil/canvas (81x54cm-32x21in) Tel Aviv 96 .... FF388 400 - £48 000 - **$75,000**
- Paysage - Gouache/papier (29x46cm-11x18in) Paris 97 .... FF5 000 - £546 - **$874**
- Les champs à Lyon - Gouache/board (38x52cm-15x20in) London 94 .... FF15 140 - £1 800 - **$2,770**
- Pfeife und Zeitung - Tempera/paper (44x25cm-17x10in) Berlin 97 .... FF50 507 - £536 4 6 - **$879,8 7**

HAYDEN Palmer C. 1893-1973 [1]
- Mt. Vernon Woman - Watercolour (46x36cm-18x14in) Cambridge, Mass. 93 .... FF5 500 - £690 - **$1,000**

HAYDON Benjamin Robert 1786-1846 [11]
- John Bull at breakfast - Oil/canvas (67x87cm-26x34in) London 89 .... FF58 100 - £5 781 - **$9,179**
- Xenophon and the thousand - Oil/canvas (244x289cm-96x114in) London 91 .... FF191 500 - £19 018 - **$33,250**
- Judgement of Solomon - Ink (15x10cm-6x4in) London 94 .... FF3 185 - £380 - **$600**

HAYDON Samuel J. Bouverie 1815-1891 [1]
- Gentleman, draped all'antica - Marble (79cm-31in) London 92 .... FF7 300 - £750 - **$1,403**

HAYEK von Hans 1869-1940 [12]
- In der Südsee - Oil/board (29x37cm-11x15in) München 92 .... FF6 120 - £627 - **$1,077**

HAYER Joseph 1816-1891 [1]
- Young girl, seated - Oil/panel (36x30cm-14x12in) Wien 95 .... FF10 760 - £1 362 - **$2,103**

HAYES Claude 1852-1922 [70]
- Near Boro'castle, Norfolk - Oil/canvas (66x98cm-26x39in) Billinghurst, West Sussex 92 .... FF8 010 - £820 - **$1,410**
- Figures in a coastal Landscape - Watercolour (16x24cm-6x9in) London 97 .... FF2 302 - £250 - **$408**
- The weald of Sussex - Watercolour/paper (48x73cm-19x29in) London 90 .... FF10 700 - £1 078 - **$1,945**

HAYES Colin 1919 [10]
- *Evening, St. Georgis Evvia, Greece* - Oil/canvas (76x102cm-30x40in) London 93 .... FF8 340 - £950 - **$1,416**

HAYES Edward 1797-1864 [5]
- *Fishing trawlers in squally seas* - Watercolour (13x28cm-5x11in) London 95 .... FF6 800 - £850 - **$1,374**

HAYES Edwin 1819-1904 [63]
- *Drying the nets* - Oil/board (15x24cm-6x9in) London 96 .... FF4 680 - £600 - **$928**
  Low tide, hay barges, Queenboro - Oil/canvas/board (36x25cm-14x10in) London 96 ...... FF14 940 - £1 900 - **$2,873**
  Shipping off the Coast - Oil/canvas (76x127cm-30x50in) New-York 97 .... FF74 032 - £8 003 - **$13,000**
- *Cantay Bay with Bafs Rock* - Watercolour/paper (31x70cm-12x28in) New-York 96 ...... FF7 500 - £971 - **$1,500**

HAYES Ernest 1914-1970 [2]
- *Deep South (outside Rome)* - Oil/board (35x27cm-14x11in) Dublin 91 .... FF15 440 - £1 548 - **$2,828**

HAYES Frederick William 1848-1918 [4]
- *Stormy coastal scene* - Oil/canvas (61x92cm-24x36in) Glasgow 93 .... FF3 984 - £480 - **$696**

HAYES John 1786-1866 [5]
- *He who plays the piper plays the tune* - Oil/canvas (64x76cm-25x30in) London 91 ...... FF64 800 - £6 479 - **$10,672**

HAYES Michael Angelo 1820-1877 [2]
- *The billet* - Watercolour, gouache (41x51cm-16x20in) London 90 .... FF11 600 - £1 250 - **$2,046**

HAYES William 1729-1799 [4]
- *A secretary bird* - Watercolour (39x34cm-15x13in) London 96 .... FF5 900 - £750 - **$1,134**

HAYET Louis 1864-1940 [40]
- *Bouquet de fleurs* - Huile/carton/toile (51x37cm-20x15in) Paris 96 .... FF8 500 - £1 066 - **$1,644**
  Fleuriste, Grands Boulevards, Paris - Oil/board (19x27cm-7x11in) London 96 ...... FF35 100 - £4 000 - **$6,720**
  Paysage d'Aix les Bains - Oil/canvas (38x55cm-15x22in) London 96 ...... FF103 700 - £13 000 - **$20,020**

HAYEZ Francesco 1791-1882 [7]
- *Marquis Giuseppe Sigismondo Ala* - Oil/canvas (86x123cm-34x48in) London 91 ...... FF242 000 - £24 033 - **$42,018**
- *Gli sponsali di Giulietta* - Inchiostro/carta (21x28cm-8x11in) Milano 90 .... FF35 500 - £3 613 - **$7,099**

HAYLLAR Edith 1860-1948 [2]
- *The Fortune Teller, Wallingford Bridge* - Oil/paper/board (17x25cm-7x10in) London 97 ...... FF45 758 - £4 800 - **$7,852**

HAYLLAR James 1829-1920 [19]
- *Life and Death* - Oil/canvas/board (52x38cm-20x15in) New-York 95 .... FF6 340 - £764 - **$1,200**
  Cromwell & his two daughters
    Oil/canvas (112x142cm-44x56in) New Orleans, Louisiana 94 .... FF63 400 - £7 210 - **$10,750**
- *The Highest Bidder* - Watercolour (45x35cm-18x14in) Billinghurst, West Sussex 93 ...... FF29 050 - £3 500 - **$5,080**

HAYLLAR Jessica 1858-1940 [10]
- *Peonies* - Oil/panel (29x19cm-11x7in) London 93 .... FF35 600 - £4 000 - **$5,960**

HAYLLAR Mary XIX-XX [1]
- *Helping gardener* - Oil/canvas (70x56cm-28x22in) London 96 .... FF169 000 - £22 000 - **$33,500**

HAYLS John ?-1679 [2]
- *Sir Thomas Vyner* - Oil/canvas (125x100cm-49x39in) London 96 .... FF42 500 - £5 500 - **$8,340**

HAYMAN Patrick 1915-1988 [19]
- *The Crucifixion* - Oil/board (46x36cm-18x14in) London 96 .... FF6 350 - £820 - **$1,253**
- *Ices* - Gouache (29x39cm-11x15in) London 94 .... FF4 260 - £500 - **$746**

HAYMANN Ernst 1873-? [5]
- *Herbstliche Landschaft mit Birkenallee* - Oil/panel (8x16cm-3x6in) Lindau 97 .... FF4 558 - £478 - **$783**

HAYN von Ernst 1822-1896 [1]
- *Landschaft bei Urach* - Aquarell (15x19cm-6x7in) Stuttgart 90 .... FF1 800 - £193 - **$313**

HAYNE Anton 1786-1850 [2]
- *Blick in ein Flusstal* - Ol/Leinwand (57x72cm-22x28in) Wien 92 .... FF26 450 - £3 076 - **$5,400**

HAYNES Constance XIX-XX [2]
- *Jersey North Coast* - Oil/canvas (41x65cm-16x26in) St. Helier, Jersey 91 .... FF5 460 - £550 - **$947**

HAYNES Frank Jay 1853-1921 [9]
- *Hayden Valley* - Albumen print (41x53cm-16x21in) New-York 95 .... FF4 360 - £561 - **$900**

HAYNES Frederick c.1860-1880 [2]
- *Running off Newhaven* - Oil/canvas (49x75cm-19x30in) Bristol, Avon 94 .... FF3 684 - £440 - **$688**

HAYNES John William 1836-1908 [6]
- *The sun blinks kindly in the liel* - Oil/canvas (63x76cm-25x30in) London 91 .... FF12 900 - £1 309 - **$2,330**

HAYNES Nancy 1947 [2]
- *Two squares, 1981* - Relief (30x8x91cm-12x3x36in) New-York 89 .... FF18 300 - £1 821 - **$2,891**
- *Untitled* - Drawing (59x11cm-23x4in) New-York 89 .... FF20 000 - £1 990 - **$3,160**

HAYNES-WILLIAMS John 1836-1909 [2]
- *Reverie* - Oil/canvas (82x57cm-32x22in) New-York 95 .... FF23 400 - £3 040 - **$4,800**

HAYS Barton Stone 1826-1914 [5]
- *Peaches and grapes* - Oil/canvas (20x36cm-8x14in) Mystic, Connecticut 94 .... FF12 570 - £1 496 - **$2,300**

HAYS George A. 1854-? [22]
- *The Holstein Cow* - Oil/canvas (46x66cm-18x26in) Mystic, Connecticut 94 .... FF5 470 - £651 - **$1,000**
  Landscape with cattle - Oil/canvas (30x46cm-12x18in) Mystic, Connecticut 94 ...... FF10 380 - £1 236 - **$1,900**
- *Grazing sheep* - Gouache (25x36cm-10x14in) Mystic, Connecticut 95 .... FF4 290 - £515 - **$800**

HAYS William Jacob 1830-1875 [3]
- *Cattle watering* - Oil/canvas (43x86cm-17x34in) Baton Rouge, Louisiana 94 .... FF6 310 - £758 - **$1,200**

HAYTER George 1792-1871 [14]
- *Angelo & Louisa* - Oil/canvas (36x30cm-14x12in) London 95 .... FF30 000 - £3 800 - **$6,030**
- *Her Dreams* - Watercolour (11x21cm-4x8in) London 96 .... FF3 590 - £450 - **$698**

HAYTER John 1800-1891 [6]
- C. J. Mann, Viscount Brome - Oil/panel London 92 .... FF3 770 - £450 - **$725**
- Cockran Sisters - Pastel (43x39cm-17x15in) London 94 .... FF5 460 - £650 - **$1,040**

HAYTER Stanley William 1901-1988 [115]
- Oiseaux en pays froid
  Acrylic/canvas (54x73cm-21x29in) San Francisco-Los Angeles 96 .... FF12 980 - £1 654 - **$2,500**
- Bird in Flight - Oil/canvas (135x89cm-53x35in) New-York 94 .... FF38 000 - £4 560 - **$7,200**
- Fold - Huile/toile (195x130cm-77x51in) Paris 96 .... FF50 000 - £5 890 - **$9,810**
- Untitled - Oil/canvas (76x91cm-30x36in) New-York 94 .... FF79 600 - £9 060 - **$13,500**
- Danseurs de feu - Huile/toile (116x81cm-46x32in) Paris 90 .... FF330 000 - £33 230 - **$64,643**
- La noyée - Engraving London 97 .... FF13 514 - £1 400 - **$2,314**
- Pégase - Soft ground (19x30cm-7x12in) New-York 91 .... FF13 680 - £1 388 - **$2,471**
- Le combat - Engraving (43x53cm-17x21in) London 94 .... FF55 000 - £6 500 - **$9,880**
- Abstrakte Figur - Ink/paper (36x26cm-14x10in) Köln 96 .... FF5 100 - £581 - **$975**
- Etudes - Crayons couleurs (67x100cm-26x39in) Paris 90 .... FF14 000 - £1 432 - **$2,763**
- Composition - Gouache (30x45cm-12x18in) New-York 92 .... FF15 480 - £1 570 - **$2,800**

HAYTLEY Edward c.1700-c.1780 [2]
- Lady, standing in a river landscape - Oil/canvas (54x38cm-21x15in) London 95 .... FF34 830 - £4 500 - **$7,180**
- Figures in a rural landscape - Watercolour (28x38cm-11x15in) London 92 .... FF5 440 - £650 - **$1,047**

HAYWARD Alfred Frederick W. 1856-1939 [17]
- Sloes and Snowberries - Oil/canvas (45x25cm-18x10in) London 94 .... FF7 740 - £900 - **$1,337**

HAYWARD Alfred Robert 1875-1971 [10]
- Seated female Nude - Oil/canvas (62x76cm-24x30in) London 97 .... FF6 536 - £700 - **$1,129**
- A campo in Venice - Watercolour (26x38cm-10x15in) London 95 .... FF1 764 - £220 - **$357**

HAYWARD Arthur 1889-1971 [17]
- The skier - Oil/canvas (101x91cm-40x36in) London 96 .... FF21 500 - £2 800 - **$4,450**

HAYWARD Gerald S. XIX-XX [2]
- Retrato de caballero - Miniature (8x7cm-3x3in) Madrid 93 .... FF11 440 - £1 318 - **$1,964**

HAZAI Susan R. 1899-1985 [3]
- Sand und Sonne - Oil/panel (54x59cm-21x23in) Wien 94 .... FF5 860 - £666 - **$993**
- Ohne Titel - Oil/panel (79x79cm-31x31in) Wien 92 .... FF24 050 - £2 873 - **$4,630**

HAZARD Arthur Merton 1872-1930 [2]
- Woman in a yellow dress
  Oil/canvas (63x51cm-25x20in) San Francisco-Los Angeles 92 .... FF14 300 - £1 707 - **$2,750**

HAZARD James 1748-1787 [1]
- Selbstportrait - Oil/canvas (48x34cm-19x15in) Detroit, Michigan 92 .... FF14 020 - £1 436 - **$2,750**

HAZART Paul 1910-1989 [2]
- Pont et rue Fléchambault - Huile/isorel (33x41cm-13x16in) Reims 92 .... FF4 000 - £411 - **$770**

HAZELTON Mary Brewster XIX-XX [3]
- Young seated woman - Pencil (48x33cm-19x13in) Boston, Mass. 94 .... FF5 410 - £642 - **$1,000**

HAZENPLUG Frank 1873-? [4]
- The Chap-Book - Poster (53x35cm-21x14in) New-York 92 .... FF6 250 - £640 - **$1,100**

HAZEU Arend Cornelis 1826-1888 [3]
- Wildbach in Waldlandschaft - Oil/canvas (84x76cm-33x30in) Wien 89 .... FF24 000 - £2 529 - **$4,040**

HAZLEDINE Alfred 1876-1954 [14]
- Paysage d'été - Huile/toile (75x115cm-30x45in) Bruxelles 94 .... FF6 700 - £883 - **$1,360**

HAZLEHURST Thomas 1740-1821 [17]
- Charles Gibson of Quenmore Park - Miniature (7cm-3in) London 97 .... FF8 531 - £900 - **$1,464**

HEAD Arthur William 1861-? [4]
- Woman in pink/Woman in blue - Oil/canvas (30x12cm-12x5in) Philadelphia 95 .... FF5 980 - £786 - **$1,200**

HEAD Edward Joseph 1863-? [2]
- River with figure & sheep - Oil/canvas (30x56cm-12x22in) Aylsham, Norfolk 92 .... FF2 930 - £350 - **$564**

HEAD Guy 1753-1800 [1]
- Iris carrying Water, River Styx - Oil/canvas (62x50cm-24x20in) London 96 .... FF12 730 - £1 500 - **$2,500**

HEAD James Watterston 1859-1914 [1]
- Arbroath Harbour - Watercolour/paper (42x26cm-17x10in) Glasgow 96 .... FF14 700 - £1 700 - **$2,814**

HEADE Martin Johnson 1819-1904 [44]
- Magnolia Blossoms on Blue Velvet - Oil/canvas (38x61cm-15x24in) New-York 96............... FF4 - £514 000 - **$850,000**
- Rose - Oil/board (28x18cm-11x7in) Portland, Maine 93 .... FF135 700 - £15 440 - **$23,000**
- Red rose and bud in a tumbler - Oil/board (30x20cm-12x8in) New-York 97 .... FF350 262 - £36 846 - **$60,000**

HEALEY George Peter Alex. 1813-1894 [1]
- William Fleetwood - Oil/canvas (110x81cm-43x32in) New-York 93 .... FF4 130 - £470 - **$700**

HEALY George Peter Alex. 1813-1894 [4]
- Portrait of Daniel Webster - Oil/canvas (76x63cm-30x25in) New-York 96 .... FF33 900 - £3 930 - **$6,500**

HEALY Michael 1873-1941 [1]
- Writing a docket/Pensive figure - Watercolour Glasgow 92 .... FF5 030 - £600 - **$967**

HEAPHY Thomas 1775-1835 [6]
- Arthur Wellesley - Watercolour (60x42cm-24x17in) London 93 .... FF19 920 - £2 400 - **$3,480**

HEAPHY Thomas Frank 1813-1873 [1]
- Spanish beauty - Oil/canvas (97x71cm-38x28in) London 89 .... FF9 200 - £915 - **$1,453**

HEARD Hugh Percy XIX-XX [3]
- Roses - Oil/canvas (20x90cm-8x35in) London 95 .... FF6 430 - £845 - **$1,290**

HEARD OF LIVERPOOL Joseph 1799-1859 [5]
- A Brig Zephyr - Oil/canvas (69x101cm-27x40in) London 97 .... FF61 914 - £6 600 - **$10,810**

The British Ship,Norwood - Oil/canvas (71x102cm-28x40in) London 97 .... FF*154 785* - £*16 500* - **$27,025**

HEARNE Thomas 1744-1817 [22]
Leiston Priory, Suffolk - Watercolour (19x27cm-7x11in) London 95 .... FF*5 200* - £*650* - **$1,050**
Bridge, Wallingford, Oxfordshire - Watercolour (19x25cm-7x10in) London 97 .... FF*29 963* - £*3 200* - **$5,210**
Antigua from the Hill near the Park - Watercolour (53x152cm-21x60in) London 94 .... FF*458 000* - £*55 000* - **$85,700**

HEARTFIELD John, H. Herzfelde 1891-1968 [6]
They Twist & Turn: German Judges
   Gelatin silver print (94x69cm-37x27in) New-York 93 .... FF*22 000* - £*2 760* - **$4,000**

HEATH Adrian 1920-1992 [16]
Composition - Oil/canvas (18x25cm-7x10in) London 94 .... FF*12 500* - £*1 500* - **$2,430**
J. 1983 - Watercolour (73x53cm-29x21in) London 97 .... FF*3 582* - £*380* - **$617**

HEATH Charles I 1785-1848 [1]
Richmond Hill - Engraving (109x147cm-43x58in) London 94 .... FF*1 832* - £*220* - **$349**

HEATH David M. 1931 [3]
New York City - Gelatin silver print (30x20cm-12x8in) New-York 92 .... FF*1 704* - £*174* - **$300**

HEATH Frank Gascoigne 1873-1936 [9]
Cut Throat Euchre - Oil/canvas (128x152cm-50x60in) London 93 .... FF*29 900* - £*3 600* - **$5,220**

HEATH Howard 1879-? [2]
A day at the fair - Oil/canvas (71x91cm-28x36in) Mystic, Connecticut 92 .... FF*7 600* - £*882* - **$1,550**

HEATH Maurice T. XIX-XX [2]
Wandsworth High St. - Wash/paper (27x35cm-11x14in) London 91 .... FF*4 390* - £*439* - **$723**

HEATH William 1795-1840 [5]
Design for a Regency - Etching (23x34cm-9x13in) London 94 .... FF*2 940* - £*340* - **$502**
The Corncrake - Watercolour (25x35cm-10x14in) London 93 .... FF*3 520* - £*440* - **$638**

HEATHCOCK Walter 1903-? [1]
Studio still life - Oil/canvas (61x46cm-24x18in) New-York 95 .... FF*9 700* - £*1 246* - **$2,000**

HEATHCOTE John Moyer 1800-1890 [1]
Bamborough Castle - Watercolour/paper (25x38cm-10x15in) London 90 .... FF*1 900* - £*203* - **$330**

HEATON Augustus Goodyear 1844-1931 [1]
Woman and child - Oil/canvas New-York 90 .... FF*28 600* - £*3 043* - **$5,116**

HEAULMÉ François 1930 [22]
Personnage - Huile/toile (92x60cm-36x24in) Paris 97 .... FF*2 900* - £*31 4 7* - **$512**
Personnages de comédie - Huile/toile (162x130cm-64x51in) Paris 96 .... FF*6 000* - £*751* - **$1,165**
Grenouille, 1979 - Lavis (30x30cm-12x12in) Paris 89 .... FF*3 800* - £*400* - **$640**

HEBALD Milton Elting 1917 [5]
Mother and child - Bronze (39cm-15in) New-York 95 .... FF*5 810* - £*748* - **$1,200**

HEBBAR Kattingeri Krishna 1911-1996 [5]
Kaveri - Oil/canvas (118x100cm-46x39in) London 96 .... FF*76 900* - £*9 500* - **$14,850**

HEBENSTREIT Manfred XX [2]
Ohne Titel - Öl/Leinwand (110x95cm-43x37in) Wien 94 .... FF*5 820* - £*674* - **$1,103**

HEBER Carl Augustus 1875-1956 [1]
Pan - Bronze (26x52cm-10x20in) New-York 96 .... FF*5 190* - £*662* - **$1,000**

HÉBERT Adrien 1890-1967 [22]
Le couvent du Bon Pasteur, Montréal - Huile/toile (58x53cm-23x21in) Montréal 94 ...... FF*4 610* - £*538* - **$809**
The harbour - Huile/toile (68x84cm-27x33in) Montréal 97 .... FF*24 875* - £*2 627* - **$4,298**
Village - Crayons couleurs/papier (57x40cm-22x16in) Montréal 93 .... FF*1 784* - £*202* - **$301**

HEBERT Charles 1885-1965 [1]
Paysage - Huile/toile (46x35cm-18x14in) Genève 89 .... FF*2 100* - £*215* - **$338**

HÉBERT Émile Pierre Eug. 1828-1893 [10]
Philosophe - Bronze (74cm-29in) New-York 96 .... FF*20 600* - £*2 580* - **$4,000**
Isis - Bronze (48cm-19in) New-York 94 .... FF*89 900* - £*10 600* - **$16,000**

HÉBERT Ernest 1817-1908 [16]
Femme en prière - Huile/toile (46x37cm-18x15in) Paris 89 .... FF*46 000* - £*4 577* - **$7,267**
Odalisques contemplant le Bosphore
   Oil/canvas (226x150cm-89x59in) New-York 90 .... FF*353 000* - £*35 546* - **$69,148**
Musicienne - Pastel (14x11cm-6x4in) Paris 93 .... FF*4 000* - £*500* - **$728**

HÉBERT Henri 1849-1917 [4]
Sur la terrasse - Öl/Leinwand (45x55cm-18x22in) Bern 96 .... FF*11 570* - £*1 470* - **$2,226**

HÉBERT Henri 1884-1950 [3]
Jeune homme sur une jambe - Bronze (51cm-20in) Montréal 94 .... FF*24 700* - £*2 964* - **$4,800**

HEBERT Jules 1812-1897 [11]
Off to war - Oil/panel (41x33cm-16x13in) New-York 93 .... FF*3 575* - £*449* - **$650**
General Guillaume H. Dufour - Lithographie (56x70cm-22x28in) Bern 94 .... FF*1 536* - £*178* - **$265**

HEBERT Louis-Philippe 1850-1917 [8]
Melle de Verchères - Bronze (48cm-19in) Montréal 94 .... FF*30 000* - £*3 540* - **$5,390**

HEBERT Pierre Charles 1885-? [1]
Le Père La Moule - Huile/toile (46x55cm-18x22in) Cognac 92 .... FF*4 000* - £*478* - **$770**

HEBERT Théodore 1829-1913 [1]
The Pilgrims - Bronze (49cm-19in) North Bethesda, MD. 91 .... FF*3 446* - £*345* - **$568**

HEBUTERNE André XX [3]
La baignade - Huile/panneau (38x50cm-15x22in) Versailles 90 .... FF*7 500* - £*808* - **$1,323**

H

HECART-GAILLOT François Clovis 1813-1882 [1]
🖼 Vue de la ville de Reims - Huile/toile (100x200cm-39x79in) Reims 90 .... **FF30 000** - *£3 099* - **$5,300**
HECHT Henri, dit Maik 1922 [2]
🖼 Animaux dans la forêt - Huile/toile (19x25cm-7x10in) Paris 90 .... **FF4 500** - *£479* - **$805**
HECHT Joseph 1891-1951 [9]
🖼 La noyée - Engraving London 97 .... **FF13 514** - *£1 400* - **$2,314**
HECHT van der Hendrik 1841-1901 [8]
🖼 Paysage de Hollande - Huile/toile (150x200cm-59x79in) Bruxelles 89 .... **FF25 900** - *£2 648* - **$4,164**
HECHT Victor David 1873-? [1]
🖼 Woman embroidering - Oil/canvas/panel (76x61cm-30x24in) New-York 94 .... **FF97 000** - *£11 300* - **$17,000**
HECK Wilhelm Emil Robert 1831-1889 [3]
🖼 Le Pastis - Oil/panel (25x19cm-10x7in) New-York 94 .... **FF13 210** - *£1 590* - **$2,500**
  The alms - Oil/canvas (98x122cm-39x48in) Amsterdam 91 .... **FF54 100** - *£5 491* - **$9,771**
HECK Wilhelm Robert 1831-1889 [1]
🖼 Begrüßung des Vaters - Oil/canvas (57x72cm-22x28in) München 91 .... **FF60 800** - *£6 096* - **$10,036**
HECKE van Arthur 1924 [45]
🖼 Bord de mer - Huile/toile (81x100cm-32x39in) Lille 96 .... **FF3 500** - *£425* - **$681**
  Le port - Huile/toile (81x100cm-32x39in) Le Touquet 93 .... **FF15 500** - *£1 742* - **$2,630**
✏ Port de Dunkerque - Aquarelle/papier (28x43cm-11x17in) Lille 97 .... **FF2 800** - *£29 0 8* - **$479**
HECKE van Roger 1923-1984 [9]
✏ Le nu devant la maison - Encre Chine (76x53cm-30x21in) La Varenne Saint-Hilaire 89 ..... **FF3 100** - *£317* - **$498**
HECKE van Willem 1893-1976 [66]
🖼 Gestalte - Huile/panneau (54x12cm-21x5in) Lokeren 94 .... **FF3 650** - *£436* - **$688**
  Staand figuur - Huile/papier/panneau (36x27cm-14x11in) Lokeren 95 .... **FF6 170** - *£770* - **$1,246**
  Visser met lantaarn - Oil/paper/panel (110x79cm-43x31in) Lokeren 92 .... **FF31 540** - *£3 230* - **$5,550**
✏ Figuren - Encre (18x27cm-7x11in) Lokeren 94 .... **FF2 640** - *£308* - **$463**
HECKE-ADRIK Valerk 1810-? [1]
🖼 Frau mit entblösstem Oberkörper - Öl/Leinwand (50x37cm-20x15in) Lindau 92 ..... **FF2 374** - *£284* - **$457**
HECKEL Erich 1883-1970 [496]
🖼 Rote Dächer - Öl/Leinwand (67x75cm-26x30in) Berlin 96 .... **FF5** - *£655 000* - **$1 ,15e,+06**
  Weisse Pfingstrosen - Tempera/Leinwand (71x60cm-28x24in) Berlin 94 .... **FF256 300** - *£30 230* - **$45,600**
  Angler, fishing, Stralsund - Oil/canvas (80x91cm-31x36in) New-York 93 .... **FF531 000** - *£60 400* - **$90,000**
🖼 Feld mit Kornpuppen - Woodcut (22x31cm-9x12in) Köln 97 .... **FF9 463** - *£994* - **$162,0 8**
  Zwei Männer am Tisch - Woodcut (23x26cm-9x10in) Berlin 97 .... **FF25 254** - *£268 2 3* - **$439,9 3**
  Kniende am Stein - Woodcut (50x31cm-20x12in) Berlin 97 .... **FF54 392** - *£5 776* - **$9,474**
  Männerbildnis - Woodcut in colors (45x32cm-18x13in) Berlin 97 .... **FF334 124** - *£35 485* - **$58,202**
✏ Zinnien - Ink (64x49cm-25x19in) Berlin 97 .... **FF19 426** - *£2 063* - **$3,383**
  Sommer - Aquarell (44x61cm-17x24in) Berlin 97 .... **FF69 933** - *£7 427* - **$12,181**
  Drei Figuren - Aquarelle (65x49cm-26x19in) Köln 97 .... **FF91 246** - *£9 590* - **$15,622**
  Bei der Förde - Osterholz - Aquarell/Papier (42x57cm-17x22in) Berlin 97 ..... **FF155 406** - *£16 504* - **$27,071**
HECKEL von August 1824-1883 [5]
🖼 Daphnis und Chloë - Öl/Leinwand (109x87cm-43x34in) München 94 .... **FF16 400** - *£1 970* - **$3,120**
✏ Tristan and Isolde with King Mask - Ink (34x47cm-13x19in) London 95 .... **FF1 558** - *£200* - **$315**
HECKENDORF Franz 1888-1961 [114]
🖼 Eselreiter - Oil/canvas (80x100cm-31x39in) Berlin 92 .... **FF13 600** - *£1 392* - **$2,394**
  Blumenstilleben - Oil/masonite (94x70cm-37x28in) Berlin 94 .... **FF34 200** - *£4 030* - **$6,080**
  Am See - Öl/Leinwand (45x61cm-18x24in) Köln 96 .... **FF78 000** - *£9 720* - **$15,070**
  Kakteen und Orchideen - Oil/panel (72x100cm-28x39in) Berlin 92 .... **FF129 200** - *£13 220* - **$22,740**
✏ Abstrakte Komposition - Aquarell/Papier (45x35cm-18x14in) München 95 .... **FF4 590** - *£587* - **$936**
  City across a lake - Watercolour (36x48cm-14x19in) London 92 .... **FF14 660** - *£1 500* - **$2,587**
HECKER Franz 1870-1944 [69]
🖼 Alte lesende Bäuerin - Öl/Leinwand (64x52cm-25x20in) Bielefeld 94 .... **FF44 300** - *£5 290* - **$8,340**
  Garten im Frühling - Öl/Leinwand (57x82cm-22x32in) Bremen 94 .... **FF102 800** - *£11 920* - **$17,700**
🖼 Im Park - Etching (17x24cm-7x9in) Bielefeld 95 .... **FF4 480** - *£580* - **$911**
HECKERT-FECHNER Maria 1880-? [1]
🖼 Birken am Teich - Oil/canvas (123x100cm-48x39in) Wien 90 .... **FF5 800** - *£599* - **$1,025**
HECKMAN Albert 1893-1971 [1]
🖼 River boat - Lithograph (33x46cm-13x18in) New-York 93 .... **FF1 650** - *£207* - **$300**
HECKMANN Walter 1929-1994 [5]
✏ American heritage - Pastell (25x20cm-10x8in) Heidelberg 92 .... **FF5 420** - *£630* - **$1,105**
HECKROTH Hein 1901-1970 [11]
🖼 Blumen und junger Hahn - Oil/canvas (76x102cm-30x40in) London 97 .... **FF4 076** - *£450* - **$715**
🖼 Die Blätter vom Zerstörten Leben - Aquatint Berlin 96 .... **FF2 034** - *£254* - **$393**
✏ White Hart London - Aquarell/Papier (24x30cm-9x12in) Köln 93 .... **FF4 140** - *£468* - **$698**
HECQ Émile 1924 [38]
🖼 Trois clowns musiciens - Huile/toile (169x140cm-67x55in) Paris 95 .... **FF10 000** - *£1 210* - **$1,882**
  Composition, 1988 - Huile/toile (130x97cm-51x38in) Paris 90 .... **FF59 000** - *£6 358* - **$10,406**
✏ Homme à la coiffe - Gouache/papier (64x50cm-25x20in) Paris 95 .... **FF7 500** - *£996* - **$1,546**
HEDAEUS John 1872-1967 [1]
🖼 Bondpar vid farstukvist - Oil/canvas/panel (60x41cm-24x16in) Göteborg 93 .... **FF3 550** - *£437* - **$658**
HEDBERG Hans 1917 [7]
🖼 Vid kajen, 1944 - Oil/board (33x41cm-13x16in) Stockholm 89 .... **FF5 600** - *£590* - **$943**
🏺 Ägg - Ceramic (40cm-16in) Stockholm 96 .... **FF25 160** - *£3 244* - **$4,930**

HEDBERG Kalle 1894-1959 [26]
- *Höstmotiv, Lappland* - Oil/panel (48x60cm-19x24in) Stockholm 95 .... FF7 370 - £958 - **$1,513**
- *Lappflicka* - Oil/panel (85x65cm-33x26in) Stockholm 91 .... FF23 570 - £2 414 - **$4,401**

HEDDEMANN Friedrich Peter 1829-1892 [1]
- *Spielerische Unterseisung* - Öl/Leinwand (61x50cm-24x20in) Bremen 94 .... FF82 800 - £9 800 - **$15,260**

HEDELIN Carl Axel 1861-1894 [1]
- *Strandvägen i solljus* - Akvarell (30x19cm-12x7in) Stockholm 94 .... FF13 840 - £1 633 - **$2,464**

HEDEMAN Margot 1915 [2]
- *Sittande kvinna* - Bronze (17cm-7in) Stockholm 96 .... FF2 153 - £269 - **$416**

HEDENBERG Anders 1839-1916 [1]
- *Hallö fyr, Bohuslan, Sverige* - Oil/canvas (18x28cm-7x11in) København 90 .... FF2 600 - £280 - **$459**

HEDIGER Kurt 1932 [5]
- *Die Seine in Paris* - Öl/Leinwand (46x55cm-18x22in) Zofingen 96 .... FF3 310 - £412 - **$639**

HEDINGER Elise 1854-1923 [1]
- *Stilleben* - Oil/canvas (122x74cm-48x29in) Köln 90 .... FF20 300 - £2 097 - **$3,587**

HEDLEY Ralph 1851-1913 [32]
- *Canine friends*
  Oil/canvas (90x95cm-35x37in) Marlborough Crescent, Newcastle upon Tyne 93 ...... FF58 400 - £7 300 - **$10,580**

HEDLUND Alfred 1884-1930 [9]
- *Motiv från Bjerred* - Oil/canvas (46x60cm-18x24in) Malmö 91 .... FF2 810 - £279 - **$488**

HEDLUND Börje 1909 [7]
- *Fruktstilleben* - Oil/panel (25x34cm-10x13in) Stockholm 91 .... FF2 923 - £295 - **$507**

HEDOUIN Pierre Edmond Alex. 1820-1889 [4]
- *Tertulia árabe* - Drawing (11x16cm-4x6in) Madrid 91 .... FF2 710 - £270 - **$466**

HEDQVIST Tage 1909 [21]
- *Komposition* - Oil/panel (46x55cm-18x22in) Stockholm 94 .... FF3 300 - £388 - **$620**
- *Berzelii Park* - Oil/canvas (38x55cm-15x22in) Stockholm 95 .... FF8 400 - £1 098 - **$1,680**

HEEL van Jan 1898-1990 [33]
- *Stilleven met dode hoornraaf* - Oil/canvas (100x70cm-39x28in) Amsterdam 97 .... FF15 606 - £1 688 - **$2,723**
- *Stilleven* - Gouache (23x30cm-9x12in) Amsterdam 95 .... FF5 670 - £724 - **$1,158**

HEEM de David Cornelisz 1663-1718 [3]
- *Stilleben* - Oil/canvas (65x50cm-26x20in) .... FF306 000 - £31 300 - **$53,900**

HEEMSKERCK VAN BEEST van Jacob Eduard 1828-1894 [8]
- *Sunda Straits, off Java* - Oil/panel (51x92cm-20x36in) Amsterdam 96 .... FF30 140 - £3 870 - **$5,840**

HEEMSKERCK VAN BEEST van Jacoba 1876-1923 [16]
- *Landschaft mit Baum* - Oil/canvas (60x63cm-24x25in) Amsterdam 93 .... FF48 050 - £5 760 - **$8,780**
- *Boote im Hafen* - Woodcut (15x25cm-6x10in) Heidelberg 96 .... FF2 880 - £356 - **$556**
- *Schwarze Linien über Bunt* - Aquarell/Papier (54x43cm-21x17in) Heidelberg 93 .... FF21 700 - £2 593 - **$4,175**

HEER August 1867-1922 [2]
- *Portraitmedaille Ferdinand Hodler* - Bronze (10cm-4in) Bern 93 .... FF5 980 - £723 - **$1,112**

HEER de Simon 1885-? [2]
- *Sunlit farmyard* - Oil/canvas (40x50cm-16x20in) Amsterdam 93 .... FF2 260 - £270 - **$435**

HEERBRANT Henri 1913-1982 [2]
- *Composition linéaire* - Ink/paper (65x50cm-26x20in) Bruxelles 90 .... FF3 624 - £371 - **$715**

HEERDT Emma 1849-? [1]
- *Fruit & pewter on a table* - Oil/canvas (67x110cm-26x43in) London 91 .... FF17 850 - £1 812 - **$3,224**

HEERE de Lukas 1534-1584 [2]
- *Le Triomphe de David* - Huile/panneau (75x105cm-30x41in) Toulouse 96 .... FF60 000 - £7 480 - **$11,580**

HEEREBAART Georgius 1829-1915 [4]
- *Wooded river landscape* - Oil/canvas (36x54cm-14x21in) Amsterdam 96 .... FF39 100 - £4 750 - **$7,600**

HEEREN Minna 1823-1898 [1]
- *Kinder vor einer Gartenhütte* - Oil/canvas (68x83cm-27x33in) München 92 .... FF50 900 - £6 070 - **$9,780**

HEERFORDT Anna 1839-1910 [4]
- *Mixed flowers* - Oil/canvas (42x53cm-17x21in) København 95 .... FF6 340 - £792 - **$1,243**

HEERICH Erwin 1922 [10]
- *Ohne Titel* - Serigraph (96x64cm-38x25in) Düsseldorf 92 .... FF5 440 - £557 - **$958**
- *Ohne Titel* - Sculpture (50x10x190cm-20x4x75in) Düsseldorf 92 .... FF40 700 - £4 860 - **$7,830**
- *Untitled* - Ink/paper (99x64cm-39x25in) New-York 91 .... FF2 830 - £287 - **$511**

HEERUP Henry 1907-1993 [192]
- *Kvinde og hveps* - Oil/masonite (58x71cm-23x28in) København 95 .... FF23 000 - £2 820 - **$4,480**
- *Svanemor, med unger* - Oil/masonite (85x94cm-33x37in) København 92 .... FF51 000 - £5 220 - **$8,990**
- *Figurkomposition* - Oil/canvas (200x300cm-79x118in) København 96 .... FF246 500 - £30 600 - **$47,900**
- *Livmoderelskov* - Color lithograph (42x27cm-17x11in) København 96 .... FF3 104 - £403 - **$614**
- *Lille dreng* - Stone (28x35cm-11x14in) København 96 .... FF9 750 - £1 266 - **$1,930**
- *Elefant* - Marble (20x11x25cm-8x4x10in) København 94 .... FF19 330 - £2 300 - **$3,644**
- *Leda med svannen* - Marble (50cm-20in) København 94 .... FF44 400 - £5 650 - **$8,600**
- *Ornamentik* - Gouache (40x61cm-16x24in) København 92 .... FF8 800 - £882 - **$1,693**

HEERUP Ole 1934 [4]
- *Pavillon 86* - Oil/canvas (91x66cm-36x26in) København 91 .... FF3 170 - £316 - **$545**

HEES van Gustav Adolf 1862-? [2]
- *Freizeitvergnügungen, Chiemsee* - Öl/Leinwand (85x186cm-33x73in) Stuttgart 95 .... FF40 200 - £4 880 - **$7,910**

HEESS Wilhelm XIX-XX [2]
- *Belebter Flusslauf mit Anglern* - Oil/panel (20x39cm-8x15in) Stuttgart 95 .... FF6 300 - £808 - **$1,298**

HEFFNER Joseph 1877-1951 [3]
- *Dorf bei Bernau* - Öl/Leinwand (66x86cm-26x34in) Staufen 95 .... FF6 950 - £902 - **$1,448**

HEFFNER Karl 1849-1925 [96]
- *A River landscape with Fishermen* - Oil/canvas (32x111cm-13x44in) Amsterdam 97 .... FF10 804 - £1 149 - **$1,880**
- *Buffalo drawing a cart on a tarck* - Oil/canvas (118x160cm-46x63in) London 96 .... FF30 800 - £4 000 - **$6,100**
- *Thames River with Windsor Castle* - Oil/canvas (119x165cm-47x65in) New-York 93 ...... FF165 000 - £20 700 - **$30,000**

HEGE Walter 1893-1955 [1]
- *Acropolis, frieze of Equestrians* - Gelatin silver print (20x28cm-8x11in) New-York 90 .... FF9 580 - £965 - **$1,877**

HEGEMANN-RÄDERSCHEIDT Martha 1894-? [1]
- *Blumenstrauss im Steingutkrug* - Öl/Leinwand (59x40cm-23x16in) Köln 97 .... FF11 828 - £1 243 - **$2,025**

HEGENBARTH Emanuel 1868-1923 [3]
- *Zwei Jäger unter Birken* - Öl/Leinwand (161x110cm-63x43in) München 94 .... FF27 340 - £3 284 - **$5,200**

HEGENBARTH Fritz 1864-? [1]
- *Gustav Pisko* - Oil/panel (48x30cm-19x12in) Chicago 92 .... FF4 900 - £570 - **$1,000**

HEGENBARTH Josef 1884-1962 [72]
- *Bauer mit zwei Rossen* - Mixed media (41x30cm-16x12in) Köln 97 .... FF14 194 - £1 491 - **$2,430**
- *Löwnbändiger* - Oil/canvas (76x10cm-30x4in) London 89 .... FF48 400 - £4 816 - **$7,646**
- *Strassenszene* - Watercolour, gouache/paper (33x39cm-13x15in) Heidelberg 95 .... FF16 020 - £2 056 - **$3,234**

HEGER Frantz 1766-1831 [2]
- *Prag,vom Hüberner Platz* - Etching (47x63cm-19x25in) Wien 92 .... FF6 730 - £805 - **$1,295**

HEGER Heinrich 1832-1888 [3]
- *Collegio a Palazzo Ducale, Venezia* - Oil/panel (106x86cm-42x34in) London 96 .... FF21 600 - £2 800 - **$4,270**

HEGER Louise 1842-1933 [5]
- *Au bord du Lac* - Huile/toile (91x153cm-36x60in) Lokeren 94 .... FF23 100 - £2 690 - **$4,045**

HEGER Roman Jaroslaw 1909-1993 [2]
- *Miasto* - Oil/canvas (54x65cm-21x26in) Warszawa 96 .... FF3 470 - £433 - **$671**
- *Coastal Southern landscape* - Watercolour (46x57cm-18x22in) Warszawa 96 .... FF7 330 - £914 - **$1,416**

HEGETSCHWEILER Max 1902-1995 [2]
- *Pont Saint-Michel* - Huile/toile (58x80cm-23x31in) Zürich 96 .... FF5 090 - £660 - **$1,007**

HEGG Maria Teresa 1829-1911 [3]
- *Roses* - Watercolour (38x56cm-15x22in) London 92 .... FF9 280 - £950 - **$1,640**

HEGGTVEIT Øyvind 1884-1961 [1]
- *Interiør med laesende kvinde* - Oil/panel (84x58cm-33x23in) København 93 .... FF2 630 - £314 - **$505**

HEGI Franz 1774-1850 [6]
- *Cappel/Kyburg* - Aquatint (14x18cm-6x7in) Bern 92 .... FF1 786 - £183 - **$315**

HEGI Johann Salomon 1814-1896 [2]
- *Studenten im Wirtshaus* - Oil/canvas (18x16cm-7x6in) Luzern 91 .... FF9 500 - £964 - **$1,716**
- *Schweizer Krieger beim Kartenspiel* - Aquarell (21x32cm-8x13in) Zofingen 92 .... FF2 970 - £355 - **$571**

HEI BAI XX [2]
- *Gréviste de la faim, place Tien An Men* - Photo (30x0cm-12in) Paris 95 .... FF3 800 - £500 - **$763**

HEIBERG Astri Welhaven 1881-1967 [2]
- *Kystlandskap* - Oil/canvas (73x88cm-29x35in) Oslo 92 .... FF3 510 - £420 - **$676**

HEIBERG Jean Hjalmar Dahl 1884-1976 [12]
- *Sommerdag* - Oil/canvas (60x80cm-24x31in) Tönsberg 91 .... FF34 700 - £3 469 - **$5,715**

HEICHERT Otto 1868-? [1]
- *Soldaten beim Manöver* - Gouache/papier (30x22cm-12x9in) Wien 96 .... FF2 414 - £275 - **$463**

HEICKE Josef 1811-1861 [11]
- *Hirtenpaar mit weidender Herde* - Oil/canvas (50x63cm-20x25in) Stuttgart 92 .... FF23 700 - £2 755 - **$4,840**
- *Vieil homme au chibouk/Nubien* - Aquarelle (27x19cm-11x7in) Paris 95 .... FF2 600 - £330 - **$523**

HEICKELL Arthur 1873-1958 [36]
- *Strandbjörkar* - Oil/canvas (50x60cm-20x24in) Helsinki 94 .... FF6 450 - £748 - **$1,111**
- *Trädstammar* - Oil/canvas (64x54cm-25x21in) Helsinki 93 .... FF7 110 - £813 - **$1,212**
- *Kvällsseglats* - Oil/canvas (64x36cm-25x14in) Helsinki 94 .... FF7 340 - £840 - **$1,244**

HEIDBRINCK Oswald 1860-1914 [1]
- *O. Heidbrinck, A. Willette, R. Ponchon* - Crayons couleurs (35x27cm-14x11in) Paris 89 .... FF2 500 - £249 - **$395**

HEIDE van der Johann Wilhelm 1878-? [3]
- *Türkische Bauern mit ihrer Viehherde* - Öl/Leinwand (53x79cm-21x31in) München 93 .... FF5 430 - £648 - **$1,044**

HEIDECK von Karl Wilhelm 1788-1861 [4]
- *Das Hephaiston in Athen* - Watercolour (45x56cm-18x22in) München 92 .... FF78 000 - £9 310 - **$15,000**

HEIDECKE Christian 1837-? [1]
- *Villa im klassizistichen Stil* - Aquarell (37x31cm-15x12in) München 94 .... FF9 260 - £1 097 - **$1,712**

HEIDEGGER Gilbert 1872-1956 [1]
- *Schloss Wieberg in Südtirol* - Öl/Karton (24x24cm-9x9in) Wien 94 .... FF6 310 - £742 - **$1,127**

HEIDEKEN von Pehr Gustaf 1781-1864 [3]
- *Landskap med Strömsholms slott* - Oil/canvas (47x66cm-19x26in) Stockholm 90 .... FF35 600 - £3 787 - **$6,369**

HEIDEL Alois 1915-1990 [1]
- *Spirale* - Plastik (23cm-9in) Wien 93 .... FF1 830 - £219 - **$352**

HEIDEL Moritz 1847-? [1]
- *Adamo ed Eva* - Olio/tela (130x83cm-51x33in) Roma 92 .... FF26 300 - £2 690 - **$4,630**

HEIDELBERGER Anton 1833-1858 [1]
- *Queen Victoria* - Pencil (42x31cm-17x12in) Köln 96 .... FF2 200 - £258 - **$433**

HEIDELOFF Josef 1743-1830   [2]
Heiligenkreutz, Strasse nach Baden - Gouache/papier (31x45cm-12x18in) Wien 93............ FF**18 280** - £2 184 - **$3,515**
HEIDER Hans 1861-1947   [6]
Landschaft bei Dachau - Oil/canvas (36x54cm-14x21in) München 91 .... FF**5 130** - £527 - **$954**
HEIDER von Fritz 1868-1933   [1]
Holzsammler in Waldlichtung - Oil/canvas (50x40cm-20x16in) Zofingen 91 .... FF**7 130** - £724 - **$1,288**
HEIDER von Hans 1867-1952   [3]
Blick auf das Grödner Joch - Öl/Leinwand (100x125cm-39x49in) München 92................... FF**7 800** - £932 - **$1,500**
HEIDER-SCHWEINITZ von Maria 1894-1974   [2]
Grosse dunkle Sonnenblume - Öl/Leinwand (90x72cm-35x28in) München 94 .... FF**12 650** - £1 485 - **$2,254**
HEIDNER Heinrich 1876-1951   [1]
Blick auf Volterra - Öl/Leinwand (73x100cm-29x39in) München 92.................................. FF**3 390** - £405 - **$653**
HEIGEL Franz Napoleon 1813-1888   [5]
Jeune femme assise - Miniature (21x17cm-8x7in) Paris 93.. FF**8 000** - £1 000 - **$1,455**
Mutterstolz - Watercolour (39x49cm-15x19in) München 92.. FF**50 900** - £6 070 - **$9,780**
HEIJDEN van der Jacques 1928   [3]
Juxtaposed frame 66 - Oil/canvas (50x89cm-20x35in) Amsterdam 97 .... FF**47 947** - £5 040 - **$8,236**
HEIJDEN van der Johannes Hermanus 1825-1907   [1]
Amsterdam & carriage on a canal - Oil/panel (26x37cm-10x15in) Amsterdam 90 .... FF**20 500** - £2 064 - **$4,016**
HEIJENBROCK Herman 1871-1948   [11]
Glass-blower - Oil/canvas (35x33cm-14x13in) Amsterdam 97 .... FF**5 895** - £637 - **$1,028**
A laborer standing by a blast-furnace - Pastel/paper (50x40cm-20x16in) Amsterdam 97 .... FF**3 468** - £375 - **$60,5 9**
HEIJL Marinus 1836-1931   [5]
Ducks in a riverlandscape - Oil/canvas (30x42cm-12x17in) Amsterdam 91 .... FF**4 530** - £450 - **$787**
HEIKE Joseph 1811-1861   [3]
Weide am Seeufer - Öl/Leinwand (39x48cm-15x19in) Wien 96.................................... FF**9 600** - £1 164 - **$1,866**
HEIKE William XX   [3]
Hats - Gelatin silver print (20x25cm-8x10in) San Francisco-Los Angeles 95 .... FF**4 730** - £618 - **$950**
HEIKKA Earle Erik 1910-1941   [7]
The Escape - Sculpture (35cm-14in) New-York 90 .... FF**9 200** - £979 - **$1,646**
HEIL Fri 1892-?   [1]
Samuel and David - Bronze (18cm-7in) Amsterdam 93.. FF**5 520** - £634 - **$947**
HEILBUTH Ferdinand 1826-1889   [26]
Job sur son tas de cendres - Huile/toile (116x152cm-46x60in) Vendôme 96 .... FF**30 000** - £3 710 - **$5,800**
Hiob in seiner Erniedrigung - Oil/canvas (115x161cm-45x63in) New-York 97 .... FF**213 919** - £23 059 - **$37,500**
Man in a punt and a Boy swimming - Watercolour (30x48cm-12x19in) London 97 .... FF**5 904** - £650 - **$1,036**
HEILIGER Bernhard 1915-1995   [29]
Ohne Titel - Color lithograph (61x45cm-24x18in) Berlin 96.. FF**1 870** - £213 - **$358**
Verwandlung II - Bronze (62cm-24in) Berlin 97... FF**93 244** - £9 902 - **$16,242**
Kugel und Körper - Pencil/paper (85x65cm-33x26in) Köln 94....................................... FF**11 300** - £1 311 - **$1,947**
HEILMAIER Josef 1843-1903   [1]
Hügellandschaft - Oil/cardboard (20x26cm-8x10in) Stuttgart 89 .... FF**4 400** - £464 - **$741**
HEILMAN-C Gloria 1961   [4]
Self-portrait: So? - Bronze (91cm-36in) New-York 96 .... FF**17 830** - £2 100 - **$3,500**
HEILMANN Anton Paul 1830-1912   [4]
Schloß Neuwaldegg - Aquarell/Papier (45x74cm-18x29in) Wien 93................................ FF**8 170** - £977 - **$1,573**
HEILMANN Flora 1872-1944   [7]
Gule i lyserode roser - Oil/canvas (26x37cm-10x15in) Köbenhavn 89.......................... FF**3 300** - £337 - **$531**
HEILMANN Georg Friedrich 1785-1862   [1]
Naples et ses environs - Lithograph (30x351cm-12x138in) Bern 92........................... FF**11 410** - £1 364 - **$2,196**
HEILMANN Gerhard V.E. 1859-1946   [8]
Rovfugl med bytte angribes af krager - Oil/canvas (64x95cm-25x37in) Köbenhavn 93 ...... FF**8 750** - £1 046 - **$1,683**
HEILMANN Jean Gaspard 1718-1760   [1]
Paysage de montagne au moulin - Pierre noire (17x22cm-7x9in) Paris 95...................... FF**3 500** - £450 - **$721**
HEILMANN Jean-Jacques 1822-1859   [2]
Saint-Léger de Guebwiller (Alsace) - Tirage papier salé (20x26cm-8x10in) Paris 96............. FF**2 800** - £319 - **$536**
HEILMAYER Karl 1829-1908   [22]
Gotische Kirche im Vollmondschein - Oil/canvas/panel (54x68cm-21x27in) Lindau 95 ...... FF**6 410** - £801 - **$1,294**
Ein Morgen bei Florenz - Öl/Leinwand (25x39cm-10x15in) Wien 95............................... FF**25 300** - £3 156 - **$5,110**
HEIM François Joseph 1787-1865   [6]
La Présentation au Temple - Huile/papier/toile (30x60cm-12x24in) Paris 95 .... FF**30 000** - £3 950 - **$6,080**
Victor Hugo assis - Dessin (36x27cm-14x11in) Saint-Germain-en-Laye 93 .... FF**8 100** - £976 - **$1,473**
HEIMERL Josef XIX-XX   [6]
Kleine Freunde - Öl/Leinwand (21x26cm-8x10in) Wien 97 .... FF**8 604** - £914 - **$1,483**
HEIMES Heinrich 1855-?   [3]
Nature morte - Oil/canvas (107x78cm-42x31in) Köbenhavn 96 .... FF**16 930** - £2 193 - **$3,386**
HEIMIG Walter 1881-1955   [17]
Ballszene - Huile/panneau (24x30cm-9x12in) Köln 94.. FF**6 800** - £794 - **$1,192**
HEIMLICH Johann Daniel 1740-1796   [1]
Nymphe assaillie par deux faunes - Huile/toile (47x54cm-19x21in) Paris 89 .... FF**24 000** - £2 388 - **$3,791**

H

H

HEIMS Ernst M. 1886-1922 [2]
Expedition zum Kilimandscharo - Aquarell (46x64cm-18x25in) München 92 .... FF3 390 - £405 - $653
HEIN Alois Raimund 1852-1937 [3]
Lotosblüten in Chinavase - Oil/panel (30x24cm-12x9in) Lindau 91 .... FF12 170 - £1 212 - $2,093
HEIN Christianus Hendric. 1815-1879 [4]
Bewaldete Landschaft mit Wanderer - Oil/panel (10x8cm-4x3in) Wien 95 .... FF14 000 - £1 768 - $2,810
HEIN Einar 1875-1931 [4]
Oberhofen am Thunersee - Oil/canvas (47x66cm-19x26in) München 92 .... FF3 724 - £433 - $760
HEIN Emma 1883-1966 [1]
Winterlicher verschneiter Weg - Oil/panel (15x12cm-6x5in) Lindau 95 .... FF7 830 - £980 - $1,582
HEIN Franz 1863-1927 [7]
Am Deich - Öl/Leinwand (110x143cm-43x56in) Hamburg 95 .... FF28 030 - £3 550 - $5,640
Selbstbildnis - Aquarell (104x69cm-41x27in) Bern 93 .... FF7 510 - £940 - $1,372
HEIN Hendrik Jan 1822-1866 [6]
Nature morte - Huile/panneau (43x36cm-17x14in) Bruxelles 93 .... FF65 900 - £7 880 - $13,470
HEIN Marie Vielander 1871-1955 [1]
Henkelkrug und Schale - Öl/Leinwand (60x80cm-24x31in) Lindau 93 .... FF9 800 - £1 143 - $1,610
HEIN VLIELANDER M.J.M. 1871-1951 [2]
Landschap - Oil/board (30x31cm-12x12in) Laren 90 .... FF2 700 - £287 - $483
French peasant girl - Oil/canvas (124x56cm-49x22in) Chicago 92 .... FF4 165 - £484 - $850
HEINE Frederick W. 1845-1921 [1]
HEINE Johann Adalbert 1850-? [6]
Weinprobe im Klosterkeller - Oil/panel (21x27cm-8x11in) München 94 .... FF18 700 - £2 180 - $3,280
HEINE Thomas Theodor 1867-1948 [41]
Wolken, die Vorüberziehen - Oil/panel (64x50cm-25x20in) Köln 93 .... FF101 700 - £12 150 - $19,560
Katze und Maus - Chalks (38x34cm-15x13in) München 94 .... FF9 230 - £1 084 - $1,645
HEINE William XIX [2]
Travellers in an exotic landscape - Oil/canvas (106x155cm-42x61in) New-York 93 ...... FF66 000 - £8 270 - $12,000
HEINECKE Wilhelmus, Wim 1895-? [2]
Stoomboten en beurtvaartschepen - Huile/toile (54x91cm-21x36in) Tongeren 92 ...... FF4 600 - £535 - $940
HEINECKEN Robert 1931 [1]
Vary Cliche - Photograph (71x55cm-28x22in) New-York 91 .... FF11 400 - £1 149 - $1,978
HEINECKEN Robert F. 1931 [2]
Dreams-Circles-Cycles (Self-Portrait)
   9 photographic emulsion prints/canvas (152x119cm-60x47in) New-York 96 .... FF49 000 - £6 290 - $9,500
HEINEFETTER Johann 1815-1902 [4]
Hochgebirgstal mit Flußlauf - Oil/canvas (65x81cm-26x32in) Stuttgart 90 .... FF5 780 - £591 - $1,141
HEINEKEN Marie 1844-1930 [3]
Dahlias in a vase - Oil/canvas (106x78cm-42x31in) London 90 .... FF14 500 - £1 543 - $2,594
HEINEL Eduard 1835-1895 [2]
Nonnwerth am Rhein - Öl/Leinwand (66x95cm-26x37in) Wien 96 .... FF21 670 - £2 703 - $4,190
HEINEL Johann Philipp 1800-1843 [4]
Gewitter am Chiemsee - Oil/canvas (58x47cm-23x19in) München 91 .... FF53 000 - £5 440 - $9,860
Kuhherde und Milchmägden - Aquarell (20x27cm-8x11in) München 94 .... FF2 050 - £241 - $366
HEINEMANN Joseph 1825-1901 [1]
Blonder Knabe - Oil/canvas (22x18cm-9x7in) Lindau 91 .... FF6 080 - £605 - $1,046
HEINEMANN Reinhard 1895 [2]
Blomstrende have - Oil/canvas (57x67cm-22x26in) Vejle 90 .... FF8 800 - £948 - $1,552
HEINER Karl XIX-XX [3]
Mixed flowers in an urn - Oil/panel (30x24cm-12x9in) London 92 .... FF6 060 - £620 - $1,070
HEINER Wilhelm 1902-1965 [1]
Jahrmarktsszene in Südfrankreich - Oil/panel (48x58cm-19x23in) Bielefeld 94 ...... FF8 160 - £952 - $1,430
HEINESEN William 1900-1991 [2]
Braending, parti fra Suderoy - Oil/canvas (75x85cm-30x33in) Köbenhavn 96 .... FF9 720 - £1 265 - $1,927
HEINISCH Karl Adam 1847-1923 [29]
Ausblick von Dachau gegen München - Öl/Leinwand (22x43cm-9x17in) München 93 ...... FF11 870 - £1 418 - $2,283
A family Outing - Oil/canvas (34x35cm-13x14in) New-York 94 .... FF53 100 - £6 340 - $10,000
HEINKEN Helmut 1920-1968 [1]
Stadtbild abstrakt - Aquarelle/carton (32x43cm-13x17in) München 96 .... FF2 380 - £271 - $455
HEINLEIN Heinrich 1803-1885 [12]
Gebirgssee mit Tannen und Felsen - Öl/Leinwand (80x109cm-31x43in) München 95 ...... FF15 600 - £1 970 - $3,130
Schäfer mit Herde im Hochgebirge - Aquarell (53x77cm-21x30in) Heidelberg 92 ...... FF6 800 - £696 - $1,197
HEINONEN Aare 1906 [1]
Utsikt över Rhen - Oil/canvas (50x65cm-20x26in) Helsinki 94 .... FF4 690 - £537 - $795
HEINRICH Erwin 1887-1956 [2]
Rheinauen im Frühling - Oil/canvas (60x80cm-24x31in) Pforzheim 94 .... FF2 745 - £330 - $515
HEINRICH Frans 1802-1890 [7]
The Bargello - Watercolour (47x31cm-19x12in) New-York 95 .... FF5 450 - £680 - $1,100
HEINRICH Otto 1891-? [2]
Holzbrücke über die Spree - Öl/Leinwand (43x58cm-17x23in) Köln 97 .... FF13 518 - £1 420 - $2,314
HEINRICH Robert 1864-1950 [4]
Herbstliche Landschaft - Öl/Leinwand (31x58cm-12x23in) Wien 95 .... FF7 400 - £952 - $1,505

HEINRICH-HANSEN Adolf 1859-1925 [31]
- *Villa D'Este* - Oil/canvas (35x38cm-14x15in) London 96 .... FF10 210 - £1 200 - **$2,010**
- *At the Stable* - Oil/canvas (60x76cm-24x30in) London 97 .... FF36 496 - £4 000 - **$6,405**

HEINRICHS Heinz 1886-? [1]
- *Badende am See* - Oil/canvas (96x115cm-38x45in) Amsterdam 92 .... FF9 100 - £932 - **$1,603**

HEINRIHSONS Ivars 1945 [2]
- *Cheval fou* - Huile/toile (97x120cm-38x47in) Lyon 90 .... FF3 000 - £307 - **$592**

HEINS Armand 1856-1938 [7]
- *Tramways Bruxellois/Nobleman* - Oil/canvas Amsterdam 97 .... FF10 403 - £1 125 - **$1,815**

HEINS John Theodore 1697-1756 [5]
- *Lydia Harvey* - Oil/canvas (127x102cm-50x40in) London 90 .... FF77 500 - £8 351 - **$13,668**

HEINSDORF Elisabeth 1893-1964 [2]
- *Kinder bein Reigentanz vor einer Hütte* - Oil/panel (75x100cm-30x39in) Kempten 96 .... FF6 770 - £850 - **$1,318**

HEINSHEIMER Fritz 1897-1958 [1]
- *Der Rhein bei Rüdesheim* - Oil/canvas (65x84cm-26x33in) Bremen 93 .... FF2 100 - £240 - **$357**

HEINSIUS Johann Ernst, Julius 1740-1812 [9]
- *Self-portrait* - Miniature (8cm-3in) Genève 95 .... FF42 600 - £5 310 - **$8,340**

HEINSIUS Otto 1892-? [2]
- *Blumenstilleben* - Oil/cardboard (69x57cm-27x22in) Bremen 95 .... FF2 783 - £361 - **$580**

HEINTZ Frederik Willem 1815-1864 [1]
- *Repos près de la rivière* - Huile/bois (40x51cm-16x20in) Paris 89 .... FF17 000 - £1 791 - **$2,862**

HEINTZ Josef II (Attrib.) c.1600-c.1678 [1]
- *Perseo libera Andromeda* - Olio/tela (124x91cm-49x36in) Roma 90 .... FF66 500 - £6 696 - **$13,026**

HEINTZ Richard 1871-1929 [141]
- *La Chapelle à Sy* - Huile/carton (25x33cm-10x13in) Liège 97 .... FF16 350 - £1 690 - **$2,800**
- *Après-midi de mars* - Huile/toile (47x58cm-19x23in) Liège 97 .... FF27 795 - £2 873 - **$4,760**
- *Le Cap Ferrat* - Huile/toile (90x116cm-35x46in) Bruxelles 93 .... FF74 100 - £8 860 - **$15,150**

HEINTZELMAN Arthur William 1890-1965 [2]
- *Paysanne endormie* - Etching (24x18cm-9x7in) London 92 .... FF3 130 - £320 - **$551**

HEINZE Adolph 1887-1958 [2]
- *In the Western Mountains* - Oil/canvas (61x76cm-24x30in) North Berwick, Maine 91 .... FF4 560 - £458 - **$789**

HEINZHEIMER Fritz 1897-1958 [1]
- *The water castle, Yokyakarta* - Watercolour/paper (35x45cm-14x18in) Amsterdam 95 .... FF11 020 - £1 428 - **$2,260**

HEINZMANN Carl Friedrich 1795-1846 [6]
- *Der Schliersee* - Oil/canvas (71x83cm-28x33in) München 91 .... FF67 600 - £6 778 - **$11,159**
- *Schleedorf am Kochelsee* - Lithographie (32x40cm-13x16in) München 96 .... FF5 780 - £658 - **$1,105**
- *Zwei Bauernmädchen* - Aquarell (23x20cm-9x8in) München 94 .... FF2 394 - £281 - **$427**

HEIRING Harald 1906 [3]
- *Fra Atelieret* - Oil/canvas (100x75cm-39x30in) Köbenhavn 96 .... FF2 200 - £274 - **$428**

HEISE Wilhelm 1892-1965 [8]
- *The morning* - Oil/panel (27x38cm-11x15in) New-York 92 .... FF20 800 - £2 210 - **$4,000**
- *Fremde Länder* - Lithography (24x31cm-9x12in) Heidelberg 93 .... FF1 890 - £221 - **$311**

HEISIG Bernhard 1925 [21]
- *Wettermännlein im Havelland* - Oil/canvas (90x90cm-35x35in) Ahlden 91 .... FF60 800 - £6 171 - **$10,981**
- *Der gejagte auf der Treppe* - Öl/Leinwand (91x70cm-36x28in) Berlin 97 .... FF178 717 - £18 980 - **$31,131**
- *Sitzende Junge Frau* - Pencil/paper (77x64cm-30x25in) Köln 91 .... FF12 840 - £1 303 - **$2,319**

HEISKA Joonas 1873-1937 [5]
- *Vårlig väg* - Oil/panel (47x61cm-19x24in) Helsinki 94 .... FF11 980 - £1 440 - **$2,270**

HEISMANN Paul 1912 [5]
- *Solarized nude* - Silver print (23x18cm-9x7in) New-York 95 .... FF2 665 - £343 - **$550**

HEITINGER Paul 1841-1920 [11]
- *Pfänder bei der Klause* - Oil/panel (13x21cm-5x8in) Lindau 95 .... FF9 820 - £1 254 - **$1,980**

HEITLAND Wilmat Emerton 1893-1969 [1]
- *Couple discovered in the garden* - Watercolour (56x53cm-22x21in) New-York 95 .... FF2 272 - £287 - **$450**

HEITMÜLLER August 1873-1935 [2]
- *Young boy on a donkey* - Oil/canvas (95x75cm-37x30in) Amsterdam 95 .... FF8 600 - £1 090 - **$1,680**

HEIZER Michael 1944 [19]
- *Untitled #5* - Latex/canvas (243cm-96in) New-York 95 .... FF66 700 - £8 200 - **$13,000**
- *Scientific American* - Offset (92x114cm-36x45in) New-York 89 .... FF22 900 - £2 279 - **$3,618**
- *45., 90., 180 (#4)* - Quartzite, steel (3 parts) New-York 94 .... FF94 600 - £11 250 - **$18,000**

HEJNA Václav 1914-1985 [8]
- *Hommage d'un peintre* - Mixed media/panel (143x60cm-56x24in) München 91 .... FF27 040 - £2 692 - **$4,650**
- *Une fenêtre* - Mixed media/board (62x120cm-24x48in) München 91 .... FF54 100 - £5 386 - **$9,303**
- *Dächer von Paris* - Watercolour/paper (42x66cm-17x26in) München 91 .... FF6 760 - £673 - **$1,162**

HEKIMIAN Vahé 1924 [11]
- *Sur la neige, 1960* - Huile/toile (45x54cm-22x18in) Saumur 90 .... FF13 000 - £1 309 - **$2,364**
- *Ecorce et fibre* - Technique mixte/papier (54x68cm-21x27in) Paris 90 .... FF5 000 - £511 - **$987**

HEKKING Joseph Antonio 1830-c.1903 [8]
- *A river landscape/A coastal landscape* - Oil/panel (14x22cm-6x9in) Amsterdam 97 .... FF4 508 - £487 - **$786**
- *The Coast of Maine* - Oil/canvas (56x98cm-22x39in) New-York 93 .... FF26 550 - £3 020 - **$4,500**

HEKKING Willem 1796-1862 [2]
- *Stil life of fruit in a basket* - Watercolour (38x29cm-15x11in) Amsterdam 96 .... FF12 050 - £1 420 - **$2,370**

H

HELAND Martin Rudolf 1765-1786 [6]
- *Sturehof* - Etching (39x53cm-15x21in) Stockholm 95 .... FF13 560 - £1 775 - **$2,756**
- *Napoléon, Place du Carrousel* - Drawing (26x32cm-10x13in) Stockholm 92 .... FF13 200 - £1 351 - **$2,324**

HELBERGER Alfred Hermann 1871-1966 [14]
- *Schwarzwald Mistsee* - Öl/Leinwand (71x89cm-28x35in) Hamburg 96 .... FF7 470 - £852 - **$1,430**
- *Winterfeldtplatz, Berlin* - Öl/Leinwand (60x75cm-24x30in) Berlin 96 .... FF28 900 - £3 290 - **$5,520**

HELBIG Walter 1878-1965 [11]
- *Gebirgslandschaft* - Oil/canvas (95x110cm-37x43in) Stuttgart 92 .... FF37 600 - £3 860 - **$7,230**
- *Häuser/Spielende* - Gravure bois Bern 95 .... FF1 635 - £213 - **$336**

HELBUT Ferdinand 1828-1889 [4]
- *Italienne s'inclinant* - Aquarelle (29x45cm-11x18in) Paris 93 .... FF1 500 - £181 - **$273**

HELCK Peter 1893-1988 [9]
- *Night Haul* - Oil/canvas/board (68x56cm-27x22in) San Francisco-Los Angeles 96 .... FF9 840 - £1 234 - **$1,900**
- *Racing scene* - Pencil (15x23cm-6x9in) Mystic, Connecticut 92 .... FF3 330 - £349 - **$600**
- *Race cars, San Francisco* - Watercolour, gouache (41x66cm-16x26in) New-York 96 .... FF33 660 - £4 345 - **$6,500**

HELCKE Arnold XIX-XX [2]
- *The cottage by the sea* - Oil/canvas (71x106cm-28x42in) London 91 .... FF6 940 - £699 - **$1,204**

HELD Al 1928 [45]
- *Untitled* - Oil/canvas (77x67cm-30x26in) New-York 96 .... FF112 000 - £13 200 - **$22,000**
- *Volta I* - Acrylic/canvas (213x213cm-84x84in) New-York 94 .... FF347 000 - £41 300 - **$66,000**
- *Mercury zone VI* - Acrylic/canvas (152x152cm-60x60in) New-York 90 .... FF943 800 - £97 803 - **$165,870**
- *Hudson 6* - Watercolour (45x61cm-18x24in) New-York 93 .... FF33 000 - £4 140 - **$6,000**
- *Untitled, 1983* - Graphite (82x15cm-32x6in) New-York 89 .... FF143 000 - £14 622 - **$22,990**

HELDER Johannes 1842-1913 [6]
- *Zeeuwsch interieur* - Oil/panel (38x28cm-15x11in) Amsterdam 97 .... FF8 639 - £913 - **$1,482**

HELDNER Knute 1884-1952 [34]
- *Carriage ride along the gulf*
  Oil/canvas (41x51cm-16x20in) New Orleans, Louisiana 95 .... FF16 200 - £2 047 - **$3,250**

HELDT Carl Randall 1925 [3]
- *Berliner Häuser* - Farblithographie (21x33cm-8x13in) München 91 .... FF2 704 - £272 - **$469**

HELDT von Werner 1904-1954 [25]
- *Berliner Häuser* - Farblithographie (29x39cm-11x15in) Köln 97 .... FF5 069 - £532 - **$867**
- *Dame (Traum)* - Coloured pencils/paper (41x24cm-16x9in) Köln 97 .... FF19 601 - £2 060 - **$3,355**
- *Interieur in Mallorca* - Charcoal/paper (62x46cm-24x18in) Berlin 97 .... FF128 210 - £13 616 - **$22,333**

HELENIUS Ester 1875-1955 [6]
- *Tölöviken, 1930* - Oil/canvas (46x55cm-18x22in) Helsinki 90 .... FF46 000 - £4 957 - **$8,113**

HÉLÉNON Serge 1934 [12]
- *Grand masque*
  Technique mixte/panneau (80x70cm-31x28in) Verrières-Le-Buisson 91 .... FF23 200 - £2 304 - **$4,028**
- *Sans titre* - Technique mixte/papier (107x77cm-42x30in) Paris 92 .... FF5 500 - £565 - **$1,058**

HELFENBEIN Walter 1893-? [1]
- *Erotica* - Etching Heidelberg 96 .... FF1 697 - £219 - **$332**

HELFF Josef 1843-1882 [3]
- *Tirolerin mit Pelzmütze* - Aquarell/Papier (18x14cm-7x6in) Wien 97 .... FF7 204 - £763 - **$1,248**

HELFFERICH Fransiscus Willem 1871-1941 [9]
- *Strandvergnügen* - Oil/panel (41x66cm-16x26in) Luzern 89 .... FF21 500 - £2 198 - **$3,457**

HELFFT Julius Ed. 1818-1894 [3]
- *Abend an der Küste von Amalfi* - Öl/Leinwand (39x57cm-15x22in) Bremen 94 .... FF37 960 - £4 490 - **$7,000**

HELIKER John Edward 1909 [6]
- *The kitchen* - Oil/panel (43x41cm-17x16in) Portland, Maine 94 .... FF15 700 - £1 880 - **$2,900**

HELINCK Gustave 1884-1954 [8]
- *Bateau de pêche à quai* - Huile/toile (72x100cm-28x39in) Bruxelles 97 .... FF2 780 - £306 - **$488**

HÉLION Jean 1904-1987 [318]
- *Composition* - Huile/toile (111x151cm-44x59in) Enghien 89 .... FF3 - £327 198 - **$514,469**
- *La charrue* - Huile/carton (16x19cm-6x7in) Paris 97 .... FF6 500 - £677 - **$1,111**
- *2 Pinasses par gros temps* - Oil/canvas (91x74cm-36x29in) New-York 97 .... FF13 056 - £1 373 - **$2,249**
- *Musique pour soldats de plomb* - Huile/toile (100x81cm-39x32in) Paris 97 .... FF38 000 - £3 963 - **$6,498**
- *Sortie de piste* - Acrylique/toile (25x65cm-10x26in) Paris 97 .... FF65 000 - £6 779 - **$11,115**
- *Le peintre* - Huile/toile (60x72cm-24x28in) Paris 97 .... FF150 000 - £15 690 - **$25,695**
- *Composition orthogonale* - Huile/toile (60x73cm-24x29in) Paris 97 .... FF650 000 - £67 990 - **$111,345**
- *Portrait de Jacqueline* - Pastel/papier (64x48cm-25x19in) Paris 97 .... FF2 200 - £229 - **$376**
- *Jeune fille pensive* - Fusain/papier (30x40cm-12x16in) Paris 97 .... FF14 000 - £1 474 - **$2,407**
- *Nature morte* - Aquarelle/papier (65x50cm-26x20in) Paris 97 .... FF22 000 - £2 294 - **$3,762**
- *Femme assise* - Gouache/papier (54x35cm-21x14in) Paris 96 .... FF37 000 - £4 640 - **$7,140**
- *Figure volante* - Aquarelle, gouache (37x28cm-15x11in) Paris 93 .... FF85 000 - £9 680 - **$14,400**
- *Fille échevelée* - Gouache (35x45cm-14x18in) Enghien 89 .... FF400 000 - £40 900 - **$64,309**

HELL Friedrich 1869-1957 [2]
- *Alm im Zillertal* - Tempera/Karton (34x48cm-13x19in) Wien 92 .... FF14 440 - £1 448 - **$2,410**

HELL van Johan 1899-1952 [2]
- *Street singers* - Oil/canvas (40x61cm-16x24in) Amsterdam 96 .... FF78 400 - £9 070 - **$15,030**

HELL van Johan 1899-1952 [8]
- *Toekomst 14* - Oil/canvas (92x65cm-36x26in) Amsterdam 89 .... FF224 600 - £23 667 - **$37,811**
- *Straatmuzikanten* - Lithograph (46x32cm-18x13in) Amsterdam 93 .... FF1 502 - £180 - **$275**
- *Kerstmarkt* - Pencil/paper (32x24cm-13x9in) Amsterdam 93 .... FF2 403 - £288 - **$440**

HELLBUSCH Hermann 1879-? [2]
- *Bachlandschaft mit Katen* - Öl/Leinwand (70x100cm-28x39in) Köln 94 .... FF2 050 - £242 - **$368**

HELLEDIE Niels 1927 [3]
- *Mand og kvinde* - Ceramic Aalborg 96 .... FF3 740 - £485 - **$749**

HELLEGREWE Rudolf 1860-? [1]
- *Méhariste près des ruines* - Huile/toile/panneau (70x100cm-28x39in) Paris 95 .... FF38 000 - £4 810 - **$7,640**

HELLEN von der Carl 1843-1902 [1]
- *Segelboot vor der Küste* - Oil/canvas (60x90cm-24x35in) München 92 .... FF4 420 - £453 - **$867**

HELLENSEN Thorvald 1888-1937 [1]
- *Composition abstraite* - Pastel/papier (60x32cm-24x13in) Paris 90 .... FF25 500 - £2 713 - **$4,562**

HELLER Adolf 1874-1914 [2]
- *An Afternoon Walk* - Oil/canvas (170x66cm-67x26in) London 94 .... FF15 570 - £1 800 - **$2,654**

HELLER Andor XIX-XX [2]
- *Reclining female nude* - Oil/canvas (61x81cm-24x32in) London 95 .... FF5 790 - £750 - **$1,205**

HELLER Ben 1913 [12]
- *Joe Di Maggio* - Gelatin silver print (33x20cm-13x8in) New-York 93 .... FF3 850 - £483 - **$700**

HELLER Florent Antoine ?-1904 [1]
- *Jeuen orientale au turban* - Huile/panneau (32x24cm-13x9in) Paris 94 .... FF3 000 - £347 - **$515**

HELLER Frank J. 1916 [9]
- *Carnival* - Gelatin silver print (33x41cm-13x16in) New-York 92 .... FF9 080 - £930 - **$1,600**

HELLER Helen West 1872-1955 [1]
- *Ducks/Scherzo #1/ #2/Seasons* - Woodcut New-York 96 .... FF2 467 - £314 - **$475**

HELLESEN Johanna, Hanna 1801-1844 [9]
- *Blumenstrauss in einer Glasvase* - Öl/Leinwand (43x33cm-17x13in) Wien 97 .... FF23 980 - £2 590 - **$4,185**
- *Blumenstilleben* - Öl/Leinwand (68x57cm-27x22in) Bremen 93 .... FF67 800 - £8 100 - **$13,040**

HELLESEN Julius 1823-1877 [1]
- *Wooded landscape* - Oil/canvas (73x94cm-29x37in) Köbenhavn 95 .... FF15 070 - £1 920 - **$2,965**

HELLESEN Thorvald 1888-1937 [8]
- *Kubistisk komposition* - Oil/canvas (167x168cm-66x66in) Köbenhavn 96 .... FF70 300 - £9 070 - **$13,780**
- *Geometrisk komposition*
  Gouache/papier (31x22cm-12x9in) Saint-Germain-en-Laye 95 .... FF12 500 - £1 643 - **$2,555**

HELLEU Jean Helleu-Guérin 1894-? [12]
- *Jetée de Trouville* - Huile/toile (46x61cm-18x24in) Paris 97 .... FF6 000 - £645 - **$1,053**

HELLEU Paul César 1859-1927 [306]
- *La Lettre* - Oil/canvas (58x71cm-23x28in) London 94 .... FF1 - £160 000 - **$253,300**
- *Still life of flowers in a vase* - Oil/canvas (68x53cm-27x21in) London 97 .... FF28 571 - £3 000 - **$4,914**
- *Hortensias* - Huile/toile (365x81cm-144x32in) Paris 97 .... FF129 000 - £13 906 - **$22,936**
- *Régates à Cowes* - Oil/canvas (60x74cm-24x29in) London 95 .... FF377 000 - £50 000 - **$77,900**
- *Femme au chapeau* - Eau-forte (50x33cm-20x13in) Paris 97 .... FF8 600 - £896 - **$1,465**
- *Print Connoisseurs* - Drypoint (37x53cm-15x21in) London 97 .... FF12 548 - £1 300 - **$2,149**
- *Lady with Feather hat and Fur Stole* - Drypoint (72x55cm-28x22in) London 97 .... FF16 409 - £1 700 - **$2,810**
- *Quatre mains* - Drypoint (57x42cm-22x17in) London 97 .... FF29 923 - £3 100 - **$5,125**
- *Miss Chancey* - Drypoint in colors (54x33cm-21x13in) London 91 .... FF64 800 - £6 498 - **$10,697**
- *Jeune femme, de profil* - Fusain (31x23cm-12x9in) Paris 97 .... FF2 800 - £301 - **$483**
- *Boldini dessinant* - Red chalk (21x26cm-8x10in) New-York 97 .... FF25 670 - £276 7 5 - **$4,500**
- *Madeleine Carlier* - Pastel/papier (80x64cm-31x25in) Paris 97 .... FF108 000 - £11 642 - **$19,202**
- *L'Elégante* - Trois crayons/papier (68x46cm-27x18in) Paris 97 .... FF160 000 - £16 672 - **$27,264**
- *Madame Helleu* - Pastel/paper (81x66cm-32x26in) New-York 96 .... FF960 000 - £122 300 - **$185,000**

HELLEU Paulette 1859-1927 [1]
- *Bateau de pêche* - Oil/board (33x40cm-13x16in) New-York 90 .... FF4 035 - £406 - **$790**

HELLEWEGEN Willy 1914-1991 [15]
- *Allégresse* - Huile/toile (110x95cm-43x37in) Liège 96 .... FF10 680 - £1 340 - **$2,066**
- *Composition - Assemblage* (61x62cm-24x24in) Liège 93 .... FF4 940 - £591 - **$1,010**
- *Composition - Collage* (49x45cm-19x18in) Liège 96 .... FF7 890 - £990 - **$1,526**

HELLGREWE Joachim 1889-? [1]
- *Rudelsburg und Saaleck* - Gouache (28x38cm-11x15in) Rudolstadt-Thüringen 96 .... FF2 740 - £356 - **$542**

HELLGREWE Rudolf 1860-? [8]
- *Rubber Plantation, New Guinea* - Oil/canvas (110x175cm-43x69in) London 94 .... FF20 820 - £2 500 - **$3,900**

HELLHOFF Heinrich 1868-1914 [1]
- *Vornehme Dame* - Oil/canvas (192x150cm-76x59in) Lindau 94 .... FF37 200 - £4 330 - **$7,600**

HELLINGER Fritz 1923 [2]
- *Olympic Winter Games* - Poster (99x64cm-39x25in) New-York 96 .... FF9 600 - £1 227 - **$1,900**

HELLMAN Åke 1915 [2]
- *Nature morte med hyllor* - Oil/canvas (62x46cm-24x18in) Helsinki 90 .... FF23 770 - £2 419 - **$4,754**

HELLMANN Jakob 1877-? [2]
- *Blick auf die Alpspitze* - Oil/canvas (53x31cm-21x12in) Heidelberg 92 .... FF2 450 - £251 - **$431**
- *Partenkirchen* - Gouache (40x50cm-16x20in) Heidelberg 96 .... FF2 200 - £272 - **$426**

HELLMEIER Otto 1908 [2]
- *Bauerngarten* - Öl/Karton (50x60cm-20x24in) Heidelberg 96 .... FF5 090 - £657 - **$996**

HELLQVIST Carl-Gustaf 1851-1890 [11]
- *Krigare* - Oil/canvas (108x140cm-43x55in) Stockholm 97 .... FF9 528 - £1 060 - **$1,721**
- *Flicka på blomsteräng* - Oil/canvas (47x56cm-19x22in) Stockholm 90 .... FF57 100 - £5 811 - **$11,419**

H

Tre barnpornporträtt - Watercolour (12x9cm-5x4in) Stockholm 97 .... FF3 963 - £441 - **$716**

HELLRATH Emil 1838-c.1900 [3]
Blick vom Klostergarten - Öl/Leinwand (103x145cm-41x57in) Wien 96 .... FF39 200 - £5 070 - **$7,830**

HELLWAG Rudolf 1867-1942 [10]
Glittering Waves, Guiness - Öl/Leinwand (40x53cm-16x21in) Bremen 95 .... FF3 446 - £446 - **$701**
Flensburg - Öl/Leinwand (67x55cm-26x22in) Heidelberg 93 .... FF12 880 - £1 540 - **$2,480**

HELLWEGER Franz 1812-1880 [1]
Rast auf der Flucht nach Ägypten - Oil/canvas (61x74cm-24x29in) London 94 .... FF21 800 - £2 600 - **$4,100**

HELMAN Robert 1910-1990 [33]
Genèse - Huile/toile (92x73cm-36x29in) Paris 94 .... FF8 500 - £1 018 - **$1,610**
Composition - Huile/toile (100x100cm-39x39in) Versailles 90 .... FF80 000 - £8 290 - **$14,060**
Forêt - Gouache/papier (45x60cm-18x24in) Paris 94 .... FF2 600 - £312 - **$493**

HELMANTEL Henk 1945 [3]
Bottle, a Pot and a money Box - Oil/board (53x64cm-21x25in) Amsterdam 97 .... FF87 886 - £9 217 - **$15,081**

HELMBERGER Adolf 1885-1967 [4]
Herbstabend am Krottensee - Öl/Leinwand (75x105cm-30x41in) Wien 96 .... FF26 450 - £3 370 - **$5,090**

HELMBRECKER Dirck Theodor 1633-1696 [5]
Italianate landscapes - Oil/canvas (44x50cm-17x20in) London 95 .... FF46 300 - £6 000 - **$9,570**

HELME Helge 1894-1987 [44]
Ballerina, seated - Oil/canvas (19x37cm-7x15in) København 96 .... FF2 217 - £253 - **$425**
Ballerina - Oil/canvas (46x38cm-18x15in) København 96 .... FF3 550 - £405 - **$680**
Kgl. solodanserinde Kirsten Ralov - Oil/canvas (78x63cm-31x25in) København 91 .... FF10 530 - £1 048 - **$1,811**

HELMER Phillip 1846-1912 [1]
Fischstilleben - Öl/Leinwand (28x68cm-11x27in) Bern 93 .... FF2 376 - £274 - **$408**

HELMICK Howard 1845-1907 [7]
Blommande äppelträd - Oil/canvas (36x54cm-14x21in) Stockholm 97 .... FF14 339 - £1 514 - **$2,477**

HELMINEN Martta 1890-1983 [1]
Skuggor i landskap - Oil/panel (46x34cm-18x13in) Helsinki 90 .... FF6 990 - £715 - **$1,380**

HELMLÉ Sebastian 1799-c.1850 [1]
Gentleman in black coat - Miniature (7cm-3in) London 94 .... FF1 688 - £200 - **$312**

HELMSDORFF Johann Friedrich 1783-1852 [2]
Triberger Wasserfall - Öl/Leinwand (36x27cm-14x11in) Heidelberg 95 .... FF15 300 - £1 984 - **$3,186**
Walliser Tallandschaft - Watercolour (45x58cm-18x23in) Zürich 89 .... FF10 900 - £1 053 - **$1,654**

HELNWEIN Gottfried 1948 [14]
James Dean - Sérigraphie couleurs (59x76cm-23x30in) Zürich 96 .... FF2 334 - £303 - **$462**
Üble Nachrede - Ink (41x61cm-16x24in) Wien 94 .... FF5 860 - £666 - **$993**

HELPMAN John Robert Crichton XIX [4]
Cephalonia - Watercolour (21x31cm-8x12in) London 96 .... FF5 050 - £640 - **$968**

HELSBY Alfredo H. 1862-1936 [7]
Young girl - Oil/canvas (70x53cm-28x21in) New-York 91 .... FF20 900 - £2 111 - **$4,149**

HELSTED Axel 1847-1907 [5]
Young girl seated in the garden - Oil/panel (45x43cm-18x17in) København 96 .... FF8 760 - £1 111 - **$1,680**

HELSTED Viggo 1861-1926 [16]
Optrukne bade pa stranden, Orhage - Oil/canvas (49x70cm-19x28in) København 89 .... FF4 800 - £478 - **$758**

HELT van Nicolaes Stocade 1614-1669 [1]
Bacchanal scene & satyr filling Bac - Oil/canvas (73x59cm-29x23in) London 91 .... FF19 940 - £1 994 - **$3,284**

HELY-SMITH Augustus Morton 1862-1941 [2]
Fishing trawlers under protection - Oil/board (30x40cm-12x16in) London 96 .... FF5 100 - £600 - **$1,000**

HEM de Louise 1867-1922 [4]
Nature morte - Huile/toile (200x140cm-79x55in) Bruxelles 90 .... FF19 400 - £2 004 - **$3,428**
Coup de vent - Pastel/papier (24x18cm-9x7in) Bruxelles 95 .... FF4 685 - £593 - **$915**
Reclining beauty with flowers - Pastel/paper (128x78cm-50x31in) New-York 93 ...... FF88 500 - £10 060 - **$15,000**

HEM Raoul Edward XIX-XX [1]
Aux Fabriques de Genève - Poster (161x120cm-63x47in) New-York 96 .... FF7 130 - £840 - **$1,400**

HEM van der Piet 1885-1961 [29]
Pheasants - Oil/canvas (98x95cm-39x37in) Amsterdam 97 .... FF29 480 - £3 189 - **$514,4 9**
Portrait of Geertje - Oil/canvas (120x100cm-47x39in) Amsterdam 95 .... FF49 200 - £6 220 - **$9,600**
A Pheasant in the Woods - Watercolour/paper (52x63cm-20x25in) Amsterdam 97 .... FF10 504 - £1 118 - **$1,828**

HEMARD Joseph 1880-1961 [1]
La Comète, L'extincteur de la soif! - Poster (79x58cm-31x23in) New-York 96 .... FF1 770 - £226 - **$350**

HEMBERG Elly 1896 [10]
Interiör med stol, bord och sko - Oil/panel (33x24cm-13x9in) Stockholm 97 .... FF7 547 - £797 - **$1,304**
Komposition I - Gouache/paper (17x15cm-7x6in) Stockholm 97 .... FF4 377 - £462 - **$756**

HEMCHE Abdelhalim 1906-1979 [3]
Femmes et enfants - Huile/panneau (50x61cm-20x24in) Paris 95 .... FF25 000 - £3 286 - **$5,020**

HEMELMAN Albert 1883-1951 [1]
Amsterdam & St. Nicholaaschurch - Oil/canvas (111x163cm-44x64in) Amsterdam 92 .... FF42 500 - £4 360 - **$8,170**

HEMERET Claude 1929 [9]
Mer et sable - Huile/toile (46x56cm-18x22in) Paris 91 .... FF2 300 - £236 - **$428**
Venise, bouquet sur la terrasse - Huile/toile (54x65cm-21x26in) Arles 96 .... FF8 300 - £1 040 - **$1,610**
Rouge et bleu - Huile/toile (73x60cm-29x24in) Versailles 91 .... FF34 000 - £3 409 - **$5,612**

HEMERLEIN Carl Johann 1807-1884 [1]
Klosterhof zu Boppard am Rhein - Öl/Leinwand (62x50cm-24x20in) Lindau 95 .... FF23 100 - £2 890 - **$4,670**

HEMERY Paul 1921 [2]
- Vase sur un entalement - Huile/toile (116x81cm-46x32in) Lille 96 .... FF2 800 - £340 - **$545**
- Arbres fous - Pastel (107x74cm-42x29in) Lokeren 91 .... FF5 430 - £541 - **$934**

HEMING Arthur Henry Howard 1870-1940 [2]
- Canadian Jamcrackers - Oil/canvas (81x12cm-32x5in) Toronto 89 .... FF97 900 - £10 010 - **$15,740**

HEMMRICH Georg 1874-1939 [4]
- Heuernte - Öl/Leinwand (58x50cm-23x20in) München 93 .... FF14 700 - £1 682 - **$2,490**

HEMPEL Willy 1905-1985 [2]
- Imaginäre Landschaft mit Quadrat - Mischtechnik Berlin 91 .... FF15 200 - £1 543 - **$2,745**

HEMPFING Wilhelm 1886-1948 [30]
- Portrait eines jungen Mädchen - Oil/panel (68x57cm-27x22in) Pforzheim 95 .... FF5 340 - £666 - **$1,080**
- Die Tänzerin - Öl/Karton (65x73cm-26x29in) Hamburg 97 .... FF10 448 - £1 117 - **$1,821**

HEMSLEY Hugh S. XIX-XX [2]
- Fishing Season - Oil/canvas (30x46cm-12x18in) Nun Monkton, Yorkshire 95 .... FF6 120 - £800 - **$1,225**

HEMSLEY William 1819-c.1895 [30]
- The Young Genius - Oil/panel (14x10cm-6x4in) London 95 .... FF5 930 - £750 - **$1,160**
- A village school - Oil/panel (23x29cm-9x11in) London 96 .... FF16 870 - £2 000 - **$3,290**
- Weekly Newspaper - Oil/canvas (62x77cm-24x30in) London 96 .... FF146 000 - £19 000 - **$28,930**

HEMY Bernard Benedict 1855-1913 [55]
- Shipping on the Tyne - Oil/canvas (61x91cm-24x36in) Carlisle 92 .... FF5 360 - £640 - **$1,031**
- Paddle steamer/Approaching Harbour - Oil/canvas (51x76cm-20x30in) London 97 .... FF28 143 - £3 000 - **$4,913**
- Fishing boats, South Shields
   Watercolour (50x73cm-20x29in) Marlborough Crescent, Newcastle upon Tyne 93 .... FF4 920 - £560 - **$835**

HEMY Charles Napier 1841-1917 [46]
- A Waste of Waters - Oil/canvas (122x183cm-48x72in) London 95 .... FF61 800 - £8 000 - **$12,640**
- Smugglers - Oil/canvas (104x214cm-41x84in) London 92 .... FF586 000 - £60 000 - **$103,400**
- After a gale - Watercolour (45x68cm-18x27in) London 96 .... FF11 830 - £1 500 - **$2,270**
- Oyster Dredging - Watercolour (44x67cm-17x26in) London 97 .... FF46 904 - £5 000 - **$8,189**

HEMY Thomas M. Madawaska 1852-1937 [12]
- Extensive harbour scene - Oil/canvas (58x91cm-23x36in) Berwick-upon-Tweed 91 .... FF8 920 - £905 - **$1,611**
- North Shields - Watercolour (52x75cm-20x30in) London 96 .... FF18 600 - £2 400 - **$3,590**

HENARD Charles XVIII-XIX [6]
- Young lady with curly black hair - Miniature (6cm-2in) Genève 92 .... FF11 800 - £1 216 - **$2,210**

HÉNARD Marc 1919 [2]
- Composition - Huile/toile/panneau (54x45cm-21x18in) Versailles 89 .... FF2 100 - £209 - **$332**
- Composition, 1970 - Collage (49x47cm-19x19in) Versailles 89 .... FF3 900 - £388 - **$616**

HENAULT Louis Casimir 1836-? [2]
- Corvette à aubes - Huile/toile (38x65cm-15x26in) Paris 93 .... FF2 000 - £241 - **$364**
- Nature morte au gigot et aux légumes - Huile/toile (72x91cm-28x36in) Paris 94 .... FF15 000 - £1 778 - **$2,770**

HÉNAULT Lucien A., Luciano 1790-c.1880 [1]
- Album or architectural drawings - Drawing (32x46cm-13x18in) London 96 .... FF68 200 - £8 500 - **$13,170**

HENAUT Jean-Pierre 1942 [14]
- Monochrome jaune - Huile/toile (30x30cm-12x12in) Paris 97 .... FF5 000 - £565 - **$905**
- La naissance de Vénus - Acrylique/toile (60x60cm-24x24in) Paris 90 .... FF20 000 - £2 066 - **$3,534**

HENCHOZ Samuel 1905-1976 [1]
- Cafés Manera - Poster (128x90cm-50x35in) New-York 96 .... FF6 110 - £720 - **$1,200**

HENCKE Albert 1865-1936 [1]
- Leaving the harbor - Gouache/paper (43x38cm-17x15in) Mystic, Connecticut 96 .... FF1 552 - £195 - **$300**

HENDERIKSE Jan 1937 [8]
- PPH-183A - Dutch cents laid down/cloth (60x60cm-24x24in) Amsterdam 96 .... FF5 110 - £587 - **$976**

HENDERSON Arthur Edward 1870-1956 [2]
- Empress Theodora, Palace of Justinian - Oil/canvas (216x106cm-85x42in) London 93 .... FF18 700 - £2 100 - **$3,130**
- Interior of Haghia Sophia - Watercolour/paper (77x53cm-30x21in) New-York 96 .... FF20 570 - £2 494 - **$4,000**

HENDERSON Charles Cooper 1803-1877 [17]
- Portrait d'un cavalier - Huile/toile (63x76cm-25x30in) Rouen 96 .... FF33 500 - £4 390 - **$6,790**
- The Exeter to London Coach - Pencil (21x27cm-8x11in) London 94 .... FF4 040 - £480 - **$739**

HENDERSON Elsie M. 1880-1967 [4]
- Solitude - Oil/canvas (76x84cm-30x33in) London 96 .... FF38 800 - £5 000 - **$7,590**

HENDERSON Elyot 1908-1975 [6]
- Harpist - Oil/canvas (107x81cm-42x32in) North Berwick, Maine 94 .... FF2 194 - £254 - **$375**

HENDERSON John 1764-1834 [5]
- Bay on the british coast
   Oil/canvas (25x35cm-10x14in) San Francisco-Los Angeles 90 .... FF10 900 - £1 160 - **$1,950**

HENDERSON John 1860-1924 [6]
- Fields - Oil/canvas (46x76cm-18x30in) Glasgow 96 .... FF5 360 - £620 - **$1,026**
- On the beach - Oil/canvas (45x60cm-18x24in) London 97 .... FF27 422 - £3 000 - **$4,777**

HENDERSON Joseph 1832-1908 [18]
- Trawlers going out, coast of Kintyre - Oil/canvas (46x61cm-18x24in) London 92 .... FF10 250 - £1 050 - **$1,806**
- On the beach, 1873 - Oil/canvas (46x76cm-18x30in) London 89 .... FF65 900 - £6 738 - **$10,595**
- Noon - Watercolour (18x25cm-7x10in) London 96 .... FF12 580 - £1 600 - **$2,490**

HENDERSON Joseph Morris 1863-1936 [18]
- Village in a valley

H

Oil/canvas (71x92cm-28x36in) Hopetoun House, South Queensferry 90 .... FF27 100 - £2 883 - **$4,848**

HENDERSON Keith 1883-? [8]
Mrs. Colin Edison on a wall - Pastel (54x38cm-21x15in) London 95 .... FF2 810 - £350 - **$566**

HENDERSON Nigel 1917-1985 [1]
Pub interior - Gelatin silver print (25x20cm-10x8in) London 90 .... FF1 757 - £179 - **$351**

HENDERSON W.S.P. 1836-1874 [3]
A Visitor - Oil/panel (62x77cm-24x30in) London 96 .... FF7 660 - £900 - **$1,508**

HENDERSON William 1903-1993 [1]
Nancie Sheffield in the boudoir - Oil/board (41x31cm-16x12in) London 95 .... FF13 820 - £1 800 - **$2,835**

HENDERSON William XIX [6]
Foxhound puppy with geese - Oil/canvas (30x45cm-12x18in) London 92 .... FF6 820 - £700 - **$1,310**

HENDERSON William Penhallow 1877-1943 [7]
Country path - Oil/canvas (40x30cm-16x12in) New-York 94 .... FF9 130 - £1 065 - **$1,600**
Pink twilight, 96th and the Drive - Pastel/paper (28x19cm-11x7in) New-York 91 .... FF11 950 - £1 198 - **$2,189**
Twilight, Fifth Avenue, New-York - Pastel/paper (25x18cm-10x7in) New-York 97 .... FF64 177 - £6 738 - **$11,000**

HENDERYCKX Léopold 1888-1960 [1]
Saint-Paul-de-Vence - Huile/toile (47x55cm-19x22in) Paris 91 .... FF2 000 - £202 - **$347**

HENDLER David 1904-1984 [9]
House entrance - Oil/canvas/board (69x49cm-27x19in) Tel Aviv 92 .... FF4 500 - £471 - **$810**

HENDON Cham 1936 [3]
The Truman Balcony - Oil/canvas (140x140cm-55x55in) Stockholm 94 .... FF19 130 - £2 220 - **$3,295**

HENDRICKS Geoffrey 1931 [2]
Calendar - Assemblage (30x12x89cm-12x5x35in) London 93 .... FF7 880 - £950 - **$1,378**

HENDRICKS Louis 1827-1888 [1]
Countryfolk in wooded landscape - Oil/panel (21x26cm-8x10in) London 91 .... FF41 700 - £4 202 - **$7,236**

HENDRICKX Jos 1905-1971 [34]
Nu debout - Huile/panneau (100x80cm-39x31in) Antwerpen 94 .... FF3 300 - £379 - **$565**
Stadzgezicht te troncheim - Aquarelle (24x34cm-9x13in) Lokeren 94 .... FF7 300 - £862 - **$1,300**

HENDRICKX Mathieu XIX-XX [2]
Nature morte au homard - Huile/toile (62x50cm-24x20in) Soissons 91 .... FF6 500 - £652 - **$1,073**

HENDRIE Marion Grace 1876-1968 [1]
Stream/Flowers/Portrait/Landscape - Oil/canvas Denver, Colorado 95 .... FF2 560 - £500 - **$324**

HENDRIKS Barend Leonardus 1830-1899 [3]
Young pastoral love - Oil/panel (42x32cm-17x13in) Amsterdam 92 .... FF14 470 - £1 728 - **$2,783**

HENDRIKS Frederik Hendrik 1808-1865 [1]
Landscape with goats & women - Oil/panel (55x75cm-22x30in) Amsterdam 94 .... FF10 700 - £1 285 - **$2,080**

HENDRIKS Gerhardus 1804-1859 [12]
Holländische Küstenlandschaft - Oil/panel (41x53cm-16x21in) Zürich 92 .... FF26 040 - £2 660 - **$4,590**

HENDRIKS Johan Diedrich 1882-1937 [2]
Elswoud bij Haarlem - Oil/canvas (61x49cm-24x19in) Amsterdam 90 .... FF2 564 - £259 - **$488**

HENDRIKS Jurrien 1859-1952 [2]
Harbour with moored shipping - Oil/canvas (44x66cm-17x26in) Amsterdam 92 .... FF5 120 - £595 - **$1,044**

HENDRIKS Wijbrand 1744-1831 [9]
Magd bei der Arbeit am Fenster - Oil/panel (39x31cm-15x12in) München 92 .... FF17 000 - £1 740 - **$2,993**
Assorted flowers in a sculpted urn - Oil/panel (60x49cm-24x19in) London 95 .... FF456 500 - £60 000 - **$91,600**
Basket with flowers and fruits - Watercolour/board (43x34cm-17x13in) Amsterdam 90 .... FF19 600 - £1 974 - **$3,839**

HENDRIKS Willem 1888-1966 [7]
Autumn - Oil/canvas (39x49cm-15x19in) Toronto 95 .... FF2 703 - £342 - **$544**

HENDRIKS Willem 1828-1891 [17]
Springtime - Oil/canvas (51x76cm-20x30in) Toronto 92 .... FF8 600 - £880 - **$1,514**

HENDRIKSEN Ulrik 1891-1960 [2]
Seine au Pont-Marie, Paris - Oil/canvas (100x130cm-39x51in) Oslo 92 .... FF14 220 - £1 654 - **$2,900**

HENDRIKSON Wilhelm XIX [2]
A sunlit interior - Oil/canvas (30x25cm-12x10in) London 89 .... FF9 200 - £915 - **$1,453**

HENDSCHEL Albert 1834-1883 [2]
Quartett - Ink (10x12cm-4x5in) Stuttgart 91 .... FF2 384 - £239 - **$437**

HENDSCHEL Ottmar 1845-? [2]
Friedrich d.Grosse, Sanssouci - Öl/Karton (47x41cm-19x16in) Köln 93 .... FF3 850 - £441 - **$655**

HENEIN Adam 1929 [2]
Sans titre - Dessin (41x31cm-16x12in) Antwerpen 94 .... FF3 334 - £400 - **$648**

HENEL Edwin 1883-1953 [1]
Bekleidung, Loden Fabrik Freÿ - Poster (119x81cm-47x32in) New-York 92 .... FF9 650 - £988 - **$1,700**

HENGELER Adolf 1863-1927 [18]
Mädchen im Kostüm des XVII - Oil/panel (60x50cm-24x20in) Köln 94 .... FF13 700 - £1 610 - **$2,400**

HENGGE Joseph 1890-1970 [3]
Rast der Schnitterinnen - Öl/Leinwand (6x105cm-2x41in) Kempten 96 .... FF14 730 - £1 930 - **$2,984**

HENGSBACH Franz 1814-1883 [3]
Der Grundlsee - Oil/canvas (90x145cm-35x57in) Köln 91 .... FF27 350 - £2 810 - **$5,090**

HENGST den Jan 1904-1982 [1]
Summer flowers in a vase - Oil/panel (80x60cm-31x24in) Amsterdam 90 .... FF6 600 - £711 - **$1,164**

HENGSTENBERG Rudolf 1894-1974 [3]
Mother and child - Watercolour (67x89cm-26x35in) Stuttgart 95 .... FF7 370 - £945 - **$1,485**

HENIN Frans XIX-XX [1]
🏛 *Couple enlacé* - Bronze (58cm-23in) Lille 96 .... FF12 000 - £1 455 - **$2,334**
HENKE Anton 1854-1918 [1]
🖌 *Hügellandschaft* - Öl/Leinwand (25x38cm-10x15in) Bielefeld 95 .... FF2 973 - £383 - **$614**
HENKES Dolf 1903-1990 [4]
🖌 *Portret van A. Fransen* - Oil/canvas (71x100cm-28x39in) Amsterdam 95 .... FF13 230 - £1 690 - **$2,700**
HENKES Gerke 1844-1927 [6]
🖌 *Kirkeinteriør* - Oil/canvas (202x61cm-80x24in) Oslo 91 .... FF12 600 - £1 263 - **$2,080**
✏ *Prayer* - Watercolour (48x41cm-19x16in) Amsterdam 93 .... FF1 810 - £216 - **$348**
HENLE Fritz 1909-1993 [9]
📷 *New York at Night* - Gelatin silver print (38x38cm-15x15in) New-York 96 .... FF8 350 - £967 - **$1,600**
  Frieda (sic) Rivera in Coyoacan - Gelatin silver print (28x23cm-11x9in) New-York 93 .... FF26 550 - £3 020 - **$4,500**
HENNAH Joseph Edward 1897-? [6]
✏ *The Howick Falls, Natal* - Watercolour (27x31cm-11x12in) London 94 .... FF5 540 - £650 - **$969**
HENNEBERG Hugo 1863-1918 [2]
🗔 *Wachau-Mappe* - Woodcut (46x45cm-18x18in) Wien 94 .... FF14 650 - £1 666 - **$2,480**
HENNEBICQ André 1836-1904 [1]
🖌 *La belle dame* - Huile/toile (90x45cm-35x18in) Antwerpen 90 .... FF4 500 - £482 - **$783**
HENNEKYN Paulus 1611-1672 [2]
🖌 *Naval officer, standing* - Oil/canvas (112x91cm-44x36in) Amsterdam 91 .... FF36 250 - £3 609 - **$6,234**
HENNELL Thomas Barclay 1903-1945 [11]
✏ *Farm Labourers* - Watercolour (25x38cm-10x15in) London 97 .... FF6 452 - £700 - **$1,143**
HENNEMAN Jeroen 1942 [14]
🖌 *De Onrechtmartige Eigenaar* - Acrylic/canvas (130x150cm-51x59in) Amsterdam 95 ... FF28 360 - £3 620 - **$5,790**
🗔 *Still life* - Lithographie couleurs Amsterdam 97 .... FF1 651 - £175 - **$287**
🏛 *Dutch landscape* - Installation (213x121cm-84x48in) Amsterdam 92 .... FF3 014 - £360 - **$580**
HENNEQUIN Philippe Auguste 1763-1833 [5]
✏ *Festin antique* - Dessin (12x22cm-5x9in) Paris 93 .... FF4 800 - £579 - **$873**
  Hercule et Antée luttant - Dessin (37x29cm-15x11in) Paris 91 .... FF30 000 - £2 979 - **$5,209**
  Bonaparte à cheval - Lavis (57x41cm-22x16in) Paris 94 .... FF86 000 - £10 160 - **$15,860**
HENNER Jean Jacques 1829-1905 [205]
🖌 *Servante à la robe rouge* - Huile/carton (22x14cm-9x6in) Paris 95 .... FF10 000 - £1 252 - **$1,992**
  Pleureuse ou Madeleine - Huile/toile Paris 97 .... FF16 500 - £1 744 - **$2,845**
  Femme nue de dos - Huile/carton (27x13cm-11x7in) Paris 91 .... FF21 000 - £2 234 - **$3,654**
  Jeune femme pensive - Huile/panneau (41x24cm-16x9in) Paris 97 .... FF30 000 - £3 126 - **$5,112**
  A self-portrait - Oil/canvas (42x30cm-17x12in) London 96 .... FF54 300 - £6 800 - **$10,470**
  The Bather - Oil/canvas (55x38cm-22x15in) New-York 92 .... FF148 700 - £15 819 - **$26,601**
✏ *Profile of a girl* - Black chalk/paper (28x26cm-11x10in) New-York 95 .... FF10 570 - £1 273 - **$2,000**
HENNESSEY Frank Charles 1893-1941 [11]
✏ *Lingering Light* - Pastel (36x46cm-14x18in) Elgin, Illinois 93 .... FF2 200 - £276 - **$400**
HENNESSY Patrick 1915-1980 [11]
🖌 *Coolmaine Castle, Co. Cork* - Oil/canvas (76x102cm-30x40in) London 97 .... FF30 019 - £3 200 - **$5,262**
HENNESSY William John 1839-1917 [4]
🖌 *Flowering Shrub* - Oil/canvas (23x33cm-9x13in) New Orleans, Louisiana 93 .... FF10 030 - £1 141 - **$1,700**
  Eton College from across the Thames - Oil/panel (34x49cm-13x19in) London 97 .... FF16 886 - £1 800 - **$2,960**
HENNIG Albert 1907 [28]
✏ *Komposition* - Aquarell/Papier (13x17cm-5x7in) München 95 .... FF5 290 - £677 - **$1,080**
HENNIG Carl 1871-1959 [1]
🖌 *Cloxinien in gläserner Buckelvase* - Oil/canvas (41x53cm-16x21in) Stuttgart 89 ...... FF2 200 - £232 - **$370**
HENNIG Emmy 1899-1982 [1]
🖌 *Blumenstilleben* - Oil/canvas (86x64cm-34x25in) Düsseldorf 90 .... FF10 800 - £1 156 - **$1,878**
HENNIG Erich 1875-? [2]
🖌 *Wochenmarkt in Berlin-Charlottenburg* - Öl/Leinwand (101x70cm-40x28in) Köln 95 .... FF10 350 - £1 347 - **$2,124**
HENNIG Otto 1871-1920 [7]
🖌 *In the forest* - Oil/canvas (72x95cm-28x37in) Oslo 91 .... FF4 780 - £482 - **$829**
HENNIGS von Gösta 1866-1941 [8]
🖌 *repetition* - Oil/canvas (125x106cm-49x42in) Stockholm 93 .... FF19 240 - £2 364 - **$3,560**
✏ *Sortie* - Akvarell (47x58cm-19x23in) Stockholm 93 .... FF7 050 - £800 - **$1,194**
HENNING Adolf 1809-1900 [1]
🖌 *Carl Wilhelm von Bredow* - Öl/Leinwand (30x24cm-12x9in) Stuttgart 94 .... FF5 810 - £679 - **$1,024**
HENNING Erwin 1910-1993 [2]
🖌 *Abgeerntete Felder im Herbst* - Mischtechnik/Karton (35x44cm-14x17in) Lindau 96 ... FF4 740 - £549 - **$910**
✏ *Landschaft im Abendlicht* - Aquarell/Papier (31x46cm-12x18in) Lindau 96 .... FF2 200 - £255 - **$422**
HENNING Ester 1887-1985 [3]
🖌 *Grindvaktarstugan, Beckomberga* - Oil/panel (67x79cm-26x31in) Stockholm 91 .... FF6 790 - £696 - **$1,268**
HENNING Gerhard 1880-1967 [50]
🖌 *Selvportraet på guldgrund* - Mixed media (23x18cm-9x7in) København 90 .... FF15 800 - £1 598 - **$3,005**
🏛 *Liggende ung pige* - Bronze (22cm-9in) København 94 .... FF11 400 - £1 367 - **$2,214**
  Stående pige - Bronze (60cm-24in) København 93 .... FF32 950 - £3 780 - **$5,630**
HENNING Otto 1871-1920 [1]
🖌 *Aprilkveld* - Oil/canvas (53x65cm-21x26in) Oslo 91 .... FF4 780 - £479 - **$789**

HENNING Theo 1897-1946 [1]

🖼 *Die Braut mit ihren Bittknechten* - Öl/Leinwand (68x55cm-27x22in) Wien 95 .... FF3 480 - £448 - **$718**

HENNINGER Manfred 1894-1986 [82]

🖼 *Three bathers in a landsdcape* - Oil/hardboard (29x39cm-11x15in) Stuttgart 95 .... FF14 740 - £1 890 - **$2,970**
Blumenvase mit Herbstrauss - Öl/Leinwand (73x55cm-29x22in) München 94 .... FF35 900 - £4 210 - **$6,400**
Hafen von Palma de Mallorca - Öl/Leinwand (70x105cm-28x41in) Berlin 97 .... FF69 933 - £7 427 - **$12,181**
Blumenstilleben - Color lithograph (63x45cm-25x18in) Stuttgart 94 .... FF2 230 - £265 - **$413**
Strandleben mit Baum - Watercolour (33x48cm-13x19in) Pforzheim 93 .... FF5 430 - £648 - **$1,044**
Illustration zu Virgil - Pastell (42x60cm-17x24in) Stuttgart 97 .... FF25 540 - £2 536 - **$4,434**

HENNINGS Ernest Martin 1886-1956 [15]

🖼 *Grazing Goats* - Oil/board (35x35cm-14x14in) New-York 97 .... FF122 520 - £12 864 - **$21,000**
Two Indians on horseback
Oil/canvas (109x114cm-43x45in) Bloomfield Hills, Michigan 94 .... FF860 000 - £104 000 - **$160,000**

HENNINGS Johann Friedrich 1838-1899 [3]

🖼 *A game of badminton* - Oil/canvas (77x108cm-30x43in) London 92 .... FF117 200 - £12 000 - **$20,700**

HENNINGSEN Erik 1855-1930 [47]

🖼 *Reclining female nude* - Oil/canvas (35x46cm-14x18in) København 95 .... FF3 540 - £434 - **$689**
Horses in a landscape - Oil/canvas (45x55cm-18x22in) København 96 .... FF14 030 - £1 750 - **$2,710**
En incident vid Nytorget, Köpenhamn
Oil/canvas (91x127cm-36x50in) Stockholm 96 .... FF161 500 - £20 130 - **$31,200**
The dinner party - Oil/canvas (75x114cm-30x45in) New-York 96 .... FF831 000 - £105 800 - **$160,000**

HENNINGSEN Frants Peter Didrik 1850-1908 [33]

🖼 *Landscape* - Oil/canvas (60x90cm-24x35in) København 96 .... FF10 520 - £1 312 - **$2,033**
Vandløb i Landsbyen, Arrerup - Oil/canvas (91x69cm-36x27in) London 94 .... FF60 300 - £7 000 - **$10,430**
Insjölanskap med båt vid vassrugge - Pastel (63x46cm-25x18in) Stockholm 91 .... FF10 370 - £1 040 - **$1,730**

HENNINGSEN Hans Detlev 1893-? [1]

🖼 *Finca* - Öl/Leinwand (65x55cm-26x22in) München 92 .... FF3 390 - £405 - **$653**

HENNO Louis 1907-1990 [8]

🖼 *Fin du jour à Glabbeke* - Huile/toile (60x70cm-24x28in) Bruxelles 92 .... FF3 154 - £323 - **$606**

HENNUM Sverre 1887-1967 [2]

🖼 *Akerselven med Gamle Aker kirke* - Oil/canvas (66x85cm-26x33in) Oslo 91 .... FF14 760 - £1 480 - **$2,463**

HENOCQUE Narcisse 1879-1952 [32]

🖼 *Bord de Seine, pont Corneille* - Huile/toile (46x56cm-18x22in) Paris 93 .... FF19 000 - £2 290 - **$3,455**
Le Pré-aux-Loups - Huile/toile (46x46cm-18x24in) Rouen 92 .... FF45 000 - £5 370 - **$8,650**
Neige au Pré aux Loups - Oil/carton (27x56cm-11x22in) Granville 90 .... FF145 000 - £15 247 - **$25,217**

HENRARD Evelyne 1953 [3]

🗿 *Totem no.1* - Sculpture (6cm-2in) Paris 91 .... FF6 500 - £657 - **$1,290**

HENRI Calixte 1933 [5]

🖼 *Jeune fille à la robe rose* - Huile/toile (91x61cm-36x24in) Paris 95 .... FF3 800 - £482 - **$765**

HENRI Florence 1893-1982 [31]

📷 *Portrait de Hans Arp* - Photo (23x27cm-9x11in) Paris 96 .... FF4 500 - £530 - **$884**
Still Life Composition - Gelatin silver print (23x25cm-9x10in) New-York 95 .... FF41 200 - £5 300 - **$8,500**
Mädchen bei der Morgentoilette - Pencil/paper (33x25cm-13x10in) Köln 96 .... FF19 030 - £2 167 - **$3,640**

HENRI H. XIX-XX [2]

🖼 *Gondoles sur le canal à Venise*
Huile/panneau (24x33cm-9x13in) La Varenne Saint-Hilaire 89 .... FF6 200 - £617 - **$979**

HENRI Jane,Georget.Chosson 1924 [13]

Hortensias - Huile (55x38cm-22x15in) Grenoble 92 .... FF2 000 - £239 - **$385**

HENRI Robert 1865-1929 [76]

🖼 *Summer storm, Pennsylvania* - Oil/panel (20x25cm-8x10in) New-York 93 .... FF19 170 - £2 180 - **$3,250**
The Goat Herder - Oil/canvas (61x51cm-24x20in) New-York 95 .... FF231 500 - £29 550 - **$47,500**
A little Irishman - Oil/canvas (61x51cm-24x20in) New-York 97 .... FF642 147 - £67 551 - **$110,000**
Cafferty - Oil/canvas (61x51cm-24x20in) New-York 95 .... FF1 72e +06 - £137 000 - **$220,000**
Final touches - Pencil/paper (30x40cm-12x16in) New-York 92 .... FF18 200 - £1 932 - **$3,500**

HENRICHSEN Carsten Frederik 1824-1897 [44]

🖼 *Svensk landskab, Kullen* - Oil/canvas (49x70cm-19x28in) København 96 .... FF4 430 - £580 - **$900**
Rosenborg Have - Oil/canvas (50x70cm-20x28in) København 93 .... FF15 760 - £1 884 - **$3,030**

HENRICI John H. 1839-? [3]

🖼 *Teaching the Dog* - Oil/canvas (76x56cm-30x22in) Chicago 94 .... FF8 660 - £1 026 - **$1,600**

HENRICOT Michel XX [3]

🖼 *Personnage fantastique* - Huile/toile (100x65cm-39x26in) Paris 96 .... FF6 500 - £833 - **$1,290**

HENRIKSEN William 1880-1964 [32]

🖼 *Interior* - Oil/canvas (41x31cm-16x12in) London 91 .... FF8 060 - £802 - **$1,386**
View to the Garden - Oil/canvas (66x50cm-26x20in) New-York 94 .... FF29 240 - £3 383 - **$5,000**

HENRION Armand 1875-? [25]

🖼 *Clown à la cigarette* - Huile/panneau (27x21cm-11x8in) Paris 97 .... FF3 500 - £371 - **$609**
Pierrot rieur/Pierrot boudeur - Huile/panneau (18x14cm-7x6in) Paris 97 .... FF15 000 - £1 573 - **$2,574**
Pierrot - Pastel (26x20cm-10x8in) Paris 89 .... FF1 600 - £159 - **$253**

HENRION F.H.K. 1914-1992 [1]

🖼 *Sages of all ages* - Poster (75x102cm-30x40in) London 95 .... FF4 970 - £600 - **$916**

HENRIOT Henri Maigrot 1857-1933 [2]

🗿 *Cheval en liberté* - Bronze (25x25cm-10x10in) Paris 90 .... FF4 800 - £514 - **$835**
Illustration: Un Mariage d'amour - Aquarelle Paris 96 .... FF7 500 - £970 - **$1,486**

HENRIQUES Frans 1882-1956 [1]
- *Marine* - Oil/canvas (39x60cm-15x24in) Vejle 94 .... FF17 400 - £1 996 - **$2,974**

HENRIQUES Marie 1866-1944 [1]
- *A collector's room* - Oil/canvas (60x51cm-24x20in) London 96 .... FF14 370 - £1 800 - **$2,770**

HENRIQUEZ DE CASTRO Gabriel 1808-1853 [1]
- *Still life with flowers* - Oil/canvas (43x37cm-17x15in) Laren 90 .... FF32 900 - £3 500 - **$5,886**

HENRY Barclay ?-1946 [1]
- *Midst Western Isles*
  Oil/canvas (38x59cm-15x23in) Marlborough Crescent, Newcastle upon Tyne 91 .... FF2 143 - £220 - **$399**

HENRY Bon Thomas 1766-1836 [1]
- *Femme assise, lisant* - Huile/toile (107x85cm-42x33in) Paris 95 .... FF79 000 - £10 080 - **$16,170**

HENRY Bruce 1918 [3]
- *Ceylon junglefowl* - Oil/canvas (39x49cm-15x19in) London 96 .... FF7 500 - £950 - **$1,438**

HENRY D'ARLES Jean 1734-1784 [9]
- *Cascatelles de Tivoli* - Huile/toile (64x48cm-25x19in) Monaco 89 .... FF260 000 - £27 397 - **$43,771**

HENRY David Morrison Reid 1919-1977 [45]
- *Sable antelope* - Watercolour (35x50cm-14x20in) London 96 .... FF9 470 - £1 200 - **$1,816**

HENRY Edward Lamson 1841-1919 [39]
- *Mrs. Henry by the fireside* - Oil/canvas (46x36cm-18x14in) New-York 95 .... FF31 500 - £3 774 - **$6,000**
- *Spring flowers* - Oil/canvas/panel (26x39cm-10x15in) New-York 96 .... FF103 000 - £12 800 - **$20,000**
- *Early Days of Rapid Transit* - Oil/canvas (51x92cm-20x36in) New-York 94 .... FF269 600 - £31 800 - **$48,000**
- *Mrs. Lydig and her daughter* - Watercolour (49x39cm-19x15in) New-York 91 .... FF136 800 - £13 780 - **$24,000**

HENRY Émile 1822-1920 [7]
- *L'Estaque* - Aquarelle (29x46cm-11x18in) Nice 93 .... FF5 000 - £625 - **$910**

HENRY George 1858-1943 [10]
- *Portrait of the artist's wife*
  Oil/canvas (127x102cm-50x40in) Auchterarder, Perthshire 92 .... FF104 700 - £11 000 - **$21,900**

HENRY George Morrison R. 1891-1983 [18]
- *Ceylon junglefowl* - Oil/canvas (39x49cm-15x19in) London 96 .... FF7 500 - £950 - **$1,438**
- *Pheasants in the snow* - Watercolour (20x25cm-8x10in) London 92 .... FF7 300 - £750 - **$1,403**

HENRY Grace 1863-1953 [12]
- *Emptying the fishing net* - Oil/canvas (76x61cm-30x24in) London 92 .... FF16 750 - £2 000 - **$3,220**

HENRY Harry Raymond 1882-1974 [3]
- *Hondo Cañyon* - Oil/canvas (61x76cm-24x30in) San Francisco-Los Angeles 92 .... FF25 650 - £2 620 - **$4,750**

HENRY James Levin 1855-? [4]
- *Cattle in a meadow* - Oil/canvas (30x39cm-12x15in) London 95 .... FF2 214 - £280 - **$433**

HENRY Maurice 1907-1984 [22]
- *Hôpital cosmique* - Technique mixte/panneau (60x49cm-24x19in) Paris 96 .... FF7 500 - £933 - **$1,455**
- *Soeurs-Sirènes* - Olio/tela (65x54cm-26x21in) Milano 94 .... FF22 940 - £2 730 - **$4,095**
- *L'inconnue* - Olio/tela (65x54cm-26x21in) Milano 90 .... FF57 700 - £5 810 - **$11,303**
- *Collection d'hiver* - Aquarelle/papier (26x31cm-10x12in) Paris 94 .... FF7 000 - £822 - **$1,238**

HENRY Olive 1902-1989 [6]
- *Baroque* - Oil/board (50x40cm-20x16in) Belfast 90 .... FF8 700 - £926 - **$1,556**

HENRY Paul 1877-1958 [39]
- *Loch Connemara* - Oil/board (19x27cm-7x11in) London 95 .... FF28 000 - £3 600 - **$5,780**
- *Turf Stacks by a pool, Connemara* - Oil/canvas/board (42x54cm-17x21in) Dublin 95 .... FF63 400 - £8 240 - **$13,050**
- *Glencree, Co. Wicklow* - Oil/canvas (35x40cm-14x16in) London 97 .... FF121 952 - £13 000 - **$21,379**
- *Cottages in Connemara* - Oil/canvas (51x61cm-20x24in) London 96 .... FF299 000 - £38 000 - **$57,400**

HENRY Pierre 1932 [6]
- *Profil de femme africaine* - Huile/toile (92x65cm-36x26in) Nancy 96 .... FF5 200 - £670 - **$1,030**

HENRY Victor 1855-1942 [4]
- *Paysage boisé* - Gouache (55x78cm-22x31in) Paris 97 .... FF2 600 - £281 - **$459**

HENS Frans 1856-1928 [12]
- *Chevaux au repos* - Huile/toile (56x60cm-22x24in) Antwerpen 93 .... FF3 310 - £404 - **$591**
- *Sortie du port de Blankenberghe* - Huile/panneau (73x97cm-29x38in) Antwerpen 93 ...... FF14 830 - £1 773 - **$3,030**
- *Embarcadère, Hoboken* - Dessin (30x40cm-12x16in) Antwerpen 95 .... FF2 555 - £322 - **$506**

HENSCHE Henry 1901 [3]
- *Seated woman with corsage* - Oil/masonite (102x91cm-40x36in) Cambridge, Mass. 93 .... FF3 850 - £455 - **$700**

HENSCHEL Charlotte 1905-1985 [7]
- *Composition* - Huile/toile (73x59cm-29x23in) Paris 94 .... FF3 000 - £353 - **$531**

HENSEL Maurice 1890-? [13]
- *Scène de plage* - Huile/panneau (31x23cm-12x9in) Castres 90 .... FF4 000 - £409 - **$790**
- *Kadija* - Gouache (54x43cm-21x17in) Paris 94 .... FF17 000 - £1 963 - **$2,935**

HENSEL Stephen Hopkins 1921-1979 [1]
- *Reflection* - Oil/canvas (55x91cm-22x36in) New-York 92 .... FF15 920 - £1 850 - **$3,250**

HENSELER Ernst 1852-? [10]
- *The Rendez-Vous* - Oil/board (49x71cm-19x28in) London 96 .... FF46 200 - £6 000 - **$9,140**
- *The billet* - Oil/canvas (102x152cm-40x60in) London 92 .... FF107 400 - £11 000 - **$18,960**

HENSELMANN Albert E. 1890-? [2]
- *Sommerliches Idyll, Minusio* - Fresco (57x116cm-22x46in) Bern 94 .... FF3 920 - £471 - **$762**

HENSHALL John Henry 1856-1928 [14]
- *Devoted Attention* - Watercolour (25x36cm-10x14in) London 93 .... FF17 560 - £2 000 - **$2,980**

H

HENSHAW Frederick Henry 1807-1891 [18]
- *Goatherder in a mountainous Landscape* - Oil/canvas (76x64cm-30x25in) London 96 .... FF6 820 - £850 - **$1,317**
  Pine Glade, Hawkensbury Warwickshire
  Oil/canvas (61x51cm-24x20in) Victoria, B.C. 94 .... FF10 100 - £1 171 - **$1,740**
  Kenilworth castle, Warwickshire - Oil/canvas (30x45cm-12x18in) London 91 .... FF24 200 - £2 403 - **$4,202**

HENSHAW Glenn Cooper 1885-1946 [6]
- *New York at night* - Pastel/paper (56x30cm-22x12in) Chicago 94 .... FF3 425 - £400 - **$600**

HENSTENBURGH Herman 1667-1726 [15]
- *Fruit still life* - Watercolour (34x27cm-13x11in) Amsterdam 92 .... FF57 600 - £5 900 - **$10,150**
  Flowers - Watercolour, gouache (43x34cm-17x13in) Amsterdam 94 .... FF273 700 - £32 300 - **$48,700**

HENSTENBURGH Herman II, Anton 1695-1781 [2]
- *A Stag Beetle and other insects* - Bodycolour (42x28cm-17x11in) New-York 93 .... FF77 000 - £9 100 - **$14,000**

HENTON George Moore c.1859-1924 [4]
- *The School Yard, Eton* - Oil/canvas (38x57cm-15x22in) London 93 .... FF13 600 - £1 700 - **$2,465**
- *Punting* - Wash (38x55cm-15x22in) London 91 .... FF13 800 - £1 392 - **$2,690**

HENTSCHEL Hans Rudolf 1869-1951 [4]
- *An der Unterweser bei Brake* - Oil/canvas (30x40cm-12x16in) Bremen 93 .... FF5 430 - £648 - **$1,044**
  Maidens in a pasture - Oil/canvas (82x115cm-32x45in) London 94 .... FF42 900 - £5 000 - **$7,510**

HENTSCHEL Konrad 1872-1907 [3]
- *Kind auf Holzpferd* - Porcelain (16cm-6in) Wien 94 .... FF13 670 - £1 627 - **$2,600**

HENTZE Gudmund 1875-1948 [8]
- *Eros* - Tempera (29x25cm-11x10in) København 95 .... FF6 200 - £812 - **$1,260**
- *Nøgen model* - Pastel (89x35cm-35x14in) København 92 .... FF5 460 - £547 - **$1,050**

HENTZE Richard 1878-? [1]
- *Adam and Eve* - Pastel (105x76cm-41x30in) London 96 .... FF17 640 - £2 200 - **$3,410**

HENZE Sara 1857-1936 [4]
- *Blumenstilleben mit Dahlien* - Öl/Leinwand (41x57cm-16x22in) Hamburg 97 .... FF29 322 - £3 137 - **$5,111**

HENZELL Isaac 1823-1875 [10]
- *Joven con hatillo de leña* - Oleo/lienzo (46x36cm-18x14in) Madrid 93 .... FF13 100 - £1 500 - **$2,232**
  Fishergirl on the rocks/Girl - Oil/canvas (33x44cm-13x17in) Stockholm 95 .... FF34 340 - £4 490 - **$6,870**

HENZIROSS Eugen 1877-1961 [18]
- *Jungfrau* - Öl/Leinwand (65x80cm-26x31in) Bern 94 .... FF5 200 - £614 - **$926**
- *Versvhneite Dorfstrasse* - Aquarell (37x50cm-15x20in) Zofingen 94 .... FF2 240 - £265 - **$414**

HEPPENER Johannes Jacobus 1826-1898 [6]
- *Deer by a stream in a forest* - Oil/canvas (64x81cm-25x32in) Amsterdam 97 .... FF2 792 - £305 - **$489**
  Zouterslaantje, Vlaardingen - Oil/panel (19x23cm-7x9in) Amsterdam 89 .... FF13 500 - £1 304 - **$2,049**

HEPPLE Robert Norman 1908-1993 [8]
- *Palazzo Ducale, Venezia* - Oil/board (66x92cm-26x36in) London 94 .... FF15 570 - £1 800 - **$2,680**
  The mirror - Oil/canvas (89x71cm-35x28in) London 90 .... FF29 100 - £2 930 - **$5,700**

HEPPLE Wilson 1854-1937 [26]
- *Carters refreshing their horses*
  Oil/canvas (29x60cm-11x24in) Marlborough Crescent, Newcastle upon Tyne 94 .... FF18 300 - £2 200 - **$3,390**
- *Tabby kittens playing* - Watercolour Marlborough Crescent, Newcastle upon Tyne 92 ...... FF20 640 - £2 400 - **$4,210**

HEPWORTH Barbara 1903-1975 [92]
- *Project for Sculpture* - Oil/board (54x30cm-21x12in) London 96 .... FF64 400 - £8 200 - **$12,400**
  Two Women - Oil (51x24cm-20x9in) London 97 .... FF160 075 - £17 000 - **$27,885**
  Surgeon Waiting - Oil (39x28cm-15x11in) London 97 .... FF235 405 - £25 000 - **$41,007**
  Duo - Oil (40x35cm-16x14in) New-York 90 .... FF423 000 - £43 048 - **$84,593**
- *Musician* - Alabaster (49cm-19in) London 96 .... FF1 - £185 000 - **$297,000**
  Square Forms - Bronze (32cm-13in) New-York 95 .... FF40 400 - £5 090 - **$8,600**
  Two forms - Sculpture (38cm-15in) London 97 .... FF306 512 - £32 000 - **$52,444**
  Garden Sculpture - Bronze (168cm-66in) London 94 .... FF667 000 - £80 000 - **$129,600**
- *Green Caves* - Watercolour, gouache (23x29cm-9x11in) London 95 .... FF41 600 - £5 500 - **$8,430**

HER Theodor 1838-1892 [1]
- *Der Nachtzug München-Paris* - Oil/canvas (29x49cm-11x19in) Hildrizhausen 91 ...... FF6 810 - £683 - **$1,247**

HER van Carlo 1884-1960 [2]
- *Dans les dunes* - Huile/panneau (31x35cm-12x14in) Bruxelles 95 .... FF2 844 - £374 - **$571**

HERAIN François de 1877-1962 [1]
- *Pélerin/Le mendiant de Mustapha* - Pointe sèche Paris 90 .... FF2 800 - £302 - **$494**

HERALD James Watterson 1859-1914 [15]
- *A street after rain* - Oil/canvas (31x23cm-12x9in) Billinghurst, West Sussex 93 ...... FF14 100 - £1 700 - **$2,465**
- *An Evening Stroll* - Pastel/paper (24x29cm-9x11in) London 96 .... FF8 650 - £1 100 - **$1,712**
  A busy street - Watercolour/paper (17x22cm-7x9in) Glasgow 96 .... FF19 000 - £2 200 - **$3,640**

HERALD W.F. 1868-1922 [1]
- *Young woman herding cows* - Pastel/paper (53x66cm-21x26in) Chicago 92 .... FF4 680 - £559 - **$900**

HERAMB Thore 1916 [9]
- *Fra Cornwall* - Oil/canvas (65x50cm-26x20in) Oslo 91 .... FF18 230 - £1 828 - **$3,009**

HÉRAN Henri 1864-1940 [3]
- *La charmeuse de serpents* - Lithographie Paris 92 .... FF2 100 - £215 - **$370**

HÉRANVAL Bernard XX [3]
- *Inondations* - Gouache (48x63cm-19x25in) Rouen 92 .... FF1 500 - £179 - **$289**

HÉRAUT Henri 1894-1980 [7]
- *Le Petit Prince* - Huile/papier/toile (65x50cm-26x20in) Paris 94 .... FF2 500 - £299 - **$467**

HERBELIN Jeanne M. née Habert 1820-1904 [1]
   Femme en robe noire à fleurs - Miniature (10x8cm-4x3in) Paris 94 .... FF**9 200** - £1 073 - **$1,612**
HERBERIGS Robert 1866-1974 [3]
   Composition - Huile/panneau (50x60cm-20x24in) Antwerpen 94 .... FF**7 430** - £853 - **$1,271**
HERBERT Alfred c.1820-1861 [13]
   Dutch Fishing Boats - Watercolour (32x66cm-13x26in) London 97 .... FF**10 319** - £1 100 - **$1,801**
HERBERT John Rogers 1810-1890 [11]
   Sølvbaegeret findes - Oil/canvas (114x145cm-45x57in) Köbenhavn 96 .... FF**27 500** - £3 134 - **$5,260**
   Ruth at meal time - Oil/canvas (101x196cm-40x77in) Tel Aviv 96 .... FF**158 200** - £20 500 - **$31,000**
   Portrait sketch of two girls - Bodycolour (42x32cm-17x13in) Retford, Nottinghamshire 93 .... FF**2 990** - £360 - **$522**
HERBERT Pierre 1783-1867 [1]
   Lady, in an olive green dress - Miniature (6cm-2in) London 92 .... FF**4 400** - £450 - **$774**
HERBERT Sydney 1854-1914 [11]
   Mount Etna, Sicily - Oil/canvas (61x92cm-24x36in) London 96 .... FF**11 930** - £1 500 - **$2,350**
HERBERTE Edward Benjamin 1857-1893 [11]
   The meet - Oil/canvas (61x91cm-24x36in) London 92 .... FF**34 200** - £3 500 - **$6,030**
   The race - Oil/canvas (76x127cm-30x50in) Newmarket Tattersal 90 .... FF**96 900** - £10 309 - **$17,335**
HERBETE Edward Benjamin 1857-1893 [8]
   The kill - Oleo/lienzo (43x92cm-17x36in) Madrid 92 .... FF**24 200** - £2 810 - **$4,940**
   Country fair, Yorkshire - Oil/canvas (89x152cm-35x60in) London 93 .... FF**153 500** - £18 500 - **$26,800**
HERBIET Eva 1913 [2]
   Nature morte aux coloquintes - Huile/toile (33x40cm-13x16in) Liège 96 .... FF**2 300** - £284 - **$445**
   Compposition abstraite - Gouache (15x9cm-6x4in) Liège 93 .... FF**2 966** - £355 - **$606**
HERBIG Otto 1889-1971 [30]
   Dame mit grünem Ohrring - Öl/Leinwand (47x66cm-19x26in) Bremen 92 .... FF**6 100** - £730 - **$1,174**
   Garten mit blühendem Baum - Coloured chalks (65x47cm-26x19in) Bern 96 .... FF**4 480** - £544 - **$871**
   Rote und weisse Blüten - Pastel/paper (66x46cm-26x18in) Köln 96 .... FF**12 200** - £1 523 - **$2,360**
HERBIN Auguste 1882-1960 [308]
   Nature morte - Huile/toile (81x65cm-32x26in) Paris 90 .... FF**2** - £256 959 - **$417,391**
   Voiliers au port - Huile/toile (59x73cm-23x29in) Düsseldorf 96 .... FF**28 760** - £3 650 - **$5,520**
   Brantes - Oil/canvas (74x100cm-29x39in) Amsterdam 96 .... FF**70 306** - £737 4 1 - **$12,064**
   Canal à Bruges - Oil/canvas (23x33cm-9x13in) London 96 .... FF**158 000** - £18 000 - **$30,240**
   Sans titre - Huile/toile (117x89cm-46x35in) Paris 97 .... FF**220 000** - £22 924 - **$37,488**
   Peintre Battaglia - Oil/canvas (55x46cm-22x18in) London 96 .... FF**351 000** - £40 000 - **$67,200**
   Quais du Port de Bastia - Oil/canvas (73x60cm-29x24in) London 97 .... FF**868 725** - £90 000 - **$148,815**
   Hélène - Encre Chine Paris 96 .... FF**3 600** - £452 - **$695**
   Volutes - Aquarelle (16x20cm-6x8in) Paris 97 .... FF**18 000** - £1 955 - **$3,157**
   Untitled - Watercolour/paper (31x21cm-12x8in) Amsterdam 97 .... FF**35 153** - £3 687 - **$6,032**
   Mère - Gouache (33x23cm-13x9in) Paris 95 .... FF**52 000** - £6 830 - **$10,430**
   Vie No. 1 - Gouache (35x27cm-14x11in) Paris 95 .... FF**95 000** - £12 480 - **$19,060**
   Veine, 1953 - Gouache (37x26cm-15x10in) London 90 .... FF**309 900** - £33 394 - **$54,656**
HERBO Fernand 1905-1995 [382]
   La baie des Trépassés - Huile/toile (27x35cm-11x14in) Paris 97 .... FF**3 500** - £380 - **$615**
   Baie des Trépassés, Finistère - Huile/toile (27x37cm-11x15in) Pruvis 95 .... FF**7 300** - £775 - **$1,265**
   Vieux bassin à Honfleur - Huile/toile (55x813cm-22x320in) La Varenne Saint-Hilaire 97 ...... FF**17 500** - £1 895 - **$3,073**
   Le port de Honfleur - Huile/toile (50x73cm-20x29in) Paris 97 .... FF**28 000** - £3 041 - **$4,962**
   Le Vieux Bassin - Huile/toile (81x60cm-32x24in) Honfleur 96 .... FF**50 000** - £6 560 - **$10,170**
   Le port de Honfleur - Huile/toile (50x65cm-20x26in) La Varenne Saint-Hilaire 92 .... FF**60 000** - £6 160 - **$11,540**
   Honfleur sous la neige - Huile/toile (81x100cm-32x39in) Honfleur 90 .... FF**200 000** - £20 141 - **$36,364**
   Petit port de l'Auberlach - Aquarelle (30x43cm-12x17in) Paris 97 .... FF**3 900** - £416 - **$675**
   Gennevilliers - Aquarelle/papier (35x61cm-14x24in) Paris 97 .... FF**6 800** - £727 - **$1,185**
   Honfleur - Aquarelle/papier (28x44cm-11x17in) Paris 97 .... FF**9 200** - £984 - **$1,603**
   La Jetée à Honfleur - Aquarelle/papier (28x44cm-11x17in) Honfleur 96 .... FF**25 000** - £3 280 - **$5,090**
   Le port de Honfleur - Aquarelle (31x50cm-12x20in) Honfleur 90 .... FF**165 000** - £17 780 - **$29,101**
HERBO Léon 1850-1907 [57]
   Jeune Andalouse - Huile/panneau (67x54cm-26x21in) Bruxelles 95 .... FF**15 470** - £1 870 - **$2,910**
   Portrait of a young girl - Oil/canvas (46x33cm-18x13in) New-York 94 .... FF**40 940** - £4 740 - **$7,000**
   The Love Letter - Oil/canvas (84x58cm-33x23in) New-York 97 .... FF**96 645** - £10 409 - **$17,000**
HERBST Adolf 1909-1983 [39]
   Spanischen Bürgerkrieg - Öl/Leinwand (46x56cm-18x22in) Zürich 96 .... FF**15 900** - £1 840 - **$3,044**
   La Toilette - Öl/Leinwand (61x50cm-24x20in) Zürich 97 .... FF**43 427** - £4 617 - **$7,491**
   Steigend-Fallend - Öl/Leinwand (57x43cm-22x17in) Zürich 96 .... FF**55 200** - £7 150 - **$10,900**
   Brustbild einer Frau - Mischtechnik/Papier (42x26cm-17x10in) Bern 94 .... FF**10 000** - £1 180 - **$1,780**
HERBST Thomas Ludwig 1848-1915 [20]
   Weidende Kühe - Oil/cardboard (10x19cm-4x7in) Pforzheim 95 .... FF**8 900** - £1 110 - **$1,798**
   Lichter Waldweg mit einem Pferd - Öl/Karton (30x41cm-12x16in) Hamburg 97 .... FF**48 871** - £5 228 - **$8,518**
   Am Dorfteich - Pencil (21x30cm-8x12in) Bremen 95 .... FF**2 750** - £362 - **$552**
HERBSTHOFFER Peter Rudolf Karl 1821-1876 [5]
   Ancient warrior in his study - Oil/canvas (56x46cm-22x18in) Elgin, Illinois 93 .... FF**20 620** - £2 587 - **$3,750**
   Kurtisane bei der Toilette - Aquarell/Papier (31x23cm-12x9in) Wien 94 .... FF**3 410** - £409 - **$663**
HERDE van de Regnier 1914 [3]
   Carrosse, Ostende - Huile/panneau (80x100cm-31x39in) Antwerpen 92 .... FF**9 060** - £1 082 - **$1,743**

HERDLE George Linton 1868-1922 [1]
  Dutch canal scene - Watercolour (28x43cm-11x17in) Chicago 92 .... FF1 960 - £228 - **$400**
HERDMAN Robert 1829-1888 [10]
  Sweet dreams - Oil/panel (27x36cm-11x14in) Glasgow 96 .... FF16 550 - £2 145 - **$3,240**
  Joy of summer - Oil/canvas (113x90cm-44x35in) Glasgow 91 .... FF99 700 - £9 991 - **$16,812**
  Young Italian Mother and Child - Watercolour (63x48cm-25x19in) Toronto 96 ..... FF3 875 - £442 - **$742**
HERDMAN Robert Duddingstone 1863-1922 [2]
  Jim, son of Lauchlan MacKinnon
    Oil/canvas (122x71cm-48x28in) Auchterarder, Perthshire 95 .... FF15 630 - £2 000 - **$3,076**
HERDMAN William Gawin 1805-1882 [2]
  Near the Panthéon, Paris - Oil/board (24x20cm-9x8in) London 93 .... FF4 800 - £600 - **$870**
HERDMAN-SMITH Robert 1879-? [3]
  Bab-Ez-Zuweyla Gate, Cairo - Pencil (48x74cm-19x29in) London 92 .... FF4 100 - £420 - **$723**
HERDTLE Gustav 1835-? [1]
  Blick ins Gaurtal (34x47cm-13x19in) Stuttgart 93 .... FF5 920 - £679 - **$1,006**
HERDTLE Hermann 1819-1889 [8]
  Sommertag am Starnberger See - Oil/canvas (42x57cm-17x22in) Köln 92 .... FF19 720 - £2 020 - **$3,470**
  The Capitol, Rome - Watercolour (41x29cm-16x11in) London 95 .... FF7 040 - £900 - **$1,440**
HERDTLE Richard 1866-1943 [10]
  Pflügender Bauer mit Ochsengespann - Oil/panel (49x61cm-19x24in) Stuttgart 93 ... FF2 374 - £284 - **$457**
  Kutscher kehren mit ihren Schimmeln - Öl/Leinwand (41x51cm-16x20in) Leipzig 95 ..... FF9 260 - £1 157 - **$1,870**
HEREAU Jules 1839-1879 [3]
  A l'écurie - Huile/toile (22x33cm-9x13in) Deauville 92 .... FF18 000 - £1 843 - **$3,240**
HEREFORD Edgar XIX-XX [4]
  Mediterranean harbour - Oil/canvas (63x76cm-25x30in) London 94 .... FF7 240 - £850 - **$1,268**
HERGENRÖDER Georg Heinrich 1736-c.1794 [4]
  Figures near a tomb in a grotto - Oil/panel (22x24cm-9x9in) New-York 93 .... FF29 500 - £3 356 - **$5,000**
HERGET Herbert M. 1885-1950 [1]
  Crow's Encounter - Oil/canvas (61x83cm-24x33in) New-York 95 .... FF32 630 - £4 090 - **$6,500**
HERING Adolf 1863-1932 [1]
  Landschaft in den Dolomiten - Öl/Leinwand (82x60cm-32x24in) Rudolstadt-Thüringen 96 .... FF2 260 - £293 - **$447**
HERING George 1884-1936 [1]
  Fisherfolk in Volendam's harbour - Oil/canvas (112x50cm-44x20in) Amsterdam 96 .... FF19 660 - £2 464 - **$3,800**
HERING George Edwards 1805-1879 [14]
  Italian coastal scene - Oil/canvas (61x122cm-24x48in) New-York 96 .... FF12 000 - £1 554 - **$2,400**
  Park at Blenheim from the South-West - Oil/canvas (64x110cm-25x43in) London 91... FF70 357 - £7 500 - **$12,172**
  Drayton manor, Tamworth, Staffs - Pencil (27x41cm-11x16in) London 93 .... FF3 340 - £380 - **$567**
HÉRION Jean 1865-1945 [1]
  Laughing/Crying clowns - Oil/panel (18x14cm-7x6in) New-York 93 .... FF22 000 - £2 760 - **$4,000**
HERIOT George 1766-1844 [12]
  Château de Versailles - Aquarelle (20x26cm-8x10in) Montréal 96 .... FF1 897 - £238 - **$366**
  Cattle watering by a Weir - Watercolour (19x30cm-7x12in) London 97 .... FF7 959 - £850 - **$138,4 5**
HÉRISSON Louis François 1811-1859 [1]
  Washerwomen - Oil/canvas (60x90cm-24x35in) New-York 94 .... FF38 000 - £4 400 - **$6,500**
HERITIER-MARRIDA Marcel 1937 [2]
  Cafetière au mimosa - Huile/toile (46x55cm-18x22in) Brides-les-Bains 94 .... FF2 700 - £328 - **$514**
HERKENRATH Peter 1900-1992 [48]
  Gelbes Bild - Öl/Karton (72x90cm-28x35in) München 94 .... FF9 950 - £1 180 - **$1,840**
  Cipressa - Öl/Leinwand (80x7cm-31x3in) Köln 95 .... FF24 020 - £3 143 - **$4,880**
  Frau mit Korb - Öl/Leinwand (90x81cm-35x32in) Berlin 97 .... FF69 933 - £7 427 - **$12,181**
  Gläser - Mischtechnik/Papier (70x90cm-28x35in) Berlin 94 .... FF12 370 - £1 478 - **$2,310**
HERKOMER von Hubert 1849-1914 [33]
  Louis Breitmeyer - Oil/canvas (121x79cm-48x31in) London 95 .... FF15 460 - £2 000 - **$3,160**
  In my Garden, OP XXI, 1912 - Oil/board (37x27cm-15x11in) London 90 .... FF92 000 - £9 850 - **$16,000**
  Gathering Fuel - Watercolour (43x32cm-17x13in) London 95 .... FF10 260 - £1 300 - **$2,064**
HERLAND Emma 1856-1947 [11]
  La pourvoyeuse - Huile/panneau (37x24cm-15x9in) Quimper 94 .... FF8 300 - £997 - **$1,546**
  Bretonne sur le chemin - Aquarelle/papier (22x32cm-9x13in) Quimper 97 .... FF1 500 - £161 - **$263**
HERLIN Sven 1815-1886 [2]
  Landscape - Oil/canvas (89x89cm-24x35in) Stockholm 95 .... FF2 260 - £296 - **$460**
HERMAN Josef 1911-? [116]
  Peasants working in the fields - Oil/board (18x23cm-7x9in) London 94 .... FF5 110 - £600 - **$895**
  Nightfall - Oil/canvas (51x46cm-20x18in) London 96 .... FF12 270 - £1 600 - **$2,540**
  Men in the Field - Oil/canvas (30x40cm-12x16in) London 97 .... FF28 736 - £3 000 - **$4,916**
  Mother and Child - Oil/canvas (91x71cm-36x28in) London 97 .... FF62 260 - £6 500 - **$10,652**
  Man and woman in a vineyard - Ink (19x24cm-7x9in) London 96 .... FF4 000 - £500 - **$776**
HERMAN Lipót 1884-1972 [1]
  Bibliai jelenet (Adám és Eva) - Oil/cardboard (24x31cm-9x12in) Budapest 89 .... FF3 300 - £348 - **$556**
HERMAN Roger 1947 [2]
  Automobile - Oil/canvas (89x89cm-35x35in) San Francisco-Los Angeles 93 .... FF11 800 - £1 343 - **$2,000**
HERMANJAT Jacques E. Abraham 1862-1932 [5]
  Haus am Hang - Oil/canvas (43x55cm-17x22in) Bern 92 .... FF16 740 - £1 710 - **$2,950**
HERMANN Alexander 1814-1845 [1]
  Der Kaiserdom zu Worms - Pencil/paper (37x29cm-15x11in) Köln 93 .... FF2 035 - £243 - **$392**

HERMANN Carl Heinrich 1802-1880 [1]
Young girl - Pencil/paper (18x14cm-7x6in) Lindau 95 .... FF2 070 - £264 - $417
HERMANN Catharina Paulina 1841-1919 [1]
Landscape, corn-sheafs & peasants - Oil/canvas (25x43cm-10x17in) Amsterdam 95 .... FF3 090 - £373 - $581
HERMANN Curt 1854-1929 [1]
House in the mountains - Oil/canvas (47x62cm-19x24in) New-York 94 .... FF55 500 - £6 370 - $9,500
HERMANN Hans 1813-1890 [3]
Flower Market - Huile/toile (59x80cm-23x31in) Montréal 96 .... FF49 300 - £6 170 - $9,510
HERMANN Hans 1858-1942 [2]
Rotterdam - Oil/canvas (70x100cm-28x39in) Köbenhavn 94 .... FF32 200 - £3 690 - $5,500
HERMANN Johann 1794-1880 [1]
Ernest Radinger mit seinem Sohn - Öl/Leinwand (117x93cm-46x37in) Wien 93 .... FF9 580 - £1 150 - $1,650
HERMANN Karl 1813-1881 [1]
Stilleben mit Goethebüste - Öl/Leinwand (70x59cm-28x23in) Stuttgart 92 .... FF4 410 - £527 - $848
HERMANN Leo 1853-1927 [6]
The Cardinal - Oil/panel (25x19cm-10x7in) San Francisco-Los Angeles 93 .... FF16 500 - £2 070 - $3,000
HERMANN Ludwig 1812-1881 [29]
Old Rotterdam - Oil/canvas (36x51cm-14x20in) London 95 .... FF17 370 - £2 200 - $3,494
Extensive village on a lake - Oil/canvas (47x67cm-19x26in) New-York 94 .... FF30 860 - £3 645 - $5,500
Konigsberg - Oil/canvas (74x101cm-29x40in) New-York 90 .... FF154 400 - £16 531 - $26,852
HERMANN Max 1872-1958 [2]
Der Ermit - Öl/Leinwand (122x93cm-48x37in) Lindau 95 .... FF5 020 - £678 - $1,038
HERMANN Rudolf 1879-1963 [1]
Und immer lockt Eva - Oil/panel (108x95cm-43x37in) Wien 96 .... FF7 330 - £952 - $1,436
HERMANN Wilhelm 1841-1916 [1]
European landscapes - Watercolour Cape Town 95 .... FF6 640 - £848 - $1,364
HERMANN-LAMB Oscar 1876-1947 [3]
Abend in Venedig - Watercolour, gouache/paper (60x45cm-24x18in) Wien 92 .... FF5 300 - £542 - $932
HERMANN-PAUL 1874-1940 [13]
Scène d'intérieur, Nabis - Huile/carton (52x63cm-20x25in) Paris 89 .... FF55 000 - £5 624 - $8,842
Les Noceurs - Aquarelle, gouache/carton (34x50cm-13x20in) Paris 94 .... FF10 200 - £1 213 - $1,866
HERMANNS Ernst 1914 [3]
Diagonale Komposition - Mischtechnik (63x45cm-25x18in) München 89 .... FF11 200 - £1 180 - $1,886
HERMANNS Heinrich 1862-1942 [29]
Frühling in Oberwesel am Rhein - Öl/Leinwand (45x62cm-18x24in) Düsseldorf 96 ...... FF10 150 - £1 287 - $1,947
Fishmarket, Amsterdam - Oil/canvas (101x151cm-40x59in) Amsterdam 95 .... FF41 300 - £5 160 - $8,340
Uitvarende vissersboten - Aquarelle (54x38cm-21x15in) Lokeren 92 .... FF3 650 - £374 - $643
HERMANNS Paul 1898-1972 [1]
Ansicht von Venedig - Oil/panel (38x46cm-15x18in) Frankfurt 93 .... FF5 430 - £648 - $1,044
HERMANNSDÖRFER Joseph 1867-? [2]
Frau mit Hund im Garten - Oil/canvas (50x59cm-20x23in) Köln 90 .... FF8 800 - £942 - $1,530
HERMANNSTORFER Joseph 1817-1901 [1]
Outside the cottage door - Oil/panel (17x24cm-7x9in) New-York 90 .... FF13 700 - £1 457 - $2,451
HERMANS Charles 1839-1924 [31]
Bal masqué - Oil/canvas (321x401cm-126x158in) New-York 92 .... FF3 - £327 600 - $650,000
Red-haired beauty - Oil/canvas (65x48cm-26x19in) Amsterdam 95 .... FF15 070 - £1 800 - $2,900
Looking out to sea - Oil/canvas (107x77cm-42x30in) New-York 97 .... FF205 362 - £22 136 - $36,000
HERMANS Louis 1750-1833 [1]
Weintrauben, Apfeln und Kirschen - Oil/panel (44x55cm-17x22in) Wien 94 .... FF67 800 - £7 910 - $11,880
HERMANS Paul 1898-1972 [2]
Paysage - Huile/toile (60x75cm-24x30in) Bruxelles 95 .... FF13 400 - £1 766 - $2,720
HERMANSON Olaf August 1849-1897 [37]
Skovparti med hjort ved et ålob - Oil/canvas (60x46cm-24x18in) Köbenhavn 91 ...... FF2 640 - £265 - $457
Two puppies and a frog - Oil/panel (23x29cm-9x11in) Köbenhavn 96 .... FF12 280 - £1 530 - $2,370
A Woodland idyll - Oil/canvas (66x82cm-26x32in) New-York 97 .... FF51 341 - £5 534 - $9,000
HERMANUS Paul 1859-1911 [10]
Terugkerende vissersboten - Huile/toile (42x60cm-17x24in) Lokeren 92 .... FF7 300 - £748 - $1,285
Bord d'étang - Aquarelle/papier (31x49cm-12x19in) Bruxelles 95 .... FF2 765 - £346 - $551
HERMEL Michel 1934 [38]
La Place des Vosges - Huile/toile (46x55cm-18x22in) La Varenne Saint-Hilaire 94 ... FF5 500 - £618 - $932
Rue de Tournon et le Sénat
   Huile/toile (46x55cm-18x22in) La Varenne Saint-Hilaire 93 .... FF10 100 - £1 263 - $1,837
HERMELIN Olof 1827-1913 [122]
Vårvinter - Oil/canvas (53x80cm-21x31in) Stockholm 95 .... FF7 200 - £951 - $1,460
Fjällandskap med insjö - Oil/canvas (53x81cm-21x32in) Stockholm 97 .... FF13 585 - £1 434 - $2,347
Sommarlandskap - Oil/metal (58x44cm-23x17in) Stockholm 97 .... FF17 358 - £1 833 - $2,999
Vårflod i maj - Oil/canvas (82x108cm-32x43in) Stockholm 97 .... FF29 964 - £3 208 - $5,224
Vårbyk vid Skärgårdshus - Oil/canvas (62x93cm-24x37in) Stockholm 97 .... FF59 928 - £6 416 - $10,448
Kvinna i varhage, 30.5.1894 - Oil/canvas (115x82cm-45x32in) Stockholm 90 ..... FF163 800 - £17 651 - $28,889
HERMENJAT Abraham Jacq. Émile 1862-1932 [2]
Méhariste - Huile/carton (29x22cm-11x9in) Paris 92 .... FF5 000 - £597 - $962

HERMES Erich 1881-1971 [20]
- Dame lit blauer Halskette - Öl/Leinwand (70x50cm-28x20in) München 95 .... FF4 840 - £633 - $970
- *Femme au bouquet - Huile/toile (65x50cm-26x20in) Genève 91* .... FF27 040 - £2 776 - $5,030
- Zinal, Valais-Suisse - Poster (99x64cm-39x25in) London 95 .... FF5 300 - £600 - $955
- *Le bébé - Pastel (45x44cm-18x17in) Bern 93* .... FF5 710 - £682 - $1,098

HERMES Gertrude Anna B. 1901-1983 [8]
- The seed, 1963 - Bronze (183cm-72in) London 90 .... FF25 200 - £2 698 - $4,383
- *Carradale bay - Argyll, 1940 - Pastel (29x44cm-11x17in) London 89* .... FF4 800 - £478 - $758

HERMES Johannes 1842-1901 [1]
- Village in a river landscape - Oil/canvas (40x62cm-16x24in) London 93 .... FF7 460 - £850 - $1,267

HERMLE Jörg 1936 [12]
- Femme assise - Huile/toile (65x54cm-26x21in) Langres 93 .... FF6 500 - £783 - $1,182
- *Cavalier mécanique - Pastel (48x65cm-19x26in) Soissons 92* .... FF1 800 - £215 - $346

HERMOSILLO REMBAUD Rogelio 1934 [2]
- Eve - Oil/board (71x25cm-28x10in) Delray Beach, Florida 96 .... FF5 000 - £648 - $1,000

HERMOSO MARTINEZ Eugenio 1883-1963 [13]
- La Silguera - Oil/canvas (74x58cm-29x23in) London 96 .... FF24 060 - £3 000 - $4,650
- *La Niña de los ojos negros - Oleo/lienzo (60x51cm-24x20in) Madrid 94* .... FF72 600 - £8 550 - $12,910
- *El baño de las zagalas - Oleo/lienzo (217x165cm-85x65in) Madrid 93* .... FF267 000 - £31 800 - $48,300

HERMSEN Dorus 1871-1931 [1]
- Sunflowers in a vase - Oil/canvas (121x90cm-48x35in) Amsterdam 92 .... FF3 610 - £420 - $737

HERN Charles Edward 1848-1894 [2]
- *Greenwich reach, looking east - Wash (20x38cm-8x15in) London 90* .... FF5 300 - £557 - $922

HERNANDEZ Agustín 1931 [27]
- Puerto Rico - Oleo/lienzo (70x87cm-28x34in) Madrid 93 .... FF8 220 - £990 - $1,602

HERNANDEZ Mariano 1928 [8]
- Petit King-Kong, 1976 - Huile/toile (41x33cm-16x13in) Paris 90 .... FF4 500 - £479 - $805
- *Déluge - Pastel/papier (75x108cm-30x43in) Paris 94* .... FF7 100 - £848 - $1,330

HERNANDEZ Mateo 1885-1949 [8]
- Chats/Chimpanzé - Lithographie Paris 96 .... FF3 000 - £388 - $595
- Marabout en pied - Sculpture (49cm-19in) Paris 94 .... FF78 000 - £9 120 - $13,680
- *Dromadaires - Lavis (22x29cm-9x11in) Paris 94* .... FF4 900 - £586 - $915

HERNANDEZ MOMPO Manuel 1927-1992 [13]
- Sin título - Technique mixte/toile (35x27cm-14x11in) Madrid 90 .... FF118 800 - £12 638 - $21,252
- *La Ciudad - Acuarela, góuache/papel (70x100cm-28x39in) Madrid 96* .... FF40 700 - £5 280 - $8,050

HERNANDEZ MORILLO Daniel 1856-1932 [33]
- A rainy day - Oil/panel (26x17cm-10x7in) London 91 .... FF31 740 - £3 221 - $5,733
- Before the Masked ball - Oil/canvas (66x36cm-26x14in) New-York 97 .... FF51 340 - £5 534 - $9,000
- Reclining Nude - Oil/canvas (93x151cm-37x59in) New-York 97 .... FF185 396 - £19 984 - $32,500
- *Mädchen auf Steinsockel - Watercolour (51x31cm-20x12in) Bern 92* .... FF14 140 - £1 444 - $2,490

HERNANDEZ NAJERA Miguel 1864-1936 [1]
- Playa de las Infantas, Santander - Oleo/tabla (15x23cm-6x9in) Madrid 96 .... FF2 843 - £361 - $546

HERNANDEZ PIJUAN Joan 1931 [3]
- *Composición - Técnica mixta/papel (50x70cm-20x28in) Madrid 96* .... FF10 020 - £1 215 - $1,950

HERNANDEZ QUERO José 1933 [5]
- Casa en el monte - Oleo/tabla (33x41cm-13x16in) Madrid 96 .... FF8 110 - £1 030 - $1,560
- Deseo frustado - Oleo/lienzo (130x97cm-51x38in) Madrid 94 .... FF53 300 - £6 290 - $9,810

HERNANDEZ Santiago 1833-1908 [1]
- *Mision y Presido de Sta. Barbara - Wash (27x45cm-11x18in) London 90* .... FF23 200 - £2 468 - $4,150

HERNANDEZ Sergio 1957 [3]
- Pareja (diptych) - Oil (200x300cm-79x118in) New-York 94 .... FF146 000 - £17 370 - $27,500

HERNANDEZ XOCHITIOTZIN Desiderio 1922 [3]
- Posada Navideña - Oil/masonite (81x61cm-32x24in) New-York 94 .... FF51 000 - £6 370 - $10,000

HERNLUND Ferdinand 1838-1902 [7]
- Morgonstämning över ängen - Oil/canvas (38x50cm-15x20in) Göteborg 93 .... FF2 960 - £364 - $548
- Strandpromenaden - Oil/canvas (37x60cm-15x24in) Stockholm 95 .... FF19 600 - £2 564 - $3,980

HEROLD Edvard 1820-1895 [1]
- Landschaft mit Ruine - Öl/Leinwand (36x28cm-14x11in) Praha 95 .... FF4 100 - £531 - $838

HEROLD Georg 1947 [19]
- Untitled, Brick painting - Mixed media/canvas (170x120cm-67x47in) Stockholm 94 .... FF31 400 - £3 690 - $5,600
- Durerhase - Sculpture (217x120x185cm-85x47x73in) New-York 92 .... FF52 000 - £6 210 - $10,000

HÉROLD Jacques 1910-1987 [57]
- Blanc-seing - Huile/isorel (27x21cm-11x8in) Paris 95 .... FF7 000 - £883 - $1,396
- L'Age du Feu - Huile/panneau (43x34cm-17x13in) Paris 94 .... FF23 000 - £2 756 - $4,360
- Fragment de liberté - Huile/toile (46x38cm-18x15in) Paris 97 .... FF38 000 - £3 963 - $6,498
- La piramide - Huile/toile (59x49cm-23x19in) Paris 97 .... FF55 000 - £5 736 - $9,405
- Descendre dans la rue - Huile/toile (130x195cm-51x77in) Paris 89 .... FF245 000 - £25 817 - $41,246
- *Composition surréaliste - Fusain/papier (46x30cm-18x12in) Paris 97* .... FF8 000 - £834 - $1,368
- Composition surréaliste - Fusain/papier (43x32cm-17x13in) Paris 97 .... FF16 000 - £1 668 - $2,736
- Composition suuréaliste - Gouache/papier (64x50cm-25x20in) Paris 97 .... FF27 000 - £2 816 - $4,617

HERON James XIX [2]
- *Landscape - Oil/canvas (51x87cm-20x34in) Viby J, Århus 92* .... FF2 904 - £297 - $512

HERON Patrick 1920 [56]
- Orange Horizon - Oil/canvas (46x35cm-18x14in) London 97 .... FF26 365 - £2 800 - $4,592

Small light blue- red disc - Oil/canvas (25x35cm-10x14in) London 97 .... FF**55 609** - £5 800 - **$9,509**
Black grapes and white roses - Oil/canvas (41x51cm-16x20in) London 95 .... FF**86 100** - £11 000 - **$17,640**
Black, green and yellow - Oil/canvas (152x183cm-60x72in) London 91 .... FF**365 400** - £36 633 - **$66,926**
⌀ *May 1:1986:I* - Gouache (32x47cm-13x19in) London 96 .... FF**12 380** - £1 600 - **$2,445**
July 8, 1988 - Gouache (58x76cm-23x30in) London 92 .... FF**18 070** - £1 850 - **$3,190**
Dark Pink in Blue - Gouache (38x56cm-15x22in) London 97 .... FF**24 482** - £2 600 - **$4,264**
Three blues in blue - Gouache (77x56cm-30x22in) London 97 .... FF**49 600** - £5 034 - **$8,958**

HÉROULT Antoine Désiré 1802-1853 [5]
⌀ *Troupeau de vaches au pâturage* - Aquarelle, gouache/papier (58x92cm-23x36in) Paris 89....... FF**6 000** - £597 - **$948**
Bord de mer - Aquarelle (61x91cm-24x36in) Paris 93 .... FF**50 000** - £5 750 - **$8,600**

HERPFER Fritz 1883-1936 [4]
● *Knabenbildnis* - Öl/Leinwand (97x78cm-38x31in) München 93 .... FF**2 975** - £347 - **$489**

HERPFER Karl 1836-1897 [7]
● *The Garland* - Oil/canvas (152x102cm-60x40in) New-York 96 .... FF**207 700** - £26 450 - **$40,000**

HERR Laurenz 1845 [2]
⌀ *Kaisers Franz Josef I* - Aquarell/Papier (43x30cm-17x12in) Wien 96 .... FF**9 800** - £1 270 - **$1,960**

HERRAEZ Félix 1891-1976 [1]
● *Paisaje* - Oleo/lienzo (43x57cm-17x22in) Madrid 93 .... FF**3 055** - £368 - **$595**

HERREMANS Lievin 1858-1886 [21]
● *Jardin en fleurs* - Huile/carton (26x35cm-10x14in) Liège 96 .... FF**2 830** - £367 - **$560**
Parc animé - Huile/toile (73x48cm-29x19in) Bruxelles 90 .... FF**38 900** - £4 138 - **$6,959**
Outside the Doge's Palace, Venice - Oil/canvas (51x76cm-20x30in) New-York 97 .... FF**69 700** - £5 587 - **$10,000**

HERRENBURG Johann Andreas 1824-1906 [3]
● *Bergige Landschaft* - Öl/Leinwand (46x62cm-18x24in) Bremen 94 .... FF**6 880** - £904 - **$1,380**

HERRER Cesar 1868-1919 [3]
● *Venise* - Huile/carton (36x26cm-14x10in) Bruxelles 94 .... FF**6 310** - £741 - **$1,123**

HERRERA José 1943 [9]
● *Buste d'adulte* - Huile/toile (46x38cm-18x15in) Paris 93 .... FF**10 000** - £1 205 - **$1,820**
Groupe d'acteurs - Huile/toile (81x100cm-32x39in) Poitiers 91 .... FF**35 000** - £3 527 - **$6,073**

HERRERA TORO Antonio 1857-1914 [1]
● *Visita al Estudio* - Oil/canvas (48x39cm-19x15in) New-York 94 .... FF**84 200** - £9 940 - **$15,000**

HERREROS Enrique 1903-1977 [2]
● *Muñeca* - Oleo/lienzo (128x161cm-50x63in) Madrid 91 .... FF**13 300** - £1 341 - **$2,592**
⌀ *Décimo aniversario de la Codorniz* - Tinta (38x27cm-15x11in) Madrid 96 .... FF**2 005** - £230 - **$383**

HERREYNS Willem Jacob 1743-1827 [2]
● *Study of a bearded man* - Oil/canvas (26x19cm-10x7in) Billinghurst, West Sussex 91 .... FF**5 460** - £554 - **$986**
⌀ *Saint-Jean* - Dessin (21x17cm-8x7in) Bruxelles 97 .... FF**2 124** - £230 - **$376**

HERRFELDT Marcel René 1890-1965 [11]
● *Liegender Akt* - Öl/Leinwand (80x99cm-31x39in) Zürich 94 .... FF**24 350** - £2 880 - **$4,374**

HERRFURTH Oskar 1862-1934 [3]
⌀ *Lesender Eremit vor seiner Klause* - Aquarell (27x18cm-11x7in) Köln 93 .... FF**3 390** - £405 - **$653**

HERRGÖTH Herbert Wolfgang 1933-1985 [1]
⌀ *Der Kuß* - Mischtechnik/Papier (35x49cm-14x19in) Wien 96 .... FF**1 920** - £194 - **$374**

HERRING Benjamin XIX [2]
● *The quarty cart* - Oil/canvas (61x90cm-24x35in) London 92 .... FF**17 600** - £1 800 - **$3,096**

HERRING Benjamin I 1806-1830 [2]
● *Chestnut hunter with a groom* - Oil/canvas (32x44cm-13x17in) London 90 .... FF**27 330** - £2 781 - **$5,466**

HERRING Benjamin II 1830-1871 [6]
● *The Steeplechase* - Oil/canvas (28x51cm-11x20in) New-York 96 .... FF**11 480** - £1 490 - **$2,250**
Two huntsmen overlooking a bluff - Oil/canvas (73x93cm-29x37in) New-York 95 .... FF**118 100** - £15 460 - **$24,000**

HERRING Charles 1828-1856 [1]
● *Cattle in a farmyard* - Oil/canvas (46x60cm-18x24in) London 94 .... FF**4 760** - £550 - **$811**

HERRING James 1794-1867 [1]
● *General Morgan Lewis* - Oil/canvas (91x74cm-36x29in) New-York 95 .... FF**50 200** - £6 280 - **$10,000**

HERRING John Frederick, Jnr. 1820-1907 [171]
● *Harses watering in stable*
   Oil/canvas (41x41cm-16x16in) San Francisco-Los Angeles 93................................... FF**12 370** - £1 552 - **$2,250**
Quiet Corner of the Old Farm - Huile/toile (37x50cm-14x20in) Montréal 96 .... FF**21 300** - £2 430 - **$4,080**
A Carriage Horse in a Stable - Oil/canvas (42x52cm-17x20in) London 97 .... FF**33 614** - £3 600 - **$5,842**
Unloading a cart - Oil/canvas (38x51cm-15x20in) London 92 .... FF**52 800** - £5 400 - **$9,280**
Pause for Refreshment - Oil/canvas (75x122cm-30x48in) London 97 .... FF**98 265** - £10 475 - **$17,000**
Ducks & ducklings on a river bank - Oil/panel (36x46cm-14x18in) New-York 97 .... FF**317 917** - £33 891 - **$55,000**

HERRING John Frederick, Snr. 1795-1865 [114]
● *Arabs Horses & a Groom* - Oil/canvas (44x59cm-17x23in) London 97 .... FF**1** - £200 000 - **$324,560**
Start of the Epsom Derby - Oil/canvas (110x157cm-43x62in) New-York 96 .... FF**1** - £1 - **$2**
The Leamington Hunt - Oil/canvas London 89 .... FF**5** - £594 172 - **$934,244**
The Ford - Oil/canvas (46x61cm-18x24in) New-York 95 .... FF**44 300** - £5 800 - **$9,000**
Mulatto in a stable - Oil/panel (25x30cm-10x12in) London 97 .... FF**89 119** - £9 500 - **$15,418**
Greyhound in a landscape - Oil/panel (45x61cm-18x24in) London 97 .... FF**135 388** - £14 500 - **$23,531**
Teddington, a chestnut Racehorse - Oil/canvas (44x70cm-17x28in) London 97 .... FF**337 712** - £36 000 - **$58,424**

HERRLEIN Andreas ?-1817 [1]
● *Nanette, comtesse d'Edling* - Öl/Leinwand (90x78cm-35x31in) Wien 96 .... FF**6 820** - £885 - **$1,350**

H

HERRLEIN Johann Andreas 1720-1796 [5]
- Bauerfamilie in der Stube - Oil/wood (20x27cm-8x11in) Hamburg 97 .... FF87 630 - £9 375 - **$15,275**

HERRLIBERGER David 1697-1777 [11]
- Murten, Ansicht vom See - Copper engraving (18x27cm-7x11in) Bern 92 .... FF1 713 - £205 - **$330**

HERRLOSH Leopold 1901-1979 [3]
- Herbst - Oil/panel (60x41cm-24x16in) Wien 91 .... FF4 320 - £436 - **$842**

HERRMAN-LÉON Charles 1838-1908 [5]
- Spaniels & a rabbit in a landscape
  Oil/canvas (66x81cm-26x32in) Bloomfield Hills, Michigan 91 .... FF22 800 - £2 289 - **$3,945**

HERRMANN August 1752-1816 [1]
- Hunter with his hunting dogs - Oil/canvas (126x75cm-50x30in) New-York 91 .... FF6 840 - £689 - **$1,187**

HERRMANN Carl 1857-? [3]
- Hafen in Holland - Öl/Leinwand (68x49cm-27x19in) Berlin 97 .... FF97 129 - £10 315 - **$16,919**

HERRMANN Carl Adalbert 1791-1845 [2]
- Familie der Engels, Cosel-Schlesien - Öl/Kupfer (173x139cm-68x55in) München 93 .... FF32 200 - £3 850 - **$6,200**
- Kinderbildnis von fünf Geschwistern - Pencil (23x33cm-9x13in) Bielefeld 92 .... FF2 710 - £315 - **$553**

HERRMANN Charles H. 1933 [1]
- Coqs - Huile/panneau (30x40cm-12x16in) Entzheim 96 .... FF2 500 - £314 - **$483**

HERRMANN Curt 1854-1929 [3]
- Rote Blüten - Öl/Leinwand (51x33cm-20x13in) Köln 94 .... FF103 000 - £12 200 - **$19,020**

HERRMANN Frank S. 1866-1942 [6]
- Fischerfrauen erwarten ein Schiff - Oil/canvas (65x87cm-26x34in) München 92 .... FF10 200 - £1 044 - **$1,796**
- Battleship passing up the Hudson - Gouache (55x71cm-22x28in) Mystic, Connecticut 91 .... FF4 195 - £418 - **$721**

HERRMANN Hans 1813-1890 [5]
- Flowermarket on the Singel, Amsterdam
  Oil/canvas (80x60cm-31x24in) Amsterdam 90 .... FF42 200 - £4 249 - **$8,266**

HERRMANN Hans 1858-1942 [26]
- Holländische Flusslandschaft - Öl/Leinwand (62x47cm-24x19in) Köln 93 .... FF12 240 - £1 402 - **$2,083**
- Strassenszene in Amsterdam - Oil/panel (29x46cm-11x18in) Köln 95 .... FF21 740 - £2 830 - **$4,460**
- A flower market in amsterdam - Oil/canvas (62x82cm-24x32in) New-York 94 .... FF78 600 - £9 270 - **$14,000**

HERRMANN Johann 1794-1880 [2]
- Familienportrait (Ernest Radinger) - Öl/Leinwand (117x93cm-46x37in) Lindau 94 .... FF33 760 - £4 360 - **$6,520**

HERRMANN Leo 1853-? [2]
- Un incroyable - Oil/panel (19x14cm-7x6in) London 94 .... FF12 700 - £1 500 - **$2,280**

HERRMANN Theodor 1881-? [1]
- Sonnenbeschiene Waldlandschaft - Öl/Leinwand (101x82cm-40x32in) Bremen 94 .... FF11 040 - £1 306 - **$2,035**

HERRMANN Willy 1895-? [9]
- Ostseestrand - Öl/Leinwand (51x70cm-20x28in) Bremen 95 .... FF11 700 - £1 537 - **$2,346**

HERRMANN-KAUFMANN Maria 1921 [2]
- Laeufe - Oil/canvas (50x30cm-20x12in) Luzern 94 .... FF7 070 - £722 - **$1,245**

HERRMANSTÖRFER Josef 1817-1901 [2]
- Staubachfall im Lauterbrunnenthal - Oil/panel (20x27cm-8x11in) Wien 94 .... FF12 100 - £1 388 - **$2,070**

HERRSTRÖM Madlen 1958 [1]
- Robert Mapplethorpe, N.Y.C. - Silver print New-York 89 .... FF4 600 - £458 - **$727**

HERRSTRÖM Merete 1945 [2]
- Nude seated girl - Oil/canvas (70x60cm-28x24in) Stockholm 95 .... FF11 430 - £1 457 - **$2,250**

HERSCHEL Otto John 1871-1937 [1]
- Interior with woman - Oil/canvas (48x39cm-19x15in) Tel Aviv 92 .... FF8 320 - £872 - **$1,500**

HERSCHEND Oscar 1853-1891 [21]
- Motiv från danska västkusten - Oil/canvas (37x64cm-15x25in) Malmö 95 .... FF2 657 - £332 - **$537**
- En reningsaktion på Vestkysten - Oil/canvas (86x157cm-34x62in) Köbenhavn 91 .... FF12 320 - £1 235 - **$2,034**

HERSENT Louis 1777-1860 [5]
- Daphnis et Chloé - Oil/canvas (61x73cm-24x29in) New-York 97 .... FF74 159 - £7 994 - **$13,000**
- Les baigneuses - Oil/canvas (131x142cm-52x56in) New-York 94 .... FF196 600 - £23 200 - **$35,000**

HERSEY Robert [3]
- Boats, Mont St. Michel - Oil/canvas (24x30cm-9x12in) London 91 .... FF6 180 - £619 - **$1,042**

HERSHEY Samuel Franklin 1904 [2]
- This old house - Oil/canvas (50x61cm-20x24in) Cambridge, Mass. 91 .... FF3 896 - £391 - **$643**

HERSON Émile A. 1805-? [2]
- A Nogent-le-Roi - Oil/canvas (36x41cm-14x16in) New-York 94 .... FF28 050 - £3 314 - **$5,000**
- Une rue, ville de Normandie - Aquarelle, gouache (46x30cm-18x12in) Pontoise 96 .... FF8 800 - £1 120 - **$1,697**

HERST Auguste 1825-? [5]
- Vue de Hollande - Huile/panneau (27x46cm-11x18in) Köbenhavn 94 .... FF10 470 - £1 235 - **$1,864**

HERTEL Albert 1843-1912 [11]
- Weite sommerliche Hügellandschaft - Öl/Leinwand (95x135cm-37x53in) Stuttgart 96 .... FF10 140 - £1 260 - **$1,970**
- Motiv auf Rügen (Vilm) - Oil/cardboard (33x53cm-13x21in) Berlin 95 .... FF34 300 - £4 490 - **$6,970**
- Flusslandschaft - Crayon (24x46cm-9x18in) Bielefeld 93 .... FF2 975 - £347 - **$489**

HERTEL Carl Konrad 1837-1895 [4]
- Le chant - Huile/panneau (21x16cm-8x6in) Bruxelles 97 .... FF5 890 - £612 - **$1,004**
- Der Störenfried, 1869 - Oil/canvas (68x53cm-27x21in) München 90 .... FF27 000 - £2 872 - **$4,830**

HERTER Adele 1869-1946 [3]
- Susan Dows Herter - Pastel/canvas (63x48cm-25x19in) New-York 95 .... FF11 040 - £1 383 - **$2,200**

HERTER Albert 1871-1950 [10]
🖝 *Woman in an orange dress*
　　Oil/canvas (132x99cm-52x39in) San Francisco-Los Angeles 94...................... FF8 350 - £987 - $1,500
　Resting Red-Haired beauty
　　Oil/canvas (76x101cm-30x40in) San Francisco-Los Angeles 96 .... FF130 500 - £15 100 - $25,000
HERTER Christine 1890-1981 [1]
🖝 *Near Brattleboro, Vermont* - Oil/panel (25x35cm-10x14in) New-York 95................ FF3 264 - £409 - $650
HERTER Ernst Gustav 1846-1917 [2]
🏛 *Diana seated with a Boar* - Sculpture (40cm-16in) London 97 .... FF228 571 - £24 000 - $39,177
HERTERICH Eduard 1905-1994 [2]
🖉 *Vorfrühling im Sauerland* - Aquarell/Papier (38x60cm-15x24in) Bielefeld 96 .... FF4 100 - £533 - $811
HERTERICH Max 1880-? [1]
🖝 *Stadtansicht von Rotenburg* - Öl/Leinwand (59x110cm-23x43in) Stuttgart 92 .... FF10 850 - £1 296 - $2,087
HERTERICH von Ludwig 1856-1932 [2]
🖝 *Junge Frau* - Oil/canvas (80x65cm-31x26in) Köln 91 .... FF20 300 - £2 046 - $3,523
　Stehendes junges Mädchen - Oil/panel (35x25cm-14x10in) Köln 91 .... FF29 060 - £2 984 - $5,410
HERTERVIG Lars 1830-1902 [1]
🖝 *Marine* - Mixed media (8x11cm-3x4in) Oslo 93.. FF16 800 - £1 954 - $2,885
HERTLING Wilhelm Jakob 1849-1926 [5]
🖝 *Hessisches Dorf mit Burgruine* - Mischtechnik (31x52cm-12x20in) Frankfurt 92 .... FF8 500 - £870 - $1,497
HERTZ Michel XX [4]
🖝 *Venise, rio San Barnaba* - Huile/toile (38x55cm-15x22in) Arles 89..................... FF8 000 - £796 - $1,264
HERTZ Mogens 1909 [62]
🖝 *Parti fra Kastelsporten* - Oil/canvas (81x115cm-32x45in) Kóbenhavn 92 .... FF3 680 - £440 - $707
　Coastal landscape, Bornholm - Oil/canvas (50x73cm-20x29in) Kóbenhavn 96 .... FF5 720 - £711 - $1,111
　Gadebillede, Gudhjem, 1958 - Oil/canvas (116x97cm-46x38in) Kóbenhavn 89............. FF18 400 - £1 881 - $2,958
HERTZBERG Axel Gustaf 1832-1878 [3]
🖝 *Konfirmation* - Oil/canvas/panel (86x72cm-34x28in) Stockholm 96 .... FF9 310 - £1 167 - $1,813
HERTZBERG Halfdan 1857-1890 [2]
🏛 *Pfeifender Knabe* - Bronze (34cm-13in) Stuttgart 95 .... FF6 650 - £853 - $1,370
HERVÉ Abel 1858-? [1]
🖝 *En longeant la mosquée* - Huile/toile (160x120cm-63x47in) Paris 95 .... FF25 000 - £3 150 - $4,990
HERVÉ Jules René 1887-1981 [339]
🖝 *Bouquet de roses dans un vase* - Huile/toile (28x22cm-11x9in) Paris 97 .... FF5 500 - £600 - $961
　Enfants près du bassin des tuileries - Huile/toile (22x27cm-9x11in) Calais 96 .... FF8 500 - £1 102 - $1,680
　Place de Paris - Huile/panneau (29x33cm-11x13in) Paris 97............................ FF11 000 - £1 177 - $1,917
　La chasse à courre - Huile/toile (38x46cm-15x18in) Paris 97 .... FF15 000 - £1 637 - $2,622
　La foire à Langres - Huile/carton (38x46cm-15x18in) Paris 97........................ FF25 000 - £2 715 - $4,430
　Concorde/Seine/Champs Elysées - Oil/canvas (46x56cm-18x22in) New-York 97 .... FF49 332 - £5 190 - $8,500
　Au jardin des Tuileries - Huile/toile (81x100cm-32x39in) Paris 90 .... FF115 000 - £12 313 - $20,000
🖉 *La place* - Gouache/carton (40x33cm-16x13in) Paris 93............................. FF12 100 - £1 375 - $2,050
HERVE Juliane 1921 [8]
🖝 *Corfou, monastère grec* - Huile/toile (46x55cm-18x22in) Paris 90 .... FF2 300 - £232 - $451
HERVÉ Lucien, Elkan Laszlo 1910 [3]
📷 *Le Corbusier* - Gelatin silver print (20x15cm-8x6in) New-York 92..................... FF6 860 - £797 - $1,400
HERVÉ Régis 1947 [84]
🖝 *Nature morte aux cerises* - Huile/toile (19x24cm-7x9in) La Rochelle 97 .... FF2 300 - £248 - $404
　Nature morte aux fruits - Huile/toile (46x55cm-18x22in) Brest 95 .... FF4 100 - £512 - $804
　Bouteille de champagne - Huile/toile (50x61cm-20x24in) Reims 90 .... FF8 000 - £862 - $1,411
HERVÉ-BARBET Gilberte 1895-1971 [29]
🖉 *Les voiles rouges* - Aquarelle (31x24cm-12x9in) Bayeux 92 .... FF2 500 - £299 - $481
HERVÉ-MATHÉ Jules Alfred 1868-1953 [121]
🖝 *Landes près de La Clarté* - Huile/carton (19x24cm-7x9in) Morlaix 96 .... FF5 000 - £647 - $984
　Marché aux fleurs - Huile/carton (38x46cm-15x18in) La Flèche 96 .... FF15 000 - £1 820 - $2,920
　Beaulieu-sur-Mer - Huile/toile (33x41cm-13x16in) Deauville 92 .... FF27 000 - £2 764 - $4,750
　Baie d'Audierne - Huile/carton (38x46cm-15x18in) Auxerre 91 .... FF104 000 - £10 428 - $17,167
🖉 *Marché au draps, Concarneau* - Pastel (50x61cm-20x24in) Bayeux 96 .... FF25 000 - £2 964 - $4,880
HERVENS Jacques 1890-1928 [11]
🖝 *Winterlandschap* - Huile/toile (80x116cm-31x46in) Lokeren 94 .... FF8 010 - £950 - $1,480
HERVEY Antoinette B. XIX-XX [4]
📷 *In the Arbor* - Platinum print (17x22cm-7x9in) New-York 89.......................... FF4 000 - £398 - $632
HERVIAULT André 1884-1969 [3]
🖝 *Guerrier Kouka* - Huile/toile (92x55cm-36x22in) Paris 91 .... FF8 000 - £822 - $1,490
HERVIER Louis-Adolphe 1818-1879 [49]
🖝 *Cottage door* - Oil/panel (16x21cm-6x8in) London 96................................. FF4 860 - £600 - $938
　Moulin à vent , Normandie - Huile/panneau (11x15cm-4x6in) Barbizon 96................ FF9 500 - £1 116 - $1,870
　L'empereur - Huile/toile (43x37cm-17x15in) Barbizon 96.............................. FF25 000 - £2 936 - $4,920
🖉 *Etaples* - Aquarelle (9x22cm-4x9in) Barbizon 93 .... FF3 200 - £360 - $543
　Paysanne dans un village - Aquarelle (8x14cm-3x6in) Barbizon 96..................... FF7 800 - £924 - $1,442
HERVIEU Louise 1878-1954 [29]
🖉 *Papillon* - Fusain (15x21cm-6x8in) Paris 97 .... FF2 800 - £309 - $493
　Pplume et coquillages - Crayon (69x52cm-27x20in) Paris 97.......................... FF7 500 - £827 - $1,321

H

Calendar & auction results :　　INTERNET : **www.artprice.com**　　MINITEL : 3617 ARTPRICE

Bouquet de lilas - Fusain (71x52cm-28x20in) Paris 90 .... FF**10 100** - £1 017 - **$1,978**
  HERVIGO XX [3]
🖼 *Madame Caterlet* - Huile/panneau (24x19cm-9x7in) Neuilly 91 .... FF**4 500** - £447 - **$781**
  HERVO Väinö 1894-1974 [10]
🖼 *Blomstertilleben* - Oil/canvas (81x60cm-32x24in) Helsinki 94 .... FF**8 980** - £1 042 - **$1,548**
  HERVY-VAILLANT Pierre Yves XX [2]
📖 *Mireille Darc* - Collage (110x90cm-43x35in) Paris 90 .... FF**4 000** - £421 - **$696**
  HERWEGEN-MANINI Veronica Maria 1851-1933 [2]
🖼 *Il Panteone, Roma* - Oil/canvas (101x142cm-40x56in) London 94 .... FF**387 400** - £45 000 - **$67,000**
  HERWERDEN van Jacob Dirck 1806-1870 [1]
🖼 *Javanese landscape* - Oil/canvas (37x47cm-15x19in) Amsterdam 95 .... FF**236 200** - £30 600 - **$48,400**
  HERWIG Ferdinand 1884-1959 [2]
🖼 *Bodenseelandschaft* - Öl/Karton (42x53cm-17x21in) Stuttgart 95 .... FF**3 790** - £491 - **$771**
  HERWIJNEN van Jan 1889-1965 [21]
🖼 *Flowers in a vase* - Oil/canvas (97x81cm-38x32in) Amsterdam 97 .... FF**8 391** - £882 - **$1,441**
   Chrysanthemums - Oil/canvas (102x89cm-40x35in) Amsterdam 95 .... FF**25 200** - £3 216 - **$5,140**
  HERZ Johann Daniel I 1693-1754 [1]
🖼 *Capriccio view of Jerusalem* - Engraving (87x128cm-34x50in) London 92 .... FF**6 700** - £800 - **$1,290**
  HERZEL Paul 1876-? [1]
🗿 *Skyrocket, cowboyriding a bronco* - Bronze New-York 90 .... FF**28 600** - £3 043 - **$5,116**
  HERZIG Édouard 1860-1926 [14]
🖼 *Arabes dans la montagne* - Huile/toile (130x103cm-51x41in) Biarritz 94 .... FF**22 000** - £2 565 - **$3,855**
📖 *Tanger en 1909* - Aquarelle/papier (41x59cm-16x23in) Paris 97 .... FF**6 500** - £691 - **$1,120**
  HERZIG Gottfried 1870-1922 [8]
🖼 *Emmental* - Öl/Leinwand (56x71cm-22x28in) Bern 95 .... FF**4 090** - £532 - **$840**
  HERZIG Heinrich 1887-1964 [13]
🖼 *Dorfstrasse in Altenrhein* - Öl/Karton (27x33cm-11x13in) Zofingen 94 .... FF**8 830** - £1 036 - **$1,573**
📖 *Engadin* - Aquarell (14x22cm-6x9in) Bern 95 .... FF**2 590** - £324 - **$524**
  HERZIG Wolfgang 1941 [27]
🖼 *Badezimmer* - Öl/Leinwand (126x114cm-50x45in) Wien 93 .... FF**43 300** - £5 170 - **$8,320**
   Verlobte - Öl/Leinwand (115x93cm-45x37in) Wien 95 .... FF**156 700** - £20 300 - **$31,900**
🖼 *Bahnmeister* - Grisaille (122x124cm-48x49in) Wien 92 .... FF**13 480** - £1 380 - **$2,373**
  HERZING Hanns 1890-? [2]
🖼 *Erwachender Tag* - Öl/Leinwand (75x100cm-30x39in) Lindau 94 .... FF**3 340** - £399 - **$630**
  HERZING Minni 1883-? [1]
🖼 *Blumenstilleben* - Öl/Karton (71x57cm-28x22in) Frankfurt 95 .... FF**2 670** - £333 - **$540**
  HERZMANOWSKY-ORLANDO von Fritz 1877-1954 [25]
📖 *Biedermeier in Wien* - Coloured pencils/paper (14x12cm-6x5in) New-York 96 ...... FF**6 210** - £802 - **$1,200**
   Entdeckung des 6. Erdteiles - Pencil (23x31cm-9x12in) Wien 96 .... FF**15 400** - £1 960 - **$2,964**
   Es ist nicht alles erfreulich in Dalmatien
      Coloured crayons/paper (20x25cm-8x10in) Wien 94 .... FF**24 400** - £2 830 - **$4,200**
  HERZOG August 1885-1959 [7]
🖼 *Städtchen am Fluß* - Oil/canvas (50x70cm-20x28in) Wien 91 .... FF**7 220** - £728 - **$1,253**
  HERZOG Franz Max 1911-1961 [1]
🖼 *Les artistes* - Tempera (70x50cm-28x20in) Zofingen 93 .... FF**2 064** - £249 - **$378**
  HERZOG Heidi 1905-1967 [3]
📖 *Return of the fishing fleet*
      Oil/canvas (41x56cm-16x22in) San Francisco-Los Angeles 95 ...... FF**14 950** - £1 965 - **$3,000**
  HERZOG Hermann 1832-1932 [70]
🖼 *Tropical landscape* - Oil/board (25x35cm-10x14in) New-York 96 .... FF**30 000** - £3 840 - **$6,000**
   Indian Camp - Oil/canvas (43x61cm-17x24in) Bloomfield Hills, Michigan 94 ...... FF**57 800** - £6 880 - **$11,000**
   Fishing by the mill - Oil/canvas (71x101cm-28x40in) New-York 97 .... FF**186 806** - £19 651 - **$32,000**
   Mountain landscape - Oil/canvas (73x112cm-29x44in) New-York 94 ...... FF**269 600** - £31 800 - **$48,000**
  HERZOG Jakob 1867-1959 [4]
🖼 *Zinalrothorn* - Öl/Leinwand (46x65cm-18x26in) Zofingen 95 .... FF**2 127** - £278 - **$426**
  HERZOG Max 1889-1962 [3]
🖼 *Walking on a snowy path* - Oil/canvas (69x56cm-27x22in) Elgin, Illinois 93 .... FF**2 063** - £259 - **$375**
  HERZOG Oswald 1881-? [1]
🗿 *Knieende* - Wood (14cm-6in) London 96 .... FF**97 100** - £12 000 - **$18,750**
  HESLER Alexander 1829-1895 [8]
📷 *Abraham Lincoln* - Platinum print (65x50cm-26x20in) New-York 94 .... FF**14 600** - £1 743 - **$2,750**
  HESS Benedikt Franz 1817-? [1]
🖼 *Erhöhter Warte auf altes Städtchen* - Oil/panel (18x25cm-7x10in) Stuttgart 96 ...... FF**9 470** - £1 098 - **$1,817**
  HESS Bruno 1888-1949 [8]
🖼 *Im Hochgebirge* - Öl (74x63cm-29x25in) Wien 92 .... FF**6 740** - £690 - **$1,186**
  HESS Carl 1801-1874 [1]
📖 *Die Lebensentscheidung* - Watercolour (8x14cm-3x6in) München 94 .... FF**3 430** - £407 - **$634**
  HESS Eugen 1824-1862 [1]
📖 *Dorfidylle* - Aquarell (29x39cm-11x15in) München 94 .... FF**3 420** - £402 - **$610**
  HESS Georg Christ. Fried. 1834-? [1]
🖼 *Italian lake landscape* - Oil/canvas (54x34cm-21x13in) London 94 .... FF**3 164** - £380 - **$602**
  HESS Julius 1878-1957 [8]
🖼 *Bodenseelandschaft* - Öl/Leinwand (65x85cm-26x33in) München 92 .... FF**10 170** - £1 215 - **$1,957**

HESS Louis Christian 1895-1944 [1]
- *Sizilianische Landschaft* - Oil/paper/canvas (61x80cm-24x31in) München 95 .... FF11 060 - £1 447 - **$2,215**

HESS Ludwig 1760-1800 [4]
- *Ruine Bommerstein, Walensee*
  Aquarell, Gouache/Papier (39x54cm-15x21in) Zürich 94 .... FF11 970 - £1 408 - **$2,290**

HESS Marcel 1878-1948 [19]
- *Vase de jonquilles* - Huile/carton (46x38cm-18x15in) Bruxelles 96 .... FF2 513 - £326 - **$503**
- *Dutch 17th century interior* - Oil/canvas (70x56cm-28x22in) Amsterdam 97 .... FF12 095 - £1 278 - **$2,075**
- *Meknès* - Pastel/papier (45x60cm-18x24in) Bruxelles 94 .... FF4 980 - £585 - **$887**

HESS Sara 1880-? [2]
- *Purple and Gold* - Oil/canvas (41x51cm-16x20in) Philadelphia 95 .... FF8 020 - £1 012 - **$1,600**

HESS von Heinrich 1798-1863 [2]
- *The flight into Ehypt* - Oil/metal (31x36cm-12x14in) London 93 .... FF131 700 - £15 000 - **$22,350**
- *Christus mit trauernden Engeln* - Ink (57x46cm-22x18in) München 94 .... FF3 010 - £353 - **$536**

HESS von Peter 1792-1871 [8]
- *Band of cossacks* - Oil/panel (57x80cm-22x31in) London 92 .... FF97 700 - £10 000 - **$17,240**
- *Beladene Lastentiere, Subiaco* - Pencil (12x19cm-5x7in) München 94 .... FF5 660 - £671 - **$1,046**

HESSE Alexandre 1806-1879 [12]
- *Jeune Romaine au tambourin* - Huile/toile (98x74cm-39x29in) Paris 96 .... FF32 000 - £3 670 - **$6,100**
- *Tête de femme* - Sanguine (20x17cm-8x7in) Paris 90 .... FF3 800 - £393 - **$671**
  Femme de Rome - Aquarelle, gouache/papier (30x19cm-12x7in) Paris 90 .... FF20 500 - £2 118 - **$3,622**

HESSE Alfred 1904-? [1]
- *Industrielandschaft mit Kaminen* - Öl/Leinwand (56x79cm-22x31in) Stuttgart 95 .... FF5 530 - £723 - **$1,107**

HESSE Bruno 1905 [21]
- *Herbstwald* - Huile/toile/panneau (55x38cm-22x15in) Bern 96 .... FF6 520 - £791 - **$1,267**
- *Loch* - Watercolour (24x29cm-9x11in) Bern 92 .... FF1 786 - £183 - **$315**

HESSE Eva 1936-1970 [22]
- *Untitled* - Oil/canvas (101x76cm-40x30in) New-York 96 .... FF86 600 - £10 200 - **$17,000**
- *Several* - Installation (213x17x27cm-84x7x11in) New-York 93 .... FF2 - £288 600 - **$430,000**
- *Right after* - Pencil (56x38cm-22x15in) New-York 93 .... FF188 800 - £21 470 - **$32,000**

HESSE Henri Joseph 1781-1849 [6]
- *Jeune homme* - Lavis (17x14cm-7x6in) Paris 91 .... FF10 000 - £1 027 - **$1,860**

HESSE Hermann 1877-1962 [28]
- *Über die Felder* - Watercolour (21x17cm-8x7in) München 95 .... FF12 100 - £1 582 - **$2,422**
  Hesses Wohnhaus, Tessin - Gouache (23x25cm-9x10in) Zürich 95 .... FF20 440 - £2 674 - **$4,150**
  Hohe Häuser bei Montagnola - Watercolour (21x13cm-8x5in) Heidelberg 96 .... FF66 100 - £8 540 - **$12,950**

HESSE Ludwig 1871-? [1]
- *Freiluftzirkus mit Seiltänzer* - Oil/board (120x98cm-47x39in) München 89 .... FF27 000 - £2 845 - **$4,545**

HESSE Richard Hermann 1864-1910 [1]
- *Die Eifrige* - Oil/canvas (51x26cm-20x10in) Stuttgart 90 .... FF12 920 - £1 321 - **$2,550**

HESSE Rudolph 1871-? [9]
- *Beim Antiquar* - Oil/panel (52x67cm-20x26in) Stuttgart 91 .... FF11 830 - £1 186 - **$1,974**

HESSELBACH Wilhelm 1907-1960 [2]
- *Stilleben am Fenster* - Oil/panel (72x95cm-28x37in) Hamburg 93 .... FF6 190 - £702 - **$1,047**
- *Stilleben* - Aquarell (41x56cm-16x22in) Hamburg 93 .... FF1 720 - £195 - **$291**

HESSELBOM Otto 1848-1913 [26]
- *Vinterlandskap* - Oil/canvas (24x36cm-12x9in) Stockholm 96 .... FF5 550 - £722 - **$1,088**
  Skogsinteriör - Oil/canvas (111x89cm-44x35in) Stockholm 97 .... FF22 641 - £2 391 - **$3,912**
  Dalsland, landskapsvy - Oil/canvas (79x112cm-31x44in) Stockholm 90 .... FF234 000 - £24 894 - **$41,860**

HESSELINK Abraham 1862-? [1]
- *Black-Amoor* - Terracotta (31cm-12in) Amsterdam 94 .... FF6 160 - £728 - **$1,136**

HESSELIUS Gustaf II 1727-1775 [1]
- *Stilleben* - Oil/canvas (92x120cm-36x47in) Stockholm 94 .... FF51 700 - £6 200 - **$9,770**

HESSELLE de Jakob 1895-1950 [1]
- *Holländische Flußlandschaft* - Oil/canvas (41x61cm-16x24in) Stuttgart 89 .... FF11 800 - £1 140 - **$1,791**

HESSELUND Hans Andreasen 1851-1907 [6]
- *Interior med et gammelt aegtepar, Mors* - Oil/canvas (42x49cm-17x19in) Købenavn 92 .... FF5 720 - £574 - **$1,100**

HESSING Gustav 1909-1983 [94]
- *Dorflandschaft* - Öl/Leinwand (72x94cm-28x37in) Wien 95 .... FF39 200 - £5 070 - **$7,970**
- *Frau mit rotem Kleid* - Öl/Leinwand (132x93cm-52x37in) Wien 95 .... FF81 000 - £10 100 - **$16,350**
- *Ohne Titel* - Gouache/papier (43x62cm-17x24in) Wien 95 .... FF2 485 - £320 - **$513**
  Ohne Titel - Mischtechnik/Papier (63x48cm-25x19in) Wien 97 .... FF7 167 - £762 - **$1,236**
  Pokorny-Hof - Aquarell/Papier (48x64cm-19x25in) Wien 96 .... FF9 740 - £1 265 - **$1,927**
  Nautik - Aquarell/Papier (68x102cm-27x40in) Wien 96 .... FF31 250 - £3 980 - **$6,020**

HESSL Gustav August 1849-1926 [5]
- *Jupiter und Jo* - Öl/Leinwand (161x72cm-63x28in) Wien 97 .... FF36 022 - £3 817 - **$6,240**

HESSLER G. Chr. Heinrich 1804-1871 [1]
- *Winterlandschaft* - Oil/canvas (56x68cm-22x27in) Köln 91 .... FF10 250 - £1 053 - **$1,910**

HESSLER Otto Rudolf 1858-? [2]
- *Holländische Landschaft* - Oil/canvas (43x68cm-17x27in) Köln 90 .... FF6 120 - £626 - **$1,208**

HESSMERT Karl 1869-1928 [3]
- *Kleines Mädchen an der See* - Oil/cardboard (46x71cm-18x28in) Bremen 94 .... FF21 660 - £2 580 - **$4,120**

H

HESTERMAN Johannes Albertus Jr 1877-1955 [8]
- Donkeys on a beach - Oil/canvas (38x71cm-15x28in) Amsterdam 92 .... FF9 040 - £1 080 - **$1,740**

HESTERMAN Johannes Albertus Sr 1848-1916 [2]
- Interieur eines Bürgerhauses - Oil/panel (24x18cm-9x7in) Köln 94 .... FF4 780 - £565 - **$858**

HESTHAL William 1908-1985 [2]
- Land's End - Oil/panel (68x91cm-27x36in) San Francisco-Los Angeles 94 .... FF16 240 - £1 924 - **$3,000**

HETSCH Philipp Friedrich 1758-1839 [2]
- Horstmann fra Stuggart - Oil/canvas (73x57cm-29x22in) Köbenhavn 91 .... FF13 200 - £1 348 - **$2,395**
- Jungen Frau in Empirekleid - Oil/canvas (97x77cm-38x30in) Stuttgart 91 .... FF27 240 - £2 705 - **$4,730**
- Zwei Musen - Gouache (50x41cm-20x16in) Heidelberg 92 .... FF10 830 - £1 260 - **$2,210**

HETTICH Eugen 1848-1888 [1]
- Hirtin mit Kühen im Flußtal - Öl/Karton (29x45cm-11x18in) München 92 .... FF9 520 - £974 - **$1,676**

HETTINGA TROMP van Geertruida 1872-1962 [7]
- Plum's Reine Claude on a chinese dish - Oil/canvas (20x30cm-8x12in) Amsterdam 90 .... FF5 400 - £558 - **$954**

HETTNER Sabine 1907-1986 [5]
- La repasseuse - Huile/toile (66x81cm-26x32in) Troyes 90 .... FF10 000 - £1 071 - **$1,739**

HETZ Carl 1828-1899 [2]
- Südliche Küstenansicht - Öl/Leinwand (89x120cm-35x47in) Wien 96 .... FF21 720 - £2 476 - **$4,160**

HETZEL George 1826-1906 [7]
- Woodland stream - Oil/canvas (61x91cm-24x36in) New-York 91 .... FF39 840 - £3 994 - **$7,297**

HEU Joseph 1876-1952 [2]
- Büste einer Frau - Marbre (49cm-19in) Wien 93 .... FF5 770 - £690 - **$1,110**
- Haussegen für Katharina Schratt - Mischtechnik/Papier (39x27cm-15x11in) Wien 94 .... FF5 370 - £640 - **$1,011**

HEUBACH Walter 1865-1923 [2]
- Dinnertime - Oil/canvas (69x100cm-27x39in) New-York 94 .... FF73 000 - £8 570 - **$13,000**

HEUBERGER Felix 1888-1968 [2]
- Blick in das Inntal - Oil/panel (80x110cm-31x43in) Wien 95 .... FF22 040 - £2 854 - **$4,480**

HEUBNER Friedrich 1886-1974 [1]
- Flowers - Oil/canvas (61x85cm-24x33in) Stockholm 95 .... FF2 640 - £336 - **$536**

HEUDEBERT Raymonde 1905 [5]
- Village - Huile/panneau (47x37cm-19x15in) La Flèche 89 .... FF5 800 - £611 - **$976**

HEUDTLASS Von Axster XIX-XX [2]
- Autoschau, Berlin - Poster (102x64cm-40x25in) New-York 96 .... FF2 400 - £307 - **$475**

HEUER Heinrich 1934 [2]
- Ohne Titel - Mischtechnik/Papier (90x68cm-35x27in) Wien 91 .... FF2 640 - £266 - **$515**

HEUF Herman 1875-1945 [5]
- Horses, Amsterdam - Oil/canvas/panel (37x40cm-15x16in) Amsterdam 96 .... FF7 500 - £942 - **$1,475**

HEULLANT Félix Armand 1834-? [2]
- The tryst - Oil/panel (70x42cm-28x17in) New-York 95 .... FF41 100 - £5 040 - **$8,000**

HEUNERT Friedrich 1808-1876 [1]
- Extensive rolling landscape
  Oil/canvas (25x39cm-10x15in) San Francisco-Los Angeles 95 .... FF7 340 - £950 - **$1,500**

HEUPEL Ludwig Wilhelm 1864-1945 [1]
- Hl. Elisabeth von Thüringen - Oil/canvas (102x76cm-40x30in) Köln 90 .... FF2 700 - £289 - **$470**

HEUR de Cornelis Joseph 1707-1762 [1]
- Studies of a sculpture of Bacchus
  Black & white chalks (55x33cm-22x13in) Amsterdam 92 .... FF4 820 - £576 - **$928**

HEURLIN Teodor 1867-? [2]
- Motiv fran Kungsträgarden - Oil/board (60x65cm-24x26in) Stockholm 89 .... FF9 400 - £991 - **$1,582**

HEURTAUX André 1898-1963 [18]
- Composition géométrique - Gouache (19x25cm-7x10in) Paris 93 .... FF3 500 - £394 - **$594**

HEUSCHER Johann Jakob 1843-1901 [2]
- Ansicht des Dorfes Walstatt - Tempera (26x47cm-10x19in) Zürich 96 .... FF99 300 - £11 500 - **$19,020**
- Ansicht eines Bauernhauses - Tempera/papier (28x43cm-11x17in) Zürich 94 .... FF85 000 - £10 080 - **$15,700**

HEUSER Christian 1862-1942 [3]
- Altbäuerin in Sonntagstracht - Oil/panel (16x11cm-6x4in) Wien 93 .... FF10 580 - £1 264 - **$2,035**

HEUSSER Heinrich 1886-1943 [3]
- Die Waffenbrüderschaft in Ostasien.. - Gouache/papier (43x57cm-17x22in) Wien 96 .... FF4 330 - £543 - **$846**

HEUSSLER Ernst Georg 1903-1982 [2]
- Femme élégante - Huile/panneau (80x50cm-31x20in) Zofingen 95 .... FF7 220 - £915 - **$1,452**

HEUVEL de Theodore Bernhard 1817-1906 [3]
- La vente aux enchères - Huile/toile (45x56cm-18x22in) Monaco 94 .... FF40 000 - £4 740 - **$7,390**

HEUVEL van den Karel Jan 1913-1991 [27]
- Schovenbinders - Huile/toile (80x100cm-31x39in) Lokeren 93 .... FF8 900 - £1 018 - **$1,514**

HEUVELMANS Lucienne Antoinette 1885-? [4]
- Vierge à l'Enfant - Bronze (24cm-9in) Provins 97 .... FF4 300 - £464 - **$755**

HEUZÉ Edmond 1884-1967 [81]
- Tauromachie au cirque - Huile/panneau (93x74cm-37x29in) Paris 96 .... FF4 500 - £564 - **$869**
- La plaidoirie - Huile/panneau (64x51cm-25x20in) Rennes 97 .... FF13 000 - £1 409 - **$2,263**
- Clown dans sa loge - Huile/carton (65x54cm-26x21in) Le Havre 90 .... FF32 000 - £3 257 - **$6,399**
- Femme à sa toilette - Huile/toile (81x60cm-32x24in) Paris 96 .... FF60 000 - £7 060 - **$11,780**
- Les Fratellini - Aquarelle (31x25cm-12x10in) Paris 93 .... FF2 500 - £284 - **$424**
- Clown sur un poney - Aquarelle/papier (14x16cm-6x6in) Villeneuve la Garenne 97 .... FF9 000 - £951 - **$1,544**

HEVERDLE Ferenc 1841-1910 [1]
🐦 *Still life* - Oil/canvas (50x63cm-20x25in) Wien 95.. FF**4 900** - £*646* - **$993**

HEVERDLE Rudolf 1876-? [4]
🐦 *Kaffeegeschirr* - Öl/Karton (28x38cm-11x15in) Wien 91 .... FF**7 700** - £*772* - **$1,284**

HEWARD John 1934 [4]
🐦 *Asuka* - Huile/toile (152x91cm-60x36in) Montréal 93 .... FF**3 010** - £*329* - **$553**

HEWARD Prudence 1896-1947 [2]
🐦 *Tite cap farm* - Oil/panel (17x22cm-7x9in) Toronto 90 .... FF**8 800** - £*936* - **$1,574**

HEWES Horace G. XX [2]
🐦 *Along the Marginal Way* - Oil/board (36x25cm-14x10in) South Deerfield, Mass. 94 .... FF**2 925** - £*339* - **$500**

HEWETSON Christopher 1739-1798 [1]
🏛 *Bust of a man* - Marble (52cm-20in) London 95 .... FF**210 200** - £*27 500* - **$42,100**

HEWIT Forrest 1870-1956 [1]
🐦 *Suez Canal* - Oil/canvas/board (29x39cm-11x15in) London 90 .... FF**2 900** - £*300* - **$512**

HEWITT Enid XX [1]
🏛 *Bunny* - Bronze (70cm-28in) New-York 90 .... FF**6 300** - £*653* - **$1,107**

HEWITT George Watson 1841-1917 [1]
🎞 *European scenery* - Album: 52 warm-toned gelatin silver prints (20x20cm-8x8in) London 90..... FF**4 690** - £*550* - **$821**

HEWTON Randolf Stanley 1888-1960 [5]
🐦 *Grey Skies, Baie Saint-Paul* - Oil/canvas (51x61cm-20x24in) Toronto 94 .... FF**15 350** - £*1 794* - **$2,706**

HEY Paul 1867-1952 [22]
🐦 *Auf zur Jagd* - Oil/canvas (32x46cm-13x18in) Bremen 90 .... FF**10 200** - £*1 043* - **$2,013**
Kornernte im Dachauerland - Öl/Leinwand (38x63cm-15x25in) München 94 .... FF**41 100** - £*4 860* - **$7,500**
✏ *Ländliche Szene* - Aquarell/Papier (19x24cm-7x9in) Köln 94 .... FF**19 930** - £*2 373* - **$3,750**

HEYBOER Anton 1924 [183]
🐦 *Holy spirit* - Mixed media (50x70cm-20x28in) Amsterdam 97 .... FF**2 248** - £*236* - **$386**
System - Oil/canvas (70x80cm-28x31in) Amsterdam 97 .... FF**5 549** - £*600* - **$968**
Anton Heyboer - Oil/canvas (100x260cm-39x102in) Amsterdam 97 .... FF**58 590** - £*6 145* - **$10,054**
📄 *Wit* - Etching (71x100cm-28x39in) Amsterdam 97 .... FF**1 951** - £*207* - **$339**
Untitled - Etching in colors (19x23cm-7x9in) Amsterdam 97 .... FF**4 100** - £*43 0 3* - **$703**
Four of Four - Etching in colors (99x261cm-39x103in) Amsterdam 97............................ FF**20 506** - £*2 150* - **$3,518**
🗿 *Man and woman* - Sculpture (23cm-9in) Amsterdam 89 .... FF**9 000** - £*896* - **$1,422**
✒ *Four brides* - Gouache/paper (78x108cm-31x43in) Amsterdam 97 .... FF**2 397** - £*252* - **$411**
Bewustzijnen - Mixed media/paper (65x100cm-26x39in) Amsterdam 93 .... FF**12 260** - £*1 408* - **$2,104**

HEYDE op den Herman Henry 1813-1857 [3]
🐦 *The shipwreck* - Oil/canvas (60x84cm-24x33in) Amsterdam 94.................................. FF**18 300** - £*2 124* - **$3,150**

HEYDECK von Adolf 1787-1856 [1]
📄 *Paese dipinti da Gaspare Dughet* - Etching Heidelberg 95...................................... FF**1 670** - £*217* - **$348**

HEYDEN Karl 1845-? [4]
🐦 *Der Bauer und seine Liebste* - Öl/Leinwand (81x62cm-32x24in) München 93...................... FF**5 160** - £*585* - **$872**

HEYDEN Otto Johann Heinrich 1820-1897 [3]
🐦 *Orientalischer Bazar* - Oil/panel (31x39cm-12x15in) Pforzheim 91.............................. FF**5 130** - £*527* - **$954**
Otto von Bismark - Oil/canvas (110x79cm-43x31in) London 94.................................. FF**43 750** - £*5 220* - **$8,230**

HEYDEN van der J.C.J. 1928 [8]
🐦 *Vijf maal vier* - Oil/panel (20x22cm-8x9in) Amsterdam 93 .... FF**12 610** - £*1 512* - **$2,306**

HEYDEN van der Johan Jacob 1865-1928 [3]
🐦 *Street vendor, Indonesia* - Oil/canvas (36x40cm-14x16in) Singapore 95........................ FF**27 700** - £*3 530* - **$5,580**

HEYDEN von Hubert 1860-1911 [2]
🐦 *Hahnenkampf* - Öl/Leinwand (82x102cm-32x40in) Lindau 94 .... FF**25 600** - £*3 050* - **$4,820**

HEYDENBLUT Martha 1870-? [1]
🐦 *Blumenstilleben mit Rosen* - Oil/cardboard (33x50cm-13x20in) Bern 90........................ FF**7 800** - £*830* - **$1,395**

HEYDENDAHL Joseph Fried. Nico. 1844-1906 [11]
🐦 *Winterlandschaft* - Oil/panel (35x49cm-14x19in) Bremen 92 .... FF**15 570** - £*1 810* - **$3,180**

HEYENBROCK Herman 1871-1948 [3]
🐦 *Hoogoven - The Melting-Furnace* - Oil/canvas (130x95cm-51x37in) Amsterdam 94............ FF**19 000** - £*2 263* - **$3,615**

HEYENDAHL Friedrich Joseph N. 1844-1906 [1]
🐦 *Winter landscape with skaters* - Oil/canvas (65x95cm-26x37in) Amsterdam 94 .... FF**12 240** - £*1 468* - **$2,376**

HEYER Arthur 1872-1931 [95]
🐦 *Micini* - Olio/tela (60x80cm-24x31in) Trieste 97 .... FF**5 780** - £*680* - **$1,020**
A bulldog - Oil/canvas (48x69cm-19x27in) London 94 .... FF**12 600** - £*1 512* - **$2,375**
White angora kittens - Oil/canvas (59x80cm-23x31in) London 89................................ FF**79 400** - £*8 367* - **$13,367**

HEYERDAHL Hans 1857-1913 [14]
🐦 *Pike med appelsin* - Oil/canvas (72x48cm-28x19in) Oslo 91 .... FF**56 400** - £*5 683* - **$9,787**
To sostre - Oil/canvas (71x88cm-28x35in) Tönsberg 90 .... FF**395 600** - £*42 355* - **$68,800**

HEYERMANS Jan Arnold 1837-1892 [3]
🐦 *The young pupil* - Oil/canvas (69x55cm-27x22in) London 91 .... FF**7 980** - £*800* - **$1,317**
Flirtation - Oil/canvas (66x54cm-26x21in) Amsterdam 95...................................... FF**15 780** - £*2 047* - **$3,290**

HEYL Marinus 1836-1931 [10]
🐦 *Landschap met vijver* - Huile/toile (49x72cm-19x28in) Lokeren 92 .... FF**14 940** - £*1 530* - **$2,630**

HEYLIGERS Anton François 1828-1897 [1]
🐦 *The new earrings* - Oil/panel (32x24cm-13x9in) London 93.................................... FF**19 100** - £*2 300* - **$3,335**

H

HEYLIGERS Hendrik 1877-1967 [11]
Three young girls running - Oil/canvas (50x59cm-20x23in) Toronto 94............................ FF17 220 - £2 030 - **$3,064**
HEYMANN Günter XX [2]
Frau am Fenster - Oil/canvas (66x49cm-26x19in) Frankfurt 92............................ FF2 040 - £209 - **$359**
HEYMANS Adriaan Jozef 1839-1921 [52]
Travail aux champs - Huile/panneau (84x119cm-33x47in) Bruxelles 97............ FF17 996 - £1 870 - **$3,069**
Paysage à la mare - Huile/panneau (43x60cm-17x24in) Lokeren 96............ FF33 340 - £4 310 - **$6,580**
Vijver met waterlilies - Oil/canvas (115x191cm-45x75in) Lokeren 96............ FF158 500 - £18 800 - **$29,300**
HEYMANS Karel 1899-1982 [4]
Place Saint-Jeanh, Anvers - Huile/panneau (36x40cm-14x16in) Antwerpen 93............ FF5 270 - £631 - **$1,078**
HEYMANS Willem George Fred. 1797-1868 [1]
Damporträtt - Oil/board (35x27cm-14x11in) Göteborg 90............ FF3 600 - £383 - **$644**
HEYN August 1837-1920 [2]
Trachtenmädchen - Oil/canvas (27x21cm-11x8in) Zofingen 92............ FF14 880 - £1 520 - **$2,620**
Die ungerechte Strafe - Oil/canvas (85x69cm-33x27in) München 90............ FF236 500 - £25 160 - **$42,308**
HEYN Carl 1834-1906 [5]
Le torrent - Huile/toile (93x132cm-37x52in) Le Touquet 93............ FF10 200 - £1 146 - **$1,730**
HEYN H.E. XIX [2]
Sommertag an einem Alpensee - Öl/Leinwand (48x37cm-19x15in) Köln 95............ FF11 700 - £1 480 - **$2,347**
HEYNEN-DUMONT Karl 1883-? [1]
Schreitender Elefant - Bronze (62cm-24in) Köln 90............ FF1 700 - £182 - **$296**
HEYNSIUS Kees 1890-? [4]
Aapje op het Rembrandtplein - Oil/canvas (36x53cm-14x21in) Amsterdam 92............ FF3 034 - £312 - **$584**
HEYRAULD Louis Robert XIX [3]
Attelage au Bois - Huile/toile (72x95cm-28x37in) Toulouse 93............ FF26 600 - £3 030 - **$4,510**
HEYVAERT Jos, Frans J. 1920-1987 [3]
Paysage - Huile/toile (60x70cm-24x28in) Lokeren 95............ FF4 280 - £535 - **$865**
HEYWORTH Richard 1862-? [1]
Bibury Mill - Oil/canvas (80x57cm-31x22in) London 94............ FF7 060 - £850 - **$1,310**
HIBBARD Aldro Thompson 1886-1972 [67]
Farm in Winter - Oil/canvas/board (45x61cm-18x24in) New-York 96............ FF14 620 - £1 692 - **$2,800**
Frozen stream - Oil/canvas (71x91cm-28x36in) San Francisco-Los Angeles 95............ FF41 300 - £4 700 - **$7,000**
Flags flying, Venice - Oil/canvas (63x54cm-25x21in) New-York 96............ FF135 000 - £17 200 - **$26,000**
HIBBERT Phyllis I. 1903 [6]
Rhododendrons in a vase - Watercolour (55x79cm-22x31in) Retford, Nottinghamshire 94............ FF4 150 - £480 - **$710**
HIBEL Edna 1917 [16]
Young girl - Oil/panel (36x28cm-14x11in) Detroit, Michigan 94............ FF8 260 - £940 - **$1,400**
Mayan man - Color lithograph (102x74cm-40x29in) Detroit, Michigan 93............ FF5 820 - £671 - **$1,000**
HICKEL Anton 1745-1798 [5]
Nun in a wood - Oil/canvas (68x53cm-27x21in) London 93............ FF73 800 - £8 500 - **$12,750**
HICKEL Joseph 1736-1807 [4]
Graf Ignatius Gyulai - Öl/Leinwand (62x49cm-24x19in) Wien 94............ FF29 200 - £3 505 - **$5,680**
HICKEY Thomas 1741-1824 [11]
Henry Lomas of Adlington Hall - Oil/panel (32x25cm-13x10in) London 95............ FF7 830 - £1 000 - **$1,600**
Julia Breteton - Oil/canvas (83x62cm-33x24in) London 97............ FF102 708 - £11 000 - **$17,851**
HICKMANN Fritz 1820-1900 [1]
Portrait de famille - Huile/toile (150x114cm-59x45in) Paris 92............ FF38 000 - £4 535 - **$7,310**
HICKS Edward 1780-1849 [2]
Penn's Treaty & the Indian's - Oil/canvas (63x76cm-25x30in) New-York 90............ FF4 - £456 937 - **$897,928**
HICKS George Edgar 1824-1914 [22]
Peasant woman and child - Oil/canvas (76x64cm-30x25in) London 93............ FF36 700 - £4 200 - **$6,280**
Three Christian Graces - Oil/canvas (122x76cm-48x30in) New-York 95............ FF153 300 - £19 100 - **$30,000**
HICKS Nicola 1960 [11]
Oi - Sculpture (127cm-50in) London 93............ FF16 000 - £2 000 - **$2,900**
Nice Little Earner - Bronze (104cm-41in) London 94............ FF66 700 - £8 000 - **$12,960**
Duck - Charcoal/paper (86x96cm-34x38in) London 97............ FF32 957 - £3 500 - **$574,1 5**
HICKS Thomas 1823-1890 [6]
Frugal Meal - Oil/canvas (29x31cm-11x12in) New-York 95............ FF29 240 - £3 734 - **$6,000**
HIDALGO DE CAVIEDES Hipólito 1901-1994 [26]
Nocturno mediterráneo - Oleo/tabla Madrid 94............ FF10 340 - £1 205 - **$1,813**
Los amantes - Oleo/lienzo (146x114cm-57x45in) Madrid 89............ FF47 300 - £4 706 - **$7,472**
Paso del tiempo - Aguada (36x27cm-14x11in) Madrid 92............ FF3 630 - £433 - **$698**
HIDALGO DE CAVIEDES Rafael 1864-1950 [2]
Pescador en su barca - Oleo/tabla (12x30cm-5x12in) Madrid 97............ FF5 200 - £559 - **$910**
HIDALGO Y PADILLA Félix Resurrección 1857-1915 [7]
Vénus sortant de l'eau - Huile/toile (46x33cm-18x13in) Biarritz 90............ FF12 000 - £1 277 - **$2,147**
Chinos de la alta sociedad - Gouache (26x20cm-10x8in) Madrid 91............ FF2 190 - £219 - **$365**
HIDDEMANN Friedrich Peter 1829-1892 [4]
Jemand, den Man nicht alle Tage sieht - Oil/canvas (61x74cm-24x29in) Luzern 90............ FF66 300 - £7 053 - **$11,860**
HIDDING Hermann 1863-? [1]
Sans Soucis - Bronze (29cm-11in) Saint-Dié 95............ FF3 600 - £469 - **$748**
HIDE Kawanishi 1894-1965 [2]
Peony/Porthole - Print New-York 90............ FF9 960 - £1 028 - **$1,758**

HIDER Frank 1861-1933 [28]
- *Summer evening, Highlands* - Oil/canvas (30x50cm-12x20in) Bristol 97 .... FF2 **266** - £240 - **$390**
- *Sunset in Epping Forest* - Oil/canvas (75x127cm-30x50in) London 95................................. FF6 **060** - £800 - **$1,227**
- *Landscape with river* - Watercolour (33x46cm-13x18in) Aylsham, Norfolk 95.......................... FF2 **333** - £300 - **$482**

HIEBOLT Eugène 1886-1953 [1]
- *Le paquebot Lafayette* - Huile/panneau (30x45cm-12x18in) Paris 92 .... FF11 **000** - £1 313 - **$2,116**

HIENL-MERRE Franz 1869-? [9]
- *Eisrennen* - Oil/canvas (52x62cm-20x24in) Ahlden 91 .... FF3 **380** - £343 - **$610**

HIERCK Huup 1917 [2]
- *Flower still life* - Oil/canvas (60x50cm-24x20in) Amsterdam 93 .... FF3 **065** - £352 - **$527**

HIERHOLZ Gustav 1877-? [3]
- *Éléphant* - Bronze (36cm-14in) Auxerre 93.. FF11 **000** - £1 253 - **$1,865**
- *Éléphant d'Asie et son cornac* - Bronze (53cm-21in) Aubagne 97 .... FF32 **000** - £3 570 - **$5,740**

HIERLE Louis 1855-? [3]
- *Diane au repos* - Oil/canvas (121x199cm-48x78in) New-York 92 .... FF59 **800** - £6 050 - **$12,000**

HIERSCH-MINERBI Joachim 1834-? [3]
- *Fischerboot, Adriaküste* - Oil/panel (30x41cm-12x16in) Hamburg 90 .... FF9 **500** - £957 - **$1,727**

HIETT Steve XX [3]
- *Flowers* - Cibachrome print Paris 91 .... FF3 **100** - £311 - **$512**

HIETZ Matthias 1923 [2]
- *Ohne Titel* - Sculpture (17cm-7in) Wien 96 .... FF2 **170** - £280 - **$425**
- *Paar* - Sculpture (51cm-20in) Wien 91 .... FF9 **620** - £969 - **$1,669**

HIGGINS Charles, Pic XX [2]
- *Wazir* - Oil/canvas (100x74cm-39x29in) London 93 .... FF6 **000** - £750 - **$1,088**

HIGGINS Eugene 1874-1958 [19]
- *On the Road to the North Plains* - Oil/canvas (36x46cm-14x18in) Mystic, Connecticut 93........... FF4 **680** - £587 - **$850**
- *Rustic Life* - Oil/canvas (100x131cm-39x52in) New-York 94 .... FF16 **850** - £1 990 - **$3,000**
- *Captured* - Watercolour (28x38cm-11x15in) Boston, Mass. 93 .... FF8 **270** - £940 - **$1,400**

HIGGINS George F. 1850-1884 [4]
- *Still life* - Oil/canvas (50x71cm-20x28in) Mystic, Connecticut 91 .... FF3 **396** - £345 - **$613**

HIGGINS Victor, William 1884-1949 [5]
- *Hondo Road, Taos, New Mexico*
  Watercolour/paper (40x58cm-16x23in) New-York 93 .... FF88 **000** - £11 030 - **$16,000**

HIGHMORE Anthony 1719-1799 [1]
- *Street musicians* - Wash (11x19cm-4x7in) London 91 .... FF8 **970** - £897 - **$1,477**

HIGHSTEIN Jene XX [3]
- *Untitled* - Charcoal/paper (132x194cm-52x76in) New-York 94 .... FF9 **500** - £1 141 - **$1,800**

HIGS Richard XVIII-XIX [1]
- *Sophia, Duchess of Gloucester* - Miniature (8cm-3in) London 91 .... FF5 **440** - £540 - **$945**

HIGUERO Enrique Marin 1876-? [2]
- *Andalucian house & garden* - Watercolour/board (53x36cm-21x14in) London 91 .... FF14 **880** - £1 499 - **$2,582**

HIGUET Georges 1892-1956 [1]
- *Jeune mineur* - Dessin (58x49cm-23x19in) Lokeren 93.. FF4 **940** - £591 - **$1,010**

HIIVAINEN Frans 1884-1944 [2]
- *Landskap med väderkvarn* - Oil/panel (41x48cm-16x19in) Helsinki 90 .... FF3 **914** - £400 - **$773**

HIJNER Arend 1866-1916 [3]
- *The centre of attraction* - Oil/canvas (38x46cm-15x18in) Amsterdam 93 .... FF14 **470** - £1 728 - **$2,783**

HILAIRAU Georges 1892-1954 [2]
- *Composition* - Huile/panneau (14x19cm-6x7in) Paris 95 .... FF2 **100** - £254 - **$396**

HILAIRE Camille 1916 [351]
- *Nu dans l'atelier* - Huile/toile (38x46cm-15x18in) Paris 97 .... FF14 **000** - £1 539 - **$2,555**
- *Ciel Normand* - Oil/canvas (52x60cm-29x24in) New-York 97................................. FF27 **566** - £290 0 8 - **$4,794**
- *Le pesage* - Huile/toile (33x41cm-13x16in) Calais 97... FF31 **500** - £3 374 - **$5,522**
- *Plage de Trouville* - Huile/toile (46x65cm-18x26in) Calais 96................................. FF46 **000** - £5 960 - **$9,100**
- *Pommiers en fleurs* - Huile/toile (72x92cm-28x36in) Le Touquet 95........................ FF65 **000** - £8 460 - **$13,330**
- *Le Rêve à Pampelone* - Huile/toile (97x130cm-38x51in) Cannes 92 .... FF110 **000** - £11 260 - **$22,900**
- *Paysage des Alpilles* - Huile/toile (73x92cm-29x36in) Versailles 90........................ FF220 **000** - £22 727 - **$38,869**
- *Portrait de jeune fille* - Feutre (27x21cm-11x8in) Calais 97 .... FF3 **200** - £343 - **$561**
- *Nu allongé* - Aquarelle (45x56cm-18x22in) Calais 96 .... FF10 **200** - £1 171 - **$1,946**
- *Paysage de Provence* - Aquarelle/papier (52x70cm-20x28in) Calais 92 .... FF17 **000** - £2 030 - **$3,270**
- *Bord de rivière* - Aquarelle (72x52cm-28x20in) Rambouillet 90 .... FF46 **000** - £4 894 - **$8,229**

HILAIRE Jean-Baptiste 1753-1822 [22]
- *Paysans sur le chemin* - Huile/panneau (21x26cm-8x10in) Paris 96 .... FF19 **000** - £2 370 - **$3,670**
- *Peasants dancing* - Oil/panel (46x64cm-18x25in) London 92 .... FF67 **000** - £8 000 - **$12,900**
- *Ruines de Millet* - Pierre noire (22x35cm-9x14in) Paris 96................................... FF41 **000** - £5 330 - **$8,120**

HILBERT Georges 1900-1982 [5]
- *Kangourou* - Bronze (35cm-14in) Soissons 95.. FF23 **500** - £2 924 - **$4,580**

HILBERTH Irene 1872-1925 [1]
- *Dornröschen entblösst in Rosen* - Oil/canvas (42x55cm-17x22in) Lindau 92 .... FF2 **470** - £288 - **$505**

HILDA E. Baily XIX-XX [2]
- *Chat et corbeille de roses* - Huile/panneau (22x14cm-9x6in) Deauville 92 .... FF22 **000** - £2 252 - **$3,960**

HILDEBRAND Ernest 1833-? [5]
🖼 *Margaret im Kerker* - Oil/canvas (157x101cm-62x40in) Amsterdam 95 .... FF10 170 - £1 270 - **$2,054**
HILDEBRAND von Adolf 1847-1921 [3]
🗿 *Eleonora Duse* - Bronze (14x12cm-6x5in) München 94.......................... FF4 420 - £516 - **$775**
HILDEBRANDT Eduard 1818-1869 [15]
🖼 *Hilly landscape* - Oil/canvas (62x84cm-24x33in) New-York 94 .... FF17 950 - £2 120 - **$3,200**
Brazilian forest with Indians - Oil/canvas (39x57cm-15x22in) London 96 .... FF135 600 - £17 000 - **$26,500**
✎ *Kamelreiter in Afrika* - Aquarell, Gouache/Papier (24x32cm-9x13in) Hamburg 97 .... FF3 202 - £342 - **$558**
HILDEBRANDT Friedrich Fritz 1819-1885 [3]
🖼 *Figures in a frozen landscape* - Oil/canvas (61x95cm-24x37in) London 94 .... FF32 600 - £3 800 - **$5,710**
HILDEBRANDT Fritz 1878-1970 [8]
🖼 *Romantischer Winkel* - Öl/Karton (60x48cm-24x19in) Konstanz 94.......................... FF3 413 - £410 - **$646**
HILDEBRANDT Howard Logan 1872-1958 [8]
🖼 *Floral still life* - Oil/canvas (76x61cm-30x24in) North Berwick, Maine 93 .... FF6 050 - £759 - **$1,100**
HILDENBRAND Adolf 1881-1944 [3]
🖼 *Bildnis eines Mädchens mit Hase* - Öl/Leinwand (66x56cm-26x22in) Heidelberg 96 .... FF13 570 - £1 752 - **$2,656**
HILDENBRAND Paul 1904 [2]
🖼 *Weidende Kuhherde am Seeufer* - Öl/Karton (6x14cm-2x6in) Stuttgart 92 .... FF2 720 - £279 - **$479**
HILDENBRANDT Wilhelm 1874-? [2]
🖼 *Schattiger Gartenwinkel mit Frau* - Oil/cardboard (26x35cm-10x14in) Stuttgart 89 .... FF4 100 - £396 - **$622**
HILDER Richard 1813-1848 [26]
🖼 *Young Shot* - Oil/board (30x38cm-12x15in) London 96.......................... FF7 880 - £950 - **$1,512**
Figures on a Path - Oil/panel (30x40cm-12x16in) London 97 .... FF20 202 - £2 200 - **$3,513**
✎ *High Mill, winter* - Watercolour (51x76cm-20x30in) London 93 .... FF9 540 - £1 150 - **$1,668**
HILDER Rowland 1905-1993 [42]
🖼 *Old Mill, Cambridgeshire* - Oil/canvas (51x61cm-20x24in) London 95 .... FF8 810 - £1 100 - **$1,780**
✎ *Misty Morning* - Ink (24x34cm-9x13in) London 97 .... FF5 655 - £600 - **$974**
Winter landscape - Ink (23x27cm-9x11in) New-York 97 .... FF10 447 - £109 9 8 - **$1,800**
Bewl Bridge Farm - Watercolour (26x37cm-10x15in) London 97.......................... FF22 409 - £2 400 - **$3,872**
HILDITCH George 1803-1857 [2]
🖼 *The Thames at Richmond* - Oil/canvas (75x108cm-30x43in) London 97.......................... FF88 702 - £9 500 - **$15,417**
HILER Hilaire 1898 [2]
✎ *Abstract* - Watercolour/paper (43x36cm-17x14in) Baton Rouge, Louisiana 93 .... FF2 735 - £329 - **$500**
HILES Bartram, Fred. John 1872-1927 [7]
✎ *Florence* - Gouache (34x44cm-13x17in) Bristol, Avon 95 .... FF1 893 - £250 - **$384**
HILGERS Adolf 1896-1959 [1]
🖼 *Mädchen in Vorgebigslandschaft* - Oil/canvas (42x57cm-17x22in) München 91 .... FF6 760 - £686 - **$1,221**
HILGERS Carl 1818-1890 [28]
🖼 *Winterliche Küstenlandschaft* - Öl/Leinwand (25x39cm-10x15in) Düsseldorf 96 .... FF15 500 - £2 007 - **$3,100**
Wintervergnügen - Oil/panel (15x24cm-6x9in) München 93 .... FF31 000 - £3 510 - **$5,230**
Le marché en hiver - Huile/toile (63x84cm-25x33in) Paris 92 .... FF80 000 - £8 190 - **$14,080**
HILHOUSE James Martin 1748-1822 [1]
🖼 *Battle of the Saints* - Oil/canvas (102x163cm-40x64in) London 96.......................... FF173 600 - £22 000 - **$33,300**
HILL Adrian Keith Graham 1897-1977 [13]
🖼 *Interior* - Oil/board (70x91cm-28x36in) Billinghurst, West Sussex 94 .... FF2 500 - £300 - **$486**
✎ *Three fish* - Watercolour (30x42cm-12x17in) London 95 .... FF2 130 - £280 - **$428**
HILL Arthur Trunbull 1868-1929 [2]
🖼 *Sunset, East Hampton* - Oil/canvas (76x114cm-30x45in) New-York 91 .... FF8 490 - £857 - **$1,500**
HILL Carl Fredrik 1849-1911 [96]
🖼 *Terräng utanför Montigny* - Oil/canvas (65x81cm-26x32in) Stockholm 89 .... FF3 - £401 963 - **$632,026**
Ovädersstämning - Oil/canvas/panel (13x19cm-5x7in) Stockholm 97 .... FF13 484 - £1 443 - **$2,350**
Björcken - Oil/canvas/panel (32x18cm-13x7in) Stockholm 97 .... FF101 128 - £10 827 - **$17,631**
Stilla kväll - Oil/canvas (60x73cm-24x29in) Stockholm 97 .... FF701 871 - £74 121 - **$121,272**
✎ *Familjen* - Mixed media/paper (55x75cm-22x30in) Stockholm 97 .... FF1 - £137 084 - **$224,288**
Drakskepp - Coloured pencils/paper (17x21cm-7x8in) Stockholm 97 .... FF12 360 - £1 323 - **$2,154**
Trädlandskap - Coloured pencils/paper (22x36cm-9x14in) Stockholm 97 .... FF20 975 - £2 245 - **$3,656**
HILL Carl G. 1884-1972 [1]
🖼 *Haying* - Oil/canvas (46x61cm-18x24in) New-York 92 .... FF7 800 - £931 - **$1,500**
HILL David Octavius 1802-1870 [14]
📷 *Miss Binney* - Calotype (20x15cm-8x6in) London 96 .... FF14 720 - £1 900 - **$2,843**
HILL Derek 1916 [6]
🖼 *The Girone del Arno* - Oil/board (23x33cm-9x13in) London 97 .... FF16 023 - £1 700 - **$2,762**
HILL Edward 1843-1923 [4]
🖼 *The Forest in the Summer*
      Oil/canvas (51x36cm-20x14in) San Francisco-Los Angeles 93 .... FF8 860 - £1 007 - **$1,500**
HILL Edward Rufus 1851-1908 [2]
🖼 *Giant Redwoods* - Oil/canvas (122x41cm-48x16in) San Francisco-Los Angeles 93 .... FF8 250 - £1 035 - **$1,500**
HILL George William 1862-1934 [1]
🗿 *George Etienne Cartier* - Bronze (28cm-11in) Montréal 94.......................... FF9 200 - £1 086 - **$1,652**
HILL Howard 1888-1941 [3]
🖼 *Roosters and hens* - Oil/canvas (38x30cm-15x12in) North Bethesda, MD. 91 .... FF8 960 - £898 - **$1,641**
HILL Howard c.1840-c.1880 [5]
🖼 *Family of grouse* - Oil/canvas (75x126cm-30x50in) New-York 97 .... FF28 902 - £3 081 - **$5,000**

HILL James John 1811-1882 [26]
- *The Rush Gathering* - Oil/canvas (66x48cm-26x19in) New-York 97 .... FF**8 532** - £**918** - $**1,500**
- *The Logger's Hut* - Oil/canvas (46x69cm-18x27in) London 94 .... FF**16 800** - £**2 000** - $**3,200**
- *Musikstunden* - Oil/canvas (95x128cm-37x50in) Stockholm 96 .... FF**35 800** - £**4 080** - $**6,850**

HILL John 1770-1850 [4]
- *Fishkill looking to West Point* - Etching, aquatint (45x62cm-18x24in) New-York 96 .... FF**13 500** - £**1 720** - $**2,600**

HILL John Henry 1839-1922 [9]
- *Quiet Afternoon of Fishing* - Watercolour (33x49cm-13x19in) New-York 95 .... FF**10 660** - £**1 370** - $**2,200**

HILL John William 1812-1879 [20]
- *Fawn's Leap, Catskill, New York* - Oil/canvas (50x65cm-20x26in) New-York 95 .... FF**59 200** - £**7 820** - $**12,000**
- *Afternoon Fishing* - Watercolour/paper (21x30cm-8x12in) New-York 96 .... FF**10 440** - £**1 210** - $**2,000**
- *Figures by the sea* - Watercolour (33x48cm-13x19in) Philadelphia 95 .... FF**47 600** - £**6 010** - $**9,500**

HILL Mabel B. 1877-? [1]
- *Child with pail at the beach* - Watercolour (41x23cm-16x9in) New-York 94 .... FF**3 860** - £**463** - $**750**

HILL Pearl L. 1884-? [1]
- *Pensive young woman* - Pastel (91x64cm-36x25in) New-York 93 .... FF**14 160** - £**1 610** - $**2,400**

HILL Rowland Henry 1873-1952 [14]
- *The Mill and the Moors* - Watercolour (27x36cm-11x14in) London 97 .... FF**3 867** - £**420** - $**685**
  Piccadilly
  Watercolour (34x51cm-13x20in) Marlborough Crescent, Newcastle upon Tyne 92 .... FF**14 660** - £**1 500** - $**2,587**

HILL Thomas 1829-1908 [33]
- *Fishing Beside a Stream*
  Oil/canvas (86x69cm-34x27in) San Francisco-Los Angeles 96 .... FF**49 600** - £**5 740** - $**9,500**
  Yosemite Valley - Oil/canvas (61x51cm-24x20in) New-York 97 .... FF**93 403** - £**9 825** - $**16,000**
  Fishing on the Merced River - Oil/canvas (91x137cm-36x54in) New-York 95 .... FF**426 500** - £**54 400** - $**87,500**

HILL Thomas 1661-1734 [17]
- *View into the valley* - Oil/board (45x63cm-18x25in) San Francisco-Los Angeles 91 .... FF**62 700** - £**6 318** - $**10,880**
  Lone fisherman in Yosemite - Oil/canvas (92x135cm-36x53in) New-York 91 .... FF**287 600** - £**28 872** - $**49,759**

HILL William Elly 1886-1962 [1]
- *The height of fashion* - Ink/paper (29x49cm-11x19in) New-York 90 .... FF**2 740** - £**283** - $**484**

HILLAIREAU Georges 1884-1954 [4]
- *Intérieur* - Huile/panneau (22x27cm-9x11in) Paris 89 .... FF**5 500** - £**547** - $**869**

HILLAIRET Anatole Eugène 1885-1928 [8]
- *Vapeur sur la Seine, Paris* - Huile/toile (51x72cm-20x28in) La Varenne Saint-Hilaire 93 ...... FF**11 500** - £**1 307** - $**1,950**
- *Nature morte aux huîtres* - Huile/toile (60x92cm-24x36in) Paris 90 .... FF**35 000** - £**3 747** - $**6,087**

HILLBOM Henrick 1863-1928 [1]
- *Snowstorm at sunset* - Oil/canvas New Orleans, Louisiana 90 .... FF**2 900** - £**290** - $**550**

HILLE Anton 1866-1921 [2]
- *Junge Frau im roten Kleid* - Oil/canvas (86x65cm-34x26in) Frankfurt 92 .... FF**5 440** - £**557** - $**958**
- *Maid & cup of chocolate, Dresden* - Pastel London 89 .... FF**5 800** - £**577** - $**916**

HILLE van Hubert 1903-1983 [5]
- *vijver te zutphen* - Oil/canvas (45x40cm-18x16in) Amsterdam 94 .... FF**5 490** - £**645** - $**977**

HILLEBRAND Elmar 1925 [2]
- *Mutter und Kind* - Bronze (16cm-6in) Köln 93 .... FF**2 450** - £**281** - $**412**

HILLEBRANDT Johann Heinrich 1804-? [2]
- *Landschaft mit Viehherde* - Oil/canvas (47x57cm-19x22in) Bremen 91 .... FF**10 250** - £**1 053** - $**1,910**

HILLEMACHER Eugène Ernest 1818-1887 [3]
- *Atelier à l'École des Beaux-Arts* - Huile/toile (46x38cm-18x15in) Paris 96 .... FF**23 000** - £**2 663** - $**4,410**

HILLENIUS Jaap 1934 [7]
- *Hommage aan A.G.P.* - Oil/canvas (110x150cm-43x59in) Amsterdam 93 .... FF**12 610** - £**1 512** - $**2,306**

HILLER Anton 1881-? [1]
- *Zieglein* - Bronze (15cm-6in) Köln 94 .... FF**2 900** - £**343** - $**522**

HILLER Heinrich XIX-XX [11]
- *Mediterrane Küstenlandschaft* - Öl/Leinwand (80x130cm-31x51in) Hamburg 95 .... FF**17 520** - £**2 220** - $**3,525**
- *Monaco* - Oil/canvas (79x129cm-31x51in) London 97 .... FF**68 571** - £**7 200** - $**11,794**

HILLER Karol 1891-1939 [2]
- *Composition héliographique* - Photo (39x29cm-15x11in) Paris 93 .... FF**16 500** - £**1 880** - $**2,797**

HILLER Lejaren à 1880-1969 [1]
- *Woman with bottle & cigarette* - Oil/board (36x36cm-14x14in) New-York 95 .... FF**4 400** - £**570** - $**900**

HILLERN-FLINSCH von Wilhelm 1884-1985 [4]
- *Stürmische See* - Oil/canvas (39x71cm-15x28in) München 92 .... FF**8 840** - £**905** - $**1,557**

HILLERN-FÖLL Maria 1880-1943 [8]
- *Stilleben mit Kaktus* - Oil/canvas (60x50cm-24x20in) Stuttgart 91 .... FF**5 410** - £**543** - $**936**

HILLERS John K., Jack 1843-1925 [28]
- *Governors of Zuni* - Albumen print (23x30cm-9x12in) New-York 92 .... FF**8 820** - £**1 024** - $**1,800**

HILLERSBERG Lars 1937 [9]
- *Barcelona* - Oil/canvas (200x150cm-79x59in) Stockholm 92 .... FF**9 420** - £**965** - $**1,660**
- *Cowboy* - Mixed media/paper (52x61cm-20x24in) Stockholm 96 .... FF**4 230** - £**528** - $**817**

HILLESTRÖM Carl Peter 1760-1812 [6]
- *Landskap med figurer* - Oil/canvas (52x72cm-20x28in) Stockholm 97 .... FF**16 603** - £**1 753** - $**2,868**
- *Frieret* - Akvarell (25x38cm-10x15in) Stockholm 97 .... FF**19 477** - £**2 085** - $**3,395**
- *Utsikt mot Karlberg Slott* - Gouache (40x54cm-16x21in) Stockholm 92 .... FF**32 500** - £**3 890** - $**6,250**

H

HILLESTRÖM Pehr 1733-1816 [61]
- *Ett fruent: som spinner bomull* - Oil/canvas/panel (51x40cm-20x16in) Stockholm 97 .... FF58 430 - £6 255 - **$10,186**
- *Brutet bröd och flaska* - Oil/canvas/panel (40x34cm-16x13in) Stockholm 97 .... FF101 128 - £10 827 - **$17,631**
- *Skina och terrin* - Oil/canvas/board (52x68cm-20x27in) Stockholm 89 .... FF477 400 - £47 502 - **$75,419**

HILLEVELD Adrianus David 1838-1880 [3]
- *Coastal view with figures on a beach* - Oil/panel (33x54cm-13x21in) Amsterdam 94 .... FF11 570 - £1 368 - **$2,080**

HILLFON Curt 1943 [26]
- *Blå komposition* - Oil/canvas (101x73cm-40x29in) Stockholm 95 .... FF8 850 - £1 106 - **$2,256**
- *Komposition* - Oil/canvas (140x120cm-55x47in) Stockholm 89 .... FF18 700 - £1 971 - **$3,148**

HILLFON Hertha 1921 [3]
- *Face (relief)* - Terracotta (60cm-24in) Stockholm 95 .... FF22 760 - £2 835 - **$4,455**

HILLFON Maria 1945 [3]
- *Ansiktsrelief, mun och näsparti* - Bronze (22cm-9in) Stockholm 89 .... FF25 300 - £2 666 - **$4,259**

HILLGRUND Bengt 1935-1981 [4]
- *Brogatan vid Triangeln, Malmö* - Oil/canvas (117x114cm-46x45in) Malmö 92 .... FF7 770 - £928 - **$1,495**

HILLHOUSE May 1908-1989 [2]
- *Children playing* - Oil/board Cape Town 91 .... FF3 895 - £392 - **$676**

HILLIARD Nicholas 1547-c.1619 [3]
- *A young lady* - Miniature (5cm-2in) London 95 .... FF93 800 - £12 000 - **$18,860**

HILLIER Matthew 1958 [6]
- *A lion* - Acrylic/masonite (74x122cm-29x48in) London 96 .... FF51 300 - £6 500 - **$9,830**

HILLIER Tristram 1905-1983 [29]
- *An old barn* - Oil/canvas (25x35cm-10x14in) London 93 .... FF16 900 - £1 900 - **$2,830**
- *La Gaude* - Oil/canvas (55x46cm-22x18in) London 96 .... FF30 700 - £3 500 - **$5,880**
- *Catalan fishing craft, Altea* - Oil/panel (74x72cm-29x28in) London 96 .... FF103 700 - £13 000 - **$20,020**

HILLIGAERT van Paulus 1595-1640 [1]
- *Stadtansicht mit Reiterstaffage* - Oil/panel (55x96cm-22x38in) Luzern 92 .... FF36 160 - £4 320 - **$6,950**

HILLINGFORD Robert Alexander 1828-1904 [44]
- *The Outpost* - Oil/canvas (25x41cm-10x16in) London 97 .... FF13 346 - £1 400 - **$2,290**
- *A point of conflict* - Oil/canvas (36x51cm-14x20in) London 96 .... FF27 130 - £3 400 - **$5,240**
- *Wellington at Waterloo* - Oil/canvas (51x76cm-20x30in) London 90 .... FF121 100 - £12 966 - **$21,061**

HILLS Anna Althea 1882-1930 [8]
- *Lupine on the Dunes, Manhattan Beach*
  Oil/canvas (35x45cm-14x18in) San Francisco-Los Angeles 91 .... FF14 250 - £1 436 - **$2,473**

HILLS Laura Coombs 1859-1952 [7]
- *Pink dahlias* - Pastel/board (55x46cm-22x18in) New-York 96 .... FF27 860 - £3 600 - **$5,500**

HILLS Robert 1769-1844 [38]
- *Deer resting by a pool, Windsor* - Oil/canvas (39x49cm-15x19in) London 92 .... FF17 600 - £1 800 - **$3,104**
- *Harvesters resting* - Watercolour (24x18cm-9x7in) London 96 .... FF10 370 - £1 300 - **$2,016**
- *A Herd of Deer* - Watercolour (40x51cm-16x20in) London 97 .... FF20 599 - £2 200 - **$3,582**

HILO CHEN 1942 [5]
- *Bellies for Teeth* - Acrylic/canvas (102x137cm-40x54in) New-York 94 .... FF17 700 - £2 013 - **$3,000**

HILSDORF Jacob 1872-1916 [2]
- *Newbury/Muthesius/Herkommer* - Silver print (22x16cm-9x6in) London 92 .... FF11 720 - £1 200 - **$2,064**

HILSON Jessy M. XIX-XX [9]
- *Gorey harbour with Mont-Orgueil* - Watercolour (37x56cm-15x22in) St. Helier, Jersey 92 .... FF2 345 - £280 - **$452**

HILTENSPERGER Johann Georg 1806-1890 [1]
- *Wiesenkräuter und Gräser* - Öl/Karton (24x29cm-9x11in) Lindau 92 .... FF2 040 - £209 - **$359**

HILTMANN Jochen 1935 [5]
- *Augebrochene Kugel* - Sculpture (59cm-23in) Köln 94 .... FF39 300 - £4 615 - **$7,000**
- *Komposition mit Kreis* - Ink (39x40cm-15x16in) Köln 96 .... FF2 720 - £310 - **$520**

HILTON Henry XIX [2]
- *Irish landscape* - Watercolour, gouache (18x34cm-7x13in) Billinghurst, West Sussex 93 .... FF2 160 - £260 - **$377**

HILTON John William 1904-1983 [4]
- *Sunlit sand dunes* - Oil/canvas (76x91cm-30x36in) San Francisco-Los Angeles 89 .... FF14 300 - £1 423 - **$2,259**

HILTON Roger 1911-1975 [96]
- *July '61* - Oil/canvas (25x30cm-10x12in) London 95 .... FF15 670 - £2 000 - **$3,214**
- *Untitled 67* - Oil/canvas (76x91cm-30x36in) London 97 .... FF32 015 - £3 400 - **$557,72**
- *Nude* - Oil/canvas (91x75cm-36x30in) London 96 .... FF86 100 - £11 000 - **$17,670**
- *Untitled* - Oil/canvas (140x153cm-55x60in) London 90 .... FF244 000 - £24 831 - **$48,796**
- *Bird with egg* - Gouache (35x49cm-14x19in) London 96 .... FF15 800 - £1 800 - **$3,024**
- *Seated female figure* - Black chalk (76x56cm-30x22in) London 92 .... FF38 500 - £4 600 - **$7,410**

HILTON Rose, née Phipps 1931 [4]
- *Still life of mousehole* - Oil/canvas (46x61cm-18x24in) London 92 .... FF12 210 - £1 250 - **$2,150**

HILTON William 1786-1839 [4]
- *King Lear & his daughters* - Oil/canvas (155x198cm-61x78in) London 92 .... FF58 600 - £7 000 - **$11,270**
- *The education of Cupid* - Watercolour/paper (15x20cm-6x8in) London 89 .... FF6 300 - £644 - **$1,013**

HILTUNEN Eila 1922 [2]
- *Faunens eftermiddag* - Bronze (40cm-16in) Helsinki 94 .... FF25 500 - £2 920 - **$4,320**

HILVERDINK Eduard Alexander 1846-1891 [15]
- *A town street* - Oil/panel (18x15cm-7x6in) London 95 .... FF8 560 - £1 100 - **$1,730**
- *Munt, Amsterdam* - Oil/canvas (51x77cm-20x30in) Amsterdam 95 .... FF63 600 - £7 940 - **$12,840**
- *Singel, Amsterdam* - Pencil (23x35cm-9x14in) Amsterdam 92 .... FF18 200 - £1 864 - **$3,205**

HILVERDINK Johann Jakob Anton 1837-1884 [5]
- *Havarie vor dem Leuchtturm* - Oil/canvas (42x58cm-17x23in) Stuttgart 92 .... FF18 120 - £1 860 - **$3,486**

HILVERDINK Johannes 1813-1902 [19]
- *Washerwoman and anglers* - Oil/panel (24x30cm-9x12in) Amsterdam 97 .... FF38 013 - £4 018 - **$6,522**
- *Arabs on a rocky outcrop, Jerusalem* - Oil/canvas (79x132cm-31x52in) London 95 .... FF67 900 - £9 000 - **$14,020**
- *Dutch farmyard scene* - Watercolour (30x46cm-12x18in) Aylsham, Norfolk 96.................... FF2 496 - £320 - **$492**

HILZ Sepp 1906-1967 [2]
- *Landschaft bei Bad Aibling* - Oil/board (47x55cm-19x22in) München 90 .... FF13 500 - £1 445 - **$2,348**

HIMELY Sigismond 1801-1872 [7]
- *Vue de New York* - Aquatinte Caen 93 .... FF26 000 - £3 130 - **$4,730**
- *Le passage du gué* - Lavis (18x27cm-7x11in) Paris 90 .... FF4 200 - £450 - **$730**

HIMMEL Charles 1894-1974 [1]
- *Paysage* - Huile/toile (46x55cm-18x22in) L'Isle-Adam 89 .... FF5 000 - £483 - **$759**

HIMMELSBACH Emil 1881-1967 [3]
- *Landschaft* - Öl/Leinwand (45x54cm-18x21in) Zofingen 92 .... FF3 616 - £432 - **$696**

HIMMELSTOSS Karl 1878-1967 [4]
- *Die Perlensucherin* - Porcelain (25cm-10in) Wien 93 .... FF3 423 - £388 - **$579**

HIMONA Nicolas P. 1865-1920 [1]
- *Garden in blossom* - Oil/canvas (23x44cm-9x17in) Moscow 94 .... FF3 870 - £448 - **$660**

HINCHCLIFFE Richard George 1868-1942 [1]
- *Mother & daughters in leafy glade* - Oil/canvas (94x120cm-37x47in) London 96 .... FF2 517 - £320 - **$484**

HINCHLIFF Woodbine K. XIX-XX [3]
- *Beauty and the Beast* - Watercolour (33x21cm-13x8in) London 95 .... FF9 580 - £1 200 - **$1,910**

HINCHMAN Margaretta ?-1955 [1]
- *Madonna with Child* - Oil/canvas (92x61cm-36x24in) North Bethesda, MD. 91 .... FF2 400 - £240 - **$395**

HINCKLEY Thomas Hewer 1813-1896 [5]
- *White and red Setter* - Oil/canvas (104x117cm-41x46in) New-York 97 .... FF98 265 - £10 475 - **$17,000**

HINCKS-PLAUCHE Leda 1887-1900 [1]
- *Nature morte, two birds* - Watercolour (61x36cm-24x14in) New Orleans, Louisiana 92 .... FF2 695 - £313 - **$550**

HIND William G Richardson 1833-1888 [1]
- *Anticosti from the Mingan Island* - Watercolour (6x18cm-2x7in) Toronto 96 .... FF3 040 - £388 - **$585**

HINDENLANG Charles 1894-1960 [14]
- *Landschaft bei Lugano* - Oil/panel (40x50cm-16x20in) Zürich 94 .... FF48 700 - £5 760 - **$8,740**
- *Schleuse bei Hünigen* - Crayon (25x32cm-10x13in) Zofingen 95 .... FF1 700 - £223 - **$341**

HINE Charles 1821-1871 [3]
- *Young lady reading* - Oil/canvas (44x34cm-17x13in) San Francisco-Los Angeles 90 .... FF9 200 - £979 - **$1,646**

HINE Harry T. 1845-1941 [8]
- *Cattle in a river landscape* - Watercolour (74x122cm-29x48in) London 93 .... FF6 520 - £750 - **$1,125**

HINE Henry George 1811-1895 [20]
- *Fishermen, Shoreham* - Watercolour (23x34cm-9x13in) London 95 .... FF3 840 - £500 - **$788**
- *South Downs at sunset* - Watercolour (26x58cm-10x23in) London 96 .... FF12 730 - £1 500 - **$2,500**

HINE Lewis W. 1874-1940 [75]
- *Ellis Island Madonna* - Silver print (36x28cm-14x11in) New-York 96 .... FF6 190 - £795 - **$1,200**
- *Worker on a Beam, NY* - Gelatin silver print (10x8cm-4x3in) New-York 96.................... FF31 300 - £3 626 - **$6,000**

HINE Sheldon 1907-? [3]
- *Illumined Egg* - Gelatin silver print (33x25cm-13x10in) New-York 94 .... FF18 600 - £2 155 - **$3,200**

HINE William Egerton 1851-1926 [2]
- *The coast near Charmouth, Dorset* - Wash (30x50cm-12x20in) London 90 .... FF2 700 - £279 - **$477**

HINES Frederick c.1860-c.1930 [59]
- *The Edge of the Lake* - Oil/canvas (48x37cm-19x15in) New-York 97 .... FF3 982 - £428 - **$700**
- *A coastal scene* - Watercolour (36x52cm-14x20in) London 94 .... FF4 660 - £550 - **$836**

HINES Theodore XIX-XX [33]
- *The riverside track* - Oil/canvas (76x127cm-30x50in) London 92 .... FF7 810 - £800 - **$1,376**
- *Cleeve/Shiplake on Thames* - Oil/canvas (51x76cm-20x30in) London 89 .... FF58 100 - £5 614 - **$8,816**
- *By a fioot bridge* - Watercolour (52x37cm-20x15in) London 92 .... FF4 400 - £450 - **$774**

HINGE John XX [2]
- *Riverside gums* - Wash (34x52cm-13x20in) London 89 .... FF2 400 - £245 - **$386**

HINGRE Louis Théophile ?-1911 [6]
- *Rabbits and snails* - Oil/canvas (44x60cm-17x24in) New-York 94 .... FF38 000 - £4 400 - **$6,500**
- *Rabbits huddled together* - Bronze (14x22cm-6x9in) London 95.................... FF4 650 - £580 - **$940**

HINKIS Alexandre 1913 [6]
- *Conversation dans le jardin* - Huile/carton (19x24cm-7x9in) Paris 89 .... FF5 000 - £527 - **$842**
- *Maxim's* - Pastel (48x64cm-19x25in) La Varenne Saint-Hilaire 89 .... FF3 800 - £378 - **$600**

HINKLE Clarence Keiser 1880-1960 [15]
- *Eucalyptus grove* - Oil/canvas (76x102cm-30x40in) Los Angeles 90 .... FF14 300 - £1 482 - **$2,513**
- *Blue pitcher* - Watercolour (29x39cm-11x15in) San Francisco-Los Angeles 92 .... FF6 100 - £640 - **$1,100**

HINMAN Charles 1932 [5]
- *Blossom, 1965* - Acrylic/canvas (215x259x281cm-85x102x111in) New-York 89 .... FF51 500 - £5 266 - **$8,280**

HINRICHSEN Kurt 1901-1963 [31]
- *Musique à la campagne* - Huile/toile (81x100cm-32x39in) Paris 90 .... FF16 000 - £1 724 - **$2,822**
- *Bavardage* - Huile/isorel (81x100cm-32x39in) Paris 90 .... FF48 000 - £5 172 - **$8,466**
- *Nu sur un tabouret* - Aquarelle (46x30cm-18x12in) Saint-Germain-en-Laye 95 .... FF4 100 - £528 - **$841**

H

HINRICHSEN Lorenz V. 1865-1929 [1]
Roskilde, 1904 - Oil/canvas (122x183cm-48x72in) London 90 .... FF**33 900** - £3 513 - **$5,958**

HINSBERGER Alexis 1907 [26]
Accordéoniste - Huile/toile (41x33cm-16x13in) Provins 94 .... FF**2 800** - £331 - **$517**
La partie de billard - Huile/panneau (41x61cm-16x24in) Bordeaux 94 .... FF**9 000** - £1 092 - **$1,712**
Le marchand d'oranges - Huile/toile (54x65cm-21x26in) Epernay 94 .... FF**15 500** - £1 805 - **$2,736**

HINTERMEISTER Henry, Hy 1897-1972 [15]
Dog's Best Friend - Oil/canvas (66x61cm-26x24in) New-York 93 .... FF**17 600** - £2 207 - **$3,200**
Spaniel puppies - Oil/canvas (48x72cm-19x28in) New-York 94 .... FF**63 100** - £7 570 - **$12,000**

HINTERREITER Hans 1902-1989 [13]
E. 105 - Acrylic/canvas (68x91cm-27x36in) Luzern 93 .... FF**43 600** - £4 960 - **$7,390**
Komposition 1 - Color lithograph (56x76cm-22x30in) Zürich 96 .... FF**2 546** - £330 - **$504**
Studie 343 D - Tempera/papier (14x14cm-6x6in) Luzern 93 .... FF**22 830** - £2 730 - **$4,390**

HINTERSEHER Josef 1878-? [1]
Weibliche Büste - Marbre (40cm-16in) München 93 .... FF**4 750** - £567 - **$913**

HINTON Alfred Horsley 1863-1910 [1]
Tide Bereft - Platinum print (48x29cm-19x11in) London 94 .... FF**3 070** - £360 - **$538**

HINTZ Julius 1805-1862 [2]
A steamer in choppy waters - Oil/panel (39x62cm-15x24in) Stockholm 94 .... FF**15 300** - £1 804 - **$2,723**
Hamburger Hafen - Öl/Leinwand (48x56cm-19x22in) Hamburg 95 .... FF**78 300** - £10 350 - **$15,870**

HINTZE Johann Ferdinand J. 1849-1877 [4]
The sledge ride - Oil/panel (84x66cm-33x26in) London 95 .... FF**158 000** - £20 000 - **$31,760**

HIOLIN Louis Auguste 1846-1910 [3]
Au loup - Bronze (80cm-31in) New-York 96 .... FF**21 270** - £2 750 - **$4,200**

HIORT Agnes 1899-1984 [2]
Regnvaersdag i fjellet - Oil/canvas (80x120cm-31x47in) Oslo 92 .... FF**5 440** - £650 - **$1,046**

HIOT René XIX-XX [1]
Oasis en Algérie - Huile/toile (71x100cm-28x39in) Paris 96 .... FF**14 500** - £1 750 - **$2,780**

HIQUILY Philippe 1925 [93]
La nageuse - Sculpture (38x31cm-15x12in) Paris 97 .... FF**19 500** - £2 031 - **$3,322**
Kuan yin - Bronze (80x15x32cm-31x6x13in) Versailles 97 .... FF**31 000** - £3 277 - **$5,320**
Untitled - Wood (58x49x51cm-23x19x20in) London 97 .... FF**42 214** - £4 500 - **$7,370**
La Dame pipi - Bronze (96x28x86cm-38x11x34in) Neuilly 90 .... FF**140 000** - £14 894 - **$25,045**
Femme - Aquarelle (65x50cm-26x20in) Paris 95 .... FF**6 000** - £718 - **$1,142**

HIRAGA Kamesuké 1889-1971 [2]
Nature morte aux huîtres - Huile/panneau (46x55cm-18x22in) Paris 90 .... FF**5 000** - £532 - **$894**
Plomar'ch - Oil/canvas (54x64cm-21x25in) San Francisco-Los Angeles 92 .... FF**10 260** - £1 215 - **$1,973**

HIRAGA Key 1936 [6]
Mirage - Acrylic/canvas (50x65cm-20x26in) Amsterdam 92 .... FF**7 530** - £900 - **$1,450**

HIREMY-HIRSCHL Adolf 1860-1933 [6]
Seefriedhof, 1897 - Oil/canvas (100x188cm-39x74in) New-York 90 .... FF**51 500** - £5 479 - **$9,213**
La Nascita di Venere - Olio/tela (109x277cm-43x109in) Milano 90 .... FF**366 200** - £38 957 - **$65,510**
A seated nude - Black & white chalks (48x33cm-19x13in) London 95 .... FF**7 150** - £950 - **$1,475**

HIROAKI Tadahashi 1871-1945 [2]
Seated nude playing with a cat - Print in colors (43x27cm-17x11in) New-York 92 .... FF**24 960** - £2 980 - **$4,800**

HIROSHI Yoshida 1876-1950 [11]
Wakanoura - Oil/canvas (46x61cm-18x24in) New-York 96 .... FF**48 700** - £5 770 - **$9,500**
Village road - Watercolour/paper (27x50cm-11x20in) New-York 92 .... FF**36 900** - £3 780 - **$6,500**

HIROU Ernest M. 1850-1900 [1]
Le Message - Bronze (98cm-39in) London 96 .... FF**21 940** - £2 500 - **$4,200**

HIRSCH Alexandre-Auguste 1833-1912 [6]
Caïd marocain - Huile/toile (40x32cm-16x13in) Paris 95 .... FF**40 000** - £5 070 - **$8,040**
Portrait de fillette - Pastel (55x46cm-22x18in) Saint-Dié 92 .... FF**1 900** - £221 - **$388**

HIRSCH Alphonse 1843-1884 [1]
Young beauty - Oil/canvas (26x16cm-10x6in) London 94 .... FF**32 160** - £3 800 - **$5,780**

HIRSCH Christian Gotthard 1889-1977 [3]
Die verschneite Alpenkette - Oil/canvas (79x100cm-31x39in) Stuttgart 92 .... FF**3 050** - £355 - **$622**

HIRSCH Franz Josef 1774-c.1840 [1]
Damen- und Herrenbildnis - Miniature (7x5cm-3x2in) Köln 93 .... FF**8 140** - £972 - **$1,566**

HIRSCH Gustav 1867-? [1]
Landchaft bei Dachau II - Öl/Leinwand (16x31cm-6x12in) Hamburg 95 .... FF**3 855** - £489 - **$776**

HIRSCH Hermann 1861-1934 [1]
Au plein air - Oil/board (31x41cm-12x16in) London 89 .... FF**58 100** - £5 781 - **$9,179**

HIRSCH Joseph 1910-1981 [24]
Self-portrait - Oil/canvas (76x61cm-30x24in) New-York 93 .... FF**35 750** - £4 480 - **$6,500**
Nude and picture book - Oil/canvas (60x73cm-24x29in) New-York 93 .... FF**82 500** - £10 340 - **$15,000**
Shining Zahira - Ink (36x46cm-14x18in) Tel Aviv 95 .... FF**2 446** - £295 - **$447**

HIRSCH Karl Jakob 1892-1952 [4]
Die Gabe - Etching (20x14cm-8x6in) München 95 .... FF**2 284** - £288 - **$457**

HIRSCH Peter 1889-? [1]
Knabe - Öl/Karton (55x48cm-22x19in) München 93 .... FF**5 760** - £689 - **$1,110**

HIRSCH Stefan 1899-1964 [4]
Plants and towers - Oil/canvas (50x40cm-20x16in) New-York 89 .... FF**205 900** - £21 053 - **$33,103**

HIRSCHBERG Alice 1856-? [2]
Niagara Falls - Watercolour/paper (31x44cm-12x17in) New-York 93 .... FF2 256 - £258 - **$400**
HIRSCHBERG Carl 1854-1923 [4]
The Veteran - Oil/canvas (112x89cm-44x35in) New-York 92 .... FF29 400 - £3 414 - **$6,000**
HIRSCHENHAUSER Rudolf 1882-? [2]
Stephansdom - Öl/Leinwand (98x90cm-39x35in) Wien 95 .... FF12 240 - £1 613 - **$2,480**
HIRSCHFANG Ignacy 1895-1943 [1]
Blumenstilleben mit Dahlien - Aquarell (43x34cm-17x13in) Bremen 92 .... FF3 060 - £314 - **$539**
HIRSCHFELD Albert, Al 1903 [11]
Couples drinking - Ink/paper (41x46cm-16x18in) New-York 96 .... FF14 350 - £1 700 - **$2,800**
HIRSCHFELD Emil Benediktoff 1867-1922 [19]
Soleil couchant - Huile/panneau (24x33cm-9x13in) Quimper 95 .... FF5 200 - £647 - **$1,014**
A bord - Huile/toile (54x73cm-21x29in) Quimper 94 .... FF14 000 - £1 682 - **$2,610**
An Attentive Audience - Oil/canvas (141x207cm-56x81in) London 95 .... FF57 600 - £7 500 - **$11,810**
HIRSCHFELD-MACK Ludwig 1893-1965 [1]
Compositions - Gouache/papier (34x24cm-13x9in) München 96 .... FF5 440 - £620 - **$1,040**
HIRSCHFELDER Salomon 1832-1903 [3]
Kleines Missgeschick - Öl/Leinwand (66x49cm-26x19in) Stuttgart 93 .... FF55 200 - £6 240 - **$9,300**
HIRSCHIG Anton 1867-1939 [1]
Lady with a parasol - Oil/panel (32x24cm-13x9in) Amsterdam 94 .... FF12 200 - £1 416 - **$2,100**
HIRSCHING August 1889-1962 [2]
Stuttgart beim Königsbau - Oil/panel (71x55cm-28x22in) Stuttgart 90 .... FF2 350 - £238 - **$447**
HIRSCHL Adolf Hiremy. 1860-1933 [6]
Carghi ancorati, baia di Cattaro - Pastelli/carta (32x49cm-13x19in) Milano 92 .... FF32 600 - £3 340 - **$5,740**
HIRSCHVOGEL 1966 [3]
Untitled - Coloured pencils (73x51cm-29x20in) London 96 .... FF18 150 - £2 200 - **$3,530**
HIRSH Alice 1888-1935 [1]
Manhattan/Washington Square
        Oil/canvas/board (21x25cm-8x10in) San Francisco-Los Angeles 92 .... FF8 840 - £1 055 - **$1,700**
HIRST Claude Raguet 1855-1942 [7]
Pansies - Oil/canvas (30x23cm-12x9in) New-York 97 .... FF116 686 - £12 252 - **$20,000**
Still Life with Open Book - Watercolour/paper (20x25cm-8x10in) New-York 97 .... FF128 355 - £13 477 - **$22,000**
HIRST Damien 1965 [7]
Edge - Painting (217x326cm-85x128in) New-York 97 .... FF104 652 - £10 989 - **$18,000**
Sulfonate - Mixed media/canvas (165x190cm-65x75in) London 96 .... FF220 000 - £28 000 - **$42,300**
Ammonium Biborate - Gloss paint/canvas (170x200cm-67x79in) London 96 .... FF264 000 - £32 000 - **$51,300**
HIRSZENBERG Samuel 1865-1908 [1]
Żyd w lisiej czapce - Huile/toile (16x12cm-6x5in) Warszawa 92 .... FF7 910 - £808 - **$1,414**
HIRT Friedrich Wilhelm 1721-1772 [2]
Waldlandschaft mit Pastorale - Öl/Leinwand (41x51cm-16x20in) Bern 93 .... FF29 700 - £3 710 - **$5,420**
HIRT Heinrich 1841-1902 [6]
Grandmother's Tales - Oil/canvas (65x54cm-26x21in) London 96 .... FF239 000 - £31 000 - **$47,200**
HIRT Marthe 1890-1985 [21]
Garçon à l'assiette de pommes de terre - Huile/toile (65x54cm-26x21in) Paris 95 .... FF4 200 - £546 - **$864**
Famille - Huile/toile (92x73cm-36x29in) Paris 90 .... FF28 000 - £3 017 - **$4,938**
HIRTH DU FRENES Rudolf 1846-1916 [15]
Knabe mit Seifenblasen - Öl/Leinwand (80x55cm-31x22in) Hamburg 97 .... FF9 437 - £1 009 - **$1,645**
Kleines Mädchen - Öl/Leinwand (50x40cm-20x16in) Köln 93 .... FF27 130 - £3 240 - **$5,220**
HIRTH Friedrich Wilhelm 1721-1772 [1]
Hirtenidylle - Oil/panel (20x26cm-8x10in) München 92 .... FF57 800 - £5 920 - **$10,170**
HIRTH Otto Albert 1899 [2]
Pferde in Architekturlandschaft - Oil/canvas (70x100cm-28x39in) München 90 .... FF3 400 - £364 - **$591**
HIRTZ Albert XIX-XX [7]
Côte Méditerranéenne - Huile/toile (37x60cm-15x24in) Rennes 90 .... FF3 500 - £362 - **$618**
HIS René 1877-1960 [43]
Bords de l'Yonne - Oil/canvas (46x55cm-18x22in) Amsterdam 97 .... FF5 181 - £547 - **$88,9 5**
Sunlit River landscape - Oil/canvas (38x56cm-15x22in) London 97 .... FF14 532 - £1 600 - **$2,550**
Saint-Jean Cap Ferrat - Oil/canvas (64x81cm-25x32in) London 93 .... FF31 540 - £3 800 - **$5,510**
HISCOK David 1956 [1]
Male nude - Silver print (30x20cm-12x8in) London 90 .... FF8 700 - £926 - **$1,556**
HISCOK George Dunkerton 1840-1909 [1]
St. George's chapel & Windsor castle - Wash (53x73cm-21x29in) London 91 .... FF4 490 - £447 - **$772**
HITCHCOCK David Howard 1861-1943 [4]
Hawaiian fisherman - Oil/board (25x25cm-10x10in) Mystic, Connecticut 94 .... FF13 280 - £1 585 - **$2,500**
HITCHCOCK George 1850-1913 [12]
The flight into Egypt - Oil/canvas (112x166cm-44x65in) New-York 90 .... FF74 400 - £7 966 - **$12,939**
Hyancinth field - Oil/canvas (41x51cm-16x20in) San Francisco-Los Angeles 90 .... FF343 200 - £36 745 - **$59,687**
Spring Crocus Fields - Pastel/paper (43x58cm-17x23in) New-York 97 .... FF350 058 - £36 756 - **$60,000**
HITCHCOCK Harold 1914 [7]
The Magic Wood - Watercolour (47x66cm-19x26in) London 93 .... FF2 324 - £280 - **$406**
HITCHCOCK Lucius Walcott 1868-1942 [2]
The verdict, 1901 - Gouache/papier (39x58cm-15x23in) New-York 90 .... FF4 600 - £484 - **$800**

HITCHENS Ivon 1893-1979 [107]
- *Duncton Mill* - Oil/canvas (51x61cm-20x24in) London 96 .... FF36 400 - £4 500 - **$7,030**
- *Summer Oratory* - Oil/canvas (51x105cm-20x41in) London 96 .... FF94 200 - £12 000 - **$18,140**
- *Moatlands* - Oil/canvas (51x76cm-20x30in) London 96 .... FF141 000 - £18 000 - **$28,900**
- *Interior at Moatlands* - Oil/canvas (51x66cm-20x26in) London 92 .... FF205 000 - £21 000 - **$36,200**
- *Woodland walk* - Oil/canvas (42x10cm-17x4in) London 90 .... FF261 500 - £27 014 - **$46,201**

HITCHENS John 1941 [29]
- *Autumn dusk* - Oil/canvas (56x92cm-22x36in) London 95 .... FF4 670 - £600 - **$963**

HITCHINGS Henry ?-1903 [1]
- *The Black Hills* - Watercolour (30x48cm-12x19in) Mystic, Connecticut 95 .... FF3 664 - £468 - **$750**

HITTELL Charles Joseph 1861-1938 [3]
- *Frank Hittell* - Oil/canvas (30x47cm-12x19in) San Francisco-Los Angeles 92 .... FF19 600 - £2 276 - **$4,000**

HITZ Conrad 1798-1866 [1]
- *Junge Dame in Seidekleid* - Öl/Leinwand (70x57cm-28x22in) Köln 93 .... FF50 900 - £6 070 - **$9,780**

HITZ Dora 1856-1930 [5]
- *Dame mit Fächer* - Oil/canvas (157x87cm-62x34in) München 92 .... FF24 650 - £2 523 - **$4,340**
- *Sonnige Parklandschaft* - Pastel/paper (44x53cm-17x21in) Berlin 95 .... FF7 120 - £886 - **$1,392**

HITZLER Franz 1946 [26]
- *Ohne Titel* - Mixed media/board (29x21cm-11x8in) München 93 .... FF6 160 - £730 - **$1,111**
- *Objekt, 1985* - Mixed media/canvas (112x83cm-44x33in) München 90 .... FF28 700 - £3 053 - **$5,134**
- *Vision* - Öl/Leinwand (150x140cm-59x55in) München 94 .... FF41 000 - £4 820 - **$7,310**
- *Ohne Titel* - Mixed media/paper (62x45cm-24x18in) Köln 93 .... FF6 200 - £702 - **$1,047**

HJELM Birger 1901-1979 [10]
- *Solbelyst höhässja* - Oil/canvas (48x59cm-19x23in) Söderköping 90 .... FF11 200 - £1 207 - **$1,975**

HJELM Fanny 1861-1940 [4]
- *Skogsparti, sommarlandskap* - Oil/panel (65x48cm-26x19in) Stockholm 89 .... FF4 900 - £488 - **$774**
- *Flowers* - Watercolour (21x16cm-8x6in) Stockholm 95 .... FF2 220 - £283 - **$437**

HJERLOW Ragnvald 1863-1947 [1]
- *Sommerlandskap* - Oil/canvas (71x95cm-28x37in) Oslo 92 .... FF11 280 - £1 155 - **$1,987**

HJERSING Arne 1860-1936 [2]
- *Fra Kristiana* - Oil/canvas (100x200cm-39x79in) Oslo 91 .... FF38 200 - £3 849 - **$6,629**

HJERTÉN Sigrid 1885-1948 [88]
- *Interiör* - Oil/canvas (81x100cm-32x39in) Stockholm 95 .... FF1 - £210 200 - **$322,300**
- *Cyklamen* - Oil/canvas (55x46cm-22x18in) Stockholm 96 .... FF60 500 - £7 820 - **$11,600**
- *Klostret bland höstträd* - Oil/canvas (49x55cm-19x22in) Stockholm 97 .... FF120 752 - £12 752 - **$20,864**
- *Ja, Du är tung* - Oil/canvas (100x73cm-39x29in) Stockholm 97 .... FF169 808 - £17 932 - **$29,340**
- *Blondinen på Takterassen* - Oil/canvas (100x81cm-39x32in) Stockholm 96 .... FF351 000 - £45 200 - **$68,700**
- *Det röda huset* - Gouache (54x63cm-21x25in) Stockholm 95 .... FF21 960 - £2 820 - **$4,430**
- *Testunden* - Akvarell (47x31cm-19x12in) Stockholm 95 .... FF50 400 - £6 300 - **$12,840**

HJORTH Bror 1894-1968 [68]
- *Kafferep vid Långsjön* - Oil/canvas (130x225cm-51x89in) Stockholm 91 .... FF3 - £397 000 - **$661,000**
- *Margit pa trädgårdsterassen* - Oil/canvas (115x87cm-45x34in) Stockholm 97 .... FF60 376 - £6 376 - **$10,432**
- *Flickan i gungstolen* - Oil/canvas (64x53cm-25x21in) Stockholm 95 .... FF184 000 - £23 000 - **$46,800**
- *Näcken och Spelmannen II* - Oil/panel (102x58cm-40x23in) Stockholm 97 .... FF739 606 - £78 106 - **$127,792**
- *Rolande* - Terracotta (18cm-7in) Stockholm 92 .... FF10 840 - £1 296 - **$2,085**
- *Mor och barn* - Marble (49cm-19in) Stockholm 96 .... FF15 380 - £1 920 - **$2,970**
- *Spelman* - Wood (49x20cm-19x8in) Stockholm 96 .... FF156 000 - £18 900 - **$30,300**
- *Nymph och Faun* - Wood (50x27cm-20x11in) Stockholm 91 .... FF358 000 - £35 900 - **$59,800**
- *Tiger* - Pencil/paper (30x42cm-12x17in) Stockholm 95 .... FF6 560 - £820 - **$1,288**

HJORTH NIELSEN Søren 1901-1983 [70]
- *Sommerlandskab* - Oil/canvas (65x93cm-26x37in) København 96 .... FF8 100 - £1 043 - **$1,585**
- *Landscape* - Oil/canvas (81x100cm-32x39in) København 96 .... FF15 030 - £1 955 - **$2,980**
- *Fredensbro* - Oil/canvas (107x130cm-42x51in) København 91 .... FF42 140 - £4 225 - **$7,718**

HJORTSKOV JENSEN Finn 1936 [6]
- *Marine, 1976* - Oil/board (40x60cm-16x24in) København 90 .... FF3 900 - £418 - **$678**

HJORTZBERG Olle 1872-1959 [147]
- *Berglandskap med åsna* - Oil/canvas (38x46cm-15x18in) Stockholm 97 .... FF3 201 - £356 - **$578**
- *Tulpaner* - Oil/canvas (81x65cm-32x26in) Stockholm 96 .... FF15 000 - £1 767 - **$2,945**
- *Tulpaner på bord* - Oil/canvas (81x65cm-32x26in) Stockholm 97 .... FF27 924 - £2 948 - **$4,824**
- *Rosor i silverglas* - Oil/panel (61x46cm-24x18in) Stockholm 97 .... FF50 939 - £5 453 - **$8,880**
- *Midsommarblomster* - Oil/panel (73x60cm-29x24in) Stockholm 95 .... FF82 900 - £10 840 - **$16,840**
- *Midsommarblomster* - Oil/panel (116x89cm-46x35in) Stockholm 89 .... FF561 600 - £55 881 - **$88,720**
- *Giuochi Olimpici, Stoccolma* - Poster (102x74cm-40x29in) London 97 .... FF14 820 - £1 900 - **$2,920**
- *Flowers* - Watercolour/paper (41x33cm-16x13in) Stockholm 97 .... FF6 742 - £721 - **$1,175**
- *Bris på sommaräng* - Akvarell (49x35cm-19x14in) Stockholm 96 .... FF13 840 - £1 726 - **$2,673**
- *Tva röda rosor* - Akvarell (40x34cm-16x13in) Stockholm 90 .... FF32 800 - £3 534 - **$5,785**

HLAVA Pavel 1924 [2]
- *Untitled* - Brown glass, lead (55cm-22in) New-York 94 .... FF26 140 - £3 020 - **$4,500**

HLAVACEK Anton 1842-1926 [29]
- *Bleiburg in Kärnten* - Oil/canvas (28x42cm-11x17in) London 90 .... FF4 880 - £497 - **$976**
- *Lake landscape* - Oil/canvas (29x38cm-11x15in) Wien 96 .... FF19 300 - £2 200 - **$3,700**
- *Worms* - Oil/canvas (67x108cm-26x43in) Stuttgart 91 .... FF94 600 - £9 497 - **$16,367**

HLAVSA Oldrich 1889-1936 [2]
- *Bauern bei der Ernte* - Oil/canvas/board (35x50cm-14x20in) München 92 .... FF4 060 - £473 - **$830**

HLEBOVSKY Stanislav 1835-1884 [1]
Gallant scene - Watercolour/paper (25x19cm-10x7in) Moscow 93 .... FF2 124 - £242 - **$360**

HLINA Ladislav 1947 [17]
Kleines Fohlen - Bronze (90cm-35in) Köln 95 .... FF11 700 - £1 480 - **$2,347**
Bronzengruppe mit Gänsen - Bronze (61cm-24in) Köln 93 .... FF61 000 - £7 290 - **$11,740**

HLITO Alfredo 1923-1993 [2]
Efigie en Naranja - Acrylic/canvas (99x79cm-39x31in) New-York 95 .... FF17 850 - £2 230 - **$3,500**
Estructura - Oil/canvas (70x50cm-28x20in) New-York 94 .... FF111 400 - £12 900 - **$19,000**

HOARE OF BATH William 1706-1799 [27]
Gentleman in a brown coat - Oil/canvas (76x63cm-30x25in) London 97 .... FF7 346 - £800 - **$1,278**
Hon. Thomas Arundell - Oil/canvas (72x57cm-28x22in) London 95 .... FF20 520 - £2 600 - **$4,130**
Gentleman, his Wife & daughter - Oil/canvas (135x148cm-53x58in) London 97........... FF168 068 - £18 000 - **$29,210**
Portrait of lady - Pastel/papier (70x44cm-28x17in) London 97 .... FF22 578 - £2 400 - **$3,890**
William Dormer Stanhope - Pastel (67x48cm-26x19in) London 95 .... FF160 000 - £20 000 - **$32,300**

HOBART Clark 1868-1948 [13]
Monterey Oak with Adobe
    Oil/canvas (51x61cm-20x24in) San Francisco-Los Angeles 95................................... FF24 900 - £3 275 - **$5,000**
Woman with parasol - Monotype (20x20cm-8x8in) Mystic, Connecticut 96............................ FF2 524 - £329 - **$500**

HOBART John R. XIX [3]
Bay hunter and grey stallion - Oil/canvas (132x193cm-52x76in) London 92 .... FF15 630 - £1 600 - **$2,760**

HOBBS George Thompson 1846-? [1]
Tabletop still life - Oil/panel (34x25cm-13x10in) North Bethesda, MD. 91 .... FF20 970 - £2 097 - **$3,454**

HOBBS Morris Henry 1892-1967 [6]
Louise - Etching (4x3cm-2x1in) New Orleans, Louisiana 93 .... FF1 788 - £224 - **$325**
Old Galatin St., New Orleans
    Watercolour/paper (28x20cm-11x8in) New Orleans, Louisiana 96 .... FF7 250 - £896 - **$1,400**

HOBDAY William Armfield 1771-1831 [2]
Portrait of a Lady - Miniature (7cm-3in) London 92 .... FF8 300 - £850 - **$1,462**

HOBDEN Frank XIX-XX [2]
Difficult to please - Oil/canvas (30x40cm-12x16in) London 89 .... FF27 100 - £2 771 - **$4,357**

HÖBER Max Markus 1870-? [1]
Mutter mit Tochter - Öl/Leinwand (89x70cm-35x28in) Lindau 93 .... FF13 560 - £1 620 - **$2,610**

HOBI Horst Billstein, dit 1929 [23]
Paysage de Provence - Huile/papier/toile (33x41cm-13x16in) Fontainebleau 92 .... FF2 900 - £338 - **$592**
Objets inanimés... - Huile/toile (50x65cm-20x26in) Arles 91 .... FF5 800 - £586 - **$1,151**

HOBOKEN van G.B. Rudolf 1893-1971 [1]
Liegender Akt/Rückenakt - Charcoal/paper Heidelberg 96... FF2 032 - £251 - **$393**

HOBOKEN van Jemmy 1900-1962 [2]
Flowers in a jug with shells - Oil/board (35x53cm-14x21in) Amsterdam 92 .... FF2 260 - £263 - **$461**

HOBSON Cecil James 1874-1918 [1]
Whitby - Wash (23x29cm-9x11in) London 91 .... FF11 830 - £1 193 - **$2,306**

HOBSON-KRAUS Katherine Thayer XIX-XX [1]
Seated woman - Bronze (26cm-10in) New-York 90 .... FF5 700 - £606 - **$1,020**

HOCH Franz Xaver 1869-1916 [13]
Eifellandschaft - Öl/Leinwand (66x80cm-26x31in) Köln 93 .... FF11 870 - £1 418 - **$2,283**
Landstrasse im Erdinger Moos - Pastel (49x62cm-19x24in) München 94 .... FF3 090 - £366 - **$571**

HOCH Georg Friedrich 1751-1812 [1]
Kavalleristen im Kampf - Ink/paper (19x29cm-7x11in) Bielefeld 93 .... FF2 450 - £286 - **$403**

HÖCH Hannah 1889-1978 [85]
Ausgleich suchende Kräfte - Öl/Leinwand (84x66cm-33x26in) Berlin 97 .... FF54 392 - £5 776 - **$9,474**
Schwebende Formen - Oil/canvas (90x60cm-35x24in) London 89... FF203 400 - £20 798 - **$32,701**
Der Meister - Photo (15x11cm-6x4in) Paris 93 .... FF102 000 - £12 750 - **$18,540**
Rotsonne umwölkt - Gouache (12x17cm-5x7in) München 94 .... FF2 050 - £241 - **$366**
Landschaft - Aquarell/Papier (21x15cm-8x6in) München 96 .... FF8 830 - £1 006 - **$1,690**
Rot-Grün-Schwarz - Watercolour (31x19cm-12x7in) New-York 94 .... FF44 700 - £5 320 - **$8,500**
Hochfinanz - Collage (36x30cm-14x12in) Bern 92 .... FF316 000 - £32 300 - **$55,700**

HOCH Johann Jacob 1750-1829 [1]
Forest with deer, rabbits & egrets - Gouache (24x25cm-9x10in) New-York 93...................... FF44 000 - £5 200 - **$8,000**

HOCHARD Gaston 1863-1913 [7]
Elégantes à Honfleur - Huile/toile (65x81cm-26x32in) Rouen 96 .... FF11 200 - £1 397 - **$2,163**

HOCHECKER Franz 1730-1782 [6]
Phantastische Flusslandschaft - Oil/canvas (68x105cm-27x41in) Köln 91 .... FF50 700 - £5 047 - **$8,719**

HÖCHL Anton 1820-1897 [1]
Auer Tor, München - Öl/Papier (28x36cm-11x14in) München 93 .... FF44 100 - £5 270 - **$8,480**

HOCHMANN Franz Gustav 1861-? [6]
Italienischer Landschaft - Oil/canvas (46x76cm-18x30in) Luzern 91 .... FF17 960 - £1 788 - **$3,088**

HOCHSCHARTNER Ernst 1877-1947 [2]
Vor dem Spiegel - Oil/canvas (96x74cm-38x29in) Wien 90.. FF10 600 - £1 135 - **$1,843**

HÖCHSTÄDT Anna 1854-? [1]
Still life with roses - Oil/canvas (29x38cm-11x15in) Bremen 95 .... FF5 860 - £758 - **$1,192**

HOCHSTETTER von Jakob 1812-1880 [1]
The fountain - Watercolour (41x34cm-16x13in) London 96... FF8 100 - £1 000 - **$1,563**

HOCK Daniel 1858-1934 [2]
🖼 *Stilleben mit Katze* - Oil/canvas (51x120cm-20x47in) Wien 89 .... FF*33 600* - £*3 541* - **$5,657**
HOCK Johann Peter 1741-c.1800 [1]
✏ *Putti at play* - Bodycolour (17x13cm-7x5in) New-York 95 .... FF*2 950* - £*354* - **$550**
HOCK Lucien 1899-1972 [13]
🖼 *Allée de Porfax, Hertogenwald* - Huile/panneau (60x60cm-24x24in) Bruxelles 94 .... FF*4 640* - £*549* - **$834**
L'Offrande - Huile/panneau (95x95cm-37x37in) Liège 90 .... FF*14 600* - £*1 563* - **$2,539**
HÖCKELMANN Antonius, Anton 1937 [33]
🖼 *Harem VII* - Acrylic/canvas (100x80cm-39x31in) Amsterdam 95 .... FF*7 880* - £*1 005* - **$1,608**
✏ *Ohne Titel* - Ink (70x50cm-28x20in) Berlin 92 .... FF*6 780* - £*810* - **$1,305**
Wahrsagerin - Mixed media/paper (273x156cm-107x61in) Köln 92 .... FF*45 800* - £*5 470* - **$8,800**
HOCKEN Grace Marion, Paul c.1922-1987 [7]
🖼 *Summer bunch* - Oil/canvas (61x51cm-24x20in) London 91 .... FF*3 990* - £*397* - **$686**
HÖCKERT Johan Fredrik 1826-1866 [2]
🖼 *Tända pipan* - Oil/canvas (53x66cm-21x26in) Stockholm 96 .... FF*10 380* - £*1 295* - **$2,005**
Det inre av en fiskarlappsstuga - Oil/canvas (72x84cm-28x33in) Stockholm 89 .... FF*93 600* - £*9 571* - **$15,048**
HOCKEY Patrick 1948 [5]
🖼 *Jockey* - Oil/board (61x76cm-24x30in) London 94 .... FF*9 160* - £*1 100* - **$1,715**
HÖCKNER Rudolf 1864-1942 [17]
🖼 *Flusslandschaft mit Segelbooten* - Öl/Papier (27x45cm-11x18in) Bielefeld 94 .... FF*9 550* - £*1 140* - **$1,798**
Flusslandschaft bei Wedel - Öl/Leinwand (51x70cm-20x28in) Hamburg 96 .... FF*35 600* - £*4 440* - **$6,880**
HOCKNEY David 1937 [588]
🖼 *Cruel Elephant* - Oil/canvas (121x152cm-48x60in) London 94 .... FF*1* - £*200 000* - **$307,600**
Deep and wet water - Acrylic/canvas (152x152cm-60x60in) New-York 89 .... FF*7* - £*760 327* - **$1**
The Graffiti Palace - Mixed media (120x143cm-47x56in) New-York 92 .... FF*19 600* - £*2 276* - **$4,000**
Chair with a mind - Oil/canvas (61x61cm-24x24in) New-York 97 .... FF*305 235* - £*32 051* - **$52,500**
K is for King - Oil/canvas (114x81cm-45x32in) New-York 95 .... FF*594 000* - £*74 200* - **$120,000**
📖 *Figure By a Curtain* - Lithographie (51x65cm-20x26in) New-York 97 .... FF*8 571* - £*919* - **$1,500**
Erotic Etching - Etching (21x15cm-8x6in) New-York 97 .... FF*12 571* - £*1 348* - **$2,200**
My Pool and Terrace - Etching, aquatint in color (74x106cm-29x42in) New-York 97 .... FF*18 286* - £*1 960* - **$3,200**
Snow - Lithographie couleurs (101x84cm-40x33in) New-York 97 .... FF*28 572* - £*3 063* - **$5,000**
Potted Daffodils - Lithographie (93x69cm-37x27in) London 97 .... FF*40 540* - £*4 200* - **$6,944**
Image of Celia - Color lithograph (126x99cm-50x39in) New-York 96 .... FF*134 600* - £*17 380* - **$26,600**
The Weather Series - Print (86x72cm-34x28in) London 89 .... FF*629 500* - £*64 366* - **$101,206**
🖼 *Henry Geldzahler* - Color coupler print (24x18cm-9x7in) New-York 96 .... FF*13 460* - £*1 740* - **$2,600**
My Mother Bolton Abbey Yorkshire
  Color photograph collage/board (123x70cm-48x28in) New-York 94 .... FF*33 700* - £*3 980* - **$6,000**
Ian Fountains Abbey, Yorkshire
  Color coupler print collage (109x89cm-43x35in) New-York 96 .... FF*92 800* - £*11 920* - **$18,000**
✏ *Hollywood hills house* - Gouache/paper (129x167cm-51x66in) New-York 90 .... FF*1* - £*176 468* - **$296,744**
Fall pool - Collage (188x220cm-74x87in) New-York 91 .... FF*2* - £*219 829* - **$391,201**
Ian Fountains Abbey, Yorkshire - Collage (125x98cm-49x39in) Amsterdam 97 .... FF*28 768* - £*3 024* - **$494,2 8**
Real Landscape - Coloured pencils/paper (52x63cm-20x25in) London 97 .... FF*56 023* - £*6 000* - **$9,680**
Yves-Marie de Paris - Coloured pencils (43x35cm-17x14in) New-York 96 .... FF*168 000* - £*19 860* - **$33,000**
Robert Mapplethorpe - Ink/paper (43x35cm-17x14in) New-York 89 .... FF*400 400* - £*39 841* - **$63,254**
HÖD Edmund XIX [9]
🖼 *Zell am See* - Öl/Leinwand (21x48cm-8x19in) Wien 96 .... FF*15 480* - £*1 937* - **$3,004**
HODASEVICH Valentina Mihailovna 1894-1970 [1]
✏ *Anniversary Oct. revolution 1917* - Watercolour (15x21cm-6x8in) London 90 .... FF*16 500* - £*1 778* - **$2,910**
HODÉ Pierre 1889-1942 [51]
🖼 *Étangs de Ville-d'Avray* - Huile/toile (40x65cm-16x26in) Paris 95 .... FF*10 000* - £*1 328* - **$2,060**
La Lieutenance - Huile/toile (36x45cm-14x18in) Paris 97 .... FF*26 000* - £*2 829* - **$4,527**
Notre-Dame de Paris - Huile/toile (60x73cm-24x29in) Paris 95 .... FF*62 000* - £*7 820* - **$12,360**
Construction, Port de Rouen - Huile/toile (79x64cm-31x25in) Honfleur 95 .... FF*170 000* - £*21 860* - **$35,400**
Honfleur, barques - Huile/toile (60x70cm-24x28in) Paris 90 .... FF*600 000* - £*64 240* - **$104,348**
HODEBERT Léon Auguste César 1852-1914 [1]
🖼 *The bathers* - Oil/canvas (95x117cm-37x46in) New-York 92 .... FF*62 400* - £*7 450* - **$12,000**
HODEK Josef 1888-? [3]
🖼 *Podezdar Smederov* - Öl/Leinwand (83x90cm-33x35in) Leipzig 93 .... FF*2 880* - £*345* - **$555**
HODEL Ernst 1881-1955 [26]
🖼 *Ziegen* - Öl/Leinwand (59x69cm-23x27in) Bern 94 .... FF*7 840* - £*941* - **$1,524**
Winterlandschaft - Oil/canvas (49x66cm-19x26in) Luzern 89 .... FF*10 100* - £*1 033* - **$1,624**
📖 *Jungfrau Railway* - Affiche (90x63cm-35x25in) Zürich 93 .... FF*1 903* - £*227* - **$366**
Berglandschaft im Winter - Woodcut in colors (43x54cm-17x21in) Zofingen 91 .... FF*7 920* - £*804* - **$1,430**
✏ *Walliser Dorf* - Aquarell (37x49cm-15x19in) Bern 96 .... FF*2 445* - £*297* - **$476**
HODGDON Sylvester 1830-1906 [1]
🖼 *Lake view* - Oil/canvas (51x76cm-20x30in) San Francisco-Los Angeles 94 .... FF*26 450* - £*3 125* - **$4,750**
HODGE Francis Edwin 1883-? [1]
✏ *Still life* - Watercolour (41x56cm-16x22in) London 96 .... FF*64 700* - £*8 000* - **$12,500**
HODGERS Anne 1967 [3]
🖼 *Landscape* - Oil/board (91x122cm-36x48in) London 90 .... FF*4 800* - £*517* - **$847**
HODGES Charles Howard 1764-1837 [5]
✏ *Jacob Carel Frederik de Heerdt* - Pastel (29x24cm-11x9in) Amsterdam 96 .... FF*10 540* - £*1 243* - **$2,072**
HODGES William 1744-1797 [8]
🖼 *Camp of a thousand Men* - Oil/canvas (122x160cm-48x63in) London 96 .... FF*401 000* - £*50 000* - **$77,400**

HODGES William Merrit c.1881-1961   [6]
- *Tragedy* - Oil/canvas (91x81cm-36x32in) Chicago 92 .... FF*3 430* - £399 - **$700**

HODGKIN Eliot 1905-1987   [42]
- *The Telegram* - Oil/board (46x34cm-18x13in) London 97 .... FF*7 470* - £800 - **$1,290**
- *Spring flowers* - Oil/board (43x36cm-17x14in) London 96 .... FF*23 200* - £3 000 - **$4,580**
- *Four turnips* - Tempera/board (16x18cm-6x7in) London 95 .... FF*51 500* - £6 500 - **$10,320**
- *Summer fruits* - Watercolour (6x24cm-2x9in) London 93 .... FF*11 620* - £1 400 - **$2,030**

HODGKIN Howard 1932   [101]
- *Terence Mc Inerney* - Oil/wood (127x140cm-50x55in) New-York 97 .... FF*1* - £195 360 - **$320,000**
- *Counting the days* - Oil/board (55x64cm-22x25in) New-York 89 .... FF*2* - £233 947 - **$367,846**
- *Liberty 4 Rooms* - Oil/board (183x122cm-72x48in) New-York 95 .... FF*41 100* - £5 040 - **$8,000**
- *Bathroom Mirror* - Oil/wood (66x77cm-26x30in) London 95 .... FF*318 000* - £42 000 - **$64,400**
- *Mr. and Mrs. phillip King* - Oil/canvas (107x127cm-42x50in) New-York 97 .... FF*494 190* - £51 893 - **$85,000**
- *Nick* - Etching, aquatint (44x56cm-17x22in) London 97 .... FF*28 958* - £3 000 - **$4,960**
- *Study for Jarid's Porch I* - Gouache (49x56cm-19x22in) London 95 .... FF*53 000* - £7 000 - **$10,730**

HODGKINS Frances 1870-1947   [34]
- *Farm yard, Essex* - Oil/canvas (70x82cm-28x32in) London 93 .... FF*84 000* - £10 500 - **$15,230**
- *Lett Haines* - Oil/canvas (63x51cm-25x20in) London 93 .... FF*120 000* - £15 000 - **$21,750**
- *Lilies in a vase* - Watercolour (53x40cm-21x16in) London 97 .... FF*57 526* - £6 000 - **$9,837**
- *The picnic* - Watercolour/paper (31x38cm-12x15in) London 97 .... FF*105 465* - £11 000 - **$18,034**

HODGKINSON Cecil Thomas 1895-1979   [11]
- *A woodcock leads* - Watercolour (26x37cm-10x15in) London 93 .... FF*5 600* - £700 - **$1,015**

HODGSON David 1798-1864   [5]
- *St. Miles Bridge* - Oil/canvas (23x28cm-9x11in) Aylsham, Norfolk 93 .... FF*7 470* - £900 - **$1,395**

HODGSON George 1847-1921   [3]
- *Figure of a track, Durham Cathedral* - Watercolour/paper (27x36cm-11x14in) London 96... FF*3 323* - £380 - **$634**

HODGSON I. XIX   [2]
- *Morning call* - Watercolour (48x75cm-19x30in) London 92 .... FF*7 740* - £900 - **$1,580**

HODGSON John Evan 1836-1895   [5]
- *Army reorganization in Morocco* - Oil/canvas (153x87cm-60x34in) New-York 93 .... FF*59 000* - £6 710 - **$10,000**

HODGSON Sylvester Phelps 1830-1906   [2]
- *Preparing vegetables* - Oil/canvas (57x49cm-22x19in) London 94 .... FF*6 230* - £750 - **$1,155**

HODGSON Thomas Sherlock, Tom 1924   [6]
- *Obeject Detail* - Mixed media/panel (71x122cm-28x48in) Toronto 94 .... FF*12 650* - £1 512 - **$2,363**

HÖDICKE Karl Horst 1938   [20]
- *Blumen* - Oil/panel (190x150cm-75x59in) Köln 94 .... FF*44 450* - £5 220 - **$7,910**
- *Ohne Titel* - Oil/panel (60x70cm-24x28in) Berlin 94 .... FF*82 400* - £9 850 - **$15,400**
- *Boat in jungle* - Painting (184x270cm-72x106in) Berlin 90 .... FF*200 500* - £20 404 - **$40,097**

HODIENER Hugo Hodina 1886-?   [14]
- *Winter am Sellajoch* - Oil/Leinwand (95x85cm-37x33in) Salzburg 94 .... FF*7 300* - £865 - **$1,350**
- *Tannhäuser Weg* - Oil/canvas (161x141cm-63x56in) London 95 .... FF*38 900* - £5 000 - **$7,860**
- *Am Ursprung der III* - Gouache (56x65cm-22x26in) München 93 .... FF*7 000* - £801 - **$1,185**

HODIN Daniel 1918   [3]
- *Eros* - Bronze (32x6x6cm-13x2x2in) Paris 92 .... FF*6 000* - £615 - **$1,080**
- *Tendresse* - Bronze (22x12x14cm-9x5x6in) Paris 91 .... FF*17 000* - £1 713 - **$2,950**

HODINA Karl 1935   [3]
- *Landschaft mit Wasserfall* - Oil/panel (80x136cm-31x54in) Wien 94 .... FF*122 000* - £14 520 - **$23,220**

HODINOVA Eva 1946   [9]
- *Frammento fossile* - Tecnica mista/tela (60x80cm-24x31in) Milano 94 .... FF*5 880* - £680 - **$1,003**

HODLER Ferdinand 1853-1918   [176]
- *Thunersee* - Öl/Leinwand (81x100cm-32x39in) Zürich 97 .... FF*1* - £1 - **$2 8,95e,+06**
- *Aareschlucht* - Öl/Leinwand (91x68cm-36x27in) Zürich 97 .... FF*2* - £230 835 - **$374,550**
- *Lauterbrunnental* - Öl/Karton (32x47cm-13x19in) Zürich 97 .... FF*78 958* - £8 394 - **$13,620**
- *Albertine Bernard* - Öl/Leinwand (35x33cm-14x13in) Bern 94 .... FF*235 400* - £27 840 - **$42,300**
- *Frauenkopf* - Öl/Leinwand (46x36cm-18x14in) Zürich 97 .... FF*473 748* - £50 364 - **$81,720**
- *Beim Studieren* - Öl/Leinwand (71x52cm-28x20in) Zürich 97 .... FF*671 143* - £71 349 - **$115,770**
- *Frühlingserwachen* - Lithograph (83x58cm-33x23in) Köln 97 .... FF*8 787* - £923 - **$1,504**
- *Valentine Godé Darel* - Bronze (34cm-13in) Bern 94 .... FF*130 000* - £15 360 - **$23,330**
- *Landarbeiter* - Crayon (42x13cm-17x5in) Zürich 97 .... FF*13 818* - £1 469 - **$2,384**
- *Holzfäller* - Crayon/papier (35x40cm-14x16in) Zürich 95 .... FF*21 250* - £2 690 - **$4,270**
- *Der Steinhauer* - Ink (36x12cm-14x5in) Bern 95 .... FF*44 000* - £5 620 - **$9,000**
- *Die Lawine* - Watercolour (36x27cm-14x11in) Zürich 92 .... FF*130 200* - £13 300 - **$22,920**
- *Rückzug von Marignano. VI* - Ink (72x103cm-28x41in) Bern 93 .... FF*860 000* - £104 000 - **$157,800**

HODRU J. 1870-1932   [1]
- *Bord d'étang* - Huile/toile (51x116cm-20x46in) Bruxelles 93 .... FF*4 940* - £591 - **$1,010**

HODSON George Frederick 1806-1888   [1]
- *Bay of Naples with Vesuvius* - Oil/canvas (61x122cm-24x48in) London 90 .... FF*12 600* - £1 349 - **$2,191**

HODSON Samuel John 1836-1908   [3]
- *Children gathering wildflowers*
  Watercolour, gouache/paper (33x46cm-13x18in) New-York 93 .... FF*6 600* - £828 - **$1,200**

HOE Lim Cheng 1912-1979   [1]
- *Singapore* - Watercolour/paper (40x56cm-16x22in) Singapore 95 .... FF*17 530* - £2 240 - **$3,600**

HOEBER Arthur 1854-1915 [10]
🖼 *Oaks* - Oil/canvas (74x64cm-29x25in) Detroit, Michigan 94 .... *FF13 160 - £1 523 - **$2,250***
HOECHLE Johann Baptist 1751-1832 [2]
🖼 *Familie des Barons Geymüller* - Oil/panel (27x35cm-11x14in) Wien 93 .... *FF26 450 - £3 160 - **$5,090***
HOECHLE Johann Nepomuk 1790-1835 [7]
🗋 *Die Schlacht bei Leipzig* - Lithograph (47x35cm-19x14in) Wien 95 .... *FF3 036 - £379 - **$613***
HOECK van Raymond 1922-1992 [8]
🖼 *Nature morte* - Huile/toile (65x60cm-26x24in) Antwerpen 94 .... *FF3 630 - £417 - **$622***
HOECKE van der Jan 1611-1651 [2]
🖼 *The Triumph of Mars* - Oil/canvas (89x117cm-35x46in) London 93 .... *FF74 700 - £9 000 - **$13,050***
HOECKE van Raymond 1922-1992 [2]
🖼 *Pains et oeufs* - Huile/toile (45x55cm-18x22in) Antwerpen 93 .... *FF4 285 - £513 - **$876***
HOECKER Paul 1854-1910 [3]
🖼 *Young girl in the kitchen* - Oil/canvas (110x104cm-43x41in) Köbenhavn 95 .... *FF13 300 - £1 740 - **$2,700***
HOEDEMAKER Geertruida ten Cate 1829-1907 [1]
✎ *Roses in a glass vase* - Watercolour/board (53x38cm-21x15in) Amsterdam 91 .... *FF3 323 - £330 - **$577***
HOEDT Jan Hendrik Willem 1825-1868 [1]
🖼 *River landscape with fishermen* - Oil/canvas (22x31cm-9x12in) Amsterdam 97 .... *FF16 587 - £1 753 - **$284,6 9***
HOEDT Pieter Louis 1832-? [3]
✎ *Cattle at Pasture/Sheep grazing* - Pencil (19x26cm-7x10in) London 97 .... *FF3 223 - £350 - **$571***
HOEF van der C.J. c.1875-? [2]
🏺 *Horse, 1920's* - Metal (19cm-7in) Amsterdam 92 .... *FF3 914 - £401 - **$768***
Nude female figure seated - Sculpture (18cm-7in) Amsterdam 95 .... *FF5 940 - £764 - **$1,226***
HOEF van der Gerrit 1879-1954 [1]
✎ *Marker kindertjes* - Pencil/paper (70x90cm-28x35in) Amsterdam 94 .... *FF3 940 - £453 - **$674***
HOEFFLER Adolf Joh. 1825-1898 [8]
🖼 *Waldinneres mit Bachlauf* - Öl/Karton (16x21cm-6x8in) Heidelberg 95 .... *FF27 800 - £3 610 - **$5,790***
Kinder und ihren Leiterwagen - Öl/Leinwand (44x38cm-17x15in) Stuttgart 95 .... *FF161 000 - £20 650 - **$33,160***
✎ *Abendliche Waldlichtung* - Aquarell (20x28cm-8x11in) Frankfurt 94 .... *FF15 800 - £1 882 - **$2,976***
HOEGEL Mina 1849-1929 [2]
🖼 *Welpen* - Öl/Leinwand (54x71cm-21x28in) Wien 96 .... *FF12 000 - £1 455 - **$2,333***
HOEHME Gerhard 1920-1989 [78]
🖼 *Essor en déclin* - Mixed media (65x47cm-26x19in) Berlin 97 .... *FF15 541 - £1 650 - **$2,707***
Das Lösbild - Oil/canvas (61x100cm-24x39in) München 94 .... *FF154 400 - £18 300 - **$28,530***
Hommage à Feininger - Oil (200x100cm-79x39in) London 92 .... *FF469 000 - £48 000 - **$82,700***
🗋 *Zwischen Rot und Schwarz* - Etching in colors (76x53cm-30x21in) Köln 91 .... *FF7 430 - £754 - **$1,342***
✎ *Untitled* - Indian ink (69x50cm-27x20in) Amsterdam 92 .... *FF30 130 - £3 600 - **$5,800***
Ohne Titel - Mixed media/paper (66x47cm-26x19in) Berlin 93 .... *FF97 400 - £11 140 - **$16,580***
HOEK van Hans 1947 [3]
✎ *The cello player* - Ink/paper (49x67cm-19x26in) Amsterdam 96 .... *FF9 650 - £1 117 - **$1,850***
HOELSCHER Richard 1867-1943 [2]
🖼 *Still life with apples* - Oil/canvas (25x38cm-10x15in) New Orleans, Louisiana 92 .... *FF2 156 - £251 - **$440***
HOELZEL Adolf 1853-1934 [24]
✎ *Religiöse Komposition* - Drawing (23x18cm-9x7in) Berlin 95 .... *FF24 900 - £3 100 - **$4,870***
Glasfensterentwurf - Pastel (29x23cm-11x9in) Bern 93 .... *FF54 200 - £6 550 - **$10,070***
Figuren im Kreis - Pastell (25x35cm-10x14in) Berlin 91 .... *FF108 100 - £10 761 - **$18,589***
HOEN Alfred-Georges 1869-1954 [2]
🖼 *Jeune tunisienne aux pommes vertes* - Huile/panneau (17x17cm-7x7in) Paris 97 ... *FF8 000 - £850 - **$1,378***
HOEN Cornelis Petrus 't 1814-1864 [2]
🖼 *Winter landscape, a frozen river* - Oil/panel (36x47cm-14x19in) Amsterdam 94 ...... *FF36 800 - £4 380 - **$7,000***
HOEN Pieter Cornelis 1814-1880 [10]
🖼 *Winterfreuden* - Oil/panel (22x31cm-9x12in) Ahlden 92 .... *FF22 000 - £2 560 - **$4,490***
HOENIGER Paul 1865-1924 [2]
🖼 *Femme au chapeau, 1896* - Oil/canvas New-York 90 .... *FF34 300 - £3 454 - **$6,236***
✎ *Young beauty in repose* - Pastel (43x51cm-17x20in) London 91 .... *FF2 480 - £250 - **$430***
HOENOW Max 1851-1909 [3]
🖼 *Waldstück* - Öl/Karton (38x40cm-15x16in) Wien 92 .... *FF6 250 - £747 - **$1,203***
HOEPFNER Martha 1912 [1]
📷 *Komposition mit Archipenko-Skulptur*
     Gelatin silver print (38x28cm-15x11in) New-York 94 .... *FF12 770 - £1 482 - **$2,200***
HOEPKER Thomas XX [1]
📷 *Muhammed Ali* - Gelatin silver print (30x46cm-12x18in) London 94 .... *FF3 834 - £450 - **$672***
HOEPPE Noëlle XX [3]
✎ *Untitled* - Tinta Paris 91 .... *FF4 500 - £451 - **$743***
HOERLE Heinrich 1895-1936 [18]
🖼 *Wald* - Oil/panel (38x40cm-15x16in) Berlin 90 .... *FF68 000 - £6 920 - **$13,599***
✎ *Gelbe Blüten* - Aquarelle (35x17cm-14x7in) Köln 97 .... *FF6 759 - £710 - **$1,157***
Vordermann - Soft pencil (42x35cm-17x14in) Köln 96 .... *FF115 500 - £13 160 - **$22,100***
HOERMAN Jan 1896-? [1]
🖼 *Femme à sa couture* - Huile/panneau (27x21cm-11x8in) Paris 96 .... *FF18 000 - £2 182 - **$3,540***
HOESS Eugen Ludwig 1866-1955 [8]
🖼 *2 Gemsen in Gebirgslandschaft* - Öl/Leinwand (55x64cm-22x25in) Kempten 96 ..... *FF8 220 - £1 078 - **$1,666***

HOESSLIN von George 1851-1923 [2]
- *La Dogana di Mare, Venezia* - Oil/canvas (74x53cm-29x21in) London 96 .... FF**9 710** - £1 200 - **$1,876**

HOETERICKX Emile 1858-1923 [3]
- *La voiture* - Huile/panneau (16x22cm-6x9in) Bruxelles 97 .... FF**8 497** - £920 - **$1,503**

HOETGER Bernhard 1874-1949 [20]
- *Première attitude* - Bronze (21cm-8in) Bruxelles 97 .... FF**7 362** - £765 - **$1,256**
- *Stehendes Mädchen* - Bronze (21cm-8in) Bremen 95 .... FF**21 000** - £2 694 - **$4,330**
- *Loie Füller* - Bronze (31cm-12in) Wien 96 .... FF**76 800** - £9 300 - **$14,930**

HOETING Antoni 1827-1867 [1]
- *Interieur einer gotischen Kathedrale* - Öl/Leinwand (66x50cm-26x20in) Köln 94 .... FF**3 430** - £412 - **$667**

HOEVENAAR Cornelis Willem Sr. 1802-1873 [1]
- *Mother & child preparing breakfast* - Oil/panel (42x34cm-17x13in) Amsterdam 93 .... FF**4 520** - £540 - **$870**

HOEVENAAR Jozef 1840-1926 [2]
- *Dutch carnival* - Oil/panel (15x27cm-6x11in) Elgin, Illinois 91 .... FF**2 825** - £281 - **$491**

HOEVENAAR William Pieter 1808-1863 [2]
- *A recital* - Oil/canvas (75x66cm-30x26in) Amsterdam 96 .... FF**84 200** - £10 220 - **$16,380**

HOEYDONCK van Paul 1925 [30]
- *Untitled* - Oil/masonite (80x60cm-31x24in) Amsterdam 95 .... FF**6 790** - £890 - **$1,360**
- *Space TV* - Mixed media/panel (123x121cm-48x48in) Amsterdam 89 .... FF**18 000** - £1 791 - **$2,844**
- *Oedipius* - Metal (49cm-19in) Stockholm 95 .... FF**8 400** - £1 098 - **$1,680**
- *Twee figuren* - Bronze (28cm-11in) Lokeren 95 .... FF**14 660** - £1 830 - **$2,874**

HOFBAUER Adolf 1889-? [6]
- *Am Donaukanal* - Mischtechnik/Papier (34x36cm-13x14in) Wien 97 .... FF**6 689** - £711 - **$1,153**

HOFBAUER Arnost 1869-1944 [1]
- *Sodévy Sbor* - Poster (125x93cm-49x37in) London 96 .... FF**2 750** - £350 - **$529**

HOFBAUER Ferdinand 1801-1864 [1]
- *The shipwreck* - Oil/canvas (73x10cm-29x4in) New-York 89 .... FF**34 300** - £3 413 - **$5,419**

HOFBAUER Josef, Snr. 1907-? [90]
- *Chiemsee* - Oil/panel (10x20cm-4x8in) Köln 90 .... FF**2 200** - £236 - **$383**
- *Katze* - Oil/panel (18x13cm-7x5in) Wien 96 .... FF**5 850** - £759 - **$1,156**
- *Enten am Teich* - Oil/panel (13x18cm-5x7in) Kempten 96 .... FF**27 150** - £3 520 - **$5,320**

HOFBAUER Louis 1889-1932 [2]
- *Vase de fleurs, 1921* - Huile/carton (28x22cm-11x9in) Strasbourg 90 .... FF**5 000** - £517 - **$883**
- *Stilleben* - Aquarell/Papier (51x38cm-20x15in) Wien 94 .... FF**5 830** - £685 - **$1,038**

HOFBAUER Ludwig 1843-? [6]
- *Markt in Wien* - Aquarell/Papier (18x24cm-7x9in) München 94 .... FF**13 000** - £1 540 - **$2,373**

HOFECKER Eduard Ferdinand 1887-1938 [1]
- *Gebirgssrudie mit Almrausch* - Aquarell/Papier (30x20cm-12x8in) Wien 93 .... FF**2 405** - £288 - **$463**

HOFEL Johann Nepomuk 1786-1864 [2]
- *Gut situirte Wienerin* - Oil/panel (38x30cm-15x12in) Lindau 93 .... FF**11 200** - £1 337 - **$2,153**

HOFELICH Ludwig Friedrich 1842-1903 [16]
- *Abendstimmung* - Oil/cardboard (42x62cm-17x24in) München 90 .... FF**6 100** - £653 - **$1,061**

HOFELICH Wilhelm 1882-? [1]
- *Verschneite Flußlandschaft* - Öl/Karton (36x57cm-14x22in) München 91 .... FF**8 550** - £878 - **$1,590**

HÖFER Adolf 1869-1927 [2]
- *Badender weiblicher Akt* - Öl/Leinwand (56x46cm-22x18in) München 95 .... FF**21 150** - £2 700 - **$4,340**

HOFER Carl 1878-1955 [209]
- *Festlicher Tag* - Oil/canvas (130x104cm-51x41in) London 96 .... FF**3** - £500 000 - **$770,000**
- *Der Zornige* - Oil/panel (50x40cm-20x16in) Berlin 97 .... FF**104 899** - £11 140 - **$18,272**
- *Blumenstilleben* - Öl/Leinwand (55x48cm-22x19in) Berlin 97 .... FF**186 488** - £19 805 - **$32,485**
- *Liebespaar* - Öl/Leinwand (85x58cm-33x32in) Berlin 97 .... FF**256 421** - £27 232 - **$44,667**
- *Mädchen mit Kaktus* - Öl/Leinwand (100x76cm-39x30in) Berlin 97 .... FF**582 774** - £61 893 - **$101,516**
- *Kopf* - Gouache/board (33x27cm-13x11in) München 96 .... FF**15 600** - £1 955 - **$3,010**
- *Mädchenakt* - Pencil Köln 97 .... FF**47 313** - £4 972 - **$8,100**
- *Landpartie* - Watercolour (36x51cm-14x20in) Berlin 96 .... FF**169 500** - £21 150 - **$32,750**

HOFER Franz 1885-? [1]
- *Golgotha* - Ink (39x29cm-15x11in) Wien 93 .... FF**1 924** - £230 - **$370**

HOFER Gottfried 1858-1932 [5]
- *Male nudes by a river* - Oil/canvas (240x190cm-94x75in) London 92 .... FF**29 200** - £3 000 - **$5,610**

HÖFER Heinrich 1825-1878 [4]
- *Stadt im Winter* - Öl/Leinwand (74x102cm-29x40in) Zürich 93 .... FF**67 300** - £7 700 - **$11,470**

HOFER Konrad 1928 [30]
- *Freda Braun* - Oil/canvas (114x80cm-45x31in) New-York 96 .... FF**194 200** - £25 070 - **$37,500**
- *Weibliche Akte in Umarmung* - Öl/Leinwand (127x80cm-50x31in) Hamburg 93 .... FF**644 000** - £77 000 - **$124,000**
- *Kinder mit Ball* - Lithographie (50x32cm-20x13in) Bielefeld 96 .... FF**2 900** - £378 - **$575**

HÖFER Maria 1884-1943 [1]
- *Lautenspielerin* - Oil/canvas (55x46cm-22x18in) Frankfurt 91 .... FF**3 720** - £373 - **$614**

HOFF Charles 1905-1975 [6]
- *Hindenburg Explosion* - Gelatin silver print (25x33cm-10x13in) New-York 95 .... FF**15 870** - £2 024 - **$3,200**

HOFF Conrad 1816-1883 [1]
- *Schloß-Interieur mit Staffagen* - Oil/canvas (79x91cm-31x36in) Frankfurt 91 .... FF**32 350** - £3 243 - **$5,925**

HOFF Jakob 1838-1892 [2]
🖼 *Jaktfrukost* - Oil/canvas (103x162cm-41x64in) Stockholm 96 .... FF**81 500** - £10 160 - **$15,740**

HOFF Karl Heinrich 1838-1890 [4]
🖼 *The card game* - Oil/canvas (76x91cm-30x36in) New-York 93 .... FF**71 500** - £8 960 - **$13,000**

HOFF Karl Heinrich II 1866-1904 [1]
🖼 *The Betrothal* - Oil/canvas/board (84x66cm-33x26in) New-York 96 .... FF**51 400** - £6 230 - **$10,000**

HOFF Tor 1925-1976 [6]
🖼 *Kvinne i interiør* - Oil/canvas (47x58cm-19x23in) Oslo 92 .... FF**3 346** - £400 - **$644**

HOFF van't Adrianus Johannes 1893-1939 [8]
🖼 *Klein berglandschap* - Oil/canvas (40x50cm-16x20in) Amsterdam 92 .... FF**4 550** - £466 - **$801**
🗁 *Holland Amerika Linie* - Poster (102x76cm-40x30in) London 93 .... FF**8 340** - £950 - **$1,416**

HOFFBAUER Charles C.J. 1875-1957 [27]
🖼 *On the deck* - Oil/canvas (33x51cm-13x20in) London 96 .... FF**5 110** - £650 - **$983**
Rainy Night in NYC - Oil/canvas (31x41cm-12x16in) New-York 95 .... FF**32 630** - £4 090 - **$6,500**
Rainy NY Street - Oil/canvas (79x64cm-31x25in) New-York 97 .... FF**350 058** - £36 756 - **$60,000**

HOFFBAUER Théodor Joseph H. 1839-1922 [1]
🖼 *La carrière* - Huile/panneau (18x27cm-7x11in) Corbeil-Essonnes 90 .... FF**3 800** - £409 - **$670**

HOFFELNER Franz 1875-1936 [4]
✎ *Blumenmarkt am Hof* - Watercolour/paper (19x27cm-7x11in) Wien 92 .... FF**8 660** - £887 - **$1,526**

HOFFEN Petrus Joseph 1787-1854 [1]
✎ *Skating on a frozen river* - Watercolour (16x26cm-6x10in) Amsterdam 95 .... FF**2 550** - £331 - **$531**

HOFFERBERT Willi 1896-1972 [1]
✎ *nächtlicher Karneval* - Aquarell/Papier (49x75cm-19x30in) Heidelberg 95 .... FF**3 483** - £447 - **$703**

HOFFMAN Frank B. 1888-1958 [5]
🖼 *Duck Hunter* - Oil/masonite (46x61cm-18x24in) New-York 96 .... FF**21 920** - £2 540 - **$4,200**
✎ *Cattle drive with lone horseman* - Watercolour (28x114cm-11x45in) New-York 93 .... FF**13 270** - £1 510 - **$2,250**

HOFFMAN Gustav Adolph 1869-1945 [1]
🖼 *Florida beach scene* - Oil/canvas (51x76cm-20x30in) Mystic, Connecticut 95 .... FF**7 510** - £901 - **$1,400**

HOFFMAN Hans 1880-1966 [2]
✎ *Untitled* - Crayon (28x35cm-11x14in) New-York 88 .... FF**72 000** - £6 740 - **$12,000**

HOFFMAN Irwin D. 1901 [2]
🗁 *Barber Shop/Folk Band/...* - Etching San Francisco-Los Angeles 93 .... FF**1 513** - £190 - **$275**

HOFFMAN Jonas 1726-1780 [2]
🖼 *Hercule libérant Prométhée* - Huile/toile (193x127cm-76x50in) Monaco 90 ...... FF**150 000** - £15 496 - **$26,502**

HOFFMAN Malvina Cornell 1887-1966 [28]
🗿 *Pavlova et Mordkin* - Plâtre (59x43cm-23x17in) Paris 95 .... FF**10 000** - £1 197 - **$1,903**
Hindu Incense Burner - Gilded bronze (27cm-11in) New-York 95 .... FF**24 960** - £2 980 - **$4,800**
Bill Working - Bronze (23cm-9in) New-York 96 .... FF**130 500** - £15 100 - **$25,000**

HOFFMAN Saddie 1858-1903 [1]
🖼 *Fresh strawberries* - Oil/canvas (30x46cm-12x18in) Philadelphia 95 .... FF**11 030** - £1 392 - **$2,200**

HOFFMANN Anker 1904-1985 [19]
🗿 *Nude girl* - Bronze (46cm-18in) Vejle 94 .... FF**4 780** - £549 - **$818**
Vilande kvinna - Bronze (25cm-10in) Stockholm 90 .... FF**12 200** - £1 298 - **$2,182**

HOFFMANN Anton 1863-1938 [14]
🖼 *Auf Patrouille* - Oil/canvas (30x25cm-12x10in) München 91 .... FF**3 405** - £339 - **$586**
Militaerfolge under 30-Års Krigen - Oil/canvas (100x150cm-39x59in) København 93 .... FF**12 260** - £1 465 - **$2,356**

HOFFMANN Arnold 1886-1966 [1]
🖼 *Young Girl* - Oil/canvas (51x40cm-20x16in) Toronto 96 .... FF**3 875** - £442 - **$742**

HOFFMANN Felicità née Sartori ?-1760 [1]
✎ *Gentleman wearing a wig* - Miniature (8cm-3in) London 97 .... FF**13 308** - £1 400 - **$2,279**

HOFFMANN Gary David 1947 [2]
🖼 *Public garden in winter* - Oil/canvas (28x36cm-11x14in) Boston, Mass. 94 .... FF**11 360** - £1 347 - **$2,100**

HOFFMANN Gaston 1883-? [1]
🖼 *Le Loup et l'Agneau* - Oil/canvas (56x46cm-22x18in) London 95 .... FF**2 005** - £260 - **$415**

HOFFMANN Georges Johannes 1833-1873 [3]
🖼 *A pink lowering sail off the coast* - Oil/canvas (43x32cm-17x13in) Amsterdam 92 ...... FF**7 820** - £910 - **$1,597**

HOFFMANN Gottfried 1894-? [1]
🗁 *Segelboot im Mondschein* - Woodcut in colors (19x34cm-7x13in) Wien 91 ...... FF**2 880** - £289 - **$527**

HOFFMANN Hanns 1899-? [1]
🗁 *Komposition im Gesicht* - Etching (12x5cm-5x2in) Heidelberg 94 .... FF**2 057** - £247 - **$400**

HOFFMANN Harry Leslie 1874-1966 [10]
🖼 *Bermuda Race, New London* - Oil/board (30x41cm-12x16in) Cambridge, Mass. 93 ...... FF**7 080** - £806 - **$1,200**

HOFFMANN Heinrich 1859-? [2]
🖼 *Kinzigtäler Hochzeit* - Öl/Leinwand (38x59cm-15x23in) Pforzheim 95 .... FF**15 620** - £1 950 - **$3,060**

HOFFMANN Heinrich 1814-1896 [5]
🖼 *Heimkehr vom Kirchgang* - Oil/canvas (85x120cm-33x47in) Frankfurt 91 .... FF**40 600** - £4 076 - **$7,024**
✎ *Tiroler Zitherspielers* - Aquarell/Papier (40x24cm-16x9in) München 92 .... FF**5 090** - £608 - **$978**

HOFFMANN Josef 1831-1904 [9]
🖼 *Heiligenblut* - Oil/canvas (125x101cm-49x40in) Lindau 91 .... FF**32 100** - £3 196 - **$5,520**

HOFFMANN Karl 1893-1972 [8]
🖼 *Abend am Gardasee* - Oil/panel (26x42cm-10x17in) Wien 94 .... FF**2 930** - £333 - **$497**

HOFFMANN Oskar Adolfovitch 1851-1913 [2]
🖼 *The cillage crossroads* - Oil/canvas (55x121cm-22x48in) London 92 .... FF**88 000** - £10 500 - **$16,900**

HOFFMANN Otto 1885-1915 [3]

Sisyphus - Bronze (36cm-14in) Stuttgart 96 .... FF4 150 - £543 - **$831**

Dancer - Ivory, bronze (31cm-12in) New-York 94 .... FF27 240 - £3 183 - **$4,800**

HOFFMANN Peter 1921 [1]

Hügelige Landschaft mit Weg - Oil/board (66x93cm-26x37in) Pforzheim 91 .... FF5 070 - £508 - **$837**

HOFFMANN Robert 1868-? [2]

Gebirgssee in Spätnachmittagslicht - Oil/canvas (75x100cm-30x39in) München 91 .... FF5 070 - £515 - **$916**

HOFFMANN von Ludwig 1861-1945 [3]

Landschaft mit Mädchen und Knaben - Pastel (61x100cm-24x39in) London 96 .... FF30 930 - £4 000 - **$6,130**

HOFFMANN Werner Ernst Albert 1881-1962 [4]

Stilleben mit Büchern - Oil/panel (50x61cm-20x24in) Frankfurt 94 .... FF4 630 - £578 - **$935**

HOFFMANN Wolf 1898-1979 [4]

Französisches Dorf - Oil/Leinwand (70x100cm-28x39in) Berlin 95 .... FF16 000 - £1 994 - **$3,130**

HOFFMANN-FALLERSLEBEN Franz 1855-1927 [17]

Blühender Baum im ländlichen Garten - Öl/Karton (56x38cm-22x15in) Stuttgart 96 .... FF11 940 - £1 554 - **$2,366**

Dorf an der Küste - Gouache (22x34cm-9x13in) Berlin 96 .... FF4 240 - £529 - **$820**

HOFFMANN-SALON Georg c.1880-? [2]

Rehe an Waldrand - Oil/canvas (35x52cm-14x20in) Stuttgart 91 .... FF2 030 - £204 - **$339**

HOFFMEISTER Johannes 1914-1990 [5]

Landscape - Oil/canvas (52x59cm-20x23in) Viby J, Århus 96 .... FF6 420 - £831 - **$1,283**

HOFFMÜLLER Reinhard 1894-1975 [5]

An der Töpferscheibe - Öl/Leinwand (80x70cm-31x28in) Bremen 96 .... FF3 390 - £405 - **$653**

Café National - Poster (72x95cm-28x37in) New-York 95 .... FF6 560 - £827 - **$1,300**

HOFKER Willem Gerard 1902-1981 [57]

Garden, family Staring, Dordrecht - Oil/canvas (47x47cm-19x19in) Amsterdam 96............ FF60 200 - £7 300 - **$11,700**

Ni Daglig bij de huistempel, Bali - Oil/canvas (60x38cm-24x15in) Amsterdam 96 .... FF482 000 - £61 900 - **$93,400**

Bapak Degoer - Pastel (36x21cm-14x8in) Singapore 95 .... FF52 600 - £6 710 - **$10,800**

Balinese girl near a temple - Pastel/paper (56x39cm-22x15in) Singapore 95 .... FF350 600 - £44 800 - **$72,000**

HOFKUNST Alfred 1942 [17]

Paket - Technique mixte/panneau (100x69cm-39x27in) Zürich 96 .... FF8 480 - £1 100 - **$1,680**

L'Arbre protégé - Lithographie (75x54cm-30x21in) Genève 91 .... FF1 584 - £158 - **$272**

Ciel - Crayons couleurs (127x90cm-50x35in) Genève 91 .... FF19 300 - £1 983 - **$3,595**

HOFLEHNER Rudolf 1916-1995 [8]

Dea Mediterranea - Iron (200cm-79in) New-York 90 .... FF171 600 - £18 255 - **$30,698**

Stilleben - Mischtechnik/Papier (43x60cm-17x24in) Wien 95 .... FF9 800 - £1 290 - **$1,986**

HOFLER Max XX [16]

Primrose Hill, 27th July - Oil/board (31x41cm-12x16in) London 96 .... FF3 775 - £480 - **$726**

HOFLING Salomon 1778-1827 [1]

Okänd herre med Svärdsorden - Miniature (6x5cm-2x2in) Stockholm 90 .... FF3 800 - £404 - **$680**

HÖFLINGER Albert 1855-1936 [2]

Enfant au hochet - Huile/toile (128x167cm-50x66in) Paris 95 .... FF18 000 - £2 315 - **$3,715**

HOFLUND Ivan 1887-1948 [5]

Landskap med ruin - Oil/canvas (44x64cm-17x25in) Söderköping 92 .... FF4 340 - £519 - **$834**

HOFMAN Hans O. 1893 [3]

Golden Splendor - Huile/toile (213x127cm-84x50in) New-York 87 .... FF2 - £228 560 - **$400,000**

Yellow Predominance - Huile/toile (152x132cm-60x52in) New-York 87 .... FF638 000 - £62 854 - **$110,000**

HOFMAN Karel 1906 [2]

Blumen - Oil/canvas (95x60cm-37x24in) Wien 92... FF6 260 - £641 - **$1,102**

HOFMAN Pieter Adrianus H. 1885-1965 [1]

L'Étranger - Poster (108x74cm-43x29in) London 93 .... FF2 634 - £300 - **$447**

HOFMAN Wlastimil 1881-1970 [24]

Man with hat on the beach - Oil/canvas (36x50cm-14x20in) Warszawa 95........................ FF7 560 - £966 - **$1,553**

Peasant in a winter landscape - Oil/panel (70x100cm-28x39in) Warszawa 96 .... FF25 700 - £3 220 - **$5,010**

The Spring - Oil/canvas (200x133cm-79x52in) Warszawa 94 .... FF71 900 - £8 230 - **$12,180**

HOFMAN-BANG Ellen 1879-? [2]

The Confidante - Oil/canvas (69x60cm-27x24in) London 91 .... FF30 240 - £3 010 - **$5,200**

HOFMANN Ansen XIX [2]

Springtime - Oil/canvas (66x50cm-26x20in) London 92 .... FF6 350 - £650 - **$1,121**

HOFMANN Charles 1821-1882 [1]

Almhouse and Hospital - Oil/canvas (69x104cm-27x41in) New-York 89 .... FF257 400 - £25 612 - **$40,664**

HOFMANN Egon 1884-1972 [2]

5 Holzschnitte - Woodcut Wien 94... FF1 552 - £184 - **$279**

HOFMANN Hans 1880-1966 [149]

Gloria in Excelsis - Oil/canvas (127x101cm-50x40in) New-York 96 .... FF3 - £408 000 - **$680,000**

Untitled - Oil/board (24x29cm-9x11in) New-York 94 .... FF55 200 - £6 570 - **$10,500**

Wicker chair - Oil/paper (39x39cm-15x15in) New-York 97 .... FF93 024 - £9 768 - **$16,000**

Succulence - Oil/masonite (57x38cm-22x15in) New-York 96 .... FF155 400 - £20 050 - **$30,000**

Red Domination - Oil/canvas (152x107cm-60x42in) New-York 96 .... FF509 000 - £64 000 - **$100,000**

Composition IV - Watercolour (43x36cm-17x14in) New-York 95 .... FF48 400 - £6 420 - **$10,000**

Untitled - Gouache/paper (44x58cm-17x23in) New-York 95 .... FF114 000 - £14 230 - **$23,000**

Big table still life - Gouache/paper (69x100cm-27x39in) New-York 90........................... FF228 800 - £23 710 - **$40,211**

HOFMANN Heinrich 1824-1911 [1]
🖼 *Christus, der den Legion heilt* - Huile/toile/panneau (51x50cm-20x20in) Pforzheim 94 .... FF**3 400** - £*397* - **$596**
HOFMANN Hermann 1920 [3]
🖼 *Herbst* - Huile/panneau (37x46cm-15x18in) Zofingen 94 .... FF**4 420** - £*519* - **$787**
HOFMANN Karl 1852-1926 [3]
🖼 *Almrausch* - Oil/panel (30x37cm-12x15in) Wien 95 .... FF**27 500** - £*3 470* - **$5,510**
HOFMANN Otto 1907 [3]
🖼 *Komposition* - Tempera/canvas (39x56cm-15x22in) Köln 93 .... FF**11 870** - £*1 418* - **$2,283**
HOFMANN Vlastimil 1881-1939 [8]
🖼 *Motiv aus Tel Aviv* - Oil/panel (33x47cm-13x19in) Wien 93 .... FF**15 700** - £*1 773* - **$2,643**
HOFMANN Vlastislav 1884-1964 [1]
✏ *Strassenszene* - Mischtechnik/Papier (34x21cm-13x8in) Wien 96 .... FF**4 800** - £*620* - **$927**
HOFMANN von Ludwig 1861-1945 [65]
🖼 *Tanzfries* - Öl/Leinwand (35x98cm-14x39in) München 94 .... FF**29 400** - £*3 450* - **$5,240**
🖼 *Im Paradis* - Oil/canvas (67x53cm-26x21in) New-York 94 .... FF**58 400** - £*6 970* - **$11,000**
✏ *Pferd an der Tränke* - Charcoal/paper (28x36cm-11x14in) Berlin 96 .... FF**1 695** - £*212* - **$328**
See - Pastel (22x36cm-9x14in) München 95 .... FF**6 350** - £*812* - **$1,296**
Quelltrunk - Pastel/paper (78x56cm-31x22in) London 96 .... FF**31 350** - £*3 800* - **$6,100**
Tanzende Mädchen - Pastell (80x138cm-31x54in) München 90 .... FF**163 200** - £*16 608* - **$32,637**
HOFMANN-GRÖTZINGEN Gustav 1889-1970 [4]
🖼 *Baumbestandene Bachlandschaft* - Oil/panel (62x52cm-24x20in) Pforzheim 93 .... FF**2 400** - £*276* - **$415**
HOFMANN-LINZ Egon 1884-? [1]
🖼 *Verschneites Hochgebirgstal* - Öl/Leinwand (70x60cm-28x24in) Stuttgart 93 .... FF**2 483** - £*281* - **$419**
HOFMANN-ZEITZ Ludwig 1832-1895 [2]
🖼 *Die Wasserträgerin* - Öl/Leinwand (80x53cm-31x21in) Wien 96 .... FF**12 000** - £*1 455* - **$2,333**
HOFMEISTER Eugen 1843-1930 [1]
🖼 *Schwäbischer Sonntag* - Oil/canvas (73x102cm-29x40in) Stuttgart 91 .... FF**94 600** - £*9 490* - **$15,800**
HOFMEISTER Johannes 1914-1990 [34]
🖼 *Figur foran hus* - Oil/panel (50x70cm-20x28in) Köbenhavn 96 .... FF**4 400** - £*567* - **$861**
Landscape - Oil/masonite (77x87cm-30x34in) Köbenhavn 95 .... FF**10 160** - £*1 248* - **$1,980**
Figurer vid havet - Oil/canvas (45x55cm-18x22in) Köbenhavn 95 .... FF**12 300** - £*1 317* - **$2,139**
Coastal landscape - Oil/masonite (80x100cm-31x39in) Köbenhavn 95 .... FF**22 200** - £*2 873* - **$4,510**
HOFMEISTER Johannes 1721-1800 [19]
🖼 *Bourg de Richtenschweil* - Print in colors (16x26cm-6x10in) Zürich 91 .... FF**31 700** - £*3 179* - **$5,233**
HOFNER Johann Baptist 1832-1913 [2]
🖼 *Erlegter Fuchs und Hühner* - Oil/canvas (93x132cm-37x52in) München 90 .... FF**118 300** - £*12 585* - **$21,163**
✏ *Liegendes Schaf mit zwei Lämmern* - Watercolour (16x23cm-6x9in) Heidelberg 95 .... FF**1 705** - £*221* - **$355**
HOFNER Otto 1879-? [2]
🗿 *Pferd* - Bronze (46cm-18in) Frankfurt 93 .... FF**8 720** - £*977* - **$1,463**
A leaping bull - Bronze (30cm-12in) London 90 .... FF**21 300** - £*2 281* - **$3,704**
HOFS G.T. 1874-1952 [1]
🖼 *Still life* - Oil/canvas (40x50cm-16x20in) Laren 90 .... FF**2 400** - £*255* - **$429**
HOFSCHEN Edgar 1941 [9]
🖼 *Ohne Titel, 1978* - Mischtechnik (56x42cm-22x17in) Köln 90 .... FF**5 100** - £*543* - **$912**
HOFSTATTER Osias 1905-1995 [8]
✏ *Figures* - Gouache (53x33cm-21x13in) Tel Aviv 94 .... FF**1 574** - £*183* - **$282**
HOFSTETTEN von Franz Xaver 1811-1883 [1]
🖼 *Angelnde Kinder am Bach* - Oil/board (22x25cm-9x10in) München 91 .... FF**7 520** - £*773* - **$1,400**
HOFSTETTER William Alfred 1884-? [1]
🖼 *Children fishing by a stream* - Oil/canvas (77x92cm-30x36in) New-York 95 .... FF**54 200** - £*7 090* - **$11,000**
HOFSTRA Jacob 1805-1875 [1]
🖼 *Wooded riverlandscape* - Oil/canvas (71x93cm-28x37in) Amsterdam 93 .... FF**15 070** - £*1 800* - **$2,900**
HOGAI Kano 1828-1888 [1]
✏ *Riverscape with sailboat* - Coloured inks/paper (63x48cm-25x19in) Tokyo 92 .... FF**90 300** - £*9 240* - **$15,900**
HOGAN Jean 1909-? [1]
🖼 *Busy street scene* - Oil/canvas (30x43cm-12x17in) Mystic, Connecticut 94 .... FF**2 125** - £*254* - **$400**
HOGARTH Burne 1911-1996 [6]
✏ *Tarzan Sunday Page* - Ink (66x26cm-26x10in) New-York 91 .... FF**45 300** - £*4 640* - **$8,458**
HOGARTH William 1697-1764 [26]
🖼 *Edward Hamilton family* - Oil/canvas (68x86cm-27x34in) London 91 .... FF**3 - £*363 916* - **$599,483**
Savoyard girl - Oil/canvas (42x34cm-17x13in) London 91 .... FF**506 000** - £*51 354* - **$91,389**
🖼 *Rake's Progress* - Engraving (30x38cm-12x15in) North Berwick, Maine 94 .... FF**4 680** - £*542* - **$800**
HØGBERG Karl 1901-1981 [2]
🖼 *Landskap* - Oil/panel (58x70cm-23x28in) Tönsberg 93 .... FF**3 680** - £*428* - **$632**
HÖGBOM Helge W. 1910 [13]
🗿 *Flickhuvud* - Bronze (15cm-6in) Malmö 89 .... FF**2 600** - £*266* - **$418**
HOGE Oscar 1884-? [2]
🖼 *Marine* - Huile/panneau (35x53cm-14x21in) Antwerpen 91 .... FF**5 510** - £*547* - **$957**
HÖGER Josef 1801-1877 [16]
🖼 *Schloss Leebenstein* - Oil/panel (39x50cm-15x20in) Wien 95 .... FF**111 300** - £*13 880* - **$22,500**
✏ *Sommertag in der Klamm* - Aquarell/Papier (24x19cm-9x7in) Wien 89 .... FF**6 700** - £*667* - **$1,058**
HÖGER Rudolf Alfred 1877-1930 [21]
🖼 *Fisherwomen at Bruges* - Oil/canvas (53x80cm-21x31in) London 92 .... FF**7 540** - £*900* - **$1,450**

Chivalrous Welcome, Venice - Oil/canvas (63x43cm-25x17in) London 97 .... FF31 789 - £3 500 - **$5,579**
HOGERWAARD Frans 1882-1921 [1]
🖼 *Early morning, Montmartre, Paris* - Oil/canvas (38x60cm-15x24in) Amsterdam 90 .... FF5 730 - £577 - **$1,122**
HOGERWAARD George 1878-1939 [1]
🖼 *A nude* - Oil/canvas (80x70cm-31x28in) Amsterdam 96 .... FF6 350 - £796 - **$1,227**
HÖGFELDT Robert 1894-1986 [188]
🖼 *På Bellmans-dagen* - Mixed media/panel (42x33cm-17x13in) Stockholm 96 .... FF2 640 - £331 - **$514**
Susanna i badet - Oil/canvas (32x40cm-13x16in) Stockholm 96 .... FF10 080 - £1 307 - **$1,993**
Smygtittare pa nakenbadare - Oil/canvas (42x72cm-17x28in) Söderköping 90 .... FF29 500 - £3 719 - **$5,203**
📖 *Charlatanen* - Akvarell (32x31cm-13x12in) Stockholm 96 .... FF5 770 - £720 - **$1,114**
Rövare i skogen - Akvarell (24x31cm-9x12in) Stockholm 94 .... FF22 230 - £2 657 - **$4,150**
Middagssällskap - Watercolour (145x163cm-57x64in) Stockholm 89 .... FF70 200 - £7 397 - **$11,818**
HOGG George [1]
📖 *Ducks by a river* - Wash (21x32cm-8x13in) London 91 .... FF3 175 - £320 - **$551**
HOGGATT William 1880-? [25]
🖼 *Gathering kelp* - Oil/canvas (30x46cm-12x18in) London 94 .... FF15 820 - £1 900 - **$3,010**
Viaduct - Oil/canvas (93x112cm-37x44in) London 92 .... FF22 360 - £2 600 - **$4,560**
📖 *On the Curragh* - Watercolour (37x51cm-15x20in) Billinghurst, West Sussex 96 ...... FF11 550 - £1 500 - **$2,262**
HÖGLUND Erik Sylvester 1932 [3]
🗿 *Cyklisten, 1956* - Bronze (96cm-38in) Stockholm 90 .... FF93 600 - £9 957 - **$16,744**
HÖGLUND Sven Inge 1935 [5]
🖼 *Komposition* - Oil/canvas (81x116cm-32x46in) Malmö 96 .... FF2 736 - £355 - **$537**
HOGOMMAT André 1925 [3]
🗿 *Taureau chargeant* - Bronze (24cm-9in) Saint-Jean-de-Luz 95 .... FF7 500 - £971 - **$1,526**
Deux joueurs de polo - Bronze Paris 92 .... FF18 000 - £1 843 - **$3,240**
HOGUET Charles 1821-1870 [32]
🖼 *The good Samaritan* - Oil/canvas (55x78cm-22x31in) Wien 96 .... FF13 240 - £1 606 - **$2,576**
🖼 *Alpine landscape* - Oil/canvas (51x70cm-20x28in) Amsterdam 97 .... FF25 918 - £2 740 - **$4,447**
Marksburg, River Rhine - Oil/canvas (118x142cm-46x56in) London 93 .... FF58 100 - £7 000 - **$10,150**
📖 *Horse and cart* - Watercolour (23x33cm-9x13in) London 97 .... FF15 238 - £1 600 - **$2,620**
HOGWOOD E.W.B. XIX-XX [2]
🖼 *The meet* - Oil/canvas (29x41cm-11x16in) London 95 .... FF2 250 - £280 - **$440**
HOHBACH Friedrich 1809-1877 [1]
📄 *Scweiz. Vorort Zürich* - Lithographie (31x37cm-12x15in) München 94 .... FF2 060 - £244 - **$381**
HOHENBERG Josef Wagner 1870-? [3]
🖼 *Company of cavaliers* - Oil/canvas (76x102cm-30x40in) Chicago 93 .... FF30 800 - £3 860 - **$5,600**
HOHENBERG Rosa 1852-? [1]
🖼 *Mother holding sleeping child*
   Oil/canvas (99x77cm-39x30in) San Francisco-Los Angeles 94 .... FF26 400 - £3 053 - **$4,500**
HOHENBERGER Franz 1867-1941 [4]
🖼 *Stilleben mit Trauben* - Öl/Leinwand (50x85cm-20x33in) Wien 94 .... FF16 920 - £1 943 - **$2,896**
HOHENLEITER Y CASTRO Francisco 1889-1968 [4]
🖼 *Domingo en las afueras* - Oleo/lienzo (60x80cm-24x31in) Madrid 94 .... FF45 300 - £5 430 - **$8,800**
HOHENSTEIN Adolf, Adolpho 1854-1917 [25]
📄 *Germania* - Poster (257x119cm-101x47in) New-York 96 .... FF8 150 - £960 - **$1,600**
A. Calderon, Milano - Poster (160x97cm-63x38in) London 96 .... FF46 800 - £6 000 - **$9,220**
HOHENZOLLERN von Prinzessin Marie 1845-1905 [1]
🖼 *Äpfeln, Weinflasche, Steinzeugkrug* - Öl/Leinwand (50x55cm-20x22in) Pforzheim 94 .... FF4 100 - £492 - **$775**
HÖHER-WALCHSTADT M. [2]
🖼 *Bootshaus am See* - Oil/canvas (70x100cm-28x39in) München 91 .... FF4 100 - £422 - **$764**
HÖHLIG Georg 1879-1940 [2]
🖼 *Winterwald bei Sonnenschein* - Oil/canvas (52x62cm-20x24in) Stuttgart 90 ...... FF2 182 - £221 - **$415**
HOHLWEIN Ludwig 1879-1949 [47]
📄 *Circus Schumann* - Poster (71x95cm-28x37in) New-York 95 .... FF17 550 - £2 286 - **$3,600**
Mercedes - Poster (96x75cm-38x30in) New-York 93 .... FF71 500 - £8 960 - **$13,000**
📖 *Mächtiger Hirschbock* - Aquarell (33x43cm-13x17in) Stuttgart 93 .... FF4 750 - £567 - **$913**
HOHMAN Jan Alexander 1896-1967 [1]
🖼 *Niederländische Landschaft* - Oil/panel (24x30cm-9x12in) Stuttgart 94 ...... FF4 140 - £468 - **$698**
HÖHN Louis XIX-XX [2]
🖼 *Berlin, 1914* - Oil/board (19x13cm-7x5in) Amsterdam 90 .... FF12 600 - £1 340 - **$2,254**
HÖHN Theodor 1882-1949 [2]
🖼 *Alt Meersburg* - Öl/Karton (43x33cm-17x13in) Zofingen 95 .... FF4 670 - £592 - **$940**
HOHNECK Adolf 1812-1879 [3]
🖼 *Portrait of Charles Dickens* - Oil/canvas (28x21cm-11x8in) London 96 .... FF32 560 - £4 200 - **$6,370**
HOHNSTEDT Peter L. 1872-1957 [1]
🖼 *Landscape* - Oil/canvas (46x61cm-18x24in) Baton Rouge, Louisiana 93 ...... FF4 130 - £470 - **$700**
HOHRIAKOV N.N. 1857-1928 [1]
🖼 *Summer day* - Oil/canvas (53x80cm-21x31in) Moscow 94 .... FF4 680 - £537 - **$800**
HOIN Claude Jean-Bapt. 1750-1817 [11]
📖 *Portrait d'homme* - Pastel (35x22cm-14x9in) Paris 94 .... FF33 000 - £3 900 - **$6,010**
HOKE Giselbert 1927 [11]
🖼 *Sitzende* - Acrylic/panel (112x85cm-44x33in) Köln 95 .... FF37 750 - £4 940 - **$7,660**

Das rosa Schloss - Mischtechnik/Papier (50x66cm-20x26in) Wien 97 .... FF*19 168* - £*2 016* - **$3,292**

HOKINSON Helen 1893-1949 [1]
Gag cartoon - Ink (23x28cm-9x11in) New-York 93 .... FF*1 513* - £*190* - **$275**

HOKSTAD Oskar 1894-1982 [1]
Fra Sisikhauhen, Trondheim - Oil/canvas (68x90cm-27x35in) Oslo 92 .... FF*20 400* - £*2 090* - **$3,590**

HOKUBA 1771-1844 [1]
Woman carrying firewood - Coloured inks (81x32cm-32x13in) New-York 90 .... FF*14 920* - £*1 526* - **$2,945**

HOL Anders 1867-1957 [7]
Utsikt över Siljan - Oil/canvas (61x97cm-24x38in) Stockholm 91 .... FF*4 900* - £*494* - **$850**

HOLBAK Niels 1884-1954 [30]
Two children - Oil/canvas (43x51cm-17x20in) København 95 .... FF*2 650* - £*326* - **$517**

HOLBECH Niels Peter 1804-1889 [7]
Gammel kone i egnsdragt ved rokken - Oil/canvas (35x29cm-14x11in) København 89 .... FF*14 000* - £*1 431* - **$2,251**

HOLBEIN Eduard 1807-1875 [2]
Vollbrachte Pilgerfahrt - Oil/canvas (135x153cm-53x60in) München 90 .... FF*102 000* - £*10 430* - **$20,133**

HOLBEIN VON HOLBEINSBERG Therese 1785-1859 [6]
Bäume auf weites Land - Oil/board/canvas (21x33cm-8x13in) Lindau 92 .... FF*2 720* - £*279* - **$479**

HOLBERG Richard A. 1889-1942 [1]
Downtown - Oil/paper (33x28cm-13x11in) Baton Rouge, Louisiana 93 .... FF*3 245* - £*369* - **$550**

HOLBØ Halvdan 1907 [5]
Landskap fra Lillehammer - Oil/panel (54x65cm-21x26in) Oslo 92 .... FF*3 910* - £*400* - **$688**

HOLBÖ Kritsen 1869-1953 [9]
Mot nye eventyr - Oil/canvas (60x71cm-24x28in) Oslo 92 .... FF*10 410* - £*1 066* - **$1,834**

HOLCH Julius 1845-1911 [3]
Gudvanguen - Oil/canvas (65x57cm-26x22in) London 90 .... FF*3 700* - £*394* - **$662**

HOLCK Jacob A. Julius 1845-1911 [2]
To ryper - Oil/canvas (48x74cm-19x29in) Oslo 91 .... FF*23 440* - £*2 350* - **$3,869**

HOLCK Julius 1845-1911 [2]
Motiv fra Bergen - Oil/canvas (38x50cm-15x20in) Tönsberg 93 .... FF*12 000* - £*1 434* - **$2,184**

HOLD Abel XIX [16]
Grouse and a snipe - Oil/canvas (55x76cm-22x30in) London 92 .... FF*10 710* - £*1 100* - **$2,057**
The Squirrels - Oil/canvas (41x51cm-16x20in) London 96 .... FF*71 700* - £*8 500* - **$14,000**

HOLD Tom XIX [2]
Cock & a hen pheasant - Oil/canvas (30x40cm-12x16in) Retford, Nottinghamshire 94 .... FF*11 240* - £*1 300* - **$1,920**

HOLDEN Albert William 1848-1932 [3]
The billiard room - Oil/canvas (87x112cm-34x44in) London 96 .... FF*40 500* - £*4 800* - **$7,900**

HOLDEN Fanny 1804-1863 [5]
A drawing room, Passy - Watercolour (21x29cm-8x11in) London 93 .... FF*47 800* - £*5 500* - **$8,250**

HOLDER Edward Henry 1864-1917 [28]
Bettwys-y-Coed - Oil/canvas (62x47cm-24x19in) London 93 .... FF*3 486* - £*420* - **$610**
Children on a river bank - Oil/canvas (46x33cm-18x13in) London 93 .... FF*9 960* - £*1 200* - **$1,740**
Children playing - Oil/canvas (51x76cm-20x30in) London 90 .... FF*36 800* - £*3 940* - **$6,400**

HOLDER van Frans 1881-1919 [6]
Naïades - Huile/toile (86x114cm-34x45in) Bruxelles 95 .... FF*10 030* - £*1 270* - **$1,960**

HOLDING Henry James 1833-1872 [4]
Fisherfolk by a stormy shore - Oil/canvas (85x127cm-33x50in) New-York 92 ...... FF*13 520* - £*1 614* - **$2,600**
Children by a waterfall - Watercolour (36x55cm-14x22in) London 95 .... FF*2 160* - £*280* - **$450**

HOLDREDGE Ransome Gillette 1836-1899 [9]
Mt. Shasta - Oil/canvas (76x127cm-30x50in) San Francisco-Los Angeles 93 ...... FF*14 780* - £*1 680* - **$2,500**

HOLE William Brassey 1846-1917 [2]
A booklover - Oil/canvas (46x38cm-18x15in) Glasgow 90 .... FF*8 200* - £*850* - **$1,441**

HOLENSTEIN Werner 1932-1985 [4]
Interieur - Aquarelle, gouache/papier (53x60cm-21x24in) Zofingen 94 .... FF*6 630* - £*777* - **$1,180**

HOLESCH de Denes 1921-1986 [1]
Stierkampf - Oil/canvas (51x65cm-20x26in) Stuttgart 90 .... FF*7 380* - £*747* - **$1,404**

HOLFELD Hyppolite Dominique 1804-1872 [1]
Portrait de fillette/..de garçonnet - Oil/canvas (65x54cm-26x21in) New-York 91 .... FF*116 800* - £*11 769* - **$20,268**

HOLGATE Edwin Headley 1892-1977 [21]
Gaspe coast - Oil/board (21x26cm-8x10in) Mont-Royal Quebec 89 .... FF*49 000* - £*4 734* - **$7,436**

HOLIDAY Gilbert Joseph 1879-1937 [18]
Carting stone, Guernsey - Watercolour (35x26cm-14x10in) London 92 .... FF*16 340* - £*1 900* - **$3,335**
Start of the derby - Watercolour, gouache (27x48cm-11x19in) London 89 .... FF*125 900* - £*12 873* - **$20,241**

HOLIDAY Henry George 1839-1927 [10]
Portrait of Mrs Wheeler - Pencil (26x19cm-10x7in) London 92 .... FF*8 800* - £*900* - **$1,552**
Carpenters, Poodoocottah - Watercolour (25x17cm-10x7in) London 94 .... FF*26 900* - £*3 200* - **$5,120**

HOLL Frank 1845-1888 [3]
Waiting - Oil/canvas (89x118cm-35x46in) London 96 .... FF*256 700* - £*32 000* - **$49,600**
The Convalescent, 1867 - Oil/canvas (45x55cm-18x22in) New-York 90 .... FF*543 400* - £*56 311* - **$95,501**

HOLL Hermann 1891-? [1]
Kniender Frauenakt - Bronze (13cm-5in) München 93 .... FF*2 450* - £*281* - **$415**

HOLL Matthias 1894-? [1]
Sommer im Bergischen Land - Öl/Leinwand (34x50cm-13x20in) Frankfurt 95 ...... FF*3 454* - £*459* - **$712**

HÖLL Werner 1898 [2]
- Ohne Titel, 1963 - Oil/cardboard (25x28cm-10x11in) Stuttgart 90 .... FF3 400 - £351 - $601
- Komposition, 1959 - Gouache (43x61cm-17x24in) Stuttgart 90 .... FF3 800 - £702 - $1,201

HOLLAENDER Alfonso 1845-1923 [1]
- Barconi sulla spiaggia - Olio/tavola (26x40cm-6x9in) Milano 95 .... FF21 140 - £2 730 - $4,340

HOLLAMS Florence Mabel 1877-1963 [40]
- Saul - Oil/board (51x40cm-20x16in) London 97 .... FF4 317 - £480 - $810
- Norfolk terrier - Oil/board (32x39cm-13x15in) London 94 .... FF14 850 - £1 700 - $2,516
- Turning the waggon - Oil/canvas (125x185cm-49x73in) London 91 .... FF69 400 - £7 000 - $12,250

HOLLAND James 1800-1870 [74]
- Canal, Venice - Oil/panel (33x39cm-13x15in) London 97 .... FF22 038 - £2 400 - $3,833
- Largo da Se Velha, Portugal - Oil/canvas (53x38cm-21x15in) London 91 .... FF149 600 - £14 957 - $24,638
- Figures at Margate, Kent - Watercolour (12x41cm-5x16in) London 97 .... FF12 229 - £1 300 - $2,107
- Gondolas, Venice - Watercolour (32x53cm-13x21in) London 92 .... FF50 800 - £5 200 - $8,960

HOLLAND John, Snr. c.1831-1879 [7]
- Sorting the catch - Oil/board (31x46cm-12x18in) London 96 .... FF12 980 - £1 700 - $2,630

HOLLAND Mabel Const. Burns 1885-? [1]
- Clearing after rain, Hampstead - Watercolour (25x35cm-10x14in) London 96 .... FF5 770 - £720 - $1,115

HOLLAND Philip Sydney 1855-1891 [1]
- Street scene - Oil/canvas (46x30cm-18x12in) Malmö 94 .... FF2 797 - £325 - $482

HOLLAND Thomas 1799-1870 [11]
- Larkspur and another - Watercolour/paper London 90 .... FF17 400 - £1 863 - $3,026

HOLLAND Tom 1936 [16]
- Duga - Epoxy, fiberglass/aluminium (68x46cm-27x18in) San Francisco-Los Angeles 94 .... FF14 520 - £1 684 - $2,500

HOLLANDER Hendrik 1823-1884 [8]
- Mädchen mit Puppe im Arm - Öl/Leinwand (45x36cm-18x14in) Hamburg 96 .... FF9 510 - £1 084 - $1,820

HOLLAR VON PRACHNA Wenceslaus, Wenzel 1607-1677 [33]
- Der todte Maulwurf - Radierung (7x13cm-3x5in) Hamburg 97 .... FF6 404 - £685 - $1,116
- Muff mit Brokatband - Radierung (8x11cm-3x4in) Hamburg 97 .... FF15 167 - £1 622 - $2,643

HOLLAUS Bartholomäus 1877-? [2]
- Verschneite Straße - Gouache (28x39cm-11x15in) Stuttgart 91 .... FF2 217 - £220 - $385

HOLLECK-WEITHMANN Karl 1872-? [1]
- Woodland pool - Oil/canvas (95x77cm-37x30in) London 92 .... FF3 710 - £380 - $656

HOLLEGHA Wolfgang 1929 [8]
- Ohne Titel - Mixed media/canvas Wien 96 .... FF77 000 - £9 640 - $15,030
- Ohne Titel - Aquarell/Papier (103x79cm-41x31in) Wien 96 .... FF21 920 - £2 845 - $4,340

HOLLEIN Hans 1934 [2]
- Kerzenleuchter für 7 Kerzen - Sculpture (30cm-12in) Wien 96 .... FF18 340 - £2 090 - $3,510

HOLLENBACH Hans 1943 [3]
- Composition - Oil/canvas (119x79cm-47x31in) Amsterdam 91 .... FF2 730 - £281 - $509

HOLLENBERG Felix 1868-1945 [23]
- Mischwald - Öl/Karton (26x37cm-10x15in) Stuttgart 92 .... FF9 140 - £1 063 - $1,865
- Landschaft - Etching (13x18cm-5x7in) Stuttgart 92 .... FF1 700 - £174 - $300
- Blühende Bohnen - Aquarell (27x20cm-11x8in) Stuttgart 92 .... FF2 380 - £244 - $419

HOLLENSTEIN Stephanie 1886-1944 [2]
- Terlaga - Öl/Karton (21x28cm-8x11in) Wien 96 .... FF38 500 - £4 900 - $7,410
- Erweckung des Lazarus - Aquarell/Karton (28x45cm-11x18in) München 96 .... FF2 033 - £255 - $393

HOLLER Alfred 1888-? [1]
- Eifeldorf - Öl/Leinwand (60x80cm-24x31in) Köln 94 .... FF13 600 - £1 587 - $2,384

HOLLESTELLE Jacob Huybrecht 1858-1920 [3]
- Trees on the waterfront - Oil/canvas/board (24x39cm-9x15in) Amsterdam 90 .... FF4 200 - £453 - $741

HOLLIER Jean-François 1772-1845 [3]
- Duke of Bordeaux as a baby - Miniature Genève 92 .... FF33 200 - £3 420 - $6,210

HOLLINGSWORTH William R., Jr. 1910-1944 [2]
- Porch Sitting - Watercolour (41x53cm-16x21in) New Orleans, Louisiana 94 .... FF6 840 - £801 - $1,200

HOLLINS John 1798-1855 [2]
- Young fisherman - Oil/canvas (86x112cm-34x44in) Auchterarder, Perthshire 92 .... FF38 100 - £4 000 - $7,960

HOLLITZER Carl Leopold 1874-1942 [3]
- Adolf Loos und Peter Altenberg - Watercolour (24x18cm-9x7in) Wien 96 .... FF3 366 - £429 - $649

HOLLMANN Charles 1877-1953 [1]
- Holzfäller im Winterwald - Oil/panel (30x25cm-12x10in) Stuttgart 92 .... FF2 543 - £296 - $519

HOLLO László 1887-1976 [2]
- Nagymosáshoz, 1955 - Oil/masonite (40x50cm-16x20in) Budapest 89 .... FF2 600 - £274 - $438

HOLLOWAY Charles 1859-1941 [1]
- St. Mark's, Venice - Wash/paper (27x20cm-11x8in) London 91 .... FF3 490 - £350 - $576

HOLLOWAY Charles Edward 1838-1897 [6]
- Traveller passing duck pond - Watercolour (30x46cm-12x18in) Aylsham, Norfolk 92 .... FF2 443 - £250 - $509
- The Artist's studio - Watercolour (56x75cm-22x30in) London 95 .... FF38 400 - £5 000 - $7,870

HÖLLRIGL Karl A. 1907-1987 [3]
- Lachpflanze - Mischtechnik/Papier (29x21cm-11x8in) Luzern 95 .... FF3 190 - £399 - $626

HOLLYER Eva XIX-XX [5]
- Rêverie - Oil/canvas (46x62cm-18x24in) New-York 94 .... FF95 600 - £11 400 - $18,000

✏ *Reflections in the garden* - Watercolour (36x25cm-14x10in) London 93 .... FF**2 905** - £350 - **$508**
    HOLLYER Frederick 1837-1933 [3]
📷 *William Morris, late* - Platinum print (29x22cm-11x9in) New-York 93 .... FF**16 920** - £1 936 - **$3,000**
    HOLLYER Maud XIX-XX [3]
✏ *English country manor* - Watercolour (48x71cm-19x28in) Chicago 93 .... FF**7 150** - £897 - **$1,300**
    HOLLYER Samuel 1826-1919 [1]
🖼 *Kühe im Wasser* - Öl/Leinwand (40x61cm-16x24in) Rudolstadt-Thüringen 96 .... FF**2 225** - £289 - **$440**
    HOLLYER William P. XIX-XX [6]
🖼 *Artist's Pets* - Oil/canvas (61x56cm-24x22in) London 96 .... FF**13 830** - £1 800 - **$2,740**
    HOLM Åke 1900-1980 [9]
🏺 *Adam och Eva i Paradiset* - Sculpture (35cm-14in) Stockholm 96 .... FF**9 530** - £1 230 - **$1,866**
    HOLM Anders 1751-1824 [5]
🖼 *Insjölandskap med bondfolk* - Oil/canvas (68x95cm-27x37in) Stockholm 96 .... FF**20 000** - £2 494 - **$3,860**
    HOLM Arthur 1890-? [1]
🖼 *Dahlien in prachtvoller Farbigkeit* - Oil/canvas (59x74cm-23x29in) Lindau 92 .... FF**4 080** - £418 - **$718**
    HOLM Astrid 1876-1937 [1]
🖼 *Liegender Akt* - Huile/toile Düsseldorf 91 .... FF**9 460** - £953 - **$1,642**
    HOLM Christian Frederik 1804-1846 [4]
🖼 *Reisende* - Öl/Leinwand (64x81cm-25x32in) München 94 .... FF**37 600** - £4 520 - **$7,150**
    HOLM Harald Martin H. 1866-1920 [3]
🖼 *Asters, 1899* - Oil/canvas (53x41cm-21x16in) London 90 .... FF**17 400** - £1 803 - **$3,058**
    HOLM Heinrich Gustav F. 1803-1861 [17]
✏ *Kongens Nytorv* - Watercolour (18x24cm-7x9in) København 96 .... FF**14 200** - £1 820 - **$2,800**
    HOLM Just J.C. 1815-1907 [4]
🖼 *Dame i blå kjole* - Oil/canvas (22x17cm-9x7in) København 94 .... FF**3 304** - £380 - **$565**
    HOLM Kjell Lodberg 1919-1974 [4]
🖼 *Fornøyelse og utvikling* - Oil/panel (115x150cm-45x59in) Oslo 92 .... FF**7 940** - £950 - **$1,530**
    HOLM Ludvig 1884-1954 [3]
🖼 *Interiør* - Oil/canvas/board (46x38cm-18x15in) London 94 .... FF**8 400** - £1 000 - **$1,583**
    HOLM MØLLER Olivia 1875-1970 [19]
🖼 *Sorg/Flugt/Håb* - Oil/canvas (98x58cm-39x23in) Viby J, Århus 95 .... FF**5 430** - £680 - **$1,097**
    HOLM Per Daniel 1835-1903 [11]
🖼 *Sommarlandskap* - Oil/canvas (34x18cm-13x7in) Stockholm 94 .... FF**21 850** - £2 580 - **$3,890**
    HOLM Peter 1889-1966 [1]
🖼 *Parti fra Århusbugten* - Oil/panel (25x36cm-10x14in) København 90 .... FF**3 800** - £380 - **$721**
    HOLM Sand 1893-1976 [4]
🖼 *Interiør* - Oil/canvas (56x78cm-22x31in) Vejle 91 .... FF**3 960** - £397 - **$654**
    HOLMAN Franck 1865-c.1920 [1]
🖼 *Fleur d'Orient* - Oil/canvas (122x149cm-48x59in) New-York 94 .... FF**265 600** - £31 700 - **$50,000**
    HOLMAN Jonas W. c.1800-c.1870 [1]
🖼 *Portrait of a lady* - Oil/canvas (71x58cm-28x23in) New-York 95 .... FF**13 680** - £1 770 - **$2,800**
    HOLMBERG Karl Gustav 1916 [12]
🖼 *Stormande hav med segelfartyg* - Oil/panel (45x54cm-18x21in) Söderköping 91 .... FF**6 410** - £651 - **$1,158**
    HOLMBERG Werner 1830-1860 [4]
🖼 *Huse ved en flod* - Oil/canvas (26x43cm-10x17in) København 93 .... FF**48 400** - £5 800 - **$9,300**
✏ *Strandlandskap* - Ink/paper (7x10cm-3x4in) Helsinki 90 .... FF**6 500** - £700 - **$1,146**
    Stenröse, 19 Juni 1859 - Watercolour, gouache (27x40cm-11x16in) Helsinki 90 ...... FF**77 700** - £8 373 - **$13,704**
    HOLMBOE Thorolf 1866-1935 [55]
🖼 *Cottage by a River* - Oil/canvas (64x66cm-25x26in) London 96 .... FF**6 930** - £900 - **$1,372**
🖼 *Måneskinn* - Oil/canvas (75x65cm-30x26in) Oslo 92 .... FF**18 400** - £2 200 - **$3,540**
🖼 *Sommerdag* - Oil (80x100cm-31x39in) Tönsberg 90 .... FF**58 000** - £5 841 - **$10,545**
    HOLME Lucy D. 1882-? [2]
🖼 *Hibiscus* - Oil/canvas (41x36cm-16x14in) St. Petersburg, Florida 94 .... FF**8 560** - £998 - **$1,500**
    HOLMEAD Clifford H. Phillips 1889-1975 [2]
🖼 *Head of a boy* - Oil/canvas/panel (61x50cm-24x20in) München 94 .... FF**17 000** - £1 935 - **$3,250**
    HOLMENS Gérard 1934 [5]
🏺 *Abstrakt* - Pierre (88cm-35in) Lokeren 91 .... FF**14 000** - £1 394 - **$2,407**
    HOLMER Fritz 1906-1967 [4]
🖼 *Blomsterstilleben* - Oil/canvas (53x40cm-21x16in) Stockholm 89 .... FF**4 700** - £495 - **$791**
    HOLMES A.C. XIX-XX [2]
✏ *Oblivion* - Watercolour, gouache/paper (86x35cm-34x14in) New-York 92 .... FF**16 650** - £1 743 - **$3,000**
    HOLMES Charles John 1868-1936 [1]
✏ *Langdale Pikes from Blea Tarn* - Watercolour (23x33cm-9x13in) London 95 .... FF**1 742** - £220 - **$350**
    HOLMES Edward ?-c.1893 [3]
🖼 *Cardinal Wolsey & C. of Aragon* - Oil/canvas (96x168cm-38x66in) New-York 94 .... FF**28 100** - £3 314 - **$5,000**
    HOLMES George Augustus ?-1911 [11]
🖼 *Friends* - Oil/canvas (60x90cm-24x35in) London 96 .... FF**33 050** - £4 300 - **$6,550**
    HOLMES OF PESHAWAR Randolph Bezzant 1888-1973 [1]
📷 *Third Afghan War* - Gelatin silver print (20x28cm-8x11in) London 96 .... FF**5 610** - £700 - **$1,084**
    HOLMES Ralph 1876-1963 [19]
🖼 *Foothills of the Sierras*
      Oil/canvas/board (35x45cm-14x18in) San Francisco-Los Angeles 96 .... FF**10 360** - £1 300 - **$2,000**

HOLMES Robert 1861-1930 [2]
- *The dancers* - Bronze (93x30x202cm-37x12x80in) London 93 .... FF*15 770* - £*1 900* - **$2,755**

HOLMES Walter [2]
- *Seagulls, Northumbrian beach*
  Pastel (30x44cm-12x17in) Marlborough Crescent, Newcastle upon Tyne 92 .... FF*2 150* - £*220* - **$379**

HOLMES William Henry 1846-1933 [20]
- *Hillside view, Summer* - Watercolour (36x48cm-14x19in) North Bethesda, MD. 92 .... FF*5 720* - £*608* - **$1,100**
- *Playing on the hillside* - Watercolour, gouache (26x38cm-10x15in) New-York 93 .... FF*35 750* - £*4 480* - **$6,500**

HOLMGREN Léo 1904-1990 [3]
- *Standing male nude* - Bronze (190cm-75in) Stockholm 95 .... FF*51 200* - £*6 700* - **$10,410**

HOLMGREN Martin 1921-1969 [3]
- *Sittande* - Bronze (40cm-16in) Stockholm 95.. FF*2 800* - £*364* - **$574**

HOLMGREN R. John Hebb 1897-1963 [2]
- *Woman & windstept tophat* - Watercolour (38x28cm-15x11in) New-York 95 .... FF*6 560* - £*827* - **$1,300**

HOLMGREN Wilhelm 1863-1943 [10]
- *På stranden, Dieppe* - Oil/panel (21x26cm-8x10in) Stockholm 97 .... FF*15 731* - £*1 684* - **$2,742**

HOLMLUND Josefina 1827-1905 [30]
- *Tallar* - Oil/canvas (60x50cm-24x20in) Göteborg 96 .... FF*2 334* - £*266* - **$447**
- *Fjordlandskap* - Oil/canvas (86x115cm-34x45in) Stockholm 95 .... FF*11 600* - £*1 517* - **$2,323**
- *Insjölandskap* - Oil/canvas (60x89cm-24x35in) Stockholm 89 .... FF*60 800* - £*6 050* - **$9,605**

HOLMQVIST Lolo 1920 [2]
- *Människor* - Oil/canvas (78x109cm-31x43in) Söderköping 90 .... FF*9 600* - £*1 034* - **$1,693**

HOLMSKOV Helge 1912-1986 [12]
- *Pige med sjippetov* - Bronze (35cm-14in) København 89 .... FF*11 400* - £*1 134* - **$1,801**

HOLMSTRAND Cajsa 1951 [10]
- *Utan titel* - Oil/canvas (98x98cm-39x39in) Stockholm 94 .... FF*8 430* - £*991* - **$1,584**

HOLMSTRÖM Otto 1866-1915 [1]
- *Valands målarskola* - Oil/canvas (117x98cm-46x39in) Stockholm 94 .... FF*20 800* - £*2 485* - **$3,884**

HOLMSTRÖM Tora Vega 1880-1967 [24]
- *Maria och Elisabeth* - Oil/canvas (31x40cm-12x16in) Malmö 89 .... FF*11 200* - £*1 145* - **$1,801**
- *Kåseberga* - Pastel (48x34cm-19x13in) Malmö 96 .... FF*2 167* - £*257* - **$423**

HÖLPERL Anton 1820-1888 [2]
- *Mädchen beim Bügeln* - Öl/Leinwand (58x45cm-23x18in) München 92 .... FF*7 460* - £*891* - **$1,435**

HOLSBEEK van Albert 1877-1948 [1]
- *Nature morte* - Huile/toile (50x60cm-20x24in) Bruxelles 90 .... FF*58 300* - £*6 242* - **$10,139**

HÖLSCHER Constantin 1861-1921 [1]
- *Dame in Griechischem Kostüm* - Öl/Leinwand (85x45cm-33x18in) Köln 95 .... FF*24 800* - £*3 090* - **$4,840**

HOLSØE Carl Vilhelm 1863-1935 [85]
- *Knitting woman* - Oil/canvas (67x60cm-26x24in) København 96 .... FF*53 200* - £*6 070* - **$10,180**
- *Morning light* - Oil/canvas (50x60cm-20x24in) London 92 .... FF*97 400* - £*10 000* - **$18,700**
- *Saucer of Milk* - Oil/canvas (78x70cm-31x28in) London 97 .... FF*164 234* - £*18 000* - **$28,823**

HOLSØE Niels 1865-1928 [13]
- *Woman in an interior* - Oil/canvas (52x50cm-20x20in) London 94 .... FF*11 850* - £*1 400* - **$2,130**

HOLST Agda 1886-1976 [39]
- *Röda blommor* - Oil/panel (46x36cm-18x14in) Malmö 94 .... FF*3 185* - £*379* - **$606**
- *Guirlande* - Oil/canvas (53x100cm-21x39in) København 96 .... FF*12 410* - £*1 416* - **$2,380**

HOLST Johannes 1880-1965 [15]
- *Herzogin Sophie Charlotte* - Öl/Leinwand (88x73cm-35x29in) Hamburg 96 .... FF*23 730* - £*2 960* - **$4,590**
- *Padua auf bewegter See* - Öl/Leinwand (69x100cm-27x39in) Hamburg 93 .... FF*52 600* - £*6 280* - **$10,110**

HOLST Lauritz B. 1848-1934 [19]
- *Stormy Fjord* - Oil/canvas (56x48cm-22x19in) London 96 .... FF*8 090* - £*950* - **$1,592**
- *Coastline* - Oil/canvas (84x140cm-33x55in) London 95.. FF*53 000* - £*6 800* - **$10,700**

HOLST Richard Nicolaus R. 1868-1938 [8]
- *Anangkè* - Lithograph (35x32cm-14x13in) Amsterdam 95... FF*4 730* - £*603* - **$965**

HOLST von Johan Gustav 1841-1917 [5]
- *The Retrieve* - Oil/canvas (59x49cm-23x19in) Stockholm 97 .... FF*29 872* - £*3 184* - **$5,216**

HOLST von Theodore Matthias 1810-1844 [6]
- *Hero and Leander* - Oil/canvas (128x101cm-50x40in) London 91 .... FF*35 300* - £*3 506* - **$6,129**
- *Hero and Leander* - Watercolour (25x18cm-10x7in) London 96 .... FF*23 350* - £*2 750* - **$4,585**

HOLSTAYN Josef 1930-? [14]
- *Blumen und Früchte* - Öl/Leinwand (60x50cm-24x20in) Wien 93 .... FF*19 560* - £*2 216* - **$3,306**

HOLSTEIN Bent 1942 [3]
- *Komposition med trapper* - Oil/canvas (200x140cm-79x55in) København 94 .... FF*13 070* - £*1 524* - **$2,290**

HOLSTEIN Gustav 1876-? [1]
- *Auf der hohen Mutt, Frühling* - Oil/canvas (60x81cm-24x32in) Stuttgart 91.................. FF*6 080* - £*610* - **$1,015**

HOLSTEIN Pieter 1934 [2]
- *De Diktatuur van Stoelen* - Etching (34x22cm-9x13in) Amsterdam 93 .... FF*1 530* - £*176* - **$263**
- *Composition* - Dessin (16x24cm-6x9in) Antwerpen 91 .... FF*1 620* - £*161* - **$281**

HOLT Edwin Frederick XIX-XX [37]
- *Chestnut mare* - Oil/canvas (49x59cm-19x23in) Bristol, Avon 97 .... FF*2 622* - £*275* - **$449**
- *Gone Tomorrow* - Oil/canvas (61x51cm-24x20in) London 93 .... FF*10 230* - £*1 150* - **$1,714**
- *Favourite dogs* - Oil/canvas (51x61cm-20x24in) London 93..................................... FF*48 100* - £*5 800* - **$8,990**

H

HOLT Eric XX [2]
🖼 *Ferreting* - Tempera/panel (39x27cm-15x11in) London 94 .... FF**10 970** - £1 300 - **$2,027**

HOLT Geoffrey 1882-1977 [1]
🖼 *The Canyon walls* - Oil/canvas (92x101cm-36x40in) New-York 91 .... FF**7 360** - £743 - **$1,300**

HOLT ten Friso 1884-1968 [1]
📖 *Untitled* - Etching Amsterdam 97 .... FF**4 100** - £43 0 3 - **$703**

HOLTEN Sofie 1858-1930 [1]
🖼 *Lyserode roser* - Oil/canvas (47x37cm-19x15in) København 89 .... FF**2 300** - £235 - **$370**

HOLTEN Suzette C. Skovgaard 1863-1937 [3]
🖼 *Erantis* - Oil/canvas (33x46cm-13x18in) København 89 .... FF**3 300** - £328 - **$521**

HOLTER Rigmor 1906 [2]
🖼 *Komposisjon* - Oil/panel (44x77cm-17x30in) Oslo 92 .... FF**2 510** - £300 - **$483**

HOLTHE van Jan 1923 [1]
🗿 *Untitled* - Assemblage (37cm-15in) Amsterdam 96 .... FF**6 010** - £690 - **$1,148**

HOLTON Leonard T. 1900-? [1]
✏ *Knee-high to a grasshopper/Lion+* - Watercolour New-York 93 .... FF**2 510** - £286 - **$425**

HOLTY Carl Robert 1900-1973 [47]
🖼 *Untitled* - Oil/canvas (111x84cm-44x33in) New-York 95 .... FF**5 810** - £748 - **$1,200**
Polo Players - Oil/canvas (30x23cm-12x9in) San Francisco-Los Angeles 96 .... FF**14 250** - £1 786 - **$2,750**
✏ *Untitled, 1944* - Watercolour/paper New-York 90 .... FF**21 500** - £2 287 - **$3,846**

HOLTZ Karl 1889-1978 [14]
📖 *Berlin Friedrichstrasse* - Lithographie (23x34cm-9x13in) Hamburg 94 .... FF**3 914** - £458 - **$690**
✏ *An der Yorckstrasse* - Pencil (31x39cm-12x15in) Berlin 93 .... FF**3 030** - £365 - **$552**

HOLTZAPPFEL Jules 1826-1866 [1]
🖼 *The Brothers* - Oil/canvas (34x41cm-13x16in) London 94 .... FF**6 020** - £700 - **$1,040**

HOLUB Georg 1861-1919 [5]
🖼 *Schlafende Diana* - Öl/Leinwand (99x170cm-39x67in) Lindau 93 .... FF**22 750** - £2 653 - **$3,740**

HOLWECK Oskar 1924 [3]
📖 *Ohne Titel* - Serigraph (62x44cm-24x17in) Köln 91 .... FF**2 030** - £204 - **$335**

HOLY Adrien 1898-1979 [40]
🖼 *Herbstlandschaft* - Oil/canvas (60x73cm-24x29in) Zürich 90 .... FF**9 750** - £1 037 - **$1,742**
Repos du modèle - Öl/Leinwand (54x73cm-21x29in) Zürich 94 .... FF**24 240** - £2 810 - **$4,538**
✏ *Zirkustruppe* - Encre (45x66cm-18x26in) Bern 95 .... FF**2 590** - £324 - **$524**

HOLY Ivo 1932-1992 [3]
🖼 *Musik geht durch die Welt* - Öl/Leinwand (100x100cm-39x39in) Zürich 94 .... FF**14 200** - £1 694 - **$2,650**

HOLY Miloslav 1897-1974 [2]
🖼 *Asternstrauss in Vase* - Öl/Leinwand (66x50cm-26x20in) München 93 .... FF**2 275** - £266 - **$374**

HOLY Richard 1902-? [1]
🖼 *Winterlicher Flusslauf mit Weiden* - Öl/Karton (49x64cm-19x25in) Stuttgart 95 .... FF**2 074** - £271 - **$416**

HOLYOAKE William 1834-1894 [5]
🖼 *Rustic Conversation* - Oil/board (61x46cm-24x18in) Detroit, Michigan 92 .... FF**34 300** - £3 980 - **$7,000**

HOLZ Albert 1884-1954 [8]
🖼 *Am Niederrhein* - Oil/panel (48x66cm-19x26in) Köln 93 .... FF**8 740** - £1 001 - **$1,488**

HOLZ Johann Daniel 1867-1945 [23]
🖼 *Junger Bauer* - Öl/Leinwand (60x80cm-24x31in) Bremen 95 .... FF**12 170** - £1 580 - **$2,534**

HOLZ Paul 1883-1938 [2]
📖 *Der Fejtukowitsch* - Lithographie Köln 91 .... FF**1 690** - £172 - **$305**
✏ *Alter Bauer und Kuh* - Ink/paper Berlin 91 .... FF**3 040** - £309 - **$549**

HOLZAPFEL Carl 1865-1926 [4]
🖼 *Flusstal mit Flössern* - Öl/Leinwand (80x118cm-31x46in) Hamburg 96 .... FF**6 120** - £697 - **$1,170**

HOLZAPFEL Ludwig XX [5]
🖼 *Enten am Teich* - Oil/panel (20x40cm-8x16in) Bern 92 .... FF**5 210** - £532 - **$917**

HÖLZEL Adolf Richard 1853-1934 [42]
🖼 *Voralpenlandschaft* - Öl/Leinwand (74x112cm-29x44in) Wien 95 .... FF**53 800** - £6 810 - **$10,510**
✏ *Heilige Ursula* - Öl/Leinwand (72x61cm-28x24in) Berlin 96 .... FF**323 000** - £36 800 - **$61,700**
✏ *Ohne Titel* - Pastel/paper (15x24cm-6x9in) Berlin 96 .... FF**37 300** - £4 650 - **$7,200**
Komposition - Pastel/paper (34x52cm-13x20in) Köln 95 .... FF**109 800** - £14 370 - **$22,300**

HOLZER Adalbert 1881-? [4]
🖼 *Im Dachauer Moor* - Öl/Karton (73x91cm-29x36in) München 93 .... FF**3 500** - £409 - **$575**

HOLZER Adi 1936 [2]
🖼 *Herbst* - Mixed media/panel (40x30cm-16x12in) Wien 91 .... FF**3 360** - £339 - **$655**

HOLZER Brigitte 1946 [2]
🖼 *Strandszene* - Oil/panel (50x70cm-20x28in) Köln 91 .... FF**102 100** - £10 236 - **$18,700**

HOLZER J.-A. 1858-? [1]
🖼 *Intérieur de mosquée, Damas* - Huile/toile (66x49cm-26x19in) Paris 95 .... FF**33 000** - £4 340 - **$6,620**

HOLZER Jenny 1950 [44]
🖼 *Untitled* - Mixed media (16x11x153cm-6x4x60in) New-York 97 .... FF**87 108** - £9 164 - **$15,000**
Selection from Truisms - Electronic L.E.D. with red diodes New-York 94 .... FF**203 200** - £23 570 - **$35,000**
🗿 *The living series* - Installation (43x45x91cm-17x18x36in) New-York 92 .... FF**189 300** - £19 340 - **$34,550**

HOLZER Johann Evangelist 1709-1740 [2]
📖 *Die Anbetung der Hirten* - Etching München 92 .... FF**2 450** - £251 - **$431**

HOLZER Joseph 1824-1876 [18]
🖼 *Am Waldweg* - Oil/panel (52x64cm-20x25in) Wien 94 .... FF**44 000** - £5 090 - **$7,560**

HOLZER-DEFANTI Constantin 1881-1951 [2]
🏺 *Koreanischer Tanz* - Porcelain (40cm-16in) Wien 94 .... FF10 740 - £1 278 - **$2,044**
HÖLZER-WEINECK Irene 1888-1965 [3]
🖼 *Blumenstock und Äpfeln* - Oil/canvas (50x60cm-20x24in) Wien 92 .... FF9 620 - £985 - **$1,695**
HOLZHANDLER Dora 1928 [4]
🖼 *Famille dans un jardin* - Huile/toile (76x51cm-30x20in) Paris 95 .... FF6 100 - £773 - **$1,226**
HOLZHAUSEN von Olga 1871-1944 [1]
🖼 *Dame* - Oil/canvas (73x100cm-29x39in) Wien 91 .... FF6 720 - £679 - **$1,334**
HOLZHAUSEN-MARTINY von Margarete 1893-? [1]
🖼 *Europa* - Watercolour/board (46x73cm-18x29in) Wien 91 .... FF8 640 - £873 - **$1,715**
HOLZINGER Rudolf 1898-1949 [4]
🖼 *Andreas Hofer* - Tempera (155x130cm-61x51in) Wien 97 .... FF6 714 - £708 - **$1,161**
🖼 *Gmunden* - Aquarelle, gouache/papier (51x61cm-20x24in) Wien 95 .... FF5 970 - £758 - **$1,203**
HOLZMAN Shimshon 1907-1986 [19]
🖼 *Landscape* - Oil/canvas (55x46cm-22x18in) Tel Aviv 95 .... FF6 280 - £786 - **$1,250**
🖼 *Seated rabbi* - Acquarello (48x33cm-19x13in) London 93 .... FF11 756 - £200 - **$298**
HOLZMANN Adolf 1890-1968 [2]
🖼 *Winter am Bodensee* - Öl/Leinwand (56x71cm-22x28in) Zürich 96 .... FF5 960 - £690 - **$1,142**
HOLZMEISTER Clemens 1886-1983 [5]
🖼 *Rauris* - Aquarell/Papier (21x32cm-8x13in) Wien 93 .... FF12 020 - £1 437 - **$2,313**
HØM Paul 1905-1994 [27]
🖼 *Pigeportraet* - Oil/canvas (60x73cm-24x29in) København 96 .... FF4 860 - £633 - **$964**
HOMAN Gertrude XIX-XX [3]
🖼 *In the Bazaar* - Oil/canvas (77x63cm-30x25in) New-York 94 .... FF47 800 - £5 700 - **$9,000**
HOMANN Johan Baptist 1663-1724 [6]
🗺 *Copenhagen...* - Engraving (49x58cm-19x23in) København 96 .... FF4 010 - £520 - **$802**
HOME Robert 1752-1834 [4]
🖼 *William Sydenham and his Whife* - Oil/canvas (77x92cm-30x36in) London 97 .... FF642 117 - £68 000 - **$111,214**
HOME Robert 1865-? [1]
🖼 *Noontide Cares, Fife* - Oil/canvas (51x61cm-20x24in) London 93 .... FF3 200 - £400 - **$580**
HOMER Winslow 1836-1910 [68]
🖼 *Home, sweet home* - Oil/canvas (55x42cm-22x17in) New-York 97 .... FF1 - £1 - **$2**
   On Guard - Oil/canvas (31x24cm-12x9in) New-York 94 .... FF2 - £305 000 - **$460,000**
   Uncle Ned at Home - Oil/canvas (36x56cm-14x22in) New-York 93 .... FF4 - £621 000 - **$900,000**
🖼 *The fog horn* - Watercolour/paper (35x53cm-14x21in) New-York 97 .... FF1 - £180 043 - **$293,181**
   John Murray Brown - Crayon/papier (30x21cm-12x8in) New-York 97 .... FF122 520 - £12 864 - **$21,000**
   Horse, Houghton Farm - Watercolour/paper (16x28cm-6x11in) New-York 97 .... FF729 712 - £76 762 - **$125,000**
   Diamond Shoal - Watercolour/paper (35x55cm-14x22in) New-York 95 .... FF8 4e +06 - £1 26e +06 - **$1**
HOMERO Panagiotopulos 1919 [12]
🖼 *Nature morte* - Huile/toile (60x73cm-24x29in) Montauban 94 .... FF4 000 - £445 - **$693**
HOMMEL Conrad 1883-1971 [1]
🖼 *Eleftherios Venizelos* - Oil/hardboard (50x45cm-20x18in) Athens 96 .... FF60 000 - £6 950 - **$11,500**
HOMOLACS Karol 1878-? [1]
🖼 *Wiesenlandschaft* - Öl/Karton (51x61cm-20x24in) Pforzheim 94 .... FF2 744 - £326 - **$508**
HOMOLACS Olrich 1872-? [1]
🖼 *Jugendstildame* - Pastel (74x31cm-29x12in) Rudolstadt-Thüringen 96 .... FF2 567 - £333 - **$508**
HOMOLATSCH Otto 1883-? [1]
🖼 *Haus* - Watercolour (33x32cm-13x13in) Wien 96 .... FF1 542 - £192 - **$298**
HONDIUS Gerrit 1891-1970 [4]
🖼 *Circus performers* - Oil/board (102x74cm-40x29in) Mystic, Connecticut 96 .... FF4 660 - £584 - **$900**
HONDT d' Jean XX [3]
🖼 *Campagne fleurie* - Huile/toile (55x46cm-22x18in) Montauban 92 .... FF4 000 - £410 - **$705**
🖼 *La maison fleurie* - Huile/toile (46x55cm-18x22in) Toulouse 90 .... FF5 500 - £560 - **$1,100**
HONE Evie Sydney 1894-1955 [23]
🖼 *Dianthus painting* - Oil/panel (60x33cm-24x13in) Dublin 95 .... FF23 800 - £3 090 - **$4,890**
🖼 *Boathouse* - Watercolour (14x21cm-6x8in) London 97 .... FF5 131 - £549 - **$886**
🖼 *Eiffel Tower/Montparnasse* - Gouache/paper (36x24cm-14x9in) London 97 .... FF14 071 - £1 500 - **$2,467**
HONE Horace 1756-1825 [8]
🖼 *Gentleman in green coat* - Miniature (5cm-2in) London 95 .... FF6 210 - £800 - **$1,263**
HONE John Camillus 1759-1836 [1]
🖼 *Col. John Bateman Fitzgerald* - Watercolour (36x28cm-14x11in) London 96 .... FF8 650 - £1 100 - **$1,664**
HONE Nathaniel 1718-1784 [21]
🖼 *Muspratt Williams* - Oil/canvas (54x44cm-21x17in) London 95 .... FF79 000 - £10 000 - **$15,880**
   Jason in a stable - Oil/canvas (101x127cm-40x50in) London 94 .... FF547 000 - £65 000 - **$100,000**
🖼 *A young boy* - Miniature (3cm-1in) London 94 .... FF9 320 - £1 100 - **$1,660**
HONE Nathaniel II 1831-1917 [19]
🖼 *Malahide Sands* - Oil/canvas (23x30cm-9x12in) London 97 .... FF32 833 - £3 500 - **$5,756**
   Seaweed, Malahide - Oil/canvas (64x92cm-25x36in) Dublin 95 .... FF158 600 - £20 600 - **$32,600**
🖼 *Sand Hills, Bundoran* - Watercolour (12x19cm-5x7in) London 96 .... FF7 360 - £950 - **$1,422**
HONECK Adolf 1812-1879 [1]
🖼 *Pair of portraits* - Oil/canvas (27x22cm-11x9in) København 91 .... FF3 510 - £349 - **$609**

H

HONEGGER Gottfried 1917 [30]
- *Projet 698 erste Fassung* - Acrylique/papier (76x54cm-30x21in) Paris 94 .... FF9 000 - £930 - **$1,590**
- *Gradatory, NY* - Ol/Leinwand (63x63cm-25x25in) Zürich 95 .... FF40 540 - £5 380 - **$8,370**
- *IV P.994* - Acrylique/toile (240x122cm-94x48in) Paris 96 .... FF85 000 - £10 650 - **$16,400**
- *Ohne Titel* - Sérigraphie (70x70cm-28x28in) Luzern 94 .... FF5 220 - £613 - **$930**
- *Tableau-Relief Z 587* - Polyester, tempera (103x103cm-41x41in) Luzern 95 .... FF63 800 - £7 960 - **$12,500**

HONG RUILING Hung Juin-Lin 1911 [4]
- *Seascape* - Oil/canvas (71x55cm-28x22in) Taipei, Taiwan 95 .... FF484 000 - £61 200 - **$94,500**
- *Crucifixion* - Ink/paper (38x27cm-15x11in) Taipei, Taiwan 95 .... FF11 160 - £1 413 - **$2,182**

HÖNIG Auguste 1869-? [1]
- *Fischer am Strand* - Oil/canvas (34x82cm-13x32in) Bremen 92 .... FF4 080 - £418 - **$718**

HÖNIGSMANN Rela 1865-? [1]
- *Gartenlaube mit Tisch und Bänken* - Oil/board (44x50cm-17x20in) München 91 .... FF3 080 - £316 - **$573**

HÖNINGHAUS Adolf 1811-1882 [2]
- *Im Park der Villa Borghese* - Oil/canvas (24x35cm-9x14in) Stuttgart 90 .... FF20 140 - £2 038 - **$3,831**

HONNORAT Lillie XIX-XX [7]
- *Bouquet de fleurs* - Huile/toile (65x54cm-26x21in) Reims 95 .... FF6 000 - £751 - **$1,195**

HONORÉ Lise XX [2]
- *Åbentstående kasse* - Bronze (18cm-7in) København 92 .... FF2 464 - £252 - **$434**

HONORÉ Pascal XX [2]
- *Sans titre* - Technique mixte/panneau (130x97cm-51x38in) Paris 90 .... FF2 000 - £207 - **$353**

HONSA Jan 1876-1937 [2]
- *Stilleben mit Blumenkohl* - Oil/canvas (50x66cm-20x26in) München 92 .... FF3 060 - £314 - **$539**
- *Frauen in einer sommerlichen Allee* - Woodcut in colors (49x65cm-19x26in) München 91 ...... FF8 450 - £858 - **$1,526**

HONTA Renée ?-1955 [1]
- *Still life with fruits on a chair* - Oil/canvas (53x64cm-21x25in) London 97 .... FF16 886 - £1 800 - **$2,960**

HONTY Tibor 1907-1968 [2]
- *The Old Jewish Cemetery, Prague* - Gelatin silver print (20x28cm-8x11in) New-York 93 .... FF7 150 - £897 - **$1,300**

HOOD Albert 1841-1921 [1]
- *Subathu* - Watercolour (31x47cm-12x19in) London 96 .... FF4 410 - £550 - **$852**

HOOD Ernest Burnett 1932-1988 [2]
- *Fruit & silver bowl* - Oil/canvas/board (39x48cm-15x19in) Glasgow 96 .... FF2 765 - £320 - **$530**

HOOFT Ina 1894-? [1]
- *Flowers in a vase* - Oil/canvas (40x35cm-16x14in) Amsterdam 95 .... FF2 993 - £382 - **$611**

HOOG de Bernard Johann 1867-1943 [66]
- *Mother feeding a child* - Oil/canvas (25x30cm-10x12in) Amsterdam 97 .... FF20 734 - £2 191 - **$3,557**
- *Doing needlework* - Oil/canvas (40x32cm-16x13in) Amsterdam 97 .... FF48 379 - £5 114 - **$8,301**
- *The sewing circle* - Oil/canvas (79x98cm-31x39in) London 94 .... FF137 700 - £16 000 - **$23,840**

HOOGERHEYDEN Engel 1740-1809 [1]
- *East Indiaman off a Dutch port* - Oil/canvas (86x137cm-34x54in) London 95 .... FF238 400 - £31 000 - **$49,800**

HOOGERS Hendrick 1747-1814 [3]
- *Paysans* - Lavis (13x16cm-5x6in) Paris 91 .... FF2 000 - £202 - **$347**

HOOGSTEYNS Jan 1935 [21]
- *Plage* - Huile/toile (90x100cm-35x39in) Antwerpen 95 .... FF3 010 - £396 - **$605**
- *Le fauteuil brun* - Aquarelle (70x60cm-28x24in) Antwerpen 92 .... FF2 324 - £238 - **$409**

HOOIJBERG Elbert 1903-? [1]
- *Heuvellandschap* - Oil/canvas (61x91cm-24x36in) Amsterdam 96 .... FF3 910 - £449 - **$746**

HOOK James Clarke 1819-1907 [11]
- *Fsherman* - Oil/canvas (61x107cm-24x42in) New-York 94 .... FF6 370 - £761 - **$1,200**
- *Off to the Fishing Ground* - Oil/canvas (52x80cm-20x31in) London 97 .... FF37 524 - £4 000 - **$6,551**
- *Milk for the Schooner* - Oil/canvas (67x101cm-26x40in) London 93 .... FF71 200 - £8 000 - **$11,920**

HOOK Kim XX [2]
- *Ourasi et son lad* - Dessin (42x29cm-17x11in) Paris 91 .... FF1 800 - £182 - **$351**

HOOPER George W. 1910 [5]
- *Still life on the veranda* - Watercolour (73x49cm-29x19in) London 92 .... FF2 150 - £220 - **$422**

HOOPER John Horace c.1850-c.1899 [37]
- *Quiet Pool* - Oil/canvas (60x90cm-24x35in) London 95 .... FF12 010 - £1 500 - **$2,355**
- *Fishing* - Oil/canvas (127x102cm-50x40in) London 89 .... FF58 100 - £5 614 - **$8,816**

HOORDE van Ernest 1922 [5]
- *La lettre* - Huile/panneau (40x50cm-16x20in) Bruxelles 89 .... FF15 400 - £1 532 - **$2,433**

HOORDE van Louis XIX-XX [3]
- *Portraur d'eau, Atlas* - Huile/toile (130x90cm-51x35in) Lyon 95 .... FF30 000 - £3 884 - **$6,140**

HOORN Jordanus 1753-1833 [3]
- *Man standing playing a violin* - Black & white chalks (32x27cm-13x11in) Amsterdam 96 .... FF4 520 - £533 - **$888**

HOOS Frans Simon 1884-1966 [2]
- *De hooioogst* - Huile/toile (40x50cm-16x20in) Tongeren 92 .... FF3 616 - £421 - **$738**

HOOSTE van Jozef 1884-1940 [8]
- *Out stadsdeel* - Huile/toile (68x82cm-27x32in) Lokeren 91 .... FF5 430 - £547 - **$942**

HOPE James Archi 1818-1892 [3]
- *Battle of Antietam* - Oil/canvas (48x91cm-19x36in) Portland, Maine 93 .... FF44 250 - £5 030 - **$7,500**

HOPE Josephine 1878-1953 [1]
- *Trees & sea* - Ol/Leinwand (55x46cm-22x18in) München 92 .... FF20 340 - £2 430 - **$3,914**

H

HOPE Robert 1869-1936 [8]
- *Portrait of a lady*
  Oil/canvas (120x103cm-47x41in) Hopetoun House, South Queensferry 90 .... FF21 300 - £2 266 - **$3,810**

HOPER James XX [2]
- *Promeneurs dan un parc, Paris* - Huile/toile (51x61cm-20x24in) Montréal 91 .... FF4 085 - £412 - **$709**

HOPF Alfred 1880-1929 [1]
- *Die Ermahnung* - Oil/canvas (41x34cm-16x13in) Stuttgart 91 .... FF12 600 - £1 251 - **$2,188**

HOPF Friedrich W., Fredy 1875-1943 [1]
- *Am Seineufer* - Öl/Leinwand (75x122cm-30x48in) Zürich 94 .... FF11 850 - £1 410 - **$2,233**

HOPFGARTEN August Ferdinand 1807-1896 [2]
- *Le Couronnement du Tasse* - Huile/toile (79x65cm-31x26in) Paris 96 .... FF28 000 - £3 630 - **$5,540**

HOPKIN Robert B. 1832-1909 [34]
- *Art for the Night* - Oil/canvas (36x41cm-14x16in) Detroit, Michigan 93 .... FF6 050 - £759 - **$1,100**
- *Sailing ship on rough seas* - Oil/canvas (66x122cm-26x48in) Detroit, Michigan 94 .... FF18 260 - £2 155 - **$3,250**
- *Stormy sea* - Watercolour/paper (53x48cm-21x19in) Chicago 92 .... FF3 920 - £456 - **$800**

HOPKINS Arthur 1848-1930 [21]
- *Playing on the Wheelbarrow* - Watercolour (27x22cm-11x9in) London 95 .... FF11 840 - £1 500 - **$2,382**
- *Torn Gown* - Watercolour (54x34cm-21x13in) London 91 .... FF64 500 - £6 500 - **$11,370**

HOPKINS Budd 1931 [3]
- *Blue night song* - Oil/canvas (118x91cm-46x36in) New-York 91 .... FF8 550 - £862 - **$1,484**

HOPKINS Edna Boies 1872-1937 [2]
- *Petunia* - Print (17x10cm-7x4in) Cambridge, Mass. 91 .... FF3 240 - £322 - **$563**
- *The mountaineer* - Wood (25x23cm-10x9in) New-York 91 .... FF8 550 - £868 - **$1,544**

HOPKINS France Ann Beechey 1838-1919 [6]
- *Island in Lake Superior, Canada* - Watercolour (28x44cm-11x17in) Toronto 94 .... FF22 900 - £2 680 - **$4,040**

HOPKINS Francis Powell XIX-XX [2]
- *Captain Molesworth & Maj. Hopkins* - Watercolour (23x31cm-9x12in) Edinburgh 92 ...... FF48 850 - £5 000 - **$9,570**

HOPKINS Milton William 1789-1844 [1]
- *Little girl in a fancy dress* - Oil/canvas/panel (74x59cm-29x23in) New-York 91 .... FF192 400 - £19 403 - **$37,500**

HOPKINS Peter 1911 [4]
- *Covered Site Inn* - Acrylic/canvas (130x160cm-51x63in) London 96 .... FF24 750 - £3 000 - **$4,810**

HOPKINS William H. ?-1892 [7]
- *Valour with Fred Archer up* - Oil/canvas (71x57cm-28x22in) London 91 .... FF29 300 - £3 500 - **$5,640**

HOPKINSON Charles Sydney 1869-1962 [12]
- *Henry G. Vaughan* - Oil/canvas (165x117cm-65x46in) New-York 96 .... FF61 200 - £7 940 - **$12,000**
- *Sharksmouth, Manchester* - Watercolour/board (36x50cm-14x20in) Boston, Mass. 91 ...... FF5 990 - £596 - **$1,030**

HOPKINSON William John 1887-1970 [10]
- *Land's end, New Brunswick* - Oil/board (61x76cm-24x30in) Toronto 94 .... FF2 250 - £263 - **$397**

HOPLEY Edward William John 1816-1869 [4]
- *Feeding the cats* - Oil/board (46x61cm-18x24in) London 96 .... FF14 730 - £1 900 - **$2,884**

HOPPE Bruno 1859-1937 [5]
- *Herre- og dameportraet* - Oil/canvas (71x60cm-28x24in) Köbenhavn 92 .... FF3 960 - £405 - **$698**

HOPPÉ Emil Otto 1878-1972 [7]
- *Nude reclining on a bade* - Gelatin silver print (28x20cm-11x8in) London 96 .... FF8 520 - £1 100 - **$1,646**

HOPPE Erik 1897-1968 [64]
- *Parti fra Søndermarken* - Oil/canvas (53x69cm-21x27in) Köbenhavn 93 .... FF12 260 - £1 465 - **$2,356**
- *Wilders Plads, Sommer* - Oil/canvas (81x91cm-32x36in) Köbenhavn 95 .... FF20 370 - £2 550 - **$4,115**
- *Figurer i Søndermarken* - Oil/canvas (110x120cm-43x47in) Köbenhavn 95 .... FF48 800 - £6 320 - **$9,920**

HOPPE Ferdinand 1848-1890 [1]
- *Fischerjunge am Ostseestrand* - Öl/Leinwand (70x85cm-28x33in) Frankfurt 95 .... FF7 010 - £888 - **$1,410**

HOPPE Ferdinand Bernhard 1841-1922 [7]
- *Boschweg, Holland* - Oil/canvas (54x76cm-21x30in) Amsterdam 89 .... FF10 800 - £1 075 - **$1,706**
- *Mare* - Watercolour (33x53cm-13x21in) Amsterdam 96 .... FF1 815 - £228 - **$351**

HOPPENBROUWERS Johannes Franciscus 1791-1866 [35]
- *Häuschen* - Oil/canvas (35x50cm-14x20in) Bremen 90 .... FF6 460 - £661 - **$1,275**
- *Moonlit landscape* - Oil/panel (23x32cm-9x13in) Amsterdam 94 .... FF18 300 - £2 124 - **$3,150**
- *Figures on a river* - Oil/panel (55x73cm-22x29in) Amsterdam 94 .... FF39 850 - £4 750 - **$7,580**

HOPPER Charles W. XIX-XX [2]
- *Two girls by a stream* - Wash (34x51cm-13x20in) London 90 .... FF32 000 - £3 448 - **$5,644**

HOPPER Dennis XX [3]
- *Factory* - Photo (40x59cm-16x23in) Paris 92 .... FF6 500 - £776 - **$1,250**

HOPPER Edward 1882-1967 [41]
- *Portrait of an artist* - Oil/canvas (45x35cm-18x14in) New-York 93 .... FF110 000 - £13 800 - **$20,000**
- *South Truro Church* - Oil/canvas (73x109cm-29x43in) New-York 90 .... FF1 97e +07 - £1 - **$2**
- *In the Park* - Etching (17x20cm-7x8in) New-York 95 .... FF138 800 - £17 500 - **$27,500**
- *On the El Train* - Etching (18x20cm-7x8in) New-York 94 .... FF263 000 - £30 830 - **$46,000**
- *Nighthhawks* - Pencil (28x38cm-11x15in) New-York 96 .... FF3 - £496 000 - **$750,000**
- *Farm Family* - Charcoal/paper (37x41cm-14x16in) New-York 96 .... FF99 100 - £11 400 - **$19,000**
- *Jenness House No. 3* - Watercolour/paper (36x51cm-14x20in) New-York 95 .... FF728 000 - £91 100 - **$145,000**

HOPPER Josephine N. ?-1968 [1]
- *Huntington Hartford Foundation* - Oil/canvas (91x74cm-36x29in) New Orleans, Louisiana 96 ..... FF4 140 - £512 - **$800**

H

Calendar & auction results :   INTERNET : **www.artprice.com**   MINITEL : 3617 ARTPRICE

HOPPNER John 1759-1810 [31]
- Mr. Young - Oil/canvas (76x64cm-30x25in) London 89 .... FF31 000 - £3 267 - **$5,219**
- Lady & her Daughter - Oil/canvas (77x63cm-30x25in) New-York 97 .... FF154 610 - £17 472 - **$28,000**
- Mademoiselle Hilligsberg - Oil/canvas (240x147cm-94x58in) London 90 .... FF605 000 - £61 569 - **$120,990**

HÖPPNER Oskar 1871-? [1]
- Fra Berlin - Oil/canvas (71x50cm-28x20in) Oslo 92 .... FF8 360 - £1 000 - **$1,610**

HOPS Tom 1906-1976 [5]
- Baskiche Küste - Oil/panel (50x66cm-20x26in) Hamburg 94 .... FF10 300 - £1 220 - **$1,902**

HOPWOOD Henry Silkstone 1860-1914 [9]
- Village watchmaker - Wash (26x34cm-10x13in) London 89 .... FF9 200 - £969 - **$1,549**

HOQUET Charles 1821-1870 [1]
- Vor der Stadt - Oil/board (24x18cm-9x7in) Bremen 91 .... FF10 250 - £1 053 - **$1,910**

HORACIO 1912-1972 [27]
- Niña con gatto - Oil/canvas (57x48cm-22x19in) New-York 93 .... FF26 400 - £3 310 - **$4,800**
- Niña con pájaros - Oil/canvas (60x46cm-24x18in) New-York 91 .... FF48 000 - £4 778 - **$8,254**

HORADAM Franz 1846-1949 [2]
- Baumgruppe im Dachauer Moos - Charcoal (50x70cm-20x28in) Heidelberg 93 .... FF4 375 - £511 - **$719**

HORAWSKI Apollinari 1833-1900 [1]
- Unangenehme Überraschung - Öl/Karton (44x59cm-17x23in) Wien 95 .... FF4 475 - £550 - **$872**

HÖRBERG Pehr 1746-1816 [3]
- Petri fiskafänge - Akvarell (32x37cm-13x15in) Stockholm 95 .... FF14 500 - £1 896 - **$2,903**

HÖRBIGER Alfred 1891-1945 [1]
- Lots Weib - Öl/Karton (42x31cm-17x12in) Wien 94 .... FF3 886 - £457 - **$694**

HORD Donald 1902-1966 [2]
- Chanting Woman - Ceramic (46cm-18in) San Francisco-Los Angeles 96 .... FF4 180 - £484 - **$800**

HORDAPP Otto 1894-1968 [1]
- Im Atelier - Öl/Leinwand (96x86cm-38x34in) Stuttgart 95 .... FF2 074 - £271 - **$416**

HORDE Max XX [20]
- De l'amour No 2 - Technique mixte/toile (60x73cm-24x29in) Paris 94 .... FF2 000 - £233 - **$347**

HORDIJK Gerard 1899-1958 [12]
- Vermont - Oil/canvas (53x66cm-21x26in) Amsterdam 96 .... FF6 750 - £867 - **$1,331**
- American tourists - Watercolour, gouache/paper (37x27cm-15x11in) Amsterdam 94 .... FF2 757 - £327 - **$510**

HOREJC Jaroslaw 1886-1983 [6]
- Faun - Marble (50cm-20in) München 91 .... FF4 730 - £471 - **$813**

HOREL Albert 1876-1964 [15]
- Vue panoramique de Fès - Huile/toile (66x93cm-26x37in) Paris 95 .... FF10 000 - £1 267 - **$2,010**

HORENBANT Jozef 1863-1956 [3]
- De Groentenmarkt - Huile/toile (38x50cm-15x20in) Lokeren 95 .... FF6 850 - £855 - **$1,384**

HORGNIES Norbert Joseph 1846-? [1]
- L'avare - Huile/toile (57x47cm-22x19in) Bruxelles 92 .... FF11 620 - £1 190 - **$2,233**

HÖRLIN Tor 1899-1985 [9]
- Hus vid väg - Oil/canvas (45x54cm-18x21in) Söderköping 90 .... FF4 200 - £453 - **$741**

HORLOR Joseph 1809-1887 [44]
- Scottish Highlands - Oil/canvas (29x22cm-11x9in) Leamington Spa 97 .... FF2 578 - £280 - **$457**
- Blustery day, Tintagel - Oil/canvas (21x35cm-8x14in) London 97 .... FF3 673 - £400 - **$639**
- Paysage avec vachers - Huile/toile (30x45cm-12x18in) Paris 91 .... FF25 000 - £2 499 - **$4,117**

HORMANN von Ludwig 1861-1945 [1]
- Nude male study with sword - Charcoal/paper (59x44cm-23x17in) New-York 95 ...... FF8 450 - £1 018 - **$1,600**

HÖRMANN von Theodor 1814-1895 [20]
- Sommer, Znaim - Öl/Leinwand (78x98cm-31x39in) München 93 .... FF1 - £150 000 - **$241,300**
- Tiroler Bauernhaus - Öl/papier (19x25cm-7x10in) Wien 91 .... FF26 400 - £2 662 - **$5,145**
- Häusern - Öl/Karton (31x51cm-12x20in) München 96 .... FF105 700 - £13 260 - **$20,400**

HORN AF EKEBYHOLM Adam 1725-1796 [2]
- Sjöhamn med figurer och fartyg - Oil/canvas (45x55cm-18x22in) Stockholm 93 .... FF20 700 - £2 546 - **$3,836**

HORN Carl 1874-? [4]
- In Gedanken - Öl/Leinwand (67x53cm-26x21in) München 92 .... FF9 500 - £1 134 - **$1,827**

HORN Josef 1902-1951 [1]
- Werdohl - Oil/canvas (60x90cm-24x35in) Köln 91 .... FF4 770 - £478 - **$874**

HORN Lex 1916-1968 [2]
- Stadsgezicht - Oil/paper (42x557cm-17x219in) Amsterdam 95 .... FF3 530 - £451 - **$720**
- A harbour - Charcoal/paper (28x37cm-11x15in) Amsterdam 94 .... FF2 726 - £314 - **$467**

HORN Rebecca 1944 [22]
- Drawing machine - Mixed media (248x38x38cm-98x15x15in) New-York 91 ..... FF136 800 - £13 884 - **$24,707**
- Marriage Upside Down - Wood (70x20x28cm-28x8x11in) London 93 .... FF34 860 - £4 200 - **$6,090**
- Painting Machine - Metal (109cm-43in) New-York 96 .... FF155 400 - £20 050 - **$30,000**

HORN Roni 1944 [8]
- The XXV - Yellow powder pigment, varnish/paper (53x69cm-21x27in) New-York 94 ... FF15 840 - £1 900 - **$3,000**
- Thicket #1 - Mixed media (5x122x162cm-2x48x64in) New-York 93 .... FF99 000 - £12 410 - **$18,000**
- Untitled - Pastel (28x37cm-11x15in) New-York 97 .... FF23 256 - £2 442 - **$4,000**

HORN-ZIPPELIUS Dora 1876-1967 [2]
- Baumbestandene Flusslandschaft - Oil/panel (56x64cm-22x25in) Pforzheim 93 .... FF2 374 - £284 - **$457**

HORNBOSTL von Karl XIX-XX [3]
- Dampfmaschine - Watercolour (49x64cm-19x25in) Wien 96 .... FF2 640 - £341 - **$510**

HORNBROOK Thomas Lyde 1780-1855 [10]
🖝 *Shipping in a dead Calm* - Oil/canvas (38x56cm-15x22in) London 97 .... FF**60 976** - £6 500 - **$10,646**
HORNBY Lester George 1882-1956 [5]
▱ *World War I Battle scenes* - Etching Mystic, Connecticut 91 .... FF**2 997** - £298 - **$515**
∅ *Pigeon cove, Rockport* - Watercolour/board (34x51cm-13x20in) Cambridge, Mass. 90 .... FF**2 363** - £240 - **$473**
HORNE Herbert Percy 1864-1916 [1]
🖝 *Decorative panels, Pownall Hall* - Oil/canvas (62x62cm-24x24in) London 92 .... FF**20 930** - £2 500 - **$4,030**
HORNE van Sir William Cornel. 1843-1915 [1]
🖝 *Autumn woodland* - Oil/canvas (80x127cm-31x50in) Toronto 91 .... FF**10 320** - £1 035 - **$1,704**
HORNEL Edward Atkinson 1864-1933 [52]
🖝 *Gathering primroses, Brighouse* - Oil/canvas (76x64cm-30x25in) Glasgow 96 .... FF**115 700** - £15 000 - **$22,660**
Easter eggs - Oil/canvas (77x91cm-30x36in) Glasgow 96 .... FF**247 000** - £32 000 - **$48,400**
Easter eggs - Oil/canvas (153x123cm-60x48in) Edinburgh 89 .... FF**532 700** - £54 468 - **$85,643**
HORNEMANN Christian 1765-1844 [3]
🖝 *Interiør* - Oil/canvas (47x45cm-19x18in) København 92 .... FF**2 464** - £247 - **$474**
HORNER Friedrich 1800-1864 [8]
∅ *Ohr des Dionysos* - Aquarell/Papier (21x29cm-8x11in) Köln 94 .... FF**24 000** - £2 820 - **$4,200**
HORNER George Christopher 1829-1881 [1]
🖝 *Ellen Chapman* - Oil/canvas (62x74cm-24x29in) London 89 .... FF**271 200** - £27 730 - **$43,601**
HORNER Hans Adolf 1866-1916 [1]
🖝 *Feeding the chickens* - Oil/canvas (80x100cm-31x39in) London 90 .... FF**43 600** - £4 638 - **$7,800**
HÖRNER Johan 1711-1763 [3]
🖝 *Herre i hvid skjorte* - Oil/canvas (67x56cm-26x22in) København 91 .... FF**18 440** - £1 863 - **$3,661**
HORNIG Charles Guillaume 1824-? [2]
🖝 *Hagia Sofia, Constantinople* - Oil/canvas (90x140cm-35x55in) London 97 .... FF**264 599** - £29 000 - **$46,438**
HORNIGK Hans 1878-? [1]
🖝 *Ulan auf Pferd* - Oil/panel (29x36cm-11x14in) Rudolstadt-Thüringen 96 .... FF**3 730** - £468 - **$720**
HØRNING Tonny 1941 [3]
▨ *Skulptur (relief)* - (31cm-12in) København 92 .... FF**3 344** - £342 - **$590**
HORNUNG Charles Émile 1883-1956 [6]
🖝 *Paysage en février* - Huile/toile (41x33cm-16x13in) Genève 96 .... FF**3 974** - £460 - **$761**
Bord du Rhône le matin - Ol/Karton (22x27cm-9x11in) Zürich 94 .... FF**10 500** - £1 217 - **$1,810**
∅ *Modèle aux bas noirs* - Pastel (49x65cm-19x26in) Genève 91 .... FF**11 600** - £1 190 - **$2,157**
HORNUNG Joseph 1792-1870 [3]
🖝 *Monsieur Brunel* - Oil/canvas (62x49cm-24x19in) Bern 92 .... FF**11 900** - £1 216 - **$2,096**
Nu au bain - Huile/toile (130x86cm-51x34in) Paris 96 .... FF**80 000** - £9 420 - **$15,700**
HORNUNG Preben 1919-1989 [94]
🖝 *Jernbanetema* - Oil/canvas (72x50cm-28x20in) København 96 .... FF**10 640** - £1 382 - **$2,105**
Omkring en torso - Oil/canvas (112x79cm-44x31in) København 96 .... FF**28 200** - £3 500 - **$5,470**
∅ *Relationer* - Drawing (54x41cm-21x16in) København 94 .... FF**2 265** - £264 - **$397**
HORNUNG-JENSEN Carl 1882-1960 [45]
🖝 *Blomsteropstilling* - Oil/canvas (66x54cm-26x21in) Vejle 94 .... FF**5 660** - £664 - **$1,007**
On the beach, Hornbaek - Oil/canvas (61x94cm-24x37in) London 92 .... FF**27 350** - £2 800 - **$4,820**
HORNY Conrad 1764-1807 [1]
∅ *In Thüringer Wald bei Eisenach* - Ink (20x42cm-8x17in) Köln 95 .... FF**2 934** - £382 - **$602**
HORNY Franz Theobald 1798-1824 [2]
∅ *Knaben/Frau, Wolle verarbeitend* - Pencil/paper (18x11cm-7x4in) London 94 .... FF**20 100** - £2 400 - **$3,790**
HORNYAK Jennifer 1940 [3]
🖝 *The clown* - Huile/toile (96x91cm-38x36in) Montréal 90 .... FF**13 100** - £1 340 - **$2,586**
HORNYANSKY Nicholas 1896-1965 [19]
🖝 *Ghent* - Oil/panel Toronto 95 .... FF**2 012** - £263 - **$404**
HOROVITZ Armin 1880-? [1]
▱ *Minerva Radio* - Poster (95x188cm-37x74in) Wien 97 .... FF**14 394** - £1 521 - **$2,469**
HOROVITZ Leopold 1838-1917 [5]
🖝 *Tish'a B'av* - Oil/panel (20x28cm-8x11in) Tel Aviv 96 .... FF**73 300** - £6 200 - **$9,600**
HORRAK Johann 1815-1870 [2]
∅ *The pet canary* - Watercolour (48x36cm-19x14in) London 95 .... FF**9 230** - £1 200 - **$1,926**
HORRIX Hendrikus Mattheus 1845-1923 [12]
🖝 *Old woman* - Oil/canvas (55x39cm-22x15in) Amsterdam 97 .... FF**10 403** - £1 125 - **$1,815**
Children playing - Oil/canvas (71x57cm-22x30in) Amsterdam 94 .... FF**36 600** - £4 250 - **$6,300**
∅ *Mother nurturing her child* - Watercolour/paper (54x36cm-21x14in) Amsterdam 94 .... FF**7 950** - £954 - **$1,545**
HORSFORD A.J. ?-1877 [3]
🖝 *A Precocious Genius* - Oil/canvas (71x91cm-28x36in) New-York 96 .... FF**135 000** - £17 200 - **$26,000**
HORSLEY Hopkins H. Hobday 1807-1890 [2]
🖝 *Market Day, Colton Rugeley* - Oil/canvas (54x89cm-21x35in) Crewkerne, Somerset 92 ...... FF**11 200** - £1 150 - **$2,150**
HORSLEY John Callcott 1817-1903 [7]
🖝 *Pleasant Corner* - Oil/canvas (81x60cm-32x24in) London 97 .... FF**73 462** - £8 000 - **$12,775**
HORSLEY Walter Charles 1855-? [4]
🖝 *Stiking a bargain* - Huile/toile (91x71cm-36x28in) Paris 96 .... FF**100 000** - £12 930 - **$19,800**
HORSSEN van Winand Bastien 1863-? [2]
🖝 *Clematis flowers in a vase* - Oil/canvas (73x54cm-29x21in) St. Louis, Miss. 92 .... FF**24 140** - £2 465 - **$4,331**

H

HORST Franz 1862-1956 [6]
- *Badende* - Öl/Karton (23x39cm-9x15in) Wien 97 .... *FF13 378 - £1 422 -* **$2,307**
- *Suppenausgabe* - Öl/Leinwand (38x58cm-15x23in) Wien 94 .... *FF26 850 - £3 195 -* **$5,060**

HORST Horst Paul 1906 [81]
- *Male Nude (Knee), NY* - Gelatin silver print (30x23cm-12x9in) New-York 96 .... *FF6 260 - £725 -* **$1,200**
- *Zoli Models* - Platinum, palladium print (41x38cm-16x15in) New-York 94 .... *FF18 600 - £2 220 -* **$3,500**
- *Mainbocher Corset* - Platinum, palladium print (45x34cm-18x13in) New-York 96 .... *FF61 300 - £7 900 -* **$12,000**

HORST Wilhelm 1852-? [2]
- *Junge Frau in prachtvollem Kleid* - Öl/Leinwand (125x80cm-49x31in) Köln 93 .... *FF13 560 - £1 620 -* **$2,610**

HORST-SCHULZE Paul 1876-1937 [1]
- *Vorfrühling im Murnauer Moor* - Huile/panneau (47x66cm-19x26in) München 93 .... *FF2 960 - £339 -* **$500**

HORSTINK Warnaar 1756-1815 [2]
- *Fishermen & promenaders, Katwijk* - Ink (20x30cm-8x12in) Amsterdam 92 .... *FF8 440 - £1 008 -* **$1,624**

HORSTOK van Johannes Petrus 1745-1825 [2]
- *Merry figures in front of a house* - Oil/panel (64x56cm-25x22in) Amsterdam 94 .... *FF22 570 - £2 620 -* **$3,885**

HORTALA Philippe 1960 [2]
- *Gâteaux* - Huile/toile (130x195cm-51x77in) Verrières-Le-Buisson 91 .... *FF3 600 - £358 -* **$625**

HORTE Max 1865-? [1]
- *Pferdefuhrwerke an der Seine* - Oil/canvas (42x53cm-17x21in) München 92 .... *FF4 420 - £453 -* **$867**

HÖRTER August 1834-1906 [2]
- *Felsige Küstenlandschaft* - Oil/canvas (51x73cm-20x29in) Frankfurt 92 .... *FF4 070 - £487 -* **$783**

HORTER Earl 1881-1940 [17]
- *Manyunk Hills* - Oil/canvas (61x76cm-24x30in) New-York 90 .... *FF24 870 - £2 531 -* **$4,974**
- *Tabletop abstraction* - Oil/panel (50x61cm-20x24in) New-York 89 .... *FF343 200 - £33 159 -* **$52,079**
- *Still life* - Pastel (13x25cm-5x10in) Philadelphia 95 .... *FF7 270 - £917 -* **$1,450**

HORTER Ernst XIX-XX [1]
- *Young nude woman stretching* - Marble (67cm-26in) London 92 .... *FF14 600 - £1 500 -* **$2,715**

HORTON Brian 1933 [4]
- *Cornfield* - Pencil (43x56cm-17x22in) London 92 .... *FF8 800 - £900 -* **$1,550**

HORTON George Edward 1860-? [19]
- *Potato Boat, In Dort, Holland* - Watercolour (52x40cm-20x16in) London 93 .... *FF3 300 - £380 -* **$570**

HORTON Percy 1897-1970 [2]
- *Peach and plums* - Oil/board (35x50cm-14x20in) London 91 .... *FF2 780 - £279 -* **$481**

HORTON William Samuel 1865-1936 [55]
- *Stormy sundown, Biarritz* - Oil/panel (37x46cm-15x18in) New-York 95 .... *FF21 100 - £2 640 -* **$4,200**
- *Peace Celebration, Paris* - Oil/panel (38x46cm-15x18in) New-York 94 .... *FF50 600 - £5 960 -* **$9,000**
- *Arc de Triomphe* - Oil/board (63x77cm-25x30in) New-York 91 .... *FF627 000 - £63 100 -* **$110,000**
- *Abbey in the trees* - Pastel/paper (47x60cm-19x24in) San Francisco-Los Angeles 93 .... *FF7 680 - £873 -* **$1,300**

HORVAT Frank 1944 [2]
- *Street scene with policeman, Paris* - Gelatin silver print (37x25cm-15x10in) San Francisco-Los Angeles 93 .... *FF2 655 - £303 -* **$450**
- *Aux courses* - Photo (25x36cm-10x14in) Paris 92 .... *FF2 800 - £334 -* **$539**

HORVATH Pal 1936 [6]
- *Color Construction* - Huile/panneau (100x100cm-39x39in) Lokeren 92 .... *FF7 970 - £816 -* **$1,402**

HÖRWARTER Joseph Eugen 1854-1925 [2]
- *Das rote Zimmer* - Öl/Karton (48x35cm-19x14in) Wien 95 .... *FF7 890 - £1 015 -* **$1,605**

HORY de Elmyr 1911-1979 [18]
- *Interior scene* - Oil/canvas (61x77cm-24x30in) San Francisco-Los Angeles 92 .... *FF5 470 - £648 -* **$1,052**
- *El estanque* - Litografia (75x53cm-30x21in) Madrid 93 .... *FF1 974 - £238 -* **$385**

HOSAEUS Kurt Hermann 1875-? [2]
- *Antiker Krieger* - Bronze (50cm-20in) Stuttgart 96 .... *FF7 510 - £977 -* **$1,488**

HOSCH Karl 1900-1972 [3]
- *Fluslandschaft mit Häusern* - Öl/Leinwand (69x91cm-27x36in) Zürich 96 .... *FF19 720 - £2 472 -* **$3,810**

HOSCHÉDÉ-MONET Blanche 1865-1947 [11]
- *Coude de l'Epte* - Huile/toile (51x61cm-20x24in) Rouen 96 .... *FF43 000 - £5 360 -* **$8,300**
- *La meule* - Huile/toile (46x55cm-18x22in) Neuilly 91 .... *FF123 000 - £12 333 -* **$20,304**

HOSEMANN Theodor 1807-1875 [16]
- *Der Gernegross* - Oil/canvas/panel (49x63cm-19x25in) Hamburg 94 .... *FF72 100 - £9 530 -* **$14,620**
- *Heudemädchen* - Aquarelle, gouache (24x20cm-9x8in) Bremen 95 .... *FF5 500 - £723 -* **$1,104**

HOSENFELDER Christian Friedrich 1706-1780 [1]
- *Horse in a stormy landscape* - Oil/canvas (50x63cm-20x25in) London 91 .... *FF39 700 - £4 000 -* **$6,889**

HOSHINO Komaro XX [2]
- *Yukari Taguchi* - Cibachrome print (25x17cm-10x7in) Paris 92 .... *FF2 600 - £311 -* **$500**

HOSIASSON Philippe 1898-1978 [43]
- *Daytime* - Oil/canvas (132x100cm-52x39in) New-York 95 .... *FF6 780 - £899 -* **$1,400**
- *Composition* - Huile/toile (92x73cm-36x29in) Paris 96 .... *FF13 500 - £1 750 -* **$2,670**
- *Composition* - Huile/toile (100x81cm-39x32in) Saint-Germain-en-Laye 93 .... *FF24 000 - £2 697 -* **$4,070**
- *Composition* - Huile/toile (100x73cm-39x29in) Paris 90 .... *FF95 000 - £10 171 -* **$16,522**

HOSIE David XX [6]
- *Childrens' Games* - Oil/canvas (153x107cm-60x42in) London 95 .... *FF4 110 - £520 -* **$804**

HOSKINS Gayle Porter 1887-1962 [5]
- *Man dismounted* - Oil/canvas (74x104cm-29x41in) New-York 96 .... *FF23 060 - £2 734 -* **$4,500**

HOSKINS John ?-1664/65 [3]
- *Gentleman in black doublet* - Miniature (5cm-2in) London 94 .... *FF39 000 - £4 600 -* **$6,940**

HOSLET Jean-Joseph 1899-1981 [2]
- *Chalutier à Ostende* - Huile/toile (60x79cm-24x31in) Bruxelles 91 .... FF3 890 - £392 - **$758**

HOSOE Eikoh 1933 [12]
- *Embrace* - Gelatin silver print (20x29cm-8x11in) San Francisco-Los Angeles 95 .... FF4 730 - £618 - **$950**

HOSOTTE Georges 1936 [15]
- *Vignes et vergers* - Huile/toile Tonnerre 93 .... FF16 000 - £1 930 - **$2,910**
- *Port de Cambrils, Espagne* - Huile/toile (83x117cm-33x46in) Auxerre 90 .... FF24 000 - £2 553 - **$4,293**
- *Vue de mon jardin* - Aquarelle (61x47cm-24x19in) Auxerre 94 .... FF8 500 - £983 - **$1,460**

HOSSE Adolf 1875-1958 [4]
- *Kornernte im bergischen Land* - Oil/canvas (35x49cm-14x19in) Köln 92 .... FF4 420 - £453 - **$778**

HOST Franz 1862-1956 [1]
- *Donauau* - Oil/panel (50x70cm-20x28in) Wien 95 .... FF3 480 - £448 - **$718**

HØST Marianne 1865-? [1]
- *Interiør* - Oil/canvas Vejle 94 .... FF5 910 - £679 - **$1,011**

HØST Oluf 1884-1966 [89]
- *Kostald på Bognemark* - Oil/canvas (50x80cm-20x31in) København 96 .... FF29 930 - £3 720 - **$5,810**
- *Bognemark* - Oil/canvas (61x116cm-24x46in) Viby J, Århus 94 .... FF66 800 - £8 000 - **$12,480**
- *Sankt Hans Bål* - Oil/canvas (81x146cm-32x57in) København 91 .... FF325 600 - £32 413 - **$55,991**

HOSTE Constant Pr. 1873-1917 [1]
- *Vissersboten bij de golfbreker* - Huile/toile (46x91cm-18x36in) Lokeren 92 .... FF11 620 - £1 190 - **$2,044**

HÖSTE Einar 1930 [6]
- *S-T 76* - Oil/canvas (200x70cm-79x28in) Stockholm 92 .... FF14 140 - £1 448 - **$2,490**

HOSTEIN Édouard 1804-1889 [3]
- *Le pont* - Huile/toile (71x100cm-28x39in) Nancy 95 .... FF35 500 - £4 670 - **$7,120**

HOT Georges 1920 [5]
- *Les lianes* - Huile/toile (73x100cm-29x39in) L'Isle-Adam 89 .... FF11 700 - £1 196 - **$1,881**

HOTCHKIS Isobel 1897-1947 [1]
- *Jessie M. King* - Red chalk/paper (35x25cm-14x10in) Glasgow 96 .... FF3 240 - £420 - **$635**

HOTTENROTH Edmond 1801-1889 [2]
- *Campagnalandschaft* - Oil/canvas (56x74cm-22x29in) Luzern 92 .... FF15 220 - £1 820 - **$2,930**
- *The Coliseum from the Palatine* - Oil/canvas (59x79cm-23x31in) London 95 .... FF45 500 - £5 500 - **$8,400**

HOTTENROTH Woldemar 1802-1894 [1]
- *Young fishermen* - Oil/canvas (46x38cm-18x15in) London 89 .... FF9 200 - £941 - **$1,479**

HOTTOT Louis 1829-1905 [15]
- *L'Echo* - Bronze (82cm-32in) Fontainebleau 91 .... FF10 000 - £993 - **$1,736**
- *Porteuse d'eau* - Bronze (68cm-27in) Paris 94 .... FF38 000 - £4 420 - **$6,580**

HÖTZENDORFF von Theodor 1898-1974 [9]
- *Gebirgshang mit Tannen* - Oil/panel (60x80cm-24x31in) München 94 .... FF8 500 - £992 - **$1,490**
- *Chiemseestrand* - Oil/panel (60x85cm-24x33in) München 93 .... FF22 740 - £2 600 - **$3,850**

HOU Axel 1860-1948 [6]
- *The artist's music room* - Oil/canvas (72x87cm-28x34in) London 91 .... FF90 700 - £9 029 - **$15,597**

HOUASSE Michel-Ange 1680-1730 [5]
- *Bacchus with a Satyr* - Oil/canvas (100x81cm-39x32in) London 92 .... FF176 000 - £18 000 - **$30,960**

HOUBEN Charles 1871-1931 [23]
- *Paysage de rivière* - Huile/toile (49x65cm-19x26in) Lokeren 95 .... FF2 760 - £345 - **$541**
- *Verviers* - Huile/panneau (33x48cm-13x19in) Antwerpen 97 .... FF3 590 - £385 - **$629**
- *Berger et ses moutons* - Huile/toile (60x85cm-24x33in) Antwerpen 95 .... FF12 070 - £1 508 - **$2,367**

HOUBEN Henri 1858-1931 [19]
- *Flower market in Antwerp* - Oil/canvas (70x55cm-28x22in) Amsterdam 97 .... FF15 606 - £1 688 - **$2,723**
- *Overzet op Walcheren* - Huile/toile (90x141cm-35x56in) Lokeren 94 .... FF83 000 - £9 800 - **$14,780**

HOUBIERS Lucien 1876-1943 [5]
- *Beuvron en Sologne* - Huile/panneau (40x50cm-16x20in) Liège 90 .... FF2 600 - £278 - **$452**

HOUBRON Frédéric Anatole 1851-1908 [4]
- *Place de la Concorde* - Technique mixte/panneau (36x63cm-14x25in) Saint-Dié 89 .... FF26 500 - £2 637 - **$4,186**

HOUDETOT d' Frédéric 1778-1859 [3]
- *Mathieu Molé malade* - Mine plomb (13x11cm-5x4in) Paris 95 .... FF7 000 - £900 - **$1,445**

HOUDIAKOFF André 1895-1985 [3]
- *Toy Soldiers* - Gouache (34x20cm-13x8in) London 96 .... FF4 810 - £550 - **$917**

HOUDON Jean-Antoine 1741-1828 [22]
- *Frileuse* - Bronze (56x22cm-22x9in) Lokeren 96 .... FF18 100 - £2 306 - **$3,490**
- *Buste de Molière* - Plâtre (72cm-28in) Bourg-en-Bresse 92 .... FF58 000 - £5 940 - **$10,210**
- *Soeur du Roi Louis XVI* - Marbre (80cm-31in) Paris 97 .... FF445 000 - £46 725 - **$76,540**

HOUëL Jean Pierre Louis L. 1735-1813 [16]
- *Château de Chanteloup* - Huile/toile (79x125cm-31x49in) Monaco 90 .... FF280 000 - £28 632 - **$55,267**
- *Classical roman statue* - Watercolour, gouache (33x52cm-13x20in) London 96 .... FF40 200 - £5 000 - **$7,800**

HOUGAARD Henning 1922-1995 [16]
- *Domherrar på snöklädda grenar* - Oil/panel (46x38cm-18x15in) Malmö 92 .... FF5 470 - £560 - **$963**

HOUGET Charles 1821-1870 [1]
- *Figures in front of a watermill* - Oil/canvas (45x36cm-18x14in) Amsterdam 89 .... FF13 500 - £1 380 - **$2,170**

HOUGH William B. XIX-XX [23]
- *Raspberries in a bowl* - Watercolour (19x26cm-7x10in) London 94 .... FF14 300 - £1 700 - **$2,720**

HOUGHTON Arthur Boyd 1836-1875 [3]
🖼 *The artist's brother& sister playing* - Oil/canvas (26x30cm-10x12in) London 93 .... FF8 400 - £1 050 - **$1,523**
HOUGHTON Wilfred XX [2]
🖼 *Sunlit lane, Dunedin, Glarryford* - Oil/canvas (35x50cm-14x20in) Belfast 90 .... FF4 400 - £468 - **$787**
HOUGHTON William ?-1796 [1]
✎ *Master Abraham Banks* - Silhouette (8cm-3in) London 95 .... FF1 707 - £220 - **$348**
HOUGHTON William B. XIX-XX [3]
🖼 *Summer fruits* - Watercolour (23x35cm-9x14in) London 92 .... FF24 420 - £2 500 - **$4,300**
HOURREGUE Jean XX [6]
✎ *Bateau de pêche* - Gouache/papier (49x64cm-19x25in) Paris 91 .... FF3 100 - £308 - **$538**
HOURTAL Henri XIX-XX [3]
🖼 *Le marché aux étoffes* - Huile/toile (49x65cm-19x26in) Avranches 95 .... FF16 500 - £2 084 - **$3,310**
HOURY Charles Borroméo A. 1823-1898 [1]
🖼 *Composer Louis Gottshalk* - Oil/panel (40x31cm-16x12in) New-York 94 .... FF5 850 - £671 - **$1,000**
HOUSE Gordon XX [2]
🖼 *Crystal castle* - Mixed media/canvas (243x243cm-96x96in) London 92 .... FF2 340 - £239 - **$424**
HOUSEZ Charles Gustave 1822-c.1880 [4]
🖼 *Jeune fille sur fond de plan d'eau* - Huile/toile (104x86cm-41x34in) Bruxelles 97 .... FF25 343 - £2 728 - **$4,418**
HOUSSARD Charles 1884-1958 [2]
🖼 *Le Val de Fêchereux, Ourthe* - Huile/toile (88x104cm-35x41in) Bruxelles 95 .... FF4 020 - £521 - **$818**
HOUSSAYE DE LÉOMÉNIL Laure, née Girard 1806-1866 [2]
🖼 *Jeune femme nue* - Huile/toile (145x74cm-57x29in) Paris 96 .... FF13 200 - £1 680 - **$2,540**
HOUSSEAU-HASSID Mireille 1933 [30]
🖼 *Paysage breton* - Huile/toile (65x54cm-26x21in) Blois 94 .... FF4 800 - £556 - **$821**
HOUSSER Yvonne MacKague 1898-? [11]
🖼 *Atlantic Shore* - Oil/panel (420x51cm-165x20in) Toronto 95 .... FF5 720 - £759 - **$1,181**
HOUSSIN Edouard 1847-1917 [3]
🗿 *L'Esméralda* - Bronze (83cm-33in) Libourne 92 .... FF23 000 - £2 354 - **$4,050**
HOUSSOT Louis 1824-1890 [1]
🖼 *Junge Dame in Rokokokostüm* - Oil/panel (24x14cm-9x6in) Köln 95 .... FF7 940 - £1 033 - **$1,630**
HOUSTON Adam 1812-1884 [3]
✎ *Young girl holding a rhubarb leaf* - Watercolour (43x28cm-17x11in) London 96 .... FF5 250 - £600 - **$1,000**
HOUSTON Frances C. 1867-1906 [1]
🖼 *Seated actress* - Oil/canvas (112x66cm-44x26in) Boston, Mass. 94 .... FF12 870 - £1 544 - **$2,500**
HOUSTON George 1869-1947 [48]
🖼 *Aros Castle, Mull* - Oil/board (34x43cm-13x17in) Glasgow 96 .... FF6 480 - £750 - **$1,241**
A lochside garden - Oil/canvas (71x91cm-28x36in) Glasgow 96 .... FF10 020 - £1 300 - **$1,964**
Iochgair, Loch Fyne - Oil/canvas (71x91cm-28x36in) Edinburgh 91 .... FF131 000 - £13 041 - **$22,527**
HOUSTON Ian XX [15]
🖼 *Cloud ans Sunlight, Peniche* - Oil/canvas (46x66cm-18x26in) Aylsham, Norfolk 92 .... FF4 560 - £530 - **$930**
✎ *The Last of the Snow* - Watercolour Aylsham, Norfolk 95 .... FF2 763 - £350 - **$556**
HOUSTON John 1930 [7]
🖼 *Late Summer* - Oil/canvas (85x110cm-33x43in) London 97 .... FF10 825 - £1 150 - **$1,886**
HOUSTON John Adam Plimmer 1813-1884 [10]
🖼 *C. Colombus* - Oil/canvas (76x63cm-30x25in) London 93 .... FF26 560 - £3 200 - **$4,960**
✎ *The Spring* - Watercolour (44x30cm-17x12in) Edinburgh 92 .... FF5 370 - £550 - **$946**
HOUSTON John Rennie McKenzie 1856-1932 [4]
🖼 *Reading the News* - Oil/canvas (36x26cm-14x10in) Glasgow 96 .... FF5 180 - £600 - **$993**
HOUSTON Richard 1721-1775 [1]
▦ *The Four Times of the Day* - Mezzotint (35x25cm-14x10in) London 95 .... FF9 840 - £1 300 - **$1,994**
HOUSTON Robert 1891-1940 [14]
🖼 *The road to the coast* - Oil/canvas (71x91cm-28x36in) Edinburgh 92 .... FF11 720 - £1 200 - **$2,064**
✎ *Iona* - Watercolour (35x45cm-14x18in) Glasgow 96 .... FF2 470 - £320 - **$484**
HOUTEN van Barbara Elisabeth 1862-? [3]
✎ *Grapes & oranges* - Watercolour (23x42cm-9x17in) Amsterdam 97 .... FF2 418 - £255 - **$414**
HOUTEN van den Léon 1874-1944 [4]
🖼 *Plage* - Huile/toile (64x80cm-25x31in) Bruxelles 93 .... FF4 615 - £552 - **$943**
HOUTHUESEN Albert 1903 [25]
🖼 *Autumnal bouquet* - Oil/canvas (77x63cm-30x25in) London 89 .... FF19 400 - £1 984 - **$3,119**
✎ *Hope a bubble* - Drawing (54x72cm-21x28in) London 91 .... FF3 550 - £358 - **$692**
HOUWALD von Werner 1901-1974 [6]
🖼 *Sonntagshorn* - Oil/canvas (80x95cm-31x37in) München 91 .... FF15 200 - £1 513 - **$2,614**
HOUWENS Joris 1925 [8]
🖼 *The beach* - Oil/board (80x122cm-31x48in) Amsterdam 93 .... FF6 130 - £704 - **$1,052**
HOUYOUX Charles XX [2]
🖼 *Les Enfants noyés* - Huile/toile (50x60cm-20x24in) Bruxelles 89 .... FF2 800 - £279 - **$442**
HOUYOUX Léon 1856-1940 [25]
🖼 *Fôret de Soignes* - Huile/toile (80x100cm-31x39in) Bruxelles 96 .... FF2 680 - £347 - **$536**
Étang à Linkebeek - Huile/panneau (50x60cm-20x24in) Bruxelles 94 .... FF7 910 - £923 - **$1,387**
Jeune fille devant la fenêtre - Huile/panneau (50x42cm-20x17in) Bruxelles 95 .... FF11 760 - £1 532 - **$2,413**
HOUZE Florentin 1809-1905 [1]
🖼 *La marchande d'Orient* - Huile/panneau (48x55cm-19x22in) Bruxelles 97 .... FF9 804 - £1 062 - **$1,734**

HOUZELOT Alphonse Alexandre 1802-1857 [1]
Paysage - Huile/toile (55x46cm-22x18in) Saint-Dié 91 .... FF2 500 - £253 - **$496**

HOVE van Bartholomäus 1850-1914 [1]
Holländische Stadt im Winter - Oil/panel (34x48cm-13x19in) Stuttgart 96 .... FF57 500 - £6 660 - **$11,030**

HOVE van Bartholomeus Johanes 1790-1880 [36]
Dutch river town - Oil/panel (39x50cm-15x20in) London 96 .... FF71 800 - £9 000 - **$13,860**
Ferry in Haarlem - Oil/canvas (53x71cm-21x28in) New-York 97 .... FF308 043 - £33 205 - **$54,000**
Jérusalem - Aquarelle (19x31cm-7x12in) Paris 94 .... FF10 000 - £1 185 - **$1,850**

HOVE van Edmond 1851-1913 [1]
Dame au manchon - Huile/toile (26x20cm-10x17in) Bruxelles 92 .... FF4 810 - £493 - **$1,003**

HOVE van Hubertus 1814-1864 [17]
Secret letter - Oil/panel (49x40cm-19x16in) Amsterdam 92 .... FF25 800 - £2 640 - **$4,540**
Amsterdam market - Oil/panel (41x62cm-16x24in) London 91 .... FF119 000 - £12 077 - **$21,493**
The letter/Filling the jug - Watercolour (12x8cm-5x3in) Amsterdam 97 .... FF12 095 - £1 278 - **$2,075**

HOVE van Victor 1825-1891 [1]
The new Trick - Oil/canvas (117x85cm-46x33in) London 94 .... FF21 160 - £2 500 - **$3,800**

HOVEN Hendrik Lodewijk B. 1822-c.1880 [1]
Gentleman having a meal - Oil/panel (39x34cm-15x13in) Amsterdam 95 .... FF4 770 - £596 - **$963**

HOVEN von Gottfried 1868-1921 [2]
Dorf in Flandern - Öl/Karton (31x50cm-12x20in) Wien 96 .... FF7 680 - £931 - **$1,493**

HOVENDEN Thomas 1840-1895 [6]
Self portrait in the studio - Oil/canvas (61x48cm-24x19in) New-York 94 .... FF86 600 - £10 250 - **$16,000**
John Brown's body - Gouache (16x24cm-6x9in) Mystic, Connecticut 91 .... FF1 500 - £149 - **$258**

HOVI Mikko 1879-1962 [7]
Mor och barn - Bronze (32cm-13in) Helsinki 94 .... FF4 020 - £466 - **$692**

HOVING Per Folke 1871-1938 [1]
Sommarnatt, Lappland - Oil/canvas (55x47cm-22x19in) Stockholm 97 .... FF18 728 - £2 005 - **$3,265**

HOW Frances Thalia XIX-XX [3]
Le modèle - Pastel (45x54cm-18x21in) Paris 91 .... FF11 000 - £1 103 - **$2,015**

HOW Julia Beatrice 1867-1932 [8]
Music Box - Oil/canvas (77x63cm-30x25in) London 97 .... FF36 398 - £3 800 - **$6,227**
Mother and Baby - Charcoal (49x40cm-19x16in) London 97 .... FF2 639 - £280 - **$454**

HOWALD Herold Julius 1899-1973 [1]
Fabrikgelände im Schnee - Oil/Leinwand (82x112cm-32x44in) Bern 94 .... FF2 890 - £347 - **$562**

HOWANIETZ Franz Joseph 1897-1972 [2]
Mädchen mit Tuch - Oil/canvas (102x89cm-40x35in) Wien 90 .... FF48 000 - £4 908 - **$9,474**

HOWARD Cecil de Blaquière 1888-? [1]
Femme à la cigarette - Sculpture (21x22x27cm-8x9x11in) Paris 97 .... FF14 500 - £1 510 - **$2,470**

HOWARD Francis 1874-1954 [1]
Paola and Francesca - Oil/canvas (249x96cm-98x38in) London 89 .... FF16 500 - £1 642 - **$2,607**

HOWARD Frank 1805-1866 [1]
Shipwreck near Dover - Watercolour (23x32cm-9x13in) London 94 .... FF2 556 - £300 - **$448**

HOWARD George of Carlisle 1843-1911 [21]
Jodhpore - Oil/panel (20x35cm-8x14in) London 90 .... FF24 200 - £2 591 - **$4,209**
Hyères, France - Watercolour (26x36cm-10x14in) London 95 .... FF5 570 - £720 - **$1,138**

HOWARD Henry 1769-1847 [1]
Exemplum virtutis, Mucius Scaevola... - Oil/canvas (60x51cm-24x20in) Stockholm 96 .... FF30 760 - £3 840 - **$5,940**

HOWARD Hugh Huntington 1860-1927 [1]
Pond at dusk - Oil/canvas (76x102cm-30x40in) Mystic, Connecticut 92 .... FF2 940 - £342 - **$600**

HOWARD John Langley 1902 [11]
Mother and child - Oil/canvas (51x40cm-20x16in) San Francisco-Los Angeles 92 .... FF14 700 - £1 707 - **$3,000**
Paul Masson Winery
    Watercolour/paper (38x55cm-15x22in) San Francisco-Los Angeles 93 .... FF13 750 - £1 724 - **$2,500**

HOWARD Ken 1932 [79]
Mousehole - Oil/canvas (46x61cm-18x24in) London 94 .... FF5 540 - £650 - **$969**
Beach watch'89 - Oil/canvas (36x26cm-14x10in) London 90 .... FF14 500 - £1 460 - **$2,636**
Nude - Oil/canvas (66x51cm-26x20in) London 96 .... FF31 650 - £3 910 - **$6,110**
Reclining nude - Oil/canvas (76x63cm-30x25in) London 96 .... FF46 300 - £5 800 - **$8,930**
Belfast - Watercolour (35x53cm-14x21in) London 97 .... FF8 954 - £950 - **$1,543**

HOWARTH William H. XIX-XX [2]
A woodland stream - Watercolour (15x25cm-6x10in) London 94 .... FF1 580 - £190 - **$293**

HOWE H.H. ?-1951 [1]
Mountainous Landscape - Watercolour (30x41cm-12x16in) London 94 .... FF2 180 - £260 - **$411**

HOWE James Wong 1899-1976 [1]
War-time photographs of Chinatown - Silver print (18x23cm-7x9in) New-York 96 .... FF6 190 - £795 - **$1,200**

HOWE OF EDINBURGH James 1780-1836 [1]
Kampscene - Oil/canvas (34x68cm-13x27in) Viby J, Århus 90 .... FF10 500 - £1 131 - **$1,852**

HOWE William Henry 1846-1929 [6]
Cows in a landscape - Oil/canvas (54x70cm-21x28in) New-York 94 .... FF5 620 - £663 - **$1,000**

HOWELL Felicia Waldo 1897-1968 [3]
Gramercy Park, NY - Oil/canvas/board (35x20cm-14x8in) New-York 96 .... FF26 100 - £3 020 - **$5,000**

H

HOWET Marie 1897-1984 [51]

🖼 *Vase de fleurs* - Huile/panneau (16x22cm-6x9in) Bruxelles 92 .... FF6 140 - £630 - **$1,080**

✏ *Fillette au chien* - Huile/toile (75x60cm-30x24in) Bruxelles 93 .... FF24 700 - £2 955 - **$5,050**

✏ *Baai* - Gouache (54x75cm-21x30in) Lokeren 92 .... FF4 980 - £510 - **$876**

HOWEY Robert Leslie XX [2]

🖼 *Hartlepool from Seaton Carew*
   Oil/canvas (49x60cm-19x24in) Marlborough Crescent, Newcastle upon Tyne 92 ... FF4 355 - £520 - **$838**

✏ *Morning Glow/Derwent Water* - Watercolour London 93 .... FF1 670 - £190 - **$283**

HOWGATE William Arthur XIX-XX [2]

🖼 *The Shepherdess* - Oil/canvas (99x160cm-39x63in) London 94 .... FF25 800 - £3 000 - **$4,455**

HOWIE James 1780-1836 [2]

🖼 *Island* - Oil/board (69x84cm-27x33in) Hopetoun House, South Queensferry 91 .... FF20 160 - £2 002 - **$3,500**

HOWITT John Newton 1885-1958 [4]

🖼 *Cavorting maidens & cows* - Oil/board (48x38cm-19x15in) New-York 95 .... FF4 040 - £509 - **$800**

HOWITT Samuel 1756-1822 [34]

🖼 *Leopard in a tree* - Oil/canvas (61x51cm-24x20in) London 91 .... FF98 700 - £9 895 - **$18,078**

✏ *Horses in a field, Yorkshire* - Watercolour (23x30cm-9x12in) London 96 .... FF10 370 - £1 300 - **$2,016**

Lioness - Watercolour (21x31cm-8x12in) London 93 .... FF41 700 - £4 800 - **$7,200**

HOWLAND Alfred Cornelius 1838-1909 [9]

🖼 *Farm House & water Pump* - Oil/canvas (27x30cm-11x12in) New-York 96 .... FF15 660 - £1 813 - **$3,000**

On the bridge - Oil/canvas (44x59cm-17x23in) New-York 93 .... FF112 000 - £12 750 - **$19,000**

HOWLAND John Dare 1843-1914 [2]

🖼 *Bison on the range* - Oil/board (50x57cm-20x22in) New-York 92 .... FF20 800 - £2 210 - **$4,000**

HOWLETT Robert 1830-1858 [5]

📷 *Isambard Kingdom Brunel* - Platinum print London 93 .... FF9 960 - £1 200 - **$1,740**

HOWORTH Charles Henry 1856-1945 [1]

🖼 *Landscape, New Zealand* - Oil/canvas (51x76cm-20x30in) London 95 .... FF7 000 - £900 - **$1,433**

HOWS John Augustus ?-1874 [1]

🖼 *Autumn landscape* - Oil/canvas (18x30cm-7x12in) Mystic, Connecticut 94 .... FF2 920 - £349 - **$550**

HOWSE George c.1800-1860 [4]

✏ *Harbour at Harfleur* - Watercolour (56x43cm-22x17in) London 97 .... FF11 289 - £1 200 - **$1,945**

HOWSON Peter 1948 [13]

🖼 *The Embrace* - Acrylic/paper/board (127x102cm-50x40in) London 97 .... FF41 431 - £4 400 - **$7,217**

✏ *Stagger in the moonlight* - Pastel/papier (29x21cm-11x8in) London 94 .... FF6 840 - £800 - **$1,200**

HOXIE George Richmond 1903-1984 [5]

📷 *Photogram* - Silver print (20x25cm-8x10in) London 91 .... FF5 540 - £552 - **$953**

HOYE van Paul 1887-1962 [2]

🖼 *Bord de Meuse en été* - Huile/toile (70x90cm-28x35in) Bruxelles 96 .... FF4 280 - £534 - **$827**

HØYER Christian Faedder 1775-1855 [2]

🖼 *Habor og Signe forenes foran Frajas alter* - Oil/canvas (138x178cm-54x70in) Vejle 91 .... FF22 830 - £2 289 - **$4,181**

HØYER Vilhelm Julius 1827-1905 [2]

🖼 *Still life of roses and peonies* - Oil/canvas (39x55cm-15x22in) København 96 .... FF26 730 - £3 460 - **$5,350**

HOYLAND Henry 1894-1948 [2]

🖼 *16.10.68* - Oil/canvas (183x289cm-72x114in) London 97 .... FF37 665 - £4 000 - **$6,561**

HOYLAND John 1934 [40]

🖼 *Hoopla* - Acrylic (55x51cm-22x20in) London 94 .... FF12 400 - £1 450 - **$2,174**

Untitled - Acrylic (244x213cm-96x84in) London 91 .... FF59 800 - £5 949 - **$9,849**

✏ *Abstract* - Watercolour (41x76cm-16x30in) London 95 .... FF3 805 - £500 - **$764**

HOYLES William R. c.1870-c.1935 [3]

✏ *The Goose Girl* - Watercolour (34x24cm-13x9in) London 89 .... FF2 700 - £261 - **$410**

HOYNCK VAN PAPENDRECHT Jan 1858-1933 [15]

🖼 *A drummer* - Oil/canvas/board (45x33cm-18x13in) Amsterdam 97 .... FF6 241 - £675 - **$1,088**

The drummerboy - Oil/canvas (57x35cm-22x14in) Amsterdam 89 .... FF15 000 - £1 493 - **$2,370**

✏ *Soldier in Fareo* - Bodycolour (28x13cm-11x5in) Amsterdam 97 .... FF12 095 - £1 278 - **$2,075**

HOYNCK VAN PAPENDRECHT John Cornelis 1833-1901 [1]

✏ *Album: drawings, sketches* - Drawing Amsterdam 90 .... FF2 413 - £243 - **$473**

HOYNINGEN-HUENE George 1900-1968 [49]

📷 *Dolores Del Rio* - Gelatin silver print (25x20cm-10x8in) London 93 .... FF3 320 - £400 - **$580**

Nude study - Gelatin silver print (25x33cm-10x13in) New-York 93 .... FF20 900 - £2 620 - **$3,800**

HOYOLL Philipp 1816-? [10]

🖼 *Reading by the Fireside* - Oil/canvas (40x34cm-16x13in) London 94 .... FF20 900 - £2 400 - **$3,580**

HOYOS Anna Mercedes 1942 [23]

🖼 *Sandia de la Cordialidad* - Oil/canvas (60x60cm-24x24in) New-York 94 .... FF58 400 - £6 950 - **$11,000**

Palenquera Arena - Oil/canvas (50x290cm-20x114in) New-York 97 .... FF172 116 - £18 417 - **$30,000**

Palenquera - Oil/canvas (200x100cm-79x39in) New-York 93 .... FF283 600 - £32 200 - **$48,000**

HØYRUP Carl 1893-1961 [15]

🖼 *Flygande fågel över myrlandskap* - Oil/canvas (87x114cm-34x45in) Göteborg 91 .... FF3 020 - £303 - **$523**

HOYTE John Barr Clarke 1835-1913 [9]

✏ *South Island Lake Landscape* - Watercolour (26x45cm-10x18in) London 96 .... FF20 050 - £2 500 - **$3,870**

HOYTEMA van Theodoor van Hoytemo 1863-1917 [2]

🖼 *Peacocks in a tree* - Oil/canvas (218x106cm-86x42in) Amsterdam 95 .... FF26 400 - £3 426 - **$5,500**

✏ *Peacocks* - Watercolour (61x75cm-24x30in) Amsterdam 91 .... FF14 430 - £1 445 - **$2,405**

HOYTON Inez Estella 1903-1983 [6]

✏ *Untitled* - Oil/canvas London 89 .... FF7 300 - £705 - **$1,108**

HRADECZNY Gottlieb 1876-? [1]
Blumensträußen und Blumenstock - Oil/canvas (72x42cm-28x17in) Wien 91 .... FF5 760 - £577 - **$1,055**
HRADIL Béla 1885-? [17]
Ákern harvas - Oil/canvas (80x55cm-31x22in) Malmö 96 .... FF6 190 - £734 - **$1,208**
HRADIL Rudolf 1925 [14]
Forum Romanum - Ink/paper (30x42cm-12x17in) Wien 96 .... FF4 820 - £601 - **$930**
HRDLICKA Alfred 1928 [154]
Stehende Figur - Oil/paper (210x55cm-83x22in) Wien 89 .... FF33 600 - £3 541 - **$5,657**
Todeskuss - Tempera/canvas (218x248cm-86x98in) Wien 95 .... FF186 000 - £24 500 - **$37,700**
Im Spital - Eau-forte (75x65cm-30x26in) Zürich 96 .... FF1 782 - £231 - **$353**
Sex, Sadismus und Gewalt II - Etching (57x50cm-22x20in) München 96 .... FF3 354 - £436 - **$664**
Liebespaar - Bronze (10x8x16cm-4x3x6in) Hamburg 94 .... FF8 220 - £987 - **$1,600**
Porträt B - Bronze (23cm-9in) Wien 94 .... FF16 900 - £1 926 - **$3,236**
Jean-Paul Marat - Bronze (46x26x82cm-18x10x32in) Köln 95 .... FF54 900 - £7 180 - **$11,150**
Selbstportrait - Felt pen/paper (20x14cm-8x6in) Hamburg 96 .... FF2 177 - £258 - **$414**
Waterloo - Coloured chalks (49x67cm-19x26in) Wien 97 .... FF10 542 - £1 108 - **$1,810**
Mutter Courage - Charcoal/paper (66x48cm-26x19in) Wien 96 .... FF19 300 - £2 200 - **$3,700**
HRUBY Sergius 1869-1943 [4]
Macht der Musik - Gouache (53x75cm-21x30in) London 92 .... FF5 860 - £600 - **$1,035**
HSI Chen Wen 1906-1992 [1]
Malacca - Oil/canvas (75x60cm-30x24in) Singapore 95 .... FF280 400 - £35 800 - **$57,500**
HSIA Yan 1937 [2]
Flea Market - Oil/canvas (112x168cm-44x66in) Chicago 94 .... FF33 700 - £3 980 - **$6,000**
Paint A - Lavis (35x45cm-14x18in) Paris 95 .... FF8 000 - £1 016 - **$1,640**
HSIAO JU-SUNG. 1922 [2]
Field of dlowers - Watercolour/paper (53x72cm-21x28in) Taipei, Taiwan 90 .... FF82 200 - £8 370 - **$14,550**
HUANG Anton 1935-1985 [1]
Peharu Layar, Bali - Oil/canvas (64x93cm-25x37in) Singapore 96 .... FF35 800 - £4 660 - **$7,100**
HUANG BANRUO 1901-1968 [2]
Landscape of Po Toi Island - Ink (94x61cm-37x24in) Hong Kong 93 .... FF23 500 - £2 936 - **$4,900**
HUANG HEIMAN 1952 [2]
Heart wave - Mixed media (137x138cm-54x54in) Hong Kong 92 .... FF47 500 - £4 840 - **$8,410**
HUARD Louis ?-1842 [1]
Cavaliers arrêtant un vagabond - Huile/panneau (48x64cm-19x25in) Paris 95 .... FF11 000 - £1 505 - **$2,336**
HUART Philippe XX [2]
Au Contraire Arto - Huile/toile (130x97cm-51x38in) Saint-Germain-en-Laye 96 .... FF7 000 - £905 - **$1,387**
HUAS Pierre Adolphe 1838-1900 [2]
Stilleben - Oil/canvas (36x41cm-14x16in) Bern 91 .... FF14 650 - £1 476 - **$2,542**
Portraits d'enfants - Pastel (56x33cm-22x13in) Saint-Germain-en-Laye 93 .... FF6 800 - £820 - **$1,237**
HUB Emil 1876-? [1]
Madonna - Bronze (60cm-24in) Frankfurt 92 .... FF1 564 - £160 - **$276**
HUBAC Louis Joseph 1776-1830 [1]
Projet de canot pour Napoléon - Aquarelle (14x55cm-6x22in) Paris 93 .... FF9 000 - £1 084 - **$1,637**
HUBACEK Josef 1899-1931 [1]
Südliche Landschaft - Oil/canvas (46x61cm-18x24in) München 91 .... FF13 520 - £1 346 - **$2,325**
HUBACEK William 1866-1958 [3]
Shepherd and his flock - Oil/canvas (52x76cm-20x30in) San Francisco-Los Angeles 94 .... FF7 580 - £898 - **$1,400**
HUBACHER Hermann 1881-1976 [5]
Ernst Kreidolf - Relief (32x24cm-13x9in) Zofingen 93 .... FF4 750 - £541 - **$806**
HUBAUT Joël 1947 [3]
Allo ! mon p'tit lapin ! - Sculpture (15x18x25cm-6x7x10in) Paris 90 .... FF2 200 - £224 - **$440**
HUBAY Paul 1930 [18]
Exotica, 1989 - Bronze (19cm-7in) Paris 89 .... FF5 000 - £498 - **$790**
Nu se coiffant - Sanguine (65x50cm-26x20in) Paris 89 .... FF1 600 - £159 - **$253**
HUBBARD Charles Daniel 1876-1951 [1]
Murray House, Guilford, Conn. - Oil/board (19x28cm-7x11in) New-York 90 .... FF3 400 - £352 - **$598**
HUBBARD Eric Hesketh 1892-1957 [5]
LMS, Nothern Ireland - Color lithograph (102x127cm-40x50in) London 92 .... FF2 443 - £250 - **$431**
HUBBARD John 1931 [6]
Midsummer Blue - Oil/canvas (129x119cm-51x47in) London 93 .... FF13 600 - £1 700 - **$2,465**
HUBBARD Lydia M.B. 1849-1911 [2]
Grape still life - Oil/canvas (41x53cm-16x21in) Mystic, Connecticut 92 .... FF4 160 - £436 - **$750**
HUBBARD Richard William 1816/17-1888 [2]
Small child with dog - Oil/canvas (33x28cm-13x11in) Detroit, Michigan 94 .... FF35 400 - £4 030 - **$6,000**
HUBBARD Whitney Myron 1875-1965 [7]
Woman in a garden - Oil/canvas (36x26cm-14x10in) New-York 95 .... FF20 600 - £2 650 - **$4,250**
HUBBELL Henry Salem 1870-1949 [3]
Susanna - Oil/canvas (75x100cm-30x39in) New-York 97 .... FF87 514 - £9 189 - **$15,000**
HUBBUCH Hilde XX [1]
Paris, street scene - Silver print (7x5cm-3x2in) London 92 .... FF3 130 - £320 - **$551**
HUBBUCH Karl 1891-1979 [98]
Selbstbildnis - Oil/masonite (73x49cm-29x19in) Hamburg 93 .... FF44 100 - £5 270 - **$8,480**

Romanischen Café - Oil/canvas (74x74cm-29x29in) Berlin 91 .... FF**878 000** - £87 405 - **$150,984**
Der Untertan - Lithographie (35x48cm-14x19in) Berlin 96 .... FF**20 040** - £2 322 - **$3,900**
In der Tram - Ink (15x30cm-6x12in) Bielefeld 96 .... FF**2 366** - £294 - **$460**
Kopf - Coloured chalks (24x33cm-9x13in) Berlin 97 .... FF**19 426** - £2 063 - **$3,383**
Drei Kokotten - Watercolour (78x72cm-31x28in) München 95 .... FF**148 200** - £18 940 - **$30,240**

HUBEEK Frits 1884-1952 [2]
Winterzon - Oil/canvas (50x62cm-20x24in) Amsterdam 96 .... FF**2 610** - £335 - **$515**

HUBER Alfred 1908-1982 [1]
Velofahrer - Métal (29cm-11in) Luzern 93 .... FF**3 426** - £409 - **$660**

HUBER Carl Rudolf 1839-1896 [7]
Die Schafschur - Öl/Leinwand (77x61cm-30x24in) Wien 93 .... FF**24 050** - £2 873 - **$4,630**

HUBER Conrad 1752-1830 [3]
Jacob et Rachel - Huile/toile (52x71cm-20x28in) Paris 96 .... FF**27 000** - £3 270 - **$5,250**

HUBER Ernst 1895-1960 [88]
Gesellschaft - Öl/Karton (39x47cm-15x19in) Wien 97 .... FF**26 279** - £2 794 - **$4,532**
Sommertag - Öl/Leinwand (60x73cm-24x29in) Wien 97 .... FF**43 002** - £4 572 - **$7,416**
Figures skating in a village - Oil/canvas (73x92cm-29x36in) London 96 .... FF**151 600** - £19 000 - **$29,260**
Los Angeles - Aquarell/Papier (44x60cm-17x24in) Wien 97 .... FF**18 156** - £1 930 - **$3,131**

HUBER Hermann 1888-1967 [24]
Aufwärts - Öl/Leinwand (85x58cm-33x23in) Zürich 96 .... FF**8 480** - £1 100 - **$1,680**
Der Morgen - Öl/Leinwand (101x88cm-40x35in) Zürich 96 .... FF**40 380** - £5 230 - **$7,970**
Selbstportrait - Encre (34x39cm-13x15in) Zofingen 94 .... FF**2 210** - £259 - **$394**

HUBER Jakob Wilhelm 1787-1871 [1]
Eiche am Zuerichhorn - Aquarell (25x27cm-10x11in) Bern 93 .... FF**2 474** - £296 - **$476**

HUBER Johann Josef Anton 1737-1815 [1]
Samson & Delilah/Death of Samson - Oil/canvas (99x144cm-39x57in) London 93 .... FF**56 000** - £7 000 - **$10,150**

HUBER Johann Kaspar 1752-1827 [2]
Wildbach zwischen Bäumen - Ink (30x44cm-12x17in) Heidelberg 93 .... FF**6 100** - £730 - **$1,174**

HUBER Johann Rudolf 1668-1748 [5]
Bauernidyll - Oil/canvas (107x167cm-42x66in) Luzern 92 .... FF**63 200** - £6 460 - **$11,130**
Die neue Eisengass in Basel - Lithographie couleurs (23x30cm-9x12in) Bern 92 .... FF**4 570** - £546 - **$879**

HUBER Josef 1858-1932 [2]
Atelier-Stimmung bei Ludwig von Löfftz - Oil/canvas (99x69cm-39x27in) Bern 91 .... FF**11 880** - £1 197 - **$2,061**

HUBER Josef Ignaz 1759-? [1]
The Crucifixion - Oil/canvas (157x111cm-62x44in) New-York 90 .... FF**6 900** - £734 - **$1,234**

HUBER Léon Charles 1858-1928 [44]
Chatons - Huile/toile (32x46cm-13x18in) Calais 92 .... FF**16 000** - £1 644 - **$3,080**
Bassine de cuivre - Huile/toile (38x56cm-15x22in) Paris 90 .... FF**44 000** - £4 627 - **$7,652**
Playfull kittens - Oil/canvas (38x46cm-15x18in) London 89 .... FF**75 500** - £7 512 - **$11,927**

HUBER Max Emanuel 1903-1987 [6]
Sitzender weiblicher Akt - Öl/Leinwand (65x50cm-26x20in) Bern 96 .... FF**4 480** - £544 - **$871**
Damenporträt - Aquarell (63x49cm-25x19in) Bern 94 .... FF**4 870** - £581 - **$908**

HUBER Richard 1908 [2]
Bauer mit einem Stier - Öl/Leinwand (84x116cm-33x46in) Bielefeld 96 .... FF**5 410** - £672 - **$1,050**

HUBER Thomas 1700-1779 [2]
Comtesse Knevenhüller - Oil/canvas (65x54cm-26x21in) Ahlden 92 .... FF**47 600** - £4 870 - **$8,380**

HUBER Ulrich 1872-1932 [1]
Abend bei Jassnitz - Watercolour, gouache/paper (30x47cm-12x19in) London 96 .... FF**2 633** - £300 - **$504**

HUBER-ANDORF Eduard XIX-XX [2]
Früchstilleben - Öl/Leinwand (60x80cm-24x31in) Lindau 94 .... FF**5 970** - £713 - **$1,124**

HUBER-SULZEMOOS Hans 1873-1951 [2]
Orchideen und Schmetterling - Oil/panel (40x28cm-16x11in) München 92 .... FF**12 920** - £1 323 - **$2,275**

HUBERT Albert 1878-? [1]
Flower still life - Oil/canvas (50x61cm-20x24in) Amsterdam 94 .... FF**3 355** - £390 - **$578**

HUBERT Ernest 1899-1988 [4]
Maisons sur le boulevard Montparnasse, c.1925 - Huile/toile (65x50cm-26x20in) Genève 89 .... FF**5 900** - £622 - **$993**

HUBERT Jean-Baptiste Louis 1801-? [2]
Ländlichen Schlosses - Aquarell (56x45cm-22x18in) Bern 92 .... FF**3 045** - £364 - **$586**

HUBERT Léon 1887-? [4]
A Dog's Life - Oil/canvas (80x60cm-31x24in) New-York 97 .... FF**31 286** - £3 367 - **$5,500**

HUBERT Raphaël 1884-? [1]
Junge Frau - Bronze (30cm-12in) Bremen 93 .... FF**2 100** - £240 - **$357**

HUBERT Victor 1786-? [1]
Duc d'Angoulême à cheval - Huile/toile (117x190cm-46x75in) Paris 89 .... FF**50 000** - £5 269 - **$8,418**

HUBERT-ROBERT Marius XIX-XX [4]
Place animée, Afrique du Nord - Huile/toile (54x65cm-21x26in) Paris 96 .... FF**18 500** - £2 140 - **$3,545**

HUBERTI Antonio Glauberman 1907 [68]
Conversation - Huile/toile (33x28cm-13x11in) La Varenne Saint-Hilaire 91 .... FF**3 500** - £351 - **$641**
Femme au pipeau - Huile/toile (27x41cm-11x16in) Provins 92 .... FF**12 000** - £1 233 - **$2,310**
Personnages attablés - Encre Chine (31x39cm-12x15in) La Varenne Saint-Hilaire 90 .... FF**6 500** - £696 - **$1,130**
Composition flamenco - Collage (65x55cm-26x22in) La Varenne Saint-Hilaire 90 .... FF**23 500** - £2 532 - **$4,145**

HUBERTI Edouard Jules Joseph 1818-1880 [12]
Clairière - Huile/toile (30x21cm-12x8in) Bruxelles 91 .... FF**4 610** - £462 - **$761**

Paysage - Aquarelle/papier (20x30cm-8x12in) Antwerpen 95 .... FF **4 490** - £563 - **$895**
HÜBL Hanns 1898-1967 [2]
Urlauber am Wildkogel - Oil/canvas (80x100cm-31x39in) Wien 91 .... FF **8 180** - £830 - **$1,477**
Dubrovnik - Pastel/paper (29x61cm-11x24in) Wien 92 .... FF **2 650** - £266 - **$510**
HUBLIN Émile Auguste 1830-? [1]
Friend in need - Oil/canvas (84x61cm-33x24in) London 91 .... FF **129 000** - £13 092 - **$23,299**
HUBNER Anton 1818-1892 [4]
The mosque - Oil/canvas (99x74cm-39x29in) New-York 93 .... FF **13 920** - £1 600 - **$2,400**
HÜBNER Carl Wilhelm 1814-1879 [15]
Die Rückkehr der Söhne - Oil/canvas (96x111cm-38x44in) New-York 93 .... FF **32 450** - £3 690 - **$5,500**
Die Auswanderer - Oil/canvas (58x73cm-23x29in) Bremen 91 .... FF **81 700** - £8 114 - **$14,186**
HÜBNER Eduard 1842-1926 [1]
Andacht - Oil/canvas (131x100cm-52x39in) Frankfurt 92 .... FF **11 220** - £1 150 - **$1,975**
HÜBNER Heinrich 1869-1945 [9]
Elegante Frau in Interieur - Oil/canvas (100x75cm-39x30in) Luzern 90 .... FF **14 800** - £1 574 - **$2,648**
HÜBNER Julius 1842-1874 [4]
Der gute Rat - Oil/Leinwand (35x42cm-14x17in) München 93 .... FF **17 220** - £1 950 - **$2,910**
HÜBNER Rudolf Julius Benno 1806-1882 [2]
Gerstern noch auf Stolzen Rossen ! - Oil/canvas (51x25cm-20x10in) London 92 .... FF **27 500** - £3 200 - **$5,620**
HÜBNER Ulrich 1872-1932 [10]
Sailing boat - Oil/canvas (61x76cm-24x30in) New-York 94 .... FF **24 860** - £2 876 - **$4,250**
HÜBSCH Franziska 1857-? [1]
Überlingen am Aufkirch - Öl/Leinwand (48x52cm-19x20in) München 93 .... FF **4 900** - £561 - **$830**
HUCHET Urbain 1930 [18]
Terrasse de café - Huile/toile (46x55cm-18x22in) Les Sables d'Olonne 94 .... FF **7 000** - £823 - **$1,230**
HUCK Karl 1876-1926 [1]
Hunting falcon/Deer in a landscape - Oil/canvas (213x190cm-84x75in) London 91 .... FF **49 400** - £4 990 - **$9,807**
HUCLEUX Jean-Olivier 1923 [2]
Céline avec le chat Bébert - Mine plomb (152x160cm-60x63in) Paris 92 .... FF **92 000** - £10 700 - **$18,770**
Camille et de son père - Mine plomb (222x152cm-87x60in) Paris 94 .... FF **190 000** - £22 700 - **$35,500**
HUDECEK Antonín 1872-1941 [7]
Brücke von Zákolany bei Prag - Öl/Leinwand (59x70cm-23x28in) München 93 .... FF **20 340** - £2 430 - **$3,914**
HUDECEK Frantisek 1909-1990 [10]
Menschen auf der Straße - Oil/board (23x24cm-9x9in) München 91 .... FF **13 520** - £1 346 - **$2,325**
Surrealistische Komposition - Ink (37x46cm-15x18in) Düsseldorf 90 .... FF **23 700** - £2 537 - **$4,122**
HUDON Normand 1929 [26]
Christ en croix - Huile/toile (61x47cm-24x19in) Montréal 89 .... FF **2 000** - £199 - **$316**
Conversation - Huile/panneau (35x45cm-14x18in) Montréal 97 .... FF **4 975** - £525 - **$860**
Caricatures de vedettes - Encre Chine/papier (61x46cm-24x18in) Montréal 93 .... FF **2 230** - £233 - **$390**
HUDSON Charles Bradford 1865-1939 [1]
Sunset San Jaciento - Oil/canvas (81x137cm-32x54in) San Francisco-Los Angeles 92 ...... FF **24 500** - £2 845 - **$5,000**
HUDSON Eric 1864-1932 [1]
Harbor Scene - Oil/canvas/board (20x25cm-8x10in) Cambridge, Mass. 94 .... FF **2 140** - £250 - **$375**
HUDSON Grace Carpenter 1865-1937 [28]
Old Indian in Potter Valley - Oil/paper (19x29cm-7x11in) San Francisco-Los Angeles 95 .... FF **7 080** - £806 - **$1,200**
The Betrothed - Oil/masonite (53x42cm-21x17in) New-York 94 .... FF **73 600** - £8 840 - **$14,000**
Garland Mitchell - Oil/canvas (51x40cm-20x16in) San Francisco-Los Angeles 96 .... FF **156 600** - £18 120 - **$30,000**
HUDSON John Bradley 1832-1903 [3]
Coast of Maine - Watercolour (23x51cm-9x20in) Portland, Maine 93 .... FF **2 655** - £302 - **$450**
HUDSON Robert Junr. ?-1884 [4]
The Edge of Sherwood Forest - Oil/canvas (61x91cm-24x36in) London 91 .... FF **7 410** - £743 - **$1,357**
HUDSON Thomas 1701-1779 [31]
William Hudleston - Oil/canvas (127x102cm-50x40in) London 92 .... FF **37 700** - £4 500 - **$7,250**
Miss Beaumont - Oil/canvas (118x98cm-46x39in) London 97 .... FF **140 057** - £15 000 - **$24,342**
Elizabeth Harwick - Oil/canvas (111x84cm-44x33in) London 96 .... FF **329 500** - £41 000 - **$63,900**
HUE Charles Désiré 1842-1899 [2]
The new Toy - Oil/panel (25x35cm-10x14in) New-York 94 .... FF **17 000** - £2 030 - **$3,200**
HUÉ Jean-François 1751-1823 [10]
Scène de naufrage - Huile/panneau (36x50cm-14x20in) Wien 96 .... FF **43 300** - £5 430 - **$8,450**
Contadini making merry - Oil/canvas (114x148cm-45x58in) New-York 93 .... FF **198 000** - £23 400 - **$36,000**
HUE Magdelaine 1882-1943 [22]
Jardin de couvent - Huile/toile (38x46cm-15x18in) Saint-Dié 97 .... FF **3 000** - £339 - **$543**
Ruen sous la neige - Huile/toile (60x73cm-24x29in) Paris 93 .... FF **18 000** - £2 170 - **$3,270**
Marché place des Carmes - Huile/toile (46x55cm-18x22in) Rouen 90 .... FF **38 500** - £4 122 - **$6,696**
HUEBER Hans 1813-1889 [2]
Flod gennem bjerglandskab - Oil/canvas (102x135cm-40x53in) Köbenhavn 92 .... FF **13 200** - £1 350 - **$2,750**
Weite Landschaft mit Salzburg - Öl/Leinwand (103x142cm-41x56in) Wien 93 ... FF **529 000** - £63 200 - **$101,700**
HUEBER Luc 1888-1974 [5]
Paysage d'Alsace - Huile/isorel (33x41cm-13x16in) Saint-Dié 93 .... FF **7 000** - £787 - **$1,187**
HUEBER Pierre Paul [2]
Oliviers en Provence - Huile/toile (27x45cm-11x18in) Saint-Dié 92 .... FF **2 000** - £205 - **$393**

HUEBLER Douglas 1924 [5]

Variable piece no.70 in process - Photo (56x65cm-22x26in) Paris 91 .... FF43 000 - £4 336 - $8,381

HUEBNER Carl Wilhelm. 1814-1879 [2]

Añoranza - Oleo/lienzo (92x78cm-36x31in) Madrid 93 .... FF24 030 - £2 750 - $4,090

HUEN Victor 1874-1939 [1]

Scène de bataille - Lavis (33x45cm-13x18in) Saint-Dié 92 .... FF2 300 - £236 - $405

HUENTEN Max 1869-? [1]

Cattle in a woodland scene - Oil/canvas (80x60cm-31x24in) London 90 .... FF8 200 - £878 - $1,426

HUET Alain 1936 [15]

Rouge et noir - Huile/toile (162x130cm-64x51in) Paris 91 .... FF5 800 - £584 - $1,006

HUET François Villiers 1772-1813 [3]

Tethered donkey in a barn - Oil/paper/panel (37x46cm-15x18in) London 91 .... FF19 940 - £1 994 - $3,284

HUET Frederick 1838-1916 [1]

Country scenes - Oil/board (13x20cm-5x8in) Mystic, Connecticut 95 .... FF3 490 - £419 - $650

HUET Jacques 1932 [45]

Les petites dalles - Huile/toile (53x64cm-21x25in) Neuilly 96 .... FF3 000 - £354 - $590
Le pont de l'arche - Huile/toile (54x65cm-21x26in) Brides-les-Bains 94 .... FF5 000 - £607 - $951
Giverny - Huile/toile (60x73cm-24x29in) Cannes 91 .... FF15 000 - £1 515 - $2,978

HUET Jean-Baptiste 1745-1811 [97]

Têtes de chèvres - Huile/toile (30x23cm-12x9in) Paris 97 .... FF13 000 - £1 403 - $2,297
Basse-cour - Huile/toile (45x59cm-18x23in) Paris 97 .... FF63 000 - £7 440 - $11,610
Jjeune femm - Huile/toile (70x60cm-28x24in) Paris 97 .... FF95 000 - £10 574 - $17,138
Venus reclining seen - Oil/canvas (103x148cm-41x58in) New-York 93 .... FF1 45e +06 - £123 500 - $190,000
Maître de Musique - Pointe sèche (26x33cm-10x13in) Heidelberg 93 .... FF2 450 - £286 - $403
Tête de mouton - Sanguine (29x30cm-11x12in) Paris 97 .... FF10 000 - £1 067 - $1,731
La colombe captive - Encre (18x21cm-7x8in) Paris 97 .... FF18 000 - £2 310 - $3,706
Le jeune berger/Le gué - Pierre noire (36x46cm-14x18in) Paris 09 .... FF86 000 - £8 912 - $15,114

HUET Marie-Reine XX [2]

Lilas et marguerites - Huile/toile (65x81cm-26x32in) Strasbourg 93 .... FF4 000 - £450 - $678

HUëT Nicolas 1770-1830 [3]

A tiger - Gouache (23x38cm-9x15in) London 96 .... FF337 600 - £42 000 - $65,500

HUET Paul 1803-1869 [82]

Beuzeval, Normandie - Huile/toile/carton (31x40cm-12x16in) Barbizon 96 .... FF10 000 - £1 175 - $1,967
Chaumière, Normandie - Huile/panneau (24x34cm-9x13in) Barbizon 95 .... FF21 000 - £2 747 - $4,205
Soleil couchant, Seine - Oil/canvas (39x67cm-15x26in) New-York 95 .... FF40 900 - £5 090 - $8,000
Sur la route de Nice - Oil/canvas (71x104cm-28x41in) New-York 95 .... FF122 600 - £15 280 - $24,000
Le braconnier - Estampe (22x32cm-9x13in) Paris 92 .... FF2 800 - £287 - $493
Bord de mer - Aquarelle/papier (13x31cm-5x12in) Paris 97 .... FF8 500 - £904 - $1,469
Contorni di Roma marino - Ink (25x43cm-10x17in) London 97 .... FF30 476 - £3 200 - $5,241

HUET René Paul 1844-? [2]

Amazone et ses lévriers - Huile/panneau (50x33cm-20x13in) Paris 94 .... FF4 000 - £474 - $740
Le marché aux vaches - Huile/panneau (11x18cm-4x7in) Barbizon 90 .... FF10 500 - £1 085 - $1,855

HUF Fritz 1888-1970 [6]

Liegender Akt - Terrakotta (16cm-6in) Luzern 94 .... FF8 830 - £1 036 - $1,573
Zeichnung I - Fusain/papier (43x48cm-17x19in) Luzern 93 .... FF6 340 - £721 - $1,075

HUFFMAN Laton Alton 1854-1931 [6]

Big Dry Montana - Silver print (18x48cm-7x19in) New-York 96 .... FF7 740 - £960 - $1,500

HUFTIER Jean-Paul 1944 [9]

Jardin d'été - Oil/canvas (202x155cm-80x61in) Stockholm 96 .... FF11 700 - £1 418 - $2,274

HUG Charles 1899-1979 [4]

Alpenlandschaft - Öl/Karton (69x115cm-27x45in) Zürich 92 .... FF7 440 - £760 - $1,310

HUG Fritz Rudolf 1921-1989 [54]

Frühlingsgarten - Oil/canvas/board (25x40cm-10x16in) Luzern 90 .... FF5 500 - £585 - $984
Igel - Lithographie couleurs (33x48cm-13x19in) Zofingen 93 .... FF1 780 - £203 - $303
Afrikanisches Kleinkind - Gouache (33x23cm-13x9in) Zofingen 91 .... FF7 520 - £754 - $1,241

HUGARD XX [12]

La flamme - Bronze (44x10x18cm-17x4x7in) La Varenne Saint-Hilaire 97 .... FF6 000 - £650 - $1,054
L'Omniprésent - Bronze (62cm-24in) Paris 95 .... FF27 000 - £3 440 - $5,210

HUGARD Claude 1861-? [2]

Women Sewing - Oil/panel (23x28cm-9x11in) London 96 .... FF35 760 - £4 200 - $6,950

HUGARD DE LA TOUR Claude Sébastien 1818-1886 [6]

Paysage de montagne - Huile/toile (48x64cm-19x25in) Paris 91 .... FF26 000 - £2 607 - $4,292

HUGARD Sculpteur XX [30]

Méditation - Bronze (24cm-9in) Paris 95 .... FF12 000 - £1 437 - $2,284
La Prière - Pierre (50x40cm-20x16in) Paris 95 .... FF23 000 - £2 753 - $4,380

HUGEL von Helmut. 1899-1931 [1]

Soldier - Huile/panneau (72x53cm-28x21in) Bern 93 .... FF5 540 - £638 - $950

HUGENTOBLER Ivan Edwin 1886-1972 [21]

Spielende Pferde auf der Weide - Öl/Leinwand (62x81cm-24x32in) Zürich 95 .... FF27 700 - £3 620 - $5,620
Militär-Pferdegespann - Lithographie (25x25cm-10x10in) Zofingen 94 .... FF1 807 - £212 - $322
Der stolze Fuchs - Pastel (30x27cm-12x11in) Zofingen 96 .... FF3 515 - £438 - $679

HUGGILL Henry Percy 1886-1957 [1]

Saint-Valéry-en-Caux - Oil/board (79x99cm-31x39in) London 90 .... FF10 700 - £1 078 - $1,945

HUGGINS William 1820-1884 [46]
- Two donkeys - Oil/board (21x16cm-8x6in) London 96 .... FF17 560 - £2 200 - **$3,390**
- Horse in a loose box - Oil/board (47x62cm-19x24in) London 96 .... FF57 900 - £6 800 - **$11,400**
- Working Class - Oil/canvas (77x64cm-30x25in) London 94 .... FF151 300 - £18 000 - **$28,800**
- Lion and lioness - Watercolour (26x36cm-10x14in) London 92 .... FF33 200 - £3 400 - **$5,860**

HUGGINS William John 1781-1845 [22]
- Schooner Jane off Dover - Oil/canvas (62x89cm-24x35in) New-York 97 .... FF68 338 - £7 387 - **$12,000**
- Est indiaman - Oil/canvas (107x153cm-42x60in) London 89 .... FF242 100 - £25 511 - **$40,758**
- H.C.S Marquis of Huntleyg - Watercolour (32x50cm-13x20in) London 97 .... FF103 190 - £11 000 - **$18,090**

HUGGLER Arnold 1894-1988 [3]
- Pferd - Bronze (37cm-15in) Zürich 93 .... FF16 620 - £1 892 - **$2,820**

HUGGLER Hans 1877-1947 [1]
- Sich anschleichender Panther - Bois (20x73x18cm-8x29x7in) Bern 93 .... FF11 970 - £1 447 - **$2,224**

HUGHES Arthur 1832-1915 [32]
- Ophelia - Oil/panel (51x92cm-20x36in) London 94 .... FF4 - £540 000 - **$863,000**
- Sweet Lavender - Oil/panel (57x31cm-22x12in) London 95 .... FF20 520 - £2 600 - **$4,130**
- Orlando - Oil (20x9cm-8x4in) London 96 .... FF69 200 - £9 000 - **$13,700**
- Siling signal gun - Oil/canvas (103x91cm-41x36in) London 97 .... FF571 974 - £60 000 - **$98,148**
- Nativity, Virgin & Child - Black chalk/paper (25x22cm-10x9in) London 97 .... FF16 206 - £1 700 - **$2,781**

HUGHES Arthur Foord 1856-1934 [3]
- Stranger in the Midst - Watercolour/paper (68x92cm-27x36in) London 95 .... FF29 400 - £3 800 - **$6,000**

HUGHES C. Jabez 1819-1884 [1]
- Scottish family - Daguerreotype New-York 93 .... FF12 980 - £1 477 - **$2,200**

HUGHES Daisy Marguerite 1883-1968 [2]
- Flower study - Oil/canvas (76x63cm-30x25in) San Francisco-Los Angeles 91 ...... FF4 560 - £459 - **$791**

HUGHES Edward 1832-1908 [8]
- A cup of tea - Oil/canvas (30x25cm-12x10in) London 96 .... FF32 050 - £3 800 - **$6,250**

HUGHES Edward John 1913 [16]
- The Freighter Tropwood - Oil/canvas (96x129cm-38x51in) Toronto 94 .... FF101 300 - £12 060 - **$19,100**
- Wasa Lake - Oil/canvas (96x130cm-38x51in) Toronto 94 .... FF204 600 - £24 360 - **$38,500**

HUGHES Edward Robert 1851-1914 [13]
- Returning Home - Oil/canvas (42x57cm-17x22in) London 94 .... FF11 760 - £1 400 - **$2,240**
- Study of a reclining figure
  Black, red & white chalks/paper (27x38cm-11x15in) London 96 .... FF18 560 - £2 200 - **$3,620**

HUGHES Edwin XIX-XX [8]
- A frugal meal - Oil/canvas (45x35cm-18x14in) Amsterdam 95 .... FF11 130 - £1 390 - **$2,247**

HUGHES Eleanor 1882-? [3]
- Gossips in a cottage garden - Pencil (38x48cm-15x19in) London 92 .... FF5 370 - £550 - **$1,053**

HUGHES George 1907-1990 [9]
- Woman walking through shipyard - Oil/board (43x20cm-17x8in) New-York 91 .... FF3 844 - £456 - **$750**
- Boy at a dinner party - Oil/canvas (64x58cm-25x23in) New-York 94 .... FF77 200 - £9 260 - **$15,000**
- Old houses on the Bredon - Watercolour (25x35cm-10x14in) Billinghurst, West Sussex 93 .... FF6 220 - £750 - **$1,088**

HUGHES George Hart 1839-1921 [6]
- Traîneau dans la neige - Huile/toile (26x33cm-10x13in) Montréal 95 .... FF5 400 - £684 - **$1,088**

HUGHES H. 1827-1851 [2]
- Salmon netting in Wales - Oil/canvas (71x91cm-28x36in) London 89 .... FF27 100 - £2 771 - **$4,357**

HUGHES John Joseph c.1820-1909 [5]
- Windermere - Oil/canvas (42x52cm-17x20in) London 96 .... FF14 440 - £1 800 - **$2,790**

HUGHES Joseph Johan ?-1909 [9]
- At Claymouth, Norfolk - Oleo/lienzo (23x35cm-9x14in) Madrid 92 .... FF4 840 - £562 - **$987**

HUGHES Nigel 1940 [2]
- Three Great Curassows - Oil/canvas (89x114cm-35x45in) London 96 .... FF98 300 - £12 500 - **$18,900**

HUGHES Patrick 1939 [8]
- Leaning on a landscape - Oil/board (122x183cm-48x72in) London 95 .... FF21 930 - £2 800 - **$4,500**
- Rainbow Trout - Screenprint (75x96cm-30x38in) London 94 .... FF1 534 - £180 - **$273**
- Ring for Earth - Gouache (58x76cm-23x30in) London 95 .... FF2 084 - £260 - **$421**

HUGHES Robert Morson 1873-1953 [8]
- The Belle Donne - Oil/board (32x39cm-13x15in) London 97 .... FF2 801 - £300 - **$48,4 2**

HUGHES Talbot 1869-1942 [12]
- Difficult declaration - Oil/panel (20x25cm-8x10in) London 92 .... FF19 540 - £2 000 - **$3,450**

HUGHES Thomas John XIX-XX [5]
- First attempt - Oil/canvas (76x60cm-30x24in) London 92 .... FF21 500 - £2 200 - **$3,790**
- Portrait and figure studies - Drawing London 92 .... FF8 960 - £920 - **$1,720**

HUGHES William 1842-1901 [31]
- Aples & damsons - Oil/canvas (33x43cm-13x17in) London 96 .... FF12 030 - £1 500 - **$2,324**
- Red Admiral, Grapes & Apples - Oil/canvas (91x71cm-36x28in) London 97 .... FF161 905 - £17 000 - **$27,750**

HUGHES-STANTON Blair 1902 [9]
- Nude and dish with orange - Tempera/canvas (51x64cm-20x25in) London 96 .... FF73 500 - £9 500 - **$14,520**

HUGHES-STANTON Herbert Ed. Pelham 1870-1937 [12]
- Sunset, Vence - Oil/canvas (88x118cm-35x46in) London 94 .... FF12 570 - £1 500 - **$2,355**
- Return from the Fields - Watercolour (48x61cm-19x24in) London 94 .... FF3 800 - £450 - **$741**

HUGHTO Darryl 1943 [2]
- Monkey shines - Acrylic/canvas (189x142cm-74x56in) New-York 92 .... FF3 870 - £392 - **$700**
- Susan's house - Acrylic/canvas (182x160cm-72x63in) New-York 90 .... FF28 600 - £2 964 - **$5,026**

HÜGIN Karl Otto 1887-1963 [9]
- Studie zu Sport - Tempera/panneau (35x22cm-14x9in) Zürich 96 .... FF15 100 - £1 750 - **$2,890**
- Reisende - Etching (25x20cm-10x8in) Zofingen 92 .... FF1 674 - £171 - **$295**

HÜGLI Constance 1849-1927 [1]
- Landschaft bei Gampelen - Öl/Leinwand (61x48cm-24x19in) Bern 94 .... FF6 490 - £775 - **$1,211**

HUGNET Georges 1904-1974 [9]
- Spumifère - Gelatin silver print (13x8cm-5x3in) New-York 92 .... FF21 600 - £2 210 - **$3,800**
- Sans titre - Collage (34x25cm-13x10in) Paris 89 .... FF10 000 - £1 022 - **$1,608**

HUGO Charles V. 1826-1871 [4]
- Portrait of Victor Hugo - Salt print (8x5cm-3x2in) New-York 92 .... FF9 080 - £930 - **$1,600**

HUGO Georges-Victor 1868-1925 [10]
- Rue de la Paix pendant la guerre - Crayon (15x23cm-6x9in) Paris 94 .... FF4 000 - £464 - **$689**

HUGO Jean 1894-1984 [102]
- Fruits - Huile/panneau (10x15cm-4x6in) Paris 97 .... FF11 000 - £1 147 - **$1,881**
- Le kiosque, Loing - Huile/carton (18x24cm-7x9in) Paris 97 .... FF26 000 - £2 711 - **$4,446**
- Homme assis - Oil/panel (22x33cm-9x13in) London 95 .... FF71 000 - £9 200 - **$14,550**
- Jean Cocteau et sa Muse - Encre Chine/papier (25x19cm-10x7in) Paris 94 .... FF7 500 - £885 - **$1,344**
- Saint-Jean-Cap-Ferrat - Gouache/papier (6x9cm-2x4in) Monaco 92 .... FF18 000 - £2 150 - **$3,460**
- Village provençal - Gouache/paper (21x29cm-8x11in) London 95 .... FF37 100 - £4 800 - **$7,590**

HUGO Léopold XX [6]
- Group of 9 studies of trees - Bromoil print (25x33cm-10x13in) New-York 92 .... FF4 830 - £494 - **$850**

HUGO Pierre 1947 [1]
- Madame New Look - Sculpture (18cm-7in) Paris 93 .... FF48 000 - £5 780 - **$8,720**

HUGO Valentine 1887-1968 [56]
- Mademoiselle Susana - Huile/panneau (63x27cm-25x11in) Paris 96 .... FF26 000 - £3 380 - **$5,150**
- Spectre de la Rose - Huile/panneau Paris 90 .... FF160 000 - £16 529 - **$28,269**
- Rose enflammée - Pointe sèche (40x20cm-16x8in) Monaco 92 .... FF3 200 - £382 - **$616**
- Raymond Radiguet - Lithographie (50x38cm-20x15in) Genève 93 .... FF15 220 - £1 820 - **$2,930**
- Francis Poulenc (1899-1963) - Crayon (24x16cm-9x6in) Paris 92 .... FF6 200 - £740 - **$1,193**
- Rêve du 21 décembre 1929 - Crayon/papier (47x30cm-19x12in) Paris 97 .... FF27 000 - £2 911 - **$4,801**
- Cadavre exquis - Pastel (32x24cm-13x9in) Paris 89 .... FF80 000 - £7 960 - **$12,638**

HUGO Victor 1802-1885 [25]
- Château-fort - Encre (18x25cm-7x10in) Bordeaux 95 .... FF43 000 - £5 200 - **$8,090**
- Maisons médiévales - Encre (26x17cm-10x7in) Monaco 94 .... FF260 000 - £30 700 - **$46,600**
- Château fantastique - Lavis (31x46cm-12x18in) Paris 94 .... FF700 000 - £82 100 - **$123,800**

HUGON Roland XX [7]
- Côte d'Azur, Partez PLM - Poster (99x61cm-39x24in) New-York 96 .... FF2 780 - £355 - **$550**

HUGONNET Aloys 1879-1938 [3]
- Chrysanthèmes - Huile/toile (61x50cm-24x20in) Genève 89 .... FF9 800 - £1 033 - **$1,650**

HÜGREL Claude Honoré 1880-1944 [6]
- Chèvres blanches - Huile/panneau (92x110cm-36x43in) Cannes 94 .... FF13 000 - £1 476 - **$2,204**
- Gerbes, Saône - Pastel/panneau (58x70cm-23x28in) Paris 97 .... FF7 000 - £743 - **$1,219**

HUGUÉ Manolo 1872-1945 [11]
- L'Aragonais - Bronze (26cm-10in) New-York 91 .... FF36 700 - £3 653 - **$6,311**
- Le torero à la cape - Bronze (31cm-12in) Madrid 89 .... FF129 600 - £13 656 - **$21,818**
- Hombre apoyado sobre la mesa - Tinta (19x13cm-7x5in) Madrid 97 .... FF5 153 - £556 - **$893**

HUGUENIN-LASSAUGUETTE Fritz Edouard 1842-1926 [8]
- A Zinal - Öl/Leinwand (41x30cm-16x12in) Bern 94 .... FF8 080 - £936 - **$1,392**
- Berglandschaft über Nebelmeer - Aquarell (32x23cm-13x9in) Bern 94 .... FF1 508 - £183 - **$293**

HUGUENIN-VIRCHAUX Henri Edouard 1878-1958 [13]
- Forêt et du Glacier d'Aletsch - Öl/Leinwand (46x55cm-18x22in) Bern 96 .... FF3 260 - £396 - **$634**

HUGUES Paul XX [2]
- Intérieurs bourgeois - Huile/carton (25x19cm-10x7in) Montauban 92 .... FF2 100 - £244 - **$429**
- Scène d'intérieur - Pastel (37x44cm-15x17in) Paris 91 .... FF3 700 - £379 - **$691**

HUGUES Victor Louis 1827-? [1]
- Porteuse d'eau - Huile/panneau (21x15cm-8x6in) Paris 95 .... FF18 000 - £2 370 - **$3,650**

HUGUET Victor 1835-1902 [49]
- Traversée de l'oued - Huile/carton (24x32cm-9x13in) Paris 96 .... FF20 000 - £2 580 - **$3,916**
- Watering the Horses - Oil/panel (37x45cm-15x18in) London 97 .... FF40 146 - £4 400 - **$7,046**
- El Kantara, l'oued - Oil/canvas (62x51cm-24x20in) London 94 .... FF74 000 - £8 730 - **$13,930**
- Caravane dans le désert - Huile/toile (100x81cm-39x32in) Paris 91 .... FF300 000 - £30 447 - **$54,183**

HUHNEN Fritz 1895-1981 [7]
- Komposition - Mischtechnik/Papier (47x61cm-19x24in) Düsseldorf 92 .... FF4 100 - £422 - **$790**

HUHNEN Richard 1876-? [1]
- Romantische Gasse in Honnef - Öl/Karton (41x32cm-16x13in) Köln 94 .... FF8 220 - £987 - **$1,600**

HUIDEKOPER Christian 1878-1939 [2]
- Spaansch volkstype - Oil (35x27cm-14x11in) Amsterdam 92 .... FF4 670 - £558 - **$899**

HUIDEKOPER Geertruida M. Jacoba 1824-1884 [1]
- Sketchbook: 46 pages - Watercolour (15x25cm-6x10in) Amsterdam 94 .... FF4 265 - £504 - **$766**

HUIDOBRO LAPLANA Luis 1870-1936 [5]
- Paisaje rural - Oleo/tabla (38x27cm-15x11in) Madrid 94 .... FF3 103 - £362 - **$544**

HUIGENS René 1912-1940 [2]
Italia - Photo (38x29cm-15x11in) Paris 92 .... FF2 000 - £239 - **$385**

HUILLIOT Claude 1632-1702 [2]
Compositions florales - Huile/toile (96x130cm-38x51in) Paris 96 .... FF65 000 - £8 420 - **$12,850**

HUISKEN Hermann 1861-1899 [1]
Schwarzwaldmädchen in Tracht - Öl/Leinwand (61x35cm-24x14in) Stuttgart 96 .... FF6 820 - £888 - **$1,352**

HUITTI Ilmari 1897-1960 [3]
Bodar - Oil/panel (38x46cm-15x18in) Helsinki 90 .... FF9 080 - £928 - **$1,792**

HUJAR Peter 1934-1987 [4]
Ethyl Eichelberger - Silver print (33x46cm-13x18in) New-York 93 .... FF3 245 - £369 - **$550**

HULA Anton 1896-1946 [2]
Früchte und irdenes Geschirr - Oil/canvas (48x58cm-19x23in) Wien 91 .... FF12 030 - £1 221 - **$2,173**

HULBERT Katherine Allmond ?-1937 [2]
Boy and girl on a bridge - Oil/board (50x40cm-20x16in) North Bethesda, MD. 91 .... FF4 980 - £499 - **$912**

HULDAH XX [2]
Femme au café - Oil/canvas (79x58cm-31x23in) Chicago 93 .... FF6 600 - £828 - **$1,200**
Ballerinas on stage - Oil/canvas (73x61cm-29x24in) New-York 91 .... FF22 400 - £2 263 - **$4,447**

HULETT Ralph XIX-XX [2]
House on a countr road
    Watercolour/paper (53x74cm-21x29in) San Francisco-Los Angeles 90 .... FF6 300 - £662 - **$1,096**

HULIN Jean 1920 [2]
Arbres dans la prairie - Huile/toile (60x73cm-24x29in) La Varenne Saint-Hilaire 97 .... FF2 500 - £270 - **$439**

HULK Abraham XIX [22]
Wijdschip in a storm - Oil/panel (15x22cm-6x9in) Amsterdam 97 .... FF7 643 - £836 - **$1,340**
A Breezy day - Oil/canvas (40x61cm-16x24in) London 94 .... FF33 400 - £4 000 - **$6,170**

HULK Abraham I 1813-1897 [96]
Beached fishing boats - Oil/panel (17x25cm-7x10in) London 96 .... FF52 800 - £6 200 - **$10,260**
Fisching-smack - Oil/canvas (80x105cm-31x41in) Amsterdam 97 .... FF131 318 - £13 882 - **$22,532**
Fishermen on a beach - Watercolour (16x25cm-6x10in) Amsterdam 97 .... FF17 279 - £1 826 - **$2,964**

HULK Abraham II 1851-1922 [53]
Peaceful sketch of the river - Oil/canvas (51x76cm-20x30in) London 96 .... FF5 940 - £720 - **$1,155**
Harvesting - Oil/canvas (58x84cm-23x33in) London 96 .... FF25 670 - £3 200 - **$4,960**

HULK Hendrick 1842-1937 [21]
Peasantwoman driving a cow - Oil/panel (24x32cm-9x13in) Amsterdam 97 .... FF6 935 - £750 - **$1,210**
Sailboats at bay - Oil/canvas (44x66cm-17x26in) New-York 96 .... FF18 000 - £2 182 - **$3,500**

HULK John Frederick I 1829-1911 [26]
Oude Gracht, Utrecht - Oil/panel (40x33cm-16x13in) Amsterdam 97 .... FF29 401 - £3 216 - **$5,157**
Haarlem with moored vessels - Oil/canvas (58x81cm-23x32in) Amsterdam 93 .... FF60 300 - £7 200 - **$11,600**

HULK John Frederick II 1855-1913 [5]
Voorbijtrekkend onweer - Oil/canvas (151x86cm-59x34in) Amsterdam 95 .... FF12 720 - £1 590 - **$2,570**

HULK William Frederick 1852-c.1906 [35]
Cattle grazing - Oil/canvas (31x26cm-12x10in) London 94 .... FF3 520 - £420 - **$663**
Cattle in a Meadow - Oil/canvas (89x62cm-35x24in) London 96 .... FF12 830 - £1 600 - **$2,480**

HULL Edward c.1840-c.1890 [5]
Deer in the park - Watercolour (24x39cm-9x15in) Billinghurst, West Sussex 95 .... FF4 180 - £500 - **$795**

HULL James 1921 [3]
Composition - Gouache (50x62cm-20x24in) Paris 90 .... FF5 000 - £535 - **$870**

HULL John 1952 [2]
David and Goliath - Oil/canvas (92x101cm-36x40in) New-York 96 .... FF3 075 - £365 - **$600**

HULL Marie Atkinson 1890-1980 [3]
Autumn, North Carolina - Oil/canvas (64x76cm-25x30in) New Orleans, Louisiana 96 .... FF15 020 - £1 856 - **$2,900**

HULL Richard 1955 [2]
For an Ear - Oil/canvas (86x120cm-34x47in) New-York 94 .... FF8 990 - £1 061 - **$1,600**
Post Time - Oil/canvas (122x107cm-48x42in) New-York 93 .... FF76 300 - £8 740 - **$13,000**

HULL Robert 1913-1990 [1]
Bymotiv - Oil/canvas (82x100cm-32x39in) Köbenhavn 95 .... FF2 220 - £288 - **$452**

HULL Thomas XVIII-XIX [2]
A gentleman in brown coat - Miniature (7cm-3in) London 94 .... FF4 070 - £480 - **$725**

HULL William 1820-1880 [7]
Farmyard scene - Wash (39x55cm-15x22in) Birmingham 91 .... FF15 380 - £1 561 - **$2,778**

HULLGREN Oscar 1869-1948 [29]
I fyrstrålens sken - Oil/canvas/panel (61x74cm-24x29in) Stockholm 95 .... FF3 030 - £372 - **$591**
Västkust I - Oil/canvas (42x53cm-17x21in) Göteborg 92 .... FF9 900 - £1 013 - **$1,743**
Segelbat pa upprört hav - Oil/canvas (63x84cm-25x33in) Stockholm 90 .... FF33 700 - £3 585 - **$6,029**

HULME Frederick William 1816-1884 [28]
English landscape - Oil/canvas (51x76cm-20x30in) Detroit, Michigan 94 .... FF11 230 - £1 327 - **$2,000**
Welsh river landscape - Oil/canvas (106x152cm-42x60in) London 92 .... FF43 550 - £5 200 - **$8,370**
English Pastoral - Oil/canvas (76x127cm-30x50in) London 90 .... FF300 200 - £31 012 - **$53,039**

HULOT Suzanne XIX-XX [5]
La Mer à 2 heures de Paris - Affiche (99x62cm-39x24in) Paris 93 .... FF3 800 - £427 - **$644**

HULSER Joseph 1819-1850 [1]
Flussufer mit Reisenden - Öl/Leinwand (59x82cm-23x32in) Frankfurt 96 .... FF15 430 - £1 940 - **$3,040**

Calendar & auction results :   INTERNET : **www.artprice.com**   MINITEL : 3617 ARTPRICE

H

HULSHOFF POL Albertus Gerhard 1883-1957 [4]
🖼 *Still life* - Oil/canvas (51x61cm-20x24in) Amsterdam 96 .... FF5 860 - £673 - $1,120
HÜLSMANN Fritz 1894-1949 [1]
🖼 *Tanzende Mädchen* - Oil/panel (80x65cm-31x26in) Stuttgart 91 .... FF2 560 - £254 - $444
HULST van der Jean Baptist 1790-1862 [1]
🖼 *Rheinlandschaft* - Oil/panel (33x41cm-13x16in) Düsseldorf 92 .... FF13 680 - £1 405 - $2,630
HULSTEIJN van Cornelis Jansz 1815-1887 [4]
🖼 *Blumenstilleben* - Oil/panel (24x29cm-9x11in) Wien 89 .... FF28 800 - £3 035 - $4,848
HULSWIT Jan 1766-1822 [9]
🖼 *Boy & Girl Fishing* - Oil/canvas (37x48cm-15x19in) Amsterdam 97 .... FF15 606 - £1 660 - $2,715
✏ *Farm with buildings* - Ink (18x14cm-7x6in) Amsterdam 93 .... FF6 140 - £696 - $1,037
HULTBERG John 1922 [4]
🖼 *Senza titolo* - Olio/tela (88x130cm-35x51in) Milano 90 .... FF13 700 - £1 415 - $2,420
HULTEN Bo 1945 [5]
🖼 *Medborgare* - Oil/canvas (45x73cm-18x29in) Malmö 90 .... FF5 800 - £621 - $1,009
HULTÉN Carl Otto 1916 [42]
🖼 *Komposition* - Oil/canvas (46x61cm-18x24in) Malmö 96 .... FF13 150 - £1 560 - $2,570
🖼 *Som en figur* - Oil/canvas (160x155cm-63x61in) Stockholm 95 .... FF29 500 - £3 830 - $6,050
✏ *Komposition* - Gouache (50x39cm-20x15in) Stockholm 90 .... FF18 720 - £1 905 - $3,744
HULTMANN Fritz 1820-1894 [1]
🖼 *Beach scene* - Oil/canvas (33x48cm-13x19in) Viby J, Århus 93 .... FF2 112 - £253 - $406
HULTSTRÖM Karl 1884-1973 [3]
🗿 *Prinsessan och grodan* - Bronze (42cm-17in) Stockholm 93 .... FF7 400 - £910 - $1,370
HUMAIR Daniel 1939 [3]
🖼 *Tribulation* - Technique mixte/carton (65x50cm-26x20in) Les Andelys 90 .... FF10 000 - £1 071 - $1,739
HUMBEECK van Pierre 1891-1964 [2]
🖼 *Pêcheurs* - Huile/toile (51x65cm-20x26in) Bruxelles 95 .... FF2 680 - £353 - $544
HUMBERT André L. 1879-? [3]
🖼 *Les vendanges* - Huile/toile (263x178cm-104x70in) Calais 94 .... FF20 000 - £2 380 - $3,660
HUMBERT Charles 1813-1881 [9]
🖼 *Kühe auf der Weide, Fournex* - Öl/Leinwand (53x80cm-21x31in) Zofingen 95 .... FF19 100 - £2 420 - $3,840
HUMBERT DE SUPERVILLE David P. Giottino 1770-1849 [1]
✏ *Seated nude, a cat lying nearby* - Ink (17x12cm-7x5in) Amsterdam 92 .... FF11 450 - £1 368 - $2,203
HUMBERT Ferdinand 1842-1934 [6]
🖼 *Élégante à l'ombrelle* - Huile/toile (204x107cm-80x42in) Paris 95 .... FF22 000 - £2 843 - $4,530
HUMBERT Jean 1734-1794 [2]
🖼 *Cattle in an Alpine landscape* - Oil/canvas (56x82cm-22x32in) London 90 .... FF9 700 - £1 039 - $1,687
HUMBERT Jean-Charles Ferd. 1813-1881 [7]
🖼 *Pastorale* - Huile/toile (48x73cm-19x29in) Paris 92 .... FF15 000 - £1 536 - $2,700
HUMBERT Pierre 1929 [5]
🖼 *L'oiseau* - Huile/toile (89x116cm-35x46in) Paris 97 .... FF2 000 - £213 - $346
HUMBERT-VIGNOT Léonie XIX-XX [4]
🖼 *La Divette* - Huile/toile (118x93cm-46x37in) Paris 90 .... FF13 500 - £1 359 - $2,644
HUMBLA Ivan 1888-1962 [9]
🖼 *Kustmotiv med sjöfaglar* - Oil/canvas (69x93cm-27x37in) Malmö 90 .... FF11 900 - £1 274 - $2,070
HUMBLOT Robert 1907-1962 [60]
🖼 *Bouquet à l'as de coeur* - Huile/toile (73x60cm-29x24in) Paris 97 .... FF16 000 - £1 725 - $2,845
🖼 *Baux-de-Provence* - Huile/toile (38x61cm-15x24in) Paris 96 .... FF25 000 - £2 964 - $4,880
🖼 *Village* - Huile/toile (73x116cm-29x46in) Paris 96 .... FF40 000 - £5 200 - $7,920
🖼 *Villefranche-sur-Mer* - Huile/toile (81x116cm-32x46in) Cannes 92 .... FF100 000 - £10 230 - $20,830
HUMBORG Adolf 1847-1925 [23]
🖼 *Tavern & cavaliers* - Oil/canvas (55x45cm-22x18in) Köbenhavn 96 .... FF10 700 - £1 385 - $2,140
🖼 *Preparing for the banquet* - Oil/canvas (56x88cm-22x35in) London 96 .... FF54 500 - £6 800 - $10,530
🖼 *Neuer Wein !* - Oil/canvas (82x122cm-32x48in) New-York 92 .... FF194 200 - £20 330 - $35,000
HUME Edith, née Dunn XIX-XX [6]
🖼 *Darning Socks* - Oil/canvas (23x30cm-9x12in) London 91 .... FF23 800 - £2 389 - $4,118
HUME Thomas O. XIX-XX [1]
✏ *Personnage dans un jardin* - Aquarelle (32x50cm-13x20in) Cannes 93 .... FF4 000 - £500 - $728
HUME-WILLIAMS Lucy XIX-XX [3]
✏ *Half-timbered cottage* - Watercolour (26x42cm-10x17in) London 93 .... FF3 840 - £480 - $696
HUMER Leo Sebastian 1896-1965 [1]
✏ *Damenportrait* - Aquarell/Papier (63x43cm-25x17in) Wien 96 .... FF3 620 - £413 - $694
HUMME Joseph Julius 1825-1889 [1]
✏ *Hunter in the woods* - Watercolour (33x41cm-13x16in) Toronto 95 .... FF3 730 - £470 - $740
HUMMEL Carl 1769-? [1]
✏ *Diana mit ihren Hunden* - Aquarell/Papier (38x56cm-15x22in) Wien 89 .... FF12 000 - £1 194 - $1,896
HUMMEL Carl Maria Nicolaus 1821-1907 [24]
🖼 *Monticelli bei Tivoli* - Öl/Leinwand (83x118cm-33x46in) München 94 .... FF44 500 - £5 270 - $8,110
✏ *Syrakusa* - Pencil/paper (37x55cm-15x22in) München 96 .... FF7 810 - £890 - $1,495
HUMMEL Fritz XX [2]
🖼 *Am Neckar bei Oberboihingen* - Oil/canvas (50x65cm-20x26in) Stuttgart 91 .... FF4 394 - £441 - $733
HUMMEL Johann Erdmann 1769-1852 [1]
✏ *Italienische Landschaft mit Mädchen* - Aquarell (32x28cm-13x11in) Hamburg 90 .... FF13 900 - £1 436 - $2,456

HÜMMEL Sophie XIX [2]
Rytter ved hus - Gouache (37x48cm-15x19in) København 94 .... FF3 520 - £419 - **$663**

HUMMEL Theodor 1864-1939 [6]
Dächer von München - Oil/canvas (65x48cm-26x19in) München 90 .... FF23 700 - £2 521 - **$4,240**

HUMMEL Wilhelm, Willy 1872-1939 [3]
Fischernetze, Kreuzlingen - Öl/Leinwand (52x78cm-20x31in) Konstanz 93 .... FF6 300 - £721 - **$1,071**

HUMPHREY David 1955 [6]
Medieval garden - Oil/canvas (167x213cm-66x84in) New-York 92 .... FF9 950 - £1 008 - **$1,800**

HUMPHREY Jack Weldon 1901-1967 [8]
Apples in comport - Oil/canvas (50x61cm-20x24in) Toronto 92 .... FF21 500 - £2 200 - **$3,785**
Landscape with firs - Watercolour (30x43cm-12x17in) Toronto 94 .... FF1 726 - £204 - **$307**

HUMPHREY Ozias 1742-1810 [6]
Lady - Chalks (21x16cm-8x6in) London 92 .... FF7 810 - £800 - **$1,376**

HUMPHREY Ralph 1932-1990 [16]
Sinclair - Casein/canvas/wood (107x107cm-42x42in) New-York 95 .... FF37 140 - £4 640 - **$7,500**
Untitled - Charcoal (76x56cm-30x22in) New-York 93 .... FF5 500 - £690 - **$1,000**

HUMPHREY Walter Beach 1892-1966 [2]
New Year's baby announcing 1924 - Oil/canvas (53x46cm-21x18in) New-York 96 .... FF33 300 - £3 950 - **$6,500**

HUMPHREYS Malcolm 1894-? [1]
Arabian Fantasy - Oil/canvas (32x40cm-13x16in) Chicago 96 .... FF6 070 - £787 - **$1,200**

HUMPHRIES Jacqueline 1960 [4]
Untitled - Oil (40x40cm-16x16in) New-York 93 .... FF9 350 - £1 173 - **$1,700**

HUMPHRISS Charles Harry 1867-1934 [12]
Appeal to the Grand Spirit - Bronze Chicago 94 .... FF22 270 - £2 630 - **$4,000**
The Sun Dial - Bronze (122cm-48in) Chicago 94 .... FF151 700 - £17 900 - **$27,000**

HUMPHRY Ozias 1742-1810 [3]
Lady - Miniature (5cm-2in) London 92 .... FF7 810 - £800 - **$1,376**

HUMPHRYS William 1794-1865 [1]
Meet at Melton - Aquatinte (42x71cm-17x28in) Paris 94 .... FF8 200 - £954 - **$1,426**

HUMPLIK Josef 1888-1958 [5]
Fferd - Bronze (56cm-22in) Wien 96 .... FF14 480 - £1 650 - **$2,774**

HÜNDEBERG von H.O.M. Jürgen 1922 [2]
Komposition - Mixed media (50x70cm-20x28in) Pforzheim 93 .... FF5 090 - £608 - **$978**

HUNDERTWASSER Friedrich Stowasser 1928 [270]
Burning Winter - Mixed media (63x56cm-25x22in) Zürich 95 .... FF36 800 - £4 374 - **$6,930**
Autofluss - Öl/Karton (43x62cm-17x24in) Wien 96 .... FF337 000 - £42 200 - **$65,700**
Kopf - Oil/canvas (85x67cm-33x26in) London 90 .... FF1 169e +06 - £109 580 - **$179,347**
Green Power - Serigraph in colors (76x63cm-30x25in) Wien 96 .... FF40 900 - £5 100 - **$7,910**
Midori no namida - Woodcut in colors (52x68cm-20x27in) London 94 .... FF101 500 - £12 000 - **$18,240**
Fall in cloud - Sculpture (29x35cm-11x14in) London 94 .... FF18 620 - £2 200 - **$3,344**
Kopf - Watercolour (11x14cm-4x6in) Wien 95 .... FF49 800 - £6 310 - **$10,020**
Gelbe Schiffe - Aquarell/Papier (39x51cm-15x20in) Wien 93 .... FF245 000 - £27 700 - **$41,300**
Versaumter Frühling - Watercolour (52x71cm-20x28in) New-York 92 .... FF364 500 - £37 260 - **$67,500**
La Picandière - Watercolour, gouache (130x97cm-51x38in) London 93 .... FF531 000 - £64 000 - **$92,800**

HUNDT Hermann Baptist 1894-1974 [3]
Mutter Ey beim Kartenspiel - Ink (37x27cm-15x11in) Heidelberg 93 .... FF1 540 - £180 - **$253**

HUNDT Walter 1899-? [1]
In den Dünen - Oil/panel (15x23cm-6x9in) Rudolstadt-Thüringen 96 .... FF2 540 - £319 - **$491**

HUNDT-OSTERLÜND Gerda 1874-1943 [1]
Österländskt sagomotiv - Oil/canvas (28x30cm-11x12in) Uppsala 91 .... FF3 744 - £375 - **$686**

HÜNERFAUTH Irma 1907 [4]
Mädchenkopf mit Zöpfen - Öl/Leinwand (75x55cm-30x22in) München 95 .... FF12 040 - £1 582 - **$2,415**
Spitzingsattel v. Josefstal - Watercolour (36x49cm-14x19in) München 96 .... FF2 380 - £271 - **$455**

HUNIN Alouis Pierre Paul 1808-1855 [2]
Old woman leaning against a wall - Oil/panel (69x53cm-27x21in) Amsterdam 91 .... FF12 620 - £1 272 - **$2,190**
L'Heureuse famille - Oil/panel (51x68cm-20x27in) New-York 96 .... FF67 500 - £8 600 - **$13,000**

HUNN Thomas Henry, Tom c.1850-c.1915 [19]
Salisbury cathedral - Watercolour (97x71cm-38x28in) Salisbury, Wiltshire 92 .... FF3 710 - £380 - **$728**

HUNT Alan M. 1947 [13]
A swimming tiger - Acrylic/masonite (75x120cm-30x47in) London 96 .... FF43 400 - £5 500 - **$8,320**
A resting tiger - Watercolour (51x76cm-20x30in) London 94 .... FF187 400 - £22 000 - **$33,400**

HUNT Alfred William 1830-1896 [10]
Mist Wreaths - Oil/canvas (50x76cm-20x30in) London 92 .... FF77 900 - £8 000 - **$14,960**
Whitby, North Yorkshire - Watercolour (25x35cm-10x14in) London 97 .... FF10 300 - £1 100 - **$1,791**

HUNT Andrew 1790-1861 [2]
In at Tall-y-Llyn, North Wales - Oil/canvas (30x31cm-12x12in) Billinghurst, West Sussex 96 .... FF5 970 - £780 - **$1,194**

HUNT Arthur Ackland XIX-XX [2]
A Lady in costume - Watercolour (76x54cm-30x21in) London 96 .... FF3 390 - £440 - **$671**

HUNT Bryan 1947 [45]
Wake II, 1987 - Technique mixte/carton (37x29cm-15x11in) Paris 90 .... FF16 000 - £1 611 - **$2,909**
Ritual II - Bronze (182cm-72in) New-York 93 .... FF49 500 - £6 210 - **$9,000**
Recling Figure - Bronze (152x28x52cm-60x11x20in) New-York 97 .... FF104 530 - £10 996 - **$18,000**

H

Muse und Lake - Bronze (108cm-43in) Köln 94 .... FF**191 400** - £22 470 - **$34,100**
⬨ Untitled - Graphite (238x107cm-94x42in) New-York 96 .... FF**33 660** - £4 345 - **$6,500**
Untitled - Watercolour/vellum (233x106cm-92x42in) New-York 91 .... FF**57 000** - £5 785 - **$10,295**
HUNT Cecil Arthur 1873-1965   [20]
⬨ Castle - Watercolour (26x38cm-10x15in) London 95 .... FF**2 000** - £250 - **$404**
Snow & shadow - Pencil (26x37cm-10x15in) London 92 .... FF**8 170** - £950 - **$1,668**
HUNT Charles 1803-1877   [13]
⬤ The minstrels - Oil/canvas (34x51cm-13x20in) New-York 97 .... FF**37 572** - £4 000 - **$6,500**
In the dock - Oil/canvas (61x91cm-24x36in) London 89 .... FF**87 200** - £8 425 - **$13,232**
HUNT Charles 1829-1900   [9]
⬤ The Valentine - Oil/canvas (66x60cm-26x24in) London 92 .... FF**43 550** - £5 200 - **$8,370**
HUNT Charles XIX-XX   [2]
⬤ Paddy's Valentine - Oil/board (31x25cm-12x10in) London 96 .... FF**15 480** - £2 000 - **$3,056**
⬨ Girls and donkey by rustic cottage - Watercolour Aylsham, Norfolk 92 .... FF**4 980** - £510 - **$1,038**
HUNT Charles XIX   [5]
⬤ Puppy's mealtime - Oil/canvas (63x72cm-25x28in) New-York 92 .... FF**20 800** - £2 483 - **$4,000**
▱ Prix Spécial, Chantilly - Aquatinte (42x66cm-17x26in) Paris 94 .... FF**14 500** - £1 688 - **$2,520**
HUNT Charles D. 1840-1914   [3]
⬤ Twighlight - Oil/canvas Mystic, Connecticut 94 .... FF**3 830** - £456 - **$700**
HUNT Charles II 1880-1900   [1]
⬤ Game of draughts - Oil/canvas (51x76cm-20x30in) London 90 .... FF**112 200** - £11 418 - **$22,438**
HUNT Claude R. 1863-1949   [2]
⬤ Don't you Dare ! - Oil/canvas (25x35cm-10x14in) London 93 .... FF**21 360** - £2 400 - **$3,580**
HUNT Edgar 1876-1953   [107]
⬤ Chickens feeding - Oil/canvas (25x20cm-10x8in) London 96 .... FF**49 500** - £6 200 - **$9,540**
Farmyard Friends - Oil/canvas (35x46cm-14x18in) London 97 .... FF**95 238** - £10 000 - **$16,324**
In the Stable - Oil/canvas (60x51cm-24x20in) London 97 .... FF**142 857** - £15 000 - **$24,486**
New Brood - Oil/canvas (61x109cm-24x43in) London 97 .... FF**312 212** - £34 000 - **$54,295**
HUNT Edward Aubrey 1855-1922   [26]
⬤ The Arab blacksmith - Oil/panel (46x35cm-18x14in) London 96 .... FF**15 900** - £2 000 - **$3,130**
Fishing craft , Venice - Oil/canvas (193x131cm-76x52in) London 94 .... FF**143 000** - £17 000 - **$27,200**
⬨ Shipping - Watercolour (3x5cm-1x2in) Penzance, Cornwall 93 .... FF**2 324** - £280 - **$406**
HUNT Esther Anna 1875-1951   [9]
⬤ Chinatown - Oil/canvas (129x61cm-51x24in) San Francisco-Los Angeles 94 .... FF**15 300** - £1 810 - **$2,750**
🏺 Lotus Bud - Plaster (18cm-7in) San Francisco-Los Angeles 94 .... FF**8 910** - £1 053 - **$1,600**
⬨ Asian women & children
    Watercolour/paper (38x23cm-15x9in) San Francisco-Los Angeles 95 .... FF**13 270** - £1 510 - **$2,250**
HUNT Geoffrey William 1948   [5]
⬤ America's Cup defence - Oil/board (5676cm-2235in) London 96 .... FF**14 200** - £1 800 - **$2,724**
HUNT George XIX   [3]
▱ Peter - Aquatint (47x66cm-19x26in) Amsterdam 92 .... FF**1 670** - £171 - **$328**
HUNT Gerard Leigh 1858-?   [2]
⬤ The new dress - Oil/canvas (153x112cm-60x44in) London 94 .... FF**8 880** - £1 050 - **$1,596**
HUNT Howard M. XIX-XX   [3]
⬤ Danger On The Desert - Oil/canvas (76x127cm-30x50in) New Orleans, Louisiana 93 .... FF**11 550** - £1 450 - **$2,100**
HUNT Lynn Bogue 1878-1960   [4]
⬤ Flock of geese coming into decoys - Oil/canvas (76x38cm-30x15in) Boston, Mass. 95 ...... FF**29 200** - £3 800 - **$6,000**
HUNT Millson c.1850-1900   [10]
⬤ Shipping off Rochester Castle - Oil/canvas (26x41cm-10x16in) London 95 .... FF**4 650** - £580 - **$911**
HUNT Richard 1935   [3]
🏺 Untitled - Bronze (56cm-22in) New-York 96 .... FF**15 540** - £2 005 - **$3,000**
HUNT Thomas Lorraine 1882-1938   [8]
⬤ Boats in a harbor - Oil/canvas (63x76cm-25x30in) San Francisco-Los Angeles 92 .... FF**55 500** - £5 810 - **$10,000**
Fishing boats - Oil/canvas (71x76cm-28x30in) San Francisco-Los Angeles 91 .... FF**85 500** - £8 615 - **$14,836**
HUNT W.H. XIX   [4]
⬤ Young boy holding a bird's nest - Oil/panel (28x21cm-11x8in) London 94 .... FF**10 450** - £1 200 - **$1,790**
⬨ Castle Rushen, Isle of man - Wash (61x91cm-24x36in) Ramsey, Isle of Man 91 .... FF**2 016** - £201 - **$347**
HUNT Walter 1861-1941   [26]
⬤ Ponies - Oil/canvas (77x102cm-30x40in) London 94 .... FF**25 150** - £3 000 - **$4,730**
Tasty Morsel - Oil/canvas (51x76cm-20x30in) London 97 .... FF**104 762** - £11 000 - **$17,956**
Foster Mother - Oil/canvas (92x124cm-36x49in) London 95 .... FF**300 000** - £38 000 - **$60,300**
HUNT William Henry 1790-1864   [62]
⬨ Girl with a pitcher - Watercolour (31x20cm-12x8in) London 96 .... FF**11 030** - £1 300 - **$2,167**
Sir John Everett Millais - Ink/paper (11x8cm-4x3in) London 97 .... FF**20 019** - £2 100 - **$3,435**
Boy blowing a Bubble - Watercolour (36x23cm-14x9in) London 97 .... FF**38 674** - £4 200 - **$6,853**
Interior of a barn - Watercolour (55x75cm-22x30in) London 97 .... FF**423 329** - £45 000 - **$72,941**
HUNT William Holman 1827-1910   [28]
⬤ Master Hilary - Oil/canvas (122x66cm-48x26in) London 94 .... FF**7** - £879 000 - **$1**
Morning Prayer - Oil/panel (26x19cm-10x7in) London 95 .... FF2 **52e +06** - £260 000 - **$413,000**
▱ Day in the Country - Etching (18x25cm-7x10in) London 95 .... FF**3 735** - £450 - **$653**
⬨ Syrian wife - Coloured chalks (51x36cm-20x14in) London 95 .... FF**52 600** - £6 800 - **$10,740**
HUNT William Howes 1806-1879   [1]
⬨ Estuary with boats, Braden Quay - Watercolour (28x44cm-11x17in) London 92 .... FF**5 440** - £650 - **$1,047**

HUNT William Morris 1824-1879 [14]
Out in the Cold - Oil/canvas (31x37cm-12x15in) New-York 93 .... FF22 000 - £2 760 - **$4,000**
Niagara Falls - Oil/panel (59x107cm-23x42in) New-York 96 .... FF104 400 - £12 080 - **$20,000**
Italian landscape - Pastel/paper (15x23cm-6x9in) Baton Rouge, Louisiana 94 .... FF6 310 - £758 - **$1,200**

HÜNTEN Emil 1827-1902 [10]
Französische Geschütze und Husaren - Öl/Leinwand (75x94cm-30x37in) München 93 .... FF32 200 - £3 850 - **$6,200**

HÜNTEN Franz 1822-1887 [2]
Fischer an felsiger Küste - Öl/Leinwand (41x59cm-16x23in) Köln 95 .... FF8 850 - £1 103 - **$1,728**

HÜNTEN Franz Johann Wilhelm 1822-1887 [4]
Marine - Oil/canvas (52x90cm-20x35in) Köbenhavn 95 .... FF28 100 - £3 500 - **$5,480**
Sinkenden Schiff vor der Küste - Watercolour/board (28x44cm-11x17in) Köln 90 .... FF3 400 - £348 - **$671**

HÜNTEN Richard 1867-? [2]
Küste nei Sandvig, Bornholm - Oil/cardboard (31x49cm-12x19in) Hamburg 96 .... FF4 420 - £504 - **$845**

HUNTER Clementine 1887-1988 [79]
Black Jesus - Oil/board (58x28cm-23x11in) New Orleans, Louisiana 92 .... FF6 810 - £698 - **$1,200**
The Baptism Procession
Oil/cardboard (41x61cm-16x24in) New Orleans, Louisiana 94 .... FF15 200 - £1 745 - **$2,600**
This sort of thing called a Lazy Swing
Watercolour/paper (28x36cm-11x14in) New Orleans, Louisiana 92 .... FF7 380 - £756 - **$1,300**

HUNTER Colin 1841-1904 [14]
Fishing Boats in port - Oil/canvas (61x35cm-24x14in) London 97 .... FF7 317 - £780 - **$1,277**
Their Share of the Toil - Oil/canvas (107x183cm-42x72in) London 91 .... FF79 300 - £8 048 - **$14,322**

HUNTER F. Leonard 1896-1957 [2]
View from Battery Park - Oil/canvas (20x30cm-8x12in) Litchfield, CT 92 .... FF5 400 - £552 - **$1,000**

HUNTER Frances Tipton 1896-1957 [2]
Two children carving pumpkin - Watercolour (61x48cm-24x19in) New-York 94 .... FF13 380 - £1 605 - **$2,600**

HUNTER Frederick Leo 1862-1943 [2]
Sailing ship at sea - Oil/canvas (45x61cm-18x24in) North Bethesda, MD. 91 .... FF2 700 - £269 - **$464**

HUNTER George Leslie 1877-1931 [67]
Portrait of a girl - Oil/canvas (61x50cm-24x20in) Glasgow 96 .... FF34 560 - £4 000 - **$6,620**
On the shore, Fife - Oil/canvas (61x48cm-24x19in) Edinburgh 92 .... FF88 000 - £9 000 - **$15,480**
Fruits on a table - Oil/canvas (54x43cm-21x17in) Edinburgh 93 .... FF185 600 - £19 000 - **$32,700**
Oriental vase on a table - Oil/board (76x63cm-30x25in) Glasgow 89 .... FF348 700 - £36 744 - **$58,704**
The quayside, Fife - Watercolour (44x56cm-17x22in) Glasgow 91 .... FF49 600 - £5 000 - **$8,700**

HUNTER George Sherwood 1846-1919 [79]
Winterspaziegang - Öl/Leinwand (25x51cm-10x20in) Wien 93 .... FF7 420 - £872 - **$1,235**
A Marken girl, Holland - Oil/canvas (46x31cm-18x12in) London 96 .... FF17 500 - £2 200 - **$3,443**
A marken girl, Holland - Pastel (44x29cm-17x11in) London 90 .... FF10 400 - £1 047 - **$2,037**

HUNTER Isabel 1878-1941 [3]
Two ships - Oil/canvas (66x51cm-26x20in) San Francisco-Los Angeles 92 .... FF17 550 - £1 794 - **$3,250**

HUNTER John Young 1874-1955 [13]
The Roswell Miller family - Oil/canvas (271x203cm-107x80in) Denver, Colorado 95 .... FF28 140 - £5 500 - **$3,560**

HUNTER L.M. c.1880-c.1960 [2]
The busybody - Pencil (17x12cm-7x5in) London 92 .... FF5 860 - £600 - **$1,035**

HUNTER Mary Ethel Young 1878-1936 [5]
A Good Story - Drawing Leeds 91 .... FF3 770 - £380 - **$654**

HUNTER Mason 1854-1921 [4]
Edinburgh from Craigleith Quarry - Oil/board (33x25cm-13x10in) Edinburgh 91 .... FF4 230 - £421 - **$727**

HUNTER Robert Douglas 1928 [4]
Still life - Oil/canvas (97x66cm-38x26in) Cambridge, Mass. 93 .... FF9 440 - £1 074 - **$1,600**

HUNTINGTON Anna V. Hyatt 1876-1973 [37]
Descending Jaguar - Bronze (16cm-6in) San Francisco-Los Angeles 96 .... FF13 050 - £1 510 - **$2,500**
Bronze figure - Bronze (17cm-7in) New-York 96 .... FF25 230 - £3 030 - **$4,800**
Yawning Tiger - Bronze (71cm-28in) New-York 97 .... FF105 017 - £11 026 - **$18,000**

HUNTINGTON Daniel 1816-1906 [7]
Ariadne on the Island of Naxos
Oil/canvas (30x25cm-12x10in) San Francisco-Los Angeles 96 .... FF16 960 - £1 964 - **$3,250**
Charles Lanman - Pencil/paper (18x14cm-7x6in) New-York 90 .... FF3 984 - £411 - **$703**

HUNTINGTON Dwight W. 1860-1906 [3]
Shooting in the Wood - Watercolour/paper (29x42cm-11x17in) New-York 96 .... FF18 800 - £2 175 - **$3,600**

HUNZIKER Elise 1860-1891 [1]
Pfirsichen auf einemTisch - Öl/Karton (40x60cm-16x24in) Lindau 92 .... FF3 050 - £355 - **$622**

HUNZIKER Frieda 1908-1966 [4]
Abstract composition - Oil/canvas (100x125cm-39x49in) Amsterdam 94 .... FF15 320 - £1 815 - **$2,830**

HUNZIKER Max 1901-1976 [10]
Les fantômes - Oil/canvas (69x90cm-27x35in) Amsterdam 90 .... FF16 560 - £1 693 - **$3,269**
Limmatquai, Zürich - Tempera/panneau (90x150cm-35x59in) Zürich 95 .... FF63 700 - £8 070 - **$12,800**

HUOT Charles Ed. Masson 1855-1930 [8]
Rivière Saguenay - Huile/toile (28x41cm-11x16in) Montréal 90 .... FF12 700 - £1 312 - **$2,244**
Returning Home - Watercolour (24x13cm-9x5in) Montréal 95 .... FF1 802 - £228 - **$363**

HUPÉ Martial E.L. XIX-XX [2]
A Bouquet of Roses - Oil/canvas (54x39cm-21x15in) London 96 .... FF23 840 - £2 800 - **$4,630**

H

HÜPPI Alfonso 1935 [2]
Ohne Titel - Tecnica mista/tela (49x36cm-19x14in) Köln 90 .... FF4 400 - £468 - $787

HUQUIER Jacques Gabriel 1725-1805 [1]
Rococo decorative designs - Etching (48x33cm-19x13in) London 93 .... FF5 810 - £700 - $1,015

HURARD DE LA TOUR Claude Sébastien 1818-1885 [1]
Paysanne dans un intérieur - Huile/toile (61x50cm-24x20in) Arles 96 .... FF14 500 - £1 680 - $2,780

HURARD Joseph 1887-1956 [47]
Avignon, le Pont - Huile/carton (53x75cm-21x30in) Paris 96 .... FF8 000 - £1 014 - $1,535
Village provençal - Huile/carton (37x46cm-15x18in) Neuilly 92 .... FF16 800 - £1 726 - $3,230
Marseille, Vieux Port - Gouache (25x41cm-10x16in) Paris 96 .... FF4 300 - £545 - $825

HURD Peter 1904-1984 [23]
The Captive - Oil/canvas (91x61cm-36x24in) Elgin, Illinois 95 .... FF29 330 - £3 660 - $5,750
My Daughter Carol - Tempera/panel (64x77cm-25x30in) New-York 95 .... FF170 600 - £21 800 - $35,000
The day it rained II
    Watercolour/paper (54x76cm-21x30in) San Francisco-Los Angeles 90 .... FF57 200 - £5 909 - $10,106

HÜRDEN Erich 1884-1969 [1]
Dorfstraße - Öl/Karton (23x29cm-9x11in) Wien 92 .... FF2 890 - £290 - $556

HURDLE Robert Henry 1918 [2]
Eggs and Herrings on a Table - Oil/canvas (49x58cm-19x23in) London 97 .... FF4 482 - £480 - $774

HUREL Suzanne 1876-1956 [2]
Devant le lit-clos - Huile/toile (46x38cm-18x15in) Quimper 95 .... FF3 800 - £473 - $741

HURLEY Edward Timothy 1896-1950 [1]
River and trees - Oil/canvas Cambridge, Mass. 90 .... FF10 440 - £1 062 - $2,088

HURLEY Wilson 1924 [4]
Twilights Last Gleaming - Oil/canvas (102x153cm-40x60in) New-York 93 .... FF162 500 - £18 450 - $27,500

HÜRLIMANN Johann 1793-1850 [2]
Maison de paysan à Alpnach - Aquatint in colors (27x39cm-11x15in) Bern 92 .... FF8 920 - £912 - $1,572

HURLSTONE Frederick Yeates 1801-1869 [2]
Stephen Rowley Conroy - Oil/canvas (75x63cm-30x25in) London 93 .... FF9 600 - £1 200 - $1,740

HURME Viljo 1893-1987 [1]
Stilleben - Oil/canvas (54x64cm-21x25in) Helsinki 92 .... FF7 170 - £734 - $1,262

HURMERINTA Raija 1930 [2]
Stilleben - Oil/canvas (81x65cm-32x26in) Helsinki 94 .... FF3 060 - £350 - $519

HURN David 1934 [1]
Jane Fonda in Barbarella - Type C color print (48x33cm-19x13in) London 94 .... FF4 690 - £550 - $821

HURRELL George 1904-1992 [42]
Rita Hayworth - (89x120cm-35x47in) New-York 94 .... FF6 970 - £808 - $1,200

HURRY Leslie 1909-1978 [50]
Costume: Pas de Six - Watercolour (54x38cm-21x15in) London 91 .... FF5 840 - £600 - $1,086

HURT Louis Bosworth 1856-1929 [65]
Lingering autumn - Oil/canvas (128x102cm-50x40in) London 91 .... FF23 800 - £2 415 - $4,299
Highland cattle - Oil/canvas (51x76cm-20x30in) Edinburgh 96 .... FF77 000 - £9 800 - $14,820
Through Glencoe - Oil/canvas (91x153cm-36x60in) London 94 .... FF227 000 - £27 000 - $43,200

HURTER Tobias 1803-1889 [1]
Fribourg, le Pont en Fil de Fer - Lithographie (27x34cm-11x13in) Bern 93 .... FF1 540 - £172 - $262

HÜRTH W. Robert 1890-? [2]
Bauernpaar - Woodcut in colors (35x49cm-14x19in) München 94 .... FF1 547 - £184 - $291

HURTREL Arsène 1817-1861 [1]
Petit enfant essaimant des roses - Huile/toile (73x62cm-29x24in) Paris 91 .... FF12 500 - £1 269 - $2,258

HURTU Raymond 1935 [17]
Jardins intimes - l'oiseau de feu - Acrylique/toile (130x195cm-51x77in) Paris 90 .... FF6 500 - £655 - $1,182
Volumes I - Gouache/panneau (21x13cm-8x5in) Paris 90 .... FF1 500 - £151 - $273

HURTUBISE Jacques 1939 [6]
Hélène - Acrylic/canvas (127x127cm-50x50in) Toronto 96 .... FF6 830 - £866 - $1,310

HURTZ Helmuth 1903-1959 [1]
Single Shell - Poster (99x54cm-39x21in) New-York 93 .... FF9 350 - £1 173 - $1,700

HURUM Per 1910-1989 [1]
Etyde IV - Bronze (21cm-8in) Oslo 93 .... FF11 200 - £1 303 - $1,923

HUSAIN Maqbool Fida 1915 [27]
Poornima - Oil/canvas (101x51cm-40x20in) London 96 .... FF56 700 - £7 000 - $10,940
Madhuri as Menaka - Acrylic/canvas (107x178cm-42x70in) London 95 .... FF156 400 - £20 000 - $31,440
The Bridal Tonga - Gouache/paper (27x40cm-11x16in) London 96 .... FF40 500 - £5 000 - $7,810

HUSAIN Shamshad 1946 [2]
Painting XXV - Oil/canvas (81x101cm-32x40in) London 95 .... FF5 860 - £750 - $1,180

HUSKISSON Robert ?-1854 [1]
Titania's Elves - Oil/canvas (66x77cm-26x30in) London 93 .... FF23 240 - £2 800 - $4,060

HUSON Thomas 1844-1920 [7]
Showery, North Donegal - Oil/canvas (69x122cm-27x48in) London 95 .... FF10 600 - £1 200 - $1,910

HUSS Johnson, John XX [2]
La Mort, la Vie, la Juge - Huile/bois (60x49cm-24x19in) Paris 89 .... FF40 000 - £3 980 - $6,319

HUSS-WALLIN Mona 1944 [16]
Bron i Svolvaer - Lithograph (61x50cm-24x20in) Göteborg 92 .... FF1 990 - £238 - $383
Vallmo - Akvarell (39x29cm-15x11in) Stockholm 94 .... FF2 020 - £239 - $373

HUSSEM Willem 1900-1974 [36]
- Compositie - Oil/paper (50x49cm-20x19in) Amsterdam 97 .... FF7 492 - £787 - **$1,287**
- A Composition - Oil/canvas (65x110cm-26x43in) Amsterdam 97 .... FF20 506 - £2 150 - **$3,518**
- Untitled - Oil/canvas (120x79cm-47x31in) Amsterdam 97 .... FF62 931 - £6 615 - **$10,810**
- Untitled - Gouache/paper (63x48cm-25x19in) Amsterdam 96 .... FF5 430 - £629 - **$1,040**

HUSSEY Giles 1710-1788 [5]
- Prince Charles Edward Stuart - Pencil (22x16cm-9x6in) London 95 .... FF11 050 - £1 400 - **$2,223**

HUSSMAN Albert Heinrich 1874-? [13]
- Amazon riding bareback - Bronze (33cm-13in) St. Louis, Miss. 92 .... FF12 740 - £1 480 - **$2,600**
- Nude bare-back rider - Bronze (82cm-32in) London 96 .... FF50 300 - £6 500 - **$9,930**

HUSSMAN Heinrich 1899-1982 [1]
- Aschenbecher/Fenêtres éternelles - Watercolour (37x53cm-15x21in) Köln 90 ...... FF3 000 - £319 - **$537**

HUSSON Léon XIX-XX [2]
- Cycles Marcot - Affiche (121x83cm-48x33in) Boulogne 96 .... FF2 100 - £274 - **$420**
- Remomeix, 1939 - Gouache (20x32cm-8x13in) Saint-Dié 90 .... FF1 800 - £194 - **$317**

HUSSON-DUMOUTIER Alain 1939 [4]
- Syllabe du désert - Technique mixte/papier (65x50cm-26x20in) Verrières-Le-Buisson 90 .... FF9 000 - £964 - **$1,565**
- Le charbon de la fin - Technique mixte/papier (92x64cm-36x25in) Paris 95 ...... FF60 000 - £7 510 - **$11,950**

HUSTON William XIX-XX [2]
- Long Island seascape - Oil/canvas (35x50cm-14x20in) Cambridge, Mass. 90 .... FF10 440 - £1 062 - **$2,088**

HUSZAR Vilmos 1884-1960 [19]
- A cat - Oil/board (22x21cm-9x8in) Amsterdam 95 .... FF15 130 - £1 930 - **$3,086**
- Masque nègre - Huile/toile (50x42cm-20x17in) Avignon 89 .... FF130 000 - £13 699 - **$21,886**
- Abstrakte Komposition - Wax (19x25cm-7x10in) Köln 89 .... FF12 800 - £1 309 - **$2,058**

HUTCHENS Frank Townsend 1869-1937 [9]
- Old Brass and Pewter - Oil/canvas (76x91cm-30x36in) Bloomfield Hills, Michigan 95 .... FF15 300 - £1 906 - **$3,000**

HUTCHINSON Donald C. 1869-1954 [1]
- At the Helm - Oil/canvas (69x53cm-27x21in) Mystic, Connecticut 92 .... FF2 470 - £295 - **$475**

HUTCHINSON Frederick William 1871-1953 [8]
- The Winter Road - Oil/canvas (30x40cm-12x16in) Toronto 96 .... FF8 550 - £1 090 - **$1,645**

HUTCHINSON Leonard 1896-1980 [27]
- Saturday Night - Woodcut in colors (28x23cm-11x9in) Toronto 95 .... FF1 612 - £206 - **$329**

HUTCHINSON Peter 1930 [3]
- Crab Apple Triangle - Photograph (70x50cm-28x20in) Düsseldorf 93 .... FF7 460 - £891 - **$1,435**

HUTCHINSON Robert Gemmell 1855-1936 [84]
- The flax gatherer - Oil/panel (18x13cm-7x5in) Glasgow 96 .... FF15 430 - £2 000 - **$3,020**
- On the shore - Oil/board (23x30cm-9x12in) Glasgow 96 .... FF86 400 - £10 000 - **$16,550**
- Village Carnival - Oil/canvas (114x157cm-45x62in) Glasgow 91 .... FF278 000 - £28 000 - **$48,700**
- Young girl secrets - Watercolour/paper (44x34cm-17x13in) Glasgow 96 .... FF147 000 - £17 000 - **$28,130**

HUTCHISON William Oliphant 1889-1970 [2]
- New town interior - Oil/canvas (63x70cm-25x28in) Auchterarder, Perthshire 92 ..... FF17 130 - £1 800 - **$3,580**

HUTCHISSON William Henry Florio 1773-1857 [2]
- Reading her book - Oil/canvas (35x25cm-14x10in) Edinburgh 92 .... FF48 850 - £5 000 - **$8,600**
- The reception of Lord Amherts - Oil/canvas (102x15cm-40x6in) London 89 .... FF542 400 - £55 460 - **$87,203**

HUTH Franz 1876-1970 [15]
- Parklandschaft - Pastel/paper (58x78cm-23x31in) Zürich 95 .... FF11 220 - £1 446 - **$2,283**

HUTH Julius 1838-1892 [1]
- Elbe, alten Liebe bei Cuxhaven - Öl/Leinwand (21x31cm-8x12in) Stuttgart 94 ... FF13 670 - £1 644 - **$2,600**

HUTH Willy Robert 1890-1977 [11]
- Hafen mit Segelschiffen - Öl/Leinwand (60x75cm-24x30in) Berlin 95 .... FF10 300 - £1 347 - **$2,090**
- Kunsttänzer - Lithographie (37x51cm-15x20in) Hamburg 93 .... FF2 713 - £324 - **$522**

HÜTHER Julius 1881-1954 [45]
- Frauenakt im Freien - Öl/Leinwand (97x74cm-38x30in) Zofingen 94 .... FF10 170 - £1 205 - **$1,880**
- An der Isar im München - Öl/Leinwand (120x200cm-47x79in) München 94 .... FF95 700 - £11 230 - **$17,050**
- Akte auf Felsen i Landschaft - Aquarell (16x13cm-6x5in) München 92 .... FF3 220 - £385 - **$620**

HUTHSTEINER Rudolf 1855-1935 [3]
- Kircheninterieur - Öl/Leinwand (110x79cm-43x31in) München 94 .... FF14 730 - £1 752 - **$2,695**

HUTSCHENREUTER Arthur 1849-1915 [3]
- Der zerbrochene Krug - Öl/Leinwand (57x67cm-22x26in) München 93 .... FF6 100 - £730 - **$1,174**

HUTT Henry 1875-1950 [2]
- Woman with parasol in rose garden - Gouache (46x30cm-18x12in) New-York 95 ... FF15 150 - £1 910 - **$3,000**

HÜTTENBRENNER von Erni 1874-1944 [1]
- Maria mit Kind und Josef - Oil/panel (67x99cm-26x39in) Lindau 94 .... FF6 860 - £814 - **$1,268**

HÜTTER Emil 1835-1886 [2]
- Die Tuchlaube in Wien - Aquarell/Papier (23x39cm-9x15in) Wien 92 .... FF6 250 - £747 - **$1,203**

HUTTER Schang 1934 [5]
- Komposition mit Büste - Farblithographie (23x34cm-9x13in) Bern 92 .... FF1 860 - £190 - **$328**

HUTTER Wolfgang 1928 [26]
- Ohne Titel - Ink/paper (33x24cm-13x9in) Wien 95 .... FF5 420 - £650 - **$1,032**
- Butterfly-Girl - Gouache/papier (26x18cm-10x7in) Wien 95 .... FF31 830 - £4 120 - **$6,470**

HUTTON Alfred XIX-XX [2]
- Zennor by night - Oil/panel (25x33cm-10x13in) Penzance, Cornwall 91 .... FF3 770 - £380 - **$654**

H

HUTTON Robert Langley XIX-XX [2]
🖼 Fishermen off the coast - Oil/canvas (41x51cm-16x20in) London 95 .... FF2 280 - £280 - $445
HUTTON Thomas Swift 1865-1935 [52]
✎ Runswick
　　Watercolour (34x52cm-13x20in) Marlborough Crescent, Newcastle upon Tyne 95 .... FF7 600 - £960 - $1,525
　Shrimpers' Return
　　Watercolour (68x109cm-27x43in) Marlborough Crescent, Newcastle upon Tyne 91 ... FF14 120 - £1 450 - $2,625
HUTTULA Richard c.1850-c.1888 [2]
✎ Watering the horses - Wash (23x41cm-9x16in) London 90 .... FF5 860 - £599 - $1,157
HUTTY Alfred Heber 1877-1954 [13]
🖼 Spring Reveille - Oil/canvas (64x76cm-25x30in) Cambridge, Mass. 94 .... FF16 300 - £1 923 - $2,900
🖼 Sand Dunes - Monotype (20x25cm-8x10in) New-York 95 .... FF1 917 - £239 - $375
✎ South Carolina Street scene - Watercolour (13x53cm-5x21in) Cambridge, Mass. 92 .... FF25 500 - £3 040 - $4,900
HUXLEY Marian 1859-1887 [1]
🖼 Thomas Henry Huxley - Oil/canvas (51x41cm-20x16in) London 90 .... FF27 100 - £2 800 - $4,788
HUXLEY Thomas Henry 1825-1895 [1]
✎ Self-portrait seated at a table - Ink (22x16cm-9x6in) London 92 .... FF8 370 - £1 000 - $1,610
HUYGELEN Frans 1878-1940 [5]
🖼 Nature morte aux fruits - Huile/toile (80x61cm-31x24in) Bruxelles 92 .... FF4 940 - £591 - $951
🗿 Maternité - Marbre (110cm-43in) Bruxelles 91 .... FF36 200 - £3 674 - $6,538
HUYGENS François Joseph 1820-1908 [14]
🖼 Raisins - Huile/toile (110x75cm-43x30in) Antwerpen 93 .... FF6 590 - £788 - $1,347
🖼 Still Life - Oil/canvas (51x44cm-20x17in) New-York 95 .... FF14 790 - £1 591 - $2,600
🖼 Rosen in Vase - Oil/canvas (40x32cm-16x13in) Wien 90 .... FF28 800 - £3 028 - $5,009
HUYGENS Frederik Lodewijk 1802-1887 [1]
✎ Het Huys van Malsen - Ink (27x34cm-11x13in) Amsterdam 90 .... FF1 960 - £197 - $384
HUYGENS Johannes 1883-1910 [1]
🖼 Tenting the sheep - Oil/canvas (81x97cm-32x38in) North Bethesda, MD. 91 .... FF12 580 - £1 252 - $2,163
HUYGENS Léon XIX-XX [7]
🖼 Bruges en hiver - Huile/toile (97x81cm-38x32in) Bruxelles 92 .... FF8 210 - £955 - $1,677
HUYGEVELT Gaston XIX-XX [3]
📷 Nu assis - Photo (38x28cm-15x11in) Paris 91 .... FF3 400 - £345 - $614
HUYS Balthasar ?-1652 [2]
🖼 Still life - Oil/panel (36x53cm-14x21in) Amsterdam 95 .... FF21 260 - £2 680 - $4,210
HUYS Bernhard 1896-1973 [15]
🖼 Der erste Schnee - Oil/panel (46x54cm-18x21in) Bremen 94 .... FF6 560 - £775 - $1,210
HUYS Modest 1875-1932 [48]
🖼 Hoeve in de zon - Huile/toile (32x40cm-13x16in) Lokeren 96 .... FF17 250 - £2 130 - $3,330
🖼 Meimorgen - Huile/toile (50x65cm-20x26in) Lokeren 96 .... FF65 700 - £8 120 - $12,700
🖼 Septembre, Wacken - Huile/toile (79x99cm-31x39in) London 97 .... FF145 059 - £16 000 - $25,443
🖼 Zomernamiddagzon - Huile/toile (96x121cm-38x48in) Lokeren 94 .... FF465 000 - £54 800 - $82,700
HUYSMANN Albertus Hendrikus 1821-1903 [2]
🖼 Marine - Oil/panel (41x67cm-16x26in) Wien 91 .... FF16 800 - £1 672 - $2,889
HUYSMANS Charles 1803-1878 [1]
✎ Voiliers - Aquarelle (21x15cm-8x6in) Antwerpen 95 .... FF1 557 - £195 - $315
HUYSMANS Constantinus Cor. 1810-1886 [4]
🖼 Village with fishing folk - Oil/panel (23x29cm-9x11in) Amsterdam 92 .... FF4 520 - £540 - $870
HUYSMANS Jan Baptist 1654-1716 [3]
🖼 Rocky landscape with men by a pool - Oil/canvas (28x40cm-11x16in) London 96 .... FF24 100 - £3 000 - $4,680
HUYSMANS Jan Baptist 1826-1906 [18]
🖼 Odalisque et sa confidente - Huile/panneau (42x28cm-17x11in) Lyon 96 .... FF48 000 - £5 790 - $9,200
　Mauresques d'Alger - Oil/canvas (63x80cm-25x31in) New-York 94 .... FF372 000 - £44 400 - $70,000
　Mon salut d'amitié - Huile/toile (95x161cm-37x63in) Paris 96 .... FF500 000 - £62 700 - $96,600
HUYSMANS Pieter Baltazar 1684-1706 [1]
🖼 Personnages et troupeau - Oil/panneau (21x31cm-8x12in) Paris 93 .... FF11 000 - £1 326 - $2,000
HUYSMANS Victor Godefridus J. 1815-1856 [1]
✎ Le débarquement - Aquarelle (36x50cm-14x20in) Paris 91 .... FF10 800 - £1 110 - $2,010
HUYSSER Gerard 1878-1962 [4]
🖼 Landschap aan de Bosphorus - Oil/canvas (50x70cm-20x28in) Amsterdam 95 .... FF2 195 - £280 - $450
HUYSUMS Cornelis 1648-1727 [1]
🖼 Landscape wuth figures - Oil/canvas (26x30cm-10x12in) New-York 94 .... FF22 140 - £2 536 - $3,750
HUZJAK Zlatko 1950 [5]
🖼 Spätherbst - Oil (38x48cm-15x19in) Wien 91 .... FF2 400 - £242 - $468
HVIDBERG Knud 1927-1986 [1]
🗿 Pyramideformet - Sculpture (30cm-12in) København 95 .... FF3 106 - £403 - $632
HVISTENDAHL Carsten 1901-1972 [6]
🖼 Kustklippor - Oil/canvas (47x66cm-19x26in) Göteborg 93 .... FF2 590 - £318 - $480
HWANG Dennis 1941 [1]
🖼 Maiden in her room - Acrylic/canvas (122x91cm-48x36in) Taipei, Taiwan 92 .... FF91 300 - £9 300 - $16,170
HYATT Anna Vaughn 1876-1973 [3]
🗿 Reaching jaguar - Bronze (16cm-6in) New-York 95 .... FF15 760 - £2 062 - $3,200
HYDE Frank XIX-XX [2]
🖼 Fisherman on the Isle of Capri - Oil/canvas (79x58cm-31x23in) Litchfield, CT 92 .... FF3 840 - £394 - $800

HYDE Helen 1868-1919 [33]
- Baby Talk - Woodcut in colors (28x46cm-11x18in) San Francisco-Los Angeles 93 .... FF3 245 - £369 - $550

HYDE Russell T. 1866-? [3]
- Girl with Grandpa - Oil/canvas (151x131cm-59x52in) San Francisco-Los Angeles 96 .... FF12 950 - £1 624 - $2,500

HYDE William ?-1925 [1]
- St Paul's cathedral - Wash (26x36cm-10x14in) London 89 .... FF3 700 - £390 - $623

HYDE William Henry 1858-1943 [2]
- The bowery at night - Ink (28x50cm-11x20in) New-York 91 .... FF13 160 - £1 327 - $2,565

HYDMAN-VALLIEN Ulrica 1938 [16]
- Eva och Adam - Oil/panel (73x50cm-29x20in) Stockholm 96.................................... FF13 070 - £1 630 - $2,525
- Mamma, pappa, barn - Oil/canvas (39x29cm-15x11in) Stockholm 92 .... FF5 060 - £588 - $1,033

HYETT Will J. 1876-? [1]
- The cotswolds - Oil/canvas (43x58cm-17x23in) San Francisco 89 .... FF5 100 - £493 - $774

HYLANDER Einar 1913 [3]
- Der snöade blommor när du kom - Collage (52x40cm-20x16in) Stockholm 95 .... FF6 100 - £799 - $1,223

HYMAN Miles 1962 [9]
- La fuite de Rimbaud - Pastel/papier Paris 91 .... FF3 200 - £325 - $578

HYNAÏS Vojteck 1854-1925 [1]
- Bärtigen Orientalen mit Turban - Charcoal (40x31cm-16x12in) Stuttgart 89 .... FF3 700 - £390 - $623

HYNCKES Raoul 1893-1973 [43]
- En Campine - Oil/panel (42x56cm-17x22in) Amsterdam 96 .... FF21 100 - £2 443 - $4,050
- Still life - Oil/canvas (80x61cm-31x24in) Amsterdam 92 .... FF139 600 - £14 300 - $24,570
- House in the Country - Gouache (41x54cm-16x21in) Amsterdam 97 .... FF8 200 - £86 0 7 - $1,407

HYNCKES-ZAHN Marguerite 1897-1978 [4]
- Still life with fruit - Oil/canvas (23x35cm-9x14in) Amsterdam 94 .... FF4 240 - £488 - $725

HYND Frederick Stuart 1905 [2]
- View of Lubec, Maine - Watercolour (53x76cm-21x30in) Portland, Maine 94 .... FF3 250 - £389 - $600

HYNEMAN Herman 1859-1907 [1]
- Canal sous la neige - Huile/toile (50x60cm-20x24in) Dieppe 93 .... FF3 200 - £400 - $582

HYNER Arend 1866-1916 [2]
- At the washing well - Oil/canvas (32x48cm-13x19in) Amsterdam 95 .... FF3 110 - £403 - $647

HYON Georges 1855-? [13]
- Officier d'Artillerie, Second Empire - Huile/toile (100x60cm-39x24in) Paris 96 .... FF4 000 - £516 - $783
- Hussard du 10e Régiment - Huile/panneau (38x31cm-15x12in) Paris 91 .... FF10 000 - £996 - $1,720

HYPPOLITE Hector 1894-1948 [17]
- Nature morte - Tempera/board (76x61cm-30x24in) New-York 95 .... FF92 100 - £12 240 - $19,000
- Nature morte - Tempera/board (76x61cm-30x24in) New-York 97 .... FF177 956 - £18 897 - $31,000
- Président Florvil Hyppolite - Oil (76x61cm-30x24in) New-York 92 .... FF386 000 - £39 500 - $68,000

HYSING Hans 1678-1753 [4]
- An English gentleman on his Grand Tour
  Oil/canvas (127x101cm-50x40in) Stockholm 96 .... FF26 900 - £3 115 - $5,150

I

IACHIN Piotr 1939 [9]
- Avant l'orage - Huile/carton (25x35cm-10x14in) Brest 92 .... FF3 000 - £305 - $566

IACOBY Valéri-Ivanovitch 1834/36-1909 [1]
- Conversation sous les palmiers - Huile/toile (55x42cm-22x17in) Paris 93 .... FF21 000 - £2 530 - $3,820

IACOVLEFF Alexandre 1887-1938 [77]
- La baie d'Along - Huile/carton/toile (38x56cm-15x22in) Paris 94.............................. FF7 000 - £809 - $1,210
- Paysage a Cassis - Oil/canvas/board (51x63cm-20x25in) London 95 .... FF21 630 - £2 800 - $4,430
- La caravane - Huile/toile (82x133cm-32x52in) Versailles 89 .... FF71 000 - £7 260 - $11,415
- Négresse - Pastel (55x75cm-22x30in) Paris 96... FF12 000 - £1 390 - $2,300
- Mongols Hsi-Hsou-Ming - Pastel (200x100cm-79x39in) Paris 91 .... FF59 000 - £5 859 - $10,244

IACURTO Francesco, Frank 1908 [34]
- Parlement canadien - Huile/carton (31x71cm-12x28in) Montréal 94........................... FF7 300 - £861 - $1,298
- Érablière, Beauce - Huile/toile (76x92cm-30x36in) Montréal 96.............................. FF21 750 - £2 810 - $4,260
- Portrait d'homme - Coloured crayons/paper (36x25cm-14x10in) Montréal 93 .... FF2 565 - £291 - $433

IAKHONTOVA Galina 1917-1987 [2]
- Retour du verger - Huile/toile Paris 92.. FF8 500 - £861 - $1,561

IAKOVLEFF Oleg XX [2]
- Maxi-art - Acrylique (55x46cm-22x18in) Paris 91 .... FF3 000 - £308 - $559

IAKOVLEV Alexander Evgenevich 1887-1938 [11]
- Turkestan Chinese family - Oil/canvas/board (48x67cm-19x26in) London 96 .... FF6 120 - £700 - $1,167
- Ghazan Khan Subadar major fils - Coloured chalks (53x36cm-21x14in) London 96 .... FF7 000 - £800 - $1,334

IANELLI Arcangelo 1932 [6]
- Composiçao em ocre - Oil/canvas (129x100cm-51x39in) New-York 91 .... FF28 240 - £2 811 - $4,856

IANNONE Dorothy 1932 [2]
- Susanna and the Elders - Oil/canvas (122x91cm-48x36in) München 91 .... FF5 070 - £505 - $872

IBAÑEZ DE ALDECOA Y ARANO Julián 1866-1952 [16]
- Pescador vasco - Oleo/lienzo (51x71cm-20x28in) Madrid 93 .... FF11 020 - £1 270 - $1,892
- Pareja de campesinos - Oleo/lienzo (49x69cm-19x27in) Madrid 90 .... FF32 400 - £3 447 - $5,796

IBARRA de José 1688-1756 [4]
- Glorificación de la Fé Cristiana - Oil/copper (49x35cm-19x14in) New-York 96 .... FF78 000 - £9 920 - $15,000

IBARROLA Agustín XX [2]
- Casas de Sestao - Oleo/lienzo (82x60cm-32x24in) Madrid 91 .... FF13 130 - £1 316 - $2,190

IBARZ Miquel 1920-1987 [10]
- La Botella Roja - Oleo/lienzo (81x66cm-32x26in) Madrid 96 .... FF4 870 - £618 - $935
- Allégorie du vin - Huile/toile (116x89cm-46x35in) Castres 90 .... FF22 000 - £2 273 - $3,887

IBBETSON Denzil O. 1775-1857 [1]
- Death mask of Napoleon - Oil/canvas (38x51cm-15x20in) London 93 .... FF19 600 - £2 200 - $3,280

IBBETSON Julius Caesar 1759-1817 [47]
- Child's Hill, Hendon - Oil/panel (45x61cm-18x24in) London 97 .... FF42 017 - £4 500 - $7,303
- Lake Ullswater - Oil/canvas (56x81cm-22x32in) London 94 .... FF336 400 - £40 000 - $61,500
- Farm workers - Watercolour (14x21cm-6x8in) London 94 .... FF16 400 - £1 900 - $2,820
- Conway Castle - Watercolour (36x51cm-14x20in) London 96 .... FF50 200 - £6 500 - $9,860

IBELS Henri-Gabriel 1867-1936 [35]
- Le hameau - Huile/toile (46x61cm-18x24in) Versailles 91 .... FF19 000 - £1 919 - $3,772
- Andrée Sumac - Affiche (120x93cm-47x37in) Paris 96 .... FF5 000 - £579 - $958
- Paul Léautaud - Dessin (29x22cm-11x9in) Paris 92 .... FF8 200 - £979 - $1,577
- Sortie de l'usine - Gouache (57x46cm-22x18in) Paris 89 .... FF57 000 - £5 828 - $9,164

IBORRA Lino Casimiro 1857-1935 [3]
- Campesinas - Oleo/lienzo (90x63cm-35x25in) Madrid 94 .... FF10 310 - £1 218 - $1,853

IBSEN Henrik 1828-1906 [1]
- Hardangerfjord - Watercolour/paper (14x22cm-6x9in) London 90 .... FF116 200 - £12 441 - $20,209

IBSEN Immanuel 1887-1944 [16]
- Christianshavns Kanal - Oil/canvas (73x63cm-29x25in) København 94 .... FF3 670 - £426 - $632
- Still life - Oil/canvas (48x59cm-19x23in) København 95 .... FF17 200 - £2 150 - $3,476

IBSEN Poul Janus [2]
- Erindringer fra 27 Street I - Oil/canvas (122x86cm-48x34in) København 90 .... FF14 000 - £1 489 - $2,504

ICART Louis 1888-1950 [736]
- Elegante dama - Oleo/tabla (32x41cm-13x16in) Madrid 97 .... FF14 000 - £1 575 - $2,520
- Dîner intime - Huile/isorel (32x40cm-13x16in) Paris 97 .... FF25 000 - £2 717 - $4,392
- Intimité - Huile/isorel (33x41cm-13x16in) Paris 97 .... FF37 000 - £3 918 - $6,408
- Fin de déjeuner - Huile/toile (50x61cm-20x24in) Paris 95 .... FF50 000 - £6 570 - $10,030
- Léda et le cygne - Oil/panel (61x50cm-24x20in) Monaco 91 .... FF135 000 - £13 603 - $23,426
- Place de la Concorde - Oil/canvas (54x73cm-21x29in) New-York 90 .... FF514 800 - £53 182 - $90,954
- Jeune femme au loup - Eau-forte Bruxelles 97 .... FF3 595 - £389 - $636
- Joueuse - Eau-forte couleurs (49x34cm-19x13in) Paris 97 .... FF6 800 - £708 - $1,158
- Fumées - Eau-forte couleurs Bruxelles 97 .... FF8 834 - £918 - $1,517
- Youth - Etching in colors (60x39cm-24x15in) New-York 96 .... FF19 670 - £2 454 - $3,800
- Golf - Etching in colors (42x28cm-17x11in) New-York 96 .... FF41 400 - £5 160 - $8,000
- Yachting - Etching in colors (49x64cm-19x25in) New-York 90 .... FF179 300 - £18 247 - $35,857
- Modèle assis - Pastel (44x32cm-17x13in) Paris 96 .... FF6 500 - £753 - $1,245
- Coup de vent - Fusain (44x31cm-17x12in) Liège 95 .... FF11 550 - £1 470 - $2,346
- Blonde seated - Pastel (48x41cm-19x16in) New-York 90 .... FF28 600 - £2 955 - $5,053

ICAZA Ernesto 1866-1935 [18]
- Charro Paintings - Oil/canvas New-York 94 .... FF2 - £316 000 - $500,000
- El arco - Oil/canvas (40x58cm-16x23in) New-York 92 .... FF182 000 - £21 720 - $35,000
- Don Juan Zaldivar - Oil/canvas (97x59cm-38x23in) New-York 92 .... FF333 000 - £34 860 - $60,000

ICHNOWSKI Michal 1857-1915 [1]
- Kaczcence - Huile/toile (50x33cm-20x13in) Warszawa 92 .... FF2 290 - £234 - $410

IDOUX Claude 1915-1990 [1]
- Composition sur fond rouge et noir - Huile/isorel (72x53cm-28x21in) Lyon 91 .... FF9 300 - £955 - $1,730

IDRAC Jean Antoine M. 1849-1884 [3]
- Female nude, standing - Bronze (71cm-28in) London 94 .... FF12 700 - £1 500 - $2,280

IDSERDA André 1879-1952 [10]
- Peasant woman on a forest path - Oil/canvas (100x79cm-39x31in) Amsterdam 97 .... FF2 253 - £243 - $39,3 7
- Nuns passing houses & church, Brugge - Pastel (48x65cm-19x26in) Amsterdam 96 .... FF1 513 - £190 - $292

IEGOROV Fiodor 1918 [1]
- Composition picturale - Huile/toile (80x100cm-31x39in) Paris 92 .... FF6 000 - £615 - $1,056

IELMONI Charles XIX-XX [1]
- Buste de jeune - Sculpture (18x15cm-7x6in) Soissons 89 .... FF4 500 - £448 - $711

IEPEREN van Johan Hendrik 1909 [8]
- Treinhuisjes in de sneeuw - Oil/board (40x50cm-16x20in) Amsterdam 94 .... FF6 589 - £712 - $1,149

IERMOLINE Roman 1926 [2]
- Défilé à Léningrad - Huile/toile (60x70cm-24x28in) Paris 92 .... FF4 300 - £441 - $757

IERSEL van Rik 1961 [2]
- Mexico - Oil/canvas (110x190cm-43x75in) Amsterdam 94 .... FF12 200 - £1 432 - $2,172
- Standing figure - Bronze (43cm-17in) Amsterdam 94 .... FF4 270 - £502 - $760

IFFLAND Franz 1862-1935 [13]
🏛 *Fanfarenbläserin* - Bronze (20cm-8in) Nürnberg 92 .... FF5 100 - £522 - **$898**

IGLER Gustav 1842-1908 [8]
🖼 *First School Day* - Oil/canvas (68x53cm-27x21in) Amsterdam 97 .... FF66 026 - £7 025 - **$11,488**
Kinderspiele - Oil/canvas (92x68cm-36x27in) Wien 92 .... FF192 400 - £23 000 - **$37,000**

IGNATOVITCH Boris Vsevolodovich 1899-1976 [8]
📷 *Baths* - Gelatin silver print (48x33cm-19x13in) New-York 94 .... FF31 900 - £3 800 - **$6,000**

IGON Pierre 1922 [5]
🖼 *Composition* - Huile/panneau (85x134cm-33x53in) Castres 90 .... FF10 000 - £1 033 - **$1,767**

IGOUNET DE VILLIERS Charles André 1881-1944 [4]
🖼 *La Seine à Paris* - Huile/toile (38x55cm-15x22in) Troyes 89 .... FF6 500 - £665 - **$1,045**

IHLE Johann Eberhard 1727-1814 [2]
🖼 *Adelige in Rüstung* - Öl/Leinwand (81x63cm-32x25in) München 93 .... FF7 460 - £891 - **$1,435**

IHLEE Rudolph 1883-1968 [26]
🖼 *El Conejo* - Oil/canvas (51x61cm-20x24in) London 95 .... FF2 890 - £380 - **$581**
The Festival at Laroque - Oil/board (41x32cm-16x13in) London 96 .... FF12 140 - £1 500 - **$2,345**

IHLY Jean Daniel 1854-1910 [11]
🖼 *Sommerliche Parklandschaft* - Öl/Leinwand (24x33cm-9x13in) Bern 96 .... FF3 670 - £445 - **$713**
Pont de Carouge - Öl/Leinwand (38x55cm-15x22in) Bern 93 .... FF15 700 - £1 900 - **$2,920**

IJSSEL van den Aart 1922 [2]
🏛 *Imker met korf* - Sculpture (265cm-104in) Amsterdam 95 .... FF17 330 - £2 210 - **$3,540**

IKEDA Masuo 1934 [4]
✏️ *Seven deadly sins* - Watercolour (24x23cm-9x9in) New-York 94 .... FF22 060 - £2 560 - **$3,800**

IKEMURA Leiko 1951 [3]
🖼 *Begegnung mit einem Blumenstrauß*
    Mixed media/canvas (175x190cm-69x75in) München 89 .... FF35 500 - £3 741 - **$5,976**
🗎 *Figürliche Komposition* - Lithographie (32x48cm-13x19in) Zürich 95 .... FF1 942 - £250 - **$395**
✏️ *Komposition mit exotischen Wesen* - Ink (36x47cm-14x19in) München 92 .... FF2 204 - £264 - **$424**

IKONEN Ilmari 1897-1953 [4]
🖼 *Höstlandskap* - Oil/canvas (50x61cm-20x24in) Helsinki 90 .... FF5 590 - £572 - **$1,103**

IKUO Hirayama 1930 [4]
✏️ *Evening at the Taj Mahal* - Ink (47x57cm-19x22in) New-York 92 .... FF208 000 - £24 830 - **$40,000**

ILGNER Erika 1910-1945 [2]
🏛 *Der Traum* - Marbre Carrare (60cm-24in) Wien 95 .... FF17 480 - £2 205 - **$3,490**

ILIADIS Costas 1903-1991 [1]
🖼 *Lady in chequered dress* - Oil/canvas/board (52x39cm-20x15in) Athens 94 .... FF6 670 - £791 - **$1,233**

ILLEM Franz Josef Georg 1865-? [2]
🖼 *Rehe im Birkenwald* - Painting (79x57cm-31x22in) Wien 91 .... FF10 580 - £1 061 - **$1,746**

ILLENCZ Leopold 1882-? [5]
🖼 *Mädchen mit Windhund* - Öl/Leinwand (66x46cm-26x18in) Zofingen 93 .... FF9 750 - £1 175 - **$1,784**

ILLIERS d' Gaston 1876-1952 [20]
🏛 *A stallion* - Bronze (17cm-7in) London 96 .... FF4 250 - £500 - **$834**
Jument Dolly - Bronze (21cm-8in) Paris 95 .... FF16 000 - £2 076 - **$3,280**
Cheval franchissant les barres - Bronze (27cm-11in) Paris 95 .... FF60 000 - £7 780 - **$12,300**

ILLIES Arthur 1870-1952 [22]
🖼 *Iris* - Oil/cardboard (58x74cm-23x29in) Bremen 94 .... FF62 100 - £7 340 - **$11,440**
🗎 *Mondsichel* - Farbradierung (44x31cm-17x12in) Hamburg 97 .... FF5 056 - £540 - **$881**

ILMONI Einar 1880-1946 [4]
🖼 *Dame* - Oil/canvas (64x54cm-25x21in) Helsinki 94 .... FF20 600 - £2 390 - **$3,550**

ILOSVAI VARGA István 1895-1978 [1]
🖼 *Kutnál* - Oil/canvas (50x55cm-20x22in) Budapest 89 .... FF2 900 - £306 - **$488**

ILSTED Peter 1861-1933 [112]
🖼 *Mølle og teglvaerk* - Oil/canvas (102x132cm-40x52in) København 92 .... FF7 880 - £942 - **$1,515**
Bea renser, Liselund - Oil/canvas (50x40cm-20x16in) København 93 .... FF33 440 - £4 010 - **$6,420**
Interiør fra Liselund Slot - Oil/canvas (61x54cm-24x21in) København 96 .... FF79 800 - £9 100 - **$15,280**
Young girl reading - Oil/canvas (75x64cm-30x25in) London 90 .... FF678 000 - £72 591 - **$117,913**
🗎 *Born omkring et bord* - Aquatinte København 90 .... FF16 700 - £1 800 - **$2,945**

IMAGE Selwyn c.1849-1930 [2]
✏️ *Figure by a country cottage* - Watercolour (20x29cm-8x11in) London 93 .... FF2 160 - £260 - **$377**

IMAI Hisashi XX [16]
🖼 *Carnaval à Venise* - Huile/toile (92x73cm-36x29in) Paris 92 .... FF3 000 - £349 - **$613**

IMAI Toshimitsu 1928 [15]
🖼 *Abstraction* - Huile/papier (50x64cm-20x25in) Paris 96 .... FF6 000 - £741 - **$1,160**
Composition - Huile/toile (130x162cm-51x64in) Versailles 96 .... FF15 000 - £1 722 - **$2,860**
Komposition - Oil/paper München 91 .... FF44 600 - £4 526 - **$8,055**
Feu de Roses - Oil/canvas (138x105cm-54x41in) London 91 .... FF148 800 - £14 994 - **$25,820**

IMANDT Willem 1882-1967 [12]
🖼 *An Indonesian beah* - Oil/canvas (63x83cm-25x33in) Amsterdam 96 .... FF7 520 - £913 - **$1,463**
Indonesian landscape - Oil/canvas (81x87cm-32x34in) Singapore 95 .... FF31 160 - £3 974 - **$6,280**

IMBAULT Léonce Edouard 1845-1882 [1]
🖼 *Lilas et chrysanthèmes* - Oil/canvas (40x64cm-16x25in) New-York 90 .... FF21 700 - £2 323 - **$3,774**

IMBERT J. XIX [2]
🖼 *L'automne, 1891* - Huile/toile (72x58cm-28x23in) Verrières-Le-Buisson 90 .... FF3 500 - £363 - **$615**
IMBERT Jean-Claude 1919-1993 [41]
🖼 *Mantras* - Huile/panneau (57x37cm-22x15in) Paris 92 .... FF6 500 - £756 - **$1,327**
Le peintre - Huile/panneau (89x131cm-35x52in) Paris 92 .... FF18 000 - £2 093 - **$3,674**
✏ *Les Trois Grâces* - Encre (50x65cm-20x26in) Paris 92 .... FF3 800 - £442 - **$776**
IMBERT Jean-François ?-1787 [1]
✏ *Femme en buste* - Pastel (54x46cm-21x18in) Paris 90 .... FF15 000 - £1 550 - **$2,650**
IMER Edouard Auguste 1820-1881 [3]
✏ *Sultan et son harem* - Aquarelle, gouache (39x71cm-15x28in) Paris 93 .... FF23 000 - £2 770 - **$4,180**
IMHOF Hansrudolf 1935 [4]
🖼 *Traurige Flötnistin* - Öl/Leinwand (70x60cm-28x24in) Zürich 94 .... FF4 870 - £581 - **$908**
IMHOF Heinrich Maximilian 1798-1869 [1]
🗿 *Hagar and Ishmael* - Marble (168cm-66in) London 93 .... FF136 000 - £15 500 - **$23,100**
IMHOF Joseph A. 1871-1955 [9]
🖼 *The Potters* - Oil/canvas (76x91cm-30x36in) New-York 93 .... FF26 800 - £3 065 - **$4,750**
The Camoufleurs - Oil/canvas/board (78x119cm-31x47in) New-York 92 .... FF260 000 - £31 030 - **$50,000**
IMKAMP Wilhelm 1870-1931 [14]
🖼 *Quadrat* - Oil/panel (33x33cm-13x13in) Köln 91 .... FF37 200 - £3 730 - **$6,141**
Regatta - Oil/panel (28x40cm-11x16in) Köln 91 .... FF40 600 - £4 071 - **$6,702**
✏ *Ohne Titel* - Mixed media drawing (14x12cm-6x5in) Köln 91 .... FF9 460 - £949 - **$1,562**
IMKAMP Wilhelm 1906-1990 [16]
🖼 *Komposition* - Öl/Karton (44x66cm-17x26in) München 92 .... FF16 320 - £1 670 - **$2,873**
✏ *Erinnerung an Praxmar* - Technique mixte/papier (23x32cm-9x13in) Köln 93 .... FF9 830 - £1 175 - **$1,892**
IMMENDORF Jörg 1945 [65]
🖼 *Bitte nicht Freundlich* - Oil/canvas (50x40cm-20x16in) London 95 .... FF31 950 - £4 000 - **$6,360**
2 Freunde - Acrylic/canvas (89x70cm-35x28in) München 96 .... FF58 600 - £7 350 - **$11,310**
Heuler - Acrylic/canvas (154x200cm-61x79in) Wien 97 .... FF71 670 - £7 620 - **$12,360**
Futurologe - Oil/canvas (250x150cm-98x59in) Köln 91 .... FF186 000 - £18 877 - **$33,593**
Tor I - Painting (280x350cm-110x138in) Köln 90 .... FF965 000 - £98 206 - **$192,985**
📄 *Klein Licht fur wen?* - Linocut (87x154cm-34x61in) Toronto 96 .... FF7 600 - £962 - **$1,456**
Alles was Ihr von mit bekommt... - Monotype (69x48cm-27x19in) Stuttgart 95 .... FF15 100 - £1 935 - **$3,040**
✏ *Café Teilbau* - Gouache/papier (42x30cm-17x12in) Köln 96 .... FF12 230 - £1 394 - **$2,340**
Vor der Freude - Gouache/paper (42x29cm-16x11in) Amsterdam 95 .... FF13 230 - £1 690 - **$2,700**
IMMENKAMP Wilhelm 1870-1931 [1]
🖼 *Dame mit Schal* - Öl/Leinwand (49x39cm-19x15in) München 95 .... FF3 525 - £450 - **$723**
IMMERSEEL van Frans 1909-1978 [4]
🖼 *Tijl en Soetkin* - Glasramen (2) (31x24cm-12x9in) Lokeren 94 .... FF4 310 - £515 - **$812**
IMMERZEEL Anna Maria 1817-1883 [1]
🖼 *Mother with child in an interieur* - Oil/panel (51x42cm-20x17in) Amsterdam 89 .... FF12 600 - £1 288 - **$2,026**
IMMERZEEL Christiaan 1808-1886 [5]
🖼 *Moonlit river-estuary* - Oil/panel (51x72cm-20x28in) Amsterdam 92 .... FF18 100 - £2 160 - **$3,480**
IMPENS Josse 1840-1905 [14]
🖼 *Le pêcheur* - Huile/toile (60x70cm-24x28in) Bruxelles 97 .... FF4 090 - £433 - **$708**
Confidentiality - Oil/panel (56x47cm-22x19in) Amsterdam 90 .... FF12 660 - £1 275 - **$2,480**
IMSCHOOT van Jules 1821-1884 [4]
🖼 *Bataille de Neubourg* - Huile/panneau (12x19cm-5x7in) Antwerpen 91 .... FF7 410 - £752 - **$1,338**
INCANDELA Gerald 1954 [2]
📷 *Tree still life* - Silver print (58x48cm-23x19in) New-York 90 .... FF2 700 - £291 - **$476**
INCE Joseph Murray 1806-1859 [24]
🖼 *The High, Oxford* - Oil/canvas (56x70cm-22x28in) London 95 .... FF24 740 - £3 200 - **$5,060**
✏ *Bridge, North Wales* - Watercolour (36x54cm-14x21in) London 96 .... FF3 570 - £420 - **$700**
Harlech Castle - Watercolour (19x33cm-7x13in) London 92 .... FF8 300 - £850 - **$1,462**
INCHBOLD John William 1830-1888 [2]
🖼 *Lake Leman with the Dent du Midi* - Oil/canvas (60x95cm-24x37in) London 90 .... FF58 100 - £6 021 - **$10,211**
INCHBOLD Stanley 1856-? [2]
✏ *Jerusalem* - Watercolour (28x39cm-11x15in) London 92 .... FF5 080 - £520 - **$897**
INDELLI Mima 1909 [2]
🖼 *Les Ages de la Vie* - Huile/isorel (33x46cm-13x18in) La Varenne Saint-Hilaire 94 .... FF13 000 - £1 460 - **$2,204**
INDEN Rudolf, Rudi XX [10]
🖼 *Sommertag in der Eiffel* - Öl/Leinwand (55x80cm-22x31in) Köln 93 .... FF5 760 - £689 - **$1,110**
INDENBAUM Léon 1892-c.1980 [9]
🗿 *Femme se coiffant* - Bronze (72cm-28in) Paris 96 .... FF16 500 - £1 894 - **$3,150**
Femme au perroquet - Bronze Paris 94 .... FF38 000 - £4 390 - **$6,540**
Foujita - Sculpture (35cm-14in) Douai 96 .... FF64 000 - £7 980 - **$12,360**
INDIANA Robert Clark 1928 [78]
🖼 *Black diamond* - Oil/canvas (215x215cm-85x85in) New-York 93 .... FF1 - £167 800 - **$250,000**
Cardinal Seven - Oil/canvas (30x30cm-12x12in) New-York 95 .... FF49 500 - £6 190 - **$10,000**
Zero - Oil/canvas (30x30cm-12x12in) London 97 .... FF65 666 - £7 000 - **$11,465**
Coenties slip (#1) - Oil/canvas (61x61cm-24x24in) New-York 97 .... FF98 838 - £10 379 - **$17,000**
Hommage à Picasso - Oil/canvas (152x127cm-60x50in) New-York 96 .... FF215 000 - £27 830 - **$43,000**
God - Oil/canvas (152x122cm-60x48in) New-York 96 .... FF259 000 - £33 400 - **$50,000**
🖼 *Future of America* - Lithograph (43x56cm-17x22in) Chicago 96 .... FF12 860 - £1 560 - **$2,500**
Garden of Love - Screenprint (61x61cm-24x24in) London 89 .... FF25 200 - £2 577 - **$4,051**

The American eat - Crayon gras/papier (63x48cm-25x19in) Paris 94 .... **FF22 000** - **£2 640** - **$4,270**

INDONI Filippo XIX [50]
Neapolitan beauty - Oil/canvas (100x75cm-39x30in) London 91 .... **FF49 600** - **£5 034** - **$8,958**
Peasants, Roman Campagna - Oil/canvas (108x163cm-43x64in) London 97 .... **FF247 619** - **£26 000** - **$42,590**
Santuario del Divino Amore - Olio/tela (86x172cm-34x68in) Roma 93 .... **FF282 000** - **£31 600** - **$50,400**
Idilio - Acquarello/cartone (76x55cm-30x22in) Roma 96 .... **FF13 360** - **£1 550** - **$2,600**
Rustic domestics - Watercolour/paper (94x69cm-37x27in) New-York 94 .... **FF55 600** - **£6 430** - **$9,500**

INDUNI Peter 1896-1943 [1]
Man/Bona Law/G. Lansbury/... - Plaster London 93 .... **FF3 735** - **£450** - **$653**

INDUNO Domenico 1815-1878 [9]
Matrimonio sfumato - Olio/tela (113x160cm-44x63in) Milano 89 .... **FF1** - **£154 846** - **$245,845**
Pensierosa - Olio/tela (28x21cm-11x8in) Roma 96 .... **FF133 600** - **£15 480** - **$26,000**
Innocent Bystander - Oil/canvas (72x58cm-28x23in) London 94 .... **FF420 000** - **£50 000** - **$79,100**

INDUNO Gerolamo 1827-1890 [15]
Fernando & Ioland - Oil/canvas (80x122cm-31x48in) London 92 .... **FF195 400** - **£20 000** - **$34,500**
Carlotta Corday - Olio/tela (89x109cm-35x43in) Roma 96 .... **FF234 500** - **£29 400** - **$44,800**
La fida nutrice - Olio/tela (76x105cm-30x41in) Roma 90 .... **FF732 300** - **£77 904** - **$131,002**

INGALL John Spence XIX-XX [3]
Arab at the entrance to a Sook - Watercolour (30x23cm-12x9in) London 95 ...... **FF2 850** - **£360** - **$572**

INGALTON William 1794-1866 [1]
The new arrival - Oil/panel (139x193cm-55x76in) London 91 .... **FF9 920** - **£1 000** - **$1,721**

INGANNI Angelo 1807-1880 [8]
Wandernde Handwerkerfamilie - Oil/canvas (75x65cm-30x26in) Köln 92 .... **FF142 800** - **£14 620** - **$25,140**

INGELS Domien 1881-1946 [2]
Brabants trekpaard - Céramique (35cm-14in) Lokeren 92 .... **FF6 310** - **£646** - **$1,110**
Groupe de jument et poulain - Bronze (33x32x71cm-13x13x28in) Bruxelles 97 .... **FF29 412** - **£3 186** - **$5,202**

INGELS Marie 1884-1960 [1]
Jeune fille faisant ses tresses - Huile/toile (100x80cm-39x31in) Bruxelles 89 ...... **FF14 600** - **£1 453** - **$2,306**

INGEMANN Lucie M. Mandix 1792-1868 [3]
Flowers on a ledge - Oil/panel (15x21cm-6x8in) København 96 .... **FF30 700** - **£3 826** - **$5,930**

INGEN van Hendrik 1833-1898 [1]
Harvesting the corn - Oil/canvas New-York 90 .... **FF17 200** - **£1 830** - **$3,077**

INGEN van Hendrikus Alexander 1846-1920 [13]
Cows watering - Oil/canvas (28x36cm-11x14in) Amsterdam 95 .... **FF4 700** - **£600** - **$963**

INGERLE Rudolph F. 1879-1950 [5]
Harvest moon - Oil/canvas/board (51x61cm-20x24in) Chicago 94 .... **FF9 460** - **£1 120** - **$1,700**

INGHAM Charles Frederick 1879-? [2]
Windmill on a hill in an open landscape - Oil/canvas (43x60cm-17x24in) London 95 .... **FF2 493** - **£300** - **$472**

INGI 1915 [2]
Serge Gainsbourg - Tirage argentique (36x26cm-14x10in) Paris 96 .... **FF2 200** - **£275** - **$425**

INGLE Charlotte 1965 [2]
Way in, 1989 - Oil/canvas (71x61cm-28x24in) London 90 .... **FF3 700** - **£399** - **$653**

INGLES George Scott 1874-? [1]
Sitting on the moor - Wash (21x32cm-8x13in) Hopetoun House, South Queensferry 90 .... **FF6 800** - **£723** - **$1,216**

INGLÉS Y RIBAS Juan 1878-1943 [1]
Three-masted Manolita - Watercolour (45x61cm-18x24in) København 95 .... **FF6 190** - **£760** - **$1,206**

INGLIS Jane ?-1916 [2]
Fischerhafen, Jenby, Süd-Wales - Oil/canvas (77x107cm-30x42in) Zofingen 92 .... **FF4 840** - **£494** - **$852**

INGLIS John J. 1867-1946 [4]
Country lane - Oil/canvas (61x50cm-24x20in) New-York 93 .... **FF17 870** - **£2 113** - **$3,250**

INGLIS Johnston J. XIX-XX [3]
Highland harvest, Invernesshire - Oil/canvas (114x162cm-45x64in) Edinburgh 92 .... **FF34 200** - **£3 500** - **$6,020**

INGLOT André XX [6]
Bord de la Risle - Aquarelle/papier (18x26cm-7x10in) Ourville-en-Caux 96 ...... **FF2 500** - **£328** - **$509**

INGOMAR Ignaz Frankel 1838-1924 [2]
Le vase renversé, 1873 - Huile/toile (87x65cm-34x26in) Monaco 89 .... **FF38 000** - **£4 004** - **$6,397**

INGOUF François R. le Jeune 1747-1812 [2]
Le Sacrifice d'Abraham - Encre (13x15cm-5x6in) Paris 93 .... **FF2 800** - **£338** - **$510**

INGRAM William Ayerst 1855-1913 [8]
Old Newlyn - Watercolour (46x30cm-18x12in) Penzance, Cornwall 93 .... **FF2 314** - **£260** - **$388**

INGRES André 1938 [11]
Matin d'hiver - Huile/toile (54x65cm-21x26in) Montauban 90 .... **FF8 000** - **£826** - **$1,413**
Thoniers à Ciboure - Pastel (80x61cm-31x24in) Montauban 90 .... **FF6 500** - **£671** - **$1,148**
Charles Norry - Oil/canvas (20x14cm-8x6in) New-York 91 .... **FF370 500** - **£37 334** - **$64,291**

INGRES Jean Dominique 1780-1867 [48]
Aretino - Oil/panel (42x33cm-17x13in) New-York 93 .... **FF2** - **£302 000** - **$450,000**
Don Pedro of Toledo & Henri IV - Oil/panel (48x40cm-19x16in) London 93 ...... **FF4** - **£570 000** - **$826,000**
Gabriel Cortois de Pressigny - Etching (44x29cm-17x11in) London 93 .... **FF74 600** - **£8 500** - **$12,660**
A. G. L. Boucher-Desnoyers - Mine plomb (35x27cm-14x11in) Paris 93 .... **FF2** - **£337 300** - **$509,000**
Raphaël et la Fornarina - Pencil/paper (21x17cm-8x7in) London 96 .... **FF21 300** - **£2 500** - **$4,190**
L'Apothéose de Napoléon - Drawing (34x19cm-13x7in) London 96 .... **FF76 600** - **£9 000** - **$15,080**
Princesse de Brroglie - Pencil/paper (22x16cm-9x6in) London 97 .... **FF127 201** - **£13 000** - **$21,650**

IOANNIDIS Evangelos 1868-1942 [1]
Boy in sailor suit - Oil/canvas (61x52cm-24x20in) Athens 96 .... FF*19 300* - £*2 234* - **$3,700**

IOKI Bunsai 1863-1906 [4]
Stone road to a shrine - Watercolour/board (47x62cm-19x24in) New-York 91 .... FF*84 900* - £*8 555* - **$14,732**

IOMMI Enio 1926 [2]
Contrucción - Bronze (27cm-11in) New-York 94 .... FF*42 500* - £*5 050* - **$8,000**

IONESCO Eugène 1912-1985 [12]
Bêtes - Color lithograph (41x36cm-16x14in) Berlin 96 .... FF*2 034* - £*254* - **$393**

IOURAVLIOV Mikael 1952 [2]
Déjeuner, 1989 - Huile/isorel (40x50cm-16x20in) Paris 90 .... FF*8 100* - £*867* - **$1,409**

IPCAR Dahlov 1919 [2]
Sporting life screen, 1936 - Oil/panel (149x58cm-59x23in) New-York 90 .... FF*11 400* - £*1 178* - **$2,014**

IPOLD Rudolf 1873-1936 [4]
Junge Frau mit Haarknoten - Miniature (9x7cm-4x3in) Wien 95 .... FF*4 050* - £*507* - **$817**

IPOUSTEGUY Jean Robert 1920 [20]
Nu dans la vague - Huile/toile (54x65cm-21x26in) Paris 90 .... FF*18 000* - £*1 813* - **$3,273**
Sans titre - Bronze (29x20x17cm-11x8x7in) Monaco 96 .... FF*13 000* - £*1 493* - **$2,480**
Masque - Bronze (30x14x15cm-12x6x6in) Versailles 94 .... FF*20 000* - £*2 314* - **$3,430**
David and Goliath - Bronze New-York 90 .... FF*165 900* - £*17 649* - **$29,678**
La Main et la Couleur - Aquarelle (52x44cm-20x17in) Paris 92 .... FF*4 600* - £*549* - **$885**

IPPOLITOV V. 1928-1963 [1]
Patrouille près du pont Kirovskiy - Aquarelle (37x86cm-15x34in) Pont-Audemer 94 ..... FF*3 600* - £*414* - **$617**

IPSEN Ernest Ludwig 1869-1934 [2]
Still life with teapot - Oil/canvas (35x51cm-14x20in) New-York 93 .... FF*9 900* - £*1 242* - **$1,800**

IPSEN Kent 1933 [2]
Seated dancer - Sculpture (107cm-42in) New-York 96 .... FF*78 300* - £*9 060* - **$15,000**

IPSEN Paul 1746-c.1800 [2]
Joh. Nic. Wilhelm Bluhme - Oil/canvas (51x41cm-20x16in) Köbenhavn 90 .... FF*7 900* - £*851* - **$1,393**

IPSEN Poul Janus 1936 [16]
Fra reservatet I - Oil/canvas (110x90cm-43x35in) Köbenhavn 95 .... FF*7 070* - £*868* - **$1,378**
Komposition med kranium - Watercolour (77x55cm-30x22in) Viby J, Århus 95 .... FF*2 463* - £*298* - **$464**

IRANYI Ella 1888-1942 [2]
Birken - Oil/canvas (72x56cm-28x22in) Wien 92 .... FF*4 810* - £*483* - **$926**

IRELAND Thomas Tayler XIX-XX [8]
A duck pond - Wash (34x50cm-13x20in) London 91 .... FF*2 367* - £*239* - **$461**

IRGANG Rainer XX [2]
Composition - Marble (49cm-19in) Köbenhavn 92 .... FF*8 800* - £*900* - **$1,550**

IRIBE Paul 1883-1935 [12]
La maîtresse du maître - Encre Chine (28x45cm-11x18in) Angers 97 .... FF*1 600* - £*172* - **$284**
Nicolas, Carte des Vins - Gouache (28x27cm-11x11in) New-York 92 .... FF*4 160* - £*497* - **$800**

IRMANN Heinrich Otto 1849-1915 [1]
Through the keyhole - Oil/canvas (62x31cm-24x12in) London 91 .... FF*24 800* - £*2 517* - **$4,479**

IRMER Carl 1834-1900 [13]
Pflügender Bauer - Oil/canvas (68x94cm-27x37in) Köln 92 .... FF*20 340* - £*2 430* - **$3,914**
Holländische Landschaft - Aquarell/Papier (14x17cm-6x7in) Köln 95 .... FF*3 190* - £*397* - **$622**

IRMINGER Valdemar 1850-1938 [28]
Standing dog - Oil/canvas (50x68cm-20x27in) Köbenhavn 96 .... FF*5 350* - £*693* - **$1,070**
Corner of the garden - Oil/canvas (66x76cm-26x30in) London 90 .... FF*27 100* - £*2 902* - **$4,713**

IROLLI Vincenzo 1860-1942 [62]
Altar Boy - Oil/canvas (74x49cm-29x19in) New-York 97 .... FF*79 590* - £*8 572* - **$14,000**
Sinina pensive - Huile/toile (103x76cm-41x30in) Paris 94 .... FF*200 000* - £*23 870* - **$37,500**
Vecchi amori - Olio/tela (60x83cm-24x33in) Roma 96 .... FF*320 000* - £*37 100* - **$62,300**
Returning from the grove - Oil/canvas (67x48cm-26x19in) New-York 91 .... FF*570 000* - £*57 437* - **$98,909**
Rêverie - Pastel (62x46cm-24x18in) Paris 96 .... FF*27 000* - £*3 370* - **$5,210**
Country girl - Watercolour/paper (45x29cm-18x11in) New-York 90 .... FF*45 800* - £*4 872* - **$8,193**

IRONIMUS Gustav Peichl 1928 [1]
Mit der Lupe in der hand - Ink/paper (29x35cm-11x14in) Wien 93 .... FF*2 475* - £*291* - **$412**

IRRIERA Roger Jouanneau, dit 1894-1957 [4]
Biskra, Une Ouled Nail - Affiche (99x60cm-39x24in) Neuilly 96 .... FF*1 700* - £*220* - **$334**

IRVIN Albert 1922 [6]
Untitled - Acrylic/board (20x20cm-8x8in) London 94 .... FF*4 160* - £*500* - **$770**

IRVINE Sadie XIX-XX [1]
Moonlight, a pottery plate - Sculpture (21cm-8in) New-York 90 .... FF*9 960* - £*1 014* - **$1,992**

IRVINE Wilson Henry 1869-1936 [33]
Spingtime Plowing - Oil/masonite (63x77cm-25x30in) New-York 96 .... FF*33 900* - £*3 930* - **$6,500**
Snow Bound Brook - Oil/canvas (74x91cm-29x36in) New-York 96 .... FF*67 800* - £*7 850* - **$13,000**
In the canoe - Oil/canvas (61x68cm-24x27in) New-York 90 .... FF*274 600* - £*29 213* - **$49,123**

IRWE Knut 1912 [16]
Strandbild - Oil/canvas (55x65cm-22x26in) Göteborg 92 .... FF*4 150* - £*425* - **$731**
Vase of flowers - Pastel/paper (52x63cm-20x25in) Göteborg 96 .... FF*3 270* - £*373* - **$626**

IRWIN Greville 1893-? [1]
Washing day, Lehon, Brittany - Oil/panel (26x35cm-10x14in) London 91 .... FF*3 490* - £*350* - **$588**

IRWIN Robert 1928 [5]
Untitled - Oil/canvas (209x214cm-82x84in) New-York 93 .... FF1 - £134 200 - **$200,000**
Untitled - Mixed media (134cm-53in) New-York 93 .... FF324 500 - £36 900 - **$55,000**
Untitled - Sculpture (152cm-60in) New-York 94 .... FF236 500 - £28 140 - **$45,000**
ISAAC Terry A. 1958 [4]
Artic Light - Acrylic/board (58x89cm-23x35in) London 94 .... FF51 100 - £6 000 - **$9,100**
ISAACHSEN Olaf 1835-1893 [2]
Norsk genrescene - Oil/canvas (81x68cm-32x27in) Oslo 93 .... FF67 200 - £7 810 - **$11,540**
ISABELLE Charles Édouard 1800-1880 [3]
Villa Paravicini - Dessin Paris 89 .... FF20 000 - £1 990 - **$3,160**
ISABEY Eugène Louis Gabriel 1803-1886 [124]
Retour des pêcheurs - Huile/toile (51x32cm-20x13in) Paris 96 .... FF16 000 - £2 062 - **$3,130**
Marché à Rouen - Huile/toile (66x54cm-26x21in) Paris 97 .... FF31 000 - £3 342 - **$5,512**
Voilier rentrant au port - Huile/panneau (24x35cm-9x14in) Paris 97 .... FF45 000 - £4 806 - **$7,888**
Lettre d'amour - Oil/canvas (126x90cm-50x35in) New-York 97 .... FF136 908 - £14 758 - **$24,000**
Retour au port - Huile/toile (55x83cm-22x33in) Le Touquet 90 .... FF180 000 - £18 318 - **$35,997**
Barques échouées - Mine plomb (14x39cm-6x15in) Pontoise 97 .... FF2 500 - £273 - **$437**
Petit port normand - Aquarelle/papier (12x21cm-5x8in) Paris 97 .... FF7 500 - £818 - **$1,311**
Page et une Princesse - Watercolour (24x20cm-9x8in) London 97 .... FF16 349 - £1 800 - **$2,869**
Le port - Aquarelle, gouache (34x58cm-13x23in) Le Touquet 93 .... FF25 000 - £2 810 - **$4,240**
The Antiquarian - Watercolour (21x17cm-8x7in) London 96 .... FF51 100 - £6 000 - **$10,050**
ISABEY Jean Baptiste 1767-1855 [53]
Marquis d'Osmont - Huile/toile (77cm-30in) Deauville 93 .... FF83 000 - £10 000 - **$15,100**
Ferdinando Carulli - Vernis mou couleurs (20x18cm-8x7in) London 91 .... FF18 140 - £1 801 - **$3,150**
Homme assis - Crayon (24x19cm-9x7in) Paris 93 .... FF100 000 - £1 250 - **$1,820**
Jeune femme au châle - Miniature (8x6cm-3x2in) Paris 97 .... FF10 500 - £1 157 - **$1,849**
A. E. de Pavant - Miniature (13cm-5in) Genève 92 .... FF144 600 - £17 270 - **$27,800**
Madame Tallien - Fusain (63x49cm-25x19in) Zürich 95 .... FF197 000 - £25 400 - **$40,100**
ISACSSON Arne 1917 [7]
Fisketången - Oil/canvas (47x34cm-19x13in) Göteborg 95 .... FF2 264 - £293 - **$464**
ISAILOFF Alexandre 1896-? [2]
Bords de Méditerranée - Huile/isorel (60x73cm-24x29in) Paris 97 .... FF4 600 - £502 - **$804**
ISAKSON Ester 1879-1956 [1]
Jesus omgiven av barn - Oil/canvas (47x50cm-19x20in) Stockholm 92 .... FF11 310 - £1 158 - **$1,992**
ISAKSON Karl 1878-1922 [42]
Krudttårnet på Christiansø - Oil/canvas (62x67cm-24x26in) København 96 .... FF90 600 - £11 680 - **$17,730**
Opstilling - Oil/canvas (65x60cm-26x24in) København 94 .... FF166 000 - £19 240 - **$28,600**
Interiör - Oil/canvas (93x65cm-37x26in) Stockholm 89 .... FF262 100 - £27 619 - **$44,125**
ISAKSSON Gideon 1911 [3]
Bardbrygga - Oil/panel (32x37cm-13x15in) Malmö 89 .... FF2 400 - £245 - **$386**
ISARD Laurence G. 1932 [1]
Gothic Twilight - Bronze (30cm-12in) London 96 .... FF8 680 - £1 100 - **$1,665**
ISBAK Poul 1943 [4]
Stol - Marble (37cm-15in) København 92 .... FF6 570 - £785 - **$1,262**
ISBARY von Alice 1884-1971 [5]
Der Markt in Wien - Aquarell/Papier (27x25cm-11x10in) Wien 96 .... FF9 600 - £1 240 - **$1,854**
ISBERG Fredrik 1846-1904 [1]
Strömsborg/Johannes Klockstapel - Wash Stockholm 91 .... FF13 200 - £1 340 - **$2,384**
ISBERT Camille C. Paillard 1825-1911 [1]
Lady/Gentleman - Miniature (13x10cm-5x4in) Delray Beach, Florida 93 .... FF6 050 - £759 - **$1,100**
ISBRAND Victor 1897-1988 [20]
Still life - Oil/canvas (74x92cm-29x36in) København 96 .... FF4 400 - £547 - **$855**
Staende model - Oil/canvas (95x70cm-37x28in) København 90 .... FF14 000 - £1 499 - **$2,435**
ISCAN Ferit 1931-1986 [9]
Comme une éclaicie - Huile/toile (65x50cm-26x20in) Paris 96 .... FF3 000 - £388 - **$589**
La rue - Huile/toile (51x51cm-20x20in) Paris 91 .... FF11 000 - £1 116 - **$1,987**
ISELI Rolf 1934 [37]
Nagelzeichnung - Mixed media (78x57cm-31x22in) Luzern 92 .... FF37 200 - £3 800 - **$6,550**
Ohne Titel - Oil/canvas (70x90cm-28x35in) Zürich 91 .... FF107 000 - £10 729 - **$17,663**
Rote Wolke - Farblithographie (76x56cm-30x22in) Bern 92 .... FF6 470 - £773 - **$1,245**
Bovistenlandschaft - Aquarell (13x16cm-5x6in) Bern 94 .... FF12 120 - £1 404 - **$2,090**
Homme de Terre - Aquarelle, gouache (65x99cm-26x39in) Zürich 95 .... FF55 100 - £7 140 - **$11,450**
ISELIN Christoph 1910-1987 [3]
Savognin im Winter - Öl/Leinwand (60x80cm-24x31in) Zofingen 94 .... FF13 650 - £1 602 - **$2,430**
ISELIN Faustina 1915 [2]
Interieur - Dessin (34x46cm-13x18in) Zofingen 95 .... FF1 700 - £215 - **$342**
ISELIN Georges 1874-? [1]
Buste de femme - Tempera/tela (55cm-22in) Paris 91 .... FF8 000 - £807 - **$1,559**
ISELIN Henri F. 1825-1905 [2]
Buste d'homme - Marbre (75cm-30in) Paris 95 .... FF22 000 - £2 745 - **$4,440**
ISENBART Marie-Victor Émile 1846-1921 [51]
Haut Doubs - Huile/toile (36x54cm-14x21in) Saint-Dié 97 .... FF13 500 - £1 525 - **$2,444**
Vallée de Lion - Oil/canvas (45x65cm-18x26in) New-York 92 .... FF21 840 - £2 610 - **$4,200**
Bords de la Loue - Huile/toile (64x130cm-25x51in) Lyon 95 .... FF39 000 - £4 208 - **$6,891**

Ruisseau, Doubs - Huile/toile (86x70cm-34x28in) Besançon 95 .... FF70 000 - £9 060 - **$14,330**
Ognon, à Voray - Huile/toile (49x70cm-19x28in) Devecey 90 .... FF110 000 - £11 853 - **$19,400**

ISENRING Johann Baptist 1796-1860 [7]
Zürich - Aquatinte (43x56cm-17x22in) Zürich 96 .... FF7 950 - £920 - **$1,522**

ISERBYT VAN ZEVENBERGHEN Georgina 1915 [4]
Paysage féerique - Huile/toile (38x61cm-15x24in) Bruxelles 94 .... FF2 970 - £341 - **$509**
Jeunesse - Pastel (69x50cm-27x20in) Bristol 97 .... FF3 211 - £340 - **$553**

ISERN Y ALIE Pedro 1876-1946 [2]
Baile flamenco - Oleo/cartón (26x42cm-10x17in) Madrid 92 .... FF16 200 - £1 650 - **$2,850**

ISGRO Emilio 1936 [7]
Lettere T - Tela emulsionata (92x60cm-36x24in) Milano 94 .... FF13 840 - £1 600 - **$2,360**

ISHAM Samuel 1855-1914 [1]
Marquise of Carabas - Oil/canvas (101x81cm-40x32in) New-York 92 .... FF7 380 - £756 - **$1,300**

ISHIDA Shigesaburo 1888-1960 [1]
Japanese village - Watercolour/paper (49x65cm-19x26in) London 90 .... FF4 600 - £489 - **$823**

ISING Willem Justus 1858-1939 [3]
Peasant drinking - Oil/panel (27x19cm-11x7in) Amsterdam 92 .... FF6 070 - £622 - **$1,068**

ISKE Paul 1877-1961 [1]
Le Vieux Menton - Huile/panneau (102x72cm-40x28in) Paris 94 .... FF2 500 - £297 - **$476**

ISKOWITZ Gershon 1921-1988 [3]
Orange-B - Oil/canvas (96x84cm-38x33in) Toronto 94 .... FF25 340 - £3 016 - **$4,770**

ISMAEL Saintilius 1940 [2]
Haitians at work - Oil/board (61x41cm-24x16in) Bloomfield Hills, Michigan 93 .... FF2 360 - £269 - **$400**

ISMORIN Louis 1964 [2]
Les Iles sur l'eau - Huile/toile (51x61cm-20x24in) Paris 93 .... FF2 600 - £314 - **$473**

ISNARD Vivien 1946 [4]
Deux faces sur une épaisseur - Technique mixte (155x220cm-61x87in) Paris 95 .... FF4 000 - £519 - **$825**

ISOLA Giancarlo 1927 [6]
Barche sulla spiaggia - Olio/carta (40x50cm-16x20in) Roma 92 .... FF5 810 - £691 - **$1,118**

ISOU Isidore 1925 [11]
Commentaire: Van Gogh (14) - Peinture (55x46cm-22x18in) Paris 94 .... FF14 000 - £1 638 - **$2,460**
Entretiens: Jean Cocteau - Huile/toile (55x46cm-22x18in) Versailles 89 .... FF38 000 - £4 004 - **$6,397**
Initiation à la haute volupté - Encre Chine (17x13cm-7x5in) Paris 90 .... FF22 000 - £2 273 - **$3,887**

ISOUMROUDOV Valéri 1945 [2]
Fleurs, fruits et théières - Huile/toile (60x55cm-24x22in) Paris 91 .... FF2 200 - £222 - **$382**

ISRAEL Daniel 1859-1901 [16]
Harem girls reading - Oil/panel (17x22cm-7x9in) New-York 92 .... FF36 400 - £4 345 - **$7,000**
Harem beauties - Oil/panel (17x28cm-7x11in) New-York 90 .... FF45 800 - £4 904 - **$7,965**
Entertaining the harem - Oil/panel (42x54cm-17x21in) London 92 .... FF151 400 - £15 500 - **$26,700**

ISRAEL Marvin XX [2]
Untitled, 1968 - Acrylic/paper (105x75cm-41x30in) New-York 89 .... FF2 300 - £235 - **$370**

ISRAELS Isaac 1865-1934 [143]
Young woman - Oil/canvas (61x50cm-24x20in) Amsterdam 92 .... FF19 560 - £2 275 - **$3,990**
Elegant lady, Scheveningen - Oil/canvas (57x82cm-22x32in) Amsterdam 97 .... FF120 953 - £12 786 - **$20,754**
Noordeine in the Hague - Oil/canvas (60x40cm-24x16in) London 97 .... FF352 381 - £37 000 - **$60,609**
Indonesian beauties - Oil/canvas (81x101cm-32x40in) Singapore 95 .... FF631 000 - £80 500 - **$129,500**
Head of a woman - Black chalk (29x22cm-11x9in) Amsterdam 97 .... FF10 403 - £1 125 - **$1,815**
Carré - Watercolour (25x35cm-10x14in) Amsterdam 97 .... FF38 013 - £4 018 - **$6,522**
In the studio - Watercolour, gouache (25x36cm-10x14in) Amsterdam 91 .... FF69 500 - £6 902 - **$12,067**
Beauty having tea, London - Watercolour/paper (54x38cm-21x15in) Amsterdam 94 .... FF321 000 - £38 500 - **$62,400**

ISRAELS Joseph 1824-1911 [157]
Vieille femme - Huile/panneau (26x20cm-10x8in) Barbizon 96 .... FF12 600 - £1 480 - **$2,480**
Old peasant - Oil/canvas (41x30cm-16x12in) Amsterdam 97 .... FF38 013 - £4 018 - **$6,522**
Figures on the Beach - Oil/paper/canvas (43x48cm-17x19in) Tel Aviv 97 .... FF69 519 - £7 731 - **$13,000**
Woman reading - Oil/canvas (32x22cm-13x9in) Amsterdam 97 .... FF89 850 - £9 498 - **$15,417**
Mother and child - Oil/canvas (48x56cm-19x22in) Tel Aviv 94 .... FF159 600 - £18 680 - **$28,000**
Old woman - Oil/canvas (27x49cm-11x19in) Tel Aviv 93 .... FF206 500 - £23 500 - **$35,000**
Mother's Tasks - Oil/canvas (89x110cm-35x43in) Tel Aviv 93 .... FF501 000 - £57 000 - **$85,000**
Visiting the newly born - Watercolour (12x17cm-5x7in) Amsterdam 93 .... FF16 840 - £1 930 - **$2,870**
Returning home - Watercolour/paper (34x24cm-13x9in) Amsterdam 97 .... FF38 013 - £4 018 - **$6,522**
Smoking hearth - Watercolour (33x44cm-13x17in) New-York 93 .... FF76 700 - £8 720 - **$13,000**
Sewing school, Katwijk - Watercolour/board (52x69cm-20x27in) Amsterdam 89 .... FF164 700 - £16 388 - **$26,019**

ISSAIEV Nicolas 1891-1977 [22]
Natre morte - Huile/carton (38x55cm-15x22in) Paris 91 .... FF2 000 - £202 - **$347**

ISSEL Alberto 1848-1926 [1]
Accampamento fi fanteria - Olio/tavola (14x32cm-6x13in) Milano 95 .... FF41 500 - £5 220 - **$8,410**

ISSEL Georg Wilhelm 1785-1870 [2]
Sommerliche Seelandschaft - Oil/panel (15x23cm-6x9in) Pforzheim 93 .... FF22 040 - £2 633 - **$4,240**

ISSUPOFF Alessio 1889-1957 [26]
Vita contadina - Olio/tavola (40x69cm-16x27in) Prato 94 .... FF15 230 - £1 840 - **$2,850**
Horsemen - Oil/canvas (80x96cm-31x38in) London 95 .... FF49 500 - £6 360 - **$9,920**
Woman - Oil/canvas (102x69cm-40x27in) New-York 97 .... FF176 000 - £22 070 - **$32,000**

ISTLER Josef 1919 [2]
🖝 Abstrakte Figuren - Oil/panel (35x29cm-14x11in) Düsseldorf 90 .... FF11 200 - £1 199 - **$1,948**

ISTRATI Alexandre 1915-1991 [46]
🖝 Composition - Huile/toile (40x80cm-16x31in) Calais 97 .... FF8 000 - £857 - **$1,402**
   Composition - Oil/canvas (160x81cm-63x32in) New-York 97 .... FF15 958 - £1 678 - **$2,749**
   Composition - Acrylique/toile (74x60cm-29x24in) Saumur 90 .... FF40 000 - £4 310 - **$7,055**
✏ Composition - Gouache (29x50cm-11x20in) Paris 90 .... FF13 000 - £1 347 - **$2,285**

ISTVANFFY Gabriella Rainer 1877-1964 [40]
🖝 Persian Cat - Oil/canvas (48x58cm-19x23in) London 96 .... FF3 730 - £450 - **$716**
   Zwei Katzen - Öl/Leinwand (35x70cm-18x28in) Wien 96 .... FF5 780 - £703 - **$1,117**
   Lion cubs - Oil/canvas (38x77cm-15x30in) London 96 .... FF23 940 - £3 000 - **$4,620**

ITAYA Foussa 1919 [18]
🖝 La femme flûtiste - Huile/toile (61x50cm-24x20in) Paris 96 .... FF3 800 - £447 - **$748**
   Jeune fille et levrette - Huile/toile (90x73cm-35x29in) Calais 97 .... FF6 500 - £696 - **$1,139**
   Pont sur la Seine - Oil/canvas (45x54cm-18x21in) London 90 .... FF19 400 - £2 010 - **$3,409**

ITEN Hans 1867-1932 [14]
🖝 A river valley - Oil/panel (30x40cm-12x16in) Belfast 90 .... FF6 300 - £670 - **$1,127**
   A sunlit drive - Oil/board (32x41cm-13x16in) London 90 .... FF22 514 - £2 400 - **$3,947**

ITHAKISSIOS Vasilios 1879-1977 [8]
🖝 View of an Island - Oil/canvas (43x55cm-17x22in) Athens 96 .... FF29 700 - £3 830 - **$5,730**

ITIER Jules 1802-1877 [1]
📷 Macâo: the Pagode des Rochers - Daguerreotype London 92 .... FF4 400 - £450 - **$774**

ITSCHNER Karl 1868-1953 [3]
🖝 Am Vierwaldstättersee - Öl/Karton (49x68cm-19x27in) Zofingen 91 .... FF11 410 - £1 364 - **$2,196**

ITTA Egon 1890-1971 [1]
🖝 Sommerliche Landschaft - Öl/Leinwand (40x50cm-16x20in) Pforzheim 93 .... FF2 035 - £243 - **$392**

ITTEN Johannes 1888-1967 [31]
🖝 Hügel, Felder und Bäume - Öl/Karton (38x49cm-15x19in) Zürich 95 .... FF90 600 - £11 670 - **$18,440**
📖 Spruch - Lithographie (29x23cm-11x9in) Berlin 93 .... FF17 400 - £1 999 - **$2,960**
✏ Mit fliegenden Fahnen - Tempera/paper (32x24cm-13x9in) Hamburg 96 .... FF16 000 - £1 823 - **$3,060**
   Afrikanisch - Watercolour (39x27cm-15x11in) Köln 96 .... FF47 500 - £5 920 - **$9,170**

ITTENBACH Franz 1813-1879 [1]
🖝 Die Eltern des Künstlers - Oil/canvas (38x50cm-15x20in) Köln 90 .... FF37 200 - £3 843 - **$6,572**

ITTMANN Hans 1914-1972 [7]
🖝 Untitled - Oil/canvas (46x60cm-18x24in) Amsterdam 97 .... FF5 271 - £552 - **$904**
🗿 Untitled - Sculpture (72cm-28in) Amsterdam 95 .... FF6 930 - £885 - **$1,415**
✏ Untitled - Gouache/paper (43x61cm-17x24in) Amsterdam 92 .... FF3 034 - £311 - **$535**

ITURRIA de Ignacio 1949 [27]
🖝 Sofá - Oil/canvas (82x99cm-32x39in) New-York 97 .... FF68 729 - £7 326 - **$12,000**
   Compartimiento con Elefante - Oil/canvas (182x227cm-72x89in) New-York 94 .... FF179 700 - £21 200 - **$32,000**
   Armario - Oil/canvas (183x132cm-72x52in) New-York 97 .... FF315 546 - £33 764 - **$55,000**

ITURRINO GONZALEZ Francisco 1864-1924 [9]
🖝 Femmes nues - Huile/toile (233x125cm-92x49in) Paris 95 .... FF45 000 - £5 910 - **$9,030**
   La plaza de torros - Huile/toile (78x100cm-31x39in) Paris 92 .... FF168 000 - £17 200 - **$30,230**

ITZENPLITZ von Frida 1869-1921 [2]
🖝 Flußlandschaft - Oil/canvas (42x48cm-17x19in) München 91 .... FF5 070 - £515 - **$916**

ITZYKSON Anne 1963 [5]
🗿 Femme nue - Bronze (26cm-10in) Saint-Germain-en-Laye 95 .... FF13 000 - £1 570 - **$2,446**

IUON Konstantin Fedorov. 1875-1958 [14]
🖝 Before the Coronation of the Tsar - Oil/canvas (80x114cm-31x45in) London 92 .... FF318 000 - £38 000 - **$61,200**
✏ Village under snow - Gouache/paper (24x32cm-9x13in) London 96 .... FF61 200 - £7 000 - **$11,670**

IVACKOVIC Djoka 1930 [12]
🖝 Peinture 4.V.87-1 - Huile/toile (80x90cm-31x31in) Paris 97 .... FF4 500 - £480 - **$779**
   Composition - Technique mixte/toile (200x200cm-79x79in) Paris 93 .... FF8 200 - £921 - **$1,390**
✏ Composition - Encre Chine (44x39cm-17x15in) Paris 94 .... FF1 800 - £212 - **$320**

IVALDI Pierre 1925 [2]
🖝 Cap Creus - Huile/toile (33x41cm-13x16in) Arles 94 .... FF2 100 - £250 - **$400**

IVANOFF Alexandre 1896-1958 [2]
🖝 Le printemps - Huile/carton (35x30cm-14x12in) Paris 90 .... FF5 800 - £617 - **$1,038**
✏ Nus dans un paysage - Aquarelle (38x21cm-15x8in) Paris 89 .... FF1 500 - £149 - **$237**

IVANOFF Serge 1893-1983 [72]
🖝 Nu se coiffant - Huile/papier (43x35cm-17x14in) Paris 96 .... FF4 000 - £516 - **$783**
   La violoniste - Huile/toile (154x100cm-61x39in) Versailles 93 .... FF23 000 - £2 585 - **$3,900**
✏ Le Printemps - Fusain/papier (63x59cm-25x23in) Paris 94 .... FF3 500 - £408 - **$618**

IVANOFF Vassil 1897-1973 [16]
🗿 Figure tubulaire - Sculpture (47cm-19in) Paris 94 .... FF5 000 - £583 - **$883**

IVANOV Igor 1934 [3]
🖝 Les deux poupées - Huile/toile (48x69cm-19x27in) Paris 89 .... FF5 000 - £527 - **$842**

IVANOVITCH Arseny 1834-1902 [2]
🖝 Künstlerlandschaft - Öl/Karton (30x50cm-12x20in) Wien 97 .... FF16 730 - £1 778 - **$2,884**

IVANOWSKY Sigismund 1874-1944 [3]
🖝 Window shopping - Oil/canvas (50x50cm-20x32in) New-York 89 .... FF31 500 - £3 043 - **$4,780**

IVANYI GRÜNWALD Béla 1867-1940 [3]
🖝 Blumenstrauß - Oil/canvas (60x50cm-24x20in) Wien 91 .... FF43 200 - £4 331 - **$7,912**

IVARSON Ivan 1900-1939 [95]
- Popplar i Rom - Oil/canvas (46x55cm-18x22in) Stockholm 97 .... FF15 849 - £1 673 - **$2,738**
- Blomster och frukter - Oil/canvas (70x45cm-28x18in) Stockholm 96 .... FF76 900 - £9 600 - **$14,850**
- Utsikt från badhuset - Oil/canvas (72x98cm-28x39in) Stockholm 97 .... FF181 128 - £19 128 - **$31,296**
- Duvorna - Oil/canvas (83x92cm-33x36in) Stockholm 91 .... FF613 000 - £61 400 - **$102,200**
- Bergslandskap - Watercolour Stockholm 93 .... FF3 170 - £360 - **$537**
- Baderskor - Coloured crayons/paper (46x35cm-18x14in) Stockholm 97 .... FF11 320 - £1 195 - **$1,956**

IVASIUK Mikolai 1865-? [2]
- Kosaken auf der Steppe - Öl/Karton (63x45cm-25x18in) München 93 .... FF15 140 - £1 716 - **$2,560**

IVERD Eugene 1893-c.1938 [1]
- Autumn Morning - Oil/canvas (76x102cm-30x40in) San Francisco-Los Angeles 96 .... FF11 660 - £1 462 - **$2,250**

IVERSEN Kraesten 1886-1955 [48]
- Landscape - Oil/canvas (98x147cm-39x58in) Viby J, Århus 95 .... FF2 640 - £319 - **$497**
- Svaneke - Oil/canvas (95x116cm-37x46in) København 95 .... FF4 440 - £575 - **$903**
- Nature morte - Oil/canvas (76x60cm-30x24in) København 95 .... FF16 800 - £2 060 - **$3,270**

IVES Chauncey Bradley 1812-1870 [4]
- Bust of a young boy - Marble (101cm-40in) New-York 91 .... FF32 400 - £3 248 - **$5,934**
- Undine Receiving Her Soul - Marble (76cm-30in) New-York 96 .... FF1 44e +06 - £120 800 - **$200,000**

IVES Percy 1864-1928 [4]
- Call of the Druid maiden - Oil/canvas (74x53cm-29x21in) Detroit, Michigan 92 .... FF13 870 - £1 453 - **$2,500**

IWANOWITSCH Feodor 1765-1832 [2]
- Stehende Reitknecht - Chalks (28x19cm-11x7in) München 95 .... FF2 410 - £317 - **$483**

IWILL Marie-Joseph Clavel 1850-1923 [42]
- Rade de Toulon - Huile/carton (35x65cm-14x26in) Aubagne 93 .... FF5 000 - £603 - **$910**
- Marée-basse - Huile/toile (73x92cm-29x36in) Boulogne 95 .... FF10 000 - £1 197 - **$1,903**
- Vue de Venise - Huile/panneau (67x37cm-26x15in) Compiègne 90 .... FF13 000 - £1 343 - **$2,297**
- Canal de Ceneiro - Huile/toile (83x65cm-33x26in) Paris 92 .... FF54 000 - £5 530 - **$9,720**
- Dordrecht - Pastel (67x111cm-26x44in) Paris 96 .... FF38 000 - £4 740 - **$7,340**

IZAGUIRRE Leandro 1867-1941 [4]
- Niño - Oleo/lienzo (62x50cm-24x20in) México 92 .... FF58 500 - £6 010 - **$10,680**

IZIS Israël Biderman 1911-1980 [23]
- Quai de Seine - Photo (22x17cm-9x7in) Paris 96 .... FF5 500 - £627 - **$1,053**
- Jardin des Tuileries - Gelatin silver print (33x25cm-13x10in) New-York 96 .... FF26 100 - £3 020 - **$5,000**

IZQUIERDO Begoña 1926 [1]
- Figuras - Oleo/cartón (100x59cm-39x23in) Madrid 96 .... FF2 810 - £322 - **$535**

IZQUIERDO María 1906-1950 [16]
- Amparo - Oil/canvas (70x61cm-28x24in) New-York 94 .... FF186 000 - £22 100 - **$35,000**
- Tony y Teresita - Oil/masonite (46x57cm-18x22in) New-York 94 .... FF352 000 - £40 700 - **$60,000**
- Malabarista - Oil/canvas (53x43cm-21x17in) New-York 92 .... FF390 000 - £46 600 - **$75,000**
- Amazona malabarista - Gouache/paper (40x50cm-16x20in) New-York 90 .... FF314 600 - £33 468 - **$56,279**

IZQUIERDO TORRES Juan José [2]
- Paris - Oleo/tabla (35x45cm-14x18in) Madrid 92 .... FF2 320 - £277 - **$447**

IZZO Raphael 1842-? [1]
- Pêcheurs, baie de Naples - Huile/toile (46x77cm-18x30in) Paris 94 .... FF18 000 - £2 113 - **$3,184**

J

JAAKOLA Alpo 1929 [7]
- Self portrait - Oil/panel (76x71cm-30x28in) Helsinki 94 .... FF6 130 - £732 - **$1,145**
- Kvina med fågel - Oil/canvas (110x55cm-43x22in) Helsinki 91 .... FF20 970 - £2 083 - **$3,641**

JAAR Alfredo 1956 [6]
- Images for the Military
  Color transparency, plexiglass light box (2) (51x13x51cm-20x5x20in) New-York 95 ... FF14 040 - £1 860 - **$2,900**

JAARSMA Haaike Abraham 1881-? [2]
- Fishing vessels at full sea - Oil/canvas (61x100cm-24x39in) Amsterdam 93 .... FF2 713 - £324 - **$522**

JABER 1938 [5]
- Portrait - Gouache/papier (65x50cm-26x20in) Paris 95 .... FF2 800 - £354 - **$559**

JABONNEAU A. XIX-XX [2]
- Bateaux dans le port - Huile/toile (31x41cm-12x16in) Calais 92 .... FF3 000 - £307 - **$529**

JABONNEAU Albert XIX-XX [6]
- Echouage de cotres normands - Huile/panneau (52x87cm-20x34in) Bruxelles 90 .... FF11 010 - £1 109 - **$2,157**

JAC-LEM 1914-1995 [16]
- Rivage - Huile/toile (81x100cm-32x39in) Honfleur 94 .... FF2 100 - £246 - **$364**
- Sa Majestée l'orgue - Huile/isorel (65x81cm-26x32in) Honfleur 94 .... FF4 600 - £538 - **$796**

JACCARD Christian 1939 [8]
- Toile brûlée - Technique mixte/toile (200x179cm-79x70in) Versailles 94 .... FF6 100 - £706 - **$1,047**
- Composition - Technique mixte (67x40cm-26x16in) Douai 90 .... FF15 000 - £1 511 - **$2,727**
- L'encordé, 1977 - Collage (76x56cm-30x22in) Paris 89 .... FF12 000 - £1 264 - **$2,020**

JACCOBR Moïse 1786-1863 [1]
Study of pears - Watercolour/board (11x14cm-4x6in) New-York 90 .... FF6 050 - £609 - **$1,185**

JACK Richard 1866-1952 [18]
Town at the base of mountains - Oil/canvas (61x77cm-24x30in) Toronto 96 .... FF9 300 - £1 061 - **$1,780**

JÄCKEL Heinrich, Karl H. c.1810-c.1880 [6]
Italienisches Dorf - Oil/Leinwand (67x90cm-26x35in) Berlin 97 .... FF23 311 - £2 475 - **$4,060**

JÄCKEL Robert 1872-1952 [1]
Södergatan mot Stortorget, Malmö - Oil/canvas (72x60cm-28x24in) Malmö 93 .... FF10 920 - £1 290 - **$1,920**

JACKLIN Bill 1943 [10]
The Argument - Oil/canvas (153x122cm-60x48in) London 96 .... FF105 200 - £13 000 - **$20,300**
Untitled - Watercolour (20x20cm-8x8in) London 97 .... FF3 770 - £400 - **$649**
Howley'sbar and grill - Pastel (104x75cm-41x30in) London 92 .... FF44 000 - £4 500 - **$7,760**

JACKMAN Reva 1892-1966 [1]
Sunset, santa Barbara - Oil/canvas (51x61cm-20x24in) San Francisco-Los Angeles 89 ..... FF25 700 - £2 557 - **$4,060**

JACKMAN Theodore 1878-1940 [1]
Pirate Ship - Oil/canvas (77x102cm-30x40in) New-York 96 .... FF11 480 - £1 330 - **$2,200**

JACKOWSKI Stanislaw 1887-1951 [3]
Dancer - Bronze (61cm-24in) Warszawa 94 .... FF18 130 - £2 150 - **$3,330**

JACKSON Alexander Young 1882-1974 [120]
Rummed hill - Huile/carton (21x27cm-8x11in) Montréal 97 .... FF14 511 - £1 532 - **$2,507**
Lake, Eldorado Mines - Oil/panel (27x34cm-11x13in) London 96 .... FF25 670 - £3 200 - **$4,960**
Canoe on a river - Oil/canvas (64x85cm-25x33in) Toronto 95 .... FF42 900 - £5 690 - **$8,850**
Jasper Park - Oil/panel (21x27cm-8x11in) London 96 .... FF52 100 - £6 500 - **$10,060**
Barrow Straits - Oil/canvas (53x66cm-21x26in) Toronto 95 .... FF100 100 - £13 270 - **$20,660**
Ferme, Kamouraska - Oil/canvas (50x64cm-20x25in) Toronto 92 .... FF193 500 - £19 800 - **$34,060**
Mount Robson - Gouache (46x39cm-18x15in) Toronto 96 .... FF21 300 - £2 560 - **$4,080**

JACKSON Charles d'Orville P. 1887-? [1]
Head of a Knight - Alabaster (65cm-26in) London 91 .... FF1 786 - £179 - **$309**

JACKSON Elbert McGran 1896-1962 [6]
Cover for Judge Magazine - Oil/canvas (64x48cm-25x19in) New-York 95 .... FF11 100 - £1 400 - **$2,200**

JACKSON Everett Gee 1900-1995 [1]
Danza de los Viejitos - Oil/canvas (71x86cm-28x34in) San Francisco-Los Angeles 95 .... FF10 030 - £1 141 - **$1,700**

JACKSON Francis Ernest 1872-1945 [3]
Nude sketches - Mixed media/paper (38x28cm-15x11in) London 96 .... FF2 650 - £340 - **$523**

JACKSON Frederick Hamilton 1848-1923 [3]
Good quality view of Cromer - Watercolour (35x36cm-10x14in) Aylsham, Norfolk 92 .... FF2 736 - £280 - **$483**

JACKSON Frederick William 1859-1918 [16]
Approaching the town - Oil/board (38x45cm-15x18in) London 90 .... FF13 600 - £1 466 - **$2,399**
Children playing - Oil/canvas (52x121cm-20x48in) London 96 .... FF96 200 - £12 000 - **$18,600**
Sokko Grande, Tangiers - Watercolour, gouache/paper (20x17cm-8x7in) New-York 93 ..... FF7 080 - £806 - **$1,200**

JACKSON George XIX [1]
Ripon Market Place - Ink Leeds 91 .... FF2 580 - £260 - **$448**

JACKSON Gordens Parker 1900-1992 [1]
Our Living Room - Watercolour/paper (61x56cm-24x22in) San Francisco-Los Angeles 96 .... FF4 660 - £585 - **$900**

JACKSON Harry 1924 [38]
Pony express - Bronze (45cm-18in) New-York 93 .... FF71 500 - £8 960 - **$13,000**
The Flagbearer - Bronze (70cm-28in) New-York 97 .... FF99 183 - £10 414 - **$17,000**
The Marshal - Bronze (144cm-57in) New-York 94 .... FF179 700 - £21 200 - **$32,000**

JACKSON Hazel B. 1894-? [2]
Pampalune - Bronze (25cm-10in) Boston, Mass. 91 .... FF10 180 - £1 033 - **$1,839**

JACKSON Herbert 1909-1989 [4]
An Island Clubhouse - Watercolour (99x63cm-39x25in) London 93 .... FF3 840 - £480 - **$696**

JACKSON John 1778-1831 [6]
William Pitt - Oil/canvas (76x63cm-30x25in) New-York 92 .... FF36 750 - £4 270 - **$7,500**
Russel, Edward & Frederick Gray - Oil/canvas (210x164cm-83x65in) New-York 96 .... FF357 000 - £46 300 - **$70,000**

JACKSON Lee 1909 [6]
Dancers of the Moiseyev Ballet - Oil/masonite (35x61cm-14x24in) London 90 .... FF9 940 - £1 012 - **$1,988**

JACKSON Lesley 1867-1958 [1]
Gloucester Harbor - Watercolour (51x36cm-20x14in) North Berwick, Maine 93 .... FF3 045 - £350 - **$525**

JACKSON Martin Jacob 1871-1955 [5]
Cross the Schuylkill - Oil/panel (15x20cm-6x8in) Philadelphia 95 .... FF2 760 - £348 - **$550**

JACKSON Ronald Threlkeld 1902-1992 [3]
Fishin boat - Oil/board (46x61cm-18x24in) Victoria, B.C. 93 .... FF4 014 - £419 - **$702**

JACKSON Samuel 1794-1869 [13]
Geilog Mill, North Wales - Watercolour (36x53cm-14x21in) London 95 .... FF2 375 - £300 - **$477**
Rustics - Watercolour (23x32cm-9x13in) London 97 .... FF12 229 - £1 300 - **$2,107**

JACKSON Samuel Phillips 1830-1904 [42]
St. Michael's Mount - Oil/canvas (51x77cm-20x30in) London 96 .... FF35 400 - £4 200 - **$6,910**
Coast/Rough Seas - Watercolour/paper (14x28cm-6x11in) London 97 .... FF6 567 - £700 - **$1,146**
A vessel - Watercolour (51x76cm-20x30in) London 96 .... FF23 840 - £2 800 - **$4,690**

JACKSON Thomas 1758-1829 [2]
Over the Fence/The return - Oil/board (24x36cm-9x14in) London 92 .... FF6 700 - £800 - **$1,290**

JACKSON William Franklin 1850-1936 [6]
Sunset over the marsh

Oil/canvas/board (24x32cm-9x13in) San Francisco-Los Angeles 94 .... FF14 900 - £1 764 - **$2,750**
Mount Tamalpais - Oil/canvas (35x46cm-14x18in) San Francisco-Los Angeles 91 .... FF44 950 - £4 494 - **$7,403**

JACKSON William Henry 1843-1942 [35]
● *Russian river* - Oil/canvas/board (25x35cm-10x14in) San Francisco-Los Angeles 92 .... FF47 200 - £4 940 - **$8,500**
📷 *Phantom curve* - Albumen print (41x53cm-16x21in) New-York 92 .... FF24 700 - £2 620 - **$4,750**
Phantom Curve, Colorado - Albumen print (41x53cm-16x21in) New-York 97 .... FF52 295 - £5 538 - **$9,000**
✎ *Three portraits of Indians* - Pastel/paper Baton Rouge, Louisiana 94 .... FF5 260 - £632 - **$1,000**

JACNO Marcel 1904-1989 [1]
🖼 *Les Pilotes de la Mort* - Affiche (120x160cm-47x63in) Nice 93 .... FF2 400 - £289 - **$437**

JACOB Alexandre 1876-1972 [33]
● *Embarcation sur la Seine* - Huile/toile (46x64cm-18x25in) Paris 97 .... FF2 400 - £259 - **$424**
Ouvriers en bord de Seine - Huile/toile (45x61cm-18x24in) La Varenne Saint-Hilaire 97 ...... FF6 000 - £647 - **$1,054**
Saules - Huile/carton (44x34cm-17x13in) Paris 94 .... FF22 000 - £2 560 - **$3,860**

JACOB DESMALTER Georges Alphonse 1799-1870 [3]
✎ *Villa Medici, Rome* - Pierre noire Paris 96 .... FF12 000 - £1 530 - **$2,310**

JACOB Emanuel 1917-1966 [3]
● *Elf-Tielig* - Öl/Leinwand (65x81cm-26x32in) Luzern 92 .... FF12 940 - £1 546 - **$2,490**

JACOB Ernst 1895-1981 [1]
✎ *Entwurf für einer Buchumschlag* - Watercolour (23x23cm-9x9in) Wien 97 .... FF3 354 - £352 - **$576**

JACOB Julius 1842-1929 [2]
● *Rocca Sinibalda, Italy* - Oil/canvas (151x100cm-59x39in) London 94 .... FF85 700 - £10 000 - **$15,030**

JACOB Max 1876-1944 [74]
● *Paris, la rue Royale* - Huile/carton (27x46cm-11x18in) Paris 95 .... FF14 500 - £1 866 - **$2,970**
The carriage - Oil/board (30x40cm-12x16in) New-York 90 .... FF42 900 - £4 446 - **$7,540**
✎ *Promeneurs* - Gouache/papier (24x32cm-9x13in) Paris 97 .... FF5 100 - £506 - **$891**
La Sainte Cène - Encre (27x33cm-11x13in) Orléans 97 .... FF6 000 - £630 - **$1,027**
Bords de l'Aven - Gouache (35x27cm-14x11in) Brest 97 .... FF9 500 - £1 029 - **$1,668**
La famille bretonne - Gouache (26x35cm-10x14in) Paris 93 .... FF29 000 - £3 296 - **$4,920**
Les Orientales - Gouache (21x13cm-8x5in) Paris 95 .... FF45 000 - £5 390 - **$8,560**

JACOB Nicolas Henri 1782-1871 [1]
✎ *Général Cambronne en uniforme* - Mine plomb (13x10cm-5x4in) Paris 95 .... FF1 500 - £187 - **$293**

JACOB Patrick XX [2]
📷 *Serge Gainsbourg, 1987* - Photo (50x40cm-20x16in) Paris 89 .... FF4 800 - £478 - **$758**

JACOB Stephen 1846-? [2]
● *La lecture au jardin* - Huile/panneau (24x36cm-9x14in) Bayeux 96 .... FF7 000 - £830 - **$1,366**

JACOB Walter 1893-1964 [19]
● *Herbstlandschaft* - Öl/Leinwand (71x90cm-28x35in) Stuttgart 94 .... FF44 600 - £5 350 - **$8,650**
🖼 *Engel* - Linocut (30x20cm-12x8in) München 92 .... FF6 800 - £696 - **$1,197**
✎ *Berg bei Kastelruth* - Black chalk/paper (43x61cm-17x24in) München 96 .... FF3 400 - £387 - **$650**

JACOBBER Moïse 1786-1863 [3]
● *Blumenstrauss* - Öl/Leinwand (53x42cm-21x17in) Wien 97 .... FF76 736 - £8 288 - **$13,392**
Still life of flowers - Oil/canvas (119x90cm-47x35in) New-York 94 .... FF762 000 - £88 200 - **$130,000**

JACOBÉ Johann, John 1733-1797 [1]
📷 *Miss Meyer as Hebe* - Mezzotint (56x37cm-22x15in) London 95 .... FF1 800 - £174 - **$273**

JACOBI Jacques 1887-1957 [2]
● *Winterlandschaft* - Öl/Karton (46x38cm-18x15in) Köln 92 .... FF9 150 - £1 094 - **$1,760**
✎ *Dachlandschaft* - Aquarell/Papier (39x39cm-15x15in) Bern 94 .... FF2 684 - £322 - **$522**

JACOBI Lotte Johanna 1896-1987 [44]
📷 *Alfred Stieglitz* - Silver print (10x8cm-4x3in) New-York 93 .... FF2 580 - £331 - **$500**
Kathe Köllwitz - Gelatin silver print (36x28cm-14x11in) San Francisco-Los Angeles 95 .... FF17 100 - £2 182 - **$3,500**

JACOBI Marcus 1891-1969 [28]
● *Blühende Amaryllis* - Öl/Leinwand (101x75cm-40x30in) Bern 93 .... FF3 960 - £456 - **$680**
Grosses Blumenstück - Öl/Leinwand (116x120cm-46x47in) Bern 94 .... FF16 220 - £1 936 - **$3,030**

JACOBI Otto Reinhold 1812-1901 [24]
● *Bend in the River* - Huile/panneau (23x39cm-9x15in) Montréal 94 .... FF6 000 - £708 - **$1,077**
Mountain with figures - Oil/canvas (66x92cm-26x36in) Toronto 96 .... FF21 300 - £2 560 - **$4,080**
Fortune Teller - Oil/canvas (49x71cm-19x28in) Toronto 96 .... FF54 200 - £6 510 - **$10,380**
✎ *Waterfall* - Watercolour (36x72cm-14x28in) Toronto 95 .... FF6 720 - £846 - **$1,330**

JACOBI Rudolf 1889-1972 [12]
● *Dorfstrasse* - Öl/Leinwand (50x57cm-20x22in) Berlin 94 .... FF15 460 - £1 847 - **$2,890**
Amaryllis in vase - Oil/paper (65x54cm-26x21in) Berlin 91 .... FF32 100 - £3 258 - **$5,798**
Amaryllis in einer Vase - Öl/Karton (65x54cm-26x21in) München 93 .... FF48 500 - £5 460 - **$8,170**
✎ *Vietri sul mare* - Aquarell (37x46cm-15x18in) Bremen 94 .... FF2 913 - £338 - **$502**

JACOBS Adolphe c.1887-c.1910 [3]
● *Vaches au pâturage* - Huile/toile (68x92cm-27x36in) Bruxelles 95 .... FF13 440 - £1 750 - **$2,760**
Les fenaisons - Oil/canvas (88x120cm-35x56in) New-York 90 .... FF271 700 - £28 155 - **$47,750**

JACOBS Dieudonné 1887-1967 [14]
● *Paysage d'Irlande* - Huile/panneau (60x90cm-24x35in) Versailles 91 .... FF3 500 - £353 - **$607**

JACOBS Gustave, Gust [2]
🗿 *James Ensor* - Bronze Bruxelles 94 .... FF2 655 - £317 - **$500**

JACOBS Helen 1888-1970 [2]
✎ *Girl dancing with elf* - Watercolour (36x23cm-14x9in) New-York 93 .... FF11 000 - £1 380 - **$2,000**

JACOBS Herman 1936 [2]
- *In de klas* - Huile/toile (27x25cm-11x10in) Lokeren 93 .... FF18 130 - £2 167 - $3,704

JACOBS Jacob Albrecht M. 1812-1879 [10]
- *Temple of Luxor* - Oil/panel (68x97cm-27x38in) London 94 .... FF168 000 - £20 000 - $31,660
- *Merchant vessels off the Turkish coast* - Oil/panel (63x97cm-25x38in) London 93 .... FF332 000 - £40 000 - $58,000
- *Palace of Karnak, Thebes* - Oil/panel (97x142cm-38x56in) London 94 .... FF508 000 - £60 000 - $91,200

JACOBS Louis Adolphe E. 1855-1929 [3]
- *Boats on calm seas* - Oil/canvas (40x76cm-16x30in) New-York 95 .... FF14 300 - £1 783 - $2,800

JACOBS Paul Emil 1802-1866 [4]
- *Diana and Nymphs bathing* - Oil/canvas (154x202cm-61x80in) London 93 .... FF124 000 - £15 500 - $22,470

JACOBSEN Antonio Nicolo G. 1850-1921 [118]
- *The Danish liner S.S. Hellig Oscar* - Oil/board (41x69cm-16x27in) London 96 .... FF20 140 - £2 600 - $3,890
- *Caridad Padilla* - Oil/board (43x74cm-17x29in) London 97 .... FF30 019 - £3 200 - $5,241
- *Horatio Hall* - Oil/canvas (61x106cm-24x42in) New-York 97 .... FF48 406 - £5 233 - $8,500
- *Bea Bellido* - Oil/canvas (55x91cm-22x36in) London 94 .... FF60 976 - £6 500 - $10,646
- *The Titanic* - Oil/board (74x150cm-29x59in) New-York 93 .... FF135 150 - £15 440 - $23,000

JACOBSEN August 1868-1955 [3]
- *Skovparti med so* - Oil/canvas (58x92cm-23x36in) København 89 .... FF6 300 - £644 - $1,013

JACOBSEN Bent Karl 1934 [7]
- *Landskab* - Oil/canvas (100x100cm-39x39in) København 95 .... FF2 880 - £365 - $579

JACOBSEN Carl L. 1835-1923 [2]
- *The liner Antonio* - Oil/canvas (45x75cm-18x30in) New-York 92 .... FF3 330 - £349 - $600

JACOBSEN David 1821-1871 [7]
- *Figurer ved byporten, Italien* - Oil/canvas (28x37cm-11x15in) København 94 .... FF2 970 - £350 - $528

JACOBSEN Egill 1910 [126]
- *Hvid maske* - Oil/canvas (42x31cm-17x12in) Viby J, Århus 93 .... FF20 140 - £2 407 - $3,870
- *Boy with fish* - Oil/canvas (65x50cm-26x20in) Amsterdam 94 .... FF57 800 - £6 820 - $10,270
- *Fugle om aftenen, Ceylon* - Oil/canvas (92x65cm-36x26in) København 96 .... FF76 000 - £9 900 - $15,070
- *Untitled* - Oil/canvas (131x95cm-52x37in) London 97 .... FF112 571 - £12 000 - $19,654
- *Dansende rytmer* - Oil/canvas (116x150cm-46x59in) København 89 .... FF351 200 - £35 910 - $56,463
- *Two figures* - Silkscreen in colors (106x80cm-42x31in) Amsterdam 95 .... FF2 364 - £302 - $483
- *Maskekomposition* - Watercolour/paper (30x26cm-12x10in) København 95 .... FF9 650 - £1 205 - $1,950

JACOBSEN Georg XIX-XX [1]
- *Landskab fra Norge, 1939* - Oil/canvas (42x56cm-17x22in) København 89 .... FF3 300 - £328 - $521

JACOBSEN Hanne Elise 1814-1881 [2]
- *Stilleben med blomsterkorg* - Oil/canvas (33x34cm-13x13in) Stockholm 91 .... FF20 740 - £2 080 - $3,460

JACOBSEN Holger 1918 [4]
- *Orion I* - Oil/canvas (65x50cm-26x20in) København 92 .... FF3 080 - £315 - $543

JACOBSEN Juriaen 1625-1685 [1]
- *Party leaving from a country inn* - Oil/panel (58x66cm-23x26in) London 93 .... FF34 760 - £4 000 - $6,000

JACOBSEN Ludvig 1890-1957 [74]
- *Blumenstilleben* - Oil/canvas (64x48cm-25x19in) Köln 92 .... FF6 120 - £627 - $1,077
- *Nana* - Oil/canvas (67x56cm-26x22in) København 91 .... FF11 410 - £1 133 - $1,981

JACOBSEN Robert 1912-1993 [247]
- *Komposition* - Oil/canvas (81x100cm-32x39in) København 92 .... FF19 360 - £1 980 - $3,410
- *Hannibal* - Etching in colors København 96 .... FF5 230 - £678 - $1,034
- *Huni* - Metal (26cm-10in) København 96 .... FF23 040 - £2 990 - $4,560
- *Kubisk Konstruktion* - Metal (53cm-21in) København 96 .... FF51 300 - £6 670 - $10,160
- *Ideomotorisk Problem II* - Metal (150cm-25in) København 96 .... FF506 000 - £65 600 - $100,000
- *Komposition* - Watercolour/paper (93x62cm-37x24in) København 96 .... FF14 180 - £1 840 - $2,803

JACOBSEN Sophus 1833-1912 [15]
- *Vinter i skoven* - Oil/canvas (109x84cm-43x33in) København 93 .... FF33 800 - £3 880 - $5,780
- *Sunset in the Forest* - Oil/canvas (106x81cm-42x32in) London 94 .... FF93 100 - £11 000 - $16,720

JACOBSON Jacob 1818-1891 [1]
- *Kirchenvorhof auf Berge* - Öl/Leinwand (99x72cm-39x28in) Wien 96 .... FF24 100 - £3 003 - $4,650

JACOBSON Ludwig 1890-1958 [2]
- *Spielendes Kleinkind* - Oil/canvas (48x65cm-19x26in) Köln 90 .... FF3 000 - £321 - $522

JACOBSSON Elna 1894 [5]
- *Konstnärinnan vid staffliet* - Oil/canvas (59x45cm-23x18in) Stockholm 91 .... FF2 900 - £291 - $531

JACOBSSON Fredrik 1960 [2]
- *Komposition* - Oil/canvas (147x123cm-58x48in) Stockholm 93 .... FF4 440 - £546 - $822

JACOBSSON Oscar Brousse 1882-? [4]
- *Oklahoma landscape* - Oil/canvas (122x97cm-48x38in) Boston, Mass. 95 .... FF14 540 - £1 870 - $3,000

JACOBY Carl 1853-? [1]
- *Der Weggang* - Oil/canvas (162x202cm-64x80in) Amsterdam 93 .... FF30 030 - £3 600 - $5,490

JACOBY Louis 1828-1918 [1]
- *Kaiser Franz Josef* - Aquarell (76x54cm-30x21in) Wien 96 .... FF2 400 - £291 - $467

JACOBY Paul 1844-1899 [1]
- *Blick durch einen Brückenbogen* - Huile/toile/carton (33x24cm-13x9in) Berlin 93 .... FF3 134 - £358 - $533

JACOBY Peter 1941 [3]
- *Att angöra en brygga* - Oil/canvas (53x37cm-21x15in) Malmö 93 .... FF2 186 - £258 - $385

JACOMB-HOOD George Percy 1857-1929 [9]
- *Gentlemann* - Oil/panel (35x26cm-14x10in) London 97 .... FF3 283 - £350 - $573
- *Black musicians* - Oil/canvas (24x34cm-9x13in) London 90 .... FF77 500 - £8 031 - $13,620

JACOMIN Alfred Louis Vigny 1842-1913 [8]
- La Bonne Aventure - Huile/panneau (41x33cm-16x13in) Saint-Brieuc 91 .... FF9 500 - £957 - **$1,648**
  River landscape with rowers - Oil/panel (33x41cm-13x16in) New-York 96 .... FF32 500 - £4 210 - **$6,500**
JACOMIN Jean-Marie 1789-1858 [3]
- Portrait de jeune femme - Huile/toile/panneau (26x20cm-10x8in) Paris 94 .... FF15 000 - £1 777 - **$2,770**
JACOMIN Marie Ferdinand 1843/48-1902 [4]
- Clairière - Huile/panneau (73x91cm-29x36in) Barbizon 96 .... FF15 000 - £1 870 - **$2,900**
JACOPS Joseph 1805-1855 [2]
- Après la chasse - Huile/panneau (91x124cm-36x49in) Antwerpen 94 .... FF66 700 - £8 000 - **$12,950**
JACOT Don 1949 [2]
- Looking Down Wabash, Chicago
  Gouache (25x30cm-10x12in) Bloomfield Hills, Michigan 93 .... FF6 050 - £759 - **$1,100**
JACOTTET Jean 1806-? [5]
- Couvet - Lithograph (11x16cm-4x6in) Bern 92 .... FF1 786 - £183 - **$315**
JACOULET Paul 1902-1960 [83]
- Lady seated - Woodcut (38x28cm-15x11in) Detroit, Michigan 94 .... FF3 890 - £461 - **$700**
  Femme tatouée, Ouest Carolines - Print in colors (47x36cm-19x14in) New-York 92 .... FF22 700 - £2 324 - **$4,000**
JACOVACCI Francesco 1838-1908 [3]
- Last day of the Venetian Republic - Oil/canvas (129x292cm-51x115in) New-York 92 .... FF62 400 - £7 450 - **$12,000**
JACQUAND Claude, Claudius 1804-1878 [2]
- Gitane au tambourin - Huile/toile (73x100cm-29x39in) København 93 .... FF28 000 - £3 350 - **$5,380**
JACQUAND Louis XIX-XX [1]
- Elegant figures,Tuileries, Paris - Oil/canvas (29x46cm-11x18in) New-York 94 .... FF12 340 - £1 458 - **$2,200**
JACQUART Lucie 1882-1956 [2]
- Nature morte aux lunettes - Huile/toile (35x29cm-14x11in) Paris 93 .... FF8 800 - £1 060 - **$1,600**
JACQUE Charles Émile 1813-1894 [163]
- Paysage - Huile/toile (27x39cm-11x15in) Bern 94 .... FF9 730 - £1 162 - **$1,817**
  Poulailler - Huile/panneau (16x24cm-6x9in) Pontoise 95 .... FF22 500 - £2 990 - **$4,640**
  Fontainebleau - Oil/canvas (73x101cm-29x40in) New-York 97 .... FF79 863 - £8 609 - **$14,000**
  Sheep grazing - Oil/canvas (76x64cm-30x25in) New-York 96 .... FF93 400 - £11 900 - **$18,000**
  Shepherdess - Oil/panel (16x21cm-6x8in) New-York 95 .... FF153 300 - £19 100 - **$30,000**
  Shepherd - Oil/canvas (108x76cm-43x30in) New-York 93 .... FF354 000 - £40 300 - **$60,000**
- Parc à moutons - Eau-forte Paris 97 .... FF1 700 - £181 - **$294**
- Paysan à cheval - Dessin (10x23cm-4x9in) Barbizon 96 .... FF3 300 - £388 - **$650**
  Berger et son troupeau - Crayon (24x34cm-9x13in) Barbizon 92 .... FF11 500 - £1 177 - **$2,025**
  Shepherdess - Pastel (54x96cm-21x38in) New-York 96 .... FF249 300 - £31 740 - **$48,000**
JACQUE Émile 1848-1912 [17]
- Cerf et sa biche - Huile/toile (70x101cm-28x40in) Paris 95 .... FF3 500 - £419 - **$666**
  The watering-place - Oil/canvas (51x65cm-20x26in) Amsterdam 94 .... FF12 200 - £1 416 - **$2,100**
JACQUE Frédéric 1859-1931 [1]
- Le laboureur - Huile/toile (28x35cm-11x14in) Barbizon 93 .... FF8 500 - £955 - **$1,440**
JACQUE Louis 1919 [5]
- Espaces relatifs - Huile/toile (66x56cm-26x22in) Montréal 91 .... FF3 010 - £302 - **$497**
JACQUELART Lievin 1820-? [1]
- Vaches au pâturages - Huile/toile (56x77cm-22x30in) Bruxelles 91 .... FF3 290 - £332 - **$571**
JACQUEMART André XIX-XX [2]
- Chien à la tortue - Bronze (15cm-6in) Paris 92 .... FF5 000 - £512 - **$880**
JACQUEMART Henri Alfred M. 1824-1896 [20]
- Chien regardant une tortue - Bronze (15cm-6in) Bruxelles 97 .... FF2 945 - £307 - **$504**
  Deux boeufs attelés - Bronze (10x17cm-4x7in) Paris 94 .... FF7 000 - £762 - **$1,217**
  Deux lions couchés - Bronze (93cm-37in) Puiseaux 93 .... FF82 000 - £9 880 - **$14,900**
JACQUEMART Nélie, née André 1841-1912 [1]
- Molière at the barber's - Oil/canvas (108x156cm-43x61in) New-York 93 .... FF31 365 - £2 514 - **$4,500**
JACQUEMIN André 1904-1992 [33]
- Hiver, Marne - Monotype (21x51cm-8x20in) Paris 96 .... FF2 000 - £228 - **$383**
- Vers Sion, Vaudemon - Fusain (31x56cm-12x22in) Saint-Dié 92 .... FF3 000 - £349 - **$613**
JACQUEMOT Charles 1879-1946 [3]
- Paysage du Midi - Huile/toile (50x60cm-20x24in) Antwerpen 91 .... FF9 720 - £965 - **$1,688**
JACQUES André 1880-? [6]
- Loup courant - Bronze Paris 95 .... FF4 200 - £546 - **$862**
JACQUES François 1877-1937 [6]
- Sur l'alpage - Aquarelle (26x35cm-10x14in) Genève 91 .... FF8 500 - £873 - **$1,582**
JACQUES Nicolas 1780-1844 [4]
- Young girl with brown curls - Miniature (6cm-2in) Genève 92 .... FF59 000 - £6 080 - **$11,040**
JACQUET Alain 1939 [93]
- First breakfast - Acrylique (119x164cm-47x65in) Paris 97 .... FF11 000 - £1 163 - **$1,888**
  Portrait of man - Acrylique (162x114cm-64x45in) Paris 97 .... FF22 000 - £2 325 - **$3,775**
  Déjeuner sur l'herbe - Acrylique/toile (175x196cm-69x77in) Paris 96 .... FF65 000 - £8 080 - **$12,600**
  Camouflage - Huile (220x105cm-87x41in) Paris 94 .... FF82 000 - £9 600 - **$14,400**
  Camouflage Mondriaan - Acrylic/canvas (150x150cm-59x59in) New-York 93 .... FF105 600 - £12 100 - **$18,000**
- Personnages - Sérigraphie (39x62cm-15x24in) Paris 89 .... FF7 500 - £790 - **$1,263**
- Série Matisse - Dessin (35x53cm-14x21in) Paris 92 .... FF7 500 - £770 - **$1,443**

J

JACQUET Constance Valmont 1805-? [2]
- Marécages - Aquarelle (54x75cm-21x30in) Liège 92 .... FF1 648 - £197 - $317

JACQUET Gustave 1846-1909 [50]
- Young Lady - Oil/panel (41x32cm-16x13in) New-York 94 .... FF16 260 - £1 967 - $3,000
- Lady - Oil/panel (72x55cm-28x22in) London 97 .... FF36 331 - £4 000 - $6,376
- Elégante - Oil/canvas (46x38cm-18x15in) New-York 97 .... FF96 976 - £10 453 - $17,000
- Young girl holding a vegetable basket
  Oil/canvas (132x75cm-52x30in) New-York 96 .... FF118 300 - £14 340 - $23,000

JACQUET Henriette XIX-XX [1]
- Jetée de fleurs - Huile/toile (66x82cm-26x32in) Paris 96 .... FF4 900 - £568 - $940

JACQUET Henry Léon 1856-? [2]
- Procession des matelottes - Huile/toile (77x123cm-30x48in) Calais 94 .... FF22 000 - £2 565 - $3,855

JACQUET Jan Jozef 1822-1898 [3]
- Adam et Eve - Bronze (52cm-20in) Paris 96 .... FF39 000 - £4 890 - $7,520

JACQUET Jules 1841-1909 [1]
- Femme au chapeau noir - Oil/panel (45x36cm-18x14in) London 90 .... FF12 470 - £1 256 - $2,443

JACQUETTE Yvonne 1934 [7]
- Aerial View of 33rd Street - Lithograph (127x78cm-50x31in) New-York 93 .... FF3 245 - £369 - $550
- Tokyo night view - Pastel/paper (43x35cm-17x14in) New-York 90 .... FF22 900 - £2 373 - $4,025

JACQUI Danielle XX [5]
- Bord de lac - Huile/toile (51x61cm-20x24in) Aubagne 95 .... FF5 500 - £712 - $1,138

JACQUIER Marcel 1877-? [3]
- Notre-Dame de Tronoën - Huile/toile (40x96cm-16x38in) Douarnenez 94 .... FF5 800 - £704 - $1,103

JACUS Jean Théobald 1924 [14]
- Les pommiers - Huile/toile (54x73cm-21x29in) Versailles 90 .... FF4 800 - £505 - $835
- Montmartre - Aquarelle (27x39cm-11x15in) Paris 89 .... FF1 600 - £169 - $269

JADIN Louis Godefroy 1805-1882 [3]
- Renard et volaille - Huile/panneau (30x24cm-12x9in) L'Isle-Adam 95 .... FF18 000 - £2 365 - $3,695

JADKO-BAZILIEVITCH Ludmilia 1931 [2]
- Les fleurs champêtres - Huile/toile (73x69cm-29x27in) Paris 91 .... FF3 500 - £348 - $602

JAECKEL Josef 1907-1985 [1]
- Seiltänzerin - Bronze (19cm-7in) Köln 93 .... FF2 275 - £260 - $383

JAECKEL Willi 1888-1944 [33]
- Hochgebirgslandschaft - Öl/Leinwand (120x120cm-47x47in) Köln 96 .... FF18 700 - £2 130 - $3,575
- Selbstbildnis - Öl/Leinwand (69x59cm-27x23in) Berlin 95 .... FF28 500 - £3 544 - $5,570
- Weiblicher Akt - Pastell/Karton (73x52cm-29x20in) Köln 97 .... FF13 518 - £1 420 - $2,314

JAEGER Bernhard 1882-1930 [1]
- Sommerliche Berglandschaft - Öl/Karton (41x57cm-16x22in) Zofingen 95 .... FF3 820 - £485 - $769

JAEGER Carl 1833-1887 [1]
- Nude studies - Black chalk (61x37cm-24x15in) London 95 .... FF16 560 - £2 200 - $3,415

JAEGER de Stefan 1957 [6]
- Tulipes encadrées - Polaroid Bruxelles 95 .... FF2 020 - £244 - $380

JAEGER Ernst Gustav 1880-? [2]
- Junger Falkner - Bronze (55cm-22in) Stuttgart 94 .... FF6 150 - £740 - $1,171

JAEGER Fritz 1895-? [3]
- Strand von Alassio - Öl/Leinwand (62x74cm-24x29in) München 93 .... FF18 800 - £2 230 - $3,395

JAEGER Gotthilf 1871-? [4]
- Tänzerin - Bronze (56cm-22in) Köln 95 .... FF8 160 - £1 030 - $1,636

JAEGER Tyco Christopher 1819-1889 [1]
- Handelsstedet Ankbakken Lure Sogn, Helgeland
  Oil/paper (30x42cm-12x17in) Tönsberg 91 .... FF29 500 - £2 949 - $4,858

JAEKEL Joseph 1907-1985 [2]
- Kleiner Kruzifix - Bronze (29cm-11in) Köln 93 .... FF6 100 - £730 - $1,174

JAENISCH Hans 1907-1989 [63]
- Auf rotem Grund - Tempera/canvas (25x31cm-10x12in) Berlin 92 .... FF4 420 - £453 - $778
- Ohne Titel - Öl/Leinwand (61x50cm-24x20in) Düsseldorf 96 .... FF7 580 - £981 - $1,516
- Kuh und Kalb - Öl/Leinwand (100x70cm-39x28in) München 93 .... FF13 930 - £1 592 - $2,304
- Tanzende Gruppe - Mixed media/panel (50x70cm-20x28in) München 96 .... FF22 030 - £2 763 - $4,250
- Rider - Oil/masonite (151x10cm-59x4in) New-York 90 .... FF85 800 - £9 128 - $15,349
- Farbkomposition - Aquarell/Papier (43x33cm-17x13in) Düsseldorf 90 .... FF4 400 - £471 - $765
- Gasse - Gouache (100x70cm-39x28in) München 91 .... FF16 900 - £1 682 - $2,906

JAENSSON Carl Wilhelm 1853-1931 [4]
- I blomsterängen - Oil/panel (36x52cm-14x20in) Stockholm 94 .... FF12 940 - £1 534 - $2,390

JAFFE Lee 1957 [2]
- Den upplyste slaven - Metal (210cm-83in) Stockholm 96 .... FF6 480 - £836 - $1,270
- Short Bull (Sioux) - Mixed media/paper (100x77cm-39x30in) Stockholm 92 ...... FF27 340 - £2 800 - $4,810

JAFFE Shirley XX [2]
- The circus - Oil/canvas (179x290cm-70x114in) London 90 .... FF72 600 - £7 523 - $12,759

JÄGEL Ludwig 1829-1863 [1]
- Schlacht bei Döffingen - Oil/canvas (54x82cm-21x32in) Stuttgart 91 .... FF11 830 - £1 186 - $1,974

JÄGER Adeline, née Heuser 1809-1897 [1]
- Mädchen mit Schmuckkassette - Öl/Leinwand (63x53cm-25x21in) Wien 93 ...... FF28 860 - £3 450 - $5,550

JÄGER Gotthilf 1871-? [1]
- Nackte Kugelspielerin - Bronze (27cm-11in) München 92 .... FF5 100 - £522 - $898

JÄGER Gustav 1908-1978 [3]
- Die Beschneidung Johannesknaben - Öl/Leinwand (60x80cm-24x31in) München 93 .... FF**13 560** - £**1 620** - **$2,610**

JÄGER Johann Karl 1901-? [1]
- St. Martin im Calfaisental - Öl/Leinwand (65x55cm-26x22in) Bern 93 .... FF**2 093** - £**250** - **$403**

JAGERSPACHER Gustav ?-1929 [5]
- Liegende nackte Frau auf einem Sofa - Öl/Leinwand (71x90cm-28x35in) München 93 .... FF**10 850** - £**1 296** - **$2,087**

JAGGER Charles 1770-1827 [3]
- A gentleman - Miniature (5cm-2in) London 95 .... FF**2 950** - £**380** - **$600**

JAGGER Charles Sargeant 1885-1934 [4]
- Cathal and the Woodfolk - Bronze (49x77cm-19x30in) London 95 .... FF**20 840** - £**2 600** - **$4,210**

JAGGER David ?-1958 [5]
- Girl in a coloured turban
  Oil/canvas (61x51cm-24x20in) Richmond, North Yorkshire 94 .... FF**18 970** - £**2 200** - **$3,270**
- Winston Churchill - Oil/canvas (127x101cm-50x40in) London 95 .... FF**78 300** - £**10 000** - **$16,040**

JAGGI Lucien 1887-1976 [2]
- Jeune africain - Sculpture (35cm-14in) Bern 94 .... FF**2 020** - £**234** - **$348**

JAHAN Pierre 1909 [18]
- Nude Photomontage - Gelatin silver print (36x28cm-14x11in) New-York 94 .... FF**17 420** - £**2 020** - **$3,000**

JAHL Wladyslaw Al. Alojzy 1886-1953 [2]
- Don Quichotte - Oil/cardboard (55x65cm-22x26in) Warszawa 96 .... FF**28 930** - £**3 610** - **$5,590**

JAHN Francis 1871-? [1]
- Head of the Medusa - Ivory, bronze (28cm-11in) London 93 .... FF**21 720** - £**2 500** - **$3,750**

JAHN Gustav 1879-1919 [8]
- Schutzhütte Franzenshöhe - Öl/Leinwand (95x59cm-37x23in) Wien 94 .... FF**72 100** - £**9 180** - **$13,900**
- Arlberg - Poster (104x69cm-41x27in) New-York 96 .... FF**13 240** - £**1 560** - **$2,600**

JAHN Hans Emil A. 1834-1902 [5]
- Seilskuter ved Munkholmen - Oil/canvas (50x78cm-20x31in) Tönsberg 91 .... FF**21 700** - £**2 176** - **$3,620**

JAHN-HEILIGENSTADT Albert 1885-1961 [1]
- Interieur mit Blick auf Dreiflügelaltar - Öl/Leinwand (65x55cm-26x22in) Hamburg 93 .... FF**5 160** - £**585** - **$872**

JAHNKE Oskar 1856-c.1898 [2]
- Tillah-Kari Moschee in Samarkand - Oil/canvas (45x64cm-18x25in) München 91 .... FF**3 380** - £**339** - **$558**

JAHNS Rudolf 1896-1983 [4]
- Schale und blauer Vase - Oil/board (42x56cm-17x22in) Köln 91 .... FF**16 900** - £**1 695** - **$2,790**
- Formen - Tempera (37x30cm-15x12in) Köln 97 .... FF**101 385** - £**10 656** - **$17,358**

JAILLET Pierre XX [7]
- Scène orientale - Aquarelle (20x30cm-8x12in) Aurillac 90 .... FF**1 800** - £**187** - **$316**

JAIS-NIELSEN Jais 1885-1961 [63]
- Nature morte - Huile/toile (76x73cm-30x29in) Paris 92 .... FF**10 000** - £**1 024** - **$1,760**
- Bottles on a table - Oil/canvas (49x64cm-19x25in) London 90 .... FF**48 400** - £**5 182** - **$8,417**
- Maria med barnet - Ceramic (34cm-13in) Köbenhavn 94 .... FF**3 930** - £**456** - **$677**
- Liggende model - Gouache (21x29cm-8x11in) Köbenhavn 90 .... FF**4 400** - £**468** - **$787**

JAKI Joze Horvat 1930 [2]
- Schmerzensmann - Mischtechnik/Papier (99x69cm-39x27in) Wien 90 .... FF**1 900** - £**200** - **$330**

JAKIMOW von Igor 1885-1962 [2]
- Porträtbüste einer Frau - Terracotta (44cm-17in) Heidelberg 93 .... FF**4 375** - £**511** - **$719**

JAKOB Ernest 1869-? [1]
- Landschaften - Pencil/paper (14x22cm-6x9in) Bielefeld 93 .... FF**1 750** - £**204** - **$288**

JAKOB Julius I 1811-1882 [1]
- Berlinerin in weißem Ballkleid - Oil/canvas (140x88cm-55x35in) Ahlden 92 .... FF**17 000** - £**1 740** - **$2,993**

JAKOBIDES Georgios 1853-1932 [15]
- Grandmother's dearest - Oil/canvas (78x60cm-31x24in) Athens 96 .... FF**1** - £**161 300** - **$267,000**
- A Lady with a fan - Oil/board (35x29cm-14x11in) London 95 .... FF**75 000** - £**9 250** - **$15,100**
- Grandmother's story - Oil/panel (26x18cm-10x7in) New-York 94 .... FF**234 000** - £**27 060** - **$40,000**
- Smoker - Oil/canvas (91x64cm-36x25in) London 93 .... FF**416 000** - £**52 000** - **$75,400**

JAKOBS Jeanine 1932 [25]
- Envol - Huile/toile (81x100cm-32x39in) Paris 90 .... FF**5 500** - £**568** - **$972**

JAKOBS Paul Emil 1802-1866 [1]
- Harem beauty at her toilette - Oil/canvas (127x98cm-50x39in) New-York 89 .... FF**457 600** - £**45 532** - **$72,291**

JAKOBSEN Sophus 1833-1912 [1]
- Mondschein über Venedig - Oil/canvas (114x90cm-45x35in) Wien 92 .... FF**43 300** - £**4 340** - **$8,330**

JAKOBSSON Fritz 1940 [7]
- Still life with a bowl of apples - Oil/canvas (61x72cm-24x28in) Helsinki 95 .... FF**33 600** - £**4 195** - **$6,780**
- Kantareller - Akvarell (50x69cm-20x27in) Helsinki 95 .... FF**16 800** - £**2 100** - **$3,390**

JAKOBSSON Stig XX [2]
- Algtjur i mossmark, 1986 - Oil/panel (16x31cm-6x12in) Söderköping 89 .... FF**2 300** - £**235** - **$370**

JAKOWLEFF Michael N. Iakavleff 1880-? [2]
- Heyst-sur-Mer, le soir - Huile/toile (50x60cm-20x24in) Bruxelles 90 .... FF**3 564** - £**364** - **$703**

JAKSCH Mathilde 1899-? [2]
- Mazurka - Porcelain (15cm-6in) Wien 95 .... FF**4 910** - £**636** - **$1,004**

JAKSONE Helga 1959 [2]
- Le soir - Huile/panneau (100x120cm-39x47in) Lyon 90 .... FF**5 600** - £**573** - **$1,105**

JAKUB Frantisek 1875-1940 [1]
- *Picking up fruit* - Oil/board (54x74cm-21x29in) London 95 .... FF22 100 - £2 800 - **$4,450**

JAKUBOWSKI Stanislaw 1881-1934 [1]
- *Head portrait of a woman* - Bronze (36cm-14in) Warszawa 96 .... FF9 830 - £1 242 - **$1,964**

JALABERT Charles François 1819-1901 [4]
- *The Entombment of Christ* - Oil/canvas (55x79cm-22x31in) London 96 .... FF6 930 - £900 - **$1,372**

JALADON Mary-Christine XX [6]
- *Sans Titre* - Huile/toile/panneau (130x97cm-51x38in) Bordeaux 94 .... FF3 100 - £355 - **$527**

JALLOT Léon 1874-1967 [6]
- *Les bouquetins* - Relief (33x36cm-13x14in) Paris 93 .... FF2 100 - £242 - **$362**

JALLY Gerhard 1947 [3]
- *Ingang 25* - Oil/canvas (116x72cm-46x28in) Stockholm 90 .... FF3 700 - £394 - **$662**

JAMAR Armand 1870-1946 [187]
- *Chaumières* - Huile/panneau (28x36cm-11x14in) Liège 97 .... FF4 251 - £439 - **$728**
- *Ulenspiegel/Zeebrugge* - Oil/board (29x37cm-11x15in) Amsterdam 97 .... FF5 529 - £584 - **$948**
- *Marine* - Huile/panneau (56x75cm-22x30in) Liège 96 .... FF18 100 - £2 267 - **$3,500**
- *Venise* - Huile/carton (71x50cm-28x20in) Liège 95 .... FF30 950 - £4 070 - **$6,210**
- *Voile sur la lagune, Venise* - Aquarelle (39x26cm-15x10in) Lokeren 96 .... FF3 170 - £409 - **$625**

JAMAR Pauline 1850-1911 [3]
- *Bouquet de fleurs* - Aquarelle (42x73cm-17x29in) Pontoise 96 .... FF7 000 - £798 - **$1,340**

JAMAR Walthère 1866-? [8]
- *Etang du moulin de Genk* - Huile/toile (50x100cm-20x39in) Liège 96 .... FF2 960 - £366 - **$571**

JAMBOR Lajos, Louis 1884-1955 [13]
- *Roses in a vase* - Oil/canvas (53x67cm-21x26in) London 96 .... FF12 950 - £1 600 - **$2,500**
- *Summer afternoon* - Oil/canvas (100x74cm-39x29in) London 91 .... FF149 600 - £14 957 - **$24,638**

JAMES Alexander 1890-1946 [1]
- *Black man* - Oil/panel (41x33cm-16x13in) New-York 93 .... FF7 330 - £840 - **$1,300**

JAMES Andrée XX [2]
- *Bouquet de fleurs* - Huile/toile (93x73cm-37x29in) Toulouse 92 .... FF6 300 - £645 - **$1,110**

JAMES Christopher 1947 [2]
- *The Vatican, 1987* - Silver print (30x30cm-12x12in) New-York 89 .... FF1 700 - £174 - **$273**

JAMES David XIX-XX [33]
- *Coastal scene* - Oil/canvas (46x76cm-18x30in) London 94 .... FF17 040 - £2 000 - **$2,984**
- *Crashing Waves* - Oil/canvas (75x127cm-30x50in) New-York 97 .... FF125 286 - £13 543 - **$22,000**
- *Morning tide* - Oil/canvas (63x126cm-25x50in) London 96 .... FF184 400 - £24 000 - **$36,550**

JAMES Edith Augusta 1857-1898 [2]
- *Rosen* - Öl/Leinwand (78x57cm-31x22in) Wien 94 .... FF14 570 - £1 710 - **$2,596**
- *Children in church* - Pastel (79x63cm-31x25in) London 93 .... FF23 240 - £2 800 - **$4,060**

JAMES Ezra 1768-1836 [1]
- *Ellen Tree, seated* - Oil/canvas (76x64cm-30x25in) Chicago 92 .... FF4 900 - £570 - **$1,000**

JAMES Frederick 1845-1907 [3]
- *Quality Hill* - Watercolour (56x71cm-22x28in) New-York 90 .... FF7 400 - £778 - **$1,287**

JAMES Frederick 1857-1932 [2]
- *Young boy with toy model* - Oil/panel (38x30cm-15x12in) Mystic, Connecticut 96 .... FF7 900 - £1 034 - **$1,600**

JAMES Harry E. c.1870-c.1920 [4]
- *Gypsy family preparing the meal*
  Oil/canvas (49x75cm-19x30in) Marlborough Crescent, Newcastle upon Tyne 93 .... FF7 120 - £800 - **$1,192**

JAMES Henry XIX-XX [3]
- *Cottage in a wooded landscape* - Oil/canvas (41x61cm-16x24in) London 96 .... FF3 140 - £400 - **$605**

JAMES John W. 1873-? [1]
- *Old Houses* - Oil/canvas (61x74cm-24x29in) Cleveland, Ohio 92 .... FF9 430 - £988 - **$1,700**

JAMES Joseph [1]
- *Architect's proposal for a church* - Watercolour/paper (39x50cm-15x20in) London 90 ..... FF2 300 - £238 - **$404**

JAMES Louis Robert 1920 [15]
- *City landscape* - Huile/toile (63x76cm-25x30in) Paris 96 .... FF6 000 - £741 - **$1,160**

JAMES Norman Thomas 1892-? [2]
- *Beach scene, Aldburgh, Suffolk* - Watercolour (30x43cm-12x17in) Aylsham, Norfolk 92 .... FF1 560 - £160 - **$299**

JAMES René 1935 [28]
- *Vue de Rouen* - Huile/toile (65x92cm-26x36in) L'Isle-Adam 92 .... FF2 800 - £288 - **$519**

JAMES Richard S. XIX-XX [2]
- *Cavaliers at the inn* - Oil/board (30x40cm-12x16in) London 91 .... FF9 920 - £1 007 - **$1,792**

JAMES Stewart Ross XX [2]
- *Abstract* - Woodcut (36x25cm-14x10in) Cambridge, Mass. 92 .... FF1 527 - £160 - **$275**
- *Hardscrabble Farm* - Watercolour (56x38cm-22x15in) Cambridge, Mass. 92 .... FF2 775 - £291 - **$500**

JAMES Walter John 1869-1932 [1]
- *Panoramic view in Scotland* - Oil/canvas (16x93cm-6x37in) London 95 .... FF4 850 - £620 - **$975**

JAMES Will 1892-1942 [1]
- *Ain't gonna rain no more* - Ink/paper (22x14cm-9x6in) San Francisco-Los Angeles 90 ..... FF8 000 - £851 - **$1,431**

JAMES William c.1730-c.1790 [37]
- *Grand Canal, Venice* - Oil/canvas (59x96cm-23x38in) London 97 .... FF149 394 - £16 000 - **$25,965**
- *River Thames, York Steps* - Oil/canvas (75x125cm-30x49in) London 95 .... FF278 300 - £36 000 - **$56,900**

JAMESON Frank 1899-1968 [8]
- *Begining the day* - Oil/canvas (46x56cm-18x22in) London 92 .... FF4 100 - £420 - **$804**

JAMESON James Arthur XIX-XX [2]
- Derry from the Harbour - Oil/canvas (71x106cm-28x42in) Glasgow 92 .... FF10 050 - £1 200 - **$1,933**

JAMESON Middleton ?-1919 [4]
- At the piano - Oil/canvas (66x47cm-26x19in) Hadspen 96 .... FF23 670 - £3 000 - **$4,540**
- La fille du pêcheur - Watercolour (35x49cm-14x19in) St. Helier, Jersey 93 .... FF19 600 - £2 200 - **$3,280**

JAMIESON Alexander 1873-1937 [34]
- River landscape - Oil/canvas (66x81cm-26x32in) London 95 .... FF7 210 - £900 - **$1,458**
- Blois, Loire - Oil/panel (32x41cm-13x16in) London 92 .... FF10 250 - £1 050 - **$1,806**
- Old farmhouse, France - Oil/canvas (66x81cm-26x32in) London 95 .... FF26 350 - £3 500 - **$5,430**

JAMIESON Bidely MacDonald XIX-XX [2]
- Classical architecture amongst trees - Oil/board (39x31cm-15x12in) London 93 .... FF3 476 - £400 - **$600**

JAMIESON F.E. 1895-? [8]
- Sunset over a highland stream - Oil/canvas (51x76cm-20x30in) London 97 .... FF7 194 - £800 - **$135,1 4**

JAMIESON Frank E. 1834-1899 [14]
- River landscape - Oil/canvas (51x102cm-20x40in) Chicago 94 .... FF3 060 - £362 - **$550**

JAMIESON Ron 1916 [4]
- Sainte-Martine, Quebec - Huile/panneau (61x76cm-24x30in) Québec 90 .... FF3 060 - £313 - **$604**

JAMIN Diederik Franciscus 1838-1865 [2]
- A queen holding audience - Oil/canvas (64x102cm-25x40in) Amsterdam 97 .... FF8 984 - £949 - **$1,541**

JAMIN Léon 1872-1944 [6]
- Houthalen - Huile/toile (90x110cm-35x43in) Liège 96 .... FF4 930 - £610 - **$952**
- Au Jardin - Huile/toile (82x118cm-32x46in) Bruxelles 96 .... FF118 500 - £14 770 - **$22,900**

JAMIN Paul Joseph 1853-1903 [2]
- Returning home - Oil/canvas (81x131cm-32x52in) San Francisco-Los Angeles 93 .... FF4 680 - £587 - **$850**

JAMISON Philip 1929 [8]
- Chattin's house - Watercolour/paper (38x55cm-15x22in) New-York 91 .... FF6 790 - £686 - **$1,200**

JAMMES Louis 1958 [4]
- Autoportrait, 1986 - Photo (115x115cm-45x45in) Avignon 89 .... FF9 500 - £1 001 - **$1,599**

JAMOIS Edmond Victor 1876-1975 [7]
- Les dentellières - Huile/toile (46x61cm-18x24in) Paris 91 .... FF3 000 - £301 - **$549**
- Bretonnes - Huile/toile (47x61cm-19x24in) Morlaix 94 .... FF7 800 - £935 - **$1,441**

JAMONTT Bronislaw 1886-1957 [1]
- Vieille maison de bois - Tempera/papier (50x66cm-20x26in) Warszawa 95 .... FF7 980 - £1 020 - **$1,640**

JAMOT Paul 1863-1939 [1]
- Femme assise sur son lit - Huile/panneau (33x23cm-13x9in) Paris 89 .... FF3 800 - £389 - **$611**

JAMOTTE Georges XX [4]
- Nature morte japonisante - Huile/toile (85x66cm-33x26in) Bruxelles 90 .... FF3 564 - £364 - **$703**

JAN Elvire Kouyoumojian 1904-1996 [47]
- Composition - Huile/panneau (70x61cm-28x24in) Paris 96 .... FF6 000 - £747 - **$1,164**
- Composition - Huile/toile (73x92cm-29x36in) Versailles 96 .... FF17 600 - £2 020 - **$3,360**
- Composition - Huile/toile (38x46cm-15x18in) Versailles 96 .... FF37 500 - £4 305 - **$7,150**
- Composition - Huile/toile (70x100cm-28x39in) Verrières-Le-Buisson 90 .... FF225 000 - £24 090 - **$39,130**
- Composition - Aquarelle/papier (78x112cm-31x44in) Saint-Germain-en-Laye 95 .... FF13 000 - £1 570 - **$2,446**

JAN Georges ?-1907 [1]
- Grand Vins de Bordeaux - Poster (85x61cm-33x24in) New-York 96 .... FF11 200 - £1 320 - **$2,200**

JANAY Pierre 1872-1935 [1]
- Paysage - Huile/carton (50x61cm-20x24in) Paris 90 .... FF2 000 - £214 - **$348**

JANCE Paul Claude 1840-1915 [4]
- Les petits jardiniers - Oil/canvas (50x61cm-20x24in) New-York 92 .... FF27 750 - £2 905 - **$5,000**

JANCO Marcel 1895-1984 [158]
- Flowers - Oil/canvas/board (24x34cm-9x13in) Tel Aviv 97 .... FF16 043 - £1 784 - **$3,000**
- Forms - Oil/panel (35x49cm-14x19in) Tel Aviv 97 .... FF26 738 - £2 973 - **$5,000**
- Goat - Oil/panel (35x49cm-14x19in) Tel Aviv 97 .... FF34 759 - £3 865 - **$6,500**
- Voûte céleste - Oil/canvas (35x50cm-14x20in) Zürich 96 .... FF45 200 - £5 660 - **$8,720**
- The Procession - Oil/masonite (60x86cm-24x34in) New-York 93 .... FF88 000 - £11 030 - **$16,000**
- Peaches - Mixed media/board (70x84cm-28x33in) Tel Aviv 97 .... FF288 770 - £32 113 - **$54,000**
- Bal à Zurich - Huile/carton (60x45cm-24x18in) Paris 89 .... FF900 000 - £92 025 - **$144,695**
- Architectural composition - Relief (68x50cm-27x20in) Tel Aviv 92 .... FF16 640 - £1 986 - **$3,200**
- Les tablettes - Sculpture (47x34cm-19x13in) Paris 90 .... FF45 000 - £4 663 - **$7,909**
- Nude - Watercolour (20x32cm-8x13in) Tel Aviv 97 .... FF3 478 - £386 - **$650**
- Musizierender Clown - Aquarell (18x16cm-7x6in) München 93 .... FF5 540 - £624 - **$935**
- Ruins in Jaffa - Ink (41x30cm-16x12in) Tel Aviv 97 .... FF11 765 - £1 308 - **$2,200**

JANCSEK Antal 1907 [3]
- Il vestito a pois - Olio/tela (80x60cm-31x24in) Trieste 93 .... FF9 050 - £1 030 - **$1,533**

JANCZAK Jan 1938 [6]
- Cyklus Golgatha 6 - Öl/Leinwand (115x93cm-45x37in) Zürich 96 .... FF25 460 - £3 300 - **$5,030**
- Fleurs - Gouache (29x32cm-11x13in) Zürich 95 .... FF2 130 - £279 - **$433**

JANDA von Hermine 1854-1925 [15]
- Sommerlandschaft - Öl/Karton (49x69cm-19x27in) Lindau 95 .... FF7 830 - £980 - **$1,582**
- Ebensee, Oberösterreich - Oil/canvas (27x47cm-11x19in) Wien 92 .... FF16 840 - £1 690 - **$3,240**

JANDI David 1893-1944 [2]
- Le repos du modèle - Pastel (34x50cm-13x20in) Paris 97 .... FF3 000 - £314 - **$514**

Calendar & auction results : INTERNET : **www.artprice.com** MINITEL : 3617 ARTPRICE

Die Badenden - Pastell (70x100cm-28x39in) Luzern 89 .... FF15 600 - £1 595 - **$2,508**
JANEBÉ Jeanne Baraud-Pellet 1907-? [6]
🖼 *Femme près d'une coupe d'oranges* - Öl/Karton (55x42cm-22x17in) Bern 96 .... FF14 670 - £1 780 - **$2,850**
JANECEK Ota 1919-1996 [3]
🖼 *Stilleben, 1944* - Aquarell/Papier (28x24cm-11x9in) Düsseldorf 90 .... FF10 100 - £1 081 - **$1,757**
JANENSCH Gerhard Adolf 1860-1933 [6]
🗿 *Giesserei Arbeiter* - Bronze (42cm-17in) New-York 95 .... FF8 450 - £1 018 - **$1,600**
JANERAND du Daniel 1920-1990 [10]
🖼 *Bâteaux de plaisance, Casino* - Huile/toile (38x61cm-15x24in) Calais 96 .... FF6 500 - £843 - **$1,285**
Pont de bois - Huile/toile (115x89cm-45x35in) Lyon 90 .... FF22 000 - £2 355 - **$3,826**
JANES Norman Thomas 1892-1980 [11]
🖼 *Eastern Terrace* - Wash (35x50cm-14x20in) London 91 .... FF1 780 - £178 - **$326**
JANESCH Albert 1889-1973 [13]
🖼 *Vorfrühling im Gebirge* - Öl/Leinwand (70x100cm-28x39in) Wien 94 .... FF12 120 - £1 405 - **$2,297**
🖼 *Graben, Wien* - Aquarell/Papier (50x47cm-20x19in) Wien 96 .... FF3 360 - £408 - **$654**
JANET Adèle ?-1877 [1]
🖼 *Tulips* - Watercolour/board (33x25cm-13x10in) New-York 93 .... FF30 250 - £3 790 - **$5,500**
JANET-LANGE Ange Janet, dit 1815-1872 [1]
🖼 *Claude Villaret* - Pencil (12x9cm-5x4in) New-York 92 .... FF1 585 - £160 - **$280**
JÄNICKE Anton 1867-1932 [1]
🖼 *Aletschgletscher im Wallis, Schweiz* - Aquarell (30x37cm-12x15in) München 93 ..... FF1 574 - £186 - **$284**
JANIN Jean 1898-1970 [7]
🖼 *Les travestis* - Huile/toile (138x97cm-54x38in) Paris 92 .... FF6 000 - £615 - **$1,080**
Deux femmes assises - Oil/canvas (137x97cm-54x38in) London 90 .... FF33 390 - £3 513 - **$5,958**
🖼 *Eve et Jean, Fazil* - Gouache (138x98cm-54x39in) Köbenhavn 95 .... FF30 200 - £3 910 - **$6,140**
JANIN Louise XIX-XX [37]
🖼 *Composition musicaliste* - Huile/panneau (79x60cm-31x24in) Paris 89 .... FF32 000 - £3 272 - **$5,145**
Isabelle de Castille - Huile/carton (121x93cm-48x37in) Paris 89 .... FF120 000 - £12 270 - **$19,293**
🖼 *Symphonie bleue* - Collage (85x148cm-33x58in) Paris 89 .... FF10 000 - £1 022 - **$1,608**
JANISZEWSKI Michael 1957 [2]
📷 *Ohne Titel* - Photograph (100x70cm-39x28in) Hamburg 96 .... FF3 545 - £430 - **$689**
JANK Angelo 1868-1940 [27]
🖼 *Taking a fence* - Oil/canvas (56x75cm-22x29in) London 95 .... FF5 920 - £750 - **$1,191**
Reiterstandbild - Öl/Leinwand (103x120cm-41x47in) Frankfurt 97 .... FF8 438 - £910 - **$1,482**
Horse-race - Oil/canvas (70x90cm-28x35in) Amsterdam 96 .... FF18 000 - £1 915 - **$3,220**
🖼 *Concours Hippique* - Poster (109x79cm-43x31in) New-York 94 .... FF8 010 - £940 - **$1,400**
JANK Anton 1874-1956 [2]
🖼 *Parforce-Jagd* - Oil/canvas (70x90cm-28x35in) München 91 .... FF5 410 - £549 - **$977**
JANKAY Tibor 1899-1944 [4]
🖼 *Mother and child* - Oil/masonite (122x81cm-48x32in) New-York 94 .... FF20 460 - £2 350 - **$3,500**
JANKES Karl Emil 1884-1952 [2]
🖼 *Gårdsvy* - Oil/canvas/board (40x50cm-16x20in) Helsinki 90 .... FF3 216 - £329 - **$635**
JANKO Janos 1833-1896 [1]
🖼 *Wasserschlacht* - Oil/canvas (61x91cm-24x36in) Wien 89 .... FF38 400 - £4 046 - **$6,465**
JANKOWSKI Alex., Tony XX [4]
🖼 *Blick auf Preßburg* - Oil/canvas (73x100cm-29x39in) Wien 91 .... FF19 250 - £1 932 - **$3,331**
JANKOWSKI Czeslaw Boris 1862-1941 [2]
🖼 *Reiterszenen aus Warschau* - Watercolour (29x23cm-11x9in) Wien 93 .... FF5 940 - £682 - **$988**
JANKOWSKI J. Wilhelm c.1825-1870 [28]
🖼 *Château, bord du Rhin* - Huile/toile (55x68cm-22x27in) Bruxelles 95 .... FF6 700 - £883 - **$1,360**
Engelsburg und Petersdom, Rom - Öl/Leinwand (72x100cm-28x39in) Wien 97 ..... FF16 786 - £1 813 - **$2,929**
Luzerner Alstadtwinkel - Öl/Leinwand (68x105cm-27x41in) Zofingen 95 .... FF42 500 - £5 560 - **$8,520**
JANLET Henri 1857-1935 [5]
🖼 *Les moulins* - Huile/panneau (24x36cm-9x14in) Paris 92 .... FF3 800 - £454 - **$731**
JANMOT Jean-Louis 1814-1892 [3]
🖼 *Le Poème de l'âme* - Huile/toile (56x46cm-22x18in) Paris 92 .... FF16 500 - £1 695 - **$3,173**
JANNECK Franz Christoph 1703-1761 [16]
🖼 *Elegant company* - Oil/panel (3x54cm-1x21in) London 95 .... FF155 500 - £20 000 - **$32,100**
A bacchanal - Oil/copper (56x79cm-22x31in) London 96 .... FF305 400 - £38 000 - **$59,200**
JANNEL Jean 1894-? [5]
🖼 *Colette* - Huile/toile (46x61cm-18x24in) Grenoble 89 .... FF2 900 - £306 - **$488**
JANNI Guglielmo 1872-1958 [6]
🖼 *Figura femminile* - Olio/tela (155x73cm-61x29in) Roma 95 .... FF68 600 - £8 640 - **$13,920**
JANNIOT Alfred Auguste 1889-1969 [32]
🗿 *Héraclès, Nice* - Bronze (31cm-12in) Soissons 96 .... FF14 000 - £1 627 - **$2,710**
🖼 *Vol de mouettes* - Plâtre (128x98cm-50x39in) Paris 97 .... FF61 000 - £6 570 - **$10,699**
🖼 *Nu au drapé* - Sanguine (47x36cm-19x14in) Pontoise 92 .... FF9 500 - £1 236 - **$1,882**
JANNOT Henri F. 1909 [3]
🖼 *Le phare* - Huile/toile (50x61cm-20x24in) Arles 96 .... FF3 900 - £510 - **$780**
L'intérieur - Huile/toile (61x50cm-24x20in) Auxerre 91 .... FF16 000 - £1 589 - **$2,778**
JANNSON Alfred 1863-1931 [1]
🖼 *Fall, des plaine, Illinois* - Oil/canvas (71x82cm-28x32in) San Francisco-Los Angeles 90 ..... FF14 300 - £1 531 - **$2,487**

JANNY Georg 1864-1946 [29]
- Spielende Nymphen - Oil/canvas (48x33cm-19x13in) Wien 89 .... FF**15 400** - £1 488 - **$2,337**
- Herbstudie - Aquarelle, gouache/papier (60x118cm-24x46in) Wien 95 .... FF**9 980** - £1 260 - **$1,992**
  Wilde Kaiser bei Kufstein - Watercolour, gouache/paper (60x118cm-24x46in) Wien 95... FF**14 980** - £1 890 - **$2,990**

JANOS Peter 1859-? [1]
- Landschaft mit Bäumen - Oil/canvas (54x83cm-21x33in) Wien 90 .... FF**6 700** - £692 - **$1,184**

JANOSCH Friedrich Eckart 1931 [2]
- Liebespaar und Hochzeitsgeschichten - Aquatint in colors (38x53cm-15x21in) München 95...... FF**3 880** - £497 - **$792**

JANOSIK Fabrice 1968 [2]
- Ethnique shadwos - Technique mixte/panneau (146x114cm-57x45in) Paris 92 .... FF**14 000** - £1 440 - **$2,482**

JANOUSEK Frantisek 1890-1943 [2]
- Morgentoilette - Oil/canvas (80x50cm-31x20in) München 91 .... FF**22 300** - £2 220 - **$3,835**
- Surrealistische Komposition - Pastell/Papier (43x63cm-17x25in) Düsseldorf 90 ...... FF**54 100** - £5 792 - **$9,409**

JANOWSKI Fritz 1884-? [1]
- Strandlandschaft mit Möwen - Oil/canvas (66x97cm-26x38in) Ahlden 91 .... FF**2 030** - £206 - **$367**

JANS de Edouard 1855-1919 [5]
- Portrait de jeune femme - Huile/toile (98x62cm-39x24in) Bruxelles 94 .... FF**15 700** - £1 800 - **$2,683**

JANS Jan 1893-1963 [3]
- In the duinen bij Koudekerke - Oil/canvas (40x60cm-16x24in) Amsterdam 97 .... FF**4 854** - £525 - **$84,7 2**

JANS Knud 1915-1986 [10]
- Komposition - Oil/canvas (65x77cm-26x30in) Köbenhavn 92 .... FF**2 816** - £283 - **$542**
- Krukke - Ceramic (30cm-12in) Köbenhavn 94 .... FF**1 846** - £220 - **$348**

JANSA Vaclav 1859-1913 [3]
- Südliche Küste - Oil/canvas (27x50cm-11x20in) Stuttgart 91 .... FF**7 490** - £751 - **$1,372**

JANSCHKA Fritz 1919 [2]
- Unheimliche Wesen - Watercolour (18x25cm-7x10in) Wien 93 .... FF**1 684** - £201 - **$324**

JANSÉ Félix XIX-XX [5]
- Elégantes aux courses - Aquarelle (38x27cm-15x11in) Paris 89 .... FF**4 800** - £478 - **$758**
  La calèche - Aquarelle, gouache/papier (33x50cm-13x20in) Paris 90 .... FF**16 000** - £1 653 - **$2,827**

JANSEM Jean 1920 [285]
- La conversation - Huile/toile (25x20cm-10x8in) Cannes 94 .... FF**13 500** - £1 618 - **$2,494**
  Petite marchande de poisson - Huile/toile (32x22cm-13x9in) Paris 97 .... FF**19 000** - £2 057 - **$3,359**
  Washing the Nets - Oil/paper/canvas (50x65cm-20x26in) New-York 97 .... FF**37 725** - £3 968 - **$6,500**
  Nature morte - Huile/toile (11x33cm-8x13in) Paris 96 .... FF**48 000** - £6 010 - **$9,310**
  Retour de la famille - Oil/canvas (130x162cm-51x64in) New-York 96 .... FF**82 500** - £10 600 - **$16,000**
  The Procession - Oil/canvas (226x350cm-89x138in) New-York 96 .... FF**109 400** - £13 200 - **$21,000**
  Bateaux sur la Lagune - Huile/toile (114x162cm-45x64in) Paris 96 .... FF**160 000** - £20 020 - **$31,050**
  Pichet blanc - Huile/toile (130x162cm-51x64in) Paris 96 .... FF**230 000** - £28 800 - **$44,600**
  La Lagune - Huile/toile (200x400cm-79x157in) Paris 96 .... FF**330 000** - £41 300 - **$64,000**
- Jane aux bas rayés - Lithographie couleurs (54x76cm-21x30in) Paris 97 .... FF**4 800** - £521 - **$842**
- Femme au cabas - Encre (24x19cm-9x7in) Paris 97 .... FF**2 100** - £228 - **$368**
  Contemplation - Ink (50x65cm-20x26in) New-York 96 .... FF**13 550** - £1 635 - **$2,600**
  Nu assis de dos - Aquarelle, gouache (63x48cm-25x19in) Paris 95 .... FF**20 000** - £2 523 - **$3,990**
  Portrait de fillette - Encre (25x20cm-10x8in) Paris 96 .... FF**38 000** - £4 760 - **$7,370**

JANSEN Alfred 1859-1935 [1]
- Marine, vue de Helsingör - Huile/toile (63x100cm-25x39in) Bruxelles 89 .... FF**9 700** - £965 - **$1,532**

JANSEN Dirk 1878-1952 [2]
- Voiliers sur le Bosphore - Huile/toile (60x91cm-24x36in) Paris 91 .... FF**85 000** - £8 462 - **$14,617**

JANSEN Egbertus Antonie 1877-1957 [1]
- Holländischer Bauernhof - Öl/Leinwand (40x50cm-16x20in) München 93 .... FF**13 560** - £1 620 - **$2,610**

JANSEN Franz Maria 1885-1958 [23]
- Menschen im Schnee - Oil/cardboard (68x83cm-27x33in) Köln 95 .... FF**11 670** - £1 527 - **$2,370**
  Selbstbildnis - Öl/Papier (44x29cm-17x11in) Köln 94 .... FF**17 100** - £2 006 - **$3,045**
  Rheinlandschaft von Köln - Öl/Leinwand (94x150cm-37x59in) Köln 94 .... FF**61 500** - £7 220 - **$10,960**
- Hügelige Landschaft - Pencil/paper (46x46cm-18x18in) Köln 97 .... FF**5 069** - £532 - **$867**

JANSEN Fritz 1856-1928 [1]
- Girl with a goat on a sunny day - Oil/canvas (64x48cm-25x19in) Amsterdam 95 ...... FF**3 090** - £373 - **$581**

JANSEN Hendrik Willebrord 1855-1908 [15]
- Moored sailing vessels - Oil/canvas (30x58cm-12x23in) Amsterdam 94 .... FF**10 670** - £1 240 - **$1,838**
- Sir Britten - Etching (29x23cm-11x9in) Heidelberg 96 .... FF**4 920** - £635 - **$963**

JANSEN Johannes Mauritz 1811-1857 [6]
- Peasants & a dog by a farm - Oil/canvas (37x48cm-15x19in) Amsterdam 94 .... FF**16 830** - £2 020 - **$3,270**

JANSEN Joseph 1829-1905 [4]
- Seeufer in Abendstimmung - Öl/Leinwand (22x32cm-9x13in) Frankfurt 93 .... FF**11 200** - £1 337 - **$2,153**

JANSEN Louise 1835-1912 [1]
- Figure before a manor house - Oil/canvas/board (30x44cm-12x17in) London 92 .... FF**7 810** - £800 - **$1,380**

JANSEN Willem 1892-? [2]
- Extensive polder landscape - Oil/canvas (60x80cm-24x31in) Amsterdam 90 .... FF**3 620** - £365 - **$709**

JANSEN Willem George Fred. 1871-1949 [82]
- Amsterdamse Poort, Haarlem - Oil/canvas (38x46cm-15x18in) Amsterdam 97 ...... FF**6 241** - £675 - **$1,088**
  Windmill, Sheep & Shepherd - Oil/canvas (51x66cm-20x26in) Toronto 96 .... FF**9 300** - £1 061 - **$1,780**
  Art the country-side - Oil/canvas (60x90cm-24x35in) Amsterdam 95 .... FF**13 871** - £1 500 - **$2,420**

Harbour of Harlingen - Oil/canvas (30x40cm-12x16in) Amsterdam 97 .... FF48 553 - £5 253 - **$8,472**
Cows on the riverbank - Watercolour/paper (43x57cm-17x22in) Amsterdam 93 .... FF7 530 - £900 - **$1,450**

JANSENS Hieronymus 1624-1693 [1]
Scène galante musicale - Huile/toile (118x168cm-46x66in) Bourg-en-Bresse 93 .... FF340 000 - £42 500 - **$61,800**

JANSENS René 1870-1936 [1]
Salon de musique - Pastel (60x50cm-24x20in) Bruxelles 95 .... FF2 200 - £282 - **$443**

JANSMA Adam 1929-1965 [1]
Three figures - Bronze (9cm-4in) Amsterdam 96 .... FF1 815 - £228 - **$351**

JANSON Johannes 1729-1784 [12]
Winter landscape with skaters - Oil/panel (31x41cm-12x16in) London 96 .... FF65 900 - £8 500 - **$12,900**
Hirte mit zweig Rindern - Ink (23x19cm-9x7in) Heidelberg 96 .... FF2 036 - £263 - **$399**

JANSON Johannes Christian 1763-1823 [6]
Holländische Winterlandschaft - Oil/panel (41x56cm-16x22in) Wien 95 .... FF65 800 - £8 200 - **$13,280**
Family outside their house - Ink (24x21cm-9x8in) Amsterdam 92 .... FF8 440 - £1 008 - **$1,624**

JANSON Knut 1882-1966 [12]
Trädgården på Björkhom - Oil/canvas (38x55cm-15x22in) Stockholm 96 .... FF5 360 - £681 - **$1,056**

JANSON Marc 1930 [83]
Foudre aux Yeux tendres - Huile/toile (92x65cm-36x26in) Versailles 94 .... FF4 200 - £497 - **$755**
Fumée d'autruche - Huile/toile (81x100cm-32x39in) Cannes 92 .... FF10 000 - £1 163 - **$2,040**
Danseuse au repos - Huile/toile (34x24cm-13x9in) Paris 94 .... FF36 000 - £4 230 - **$6,370**
Composition - Gouache (55x65cm-22x26in) Douai 92 .... FF4 000 - £410 - **$720**

JANSON Pieter 1768-1851 [1]
Milking cows by a cottage - Oil/panel (61x78cm-24x31in) London 92 .... FF22 600 - £2 700 - **$4,350**

JANSSAUD Mathurin 1857-1940 [124]
Concarneau - Huile/toile (55x38cm-22x15in) Marseille 95 .... FF14 500 - £1 906 - **$2,910**
Barques au sec - Pastel (25x34cm-10x13in) Brest 97 .... FF10 000 - £1 083 - **$1,756**
Concarneau - Pastel (23x31cm-9x12in) Douarnenez 94 .... FF16 000 - £1 940 - **$3,044**
Marchands, Concarneau - Pastel (44x56cm-17x22in) Paris 96 .... FF36 000 - £4 230 - **$7,080**
Marché aux sabots, Bretagne - Pastel (38x55cm-15x22in) Paris 90 .... FF52 000 - £5 389 - **$9,139**

JANSSEN Gerhard 1863-1931 [7]
Lachendes Paar - Oil/canvas (64x45cm-25x18in) Köln 91 .... FF7 430 - £745 - **$1,226**
Kirmes - Charcoal (37x40cm-15x16in) Heidelberg 96 .... FF2 032 - £251 - **$393**

JANSSEN Horst 1929-1995 [475]
Ergo - Radierung (20x20cm-8x8in) Hamburg 97 .... FF2 696 - £288 - **$470**
Terry - Farbradierung (44x33cm-17x13in) Hamburg 97 .... FF5 730 - £61 3 2 - **$998**
Mönckebergstrasse - Woodcut in colors (56x49cm-22x19in) Hamburg 97 .... FF19 548 - £2 091 - **$3,407**
Selbstportrait (Profil) - Pencil (14x11cm-6x4in) Hamburg 97 .... FF4 550 - £486 - **$793**
Morgen Gruss ins Norgebuch - Coloured chalks (22x29cm-9x11in) Hamburg 97 .... FF11 628 - £124 4 7 - **$2,026**
Seerosen 11.7.1972 - Coloured pencils (22x36cm-9x14in) Berlin 95 .... FF64 000 - £7 970 - **$12,530**
Zwischenbilanz - Coloured chalks (56x74cm-22x29in) Hamburg 95 .... FF281 600 - £37 200 - **$57,100**

JANSSEN Ludovic 1888-1954 [64]
Bouquet de roses - Huile/toile (54x61cm-21x24in) Bruxelles 97 .... FF4 575 - £496 - **$809**
Staelen - Huile/toile (70x80cm-28x31in) Bruxelles 97 .... FF10 131 - £1 097 - **$1,792**
Vieux pavillon, Bruges - Huile/toile (60x60cm-24x24in) Liège 90 .... FF26 360 - £2 695 - **$5,203**

JANSSEN Ulfert 1878-? [1]
Mannes mit Traube bekränzt - Bronze (53cm-21in) Stuttgart 92 .... FF10 200 - £1 044 - **$1,796**

JANSSENS DE VAEREBEKE Jozef 1854-1930 [1]
Presentation at the Temple - Oil/canvas (180x120cm-71x47in) London 89 .... FF125 900 - £12 873 - **$20,241**

JANSSENS Emmanuel 1870-? [1]
Pêcheurs bretons rentrant au port
   Huile/toile (51x65cm-20x26in) La Varenne Saint-Hilaire 91 .... FF8 400 - £836 - **$1,444**

JANSSENS Johan 1809-? [1]
Taverne au bord de l'Escaut - Huile/panneau (31x41cm-12x16in) Bruxelles 93 .... FF10 210 - £1 222 - **$2,090**

JANSSENS Joseph 1854-1930 [1]
Dom. Laurent Janssens O.S.B. - Huile/toile (120x100cm-47x39in) Bruxelles 89 .... FF2 300 - £242 - **$387**

JANSSENS René 1870-1936 [11]
Intérieur - Huile/toile (68x55cm-27x22in) Antwerpen 96 .... FF5 000 - £648 - **$988**

JANSSENS Victor Emile 1807-1845 [1]
Woman in a kitchen interior - Oil/panel (48x37cm-19x15in) New-York 90 .... FF22 900 - £2 452 - **$3,983**

JANSSENS Victor Honoré 1658-1736 [1]
Venus reclining in a landscape - Oil/panel (29x44cm-11x17in) New-York 92 .... FF22 050 - £2 560 - **$4,500**

JANSSENS Wim 1952 [2]
Strandjutter - Bronze (32cm-13in) Antwerpen 94 .... FF2 970 - £346 - **$521**

JANSSON Alfred 1863-1931 [6]
River landscape - Oil/canvas (56x69cm-22x27in) Elgin, Illinois 93 .... FF8 520 - £1 070 - **$1,550**

JANSSON Alvar 1922-1990 [2]
Väg i sommarlandskap - Oil/canvas (58x67cm-23x26in) Stockholm 91 .... FF8 420 - £838 - **$1,448**

JANSSON August 1851-1915 [3]
Fjällsjö med same pa strand - Oil/canvas (73x120cm-29x47in) Stockholm 89 .... FF13 100 - £1 303 - **$2,070**

JANSSON Eugène 1862-1915 [16]
Boys on the beach - Oil/canvas (52x87cm-20x34in) Stockholm 96 .... FF62 200 - £7 100 - **$11,910**
Vid pianot - Oil/canvas (47x58cm-19x23in) Stockholm 89 .... FF542 900 - £54 020 - **$85,766**
Sommarafton - Pastel (98x73cm-39x29in) Stockholm 92 .... FF56 600 - £5 790 - **$9,950**

J

JANSSON Karl Emanuel 1846-1874 [1]
- ✎ *Lille dreng der drikker af en skal* - Drawing (20x14cm-8x6in) Köbenhavn 90 .... FF2 300 - £248 - **$406**

JANSSON Knut 1882-1966 [12]
- 🖋 *Höstdag* - Oil/canvas (46x55cm-18x22in) Uppsala 91 .... FF14 140 - £1 425 - **$2,454**

JANSSON Rune 1918 [79]
- 🖋 *Röda pelare* - Oil/canvas (57x68cm-22x27in) Stockholm 96 .... FF4 290 - £520 - **$834**
- *Blå havsstrimma* - Oil/canvas (60x97cm-24x38in) Stockholm 92 .... FF9 940 - £1 188 - **$1,912**
- *Hägrande vitt* - Oil/canvas (75x162cm-30x64in) Stockholm 92 .... FF20 740 - £2 123 - **$3,650**

JANSSON Tove 1914 [4]
- 🖋 *Nature morte* - Oil/canvas (60x50cm-24x20in) Helsinki 92 .... FF18 640 - £1 907 - **$3,280**
- ✎ *Båtar vid bryggan* - Akvarell (34x39cm-13x15in) Helsinki 94 .... FF4 860 - £564 - **$838**

JANSSON Viktor 1886-1958 [4]
- 🗿 *Björn* - Sculpture (355cm-140in) Helsinki 94 .... FF5 080 - £589 - **$874**

JANUARIUS DI DÉCARLI Albert Joseph 1907-? [3]
- 🖋 *Venezia* - Öl/Leinwand (46x55cm-18x22in) Bern 93 .... FF3 170 - £365 - **$544**

JANUS Jindrich 1867-1944 [1]
- 🖋 *Weibliche Badende am See* - Öl/Leinwand (64x50cm-25x20in) Stuttgart 93 .... FF3 390 - £405 - **$653**

JANUSKA Andras XX [2]
- 🖋 *Voiliers en mer* - Huile/panneau (24x30cm-9x12in) Chambéry 94 .... FF2 600 - £303 - **$457**

JANVRY de Henry XVIII-XIX [2]
- ✎ *Miniatute of a lady and gentleman* - Miniature (7cm-3in) London 93 .... FF6 000 - £750 - **$1,088**

JANZ Philipp 1813-1885 [1]
- 🖋 *An der Tränke* - Oil/panel (63x51cm-25x20in) Wien 96 .... FF15 600 - £2 023 - **$3,083**

JANZON Nils Gustaf 1850-1926 [1]
- 🖋 *En svensk flicka* - Oil/canvas (40x31cm-16x12in) Stockholm 95 .... FF13 670 - £1 727 - **$2,743**

JAPY Louis Aimé 1840-1916 [81]
- 🖋 *Fermière et vache* - Huile/panneau (45x32cm-18x13in) Lille 97 .... FF6 000 - £621 - **$1,027**
- *Promeneurs en forêt* - Huile/panneau (41x31cm-16x12in) Saint-Dié 97 .... FF12 000 - £1 356 - **$2,173**
- *Bergères* - Huile/panneau (41x32cm-16x13in) Barbizon 94 .... FF32 000 - £3 770 - **$5,690**
- *Le Doubs* - Huile/toile (53x73cm-21x29in) Barbizon 95 .... FF51 000 - £6 340 - **$9,940**
- *Gardienne de troupeau* - Huile/toile (101x81cm-40x32in) Barbizon 94 .... FF113 000 - £13 320 - **$20,100**

JAQUE Louis, L.J. Beaulieu 1919 [6]
- 🖋 *Sans titre, 1974* - Huile/toile (51x61cm-20x24in) Montréal 90 .... FF9 800 - £1 043 - **$1,753**
- ✎ *Sans titre* - Gouache (50x36cm-20x14in) Montréal 91 .... FF4 300 - £434 - **$854**

JAQUES François Louis 1877-1937 [5]
- 🖋 *Weinlese* - Oil/canvas (68x50cm-27x20in) Bern 92 .... FF9 900 - £1 182 - **$1,903**

JAQUES Jean-Pierre 1913 [1]
- 🖋 *Départ du voilier* - Huile/toile (16x26cm-6x10in) Genève 89 .... FF4 300 - £453 - **$724**

JAQUET Alice Jacqueline 1906 [5]
- 🖋 *Strassenszene* - Oil/Leinwand (65x50cm-26x20in) Bern 95 .... FF6 020 - £783 - **$1,236**

JAQUET Gustav Jean 1846-1909 [1]
- 🖋 *Lady with a parasol* - Oil/canvas (92x61cm-36x24in) London 90 .... FF77 500 - £8 031 - **$13,620**

JAQUET Jan-Jozef 1822-1898 [1]
- 🗿 *African warrior defending his family* - Sculpture (109cm-43in) London 90 .... FF77 500 - £8 298 - **$13,478**

JAQUOTOT Marie Victoire 1772-1855 [1]
- ✎ *King Louis-Philippe* - Miniature (21cm-8in) London 97 .... FF45 627 - £4 800 - **$7,815**

JARA José 1867-1939 [4]
- 🖋 *Pueblo mexicano* - Oil/board (26x33cm-10x13in) New-York 93 .... FF56 000 - £6 370 - **$9,500**
- ✎ *Hombre/La travesura* - Watercolour/paper (34x24cm-13x9in) New-York 93 .... FF94 400 - £10 730 - **$16,000**

JARAIZ de Jaime 1934 [1]
- 🖋 *Joven en el tocador* - Oleo/lienzo (73x60cm-29x24in) Madrid 97 .... FF6 000 - £645 - **$1,050**

JARDIEL José Paredes 1928 [3]
- 🖋 *Dos cabras* - Oleo/lienzo (80x100cm-31x39in) Madrid 91 .... FF18 960 - £1 901 - **$3,473**

JARDINES José Maria 1862-? [22]
- 🖋 *Shepherdess* - Oil/canvas (49x65cm-19x26in) New-York 96 .... FF10 000 - £1 295 - **$2,000**
- *Moisson en Beauce* - Oil/canvas (65x92cm-26x36in) New-York 93 .... FF22 400 - £2 550 - **$3,800**
- *Cómo bailan los mozos* - Oleo/lienzo (75x108cm-30x43in) Madrid 92 .... FF82 000 - £8 220 - **$15,760**

JAREMA Jozef 1900-1974 [1]
- 🖋 *Composition* - Huile/panneau (26x49cm-10x19in) Paris 90 .... FF4 000 - £428 - **$696**

JARES Jaroslav 1889-1967 [2]
- 🖋 *Mutter* - Öl/Leinwand (121x105cm-48x41in) Wien 94 .... FF13 670 - £1 627 - **$2,600**

JARKI Youri Jarkikh 1938 [2]
- 🖋 *Portrait d'homme, 1974* - Huile/toile (98x95cm-39x37in) La Varenne Saint-Hilaire 90 .... FF11 000 - £1 140 - **$1,933**
- ✎ *Orcuz* - Gouache (53x53cm-21x21in) Saint-Dié 92 .... FF2 100 - £251 - **$404**

JARL Otto 1856-1915 [4]
- 🗿 *Ziegenbock* - Bronze (14cm-6in) Wien 94 .... FF4 875 - £585 - **$946**

JARL-LORENZL Karin XIX-XX [2]
- 🗿 *Diana* - Bronze (45cm-18in) Wien 93 .... FF9 780 - £1 108 - **$1,653**

JARMAN Derek 1942-1993 [5]
- 🖋 *Memories are made of this* - Mixed media/canvas (41x31cm-16x12in) London 96 .... FF7 230 - £900 - **$1,404**

JÄRNEFELT Eero 1863-1937 [34]
- 🖋 *Lago di Garda* - Oil/canvas (67x105cm-26x41in) London 95 .... FF24 700 - £3 200 - **$5,140**

Söndagsutflykten - Oil/panel (26x36cm-10x14in) Helsinki 95 .... FF**83 000** - £*10 030* - **$15,630**
Vid spinnrocken - Oil/canvas (45x70cm-18x28in) Helsinki 92 .... FF**509 000** - £*52 100* - **$89,600**
Lake landscape - Watercolour, gouache (25x32cm-10x13in) Stockholm 95 .... FF**13 740** - £*1 797* - **$2,750**
Koli - Gouache (51x66cm-20x26in) Helsinki 90 .... FF**76 900** - £*7 826* - **$15,379**

JÄRNEFELT Kasper 1859-1941 [1]
Halmkoja i skogsdunge - Oil/canvas (20x32cm-8x13in) Helsinki 95 .... FF**5 210** - £*651* - **$1,052**

JÄRNEFELT Laura 1904-1985 [8]
Gammal landsväg - Oil/canvas (55x46cm-22x18in) Helsinki 94 .... FF**8 460** - £*981* - **$1,457**
Träsklandskap - Gouache (41x31cm-16x12in) Helsinki 92 .... FF**3 220** - £*385* - **$620**

JAROCKI von Wladyslav 1879-1965 [4]
Wilno - Oil/canvas (89x100cm-35x39in) Warszawa 94 .... FF**13 680** - £*1 470* - **$2,364**

JAROS Peter 1859-? [1]
Feldarbeit am Flussufer - Öl/Leinwand (40x50cm-16x20in) Wien 93 .... FF**6 930** - £*805* - **$1,166**

JAROSZYNSKI Józef 1835-1900 [2]
On the way - Oil/canvas (56x73cm-22x29in) Warszawa 95 .... FF**10 080** - £*1 288* - **$2,070**

JAROWSKY Wladyslaw 1879-1965 [1]
Bronka Gutouna - Huile/toile (120x92cm-47x36in) Bayeux 96 .... FF**23 500** - £*2 786* - **$4,590**

JARRAUD Léonard 1867-? [1]
L'Annonciation - Huile/toile (41x24cm-16x9in) Paris 87 .... FF**6 000** - £*612* - **$974**

JARRY Alfred 1873-1907 [1]
Zephyr, Paris, Maison Faucon
Objet: manche bombé strié, hélice 3 pales (20cm-8in) Paris 94 .... FF**31 000** - £*3 610* - **$5,470**

JARVIS Henry C. 1867-1955 [1]
River Wandle at Hacksbridge - Watercolour (58x86cm-23x34in) Salisbury, Wiltshire 92 .... FF**2 930** - £*300* - **$575**

JARVIS John Wesley 1780-1840 [4]
Eleazor Bullard - Oil/canvas (76x64cm-30x25in) New-York 89 .... FF**13 700** - £*1 363* - **$2,164**
Jacob Housman - Drawing (12x10cm-5x4in) New-York 90 .... FF**3 984** - £*411* - **$703**

JASCHA Hans Werner 1942 [2]
Schriftbild - Graphit (42x59cm-17x23in) Wien 94 .... FF**1 710** - £*194* - **$290**

JASCHKE Franz 1775-1842 [5]
Landschaft - Gouache/papier (46x63cm-18x25in) Wien 94 .... FF**24 400** - £*2 830* - **$4,200**

JASIENSKI Zdzislaw, Stanislas 1901-1978 [1]
Zwina - Huile/panneau (83x84cm-33x33in) Warszawa 91 .... FF**10 830** - £*1 099* - **$1,956**

JASIENSKY Stefan 1899-1990 [1]
ballspiel - Gelatin silver print (28x38cm-11x15in) New-York 95 .... FF**3 470** - £*443* - **$700**

JASINSKI Feliks Stanislaw 1862-1901 [2]
Primavera - Eau-forte (34x53cm-13x21in) Warszawa 95 .... FF**2 520** - £*322* - **$518**
Autorportrait - Crayon (14x9cm-6x4in) Paris 91 .... FF**3 500** - £*353* - **$607**

JASINSKI Ignacy 1833-1878 [2]
Academic study - Charcoal (54x29cm-21x11in) Warszawa 93 .... FF**2 350** - £*245* - **$364**

JASMIN Joseph 1923 [3]
John the Baptist - Oil/masonite (123x49cm-48x19in) New-York 91 .... FF**18 070** - £*1 799* - **$3,107**

JASZAY Jozsef 1869-? [1]
Suonatrice d'arpa - Olio/tela (50x70cm-20x28in) Trieste 93 .... FF**3 620** - £*412* - **$613**

JAUBERT Henri Melchior XIX [4]
Arabs haggling in a street market - Watercolour (26x38cm-10x15in) London 96 .... FF**5 780** - £*750* - **$1,143**

JAUCH Paul 1870-1957 [1]
Ruine Hohenneuffen - Chalks (13x9cm-5x4in) Stuttgart 90 .... FF**5 100** - £*546* - **$887**

JAUDIN Henri Laurent XIX-XX [2]
Village au-dessus de la rivière - Huile/toile (50x65cm-20x26in) Paris 91 .... FF**2 600** - £*261* - **$476**

JAUDON René 1889-1971 [2]
Bay springs - Oil/canvas (183x183cm-72x72in) New-York 89 .... FF**217 400** - £*22 229* - **$34,952**

JAUDON Valérie 1945 [14]
Mound Bayou - Oil/canvas (183x183cm-72x72in) San Francisco-Los Angeles 94 .... FF**25 730** - £*3 356* - **$5,000**
Egypt River - Oil/canvas (228x249cm-90x98in) New-York 95 .... FF**55 400** - £*6 950* - **$10,080**
Canton, 1979 - Oil/canvas (180x182cm-71x72in) New-York 89 .... FF**200 200** - £*20 470* - **$32,187**

JAUGEY Daniel 1929 [22]
Les Gondoles - Huile/toile (120x60cm-47x24in) Le Mans 97 .... FF**6 600** - £*709* - **$1,158**
Sérénade villageoise - Huile/toile (73x92cm-29x36in) Versailles 90 .... FF**30 000** - £*3 109* - **$5,272**

JAULMES Gustave Louis 1873-1959 [10]
Bouquet de fleurs - Huile/toile (46x38cm-18x15in) Paris 95 .... FF**3 800** - £*492* - **$787**
Lady with flamingos - Oil/canvas (136x168cm-54x66in) New-York 92 .... FF**44 200** - £*4 546* - **$7,837**

JAULMES Marc 1928 [8]
Sans titre 6.3.96 - Acrylique/toile (100x100cm-39x39in) Paris 97 .... FF**5 500** - £*600* - **$961**

JAUMANN Rudolf Alfred 1859-1923/35 [8]
Ziegenhirte mit seiner Herde - Öl/Leinwand (52x69cm-20x27in) Wien 93 .... FF**7 420** - £*862* - **$1,250**

JAUME Damiá 1948 [2]
Jaula - Oleo/lienzo (46x55cm-18x22in) Madrid 93 .... FF**7 520** - £*904* - **$1,464**

JAUSLIN Karl 1842-1904 [3]
Jeanne d'Arc - Öl/Karton (15x11cm-6x4in) Zofingen 94 .... FF**9 760** - £*1 157* - **$1,805**
Schweizergeschichte - Print (57x67cm-22x26in) Bern 92 .... FF**1 523** - £*182* - **$293**
Winterliche Schlachtenszene - Aquarelle (15x21cm-6x8in) Bern 95 .... FF**6 450** - £*839* - **$1,325**

JAUSS Georg 1867-? [1]
- *Mutter mit Kleinkind* - Oil/canvas (103x58cm-41x23in) Stuttgart 91 .... FF**2 704** - £*271* - **$452**

JAVIER Maximino 1950 [6]
- *Camino a la feria* - Oil/canvas (100x80cm-39x31in) New-York 92 .... FF**22 700** - £*2 324* - **$4,000**
- *Beso costeño* - Gouache/paper (38x57cm-15x22in) México 92 .... FF**10 620** - £*1 090* - **$1,940**

JAVIN Maurice 1894-1973 [1]
- *Jeune femme au miroir* - Huile/toile (55x46cm-22x18in) Paris 94 .... FF**6 800** - £*796* - **$1,200**

JAVOR Pal 1880-1923 [4]
- *The Artist's Model* - Oil/canvas (110x58cm-43x23in) London 97 .... FF**2 814** - £*300* - **$491**

JAWLENSKY Andreas 1902-1984 [7]
- *Rosen auf Grünem Grund* - Oil/panel (74x55cm-29x22in) Berlin 93 .... FF**40 700** - £*4 860* - **$7,830**
- *Ile d'Ouessant, port d'Harant* - Oil/board (22x30cm-9x12in) Berlin 90 .... FF**88 400** - £*8 996* - **$17,679**

JAWLENSKY von Alexej 1864-1941 [204]
- *Abstrakter Kopf* - Oil/cardboard (43x33cm-17x13in) London 96 .... FF**1** - £*145 000* - **$226,600**
- *Heilandgesicht* - Oil/paper (36x27cm-14x11in) London 95 .... FF**1** - £*210 000* - **$322,000**
- *Spanierin* - Oil/board (64x46cm-25x18in) London 94 .... FF**4** - £*540 000* - **$852,000**
- *Blumen in Gegenlicht* - Oil/cardboard (17x12cm-7x5in) München 96 .... FF**187 000** - £*21 300* - **$35,750**
- *Lisa Kümmel* - Oil/canvas/panel (54x48cm-21x19in) Berlin 97 .... FF**240 880** - £*25 582* - **$4,196,0 5**
- *Kopf N. 17* - Öl/Karton (17x13cm-7x5in) Berlin 97 .... FF**349 664** - £*37 135* - **$60,909**
- *Variation* - Öl (36x27cm-14x11in) Köln 97 .... FF**523 822** - £*55 056* - **$89,683**
- *Kopf I* - Color lithograph (31x20cm-12x8in) Berlin 97 .... FF**93 244** - £*9 902* - **$16,242**
- *Kopf IV* - Color lithograph (28x24cm-11x9in) Berlin 97 .... FF**108 784** - £*11 553* - **$18,949**
- *Sitzender Akt* - Charcoal (49x30cm-19x12in) Köln 97 .... FF**42 244** - £*4 440* - **$7,232**
- *Frauenkopf* - Chalks (12x9cm-5x4in) Berlin 94 .... FF**88 800** - £*10 480* - **$15,800**
- *Frauenkopf* - Ink (22x16cm-9x6in) Berlin 96 .... FF**204 000** - £*23 200* - **$39,000**

JAY Cecil XIX-XX [3]
- *The miniature* - Oil/canvas (61x45cm-24x18in) New-York 94 .... FF**168 200** - £*20 200* - **$32,000**

JAY Florence XIX-XX [6]
- *Pekingese* - Oil/canvas (49x68cm-19x27in) London 96 .... FF**29 030** - £*3 500* - **$5,570**

JAY William Samuel 1843-1933 [3]
- *April showers* - Oil/canvas (60x90cm-24x35in) Billinghurst, West Sussex 93 .... FF**5 440** - £*620* - **$924**

JAZET Jean Pierre M. 1788-1871 [5]
- *Promenade au Jardin Turc* - Aquatinte couleurs (30x54cm-12x21in) Paris 95 .... FF**5 000** - £*630* - **$990**

JAZET Paul Léon 1848-? [5]
- *Stationing the outposts* - Oil/panel (44x60cm-17x24in) New-York 91 .... FF**48 450** - £*4 882* - **$8,407**
- *Death of Lord Nelson* - Oil/canvas (106x156cm-42x61in) New-York 93 .... FF**251 000** - £*28 500* - **$42,500**

JAZWIECKI Franciszek 1900-1946 [1]
- *View of Crakow* - Oil/cardboard (37x48cm-15x19in) Warszawa 94 .... FF**2 686** - £*319* - **$493**

JEAN Françoise 1953 [3]
- *La Ronde* - Huile/toile (51x76cm-20x30in) Paris 93 .... FF**2 200** - £*265* - **$400**

JEAN Marcel 1900-1994 [70]
- *La cheminée bleue* - Huile/toile (60x92cm-24x36in) Paris 94 .... FF**3 600** - £*423* - **$637**
- *Le jeu des finales* - Huile/toile (112x146cm-44x57in) Paris 94 .... FF**18 000** - £*2 113* - **$3,184**
- *La perle et la rose* - Oil/canvas (38x55cm-15x22in) London 89 .... FF**145 300** - £*14 857* - **$23,360**
- *Domaine du géranium* - Eau-forte (58x39cm-23x15in) Paris 94 .... FF**2 200** - £*259* - **$389**
- *Le magnétoscope* - Sculpture (38x21cm-15x8in) Paris 94 .... FF**10 500** - £*1 233* - **$1,857**
- *La prière* - Gouache/papier (21x29cm-8x11in) Paris 94 .... FF**8 500** - £*998* - **$1,504**

JEAN Philip 1755-1802 [7]
- *A Naval Officer* - Miniature (6cm-2in) London 95 .... FF**9 380** - £*1 200* - **$1,887**

JEAN Philippe XX [2]
- *The captive/Time flies* - Collage (17x23cm-7x9in) London 93 .... FF**3 320** - £*400* - **$580**

JEAN-HAFFEN Yvonne 1895-1993 [3]
- *Pardon de St. Anne La Palud* - Huile/toile (60x92cm-24x36in) Douarnenez 92 .... FF**13 000** - £*1 330* - **$2,550**
- *Près du rivage* - Aquarelle (24x30cm-9x12in) Brest 89 .... FF**1 600** - £*169* - **$269**
- *Monaco, le Jardin Exotique* - Gouache (65x50cm-26x20in) Saint-Brieuc 95 .... FF**7 600** - £*947* - **$1,487**

JEAN-LOUIS Eric 1957 [3]
- *Chevaux traversant la rivière* - Huile/panneau (40x50cm-16x20in) Paris 94 .... FF**3 500** - £*409* - **$614**

JEANCLOS Georges Jeankelowich 1933 [21]
- *Femme nue penchée* - Bronze (20x22x22cm-8x9x9in) Paris 97 .... FF**10 000** - £*1 043* - **$1,710**
- *Couple* - Terracotta (24cm-9in) Paris 97 .... FF**16 000** - £*1 685* - **$2,750**
- *Le méditatif* - Terracotta (250cm-98in) Paris 95 .... FF**32 000** - £*4 150* - **$6,600**

JEANES Sigismond 1863-? [10]
- *Coquelicots et clocher* - Huile/panneau (21x33cm-8x13in) Paris 95 .... FF**2 100** - £*278* - **$426**
- *Neiges nocturnes, Tyrol* - Aquarelle (60x40cm-24x16in) Paris 95 .... FF**9 500** - £*1 255* - **$1,925**

JEANMAIRE Édouard 1847-1916 [33]
- *Pointe de Peney, Valais* - Huile/toile (63x44cm-25x17in) Bern 95 .... FF**8 600** - £*1 118* - **$1,766**
- *Cows grazing* - Oil/canvas (70x100cm-28x39in) London 93 .... FF**22 400** - £*2 800* - **$4,060**
- *Norvège, le Lyngenfiord* - Ink (26x36cm-10x14in) London 97 .... FF**7 526** - £*800* - **$1,297**

JEANNERET Gustave 1847-1927 [6]
- *Moulin près d'Yverdon* - Oil/panel (41x66cm-16x26in) Bern 92 .... FF**3 160** - £*323* - **$557**

JEANNIN Gaëtan XIX-XX [3]
- *Officier* - Huile/toile (27x22cm-11x9in) Paris 94 .... FF**3 200** - £*373* - **$554**

J

JEANNIN Georges 1841-1925 [75]
- Jeté de roses - Huile/carton (28x36cm-11x14in) Angers 97 .... FF10 000 - £1 078 - **$1,778**
- *Panier de pensées* - Huile/toile (50x61cm-20x24in) Calais 94 .... FF27 000 - £3 200 - **$4,990**
- *Dahlias* - Oil/canvas (89x116cm-35x46in) New-York 94 .... FF50 500 - £6 020 - **$9,500**
- *Brouettée de fleurs* - Oil/canvas (140x180cm-55x71in) New-York 95 .... FF267 000 - £32 760 - **$52,000**

JEANNIOT Pierre Alexandre 1826-1892 [4]
- Nature morte de fleurs - Huile/toile (54x65cm-21x26in) Bern 94 .... FF10 100 - £1 170 - **$1,740**

JEANNIOT Pierre Georges 1848-1934 [66]
- Endormies - Huile/toile (50x61cm-20x24in) Paris 95 .... FF3 800 - £505 - **$783**
- *Madame Jeanniot* - Huile/toile (61x38cm-24x15in) Paris 95 .... FF17 000 - £2 260 - **$3,504**
- *Partie de polo* - Huile/toile (64x80cm-25x31in) Paris 95 .... FF100 000 - £13 000 - **$20,570**
- *Joueurs de polo* - Eau-forte (40x57cm-16x22in) Paris 91 .... FF2 000 - £202 - **$347**
- *Michelin* - Affiche (110x148cm-43x58in) Boulogne 96 .... FF5 100 - £640 - **$986**
- *Le Pouliguen* - Aquarelle (30x40cm-12x16in) Paris 94 .... FF2 000 - £227 - **$339**
- *Partie de billard* - Pastel (65x54cm-26x21in) Paris 95 .... FF10 000 - £1 328 - **$2,060**

JEANNOT Joseph-Clément-M. 1855-? [4]
- Birches - Ink (50x34cm-20x13in) Amsterdam 92 .... FF4 250 - £435 - **$748**

JEANRON André XIX [2]
- Suite de 4 planches: moulins - Eau-forte Paris 93 .... FF2 400 - £289 - **$437**

JEANRON Phillipe-Auguste 1810-1877 [5]
- Repenting Magdalene - Watercolour/paper (22x29cm-9x11in) New-York 95 .... FF11 900 - £1 432 - **$2,250**

JECT-KEY Dawid Wu 1890-1968 [2]
- Street in Jerusalem - Oil/canvas (76x51cm-30x20in) New-York 95 .... FF5 020 - £629 - **$1,000**

JEF AÉROSOL XX [12]
- Wilko - Acrylique/toile (116x81cm-46x32in) Paris 90 .... FF5 200 - £560 - **$917**

JEFFERY Richard 1919-? [1]
- Winter Afternoon - Oil/canvas (61x76cm-24x30in) Cambridge, Mass. 93 .... FF3 835 - £437 - **$650**

JEFFERYS Jack 1896-1961 [5]
- Paris - Huile/toile (39x44cm-15x17in) Bruxelles 97 .... FF19 608 - £2 124 - **$3,468**
- *Travaux d'aménagement portuaire*
  Aquarelle, gouache/papier (47x58cm-19x23in) Bruxelles 97 .... FF1 634 - £177 - **$289**

JEFFERYS James 1751-1784 [3]
- Male nudes by a wood - Ink (37x55cm-15x22in) London 92 .... FF26 800 - £3 200 - **$5,160**

JEFFERYS Marcel 1872-1924 [41]
- Paysage - Huile/toile/panneau (37x22cm-15x9in) Bruxelles 94 .... FF3 330 - £387 - **$574**
- *Palavas* - Huile/toile (46x54cm-18x21in) Bruxelles 96 .... FF16 460 - £2 093 - **$3,165**
- *Terrasse de café* - Huile/panneau (30x41cm-12x16in) Bruxelles 94 .... FF66 800 - £7 970 - **$12,510**
- *Ponts de Paris* - Pastel (28x39cm-11x15in) Bruxelles 95 .... FF7 440 - £952 - **$1,497**

JEFFREYS Charles William 1869-1951 [3]
- Ship Island, Gull Lake - Watercolour (71x54cm-28x21in) Toronto 95 .... FF4 300 - £549 - **$877**

JEGERLEHNER Hans Gordon 1906-1974 [12]
- Dachlandschaften - Öl/Leinwand (65x99cm-26x39in) Bern 94 .... FF6 460 - £750 - **$1,114**

JEGORNOFF Alexander Semjonow. 1858-1902 [3]
- Winterlandschaft - Watercolour, gouache/paper (30x47cm-12x19in) Wien 92 ... FF7 700 - £920 - **$1,480**

JEGOROV Andrei 1878-1954 [8]
- Vinterlandskap - Gouache (34x50cm-13x20in) Stockholm 91 .... FF5 660 - £574 - **$1,022**

JEGOUDEZ Jean 1915 [2]
- Composition - Gouache (50x65cm-20x26in) Paris 89 .... FF2 200 - £219 - **$348**

JEHLY Jakob 1854-1897 [1]
- Südliche Flusslandschaft - Oil/panel (41x32cm-16x13in) Stuttgart 93 .... FF13 220 - £1 517 - **$2,250**

JÉHOTTE Louis 1803/04-1884 [1]
- Keizer Karel jagend te paard - Bronze (41cm-16in) Lokeren 96 .... FF12 320 - £1 523 - **$2,380**

JEKLIN Andreas 1823-1895 [1]
- Gemsjäger im Bündnerland - Oil/canvas (60x47cm-24x19in) Luzern 91 .... FF13 460 - £1 366 - **$2,431**

JELGERHUIS Johannes Rienksz. 1770-1836 [4]
- Elegant family - Pencil (37x52cm-15x20in) Amsterdam 96 .... FF21 100 - £2 485 - **$4,144**

JELGERHUIS Rienk 1729-1806 [1]
- Family portrait - Pastel/paper (35x45cm-14x18in) London 92 .... FF3 350 - £400 - **$645**

JELGERSMA Tako Hajo 1702-1795 [3]
- Abraham Perdanus at his easel - Watercolour (20x16cm-8x6in) Amsterdam 92 .... FF10 540 - £1 260 - **$2,030**

JELINEK Frantisek A. 1890-? [4]
- Summer bouquet - Oil/canvas (66x53cm-26x21in) London 95 .... FF20 520 - £2 600 - **$4,130**

JELINEK Rudolph 1880-? [10]
- Children and chickens - Oil/canvas (56x69cm-22x27in) Delray Beach, Florida 96 .... FF13 100 - £1 677 - **$2,600**

JELINGER Han 1895-1961 [1]
- Street in Brussels - Oil/canvas (69x59cm-27x23in) Amsterdam 91 .... FF8 410 - £854 - **$1,519**

JELLETT Mainie Harriet 1897-1944 [5]
- Abstract design - Gouache (67x36cm-26x14in) London 92 .... FF38 960 - £4 000 - **$7,480**

JELLEY James Valentine c.1870-c.1940 [15]
- Spring flowers - Oil/canvas/panel (25x25cm-10x10in) London 90 .... FF32 900 - £3 522 - **$5,722**
- *Black poppies* - Watercolour (42x17cm-17x7in) Billinghurst, West Sussex 94 ... FF11 020 - £1 300 - **$1,962**
- *King of Delphiniums* - Watercolour (69x18cm-27x7in) London 97 .... FF55 096 - £6 000 - **$9,581**

JENDRASSIK Jeno 1860-1919 [2]
- Nudo disteso - Olio/tela (36x78cm-14x31in) Trieste 93 .... FF3 260 - £371 - **$552**

JENÉ Edgar 1904-1984 [16]
- *Blumenstrauß* - Oil/panel (44x37cm-17x15in) Wien 91 .... FF**16 800** - £1 672 - **$2,889**
- *Ohne Titel* - Gouache/papier (56x41cm-22x16in) Wien 97 .... FF**9 556** - £1 016 - **$1,648**

JENKINS Arthur Henry 1871-? [7]
- *Rural Summer Landscape* - Oil/board (33x43cm-13x17in) London 97 .... FF**3 770** - £400 - **$649**

JENKINS F. Lynn 1870-1927 [1]
- *Standing nude female torso* - Bronze (23cm-9in) New-York 92 .... FF**5 110** - £523 - **$900**

JENKINS George Henry 1843-1914 [30]
- *Salving the wreck* - Oil/canvas (51x82cm-20x32in) Bristol, Avon 95 .... FF**2 630** - £340 - **$544**
- *Trawlers in Catterwater* - Oil/canvas (76x127cm-30x50in) Billinghurst, West Sussex 94 .... FF**8 710** - £1 000 - **$1,490**
- *Launching of the Yacht* - Watercolour (31x54cm-12x21in) Billinghurst, West Sussex 94 .... FF**4 000** - £480 - **$778**

JENKINS John Eliot 1868-? [1]
- *Landscape* - Oil/board (45x58cm-18x23in) Cambridge, Mass. 91 .... FF**3 396** - £345 - **$613**

JENKINS Joseph John 1811-1855 [9]
- *River valley* - Watercolour (21x31cm-8x12in) London 96 .... FF**3 874** - £500 - **$748**
- *Fête Champêtre* - Watercolour (67x47cm-26x19in) London 95 .... FF**12 370** - £1 600 - **$2,530**

JENKINS Michael 1957 [3]
- *B.O.Y.H (Two holes)* - Acrylic/paper (118cm-46in) New-York 96 .... FF**2 072** - £268 - **$400**

JENKINS Paul 1923 [304]
- *Phenomena Prismavril* - Acrylique/toile (46x38cm-18x15in) Paris 97 .... FF**3 800** - £402 - **$652**
- *Phenomena Mirror Shield* - Oil/canvas (99x99cm-39x39in) New-York 94 .... FF**14 030** - £1 610 - **$2,400**
- *Phenomena mark* - Acrylique/toile (97x130cm-38x51in) Paris 97 .... FF**22 000** - £2 389 - **$3,859**
- *Phenomena* - Acrylic/canvas (81x100cm-32x39in) London 95 .... FF**35 300** - £4 500 - **$6,800**
- *Phenomena* - Acrylic/canvas (244x183cm-96x72in) New-York 96 .... FF**51 800** - £6 680 - **$10,000**
- *Phenomena Comstock Lode II*
  Acrylic/canvas (159x406cm-63x160in) New-York 93 .... FF**220 000** - £27 600 - **$40,000**
- *Phenomena seance* - Oil/canvas (194x136cm-76x54in) New-York 90 .... FF**1 2 96e +06** - £109 532 - **$184,186**
- *October Fleet* - Pastel/paper (56x75cm-22x30in) New-York 97 .... FF**3 482** - £366 - **$600**
- *Phenomena Orange* - Watercolour/paper (110x80cm-43x31in) Amsterdam 97 .... FF**8 787** - £921 - **$1,507**
- *Phenomena prism entry* - Aquarelle/papier (108x77cm-43x30in) Paris 97 .... FF**12 000** - £1 303 - **$2,105**
- *Composition* - Aquarelle/papier (110x77cm-43x30in) Paris 97 .... FF**28 000** - £2 876 - **$5,380**
- *Phenomena to the Kink* - Aquarell (110x79cm-43x31in) München 90 .... FF**74 300** - £7 904 - **$13,292**

JENKINS Thomas 1722-1798 [1]
- *Sir William Morice* - Oil/canvas (50x41cm-20x16in) London 95 .... FF**7 730** - £1 000 - **$1,580**

JENNEWEIN Carl Paul 1890-1978 [3]
- *Greek Dance* - Bronze (46cm-18in) New-York 93 .... FF**46 750** - £5 860 - **$8,500**

JENNEY Neil 1945 [17]
- *Vexation and Rapture* - Oil/canvas (159x244cm-63x96in) New-York 95 .... FF**385 000** - £47 300 - **$75,000**
- *Formation #2* - Oil/wood (83x200cm-33x79in) New-York 92 .... FF**612 000** - £71 100 - **$125,000**
- *Felis catus* - Acrylic/canvas (45x169cm-18x67in) New-York 89 .... FF**1 2 96e +06** - £102 448 - **$162,654**

JENNINGS Humphrey 1907-1950 [5]
- *Horse, 1920s* - Gelatin silver print (23x36cm-9x14in) New-York 96 .... FF**12 900** - £1 656 - **$2,500**

JENNY Arnold 1831-1881 [5]
- *Alpine landscape* - Oil/canvas (84x106cm-33x42in) London 91 .... FF**16 400** - £1 644 - **$2,707**

JENNY Heinrich 1824-1891 [2]
- *Schlossansicht* - Öl/Leinwand (32x39cm-13x15in) Zofingen 94 .... FF**2 210** - £259 - **$394**

JENSEN Alfred 1898-1960 [1]
- *Hamburger Hafen* - Öl/Karton (33x46cm-13x18in) Hamburg 93 .... FF**2 924** - £332 - **$495**

JENSEN Alfred 1859-1935 [59]
- *Segelschiff* - Öl/Leinwand (254x80cm-100x31in) Bremen 93 .... FF**8 810** - £1 053 - **$1,696**
- *Hamburger Hafen* - Öl/Leinwand (80x120cm-31x47in) Wien 96 .... FF**24 100** - £3 110 - **$4,720**
- *Therefore the Circumference...* - Watercolour/paper (73x58cm-29x23in) New-York 94 .... FF**25 100** - £3 010 - **$4,750**

JENSEN Alfred 1903-1981 [34]
- *Dielectric absorption spectrum* - Acrylic/canvas (94x94cm-37x37in) New-York 97 .... FF**63 954** - £6 716 - **$11,000**
- *Squaring the 260 Day Calendar* - Oil/canvas (213x213cm-84x84in) New-York 96 .... FF**152 800** - £18 000 - **$30,000**
- *According to the Numbers* - Oil/canvas (191x203cm-75x80in) New-York 95 .... FF**223 000** - £27 840 - **$45,000**
- *Mayan temple* - Oil/canvas (193x127cm-76x50in) New-York 90 .... FF**400 400** - £42 596 - **$71,628**
- *Primary & complimentarys* - Collage (72x54cm-28x21in) New-York 89 .... FF**183 000** - £18 712 - **$29,421**

JENSEN Axel P. 1885-1972 [118]
- *Gule marker* - Oil/canvas (72x100cm-28x39in) København 95 .... FF**3 260** - £408 - **$659**
- *Houses and trees* - Oil/canvas (131x163cm-52x64in) København 95 .... FF**7 950** - £977 - **$1,550**

JENSEN Berit 1956 [13]
- *Komposition* - Mixed media/canvas (140x100cm-55x39in) København 96 .... FF**3 700** - £460 - **$718**
- *Nøgen kvinde i landskab* - Watercolour (100x70cm-39x28in) København 96 .... FF**3 095** - £403 - **$614**

JENSEN Bill 1945 [19]
- *City Ride* - Oil (58x46cm-23x18in) New-York 97 .... FF**11 696** - £1 235 - **$2,000**
- *White Heat* - Oil/canvas (63x44cm-25x17in) New-York 95 .... FF**82 100** - £10 080 - **$16,000**
- *Untitled, 1976* - Oil/canvas (40x50cm-16x20in) New-York 89 .... FF**200 200** - £20 470 - **$32,187**
- *Greek Gardens* - Gouache (69x89cm-27x35in) New-York 96 .... FF**40 750** - £4 800 - **$8,000**

JENSEN Christian Albrecht 1792-1870 [11]
- *Nicolai Christian Petersen* - Oil/canvas (61x46cm-24x18in) København 95 .... FF**32 640** - £4 060 - **$6,360**

JENSEN Edvard Michael 1822-1915 [11]
- *Strandmotiv, Øresund* - Oil/canvas (63x95cm-25x37in) Stockholm 91 .... FF**11 310** - £1 126 - **$1,945**

J

JENSEN Friedrich 1815-1901 [1]
🖝 *Marschlandschaft am Abend* - Ol/Leinwand (42x62cm-17x24in) Staufen 95 .... FF5 610 - £720 - **$1,131**
JENSEN Gabriel 1862-1930 [4]
🖝 *Mandolin player* - Oil/canvas (57x73cm-22x29in) København 96 .... FF5 320 - £607 - **$1,020**
JENSEN George 1878-? [5]
🖝 *Winter Cheer, Northern Michigan*
Oil/canvas (63x76cm-25x30in) San Francisco-Los Angeles 96 .... FF12 950 - £1 624 - **$2,500**
JENSEN Herman 1893-1941 [1]
🖝 *Hirte mit Schafherde* - Oil/canvas (76x100cm-30x39in) Wien 90 .... FF3 400 - £352 - **$598**
JENSEN Holger J. 1900-1966 [1]
🖝 *Bathers* - Oil/canvas (82x90cm-32x35in) København 95 .... FF4 420 - £543 - **$861**
JENSEN Jens Thomsen 1862-1925 [6]
🖝 *Hvide juleroser* - Oil/panel (28x34cm-11x13in) København 92 .... FF31 500 - £3 770 - **$6,060**
JENSEN Johan Laurents 1800-1856 [199]
🖝 *Hydrangea in an urn* - Oil/canvas (74x87cm-29x34in) London 90 .... FF2 - £228 126 - **$370,557**
Grön kvist - Oil/canvas (18x25cm-7x10in) København 95 .... FF15 840 - £2 014 - **$3,216**
Nature morte - Oil/canvas (48x58cm-19x23in) Vejle 94 .... FF40 900 - £4 690 - **$6,990**
Still life of flowers - Oil/panel (20x27cm-8x11in) København 96 .... FF88 600 - £10 110 - **$16,980**
Roses - Oil/panel (32x24cm-13x9in) London 95 .... FF166 000 - £22 000 - **$34,300**
Bouquet of flowers - Oil/canvas (51x66cm-20x26in) Stockholm 97 .... FF336 060 - £35 820 - **$58,680**
JENSEN Johannes 1818-1873 [4]
🖝 *På besog hos bedstefar* - Oil/canvas (100x78cm-39x31in) København 94 .... FF9 130 - £1 048 - **$1,562**
JENSEN Judy Bally 1953 [2]
🗿 *Serpentine* - Sculpture (73cm-29in) New-York 96 .... FF18 270 - £2 115 - **$3,500**
JENSEN Karl 1851-1933 [22]
🖝 *Flodlandskab* - Oil/canvas (33x45cm-13x18in) København 96 .... FF2 496 - £323 - **$499**
Forum Romanum - Oil/canvas (25x35cm-10x14in) København 92 .... FF21 900 - £2 616 - **$4,210**
Still life - Oil/canvas (100x62cm-39x24in) København 95 .... FF50 800 - £6 320 - **$9,900**
JENSEN Laurits 1859-1935 [5]
🗿 *Pojke med rävfamilj* - Bronze (19cm-7in) Göteborg 92 .... FF3 770 - £386 - **$664**
JENSEN Louis 1858-1908 [6]
🖝 *Insjömotiv* - Oil/canvas (45x69cm-18x27in) Malmö 94 .... FF5 450 - £632 - **$938**
JENSEN Max 1887-? [10]
🖝 *Marine with choppy sea* - Oil/canvas (70x99cm-28x39in) Wien 95 .... FF6 370 - £840 - **$1,290**
JENSEN Olaf Simony 1864-1923 [18]
🖝 *Interior* - Oil/canvas (77x106cm-30x42in) København 94 .... FF2 610 - £300 - **$447**
Kortspel - Oil/canvas (34x47cm-13x19in) Malmö 94 .... FF9 410 - £1 120 - **$1,790**
JENSEN Oluf Gabriel 1862-1930 [16]
🖝 *Ellen Gabriel* - Oil/canvas (48x41cm-19x16in) Viby J, Århus 96 .... FF8 460 - £1 096 - **$1,693**
JENSEN P. Marius 1883-? [2]
🗿 *Adler* - Bronze (46cm-18in) München 92 .... FF6 120 - £627 - **$1,077**
JENSEN Søren XX [2]
🗿 *Tragikos Johannes/Tragikos Bertel* - Sculpture (135cm-53in) København 94 .... FF10 620 - £1 240 - **$1,863**
JENSEN Sören Christian 1870-? [1]
🖝 *Herrenportrait* - Öl/Leinwand (99x73cm-39x29in) Lindau 95 .... FF2 850 - £356 - **$576**
JENSEN Søren Georg 1917-1982 [4]
🗿 *Form* - Bronze (21x14cm-8x6in) Viby J, Århus 95 .... FF2 650 - £347 - **$542**
JENSEN Thomas Martin 1831-1916 [4]
🖝 *Boats in New York harbor* - Oil/canvas (70x110cm-28x43in) New-York 94 .... FF17 080 - £2 052 - **$3,250**
JENSEN Vilhelm J. XIX-XX [2]
🖝 *Sommerfaten ved Silkeborgsoerne* - Oil/canvas (85x125cm-33x49in) København 90 .... FF4 600 - £460 - **$873**
JENSEN-EGEBERG Jens Jorgen 1848-1922 [3]
🖝 *Køerne flyttes* - Oil/canvas (69x83cm-27x33in) København 93 .... FF2 816 - £338 - **$541**
JENSEN-KLINT Peder Vilhelm 1853-1930 [1]
🖝 *Sommerliche Landschaft* - Öl/Leinwand (121x167cm-48x66in) Lindau 94 .... FF15 420 - £1 790 - **$2,655**
JENSSEN Olav Christopher 1954 [2]
🖝 *Untitled* - Oil/canvas (50x70cm-20x28in) Stockholm 95 .... FF9 920 - £1 298 - **$1,986**
JENTZEN Friedrich 1804-1875 [1]
✏ *Family* - Black chalk (38x40cm-15x16in) Warszawa 95 .... FF4 100 - £518 - **$818**
JENTZSCH Hans Gabriel 1862-? [5]
🖝 *Geselligkeit am Rhein* - Oil/canvas (90x120cm-35x47in) Frankfurt 91 .... FF14 200 - £1 424 - **$2,344**
JEPSEN Morten 1826-1903 [12]
🖝 *Church interior* - Oil/canvas (79x62cm-31x24in) København 96 .... FF5 350 - £693 - **$1,070**
JEPSON Peter 1936 [2]
✏ *The Sentinel* - Coloured chalks (46x71cm-18x28in) London 94 .... FF8 100 - £950 - **$1,442**
JEQUIER Jules 1834-1898 [1]
🖝 *Lac Léman et Préalpes vaudoises* - Huile/toile (32x48cm-13x19in) Genève 96 .... FF6 750 - £782 - **$1,294**
JERICHAU Harald 1851-1878 [17]
🖝 *Italian landscape* - Oil/canvas (25x33cm-10x13in) Vejle 94 .... FF4 800 - £557 - **$827**
Istanbul - Oil/canvas (36x56cm-14x22in) London 95 .... FF35 500 - £4 500 - **$7,140**
Constantinople - Oil/canvas (78x15cm-31x6in) London 90 .... FF92 000 - £9 850 - **$16,000**
JERICHAU Holger Hvitfeldt 1861-1900 [71]
🖝 *Capri* - Oil/panel (22x49cm-9x19in) London 95 .... FF13 240 - £1 600 - **$2,444**

Bay of Naples - Oil/canvas/board (38x65cm-15x26in) London 94 .... **FF21 000** - £2 500 - **$3,960**
Motiv fra Indien, Agra - Oil/canvas (97x125cm-38x49in) København 91 .... **FF70 200** - £6 972 - **$12,189**

JERICHAU Jens Adolf 1890-1916 [21]
Dante, 1912 - Oil/canvas (46x39cm-18x15in) København 90 .... **FF35 100** - £3 734 - **$6,279**
De Hellig Tre Konge - Oil/canvas (140x70cm-55x28in) København 95 .... **FF122 200** - £14 180 - **$21,050**
Mand og kvinde - Bronze (23cm-9in) København 92 .... **FF23 760** - £2 430 - **$4,185**

JERICHAU-BAUMANN Anna Maria Elisabeth 1819-1881 [33]
Italian male nude - Oil/canvas (120x67cm-47x26in) København 95 .... **FF13 300** - £1 740 - **$2,700**
Oriental beauty - Oil/canvas (97x72cm-38x28in) Amsterdam 92 .... **FF24 270** - £2 492 - **$4,670**
Girl, Acropolis, Greece - Oil/canvas (130x97cm-51x38in) Vejle 94 .... **FF83 400** - £9 580 - **$14,270**

JERICHO André XX [2]
Comment grandir - Huile/toile (61x46cm-24x18in) Rambouillet 90 .... **FF13 500** - £1 380 - **$2,665**

JERKEN Erik 1898-1947 [36]
Still life - Oil/canvas (56x46cm-22x18in) Göteborg 96 .... **FF2 420** - £313 - **$468**
Nature morte - Oil/panel (63x49cm-25x19in) Stockholm 95 .... **FF6 870** - £898 - **$1,376**
Fiskeläge Smögen - Oil/canvas (74x92cm-29x36in) Stockholm 94 .... **FF13 100** - £1 547 - **$2,334**
Ångsbuketten - Oil/canvas (73x61cm-29x24in) Stockholm 91 .... **FF18 720** - £1 864 - **$3,219**

JERNBERG August 1826-1896 [29]
Stilleben - Oil/panel (24x31cm-9x12in) Stockholm 94 .... **FF29 860** - £3 520 - **$5,320**
Fest på Värdshuset - Oil/canvas (120x196cm-47x77in) Stockholm 94 .... **FF71 400** - £8 420 - **$12,700**
Första skoldagen - Oil/canvas (80x100cm-31x39in) Stockholm 94 .... **FF196 600** - £21 185 - **$34,674**

JERNBERG Olaf August Andreas 1855-1935 [20]
Flusslandschaft - Oil/panel (23x32cm-9x13in) Bremen 95 .... **FF6 890** - £892 - **$1,402**
Coastal landscape - Oil/canvas (39x58cm-15x23in) Stockholm 97 .... **FF12 830** - £1 354 - **$2,216**
Inloppet till Göteborgshamn - Oil/panel (80x130cm-31x51in) Stockholm 94 .... **FF40 300** - £4 770 - **$7,440**

JERNDAHL Aron 1858-1936 [3]
Laxfiskare - Bronze (72cm-28in) Stockholm 92 .... **FF4 700** - £562 - **$904**

JERNDAHL Maj 1895-1921 [2]
Flickan vid bänken - Oil/panel (33x29cm-13x11in) Stockholm 93 .... **FF15 230** - £1 736 - **$2,574**

JERNDORFF August Andreas 1846-1906 [14]
Fra Veytaud ved Genfersøen - Oil/canvas (22x33cm-9x13in) København 96 .... **FF4 440** - £570 - **$875**
Udsigt over bugten bed Båstad - Oil/canvas (104x175cm-41x69in) København 92 .... **FF13 140** - £1 570 - **$2,525**
Israelites crossing the Desert - Oil/canvas (171x234cm-67x92in) New-York 94 .... **FF292 400** - £33 800 - **$50,000**

JERNDORFF Poul 1855-1933 [8]
En kampscene fra Illiaden - Oil/canvas (135x155cm-53x61in) København 93 .... **FF8 670** - £995 - **$1,482**

JEROME Jean-Paul 1928 [10]
Itinéraire nocturne - Acrylique/toile (54x66cm-21x26in) Montréal 90 .... **FF4 200** - £434 - **$742**

JESPERS Emile 1862-1918 [2]
De losser - Bronze (27cm-11in) Lokeren 95 .... **FF5 690** - £711 - **$1,116**

JESPERS Floris 1889-1965 [318]
Paysage - Huile/toile (29x34cm-11x13in) Bruxelles 97 .... **FF4 417** - £461 - **$756**
Porteuses - Huile/carton (100x71cm-39x28in) Antwerpen 95 .... **FF12 100** - £1 514 - **$2,446**
Les docks, Anvers - Huile/panneau (122x160cm-48x63in) Bruxelles 95 .... **FF20 070** - £2 640 - **$4,030**
Clown et violoncelle - Huile/panneau (70x60cm-28x24in) Antwerpen 96 .... **FF42 600** - £5 170 - **$8,290**
Clown musical - Oil/canvas (125x160cm-49x63in) Amsterdam 95 .... **FF110 200** - £14 070 - **$22,500**
Reflets - Huile/toile (120x89cm-47x35in) Antwerpen 97 .... **FF391 680** - £42 000 - **$68,640**
Clown à la houppe - Peinture (170x80cm-67x31in) Bruxelles 91 .... **FF856 000** - £86 256 - **$148,536**
Le déjeuner - Estampe (14x12cm-6x5in) Antwerpen 97 .... **FF5 222** - £560 - **$915**
Le grand geste - Métal (102cm-40in) Antwerpen 96 .... **FF5 580** - £676 - **$1,084**
Tête d'enfant - Bronze Paris 91 .... **FF20 500** - £2 071 - **$4,070**
Negerinnen - Aquarelle (33x21cm-13x8in) Lokeren 96 .... **FF2 305** - £294 - **$444**
Vue du village - Technique mixte/papier (51x66cm-20x26in) Liège 97 .... **FF4 905** - £507 - **$840**
Autoportrait - Aquarelle/papier (85x75cm-33x30in) Antwerpen 96 .... **FF26 300** - £3 390 - **$5,080**

JESPERS Oscar 1887-1970 [41]
Vrouwekopje - Terracotta (17cm-7in) Lokeren 94 .... **FF12 370** - £1 442 - **$2,167**
Baadsterje I - Plâtre (33cm-13in) Antwerpen 95 .... **FF13 540** - £1 730 - **$2,720**
Nu debout - Bronze (50cm-20in) Antwerpen 96 .... **FF49 200** - £5 960 - **$9,560**
Tête - Terracotta (31cm-12in) Antwerpen 96 .... **FF81 000** - £8 728 - **$14,286**
Nu de dos - Fusain/papier (62x45cm-24x18in) Antwerpen 96 .... **FF4 270** - £552 - **$825**
Nu couché - Fusain/papier (107x72cm-42x28in) Antwerpen 96 .... **FF11 480** - £1 391 - **$2,230**

JESPERSEN Henrik Gamst 1853-1936 [37]
Mountain with a stream - Oil/canvas (77x103cm-30x41in) London 96 .... **FF6 930** - £900 - **$1,372**
Rhododendrons - Oil/canvas (41x67cm-16x26in) London 96 .... **FF22 140** - £2 600 - **$4,300**

JESS Collins 1923 [6]
Chiron's Souvenir - Collage (61x71cm-24x28in) New-York 94 .... **FF290 300** - £33 700 - **$50,000**

JESSEN Carl Ludwig 1833-1917 [8]
Bärtiger Mann - Öl/Leinwand (34x28cm-13x11in) Berlin 96 .... **FF15 300** - £1 742 - **$2,925**
Die Gemeinderatsstzung - Oil/canvas (102x147cm-40x58in) København 93 .... **FF131 400** - £15 700 - **$25,240**

JESSEN Jes 1743-1807 [3]
Captain Martin Augustiny - Oil/canvas (74x59cm-29x23in) København 95 .... **FF14 180** - £1 810 - **$2,790**

JESSER-SCHMIED Hilda 1894-1985 [2]
Wiener Werkstätte Kunstgewerbe - Color lithograph (32x28cm-13x11in) Wien 95 .... **FF2 450** - £323 - **$497**

JESSUP Fred Arthur 1920 [3]
Coquillage & cerises - Huile/toile (27x22cm-11x9in) Provins 90 .... FF4 200 - £423 - $764

JETELOWA Magdalena 1946 [3]
Ohne Titel - Pastel (99x69cm-39x27in) Köln 94 .... FF5 130 - £602 - $914

JETTE David 1883-1958 [6]
Landskap med fors - Oil/panel (37x47cm-15x19in) Söderköping 92 .... FF2 120 - £217 - $416

JETTEL Eugen 1845-1901 [31]
Schafherde - Öl/Karton (25x47cm-10x19in) München 96 .... FF16 270 - £2 040 - $3,140
Dünenlandschaft - Öl/Leinwand (41x61cm-16x24in) Wien 97 .... FF57 360 - £6 096 - $9,888
Holländische Weidelandschaft - Oil/panel (33x50cm-13x20in) Bremen 95 .... FF112 000 - £14 370 - $23,070
Bauerngarten - Öl/Leinwand (47x67cm-19x26in) Wien 94 .... FF439 000 - £52 300 - $82,700
Hofmotiv mit Zitronenbaum - Gouache/papier (62x46cm-24x18in) Wien 93 .... FF29 700 - £3 410 - $4,940

JETTEL Wladimir 1843-1910 [2]
Landschaft - Oil/panel (41x31cm-16x12in) Wien 95 .... FF4 410 - £581 - $894

JETTMAR Rudolf 1869-1939 [6]
Bedrohung - Charcoal (20x35cm-8x14in) Wien 92 .... FF12 030 - £1 232 - $2,120
Vor den Toren der Stadt - Aquarell/Papier (20x34cm-8x13in) Wien 92 .... FF28 900 - £2 956 - $5,080

JEUDY Pierre 1935 [20]
Paysage en mutation - Huile/toile (81x100cm-32x39in) Paris 90 .... FF3 000 - £310 - $530

JEUFFRAIN Paul 1808-1896 [4]
Biskra, l'Oasis d'el Hallia - Tirage papier salé (18x24cm-7x9in) Paris 95 .... FF9 000 - £1 183 - $1,806

JEUNE Jean-Baptiste Ibert 1959 [3]
Détresse - Sculpture (165cm-65in) Paris 92 .... FF3 500 - £418 - $673

JEWELL Elizabeth G. 1874-1956 [6]
Old Mill, N.H. - Oil/board (30x40cm-12x16in) North Berwick, Maine 91 .... FF2 423 - £243 - $419

JEWELS Mary c.1900-c.1965 [1]
Mounts Bay - Oil (36x41cm-14x16in) Penzance, Cornwall 92 .... FF4 090 - £420 - $786

JEWETT Maud Sherwood 1873-1953 [7]
Two dancers - Bronze (28cm-11in) New-York 94 .... FF26 300 - £3 160 - $5,000

JEWETT William Smith 1812-1873 [1]
Meeting in the woods - Oil/canvas (91x73cm-36x29in) North Berwick, Maine 91 .... FF2 850 - £286 - $493

JIANG HONGWEI 1957 [2]
Flowers and bird - Coloured inks/paper (65x65cm-26x26in) Hong Kong 92 .... FF23 500 - £2 730 - $4,790

JIANG Tienfeng 1938 [2]
Spring - Serigraph (81x81cm-32x32in) Tarzana, CA 94 .... FF5 470 - £651 - $1,000

JIASSE Jeanne XIX-XX [1]
Nubian harp player - Bronze (190cm-75in) London 90 .... FF164 600 - £17 004 - $29,081

JIMENEZ Agustín XX [2]
Wooden cart - Gelatin silver print (18x23cm-7x9in) New-York 92 .... FF7 800 - £828 - $1,500

JIMENEZ Antonio 1959 [2]
En el tocador - Oil/metal (35x26cm-14x10in) Madrid 94 .... FF2 670 - £292 - $445

JIMENEZ FERNANDEZ Federico 1841-c.1910 [7]
Una campanada - Oleo/lienzo (91x122cm-36x48in) Madrid 94 .... FF31 000 - £3 615 - $5,440

JIMENEZ Luis 1940 [5]
Vaquero - Color lithograph (117x86cm-46x34in) San Francisco-Los Angeles 95 .... FF5 450 - £681 - $1,100

JIMENEZ Y ARANDA José 1837-1903 [39]
Woman with chickens - Oil/canvas (81x55cm-32x22in) New-York 94 .... FF23 400 - £2 707 - $4,000
Plaza de Toros, Malaga - Oil/canvas (62x83cm-24x33in) London 95 .... FF58 900 - £7 800 - $12,133
Viernes Santos en Sevilla - Oleo/lienzo (51x78cm-20x31in) Madrid 93 .... FF437 000 - £50 000 - $74,400
Vaya lio que se está armando - Gouache (22x26cm-9x10in) Madrid 90 .... FF21 300 - £2 145 - $4,172

JIMENEZ Y ARANDA Luis 1845-1928 [34]
Personnages dans un parc - Huile/panneau (10x15cm-4x6in) Pontoise 97 .... FF5 000 - £539 - $878
Jeune femme assise - Oil/panel (41x33cm-16x13in) New-York 95 .... FF22 460 - £2 704 - $4,250
Paysannes, Pontoise - Huile/toile (60x85cm-24x33in) Pontoise 95 .... FF64 500 - £8 560 - $13,300
La Cuna - Oil/canvas (83x58cm-33x23in) New-York 95 .... FF87 300 - £10 710 - $17,000
In the poppy field - Oil/canvas (63x98cm-25x39in) New-York 92 .... FF722 000 - £73 100 - $145,000
Lucette - Aquarelle (56x45cm-22x18in) Pontoise 95 .... FF36 000 - £4 780 - $7,420

JIMENEZ Y CARRILLO José XIX-XX [1]
Enfants jouant à la corrida - Huile/toile (179x98cm-70x39in) Saint-Jean-de-Luz 95 .... FF48 000 - £6 210 - $9,760

JIMENEZ Y MARTIN Juan 1858-? [8]
The sultan's favorite - Oil/panel (34x39cm-9x15in) New-York 92 .... FF104 000 - £11 040 - $20,000

JIMENEZ Y PRIETO Manuel 1848-1887 [3]
El recital - Oleo/tabla (34x44cm-13x17in) Madrid 90 .... FF75 600 - £8 094 - $13,148

JIRASEK Alfred 1863-1931 [2]
Canalo in Holland - Oil/canvas (74x100cm-29x39in) Wien 96 .... FF7 720 - £880 - $1,480

JIRLOW Lennart 1936 [158]
Portrait d'homme - Oil/canvas (27x25cm-11x10in) London 97 .... FF8 160 - £900 - $1,431
Utsikt från ett fönster - Oil/panel (46x55cm-18x22in) Stockholm 96 .... FF29 630 - £3 590 - $5,760
Modell i rött - Oil/panel (56x38cm-22x15in) Stockholm 94 .... FF45 400 - £5 340 - $8,540
På restaurangen - Oil/canvas (60x73cm-24x29in) Stockholm 96 .... FF79 400 - £10 260 - $15,200
I målarens trädgård - Oil/canvas (100x90cm-39x35in) Stockholm 94 .... FF154 500 - £17 920 - $26,600
Lunchdags, Paris - Oil/canvas (72x91cm-28x36in) Stockholm 89 .... FF285 500 - £30 084 - $48,064
Picknick - Color lithograph (57x76cm-22x30in) Stockholm 96 .... FF4 140 - £536 - $827
Le Peintre - Color lithograph (56x72cm-22x28in) Stockholm 94 .... FF6 010 - £707 - $1,130

📎 *På trädgårdsmästaren framför blommor* - Gouache (23x20cm-9x8in) Göteborg 94 .... **FF10 450** - £1 212 - **$1,800**
   Terrassen - Gouache (44x55cm-17x22in) Stockholm 94 .... **FF20 820** - £2 500 - **$3,940**
   Frukost i det gröna - Gouache (48x50cm-19x20in) Stockholm 96 .... **FF51 800** - £6 680 - **$10,150**

JIRO René XX [16]
🖼 *Fille d'Odile de dos* - Huile/toile (130x81cm-51x32in) Paris 92 .... **FF4 000** - £411 - **$770**

JIROUCH Frank Luis 1878-1970 [2]
🖼 *Fishing boats in a harbour* - Oil/canvas (61x81cm-24x32in) Delray Beach, Florida 93 .... **FF2 613** - £328 - **$475**
🗿 *A Figure of a Draped Female* - Bronze (70cm-28in) New-York 96 .... **FF12 530** - £1 450 - **$2,400**

JITOMIRSKY Alexander 1907-? [1]
🖾 *Georgian Military Highway* - Poster (99x69cm-39x27in) New-York 96 .... **FF6 110** - £720 - **$1,200**

JOACHIM Ferenc 1882-1964 [5]
🖼 *Les hiercheuses* - Huile/toile (80x95cm-31x37in) Bruxelles 91 .... **FF6 250** - £627 - **$1,032**

JOACHIMSTHAL Agnes 1947 [2]
🖼 *Samenloop* - Oil/canvas (100x120cm-39x47in) Laren 90 .... **FF2 700** - £287 - **$483**

JOANA Anne XX [7]
🖼 *Nature morte au chapeau* - Huile/toile (50x61cm-20x24in) Montauban 94 .... **FF2 200** - £245 - **$381**

JOANNON-NAVIER Etienne Albert 1857-? [2]
🖼 *Femme nue assise sur le lit* - Huile/toile (73x54cm-29x21in) Joigny 94 .... **FF24 000** - £3 000 - **$4,360**

JOANNY 1931 [11]
🖼 *Cabanons dans la campagne* - Huile/toile (50x61cm-20x24in) Montauban 95 .... **FF4 200** - £532 - **$845**

JOANOVITCH Paul 1859-1957 [8]
🖼 *The Return* - Oil/canvas (102x143cm-40x56in) London 95 .... **FF59 900** - £7 500 - **$11,930**
   The friendly waitress - Oil/panel (29x39cm-11x15in) London 96 .... **FF119 200** - £14 000 - **$23,170**
   The Old, Old Story - Oil/canvas (96x143cm-38x56in) New-York 93 .... **FF291 500** - £36 550 - **$53,000**

JOB Charles 1853-1930 [3]
📷 *Landscape* - Carbon print (13x18cm-5x7in) New-York 93 .... **FF1 918** - £218 - **$325**

JOB J.-M. Onfray de Brév. 1858-1931 [4]
📎 *Lanciers polonais à Waterloo* - Aquarelle, gouache (34x25cm-13x10in) Paris 96 .... **FF7 300** - £860 - **$1,433**

JOBBAGY DE TÜR Miklos 1882-? [2]
🖼 *Kuh mit Kälbern an einem Hag* - Öl/Leinwand (100x80cm-39x31in) Lindau 94 .... **FF4 090** - £489 - **$771**
🗿 *Der Ruderer* - Bronze (175cm-69in) Düsseldorf 92 .... **FF17 100** - £1 756 - **$3,290**

JOBBÉ-DUVAL Gaston XIX-XX [1]
🖾 *Excursions: Normandie et Bretagne* - Affiche (106x74cm-42x29in) Boulogne 96 .... **FF2 700** - £336 - **$524**

JOBBÉ-DUVAL Jacques 1854-? [2]
🖼 *Vaches à l'abreuvoir* - Huile/toile (131x87cm-52x34in) Poitiers 96 .... **FF10 200** - £1 278 - **$1,970**
🖾 *Nouvelles Galeries* - Affiche (130x94cm-51x37in) Paris 92 .... **FF4 000** - £478 - **$770**

JOBERT Fernand 1876-1949 [25]
🖼 *Le 14 juillet à Penmarc'h* - Huile/toile (56x77cm-22x30in) Quimper 97 .... **FF32 000** - £3 427 - **$5,610**
📎 *Le Belon* - Aquarelle/papier (26x34cm-10x13in) Quimper 97 .... **FF11 000** - £1 178 - **$1,928**

JOBERT Paul C.F. 1863-? [3]
🖼 *Rowing boat* - Oil/canvas (61x76cm-24x30in) London 94 .... **FF2 595** - £300 - **$443**

JOBIN Louis 1845-1928 [1]
🗿 *Christ en Croix* - Sculpture (206cm-81in) Montréal 94 .... **FF20 970** - £2 445 - **$3,675**

JOBLING Robert 1841-1923 [39]
🖼 *Babes in the Wood* - Oil/canvas (122x76cm-48x30in) London 95 .... **FF14 230** - £1 800 - **$2,780**
   Landing cobles, Runswick Bay
      Oil/canvas (50x75cm-20x30in) Marlborough Crescent, Newcastle upon Tyne 94 .... **FF28 260** - £3 400 - **$5,240**
   Fisher Life at Cullercoats
      Oil/canvas (75x50cm-30x20in) Marlborough Crescent, Newcastle upon Tyne 95 .... **FF31 700** - £4 000 - **$6,350**
📎 *Young girl milking cow*
      Watercolour (24x33cm-9x13in) Marlborough Crescent, Newcastle upon Tyne 93 .... **FF7 040** - £880 - **$1,276**

JOBST Franz 1840-1890 [1]
📎 *Dekorationentwurf: Brigittakirche* - Watercolour/paper (98x66cm-39x26in) Wien 90 .... **FF2 900** - £309 - **$519**

JOBST Karl 1835-1907 [2]
📎 *Dekorationentwurf für eine Kirchenanlage* - Watercolour (53x53cm-21x21in) Wien 90 .... **FF3 800** - £404 - **$680**

JOCELYN Nathanael Joscelyn 1796-1881 [1]
📎 *Charles Milton Pope* - Miniature (5x5cm-2x2in) New-York 93 .... **FF20 650** - £2 350 - **$3,500**

JOCHEM Frans 1880-1949 [2]
🗿 *A lioness* - Bronze (14cm-6in) London 94 .... **FF3 386** - £400 - **$608**

JOCHIMS Reimer 1934 [13]
🖼 *Ohne Titel* - Acrylic/panel (87x70cm-34x28in) München 94 .... **FF17 100** - £2 006 - **$3,045**
   Bewegung und Ruhe - Mixed media/panel (79x111cm-31x44in) Köln 96 .... **FF30 600** - £3 483 - **$5,850**
📎 *Wollen* - Mixed media/paper (24x21cm-9x8in) Köln 96 .... **FF8 150** - £930 - **$1,560**

JOCHMUS Harry 1855-1915 [1]
🖼 *Feeding the horses* - Oil/canvas (101x122cm-40x48in) New-York 89 .... **FF57 200** - £5 692 - **$9,036**

JOCQUE Willy 1900-1960 [2]
🖼 *Vue de canal dans la campagne* - Huile/toile (56x74cm-22x29in) Bruxelles 90 .... **FF6 500** - £691 - **$1,163**

JODELET Charles 1883-1969 [4]
🖼 *La leçon de guitare* - Oil/canvas (46x55cm-18x22in) Amsterdam 93 .... **FF12 010** - £1 440 - **$2,196**

JODELET Emmanuel 1883-1969 [21]
🖼 *Danseuses* - Huile/toile (55x46cm-22x18in) Besançon 95 .... **FF11 000** - £1 403 - **$2,216**
   Mères et enfants - Huile/toile (72x93cm-28x37in) Besançon 95 .... **FF22 000** - £2 806 - **$4,430**

J

La pause - Aquarelle (28x41cm-11x16in) Nancy 90 .... FF15 000 - £1 616 - **$2,646**
JODI Casimiro 1996-? [1]
Due studi con scorgio di città - Olio/cartone (21x31cm-8x12in) Milano 93 .... FF3 475 - £400 - **$597**
JODL Ferdinand 1805-1882 [1]
Allerheiligenhofkirchen, Südosten - Aquarell/Papier (10x15cm-4x6in) München 94 .... FF6 500 - £765 - **$1,144**
JOENSEN-MIKINES Samuel 1906-1979 [70]
Braending, Mykenes - Oil/canvas (62x80cm-24x31in) København 96 .... FF7 910 - £1 021 - **$1,550**
Faerøsk bygd - Oil/canvas (65x80cm-26x31in) København 96 .... FF22 900 - £2 840 - **$4,440**
Bygd ved Havet - Oil/canvas (65x80cm-26x31in) København 96 .... FF34 340 - £4 260 - **$6,660**
Båden Bjerges - Oil/canvas (131x162cm-52x64in) København 95 .... FF57 500 - £7 050 - **$11,200**
Grindedrab - Watercolour (69x87cm-27x34in) København 95 .... FF10 650 - £1 380 - **$2,166**
JOEST Karl Julius 1896-1975 [1]
Variastilleben - Oil/canvas (51x61cm-20x24in) Köln 89 .... FF5 100 - £521 - **$820**
JOëTS Jules 1884-1959 [20]
Paris, le Pont Royal - Huile/toile (65x81cm-26x32in) Monaco 93 .... FF14 000 - £1 750 - **$2,546**
Paris, le Pont-Neuf - Huile/toile (65x81cm-26x32in) Chaumont 91 .... FF38 500 - £3 823 - **$6,685**
La Seine - Aquarelle (24x32cm-9x13in) Paris 90 .... FF3 900 - £418 - **$678**
JOFFRIN Guily 1909 [10]
Le modèle - Huile/toile (81x64cm-32x25in) Paris 96 .... FF4 400 - £517 - **$866**
Saint-Germain-des-Prés - Huile/toile (162x114cm-64x45in) Auxerre 91 .... FF45 000 - £4 469 - **$7,813**
JOHANN Heinrich, Hermann 1821-1884 [1]
Aufziehendes Gewitter - Öl/Leinwand (46x62cm-18x24in) Rudolstadt-Thüringen 96 .... FF18 700 - £2 130 - **$3,575**
JOHANNESSEN Erik Harry 1902-1980 [16]
Fra Åsgårdstrand - Oil/canvas (54x60cm-21x24in) Oslo 96 .... FF14 180 - £1 642 - **$2,720**
Bondebryllup - Oil/canvas (80x94cm-31x37in) Oslo 92 .... FF69 400 - £7 110 - **$12,230**
JOHANNESSEN Jens 1934 [11]
Composition - Oil/canvas (41x41cm-16x16in) Oslo 91 .... FF11 280 - £1 137 - **$1,957**
Fugl - Lithograph Tönsberg 91 .... FF3 126 - £315 - **$609**
Komposisjon, Paris - Watercolour (30x24cm-12x9in) Oslo 92 .... FF2 605 - £267 - **$459**
JOHANNESSON Karl Ragnar 1900-1962 [9]
Surealistisk komposition - Oil/panel (15x20cm-6x8in) Göteborg 94 .... FF2 770 - £323 - **$486**
JOHANNIS Luigi Rapuzzi 1905-1968 [1]
Dinamismo di un nudo - Olio/tavola (40x31cm-16x12in) Milano 94 .... FF17 300 - £2 004 - **$3,025**
JOHANNOT Alfred 1800-1837 [4]
Couple dans un paysage - Aquarelle (25x21cm-10x8in) Paris 93 .... FF2 600 - £292 - **$441**
JOHANNOT Tony 1803-1852 [5]
Jeunes femmes rêvant - Aquarelle (42x35cm-17x14in) Paris 93 .... FF6 300 - £760 - **$1,146**
JOHANNSEN Albert 1890-? [1]
Schobüller Kirche im Herbst - Aquarell (12x17cm-5x7in) Bremen 92 .... FF2 710 - £315 - **$553**
JOHANNSSON Freydomur 1895-? [1]
Badende ved en klippekyst - Oil/canvas (95x114cm-37x45in) Viby J, Århus 96 .... FF5 260 - £678 - **$1,015**
JOHANSEN Axel 1872-1938 [12]
Strassenpartie in Nürnberg - Öl/Leinwand (30x38cm-12x15in) München 94 .... FF3 090 - £366 - **$571**
Pots of flowers - Oil/canvas (60x69cm-24x27in) København 96 .... FF11 530 - £1 315 - **$2,210**
JOHANSEN Ejnar 1893-1965 [3]
Paris, Pont-Neuf - Oil/canvas (70x60cm-28x24in) Düsseldorf 90 .... FF8 400 - £899 - **$1,461**
JOHANSEN Fridolin 1868-1908 [13]
Havneparti - Oil/canvas (32x46cm-13x18in) København 94 .... FF3 646 - £439 - **$676**
JOHANSEN John Christian 1876-1964 [2]
Piazza San Marco, Venice - Oil/canvas (74x100cm-29x39in) New-York 93 .... FF41 250 - £5 170 - **$7,500**
JOHANSEN Otto 1886-1934 [2]
Kvinne i grønnsakhave - Oil/panel (46x52cm-18x20in) Oslo 92 .... FF9 980 - £1 022 - **$1,760**
JOHANSEN Svend 1890-1970 [15]
Opstilling - Oil/canvas (43x72cm-17x28in) København 94 .... FF3 070 - £368 - **$596**
To dansende negerpiger - Gouache (55x47cm-22x19in) København 94 .... FF2 190 - £263 - **$426**
JOHANSEN Viggo 1851-1935 [64]
Glaspustere på Kastrup Glasvaerk - Oil/panel (23x31cm-9x12in) København 96 .... FF6 650 - £758 - **$1,274**
Skagen - Oil/canvas (47x67cm-19x26in) København 95 .... FF10 630 - £1 356 - **$2,093**
Skagen - Oil/canvas (63x85cm-25x33in) København 96 .... FF38 700 - £4 640 - **$7,430**
JOHANSEN-ULLMAN Nanna 1888-? [1]
Nude youth with grapes - Bronze (36cm-14in) Stockholm 95 .... FF5 000 - £622 - **$974**
JOHANSSON Agne 1921-1987 [5]
Människor i hamnen - Oil/canvas (45x54cm-18x21in) Söderköping 91 .... FF3 580 - £363 - **$647**
JOHANSSON Åke 1893-1968 [2]
Liggende kvindelig model - Oil/canvas (100x116cm-39x46in) Vejle 94 .... FF3 060 - £355 - **$527**
JOHANSSON Albert 1926 [96]
Komposition - Oil/panel (91x122cm-36x48in) Stockholm 96 .... FF3 820 - £495 - **$755**
Förebud V - Oil/panel (92x122cm-36x48in) Stockholm 95 .... FF8 220 - £1 031 - **$1,620**
Fata Morgana X - Oil/panel (152x121cm-60x48in) Stockholm 96 .... FF16 000 - £1 937 - **$3,110**
Sigill II, 1962 - Oil/panel (60x50cm-24x20in) Stockholm 90 .... FF24 800 - £2 638 - **$4,436**
Konnexion 184 Flexion - Oil/panel (90x120cm-35x47in) Stockholm 89 .... FF52 400 - £5 358 - **$8,424**
JOHANSSON Albin 1868-1953 [1]
Flickporträtt - Oil/canvas (45x39cm-18x15in) Göteborg 96 .... FF3 890 - £444 - **$745**

JOHANSSON Arvid 1862-1923 [16]
🖝 *Bohuslänskt fiskeläge* - Oil/canvas (65x80cm-26x31in) Malmö 92.. FF3 795 - £454 - **$730**
A French yawl - Oil/canvas (81x100cm-32x39in) London 96...................................... FF9 300 - £1 200 - **$1,795**
JOHANSSON Carl Aug. 1863-1944 [89]
🖝 *Sommarlandskap* - Oil/canvas (53x82cm-21x32in) Stockholm 95........................... FF24 200 - £3 020 - **$4,740**
Motiv från Gårdsvik - Oil/canvas (80x122cm-31x48in) Stockholm 96 .... FF46 100 - £5 750 - **$8,910**
Vinterlandskap - Oil/canvas (149x210cm-59x83in) Stockholm 89.................. FF365 000 - £36 318 - **$57,662**
JOHANSSON Helge 1886-1926 [5]
🖝 *Cagnes-sur-Mer* - Oil/canvas (46x33cm-18x13in) Stockholm 95................................ FF4 790 - £605 - **$960**
JOHANSSON Johan 1879-1951 [28]
🖝 *Skånsk sydkust* - Oil/canvas (50x65cm-20x26in) Stockholm 95................................ FF4 580 - £599 - **$917**
Utsikt över havet - Oil/panel (53x68cm-21x27in) Malmö 92................................ FF13 570 - £1 390 - **$2,390**
På balkongen - Oil/canvas (100x86cm-39x34in) Malmö 93................................. FF31 000 - £3 660 - **$5,450**
JOHANSSON Lars 1945 [5]
🖝 *Vinge* - Oil/canvas (180x100cm-71x39in) Stockholm 93....................................... FF6 660 - £818 - **$1,233**
JOHANSSON Nathan 1893-1941 [1]
🖝 *Utsikt över Riddarfjärden* - Oil/canvas (89x171cm-35x67in) Stockholm 91...................... FF13 200 - £1 330 - **$2,291**
JOHANSSON Ragnar 1913 [16]
🖝 *Landskap* - Oil/canvas (100x150cm-39x59in) Uppsala 95... FF3 020 - £393 - **$621**
JOHANSSON Runo 1908-? [1]
🏛 *Kajsa Länta* - Bronze (24cm-9in) Göteborg 96.. FF1 967 - £254 - **$380**
JOHANSSON Stefan 1876-1955 [21]
🖝 *Lyktan vid älven* - Mixed media/canvas (24x16cm-9x6in) Stockholm 96 .... FF19 220 - £2 400 - **$3,710**
✏ *Afton efter regn* - Watercolour (58x42cm-23x17in) Stockholm 96........................ FF88 400 - £11 030 - **$17,080**
Maynight dawn in moonlight - Wash (72x56cm-28x22in) New-York 90 .... FF353 000 - £35 546 - **$69,148**
Dämpat lampljus - Watercolour (65x53cm-26x21in) Stockholm 89................ FF580 300 - £57 741 - **$91,675**
JOHANSSON Sven Erik 1924 [8]
🖝 *Robinson Crouses dröm* - Oil/canvas (60x80cm-24x31in) Göteborg 92 .... FF20 740 - £2 123 - **$3,650**
JOHANSSON-THOR Emil 1889-1958 [47]
🖝 *Skånskt vinterlandskap* - Oil/canvas (46x61cm-18x24in) Malmö 93 .... FF2 172 - £274 - **$411**
Hilleshögsdalen - Oil/canvas (51x61cm-20x24in) Malmö 94 .... FF4 780 - £555 - **$824**
Vinter - Oil/canvas (70x104cm-28x41in) Stockholm 95................................... FF15 200 - £1 900 - **$2,980**
JOHFRA 1919 [8]
🖝 *De Mercuriusinwijding* - Oil/canvas (43x95cm-17x37in) Amsterdam 97 .... FF9 016 - £975 - **$1,573**
JOHN Augustus Edwin 1878-1961 [275]
🖝 *Still Life* - Oil/canvas (63x76cm-25x30in) London 97.................................. FF38 700 - £5 000 - **$7,660**
Sunflowers - Oil/canvas (63x51cm-25x20in) London 97 .... FF95 785 - £10 000 - **$16,889**
Women, Berne - Oil/panel (33x23cm-13x9in) London 97 .... FF345 157 - £36 000 - **$59,022**
William Butler Yeats - Oil/canvas (61x46cm-24x18in) London 95 .... FF486 000 - £55 000 - **$87,500**
✏ *Skirmish* - Ink (32x24cm-13x9in) London 97... FF3 548 - £380 - **$61,39**
Topical War Budjet - Ink (40x25cm-16x10in) London 97................................ FF8 403 - £900 - **$145,26**
The street riot - Coloured chalks/paper (51x60cm-20x24in) London 97 .... FF26 846 - £2 800 - **$4,590**
Euphemia Lamb - Pencil/paper (35x25cm-14x10in) London 97......................... FF59 387 - £6 200 - **$10,161**
Dorelia in Eastern dress - Watercolour (45x25cm-18x10in) London 96............ FF178 000 - £23 000 - **$35,240**
JOHN Gunnar 1904-1963 [1]
🖝 *Havsbrus* - Oil/canvas (38x46cm-15x18in) Malmö 90 .... FF2 000 - £214 - **$348**
JOHN Gwendolen Mary, Gwen 1876-1939 [37]
🖝 *Seated woman* - Oil/canvas (25x20cm-10x8in) London 90 .... FF1 - £171 092 - **$277,913**
Landscape at Tenby - Oil/canvas (30x41cm-12x16in) London 96 .... FF58 000 - £7 500 - **$11,500**
Seated girl sewing - Oil/canvas (43x36cm-17x14in) London 90 .... FF390 400 - £39 730 - **$78,074**
✏ *Seated Cat* - Watercolour (20x17cm-8x7in) London 97 .... FF34 483 - £3 600 - **$5,900**
JOHN Jiri 1923-1986 [2]
🖝 *Abstrakte Komposition* - Oil/canvas (25x26cm-10x10in) Düsseldorf 90 .... FF11 800 - £1 263 - **$2,052**
Sich paarende Grillen - Oil/canvas (35x35cm-14x14in) München 91.................. FF20 300 - £2 021 - **$3,491**
JOHN Joseph W. c.1840-c.1890 [1]
🖝 *Life's Morning & Evening* - Oil/canvas (76x102cm-30x40in) New-York 95 .... FF48 600 - £6 150 - **$9,500**
JOHN Karl, Charles 1872-? [1]
🖝 *Fliederstrauss in einer Vase* - Öl/Leinwand (69x55cm-27x22in) Wien 92............... FF14 430 - £1 680 - **$2,945**
JOHN Vivien 1916-1994 [1]
✏ *Dorelia/Dorelia/Track* - Watercolour (36x24cm-14x9in) London 96...................... FF5 800 - £750 - **$1,150**
JOHN William Goscombe 1860-1952 [1]
🏛 *Naked boy at play* - Bronze (45cm-18in) London 93 .... FF7 900 - £900 - **$1,341**
JOHNEN Pauline 1880-? [1]
🖝 *Blühender Obstgarten* - Öl/Leinwand (50x60cm-20x24in) München 93.................. FF3 050 - £365 - **$587**
JOHNOVA Helena 1884-1962 [2]
🏛 *Kleiner Mohr* - Ceramic (14cm-6in) Wien 97 .... FF6 217 - £663 - **$1,075**
JOHNS Ambrose Bodwen 1776-1858 [1]
🖝 *Deer in a clearing* - Oil/panel (53x70cm-21x28in) London 96 .... FF2 634 - £2 310 - **$451**
JOHNS Edwin Thomas 1862-1947 [1]
✏ *Base of the Monument* - Watercolour (31x23cm-12x9in) Retford, Nottinghamshire 93 .... FF2 160 - £260 - **$377**
JOHNS Jasper 1930 [305]
🖝 *Newspaper* - Collage/canvas (69x89cm-27x35in) New-York 97 .... FF3 - £366 300 - **$600,000**

Calendar & auction results :   INTERNET : **www.artprice.com**   MINITEL : 3617 ARTPRICE

Two Flags - Oil/canvas (132x176cm-52x69in) New-York 89 .... FF6 - £6 - $1 ,115,76e,+07
0 through 9 - Oil/canvas (137x114cm-54x45in) New-York 92 .... FF1 92e+07 - £7 - $2
📖 *Flag I* - Print (69x89cm-27x35in) New-York 89 .... FF1 - £159 363 - $253,017
Figure 5 - Lithographie couleurs (96x79cm-38x31in) New-York 97 .... FF57 143 - £6 126 - $10,000
Savarin 6 - Lithographie couleurs (66x51cm-26x20in) New-York 97 .... FF85 715 - £9 189 - $15,000
0-9 - Lithographie couleurs (51x40cm-20x16in) New-York 97 .... FF571 430 - £61 260 - $100,000
Flag, 1960 - Bronze (31x48cm-12x19in) New-York 89 .... FF2 e+06 - £204 703 - $321,865
✎ *Land's end* - Watercolour (92x64cm-36x25in) New-York 89 .... FF5 - £526 380 - $827,653
JOHNSEN Erik William 1866-1948 [3]
🖼 *Legende* - Oil/paper (16x22cm-6x9in) København 94 .... FF2 805 - £337 - $545
JOHNSEN Hjalmar 1852-1901 [2]
🖼 *Marine med dampbåt* - Oil/canvas (40x60cm-16x24in) Oslo 91 .... FF9 980 - £1 001 - $1,666
JOHNSEN-SEBOY Ole 1800-1842 [1]
✎ *Flensburger Yacht* - Aquarell/Papier (34x49cm-13x19in) Hamburg 96 .... FF25 100 - £2 860 - $4,800
JOHNSON Avery Fischer 1906-? [3]
✎ *Black men on choppy seas* - Watercolour (36x53cm-14x21in) New Orleans, Louisiana 97 .... FF3 520 - £407 - $600
JOHNSON Ben 1946 [3]
🖼 *Spiral staircase* - Acrylic/board (165x160cm-65x63in) London 92 .... FF3 010 - £350 - $615
JOHNSON Charles Edward 1832-1913 [7]
🖼 *Rocky river pool with a boy fishing* - Oil/canvas (71x91cm-28x36in) London 92 .... FF6 840 - £700 - $1,207
Deer stalking - Oil/canvas (100x70cm-39x28in) Glasgow 91 .... FF44 600 - £4 500 - $7,830
JOHNSON Charles Henry 1874-c.1945 [1]
🖼 *American Spirit* - Oil/canvas (100x145cm-39x57in) New-York 93 .... FF39 900 - £4 710 - $7,250
JOHNSON Clarence R. 1894-1981 [4]
🖼 *New Hope, Pennsylvania* - Oil/canvas (72x76cm-28x30in) New-York 94 .... FF338 000 - £40 100 - $62,500
JOHNSON Clifton 1865-1940 [1]
📷 *G. Washington Carver, Alabama* - Gelatin silver print (15x10cm-6x4in) New-York 92 .... FF12 740 - £1 480 - $2,600
JOHNSON Cornelius Ceulen 1593-1664 [6]
🖼 *Lady Stanhope* - Oil/canvas (74x65cm-29x26in) London 92 .... FF116 200 - £12 441 - $20,209
JOHNSON David 1827-1908 [50]
🖼 *Landscape with bridge* - Oil/canvas (24x36cm-9x14in) New-York 96 .... FF16 620 - £2 117 - $3,200
Pear Blossoms - Oil/canvas (51x34cm-20x13in) New-York 97 .... FF64 177 - £6 738 - $11,000
Hudson River - Oil/canvas (98x152cm-39x60in) New-York 92 .... FF1 8e+06 - £110 400 - $190,000
JOHNSON David Claypoole 1799-1865 [1]
✎ *Fishing scenes* - Watercolour/paper (17x24cm-7x9in) New-York 93 .... FF2 360 - £269 - $400
JOHNSON Eastman 1824-1906 [21]
🖼 *Party, maple sugar camp* - Oil/canvas (77x102cm-30x40in) New-York 97 .... FF1 - £116 679 - $190,000
Self-portrait - Oil/board (75x58cm-30x23in) New-York 97 .... FF128 429 - £13 510 - $22,000
✎ *Young Commodore* - Charcoal/paper (58x47cm-23x19in) New-York 95 .... FF48 700 - £6 220 - $10,000
JOHNSON Edward Killingworth 1825-1896 [11]
✎ *Scent of Summer* - Watercolour (44x66cm-17x26in) London 96 .... FF26 470 - £3 300 - $5,110
Summer garden - Watercolour (44x60cm-17x24in) London 95 .... FF116 000 - £15 000 - $23,700
JOHNSON Ernest Borough 1866-1949 [6]
🖼 *Engelsk parklandskab* - Oil/panel (25x35cm-10x14in) Vejle 94 .... FF3 920 - £460 - $697
JOHNSON F. Morton XIX-XX [2]
🖼 *L'Amazone* - Huile/toile (46x38cm-18x15in) Versailles 93 .... FF20 500 - £2 470 - $3,730
✎ *Le facteur* - Dessin (40x31cm-16x12in) Paris 90 .... FF2 000 - £205 - $395
JOHNSON Francis Norton 1878-1931 [2]
🖼 *Femme à l'ombrelle* - Huile/toile (92x65cm-36x26in) Paris 96 .... FF52 000 - £6 730 - $10,200
JOHNSON Frank Tenney 1874-1939 [25]
🖼 *Rising Moon* - Oil/canvas/board (41x51cm-16x20in) San Francisco-Los Angeles 95 .... FF79 700 - £10 470 - $16,000
Ominous Cloud Forms - Oil/canvas (72x92cm-28x36in) New-York 94 .... FF487 000 - £57 700 - $90,000
✎ *Elk Hunting* - Watercolour/paper (47x30cm-19x12in) New-York 96 .... FF41 800 - £4 830 - $8,000
JOHNSON George Howard c.1823-1879 [3]
📷 *Landscape, California* - Whole-plate goldminding New-York 92 .... FF54 000 - £5 520 - $9,500
JOHNSON Grace Mott 1882-1967 [1]
🗿 *Lamb* - Bronze (29cm-11in) New-York 91 .... FF12 450 - £1 264 - $2,249
JOHNSON Harry John 1826-1884 [15]
🖼 *Temple of Poseïdon, Sunion* - Oil/canvas (31x61cm-12x24in) London 91 .... FF11 900 - £1 208 - $2,149
✎ *Coast of Ventimiglia* - Watercolour (31x42cm-12x19in) London 96 .... FF2 160 - £280 - $427
The Upper pnyx - Watercolour (28x54cm-11x21in) London 97 .... FF28 143 - £3 000 - $4,934
JOHNSON Henry 1816-1869 [1]
✎ *Summer's Day* - Watercolour (31x42cm-12x17in) London 95 .... FF5 040 - £650 - $1,026
JOHNSON Jonathan Eastman 1824-1906 [12]
🖼 *Warming her hands* - Oil/canvas (31x24cm-12x9in) New-York 91 .... FF285 000 - £28 611 - $49,309
The Chimney Sweep - Oil/board (31x24cm-12x9in) New-York 93 .... FF715 000 - £89 600 - $130,000
JOHNSON Kåre Espolin 1907-1994 [16]
🖼 *Himmelstormer* - Mixed media/canvas (42x46cm-17x18in) Oslo 92 .... FF21 700 - £2 220 - $3,820
📖 *Garntrekkere* - Serigraph (25x16cm-10x6in) Oslo 92 .... FF4 015 - £467 - $820
JOHNSON Lasse 1899 [2]
🖼 *Sydländskt landskap, Antalya* - Oil/canvas (37x45cm-15x18in) Stockholm 89 .... FF2 900 - £289 - $458
JOHNSON Lester 1919 [43]
🖼 *Napoleon* - Oil/canvas (60x112cm-24x44in) New-York 94 .... FF10 550 - £1 268 - $2,000
Passing by Reflections - Oil/canvas (102x102cm-40x40in) New-York 94 .... FF73 600 - £8 750 - $14,000

Untitled, 1964 - Oil/canvas New-York 89.. FF**160 200** - £**16 380** - **$25,756**
Seven figures - Gouache (57x85cm-22x33in) New-York 93 .... FF**25 100** - £**2 850** - **$4,250**
JOHNSON Marshall 1850-1921 [5]
Taking tow off shore - Oil/canvas (31x51cm-12x20in) New-York 93 .... FF**12 400** - £**1 420** - **$2,200**
JOHNSON Ray 1927-1994 [8]
Two Headed Snake Sundial - Collage/board (15x15cm-6x6in) New-York 95 .... FF**12 600** - £**1 670** - **$2,600**
Bill Copley - Ink/paper (38x31cm-15x12in) New-York 95 .... FF**11 740** - £**1 345** - **$2,000**
JOHNSON Reuben Le Grand 1850-1918 [3]
Tending the flock - Oil/canvas (50x61cm-20x24in) New-York 91 .... FF**14 150** - £**1 428** - **$2,500**
JOHNSON Rosalie 1933 [2]
Hippopotamus - Sculpture (41x15cm-16x6in) London 96 .... FF**30 000** - £**3 800** - **$5,750**
JOHNSON Stanley Quentin 1939 [6]
Blue Corn Maiden - Bronze (64cm-25in) Baton Rouge, Louisiana 93 .... FF**5 200** - £**626** - **$950**
Taos Navajo - Bronze (66cm-26in) Chicago 94 .... FF**30 900** - £**3 650** - **$5,500**
JOHNSON Thomas ?-1814 [1]
Designs for a house, Lancashire - Ink London 90 .... FF**15 500** - £**1 670** - **$2,734**
JOHNSON William H. 1901-1970 [3]
Training for War - Print (43x27cm-17x11in) Cambridge, Mass. 89 .... FF**10 300** - £**1 053** - **$1,656**
JOHNSSEN Hjalmar 1852-1901 [1]
Kystparti med seilbåt - Oil/canvas (40x60cm-16x24in) Oslo 92 .... FF**6 690** - £**800** - **$1,287**
JOHNSSON Ivar 1885-1970 [6]
Kvinna ved havet - Bronze (115cm-45in) Göteborg 96 .... FF**19 670** - £**2 540** - **$3,800**
JOHNSSON Lasse 1899-? [7]
Träd vid vatten - Oil/canvas (45x54cm-18x21in) Malmö 90 .... FF**4 800** - £**514** - **$835**
JOHNSTON Alfred Cheney 1884-1971 [29]
Jean Ackerman, Ziegfeld - Photograph (34x25cm-13x10in) New-York 96 .... FF**7 660** - £**988** - **$1,500**
JOHNSTON David 1946 [10]
Spix macaws - Watercolour (47x31cm-19x12in) London 96 .... FF**27 600** - £**3 500** - **$5,300**
JOHNSTON Francis (Franz) Hans 1888-1949 [63]
Shoreline - Tempera (76x101cm-30x40in) Toronto 91 .... FF**30 100** - £**3 083** - **$5,620**
JOHNSTON Helen S. 1888-1931 [1]
High street, Kirkcudbright - Oil/canvas (33x41cm-13x16in) Glasgow 96 .... FF**5 180** - £**600** - **$993**
JOHNSTON John Humphreys 1857-1941 [1]
Sunset in the garden - Oil/canvas New-York 90 .... FF**12 600** - £**1 340** - **$2,254**
JOHNSTON John R. c.1840-c.1900 [2]
Autumn on the lake - Oil/canvas (36x33cm-14x13in) New-York 96 .... FF**6 230** - £**794** - **$1,200**
JOHNSTON Paul Rodrick 1915-1983 [2]
Singing Morning - Oil/board (61x76cm-24x30in) Toronto 94 .... FF**7 800** - £**928** - **$1,468**
JOHNSTON Reuben Le Grand 1850-1914 [3]
Sheep in a barn - Watercolour (41x56cm-16x22in) Litchfield, CT 92 .... FF**1 804** - £**189** - **$325**
JOHNSTON Robert Brown XIX-XX [1]
Within a Mile Of Edinburgh Town - Oil/canvas (76x127cm-30x50in) Edinburgh 96 .... FF**43 200** - £**5 500** - **$8,310**
JOHNSTON Ynez 1920 [3]
Figures in an orange landscape
    Gouache (75x54cm-30x21in) San Francisco-Los Angeles 95 .... FF**9 900** - £**1 238** - **$2,000**
JOHNSTONE George Whitton 1849-1901 [7]
Cattle watering - Oil/canvas (31x46cm-12x18in) Auchterarder, Perthshire 95 .... FF**7 420** - £**950** - **$1,462**
JOHNSTONE Henry J. 1826-1884 [6]
Fishergir - Pencil (25x17cm-10x7in) London 92 .... FF**16 600** - £**1 700** - **$2,930**
JOHNSTONE Henry James 1835-1907 [9]
Backwater, river Murray, Australia - Oil/canvas (61x91cm-24x36in) New-York 89 ... FF**103 000** - £**10 249** - **$16,272**
The fishergirl - Watercolour (25x17cm-10x7in) Billinghurst, West Sussex 93 .... FF**20 200** - £**2 300** - **$3,430**
JOHNSTONE John Young 1887-1930 [11]
Winter landscape - Oil/panel (12x18cm-5x7in) Toronto 94 .... FF**9 740** - £**1 160** - **$1,835**
JOHNSTONE William 1868-1928 [4]
Composition - Wash (24x35cm-9x14in) London 90 .... FF**2 100** - £**218** - **$369**
JOHNSTONE William 1897-1983 [52]
Mountain Shadows - Oil/canvas (63x76cm-25x30in) Glasgow 96 .... FF**10 770** - £**1 350** - **$2,080**
Countryside in Wartime-Broomhill - Oil/board (74x63cm-29x25in) Glasgow 96 ...... FF**38 300** - £**4 800** - **$7,390**
Abstract composition - Watercolour (24x34cm-9x13in) London 92 .... FF**4 400** - £**450** - **$774**
JOHST Ludwig 1889-1976 [1]
Albert Speer - Oil/panel (230x150cm-87x59in) München 91 .... FF**11 910** - £**1 186** - **$2,048**
JOICHI Hoshi 1913-1979 [2]
Green tree - Woodcut in colors Detroit, Michigan 94 .... FF**9 300** - £**1 078** - **$1,600**
JOINVILLE Antoine Edmond 1801-1849 [3]
Escalier du Palais des Doges, Venise - Huile/toile (41x33cm-16x13in) Paris 96 ... FF**13 000** - £**1 620** - **$2,510**
JOIRE Jean 1862-1950 [12]
Cheval au trot en liberté - Bronze (24cm-9in) Paris 95 .... FF**31 000** - £**4 020** - **$6,350**
Équipage Mail Coach - Bronze (45cm-18in) Paris 95 .... FF**100 000** - £**12 970** - **$20,500**
JOLE van Jef 1905-1951 [1]
Horse-drawn cart i a landscape - Oil/canvas (26x38cm-10x15in) Amsterdam 96 ... FF**2 100** - £**264** - **$413**

JOLE van Joseph Gerardus 1877-1919 [8]
🦢 *A sand pit* - Oil/canvas/board (12x21cm-5x8in) Amsterdam 97 .... FF2 773 - £30 0 1 - **$483**
Rowing-boats by a bridge - Oil/canvas (41x61cm-16x24in) Amsterdam 94 .... FF4 870 - £576 - **$875**
JOLI Faustine 1814-1876 [1]
🦢 *Contadine ed armenti* - Olio/tavola (66x103cm-26x41in) Roma 93 .... FF91 500 - £10 260 - **$16,370**
JOLIN Edouard Jean Alex. 1817-? [1]
🦢 *Moines dans un bibliothèque* - Huile/toile (100x83cm-39x33in) Paris 93 .... FF3 000 - £362 - **$546**
JOLIN Einar 1890-1976 [166]
🦢 *Liten Geisja på bord* - Oil/canvas (55x46cm-22x18in) Stockholm 95 .... FF4 090 - £521 - **$831**
Vase of flowers - Oil/canvas (73x60cm-29x24in) Stockholm 95 .... FF15 840 - £2 014 - **$3,216**
Pepita Garcia - Oil/canvas (116x81cm-46x32in) Stockholm 94 .... FF43 700 - £5 150 - **$7,780**
Dandy (Hans Alin) - Oil/canvas (92x65cm-36x26in) Stockholm 96 .... FF107 400 - £12 630 - **$21,140**
Vinterpromenad - Oil/canvas (87x127cm-34x50in) Stockholm 95 .... FF348 000 - £44 600 - **$70,100**
✍ *Landskap med rovfåglar* - Akvarell (60x48cm-24x19in) Stockholm 95 .... FF3 830 - £498 - **$785**
Två rumäner, Venezia - Mixed media/paper (47x32cm-19x13in) Stockholm 96 .... FF11 530 - £1 440 - **$2,230**
JOLIN Ellen 1854-1939 [5]
✍ *Riddarholmen, 1890* - Akvarell (9x16cm-4x6in) Stockholm 90 .... FF7 500 - £808 - **$1,323**
JOLIVARD André 1787-1851 [3]
🦢 *Paysage de campagne* - Huile/toile (46x64cm-18x25in) Paris 93 .... FF21 000 - £2 400 - **$3,560**
JOLLAIN Nicolas René 1732-1804 [2]
🦢 *Pyrrhus sauvé* - Huile/toile/panneau (46x57cm-18x22in) Paris 90 .... FF110 000 - £11 248 - **$21,712**
JOLLAIN Pierre 1720-? [1]
🦢 *Vertumne et Pomone* - Huile/panneau (48x60cm-19x24in) Paris 94 .... FF27 000 - £3 200 - **$4,990**
JOLLEY Martin Gwilt 1859-? [2]
🦢 *Neapolitan girl resting in sunshine* - Oil/canvas (61x45cm-24x18in) Penzance, Cornwall 90 ..... FF5 380 - £541 - **$978**
JOLLIVET Pierre Jules 1794-1871 [2]
🦢 *Sérénade à la fontaine* - Huile/toile (54x46cm-21x18in) Saumur 96 .... FF16 300 - £1 932 - **$3,180**
JOLLOIS Martine 1925 [2]
🦢 *Le Concours* - Huile/toile (55x38cm-22x15in) Orange 92 .... FF8 000 - £822 - **$1,482**
JOLLY André XIX-XX [2]
🦢 *Matin à Port Manech* - Huile/toile (64x53cm-25x21in) Quimper 95 .... FF2 400 - £311 - **$491**
JOLLY Henri Jean Baptiste 1812-1853 [6]
🦢 *The pedlar* - Oil/canvas (65x54cm-26x21in) London 96 .... FF21 600 - £2 800 - **$4,270**
JOLY Alexis, Alexandre V. 1798-1874 [3]
🦢 *Paysage au pont/Grands arbres* - Huile/toile (16x21cm-6x8in) Paris 94 .... FF13 000 - £1 540 - **$2,402**
JOLY DE BEYNAC René Marie 1876-1968 [6]
🦢 *La côte méditerranéenne* - Huile/carton (33x40cm-13x16in) Versailles 90 .... FF6 500 - £658 - **$1,236**
JOLY Fra 1949 [2]
🦢 *Africa Queen* - Acrylique (50x18x30cm-20x7x12in) Paris 91 .... FF7 500 - £758 - **$1,489**
JOLYET Philippe 1832-1908 [3]
🦢 *Fillettes postant une lettre* - Oil/canvas (142x70cm-56x28in) New-York 97 ...... FF284 250 - £30 615 - **$50,000**
JOMOUTON Frédéric 1858-? [1]
🦢 *Promenade* - Huile/panneau (20x30cm-8x12in) Bruxelles 91 .... FF3 080 - £309 - **$564**
JON-AND John 1889-1941 [3]
🦢 *Stilleben II* - Oil/panel (52x42cm-20x17in) Stockholm 91 .... FF11 700 - £1 165 - **$2,012**
JONAS Harrie 1878-1944 [1]
🦢 *Village scene* - Oil/canvas (40x50cm-16x20in) Amsterdam 95 .... FF12 970 - £1 567 - **$2,440**
JONAS Henri Charles 1878-1944 [1]
Paysages - Huile/panneau (10x22cm-4x9in) Bruxelles 93 .... FF7 250 - £867 - **$1,482**
JONAS Josef 1805-1863 [6]
🦢 *Rast Beim Bildstock* - Öl/Leinwand (52x42cm-20x17in) Wien 94 .... FF12 120 - £1 405 - **$2,297**
JONAS Louis Paul 1894-1971 [1]
🗿 *Challenger: African Bull Elephant* - Bronze (36cm-14in) New-York 95 .... FF10 660 - £1 370 - **$2,200**
JONAS Lucien 1880-1947 [51]
🦢 *Vue d'Annecy* - Huile/toile/panneau (33x41cm-13x16in) Calais 97 .... FF4 500 - £482 - **$789**
Paris, le Pont-Neuf - Huile/panneau (23x33cm-9x13in) Le Touquet 96 .... FF9 600 - £1 138 - **$1,873**
Le Pont-Neuf - Huile/toile (70x110cm-28x43in) Calais 97 .... FF35 000 - £3 527 - **$6,073**
Décor pour un hôtel, Soissons - Huile/toile Soissons 89 .... FF269 000 - £28 346 - **$45,286**
✍ *Les séminaristes* - Fusain (80x120cm-31x47in) Versailles 92 .... FF7 000 - £717 - **$1,233**
JONAS Walter Hermann 1910-1977 [5]
🦢 *Femme assise* - Huile/toile (85x57cm-33x22in) Zürich 95 .... FF14 480 - £1 894 - **$2,940**
Almora - Oil/canvas (77x59cm-30x23in) Zürich 95 .... FF67 300 - £6 748 - **$11,109**
JONCHERE Evariste 1892-1956 [6]
🗿 *La muleta* - Bronze (28cm-11in) Saint-Jean-de-Luz 95 .... FF27 000 - £3 500 - **$5,490**
JONCHERIE Gabriel Germain 1824-? [3]
🦢 *Raisins, poires et melon* - Huile/toile (50x64cm-20x25in) Paris 95 .... FF12 000 - £1 503 - **$2,390**
JONCHERY Charles 1873-? [5]
🗿 *Nymphe aux raisins* - Terracotta (39cm-15in) Lindau 95 .... FF4 630 - £579 - **$935**
JONCIERES de Léonce 1871-1947 [21]
🦢 *La place* - Huile/toile (33x41cm-13x16in) Cherbourg 97 .... FF3 650 - £390 - **$635**
Le kief sur la terrasse - Huile/toile Paris 94 .... FF7 000 - £815 - **$1,236**
JONDA Franco 1946 [3]
🦢 *Per irrigare questo grande silenzio*

Tecnica mista/tavola (130x130cm-51x51in) Milano 94 .... FF17 650 - £2 100 - **$3,150**

JONE Hildegard 1891-1963 [1]
🖼 *Tulpen* - Oil/board (51x40cm-20x16in) Wien 91 .... FF2 160 - £218 - **$429**

JONES Adolphe Robert 1806-1874 [3]
🖼 *A shepherd with his flock* - Oil/canvas (109x149cm-43x59in) London 94 .... FF27 440 - £3 200 - **$4,810**

JONES Adrian, Captain 1845-1938 [9]
🖼 *Persimmon* - Oil/panel (29x37cm-11x15in) London 92 .... FF13 680 - £1 400 - **$2,410**

JONES Alfred Garth 1872-? [1]
📖 *Contes de la Fileuse* - Estampe Paris 96 .... FF1 500 - £194 - **$296**

JONES Allen 1937 [78]
🖼 *Tengle* - Oil/canvas (153x153cm-60x60in) London 96 .... FF57 700 - £7 000 - **$11,220**
Composition - Oil/canvas (289x335cm-114x132in) London 96 .... FF82 500 - £10 000 - **$16,040**
Female medal - Oil/panel (222x76cm-87x30in) London 92 .... FF116 800 - £12 000 - **$22,440**
Orange Skirt - Acrylic/canvas (183x152cm-72x60in) Wien 95 .... FF205 700 - £26 630 - **$41,800**
📖 *French Cooking* - Serigraph in colors (60x80cm-24x31in) Bielefeld 96 .... FF7 100 - £882 - **$1,378**
🗿 *The Third Man* - Wood (181cm-71in) London 95 .... FF58 700 - £7 500 - **$12,050**
✏ *Latex* - Watercolour (76x57cm-30x22in) London 97 .... FF3 548 - £380 - **$61,3 9**
Thrill me - Mixed media/paper (77x46cm-30x18in) London 97 .... FF36 433 - £3 800 - **$6,230**

JONES Amy 1899-? [1]
🖼 *San Marco, Venezia* - Oil/canvas (61x76cm-24x30in) Chicago 93 .... FF5 230 - £656 - **$950**

JONES Arne 1914-1976 [30]
🗿 *Liggande modell* - Terracotta (11cm-4in) Stockholm 97 .... FF2 264 - £239 - **$391**
Rundlar - Bronze (13cm-5in) Stockholm 90 .... FF11 700 - £1 418 - **$2,274**
Triangulär komposition - Sculpture (34cm-13in) Stockholm 90 .... FF52 400 - £5 574 - **$9,374**

JONES Charles 1836-1892 [21]
🖼 *Taking them along* - Oil/canvas (71x102cm-28x40in) Amsterdam 97 .... FF27 645 - £2 922 - **$4,743**
The shepherd - Oil/canvas (66x55cm-26x22in) London 96 .... FF41 500 - £5 400 - **$8,220**
✏ *Pointers in an extensive landscape* - Watercolour (28x38cm-11x15in) London 93 ...... FF2 905 - £350 - **$508**

JONES David 1895-1974 [24]
✏ *Saint Gregory* - Watercolour (16x21cm-6x8in) London 95 .... FF18 800 - £2 400 - **$3,850**
Afon Honduu Fach - Watercolour (26x32cm-10x13in) London 95 .... FF43 100 - £5 500 - **$8,820**
Engraver's Workshop - Watercolour (56x41cm-22x16in) London 97 .... FF153 256 - £16 000 - **$26,222**

JONES Eugene Arthur 1881-1965 [1]
🖼 *Hilltop/Cornwall bridge, Conn.* - Oil/canvas/board New-York 95 .... FF2 410 - £302 - **$480**

JONES Francis Coates 1857-1932 [14]
🖼 *Pond and rocks* - Oil/canvas (76x91cm-30x36in) New-York 96 .... FF30 900 - £3 840 - **$6,000**
Exchanging Confidences - Oil/canvas (47x52cm-19x20in) New-York 93 .... FF141 600 - £16 100 - **$24,000**
Women in a rowboat - Oil/canvas (54x79cm-21x31in) New-York 95 .... FF286 500 - £36 250 - **$56,000**

JONES Frederick Cecil 1891-1956 [2]
🖼 *Fisherman's Harbor* - Oil/canvas (76x51cm-30x20in) Elgin, Illinois 92 .... FF2 775 - £291 - **$500**
✏ *Building the Queen Hotel, Leeds* - Pencil Leeds 91 .... FF3 175 - £320 - **$551**

JONES Georges 1786-1869 [5]
✏ *Combat de cavaliers* - Encre (23x36cm-9x14in) Paris 94 .... FF6 200 - £726 - **$1,093**

JONES Harry C. XIX-XX [2]
🖼 *Feeding the cat* - Oil/canvas (27x47cm-11x19in) London 94 .... FF15 400 - £1 800 - **$2,680**
✏ *Woodman's Lunch, Near Epsom* - Watercolour (39x49cm-15x19in) London 96 .... FF10 420 - £1 300 - **$2,014**

JONES Henry Thaddeus 1859-1929 [1]
🖼 *Adriatic coastal scene* - Oil/panel (16x24cm-6x9in) Glasgow 92 .... FF8 370 - £1 000 - **$1,610**

JONES Hugh Bolton 1848-1927 [43]
🖼 *Country road* - Oil/canvas (76x92cm-30x36in) New-York 95 .... FF15 400 - £1 915 - **$3,000**
Stockbridge - Oil/canvas/board (51x61cm-20x24in) New-York 96 .... FF35 400 - £4 590 - **$7,000**
Autumn landscape - Oil/canvas (56x81cm-22x32in) New-York 94 .... FF74 700 - £8 720 - **$13,000**
Early Spring, Mass. - Oil/canvas (61x95cm-24x37in) New-York 96 .... FF172 200 - £19 940 - **$33,000**

JONES Jeffrey, Jeff 1944 [2]
🖼 *Pensive woman in Victorian gown* - Oil/canvas/board (76x51cm-30x20in) New-York 96 ...... FF2 850 - £368 - **$550**
✏ *Standing helmeted warrior* - Watercolour (25x23cm-10x9in) New-York 93 .... FF2 950 - £336 - **$500**

JONES Jessie Barrows 1865-1944 [1]
✏ *Brooklyn Bridge* - Watercolour (25x33cm-10x13in) Chicago 93 .... FF1 650 - £207 - **$300**

JONES Jo 1934-1993 [3]
🗿 *Sound Sculpture* - Sculpture (150x100cm-59x39in) Düsseldorf 93 .... FF13 560 - £1 620 - **$2,610**

JONES Jo 1894-1989 [22]
🖼 *Female nude* - Oil/canvas (80x42cm-31x17in) London 90 .... FF4 230 - £428 - **$805**
✏ *The Church on the Hill* - Watercolour (23x30cm-9x12in) London 93 .... FF2 075 - £250 - **$363**

JONES Joe 1909-1963 [5]
🖼 *Hope and hard times* - Oil/canvas (183x92cm-72x36in) New-York 90 .... FF74 400 - £7 966 - **$12,939**
📖 *Missouri Wheat Framers* - Lithograph (25x20cm-10x8in) Elgin, Illinois 91 .... FF2 264 - £228 - **$393**

JONES John c.1745-1797 [1]
📖 *Dulce Domun/Black Monday* - Print (48x61cm-19x24in) Heidelberg 94 .... FF3 260 - £391 - **$633**

JONES Joseph, Joe 1909-1963 [10]
🖼 *Surrealistic landscape* - Oil/canvas (61x76cm-24x30in) San Francisco-Los Angeles 95 ...... FF14 950 - £1 965 - **$3,000**
Pitching wheat - Oil/canvas (61x91cm-24x36in) New-York 94 .... FF31 530 - £3 790 - **$6,000**

J

JONES Josiah Clinton 1848-1936 [6]
- *The morning meal* - Oil/canvas (35x53cm-14x21in) London 91 .... FF**11 900** - £*1 208* - **$2,149**
- *Caernarvon castle & the Menai straits* - Watercolour (34x52cm-13x20in) London 93 .... FF**5 270** - £*600* - **$894**

JONES Llewellyn Petley 1931 [5]
- *Walton on Thames* - Oil/canvas (39x70cm-15x28in) London 90 .... FF**2 700** - £*291* - **$476**

JONES Mary Jane XIX-XX [5]
- *Self portrait* - Oil/canvas (38x44cm-15x17in) London 93 .... FF**6 400** - £*800* - **$1,160**

JONES Maud Raphael XIX-XX [3]
- *Herbstliche Hügellandschaft* - Öl/Leinwand (51x97cm-20x38in) Lindau 93 .... FF**6 200** - £*702* - **$1,047**

JONES Nell Choate 1879-1981 [1]
- *Connecticut Hills/Landscape/Valley* - Oil/board New-York 95 .... FF**4 020** - £*503* - **$800**

JONES OF BATH William c.1730-c.1780 [7]
- *Fruit in a basket* - Oil/canvas (51x68cm-20x27in) London 91 .... FF**29 760** - £*3 020* - **$5,375**

JONES Owen 1809-1874 [2]
- *Projet: hall d'exposition, St. Cloud* - Crayon (45x120cm-18x47in) Paris 90 .... FF**200 000** - £*20 451* - **$39,477**

JONES Petley XX [3]
- *Fishing on the Thames, Richmond* - Oil/canvas (74x99cm-29x39in) London 95 .... FF**5 530** - £*700* - **$1,082**

JONES Philip XX [3]
- *Yellow and White Painting* - Oil/paper (68x51cm-27x20in) London 96 .... FF**2 880** - £*360* - **$559**

JONES Ray Howard XX [3]
- *Marlene Dietrich* - Photo (34x27cm-13x11in) Paris 91 .... FF**5 200** - £*528* - **$939**

JONES Reginald T. 1857-1920 [6]
- *Young Country Girl* - Pastel/paper (36x25cm-14x10in) New Orleans, Louisiana 93 .... FF**2 200** - £*276* - **$400**

JONES Richard 1767-1840 [2]
- *Hunstmand & whipper, Blackburn* - Oil/canvas (71x91cm-28x36in) London 91 .... FF**136 000** - £*13 506* - **$23,614**

JONES Robert M. 1913-? [1]
- *Iron Clad, Hosiery* - Poster (69x53cm-27x21in) New-York 96 .... FF**4 075** - £*480* - **$800**

JONES Robinson XX [3]
- *A Frigate in full sail* - Oil/canvas (61x92cm-24x36in) London 95 .... FF**3 476** - £*420* - **$654**

JONES Samuel John Egbert c.1800-1860 [10]
- *Pheasant shooting with guns*
  Oil/canvas (48x58cm-19x23in) Driffield, East Yorkshire 92 .... FF**48 850** - £*5 000* - **$9,570**

JONES Shields Landon, SL 1901 [3]
- *Men with horse and cat* - Pastel/paper (43x58cm-17x23in) Litchfield, CT 92 .... FF**3 510** - £*419* - **$675**

JONES T. Hampson 1846-1916 [2]
- *The Little Messengers* - Watercolour (18x33cm-7x13in) London 95 .... FF**3 860** - £*500* - **$803**

JONES Thomas 1743-1803 [9]
- *View near pencerrig* - Oil/paper (24x31cm-9x12in) London 97 .... FF**154 062** - £*16 500* - **$26,776**
- *Lake Avernus* - Oil/canvas (121x170cm-48x67in) London 97 .... FF**438 844** - £*47 000* - **$76,272**
- *Maecenas, Tivoli* - Watercolour (27x42cm-11x17in) London 93 .... FF**54 700** - £*6 300* - **$9,450**

JONES Thomas Benedict 1893-? [1]
- *Preparing the fields* - Oil/canvas (76x61cm-30x24in) San Francisco-Los Angeles 94 .... FF**13 530** - £*1 604* - **$2,500**

JONES William c.1798-c.1860 [5]
- *Gentleman shooting woodcock* - Oil/canvas (49x59cm-19x23in) London 90 .... FF**58 600** - £*5 964* - **$11,719**

JONES William Doyle 1873-1938 [1]
- *Mother and sons, Provence* - Oil/canvas (63x92cm-25x36in) London 93 .... FF**2 490** - £*300* - **$435**

JONES William E. XIX [2]
- *Morning, the Launch* - Oil/panel (36x66cm-14x26in) New Orleans, Louisiana 92 .... FF**7 280** - £*870* - **$1,400**

JONES William F. 1815-? [1]
- *Young woman with letter* - Oil/canvas (76x64cm-30x25in) Chicago 93 .... FF**3 850** - £*483* - **$700**

JONG de Antonie Gerardus 1860-1932 [1]
- *Schäfer mit Herde* - Oil/panel (33x44cm-13x17in) Bremen 94 .... FF**6 870** - £*825* - **$1,270**

JONG de Betty 1881-1916 [3]
- *Paysanne hollandaise* - Oil/canvas (81x64cm-32x25in) New-York 92 .... FF**5 550** - £*581* - **$1,000**

JONG de Germ 1886-1967 [31]
- *San Gimignano* - Oil/canvas (74x92cm-29x36in) Amsterdam 97 .... FF**3 296** - £*346* - **$566**
- *Flowers in a vase* - Oil/canvas (71x62cm-28x24in) Amsterdam 93 .... FF**16 520** - £*1 980* - **$3,020**
- *Still life of flowers* - Oil/canvas (81x65cm-32x26in) Amsterdam 97 .... FF**23 974** - £*2 520* - **$4,118**

JONG de Jacqueline 1939 [9]
- *Tête de singe* - Oil/canvas (46x55cm-18x22in) Amsterdam 89 .... FF**12 600** - £*1 328* - **$2,121**

JONG de Jan 1863-1901 [3]
- *Townsfolk by a City Gate* - Oil/canvas (31x50cm-12x20in) Amsterdam 97 .... FF**40 516** - £*4 311* - **$7,050**

JONG de Jurjen 1807-1890 [1]
- *Women talking near a cathedral* - Pencil (39x27cm-15x11in) Amsterdam 90 .... FF**1 510** - £*153* - **$287**

JONG de Pieter le Josselin 1861-1906 [3]
- *Hendrik Barthout van Tets* - Oil/canvas (95x68cm-37x27in) Amsterdam 93 .... FF**2 260** - £*270* - **$435**

JONG de Tinus 1885-1942 [2]
- *The Dam, Amsterdam* - Watercolour, gouache (39x50cm-15x20in) Amsterdam 90 .... FF**9 040** - £*910* - **$1,771**

JONGE de Johan Antonie 1864-1927 [4]
- *At the beach* - Oil/canvas (65x53cm-26x21in) Amsterdam 95 .... FF**70 000** - £*8 730* - **$14,120**
- *Woman on the beach* - Watercolour (17x11cm-7x4in) Amsterdam 97 .... FF**6 241** - £*675* - **$1,088**

JONGERE de Marinus Johannes 1912-1978 [29]
- *Cargo boats, Rotterdam harbour* - Oil/canvas (40x60cm-16x24in) Amsterdam 97 .... FF**8 322** - £*900* - **$1,452**

Holland-Amerika Lijn, Rotterdam - Oil/canvas (60x100cm-24x39in) Amsterdam 96.............. FF**26 100** - £**3 350** - **$5,140**
✎ *Busy Rotterdam, harbour* - Black chalk (39x59cm-15x23in) Amsterdam 93 .... FF**3 620** - £**432** - **$696**
JONGERS Alphonse 1872-1945 [2]
🖿 *Oriental dancers* - Oil/canvas (90x69cm-35x27in) Montréal 96 .... FF**4 910** - £**626** - **$946**
JONGERT Jacob 1883-1942 [2]
🖿 *Internationale Gastentoonstelling* - Poster (150x75cm-59x30in) New-York 95 .... FF**9 750** - £**1 270** - **$2,000**
JONGH de Oene Romkes 1812-1896 [21]
🖿 *Town with villagers in a snowy street* - Oil/canvas (66x54cm-26x21in) Amsterdam 92 ...... FF**8 430** - £**980** - **$1,720**
A towngate in Zwolle - Oil/canvas (52x66cm-20x26in) Amsterdam 97 .... FF**17 279** - £**1 826** - **$2,964**
Dutch village by a canal - Oil/canvas (49x70cm-19x28in) New-York 94 .... FF**32 150** - £**3 690** - **$5,500**
JONGH de Tinus 1885-1942 [69]
🖿 *River landscape with cows* - Oil/canvas (54x70cm-21x28in) Amsterdam 95 .... FF**5 250** - £**634** - **$988**
✎ *Farmhouse* - Pastel Cape Town 91 .... FF**4 510** - £**454** - **$783**
JONGHE de Gustave Leonhard 1829-1893 [23]
🖿 *The pet* - Oil/panel (61x48cm-24x19in) Amsterdam 92 .... FF**21 350** - £**2 480** - **$3,675**
Peek-a-boo - Oil/panel (55x45cm-22x18in) New-York 92 .... FF**88 800** - £**9 300** - **$16,000**
Idle moments - Oil/panel (53x65cm-21x26in) New-York 90 .... FF**314 600** - £**33 683** - **$54,713**
JONGHE de Jan Baptiste 1785-1844 [6]
🖿 *Travellers in a Summer landscape* - Oil/canvas (63x89cm-25x35in) Amsterdam 95 .... FF**34 200** - £**4 430** - **$7,120**
✎ *Hunters resting in a wood* - Drawing (43x61cm-17x24in) London 92 .... FF**9 770** - £**1 000** - **$1,724**
JONGKIND Johan-Barthold 1819-1891 [251]
🖿 *Voilier au clair de lune* - Huile/toile (33x40cm-13x16in) Nice 96 .... FF**84 000** - £**10 530** - **$16,240**
Paysage près de Rotterdam - Huile/toile (36x47cm-14x19in) Deauville 96................. FF**130 000** - £**16 660** - **$25,700**
River Landscape - Oil/canvas (52x87cm-20x34in) New-York 97..................... FF**180 688** - £**19 459** - **$32,000**
Dordrecht - Oil/canvas (53x82cm-21x32in) Amsterdam 94 .... FF**334 500** - £**39 500** - **$59,500**
Rotterdam harbour - Oil/canvas (42x57cm-17x22in) London 96.................... FF**622 000** - £**78 000** - **$120,100**
🖿 *Moulins en Hollande* - Eau-forte (14x19cm-6x7in) Paris 97 .... FF**4 000** - £**423** - **$692**
Soleil couchant, Anvers - Etching (24x30cm-9x12in) London 97 .... FF**24 131** - £**2 500** - **$4,133**
✎ *Péniche* - Crayon (11x17cm-4x7in) Paris 97 .... FF**6 200** - £**673** - **$1,099**
Quais à Lyon - Aquarelle/papier (13x22cm-5x9in) Paris 97 .... FF**18 000** - £**1 890** - **$3,096**
Château de Virieu et la Tuilerie - Aquarelle/papier (11x19cm-4x7in) Lyon 97 .... FF**41 000** - £**4 440** - **$7,183**
La côte Saint-André - Watercolour, gouache/paper (17x54cm-7x21in) New-York 89 ..... FF**171 600** - £**17 075** - **$27,109**
JONGSMA Jac 1893-1926 [2]
🖿 *Peasantwoman in a kitchengarden* - Oil/canvas (40x60cm-16x24in) Amsterdam 93 .... FF**3 014** - £**360** - **$580**
JONI Icilio Federico 1866-? [1]
🖿 *Madonna & Child* - Oil/panel (44x29cm-17x11in) London 94.......................... FF**16 900** - £**2 000** - **$3,120**
JONK Nic. 1928-1995 [21]
🖿 *In Bad* - Oil/canvas (120x100cm-47x39in) Amsterdam 97 .... FF**20 506** - £**2 150** - **$3,518**
🗄 *Tide* - Bronze (37cm-15in) Amsterdam 96 .... FF**15 040** - £**1 725** - **$2,870**
Untitled - Sculpture (78cm-31in) Amsterdam 97 .... FF**125 861** - £**13 230** - **$21,621**
JONN Erika 1865-1932 [3]
🖿 *Motiv från Fleury* - Oil/canvas (79x44cm-31x17in) Malmö 92 .... FF**10 840** - £**1 296** - **$2,085**
JONN Gunnar 1904-1963 [7]
🖿 *Utsikt mod Ven* - Oil/canvas (45x60cm-18x24in) Malmö 93............................ FF**2 397** - £**283** - **$422**
JONNAERT Clémence 1866-1941 [6]
🖿 *Witte azalea* - Huile/toile (68x54cm-27x21in) Lokeren 91 .... FF**9 870** - £**995** - **$1,713**
JONNEVOLD Carl Henrik 1856-1930 [13]
🖿 *Mountain Cabin at sunset*
Oil/canvas (31x41cm-12x16in) San Francisco-Los Angeles 93....................... FF**11 230** - £**1 275** - **$1,900**
JONNIAUX Alfred 1882-? [2]
🖿 *Portrait of the artist's wife*
Oil/canvas (152x103cm-60x41in) San Francisco-Los Angeles 90...................... FF**37 200** - £**3 983** - **$6,470**
JONQUIERES de Philippe Victor 1838-1870 [3]
✎ *French cathedrale scenes* - Watercolour (41x33cm-16x13in) London 93 .... FF**6 640** - £**800** - **$1,160**
JONS Per XX [2]
🖿 *Spelmän och dansande par* - Oil/canvas (97x62cm-38x24in) Söderköping 94 .... FF**6 940** - £**828** - **$1,300**
JONSDOTTIR Kirstin Stefansson 1890-1958 [6]
🖿 *Vejen till Rättvik, Sverige* - Oil/canvas (52x68cm-20x27in) Stockholm 94 .... FF**12 820** - £**1 508** - **$2,410**
JONSON Björn 1903-1991 [4]
✎ *En vardag 5* - Pencil (56x42cm-22x17in) Stockholm 89 .... FF**4 900** - £**501** - **$788**
JONSON Lars 1925 [14]
🖿 *Kärrhök* - Oil/canvas (62x100cm-24x39in) Stockholm 94 .... FF**14 050** - £**1 666** - **$2,597**
🖿 *Morkullan* - Lithograph (47x66cm-19x26in) Stockholm 92 .... FF**3 394** - £**344** - **$583**
✎ *Kustnäppare i soldis* - Akvarell (44x67cm-17x26in) Stockholm 92 .... FF**13 200** - £**1 351** - **$2,324**
JONSON Raymond 1891-1982 [10]
🖿 *Sea Patterns* - Oil/canvas (76x84cm-30x33in) San Francisco-Los Angeles 96 .... FF**67 800** - £**7 850** - **$13,000**
✎ *Dunes* - Watercolour/paper (26x36cm-10x14in) San Francisco-Los Angeles 96 .... FF**25 900** - £**3 250** - **$5,000**
JONSON Sven 1902-1981 [97]
🖿 *Geometrisk Komposition* - Oil/canvas/panel (53x49cm-21x19in) Stockholm 95........... FF**22 100** - £**2 874** - **$4,540**
Gryende dag - Oil/canvas (46x55cm-18x22in) Stockholm 96 .... FF**36 100** - £**4 240** - **$7,100**
Färjestället, 1945 - Oil/canvas (46x34cm-29x33in) Stockholm 89 .... FF**262 100** - £**27 619** - **$44,125**
✎ *Den tysta natten* - Pastel (50x61cm-20x24in) Stockholm 93......................... FF**7 250** - £**827** - **$1,226**

JONSRUD Ole 1865-1939 [1]
🖼 *Jomfruland fyr* - Oil/canvas (100x60cm-39x24in) Oslo 93 .... FF3 600 - £419 - **$619**
JÖNSSON Anders 1883-1963 [1]
🗿 *Björnar* - Bronze (21cm-8in) Stockholm 96 .... FF2 820 - £364 - **$553**
JÓNSSON Asgrimur 1876-1958 [8]
🖼 *Fjeldlandskab, Island* - Oil/canvas (110x125cm-43x49in) København 95 .... FF68 800 - £8 600 - **$13,900**
✏ *Fjordparti* - Watercolour (30x50cm-12x20in) København 96 .... FF2 640 - £341 - **$517**
JÖNSSON Erik 1893-1950 [25]
🖼 *Rönneholmsvägen, Malmö* - Oil/panel (38x46cm-15x18in) Malmö 96 .... FF3 870 - £459 - **$755**
Dammfrivägen, Malmö - Oil/canvas (100x145cm-39x57in) Malmö 93 .... FF7 050 - £831 - **$1,240**
✏ *Skridskoåkning utanför konstnärens* - Gouache (24x30cm-9x12in) Malmö 93 .... FF3 330 - £420 - **$631**
JÖNSSON Gittan 1948 [6]
🖼 *Tennis* - Oil/canvas (90x100cm-35x39in) Stockholm 95 .... FF21 500 - £2 740 - **$4,230**
Diskkasterskan - Oil/canvas (150x125cm-59x49in) Stockholm 91 .... FF148 000 - £15 021 - **$26,730**
JÖNSSON Lars 1952 [8]
🖼 *Redbreasted Geese* - Oil/canvas (100x150cm-39x59in) London 95 .... FF72 900 - £9 500 - **$15,100**
▱ *Solig utsikt* - Lithograph (61x88cm-24x35in) Stockholm 92 .... FF5 150 - £616 - **$990**
JÖNSSON Theodor 1888-1966 [3]
🖼 *Utsikt mot Dalby* - Oil/canvas (150x203cm-59x80in) Malmö 92 .... FF9 420 - £965 - **$1,660**
JONVELLE Jean-François 1943 [3]
📷 *Sandrine Bonnaire* - Gelatin silver print (48x33cm-19x13in) London 96 .... FF4 260 - £550 - **$823**
JONXIS Jan Lodewyk 1789-1867 [1]
🖼 *Boating party* - Oil/canvas (62x51cm-24x20in) Amsterdam 91 .... FF22 660 - £2 250 - **$3,934**
JONXIS Pieter Hendrik Lod. 1815-1852 [1]
🖼 *Figures by a blow-hole in the ice* - Oil/canvas (46x56cm-18x22in) Amsterdam 92 .... FF21 850 - £2 243 - **$4,200**
JONZEN Basil 1916 [3]
🖼 *Cornish crabber by the quay* - Oil/canvas (39x49cm-15x19in) London 90 .... FF3 740 - £377 - **$733**
JÖNZÉN Hadar 1885-1977 [6]
🖼 *Vanadisvägen, Stockholm* - Oil/canvas (63x50cm-25x20in) Stockholm 91 .... FF3 394 - £348 - **$634**
JONZEN Karin 1914 [12]
🗿 *Camp Idealist* - Terracotta (46cm-18in) London 97 .... FF4 198 - £449 - **$725**
JONZON Stig 1922 [11]
🖼 *Place de la République, Avignon* - Oil/panel (81x65cm-32x26in) Malmö 96 .... FF4 024 - £477 - **$785**
JOO Seah Kim 1939 [2]
🖼 *Joy of Living* - Batik/cloth (89x58cm-35x23in) Singapore 95 .... FF21 030 - £2 686 - **$4,320**
JOORS Eugeen 1850-1910 [7]
🖼 *Canards au bord de la rivière* - Huile/panneau (27x47cm-11x19in) Antwerpen 91 .... FF32 400 - £3 218 - **$5,626**
🖼 *Élégante, Abbaye de la Cambre* - Huile/toile (120x85cm-47x33in) Bruxelles 95 .... FF117 600 - £15 320 - **$24,100**
JOOS Hildegard 1909 [7]
🖼 *Ohne Titel* - Oil/canvas (20x30cm-8x12in) Wien 92 .... FF2 890 - £290 - **$482**
✏ *Ohne Titel* - Mischtechnik/Papier (38x38cm-15x15in) Wien 92 .... FF2 407 - £247 - **$424**
JOOSTENS Dirk Jan Hendrik 1818-1882 [1]
🖼 *Fruit and bir* - Oil/panel (15x19cm-6x7in) Amsterdam 90 .... FF13 570 - £1 366 - **$2,658**
JOOSTENS Paul 1889-1960 [77]
🖼 *Fille* - Huile/panneau (47x36cm-19x14in) Antwerpen 94 .... FF6 640 - £780 - **$1,183**
Asteria - Huile/panneau (102x54cm-40x21in) Antwerpen 93 .... FF19 860 - £2 424 - **$3,540**
Poezeloes - Huile/toile (100x75cm-39x30in) Antwerpen 90 .... FF58 300 - £6 282 - **$10,282**
▱ *Une Évoluée en Alleluia* - Affiche couleur (34x25cm-13x10in) Antwerpen 93 .... FF2 966 - £355 - **$606**
✏ *Crystal Palace* - Fusain (110x145cm-43x57in) Antwerpen 93 .... FF8 900 - £1 018 - **$963**
JOPLING Joseph Middleton 1831-1884 [2]
✏ *Mouth, Costello River, Bay of Galway*
  Watercolour (26x52cm-10x20in) Billinghurst, West Sussex 94 .... FF3 390 - £400 - **$604**
JOPLING Louise 1843-1933 [4]
🖼 *Portrait of a woman* - Oil/canvas (121x94cm-48x37in) London 91 .... FF39 500 - £3 990 - **$7,841**
JORDAENS Hans Potlepel 1616-1680/81 [1]
🖼 *St. John preaching to the Multitude* - Oil/panel (39x52cm-15x20in) London 93 .... FF39 100 - £4 500 - **$6,750**
JORDAN Carl 1863-? [3]
🖼 *Die Brautwerber* - Öl/Leinwand (49x59cm-19x23in) München 94 .... FF41 100 - £4 860 - **$7,500**
JORDAN de Henri 1944 [23]
🖼 *Les tournesols* - Huile/toile (81x65cm-32x26in) Saint-Valéry-en-Caux 92 .... FF20 000 - £2 387 - **$3,850**
Le poulailler de Paulette - Huile/toile (27x35cm-11x14in) Sceaux 92 .... FF92 000 - £9 724 - **$15,787**
✏ *Les anémones rouges* - Pastel/papier (29x22cm-11x9in) Sceaux 97 .... FF6 000 - £634 - **$1,030**
JORDAN Ernst Pasqual 1858-1924 [3]
🖼 *Herbstliche Waldlichtung mit Erika* - Öl/Karton (68x49cm-27x19in) Lindau 93 .... FF5 950 - £694 - **$978**
JORDAN Jakob 1886-1947 [2]
🖼 *Sonnenblumen vor einem Landhaus* - Öl/Leinwand (84x95cm-33x37in) München 95 .... FF8 940 - £1 175 - **$1,794**
JORDAN Rudolf 1810-1887 [7]
🖼 *Der ungeschickte Dentist* - Oil/canvas (54x45cm-21x18in) Köln 92 .... FF34 000 - £3 480 - **$5,980**
Heiratsantrag auf Helgoland - Öl/Leinwand (87x136cm-34x54in) München 94 .... FF154 000 - £18 240 - **$28,100**
JORDAN Vasilije 1934 [2]
🖼 *La demeure* - Huile/toile (55x70cm-22x28in) Liège 96 .... FF2 630 - £325 - **$508**
JORDAN Wilhelmine 1821-1895 [1]
🖼 *Jungen Frau vor einer Balustrade* - Öl/Leinwand (108x86cm-43x34in) Stuttgart 95 .... FF6 650 - £853 - **$1,370**

JORDE Lars 1865-1939 [9]
- Vårløsning - Oil/canvas (59x70cm-23x28in) Oslo 92 .... FF41 700 - £4 270 - **$7,330**

JORDELL Ivan 1901-1965 [20]
- Aktör - Oil/canvas (91x84cm-36x33in) Malmö 92 .... FF4 520 - £540 - **$870**
- Man och kvinna framför hus - Oil/canvas (60x80cm-24x31in) Malmö 91 ..... FF12 200 - £1 306 - **$2,122**
- Kyrkobesök - Gouache (21x19cm-8x7in) Malmö 91 .... FF2 263 - £230 - **$409**

JORDENS Jan Gerrit 1883-1962 [3]
- Composition - Oil/canvas (25x30cm-10x12in) Amsterdam 94 .... FF19 000 - £2 250 - **$3,510**

JORDI Eugen 1894-1983 [1]
- Gut Wittigkoffen bei Bern - Oil/board (24x36cm-9x14in) Bern 90 .... FF2 000 - £213 - **$358**

JØRGENSEN Aksel 1883-1957 [39]
- Portrait of a man - Oil/canvas (46x24cm-18x9in) Viby J, Århus 96 .... FF3 080 - £386 - **$595**
- Natcafe - Oil/canvas (86x106cm-34x42in) København 95 .... FF12 700 - £1 643 - **$2,600**

JØRGENSEN Børge 1926 [31]
- Skulptur - Bronze (38cm-15in) København 94 .... FF2 805 - £337 - **$545**
- Komposition - Metal (137cm-54in) København 96 .... FF6 160 - £765 - **$1,196**
- Composition - Metal (195cm-77in) København 96 .... FF38 700 - £4 810 - **$7,520**

JORGENSEN Christian A. 1860-1935 [24]
- Yosemite Valley - Oil/canvas/panel (61x112cm-24x44in) San Francisco-Los Angeles 93 ..... FF22 000 - £2 760 - **$4,000**
- Grand Canyon - Watercolour/paper (41x26cm-16x10in) San Francisco-Los Angeles 94 .. FF12 180 - £1 444 - **$2,250**

JØRGENSEN Erling 1905-1977 [10]
- Komposition - Oil/canvas (50x72cm-20x28in) København 93 .... FF3 490 - £396 - **$590**

JØRGENSEN Jacob 1879-1948 [1]
- Nude by the sea - Oil/canvas (75x66cm-30x26in) Vejle 94 .... FF2 184 - £253 - **$376**

JORGENSEN Knut 1937-1991 [3]
- Et dikt - Oil/canvas (45x95cm-18x37in) Oslo 92 .... FF22 600 - £2 626 - **$4,610**

JORGENSEN Poul 1882-1941 [3]
- A greyhound, 1917 - Oil/canvas (120x144cm-47x57in) London 90 .... FF15 500 - £1 606 - **$2,724**

JØRGENSEN Sven 1861-1940 [3]
- En rotur - Oil/canvas (40x66cm-16x26in) Oslo 92 .... FF3 910 - £400 - **$688**

JORI Marcello 1951 [10]
- Incontri - Olio (143x111cm-56x44in) Roma 91 .... FF29 300 - £2 917 - **$5,039**
- Senza titolo - Tecnica mista/carta (57x78cm-22x31in) Milano 92 .... FF1 744 - £208 - **$336**
- Teatrino - Technique mixte/papier (75x105cm-30x41in) Milano 90 .... FF6 650 - £670 - **$1,303**

JORIS Frans 1851-1914 [1]
- Jeune Zéelandaise - Bronze (48cm-19in) Bruxelles 92 .... FF2 966 - £354 - **$571**

JORIS Pio 1843-1921 [27]
- Raccoglimento - Olio/tavola (26x16cm-10x6in) Roma 94 .... FF21 700 - £2 600 - **$4,030**
- In riva allo stagno - Olio/tela (74x46cm-29x18in) Roma 92 .... FF116 200 - £13 820 - **$22,350**
- The waterseller - Watercolour, gouache (13x22cm-5x9in) Amsterdam 90 ... FF6 000 - £647 - **$1,058**

JORM Arvid 1892-1964 [1]
- Landskap - Oil/canvas (29x46cm-11x18in) Söderköping 89 .... FF3 900 - £399 - **$627**

JORN Asger Jorgensen 1914-1973 [540]
- Herr Immerda - Oil/canvas (146x114cm-57x45in) London 96 .... FF1 - £160 000 - **$246,400**
- Untitled, 1945 - Oil/canvas (175x121cm-69x48in) London 89 .... FF2 - £277 280 - **$435,981**
- Schräge Handgreiflichkeit - Acrylic/paper (40x29cm-16x11in) Amsterdam 97 ... FF30 758 - £322 6 6 - **$5,278**
- Untitled - Oil/canvas (40x30cm-16x12in) London 97 .... FF103 190 - £11 000 - **$18,016**
- Dove siamo ? - Oil/canvas (56x46cm-22x18in) London 95 .... FF287 700 - £38 000 - **$58,300**
- The Emigrants - Oil/hardboard (91x122cm-36x48in) København 96 .... FF576 000 - £74 800 - **$114,000**
- Senza pietà - Oil/canvas (100x81cm-39x32in) London 96 .... FF734 000 - £92 000 - **$142,000**
- Les suédoises s'amusent - Lithographie couleurs (68x44cm-27x17in) Amsterdam 97 .... FF3 753 - £398 - **$653**
- La forêt - Lithographie couleurs (42x65cm-17x26in) München 96 .... FF7 800 - £978 - **$1,505**
- Le futur du passé - Woodcut København 94 .... FF15 650 - £1 750 - **$2,677**
- Animale - Terracotta (22cm-9in) Milano 96 .... FF30 240 - £3 510 - **$5,940**
- Untiteld - Ink (39x53cm-15x21in) Amsterdam 97 .... FF21 971 - £2 304 - **$3,770**
- Composition - Gouache/papier (54x45cm-21x18in) Paris 97 .... FF38 000 - £3 963 - **$6,498**
- Untitled - Gouache (109x96cm-43x38in) Amsterdam 97 .... FF110 878 - £11 655 - **$19,047**
- Birds - Watercolour, gouache (54x45cm-21x18in) London 90 .... FF232 400 - £25 043 - **$40,988**

JORON Maurice 1883-1937 [1]
- Femme au grand salon - Huile/toile Paris 91 .... FF3 800 - £381 - **$696**

JÖRRES Carl 1872-1947 [4]
- Früher Abend am Fluss - Öl/Leinwand (54x61cm-21x24in) Bremen 95 ...... FF8 250 - £1 085 - **$1,656**

JOS Juliam XIX [2]
- Three boys fishing - Oil/canvas (36x51cm-14x20in) Dedham, Mass. 96 ..... FF8 170 - £1 054 - **$1,600**

JOS Léonard XIX-XX [2]
- Navigation - Collage (22x18cm-9x7in) Genève 91 .... FF6 370 - £655 - **$1,186**

JOSEF Carl 1877-? [3]
- Zwei elegante Herren - Ink/paper (35x23cm-14x9in) Wien 90 .... FF5 800 - £601 - **$1,019**

JOSEPH Albert 1868-1952 [19]
- Voiliers au mouillage - Huile/toile (50x61cm-20x24in) Neuilly 92 .... FF9 000 - £921 - **$1,620**
- Neige à Crozant - Huile/toile (46x61cm-18x24in) Limoges 89 .... FF16 500 - £1 687 - **$2,653**
- Paysage du Limousin - Huile/toile (46x61cm-18x24in) Limoges 89 ..... FF130 000 - £13 292 - **$20,900**

J

JOSEPH Jasmin 1923 [2]
- Lion - Huile/isorel (41x61cm-16x24in) Montréal 96 .... FF6 570 - £626 - **$953**
- *Famille dans la forêt* - Huile/masonite (67x61cm-26x24in) New-York 93 .... FF16 520 - £1 880 - **$2,800**

JOSEPH Marguerite 1856-1905 [1]
- *Chat et chrysanthèmes* - Huile/toile (50x60cm-20x24in) Paris 91 .... FF4 500 - £455 - **$893**

JOSEPH Melly 1886/87-1918/19 [2]
- *Pflanzen setzende Frau mit Nimbus* - Oil/cardboard (15x21cm-6x8in) Bielefeld 94 .... FF5 440 - £635 - **$954**

JOSEPHA de Obidos de Ayalla c.1630-1684 [1]
- *Peaches, pears and parrot* - Oil/canvas (58x101cm-23x40in) London 92 .... FF215 000 - £22 000 - **$37,840**

JOSEPHSON Ernst 1851-1906 [82]
- *Spelscen* - Oil/panel (26x41cm-10x16in) Stockholm 90 .... FF2 - £237 026 - **$387,937**
- *Munkporträtt* - Oil/canvas (61x50cm-24x20in) Stockholm 96 .... FF23 070 - £2 880 - **$4,455**
- *Adam och Eva* - Oil/panel (23x17cm-9x7in) Stockholm 95 .... FF73 800 - £9 660 - **$15,000**
- *Bäck i skogen, Eggedal* - Oil/panel (65x53cm-26x21in) Stockholm 97 .... FF269 676 - £28 872 - **$47,016**
- *The Water Sprite* - Watercolour (45x69cm-18x27in) London 90 .... FF1 - £145 171 - **$235,809**
- *Sommarnatt* - Ink/paper (38x23cm-15x9in) Stockholm 97 .... FF16 480 - £1 764 - **$2,873**
- *Kvinnohuvud* - Watercolour (34x21cm-13x8in) Stockholm 95 .... FF41 500 - £5 180 - **$8,130**
- *Paddlare* - Watercolour (36x21cm-14x8in) Stockholm 95 .... FF283 300 - £35 400 - **$55,500**

JOSEPHU Joseph 1889-? [1]
- *Eva und die Schlange* - Bronze (30cm-12in) Wien 95 .... FF4 900 - £646 - **$993**

JOSI Christian 1768-1828 [2]
- *Portrait of a man* - Black chalk (37x27cm-15x11in) Amsterdam 96 .... FF12 050 - £1 420 - **$2,370**

JOSSE François Xavier 1910-1991 [11]
- *Juliette* - Pastel (50x64cm-20x25in) La Varenne Saint-Hilaire 91 .... FF1 800 - £179 - **$310**

JOSSEAUD Johannes 1880-1935 [1]
- *Canal in Bruges* - Oil/canvas (69x100cm-27x39in) Amsterdam 94 .... FF2 285 - £270 - **$411**

JOSSELIN DE JONG Pieter 1861-1906 [2]
- *Gieterij* - Oil/canvas (45x69cm-18x27in) Amsterdam 93 .... FF9 040 - £1 080 - **$1,740**

JOSSOT G. Henri,Abdul Karim 1866-1951 [11]
- *Oued, Sud Tunisien* - Huile/toile (81x99cm-32x39in) Paris 93 .... FF6 000 - £723 - **$1,091**
- *Demandez un Cointreau...* - Affiche (130x100cm-51x39in) Boulogne 95 .... FF4 200 - £541 - **$867**

JOST Joseph 1875-1948 [5]
- *Küchenstilleben* - Oil/panel (54x68cm-21x27in) Wien 90 .... FF7 700 - £824 - **$1,339**
- *Rabbi delivering a sermon* - Oil/canvas (45x36cm-18x14in) Amsterdam 91 .... FF66 100 - £6 628 - **$10,911**

JOST Joseph 1888-? [10]
- *Blumenstrauss* - Öl/Leinwand (80x60cm-31x24in) Lindau 94 .... FF18 860 - £2 240 - **$3,490**

JOSZA Sandor 1910 [27]
- *Matin en montagne* - Huile/toile (82x120cm-32x47in) Paris 93 .... FF2 500 - £302 - **$455**

JOTTHIER L. 1866-1942 [2]
- *Marine tourmentée* - Huile/toile (50x70cm-20x28in) Bruxelles 95 .... FF3 364 - £407 - **$633**

JOTTI Carlo 1826-1905 [3]
- *Militari a Venafro* - Olio/tela (55x76cm-22x30in) Roma 94 .... FF53 000 - £6 300 - **$9,450**

JOUAN Jean-Pierre XX [15]
- *Trouville, les jetées* - Huile/panneau (30x60cm-12x24in) Bayeux 95 .... FF2 500 - £322 - **$521**
- *Neige à Touques* - Huile/panneau (30x47cm-12x19in) Rouen 90 .... FF7 000 - £749 - **$1,217**

JOUANA Marie José XX [24]
- *Bord de la falaise* - Huile/bois (12x15cm-5x6in) Paris 90 .... FF2 900 - £292 - **$568**

JOUANIN Auguste Adrien 1806-1887 [2]
- *Une Panique* - Engraving (67x81cm-26x32in) London 96 .... FF1 570 - £200 - **$303**

JOUAS Charles 1866-1942 [9]
- *Building the Paris Metro* - Watercolour/paper (68x92cm-27x36in) New-York 93 .... FF27 500 - £3 450 - **$5,000**

JOUAS Édouard Étienne XIX-XX [2]
- *Cadeau de naissance* - Huile/toile (46x65cm-18x26in) Bruxelles 90 .... FF11 300 - £1 167 - **$1,996**

JOUAULT André-Gustave 1904 [2]
- *Paysage de Bretagne* - Huile/toile (60x120cm-24x47in) Soissons 96 .... FF3 000 - £386 - **$582**

JOUAZ Charles 1866-1942 [1]
- *Saint-Séverin* - Sanguine (26x22cm-10x9in) Reims 90 .... FF2 400 - £257 - **$417**

JOUBERT Léon 1876-1920 [6]
- *St. Jacut de la Mer* - Huile/panneau (26x34cm-10x13in) Paris 97 .... FF3 200 - £331 - **$548**
- *Le torrent* - Huile/panneau (34x25cm-13x10in) Rouen 92 .... FF20 000 - £2 047 - **$3,520**

JOUBERT Léon Alex. Alphonse 1851-? [1]
- *Nature morte de fruits* - Oil/canvas (48x69cm-19x27in) Stockholm 91 .... FF32 760 - £3 253 - **$5,688**

JOUBIN Georges 1888-1983 [146]
- *Roses et tulipes* - Huile/panneau (33x24cm-13x9in) Paris 97 .... FF3 000 - £323 - **$527**
- *Femme au peignoir* - Huile/toile (92x73cm-36x29in) La Varenne Saint-Hilaire 97 .... FF12 500 - £1 354 - **$2,195**
- *Rue de Ravignan, Paris*
  Huile/panneau (73x60cm-29x24in) La Varenne Saint-Hilaire 93 .... FF30 000 - £3 615 - **$5,450**
- *Atelier à Montmartre* - Huile/panneau (130x97cm-51x38in) Louviers 91 .... FF69 000 - £6 970 - **$13,698**
- *Carrefour Richelieu-Drouot* - Huile/panneau (81x65cm-32x26in) Paris 90 .... FF130 000 - £13 830 - **$23,256**
- *Jeune fille assise* - Pastel (42x34cm-17x13in) La Varenne Saint-Hilaire 94 .... FF3 400 - £402 - **$611**
- *Port d'Amsterdam* - Aquarelle (45x54cm-18x21in) La Varenne Saint-Hilaire 90 .... FF10 500 - £1 057 - **$1,909**

JOUCLARD Adrienne 1881-1971 [155]
- *Le 14 juillet à Montparnasse* - Huile/toile (65x81cm-26x32in) Lyon 92 .... FF4 200 - £489 - **$857**
- *Le troupeau de Chambley* - Huile/toile (82x130cm-32x51in) Lyon 97 .... FF9 000 - £976 - **$1,582**

Aux sports d'hiver - Huile/toile Nancy 97 .... FF16 000 - £1 720 - **$2,808**
Eté - Huile/toile (73x100cm-29x39in) Paris 91 .... FF30 000 - £3 031 - **$5,955**
Conversation au soleil - Gouache (46x60cm-18x24in) Paris 95 .... FF5 000 - £631 - **$997**

JOUENNE Léon Michel M. 1845-1912 [1]
Honfleur, le port - Huile/toile (73x100cm-29x39in) Versailles 92 ...... FF17 500 - £1 797 - **$3,366**

JOUENNE Michel 1933 [48]
Bonnieux - Huile/toile (73x100cm-29x39in) Paris 97 .... FF11 500 - £1 191 - **$1,969**
Cueillette des fleurs - Huile/toile (73x100cm-29x39in) Fontainebleau 95 .... FF20 000 - £2 570 - **$4,160**
L'étang - Huile/toile (98x130cm-39x51in) Paris 90 .... FF100 000 - £10 331 - **$17,668**

JOUENNE Sylviane XX [13]
Les jeunes mariés - Huile/toile (46x55cm-18x22in) Montauban 96 ... FF4 000 - £499 - **$773**

JOUFFROY Jean-Pierre 1933 [3]
Constant le Jardinier - Oil/canvas (46x38cm-18x15in) Delray Beach, Florida 93 ...... FF3 245 - £369 - **$550**

JOUFFROY Pierre XX [8]
Sac de farine - Huile/toile (73x100cm-29x39in) Lons-le-Saunier 94 .... FF20 500 - £2 450 - **$3,830**

JOUHAN René 1835-? [2]
Nature morte aux fruits - Huile/toile (97x130cm-38x51in) Paris 94 .... FF40 000 - £4 660 - **$7,010**

JOUHAUD Léon 1874-1950 [36]
Les bruyères - Email Louviers 91 .... FF19 500 - £1 955 - **$3,219**
Mme & M. de Rothschild - Oil/Metall (11x19cm-4x7in) Louviers 91 .... FF46 500 - £4 719 - **$8,398**
Le bas - Pastel (30x22cm-12x9in) Louviers 91 .... FF11 000 - £1 103 - **$2,015**

JOUKOVSKI Stanislav Iulianov. 1871-1944 [2]
Waldlichtung mit Bach - Oil/canvas (43x65cm-17x26in) Luzern 92 .... FF9 130 - £1 091 - **$1,757**
Pine forest, winter - Oil/canvas (56x66cm-22x26in) London 96 .... FF23 000 - £2 700 - **$4,470**

JOULIN Lucien 1842-c.1900 [1]
Paysage animé - Huile/toile (55x77cm-22x30in) Doullens 94 .... FF18 000 - £2 222 - **$3,050**

JOULLIN Amedee 1862-1917 [6]
Marsh, Mt. Tamalpais - Oil/canvas (40x76cm-16x30in) San Francisco-Los Angeles 93 .... FF24 750 - £3 104 - **$4,500**

JOURDAIN Francis 1876-1958 [21]
Après l'orage - Huile/toile (72x92cm-28x36in) Bruxelles 89 .... FF30 800 - £3 065 - **$4,866**
Paysage clair-obscur - Pastel (33x46cm-13x18in) Paris 95 .... FF8 000 - £1 020 - **$1,607**
Nu de face - Pastel (67x52cm-26x20in) Paris 94 .... FF28 000 - £3 355 - **$5,300**

JOURDAIN Henri 1864-1931 [11]
Paysage d'hiver - Huile/panneau (50x65cm-20x26in) Reims 89 .... FF3 000 - £299 - **$474**
L'Hiver - Gouache (24x33cm-9x13in) Soissons 94 .... FF2 300 - £276 - **$447**

JOURDAIN Roger 1845-1918 [5]
Au bord de la tamise - Oil/canvas (44x61cm-17x24in) New-York 97 .... FF85 275 - £9 185 - **$15,000**
The boat house - Oil/canvas (81x111cm-32x44in) London 95 .... FF139 800 - £17 500 - **$27,840**

JOURDAN Adolphe 1825-1889 [5]
Sinnliche Lektüre - Oil/canvas (101x81cm-40x32in) Wien 90 .... FF96 000 - £9 770 - **$19,198**
Les Secrets de L'Amour - Oil/canvas (107x79cm-42x31in) New-York 97 ... FF254 093 - £27 365 - **$45,000**

JOURDAN Émile 1860-1931 [12]
Le port de Brigneau - Huile/toile (60x81cm-24x32in) Paris 89 .... FF1 - £132 924 - **$209,003**
Les vagues - Huile/toile (44x65cm-17x26in) Quimper 97 .... FF141 000 - £15 101 - **$24,717**
Naufrage au sémaphore - Huile/toile (59x82cm-23x32in) Brest 96 .... FF460 000 - £52 800 - **$87,700**

JOURDAN Félix 1818-1896 [2]
Figures in an interior scene - Oil/canvas (53x41cm-21x16in) Bloomfield Hills, Michigan 91 ...... FF3 990 - £401 - **$690**
La contemplation - Pastel (61x51cm-24x20in) Douarnenez 94 .... FF4 000 - £486 - **$761**

JOURDAN J. XIX-XX [2]
Feu de varechs - Huile/toile (55x65cm-22x26in) Pont-Audemer 90 .... FF30 500 - £3 207 - **$5,304**

JOURDAN Louis 1872-1948 [6]
Grand arbre - Huile/carton (65x92cm-26x36in) Lyon 92 .... FF7 500 - £895 - **$1,443**

JOURDAN Théodore 1833-? [5]
Berger et ses moutons - Huile/toile (22x46cm-9x18in) Saint-Dié 93 .... FF8 200 - £943 - **$1,412**

JOURDEUIL Louis Marie Adrien 1849-1907 [4]
Bateau-lavoir, Netoyles-sur-Saône
   Oil/canvas (45x76cm-18x30in) North Bethesda, MD. 91 .... FF12 950 - £1 298 - **$2,372**

JOURNIAC Michel 1943 [15]
L'armoire de Gilles de Rais - Huile/toile (89x130cm-35x51in) Paris 94 .... FF4 000 - £479 - **$784**
Journiac travesti en cadavre - Relief (71x51cm-28x20in) Paris 92 ... FF3 000 - £307 - **$529**
La lessive - Photograph (77x55cm-30x22in) London 96 .... FF2 794 - £350 - **$540**

JOURNOD Monique 1935 [2]
Fleurs du moulin - Huile/toile (40x25cm-16x10in) Paris 94 .... FF2 200 - £264 - **$417**
Composition - Huile/toile (32x40cm-13x16in) Toulouse 92 .... FF8 000 - £822 - **$1,540**

JOUSSAY Jacques Jules 1821-1889 [4]
Roses in a vase - Oil/canvas (59x50cm-23x20in) London 94 .... FF13 540 - £1 600 - **$2,432**

JOUSSEAUME Dominique 1950 [3]
Météorite - Bronze (50x26x30cm-20x10x12in) Paris 92 .... FF10 000 - £1 027 - **$1,923**

JOUSSELIN François 1926 [2]
La poursuite - Aquarelle (56x44cm-22x17in) Paris 89 .... FF1 500 - £145 - **$228**

JOUSSELIN Michel 1758-1836 [1]
Paar in romantischer Landschaft - Oil/canvas (37x43cm-15x17in) München 90 .... FF17 000 - £1 738 - **$3,356**

J

JOUSSET Claude 1935 [21]
- *Paris, place des Vosges* - Huile/toile (50x61cm-20x24in) Versailles 91 .... FF*8 000* - £*807* - **$1,414**

JOUVE Auguste 1846-? [2]
- *Vase de fleurs* - Oil/panel (137x100cm-54x39in) New-York 94.................... FF*47 800* - £*5 700* - **$9,000**

JOUVE Maurice 1844-1916 [1]
- *Jardin au printemps* - Oil/canvas (120x84cm-47x33in) New-York 95.................... FF*56 500* - £*6 930* - **$11,000**

JOUVE Paul 1880-1973 [199]
- *Aigle* - Huile/panneau (64x62cm-25x24in) Paris 94 .... FF*14 500* - £*1 720* - **$2,750**
- *Lionne qui marche* - Huile/panneau (31x47cm-12x19in) Paris 95.................... FF*50 000* - £*6 260* - **$9,640**
- *Aigle royal et faisan* - Huile/panneau (95x68cm-37x27in) Paris 96 .... FF*72 000* - £*8 260* - **$12,310**
- *Tigre Royal couché* - Oil/canvas (90x150cm-35x59in) London 91 .... FF*326 000* - £*32 933* - **$64,716**
- *A leopard* - Etching (95x60cm-37x24in) New-York 93 .... FF*22 100* - £*2 540* - **$3,800**
- *Le grand Duc* - Sculpture (25cm-10in) Paris 92.................... FF*5 000* - £*597* - **$962**
- *Lionne rugissante* - Sculpture (60x108cm-24x43in) Paris 91.................... FF*46 000* - £*4 568* - **$7,987**
- *Lion et sanglier* - Bronze (81cm-32in) Paris 89 .... FF*125 000* - £*13 172* - **$21,044**
- *Panthère* - Fusain/papier (40x53cm-16x21in) Bergerac 95.................... FF*3 800* - £*481* - **$769**
- *Panthère allongée* - Encre Chine (22x52cm-9x20in) Paris 93 .... FF*12 500* - £*1 437* - **$2,510**
- *L'aigle* - Fusain (70x102cm-28x40in) Paris 97.................... FF*25 000* - £*2 728* - **$4,370**
- *Tigre dévorant sa proie* - Aquarelle, gouache (50x66cm-20x26in) Soissons 94 .... FF*40 000* - £*4 755* - **$7,170**
- *Panthère noire* - Gouache (62x105cm-24x41in) Douai 96.................... FF*80 000* - £*9 970* - **$15,450**
- *Panthère noire* - Gouache (47x10cm-19x4in) Paris 89 .... FF*280 000* - £*29 505* - **$47,138**

JOUVEN Romain 1874-1929 [16]
- *Avignon* - Huile/panneau (52x38cm-20x15in) Arles 92 .... FF*4 000* - £*410* - **$720**
- *Le retour de la pêche* - Aquarelle (37x55cm-15x22in) La Varenne Saint-Hilaire 92.................... FF*1 900* - £*195* - **$342**

JOUVET Paul 1892-1981 [15]
- *Le Cap Martin* - Oil/carton (27x35cm-11x14in) Grenoble 95 .... FF*2 000* - £*257* - **$412**

JOUY Joseph Nicolas 1809-? [1]
- *Présentation au Temple* - Huile/toile (74x52cm-29x20in) Paris 93 .... FF*5 800* - £*699* - **$1,055**

JOVANOVICS Gyorgy 1939 [2]
- *Frottage II* - Crayon gras (84x118cm-33x46in) Paris 91.................... FF*3 200* - £*322* - **$555**

JOVENAU Jean,dit J.-Joveneau 1888-? [2]
- *Raisin et perdrix* - Huile/toile (60x81cm-24x32in) Paris 91 .... FF*5 800* - £*581* - **$1,062**

JOVINGE Torsten 1898-1936 [2]
- *Motiv fran Menton* - Oil/board (41x32cm-16x13in) Stockholm 90 .... FF*59 900* - £*6 372* - **$10,716**
- *Amynning, 1934* - Akvarell (41x44cm-16x17in) Stockholm 90 .... FF*12 200* - £*1 298* - **$2,182**

JOWETT Percy Hague 1882-1955 [9]
- *Boats on a beach* - Oil/panel (30x41cm-12x16in) London 95 .... FF*14 100* - £*1 800* - **$2,890**

JOY George William 1844-1925 [2]
- *Christ and the Little Child* - Oil/canvas (192x285cm-76x112in) London 95 .... FF*37 900* - £*4 800* - **$7,620**

JOY John Cantiloe 1806-1857 [6]
- *A frigate in high seas* - Watercolour (23x33cm-9x13in) London 94 .... FF*15 520* - £*1 800* - **$2,673**

JOY Steve 1952 [2]
- *Hôtel du Nil* - Oil/paper (47x72cm-19x28in) München 93 .... FF*3 830* - £*438* - **$647**

JOY Thomas Musgrave 1812-1866 [5]
- *Girl in a red hat* - Oil/canvas (92x62cm-36x24in) London 96 .... FF*42 650* - £*5 500* - **$8,350**

JOY William Cantiloe 1803-1867 [14]
- *Beach scene with a man and figures*
  Oil/canvas (38x51cm-15x20in) Billinghurst, West Sussex 94 .... FF*92 500* - £*11 200* - **$17,080**
- *A beached Vessel* - Watercolour (16x24cm-6x9in) London 97 .... FF*23 408* - £*2 500* - **$4,070**
- *Preparing to sail* - Watercolour (27x40cm-11x16in) London 93 .... FF*45 650* - £*5 500* - **$7,970**

JOYANT Jules Romain 1803-1854 [7]
- *Vue de la Salute à Venise* - Encre (41x58cm-16x23in) Paris 93.................... FF*12 000* - £*1 350* - **$2,034**

JOZAN Saintin François 1797-1867 [2]
- *Promenade en barque* - Huile/toile (43x61cm-17x24in) Paris 94 .... FF*14 000* - £*1 670* - **$2,575**

JOZON Jeanne 1868-1946 [2]
- *Jeune femme agenouillée* - Bronze (23cm-9in) Versailles 91 .... FF*2 400* - £*244* - **$433**

JOZSA Károly 1872-1929 [1]
- *L'aveugle* - Huile/toile (100x65cm-39x26in) Verrières-Le-Buisson 90.................... FF*16 500* - £*1 767* - **$2,870**

JU CHAO 1811-1865 [2]
- *Ten Perfect Peonies* - Oil/canvas/board (38x115cm-15x45in) New-York 93.................... FF*26 550* - £*3 020* - **$4,500**

JUBIEN Antoine Fr. Louis 1833-1909 [1]
- *Sarah Bernhardt* - Pastel/paper (68x58cm-27x23in) London 94 .... FF*42 300* - £*5 000* - **$7,600**

JUBRÉAUX Joseph 1834-? [1]
- *Vase de fleurs et fruits* - Huile/toile (100x65cm-39x26in) Paris 93.................... FF*51 800* - £*5 730* - **$8,640**

JUCH Ernst 1838-1909 [6]
- *Snapping at the Cook's Ankles* - Oil/board (13x11cm-5x4in) London 96 .... FF*11 070* - £*1 300* - **$2,150**

JUDD Donald 1928-1994 [117]
- *Untitled* - Mixed media (122x7x244cm-48x3x96in) New-York 94.................... FF*1* - £*162 600* - **$260,000**
- *Untitled* - Aluminium plate & tempered glass (4 units) New-York 94 .... FF*377 400* - £*43 800* - **$65,000**
- *Six Aquatints* - Aquatint (75x87cm-30x34in) Köln 92 .... FF*25 500* - £*2 610* - **$4,490**
- *Untitled* - Sculpture (302x61x69cm-119x24x27in) New-York 97 .... FF*1* - £*146 520* - **$240,000**
- *Two Side Chairs* - Curly maple, oil finish (2) New-York 96 .... FF*47 500* - £*6 150* - **$9,500**
- *Untitled* - Sculpture (15x61x69cm-6x24x27in) New-York 97 .... FF*139 373* - £*14 662* - **$24,000**
- *Untitled* - Sculpture (30x30x90cm-12x12x35in) New-York 97 .... FF*145 350* - £*15 263* - **$25,000**

J

Untitled - Sculpture (30x30x180cm-12x12x71in) New-York 97... **FF319 396** - *£33 600* - **$55,000**
🖉 *Screen Aug. 25* - Gouache (159x370cm-63x146in) New-York 95 .... **FF82 300** - *£10 910* - **$17,000**

JUDEICH Therese c.1831-1914 [1]
🖼 *Bauernhaus unter Bäumen* - Öl/Papier (38x49cm-15x19in) München 94 .... **FF3 413** - *£404* - **$613**

JUDIKAëL Pierre Juhel, dit 1937 [35]
🖼 *Sur le quai* - Acrylique/toile (38x46cm-15x18in) Cherbourg 97 .... **FF3 400** - *£363* - **$591**

JUDKIN Rev. Thomas James 1788-1871 [1]
🖼 *Red Lion Inn* - Oil/canvas (56x76cm-22x30in) London 95 .... **FF33 160** - *£4 200* - **$6,670**

JUDSON Alice 1876-1948 [4]
🖼 *Piazza San Marco* - Oil/canvas/board (35x27cm-14x11in) New-York 94 .... **FF2 165** - *£257* - **$400**

JUDSON Charles Chapel 1864-1946 [1]
🖼 *Moonlit Trail* - Oil/canvas (61x51cm-24x20in) San Francisco-Los Angeles 95 .... **FF7 470** - *£982* - **$1,500**

JUDSON William Lee 1842-1928 [14]
🖼 *Quiet stream* - Oil/canvas (38x64cm-15x25in) San Francisco-Los Angeles 89 .... **FF11 400** - *£1 134* - **$1,801**
Grand Cañyon - Oil/canvas (76x127cm-30x50in) San Francisco-Los Angeles 95 .... **FF34 900** - *£4 585* - **$7,900**
🖉 *Picking Wildflowers* - Watercolour/paper (15x23cm-6x9in) San Francisco-Los Angeles 96 .... **FF5 740** - *£665* - **$1,100**

JUEL Jens 1745-1802 [35]
🖼 *Niels Collin* - Oil/canvas (49x39cm-19x15in) København 96 .... **FF63 100** - *£8 000* - **$12,100**
A. S. & H. C. Ravn - Oil/canvas (62x62cm-24x24in) København 96 .... **FF168 500** - *£19 200* - **$32,260**
🖉 *Johan Harting Ernst von Berger* - Pastel (48x33cm-19x13in) København 96 .... **FF13 370** - *£1 730* - **$2,673**

JUENGLING Frederick 1848-1889 [1]
🖼 *Below stairs* - Oil/panel (29x37cm-11x15in) New-York 94 .... **FF42 100** - *£4 970* - **$7,500**

JUERGENS Alfred 1866-1934 [10]
🖼 *Lilacs* - Oil/board (64x69cm-25x27in) Chicago 94 .... **FF14 270** - *£1 665* - **$2,500**
🖉 *San Giorgio Maggiore* - Ink/paper (19x12cm-7x5in) Köln 89 .... **FF2 400** - *£253* - **$404**

JUGELET Jean Marie Auguste 1805-1875 [6]
🖼 *Küstenlandschaft* - Oil/panel (23x35cm-9x14in) Bremen 94 .... **FF7 700** - *£881* - **$1,310**

JUGNIET Michel XX [2]
🖼 *Pont à New York* - Huile/toile (81x100cm-32x39in) Lyon 96 .... **FF7 800** - *£916* - **$1,535**

JUHEL Jean-Luc 1951 [67]
🖼 *Dany, arrête de fumer* - Acrylique/panneau (61x31cm-24x12in) Paris 97 .... **FF2 000** - *£211* - **$343**
🗿 *Les téléphones arrivent* - Bois (175cm-69in) Paris 97 .... **FF5 300** - *£560* - **$909**

JUILLERAT Clotilde, née Gérard 1806-1904 [1]
🖼 *Anne de Beaujeu* - Huile/toile (57x107cm-22x42in) Lyon 96 .... **FF41 000** - *£5 220* - **$7,900**

JUILLERAT Jacques Henri 1777-1860 [5]
🖉 *Das pantheon in Rom* - Aquarell/Papier (26x36cm-10x14in) Wien 92 .... **FF10 580** - *£1 084* - **$1,864**

JUILLET Jacques 1739-? [1]
🖼 *Cayer de Six Petits Bouquets* - Etching (14x9cm-6x4in) London 95 .... **FF2 726** - *£350* - **$551**

JUKES Francis 1749-1812 [10]
🖉 *Margate, Kent* - Wash (29x42cm-11x17in) London 91 .... **FF5 980** - *£598* - **$985**

JULEMONT Jean Henri 1904-1979 [3]
🖼 *Sous-bois* - Huile/toile (37x47cm-15x19in) Liège 91 .... **FF4 980** - *£510* - **$924**

JULIA Y CARRERE Luis ?-1908 [11]
🖼 *Toros en la dehesa* - Oleo/lienzo (51x87cm-20x34in) Madrid 92 .... **FF5 940** - *£605* - **$1,045**

JULIA Y ENTRAIGUES Rafael XIX [3]
🖼 *Admirando a las majas* - Oleo/lienzo (20x38cm-8x15in) Madrid 93 .... **FF7 490** - *£862* - **$1,285**

JULIAN Paul 1914 [1]
🖼 *Two women on the beach*
   Oil/board (41x50cm-16x20in) San Francisco-Los Angeles 95 .... **FF22 120** - *£2 517* - **$3,750**

JULIANA Y ALBERT José 1844-1890 [10]
🖼 *Gondoleros de Venecia* - Oleo/lienzo (42x72cm-17x28in) Madrid 92 .... **FF60 200** - *£6 030* - **$11,560**
🖉 *lovers in a wood* - Watercolour (75x52cm-30x20in) London 92.......................... **FF6 350** - *£650* - **$1,118**

JULIARD Nicolas-Jacques 1715-1790 [2]
🖼 *Flusslandschaft mit Wassermühle* - Oil/canvas (51x92cm-20x36in) Luzern 91 .... **FF35 900** - *£3 574* - **$6,173**

JULIEN Claude 1952 [63]
🖼 *Repos des paysans* - Huile/isorel (30x40cm-12x16in) Saint-Dié 94 .... **FF3 500** - *£398* - **$594**
🖉 *Paysage mauve* - Pastel (20x30cm-8x12in) Annonay 91 .... **FF1 800** - *£180* - **$297**

JULIEN DE PARME Simon 1735-1800 [1]
🖼 *Scène de l'Histoire Ancienne* - Huile/toile (64x82cm-25x32in) Monaco 91 .... **FF70 000** - *£7 050* - **$12,280**

JULIEN Gaston 1825-1881 [1]
🖼 *Entrée du port de Marseille* - Huile/toile (37x54cm-15x21in) Neuilly 89 .... **FF12 000** - *£1 264* - **$2,020**

JULIEN Henri Octave 1852-1908 [5]
🖉 *Histoire de pêche* - Encre (21x19cm-8x7in) Montréal 93 .... **FF2 230** - *£253* - **$376**

JULIEN Jean XX [6]
🖼 *Nu aux bas mauves* - Huile/toile (61x50cm-24x20in) Troyes 90 .... **FF4 500** - *£482* - **$783**

JULIEN Jean Pierre 1888-1974 [1]
🖼 *Déjeuner à Amalfi* - Huile/toile (205x240cm-81x94in) Beaune 94 .... **FF93 500** - *£10 810* - **$16,050**

JULIEN Pierre 1731-1804 [1]
🗿 *Amalthea and her goat* - Bronze (34cm-13in) London 94................................... **FF5 880** - *£700* - **$1,120**

JULIEN René 1937 [5]
🖼 *Couple* - Huile/toile (150x80cm-59x31in) Liège 96 .... **FF2 000** - *£259* - **$395**

J

La Camargue - Huile/panneau (100x70cm-39x28in) Antwerpen 95.. FF6 770 - £866 - **$1,360**
🏛 *Tête de femme* - Bronze (60x44cm-24x17in) Antwerpen 94 .... FF10 730 - £1 232 - **$1,836**

JULIN Johan Fredrik 1798-1843 [2]
🖼 *Järngraven i Stockholm* - Oil/canvas (54x74cm-21x29in) Uppsala 91 .... FF16 030 - £1 615 - **$2,782**
✎ *Dannemora gruva* - Akvarell (75x53cm-30x21in) Uppsala 93 .... FF4 340 - £492 - **$732**

JULIUS Per 1951 [14]
🖼 *Insjölandskap med björkar* - Oil/canvas (61x100cm-24x39in) Stockholm 96 .... FF10 000 - £1 247 - **$1,930**
✎ *Vinterlandskap med vak* - Akvarell (43x77cm-17x30in) Stockholm 96 .... FF9 330 - £1 064 - **$1,787**

JULLIAN Philippe 1919-1977 [16]
✎ *Amsterdam* - Aquarelle (36x26cm-14x10in) Paris 93.. FF4 800 - £540 - **$814**

JULLIARD Nicolas Jacques 1715-1790 [8]
🖼 *Landscapes with fishermen* - Oil/canvas (50x58cm-20x23in) London 97 .... FF51 936 - £5 500 - **$8,938**
Dôle - Huile/toile (43x64cm-17x25in) Paris 95 .... FF130 000 - £16 470 - **$26,150**

JULLIEN Amédée Henri Antoine 1819-1887 [2]
🖼 *The woodland pool* - Oil/canvas (89x117cm-35x46in) London 91 .... FF39 700 - £4 000 - **$6,889**

JULLIEN René 1947 [2]
🖼 *Petit Musée, 1989* - Technique mixte (125x20x50cm-49x8x20in) Paris 90 .... FF11 000 - £1 178 - **$1,913**

JUMEAU Yves 1955 [2]
🏛 *Nuit étoilée* - Sculpture (11x27cm-4x11in) Paris 90 .... FF7 000 - £716 - **$1,382**

JUMEL DE NOIRETERRE Antoine Valentin 1824-1902 [1]
🖼 *Escena de caceria* - Oleo/tabla (38x80cm-15x31in) Madrid 90... FF3 500 - £363 - **$615**

JUMP Mary Victoria 1897-? [1]
✎ *The auction sale* - Gouache (27x32cm-11x15in) London 91 .... FF3 970 - £403 - **$717**

JUN ICHIRO Sekino Jun'ichiro 1914-1988 [16]
▱ *Doll maker* - Print (79x63cm-31x25in) New-York 90 .... FF12 450 - £1 285 - **$2,198**

JUN Nakano 1925 [3]
✎ *Beauty* - Watercolour/paper (52x44cm-20x17in) New-York 92 .... FF11 440 - £1 366 - **$2,200**

JUNDT Gustave Adolphe 1830-1884 [10]
🖼 *La balancelle* - Huile/toile (66x43cm-26x17in) Saint-Dié 92 .... FF15 500 - £1 803 - **$3,163**
Tavern scene - Oil/canvas (53x81cm-21x32in) Detroit, Michigan 93 .... FF64 900 - £7 380 - **$11,000**

JUNEAU Denis 1925 [9]
✎ *Traits blancs* - Gouache/papier (21x29cm-8x11in) Montréal 93 .... FF1 780 - £202 - **$302**

JUNG Charles XIX [2]
🖼 *Winter afternoon/Winter morning* - Oil/canvas/panel (74x89cm-29x35in) New-York 89 .... FF20 000 - £1 990 - **$3,160**

JUNG Charles Frédéric 1865-1936 [9]
🖼 *Bouquet de pivoines* - Huile/toile (74x52cm-29x20in) Lyon 97 .... FF5 000 - £542 - **$879**
Panier d'oranges - Huile/toile (96x128cm-38x50in) Lyon 96 .... FF24 000 - £3 120 - **$4,760**

JUNG Friedrich August 1781-1841 [1]
✎ *Boy, facing right* - Miniature (5cm-2in) London 95 .... FF6 260 - £800 - **$1,258**

JUNG Georg 1899-1957 [12]
🖼 *Rosa einsam im Orange* - Oil/canvas (62x73cm-24x29in) Wien 96 .... FF56 000 - £7 270 - **$11,080**
✎ *Ohne Titel* - Pastell/Papier (23x21cm-9x8in) Wien 97 .... FF5 734 - £609 - **$988**

JUNG Johan Caspar 1721-1790 [1]
✎ *Trompe-l'oeil* - Watercolour (28x45cm-11x18in) Stockholm 90 .... FF39 300 - £4 235 - **$6,931**

JUNG Julius 1851-? [1]
🖼 *Trees on a river bank* - Oil/canvas (69x81cm-27x32in) London 89 .... FF11 600 - £1 186 - **$1,865**

JUNG Otto 1867-1966 [8]
🖼 *König von England, Stuttgart* - Öl/Leinwand (25x35cm-10x14in) Stuttgart 96......................... FF5 750 - £667 - **$1,103**

JUNG Théodore 1803-1865 [5]
✎ *Régiment d'Infanterie, Champ-de-Mars* - Crayon (60x90cm-24x35in) Paris 97 .... FF14 000 - £1 468 - **$2,402**

JUNG-ILSENHEIM Franz 1883-1963 [4]
🖼 *Steinböcke* - Tempera/Karton (50x61cm-20x24in) Wien 92.. FF8 650 - £1 034 - **$1,665**

JUNGBERG Gerda 1884-? [1]
🖼 *Syende kvinna* - Oil/cardboard (50x69cm-20x27in) Uppsala 94 .... FF2 227 - £267 - **$433**

JUNGBLUT Anton 1891-? [2]
🖼 *Eisfischer* - Oil/canvas (54x80cm-21x31in) Stuttgart 89... FF16 200 - £1 565 - **$2,458**

JUNGBLUT Johann 1860-1912 [63]
🖼 *Waldmoor* - Öl/Leinwand (105x78cm-41x31in) Düsseldorf 96.. FF9 300 - £1 204 - **$1,860**
Abendliche Winterlandschaft - Öl/Leinwand (74x105cm-29x41in) Frankfurt 95 .... FF24 930 - £3 110 - **$5,030**
Flusslandschaft - Öl/Leinwand (96x76cm-38x30in) Bremen 93 .... FF52 500 - £6 000 - **$8,920**

JUNGBLUTH Chrysis 1907 [2]
✎ *La Boule-Blanche à Montparnasse* - Gouache (46x37cm-18x15in) Paris 95 .... FF8 000 - £1 062 - **$1,650**

JUNGHANNS Julius Paul 1876-1953 [59]
🖼 *Pferdefuhrwerk* - Oil/panel (70x125cm-28x49in) Pforzheim 93 .... FF11 200 - £1 337 - **$2,153**
Mittagsrast - Öl/Leinwand (50x60cm-20x24in) Düsseldorf 96.. FF30 450 - £3 860 - **$5,840**
Viererzug - Öl/Leinwand (55x80cm-22x31in) Köln 94 .... FF47 640 - £5 550 - **$8,340**

JUNGHEIM Carl 1803-1886 [9]
🖼 *Paysage lacustre animé* - Huile/toile (93x139cm-37x55in) Bruxelles 92 .... FF10 200 - £1 184 - **$2,080**
Capri - Öl/Leinwand (53x70cm-21x28in) München 94... FF34 000 - £3 970 - **$5,960**
Capri - Oil/canvas (141x185cm-56x73in) London 95 .... FF75 000 - £9 500 - **$15,100**

JUNGHEIM Julius 1878-1957 [2]
🖼 *Oxes in the field* - Oil/canvas (50x65cm-20x26in) Amsterdam 89.. FF13 500 - £1 343 - **$2,133**

JUNGMANN Marten Joh. Balt. 1877-1965 [5]
- A Still Life with Orchids - Oil/panel (33x36cm-13x14in) Amsterdam 94 .... FF4 290 - £511 - **$816**

JUNGMANN Nico Wilhelm 1872-1935 [13]
- French Peasant Boy - Oil/canvas (62x49cm-24x19in) London 97 .... FF8 629 - £950 - **$1,514**
- Looking for Jaunette/Little Hostess - Oil/panel (37x25cm-15x10in) London 97 .... FF33 600 - £4 000 - **$6,400**
- Young man - Wash (61x47cm-24x19in) London 91 .... FF9 360 - £944 - **$1,824**

JUNGNICKEL Ludwig Heinrich 1881-1965 [144]
- Marine - Oil/canvas/panel (37x59cm-15x23in) Wien 96 .... FF12 040 - £1 502 - **$2,326**
- See - Oil/canvas (67x71cm-26x28in) Wien 89 .... FF62 400 - £6 575 - **$10,505**
- Papagei - Woodcut in colors (30x28cm-12x11in) Wien 96 .... FF13 520 - £1 540 - **$2,590**
- Junge Hunde - Fusain/papier (23x31cm-9x12in) Wien 97 .... FF2 398 - £253 - **$415**
- Drei Feldhasen - Aquarell/Papier (24x33cm-9x13in) Wien 95 .... FF6 500 - £821 - **$1,303**
- Rauhaardackel - Charcoal (31x35cm-12x14in) Wien 97 .... FF15 334 - £1 612 - **$2,633**
- Hahnenkampf - Aquarelle/papier (44x56cm-17x22in) Wien 94 .... FF21 850 - £2 564 - **$3,894**

JUNGSTEDT Axel 1859-1933 [3]
- Eftermiddagsteet - Oil/canvas (65x54cm-26x21in) Stockholm 96 .... FF100 000 - £12 460 - **$19,300**

JUNGSTEDT Kurt 1894-1963 [17]
- Negerguden - Oil/canvas (118x75cm-46x30in) Stockholm 92 .... FF6 130 - £628 - **$1,080**
- Gio vid fönstret - Oil/canvas (98x73cm-39x29in) Stockholm 95 .... FF34 560 - £4 315 - **$6,770**
- Herr S.M. - Oil/canvas (94x75cm-37x30in) Stockholm 90 .... FF365 000 - £38 830 - **$65,295**

JUNGWIRTH Josef 1869-1950 [18]
- Blumenstilleben - Öl/Karton (56x43cm-22x17in) Wien 96 .... FF12 250 - £1 586 - **$2,450**
- Vase of flowers - Watercolour/paper (27x20cm-11x8in) Wien 95 .... FF6 370 - £840 - **$1,290**

JUNGWIRTH Martha 1940 [8]
- Dame im Bad - Mischtechnik/Papier (49x63cm-19x25in) Wien 97 .... FF7 645 - £812 - **$1,318**
- Ohne Titel - Aquarell/Papier (215x300cm-85x118in) Wien 95 .... FF58 800 - £7 610 - **$11,950**

JUNIET Pierre [2]
- La Place du Carroussel - Huile/toile (46x61cm-18x24in) Paris 93 .... FF5 000 - £576 - **$862**

JUNK Rudolf 1880-1943 [1]
- Landungsplatz, Giardino, Venedig - Oil/canvas (50x66cm-20x26in) Wien 92 .... FF38 500 - £3 940 - **$6,780**

JUNKER Leo Helmholz 1882-1974 [9]
- Cubistic interior - Oil/canvas (99x69cm-39x27in) Chicago 92 .... FF2 080 - £218 - **$375**
- Church Eruita, Puerto Rico - Monotype (25x36cm-10x14in) Chicago 92 .... FF4 160 - £436 - **$750**

JUON Andreas 1895-? [6]
- Bergell, Bondesca-Gruppe - Öl/Leinwand (76x84cm-30x33in) Zofingen 93 .... FF7 120 - £811 - **$1,210**
- Schneeschmelze - Pastel (25x33cm-10x13in) Zofingen 93 .... FF2 573 - £293 - **$437**

JUPP George Herbert 1869-? [1]
- Grey january - Oil/canvas (51x77cm-20x30in) London 93 .... FF12 300 - £1 400 - **$2,086**

JURGA Jerzy 1940 [3]
- Trois formes écrites - Huile/bois (110x45cm-43x18in) Paris 90 .... FF2 000 - £201 - **$392**

JÜRGENS Grethe 1899-1981 [5]
- Gefangene - Watercolour (2x27cm-1x11in) Hamburg 93 .... FF10 170 - £1 215 - **$1,957**

JÜRGENS Hans Peter 1924 [4]
- Sovereign of the Seas - Mixed media (30x40cm-12x16in) Bremen 93 .... FF5 250 - £601 - **$893**
- Heringslogger in Vegesack - Gouache (47x72cm-19x28in) Bremen 91 .... FF9 570 - £983 - **$1,782**

JÜRGENS Johann Wilhelm 1845-1906 [1]
- Woods at sunset - Oil/canvas (48x88cm-19x35in) Vejle 94 .... FF3 480 - £409 - **$620**

JÜRGENSEN Georg U.F. Fritz 1818-1863 [4]
- Man kan ikke naegte... - Ink (11x10cm-4x4in) Köbenhavn 94 .... FF1 910 - £230 - **$354**

JURISCH Albert 1883-? [1]
- Am Ausgang des Dorfes - Öl/Leinwand (80x66cm-31x26in) Berlin 92 .... FF4 070 - £487 - **$783**

JURJANE Aija XX [5]
- Matin au miroir - Huile/toile (55x38cm-22x15in) Montauban 96 .... FF3 200 - £416 - **$627**

JURJANS Juris 1944 [10]
- Le hibou - Huile/toile (80x129cm-31x51in) Paris 90 .... FF2 000 - £201 - **$364**

JURRES Johannes Hendrikus 1875-1926 [31]
- A black horse - Oil/board (64x33cm-25x13in) Amsterdam 97 .... FF3 814 - £412 - **$665**
- Harbour of Nice - Oil/canvas (76x104cm-30x41in) Amsterdam 97 .... FF10 403 - £1 125 - **$1,815**
- Horsemen resting at an inn - Pastel/paper (37x57cm-15x22in) Amsterdam 94 .... FF2 754 - £331 - **$535**

JUSELIUS Erik 1891-1948 [2]
- Landskap - Oil/canvas (36x58cm-14x23in) Helsinki 91 .... FF4 730 - £471 - **$813**

JUSKO Joe XX [5]
- Sentinel - Mixed media/board (28x20cm-11x8in) New-York 96 .... FF6 660 - £790 - **$1,300**

JUSSEL Eugen 1912 [4]
- Schloss Vaduz, Liechtenstein - Öl/Leinwand (62x80cm-24x31in) Wien 94 .... FF21 830 - £2 530 - **$4,135**

JUSTE Estelle 1894-1962 [2]
- Remorqueur - Huile/toile (60x47cm-24x19in) Bruxelles 91 .... FF8 910 - £885 - **$1,547**

JUSTIN Auguste François 1847-? [1]
- Cows in a landscape - Oil/canvas New-York 90 .... FF12 000 - £1 208 - **$2,182**

JUSTITZ Alfred 1879-1934 [5]
- Fruits - Oil/canvas (55x57cm-22x22in) London 93 .... FF30 700 - £3 500 - **$5,220**

J

JUSTYNE Percy William 1812-1883 [1]
Windsor Castle - Watercolour (29x39cm-11x15in) London 93... FF4 450 - £500 - $745
JUSULL Arthur XIX-XX [1]
Welsh Lynn, North Wales - Oil/canvas (53x79cm-21x31in) Bloomfield Hills, Michigan 96 .... FF2 186 - £265 - $425
JUSZCZYK James 1943 [4]
Sun Gate - Acrylic/canvas (101x80cm-40x31in) Luzern 93.. FF12 940 - £1 546 - $2,490
JUSZKO Bela 1877-1969 [1]
Nature morte con uccelli - Olio/tavola (24x20cm-9x8in) Trieste 93... FF2 534 - £289 - $430
JUTAND Pierre 1935 [28]
Vue de village - Huile/toile (147x114cm-58x45in) Calais 97.. FF2 000 - £214 - $351
Cavaliers au couchant - Huile/toile (35x27cm-14x11in) Le Havre 93.. FF4 000 - £456 - $678
Clocher enneigé - Huile/toile (81x100cm-32x39in) Bordeaux 96... FF11 000 - £1 420 - $2,166
JUTSUM Henry 1816-1869 [16]
Cottage by a river - Oil/canvas (35x45cm-14x18in) London 90... FF21 300 - £2 207 - $3,743
Traces of past winters - Oil/canvas (69x10cm-27x4in) London 90.. FF43 600 - £4 504 - $7,703
Cattle approaching a stream - Watercolour (17x26cm-7x10in) London 96.................................. FF5 940 - £700 - $1,167
JÜTTNER Bruno 1880-? [4]
Pejzaz miejski zima - Huile/panneau (89x80cm-35x31in) Warszawa 91.. FF3 125 - £319 - $558
JUTZ Carl 1838-1916 [46]
Fasane und Rebhühner - Öl/Leinwand (90x108cm-35x43in) Wien 95 .... FF98 000 - £12 900 - $19,850
Ducks by a pond - Oil/panel (13x17cm-5x7in) New-York 92.. FF124 500 - £12 600 - $25,000
Basse-cour - Huile/toile (67x83cm-26x33in) Paris 96.. FF320 000 - £41 500 - $63,300
JUUEL Andreas Thomas 1817-1868 [16]
Landskab - Oil/board (12x15cm-5x6in) København 89.. FF7 500 - £746 - $1,185
On the beach, Øresund - Oil/canvas (59x85cm-23x33in) København 95..................................... FF33 700 - £4 294 - $6,630
JUUL Emma 1847-1878 [2]
Buket med roser - Oil/canvas (22x28cm-9x11in) Viby J, Århus 92.. FF3 870 - £396 - $682
JUUL Ole 1852-1927 [4]
Landskap ved kysten - Oil/canvas (63x97cm-25x38in) Oslo 92.. FF6 270 - £750 - $1,207
JUVA Kari 1939 [2]
Vacker morgon - Bronze (45cm-18in) Helsinki 94.. FF14 070 - £1 640 - $2,475
JUVELA Lennu 1886-1979 [2]
Bystranden - Oil/canvas (32x37cm-13x15in) Helsinki 92.. FF7 520 - £898 - $1,446
JUVENEL Paul 1579-1643 [1]
Bearded priest - Oil/copper (46x34cm-18x13in) London 91... FF9 470 - £947 - $1,560
JUVIN Juliette 1896-? [9]
Intérieur - Huile/toile (60x81cm-24x32in) Paris 90.. FF4 000 - £415 - $703

K

KAA van der Jan 1813-1877 [1]
Landscape with figures in a boat - Oil/canvas (58x73cm-23x29in) Amsterdam 90...................... FF9 000 - £970 - $1,587
KAAN-ALBEST von Julius 1874-? [3]
Trins im Geschnitzthal - Öl/Leinwand (55x45cm-22x18in) Köln 94 .... FF5 140 - £617 - $1,000
KAAP van der Gerald 1959 [1]
Modern sleep II -Radical freestyle - Cibachrome print (40x40cm-16x16in) Amsterdam 97 .... FF5 394 - £567 - $926
KAARBØ Ragnhild 1889-1949 [2]
Komposisjon - Oil/canvas (103x65cm-41x26in) Oslo 92.. FF26 050 - £2 666 - $4,590
KAAZ Carl Ludwig 1773-1810 [1]
Römische Landschaft - Öl/Karton (46x38cm-18x15in) München 93 .... FF41 500 - £4 680 - $7,010
KABAKOV Ilya 1933 [18]
Transport - Crayons couleurs (14x20cm-6x8in) Paris 97.. FF16 000 - £1 691 - $2,746
Le vol de Komarov - Aquarelle (20x26cm-8x10in) Paris 97.. FF31 000 - £3 277 - $5,320
KABAS Robert 1952 [5]
Auch ein farbloser Mensch hat Macht - Mischtechnik/Papier (41x58cm-16x23in) Wien 94......... FF2 183 - £253 - $414
KABELL Ludvig 1853-1902 [12]
Kone og lille dreng - Oil/canvas (47x40cm-19x16in) København 94... FF5 930 - £700 - $1,056
Børn i en allé ved en gård - Oil/canvas (70x96cm-28x38in) København 96................................. FF14 260 - £1 847 - $2,850
KABELL-ROSENØRN Ludovica 1857-1918 [3]
Stilleben mit Iris - Oil/canvas (80x67cm-31x26in) Wien 92.. FF12 030 - £1 207 - $2,314
KACERE John 1920 [22]
Linda W II - Huile/toile (97x147cm-38x58in) Paris 93.. FF80 000 - £8 990 - $13,560
Sally T - Acrylique/toile (168x182cm-66x72in) Paris 93.. FF125 000 - £14 040 - $21,200
Modèle vu de face - Mine plomb (52x74cm-20x29in) Paris 93... FF18 000 - £2 022 - $3,050
KÄCH Walter 1901-1970 [1]
Plakat - Poster (127x95cm-50x37in) London 94.. FF3 815 - £450 - $680
KACZOR-BATOWSKI Stanislas 1866-1946 [5]
Lwowians after a huge fire - Oil/cardboard (43x58cm-17x23in) Warszawa 93............................ FF10 000 - £1 020 - $1,510

KADAR Béla 1877-1956 [193]

- Vilage view - Oil/paper/canvas (55x70cm-22x28in) Amsterdam 92............................ FF12 050 - £1 440 - **$2,320**
- Kubistische Komposition - Huile/carton (79x58cm-31x23in) Zürich 94.................... FF40 900 - £4 860 - **$7,700**
- Model with cat - Oil/canvas (102x69cm-40x27in) London 94................................. FF79 900 - £9 500 - **$14,600**
- Blumenstilleben - Woodcut in colors (81x60cm-32x24in) Ahlden 91..................... FF18 600 - £1 888 - **$3,359**
- Femme - Drawing (34x20cm-13x8in) Köln 97... FF8 449 - £888 - **$1,446**
- Mädchen am Fenster - Tempera/paper (90x58cm-35x23in) Berlin 95..................... FF27 450 - £3 590 - **$5,580**
- Femmes nues - Gouache/paper (87x59cm-34x23in) London 90............................... FF58 100 - £6 021 - **$10,211**

KADAS Gyula XX [2]

- La tulipe épanouie - Huile/panneau (18x13cm-7x5in) Allaman 94......................... FF2 890 - £347 - **$562**

KADEN Sigfried 1945 [4]

- Brrrrr - Öl/Leinwand (80x70cm-31x28in) München 92.. FF3 730 - £446 - **$718**

KADISHMAN Menashe 1932 [34]

- Head of a sheep - Oil/paper/canvas (89x61cm-35x24in) London 97....................... FF13 599 - £1 500 - **$2,385**
- Head - Acrylic/canvas (74x60cm-29x24in) Tel Aviv 94.. FF19 251 - £2 140 - **$3,600**
- The Shepherdess - Oil/canvas (201x154cm-79x61in) Tel Aviv 94......................... FF52 800 - £6 340 - **$10,000**
- Fallaheen - Sculpture (46cm-18in) Tel Aviv 97... FF7 487 - £832 - **$1,400**
- Head - Iron (36cm-14in) Tel Aviv 97.. FF23 529 - £2 616 - **$4,400**
- Reclining woman - Iron (50x98cm-20x39in) Tel Aviv 96....................................... FF56 100 - £7 280 - **$11,000**

KADLACSIK Laszlo 1925-1989 [2]

- Sunflowers - Oil/panel (56x46cm-22x18in) San Francisco-Los Angeles 92............. FF22 800 - £2 700 - **$4,385**
- Flowers in a vase - Oil/panel (61x51cm-24x20in) San Francisco-Los Angeles 90..... FF62 900 - £6 691 - **$11,252**

KAEHRLING Suzanne Blanche [2]

- Vase fleuri - Huile/toile (65x54cm-26x21in) Morlaix 94.. FF7 000 - £839 - **$1,293**

KAELIN Charles Salis 1858-1929 [7]

- Rockport harbor - Oil/canvas (52x61cm-20x24in) New-York 89............................. FF22 900 - £2 279 - **$3,618**
- Harbour scene - Pastel (41x43cm-16x17in) Mystic, Connecticut 92...................... FF8 880 - £930 - **$1,600**

KAELIN Martin F. 1926 [2]

- Mummer's parade - Oil/canvas (76x102cm-30x40in) Philadelphia 92................... FF2 450 - £285 - **$500**

KAEMMERER Frederick Hendrik 1839-1902 [33]

- Beach, Scheveningen, Holland - Oil/canvas (70x140cm-28x55in) New-York 94...... FF4 - £497 000 - **$750,000**
- Jasminblütenzweige - Öl/Leinwand (60x90cm-24x35in) Lindau 94....................... FF10 300 - £1 221 - **$1,902**
- Une femme élégante - Oil/canvas (110x60cm-43x24in) London 97...................... FF91 241 - £10 000 - **$16,013**
- Invitation au patinage - Oil/canvas (56x80cm-22x31in) New-York 95.................. FF186 800 - £24 100 - **$38,000**
- Elegant anglers - Watercolour (24x35cm-9x14in) Amsterdam 94......................... FF27 450 - £3 186 - **$4,730**

KAEMMERER Johan Hendrik 1894-? [14]

- The doll - Oil/canvas (63x76cm-25x30in) Amsterdam 96....................................... FF4 800 - £603 - **$944**

KAEMPF Max 1912-1981 [2]

- Maedchenkopf - Aquarelle/papier (21x15cm-8x6in) Luzern 93........................... FF2 284 - £273 - **$440**

KAEMPFFER Eduard 1859-? [1]

- Gartenseite eines hauses - Oil/board (34x52cm-13x20in) Bremen 90.................. FF5 780 - £591 - **$1,141**

KAESBACH Rudolf 1873-? [11]

- Gladiator - Bronze (43cm-17in) Warszawa 96... FF4 590 - £576 - **$895**

KAESER-RUEFF Rudolf 1870-? [1]

- Hamburger Hafen - Öl/Leinwand (59x91cm-23x36in) Düsseldorf 95.................... FF4 190 - £533 - **$851**

KAFKA Bohumil 1878-1942 [1]

- Pferde - Bronze (19x16cm-7x6in) Düsseldorf 90.. FF2 700 - £289 - **$470**

KAFKA Cestmír 1922-1988 [3]

- Vratka - Mixed media (53x73cm-21x29in) München 91.. FF20 300 - £2 021 - **$3,491**

KAGAN Anna Aleksandrovna 1902-1974 [6]

- Suprematist composition - Oil/canvas (52x42cm-20x17in) London 89................... FF213 100 - £21 789 - **$34,260**
- Composition - Oil/canvas (60x80cm-24x31in) London 90...................................... FF251 800 - £27 134 - **$44,409**
- Composition - Oil/canvas (67x83cm-26x33in) London 89...................................... FF406 800 - £41 595 - **$65,402**

KÅGE Wilhelm 1889-1960 [8]

- Piruetter - Oil/panel (46x38cm-18x15in) Uppsala 92... FF3 770 - £386 - **$664**
- Höstlandskap från Adalsliden - Gouache (25x41cm-10x16in) Stockholm 92.......... FF3 434 - £411 - **$661**

KAHAN Louis 1905 [2]

- Stckman by a Billabong - Oil/paper (25x30cm-10x12in) London 96..................... FF4 050 - £480 - **$790**

KAHANA Aaron 1905-1967 [27]

- Mother and child - Oil/canvas (72x73cm-28x29in) Tel Aviv 94............................. FF8 520 - £1 008 - **$1,550**
- Open window - Oil/canvas (80x60cm-31x24in) Tel Aviv 96.................................. FF63 800 - £8 270 - **$12,500**
- Composition - Gouache (19x39cm-7x15in) Tel Aviv 93....................................... FF3 530 - £425 - **$645**

KAHANE Anne 1924 [2]

- Emerging Figure - Wood (147cm-58in) Toronto 94.. FF10 230 - £1 196 - **$1,804**

KAHL Johan 1831-1905 [2]

- Visby från norr - Akvarell (24x30cm-9x12in) Stockholm 96................................. FF1 773 - £230 - **$355**
- Motiv fran Visby, S-t Karin - Akvarell (29x21cm-11x8in) Stockholm 89................ FF15 000 - £1 534 - **$2,412**

KAHLER Carl 1855-? [11]

- A contemplative white cat - Oil/canvas (69x55cm-27x22in) London 93.............. FF54 000 - £6 500 - **$9,420**
- Cat in the looking glass - Watercolour/paper (51x39cm-20x15in) New-York 95..... FF10 570 - £1 273 - **$2,000**

KAHLER von Eugen 1882-1911 [1]

- Orientalischer Bazar - Öl/Leinwand (55x53cm-22x21in) Köln 93........................ FF82 700 - £9 350 - **$13,950**

K

KÄHLING Curt 1889-? [2]
- Sunflowers - Oil/canvas (66x70cm-26x28in) Wien 96 .... FF3 360 - £408 - $654

KAHLO Frida 1907-1954 [14]
- Chango y Loro - Oil/masonite (55x43cm-22x17in) New-York 95 .... FF1 - £1 - $2
- Diego y yo - Oil/masonite (29x22cm-11x9in) New-York 90 .... FF7 - £791 064 - $1
- Mrs. Jean Wight - Oil/canvas (63x45cm-25x18in) New-York 89 .... FF514 800 - £52 638 - $82,765
- El aborto - Lithograph (22x14cm-9x6in) New-York 92 .... FF222 000 - £23 240 - $40,000
- El Salón de Belleza - Watercolour (26x22cm-10x9in) New-York 92 .... FF198 800 - £20 330 - $35,000
- Still life - Watercolour/paper (218x34cm-86x13in) New-York 90 .... FF629 200 - £66 936 - $112,558

KAHLO Guillermo XIX-XX [1]
- Frida Kahlo at 18 - Gelatin silver print (15x10cm-6x4in) New-York 92 .... FF22 100 - £2 346 - $4,250

KAHN Eric 1904-1980 [1]
- Hampstead Heath - Oil/canvas (51x76cm-20x30in) London 94 .... FF3 114 - £360 - $531

KAHN Leo 1894-1983 [4]
- Still life with mandoline - Oil/canvas (60x81cm-24x32in) Tel Aviv 96 .... FF51 000 - £6 620 - $10,000

KAHN Max 1857-? [1]
- Mid-day repast - Oil/canvas (39x30cm-15x12in) London 91 .... FF2 793 - £279 - $460

KAHN Wolf 1927 [28]
- Jenk's farm - Oil/canvas (55x81cm-22x32in) New-York 92 .... FF13 520 - £1 436 - $2,600
- Mountain Orchards II - Oil/canvas (61x86cm-24x34in) New-York 96 .... FF28 700 - £3 324 - $5,500
- Railroad along the river - Oil/canvas (112x168cm-44x66in) New-York 95 .... FF82 100 - £10 080 - $16,000
- Across the Grand Canal - Pastel/paper (35x43cm-14x17in) New-York 97 .... FF9 286 - £976 - $1,600

KAHNWEILER Daniel Henry 1884-1979 [2]
- Archives Picasso, nature morte - Photo (13x15cm-5x6in) Paris 91 .... FF1 500 - £149 - $258

KAHRER Max 1878-1937 [19]
- Wiesen- und Waldmotiv - Öl/Leinwand (52x60cm-20x24in) Wien 96 .... FF5 753 - £660 - $1,098
- Aus dem Chiemgau - Oil/canvas (60x80cm-24x31in) Wien 91 .... FF12 000 - £1 203 - $2,198
- Baumgruppe in Morgensonne - Öl/Leinwand (80x62cm-31x24in) Wien 96 .... FF43 400 - £5 600 - $8,500

KAI KO MOTI XX [2]
- le cheval fond rose, 1962 - Technique mixte/carton (50x65cm-20x26in) Paris 90 .... FF8 000 - £857 - $1,391

KAINEN Jacob 1909 [2]
- Bright Afternoon - Etching in colors (40x50cm-16x20in) München 94 .... FF2 400 - £285 - $444

KAINER Ludwig 1885-1967 [1]
- Tänzerinnen/Frauenporträt - Chalks/paper (29x23cm-11x9in) München 96 .... FF2 090 - £271 - $413

KAIRA Alice 1913 [6]
- Violer i vas - Oil/canvas (38x46cm-15x18in) Helsinki 93 .... FF11 260 - £1 272 - $1,855
- Garden, Egypt - Watercolour (20x28cm-8x11in) Helsinki 94 .... FF2 450 - £293 - $459

KAISER Adolf 1804-1861 [1]
- Am Heimweg - Oil/canvas (28x41cm-11x16in) Wien 90 .... FF24 000 - £2 487 - $4,218

KAISER Alexander 1819-1872 [1]
- Markt mit dem Donnerbrunnen - Aquarell/Papier (46x58cm-18x23in) Wien 89 .... FF10 600 - £1 117 - $1,785

KAISER Anton 1863-1944 [1]
- Birke unter bewölktem Himmel - Mixed media/paper (35x26cm-14x10in) Wien 93 .... FF2 886 - £345 - $555

KAISER Bertha 1875-? [2]
- Nelkenstrauss vor Vorhanghintergrund - Öl/Leinwand (61x50cm-24x20in) Lindau 94 .... FF3 430 - £407 - $634

KAISER Edouard 1855-1931 [1]
- Blick auf ein Bergtal - Oil/canvas (46x65cm-18x26in) Luzern 92 .... FF11 160 - £1 140 - $1,965

KAISER Eduard 1820-1895 [2]
- Boreas and Orithya
  Watercolour/paper (37x36cm-15x14in) San Francisco-Los Angeles 94 .... FF19 060 - £2 205 - $3,250

KAISER Ernst 1803-1865 [2]
- Cattle watering at a Lakeside - Oil/paper/canvas (33x50cm-13x20in) Wien 96 .... FF193 000 - £23 400 - $37,560
- Bewaldete Berglandschaft - Watercolour (10x15cm-4x6in) München 92 .... FF2 550 - £261 - $449

KAISER Friedrich 1815-1889 [4]
- A medieval battle Scene - Oil/canvas (78x112cm-31x44in) Wien 96 .... FF52 400 - £6 350 - $10,200
- La buvette à Naples - Aquarelle (25x19cm-10x7in) Paris 92 .... FF1 500 - £179 - $289

KAISER Hans 1914-1982 [1]
- Ohne Titel - Mixed media/paper (62x87cm-24x34in) Köln 94 .... FF15 040 - £1 766 - $2,680

KAISER Johann Wilhelm 1847-1920 [2]
- Ostasiatisches Stilleben - Öl/Leinwand (73x45cm-29x18in) Lindau 94 .... FF9 600 - £1 113 - $1,652

KAISER Raffi 1931 [2]
- Imaginary Landscape - Tempera/panel (36x64cm-14x25in) Tel Aviv 97 .... FF2 674 - £297 - $500

KAISER Richard 1868-1941 [30]
- Klosteranlage am See - Öl/Leinwand (77x100cm-30x39in) München 95 .... FF7 100 - £896 - $1,422
- Samerberg - Öl/Leinwand (49x71cm-19x28in) München 95 .... FF15 250 - £1 926 - $3,060

KAISER-HERBST Carl 1858-1940 [19]
- Aulandschaft - Öl/Papier (25x35cm-10x14in) Wien 97 .... FF4 778 - £508 - $824
- Baden/Wienerwald - Öl/Karton (16x24cm-6x9in) Wien 97 .... FF8 600 - £914 - $1,483
- Salzburg - Öl/Karton (30x47cm-12x19in) Wien 96 .... FF18 500 - £2 403 - $3,660

KAISER-SCHLEPITZKA Emilie 1865-1955 [1]
- Donau-Auen/Landschaft/Auen - Öl/Karton (40x50cm-16x20in) Wien 96 .... FF3 850 - £481 - $745

KAISERMANN Franz 1765-1833 [11]
- Grotte des Sirènes, Tivoli - Aquarelle (51x66cm-20x26in) Paris 95 .... FF55 000 - £7 030 - $11,050
- Pantheon, 1815 - Acquarello/carta (65x100cm-26x39in) Roma 90 .... FF224 300 - £23 862 - $40,125

KAISIN Luc 1901-1963 [15]
- *Dorpje onder de sneeuw* - Huile/toile (72x91cm-28x36in) Lokeren 91 .... FF5 *830* - £*584* - **$1,068**

KAIVANTO Kimmo 1932 [2]
- *Quadalquivir stranden* - Oil/paper (45x50cm-18x20in) Helsinki 95 .... FF10 *410* - £*1 302* - **$2,104**

KAKABADZE David 1889-1952 [1]
- *Composition* - Mixed media (35x50cm-14x20in) New-York 93 .... FF159 *300* - £*18 120* - **$27,000**

KÅKS Olle 1914 [28]
- *Gudinnans Tempel* - Oil/canvas (130x92cm-51x36in) Stockholm 95 .... FF10 *320* - £*1 342* - **$2,120**
- *Katt med fågel* - Oil/canvas (165cm-65in) Stockholm 95 .... FF24 *500* - £*3 064* - **$6,250**
- *Räven* - Oil/canvas (240x210cm-94x83in) Stockholm 96 .... FF57 *700* - £*7 000* - **$11,220**
- *Komposition* - Akvarell (47x38cm-19x15in) Stockholm 90 .... FF8 *000* - £*851* - **$1,431**

KALAB Frantisek 1908-1950 [1]
- *Paar am Tisch auf südlichen Balkon* - Aquarell (33x23cm-13x9in) München 93 .... FF6 *780* - £*810* - **$1,305**

KALAY Necdet 1932-1984 [1]
- *Haydaparsa Gari* - Oil/masonite (30x30cm-12x12in) Istanbul 92 .... FF7 *900* - £*790* - **$1,406**

KALBERER Paul 1896-1974 [4]
- *Blumenstrauß in Vase* - Oil/board (72x56cm-28x22in) Stuttgart 90 .... FF3 *400* - £*364* - **$591**
- *Freudenstadt vom Kienberg aus* - Etching (24x32cm-9x13in) Stuttgart 89 .... FF2 *000* - £*193* - **$303**

KALCHER Raimund 1889-1959 [4]
- *Unterdrauburg* - Oil/canvas (80x150cm-31x59in) Wien 91 .... FF12 *030* - £*1 221* - **$2,173**

KALCKAR Isidor 1850-1884 [1]
- *Interior med siddende dreng* - Oil/canvas (32x28cm-13x11in) Köbenhavn 89 .... FF4 *800* - £*491* - **$772**

KALCKREUTH von Christine 1898-1928 [5]
- *Der Hintersee* - Oil/canvas (57x80cm-22x31in) Düsseldorf 91 .... FF16 *900* - £*1 715* - **$3,052**

KALCKREUTH von Jo 1912-1984 [4]
- *Interieur mit Figuren* - Watercolour (50x71cm-20x28in) München 96 .... FF3 *230* - £*368* - **$618**

KALCKREUTH von Leopold 1855-1928 [6]
- *Fritz Schumacher* - Etching (17x16cm-7x6in) Hamburg 94 .... FF2 *916* - £*346* - **$539**
- *Feldmarschall Hindenburg* - Pencil (24x20cm-9x8in) Berlin 93 .... FF2 *020* - £*243* - **$368**

KALCKREUTH von Marie 1857-1897 [1]
- *Schloss Härtler, Tägerwillen* - Oil/canvas/panel (30x38cm-12x15in) Hamburg 96 .... FF3 *060* - £*349* - **$585**

KALCKREUTH von Patrick 1898-1970 [63]
- *Seascape* - Oil/canvas (61x91cm-24x36in) London 95 .... FF6 *350* - £*650* - **$1,121**
- *Marine* - Öl/Leinwand (60x90cm-24x35in) Köln 94 .... FF10 *200* - £*1 190* - **$1,790**
- *Brandung im Abendlicht* - Öl/Leinwand (70x100cm-28x39in) Bern 94 .... FF33 *000* - £*3 960* - **$6,420**

KALCKREUTH von Pauline XX [3]
- *Meeresstimmung* - Öl/Leinwand (60x91cm-24x36in) Lindau 94 .... FF9 *600* - £*1 140* - **$1,775**

KALCKREUTH von Stanislas Graf 1820-1894 [5]
- *Alpine landscape* - Oil/canvas (86x116cm-34x46in) Warszawa 94 .... FF20 *600* - £*2 475* - **$3,920**

KALDERACH Alexander 1880-1965 [3]
- *Dreimaster* - Öl/Leinwand (65x54cm-26x21in) Bern 96 .... FF3 *670* - £*445* - **$713**

KALDOVA Alois 1875-1934 [1]
- *Waldweg* - Oil/board (26x22cm-10x9in) Bern 90 .... FF5 *500* - £*585* - **$984**

KALETSCH Clemens 1957 [6]
- *Ohne Titel* - Öl/Leinwand (100x70cm-39x28in) Wien 94 .... FF13 *650* - £*1 636* - **$2,650**
- *Wetherup* - Mixed media/paper (68x98cm-27x39in) Köln 94 .... FF5 *810* - £*683* - **$1,035**

KALFF Louis Christian 1897-1976 [1]
- *Scheveningen* - Poster (99x68cm-39x27in) New-York 92 .... FF15 *900* - £*1 627* - **$2,800**

KALIL Patrice 1964 [2]
- *Composition* - Technique mixte/toile (100x81cm-39x32in) Le Touquet 94 .... FF4 *500* - £*525* - **$790**

KALIMA Veli 1894-1968 [2]
- *Vårblommor* - Oil/canvas (32x39cm-13x15in) Helsinki 91 .... FF3 *155* - £*314* - **$543**

KÅLIN Joseph Meinrad 1790-1834 [1]
- *Fünf Darstellungen* - Aquatinte Bern 93 .... FF3 *005* - £*376* - **$549**

KALIN Viktor 1919 [2]
- *French Market, Decatur Street*
  Oil/canvas (71x86cm-28x34in) New Orleans, Louisiana 93 .... FF5 *500* - £*690* - **$1,000**

KALINOWSKI Horst Egon 1924 [17]
- *Gaea II* - Öl/Leinwand (101x77cm-40x30in) Köln 95 .... FF28 *000* - £*3 600* - **$5,780**
- *K 78-79* - Lithographie (84x59cm-33x23in) Heidelberg 95 .... FF1 *742* - £*224* - **$352**
- *Relief Sakkara* - Collage (100x81cm-39x32in) Köln 96 .... FF12 *900* - £*1 470* - **$2,470**

KALISH Max 1891-1945 [15]
- *Oiler* - Bronze (49cm-19in) New-York 94 .... FF28 *900* - £*3 470* - **$5,500**
- *Impact* - Bronze (57cm-22in) New-York 94 .... FF43 *400* - £*5 210* - **$8,250**

KALISHER Simpson 1926 [1]
- *Boy pushing a car* - Gelatin silver print (30x20cm-12x8in) New-York 93 .... FF5 *500* - £*690* - **$1,000**

KALKREUTH von Jo 1912-1984 [5]
- *Die Gäste dürfen helfen* - Ink (24x25cm-9x10in) München 96 .... FF3 *740* - £*426* - **$715**

KALKREUTH von Leopold Graf 1855-1928 [2]
- *Painter Gamper, playing the cello* - Oil/canvas (47x64cm-19x25in) Amsterdam 92 .... FF19 *720* - £*2 025* - **$3,790**
- *Höckericht* - Etching (22x32cm-9x13in) Heidelberg 93 .... FF1 *610* - £*188* - **$265**

KALKREUTH von Patrick. 1898-1970 [2]
🖌 *Meereswogen nach einem Sturm* - Öl/Leinwand (61x91cm-24x36in) Stuttgart .... FF6 100 - £730 - **$1,174**
KALKREUTH von Stanislaus 1821-1891 [1]
🖌 *Gebirgslandschaft* - Öl/Leinwand (84x114cm-33x45in) München 93 .... FF13 780 - £1 560 - **$2,326**
KALLE Hedberg 1894-1959 [1]
✏ *Flowers* - Mixed media/paper (40x32cm-16x13in) Söderköping 94 .... FF2 097 - £250 - **$393**
KALLEM Herb XX [5]
🖌 *Two nudes* - Acrylic/paper (78x56cm-31x22in) New-York 94 .... FF8 770 - £1 007 - **$1,500**
KALLENBERG Anders 1834-1902 [9]
🖌 *Strandparti* - Oil/canvas/board (37x58cm-15x23in) Stockholm 89 .... FF6 600 - £675 - **$1,061**
Svenskt sommarlandskap - Oil/canvas (42x59cm-17x23in) Stockholm 89 .... FF25 300 - £2 587 - **$4,068**
KALLERT August 1882-1958 [3]
🖌 *Bäckerei Wörmann, Dachau* - Öl/Karton (53x40cm-21x16in) München 93 .... FF14 000 - £1 602 - **$2,370**
KALLIN-FISCHER Grit 1897-1973 [2]
📷 *Studens at Bauhaus* - Gelatin silver print (16x23cm-6x9in) New-York 94 .... FF2 614 - £303 - **$450**
KALLIO Kalervo 1909-1969 [2]
🗿 *Ung man med säck på ryggen* - Bronze (68cm-27in) Stockholm 93 .... FF4 940 - £560 - **$834**
KALLMANN Hans Jürgen 1908-1991 [10]
🖌 *Das Fohlen* - Oil/canvas (150x60cm-59x24in) München 92 .... FF22 040 - £2 633 - **$4,240**
✏ *Pferd, Venezuela* - Pastel/paper (61x81cm-24x32in) München 96 .... FF12 900 - £1 470 - **$2,470**
KALLMEYER Minnie 1882-1947 [3]
🖌 *Rural Cottage Scene* - Oil/canvas (56x72cm-22x28in) Toronto 94 .... FF4 500 - £527 - **$794**
KALLMORGEN Friedrich 1856-1924 [33]
🖌 *Ehemals herrschaftlichen Hauses* - Öl/Leinwand (75x58cm-30x23in) Stuttgart 92 .... FF18 650 - £2 230 - **$3,590**
Frühmorgens - Öl/Leinwand (65x110cm-26x43in) Hamburg 93 .... FF75 700 - £8 570 - **$12,800**
✏ *St. Paul's Cathedrale, London* - Ink (36x25cm-14x10in) Hamburg 94 .... FF7 820 - £915 - **$1,380**
KALLOS Arpad 1882-? [5]
🖌 *Portrait of a Gypsy* - Oil/canvas (81x71cm-32x28in) Bloomfield Hills, Michigan 94 ...... FF3 090 - £374 - **$575**
KALLOS Paul 1928 [113]
🖌 *Composition* - Huile/toile (38x3855cm-15x1518in) Paris 97 .... FF2 500 - £273 - **$437**
Composition - Huile/toile (120x60cm-47x24in) Versailles 97 .... FF4 500 - £476 - **$772**
Composition - Huile/toile (92x73cm-36x29in) Paris 96 .... FF9 000 - £1 112 - **$1,740**
Untitled - Oil/canvas (131x97cm-52x38in) London 92 .... FF35 060 - £3 600 - **$6,730**
Deux figures - Huile/toile (130x91cm-51x38in) Paris 91 .... FF60 000 - £6 061 - **$11,911**
KALLSTENIUS Evald 1898-1957 [8]
🖌 *Landskap med furor* - Oil/canvas (75x93cm-30x37in) Göteborg 92 .... FF5 000 - £512 - **$880**
KALLSTENIUS Gottfrid 1861-1943 [88]
🖌 *Solbelysta klippor* - Oil/panel (59x70cm-23x28in) Stockholm 97 .... FF5 283 - £557 - **$912**
Sjölandskap - Oil/canvas (68x93cm-27x37in) Göteborg 96 .... FF12 860 - £1 660 - **$2,484**
Tallar i kvällssol - Oil/canvas (79x108cm-31x43in) Stockholm 97 .... FF18 728 - £2 005 - **$3,265**
Mötesplatsen - Oil/canvas (43x65cm-17x26in) Stockholm 96 .... FF43 600 - £4 970 - **$8,340**
Lavandières à Grèz-sur-Loing - Oil/canvas (104x234cm-41x92in) Stockholm 96 .... FF397 000 - £45 200 - **$76,000**
KALMAKOFF Nicolaï 1873-1958 [4]
✏ *La danse mystique* - Gouache/papier (37x51cm-15x20in) Antwerpen 94 .... FF18 140 - £2 114 - **$3,180**
L'Idole - Gouache/carton (32x16cm-13x6in) Paris 95 .... FF62 000 - £7 870 - **$12,700**
KALMAN Péter 1877-1948 [4]
🖌 *Am Waldrand* - Öl/Leinwand (100x90cm-39x35in) München 93 .... FF18 650 - £2 230 - **$3,590**
KALMAN Zsuzanna 1938 [9]
🖌 *Le petit écolier* - Huile/panneau (13x18cm-5x7in) Strasbourg 94 .... FF2 000 - £238 - **$381**
KALMAR Janos 1889-? [1]
🖌 *Venezia* - Olio/tela (30x46cm-12x18in) Trieste 93 .... FF2 896 - £330 - **$491**
KALMUKOGLU Naci 1897-1957 [3]
🖌 *Natürmort* - Oil/canvas Istanbul 92 .... FF13 160 - £1 316 - **$2,342**
KALMUS Leo 1904-1986 [12]
🖌 *Winter im Entlebuch* - Öl/Leinwand (55x120cm-22x47in) Bern 93 .... FF10 650 - £1 273 - **$2,050**
KALMYKOV Ivan Leonidovich 1866-1925 [3]
✏ *Danseuses orientales* - Gouache (22x60cm-9x24in) Paris 89 .... FF4 000 - £409 - **$643**
KALOGEROPOULOS Nicholaos 1889-1957 [2]
🖌 *The storm* - Oil/board (40x50cm-16x20in) Athens 94 .... FF11 110 - £1 318 - **$2,055**
KALOUS Josef 1887-1974 [4]
🖌 *Vor dem Stephanson, Wien* - Öl/Leinwand (64x50cm-25x20in) Wien 94 .... FF10 680 - £1 254 - **$1,904**
KALRAET van Barend 1649-1737 [1]
🖌 *Cavalry officers escorting prisoners* - Oil/canvas (47x64cm-19x25in) New-York 95 ...... FF20 400 - £2 550 - **$4,000**
KALSHOVEN Eduard Charles Louis 1836-c.1866 [2]
🖌 *A river landscape* - Oil/panel (25x36cm-10x14in) Amsterdam 89 .... FF12 000 - £1 227 - **$1,929**
KALTENMOSER Karl 1853-1923 [2]
🖌 *Ammersee* - Oil/board (27x35cm-11x14in) München 89 .... FF6 100 - £624 - **$981**
KALTENMOSER Kaspar 1806-1867 [3]
🖌 *Württembergerin mit Kugelkäpli* - Oil/panel (46x39cm-18x15in) München 93 .... FF82 500 - £9 350 - **$13,950**
KALTENMOSER Max 1842-1887 [2]
🖌 *The Farewell* - Oil/canvas (44x28cm-17x11in) London 95 .... FF15 980 - £2 000 - **$3,180**
KALTWASSER Fritz 1889-? [1]
🖌 *Sommertag* - Öl/Leinwand (54x67cm-21x26in) Wien 97 .... FF6 689 - £711 - **$1,153**

KALVACH Rudolf 1883-1932 [2]
Im Hafen (Triest) - Woodcut in colors (56x44cm-22x17in) Wien 93 .... FF24 500 - £2 770 - **$4,130**

KALVODA Alois 1875-1934 [7]
Birken an einem Seeufer - Öl/Karton (50x64cm-20x25in) München 93 .... FF3 500 - £409 - **$575**
Autumn landscape with a lake - Oil/canvas (149x150cm-59x59in) London 91 .... FF39 700 - £4 029 - **$7,170**

KALVODA Josef 1874-1925 [1]
Ruhende - Bronze (31cm-12in) München 92 .... FF3 390 - £405 - **$653**

KAMAGURKA Luc Zeebroek 1956 [2]
Mutambi's en Lumbaga's - Aquarelle (40x32cm-16x13in) Lokeren 95 .... FF2 510 - £330 - **$504**

KAMECKE von Egon 1881-1955 [1]
Burg auf Hügel - Öl/Leinwand (64x44cm-25x17in) Pforzheim 93 .... FF2 230 - £256 - **$385**

KAMECKE von Otto Werner Henning 1826-1899 [7]
Königssee mit St. Bartholomä - Öl/Leinwand (95x137cm-37x54in) München 95 .... FF24 100 - £3 164 - **$4,830**

KAMEKURA Yusaku 1915-? [3]
Tokyo 1964 - Poster (102x56cm-40x22in) London 96 .... FF6 670 - £850 - **$1,284**

KAMENEV Lev Lvovich 1833-1886 [4]
Parklandschaft - Öl/Leinwand (44x64cm-17x25in) München 92 .... FF16 250 - £1 890 - **$3,316**

KAMENSKAI E. 1915 [2]
La datcha - Huile/panneau (38x46cm-15x18in) Saint-Etienne 92 .... FF4 100 - £422 - **$727**

KAMIENSKI Antoni c.1861-1933 [1]
Zmora - (53x56cm-21x22in) Warszawa 91 .... FF2 920 - £298 - **$521**

KAMINSKY Thomas 1945 [3]
Ohne Titel - Oil/canvas (110x92cm-43x36in) Köln 92 .... FF8 160 - £835 - **$1,437**

KAMKE Ivar 1882-1936 [11]
Interiör med modeller - Oil/canvas (72x58cm-28x23in) Stockholm 95 .... FF9 100 - £1 201 - **$1,842**
Sängkammarinteriör - Oil/canvas (117x81cm-46x32in) Stockholm 95 .... FF19 070 - £2 495 - **$3,820**
Biergarten, Dachau - Oil/canvas (170x190cm-67x75in) Stockholm 94 .... FF89 600 - £10 710 - **$16,740**

KAMLAH Hans 1861-1908 [1]
Motiv aus Starhembergersee - Öl/Leinwand (55x75cm-22x30in) Wien 95 .... FF15 670 - £2 065 - **$3,180**

KAMM Louis Philippe XX [2]
Portrait d'un paysan de Hunspach - Huile/toile (41x33cm-16x13in) Entzheim 96 .... FF18 000 - £2 256 - **$3,474**

KAMMERER Marcel 1878-1959 [3]
Suzanna bathing - Oil/canvas (78x28cm-31x11in) London 96 .... FF11 330 - £1 400 - **$2,190**

KAMMERER Robert 1882-1965 [1]
Paysage d'Alscace - Huile/toile (62x75cm-24x30in) Saint-Dié 89 .... FF3 200 - £318 - **$506**

KÄMMERER-ROHRIG Robert 1893-? [2]
Feldweg nach Teltow - Gouache (28x36cm-11x14in) Berlin 93 .... FF4 720 - £567 - **$857**

KAMMERLINGH ONNES Harm 1893-1985 [33]
Dinghy on a lake - Oil/board (30x40cm-12x16in) Amsterdam 92 .... FF2 860 - £333 - **$584**
Sneeuw in Delft - Oil/canvas (46x56cm-17x22in) Amsterdam 94 .... FF30 600 - £3 630 - **$5,660**
Duiventil - Watercolour/paper (23x27cm-9x11in) Amsterdam 97 .... FF2 697 - £283 - **$463**

KAMMÜLLER Paul 1885-? [1]
Fischer bei Birsfelden - Aquarell (35x46cm-14x18in) Zofingen 96 .... FF1 860 - £232 - **$359**

KAMOCKI Stanislaw 1875-1944 [30]
Pejzaz z kapliczka - Oil/panel (50x69cm-20x27in) Warszawa 92 .... FF5 000 - £511 - **$893**
Snowy landscape - Oil/cardboard (50x70cm-20x28in) Warszawa 96 .... FF19 300 - £2 405 - **$3,730**
Woode landscape in autumn - Oil/canvas (113x101cm-44x40in) Warszawa 96 .... FF42 100 - £4 800 - **$8,060**

KAMP Louise Mary 1867-1959 [8]
Farmhouse - Oil/board (30x41cm-12x16in) North Berwick, Maine 94 .... FF2 347 - £272 - **$400**

KAMPANYIETS KYANCHENKO Nadezha Dimitryieva 1913 [2]
Camp de pionnier, Vorzel - Huile/toile (40x60cm-16x24in) Paris 91 .... FF3 100 - £311 - **$568**

KAMPEHL Peter 1947 [7]
Landschaft mit Pyramide - Mixed media/canvas (41x33cm-16x13in) München 95 .... FF4 230 - £542 - **$864**
Mann mit einer Feder - Mixed media/canvas (62x47cm-24x19in) München 95 .... FF1 780 - £222 - **$360**

KAMPF Arthur 1864-1950 [15]
Berliner Luftschutzkeller - Öl/Leinwand (60x80cm-24x31in) Frankfurt 95 .... FF12 730 - £1 610 - **$2,490**
Mädchenbildnis - Öl/Leinwand (61x50cm-24x20in) Wien 94 .... FF53 400 - £6 681 - **$10,100**
Prometheus - Aquarell/Papier (36x46cm-14x18in) Köln 94 .... FF3 085 - £363 - **$541**

KAMPF Eugen 1861-1933 [24]
Sommerabend - Öl/Karton (40x50cm-16x20in) Köln 94 .... FF10 280 - £1 234 - **$2,000**
Belgisches Dorf - Öl/Leinwand (71x90cm-28x35in) Bremen 95 .... FF34 800 - £4 510 - **$7,240**

KAMPF Herbert 1896-? [2]
Ludwig Beethoven in a green coat - Oil/canvas (102x86cm-40x34in) London 92 .... FF2 930 - £300 - **$611**

KÄMPF Karl 1902-? [1]
Schotzachtal mit Helfenberg - Öl/Leinwand (50x70cm-20x28in) Stuttgart 95 .... FF4 495 - £588 - **$900**

KÄMPF Max 1912-1982 [42]
Kapuziner in Vase - Oil/canvas (36x30cm-14x12in) Zürich 89 .... FF12 900 - £1 246 - **$1,958**
Indianer - Oil/canvas (74x78cm-29x31in) Luzern 95 .... FF37 100 - £3 793 - **$5,965**
Wald - Mischtechnik/Papier (32x46cm-13x18in) Bern 96 .... FF10 330 - £1 313 - **$1,988**

KAMPHUYSEN Jan 1760-1841 [3]
Guillaume Ier des Pays-Bas - Huile/toile (85x104cm-33x41in) Paris 93 .... FF33 000 - £3 750 - **$5,590**

K

Calendar & auction results :   INTERNET : **www.artprice.com**   MINITEL : 3617 ARTPRICE

KAMPMANN Gustav 1859-1917 [24]
🖼 *Der Abendspaziergang* - Öl/Leinwand (27x41cm-11x16in) Stuttgart 94 .... FF15 380 - £1 797 - **$2,710**
KAMPMANN Jack 1914-1989 [45]
🖼 *Landscape* - Oil/canvas (38x47cm-15x19in) København 95 .... FF3 980 - £489 - **$775**
KAMPPURI Väinö 1891-1972 [17]
🖼 *Stilleben* - Oil/canvas (57x46cm-22x18in) Helsinki 94 .... FF15 330 - £1 778 - **$2,640**
🖼 *Spanskt landskap, Toledo* - Oil/canvas (50x40cm-20x16in) Helsinki 90 .... FF51 800 - £5 582 - **$9,136**
✏ *Från Seaborg* - Akvarell (38x28cm-15x11in) Helsinki 93 .... FF3 070 - £347 - **$506**
KAMPS Willy [1]
🖼 *Septembre à Sy* - Huile/toile (80x90cm-31x35in) Liège 89 .... FF11 300 - £1 092 - **$1,715**
KAMPTZ von Fritz XIX-XX [2]
🖼 *Junisonne* - Öl/Leinwand (86x103cm-34x41in) Bremen 93 .... FF7 630 - £911 - **$1,468**
KANAGA Consuelo 1894-1978 [7]
📷 *Colt* - Gelatin silver print (14x11cm-6x4in) San Francisco-Los Angeles 95 .... FF15 880 - £2 026 - **$3,250**
KANDELIN Ole 1920-1947 [2]
✏ *Abstrakt* - Akvarell (21x15cm-8x6in) Helsinki 94 .... FF5 790 - £692 - **$1,083**
KANDINSKY Wassily 1866-1944 [235]
🖼 *Dünaberg* - Oil/board (33x45cm-13x18in) London 97 .... FF1 - £1 - **$2**
Flatterhaft - Oil/canvas (49x70cm-19x28in) New-York 97 .... FF1 - £153 150 - **$250,000**
Das Jungste Gericht - Oil/canvas (126x73cm-50x29in) New-York 95 .... FF2 - £3 6e +06 - **$4**
Tensions délicates - Oil/canvas (81x100cm-32x39in) New-York 95 .... FF4 - £430 000 - **$711,005**
Ariel-Szene aus Faust II - Oil/board (41x33cm-16x13in) New-York 96 .... FF794 000 - £94 100 - **$155,000**
Fugue, 1914 - Oil/canvas (129x129cm-51x51in) New-York 90 .... FF1 8 68e +08 - £1 - **$1**
🖼 *Kleine Welten XI* - Etching (30x26cm-12x10in) Köln 97 .... FF15 208 - £1 598 - **$2,603**
Kleine welten III - Lithographie couleurs (28x23cm-11x9in) London 97 .... FF27 908 - £2 891 - **$4,780**
Orange - Color lithograph (40x38cm-16x15in) New-York 95 .... FF379 000 - £47 700 - **$75,000**
Leier - Woodcut in colors (18x19cm-7x7in) London 97 .... FF530 888 - £55 000 - **$90,942**
✏ *Von-Zu* - Watercolour, gouache/paper (19x51cm-7x20in) London 94 .... FF1 - £190 000 - **$292,000**
Komposition VII - Watercolor (39x46cm-15x18in) London 96 .... FF6 - £850 000 - **$1**
Ohne titel - Ink/paper (22x18cm-9x7in) London 94 .... FF134 600 - £16 000 - **$24,600**
Submergé - Gouache (50x25cm-20x10in) Paris 94 .... FF308 000 - £35 840 - **$54,600**
Von einem Zum anderen - Gouache (48x23cm-19x9in) London 96 .... FF688 000 - £89 000 - **$136,300**
KANDL Johanna 1953 [4]
🖼 *Ohne Titel* - Öl/Leinwand (220x200cm-87x79in) Wien 93 .... FF8 310 - £942 - **$1,404**
KANDLER Ludwig 1856-1927 [4]
🖼 *Eleganter Herr mit Zwicker* - Öl/Karton (39x34cm-15x13in) Lindau 95 .... FF8 360 - £1 130 - **$1,730**
KANDLER Wilhelm 1816-1896 [5]
🖼 *Lot und seiner Töchter* - Öl/Leinwand (75x58cm-30x23in) München 94 .... FF6 150 - £740 - **$1,170**
San Pietro e San'Angelo, Roma - Oil/canvas (93x150cm-37x59in) København 93 .... FF87 500 - £10 460 - **$16,830**
KANDO Ladislaus 1886-? [1]
🖼 *Lesende im Garten* - Öl/Leinwand (66x100cm-26x39in) Wien 96 .... FF4 830 - £551 - **$925**
KANE Art 1925-1995 [4]
📷 *Jazz Musicians* - Gelatin silver print (122x122cm-48x48in) New-York 95 .... FF9 920 - £1 265 - **$2,000**
KANE Frederick I. 1886-1965 [1]
🖼 *Sympatica* - Oil/masonite (45x61cm-18x24in) New-York 91 .... FF44 800 - £4 491 - **$8,205**
KANE Morgan 1916 [2]
🖼 *Woman wearing purple shawl* - Acrylic/canvas (48x48cm-19x19in) New-York 94 .... FF3 346 - £402 - **$650**
✏ *Fisherman flyfishing in stream* - Gouache (53x74cm-21x29in) New-York 95 .... FF6 060 - £764 - **$1,200**
KANELBA Rajmund, Raymond 1897-1960 [16]
🖼 *Dreaming dancer* - Oil/board (47x38cm-19x15in) London 90 .... FF4 890 - £492 - **$889**
🖼 *Le petit capitaine* - Huile/toile (51x41cm-20x16in) Warszawa 93 .... FF11 640 - £1 340 - **$2,002**
✏ *Portrait de jeune femme* - Watercolour (65x47cm-26x19in) Warszawa 92 .... FF18 330 - £1 870 - **$2,770**
KANELLIS Orestis 1910-1979 [2]
🖼 *Two friends* - Oil/canvas (81x100cm-32x39in) Athens 96 .... FF27 560 - £3 560 - **$5,320**
KANEMITSU Matsumi 1922 [3]
✏ *Abstract forms* - Wash (71x56cm-28x22in) Mystic, Connecticut 95 .... FF4 560 - £547 - **$850**
KANERVA Aimo 1909-1991 [12]
🖼 *Landskap från Impilahti* - Oil/canvas (65x54cm-26x21in) Helsinki 93 .... FF35 600 - £4 065 - **$6,060**
✏ *Från Lappland* - Akvarell (49x61cm-19x24in) Helsinki 95 .... FF6 940 - £868 - **$1,403**
KANESAKA Kenji XX [2]
📷 *Marcel Duchamp, NY* - Gelatin silver print (23x20cm-9x8in) London 96 .... FF1 703 - £200 - **$335**
KANINKA Raphaël 1937 [2]
🖼 *Fieling* - Huile/toile (92x73cm-36x29in) Arles 91 .... FF6 000 - £617 - **$1,117**
KANITZ Felix Philipp 1829-1904 [1]
🖼 *Bacchantin* - Öl/Leinwand (69x57cm-27x22in) Wien 93 .... FF24 450 - £2 770 - **$4,130**
KANNE Philip Alexander 1833-1872 [1]
🖼 *Children by a vegetable stand* - Oil/panel (25x32cm-10x13in) Amsterdam 90 .... FF7 540 - £767 - **$1,508**
KANNEMANS Christiaan Cornelis 1812-1884 [12]
🖼 *Rocky coastal landscape* - Oil/canvas (33x44cm-13x17in) Amsterdam 97 .... FF11 758 - £1 286 - **$2,062**
🖼 *Marine* - Huile/toile (72x95cm-28x37in) Bruxelles 95 .... FF30 800 - £3 134 - **$6,160**
🖼 *A pilot-boat* - Oil/panel (54x75cm-21x30in) Amsterdam 94 .... FF76 200 - £8 850 - **$13,120**
KANNIK Frans 1949 [23]
🖼 *Komposition med figurer* - Oil/canvas (220x142cm-87x56in) København 93 .... FF17 500 - £2 093 - **$3,366**
✏ *Torso* - Collage (239x151cm-94x59in) København 92 .... FF7 880 - £942 - **$1,515**

Liggende model - Mixed media/paper (180x205cm-71x81in) København 92 .... FF13 200 - £1 324 - **$2,540**

KANOLDT Alexander 1881-1939 [48]

🖼 *Nature morte aux fleurs* - Huile/carton (50x40cm-20x16in) Saint-Dié 93 .... FF4 000 - £482 - **$728**

Stilleben - Oil/cardboard (54x46cm-21x18in) München 90 .... FF128 400 - £13 660 - **$22,970**

Stilleben I - Öl/Leinwand (91x70cm-36x28in) Berlin 94 .... FF515 000 - £61 600 - **$96,300**

🖼 *Die Kirche II* - Lithographie (28x23cm-11x9in) München 93 .... FF4 500 - £507 - **$760**

Die schwarzer Wand - Lithographie (35x49cm-14x19in) München 94 .... FF12 000 - £1 423 - **$2,220**

🖊 *Gebirgslandschaft* - Aquarell (47x61cm-19x24in) München 91 .... FF13 000 - £1 335 - **$2,420**

KANOLDT Edmund Friedrich 1845-1904 [6]

🖼 *Orta, Monte Sacro* - Öl/Karton (34x48cm-13x19in) München 95 .... FF77 300 - £9 720 - **$15,470**

KANOVITZ Howard 1929 [4]

🖼 *Elements of Prose* - Acrylic/canvas (127x81cm-50x32in) New-York 94 .... FF28 100 - £3 316 - **$5,000**

KANT Willi 1912 [2]

🖼 *Hühnerhof mit Italienerhahn* - Oil/panel (15x30cm-6x12in) Stuttgart 92 .... FF4 420 - £453 - **$778**

KANTAROFF Maryon 1933 [2]

🗿 *Tristan und Isolde* - Bronze (136cm-54in) Toronto 95 .... FF7 460 - £940 - **$1,478**

KANTEMIROV Alexeï 1943 [2]

🖼 *Tennis de table* - Huile/toile (100x100cm-39x39in) Paris 92 .... FF7 000 - £835 - **$1,347**

KANTER Bernadette 1950 [2]

🗿 *Le toréador* - Bronze (43x36x38cm-17x14x15in) Paris 91 .... FF9 500 - £960 - **$1,886**

KANTERS Hans 1947 [6]

🖼 *Crisis* - Oil/canvas (50x40cm-20x16in) Amsterdam 95 .... FF19 530 - £2 493 - **$3,990**

De Pyromaan - Oil/panel (50x42cm-20x17in) Amsterdam 95 .... FF53 600 - £6 830 - **$10,930**

KANTOR Maurice 1896-1974 [8]

🖼 *Dark Red Cubist* - Oil/canvas (56x46cm-22x18in) New-York 94 .... FF8 990 - £1 060 - **$1,600**

Figure walking with a cane - Oil/canvas (91x71cm-36x28in) New-York 94 .... FF34 100 - £3 486 - **$6,000**

🖊 *Lighthouse* - Gouache/board (33x43cm-13x17in) New-York 94 .... FF5 940 - £694 - **$1,046**

KANTOR Tadeusz 1915-1991 [15]

🖼 *Abstract composition* - Mixed media/canvas (41x33cm-16x13in) Amsterdam 96 .... FF2 420 - £304 - **$468**

🖊 *Personnage* - Aquarelle (42x23cm-17x9in) Saint-Germain-en-Laye 95 .... FF3 500 - £443 - **$702**

A Priest - Pencil (48x33cm-19x13in) Warszawa 94 .... FF8 300 - £950 - **$1,406**

KANTOROWICZ Serge 1942 [12]

🖼 *Avant le concert* - Huile/toile (130x80cm-51x31in) Antwerpen 96 .... FF3 330 - £432 - **$659**

KANTZIKIS Stavros 1885-? [1]

🖼 *Mending the nets* - Oil/board (24x34cm-9x13in) Athens 93 .... FF13 200 - £1 517 - **$2,267**

KANTZOV von Elsa 1870-1956 [1]

🖼 *Self portrait in the studio, Paris* - Oil/canvas (130x80cm-51x31in) Stockholm 96 .... FF35 300 - £4 150 - **$6,940**

KANZ Carl Christian 1758-1818 [2]

🖊 *Gentleman* - Miniature (6cm-2in) Genève 92 .... FF26 040 - £2 660 - **$4,590**

KAOL Claude 1941 [6]

🗿 *Sans titre* - Bronze (160cm-63in) Tours 92 .... FF9 000 - £921 - **$1,585**

KAPELL Paul 1876-1943 [16]

🖼 *Ein Pferdegespann zieht einen Heuwagen* - Öl/Leinwand (66x80cm-26x31in) Stuttgart 94 .... FF3 760 - £440 - **$663**

Pfingstrosenstrauss - Öl/Leinwand (50x52cm-20x20in) München 93 .... FF12 880 - £1 540 - **$2,480**

KAPELLER Joseph Damien 1792-1871 [1]

🖊 *Retour du marché* - Gouache (28x41cm-11x16in) Paris 93 .... FF8 800 - £990 - **$1,492**

KAPFHAMMER Adolf 1867-c.1911 [2]

🖼 *Murnauer Moos im Herbst* - Oil/canvas (55x80cm-22x31in) Stuttgart 92 .... FF4 400 - £512 - **$898**

KAPLAN Anatoli Lwowitsch 1902-1988 [7]

🖼 *Elegantes Paar* - Lithographie (41x28cm-16x11in) Hamburg 96 .... FF1 870 - £213 - **$358**

KAPLAN Hubert 1940 [29]

🖼 *Entenfamilie am Teichufer* - Oil/canvas (13x17cm-5x7in) Hamburg 97 .... FF11 459 - £122 6 4 - **$1,997**

Viktualienmarkt in München - Oil/panel (13x18cm-5x7in) Wien 95 .... FF50 600 - £6 310 - **$10,210**

KAPLAN Jacques 1872-? [4]

🖼 *Terrasse à Aix-en-Provence* - Huile/toile (74x94cm-29x37in) Paris 94 .... FF8 000 - £955 - **$1,500**

KAPLAN Mark [9]

🖼 *Scène de boulevard* - Huile/toile (85x95cm-33x37in) Paris 96 .... FF6 000 - £752 - **$1,158**

KAPLOUN Arie 1903-1975 [10]

🖼 *Woman in the park* - Oil/canvas (65x46cm-26x18in) Tel Aviv 95 .... FF5 270 - £660 - **$1,050**

KAPOOR Anish 1954 [17]

🗿 *Untitled* - Relief (68x121x121cm-27x48x48in) New-York 93 .... FF49 500 - £6 210 - **$9,000**

Chant of Blue - Pigment on polystyrene and cement, in 3 parts (129x214x272cm-51x84x107in) New-York 93. FF151 200 - £18 960 - **$27,500**

🖊 *Untitled* - Pencil (58x49cm-23x19in) London 97 .... FF20 716 - £2 200 - **$3,608**

KAPPEL Anders 1956 [2]

🖼 *Figurationer i grått* - Oil/paper (76x56cm-30x22in) Stockholm 93 .... FF5 180 - £637 - **$960**

KAPPELER Josef Anton 1761-1806 [1]

🖊 *Apostel Markus, Engel und Löwe* - Ink (19x19cm-7x7in) München 95 .... FF1 520 - £202 - **$314**

KAPPELER Joseph Damien 1792-1871 [1]

🖼 *Franziskanerkloster zu Freiburg* - Oil/canvas (28x42cm-11x17in) Stuttgart 92 .... FF5 130 - £527 - **$986**

KAPPELL Paul 1876-1943 [1]

🖼 *Rosen in einer braunen Vase* - Öl/Karton (32x27cm-13x11in) Stuttgart 92 .... FF4 740 - £551 - **$967**

K

KAPPIS Albert 1836-1914 [38]

- *Junge Frau mit Strikzeug* - Öl/Leinwand (25x24cm-10x9in) Stuttgart 96 .... FF**10 150** - £1 176 - **$1,947**
- *Treibendes Boot* - Öl/Leinwand (21x25cm-8x10in) Stuttgart 96 .... FF**23 200** - £3 020 - **$4,600**
- *Netze unter den Bäumen* - Öl/Leinwand/Karton (31x46cm-12x18in) Stuttgart 96 .... FF**87 800** - £10 920 - **$17,050**

KAPPL Franco 1962 [3]

- *Ohne Titel* - Mischtechnik/Papier (49x64cm-19x25in) Wien 96 .... FF**3 900** - £506 - **$771**

KAPPSTEIN Carl Friedrich 1869-1933 [8]

- *Flamingos & barnacle-geese* - Oil/board (26x31cm-10x12in) Amsterdam 93 .... FF**8 440** - £1 008 - **$1,624**

KAPUSTIN Grigorij 1865-1925 [2]

- *Evening camp by a woodland lake* - Oil/canvas (61x97cm-24x38in) London 97 .... FF**30 476** - £3 200 - **$5,241**

KAR Ida 1908-1974 [13]

- *Georges Braque* - Gelatin silver print (23x23cm-9x9in) London 96 .... FF**2 725** - £320 - **$536**
- *Portrait of Fidel Castro* - Silver print (20x25cm-8x10in) New-York 92 .... FF**14 770** - £1 510 - **$2,600**

KARAS-KAUFMAN Otto 1896-1944 [1]

- *Prague/Terezin* - Oil/canvas Amsterdam 91 .... FF**2 706** - £271 - **$447**

KARASEK Nina 1883-1933 [3]

- *Blick auf Dürnstein* - Aquarell/Papier (21x29cm-8x11in) Wien 90 .... FF**2 600** - £277 - **$465**

KARATSONYI Andrew XIX-XX [2]

- *Bustin' a Bronco* - Oil/canvas (41x51cm-16x20in) Portland, Maine 93 .... FF**5 500** - £690 - **$1,000**

KARAVAN Dani 1930 [7]

- *Composition* - Bronze (15x20cm-6x8in) Tel Aviv 96 .... FF**12 220** - £1 034 - **$1,600**

KARAZIN Nikolai Nikolaevich 1842-1908 [5]

- *Regimental manœuvres* - Gouache/board (36x51cm-14x20in) London 96 .... FF**16 600** - £1 900 - **$3,170**

KARBOWSKY Adrien 1855-1945 [1]

- *Market scene, France* - Oil/canvas (124x89cm-49x35in) New Orleans, Louisiana 94 .... FF**48 700** - £5 770 - **$9,000**

KÄRCHER XIX-XX [4]

- *Fleurs et fruits sur un entablement* - Huile/toile (95x78cm-37x31in) Paris 90 .... FF**350 000** - £36 157 - **$61,837**

KARCHER Gustave 1831-1908 [1]

- *Ramasseur de fagots* - Huile/toile (59x99cm-23x39in) Paris 93 .... FF**3 800** - £437 - **$654**

KARDESCH Hélène XX [17]

- *Le marché* - Acrylique/toile (81x65cm-32x26in) Entzheim 95 .... FF**2 400** - £303 - **$482**

KARDOS Gyula 1857-1908 [2]

- *A gift from the sea* - Oil/canvas (193x51cm-76x20in) London 89 .... FF**33 900** - £3 373 - **$5,355**

KARETNIKOVA Sophia Karlovna 1887-1930 [1]

- *Sprematist composition* - Oil/panel (63x39cm-25x15in) London 90 .... FF**96 900** - £10 442 - **$17,090**

KARFIOL Bernard 1886-1952 [12]

- *Bathers, Ogunquit* - Oil/canvas (41x56cm-16x22in) Portland, Maine 94 .... FF**13 000** - £1 557 - **$2,400**
- *Virginie by the sea* - Oil/canvas (89x117cm-35x46in) Portland, Maine 93 .... FF**45 700** - £5 200 - **$7,750**
- *Two seated women* - Watercolour (24x31cm-9x12in) New-York 93 .... FF**4 400** - £552 - **$800**

KÄRFVE Fritz 1880-1967 [27]

- *Julidag i dynerna* - Oil/canvas (76x95cm-30x37in) Malmö 96 .... FF**3 420** - £444 - **$670**
- *Österlensk fiskeby* - Oil/canvas (76x96cm-30x38in) Malmö 94 .... FF**7 360** - £853 - **$1,267**
- *Kustlandskap, 1907* - Oil/canvas (60x84cm-24x33in) Stockholm 89 .... FF**15 900** - £1 626 - **$2,556**

KARGEL Axel 1896-1971 [24]

- *Landskap med hus* - Oil/panel (33x46cm-13x18in) Stockholm 94 .... FF**10 780** - £1 278 - **$1,993**
- *Vid havet, 1954* - Oil/canvas/board (18x29cm-7x11in) Stockholm 90 .... FF**25 300** - £2 691 - **$4,526**

KARGER Johann 1859-1936 [1]

- *Perchtoldsdorf* - Aquarell/Papier (28x36cm-11x14in) Wien 95 .... FF**3 746** - £473 - **$747**

KARGER Karl 1848-1913 [1]

- *Napoleon zeichnet in den Sand* - Oil/panel (32x23cm-13x9in) Wien 96 .... FF**18 020** - £2 340 - **$3,565**

KARGL Rudolf 1878-1942 [12]

- *Badgastein im sommer* - Aquarell/Papier (21x27cm-8x11in) Wien 94 .... FF**8 730** - £1 011 - **$1,654**
- *Alte Briefpost bei der Stroblgasse* - Aquarell/Papier (40x36cm-16x14in) Wien 95 .... FF**32 900** - £4 110 - **$6,640**

KARIMO Aarne 1886-1952 [2]

- *Skidande soldat* - Akvarell (48x38cm-19x15in) Helsinki 94 .... FF**4 650** - £540 - **$801**

KARINGER Anton 1829-1870 [1]

- *Wachposten im Gebirge* - Oil/canvas (62x85cm-24x33in) Wien 92 .... FF**19 250** - £1 930 - **$3,210**

KARKAYA Ida 1905-1990 [1]

- *Gris quotidien* - Technique mixte/papier (10x15cm-4x6in) Paris 92 .... FF**3 300** - £338 - **$594**

KARL LUDWIG Erherzog v.Östrreich 1833-1896 [1]

- *Kinderbildnis* - Miniature (7cm-3in) Wien 94 .... FF**3 905** - £465 - **$736**

KARL XV 1828-1872 [2]

- *Teichlandschaft mit Reisigsammlerin* - Oil/canvas (57x75cm-22x30in) Luzern 92 .... FF**16 750** - £2 000 - **$3,220**

KARLINSKY Anton Hans 1872-1945 [12]

- *Parti fra Albanien* - Oil/canvas (57x71cm-22x28in) Kobenhavn 93 .... FF**3 960** - £475 - **$761**
- *Niederösterreich* - Öl/Leinwand (67x90cm-26x35in) Wien 94 .... FF**23 890** - £2 540 - **$4,120**
- *Beim Heurigen* - Aquarell/Papier (24x29cm-9x11in) Wien 95 .... FF**15 980** - £2 016 - **$3,190**

KARLMARK Gerhard Alex. 1905-1976 [16]

- *Applen pa vit duk, 1934* - Oil/canvas (40x45cm-16x18in) Malmö 90 .... FF**2 800** - £353 - **$574**
- *Tre garcer* - Gouache (35x45cm-14x18in) Malmö 90 .... FF**1 872** - £191 - **$374**

KARLOVSZKY Bertalan 1858-1939 [4]

- *Artist and model in the studio* - Oil/panel (79x105cm-31x41in) Toronto 96 .... FF**72 100** - £9 140 - **$13,830**

KARLOWSKA de Stanislawa 1876-1952 [7]
🖼 *Woman reading* - Oil/canvas (38x46cm-15x18in) London 89 .... FF31 000 - £3 085 - **$4,897**

KARLSSON Arvid 1907-1964 [6]
🖼 *Strandmotiv* - Oil/canvas/board (45x55cm-18x22in) Malmö 91 .... FF3 276 - £325 - **$569**

KARLSSON C. Göran 1944 [25]
🖼 *Geometrisk komposition* - Tempera/canvas (114x84cm-45x33in) Stockholm 95 .... FF10 700 - £1 332 - **$2,093**
🗿 *Spelman* - Wood (100cm-39in) Stockholm 96 .... FF11 700 - £1 418 - **$2,274**
◊ *Komposition* - Tempera/paper (38x28cm-15x11in) Stockholm 96 .... FF1 986 - £258 - **$393**

KARLSSON Folke 1907-1988 [4]
🖼 *Caféliv* - Oil/panel (35x43cm-14x17in) Malmö 92 .... FF7 070 - £724 - **$1,245**

KARLSSON Kent 1945 [3]
🖼 *After Man Ray* - Mixed media (195x135cm-77x53in) Stockholm 93 .... FF5 550 - £682 - **$1,027**

KARLSSON Signe XIX-XX [1]
🖼 *Vinterbild från Rosendal* - Oil/canvas (100x151cm-39x59in) Stockholm 96 .... FF6 280 - £816 - **$1,230**

KARLSSON-STIG Ante 1885-1967 [10]
Fjällandskap, 1934 - Oil/canvas/board (30x44cm-12x17in) Stockholm 89 .... FF6 600 - £675 - **$1,061**
Varvinterlandskap, 1909 - Oil/canvas (88x102cm-35x40in) Stockholm 89 .... FF16 800 - £1 718 - **$2,701**

KARMANSKI von Joseph 1865-1904 [1]
🖼 *Sleigh ride in the snow* - Oil/canvas (81x110cm-32x43in) New-York 95 .... FF34 550 - £4 175 - **$6,500**

KARNEC J.E. c.1875-1934 [30]
🖼 *Voiliers au port* - Huile/papier/toile (24x18cm-9x7in) Provins 97 .... FF3 500 - £372 - **$607**
Rouen, bateaux amarrés - Huile/panneau (19x24cm-7x9in) Deauville 95 .... FF12 000 - £1 542 - **$2,383**
Rouen, bateaux à quai - Huile/carton (19x24cm-7x9in) Deauville 95 .... FF16 000 - £2 060 - **$3,330**

KÄRNER Theodor 1884-1966 [3]
🗿 *Röhrender Hirsch* - Bronze (36cm-14in) München 93 .... FF4 070 - £487 - **$783**

KARNIEJ Edward 1890-1942 [1]
🖼 *Woman with a necklace* - Oil/panel (43x30cm-17x12in) Warszawa 96 .... FF7 910 - £986 - **$1,528**

KAROLINE Mathilde 1813-1863 [1]
🖼 *Scène de marché* - Huile/toile (56x46cm-22x18in) Saint-Dié 91 .... FF19 500 - £1 970 - **$3,871**

KAROLIOV Pavel 1918 [2]
🖼 *Lénine et Staline* - Huile/toile (47x71cm-19x28in) Paris 92 .... FF6 000 - £615 - **$1,080**

KAROW Hermann Franz L. 1840-1899 [1]
🖼 *Good vintage* - Oil/panel (34x24cm-13x9in) Billinghurst, West Sussex 94 .... FF5 840 - £700 - **$1,134**

KARPATHY Eugen 1871-1950 [6]
🖼 *Pêcheur à Genk* - Huile/toile (100x148cm-39x58in) Antwerpen 95 .... FF17 150 - £2 220 - **$3,510**

KARPATHY Jenö 1870-1950 [4]
🖼 *Young boy* - Oil/canvas (60x80cm-24x31in) Toronto 96 .... FF4 560 - £578 - **$874**

KARPATHY Laszlo XIX-XX [2]
🖼 *The faggot gatherer* - Oil/canvas (78x58cm-31x23in) London 94 .... FF2 745 - £320 - **$481**

KARPATI Jozsef XX [2]
◊ *Dans la même ville* - Pastel gras (70x100cm-28x39in) Paris 91 .... FF3 000 - £302 - **$521**

KARPATY Rudolf 1857-1917 [1]
🖼 *Spannende Erzählung* - Öl/Leinwand (53x70cm-21x28in) Wien 94 .... FF7 350 - £870 - **$1,356**

KARPFF Jean-Jacq., Casimir 1770-1829 [3]
◊ *L'Amour de Sapho* - Miniature (12x14cm-5x6in) Zürich 95 .... FF19 400 - £2 500 - **$3,950**

KARPINSKI Alfons 1875-1961 [34]
🖼 *Une plage au Lido* - Huile/carton (37x97cm-15x38in) Warszawa 93 .... FF10 530 - £1 212 - **$1,812**
🖼 *Au café, Paris* - Oil/cardboard (49x49cm-19x19in) Warszawa 96 .... FF25 100 - £3 130 - **$4,840**
◊ *Wies w sniegu, Pozar* - Watercolour, gouache (30x51cm-12x20in) Warszawa 95 .... FF4 710 - £596 - **$941**

KARPINSKY Igor 1901-1986 [3]
🖼 *Rännan* - Oil/canvas (38x50cm-15x20in) Helsinki 93 .... FF3 890 - £440 - **$641**

KARPOFF Ivan 1898-1970 [13]
🖼 *Arance e vaso di fiori* - Olio/tela (50x70cm-20x28in) Milano 90 .... FF7 300 - £787 - **$1,287**

KARPPANEN Matti 1873-1953 [12]
🖼 *Orrar i trädtopp* - Oil/canvas (80x100cm-31x39in) Helsinki 95 .... FF42 800 - £5 350 - **$8,650**

KARS Georges Jiri 1880-1945 [86]
🖼 *Rochemaure Ardeche* - Öl/Leinwand (38x46cm-15x18in) Wien 97 .... FF13 378 - £1 422 - **$2,307**
🖼 *Nu au tub* - Huile/carton (38x46cm-15x18in) Paris 95 .... FF34 000 - £4 330 - **$6,830**
Woman in an armchair - Oil/canvas (100x81cm-39x32in) Tel Aviv 95 .... FF97 700 - £12 650 - **$20,000**
Tochter des Pharao - Oil/canvas (204x168cm-80x66in) München 91 .... FF406 000 - £40 417 - **$69,817**
🗿 *La danse* - Bronze (24x18cm-9x7in) Paris 93 .... FF8 000 - £964 - **$1,455**
◊ *Liegende weiblicher Akt* - Red chalk (44x62cm-17x24in) Köln 97 .... FF4 055 - £426 - **$694**

KARSAN Ali 1903 [2]
🖼 *Nü* - Oil/canvas (60x91cm-24x36in) Istanbul 92 .... FF11 840 - £1 184 - **$2,110**

KARSCH Joachim 1897-1945 [3]
🖼 *Mädchen mit Kaninchen* - Etching (40x24cm-16x9in) Berlin 91 .... FF2 750 - £329 - **$514**

KARSEN Eduard 1860-1941 [7]
🖼 *Town with moored shipping* - Oil/canvas (40x50cm-16x20in) Amsterdam 94 .... FF14 700 - £1 762 - **$2,850**

KARSEN Kasparus 1810-1896 [20]
🖼 *Town with figures by a gateway* - Oil/panel (18x23cm-7x9in) Amsterdam 95 .... FF22 260 - £2 780 - **$4,494**
Villagers on a marquet square - Oil/canvas (32x48cm-13x19in) Amsterdam 93 ...... FF71 700 - £8 210 - **$12,210**
◊ *Town with figures on a square* - Ink (25x32cm-10x13in) Amsterdam 94 .... FF7 570 - £870 - **$1,295**

K

KARSENTY Guy 1933 [5]
Jeux de plage - Huile/toile (32x41cm-13x16in) Arles 89 .... FF4 500 - £474 - $758

KARSH Yousuf 1908 [73]
Pablo Casals - Silver print (25x20cm-10x8in) New-York 95 .... FF6 940 - £886 - $1,400
Winston Churchill - Probably printed in the 1950s (43x35cm-17x14in) New-York 94 .... FF20 320 - £2 357 - $3,500

KARSKAYA Ida 1905-1990 [35]
Femme au chapeau - Huile/toile (130x97cm-51x38in) Saint-Germain-en-Laye 94 .... FF8 000 - £955 - $1,500
Gris quotidien - Huile/toile (100x100cm-39x39in) Paris 95 .... FF20 000 - £2 523 - $3,990
La poupée - Gouache (24x20cm-9x8in) Paris 92 .... FF7 000 - £717 - $1,233

KARSSEN Anm. XIX-XX [2]
Fischersfrau mit ihren Kindern - Oil/panel (22x34cm-9x13in) Bremen 92 .... FF3 390 - £405 - $653

KARSSEN Kasparus 1810-1896 [2]
German town along a river - Oil/canvas (43x65cm-17x26in) Amsterdam 89 .... FF71 900 - £7 154 - $11,359
Ansicht einer mächtigen Burgruine - Woodcut in colors (30x24cm-12x9in) Stuttgart 91 .... FF9 360 - £938 - $1,714

KARST Adolph 1815-1868 [1]
Helping Hand - Oil/board (31x24cm-12x9in) London 95 .... FF5 660 - £750 - $1,170

KARSTEN Ludwig 1876-1926 [24]
Børnevaerelse, interior - Oil/canvas (39x46cm-15x18in) Köbenhavn 92 .... FF92 400 - £9 260 - $17,770
The winter garden at Jukebaek - Oil/canvas (141x146cm-56x57in) London 92 .... FF293 000 - £35 000 - $56,400

KARTH Jean Nicolas 1795-1878 [1]
Alpes, Jura, Forêt Noire, Vosges - Wash (33x88cm-13x35in) London 91 .... FF3 770 - £383 - $681

KARVALY MOR 1860-1899 [1]
Notables dans les rues du Caire - Huile/toile (50x40cm-20x16in) Genève 91 .... FF3 284 - £337 - $611

KASCIUNAITÉ Dalia 1947 [2]
Répétition - Huile/toile (100x100cm-39x39in) Paris 93 .... FF4 500 - £563 - $818

KÄSEBIER Gertrude Stanton 1852-1934 [23]
Mother and child - Platinum print (18x13cm-7x5in) New-York 92 .... FF7 350 - £854 - $1,500
Happy Days - Platinum print (21x16cm-8x6in) New-York 93 .... FF118 400 - £13 550 - $21,000

KASELITZ Albert Friedrich 1821-1884 [1]
Die Verstorbene - Öl/Karton (20x28cm-8x11in) Bern 93 .... FF2 820 - £352 - $515

KASENDA Frederik XIX-XX [5]
Indonesian landscape - Oil/canvas (46x73cm-18x29in) Amsterdam 92 .... FF2 107 - £245 - $430

KASIMIR Alois 1852-1930 [1]
Wien, Vorzeichnung für Postkarte - Grisaille (47x88cm-19x35in) Wien 90 .... FF36 000 - £3 830 - $6,440

KASIMIR Hoernes Tanna 1887-? [1]
Central Park/New York cathedral - Etching in colors North Bethesda, MD. 91 .... FF2 690 - £271 - $467

KASIMIR Luigi 1881-1962 [86]
Grinzing im Schnee - Oil/panel (32x38cm-13x15in) Wien 95 .... FF53 800 - £6 810 - $10,510
Extensive winter landscape - Oil/canvas (59x61cm-23x24in) London 92 .... FF76 200 - £7 800 - $13,450
Brooklyn Bridge - Etching in colors (30x43cm-12x17in) New-York 94 .... FF6 530 - £763 - $1,150
Biecz - Coloured crayons/paper (31x21cm-12x8in) Wien 96 .... FF5 770 - £724 - $1,127
Gartentor - Coloured crayons/paper (27x13cm-11x7in) Wien 96 .... FF13 470 - £1 690 - $2,630

KASIMIR-HOERNÈS Tanna 1887-1972 [2]
Manhattan from Across River
     Etching, aquatint (28x38cm-11x15in) New Orleans, Louisiana 95 .... FF3 420 - £437 - $700

KASIULIS Vytautas 1918 [4]
Carafe, goblets and lemons - Oil/canvas (59x73cm-23x29in) London 92 .... FF2 930 - £300 - $516

KASPAR Paul 1891-1953 [45]
Am Grossglockner - Mixed media/panel (12x13cm-5x5in) Wien 93 .... FF6 930 - £820 - $1,152
Blumenstand - Aquarell/Papier (17x17cm-7x7in) Wien 94 .... FF9 610 - £1 225 - $1,852
Die Wiener Staatsoper - Aquarell/Papier (15x15cm-6x6in) Wien 93 .... FF12 020 - £1 437 - $2,313

KASPARIDES Eduard 1858-1926 [23]
Dorf an Seeufer - Öl/Leinwand (80x100cm-31x39in) Wien 94 .... FF19 520 - £2 324 - $3,680
Mondaufgang im Schlosspark - Öl/Karton (88x108cm-35x43in) Wien 97 .... FF28 668 - £3 048 - $4,944
Ragusa - Öl/Leinwand (119x185cm-47x73in) Wien 97 .... FF62 114 - £6 604 - $10,712

KASPER Ludwig 1893-1945 [3]
Weiblicher Torso - Sculpture (117cm-46in) Berlin 97 .... FF91 301 - £9 696 - $15,904

KASS Joel 1937 [14]
Figure à la carte - Huile/toile (85x115cm-33x45in) Antwerpen 96 .... FF5 250 - £636 - $1,020

KASSAK Lajos 1887-1967 [15]
Kompozigió - Oil/canvas (71x60cm-28x24in) München 94 .... FF31 450 - £3 690 - $5,600
Geometrische Komposition - Ink/paper (24x18cm-9x7in) Köln 89 .... FF25 000 - £2 556 - $4,019
Composition - Gouache/papier (29x22cm-11x9in) Paris 93 .... FF63 000 - £7 590 - $11,450

KASSENBERG Paul XIX-XX [2]
Auslaufende Fischkutter - Oil/panel (47x61cm-19x24in) Bremen 91 .... FF4 790 - £492 - $891
Holländische Flußlandschaft - Woodcut in colors (36x54cm-14x21in) Stuttgart 91 .... FF2 384 - £239 - $437

KASTEELE van de Abraham Anne 1814-1893 [1]
Fisherwoman/Huntsman - Oil/panel (40x31cm-16x12in) Amsterdam 92 .... FF5 460 - £560 - $962

KASTELEYN Gustave 1848-1900 [1]
Le baiser - Terracotta Bruxelles 90 .... FF2 600 - £277 - $465

KASTEN Barbara 1936 [2]
Construct A&A - Cibachrome print (61x53cm-24x21in) San Francisco-Los Angeles 96 .... FF8 060 - £1 032 - $1,600

KASTNER Joseph 1844-? [1]
Der Kreuzzug Christi - Pencil (45x28cm-18x11in) Wien 94 .... FF1 954 - £226 - $336

KASUDLUAK Pauloosie 1938 [2]
🗿 *A kneeling Inuit holding his infant child* - Dark green serpentine (15cm-6in) Toronto 95 .... FF*3 060* - £*388* - **$617**
KASYN John 1926 [38]
🖼 *Off Ontario Street* - Oil/board (46x36cm-18x14in) Toronto 96 .... FF*12 600* - £*1 512* - **$2,410**
KAT de Anne Pierre 1881-1968 [49]
🖼 *Bateau de pêche* - Huile/toile (38x46cm-15x18in) Bruxelles 97 .... FF*12 255* - £*1 328* - **$2,168**
La convalescente - Huile/toile (100x80cm-39x31in) Lokeren 95 .... FF*66 900* - £*8 800* - **$13,430**
La couturière - Huile/toile (71x60cm-28x24in) Bruxelles 96 .... FF*167 500* - £*21 700* - **$33,500**
✏ *Nu assis* - Aquarelle (23x17cm-9x7in) Antwerpen 95 .... FF*3 770* - £*489* - **$772**
KAT de Otto B. 1907-1995 [13]
🖼 *Interieur* - Oil/canvas (24x33cm-9x13in) Amsterdam 97 .... FF*9 708* - £*1 050* - **$169,4 5**
Still Life with Apples - Oil/canvas (30x40cm-12x16in) Amsterdam 94 .... FF*26 030* - £*3 086* - **$4,810**
✏ *Landscape* - Coloured chalks/paper (32x40cm-13x16in) Amsterdam 92 .... FF*3 620* - £*432* - **$696**
KATASE Kazuo 1948 [3]
🗿 *Women Harvesting Grain* - Installation (230x270cm-91x106in) Stockholm 94 .... FF*7 140* - £*838* - **$1,272**
Battle of Nancy - Installation Stockholm 94 .... FF*28 560* - £*3 350* - **$5,090**
KATCHADOURIAN Sarkis 1887-1947 [2]
🖼 *Jeune femme à la rose* - Huile/toile (61x65cm-24x26in) Paris 90 .... FF*28 000* - £*2 863* - **$5,527**
KATHY Roger 1934-1979 [6]
🖼 *Sitzender weiblicher Rückenakt* - Öl/Leinwand (55x46cm-22x18in) Bern 94 .... FF*3 096* - £*372* - **$602**
Winterlandschaft, Davos Platz - Öl/Leinwand (65x91cm-26x36in) Bern 94 .... FF*15 600* - £*1 840* - **$2,780**
KATHY-THYS Susy 1936 [3]
🖼 *Thevenin* - Tempera/toile (81x65cm-32x26in) Bern 96 .... FF*14 050* - £*1 785* - **$2,703**
KATIA-KA ?-1994 [2]
✏ *Le palier* - Aquarelle, gouache (113x72cm-44x28in) Paris 96 .... FF*2 100* - £*270* - **$417**
KATO Hajime 1925 [3]
🖼 *Composition, 1961* - Huile/toile (73x100cm-29x39in) Paris 90 .... FF*25 000* - £*2 694* - **$4,409**
KATO Kalmar 1876-1946 [1]
🖼 *Periferia di Budapest* - Olio/tela (70x100cm-28x39in) Trieste 93 .... FF*3 260* - £*371* - **$552**
KATO Kentaro 1889-1926 [2]
🖼 *Tidal Pool in Gloucester* - Oil/canvas (61x76cm-24x30in) San Francisco-Los Angeles 92 .... FF*7 280* - £*870* - **$1,400**
KATZ Alex 1927 [116]
🖼 *The Ferry* - Oil/masonite (41x41cm-16x16in) New-York 96 .... FF*36 250* - £*4 680* - **$7,000**
Purple series #5 - Oil/masonite (61x59cm-24x23in) New-York 97 .... FF*55 136* - £*5 800* - **$9,500**
Folding Chair - Oil/canvas (122x114cm-48x45in) New-York 96 .... FF*163 000* - £*19 200* - **$32,000**
Jennifer and Mathieu - Oil/canvas (244x122cm-96x48in) New-York 94 .... FF*262 600* - £*30 830* - **$46,000**
The light III, 1975 - Oil/canvas (182x304cm-72x120in) New-York 90 .... FF*629 200* - £*65 202* - **$110,580**
🖼 *Ada* - Screenprint in colors (166cm-65in) New-York 96 .... FF*56 400* - £*6 680* - **$11,000**
✏ *Tiger Lilies* - Gouache/paper (19x20cm-7x8in) New-York 97 .... FF*9 357* - £*988* - **$1,600**
Barbara - Pencil/paper (76x57cm-30x22in) New-York 88 .... FF*42 000* - £*3 932* - **$7,000**
KATZ Hilda 1909-? [1]
✏ *Graps of thorns* - Watercolour, gouache (102x71cm-40x28in) Mystic, Connecticut 93 .... FF*1 788* - £*224* - **$325**
KATZEN-FLURY Burkhard 1862-1928 [7]
🖼 *Tête de chat* - Huile/panneau (27x22cm-11x9in) Bern 96 .... FF*2 445* - £*297* - **$476**
Katzenbildnis - Öl/Leinwand (23x29cm-9x11in) Bern 93 .... FF*15 800* - £*1 760* - **$2,680**
✏ *Zwei Katzenköpfe* - Pastel (20x24cm-8x9in) Bern 93 .... FF*5 540* - £*638* - **$950**
KATZER Anton 1863-1940 [4]
🖼 *Im Rosensmond* - Öl/Leinwand (42x75cm-17x30in) Wien 94 .... FF*7 270* - £*843* - **$1,380**
KATZIN Sonja 1919 [2]
🗿 *Ellipskvinna* - Bronze (29cm-11in) Stockholm 93 .... FF*4 350* - £*496* - **$736**
KAU Georg 1870-? [1]
🖼 *Mary Ruthwen* - Öl/Leinwand (114x93cm-45x37in) München 95 .... FF*3 560* - £*445* - **$720**
KAUB-CASALONGA Alice 1875-? [2]
🖼 *Afternoon of sewing* - Oil/canvas (180x200cm-71x79in) New-York 93 .... FF*52 200* - £*6 550* - **$9,500**
KAUBA Carl 1865-1922 [49]
🗿 *Guerrier sur son cheval* - Bronze (24cm-9in) Montréal 96 .... FF*8 090* - £*770* - **$1,173**
Boy with riffle - Bronze (42cm-17in) New-York 94 .... FF*14 840* - £*1 730* - **$2,600**
Friend in need - Bronze (52cm-20in) New-York 93 .... FF*99 000* - £*12 410* - **$18,000**
KAUFFER Edward McKnight 1890-1954 [30]
🖼 *Explorers Prefer Shell* - Poster (7x114cm-3x45in) London 96 .... FF*3 510* - £*450* - **$692**
KAUFFMAN Angelica 1740-1807 [60]
🖼 *Pénélope* - Huile/métal (27x21cm-11x8in) Paris 96 .... FF*27 000* - £*3 270* - **$5,250**
Time clipping cupid's wings - Oil/canvas (102x84cm-40x33in) London 96 .... FF*191 400* - £*24 000* - **$37,200**
Heloise - Oil/paper/canvas (30x25cm-12x10in) Wien 97 .... FF*287 760* - £*31 080* - **$50,220**
Portrait of the Artist - Oil/canvas (61x50cm-24x20in) New-York 97 .... FF*607 398* - £*68 640* - **$110,000**
✏ *Kleopatra and Augustus* - Ink/paper (31cm-12in) Lindau 96 .... FF*13 170* - £*1 588* - **$2,530**
KAUFFMANN Hermann 1808-1889 [16]
🖼 *The approaching storm* - Oil/canvas (31x46cm-12x18in) London 94 .... FF*47 400* - £*5 500* - **$8,200**
✏ *Vor der Schmiede* - Ink (11x14cm-4x7in) Hamburg 95 .... FF*6 180* - £*817* - **$1,253**
Holzfuhrwerk - Aquarell (21x29cm-8x11in) Hamburg 94 .... FF*20 600* - £*2 440* - **$3,804**
KAUFFMANN Hermann II 1873-? [2]
🖼 *Interieurszene mit Bauern* - Oil/canvas (22x20cm-9x8in) Bern 92 .... FF*11 410* - £*1 364* - **$2,196**

K

Calendar & auction results :   INTERNET : **www.artprice.com**   MINITEL : 3617 ARTPRICE

KAUFFMANN Hugo Wilhelm 1844-1915 [57]
Playing with kitty - Oil/panel (15x8cm-6x3in) New-York 94 .... FF48 300 - £5 580 - **$8,250**
Ein kleiner Flirt - Oil/panel (18x13cm-7x5in) Stuttgart 94 .... FF102 500 - £11 970 - **$18,060**
Musikvortrag - Oil/panel (25x30cm-10x12in) Stuttgart 94 .... FF205 000 - £24 650 - **$39,000**
Figures in an Interior - Oil/panel (37x46cm-15x18in) New-York 94 .... FF398 400 - £47 500 - **$75,000**
KAUFFMANN Paul A. 1849-? [2]
L'Alsacienne et son militaire - Aquarelle (28x19cm-11x7in) Aubagne 92 .... FF2 200 - £226 - **$423**
KAUFFUNGEN Richard 1854-? [1]
Porträtbuste - Bronze (43cm-17in) Wien 95 .... FF3 000 - £378 - **$598**
KAUFHOLD August 1884-? [5]
Kühen am Wasser - Oil/canvas (80x105cm-31x41in) München 89 .... FF4 100 - £419 - **$659**
KAUFMANN Adolf 1848-1916 [95]
Abendliche Hafenszene - Öl/Leinwand (105x84cm-41x33in) Wien 97 .... FF10 516 - £1 117 - **$1,812**
La belle de mer - Oil/panel (62x42cm-24x17in) Amsterdam 97 .... FF22 460 - £2 374 - **$3,853**
Heuernte - Öl/Leinwand (65x100cm-26x39in) München 94 .... FF68 400 - £8 100 - **$12,500**
Die alte Mühle - Öl/Leinwand (97x147cm-38x58in) Wien 94 .... FF136 700 - £15 830 - **$23,500**
Ebene beim Himmel - Aquarell/Papier (11x20cm-4x8in) Wien 93 .... FF8 650 - £1 034 - **$1,665**
KAUFMANN Arthur 1888-1971 [7]
Stadtansicht - Öl/Leinwand (62x37cm-24x15in) Düsseldorf 96 .... FF17 230 - £2 230 - **$3,445**
KAUFMANN Asmus 1806-1890 [2]
Nach dem Regen Weite Flachlandschaft - Oil/panel (57x42cm-22x17in) Köln 95 ... FF21 300 - £2 690 - **$4,270**
KAUFMANN Bernard XIX-XX [2]
Anne Hathaway's cottage - Wash (37x24cm-15x9in) London 90 .... FF7 000 - £754 - **$1,235**
KAUFMANN Ferdinand 1864-1942 [9]
Carriers of Commerce, L. A. Harbor
    Oil/canvas (63x76cm-25x30in) San Francisco-Los Angeles 93 .... FF22 000 - £2 760 - **$4,000**
KAUFMANN Hermann 1808-1889 [1]
Moonlight crossing - Oil/canvas/panel (30x40cm-12x16in) Wien 96 .... FF46 900 - £5 690 - **$9,120**
KAUFMANN Hugo 1868-1919 [2]
Jeune fille russe - Huile/panneau (15x11cm-6x4in) Paris 93 .... FF41 000 - £4 940 - **$7,450**
KAUFMANN Hugo Wilhelm 1844-1915 [1]
Mannes im Trachtenrock - Ink (19x14cm-7x6in) Stuttgart 96 .... FF6 820 - £888 - **$1,352**
KAUFMANN Ignaz 1885-? [4]
Brücke in Heidelberg - Oil/Leinwand (55x63cm-22x25in) Stuttgart 93 .... FF4 870 - £559 - **$830**
KAUFMANN Isidor 1853-1921 [45]
Young Orthodox man - Oil/panel (24x18cm-9x7in) New-York 94 .... FF216 000 - £25 000 - **$36,960**
A Yeshiva Boy - Oil/panel (35x30cm-14x12in) Tel Aviv 94 .... FF657 000 - £78 900 - **$125,000**
Der Besuch des Rabbi - Oil/panel (31x39cm-12x15in) Wien 96 .... FF914 000 - £114 500 - **$178,500**
Sitzender Mädchenakt - Charcoal/paper (32x21cm-13x8in) Wien 95 .... FF15 670 - £2 030 - **$3,190**
KAUFMANN Joseph Clemens 1867-1925 [18]
Rastender Kavallerist - Oil/panel (36x52cm-14x20in) Luzern 94 .... FF11 900 - £1 216 - **$2,096**
Dragoner von 1915 - Pastel (60x47cm-24x19in) Zofingen 92 .... FF5 330 - £637 - **$1,025**
KAUFMANN Karl, Charles 1843-1901 [147]
Town on a Lake - Oil/canvas (51x82cm-20x32in) London 97 .... FF7 036 - £750 - **$1,228**
Hamnbild från Italien - Oil/canvas (32x52cm-13x20in) Helsinki 93 .... FF12 200 - £1 394 - **$2,077**
Constantinople - Oil/panel (31x20cm-12x8in) London 96 .... FF27 740 - £3 600 - **$5,490**
Ville orientale - Huile/toile (57x79cm-22x31in) Paris 95 .... FF43 000 - £5 450 - **$8,650**
Canale Grande, Venezia - Oil/canvas (69x106cm-27x42in) Köbenhavn 96 ...... FF80 700 - £10 050 - **$15,600**
Constantinople - Oil/canvas (66x103cm-26x41in) London 91 .... FF129 000 - £12 999 - **$22,385**
KAUFMANN Wilhelm 1875-? [8]
Weibliche Akte - Oil/metal (31x41cm-12x16in) Wien 91 .... FF6 740 - £684 - **$1,217**
Häuser am Bach - Mischtechnik/Papier (47x63cm-19x25in) Wien 90 .... FF2 200 - £237 - **$388**
KAUFMANN Wilhelm 1895-1975 [34]
Blumen - Öl (60x80cm-24x31in) Wien 97 .... FF6 714 - £708 - **$1,161**
Blick ins Alpental - Oil/panel (50x70cm-20x28in) Wien 97 .... FF14 334 - £1 524 - **$2,472**
Perchtoldsdorf - Oil/panel (60x80cm-24x31in) Wien 96 .... FF24 140 - £2 750 - **$4,620**
Parklandschaft mit Teich - Gouache/papier (52x68cm-20x27in) Wien 97 ..... FF15 290 - £1 625 - **$2,636**
KAULA Lee Lufkin 1882-1957 [1]
The Black Fan - Oil/canvas (100x81cm-39x32in) New-York 97 .... FF151 692 - £15 927 - **$26,000**
KAULA William Jurian 1871-1953 [24]
Over the pond - Oil/canvas (81x99cm-32x39in) San Francisco-Los Angeles 92 ...... FF44 200 - £5 280 - **$8,500**
Autumn landscape, New Hampshire
    Oil/canvas (81x99cm-32x39in) North Bethesda, MD. 91 .... FF77 900 - £7 788 - **$12,830**
Mountain Laurel - Watercolour (53x43cm-21x17in) Cambridge, Mass. 94 ...... FF5 260 - £632 - **$1,000**
KAULBACH Anton 1864-1930 [11]
Schwarzhaarige junge Frau - Öl/Karton (50x40cm-20x16in) Lindau 96 .... FF6 080 - £785 - **$1,174**
KAULBACH Friedrich 1822-1903 [5]
Lovely auburn haired girl - Oil/canvas (79x56cm-31x22in) Elgin, Illinois 93 ... FF41 250 - £5 170 - **$7,500**
Hedda - Oil/panel (112x71cm-44x28in) London 89 .... FF164 600 - £16 830 - **$26,463**
KAULBACH Hermann 1846-1909 [23]
Bauernbub mit Suppenschüssel - Oil/panel (33x22cm-13x9in) München 96 .... FF24 400 - £3 060 - **$4,710**
The drawing lesson - Oil/panel (38x27cm-15x11in) London 96 .... FF255 400 - £32 000 - **$49,300**
Ludwig II. auf dem Totenbett - Pencil/paper (17x17cm-7x7in) München 96 ... FF11 550 - £1 316 - **$2,210**

KAULBACH von Friedrich August 1850-1920 [29]
- *Lautenschlägerin* - Öl/Leinwand (199x100cm-78x39in) Wien 95 .... FF29 400 - £3 870 - **$5,960**
- *In Arcadia* - Oil/canvas (128x229cm-50x90in) Wien 96 .... FF66 200 - £8 020 - **$12,880**
- *Portrait of a woman* - Pastel/paper (59x46cm-23x18in) New-York 95 .... FF10 570 - £1 273 - **$2,000**

KAULBACH von Wilhelm 1804-1874 [9]
- *Portret starca* - Huile/toile (33x27cm-13x11in) Warszawa 92 .... FF39 600 - £4 040 - **$7,070**
- *Lotte, Werther's Leiden* - Oil/canvas (190x134cm-75x53in) London 92 .... FF68 440 - £7 000 - **$12,040**
- *Peter Arbuez* - Pencil/paper (35x34cm-14x17in) München 96 .... FF10 200 - £1 161 - **$1,950**

KAULBERSCH Anny 1890-1962 [1]
- *Stilleben mit Veilchen und Apfeln* - Oil/canvas/board (49x40cm-19x16in) Stuttgart 91 .... FF3 065 - £307 - **$561**

KAULE Otto 1870-? [2]
- *Mondaufgang an der Ilmenau* - Oil/canvas (65x89cm-26x35in) Bremen 91 .... FF18 720 - £1 859 - **$3,250**

KAULUM Haakon Jensen 1863-1933 [6]
- *Lotsbåt i hårt väder* - Oil/canvas (60x92cm-24x36in) Göteborg 94 .... FF7 720 - £896 - **$1,330**

KAUNS Ludwig 1829-1910 [1]
- *Musikstunden* - Oil/canvas (26x20cm-10x8in) Stockholm 90 .... FF28 100 - £2 873 - **$5,546**

KAUS Max 1891-1977 [93]
- *Am gelben Strand* - Mixed media (52x68cm-20x27in) Berlin 97 .... FF15 541 - £1 650 - **$2,707**
- *Pitztal* - Öl/Leinwand (74x90cm-29x35in) Köln 96 .... FF44 200 - £5 030 - **$8,450**
- *Badende im Gebirgsbach* - Öl/Leinwand (80x100cm-31x39in) Berlin 94 .... FF85 400 - £10 070 - **$15,200**
- *Schlafenden Jungen* - Oil/canvas/panel (77x64cm-30x25in) London 95 .... FF116 800 - £15 000 - **$23,600**
- *Männerkopf* - Lithographie (30x26cm-12x10in) Hamburg 95 .... FF4 560 - £578 - **$917**
- *Badende am Meer* - Color lithograph (64x48cm-25x19in) Berlin 97 .... FF31 081 - £3 300 - **$5,414**
- *Mädchenkopf* - Color lithograph (59x49cm-23x19in) Berlin 96 .... FF67 800 - £8 460 - **$13,100**
- *Moselschleife* - Aquarelle (65x50cm-26x20in) Köln 97 .... FF16 222 - £1 704 - **$2,777**
- *Rhein bei Andernach* - Watercolour (50x65cm-20x26in) München 96 .... FF49 300 - £5 610 - **$9,420**

KAUTSKY Johann 1827-1896 [2]
- *Der Corte del Teatro in Venedig* - Aquarell/Papier (36x26cm-14x10in) Wien 96 .... FF6 240 - £756 - **$1,213**

KAUTZKY Ted ?-1953 [2]
- *Harbor* - Oil/canvas (63x76cm-25x30in) North Berwick, Maine 91 .... FF10 260 - £1 030 - **$1,775**

KAUZMANN Paul 1874-1951 [3]
- *Stubeninterieur* - Öl/Leinwand (90x100cm-35x39in) Kempten 96 .... FF74 300 - £8 820 - **$14,500**

KAVAN Frantisek 1866-1941 [3]
- *Winterlandschaft* - Oil/canvas (83x100cm-33x39in) München 91 .... FF11 830 - £1 178 - **$2,034**
- *Dream of a good heart* - Oil/canvas (131x100cm-52x39in) London 91 .... FF44 600 - £4 526 - **$8,055**

KAVANAGH Joseph Malachy 1856-1918 [7]
- *Tending the flock* - Oil/canvas (43x53cm-17x21in) Dublin 95 .... FF22 200 - £2 884 - **$4,570**

KAVEL Martin 1861-1931 [2]
- *Vénus* - Oil/canvas (44x90cm-17x35in) London 92 .... FF15 500 - £1 850 - **$2,980**

KAVLI Arne 1878-1970 [35]
- *Kustlandskap med sjöbodar* - Oil/canvas (56x62cm-22x24in) Stockholm 94 .... FF12 250 - £1 452 - **$2,263**
- *To kvinner i hagen* - Oil/canvas (69x79cm-27x31in) Oslo 91 .... FF60 800 - £6 096 - **$10,036**
- *Sommerdag* - Oil/canvas (65x80cm-26x31in) Tönsberg 91 .... FF117 200 - £11 810 - **$20,337**

KAWABATA Minoru 1911 [2]
- *Dark oval* - Oil/canvas (162x130cm-64x51in) New-York 94 .... FF139 400 - £16 160 - **$24,000**

KAWAKUBO Masana XIX-XX [2]
- *Shrine at Nikko* - Watercolour/paper (33x50cm-13x20in) New-York 95 .... FF6 820 - £886 - **$1,400**

KAWARA On 1933 [13]
- *Jan. 12, 1978* - Mixed media (33x44cm-13x17in) London 92 .... FF155 800 - £16 000 - **$29,900**
- *Dec.30.1988* - Technique mixte (20x26cm-8x10in) Paris 91 .... FF240 000 - £24 203 - **$46,777**
- *I got up at...* - Multiple (8x14cm-3x6in) New-York 93 .... FF118 000 - £13 420 - **$20,000**

KAWASHIMA Takeshi 1930 [2]
- *New-York - M 33* - Oil/canvas (173x173cm-68x68in) New-York 94 .... FF30 700 - £3 524 - **$5,250**

KAWUN Ivan 1925 [3]
- *Le Bois de la Dame* - Huile/toile (89x116cm-35x46in) Paris 93 .... FF5 000 - £603 - **$910**

KAY Archibald 1860-1935 [22]
- *In the meadows* - Oil/canvas (28x38cm-11x15in) Glasgow 96 .... FF5 180 - £600 - **$993**
- *The road to the trossacks* - Oil/canvas (60x91cm-24x36in) Glasgow 90 .... FF16 500 - £1 710 - **$2,900**
- *Brodick bay, Arran* - Wash (38x53cm-15x21in) Glasgow 91 .... FF8 870 - £896 - **$1,761**

KAY James 1858-1942 [53]
- *On the Clyde* - Oil/board (26x36cm-10x14in) Glasgow 96 .... FF24 070 - £3 120 - **$4,715**
- *Grosse Horloge, Rouen* - Oil/board (76x63cm-30x25in) Edinburgh 92 .... FF97 700 - £10 000 - **$17,200**
- *Cardross Shore* - Bodycolour (36x27cm-14x11in) London 97 .... FF11 310 - £1 200 - **$1,949**
- *On the beach* - Pastel (49x59cm-19x23in) Edinburgh 92 .... FF34 200 - £3 500 - **$6,020**

KAYAMA Matazo 1927 [6]
- *Hana* - Ink (43x62cm-17x24in) New-York 97 .... FF693 240 - £73 968 - **$120,000**

KAYE Otis 1885-1974 [22]
- *Money to Burn* - Oil/panel (13x18cm-5x7in) New-York 93 .... FF94 400 - £10 730 - **$16,000**
- *What A Hit !* - Oil/canvas (76x64cm-30x25in) New-York 94 .... FF541 000 - £64 100 - **$100,000**
- *Land of the Free* - Oil/panel (65x92cm-26x36in) New-York 95 .... FF716 000 - £90 600 - **$140,000**
- *Five $ bill* - Watercolour (8x19cm-3x7in) New-York 95 .... FF40 900 - £5 180 - **$8,000**

K

KAYN Hilda B. 1903-1950 [2]
🐦 *Two girls* - Oil/canvas (91x71cm-36x28in) New-York 92... FF6 860 - £797 - **$1,400**
　　KAYSER Alex 1949 [1]
📷 *Gerhard Richter* - Silver print (20x14cm-8x6in) Köln 89... FF4 400 - £450 - **$707**
　　KAYSER Conrad 1880-1954 [7]
🐦 *Schwarzwaldrand* - Öl/Karton (49x38cm-19x15in) Heidelberg 95............................. FF9 730 - £1 263 - **$2,027**
　　KAYSER Edmond 1882-1965 [2]
🐦 *Paris, Saint Étienne du Mont* - Huile/toile (60x73cm-24x29in) Paris 94.................. FF2 700 - £322 - **$497**
　　KAYSER Eska 1936 [5]
🐦 *Sortie de bain* - Huile/toile (92x73cm-36x29in) Paris 90...................................... FF6 000 - £622 - **$1,054**
　　KAYSER Jean Paul 1869-1942 [7]
✏️ *Schlafende* - Watercolour (28x37cm-11x15in) Hamburg 93.................................... FF5 430 - £648 - **$1,044**
　　KAYSER Leopold, Leo 1868-1933 [2]
🐦 *Winter im Schwarzwald* - Oil/panel (27x18cm-11x7in) Heidelberg 93..................... FF2 975 - £347 - **$489**
　　KAYSER-EICHBERG Carl 1873-? [6]
🐦 *Postdam von der Havel* - Ol/Leinwand (60x80cm-24x31in) Köln 93......................... FF5 430 - £648 - **$1,044**
　　KAZACSAY Gerone Hirsch 1872-? [2]
🐦 *A reclining female Nude* - Oil/canvas (76x101cm-30x40in) London 96.................... FF4 260 - £500 - **$838**
　　Leda - Oil/canvas (96x127cm-38x50in) Wien 91.. FF24 000 - £2 420 - **$4,678**
　　KAZANTZEV Anatoli A. 1908-1973 [1]
🐦 *On the Eve of October* - Oil/canvas (99x84cm-39x33in) London 94........................ FF35 300 - £4 200 - **$6,650**
　　KAZUKI Yasuo 1911-1974 [3]
🐦 *Fuyu hakate* - Oil/canvas (73x50cm-29x20in) New-York 94................................... FF523 000 - £60 600 - **$90,000**
　　KCHAOUDOFF Jeantimir XX [5]
🐦 *Le village* - Technique mixte/toile (92x73cm-36x29in) Paris 97............................. FF3 200 - £361 - **$579**
　　KEAN Kirby A. 1908 [1]
📷 *Boulder Deam* - Gelatin silver print (36x28cm-14x11in) New-York 92..................... FF3 920 - £456 - **$800**
　　KEANE John 1954 [2]
🐦 *Landscape* - Mixed media/canvas (153x124cm-60x49in) London 93....................... FF16 000 - £2 000 - **$2,900**
　　KEARFORT Robert 1890-? [1]
🐦 *Old Adobe. Monterey* - Oil/canvas (56x56cm-22x22in) San Francisco-Los Angeles 93 ...... FF19 250 - £2 414 - **$3,500**
　　KEARNAN Thomas XIX [2]
✏️ *Claudian landscape* - Wash (19x26cm-7x10in) London 91.................................... FF1 613 - £162 - **$279**
　　KEATE George 1729-1797 [3]
✏️ *View of Ramsgate* - Watercolour (27x43cm-11x17in) London 90............................ FF3 700 - £373 - **$673**
　　KEATING Sean 1889-1977 [13]
🐦 *The Playboy of the Western Wood* - Oil/board (122x122cm-48x48in) London 95 .... FF42 400 - £4 800 - **$7,630**
　　Feast of Bridget - Oil/canvas (96x117cm-38x46in) London 93........................... FF118 500 - £13 500 - **$20,100**
✏️ *Self portrait* - Coloured chalks (48x37cm-19x15in) London 89............................ FF92 000 - £9 407 - **$14,791**
　　KEATS Cecil Jack XIX-XX [18]
✏️ *Hens & girl in a farmyard* - Watercolour (38x31cm-15x12in) Bristol, Avon 96........... FF2 277 - £290 - **$439**
　　KECK Charles 1875-1951 [3]
🗿 *Abraham Lincoln* - Bronze (63cm-25in) North Bethesda, MD. 91.......................... FF64 700 - £6 486 - **$11,850**
　　KECK Emil 1867-1935 [5]
🐦 *Prinzregenten Luitpold* - Ol/Leinwand (50x40cm-20x16in) Kempten 96................... FF13 520 - £1 604 - **$2,636**
✏️ *Allgäuer Bauer* - Gouache (31x25cm-12x10in) Kempten 96................................ FF6 760 - £802 - **$1,318**
　　KECK Leo 1906-1987 [2]
🖼️ *PKZ* - Poster (128x91cm-50x36in) New-York 93... FF7 670 - £873 - **$1,300**
　　KECK Otto 1873-1948 [6]
🐦 *Küchenstilleben* - Ol/Karton (73x101cm-29x40in) Lindau 93............................... FF13 080 - £1 482 - **$2,210**
✏️ *Wasserburg am Bodensee* - Gouache (35x49cm-14x19in) Lindau 96...................... FF10 800 - £1 303 - **$2,074**
　　KECK Paul 1904-1973 [4]
✏️ *Nativity* - Pastel (51x40cm-20x16in) Lindau 95... FF7 360 - £994 - **$1,523**
　　KECK William XX [7]
📷 *Reflections and Mirroring* - Photograph (49x33cm-19x13in) New-York 96................ FF14 050 - £1 812 - **$2,750**
　　KEDL Rudolf 1928-1991 [5]
🗿 *Orpheus* - Sculpture (41cm-16in) Wien 94.. FF58 200 - £6 740 - **$11,020**
　　Liegende - Sculpture (50cm-20in) Wien 95.. FF107 700 - £14 200 - **$21,840**
　　KEDZIERSKI Apoloniusz 1861-1939 [10]
🐦 *Wróble* - Oil/canvas (63x78cm-25x31in) Warszawa 96....................................... FF55 100 - £6 900 - **$10,730**
✏️ *Chlopka z krowa* - Aquarelle/papier (63x48cm-25x19in) Warszawa 91................... FF3 125 - £319 - **$558**
　　KEELEY John 1849-1920 [7]
✏️ *Drover and cattle on a track* - Watercolour (57x69cm-22x27in) London 93............. FF5 970 - £680 - **$1,013**
　　KEELHOFF Alice 1896-1983 [4]
🐦 *L'Orient* - Huile/toile (92x73cm-36x29in) Bruxelles 95....................................... FF3 350 - £434 - **$682**
　　KEELHOFF Frans 1820-1893 [10]
🐦 *Wooded slooping landscape* - Oil/canvas (90x142cm-35x56in) Amsterdam 95.......... FF18 440 - £2 303 - **$3,724**
🐦 *Shepherds and flock* - Oil/canvas (68x108cm-27x43in) Amsterdam 94.................. FF67 300 - £8 070 - **$13,070**
　　KEELING Michael ?-1820 [3]
🐦 *John Watkins* - Oil/canvas (76x63cm-30x25in) London 97................................... FF4 132 - £450 - **$719**
　　KEELING William Knight 1807-1886 [6]
🐦 *Touchstone, Audrey and Wiliam.* - Oil/canvas (40x52cm-16x20in) London 94.......... FF14 130 - £1 700 - **$2,620**
✏️ *La Tamboril* - Watercolour (33x23cm-13x9in) Billinghurst, West Sussex 93............. FF3 910 - £450 - **$675**

KEEN Oscar 1867-1949 [6]
🖼 *Byparti fra Nürnberg med soldat* - Oil/canvas (140x94cm-55x37in) Vejle 90 .... FF13 200 - £1 319 - **$2,505**
KEENE Charles Samuel 1823-1891 [6]
✏ *Man and a girl reading* - Ink/paper London 90 .... FF3 400 - £342 - **$618**
KEENE Elmer XIX-XX [4]
🖼 *The waterfall* - Oil/canvas (61x92cm-24x36in) London 96 .... FF2 520 - £320 - **$497**
KEENER Anna 1895-? [1]
🖼 *Western landscape* - Oil/canvas (66x81cm-26x32in) Portland, Maine 93 .... FF23 600 - £2 685 - **$4,000**
KEET Annie XIX-XX [2]
🖼 *A young beauty* - Oil/canvas (32x27cm-13x11in) London 96 .... FF3 930 - £500 - **$756**
KEETMAN Peter 1916 [15]
📷 *Tire Tracks in Snow* - Gelatin silver print (23x15cm-9x6in) New-York 95 .... FF6 780 - £872 - **$1,400**
KEFFER Frances 1881-? [1]
🖼 *Spring landscape* - Oil/board (30x41cm-12x16in) San Francisco-Los Angeles 89 .... FF2 900 - £289 - **$458**
KÉGELJAN Frans 1847-1920 [3]
✏ *Rheinfront von Köln* - Pastel/paper (60x90cm-24x35in) Köln 94 .... FF29 200 - £3 480 - **$5,500**
KEGHEL de Désiré 1839-1901 [1]
🖼 *Nature morte aux fleurs* - Huile/toile (70x100cm-28x39in) Antwerpen 95 .... FF13 380 - £1 760 - **$2,687**
KEHL Gerhard 1964 [1]
📋 *Even Cowgirls get the Blues* - Silkscreen (50x50cm-20x20in) Berlin 96 .... FF1 700 - £194 - **$325**
KEHREN Josef 1817-1880 [3]
🖼 *Joseph making himself known* - Oil/canvas (144x188cm-57x74in) London 94 .... FF49 000 - £5 700 - **$8,460**
KEHRER Christian Wilhelm K. 1770-1869 [1]
🖼 *Hirsch* - Oil/panel (30x26cm-12x10in) Wien 93 .... FF16 770 - £2 010 - **$2,890**
KEHRER Eduard 1812-1863 [1]
🖼 *Rotwild in einer Gebirgslandschaft* - Öl/Leinwand (45x56cm-18x22in) München 96 .... FF22 100 - £2 516 - **$4,225**
KEHRER Karl Christian 1755-1833 [2]
🖼 *Füchse in einer Schlucht* - Öl/Leinwand (37x30cm-15x12in) Pforzheim 94 .... FF3 090 - £371 - **$579**
KEHRER Wilhelm 1892-1960 [7]
🖼 *Novemberstimmung* - Öl/Karton (49x61cm-19x24in) Stuttgart 92 .... FF6 090 - £709 - **$1,244**
KEIJERT Rienk 1709-1775 [2]
🖼 *Young man standing by a table...* - Oil/canvas (41x32cm-16x13in) Amsterdam 97 .... FF2 940 - £321 - **$515**
KEIL Christian 1826-1890 [2]
🗿 *Reiterstandbild Kaiser Wilhelm I* - Bronze (58cm-23in) Pforzheim 91 .... FF7 520 - £773 - **$1,400**
KEIL Peter 1947 [3]
🖼 *Berliner Nachtleben* - Öl/Leinwand (71x53cm-28x21in) Bremen 94 .... FF2 913 - £338 - **$502**
KEIL Robert 1905-1989 [3]
✏ *Tauschwestern* - Ink/paper (30x41cm-12x16in) Wien 96 .... FF15 450 - £1 760 - **$2,960**
KEILEY Joseph Turner XIX-XX [2]
📷 *Zit-Kala-Sa* - Platinum print (15x10cm-6x4in) New-York 93 .... FF3 025 - £380 - **$550**
KEIMEL Hermann 1889-1948 [1]
📋 *Carneval im Wintergarten* - Poster (120x89cm-47x35in) London 93 .... FF2 283 - £260 - **$388**
KEINÄNEN Sigfrid August 1841-1914 [7]
🖼 *Byväg* - Oil/panel (31x26cm-12x10in) Helsinki 91 .... FF44 700 - £4 439 - **$7,761**
Young girl with two cats - Oil/canvas (70x60cm-28x24in) Helsinki 94 .... FF264 300 - £30 640 - **$45,500**
KEINEN Jacob XX [4]
🖼 *Früchtestilleben mit Weinlaub* - Oil/panel (25x20cm-10x8in) München 91 .... FF6 080 - £617 - **$1,098**
KEINHOLZ Edward 1927-1994 [4]
✏ *For Straight Teeth from Dr. Kanter* - Gouache/paper (29x39cm-11x15in) New-York 90 .... FF11 100 - £1 118 - **$2,174**
KEIRSBLICK van Jules 1833-1896 [2]
🖼 *De Volksbuurt, L'impasse St. Roch* - Huile/toile (81x70cm-32x28in) Lokeren 96 .... FF14 800 - £1 887 - **$2,853**
KEIRSTEAD James Lorimer 1932 [2]
🖼 *Wheatfields, Brownvale, Alberta* - Oil/board (56x76cm-22x30in) Toronto 91 .... FF2 150 - £216 - **$355**
KEISERMAN Franz 1765-1833 [2]
✏ *Tivoli au soleil couchant* - Watercolour, gouache (39x55cm-15x22in) Luzern 89 .... FF66 300 - £6 779 - **$10,659**
KEITEL Otto 1862-1902 [2]
🖼 *Flusslauf mit Bogenbrücke* - Öl/Karton (42x61cm-17x24in) Stuttgart 92 .... FF10 170 - £1 215 - **$1,957**
KEITH Castle 1863-1927 [3]
🖼 *Riverlandscape* - Oil/canvas/panel (30x40cm-12x16in) Amsterdam 92 .... FF3 010 - £350 - **$615**
KEITH Elizabeth 1887-1956 [8]
📋 *Te-Sheng-Men, Peking* - Woodcut in colors (36x25cm-14x10in) Cambridge, Mass. 93 .... FF3 245 - £369 - **$550**
KEITH William 1838-1911 [88]
🖼 *San Pablo* - Oil/canvas (40x45cm-16x18in) San Francisco-Los Angeles 96 .... FF44 400 - £5 140 - **$8,500**
San Anselmo Valley
    Oil/canvas (58x86cm-23x34in) San Francisco-Los Angeles 95 .... FF129 500 - £17 030 - **$26,000**
✏ *Approaching storm with cattle*
    Watercolour/paper (42x46cm-17x18in) San Francisco-Los Angeles 93 .... FF38 400 - £4 360 - **$6,500**
KEIZO Koyama 1897-1987 [3]
🖼 *Standing female nude* - Oil/canvas (73x49cm-29x19in) Tokyo 92 .... FF111 800 - £11 440 - **$19,700**
KELDER Toon 1894-1973 [81]
🖼 *Portrait of a girl* - Oil/canvas (70x49cm-28x19in) Amsterdam 97 .... FF9 589 - £1 008 - **$1,647**

K

Still life of flowers - Oil/board (30x23cm-12x9in) Amsterdam 97 .... FF23 974 - £2 520 - **$4,118**
Liggend Naakt - Oil/canvas (100x120cm-39x47in) Amsterdam 97 .... FF190 419 - £19 971 - **$32,676**
Nu - Bronze (26cm-10in) Amsterdam 94 .... FF8 840 - £1 038 - **$1,575**
A cafe at night - Gouache/paper (43x34cm-17x13in) Amsterdam 96 .... FF5 450 - £683 - **$1,051**

KELDERMAN Jan 1741-1820 [2]
Flowers in a large urn - Oil/panel (95x72cm-37x28in) New-York 94 .... FF1 - £189 300 - **$280,000**

KELEMEN Emil 1890/95-? [1]
Geometrische Abstraktion - Oil/panel (58x82cm-23x32in) Pforzheim 93 .... FF2 374 - £284 - **$457**

KÉLÉTY Alexandre XIX-XX [17]
Le Génie - Bronze (36cm-14in) Paris 96 .... FF10 200 - £1 320 - **$2,020**
Medusa Moderne - Bronze (41cm-16in) New-York 96 .... FF78 300 - £9 060 - **$15,000**

KELIENBACH Carel Frederick ?-1897 [1]
Basse vallée du Rhin - Huile/panneau Paris 90 .... FF7 500 - £763 - **$1,500**

KELLEN van der David III 1827-1895 [3]
Holländsk torgmarknad - Oil/panel (64x83cm-25x33in) Stockholm 96 .... FF33 840 - £4 220 - **$6,530**

KELLEN van der Louise Charlotte 1875-1942 [1]
Trauben, Zwiebeln, Apfel, Birne - Öl/Leinwand (29x37cm-11x15in) Köln 94 .... FF17 000 - £1 983 - **$2,980**

KELLER Adolphe 1880-1968 [48]
Hiver sur l'étang du Rouge-Cloître - Huile/toile (74x92cm-29x36in) Bruxelles 95 .... FF6 570 - £822 - **$1,308**
Saint-Tropez - Huile/toile (100x111cm-39x44in) Paris 96 .... FF16 000 - £2 030 - **$3,070**

KELLER Alfred 1875-1945 [3]
Motiv aus der Wachau - Öl/Leinwand (50x63cm-20x25in) Wien 94 .... FF9 710 - £1 141 - **$1,734**

KELLER Arthur Ignatius 1866-1924 [9]
Woman on stool - Gouache (51x38cm-20x15in) New-York 94 .... FF6 850 - £804 - **$1,200**

KELLER Ernst 1891-1968 [4]
Keller's - Poster (128x90cm-50x35in) New-York 95 .... FF6 560 - £827 - **$1,300**

KELLER Ferdinand 1842-1922 [15]
Hero und Leander - Öl/Leinwand (151x106cm-59x42in) Stuttgart 93 .... FF44 800 - £5 070 - **$7,560**
Krokodiljagd - Oil/canvas (106x145cm-42x57in) New-York 94 .... FF116 800 - £13 900 - **$22,000**

KELLER Franz 1923 [3]
Zofingen Winterlandschaft - Oil/canvas (110x50cm-43x20in) Zofingen 91 .... FF6 730 - £683 - **$1,216**

KELLER Heinrich 1778-1862 [5]
Lago Maggiore - Etching in colors (8x89cm-3x35in) Bern 92 .... FF4 190 - £500 - **$805**

KELLER Henry George 1869-1949 [4]
Italian village - Oil/board (25x30cm-10x12in) Mystic, Connecticut 96 .... FF2 270 - £296 - **$450**
Rocky coast - Watercolour (41x53cm-16x21in) Chicago 94 .... FF2 227 - £263 - **$400**

KELLER Josef 1740-1823 [1]
Jesuskind in der Glorie mit Apostel - Ink (37x28cm-15x11in) München 94 .... FF3 430 - £407 - **$634**

KELLER Josef Clemens 1867-1926 [1]
See und Wanderer - Oil/canvas (69x56cm-27x22in) Luzern 92 .... FF7 440 - £760 - **$1,310**

KELLER Martial XX [2]
La place mystérieuse du sexe - Acrylique/toile (199x81cm-78x32in) Paris 90 .... FF5 000 - £517 - **$883**
Sans titre - Pastel/toile (130x97cm-51x38in) Paris 91 .... FF4 000 - £406 - **$722**

KELLER Max 1916-1982 [2]
Tessiner Stilleben - Huile/panneau (54x73cm-21x29in) Zofingen 95 .... FF2 980 - £390 - **$597**

KELLER Oskar 1894-? [2]
Blumenstrauss und folianten - Oil/canvas/board (40x40cm-16x16in) Lindau 92 .... FF5 440 - £557 - **$958**

KELLER Pyton Stepanovich 1909 [2]
On the green island - Oil (48x64cm-19x25in) Glasgow 91 .... FF3 970 - £400 - **$696**

KELLER Richard 1885-? [1]
Spätherbstliche Senlandschaft - Öl/Leinwand (59x80cm-23x31in) Lindau 94 .... FF7 540 - £874 - **$1,298**

KELLER von Albert 1844-1920 [32]
Junge Dame im Salon - Öl/Leinwand (46x43cm-18x17in) München 95 .... FF6 740 - £851 - **$1,351**
Study in grey - Oil/panel (60x30cm-24x12in) New-York 95 .... FF25 550 - £3 183 - **$5,000**
Damenbildnis - Oil/panel (84x69cm-33x27in) Köln 92 .... FF68 000 - £6 960 - **$11,970**

KELLER von Friedrich 1840-1914 [40]
Gewölbekeller - Öl/Leinwand (71x96cm-28x38in) Stuttgart 94 .... FF15 380 - £1 797 - **$2,710**
An artist drawing - Oil/canvas (80x105cm-31x41in) New-York 95 .... FF63 800 - £7 700 - **$12,000**
Der Vogelausstopfer - Öl/Leinwand (80x65cm-31x26in) Stuttgart 94 .... FF274 400 - £32 560 - **$50,700**

KELLER-HERMANN Marie 1868-1952 [3]
Blumen in Vase - Öl/Karton (78x99cm-31x39in) Wien 93 .... FF24 450 - £2 770 - **$4,130**

KELLER-KÜHNE Josef Waldemar 1902 [6]
Entenfamilie - Öl/Leinwand (47x56cm-19x22in) Pforzheim 93 .... FF3 390 - £405 - **$653**

KELLER-REUTLINGEN Paul Wilhelm 1854-1920 [31]
Dorf an felsiger Meeresküste - Öl (32x50cm-13x20in) Wien 97 .... FF23 900 - £2 540 - **$4,120**
A walk through a poppy field - Oil/canvas (31x42cm-12x17in) New-York 95 .... FF58 500 - £7 060 - **$11,000**
Ländliche Szene - Öl/Leinwand (96x138cm-38x54in) Köln 94 .... FF95 200 - £11 100 - **$16,700**

KELLEY Mike 1954 [15]
Rainbow of Death - Acrylic/paper (152x151cm-60x59in) London 93 .... FF74 600 - £8 500 - **$12,660**
Untitled - Ink/paper (42x35cm-17x14in) New-York 92 .... FF26 300 - £2 690 - **$4,800**

KELLEY Tom XX [2]
Marilyn Monroe, Los Angeles - Cibachrome print (36x28cm-14x11in) London 93 .... FF4 390 - £500 - **$745**

KELLIN Nicolas Joseph 1789-1858 [6]
✐ Rue à Caudebec - Aquarelle (21x28cm-8x11in) Saint-Germain-en-Laye 92 .... FF10 000 - £1 194 - **$1,923**
KELLNER Hermann II 1849-1926 [1]
🖝 Satyr with reclining nude - Oil/canvas (137x99cm-54x39in) London 91 .... FF4 930 - £497 - **$961**
KELLNER von Adolf Jacobus Aug. 1836-1915 [1]
🖝 Seascape with sailing boat - Oil/canvas (39x76cm-15x30in) Amsterdam 95 .... FF12 300 - £1 556 - **$2,400**
KELLOGG Mary Kilbourne 1814-1889 [1]
🖝 Courtyard of the Doge's Palace - Oil/canvas (134x84cm-53x33in) New-York 91 .... FF37 050 - £3 733 - **$6,429**
KELLY Ellsworth 1923 [121]
🖝 Red Blue green Yellow - Oil/canvas (222x222x137cm-87x87x54in) New-York 97 .... FF2 - £293 040 - **$480,000**
   Green Red Yellow Blue - Acrylic/canvas (194x146cm-76x57in) New-York 94 .... FF3 - £456 500 - **$730,000**
   Red, Yellow, Blue - Oil/paper (14x10cm-6x4in) New-York 96 .... FF41 400 - £5 350 - **$8,000**
   Blue White - Oil/canvas (285x292cm-112x115in) New-York 92 .... FF988 000 - £118 000 - **$190,000**
🗀 Untitled - Screenprint in colors (120x942cm-47x371in) Amsterdam 97 .... FF4 100 - £43 03 - **$703**
   Philodendron 1 - Lithograph (63x91cm-25x36in) New-York 96 .... FF9 720 - £1 140 - **$1,700**
   Squares - Screenprint in colors (86x208cm-34x82in) New-York 97 .... FF37 143 - £3 982 - **$6,500**
🗿 Untitled - Sculpture (213x124x239cm-84x49x94in) New-York 97 .... FF2 - £244 200 - **$400,000**
   Mirrored Concorde
      Chromeplated steel/oak base (131x33x79cm-52x13x31in) New-York 94 ..... FF137 000 - £16 100 - **$24,000**
   Curve XXXIX - Wood (275cm-108in) New-York 94 .... FF263 000 - £31 300 - **$50,000**
✐ Torso & Legs - Collage New-York 96 .... FF18 120 - £2 340 - **$3,500**
   Sea Grapes - Graphite (30x21cm-12x8in) New-York 93 .... FF44 000 - £5 520 - **$8,000**
KELLY Felix 1916-1994 [31]
🖝 End of the Line - Oil/board (43x56cm-17x22in) London 97 .... FF19 157 - £2 000 - **$3,278**
   The Villa - Oil/board (43x57cm-17x22in) London 97 .... FF30 651 - £3 200 - **$5,244**
✐ Ferry wharf - Tempera/paper (38x30cm-15x12in) London 97 .... FF20 134 - £2 100 - **$3,442**
KELLY Gerald Festus 1879-1972 [62]
🖝 The Oval, Kennington - Oil/panel (15x18cm-6x7in) London 95 .... FF7 910 - £1 000 - **$1,590**
   A Fantastic Dance - Oil/canvas (47x34cm-19x13in) London 95 .... FF22 988 - £2 400 - **$3,933**
   Sao Ohn Nyunt - Oil/canvas (110x76cm-43x30in) London 95 .... FF158 000 - £21 000 - **$32,600**
KELLY James Edward 1855-1933 [1]
🗿 Sheridan's Ride - Bronze (52cm-20in) New-York 96 .... FF15 660 - £1 813 - **$3,000**
KELLY James P. 1854-1893 [1]
🖝 Needlepoint - Oil/board (43x33cm-17x13in) New-York 92 .... FF17 150 - £1 992 - **$3,500**
KELLY John 1878-1962 [3]
🗀 Song of the Islands - Aquatint in colors (36x28cm-14x11in) Mystic, Connecticut 96 .... FF3 210 - £421 - **$650**
KELLY Leon 1901 [6]
🖝 Painter and his dog - Oil/board (51x58cm-20x23in) Mystic, Connecticut 92 .... FF4 160 - £436 - **$750**
KELLY Louise 1879-? [1]
🖝 Autumn coastal scene - Oil/canvas (66x76cm-26x30in) Cambridge, Mass. 93 .... FF2 200 - £276 - **$400**
KELLY Mike 1954 [3]
🖝 The Tower of Babel Series - Acrylic/paper New-York 94 .... FF81 300 - £9 420 - **$14,000**
🗿 Two Frogs-Two Cats - Stuffed animals New-York 93 .... FF66 000 - £8 270 - **$12,000**
✐ Double lapping tongue brunette - Drawing (102x81cm-40x32in) Köln 92 .... FF25 500 - £2 610 - **$4,490**
KELLY Philip 1953 [4]
🖝 Ciudad y piso rojo - Oil/canvas (100x119cm-39x47in) London 92 .... FF16 340 - £1 900 - **$3,335**
KELLY Richard Baret Talbot 1896-1971 [13]
✐ Egyptian geese - Bodycolour (40x44cm-16x17in) London 93 .... FF4 000 - £500 - **$725**
KELLY Richard Seymour 1820-1873 [1]
✐ Slaving brig in St. Kitts harbour - Watercolour (38x49cm-15x19in) London 92 .... FF7 330 - £750 - **$1,290**
KELLY Robert George 1822-1910 [4]
🖝 A group of children in a garden - Oil/canvas (91x71cm-36x28in) London 90 .... FF79 400 - £8 447 - **$14,204**
✐ The Last Man - Watercolour (22x34cm-9x13in) London 94 .... FF3 326 - £400 - **$616**
KELLY Robert George Talbot 1861-1934 [20]
🖝 North Wind on the Upper Nile - Oil/canvas (56x114cm-22x45in) London 96 ...... FF30 740 - £4 000 - **$6,090**
✐ Middle Eastern landscape - Watercolour (20x44cm-8x17in) London 95 .... FF7 610 - £950 - **$1,492**
   Encampment beside the Nile - Watercolour (93x53cm-37x21in) London 97 ...... FF39 400 - £4 200 - **$6,907**
KELLY Thomas Meikle 1866-? [1]
🖝 On the coast - Oil/canvas (41x51cm-16x20in) Glasgow 96 .... FF2 160 - £250 - **$414**
KELPE Paul 1902-1985 [5]
🖝 Abstraction - Oil/canvas (59x75cm-23x30in) New-York 94 .... FF125 500 - £14 640 - **$22,000**
✐ Composition #353 - Watercolour/paper (28x20cm-11x8in) New-York 93 .... FF88 600 - £10 060 - **$15,000**
KELS Franz 1828-1893 [1]
✐ Der Zeitungsleser - Aquarell (33x18cm-13x7in) Hamburg 93 .... FF2 924 - £332 - **$495**
KELSEY Charles Joshua 1870-1960 [6]
✐ The chateau, Cagnes/Var/... - Drawing Bristol, Avon 94 .... FF1 548 - £180 - **$268**
KELSEY Richmond I. 1905-? [2]
✐ Southern California landscape - Oil/panel (51x46cm-20x18in) New-York 96 .... FF2 060 - £256 - **$400**
✐ Quiet Lagoon - Watercolour/paper (34x50cm-13x20in) San Francisco-Los Angeles 96 .... FF6 260 - £725 - **$1,200**
KELTERBORN Ludwig Adam 1811-1878 [2]
🖝 Caroline Schmidtt-Fäsch - Öl/Leinwand (41x33cm-16x13in) Zürich 94 .... FF13 100 - £1 540 - **$2,503**

KELTING Marie 1886-1969 [2]
🖼 Peacocks - Oil/canvas (90x51cm-35x20in) Amsterdam 94 .... FF2 132 - £252 - $383
KEMAN Georges Antoine 1765-1830 [1]
🖊 Doppelbildnis - Miniature (7cm-3in) Köln 92
KEMBLE Edward Windsor 1861-1933 [4]
🖊 Republican elephant, the White House - Ink (20x15cm-8x6in) New-York 96 .... FF17 940 - £2 126 - $3,500
KEMENEDY Jeno 1860-1925 [1]
🖼 Das porträt - Oil/canvas (80x131cm-31x52in) New-York 97 .... FF85 568 - £9 223 - $15,000
KEMENY Nádor 1885-1972 [4]
🖼 Doll on table - Oil/board (61x79cm-24x33in) Detroit, Michigan 92 .... FF13 500 - £1 380 - $2,500
KEMENY Zoltan 1907-1965 [14]
🖼 Toit le monde est Roi - Relief (106x84cm-42x33in) Paris 95 .... FF65 000 - £8 200 - $12,960
Trois Vents - Relief (150x18x115cm-59x7x45in) London 96 .... FF100 500 - £11 500 - $19,170
Sympathie sanglante - Relief (54x14x89cm-21x6x35in) London 93 .... FF141 000 - £17 000 - $24,650
KEMENYFFI Jeno 1875-1920 [1]
🖼 Au potager - Huile/toile (72x100cm-28x39in) Bruxelles 90 .... FF10 500 - £1 124 - $1,826
KEMEYS Edward 1843-1907 [6]
🖼 The rooster - Bronze (41cm-16in) New-York 94 .... FF8 410 - £1 010 - $1,600
Cougar with alligator - Bronze (33cm-13in) Chicago 94 .... FF14 840 - £1 730 - $2,600
KEMLEIN William 1818-1900 [2]
🖊 Juliane Emilie Petschke - Oil/canvas (48x34cm-19x13in) Köln 92 .... FF2 204 - £264 - $424
KEMM Robert 1849-1890 [26]
🖼 Spanish beauty - Oil/canvas (91x71cm-36x28in) London 95 .... FF8 620 - £1 100 - $1,765
Matador's sweetheart - Oil/canvas (90x69cm-35x27in) London 92 .... FF24 420 - £2 500 - $4,310
Market-place, Tangiers - Oil/canvas (102x128cm-40x50in) Amsterdam 95 .... FF152 600 - £19 050 - $30,800
KEMP Jeka 1876-1967 [7]
🖼 Concarneau - Oil/board (34x43cm-13x17in) Glasgow 96 .... FF10 020 - £1 300 - $1,964
🖊 Moored Fishing Smacks - Watercolour (35x43cm-14x17in) London 97 .... FF14 286 - £1 550 - $2,531
KEMP Oliver 1887-1934 [2]
🖼 Moose by moonlight - Oil/canvas (30x76cm-12x30in) Mystic, Connecticut 96 .... FF18 260 - £2 390 - $3,700
KEMP-WELCH Lucy Elizabeth 1869-1958 [53]
🖼 The circus act - Oil/canvas/board (29x39cm-11x15in) London 94 .... FF12 970 - £1 500 - $2,210
The Guardian - Oil/canvas (61x51cm-24x20in) London 96 .... FF58 000 - £7 500 - $11,500
Anxious Time - Oil/canvas (43x33cm-17x13in) London 90 .... FF184 000 - £19 008 - $32,509
🖊 The Brick Cart - Wash (29x20cm-11x8in) London 90 .... FF31 000 - £3 202 - $5,477
My Mother and I - Watercolour/paper (40x28cm-16x11in) London 90 .... FF169 500 - £17 510 - $29,947
KEMPE Frans Mikael 1911-1978 [1]
🖼 Stilleben med gitarr - Oil/canvas (60x74cm-24x29in) Stockholm 95 .... FF2 130 - £257 - $403
KEMPE Fritz 1909-1988 [2]
📷 Pr. Otto Steinert - Photograph (39x28cm-15x11in) Köln 89 .... FF2 400 - £245 - $386
KEMPE Roland 1907-1991 [13]
🖼 Spansk afton - Oil/canvas (114x146cm-45x57in) Stockholm 96 .... FF9 210 - £1 082 - $1,812
Komposition i rött - Oil/canvas (14x145cm-6x57in) Stockholm 91 .... FF24 500 - £2 487 - $4,425
KEMPEN van Willem 1943 [3]
🖼 Fleurs - Huile/toile (46x55cm-18x22in) Reims 91 .... FF3 000 - £302 - $521
KEMPER Georg 1880-? [2]
🏺 Maria Immaculata - Ceramic (62cm-24in) Pforzheim 94 .... FF6 140 - £738 - $1,163
KEMPERS Charles Jean 1913-1986 [2]
🖼 Het witte huis - Oil/canvas (65x80cm-26x31in) Amsterdam 95 .... FF3 470 - £443 - $708
KEMPF Jean-Philippe 1950 [2]
🖼 L'Ecrivain - Acrylique/toile (90x73cm-35x29in) Paris 94 .... FF9 000 - £1 061 - $1,600
KEMPF VON HARTENKAMPF Gottlieb Theodor 1871-1964 [16]
🖼 Bauernhäuse - Oil/panel (36x60cm-14x24in) Wien 93 .... FF22 050 - £2 494 - $3,720
Hansel and Gretel - Oil/canvas (65x80cm-26x31in) London 94 .... FF76 100 - £8 800 - $13,000
🖊 Elektrizität - Ink (23x32cm-9x13in) Wien 92 .... FF9 620 - £1 120 - $1,963
KEMPIN Kurt 1874-1972 [2]
🖊 Rapallo - Aquarell (48x37cm-19x15in) Heidelberg 96 .... FF1 765 - £228 - $346
KEMPSON M. Freeman c.1840-c.1890 [2]
🖊 Album of Indian views - Watercolour (29x25cm-11x10in) London 95 .... FF4 820 - £600 - $943
KEMPTER Ernst 1891-1958 [1]
🖊 Vorfrühling im Garten - Oil/canvas (51x42cm-20x17in) Bern 92 .... FF3 235 - £387 - $623
KENDALL Beatrice 1902-? [1]
🖼 West Dummerston - Oil/panel (26x35cm-10x14in) New-York 95 .... FF3 264 - £409 - $650
KENDALL William Sergeant 1869-1938 [5]
🖼 Autumn landscape with shadows - Oil/canvas (53x53cm-21x21in) New-York 93 .... FF22 000 - £2 760 - $4,000
🖊 Miss Susette Herter - Pastel/board (65x47cm-26x19in) New-York 95 .... FF21 100 - £2 640 - $4,200
KENDE Geza 1889-1952 [3]
🖼 In the dressing room - Oil/canvas (63x76cm-25x30in) San Francisco-Los Angeles 95 .... FF17 440 - £2 292 - $3,500
KENDELL von Marie 1838-1918 [1]
🖼 Motiv aus Tyrol - Öl/Leinwand (58x46cm-23x18in) München 94 .... FF5 120 - £605 - $920
KENDRICK Emma Eleonora 1788-1871 [1]
🖊 Spanish lady seated by an arch - Miniature (10x7cm-4x3in) Leeds 91 .... FF1 850 - £190 - $344

KENDRICK Mel 1949 [16]
Untitled - Bronze (31x28x35cm-12x11x14in) New-York 92 .... FF13 000 - £1 552 - **$2,500**
Permission - Sculpture (63cm-25in) New-York 89 .... FF45 800 - £4 683 - **$7,363**
Large Cast Polar - Bronze (148x71x86cm-58x28x34in) New-York 94 .... FF122 000 - £14 140 - **$21,000**

KENDRICK Sydney Percy 1874-1955 [5]
Happy Sailing Days - Oil/canvas (87x66cm-34x26in) San Francisco-Los Angeles 94 .... FF20 000 - £2 390 - **$3,750**
Afternoon Tea - Oil/canvas (46x61cm-18x24in) London 95 .... FF51 300 - £6 500 - **$10,320**

KENNA Michael 1953 [17]
Mill Bridge, Saltaire, Yorkshire
Gelatin silver print (23x13cm-9x5in) San Francisco-Los Angeles 93 .... FF7 670 - £875 - **$1,300**

KENNEDY Cecil 1905 [55]
Nasturtiums - Oil/canvas (61x51cm-24x20in) London 97 .... FF26 144 - £2 800 - **$4,517**
Still life - Oil/canvas (77x63cm-30x25in) London 97 .... FF52 732 - £5 500 - **$9,017**
White flowers - Oil/canvas (76x63cm-30x25in) London 96 .... FF135 700 - £17 000 - **$26,200**
Mixed Summer Flowers (2) - Oil/canvas (51x41cm-20x16in) London 97 .... FF268 198 - £28 000 - **$45,889**

KENNEDY Cedric J. 1898 [3]
Gloucester and the Severn Valley - Wash (25x50cm-10x20in) London 91 .... FF1 687 - £170 - **$293**

KENNEDY Charles Nappier 1852-1898 [4]
The new toy - Oil/canvas (92x71cm-36x28in) London 92 .... FF156 300 - £16 000 - **$27,500**

KENNEDY Clarence 1892-1972 [3]
Images of Antiquity - Silver print New-York 96 .... FF3 100 - £384 - **$600**

KENNEDY Grant 1963 [3]
North American wolf - Oil/canvas (150x130cm-59x51in) London 95 .... FF15 350 - £2 000 - **$3,176**

KENNEDY John William 1903 [1]
New York skyline - Oil/canvas (76x92cm-30x36in) New-York 92 .... FF9 800 - £1 138 - **$2,000**

KENNEDY Joseph c.1840-c.1890 [1]
Visit of the toy seller - Oil/canvas (91x142cm-36x56in) London 95 .... FF34 800 - £4 500 - **$7,110**

KENNEDY William 1860-1918 [6]
Stirling from the river - Oil/canvas (28x39cm-11x15in) Edinburgh 92 .... FF24 420 - £2 500 - **$4,300**

KENNEDY William W. 1818-c.1870 [2]
Portrait of three children - Oil/canvas (69x81cm-27x32in) New-York 95 .... FF14 660 - £1 898 - **$3,000**

KENNELLY Peter 1965 [5]
Nine men - Oil/canvas (40x40cm-16x16in) London 90 .... FF6 300 - £679 - **$1,111**

KENNEY John Theodore 1911-1972 [4]
The Meet - Oil/canvas (71x102cm-28x40in) New-York 96 .... FF40 800 - £5 300 - **$8,000**

KENNICOTT Robert 1892-1983 [1]
Aloha - Mixed media/board (152x61cm-60x24in) San Francisco-Los Angeles 92 .... FF4 050 - £414 - **$750**

KENNINGTON Eric Henri 1888-1960 [11]
Making Soldiers - Lithograph (51x38cm-20x15in) London 95 .... FF3 160 - £400 - **$636**
Wounded Soldiers - Charcoal (56x72cm-22x28in) London 97 .... FF17 241 - £1 800 - **$2,950**
Alayan - Pastel/paper (89x71cm-35x28in) London 89 .... FF145 300 - £14 857 - **$23,360**

KENNINGTON Thomas Benjamin 1856-1916 [11]
An Eastern Beauty - Oil/canvas (77x63cm-30x25in) New-York 94 .... FF440 940 - £4 740 - **$7,000**
Serena, Founds of Savages - Oil/canvas (106x127cm-42x50in) London 95 ...... FF232 000 - £30 000 - **$47,400**

KENSETT John Frederick 1816-1872 [30]
Franconia mountains - Oil/canvas (101x152cm-40x60in) New-York 97 .... FF1 - £184 230 - **$300,000**
Civitella, Italy - Oil/paper/canvas (28x41cm-11x16in) Mystic, Connecticut 96 ... FF20 730 - £2 715 - **$4,200**
Stony hills, Rhode Island - Oil/canvas (30x51cm-12x20in) New-York 97 .... FF116 754 - £12 282 - **$20,000**
Narragansett Coast - Oil/canvas (35x61cm-14x24in) New-York 97 .... FF437 572 - £45 945 - **$75,000**

KENSINGTON Ch. XIX-XX [4]
The packet ship Fifeshire - Wash/paper (43x76cm-17x30in) Bloomfield Hills, Michigan 91 .... FF3 960 - £402 - **$715**

KENT Frank Ward 1912-1977 [1]
Village under fresh snow - Oil/canvas (56x72cm-22x28in) San Francisco-Los Angeles 94 .... FF4 730 - £560 - **$850**

KENT Leslie 1890-? [3]
Yachts off Bembridge - Oil/canvas (36x46cm-14x18in) Salisbury, Wiltshire 94 ...... FF3 880 - £450 - **$669**

KENT Rockwell 1882-1971 [108]
Aasgard Farm - Oil/panel (51x61cm-20x24in) New-York 93 .... FF94 400 - £10 730 - **$16,000**
Northern Night, Alaska - Oil/canvas (71x86cm-28x34in) New-York 95 .... FF306 600 - £38 200 - **$60,000**
Igdlorssuit - Oil/canvas (86x112cm-34x44in) New-York 94 .... FF541 000 - £64 100 - **$100,000**
Sermilik Fjord - Lithograph (33x47cm-13x19in) New-York 94 .... FF14 300 - £1 783 - **$2,800**
Workers of the World, Unite! - Wax (20x15cm-8x6in) New-York 91 .... FF12 540 - £1 273 - **$2,265**
Deckhands turning capstan - Ink (5x18cm-2x7in) New-York 94 .... FF5 140 - £604 - **$900**
Valley of the Var - Watercolour/paper (25x35cm-10x14in) New-York 90 .... FF33 200 - £3 555 - **$5,774**

KENT Thomas 1863-1936 [1]
Scenes in Orkney - Gelatin silver print London 92 .... FF5 860 - £600 - **$1,032**

KENWORTHY Jonathan 1943 [9]
Cheetah - Bronze (43cm-17in) London 93 .... FF40 000 - £5 000 - **$7,250**

KENYON Henry Rodman 1861-1926 [3]
Finistère, France - Oil/canvas (63x53cm-25x21in) Cambridge, Mass. 91 .... FF11 880 - £1 206 - **$2,146**

KENZLER Carl XIX-XX [5]
Abend am Strand - Öl/Leinwand (70x101cm-28x40in) München 95 .... FF4 970 - £628 - **$995**

K

KEOGH Tom 1921-1980 [11]
Maquette de costume - Watercolour (50x32cm-20x13in) London 95 .... FF3 090 - £400 - **$633**
Don Quichotte - Aquarelle (32x32cm-13x13in) Paris 95 .... FF19 000 - £2 274 - **$3,616**
KEPES György 1906 [29]
Broken light - Oil/canvas (63x76cm-25x30in) New-York 93 .... FF10 620 - £1 208 - **$1,800**
Light Abstraction - Gelatin silver print (18x23cm-7x9in) New-York 93 .... FF7 080 - £806 - **$1,200**
Ghost - Gelatin silver print (28x23cm-11x9in) New-York 94 .... FF15 940 - £1 900 - **$3,000**
KEPPENS Jules 1910-1992 [3]
Rivier onder de sneeuw - Huile/toile (60x80cm-24x31in) Lokeren 91 .... FF6 480 - £650 - **$1,187**
KEPPIE Jessie ?-1951 [5]
The budding rose - Watercolour (46x31cm-18x12in) Billinghurst, West Sussex 93 .... FF14 100 - £1 700 - **$2,465**
KER Dorian XX [2]
Garden Gate - Oil/board (91x122cm-36x48in) London 94 .... FF3 834 - £450 - **$671**
KERÄNEN Veikko 1935 [10]
Fulla Segel - Bronze (27cm-11in) Stockholm 92 .... FF11 740 - £1 404 - **$2,260**
KERCKHOVE van den Antoine Joseph 1849-? [1]
Young woman - Bronze (62cm-24in) Warszawa 96 .... FF15 600 - £1 956 - **$3,040**
KERCKHOVE van den Ernest 1840-1879 [2]
Le Jardin d'Amour - Huile/panneau (62x46cm-24x18in) Bruxelles 94 .... FF36 740 - £4 385 - **$6,880**
The Fortune teller - Watercolour/paper (42x34cm-17x13in) Amsterdam 94 .... FF12 850 - £1 542 - **$2,495**
KEREKES Joszef 1892-1938 [2]
Harlekin und eine Pferdedroschke - Pastell/Papier (40x49cm-16x19in) Wien 91 ...... FF8 660 - £873 - **$1,503**
KÉRÉNYI Jenö 1909-? [1]
Gefesselter Frauenakt - Bronze (40cm-16in) Wien 94 .... FF6 840 - £792 - **$1,176**
KERFILY 1948 [6]
La maison du lac - Huile/toile (46x55cm-18x22in) Dieppe 94 .... FF4 150 - £504 - **$790**
KERG Théo 1909-1993 [15]
Marchande de poissons grise - Oil/canvas (46x55cm-18x22in) Amsterdam 97 .... FF2 947 - £318 - **$514**
Le port vert - Huile/toile (46x55cm-18x22in) Calais 97 .... FF15 500 - £1 660 - **$2,717**
KERGEL Carl Franz-Ludwig 1814-1874 [2]
Prachtstrassen, Dresden/Frauenkirchen
Aquarell/Papier (16x26cm-6x10in) Stuttgart 95 .... FF56 000 - £7 180 - **$11,530**
KERHAM Earl 1890-1965 [1]
Female nudes/Man - Drawing New-York 93 .... FF9 900 - £1 242 - **$1,800**
KERHART Oldrich 1895-1947 [1]
Auf dem Lande - Oil/panel (57x75cm-22x30in) München 91 .... FF13 520 - £1 346 - **$2,325**
KERHOR Jean 1876-1974 [1]
Côte ouest, Madagascar, le tabac - Aquarelle (50x72cm-20x28in) Paris 91 ...... FF12 000 - £1 233 - **$2,233**
KERINEC Roger XX [9]
Champ de chardons, Penmarch - Gouache (54x72cm-21x28in) Brest 94 .... FF4 100 - £485 - **$756**
KERKER Walter 1924-1990 [1]
Thurdamm - Öl/Leinwand (84x100cm-33x39in) Bern 94 .... FF5 660 - £656 - **$974**
KERKHOFF Daniël Joh. Tormann 1766-1831 [1]
Street in Rhenen - Black chalk (37x29cm-15x11in) Amsterdam 92 .... FF19 600 - £2 340 - **$3,770**
KERKHOVE van de Ernest 1840-1872 [1]
Chez le peintre - Huile/panneau (33x26cm-13x10in) Bruxelles 96 .... FF14 860 - £1 916 - **$2,910**
KERKHOVE van de Jan 1822-1881 [1]
A la ferme - Huile/toile (68x48cm-27x19in) Liège 95 .... FF11 950 - £1 526 - **$2,450**
KERKHOVE van den Joseph 1667-1724 [1]
Nature morte aux poissons - Huile/toile (97x116cm-38x46in) Monaco 93 .... FF130 000 - £15 660 - **$23,640**
KERKOVIUS Ida 1879-1970 [148]
Komposition mit Blüten - Mixed media/board (29x19cm-11x7in) Berlin 97 .... FF25 254 - £268 2 3 - **$439,9 3**
Städtebild - Öl/Leinwand (64x69cm-25x27in) Berlin 94 .... FF51 500 - £6 160 - **$9,630**
Komposition mit Farbfeldern - Mixed media/board (40x50cm-16x20in) Berlin 97 .... FF81 588 - £866 5 2 - **$14,212**
Komposition - Serigraph (41x54cm-16x21in) Köln 90 .... FF5 100 - £543 - **$912**
Komposition - Watercolour (16x24cm-6x9in) München 96 .... FF9 820 - £1 233 - **$1,897**
Anbetung - Pastel (11x14cm-4x6in) Heidelberg 94 .... FF16 350 - £2 120 - **$3,400**
Komposition mit Figuren - Mischtechnik/Papier (30x40cm-12x16in) München 96 ... FF37 400 - £4 260 - **$7,150**
KERLING Anna Elisabeth 1862-1955 [1]
Still life with fruit and wildflowers - Oil/panel (29x20cm-16x11in) New-York 89 ... FF28 600 - £2 846 - **$4,518**
KERMADEC de Eugène 1899-1976 [69]
Bacchanale - Huile/toile (73x54cm-29x21in) Paris 96 .... FF18 000 - £2 334 - **$3,526**
Untitled - Oil/canvas (72x99cm-28x39in) London 92 .... FF31 800 - £3 700 - **$6,500**
Femme à la nature morte - Huile/toile (99x65cm-39x26in) Paris 96 .... FF55 000 - £7 130 - **$10,770**
Equateur, 1929 - Huile/toile (33x24cm-13x9in) Paris 94 .... FF155 000 - £16 595 - **$26,957**
Paysage perlé - Gouache (25x32cm-10x13in) Paris 89 .... FF30 500 - £3 214 - **$5,135**
KERMARREC Joël 1939 [36]
Fond rose - Huile/toile (130x100cm-51x39in) Paris 91 .... FF16 500 - £1 663 - **$2,863**
Homme et femme - Huile/toile (200x160cm-79x63in) Paris 97 .... FF30 000 - £3 159 - **$5,157**
Sans titre - Technique mixte/papier (75x56cm-30x22in) Paris 92 .... FF6 000 - £716 - **$1,154**
Composition, 1973 - Technique mixte/papier (108x74cm-43x29in) Paris 89 ...... FF25 000 - £2 488 - **$3,949**
KERN Edward Meyer 1823-1863 [1]
Ship in rough seas - Oil/canvas (55x76cm-22x30in) Mystic, Connecticut 91 ...... FF4 495 - £447 - **$773**

KERN Erik XX [18]
- *Correspondance locomotive* - Acrylique (79x104cm-31x41in) Paris 92 .... FF**2 000** - £206 - **$385**

KERN Hermann 1839-1912 [85]
- *Durstige Dorfmusikant* - Oil/panel (47x31cm-19x12in) Wien 94 .... FF**33 950** - £3 930 - **$6,430**
- *Junger Wein* - Oil/panel (48x32cm-19x13in) Wien 94 .... FF**48 800** - £5 650 - **$8,400**
- *Watchmaker's shop* - Oil/panel (47x68cm-19x27in) New-York 96 .... FF**77 100** - £9 350 - **$15,000**

KERN Jean 1874-1967 [1]
- *Moissonneurs au repos* - Huile/toile (102x84cm-40x33in) Lille 95 .... FF**15 000** - £1 963 - **$3,046**

KERN Josef 1953 [7]
- *Selbstbildnis* - Öl/Leinwand (160x85cm-63x33in) Wien 96 .... FF**14 430** - £1 810 - **$2,820**

KERN Leonhard 1588-1662 [1]
- *Huckepackgruppe* - Bronze (11cm-4in) München 91 .... FF**68 400** - £7 020 - **$12,720**

KERN Matthäus 1801-1852 [3]
- *Franz Schubert mit Katharina Fröhlich* - Aquarell (25x27cm-10x11in) München 96 .... FF**18 300** - £2 295 - **$3,530**

KERN Theodor 1900-1969 [2]
- *Großer Blumenstrauß* - Oil/canvas (125x100cm-49x39in) Wien 91 .... FF**19 250** - £1 954 - **$3,477**
- *Südliche Landschaft* - Watercolour, gouache/paper (39x54cm-15x21in) Wien 92 .... FF**7 700** - £895 - **$1,570**

KERN von Pauline 1878-1939 [1]
- *Der Kunstexperte* - Oil/canvas (42x53cm-17x21in) Wien 92 .... FF**16 840** - £1 724 - **$2,966**

KERNKAMP Anna 1868-1947 [1]
- *Sonnige Dorfstraße* - Oil/canvas (45x66cm-18x26in) Ahlden 92 .... FF**5 440** - £557 - **$958**

KERNN-LARSEN Rita 1914 [7]
- *Komposition i blat* - Oil/canvas (85x64cm-33x25in) København 90 .... FF**9 700** - £1 005 - **$1,705**

KERNOFF Harry Aaron 1900-1974 [14]
- *Dublin Hills* - Oil/board (61x91cm-24x36in) London 92 .... FF**54 400** - £6 500 - **$10,470**
- *The art critics* - Pastel/paper (35x30cm-14x12in) London 97 .... FF**32 833** - £3 500 - **$5,756**

KERNSTOK Josef Karoly 1873-1940 [1]
- *Les baigneuses* - Huile/panneau (26x25cm-5x10in) Bruxelles 90 .... FF**3 900** - £415 - **$698**

KERNY István 1879-1963 [4]
- *Jupitercsillag* - Photo (11cm-4in) Paris 90 .... FF**10 500** - £1 085 - **$1,855**

KEROUEDAN Paul XX [5]
- *Le chemin creux* - Huile/toile (73x92cm-29x36in) Quimper 96 .... FF**4 000** - £475 - **$781**

KERPEL Leopold 1818-1880 [4]
- *The Roman Forum* - Oil/canvas (79x102cm-31x40in) London 96 .... FF**63 800** - £7 500 - **$12,410**

KERR Charles H. Malcolm 1858-1907 [1]
- *The Meet* - Oil/canvas (91x126cm-36x50in) New-York 95 .... FF**124 300** - £15 740 - **$25,000**

KERR Estelle Muriel 1897-1971 [2]
- *The picnic* - Oil/panel (35x27cm-14x11in) Toronto 94 .... FF**8 180** - £957 - **$1,443**

KERR Frederick B. c.1860-c.1930 [18]
- *Les Autelets, Sark* - Watercolour (36x51cm-14x20in) Aylsham, Norfolk 93 .... FF**5 150** - £620 - **$961**

KERR George Cochran XIX-XX [4]
- *A Modern Convoy in Time of War* - Oil/canvas (63x101cm-25x40in) London 96 .... FF**24 800** - £3 200 - **$4,790**
- *The Fleet in Stokes Bay* - Watercolour (24x51cm-9x20in) London 93 .... FF**2 314** - £260 - **$388**

KERR Henry Wright 1857-1936 [11]
- *Fisherwoman* - Watercolour/paper (40x30cm-16x12in) Glasgow 96 .... FF**6 480** - £750 - **$1,241**

KERR William 1839-1896 [1]
- *Sidney Cup* - Sculpture (25cm-10in) London 91 .... FF**89 200** - £8 988 - **$15,478**

KERR-LAWSON James 1864-1939 [7]
- *Spanish village* - Oil/canvas (27x35cm-11x14in) London 91 .... FF**3 530** - £351 - **$613**

KERREMANS Wilhelmus Jacobus 1828-1889 [6]
- *The Letter* - Oil/panel (51x46cm-20x18in) London 93 .... FF**14 940** - £1 800 - **$2,610**

KERRICH Thomas 1748-1828 [1]
- *William Bond* - Coloured chalks (36x28cm-14x11in) London 91 .... FF**8 470** - £847 - **$1,395**

KERRICX Guillielmus 1652-1719 [2]
- *Putti supporting a cartouche* - Marble (87x66cm-34x26in) London 96 .... FF**207 300** - £24 000 - **$39,700**
- *Etude pour une chaire à prêcher* - Pierre noire (38x25cm-15x10in) Paris 93 .... FF**2 300** - £288 - **$419**

KERRN-ECKERSBERG Hansine Sophie Joac. 1826-1860 [6]
- *Still life with flowers* - Oil/canvas (33x48cm-13x19in) Amsterdam 94 .... FF**8 540** - £991 - **$1,470**
- *Aurikel i en potte* - Oil/canvas (21x15cm-8x6in) København 89 .... FF**65 900** - £6 738 - **$10,595**

KERROS de Aude 1947 [5]
- *Séparation de la terre et de l'eau* - Eau-forte Paris 90 .... FF**1 500** - £155 - **$265**

KERSCHBAUMER Anton 1885-1931 [13]
- *Ostender Postdampfer* - Oil/canvas (65x81cm-26x32in) Berlin 92 .... FF**61 000** - £7 290 - **$11,740**
- *Häuser am See II* - Lithographie (30x39cm-12x15in) Berlin 94 .... FF**2 392** - £282 - **$426**
- *Blaue Vase und roter Leuchter* - Aquarell/Papier (65x54cm-26x21in) Berlin 96 .... FF**10 170** - £1 270 - **$1,965**

KERSCHENSTEINER Josef 1864-1936 [8]
- *Pelikan im Zoo* - Öl/Karton (28x38cm-11x15in) Stuttgart 96 .... FF**5 120** - £666 - **$1,014**

KERSSEMAKERS Anton 1846-1924 [1]
- *Wooden barn in a forest* - Oil/canvas (15x23cm-6x9in) Amsterdam 90 .... FF**376 400** - £38 489 - **$74,295**

KERSTEN Wim Vanden 1908-1974 [2]
- *Hollandaise dans un paysage* - Huile/toile (81x60cm-32x24in) Paris 96 .... FF**50 000** - £6 470 - **$9,810**
- *Het Gevecht* - Black chalk/paper (66x60cm-26x24in) Amsterdam 95 .... FF**2 836** - £362 - **$579**

K

KERSTENS Jacobus Adrianus A. 1813-1888 [2]
- Wooded river landscape - Oil/canvas (51x69cm-20x27in) Amsterdam 95 .... FF18 530 - £2 240 - **$3,486**
- *Romantische Flußlandschaft* - Oil/canvas (74x94cm-29x37in) Köln 90 .... FF47 300 - £5 064 - **$8,226**

KERSTING Georg Friedrich 1785-1847 [2]
- *Madonna mit Jesuskind* - Öl/Leinwand (45x33cm-18x13in) München 93 .... FF84 700 - £10 120 - **$16,300**
- *Rückansicht eines Paares* - Pencil (13x9cm-5x4in) München 92 .... FF6 780 - £810 - **$1,305**

KERSTING Hermann 1825-1850 [1]
- *Die Vogelstellerin* - Watercolour (25x18cm-10x7in) Hamburg 92 .... FF2 040 - £209 - **$359**

KERTÉSZ André 1894-1985 [333]
- Detroit - Gelatin silver print (23x18cm-9x7in) New-York 96 .... FF21 660 - £2 780 - **$4,200**
- Chez Mondrian - Silver print (61x51cm-24x20in) New-York 96 .... FF43 800 - £5 630 - **$8,500**
- Bistro, Bar de la Liberté - Photograph (34x24cm-13x9in) New-York 96 .... FF107 200 - £13 830 - **$21,000**
- Mondrian's glasses - Silver print (9x11cm-4x4in) London 96 .... FF449 000 - £58 000 - **$86,700**

KERVERSAU de Gilles 1949 [3]
- Sanglier solitaire - Bronze (37cm-15in) Paris 90 .... FF20 000 - £2 128 - **$3,578**

KERVORKIAN Jean 1933 [8]
- Les peupliers - Huile/toile (34x44cm-14x17in) Rouen 91 .... FF8 000 - £796 - **$1,376**

KESSEL van Jan I 1626-1679 [63]
- *Still life of insects* - Watercolour, gouache (15x19cm-6x7in) Amsterdam 94 .... FF214 500 - £25 550 - **$40,250**

KESSEL van Jean Thomas Nicolas 1677-c.1741 [1]
- *Village scenes with peasants* - Oil/panel (18x24cm-7x9in) London 97 .... FF113 528 - £12 000 - **$19,572**

KESSELL James Everett 1915 [2]
- Leonardo cartoon and noses - Oil/board (122x91cm-48x36in) London 91 .... FF4 440 - £441 - **$771**

KESSELS Willy 1898-1974 [36]
- Jeune travailleur - Photo (24x18cm-9x7in) Paris 92 .... FF4 000 - £478 - **$770**

KESSLER Adolf 1890-1974 [1]
- Interieur mit nähender Frau - Öl/Karton (44x42cm-17x17in) München 94 .... FF17 200 - £2 045 - **$3,235**

KESSLER August 1826-1906 [4]
- *Grafenberger Wald bei Düsseldorf* - Oil/canvas (26x37cm-10x15in) Bremen 91 .... FF13 680 - £1 405 - **$2,546**

KESSLER Carl 1876-1968 [9]
- *Kapelle bei Arosa im Winter* - Aquarell (36x50cm-14x20in) München 93 .... FF2 580 - £293 - **$436**

KESSLER Jon 1957 [7]
- B.C. - Multiple (102x43x41cm-40x17x16in) Stockholm 95 .... FF6 870 - £898 - **$1,376**
- United sculpture - Construction (101x49x136cm-40x19x54in) Stockholm 94 .... FF9 280 - £1 090 - **$1,654**
- Battle Crate
  Ship maquette, neon in wood box (92x70x157cm-36x28x62in) London 94 .... FF94 200 - £11 000 - **$16,400**

KESSLER Max 1897-1981 [5]
- Florence - Öl/Leinwand (38x46cm-15x18in) Bern 93 .... FF3 360 - £374 - **$570**

KESSLER Stephan 1622-1700 [3]
- *Die Geburt Mariens* - Öl/Leinwand (66x88cm-26x35in) Wien 93 .... FF16 830 - £2 010 - **$3,240**
- Joseph und die Träume des Pharao - Öl/Leinwand (101x138cm-40x54in) Wien 94 .... FF53 300 - £6 210 - **$9,330**

KESTING Edmund 1892-1970 [31]
- Spiegelung - Mixed media (41x30cm-16x12in) Köln 97 .... FF37 174 - £3 907 - **$6,364**
- Frau mit Mond - Öl (45x35cm-18x14in) Köln 97 .... FF206 150 - £21 667 - **$35,294**
- Akt (Nude) - Gelatin silver print (28x20cm-11x8in) New-York 96 .... FF6 700 - £861 - **$1,300**
- Berhard Heiliger - Photograph (38x29cm-15x11in) Köln 93 .... FF8 810 - £1 053 - **$1,696**
- *Ohne Titel* - Collage (14x19cm-6x7in) Berlin 93 .... FF20 340 - £2 430 - **$3,914**

KET Dick 1902-1940 [24]
- Stilleven met Twee Geraniums - Oil/canvas (62x46cm-24x18in) Amsterdam 97 .... FF35 960 - £3 780 - **$6,177**
- Zelfportret met zwarte baret - Oil/panel (32x23cm-13x9in) Amsterdam 92 .... FF126 600 - £15 100 - **$24,350**
- Stilleven met viool - Oil/canvas (66x54cm-26x21in) Amsterdam 91 .... FF288 000 - £29 600 - **$53,660**
- *Straatje te hoorn* - Ink/paper (17x23cm-7x9in) Amsterdam 91 .... FF12 020 - £1 204 - **$2,004**

KETCHUM Robert Glenn 1948 [3]
- Cunria - Cibachrome print (61x75cm-24x30in) San Francisco-Los Angeles 93 .... FF2 510 - £286 - **$425**

KETEL Cornelis 1548-1616 [1]
- *Adriaen Croumbouts* - Huile/panneau (41x32cm-16x13in) Paris 95 .... FF35 000 - £4 600 - **$7,020**

KETELSON Haven C. XX [2]
- Landscape with field of flowers - Oil/canvas (56x86cm-22x34in) Litchfield, CT 92 .... FF2 500 - £262 - **$450**

KETTEMANN Erwin 1897-1971 [49]
- Winterabend bei Klais - Oil/canvas (80x100cm-31x39in) Heidelberg 92 .... FF5 080 - £591 - **$1,036**
- Snowy mountainous landscape - Oil/canvas (145x180cm-57x71in) Lindau 95 .... FF20 700 - £2 640 - **$4,170**

KETTLE Tilly 1735-1786 [10]
- John Graham - Oil/canvas (152x100cm-60x39in) London 96 .... FF1 - £250 000 - **$379,500**
- Sir Elijah Impey - Oil/canvas (127x101cm-50x40in) London 96 .... FF108 200 - £13 500 - **$20,900**

KEULEMANS Johannes Gerardus 1842-1878 [27]
- *Robin perched on a fence* - Watercolour (26x21cm-10x8in) London 96 .... FF1 542 - £200 - **$305**
- A magpie on a broken fence - Watercolour (52x42cm-20x17in) Bristol 97 .... FF6 799 - £720 - **$1,170**

KEULEYAN-LAFON Jean Lafon, dit 1899-1981 [3]
- Côte à la tombée du soir - Huile/toile (50x100cm-20x39in) Arles 94 .... FF2 800 - £335 - **$549**

KEULLER Renée 1899-1981 [3]
- Banc sous la neige dans le parc - Huile/toile (50x40cm-20x16in) Antwerpen 96 .... FF2 630 - £340 - **$508**

KEULLER Vital 1866-1945 [30]
- La warche - Huile/panneau (60x80cm-24x31in) Bruxelles 97 .... FF2 941 - £319 - **$520**
- Coucher de soleil - Huile/toile (105x130cm-41x51in) Bruxelles 92 .... FF15 770 - £1 615 - **$2,774**

Herfstlandschap - Pastel (79x59cm-31x23in) Lokeren 94 .... FF**3 670** - £435 - **$679**
KEUN Hendrik Keune 1738-1788 [2]
Pesée et église, Amsterdam - Huile/panneau (37x49cm-15x19in) Saint-Dié 90 .... FF**148 000** - £15 062 - **$29,598**
KEUS Kees 1905-1990 [1]
Abstract composition - Oil/board (117x85cm-46x33in) Amsterdam 91 .... FF**3 640** - £374 - **$678**
KEVER Jacob Simon H. 1854-1922 [50]
Fowers in a vase - Oil/canvas (37x31cm-15x12in) Amsterdam 97 .... FF**9 004** - £958 - **$1,567**
Mother's little helperflowers - Oil/canvas (47x41cm-19x16in) Amsterdam 97 .... FF**14 565** - £1 575 - **$2,541**
A mother mending clothers - Oil/canvas (45x56cm-18x22in) Amsterdam 97 .... FF**34 558** - £3 653 - **$5,929**
The bedtime story - Oil/canvas (92x75cm-36x30in) Amsterdam 97 .... FF**82 937** - £8 767 - **$14,231**
Feeding the Goat - Watercolour/paper (38x43cm-15x17in) Amsterdam 97 .... FF**60 024** - £6 386 - **$10,444**
KEVORKIAN Jean 1933 [71]
La côte à Barnenez - Huile/toile (41x33cm-16x13in) Brest 95 .... FF**3 100** - £408 - **$634**
Port-Croix, Finistère - Huile/toile (55x46cm-22x18in) La Varenne Saint-Hilaire 93 ...... FF**6 800** - £764 - **$1,153**
Peuplier à Belle-Ile - Huile/toile (65x81cm-26x32in) La Varenne Saint-Hilaire 92 .... FF**19 000** - £1 945 - **$3,345**
KEY John Ross 1837-1920 [11]
Baker's Beach, San Francisco
    Oil/canvas (51x101cm-20x40in) San Francisco-Los Angeles 96 .... FF**31 100** - £3 900 - **$6,000**
KEY Mabel 1874-1926 [5]
The flower garden - Gouache (87x75cm-34x30in) Boston, Mass. 91 .... FF**4 795** - £477 - **$825**
KEY Willem 1515/16-1568 [8]
Portrait of a Gentleman - Oil/panel (79x59cm-31x23in) Amsterdam 94 .... FF**110 300** - £13 140 - **$20,770**
KEYES Bernard M. 1898-1973 [1]
The Connoisseur - Oil/canvas (53x50cm-21x20in) Cambridge, Mass. 89 .... FF**8 600** - £879 - **$1,383**
KEYL Friedrich Wilhelm 1823-1871 [3]
A huntsman with his hounds - Pencil/paper (18x28cm-7x11in) New-York 93 .... FF**2 750** - £345 - **$500**
KEYMEULEN Emile 1840-1882 [8]
A branch of roses - Oil/canvas (30x44cm-12x17in) Amsterdam 94 .... FF**4 590** - £551 - **$891**
Paysage - Huile/toile (100x150cm-39x59in) Toulouse 96 .... FF**23 500** - £2 786 - **$4,590**
KEYSE Thomas 1720-1800 [4]
Basket of Grapes - Oil/canvas (71x91cm-28x36in) London 96 .... FF**50 400** - £6 500 - **$9,860**
KEYSER de Albrecht 1829-1890 [5]
Het binnenplein - Huile/toile (60x80cm-24x31in) Antwerpen 95 .... FF**4 430** - £558 - **$877**
KEYSER de Carl XX [2]
Homo Sovieticus - Gelatin silver print (18x56cm-7x22in) London 94 .... FF**4 090** - £480 - **$716**
KEYSER de Nicaise 1813-1887 [11]
Karge Hügellandschaft - Oil/panel (48x56cm-19x22in) Leipzig 95 .... FF**26 700** - £3 340 - **$5,390**
Charles Quint présente ses esclaces...
    Huile/toile (170x128cm-67x50in) Antwerpen 97 .... FF**81 600** - £8 750 - **$14,300**
KEYSER de Raoul 1930 [3]
De Tuinslang - Huile/toile (120x150cm-47x59in) Lokeren 94 .... FF**54 800** - £6 460 - **$9,750**
KEYSER de René 1885-? [3]
Crépuscule - Huile/toile (83x62cm-33x24in) Antwerpen 94 .... FF**4 160** - £483 - **$717**
KEYSER de Thomas 1596/97-1667 [7]
Gentilhomme et de jeune fils
    Huile/toile (50x42cm-20x17in) Saint-Germain-en-Laye 96 .... FF**520 000** - £65 200 - **$100,500**
KEYSER Elisabeth 1851-1898 [7]
Trädgårdsbild med läsende flicka - Oil/panel (27x28cm-11x11in) Stockholm 95 ...... FF**9 370** - £1 167 - **$1,827**
På sommarängen - Oil/canvas (47x54cm-19x21in) Stockholm 91 .... FF**107 600** - £10 712 - **$18,503**
KEYSER Emil 1846-1923 [2]
Mädchen am Strauch - Ol/Leinwand (24x20cm-9x8in) Bern 95 .... FF**8 600** - £1 118 - **$1,766**
KEYSER Ephraïm 1850-1937 [1]
Liitle girl feeding a dove - Marble (86cm-34in) New-York 92 .... FF**44 200** - £4 690 - **$8,500**
KEYSER Ernest Wise 1875-1959 [1]
Le secret - Bronze (17cm-7in) Paris 92 .... FF**1 900** - £195 - **$342**
KEYSER Ragnhild 1889-1943 [1]
Chemin de Fer II - Oil/canvas (47x25cm-19x10in) København 93 .... FF**53 800** - £6 170 - **$9,180**
KEYT George 1901-1993 [5]
Woman bathing - Oil/canvas (27x37cm-11x15in) London 96 .... FF**64 700** - £8 000 - **$12,500**
KEZDY KOVACS Lazlo 1864-1942 [3]
Buchenwald - Ol/Leinwand (100x125cm-39x49in) Wien 95 .... FF**8 910** - £1 132 - **$1,774**
KHABAROV Valéry 1944 [2]
Les vacances - Huile/toile (65x82cm-26x32in) Douarnenez 94 .... FF**3 200** - £385 - **$596**
KHAKHAR Bhupen 1934 [2]
Weatherman - Oil/canvas (101x101cm-40x40in) London 95 .... FF**25 000** - £3 200 - **$5,030**
KHANNA Krishen 1925 [4]
Reach Hither Thy Hand - Acrylic/canvas (176x112cm-69x44in) London 96 .... FF**36 400** - £4 500 - **$7,030**
KHAYNACH von Friedrich 1867-1920 [1]
Cabbage, tomatoes & vegetables - Oil/canvas (65x80cm-26x31in) Amsterdam 90 ...... FF**8 400** - £894 - **$1,503**
KHLEBNIKOV Alexander 1897-1979 [1]
Photogram - Gelatin silver print (38x28cm-15x11in) New-York 95 .... FF**7 940** - £1 012 - **$1,600**

K

KHMELNITSKY Alexandre 1924 [2]
🔹 *Au petit matin* - Huile/toile (96x91cm-38x36in) Versailles 92 .... FF2 200 - £225 - **$388**
KHMELUK Vassyl 1903 [29]
🔹 *Jeune fille lisant* - Huile/carton (65x81cm-26x32in) Paris 96 .... FF2 200 - £267 - **$428**
Portait de femme - Huile/toile (56x46cm-22x18in) Paris 97 .... FF5 000 - £535 - **$871**
✏ *Panier et fruits* - Pastel (47x61cm-19x24in) Paris 96 .... FF3 000 - £364 - **$584**
KHNOPFF Fernand 1858-1921 [68]
🔹 *Marguerite* - Oil/panel (97x75cm-38x30in) New-York 91 .... FF3 - £402 465 - **$790,884**
La Crue, Fosset - Oil/panel (11x21cm-4x8in) London 96 .... FF96 200 - £12 000 - **$18,600**
A Fosset - Oil/canvas (37x67cm-15x26in) London 96 .... FF192 600 - £25 000 - **$38,100**
Henri de Woelmont - Oil/canvas (26x29cm-10x11in) London 90 .... FF823 200 - £88 707 - **$145,185**
🔲 *Des grelots/Un geste d'offrande* - Etching (20x7x14cm-8x3x6in) London 90 .... FF4 400 - £464 - **$741**
✏ *Une musicienne* - Watercolour (12x8cm-5x3in) London 89 .... FF1 - £168 388 - **$269,024**
Un Ange - Pencil (26x15cm-10x6in) Berlin 94 .... FF10 930 - £1 290 - **$1,946**
D'Autrefois - Crayon (22x28cm-9x11in) Berlin 94 .... FF49 560 - £5 840 - **$8,810**
Lèvres Rouges - Crayon (25x17cm-10x7in) Berlin 94 .... FF102 500 - £12 100 - **$18,240**
De l'animalité - Watercolour (11x10cm-4x4in) New-York 97 .... FF341 100 - £36 738 - **$60,000**
Dessin - Pencil (18x9cm-7x4in) New-York 97 .... FF568 500 - £61 230 - **$100,000**
KHODOSSIEVITCH-LÉGER Nadia 1904-1982 [2]
✏ *Suprematistische Komposition* - Gouache/papier (64x49cm-25x19in) Köln 96 .... FF27 100 - £3 384 - **$5,240**
KHODTCHENKO Lev 1912 [1]
🔹 *Nature morte aux fleurs* - Huile/toile (70x100cm-28x39in) Paris 91 .... FF3 600 - £363 - **$625**
KHOVOSTENKO Alexei 1940 [2]
✏ *Composition no.2, 1989* - Collage (63x49cm-25x19in) Paris 89 .... FF4 300 - £453 - **$724**
KHRUSHCH Valentin Dmitrievich 1943 [3]
🔹 *Torso, 1989* - Oil/canvas (32x65cm-13x26in) London 94 .... FF19 400 - £2 091 - **$3,422**
KHVOST Alexis Khvostenko 1940 [2]
✏ *Solo, 1989* - Collage (65x50cm-26x20in) Paris 90 .... FF3 000 - £319 - **$537**
KIAERSCHOU Frederik Christian 1805-1891 [89]
🔹 *Parti fra Bayern* - Oil/canvas (37x49cm-15x19in) Viby J, Århus 94 .... FF3 520 - £422 - **$657**
Lanscape at Sletten - Oil/canvas (46x63cm-18x25in) København 94 .... FF13 370 - £1 730 - **$2,673**
Skodsborg Castle - Oil/canvas (64x83cm-25x33in) København 95 .... FF37 100 - £4 560 - **$7,230**
KIBIGER Julius 1902-? [2]
🔹 *Zwei Bauernhäser mit Blick ins Tal* - Öl/Leinwand (70x100cm-28x39in) Staufen 95 .... FF4 135 - £545 - **$840**
KICHNEWSKY Salomon Jakovlevitch 1863-? [1]
🔹 *Women seated before a river* - Oil/canvas/board (13x22cm-5x9in) London 96 .... FF3 160 - £360 - **$605**
KICK Cornelis 1635-1681 [8]
🔹 *Vase de fleurs* - Huile/panneau (60x46cm-24x18in) Paris 90 .... FF1 - £144 628 - **$247,350**
Flowers in a vase - Oil/panel (56x45cm-22x18in) Amsterdam 94 .... FF170 300 - £18 630 - **$27,800**
KIDD Harry Matthew 1899-? [1]
✏ *Ponte Vecchio* - Watercolour/paper (46x35cm-18x14in) New-York 89 .... FF1 700 - £169 - **$269**
KIDD Joseph Bartholomew 1806-1899 [3]
🔹 *Pigeon hawk* - Oil/canvas (66x52cm-26x20in) New-York 94 .... FF224 700 - £26 500 - **$40,000**
KIDD William 1790-1863 [8]
🔹 *Impromptu feast* - Oil/canvas (50x61cm-20x24in) London 91 .... FF8 870 - £895 - **$1,729**
KIDON József 1890-1968 [1]
✏ *Nude woman with parakeet* - Pastel (68x50cm-27x20in) Warszawa 95 .... FF2 460 - £311 - **$491**
KIECOL Hubert 1950 [5]
🔲 *Treppe/Tor/Leiter/Fenster...* - Woodcut (50x35cm-20x14in) Köln 93 .... FF5 090 - £608 - **$978**
KIEDERICH Franz 1873-1950 [3]
🔹 *Kartoffelernte am Niederrhein* - Oil/canvas (70x90cm-28x35in) Köln 92 .... FF10 200 - £1 044 - **$1,796**
KIEDERICH Franz Ludwig 1873-1950 [4]
🔹 *In the fields* - Oil/canvas (50x60cm-20x24in) Amsterdam 94 .... FF3 965 - £461 - **$683**
KIEDERICH Ludwig 1885-? [1]
🔹 *Rast auf dem Feld* - Öl/Leinwand (85x100cm-33x39in) Köln 93 .... FF5 760 - £689 - **$1,110**
KIEDERICH Paul Joseph 1809-1850 [1]
🔹 *The encampment* - Oil/canvas New-York 90 .... FF34 300 - £3 454 - **$6,236**
KIEFER Anselm 1945 [68]
🔹 *Die Sefiroth* - Mixed media/canvas (190x261cm-75x103in) New-York 95 .... FF1 - £173 300 - **$270,000**
Die Königin von Saba - Mixed media/canvas (180x440cm-71x173in) London 95 .... FF3 - £440 000 - **$700,000**
Die Donauquelle - Mixed media/canvas (30x20cm-12x8in) New-York 95 .... FF74 300 - £9 280 - **$15,000**
Untitled - Oil/paper (201x164cm-79x65in) New-York 96 .... FF407 500 - £48 000 - **$80,000**
✏ *Vater, Sohn und heiliger Geist* - Watercolour/paper (23x32cm-9x13in) New-York 92 .... FF68 000 - £6 960 - **$11,970**
Heliogabal - Watercolour, gouache/paper (29x39cm-11x15in) New-York 92 .... FF197 600 - £20 970 - **$38,000**
Tiefes wasser - Collage (242x131cm-95x52in) London 91 .... FF248 000 - £25 000 - **$43,750**
KIEFER Ernst F.W. 1898-1967 [5]
🔹 *Landschaft am Untersee* - Mischtechnik (100x74cm-39x29in) Lindau 95 .... FF7 120 - £890 - **$1,438**
KIEFF Antonio Grediaga 1936 [25]
🗿 *Guitare et tête* - Bronze (38cm-15in) Montréal 94 .... FF2 797 - £321 - **$479**
White torso - Bronze (97cm-38in) Montréal 94 .... FF9 460 - £1 087 - **$1,620**
KIEFFER Philipp ?-1833 [1]
🔹 *Studenten mit roter Mütze* - Oil/panel (36x29cm-14x11in) Stuttgart 92 .... FF7 450 - £866 - **$1,520**
KIEFT Jan 1798-1870 [2]
🔹 *Johannes Meijer aged 15* - Oil/canvas (82x65cm-32x26in) Amsterdam 91 .... FF12 620 - £1 267 - **$2,183**

K

KIEHL Wilhelmina Johanna L 1862-1922 [1]
- Roses, tulips & peonies in a vase - Oil/panel (36x24cm-14x9in) London 91 .... FF9 970 - £1 000 - **$1,646**

KIEKEBUSCH Herman 1875-? [3]
- Morgenstimmung am Obersee - Oil/canvas (80x120cm-31x47in) Wien 91 .... FF8 640 - £858 - **$1,500**

KIELBERG Ole 1911-1985 [59]
- Forårsdag, Dauglokke - Oil/canvas (80x60cm-31x24in) København 95 .... FF2 720 - £340 - **$549**
- Udsigt fra Stenhøjen, Forår - Oil/canvas (89x130cm-35x51in) København 94 .... FF14 020 - £1 682 - **$2,725**

KIELDRUP Anton Edvard 1827-1869 [36]
- Coastal landscape - Oil/canvas (48x69cm-19x27in) København 95 .... FF2 267 - £282 - **$442**
- I udkanten af skoven - Oil/canvas (53x72cm-21x28in) København 93 .... FF6 300 - £754 - **$1,212**
- Kreidefelsen auf Rügen - Oil/canvas (58x85cm-23x33in) Köln 92 .... FF23 800 - £2 436 - **$4,190**

KIELHOLZ Heiner 1942 [4]
- Innocenti - Tempera/panel (36x36cm-14x14in) Luzern 93 .... FF12 940 - £1 546 - **$2,490**
- Lesendes Mädchen an einem Seeufer
    Mischtechnik/Papier (97x71cm-38x28in) Luzern 95 .... FF14 470 - £1 806 - **$2,836**

KIELLAND Else Christie 1903 [7]
- Landskap fra Vestlandet - Oil/canvas (98x85cm-39x33in) Oslo 91 .... FF5 640 - £566 - **$931**

KIELLAND Kirstine Manna 1882-1979 [1]
- Norsk landskab med udsigt mot fjeld - Oil/canvas (69x66cm-27x26in) København 90 .... FF9 300 - £964 - **$1,634**

KIELLAND Kitty Christine 1843-1914 [11]
- Houses along a canal - Oil/canvas (50x95cm-20x37in) Amsterdam 97 .... FF76 026 - £8 037 - **$13,045**
- Landskap fra Cernay - Oil/canvas (46x55cm-18x22in) Tönsberg 93 .... FF120 000 - £13 950 - **$20,600**
- Fra Risor - Akvarell (32x22cm-13x9in) Tönsberg 90 .... FF6 600 - £665 - **$1,200**

KIELLERUP Theodor Julius 1818-1850 [1]
- Landscape - Oil/canvas (62x76cm-24x30in) Vejle 94 .... FF11 310 - £1 328 - **$2,014**

KIELWEIN Ernst 1864-1902 [2]
- Schwarzwälder Bauernstube - Ol/Leinwand (50x60cm-20x24in) Stuttgart 96 .... FF6 140 - £800 - **$1,217**

KIEN Josef 1903-1985 [12]
- Abstrakte Komposition - Oil/paper (50x70cm-20x28in) München 93 .... FF37 600 - £4 460 - **$6,790**
- Abstrakte Komposition - Ol/Leinwand (70x100cm-28x39in) München 93 .... FF68 400 - £8 100 - **$12,340**
- Mac Zimmermann malt - Ink/paper (43x34cm-17x13in) München 92 .... FF22 040 - £2 633 - **$4,240**

KIENBUSCH William A. 1914 [2]
- To the end of Camp Island - Oil/canvas (114x152cm-45x60in) Cambridge, Mass. 91 .... FF11 320 - £1 149 - **$2,045**
- Black pines, Camp Island - Gouache/paper (56x66cm-22x26in) New-York 90 .... FF4 680 - £479 - **$924**

KIENER Robert 1866-1945 [7]
- Blühende Sommerwiese - Ol/Leinwand (32x41cm-13x16in) Zofingen 94 .... FF3 050 - £362 - **$564**

KIENERK Giorgio 1869-1948 [3]
- Pagliaio a Fauglia - Olio/tavola (25x50cm-10x20in) Milano 95 .... FF34 300 - £4 370 - **$7,010**

KIENHOLZ Edward 1927-1994 [20]
- Twilight Home - Technique mixte (216x132x59cm-85x52x23in) New-York 93 .... FF192 500 - £24 140 - **$35,000**
- Portable War Memorial - Screenprint (57x50x84cm-22x20x33in) New-York 89 .... FF12 600 - £1 288 - **$2,026**
- The 6 O'Clock News - Sculpture (73x23x44cm-29x9x17in) New-York 93 .... FF58 700 - £6 720 - **$10,000**

KIENHOLZ Edward & Nancy 1927 & 1943 [5]
- Girl Running Through Goat - Mixed media (41x15x65cm-16x6x26in) New-York 96 .... FF43 300 - £5 100 - **$8,500**
- Toten Tanz - Sculpture (114x40x39cm-45x16x15in) New-York 94 .... FF49 700 - £5 830 - **$8,700**
- The Last Buffalo from Worley
    Steel, lead, wood chair, bulb, buffalo horn, shoe (102x152x57cm-40x60x22in) New-York 94.. FF78 800 - £9 380 - **$15,000**

KIENHOLZ Hans 1856-? [2]
- Die Jungfrau - Aquarell (28x35cm-11x14in) Bern 90 .... FF1 600 - £170 - **$286**

KIENLEN Emil 1869-1956 [1]
- Stehender Jüngling mit Kugel - Bronze (45cm-18in) Stuttgart 93 .... FF6 900 - £780 - **$1,163**

KIENMAYER Franz 1886-? [3]
- Der Klöppelunterricht - Drawing (51x76cm-20x30in) Leipzig 94 .... FF2 400 - £278 - **$413**

KIER Christopher 1959 [2]
- Réunion - Technique mixte (152x89cm-60x35in) Paris 92 .... FF8 000 - £820 - **$1,410**

KIERKEGAARD Niels Chr. 1806-1882 [2]
- Vej langs skovsbryn - Oil/canvas (23x38cm-9x15in) København 91 .... FF2 640 - £265 - **$445**

KIERNEK Giorgio 1869-1948 [2]
- Sottobosco - Olio/tavola (19x30cm-7x12in) Prato 96 .... FF47 200 - £5 600 - **$9,240**

KIERNER Rudolf 1876-1941 [2]
- Ort in den Bergen - Gouache/papier (35x49cm-14x19in) Wien 95 .... FF1 860 - £245 - **$378**

KIERS George Laurens 1838-1916 [8]
- Fishermen - Oil/canvas (64x95cm-25x37in) Amsterdam 97 .... FF32 947 - £3 564 - **$5,749**
- Paddle-steamer & sailing boat - Pencil (18x25cm-7x10in) Amsterdam 97 .... FF2 253 - £243 - **$39,3 7**

KIERS Petrus 1807-1885 [5]
- Flirtation at the Blacksmith's - Oil/panel (37x30cm-15x12in) Amsterdam 97 .... FF21 008 - £2 235 - **$3,655**

KIESEL Conrad 1846-1921 [19]
- Elegant Lady - Oil/panel (27x21cm-11x8in) New-York 97 .... FF19 909 - £2 142 - **$3,500**
- Hesitation - Oil/canvas (84x51cm-33x20in) London 96 .... FF84 200 - £10 500 - **$16,260**

KIESEWALTER Heinrich 1854-? [1]
- Mephisto - Bronze (40cm-16in) Stuttgart 92 .... FF6 780 - £810 - **$1,305**

KIESLER Frederick J. 1892-1966 [3]
📷 *Zwölf Fotografien* - Photograph Berlin 96 .... FF1 526 - £191 - **$295**

KIESLING Johann Paul Adolf 1836-1919 [1]
● *Europa* - Oil/canvas (120x180cm-47x71in) New-York 93 .... FF176 000 - £22 070 - **$32,000**

KIEVITS Frederik Anton 1887-1951 [1]
Village in Indonesia - Oil/canvas (30x40cm-12x16in) Amsterdam 95 .... FF2 993 - £388 - **$613**

KIFF Ken 1935 [4]
● *Dignified Man in a London Suburb* - Acrylic/paper (63x48cm-25x19in) London 95 ...... FF29 760 - £3 800 - **$6,110**
✎ *Sun above houses* - Charcoal (134x78cm-53x31in) London 93 .... FF17 600 - £2 200 - **$3,190**

KIFFER Charles 1902-1992 [17]
● *Clown* - Huile/panneau (50x43cm-20x17in) Castres 91 .... FF3 600 - £361 - **$659**
🖼 *Edith Piaf* - Affiche (116x160cm-46x63in) Paris 97 .... FF6 400 - £685 - **$1,106**
✎ *Phèdre* - Lavis (49x28cm-19x11in) Paris 95 .... FF3 500 - £419 - **$666**

KIHLE Harald 1905 [35]
● *Kvinneakt i et interiør* - Oil/panel (40x29cm-16x11in) Oslo 92 .... FF8 680 - £889 - **$1,530**
Fra Totakvatn, Rauland - Oil/panel (44x54cm-17x21in) Oslo 92 .... FF12 150 - £1 244 - **$2,140**
En bygdespillemann - Oil/panel (29x37cm-11x15in) Oslo 93 .... FF24 000 - £2 790 - **$4,210**

KIHN W. Langdon 1895-1957 [3]
● *Mountain Lake* - Oil/panel (36x51cm-14x20in) Baton Rouge, Louisiana 94 .... FF2 366 - £284 - **$450**

KIJNO Ladislas 1921 [367]
● *Composition* - Acrylique/papier (107x91cm-42x36in) Paris 97 .... FF8 000 - £846 - **$1,373**
Stèle de la coupe rouge - Toile (220x150cm-87x59in) Paris 97 .... FF15 000 - £1 580 - **$2,579**
Composition - Acrylique/toile (53x64cm-21x25in) Paris 95 .... FF25 000 - £3 130 - **$5,020**
Composition - Huile/papier (86x60cm-34x24in) Paris 95 .... FF35 500 - £4 530 - **$7,150**
Lumière noire - Huile/toile (130x97cm-51x38in) Paris 90 .... FF185 000 - £19 935 - **$32,628**
🗿 *Sans titre* - Sculpture (48x48cm-19x19in) Paris 95 .... FF6 000 - £718 - **$1,142**
✎ *Composition* - Gouache/papier (60x45cm-24x18in) Le Touquet 96 .... FF4 500 - £534 - **$878**
Composition - Gouache (78x78cm-31x31in) Calais 97 .... FF7 500 - £822 - **$1,316**
Premiers Pas de l'Homme
    Technique mixte/papier (101x81cm-40x32in) Le Touquet 94 .... FF16 500 - £1 963 - **$3,140**
Papier froissé - Gouache (32x23cm-13x9in) Paris 90 .... FF30 000 - £3 191 - **$5,367**

KIKOINE Michel 1892-1968 [170]
● *On the Beach* - Oil/canvas (26x27cm-10x11in) Tel Aviv 97 .... FF8 556 - £951 - **$1,600**
Seated Girl - Oil/canvas (65x50cm-26x20in) New-York 97 .... FF23 215 - £2 442 - **$4,000**
Paysage ensoleillé - Huile/toile (45x70cm-18x28in) Paris 97 .... FF37 000 - £4 037 - **$6,468**
Paysage - Oil/canvas (60x92cm-24x36in) London 97 .... FF49 864 - £5 500 - **$8,746**
Annay-sur-Serein - Huile/toile (60x73cm-24x29in) Paris 94 .... FF63 000 - £7 370 - **$11,050**
Les baigneuses - Oil/canvas (90x116cm-35x46in) New-York 93 .... FF118 000 - £13 420 - **$20,000**
L'Amour - Oil/canvas (52x100cm-20x39in) Tel Aviv 93 .... FF177 000 - £20 130 - **$30,000**
✎ *Paysage de bord de mer* - Gouache/papier (33x48cm-13x19in) Paris 97 ...... FF4 500 - £487 - **$795**
Village en Provence - Aquarelle, gouache (24x31cm-9x12in) Calais 94 .... FF13 000 - £1 516 - **$2,280**
Baigneuse aux rochers - Gouache (31x38cm-12x15in) Toulouse 90 .... FF22 000 - £2 239 - **$4,400**

KILBURN William Edward XIX [3]
📷 *Well-dressed woman* - Daguerreotype New-York 96 .... FF5 670 - £729 - **$1,100**

KILBURNE George Goodwin XIX-XX [66]
● *The First Meeting* - Oil/panel (26x36cm-10x14in) London 97 .... FF25 594 - £2 800 - **$4,458**
There is no fireside.... - Oil/canvas (75x92cm-30x36in) London 90 .... FF92 000 - £9 534 - **$16,169**
✎ *Seat by the Fire* - Watercolour (35x47cm-14x19in) London 93 .... FF10 970 - £1 250 - **$1,863**
Lullaby - Watercolour (25x20cm-10x8in) London 93 .... FF11 410 - £1 300 - **$1,937**
Lady playing the Virginal - Watercolour (18x13cm-7x5in) London 94 .... FF12 570 - £1 500 - **$2,367**

KILBURNE George Goodwin, Jnr. 1863-1938 [5]
✎ *Men Were Deceivers Ever*
    Watercolour (26x35cm-10x14in) Billinghurst, West Sussex 96 .... FF23 100 - £3 000 - **$4,520**

KILBURNE George Goodwin, Snr. 1839-1924 [63]
● *Her First Ball* - Oil/canvas (91x122cm-36x48in) New-York 97 .... FF25 597 - £2 754 - **$4,500**
Three Generations - Oil/canvas (75x103cm-30x41in) London 97 .... FF68 571 - £7 200 - **$11,753**
✎ *Taking Tea* - Watercolour (25x36cm-10x14in) London 96 .... FF24 600 - £3 200 - **$4,870**
Tea in the nursery - Watercolour (71x53cm-28x21in) London 95 .... FF67 900 - £8 500 - **$13,520**

KILENYI Julio 1885-? [2]
🖼 *Olympic Games, Los Angeles* - Poster (100x62cm-39x24in) London 95 .... FF21 960 - £2 800 - **$4,430**

KILGOUR Andrew Wilkie 1868-1930 [2]
● *Ready for the Party* - Oil/canvas (76x64cm-30x25in) Montréal 93 .... FF6 240 - £707 - **$1,053**

KILGOUR Jack Noel 1900-1987 [8]
● *Acrobats at Worth's Circus, Sydney* - Oil/board (61x74cm-24x29in) London 92 ...... FF16 560 - £1 700 - **$3,180**

KILIAN Bartholome 1630-1696 [2]
🖼 *Portrait de Boebel* - Burin (28x20cm-11x8in) Paris 93 .... FF1 500 - £181 - **$273**

KILIAN Philip Andreas 1714-1759 [3]
✎ *Allegorie auf den Sommer* - Red chalk (44x29cm-17x11in) Wien 91 .... FF7 220 - £728 - **$1,253**

KILPACK Sarah Louise c.1840-1909 [64]
● *Shipwreck on beach* - Oil/board (28x43cm-11x17in) St. Helier, Jersey 93 ...... FF2 400 - £300 - **$435**
Shipping, Mont Saint-Michel - Oil/board (23x30cm-9x12in) London 96 .... FF4 540 - £550 - **$882**
Saint Brelades, Jersey - Oil/paper (15x23cm-6x9in) London 96 .... FF11 410 - £10 000 - **$1,954**

KILPATRICK Aaron Edward 1872-1953 [6]
● *Near Eagle Rock* - Oil/canvas (51x76cm-20x30in) San Francisco-Los Angeles 93 ...... FF16 500 - £2 070 - **$3,000**

KILPIN Legh Mulhall 1853-1919 [3]
Fishing from a punt, Eton - Watercolour (44x36cm-17x14in) London 93 .... FF3 690 - £420 - **$626**
KILVERT B. Cory 1881-1946 [3]
The Shaft in the Sky - Gouache (51x33cm-20x13in) New-York 96 .... FF3 590 - £426 - **$700**
KIM KI-CHANG 1913 [3]
Jesus in the Manger - Ink (60x51cm-24x20in) New-York 93 .... FF55 000 - £6 900 - **$10,000**
KIM PRISU 1962 [9]
Promesses d'un visage - Acrylique/toile (81x116cm-32x46in) Paris 90 .... FF4 000 - £415 - **$703**
A celle qui est trop gaie - Acrylique/toile (97x130cm-38x51in) Paris 90 .... FF7 000 - £754 - **$1,235**
KIMBALL Charles Frederick 1835-1907 [3]
Stroudwater River, Portland - Oil/canvas (30x46cm-12x18in) Portland, Maine 93 .... FF20 900 - £2 620 - **$3,800**
KIMMEL Cornelis 1804-1877 [4]
Winter in Holland - Oil/canvas (78x103cm-31x41in) Wien 91 .... FF28 800 - £2 867 - **$4,953**
KIMMEL Lu 1905-1973 [1]
Black man reading - Oil/canvas (86x86cm-34x34in) New-York 96 .... FF9 730 - £1 154 - **$1,900**
KIMPE Raymond 1885-1970 [24]
A couple - Oil/canvas (55x40cm-22x16in) Amsterdam 95 .... FF9 870 - £1 293 - **$1,980**
Mother and child - Oil/canvas (105x86cm-41x34in) Amsterdam 97 .... FF41 954 - £4 410 - **$7,207**
KIMSOU Kim Heung-Sou 1919 [6]
Street scene - Oil/canvas (41x33cm-16x13in) New-York 93 .... FF110 000 - £13 800 - **$20,000**
Agony - Oil/canvas (130x160cm-51x63in) New-York 91 .... FF1 83e +06 - £109 129 - **$187,926**
KIMURA Risaburo 1924 [2]
Vallauris - Huile/toile (80x80cm-31x31in) Saint-Germain-en-Laye 93 .... FF26 000 - £2 920 - **$4,410**
KIMURA Tshuta 1917 [6]
La route de Rambouillet - Huile/toile (38x46cm-15x18in) Pontoise 97 .... FF19 000 - £2 048 - **$3,336**
Jardin des Tuileries - Huile/toile (120x120cm-47x47in) Bruxelles 90 .... FF113 400 - £12 064 - **$20,286**
Les deux fenêtres - Mine plomb (50x65cm-20x26in) Paris 96 .... FF4 000 - £483 - **$768**
KIN-CHUNG Chan XX [3]
Composition No. 33 - Huile/toile (81x116cm-32x46in) Paris 95 .... FF3 000 - £379 - **$602**
KINCK Agnete Helvig 1872-1956 [3]
3 hestehoveder - Oil/canvas (103x155cm-41x61in) Viby J, Århus 91 .... FF2 290 - £230 - **$382**
KIND Auguste 1863-? [1]
Nature morte aux coquelicots - Huile/carton (46x38cm-18x15in) Paris 97 .... FF3 800 - £410 - **$667**
KINDBORG Johan 1861-1907 [19]
Gamla Kungsgården vid Borgholm - Oil/canvas (85x108cm-33x43in) Stockholm 92 .... FF11 500 - £1 177 - **$2,025**
Vinter, Barnängen - Oil/canvas (46x30cm-18x12in) Stockholm 91 .... FF24 340 - £2 417 - **$4,226**
KINDERDINE Augustine Frederick 1870-1947 [1]
On the Trail - Oil/canvas (91x61cm-36x24in) San Francisco-Los Angeles 94 .... FF22 270 - £2 630 - **$4,000**
KINDERMANN Adolph 1823-1892 [5]
Interiør med personer - Oil/canvas (61x91cm-24x36in) Vejle 94 .... FF13 500 - £1 583 - **$2,400**
KINDERMANS Jean-Baptiste 1822-1876 [5]
Paysage animé - Huile/toile (50x71cm-20x28in) Nice 95 .... FF19 000 - £2 465 - **$3,890**
KINDLER Albert 1833-1876 [2]
Dorfidylle - Öl/Leinwand (31x39cm-12x15in) Köln 96 .... FF23 670 - £2 780 - **$4,660**
KINDON Mary Evelina c.1855-c.1925 [3]
Homework - Oil/canvas (36x26cm-14x10in) London 95 .... FF6 790 - £900 - **$1,403**
KINDT Marie Adelaide 1804-1884 [2]
An Italian Girl - Oil/canvas (77x63cm-30x25in) London 94 .... FF20 300 - £2 400 - **$3,650**
KING Albert F. 1854-1945 [17]
Melon and pears - Oil/canvas (31x46cm-12x18in) New-York 94 .... FF14 840 - £1 730 - **$2,600**
Peaches, melon and knife - Oil/canvas (36x46cm-14x18in) New-York 94 .... FF32 800 - £3 830 - **$5,750**
KING Baragwanath 1864-1939 [8]
Waters from Loch Treig, Scotland - Gouache (27x45cm-11x18in) London 90 .... FF2 100 - £223 - **$376**
KING Cecil G. Charles 1881-1942 [2]
Saint Mark's Square, Venice
   Watercolour, gouache (25x35cm-10x14in) Billinghurst, West Sussex 93 .... FF3 154 - £380 - **$551**
KING Charles Bird 1785-1862 [11]
Still life - Oil/canvas (36x28cm-14x11in) New-York 95 .... FF63 300 - £8 090 - **$13,000**
Nesouaquoit - Oil/canvas (90x74cm-35x29in) New-York 90 .... FF2 2e +06 - £212 979 - **$358,140**
Peechekir - Chalks/paper (26x16cm-10x6in) New-York 94 .... FF25 900 - £3 020 - **$4,500**
KING Edward 1863-? [5]
Boatyard at low Tide - Oil/board (40x31cm-16x12in) London 97 .... FF3 770 - £400 - **$649**
American Hunting Scenes - Aquatint in colors Detroit, Michigan 92 .... FF4 900 - £570 - **$1,000**
KING Eric Meade 1911 [2]
Shelduck on the shore - Watercolour (31x47cm-12x19in) London 93 .... FF3 600 - £450 - **$653**
KING George W. 1836-1922 [4]
Pastoral landscape - Oil/canvas (45x61cm-18x24in) North Bethesda, MD. 91 .... FF5 090 - £509 - **$838**
KING Gunning 1859-1940 [3]
Farm scene - Oil/canvas (42x52cm-17x20in) Billinghurst, West Sussex 93 .... FF3 320 - £400 - **$580**
KING Haynes 1831-1904 [25]
A country girl - Oil/canvas (40x31cm-16x12in) London 96 .... FF11 230 - £1 400 - **$2,170**
Cutting the Pattern - Oil/canvas (46x36cm-18x14in) London 97 .... FF50 505 - £5 500 - **$8,783**

K

By the fireside - Watercolour, gouache (23x37cm-9x15in) Billinghurst, West Sussex 93 .... FF3 820 - £460 - **$667**

KING Henry John Yeend 1855-1924 [109]
Peasant girls in the fields - Oil/canvas (102x76cm-40x30in) Stockholm 96........................ FF27 700 - £3 450 - **$5,350**
Path by the mill - Oil/canvas (122x183cm-48x72in) London 96 .... FF601 000 - £75 000 - **$116,100**
Polo games - Watercolour New-York 95 .... FF8 950 - £1 134 - **$1,800**

KING James S. 1852-1925 [3]
Cove, East Gloucester, Mass. - Oil/canvas (51x76cm-20x30in) New-York 96 .... FF14 540 - £1 852 - **$2,800**
Summer Afternoon - Oil/canvas (64x76cm-25x30in) New-York 93 .... FF88 500 - £10 060 - **$15,000**

KING Jessie Marion 1875-1949 [14]
When I came back... - Ink (25x17cm-10x7in) Edinburgh 92 .... FF7 810 - £800 - **$1,376**

KING John Baragwanath 1864-1939 [2]
Evening Glow, The Dart - Watercolour (27x44cm-11x17in) London 96 .... FF1 920 - £240 - **$373**

KING John W. XIX-XX [2]
Wheat and Weeds - Oil/canvas (24x34cm-9x13in) London 94 .... FF2 710 - £320 - **$487**
Harvesting in Norfolk - Watercolour (18x19cm-7x7in) London 96 .... FF2 460 - £280 - **$471**

KING Lilian Yeend 1882-? [3]
A garden scene - Watercolour (29x23cm-11x9in) Billinghurst, West Sussex 93 .... FF1 992 - £240 - **$348**

KING Michel 1930 [10]
Barques à voiles, Côte d'Azur - Huile/toile (65x100cm-26x39in) Arles 92 .... FF5 000 - £514 - **$926**

KING Paul 1867-1947 [15]
Harbor village - Oil/canvas (76x64cm-30x25in) San Francisco-Los Angeles 94 .... FF25 700 - £3 050 - **$4,750**
A harbor scene - Oil/canvas (101x127cm-40x50in) New-York 91 .... FF53 800 - £5 460 - **$9,717**

KING Phillip 1934 [2]
Through - Sculpture (214x274x336cm-84x108x132in) London 91 .... FF81 800 - £8 202 - **$13,503**

KING William 1925 [2]
After - Sculpture (224x53x81cm-88x21x32in) New-York 92 .... FF22 100 - £2 240 - **$4,000**

KING William B. 1880-1927 [2]
Man kneeling at a woman's beside - Charcoal (48x74cm-19x29in) New-York 93 .... FF2 200 - £276 - **$400**

KING William Gunning 1859-1940 [6]
Feeding the calf - Oil/canvas (39x31cm-15x12in) London 95 .... FF3 960 - £500 - **$794**

KING William Joseph 1857-? [5]
Hauling in the nets - Oil/canvas (33x49cm-13x19in) London 92 .... FF6 350 - £650 - **$1,323**

KINGDON Jonathan 1937 [6]
Bairds tapir - Watercolour (23x23cm-9x9in) London 96 .... FF5 130 - £650 - **$983**

KINGMAN Dong 1911-1985 [44]
End of The Third Street Bridge
        Watercolour/paper (37x54cm-15x21in) San Francisco-Los Angeles 96 .... FF8 350 - £967 - **$1,600**
Cornstalks - Watercolour/paper (54x74cm-21x29in) San Francisco-Los Angeles 96 .... FF15 660 - £1 813 - **$3,000**
100 fishermen - Watercolour/paper (77x56cm-30x22in) New-York 93 .... FF33 000 - £4 140 - **$6,000**

KINGMAN Eugène 1909-1975 [1]
East from 10 Mile Road - Oil/masonite (51x76cm-20x30in) Cambridge, Mass. 92 .... FF2 940 - £342 - **$600**

KINGMAN RIOFRIO Eduardo 1913 [10]
Niña indigena - Oil/canvas (58x48cm-23x19in) New-York 92 .... FF38 600 - £3 950 - **$6,800**
Mujer en angustia - Oil/canvas (119x160cm-47x63in) New-York 97 .... FF74 456 - £7 936 - **$13,000**
Untitled - Gouache/papier (89x63cm-35x25in) San Francisco-Los Angeles 96 .... FF4 155 - £530 - **$800**

KINGSBURY Alan 1960 [2]
Palazzo Ducale - Oil/board (14x18cm-6x7in) London 91 .... FF3 160 - £317 - **$579**

KINGSBURY Edward R. ?-1940 [6]
Ogunquit - Oil/canvas (48x66cm-19x26in) North Berwick, Maine 92 .... FF3 980 - £407 - **$700**
Carmel-by-the-Sea - Oil/canvas (61x76cm-24x30in) San Francisco-Los Angeles 95 .... FF14 950 - £1 965 - **$3,000**

KININGER Vincenz Georg 1767-1851 [3]
Mädchen vor einer Kapelle - Watercolour (23x31cm-9x12in) München 92 .... FF8 470 - £1 013 - **$1,630**

KINLEY Peter 1926-1988 [38]
Vertical Lanscape - Oil/canvas (142x81cm-56x32in) London 97 .... FF6 999 - £749 - **$1,209**
Studio Interior - Oil/canvas (91x71cm-36x28in) London 91 .... FF35 782 - £3 800 - **$6,233**
Yellow flower - Oil/canvas (152x127cm-60x50in) London 92 .... FF77 900 - £7 954 - **$14,132**
Interior with table - Mixed media/paper (30x19cm-12x7in) London 89 .... FF6 800 - £657 - **$1,032**

KINMANSSON Gustaf 1822-1887 [3]
Kvinna vid fors - Oil/canvas (47x66cm-19x26in) Stockholm 95 .... FF3 620 - £474 - **$735**

KINNAIRD Frederick Gerald c.1840-c.1890 [9]
A woodland stream - Oil/canvas (76x102cm-30x40in) London 93 .... FF16 600 - £2 000 - **$2,900**

KINNAIRD Henry John XIX-XX [91]
Above Marsh Lock, Henley - Oil/canvas (61x104cm-24x41in) London 97 .... FF13 774 - £1 500 - **$2,395**
Windsor - Oil/canvas (76x127cm-30x50in) London 89 .... FF33 900 - £3 275 - **$5,144**
Thames - Watercolour (35x51cm-14x20in) Salisbury, Wiltshire 95 .... FF11 570 - £1 500 - **$2,410**
Sussex/Winchester - Watercolour (28x18cm-11x7in) London 92 .... FF18 420 - £2 200 - **$3,545**

KINNAIRD J.G. c.1840-c.1895 [2]
Girl with lilacs - Oil/canvas (58x48cm-23x19in) Detroit, Michigan 92 .... FF7 350 - £854 - **$1,500**

KINNEAR James XIX-XX [15]
Extensive landscape - Oil/canvas (90x59cm-35x23in) London 95 .... FF3 934 - £500 - **$799**
The tay - Oil/canvas (61x91cm-24x36in) Glasgow 90 .... FF21 300 - £2 207 - **$3,743**
Edinbutgh Castle - Watercolour (35x52cm-14x20in) London 95 .... FF3 835 - £480 - **$764**

KINNEY Charles, Charley 1906-1991 [1]
The Pack Pendler - Watercolour (56x71cm-22x28in) Litchfield, CT 92 .... FF9 880 - £1 180 - **$1,900**

KINNEY Margaret West 1872-? [1]
Paris park scene at night
Oil/panel (37x46cm-15x18in) San Francisco-Los Angeles 93 .... FF13 750 - £1 724 - **$2,500**

KINSBURGER Sylvain 1855-1935 [8]
Preux en armure - Ivory, bronze (22cm-9in) La Varenne Saint-Hilaire 97 .... FF5 000 - £539 - **$878**
The lullaby - Bronze (117cm-46in) London 92 .... FF27 270 - £2 800 - **$5,070**

KINSEY Alberta 1875-1955 [15]
Country Cabin - Oil/panel (41x36cm-16x14in) New Orleans, Louisiana 94 .... FF6 840 - £801 - **$1,200**
Young black woman - Pastel (48x38cm-19x15in) New Orleans, Louisiana 93 .... FF1 770 - £202 - **$300**

KINSEY Darius Reynold 1869-1945 [5]
Two men in an uncercut - Toned silver (?) print (60x49cm-24x19in) New-York 93 .... FF21 150 - £2 420 - **$3,750**

KINSKI Imre 1900-1944 [3]
Neveste nachnichler - Photo (16x12cm-6x5in) Paris 94 .... FF1 500 - £177 - **$269**

KINSLEY Albert 1852-? [5]
Mousehill Common, Surrey - Watercolour (52x77cm-20x30in) London 95 .... FF2 950 - £380 - **$600**

KINSLEY Nelson Gray 1863-1945 [6]
Herbstlicher Waldsee - Öl/Leinwand (19x29cm-7x11in) Heidelberg 96 .... FF6 100 - £753 - **$1,177**
Kronberg - Pencil/paper (23x20cm-9x8in) Frankfurt 97 .... FF2 363 - £255 - **$415**

KINSMAN-WATERS Ray 1887-? [1]
Street at Change - Watercolour (53x43cm-21x17in) Cambridge, Mass. 92 .... FF2 080 - £249 - **$400**

KINSON François-Joseph 1771-1839 [9]
Duchesse de Berry - Huile/toile (66x54cm-26x21in) Paris 96 .... FF30 000 - £3 444 - **$5,720**
Duchess of Mac Mahon and her son - Oil/canvas (242x165cm-95x65in) London 91 ... FF178 500 - £18 116 - **$32,239**

KINUTANI Koji 1943 [3]
Rising sun - Oil/canvas (90x114cm-35x45in) New-York 92 .... FF218 400 - £26 070 - **$42,000**

KINZEL Joseph 1852-1925 [14]
Der Bauer wird wom Stadschreiber... - Öl/Leinwand (68x53cm-27x21in) München 93 .... FF28 800 - £3 440 - **$5,540**
Kleines Nickerchen - Oil/panel (24x19cm-9x7in) Wien 94 .... FF53 700 - £6 220 - **$9,230**

KINZEL Liesl 1886-1961 [3]
Stiege, Gemüsebeet und Blumenstücke - Aquarell/Papier (44x30cm-17x12in) Wien 96 ...... FF12 000 - £1 550 - **$2,317**

KINZI Imre 1900-1944 [1]
_O.D._ - Photo (23x17cm-9x7in) Paris 93 .... FF1 600 - £182 - **$271**

KINZINGER Edmund Daniel 1888-1963 [1]
Lagernde Figurengruppe - Pastel (46x63cm-18x25in) Stuttgart 95 .... FF7 300 - £888 - **$1,438**

KIORBOE Carl Fredrik 1799-1876 [13]
Cows in a landscape - Oil/panel (34x43cm-13x17in) Stockholm 96 .... FF7 300 - £861 - **$1,435**
Poney et deux chiens - Huile/toile (75x94cm-30x37in) Besançon 96 .... FF14 500 - £1 866 - **$2,874**
L'enfant au poney - Huile/toile (73x92cm-29x36in) Paris 91 .... FF56 500 - £5 734 - **$10,204**

KIPNESS Robert 1931 [9]
Opposing Seasons - Oil/canvas (99x99cm-39x39in) Chicago 93 .... FF5 900 - £671 - **$1,000**

KIPPENBERGER Martin 1953 [19]
Im Schloss von Hermann - Acryl/Leinwand (90x74cm-35x29in) Wien 97 .... FF21 564 - £2 268 - **$3,703**
Kiss me ! - Mixed media/canvas (180x120cm-71x47in) Wien 96 .... FF63 300 - £8 220 - **$12,520**
Lanterna - Metal (278cm-109in) Stockholm 95 .... FF28 300 - £3 520 - **$5,530**

KIPRENSKII Orest Adamovich 1782-1836 [4]
Prince Eugenii Grigorevich Gagarin - Oil/canvas (56x49cm-22x19in) London 90 .... FF208 000 - £20 945 - **$40,744**
Petr Vassilievich Basin - Oil/canvas (47x37cm-19x15in) Wien 96 .... FF856 000 - £103 800 - **$166,500**

KIPS Erich 1869-c.1945 [5]
Köninglichen Balletts - Oil/cardboard (35x50cm-14x20in) Hamburg 95 .... FF8 240 - £1 090 - **$1,670**
Markplatz in Potsdam - Oil/canvas (58x70cm-23x28in) Wien 91 .... FF57 600 - £5 734 - **$9,905**

KIRALL Emmerich XIX-XX [2]
Agnesgasse in Sievering - Watercolour, gouache/paper (9x12cm-4x5in) Wien 96 .... FF3 850 - £481 - **$745**

KIRALY Maria 1897-1930 [1]
Der alte Christkindlmarkt am Hof - Watercolour/board (13x17cm-5x7in) Wien 91 .... FF4 330 - £439 - **$782**

KIRBERG Otto Karl 1850-1926 [7]
The New Baby - Oil/canvas (89x71cm-35x28in) New-York 95 .... FF66 700 - £8 200 - **$13,000**

KIRBY Glo 1911 [2]
Storm cloud over the field - Oil/canvas (132x152cm-52x60in) Cambridge, Mass. 91 .... FF2 700 - £271 - **$446**

KIRBY John 1949 [2]
Dog days - Oil/board (43x37cm-17x15in) London 96 .... FF23 100 - £2 800 - **$4,490**

KIRCHBACH Frank 1859-1912 [1]
Musizierender Mönch - Öl/Leinwand (80x56cm-31x22in) Düsseldorf 95 .... FF6 960 - £894 - **$1,406**

KIRCHBERGER Günther 1928 [2]
Ermogene - Öl/Leinwand (121x101cm-48x40in) Stuttgart 93 .... FF2 793 - £316 - **$471**

KIRCHER Alexander 1867-? [2]
Schlosspark von Schwetzingen - Öl/Leinwand (69x84cm-27x33in) Köln 93 .... FF4 070 - £487 - **$783**

KIRCHGRABER Bruno 1900-1981 [1]
Gais in der Morgendämmerung - Öl/Karton (37x56cm-15x22in) Zofingen 95 .... FF5 520 - £700 - **$1,110**

KIRCHHOFF Johan Jakob 1796-1848 [1]
Portraits Preussischer Generäle - Aquarell (15x12cm-6x5in) Hamburg 94 .... FF20 400 - £2 390 - **$3,600**

K

KIRCHMAYER Cherubino 1849-? [3]
Girl in a white dress - Wash (53x42cm-21x17in) London 91 .... FF3 630 - £360 - $630
KIRCHNER Albert Emil 1813-1885 [11]
Hegaulandschaft - Öl/Leinwand (55x90cm-22x35in) Köln 95 .... FF103 500 - £13 470 - $21,240
Piazza Michelangelo, Firenze
   Indian ink (28x51cm-11x20in) Bloomfield Hills, Michigan 92 .... FF13 000 - £1 552 - $2,500
KIRCHNER Ernst Ludwig 1880-1938 [395]
Das Boskett, Dresden - Oil/canvas (120x150cm-47x59in) Bern 91 .... FF1 - £1 - $1
Gärtnereien - Öl/Leinwand (47x65cm-19x26in) Berlin 96 .... FF1 - £143 200 - $240,500
Landschaft mit Kastanienbaum - Oil/canvas (96x85cm-38x33in) London 96 .... FF3 - £400 000 - $625,000
Berg-Vorfrühling mit Lärchen - Oil/canvas (70x50cm-28x20in) London 93 .... FF747 000 - £90 000 - $130,500
Ins Meer steigender Mann - Color lithograph (60x51cm-24x20in) London 96 .... FF1 - £175 000 - $273,500
Lachende Gerty - Woodcut (24x19cm-9x7in) Berlin 97 .... FF27 196 - £2 888 - $4,737
Gerda und Erna - Lithographie (42x31cm-17x12in) Berlin 96 .... FF88 300 - £10 060 - $16,900
Kopf Doris - Color lithograph (34x29cm-13x11in) Köln 97 .... FF179 114 - £18 825 - $30,665
Komponist Klemperer - Woodcut (55x42cm-22x17in) Berlin 97 .... FF338 009 - £35 897 - $58,879
Zwei Frauen - Pastel (43x33cm-17x13in) Köln 97 .... FF1 - £184 704 - $300,872
Ragazza allo specchio - Inchiostro/carta (45x35cm-18x14in) Milano 95 ..... FF24 400 - £2 300 - $5,040
Sitzende Frau - Red chalk (44x34cm-17x13in) Köln 97 .... FF43 934 - £4 617 - $7,521
Liegender Akt - Pencil/paper (31x47cm-12x19in) London 96 .... FF97 100 - £12 000 - $18,750
Waldlichtung - Watercolour (45x30cm-18x12in) Berlin 97 .... FF202 028 - £21 456 - $35,192
Dodo mit Hut - Crayon (59x49cm-23x19in) London 96 .... FF283 300 - £35 000 - $54,700
KIRCHNER Eugen 1865-1938 [6]
Weißer Königspudel - Oil/board (40x30cm-16x12in) München 91 .... FF3 235 - £324 - $593
Zwei Damen im Park - Gouache (46x56cm-18x22in) München 90 .... FF4 100 - £439 - $713
KIRCHNER Heinrich 1902-1984 [2]
Eva mit Apfel - Bronze (27cm-11in) München 95 .... FF10 580 - £1 353 - $2,160
KIRCHNER Otto 1887-1960 [44]
Ein Kardinal bei frommer Lektüre - Oil/panel (40x30cm-16x12in) München 92 ...... FF7 140 - £731 - $1,400
Beim Skat - Oil/panel (50x60cm-20x24in) Düsseldorf 96 .... FF13 100 - £1 695 - $2,620
KIRCHNER Raphael 1876-1917 [25]
Le Frou-Frou - Encre Chine (28x21cm-11x8in) Angers 97 .... FF2 750 - £296 - $526
Japanische Tänzerinnen - Watercolour (20x8cm-8x3in) Wien 96 .... FF6 860 - £888 - $1,372
Temptation - Watercolour (67x28cm-26x11in) London 95 .... FF18 200 - £2 200 - $3,360
KIRCHSBERG von Ernestine 1857-1924 [8]
Friedlicher Ort - Öl/Leinwand (51x40cm-20x16in) Wien 95 .... FF24 750 - £3 143 - $4,930
KIRILI Alain 1946 [4]
Sans titre, 1970 - Ink/paper (65x50cm-26x20in) Paris 90 .... FF1 600 - £168 - $278
KIRILLOV Oleg 1921 [2]
Fleurs et fruits - Huile/toile Paris 92 .... FF6 500 - £659 - $1,193
KIRILOV Ivan 1933 [2]
Dans l'atelier - Huile/toile (74x98cm-29x39in) Paris 93 .... FF3 100 - £349 - $526
KIRK Eve 1900-? [2]
Street scene in Genoa - Oil/canvas (41x51cm-16x20in) London 93 ...... FF4 150 - £500 - $750
You Can be Sure of Shell, Dublin - Poster (76x114cm-30x45in) London 96 ... FF2 356 - £300 - $453
KIRK Frank C. 1899-1963 [4]
Still life with flowers - Oil/canvas (76x64cm-30x25in) New-York 95 ...... FF4 360 - £561 - $900
KIRK Joel XX [4]
Gorillas with their baby - Pencil (43x58cm-17x23in) London 94 ...... FF5 540 - £650 - $986
KIRK Thomas 1765-1797 [1]
Milton's allegro/May morning - Oil/canvas (42x34cm-17x13in) London 90 .... FF56 200 - £6 017 - $9,774
KIRK William Boyton 1824-1900 [1]
Sirena - Bronze (55cm-22in) Madrid 94 .... FF5 810 - £685 - $1,033
KIRKBY Kenneth, Ken 1940 [4]
Inukshuks in the Mist - Oil/canvas (122x91cm-48x36in) Toronto 94 ...... FF3 700 - £442 - $691
KIRKEBY Per 1938 [112]
Mongolsk filttelt - Oil/masonite (122x122cm-48x48in) København 93 ...... FF26 300 - £3 140 - $5,050
Ørnen - Oil/hardboard (75x160cm-30x63in) København 96 .... FF55 000 - £7 130 - $10,870
Messen - Oil/canvas (130x100cm-51x39in) Amsterdam 95 .... FF74 918 - £7 875 - $12,870
Taep-Tap - Oil/masonite (122x122cm-48x48in) København 95 .... FF106 500 - £13 800 - $21,660
Räucherdamm 8 - Oil/canvas (200x130cm-79x51in) London 93 .... FF191 000 - £23 000 - $33,350
Komposition - Etching in colors København 96 .... FF5 320 - £690 - $1,051
Arm og hoved - Bronze (30cm-12in) København 94 .... FF26 370 - £3 140 - $4,970
Ohne Titel - Mixed media/paper (58x41cm-23x16in) Köln 94 .... FF7 890 - £935 - $1,460
Komposition - Watercolour, gouache (42x59cm-17x23in) København 95 .... FF17 560 - £2 190 - $3,550
KIRKEGAARD Anders 1946 [9]
Braendte broer - Oil/canvas (115x147cm-45x58in) København 95 ...... FF6 150 - £767 - $1,241
KIRKLAND Douglas 1920 [1]
Selected images of Marilyn Monroe - 2 Type-C prints, printed later New-York 95 ... FF7 270 - £935 - $1,500
KIRKPATRICK Ethel XIX-XX [3]
Newlyn harbour - Wash (33x25cm-13x10in) London 90 .... FF3 100 - £312 - $564
KIRKPATRICK Ida Marion c.1860-c.1930 [2]
Town from its parkland - Wash (39x50cm-15x20in) London 91 .... FF3 450 - £348 - $672

KIRKPATRICK Joseph 1872-c.1930 [20]
Wild flowers - Wash (24x34cm-9x13in) London 91 .... FF8 870 - £895 - $1,729
KIRKPATRICK William Arber Brown 1880-? [1]
Gentleman's still life - Oil/board (76x76cm-30x30in) North Berwick, Maine 92 .... FF4 260 - £436 - $750
KIRNER Johan Baptist 1806-1866 [4]
Junges, italienisches Bauernpaar - Öl/Metall (14x10cm-6x4in) München 94 .... FF15 360 - £1 815 - $2,760
KIRNIG Alois 1840-1911 [1]
Partie bei Garmisch-Patenkirchen - Oil/canvas (32x42cm-13x17in) Wien 90 .... FF5 800 - £601 - $1,019
KIRO Patrick XX [22]
Nu rose - Huile/toile (55x46cm-22x18in) Montauban 93 .... FF3 200 - £386 - $582
KIRSCH Hugo Friedrich 1873-1961 [4]
Mann mit Schirm - Porcelain (21cm-8in) Wien 97 .... FF2 391 - £255 - $414
KIRSCH Johanna 1856-? [1]
Bei der Lampe (Selbstporträt) - Oil/canvas (57x70cm-22x28in) Wien 91 .... FF15 360 - £1 525 - $2,667
KIRSCHL Wilfried 1930 [3]
Stadt - Pastell/Papier (48x62cm-19x24in) Wien 91 .... FF7 200 - £722 - $1,319
KIRSCHNER Marie Luise 1852-? [1]
Hochwald mit flusslauf - Öl/Karton (104x78cm-41x31in) Stuttgart 92 .... FF3 390 - £405 - $653
KIRSTEIN Adolf 1814-1873 [1]
Winter landscape near Strassburg - Oil/canvas (68x87cm-27x34in) London 89 .... FF40 700 - £4 050 - $6,430
KIRZINGER Marianne 1770-1809 [1]
Stages in a young Lady's life - Oil/canvas (25x31cm-10x12in) London 95 .... FF39 600 - £5 200 - $7,940
KISCHKA Isis 1908-1974 [24]
Saint-Prix, Seine & Oise - Huile/toile (60x73cm-24x29in) Paris 95 .... FF7 500 - £985 - $1,540
Quai à Honfleur - Huile/toile (60x29cm-24x11in) Paris 90 .... FF19 000 - £2 021 - $3,399
Le marché - Gouache (49x63cm-19x25in) Versailles 92 .... FF3 000 - £308 - $577
KISELEV Aleksandr Aleksandr. 1838-1911 [7]
Returning home - Oil/canvas (54x73cm-21x29in) London 97 .... FF25 714 - £2 700 - $4,422
Mountainous village in the Caucasus - Oil/canvas (123x73cm-48x29in) London 96 ... FF74 300 - £8 500 - $14,170
KISHINEVSKY Solomon Yacovlevich 1863-1941 [1]
The fortune teller - Oil/canvas (73x64cm-29x25in) London 92 .... FF19 540 - £2 000 - $3,450
KISLING Moïse 1891-1953 [440]
Bouquet of mimosas - Oil/canvas (70x92cm-28x36in) Tel Aviv 93 .... FF1 - £174 500 - $260,000
Madeleine Sologne - Huile/toile (73x54cm-29x21in) Paris 89 .... FF3 - £316 973 - $498,392
Jeune fille - Huile/toile (101x74cm-40x29in) Paris 93 .... FF54 000 - £6 510 - $9,810
Port de Sanary - Oil/canvas (19x24cm-7x9in) Tel Aviv 97 .... FF98 379 - £10 458 - $17,000
Marseille - Huile/toile (46x33cm-18x13in) Paris 97 .... FF115 000 - £12 604 - $20,183
Paysage - Oil/canvas (65x54cm-26x21in) Tel Aviv 94 .... FF210 200 - £25 250 - $40,000
Portrait d'une enfant - Oil/canvas (74x54cm-29x21in) New-York 96 .... FF349 600 - £45 100 - $67,500
Fleurs variées - Huile/toile (60x73cm-24x29in) Paris 97 .... FF450 000 - £46 890 - $76,680
Jeune fille - Huile/toile (73x54cm-29x21in) Paris 97 .... FF650 000 - £68 250 - $111,800
La Marseillaise - Huile/toile (101x73cm-40x29in) Paris 96 .... FF900 000 - £112 200 - $173,800
The bride and groom - Gouache (63x50cm-25x20in) Tel Aviv 93 .... FF1 - £134 200 - $200,000
Jeune femme en buste de profil - Crayon/papier (25x18cm-10x7in) Paris 97 .... FF10 100 - £1 097 - $1,772
Nu assis - Crayon/papier (28x19cm-11x7in) Paris 95 .... FF45 000 - £5 680 - $8,970
Arum Lillies - Watercolour (44x35cm-17x14in) Tel Aviv 94 .... FF125 400 - £14 680 - $22,000
KISLING Philip Heinrich 1713-? [1]
Le Peintre et sa famille - Huile/toile (100x83cm-39x33in) Beaulieu-sur-Mer 94 .... FF83 000 - £9 600 - $14,150
KISPERT Gustav 1856-1887 [1]
Junge Frau pflückt Blumen - Oil/panel (27x20cm-11x8in) Lindau 94 .... FF7 500 - £896 - $1,413
KISS Ilona 1955 [2]
Liberté de parole - Aquarelle/papier (19x18cm-7x7in) Paris 91 .... FF2 000 - £202 - $347
KISS Richard XX [2]
Chiots devant la niche - Huile/toile (70x100cm-28x39in) Verrières-Le-Buisson 91 .... FF6 800 - £682 - $1,122
KISSELIEV Alexandre Alexandrov 1838-1911 [2]
Une ferme - Huile/toile (37x51cm-15x20in) Paris 90 .... FF21 000 - £2 233 - $3,751
KISSELJOFF Alexander Alexandrow 1838-1911 [3]
Mountain village - Oil/canvas (124x74cm-49x29in) London 94 .... FF16 300 - £1 900 - $2,856
KISSLING Ernst 1890-1973 [1]
Stehender weiblicher Akt - Bronze (89cm-35in) Luzern 90 .... FF33 200 - £3 532 - $5,939
KISSONERGHIS Ioannis 1889-1963 [6]
Kyrenia harbour, Cyprus - Oil/board (39x68cm-15x27in) London 91 .... FF49 600 - £4 998 - $8,607
Gypsy encampment - Watercolour (22x31cm-9x12in) London 96 .... FF13 410 - £1 700 - $2,573
KITAGAWA TAMIJI 1894-1989 [2]
Mother and child with dog - Lithograph (51x37cm-20x15in) New-York 95 .... FF14 600 - £1 900 - $3,000
Figures on horseback - Ink (21x28cm-8x11in) New-York 92 .... FF11 360 - £1 162 - $2,000
KITAGAWA Utamaro 1754-1806 [1]
Pillar print - Öl/Papier (64x14cm-25x6in) New-York 91 .... FF8 470 - £841 - $1,471
KITAJ Ronald Brooks 1932 [29]
Primer of Motives I - Oil/canvas (151x151cm-59x59in) London 92 .... FF1 - £140 000 - $241,000
Golem - Oil/canvas/board (150x53cm-59x21in) London 95 .... FF378 500 - £34 900 - $76,700
Value, price and profit - Oil/canvas (153x153cm-60x60in) London 91 .... FF2 83e +06 - £210 000 - $365,400

K

Cézanne - Charcoal/paper (52x39cm-20x15in) New-York 95 .... FF41 100 - £5 040 - **$8,000**
KITCHELL Hudson Mindell 1862-1944 [19]
Moonlight - Oil/canvas (46x36cm-18x14in) Chicago 93 .... FF4 680 - £587 - **$850**
KITE Joseph Milner 1862-1946 [15]
Port - Oil/canvas (49x65cm-19x26in) London 97 .... FF4 669 - £500 - **$806**
A quiet corner - Oil/canvas (54x65cm-21x26in) London 96 .... FF18 570 - £2 400 - **$3,670**
Jour de fête en Bretagne - Fusain (40x48cm-16x19in) Douarnenez 96 .... FF4 800 - £614 - **$952**
KITO Akira 1925 [20]
Vent bleu - Huile/toile (92x65cm-36x26in) Versailles 95 .... FF2 500 - £316 - **$506**
Aubade - Huile/toile (97x130cm-38x51in) Paris 97 .... FF9 000 - £951 - **$1,544**
Les Enfants Terribles - Huile/toile (114x162cm-45x64in) Neuilly 90 .... FF39 000 - £3 924 - **$7,090**
KITSON Henry Hudson 1865-? [1]
Old market, Meknes - Watercolour (18x13cm-7x5in) London 93 .... FF2 075 - £250 - **$363**
KITSON R.H. XX [2]
The Golden Mosque, Cairo - Watercolour (49x46cm-19x18in) London 96 .... FF3 210 - £400 - **$620**
KITSON Samuel 1848-1906 [2]
Rebekah, 1874 - Marble (102cm-40in) London 90 .... FF31 000 - £3 319 - **$5,391**
KITT Ferdinand 1887-1961 [26]
Pietà - Tempera/board (182x109cm-72x43in) Wien 92 .... FF18 300 - £1 872 - **$3,220**
Wilder Kaiser - Gouache/paper (34x57cm-13x22in) Wien 95 .... FF4 950 - £629 - **$985**
Im Salzkammergut - Aquarelle/paper (38x53cm-15x21in) Wien 92 .... FF9 620 - £1 150 - **$1,850**
KITTELSEN Theodor Severin 1857-1914 [12]
Sittende mann - Oil/canvas (44x35cm-17x14in) Tönsberg 93 .... FF76 000 - £8 830 - **$13,050**
Stavkirke - Pencil (60x48cm-24x19in) Oslo 92 .... FF34 700 - £3 555 - **$6,110**
KITTENDORFF Johann Adolf 1820-1902 [3]
Amagerbøder saelger grøntsager - Wash (43x54cm-17x21in) København 91 .... FF4 750 - £477 - **$822**
KITTMANN Erich 1892-? [4]
Landschaft bei Mittenwald - Oil/canvas (49x62cm-19x24in) München 91 .... FF4 730 - £480 - **$854**
KITTNER Patricius 1809-1900 [6]
Dame in blauem Kleid - Aquarell/Papier (22x18cm-9x7in) Wien 92 .... FF2 886 - £345 - **$555**
Offizier mit roten Wangen - Miniature (7x5cm-3x2in) Wien 96 .... FF3 430 - £444 - **$686**
KITZ Marcin 1891-1943 [2]
Market place, Venice - Oil/canvas (50x40cm-20x16in) Warszawa 96 .... FF19 300 - £2 405 - **$3,730**
KITZEL Herbert 1928-1978 [1]
Altea - Mixed media/paper (36x44cm-14x17in) Köln 93 .... FF16 950 - £2 025 - **$3,260**
KIWI Jo XX [9]
Spécial formule 1 - Huile/toile (81x100cm-32x39in) Versailles 91 .... FF7 000 - £702 - **$1,155**
KIYOCHIKA Kobayashi 1847-1915 [2]
Night view, River Sumida - Print in colors (23x35cm-9x14in) London 92 .... FF5 860 - £600 - **$1,035**
KIYOKATA Kaburagi 1878-1973 [1]
Beauties on boat - Coloured inks/paper (122x41cm-48x16in) London 91 .... FF15 960 - £1 600 - **$2,635**
KIYONAGA Ito 1912 [2]
Nude - Oil/canvas (23x32cm-9x13in) New-York 92 .... FF62 400 - £7 450 - **$12,000**
KIYONAGA Torii 1752-1815 [8]
La courtisane Takigawa - Estampe (38x26cm-15x10in) Paris 92 .... FF40 000 - £4 094 - **$7,200**
KIYOSHI Nakajima 1899-1989 [5]
Deer in spring, Mt. Wakakusa
  Mineral pigment, gold/ppaer (2 panel screen) (170x214cm-67x84in) New-York 92 .. FF57 200 - £6 830 - **$11,000**
Wild ducks with flowering plum - Ink (147x150cm-58x59in) New-York 92 .... FF31 200 - £3 725 - **$6,000**
KIYOSHI Saito 1907 [11]
Resting Paris - Print (59x45cm-23x18in) New-York 90 .... FF19 920 - £2 056 - **$3,517**
KJÆR Lilly 1880-1960 [3]
Junger Mann - Oil/cardboard (41x32cm-16x13in) Wien 93 .... FF2 886 - £345 - **$555**
KJAERSGAARD Søren 1935 [3]
Komposition - Oil/canvas (97x130cm-38x51in) København 92 .... FF5 280 - £540 - **$930**
KJARVAL Johannes S. 1885-1972 [21]
Malerens palet - Oil/canvas (68x100cm-27x39in) København 96 .... FF17 700 - £2 300 - **$3,504**
Snekongen - Oil/canvas (90x100cm-35x39in) København 96 .... FF40 700 - £5 290 - **$8,060**
Mannen och visionen - Oil/canvas (104x148cm-41x58in) København 92 .... FF61 600 - £6 300 - **$10,850**
KJELLBERG Albert T. 1808-1857 [1]
Landskap med ruin - Oil/canvas (36x54cm-14x21in) Stockholm 90 .... FF6 100 - £649 - **$1,091**
KJELLIN Carl 1862-1939 [2]
Utskag i masugnen - Oil/canvas (100x75cm-39x30in) Göteborg 95 .... FF3 456 - £432 - **$678**
KJERNER Esther 1873-1952 [92]
Stilleben med frukter - Oil/panel (22x33cm-9x13in) Stockholm 97 .... FF7 012 - £780 - **$1,267**
Verandan - Oil/panel (42x30cm-17x12in) Stockholm 96 .... FF14 600 - £1 822 - **$2,820**
Nature morte - Oil/canvas (110x125cm-43x49in) Stockholm 91 .... FF37 700 - £3 780 - **$6,290**
Fritillaria i tennstop - Oil/panel (40x32cm-16x13in) Stockholm 89 .... FF145 100 - £14 438 - **$22,923**
KLABLENA Eduard 1881-1933 [7]
Eule - Ceramic (21cm-8in) Wien 94 .... FF3 640 - £428 - **$658**
Pavian - Ceramic (20cm-8in) Wien 95 .... FF17 700 - £2 214 - **$3,580**
KLAGSTAD Arnold Ness 1898-1954 [1]
Industrial landscape, Minneapolis - Oil/canvas (46x61cm-18x24in) New-York 93 .... FF3 384 - £387 - **$600**

KLAIBERG Heinz XIX-XX [4]
- *Bäuerliches Interieur* - Öl/Karton (50x57cm-20x22in) Frankfurt 92 .... FF5 440 - £557 - **$958**

KLAMMER Mariska 1873-? [1]
- *Ninette, jungen Frau mit Hut* - Öl/Leinwand (60x49cm-24x19in) Bremen 92 .... FF3 390 - £405 - **$653**

KLAPHECK Konrad 1935 [29]
- *Le Rendez-vous manqué* - Oil/canvas (99x79cm-39x31in) London 95 .... FF177 300 - £23 000 - **$36,600**
- *Der Chefideologe* - Oil/canvas (90x99cm-35x39in) Berlin 91 .... FF304 000 - £30 263 - **$52,277**
- *Lamento* - Mischtechnik/Papier (151x101cm-59x40in) Berlin 94 .... FF110 000 - £13 130 - **$20,540**

KLAPISCH Liliane 1933 [14]
- *Personnage à contre jour* - Oil/canvas (80x40cm-31x16in) Tel Aviv 97 .... FF39 352 - £4 183 - **$6,800**
- *L'atelier* - Oil/canvas (116x81cm-46x32in) Tel Aviv 94 .... FF67 800 - £7 720 - **$11,500**
- *Through the window* - Mixed media/paper (21x24cm-8x9in) Tel Aviv 94 .... FF2 756 - £326 - **$501**

KLAR Artur 1895-1942 [1]
- *Snowy landscape* - Oil/canvas (34x48cm-13x19in) Warszawa 95 .... FF3 780 - £483 - **$776**

KLAR Mary Shepard 1882-? [2]
- *Winter in Conway* - Oil/canvas (61x61cm-24x24in) Boston, Mass. 94 .... FF7 720 - £926 - **$1,500**

KLARL Joseph 1909-1986 [7]
- *Bauernmädchen mit Kopftuch* - Oil/panel (51x40cm-20x16in) Stuttgart 92 .... FF16 400 - £1 686 - **$3,160**

KLASEN Peter 1935 [200]
- *La bâche bleue* - Acrylique/carton (49x64cm-19x25in) Paris 97 .... FF7 000 - £749 - **$1,220**
- *Manette, visage, V 90* - Acrylique/papier (65x50cm-26x20in) Paris 93 .... FF12 000 - £1 381 - **$2,070**
- *Visages Tournevis* - Acrylic/canvas (92x73cm-36x29in) Amsterdam 97 .... FF19 040 - £1 996 - **$3,267**
- *Stop* - Technique mixte/toile (280x220cm-110x87in) Versailles 97 .... FF32 000 - £3 382 - **$5,491**
- *Torse + Ampoule No.1* - Acrylique/toile (100x81cm-39x32in) Versailles 97 .... FF38 000 - £4 165 - **$6,669**
- *Wagon-citerne jaune* - Acrylique/toile (200x280cm-79x110in) Paris 94 .... FF95 000 - £10 900 - **$16,270**
- *Femme-objet* - Acrylique/toile (150x160cm-59x63in) Paris 90 .... FF460 000 - £49 569 - **$81,129**
- *Largage-Free* - Gouache/papier (63x48cm-25x19in) Paris 95 .... FF7 000 - £838 - **$1,332**
- *Composition* - Collage (90cm-35in) Paris 91 .... FF42 000 - £4 171 - **$7,292**

KLASHORST Peter 1957 [4]
- *Composition* - Oil (71x81cm-28x32in) Amsterdam 91 .... FF4 550 - £468 - **$847**

KLASS Friedrich Christian 1752-1827 [9]
- *Nymphs adoring a term* - Oil/canvas (86x109cm-34x43in) London 90 .... FF63 000 - £6 702 - **$11,270**
- *Mädchen* - Oil/canvas (87x109cm-34x43in) Wien 92 .... FF120 200 - £14 360 - **$23,120**
- *Reisende in einer Gebirgslandschaft* - Aquarell (18x27cm-7x11in) Hamburg 94 .... FF3 965 - £464 - **$700**

KLATT Hans 1876-1936 [10]
- *Moorlandschaft bei Mondlicht* - Öl/Karton (34x41cm-13x16in) München 94 .... FF4 100 - £484 - **$736**

KLÄUI Henry 1880-1962 [3]
- *Selbstportrait im Profil* - Oil/canvas (45x40cm-18x16in) Bern 92 .... FF2 976 - £304 - **$524**

KLAUKE Jürgen 1943 [16]
- *Viva España* - Photograph (240x110cm-94x43in) Frankfurt 93 .... FF27 130 - £3 240 - **$5,220**
- *Ohne Titel* - Coloured crayons/paper (26x19cm-10x7in) Köln 90 .... FF7 800 - £830 - **$1,395**

KLAUS Christian 1843-1893 [1]
- *Grossmutter erzählt* - Oil/panel (41x31cm-16x12in) Lindau 96 .... FF33 800 - £4 070 - **$6,480**

KLAUS Karl 1889-? [1]
- *Mädchen mit blumengirlande* - Sculpture (17cm-7in) Wien 96 .... FF3 360 - £408 - **$654**

KLAUS Reinhold 1881-1963 [5]
- *Waidhofen an der Ybbs* - Coloured crayons/paper (48x37cm-19x15in) Wien 91 .... FF6 240 - £629 - **$1,216**

KLAUSZ Ernest 1898-1970 [7]
- *Composition, 1963* - Huile/toile (50x61cm-20x24in) Paris 89 .... FF15 000 - £1 534 - **$2,412**
- *Symphonie, les saisons* - Huile/toile (96x130cm-38x51in) Paris 89 .... FF110 000 - £11 247 - **$17,685**
- *Composition* - Pastel (44x32cm-17x13in) Paris 89 .... FF5 500 - £562 - **$884**

KLAY Jacob 1848-1886 [2]
- *The Love Letter* - Oil/canvas (31x41cm-12x16in) New-York 95 .... FF11 900 - £1 432 - **$2,250**

KLEBAHS Henrijs 1928 [5]
- *Composition* - Huile/panneau (100x84cm-39x33in) Lyon 90 .... FF2 200 - £225 - **$434**

KLECZYNSKI von Bodhan 1850-1916 [6]
- *Return from the Hunt* - Oil/canvas (51x94cm-20x37in) New-York 97 .... FF136 440 - £14 695 - **$24,000**

KLEE Paul 1879-1940 [398]
- *Côte Méridional* - Oil/canvas/board (36x46cm-14x18in) London 97 .... FF2 - £300 000 - **$496,050**
- *Feier und Untergang* - Oil/paper (40x27cm-16x11in) London 97 .... FF3 - £330 000 - **$545,655**
- *Bühnenlandschaft* - Oil/board (48x53cm-19x21in) New-York 97 .... FF6 - £739 200 - **$1**
- *Garten in der Ebene I* - Oil/paper (18x25cm-7x10in) Bern 92 .... FF230 600 - £23 560 - **$40,600**
- *Blick des Dämons* - Tempera/canvas (25x11cm-10x4in) Berlin 92 .... FF678 000 - £81 000 - **$130,400**
- *Geschwister* - Oil/canvas (71x45cm-28x18in) London 96 .... FF2 75e +07 - £2 - **$4 e,+06**
- *Was läuft er* - Oil/canvas Köbenhavn 96 .... FF34 600 - £4 490 - **$6,840**
- *Hoffmanneske Szene* - Color lithograph (31x22cm-12x9in) Berlin 97 .... FF81 588 - £866 5 2 - **$14,212**
- *Seiltänzer* - Lithographie couleurs (44x26cm-17x10in) Berlin 95 .... FF304 000 - £38 900 - **$62,300**
- *Wind von Links unten* - Watercolour (37x24cm-15x9in) Berlin 97 .... FF1 - £123 786 - **$203,022**
- *Einsames* - Watercolour (63x35cm-25x14in) London 93 .... FF4 - £560 000 - **$834,000**
- *Landschaft uol* - Watercolour (49x64cm-19x25in) London 97 .... FF8 - £880 455 - **$1**
- *Liegende Figure* - Charcoal/paper (44x27cm-17x11in) New-York 97 .... FF68 572 - £7 351 - **$12,000**
- *Antikes Doppelbildnis* - Chalks (32x20cm-13x8in) Berlin 97 .... FF128 210 - £13 616 - **$22,333**
- *Parkbild* - Watercolour/paper (33x21cm-13x8in) London 97 .... FF308 880 - £32 000 - **$52,912**

Influenz - Gouache/papier (31x49cm-12x19in) New-York 97 .... FF**742 859** - £*79 638* - **$130,000**

KLEEHAAS Theodor 1854-1929   [17]
🖼 *Gesellige Runde* - Oil/panel (39x29cm-15x11in) Köln 93 .... FF**16 950** - £*2 025* - **$3,260**
Wirtshausinterieur - Öl/Leinwand (61x92cm-24x36in) Köln 93 .... FF**54 300** - £*6 480* - **$10,430**

KLEEMAN Ronald, Ron 1937   [4]
🖼 *Sear's point Vettes* - Acrylic/canvas (56x95cm-22x37in) New-York 92 .... FF**41 600** - £*4 420* - **$8,000**
Robald's McDonald - Oil/canvas (152x122cm-60x48in) New-York 95 .... FF**158 500** - £*19 800* - **$32,000**

KLEEMANN Johann Wolfgang 1731-1782   [1]
⟋ *Woman writing on a terrace* - Bodycolour (10x19cm-4x7in) London 92 .... FF**9 280** - £*950* - **$1,820**

KLEH János 1881-1919   [1]
🖼 *Camminando lungo il sentiero* - Olio/tela (56x69cm-22x27in) Trieste 93 .... FF**5 070** - £*577* - **$858**

KLEIJN Hendrik Albertus 1860-1929   [3]
⟋ *Strohgedecktes Bauernhaus* - Pencil (17x24cm-7x9in) Bielefeld 93 .... FF**2 100** - £*245* - **$345**

KLEIJN Lodewijk Johannes. 1817-1897   [7]
🖼 *View of the Vliet, Voorburg* - Oil/canvas (54x69cm-21x27in) Amsterdam 92 ...... FF**102 400** - £*12 230* - **$19,700**

KLEIMER Axel 1881-1945   [31]
🖼 *Brügge* - Oil/panel (41x32cm-16x13in) Malmö 94 .... FF**2 390** - £*285* - **$455**
Kockums leveranskaj - Oil/panel (47x61cm-19x24in) Malmö 94 .... FF**8 180** - £*973* - **$1,557**

KLEIN Astrid 1951   [3]
📷 *Abgetrennt, 1983* - Photo (47x102cm-19x40in) Köln 89 .... FF**3 400** - £*348* - **$547**
Ohne Titel, 1985 - Photo (128x182cm-50x72in) Köln 89 .... FF**47 300** - £*4 836* - **$7,605**

KLEIN Bernhard 1888-1968   [4]
⟋ *Zwei Phantasiefiguren* - Aquarell (44x30cm-17x12in) München 93 .... FF**8 650** - £*975* - **$1,460**

KLEIN Catharina 1861-1929   [3]
⟋ *Nelken* - Gouache/papier (66x29cm-26x11in) Wien 96 .... FF**2 444** - £*318* - **$479**

KLEIN Cesar 1876-1954   [27]
🖼 *Japanischem Schirm* - Öl/Leinwand (50x60cm-20x24in) Berlin 97 .... FF**31 081** - £*3 300* - **$5,414**
Japanischer Figur - Öl/Leinwand (65x5cm-26x2in) Berlin 95 .... FF**153 000** - £*19 050* - **$29,900**
Im Cafe - Oil/canvas (50x65cm-20x26in) London 96 .... FF**207 500** - £*26 000* - **$40,040**
🏛 *Frau mit Blume* - Etching in colors (28x24cm-11x9in) Heidelberg 96 .... FF**5 930** - £*732* - **$1,145**

KLEIN Fred 1898-1989   [15]
⟋ *Nu assis* - Crayon Nice 94 .... FF**1 500** - £*170* - **$254**

KLEIN Friedrich Emil 1845-1912   [4]
🖼 *Slagscener fra den Fransk-Tysk krig* - Oil/canvas (41x71cm-16x28in) Viby J, Århus 90 .... FF**13 200** - £*1 368* - **$2,320**

KLEIN Frits 1898-1990   [14]
🖼 *Women on a terrace* - Oil/canvas (46x55cm-18x22in) Amsterdam 92 .... FF**9 100** - £*932* - **$1,603**
⟋ *Clowns* - Gouache (31x21cm-12x8in) Amsterdam 95 .... FF**5 360** - £*684* - **$1,093**

KLEIN Fritz 1882-1953   [1]
🖼 *Wintertag im Schwarzwald* - Öl/Leinwand (50x70cm-20x28in) Pforzheim 95 ...... FF**4 260** - £*532* - **$835**

KLEIN Georges André 1901-1992   [25]
🖼 *Portrait malgache* - Huile/toile (46x38cm-18x15in) Paris 93 .... FF**4 000** - £*456* - **$678**
Palais de la Bahia, Marrakech - Huile/toile (92x50cm-36x20in) Paris 91 .... FF**22 500** - £*2 310* - **$4,190**

KLEIN Hugo 1866-1932   [1]
🖼 *Wintermorgen* - Oil/canvas (82x125cm-32x49in) Wien 91 .... FF**7 700** - £*776* - **$1,336**

KLEIN Johan Adam 1792-1875   [42]
🖼 *Italian Countryfolk on the way to Market* - Oil/canvas (30x40cm-12x16in) London 96 .... FF**67 800** - £*8 800* - **$13,400**
Rast der Schiffsreiter, Donau - Öl/Leinwand (24x32cm-9x13in) Hamburg 94 .... FF**109 700** - £*13 000* - **$20,300**
⟋ *La Gabbia* - Aquarell/Papier (13x17cm-5x7in) Heidelberg 96 .... FF**35 550** - £*4 390* - **$6,870**

KLEIN Johann 1823-1883   [1]
⟋ *Gottvater als Erlöser* - Drawing (47x35cm-19x14in) Wien 95 .... FF**1 520** - £*190* - **$307**

KLEIN Paul Georges 1909-1995   [7]
🖼 *L'orgue de barbarie* - Huile/panneau (101x64cm-40x25in) Bruxelles 96 .... FF**5 010** - £*643* - **$988**
Moissons - Huile/toile (95x120cm-37x47in) Bruxelles 93 .... FF**11 530** - £*1 380* - **$2,357**

KLEIN Philippe 1871-1907   [4]
🖼 *Vor der Abreise* - Oil/canvas (121x140cm-48x55in) Frankfurt 92 .... FF**142 400** - £*17 000* - **$27,400**

KLEIN Richard 1890-1967   [5]
🖼 *Badende Frauen* - Öl/Leinwand (170x117cm-67x46in) Köln 94 .... FF**5 490** - £*658* - **$1,066**

KLEIN VON DIEPOLD Julian 1868-?   [14]
🖼 *Ostfriesische Küstenlandschaft* - Oil/canvas (50x70cm-20x28in) Bremen 91 ...... FF**13 000** - £*1 335* - **$2,420**

KLEIN VON DIEPOLD Maximilian 1873-?   [12]
🖼 *Landschaft* - Öl/Leinwand (50x60cm-20x24in) Bremen 95 .... FF**12 380** - £*1 628* - **$2,484**
⟋ *En gard, 1905* - Pastel (52x74cm-20x29in) Viby J, Århus 89 .... FF**2 500** - £*249* - **$395**

KLEIN Wilhelm 1821-1897   [6]
🖼 *Morteratschgletscher am Bernina* - Oil/canvas (38x50cm-15x20in) Luzern 92 ...... FF**19 030** - £*2 273* - **$3,660**

KLEIN William 1928   [39]
📷 *Hamburger 40 cents* - Silver print (23x33cm-9x13in) New-York 95 .... FF**3 390** - £*437* - **$700**
Smoke and Veil, Paris - Gelatin silver print (48x36cm-19x14in) New-York 96 ...... FF**9 280** - £*1 192* - **$1,800**

KLEIN Yves 1928-1962   [129]
🖼 *IKB 43* - Pigment, synthetic resin/canvas/panel (78x56cm-31x22in) London 96 .... FF**2 - 260 000** - **$433,000**
La Grande Bataille - Blue pigment/paper/canvas (286x371cm-113x146in) London 95 .... FF**6 - 860 000** - **$1**
Untitled - Oil/wood (10x10cm-4x4in) New-York 95 .... FF**82 100** - £*10 080* - **$16,000**
IKB 14 - Mixed media/board (27x8cm-11x3in) London 96 .... FF**215 500** - £*27 000* - **$41,600**
IKB 271 - Pigment, synthetic resin/linen/panel (50x50cm-20x20in) London 96 ..... FF**1 53e +06** - £*132 000* - **$203,500**

🏛 *Victoire de Samothrace* - Sculpture (52x25x33cm-20x10x13in) New-York 97 .... FF**97 143** - £**10 414** - **$17,000**
Se 40 - Sculpture (9x16x18cm-4x6x7in) London 97 .... FF**140 714** - £**15 000** - **$24,568**
PR 1, Arman
    Pigment, synthetic resin/bronze, gold leaf/wood (175x26x94cm-69x10x37in) London 96 .... FF**770 000** - £**88 000** - **$146,700**
✏ *ANT 45* - Mixed media/paper (123x75cm-48x30in) London 95 .... FF**984 000** - £**130 000** - **$199,400**

KLEIN-OR Victor 1871-?   [1]
✏ *FluBlandschaft mit Fähre* - Gouache (49x63cm-19x25in) Frankfurt 92 .... FF**3 060** - £**314** - **$539**

KLEINBARD Alexa XX   [2]
🏛 *Standing merrimaid, 1978* - Sculpture (143x10cm-56x4in) New-York 89 .... FF**4 000** - £**409** - **$643**

KLEINBARDT-WEGER Marie 1882-?   [2]
🖌 *Bewölkter Himmel, Dachauer Moos* - Huile/panneau (23x31cm-9x12in) München 93 ...... FF**4 900** - £**561** - **$830**

KLEINDIENST Zdenek 1925   [3]
🖌 *Mit Bällen Harlekin* - Öl/Leinwand (97x75cm-38x30in) Heidelberg 96 .... FF**6 950** - £**898** - **$1,362**

KLEINE Marcel XIX-XX   [2]
🏛 *Female nude* - Bronze (34cm-13in) London 92 .... FF**6 020** - £**700** - **$1,230**

KLEINEH Oscar 1846-1919   [30]
🖌 *Kustlandskap med fartyg* - Oil (16x247cm-6x97in) Stockholm 96 .... FF**34 050** - £**4 400** - **$6,520**
Förlist skepp - Oil/panel (23x30cm-9x12in) Helsinki 94 .... FF**44 400** - £**5 150** - **$7,650**
Fjordlandskap - Oil/canvas (37x59cm-15x23in) Helsinki 94 .... FF**124 400** - £**14 240** - **$21,060**
Skärgardshamn - Oil/canvas (52x81cm-20x32in) Helsinki 89 .... FF**719 000** - £**73 517** - **$115,595**

KLEINENBROICH Wilhelm 1814-1895   [1]
🖌 *Bavarian bride* - Oil/canvas (71x56cm-28x22in) New-York 93 .... FF**14 500** - £**1 667** - **$2,500**

KLEINERT Hans 1884-1972   [1]
🖌 *Bildnis eines Herrn* - Oil/canvas (129x80cm-51x31in) Wien 92 .... FF**7 220** - £**724** - **$1,204**

KLEINMANN Alain 1953   [19]
🖌 *Portrait de famille* - Huile/toile (100x81cm-39x32in) Paris 89 .... FF**16 500** - £**1 642** - **$2,607**
Par delà les générations - Huile/toile (92x73cm-36x29in) Paris 92 .... FF**31 000** - £**3 173** - **$6,080**
🗐 *Fragment de mémoire* - Lithographie (80x60cm-31x24in) Paris 92 .... FF**3 500** - £**359** - **$687**

KLEINMANN Fryderyk, Fryc 1897-1943   [1]
🖌 *Kwiaty w Wazonie* - Oil/cardboard (29x19cm-11x7in) Kraków 93 .... FF**2 920** - £**298** - **$521**

KLEINSCHMIDT Paul 1883-1949   [65]
🖌 *Head of a circus woman* - Oil/canvas (51x38cm-20x15in) New-York 95 .... FF**19 540** - £**2 494** - **$4,000**
Landscape near Marseille - Oil/canvas (66x80cm-26x31in) New-York 97 .... FF**85 715** - £**9 189** - **$15,000**
Schwäbische Landschaft - Oil/panel (100x75cm-39x30in) London 96 .... FF**228 000** - £**26 000** - **$43,700**
Die Animierdame - Oil/canvas (116x76cm-46x30in) New-York 95 .... FF**530 000** - £**66 800** - **$105,000**
✏ *Dame mit Hut* - Watercolour (56x36cm-22x14in) Berlin 96 .... FF**22 100** - £**2 516** - **$4,225**
Blumenstilleben - Aquarell (59x38cm-23x15in) München 93 .... FF**28 730** - £**3 236** - **$4,850**
Rheintortum in Konstanz - Watercolour (50x30cm-20x12in) München 95 .... FF**47 600** - £**6 090** - **$9,720**

KLEINT Boris Herbert 1903   [4]
✏ *Ohne Titel* - Pencil/paper (23x16cm-9x6in) Bremen 93 .... FF**5 250** - £**601** - **$893**

KLEINTJES Jan 1872-1955   [3]
🖌 *Wooded summer landscape* - Oil/canvas (101x76cm-40x30in) Amsterdam 92 .... FF**5 720** - £**665** - **$1,167**
Waldbach - Oil/canvas (80x46cm-31x18in) Wien 91 .... FF**16 800** - £**1 668** - **$2,917**

KLEISS-HERZIG Yvonne 1895-1968   [8]
✏ *Homme au turban* - Pastel (47x42cm-19x17in) Paris 96 .... FF**9 500** - £**1 225** - **$1,860**

KLEITSCH Joseph 1886-1931   [9]
🖌 *The Breaker* - Oil/canvas (46x53cm-18x21in) San Francisco-Los Angeles 96 .... FF**12 950** - £**1 624** - **$2,500**
A Side Street in Paris - Oil/canvas (53x63cm-21x25in) San Francisco-Los Angeles 96 ...... FF**67 300** - £**8 440** - **$13,000**

KLEMBKE Heinrich 1831-1916   [1]
🖌 *Gebirgsdorf an einem See gelegen* - Öl/Leinwand (64x88cm-25x35in) Stuttgart 94 .... FF**9 910** - £**1 158** - **$1,746**

KLEMCZYNSKI Pierre 1910   [24]
🖌 *Poupées* - Huile/toile (41x33cm-16x13in) Douai 96 .... FF**4 300** - £**553** - **$850**
Paysage - Huile/toile Lons-Le-Saunier 96 .... FF**8 000** - £**1 014** - **$1,535**
Sainte Catherine à la roue - Huile/toile Lons-Le-Saunier 93 .... FF**19 000** - £**2 135** - **$3,220**

KLEMENSIEWICZ Piotr 1957   [4]
🖌 *Tout est partiel* - Acrylique/toile (54x65cm-21x26in) Paris 92 .... FF**3 000** - £**308** - **$577**

KLEMENT Fon 1930   [2]
🖌 *Antibes, Hommage à Picasso* - Oil/canvas (50x50cm-20x20in) Amsterdam 89 .... FF**6 600** - £**695** - **$1,111**
🗐 *Luminaire* - Lithographie couleurs (49x49cm-19x19in) Amsterdam 97 .... FF**1 651** - £**175** - **$287**

KLEMENT Johann Hans 1860-?   [1]
🖌 *Waldstück* - Öl/Karton (33x24cm-13x9in) Wien 92 .... FF**3 370** - £**345** - **$594**

KLEMENTIEFF Eugène 1901   [4]
🖌 *Composition cubiste aux jambons*
    Huile/toile (81x129cm-32x51in) Clermont-Ferrand 90 .... FF**11 500** - £**1 188** - **$2,032**

KLEMER Mark 1958   [2]
🖌 *Cop Watching* - Huile/toile (151x120cm-59x47in) Paris 90 .... FF**5 500** - £**562** - **$1,086**

KLEMER Robert 1938-1971   [1]
🖌 *Ohne Titel* - Mixed media/board (29x21cm-11x8in) Wien 94 .... FF**3 880** - £**450** - **$735**

KLEMM Franz Joseph 1883-?   [1]
🖌 *Die Sängerin* - Oil/panel (21x26cm-8x10in) Bremen 93 .... FF**11 530** - £**1 377** - **$2,220**

K

KLEMM Fritz 1902-1990 [5]
🖼 *Tisch mit Kerze* - Lithographie (50x61cm-20x24in) Heidelberg 93 .... FF**4 900** - £572 - **$805**
🖋 *Atelierbild* - Aquarell/Papier (49x70cm-19x28in) Heidelberg 94 .... FF**12 340** - £1 480 - **$2,400**

KLEMM Walther 1883-1957 [20]
🖼 *Weite Landschaft* - Öl/Leinwand (63x83cm-25x33in) München 94 .... FF**5 100** - £595 - **$894**
🖼 *Adam und Eva* - Lithographie (43x31cm-17x12in) Heidelberg 94 .... FF**2 057** - £247 - **$400**
🖋 *Seenlandschaft mit Booten* - Watercolour (34x42cm-13x17in) Heidelberg 95 .... FF**3 483** - £447 - **$703**

KLEMM-JÄGER Hedwig 1862-? [1]
🖼 *Rheintal mit Blick auf Schönburg* - Oil/panel (25x35cm-10x14in) Stuttgart 89 .... FF**2 200** - £232 - **$370**

KLEMMER Robert 1938-1971 [9]
🖼 *Suzanne im Bad* - Oil/canvas (81x119cm-32x47in) Wien 92 .... FF**19 250** - £1 970 - **$3,390**

KLENE Bernard 1870-? [1]
🖼 *Effet du dernier rayon de soleil* - Oil/canvas (72x92cm-28x36in) Amsterdam 94 .... FF**2 590** - £306 - **$465**

KLENGEL Johann Christian 1751-1824 [13]
🖼 *Flusslandschaft mit einer Hirtin* - Oil/panel (28x39cm-11x15in) München 92 .... FF**10 150** - £1 181 - **$2,072**
🖋 *Malerisches Bauernhaus* - Aquarell (17x25cm-7x10in) Hamburg 94 .... FF**4 424** - £518 - **$780**

KLENØ Eugenij 1921 [3]
🖼 *Standing nude/Seated model* - Oil/canvas København 95 .... FF**4 860** - £597 - **$947**

KLEPPER Max Francis 1861-1907 [2]
🖋 *The Rangler* - Watercolour, gouache/paper (18x28cm-7x11in) Cambridge, Mass. 93 .... FF**2 360** - £269 - **$400**

KLERCKER-HATZ af Brita 1906 [14]
🖼 *Kiviks marknad* - Oil/canvas (64x78cm-25x31in) Stockholm 92 .... FF**3 960** - £406 - **$697**
Cirkusbesökaren - Oil/canvas (65x75cm-26x30in) Stockholm 91 .... FF**16 030** - £1 642 - **$2,993**

KLERK de Willem 1800-1876 [15]
🖼 *Cart on a woodland path* - Oil/panel (35x55cm-14x22in) London 93 .... FF**32 000** - £4 000 - **$5,800**

KLETT Hans 1876-? [1]
🗿 *Standing figure of a naked girl* - Bronze (29cm-11in) London 95 .... FF**9 100** - £1 150 - **$1,826**

KLETT Mark 1952 [4]
📷 *Cul de sac, Estrella* - Gelatin silver print (35x43cm-14x17in) San Francisco-Los Angeles 95 ..... FF**4 485** - £585 - **$900**

KLETT Walter 1898-1966 [1]
🖼 *Wompan's head* - Oil/board (33x41cm-13x16in) New-York 94 .... FF**13 130** - £1 542 - **$2,300**

KLEUDGEN von Fritz 1846-? [3]
🖋 *Anglers on the beach, Bordighera* - Watercolour (25x46cm-10x18in) London 93 .... FF**1 660** - £200 - **$290**

KLEVER Julian Julianovich 1882-1942 [7]
🖼 *Chrysanthemums* - Oil/canvas (80x67cm-31x26in) Moscow 94 .... FF**11 320** - £1 358 - **$2,200**

KLEVER Juri 1879-? [1]
🖼 *Fiskstilleben* - Oil/canvas (72x50cm-28x20in) Helsinki 95 .... FF**6 730** - £814 - **$1,267**

KLEVER von Julius Sergius 1850-1924 [60]
🖼 *Sunset in the forest* - Oil/canvas (103x71cm-41x28in) London 97 .... FF**38 095** - £4 000 - **$6,552**
Kremlin - Oil/canvas (58x76cm-23x30in) London 96 .... FF**52 500** - £6 000 - **$10,000**
Risbärerska i vinterskog - Oil/canvas (164x124cm-65x49in) Stockholm 92 .... FF**103 700** - £10 610 - **$18,250**

KLEY Hans Georg 1916-? [1]
🖼 *Getreideernte auf dem land* - Öl/Kupfer (19x24cm-7x9in) Stuttgart 93 .... FF**2 586** - £293 - **$436**

KLEY Heinrich 1863-1945 [21]
🖋 *Der Teufel* - Ink (18x17cm-7x7in) Hamburg 94 .... FF**2 007** - £238 - **$371**
Teasing a centaur - Ink (18x25cm-7x10in) New-York 93 .... FF**23 600** - £2 685 - **$4,000**

KLEY Henri 1908 [2]
🖼 *Paris street scene* - Oil/panel (30x24cm-12x9in) San Francisco-Los Angeles 90 .... FF**4 600** - £489 - **$823**

KLEY Louis 1833-1911 [8]
🗿 *Figures of young cavaliers* - Bronze (25cm-10in) Billinghurst, West Sussex 91 .... FF**2 833** - £293 - **$563**

KLEYDORFF von Eberhard Freiherr 1900-? [4]
🖼 *Junger Mann* - Öl/Karton (67x49cm-26x19in) München 94 .... FF**17 200** - £2 045 - **$3,235**
🖋 *Lesende* - Black chalk (60x39cm-24x15in) Hamburg 96 .... FF**2 746** - £343 - **$531**

KLEYN Lodewijk Johannes 1817-1897 [28]
🖼 *Paysage de Hollande* - Huile/panneau (13x17cm-5x7in) Antwerpen 92 .... FF**4 940** - £591 - **$951**
Dutch winter landscape - Oil/panel (32x43cm-13x17in) Billinghurst, West Sussex 93 .... FF**36 000** - £4 100 - **$6,110**
Skaters on a frozen river - Oil/panel (30x42cm-12x17in) Amsterdam 97 .... FF**103 674** - £1 096 0 1 - **$17,789**

KLEYNE David 1753-1805 [1]
🖼 *Smalschip sailing off Dutch Coast* - Oil/panel (27x35cm-11x14in) New-York 95 .... FF**22 320** - £2 846 - **$4,500**

KLIAVING Serge 1960 [2]
🖼 *Pop Art, Wee Art (dyptique)* - Acrylique/toile (51x51cm-20x20in) Paris 96 .... FF**2 200** - £274 - **$427**

KLIC Josef 1860-? [1]
🖼 *Bursche mit erlegtem Hasen* - Mischtechnik (43x28cm-17x11in) Stuttgart 92 .... FF**9 470** - £1 102 - **$1,934**

KLIE Zoltan 1877-? [1]
🖼 *Frau mit Blumen* - Öl/Leinwand (100x80cm-39x31in) Köln 96 .... FF**15 260** - £1 904 - **$2,950**

KLIEBER Anton XIX-XX [2]
🗿 *Putto Die vier Jahreszeiten* - Ceramic (68cm-27in) Wien 95 .... FF**45 500** - £5 680 - **$9,200**

KLIEBER Eduard 1803-1879 [4]
🖼 *Franz Joseph von Österreich* - Oil/canvas (80x63cm-31x25in) München 91 .... FF**91 200** - £9 145 - **$15,054**

KLIEBER Josef 1773-1850 [6]
🖋 *Flora und Zephyr* - Grisaille (46x18cm-18x7in) Stuttgart 94 .... FF**6 800** - £794 - **$1,192**
Flora et Zéphyr - Aquarelle, gouache (32x19cm-13x7in) Zürich 95 .... FF**43 150** - £5 560 - **$8,780**

KLIEMANN Carl-Heinz 1924 [9]
Kahler Baum - Woodcut (49x40cm-19x16in) Hamburg 93 .... FF1 933 - £231 - **$372**
Küstenzone - Pencil (64x77cm-25x30in) Berlin 96 .... FF2 543 - £318 - **$492**
KLIEN Erika Giovanna 1900-1957 [4]
Das Spriessen - Woodcut (20x13cm-8x5in) Wien 95 .... FF2 723 - £346 - **$542**
KLIM Lee 1946 [4]
Modèle assis - Encre/papier (40x29cm-16x11in) Paris 90 .... FF2 200 - £227 - **$389**
KLIMEK Ludwig 1912 [212]
Deux jeunes femmes devant la mer - Huile/carton (35x40cm-14x16in) Provins 97 .... FF2 500 - £279 - **$449**
Paysage printanier - Huile/toile (60x82cm-24x32in) Cannes 93 .... FF4 000 - £482 - **$728**
Les baigneuses - Huile/toile (65x92cm-26x36in) Versailles 92 .... FF8 000 - £820 - **$1,440**
Naissance de Bacchus - Huile/toile (65x54cm-26x21in) Montauban 94 .... FF14 500 - £1 612 - **$2,510**
L'Enlèvement d'Europe - Huile/toile (73x90cm-29x35in) Montauban 94 .... FF20 000 - £2 223 - **$3,460**
La Beauté et ses contestataires - Huile/toile (130x97cm-51x38in) Montauban 94 .... FF62 000 - £6 890 - **$10,730**
Baigneuses à la barque - Aquarelle (30x40cm-12x16in) Lyon 95 .... FF4 500 - £583 - **$921**
KLIMO Eustachius 1777-1831 [1]
Alter Herr - Miniature (6x4cm-2x2in) Stuttgart 93 .... FF2 760 - £312 - **$466**
KLIMO István 1883-1961 [1]
Waldlandschaft - Pastel (46x56cm-18x22in) Lindau 96 .... FF4 390 - £530 - **$843**
KLIMSCH Eugen Johann Georg 1839-1896 [6]
Wirtshausszene - Oil/panel (23x17cm-9x7in) Wien 96 .... FF41 400 - £5 370 - **$8,190**
Playtime in the garden - Oil/canvas (48x35cm-19x14in) New-York 91 .... FF65 100 - £6 607 - **$11,758**
KLIMSCH Ferdinand Carl 1812-1890 [1]
Ruhender Jäger - Oil/canvas (120x95cm-47x37in) Frankfurt 92 .... FF7 480 - £766 - **$1,317**
KLIMSCH Fritz 1870-1960 [64]
Kleine Schauende - Bronze (34cm-13in) Hamburg 97 .... FF25 952 - £2 776 - **$4,523**
Elegische - Bronze (21cm-8in) Berlin 97 .... FF46 622 - £4 951 - **$8,121**
Statuette Valentine Petit - Bronze (18cm-7in) München 94 .... FF58 400 - £6 950 - **$11,000**
Standing nude - Bronze (184cm-72in) Stockholm 96 .... FF119 200 - £14 860 - **$23,000**
In Wind und Sonne - Bronze (148cm-58in) Berlin 97 .... FF291 387 - £30 946 - **$50,758**
KLIMSCH Hermann Anton 1867-? [1]
La Vendemmia - Olio/tela (100x130cm-39x51in) Roma 95 .... FF30 400 - £3 900 - **$6,100**
KLIMT Carl 1876-1945 [2]
Biedermeierdame mit Buch - Ceramic (42cm-17in) Wien 96 .... FF4 820 - £623 - **$944**
KLIMT Ernst II 1864-1892 [1]
Baby mit Spitzenhaube - Öl/Leinwand (100x74cm-39x29in) Wien 96 .... FF48 300 - £5 500 - **$9,240**
KLIMT Gustav 1862-1918 [198]
Bauerngarten - Oil/canvas (110x110cm-43x43in) London 94 .... FF2 - £3 - **$5**
Litzlbergerkeller am attersee - Oil/canvas (110x110cm-43x43in) London 94 .... FF7 - £8 - **$1**
Dichter und Muse - Oil/cardboard (31x30cm-12x12in) Bern 95 .... FF190 400 - £24 300 - **$39,000**
Ver Sacrum, Theseus, Minotaurus - Poster (94x68cm-37x27in) München 92 .... FF57 600 - £6 880 - **$11,100**
I. Künstausstellung - Secession - Poster (99x73cm-39x29in) New-York 95 .... FF171 600 - £21 630 - **$34,000**
Die drei Lebensalter - Charcoal (182x90cm-72x35in) London 90 .... FF4 - £440 227 - **$752,898**
Lesende - Pencil/paper (55x36cm-21x14in) Wien 97 .... FF62 296 - £6 552 - **$10,699**
Stehender akt nach links - Pencil/paper (57x37cm-22x15in) New-York 97 .... FF80 000 - £8 576 - **$14,000**
Sitzende nacke - Pencil (54x35cm-21x14in) New-York 97 .... FF97 143 - £10 414 - **$17,000**
Drei Frauenakte - Pencil/paper (35x55cm-14x22in) New-York 96 .... FF181 200 - £23 400 - **$35,000**
Stehendes Mädchen - Pencil/paper (48x32cm-19x13in) New-York 97 .... FF228 572 - £24 504 - **$40,000**
Sitzende Frau - Drawing (53x46cm-21x18in) New-York 97 .... FF978 000 - £126 600 - **$200,000**
KLINCKOWSTRÖM Harald 1897-1973 [8]
Fruktskördare - Oil/canvas (38x63cm-15x25in) Stockholm 89 .... FF3 600 - £358 - **$569**
I Havsbandet, Eidersträck - Oil/panel (44x116cm-17x46in) Uppsala 91 .... FF10 670 - £1 070 - **$1,954**
KLINDT SORENSEN Anna 1899-1985 [5]
Jernbanebro, Paris - Oil/canvas (60x92cm-24x36in) Köbenhavn 94 .... FF2 190 - £263 - **$426**
KLINE Franz 1910-1962 [84]
Bruho - Oil/canvas (95x131cm-37x52in) New-York 96 .... FF1 - £228 000 - **$380,000**
Abstraction - Oil/canvas (189x145cm-74x57in) New-York 97 .... FF4 - £439 560 - **$720,000**
Abstraction - Oil/canvas (189x145cm-74x57in) New-York 90 .... FF9 - £973 617 - **$1**
Untitled - Oil/masonite (58x38cm-23x15in) New-York 95 .... FF92 000 - £12 200 - **$19,000**
Double H - Oil/paper/board (28x22cm-11x9in) New-York 96 .... FF311 000 - £40 100 - **$60,000**
Untitled - Ink/paper (34x27cm-13x11in) New-York 95 .... FF87 100 - £11 550 - **$18,000**
Untitled - Collage/paper (29x30cm-11x12in) New-York 97 .... FF243 902 - £25 658 - **$42,000**
KLINGBOM Fanny 1861-1926 [1]
Stortorget, Börshuset i Stockholm - Oil/canvas (76x47cm-30x19in) Stockholm 89 .... FF2 600 - £259 - **$411**
KLINGBORG Johan Nilsson 1851-1931 [1]
Skånskt insjölandskap - Oil/canvas (69x87cm-27x34in) Malmö 96 .... FF3 406 - £404 - **$665**
KLINGELHÖFER Fritz 1832-1903 [3]
Afrikanische Flußlandschaft - Oil/canvas (24x37cm-9x15in) Bremen 92 .... FF10 200 - £1 044 - **$1,796**
KLINGEMANN Hugo 1869-1942 [2]
Seeburg an einem Sommerabend - Oil/canvas (55x75cm-22x30in) Stuttgart 89 .... FF8 400 - £885 - **$1,414**
KLINGENDER Louis 1861-? [2]
Jagdstück - Oil/canvas (50x71cm-20x28in) Köln 91 .... FF25 350 - £2 554 - **$4,399**

K

KLINGER Arthur 1918 [2]
Grosser Hase in Blaugrau - (9cm-4in) Heidelberg 95 .... FF1 *880* - £242 - **$380**
KLINGER Julius 1876-1950 [2]
Die Lustige Voche - Poster (71x94cm-28x37in) London 94 .... FF5 *090* - £600 - **$905**
KLINGER Klaus 1943 [2]
Lignes de force, 1989 - Pastel/papier (157x251cm-62x99in) Paris 89 .... FF8 *000* - £796 - **$1,264**
KLINGER Max 1857-1920 [194]
Venus im Muschelwagen - Öl/Leinwand (56x165cm-22x65in) Stuttgart 94 .... FF85 *700* - £10 280 - **$16,650**
Kirschallee - Oil/canvas (52x18cm-20x7in) London 89 .... FF232 *400* - £24 489 - **$39,125**
2.Exemplar - Etching (64x45cm-25x18in) Köln 97 .... FF5 *407* - £568 - **$925**
Ein Leben - Etching (65x48cm-26x19in) London 93 .... FF33 *200* - £4 000 - **$5,800**
Beethoven - Bronze (52cm-20in) New-York 94 .... FF39 *300* - £4 640 - **$7,000**
Badendes Mädchen - Bronze (100cm-39in) New-York 94 .... FF78 *600* - £9 280 - **$14,000**
Männlicher Akt/Louis melder - Pencil (47x31cm-19x12in) Berlin 97 .... FF23 *311* - £2 475 - **$4,060**
Kämpfende Kentauren - Gouache (58x44cm-23x17in) Berlin 93 .... FF112 *000* - £13 360 - **$21,520**
KLINGHOFFER Clara 1900-1970 [2]
Portrait of Amy - Oil/canvas (56x46cm-22x18in) London 89 .... FF6 *800* - £657 - **$1,032**
KLINGSBÖGEL Hermann
In der Bauernstube - Öl/Karton (42x51cm-17x20in) München 94 .... FF2 *400* - £285 - **$444**
KLINGSBÖGL Rudolf 1881-1943 [12]
Interiör med två män - Oil/panel (21x15cm-8x6in) Stockholm 97 .... FF4 *573* - £509 - **$826**
Die Herrenrunde - Oil/panel (20x25cm-8x10in) Wien 95 .... FF13 *700* - £1 734 - **$2,677**
KLINGSOR Tristan 1874-1966 [2]
Paysage - Huile/toile (61x50cm-24x20in) Paris 89 .... FF2 *500* - £242 - **$379**
KLINGSTEDT Karl-Gustav 1657-1734 [10]
Harlequin harressing a Lady - Miniature (6cm-2in) London 97 .... FF6 *635* - £700 - **$1,139**
KLINKAN Alfred 1950-1994 [16]
Mann mit Hummer - Öl/Leinwand (314x158cm-124x62in) Wien 95 .... FF22 *470* - £2 835 - **$4,480**
Blumen können sentimental sein - Aquarell/Papier (75x57cm-30x22in) Wien 94 .... FF4 *875* - £585 - **$946**
KLINKENBERG Johannes Christiaan 1852-1924 [56]
Courtyard of an almshouse - Oil/panel (26x27cm-10x11in) Amsterdam 97 .... FF62 *202* - £6 575 - **$10,673**
Spaarne, Haarlem - Oil/panel (32x40cm-13x16in) Amsterdam 95 .... FF152 *600* - £19 050 - **$30,800**
Amsterdam - Oil/canvas (39x53cm-15x21in) Amsterdam 97 .... FF362 *858* - £3 836 0 4 - **$62,262**
Canal in a Dutch town - Watercolour (34x52cm-13x20in) London 95 .... FF18 *430* - £2 400 - **$3,780**
Piazza San Marco, Venice - Watercolour/paper (24x35cm-9x14in) Amsterdam 97 .... FF30 *012* - £3 193 - **$5,222**
KLINKER Orpha 1891-1964 [1]
Deserts Road, Monument Valley
    Oil/masonite (61x76cm-24x30in) Baton Rouge, Louisiana 93 .... FF2 *870* - £346 - **$525**
KLINKHAMER Hendrick Abraham 1810-1872 [1]
Peasants in an Interior - Watercolour (25x22cm-10x9in) Amsterdam 94 .... FF1 *900* - £227 - **$362**
KLINKHAMER Pieter 1742-1798 [2]
Pair of goldfinches - Watercolour/paper (39x32cm-15x13in) Amsterdam 90 .... FF4 *200* - £450 - **$730**
KLINT af Hilma 1862-1944 [11]
Composition ser. III no.7B - Oil/canvas (50x30cm-20x12in) Amsterdam 92 .... FF30 *340* - £3 106 - **$5,340**
Sommarkväll på Öland - Oil/canvas (90x150cm-35x59in) Stockholm 95 .... FF84 *000* - £10 970 - **$16,800**
Stadsmotiv med bro, Brügge - Akvarell (25x35cm-10x14in) Stockholm 92 .... FF29 *200* - £2 990 - **$5,150**
KLIOUNE Ivan 1870-1942 [32]
Suprematism - Oil/canvas (35x35cm-14x14in) London 90 .... FF1 - £145 171 - **$235,809**
Red circle & black wedge - Oil/canvas/panel (19x19cm-7x7in) Bern 95 .... FF43 *000* - £5 590 - **$8,830**
Komposition mit Bogen - Huile/panneau (25x24cm-10x9in) Zürich 96 .... FF82 *200* - £10 300 - **$15,860**
Broad Red Arc - Watercolour, gouache (20x19cm-8x7in) Malmö 94 .... FF40 *300* - £5 220 - **$7,900**
Untitled - Gouache/papier (25x27cm-10x11in) London 90 .... FF532 *700* - £57 034 - **$92,643**
KLITSCH Peter 1934 [12]
Orchideenturm und seine Wärterin - Mixed media/panel (67x26cm-26x10in) Wien 96 .... FF4 *820* - £623 - **$944**
Orchideenturm und seine Wärterin - Mischtechnik/Papier (67x26cm-26x10in) Wien 92 .... FF4 *810* - £483 - **$803**
KLITZ Peder 1874-1955 [3]
A river landscape - Oil/canvas (97x117cm-38x46in) London 91 .... FF3 *460* - £350 - **$687**
KLÖCKNER Alfred 1902-? [1]
Bauernhaus im Gebirge - Öl/Leinwand (50x55cm-20x22in) München 93 .... FF4 *070* - £487 - **$783**
KLODIC Paolo 1887-1961 [7]
Il piroscafo Oceania - Tecnica mista/carta (69x100cm-27x39in) Trieste 95 .... FF8 *010* - £1 014 - **$1,560**
KLODT Michail Konstantin. 1832-1902 [5]
Cows under the trees - Oil/canvas (67x108cm-26x43in) Moscow 94 .... FF132 *700* - £15 800 - **$25,000**
KLODT Nicolaï Alexandrov. 1865-1918 [2]
Paysage avec rivière, 1887 - Huile/toile (27x40cm-11x16in) Paris 90 .... FF4 *800* - £511 - **$859**
KLODT VON JÜRGENSBURG M.K. 1832-1902 [1]
Strandlandskap - Oil/canvas (33x56cm-13x22in) Helsinki 90 .... FF16 *770* - £1 707 - **$3,354**
KLOEBER von August Karl F. 1793-1864 [3]
Allegory - Oil/canvas (127x100cm-50x39in) Stockholm 94 .... FF54 *500* - £6 510 - **$10,180**
KLOMBEEK Johann Bernard 1815-1893 [20]
Waldlandschaft mit Schäfer - Oil/panel (39x48cm-15x19in) Köln 95 .... FF148 *800* - £18 520 - **$29,000**
Summer's day breeze - Oil/canvas (40x55cm-16x22in) Amsterdam 97 .... FF241 *906* - £25 573 - **$41,508**
Skaters on a frozen ditch - Oil/canvas (50x60cm-20x24in) Amsterdam 97 .... FF518 *369* - £5 480 0 6 - **$88,946**

K

KLONIS Kleovoulos 1907-1988 [1]
- Design for a yard/Woman seated - Oil/panel (31x20cm-12x8in) Athens 96 .... FF8 480 - £1 095 - **$1,640**

KLOOSTER ten Johan Frederik 1873-1940 [3]
- Dancing on the beach - Oil/canvas (95x78cm-37x31in) Amsterdam 95 .... FF18 900 - £2 450 - **$3,870**

KLOSS Alice, Gene 1903-? [27]
- Trees/Sierra Lake - Aquatint Mystic, Connecticut 95 .... FF3 053 - £390 - **$625**
- To the Waterhole
  Watercolour/paper (53x74cm-21x29in) San Francisco-Los Angeles 95 .... FF9 460 - £1 245 - **$1,900**

KLOSS Frederick Theodor 1802-1876 [5]
- Orlogsskibet Dannebrog - Oil/canvas (28x44cm-11x17in) København 89 .... FF14 900 - £1 524 - **$2,390**

KLOSSOWSKI Pierre 1903 [5]
- Roberte et Gulliver - Craies couleurs (99x149cm-39x59in) Paris 96 .... FF50 000 - £6 180 - **$9,650**
- Esquisse: fils de Guillaume Tell - Crayons couleurs (160x150cm-63x59in) Paris 92 ...... FF100 000 - £11 630 - **$20,400**

KLOTZ Hermann 1850-1932 [2]
- Kaiserin Elizabeth von Österreich - Porcelain (46cm-18in) Wien 96 .... FF24 360 - £3 160 - **$4,820**

KLOTZ Lenz 1925 [12]
- Grauraumel - Öl/Leinwand (46x60cm-18x24in) Zürich 94 .... FF18 220 - £2 160 - **$3,366**
- Vielfach verknüpft - Oil/canvas (120x140cm-47x55in) Zürich 91 .... FF99 000 - £9 927 - **$16,342**
- Komposition - Charcoal/paper (55x78cm-22x31in) Zofingen 91 .... FF8 180 - £836 - **$1,441**

KLOTZ-DÜRRENBACH Theodor 1890-1959 [1]
- Pferde in der Koppel - Oil/canvas (65x83cm-26x33in) Wien 91 .... FF2 880 - £290 - **$561**

KLUCIS Gustav Gustavovich 1895-1944 [8]
- Long Live the Soviet Union - Color lithograph (144x103cm-57x41in) London 92 .... FF34 200 - £3 500 - **$6,030**
- Everyone to the Elections of the Soviets
  Warm-toned photomontage (17x12cm-7x5in) New-York 95 .... FF23 000 - £2 960 - **$4,750**

KLUGE Carl Gustav 1833-1913 [1]
- Celebration of Victory - Oil/canvas (97x13cm-38x5in) London 89 .... FF77 500 - £7 924 - **$12,460**

KLUGE Constantin 1920 [57]
- Le quai Conti - Huile/toile (80x116cm-31x46in) Paris 97 .... FF9 000 - £986 - **$1,580**
- Pont des Arts & the Louvre
  Oil/canvas (73x92cm-29x36in) San Francisco-Los Angeles 96 .... FF15 580 - £1 984 - **$3,000**
- Les peupliers de Fontaine-Chalis
  Oil/canvas (91x71cm-36x28in) Delray Beach, Florida 95 .... FF26 300 - £3 145 - **$5,000**
- Pont Neuf, printemps - Oil/canvas (63x81cm-25x32in) New-York 90 .... FF40 000 - £4 145 - **$7,030**

KLUGE Gustav 1947 [7]
- Kopf - Woodcut (49x57cm-19x22in) München 92 .... FF1 770 - £181 - **$312**

KLUGE Harry 1879-1963 [6]
- View through a window, Copenhagen - Oil/canvas (52x41cm-20x16in) London 92 .... FF15 480 - £1 800 - **$3,160**

KLUMB André 1920 [2]
- Paysage vert - Huile/toile (81x65cm-32x26in) Paris 90 .... FF12 000 - £1 221 - **$2,400**

KLUMPKE Anna Elisabeth 1856-1942 [1]
- Bastille Day, Paris - Pastel (12x17cm-5x7in) Boston, Mass. 91 .... FF7 790 - £775 - **$1,340**

KLUMPP Gustav 1902-1980 [3]
- The Peeping Tom - Oil/board (39x29cm-15x11in) New-York 90 .... FF17 200 - £1 809 - **$2,991**

KLÜNDER Aleksandr Ivanovich 1802-1874 [5]
- Russian officer - Watercolour/paper (22x18cm-9x7in) London 89 .... FF2 700 - £269 - **$427**

KLUTH Karl 1898-1972 [3]
- Carl Georg Heise - Oil/cardboard (100x80cm-39x31in) Köln 95 .... FF14 000 - £1 800 - **$2,890**

KLUTH Robert 1854-1921 [1]
- The First Step - Oil/canvas (76x122cm-30x48in) New-York 93 .... FF53 100 - £6 040 - **$9,000**

KLUTSIS Gustav 1895-1938 [3]
- Anti Imperializm - Affiche couleur (140x104cm-55x41in) Paris 92 .... FF33 000 - £3 380 - **$5,940**

KLÜWER Tage 1910 [2]
- Kystlandskab - Oil/masonite (46x61cm-18x24in) København 93 .... FF2 200 - £264 - **$423**

KLUYVER Pieter Lodeviik 1816-1900 [27]
- Figures on a frozen Pond - Oil/canvas (77x56cm-30x22in) Amsterdam 97 .... FF21 609 - £2 299 - **$3,760**
- Winter landscape - Oil/canvas (88x99cm-35x39in) London 96 .... FF46 300 - £5 800 - **$8,930**
- Panoramic landscape - Oil/canvas (41x64cm-16x25in) London 95 .... FF119 800 - £15 000 - **$23,860**

KMETTY János 1889-1975 [5]
- Autoportrait - Huile/toile (47x31cm-19x12in) Paris 93 .... FF7 000 - £844 - **$1,273**
- Nature morte au bougeoir - Aquarelle/papier (48x35cm-19x14in) Paris 92 .... FF32 000 - £3 276 - **$5,760**

KNAB Ferdinand 1834-1902 [4]
- Römische Tempelansicht im Abendlicht - Oil/canvas (95x122cm-37x48in) Zofingen 91 ...... FF43 600 - £4 372 - **$7,197**

KNACKFUSS Hermann Joseph 1848-1915 [2]
- Die Erstlingsfrüchte - Oil/canvas (70x46cm-28x18in) Amsterdam 93 .... FF22 520 - £2 700 - **$4,120**

KNAP Gerrit Willem 1873-1931 [1]
- The Montelbaanstoren, Amsterdam - Oil/panel (17x24cm-7x9in) Amsterdam 91 .... FF2 345 - £238 - **$424**

KNAPEN Cesar 1879-? [3]
- Stilleben mit Äpfeln - Öl/Leinwand (37x46cm-15x18in) München 92 .... FF3 050 - £365 - **$587**

KNAPP Anton 1798-1839 [1]
- Rheinlandschaft - Oil/canvas (50x64cm-20x25in) Köln 90 .... FF16 900 - £1 746 - **$2,986**

K

KNAPP Charles Wilson 1823-1900 [16]
- *Meadow view from sketches* - Oil/canvas (43x68cm-17x27in) New-York 89 .... FF**9 200** - £915 - **$1,453**
- *Homestead with cattle* - Oil/canvas (46x81cm-18x32in) Boston, Mass. 92 .... FF**27 750** - £2 905 - **$5,000**
- *Grazing by the Water* - Oil/canvas (50x91cm-20x36in) New-York 97 .... FF**64 177** - £6 738 - **$11,000**

KNAPP F. Oskar 1914 [11]
- *Sommerblumenstrauß* - Oil/copper (39x30cm-15x12in) Köln 91 .... FF**3 405** - £341 - **$624**
- *Die Roten gegen die Weissen* - Huile/toile (140x140cm-55x55in) Paris 90 .... FF**15 100** - £1 606 - **$2,701**

KNAPP F.V. 1838-1869 [2]
- *Pareja de bodegones de flores* - Oil/panel (42x30cm-17x12in) Madrid 90 .... FF**59 400** - £6 401 - **$10,476**

KNAPP Gottlob 1851-1909 [2]
- *Kleopatra* - Öl/Leinwand (90x113cm-35x44in) Wien 93 .... FF**14 380** - £1 724 - **$2,475**

KNAPP Peter 1931 [4]
- *La brune* - Photo (60x50cm-24x20in) Paris 89 .... FF**3 200** - £318 - **$506**

KNAPP Stefan 1921 [6]
- *Untitled* - Oil/canvas (117x117cm-46x46in) London 96 .... FF**6 190** - £800 - **$1,223**

KNAPTON George 1698-1778 [11]
- *Mary whife of Henry* - Oil/canvas (126x101cm-50x40in) London 95 .... FF**39 500** - £5 000 - **$7,940**
- *John Ross Mackye* - Oil/canvas (238x145cm-94x57in) London 92 .... FF**185 600** - £19 000 - **$32,700**

KNARREN Petrus Renier Hub. 1826-1896 [2]
- *The New Toy* - Oil/panel (69x54cm-27x21in) London 95 .... FF**86 900** - £10 500 - **$16,030**

KNATHS Karl Otto 1891-1971 [23]
- *Aboriginal* - Oil/canvas (76x115cm-30x45in) New-York 93 .... FF**22 000** - £2 760 - **$4,000**
- *Black bottle* - Oil/canvas (76x107cm-30x42in) New-York 92 .... FF**68 600** - £7 345 - **$11,930**
- *Hillside Trees* - Monotype (38x30cm-15x12in) Cambridge, Mass. 94 .... FF**9 550** - £1 127 - **$1,700**

KNAUER-HASE Paul Emil Hugo 1878-1938 [1]
- *Stilleben mit Äpfeln und Kakteen* - Oil/cardboard (62x71cm-24x28in) München 94 .... FF**3 420** - £402 - **$610**

KNAUP Peter XX [1]
- *Daniel sous la douche* - Tirage Fresson (50x60cm-20x24in) Paris 95 .... FF**1 650** - £217 - **$331**

KNAUPP Werner 1936 [10]
- *Lofoten* - Mixed media/canvas (80x100cm-31x39in) München 95 .... FF**19 050** - £2 436 - **$3,890**
- *Vulkan/Du* - Lithographie Berlin 96 .... FF**1 870** - £213 - **$358**
- *Regenbild 9/71* - Ballpoint pen (50x70cm-20x28in) Düsseldorf 92 .... FF**10 200** - £1 044 - **$1,796**

KNAUS Ludwig 1829-1910 [41]
- *In the Schtetl* - Oil (108x147cm-43x58in) Wien 96 .... FF**1** - £212 600 - **$341,000**
- *A tavern brawl* - Oil/panel (21x31cm-8x12in) New-York 93 .... FF**16 500** - £2 070 - **$3,000**
- *Die Tierfreundin* - Öl/Leinwand (66x50cm-26x20in) Köln 95 .... FF**39 000** - £4 930 - **$7,820**
- *A gypsy mother* - Oil/panel (60x79cm-24x31in) New-York 94 .... FF**101 100** - £11 930 - **$18,000**

KNEALE Brian 1930 [3]
- *Maquette* - Iron (39cm-15in) London 89 .... FF**6 300** - £627 - **$995**

KNEBEL Franz Jnr. 1809-1877 [17]
- *Ruinenlandschaft* - Öl/Leinwand (66x104cm-26x41in) Zürich 95 .... FF**29 030** - £3 760 - **$5,900**
- *The Forum, Rome* - Oil/canvas (70x105cm-28x41in) London 93 .... FF**87 800** - £10 000 - **$14,900**
- *Rome* - Oil/canvas (43x77cm-17x30in) London 91 .... FF**139 000** - £14 107 - **$25,105**

KNEBEL Gustav XIX-XX [2]
- *Vorstehhund mit erlegtem Hasen* - Oil/canvas (46x64cm-18x25in) Leipzig 91 .... FF**4 394** - £441 - **$725**

KNECHT Gaston 1875-1968 [1]
- *Côte fleurie* - Huile/toile (32x45cm-13x18in) Brest 96 .... FF**2 500** - £287 - **$477**

KNECHT Walter 1895-? [1]
- *Am Untersee* - Oil/board (34x63cm-13x25in) Bern 90 .... FF**4 700** - £500 - **$841**

KNEE Ernest XX [6]
- *San Jose, Hernandez, N.M.*
  Gelatin silver print (19x25cm-7x10in) San Francisco-Los Angeles 95 .... FF**6 480** - £845 - **$1,300**

KNEIPP Georg 1793-1862 [1]
- *Trauben, Pfirsichen, Pflaumen* - Oil/panel (84x64cm-33x25in) München 92 .... FF**10 200** - £1 044 - **$1,796**

KNEIPP Johann 1818-1868 [1]
- *Sommerliche Waldlandschaft* - Oil/panel (33x47cm-13x19in) Lindau 93 .... FF**9 500** - £1 134 - **$1,827**

KNELL William Adolphus 1805-1875 [56]
- *Shipping off the Coast* - Oil/canvas (49x70cm-19x28in) London 97 .... FF**5 050** - £550 - **$878**
- *A Barque and Other Craft* - Oil/board (30x46cm-12x18in) New-York 97 .... FF**13 668** - £1 477 - **$2,400**
- *The Battle of Trafalgar* - Oil/canvas (87x130cm-34x51in) London 93 .... FF**148 200** - £17 000 - **$25,160**

KNELL William Callcott c.1830-c.1880 [42]
- *Shipping off the coast* - Oil/canvas (28x53cm-11x21in) London 95 .... FF**10 000** - £1 300 - **$2,087**
- *All in the downs the Fleet Lay Moor'd* - Oil/canvas (30x61cm-12x24in) New-York 97 ... FF**48 406** - £5 233 - **$8,500**
- *A quiet anchorage* - Watercolour (30x43cm-12x17in) London 95 .... FF**4 270** - £550 - **$868**

KNELLER Godfrey 1646-1723 [44]
- *Lady wearing an orange dress* - Oil/canvas (76x63cm-30x25in) New-York 97 .... FF**34 130** - £3 673 - **$6,000**
- *John, 3rd Baron Poulett* - Oil/canvas (124x101cm-49x40in) London 97 .... FF**84 034** - £9 000 - **$14,605**
- *Lady Diana Howard* - Oil/canvas (124x103cm-49x41in) London 94 .... FF**241 600** - £28 000 - **$41,200**

KNESL Hans 1905-1971 [1]
- *Liegender* - Bronze (12x11x24cm-5x4x9in) Wien 93 .... FF**8 650** - £1 034 - **$1,665**

KNEWSTUB Walter John 1830-1906 [2]
- *A farm cottage* - Oil/canvas (18x25cm-7x10in) London 92 .... FF**8 370** - £1 000 - **$1,610**
- *Head of a young woman* - Pencil (24x31cm-9x12in) London 91 .... FF**2 380** - £245 - **$413**

KNIE Rolf 1949 [8]
Tiger im Käfig - Lithographie couleurs (17x23cm-7x9in) Bern 94 .... FF4 444 - £515 - **$766**
KNIEP Christian Heinrich 1755-1825 [7]
Veduta di Cava - Dessin (60x89cm-24x35in) Bruxelles 91 .... FF22 700 - £2 254 - **$3,941**
A temple at Paestum - Watercolour/paper (66x99cm-26x39in) London 96 .... FF129 600 - £15 000 - **$24,830**
KNIGHT Aston 1873-? [2]
Voiliers - Huile/toile (80x60cm-31x24in) Paris 94 .... FF10 000 - £1 186 - **$1,902**
KNIGHT Charles 1901 [4]
Farmstead over a bridge - Watercolour (26x37cm-10x15in) London 93 .... FF1 826 - £220 - **$319**
KNIGHT Charles Parsons 1829-1897 [8]
River in a mountainous landscape - Oil/canvas (25x43cm-10x17in) London 95 .... FF5 440 - £680 - **$1,100**
Fitting out a Frigate, Devonport - Watercolour (44x71cm-17x28in) London 97 .... FF10 319 - £1 100 - **$1,801**
KNIGHT Clara 1861-? [2]
Cornish fishing village - Watercolour (46x71cm-18x28in) London 92 .... FF3 520 - £360 - **$621**
KNIGHT Daniel Ridgway 1839-1924 [57]
Poissy, la sortie de l'école - Huile/toile (48x55cm-19x22in) Paris 95 .... FF42 000 - £5 470 - **$8,620**
Fishing - Oil/canvas (56x46cm-22x18in) New-York 97 .... FF151 692 - £15 927 - **$26,000**
Rêverie - Oil/canvas (81x65cm-32x26in) New-York 96 .... FF298 000 - £36 160 - **$58,000**
La lavandeuse - Oil/canvas (117x90cm-46x35in) New-York 97 .... FF483 225 - £52 046 - **$85,000**
Sharing Secrets - Oil/canvas (66x82cm-26x32in) New-York 97 .... FF767 475 - £82 661 - **$135,000**
The water carrier - Watercolour, gouache (35x25cm-14x10in) New-York 92 .... FF24 500 - £2 845 - **$5,000**
KNIGHT Edward Loxton 1905 [2]
The wide vale of Trent - Gouache (52x57cm-20x22in) London 94 .... FF4 580 - £550 - **$871**
KNIGHT Frederic 1855-1930 [1]
Figures at Harvest - Watercolour (33x41cm-13x16in) New Orleans, Louisiana 94 .... FF1 900 - £218 - **$325**
KNIGHT Harold 1874-1961 [13]
Sorting the Catch, St. Ives Harbour - Oil/canvas (29x34cm-11x13in) London 95 .... FF14 100 - £1 800 - **$2,890**
The parlourmaid - Oil/board (61x51cm-24x20in) London 97 .... FF143 816 - £15 000 - **$24,592**
KNIGHT Jacob 1939 [3]
California Bound to Work in Movies - Oil/canvas (61x46cm-24x18in) Litchfield, CT 92 .... FF8 840 - £1 055 - **$1,700**
KNIGHT John Baverstock 1785-1859 [8]
House in a river landscape - Oil/canvas (102x152cm-40x60in) London 91 .... FF14 100 - £1 444 - **$2,633**
KNIGHT John Prescot 1803-1881 [5]
Tam O' Shanter - Oil/canvas (112x140cm-44x55in) London 90 .... FF31 000 - £3 298 - **$5,546**
The toy yacht - Bodycolour (55x30cm-22x12in) London 96 .... FF17 150 - £2 200 - **$3,380**
KNIGHT John William Buxton 1843-1908 [18]
River Otter, Devon - Oil/board (20x15cm-8x6in) London 92 .... FF5 160 - £600 - **$1,053**
Hereford Cathedral - Oil/canvas (91x137cm-36x54in) Nun Monkton, Yorkshire 95 .... FF22 940 - £3 000 - **$4,590**
Hunting scene - Watercolour (33x51cm-13x20in) Richmond, North Yorkshire 92 .... FF2 930 - £300 - **$518**
KNIGHT John. W. Buxton 1843-1908 [3]
Cattle in a wooded landscape - Oil/canvas (66x66cm-26x26in) London 92 .... FF5 650 - £580 - **$1,085**
Spätsommerliche Abendlandschaft - Öl/Leinwand (100x152cm-39x60in) Lindau 93 .... FF22 040 - £2 633 - **$4,240**
KNIGHT Joseph 1837-1909 [20]
The young model - Gouache (40x26cm-16x10in) London 93 .... FF4 215 - £480 - **$715**
KNIGHT Laura, née Johnson 1877-1970 [194]
The First Snow - Oil/canvas (61x56cm-24x22in) London 97 .... FF49 808 - £5 200 - **$8,522**
Hop-pickers - Oil/canvas (76x63cm-30x25in) London 97 .... FF85 901 - £9 200 - **$14,843**
Boys bathing, Newlyn Quay - Oil/canvas (68x91cm-27x36in) London 96 .... FF415 000 - £52 000 - **$80,100**
Country girls - Etching (23x17cm-9x7in) London 91 .... FF1 786 - £180 - **$310**
Mother and child - Charcoal (18x19cm-7x7in) London 94 .... FF3 600 - £420 - **$626**
Skating Ballet, No.2 - Pencil/paper (34x56cm-13x22in) London 97 .... FF4 669 - £500 - **$806**
Betty Renwick dressing a doll - Pencil London 89 .... FF21 300 - £2 058 - **$3,232**
A girl lying in the hay - Watercolour, gouache (38x55cm-15x22in) London 89 .... FF130 700 - £13 364 - **$21,013**
KNIGHT Louis Aston 1873-1948 [70]
Les falaises d'Etretat - Huile/toile (55x46cm-22x18in) Versailles 89 .... FF9 500 - £918 - **$1,442**
Bord de rivière - Huile/toile (60x80cm-24x31in) Paris 96 .... FF30 000 - £3 420 - **$5,740**
Cottages by a stream - Oil/canvas (84x109cm-33x43in) New-York 97 .... FF90 344 - £9 730 - **$16,000**
A pink hawthorn tree, Normandy - Oil/canvas (160x88cm-63x35in) New-York 89 .... FF160 200 - £15 940 - **$25,308**
Brittany Cottage - Watercolour/paper (89x116cm-35x46in) New-York 94 .... FF44 700 - £5 370 - **$8,500**
KNIGHT Sophie 1965 [5]
Union street, 1990 - Oil/canvas (91x122cm-36x48in) London 90 .... FF10 700 - £1 153 - **$1,887**
Manchester cathedral - Wash (56x76cm-22x30in) London 90 .... FF5 300 - £571 - **$935**
KNIGHT William Henry 1823-1863 [7]
The letter - Oil/panel (22x15cm-9x6in) London 94 .... FF18 740 - £2 200 - **$3,340**
Grandfather's portrait - Oil/panel (25x26cm-10x10in) London 94 .... FF55 000 - £6 500 - **$9,880**
KNIGHTON-HAMMOND Arthur John 1875-1970 [62]
Boy and Girl with Cows - Oil/canvas (96x100cm-38x39in) London 97 .... FF3 922 - £420 - **$677**
White Roses in a Vase - Watercolour (48x46cm-19x18in) London 96 .... FF7 300 - £950 - **$1,447**
KNIKKER Aris 1887-1962 [26]
Moored boats - Oil/board (15x24cm-6x9in) Amsterdam 97 .... FF4 159 - £45 0 2 - **$725**
Flußlandschaft - Oil/canvas (50x80cm-20x31in) Wien 91 .... FF12 000 - £1 203 - **$2,198**

KNIKKER Jan II 1911-1990 [54]
- Sheaves of corn in a field - Oil/canvas (35x45cm-14x18in) Amsterdam 97 .... FF2 078 - £224 - **$362**
- Flowermarket, Amsterdam - Oil/canvas (40x60cm-16x24in) Amsterdam 97 .... FF7 630 - £825 - **$1,331**

KNIKKER Jan Simon 1889-1957 [16]
- Spring in the polder - Oil/canvas (40x60cm-16x24in) Amsterdam 97 .... FF2 773 - £30 0 1 - **$483**
- Flusslandschaft - Öl/Leinwand (40x60cm-16x24in) Heidelberg 95 .... FF11 500 - £1 476 - **$2,320**

KNILLING Joseph 1851-? [1]
- Unterhaltung der Wäscherinnen - Oil/panel (50x38cm-20x15in) Wien 94 .... FF34 200 - £4 070 - **$6,430**

KNIP August 1819-1852 [6]
- A shepherd with his flock - Oil/canvas (54x72cm-21x28in) Amsterdam 90 .... FF15 000 - £1 616 - **$2,646**

KNIP Hendrick Johannes 1819-1897 [12]
- Elegant figures on a jetty - Gouache (50x72cm-20x28in) Amsterdam 94 .... FF15 250 - £1 770 - **$2,625**

KNIP Henriette Geertruida 1783-1842 [6]
- Summer flowers & bird's nest - Oil/panel (50x38cm-20x15in) London 96 .... FF170 300 - £20 000 - **$33,500**
- Roses, tulips and other flowers - Watercolour/paper (52x35cm-20x14in) Amsterdam 93 ... FF6 030 - £720 - **$1,160**

KNIP Joseph August 1777-1847 [26]
- Peasants resting on a wooded Outcrop - Oil/canvas (60x74cm-24x29in) Amsterdam 96 .... FF33 200 - £4 290 - **$6,410**
- Lake Albano/Sabine Mountains - Oil/panel (60x48cm-24x19in) Amsterdam 94 .... FF276 000 - £32 850 - **$51,900**
- Wooded rock on the River Maas - Watercolour (36x49cm-14x19in) Amsterdam 96 .... FF22 600 - £2 663 - **$4,440**

KNIP Mattheus Derk 1785-1845 [1]
- Washerwomen & travellers - Watercolour (50x72cm-20x28in) Amsterdam 97 .... FF19 005 - £2 009 - **$326,1 5**

KNIP Nicolaes Frederik I 1742-1809 [3]
- Flowers on a stone ledge - Oil/canvas (51x77cm-20x30in) London 94 .... FF39 700 - £4 600 - **$6,830**

KNIP Willem Anton Alex. 1883-1967 [53]
- A town along a bay, Italy - Oil/canvas (40x80cm-16x31in) Amsterdam 97 .... FF4 854 - £525 - **$84,7 2**
- Fisching boats, Concarneau - Oil/canvas (50x60cm-20x24in) Amsterdam 97 .... FF17 279 - £1 826 - **$2,964**
- Bruges - Charcoal (46x33cm-18x13in) Toronto 93 .... FF3 010 - £329 - **$553**

KNIPSCHILD Axel 1946-1983 [8]
- Space activator - Gouache (202x16cm-80x6in) Stockholm 90 .... FF4 200 - £434 - **$742**

KNIRR Erwin 1894-? [1]
- Die Vorlesestunde - Öl/Leinwand (137x99cm-54x39in) Frankfurt 94 .... FF13 400 - £1 595 - **$2,524**

KNISPEL Martin XX [2]
- Abstrakte Formen - Pastell (40x30cm-16x12in) Heilbronn 91 .... FF4 394 - £437 - **$756**

KNITTEL Anna 1841-1915 [1]
- Blumenstilleben - Oil/canvas (65x100cm-26x39in) Wien 91 .... FF18 240 - £1 839 - **$3,555**

KNOBLAUCH Gertrud 1867-? [2]
- Hühnerküken - Oil/canvas (21x25cm-8x10in) Wien 92 .... FF12 030 - £1 207 - **$2,007**

KNOBLOCH Josef Rolf 1891-1964 [36]
- Blumenstilleben - Öl/Karton (45x32cm-18x13in) Bern 95 .... FF3 023 - £378 - **$611**
- Heuernte am Chiemsee - Öl/Leinwand (96x126cm-38x50in) Köln 93 .... FF11 540 - £1 321 - **$1,964**

KNÖCHL Hans 1850-? [2]
- The scale tester - Oil/canvas (61x76cm-24x30in) New-York 93 .... FF8 250 - £1 035 - **$1,500**

KNOEBEL Imi 1940 [38]
- Untitled - Acrylic/paper (119x99cm-47x39in) New-York 93 .... FF20 620 - £2 587 - **$3,750**
- White constellation - Acrylic (302x368cm-119x145in) London 93 .... FF166 800 - £19 000 - **$28,300**
- Komposition - Lithographie (80x60cm-31x24in) München 92 .... FF8 500 - £870 - **$1,497**
- DDR - Wood (274x69x255cm-108x27x100in) New-York 95 .... FF54 500 - £6 810 - **$11,000**
- Ohne Titel - Collage (98x68cm-39x27in) Köln 92 .... FF30 500 - £3 646 - **$5,870**

KNOEBEL Robert 1874-1924 [1]
- Suzanna im Bade - Oil/canvas (80x66cm-31x26in) Stuttgart 90 .... FF12 750 - £1 290 - **$2,425**

KNOFF Johan 1935 [2]
- Sommer - Oil/canvas (77x96cm-30x38in) Oslo 92 .... FF2 930 - £350 - **$563**

KNOLLER Martin 1725-1804 [3]
- Madonna mit Kind und Josef - Oil/canvas (75x60cm-30x24in) Wien 92 .... FF216 600 - £21 700 - **$41,640**

KNOOP August Hermann 1856-1900 [24]
- The young Mozart - Oil/canvas (68x137cm-27x54in) London 95 .... FF7 080 - £900 - **$1,438**
- Rococo interior - Oil/canvas (29x40cm-11x16in) København 96 .... FF18 620 - £2 123 - **$3,566**
- Rêverie - Oil/canvas (109x75cm-43x30in) New-York 96 .... FF67 500 - £8 600 - **$13,000**

KNOOP Guitou 1909-1985 [2]
- Composition - Huile/toile (47x62cm-19x24in) Douai 91 .... FF3 800 - £389 - **$709**

KNOOP Johannes Hendrik 1769-1834 [1]
- Dutch coastal scene with figures - Oil/panel (25x34cm-10x13in) Elgin, Illinois 91 ...... FF3 954 - £393 - **$687**

KNOPF Hermann 1870-1928 [2]
- Junges Holländermädchen - Öl/Leinwand (76x60cm-30x24in) Lindau 95 .... FF29 300 - £3 740 - **$5,910**

KNOPP Imre, Emerich 1867-1934 [3]
- Rümanische Königin Maria - Öl/Leinwand (69x57cm-27x22in) Lindau 93 .... FF8 400 - £980 - **$1,380**

KNÖPPEL Arvid 1892-1970 [28]
- Björn - Bronze (30cm-12in) Stockholm 94 .... FF7 280 - £860 - **$1,297**
- Rådjurskalv - Bronze (63cm-25in) Stockholm 95 .... FF25 940 - £3 394 - **$5,200**
- Algkalvstudier - Drawing (22x31cm-9x12in) Söderköping 91 .... FF1 886 - £191 - **$341**

KNÖRLEIN Rudolf 1902-? [2]
- Frauenakte - Ceramic (40cm-16in) Wien 95 .... FF3 800 - £475 - **$767**

KNORR Georg David Salomon 1844-1916 [2]
- At the railway station - Oil/canvas (82x68cm-32x27in) Amsterdam 92 .... FF24 270 - £2 485 - **$4,270**

KNORR Hugo 1834-1904 [2]
🖼 *Weidevieh am Seeufer* - Öl/Leinwand (63x114cm-25x45in) Wien 95 .... FF79 500 - £9 760 - **$15,500**
KNORR Karen 1954 [3]
📷 *Country Life* - Tirage argentique (40x40cm-16x16in) Paris 96 .... FF8 000 - £997 - **$1,545**
KNORR Wolfgang Georg 1705-1761 [1]
🖼 *Gibiers suspendus* - Gouache (29x21cm-11x8in) Paris 95 .... FF18 000 - £2 310 - **$3,706**
KNOTHE Paul 1897-1988 [27]
🖼 *Die Sirene* - Öl/Leinwand (88x70cm-35x28in) Pforzheim 93 .... FF12 880 - £1 540 - **$2,480**
◇ *Abstraktion in Rottönen* - Aquarell (58x43cm-23x17in) Pforzheim 93 .... FF6 440 - £770 - **$1,240**
KNOWLES Alison 1933 [1]
🖼 *Old Maize Moon* - Technique mixte (42x30cm-17x12in) Paris 92 .... FF2 800 - £288 - **$539**
KNOWLES Dorothy Elsie 1927 [33]
🖼 *Brown Hills* - Acrylic/canvas (61x61cm-24x24in) Toronto 96 .... FF9 680 - £1 163 - **$1,855**
KNOWLES Elizabeth McGillivr. 1866-1928 [9]
🖼 *The uninvited guest* - Oil/board (45x35cm-18x14in) Toronto 96 .... FF10 300 - £1 096 - **$1,843**
KNOWLES Farquhar McGillivr. 1859-1932 [11]
🖼 *Two Nymphs in a Glade* - Oil/canvas (66x56cm-26x22in) Toronto 96 .... FF6 080 - £775 - **$1,170**
🖼 *Early morning in a Quebec village* - Huile/toile (45x35cm-18x14in) Québec 90 .... FF29 500 - £3 017 - **$5,823**
KNOWLES Frederick James 1874-? [20]
🖼 *By the river* - Oil/canvas/board (27x38cm-11x15in) London 89 .... FF13 600 - £1 314 - **$2,064**
◇ *Olt Tal-Y-Cafu Conway River* - Watercolour (28x38cm-11x15in) Toronto 94 .... FF3 850 - £455 - **$685**
KNOWLES George Sheridan 1863-1931 [24]
🖼 *The Red Red Rose* - Oil/canvas (45x30cm-18x12in) London 91 .... FF23 470 - £2 361 - **$4,267**
🖼 *Day of Adventure* - Oil/canvas (91x120cm-36x47in) London 94 .... FF59 200 - £7 000 - **$10,640**
◇ *The See-Saw* - Watercolour (33x48cm-13x19in) London 95 .... FF6 970 - £900 - **$1,436**
KNOWLTON Win 1953 [2]
🗿 *Iron Boots* - Cast iron (2 parts) New-York 94 .... FF5 780 - £688 - **$1,100**
KNOX James 1866-? [1]
🖼 *Churches* - Oil/board (20x25cm-8x10in) Mystic, Connecticut 91 .... FF3 396 - £345 - **$613**
KNOX John 1775-1845 [15]
🖼 *Cathcart castle, near Glasgow* - Oil/canvas (66x90cm-26x35in) Glasgow 91 .... FF71 800 - £7 195 - **$12,107**
🖼 *Views from Ben Lomond (2)* - Oil/canvas (62x156cm-24x61in) London 93 .... FF521 800 - £60 000 - **$89,400**
KNOX Susan Richer 1875-1959 [9]
🖼 *Two girls* - Oil/canvas (91x76cm-36x30in) North Berwick, Maine 92 .... FF5 940 - £608 - **$1,100**
KNOX William XIX-XX [31]
🖼 *The Sophocles on high seas* - Oil/canvas (51x76cm-20x30in) New-York 95 .... FF8 500 - £1 028 - **$1,600**
◇ *Venetian Fishing Vessels* - Bodycolour (36x52cm-14x20in) London 96 .... FF3 774 - £430 - **$723**
KNUDSEN Børge Ludvig 1911 [3]
🖼 *Opstilling* - Oil/canvas (64x75cm-25x30in) Viby J, Århus 92 .... FF2 816 - £288 - **$496**
KNUDSEN Gerda 1889-1945 [1]
🖼 *Gråvaer på Vestlandet* - Oil/canvas (81x101cm-32x40in) Oslo 91 .... FF12 150 - £1 220 - **$2,030**
KNUDSEN Leif 1928-1975 [8]
🖼 *Dagsida-nattsida* - Oil/canvas (103x134cm-41x53in) Stockholm 91 .... FF5 190 - £527 - **$937**
KNUDSEN Peder 1868-1944 [18]
🖼 *Braending mod klippekyst, Bornholm* - Oil/canvas (85x116cm-33x46in) København 90 .... FF3 100 - £334 - **$547**
🖼 *Musselplockande pojkar* - Oil/canvas (55x76cm-22x30in) Malmö 94 .... FF14 720 - £1 707 - **$2,535**
KNÜPFER Benes, Benedikt J. 1844-1910 [5]
🖼 *Tritonenkampf* - Oil/canvas (113x225cm-44x89in) London 97 .... FF142 857 - £15 000 - **$24,571**
KNUPFER Jean-Claude 1943 [3]
🖼 *Sans titre* - Acrylique/toile (89x116cm-35x46in) Paris 90 .... FF5 000 - £539 - **$882**
KNUTSON Greta Tzara 1899-1983 [24]
🖼 *Untitled* - Oil/canvas (100x73cm-39x29in) Stockholm 96 .... FF10 000 - £1 247 - **$1,930**
🖼 *Stilleben* - Oil/canvas (84x80cm-25x31in) Stockholm 89 .... FF37 400 - £3 824 - **$6,013**
◇ *Tristan Tzara* - Encre/papier (22x16cm-9x6in) Paris 92 .... FF4 800 - £492 - **$864**
KNUTSON Johan 1816-1899 [11]
🖼 *Skärgårdslandskap* - Oil/canvas (35x45cm-14x18in) Helsinki 93 .... FF21 020 - £2 530 - **$3,825**
🖼 *Kustmotiv* - Oil/canvas (60x86cm-24x34in) Helsinki 89 .... FF82 000 - £8 384 - **$13,183**
KNUTZEN Balder 1862-1937 [1]
🖼 *Vilhelm Bissen i sit atelier* - Oil/canvas (63x69cm-25x27in) København 91 .... FF10 560 - £1 058 - **$1,781**
KNYFF de Alfred 1819-1885 [9]
🖼 *Jeunes femmes et un chien* - Huile/toile (55x71cm-22x28in) Fécamp 96 .... FF20 000 - £2 503 - **$3,880**
🖼 *Marais de la Campine* - Huile/toile (75x100cm-30x39in) Barbizon 96 .... FF116 000 - £14 460 - **$22,400**
KNYFF Leonard 1650-1722 [1]
🖼 *Prospect of Staunton Harold* - Oil/canvas (59x128cm-23x50in) London 92 .... FF156 300 - £16 000 - **$27,500**
KNYFF Wouter c.1607-1693 [4]
🖼 *Stadt an einem Fluss* - Oil/wood (36x61cm-14x24in) Wien 97 .... FF71 940 - £7 770 - **$12,555**
KOBAYASHI Kokei 1883-1957 [1]
◇ *Kaki (Persimmons)* - Ink (134x31cm-53x12in) New-York 94 .... FF139 400 - £16 160 - **$24,000**
KOBAYASHI Tokusaburo 1884-1949 [1]
◇ *Japanese street scene* - Watercolour (30x48cm-12x19in) Cambridge, Mass. 92 .... FF7 280 - £870 - **$1,400**
KOBBE George G. 1902-1934 [1]
◇ *Moulin-Rouge Music-Hall: Barbette* - Pencil Berlin 94 .... FF1 547 - £185 - **$289**

K

KÖBEL Georg 1807-1894 [1]
- *Junge Italienerin am Brunnen* - Oil/copper (19x13cm-7x5in) Köln 92 .... FF4 420 - £453 - **$778**

KOBELL Ferdinand 1740-1799 [34]
- *River landscape with anglers* - Oil/panel (76x62cm-30x24in) London 90 .... FF77 500 - £8 031 - **$13,620**
- *Felsen und Gewässer* - Ink (20x34cm-8x13in) Köln 95 .... FF3 800 - £494 - **$780**
- *Südliche Ideallandschaft* - Watercolour (19x27cm-7x11in) Heidelberg 94 .... FF17 820 - £2 137 - **$3,464**

KOBELL Franz Innocenz 1749-1822 [54]
- *Parkanlage mit Figuren* - Ink (17x21cm-7x8in) München 94 .... FF4 120 - £488 - **$761**
- *Wasserfall unter einer Steinbrücke* - Ink (21x14cm-8x6in) München 92 .... FF6 780 - £810 - **$1,305**
- *Flusslandschaft mit Hirten* - Watercolour/paper (19x27cm-7x11in) München 92 .... FF30 500 - £3 646 - **$5,870**

KOBELL Hendrik II 1751-1779 [5]
- *Seeschlacht* - Ink (31x52cm-12x20in) Stuttgart 95 .... FF15 160 - £1 962 - **$3,084**

KOBELL Jan III 1800-1838 [3]
- *Bull with ducks in a landscape* - Oil/canvas (53x42cm-21x17in) Amsterdam 95 .... FF6 140 - £778 - **$1,200**

KOBELL von Wilhelm Alexander W. 1766-1855 [39]
- *Reiter am Tegernsee* - Oil/panel (100x70cm-39x28in) München 90 .... FF2 - £260 000 - **$377,000**
- *Reitergruppe am Tegernsee* - Oil/panel (40x49cm-16x19in) München 93 .... FF275 300 - £31 200 - **$46,500**
- *Pferde im Stall* - Ink/paper (32x34cm-12x17in) Köln 90 .... FF6 460 - £661 - **$1,275**
- *Austrian Cuirassiers* - Watercolour/paper (27x34cm-11x13in) Wien 95 .... FF154 500 - £18 730 - **$30,040**
- *Arkadische Landschaft* - Gouache (49x64cm-19x25in) Stuttgart 90 .... FF204 000 - £20 860 - **$40,266**
- *Stabsoffiziere* - Watercolour (38x50cm-15x20in) München 95 .... FF288 000 - £36 240 - **$57,600**

KOBERLING Bernd 1938 [11]
- *Balkenträger, 1987* - Oil/paper (100x70cm-39x28in) München 90 .... FF22 000 - £2 340 - **$3,936**
- *Bäume (Herbst)* - Mixed media (130x160cm-51x63in) Berlin 93 .... FF57 600 - £6 880 - **$11,100**

KOBERSKI von Carl Ritter 1848-1907 [1]
- *Kaiser Frans Joseph I.* - Öl/Leinwand (225x127cm-89x50in) Wien 95 .... FF35 400 - £4 420 - **$7,150**

KOBINGER Hans 1892-1974 [7]
- *Häuser am Fluss* - Mixed media/paper (57x44cm-22x17in) Wien 93 .... FF3 370 - £403 - **$648**

KØBKE Christen 1810-1848 [16]
- *Siddende mandlig model* - Pencil/paper (19x14cm-7x6in) København 94 .... FF8 790 - £1 046 - **$1,656**
- *Sorøe Sø seet fra Helikon* - Pencil/paper (23x36cm-9x14in) København 93 .... FF22 000 - £2 640 - **$4,225**

KOBLER Jean 1916-1965 [1]
- *Katze im Keller* - Oil/canvas (54x31cm-21x12in) Bern 90 .... FF7 000 - £745 - **$1,252**

KOBLITZ Arnold 1883-1933 [1]
- *Einer Dame mit Pagenkopf* - Öl/Leinwand (85x79cm-33x31in) Wien 95 .... FF12 480 - £1 576 - **$2,490**

KOBOLD Johann Werner ?-1803 [1]
- *Schlosse ausser Cassels* - Etching in colors (39x52cm-15x20in) Amsterdam 90 ...... FF3 600 - £388 - **$635**

KOBOT Gusti Ketut 1917-? [1]
- *Village, Pengosekan, Ubud* - Tempera (65x47cm-26x19in) Amsterdam 95 .... FF26 800 - £3 470 - **$5,480**

KOBRO Katarzyna 1898-1951 [1]

- *Femme nue debout* - Bronze (47cm-19in) London 90 .... FF155 000 - £16 062 - **$27,241**

KOCH Anton Joseph 1768-1839 [15]
- *Tra Civitella e Ovelano* - Etching (18x22cm-7x9in) Heidelberg 96 .... FF1 800 - £232 - **$352**
- *Landschaft mit Ruths und Boas* - Pencil (20x27cm-8x11in) München 94 .... FF17 500 - £2 072 - **$3,234**
- *Dante und Beatrice/Dante und Virgil* - Pencil (29x36cm-11x14in) London 94 .... FF48 100 - £5 740 - **$9,050**

KOCH Charles Louis Ph. 1863-? [1]
- *Chicago landscape* - Oil/canvas (30x38cm-12x15in) Baton Rouge, Louisiana 94 ...... FF3 420 - £411 - **$650**

KOCH Friedrich Ferdinand 1863-1923 [1]
- *Schafe in einer Baumlandschaft* - Öl/Karton (24x32cm-9x13in) Heidelberg 96 .... FF7 460 - £964 - **$1,460**

KOCH Georg 1878-? [1]
- *Ulananattacke* - Tempera drawing (41x64cm-16x25in) Köln 92 .... FF5 100 - £522 - **$898**

KOCH Georg 1819-1899 [5]
- *Horses from the Keller Staatsgestut* - Oil/canvas (139x80cm-55x31in) London 90 ..... FF43 800 - £4 457 - **$8,759**

KOCH Georg 1857-1936 [3]
- *Auf der Weide* - Öl/Leinwand (82x140cm-32x55in) Köln 95 .... FF28 400 - £3 584 - **$5,690**

KOCH George Joseph 1885-1951 [1]
- *Carmel Brakers* - Oil/board (106x127cm-42x50in) San Francisco-Los Angeles 96 ...... FF62 600 - £7 250 - **$12,000**

KOCH Hans 1868-? [1]
- *Auf Capri* - Öl/Leinwand (72x50cm-28x20in) München 95 .... FF2 130 - £269 - **$427**

KOCH Heinrich 1806-1893 [3]
- *Rast im Walde* - Öl/Leinwand (94x136cm-37x54in) Köln 94 .... FF54 400 - £6 350 - **$9,530**

KOCH Hermann 1856-1939 [5]
- *Spring-idylle* - Oil/canvas Amsterdam 89 .... FF77 900 - £7 751 - **$12,306**

KOCH Jacob XIX-XX [2]
- *Sunset near Altadena* - Oil/canvas (89x180cm-35x71in) San Francisco-Los Angeles 93 ..... FF47 300 - £5 370 - **$8,000**
- *Stream in the woods* -
  Watercolour/paper (60x90cm-24x35in) San Francisco-Los Angeles 95 .... FF14 750 - £1 680 - **$2,500**

KOCH Johann Leonhard 1702-? [1]
- *Blumenstück* - Oil/canvas (57x44cm-22x17in) Luzern 92 .... FF28 540 - £3 410 - **$5,490**

KOCH John 1909-1978 [28]
- *Mrs. Robert Ehrman* - Oil/canvas (120x86cm-47x34in) New-York 96 .... FF10 380 - £1 323 - **$2,000**
- *Playing with baby* - Oil/canvas (91x91cm-36x36in) New-York 96 .... FF118 400 - £14 700 - **$23,000**
- *The Accident No. 2* - Oil/canvas (63x76cm-25x30in) New-York 93 .... FF632 000 - £79 300 - **$115,000**

KOCH Josef XIX-XX [7]
- *Lech in Vorarlberg* - Oil/panel (18x24cm-7x9in) Lindau 95 .... FF10 680 - £1 364 - **$2,155**

KOCH Julius 1882-1952 [8]
- *Am Untersee* - Öl/Leinwand (60x75cm-24x30in) Stuttgart 96 .... FF5 410 - £672 - **$1,050**

KOCH Karl Georg 1857-1936 [1]
- *Vor dem Berliner Schloss* - Gouache (41x56cm-16x22in) Berlin 94 .... FF24 050 - £2 874 - **$4,494**

KOCH Leopold 1857-? [1]
- *Young woman* - Sculpture (62cm-24in) London 90 .... FF13 600 - £1 456 - **$2,365**

KOCH Ludwig 1866-1934 [24]
- *Franz Josef Ausfahrt* - Öl/Leinwand (74x100cm-29x39in) Wien 95 .... FF58 800 - £7 610 - **$11,950**
- *Salome mit ihren Dienern* - Mixed media/paper (30x41cm-12x16in) Wien 94 .... FF9 710 - £1 141 - **$1,730**
- *Schlachtgetümmel* - Mixed media/paper (64x108cm-25x43in) Wien 93 .... FF24 450 - £2 770 - **$4,130**

KOCH Martin 1940 [4]
- *Waterbuck, Nwanedzi River* - Oil/canvas (82x102cm-32x40in) London 95 .... FF9 200 - £1 200 - **$1,906**

KOCH Max 1859-1930 [2]
- *Havel, Potsdam* - Oil/Karton (51x36cm-20x14in) Leipzig 93 .... FF10 170 - £1 215 - **$1,957**

KOCH Peter 1874-1956 [2]
- *Pfälzer Weinort* - Coloured chalks (46x60cm-18x24in) Heidelberg 92 .... FF1 870 - £192 - **$330**

KOCH Pyke 1901-1991 [15]
- *Vrouw met dode vogel II* - Oil/canvas/board (38x38cm-15x15in) Amsterdam 92 .... FF407 000 - £48 600 - **$78,200**
- *Scrum III* - Tempera/canvas (112x170cm-44x67in) Amsterdam 92 .... FF738 000 - £88 100 - **$142,000**

KOCH Samuel 1912 [4]
- *Zwei junge Katzen* - Oil/panel (13x18cm-5x7in) Stuttgart 90 .... FF3 910 - £400 - **$772**

KOCH Walter 1875-1915 [9]
- *Davos, International Eiswettlaufen* - Poster (99x74cm-39x29in) London 96 .... FF11 780 - £1 500 - **$2,265**

KOCH Werner 1884-1946 [1]
- *Stilleben mit Tulpen* - Öl/Leinwand (64x50cm-25x20in) Zofingen 95 .... FF2 127 - £278 - **$426**

KOCH-GOTHA Fritz 1877-1956 [1]
- *Herbstspaziergergang bei Gotha* - Oil/panel (25x30cm-10x12in) München 94 .... FF6 800 - £794 - **$1,192**

KOCHANOWSKI Roman 1856-1945 [11]
- *Near the end of day* - Oil/panel (27x17cm-11x7in) New-York 90 .... FF6 900 - £734 - **$1,234**

KOCHEISHVILI Boris 1940 [3]
- *Woman with an owl* - Indian ink (62x70cm-24x28in) New-York 90 .... FF6 300 - £670 - **$1,127**

KOCHELEVA Marina 1962 [7]
- *Le vent* - Bronze (10cm-4in) Versailles 92 .... FF2 800 - £287 - **$493**

KOCHENDÖRFFER Rudolf XIX-XX [1]
- *Pont des Arts, Paris* - Oil/panel (51x61cm-20x24in) London 90 .... FF31 300 - £3 149 - **$5,690**

KOCHENSCHEIDT Kurt Kappa 1943 [7]
- *Andurrische Muschel* - Pencil (43x60cm-17x24in) Wien 92 .... FF12 030 - £1 232 - **$2,120**

KOCHERSCHEIDT Kurt, Kappa 1943-1992 [18]
- *Ohne Titel* - Öl/Leinwand (180x160cm-71x63in) Wien 96 .... FF121 800 - £15 800 - **$24,100**
- *Fallgrube* - Mixed media/paper (59x42cm-23x17in) Wien 94 .... FF14 640 - £1 743 - **$2,760**

KÖCK Franz 1886-1975 [3]
- *Im Märchenwald* - Oil/canvas (150x241cm-59x95in) Wien 92 .... FF9 620 - £985 - **$1,695**

KOCKAERT Ernest 1908-1973 [1]
- *Port de pêche* - Huile/toile (59x49cm-23x19in) Bruxelles 96 .... FF3 940 - £456 - **$755**

KOCKE Hugo Wilhelm G. 1875-1956 [6]
- *On the quayside* - Oil/canvas (125x175cm-49x69in) London 89 .... FF38 700 - £3 851 - **$6,114**

KÖCKE-WICHMANN Max 1889-? [2]
- *Küstenlandschaft mit Segelbooten* - Oil/canvas (70x89cm-28x35in) Bremen 91 ...... FF8 850 - £879 - **$1,537**

KÖCKERT Julius 1827-1918 [7]
- *Kahnfahrt auf dem Starnberger-See* - Oil/canvas (30x36cm-12x14in) London 93 ...... FF54 000 - £6 500 - **$9,420**

KODACEVITCH-CHODACEVITCH Valentia 1884-1970 [3]
- *Studio per costume teatrale* - Collage (43x28cm-17x11in) Milano 93 .... FF5 540 - £641 - **$952**

KODIVER Amédée XX [2]
- *La Révolte de Junon* - Sculpture (44cm-17in) Paris 91 .... FF1 800 - £182 - **$351**

KODJOYAN Levon 1924 [2]
- *Constantinople* - Huile/carton (17x27cm-7x11in) Paris 95 .... FF2 100 - £252 - **$400**

KODL Jiri 1889-1955 [1]
- *Mädchen am Fenster* - Aquarell/Papier (50x34cm-20x13in) Düsseldorf 90 .... FF5 100 - £546 - **$887**

KODRA Ibrahim 1918 [11]
- *Tout paradis n'est pas perdu* - Huile/toile (79x110cm-31x43in) Milano 91 .... FF14 580 - £1 480 - **$2,633**

KOECHLIN Daniel Jules Camille 1845-1914 [1]
- *Paysage aux moutons* - Huile/toile (45x54cm-18x21in) Paris 91 .... FF3 500 - £352 - **$636**

KOECHLIN Lionel 1948 [2]
- *Le jaloux* - Encre Chine Paris 91 .... FF4 100 - £416 - **$740**

KOECHLIN Niederhausern 1828-1888 [1]
- *Etang près de St Mury* - Huile/toile (49x60cm-19x24in) Paris 90 .... FF18 000 - £1 860 - **$3,180**

KOECHLIN Rodolphe 1778-1855 [22]
- *Ibiscus Syriacus* - Aquarelle, gouache (29x27cm-11x11in) Paris 93 .... FF4 600 - £575 - **$837**
- *Tulipes et insectes* - Aquarelle, gouache (50x38cm-20x15in) Paris 93 .... FF14 500 - £1 813 - **$2,637**

K

KOECHLIN-SCHWARTZ Alfred 1829-1895 [27]
- *Bateliers sur le Rhin* - Aquarelle, gouache (29x42cm-11x17in) Paris 93 .... FF**4 000** - £500 - **$728**

KOECHLIN-SCHWARTZ Jean XIX-XX [7]
- *Paysage animé* - Aquarelle (20x25cm-8x10in) Paris 93 .... FF**2 400** - £300 - **$437**

KOECK Michael 1760-1825 [1]
- *La Cène* - Huile/toile (56x111cm-22x44in) Monaco 91 .... FF**40 000** - £4 011 - **$6,603**

KOEFOED Hans Christian 1849-1921 [3]
- *En Regnversdag ved Vesterhavet* - Oil/canvas (39x59cm-15x23in) Viby J, Århus 90 .... FF**3 510** - £359 - **$693**

KOEFOED Herman 1743-1815 [1]
- *Anne Cathrine Collin* - Oil/canvas (65x51cm-26x20in) Köbenhavn 90 .... FF**31 600** - £3 275 - **$5,554**

KOEHLER Henry 1927 [21]
- *Shuette & Lead Pony* - Oil/canvas (61x76cm-24x30in) New-York 95 .... FF**18 640** - £2 360 - **$3,750**
- *Crowded Start* - Oil/canvas (79x125cm-31x49in) New-York 95 .... FF**69 000** - £9 020 - **$14,000**
- *A Jockey adjusting his goggles* - Charcoal/paper (56x47cm-22x19in) New-York 95 .... FF**4 475** - £567 - **$900**

KOEHLER Mela 1885-1960 [6]
- *Die kleine Gratulantin* - Aquarell (21x14cm-8x6in) Wien 95 .... FF**5 940** - £755 - **$1,183**

KOEHLER Paul R. 1866-1909 [6]
- *Old Mill* - Pastel (38x58cm-15x23in) North Berwick, Maine 93 .... FF**2 320** - £267 - **$400**

KOEKKOEK Barend-Cornelis 1803-1862 [51]
- *Figures skating on a frozen river* - Oil/panel (38x53cm-15x21in) New-York 96 ...... FF**1** - £174 200 - **$279,500**
- *River landscape with figures* - Oil/canvas (37x47cm-15x19in) London 94 .... FF**57 100** - £6 800 - **$10,760**
- *Travellers on a path along ruins* - Oil/panel (36x47cm-14x19in) Amsterdam 97 .... FF**207 348** - £2 192 0 3 - **$35,578**
- *Figures on a frozen river* - Oil/panel (23x33cm-9x13in) London 96 .... FF**664 000** - £78 000 - **$129,000**

KOEKKOEK Gerard Joh. 1871-1956 [4]
- *Coastal scene with fisherfolk* - Oil/canvas (66x101cm-26x40in) Amsterdam 89 .... FF**18 000** - £1 791 - **$2,844**

KOEKKOEK Hendrik Barend 1849-1909 [13]
- *Wooded winter landscape* - Oil/canvas (102x76cm-40x30in) Amsterdam 95 .... FF**9 210** - £1 167 - **$1,800**
- *Figures with a sled* - Oil/board (24x32cm-9x13in) London 96 .... FF**52 100** - £6 500 - **$10,060**

KOEKKOEK Hendrik Pieter 1843-1890 [31]
- *Cattle in a Summer landscape* - Oil/canvas (41x62cm-16x24in) Amsterdam 97 .... FF**15 006** - £1 597 - **$2,611**
- *Near Haarlem* - Oil/canvas (63x99cm-25x39in) London 96 .... FF**30 650** - £3 600 - **$6,030**
- *View in Kent* - Oil/canvas (76x107cm-30x42in) New-York 95 .... FF**72 000** - £8 720 - **$14,000**

KOEKKOEK Hermanus I 1815-1882 [85]
- *The ferry* - Oil/panel (16x23cm-6x9in) London 95 .... FF**32 700** - £3 800 - **$5,660**
- *The frigate Hollandia* - Oil/canvas (38x54cm-15x21in) Amsterdam 97 .... FF**65 658** - £694 1 8 - **$11,266**
- *Sailing Vessels on the Scheldt* - Oil/canvas (32x43cm-13x17in) London 97 .... FF**164 234** - £18 000 - **$28,823**
- *Sailing Vessels in an Estuary* - Oil/canvas (39x55cm-15x22in) London 97 .... FF**364 964** - £40 000 - **$64,052**

KOEKKOEK Hermanus II 1836-1909 [71]
- *On the Amstel, Amsterdam* - Oil/canvas (20x29cm-8x11in) Amsterdam 97 .... FF**3 119** - £337 - **$544**
- *A barge in a swell* - Oil/panel (18x23cm-7x9in) London 94 .... FF**13 540** - £1 600 - **$2,432**
- *The fishermen's return* - Oil/canvas (33x51cm-13x20in) London 94 .... FF**55 700** - £6 500 - **$9,770**
- *Off the Dutch coast* - Oil/canvas (36x56cm-14x22in) London 94 .... FF**145 800** - £17 000 - **$25,550**

KOEKKOEK Hermanus Willem 1867-1929 [19]
- *Imperial Prussian Footguard in Paris* - Oil/canvas (86x126cm-34x50in) London 95 .... FF**24 150** - £3 200 - **$4,990**
- *Cavalrists at ease on a heath* - Oil/canvas (45x60cm-18x24in) Amsterdam 97 ..... FF**110 584** - £11 690 - **$1,897,5 1**

KOEKKOEK Jan Hermanus Barend 1840-1912 [70]
- *Peasant loading a horse-drawn cart* - Oil/canvas (33x49cm-13x19in) Amsterdam 97 .... FF**32 829** - £3 470 - **$563,3 6**
- *Fisherfolk on a bank* - Oil/canvas (43x66cm-17x26in) Amsterdam 94 .... FF**101 100** - £12 040 - **$19,240**
- *Fisherfolk on Katwijk beach* - Oil/canvas (64x104cm-25x41in) Amsterdam 93 .... FF**249 400** - £28 560 - **$42,500**

KOEKKOEK Johannes 1811-1831 [1]
- *Fishing in a river estuary* - Oil/canvas (36x46cm-14x18in) New-York 95 .... FF**24 450** - £2 954 - **$4,600**

KOEKKOEK Johannes Hermanus 1778-1851 [27]
- *The shipwreck* - Oil/panel (58x77cm-23x30in) London 95 .... FF**30 000** - £3 800 - **$6,030**
- *Dutch barges in a stormy estuary* - Oil/canvas (30x40cm-12x16in) London 96 .... FF**54 000** - £7 000 - **$10,660**
- *Zuider Zee with figures repairing* - Oil/canvas (37x59cm-15x23in) London 90 .... FF**233 700** - £23 783 - **$46,736**

KOEKKOEK Marinus Adrianus 1807-1868 [31]
- *Peasant and flock on a country road* - Oil/panel (26x35cm-10x14in) Amsterdam 97 .... FF**48 379** - £5 114 - **$8,301**
- *Countryfolk in a boat and cattle* - Oil/canvas (42x54cm-17x21in) London 92 .... FF**107 400** - £11 000 - **$18,960**
- *Wooded summer river landscape* - Oil/panel (42x60cm-17x24in) Amsterdam 93 .... FF**270 300** - £32 400 - **$49,400**

KOEKKOEK Marinus Adrianus II 1873-1944 [11]
- *Eisvergnügen auf holländischem Kanal* - Öl/Leinwand (40x60cm-16x24in) Frankfurt 96 ..... FF**5 480** - £710 - **$1,082**
- *Tits: koolmeesjes* - Oil/canvas (14x20cm-6x8in) Amsterdam 97 .... FF**12 138** - £1 313 - **$211,8 9**

KOEKKOEK Willem 1839-1895 [53]
- *A Dutch Street Scene* - Oil/canvas (44x63cm-17x25in) London 96 .... FF**144 800** - £17 000 - **$28,130**
- *Figures conversing* - Oil/canvas (44x60cm-17x24in) London 95 .... FF**197 300** - £25 000 - **$39,700**
- *A dutch Town* - Oil/canvas (56x44cm-22x17in) New-York 97 .... FF**284 250** - £30 615 - **$50,000**
- *A Dutch street in summer* - Oil/canvas (48x61cm-19x24in) New-York 97 .... FF**399 315** - £43 043 - **$70,000**
- *A Dutch Street Scene* - Oil/canvas (78x122cm-31x48in) London 97 .... FF**890 000** - £106 000 - **$167,800**

KOELITZ von August 1858-1898 [1]
- *Fleurs dans un panier* - Gouache (39x49cm-15x19in) Nice 94 .... FF**3 800** - £440 - **$650**

KOELLE Claus Anton 1827-1872 [1]
- *Abendstimmung in Aulandschaft* - Öl/Karton (16x21cm-6x8in) Wien 93 .... FF**9 620** - £1 150 - **$1,850**

KOELMAN Johan Daniël 1831-1857 [5]
- *Abendfriede in der Campagna* - Oil/panel (43x53cm-17x21in) Lindau 91 .... FF**13 520** - £1 362 - **$2,346**

🖉 *Sloping landscape with herdsmen* - Watercolour (18x23cm-7x9in) Amsterdam 94 .... FF6 100 - £708 - **$1,050**

KOELMAN Johan Hendrik 1820-1887 [1]
🖼 *Parly in an italian village* - Oil/canvas (52x69cm-20x27in) Amsterdam 89 .... FF22 200 - £2 270 - **$3,569**

KOELMAN Johan Philip 1818-1893 [2]
🖼 *Italian women conversing by a well* - Oil/canvas (36x27cm-14x11in) Amsterdam 95 .... FF9 400 - £1 200 - **$1,926**
Late Home - Oil/canvas (64x49cm-25x19in) London 94 .... FF62 000 - £7 200 - **$10,720**

KOENEMANN Hermann 1871-1934 [2]
🖼 *Stoppelfelder mit Windmühle* - Oil/canvas/panel (34x44cm-13x17in) Bielefeld 96 .... FF3 380 - £420 - **$656**

KOENIG Franz Niklaus 1765-1832 [2]
🖼 *Bildnisminiatur* - Oil/copper (9x6cm-4x2in) Bern 90 .... FF2 000 - £213 - **$358**

KOENIG Fritz 1924 [12]
🗿 *Votiv* - Bronze (50cm-20in) Köln 96 .... FF37 400 - £4 260 - **$7,150**
🖉 *Komposition* - Ink (25x37cm-10x15in) München 92 .... FF9 180 - £940 - **$1,616**

KOENIG John-Franklin 1920 [16]
🖼 *Barytesche* - Huile/toile (120x60cm-47x24in) Paris 91 .... FF10 000 - £1 008 - **$1,735**
Bag's blues - Huile/toile (80x80cm-31x31in) Paris 89 .... FF42 000 - £4 294 - **$6,752**
🖉 *Composition* - Technique mixte/papier (81x54cm-32x21in) Versailles 92 .... FF4 000 - £478 - **$770**

KOENIG Joseph 1878-1961 [2]
🖼 *Les marins* - Huile/panneau (43x36cm-17x14in) Liège 94 .... FF3 670 - £435 - **$679**

KOENIGER Walter 1881-1943 [23]
🖼 *Spring Creek* - Oil/board (35x45cm-14x18in) San Francisco-Los Angeles 94 .... FF4 150 - £520 - **$800**
Spring Thaw - Oil/canvas (51x61cm-20x24in) New-York 93 .... FF17 700 - £2 013 - **$3,000**
Winter landscape - Oil/canvas (81x81cm-32x32in) New-York 92 .... FF57 200 - £6 830 - **$11,000**

KOEPPEL Mathias 1937 [2]
🖼 *Eine Party* - Öl/Leinwand (90x100cm-35x39in) München 92 .... FF10 170 - £1 215 - **$1,957**
🖉 *Klein-Bevensen* - Watercolour (16x24cm-6x9in) Berlin 92 .... FF2 374 - £284 - **$457**

KOERNER Ernst Carl 1846-1927 [20]
🖼 *Blick über antike Ruinen* - Öl/Leinwand (80x119cm-31x47in) Stuttgart 95 .... FF13 870 - £1 688 - **$2,730**
North Africa - Oil/canvas (80x125cm-31x49in) London 97 .... FF180 952 - £19 000 - **$31,123**

KOERNER Henry 1915 [5]
🖼 *The pond* - Oil/masonite (76x96cm-30x38in) New-York 91 .... FF236 600 - £23 497 - **$41,081**
🖉 *In Between* - Indian ink (36x28cm-14x11in) New-York 94 .... FF11 820 - £1 420 - **$2,250**

KOERNER Sofie 1889-1951 [1]
🖼 *Donaukanal* - Öl/Karton (51x67cm-20x26in) Wien 94 .... FF12 200 - £1 388 - **$2,070**

KOERNER William H. Dethlef 1878-1938 [13]
🖼 *Repartee* - Oil/board (90x64cm-35x25in) New-York 91 .... FF13 580 - £1 370 - **$2,400**
The Showdown - Oil/canvas (71x102cm-28x40in) San Francisco-Los Angeles 95 .... FF135 700 - £15 440 - **$23,000**

KOESTER Alexandre Max 1864-1932 [101]
🖼 *Beute* - Oil/canvas (98x17cm-39x7in) New-York 89 .... FF1 - £136 597 - **$216,872**
Altwasser - Öl/Leinwand (73x94cm-29x37in) New-York 97 .... FF110 000 - £13 130 - **$20,540**
Fünf Enten im Seerosenteich - Öl/Leinwand (55x85cm-22x33in) München 96 .... FF373 000 - £46 750 - **$72,000**
Entenzug auf einem teich - Oil/canvas (49x78cm-19x31in) New-York 97 .... FF541 928 - £58 416 - **$95,000**
Ducks at the lake's edge - Oil/canvas (120x97cm-47x38in) London 92 .... FF921 000 - £110 000 - **$177,200**

KOETS Andries 1622-? [1]
🖼 *Christ driving the money changers* - Oil/panel (75x105cm-30x41in) Amsterdam 93 .... FF18 000 - £2 070 - **$3,085**

KOETSCHET Achille 1862-1895 [3]
🖼 *Une rue à Auvers* - Öl/Leinwand (39x61cm-15x24in) Zürich 93 .... FF7 910 - £901 - **$1,344**

KOEWENHOVEN van Jacob XVIII-XIX [1]
🖼 *Landscape with shepherds* - Oil/panel (64x81cm-25x32in) London 95 .... FF12 630 - £1 600 - **$2,540**

KOGAN Anna A. Nathanson 1902-1974 [4]
🖼 *Composition* - Oil/canvas (72x97cm-28x38in) London 91 .... FF138 300 - £13 865 - **$25,331**
Composition - Oil/canvas (98x73cm-39x29in) London 90 .... FF271 200 - £28 851 - **$48,515**

KOGAN Moissey 1879-1942 [29]
🗿 *Two female nudes* - Bronze (16x8cm-6x3in) Amsterdam 96 .... FF5 410 - £621 - **$1,033**
Kneeling nude - Bronze (15cm-6in) Amsterdam 95 .... FF6 930 - £885 - **$1,415**
Buste de femme - Bronze (83cm-33in) London 87 .... FF42 280 - £4 000 - **$7,160**
🖉 *Stehender weiblicher Akt* - Charcoal/paper (38x28cm-15x11in) Köln 97 .... FF4 393 - £461 - **$752**

KOGAN Nina 1887-1942 [16]
🖼 *Suprematistische Komposition* - Tempera/Karton (70x49cm-28x19in) Berlin 92 .... FF101 700 - £12 150 - **$19,560**
🖉 *Abstrakte Komposition* - Ink (20x14cm-8x6in) Hamburg 97 .... FF9 190 - £973 - **$1,586**
Suprematische Komposition - Gouache (32x30cm-13x12in) München 93 .... FF50 000 - £6 070 - **$9,780**

KOGANOWSKY Jakob 1874-1926 [14]
🖼 *Römischen Ruinen in Schönbrunn* - Öl/Leinwand (125x156cm-49x61in) Wien 97 .... FF6 714 - £708 - **$1,161**
Allee - Öl/Leinwand (140x165cm-55x65in) Wien 96 .... FF15 400 - £1 930 - **$3,006**

KOGELNIK Kiki 1935 [6]
🖼 *Lady in pink* - Acrylic/canvas (255x110cm-100x43in) Wien 95 .... FF32 900 - £4 100 - **$6,640**

KOGEVINAS Lykourgos 1887-1940 [3]
🖼 *Bell Tower* - Oil/canvas/board (37x46cm-15x18in) Athens 96 .... FF19 300 - £2 234 - **$3,700**

KÖGL Benedikt Paul Benno 1892-1973 [33]
🖼 *Drei Katzen vor Stall* - Oil/canvas/board (14x17cm-6x7in) Pforzheim 92 .... FF10 200 - £1 044 - **$1,796**
Drei junge Katzen im Grass - Öl/Leinwand (18x24cm-7x9in) Stuttgart 95 .... FF19 250 - £2 470 - **$3,966**

K

KÖGLER Harry 1921 [1]
🖌 *Ohne Titel* - Mixed media/canvas (95x70cm-37x28in) Wien 95 .... FF4 930 - £590 - **$938**
KÖGLER Karl 1838-1923 [1]
🖌 *Lausbuden in grünen Hosen* - Öl/Leinwand (48x31cm-19x12in) Stuttgart 92 .... FF22 040 - £2 633 - **$4,240**
KOGLER Peter 1959 [6]
🖌 *Ohne Titel* - Mischtechnik/Papier (69x50cm-27x20in) Wien 96 .... FF8 770 - £1 138 - **$1,734**
KOHL Ludwig 1746-1821 [7]
🖌 *Verhör eines Gefangenen* - Oil/copper (13x19cm-5x7in) Wien 97 .... FF12 008 - £1 272 - **$2,080**
KOHL Pierre Ernest 1897-1987 [16]
🖌 *Femme à la robe rouge* - Huile/toile (65x50cm-26x20in) Paris 92 .... FF4 500 - £461 - **$792**
  Modèle en combinaison - Huile/toile (74x54cm-29x21in) Paris 94 .... FF50 000 - £5 970 - **$9,360**
🖌 *Chez elle* - Encre (21x16cm-8x6in) Bern 93 .... FF3 960 - £456 - **$680**
KOHL Robert 1891-? [1]
🖌 *Am Fenster* - Oil/canvas (144x93cm-57x37in) Wien 92 .... FF12 030 - £1 232 - **$2,120**
KOHLER Albert Stefan 1883-1946 [3]
🖌 *Château Brabant* - Öl/Leinwand (61x74cm-24x29in) München 93 .... FF7 660 - £876 - **$1,294**
KOHLER Alfred 1916-1983 [8]
🖌 *A trio* - Watercolour/board (61x47cm-24x19in) Amsterdam 90 .... FF4 500 - £479 - **$805**
KÖHLER August 1881-1964 [13]
🖌 *Früchtestilleben* - Oil/canvas (66x81cm-26x32in) Stuttgart 91 .... FF4 770 - £478 - **$874**
KÖHLER Carl 1919 [3]
🖌 *Jeune femme au chat* - Huile/toile (70x60cm-28x24in) Bruxelles 92 .... FF9 130 - £935 - **$1,606**
KÖHLER Christian 1809-1861 [2]
🖌 *Young David* - Oil/canvas (162x121cm-64x48in) New-York 93 .... FF29 000 - £3 334 - **$5,000**
KÖHLER Florian 1935 [6]
🖌 *Ohne Titel* - Öl/Leinwand (90x100cm-35x39in) München 95 .... FF17 560 - £2 210 - **$3,515**
🖌 *Abstrakte Komposition* - Collage (58x44cm-23x17in) München 93 .... FF4 450 - £527 - **$803**
KOHLER Fritz 1887-1971 [21]
🖌 *The Rhine at Düsseldorf, Germany* - Oil/canvas (74x100cm-29x39in) London 90 .... FF13 640 - £1 388 - **$2,728**
🖌 *Winterliche Waldlandschaft* - Aquarell (34x48cm-13x19in) Lindau 94 .... FF2 262 - £262 - **$390**
KOHLER Gustav 1859-? [2]
🖌 *The lute player* - Oil/canvas (29x23cm-11x9in) New-York 93 .... FF14 160 - £1 610 - **$2,400**
KÖHLER Johannes 1885-1948 [4]
🖌 *Buchenwald* - Öl/Leinwand (38x55cm-15x22in) Bern 93 .... FF2 665 - £318 - **$513**
KÖHLER Max 1919 [2]
🖌 *Sommerblumenstrauß mit Dahlien* - Oil (86x65cm-34x26in) Stuttgart 89 .... FF4 400 - £425 - **$668**
KÖHLER Maxim 1908-1959 [4]
🖌 *Insel Reichenau am Bodensee* - Oil/canvas (54x74cm-21x29in) Stuttgart 89 .... FF3 000 - £316 - **$505**
KÖHLER Robert 1850-1917 [1]
🖌 *Promenadeplatz* - Oil/panel (36x51cm-14x20in) Lindau 94 .... FF32 900 - £3 910 - **$6,090**
KÖHLER-BORMAN Mela 1885-1950 [5]
🖌 *Dame mit Federhut* - Mixed media drawing (34x25cm-13x10in) Wien 92 .... FF6 260 - £641 - **$1,102**
KOHLHOFER Christof XX [3]
🖌 *Find a way of Make one* - Oil/canvas (125x175cm-49x69in) Amsterdam 97 .... FF4 195 - £441 - **$720**
KOHLHOFF Wilhelm 1893-1971 [38]
🖌 *Harvesting* - Oil/panel (33x44cm-13x17in) London 92 .... FF35 200 - £3 600 - **$6,210**
  Stadt am Fluss - Öl/Leinwand (70x96cm-28x38in) Bremen 93 .... FF67 800 - £8 100 - **$13,040**
🖌 *Elegante Dame* - Watercolour, gouache (42x33cm-17x13in) München 96 .... FF25 400 - £3 190 - **$4,910**
KOHLMANN Ejnar 1888-1968 [29]
🖌 *Orrar* - Oil/canvas (60x81cm-24x32in) Helsinki 93 .... FF8 640 - £987 - **$1,472**
  Orrspel - Oil/canvas (59x80cm-23x31in) Helsinki 92 .... FF25 800 - £2 640 - **$4,540**
KOHLMEYER Ida 1912 [2]
🖌 *Impermanence* - Oil/masonite (107x61cm-42x24in) New Orleans, Louisiana 93 .... FF19 170 - £2 180 - **$3,250**
KOHLSCHEIN Hans 1879-? [2]
🖌 *Winterliche Strassenszene* - Öl/Leinwand (100x75cm-39x30in) Köln 95 .... FF15 530 - £2 020 - **$3,186**
🖌 *Figurenstudie* - Charcoal (72x100cm-28x39in) Köln 92 .... FF6 120 - £627 - **$1,077**
KOHLSTÄDT Fritz 1921 [2]
🖌 *Südliche Landschaft mit Bogenbrücke* - Oil/board (26x33cm-10x13in) Stuttgart 91 .... FF2 554 - £256 - **$468**
KOHN David 1861-1922 [2]
🖌 *Studie* - Red chalk/paper (25x47cm-10x19in) Wien 94 .... FF1 700 - £200 - **$304**
KOHN Gabriel 1910-1975 [1]
🖌 *Ventura VIII* - Waterpaint (36x38x45cm-14x15x18in) New-York 90 .... FF29 840 - £3 037 - **$5,968**
KOHN Georges 1874-? [2]
🖌 *Sur le parvis de la Synagogue* - Huile/panneau (38x46cm-15x18in) Saint-Dié 95 .... FF20 000 - £2 497 - **$3,920**
KÖHNHOLZ Julius 1839-1925 [1]
🖌 *Obersee mit den Teufelshörnern* - Oil/canvas (105x95cm-41x37in) Köln 90 .... FF9 500 - £1 017 - **$1,652**
KOHOUT Alois 1891-1977 [1]
🖌 *Neue Welt in Prag* - Oil/canvas (50x65cm-20x26in) München 91 .... FF14 200 - £1 414 - **$2,442**
KOHRL Ludwig Dominik 1858-1927 [9]
🖌 *Hochzeitsvorbereitung* - Oil/canvas (52x46cm-20x18in) München 91 .... FF13 000 - £1 335 - **$2,420**
KOHTZ Rudolf 1874-? [3]
🖌 *Ritter und nacktes Mädchen* - Oil/canvas (130x82cm-51x32in) München 92 .... FF11 220 - £1 150 - **$1,975**

K

KOISTER Georges 1880-1956 [2]
Pneu Englebert, Liége, Belgique - Poster (114x159cm-45x63in) New-York 94 .... FF8 580 - £1 007 - **$1,500**
Paysanne assise, 1902 - Aquarelle (38x25cm-15x10in) Liège 89 .... FF1 900 - £184 - **$288**
KOISTINEN Unto 1917-1994 [27]
Väntan - Oil/canvas (16x11cm-6x4in) Helsinki 95 .... FF11 570 - £1 447 - **$2,340**
Mother and child - Oil/canvas (37x27cm-15x11in) Helsinki 95 .... FF20 830 - £2 604 - **$4,210**
Sittande kvinna - Oil/panel (22x18cm-9x7in) Helsinki 91 .... FF39 140 - £3 887 - **$6,796**
KOIVISTO Aukusti 1886-1962 [1]
Insjölandskap från Lappland - Oil/canvas (35x46cm-14x18in) Helsinki 90 .... FF4 610 - £471 - **$910**
KOIVISTO Kullervo 1913-1944 [1]
Efter arbetsdagen - Oil/canvas (82x100cm-32x39in) Helsinki 94 .... FF3 670 - £421 - **$622**
KOIVU Rudolf 1890-1946 [3]
Höst vid sjön - Oil/canvas (80x98cm-31x39in) Uppsala 92 .... FF9 240 - £946 - **$1,627**
KOIZUME Tomohide 1944 [2]
Ocean - Ink/paper (117x90cm-46x35in) New-York 92 .... FF52 000 - £6 210 - **$10,000**
Seascape - Watercolour (73x60cm-29x24in) New-York 92 .... FF124 800 - £14 900 - **$24,000**
KOJAN Jan 1886-? [1]
Stilleben mit Fischen - Oil/canvas München 91 .... FF6 760 - £673 - **$1,162**
KOJI Kinutani 1943 [2]
Tiger, sun and moon - Mineral pigment/canvas (164x134cm-65x53in) New-York 92 ...... FF93 600 - £11 170 - **$18,000**
KOJO Viljo 1891-1966 [2]
Från Mejlans - Oil/canvas (54x62cm-21x24in) Helsinki 92 .... FF4 300 - £514 - **$826**
KOKEN Edmund 1814-1872 [1]
Verschneite Winterlandschaft - Öl/Leinwand (78x115cm-31x45in) Bremen 95 .... FF26 100 - £3 380 - **$5,430**
KOKEN Gustav 1850-1910 [5]
Rast in Herbstlicher Landschaft - Öl/Leinwand (70x125cm-28x49in) München 94 .... FF22 240 - £2 635 - **$4,060**
KOKKEN Henri 1860-1941 [9]
Roses and Peaches - Oil/canvas (65x80cm-26x32in) New-York 97 .... FF42 662 - £4 591 - **$7,500**
KOKO Demeter 1891-1929 [11]
Winterstimmung - Öl/Karton (49x68cm-19x27in) Wien 95 .... FF18 600 - £2 410 - **$3,786**
KOKO-MIKOLETSKY Friedrich Albin 1887-1981 [22]
Snowy mountainous landscape - Oil/canvas (61x76cm-24x30in) Lindau 96 .... FF8 440 - £1 090 - **$1,630**
KOKOCINSKI Alessandro 1948 [3]
Andiamo a incominciare - Olio/tela (100x80cm-39x31in) Venezia 96 .... FF9 660 - £1 092 - **$1,850**
KOKOSCHKA Oskar 1886-1980 [364]
Vernet-les-Bains - Oil/canvas (83x116cm-33x46in) Berlin 91 .... FF2 - £222 976 - **$396,800**
Dr. Rudolf Blümner - Oil/canvas (80x57cm-31x22in) London 90 .... FF8 - £899 860 - **$1**
Dr. Robert Freund II - Oil/canvas (75x52cm-30x20in) New-York 96 .... FF932 000 - £120 300 - **$180,000**
Summer flowers and roses - Color lithograph (76x56cm-30x22in) Tel Aviv 96 .... FF4 660 - £585 - **$900**
Das Konzert I - Lithographie (69x47cm-27x19in) München 96 .... FF17 620 - £2 210 - **$3,400**
Im Café - Ink (21x20cm-8x8in) München 96 .... FF21 000 - £2 635 - **$4,055**
Schottisches Geröft mit Kühen - Chalks/paper (25x35cm-10x14in) Berlin 97 .... FF40 794 - £4 332 - **$7,106**
Gypsy girl - Gouache/paper (67x48cm-26x19in) New-York 92 .... FF193 400 - £19 870 - **$36,000**
Zwei Mädchen - Tempera/papier (63x51cm-25x20in) Köln 94 .... FF686 000 - £81 200 - **$126,800**
KOLAR Jiri 1914 [184]
Amore di maggio - Collage/cartone (45x33cm-18x13in) Prato 97 .... FF10 200 - £1 200 - **$1,800**
Hommage à Manet - Collage/panel (120x80cm-47x31in) London 93 .... FF22 830 - £2 600 - **$3,874**
Singin apple - Olio (65x90cm-26x35in) Milano 92 .... FF49 800 - £5 100 - **$8,770**
Hearth - Relief (34cm-13in) New-York 92 .... FF22 200 - £2 324 - **$4,000**
Violin - Relief (87x6x52cm-34x2x20in) New-York 92 .... FF26 360 - £2 760 - **$4,750**
5 Vasarely Butterflies - Collage/paper (29x23cm-11x9in) Amsterdam 97 .... FF6 445 - £675 - **$1,105**
The ballroom - Collage (26x35cm-10x14in) New-York 92 .... FF16 650 - £1 743 - **$3,000**
Srepn - Pastelli/cartone (100x70cm-39x28in) Milano 93 .... FF32 600 - £3 656 - **$5,830**
KOLARE Nils 1930 [37]
Komposition i blått - Oil/canvas (80x70cm-31x28in) Stockholm 96 .... FF3 660 - £472 - **$717**
Utan title - Oil/canvas (180x150cm-71x59in) Stockholm 93 .... FF10 360 - £1 273 - **$1,920**
Lila grund - Serigraph (120x94cm-47x37in) Stockholm 94 .... FF2 566 - £302 - **$483**
KOLASINSKI Jean-Pierre 1941 [8]
Jeune fille devant son miroir - Huile/toile (55x46cm-22x18in) Aubagne 93 .... FF6 500 - £731 - **$1,102**
Le port de Marseille - Huile/panneau (31x61cm-12x24in) Calais 93 .... FF20 000 - £2 500 - **$3,640**
KOLB Alfred 1878-1958 [1]
Stehender Frauenakt vor Spiegel - Charcoal (48x34cm-19x13in) Luzern 90 .... FF3 300 - £351 - **$590**
KOLB Alois 1875-1942 [12]
Liegender Mädchenakt - Pastel (41x62cm-16x24in) Luzern 89 .... FF5 500 - £562 - **$884**
KOLB Augustin 1869-1943 [1]
Maternité - Oil/canvas (109x76cm-43x30in) Stuttgart 89 .... FF6 100 - £643 - **$1,027**
KOLBE Carl Wilhelm I 1757-1835 [12]
Die Kuh im Schilfe - Etching (30x42cm-12x17in) Berlin 94 .... FF3 420 - £403 - **$608**
Alte Eichengruppe am Weiher - Black chalk (32x41cm-13x16in) Heidelberg 92 .... FF27 100 - £3 150 - **$5,530**
KOLBE Carl Wilhelm II 1781-1853 [6]
Waldumwachsener Teich/Eichengruppe - Etching (25x32cm-10x13in) Hamburg 95 .... FF1 580 - £209 - **$320**
Landschaft mit zwei Nymphen - Etching Hamburg 93 .... FF2 035 - £243 - **$392**

K

Schlacht von Tanneberg - Ink (44x31cm-17x12in) Heidelberg 92 .... FF**2 300** - £*268* - **$470**

KOLBE Ernst 1876-1945 [7]
Interieur der Marienkirche, Lübeck - Öl/Leinwand (81x68cm-32x27in) Bremen 95 .... FF**6 190** - £*814* - **$1,242**

KOLBE Georg 1877-1947 [105]
Sitzender Mädchenakt - Tempera/tela (25cm-10in) Berlin 91 .... FF**38 900** - £*3 948* - **$7,026**
Seated Figure - Bronze (34cm-13in) New-York 97 .... FF**34 823** - £*3 663* - **$6,000**
Genius - Bronze (58cm-23in) Berlin 97 .... FF**73 818** - £*7 839* - **$12,858**
Stehender weiblicher Akt - Stone (160cm-63in) Berlin 97 .... FF**233 110** - £*24 757* - **$40,606**
Javanische Tänzerin - Bronze (73cm-29in) Berlin 94 .... FF**410 000** - £*48 400* - **$73,000**
Sitzende weiblicher Akt - Chalks/paper (49x39cm-19x15in) Berlin 97 .... FF**15 541** - £*1 650* - **$2,707**
Sitzender Akt - Ink (37x46cm-15x18in) Berlin 97 .... FF**27 196** - £*2 888* - **$4,737**
Kauerdner weiblicher Akt - Pencil (36x46cm-14x18in) Berlin 97 .... FF**64 105** - £*6 808* - **$11,166**

KOLBE Heinrich Christoph 1771-1836 [1]
Alwine & Robert Uellenberg - Oil/canvas (69x58cm-27x23in) London 90 .... FF**58 100** - £*6 021* - **$10,211**

KOLBINGER Martin 1829-1869 [1]
Obersee bei Berchtesgaden - Oil/canvas (30x44cm-12x17in) München 91 .... FF**3 405** - £*341* - **$624**

KÖLBL Anton 1779-1832 [1]
Zwei skizzen - Ink (5x7cm-2x3in) Köln 89 .... FF**1 500** - £*158* - **$253**

KOLDEWEY Bernardus Marie 1859-1898 [5]
A farmyard - Oil/canvas (36x50cm-14x20in) Amsterdam 91 .... FF**3 610** - £*366* - **$652**

KOLESNIK Boris 1927 [2]
La promenade du matin - Huile/toile (59x79cm-23x31in) Paris 92 .... FF**4 000** - £*411* - **$709**

KOLESNIKOFF Sergueï 1889-c.1930 [16]
Fisherman by a river - Oil/canvas (124x158cm-49x62in) New-York 92 .... FF**8 100** - £*828* - **$1,500**
Gathering of Village Women
   Oil/canvas (95x180cm-37x71in) San Francisco-Los Angeles 93 .... FF**35 300** - £*4 030* - **$6,000**
Kirchgang - Gouache/board (50x65cm-20x26in) Ahlden 92 .... FF**10 150** - £*1 181* - **$2,072**

KOLESNIKOV Alexis 1932 [2]
La petite fille - Huile/bois (29x25cm-11x10in) Brest 92 .... FF**2 700** - £*275* - **$510**

KOLESNIKOV Sergei 1889-? [1]
Waschtag einer Mongolin am Fluss - Oil/panel (40x47cm-16x19in) Stuttgart 94 .... FF**6 830** - £*799* - **$1,205**

KOLESNIKOV Stepan Feodorovich 1879-1955 [3]
Early Spring - Gouache/paper (29x40cm-11x16in) Moscow 94 .... FF**4 250** - £*510* - **$825**

KOLIG Anton ?-1950 [1]
Kauernder Akt - Gouache (32x40cm-13x16in) Stuttgart 90 .... FF**6 040** - £*611* - **$1,149**

KÖLIG Anton 1886-1950 [15]
Liegender männlicher Akt - Pencil (42x32cm-17x13in) Wien 97 .... FF**15 334** - £*1 612* - **$2,633**
Liegender männlicher Akt - Pencil (34x45cm-13x18in) Wien 97 .... FF**31 148** - £*3 276* - **$5,349**

KOLIG Cornelius 1942 [3]
Ohne Titel - Mischtechnik/Papier (50x65cm-20x26in) Wien 97 .... FF**7 167** - £*762* - **$1,236**

KOLIN Sacha 1911-1981 [3]
Abstraction, 1957 - Gouache (25x33cm-10x13in) Paris 89 .... FF**3 500** - £*348* - **$553**

KOLITZ Louis 1845-1914 [3]
The Bay of Albano - Oil/canvas (96x113cm-38x44in) Wien 96 .... FF**143 500** - £*17 400* - **$27,900**

KOLLAR François 1904-1979 [28]
Profil de femme - Photo (23x17cm-9x7in) Paris 94 .... FF**2 800** - £*331* - **$502**

KØLLE Claus Anton 1827-1872 [10]
Wooded river landscape, Rådvad - Oil/canvas (65x96cm-26x38in) København 95 .... FF**5 760** - £*754* - **$1,170**

KOLLE Helmut von Hügel 1899-1931 [3]
Trauben und Pfirsichen - Öl/Leinwand (30x46cm-12x18in) Köln 95 .... FF**16 470** - £*2 155* - **$3,346**

KOLLER Ben-Ami 1948 [11]
Musique en mouvement - Huile/toile (134x100cm-53x39in) Paris 93 .... FF**10 000** - £*1 140* - **$1,695**
Visage et mains - Encre/papier (42x35cm-17x14in) Chaumont 92 .... FF**4 500** - £*524* - **$918**

KOLLER Broncia, Bronislawa 1863-1934 [1]
Sitzender weiblicher Rücknakt - Oil/panel (51x35cm-20x14in) München 92 .... FF**22 040** - £*2 633* - **$4,240**

KOLLER Johann Jakob 1746-c.1805 [2]
Cascades près de Zürich - Huile/panneau (39x52cm-15x20in) Paris 92 .... FF**38 000** - £*3 890* - **$6,690**

KOLLER Johann Rudolf 1828-1905 [3]
Market square - Oil/panel (51x41cm-20x16in) Chicago 94 .... FF**6 680** - £*790* - **$1,200**

KOLLER Oskar 1925 [3]
Baumgruppe - Aquarell/Papier (29x38cm-11x15in) Hamburg 96 .... FF**3 400** - £*387* - **$650**

KOLLER Rolf Maria 1932 [3]
Sarajewo - Watercolour (37x44cm-15x17in) Köln 92 .... FF**2 204** - £*264* - **$424**

KOLLER Rudolf 1828-1905 [32]
Mouton couché - Huile/toile (38x46cm-15x18in) Zürich 96 .... FF**25 830** - £*2 990* - **$4,950**
Viehtränke im Wald - Oil/canvas (47x64cm-19x25in) Zürich 92 .... FF**72 300** - £*8 630* - **$13,900**
Junger Mann auf Schimmel - Öl/Leinwand (63x78cm-25x31in) Zürich 97 .... FF**126 333** - £*13 430* - **$21,792**
Weidende Kühe - Aquarell/Papier (20x30cm-8x12in) Zürich 93 .... FF**9 900** - £*1 182* - **$1,903**

KOLLER Silvia 1898-1966 [22]
Mädchenporträt - Oil/canvas (56x46cm-22x18in) Wien 92 .... FF**5 780** - £*592* - **$1,017**
Korb mit katzen - Aquarell/Papier (28x38cm-11x15in) Wien 93 .... FF**2 165** - £*259* - **$417**

KOLLER Wilhelm 1829-1884 [4]
Faust and Mephistopheles - Oil/panel (77x102cm-30x40in) New-York 92 .... FF**130 000** - £*15 520* - **$25,000**

KOLLER-PINELL Broncia 1863-1934 [36]
- *Mutter mit Kind* - Öl/Leinwand (72x54cm-28x21in) Wien 97 .... FF11 945 - £1 270 - **$2,060**
- *Landschaft mit Häusern* - Öl/Leinwand (44x55cm-17x22in) Wien 95 .... FF24 970 - £3 150 - **$4,980**
- *Teekanne und Früchten* - Öl/Leinwand (54x54cm-21x21in) Wien 97 .... FF81 226 - £8 636 - **$14,008**
- *Kapelle im Park des Oberwaltersdorfes*
  Mischtechnik/Papier (37x27cm-15x11in) Wien 96 .... FF8 800 - £1 143 - **$1,723**

KÖLLIKER David 1807-1875 [1]
- *Mythen u. Bergschutt beÿ Goldau* - Gouache (18x25cm-7x10in) Bern 93 .... FF3 570 - £446 - **$652**

KOLLMANN Albert c.1905-1937 [3]
- *Blick auf Perchtoldsdorf* - Oil/panel (50x62cm-20x24in) Wien 96 .... FF8 680 - £1 120 - **$1,700**

KOLLMANN Karl Ivanovitch 1788-1846 [5]
- *Interior of a Petersburg tavern* - Watercolour (16x23cm-6x9in) London 96 .... FF7 020 - £900 - **$1,393**

KOLLNER Augustus 1813-? [2]
- *Washington at West Point* - Watercolour/paper (63x95cm-25x37in) New-York 89 .... FF20 000 - £1 990 - **$3,160**

KOLLWITZ Käthe 1867-1945 [453]
- *Selbstbildnis nach Links II* - Lithographie (35x25cm-14x10in) London 97 .... FF8 687 - £900 - **$1,488**
- *Schwangere Frau* - Etching Köln 96 .... FF13 600 - £1 550 - **$2,600**
- *Arbeiterfrau mit blauem Tuch* - Color lithograph (35x24cm-14x9in) Berlin 97 .... FF19 426 - £2 063 - **$3,383**
- *Mutter mit Jungen* - Lithograph (6x21cm-2x8in) Berlin 97 .... FF73 818 - £7 839 - **$12,858**
- *La Pietà* - Bronze (38cm-15in) Paris 96 .... FF60 000 - £6 940 - **$11,500**
- *Grabrelief* - Bronze (35x31cm-14x12in) Berlin 97 .... FF97 129 - £10 315 - **$16,919**
- *Frau mit Kind im Schoss* - Bronze (39cm-15in) Berlin 97 .... FF178 717 - £18 980 - **$31,131**
- *Grosse Liebesgruppe II* - Bronze (71cm-28in) Berlin 94 .... FF292 000 - £34 900 - **$54,600**
- *Hamburger Kneipe* - Type C color print (19x24cm-7x9in) Stuttgart 91 .... FF4 090 - £406 - **$710**
- *Mutter mit zwei Kindern* - Pencil/paper (20x8cm-8x3in) München 94 .... FF31 450 - £3 690 - **$5,600**
- *Besuch in Krankenhaus* - Ink (49x43cm-19x17in) Köln 94 .... FF61 500 - £7 220 - **$10,960**
- *Arbeiterfrau* - Charcoal/paper (62x47cm-24x19in) New-York 97 .... FF428 573 - £45 945 - **$75,000**

KOLNIK Arthur 1890-1972 [7]
- *Synagogue à Janow Sokolsk* - Oil/board (46x55cm-18x22in) Tel Aviv 93 .... FF9 810 - £1 184 - **$1,800**

KOLOMENKOV Alexander 1948 [3]
- *Märchentraum* - Tempera/paper (40x48cm-16x19in) München 92 .... FF4 080 - £418 - **$718**

KOLOS-VARY Sigismond 1899-1983 [10]
- *Verte, 1965* - Huile/toile (100x81cm-39x32in) Paris 89 .... FF15 000 - £1 534 - **$2,412**

KOLOZSVARY Lajos 1871-1937 [12]
- *Talmud study* - Oil/canvas (48x38cm-19x15in) Amsterdam 97 .... FF7 603 - £803 - **$1,304**
- *Das Schachspiel* - Öl/Leinwand (50x70cm-20x28in) Wien 95 .... FF24 500 - £3 226 - **$4,960**

KOLSTØ Fredrik 1860-1945 [12]
- *Interiør* - Oil/canvas Oslo 92 .... FF16 500 - £1 654 - **$3,170**

KOLTHOFF Mark 1901-? [1]
- *Untitled* - Watercolour (32x24cm-13x9in) Amsterdam 94 .... FF1 830 - £215 - **$326**

KOLYADA Sergei 1907 [2]
- *Etretat, la Marcotte* - Huile/toile (50x70cm-20x28in) Le Havre 95 .... FF7 000 - £916 - **$1,402**
- *Chemin des Haules, Bagatelle* - Huile/toile (70x50cm-28x20in) Le Havre 95 .... FF21 000 - £2 747 - **$4,205**

KOMAR & MELAMID 1943/1945 [4]
- *Natasha with the Bust of Stalin* - Oil/canvas (183x120cm-72x47in) New-York 93 .... FF77 000 - £9 650 - **$14,000**

KOMAROMI-KACZ Endre 1880-1969 [32]
- *Interior with a globe on a chest* - Oil/canvas (79x58cm-31x23in) London 96 .... FF7 700 - £1 000 - **$1,524**
- *Ländlicher Tanz* - Öl/Leinwand (58x100cm-23x39in) Wien 97 .... FF38 224 - £4 064 - **$6,592**

KOMLOSSY Ferenc 1817-1892 [1]
- *Partie am Hallstätter See* - Öl/Leinwand (39cm-15in) München 94 .... FF5 750 - £670 - **$1,175**

KOMLOSY I. 1850-? [1]
- *Schneerosen* - Oil/panel (33x57cm-13x22in) Wien 94 .... FF8 740 - £1 027 - **$1,558**

KOMOSKI Bill 1954 [5]
- *Untitled* - Mixed media (211x152cm-83x60in) Stockholm 94 .... FF6 780 - £796 - **$1,210**
- *Untitled* - Gouache/paper (130x90cm-51x35in) Amsterdam 97 .... FF2 397 - £252 - **$411**

KOMPATSCHER Florin 1960 [2]
- *Ohne Titel* - Mischtechnik/Papier (43x29cm-17x11in) Wien 94 .... FF2 440 - £292 - **$474**

KOMPOCZI-BALOGH Endre 1911-1977 [2]
- *Summer flowers* - Oil/canvas (60x80cm-24x31in) London 95 .... FF4 280 - £550 - **$865**

KOMTER Douwe 1871-1957 [1]
- *Stilleven met bruine kan* - Oil/panel (50x70cm-20x28in) Amsterdam 95 .... FF5 530 - £700 - **$1,080**

KONCHALOVSKY Piotr Petrovich 1876-1956 [7]
- *Still life with grinder* - Oil/canvas (90x70cm-35x28in) London 91 .... FF34 700 - £3 522 - **$6,267**

KONDOR Béla 1931-1972 [1]
- *Pique-dame, 1963* - Oil/canvas (30x24cm-12x9in) Budapest 89 .... FF12 900 - £1 359 - **$2,172**

KONDRATENKO Gavriil Pavlovich 1854-1924 [9]
- *Rocky landscape* - Oil/canvas (50x67cm-20x26in) New-York 92 .... FF20 000 - £2 590 - **$4,000**

KONDRATIEV Pavel Mikhailovich 1902-1985 [2]
- *Catastrophy, 1972* - Oil/canvas (60x49cm-24x19in) London 89 .... FF10 700 - £1 094 - **$1,720**

KONDRATJEWITSCH SSAWRASSOFF Alexej 1830-1897 [1]
- *Mühle im Mondschein* - Mischtechnik/Papier (21x17cm-8x7in) Wien 95 .... FF3 250 - £410 - **$648**

K

KONECNY Josef 1907 [22]
- *Blumenstilleben* - Öl/Karton (44x33cm-17x13in) München 92 .... FF11 840 - £1 378 - **$2,420**
- *Sommerstrauss in einer Glasvase* - Öl/Leinwand (86x72cm-34x28in) München 94 .... FF20 500 - £2 464 - **$3,900**

KONEK Ida 1856-? [3]
- *Natura morta con fiori* - Olio/tela (120x70cm-47x28in) Trieste 93 .... FF3 260 - £371 - **$552**

KONER Max 1854-1900 [1]
- *Young man* - Watercolour, gouache (21x16cm-8x6in) Dresden 95 .... FF2 074 - £271 - **$416**

KONGSBAK Albert 1877-1958 [5]
- *Children playing in a courtyard* - Oil/canvas (71x83cm-28x33in) London 91 .... FF82 600 - £8 223 - **$14,204**

KONGSRUD Anders 1866-1938 [7]
- *Gulspurv om vinteren* - Oil/canvas (31x42cm-12x17in) Tönsberg 91 .... FF5 640 - £566 - **$942**
- *Dompapper i vintersne* - Oil/canvas (55x67cm-22x26in) Oslo 92 .... FF10 870 - £1 300 - **$2,090**

KONGSVOLD Rolf 1903-1960 [2]
- *Bjerglandskab* - Oil/board (46x55cm-18x22in) Köbenhavn 90 .... FF5 270 - £531 - **$1,032**

KONI Nicolaus 1911 [2]
- *Standing nude* - Bronze (71cm-28in) Delray Beach, Florida 96 .... FF12 500 - £1 620 - **$2,500**

KONICEK Oldrich 1886-1932 [3]
- *Weiblicher Akt* - Öl/Karton (44x27cm-17x11in) Praha 95 .... FF7 080 - £916 - **$1,448**

KONIDARIS Epaminondas 1837-1897 [1]
- *Girl in a blue dress* - Oil/canvas (105x71cm-41x28in) Athens 94 .... FF55 600 - £6 590 - **$10,270**

KÖNIG Anton Friedrich I 1722-1787 [6]
- *Friedrich der Grosse* - Miniature (9x7cm-4x3in) Berlin 96 .... FF42 500 - £4 840 - **$8,120**

KÖNIG Carlo 1900-1970 [2]
- *Palmengarten, Cremano* - Aquarell (32x43cm-13x17in) Zofingen 94 .... FF1 830 - £217 - **$339**

KÖNIG Ferdinand 1827-1894 [4]
- *Wernigerode im Harz* - Öl/Papier (17x22cm-7x9in) Hamburg 93 .... FF4 580 - £547 - **$881**

KÖNIG Franz Niklaus 1765-1832 [15]
- *Junge schreibende Frau* - Öl/Kupfer (16x13cm-6x5in) Bern 94 .... FF5 680 - £678 - **$1,060**
- *Unterseen im Canton Bern* - Gouache (47x55cm-19x22in) Bern 96 .... FF9 910 - £1 260 - **$1,910**

KÖNIG Friedrich 1857-1941 [31]
- *Flieder, Azalee und Velchein* - Öl/Leinwand (100x70cm-39x28in) Wien 96 .... FF9 630 - £1 201 - **$1,860**
- *Dame mit rotem Federhut* - Öl/Leinwand (63x97cm-25x38in) Berlin 95 .... FF28 500 - £3 544 - **$5,570**
- *Im Belvedere-Garten* - Mixed media/paper (33x24cm-13x9in) Wien 92 .... FF14 430 - £1 724 - **$2,775**

KÖNIG Hein 1891-? [2]
- *Gesellige Männerrunde* - Öl/Leinwand (33x41cm-13x16in) Bern 94 .... FF6 060 - £702 - **$1,044**

KÖNIG Henri 1896-? [2]
- *Frauenkopf mit wehendem Haar* - Sculpture (32cm-13in) Bern 94 .... FF28 300 - £3 276 - **$4,870**

KÖNIG Herbert 1820-1876 [1]
- *Illustrations for Faity Tales* - Pencil (27x21cm-11x8in) London 93 .... FF5 150 - £620 - **$900**

KÖNIG Jo ?-1951 [1]
- *Indonesian woman in a sunlit street* - Oil/canvas/board (52x42cm-20x17in) Amsterdam 96 .... FF2 410 - £292 - **$468**

KÖNIG Marie Albert 1866-1927 [1]
- *Staffel See, Insel Wörth* - Öl/Leinwand (70x90cm-28x35in) München 96 .... FF3 740 - £426 - **$715**

KÖNIG von Leo 1871-1944 [10]
- *Titanenkampf* - Öl/Karton (24x34cm-9x13in) Bern 95 .... FF9 500 - £1 188 - **$1,920**
- *Hafen von Rapallo* - Öl/Leinwand (43x62cm-17x24in) Berlin 97 .... FF101 014 - £10 728 - **$17,596**

KÖNIG-WINTERNITZ Marie Albert 1866-1927 [1]
- *Starnberger See, Ammerland* - Öl/Leinwand (68x99cm-27x39in) München 94 .... FF9 570 - £1 150 - **$1,820**

KONIJNENBURG van Willem 1868-1943 [29]
- *Stad (Maastricht)* - Oil/canvas (79x106cm-31x42in) Amsterdam 97 .... FF14 648 - £1 536 - **$2,513**
- *St. Joris* - Oil/canvas (81x138cm-32x54in) Amsterdam 89 .... FF149 800 - £15 785 - **$25,219**
- *Rituele dans* - Pencil/paper (120x88cm-47x35in) Amsterdam 94 .... FF61 200 - £7 260 - **$11,320**

KONINCK Philips 1619-1688 [14]
- *Panoramic landscape* - Oil/canvas (53x77cm-21x30in) London 96 .... FF6 - £840 000 - **$1**
- *The Anointing of a Queen* - Ink (26x36cm-8x14in) London 97 .... FF342 464 - £35 000 - **$58,289**

KONINCK Salomon 1609-1656 [7]
- *The Mocking of Ceres* - Oil/panel (67x55cm-26x22in) London 93 .... FF191 000 - £22 000 - **$33,000**

KONING Arnold Hendrik 1860-? [1]
- *Harbour, Holland* - Oil/canvas (83x117cm-33x46in) Köbenhavn 95 .... FF2 210 - £272 - **$431**

KONING Dirk 1888-? [2]
- *Thomas alva Edison* - Oil/canvas (65x91cm-26x36in) Amsterdam 94 .... FF32 000 - £3 760 - **$5,700**

KONING Edzard 1869-1954 [4]
- *A moored boat* - Oil/board (34x45cm-13x18in) Amsterdam 93 .... FF2 410 - £288 - **$464**

KONING Roeland 1898-? [3]
- *A tree along a pond: Herfstzon* - Oil/canvas (61x81cm-24x32in) Amsterdam 94 ..... FF9 700 - £1 114 - **$1,658**

KONINGH de Arie Ketting 1815-1867 [5]
- *Sheep & a donkey in a landscape* - Oil/panel (36x32cm-14x13in) Amsterdam 92 ..... FF10 530 - £1 225 - **$2,150**

KONINGH de Leendert 1777-1849 [10]
- *Juegos en la nieve* - Oleo/tabla (26x35cm-10x14in) Madrid 97 .... FF24 000 - £2 580 - **$4,140**

KONINGH de Leonard 1810-1887 [4]
- *Young kerdess & dog at a well* - Oil/panel (54x46cm-21x18in) Amsterdam 94 ..... FF9 800 - £1 175 - **$1,900**
- *Today's news* - Oil/panel (49x39cm-19x15in) Amsterdam 95 .... FF20 670 - £2 580 - **$4,170**

KONINGSBRUGGEN van Rob 1948 [5]
🖋 *Om de hoek* - Oil/canvas (110x110cm-43x43in) Amsterdam 90 .... FF*13 550* - £*1 386* - **$2,675**
KONINGSVELD van Jacobus 1824-1866 [5]
🖋 *Elegant figures on the beach* - Oil/canvas (38x78cm-15x31in) Amsterdam 94 .... FF*48 800* - £*5 660* - **$8,400**
KONLEIN J. Roberts 1901-? [2]
▱ *Comme sur un Billard* - Poster (120x159cm-47x63in) New-York 92 .... FF*10 400* - £*1 242* - **$2,000**
KONO Miçao XIX-XX [62]
🖋 *Jeune femme allongée* - Huile/toile (82x114cm-32x45in) La Varenne Sainte-Hilaire 97 .... FF*25 500* - £*2 749* - **$4,478**
 Les deux amies - Huile/toile (87x115cm-34x45in) Paris 93 .... FF*92 000* - £*11 080* - **$16,730**
 Pierrot et Colombine - Huile/toile (81x116cm-32x45in) Versailles 90 .... FF*230 000* - £*23 834* - **$40,422**
✐ *Jeune femme au chat* - Aquarelle (65x48cm-26x19in) Pont-Audemer 94 .... FF*30 000* - £*3 191* - **$5,367**
KONOK Tamás 1930 [4]
🖋 *Komposition 74/39* - Öl/Leinwand (36x43cm-14x17in) Luzern 93 .... FF*7 230* - £*864* - **$1,391**
KONONENKO Nicolay 1940 [2]
🖋 *Nature morte aux pommes* - Huile/toile (50x60cm-20x24in) Bordeaux 92 .... FF*2 000* - £*233* - **$409**
KONONOWICZ Zenon 1903-1971 [1]
🖋 *Pejzaz z Baszta* - Oil/canvas (34x45cm-13x18in) Kraków 93 .... FF*4 170* - £*426* - **$744**
KONOPA Rudolf 1864-1938 [11]
🖋 *Winter* - Öl/Leinwand (32x42cm-13x17in) Wien 94 .... FF*7 320* - £*848* - **$1,260**
✐ *Die Kinderschaukel* - Öl/Leinwand (118x160cm-46x63in) Zofingen 93 .... FF*43 500* - £*4 960* - **$7,390**
 Auflandschaft im Abendlicht - Pastell/Papier (44x71cm-17x28in) Wien 92 .... FF*7 220* - £*740* - **$1,271**
KONOPATZKY Eugène XIX-XX [2]
🖋 *Ruelle au Caire* - Huile/toile (65x50cm-26x20in) Paris 96 .... FF*4 500* - £*582* - **$892**
KONOV Mikhail 1934 [2]
🖋 *Le parc en été* - Huile/toile (70x53cm-28x21in) Paris 93 .... FF*3 900* - £*488* - **$710**
KONOVALOVA-KOVRIGINA Tatiana 1915-1986 [9]
🖋 *Le Jeune photographe* - Huile/toile (46x38cm-18x15in) Douarnenez 94 .... FF*4 000* - £*481* - **$745**
KONOW von Jürgen Carl 1915-1959 [24]
🖋 *Vy över Gamla Stan* - Oil/panel (46x55cm-18x22in) Stockholm 95 .... FF*4 720* - £*613* - **$966**
 Vintersöndag, Berns och Berzeli park - Oil/panel (84x121cm-33x48in) Stockholm 96 .... FF*29 200* - £*3 430* - **$5,740**
KONSTANTIN-HANSEN Elise 1858-1946 [8]
🖋 *Frühlingsteich mit 3 Enten* - Öl/Leinwand (47x38cm-19x15in) Lindau 94 .... FF*7 540* - £*874* - **$1,298**
KONSTANTINIDIS Dimitris 1878-1944 [1]
🖋 *Steamship* - Oil/cardboard (23x30cm-9x12in) Athens 94 .... FF*8 450* - £*1 001* - **$1,562**
KONSTANTINOVSKY Alexandr Iosifovich 1906-1958 [1]
✐ *Sketch of a Belisa's costume* - Watercolour, gouache/paper (42x31cm-17x12in) Moscow 93 .... FF*2 655* - £*302* - **$450**
KONTCHALOVSKI Piotr 1876-1956 [2]
🖋 *Poiriers en fleurs* - Huile/toile (75x62cm-30x24in) Enghien 90 .... FF*10 000* - £*1 078* - **$1,764**
 Automne 1923 - Huile/toile (75x62cm-30x24in) Enghien 90 .... FF*37 000* - £*3 987* - **$6,526**
KONTI Isidore 1862-1938 [16]
🗿 *Youth/Age* - Bronze (20cm-8in) New-York 94 .... FF*12 550* - £*1 464* - **$2,200**
 Pushing men - Bronze (16cm-6in) New-York 95 .... FF*21 800* - £*2 804* - **$4,500**
KONTIADIS Epaminondas 1860-1937 [1]
🖋 *Roi Georges 1er de Grèce* - Huile/toile (64x53cm-25x21in) Paris 94 .... FF*8 000* - £*930* - **$1,386**
KONTNY Paul August 1923 [5]
🖋 *Impression von New Mexiko* - Mixed media (55x78cm-22x31in) Pforzheim 93 .... FF*4 410* - £*527* - **$848**
✐ *Kopf* - Pastel (29x21cm-11x8in) München 94 .... FF*3 750* - £*448* - **$706**
KONTOPOULOS Alecos, Alex 1905-1975 [3]
🖋 *Paysage chimérique* - Oil/canvas (111x100cm-44x39in) Athens 96 .... FF*64 300* - £*7 440* - **$12,320**
KOOIMAN Willem [2]
🖋 *Cows and sheep in a meadow* - Oil/canvas (45x75cm-18x30in) Amsterdam 97 .... FF*10 290* - £*1 125* - **$1,804**
KOOL Sipke, Spkee 1836-1902 [7]
🖋 *A peasant girl baking pancakes* - Oil/panel (18x25cm-7x10in) Amsterdam 97 .... FF*19 074* - £*2 063* - **$3,328**
KOOL Willem Gillesz. 1608-1666 [5]
🖋 *Town on the banks of a river* - Oil/panel (32x43cm-13x17in) London 94 .... FF*69 200* - £*8 000* - **$11,800**
KOONING de Elaine 1919-1989 [13]
🖋 *Bull* - Oil/masonite (46x61cm-18x24in) New-York 95 .... FF*35 940* - £*4 410* - **$7,000**
✐ *John F. Kennedy* - Pencil/paper (43x36cm-17x14in) Mystic, Connecticut 95 .... FF*5 370* - £*644* - **$1,000**
KOONING de Willem 1904-1997 [212]
🖋 *East Hampton IV* - Oil/paper/canvas (105x77cm-41x30in) New-York 95 .... FF*1* - £*167 000* - **$260,000**
 Duck Pond - Oil/paper/canvas (122x150cm-48x59in) New-York 97 .... FF*2* - £*293 040* - **$480,000**
 Untitled - Sapolin enamel/paper (recto-verso) (56x76cm-22x30in) New-York 96 .... FF*4* - £*635 000* - **$950,000**
 Woman - Mixed media/canvas (153x122cm-60x48in) New-York 96 .... FF*7* - £*8* - **$1**
 Head - Acrylic/paper (66x38cm-26x15in) New-York 95 .... FF*131 700* - £*16 160* - **$25,650**
 Untitled - Oil (71x56cm-28x22in) New-York 97 .... FF*348 432* - £*36 654* - **$60,000**
 Untitled - Oil/paper/canvas (77x89cm-30x35in) New-York 95 .... FF*841 000* - £*105 200* - **$170,000**
 Interchange - Oil/canvas (200x175cm-79x69in) New-York 89 .... FF*1 75 36e +08* - £*1 99 55e +07* - **$1**
▱ *Litho #2 (Wave #2)* - Lithograph (109x79cm-43x31in) New-York 94 .... FF*350 400* - £*41 700* - **$66,000**
🗿 *Large Torso* - Bronze (91x67x79cm-36x26x31in) New-York 96 .... FF*2* - £*298 000* - **$446,000**
 Head #4 - Bronze (26x28cm-10x11in) New-York 97 .... FF*784 890* - £*82 418* - **$135,000**
✐ *Mailbox* - Mixed media/paper (59x76cm-23x30in) New-York 96 .... FF*1* - £*2* - **$3**
 Untitled - Pencil/paper (46x61cm-18x24in) New-York 97 .... FF*58 140* - £*6 105* - **$10,000**

Untitled - Graphite (29x28cm-11x11in) New-York 97 .... **FF377 468** - £39 709 - **$65,000**

KOONS Jeff 1955 [27]
Jam Session - Color lithograph (79x114cm-31x45in) New-York 92 .... **FF60 300** - £6 160 - **$11,000**
Louis XIV - Stainless steel (122cm-48in) New-York 94 .... **FF1** - £131 300 - **$210,000**
Speaker - Construction (137x45x38cm-54x18x15in) New-York 96 .... **FF203 700** - £24 000 - **$40,000**
French coach couple - Sculpture (45x25x35cm-18x10x14in) New-York 93 .... **FF348 000** - £39 600 - **$59,000**
Moses - Photograph in colour (91x55cm-36x22in) New-York 91 .... **FF108 300** - £10 991 - **$19,560**

KOOPER Ary Cornelis 1855-1921 [2]
Cows on a riverbank - Oil/canvas (41x76cm-16x30in) Amsterdam 94 .... **FF2 726** - £314 - **$467**

KOOPMAN Augustus B. 1869-1914 [5]
French landscape - Oil/canvas (66x51cm-26x20in) Mystic, Connecticut 96 .... **FF9 310** - £1 167 - **$1,800**

KOORNSTRA Metten 1912-1978 [8]
Pear - Oil/board (29x35cm-11x14in) Amsterdam 95 .... **FF9 250** - £1 212 - **$1,854**

KOPAC Slavko 1913 [4]
Danseuse - Encre (45x71cm-18x28in) Paris 91 .... **FF5 000** - £504 - **$868**

KOPALLIK Franz 1860-1931 [5]
Das Palais Lobkowitz - Aquarell/Papier (38x27cm-15x11in) Wien 94 .... **FF22 000** - £2 545 - **$3,780**

KÖPCKE Arthur 1928-1977 [58]
Stern - Mixed media/panel (36x52cm-14x20in) København 95 .... **FF14 200** - £1 840 - **$2,890**
Komposition, Piece No. 59 - Acrylic/panel (38x44cm-15x17in) København 92 ... **FF28 160** - £2 880 - **$4,960**
Neujahrsnacht, 1959 - Oil/masonite (97x43cm-38x17in) København 90 .... **FF48 300** - £5 171 - **$8,400**
Ohne Titel - Mischtechnik/Papier (36x51cm-14x20in) Köln 91 .... **FF16 900** - £1 715 - **$3,052**

KOPETZKY Olga 1870-? [2]
Stilleben mit Mandoline - Öl/Leinwand (61x90cm-24x35in) Wien 94 .... **FF6 370** - £753 - **$1,175**

KÖPF Josef 1873-1953 [5]
Mauthausen an der Donau - Oil/panel (32x23cm-13x9in) Wien 92 .... **FF12 030** - £1 232 - **$2,120**

KOPF von Joseph 1827-1903 [2]
King William of Prussia - Bronze (28cm-11in) Chicago 95 .... **FF2 010** - £252 - **$400**
Young woman, emblematic of Winter - Marble (110cm-43in) London 97 .... **FF55 762** - £6 000 - **$9,803**

KOPFERMANN Sigrid 1925 [3]
Indianerbild - Öl/Leinwand (60x73cm-24x29in) Köln 96 .... **FF25 500** - £2 903 - **$4,880**

KOPMAN Benjamin 1887-1965 [6]
Two clowns - Oil/canvas (81x59cm-32x23in) Tel Aviv 94 .... **FF17 100** - £2 000 - **$3,000**

KOPP Andreas 1959 [3]
Der Broker - Oil/panel (160x80cm-63x31in) Hamburg 96 .... **FF3 755** - £489 - **$744**

KOPP Dieter 1939 [2]
Villa Balestra - Olio/tela (101x85cm-40x33in) Roma 94 .... **FF12 180** - £1 435 - **$2,170**

KOPP Walter 1877-? [4]
Sächsische Winterlandschaft - Oil/canvas (70x85cm-28x33in) Bremen 92 .... **FF2 370** - £276 - **$484**

KOPPAY Joszi Arpád, Jan 1859-c.1920 [3]
Damenportrait - Öl/Leinwand (230x132cm-91x52in) Wien 94 .... **FF19 600** - £2 537 - **$3,920**

KÖPPEL Johann Gottfried 1749-1798 [1]
Ansicht von Bayreuth - Aquarell (19x32cm-7x13in) München 92 .... **FF10 850** - £1 296 - **$2,087**

KÖPPEN Theodor Hermann Wil. 1828-1903 [4]
Sleeping young girl on a rock - Oil/canvas (117x86cm-46x34in) København 96 ... **FF6 240** - £808 - **$1,248**
Mutter mit zwei Kindern - Oil/panel (29x36cm-11x14in) Nürnberg 91 .... **FF40 900** - £4 100 - **$7,491**

KOPPENOL C. 1946 [2]
La baignade - Huile/panneau (50x70cm-20x28in) Verrières-Le-Buisson 91 .... **FF3 100** - £311 - **$512**

KOPPENOL Cornelis 1865-1946 [23]
A farmer's couple in a yard - Oil/panel (18x13cm-7x5in) Amsterdam 94 .... **FF6 100** - £708 - **$1,050**
Donkey-riding on a beach - Oil/canvas (40x60cm-16x24in) Amsterdam 92 ...... **FF39 440** - £4 040 - **$6,940**

KOPPERS Julia 1855-? [1]
Mutterglück - Oil/canvas (73x50cm-29x20in) Stuttgart 90 .... **FF23 000** - £2 376 - **$4,064**

KOPPITZ Rudolf 1884-1936 [8]
Bewegungsstudie - Gelatin silver print (25x20cm-10x8in) London 93 .... **FF141 000** - £17 000 - **$24,650**

KOPRIVA Erna 1894-1984 [2]
Schalenträgerin - Ceramic (16cm-6in) Wien 97 .... **FF6 217** - £663 - **$1,075**

KOPYSTIANSKY Igor 1954 [2]
Restored paintig - Oil/canvas (125x160cm-49x63in) New-York 90 .... **FF54 300** - £5 777 - **$9,714**
Historical painting - Oil/canvas (114x114cm-45x45in) New-York 90 .... **FF171 600** - £18 255 - **$30,698**

KORAB Karl 1937 [118]
Tisch - Mixed media/panel (110x130cm-43x51in) Wien 94 .... **FF26 600** - £3 053 - **$4,550**
Gartenmauer - Öl/Leinwand (120x120cm-47x47in) Luzern 94 .... **FF80 300** - £9 420 - **$14,300**
Dächer - Ink/paper (30x48cm-12x19in) Wien 95 .... **FF5 960** - £767 - **$1,231**
Rotes Fenster - Gouache (18x14cm-7x6in) München 96 .... **FF6 120** - £697 - **$1,170**
Erdäpfel auf Zeitung - Mischtechnik/Papier (19x24cm-7x9in) Wien 96 .... **FF6 250** - £796 - **$1,204**
Stilleben - Gouache/paper (19x14cm-7x6in) Wien 96 .... **FF7 667** - £806 - **$1,316**
Stilleben mit blauem Sockel - Gouache (22x27cm-9x11in) München 96 .... **FF14 950** - £1 703 - **$2,860**

KORBEL Mario Joseph 1882-1954 [13]
A Girl Dancing - Bronze (28cm-11in) New-York 96 .... **FF9 400** - £1 088 - **$1,800**
Nocturne - Bronze (57cm-22in) New-York 94 .... **FF49 600** - £5 740 - **$9,500**

KORDIAN Pierre XX [3]
Le port, le soir - Huile/panneau (22x54cm-9x21in) Cherbourg 96 .... **FF3 000** - £374 - **$582**

KORDIAN Roch 1950 [43]
🖼 *Vue de Paris* - Huile/toile (27x35cm-11x14in) Cherbourg 97 .... FF**2 700** - £288 - **$470**
Voiliers - Huile/toile (55x46cm-22x18in) Noisy-le-Grand 95 .... FF**6 000** - £722 - **$1,135**
KOREA Stefan 1940 [2]
🖼 *Aus der Dose* - Oil/canvas (100x80cm-39x31in) Wien 90 .... FF**2 400** - £245 - **$474**
KOREC Karl Johann 1937 [2]
✎ *Ohne Titel* - Watercolour (22x30cm-9x12in) Wien 95 .... FF**4 900** - £635 - **$996**
KORECKI Wiktor 1890-1980 [1]
🖼 *Dziewczyna z kaczencami* - Huile/toile (40x60cm-16x24in) Warszawa 93 .... FF**2 630** - £280 - **$455**
KORELIS Klairy 1956 [3]
🖼 *Babylone no.3* - Technique mixte/panneau (81x130cm-32x51in) Paris 91 .... FF**6 000** - £605 - **$1,041**
KOREN Shlomo 1932 [7]
🖼 *Abstract* - Mixed media/canvas (92x56cm-36x22in) Amsterdam 93 .... FF**9 800** - £1 126 - **$1,684**
KORFF Alexander H. Bakker 1824-1882 [13]
🖼 *La tasse de thé* - Huile/panneau (26x34cm-10x13in) Neuilly 96 .... FF**54 000** - £6 730 - **$10,420**
✎ *La fuchsia* - Ink (19x16cm-7x6in) Amsterdam 97 .... FF**9 673** - £1 022 - **$1,659**
KORINE Alexei Michailovich 1865-1923 [1]
🖼 *Tea-drinking* - Oil/canvas (80x63cm-31x25in) Moscow 94 .... FF**15 680** - £1 820 - **$2,700**
KÖRLE Pancraz 1823-1875 [6]
🖼 *The Love Token* - Huile/toile (84x68cm-33x27in) London 92 .... FF**15 630** - £1 600 - **$2,760**
KORLIND Einar Nielsen 1884-1975 [1]
🖼 *Tre børn på en strand* - Oil/canvas (137x182cm-54x72in) Viby J, Århus 91 .... FF**4 830** - £488 - **$959**
KORMIS Fred 1894-? [1]
🗿 *Robert Devereaux* - Bronze (81cm-32in) London 95 .... FF**3 526** - £450 - **$722**
KORN Johan Philip 1728-1796 [4]
🖼 *Landskap med figurer* - Huile/canvas (41x53cm-16x21in) Stockholm 94 .... FF**18 200** - £2 150 - **$3,240**
KORN Johann Robert 1873-1921 [1]
🗿 *Amazone auf Reh* - Bronze (28cm-11in) Zofingen 95 .... FF**4 250** - £538 - **$854**
KORNBECK Julius 1839-1920 [29]
🖼 *Sommer am See* - Öl/Leinwand (38x82cm-15x32in) Stuttgart 96 .... FF**10 230** - £1 332 - **$2,030**
🖼 *Flusslandschaft im Winter* - Öl/Leinwand (119x98cm-47x39in) Stuttgart 94 .... FF**51 400** - £6 100 - **$9,510**
🪵 *Flußaue mit Büschen bestanden* - Woodcut in colors (41x60cm-16x24in) Stuttgart 91....... FF**17 020** - £1 690 - **$2,955**
KORNBECK Peter 1837-1894 [35]
🖼 *Cloister near Lago di Garda* - Oil/canvas (30x39cm-12x15in) København 95 .... FF**2 720** - £339 - **$531**
In a North Italian street - Oil/canvas (38x47cm-15x19in) København 96 .... FF**14 200** - £1 820 - **$2,800**
Folkeliv under buegande i klosterkirke
    Oil/canvas (112x152cm-44x60in) København 90 .... FF**65 900** - £7 101 - **$11,623**
KORNEJEV Boris XX [2]
🖼 *Jeunes enfants à la fenêtre* - Huile/toile (100x78cm-39x31in) Enghien 92 .... FF**9 500** - £976 - **$1,760**
KÖRNER Edmund 1873-? [2]
🖼 *Zwinger, Dresden* - Oil/canvas/panel (82x68cm-32x27in) Ahlden 92... FF**8 120** - £945 - **$1,660**
KÖRNER Ernst Karl Eugen 1846-1927 [2]
🖼 *Sonniger Tag auf Capri* - Öl/Karton (27x40cm-11x16in) Heidelberg 93 .... FF**14 240** - £1 700 - **$2,740**
KORNER Henriette 1892-? [1]
🖼 *L'église d'Auvers-sur-Oise* - Huile/toile (55x46cm-22x18in) Neuilly 91 .... FF**3 500** - £354 - **$695**
KORNERUP Jacob 1825-1913 [4]
🖼 *Ved Roskilde Domkirke, vinterdag* - Oil/canvas (35x46cm-14x18in) København 92 .... FF**14 080** - £1 412 - **$2,710**
KORNERUP Valdemar 1865-1924 [21]
🖼 *Der barmhjertige sameritan* - Oil/canvas (182x194cm-72x76in) Vejle 94 .... FF**16 520** - £1 896 - **$2,825**
The Good Samaritan - Oil/canvas (183x193cm-72x76in) London 94 .... FF**63 000** - £7 500 - **$11,870**
KORNIEV Boris 1922-1973 [16]
✎ *Nu, 1953* - Sanguine/papier (44x30cm-17x12in) Paris 90 .... FF**3 200** - £331 - **$565**
KORNILOVA Ekaterina 1957 [2]
🖼 *Deux enfants* - Huile/toile (65x38cm-26x15in) Antwerpen 94 .... FF**2 310** - £269 - **$405**
La bella, 1988 - Oil/canvas (125x85cm-49x33in) London 89 .... FF**44 600** - £4 560 - **$7,170**
KORNILOWISCH Nikolai 1862-1912 [1]
🖼 *Femme assise de dos* - Oil/canvas (66x45cm-26x18in) Söderköping 92 .... FF**4 340** - £444 - **$764**
KOROCHANSKY Michel 1866-1925 [13]
🖼 *Lavandières à l'étang au crépuscule* - Huile/toile (46x55cm-18x22in) Paris 97 .... FF**3 800** - £413 - **$673**
Berger au crépuscule - Huile/toile (54x65cm-21x26in) Paris 97 .... FF**6 000** - £652 - **$1,054**
KOROLTCHOUK Victor 1933 [5]
🖼 *Les iris* - Huile/toile (65x60cm-26x24in) Bordeaux 92 .... FF**4 000** - £466 - **$817**
KOROMPAY Giovanni 1904-1988 [9]
🖼 *Cave di marmo a Carrara* - Olio/tavola (75x90cm-30x35in) Roma 91 .... FF**27 030** - £2 684 - **$4,693**
KOROMPAY von Gustav 1833-1907 [1]
✎ *Der hohe Markt in Wien* - Aquarell/Papier (20x30cm-8x12in) Wien 92 .... FF**15 400** - £1 840 - **$2,960**
KOROVINE Alexis 1928 [17]
🖼 *Le Loing, Saint-Mammès* - Huile/toile (46x39cm-18x15in) Provins 96 .... FF**2 000** - £254 - **$384**
Bouquet de roses et chrysanthèmes - Huile/toile (81x64cm-32x25in) Paris 97 .... FF**55 000** - £5 775 - **$9,460**
KOROVINE Constantin Aleweev. 1861-1939 [100]
🖼 *Farmhouse under a cloudy sky* - Oil/cardboard (90x12cm-35x5in) London 96...................... FF**6 300** - £720 - **$1,200**
House beneath the snow - Oil/panel (18x14cm-7x6in) London 95 .... FF**9 900** - £1 300 - **$1,985**

KOSSAK Jerzy 1890-1963 [36]
- Cavalry in a Winter Landscape - Oil/canvas (50x70cm-20x28in) London 96 .... FF8 470 - £1 100 - $1,677
- *La Bataille des Pyramides* - Oil/canvas (96x140cm-38x55in) Warszawa 96 .... FF50 600 - £6 380 - $9,720
- *Hunters* - Watercolour/paper (36x30cm-14x12in) Warszawa 95 .... FF15 760 - £2 012 - $3,234

KOSSAK Juliusz 1824-1899 [19]
- Man on a horse - Huile/panneau (53x48cm-21x19in) Warszawa 92 .... FF20 830 - £2 126 - $3,720
- *Po Polowaniu* - Oil/canvas (65x90cm-26x35in) Warszawa 96 .... FF376 500 - £47 200 - $73,300
- *Troika in a snowy landscape* - Watercolour/paper (47x89cm-19x35in) Warszawa 96 .... FF37 600 - £4 690 - $7,260

KOSSAK Wojciech, Adalbert 1857-1942 [39]
- Soldaten zu Pferd - Oil/board (53x30cm-14x20in) München 92 .... FF10 200 - £1 044 - $1,796
- *Soldiers on horseback* - Oil/canvas (97x79cm-38x31in) Warszawa 96 .... FF37 600 - £4 690 - $7,260
- *Stefania Zamoyskiego z koniem* - Oil/canvas (139x100cm-55x39in) Warszawa 96 .... FF137 000 - £17 070 - $26,450

KOSSINZEWA Ljubow Alexejwna 1898-1978 [1]
- Ohne Titel - Öl/Karton (20x18cm-8x7in) München 94 .... FF7 860 - £923 - $1,400

KOSSJAKOFF Georgis Antonowitsch 1872-? [1]
- *Landschaft* - Öl/Karton (15x19cm-6x7in) Wien 93 .... FF7 700 - £920 - $1,480

KOSSOFF Leon 1926 [39]
- Children's Swimming Pool - Oil/board (152x205cm-60x81in) London 92 .... FF1 - £190 000 - $306,000
- *Head of Seedo II* - Oil/board (71x53cm-28x21in) London 96 .... FF79 800 - £10 000 - $15,400
- *Here Comes the Diesel* - Oil/board (61x56cm-24x22in) London 96 .... FF192 300 - £22 000 - $36,700
- *Breakfast* - Oil/board (122x183cm-48x72in) London 92 .... FF389 600 - £40 000 - $74,800
- *Portrait study* - Charcoal (33x24cm-13x9in) London 93 .... FF13 280 - £1 600 - $2,320
- *Nude on a Bed* - Charcoal (55x70cm-22x28in) London 96 .... FF51 000 - £6 500 - $9,820

KOSSONOGI Joseph 1908-1981 [14]
- *Woman in a room* - Watercolour (48x36cm-19x14in) Tel Aviv 94 .... FF3 850 - £455 - $700

KOSSOWSKI Henryk I 1815-1870 [1]
- Peasant woman - Ivory, bronze (32cm-13in) London 90 .... FF7 700 - £795 - $1,360

KOSSOWSKI Henryk II XIX-XX [1]
- Retour de pêche - Bronze (113cm-44in) Bruxelles 93 .... FF26 370 - £3 150 - $5,390

KOSSUTH Egon Josef 1874-? [1]
- Bockspringen - Oil/panel (70x65cm-28x26in) München 92 .... FF13 600 - £1 392 - $2,394

KOST Frederick William 1865-1923 [6]
- Farmhouse & ponds - Oil/canvas (31x50cm-12x20in) Elgin, Illinois 91 .... FF9 050 - £912 - $1,570

KOST Julius 1807-1888 [1]
- *Landschaft an Niederrhein* - Öl/Leinwand (33x45cm-13x18in) Bremen 94 .... FF13 400 - £1 596 - $2,550

KOSTA Josef Alexander 1879-1961 [4]
- Schaukelndes Mädchen - Oil/panel (32x24cm-13x9in) Wien 95 .... FF8 810 - £1 114 - $1,720
- *Das Hotel Bristol in Wien* - Aquarell/Papier (40x30cm-16x12in) Wien 96 .... FF12 000 - £1 550 - $2,317

KOSTABI Mark 1960 [77]
- Econophabia - Acrylique/toile (136x100cm-54x39in) Paris 94 .... FF8 000 - £957 - $1,567
- *Moses Parting the Red Sea* - Oil/canvas (122x178cm-48x70in) New-York 94 .... FF13 480 - £1 592 - $2,400
- *The Disciplinarian* - Oil/canvas (122x91cm-48x36in) London 95 .... FF19 700 - £2 600 - $3,990
- *More for your million* - Oil/canvas (228x136cm-90x54in) New-York 90 .... FF62 200 - £6 330 - $12,439
- *Untitled* - Ink/paper (44x60cm-17x24in) Amsterdam 93 .... FF3 670 - £423 - $632

KOSTANDI Kiriak Konstantinov. 1852-1921 [2]
- Park - Oil/cardboard (47x62cm-19x24in) Moscow 93 .... FF15 320 - £1 746 - $2,600

KOSTAR Everhardus 1817-1892 [1]
- Stadt am Fluss - Oil/panel (39x55cm-15x22in) Bremen 94 .... FF51 600 - £6 140 - $9,810

KOSTER Anton Louise 1859-1937 [11]
- In the Buld-Field - Oil/panel (18x30cm-7x10in) Amsterdam 97 .... FF10 804 - £1 149 - $1,880
- *Bulb-field* - Oil/canvas (40x60cm-16x24in) Amsterdam 97 .... FF76 026 - £8 037 - $13,045

KÖSTER Carl Georg 1812-1893 [10]
- Höllenthal - Öl/Leinwand (26x32cm-10x13in) Köln 95 .... FF5 320 - £672 - $1,067
- *Weiher im Bergtal* - Oil/canvas (59x78cm-23x31in) Ahlden 92 .... FF20 300 - £2 360 - $4,145

KÖSTER Eduard 1883-1910 [1]
- Ansicht von Notre-Dame, Paris - Oil/cardboard München 95 .... FF4 390 - £553 - $880

KOSTER Everhardus 1817-1892 [28]
- Shipping on a river estuary - Oil/panel (20x37cm-8x15in) Amsterdam 92 .... FF24 270 - £2 485 - $4,270
- *Ships and boats off shore* - Oil/canvas (81x122cm-32x48in) London 95 .... FF71 428 - £7 500 - $12,285
- *Boat in a city-canal* - Watercolour (34x27cm-13x11in) Amsterdam 97 .... FF14 700 - £1 608 - $2,578

KÖSTER Heinrich 1878-1909 [1]
- aus dem Harz - Öl/Karton (34x24cm-13x9in) Staufen 95 .... FF3 446 - £454 - $700

KOSTER Henry 1863-? [1]
- Setting the table - Oil/canvas (66x120cm-26x47in) New-York 94 .... FF58 500 - £6 760 - $10,000

KÖSTER Jo 1869-1944 [6]
- Still Life - Oil/canvas (65x90cm-26x35in) Amsterdam 97 .... FF14 984 - £1 575 - $2,574

KÖSTER Paul 1855-1931 [10]
- Die Wassermühle - Öl/Leinwand (29x41cm-11x16in) Köln 93 .... FF12 200 - £1 460 - $2,350

KOSTER Pieter Paul 1893-? [1]
- HRH Prince Soerjo Poetro - Etching (35x27cm-14x11in) Amsterdam 96 .... FF2 713 - £349 - $526

KOSTER VAN HATTUM Jo 1869-1944 [3]
- *Young girl wearing a pink dress* - Pastel/paper (49x34cm-19x13in) Amsterdam 94 .... FF2 745 - £319 - $473

K

KOSTIAL Fritz 1830-1876 [1]
🖼 *Steiniger Bach im Gebirge* - Oil/cardboard (34x28cm-13x11in) München 92 .... FF2 713 - £324 - **$522**
KOSTINSKI Pyotr I. 1916 [1]
🖼 *Harvesting in Peredelkeno* - Oil/canvas (49x69cm-19x27in) London 94 .... FF16 800 - £2 000 - **$3,166**
KOSTKA Josef Alexander 1879-1961 [31]
🖼 *Ruine Aggstein-Wachau* - Oil/panel (53x37cm-21x15in) Göttingen 95 .... FF8 270 - £1 070 - **$1,683**
✏ *Die Minoritenkirche* - Watercolour (19x14cm-7x6in) Wien 95 .... FF5 060 - £632 - **$1,022**
Die Oper in Wien - Aquarell/Papier (29x41cm-11x16in) Wien 95 .... FF14 980 - £1 890 - **$2,990**
KOSTKA Joseph 1846-1927 [1]
🖼 *Margarete Rieckehoer* - Oil/canvas (60x47cm-24x19in) London 93 .... FF19 200 - £2 400 - **$3,480**
KÖSTLIN August 1825-1894 [1]
🖼 *Junge Italienerin in Tracht* - Öl/Leinwand (63x49cm-25x19in) München 94 .... FF4 440 - £525 - **$797**
KOSTRZESKI Franciszek 1826-1911 [8]
🖼 *Polów Ryb* - Oil/canvas (74x96cm-29x38in) Warszawa 92 .... FF34 600 - £3 530 - **$5,220**
✏ *Personnages et une vache* - Aquarelle/papier (35x47cm-14x19in) Warszawa 93 .... FF5 280 - £541 - **$875**
KOSUTH Joseph 1945 [29]
🖼 *Titled* - Photostat/board (119x119cm-47x47in) New-York 95 .... FF59 400 - £7 420 - **$12,000**
Under these conditions - Mixed media (285cm-112in) Paris 90 .... FF170 000 - £17 617 - **$29,877**
Neither would I be against... - Mixed media (13x127cm-5x50in) Paris 90 .... FF270 000 - £28 391 - **$46,957**
🖼 *Zero and not, 1986* - Offset (134x134cm-53x53in) New-York 90 .... FF85 800 - £8 891 - **$15,079**
One and eight, 1965 - Construction (7x7x244cm-3x3x96in) New-York 89 .... FF429 000 - £43 865 - **$68,971**
🖼 *Cathexis 37* - Gelatin silver print (123x142cm-48x56in) New-York 94 .... FF104 500 - £12 120 - **$18,000**
KOSZKOL Jenö, Eugene 1868-1935 [7]
✏ *Le garnd canal de Venise* - Aquarelle (86x66cm-34x26in) Lyon 89 .... FF9 000 - £948 - **$1,515**
KOSZTA József 1861-1941 [2]
🖼 *Virágsendélet* - Oil/canvas (41x35cm-16x14in) Budapest 89 .... FF18 400 - £1 939 - **$3,098**
✏ *Paesaggio orientale* - Acquarello/carta (49x49cm-19x19in) Trieste 97 .... FF3 060 - £360 - **$540**
KOTARBINSKY Milosz 1854-? [1]
🖼 *Countryside with sheep* - Oil/panel Detroit, Michigan 92 .... FF4 860 - £497 - **$900**
KOTARBINSKY Vasili Aleksandrov. 1849-1921 [2]
🖼 *A Day of Celebration* - Oil/canvas (64x47cm-25x19in) London 95 .... FF21 570 - £2 700 - **$4,300**
KOTASZ Károly 1872-1941 [6]
🖼 *Ungarische Bauern* - Oil/canvas (35x45cm-14x18in) Stuttgart 89 .... FF5 700 - £601 - **$960**
KOTCHAR Meline XX [2]
🖼 *Tête rêveuse* - Huile/papier (64x49cm-25x19in) La Varenne Saint-Hilaire 90 .... FF4 000 - £426 - **$716**
KOTCHERGUINE Nicolaï M. 1897-1974 [2]
🖼 *L'Ennemi est à vos portes* - Affiche (104x70cm-41x28in) Paris 92 .... FF1 500 - £179 - **$289**
✏ *Pfeifrauchendem Mann* - Aquarell/Papier (18x27cm-7x11in) Köln 96 .... FF5 440 - £620 - **$1,040**
KÖTHE Fritz 1916-1979 [21]
🖼 *Havarti* - Oil/canvas (100x75cm-39x30in) Berlin 97 .... FF44 679 - £4 745 - **$7,782**
🖼 *Sommertag* - Oil/canvas (58x48cm-23x19in) London 92 .... FF88 000 - £9 000 - **$15,520**
✏ *Weiblicher Halbakt* - Aquarell (38x27cm-15x11in) Köln 93 .... FF6 780 - £810 - **$1,305**
KOTHER Paul 1878-? [2]
🖼 *Mädchen und Clown/Jungen* - Oil/canvas (112x62cm-44x24in) London 90 .... FF31 400 - £3 162 - **$6,151**
✏ *Blumenstilleben mit Früchten* - Pastel/board (49x40cm-19x16in) London 90 .... FF15 700 - £1 581 - **$3,075**
KOTIANTS Guevork 1906 [2]
🖼 *Les quatre pommes* - Huile/toile (56x60cm-22x24in) Paris 92 .... FF3 000 - £307 - **$540**
KOTIK Jan 1916 [5]
🖼 *Gärtner, 1944* - Etching (7x9cm-3x4in) Düsseldorf 90 .... FF1 500 - £161 - **$261**
✏ *Ohne Titel* - Wash/paper (65x50cm-26x20in) München 91 .... FF3 380 - £343 - **$610**
KOTIK Pravoslav 1889-1970 [10]
🖼 *Die Vertreibung* - Oil/canvas (50x62cm-20x24in) München 91 .... FF29 740 - £2 961 - **$5,114**
✏ *Damen im Gespräch* - Gouache (45x36cm-18x14in) München 93 .... FF7 460 - £891 - **$1,435**
KOTLAREVSKI Paul 1883-1950 [5]
🖼 *Peasants at work* - Oil/canvas (100x81cm-39x32in) London 90 .... FF116 200 - £12 362 - **$20,787**
KOTOWSKI Damazy 1861-1943 [1]
🖼 *Portret Jana Kasprowicza* - Oil/canvas (116x93cm-46x37in) Warszawa 92 .... FF8 750 - £893 - **$1,320**
KOTOWSKI Jan Erazm 1885-1960 [3]
🖼 *Mail coach under rain* - Oil/canvas (75x125cm-30x49in) Warszawa 96 .... FF22 250 - £2 810 - **$4,280**
KOTSCH Theodor 1818-1884 [6]
🖼 *Waldlandschaft* - Öl/Leinwand (55x73cm-22x29in) München 94 .... FF25 630 - £3 080 - **$4,880**
KOTSCHENREITER G. Hugo 1854-1908 [20]
🖼 *Vesperschoppen* - Oil/canvas (28x22cm-11x9in) Stuttgart 92 .... FF10 250 - £1 053 - **$1,973**
🖼 *Old Bavarian/Good Smoke* - Oil/panel (16x11cm-6x4in) London 97 .... FF25 432 - £2 800 - **$4,463**
🖼 *Mussestunde am Kachelofen* - Oil/canvas (49x38cm-19x15in) München 90 .... FF121 600 - £12 936 - **$21,753**
KOTSIS Aleksander 1836-1877 [3]
🖼 *Lirnik* - Huile/panneau (51x43cm-20x17in) Warszawa 92 .... FF29 600 - £3 020 - **$5,280**
KOTTULA Dominik 1785-c.1813 [1]
🖼 *Orientalische Strassenansicht* - Oil/panel (25x19cm-10x7in) Lindau 93 .... FF11 010 - £1 248 - **$1,860**
KOTVALD Ferdinand 1897-? [1]
🖼 *Kalsbrücke, Prag* - Öl/Karton (32x38cm-13x15in) Wien 95 .... FF5 970 - £758 - **$1,203**
KOTZEBUE von Wilhelm 1864-? [2]
🖼 *Früchten und Weinglas* - Öl/Leinwand (23x34cm-9x13in) München 93 .... FF3 784 - £429 - **$640**

KOUDELKA Josef 1938 [18]
Man with Horse, Rumania - Gelatin silver print (21x32cm-8x13in) New-York 96 .... FF**8 260** - £1 024 - **$1,600**

KOUDELKA-SCHMERLING von Pauline 1806-1840 [2]
Madonna mit Kind im Blütenkranz - Oil/panel (38x48cm-15x19in) München 93 .... FF**47 500** - £5 670 - **$9,130**

KOUIDER Mohammed 1945 [6]
Premier pas de Sysiphe - Bronze (33cm-13in) Paris 91 .... FF**2 000** - £202 - **$397**

KOUNELAKIS Nicholaos 1829-1869 [2]
Portrait of a lady - Oil/canvas (79x67cm-31x26in) Athens 94 .... FF**133 400** - £15 800 - **$24,660**

KOUNELLIS Jannis 1936 [66]
Senza titolo, 1961 - Acrilico/cartone (71x100cm-28x39in) Prato 97 .... FF**51 000** - £6 000 - **$9,000**
Untitled - Enamel (69x99cm-27x39in) New-York 97 .... FF**87 210** - £9 158 - **$15,000**
Untitled - Mixed media (508x29x929cm-200x11x366in) New-York 91 .... FF**896 000** - £89 197 - **$154,079**
Untitled - Steel, lead (201x181cm-79x71in) New-York 94 .... FF**184 000** - £21 900 - **$35,000**
Untitled - Wall relief, lead, steel (200x11x181cm-79x4x71in) New-York 92 .... FF**312 400** - £31 950 - **$55,000**
Untitled - Relief (200x26x183cm-79x10x72in) New-York 91 .... FF**570 000** - £57 850 - **$102,948**
Personaggi - Ink/paper (28x41cm-11x16in) London 94 .... FF**11 820** - £1 400 - **$2,184**
Untitled - Collage (96x127cm-38x50in) London 96 .... FF**75 800** - £9 500 - **$14,650**
Untitled - Ink/paper (100x70cm-39x28in) London 96 .... FF**111 600** - £14 000 - **$21,600**

KOUPETSIAN Aram 1928 [28]
Composition à la partition - Gouache (60x43cm-24x17in) Grenoble 96 .... FF**1 600** - £200 - **$309**
Violons - Gouache (60x43cm-24x17in) Grenoble 96 .... FF**1 800** - £225 - **$348**

KOUPRIANOV Mikhail Vassiliev. 1903 [2]
Abrmtcevo - Huile/toile (23x31cm-9x12in) Paris 92 .... FF**6 800** - £812 - **$1,308**

KOUSHNIRENKO Alexandre 1930 [2]
Vue de Sedniev - Huile/carton (105x74cm-41x29in) Paris 92 .... FF**4 000** - £410 - **$720**

KOUSNETZOFF Constantin 1863-1936 [5]
Le port de Concarneau - Huile/panneau (58x47cm-23x19in) Concarneau 92 .... FF**35 000** - £3 580 - **$6,160**

KOUSNETZOV Pawel W. 1878-1968 [1]
Interiör från Pavlovsk - Oil/panel (48x72cm-19x28in) Stockholm 91 .... FF**11 700** - £1 162 - **$2,031**

KOUTACHY Joseph 1907 [2]
Big House - Affiche (240x160cm-94x63in) Nice 93 .... FF**2 800** - £338 - **$510**

KOUTSIS Ioannis 1860-1953 [1]
Sailing boats - Watercolour/paper (26x36cm-10x14in) Athens 96 .... FF**10 170** - £1 314 - **$1,966**

KOUVINE Anatoli 1931 [2]
Le Monastère de Souzdal - Huile/carton (50x69cm-20x27in) Grenoble 94 .... FF**2 000** - £240 - **$381**

KOUZMENKO Anatoli 1937 [2]
Le paysage - Huile/carton (49x65cm-19x26in) Paris 92 .... FF**6 000** - £615 - **$1,056**

KOUZNETSOV Alexi 1920 [2]
La beauté secrète de Moscou - Huile/toile (89x62cm-35x24in) Paris 91 .... FF**9 000** - £902 - **$1,648**

KOUZNETSOV Pavel Varfolomeyev. 1878-1968 [1]
Kislovodsk - Watercolour/paper (34x47crn-13x19in) Moscow 93 .... FF**5 600** - £638 - **$950**

KOVACECIC Stassa 1888-1945 [1]
Abend am See - Öl/Leinwand (92x110cm-36x43in) Wien 96 .... FF**5 860** - £762 - **$1,150**

KOVACEVIC Branko 1911 [1]
Superstition Mountain - Oil/canvas (61x122cm-24x48in) Denver, Colorado 95 .... FF**3 070** - £600 - **$389**

KOVACS Attila 1938 [2]
Mikrokosmos 21 - Pencil (43x8x43cm-17x3x17in) Köln 91 .... FF**5 410** - £549 - **$977**

KOVACS Laszlo 1944 [3]
Saint-Georges - Peinture (103x103cm-41x41in) Paris 91 .... FF**4 000** - £403 - **$694**

KÖVARI Szilard 1882-1916 [1]
Am Fluss - Öl/Leinwand (27x36cm-11x14in) Wien 93 .... FF**4 810** - £575 - **$925**

KÖVER Gyula 1883-? [3]
Three Volendam generations - Oil/canvas (99x80cm-39x31in) Amsterdam 96 .... FF**7 670** - £985 - **$1,513**

KÖVES Isidor 1853-1917 [1]
Näherin am Fenster - Öl/Leinwand (95x76cm-37x30in) Wien 96 .... FF**14 450** - £1 802 - **$2,790**

KOVIDER Amédée XX [35]
Salut au Petit Louis - Acrylique/toile (73x54cm-29x21in) Paris 92 .... FF**2 500** - £299 - **$481**
Création selon Rilke - Bronze (39cm-15in) Paris 94 .... FF**3 000** - £345 - **$510**

KOVNER Michael 1948 [3]
Lego - Oil/canvas (80x100cm-31x39in) Tel Aviv 93 .... FF**7 810** - £910 - **$1,400**

KOVNER Saul 1904-? [3]
Central Park - Oil/canvas (51x61cm-20x24in) Baton Rouge, Louisiana 93 .... FF**6 020** - £724 - **$1,100**

KOW Alexis Kogeynikow 1900-1978 [10]
Grand Prix du Cap d'Antibes - Poster (79x120cm-31x47in) New-York 96 .... FF**17 320** - £2 040 - **$3,400**
Voitures en course la nuit - Gouache/papier (27x44cm-11x17in) Paris 91 .... FF**7 000** - £695 - **$1,215**

KOWALCZEWSKI Karl P. 1876-? [2]
Figure - Bronze (33cm-13in) Vejle 94 .... FF**2 184** - £253 - **$376**

KOWALCZEWSKI Paul Ludwig 1865-1910 [15]
Standing male with sword - Bronze (43cm-17in) Chicago 93 .... FF**5 900** - £671 - **$1,000**

KOWALEWSKIJ Pavel 1843-1903 [1]
Husarenregiment mit Infanterie - Öl/Leinwand (49x77cm-19x30in) Leipzig 94 .... FF**41 100** - £4 770 - **$7,080**

K

KOWALSKI Ivan Ivanovitch XIX-XX [2]
🖼 *Mondaufgang* - Öl/Karton (37x42cm-15x17in) Pforzheim 93 .... FF6 780 - £810 - **$1,305**
KOWALSKI Leon 1870-1937 [2]
🖼 *Jeune Filles cueillant des fleurs* - Oil/canvas (101x82cm-40x32in) New-York 94 .... FF71 700 - £8 550 - **$13,500**
KOWALSKI Ludwig Peter 1891-? [1]
✏ *Brustportrait einer Frau* - Aquarell/Papier (63x46cm-25x18in) Bremen 92 .... FF5 080 - £591 - **$1,036**
KOWALSKI Piotr 1927 [2]
🗿 *Transparence* - Métal (50x17x59cm-20x7x23in) Paris 96 .... FF3 300 - £376 - **$632**
KOWALSKI-WIERUSZ von Alfred. 1849-1915 [8]
🖼 *Wyjazd na Polowanie* - Huile/carton (13x22cm-5x9in) Warszawa 93 .... FF60 700 - £6 220 - **$10,060**
Loup dans un bois enneigé - Huile/toile (62x46cm-24x18in) Warszawa 95 .... FF199 500 - £25 500 - **$40,950**
KOWALSKY Léopold-François 1856-1931 [15]
🖼 *Femmes couronnant Flore* - Huile/panneau (38x73cm-15x29in) Besançon 95 .... FF8 000 - £1 051 - **$1,606**
Dancing Maidens - Oil/canvas (104x160cm-41x63in) London 94 .... FF75 600 - £9 000 - **$14,250**
Matinée d'été - Oil/canvas (180x25cm-71x10in) New-York 90 .... FF400 400 - £41 492 - **$70,369**
KOWALZEWSKI Paul Ludwig 1865-1910 [1]
🗿 *Weiblicher Akt* - Bronze (56cm-22in) Köln 95 .... FF5 320 - £672 - **$1,067**
KOWANZ Brigitte 1957 [7]
🖼 *Kosmos* - Öl/Leinwand (155x70cm-61x28in) Wien 94 .... FF17 060 - £2 045 - **$3,310**
KOWANZ-GRAF Brigitte/Peter 1957/1954 [7]
🖼 *Ohne Titel* - Mixed media/canvas (100x90cm-39x35in) Wien 95 .... FF12 650 - £1 578 - **$2,555**
✏ *Ohne Titel* - Gouache/papier (22x28cm-9x11in) Wien 96 .... FF3 410 - £443 - **$675**
KOWARSKI Felicjan Szczesny 1890-1948 [1]
🖼 *Landscape* - Oil/cardboard (31x40cm-12x16in) Warszawa 94 .... FF2 686 - £319 - **$493**
KOYAMA Hiroshi 1955 [2]
🗿 *Button* - Sculpture (30cm-12in) Stockholm 93 .... FF4 370 - £496 - **$740**
🗿 *Koma I* - Sculpture (50cm-20in) Stockholm 93 .... FF5 080 - £576 - **$860**
KOYANAGUI Sei 1896 [17]
🖼 *Bouquet de roses et mimosas* - Huile/toile (100x81cm-39x32in) Paris 97 .... FF12 000 - £1 309 - **$2,098**
Bouquet de fleurs - Huile/toile (80x64cm-31x25in) Paris 92 .... FF28 000 - £2 866 - **$5,040**
Nu au collier - Huile/toile (81x100cm-32x39in) Paris 96 .... FF80 000 - £9 420 - **$15,700**
KOZAKIEWICZ Anton 1841-1929 [12]
🖼 *Der Pferdemaler* - Oil/panel (36x56cm-14x22in) München 93 .... FF31 000 - £3 510 - **$5,230**
✏ *A market scene* - Watercolour (30x46cm-12x18in) London 95 .... FF9 470 - £1 200 - **$1,906**
KOZLOV Ivan 1920 [2]
🖼 *Star Worker* - Oil/canvas (109x132cm-43x52in) London 96 .... FF13 170 - £1 700 - **$2,544**
KOZLOV Leonid 1954 [2]
🗿 *Nu* - Bronze (70cm-28in) Versailles 92 .... FF8 000 - £820 - **$1,410**
KOZLOWSKI Jaroslaw 1910-1987 [2]
🖼 *Freunde* - Öl/Leinwand (60x44cm-24x17in) Wien 97 .... FF7 667 - £806 - **$1,316**
KOZNIEWSKA Maria 1875-1968 [1]
🖼 *Girl* - Oil/canvas (74x56cm-29x22in) Warszawa 95 .... FF4 620 - £591 - **$949**
KRABANSKY Gustave XIX-XX [3]
🖼 *Couseuses* - Oil/panel (32x41cm-13x16in) New-York 90 .... FF54 300 - £5 627 - **$9,543**
KRABBÉ Heinrich Martin 1868-1931 [8]
🖼 *Boy with a tar-pot on the beach* - Oil/canvas (39x24cm-15x9in) Amsterdam 90 .... FF7 500 - £775 - **$1,325**
✏ *Curious kittens on a table* - Watercolour (46x68cm-18x27in) Amsterdam 95 .... FF3 710 - £448 - **$698**
KRABBÉ Maarten 1908-? [4]
✏ *Flowers on a draped table* - Pastel/paper (98x70cm-39x28in) Amsterdam 96 .... FF2 120 - £266 - **$409**
KRABBES Hermann 1840-1920 [4]
✏ *Römischen Ruinen von Agrigent* - Aquarell (48x61cm-19x24in) Leipzig 93 .... FF3 390 - £405 - **$653**
KRACHKOVSKY Iosif Yevstafievich 1854-1914 [5]
🖼 *Springtime in the Crimea* - Oil/canvas (71x53cm-28x21in) London 95 .... FF33 160 - £4 200 - **$6,670**
KRAEMER Hermann 1806-1886 [3]
🖼 *Bauernhäuser am Gebirgssee* - Oil/canvas (72x89cm-28x35in) Wien 90 .... FF24 000 - £2 553 - **$4,293**
KRAEMER Peter 1823-1907 [10]
🖼 *A game of cards* - Oil/panel (14x17cm-6x7in) New-York 90 .... FF29 700 - £3 180 - **$5,165**
✏ *Bärtiger Bauer* - Aquarell (24x19cm-9x7in) Bern 94 .... FF11 760 - £1 404 - **$2,195**
KRAEMER Peter II 1857-1939 [22]
✏ *A tyrolean peasant* - Watercolour/paper (24x19cm-9x7in) New-York 94 .... FF9 030 - £1 077 - **$1,700**
✏ *Im Wirtshaus* - Aquarell (21x27cm-8x11in) Wien 96 .... FF21 640 - £2 713 - **$4,230**
KRAER Johann Georg ?-1772 [1]
🖼 *Steinerne Brücke in Regensburg* - Copper engraving (37x65cm-15x26in) München 90 .... FF1 530 - £156 - **$302**
KRAFFT Carl Rudolph 1884-1938 [17]
🖼 *Winter Landscape* - Oil/canvas (40x51cm-16x20in) San Francisco-Los Angeles 96 .... FF11 740 - £1 360 - **$2,250**
KRAFFT Johann Peter 1780-1856 [6]
🖼 *Siegesmeldung, Leipzig* - Öl/Leinwand (192x268cm-76x106in) Wien 96 .... FF1 - £187 000 - **$291,000**
🖼 *Mädchenbildnis* - Öl/Leinwand (38x34cm-15x13in) Wien 95 .... FF49 500 - £6 320 - **$10,250**
KRAFFT Joseph 1787-1828 [2]
✏ *Herr in blauem Rock* - Miniature (10x8cm-4x3in) Wien 92 .... FF21 640 - £2 586 - **$4,160**
KRAFFT Otto XIX-XX [2]
🖼 *Jägerlatein* - Oil/canvas (49x60cm-19x24in) Nürnberg 92 .... FF9 520 - £974 - **$1,676**

KRAFFT Per I 1724-1793   [4]
🖼 *Constance af Trolle i Svenska dräkten* - Oil/canvas (66x52cm-26x20in) Stockholm 95 .... FF37 100 - £4 910 - **$7,520**
KRAFFT Per II 1777-1863   [5]
🖼 *Hans Henrik Sorbon, Göteborg* - Oil/canvas/board (53x48cm-21x19in) Stockholm 92 .... FF17 900 - £1 834 - **$3,154**
KRAFFT-STEINER Barbara 1764-1825   [3]
🖼 *Johann Georg Fendt* - Öl/Leinwand (70x25cm-28x10in) Salzburg 94 .... FF5 350 - £634 - **$990**
KRAFT Frederik 1823-1854   [10]
🖼 *Sommermorgen ved Øresund* - Oil/canvas (24x38cm-9x15in) København 96 .... FF5 790 - £750 - **$1,158**
Gerano - Oil/canvas (54x75cm-21x30in) London 91 .... FF58 500 - £5 824 - **$10,060**
KRAG Lul 1878-1956   [1]
🖼 *Blomsterstilleben* - Oil/canvas (54x46cm-21x18in) Oslo 92 .... FF6 020 - £720 - **$1,158**
KRAGH Einar R. 1903-1981   [21]
🖼 *Badende børn* - Oil/canvas (65x82cm-26x32in) København 94 .... FF3 650 - £420 - **$625**
KRAGH Johannes 1870-1946   [2]
🖼 *Children playing* - Oil/canvas (81x133cm-32x52in) Amsterdam 91 .... FF21 040 - £2 135 - **$3,800**
KRAGH-JACOBSEN Bamse 1913-1992   [3]
🖼 *Komposition, 1946* - Oil/canvas (86x75cm-34x30in) København 90 .... FF3 500 - £375 - **$609**
KRAJC Rudolf 1907-1934   [1]
🖼 *Kubistisches Stilleben* - Lithographie (20x25cm-8x10in) Düsseldorf 90 .... FF2 200 - £236 - **$383**
KRAJCBERG Frans 1921   [7]
✐ *Feuilles* - Collage (120x110cm-47x43in) Paris 96 .... FF11 000 - £1 380 - **$2,123**
KRAJEWSKI Juliusz 1905-1992   [2]
🖼 *Etude pour Les juifs* - Huile/toile (73x54cm-29x21in) Paris 91 .... FF4 500 - £448 - **$774**
KRAKAUER Leopold 1890-1954   [15]
✐ *Judean Hills* - Ink (52x41cm-20x16in) Tel Aviv 97 .... FF8 291 - £92 2 4 - **$1,550**
KRAL Jaroslav 1883-1942   [1]
🖼 *Leda* - Oil/canvas (30x40cm-12x16in) Wien 91 .... FF12 000 - £1 195 - **$2,064**
KRALL Carl 1891-1975   [4]
🖼 *Beim Landungssteg an der Donau* - Öl/Leinwand (40x40cm-16x16in) Wien 95 .... FF15 180 - £1 894 - **$3,065**
KRALLYS Hughe XIX-XX   [1]
✐ *Trois-mâts franc sous voile* - Gouache/papier (38x52cm-15x20in) Paris 95 .... FF3 800 - £480 - **$758**
KRAMER Jacob 1892-1962   [20]
🖼 *Daffodils, a Budha and a torso* - Oil/canvas/board (61x51cm-24x20in) London 94 .... FF27 100 - £3 200 - **$4,860**
Standing Rabbi - Oil/canvas (82x61cm-32x24in) Tel Aviv 91 .... FF51 300 - £5 150 - **$8,876**
✐ *Portrait of a man* - Pencil (44x37cm-17x15in) London 95 .... FF15 220 - £2 000 - **$3,054**
KRÄMER Johann Viktor 1861-1949   [9]
🖼 *Orientalische Szene* - Oil/canvas (215x395cm-85x156in) Wien 92 .... FF62 600 - £6 270 - **$12,030**
✐ *Cedars of Lebanon* - Watercolour (27x48cm-11x19in) London 94 .... FF15 130 - £1 800 - **$2,850**
KRAMER Konrad 1888-?   [1]
🖼 *Dahlias with Lark Spurs* - Oil/canvas/board (50x41cm-20x16in) New-York 91 .... FF16 980 - £1 723 - **$3,067**
KRAMER Pieter Cornelis 1879-1940   [2]
✐ *Volendam* - Watercolour (25x47cm-10x19in) Amsterdam 94 .... FF4 850 - £557 - **$830**
KRAMER Simon 1940   [3]
🖼 *Belebte Pariser Gassevari* - Huile/panneau (51x41cm-20x16in) Zofingen 94 .... FF2 490 - £292 - **$444**
KRAMM Christiaan 1797-1875   [1]
🖼 *Elegant lady* - Oil/panel (32x26cm-13x10in) Amsterdam 89 .... FF11 400 - £1 101 - **$1,730**
KRAMPE Fritz 1913-1966   [3]
✐ *Libyan* - Drawing Cape Town 91 .... FF3 690 - £372 - **$640**
KRAMSKOI Ivan Nikolaevich 1837-1887   [3]
✐ *Mill* - Watercolour (26x35cm-10x14in) Moscow 93 .... FF2 655 - £302 - **$450**
KRAMSZTYK Roman 1885-1942   [5]
🖼 *Nature morte au violon* - Oil/canvas/board (73x90cm-29x35in) New-York 94 .... FF40 900 - £4 700 - **$7,000**
KRANEWITTER Franz Josef 1893-1974   [1]
🗿 *Der verliebte Faun* - Wood (34cm-13in) Wien 92 .... FF14 440 - £1 478 - **$2,540**
KRANS Louis 1875-1932   [1]
🖼 *Hors-drawn cart in a landscape* - Oil/panel (30x52cm-12x20in) Amsterdam 96 ..... FF2 300 - £296 - **$454**
KRANZ Kurt 1910   [9]
✐ *Schwebende Körper* - Watercolour, gouache/paper (47x61cm-19x24in) Amsterdam 94 ..... FF18 240 - £2 154 - **$3,246**
KRÄNZLE Josef 1874-1937   [4]
✐ *Gruss in Schneegestöber* - Watercolour/paper (15x22cm-6x9in) Wien 94 .... FF2 450 - £290 - **$452**
KRAPIVNITSKY Evgeny 1893-1979   [1]
✐ *Rusalka day dreaming* - Pastel (34x24cm-13x9in) London 90 .... FF7 900 - £851 - **$1,393**
KRASNER Lee 1908-1984   [13]
🖼 *Untitled* - Oil/canvas (56x43cm-22x17in) New-York 94 .... FF284 000 - £33 800 - **$54,000**
Collage in America - Mixed media (122x71cm-48x28in) New-York 97 .... FF697 680 - £73 260 - **$120,000**
✐ *Still life* - Charcoal/paper (62x48cm-24x19in) New-York 93 .... FF29 500 - £3 356 - **$5,000**
KRASNO Rudolpho 1926-1982   [1]
🖼 *Oeuf contraint* - Multiple (28x8x22cm-11x3x9in) Antwerpen 94 .... FF36 500 - £4 290 - **$6,500**
KRASNOPEVTSEV Dimitri 1925   [4]
🖼 *Nature morte aux bouteilles* - Huile/isorel (61x51cm-24x20in) Paris 90 .... FF13 200 - £1 404 - **$2,361**

K

KRASSNOFF Nicholas XIX-XX [3]

📖 *Grand Harbour, Valetta, Malta* - Wash (34x33cm-9x13in) London 91 .... FF24 940 - £2 499 - **$4,205**

KRASZEWSKA Otolia 1859-c.1938 [1]

🖼 *Am Lagerfeuer* - Öl/Leinwand (73x95cm-29x37in) Hamburg 97 .... FF26 963 - £2 884 - **$4,700**

KRASZEWSKI Józef Ignacy 1812-1887 [1]

🖼 *Portret Wschodni* - Oil/canvas (82x65cm-32x26in) Warszawa 96 .... FF46 300 - £5 770 - **$8,940**

KRATINA Joseph M. 1872-? [2]

🗿 *A Pekinese dog* - Bronze (11cm-4in) New-York 95 .... FF6 780 - £872 - **$1,400**

KRATKÉ Charles Louis 1848-1921 [9]

🖼 *Hunter and dogs* - Oil/canvas (38x53cm-15x21in) Chicago 93 .... FF11 000 - £1 380 - **$2,000**
La partie d'échecs - Huile/panneau (20x25cm-8x10in) Versailles 90 .... FF20 000 - £2 035 - **$4,000**
Napoléons tilbagetog fra Rusland - Oil/board (53x72cm-21x28in) København 90 .... FF26 300 - £2 725 - **$4,622**
Napoléon à Waterloo - Huile/toile (53x74cm-21x29in) København 92 .... FF42 200 - £4 320 - **$7,440**

KRATKÉ Marthe 1884-? [1]

🖼 *Daisies & an oriental vase* - Oil/canvas (38x51cm-15x20in) New-York 92 .... FF2 600 - £311 - **$500**

KRATKY Emanuel 1824-1901 [1]

🖼 *Lady with a dog* - Oil/canvas (43x22cm-17x9in) London 91 .... FF9 920 - £1 007 - **$1,792**

KRATKY Richard 1877-? [1]

🖼 *Pige med hund* - Oil/canvas (45x24cm-18x9in) København 92 .... FF10 560 - £1 080 - **$2,200**

KRATOCHWILA Adam 1879-c.1955 [1]

🖼 *L'attelage* - Oil/panel (28x58cm-11x23in) Warszawa 94 .... FF7 320 - £880 - **$1,394**

KRATSCHKOWSKI Iossif J. 1854-1914 [1]

🖼 *Auf der Krim* - Öl/Leinwand (41x68cm-16x27in) Wien 96 .... FF38 600 - £4 980 - **$7,550**

KRATZENSTEIN STUB Christian Gottlieb 1783-1816 [4]

🖼 *Interiør med ung pige* - Oil/canvas (64x50cm-25x20in) København 92 .... FF15 840 - £1 590 - **$3,046**

KRATZER von Carl 1827-1903 [6]

🖼 *Südländische Seelandschaft* - Öl/Leinwand (47x63cm-19x25in) Wien 94 .... FF8 220 - £944 - **$1,407**
Blick auf Hallstatt (?) - Öl/Leinwand (87x118cm-34x46in) Wien 96 .... FF44 100 - £5 710 - **$8,810**

KRATZMAN Gustav Philip 1812-1902 [1]

🖼 *Allegorisk av Fransk Segerherre* - Oil/canvas/board (74x115cm-29x45in) Stockholm 89 ..... FF22 500 - £2 371 - **$3,788**

KRAUGERUD Ragnar 1909-1987 [7]

🖼 *Kvinder siddende i skovtykning* - Oil/masonite (46x55cm-18x22in) København 92 .... FF16 640 - £1 934 - **$3,396**

KRAUL Fritz 1862-1935 [9]

🖼 *A quiet moment* - Oil/canvas (7x76cm-3x30in) London 96 .... FF5 780 - £750 - **$1,143**

KRAUS August 1852-1917 [5]

🖼 *Die Weinprobe* - Oil/panel (16x22cm-6x9in) Wien 91 .... FF16 800 - £1 672 - **$2,889**

KRAUS Friedrich 1826-1894 [3]

🖼 *A rest from the harvest* - Oil/canvas (73x103cm-29x41in) London 95 .... FF51 900 - £6 500 - **$10,340**

KRAUS George Melchior 1737-1806 [3]

🖼 *Young woman leaning* - Oil/canvas (28x23cm-11x9in) New-York 89 .... FF42 900 - £4 269 - **$6,777**

KRAUS Günther 1930 [2]

🖼 *Rot* - Öl/Leinwand (100x100cm-39x39in) Wien 96 .... FF14 620 - £1 897 - **$2,890**

KRAUS Gustav Wilhelm 1804-1852 [17]

🖼 *K. Landgericht Starnberg* - Lithographie (40x48cm-16x19in) München 92 .... FF8 500 - £870 - **$1,497**
📖 *Die Alte Matthäuskirche* - Aquarell/Papier (13x19cm-5x7in) München 94 .... FF20 540 - £2 415 - **$3,614**

KRAUS Jan 1760-? [1]

🖼 *Shepherd with his family* - Oil/panel (52x57cm-20x22in) San Francisco-Los Angeles 90 .... FF21 500 - £2 302 - **$3,739**

KRAUS Johann Wenzel 1791-1849 [2]

📖 *Junges Mädchen in weißem Kleid* - Miniature (6x5cm-2x2in) Wien 92 .... FF7 220 - £740 - **$1,271**

KRAUS Ludwig 1829-1910 [1]

🖼 *Cellisten Robert Hausmann* - Oil/canvas (60x49cm-24x19in) Wien 91 .... FF13 480 - £1 368 - **$2,435**

KRAUS Valentin 1873-? [1]

📖 *Stehender Mädchenakt* - Chalks/paper (31x23cm-12x9in) Lindau 95 .... FF2 850 - £356 - **$576**

KRAUS Wilhelm Victor 1878-1959 [1]

🖼 *München* - Öl/Karton (70x49cm-28x19in) Wien 94 .... FF10 680 - £1 254 - **$1,904**

KRAUSCHE Gustav Adolf 1850-1917 [1]

🖼 *Der Brief* - Oil/panel (8x6cm-3x2in) Bremen 90 .... FF7 820 - £800 - **$1,544**

KRAUSE Emil Axel 1871-1945 [25]

🖼 *Uldhøst på Faerøerne* - Oil/canvas (103x140cm-41x55in) Viby J, Århus 95 .... FF4 530 - £566 - **$915**
Playtime - Oil/canvas (103x137cm-41x54in) London 91 .... FF30 240 - £3 010 - **$5,200**
📖 *On Windermere/On Ullswater* - Watercolour (34x52cm-13x20in) London 93 .... FF3 320 - £400 - **$620**

KRAUSE Emile A. XIX-XX [8]

📖 *Sunrise over a Loch Ness* - Wash (45x71cm-18x28in) London 91 .... FF3 024 - £300 - **$525**

KRAUSE Felix 1873-? [2]

🖼 *Morgenstimmung, Florenz* - Öl/Leinwand (60x75cm-24x30in) Bremen 94 .... FF8 940 - £1 064 - **$1,700**

KRAUSE Franz Emil 1836-1900 [7]

🖼 *Gebirgslandschaft mit Bauernhof* - Oil/canvas (36x57cm-14x22in) Frankfurt 92 .... FF6 800 - £696 - **$1,197**

KRAUSE Hans 1864-? [1]

🖼 *Water's edge* - Oil/canvas (80x127cm-31x50in) North Bethesda, MD. 91 .... FF10 480 - £1 048 - **$1,726**

KRAUSE Heinrich 1885-1985 [6]

🖼 *Brunn Schneebergbahn* - Oil/canvas (66x100cm-26x39in) Wien 91 .... FF16 800 - £1 684 - **$3,077**

KRAUSE Karl Heinz 1924 [5]

🗿 *Aufstehender* - Bronze (31cm-12in) Bremen 92 .... FF9 860 - £1 010 - **$1,736**

KRAUSE Lina 1857-1916 [4]
🖼 *Blumenstilleben* - Oil/panel (25x18cm-10x7in) Düsseldorf 96 .... FF7 450 - £920 - $1,440
KRAUSE Wilhelm August 1803-1864 [4]
🖼 *Hafeneinfahrt bei stürmischer See* - Oil/canvas (56x70cm-22x28in) Bremen 92 .... FF27 200 - £2 784 - $4,790
KRAUSE-OSTEN Friedrich 1884-? [1]
🖼 *Abendstimmung am See* - Öl/Leinwand (32x37cm-13x15in) Hamburg 94 .... FF3 744 - £438 - $660
KRAUSKOPF Bruno 1892-1960 [67]
🖼 *Nude with Still Life* - Oil/canvas (102x56cm-40x22in) New-York 97 .... FF13 056 - £1 373 - $2,249
 Hügelige Landschaft mit Dorf - Öl/Leinwand (70x90cm-28x35in) Berlin 97 .... FF34 966 - £3 713 - $6,090
 Bäume am See - Öl/Leinwand (102x81cm-40x32in) München 96 .... FF57 800 - £6 580 - $11,050
🖊 *Ohne Titel/Liegender Akt* - Ink (42x33cm-17x13in) Köln 97 .... FF4 055 - £426 - $694
 The Bather - Gouache/board (91x57cm-36x22in) New-York 97 .... FF5 804 - £610 - $1,000
 Norwegische Künstenlandschaft - Gouache (48x63cm-19x25in) Köln 97 .... FF23 656 - £2 486 - $4,050
KRAUSS Eugen 1881-1962 [1]
🖼 *Weites Tal* - Öl/Leinwand (39x52cm-15x20in) Stuttgart 95 .... FF2 740 - £333 - $540
KRAUSS Franz 1872-1967 [4]
🖼 *Ein alter Mann sitz in seiner Kammer* - Öl/Leinwand (31x23cm-12x9in) Stuttgart 94 .... FF5 100 - £595 - $894
KRAUSZ Simon Andreas 1760-1825 [2]
🖼 *Ländliche Szene* - Oil/panel (36x53cm-14x21in) Köln 90 .... FF18 600 - £1 991 - $3,235
KRAUSZ Wilhelm Victor 1878-1959 [7]
🖼 *Figures in a market* - Oil/canvas (37x45cm-15x18in) London 91 .... FF9 420 - £956 - $1,701
KRAUT Julius 1859-? [1]
🖼 *Damenportrait* - Oil/canvas (77x61cm-30x24in) Bremen 92 .... FF3 555 - £414 - $726
KRAUTGASSER Franz 1920-1985 [6]
🖊 *Liegender weiblicher Akt* - Mischtechnik/Papier (31x44cm-12x17in) Wien 94 .... FF2 910 - £337 - $552
KRAVCHENKO Aleksey Ilyich 1889-1940 [1]
🖊 *Birch trees* - Tempera/paper (48x63cm-19x25in) Moscow 94 .... FF8 130 - £962 - $1,500
KRAVETZ Jacques 1926 [26]
🖼 *Le Pont Marie, Paris* - Huile/toile (46x38cm-18x15in) Provins 90 .... FF8 000 - £806 - $1,455
KRAWAGNA Peter 1937 [3]
🖼 *Ohne Titel* - Mixed media/panel (42x42cm-17x17in) Wien 96 .... FF9 640 - £1 245 - $1,890
KRAWIEC Harriet 1894-1968 [1]
🖊 *Floral still life* - Oil/canvas (76x86cm-30x34in) Chicago 93 .... FF3 575 - £449 - $650
KRAWIEC Walter 1889-? [1]
🖼 *Horse corral in winter* - Oil/canvas (76x102cm-30x40in) Chicago 93 .... FF4 540 - £570 - $825
KRAWOR Alanta XX [3]
🖼 *Jeunes filles en promenade* - Huile/toile (33x41cm-13x16in) Le Mans 92 .... FF5 800 - £596 - $1,116
KRAWUTSCHKE Paul 1865-? [1]
 2me. Expo. Suisse de l'Automobile - Poster (99x72cm-39x28in) New-York 96 .... FF12 430 - £1 605 - $2,400
KRAWZOV Dimitri 1971 [2]
🖼 *Nu* - Öl/Leinwand (60x90cm-24x35in) Bern 94 .... FF5 660 - £656 - $974
KRAY Reginald [1]
🖊 *The Fight* - Watercolour (60x72cm-24x28in) London 91 .... FF5 780 - £578 - $952
KRAY Wilhelm 1828-1889 [13]
🖼 *Sea Dwellers* - Oil/canvas (71x112cm-28x44in) New-York 96 .... FF16 460 - £1 995 - $3,200
 The bathers - Oil/canvas (132x96cm-52x38in) London 93 .... FF40 000 - £5 000 - $7,250
KRAYESTEIN Abraham 1793-1855 [1]
🖊 *Woman in local dress* - Watercolour (21x14cm-8x6in) Amsterdam 96 .... FF5 120 - £604 - $1,006
KRCH Vaclav 1853-1935 [1]
🖼 *St. Andrä Wördern* - Öl/Leinwand (32x42cm-13x17in) Wien 95 .... FF12 230 - £1 548 - $2,390
KRCHA Emil 1894-1972 [4]
🖊 *Landscape, Kartuz* - Oil/panel (35x48cm-14x19in) Warszawa 96 .... FF6 240 - £783 - $1,217
KREBS Adolf 1849-? [1]
🖼 *Paris porcelain vase* - Oil/canvas (48x38cm-19x15in) New Orleans, Louisiana 94 .... FF7 110 - £845 - $1,300
KREBS Fritz 1914 [2]
🖼 *Femme élégante au bistro* - Huile/toile (65x46cm-26x18in) Zofingen 96 .... FF4 550 - £567 - $878
KREBS Johannes C. 1848-1924 [1]
🖊 *Uppställning med gula rosor i vas* - Oil/canvas (60x50cm-24x20in) Göteborg 93 .... FF5 180 - £637 - $960
KREBS Otto Albert 1870-1955 [3]
🖼 *Schweizer Seelandschaft* - Oil/canvas (63x87cm-25x34in) Zofingen 91 .... FF3 960 - £402 - $715
KREBS Walter 1900-1965 [44]
🖼 *Dorfplatz mit Brunnen* - Oil/panel/panneau (46x60cm-18x24in) Bern 94 .... FF6 490 - £775 - $1,211
 Wilhelm Tell - Öl/Papier (83x73cm-33x29in) Bern 94 .... FF32 000 - £3 780 - $5,700
🖊 *Die Leidenden* - Chalks (38x33cm-15x13in) Bern 94 .... FF4 000 - £472 - $712
KREFTING Ruth 1900-1987 [4]
🖊 *Kvinneportrett* - Oil/canvas (80x70cm-31x28in) Oslo 92 .... FF6 940 - £711 - $1,223
KREGTEN van Fedor 1871-1937 [34]
🖼 *A Sheepfold* - Oil/canvas (60x88cm-24x35in) Amsterdam 97 .... FF4 802 - £511 - $836
 A peasant letting a cow graze - Oil/canvas (62x89cm-24x35in) Amsterdam 97 .... FF9 708 - £1 050 - $169,4 5
KREHBIEL Albert H. 1875-1945 [2]
🖊 *Teamwork* - Pastel (35x45cm-14x18in) Elgin, Illinois 91 .... FF2 123 - £214 - $368

K

KREHL Gösta 1860-1899 [2]
Tilsammans - Oil/canvas (185x124cm-73x49in) Stockholm 95 .... FF7 600 - £950 - $1,490
KREIBICH Vilem 1884-1955 [1]
Lokomotive in einem Bahnhof - Oil/board (71x95cm-28x37in) München 91 .... FF11 910 - £1 194 - $2,181
KREIDOLF Ernst 1863-1956 [29]
Geranien - Oil/canvas (32x22cm-13x9in) Zofingen 91 .... FF12 670 - £1 270 - $2,091
Tanz der Krokus - Lithographie (33x41cm-13x16in) Zofingen 93 .... FF1 876 - £226 - $343
Schneiders Höllenfahrt - Aquarelle (38x20cm-15x8in) Bern 96 .... FF13 640 - £1 733 - $2,624
KREIENBÜHL Jürg 1932 [7]
Remenber Me - Acrylique/panneau (49x53cm-19x21in) Zofingen 93 .... FF11 630 - £1 402 - $2,127
KREINS Otto 1873-1930 [1]
Dutch interior scene - Oil/canvas (38x30cm-15x12in) Elgin, Illinois 91 .... FF5 090 - £513 - $883
KREITMAYR Johann Baptist c.1835-1880 [2]
Das Karlstor in München - Öl/Leinwand (35x29cm-14x11in) München 95 .... FF15 960 - £2 016 - $3,200
KREITZ Willy 1903-1982 [3]
Renard assis - Bronze (6cm-2in) Antwerpen 92 .... FF2 966 - £354 - $571
KREJCAR Anton 1923 [2]
Europa - Ink (31x44cm-12x17in) Wien 96 .... FF4 830 - £551 - $925
KREJKAR Anton 1923 [16]
Der Hafen - Oil/panel (70x90cm-28x35in) Wien 92 .... FF15 400 - £1 840 - $2,960
Hommage à de Chirico - Mixed media drawing (36x44cm-14x17in) Wien 91 .... FF7 220 - £728 - $1,253
KRELING von August 1819-1876 [1]
Venezianische Impression - Oil/panel (30x38cm-12x15in) München 94 .... FF11 220 - £1 310 - $1,967
KRELING Wilhelm 1855-? [2]
Inneres der Klosterkirche zu Ettal - Oil/canvas (80x55cm-31x22in) München 91 .... FF10 900 - £1 093 - $1,996
KRELLENSTEIN Jerry 1925 [3]
Le couple, 1989 - Gouache/papier (29x22cm-11x9in) Enghien 90 .... FF6 000 - £647 - $1,058
KREMEGNE Pinchus 1890-1981 [179]
Nature morte - Oil/canvas (50x61cm-20x24in) New-York 97 .... FF12 768 - £1 343 - $2,200
L'entrée du village - Huile/toile (50x65cm-20x26in) Paris 97 .... FF22 000 - £2 400 - $3,846
Nature morte au lièvre - Huile/toile (92x60cm-36x24in) Paris 97 .... FF30 000 - £3 273 - $5,244
Nu rouge - Huile/toile (73x54cm-29x21in) Paris 96 .... FF48 000 - £6 220 - $9,490
Paysage - Oil/canvas (53x63cm-21x25in) New-York 92 .... FF69 100 - £7 000 - $12,500
Landscape in Céret - Oil/canvas (67x129cm-26x51in) Tel Aviv 95 .... FF136 800 - £17 700 - $28,000
Porte d'Espagne à Céret - Crayon/papier (15x22cm-6x9in) Vinca 97 .... FF2 650 - £296 - $476
Le violoniste, 1914 - Aquarelle (39x24cm-15x9in) Paris 90 .... FF30 000 - £3 233 - $5,291
KREMER Alexandre 1935 [6]
Champs de mars, Léningrad - Huile/carton (48x34cm-19x13in) Saint-Germain-en-Laye 92 .... FF2 300 - £236 - $426
KREMER Alfred 1895-1965 [2]
La Mort - Ink/paper (19x25cm-7x10in) London 96 .... FF9 900 - £1 200 - $1,925
KREMER Mark 1928 [18]
Début du printemps - Huile/toile (71x112cm-28x44in) Grenoble 95 .... FF3 000 - £386 - $610
KREMER Petrus 1801-1888 [5]
Tod des Jan von Marnix - Oil/panel (88x71cm-35x28in) Wien 91 .... FF38 400 - £3 823 - $6,603
KREMP Erminio XIX-XX [3]
Fischer vor Palermo - Oil/canvas (40x80cm-16x31in) Bremen 92 .... FF6 120 - £627 - $1,077
KRENEK Carl 1880-1948 [20]
Dezember - Mischtechnik/Papier (16x11cm-6x4in) Wien 95 .... FF10 110 - £1 263 - $2,044
Waldwiertler Bauernhof - Gouache/paper (79x104cm-31x41in) Wien 95 .... FF81 000 - £10 100 - $16,350
KRENN Edmund 1846-1902 [7]
Harem Pleasures - Oil/canvas (113x134cm-44x53in) London 96 .... FF153 300 - £18 000 - $30,150
Dorf und Schloss Golling - Aquarell/Papier (36x50cm-14x20in) Wien 93 .... FF8 650 - £1 034 - $1,665
KRENN Hans 1932 [2]
Die langen Nasen - Ink (75x55cm-30x22in) Wien 90 .... FF2 400 - £245 - $474
KRENZER Oskar 1876-1942 [1]
Tegernsee am hellen Sommertag - Oil/canvas (71x101cm-28x40in) Stuttgart 90 ...... FF4 360 - £441 - $829
KRESS Michael 1845-1915 [1]
Früchtestilleben mit Weinglas - Woodcut in colors (29x22cm-11x9in) München 95 .... FF5 070 - £515 - $916
KRESSEL Dieter 1925 [8]
Stilleben mit Spiegel - Coloured crayons (67x49cm-26x19in) Hamburg 95 .... FF2 750 - £364 - $557
KRESTESEN Tom 1927 [10]
Sju samtalande män - Oil/canvas (135x112cm-53x44in) Stockholm 92 .... FF6 320 - £756 - $1,217
KRESTIN Lazar 1868-1938 [4]
A Rabbi reading - Oil/canvas (54x44cm-21x17in) London 96 .... FF49 400 - £5 800 - $9,710
KRETSCHMANN A. 1897-1941 [1]
PKZ - Poster (126x89cm-50x35in) New-York 95 .... FF12 120 - £1 527 - $2,400
KRETSCHMAR Bernhard 1889-1972 [6]
Im Fleischerladen - Etching (23x28cm-10x11in) München 92 .... FF5 440 - £557 - $958
KRETSCHMAR Carl 1769-1847 [2]
Bildnis eines Herrn - Öl/Leinwand (103x83cm-41x33in) Wien 96 .... FF9 620 - £1 206 - $1,880
KRETSCHMER Albert 1825-1891 [2]
Auf der Flucht - Öl/Leinwand (52x71cm-20x28in) Wien 94 .... FF10 780 - £1 274 - $1,990

KRETSCHMER Wilhelm 1806-c.1860 [1]
- *Bedroom in a Royal Palace* - Watercolour (24x30cm-9x12in) London 94 .... FF**84 000** - £10 000 - **$15,830**

KRETZ Léopold 1907-1990 [24]
- *Nature morte* - Huile/toile (50x61cm-20x24in) Paris 97 .... FF**6 500** - £709 - **$1,136**
- *Jeune fille assise* - Bronze (30cm-12in) Paris 97 .... FF**11 500** - £1 255 - **$2,010**
- *Modèle nu de dos allongé* - Aquarelle (13x30cm-5x12in) Paris 95 .... FF**1 600** - £207 - **$331**

KRETZSCHMAR Bernhard 1889-1972 [25]
- *Arbeiter in einer Lehmgrube* - Öl/Leinwand (74x74cm-29x29in) Berlin 96 .... FF**34 000** - £3 870 - **$6,500**
- *Vor dem Gasthaus* - Öl/Leinwand (106x141cm-42x56in) Heidelberg 94 .... FF**135 400** - £15 700 - **$23,300**
- *Bei armen Lauten* - Charcoal/paper (35x43cm-14x17in) Hamburg 95 .... FF**9 610** - £1 271 - **$1,950**

KRETZSCHMER Albert 1825-1891 [1]
- *Landscape with children* - Oil/canvas (59x90cm-23x35in) Billinghurst, West Sussex 96 .... FF**8 040** - £1 050 - **$1,608**

KRETZSCHMER Johann Hermann 1811-1890 [8]
- *Upsetting arrival, Chimney Swep* - Oil/canvas (43x36cm-17x14in) Boston, Mass. 91 .... FF**16 980** - £1 723 - **$3,067**
- *Die Pilgerkarawane* - Oil/canvas (132x192cm-52x76in) Wien 91 .... FF**192 500** - £19 537 - **$34,767**

KREUGER Nils 1858-1930 [83]
- *Häst ved vagn* - Oil/canvas (50x60cm-20x24in) Stockholm 97 .... FF**10 862** - £1 162 - **$1,893**
- *Gården och trädet, Apelvik* - Oil/panel (24x14cm-9x6in) Stockholm 94 .... FF**28 760** - £3 410 - **$5,320**
- *Västkuststrand med får* - Oil/canvas (43x90cm-17x35in) Stockholm 97 .... FF**64 423** - £6 897 - **$11,231**
- *Le Chemin de la carrière* - Oil/canvas (140x194cm-55x76in) Stockholm 94 .... FF**171 000** - £20 200 - **$30,460**
- *Hästar på öländskt fält* - Ink (25x35cm-10x14in) Stockholm 90 .... FF**20 600** - £2 096 - **$4,120**

KREUL Johann Fr. Karl 1804-1867 [1]
- *Junger Mann* - Pastell (34x28cm-13x11in) München 90 .... FF**14 200** - £1 520 - **$2,470**

KREUL Johann Lorenz 1765-1840 [1]
- *Idyll im Kinderzimmer* - Pastell (44x35cm-17x14in) Köln 91 .... FF**17 100** - £1 756 - **$3,180**

KREUTZ Heinz 1932 [10]
- *Licht im August* - Öl/Leinwand (65x92cm-26x36in) Köln 95 .... FF**61 800** - £8 080 - **$12,540**
- *Abstrakte Komposition* - Woodcut (37x29cm-15x11in) Düsseldorf 92 .... FF**2 040** - £209 - **$359**

KREUTZBERGER Charles 1829-? [1]
- *Jeune femme dans un intérieur* - Huile/toile (130x97cm-51x38in) Paris 96 .... FF**18 000** - £2 330 - **$3,566**

KREUTZER Felix 1835-1876 [8]
- *Flusslandschaft mit Mühle* - Öl/Leinwand (27x39cm-11x15in) Bremen 94 .... FF**10 300** - £1 238 - **$1,905**

KREUTZINGER Josef 1757-1829 [3]
- *Archduke Charles* - Oil/canvas (106x83cm-42x33in) London 95 .... FF**289 000** - £38 000 - **$58,000**

KREUTZMANN Johan Johansen 1862-1940 [1]
- *Tre figurer af udskåret og malet trae* - Sculpture Köbenhavn 91 .... FF**48 400** - £4 850 - **$8,161**

KREUZBERG Pitt 1888-1966 [1]
- *Sommerliche Eifellandschaft* - Oil/panel (35x50cm-14x20in) Düsseldorf 91 .... FF**10 470** - £1 055 - **$1,817**

KREUZER Franz 1819-1872 [2]
- *Alpenlandschaft* - Oil/canvas (27x36cm-11x14in) Wien 92 .... FF**16 840** - £1 690 - **$2,810**

KREUZER Vincenz 1809-1888 [7]
- *Raisins, pommes et châtaignes* - Huile/cuivre (2x27cm-1x11in) Paris 95 .... FF**115 000** - £15 100 - **$23,100**

KREUZHAGE Werner 1904-? [1]
- *Komposition* - Collage (38x47cm-15x19in) Heidelberg 94 .... FF**2 400** - £278 - **$413**

KREUZTBERGER Karl 1916 [2]
- *Ohne Titel* - Watercolour, gouache/paper (54x71cm-21x28in) Wien 94 .... FF**3 000** - £378 - **$598**

KREVEL Ludwig 1801-1876 [2]
- *Gebirgsflußlandschaft am Sommerabend* - Oil/canvas (45x57cm-18x22in) Stuttgart 90 .... FF**8 400** - £868 - **$1,484**

KREYDER Alexis 1839-1912 [33]
- *Grapes in a basket* - Oil/canvas (74x100cm-29x39in) New-York 94 .... FF**23 400** - £2 685 - **$4,000**
- *Pink and white phlox* - Oil/canvas (68x92cm-27x36in) New-York 95 .... FF**61 300** - £7 640 - **$12,000**
- *Poppies, wildflowers in a vase* - Oil/canvas (111x77cm-44x30in) New-York 94 .... FF**292 400** - £33 800 - **$50,000**

KREYENKAMP August 1875-1950 [5]
- *No. 4 Tiefseeschlamm 380/1* - Gelatin silver print (38x28cm-15x11in) London 95 .... FF**5 600** - £700 - **$1,131**

KREYFELT von Julius 1863-? [2]
- *Waldstück* - Öl/Leinwand (52x39cm-20x15in) Konstanz 94 .... FF**5 800** - £697 - **$1,098**
- *Winter in der Rhön* - Gouache (13x27cm-5x11in) Rudolstadt-Thüringen 96 .... FF**4 430** - £554 - **$860**

KREYSSIG Hugo 1873-1939 [6]
- *An der Ostrach im Allgäu* - Öl/Leinwand (60x80cm-24x31in) Kempten 96 .... FF**3 564** - £462 - **$699**

KRICHELDORF Carl 1863-1934 [7]
- *In the Tavern* - Oil/canvas (102x88cm-40x35in) New-York 97 .... FF**18 203** - £1 959 - **$3,200**

KRICHELDORF Hermann J. Gottlieb 1867-? [3]
- *Altmeitsterliches Stilleben* - Oil/panel (42x52cm-17x20in) Stuttgart 94 .... FF**9 570** - £1 150 - **$1,820**
- *Stilleben mit Kirschen* - Oil/panel (49x60cm-19x24in) Wien 93 .... FF**63 600** - £7 200 - **$10,740**

KRICKE Norbert 1922-1986 [17]
- *Schwingungen* - Lithographie (51x65cm-20x26in) München 93 .... FF**5 220** - £597 - **$882**
- *Raumplastik* - Sculpture (27cm-11in) Berlin 92 .... FF**224 400** - £22 970 - **$39,500**
- *Ohne Titel* - Indian ink (50x65cm-20x26in) Berlin 94 .... FF**13 670** - £1 613 - **$2,432**

KRIEBEL Ludwig Anton Maria 1823-1890 [1]
- *Josef und Maria* - Oil/canvas (101x64cm-40x25in) Leipzig 92 .... FF**10 470** - £1 072 - **$1,844**

KRIEG Dieter 1937 [2]
- *Die Letzen 50 Fritten* - Acrylic (56x73cm-22x29in) Köln 93 .... FF**7 580** - £858 - **$1,280**

K

KRIEGEL Willi 1901-1966 [3]
November - Mixed media/panel (79x89cm-31x35in) Wien 90 .... *FF14 400* - £1 492 - **$2,531**
KRIEGER Emil 1902-? [1]
Marabu - Bronze (38cm-15in) Stuttgart 93 .... *FF12 180* - £1 397 - **$2,072**
KRIEGER Joseph 1848-1914 [1]
In den Lofoten - Oil/canvas (100x175cm-39x69in) Köln 91 .... *FF22 300* - £2 236 - **$3,681**
KRIEGER Wilhelm 1877-? [1]
Spielendes Otterpaar - Bronze (20cm-8in) München 92.................... *FF8 470* - £1 013 - **$1,630**
KRIEGHOFF Cornelius David 1815-1872 [48]
Early Canadian Homestead - Oil/canvas (61x91cm-24x36in) Toronto 94 ... *FF1* - £185 600 - **$293,600**
Narrows at Lake Saint-Charles - Oil/canvas (23x33cm-9x13in) Toronto 96 ... *FF72 200* - £9 200 - **$13,900**
Indian resting at the Portage - Oil/canvas (34x46cm-13x18in) Toronto 95 ... *FF205 200* - £25 850 - **$40,640**
KRIEGHOFF William 1875-1930 [1]
Butterfly woman setting others free
  Watercolour, gouache (56x41cm-22x16in) New-York 96 .... *FF17 940* - £2 126 - **$3,500**
KRIEHUBER Fritz 1838-1871 [1]
Two ladies - Pencil/paper (42x55cm-17x22in) New-York 90 .... *FF13 870* - £1 397 - **$2,717**
KRIEHUBER Josef 1801-1876 [29]
Kaiserin Elisabeth - Oil/canvas/board (61x49cm-24x19in) Ahlden 92 .... *FF28 200* - £2 890 - **$4,970**
Dame in grünen Kleid - Aquarell/Papier (26x22cm-10x9in) Wien 95 ..... *FF12 650* - £1 582 - **$2,554**
KRIENS Otto 1873-1930 [2]
Resting peasant - Oil/canvas/board (29x35cm-11x14in) Laren 90 .... *FF3 000* - £319 - **$537**
KRIESCH Rudolf 1904 [2]
Damen bei der Kaffeestunde - Gouache (38x31cm-15x12in) München 92 ... *FF3 740* - £383 - **$659**
KRIESTER Rainer 1935 [2]
Torso Geschnürt - Tempera/tela (35x37cm-14x15in) Köln 90 .... *FF6 660* - £678 - **$1,332**
Kopfzeichen - Bronze (16cm-6in) Hamburg 96................................. *FF3 376* - £409 - **$656**
KRIKHAAR Herman 1930 [28]
Naakten - Oil/canvas (55x46cm-22x18in) Amsterdam 94 .... *FF15 860* - £1 862 - **$2,824**
Champ de lavande - Oil/canvas (184x144cm-72x57in) Amsterdam 90 ... *FF66 200* - £6 769 - **$13,067**
Two figures - Watercolour/paper (40x29cm-16x11in) Amsterdam 94 ..... *FF5 470* - £647 - **$974**
KRIKI Christian Vallée,dit 1965 [25]
Combat de chars - Acrylique/toile (81x100cm-32x39in) Paris 91 .... *FF8 000* - £822 - **$1,490**
Guitariste Punk - Acrylique/toile (195x130cm-77x51in) Paris 93 .... *FF30 000* - £3 370 - **$5,090**
La baignoire - Sculpture (55x35x50cm-22x14x20in) Versailles 94 .... *FF7 000* - £810 - **$1,202**
KRIKOUNOV Youri XX [2]
La prise du Reichstag - Huile/toile (114x152cm-45x60in) Paris 91 .... *FF5 000* - £512 - **$934**
KRILLÉ Jean 1923-1991 [6]
Landschaft in Orange und Blau - Oil/hardboard (60x73cm-24x29in) Wien 95 ... *FF8 910* - £1 132 - **$1,774**
KRILOV Boris 1891-1977 [5]
Roses in a vase - Oil/canvas (61x51cm-24x20in) København 96 .... *FF2 630* - £328 - **$509**
KRILOV Constantin 1941 [2]
Paysage d'été - Huile/toile (60x80cm-24x31in) Bordeaux 92 .... *FF2 000* - £233 - **$409**
KRILOV Porfiri Nikititch 1902-1990 [2]
Sur la véranda - Huile/carton/toile (49x60cm-19x24in) Paris 94 .... *FF6 500* - £763 - **$1,153**
KRIMMEL John Lewis 1787-1821 [1]
The blind fiddler - Oil/canvas (46x56cm-18x22in) Mystic, Connecticut 94 ... *FF5 310* - £634 - **$1,000**
KRIMOV Nikolai Petrovich 1884-1958 [2]
Landscape with a tower - Oil/canvas (16x25cm-6x10in) Moscow 93......... *FF3 835* - £437 - **$650**
KRIMS Leslie 1943 [12]
Nude leaves with black cat - Gelatin silver print (10x18cm-4x7in) London 91 ... *FF3 200* - £400 - **$647**
KRINS Ernest 1820-1899 [1]
Paysage des environs de Spa - Huile/toile (43x51cm-17x20in) Bruxelles 91 ... *FF4 940* - £495 - **$815**
KRISCHKE Franz 1885-1960 [10]
Stilleben - Öl/Leinwand (56x68cm-22x27in) Lindau 93...................... *FF9 100* - £1 061 - **$1,495**
KRISTAPS 1962 [2]
Danse - Huile/toile (104x104cm-41x41in) Paris 90........................... *FF6 000* - £611 - **$1,200**
KRISTENSEN Jeremias 1859-1908 [1]
Knabe vom Berge - Bronze (29cm-11in) Bremen 93.......................... *FF2 360* - £284 - **$461**
KRISTENSSON Bengt 1920 [3]
Sittande figurer - Mixed media/paper (47x65cm-19x26in) Göteborg 93 ... *FF1 733* - £199 - **$297**
KRISTIANS Antonius Johannes 1883-1957 [1]
Elegant lady seated - Pastel (64x45cm-25x18in) Amsterdam 91 .... *FF6 610* - £664 - **$1,144**
KRISTIANS Tony 1907-1977 [3]
Danseres - Oil/canvas/panel (41x30cm-16x12in) Amsterdam 96.......... *FF29 460* - £3 380 - **$5,630**
KRISTO de Bela 1920 [3]
Nu cubiste - Huile/panneau (35x24cm-14x9in) Paris 96.................... *FF12 000* - £1 410 - **$2,360**
KRIWET Ferdinand 1942 [2]
Collage 71 - Collage (125x125cm-49x49in) Köln 90......................... *FF22 000* - £2 340 - **$3,936**
KRIZ Vilém 1921-1994 [6]
Chimera - Gelatin silver print (33x25cm-13x10in) New-York 95 .... *FF5 810* - £748 - **$1,200**
KRIZE Yehiel 1909-1968 [25]
Untitled - Oil/board (100x69cm-39x27in) Tel Aviv 95 .... *FF16 100* - £1 930 - **$3,000**

K

Untitled - Gouache (48x68cm-19x27in) Tel Aviv 97 .... FF6 952 - £773 - **$1,300**

KRIZEK Jan 1887-? [2]
Stilleben - Pencil/paper (12x14cm-5x6in) Wien 94.................... FF1 943 - £233 - **$360**

KROCK Heinrich 1671-1738 [3]
Christian VI on horse - Oil/canvas (107x85cm-42x33in) København 91 ...... FF96 800 - £9 824 - **$17,483**

KROG Arnold 1856-1931 [2]
Sommerdag, Hellebaek - Oil/canvas (36x28cm-14x11in) Vejle 94 .... FF4 695 - £539 - **$803**

KRÖH Heinrich Reinhold 1841-1941 [3]
Straße aus Wedel - Oil/panel (28x38cm-11x15in) Bremen 92 .... FF7 450 - £866 - **$1,520**

KROHA Jiri 1893-1974 [2]
Architecture sacrée - Lithographie (15x23cm-6x9in) Paris 91 .... FF3 500 - £351 - **$641**

KROHG Christian 1852-1925 [39]
Portrait of a man - Oil/canvas (116x88cm-46x35in) Stockholm 95 .... FF10 780 - £1 378 - **$2,200**
Marine - Oil/canvas (32x43cm-13x17in) Göteborg 93 .... FF29 500 - £3 345 - **$4,990**
Interiør - Oil/canvas (44x36cm-17x14in) Oslo 92 .... FF41 700 - £4 180 - **$8,010**
Fixing the sail - Oil/canvas (99x87cm-39x34in) New-York 90 .... FF315 000 - £31 719 - **$61,704**

KROHG Guy 1917 [7]
Torg i Provence - Oil/canvas (62x73cm-24x29in) Oslo 96 .... FF4 460 - £516 - **$854**

KROHG Othilia, Oda 1860-1935 [3]
Christian Krohg ved staffeliet - Oil/canvas (21x14cm-8x6in) Oslo 92 ...... FF30 400 - £3 110 - **$5,350**

KROHG Per 1889-1965 [34]
Haymaking - Oil/panel (60x73cm-24x29in) London 95 .... FF16 600 - £2 200 - **$3,430**
Interiør - Oil/canvas (90x74cm-35x29in) Stockholm 94 .... FF70 600 - £8 330 - **$12,570**
The pearl trader - Oil/canvas (81x65cm-32x26in) London 90 .... FF271 200 - £29 036 - **$47,165**

KROHN Ernst 1911-1934 [1]
Landskap med tallar - Akvarell (30x24cm-12x9in) Helsinki 93.................. FF3 070 - £347 - **$506**

KROHN Julie de Holmberg 1882-1956 [2]
Fra en have - Oil/canvas/panel (70x63cm-28x25in) Oslo 92 .... FF5 210 - £534 - **$917**

KROHN Pietro 1840-1905 [1]
Motiv fra en by i Albanerbjergene - Oil/canvas (36x26cm-14x10in) København 96 .... FF3 280 - £374 - **$629**

KROHN Xan 1882-1959 [10]
Le port - Huile/toile (65x92cm-26x36in) Saint-Germain-en-Laye 95 .... FF5 000 - £643 - **$1,026**

KRØJER Tom 1942 [34]
Komposition - Mixed media (99x107cm-39x42in) København 95................ FF3 540 - £434 - **$689**
Paysage - Oil/canvas (116x89cm-46x35in) København 92 .... FF14 700 - £1 760 - **$2,830**

KROKFORS Kristian 1952 [2]
Landskap - Oil/canvas (46x46cm-18x18in) Helsinki 92...................... FF4 080 - £488 - **$785**

KROL Gerard 1882-1950 [5]
Wintermorgen - Oil/board (34x30cm-13x12in) Amsterdam 96 .... FF3 680 - £473 - **$726**

KROLL Leon A. 1884-1974 [45]
Naomi - Oil/canvas (61x51cm-24x20in) San Francisco-Los Angeles 95 ...... FF44 250 - £5 030 - **$7,500**
The Pool - Oil/canvas (93x124cm-37x49in) New-York 95 .... FF262 544 - £27 567 - **$45,000**
Road from the Cove - Oil/canvas (91x150cm-36x59in) New-York 92 .... FF681 000 - £69 700 - **$120,000**

KROMBACH Max 1867-1947 [1]
Handarbeitendes Mädchen - Ol/Leinwand (71x61cm-28x24in) Lindau 93 ...... FF8 470 - £1 013 - **$1,630**

KROMJONG Paul 1903-1979 [1]
Het Boak - Oil/canvas (73x89cm-29x35in) Amsterdam 93 .... FF2 754 - £317 - **$474**

KROMKA Federico 1890-1942 [3]
Rythmes colorés - Gouache (15x18cm-6x7in) Paris 92...................... FF5 800 - £692 - **$1,116**

KRON Adolf 1884-1962 [4]
Partie am Rhein bei Basel - Oil/panel (40x44cm-16x17in) Zofingen 92 ...... FF2 284 - £273 - **$440**

KRÖN Paul 1869-1936 [18]
Rue animée - Huile/toile (60x73cm-24x29in) Paris 97 .... FF6 500 - £707 - **$1,142**
Paysage - Huile/toile (53x73cm-21x29in) Paris 92 .... FF12 000 - £1 228 - **$2,113**
Marine - Huile/toile (60x73cm-24x29in) Limoges 90 .... FF33 000 - £3 420 - **$5,800**

KRONBERG Julius 1850-1921 [20]
In the artist's studio - Oil/paper (33x27cm-13x11in) Stockholm 96 .... FF19 220 - £2 400 - **$3,710**
Bacchus and his suite - Oil/canvas (88x518cm-35x204in) Stockholm 97 .... FF59 744 - £6 368 - **$10,432**
Vid bryggan - Gouache (35x55cm-14x22in) Stockholm 93 .... FF14 060 - £1 728 - **$2,603**

KRONBERG Louis 1872-1965 [30]
Young Ballerina holding a parrot - Oil/canvas (61x49cm-24x19in) New-York 93.... FF22 000 - £2 760 - **$4,000**
Dancer in green with fan - Oil/canvas (76x56cm-30x22in) New-York 92 .... FF44 100 - £5 120 - **$9,000**
Dancers at the bar - Pastel/board (51x76cm-20x30in) New-York 94 .... FF8 420 - £994 - **$1,500**
Repose - Pastel/canvas (75x63cm-30x25in) New-York 94 .... FF35 740 - £4 290 - **$6,800**

KRONBERGER Carl 1841-1921 [36]
An old Guard reading a paper - Oil/canvas (19x13cm-7x5in) London 96 ...... FF30 300 - £3 800 - **$5,850**
Figures in a Candlelit Interior - Oil/canvas (49x60cm-19x24in) New-York 97 .... FF73 948 - £7 957 - **$13,000**
Nemesis - Oil/panel (90x62cm-35x24in) München 93 .... FF127 300 - £14 420 - **$21,500**

KRONE Hermann 1827-1916 [2]
Vue de Dresde - Tirage argentique (16x20cm-6x8in) Paris 94.............. FF5 500 - £652 - **$1,016**

KRONENGOLD Adolph 1900-1986 [1]
Chartres Street - Acrylic/panel (76x102cm-30x40in) New Orleans, Louisiana 94 .... FF15 700 - £1 860 - **$2,900**

KRÖNER Christian Johann 1838-1911 [28]
- *A stag roaring in a mountain* - Oil/canvas (41x61cm-16x24in) London 95 .... FF15 800 - £2 000 - **$3,176**
- *Deer and wild boar* - Oil/canvas (105x140cm-41x55in) London 95 .... FF52 700 - £6 600 - **$10,500**
- *Blackcock and grey Hen* - Oil/canvas (80x60cm-31x24in) Wien 96 .... FF93 800 - £11 370 - **$18,240**

KRÖNER Karl 1887-? [2]
- *Lichtung in der Lüneburger Heide* - Oil/panel (38x47cm-15x19in) Dresden 95 .... FF2 074 - £271 - **$416**

KRÖNER Magda, née Helmcke 1854-? [1]
- *Vase of poppies on a table* - Oil/canvas (79x59cm-31x23in) Billinghurst, West Sussex 93 .... FF2 800 - £320 - **$477**

KRONSTEIN August Stefan 1850-? [1]
- *Beim Heurigen* - Aquarell/Papier (25x36cm-10x14in) Wien 92 .... FF3 130 - £374 - **$602**

KROP Hildo Hildebrand L. 1884-1970 [9]
- *Labourers grouping together* - Terracotta (18cm-7in) Amsterdam 97 .... FF14 648 - £1 536 - **$2,513**

KROPFF Joop 1892-1979 [13]
- *Paris, seen from the artist's studio* - Oil/board (29x38cm-11x15in) Amsterdam 97 .... FF2 947 - £318 - **$514**

KROPP Martha 1880-1968 [4]
- *Waldweg* - Öl/Leinwand (51x43cm-20x17in) Heidelberg 93 .... FF6 650 - £776 - **$1,093**

KROTOWSKI Stephan 1881-? [2]
- *PKZ* - Poster (126x89cm-50x35in) New-York 96 .... FF10 180 - £1 200 - **$2,000**

KROUTHÉN Johan 1858-1932 [184]
- *Sommarlandskap från Sommen* - Oil/canvas (50x75cm-20x30in) Malmö 96 .... FF27 360 - £3 550 - **$5,360**
- *Solbelyst skogsväg* - Oil/canvas (76x104cm-30x41in) Stockholm 97 .... FF37 455 - £4 010 - **$6,530**
- *Sommarlandskap med ekipage* - Oil/canvas (98x116cm-39x46in) Stockholm 96 .... FF53 700 - £6 310 - **$10,570**
- *Parkmotiv* - Oil/canvas (70x100cm-28x39in) Stockholm 91 .... FF75 400 - £7 560 - **$12,580**
- *Dam med parasoll* - Oil/canvas (60x40cm-24x16in) Stockholm 95 .... FF207 300 - £25 900 - **$40,650**
- *I midsommar tid* - Oil/canvas (110x63cm-43x25in) Stockholm 90 .... FF655 200 - £70 603 - **$115,556**

KRØYER Marie Martha 1867-1940 [2]
- *Vasketøi til tørre gulkalkede huse* - Oil/panel (27x35cm-11x14in) København 91 .... FF48 400 - £4 850 - **$8,161**

KRØYER Peder Severin 1851-1909 [69]
- *Solglitter över havet* - Oil/canvas (32x55cm-13x22in) Stockholm 95 .... FF1 - £160 200 - **$245,600**
- *Little girl with her dog* - Oil/canvas (46x38cm-18x15in) Viby J, Århus 96 .... FF26 570 - £3 380 - **$5,260**
- *Marie, the artist's wife* - Oil/panel (27x21cm-11x8in) Stockholm 90 .... FF74 680 - £7 960 - **$13,040**
- *Maria Kröyer och Hugo Alvén* - Charcoal/paper (26x42cm-10x17in) Stockholm 95 .... FF10 980 - £1 410 - **$2,214**
- *Afsked på stranden før båden står ud* - Pastel (132x200cm-52x79in) København 93 .... FF39 400 - £4 710 - **$7,570**

KRSANIN Ratko XX [4]
- *Autoportrait* - Huile/bois (44x40cm-17x16in) Paris 97 .... FF2 400 - £271 - **$434**

KRSINIC Franz 1897-? [1]
- *Hockender weiblicher Akt* - Bronze (41cm-16in) Düsseldorf 96 .... FF5 080 - £627 - **$981**

KRUCHEN Julius 1855-1912 [5]
- *Monte Cristallo, Südtirol* - Oil/board (80x110cm-31x43in) Wien 91 .... FF21 600 - £2 182 - **$4,288**

KRUCK Christian 1925-1985 [23]
- *Bateaux de pêche* - Lithographie (52x71cm-20x28in) Heidelberg 96 .... FF1 595 - £206 - **$312**
- *Venedig* - Aquarell (18x40cm-7x16in) Heidelberg 94 .... FF5 480 - £636 - **$944**

KRUG Edouard 1829-1901 [1]
- *Portrait de femme* - Huile/toile (54x46cm-21x18in) Beaune 92 .... FF5 000 - £512 - **$900**

KRUG Ludwig 1490-1532 [7]
- *The Fall of Man* - Woodcut (17x12cm-7x5in) London 97 .... FF9 652 - £1 000 - **$1,653**

KRÜGER Albert 1885-1965 [22]
- *Vinterafton, Vitemölla* - Oil/canvas (45x58cm-18x23in) Malmö 90 .... FF2 340 - £238 - **$468**

KRUGER Barbara 1945 [37]
- *Untitled* - Photographic silkscreen/vynil/board (241x92cm-95x36in) London 96 .... FF61 900 - £8 000 - **$12,250**
- *We have received orders* - Mixed media (183x122cm-72x48in) New-York 88 .... FF195 000 - £18 255 - **$32,500**
- *I can't look at you...* - Photograph (177x115cm-70x45in) Stockholm 95 .... FF61 000 - £7 980 - **$12,220**
- *Untitled* - Photo (122x15cm-48x6in) New-York 90 .... FF183 000 - £19 468 - **$32,737**

KRÜGER Einar 1910 [9]
- *Vinterflora* - Oil/canvas (75x90cm-30x35in) Göteborg 95 .... FF2 587 - £344 - **$534**

KRUGER Eugen 1832-1876 [2]
- *Rotwild in der Morgendämmerung* - Öl/Leinwand (71x91cm-28x36in) München 93 .... FF20 670 - £2 340 - **$3,490**

KRÜGER Franz 1797-1857 [10]
- *V. Alvenslebenauf Brin d'Amour* - Öl/Leinwand (63x74cm-25x29in) Berlin 97 .... FF213 684 - £22 694 - **$37,222**
- *Pferdestudie* - Black chalk (29x48cm-11x19in) München 95 .... FF4 920 - £619 - **$984**

KRÜGER Heinrich 1863-1901 [1]
- *Le repasseuse* - Huile/toile/panneau (70x50cm-28x20in) Bruxelles 91 .... FF5 600 - £562 - **$924**

KRÜGER Hermann 1834-1908 [1]
- *Sommertag in Sorrent* - Öl/Leinwand (52x45cm-20x18in) Köln 94 .... FF20 470 - £2 420 - **$3,680**

KRÜGER Louis 1912-1963 [1]
- *Damsquare* - Oil/canvas (60x70cm-24x28in) Amsterdam 91 .... FF3 006 - £305 - **$543**

KRUGER Richard 1880-? [3]
- *Cherry blossoms* - Oil/canvas (66x76cm-26x30in) Elgin, Illinois 92 .... FF6 660 - £698 - **$1,200**

KRUGLER François Xavier 1864-1941 [3]
- *Corbeilles de fleurs* - Huile/toile (42x55cm-17x22in) Saint-Dié 93 .... FF6 800 - £820 - **$1,237**

KRUIF de Henri Gilbert 1882-1944 [1]
- *The Organ at Red Rock Cañyon* - Oil/canvas (63x76cm-25x30in) New-York 96 .... FF15 450 - £1 920 - **$3,000**

KRUIJVER Jan 1869-1950 [1]
- *Woman in a polder landscape* - Oil/panel (20x25cm-8x10in) Amsterdam 94 .... FF2 146 - £256 - **$409**

KRUININGEN van Harry 1906 [4]
Untitled - Print in colors (37x177cm-15x70in) Amsterdam 92 .... FF2 **883** - £**295** - $**508**
A Landscape - Pastel/paper (38x58cm-15x23in) Amsterdam 94 .... FF2 **910** - £**345** - $**538**
KRUIS Ferdinand 1869-1944 [3]
Frühling in Grinzing - Aquarell/Papier (56x77cm-22x30in) Wien 95 .... FF9 **980** - £1 **260** - $1,**992**
KRULL Germaine 1897-1985 [63]
Quartier juif, London - Photo (23x17cm-9x7in) Paris 91 .... FF3 **500** - £**355** - $**632**
Nu, 1929 - Silver print (16x7cm-6x3in) Paris 90 .... FF3 **500** - £**377** - $**617**
Le laitier - Tirage argentique (10x15cm-4x6in) Paris 95 .... FF5 **000** - £**602** - $**946**
Projet pour Shell - Photo (23x16cm-9x6in) Paris 96 .... FF25 **000** - £2 **850** - $4,**790**
Départ - Tinta (27x22cm-11x9in) Paris 91 .... FF3 **800** - £**386** - $**686**
KRUMBHOLZ Ferdinand 1810-1878 [2]
Empereur du Brésil, Pierre II - Huile/toile (90x71cm-35x28in) Monaco 96 .... FF75 **000** - £8 **610** - $**14,300**
KRUMLINDE Olof 1865-1945 [43]
Capri - Oil/canvas (71x56cm-28x22in) Stockholm 94 .... FF5 **190** - £**615** - $**960**
Blomsterkantad sommarväg - Oil/canvas (71x54cm-28x21in) Stockholm 96 .... FF16 **340** - £1 **863** - $3,**130**
Soluppgång vid kust - Oil/canvas (86x133cm-34x52in) Stockholm 94 .... FF34 **200** - £4 **040** - $6,**090**
KRUMMACHER Karl 1867-1955 [13]
Hessische Dorfstrasse - Oil/cardboard (50x71cm-20x28in) Bremen 95 .... FF17 **400** - £2 **255** - $3,**620**
Rastende Landarbeiter - Oil/Leinwand (87x105cm-34x41in) Frankfurt 94 .... FF32 **300** - £3 **780** - $5,**700**
KRUMMER Christina Elisabeth 1853-1895 [1]
Roses in a vase - Oil/canvas (30x42cm-12x17in) Amsterdam 95 .... FF3 **400** - £**411** - $**640**
KRUPECZ Victor XIX-XX [2]
The artist's model - Oil/board (35x27cm-14x11in) London 94 .... FF4 **060** - £**480** - $**730**
KRUPSKI Julian 1871-1954 [1]
Port w Ankonie - Oil/cardboard (25x33cm-10x13in) Warszawa 95 .... FF3 **780** - £**483** - $**776**
KRUSE Alexander Zerdin 1890-? [2]
Cold root beer - Oil/panel (40x40cm-16x16in) New-York 92 .... FF13 **870** - £1 **453** - $2,**500**
KRUSE Bruno Fr. 1855-1906 [3]
Bacchantin - Bronze (28cm-11in) Düsseldorf 96 .... FF4 **060** - £**502** - $**785**
KRUSE Christian 1876-1953 [1]
Kurtis - Charcoal (49x40cm-19x16in) Stockholm 96 .... FF1 **694** - £**216** - $**326**
KRUSE Frederik Mathias J. 1829-1862 [1]
Kleines Mädchen - Oil/Leinwand (97x72cm-38x28in) Bremen 94 .... FF12 **030** - £1 **433** - $2,**290**
KRUSE Max 1854-1942 [3]
Junge Liebe - Bronze (38cm-15in) München 91 .... FF10 **250** - £1 **053** - $1,**910**
KRUSE-LITZENBURG Oskar 1847-1919 [1]
Hiddensee, Insel und Ostsee - Öl/Leinwand (70x100cm-28x39in) Hamburg 96 .... FF23 **800** - £2 **710** - $4,**550**
KRUSEMAN Cornelis 1797-1857 [4]
Savoyards et Italiennes - Oil/canvas (130x147cm-51x58in) Amsterdam 91 .... FF127 **000** - £12 **612** - $**22,051**
KRUSEMAN Frederik Marianus 1816-1882 [40]
A river Landscape - Oil/canvas (50x70cm-20x28in) London 97 .... FF164 **234** - £18 **000** - $**28,823**
Skaters on a frozen river - Oil/panel (48x64cm-19x25in) London 96 .... FF281 **000** - £35 **000** - $**54,200**
Figures on a frozen canal - Oil/canvas (70x100cm-28x39in) Edinburgh 96 .... FF785 **000** - £100 **000** - $**151,200**
KRUSEMAN Jan Adam Jansz. 1804-1862 [7]
Aesop telling a fable - Oil/canvas (124x173cm-49x68in) London 94 .... FF28 **600** - £3 **400** - $5,**380**
KRUSEMAN Jan Theodoor 1835-1895 [4]
Marine - Oil/canvas (6x88cm-2x35in) Amsterdam 94 .... FF12 **850** - £1 **542** - $2,**495**
KRUSEMAN Johan Caspar Muller 1805-1855 [1]
Flowers in a vase, peach, grapes - Oil/panel (42x37cm-17x15in) Amsterdam 92 .... FF18 **200** - £1 **864** - $3,**205**
KRUSHENICK Nicholas 1929 [13]
Lands end Blau - Acrylic/canvas (101x79cm-40x31in) New-York 90 .... FF21 **700** - £2 **309** - $3,**882**
Komposition - Serigraph (76x56cm-30x22in) Köln 89 .... FF1 **700** - £**174** - $**273**
KRÜSI Hans 1920-1995 [26]
Viehtrieb - Technique mixte/carton (31x44cm-12x17in) Luzern 95 .... FF7 **230** - £**903** - $1,**418**
Grosser Alpaufzug - Mischtechnik/Karton (88x127cm-35x50in) Luzern 95 .... FF142 **600** - £17 **800** - $**27,940**
Landschaft - Mischtechnik/Papier (41x29cm-16x11in) Luzern 95 .... FF5 **960** - £**744** - $1,**168**
KRUSNYAK Karoly 1889-1960 [1]
Giovani donne - Olio/tela (50x60cm-20x24in) Trieste 93 .... FF2 **534** - £**289** - $**430**
KRUYDER Herman 1881-1953 [21]
Town view - Oil/canvas (70x50cm-28x20in) Amsterdam 91 .... FF12 **620** - £1 **264** - $2,**104**
Stilleven met Tulpen en Flacon - Oil/panel (44x32cm-17x13in) Amsterdam 97 ...... FF64 **448** - £6 **759** - $**11,059**
Farmyard - Watercolour/paper (35x50cm-14x20in) Amsterdam 97 .... FF8 **391** - £**882** - $1,**441**
KRUYSEN Antoon 1898-1977 [20]
Portrait of a man - Oil/canvas (41x28cm-16x11in) Amsterdam 95 .... FF7 **520** - £**960** - $1,**540**
Farmhouses - Oil/canvas (50x61cm-20x24in) Amsterdam 97 .... FF14 **384** - £1 **512** - $**247,1 4**
KRUYSSE Ruth 1943 [2]
Ohne Titel - Collage (23x23cm-9x9in) Zofingen 96 .... FF1 **572** - £**196** - $**304**
KRYNICKI Nikifor 1895-1960 [4]
Willa w Krynicy - Watercolour/paper (21x15cm-8x6in) Warszawa 96 .... FF4 **650** - £**588** - $**895**
KRYSCHITSKIJ Constantin 1858-1911 [1]
Vårlandskap - Oil/canvas (55x41cm-22x16in) Stockholm 92 .... FF25 **300** - £3 **023** - $4,**870**

K

KRYSTALLIS Andreas 1901-1951 [3]
🖼 *The port at Pyraeus, Greece* - Oil/canvas (57x65cm-22x26in) London 93 .... **FF118 500** - £13 500 - **$20,100**

KRYZAWOWSKI M. Saule XX [2]
🖼 *Devil's Playground* - Silver print London 94 .... **FF3 834** - £450 - **$672**

KRYZHITSKII Konstantin Iakovlev. 1858-1911 [6]
🖼 *Paysage champêtre* - Huile/toile (75x143cm-30x56in) Paris 92 .... **FF22 000** - £2 626 - **$4,230**

KRZYZANOWSKI Konrad 1872-1922 [5]
🖼 *Marszalka Józefa Pilsudskiego* - Oil/canvas (44x34cm-17x13in) Warszawa 96 .... **FF25 530** - £3 200 - **$4,980**

KRZYZANOWSKI Wladyslaw 1889-1973 [1]
🖼 *Seated nude* - Oil/canvas (91x72cm-36x28in) Warszawa 94 .... **FF7 160** - £850 - **$1,315**

KUATTY Max 1930 [4]
🖼 *Senza titolo* - Tecnica mista/tela (45x35cm-18x14in) Milano 93 .... **FF3 294** - £370 - **$590**

KUBA Ludvík 1863-1956 [10]
🖼 *Fischerei bei Omnis* - Öl/Leinwand (58x84cm-23x33in) Praha 95 .... **FF13 980** - £1 810 - **$2,856**
🖼 *Signore in giardino* - Olio/tavola (65x52cm-26x20in) Bologna 92 .... **FF285 000** - £29 160 - **$50,200**

KUBANYI Lajos 1855-1912 [2]
🖼 *Promenade en calèche* - Huile/toile (90x144cm-35x57in) Lyon 96 .... **FF31 000** - £3 640 - **$6,100**

KUBASS Josef Árpád 1884-1965 [2]
🖼 *Zofingen* - Oil/masonite (23x32cm-9x13in) Zofingen 92 .... **FF2 665** - £318 - **$513**

KUBEL Otto 1868-1951 [7]
🖼 *Hinterhofidylle* - Oil/panel (21x14cm-8x6in) Pforzheim 94 .... **FF2 050** - £246 - **$388**

KUBIENA Ernst W. 1902-1973 [1]
🗿 *Sitzende, Frauenakt* - Bronze (15cm-6in) Köln 93 .... **FF1 925** - £220 - **$324**

KUBIERSCHKY Erich 1854-1944 [12]
🖼 *Flusslandschaft* - Öl/Karton (27x35cm-11x14in) Stuttgart 95 .... **FF10 330** - £1 338 - **$2,103**
🖋 *Bachlandschaft* - Gouache (9x13cm-4x5in) Stuttgart 93 .... **FF11 480** - £1 317 - **$1,954**

KUBIN Alfred 1877-1959 [251]
🖼 *Das Liebeskoncil* - Print (23x16cm-9x6in) Wien 97 .... **FF6 709** - £705 - **$1,152**
🖋 *Pferd mit Reiter* - Pencil/paper (20x33cm-8x13in) Wien 94 .... **FF5 860** - £697 - **$1,115**
Kopffüssler am Meeresgrund - Ink (34x18cm-13x7in) Köln 97 .... **FF9 801** - £103 0 8 - **$1,677**
Nackte Haremsdame - Watercolour (15x17cm-6x7in) München 94 .... **FF17 150** - £2 032 - **$3,170**
Böhmerwaldstrasse - Ink (39x31cm-15x12in) Köln 97 .... **FF40 554** - £4 262 - **$6,943**
Geist eines zu Tode gequälten Pferdes - Ink (31x39cm-12x15in) Wien 96 .... **FF216 400** - £27 130 - **$42,300**

KUBIN Caroline 1870-1942 [1]
🖼 *Bäume am Fluß* - Oil/canvas (56x70cm-22x28in) Wien 92 .... **FF7 700** - £772 - **$1,284**

KUBINSKY Karl 1837-1889 [2]
🖼 *Moorlandschaft* - Oil/panel (29x53cm-11x21in) Wien 91 .... **FF48 000** - £4 767 - **$8,334**

KUBISTA Bohumil 1884-1918 [4]
🖼 *Eine Bitte* - Woodcut (25x16cm-10x6in) München 93 .... **FF2 610** - £299 - **$441**

KÜBLER Heinrich 1905-1965 [1]
🖼 *Bootsstaffierte Lagune, Venedig* - Oil/cardboard (23x30cm-9x12in) Stuttgart 89 .... **FF2 700** - £261 - **$410**

KUBOVSKY Peter 1930 [2]
🖋 *Budapest, Donau Quai* - Ink/paper (10x21cm-4x8in) Wien 91 .... **FF3 370** - £338 - **$556**

KUCH Carlos 1899-1966 [5]
🖼 *Spätsommerliche Erntelandschaft* - Öl/Leinwand (50x70cm-20x28in) Lindau 96 .... **FF2 230** - £269 - **$428**

KÜCHENMEISTER Rainer 1926 [10]
🖼 *Toreador I* - Mixed media/board (109x92cm-43x36in) London 96 .... **FF15 800** - £1 800 - **$3,024**
Le Cardinal - Oil/panel (139x121cm-55x48in) Köln 94 .... **FF54 700** - £6 420 - **$9,740**
🖋 *Gladiateur C* - Watercolour (50x24cm-20x9in) München 92 .... **FF9 860** - £1 010 - **$1,736**

KÜCHLER Albert 1803-1886 [6]
🖼 *Ung fårehyrde strikker* - Oil/canvas (70x50cm-28x20in) Viby J, Århus 91 .... **FF17 600** - £1 765 - **$2,905**

KÜCHLER Rudolf 1867-? [12]
🗿 *Naked young girl* - Bronze (41cm-16in) London 92 .... **FF3 130** - £320 - **$613**

KÜCHLIN Jakob 1820-1885 [2]
🖋 *Boromäische Inseln* - Gouache (50x70cm-20x28in) Heidelberg 92 .... **FF21 760** - £2 227 - **$3,830**

KUCHUMOV Vasili Nikitich 1888-1959 [3]
🖼 *Pavlovsk, Palace, Hall of War* - Oil/canvas (54x67cm-21x26in) London 92 .... **FF31 800** - £3 800 - **$6,120**

KUCZYNSKA-FESSLER Ilka 1871-? [1]
🖼 *Hafen von Lussin* - Öl/Leinwand (67x70cm-26x28in) Wien 93 .... **FF3 465** - £410 - **$577**

KUDISCH Elisabeth 1902-1994 [1]
🖋 *Ohne Titel* - Coloured chalks/paper (38x27cm-15x11in) Wien 95 .... **FF2 490** - £316 - **$502**

KUDO Tetsumi 1935 [7]
🗿 *Rose verte* - Pot fleurs, plastique, carton, cellulose, lampe (45cm-18in) Paris 96 .... **FF19 600** - £2 440 - **$3,800**

KUDRIASHEV Ivan 1896-1972 [11]
🖼 *Abstrakte Komposition* - Öl/Karton (11x17cm-4x7in) Zürich 95 .... **FF43 150** - £5 560 - **$8,780**
🖼 *Suprematistische Komposition* - Oil/cardboard (35x29cm-14x11in) München 96 .... **FF142 700** - £16 250 - **$27,300**
🖋 *Komposition* - Aquarelle, gouache (11x38cm-4x15in) Berlin 93 .... **FF43 500** - £4 970 - **$7,400**

KUDYAROV Boris 1903-1973 [1]
📷 *Champion* - Gelatin silver print (28x18cm-11x7in) New-York 94 .... **FF8 500** - £1 014 - **$1,600**

KUEHL Gotthard Johann 1850-1915 [10]
🖼 *Interieur mit einem Tisch* - Oil/panel (17x23cm-7x9in) Köln 95 .... **FF15 940** - £1 985 - **$3,110**
Johann-nepomuk-Kirche in München - Oil/panel (95x65cm-37x26in) Stuttgart 95 .... **FF73 000** - £8 880 - **$14,380**

KUEHN Heinrich 1866-1944 [23]
🖾 *Hans and Edeltrude* - Gum bichromat print (25x36cm-10x14in) New-York 94 .... FF37 740 - £4 380 - **$6,500**

KUEHNE Max 1880-1968 [46]
🌑 *Still Life with Wildflowers* - Oil/canvas (46x76cm-18x30in) New-York 96 .... FF15 660 - £1 813 - **$3,000**
Flowers in an Oriental vase - Oil/canvas (62x77cm-24x30in) New-York 95 .... FF42 700 - £5 340 - **$8,500**
Rocky Neck, Gloucester Harbor - Oil/board (63x76cm-25x30in) New-York 97 .... FF128 355 - £13 477 - **$22,000**

KUEN Franz Martin 1719-1771 [1]
🌑 *Die Krönung Mariens* - Oil/canvas (64x47cm-25x19in) München 91 .... FF82 000 - £8 420 - **$15,270**

KÜGELGEN von Gerhard 1772-1820 [4]
🌑 *Portrait des 59jährigen Goethe* - Öl/Leinwand (73x63cm-29x25in) Hamburg 96 .... FF983 000 - £122 600 - **$190,000**

KUGLER August 1890-1910 [1]
🌑 *Beim Wäschewaschen* - Öl/Leinwand (42x53cm-17x21in) Wien 96 .... FF14 400 - £1 745 - **$2,800**

KUGLER Hans Friedrich Joh. 1840-1873 [2]
🌑 *Les héritiers* - Huile/toile (98x140cm-39x55in) Bruxelles 90 .... FF37 300 - £3 853 - **$6,590**

KÜGLER Rudolf 1921 [4]
🌑 *Still life in blue* - Oil/canvas (77x95cm-30x37in) New-York 95 .... FF3 850 - £473 - **$750**

KUGLMAYR Max 1863-? [6]
🌑 *Der unterhaltsame Brief* - Oil/panel (20x26cm-8x10in) Wien 94 .... FF7 810 - £888 - **$1,324**

KUHFELD Peter 1952 [5]
🌑 *Family Group* - Oil/canvas (56x66cm-22x26in) London 96 .... FF5 900 - £700 - **$1,152**

KUHFUSS Paul 1883-1960 [7]
🌑 *Blumenstilleben* - Huile/carton Düsseldorf 91 .... FF13 180 - £1 328 - **$2,287**

KÜHLBORN Fritz 1885-1966 [1]
🌑 *Kassel* - Öl/Leinwand (69x101cm-27x40in) Frankfurt 94 .... FF2 040 - £234 - **$349**

KÜHLBRANDT Ernst 1891-? [2]
🌑 *Jacassa* - Öl/Leinwand (48x60cm-19x24in) Bielefeld 94 .... FF3 070 - £367 - **$578**

KÜHLES August 1859-1926 [2]
🌑 *Verträumte Parklandschaft mit Villa* - Öl/Leinwand (66x109cm-26x43in) Zofingen 96 .... FF9 920 - £1 236 - **$1,915**
🖾 *Im Hinterhof* - Woodcut in colors (102x72cm-40x28in) Stuttgart 90 .... FF3 020 - £306 - **$574**

KÜHLEWEIN Bernhard 1938 [3]
🌑 *Köln* - Oil/masonite (71x100cm-28x39in) Düsseldorf 95 .... FF22 700 - £2 886 - **$4,610**

KÜHLEWEIN Julius 1896-1969 [1]
🌑 *Frühling* - Oil/board (52x65cm-20x26in) Stuttgart 90 .... FF4 100 - £424 - **$724**

KÜHLING Wilhelm 1823-1886 [1]
🌑 *Cattle in a meadow* - Oil/canvas (70x103cm-28x41in) Wien 96 .... FF33 100 - £4 014 - **$6,440**

KUHLMAN Karl XIX [2]
🌑 *Insjölandskap vinterdid* - Oil/canvas (55x64cm-22x25in) Helsinki 90 .... FF33 550 - £3 414 - **$6,709**

KUHLMANN Edward 1882-1973 [1]
🌑 *Grand Philadelphia Ball* - Oil/canvas (74x61cm-29x24in) Philadelphia 92 .... FF7 950 - £814 - **$1,400**

KUHLMANN-REHER Emil 1876-1957 [9]
🌑 *Eine lustige Geschichte* - Öl/Leinwand (60x50cm-24x20in) Köln 93 .... FF4 410 - £527 - **$848**

KUHN Charles 1903-? [4]
🖾 *C'est un PKZ* - Poster (128x91cm-50x36in) New-York 93 .... FF8 260 - £940 - **$1,400**

KUHN Friedrich 1928-1972 [9]
🌑 *Tessiner Dorf* - Oil/canvas (45x60cm-18x24in) Zürich 91 .... FF31 700 - £3 179 - **$5,233**
🖾 *PKZ* - Poster (127x90cm-50x35in) London 96 .... FF2 200 - £280 - **$423**
✏ *Ohne Titel* - Gouache (42x28cm-17x11in) Luzern 95 .... FF34 050 - £4 250 - **$6,670**

KUHN Grete XIX-XX [1]
🌑 *Mother and child* - Oil/canvas (106x77cm-42x30in) München 95 .... FF7 950 - £1 040 - **$1,592**

KUHN Hans 1905-1991 [16]
🌑 *Landschaft* - Oil/canvas (85x100cm-33x39in) Berlin 92 .... FF15 260 - £1 823 - **$2,935**
✏ *Interieur mit Blumenstrauss* - Watercolour (50x65cm-20x26in) Berlin 92 .... FF10 200 - £1 044 - **$1,796**

KÜHN Heinrich 1866-1944 [31]
🖾 *Hans and Lotte* - Gum bichromat print (23x28cm-9x11in) New-York 96 .... FF11 400 - £1 408 - **$2,200**
Still life study of a tea-service - Platinum print (25x36cm-10x14in) London 96 .... FF27 100 - £3 500 - **$5,240**

KUHN Johann Baptist 1810-1861 [1]
✏ *Schloss Hohenschwangau* - Watercolour (22x16cm-9x6in) London 94 .... FF5 030 - £600 - **$947**

KÜHN Josef II 1872-? [1]
🌑 *Dame am Teetisch* - Öl/Karton (65x48cm-26x19in) München 93 .... FF22 360 - £2 535 - **$3,780**

KÜHN Kurt 1880-1957 [2]
🌑 *Der Spaziergang* - Öl/Leinwand (37x38cm-15x15in) München 93 .... FF8 940 - £1 014 - **$1,512**

KUHN Max A. 1895-1967 [2]
🌑 *A farmstead* - Oil/canvas (44x72cm-17x28in) London 96 .... FF2 310 - £280 - **$450**
✏ *Seelandschaft* - Gouache (26x41cm-10x16in) München 90 .... FF3 230 - £330 - **$638**

KÜHN Paul XX [2]
✏ *Nidden Fischerboote* - Watercolour (25x32cm-10x13in) Konstanz 92 .... FF2 720 - £279 - **$567**

KUHN Philipp 1827-1905 [1]
🌑 *Artist sketching* - Oil/canvas (27x35cm-11x14in) Malmö 96 .... FF3 570 - £463 - **$700**

KUHN Rudolf 1893-1936 [1]
🌑 *Vase of flowers* - Öl/Karton (89x65cm-35x26in) Stuttgart 95 .... FF5 600 - £719 - **$1,154**

K

KUHN Walter, Walt 1880-1949 [47]
- *Landscape of trees* - Oil/canvas (36x45cm-14x18in) San Francisco-Los Angeles 94 .... FF**20 000** - £**2 470** - **$3,750**
- *Peaches* - Oil/canvas (63x76cm-25x30in) New-York 96 .... FF**103 800** - £**13 230** - **$20,000**
- *Yellow roses* - Oil/canvas (76x64cm-30x25in) New-York 94 .... FF**297 600** - £**35 260** - **$55,000**
- *Cowboy* - Watercolour/board (41x51cm-16x20in) San Francisco-Los Angeles 95 .... FF**12 460** - £**1 638** - **$2,500**
- *Seated woman* - Watercolour/paper (55x34cm-22x13in) New-York 96 .... FF**70 100** - £**8 930** - **$13,500**

KUHN Wlodzimierz 1875-? [1]
- *Die Herren Proletarier* - Aquarell/Papier (30x47cm-12x19in) Wien 94 .... FF**3 886** - £**457** - **$693**

KUHNAU Arthur 1891-1966 [2]
- *Dünenlandschaft bei Nidden* - Aquarell/Papier (36x47cm-14x19in) Hamburg 96 .... FF**3 400** - £**387** - **$650**

KÜHNEN Pieter Lodewijk 1812-1877 [4]
- *The wood gatherers* - Oil/canvas (62x85cm-24x33in) North Bethesda, MD. 91 .... FF**14 440** - £**1 448** - **$2,645**

KUHNERT Wilhelm 1865-1926 [91]
- *African lions* - Oil/canvas (163x127cm-64x50in) New-York 95 .... FF**1** - £**214 000** - **$340,000**
- *Elch tot...* - Öl/Leinwand (92x164cm-36x65in) Köln 95 .... FF**42 600** - £**5 380** - **$8,530**
- *Elephants at a Watering Hole* - Oil/canvas (41x78cm-16x31in) New-York 96 .... FF**313 000** - £**36 250** - **$60,000**
- *Zwei Perber* - Watercolour, gouache (19x12cm-7x5in) Berlin 95 .... FF**5 830** - £**764** - **$1,185**
- *A tiger stalking his prey*
  Watercolour, gouache/paper (39x65cm-15x26in) New-York 95 .... FF**236 300** - £**30 900** - **$48,000**

KÜHRNER Georg Heinrich 1875-1940 [1]
- *Yellow Hand (Indian chief)* - Oil/canvas (184x124cm-72x49in) Wien 96 .... FF**48 700** - £**6 320** - **$9,630**

KUHSTOSS Paul 1870-1898 [5]
- *La vague* - Huile/toile (85x117cm-33x46in) Lokeren 96 .... FF**24 700** - £**3 144** - **$4,760**

KUIJPERS Cornelis 1864-1932 [11]
- *Bundling woods* - Oil/canvas (43x75cm-17x30in) Amsterdam 90 .... FF**12 060** - £**1 227** - **$2,412**

KUIK van Laurens 1889-1963 [3]
- *Geluid van elektriciteit* - Oil/canvas (26x62cm-10x24in) Amsterdam 92 .... FF**24 270** - £**2 485** - **$4,270**

KUINDZHI Arkhip Ivanovich c.1842-1910 [2]
- *Village au bord de la Mer d'Azov* - Huile/toile (70x80cm-28x31in) Bern 93 .... FF**7 120** - £**821** - **$1,222**
- *Moonlit night on the Dnepr* - Oil/paper/panel (26x37cm-10x15in) London 89 .... FF**31 000** - £**3 170** - **$4,984**

KUIPERS Abe 1918 [3]
- *Dorpgezicht* - Gouache/paper (50x65cm-20x26in) Amsterdam 96 .... FF**4 510** - £**518** - **$861**

KUIPERS Dirk 1733-1796 [4]
- *Travellers on a road by a river* - Ink (17x24cm-7x9in) Amsterdam 95 .... FF**6 170** - £**820** - **$1,272**

KUITCA Guillermo David 1961 [30]
- *Sin título* - Acrylic/canvas (168x140cm-66x55in) New-York 94 .... FF**85 000** - £**10 100** - **$16,000**
- *Untitled* - Acrylic (269x150cm-106x59in) New-York 97 .... FF**166 474** - £**17 678** - **$29,000**
- *Miseria de una generacion...* - Acrylic/canvas (119x150cm-47x59in) New-York 97 .... FF**343 644** - £**36 630** - **$60,000**

KUJASALO Matti 1946 [3]
- *Geometrisk komposition* - Acrylic/canvas (90x90cm-35x35in) Stockholm 89 .... FF**11 200** - £**1 180** - **$1,886**

KUKAN Geza 1890-1936 [1]
- *Giocando con le farfalle* - Olio/tela (80x165cm-31x65in) Trieste 93 .... FF**10 860** - £**1 236** - **$1,840**

KUKLA Reinhold 1877-1965 [1]
- *Gams in Winterlandschaft* - Charcoal/paper (123x84cm-48x33in) Wien 92 .... FF**6 730** - £**805** - **$1,295**

KUKUK Willy 1875-1944 [6]
- *Gartenlandschaft bei Como* - Öl/Leinwand (60x60cm-24x24in) Düsseldorf 96 .... FF**10 150** - £**1 254** - **$1,962**

KULAGINA Valentina 1902-1987 [3]
- *Still life* - Oil/canvas (76x84cm-30x33in) London 96 .... FF**5 810** - £**750** - **$1,122**
- *Kunstausstellung der Sowjetunion* - Poster (128x91cm-50x36in) New-York 95 .... FF**48 800** - £**6 350** - **$10,000**
- *Studies for Workers' Posters* - Gelatin silver print (13x8cm-5x3in) New-York 92 .... FF**31 850** - £**3 700** - **$6,500**

KULBIN Nicolai 1868-1917 [1]
- *Ritratto virile* - Tempera/carta (29x25cm-11x10in) Milano 92 .... FF**4 650** - £**553** - **$894**

KULICKE Robert M. 1924 [2]
- *Hofstra pear/Two proofs* - Etching, aquatint in colors New-York 91 .... FF**10 830** - £**1 087** - **$1,874**
- *Floral still life/Vase with flowers* - Watercolour/board (31x23cm-12x9in) New-York 91 ...... FF**10 260** - £**1 030** - **$1,775**

KULIKOV Ivan Semionovich 1875-1941 [1]
- *Peasant girl wearing a shawl* - Watercolour (43x32cm-17x13in) London 95 .... FF**20 520** - £**2 600** - **$4,130**

KULISIEWICZ Tadeusz 1899-1988 [1]
- *Fruits sur une table* - Aquarelle (35x42cm-14x17in) Warszawa 94 .... FF**2 490** - £**285** - **$422**

KULLE Axel 1846-1908 [10]
- *A young weaver* - Oil/canvas (68x55cm-27x22in) London 93 .... FF**10 800** - £**1 300** - **$1,885**
- *Studie av kvinna och läsande barn* - Oil/canvas (75x60cm-30x24in) Stockholm 89 .... FF**20 600** - £**2 106** - **$3,312**

KULLE Axel A. 1891-1964 [4]
- *Vid svarven, interiör* - Oil/canvas (60x47cm-24x19in) Stockholm 89 .... FF**2 400** - £**253** - **$404**
- *Fiskarhyddor* - Akvarell (24x31cm-9x12in) Stockholm 89 .... FF**1 900** - £**200** - **$320**

KULLE Axel Theodore 1882-1964 [2]
- *Kyrkan i sol (Womb)* - Oil/canvas (114x93cm-45x37in) Malmö 96 .... FF**2 245** - £**266** - **$438**

KULLE Jakob 1838-1898 [6]
- *Linet häcklas* - Oil/canvas (80x107cm-31x42in) Stockholm 96 .... FF**24 900** - £**2 840** - **$4,770**

KULLGREEN William 1899-1973 [5]
- *Byen ved havet* - Oil/canvas (50x60cm-20x24in) Oslo 92 .... FF**5 850** - £**700** - **1,126**

KULMALA George Arthur 1896-1940 [9]
- *Summer day* - Oil/panel (21x26cm-8x10in) Toronto 92 .... FF**10 750** - £**1 100** - **$1,893**

K

KULOVESI Erkki 1895-1971 [3]
- *Landsvägsbro* - Oil/canvas (60x74cm-24x29in) Helsinki 94... FF4 080 - £467 - **$691**

KULSTRUNK Franz 1861-1944 [3]
- *Gebirgslandschaft* - Oil/canvas (62x47cm-24x19in) Wien 90 .... FF18 200 - £1 949 - **$3,165**

KULUK Willy 1875-? [1]
- *Oberitalienisches Städtchen Nesso* - Öl/Leinwand (54x45cm-21x18in) Düsseldorf 92 .... FF10 880 - £1 114 - **$1,915**

KULVIANSKI Issai 1892-1970 [1]
- *Still life* - Oil/canvas (69x63cm-27x25in) Tel Aviv 93 .... FF30 500 - £3 685 - **$5,600**

KUMAR Ram 1924 [6]
- *Untitled* - Oil/canvas (84x152cm-33x60in) London 95 .... FF21 900 - £2 800 - **$4,400**

KUMLIEN Akke 1884-1949 [7]
- *Fajanskrus med tennlock* - Oil/canvas (25x18cm-10x7in) Stockholm 90 .... FF5 600 - £596 - **$1,002**

KUMM Wilhelm 1861-? [2]
- *Mucius Scaevola* - Bronze (52cm-20in) Köln 92 .... FF3 060 - £314 - **$539**
- *Nackter Athlet* - Bronze (105cm-41in) Stuttgart 93 .... FF7 470 - £894 - **$1,348**

KUMMER Karl Robert 1810-1899 [9]
- *Teatro Greco, Taormina* - Oil/canvas (118x169cm-46x67in) London 95 .... FF147 100 - £19 500 - **$30,400**
- *Taormina* - Pencil/paper (26x40cm-10x16in) Heidelberg 94 .... FF5 830 - £676 - **$1,003**

KUMMER-KROELL Mathilde 1865-1948 [3]
- *Zwei Schachspieler* - Oil/panel (48x50cm-19x20in) München 94 .... FF5 130 - £602 - **$914**

KUMPF Gottfried 1930 [25]
- *Morgenröte* - Lithographie (33x43cm-13x17in) Wien 94 .... FF1 552 - £184 - **$279**
- *Der Asoziale* - Bronze (17cm-7in) Wien 96... FF21 700 - £2 800 - **$4,250**
- *Wanderung unter Sternen* - Mischtechnik/Papier (38x51cm-15x20in) Wien 95.......... FF29 960 - £3 780 - **$5,980**

KUNA Henryk, Henri 1879-1945 [1]
- *Tête de femme* - Bronze (37cm-15in) New-York 92 .... FF15 600 - £1 656 - **$3,000**

KUNC Jaromír 1900-? [1]
- *Landschaft* - Öl/Karton (32x43cm-13x17in) Wien 94 .... FF3 890 - £457 - **$693**

KUNC Milan 1944 [24]
- *Zwei Sonnen* - Oil/canvas (120x90cm-47x35in) Stockholm 94.................................. FF17 140 - £2 010 - **$3,053**
- *Yellow Vénus* - Oil/canvas (160x240cm-63x94in) London 93 .... FF49 800 - £6 000 - **$8,700**
- *Untitled* - Crayon (27x42cm-11x17in) Amsterdam 97 .... FF11 987 - £1 260 - **$2,059**

KUNDERA Rudolf 1911 [12]
- *Le port de Marseille* - Huile/toile (46x54cm-18x21in) Arles 90 .... FF5 000 - £518 - **$879**
- *Danseuses* - Gouache (46x30cm-18x12in) La Varenne Saint-Hilaire 90 .... FF3 000 - £311 - **$527**

KÜNDIG Reinhold 1888-1984 [27]
- *Nature morte* - Huile/toile (51x64cm-20x25in) Bern 96 .... FF6 110 - £741 - **$1,188**
- *Winter im Garten* - Öl/Leinwand (50x61cm-20x24in) Zürich 97 .... FF15 792 - £1 679 - **$2,724**
- *Warmer Februar* - Öl/Leinwand (60x73cm-24x29in) Zürich 96 .... FF39 740 - £4 600 - **$7,610**

KUNFFY Lojos 1869-1962 [3]
- *Au jardin* - Huile/toile (46x37cm-18x15in) Bruxelles 90 .... FF25 900 - £2 773 - **$4,504**

KUNIAKI Doi 1932 [2]
- *Peonies* - Oil/panel (60x60cm-24x24in) New-York 92 .... FF9 880 - £1 180 - **$1,900**

KUNIYOSHI Yasuo 1889-1953 [64]
- *Watermelon* - Oil/canvas (102x142cm-40x56in) New-York 95 .... FF780 000 - £99 500 - **$160,000**
- *Carnival* - Lithograph (40x25cm-16x10in) New-York 96 .... FF7 270 - £926 - **$1,400**
- *Two Acrobats* - Lithograph (32x19cm-13x7in) New-York 93 .... FF27 500 - £3 450 - **$5,500**
- *Café no.2* - Lithograph (31x24cm-12x9in) New-York 94 .... FF85 200 - £8 710 - **$15,000**
- *Winter Landscape* - Pencil/paper (32x43cm-13x17in) New-York 94.......................... FF18 400 - £2 210 - **$3,500**
- *Eve in the garden of Eden* - Gouache/board (92x171cm-36x67in) New-York 91 .... FF84 600 - £8 402 - **$14,689**

KUNKLER Adrian 1826-1866 [2]
- *Le bûcheron et ses enfants* - Huile/panneau (16x21cm-6x8in) Bern 96 .... FF5 300 - £643 - **$1,030**

KÜNL Paul Franz 1817-1871 [1]
- *Junge Schönheit* - Öl/Leinwand (27x23cm-11x9in) Wien 93 .... FF2 687 - £305 - **$457**

KUNNAS Väinö 1896-1929 [2]
- *Selfportrait* - Oil/canvas (39x29cm-15x11in) Helsinki 94 .... FF3 990 - £459 - **$683**

KUNST Carl 1884-1912 [4]
- *Bazar Nurnberg* - Poster (71x95cm-28x37in) New-York 94 .... FF9 150 - £1 074 - **$1,600**

KÜNSTLER Morton, Mort 1931 [2]
- *Roger's Rangers, Lake Champlain* - Oil/canvas (64x86cm-25x34in) Chicago 92 .... FF7 350 - £854 - **$1,500**

KÜNSTMANN Ludwig 1877-1961 [1]
- *Männlicher Portraitkopf* - Bronze (26cm-10in) Hamburg 96 .... FF1 830 - £229 - **$354**

KUNTZ Karl 1770-1830 [6]
- *Weideszene* - Oil/panel (40x51cm-16x20in) Wien 93 .... FF53 700 - £6 100 - **$9,130**
- *Mannheim* - Aquarell/Papier (9x15cm-4x6in) Heidelberg 96 .... FF35 550 - £4 390 - **$6,870**

KUNTZ Pedro 1795-1863 [2]
- *Magdalena* - Öl/Leinwand (98x74cm-39x29in) Wien 96... FF7 210 - £904 - **$1,410**

KUNTZ Roger E. 1926-1975 [4]
- *Captain's House* - Oil/canvas (84x96cm-33x38in) San Francisco-Los Angeles 93 .... FF28 100 - £3 190 - **$4,750**

KUNTZ Rudolf 1797-1848 [5]
- *Zwei Pferde* - Öl/Leinwand (60x72cm-24x28in) Stuttgart 96 .... FF67 600 - £8 400 - **$13,120**
- *Tête à Tête im Salon* - Aquarell/Papier (34x34cm-13x13in) Heidelberg 96................. FF21 670 - £2 676 - **$4,190**

KUNZ Karl 1905-1971 [2]
- *Im Frauengemach* - Oil/panel (100x129cm-39x51in) München 94 .... FF10 200 - £1 170 - $1,743

KUNZ Ludwig Adam 1857-1929 [27]
- *Rotblonden Schönen und Vestalin* - Öl/Leinwand (108x96cm-43x38in) Lindau 97 .... FF16 205 - £1 701 - $2,787
- *Children masquerading as Putti* - Oil/canvas (100x190cm-39x75in) London 91 .... FF37 700 - £3 826 - $6,809
- *Lillies, irises and peonies* - Oil/canvas (122x97cm-48x38in) London 92 .... FF71 200 - £8 500 - $13,700

KUNZ Paul 1890-1959 [2]
- *Tanzendes Mädchen* - Bronze (34cm-13in) Bern 94 .... FF4 130 - £495 - $802

KUOJU PING 1908-1966 [2]
- *Cow pen* - Oil/canvas/board (39x48cm-15x19in) Singapore 94 .... FF20 940 - £2 520 - $3,790

KUPCZYNSKI Zbiegniew Stanley 1928 [5]
- *Komposition* - Mixed media/paper (46x33cm-18x13in) München 93 .... FF3 480 - £398 - $588

KUPELWIESER Hans 1948 [8]
- *Ohne Titel* - Sculpture (34cm-13in) Wien 93 .... FF8 650 - £1 034 - $1,665

KUPELWIESER Leopold 1796-1862 [5]
- *Maria Immaculata* - Pencil/paper (27x18cm-11x7in) Wien 94 .... FF6 350 - £735 - $1,092

KUPER Yuri 1940 [45]
- *Equerre* - Huile/carton (51x70cm-20x28in) Paris 97 .... FF25 000 - £2 715 - $4,385
- *Brushes in a Pot* - Oil/canvas (150x150cm-59x59in) New-York 94 .... FF54 200 - £6 370 - $9,500
- *Mappa* - Mixed media (200x200cm-79x79in) New-York 92 .... FF78 000 - £9 310 - $15,000
- *Robinet et boîte* - Assemblage (90x90cm-35x35in) Paris 94 .... FF21 000 - £2 490 - $3,880
- *Sans titre* - Technique mixte/papier (38x41cm-15x16in) Paris 95 .... FF11 000 - £1 383 - $2,200

KUPETZKY Johann 1667-1740 [7]
- *Selbstporträt des Künstlers* - Oil/canvas (90x70cm-35x28in) Wien 91 .... FF43 300 - £4 342 - $7,148

KUPFER Johann Michael 1859-1917 [3]
- *Die Tarockpartie* - Oil/canvas (42x52cm-17x20in) Wien 95 .... FF5 970 - £732 - $1,162

KUPFERMAN Moshe 1926 [23]
- *Untitled* - Acrylic/paper (35x24cm-14x9in) Tel Aviv 97 .... FF4 813 - £535 - $900
- *Abstract composition* - Oil/canvas (100x116cm-39x46in) Tel Aviv 94 .... FF36 800 - £4 420 - $7,000
- *Untitled* - Mixed media/paper (70x100cm-28x39in) Tel Aviv 96 .... FF12 430 - £1 560 - $2,400

KUPFERSCHMID Hermann 1885-1975 [4]
- *Holzarbeiter/Transport der Stämme* - Etching Heidelberg 95 .... FF1 566 - £203 - $326
- *An der Eisenpresse* - Gouache/papier (81x95cm-32x37in) Heidelberg 95 .... FF11 840 - £1 520 - $2,390

KUPKA Frank, Frantisek 1871-1957 [177]
- *Notre-Dame* - Oil/canvas (73x60cm-29x24in) London 97 .... FF1 - £215 000 - $327,000
- *Contrastes gothiques* - Huile/toile (66x71cm-26x28in) Enghien 90 .... FF5 - £631 692 - $1 ,260,87e,+06
- *Vue de chez les Kupka, à Puteaux* - Huile/toile (55x46cm-22x18in) Paris 97 .... FF38 000 - £4 131 - $6,677
- *Lignes animées* - Oil/canvas (27x41cm-11x16in) London 94 .... FF126 100 - £15 000 - $23,070
- *Composition* - Oil/canvas (74x55cm-29x22in) London 96 .... FF271 300 - £34 000 - $52,400
- *La petite mécanique* - Oil/canvas (73x100cm-29x39in) New-York 96 .... FF768 000 - £91 100 - $150,000
- *La Voie du silence I* - Aquatinte couleurs (47x40cm-19x16in) Paris 97 .... FF23 000 - £2 431 - $3,947
- *Le berger d'Arcadie* - Aquarelle, gouache (15x12cm-6x5in) Calais 96 .... FF6 500 - £843 - $1,285
- *Plan par courbes* - Aquarelle (19x14cm-7x6in) Paris 97 .... FF16 000 - £1 739 - $2,811
- *Composition rayonnante* - Gouache (23x24cm-9x9in) Paris 96 .... FF31 000 - £3 884 - $5,980
- *Retour de Londres* - Gouache/paper (43x50cm-17x20in) New-York 95 .... FF116 100 - £14 630 - $23,000
- *Abstract composition* - Watercolour, gouache (30x30cm-12x12in) London 97 .... FF328 185 - £34 000 - $56,219

KUPPELMAYER Rudolf 1843-1918 [1]
- *Dame unter einer Arkade* - Oil/panel (85x43cm-33x17in) München 93 .... FF8 470 - £1 013 - $1,630

KÜPPER Walter Julius 1905-? [5]
- *Landschaft mit Kirche* - Pastel (46x56cm-18x22in) Pforzheim 93 .... FF1 696 - £203 - $326

KÜPPER Will 1893-1972 [2]
- *Der Klatsch* - Pastel (64x46cm-25x18in) Köln 91 .... FF5 070 - £515 - $916

KÜPPERS Albert Hermann 1842-? [1]
- *Bergmann* - Bronze (62cm-24in) Bremen 93 .... FF19 150 - £2 190 - $3,233

KÜPPERS Leo 1884-? [4]
- *Bei der Weinprobe* - Oil/canvas (38x31cm-15x12in) Köln 92 .... FF4 080 - £418 - $718

KÜPPERS Otto 1888-? [2]
- *Mohn, Eifellandschaft* - Öl/Leinwand (74x96cm-29x38in) Köln 94 .... FF10 280 - £1 234 - $2,000

KUPRIN Alexander Vasilevich 1880-1960 [3]
- *Still life* - Oil/canvas (79x99cm-31x39in) Moscow 94 .... FF34 850 - £4 040 - $6,000

KUPRYANOV Nikolai N. 1894-1933 [1]
- *Worker's world650* - Poster (47x70cm-19x28in) London 89 .... FF6 300 - £644 - $1,013

KUPSCH Felix F. 1885-? [1]
- *Rådjur mit kid* - Bronze (37cm-15in) Malmö 94 .... FF4 340 - £504 - $748

KURAMATA Shiro 1934-1991 [1]
- *How hight the moon?* - Métal (73x82x95cm-28x32x37in) Paris 96 .... FF23 000 - £2 710 - $4,520

KURDOFF Valentijn Iv. 1905-1989 [7]
- *Komposition* - Gouache (23x14cm-9x6in) Hamburg 94 .... FF3 403 - £398 - $601

KURELEK William 1927-1977 [47]
- *Shall I ?* - Mixed media/board (15x22cm-6x9in) Toronto 94 .... FF28 650 - £3 350 - $5,050
- *A Rod Rider's Christmas* - Mixed media/board (61x61cm-24x24in) Toronto 96 .... FF64 600 - £8 230 - $12,420
- *Don Valley on a grey day* - Mixed media/board (122x244cm-48x96in) Toronto 95 .... FF179 000 - £22 760 - $35,500
- *Stamps and Feather* - Watercolour/board (15x28cm-6x11in) Toronto 96 .... FF19 370 - £2 325 - $3,710
- *Baseball* - Mixed media/paper (61x61cm-24x24in) Toronto 96 .... FF65 900 - £7 900 - $12,610

KURELLA von Ludwig 1834-1902 [2]
- Holowanie galarów - Oil/canvas (66x100cm-26x39in) Warszawa 96 .... FF102 800 - £12 900 - **$20,040**

KURIHARA Kiiko 1935 [3]
- Reclining nude - Oil/canvas (79x117cm-31x46in) New-York 92 .... FF20 800 - £2 483 - **$4,000**

KURILOVITCH Rimma Ivanovna 1927 [2]
- Sunflowers and Corn-Corbs - Oil/canvas (84x109cm-33x43in) London 96 .... FF4 650 - £600 - **$898**

KURLBERG Tore 1904 [6]
- Still life - Oil/canvas (70x86cm-28x34in) Göteborg 96 .... FF3 934 - £509 - **$760**

KÜRMAIER Anton 1890-1943 [6]
- Stilleben mit Rosen und Orange - Öl/Leinwand (48x37cm-19x15in) München 94 .... FF3 080 - £365 - **$562**

KURODA Aki 1944 [9]
- Composition - Huile/toile (200x300cm-79x118in) Antwerpen 91 .... FF43 200 - £4 420 - **$8,300**

KURON Herbert 1888-? [4]
- Stadt Dinkelsbühl - Öl/Leinwand (71x100cm-28x39in) Köln 95 .... FF3 370 - £426 - **$676**

KUROWSKI von Margarete 1853-1907 [1]
- Paar vor dunklem Hintergrund - Oil/canvas (116x84cm-46x33in) Hamburg 92 .... FF12 920 - £1 323 - **$2,275**

KURPERSHOEK Theo 1914 [3]
- Stilleven met rode stoel - Oil/canvas (45x36cm-18x14in) Amsterdam 95 .... FF10 080 - £1 287 - **$2,060**

KURSIN M.I. 1888-1957 [1]
- Miniyon gluted herself - Gouache (46x5cm-18x2in) Moscow 93 .... FF14 000 - £1 610 - **$2,400**

KURTZWORTH Harry Muir 1887-1979 [1]
- Autumn landscape with stream
  Oil/canvas (76x102cm-30x40in) San Francisco-Los Angeles 89 .... FF2 900 - £289 - **$458**

KURZ Arthur 1860-1917 [2]
- Homme à la cigarette - Huile/toile (45x36cm-18x14in) Paris 95 .... FF4 500 - £582 - **$920**

KURZ Julius 1872-1946 [1]
- Feuerbacher Tal mit Bachlauf - Oil/canvas (23x27cm-9x11in) Stuttgart 91 .... FF2 043 - £203 - **$355**

KURZAWA Antoni 1842-1898 [1]
- Polish dancers - Bronze Warszawa 95 .... FF3 780 - £483 - **$776**

KURZBAUER Eduard 1840-1879 [6]
- Discovered - Oil/canvas (79x105cm-31x41in) London 89 .... FF56 200 - £5 592 - **$8,878**
- Junges Mädchen mit Schleppe - Charcoal (42x28cm-17x11in) Hamburg 96 .... FF10 870 - £1 240 - **$2,080**

KURZWEIL Maximilian 1867-1916 [26]
- Venezia - Öl/Karton (18x28cm-7x11in) Wien 95 .... FF14 700 - £1 936 - **$2,980**
- Meer und Felsen, Bretagne - Öl/Karton (26x34cm-10x13in) Wien 92 .... FF38 500 - £4 600 - **$7,400**
- Der verwunschene Prinz - Oil/canvas (170x185cm-67x73in) Wien 91 .... FF960 000 - £95 568 - **$165,085**

KUSAMA Yayoi 1941 [12]
- Untitled - Oil/canvas (76x91cm-30x36in) New-York 94 .... FF174 200 - £20 200 - **$30,000**
- Strainer & Basket - Sculpture (61x25x47cm-24x10x19in) New-York 95 .... FF18 500 - £2 270 - **$3,600**
- Untitled - Charcoal/paper (61x46cm-24x18in) New-York 94 .... FF17 080 - £2 033 - **$3,250**

KUSCHE Alfred 1884-1984 [2]
- Schwarzwaldtal - Öl/Karton (40x57cm-16x22in) Heidelberg 95 .... FF3 830 - £497 - **$797**

KUSCHEL Max 1862-1935 [3]
- Der lange Heimweg - Oil/panel (49x39cm-19x15in) Pforzheim 95 .... FF4 630 - £578 - **$935**

KÜSEL Ernst Nicolaus 1873-1942 [5]
- Lille pige med rød kyse - Oil/canvas (68x106cm-27x42in) København 91 .... FF13 200 - £1 324 - **$2,179**

KUSHNER Robert 1949 [15]
- Still life II - Acrylic/paper (67x97cm-26x38in) Stockholm 94 .... FF11 070 - £1 300 - **$1,972**
- Serape - Mixed media/paper (120x85cm-47x33in) Stockholm 94 .... FF12 610 - £1 495 - **$2,330**

KUSMIN Arkady 1896-1971 [2]
- Ischia - Oil/canvas München 91 .... FF4 900 - £497 - **$885**

KÜSS Ferdinand 1800-1886 [5]
- Tiger lilies and lilac on a ledge - Oil/canvas (68x55cm-27x22in) New-York 92 .... FF44 400 - £4 650 - **$8,000**
- Flowers with vase - Oil/canvas (68x55cm-27x22in) New-York 90 .... FF103 000 - £10 957 - **$18,426**

KÜSTER Alexander 1890-1893 [1]
- Segelschiffe an der Küste - Oil/canvas (115x90cm-45x35in) Wien 94 .... FF14 440 - £1 466 - **$2,608**

KUSTER Carl 1861-1934 [1]
- Norddeutsche Moorlandschaft - Oil/canvas (50x60cm-20x24in) München 89 .... FF6 800 - £695 - **$1,093**

KUSTER Johann Caspar 1747-1818 [2]
- Mediterrane Landschaft, 1795 - Oil/panel (53x70cm-21x28in) Zürich 89 .... FF31 200 - £3 190 - **$5,016**
- Idylle am Fluss - Ink/paper (47x62cm-19x24in) Zürich 94 .... FF5 610 - £660 - **$1,073**

KÜSTHARDT Erwin 1867-1901 [1]
- Bismarck liest die Kriegserklärung - Öl/Leinwand (83x76cm-33x30in) Berlin 93 .... FF48 700 - £5 570 - **$8,290**

KÜSTHARDT Heinz 1896-? [1]
- Sklavin, Stehender Halbakt - Bronze (25cm-10in) Bremen 92 .... FF8 140 - £972 - **$1,566**

KÜSTNER Carl 1861-1934 [11]
- Sommertag in Baden - Oil/canvas (110x87cm-43x34in) Stuttgart 96 .... FF11 940 - £1 554 - **$2,366**

KUSTODIEV Boris Mikhailovich 1878-1927 [25]
- Vinterparti med kanekorsel - Oil/canvas (68x89cm-27x35in) København 90 .... FF118 500 - £12 769 - **$20,899**
- Bathers - Watercolour, gouache (24x18cm-9x7in) Moscow 94 .... FF8 380 - £991 - **$1,546**

KUSUMA Yaoi 1929 [2]
- No.B.B.B. - Oil/canvas (73x59cm-29x23in) New-York 92 .... FF49 000 - £5 690 - **$10,000**

K

KUTSCHA Paul 1872-? [7]
🖼 *The Port of Malaga* - Oil/canvas (58x79cm-23x31in) London 94 .... FF8 460 - £1 000 - **$1,520**
KUUSI Helmi 1913 [2]
🖼 *Religiöst motiv* - Oil/canvas (54x65cm-21x26in) Helsinki 91 .... FF2 010 - £200 - **$346**
KUVEN Robert 1901-1983 [6]
✏ *Avolsheim* - Aquarelle (30x24cm-12x9in) Saint-Dié 96 .... FF1 600 - £204 - **$309**
KUWASSEG Charles Euphrasie 1838-1904 [115]
🖼 *Retour de la pêche* - Huile/panneau (24x32cm-9x13in) Le Havre 94 .... FF25 000 - £2 974 - **$4,760**
 A rowing boat in a port - Oil/canvas (25x32cm-10x13in) London 96 .... FF48 100 - £6 000 - **$9,300**
 Yport, Normandie - Oil/canvas (54x98cm-21x39in) London 97 .... FF90 476 - £9 500 - **$15,561**
KUWASSEG Josef Kuvasseg 1779-1859 [3]
✏ *Blick ins Murtal bei Pernegg* - Aquarell/Papier (31x42cm-12x17in) Wien 94 .... FF22 000 - £2 545 - **$3,780**
KUWASSEG Karl Josef 1802-1877 [9]
🖼 *Pêcheurs au pied des falaises* - Huile/toile (72x55cm-28x22in) Le Touquet 91 .... FF42 000 - £4 263 - **$7,586**
 Fisherfolk on a beach, Etretat - Oil/canvas (88x133cm-35x52in) London 96 .... FF135 700 - £17 000 - **$26,200**
KUWASSEG Leopold 1804-1862 [1]
🖼 *Murtal mit Badlwand* - Oil/canvas (52x61cm-20x24in) Wien 91 .... FF134 400 - £13 380 - **$23,112**
KUWAYAMA Tadaaki 1932 [4]
🖼 *Untitled* - Acrylic/canvas (183x151cm-72x59in) New-York 93 .... FF35 750 - £4 480 - **$6,500**
KUX Erich 1882-? [1]
✏ *Alte Berniner Schloss* - Pastel (47x36cm-19x14in) Heidelberg 93 .... FF3 325 - £388 - **$547**
KUYCK van Frans Pieter 1852-1915 [6]
🖼 *Paysage hivernal avec moulins* - Huile/toile (61x80cm-24x31in) Bruxelles 90 .... FF15 400 - £1 659 - **$2,716**
✏ *Rust op Het Veld* - Dessin (27x41cm-11x16in) Lokeren 93 .... FF4 615 - £552 - **$943**
KUYCK van Jean-Louis 1821-1871 [2]
🖼 *Cows resting in a stable* - Oil/panel (20x27cm-8x11in) Amsterdam 93 .... FF5 730 - £684 - **$1,102**
KUYK Gerrit Buitendijk 1805-1884 [2]
🖼 *Louise Pitloo/Her husband* - Oil/canvas (59x46cm-23x18in) Amsterdam 92 .... FF4 550 - £466 - **$801**
KUYPER Jan 1845-1912 [1]
🖼 *Townsfolk feasting, Amsterdam* - Oil/canvas (62x72cm-24x28in) Amsterdam 90 .... FF10 550 - £1 062 - **$2,067**
KUYPERS Cornelis 1864-1932 [28]
🖼 *The isolated pines* - Oil/canvas (76x56cm-30x22in) Amsterdam 97 .... FF5 549 - £600 - **$968**
 On the Schelot - Oil/canvas (53x107cm-21x42in) Detroit, Michigan 96 .... FF17 500 - £2 266 - **$3,500**
✏ *Chickens in a farmyard* - Watercolour (40x30cm-16x12in) Amsterdam 97 .... FF2 427 - £262 - **$423**
KUYPERS Johann 1819-1892 [2]
🖼 *Schiffbruch, holländische Küste* - Oil/panel (30x45cm-12x18in) Stuttgart 90 .... FF18 700 - £1 912 - **$3,691**
KUYTEN Harrie 1883-1952 [36]
🖼 *Anvers avec la cathédrale* - Huile/panneau (40x50cm-16x20in) Antwerpen 97 .... FF4 914 - £519 - **$852**
 Young woman sleeping - Oil/canvas (51x65cm-20x26in) Amsterdam 95 .... FF10 750 - £1 362 - **$2,100**
 Beach scene - Oil/canvas (67x61cm-26x24in) Amsterdam 95 .... FF48 800 - £6 230 - **$9,960**
KUYTENBROUWER Martinus Antonius 1821-1897 [3]
🖼 *At the blacksmith* - Oil/panel (54x70cm-21x28in) Amsterdam 96 .... FF27 100 - £3 285 - **$5,270**
KUZNETSOV Alexandre 1922 [3]
🖼 *Cadeaux du Sud* - Huile/toile (76x55cm-30x22in) Paris 90 .... FF3 000 - £319 - **$537**
KUZNETSOV Mikhail 1904-1989 [25]
🖼 *Pansies* - Oil/canvas (53x33cm-21x13in) London 96 .... FF4 650 - £600 - **$898**
KUZNETSOV Pavel Varfolomeevich 1878-1968 [5]
🖼 *Roses and fruit* - Oil/canvas (67x91cm-26x36in) Moscow 94 .... FF38 700 - £4 480 - **$6,600**
KUZNETSOV Vladimir Aleksandro. 1878-1960 [1]
🖼 *Village women* - Oil/canvas (134x195cm-53x77in) London 90 .... FF26 100 - £2 813 - **$4,603**
KVAPIL Charles 1884-1957 [244]
🖼 *Bouquet de fleurs* - Huile/panneau (61x46cm-24x18in) Paris 97 .... FF5 100 - £576 - **$924**
 Pichet de fleurs - Huile/panneau (61x46cm-24x18in) Paris 97 .... FF12 000 - £1 315 - **$2,106**
 Femme nue couchée - Oil/canvas (50x65cm-20x26in) New-York 95 .... FF16 430 - £2 016 - **$3,200**
 At the beach - Oil/canvas (37x46cm-15x18in) Amsterdam 96 .... FF28 560 - £3 280 - **$5,450**
 Baigneuses - Huile/toile (55x73cm-22x29in) Soissons 95 .... FF47 500 - £6 150 - **$9,880**
 Vase de fleurs - Huile/toile Paris 90 .... FF142 000 - £14 451 - **$28,398**
✏ *Femme nue* - Pastel (61x43cm-24x17in) Paris 94 .... FF9 000 - £1 048 - **$1,590**
 Nu à la serviette - Pastel (64x48cm-25x19in) Douai 92 .... FF20 000 - £2 047 - **$3,520**
KVICALA Cenek 1890-? [1]
🖼 *Frühling* - Oil/panel (22x32cm-9x13in) Wien 94 .... FF4 370 - £514 - **$780**
KVIUM Michael 1955 [5]
🖼 *Åbend rødt billede* - Oil/canvas (110x1209cm-43x476in) København 95 .... FF15 100 - £1 953 - **$3,070**
KWIATKOWSKI Jan 1887-1971 [1]
🖼 *Le femme de l'artiste* - Huile/toile (46x61cm-18x24in) Paris 97 .... FF5 000 - £543 - **$877**
KWIATKOWSKI Teofil Antoni Antar 1809-1891 [1]
✏ *Fédéric Chopin, assis* - Aquarelle (16x11cm-6x4in) Paris 92 .... FF24 000 - £2 864 - **$4,620**
KYD James 1885-? [1]
✏ *Nell* - Wash (27x20cm-11x8in) London 89 .... FF2 100 - £221 - **$354**
KYHN Knud 1880-1967 [18]
🖼 *Udsigt over havet, Vang* - Oil/canvas (32x44cm-13x17in) København 96 .... FF5 320 - £607 - **$1,020**
🏺 *Faun på bjørn* - Sculpture (42cm-17in) København 95 .... FF2 174 - £272 - **$439**
KYHN Vilhelm Peter C. 1819-1903 [67]
🖼 *Sommerlandskab* - Oil/canvas (39x55cm-15x22in) Vejle 94 .... FF2 263 - £266 - **$403**

River landscape, Summer - Oil/canvas (93x127cm-37x50in) Köbenhavn 96...................... **FF11 400 - £1 445 - $2,184**
Sommerens farvel til efteråret - Oil/canvas (108x70cm-43x28in) Köbenhavn 96.................. **FF35 640 - £4 620 - $7,130**
KYLBERG Carl 1878-1952 [104]
🖼 *Solbelyst allé* - Oil/canvas/panel (36x41cm-14x16in) Stockholm 96...................... **FF19 820 - £2 556 - $3,880**
Himmel och träd - Oil/canvas (56x63cm-22x25in) Stockholm 96.......................... **FF62 400 - £7 560 - $12,130**
Nature morte - Oil/canvas (62x50cm-24x20in) Stockholm 96............................ **FF140 400 - £17 000 - $27,300**
Mellan makterna - Oil/canvas (90x115cm-35x45in) Stockholm 95........................ **FF373 600 - £48 200 - $93,100**
Inför Oändligheten - Oil/canvas (110x89cm-43x35in) Stockholm 95..................... **FF737 000 - £95 800 - $151,300**
✏ *Solnedgång* - Pencil (21x27cm-8x11in) Stockholm 96.................................. **FF4 000 - £499 - $772**
KYLBERG Maria Wilhelmina 1828-1864 [1]
🖼 *Snuggorna, vid Satenäs* - Oil/canvas (46x59cm-18x23in) Uppsala 90................... **FF8 000 - £857 - $1,391**
KYLBERG-BOBECK Regina 1842-1913 [5]
✏ *Vinterbild* - Gouache (41x28cm-16x11in) Uppsala 92.................................. **FF3 795 - £441 - $775**
KYLE Georgina Moutray 1865-1950 [5]
🖼 *Brixham Harbour* - Oil/canvas/board (45x33cm-18x13in) London 96.................... **FF10 070 - £1 300 - $1,945**
KYMLI Franz Peter Joseph 1748-1813 [1]
🖼 *Homme à la veste de velours* - Huile/cuivre (21x16cm-8x6in) Paris 96................ **FF26 000 - £3 260 - $5,030**
KYNASTON Helena S. XIX-XX [1]
✏ *English landscape* - Watercolour (20x27cm-8x11in) London 95........................ **FF1 737 - £220 - $350**
KYSER H.L. XIX-XX [1]
🖼 *Pastoral landscape* - Oil/canvas (69x56cm-27x22in) Wolfeboro, NH 96................ **FF2 780 - £354 - $550**
KYYHKYNEN Juho 1875-1909 [6]
🖼 *En Lapp på slädfärd* - Oil/canvas (20x43cm-8x17in) Helsinki 95..................... **FF13 900 - £1 736 - $2,806**

L

L'ALLEMAND Friedrich, Fritz 1812-1866 [2]
🖼 *Schlacht bei Biala - 1812* - Öl/Leinwand (54x78cm-21x31in) Wien 94................. **FF43 900 - £5 230 - $8,270**
L'ALLEMAND Sigmund 1840-1910 [2]
🖼 *Hundeporträt* - Öl/Leinwand (78x62cm-31x24in) Wien 93............................ **FF7 210 - £862 - $1,388**
L'ARCHEVEQUE André 1923 [11]
🖼 *Prélude de la nuit* - Huile/toile/panneau (23x30cm-9x12in) Montréal 96............ **FF4 080 - £513 - $803**
L'AUBINIERE de Georgina M. 1844-1925 [3]
🖼 *Winter landscape* - Oil/panel (12x21cm-5x8in) London 92........................... **FF2 435 - £250 - $468**
L'ÉPLATTENIER Charles 1874-1946 [26]
🖼 *Le Doubs près du saut* - Oil/canvas (81x100cm-32x39in) Bern 92................... **FF17 100 - £1 750 - $3,013**
Le Cervin avec nuages - Öl/Leinwand (114x146cm-45x57in) Bern 96................... **FF57 900 - £7 350 - $11,130**
Une âme - Huile/toile (110x110cm-43x43in) Zürich 95............................... **FF170 700 - £22 640 - $35,240**
L'ESPINAY de Marie Françoise 1927 [4]
✏ *Le pont Alexandre III* - Aquarelle Maisons-Lafitte 90............................. **FF1 600 - £165 - $283**
L'HOEST Engelbert 1919 [5]
🖼 *Untitled* - Oil/panel (88x58cm-35x23in) Amsterdam 97.............................. **FF5 993 - £630 - $1,029**
L'HOEST Eugène 1874-1937 [4]
🗿 *La Grande Caravane* - Bronze (84cm-33in) New-York 93............................. **FF9 440 - £1 074 - $1,600**
L'HOMME Jean Louis 1879-? [1]
🗿 *La Durance* - Plâtre (62x141cm-24x56in) Paris 93.................................. **FF3 100 - £369 - $580**
L'HUILLIER Jacques 1867-? [3]
🖼 *Soleil levant sur la Seine* - Oil/canvas (109x208cm-43x82in) New-York 92.......... **FF55 500 - £5 810 - $10,000**
LA BELLA Vincenzo 1872-? [1]
🖼 *Nudo femminile seduto* - Olio/tela (98x108cm-39x43in) Firenze 91................. **FF6 760 - £678 - $1,238**
LA BELUNE Marguerite ?-1630 [1]
🖼 *Elegant lady, bust length* - Oil/canvas (62x54cm-24x21in) London 94.............. **FF43 100 - £5 000 - $7,420**
LA BOUERE de Tancrède 1800-1881 [1]
🖼 *Palais de l'Alhambra* - Huile/toile (100x2300cm-39x906in) Paris 92............... **FF170 000 - £17 400 - $29,930**
LA BOULAYE de Antoine 1951 [13]
✏ *Rallye Pique Avant Nivernais* - Gouache (30x46cm-12x18in) Paris 91............... **FF17 000 - £1 746 - $3,164**
LA BOULAYE de Paul 1849-1926 [7]
🖼 *Elegant lady with a rose* - Oil/canvas (56x48cm-22x19in) New-York 95............. **FF8 280 - £1 076 - $1,700**
Trois enfants - Huile/toile (176x131cm-69x52in) Bruxelles 95..................... **FF25 200 - £3 260 - $5,150**
LA BOURDONNAYE de Alain 1930 [2]
🖼 *Composition* - Huile/toile (90x146cm-35x57in) Paris 97........................... **FF4 500 - £538 - $843**
LA BRÉLY de Auguste 1838-1906 [2]
🖼 *Nu dans un paysage* - Huile/toile (62x75cm-24x30in) Monaco 89................... **FF40 000 - £4 215 - $6,734**
LA COGNATA Giovanni 1954 [2]
🖼 *Paesaggio* - Olio/tela (100x80cm-39x31in) Milano 92............................. **FF10 870 - £1 113 - $1,914**
LA COUR Janus 1837-1909 [98]
🖼 *Kandersteg* - Öl/Leinwand (46x76cm-18x30in) Wien 95............................ **FF15 180 - £1 894 - $3,065**

L

Nu au violon - Huile/toile (50x61cm-20x24in) Le Havre 91 .... FF41 000 - £4 072 - **$7,119**
Le nu aux trois arbres - Huile/toile (97x130cm-38x51in) Paris 89 .... FF160 000 - £16 360 - **$25,723**
⬮ *Paysage aux Meules* - Fusain (38x49cm-15x19in) Paris 93 .... FF7 000 - £844 - **$1,273**

LA PATELLIERE de Cyril 1950 [2]
🕯 *Etude* - Bronze (30cm-12in) Paris 92 .... FF5 000 - £512 - **$900**

LA PEÑA de Tomás 1838-? [1]
⬒ *Santa Cecilia* - Grabado (16x13cm-6x5in) México 92 .... FF5 400 - £555 - **$986**

LA PINTA de Carmelo XX [2]
⬒ *L'offrande* - Gravure (55x70cm-22x28in) Concarneau 93 .... FF1 800 - £217 - **$328**

LA PORTE de Adèle XIX [2]
● *L'Offrande à Esculape* - Huile/toile (115x90cm-45x35in) Pau 97 .... FF19 000 - £2 073 - **$3,321**

LA PORTE Émile Henri 1841-1919 [2]
● *An Odalisque* - Oil/canvas (27x46cm-11x18in) London 96 .... FF60 700 - £7 500 - **$11,720**
🕯 *Amour au coq* - Bronze Bruxelles 92 .... FF6 260 - £748 - **$1,204**

LA REGINA Guido 1909 [5]
● *Alto forno* - Olio/tela (100x100cm-39x39in) Roma 93 .... FF7 120 - £824 - **$1,210**

LA RIVA Y CALLOL DE MUÑOZ de Maria Luisa 1859-1926 [2]
⬮ *Still life with cherries* - Oil/canvas (183x63cm-72x25in) London 93 .... FF39 500 - £4 500 - **$6,700**
⬮ *Bodegón con cesto de rosas* - Pastel (38x46cm-15x18in) Madrid 96 .... FF6 110 - £792 - **$1,208**

LA RIVE de Pierre Louis 1753-1817 [8]
● *Environs de Cluses* - Öl/Leinwand (90x112cm-35x44in) Zürich 97 .... FF268 457 - £28 540 - **$46,308**
⬮ *Saturntempel, Rom* - Encre (37x47cm-15x19in) Zürich 96 .... FF19 070 - £2 210 - **$3,650**

LA RIVIERE Adriaan Philippus 1857-1941 [8]
● *A flower stall* - Oil/canvas/board (15x24cm-6x9in) Amsterdam 94 .... FF4 850 - £557 - **$830**

LA ROCA de Mariano 1825-1912 [1]
● *Descansando en el camino* - Oleo/lienzo (36x30cm-14x12in) Madrid 90 .... FF2 500 - £263 - **$435**

LA ROCHE Maria 1870-1952 [4]
⬮ *Landhaus in Loschwitz* - Chalks/paper (31x42cm-12x17in) Bern 93 .... FF1 870 - £226 - **$348**

LA ROCHEFOUCAULD de Antoine 1862-1960 [3]
● *Paysage méditerranéen* - Huile/toile (65x92cm-26x36in) Paris 96 .... FF6 000 - £777 - **$1,200**
● *Capri vue de Sorrento* - Huile/toile (65x92cm-26x36in) Paris 96 .... FF20 000 - £2 494 - **$3,860**

LA ROSE de Jean-Baptiste 1612-1687 [3]
● *Baie de La Ciotat* - Huile/toile (116x171cm-46x67in) Paris 91 .... FF480 000 - £49 170 - **$89,619**

LA ROUERE de M. 1905-1939 [1]
● *Fête de Aïdel Kebir, Sidi Boumedine* - Huile/toile (100x200cm-39x79in) Capian 95 .... FF10 000 - £1 328 - **$2,060**

LA RUE de Louis Félix. 1720-1765 [6]
⬮ *Sacrifice à Vénus* - Encre (20x12cm-8x5in) Paris 94 .... FF4 800 - £560 - **$841**

LA SALLE Charles 1894-1958 [3]
● *Moonlit Hold-Up* - Oil/canvas (76x101cm-30x40in) San Francisco-Los Angeles 95 .... FF19 930 - £2 620 - **$4,000**

LA SALLE Émile 1813-1871 [1]
⬒ *Napoléon* - Lithograph (64x48cm-25x19in) New Orleans, Louisiana 95 .... FF1 980 - £248 - **$400**

LA SERNA de Ismaël 1897-1968 [249]
● *Nu debout devant la mer* - Huile/panneau (60x37cm-24x15in) Calais 96 .... FF7 000 - £908 - **$1,384**
Maternidad - Oleo/cartón (50x73cm-20x29in) Madrid 97 .... FF15 000 - £1 612 - **$2,625**
Livres devant une fenêtre ouverte - Huile/toile (91x73cm-36x29in) Paris 96 .... FF37 000 - £4 690 - **$7,100**
Fenêtre ouverte sur le village - Huile/toile (91x73cm-36x29in) Calais 97 .... FF46 000 - £5 042 - **$8,073**
Bodegón con violín, fruta y partitura - Oleo/tabla (101x73cm-40x29in) Madrid 97 .... FF67 660 - £7 310 - **$13,020**
Nu à l'accordéon - Oil/board (90x116cm-35x46in) New-York 94 .... FF195 300 - £23 450 - **$37,000**
Bodegon del canario - Oleo/lienzo (117x81cm-46x32in) Madrid 90 .... FF518 400 - £55 503 - **$90,157**
⬮ *Maison espagnole* - Gouache/papier (31x48cm-12x19in) Paris 95 .... FF7 200 - £933 - **$1,500**
Nature morte à la guitare - Gouache/papier (29x20cm-11x8in) Soissons 94 .... FF12 000 - £1 394 - **$2,325**
A caballo por la playa - Gouache (62x81cm-24x32in) Madrid 95 .... FF42 300 - £5 350 - **$8,500**
Bodegon con guitarra - Gouache (82x66cm-32x26in) Madrid 90 .... FF165 000 - £16 792 - **$32,997**

LA THANGUE Henry Herbert 1859-1929 [13]
● *The march month* - Oil/canvas (78x91cm-31x36in) London 90 .... FF503 600 - £53 919 - **$87,583**
The farm pond - Oil/canvas (79x87cm-31x34in) London 97 .... FF747 841 - £78 000 - **$127,881**

LA TOUCHE de Gaston 1854-1913 [65]
● *La promenade* - Oil/panel (47x55cm-19x22in) London 95 .... FF42 300 - £5 300 - **$8,430**
Le jet d'eau, Versailles - Oil/canvas (61x61cm-24x24in) New-York 97 .... FF85 568 - £9 223 - **$15,000**
L'Intrigue nocturne - Oil/canvas (209x225cm-82x89in) New-York 90 .... FF555 000 - £55 887 - **$108,717**
⬮ *Marine, effet de vagues* - Pastel/papier Mont Saint-Michel 97 .... FF16 000 - £1 753 - **$2,808**
Les Amants et les Cygnes - Pastel/canvas (74x60cm-29x24in) London 97 .... FF182 482 - £20 000 - **$32,026**

LA TOUR de Georges 1593-1652 [3]
● *Blind hurdy-gurdy player* - Oil/canvas (86x61cm-34x24in) London 91 .... FF1 - £1 - **$3**

LA TRAVERSE de Charles François 1726-c.1780 [6]
⬮ *Ruller crowned by Love* - Ink (41x58cm-16x23in) London 97 .... FF15 166 - £1 600 - **$2,602**

LA VALLEY Jonas Joseph 1858-1930 [2]
● *Still life of peeled orange* - Oil/board (13x10cm-5x4in) South Deerfield, Mass. 93 .... FF4 425 - £504 - **$750**

LA VALLEY William XIX-XX [2]
● *Forest interior* - Oil/canvas (64x76cm-25x30in) Mystic, Connecticut 92 .... FF2 220 - £233 - **$400**

LA VEGA de Jorge 1930-1971 [2]
● *Cover Girl* - Oil/canvas (204x178cm-80x70in) New-York 96 .... FF219 400 - £25 000 - **$42,000**

L

LA VILLÉGLÉ de Jacques Mahé 1926 [100]
🖼 *Maubert-Mutualité* - Decollage (48x66cm-19x26in) Paris 96 .... FF**19 500** - £2 444 - **$3,760**
Rue du Parc-Royal - Decollage (170x137cm-67x54in) Versailles 95 .... FF**31 000** - £4 020 - **$6,450**
Rue du Temple - Technique mixte/panneau (90x130cm-35x51in) Versailles 91 .... FF**55 000** - £5 542 - **$9,544**
Carrefour de Turbigo cunin-gridaine
   Arrache d'affiches/toile (208x158cm-82x62in) Paris 94 .... FF**165 000** - £19 700 - **$30,800**

LA VILLÉON de Emmanuel 1858-1944 [179]
🖼 *Les meules de foin* - Huile/panneau (14x22cm-6x9in) Calais 97 .... FF**8 000** - £877 - **$1,404**
Le Lavandou - Huile/toile (27x46cm-11x18in) Paris 97 .... FF**14 000** - £1 534 - **$2,457**
Paysage - Huile/toile (111x62cm-44x24in) Saint-Dié 94 .... FF**30 000** - £3 600 - **$5,820**
Promenade romantique - Huile/toile (60x92cm-24x36in) Calais 97 .... FF**44 000** - £4 712 - **$7,713**
Paysage - Huile/toile (92x61cm-36x24in) Paris 96 .... FF**70 000** - £9 020 - **$13,700**
Rivière de la Cannerie - Huile/toile (73x60cm-29x24in) Genève 91 .... FF**92 700** - £9 510 - **$17,250**
Chemin de Chezeau, Yverdon - Huile/toile (81x100cm-32x39in) Granville 90 .... FF**200 000** - £21 552 - **$35,273**
✏ *Paysage* - Aquarelle (23x31cm-9x12in) Paris 90 .... FF**21 000** - £2 115 - **$3,818**

LA VOLPE Alessandro 1820-1887 [21]
🖼 *On the Neapolitan Coast* - Oil/canvas (46x94cm-18x37in) London 94 .... FF**23 530** - £2 800 - **$4,430**
Barche di pescatori - Olio/tela (69x132cm-27x52in) Milano 95 .... FF**86 500** - £11 480 - **$17,640**

LAABS Hans 1915 [9]
🖼 *Ohne Titel* - Öl/Leinwand (49x80cm-19x31in) Berlin 95 .... FF**16 000** - £1 994 - **$3,130**
Am Strand - Öl/Leinwand (51x71cm-20x28in) Berlin 94 .... FF**47 800** - £5 640 - **$8,510**
✏ *Mädchen vor Leiter* - Gouache/papier (53x36cm-21x14in) Berlin 94 .... FF**6 870** - £821 - **$1,284**

LAAGE Wilhelm 1868-1930 [48]
🖼 *Bei Sonnenaufgang* - Öl/Leinwand (70x80cm-28x31in) Stuttgart 95 .... FF**8 750** - £1 123 - **$1,803**
An der Elbmündung - Oil/canvas (86x102cm-34x40in) Stuttgart 92 .... FF**20 300** - £2 360 - **$4,145**
🪵 *Strand* - Woodcut (16x20cm-6x8in) Heidelberg 96 .... FF**5 090** - £657 - **$996**

LAAGLAND Ludo 1923 [4]
🖼 *Retour des champs* - Huile/toile (40x50cm-16x20in) Antwerpen 96 .... FF**2 630** - £304 - **$504**

LAAK van der Gabriëlle 1958 [1]
🖼 *Untitled* - Acrylic/canvas (5x50cm-2x20in) Amsterdam 96 .... FF**5 430** - £629 - **$1,040**

LAAN van der Dirk Jan 1759-1829 [2]
✏ *River landsscape with boats* - Watercolour (30x37cm-12x15in) Amsterdam 93 .... FF**21 730** - £2 500 - **$3,720**

LAAN van der Gerard 1844-1915 [6]
🖼 *A wrecked ship in the breakers* - Oil/panel (15x17cm-6x7in) Amsterdam 93 .... FF**4 820** - £576 - **$928**

LAAN van der Kees 1903-1983 [4]
🪵 *Leert Vliegen* - Poster (89x59cm-35x23in) New-York 96 .... FF**6 620** - £780 - **$1,300**

LAAR van de Jan Hendrik 1807-1874 [6]
🖼 *The Connoisseur* - Oil/canvas (51x40cm-20x16in) Amsterdam 95 .... FF**15 450** - £1 865 - **$2,905**

LÅÅS Evy 1923 [3]
🖼 *Vinterlandskap med lappar* - Oil/panel (55x76cm-22x30in) Söderköping 94 .... FF**2 240** - £268 - **$420**
✏ *Vinterfaglar* - Pastel (28x20cm-11x8in) Stockholm 89 .... FF**2 000** - £193 - **$303**

LAASIO Mikko 1913 [3]
🖼 *Kanna med blommor* - Oil/canvas (61x50cm-24x20in) Helsinki 90 .... FF**22 370** - £2 287 - **$4,415**

LABARRE Eugène 1872-1950 [3]
🖼 *Fleurs dans un vase* - Huile/toile (73x54cm-29x21in) Morlaix 93 .... FF**2 000** - £241 - **$364**

LABARRE Jean Georges 1856-1920 [1]
🗿 *Jeune femme au chapeau* - Terracotta (56cm-22in) Paris 96 .... FF**11 500** - £1 487 - **$2,264**

LABARRE Raoul 1902-1987 [2]
🖼 *La fenêtre ouverte* - Huile/toile (50x40cm-20x16in) Bruxelles 91 .... FF**5 600** - £562 - **$924**

LABARRE Yvon [3]
🖼 *Le village du peintre* - Huile/toile (55x46cm-22x18in) Entzheim 95 .... FF**2 700** - £345 - **$544**
Village - Huile/toile (60x73cm-24x29in) Reims 91 .... FF**5 300** - £534 - **$920**

LABARTHE Philippe XX [15]
🖼 *Patrick Waldberg d'ici quelque temps* - Huile/toile (54x65cm-21x26in) Paris 95 .... FF**3 200** - £407 - **$656**

LABAS Alexander Arkadyev. 1900-1983 [1]
✏ *Moscow* - Watercolour/paper (41x60cm-16x24in) Moscow 94 .... FF**2 830** - £340 - **$550**

LABAT Achille Vital XIX [2]
🖼 *Paysage* - Huile/toile (33x41cm-13x16in) Bruxelles 90 .... FF**8 100** - £862 - **$1,449**

LABAT Fernand 1889-? [3]
🖼 *Jeune femme en déshabillé* - Huile/toile (112x78cm-44x31in) Paris 90 .... FF**3 000** - £315 - **$522**

LABATIE Pierre XVIII [2]
🖼 *Fish with oysters and other shells* - Oil/canvas (64x80cm-25x31in) London 93 .... FF**24 330** - £2 800 - **$4,200**

LABATUT Jules Jacques 1851-? [3]
🗿 *Busto de Maria Antonieta* - Marbre (78cm-31in) Madrid 91 .... FF**11 970** - £1 207 - **$2,333**

LABATUT Suzanne Marie C. 1889-1970 [2]
🖼 *Bigoudènes devant le port* - Huile/toile (73x92cm-29x36in) Douarnenez 96 .... FF**25 000** - £3 200 - **$4,960**

LABAUVIE Dominique 1948 [2]
🗿 *Mountain slide, 1986* - Sculpture (130x60x130cm-51x24x51in) Paris 89 .... FF**55 000** - £5 473 - **$8,689**

LABELLE Fernand 1934 [15]
🖼 *Nature through my misty ice* - Huile/toile (41x51cm-16x20in) Montréal 92 .... FF**2 365** - £242 - **$464**

LABILLE-GUIARD Adélaïde 1749-1803 [8]
🖼 *Jean d'Arcet* - Huile/toile (72x57cm-28x22in) Monaco 93 .... FF**550 000** - £62 400 - **$93,000**
✏ *Hubert Robert* - Pastel (60x48cm-24x19in) Paris 96 .... FF**120 000** - £13 670 - **$22,970**

LABINO Dominick 1910-1987 [2]
- Emergence - Sculpture (20cm-8in) New-York 93 .... FF46 600 - £5 370 - **$8,000**

LABISSE Félix 1905-1982 [159]
- Aragon et Kafka - Huile/toile (82x139cm-32x55in) Paris 95 .... FF11 000 - £1 378 - **$2,210**
- L'oeuf de Saturne - Huile/toile (65x92cm-26x36in) Bruxelles 97 .... FF16 340 - £1 770 - **$2,890**
- La Conjuration d'Amboise - Huile/toile (73x59cm-29x23in) Sceaux 95 .... FF30 000 - £3 940 - **$6,020**
- La rose - Huile/toile (46x38cm-18x15in) Calais 97 .... FF44 000 - £4 712 - **$7,713**
- Les Flamands - Huile/toile (65x81cm-26x32in) Paris 96 .... FF92 000 - £11 900 - **$18,100**
- Médée - Huile/toile (72x92cm-28x36in) Saint-Germain-en-Laye 94 .... FF134 000 - £15 620 - **$23,500**
- Bal des Ardents - Encre Chine/papier (36x25cm-14x10in) Paris 96 .... FF2 000 - £260 - **$396**
- Personnages - Encre Chine/papier Bruxelles 97 .... FF9 150 - £991 - **$1,618**
- L'Enchanteur - Gouache (61x48cm-24x19in) Paris 96 .... FF16 000 - £2 074 - **$3,163**
- Modes: Les Civils - Gouache (24x32cm-9x13in) Antwerpen 93 .... FF29 100 - £3 330 - **$4,950**

LABITTE Eugène 1858-1937 [27]
- Fenaisons - Huile/panneau (32x40cm-13x16in) Quimper 94 .... FF14 500 - £1 678 - **$2,490**
- Le repas des enfants - Huile/toile (100x70cm-39x28in) Paris 94 .... FF32 500 - £3 840 - **$5,820**
- Guiding the gaggle - Oil/canvas (79x110cm-31x43in) New-York 96 .... FF83 100 - £10 580 - **$16,000**

LABO' Savinio 1899-1976 [11]
- Muro a Mazzorbo - Olio/tela (45x55cm-18x22in) Milano 94 .... FF9 680 - £1 122 - **$1,694**

LABOCCETTA Mario XX [2]
- Dame à l'éventail - Aquarelle/papier (19x25cm-7x10in) Paris 94 .... FF1 900 - £222 - **$334**

LABOR Charles Labord 1813-1900 [1]
- Place en Italie - Huile/toile (27x22cm-11x9in) Calais 95 .... FF5 800 - £762 - **$1,186**

LABORDE Gaston XIX-XX [2]
- Vase d'anémones - Huile/toile (50x65cm-20x26in) Arles 94 .... FF3 300 - £384 - **$572**

LABORNE Edmé Emile 1837-1913 [17]
- Quais de Seine, Pont de la Concorde - Huile/toile (27x38cm-11x15in) Calais 91 .... FF30 000 - £2 999 - **$4,941**
- Place du marché en Provence - Oil/canvas (97x130cm-38x51in) New-York 92 ...... FF140 400 - £16 760 - **$27,000**
- Paris street scene - Pastel/paper (53x38cm-21x15in) New-York 95 .... FF14 300 - £1 783 - **$2,800**

LABOTS Gerrit David 1869-1959 [1]
- Witte rhododendrons - Oil/canvas (57x56cm-22x22in) Amsterdam 95 .... FF2 836 - £362 - **$579**

LABOULAYE de Paul A. 1849-1926 [1]
- Jeune femme à la robe rose - Huile/toile (120x80cm-47x31in) Bruxelles 93 .... FF16 360 - £1 883 - **$2,816**

LABOUREUR Jean-Émile 1877-1943 [352]
- Paysagiste, Le Croisic - Huile/toile (73x60cm-29x24in) Paris 94 .... FF81 000 - £9 300 - **$13,850**
- Pennsylvannie - Huile/panneau (40x40cm-16x16in) Paris 94 .... FF225 000 - £25 830 - **$38,500**
- La Petite pêcheuse - Eau-forte, aquatinte couleurs (21x15cm-8x6in) Paris 97 .... FF4 800 - £508 - **$831**
- La jetée - Burin (13x9cm-5x4in) Paris 96 .... FF6 500 - £854 - **$1,305**
- Le vieux Poirier - Burin (25x27cm-10x11in) Paris 96 .... FF12 000 - £1 410 - **$2,360**
- L'Amazone - Eau-forte (19x14cm-7x6in) Paris 97 .... FF28 000 - £2 965 - **$4,849**
- Promenade en Amérique - Eau-forte (21x13cm-8x5in) Paris 97 .... FF32 000 - £3 388 - **$5,542**
- Les pêcheurs à la ligne - Crayon (22x25cm-9x10in) Paris 95 .... FF4 000 - £518 - **$828**
- Square à Londres - Encre (19x24cm-7x9in) Paris 96 .... FF7 800 - £916 - **$1,535**
- Cabaret en Vendée - Gouache (19x18cm-7x7in) Paris 95 .... FF26 000 - £3 420 - **$5,220**
- La lecture - Gouache/carton (48x33cm-19x13in) La Varenne Saint-Hilaire 95 .... FF41 000 - £5 140 - **$7,910**

LABRA de José Maria 1925-1994 [4]
- Formas rectangulares - Técnica mixta/cartón (24x34cm-9x13in) Madrid 96 .... FF4 070 - £528 - **$805**

LABRADA Fernando 1888-1977 [5]
- Escena pastoril - Oleo/lienzo (35x55cm-14x22in) Madrid 93 .... FF23 500 - £2 825 - **$4,580**

LABRADOR ARJONA José María 1890-1977 [2]
- Paisaje con viento - Oleo/lienzo (80x60cm-31x24in) Madrid 95 .... FF6 050 - £774 - **$1,217**
- Bodegon de frutas - Oleo/lienzo (100x120cm-39x47in) Madrid 90 .... FF59 400 - £6 319 - **$10,626**

LABRO-FONT Louis 1881-1952 [7]
- Le village en hiver - Huile/panneau (36x44cm-14x17in) Arles 91 .... FF5 000 - £505 - **$993**

LABROUCHE Pierre 1876-1956 [4]
- Fench river town - Oil/canvas (53x71cm-21x28in) Delray Beach, Florida 95 .... FF6 640 - £828 - **$1,300**

LABROUE de Alphonse 1792-1863 [2]
- Jeune homme noir au turban - Aquarelle/papier (13x10cm-5x4in) Paris 94 .... FF13 500 - £1 600 - **$2,495**

LABRUZZI Carlo 1747-1817 [8]
- Adonis/Landscape with peasants (47x66cm-19x26in) London 97 .... FF321 664 - £34 000 - **$55,454**
- Santa Maria Della Rotondo, Albano - Watercolour (38x54cm-15x21in) London 94 .... FF33 300 - £4 000 - **$6,160**

LABRUZZI Tommaso Pietro 1739-1805 [1]
- Hon. Thomas Arundell - Oil/canvas (13x99cm-5x39in) London 97 .... FF37 900 - £4 800 - **$7,620**

LABRYS Topy 1947 [5]
- Sedia Pol - Rivestimento in polistirolo bruciato (60x52x78cm-24x20x31in) Milano 92 .... FF9 060 - £927 - **$1,595**
- Grande geode della serie Treliti - Sculpture (103x14x121cm-41x6x48in) Milano 94 .... FF50 200 - £5 800 - **$8,550**

LACASSE Joseph 1894-1975 [56]
- Composition en rouge - Huile/toile (100x65cm-39x26in) Zürich 95 .... FF37 560 - £4 980 - **$7,750**
- Tachisme - Huile/toile (100x73cm-39x29in) Lokeren 93 .... FF74 100 - £8 860 - **$13,500**
- Composition - Collage Bruxelles 94 .... FF5 940 - £683 - **$1,017**
- Kompositie - Pastel (45x36cm-18x14in) Lokeren 91 .... FF21 870 - £2 193 - **$4,006**

LACAUCHIE Alexandre XIX [2]
- Homme et femme - Crayon (35x27cm-14x11in) Paris 90 .... FF2 000 - £204 - **$400**

L

LACAZE Germaine 1908 [21]
- *L'éventail japonais* - Huile/toile (81x54cm-32x21in) Paris 94 .... FF4 200 - £504 - $795
- *Les modistes* - Huile/toile (114x146cm-45x57in) Troyes 96 .... FF12 800 - £1 604 - $2,470
- *Toréro bleu* - Huile/toile (130x97cm-51x38in) Versailles 92 .... FF43 000 - £4 400 - $7,740

LACAZE Julien 1886-1971 [18]
- *Tourisme en Syrie...* - Affiche (105x74cm-41x29in) Boulogne 96 .... FF1 700 - £212 - $330

LACAZE Théophile 1802-1846 [1]
- *Retour de chasse* - Huile/toile (84x115cm-33x45in) Cannes 91 .... FF21 700 - £2 223 - $4,052

LACCETTI Valerio 1836-1909 [6]
- *Al pascolo* - Olio/tela (27x40cm-11x16in) Roma 93 .... FF9 370 - £1 071 - $1,594

LACEPEDE de Amélie Kautz 1796-1860 [2]
- *Young boy with his sister* - Miniature (9cm-4in) Genève 92 .... FF14 760 - £1 520 - $2,760

LACH Andreas 1817-1882 [26]
- *Feldhase* - Öl/Leinwand (31x39cm-12x15in) Wien 96 .... FF19 500 - £2 530 - $3,854
- *Grapes and a Tankard* - Oil/canvas (63x79cm-25x31in) New-York 94 .... FF53 100 - £6 340 - $10,000
- *Weintrauben und Apfel* - Öl/Leinwand (47x38cm-19x15in) Wien 96 .... FF86 800 - £11 200 - $17,000

LACH Fritz 1868-1933 [25]
- *Gasse in Allerheiligen* - Aquarell/Papier (28x12cm-11x5in) Wien 95 .... FF7 000 - £884 - $1,404
- *Motiv aus Hallstadt* - Aquarell/Papier (28x22cm-11x9in) Wien 95 .... FF18 600 - £2 410 - $3,720

LACH van Ursula 1949 [8]
- *Au jardin* - Huile/toile (62x50cm-24x20in) Bruxelles 97 .... FF4 908 - £510 - $837
- *Coquelicots de Provence* - Oil/board (50x61cm-20x24in) New-York 93 .... FF16 500 - £2 070 - $3,000

LACHAISE Eugène A. 1857-1925 [1]
- *The geisha girl* - Oil/canvas (79x91cm-31x36in) New-York 89 .... FF57 200 - £5 692 - $9,036

LACHAISE Gaston 1882-1935 [46]
- *Standing woman* - Bronze (32cm-13in) New-York 94 .... FF59 500 - £7 050 - $11,000
- *Ogunquit torso* - Sculpture (26cm-10in) New-York 89 .... FF171 600 - £17 546 - $27,588
- *Equestrienne* - Bronze (27cm-11in) New-York 96 .... FF415 400 - £52 900 - $80,000
- *Floating nude* - Bronze (33cm-13in) New-York 89 .... FF514 800 - £52 638 - $82,765
- *Standing nude with drapery* - Ink (60x47cm-24x19in) New-York 96 .... FF18 170 - £2 315 - $3,500
- *Male nude* - Pencil/paper (59x47cm-23x19in) New-York 93 .... FF24 800 - £2 820 - $4,200

LACHAISNES Pierre Jean Richard 1789-? [1]
- *Retrato de niño* - Miniature (8x7cm-3x3in) Madrid 93 .... FF3 540 - £408 - $607

LACHANCE Georges 1888-? [1]
- *Ship in harbor* - Oil/canvas (71x81cm-28x32in) St. Louis, Miss. 92 .... FF4 940 - £590 - $950

LACHAPELLE Charlotte XX [2]
- *Douceur d'automne* - Acrylique/toile (22x27cm-9x11in) Provins 92 .... FF3 200 - £382 - $616

LACHAUD DE LOQUEYSSIE Emilie 1793-1863 [2]
- *Prince Alexandre du Pays-Bas* - Miniature (10cm-4in) Paris 96 .... FF13 000 - £1 505 - $2,490

LACHAUD Mariette XX [2]
- *Georges Braque* - Photo (39x30cm-15x12in) Paris 94 .... FF2 500 - £299 - $467

LACHENAL Edmond 1855-1930 [3]
- *Sarah Bernhardt* - Céramique (29cm-11in) Paris 97 .... FF5 100 - £539 - $881

LACHENWITZ F. Sigmund 1820-1868 [5]
- *...von der Engstlen Alp* - Öl/Leinwand (91x125cm-36x49in) München 94 .... FF23 900 - £2 823 - $4,290

LACHER Georg 1809-1882 [2]
- *Schloß Kalenberg bei Coburg* - Oil/panel (18x27cm-7x11in) München 92 .... FF7 450 - £866 - $1,520
- *Madonna mit Kind und 4 Engeln* - Pencil/paper (43x34cm-17x13in) Lindau 95 .... FF2 316 - £290 - $468

LACHER Gisella Loeffler 1900-1977 [1]
- *April Showers* - Gouache/board (36x29cm-14x11in) Denver, Colorado 95 .... FF2 303 - £450 - $292

LACHER Max 1905-1988 [2]
- *Am Fluss* - Mixed media/canvas (90x85cm-35x33in) München 96 .... FF15 630 - £1 780 - $2,990
- *Griechische Landschaft* - Aquarell/Papier (33x49cm-13x19in) München 96 .... FF8 830 - £1 006 - $1,690

LACHEVRE Bernard 1885-1950 [7]
- *Cie. de Navigation Mixte* - Affiche (104x73cm-41x29in) Boulogne 96 .... FF2 800 - £365 - $555
- *Régate de l'École des Mousses* - Aquarelle, gouache/papier (24x38cm-9x15in) Chartres 92 .... FF4 600 - £471 - $810

LACHIEZE-REY Henri 1927 [4]
- *Cheminées d'usines* - Huile/toile (65x100cm-26x39in) Lyon 97 .... FF30 000 - £3 249 - $5,256

LACHMAN Harry B. 1886-1974 [10]
- *Mid day sun* - Oil/canvas (48x61cm-19x24in) New-York 90 .... FF37 200 - £3 855 - $6,538

LACHNIT Wilhelm 1899-1962 [12]
- *Liebespaar im Zimmer* - Monotype (23x32cm-9x13in) Berlin 94 .... FF2 563 - £303 - $456
- *Mädchenbildnis* - Gouache (24x29cm-9x11in) München 92 .... FF4 760 - £488 - $838

LACHTROPIUS Nicolaes ?-1687 [2]
- *Frukter på marmorskiva* - Oil/canvas (64x50cm-25x20in) Stockholm 94 .... FF143 800 - £17 040 - $26,600

LACINA Josef 1899-? [12]
- *Waldarbeiten* - Oil/panel (131x171cm-52x67in) Wien 96 .... FF14 480 - £1 650 - $2,774

LACKERBAUER René 1861-1934 [1]
- *Gstadstrasse in Zollikon* - Öl/Karton (44x64cm-17x25in) Zürich 96 .... FF3 290 - £412 - $635

LACKOVIC Ivan 1932 [8]
- *Paysage d'hiver aux ex-votos* - Fixé sous verre (44x62cm-17x24in) Paris 96 .... FF3 000 - £376 - $583

LACLAU Armando 1892 [3]
- *Utrillo et un tableau du Sacré Cœur* - Huile/panneau (61x50cm-24x20in) Paris 97 .... FF7 500 - £818 - $1,311

LACOMA Francisco José Pablo 1784-1849 [1]
🖌 *Branche de cerisier en fleurs* - Huile/toile (58x45cm-23x18in) Paris 93 .... FF155 000 - £18 670 - **$28,200**

LACOMBE Georges 1868-1916 [96]
🖌 *Vignage, forêt d'Ecouves* - Huile/toile (92x65cm-36x26in) Brest 94 .... FF110 000 - £12 900 - **$19,450**
La baie - Huile/toile (51x62cm-20x24in) Paris 90 .... FF650 000 - £66 149 - **$129,990**
🗿 *Buste de Jeune Fille* - Bronze (31cm-12in) Calais 96 .... FF13 000 - £1 686 - **$2,570**
L'étreinte - Bronze (54x24x30cm-21x9x12in) Paris 92 .... FF95 000 - £9 750 - **$18,270**
🖋 *Tigre marchant* - Mine plomb (30x23cm-12x9in) Soissons 94 .... FF3 400 - £394 - **$584**
Étude pour une maternité - Encre Chine (21x28cm-8x11in) Soissons 94 .... FF12 500 - £1 447 - **$2,145**

LACOMBE Henri Germain 1812-1893 [1]
🖌 *Chasseur et garde-champêtre* - Huile/panneau (41x32cm-16x13in) Bern 94 .... FF5 370 - £644 - **$1,043**

LACOMBE Pierre 1931 [4]
🖌 *Sabbat* - Huile/carton (30x46cm-12x18in) Paris 89 .... FF38 000 - £3 781 - **$6,003**

LACOMBLEZ Jacques 1934 [24]
🖌 *Ils rongèrent aussi le paysage* - Huile/toile (100x65cm-39x26in) Antwerpen 96 .... FF3 610 - £437 - **$696**
Les Chambres du Loin - Huile/toile (82x100cm-32x39in) Lokeren 91 .... FF8 230 - £819 - **$1,415**
🖋 *Sans titre* - Aquarelle, gouache (50x32cm-20x13in) Paris 95 .... FF2 200 - £280 - **$451**

LACOSTE Charles 1870-1959 [28]
🖌 *Petit banc sous l'arbre* - Huile/carton (35x27cm-14x11in) Paris 97 .... FF2 800 - £291 - **$477**
Paris, les Gobelins - Huile/toile (55x46cm-22x18in) Paris 92 .... FF8 000 - £955 - **$1,540**
Cap près d'Hendaye - Huile/papier (27x49cm-11x19in) Paris 97 .... FF12 000 - £1 250 - **$2,044**

LACOSTE Pierre Eugène 1818-1908 [4]
🖋 *Entrée du Grand Canal* - Aquarelle/papier (30x46cm-12x18in) Paris 92 .... FF5 500 - £563 - **$990**

LACOUR Charles 1863-1940 [9]
🖌 *Paysage de montagne* - Huile/panneau (40x27cm-16x11in) Lyon 97 .... FF3 000 - £324 - **$525**
Marché au Maroc - Huile/carton (78x32cm-31x13in) Paris 95 .... FF16 000 - £2 017 - **$3,190**

LACOUR Pierre 1745-1814 [8]
🖌 *Bénédiction du troupeau* - Toile (82x114cm-32x45in) Paris 97 .... FF122 000 - £13 444 - **$21,484**
🖋 *Les Dioscures* - Sanguine (26x38cm-10x15in) Paris 95 .... FF2 000 - £260 - **$412**

LACOUR Pierre II 1778-1859 [1]
🖋 *Diane et Endymion* - Aquarelle (16x26cm-6x10in) Paris 90 .... FF24 000 - £2 586 - **$4,233**

LACOUR Simone 1926 [3]
🖌 *Plumes de Venise* - Huile/toile (81x54cm-32x21in) Lokeren 91 .... FF7 240 - £730 - **$1,256**

LACRETELLE Jean Edouard 1817-1900 [1]
🖌 *Sisters in a glade* - Oil/canvas (7x65cm-3x26in) London 95 .... FF28 960 - £3 700 - **$5,910**

LACROIX Anton 1848-1896 [1]
🖌 *Still life with roses* - Oil/canvas (90x74cm-35x29in) New-York 90 .... FF17 200 - £1 830 - **$3,077**

LACROIX Boris 1902-1984 [19]
🖋 *Collage cubiste* - Collage (32x24cm-13x9in) Monaco 93 .... FF3 000 - £362 - **$546**

LACROIX Clémence 1849-1925 [2]
🖌 *Jeunes filles dans une cour de ferme* - Huile/toile (65x100cm-26x39in) Cherbourg 96 .... FF2 850 - £325 - **$546**

LACROIX DE MARSEILLE Charles-Ferdinand c.1720-1782 [52]
🖌 *Remorquage, port napolitain* - Huile/toile (49x64cm-19x25in) Paris 93 .... FF150 000 - £17 040 - **$25,400**
Mediterranean harbour - Oil/canvas (106x149cm-42x59in) London 97 .... FF359 507 - £38 000 - **$61,978**
Bustling Mediterranean quayside
Oil/canvas (97x137cm-38x54in) London 96 .... FF1 44e +06 - £130 000 - **$202,600**

LACROIX Gaspard Jean 1810-1878 [2]
🖌 *Pastorale en barque* - Huile/toile (81x100cm-32x39in) Le Puy 94 .... FF19 000 - £2 215 - **$3,330**

LACROIX Georges 1882-1960 [11]
🖌 *Route de Bernières* - Huile/toile (54x37cm-21x15in) Bayeux 95 .... FF2 500 - £323 - **$516**

LACROIX Joël 1931 [9]
🖌 *Torse* - Huile/papier (76x57cm-30x22in) Paris 91 .... FF2 500 - £248 - **$434**

LACROIX Paul 1929 [2]
🖌 *Nature's Bounty* - Oil/canvas (77x64cm-30x25in) Boston, Mass. 91 .... FF73 600 - £7 470 - **$13,293**

LACROIX Paul XIX [6]
🖌 *Still life* - Oil/canvas (76x63cm-30x25in) New-York 93 .... FF82 600 - £9 400 - **$14,000**

LACROIX Richard 1939 [6]
🖌 *Caractère* - Huile/masonite (122x120cm-48x47in) Montréal 90 .... FF9 610 - £978 - **$1,922**
🗂 *Kirin* - Lithographie (99x115cm-39x45in) Montréal 95 .... FF1 880 - £235 - **$369**

LACROIX Tristan 1849-1914 [4]
🖌 *Combat de cerfs* - Huile/toile (90x130cm-35x51in) Paris 91 .... FF6 000 - £609 - **$1,084**

LACURTO Francesco 1908-? [3]
🖌 *Quebec Park* - Huile/toile (61x51cm-24x20in) Montréal 93 .... FF12 430 - £1 422 - **$2,120**

LACY de Charles John XIX [3]
🖋 *Sail and steam* - Watercolour (24x35cm-9x14in) London 93 .... FF3 690 - £420 - **$626**

LACY George c.1817-1878 [1]
🖋 *Gold Prospecto's camp* - Watercolour (26x37cm-10x15in) London 96 .... FF10 420 - £1 300 - **$2,014**

LADA Josef 1887-1957 [1]
🖋 *Winterfreuden* - Coloured chalks (34x25cm-13x10in) München 91 .... FF6 420 - £639 - **$1,104**

LADA-MACIAG Malgorzata 1881-1969 [1]
🖋 *La toilette* - Pastel/papier (31x23cm-12x9in) Warszawa 96 .... FF7 680 - £970 - **$1,480**

LADBROOKE Henry 1800-1870 [4]
🖼 *Pastoral landscape* - Oil/canvas (38x47cm-15x19in) London 95.................................... FF*12 650* - £*1 600* - **$2,472**
LADBROOKE John Berney 1803-1879 [23]
🖼 *Wooded landscape* - Oil/canvas (53x64cm-21x25in) Aylsham, Norfolk 93.................... FF*19 600* - £*2 200* - **$3,280**
A Road scene with Gypsies - Oil/canvas (75x101cm-30x40in) London 97 .... FF*102 708* - £*11 000* - **$17,851**
✏ *Blossom and flowers* - Watercolour (10x15cm-4x6in) Aylsham, Norfolk 96 .... FF*2 810* - £*360* - **$554**
LADBROOKE Robert 1770-1842 [1]
🖼 *Ballon ascent, Bracondale Hille* - Oil/canvas (61x74cm-24x29in) London 94 .... FF*74 000* - £*8 500* - **$12,660**
LADD Anna Coleman 1878-1939 [8]
🏛 *Skeleton* - Bronze (23cm-9in) Boston, Mass. 95... FF*3 900* - £*507* - **$800**
Standing World War II Pilot - Bronze (55cm-22in) New-York 94 .... FF*13 140* - £*1 580* - **$2,500**
LADDA Justen 1953 [3]
🖼 *Smoke and Mirror II* - Mixed media/panel (137x9x96cm-54x4x38in) New-York 96 .... FF*3 590* - £*426* - **$700**
LADELL Edward 1821-1886 [51]
🖼 *A Renaissance-style parcel* - Oil/canvas (45x35cm-18x14in) London 97 .... FF*128 558* - £*14 000* - **$22,356**
Black grapes on a carved ivory Box - Oil/canvas (47x39cm-19x15in) London 96 .... FF*321 000* - £*40 000* - **$62,000**
Roses and Poppies - Oil/canvas (51x42cm-20x17in) London 97....................... FF*428 981* - £*45 000* - **$73,611**
LADELL Edwin 1914-1970 [2]
🖼 *View of a garden* - Oil/canvas (61x51cm-24x20in) London 95 .... FF*4 740* - £*600* - **$927**
✏ *Catte Street* - Watercolour, gouache (40x52cm-16x20in) London 93 .... FF*1 670* - £*190* - **$283**
LADELL Ellen c.1853-? [6]
🖼 *Still life of fruits and a bird's nest* - Oil/canvas (46x35cm-18x14in) London 92 .... FF*25 400* - £*2 600* - **$4,470**
LADEUIL Marcelle 1895 [2]
🖼 *Le port d'Enkuisen* - Huile/carton (15x46cm-6x18in) La Varenne Saint-Hilaire 93 ...... FF*2 300* - £*288* - **$419**
LADEVEZE-CAUCHOIS de Louise 1860-? [4]
🖼 *A garden in summer* - Oil/canvas (46x61cm-18x24in) Amsterdam 94 .... FF*6 120* - £*734* - **$1,188**
LADOUCEUR Jean-Paul 1921 [5]
✏ *Deux bouleaux, Saint-Jérôme* - Aquarelle (50x71cm-20x28in) Montréal 90 .... FF*2 200* - £*234* - **$394**
LADUREAU Pierre 1882-1975 [14]
🖼 *Bord de rivière la barque* - Huile/toile (61x50cm-24x20in) Pontoise 96 .... FF*7 500* - £*955* - **$1,446**
LADURNER Adolf Ignatievich 1796-1856 [3]
🖼 *La Duchesse de Gontaut* - Huile/toile (60x73cm-24x29in) Vichy 96 .... FF*160 000* - £*20 740* - **$31,340**
LADWIG Roland 1935 [3]
🖼 *Vase mit Blumen* - Öl/Leinwand (45x40cm-18x16in) Berlin 96 .... FF*8 470* - £*1 058* - **$1,638**
LADYZENSKIJ Genadij 1852-1916 [1]
✏ *Haycart on the ford* - Watercolour/paper (30x22cm-12x9in) Warszawa 95 .... FF*2 520* - £*322* - **$518**
LAEISZ Carl Martin, Karl 1803-1864 [3]
✏ *Venezia* - Gouache (52x75cm-20x30in) Bremen 95 .... FF*8 270* - £*1 070* - **$1,683**
LAELY Christian Anton 1913-1992 [2]
🖼 *Gerzensee-Sädel* - Öl/Leinwand (60x73cm-24x29in) Bern 95 .... FF*12 700* - £*1 620* - **$2,600**
LAEMLEIN Alexander 1813-1871 [2]
🖼 *Joseph & Putiphar's wife* - Oil/canvas (163x128cm-64x50in) Moscow 94 .... FF*116 800* - £*13 900* - **$22,000**
✏ *Portrait d'homme en buste* - Sanguine/papier (205x18cm-81x7in) Paris 96 .... FF*3 000* - £*388* - **$589**
LAENEN Gérard 1899-1980 [3]
🖼 *Jungle en Birmanie* - Huile/toile (140x146cm-55x57in) Bruxelles 92 .... FF*10 680* - £*1 242* - **$2,180**
LAER van Alexander T. 1857-1920 [10]
🖼 *Wooded landscape* - Oil/canvas (12x16cm-5x6in) Delray Beach, Florida 96 .... FF*4 290* - £*555* - **$850**
✏ *Ducks at the river* - Watercolour/paper (43x61cm-17x24in) Mystic, Connecticut 96 ...... FF*2 850* - £*352* - **$550**
LAER van Roeland 1598-c.1640 [1]
🖼 *Cavalry skirmish* - Oil/canvas (7x95cm-3x37in) London 95 .... FF*46 700* - £*6 000* - **$9,630**
LAERMANS Eugène 1864-1940 [27]
🖼 *Maisons sur la Rivière* - Oil/canvas (105x76cm-41x30in) Amsterdam 97 .... FF*46 872* - £*491 6 9* - **$8,043**
Peasants waiting at a door entrance
       Oil/canvas (1121x67cm-441x26in) Amsterdam 94.................... FF*85 100* - £*10 050* - **$15,150**
Les gerbes - Huile/toile (95x140cm-37x55in) Bruxelles 91 .... FF*178 200* - £*17 697* - **$30,941**
LAESSLE Albert 1877-1954 [1]
🏛 *First step* - Bronze (10cm-4in) Boston, Mass. 92 .... FF*9 800* - £*1 138* - **$2,000**
LAESSLE Paul 1908-1988 [1]
✏ *Wash day in Philadelphia/Flowers* - Watercolour/paper New-York 93 .... FF*16 520* - £*1 880* - **$2,800**
LAESSØE Augusta Charlotte D. 1851-1926 [8]
🖼 *Parti af hovedgangen i Sorø kirke* - Oil/canvas (66x53cm-26x21in) Vejle 91 .... FF*27 200* - £*2 727* - **$4,982**
LAESSØE Thorald 1816-1878 [28]
🖼 *Sorrento* - Oil/canvas (24x30cm-9x12in) København 93... FF*5 200* - £*597* - **$890**
Villa Medici - Oil/canvas (38x52cm-15x20in) København 93 .... FF*17 440* - £*1 980* - **$2,950**
Ved Titusbuen i Rom - Oil/canvas (30x41cm-12x16in) København 93.................... FF*31 700* - £*3 800* - **$6,080**
LAET de Aloïs 1866-1949 [12]
🖼 *Paysage d'hiver* - Huile/toile (117x168cm-46x66in) Antwerpen 96 .... FF*2 956* - £*342* - **$567**
LAEVERENZ Gustav 1851-1909 [3]
🖼 *Saturday Night* - Oil/panel (40x32cm-16x13in) London 95 .... FF*71 900* - £*9 000* - **$14,320**
LAEZZA Giuseppe ?-1905 [8]
🖼 *Pescatori a Mergellina* - Olio/tela (60x105cm-24x41in) Roma 94 .... FF*60 100* - £*7 200* - **$11,160**
LAFAGE de Raymond 1656-1690 [19]
✏ *Cupid & Psyche/Psyche* - Ink (21x39cm-8x15in) New-York 97 .... FF*15 521* - £*1 728* - **$2,800**

Iphigenia's Sacrifice - Ink (44x61cm-17x24in) New-York 96..FF32 100 - £4 200 - **$6,500**

LAFAGE-LAUJOL de Georges 1830-1858 [2]
● *Fenaison* - Huile/panneau (17x45cm-7x18in) Barbizon 94 ....FF8 000 - £943 - **$1,423**

LAFAY Octave 1878-? [1]
▭ *La Crème Paula blanchit le teint* - Affiche (140x110cm-55x43in) Boulogne 96 ....FF6 500 - £850 - **$1,300**

LAFAYE Prosper 1806-1883 [6]
● *Représentation, Salle Ventadour* - Huile/toile (54x64cm-21x25in) Paris 96 ....FF62 000 - £7 120 - **$11,820**
▱ *Le garçon d'écurie* - Lavis (26x39cm-10x15in) Paris 96 ....FF1 700 - £195 - **$325**

LAFENESTRE Gaston Ernest 1841-1877 [2]
● *Hühner und Entenvolk* - Oil/canvas (55x77cm-22x30in) Wien 89 ....FF76 800 - £7 420 - **$11,654**

LAFFINEUR Marc 1940 [2]
▨ *Tête d'homme* - Bois (40cm-16in) Liège 92 ....FF6 570 - £764 - **$1,342**
● *Homme au vélo* - Bois (155x175cm-61x69in) Liège 92 ....FF26 360 - £3 150 - **$5,070**

LAFFON Carmen 1934 [8]
● *Cesta* - Oleo/lienzo (54x64cm-21x25in) Madrid 93 ....FF115 700 - £13 780 - **$20,930**
▭ *Bodegón* - Litografía (46x63cm-18x25in) Madrid 93 ....FF2 540 - £305 - **$495**
▱ *Florero* - Dibujo (38x30cm-15x12in) Madrid 97 ....FF16 000 - £1 720 - **$2,800**

LAFITE Carl 1830-1900 [14]
● *Motiv aus Kärnten* - Oil/panel (33x48cm-13x19in) Wien 97 ....FF8 604 - £914 - **$1,483**
● *St. Wolfgang* - Oil/panel (26x21cm-10x8in) Wien 93 ....FF15 840 - £1 840 - **$2,666**
▱ *Villa Bon Repos* - Watercolour (23x32cm-9x13in) Wien 95 ....FF3 500 - £441 - **$698**

LAFITE Ernst 1826-1885 [4]
● *Eine feine Sort* - Oil/panel (39x26cm-15x10in) Heidelberg 96 ....FF8 800 - £1 087 - **$1,700**

LAFITTE Alphonse 1863-? [5]
▭ *Thonier sous voile* - Lithographie couleurs (34x49cm-13x19in) Douarnenez 94 ....FF1 700 - £206 - **$324**

LAFITTE Louis 1770-1828 [8]
▱ *Empress Joséphine in glory* - Drawing (17x14cm-7x6in) New-York 90 ....FF5 550 - £559 - **$1,087**

LAFNET Luc 1899-1939 [9]
● *Le retour d'Ulysse* - Huile/toile (120x145cm-47x57in) Liège 94 ....FF40 050 - £4 750 - **$7,400**
▱ *Portrait d'une Arlésienne* - Gouache/papier (51x32cm-20x13in) Liège 96 ....FF2 300 - £289 - **$446**

LAFON DE CAMARSAC Pierre Michel 1821-1905 [2]
● *Diane et ses Nymphes* - Huile/toile (54x45cm-21x18in) Paris 89 ....FF25 000 - £2 634 - **$4,209**

LAFON François 1846-? [9]
● *Jeune femme nu près d'un ruisseau* - Huile/toile (84x60cm-33x24in) Stuttgart 94 ....FF10 280 - £1 234 - **$2,000**
● *A Young Peasant Girl* - Oil/canvas (142x61cm-56x24in) New-York 97 ....FF28 442 - £3 061 - **$5,000**

LAFON Jacques Émile 1817-1886 [1]
▱ *Italienne* - Aquarelle (25x15cm-10x6in) Paris 89 ....FF2 600 - £274 - **$438**

LAFON Jean 1886-1973 [6]
● *Paysage d'hiver* - Huile/carton (21x26cm-8x10in) Fontainebleau 91 ....FF3 200 - £318 - **$556**

LAFON Jean 1903 [5]
● *Paysage* - Huile/carton (14x19cm-6x7in) Toulouse 92 ....FF2 100 - £216 - **$404**

LAFOND Alexandre 1815-1901 [2]
● *Ottoman Prince in Red & Gold* - Oil/canvas (81x65cm-32x26in) London 94 ....FF204 400 - £24 000 - **$36,400**

LAFOND Charles Nicolas R. 1774-1835 [1]
● *L'enfant prodigue* - Oil/canvas (46x56cm-18x22in) London 93 ....FF166 800 - £19 000 - **$28,300**

LAFOND Simon Daniel 1763-1831 [3]
▭ *Environs de Thoun* - Etching (34x53cm-13x21in) Zürich 92 ....FF16 000 - £1 910 - **$3,075**

LAFONT Émile René 1853-1916 [11]
● *Place de la République (?)* - Huile/toile (65x81cm-26x32in) Senlis 93 ....FF4 500 - £543 - **$818**

LAFONTAINE Marie-Jo 1945 [3]
● *Schmerz ist Auch eine Lust* - Mixed media (140x300cm-55x118in) London 96 ....FF53 600 - £6 500 - **$10,420**

LAFONTAINE Pierre Joseph 1758-1835 [2]
● *Church interior* - Oil/panel (23x30cm-9x12in) London 95 ....FF29 540 - £3 800 - **$6,100**

LAFOREST Frantz 1921 [7]
● *Composition* - Huile (60x80cm-24x31in) Paris 93 ....FF2 000 - £250 - **$364**
▱ *Sans titre* - Technique mixte/papier (60x80cm-24x31in) Verrières-Le-Buisson 92 ....FF5 600 - £576 - **$1,077**

LAFOREST Wesner 1927-1965 [1]
● *Voodoo Drummer* - Oil/board (76x20cm-30x8in) New-York 94 ....FF15 730 - £1 856 - **$2,800**

LAFORET Alessandro 1863-1937 [1]
▨ *Maternità* - Marble (50cm-20in) New-York 95 ....FF167 000 - £20 470 - **$32,500**

LAFORET ALFARO Eduardo 1850-1941 [1]
● *Rincón de Toledo* - Oleo/tabla (27x15cm-11x6in) Madrid 94 ....FF11 330 - £1 360 - **$2,200**

LAFORET Augusto 1881-1970 [1]
● *Alba, Monte Rose da Macugnaga* - Olio/tela (79x103cm-31x41in) Milano 95 ....FF18 600 - £2 340 - **$3,770**

LAFORGE Lucien [3]
● *Déjeuner sur l'herbe* - Huile/toile (81x65cm-32x26in) Paris 94 ....FF17 000 - £1 963 - **$2,935**

LAFORGUE de Alexander 1878-? [2]
● *Ziegenherde i. Hochgebirge* - Oil/canvas (79x124cm-31x49in) Heidelberg 92 ....FF8 840 - £905 - **$1,557**

LAFOSSE Cécile Berthe XIX [2]
● *Afternoon tea* - Oil/canvas (65x54cm-26x21in) New-York 96 ....FF61 700 - £7 480 - **$12,000**

LAFRANCE Jules Isidore 1841-1881 [1]
David enfant - Bronze (56cm-22in) Paris 92 .... FF3 000 - £309 - **$532**

LAFRENSEN Niklas I Lavreince 1698-1756 [5]
Interiör - Gouache (15x13cm-6x5in) Stockholm 92 .... FF32 500 - £3 890 - **$6,250**

LAFRENSEN Niklas II Lavreince 1737-1807 [5]
Woman seated/Woman lying - Red chalk (21x15cm-8x6in) London 97 .... FF41 096 - £4 200 - **$6,994**

LAFUGIE Léa [28]
Femme asiatique au marché - Huile/panneau (55x46cm-22x18in) Paris 95 .... FF4 000 - £519 - **$833**
Tombeau de Tu Duc, Hué - Aquarelle/papier (25x4433cm-10x1745in) Paris 97 .... FF3 200 - £347 - **$567**

LAGAE Jules 1862-1931 [20]
S.A. Albert I - Plâtre (80cm-31in) Bruxelles 95 .... FF4 020 - £530 - **$815**

LAGAGE Pierre César 1911-1977 [51]
A feu dormant - Huile/toile (100x73cm-39x29in) Paris 92 .... FF27 000 - £2 764 - **$4,860**
Composition - Huile/toile (100x81cm-39x32in) Paris 92 .... FF86 000 - £10 260 - **$16,540**
Composition - Huile/toile (100x72cm-39x28in) Paris 90 .... FF330 000 - £35 106 - **$59,034**
Couple enlacé - Encre Chine (32x24cm-13x9in) Saint-Dié 90 .... FF12 500 - £1 259 - **$2,449**

LAGAR Celso 1891-1966 [183]
Portrait de femme - Huile/toile (65x54cm-26x21in) Paris 96 .... FF6 500 - £753 - **$1,245**
Portrait d'un jeune clown - Huile/toile (45x37cm-18x15in) Neuilly 97 .... FF15 000 - £1 652 - **$2,633**
Port de Honfleur - Huile/toile (38x55cm-15x22in) Paris 97 .... FF30 500 - £3 303 - **$5,392**
Cirque dans la ville - Huile/toile (33x41cm-13x16in) Villeneuve la Garenne 97 .... FF42 000 - £4 439 - **$7,207**
L'écuyère - Oil/canvas (96x123cm-38x48in) London 91 .... FF208 300 - £21 338 - **$38,891**
Saltimbanques - Aquarelle, gouache (32x41cm-13x16in) Paris 97 .... FF9 000 - £982 - **$1,573**
Scène de cirque - Gouache (26x18cm-10x7in) Paris 96 .... FF23 000 - £2 773 - **$4,410**
Study of a Nude - Watercolour (32x24cm-13x9in) London 97 .... FF50 691 - £5 500 - **$8,982**

LAGATTA John 1894-1977 [3]
Two fashionable women - Oil/canvas (71cm-28in) New-York 93 .... FF30 250 - £3 790 - **$5,500**

LAGAZE Pierre 1816-1884 [1]
Der heimliche Verehrer - Oil/panel (55x46cm-22x18in) Luzern 92 .... FF5 580 - £570 - **$983**

LAGE Leif 1933 [5]
Portraet - Oil/canvas (8x60cm-3x24in) Köbenhavn 94 .... FF3 390 - £432 - **$657**

LAGERFELD Karl 1939 [5]
Femme - Gelatino bromure Paris 92 .... FF11 500 - £1 338 - **$2,347**

LAGERHOLM Wilhelmina 1826-1917 [2]
Aftonbören - Oil/canvas (55x45cm-22x18in) Stockholm 91 .... FF5 660 - £574 - **$1,022**

LAGERSCRANTZ Ava 1862-1938 [1]
Vår i skogsbacke - Oil/canvas (71x57cm-28x22in) Stockholm 90 .... FF24 340 - £2 477 - **$4,868**

LAGERSTRÖM Fredrik 1874-1955 [1]
Nattstämning - Oil/canvas (50x74cm-20x29in) Stockholm 91 .... FF3 300 - £335 - **$596**

LAGERSTRÖM Gustaf 1874-1906 [1]
Fiskargubbar pa ljugarebänken - Oil/canvas (73x90cm-29x35in) Göteborg 90 .... FF4 700 - £500 - **$841**

LAGERSTRÖM Victor 1864-1948 [6]
Snö och lykta - Oil/canvas (74x60cm-29x24in) Stockholm 97 .... FF7 924 - £836 - **$1,369**
Vintergata, Stockholmsmotiv - Oil/canvas (73x86cm-29x34in) Stockholm 92 .... FF23 500 - £2 810 - **$4,520**

LAGET Denis 1958 [4]
Fruit - Huile/toile (29x33cm-11x13in) Paris 96 .... FF6 500 - £746 - **$1,240**

LAGIER Eugène 1817-1892 [2]
Jules Roux - Huile/toile (75x61cm-30x24in) Paris 94 .... FF4 000 - £479 - **$784**
Gustave Ricard - Dessin (48x32cm-19x13in) Paris 94 .... FF3 000 - £359 - **$588**

LAGLENNE Jean-François 1899-1962 [7]
Reconstruction - Huile/toile (117x89cm-46x35in) Paris 97 .... FF3 000 - £330 - **$548**
Tulipe et asphodèles - Oil/canvas (46x38cm-18x15in) New-York 92 .... FF6 250 - £640 - **$1,100**

LAGO RIVERA Antonio 1916-1990 [20]
Montaña - Oleo/lienzo (73x60cm-29x24in) Madrid 97 .... FF10 000 - £1 075 - **$1,750**
Del Descubrimiento - Oleo/lienzo (97x130cm-38x51in) Madrid 96 .... FF32 600 - £4 224 - **$6,440**
Dos mujeres - Acuarela (22x16cm-9x6in) Madrid 96 .... FF1 784 - £227 - **$343**

LAGONI JACOBSEN Erik 1930 [4]
En sjaels forfald - Oil/canvas (65x54cm-26x21in) Köbenhavn 95 .... FF2 020 - £252 - **$408**

LAGORIO Leon Felixowitsch 1827-1905 [18]
Sailing ship along the coast - Oil/cardboard (22x29cm-9x11in) Moscow 94 .... FF21 700 - £2 565 - **$4,000**

LAGORIO Maria Aleksandrovna 1893-1979 [3]
Lady with a bunch of grapes - Oil/canvas (80x64cm-31x25in) London 89 .... FF25 200 - £2 507 - **$3,981**

LAGOUTINE Pierre, Piotr 1953 [2]
Les camomilles et les clochettes - Huile/toile (89x66cm-35x26in) Paris 94 .... FF3 800 - £437 - **$651**

LAGOUTTE Claude 1935 [5]
Grande traversée - Huile/papier/toile (98x90cm-39x35in) Paris 90 .... FF17 000 - £1 820 - **$2,957**

LAGRANGE André 1889-? [2]
Tivoli, Roma - Huile/panneau (64x182cm-25x72in) Paris 97 .... FF5 000 - £546 - **$874**

LAGRANGE de Alexis XIX-XX [2]
Temple hindou moderne, Hindoustan - Tirage albuminé (21x17cm-8x7in) Paris 91 .... FF10 000 - £1 015 - **$1,806**

LAGRANGE Jacques 1917-1995 [68]
Usines en banlieue - Huile/toile (44x53cm-17x21in) Toulouse 96 .... FF3 500 - £425 - **$681**
Falaises à Dieppe - Huile/toile (113x164cm-44x65in) Paris 97 .... FF10 000 - £1 091 - **$1,748**
Automne à Arcueil - Huile/toile (130x162cm-51x64in) Paris 91 .... FF26 000 - £2 639 - **$4,696**

Paysage de banlieue - Huile/toile (130x162cm-51x64in) Paris 95.....................FF**145 000** - £18 150 - **$28,900**
Composition - Gouache (50x69cm-20x27in) Saint-Germain-en-Laye 92 ....FF**6 200** - £635 - **$1,092**
LAGRANGE Maria Ester 1958 [3]
La Divine Comédie no.3 - Huile/toile (146x114cm-57x45in) Paris 91.................FF**2 800** - £278 - **$486**
LAGRANGE Serge 1925 [2]
Chartres, 1959 - Huile/toile (46x38cm-18x15in) Paris 90..............................FF**8 500** - £878 - **$1,502**
LAGRENÉE Anthelme-François 1774-1832 [9]
Portrait d'homme - Miniature (13x10cm-5x4in) Paris 97................................FF**9 000** - £992 - **$1,585**
LAGRENÉE Jean-Jacques, Jeune 1739-1821 [13]
Mercury and Herse - Oil/canvas (104x86cm-41x34in) London 94 ....FF**147 000** - £17 000 - **$25,060**
Simon le magicien et Soliman - Encre (45x57cm-18x22in) Paris 93................FF**13 000** - £1 495 - **$2,226**
LAGRENÉE Louis J-Fr. l'Aîné 1725-1805 [18]
L'Amour à l'affût - Huile/toile (80x63cm-31x25in) Paris 96.........................FF**125 000** - £15 550 - **$24,100**
Tiresias devint aveugle - Huile/toile (46x36cm-18x22in) Paris 97..............FF**275 000** - £29 480 - **$48,125**
LAGRIFFOUL Henri Albert 1905 [3]
Femme nue se coiffant - Bronze (60x11x24cm-24x4x9in) Paris 94.................FF**17 000** - £1 713 - **$2,950**
LAGROST Marguerite 1865-? [1]
Daisies & cornflowers in a vase - Pastel/canvas London 90.........................FF**7 300** - £787 - **$1,287**
LAGRU Dominique 1873-1960 [2]
Paysage - Huile/panneau (14x24cm-6x9in) Paris 97....................................FF**2 000** - £217 - **$351**
LAGRUE Jean-Pierre 1939 [15]
Souper des Artistes - Huile/toile (73x60cm-29x24in) Cheverny 93................FF**12 000** - £1 446 - **$2,182**
LAGUNA de Baruch Lopes Leao 1864-1943 [14]
Vase de chrysanthèmes - Huile/toile (42x61cm-17x24in) Bruxelles 92.........FF**12 450** - £1 275 - **$2,190**
LAGUNA Y PEREZ José XIX [4]
Discusión filosófica - Oleo/lienzo (26x20cm-10x8in) Madrid 92....................FF**13 670** - £1 370 - **$2,630**
LAGUT Irène 1893-? [5]
The lovers - Oil/canvas/board (81x60cm-32x24in) Stockholm 90...................FF**56 200** - £5 979 - **$10,054**
LAGYE Raphaël 1862-1952 [4]
L'église de Forest - Huile/panneau (40x51cm-16x20in) Bruxelles 89.............FF**5 200** - £548 - **$875**
LAGYE Victor 1825-1896 [2]
Italian kitchen with mother & child - Oil/canvas (45x35cm-18x14in) Köbenhavn 96 ......FF**3 120** - £404 - **$624**
LAHARRAGUE Carlos XX [5]
Paisaje urbano - Huile/toile/panneau (25x34cm-10x13in) Madrid 91............FF**3 280** - £329 - **$548**
LAHAUT Pierre Aug. 1931 [4]
Composition - Huile/toile (113x146cm-44x57in) Bruxelles 92........................FF**4 650** - £476 - **$818**
LAHDE Gerhard Ludwig 1765-1833 [6]
KiHbenyhavn Natten - Aquatint Köbenhavn 96...FF**3 155** - £400 - **$605**
LAHEE Arnold Warburton 1888-? [2]
Waterfall and pine trees - Oil/board (51x41cm-20x16in) San Francisco-Los Angeles 90.............FF**3 100** - £330 - **$555**
LAHNER Émile 1893-1980 [27]
Paysage - Huile/toile (37x45cm-15x18in) Paris 97.......................................FF**2 800** - £305 - **$487**
Paysage de Vallauris - Huile/toile (55x46cm-22x18in) Calais 92..................FF**5 000** - £514 - **$962**
Portrait de femme - Huile/toile (42x33cm-17x13in) Calais 90.......................FF**16 000** - £1 713 - **$2,783**
LAHODA Alois 1819-1909 [2]
Die Praterauen - Aquarell/Papier (32x50cm-13x20in) Wien 96....................FF**2 444** - £318 - **$479**
LAHOVSKY A.B. 1880-1937 [1]
The Spring flood - Watercolour, gouache (20x21cm-8x8in) Moscow 94........FF**2 580** - £299 - **$440**
LAHS Curt 1893-1953 [4]
Abbrökelnden Mauer - Oil/Leinwand (48x60cm-19x24in) Köln 96..................FF**20 400** - £2 322 - **$3,900**
Abstrakte Formen - Red chalk (48x62cm-19x24in) München 91....................FF**6 590** - £669 - **$1,190**
LAHUERTA Genaro 1905-1985 [22]
Paisaje - Oleo/lienzo (73x92cm-29x36in) Madrid 94....................................FF**45 400** - £5 360 - **$8,150**
Huertano a caballo - Acuarela (22x19cm-9x7in) Madrid 89..........................FF**9 700** - £1 022 - **$1,633**
LAHURE Nicole XX [8]
Corridor - Huile/toile (63x54cm-25x21in) Entzheim 95.................................FF**2 000** - £255 - **$403**
LAIB Wolfgang 1950 [12]
Maison de riz - Sculpture (15x13x64cm-6x5x25in) New-York 92..................FF**109 200** - £11 600 - **$21,000**
LAIBLE Otto 1898-1962 [3]
Im Schwetzinger Schlosspark - Watercolour (30x47cm-12x19in) Heidelberg 96....FF**5 090** - £657 - **$996**
LAIBLIN Erwin 1878-? [9]
Schwäbische Landschaft - Oil/canvas (54x78cm-21x31in) Stuttgart 90.........FF**2 686** - £272 - **$511**
LAIDLAW Nicol 1886-? [1]
Knight of the Revel - Oil/canvas (102x76cm-40x30in) Glasgow 91................FF**5 460** - £550 - **$963**
LAIDLAY William James 1846-1912 [7]
A shepherd and his flock - Oil/canvas (29x47cm-11x19in) London 97...........FF**4 043** - £449 - **$759**
LAINE-LANGFORD Marcel XIX-XX [1]
La petite maison - Huile (38x55cm-15x22in) Argenteuil 90.........................FF**3 200** - £343 - **$557**
LAING Gerald 1936 [2]
Starlet 1A - Oil/canvas (51x41cm-20x16in) New-York 94..............................FF**2 640** - £317 - **$500**

L

LAING James Garden 1852-1915 [10]
A square in Granada - Watercolour (13x20cm-5x8in) Glasgow 91 .... FF5 950 - £600 - **$1,050**
LAING Tomson XIX-XX [10]
Two tide - Oil/board (32x28cm-13x11in) London 94... FF6 350 - £750 - **$1,140**
LAING William Wardlaw XIX-XX [2]
Resting - Oil/canvas (35x30cm-14x12in) Billinghurst, West Sussex 93....................... FF4 690 - £540 - **$810**
The bird's nest - Watercolour (84x58cm-33x23in) Billinghurst, West Sussex 92 .... FF9 770 - £1 000 - **$1,720**
LAIR Jean XX [12]
Les deux-mâts - Huile/toile (60x73cm-24x29in) Paris 92 .... FF4 000 - £411 - **$741**
LAIRESSE de Gérard 1641-1711 [22]
Abraham recevant les anges - Huile/toile (116x178cm-46x70in) Paris 90 .... FF1 - £134 698 - **$220,459**
Venus and Cupid - (122x193cm-48x76in) London 96 .... FF248 000 - £32 000 - **$48,600**
Swooning female figure - Pencil (32x40cm-13x16in) London 96 .... FF24 100 - £3 000 - **$4,680**
LAISNÉ Victor XIX [2]
Fontaine, Place Saint-Sulpice, Paris - Tirage papier salé (25x18cm-10x7in) Chartres 96 .... FF3 000 - £391 - **$595**
LAISSEMENT Henri Adolphe 1854-1921 [16]
Of Cardinal importance - Oil/panel (35x27cm-14x11in) New-York 97 .... FF62 571 - £6 733 - **$11,000**
Eavesdropping - Oil/canvas/board (78x101cm-31x40in) New-York 95 .... FF92 000 - £11 450 - **$18,000**
LAITILA Atte 1893-1972 [2]
Mjölkerskan - Oil/canvas (45x34cm-18x13in) Helsinki 94 .... FF3 170 - £368 - **$547**
I kvarnen - Gouache (72x81cm-28x32in) Helsinki 94... FF6 630 - £759 - **$1,123**
LAJOÜE de Jacques 1687-1761 [9]
Scène galante - Huile/toile (65x54cm-26x21in) Monaco 96 .... FF260 000 - £30 800 - **$48,000**
LAKE John 1903-? [1]
En Provence - Watercolour (53x74cm-21x29in) London 96 .... FF2 302 - £300 - **$477**
LAKHOWSKII Arnol'd Borisovich 1880-1937 [6]
Gade i byen Pskow - Oil/canvas (73x60cm-29x24in) København 93 .... FF13 140 - £1 570 - **$2,525**
LAKNER László 1936 [6]
Cesare Pavese - Oil/canvas (190x148cm-75x58in) Amsterdam 96 .... FF4 840 - £607 - **$934**
LAKOS Alfred 1870-? [4]
Natura morta con libri (75x100cm-30x39in) Trieste 97 .... FF8 160 - £960 - **$1,440**
LAKS Victor 1924 [11]
Composition - Huile/toile (130x81cm-51x32in) Versailles 90 .... FF12 000 - £1 244 - **$2,109**
Composition - Gouache/papier (46x38cm-18x15in) Paris 93 .... FF1 800 - £217 - **$328**
LALAISSE Hippolyte 1812-1884 [14]
Breton au repos - Huile/toile (28x40cm-11x16in) Quimper 94 .... FF5 800 - £697 - **$1,080**
Palefrenier guidant un cheval - Encre (16x20cm-6x8in) Paris 94 .... FF3 200 - £378 - **$584**
Trois cavaliers - Watercolour/paper (33x49cm-13x19in) New-York 97 .... FF28 902 - £3 081 - **$5,000**
LALANNE Claude XX [4]
Tortue, 1966 - Sculpture (46cm-18in) Paris 90 .... FF48 000 - £5 106 - **$8,587**
LALANNE François-Xavier 1924 [20]
La tortue - Sculpture (14x26cm-6x10in) Paris 94 .... FF5 500 - £637 - **$944**
Poisson - Bronze (100cm-39in) Antwerpen 96 .... FF32 800 - £3 974 - **$6,380**
Mouton - Bronze (91cm-36in) Lokeren 95 .... FF51 400 - £6 410 - **$10,380**
LALANNE Maxime 1827-1886 [12]
Nature morte aux porcelaines - Huile/panneau (24x30cm-9x12in) Paris 90 .... FF17 000 - £1 820 - **$2,957**
Exposition Universelle de 1867 - Eau-forte (36x61cm-14x24in) Paris 96 .... FF1 900 - £237 - **$367**
Paysage au lac - Crayon (18x25cm-7x10in) Paris 95 .... FF2 800 - £368 - **$562**
LALAURIE Marcel 1885-? [1]
Mère marocaine et enfant - Pastel (60x46cm-24x18in) Paris 94 .... FF11 000 - £1 310 - **$2,093**
LALAUZE Adolphe 1838-1905/06 [2]
Murat et ses généraux - Pastel (80x60cm-31x24in) Bruxelles 91 .... FF21 400 - £2 172 - **$3,865**
LALAUZE Alphonse 1872-? [15]
Drapeaux pris aux Autrichiens - Huile/toile (66x55cm-26x22in) Paris 90 .... FF80 000 - £8 141 - **$15,999**
French Soldier - Watercolour (34x20cm-13x8in) London 97 .... FF3 548 - £380 - **$61,3 9**
LALIBERTÉ Alfred 1878-1953 [54]
Allégorie des Beaux-Arts - Huile/carton (43x38cm-17x15in) Montréal 96 .... FF4 550 - £433 - **$660**
Ame et sentiment - Plâtre (42cm-17in) Montréal 95 .... FF2 760 - £358 - **$575**
Le Liseur - Bronze (61cm-24in) Montréal 95 .... FF9 000 - £1 140 - **$1,813**
Jeunes Indiens chassant - Bronze (38cm-15in) Toronto 94 .... FF34 800 - £4 065 - **$6,130**
LALIQUE René 1860-1945 [148]
Deux visages de femmes - Bronze (14cm-6in) Paris 97 .... FF16 500 - £1 787 - **$2,891**
Faucon - Black glass mascot (16cm-6in) New-York 93 .... FF192 500 - £24 140 - **$35,000**
Chat miaulant - Encre Chine (28x22cm-11x9in) Paris 93 .... FF14 000 - £1 610 - **$2,410**
Peigne, sirène et algue - Aquarelle, gouache/papier (28x22cm-11x9in) Paris 94 ...... FF44 000 - £5 280 - **$8,540**
LALL de Oscar D. 1903-1971 [10]
Canadian autumn - Oil/canvas (56x71cm-22x28in) North Berwick, Maine 93 .... FF3 300 - £414 - **$600**
LALLEMAND Alex 1892-1963 [0]
Champ de choux - Huile/panneau (21x25cm-8x10in) Bruxelles 91 .... FF2 470 - £248 - **$408**
LALLEMAND Henri 1809-1892 [3]
Markttag in Gent - Oil/panel (55x46cm-22x18in) Köln 93 .... FF38 500 - £4 400 - **$6,540**
LALLEMAND Jean-Baptiste 1710-1803/05 [75]
Fête champêtre - Oil/canvas (43x62cm-17x24in) New-York 94.............................. FF38 100 - £4 410 - **$6,500**
Repos des bergers - Huile/toile (116x113cm-46x44in) Paris 96 .... FF90 000 - £11 280 - **$17,400**

Cavalier dans un paysage - Huile/toile (113x111cm-44x44in) Paris 97......................... FF**215 000** - £23 392 - **$37,431**
Oriental Port - Black chalk (23x40cm-9x16in) London 97.. FF**31 311** - £3 200 - **$5,329**
Inundated Piazza Navona - Bodycolour (34x51cm-13x20in) New-York 94.................. FF**121 950** - £13 574 - **$22,000**

LALLEMAND Louis 1891-1959 [6]
Blumenstilleben - Oil/panel (62x70cm-24x28in) Köln 93... FF**3 050** - £365 - **$587**

LALLEMENT Marguerite A. 1821-? [1]
Petite fille avec son chien - Miniature (18cm-7in) Paris 95.. FF**6 000** - £725 - **$1,130**

LALLICH Giuseppe 1867-? [1]
Hay cart - Oil/canvas (33x41cm-13x16in) Delray Beach, Florida 94.......................... FF**5 600** - £638 - **$950**

LALOBBE de Alexandre 1844-? [1]
Terrasse de la maison, Cadays - Huile/toile (112x92cm-44x36in) Reims 93............... FF**8 000** - £964 - **$1,455**

LALONDE Cerj, Serge 1954 [4]
Sans titre - Huile/toile (122x153cm-48x60in) Montréal 93... FF**2 580** - £282 - **$474**

LALOY Yves 1920 [9]
Composition - Huile/toile (50x73cm-20x29in) Paris 97... FF**12 500** - £1 321 - **$2,145**

LAM Wilfredo 1902-1982 [415]
La Manana Verde - Oil/paper/canvas (187x124cm-74x49in) New-York 94............... FF**4** - £553 000 - **$875,000**
Totem - Olio/tela (50x40cm-20x16in) Milano 95... FF**60 400** - £7 800 - **$12,400**
Untitled - Oil/canvas (40x50cm-16x20in) London 97.. FF**117 261** - £12 500 - **$20,473**
Salamanca - Oleo/lienzo (75x130cm-30x51in) Madrid 94... FF**153 400** - £18 100 - **$27,300**
Sans titre - Oil/canvas (70x100cm-28x39in) New-York 97.. FF**272 052** - £28 998 - **$47,500**
Sin titulo - Oil/canvas (129x98cm-51x39in) New-York 97... FF**458 192** - £48 840 - **$80,000**
Sin Titulo - Oil/canvas (74x92cm-29x36in) New-York 97.. FF**688 464** - £73 668 - **$120,000**
La Rencontre - Oil/paper/canvas (65x98cm-26x39in) New-York 97...... FF**1 613 82e +06** - £113 571 - **$185,000**
Façon langagière - Etching in colors (61x80cm-24x31in) New-York 94.................... FF**13 270** - £1 580 - **$2,500**
Oiseau - Bronze (28cm-11in) Paris 89... FF**8 000** - £843 - **$1,347**
Mayimbe - Bronze (46x33cm-18x13in) New-York 94.. FF**20 170** - £2 400 - **$3,800**
Ozun - Bronze (100cm-39in) Saint-Germain-en-Laye 92.. FF**71 000** - £7 270 - **$12,780**
Composition au visage - Crayons couleurs (6x5cm-2x2in) Paris 97............................ FF**6 500** - £677 - **$1,111**
Totem - Inchiostro (70x102cm-28x40in) Milano 93.. FF**25 950** - £3 005 - **$4,460**
Coq - Charcoal (30x42cm-12x17in) New-York 97.. FF**45 819** - £4 884 - **$8,000**
Composición - Pastel (76x56cm-30x22in) New-York 94.. FF**74 300** - £8 840 - **$14,000**
Femme aux Cheveux Longs - Gouache/paper (103x73cm-41x29in) New-York 97...... FF**200 459** - £21 367 - **$35,000**
Desnudo Reclinado - Gouache/paper (109x138cm-43x54in) New-York 97................. FF**631 092** - £67 529 - **$110,000**

LAM Wladyslaw 1889-1984 [1]
Dziewczyna Przy Oknie - Oil/panel (82x77cm-32x30in) Kraków 93............................ FF**37 500** - £3 830 - **$6,700**

LAMA Giulia 1681-1747 [4]
Girl holding a trumpet - Oil/canvas (52x42cm-20x17in) New-York 92.......................... FF**142 000** - £14 530 - **$25,000**

LAMARCHE Stéphane XIX-XX [1]
Danse du sabre, Ouled Naïl - Huile/toile (162x200cm-64x79in) Paris 92.................. FF**30 000** - £3 070 - **$5,280**

LAMARIE Jacques 1750-1782 [1]
Figure de Neptune - Encre (31x19cm-12x7in) Paris 94... FF**2 200** - £262 - **$415**

LAMASURE Edwin C. 1866-1916 [2]
Cottage at sunset - Watercolour (43x69cm-17x27in) Chicago 93............................... FF**2 065** - £235 - **$350**

LAMATER de Clara 1955 [1]
Paysannes - Sculpture (21cm-8in) Paris 91... FF**20 000** - £2 000 - **$3,294**

LAMB Charles Vincent 1893-1964 [26]
Sunlight lough, Connemara - Oil/canvas (51x61cm-20x24in) London 97..................... FF**24 390** - £2 600 - **$4,276**
Fisherman with Pollan - Oil/canvas (61x51cm-24x20in) London 96............................ FF**127 800** - £16 500 - **$24,700**

LAMB Frederick Mortimer 1861-1936 [10]
The old apple tree - Oil/canvas/board (46x61cm-18x24in) New-York 93...................... FF**4 950** - £621 - **$900**
Winter snow scene - Gouache (30x43cm-12x17in) Mystic, Connecticut 94................ FF**2 734** - £325 - **$500**

LAMB Henry 1893-1960 [67]
Mr and Mrs Behrend and family - Oil/paper (17x22cm-7x9in) London 97.................. FF**18 217** - £1 900 - **$311,5 5**
Boy's head - Oil/panel (35x25cm-14x10in) London 94.. FF**121 000** - £14 000 - **$20,860**
Young Man - Pencil (26x19cm-10x7in) London 97.. FF**6 999** - £749 - **$1,209**
Roger Fry - Pencil (29x23cm-11x9in) London 94.. FF**47 600** - £5 500 - **$8,200**

LAMB John ?-1909 [2]
Ruins at Karnark, early morning - Aquarell/Papier (46x75cm-18x30in) Göttingen 94... FF**10 280** - £1 234 - **$2,000**

LAMB Lynton 1907-1977 [1]
Shell Tractor Oils - Poster (51x101cm-30x40in) New-York 94.................................... FF**5 150** - £604 - **$900**

LAMB Oscar Hermann 1876-1947 [5]
Diana cacciatrice - Acquarello/carta (48x61cm-19x24in) Trieste 93.......................... FF**18 300** - £2 054 - **$3,275**

LAMBDIN George Cochran 1830-1896 [13]
The victim - Oil/canvas (51x40cm-20x16in) New-York 91.. FF**54 800** - £5 494 - **$10,037**

LAMBDIN James Reid 1807-1889 [2]
General Ulysses S. Grant - Oil/canvas (114x95cm-45x37in) New-York 95.................. FF**105 400** - £13 200 - **$21,000**

LAMBEAUX Jef 1852-1908 [141]
Buste de femme - Marbre (50cm-20in) Antwerpen 97.. FF**5 405** - £570 - **$937**
Jeune femme souriante - Bronze (50cm-20in) Bruxelles 96.. FF**9 010** - £1 070 - **$1,760**
Two wrestlers - Bronze (103cm-41in) New-York 89.. FF**27 200** - £2 866 - **$4,579**
Venus and Cupid - Bronze (105cm-41in) London 96.. FF**52 700** - £6 000 - **$10,080**

L

Jeune couple et deux Amours - Marbre (94cm-37in) Bruxelles 93 .... **FF97 200** - *£11 620* - **$19,860**
   LAMBERGER Henriette 1859-? [2]
Stilleben mit Hummer - Oil/canvas (39x30cm-15x12in) Wien 91 .... **FF9 600** - *£953* - **$1,667**
   LAMBERT Albert Antoine 1854-? [1]
Femme in buste - Huile/panneau (35x27cm-14x11in) Chaumont 91 .... **FF2 500** - *£248* - **$434**
   LAMBERT Antoine Eugène 1824-1903. [1]
Bords de Condé-sur-Huisnes - Huile/toile (54x65cm-21x26in) Reims 92 .... **FF4 500** - *£461* - **$792**
   LAMBERT Camille Nicolas 1876-? [17]
A la terrasse du Grand Hôtel - Huile/toile (32x42cm-13x17in) Bruxelles 95 .... **FF52 100** - *£6 740* - **$10,650**
   LAMBERT Clement 1854-1924 [1]
King's Gardens, Hove - Pencil (16x26cm-6x10in) London 92 .... **FF4 300** - *£440* - **$843**
   LAMBERT de Maurice Walter E. 1873-? [8]
Paysage du Midi - Huile/toile (73x92cm-29x36in) Paris 95 .... **FF5 200** - *£629* - **$978**
Paysage aux cyprès - Encre (69x85cm-27x33in) Paris 95 .... **FF4 000** - *£484* - **$753**
   LAMBERT Émile Placide 1828/35-1897 [1]
Wheat Harvester - Bronze (38cm-15in) Chicago 94 .... **FF1 570** - *£183* - **$275**
   LAMBERT Fernand 1868-? [1]
Le hameau - Huile/carton (33x41cm-13x16in) Neuilly 94 .... **FF3 500** - *£407* - **$606**
   LAMBERT George 1710-1765 [9]
Windsor Castle - Oil/canvas (63x119cm-25x47in) London 95 .... **FF309 000** - *£40 000* - **$63,200**
   LAMBERT Georges 1919 [8]
Sentier aux hortensias, Perros-Guirec - Huile/toile (46x55cm-18x22in) Montauban 94 .... **FF5 100** - *£586* - **$872**
   LAMBERT Jacques 1877-? [2]
L'offre du chef-d'oeuvre - Huile/panneau (73x51cm-29x20in) Saint-Dié 97 .... **FF15 500** - *£1 751* - **$280,7 5**
   LAMBERT Louis Eugène 1825-1900 [44]
Les trois châtons - Huile/panneau (11x15cm-4x6in) Reims 97 .... **FF9 500** - *£984* - **$1,627**
L'intruse - Huile/toile (38x46cm-15x18in) Pontoise 96 .... **FF25 000** - *£3 180* - **$4,820**
   LAMBERT Maurice 1901-1964 [2]
Oceanides - Bronze (89cm-35in) London 95 .... **FF71 200** - *£9 000* - **$14,300**
   LAMBERT Ted R. 1905-1960 [1]
Spring ratting - Oil/board (25x35cm-10x14in) San Francisco-Los Angeles 90 .... **FF22 900** - *£2 452* - **$3,983**
   LAMBERT Theodore Roosevelt 1905-1960 [2]
Autumn landscape - Oil/canvas (46x61cm-18x24in) San Francisco-Los Angeles 94 .... **FF61 200** - *£7 240* - **$11,000**
   LAMBERT-RUCKI Jean 1888-1967 [422]
Ombre aux amoureux - Technique mixte/carton (24x17cm-9x7in) Paris 95 .... **FF12 600** - *£1 578* - **$2,510**
Quand la ville dort - Huile/carton (22x20cm-9x8in) Provins 94 .... **FF17 000** - *£1 980* - **$3,000**
La Galupe - Huile/panneau (50x40cm-20x16in) La Varenne Saint-Hilaire 96 .... **FF25 000** - *£3 224* - **$4,890**
Les compagnons - Tempera/toile (59x49cm-23x19in) Douai 96 .... **FF30 000** - *£3 740* - **$6,930**
Femme à la cruche - Oil/board (72x55cm-28x22in) London 93 .... **FF52 800** - *£6 000* - **$8,940**
Personnages dans la ville - Huile/carton (60x91cm-24x36in) Paris 89 .... **FF130 000** - *£13 292* - **$20,900**
Couple au chapeau gibus - Bronze (25cm-10in) La Varenne Saint-Hilaire 97 .... **FF12 500** - *£1 348* - **$2,195**
Couple au masque - Bronze (51x11x15cm-20x4x6in) Douai 94 .... **FF40 000** - *£4 760* - **$7,530**
Retour de carnaval - Bronze (104x20x19cm-41x8x7in) Paris 96 .... **FF50 000** - *£6 030* - **$9,600**
La Foule - Bronze (104x40x67cm-41x16x26in) Paris 94 .... **FF100 500** - *£11 530* - **$17,200**
Personnage cubiste - Sculpture (48x9x9cm-19x4x4in) Paris 94 .... **FF177 500** - *£20 370* - **$30,360**
Masque et Sphères - Sculpture (279cm-110in) Paris 94 .... **FF460 000** - *£53 800* - **$81,100**
La foule - Gouache (14x10cm-6x4in) Paris 94 .... **FF10 000** - *£1 155* - **$1,727**
Marabouts - Gouache (22x23cm-9x9in) Paris 94 .... **FF19 000** - *£2 180* - **$3,250**
La Jetée - Gouache/carton (43x47cm-17x19in) Paris 94 .... **FF106 000** - *£12 170* - **$18,130**
   LAMBERTI Alphonse ?-1866 [1]
Paysage animé avec moulin à eau - Huile/panneau Bruxelles 91 .... **FF16 200** - *£1 637* - **$3,216**
   LAMBERTI Lamberto 1925 [3]
Fishermen in the Bay of Naples - Oil/canvas (41x61cm-16x24in) London 93 .... **FF21 070** - *£2 400* - **$3,580**
   LAMBERTON Joseph 1867-1943 [4]
Jeune enfant à la rivière - Huile/toile (62x48cm-24x19in) Lyon 94 .... **FF11 500** - *£1 368* - **$2,104**
   LAMBERTS Gerrit 1776-1850 [4]
Panoramic landscape - Watercolour (19x34cm-7x13in) Amsterdam 94 .... **FF8 890** - *£1 060* - **$1,674**
   LAMBILLOTTE Georges 1915 [7]
Fenêtre, Florence - Oil/canvas (46x53cm-18x21in) Elgin, Illinois 92 .... **FF3 900** - *£466* - **$750**
   LAMBIN Petr Borisovich 1862-1923 [2]
Village street - Watercolour/paper (13x19cm-5x7in) Moscow 93 .... **FF5 300** - *£605* - **$900**
   LAMBINET Émile Charles 1815-1877 [41]
Berger et son troupeau - Huile/toile (27x50cm-11x20in) Saint-Germain-en-Laye 94 .... **FF21 000** - *£2 435* - **$3,620**
Apple pickers - Oil/panel (46x74cm-18x29in) New-York 96 .... **FF39 000** - *£5 050* - **$7,800**
Maison près de l'étang - Huile/toile (41x66cm-16x26in) Barbizon 95 .... **FF80 000** - *£9 950* - **$15,600**
   LAMBRÉ Sylvain 1889-1958 [6]
Ruelle animée - Huile/toile (60x70cm-24x28in) Bruxelles 94 .... **FF5 970** - *£713* - **$1,125**
   LAMBRECHT Constant 1915-1993 [4]
Kermis - Huile/papier/panneau (71x53cm-28x21in) Lokeren 96 .... **FF5 500** - *£711* - **$1,086**
   LAMBRECHT William Adolphe 1876-1940 [4]
Marché de tapis, Casbah d'Alger - Eau-forte (47x37cm-19x15in) Paris 93 .... **FF1 600** - *£184* - **$276**
   LAMBRECHTS Jan Baptist 1680-c.1735 [30]
Intérieurs de cuisine - Huile/panneau (26x22cm-10x9in) Paris 97 .... **FF85 500** - *£9 516* - **$15,450**

LAMBRON DES PILTIERES Albert A. 1836-? [1]
🖼 *Le dresseur de chiens* - Huile/toile (41x28cm-16x11in) Paris 89 .... FF**13 000** - £1 370 - **$2,187**

LAME Alain 1965 [4]
🖼 *Circulation atmosphérique* - Huile/toile (89x116cm-35x46in) Paris 92 .... FF**4 600** - £471 - **$902**
Rêve - Huile/toile (81x60cm-32x24in) Versailles 91 .... FF**17 000** - £1 700 - **$2,800**

LAMEER Johannes Melis 1848-1901 [2]
🖼 *Boomrijk heuvellandschap* - Oil/canvas (60x77cm-24x30in) Gravenhage 91 .... FF**10 870** - £1 079 - **$1,887**

LAMEIRE Charles-Joseph 1832-1910 [1]
🖾 *Le bateau* - Aquarelle (65x102cm-26x40in) Paris 94 .... FF**3 800** - £453 - **$716**

LAMEN van der Christoph Jacobsz c.1606-c.1651 [19]
🖼 *Elegant compagny on a terrace* - Oil/copper (74x101cm-29x40in) London 97 .... FF**208 135** - £22 000 - **$35,882**

LAMERS Jan Hermann J. 1814-1847 [1]
🖼 *Hirte mit Kuh und zwei Schafen* - Huile (16x19cm-6x7in) Stuttgart 89 .... FF**8 100** - £783 - **$1,229**

LAMEYER Y BERENGUER Francisco, Frederico 1825-1917 [2]
🖼 *En los más recóndito del serrallo* - Oleo/lienzo (210x137cm-83x54in) Madrid 94 .... FF**32 800** - £3 870 - **$6,040**
🖾 *Soldados descansando* - Tinta (16x25cm-6x10in) Madrid 94 .... FF**1 803** - £213 - **$333**

LAMI Alphonse 1822-1867 [1]
🗿 *Egyptian Female Water Carrier* - Bronze (105cm-41in) London 96 .... FF**29 830** - £3 800 - **$5,750**

LAMI Eugène 1800-1890 [79]
🖼 *Education du Chevalier de Faublas* - Huile/panneau (35x27cm-14x11in) Paris 97 .... FF**4 800** - £517 - **$853**
Duc d'Orléans - Huile/toile (72x58cm-28x23in) Monaco 92 .... FF**45 000** - £5 370 - **$8,650**
Courses à Maisons-Lafitte - Huile/toile (34x55cm-13x22in) Paris 93 .... FF**440 000** - £50 000 - **$74,600**
🖾 *Scène de bal* - Aquarelle, gouache/papier (12x20cm-5x8in) Paris 97 .... FF**8 000** - £858 - **$1,400**
L'amazone - Gouache (25x19cm-10x7in) Paris 92 .... FF**30 000** - £3 580 - **$5,770**
Salon of the Countess Somailoff - Watercolour (19x27cm-7x11in) London 96 .... FF**116 300** - £14 500 - **$22,460**

LAMI Stanislas 1858-1944 [4]
🗿 *A pug* - Marble (57cm-22in) London 94 .... FF**13 540** - £1 600 - **$2,432**

LAMICH Alexander 1911-1987 [1]
🖼 *Nature morte* - Oil/canvas (37x52cm-15x20in) Wien 96 .... FF**2 405** - £302 - **$470**

LAMM Erich Albert 1880-? [1]
🖾 *Dorffest* - Aquarell/Papier (48x34cm-19x13in) Wien 94 .... FF**2 930** - £340 - **$504**

LAMM Erik 1880-1959 [4]
🖼 *Stilleben med flox, 1945* - Oil/board (75x54cm-30x21in) Stockholm 89 .... FF**22 500** - £2 371 - **$3,788**

LAMM Martin [1]
🖾 *Politskbalansgang* - Ink (40x35cm-16x14in) Stockholm 89 .... FF**1 700** - £164 - **$258**

LAMME Arie Johannes 1812-1900 [5]
🖼 *Le paiement du loyer* - Huile/panneau (71x92cm-28x36in) Bruxelles 95 .... FF**40 150** - £5 280 - **$8,060**

LÄMMERHIRT Otto 1867-? [1]
🖼 *In Hafen von Stralsund* - Oil/cardboard (40x54cm-16x21in) Bremen 93 .... FF**2 374** - £284 - **$457**

LAMMERS Alfred [2]
🖼 *Veilleur de nuit* - Huile/toile (81x60cm-32x24in) Bruxelles 90 .... FF**2 430** - £248 - **$480**

LAMMERS Émile 1914-? [5]
🖼 *Béguinage* - Huile/toile (80x100cm-31x39in) Bruxelles 92 .... FF**2 637** - £315 - **$508**

LAMMERS Wilhelmus Albertus 1857-1913 [5]
🖼 *Chickens in farmyards* - Oil/panel (11x24cm-4x9in) Amsterdam 97 .... FF**4 508** - £487 - **$786**

LAMMERT Eduard 1867-1957 [3]
🖼 *Bayerische Voralpenlandschaft* - Oil/canvas (58x73cm-23x29in) Stuttgart 91 .... FF**4 430** - £444 - **$811**

LAMOND William Bradley 1852-1925 [26]
🖼 *By the fireside* - Oil/canvas (46x46cm-18x18in) Edinburgh 93 .... FF**15 800** - £1 800 - **$2,680**
A family gathering - Oil/canvas (36x46cm-14x18in) Edinburgh 93 .... FF**35 100** - £4 000 - **$5,960**

LAMONOCA Francis 1882-? [1]
🗿 *Le modèle assis* - Pierre (25cm-10in) La Varenne Saint-Hilaire 91 .... FF**5 000** - £514 - **$931**

LAMONT Joseph XX [19]
🖼 *Marine* - Huile/panneau (19x24cm-7x9in) Ourville-en-Caux 96 .... FF**2 000** - £263 - **$407**

LAMONT Thomas Reynolds 1826-1898 [2]
🖼 *Hard Times* - Oil/canvas (79x64cm-31x25in) London 96 .... FF**56 100** - £7 000 - **$10,840**
🖾 *The Introduction* - Watercolour (55x46cm-22x18in) London 96 .... FF**2 780** - £360 - **$544**

LAMORE François 1952 [3]
🖼 *Trois femmes à deux têtes* - Acrylique/toile (136x144cm-54x57in) Paris 89 .... FF**21 000** - £2 090 - **$3,318**

LAMORINIERE François J.-P. 1828-1911 [21]
🖼 *La passerelle* - Huile/panneau (18x24cm-7x9in) Bruxelles 94 .... FF**3 436** - £359 - **$588**
Ramasseurs de bois mort - Huile/panneau (91x68cm-36x27in) Antwerpen 94 .... FF**36 600** - £4 250 - **$6,310**

LAMORINIERE Jean-François 1889-1958 [1]
🖼 *Paysage* - Huile/panneau (15x29cm-6x11in) Bruxelles 94 .... FF**4 680** - £558 - **$876**

LAMOTE Alidor 1880-1949 [3]
🖼 *Famille Neirynck* - Huile/toile (140x190cm-55x75in) Bruxelles 92 .... FF**44 800** - £4 590 - **$9,330**

LAMOTHE Louis 1822-1869 [1]
🖼 *Femme aux bandeaux noirs* - Huile/toile (27x21cm-11x8in) Lyon 90 .... FF**2 400** - £245 - **$474**

LAMOTTE Alphonse 1844-1914 [1]
🖾 *La veillée d'Austerlitz* - Gravure (48x66cm-19x26in) Montréal 91 .... FF**3 225** - £322 - **$531**

LAMOTTE Bernard 1903-1983 [15]
🖼 *Pulling up to the pier* - Oil/board (20x30cm-8x12in) Mystic, Connecticut 95 .... FF**3 760** - £451 - **$700**

L

Croissy sur Seine - Oil/canvas (50x65cm-20x26in) New-York 97 .... FF23 215 - £2 442 - **$4,000**
LAMOTTE Carlos XX [2]
✎ *A seated nude* - Pastel/paper (125x96cm-49x38in) Amsterdam 94 .... FF7 660 - £908 - **$1,415**
LAMOTTE Emmanuel XX [3]
🖾 *Marée, Honfleur* - Huile/isorel (50x65cm-20x26in) Le Havre 92 .... FF12 000 - £1 228 - **$2,113**
LAMOURDEDIEU Raoul Eug. 1877-? [10]
🖾 *La fuite* - Bronze (35cm-14in) Soissons 96 .... FF8 500 - £1 060 - **$1,642**
Jeune fille au faisan - Pierre (64cm-25in) Paris 94 .... FF32 500 - £3 860 - **$6,000**
LAMOUROUX Jean 1933 [4]
🖾 *Nature morte au pichet* - Huile/toile (100x100cm-39x39in) Avignon 91 .... FF15 000 - £1 540 - **$2,790**
LAMPARSKI Karl 1878-1949 [1]
🖾 *Stiftkirche von Kleustenburg* - Oil/board (72x60cm-28x24in) Wien 90 .... FF3 400 - £358 - **$591**
LAMPE Georg 1858-? [2]
🖾 *Prinzessin Olga von Schweden (?)* - Öl/Leinwand (65x56cm-26x22in) Wien 96 ..... FF9 670 - £1 210 - **$1,878**
LAMPI Franciszek 1782-1852 [1]
🖾 *Portret Mieroszewskiego* - Huile/panneau (77x67cm-30x26in) Warszawa 91 .... FF18 750 - £1 913 - **$3,350**
LAMPI Giovanni Battista I 1751-1830 [8]
🖾 *Empress Catherine II* - Oil/canvas (89x67cm-35x26in) London 97 .... FF68 571 - £7 200 - **$11,794**
LAMPI Giovanni Battista II 1775-1837 [8]
🖾 *Antonio Canova* - Huile/toile (93x76cm-37x30in) Zürich 95 .... FF302 000 - £38 900 - **$61,400**
LAMPI Giovanni-Battist.III 1807-1857 [1]
🖾 *Kaiser Franz Joseph I* - Oil/canvas (173x132cm-68x52in) Wien 92 .... FF96 200 - £11 500 - **$18,500**
LAMPISUO Antti 1926 [7]
🖾 *Stilleben* - Oil/canvas (50x61cm-20x24in) Helsinki 94 .... FF3 990 - £459 - **$683**
Vissnande dalior - Oil/canvas (50x60cm-20x24in) Helsinki 92 .... FF14 340 - £1 467 - **$2,524**
LAMPITT Ronald 1906 [3]
🖾 *To the Coast* - Oil/canvas/board (43x39cm-17x15in) London 92 .... FF4 100 - £420 - **$724**
LAMPLOUGH Augustus Osborne 1877-1930 [159]
✎ *Arabs figures* - Watercolour (33x30cm-13x8in) London 97 .... FF5 985 - £650 - **$1,061**
Dhows on the banks/Camel riders - Watercolour/paper Plymouth 97 .... FF10 626 - £115 6 6 - **$1,850**
Cairo from the Nile - Watercolour (63x94cm-25x37in) London 97 .... FF48 781 - £5 200 - **$8,551**
LAMPRECHT Anton 1901-1984 [19]
🖾 *Landschaft mit Marterl bei Freising* - Öl/Leinwand (60x80cm-24x31in) München 94 .... FF13 060 - £1 555 - **$2,460**
Blumen im Garten des Künstlers - Öl/Leinwand (68x90cm-27x35in) München 95 ..... FF37 000 - £4 730 - **$7,590**
LAMUNIERE Gaspard 1810-1865 [1]
✎ *Gentleman, in black coat* - Miniature (6cm-2in) London 92 .... FF7 330 - £750 - **$1,290**
LAMY Aline 1862-? [1]
✎ *Vid aftonlampan* - Pastel (103x103cm-41x41in) Stockholm 96 .... FF22 600 - £2 740 - **$4,400**
LAMY John Peter c.1791-1839 [3]
🖾 *Ville de Berne* - Aquatinte (3x39cm-1x15in) Bern 96 .... FF5 700 - £692 - **$1,110**
LAMY Pierre Eugène 1855-1919 [8]
🖾 *Lac de Gravelle à Vincennes* - Huile/toile (35x22cm-14x9in) Pontoise 95 .... FF10 000 - £1 328 - **$2,060**
✎ *Scène de la guerre de 1870* - Crayon (35x47cm-14x19in) Paris 94 .... FF6 500 - £767 - **$1,165**
LAN-BAR David Lan-Berg, dit 1912-1987 [21]
🖾 *Composition* - Huile/toile (81x100cm-32x39in) Paris 96 .... FF3 500 - £436 - **$679**
Composition - Huile/toile (65x91cm-26x36in) Paris 92 .... FF12 900 - £1 500 - **$2,633**
✎ *Sans titre* - Gouache/papier (74x54cm-29x21in) Paris 94 .... FF1 500 - £178 - **$285**
LANCASTER Hume 1773-1850 [1]
🖾 *Dutch estuary scene* - Oil/canvas (155x246cm-61x97in) London 92 .... FF11 720 - £1 200 - **$2,064**
LANCASTER Osbert 1908-1986 [8]
✎ *Ischia* - Gouache (37x49cm-15x19in) London 96 .... FF5 860 - £600 - **$1,032**
LANCASTER Percy 1878-1951 [34]
🖾 *Port St. Mary, Isle of Man* - Oil/board (67x89cm-26x35in) London 97 .... FF13 072 - £1 400 - **$2,258**
✎ *Whitby* - Watercolour (25x48cm-10x19in) London 93 .... FF1 580 - £180 - **$268**
Breton fruit shop - Watercolour (23x25cm-9x10in) Retford, Nottinghamshire 93 ..... FF4 630 - £520 - **$775**
LANCASTER Richard Hume 1773-1853 [2]
🖾 *Welsh river landscape with figures* - Oil/canvas (41x41cm-16x16in) London 92 ..... FF16 600 - £1 700 - **$2,924**
LANCE George 1802-1864 [25]
🖾 *Peaches, Grapes, & Pear* - Oil/canvas (33x28cm-13x11in) London 97 .... FF20 202 - £2 200 - **$3,513**
Fruits et fleurs - Huile/toile (125x111cm-49x44in) Paris 94 .... FF96 000 - £11 180 - **$16,940**
✎ *Mixed fruit on a wicker basket* - Watercolour/paper (58x84cm-23x33in) London 96 ..... FF7 080 - £900 - **$1,360**
LANCERAY Eugen Alexandrovitch 1848-1886 [73]
🖾 *Cossack on horseback* - Bronze (19cm-7in) Montréal 94 .... FF10 850 - £1 285 - **$2,005**
Chasseur d'Afrique - Bronze (32cm-13in) Paris 95 .... FF20 000 - £2 595 - **$4,100**
Soldiers watering their horses - Bronze (55cm-22in) London 96 .... FF48 100 - £5 500 - **$9,160**
LANCERAY Evgeni Evgenievich 1875-1946 [1]
🖾 *Couple in 18th century dress* - Oil/cardboard (26x20cm-10x8in) London 96 ..... FF14 000 - £1 600 - **$2,670**
LANCERAY Nikolai Evgen'evich 1879-1942 [1]
✎ *The barn, 31/VII -36* - Watercolour/paper (23x36cm-9x14in) London 89 .... FF4 800 - £491 - **$772**
LANCEROTTO Egisto 1848-1916 [11]
🖾 *The Italian lovers* - Oil/canvas (112x75cm-44x30in) New-York 91 .... FF99 700 - £10 046 - **$17,300**
LANCES Leo XX [2]
📷 *Ornamental light fixture* - Gelatin silver print (23x18cm-9x7in) New-York 92 ..... FF2 840 - £291 - **$500**

L

LANCKOW Ludwig XIX-XX [8]
- Skaters in a winter landscape - Oil/canvas (29x78cm-11x31in) London 96 .... FF**13 870** - £1 800 - **$2,743**

LANÇON Auguste André 1836-1887 [5]
- Lévrier et chat tigré - Huile/toile (53x64cm-21x25in) Paris 93 .... FF**13 500** - £1 627 - **$2,455**
- Boulevard Montparnasse le 11.2.71 - Encre (15x45cm-6x18in) Paris 97 .... FF**4 800** - £524 - **$839**

LANCON Edouard Michel 1854-? [1]
- Fête de printemps - Oil/canvas (87x14cm-34x6in) New-York 89 .... FF**37 200** - £3 701 - **$5,877**

LANCRENON Joseph Ferdinand 1794-1874 [1]
- Diagoras porté en triomphe - Huile/toile (114x147cm-45x58in) Clermont-Ferrand 93 .... FF**75 000** - £9 030 - **$13,640**

LANCRET Nicolas 1690-1743 [47]
- Autoportrait - Huile/toile (89x72cm-35x28in) Paris 91 .... FF**1** - £131 938 - **$234,793**
- Soldier lying on the Ground - Red chalk (19x24cm-7x9in) London 97 .... FF**19 569** - £2 000 - **$3,330**
- Woman seated - Black & white chalks (27x23cm-11x9in) New-York 95 .... FF**155 600** - £18 660 - **$29,000**

LANCY Bernard Blanc-Percy 1894-1950 [6]
- Blanche-Neige et les sept Nains - Poster (84x58cm-33x23in) London 96 .... FF**7 170** - £850 - **$1,400**

LAND Lennart 1946 [2]
- Bull Elephant - Oil/canvas (131x108cm-52x43in) London 95 .... FF**24 550** - £3 200 - **$5,080**

LANDACRE Paul Hambleton 1893-1963 [13]
- Road Runner - Woodcut (22x22cm-9x9in) San Francisco-Los Angeles 95 .... FF**3 960** - £496 - **$800**

LANDALUZE Víctor Patricio 1828-1889 [19]
- Mujer con Abanico - Oil/canvas (36x27cm-14x11in) New-York 94 .... FF**39 300** - £4 640 - **$7,000**
- Baile de negros - Oil/canvas (36x46cm-14x18in) New-York 97 .... FF**200 459** - £21 367 - **$35,000**
- Día de Reyes (2) - Watercolour/paper (40x35cm-16x14in) New-York 92 .... FF**62 400** - £7 450 - **$12,000**

LANDAU Ergy 1896-1967 [18]
- Paul Valery - Photo (22x16cm-9x6in) Paris 91 .... FF**2 000** - £199 - **$344**

LANDAU Sigmund 1898-1962 [17]
- Paysage du Midi - Huile/toile (37x54cm-15x21in) Paris 90 .... FF**25 000** - £2 694 - **$4,409**

LANDECK Armin 1905-1984 [39]
- York Avenue Tenements - Drypoint (26x22cm-10x9in) New-York 93 .... FF**3 300** - £414 - **$600**
- Manhattan Vista - Drypoint (25x21cm-10x8in) New-York 91 .... FF**7 980** - £810 - **$1,441**
- Pop's tavern - Drypoint (15x25cm-6x10in) New-York 91 .... FF**15 960** - £1 620 - **$2,883**

LANDELIUS Bertil 1912-1985 [10]
- Bruna backar, Ivön - Oil/canvas (54x65cm-21x26in) Malmö 91 .... FF**2 810** - £279 - **$488**

LANDELLE Charles Zacharie 1812-1908 [58]
- Femme à la melaya bleue - Huile/carton (30x24cm-12x9in) Paris 96 .... FF**3 500** - £437 - **$676**
- Young girl with flowers - Oil/canvas (56x38cm-22x15in) Philadelphia 92 .... FF**22 100** - £2 640 - **$4,250**
- Droits de l'Homme - Oil/canvas (226x162cm-89x64in) New-York 97 .... FF**142 125** - £15 308 - **$25,000**
- Odalisque - Oil/canvas (95x145cm-37x57in) New-York 94 .... FF**212 400** - £25 350 - **$40,000**
- Ouled Nail, Biskra - Pastel (53x36cm-21x14in) Paris 91 .... FF**48 000** - £4 930 - **$8,930**

LANDENBERGER Christian Adam 1862-1927 [18]
- Kircheninneres - Oil/canvas (98x79cm-39x31in) München 89 .... FF**43 900** - £4 626 - **$7,391**
- Junge elegante Dame - Red chalk (65x57cm-26x22in) Stuttgart 91 .... FF**5 750** - £577 - **$995**

LANDER Benjamin XX [3]
- Fox hunting - Oil/canvas (28x38cm-11x15in) Aylsham, Norfolk 92 .... FF**2 247** - £230 - **$469**

LANDER John St. Helier 1869-1944 [7]
- Charles de La Cloche - Oil/board (45x30cm-18x12in) St. Helier, Jersey 93 .... FF**10 050** - £1 130 - **$1,684**

LANDERER Ferdinand 1730/46-1795 [1]
- Mannes mit pelzmütze - Etching (19x13cm-7x5in) Hamburg 96 .... FF**2 210** - £252 - **$423**

LANDERSET de Ernest 1832-1907 [1]
- Scène de marché à Orange - Huile/toile (50x60cm-20x24in) Paris 95 .... FF**12 500** - £1 630 - **$2,567**

LANDERSET de Joseph 1753-1824 [4]
- Cascatelles de Tivoli - Gouache Genève 91 .... FF**11 080** - £1 112 - **$1,850**

LANDESIO Eugenio 1809-1879 [4]
- Paisaje con río - Oil/panel (36x46cm-14x18in) New-York 96 .... FF**131 600** - £15 000 - **$25,200**
- Vista di Villa frienda - Oil/panel (36x46cm-14x18in) New-York 95 .... FF**331 600** - £41 400 - **$65,000**

LANDFIELD Ronnie 1947 [2]
- Seeking Shelter - Acrylic/canvas (109x188cm-43x74in) San Francisco-Los Angeles 95 ...... FF**3 665** - £475 - **$750**

LANDFORS Kjell 1953 [2]
- Geometrisk komposition - Oil/canvas (95x65cm-37x26in) Stockholm 89 .... FF**6 100** - £643 - **$1,027**

LANDGREBE Gustav 1837-1899 [1]
- Busto de Beethoven - Bronze (41cm-16in) Madrid 96 .... FF**28 060** - £3 220 - **$5,360**

LANDGREBE Heinrich 1908 [5]
- Kurfüstlicher Piqueur - Öl/Leinwand (95x75cm-37x30in) Frankfurt 93 .... FF**4 410** - £527 - **$848**
- Golf von Neapel - Watercolour (42x60cm-17x24in) München 95 .... FF**7 050** - £900 - **$1,446**

LANDHEER Hugo 1896 [2]
- Dorpsgezicht: brug en wandelaar - Oil/canvas (53x73cm-21x29in) Amsterdam 91 .... FF**8 500** - £872 - **$1,582**

LANDI Angelo 1879-1944 [1]
- Amore di mamma - Olio/tela (96x72cm-38x28in) Roma 91 .... FF**108 100** - £10 735 - **$18,769**

LANDI Gaspare 1756-1830 [6]
- Allegoria della Carità - Olio/tela (75x63cm-30x25in) Annicco, Casa Bassani 92 .... FF**160 000** - £18 600 - **$32,650**

LANDIN Bengt 1933 [13]
- Tecken i skyn - Oil/canvas (59x50cm-23x20in) Stockholm 91 .... FF**8 480** - £861 - **$1,532**

L

LANDINI Andrea 1847-? [14]
- *The Tug of War* - Oil/canvas (47x39cm-19x15in) London 97 .... FF159 672 - £17 500 - **$28,023**
- *Un passage de Rabelais* - Oil/canvas (94x74cm-37x29in) New-York 93 .... FF265 500 - £30 200 - **$45,000**

LANDKROON Piet 1907 [6]
- *Schoven binden* - Oil/canvas (122x90cm-48x35in) Amsterdam 95 .... FF7 880 - £1 005 - **$1,608**

LANDOLT Karl 1925 [2]
- *Interieur mit Katze* - Oil/canvas (45x38cm-18x15in) Zofingen 91 .... FF3 960 - £397 - **$654**

LANDOLT Otto 1889-1951 [3]
- *Weggis, Switzerland* - Poster (99x64cm-39x25in) London 95 .... FF2 650 - £300 - **$478**

LANDON Charles Paul 1760-1826 [1]
- *Hagar giving Ishmael water* - Oil/canvas (75x103cm-30x41in) London 91 .... FF64 200 - £6 436 - **$11,759**

LANDOWSKI Paul 1875-1961 [19]
- *Portrait de jeune homme* - Bronze (44cm-17in) Soissons 95 .... FF14 000 - £1 812 - **$2,865**
- *Carpentier* - Bronze (43x28x26cm-17x11x10in) Paris 97 .... FF45 000 - £4 765 - **$7,794**
- *Georges Carpentier* - Bronze (70cm-28in) Paris 96 .... FF118 000 - £13 660 - **$22,600**

LANDRÉ Louise Amélie 1852-? [2]
- *A ballerina* - Oil/canvas (39x31cm-15x12in) Amsterdam 93 .... FF3 274 - £375 - **$558**
- *Madame F. dans son intérieur* - Huile/toile (78x60cm-31x24in) Saint-Dié 94 ...... FF7 500 - £873 - **$1,315**

LANDRIANI Paolo 1754-1834 [3]
- *Stage set vaulted arcade* - Ink (43x57cm-17x22in) London 90 .... FF7 700 - £830 - **$1,358**

LANDRIN Henry Charles 1829-1898 [1]
- *Mousquetaires* - Huile/panneau (32x41cm-13x16in) Saint-Dié 96 .... FF5 000 - £637 - **$964**

LANDSEER Charles 1799-1879 [5]
- *Baddesley House, Warwickshire* - Oil/board (30x40cm-12x16in) London 97 .... FF5 510 - £600 - **$958**
- *Monk of Melrose made good kaill...* - Oil/canvas (107x156cm-42x61in) London 95 ...... FF158 000 - £20 000 - **$31,760**
- *A priest and native in Rio de Janeiro* - Pencil/paper (26x20cm-10x8in) London 90 ...... FF5 800 - £601 - **$1,019**

LANDSEER Edwin Henry 1802-1873 [55]
- *Braemar, Highland Deer* - Oil/canvas (270x270cm-106x106in) London 94 .... FF6 - £720 000 - $1 ,72e,+06
- *Feeding nestlings* - Oil/panel (36x26cm-14x10in) New-York 97 .... FF138 727 - £14 789 - **$24,000**
- *St. Bernard Dogs* - Oil/canvas (46x61cm-18x24in) New-York 96 .... FF783 000 - £90 600 - **$150,000**
- *Study of a Retriever* - Pencil/paper (9x17cm-4x7in) London 97 .... FF54 307 - £5 800 - **$9,444**

LANDSEER Jessica 1810-1880 [1]
- *Dove Dale, Derbyshire* - Watercolour (14x20cm-6x8in) London 92 .... FF7 800 - £800 - **$1,496**

LANDT Frantz 1885-1976 [39]
- *Marine* - Oil/canvas (67x101cm-26x40in) Viby J, Århus 94 .... FF5 220 - £617 - **$938**

LANDTSHEER de Jan 1896-1978 [6]
- *Crépuscule* - Huile/toile (50x60cm-20x24in) Bruxelles 93 .... FF2 800 - £335 - **$573**
- *Les saules* - Huile/toile (89x90cm-35x35in) Bruxelles 92 .... FF12 320 - £1 433 - **$2,515**

LANDTSHEER de Jan 1750-1828 [3]
- *Vénus et Amours* - Huile/toile (74x91cm-29x36in) Bruxelles 93 .... FF39 550 - £4 730 - **$8,080**

LANDTSHEER de Jean Baptiste 1797-1845 [2]
- *Music for his ears* - Oil/panel (68x57cm-27x22in) Amsterdam 89 .... FF24 000 - £2 454 - **$3,859**

LANDUCCI Dominique XX [2]
- *St.Georges et le dragon* - Huile/toile (80x80cm-31x31in) Les Andelys 90 .... FF10 000 - £1 023 - **$1,974**

LANDUYT Octave 1922 [22]
- *La Mort et Brel* - Huile/toile Bruxelles 92 .... FF49 800 - £5 100 - **$8,760**
- *Onvermijdelijk 5* - Ceramic (48cm-19in) Lokeren 94 .... FF18 360 - £2 175 - **$3,390**
- *Old man and the red sea* - Technique mixte/papier (23x24cm-9x9in) Lokeren 96 ...... FF6 570 - £812 - **$1,270**

LANDUYT van Charles Joseph 1854-1934 [3]
- *Vase fleuri de mimosas* - Huile/toile (64x49cm-25x19in) Bruxelles 97 .... FF3 761 - £414 - **$660**

LANDWEHR Curt A. 1920-1988 [2]
- *Heitere, musizierende Gesellschaft* - Öl/Leinwand (71x81cm-28x32in) Frankfurt 93 ...... FF4 410 - £527 - **$848**

LANDWEHR Fritz 1897-? [1]
- *Dürkopp Automobile* - Poster (101x63cm-40x25in) New-York 93 .... FF14 160 - £1 610 - **$2,400**

LANDWEHR-PRAGENAU von Ottokar 1905-? [1]
- *Bunter Gladiolenstrauss* - Öl/Karton (94x61cm-37x24in) Lindau 94 .... FF9 600 - £1 113 - **$1,652**

LANDWEHRMANN Heinrich 1889-1911 [1]
- *Selbstbildnis mit Palette* - Oil/canvas (80x70cm-31x28in) Bielefeld 90 .... FF13 500 - £1 445 - **$2,348**

LANDY Elliot XX [1]
- *Bob Dylan* - Type C color print (40x30cm-16x12in) London 95 .... FF4 820 - £600 - **$943**

LANE Fitz Hugh 1804-1865 [7]
- *Beached for repairs, Gloucester* - Oil/canvas (41x56cm-16x22in) New-York 92 ...... FF1 - £174 300 - **$300,000**
- *Ships at sunrise* - Oil/canvas (51x87cm-20x34in) New-York 94 .... FF4 - £529 000 - **$825,000**

LANE Katherine Ward 1899-1989 [3]
- *Kankaroo* - Bronze (29cm-11in) New-York 89 .... FF14 900 - £1 440 - **$2,261**

LANE Leonard ?-1978 [1]
- *Seascape, night is falling* - Oil/canvas (66x91cm-26x36in) New Orleans, Louisiana 92 ...... FF12 150 - £1 242 - **$2,250**

LANE Lois 1948 [4]
- *Untitled* - Oil/canvas (274x213cm-108x84in) New-York 96 .... FF10 250 - £1 215 - **$2,000**

LANE Samuel 1780-1859 [3]
- *William Henchman Crowfoot* - Oil/panel (36x28cm-14x11in) London 91 .... FF11 400 - £1 149 - **$1,978**

LANEL Luc 1893-1965 [3]
- *Deux perruches* - Céramique (143cm-56in) Paris 96 .... FF18 000 - £2 257 - **$3,480**

LANEN van der Jasper c.1592-c.1630 [12]
- Diana hunting with her nymphs - Oil/panel (78x121cm-31x48in) London 94 .... FF125 000 - £15 000 - $23,100

LANERY Francis 1950 [2]
- Anneau de Vie - Bronze (14cm-6in) Paris 95 .... FF2 500 - £319 - $482

LANEUVILLE Jean Louis 1748-1826 [1]
- Marie-Jean Hérault de Séchelles - Oil/canvas (64x55cm-25x22in) New-York 95 .... FF173 400 - £21 650 - $34,000

LANFANT DE METZ François-Louis 1814-1892 [137]
- Entertaining the children - Oil/panel (23x16cm-9x6in) New-York 94 .... FF17 900 - £2 230 - $3,500
- Fillette au panier fleuri - Huile/panneau (21x17cm-8x7in) Lyon 97 .... FF29 500 - £3 194 - $5,168
- Petite fleur - Huile/toile (42x33cm-17x13in) Saint-Dié 97 .... FF42 000 - £4 746 - $7,606
- Départ des écoliers - Huile/panneau (18x14cm-7x6in) Calais 96 .... FF59 500 - £7 420 - $11,520
- Les marionettes - Huile/panneau (31x40cm-12x16in) Paris 89 .... FF105 000 - £10 448 - $16,588

LANFRANCHI Alessandro 1662-1730 [1]
- Aaron & Moses making miracles - Oil/canvas (41x50cm-16x20in) New-York 90 .... FF21 430 - £2 158 - $4,198

LANFRANCO 1920 [2]
- Scavi in galleria - Olio/tela (89x70cm-35x28in) Milano 91 .... FF4 970 - £511 - $926

LANFRANCO Giovanni 1583-1647 [11]
- The Holy Family - Oil/copper (42x31cm-17x12in) London 95 .... FF213 000 - £28 000 - $42,750
- God the Father - Red chalk/paper (17x21cm-7x8in) New-York 97 .... FF33 370 - £3 714 - $6,000

LANG Albert 1847-1933 [7]
- Scène de chasse - Huile/toile (63x51cm-25x20in) Liège 92 .... FF9 860 - £1 146 - $2,012

LANG August 1839-1895 [2]
- Landschaft mit Wildbach - Öl/Leinwand (75x99cm-30x39in) Wien 94 .... FF12 140 - £1 426 - $2,163

LANG Erwin 1886-1962 [1]
- Am Bootssteg bei der Bootshütte - Charcoal (36x36cm-14x14in) Wien 92 .... FF2 890 - £296 - $509

LANG Fritz 1877-1961 [8]
- Stehender Reiher am Wasser - Öl/Leinwand (79x75cm-31x30in) Stuttgart 94 .... FF18 800 - £2 196 - $3,310
- Paar roter Aras - Color lithograph (64x34cm-25x13in) Heidelberg 94 .... FF1 714 - £206 - $333

LANG George Ernest 1902 [2]
- Hill top cattle - Watercolour (25x30cm-10x12in) Penzance, Cornwall 92 .... FF2 736 - £280 - $483

LANG Hans 1898-1971 [2]
- Diana - Öl/Leinwand (150x200cm-59x79in) Wien 97 .... FF16 772 - £1 764 - $2,880

LANG Heinrich c.1810-1859 [1]
- Architektur - Watercolour (27x32cm-11x13in) Frankfurt 92 .... FF2 550 - £261 - $449

LANG Heinrich 1838-1891 [5]
- Lippizaner der alten Rasse - Öl/Leinwand (39x49cm-15x19in) Wien 96 .... FF7 740 - £969 - $1,503

LANG Hubert Nikolaus 1909-1972 [1]
- Stehende Hirtin mit Ziegen - Bronze (24cm-9in) München 92 .... FF2 720 - £279 - $479

LANG Josef Adolf 1873-1936 [2]
- Das Liebesgeheimnis - Huile/panneau (26x50cm-10x20in) München 93 .... FF4 180 - £478 - $706
- Düsseldorf, Kunst und Gartenbau - Poster (95x64cm-37x25in) New-York 92 .... FF9 080 - £930 - $1,600

LANG Louis 1814-1893 [8]
- Gypsy encampment - Oil/canvas (76x112cm-30x44in) San Francisco-Los Angeles 95 .... FF29 500 - £3 356 - $5,000

LANG Otto XIX-XX [1]
- Huntsman - Bronze (70cm-28in) New-York 95 .... FF9 840 - £1 290 - $2,000

LANG Richard 1900 [2]
- Sonniger Berggipfel - Öl/Leinwand (70x95cm-28x37in) München 93 .... FF6 780 - £810 - $1,305

LANG Richard F. 1861-? [1]
- Landskap med slott - Oil/canvas (28x36cm-11x14in) Malmö 93 .... FF3 030 - £358 - $533

LANG-LARIS Hermine 1842-1913 [1]
- Still life with fruits - Oil/canvas (35x50cm-14x20in) Wien 96 .... FF9 740 - £1 265 - $1,927

LANG-WOLLIN Otto 1881-? [1]
- Ostseehafen - Aquarell (29x43cm-11x17in) Bremen 94 .... FF1 885 - £219 - $325

LANGASKENS Maurice 1884-1946 [48]
- Le semeur - Huile/toile (76x110cm-30x43in) Bruxelles 95 .... FF12 960 - £1 623 - $2,580
- Lente - Huile/toile (135x50cm-39x53in) Lokeren 95 .... FF49 300 - £6 090 - $9,510
- Le charmeur - Gouache (71x48cm-28x19in) Bruxelles 96 .... FF6 700 - £867 - $1,340

LANGBERG Emily 1851-? [1]
- Kvinne ved symaskin i gårdsrom - Oil/canvas (92x70cm-36x28in) Oslo 92 .... FF7 810 - £800 - $1,376

LANGE Antoni 1779-1844 [3]
- Extensive landscape - Oil/canvas (48x76cm-19x30in) Warszawa 96 .... FF12 300 - £1 553 - $2,455

LANGE Carl 1870-1936 [1]
- Gewächshaus mit Grünpflanzen - Öl/Leinwand (78x63cm-31x25in) Stuttgart 94 .... FF7 520 - £904 - $1,431

LANGE Dorothea 1895-1965 [50]
- Winter, California - (10x16cm-4x6in) New-York 96 .... FF9 200 - £1 186 - $1,800
- Migrant Mother - Silver print (23x18cm-9x7in) New-York 92 .... FF36 750 - £4 270 - $7,500

LANGE Frederik 1870-1941 [4]
- Interior scene with woman - Oil/canvas (48x38cm-19x15in) New Orleans, Louisiana 96 ..... FF11 140 - £1 440 - $2,200

LANGE Fritz 1851-1922 [7]
- Hühner im Sommergras - Öl/Leinwand (25x37cm-10x15in) Bremen 94 .... FF34 340 - £4 130 - $6,350

LANGE Gustav Johann 1811-1887 [10]
- Verschneite Winterlandschaft - Öl/Leinwand (110x68cm-43x27in) Bremen 95 .... FF19 470 - £2 526 - $4,054

L

LANGE Jean-Marc 1945 [2]
- Sans titre, 1971 - Monotype (37x55cm-15x22in) Verrières-Le-Buisson 90 .... FF**1 700** - £**182** - **$296**
- Composition, 1988 - Aquarelle/papier (50x35cm-20x14in) Paris 89 .... FF**2 500** - £**256** - **$402**

LANGE Julius 1817-1878 [9]
- Südtiroler Landschaft - Öl/Karton (42x54cm-17x21in) München 94 .... FF**17 060** - £**2 016** - **$3,065**
- Church and Cattle along a Path - Oil/canvas (72x92cm-28x36in) Wien 96 .... FF**71 700** - £**8 700** - **$13,950**
- Alpenlandschaft - Pencil/paper (14x21cm-6x8in) Köln 91 .... FF**2 052** - £**211** - **$382**

LANGE Ludwig 1808-1868 [9]
- Griechische Landschaft - Aquarell (20x33cm-8x13in) München 95 .... FF**8 550** - £**1 068** - **$1,726**

LANGE Max 1868-? [1]
- An athlete - Bronze (47cm-19in) London 90 .... FF**15 500** - £**1 660** - **$2,696**

LANGE Niels Erik 1890-1919 [2]
- Two children near a farm - Oil/canvas (54x72cm-21x28in) Viby J, Århus 94 .... FF**3 920** - £**463** - **$704**

LANGE Otto 1879-1944 [43]
- Häuser an der Elbe - Öl/Leinwand (32x45cm-13x18in) Köln 97 .... FF**10 814** - £**1 136** - **$1,851**
- Mädchen bestaunend Zantens Haut - Woodcut (18x13cm-7x5in) Berlin 94 .... FF**6 830** - £**806** - **$1,216**
- Landschaft am Haff - Linocut in colors (33x44cm-13x17in) München 95 .... FF**27 500** - £**3 620** - **$5,520**
- Fischer und Boote am Strand - Linoblock (23x28cm-9x11in) Köln 94 .... FF**9 450** - £**1 081** - **$1,588**

LANGE Richard W. XIX-XX [1]
- Children - Ivory, bronze (25cm-10in) Billinghurst, West Sussex 93 .... FF**14 770** - £**1 700** - **$2,550**

LANGE Sigurd 1904-? [1]
- Parti in Pfullendorf - Aquarell (33x24cm-13x9in) Konstanz 93 .... FF**2 713** - £**324** - **$522**

LANGE Søren Laessoe 1760-1828 [10]
- Udsigt af Praestøe i Siaelland - Etching København 95 .... FF**2 640** - £**319** - **$497**
- Landskab - Gouache (38x52cm-15x20in) København 94 .... FF**10 000** - £**1 148** - **$1,712**

LANGE von Emil 1841-1926 [1]
- 3 Skizzenbücher/4 Studien - Drawing München 96 .... FF**1 690** - £**201** - **$330**

LANGELAAN Hendrik 1799-1879 [1]
- Goat - Oil/panel (20x24cm-8x9in) Amsterdam 92 .... FF**2 260** - £**263** - **$461**

LANGENBERGH van den Dré 1903-1976 [20]
- Village - Oil/canvas (80x100cm-31x39in) Amsterdam 92 .... FF**4 550** - £**466** - **$801**

LANGENDYK Dirk 1748-1805 [44]
- Vornehme Jagdgesellschaft - Oil/panel (31x42cm-12x17in) Wien 93 .... FF**109 100** - £**12 640** - **$18,100**
- Marché en Hollande - Aquarelle (24x32cm-9x13in) Paris 95 .... FF**16 500** - £**2 025** - **$3,213**
- La bataille de Fleurus - Pierre noire (25x33cm-10x13in) Paris 93 .... FF**36 500** - £**4 400** - **$6,640**

LANGENDYK Jan Anthonie 1780-1818 [5]
- The flower market in Rotterdam - Black chalk (30x45cm-12x18in) New-York 92 .... FF**21 500** - £**2 170** - **$3,800**

LANGENHÖFFEL Johan Josef 1750-1807 [1]
- Ganymède et l'aigle - Huile/toile (72x174cm-28x69in) Zürich 95 .... FF**43 150** - £**5 560** - **$8,780**

LANGENHOVE van Julien 1920 [2]
- Boomgaard in Bloei - Huile/toile (72x92cm-28x36in) Lokeren 96 .... FF**2 300** - £**284** - **$445**
- Fleurs - Gouache/papier (48x59cm-19x23in) Bruxelles 94 .... FF**3 164** - £**367** - **$545**

LANGENMANTEL von Ludwig 1854-1922 [2]
- Spanish Dancers - Oil/canvas (103x146cm-41x57in) London 97 .... FF**41 058** - £**4 500** - **$7,206**

LANGER Karel 1878-1947 [3]
- Stilleben mit alten Folianten - Öl/Leinwand (72x92cm-28x36in) Lindau 93 .... FF**7 460** - £**917** - **$1,342**

LANGER Klàra 1912-1973 [7]
- Ruban - Photo (7x9cm-3x4in) Paris 90 .... FF**6 500** - £**671** - **$1,148**

LANGER Viggo 1860-1942 [96]
- Rode bondegårde - Oil/canvas (68x89cm-27x35in) Viby J, Århus 93 .... FF**3 065** - £**367** - **$590**
- Menton, Caravan - Oil/canvas (37x45cm-15x18in) London 96 .... FF**10 210** - £**1 200** - **$2,010**
- The cottage garden - Oil/canvas (47x63cm-19x25in) London 92 .... FF**21 500** - £**2 200** - **$3,784**

LANGER von Robert 1783-1846 [2]
- Maria mit Christuskind - Pencil (19x19cm-7x7in) Lindau 95 .... FF**1 518** - £**194** - **$306**

LANGER Wilhelm 1869-? [1]
- Die Plitvicer Seen - Öl/Leinwand (80x104cm-31x41in) Wien 92 .... FF**38 500** - £**4 600** - **$7,400**

LANGERER Freddie 1899-? [1]
- Carnival in Venice - Oil/canvas (78x104cm-31x41in) Amsterdam 95 .... FF**3 090** - £**373** - **$581**

LANGEROCK Henri 1830-1915 [5]
- Départ pour la chasse - Huile/toile (60x73cm-24x29in) Bruxelles 94 .... FF**14 100** - £**1 657** - **$2,513**

LANGETTI Giovanni-Battista 1625-1676 [6]
- Joseph and Potiphar's Wife - Oil/canvas (193x142cm-76x56in) London 96 .... FF**136 600** - £**17 000** - **$26,500**

LANGEVELD Frans 1877-1939 [23]
- Peasant woman and cow - Oil/canvas (48x56cm-19x22in) Amsterdam 93 .... FF**3 316** - £**396** - **$638**
- Labourers on a quay, Amsterdam - Oil/canvas (53x65cm-21x26in) Amsterdam 97 .... FF**9 708** - £**1 050** - **$169,4 5**
- Gravenhekje, Amsterdam - Oil/canvas (41x60cm-16x24in) Amsterdam 94 .... FF**51 800** - £**6 020** - **$8,920**

LANGEWEG Ger 1891-1970 [21]
- Two nudes - Oil/canvas (49x32cm-19x13in) Amsterdam 97 .... FF**8 787** - £**921** - **$1,507**
- Flemish girl - Oil/board (51x41cm-20x16in) Amsterdam 93 .... FF**33 700** - £**3 870** - **$5,790**
- Geraniums in pots and a bottle
  Coloured crayons/paper (97x71cm-38x28in) Amsterdam 93 .... FF**4 900** - £**563** - **$842**

LANGHAMMER Arthur 1854-1901 [5]
- Mädchen mit Kuh - Öl/Leinwand (60x79cm-24x31in) Wien 93 .... FF**120 200** - £**14 360** - **$23,120**
- Die Schule ist aus - Ink/paper (34x45cm-13x18in) Heidelberg 93 .... FF**5 080** - £**592** - **$834**

LANGHAMMER Carl 1868-? [7]
- Weidende Kühe - Ol/Leinwand (100x125cm-39x49in) München 93.................................... FF11 870 - £1 418 - **$2,283**

LANGHANS Carl Gotthard 1732-1808 [1]
- Entwurf zu einem Monument - Etching, aquatint (35x22cm-14x9in) München 96...................... FF3 560 - £447 - **$687**

LANGHANS Jörg XX [2]
- Personnage - Encre (46x38cm-18x15in) Paris 92 .... FF4 100 - £420 - **$738**

LANGHARD Adolf 1845-? [1]
- Cueillette aux champignons - Huile/toile (74x92cm-29x36in) Genève 89 .... FF5 500 - £580 - **$926**

LANGKO Dietrich 1819-1896 [3]
- Seebruck am Chiemsee - Pencil/paper (28x21cm-11x8in) München 94 .... FF4 290 - £508 - **$793**

LANGL Josef 1843-c.1920 [3]
- Weyer a. d. Enns - Oil/canvas (101x74cm-40x29in) Wien 90 .... FF48 000 - £5 106 - **$8,587**

LANGLACÉ Jean-Baptiste Gab. 1786-1864 [1]
- Village de la Buisse - Huile/toile (23x29cm-9x11in) Grenoble 94 .... FF5 900 - £700 - **$1,090**

LANGLADE Pierre XX [23]
- L'île de Ré - Huile/toile (54x65cm-21x26in) Paris 95 .... FF8 500 - £1 074 - **$1,705**
- Le port de La Rochelle - Aquarelle, gouache/papier (63x50cm-25x20in) Paris 94 .... FF2 000 - £237 - **$380**

LANGLADE Pierre 1812-1905 [7]
- Promenade sur le port - Huile/toile (54x65cm-21x26in) Köln 95 .... FF17 160 - £2 245 - **$3,485**

LANGLAIS Bernard 1921-1977 [4]
- Cow - Wood (122x183cm-48x72in) Portland, Maine 93 .... FF23 600 - £2 685 - **$4,000**

LANGLAIS de Xavier 1906-1975 [4]
- L'Implorante - Huile/toile (65x54cm-26x21in) Saint-Brieuc 94 .... FF15 000 - £1 778 - **$2,770**

LANGLET Alexander 1870-1953 [20]
- Ridande caroliner - Oil/canvas (50x65cm-20x26in) Göteborg 95 .... FF4 490 - £561 - **$881**
- Ridande karolin i snöstorm - Oil/canvas (37x29cm-15x11in) Stockholm 94 .... FF12 940 - £1 534 - **$2,390**

LANGLEY Edward 1870-? [2]
- Desert scene - Oil/board (43x58cm-17x23in) Baton Rouge, Louisiana 93 .... FF2 870 - £346 - **$525**

LANGLEY Walter 1852-1922 [50]
- Scène d'intérieur - Huile/toile (63x77cm-25x30in) Antwerpen 97 .... FF14 742 - £1 557 - **$2,556**
- Preparing dinner - Oil/canvas (128x135cm-50x53in) London 92 .... FF88 000 - £10 500 - **$16,900**
- A Cornish fishwife - Watercolour (36x26cm-14x10in) Billinghurst, West Sussex 94 .... FF17 700 - £2 300 - **$3,470**
- Catching up with the Cornish Telegraph - Watercolour (51x70cm-20x28in) London 93 .... FF68 000 - £8 200 - **$11,900**

LANGLEY William XIX-XX [60]
- A peaceful stretch of the river - Oil/canvas (61x91cm-24x36in) London 97 .... FF6 295 - £700 - **$1,182**
- The blackberry picker - Oil/canvas (41x61cm-16x24in) London 94 .... FF12 300 - £1 400 - **$2,086**
- Fish, crabs and fishing vessels - Watercolour (51x36cm-20x14in) London 96....................... FF5 800 - £750 - **$1,160**

LANGLIN Victoriano Corina 1844-1911 [1]
- Nude by a pool - Oil/canvas (17x12cm-7x5in) Toronto 89 .... FF18 400 - £1 881 - **$2,958**

LANGLOIS Claude Louis 1745-1845 [2]
- Count of Metternich/... - Pastel (60x48cm-24x19in) Amsterdam 91 .... FF7 250 - £720 - **$1,259**

LANGLOIS Eustache Hyacinthe 1777-1837 [2]
- Clélie et ses compagnons - Encre Chine Paris 91 .... FF4 000 - £404 - **$794**

LANGLOIS Jean-Charles 1789-1870 [3]
- Scène de bataille napoléonienne - Oil/canvas (38x59cm-15x23in) København 92 .... FF10 500 - £1 256 - **$2,020**
- French officer & troopers - Oil/canvas (60x73cm-24x29in) London 94 .... FF84 400 - £10 000 - **$15,600**

LANGLOIS Jérôme 1756-1804 [2]
- A young lady, seated - Miniature (6cm-2in) Genève 95 .... FF9 360 - £1 168 - **$1,835**

LANGLOIS Jérôme Martin 1779-1838 [3]
- Diana & Endymion - Oil/canvas (33x24cm-13x9in) New-York 89 .... FF40 000 - £3 980 - **$6,319**

LANGLOIS Mark W. c.1850-c.1890 [35]
- Taking Orders - Oil/canvas (53x42cm-21x17in) Montréal 93 .... FF8 030 - £910 - **$1,354**
- The Celebration - Oil/canvas (71x91cm-28x36in) London 94 .... FF16 800 - £2 000 - **$3,200**

LANGLOIS Paul 1858-1906 [6]
- Marine - Huile/panneau (27x35cm-11x14in) Honfleur 93 .... FF2 500 - £288 - **$431**
- Corneilles en hiver - Gouache/papier (77x127cm-30x50in) Bruxelles 96 .... FF5 330 - £699 - **$1,081**

LANGLOIS Pierre-Gérard 1940 [5]
- Pavots sur fond noir - Huile/toile (55x46cm-22x18in) Bern 94 .... FF5 250 - £609 - **$905**

LANGLOIS Polyclès 1814-1872 [3]
- Le vieux marché à Rouen - Aquarelle (35x43cm-14x17in) Honfleur 93 .... FF10 500 - £1 208 - **$1,810**

LANGOTIERE Edmond Le Trouit 1901-1978 [2]
- Les petits rats de l'Opéra - Huile/toile (55x46cm-22x18in) Versailles 91 .... FF3 500 - £353 - **$607**

LANGRAND Jean A. 1851-1898 [3]
- Paysage avec pêcheur - Huile/toile (81x65cm-32x26in) Bruxelles 92 .... FF8 300 - £850 - **$1,460**

LANIAU Jean 1931 [61]
- Laury - Bronze (18cm-7in) Ourville-en-Caux 94 .... FF9 000 - £1 050 - **$1,580**
- Détente - Bronze (12cm-5in) Provins 96 .... FF12 000 - £1 373 - **$2,290**
- Baigneuse - Bronze Versailles 95 .... FF19 000 - £2 470 - **$3,900**
- Kalinka - Bronze (37cm-15in) Le Touquet 93 .... FF31 000 - £3 735 - **$5,640**

LANIER Fanita 1903-? [1]
- Autumnal - Oil/panel (61x61cm-24x24in) Baton Rouge, Louisiana 94 .... FF3 650 - £429 - **$650**

LANING Edward 1906-1981 [1]
Black Friday - Ink New-York 94 .... FF10 270 - £1 198 - **$1,800**

LANMAN Charles 1819-1895 [2]
Rocky coast/Figures/Fishing - Oil/canvas (37x27cm-15x11in) North Bethesda, MD. 91 .... FF4 480 - £449 - **$821**

LANNEAU Patrick 1951 [7]
Sans titre - Huile/toile (160x143cm-63x56in) Lons-Le-Saunier 90 .... FF7 500 - £775 - **$1,325**

LANNES Mario 1900-1983 [5]
Costruttori - Olio/tela (124x140cm-49x55in) Trieste 93 .... FF27 700 - £3 206 - **$4,760**

LANNFJALL Lennart 1933 [7]
When Fall fills the Rift... - Oil/canvas (117x99cm-46x39in) London 95 .... FF6 900 - £900 - **$1,430**

LANOë Alphonse 1926 [2]
Weisse Häuser - Oil/panel (45x32cm-18x13in) Luzern 92 .... FF3 810 - £455 - **$732**

LANOOY Chris 1881-1948 [3]
Spring, lambs in an orchard - Oil/canvas (66x81cm-26x32in) Amsterdam 92 .... FF3 010 - £350 - **$615**

LANOS François XX [5]
Granville vu de Carolles - Huile/panneau (38x55cm-15x22in) Grandville 91 .... FF4 400 - £440 - **$725**

LANOUE Félix Hippolyte 1812-1872 [7]
Bœufs dans la campagne romaine - Huile/toile (44x64cm-17x25in) Monaco 90 .... FF20 000 - £2 045 - **$3,948**
Paysage aux grands arbres - Pastel (52x72cm-20x28in) Angers 97 .... FF5 900 - £636 - **$1,049**
Cervara - Mine plomb (28x50cm-11x20in) Paris 89 .... FF23 700 - £2 497 - **$3,990**

LANOUX Guillaume XX [2]
Sculpture no.1 - Fer (224cm-88in) Paris 91 .... FF2 000 - £199 - **$347**

LANQUETIN Gilbert 1870-? [1]
La maison fleuri - Huile/carton (63x49cm-25x19in) Paris 90 .... FF7 000 - £723 - **$1,237**

LANSAC de François Émile 1803-1890 [6]
Cuirassier devant l'auberge - Huile/toile (66x54cm-26x21in) Versailles 93 .... FF8 200 - £921 - **$1,390**
Napoléon au combat, Arcis-sur-Aube - Huile/toile (78x106cm-31x42in) Paris 96 .... FF55 000 - £6 310 - **$10,500**

LANSBERG Maurice 1934 [3]
Parodie, 1972 - Huile/toile (65x54cm-26x21in) Verrières-Le-Buisson 90 .... FF7 000 - £749 - **$1,217**

LANSDOWN Henry Venn 1806-1860 [1]
R. Allen's House, Bath - Ink (24x35cm-9x14in) London 92 .... FF5 190 - £620 - **$1,000**

LANSDOWNE James Fenwick 1910 [10]
Black Billed Cuckoo - Watercolour (53x43cm-21x17in) Victoria, B.C. 94 .... FF19 000 - £2 280 - **$3,690**

LANSIL Walter F. 1846-1925 [13]
St. Giorgio, Venice - Oil/canvas (30x22cm-12x9in) North Bethesda, MD. 91 .... FF7 970 - £799 - **$1,460**

LANSKOY André 1902-1976 [662]
Composition - Huile/toile (222x147cm-87x58in) Neuilly 90 .... FF1 - £1 - **$2**
Personnages attablés - Huile/toile (38x55cm-15x22in) Paris 97 .... FF7 500 - £815 - **$1,318**
Intérieur - Huile/panneau (64x53cm-25x21in) Lyon 97 .... FF14 000 - £1 511 - **$2,474**
Bouquet de fleurs - Huile/toile (110x70cm-43x28in) Paris 97 .... FF22 000 - £2 382 - **$3,889**
Vase de fleurs - Huile/toile (81x53cm-32x21in) Paris 94 .... FF35 000 - £3 970 - **$5,930**
Le Glaive du Juste - Huile/toile (81x65cm-32x26in) Versailles 97 .... FF45 000 - £4 932 - **$7,898**
Composition - Huile/toile (73x60cm-29x24in) Paris 97 .... FF58 000 - £6 049 - **$9,918**
Une Plaine sans histoire - Huile/toile (64x53cm-25x21in) Zürich 96 .... FF72 100 - £9 350 - **$14,260**
Composition - Huile/toile (146x97cm-57x38in) Paris 97 .... FF82 000 - £8 971 - **$14,284**
Untitled - Oil/canvas (100x73cm-39x29in) London 96 .... FF100 500 - £13 000 - **$19,900**
Un autre château - Huile/toile (98x195cm-39x77in) Paris 95 .... FF230 000 - £29 060 - **$46,500**
Jazzy - Huile/toile (97x14cm-38x6in) Rambouillet 90 .... FF530 000 - £53 374 - **$96,364**
Composition abstraite - Gouache/papier (24x32cm-9x13in) Paris 97 .... FF6 800 - £815 - **$1,209**
Composition bleue - Gouache/papier (23x31cm-9x12in) Paris 97 .... FF12 000 - £1 268 - **$2,059**
Composition - Gouache/papier (75x54cm-30x21in) Paris 97 .... FF26 000 - £2 711 - **$4,446**
Composition - Gouache (64x48cm-25x19in) Zürich 96 .... FF37 000 - £4 640 - **$7,140**
Composition - Gouache (40x64cm-16x25in) Paris 92 .... FF60 000 - £6 140 - **$10,560**
Figure - Watercolour, gouache/paper (63x49cm-25x19in) Amsterdam 94 .... FF103 700 - £12 170 - **$18,460**
Composition - Gouache/paper (63x48cm-25x19in) Paris 90 .... FF210 000 - £22 484 - **$36,522**

LANSKOY Ivan Ivanovitch 1845-? [1]
Lönedag - Oil/panel (46x30cm-18x12in) Helsinki 94 .... FF4 490 - £514 - **$760**

LANSON Alfred Désiré 1851-1938 [7]
Age de Fer - Bronze (91cm-36in) London 96 .... FF22 900 - £2 900 - **$4,390**
Jason & the Golden Fleece - Bronze (112cm-44in) London 93 .... FF52 100 - £6 000 - **$9,000**

LANSOT Aimable Désiré c.1799-1851 [2]
Madame Theodore Ballard - Oil/canvas (94x74cm-37x29in) New Orleans, Louisiana 92 .... FF4 660 - £541 - **$950**

LANSYER Emmanuel 1835-1893 [20]
Port Méditerranéen - Huile/toile (19x24cm-7x9in) Calais 97 .... FF9 500 - £1 017 - **$1,665**
Matin à Douarnenez, Août - Huile/toile (33x46cm-13x18in) Douarnenez 96 .... FF19 500 - £2 494 - **$3,870**
Vue sur Loches - Huile/toile (43x64cm-17x25in) Barbizon 94 .... FF40 000 - £4 740 - **$7,390**

LANTARA Simon Mathurin 1729-1778 [22]
Turcs et chevaux - Huile/panneau (79x3cm-3x4in) Paris 95 .... FF28 000 - £3 550 - **$5,630**
Church in a river landscape - Chalks (27x33cm-11x13in) London 96 .... FF1 860 - £240 - **$365**
Quatre parties du jour - Crayon (14cm-6in) Paris 94 .... FF11 500 - £1 340 - **$2,000**

LANTERI Edouard 1848-1917 [2]
Le duo - Sculpture (47cm-19in) Lyon 91 .... FF6 500 - £655 - **$1,128**
Duo - Sculpture (55x32x45cm-22x13x18in) Bruxelles 97 .... FF11 125 - £1 156 - **$1,897**

LANTERNIER Léon Raoul 1870-? [1]
- Au large de Rabat-Salé - Huile/toile (97x195cm-38x77in) Paris 96 .... FF**38 000** - £**4 910** - **$7,530**

LANTIER Lucien 1879-1960 [4]
- La rencontre en Bessarabie - Huile/toile (65x80cm-26x31in) Bruxelles 96 .... FF**6 910** - £**880** - **$1,330**
- Tulipes - Aquarelle (60x46cm-24x18in) Nîmes 92.. FF**2 000** - £**206** - **$371**

LANTOINE Fernand 1878-1955 [35]
- Vue de Cagnes - Huile/carton (50x55cm-20x22in) Paris 92 .... FF**3 100** - £**318** - **$608**
- Rivière - Huile/toile (60x72cm-24x28in) Bruxelles 96 .... FF**11 500** - £**1 330** - **$2,200**
- Au spectacle - Oil/canvas (36x48cm-14x19in) London 91 .... FF**34 700** - £**3 522** - **$6,267**

LANTZ Walter Lantz Studio [4]
- Woody Woodpecker - Gouache (20x28cm-8x11in) Burbank, CA 92 .... FF**8 520** - £**872** - **$1,500**

LANUX de Eyre 1894-1996 [1]
- Two Faun heads - Plaster (18cm-7in) New-York 96.. FF**10 440** - £**1 212** - **$2,000**

LANYON Peter George 1918-1964 [50]
- Shore Weed - Oil/canvas (51x41cm-20x16in) London 95... FF**35 250** - £**4 500** - **$7,230**
- Fistral Bay - Oil/canvas (152x122cm-60x48in) London 97...................................... FF**216 573** - £**23 000** - **$37,726**
- Beach Girl - Oil/canvas (107x153cm-42x60in) London 96 .... FF**319 000** - £**40 000** - **$61,600**
- Church town - Silkscreen Penzance, Cornwall 96 .... FF**16 370** - £**2 100** - **$3,230**
- Churchtown, 1948 - Print (32x24cm-13x9in) London 89 .... FF**17 400** - £**1 731** - **$2,749**
- Untitled (Mexican) - Pencil (41x35cm-16x14in) London 96 .... FF**25 130** - £**3 200** - **$4,840**
- North coast - Watercolour, gouache (40x54cm-16x21in) London 90 .... FF**130 700** - £**13 502** - **$23,092**

LANZ Robert 1896-1965 [1]
- Flussaue - Aquarell (35x25cm-14x10in) Bern 90 .... FF**1 600** - £**170** - **$286**

LANZA Giovanni 1827-? [10]
- Amalfi dal Convento dei Cappuccini - Acquarello/carta (40x67cm-16x26in) Roma 96 .... FF**6 700** - £**840** - **$1,280**
- Golf von Neapel - Watercolour/paper (44x76cm-17x30in) Ahlden 92 .... FF**45 700** - £**5 310** - **$9,320**

LANZA Luigi 1860-? [6]
- Canal Grande mit Rialto-Brücke - Oil/canvas (36x53cm-14x21in) Wien 92 .... FF**21 660** - £**2 217** - **$3,810**

LANZA Stefano 1861-1933 [1]
- The Olympeion - Watercolour (37x25cm-15x10in) Athens 96.................................. FF**2 573** - £**298** - **$494**

LANZA Vincenzo 1822-1902 [4]
- The Olympeion - Watercolour (35x535cm-14x211in) London 92 .... FF**16 750** - £**2 000** - **$3,220**

LANZEDELLI Josef 1774-1832 [2]
- Die Hochzeit - Lithographie (32x40cm-13x16in) Wien 94 .... FF**3 900** - £**468** - **$757**
- Salvatore Vigano et Maria Medina - Encre Chine (35x29cm-14x11in) Paris 95 .... FF**25 000** - £**2 990** - **$4,760**

LANZING Henriëtte 1879-1959 [1]
- Atjehers - Oil/canvas (54x128cm-21x50in) Amsterdam 96 .... FF**48 200** - £**5 840** - **$9,360**

LANZIROTTI Antonio Giovanni 1839-? [2]
- Le Lilas - Sculpture (58cm-23in) London 90 .... FF**8 700** - £**931** - **$1,513**

LANZONI P. XIX [2]
- Attelage turc - Huile/toile (100x70cm-39x28in) Paris 94 .... FF**15 000** - £**1 778** - **$2,770**

LAOS BRACHE Carlos XX [13]
- La mer des joies - Huile/toile (73x60cm-29x24in) Paris 91 .... FF**2 500** - £**248** - **$434**

LAOUST André 1843-1924 [2]
- Jeune Arabe - Bronze (95cm-37in) Madrid 94 .... FF**26 950** - £**3 180** - **$4,800**

LAPARRA William J.E.E. 1873-1920 [7]
- La villa romaine - Huile/toile (43x57cm-17x22in) Paris 97 .... FF**9 500** - £**1 036** - **$1,661**

LAPAYESE BRUNA José 1899-1982 [3]
- Circo - Technique mixte/panneau (90x73cm-35x29in) Madrid 93 .... FF**23 500** - £**2 825** - **$4,580**

LAPAYESE DEL RIO José 1926 [2]
- Puerta de Alcalá - Oleo/lienzo (73x100cm-29x39in) Madrid 90 .... FF**10 800** - £**1 164** - **$1,905**

LAPAYESE Ramón 1928 [7]
- Consejos - Oleo/lienzo (22x33cm-9x13in) Madrid 94 .... FF**3 110** - £**357** - **$532**

LAPCHINE Georges 1885-1951 [10]
- Terrasse fleurie sur la Méditerranée - Huile/toile (60x73cm-24x29in) Calais 92 ...... FF**10 000** - £**1 027** - **$1,923**
- Maison sur le port - Pastel (54x73cm-21x29in) Versailles 90 .... FF**8 500** - £**910** - **$1,478**

LAPERRIERE de Gaston 1848-? [1]
- Estivants sur la plage - Huile/toile (46x55cm-18x22in) Paris 94 .... FF**5 200** - £**625** - **$968**

LAPEYRE Edmond Edouard 1880-1960 [3]
- The cooks - Oil/canvas (96x160cm-38x63in) London 95... FF**51 300** - £**6 500** - **$10,320**

LAPEYRE Lucien XIX-XX [4]
- Le port de La Rochelle - Huile/panneau (19x24cm-7x9in) Saint-Dié 92 .... FF**3 200** - £**372** - **$653**
- Élégantes sur la falaise - Huile/toile (38x72cm-15x28in) Lyon 96 .... FF**62 000** - £**7 470** - **$11,900**

LAPEYRIERE de Evan [1]
- Eliane petit dite La Villéon - Bronze (50x23x40cm-20x9x16in) Paris 94 .... FF**9 000** - £**921** - **$1,620**

LAPICQUE Charles 1898-1988 [421]
- Bassin de Saint-Marc - Huile/toile (81x130cm-32x51in) Rambouillet 91 .... FF**1** - £**133 168** - **$242,718**
- Maison à Bréa - Acrylique/papier/toile (50x65cm-20x26in) Paris 97 .... FF**20 000** - £**2 128** - **$3,480**
- La fuite de St. Pierre - Huile/toile (60x73cm-24x29in) Paris 96 .... FF**40 000** - £**5 170** - **$7,920**
- Le Départ pour la chasse - Huile/toile (81x100cm-32x39in) Paris 95 .... FF**76 000** - £**9 730** - **$15,300**
- Ostie - Huile/toile (73x100cm-29x39in) Paris 97 .... FF**120 000** - £**12 684** - **$20,592**
- La Rivière bretonne - Huile/toile Rambouillet 93 .... FF**360 500** - £**43 400** - **$65,500**

Composition - Lithographie Saint-Dié 93.. FF*3 000* - £*346* - **$518**

🔒 St. Georges terrassant le dragon - Metal (57cm-22in) New-York 92..................... FF*14 380* - £*1 456* - **$2,600**

Coeur de Lion - Métal (120cm-47in) Lyon 96.. FF*50 000* - £*6 430* - **$9,900**

✏ Joyeuse rencontre - Encre (27x20cm-11x8in) Paris 96.. FF*8 000* - £*1 037* - **$1,568**

Mer, tourelles et rochers - Aquarelle/papier (34x27cm-13x11in) Paris 95.............. FF*12 500* - £*1 557* - **$2,446**

Composition - Gouache (62x48cm-24x19in) Douai 92... FF*26 000* - £*2 660* - **$4,580**

La rencontre - Pastel (63x48cm-25x19in) Rambouillet 91.. FF*70 000* - £*7 171* - **$13,069**

LAPIDOTH Maurits Constantin 1868-1930 [2]

✏ Peasant woman in the fields - Wash (26x37cm-10x15in) Amsterdam 90................. FF*3 015* - £*304* - **$591**

LAPIERRE-RENOUARD Paul Marie 1854-? [1]

🖼 Chrysanthèmes dans un vase - Huile/toile (73x60cm-29x24in) Châlons-sur-Marne 89.............. FF*7 800* - £*822* - **$1,313**

LAPINE Christian Andreas G. 1868-1952 [16]

🖼 Two Chums, Whitevale - Oil/board (51x61cm-20x24in) Toronto 96......................... FF*5 700* - £*726* - **$1,097**

LAPINI Cesare 1848-1888 [21]

🔒 La Filatrice pompeiana - Marble (60cm-24in) London 97....................................... FF*35 316* - £*3 800* - **$6,208**

Ninfa e Cupido - Marble (127cm-50in) New-York 97.. FF*222 476* - £*23 981* - **$39,000**

LAPIRA Gioacchino XIX-XX [2]

✏ Notturno ad Amalfi - Tempera/carta (70x50cm-28x20in) Roma 95.......................... FF*19 300* - £*2 470* - **$3,965**

LAPIS Gaetano 1706-1758 [2]

🖼 A Turk wearing a red waistcoat - Oil/canvas (47x42cm-19x17in) London 96.......... FF*27 800* - £*3 600* - **$5,560**

LAPITO Louis Auguste 1803-1874 [8]

🖼 Pêcheurs dans un paysage de montagne - Huile/toile (32x40cm-13x16in) Paris 97... FF*19 000* - £*2 006* - **$3,283**

LAPLACE Jacques 1890-1955 [1]

✏ La route du château - Fusain (23x30cm-9x12in) Lyon 91...................................... FF*1 800* - £*181* - **$312**

LAPLANCHE Pierre Albert, sculp 1854-? [3]

🔒 Sanglier - Bronze (16x19x11cm-6x7x4in) Paris 93.. FF*3 000* - £*349* - **$522**

Stag & doe beside a stream - Bronze (45cm-18in) London 92................................. FF*15 600* - £*1 600* - **$2,896**

LAPLANCHE Pierre, sculp. ?-1873 [1]

🔒 Chiens malinois au repos - Bronze (30x37cm-12x15in) Paris 96.......................... FF*6 000* - £*761* - **$1,150**

LAPORTA ASTORT Ramón 1888-1936 [1]

🖼 Grapes and apples in a basket - Oil/canvas (80x65cm-31x26in) London 96.......... FF*28 330* - £*3 500* - **$5,470**

LAPORTE Émile 1858-1907 [15]

🔒 A Gallic warrior - Bronze (84cm-33in) Amsterdam 93... FF*3 920* - £*468* - **$754**

A boy with a rooster - Bronze (97cm-38in) New-York 96... FF*21 640* - £*2 710* - **$4,200**

LAPORTE Émile Henri 1841-1919 [3]

🖼 Femme turque allongée - Huile/toile (27x45cm-11x18in) Paris 96........................ FF*45 000* - £*5 640* - **$8,700**

LAPORTE George Henry 1799-1873 [9]

🖼 Gone Away - Oil/canvas (60x69cm-24x27in) New-York 96.................................... FF*67 800* - £*7 850* - **$13,000**

LAPORTE Georges 1926 [85]

🖼 Le Pô - Huile/toile (60x81cm-24x32in) Paris 96... FF*7 500* - £*933* - **$1,455**

Rivages bretons - Huile/toile (38x46cm-15x18in) Calais 97.................................. FF*13 000* - £*1 392* - **$2,279**

Bouquet de chardons - Huile/toile (148x90cm-58x35in) Chalon-sur-Saône 93...... FF*32 000* - £*3 645* - **$5,420**

LAPORTE John 1761-1839 [12]

🖼 The Neath Valley, Glamorgan - Oil/panel (21x31cm-8x12in) London 95.............. FF*4 120* - £*520* - **$826**

✏ Canterbury Cathedral - Watercolour (40x55cm-16x22in) London 95................... FF*10 800* - £*1 400* - **$2,210**

LAPORTE Marcellin 1839-? [1]

🖼 Jeune femme aux oiseaux - Huile/toile (211x131cm-83x52in) Bourg-en-Bresse 89... FF*130 000* - £*13 699* - **$21,886**

LAPORTE-BLAISIN Léo L.-Blairsy 1865-1923 [9]

🔒 Peacock girl - Bronze (54cm-21in) London 96... FF*21 100* - £*2 500* - **$4,115**

La Fée au Coffret - Bronze (47cm-19in) New-York 93... FF*58 200* - £*6 690* - **$10,000**

LAPOSTOLET Charles 1824-1890 [21]

🖼 Le ramassage du goémon - Huile/toile (27x40cm-11x16in) Paris 95.................... FF*19 000* - £*2 470* - **$3,890**

The Seine at Rouen - Oil/canvas (31x44cm-12x17in) London 90........................... FF*38 700* - £*3 998* - **$6,837**

Voiliers à quai - Huile/toile (160x130cm-63x51in) Paris 90................................... FF*150 000* - £*15 496* - **$26,502**

LAPOUJADE Robert 1921 [11]

🖼 Baigneuse nue - Huile/toile (190x80cm-75x31in) Toulouse 96............................ FF*16 000* - £*1 940* - **$3,110**

✏ Composition aux personnages
   Aquarelle/papier (24x31cm-9x12in) Saint-Germain-en-Laye 96........................... FF*2 100* - £*270* - **$417**

LAPRADE Albert 1883-1978 [1]

✏ Patio au Maroc - Aquarelle, gouache (49x66cm-19x26in) Pontoise 95................ FF*18 000* - £*2 365* - **$3,695**

LAPRADE Pierre 1875-1932 [130]

🖼 Nature morte - Huile/toile (38x46cm-15x18in) Paris 92..................................... FF*8 000* - £*955* - **$1,540**

Fleurs des champs - Huile/toile (73x54cm-29x21in) Paris 97............................... FF*25 000* - £*2 728* - **$4,370**

Nature morte au bouquet - Huile/toile (92x65cm-36x26in) Paris 96..................... FF*65 000* - £*8 400* - **$12,870**

Les Tuileries - Oil/canvas (55x43cm-22x17in) London 90.................................... FF*145 300* - £*15 657* - **$25,626**

Elégante au divan - Huile/toile (73x92cm-29x36in) Paris 89................................ FF*480 000* - £*49 080* - **$77,170**

🖳 La femme à l'estampe - Lithographie Paris 97.. FF*2 000* - £*215* - **$345**

✏ Paysage d'Italie - Aquarelle, gouache (42x32cm-17x13in) Paris 93................... FF*5 200* - £*627* - **$946**

Jeune fille - Watercolour/paper (65x53cm-26x21in) London 94.......................... FF*12 550* - £*1 500* - **$2,345**

LAPS de Theodore 1895-? [14]

🖼 Paysage hivernal - Huile/toile (30x39cm-12x15in) Bruxelles 92....................... FF*3 650* - £*374* - **$643**

LAQUAY Albert XX [3]

🖼 Chemin sous la neige - Huile/toile (27x35cm-11x14in) Rouen 92...................... FF*2 000* - £*205* - **$352**

LAQUY Joseph Willem 1738-1798 [5]
- Woman spinning in an interior - Oil/panel (53x42cm-21x17in) London 92 .... FF**33 100** - £**3 400** - **$6,360**
- ✎ Figures making Music/Figures - Ink (28x39cm-11x15in) London 97 .... FF**13 270** - £**1 400** - **$2,277**

LARA Georgina XIX [24]
- Figures outside an inn - Oil/canvas (2x30cm-1x12in) London 96 .... FF**17 030** - £**2 000** - **$3,350**
- Country life in a village - Oil/canvas (50x76cm-20x30in) London 92 .... FF**29 300** - £**3 500** - **$5,640**

LARA Laetitia 1957 [2]
- 🗿 Femme accroupie - Bronze (33x25x25cm-13x10x10in) Paris 92 .... FF**19 000** - £**1 950** - **$3,654**
- Couple étiré - Bronze (33x26x47cm-13x10x19in) Paris 91 .... FF**36 000** - £**3 637** - **$7,147**

LARA Percy Leslie 1871-? [2]
- The Cornfield - Oil/canvas (51x61cm-20x24in) Montréal 93 .... FF**10 030** - £**1 137** - **$1,692**

LARCHÉ Raoul Fr. 1860-1912 [92]
- Berck, la Croix d'Or - Huile/toile (55x35cm-22x14in) Paris 90 .... FF**3 200** - £**332** - **$562**
- Tête d'enfant et poupée - Huile/carton (27x22cm-11x9in) Paris 90 .... FF**3 300** - £**342** - **$580**
- 🗿 Jésus devant les docteurs - Bronze (39cm-15in) Paris 96 .... FF**3 600** - £**466** - **$713**
- Enfants jouant dans les herbes - Bronze (16x32x36cm-6x13x14in) Paris 95 .. FF**11 000** - £**1 415** - **$2,270**
- Deux faunes jouant - Bronze (51cm-20in) Lyon 95 .... FF**32 000** - £**4 040** - **$6,410**
- Loie Füller - Sculpture (46cm-18in) London 96 .... FF**139 200** - £**16 500** - **$27,160**
- La Mer - Argent. Surtout de table. Fonte "Siot" (75x33x80cm-30x13x31in) Lyon 91 ..... FF**280 000** - £**28 200** - **$49,500**
- ✎ Buste de Christ - Crayon/papier (19x19cm-7x7in) Paris 90 .... FF**5 000** - £**518** - **$879**

LARCHER Albert 1894-1991 [1]
- Paysage breton, Tréboul - Huile/carton (65x50cm-26x20in) Brest 89 .... FF**8 000** - £**843** - **$1,347**

LARCHER Jules 1849-? [3]
- Peaches in a Dresden tazza - Oil/canvas (80x64cm-31x25in) London 94 .... FF**127 000** - £**15 000** - **$22,800**

LARCHEVEQUE André 1923 [4]
- Herbes jaunes - Huile/toile (33x43cm-13x17in) Montréal 94 .... FF**4 370** - £**504** - **$753**

LARDERA Berto 1911 [9]
- 🖼 Komposition - Color lithograph (73x53cm-29x21in) München 96 .... FF**1 677** - £**218** - **$332**

LARDEUR Raymond 1908-1973 [17]
- Jaune et mauve - Huile/toile (89x116cm-35x46in) Versailles 91 .... FF**3 200** - £**323** - **$566**

LARDY François Guillaume 1749-1812 [2]
- 🖼 L'heureuse famille bernoise - Color lithograph (18x14cm-7x6in) Bern 92 .... FF**2 420** - £**247** - **$426**
- ✎ Chemin de Julie, Ermanville, Savoie - Wash (23x23cm-9x9in) Zürich 94 .... FF**2 805** - £**330** - **$537**

LARGILLIERE de Nicolas 1656-1746 [44]
- Comtesse de Coullonges - Huile/toile (138x106cm-54x42in) Paris 97 .... FF**363 000** - £**39 785** - **$63,707**
- Comtesse de Montsoreau as Diana
  Oil/canvas (144x112cm-57x44in) New-York 95 .... FF**2 93e +06** - £**251 000** - **$390,000**

LARIDZE Levane 1958 [6]
- Joseph - Huile/toile (40x35cm-16x14in) Paris 90 .... FF**8 000** - £**851** - **$1,431**

LARIJ Jan 1879-1962 [5]
- A road in the Kampong - Oil/canvas (71x110cm-28x43in) Amsterdam 93 .... FF**5 610** - £**643** - **$956**

LARIJ Johanna 1881-1941 [1]
- Stilleben mit Chianti-Flasche - Öl/Leinwand (43x54cm-17x21in) Lindau 94 ..... FF**5 650** - £**656** - **$974**

LARIONOV Michel 1881-1964 [111]
- Nature morte - Huile/isorel (23x33cm-9x13in) Paris 95 .... FF**3 200** - £**387** - **$602**
- Still life with fish - Oil/board (23x36cm-9x14in) London 97 .... FF**9 524** - £**1 000** - **$1,638**
- A sleeping nude - Oil/canvas/board (45x60cm-18x24in) London 97 .... FF**26 667** - £**2 800** - **$4,586**
- Autoportrait - Huile/toile (98x102cm-39x40in) Paris 92 .... FF**270 000** - £**27 630** - **$47,500**
- 🖼 Peacock - Color lithograph (50x32cm-20x13in) New-York 92 .... FF**2 940** - £**342** - **$600**
- ✎ Nu debout - Gouache (27x21cm-11x8in) Paris 95 .... FF**3 100** - £**392** - **$622**
- Nature morte - Aquarelle (25x32cm-10x13in) Paris 97 .... FF**6 000** - £**652** - **$1,063**
- A nude with a cat - Watercolour (56x36cm-22x14in) London 97 .... FF**12 381** - £**1 300** - **$2,129**
- Pears and a fish - Watercolour/paper (24x32cm-9x13in) London 97 .... FF**19 048** - £**2 000** - **$3,276**
- Apollinaire écrivant - Encre (22x28cm-9x11in) Paris 94 .... FF**34 000** - £**3 930** - **$5,870**
- Rayonnisme - Gouache/board (50x50cm-20x20in) London 94 .... FF**117 700** - £**14 000** - **$21,530**

LARISCH Karol 1902-1935 [1]
- Picnic in the woods - Oil/cardboard (87x140cm-34x55in) Warszawa 96 .... FF**40 450** - £**5 110** - **$7,780**

LARIVE-GODEFROY de Pierre Louis 1735-1817 [2]
- Phantastische Landschaft - Oil/canvas (52x69cm-20x27in) Luzern 93 .... FF**96 700** - £**9 880** - **$17,030**

LARKIN William XVI-XVII [2]
- Portrait of a Lady - Oil/panel (102x91cm-40x36in) New-York 96 .... FF**182 000** - £**23 150** - **$35,000**

LARMESSIN Nicolas IV 1684-1753 [5]
- 🖼 Le Cocu battu et content... - Engraving Heidelberg 94 .... FF**2 740** - £**318** - **$472**

LARMON Kevin 1955 [17]
- Multiplication Broken & Restored - Mixed media/canvas (36x38cm-14x15in) Stockholm 94 .... FF**4 285** - £**503** - **$763**

LAROCHE Fernando c.1870-? [3]
- Calle Central, Santiago de Chile - Oil/canvas (36x56cm-14x22in) London 96 ..... FF**44 100** - £**5 500** - **$8,520**

LAROCHE Robert XX [6]
- Thoniers et barques vers Concarneau - Huile/toile (50x100cm-20x39in) Quimper 97 ..... FF**8 500** - £**910** - **$1,490**
- Concarneau - Huile/toile (53x92cm-21x36in) Paris 90 .... FF**10 000** - £**1 018** - **$2,000**

LAROCK Evert 1865-1901 [1]
- Ferme au bord de la rivière - Huile/panneau (32x40cm-13x16in) Bruxelles 89 ..... FF**13 800** - £**1 373** - **$2,180**

L

LAROON Marcellus, Jr. 1679-1772 [1]
Sportsman greeting a lady - Oil/canvas (53x34cm-21x13in) London 93 .... FF20 920 - £2 400 - **$3,550**
LAROON Marcellus, Sr. 1653-1702 [1]
Figure drawings - Ink/paper (8x5cm-3x2in) London 92 .... FF11 720 - £1 200 - **$2,064**
LAROSE Ludger 1865-1915 [1]
Jeune femme à la guitare - Huile/toile (50x40cm-20x16in) Montréal 90 .... FF11 800 - £1 201 - **$2,360**
LAROT Dina 1943 [4]
Mädchen im Sari - Ol/Leinwand (135x59cm-53x23in) Wien 96 .... FF12 220 - £1 587 - **$2,393**
Liegendes Mädchen - Black chalk (41x61cm-16x24in) Wien 95 .... FF4 440 - £571 - **$903**
LARRAGA Y MONTANER Andrés 1862-1931 [3]
Alegría gitana - Oleo/tabla (85x117cm-33x46in) Madrid 96 .... FF24 130 - £3 000 - **$4,680**
LARRAIN Sergio 1931 [2]
Santiago, Chile - Gelatin silver print (36x20cm-14x8in) London 94 .... FF4 090 - £480 - **$716**
LARRAÑAGA de Enrique 1900-1956 [2]
Ermita - Oil/canvas (97x110cm-38x43in) Madrid 89 .... FF17 600 - £1 800 - **$2,830**
LARRAZ Julio 1944 [26]
The Couple - Oil/canvas (59x79cm-23x31in) New-York 93 .... FF112 300 - £12 750 - **$19,000**
The big Watermelon - Oil/canvas (153x183cm-60x72in) New-York 97 .... FF286 370 - £30 525 - **$50,000**
Phobos & Deimos - Oil/canvas (226x206cm-89x81in) New-York 95 .... FF434 000 - £54 100 - **$85,000**
Sunset - Watercolour/paper (46x61cm-18x24in) New-York 97 .... FF51 664 - £5 486 - **$9,000**
LARREGIEU Fulbert Pierre ?-1886 [1]
Un bloodhound se grattant - Bronze (13cm-5in) Paris 93 .... FF9 500 - £1 067 - **$1,610**
LARRICHIA Vincenzo 1940 [8]
Le petit pêcheur - Huile/toile (40x50cm-16x20in) Le Mans 92 .... FF4 600 - £473 - **$885**
LARRIEU Gaston 1908-1983 [4]
Paysage de rivière - Huile/toile (97x130cm-38x51in) Paris 92 .... FF8 000 - £820 - **$1,410**
LARRIEU Jean-François 1960 [3]
Rêve dans la danseuse - Huile/toile (74x100cm-29x39in) Calais 92 .... FF11 500 - £1 177 - **$2,255**
LARRINAGA Mario 1895-1979 [1]
Gilded Ghetto (San Francisco)
Oil/board (76x61cm-30x24in) San Francisco-Los Angeles 93 .... FF7 150 - £897 - **$1,300**
LARRIVAZ Dominique/Frigo 6 1961 [6]
Grappe no.7 - Technique mixte (190x120cm-75x47in) Verrières-Le-Buisson 89 .... FF5 000 - £527 - **$842**
LARROQUE Angel 1874-1961 [1]
Dama con nina - Oleo/lienzo (210x140cm-83x55in) Madrid 90 .... FF37 800 - £4 021 - **$6,762**
LARROQUE Robert XX [3]
Ce souvenir - Huile/toile (55x46cm-22x18in) Entzheim 95 .... FF2 000 - £255 - **$403**
LARROUX Antonin 1859-1913 [2]
Buste de femme - Bronze (16cm-6in) Paris 93 .... FF1 500 - £173 - **$258**
Faneuse - Bronze (42cm-17in) Bruxelles 90 .... FF5 510 - £561 - **$1,102**
LARRUE Guillaume 1851-? [3]
Interior view of Versailles - Oil/canvas (61x43cm-24x17in) New-York 90 .... FF4 900 - £493 - **$891**
LARRUMBIDE Alberto XX [2]
Aguadora - Miniature (9x7cm-4x3in) Madrid 92 .... FF10 880 - £1 300 - **$2,093**
LARSEK Eva [2]
Great tit by a nest on a ledge - Oil/copper (19x24cm-7x9in) London 92 .... FF2 150 - £220 - **$379**
LARSEN Adolph 1856-1942 [19]
Sommertag in Dänemark - Oil/board (42x60cm-17x24in) Köln 90 .... FF5 400 - £578 - **$939**
A winter's day - Oil/canvas (125x158cm-49x62in) London 94 .... FF42 300 - £5 000 - **$7,600**
LARSEN Alfred 1860-1946 [11]
Die Wasserträgerinnen - Oil/canvas (50x70cm-20x28in) Ahlden 91 .... FF8 110 - £823 - **$1,465**
LARSEN Emanuel 1823-1859 [20]
Marine - Oil/canvas (27x37cm-11x15in) Köbenhavn 96 .... FF2 674 - £347 - **$535**
Marine, Kronborg - Oil/canvas (30x47cm-12x19in) Köbenhavn 95 .... FF11 520 - £1 470 - **$2,267**
Skibe i Sundet udfor Kronborg - Oil/canvas (83x118cm-33x46in) Köbenhavn 94 .... FF60 700 - £7 310 - **$11,250**
LARSEN Erik 1902-1965 [3]
Der Flic und die Verkehrssünder - Ol/Leinwand (53x68cm-21x27in) Frankfurt 93 .... FF2 035 - £243 - **$392**
LARSEN Ferdinand 1830-1892 [1]
Abendliche Flußlandschaft - Oil/canvas (28x50cm-11x14in) Ahlden 91 .... FF7 430 - £754 - **$1,342**
LARSEN Hugo Valdemar 1875-1950 [3]
Stående nøgen kvinde ved en skovsø - Oil/canvas (85x62cm-33x24in) Vejle 94 .... FF2 610 - £307 - **$465**
LARSEN Johannes 1867-1961 [93]
Coastal landscape - Oil/canvas (46x57cm-18x22in) Aalborg 96 .... FF10 550 - £1 252 - **$2,060**
Sneppe i skov - Oil/canvas (66x80cm-26x31in) Köbenhavn 94 .... FF26 300 - £3 153 - **$5,110**
Lettende gråaender - Oil/canvas (98x158cm-39x62in) Köbenhavn 92 .... FF70 400 - £7 200 - **$14,660**
LARSEN Jörgen 1851-1910 [1]
Napolitansk mandolinspelare - Bronze (27cm-11in) Stockholm 90 .... FF4 200 - £447 - **$751**
LARSEN Karl 1897-1977 [53]
Opstilling - Oil/canvas (54x65cm-21x26in) Köbenhavn 94 .... FF5 260 - £631 - **$1,022**
An afternoon walk - Oil/canvas (44x144cm-17x57in) London 96 .... FF32 400 - £4 200 - **$6,400**
LARSEN Knud 1865-1922 [28]
Three children - Oil/canvas (38x44cm-15x17in) Köbenhavn 96 .... FF7 010 - £890 - **$1,344**
Legende småpiger på stranden - Oil/canvas (42x66cm-17x26in) Köbenhavn 96 .... FF26 730 - £3 460 - **$5,350**

LARSEN Oskar 1882-1972 [71]
- Stürmische Nacht - Mischtechnik/Karton (73x103cm-29x41in) Wien 96 .... FF6 720 - £815 - $1,307
- Leidenschaft - Öl/Leinwand (95x95cm-37x37in) Wien 94 .... FF10 670 - £1 236 - $2,020
- Weiblicher Akt - Öl/Leinwand (120x100cm-47x39in) Wien 95 .... FF32 040 - £3 835 - $6,100
- Überfall - Mischtechnik/Papier (37x54cm-15x21in) Wien 97 .... FF7 167 - £762 - $1,236
- Blumenstrauss - Mixed media/paper (24x16cm-9x6in) Wien 94 .... FF13 600 - £1 596 - $2,423

LARSEN Otto 1889-? [1]
- Harvested wheat - Oil/canvas (66x76cm-26x30in) New-York 93 .... FF2 950 - £336 - $500

LARSEN Peder 1898-1956 [1]
- Vandreudstillingen - Oil/canvas (120x150cm-47x59in) København 96 .... FF2 476 - £322 - $491

LARSEN Peter Julius 1818-1852 [5]
- En fisker, 1846 - Oil/canvas (60x50cm-24x20in) København 90 .... FF13 200 - £1 368 - $2,320

LARSEN Sally XX [4]
- Kyoto pond, Japan - Orotone (68x101cm-27x40in) New-York 91 .... FF22 800 - £2 297 - $3,956

LARSEN STEVNS Niels 1864-1941 [37]
- Vejen ved Christiansdal - Oil/canvas (50x70cm-20x28in) København 92 .... FF10 560 - £1 080 - $1,860
- Coastal landscape, Gudhjem - Oil/canvas (64x103cm-25x41in) København 95 .... FF46 850 - £5 750 - $9,120
- Figurkomposition - Watercolour (46x58cm-18x23in) København 94 .... FF5 260 - £631 - $1,022

LARSEN-SAERSLØV Frederik 1870-1942 [3]
- Sø med åkander - Oil/canvas (30x52cm-12x20in) København 93 .... FF5 690 - £680 - $1,094

LARSON Amy Gessner 1954 [3]
- Fisher King, a pelican - Watercolour (59x40cm-23x16in) London 95 .... FF7 670 - £1 000 - $1,590

LARSON Lars 1915 [1]
- Flicka i kjol - Bronze (27cm-11in) Malmö 96 .... FF2 245 - £266 - $438

LARSSEN Ansgar 1897-1967 [2]
- Mann med trekkspill - Oil/canvas (57x49cm-22x19in) Oslo 91 .... FF9 550 - £962 - $1,657

LARSSON Åke Waldemar 1913 [3]
- Kvarteret Korpen, Spångatan 1 - Oil/panel (54x72cm-21x28in) Malmö 96 .... FF2 940 - £349 - $574

LARSSON Albert 1869-1952 [4]
- Nature morte, 1888 - Oil/canvas (79x55cm-31x22in) København 90 .... FF4 400 - £463 - $765

LARSSON Bo 1945 [3]
- Forsande vatten - Oil/canvas (34x41cm-13x16in) Stockholm 91 .... FF4 530 - £464 - $846
- Fönsterutsikt, 1972 - Oil/canvas (55x46cm-22x18in) Stockholm 89 .... FF19 700 - £2 076 - $3,317

LARSSON C.O. 1887-1962 [19]
- Stortorget, Malmö - Oil/canvas (35x29cm-14x11in) Malmö 93 .... FF2 896 - £365 - $548

LARSSON Carl 1853-1919 [147]
- Vid kattegatt, Varberg - Oil/panel (44x79cm-17x31in) Stockholm 89 .... FF8 - £810 269 - $1
- Flickan i skogen - Akvarell, gouache/papper (47x61cm-19x24in) Stockholm 97 .... FF82 401 - £8 822 - $14,366
- The Witch's Daughter - Oil/canvas (144x80cm-57x31in) London 97 .... FF164 234 - £18 000 - $28,823
- Lillanna - Akvarell/papper (98x65cm-39x26in) Stockholm 97 .... FF449 460 - £48 120 - $78,360
- Falugården - Akvarell (52x74cm-20x29in) Stockholm 97 .... FF842 738 - £90 225 - $146,925
- Lektyr - Etching (19x14cm-7x6in) Malmö 96 .... FF4 940 - £641 - $968
- Ute blåser sommarvind - Color lithograph (27x99cm-11x39in) Stockholm 97 .... FF8 384 - £933 - $1,515
- Gamla muren, Grèz-sur-Loing - Akvarell (90x59cm-35x23in) Stockholm 92 .... FF1 - £183 500 - $295,400
- The still life painter - Wash (53x36cm-21x14in) London 90 .... FF2 - £311 081 - $505,304
- Hattprovningen - Akvarell (99x68cm-39x27in) Stockholm 89 .... FF5 - £512 239 - $813,270
- Sankta Birgitta - Wash (71x38cm-28x15in) Stockholm 96 .... FF16 340 - £1 863 - $3,130
- Anna-Stina - Watercolour (65x54cm-26x21in) Stockholm 95 .... FF154 500 - £20 200 - $31,400
- Say good afternoon! - Watercolour/paper (98x68cm-39x27in) Stockholm 97 .... FF373 400 - £39 800 - $65,200
- Flicka i halmhatt - Oil/canvas (58x48cm-23x19in) Stockholm 96 .... FF554 000 - £69 000 - $107,000
- Karin och Brita - Akvarell (69x102cm-27x40in) Stockholm 95 .... FF960 000 - £123 000 - $193,300

LARSSON David 1898-1976 [9]
- Dörrfiskare - Oil/panel (62x50cm-24x20in) Göteborg 93 .... FF4 560 - £518 - $772
- Coastal landscape, Hamburgsund - Gouache (47x61cm-19x24in) Göteborg 95 .... FF3 456 - £432 - $678

LARSSON Elvin 1913 [3]
- Reclining nude - Oil/canvas (70x85cm-28x33in) Stockholm 95 .... FF13 900 - £1 784 - $2,805

LARSSON Frans 1894-1957 [7]
- Parklandskap - Oil/paper (21x28cm-8x11in) Göteborg 91 .... FF2 170 - £216 - $373

LARSSON Gottfried 1875-1947 [1]
- Vattenbärerska - Bronze (26cm-10in) Stockholm 96 .... FF2 640 - £331 - $514

LARSSON Hans Osvald 1915-1973 [8]
- Zigenerskan - Oil/canvas (50x30cm-20x12in) Malmö 91 .... FF3 276 - £325 - $569

LARSSON Hans Sture 1910-1973 [23]
- Kristus - Oil/canvas (38x28cm-15x11in) Malmö 96 .... FF4 180 - £496 - $816
- Stilleben, 1936 - Oil/canvas (50x64cm-20x25in) Malmö 89 .... FF14 000 - £1 431 - $2,251
- Komposition med violin - Pastel (25x30cm-10x12in) Malmö 93 .... FF1 550 - £183 - $273

LARSSON Marcus 1825-1864 [38]
- Coast with storm - Oil/canvas (40x61cm-16x24in) Malmö 96 .... FF16 720 - £2 167 - $3,276
- Berglandskap - Oil/canvas (139x190cm-55x75in) Stockholm 97 .... FF74 910 - £8 020 - $13,060
- Skepp i storm - Oil/canvas (100x130cm-39x51in) Stockholm 90 .... FF196 600 - £21 185 - $34,674

LARSSON Osvald 1915-1973 [1]
- Landskap - Oil/board (35x20cm-14x8in) Stockholm 90 .... FF3 700 - £394 - $662

L

LARSSON Tage 1903 [2]
🏛 *Lidelse* - Bronze (24cm-9in) Stockholm 96 .... FF**4 920** - £636 - **$942**

LARSSON Virginia 1844-1893 [6]
✏ *Kyrkointeriör, Rom* - Akvarell (50x34cm-20x13in) Stockholm 94 .... FF**3 590** - £429 - **$670**
Klippigt strandparti - Akvarell (37x54cm-15x21in) Stockholm 94 .... FF**22 300** - £2 640 - **$4,120**

LARTEAU Albert François 1870-? [2]
✏ *Jeune femme assise, écrivant* - Sanguine (36x38cm-14x15in) Paris 94 .... FF**1 500** - £176 - **$295**

LARTIGUE André 1924-1993 [71]
🖼 *Le chemisier rouge* - Huile/toile (55x38cm-22x15in) Montauban 94 .... FF**6 200** - £738 - **$1,180**
✏ *Nu au miroir* - Pastel (47x38cm-19x15in) Montauban 94 .... FF**2 400** - £267 - **$416**

LARTIGUE Dany 1921 [43]
🖼 *Le poulailler* - Huile/toile (146x146cm-57x57in) Calais 97 .... FF**8 000** - £857 - **$1,402**
✏ *Place des Lys, Saint-Tropez* - Aquarelle, gouache (45x55cm-18x22in) Paris 94 .... FF**2 800** - £336 - **$531**

LARTIGUE Guy 1927 [5]
🏛 *Les trois colonnes* - Bronze (60x60x163cm-24x24x64in) Paris 89 .... FF**30 000** - £2 985 - **$4,739**

LARTIGUE Jacques Henri 1894-1986 [53]
🖼 *Bouquet* - Huile/toile (97x74cm-38x29in) Paris 92 .... FF**10 000** - £1 027 - **$1,923**
📷 *Sacha Guitry Jumping* - Gelatin silver print (23x18cm-9x7in) New-York 96 .... FF**9 320** - £1 152 - **$1,800**
Renée - Gelatin silver print (10x8cm-4x3in) New-York 96 .... FF**19 700** - £2 430 - **$3,800**

LARUE de Louis Félix 1720/31-1765 [30]
✏ *Moïse, Aaron et le Pharaon* - Encre (27x42cm-11x17in) Paris 97 .... FF**4 000** - £425 - **$691**
St Paul preaching in Athens - Ink (24x18cm-9x7in) London 97 .... FF**8 053** - £850 - **$1,382**

LARUE de Philibert Benoît 1718-1780 [4]
✏ *Vae Victis* - Dessin (35x52cm-14x20in) Paris 90 .... FF**4 000** - £409 - **$790**

LARUE Maurice 1861-1935 [1]
🖼 *Mon atelier* - Huile/toile (116x81cm-46x32in) Paris 88 .... FF**6 000** - £596 - **$1,047**

LARUS Eliane 1944 [20]
🖼 *Bonhomme au chien sur la tête* - Acrylique (130x34cm-51x13in) Paris 97 .... FF**8 000** - £860 - **$1,404**
Scène de rue - Acrylique/panneau (150x150cm-59x59in) Paris 90 .... FF**50 000** - £5 388 - **$8,818**
🏛 *Le porte-drapeau* - Sculpture (156x3x80cm-61x1x31in) Versailles 92 .... FF**16 000** - £1 910 - **$3,080**

LARWIN Johann Hans 1873-1938 [23]
🖼 *Life in the trenches* - Oil/paper/board (25x50cm-10x20in) New-York 92 .... FF**10 260** - £1 050 - **$1,900**

LAS HERAS de Gaetano 1859-1931 [1]
🖼 *Scène de café à Paris* - Huile/toile (54x65cm-21x26in) Le Touquet 90 .... FF**80 000** - £8 141 - **$15,999**

LASANSKY Mauricio 1914 [3]
🖼 *Spring* - Woodcut in colors (58x20cm-23x8in) Chicago 93 .... FF**3 300** - £414 - **$600**

LASARD L. Albert XIX-XX [2]
🖼 *Jacques de Ricaumont* - Huile/toile (54x42cm-21x17in) Neuilly 96 .... FF**2 500** - £312 - **$483**
Port scene, Berlin - Oil/canvas (68x93cm-27x37in) Tel Aviv 91 .... FF**37 050** - £3 719 - **$6,410**

LASCANO Juan 1947 [5]
🖼 *Despertar* - Oil/canvas (130x100cm-51x39in) New-York 95 .... FF**153 000** - £19 100 - **$30,000**

LASCARI Hilda Kristina 1886-1937 [1]
🏛 *Mother and Child* - Plaster (45cm-18in) San Francisco-Los Angeles 92 .... FF**3 900** - £466 - **$750**

LASCARI Salvatore 1884-? [1]
🖼 *Touch of the Southwest*
   Oil/canvas/board (82x96cm-32x38in) San Francisco-Los Angeles 92 .... FF**7 800** - £931 - **$1,500**

LASCAUX Elie 1888-1969 [34]
🖼 *Le pigeonnier* - Huile/toile (61x46cm-24x18in) Paris 96 .... FF**9 000** - £1 164 - **$1,766**
'Antonin Artaud - Huile/toile (92x65cm-36x26in) Paris 90 .... FF**80 000** - £8 565 - **$13,913**
✏ *Paysage* - Gouache/carton (66x48cm-26x19in) Saint-Germain-en-Laye 96 .... FF**3 000** - £376 - **$580**

LASCH Carl Johann 1822-1888 [4]
🖼 *Child* - Oil/canvas (38x32cm-15x13in) London 89 .... FF**36 800** - £3 662 - **$5,814**

LASELLAZ Gustave François 1848-1910 [1]
🖼 *Sur la plage, conversation galante* - Oil/canvas (24x33cm-9x13in) New-York 92 .... FF**34 900** - £3 530 - **$7,000**

LASH Lee 1864-1935 [3]
🖼 *Wall Street* - Oil/canvas (127x15cm-50x6in) New-York 89 .... FF**343 200** - £35 092 - **$55,177**

LASINIO Carlo 1750-1838 [2]
🖼 *Il Trionfo della Morte* - Engraving München 93 .... FF**2 120** - £251 - **$383**

LASINSKY August Gustav 1811-1870 [1]
🖼 *Trier* - Oil/canvas (82x120cm-32x47in) Amsterdam 97 .... FF**72 029** - £7 663 - **$12,533**

LASINSKY Johann Adolf 1808-1871 [3]
✏ *Burg am Neckar* - Ink (29x41cm-11x16in) Köln 94 .... FF**2 390** - £283 - **$430**

LASKARIDOU Sophia 1882-1965 [6]
✏ *Portrait of an old man* - Oil/canvas (79x63cm-31x25in) London 93 .... FF**26 340** - £3 000 - **$4,470**

LASKE Oskar 1874-1951 [145]
🖼 *Vase mit Dahlien* - Öl/Karton (36x31cm-14x12in) Wien 97 .... FF**23 890** - £2 540 - **$4,120**
Katastrophe - Öl/Leinwand (69x98cm-27x39in) Wien 95 .... FF**44 800** - £5 680 - **$9,020**
Speisung der fünf Tausend - Öl/Leinwand (100x120cm-39x47in) Wien 96 .... FF**240 500** - £30 140 - **$47,000**
Vogelpredigt des Hl. Franz von Assisi
   Tecnica mista/tela (110x130cm-43x51in) Wien 89 .... FF**432 000** - £45 522 - **$72,727**
✏ *Dalmatien* - Mischtechnik/Papier (28x38cm-11x15in) Wien 97 .... FF**6 714** - £708 - **$1,161**
Bacharach am Rhein - Gouache/papier (39x45cm-15x18in) Wien 95 .... FF**15 840** - £2 012 - **$3,153**
Rehe auf einer Waldlichtung - Aquarelle, gouache/papier (49x35cm-19x14in) Wien 94 .... FF**24 250** - £2 810 - **$4,590**
Wien, St. Stefan - Gouache/papier (47x37cm-19x15in) Wien 96 .... FF**73 100** - £9 480 - **$14,450**

Aus dem Wurstelprater - Gouache/papier (54x37cm-21x15in) Wien 96............... FF*121 800* - £15 800 - **$24,100**

LASKE-KESSELBAUER Elisabeth 1884-1975 [10]
🖼 *Still life* - Oil/canvas (60x45cm-24x18in) Wien 96............... FF*19 600* - £2 537 - **$3,920**
✎ *Blumenstrauss* - Aquarell/Papier (22x16cm-9x6in) Wien 97............... FF*2 398* - £253 - **$415**
✎ *Wiesenblumen* - Aquarell/Papier (48x36cm-19x14in) Wien 96............... FF*7 800* - £1 012 - **$1,542**

LASKER Jonathan 1948 [13]
🖼 *Landscape with Blob* - Oil/canvas (76x61cm-30x24in) New-York 96............... FF*38 400* - £4 560 - **$7,500**
Standards of expression - Oil/canvas (152x213cm-60x84in) New-York 92............... FF*147 700* - £15 100 - **$26,000**
✎ *Untitled* - Charcoal (76x56cm-30x22in) New-York 93............... FF*14 680* - £1 682 - **$2,500**

LASKER-SCHÜLER Else 1876-1945 [2]
🖾 *Jussuf modelliert seine Mutter* - Lithographie (24x15cm-9x6in) München 93............... FF*4 850* - £546 - **$818**
✎ *Nicodemus, c.1923* - Ink (25x15cm-10x6in) Bern 90............... FF*97 500* - £10 072 - **$17,226**

LASKOWSKI François, Franz 1869-1918 [6]
🖾 *Noël de Pierrot* - Poster (140x87cm-55x34in) New-York 94............... FF*13 660* - £1 668 - **$2,600**

LASNE Jean 1911-1940 [3]
🖼 *Femme rousse assise* - Huile/toile (80x58cm-31x23in) Düsseldorf 95............... FF*20 950* - £2 664 - **$4,254**

LASNIER Jean-Maurice 1922 [11]
🖼 *Hésitation* - Technique mixte/toile (81x100cm-32x39in) Paris 92............... FF*2 800* - £334 - **$539**

LASOCKI Kazimierz 1871-1952 [2]
🖼 *Jardin en fleurs* - Oil/panel (59x79cm-23x31in) Warszawa 93............... FF*16 230* - £1 660 - **$2,690**

LASS Jan 1890-?
🖼 *Kirche in Keitum, Küstenlandschaft* - Öl/Leinwand (90x110cm-35x43in) Bremen 95............ FF*10 330* - £1 338 - **$2,103**

LASSALE Pierre 1939 [25]
🖼 *Honfleur, la Lieutenance* - Huile/isorel (33x41cm-13x16in) Versailles 91............... FF*3 000* - £298 - **$521**

LASSALLE Camille L. Cabaillot 1839-? [2]
🖼 *At the Birdseller's* - Oil/canvas (56x46cm-22x18in) London 94............... FF*114 200* - £13 500 - **$20,500**

LASSALLE Louis S. Cabaillot 1810-? [3]
🖼 *At the village pump* - Oil/panel (34x25cm-13x10in) Billinghurst, West Sussex 91............... FF*13 460* - £1 340 - **$2,315**

LASSALLE-BORDES Gustave 1814-1886 [1]
🖼 *Le Jardin d'Eden* - Huile/toile (160x220cm-63x87in) Provins 94............... FF*31 000* - £3 704 - **$5,790**

LASSAW Ibram 1913 [2]
🗿 *Enclave* - Bronze (33cm-13in) New-York 91............... FF*17 100* - £1 723 - **$2,967**
✎ *Black Ink* - Ink/paper (33x40cm-13x16in) New-York 90............... FF*6 050* - £609 - **$1,185**

LASSEN Aksel Martin 1869-1946 [1]
🖼 *Pastoral view* - Huile/toile (31x43cm-12x17in) Québec 89............... FF*2 400* - £253 - **$404**

LASSEN Hans August 1857-? [8]
🖼 *Die knifflige Schachpartie* - Öl/Leinwand (36x48cm-14x19in) Frankfurt 97............... FF*10 125* - £1 091 - **$1,778**

LASSEN Käte 1880-1956 [4]
🖼 *Frau in Landschaft* - Öl/Leinwand (80x44cm-31x17in) Hamburg 95............... FF*24 530* - £3 110 - **$4,940**
✎ *Weite Landschaft mit Bauernhof* - Aquarell/Papier (25x18cm-10x7in) Hamburg 94............... FF*2 043* - £238 - **$354**

LASSENCE de Paul 1886-1962 [5]
🖼 *Deux vues de Paris* - Huile/toile (36x48cm-14x19in) Bruxelles 91............... FF*4 610* - £465 - **$800**

LASSNIG Maria 1919 [33]
🖼 *Büste* - Öl/Karton (48x68cm-19x27in) Wien 95............... FF*162 000* - £20 200 - **$32,700**
✎ *Selbst in Griechenland* - Aquarell/Papier (47x65cm-19x26in) Wien 93............... FF*18 600* - £2 105 - **$3,140**
Der Nabel der Welt - Mischtechnik/Papier (60x85cm-24x33in) Wien 95............... FF*49 000* - £6 340 - **$9,960**

LASSUS Jean-Baptiste 1807-1857 [1]
✎ *Palais des Tuileries, côté jardin* - Aquarelle (38x48cm-15x19in) Paris 93............... FF*27 000* - £3 253 - **$4,910**

LAST de Carel 1808-1876 [1]
🖾 *Vier Tierstudien* - Farblithographie (32x47cm-13x19in) München 90............... FF*1 632* - £167 - **$322**

LAST Hendrik Willem 1818-? [1]
🖼 *Femme de pêcheur* - Huile/panneau (25x32cm-10x13in) Tongeren 91............... FF*7 130* - £720 - **$1,415**

LASTOTSCHKINE Sergeï 1922-1992 [2]
🖼 *Le long du fleuve* - Huile/toile (64x79cm-25x31in) Bruxelles 92............... FF*10 510* - £1 223 - **$2,146**

LASZCZKA Konstanty 1865-1956 [1]
🗿 *Josef Korzeniowskiego* - Bronze (43cm-17in) Warszawa 96............... FF*10 240* - £1 294 - **$2,045**

LASZENKO Aleksander 1883-1944 [1]
🖼 *Ploughing, Memnon Colosseum* - Oil/canvas (142x217cm-56x85in) Warszawa 93............... FF*17 540* - £1 885 - **$3,030**

LASZLO DE LOMBOS Philip Alexius 1869-1937 [19]
🖼 *Mrs. Alfred Harmsworth* - Oil/board (92x71cm-36x28in) London 95............... FF*15 060* - £2 000 - **$3,104**
Georgina Henschel - Oil/board (75x52cm-30x20in) London 94............... FF*46 900* - £5 500 - **$8,200**
Dame Gwen Ffrangcon - Oil/canvas (91x71cm-36x28in) London 92............... FF*166 000* - £17 000 - **$29,240**

LATAPIE Louis 1891-1972 [210]
🖼 *Femme nue dans un sous bois* - Huile/panneau (35x40cm-14x16in) Paris 97............... FF*7 200* - £814 - **$1,304**
Le modèle - Huile/papier/toile (65x50cm-26x20in) Paris 96............... FF*10 150* - £1 273 - **$2,042**
Nature morte maritime - Oil/panel (72x91cm-28x36in) Amsterdam 94............... FF*24 400* - £2 864 - **$4,344**
Le Coq jaune - Huile/toile (130x97cm-51x38in) Bergerac 96............... FF*45 000* - £5 630 - **$8,730**
Mystère de l'atelier - Huile/toile (117x180cm-46x71in) Aubagne 96............... FF*151 000* - £15 648 - **$26,538**
✎ *Les vaches* - Gouache/papier (33x50cm-13x20in) Paris 94............... FF*5 000* - £606 - **$972**
Les deux femmes - Crayons couleurs (48x34cm-19x13in) Provins 92............... FF*8 600* - £1 026 - **$1,654**
Nu debout - Encre Chine (63x49cm-25x19in) Paris 89............... FF*20 000* - £1 999 - **$3,160**

LATASTER Geer, Gerard 1920 [52]
- *Cîme chaude* - Oil/canvas (65x60cm-26x24in) Amsterdam 97 .... FF**17 980** - £1 890 - **$3,088**
- *La chute* - Oil/canvas (100x130cm-39x51in) Amsterdam 97 .... FF**26 970** - £2 835 - **$4,633**
- *Flight over Summer* - Oil/canvas (87x97cm-34x38in) Amsterdam 97 .... FF**40 455** - £4 252 - **$6,949**
- *Untitled* - Oil/canvas (125x150cm-49x59in) Amsterdam 96 .... FF**60 100** - £6 900 - **$11,480**
- *Bicolore* - Huile/toile (150x130cm-59x51in) Paris 90 .... FF**160 000** - £16 283 - **$31,997**

LATENAY de Gaston 1859-? [1]
- *Diane chasseresse* - Lithographie couleurs (64x49cm-25x19in) Paris 95 .... FF**1 500** - £198 - **$304**

LATHROP Gertrude Katherine 1896-1986 [1]
- *Fawn* - Bronze (19cm-7in) New-York 92 .... FF**6 660** - £698 - **$1,200**

LATHROP Ida Pullis 1859-1937 [2]
- *Peacock feather* - Oil/canvas (49x58cm-19x23in) New-York 93 .... FF**71 500** - £8 960 - **$13,000**

LATHROP William Langson 1859-1938 [12]
- *New Hope Canal* - Oil/canvas (36x41cm-14x16in) Mystic, Connecticut 96 .... FF**29 740** - £3 730 - **$5,750**

LATIMER Lorenzo Palmer 1857-1941 [6]
- *River in Spring Time*
  Oil/canvas/board (27x37cm-11x15in) San Francisco-Los Angeles 94 .... FF**10 580** - £1 250 - **$1,900**
- *California Redwoods*
  Watercolour/paper (34x24cm-13x9in) San Francisco-Los Angeles 93 .... FF**13 750** - £1 724 - **$2,500**

LATINIS Georges 1885-1963 [1]
- *Coin de province* - Huile/toile (60x73cm-24x29in) Liège 96 .... FF**3 120** - £386 - **$603**

LATORRE VIEDMA Rafael 1872-1897 [2]
- *Paje con estandarte en la Capilla Real* - Oleo/lienzo (74x39cm-29x15in) Madrid 95 .... FF**13 070** - £1 697 - **$2,690**

LATOUCHE Louis 1829-1884 [3]
- *Déjeuner au parc* - Huile/panneau (56x37cm-22x15in) Paris 90 .... FF**9 600** - £1 009 - **$1,670**

LATOUR de Alexandre 1780-1858 [1]
- *Buste de jeune femme* - Miniature (6cm-2in) Paris 96 .... FF**3 500** - £454 - **$686**

LATOUR de Élisabeth Marie 1750-1834 [2]
- *Lady sitting for a portrait Painter* - Oil/panel (30x42cm-12x17in) London 97 .... FF**26 490** - £2 800 - **$4,567**

LATOUR Joseph Pierre T. 1807-1865 [2]
- *Hirte mit Tierherde* - Öl/Leinwand (44x66cm-17x26in) Wien 94 .... FF**19 340** - £2 220 - **$3,310**
- *Joussac, Ardèche* - Lavis (24x36cm-9x14in) Paris 89 .... FF**2 000** - £205 - **$322**

LATTES Georges XX [15]
- *Rue de Sambre-et-Meuse* - Huile/toile (50x61cm-20x24in) Paris 91 .... FF**2 800** - £288 - **$522**

LATTKE Fritz 1895-? [1]
- *Angler am Teich* - Oil/panel (17x25cm-7x10in) Rudolstadt-Thüringen 96 .... FF**4 080** - £465 - **$780**

LATTNER K.A. 1896-1979 [1]
- *Segelboote an Ostseestrand* - Öl/Leinwand (60x50cm-24x20in) Hamburg 92 .... FF**3 220** - £385 - **$620**

LATTSCHER Erich 1899-1941 [1]
- *Hofsituation in der Wiener Vorstadt* - Mischtechnik/Papier (37x28cm-15x11in) Wien 90 .... FF**3 600** - £383 - **$644**

LATTY Monique XX [2]
- *Le baiser* - Huile/toile (60x73cm-24x29in) Paris 90 .... FF**24 000** - £2 442 - **$4,800**

LAU Mattheus Josephus 1889-1958 [1]
- *Flower still life* - Oil/canvas (66x49cm-26x19in) Amsterdam 95 .... FF**4 660** - £605 - **$971**

LAU Olga 1875-? [2]
- *Hos bedstemo'r* - Oil/canvas (59x74cm-23x29in) København 91 .... FF**4 390** - £436 - **$762**

LAU Rex 1947 [2]
- *Wind demons* - Oil (65x60cm-26x24in) New-York 91 .... FF**9 960** - £1 006 - **$1,977**

LAUB Ernst 1839-1867 [3]
- *Et Laboratorium* - Oil/canvas (64x89cm-25x35in) København 90 .... FF**14 000** - £1 399 - **$2,657**

LAUBE Jac XX [2]
- *Le Jardin des Tuileries* - Huile/toile (55x74cm-22x29in) Douarnenez 90 .... FF**6 000** - £604 - **$1,091**

LAUBHEIMER Anton 1848-1927 [1]
- *Bauernmädchen in Tracht* - Oil/panel (27x21cm-11x8in) Köln 91 .... FF**8 900** - £913 - **$1,655**

LAUBI Hugo 1888-1959 [14]
- *St. Moritz* - Poster (127x90cm-50x35in) London 96 .... FF**7 850** - £1 000 - **$1,510**

LAUBIES René 1924 [18]
- *Composition abstraite* - Huile/papier/toile (48x65cm-19x26in) Paris 97 .... FF**6 000** - £655 - **$1,049**
- *Champs célestes* - Huile/toile (50x65cm-20x26in) Troyes 91 .... FF**11 500** - £1 142 - **$1,997**
- *Composition* - Acrylique/papier/toile (65x100cm-26x39in) Versailles 90 .... FF**61 000** - £6 321 - **$10,721**

LÄUBIN Hans 1904-1982 [4]
- *Wintertag* - Öl/Leinwand (66x50cm-26x20in) Pforzheim 94 .... FF**2 060** - £244 - **$381**

LAUBINIERE de Georgian M. XIX-XX [4]
- *Harvest scene* - Oil/canvas (36x74cm-14x29in) Penzance, Cornwall 91 .... FF**3 790** - £380 - **$626**
- *Shipping off a rocky coast* - Wash (17x27cm-7x11in) London 90 .... FF**1 600** - £166 - **$281**

LAUCHERT Richard 1823-1869 [1]
- *Junges Mädchen* - Oil/canvas (38x31cm-15x12in) München 90 .... FF**8 400** - £899 - **$1,461**

LAUDER Charles James 1841-1920 [20]
- *Naples* - Oil/canvas (61x92cm-24x36in) New-York 89 .... FF**34 300** - £3 413 - **$5,419**
- *St. Paul's cathedral from the Thames* - Watercolour (50x33cm-20x13in) London 96 .... FF**2 475** - £300 - **$482**
- *English town* - Watercolour, gouache (50x33cm-20x13in) New-York 89 .... FF**16 000** - £1 592 - **$2,528**

LAUDER Robert Scott 1803-1869 [2]
- *Henry Lauder, the artist's brother* - Oil/board (31x24cm-12x9in) Edinburgh 91 .... FF**48 400** - £4 818 - **$8,323**

LAUDY Eugène 1921 [2]
🖝 *Poelstraat te Heerlen* - Oil/canvas (70x60cm-28x24in) Amsterdam 94 .... FF**3 046** - £360 - **$547**
LAUDY Jean 1877-1956 [72]
🖝 *Madame Laudy et son fils sur la plage* - Huile/panneau (26x40cm-10x16in) Bruxelles 97 .... FF**2 451** - £266 - **$434**
   Nature morte au vase de roses - Huile/toile (36x46cm-14x18in) Bruxelles 97 .... FF**7 362** - £769 - **$1,260**
   Vase aux anémones - Huile/toile (50x70cm-20x28in) Bruxelles 97 .... FF**14 706** - £1 593 - **$2,601**
   Modèle au repos - Huile/toile (110x186cm-43x73in) Bruxelles 97 .... FF**24 510** - £2 655 - **$4,335**
   Rosen - Öl/Leinwand (81x100cm-32x39in) Wien 96 .... FF**106 200** - £12 100 - **$20,330**
✐ *La visite* - Gouache/carton (57x79cm-22x31in) Bruxelles 94 .... FF**12 500** - £1 450 - **$2,150**
LAUER Josef 1818-1881 [26]
🖝 *Rosenstrauss* - Öl/Leinwand (34x42cm-13x17in) Wien 94 .... FF**31 500** - £3 650 - **$5,970**
   Rosen und Schmetterling - Öl/Leinwand (34x28cm-13x11in) Wien 96 .... FF**106 200** - £12 100 - **$20,330**
   A bunch of roses - Oil/canvas (32x40cm-13x16in) Wien 94 .... FF**183 400** - £20 900 - **$35,100**
LAUFMAN Sidney 1891-1985 [4]
🖝 *Working in the Garden* - Oil/canvas (76x102cm-30x40in) North Berwick, Maine 94 .... FF**9 970** - £1 153 - **$1,700**
LAUGÉ Achille 1861-1944 [67]
🖝 *Rue de village ensoleillée* - Huile/toile (73x50cm-29x20in) Versailles 92 .... FF**11 000** - £1 130 - **$2,116**
   Paysage au pont - Huile/board (50x65cm-20x26in) London 96 .... FF**15 960** - £2 000 - **$3,080**
   Vase de roses - Huile/toile (49x39cm-19x15in) Calais 97 .... FF**24 000** - £2 402 - **$4,051**
   La bastide en Provence - Huile/toile (34x24cm-14x35in) Calais 96 .... FF**36 500** - £4 730 - **$7,210**
   Les meules à Cailhau - Oil/canvas (50x73cm-20x29in) London 96 .... FF**55 900** - £7 000 - **$10,780**
   Arbre en fleurs - Huile/toile (59x49cm-23x19in) Paris 92 .... FF**155 000** - £18 500 - **$29,800**
✐ *L'atelier de l'artiste* - Pastel (61x50cm-24x20in) London 96 .... FF**16 760** - £2 100 - **$3,234**
LAUGEE Désiré François 1823-1896 [2]
🖝 *La Chambre des Députés* - Huile/toile (50x61cm-20x24in) Paris 96 .... FF**13 000** - £1 532 - **$2,550**
LAUGÉE Georges 1853-? [25]
🖝 *Retour à la ferme* - Huile/toile (60x74cm-24x29in) Barbizon 94 .... FF**21 000** - £2 476 - **$3,736**
   Resting after the harvest - Oil/canvas (46x53cm-18x21in) Chicago 94 .... FF**43 300** - £5 130 - **$8,000**
   Retour des foins - Oil/canvas (38x46cm-15x18in) New-York 94 .... FF**76 600** - £9 540 - **$15,000**
✐ *La moisson* - Pastel (55x46cm-22x18in) Barbizon 95 .... FF**16 600** - £2 170 - **$3,324**
LAUGHABAUGH C.O. XIX-XX [2]
✐ *Get Along Mule* - Watercolour (15x18cm-6x7in) New Orleans, Louisiana 95 .... FF**4 620** - £568 - **$900**
LAUGHLIN Clarence John 1905-1985 [55]
📷 *The Hollow Shadow* - Tirage argentique (34x27cm-13x11in) Paris 96 .... FF**7 000** - £873 - **$1,352**
   Receding Rectangles - Gelatin silver print (25x33cm-10x13in) New-York 94 .... FF**18 600** - £2 155 - **$3,200**
LAULE Johann Baptist 1817-1895 [1]
🖝 *Trachtenmädchen in Landschaft* - Huile/panneau (24x20cm-9x8in) Zofingen 94 .... FF**9 230** - £1 083 - **$1,645**
LAULIÉ Joseph 1928 [7]
🖝 *Le parasol* - Huile/toile (91x72cm-36x28in) Paris 95 .... FF**3 500** - £450 - **$707**
   Vases et coquillage - Huile/toile (92x65cm-36x26in) Paris 90 .... FF**11 000** - £1 178 - **$1,913**
LAUNAY de Fernand XIX-XX [5]
🖝 *Etretat* - Huile/toile (34x46cm-13x18in) Paris 96 .... FF**2 900** - £373 - **$575**
   Noce sous la pluie - Huile/toile (54x65cm-21x26in) Paris 90 .... FF**28 000** - £2 902 - **$4,921**
   Marchande de fleurs, Concorde - Oil/canvas (62x73cm-24x29in) New-York 95 .... FF**204 400** - £25 460 - **$40,000**
LAUNAY de Nicolas 1739-1792 [5]
🗋 *Hazards Heureux de l'Escarpolette* - Engraving (60x45cm-24x18in) Wien 94 .... FF**3 910** - £453 - **$672**
LAUNOIS Jean 1898-1942 [26]
✐ *Scène de plage* - Encre (19x25cm-7x10in) Paris 94 .... FF**4 000** - £463 - **$687**
   Femme dans un café - Gouache/papier (46x61cm-18x24in) Paris 97 .... FF**9 500** - £1 035 - **$1,652**
   La belle Mauresque - Gouache (46x60cm-18x24in) Paris 96 .... FF**35 000** - £4 050 - **$6,700**
LAUPHEIMER Anton 1848-1927 [3]
🖝 *The final touches* - Oil/panel (26x19cm-10x7in) London 93 .... FF**8 780** - £1 000 - **$1,490**
LAUR Yvonne Marie, Yo 1879-1943 [6]
🖝 *Afternoon tea* - Oil/panel (37x46cm-15x18in) New-York 93 .... FF**22 000** - £2 600 - **$4,000**
✐ *Les trois chatons et le vase bleu* - Pastel (59x49cm-23x19in) Versailles 90 .... FF**4 000** - £407 - **$800**
LAURE Jules XIX-XX [2]
🖝 *Jeune orientale* - Huile/toile (75x53cm-30x21in) Bourg-en-Bresse 90 .... FF**35 000** - £3 747 - **$6,087**
LAUREL Pierre XIX-XX [1]
🗿 *Danseuse aux grappes* - Bronze (50cm-20in) Granville 93 .... FF**7 500** - £938 - **$1,364**
LAURÉN Per Åke 1879-1951 [4]
🖝 *Trappor* - Oil/canvas (55x46cm-22x18in) Helsinki 91 .... FF**5 450** - £541 - **$946**
LAURENCE Samuel 1812-1884 [2]
🖝 *Mountain landscape* - Oil/canvas (41x31cm-16x12in) New-York 93 .... FF**38 350** - £4 360 - **$6,500**
LAURENCE Sidney 1890-1970 [8]
🖝 *Mount Mckinley, Alaska* - Oil/board (40x30cm-16x12in) New-York 94 .... FF**42 050** - £5 050 - **$8,000**
LAURENCE Sydney Mortimer 1865-1940 [35]
🖝 *Winter Twilight* - Oil/panel (46x91cm-18x36in) New-York 96 .... FF**28 700** - £3 324 - **$5,500**
   Mount McKinley - Oil/board (41x51cm-16x20in) San Francisco-Los Angeles 95 .... FF**64 900** - £7 380 - **$11,000**
   Une épave - Oil/canvas (91x137cm-36x54in) New-York 97 .... FF**101 637** - £10 946 - **$18,000**
   Mount Mac Kinley - Oil/board (30x40cm-12x16in) New-York 91 .... FF**627 000** - £63 100 - **$110,000**
LAURENCIN Marie 1885-1956 [800]
🖝 *Les Princesses* - Oil/canvas (130x130cm-51x51in) Boston, Mass. 92 .... FF**2** - £279 300 - **$450,000**

Le concert - Oil/canvas (73x60cm-29x24in) New-York 89 .... FF4 - £467 894 - **$735,691**
Tête de femme - Oil/board (27x22cm-11x9in) New-York 96 .... FF87 100 - £10 320 - **$17,000**
Jeune femme à la mandoline - Huile/toile (35x27cm-14x11in) Paris 96 .... FF180 000 - £20 500 - **$34,460**
Femme et enfant - Oil/canvas (35x27cm-14x11in) London 97 .... FF289 575 - £30 000 - **$49,605**
Jeune fille en buste - Huile/toile (60x49cm-24x19in) Paris 96 .... FF405 000 - £52 400 - **$79,700**
La lecture - Oil/canvas (46x34cm-18x13in) London 95 .... FF577 000 - £75 000 - **$118,800**
Sonia - Oil/canvas (61x50cm-24x20in) New-York 95 .... FF757 000 - £95 400 - **$150,000**
Turquerie - Oil/canvas (55x46cm-22x18in) New-York 92 .... FF1 3e +06 - £119 500 - **$210,000**
Les fêtes de la danse - Lithographie couleurs (38x48cm-15x19in) London 97 .... FF4 339 - £449 - **$743**
Promenade à Cheval - Etching in colors (49x32cm-19x13in) Amsterdam 97 .... FF8 200 - £86 0 7 - **$1,407**
Les enfants du château - Lithographie couleurs (25x35cm-10x14in) Paris 97 .... FF10 000 - £1 089 - **$1,739**
Alice et le fiasco - Lithographie (37x29cm-15x11in) Paris 96 .... FF25 000 - £3 120 - **$4,830**
Le Concert - Lithographie (23x18cm-9x7in) Paris 97 .... FF60 000 - £6 354 - **$10,392**
Portrait de jeune fille - Mine plomb (27x18cm-11x7in) Paris 97 .... FF4 300 - £465 - **$760**
Jeunes danseuses - Crayon (25x32cm-10x13in) Rouen 96 .... FF22 000 - £2 610 - **$4,290**
Eglantine - Crayons couleurs/papier (27x20cm-11x8in) Paris 97 .... FF30 000 - £3 261 - **$5,271**
Les biches - Watercolour (20x25cm-8x10in) New-York 95 .... FF58 700 - £7 600 - **$12,000**
Jeunes filles et un chien - Aquarelle (23x33cm-9x13in) Aix-en-Provence 95 .... FF82 000 - £10 610 - **$16,780**
Personnage devant un chateau - Watercolour (300x37cm-118x15in) New-York 97 .... FF91 429 - £9 802 - **$16,000**
La fâchée - Watercolour/board (38x27cm-15x11in) New-York 94 .... FF187 700 - £21 700 - **$32,000**
Femmes aux mantilles - Watercolour (44x36cm-17x14in) London 95 .... FF323 000 - £42 000 - **$66,500**
Femmes à la guitare - Watercolour (44x35cm-17x14in) New-York 89 .... FF972 400 - £99 427 - **$156,334**
LAURENG Theodor 1879-1929 [2]
Landscape - Oil/canvas (68x86cm-27x34in) Vejle 94 .... FF6 930 - £847 - **$1,316**
LAURENS Albert F. 1864-1934 [4]
La Baie d'Alger - Huile/panneau (33x43cm-13x17in) Paris 96 .... FF16 000 - £2 070 - **$3,170**
LAURENS Henri 1885-1954 [138]
Femme allongée - Huile/carton (29x35cm-11x14in) Paris 94 .... FF250 000 - £29 940 - **$47,300**
Femme accroupie - Tempera/tela (36cm-14in) New-York 91 .... FF508 000 - £50 571 - **$87,357**
Tête de jeune fille - Tempera/tela (33cm-13in) New-York 90 .... FF696 000 - £70 830 - **$139,189**
Deux femmes - Etching (33x51cm-13x20in) Köln 96 .... FF12 230 - £1 394 - **$2,340**
Femme couchée - Bronze (12x29cm-5x11in) London 90 .... FF1 - £146 110 - **$239,136**
Femme accroupie - Sculpture (40cm-16in) London 89 .... FF3 - £376 309 - **$591,688**
Le Ruban - Bronze (25cm-10in) London 97 .... FF106 178 - £11 000 - **$18,188**
Nu aux bras levés - Terracotta (34x12x21cm-13x5x8in) Paris 97 .... FF180 000 - £18 828 - **$30,834**
La forêt - Bronze (21x15x50cm-8x6x20in) Paris 97 .... FF270 270 - £28 000 - **$46,298**
L'éveil - Bronze (29cm-11in) London 96 .... FF559 000 - £70 000 - **$107,800**
Femme allongée - Gouache/carton (59x48cm-23x19in) Paris 96 .... FF25 000 - £3 234 - **$4,910**
Nu couché - Gouache/carton (8x33cm-3x13in) Paris 97 .... FF140 000 - £14 602 - **$23,940**
Tête - Technique mixte/papier (23x29cm-9x11in) Paris 97 .... FF500 000 - £52 300 - **$85,650**
LAURENS Jean-Paul 1838-1921 [19]
Église de Lavarden - Huile/toile (42x28cm-17x11in) Reims 96 .... FF4 200 - £542 - **$822**
Étude de Gaulois courant - Huile/toile (40x32cm-16x13in) Saint-Germain-en-Laye 96 .... FF11 500 - £1 442 - **$2,223**
Le savant - Oil/canvas (61x50cm-24x20in) New-York 93 .... FF38 350 - £4 360 - **$6,500**
Les suppliciés - Encre Chine (35x27cm-14x11in) Paris 92 .... FF14 000 - £1 433 - **$2,465**
LAURENS Jean-Pierre 1875-1933 [2]
In harbour - Oil/canvas (49x60cm-19x24in) Billinghurst, West Sussex 93 .... FF4 040 - £460 - **$686**
Nu assis - Dessin (30x21cm-12x8in) Paris 90 .... FF2 800 - £294 - **$487**
LAURENS Joseph Bonaventure 1801-1890 [12]
Le Pont-Neuf, Paris - Dessin (25x32cm-10x13in) Paris 94 .... FF1 900 - £226 - **$358**
Le viaduc d'Arles - Aquarelle Paris 94 .... FF7 200 - £857 - **$1,357**
LAURENS Jules 1825-1901 [13]
La baigneuse - Oil/canvas (160x116cm-63x46in) New-York 97 .... FF125 499 - £13 527 - **$22,000**
Mosquées, Constantinople - Aquarelle (23x32cm-9x13in) Paris 92 .... FF6 500 - £666 - **$1,145**
LAURENS Marthe XIX-XX [1]
Nature morte à la cruche - Huile/toile (55x39cm-22x15in) Paris 96 .... FF2 000 - £241 - **$384**
LAURENS Nicolas-Auguste 1829-1908 [2]
Saison nouvelle - Oil/canvas (118x92cm-46x36in) London 95 .... FF57 900 - £7 500 - **$12,040**
LAURENS Paul-Albert 1870-1934 [7]
An Elegant Lady by a Riverbank - Oil/canvas (61x51cm-24x20in) New-York 97 .... FF45 506 - £4 897 - **$8,000**
LAURENS von Hedwig 1872-? [1]
Biedermeierliches Interieur - Ol/Leinwand (64x76cm-25x30in) Lindau 94 .... FF6 850 - £795 - **$1,180**
LAURENT Bruno Émile 1928 [83]
14 juillet, place du Tertre - Huile/toile (54x65cm-21x26in) Paris 97 .... FF4 000 - £427 - **$692**
Montmartre - Huile/toile (50x61cm-20x24in) Saint-Dié 93 .... FF9 000 - £1 011 - **$1,526**
Montmartre - Aquarelle (26x36cm-10x14in) Saint-Dié 95 .... FF1 600 - £202 - **$321**
LAURENT Ernest Marcel 1859-1929 [51]
Femme nue - Oil/canvas (54x64cm-21x25in) New-York 90 .... FF91 000 - £9 734 - **$16,369**
Dame à la robe grise - Huile/toile (105x79cm-41x31in) Reims 90 .... FF104 000 - £11 135 - **$18,087**
La jeune femme - Pastel (45x27cm-18x11in) Versailles 91 .... FF13 000 - £1 304 - **$2,146**
LAURENT Eugène 1832-1898 [7]
Peasant girl - Bronze (65cm-26in) New-York 92 .... FF6 760 - £807 - **$1,300**
LAURENT Félix 1821-1908 [1]
Harem dancer - Oil/canvas (66x54cm-26x21in) New-York 89 .... FF103 000 - £10 249 - **$16,272**

LAURENT Georges H. XIX-XX [4]
Trois poissons - Bronze (35cm-14in) Paris 94 .... FF**3 000** - £**356** - **\$555**
Pelican - Bronze (38cm-15in) New-York 92 .... FF**12 480** - £**1 490** - **\$2,400**
LAURENT Jacqueline [5]
Bouquet de fleurs - Aquarelle (47x30cm-19x12in) Montauban 93 .... FF**1 500** - £**169** - **\$254**
LAURENT Jean Antoine 1763-1832 [2]
Jeunes filles au pendule - Huile/toile (114x89cm-45x35in) Saint-Germain-en-Laye 90....... FF**59 000** - £**6 033** - **\$11,646**
Jeune femme dessinant - Gouache (20x15cm-8x6in) Paris 91 .... FF**5 800** - £**584** - **\$1,006**
LAURENT Jean-Achille 1930 [19]
Vaux-en-Dieulet - Huile/toile (54x65cm-21x26in) Versailles 92 .... FF**4 000** - £**478** - **\$770**
LAURENT Jean-Pierre XX [5]
L'automne - Estampe (42x60cm-17x24in) Paris 89.. FF**1 800** - £**184** - **\$289**
LAURENT Pierre Ant. 1868-? [1]
La Vague - Marble (76cm-30in) London 95.. FF**50 800** - £**6 500** - **\$10,210**
LAURENT Robert 1890-1970 [3]
Female nude - Bronze (19cm-7in) New-York 94 .... FF**21 400** - £**2 496** - **\$3,750**
LAURENT Yves XX [17]
Jeux de plage - Huile/toile (65x81cm-26x32in) Montauban 93 .... FF**12 500** - £**1 405** - **\$2,120**
Les amoureux - Aquarelle (52x36cm-20x14in) Montauban 96 .... FF**3 000** - £**386** - **\$595**
LAURENT-DARAGON Charles Joseph 1833-1904 [1]
Taureau - Bronze (24cm-9in) Rennes 97 .... FF**3 700** - £**403** - **\$644**
LAURENT-DESROUSSEAUX Henri 1862-1906 [1]
Regardant le train - Pastel (51x36cm-20x14in) Bayeux 91 .... FF**8 500** - £**852** - **\$1,557**
LAURENT-GSELL Lucien 1860-1944 [1]
Tam-tam, 14 Juillet, Sanga, Soudan - Huile/toile (118x160cm-46x63in) Paris 94 .... FF**38 000** - £**4 500** - **\$7,020**
LAURENTI Cesare 1854-1936 [2]
Blindman's bluff - Oil/canvas (69x97cm-27x38in) New-York 92 .... FF**312 000** - £**33 100** - **\$60,000**
LAURENTY Jos XIX-XX [1]
Church interior - Oil/canvas (79x108cm-31x43in) Amsterdam 96 .... FF**2 916** - £**375** - **\$575**
LAURER Johann 1892-1949 [11]
Wartberg i.d. Stmk - Öl/Leinwand (60x71cm-24x28in) Wien 96................................... FF**12 020** - £**1 508** - **\$2,350**
Teller mit Früchten - Mischtechnik/Papier (27x37cm-11x15in) Wien 97 .... FF**1 918** - £**202** - **\$332**
LAURET AINÉ Emmanuel Joseph 1809-1882 [4]
Jeunes filles sur une terrasse, Alger - Huile/carton (35x27cm-14x11in) Paris 95............. FF**60 000** - £**7 880** - **\$12,040**
Danseuse égyptienne - Gouache/papier (16x11cm-6x4in) Bruxelles 95 .... FF**2 690** - £**350** - **\$552**
LAURET François 1820-1868 [6]
Jeune homme au chapeau - Oil/canvas (66x54cm-26x21in) New-York 92 .... FF**43 000** - £**4 500** - **\$7,750**
Caïds algériens - Pastel (51x41cm-20x16in) Paris 89.. FF**24 000** - £**2 454** - **\$3,859**
LAUREUS Alexander Lauroeus 1783-1823 [10]
Husbonde och dräng - Oil/panel (40x31cm-16x12in) Helsinki 92 .... FF**26 850** - £**3 210** - **\$5,160**
Italienskt landskap - Gouache (24x26cm-9x10in) Helsinki 93 .... FF**16 020** - £**1 925** - **\$2,914**
LAURITZ Paul 1889-1976 [29]
Rolling Hills - Oil/canvas (76x102cm-30x40in) San Francisco-Los Angeles 95............... FF**7 470** - £**982** - **\$1,500**
Autumn landscape - Oil/canvas (71x81cm-28x32in) San Francisco-Los Angeles 95........ FF**23 600** - £**2 685** - **\$4,000**
Mountain stream - Watercolour/paper (53x60cm-21x24in) San Francisco-Los Angeles 93..... FF**6 050** - £**759** - **\$1,100**
LAURO Maurice 1878-? [3]
Trophée Lancôme, Trouville - Poster (105x74cm-41x29in) New-York 96 .... FF**18 640** - £**2 407** - **\$3,600**
LAUSEN Uwe 1941-1970 [10]
Komposition mit Ohr - Öl/Leinwand (50x60cm-20x24in) Düsseldorf 93 .... FF**23 740** - £**2 835** - **\$4,570**
Tod eines Handlungsreisenden - Serigraph (43x65cm-17x26in) München 94 .... FF**1 530** - £**176** - **\$262**
Familienleben - Watercolour (42x61cm-17x24in) München 92...................................... FF**14 280** - £**1 462** - **\$2,514**
LAUTENSCHLÄGER Gustav Wilhelm 1859-c.1945 [13]
Schneeberg - Mixed media/board (33x47cm-13x19in) Wien 94 .... FF**4 395** - £**500** - **\$745**
LAUTENSCHLAGER Marie 1859-1941 [3]
Stilleben mit Dahlien und Obst - Öl/Leinwand (62x73cm-24x29in) Stuttgart 94 .... FF**3 080** - £**370** - **\$586**
LAUTERBACH Bruno 1886-1953 [1]
Be Mariahof in der Steiermark - Öl/Leinwand (20x25cm-8x10in) Wien 94.................... FF**6 800** - £**799** - **\$1,214**
LAUTERBURG Emile 1861-1907 [2]
Sommerliche Seelandschaft - Öl/Leinwand (14x24cm-6x9in) Zofingen 95 .... FF**2 124** - £**269** - **\$427**
Sommerlandschaft - Aquarell (17x27cm-7x11in) Bern 90 .... FF**1 800** - £**191** - **\$322**
LAUTERBURG Martin 1891-1960 [11]
In der Stadt - Öl/Leinwand (46x61cm-18x24in) Zürich 93 .... FF**10 300** - £**1 171** - **\$1,746**
Stilleben - Aquarell (29x39cm-11x15in) Bern 93 .... FF**2 574** - £**297** - **\$442**
LAUTERS Paul 1806-1875 [11]
Personnages dans un paysage - Huile/bois (44x33cm-17x13in) Antwerpen 94 .... FF**10 000** - £**1 200** - **\$1,943**
Paysage animé - Lavis (17x23cm-7x9in) Bruxelles 94 .... FF**2 310** - £**266** - **\$396**
LAUTREC Lucien 1909-1991 [1]
La femme et la mère - Gouache (71x99cm-28x39in) Paris 96 .... FF**6 000** - £**780** - **\$1,175**
LAUVA Jänis ?-1903 [1]
Kutter am Hafen - Öl/Leinwand (52x68cm-20x27in) Bremen 95.................................. FF**2 435** - £**316** - **\$507**
LAUVERGNE Barthélémy 1805-1875 [5]
Voilier dans la tempête - Huile/toile (50x70cm-20x28in) Morlaix 94 .... FF**13 000** - £**1 558** - **\$2,400**

L

LAUVERNAY-PETITJEAN Jeanne 1875-1955 [5]
- *Nature morte aux cuivres* - Huile/toile (46x61cm-18x24in) Biarritz 94 .... FF15 000 - £1 777 - **$2,770**
LAUVRAY Abel 1870-1950 [58]
- *Seine à la roche-Guyon* - Huile/toile (61x82cm-24x32in) Paris 97 .... FF7 500 - £815 - **$1,316**
- *La Roche-Guyon* - Huile/toile (38x55cm-15x22in) Paris 96 .... FF10 000 - £1 175 - **$1,967**
- *Embarcadère à Vétheuil* - Huile/toile (60x81cm-24x32in) Paris 96 .... FF25 000 - £3 120 - **$4,830**
- *Écluse sur la Seine* - Huile/carton/toile (57x78cm-22x31in) Versailles 91 .... FF52 000 - £5 314 - **$8,584**
- *Printemps fleuri dans le Midi* - Huile/panneau (60x81cm-24x32in) Paris 89 .... FF120 000 - £12 645 - **$20,202**
LAUWERIER Rudolphus 1796-1883 [1]
- *Extensive hilly landscape* - Oil/panel (26x30cm-10x12in) Amsterdam 96 .... FF9 680 - £1 213 - **$1,870**
LAUWERS Jacobus Johannes 1753-1800 [3]
- *Idyllische Rast im Freien* - Oil/panel (34x30cm-14x12in) Lindau 93 .... FF23 740 - £2 920 - **$4,270**
LAUX August 1847-1921 [36]
- *Chickens* - Oil/canvas (93x25cm-37x10in) New-York 93 .... FF5 900 - £671 - **$1,000**
- *At the Well* - Oil/canvas (46x30cm-18x12in) Portland, Maine 94 .... FF16 240 - £1 946 - **$3,000**
- *Chickens in a barnyard* - Oil/canvas (26x36cm-10x14in) New-York 93 .... FF26 100 - £3 276 - **$4,750**
LAUX Marie 1852-? [1]
- *Sitzender Hund* - Ol/Leinwand (60x44cm-24x17in) Pforzheim 93 .... FF5 140 - £591 - **$888**
LAUZERO Albert 1909 [6]
- *Marine* - Huile/toile (54x65cm-21x26in) Neuilly 94 .... FF12 000 - £1 396 - **$2,077**
LAVABRE Robert 1928-1988 [26]
- *Musicienne* - Huile/panneau (155x75cm-61x30in) Toulouse 90 .... FF17 000 - £1 832 - **$2,998**
LAVAGNINO Pier Luigi 1933 [3]
- *Composizione* - Olio/tela (80x70cm-31x28in) Milano 93 .... FF8 050 - £904 - **$1,441**
LAVAL Charles 1862-1894 [3]
- *Jeune femme puisant de l'eau, Venise* - Aquarelle/papier (22x15cm-9x6in) Paris 95 .... FF2 000 - £257 - **$413**
- *Scène de la Martinique* - Encre (14x22cm-6x9in) Paris 95 .... FF28 000 - £3 640 - **$5,730**
LAVAL Fernand 1886-1966 [84]
- *La buvette* - Huile/toile (60x50cm-24x20in) Saint-Dié 97 .... FF3 500 - £395 - **$633**
- *La moisson* - Huile/toile (54x65cm-21x26in) Pontoise 97 .... FF5 000 - £539 - **$878**
- *Rue de village* - Oil/canvas (45x60cm-18x24in) Bern 91 .... FF8 710 - £848 - **$1,511**
- *Paris, square Vintimille* - Huile/toile (65x81cm-26x32in) Le Havre 89 .... FF42 000 - £4 294 - **$6,752**
LAVALARD Ernest 1818-1894 [1]
- *Le chemin de halage* - Huile/toile (46x72cm-18x28in) Boulogne 95 .... FF3 500 - £439 - **$697**
LAVALLE John 1896-1971 [7]
- *Man on park bench* - Oil/canvas (51x102cm-20x40in) Boston, Mass. 95 .... FF9 740 - £1 266 - **$2,000**
LAVALLÉE-POUSSIN de Étienne 1733-1793 [9]
- *L'Air* - Aquarelle, gouache (38x30cm-15x12in) Paris 93 .... FF28 000 - £3 500 - **$5,090**
LAVALLEY Alexandre Claude L. 1862-1923 [1]
- *Nu allongé de dos* - Pastel (36x50cm-14x20in) Saint-Dié 95 .... FF4 800 - £622 - **$982**
LAVALLEY Jonas Joseph 1858-1930 [9]
- *An Autumn stream* - Oil/canvas (52x36cm-20x14in) New-York 93 .... FF5 940 - £745 - **$1,080**
- *Raspberries in bowl* - Oil/canvas (48x33cm-19x13in) South Deerfield, Mass. 92 .... FF16 830 - £1 724 - **$3,300**
LAVALLEY Paul L. 1883-1967 [1]
- *Hériodade* - Gouache (39x29cm-15x11in) Soissons 89 .... FF3 800 - £400 - **$640**
LAVATER Johann Caspar 1741-1801 [1]
- *Merkur die Panflöte spielend* - Ink/paper (24x17cm-9x7in) Köln 93 .... FF3 400 - £348 - **$671**
LAVAUD André [2]
- *Port de Villefranche* - Huile/toile (60x71cm-24x28in) Monaco 93 .... FF15 000 - £1 875 - **$2,730**
LAVAUX Georges Grégoire 1860-? [4]
- *Lake landscape* - Oil/canvas (114x161cm-45x63in) London 95 .... FF7 900 - £1 000 - **$1,590**
LAVEAUX de Ludwik 1868-1894 [1]
- *Parisian café at night* - Oil/canvas (100x110cm-39x43in) Warszawa 94 .... FF105 000 - £12 030 - **$17,800**
LAVENSON Alma 1897-1989 [8]
- *Cloud Study* - (9x12cm-4x5in) New-York 94 .... FF17 420 - £2 020 - **$3,000**
LAVENSTEIN Cyril 1891-? [4]
- *Mevagissey Harbour* - Pastel (38x51cm-15x20in) Penzance, Cornwall 95 .... FF1 655 - £200 - **$312**
LAVERDA 1910-1980 [2]
- *Vue de Venise* - Huile/toile (22x14cm-9x6in) Barjols 93 .... FF6 000 - £691 - **$1,035**
LAVERGNE Adolphe Jean XIX [9]
- *Charmeur de serpent* - Bronze (54cm-21in) Paris 93 .... FF7 000 - £844 - **$1,273**
LAVERGNE Georges Aug. Elie 1863-1942 [19]
- *La parade* - Huile/panneau (32x36cm-13x14in) Antwerpen 96 .... FF2 460 - £298 - **$479**
- *Aux Variétés* - Oil/canvas (134x68cm-53x27in) London 95 .... FF21 700 - £2 800 - **$4,250**
- *David with head of Goliath* - Oil/canvas (228x121cm-90x48in) London 90 .... FF63 300 - £6 442 - **$12,659**
LAVERY John 1856-1941 [104]
- *Pêcheuse, Grèz-sur-Loing* - Oil/canvas (74x96cm-29x38in) London 95 .... FF1 - 200 000 - **$318,000**
- *Mary Mond* - Oil/canvas/board (34x25cm-13x10in) London 97 .... FF32 900 - £4 200 - **$6,740**
- *Maid was in the Garden Hanging* - Oil/canvas (74x38cm-29x15in) London 97 .... FF112 571 - £12 000 - **$19,734**
- *Tea at Palm Springs* - Oil/canvas/board (51x61cm-20x24in) London 97 .... FF159 475 - £17 000 - **$27,957**
- *The veranda* - Oil/canvas (63x76cm-25x30in) New-York 92 .... FF572 000 - £60 700 - **$110,000**
- *Barn interior* - Watercolour (24x33cm-9x13in) London 94 .... FF24 200 - £2 800 - **$4,170**
LAVES Werner 1903-1972 [3]
- *Stilleben* - Aquarelle, gouache/papier (46x61cm-18x24in) Berlin 94 .... FF6 180 - £740 - **$1,156**

LAVEZE Claudine 1951 [2]
🖌 *Paysage* - Huile/toile (38x46cm-15x18in) Thoiry 93 .... FF2 500 - £302 - **$455**

LAVEZZARI Giovanni 1817-1881 [3]
🖊 *Fontaine à Biskra* - Aquarelle (25x35cm-10x14in) Paris 95 .... FF13 000 - £1 710 - **$2,610**

LAVEZZARI Jean 1876-? [2]
🖌 *Les dunes* - Huile/toile (80x130cm-31x51in) Paris 94 .... FF11 000 - £1 303 - **$2,033**

LAVIE Raffi 1937 [66]
🖌 *Bride and Groom* - Mixed media (44x50cm-17x20in) Tel Aviv 97 .... FF3 209 - £356 - **$600**
  Untitled - Mixed media (108x75cm-43x30in) Tel Aviv 97 .... FF10 695 - £1 189 - **$2,000**
🖊 *Untitled* - Mixed media/paper (51x70cm-20x28in) Tel Aviv 97 .... FF3 209 - £356 - **$600**

LAVIEILLE Eugène 1820-1889 [48]
🖌 *Vaches au pâturage* - Huile/carton (33x41cm-13x16in) Pontoise 96 .... FF7 000 - £798 - **$1,340**
  Bord de Seine - Huile/panneau (35x58cm-14x23in) Calais 97 .... FF10 500 - £1 125 - **$1,841**
  Crépuscule sur la ferme - Huile/carton (24x39cm-9x15in) Bern 95 .... FF16 780 - £2 180 - **$3,444**
  Bord de rivière - Huile/toile (53x32cm-21x13in) Paris 97 .... FF28 000 - £3 046 - **$4,875**
  Dampierre, Seine-et-Marne - Huile/panneau (44x72cm-17x28in) Barbizon 96 ... FF50 000 - £5 870 - **$9,830**

LAVIER Bertrand 1949 [9]
🖌 *Cornilleau 420* - Acrylic (152x7x274cm-60x3x108in) New-York 97 .... FF29 019 - £3 053 - **$5,000**
  Paragon - Huile/panneau (135x113cm-53x44in) Paris 90 .... FF180 000 - £18 653 - **$31,634**
🗿 *Etrochet Nevada* - Sculpture (161x60x55cm-63x24x22in) Paris 95 .... FF17 500 - £2 234 - **$3,580**

LAVILLE Joy 1923 [10]
🖌 *Desnudo* - Acrylic/canvas (100x110cm-39x43in) México 92 .... FF48 600 - £4 990 - **$8,870**
🖊 *Desnudo y cuarto verde* - Pastel/paper (38x56cm-15x22in) New-York 90 ...... FF25 200 - £2 681 - **$4,508**

LAVIN Robert 1919 [2]
🖌 *Lot of Five Iron Works Illustrations* - Oil/board Cambridge, Mass. 94 .... FF3 680 - £442 - **$700**
🖊 *Smelting Plant against dark blue sky* - Pastel/paper (61x91cm-24x36in) New-York 92 ... FF4 160 - £497 - **$800**

LAVINSKII Anton 1893-1968 [1]
🖼 *Battleship Potemkim 1905* - Poster (71x107cm-28x42in) New-York 95 .... FF192 000 - £24 170 - **$38,000**

LAVOIGNAT Hippolyte 1813-1896 [3]
🖌 *Coin de cour, Gabès* - Huile/toile (54x43cm-21x17in) Paris 95 .... FF21 000 - £2 660 - **$4,220**

LAVOINE Jean-Pierre XX [5]
🖌 *Paysage de neige* - Huile/toile (65x92cm-26x36in) Paris 90 .... FF6 500 - £671 - **$1,148**

LAVOINE L.P.Robert 1916 [400]
🖌 *La Charité sur Loire* - Huile/carton (64x80cm-25x31in) Paris 97 .... FF2 600 - £283 - **$452**
  Etretat - Huile/toile (51x61cm-20x24in) Paris 97 .... FF4 000 - £436 - **$699**
  Dunkerque - Huile/toile (40x80cm-16x31in) Calais 96 .... FF7 000 - £908 - **$1,384**
  Le port de Honfleur - Huile/toile (50x61cm-20x24in) La Varenne Saint-Hilaire 95 ... FF11 000 - £1 350 - **$2,142**
  Paris, Ménilmontant - Huile/toile (54x65cm-21x26in) Versailles 92 .... FF17 500 - £1 797 - **$3,366**
  Rue Norvins sous la neige - Huile/toile (54x65cm-21x26in) Le Havre 90 .... FF32 000 - £3 448 - **$5,644**
🖊 *Ménilmontant sous la neige* - Gouache (48x63cm-19x25in) Calais 96 .... FF4 500 - £584 - **$890**
  Pommiers, Normandie - Gouache/papier (48x63cm-19x25in) Le Touquet 95 ... FF7 000 - £871 - **$1,365**
  La zone à Saint-Ouen - Gouache (50x65cm-20x26in) Soissons 97 .... FF13 500 - £1 436 - **$2,415**

LAVONEN Ahti 1928-1970 [4]
🖌 *Vita skepnader* - Oil/canvas (34x54cm-13x21in) Helsinki 94 .... FF8 980 - £1 042 - **$1,548**

LAVOS Joseph 1807-1848 [1]
🖌 *Im Gebet* - Oil/canvas (95x78cm-37x31in) Wien 89 .... FF16 800 - £1 623 - **$2,549**

LAVREINCE Nicolas 1737-1807 [15]
🖌 *Couples embracing* - Oil/panel (28x21cm-11x8in) New-York 90 .... FF205 900 - £21 651 - **$35,809**
🖊 *Qu'en dit l'Abbé* - Gouache (38x30cm-15x12in) London 91 .... FF409 000 - £40 891 - **$67,359**

LAVROFF Georges 1895-? [17]
🗿 *Combat de cerfs* - Bronze (53cm-21in) Paris 91 .... FF4 000 - £406 - **$722**
  Panther - Bronze (18cm-7in) London 96 .... FF21 930 - £2 600 - **$4,280**

LAW Andrew 1873-1967 [5]
🖌 *Polly* - Oil/canvas (46x36cm-18x14in) Glasgow 96 .... FF5 620 - £650 - **$1,076**

LAW Bob 1934 [3]
🖊 *Black drawing* - Charcoal (152x230cm-60x91in) London 93 .... FF6 580 - £750 - **$1,118**

LAW David 1831-1902 [14]
🖊 *Goring on the Thames* - Watercolour (43x74cm-17x29in) London 94 .... FF3 780 - £450 - **$720**

LAWES Harold XIX-XX [37]
🖊 *At the Waters Edge* - Watercolour (23x35cm-9x14in) London 97 .... FF2 258 - £240 - **$390**
  On the Lyn, Devon - Watercolour (37x26cm-15x10in) London 95 .... FF5 430 - £700 - **$1,105**

LAWES Lady Caroline 1842-1895 [1]
🖊 *On the Laxford, Sutherland* - Watercolour/paper (32x64cm-13x25in) Glasgow 96 ... FF16 400 - £1 900 - **$3,145**

LAWLER Louise 1947 [6]
📷 *Arranged by Claire Vincent* - Photograph (51x61cm-20x24in) New-York 95 ... FF32 200 - £4 020 - **$6,500**

LAWLESS Carl E. 1896-1934 [15]
🖌 *Asters* - Oil/canvas (55x55cm-22x22in) South Deerfield, Mass. 91 .... FF6 840 - £687 - **$1,183**
  Winter Evening - Oil/canvas (76x76cm-30x30in) San Francisco-Los Angeles 96 ... FF36 540 - £4 230 - **$7,000**

LAWLEY John Douglas 1906-1971 [11]
🖌 *Charlevoix County* - Oil/board (51x61cm-20x24in) Toronto 96 .... FF7 600 - £968 - **$1,462**

LAWLOR Putrisha 1959 [3]
🖌 *Highwater* - Oil/canvas (67x92cm-26x36in) London 91 .... FF7 980 - £800 - **$1,317**

L

Calendar & auction results :   INTERNET : **www.artprice.com**   MINITEL : 3617 ARTPRICE

LAWMAN Jasper H. 1825-1906 [1]
🖼 *Artist sketching by a brook* - Oil/canvas (76x109cm-30x43in) New-York 94 .... FF34 500 - £4 030 - **$6,000**
LAWRANCE Thomas, Tom XIX [2]
🖼 *Soup on a winter's day* - Oil/canvas (35x30cm-14x12in) London 92 .... FF3 900 - £400 - **$748**
LAWRENCE Alfred Kingsley 1893-1978 [21]
🖼 *The Party Dress* - Oil/board (61x49cm-24x19in) London 97 .... FF3 393 - £360 - **$584**
Elizabeth - Oil/canvas (41x35cm-16x14in) London 94 .... FF11 650 - £1 400 - **$2,220**
🖊 *Leda* - Charcoal (99x75cm-39x30in) London 95 .... FF3 526 - £450 - **$722**
LAWRENCE Charles B. 1790-1864 [1]
🖼 *Extensive river landscape* - Oil/canvas (61x81cm-24x32in) New-York 93 .... FF19 250 - £2 414 - **$3,500**
LAWRENCE David Herbert 1885-1930 [1]
🖼 *Accident in a Mine* - Oil/canvas/board (41x33cm-16x13in) London 94 .... FF58 100 - £6 730 - **$10,000**
LAWRENCE Edith Mary 1890-? [1]
🖼 *Figure by a river* - Oil/canvas (51x76cm-20x30in) London 95 .... FF9 480 - £1 200 - **$1,854**
LAWRENCE Edna W. 1898-1987 [1]
🖼 *Still life, flowers and vase* - Oil/canvas (61x50cm-24x20in) Cambridge, Mass. 91 ...... FF2 490 - £247 - **$432**
LAWRENCE Jacob 1917 [10]
🖼 *Ices I* - Tempera/panel (61x76cm-24x30in) New-York 94 .... FF276 000 - £33 140 - **$52,500**
🖊 *Masked Ball* - Gouache/paper (50x65cm-20x26in) New-York 95 .... FF256 000 - £32 700 - **$52,500**
LAWRENCE Samuel 1812-1884 [1]
🖊 *George Meredith* - Charcoal (61x47cm-24x19in) New-York 93 .... FF2 242 - £255 - **$380**
LAWRENCE Sydney 1858-1940 [9]
🖼 *On the shore of Cook Inlet, Alaska* - Oil/canvas (51x41cm-20x16in) New-York 95 ...... FF43 600 - £5 420 - **$8,500**
🖊 *Northern Italian lakescape*
    Watercolour/paper (64x99cm-25x39in) New Orleans, Louisiana 95 .... FF4 150 - £530 - **$850**
LAWRENCE Thomas 1769-1830 [70]
🖼 *Fullerton Sisters* - Oil/canvas (15x146cm-6x57in) London 96 .... FF4 - £550 000 - **$853,000**
Sally Siddons - Oil/canvas (75x62cm-30x24in) New-York 96 .... FF68 900 - £8 930 - **$13,500**
Cropley, 6th earl of Shaftesbury - Oil/canvas (125x100cm-49x39in) London 97 ...... FF326 799 - £35 000 - **$56,798**
George Nugent-Grenville - Oil/canvas (239x148cm-94x58in) New-York 95 .... FF805 000 - £96 500 - **$150,000**
🖊 *Sir Francis Burdett* - Red chalk (51x32cm-20x13in) London 96 .... FF101 200 - £12 000 - **$19,750**
Miss Ayscoghe Boucherett - Pastel (50x41cm-20x16in) London 92 .... FF733 000 - £75 000 - **$129,000**
LAWRENCE William Hurd 1866-1938 [1]
🖼 *The dance* - Oil/canvas (62x55cm-24x22in) Cambridge, Mass. 91 .... FF2 250 - £226 - **$371**
LAWRENSON Edward Louis 1868-1934 [3]
🖊 *Road to Kylemore, Connemara* - Watercolour (31x46cm-12x18in) London 92 ...... FF2 930 - £300 - **$516**
LAWS Arthur J. 1894-1960 [4]
🖼 *Winter Ahead* - Oil/board (18x25cm-7x10in) Chicago 95 .... FF2 010 - £252 - **$400**
Madison Square - Oil/canvas (76x63cm-30x25in) New-York 91 .... FF56 900 - £5 712 - **$9,844**
LAWS Robin 1946 [2]
🗿 *Three rabbits* - Bronze London 95 .... FF5 750 - £750 - **$1,191**
LAWSON Alexander XIX-XX [2]
🖊 *Bonfire* - Watercolour (28x23cm-11x9in) London 92 .... FF9 770 - £1 000 - **$1,720**
LAWSON Cecil Gordon 1851-1882 [5]
🖼 *A summer evening at Cheyne Walk* - Oil/canvas (61x50cm-24x20in) London 90 ...... FF79 400 - £8 202 - **$14,028**
🖊 *Flowers and Fruit* - Watercolour (21x27cm-8x11in) London 96 .... FF5 530 - £720 - **$1,097**
LAWSON Constance B. XIX-XX [2]
🖊 *Red roses in a green vase* - Pencil (30x41cm-12x16in) London 92 .... FF4 400 - £450 - **$776**
LAWSON Ernest 1873-1939 [42]
🖼 *Covered Bridge* - Oil/canvas (36x23cm-14x9in) Chicago 94 .... FF31 400 - £3 720 - **$5,800**
Winter - Oil/canvas (41x51cm-16x20in) New-York 97 .... FF87 514 - £9 189 - **$15,000**
Winter Pond - Oil/canvas/board (41x51cm-16x20in) New-York 95 .... FF291 000 - £36 450 - **$58,000**
LAWSON Francis Wilfred 1842-1935 [2]
🖼 *A doubtful coin, 1882* - Oil/canvas (102x76cm-40x30in) London 90 .... FF11 600 - £1 202 - **$2,039**
LAWSON Frederick 1888-1968 [32]
🖊 *The yard* - Pencil Leeds 91 .... FF3 870 - £390 - **$672**
LAWSON George Anderson 1832-1904 [2]
🗿 *Robert Burns* - Bronze (96cm-38in) London 90 .... FF16 500 - £1 767 - **$2,870**
LAXEIRO José Otero Abeledo 1908-1996 [46]
🖼 *Niños recogiendo flores* - Oleo/lienzo (52x56cm-20x22in) Madrid 95 ...... FF173 200 - £21 870 - **$34,740**
🖊 *Desnudo y carnavalada* - Acuarela (62x45cm-24x18in) Madrid 96 .... FF9 020 - £1 094 - **$1,755**
Monstruo - Gouache (54x36cm-21x14in) Madrid 92 .... FF21 600 - £2 200 - **$3,800**
LAYOS Mark 1867-1940 [1]
🖼 *Lady seated with flowers* - Oil/canvas (60x81cm-24x32in) London 90 ...... FF2 533 - £258 - **$507**
LAYRAUD Joseph Fortuné 1834-1912 [1]
🖼 *Pierre Boissart* - Huile/toile (61x50cm-24x20in) Caen 95 .... FF3 200 - £399 - **$624**
LAZARD Luckner 1928 [2]
🖼 *Femme et oiseau* - Huile/toile (43x33cm-17x13in) Montréal 96 .... FF4 550 - £433 - **$660**
LAZARE Philippe XX [6]
🖼 *Bouquet de fleurs* - Huile/toile (40x40cm-16x16in) Rennes 90 .... FF3 500 - £362 - **$618**
LAZARE-LÉVY XIX-XX [21]
🖼 *Berbère à la couverture rouge* - Huile/toile Aubagne 96 .... FF7 600 - £982 - **$1,497**
Turbet el-Bey à Tunis - Huile/toile (92x65cm-36x26in) Paris 95 .... FF15 000 - £1 940 - **$3,066**
Promeneur à Bab al-Djazîra - Huile/toile (65x54cm-26x21in) Paris 97 ...... FF70 000 - £7 441 - **$12,061**

L

LAZARIS Theodoros 1885-1978 [2]
🖙 *Reading in the Courtyard* - Oil/canvas (46x38cm-18x15in) Athens 96 .... FF*14 840* - £*1 916* - **$2,870**
LAZARO Bonifacio 1908-? [1]
🖙 *Florero con Virgen* - Oleo/cartón (47x51cm-19x20in) Madrid 94 .... FF*2 475* - £*292* - **$445**
LAZERGES Hippolyte 1817-1887 [36]
🖙 *Arab girls on a terrace* - Oil/panel (72x41cm-28x16in) London 95 .... FF*30 000* - £*3 800* - **$6,030**
  The meeting, North Africa - Oil/panel (61x37cm-24x14in) London 94 .... FF*57 100* - £*6 800* - **$10,760**
  Aux café maure - Huile/panneau (72x56cm-28x22in) Paris 90 .... FF*350 000* - £*37 716* - **$61,728**
⬭ *Le marchand de roses* - Aquarelle (23x15cm-9x6in) Paris 94 .... FF*8 500* - £*982* - **$1,468**
LAZERGES Paul J.-Bapst. 1845-1902 [33]
🖙 *Délassement sous les arbres* - Huile/panneau (31x47cm-12x19in) Paris 97 .... FF*20 000* - £*2 126* - **$3,446**
  Diane endormie - Huile/toile (182x137cm-72x54in) Calais 95 .... FF*30 000* - £*3 940* - **$6,130**
  The Halt in the desert - Oil/canvas (72x90cm-28x35in) London 94 .... FF*79 800* - £*9 500* - **$15,040**
LAZI Adolf 1884-1955 [2]
📷 *Architectural Study* - Gelatin silver print (15x23cm-6x9in) New-York 93 .... FF*3 835* - £*437* - **$650**
LAZLO de Philip A. Fulop 1869-1937 [3]
🖙 *Lady* - Oil/board (92x71cm-36x28in) London 94 .... FF*5 530* - £*660* - **$1,042**
LAZO Agustín 1898-1971 [3]
⬭ *En el azilo* - Gouache (38x28cm-15x11in) New-York 95 .... FF*97 000* - £*12 880* - **$20,000**
LAZZARETTI Andrea 1858-1886 [1]
🖙 *Il violonista* - Olio/tavola (77x105cm-30x41in) Milano 93 .... FF*23 800* - £*2 680* - **$3,985**
LAZZARI Bice 1900-1981 [8]
🖙 *Senza titolo* - Olio/tela (75x75cm-30x30in) Milano 96 .... FF*11 400* - £*1 462* - **$2,176**
⬭ *Senza titolo* - Acquarello/carta (43x58cm-17x23in) Roma 93 .... FF*3 660* - £*411* - **$655**
LAZZARINI Gregorio 1655-1730 [9]
⬭ *Mosé fa scaturire l'acqua dalla roccia* - Sanguine (28x39cm-11x15in) Firenze 90 .... FF*3 900* - £*415* - **$698**
LAZZARINI Pietro XIX-XX [1]
🗿 *Young girl* - Marble (55cm-22in) London 96 .... FF*23 670* - £*3 000* - **$4,540**
LAZZELL Blanche 1878-1956 [37]
🖙 *Roofs* - Oil/canvas (61x56cm-24x22in) New-York 95 .... FF*45 200* - £*5 660* - **$9,000**
  Woodstock, New York - Oil/canvas New-York 90 .... FF*62 900* - £*6 518* - **$11,054**
⬭ *Cubist composition* - Charcoal/paper (26x21cm-10x8in) New-York 89 .... FF*10 900* - £*1 053* - **$1,654**
LAZZERINI Giuseppe 1831-1895 [2]
🗿 *Atleta* - Bronze (67cm-26in) Roma 95 .... FF*15 730* - £*1 980* - **$3,190**
LAŸS Jean-Pierre 1825-1887 [9]
🖙 *Fruits et fleurs* - Huile/toile (94x70cm-37x28in) Paris 96 .... FF*70 000* - £*8 480* - **$13,770**
  Assorted flowers in an urn - Oil/canvas (132x101cm-52x40in) London 95 .... FF*317 000* - £*42 000* - **$65,400**
LE BARBIER Jean-Jacques Fr. I 1738-1826 [12]
⬭ *J.J. Rousseau's House, Neufchatel* - Watercolour (21x29cm-8x11in) New-York 96 .... FF*10 860* - £*1 423* - **$2,200**
LE BAS Edward 1904-1966 [22]
🖙 *Santa Panagia, Sicily* - Oil/canvas (51x61cm-20x24in) London 96 .... FF*9 280* - £*1 100* - **$1,810**
  No.1 Still Life - Oil/canvas (61x75cm-24x30in) London 97 .... FF*31 746* - £*3 400* - **$5,485**
LE BAS Jacques Philippe 1707-1783 [10]
▭ *L'Ile enchantée* - Eau-forte Paris 94 .... FF*2 500* - £*297* - **$458**
LE BAUBE Claude 1919 [2]
🖙 *Nature morte à la carafe bleue* - Huile/toile (60x81cm-24x32in) Paris 90 .... FF*4 000* - £*428* - **$696**
LE BEAU Alcide 1872-1943 [31]
🖙 *Bord de mer japonisant* - Huile/panneau (14x20cm-6x8in) Provins 97 .... FF*4 500* - £*502* - **$808**
  Marché en Bretagtne - Huile/toile (73x60cm-29x24in) Brest 94 .... FF*27 000* - £*3 170* - **$4,775**
  Les péniches - Huile/toile (60x73cm-24x29in) Deauville 97 .... FF*62 200* - £*6 754* - **$11,021**
  Voiles blanches sur la rivière - Huile/toile (60x72cm-24x28in) Brest 93 .... FF*132 000* - £*15 900* - **$24,000**
⬭ *Paysage en Bretagne* - Aquarelle (24x33cm-9x13in) Granville 90 .... FF*16 000* - £*1 682* - **$2,783**
LE BEAU Pierre Adrien 1748-? [2]
⬭ *Le Comte d'Artois/La Comtesse* - Mine plomb (8x7cm-3x3in) Monaco 94 .... FF*10 000* - £*1 180* - **$1,792**
LE BERGER Robert 1905 [10]
🖙 *Les Arches du Pont Neuf* - Huile/toile (46x38cm-18x15in) La Varenne Saint-Hilaire 97 ...... FF*2 300* - £*249* - **$404**
  Notre Dame et le pont de l'Archevêché
      Huile/toile (54x65cm-21x26in) La Varenne Saint-Hilaire 91 .... FF*8 500* - £*857* - **$1,475**
LE BIHAN Alexandre 1839-? [10]
🖙 *Embroiderers at work* - Oil/canvas (95x141cm-37x56in) London 93 .... FF*33 360* - £*3 800* - **$5,660**
LE BOUL'CH Jean-Pierre 1940 [7]
🖙 *Mémoire interessée* - Huile/toile (130x162cm-51x64in) Paris 96 .... FF*3 500* - £*436* - **$679**
LE BOUTEUX Joseph Barthélémy 1744-? [1]
⬭ *Déjeuner à la campagne* - Crayon (32x21cm-13x8in) Paris 95 .... FF*2 200* - £*276* - **$439**
LE BRAS Jean-Pierre XX [11]
🖙 *Plage à Trébeurden* - Huile/toile (54x65cm-21x26in) Douarnenez 92 .... FF*5 500* - £*563* - **$1,080**
LE BRETON Constant 1895-1985 [11]
🖙 *Port de Noirmoutiers* - Huile/toile (46x55cm-18x22in) Versailles 91 .... FF*11 000* - £*1 109* - **$2,144**
  Église des Blancs-Manteaux, Paris - Huile/carton (61x46cm-24x18in) Paris 92 ...... FF*36 000* - £*3 700* - **$6,670**
LE BROCQUY Louis 1916 [47]
🖙 *Man writing* - Oil/canvas (64x76cm-25x30in) London 97 .... FF*1* - £*120 000* - **$197,340**
  August Strindberg - Oil/canvas (80x80cm-31x31in) Dublin 95 .... FF*31 700* - £*4 120* - **$6,520**

L

Being - Oil/panel (30x25cm-12x10in) London 97 .... FF54 409 - £5 800 - **$9,538**
Three tinkers - Watercolour (23x29cm-9x11in) London 97 .... FF38 351 - £4 000 - **$6,558**
LE BRUN Charles 1619-1690 [5]
Hind legs of horse - Red chalk (28x21cm-11x8in) London 96 .... FF60 300 - £7 500 - **$11,700**
LE BRUN Christopher 1951 [16]
Untitled - Oil/canvas (101x116cm-40x46in) New-York 93 .... FF41 300 - £4 700 - **$7,000**
Red Horse - Oil/canvas (267x218cm-105x86in) New-York 96 .... FF72 500 - £8 300 - **$14,500**
Amphion - Oil/canvas (249x213cm-98x84in) London 92 .... FF146 500 - £15 000 - **$25,860**
LE BRUN Louis 1926 [4]
Victoire - Huile/toile (100x45cm-39x18in) Bruxelles 89 .... FF4 100 - £408 - **$648**
LE BRUN Piotr 1802-1879 [2]
Ein Herr zu Pferde - Oil/canvas (66x52cm-26x20in) Wien 91 .... FF14 440 - £1 450 - **$2,498**
LE BUHAN Jean-Paul XX [2]
On ne fait pas d'omelette sans... - Bois (54cm-21in) Paris 97 .... FF2 200 - £248 - **$398**
LE CAIN Errol John 1941-1990 [2]
Princesses standing in ballgowns - Watercolour (24x33cm-9x13in) London 92 .... FF7 540 - £900 - **$1,450**
LE CAPELAIN John c.1814-1848 [16]
Beached boat, Seymour Tower - Watercolour (18x26cm-7x10in) St. Helier, Jersey 96 .... FF6 190 - £750 - **$1,203**
LE CARPENTIER Charles Louis Franç. 1744-1822 [1]
Saint Michel terrassant le dragon - Huile/toile (44x24cm-17x9in) Paris 91 .... FF28 000 - £2 824 - **$5,457**
LE CHEVALIER Jean-Baptiste 1752-1836 [3]
Ruines d'un temple sur l'île d'Égine - Aquarelle (44x59cm-17x23in) Paris 94 .... FF3 800 - £451 - **$702**
LE CLERC Philippe 1755-1826 [2]
Magnolia Grandiflora - Watercolour (61x42cm-24x17in) London 93 .... FF19 300 - £2 200 - **$3,280**
LE CLERC Pierre Thomas c.1740-c.1796 [17]
Cette robe dite a la turque - Aquarelle (24x17cm-9x7in) Paris 93 .... FF8 200 - £1 025 - **$1,490**
LE CLOAREC Gérard 1945 [3]
Sur un fil tendu - Technique mixte/panneau (100x100cm-39x39in) Paris 90 .... FF26 000 - £2 802 - **$4,586**
LE COADIC Francis 1912 [2]
Théâtre de l'Atelier - Huile/toile (60x73cm-24x29in) Paris 94 .... FF3 000 - £354 - **$538**
LE COEUR Jules 1832-1882 [2]
Bas Meudon, près de Paris - Oil/canvas (64x80cm-25x31in) New-York 94 .... FF146 000 - £17 230 - **$26,000**
LE COLAS Pierre 1930 [5]
Le vieux joueur d'orgue - Huile/toile (61x50cm-24x20in) La Varenne Saint-Hilaire 96 .... FF3 000 - £386 - **$595**
Der Kibitz und die Frau - Farblithographie (76x56cm-30x22in) Bern 92 .... FF1 674 - £171 - **$295**
LE CORBUSIER Charles Ed.Jeanneret 1887-1965 [234]
Nature morte - Oil/canvas (99x81cm-39x32in) New-York 91 .... FF1 - £167 764 - **$298,548**
Composition - Huile/panneau (27x40cm-11x16in) Paris 96 .... FF48 000 - £5 980 - **$9,270**
Femme devant une porte - Oil/canvas (46x33cm-18x13in) London 97 .... FF212 355 - £22 000 - **$36,377**
Femme à la théière - Oil/canvas (100x80cm-39x31in) London 96 .... FF527 000 - £66 000 - **$101,600**
Poème de l'Angle droit - Lithographie couleurs (47x36cm-19x14in) Paris 97 .... FF6 000 - £652 - **$1,052**
Femme rose - Lithographie couleurs (68x98cm-27x39in) Saint-Germain-en-Laye 94 .... FF21 000 - £2 466 - **$3,680**
Composition aux nus - Encre (30x45cm-12x18in) Neuilly 97 .... FF7 000 - £771 - **$1,229**
Couple marchant - Drawing (13x10cm-5x4in) London 96 .... FF13 200 - £1 600 - **$2,567**
Composition - Watercolour (18x26cm-7x10in) New-York 97 .... FF18 860 - £1 984 - **$3,249**
Deux femmes assises - Gouache (20x26cm-8x10in) Zürich 95 .... FF32 360 - £4 170 - **$6,580**
Nature morte - Encre (31x23cm-12x9in) Zürich 94 .... FF42 400 - £5 500 - **$8,390**
Femme nue debout - Ink (56x39cm-22x15in) London 95 .... FF77 000 - £10 000 - **$15,840**
Tête de femme - Watercolour, gouache (62x49cm-24x19in) London 92 .... FF272 700 - £28 000 - **$52,400**
LE CORRE Michel 1950 [4]
Nu à Venise - Huile/toile (46x55cm-18x22in) Versailles 90 .... FF5 800 - £610 - **$1,009**
LE COUTEUX Lionel Aristide 1847-? [1]
La gardienne et sa vache - Eau-forte (38x54cm-15x21in) Barbizon 96 .... FF1 500 - £187 - **$290**
LE DRU Albert Ferdinand 1848-? [2]
Duc de Chartres, bataille de Jemmapes
Huile/toile (166x247cm-65x97in) Monaco 96 .... FF100 000 - £11 480 - **$19,070**
LE DRU Hilaire 1769-1840 [2]
Le violoncelliste et la petite fille - Huile/toile (76x60cm-30x24in) Paris 93 .... FF27 000 - £3 253 - **$4,910**
LE FAGUAYS Pierre XIX-XX [63]
Victory - Bronze (70cm-28in) New-York 95 .... FF13 950 - £1 834 - **$2,800**
Diane - Bronze (114cm-45in) Nice 94 .... FF22 000 - £2 610 - **$4,064**
Nymph and Faune - Bronze (52cm-20in) New-York 96 .... FF125 300 - £14 500 - **$24,000**
LE FAUCONNIER Henri 1881-1946 [47]
Paysage - Huile/toile (60x73cm-24x29in) Paris 96 .... FF10 000 - £1 248 - **$1,940**
Self portrait - Oil/canvas (56x46cm-22x18in) Amsterdam 96 .... FF19 600 - £2 270 - **$3,760**
Vase de fleurs - Huile/toile (73x55cm-29x22in) Angoulême 95 .... FF48 000 - £5 890 - **$9,340**
Le Songe du Vagabond - Oil/canvas (136x281cm-54x111in) London 91 .... FF188 400 - £19 299 - **$35,176**
Sleeping nude - Watercolour (67x101cm-26x40in) Amsterdam 94 .... FF13 580 - £1 570 - **$2,600**
LE FEBURE Karl Friedrich 1805-1885 [2]
Bauernhoff am Tegnernsee - Oil/panel (13x18cm-5x7in) München 94 .... FF23 960 - £2 840 - **$4,370**
LE FEUBURE Carl 1847-1911 [3]
Frauenchiemsee - Öl/Leinwand (28x44cm-11x17in) Stuttgart 96 .... FF14 200 - £1 764 - **$2,755**
LE FLOCH Jean-Luc 1945 [5]
Sans titre - Huile/toile (199x179cm-78x70in) Paris 89 .... FF15 000 - £1 534 - **$2,412**

LE FORESTIER René 1903-1972 [51]

🖼 *Le port de Concarneau* - Huile/isorel (19x24cm-7x9in) La Roche-sur-Yon 97.............FF2 800 - £307 - $491
Pont-Aven - Huile/toile (55x38cm-22x15in) Nantes 95.............FF6 000 - £789 - $1,226

LE FRANCQ VAN BERKHEY Johannes 1729-1812 [2]

✏ *A rabbit eating leaves* - Watercolour, gouache (14x16cm-6x6in) Amsterdam 93.............FF3 415 - £393 - $585

LE FUR Joe 1920 [8]

🖼 *Vallon à Belle Ile* - Huile/toile (50x61cm-20x24in) Brest 97.............FF3 500 - £379 - $615

LE GAC Jean 1936 [13]

🖼 *Délassement du peintre parisien* - Mixed media (150x350cm-59x138in) Paris 96.............FF40 000 - £4 700 - $7,870
✏ *Le coin cinéma du peintre* - Pastel (110x87cm-43x34in) Paris 90.............FF50 000 - £5 388 - $8,818

LE GRAS August Johannes 1864-1915 [5]

🖼 *Camels before a Tunisian town* - Oil/canvas (52x150cm-20x59in) London 95.............FF4 480 - £580 - $911
Attendant feeding pelicans - Oil/canvas (29x64cm-11x25in) Amsterdam 94.............FF5 800 - £673 - $998

LE GRAY Gustave 1820-1882 [48]

📷 *Voilier sur la mer* - Tirage albuminé (32x40cm-13x16in) Chartres 95.............FF52 000 - £6 560 - $10,360
Femme nue allongée - Tirage albuminé (21x33cm-8x13in) Chartres 95.............FF480 000 - £60 500 - $95,700

LE GROUMELLEC Loïc 1958 [14]

🖼 *Chapelle* - Laque/toile (25x25cm-10x10in) Paris 96.............FF4 300 - £537 - $831
Paysage imaginaire - Huile/toile (65x54cm-26x21in) Paris 95.............FF8 000 - £1 062 - $1,650
Mégalithe - Laque Ripolin (100x80cm-39x31in) Paris 95.............FF15 000 - £1 992 - $3,090

LE GUAY Claude 1959 [6]

🖼 *Sortie du tunnel* - Huile/toile (130x81cm-51x32in) Paris 90.............FF6 000 - £647 - $1,058

LE GUEN Jean-Marie XX [38]

🖼 *Giverny en Septembre* - Huile/toile (54x65cm-21x26in) L'Isle-Adam 92.............FF5 400 - £553 - $972

LE GUENNEC Jean 1924-1986 [13]

🖼 *Femme nue allongée* - Huile/toile (60x73cm-24x29in) Paris 93.............FF3 500 - £422 - $637
La plage - Huile/toile (38x46cm-15x18in) Paris 89.............FF6 500 - £665 - $1,045

LE GULUCHE J. XIX-XX [9]

🗿 *Sauveteur* - Terracotta (38cm-15in) Paris 96.............FF4 200 - £494 - $826
Chef kabyle - Terre cuite (71cm-28in) Paris 92.............FF17 000 - £1 740 - $2,993

LE HINGRAT VILLON Monique 1944 [12]

🖼 *Vertige* - Technique mixte/toile (116x89cm-46x35in) Paris 92.............FF2 100 - £215 - $370
✏ *Sans titre* - Technique mixte/papier (80x80cm-31x31in) Paris 97.............FF4 500 - £508 - $814

LE JEUNE Henry 1819-1904 [14]

🖼 *The Birds Nest* - Oil/canvas/panel (52x42cm-20x17in) Billinghurst, West Sussex 94.............FF37 500 - £4 500 - $7,290

LE JEUNE James 1910-1983 [16]

🖼 *The Club Bar* - Oil/canvas/board (35x45cm-14x18in) London 96.............FF29 440 - £3 800 - $5,680
✏ *Beauvais cathedral* - Watercolour (47x34cm-19x13in) Dublin 93.............FF7 580 - £905 - $1,458

LE LORRAIN Claude Gellée, dit 1600-1682 [57]

🖼 *Pastoral river landscape* - Oil/canvas (75x99cm-30x39in) New-York 90.............FF2 - £300 736 - $497,391
✏ *A landscape with a Ruined temple* - Black chalk (13x21cm-5x8in) London 97.............FF127 201 - £13 000 - $21,650
Landscape with Trees and Hunters - Ink (36x25cm-14x10in) New-York 97.............FF304 876 - £33 935 - $55,000

LE MAYEUR DE MERPRES Adrien 1844-1923 [14]

🖼 *Jeunes filles au soleil* - Huile/toile (90x110cm-35x43in) Bruxelles 91.............FF105 300 - £10 457 - $18,283

LE MAYEUR DE MERPRES Adrien Jean 1880-1958 [86]

🖼 *Venise matin* - Oil/canvas (100x120cm-39x47in) Amsterdam 96.............FF247 000 - £31 730 - $47,900
Plage à Bali - Oil/canvas (100x120cm-39x47in) Bruxelles 95.............FF502 000 - £63 500 - $98,000
Preparing offering - Oil/canvas (114x135cm-45x53in) Singapore 95.............FF970 000 - £123 600 - $195,300
✏ *Venise* - Fusain/papier (45x60cm-18x24in) Bruxelles 90.............FF19 440 - £1 988 - $3,837
Waipur, Inde - Pastel (44x58cm-17x23in) Bruxelles 95.............FF27 250 - £3 430 - $5,640
Balinese women having tea - Watercolour (52x67cm-20x26in) Amsterdam 93.............FF96 100 - £11 520 - $17,570
At a Weaving Loom - Watercolour (54x79cm-21x31in) Singapore 96.............FF179 000 - £23 300 - $35,500

LE MEILLEUR Georges 1861-1945 [2]

🖼 *La Seine dans la campagne* - Huile/carton (55x61cm-22x24in) Pau 90.............FF10 200 - £1 092 - $1,774

LE MENE Marc Le Méné 1957 [4]

📷 *Cécile* - Photo Paris 91.............FF1 800 - £180 - $297

LE MERDY Jean 1928 [15]

🖼 *Marais à Trévignon* - Huile/toile (25x65cm-10x26in) Brest 94.............FF4 200 - £493 - $743
Algues sur le sable - Huile/papier (55x75cm-22x30in) Douarnenez 93.............FF10 000 - £1 205 - $1,820
✏ *Paysage au champs jaunes* - Gouache (48x63cm-19x25in) Brest 97.............FF10 000 - £1 083 - $1,756

LE MÉTAYER Eugène XIX [2]

🖼 *Long-courrier en fuite vent arrière* - Huile/toile (59x82cm-23x32in) Paris 92.............FF9 600 - £986 - $1,780

LE METTAY Pierre Charles 1726-1759 [3]

🖼 *Vénus & Cupidon* - Huile/toile (93x80cm-37x31in) Monaco 96.............FF190 000 - £23 800 - $36,700

LE MOAL Jean 1909 [51]

🖼 *Mai 1954* - Huile/toile (74x50cm-29x20in) Paris 96.............FF24 000 - £2 965 - $4,630
Composition - Huile/toile (41x33cm-16x13in) Paris 94.............FF52 000 - £5 900 - $8,810
Composition - Huile/toile (73x50cm-29x20in) Saint-Germain-en-Laye 92.............FF110 000 - £11 260 - $19,360
L'orage, 1957-58 - Huile/toile (116x89cm-46x35in) Paris 96.............FF400 000 - £42 827 - $69,565
✏ *Composition* - Aquarelle (10x35cm-4x14in) Saint-Germain-en-Laye 96.............FF6 500 - £841 - $1,288

LE MOINE Charles 1839-? [1]

🗿 *Group of a man killing an octopus* - Bronze (41cm-16in) New-York 89.............FF4 600 - £485 - $774

LE MOINE Erik Vilhelm 1780-1859 [1]

⟋ *Professorskan Högberg, f. Fant* - Miniature (8x6cm-3x2in) Stockholm 89 .... FF1 900 - £194 - $305

LE MONNIER Henry 1893-1978 [14]

▱ *Bières Georges* - Affiche (158x118cm-62x46in) Boulogne 96 .... FF2 800 - £365 - $555

LE MOULT Christian 1941 [7]

● *La Grande Prêtresse* - Huile/toile (204x85cm-80x33in) Bruxelles 97 .... FF8 170 - £885 - $1,445

LE MOUTON Aline XX [4]

● *Vase de fleurs* - Huile/carton (46x55cm-18x22in) Rouen 92 .... FF2 200 - £225 - $388

LE MOYNE François 1688-1737 [36]

● *L'Assomption de la Vierge* - Huile/toile (88x111cm-35x44in) Paris 89 .... FF7 e +06 - £737 619 - $1

⟋ *Head of a Nymph wearing a Headband* - Black chalk (15x14cm-6x6in) New-York 97 .... FF41 574 - £4 628 - $7,500

LE NATUR Jules-Maurice 1851-? [3]

● *L'hirondelle messagère d'amour* - Huile/toile (22x16cm-9x6in) Le Touquet 91 .... FF15 000 - £1 522 - $2,709

LE NOURRICHEL Constant Edouard 1803-1869 [1]

● *L'église Saint-Pierre de Caen* - Huile/toile (30x26cm-12x10in) Saint-Germain-en-Laye 94 .... FF2 800 - £325 - $483

LE PAON Louis, Jean-Baptiste 1736/38-1785 [3]

⟋ *Champ de course hippique* - Encre (35x71cm-14x28in) Paris 97 .... FF74 000 - £7 896 - $12,809

LE PARC Julio 1928 [17]

● *D'après Hoehme dl 1960* - Mixed media (56x19cm-22x7in) Milano 92 .... FF14 040 - £1 438 - $2,473

● *Serie 12 no.9-1, ondes 137* - Acrilico/tela (147x97cm-58x38in) Milano 89 .... FF73 200 - £7 713 - $12,323

▤ *Multiple No. 18* - Sculpture (60x17x60cm-24x7x24in) Neuilly 90 .... FF8 500 - £855 - $1,545

LE PETIT Alfred 1841-1909 [2]

● *Marché, Hôtel de Ville, Arras* - Huile/panneau (27x41cm-11x16in) Lille 96 .... FF8 000 - £970 - $1,556

⟋ *Le public aux régates à Levallois*
     Aquarelle (47x64cm-19x25in) La Varenne Saint-Hilaire 90 .... FF19 000 - £2 047 - $3,351

LE PETIT Alfred Marie 1876-1953 [8]

● *Rully, mai 1907* - Huile/panneau (26x41cm-10x16in) Paris 92 .... FF3 800 - £391 - $731

LE PHO 1907 [35]

● *Femme se coiffant* - Huile (81x100cm-32x39in) Paris 96 .... FF13 000 - £1 630 - $2,510

● *La femme du mandarin* - Huile/toile (81x130cm-32x51in) Paris 96 .... FF150 000 - £17 220 - $28,600

⟋ *Dahlias jaunes et rouges* - Gouache (50x40cm-20x16in) Boulogne 95 .... FF5 500 - £689 - $1,095

LE POITTEVIN Eugène Poidevin 1806-1870 [34]

● *Le retour de la pêche* - Huile/toile (92x71cm-36x28in) Paris 97 .... FF12 500 - £1 348 - $2,223

● *La Chasse au marais* - Huile/canvas (38x46cm-15x18in) New-York 96 .... FF36 350 - £4 630 - $7,000

● *La baignade à Etretat* - Huile/panneau (21x48cm-8x19in) Deauville 92 .... FF122 000 - £12 500 - $21,960

LE POITTEVIN Louis 1847-1909 [11]

● *Port de pêche* - Huile/toile (35x51cm-14x20in) Reims 91 .... FF14 500 - £1 461 - $2,516

● *Shepherdess with her flock* - Oil/canvas (158x251cm-62x99in) London 96 .... FF44 700 - £5 800 - $8,840

LE PRINCE Jean-Baptiste 1734-1781 [8]

⟋ *Washerwomen in front of a Cottage* - Ink (26x32cm-10x13in) New-York 97 .... FF55 432 - £6 170 - $10,000

LE QUERREC Guy 1941 [4]

◪ *Autour de minuit* - Gelatino bromure (30x40cm-12x16in) Paris 92 .... FF2 500 - £291 - $511

LE RICHE Henri Hirné, dit 1868-? [7]

● *Les nomades* - Huile/toile (41x52cm-16x20in) Lokeren 91 .... FF7 770 - £779 - $1,423

▱ *Deux portraits de femmes* - Gravure (36x22cm-14x9in) Paris 90 .... FF1 800 - £191 - $322

LE RICHE Michel Josse 1767-c.1830 [1]

⟋ *Monuments Antiques de Rome* - Lavis (18x13cm-7x5in) Paris 95 .... FF53 000 - £7 040 - $10,920

LE RICHE Pierre c.1760-1811 [1]

● *Vase de fleurs* - Huile/toile (86x73cm-34x29in) Lyon 96 .... FF60 000 - £7 720 - $11,900

LE ROUX André Paul 1870-? [3]

● *Stilleben* - Oil/canvas (50x67cm-20x26in) Bern 90 .... FF15 200 - £1 617 - $2,719

LE ROUX Auguste 1871-1954 [4]

● *Les pêcheurs de crevettes* - Huile/toile (38x55cm-15x22in) Brest 97 .... FF5 200 - £563 - $913

LE ROUX Charles 1814-1895 [1]

● *Bords de Loire* - Huile/panneau (29x53cm-11x21in) Angers 89 .... FF25 000 - £2 634 - $4,209

LE ROUX François 1943 [23]

● *Composition* - Huile/papier (76x56cm-30x22in) Paris 95 .... FF4 200 - £526 - $844

⟋ *Sans titre* - Technique mixte/papier (200x124cm-79x49in) Versailles 93 .... FF3 500 - £438 - $637

LE ROY Paul Alexandre A. 1860-1942 [6]

● *Femme dans une mosquée* - Huile/toile (73x60cm-29x24in) Lyon 90 .... FF37 000 - £3 961 - $6,435

LE ROY Pierre François Ch. 1803-1833 [1]

⟋ *Bergère près d'un pont* - Aquarelle (36x45cm-14x18in) Genève 91 .... FF2 510 - £258 - $468

LE RUYET Jeanne XX [4]

● *Plage en Bretagne* - Huile/toile (27x41cm-11x16in) Douarnenez 93 .... FF3 300 - £398 - $600

LE SAUTEUR Claude 1926 [21]

● *Le poète* - Huile/toile (41x51cm-16x20in) Montréal 96 .... FF6 680 - £840 - $1,314

● *La rencontre des chapeaux de paille* - Huile/toile (61x91cm-24x36in) Montréal 91 .... FF20 200 - £2 035 - $3,505

LE SCOUEZEC Maurice 1881-1940 [41]

● *Breton sur le chemin* - Huile/toile (38x64cm-15x25in) Quimper 94 .... FF32 800 - £3 940 - $6,110

● *Femme au chapeau* - Huile/papier/panneau (60x45cm-24x18in) Brest 92 .... FF56 000 - £5 730 - $10,070

● *Nu au fond bleu* - Huile/papier/panneau (75x51cm-30x20in) Brest 92 .... FF75 000 - £7 670 - $13,500

⟋ *La pileuse de mil* - Fusain Brest 97 .... FF16 000 - £1 733 - $2,810

● *Femme à la lecture* - Aquarelle/papier (48x61cm-19x24in) La Flèche 94 .... FF35 000 - £4 050 - $6,010

LE SECQ Henri 1811-1882 [8]

🏛 *Notre-Dame de Reims, central portal* - Salt print (25x33cm-10x13in) London 96 .... FF*50 400* - £*6 500* - **$9,720**

LE SÉNÉCHAL DE KERDREORET Gustave Edouard 1840-? [16]

🖼 *Bateaux à marée basse* - Huile/toile (38x55cm-15x22in) Calais 91 .... FF*12 000* - £*1 203* - **$2,198**

LE SIDANER Annich 1945 [2]

✏ *Déjeuner au jardin* - Coloured crayons (24x30cm-9x12in) London 95 .... FF*45 400* - £*6 000* - **$9,200**

LE SIDANER Henri 1862-1939 [236]

🖼 *La table de campagne* - Oil/canvas (88x106cm-35x42in) New-York 96 .... FF*2* - £*285 500* - **$470,000**
Le goûter, Gerberoy, 1925 - Oil/canvas (150x126cm-59x50in) London 90 .... FF*6* - £*680 351* - **$1**
Portail , Gerberoy - Huile/panneau (22x26cm-9x10in) Paris 96 .... FF*38 000* - £*4 360* - **$7,250**
Le pont de pierre - Oil/canvas (61x74cm-24x29in) New-York 97 .... FF*228 572* - £*24 504* - **$40,000**
Bassin de Neptune au crépuscule, Versailles
 Oil/canvas (73x92cm-29x36in) New-York 96 .... FF*410 000* - £*48 600* - **$80,000**
Table dressée, Gerberoy - Oil/canvas (93x74cm-37x29in) New-York 95 .... FF*1 85e +06* - £*136 800* - **$215,000**
✏ *La table aux lanternes, Gerberoy* - Aquarelle (24x29cm-9x11in) Paris 96 .... FF*50 000* - £*5 740* - **$9,530**
Canal, Nemours - Pastel/canvas (56x80cm-22x31in) London 92 .... FF*176 000* - £*18 000* - **$31,030**

LE SUEUR Eustache 1617-1655 [8]

✏ *Juno on her Chariot* - Black chalk (19x25cm-7x10in) London 97 .... FF*46 967* - £*4 800* - **$7,993**

LE SUEUR Jean-Baptiste 1794-1883 [1]

✏ *Vue du Forum Romain* - Lavis (17x24cm-7x9in) Paris 90 .... FF*6 500* - £*671* - **$1,148**

LE SUIRE Pierre André 1742-? [2]

✏ *Lady seated at her secrétaire* - Miniature (6cm-2in) Genève 92 .... FF*11 070* - £*1 140* - **$2,070**

LE SUIRE von Hermann 1861-1933 [6]

🖼 *Die Fraueninsel im Chiemsee* - Öl/Leinwand (59x80cm-23x31in) München 95 .... FF*7 100* - £*896* - **$1,422**

LE TESSIER Joseph 1867-1949 [1]

🖼 *Poisson et citron* - Huile/panneau (33x46cm-13x18in) Soissons 94 .... FF*6 800* - £*812* - **$1,274**

LE TOULLEC Jean-Louis XX [22]

✏ *Saint-Cado, Morbihan* - Gouache (48x64cm-19x25in) Brest 95 .... FF*3 500* - £*437* - **$686**

LE TOUMELIN Yahne 1923 [5]

🖼 *Le choix de la vie* - Huile/papier (100x80cm-39x31in) Paris 92 .... FF*10 000* - £*1 027* - **$1,923**
✏ *L'Envol de Rhiamnon* - Technique mixte/papier (66x100cm-26x39in) Toulouse 96 .... FF*3 200* - £*388* - **$623**

LE TOURNIER Joseph Marie 1892-1972 [9]

✏ *Le Bas Pouldu* - Aquarelle (33x50cm-13x20in) Paris 97 .... FF*2 000* - £*215* - **$345**
Les cargos, quais animés - Aquarelle (34x52cm-13x20in) Douarnenez 95 .... FF*5 800* - £*756* - **$1,205**

LE TRIVIDIC Pierre 1898-1960 [91]

🖼 *Coteaux enneigés* - Huile/toile (65x81cm-26x32in) Paris 93 .... FF*11 000* - £*1 326* - **$2,000**
Plage de Dieppe - Huile/toile (54x81cm-21x32in) Paris 93 .... FF*25 000* - £*3 010* - **$4,550**
L'accordéoniste - Huile/toile (116x89cm-46x35in) Paris 92 .... FF*115 000* - £*13 720* - **$22,100**
✏ *Pont Corneille et l'île Lacroix* - Aquarelle, gouache/papier (54x65cm-21x26in) Paris 96 ...... FF*8 500* - £*998* - **$1,672**
Clercs de Notaire - Aquarelle, gouache/papier (31x47cm-12x19in) Paris 93 .... FF*39 000* - £*4 700* - **$7,090**

LE VA Barry 1941 [9]

✏ *#9477* - Ink (178x132cm-70x52in) New-York 94 .... FF*43 550* - £*5 050* - **$7,500**

LE VÉEL Armand Jules 1821-1905 [3]

🗿 *32e Demi-brigade 1794* - Bronze (26cm-10in) Paris 95 .... FF*4 500* - £*569* - **$903**

LE VERRIER Max 1891-1973 [23]

🗿 *Cheval au galop* - Régule, patine vert antique/socle pierre (57cm-22in) Paris 93 ...... FF*1 600* - £*200* - **$291**
Buste de femme - Bronze (47cm-19in) Paris 91 .... FF*7 100* - £*715* - **$1,232**
La Clarté - Bronze (170cm-67in) Rambouillet 96 .... FF*121 000* - £*14 250* - **$23,750**

LE VILLAIN Ernest 1834-1916 [15]

🖼 *Bord de mer* - Huile/toile (176x241cm-69x95in) Paris 93 .... FF*7 200* - £*868* - **$1,310**
✏ *Forêt de Fontainebleau* - Aquarelle (47x58cm-19x23in) Calais 94 .... FF*3 500* - £*415* - **$647**
Les Jouets - Aquarelle (96x129cm-38x51in) Cheverny 95 .... FF*42 000* - £*5 380* - **$8,470**

LE WITT Jan 1907-1991 [1]

🖼 *Prométhée* - Oil/canvas (142x111cm-56x44in) New-York 92 .... FF*3 185* - £*370* - **$650**

LE YAOUANC Alain 1940 [79]

🖼 *Composition spatiale* - Huile/toile (180x140cm-71x55in) Paris 95 .... FF*7 000* - £*805* - **$1,205**
Composition - Acrylique/toile (180x150cm-71x59in) Paris 94 .... FF*15 000* - £*1 722* - **$2,566**
Composition - Huile/toile (170x210cm-67x83in) Soissons 92 .... FF*25 000* - £*2 560* - **$4,400**
✏ *Les mystères sont des lieux* - Collage (32x48cm-13x19in) Soissons 92 .... FF*14 000* - £*1 433* - **$2,465**

LE-TAN Pierre 1950 [14]

✏ *L'Alphabestiaire du Tout-Paris* - Indian ink (30x44cm-12x17in) London 95 .... FF*12 360* - £*1 600* - **$2,530**
Dans la galerie - Indian ink (29x23cm-11x9in) London 95 .... FF*29 350* - £*3 800* - **$6,010**

LEA Tom 1907 [2]

✏ *Two World War pastels* - Pastel Elgin, Illinois 92 .... FF*3 885* - £*407* - **$700**

LEACH Bernard Howell 1887-1979 [2]

✏ *A woman's head* - Ink (16x12cm-6x5in) Penzance, Cornwall 91 .... FF*1 895* - £*190* - **$313**

LEADER Benjamin Eastlake ?-1916 [2]

🖼 *River Llugwy, North Wales* - Oil/canvas (61x91cm-24x36in) London 89 .... FF*159 800* - £*15 440* - **$24,249**
✏ *Estuary scene* - Watercolour (46x71cm-18x28in) Birmingham 92 .... FF*2 750* - £*320* - **$562**

LEADER Benjamin William 1831-1923 [106]

🖼 *An Old Southern Port* - Oil/canvas (61x101cm-24x40in) London 97 .... FF*56 933* - £*6 200* - **$9,901**
Summer Time, Worcestershire - Oil/canvas (40x61cm-16x24in) London 97 .... FF*91 827* - £*10 000* - **$15,969**

L

Evening Hour - Oil/canvas (123x184cm-48x72in) London 97...................................... **FF257 116 - £28 000 - $44,713**
LEAKE Gerald 1885-1975 [1]
Nude woman standing outdoors - Oil/canvas (36x36cm-14x14in) New-York 94 .... FF5 710 - £671 - **$1,000**
LEAKEY James 1775-1865 [14]
Sir James Jackson & two Majors - Oil/canvas (158x131cm-62x52in) London 91 .... FF89 700 - £8 968 - **$14,773**
Elisabeth Stopford - Miniature (11cm-4in) London 97 .... FF6 416 - £700 - **$1,122**
LEANDER Inez 1878-1969 [2]
Gammal vas - Oil/canvas/board (37x31cm-15x12in) Malmö 89 .... FF2 200 - £225 - **$354**
LEANDER-ENGSTRÖM Kjell 1914-1979 [34]
Fjällmotiv med björkar - Oil/canvas (42x50cm-17x20in) Stockholm 92 .... FF2 830 - £290 - **$498**
Fjällandskap - Oil/panel (50x60cm-20x24in) Stockholm 93 .... FF7 400 - £910 - **$1,370**
Stadsbild, Cagnes-sur-Mer - Pastel (64x49cm-25x19in) Stockholm 96 .... FF1 525 - £197 - **$299**
LEANDER-ENGSTRÖM Tord 1914-1985 [16]
Silverfallet - Oil/canvas (88x52cm-35x20in) Göteborg 92 .... FF2 830 - £290 - **$498**
LÉANDRE Charles Lucien 1862-1930 [35]
Le jardin de l'artiste - Huile/panneau (46x84cm-18x33in) Deauville 92 .... FF15 000 - £1 536 - **$2,700**
Chez la modiste - Crayon (48x34cm-19x13in) Cherbourg 97 .... FF7 800 - £833 - **$1,356**
Elégante au singe - Aquarelle (60x45cm-24x18in) Paris 96 .... FF45 000 - £5 430 - **$8,630**
LEAR Charles Hutton 1818-1903 [1]
Edward Hodges Bailey - Watercolour (51x37cm-20x15in) Hadspen 96 .... FF22 100 - £2 800 - **$4,240**
LEAR Edward 1812-1888 [261]
Pyramids of Ghizeh - Oil/canvas (51x101cm-20x40in) London 96 .... FF1 - £140 000 - **$230,400**
Nile above Aswan - Oil/canvas (23x46cm-9x18in) London 92 .... FF117 200 - £14 000 - **$22,550**
Nuneham - Oil/canvas (52x80cm-20x31in) London 97 .... FF714 285 - £75 000 - **$122,430**
Tomb in the Roman Campagna - Pencil (14x23cm-6x9in) London 97 .... FF10 300 - £1 100 - **$1,791**
Shrine near Khania, Crete, Greece - Watercolour (20x25cm-8x10in) London 97 .... FF27 154 - £2 900 - **$472,2 7**
Trichinopoly, Tamil Nadu - Pencil (36x53cm-14x21in) London 97 .... FF42 493 - £4 500 - **$7,359**
Constantinople - Ink (18x53cm-7x21in) London 96 .... FF84 900 - £10 000 - **$16,670**
The grand Canal, Venice, Italy - Watercolour (35x50cm-14x20in) London 97 .... FF608 614 - £65 000 - **$105,839**
LEARNED Harry 1842-? [1]
Breckenbridge, Colorado
    Oil/canvas (56x92cm-22x36in) San Francisco-Los Angeles 95 .... FF20 650 - £2 350 - **$3,500**
LEATHEM William John XIX [3]
A wreck in stormy sea - Wash (50x68cm-20x27in) London 90 .... FF3 100 - £334 - **$547**
The Sections of Capt. Taylor's - Watercolour (64x99cm-25x39in) London 93 .... FF12 450 - £1 500 - **$2,175**
LEATHERDALE Marcus XX [2]
Othello-II - Gelatin silver print (23x25cm-9x10in) London 96 .... FF2 130 - £250 - **$419**
LEAVER Charles XIX-XX [7]
Winter landscape with sheep - Oil/canvas (66x97cm-26x38in) London 94 .... FF25 650 - £3 000 - **$4,500**
LEAVER Noel Harry 1889-1951 [89]
A street scene, Rothenburg - Watercolour, gouache (35x25cm-14x10in) London 92 .... FF4 300 - £440 - **$843**
Mosque at the Water's Edge - Watercolour (35x25cm-14x10in) London 96 .... FF12 370 - £1 600 - **$2,430**
Middle Eastern Street Scenes - Watercolour (26x37cm-10x15in) London 97 .... FF23 452 - £2 500 - **$4,111**
LEAVITT Edward Chalmers 1842-1904 [29]
Grapes - Oil/canvas (55x27cm-22x11in) Cambridge, Mass. 91 .... FF3 896 - £391 - **$643**
Blue fish and lobster - Oil/canvas (51x76cm-20x30in) Boston, Mass. 92 .... FF13 000 - £1 552 - **$2,500**
Still life of currants - Oil/canvas (36x51cm-14x20in) New-York 95 .... FF42 000 - £5 030 - **$8,000**
LEBADANG 1922 [7]
Paysage de Niozelles - Huile/toile (54x65cm-21x26in) Montréal 92 .... FF3 070 - £367 - **$591**
Blue vase - Serigraph (114x76cm-45x30in) Tarzana, CA 95 .... FF2 047 - £259 - **$400**
Composition-paysage - Gouache (33x25cm-13x10in) La Varenne Saint-Hilaire 92 ...... FF2 800 - £326 - **$572**
LEBARBIER Jean-Jacques, l'Aîné 1738-1826 [3]
Illustration: les Métamorphoses d'Ovide - Pierre noire (17x12cm-7x5in) Pontoise 97 ...... FF3 900 - £425 - **$682**
LEBARON-DESVES Augusta 1804-? [1]
Mädchen in Sonntagskleid - Öl/Karton (25x20cm-10x8in) Stuttgart 92 .... FF9 180 - £940 - **$1,616**
LEBAS Gabriel Hippolyte 1812-1880 [9]
Campagne normande - Huile/toile (33x46cm-13x18in) Versailles 94 .... FF6 000 - £716 - **$1,154**
Sur le chemin, le soir - Huile/toile (60x110cm-24x43in) Barbizon 94 .... FF28 000 - £3 320 - **$5,170**
Villa Mattei, Rome - Black chalk/paper (13x18cm-5x7in) London 97 .... FF4 360 - £460 - **$748**
LEBAS Hippolyte 1782-1867 [10]
Bord de rivière - Huile/toile (60x110cm-24x43in) Paris 94 .... FF12 500 - £1 456 - **$2,206**
Le repos - Aquarelle (16x25cm-6x10in) Saint-Dié 94 .... FF2 600 - £301 - **$447**
Villa Madama en ruines, Rome - Encre (23x39cm-9x15in) Monaco 94 .... FF22 000 - £2 597 - **$3,940**
LEBASQUE Henri 1865-1937 [652]
Baigneuse - Oil/canvas (106x96cm-42x38in) London 94 .... FF1 - £180 000 - **$277,000**
Autoportrait - Huile/carton (41x28cm-16x11in) Paris 97 .... FF19 000 - £2 063 - **$3,333**
Femme à la lecture - Oil/canvas (50x61cm-20x24in) New-York 95 .... FF50 500 - £6 360 - **$10,000**
A la plage - Oil/canvas (27x41cm-11x16in) London 97 .... FF86 872 - £9 000 - **$14,881**
Rue du village - Huile/toile (46x61cm-18x24in) Paris 97 .... FF170 000 - £17 714 - **$28,968**
Jeune fille dans un jardin - Oil/canvas (84x72cm-33x28in) New-York 97 ...... FF314 287 - £33 693 - **$55,000**
Fillettes au bord de la rivière - Oil/canvas (47x56cm-19x22in) New-York 97 ..... FF571 430 - £61 260 - **$100,000**
La balançoire - Oil/canvas (90x11cm-35x4in) London 90 .... FF3 24e +06 - £310 165 - **$530,459**
Nu allongé, Saint Tropez - Monotype (36x42cm-14x17in) Paris 97 .... FF5 200 - £565 - **$912**
Nu assis - Aquarelle (20x30cm-8x12in) Paris 96 .... FF7 000 - £810 - **$1,341**

Trois femme sur la plage - Aquarelle (52x72cm-20x28in) Paris 96 .... FF**19 500** - £2 290 - **$3,836**
Jardin en Provence - Watercolour (35x46cm-14x18in) London 95 .... FF**30 100** - £3 800 - **$6,030**
Nono Lebasque, Les Andelys - Watercolour (38x52cm-15x20in) New-York 95 .... FF**55 500** - £7 000 - **$11,000**
Femme en promenade, St.Tropez - Aquarelle (41x38cm-16x15in) Calais 90 .... FF**180 000** - £19 272 - **$31,304**

LEBASQUE Marthe 1895 [2]
● *Le vase de fleurs* - Huile/toile (55x38cm-22x15in) Rennes 97 .... FF**2 500** - £263 - **$430**

LEBDUSKA Lawrence H. 1894-1966 [25]
● *Cows in a Tropical landscape* - Oil/canvas (53x64cm-21x25in) New-York 95 .... FF**6 150** - £766 - **$1,200**
New frontier - Oil/canvas (77x62cm-30x24in) New-York 94 .... FF**13 140** - £1 580 - **$2,500**

LEBEAU Chris 1878-1945 [5]
▭ *Philip Metman* - Woodcut (23x21cm-9x8in) Amsterdam 96 .... FF**5 720** - £694 - **$1,112**

LEBEAU Maurice 1885-1961 [1]
▤ *Méhariste touareg* - Bronze (60cm-24in) Paris 90 .... FF**25 000** - £2 544 - **$5,000**

LEBEDEV Klavdii Vasil'evich 1852-1916 [3]
● *Russian teacher & his pupil* - Oil/canvas (96x122cm-38x48in) Amsterdam 92 .... FF**5 430** - £648 - **$1,044**
Falcon hunt - Oil/canvas (59x90cm-23x35in) New-York 93 .... FF**82 600** - £9 400 - **$14,000**

LEBEDEV Vladimir 1911-1989 [21]
● *Prachku* - Oil/canvas (26x19cm-10x7in) London 89 .... FF**10 700** - £1 094 - **$1,720**
Still life with flowers - Oil/canvas (69x48cm-27x19in) London 89 .... FF**69 700** - £7 127 - **$11,206**
✎ *Figur mit Pickel und Schaufel* - Ink (28x22cm-11x9in) Luzern 90 .... FF**13 380** - £1 362 - **$2,676**

LEBEDEV Vladimir Vasil'evich 1891-1967 [36]
● *Weiblicher Halbakt rauchend* - Mischtechnik/Karton (25x26cm-10x10in) München 96 .... FF**5 270** - £600 - **$1,008**
✎ *Konstruktivische Figuren* - Gouache (40x30cm-16x12in) Hamburg 96 .... FF**7 460** - £931 - **$1,441**
Weibliche Figur - Gouache (25x16cm-10x6in) München 95 .... FF**18 320** - £2 396 - **$3,670**

LEBEDEV-SHUISKY A.A. 1896-1978 [1]
● *Still life* - Oil/canvas (73x64cm-29x25in) London 89 .... FF**96 900** - £9 908 - **$15,579**

LEBEDEW Wladimir W. 1875-1946 [14]
● *Paar* - Mixed media (32x24cm-13x9in) Hamburg 97 .... FF**8 089** - £865 - **$1,410**
✎ *Mechaniker* - Ink Berlin 91 .... FF**6 760** - £686 - **$1,221**

LEBEE Daniel 1946 [1]
▦ *Chet Baker* - Tirage argentique (33x47cm-13x19in) Paris 95 .... FF**1 800** - £217 - **$341**

LEBEGUE Léon 1863-1930 [1]
✎ *Diverses études* - Encre Chine Angers 97 .... FF**11 100** - £1 196 - **$1,973**

LEBEL Edmond 1834-1908 [2]
● *Carrying hay* - Oil/panel (40x27cm-16x11in) New-York 93 .... FF**7 150** - £897 - **$1,300**
✎ *Die kleinen Verkäuferinnen* - Aquarell/Papier (22x27cm-9x11in) Köln 91 .... FF**6 150** - £632 - **$1,145**

LEBEL Jean-Jacques 1936 [4]
✎ *Composition* - Aquarelle (64x49cm-25x19in) Paris 96 .... FF**25 000** - £3 110 - **$4,850**

LEBENSTEIN Jean 1930 [20]
● *Figura Assiale XVII* - Huile/toile (161x58cm-63x23in) Paris 96 .... FF**11 000** - £1 394 - **$2,110**
Figure axiale no.113 - Oil/canvas (161x130cm-63x51in) Bruxelles 90 .... FF**36 240** - £3 706 - **$7,153**
✎ *Komposition* - Aquarell/Papier (56x25cm-22x10in) Bern 93 .... FF**3 180** - £385 - **$591**

LEBEUFFE Théodore 1805-1871 [5]
✎ *Saint-Malo* - Aquarelle (16x29cm-6x11in) Paris 94 .... FF**1 600** - £186 - **$277**

LEBIGRE Pierre 1932 [2]
● *Hommage à Morandi* - Technique mixte (25x20cm-10x8in) Honfleur 90 .... FF**4 100** - £425 - **$721**

LEBLANC Jean Charles 1815-1875 [1]
✎ *La Fête des grenouilles* - Aquarelle, gouache (8x15cm-3x6in) Paris 95 .... FF**2 000** - £262 - **$401**

LEBLANC Maurice XX [2]
● *Scène de foire* - Huile/panneau (65x50cm-26x20in) La Varenne Saint-Hilaire 96 .... FF**5 000** - £645 - **$980**
✎ *Vase de dalhias, 1949* - Aquarelle, gouache/papier (64x54cm-25x21in) Rouen 90 .... FF**1 500** - £161 - **$261**

LEBLANC Théodore 1800-1837 [2]
✎ *Distribution de la soupe aux soldats* - Lavis (30x48cm-12x19in) Paris 96 .... FF**1 600** - £204 - **$308**

LEBLANC Walter 1932-1986 [16]
● *Sans titre* - Technique mixte/carton (60x80cm-24x31in) Bruxelles 97 .... FF**6 863** - £743 - **$1,214**
Composition - Huile (80x100cm-31x39in) Antwerpen 95 .... FF**20 760** - £2 595 - **$4,190**
✎ *Argenté* - Mixed media/paper (49x40cm-19x16in) München 94 .... FF**5 460** - £652 - **$1,027**

LEBON Charles 1906-1957 [29]
● *Femme dans les bois* - Huile/toile (55x38cm-22x15in) Antwerpen 94 .... FF**5 222** - £560 - **$915**
Drève à Overyssche - Huile/toile (152x183cm-60x72in) Bruxelles 96 .... FF**13 400** - £1 735 - **$2,680**

LEBON Leon G. 1846-? [1]
● *Landweg* - Huile/toile (40x57cm-16x22in) Lokeren 96 .... FF**4 270** - £528 - **$825**

LEBOURDELLES Hervé 1928 [8]
● *L'imprimerie* - Huile/toile (100x100cm-39x39in) Paris 96 .... FF**3 800** - £477 - **$734**
La Garde-Freinet - Huile/toile (60x73cm-24x29in) Paris 93 .... FF**6 000** - £674 - **$1,017**

LEBOURG Albert 1849-1928 [512]
● *Paysage* - Huile/carton (12x22cm-5x9in) Paris 97 .... FF**13 000** - £1 414 - **$2,263**
Étangs à Chalou-Moulineux - Oil/panel (26x41cm-10x16in) London 95 .... FF**21 630** - £2 800 - **$4,430**
Bords de Seine à Bougival - Huile/toile Amiens 97 .... FF**33 000** - £3 488 - **$5,663**
Vue de Delft - Huile/toile (38x55cm-15x22in) Versailles 96 .... FF**59 000** - £7 670 - **$11,700**
Bords de l'Iton, Hondouville - Huile/toile (50x73cm-20x29in) Paris 96 .... FF**88 000** - £11 020 - **$16,980**
Bords de l'Allier, Pont-du-Château - Huile/toile (46x76cm-18x30in) Deauville 97 .... FF**105 000** - £11 403 - **$18,606**

Barque en bord de Seine - Huile/toile (54x73cm-21x29in) Bruxelles 95 .... FF**122 000** - £**14 740** - **$22,940**
Voilier, port de Honfleur - Huile/toile (46x65cm-18x26in) Deauville 97 .... FF**175 000** - £**19 005** - **$31,010**
Bords de Seine à Bercy - Oil/canvas (31x58cm-12x23in) London 96 .... FF**210 600** - £**24 000** - **$40,300**
Quais à Paris, le Pont Marie - Huile/toile (59x73cm-23x29in) Rouen 90 .... FF**955 000** - £**102 248** - **$166,087**
La Meuse, Hollande - Aquarelle (21x32cm-8x13in) Deauville 94 .... FF**10 000** - £**1 180** - **$1,752**
Pont sur la Seine, Maisons-Laffitte
  Watercolour, gouache (38x56cm-15x22in) New-York 93 .... FF**19 250** - £**2 414** - **$3,500**
Environs de Boulogne-sur-Mer - Aquarelle (39x55cm-15x22in) Paris 90 .... FF**70 000** - £**7 495** - **$12,174**
LEBOURG Charles Auguste 1829-1906 [1]
Le Travail - Bronze (48cm-19in) Nice 94 .... FF**12 500** - £**1 482** - **$2,310**
LEBOURGEOIS Gaston Étienne 1880-? [7]
Genette - Bronze (10cm-4in) Paris 93 .... FF**5 600** - £**675** - **$1,018**
LEBOURGEOIS Jacques XX [2]
La plage à Trouville - Huile/toile (65x100cm-26x39in) Rouen 90 .... FF**9 000** - £**920** - **$1,776**
LEBRECHT Georg 1875-? [2]
Reiter im Thiergarten - Öl/Leinwand (55x65cm-22x26in) Bremen 93 .... FF**5 730** - £**690** - **$1,120**
LEBRET Frans 1820-1909 [15]
Herdsmen with cattle - Oil/panel (70x90cm-28x35in) Amsterdam 94 .... FF**46 000** - £**5 480** - **$8,740**
Indonesian boy - Oil/canvas (64x94cm-25x37in) Singapore 95 .... FF**329 500** - £**42 100** - **$67,600**
LEBRETON Louis 1818-1866 [7]
L'Astrolabe et la Zélée - Lithograph (24x38cm-9x15in) London 96 .... FF**6 380** - £**800** - **$1,247**
LEBROC Jean Baptiste 1825-1870 [1]
Bacchants with a Satyr and a child - Marble (91cm-36in) Bloomfield Hills, Michigan 92 ..... FF**12 500** - £**1 308** - **$2,250**
LEBRUN André 1737-1811 [5]
Le défi d'Apollon et Pan - Encre (44x63cm-17x25in) Paris 94 .... FF**38 000** - £**4 490** - **$7,000**
LEBRUN Charles 1619-1690 [9]
Martyre de St. Jean - Huile/toile (64x52cm-25x20in) Paris 89 .... FF**1 e +06** - £**105 374** - **$168,350**
LEBRUN Frederico 1900-1964 [1]
The weeping nun - Ink/paper (61x47cm-24x19in) New-York 92 .... FF**4 720** - £**494** - **$850**
LEBRUN Georges Le Brun 1873-1914 [2]
Intérieur de l'église de Saint-Vith - Pastel (48x65cm-19x26in) Bruxelles 91 .... FF**16 200** - £**1 637** - **$3,216**
LEBRUN Guillaume Charles 1825-1908 [2]
The Casbah at Marrakesh - Oil/canvas (118x89cm-46x35in) New-York 94 .... FF**168 500** - £**19 900** - **$30,000**
LEBRUN Louis J. 1844-1900 [1]
Bohémiens au corp de garde - Huile/toile (71x102cm-28x40in) Bruxelles 97 .... FF**18 814** - £**1 990** - **$3,255**
LEBRUN Rico 1900-1964 [11]
Armoured soldier - Oil (152x101cm-60x40in) San Francisco-Los Angeles 96 .... FF**18 170** - £**2 315** - **$3,500**
Fall of the Centurion - Ink (44x62cm-17x24in) San Francisco-Los Angeles 93 .... FF**8 800** - £**1 104** - **$1,600**
LEBSCHÉE Carl August 1800-1877 [6]
Stadt und Schloss Füssen - Lithographie (37x45cm-15x18in) München 96 .... FF**4 420** - £**504** - **$845**
Schloss Leutstetten - Watercolour (17x27cm-7x11in) München 92 .... FF**45 800** - £**5 470** - **$8,800**
LECARON Solanges 1894-1980 [1]
Trois personnages - Huile/toile (54x73cm-21x29in) Louviers 90 .... FF**6 000** - £**622** - **$1,054**
LECHAT Albert Eug. 1863-1918 [2]
Clair de lune sur la baie de Tanger - Huile/panneau (32x40cm-13x16in) Bruxelles 89 .... FF**3 200** - £**318** - **$506**
LECHAUDEL Louis XIX-XX [1]
Paysage à Créteil - Pastel (29x45cm-11x18in) Saint-Dié 95 .... FF**1 500** - £**193** - **$310**
LECHNER Alf 1925 [6]
Ohne Titel - Collage (39x39cm-15x15in) Köln 92 .... FF**5 760** - £**689** - **$1,110**
LECHNER Ferdinand 1855-? [1]
Fabrikanlage vor einer Hügelkette - Öl/Leinwand (32x46cm-13x18in) München 94 .... FF**7 520** - £**903** - **$1,430**
LECHNER Karl Maria, Max 1890-1974 [2]
Bei der Ernte - Öl/Leinwand (80x70cm-31x28in) Heidelberg 95 .... FF**3 480** - £**451** - **$724**
LECHTER Melchior 1865-1936 [3]
Villa with Woodland beyond - Pastel (28x36cm-11x14in) London 96 .... FF**6 140** - £**700** - **$1,176**
LECK van der Bart 1876-1958 [7]
Oude vrouwtjes voor de deur - Oil/canvas (20x15cm-8x6in) Amsterdam 90 .... FF**60 300** - £**6 166** - **$11,902**
Three Graces - Oil/canvas (58x51cm-23x20in) Amsterdam 90 .... FF**603 000** - £**61 661** - **$119,022**
Volksuniversiteit - Pencil (58x49cm-23x19in) Amsterdam 92 .... FF**24 270** - £**2 485** - **$4,270**
Design vara Logo - Watercolour (24x30cm-9x12in) Amsterdam 97 .... FF**59 934** - £**6 300** - **$10,296**
LECKWYCK-CAMPENDONCK van Edith 1899-1987 [11]
Droomblemen - Huile/toile (61x53cm-24x21in) Köln 97 .... FF**6 759** - £**710** - **$1,157**
Marchande de fruits - Huile/toile (50x60cm-20x24in) Bruxelles 91 .... FF**15 640** - £**1 587** - **$2,825**
LECLAIRE Léon-Louis 1829-? [1]
Vision de Saint-Hubert - Crayon (54x140cm-21x55in) Paris 92 .... FF**4 000** - £**411** - **$770**
LECLAIRE Victor 1830-1885 [10]
Still life with fruit - Oil/canvas (60x80cm-24x31in) London 95 .... FF**47 400** - £**6 000** - **$9,520**
Bouquet de fleurs - Aquarelle (100x66cm-39x26in) Barbizon 96 .... FF**29 500** - £**3 465** - **$5,800**
LECLERC Auguste 1788-? [2]
Vue de Rome - Aquarelle (23x15cm-9x6in) Paris 95 .... FF**7 500** - £**965** - **$1,550**
LECLERC DES GOBELINS Sébastien Jacques 1734-1785 [18]
Scène galante dans un parc - Huile/toile (46x55cm-18x22in) Genève 96 .... FF**27 800** - £**3 220** - **$5,330**
Les baigneuses/Diane - Huile/cuivre (23x28cm-9x11in) Paris 93 .... FF**50 000** - £**6 250** - **$9,100**

Le pique-nique/Cavaliers à l'auberge - Huile/panneau (25x34cm-10x13in) Paris 97 .... FF*88 000* - £*9 698* - **$15,497**
LECLERC Gérard XX [5]
🖌 *Retour de pêche à Etretat* - Huile/toile (60x74cm-24x29in) Le Havre 92 .... FF*2 200* - £*225* - **$388**
LECLERC Gisèle 1931 [2]
🖌 *Les Andelys* - Huile/toile (38x61cm-15x24in) Evreux 90 .... FF*4 800* - £*517* - **$847**
LECLERC Léon XIX-XX [4]
🖌 *Le port d'Anvers* - Huile/toile (65x93cm-26x37in) Louviers 90 .... FF*17 000* - £*1 712* - **$3,330**
LECLERC-GAYRAU Guy XX [2]
🖌 *Composition sur fond vert* - Huile/toile (65x81cm-26x32in) Paris 91 .... FF*2 500* - £*253* - **$496**
LECLERCQ Louis Antoine 1856-? [4]
🖌 *Un port en France* - Oil/canvas (38x48cm-15x19in) Vejle 92 .... FF*2 464* - £*252* - **$434**
Paysage à l'arc-en-ciel - Huile/toile (33x46cm-13x18in) Versailles 89 .... FF*18 500* - £*1 841* - **$2,923**
◇ *Les oiseleurs* - Aquarelle (22x27cm-9x11in) Saint-Dié 95 .... FF*1 800* - £*228* - **$362**
LECLERCQ Lucien 1895-1955 [9]
🖌 *Rivière* - Oil/panel (42x45cm-17x18in) Amsterdam 97 .... FF*11 987* - £*1 260* - **$2,059**
Procession à Lhoneux - Huile/toile (81x100cm-32x39in) Paris 94 .... FF*65 000* - £*7 700* - **$12,000**
LECLERCQ Maurice 1919 [3]
🖌 *Vases fleuris* - Huile/toile (80x65cm-31x26in) Bruxelles 90 .... FF*12 960* - £*1 325* - **$2,558**
LECLERCQ Victor 1896-1944 [1]
🖌 *Vase de fleurs* - Huile/toile (75x62cm-30x24in) Bruxelles 96 .... FF*12 340* - £*1 570* - **$2,374**
LECLERE Théodore XIX-XX [2]
🖌 *La sortie de l'église* - Huile/toile (92x72cm-36x28in) Versailles 90 .... FF*20 000* - £*2 128* - **$3,578**
LECOINTE Léon Aimé Joachim 1826-1913 [1]
▥ *Maiden, wearing a gown* - Marble (101cm-40in) London 92 .... FF*24 100* - £*2 800* - **$4,910**
LECOMTE Armand 1925 [2]
🖌 *Paris, Porte Saint-Denis* - Huile/toile (46x55cm-18x22in) Versailles 90 .... FF*6 500* - £*658* - **$1,236**
LECOMTE DU NOÜY Jean Jules Ant. 1842-1923 [10]
🖌 *L'Angoisse maternelle...* - Oil (32x30cm-13x12in) New-York 90 .... FF*11 350* - £*1 143* - **$2,223**
Démosthène s'exerce à la parole - Oil/panel (47x37cm-19x15in) New-York 93 .... FF*66 000* - £*8 270* - **$12,000**
◇ *Marguerite Brandon* - Sanguine (30x23cm-12x9in) Paris 96 .... FF*1 500* - £*172* - **$286**
LECOMTE Emile 1866-1938 [10]
🖌 *Children playing in a pond* - Oil/panel (38x58cm-15x23in) Delray Beach, Florida 94 .... FF*7 040* - £*834* - **$1,300**
LECOMTE Félix 1737-1817 [3]
▥ *Reine Marie-Antoinette* - Marbre Carrare (90cm-35in) Liège 95 .... FF*35 100* - £*4 620* - **$7,050**
LECOMTE Hippolyte 1781-1857 [12]
🖌 *Halte des cavaliers à l'auberge* - Huile/toile (33x40cm-13x16in) Pau 97 .... FF*10 100* - £*1 102* - **$1,765**
Empfang am französischen Hofe - Oil/canvas (42x57cm-17x22in) Hamburg 92 .... FF*34 000* - £*3 480* - **$5,980**
◇ *Prière à la Vierge* - Encre (11x16cm-4x6in) Paris 93 .... FF*2 200* - £*265* - **$400**
LECOMTE Léopold 1890-1963 [2]
🖌 *Le port d'Anvers* - Huile/toile (51x70cm-20x28in) Bruxelles 94 .... FF*8 300* - £*990* - **$1,562**
LECOMTE Marguerite 1719-1786 [1]
◇ *Etude de coquillage* - Aquarelle (11x16cm-4x6in) Paris 90 .... FF*1 500* - £*161* - **$261**
LECOMTE Paul 1842-1920 [76]
🖌 *Paysage* - Huile/panneau (27x35cm-11x14in) Saint-Dié 97 .... FF*9 500* - £*1 073* - **$1,720**
Bord de rivière - Huile/toile (38x65cm-15x26in) Paris 95 .... FF*17 000* - £*2 210* - **$3,500**
Le retour à la ferme - Huile/toile (38x55cm-15x22in) Barbizon 92 .... FF*57 000* - £*5 830* - **$10,030**
◇ *L'Ile d'Yeu* - Aquarelle (36x53cm-14x21in) Quimper 94 .... FF*10 800* - £*1 280* - **$1,995**
LECOMTE Paul-Émile 1877-1950 [103]
🖌 *Scène de marché* - Huile/toile (38x46cm-15x18in) Pontoise 97 .... FF*9 500* - £*1 024* - **$1,668**
Port de pêche en Bretagne - Huile/toile (47x32cm-19x13in) Neuilly 97 .... FF*21 500* - £*2 367* - **$3,773**
L'Ile d'Yeu, le Port Joinville - Huile/toile (55x110cm-22x43in) Paris 97 .... FF*40 500* - £*4 398* - **$7,177**
Jour de marché - Huile/toile (65x81cm-26x32in) Paris 89 .... FF*115 000* - £*11 759* - **$18,489**
◇ *Jardins du Luxembourg* - Aquarelle (26x52cm-10x20in) Paris 93 .... FF*10 500* - £*1 265* - **$1,910**
LECOMTE Valentine 1872-? [1]
◇ *L'amant et la courtoisie* - Aquarelle (37x69cm-15x27in) Strasbourg 90 .... FF*6 000* - £*620* - **$1,060**
LECOMTE Victor 1856-1920 [10]
🖌 *Portrait de femme* - Huile/panneau (98x58cm-39x23in) Paris 95 .... FF*10 000* - £*1 244* - **$1,950**
Jeune femme lisant sur son lit - Oil/panel (19x24cm-7x9in) London 93 .... FF*29 600* - £*3 700* - **$5,370**
LECOMTE-VERNET Charles Émile H. 1821-1900 [4]
🖌 *Oriental beauty* - Oil/canvas (124x84cm-49x33in) Chicago 93 .... FF*137 500* - £*17 240* - **$25,000**
LECONTE Pierre 1894-1946 [1]
◇ *Le Houguet* - Aquarelle (34x50cm-13x20in) Cherbourg 93 .... FF*1 900* - £*217* - **$322**
LECONTE Pierre 1904-1961 [1]
▭ *Oranjo-Citrolo* - Affiche (120x160cm-47x63in) Nice 96 .... FF*2 500* - £*312* - **$483**
LECONTE Simone [2]
🖌 *Vase de fleurs* - Huile/toile (60x48cm-24x19in) Bruxelles 91 .... FF*3 820* - £*391* - **$709**
LECOQUE Alois 1891-1981 [19]
🖌 *Santa Monica Beach* - Oil/canvas (76x91cm-30x36in) Bloomfield Hills, Michigan 94 .... FF*5 370* - £*650* - **$1,000**
A snowy street - Oil/canvas (61x76cm-24x30in) New-York 90 .... FF*25 200* - £*2 538* - **$4,936**
◇ *Capri* - Watercolour, gouache/paper (48x69cm-19x27in) Bloomfield Hills, Michigan 94 .... FF*5 370* - £*650* - **$1,000**
LECOQUE Michel 1938 [4]
🖌 *Nature morte aux poissons* - Oil/canvas (50x60cm-20x24in) New-York 95 .... FF*5 050* - £*636* - **$1,000**

L

LECOR Paul, dit Tex 1935 [10]
- Le bateau échoué - Huile/toile (41x51cm-16x20in) Montréal 94 .... FF3 240 - £383 - **$577**

LECORNET Nicolas 1825-? [3]
- Bust of Marguerite - Marble (67cm-26in) London 96 .... FF27 000 - £3 200 - **$5,270**

LECORNU Geneviève XX [4]
- Exposition de l'Habitation - Poster (149x97cm-59x38in) London 94 .... FF3 460 - £400 - **$596**

LECOSSOIS Victor 1897-1976 [2]
- Porte de Namur à Bruxelles - Huile/toile (60x70cm-24x28in) Lokeren 96 .... FF8 210 - £1 015 - **$1,586**

LECOUFLET Jean-Claude 1944 [22]
- Clown - Bronze (58cm-23in) Bruxelles 95 .... FF14 220 - £1 870 - **$2,854**
- Réflexion - Sculpture (75cm-30in) Bruxelles 97 .... FF26 176 - £2 720 - **$4,464**
- Arlequin - Bronze (195cm-77in) Bruxelles 91 .... FF141 000 - £14 450 - **$26,200**

LECOURT Raymond Louis 1882-1946 [87]
- Jument et son poulain - Huile/toile (64x75cm-25x30in) Le Havre 93 .... FF10 000 - £1 140 - **$1,695**
- Chevaux - Huile/toile (5x70cm-2x28in) Ourville-en-Caux 96 .... FF15 000 - £1 967 - **$3,050**
- L'heure de la traite - Huile/toile (110x126cm-43x50in) Le Havre 95 .... FF50 000 - £6 540 - **$10,010**
- Vacher du Pays de Caux - Huile/toile (117x88cm-46x35in) Pont-Audemer 90 .... FF190 000 - £19 979 - **$33,043**

LECOURTIER Prosper 1855-c.1924 [32]
- A pointer with a rabbit - Bronze (16cm-6in) New-York 95 .... FF4 620 - £568 - **$900**
- Prenez garde au chien ! - Bronze (45cm-18in) Lokeren 96 .... FF11 670 - £1 508 - **$2,303**
- Le Piqueur au relais - Bronze (80cm-31in) Aubagne 95 .... FF30 000 - £3 795 - **$5,860**

LECREUX Gaston Alfred M. 1864-1914 [1]
- Still life of spring flowers - Oil/canvas (65x82cm-26x32in) New-York 94 .... FF10 620 - £1 268 - **$2,000**

LECUIT-MONROY Paul 1858-? [5]
- Mediterrane Küstenlandschaft - Oil/canvas (46x54cm-18x21in) Lindau 92 .... FF12 580 - £1 288 - **$2,215**

LEDA van Jean 1926 [6]
- Façades - Huile/toile (60x73cm-24x29in) Bruxelles 95 .... FF10 100 - £1 220 - **$1,900**

LEDEL Dolf 1893-1976 [1]
- Tête d'homme - Bronze (28cm-11in) Bruxelles 96 .... FF2 624 - £309 - **$516**

LEDELI Moritz 1856-1920 [6]
- Franz Josef beim Manöver - Aquarell/Papier (28x22cm-11x9in) Wien 93 .... FF7 210 - £862 - **$1,388**

LEDERER Hugo 1871-1940 [5]
- Fechter - Bronze (53cm-21in) Köln 92 .... FF11 200 - £1 337 - **$2,153**

LEDESMA Gabriel Fernandez 1900-1983 [7]
- Los guantes negros - Oil/canvas (50x63cm-20x25in) New-York 92 .... FF119 600 - £14 280 - **$23,000**
- Cargador de cañas - Acuarela/papel (28x21cm-11x8in) México 92 .... FF20 900 - £2 144 - **$3,810**

LEDEVAG Fritz 1899-1951 [1]
- Vatukruzi-Grün - Huile/panneau (29x17cm-11x7in) Bern 94 .... FF10 320 - £1 238 - **$2,005**

LEDIEU Philippe XIX [3]
- Chasse aux perdrix… aux sarcelles
  Oil/canvas (25x38cm-10x15in) North Berwick, Maine 93 .... FF8 250 - £1 035 - **$1,500**

LEDOUX Jeanne-Philiberte 1767-1840 [9]
- La rêveuse - Huile/toile (43x35cm-17x14in) Monaco 91 .... FF40 000 - £4 030 - **$7,020**
- A Lady, facing right in black dress - Miniature (5cm-2in) London 97 .... FF3 850 - £420 - **$673**

LEDOUX L.F. XIX [2]
- Bateaux à quai, Calais - Photo (10x13cm-4x5in) Chartres 91 .... FF6 000 - £606 - **$1,191**

LEDRU Auguste 1860-1902 [1]
- Anbieteplatte - Bronze (50x37cm-20x15in) Bern 93 .... FF2 740 - £328 - **$528**

LEDUC Arthur Jacques 1848-1918 [10]
- Brabançon - Bronze (46x65cm-18x26in) Bruxelles 92 .... FF10 800 - £1 105 - **$2,250**
- Trois enfants sur un cheval - Bronze (69cm-27in) La Flèche 95 .... FF42 000 - £5 230 - **$8,210**

LEDUC Charles 1831-1911 [7]
- Trois-mâts vent arrière - Huile/toile (60x100cm-24x39in) Paris 95 .... FF34 000 - £4 420 - **$7,000**
- Paquebot mixte Saint-Laurent - Lithographie couleurs (42x54cm-17x21in) Paris 95 .... FF3 800 - £480 - **$758**

LEDUC Fernand 1916 [8]
- Signes - Huile/toile (65x81cm-26x32in) Montréal 96 .... FF54 100 - £5 150 - **$7,840**
- Sans titre - Pastel/papier (62x47cm-24x19in) Montréal 95 .... FF2 070 - £268 - **$431**

LEDUC Georges 1906-1968 [2]
- Port de Barfleur - Gouache (62x96cm-24x38in) Cherbourg 91 .... FF4 600 - £461 - **$843**

LEDUC Ozias 1864-1955 [22]
- Marguillier, Sainte-Hilaire - Huile/toile (38x33cm-15x13in) Montréal 92 .... FF11 520 - £1 338 - **$2,350**
- Nature morte - Oil/canvas (25x30cm-10x12in) Toronto 96 .... FF98 800 - £12 580 - **$19,000**
- St. Joseph portant l'enfant Jésus - Crayon/papier (52x25cm-20x10in) Montréal 97 .... FF5 390 - £569 - **$931**

LEDUC Paul 1876-1943 [80]
- Le Rhône à Avignon - Huile/toile (46x60cm-18x24in) Paris 93 .... FF28 000 - £3 220 - **$4,820**
- Pont des soupirs à venise - Huile/toile (60x80cm-24x31in) Bruxelles 97 .... FF75 210 - £8 096 - **$13,110**
- La rade de Villefranche - Huile/toile (75x100cm-30x39in) Bruxelles 93 .... FF122 700 - £14 120 - **$21,100**

LEDWARD Gilbert 1888-1960 [1]
- Female torso - Charcoal (64x38cm-25x15in) Chicago 93 .... FF1 788 - £224 - **$325**

LEE Anne 1891-1982 [1]
- Au bar - Gouache/papier (54x43cm-21x17in) Tours 92 .... FF97 000 - £9 920 - **$17,080**

LEE Arthur 1881-1961 [2]
- A male nude, 1912 - Bronze (71cm-28in) New-York 90 .... FF97 200 - £10 407 - **$16,904**

LEE Bertha Stringer 1873-1937 [8]
- *Eucalyptus trees on a hill* - Oil/canvas (51x76cm-20x30in) San Francisco-Los Angeles 95 ...... FF6 970 - £917 - **$1,400**

LEE Catherine 1950 [3]
- *Composition* - Gouache/paper (29x23cm-11x9in) Köbenhavn 96 .... FF3 520 - £438 - **$684**

LEE Dick 1923 [4]
- *The oval cricket ground* - Oil/panel (20x25cm-8x10in) London 91 .... FF3 490 - £350 - **$576**

LEE Doris Emrick 1905-1983 [8]
- *Mountain road* - Oil/canvas (56x71cm-22x28in) Los Angeles 89 .... FF42 900 - £4 387 - **$6,897**
- *Strawberries pickers* - Lithograph (20x36cm-8x14in) Boston, Mass. 93 .... FF2 475 - £311 - **$450**
- *Shrimp Fleet, Florida* - Watercolour, gouache/paper (43x66cm-17x26in) New-York 96....... FF30 340 - £3 940 - **$6,000**

LEE Frederick Richard 1798-1879 [32]
- *Ruins in a moonlit river landscape* - Oil/canvas (63x78cm-25x31in) London 95 .... FF9 930 - £1 200 - **$1,870**
- *A quiet nook* - Oil/canvas (70x91cm-28x36in) London 96 .... FF33 740 - £4 000 - **$6,580**
- *Watering Place* - Oil/canvas (112x147cm-44x58in) London 96 .... FF221 400 - £26 000 - **$43,550**

LEE John Ingle XIX-XX [3]
- *The gardener's daughter* - Oil/canvas (23x18cm-9x7in) London 92 .... FF22 400 - £2 300 - **$4,300**

LEE Joseph 1780-1859 [2]
- *Cornelius O'Connor*
  Oil/canvas/board (74x112cm-29x44in) San Francisco-Los Angeles 91 .... FF128 200 - £12 918 - **$22,246**

LEE Joseph 1827-1880 [1]
- *The Courser at sea*
  Oil/canvas (86x137cm-34x54in) San Francisco-Los Angeles 94 .... FF238 000 - £28 200 - **$44,000**

LEE Leslie William 1871-1951 [1]
- *Florida landscape* - Oil/canvas (64x76cm-25x30in) New Orleans, Louisiana 93 .... FF6 050 - £715 - **$1,100**

LEE Manning DeVilleneuve 1894-1980 [7]
- *Women and ambassadors* - Oil/canvas (46x102cm-18x40in) New-York 93............................ FF5 900 - £671 - **$1,000**

LEE Nancy XX [3]
- *Fleurs* - Huile/toile (101x76cm-40x30in) Antwerpen 95 .... FF11 210 - £1 400 - **$2,200**

LEE Russell 1903-1986 [17]
- *School Children* - Gelatin silver print (25x33cm-10x13in) New-York 92 .... FF8 820 - £1 024 - **$1,800**

LEE Sydney 1866-1949 [3]
- *The Torrent* - Oil/board (122x150cm-48x59in) London 95 .... FF3 050 - £380 - **$614**

LEE William 1810-1865 [8]
- *The Great Performance* - Oil/canvas (122x66cm-48x26in) London 96 .... FF24 770 - £3 200 - **$4,890**
- *Hide and Seek* - Wash (53x61cm-21x24in) London 91 .... FF9 420 - £949 - **$1,635**

LEE-HANKEY William 1869-1952 [75]
- *St. Tropez harbour* - Oil/board (21x28cm-8x11in) London 96 .... FF10 740 - £1 400 - **$2,223**
- *Port scene, France* - Oil/canvas (51x61cm-20x24in) London 95.................................... FF36 100 - £4 600 - **$7,270**
- *Delphiniums in dieppe* - Oil/canvas (51x61cm-20x24in) London 97 .... FF67 114 - £7 000 - **$11,476**
- *Mother and child* - Watercolour (46x33cm-18x13in) London 92 .... FF18 500 - £1 900 - **$3,550**

LEE-SMITH Hughie 1915 [8]
- *Landscape* - Oil/board (61x74cm-24x29in) Detroit, Michigan 92 .... FF12 480 - £1 490 - **$2,400**

LEECH John 1817-1864 [10]
- *Townscape in Tunbridge Wells* - Oil/canvas (81x127cm-32x50in) London 90 .... FF4 890 - £492 - **$889**
- *No Consequence*
  Chromolithograph. Published 1865 T. Agnew & Sons (56x73cm-22x29in) London 96 .... FF1 716 - £220 - **$338**
- *Oliver Twist* - Ink (10x13cm-4x5in) London 95 .... FF2 370 - £300 - **$477**

LEECH William John 1881-1968 [22]
- *Soeurs du St. Esprit, Concarneau* - Oil/board (52x73cm-20x29in) London 97 .... FF2 - £230 000 - **$377,085**
- *Resting* - Oil/panel (28x23cm-11x9in) London 97.. FF37 524 - £4 000 - **$6,578**
- *A Café interior* - Oil/canvas (36x46cm-14x18in) London 96 .... FF500 000 - £66 000 - **$101,200**

LEEFLANG Arie 1906-1956 [1]
- *Rotterdam harbour* - Oil/board (37x53cm-15x21in) Amsterdam 93 .... FF2 410 - £288 - **$464**

LEEHNARDT Michel 1853-? [1]
- *Paysage à la tombée du soir* - Huile/toile (93x173cm-37x68in) Arles 90 .... FF10 000 - £1 078 - **$1,764**

LEEKE Ferdinand 1859-1923 [20]
- *Kronprinz Leopold von Bayern* - Öl/Leinwand (82x65cm-32x26in) Köln 93 .... FF6 100 - £730 - **$1,174**
- *Druidenheim* - Oil/canvas (119x150cm-47x59in) London 96 .... FF11 030 - £1 300 - **$2,167**
- *Mermaid and the Satyr* - Oil/canvas (99x135cm-39x53in) London 95.............................. FF55 300 - £7 000 - **$11,110**

LEEMPOELS Jef 1867-1935 [13]
- *Jeune femme de face* - Huile/panneau (20x14cm-8x6in) Bruxelles 97 .... FF3 926 - £408 - **$670**
- *La farue* - Oil/canvas (122x105cm-48x41in) New-York 95 .... FF38 300 - £4 770 - **$7,500**

LEEMPUTTEN van Cornelis 1841-1902 [59]
- *Shepherd and flock* - Oil/canvas (16x25cm-6x10in) Amsterdam 97 .... FF13 132 - £1 388 - **$2,253**
- *Shepherd and his Flock* - Oil/canvas (41x56cm-16x22in) Amsterdam 97 .... FF34 514 - £3 672 - **$6,005**
- *Sheep in a landscape* - Oil/canvas (90x121cm-35x48in) Stockholm 96 .... FF340 000 - £38 800 - **$65,100**

LEEMPUTTEN van Frans 1850-1914 [26]
- *Poultry on a yard* - Oil/panel (17x24cm-7x9in) Amsterdam 95 .... FF12 720 - £1 590 - **$2,570**
- *Jour de marché* - Huile/toile (76x113cm-30x44in) Nice 96 .... FF41 000 - £4 750 - **$7,850**
- *La porteuse de pain* - Aquarell/Papier (43x27cm-17x11in) Bruxelles 97 .... FF5 238 - £573 - **$918**

LEEMPUTTEN van Jean Francois XIX [2]
- *A shepherd and flock* - Oil/canvas (25x37cm-10x15in) Amsterdam 93 .... FF3 620 - £432 - **$696**

LEEMPUTTEN van Jef Louis 1865-1948 [53]
- *Moutons dans un paysage* - Huile/panneau (28x42cm-11x17in) Antwerpen 96 .... FF3 630 - £414 - $695
- *Animaux de basse-cour* - Huile/panneau (23x36cm-9x14in) Bruxelles 96 .... FF10 000 - £1 310 - $2,026

LEEN van Willem 1753-1825 [9]
- *Peaches, Plums & Grapes in a Vase* - Oil/panel (41x31cm-16x12in) London 96 .... FF108 500 - £14 000 - $21,250
- *Fleurs* - Aquarelle (36x29cm-14x11in) Bruxelles 93 .... FF25 540 - £3 054 - $5,220

LEENE van de Jules 1887-1962 [21]
- *Église Saint-Pierre à Gand* - Huile/toile (65x80cm-26x31in) Bruxelles 95 .... FF5 380 - £700 - $1,103

LEENT van Thomas 1807-1882 [2]
- *Peasantwoman in a kitchen* - Oil/panel (25x21cm-10x8in) Amsterdam 91 .... FF12 080 - £1 200 - $2,097

LEES Derwent 1885-1931 [11]
- *Welsh Hills in Winter* - Oil/panel (25x36cm-10x14in) London 96 .... FF61 400 - £7 000 - $11,760
- *Angelis, Pyrenees* - Watercolour (24x34cm-9x13in) London 93 .... FF5 810 - £700 - $1,085

LEETEG Edgar XX [3]
- *Jacquie* - Oil/canvas/panel (78x68cm-31x27in) San Francisco-Los Angeles 94 .... FF5 570 - £658 - $1,000

LEEUW de Alexis 1848-1883 [34]
- *Harvest Time* - Oil/canvas (61x91cm-24x36in) London 97 .... FF11 938 - £1 300 - $2,076
- *A Heavy Load* - Oil/canvas (77x128cm-30x50in) London 95 .... FF25 650 - £3 200 - $5,180
- *Encounter by a frozen pond* - Oil/canvas (75x125cm-30x49in) London 95 .... FF57 600 - £7 500 - $11,810

LEEUW de Bert 1926 [2]
- *Histoire Sainte* - Huile/toile (130x97cm-51x38in) Lokeren 91 .... FF16 200 - £1 624 - $2,967

LEEUWEN van Gerrit Johan 1756-1825 [6]
- *Fleurs, raisins et pêches* - Huile/panneau (70x53cm-28x21in) Lille 97 .... FF135 000 - £13 986 - $23,125

LEEUWEN van Hendrik 1890-1962 [2]
- *Leyden mit Känalen* - Öl/Leinwand (40x62cm-16x24in) Pforzheim 92 .... FF4 580 - £547 - $881

LEEUWEN van Henk 1890-? [16]
- *Town in winter* - Oil/canvas (31x40cm-12x16in) Amsterdam 97 .... FF2 773 - £30 0 1 - $483
- *Paris, La seine et l'Ile de la Cité* - Huile/toile (51x71cm-20x28in) Le Touquet 95 .... FF9 500 - £1 237 - $1,950

LEEUWEN van Wil 1909-? [1]
- *All in red* - Oil/canvas (80x90cm-31x35in) Amsterdam 95 .... FF2 150 - £273 - $420

LEEUWEN van Wilhelmus Antonius 1901-? [1]
- *Book, eggs and jug* - Oil/canvas (24x30cm-9x12in) Lindau 95 .... FF8 700 - £1 175 - $1,800

LEEVENDIG Floris Johan 1901 [4]
- *Reguliersgracht, Amsterdam* - Oil/panel (52x73cm-20x29in) Amsterdam 92 .... FF6 670 - £686 - $1,284

LEEWENS Will 1923 [30]
- *Blakend blond en blauw* - Oil/canvas (80x100cm-31x39in) Amsterdam 92 .... FF8 200 - £839 - $1,443
- *Abstract composition* - Gouache/paper (35x51cm-14x20in) Amsterdam 92 .... FF4 550 - £466 - $801

LEFEBRE Wilhelm 1873-1974 [1]
- *Zug verwundeter Franzosen* - Öl/Karton (33x55cm-13x22in) Frankfurt 95 .... FF5 870 - £781 - $1,210

LEFEBVRE Charles V.E. 1805-1882 [1]
- *Paysage orientaliste* - Huile/toile (71x125cm-28x49in) Bruxelles 90 .... FF19 440 - £1 978 - $3,888

LEFEBVRE Charles Amable 1827-? [3]
- *An Arab musician* - Oil/panel (66x45cm-26x18in) London 96 .... FF27 740 - £3 600 - $5,490

LEFEBVRE Ernest Eugène 1850-1889 [2]
- *A Still Life a Book and Helmet* - Oil/canvas (67x99cm-26x39in) London 96 .... FF48 500 - £5 700 - $9,430

LEFEBVRE Georges XIX-XX [1]
- *Lady in pink reclining on a sofa* - Oil/canvas (80x130cm-31x51in) London 96 .... FF42 650 - £5 500 - $8,350

LEFEBVRE Jules 1836-1911 [19]
- *Diane chasseresse* - Huile/panneau (31x27cm-12x11in) Paris 93 .... FF38 000 - £4 370 - $6,540
- *Diana* - Oil/panel (31x27cm-12x11in) New-York 96 .... FF181 700 - £23 150 - $35,000

LEFEBVRE Louis Valère 1840-1902 [4]
- *Villerville* - Huile/panneau (26x36cm-10x14in) Paris 97 .... FF2 000 - £219 - $351

LEFEBVRE Maurice Jean 1873-1954 [14]
- *Quiet Moment, Versailles* - Oil/canvas (69x49cm-27x19in) Amsterdam 94 .... FF10 420 - £1 241 - $1,982

LEFEBVRE Paul ?-1908 [1]
- *Vue de Constantinople* - Watercolour (14x22cm-6x9in) London 96 .... FF12 950 - £1 600 - $2,500

LEFEBVRE Robert 1755-1830 [1]
- *Marquis de Verac* - Huile/toile (32x24cm-13x9in) Paris 95 .... FF32 000 - £4 000 - $6,460

LEFER Richard 1949 [1]
- *Famille de cerfs* - Bronze (10cm-4in) Soissons 96 .... FF9 500 - £1 210 - $1,832

LEFEUBURE Karl 1847-1911 [2]
- *Bewaldeter Gebirgssee* - Öl/Leinwand (41x66cm-16x26in) Stuttgart 93 .... FF5 220 - £599 - $888

LEFEUBURE Karl Friedrich 1805-1885 [1]
- *Mountain Lake* - Oil/canvas (48x71cm-19x28in) Delray Beach, Florida 94 .... FF4 010 - £482 - $750

LEFEUVRE Albert L. XIX-XX [6]
- *Muse des bois* - Bronze (27cm-11in) Saint-Étienne 92 .... FF8 200 - £840 - $1,444

LEFEUVRE Jean 1882-1975 [1]
- *Saint-Raphaël, pique-nique* - Huile/toile (50x61cm-20x24in) Versailles 91 .... FF6 500 - £655 - $1,128

LEFEVRE Adolphe René 1834-1868 [5]
- *Scène de Bacchanale* - Huile/toile (74x92cm-29x36in) Paris 93 .... FF70 000 - £7 860 - $11,860

LEFEVRE Charles 1805-1882 [2]
- *Femme au drapé sur fond de paysage* - Huile/toile (65x81cm-26x32in) Paris 97 .... FF4 600 - £496 - $818

LEFEVRE Dominique 1737-1769 [1]
🖼 Venus presenting Amour to Aeneas - Oil/canvas (129x98cm-51x39in) London 94 .... FF211 000 - £25 000 - **$39,000**
LEFEVRE Edmond 1918 [7]
🖼 Conversation sur la plage - Huile/panneau (19x27cm-7x11in) Neuilly 92 .... FF4 800 - £493 - **$923**
LEFEVRE Géo 1876-1953 [4]
🖼 Trois-mâts, Caen - Huile/panneau (41x27cm-16x11in) Le Havre 96 .... FF2 000 - £235 - **$394**
LEFEVRE Lucien XIX-XX [8]
📂 L'Hiver à Nice - Affiche (115x170cm-45x67in) Nice 96 .... FF5 000 - £624 - **$966**
LEFEVRE Marie 1840-? [5]
🖼 Les grands voiliers - Huile/toile (38x46cm-15x18in) Morlaix 90 .... FF3 000 - £300 - **$569**
LEFEVRE Robert J. Fr. Faust 1755-1830 [8]
🖼 Impératrice Joséphine - Huile/toile (62x48cm-24x19in) Lille 97 .... FF102 000 - £10 567 - **$17,472**
LEFKOCHIR Costa 1952 [10]
🖼 Composition - Technique mixte (160x120cm-63x47in) Antwerpen 94 .... FF3 334 - £400 - **$648**
LEFLER Franz 1831-1898 [11]
🖼 Allegorie auf die Verfassung - Oil/canvas (86x115cm-34x45in) Wien 92 .... FF24 060 - £2 413 - **$4,630**
✎ Der Ehestreit - Aquarell (11x13cm-4x5in) Frankfurt 96 .... FF1 690 - £199 - **$332**
LEFLER Heinrich 1863-1919 [4]
✎ 3 Kostümwürfe: Wotan, Doner, Fasolt
   Mischtechnik/Karton (35x22cm-14x9in) Wien 96 .... FF12 070 - £1 376 - **$2,310**
✎ Friedrich Einzug - Aquarell/Papier (28x22cm-11x9in) München 96 .... FF6 100 - £765 - **$1,177**
LEFORT Agnès 1891-1973 [3]
🖼 Nu sur un sofa - Huile/papier (46x61cm-18x24in) Montréal 94 .... FF4 155 - £479 - **$715**
LEFORT Jean Louis 1875-1954 [17]
🖼 Paris, le faubourg St-Antoine - Huile/toile (60x50cm-24x20in) Calais 94 .... FF20 500 - £2 437 - **$3,750**
🖼 Elegant gathering, Bois de Boulogne - Oil (34x68cm-13x27in) New-York 92 .... FF88 800 - £9 300 - **$16,000**
🖼 Le parvis de Notre Dame - Aquarelle (22x30cm-9x12in) Paris 90 .... FF5 000 - £526 - **$870**
LEFORT-MAGNIEZ Édouard 1868-? [1]
🖼 Vue d'un canal - Huile/toile (65x54cm-26x21in) Reims 95 .... FF3 500 - £455 - **$719**
LEFRANC Jules 1887-1972 [8]
🖼 Mayenne, le vieux château - Huile/carton (41x33cm-16x13in) Paris 96 .... FF5 500 - £646 - **$1,082**
🖼 Le phare d'Eckmül - Huile/toile (46x38cm-18x15in) Paris 97 .... FF19 500 - £2 118 - **$3,420**
LEFRANC Louis 1912 [14]
🖼 Rives de la Marne - Huile/panneau (19x24cm-7x9in) Reims 94 .... FF2 200 - £264 - **$428**
LEFRANC Roland 1931 [25]
🖼 Pêcheurs - Huile/toile (46x55cm-18x22in) Le Havre 95 .... FF7 400 - £968 - **$1,482**
🖼 Plage à Trouville - Huile/toile (54x73cm-21x29in) Le Touquet 92 .... FF14 000 - £1 433 - **$2,465**
LEGA Achille 1899-1934 [6]
🖼 Viale delle stazione di Faenza - Olio/tela (46x65cm-18x26in) Prato 95 .... FF24 700 - £3 200 - **$5,040**
🖼 Scomposizione dinamica - Olio/cartone (48x36cm-19x14in) Prato 97 .... FF78 200 - £9 200 - **$13,800**
LEGA Silvestro 1826-1895 [3]
🖼 La canina di Rinaldo Carnielo - Olio/tela (70x99cm-28x39in) Prato 96 .... FF337 000 - £40 000 - **$66,000**
LEGACHEFF Anton 1798-1865 [1]
🖼 Asiatic monk - Oil/paper/board (27x19cm-11x7in) New-York 90 .... FF13 870 - £1 397 - **$2,717**
LEGANGER Nicolas Tysland 1832-1894 [4]
🖼 Afternoon, Lake George - Oil/canvas (30x51cm-12x20in) North Bethesda, MD. 92 .... FF5 000 - £523 - **$900**
LÉGAT Léon 1829-? [11]
🖼 Cour de ferme - Huile/toile (89x116cm-35x46in) Toulouse 95 .... FF98 000 - £12 700 - **$20,400**
🖼 Dimanche au bord de l'eau - Oil/canvas (92x116cm-36x46in) London 94 ...... FF224 000 - £26 000 - **$38,740**
LEGELEUX Germaine 1910 [63]
🖼 Bouquet à la pomme - Huile/toile (61x50cm-24x20in) Bayeux 93 .... FF4 000 - £500 - **$728**
LEGENDRE Eugène 1827-1900 [1]
🖼 Les bateliers de Bruges - Huile/toile (90x200cm-35x79in) Bruxelles 90 .... FF19 400 - £2 040 - **$3,374**
LEGENDRE Guy 1946 [3]
🖼 Les foins en Picardie - Huile/toile (65x54cm-26x21in) Provins 96 .... FF3 200 - £415 - **$634**
LEGENDRE Maurice 1928 [2]
🗿 Nocturne - Sculpture (26cm-10in) Paris 92 .... FF3 000 - £307 - **$540**
LEGENTILE Louis Victor 1815-1889 [3]
🖼 La Fête du cidre - Huile/toile (44x55cm-17x22in) Barbizon 94 .... FF40 000 - £4 715 - **$7,110**
LÉGER Fernand 1881-1955 [736]
🖼 Statuette et vase - Oil/canvas (65x91cm-26x36in) New-York 97 .... FF1 - £202 158 - **$330,000**
   La ville - Oil/canvas (92x73cm-36x29in) New-York 97 .... FF1 - £1 - **$2 e,+06**
   Danseuses au triangle - Huile/toile (54x65cm-21x26in) Paris 94 .... FF1 - £137 200 - **$215,400**
   La Pipe - Oil/canvas (90x71cm-35x28in) New-York 95 .... FF2 - £3 - **$6 e,+06**
   Le repos - Oil/canvas (50x65cm-20x26in) New-York 97 .... FF4 - £462 000 - **$750,000**
   Contrastes de formes - Oil/canvas (81x65cm-32x26in) London 89 .... FF8 - £8 - **$1**
   Monumentale - Oil/canvas (92x65cm-36x26in) London 96 .... FF359 000 - £45 000 - **$69,300**
   L'Été - Oil/canvas (36x144cm-14x57in) New-York 95 .... FF416 000 - £53 800 - **$85,000**
   Deux poissons - Oil/canvas (50x65cm-20x26in) New-York 96 .... FF518 000 - £66 800 - **$100,000**
   Figure - Oil/canvas (65x46cm-26x18in) New-York 97 .... FF685 716 - £73 512 - **$120,000**
   Le losange noir - Huile/toile (73x92cm-29x36in) Paris 97 .... FF780 000 - £81 588 - **$133,614**
📂 La grande Margot - Color lithograph (48x35cm-19x14in) München 96 ...... FF20 400 - £2 322 - **$3,900**

Marie l'acrobate - Color lithograph (55x42cm-22x17in) New-York 94......................... FF**34 300** - £4 020 - **$6,000**
🎨 *Femme et enfant* - Céramique (28x19cm-11x7in) Paris 97... FF**8 500** - £885 - **$1,448**
La Branche - Bronze (55cm-22in) New-York 93... FF**137 500** - £17 240 - **$25,000**
✏ *Perroquet* - Technique mixte/papier (152x189cm-60x74in) Paris 97.......................... FF**1** - £151 670 - **$248,385**
La fille du roi - Acquarello/carta (25x20cm-10x8in) Prato 97...................................... FF**18 700** - £2 200 - **$3,300**
Visage et à la feuille - Crayon/papier (37x26cm-15x10in) Paris 97............................. FF**40 000** - £4 172 - **$6,840**
Personnage dans la ville - Gouache (34x26cm-14x10in) Prato 97................................ FF**88 740** - £10 440 - **$15,660**
Projet de sculpture polychrome - Gouache (47x36cm-19x14in) London 97................... FF**120 656** - £12 500 - **$20,668**
Compositions - Gouache/papier (29x52cm-11x20in) Paris 97...................................... FF**235 000** - £24 510 - **$40,185**
Intérieur/ville animée - Technique mixte/papier (31x23cm-12x9in) Paris 97............... FF**700 000** - £73 220 - **$119,910**
Dans un escalier - Aquarelle, gouache (32x40cm-13x16in) Köln 89.................... FF**5 685e +06** - £518 252 - **$814,871**
LÉGER Jean XX [2]
🖼 *Winter Sports in France* - Poster (99x61cm-39x24in) New-York 96............................ FF**1 770** - £226 - **$350**
LEGGE Arthur J. 1859-1942 [1]
✏ *Concarneau* - Watercolour (20x28cm-8x11in) New Orleans, Louisiana 93................... FF**1 925** - £242 - **$350**
LEGGETT Alexander 1828-1884 [11]
🖼 *The Cuckoo Clock* - Oil/board (27x37cm-11x15in) London 93...................................... FF**10 860** - £1 250 - **$1,875**
LEGLER Wilhelm 1875-1951 [9]
🖼 *Eroicagasse, Kahlenbergergasse* - Oil/canvas (48x54cm-19x21in) New-York 93............ FF**17 700** - £2 013 - **$3,000**
LEGOUT-GÉRARD Fernand 1856-1924 [182]
🖼 *Voiliers et embarcations* - Huile/panneau (19x14cm-7x6in) Paris 96........................... FF**6 500** - £838 - **$1,273**
Le retour des pêcheurs - Huile/toile (33x44cm-13x17in) Paris 96.............................. FF**20 000** - £2 350 - **$3,934**
Bretonnes sur le quai - Huile/toile (46x55cm-18x22in) Calais 97................................ FF**37 000** - £4 055 - **$6,494**
Marché à Lannion - Huile/toile (54x65cm-21x26in) Douarnenez 94............................ FF**72 000** - £8 730 - **$13,700**
Sables d'Olonne - Huile/toile (54x65cm-21x26in) Nantes 89....................................... FF**162 000** - £16 564 - **$26,045**
🖼 *Barques à Concarneau* - Gravure (50x48cm-20x19in) Quimper 97................................ FF**2 900** - £311 - **$508**
✏ *Breton fisherfolk* - Pastel/paper (46x55cm-18x22in) New-York 95.............................. FF**23 400** - £3 040 - **$4,800**
Port en Bretagne - Pastel (54x65cm-21x26in) Paris 91.. FF**61 000** - £6 116 - **$11,173**
LEGRAIN Pierre 1889-1929 [1]
✏ *Femme de la belle époque* - Aquarelle, gouache (34x21cm-13x8in) Rennes 97.............. FF**1 900** - £200 - **$326**
LEGRAND Alexandre 1822-1901 [4]
🖼 *Sapho* - Huile/toile (38x31cm-15x12in) Paris 92... FF**13 000** - £1 330 - **$2,550**
Salle des Cariatides in the Louvre - Oil/canvas (65x54cm-26x21in) New-York 90........ FF**80 700** - £8 126 - **$15,808**
LEGRAND Auguste Claude 1765-1815 [3]
🖼 *L'Amant pressant* - Engraving (34x26cm-13x10in) London 95.................................... FF**4 920** - £650 - **$997**
LEGRAND Edy 1892-1970 [4]
🖼 *Scène d'intérieur* - Huile/toile (50x65cm-20x26in) Soissons 95................................. FF**4 000** - £491 - **$780**
LEGRAND Fernand 1881-1955 [1]
🖼 *Personnages* - Lithographie Saint-Dié 93... FF**2 200** - £265 - **$400**
LEGRAND Louis Auguste M. 1863-1951 [164]
🖼 *Scène de taverne* - Huile/panneau (54x71cm-21x28in) Paris 95................................. FF**15 500** - £1 902 - **$3,020**
Filles au café - Huile/toile (92x68cm-36x27in) Lyon 96.. FF**47 000** - £6 050 - **$9,310**
Danseuse à l'éventail - Huile/carton (70x68cm-28x27in) Paris 95............................. FF**135 000** - £17 160 - **$27,400**
🖼 *Dans les coulisses* - Eau-forte (54x21cm-21x14in) Paris 94...................................... FF**2 400** - £288 - **$468**
L'Hétaire - Eau-forte couleurs (51x40cm-20x16in) Paris 95...................................... FF**21 000** - £2 670 - **$4,260**
La petite chasse - Eau-forte Nice 97... FF**43 500** - £4 916 - **$7,878**
✏ *Napolitaine* - Aquarelle (41x29cm-16x11in) Paris 95... FF**4 000** - £509 - **$812**
Joueuse de guitare - Pastel (58x43cm-23x17in) Paris 95.. FF**20 000** - £2 540 - **$4,060**
Femme s'essuyant - Pastel (64x56cm-25x22in) Paris 95.. FF**115 000** - £14 620 - **$23,340**
LEGRAND Mercédès 1893-1945 [26]
🖼 *Maternité aux collines* - Peinture (60x82cm-24x32in) Paris 90.................................. FF**15 000** - £1 527 - **$3,000**
LEGRAND Paul Emmanuel 1860-1936 [2]
🖼 *At the Tavern* - Oil/canvas (41x51cm-16x20in) Chicago 96....................................... FF**5 140** - £624 - **$1,000**
LEGRAND Pierre 1950 [4]
🖼 *Spring landscape* - Oil/canvas (41x51cm-16x20in) New Orleans, Louisiana 96............ FF**3 040** - £393 - **$600**
LEGRAND Pierre Nicolas 1758-1829 [2]
✏ *Imaginary view of Babylon/Capriccio* - Watercolour (36x48cm-14x19in) New-York 90......... FF**20 000** - £2 103 - **$3,478**
LEGRAND René 1847-? [1]
✏ *Italienischer Sommer* - Aquarell (20x29cm-8x11in) Bremen 92.................................... FF**2 550** - £261 - **$449**
LEGRAND René 1923 [5]
🖼 *Sur la plage* - Oil/canvas (61x76cm-24x30in) London 95... FF**4 390** - £580 - **$890**
LEGRAND René XX [4]
🖼 *On the beach* - Oil/canvas (61x86cm-24x34in) Billinghurst, West Sussex 92............... FF**8 870** - £900 - **$1,710**
LEGRAND René Jérôme [2]
🖼 *Fishing* - Oil/canvas (30x36cm-12x14in) Penzance, Cornwall 92............................... FF**4 770** - £490 - **$916**
LEGRAND Théodore 1853-1897 [2]
🖼 *Paysage* - Huile/toile (65x50cm-26x20in) Provins 89.. FF**8 800** - £876 - **$1,390**
LEGRAS Auguste 1864-1915 [5]
🖼 *L'entrée du Ksar* - Huile/toile (65x47cm-26x19in) Paris 95...................................... FF**28 000** - £3 530 - **$5,580**
LEGRIP Frédéric 1817-1871 [2]
🖼 *Portrait d'une jeune musicienne* - Huile/toile (129x198cm-51x78in) Paris 93............. FF**7 000** - £796 - **$1,187**
✏ *Guillon Lethière* - Crayon (30x23cm-12x9in) Paris 92... FF**3 800** - £389 - **$684**
LEGROS Alphonse 1837-1911 [29]
🖼 *La Communion* - Oil/canvas (34x29cm-13x11in) London 93....................................... FF**21 600** - £2 600 - **$3,770**

Vagabonds de Montrouge - Eau-forte Paris 92 .... FF2 500 - £257 - **$481**
L'Italienne - Crayon (52x38cm-20x15in) Paris 96 .... FF9 000 - £1 164 - **$1,766**

LEGROS Sauveur 1754-1834 [1]
Riverscape with figures - Ink (17x24cm-7x9in) London 94 .... FF8 200 - £950 - **$1,410**

LEGUAY Charles Étienne 1762-1846 [8]
Laetitia Ramolino Bonaparte - Huile/toile (82x64cm-32x25in) Paris 96 .... FF30 000 - £3 444 - **$5,720**
Comtesse Paul Grenier - Miniature (7cm-3in) Genève 95 .... FF6 810 - £850 - **$1,335**
Woman looking to the left - Black chalk/paper (14x17cm-6x7in) New-York 97 .... FF19 466 - £2 166 - **$3,500**

LEGUEN Jean-Marie 1926 [11]
Région de Vernon - Huile/toile (60x73cm-24x29in) Arcachon 93 .... FF5 000 - £603 - **$910**

LÉGUEULT Raymond 1898-1971 [45]
Les vignes - Huile/toile (65x92cm-26x36in) Paris 97 .... FF18 000 - £1 957 - **$3,163**
Modèle au guéridon - Huile/toile (92x65cm-36x26in) Paris 96 .... FF55 000 - £6 630 - **$10,550**
Nu au canapé rouge - Huile/toile (73x92cm-29x36in) Paris 94 .... FF165 000 - £19 760 - **$31,230**
Intérieur - Huile/toile (89x116cm-35x46in) Paris 88 .... FF560 000 - £52 808 - **$92,960**
Jeune femme allongée - Mine plomb (41x54cm-16x21in) Paris 94 .... FF10 000 - £1 198 - **$1,893**
Jeune fille pensive - Aquarelle (48x56cm-19x22in) Paris 96 .... FF14 000 - £1 690 - **$2,686**

LEGUEY Luc 1876-? [2]
Rhumicide, ne toussez plus ! - Affiche (93x124cm-37x49in) Neuilly 96 .... FF4 300 - £555 - **$842**

LEHEUTRE Gustave 1861-1932 [17]
Notre-Dame de Chartres - Eau-forte (41x28cm-16x11in) Paris 97 .... FF3 800 - £402 - **$658**
Le modèle assis - Pastel (46x37cm-18x15in) Alençon 89 .... FF1 500 - £144 - **$223**
Paimpol vu de Kerroch - Encre (23x30cm-9x12in) Paris 90 .... FF3 500 - £363 - **$615**

LEHMANN Alfred 1899-1979 [3]
Badende - Oil/panel (34x31cm-13x12in) München 95 .... FF17 640 - £2 255 - **$3,600**

LEHMANN Carl Peter 1794-1876 [3]
Landskapvy över Lysedalen - Oil/canvas (134x118cm-53x46in) Stockholm 92 .... FF53 300 - £6 370 - **$10,250**

LEHMANN Edvard 1815-1892 [12]
Marina Piccola - Oil/canvas (25x33cm-10x13in) Köbenhavn 93 .... FF8 670 - £995 - **$1,482**

LEHMANN Friedrich Leonhard 1787-? [1]
Sammelband - Drawing (23x29cm-9x11in) Wien 95 .... FF5 570 - £696 - **$1,124**

LEHMANN Henri 1814-1882 [23]
Jeune femme de trois-quarts - Huile/toile (55x46cm-22x18in) Paris 96 .... FF6 000 - £776 - **$1,182**
Tobias and the Angel - Oil/canvas (61x79cm-24x31in) London 96 .... FF34 060 - £4 000 - **$6,620**
Femmes près de l'eau - Huile/toile (68x90cm-27x35in) Paris 93 .... FF290 000 - £36 250 - **$52,700**
Etude de buste - Pierre noire (30x43cm-12x17in) Paris 97 .... FF52 000 - £5 528 - **$8,986**

LEHMANN Herbert 1890-? [1]
Dame mit Schleierhut - Watercolour (26x21cm-10x8in) Wien 92 .... FF6 260 - £641 - **$1,102**

LEHMANN Kurt 1905-1979 [4]
Harlekin - Bronze (23cm-9in) Köln 94 .... FF10 250 - £1 204 - **$1,827**

LEHMANN Léon 1873-1953 [20]
Descente de Croix - Huile/carton (15x26cm-6x10in) Saint-Dié 96 .... FF3 000 - £372 - **$581**
Paysage d'Alsace - Huile/toile (38x46cm-15x18in) Belfort 95 .... FF9 100 - £1 162 - **$1,863**

LEHMANN Rudolf W.A. 1819-1905 [6]
Captain Sir Richard Francis Burton - Oil/canvas (92x71cm-36x28in) London 95 .... FF77 700 - £10 000 - **$15,920**

LEHMANN Rudy 1903-1977 [3]
Cat - Wood (8cm-3in) Tel Aviv 93 .... FF4 910 - £593 - **$900**
Nudes in rowing boat - Pencil (30x24cm-12x9in) Tel Aviv 96 .... FF2 073 - £260 - **$400**

LEHMANN Wilhelm Ludwig 1861-1932 [13]
Sommertag im Berner Oberland - Öl/Leinwand (69x52cm-27x20in) Lindau 94 .... FF8 570 - £1 018 - **$1,585**
Gewitter am Chiemsee - Öl/Leinwand (90x129cm-35x51in) Wien 96 .... FF15 680 - £2 030 - **$3,135**

LEHMANN-BRAUNS Paul 1885-1970 [8]
Kichwarft auf Hallig-Hooge - Öl/Karton (60x70cm-24x28in) Berlin 92 .... FF8 470 - £1 013 - **$1,630**

LEHMANN-LEONHARD Wilhelm 1877-1954 [4]
Würfelspielende Musketiere - Öl/Leinwand (60x80cm-24x31in) Lindau 94 .... FF4 120 - £489 - **$761**

LEHMBRUCK Wilhelm 1881-1919 [99]
Lot und seine Tochter - Oil/canvas (81x65cm-32x26in) London 90 .... FF1 - £145 000 - **$279,889**
Stehende Rückenakt - Radierung (35x26cm-14x10in) Köln 97 .... FF4 731 - £497 - **$81,0 4**
Schreitender Mann - Etching (49x32cm-19x13in) Hamburg 93 .... FF28 500 - £3 400 - **$5,480**
Die Kniende - Stone (177cm-70in) New-York 93 .... FF6 - £738 000 - **$1**
A Miner - Bronze (73x47cm-29x19in) London 97 .... FF26 667 - £2 800 - **$4,570**
Geneigter Frauenkopf - Bronze Pontoise 96 .... FF270 000 - £33 360 - **$52,200**
Kopf der Grossen stehenden - Bronze (43cm-17in) Köln 95 .... FF686 000 - £89 800 - **$139,400**
Stehenden Männlichen Rückenakt - Pencil (45x34cm-18x13in) Berlin 91 .... FF42 250 - £4 236 - **$6,974**

LEHMDEN Anton 1929 [33]
Landschaft - Mixed media/panel (60x37cm-24x15in) Wien 94 .... FF96 700 - £11 100 - **$16,540**
Vogelflug - Ink/paper (18x12cm-7x5in) Wien 96 .... FF4 810 - £603 - **$940**
Ohne Titel - Ink (19x51cm-7x20in) Wien 96 .... FF28 850 - £3 675 - **$5,560**

LEHNBRUKK Wilhelm 1881-1919 [1]
Buste de jeune femme - Bronze (43x20x41cm-17x8x16in) Paris 90 .... FF310 000 - £32 979 - **$55,456**

LEHNEN Jakob 1803-1847 [2]
Stilleben mit Römer - Oil/canvas (46x52cm-18x20in) Wien 90 .... FF48 000 - £4 885 - **$9,599**

LEHNERT & LANDROCK Rudolf & Ernest XIX-XX [3]
📷 *Tunis* - Gelatin silver print (28x58cm-11x23in) New-York 93 .... FF11 000 - £1 380 - **$2,000**
LEHNERT Hildegard 1857-? [2]
🖼 *Alplandskap* - Oil/canvas (100x73cm-39x29in) Göteborg 94 .... FF5 840 - £670 - **$998**
LEHON Henri 1809-1872 [2]
🖼 *Marine par gros temps* - Huile/panneau (57x80cm-22x31in) Bruxelles 95 .... FF48 800 - £5 900 - **$9,170**
LEHOUX Pierre François 1803-1892 [3]
✏ *Le Temple de Louksor* - Aquarelle (23x30cm-9x12in) Paris 90 .... FF1 700 - £183 - **$300**
LEHTINEN Kauko 1925 [2]
✏ *Holländsk huvudbonad* - Gouache (31x46cm-12x18in) Helsinki 95 .... FF5 790 - £724 - **$1,170**
LEHTO Nikolai 1905 [24]
🖼 *Skyddsängeln* - Oil/canvas (29x21cm-11x8in) Helsinki 92 .... FF6 880 - £704 - **$1,212**
LEIBER Otto Ferdinand 1878-1958 [9]
🖼 *Paris an der Seine* - Öl/Leinwand (69x92cm-27x36in) München 94 .... FF8 200 - £985 - **$1,560**
LEIBKÜCHLER P. XIX-XX [1]
🗿 *Boxer* - Bronze (67cm-26in) New-York 95 .... FF12 160 - £1 464 - **$2,300**
LEIBL Wilhelm 1844-1900 [45]
🖼 *Händestudie* - Oil/canvas (19x29cm-7x11in) München 90 .... FF94 600 - £10 064 - **$16,923**
🖼 *Mädchens* - Öl/Leinwand (55x45cm-22x18in) Bern 94 .... FF101 400 - £12 100 - **$18,920**
✏ *Bäuerin* - Charcoal/paper (43x30cm-17x12in) Kempten 96 .... FF17 650 - £2 290 - **$3,460**
Vieille femme lisant - Encre Chine (23x17cm-9x7in) Paris 95 .... FF240 000 - £31 540 - **$48,200**
LEIBOWITZ Annie 1950 [12]
📷 *M. Baryshnikov & L. Dowdell* - (41x33cm-16x13in) New-York 93 .... FF9 580 - £1 097 - **$1,700**
LEICK Joël 1961 [5]
🖼 *A l'intérieur* - Technique mixte/toile (50x50cm-20x20in) Paris 96 .... FF5 000 - £589 - **$982**
LEICKERT Charles Henri Joseph 1818-1907 [121]
🖼 *Somertag an der Amstel* - Oil/panel (28x41cm-11x16in) Köln 95 .... FF26 600 - £3 360 - **$5,330**
🖼 *Women on a Bleaching Field* - Oil/panel (17x24cm-7x9in) Amsterdam 97 .... FF43 517 - £4 630 - **$7,572**
Dutch street scene - Oil/panel (32x28cm-13x11in) London 96 .... FF84 200 - £10 500 - **$16,260**
Hay-barge and figures in a rowing-boat
  Oil/canvas (45x77cm-18x30in) Amsterdam 97 .... FF131 318 - £13 882 - **$22,532**
Several skaters on a frozen waterway
  Oil/canvas (82x130cm-32x51in) Amsterdam 97 .... FF483 811 - £51 146 - **$83,016**
LEIDENFROST Sandor 1888-? [1]
🖼 *Grande paesaggio romantico* - Olio/tela (101x115cm-40x45in) Trieste 93 .... FF9 410 - £1 071 - **$1,594**
LEIDI Pietro 1892-c.1930 [2]
🖼 *Vedute di montagna* - Olio/tavola (36x46cm-14x18in) Milano 93 .... FF12 160 - £1 398 - **$2,090**
LEIDL Anton 1900-1976 [5]
🖼 *Maria Plain* - Oil/canvas (60x90cm-24x35in) Bielefeld 91 .... FF6 810 - £683 - **$1,247**
LEIDNER René 1921 [11]
🖼 *Sans Titre* - Huile/toile (97x40x130cm-38x16x51in) Paris 94 .... FF2 100 - £252 - **$408**
✏ *Torse d'homme* - Lavis Neuilly 96 .... FF2 000 - £258 - **$387**
LEIGH Rosa 1853-1925 [1]
🖼 *Early Springtime in the woods* - Oil/canvas (103x147cm-41x58in) London 96 .... FF7 070 - £900 - **$1,360**
LEIGH William Robinson 1866-1955 [37]
🖼 *Cheyenne* - Oil/canvas/board (35x25cm-14x10in) New-York 94 .... FF95 500 - £11 260 - **$17,000**
🖼 *Indians on Horseback* - Oil/canvas (42x52cm-17x20in) New-York 96 .... FF339 000 - £39 300 - **$65,000**
The Bear Tracker - Oil/canvas (71x55cm-28x22in) New-York 94 .... FF786 000 - £92 700 - **$140,000**
✏ *Horse in desert landscape* - Watercolour/paper (36x53cm-14x21in) New-York 92 ...... FF88 000 - £9 000 - **$15,500**
LEIGH-HUNT Gerard 1873-1945 [3]
🖼 *Portrait of a young boy* - Oil/canvas (30x20cm-12x8in) Penzance, Cornwall 93 .... FF3 486 - £420 - **$610**
LEIGH-PEMBERTON John XX [9]
🖼 *H.R.H Prince Charles* - Oil/canvas (57x41cm-22x16in) London 93 .... FF5 710 - £650 - **$969**
LEIGHTON Alfred Crocker 1901-1965 [35]
✏ *Lake Luchesney, Yoho Valley* - Pastel (38x46cm-15x18in) Victoria, B.C. 94 .... FF12 920 - £1 550 - **$2,510**
LEIGHTON Clare Veronica Hope 1901-1988 [13]
🗂 *Lopping* - Woodcut (20x25cm-8x10in) Chicago 94 .... FF1 624 - £193 - **$300**
LEIGHTON Edward Blair 1853-1922 [29]
🖼 *Wash Day* - Oil/panel (21x35cm-8x14in) London 97 .... FF38 132 - £4 000 - **$6,543**
A Favour - Oil/canvas (91x51cm-36x20in) London 94 .... FF168 000 - £20 000 - **$32,000**
LEIGHTON Frederick 1830-1896 [86]
🖼 *Clytie* - Oil/canvas (156x137cm-61x54in) London 97 .... FF2 - £300 000 - **$490,740**
Dante in Verona - Oil/canvas (152x254cm-60x100in) London 90 .... FF9 - £1 05 17e +06 - **$1**
Portico, Granada - Oil/panel (28x27cm-11x7in) London 96 .... FF14 340 - £1 700 - **$2,800**
Bay of Cadiz, Moonlight - Oil/canvas (20x29cm-8x11in) London 96 .... FF135 000 - £16 000 - **$26,340**
Professor Giovanni Costa - Oil/canvas (48x39cm-19x15in) London 95 .... FF333 333 - £35 000 - **$57,134**
🗿 *Sluggard* - Bronze (52cm-20in) London 97 .... FF85 714 - £9 000 - **$14,691**
Athlete wrestling with a python - Bronze (52cm-20in) London 95 .... FF161 000 - £19 000 - **$28,700**
✏ *Woman and Child* - Black & white chalks (39x23cm-15x9in) London 97 .... FF16 206 - £1 700 - **$2,781**
Captive Amdromache - Charcoal (50x32cm-20x13in) London 95 .... FF80 900 - £9 500 - **$15,900**
LEIGHTON Kathryn W. 1876-1952 [2]
🖼 *Blue Lupins in Bloom* - Oil/board (51x61cm-20x24in) Victoria, B.C. 93 .... FF12 450 - £1 426 - **$2,117**
LEIGHTON Nicholas W. Scott 1847-1898 [3]
🖼 *The Sleigh Ride* - Oil/canvas (66x107cm-26x42in) New-York 94 .... FF59 500 - £7 050 - **$11,000**

LEIGHTON Scott 1849-1898 [19]
Bell Knox - Oil/canvas (23x36cm-9x14in) Montréal 94 .... FF4 540 - £538 - **$839**
Rarus - Oil/canvas (51x77cm-20x30in) London 95 .... FF29 500 - £3 800 - **$6,050**
Seal skin brigade - Oil/canvas (81x138cm-32x54in) New-York 92 .... FF166 400 - £17 660 - **$32,000**
LEIMANIS Andris 1938 [10]
Homecoming, Westmount - Huile/toile (30x40cm-12x16in) Montréal 92 .... FF3 010 - £308 - **$530**
LEIMBACH von Karl 1814-1891 [1]
Architekturzeichnung (44) - Drawing München 96 .... FF2 197 - £261 - **$429**
LEIMGRUB Michael XIX [2]
Lasset die Kindlein zu mir kommen - Öl/Leinwand (80x99cm-31x39in) Köln 94 ... FF5 100 - £595 - **$894**
LEINARDI Ermanno 1933 [2]
La O sugli scii - Collage/toile (90x90cm-35x35in) Zürich 96 .... FF4 240 - £550 - **$840**
LEINECKER Fritz 1825-1917 [1]
Berchtesgaden - Oil/cardboard (206x26cm-81x10in) München 92 .... FF3 050 - £365 - **$587**
LEINFELLNER Heinz 1911-1974 [4]
Kleiner liegender Fischer - Bronze (26x45cm-10x18in) Wien 92 .... FF19 250 - £1 970 - **$3,390**
LEINONEN Paavo 1894-1964 [3]
Stilleben - Oil/canvas (46x38cm-18x15in) Helsinki 91 .... FF10 750 - £1 070 - **$1,849**
LEINS Rosetta 1905-1966 [5]
Schafhirte - Mixed media/canvas (45x22cm-18x9in) Luzern 90 .... FF3 500 - £362 - **$618**
La musica - Aquarell (51x34cm-20x13in) Zofingen 94 .... FF1 930 - £226 - **$344**
LEINWEBER Anton Robert 1845-1921 [2]
The market place, Tunis 1882 - Oil/panel (43x61cm-17x24in) London 92 .... FF38 700 - £4 143 - **$6,730**
LEIP Hans 1893-1983 [17]
Alster vorm Atelierfenster - Öl/Leinwand (28x23cm-11x9in) Hamburg 92 .... FF4 070 - £487 - **$783**
Verschiedene Motive - Woodcut Hamburg 92 .... FF2 713 - £324 - **$522**
Pariser Eindrücke - Ink Hamburg 92 .... FF2 035 - £243 - **$392**
LEIPOLD Karl 1864-1943 [6]
Norddeutscher Bauernhof - Öl/Karton (37x45cm-15x18in) Hamburg 97 .... FF7 752 - £829 - **$1,351**
LEIRO Francisco 1957 [1]
Cabeza - Sculpture (43x25x29cm-17x10x11in) Madrid 94 .... FF22 800 - £2 620 - **$3,900**
LEISER Willi 1918-1959 [2]
Die Pappeln - Öl/Leinwand (77x54cm-30x21in) Bern 93 .... FF7 510 - £940 - **$1,372**
Frauenkopf - Sculpture (58cm-23in) Bern 94 .... FF3 510 - £421 - **$682**
LEISHMAN Robert 1916-1989 [1]
Requiem for a canary
    Wash/paper (75x68cm-30x27in) Hopetoun House, South Queensferry 91 .... FF9 070 - £901 - **$1,575**
LEISNER Wilhelm Ferdinand 1837-1910 [3]
Coastal landscape - Oil/canvas (79x69cm-31x27in) Viby J, Århus 96 .... FF2 200 - £261 - **$429**
LEISTEN Jacobus 1844-1918 [3]
Mahlzeit eines Bauernmädchens - Oil/panel (36x26cm-14x10in) München 94 ... FF11 940 - £1 412 - **$2,146**
LEISTIKOW Walter 1865-1908 [53]
Wald - Öl/Leinwand (75x100cm-30x39in) Berlin 97 .... FF38 852 - £4 126 - **$6,767**
Summer Garden by a Lakeside - Oil/canvas (73x93cm-29x37in) Wien 96 .... FF93 800 - £11 370 - **$18,240**
Märkischer See - Öl/Leinwand (80x150cm-31x59in) Berlin 93 .... FF458 000 - £54 700 - **$88,000**
Seufer - Aquarell (33x49cm-13x19in) Hamburg 93 .... FF21 020 - £2 510 - **$4,044**
Grunewaldsee - Gouache (32x48cm-13x19in) Berlin 94 .... FF78 600 - £9 270 - **$13,980**
Märkischer See - Pastel (50x64cm-20x25in) Berlin 95 .... FF228 000 - £28 350 - **$44,500**
LEITCH Richard Principal c.1800-c.1880 [9]
Country landscape with a lake - Wash (18x53cm-7x21in) London 90 .... FF3 300 - £351 - **$590**
Mont Örgueil Castle, Jersey - Watercolour (43x79cm-17x31in) London 95 .... FF59 900 - £7 500 - **$11,930**
LEITCH William Leighton 1804-1883 [71]
Figures in a Port, sicily - Watercolour (11x23cm-4x9in) London 96 .... FF6 180 - £800 - **$1,214**
St. Bernard's Well, Scotland - Watercolour (27x39cm-11x15in) London 97 .... FF17 790 - £1 900 - **$3,093**
LEITGEB Franz XIX-XX [3]
Flowers - Oil/panel (80x60cm-31x24in) London 97 .... FF15 441 - £1 700 - **$2,710**
LEITH-ROSS Harry 1886-1973 [13]
Country house with figures - Oil/canvas (56x81cm-22x32in) Philadelphia 92 .... FF25 700 - £2 990 - **$5,250**
LEITNER Heinrich 1842-1913 [4]
Marine, 1873 - Oil/canvas (29x49cm-11x19in) Köln 90 .... FF20 300 - £2 097 - **$3,587**
LEITNER Thomas 1876-1948 [25]
Feldweg - Öl/Karton (32x50cm-13x20in) Wien 96 .... FF15 450 - £1 760 - **$2,960**
Sommerlandschaft - Öl/Leinwand (66x97cm-26x38in) Wien 96 .... FF28 850 - £3 675 - **$5,560**
Die Kirche von Tarrenz in Tirol - Aquarell/Papier (34x51cm-13x20in) Wien 93 ... FF6 730 - £805 - **$1,295**
LEIVA Nicolás 1958 [4]
De la Serie de Las Tumbas - Oil/canvas (127x76cm-50x30in) New-York 95 .... FF33 960 - £4 510 - **$7,000**
LEJEUNE Adolphe Frédéric XIX-XX [6]
Jeune femme à la robe rose - Huile/panneau (61x49cm-24x19in) Versailles 92 ...... FF27 000 - £2 773 - **$5,190**
LEJEUNE Baptiste 1739-1812 [1]
Lever/Toilette - Huile/panneau (21cm-8in) Paris 95 .... FF37 000 - £4 660 - **$7,330**
LEJEUNE Émile 1885-1964 [7]
Cagnes-sur-Mer - Oil/canvas (60x73cm-24x29in) London 92 .... FF19 480 - £2 000 - **$3,740**

L

LEJEUNE Eugène 1818-1897 [1]
- *The big bad wolf* - Oil/canvas (60x49cm-24x19in) London 89 .... FF16 500 - £1 687 - **$2,653**

LEJEUNE Henry 1820-1904 [2]
- *At the Spring* - Oil/canvas (53x43cm-21x17in) New-York 96 .... FF64 900 - £8 260 - **$12,500**

LEJEUNE Louis Aimé 1884-1969 [1]
- *Eve* - Plâtre (230cm-91in) Paris 96 .... FF115 000 - £14 400 - **$22,200**

LEJEUNE Louis Fr., baron 1775-1848 [8]
- *Chasse à l'ours* - Huile/toile (181x152cm-71x60in) Paris 96 .... FF158 000 - £18 600 - **$31,000**
- *Vous, officiers...* - Encre/papier Paris 96 .... FF14 500 - £1 708 - **$2,847**

LEJEUNE Lucien 1870-1953 [11]
- *Les Muses* - Huile/panneau (70x90cm-28x35in) Bruxelles 92 .... FF8 570 - £1 023 - **$1,650**

LEJEUNE Raoul 1903-1987 [2]
- *Aubade* - Huile/toile (120x80cm-47x31in) Bruxelles 91 .... FF2 800 - £281 - **$462**

LELAND Henry 1850-1877 [1]
- *Artist's studio, Paris* - Oil/canvas (46x38cm-18x15in) Delray Beach, Florida 96 ...... FF5 040 - £645 - **$1,000**

LELE Ouka 1957 [2]
- *Ana Quadros* - Cibachrome print (30x40cm-12x16in) Paris 95 .... FF2 100 - £276 - **$422**

LELÉE Léopold, Léo 1872-1947 [24]
- *Pélerinage aux St. Maries-de-la-Mer* - Huile/toile (49x108cm-19x43in) Paris 96 ... FF32 000 - £4 055 - **$6,140**
- *La promenade des Arlésiennes* - Huile/toile (72x54cm-28x21in) Arles 94 .... FF50 000 - £5 780 - **$8,550**
- *Danseuses arlésiennes* - Dessin (41x101cm-16x40in) Grenoble 97 .... FF23 300 - £2 514 - **$4,117**

LELEU Alexandre Félix 1871-? [3]
- *Vieil homme à la pipe* - Huile/panneau (42x33cm-17x13in) Autun 90 .... FF6 000 - £620 - **$1,060**

LELEUX Adolphe 1812-1891 [9]
- *Enfant dans la rivière, Bretagne* - Huile/toile (102x70cm-40x28in) Wien 96 ..... FF12 040 - £1 502 - **$2,326**
- *Impératrice Eugénie* - Oil/canvas (40x68cm-16x27in) London 92 .... FF73 300 - £7 500 - **$12,930**

LELEUX Armand 1818-1885 [4]
- *Landschaft mit Tieren und Figuren* - Oil/panel (27x38cm-11x15in) Zürich 93 ...... FF11 250 - £1 356 - **$2,060**

LELIEVRE Maurice Charles M. 1844-1897 [1]
- *Berger faisant danser les nymphes* - Huile/toile (160x170cm-63x67in) Saint-Brieuc 91 ...... FF22 000 - £2 217 - **$3,818**

LELIO Stanislas 1927 [4]
- *Porte I* - Bronze (16x10x13cm-6x4x5in) Paris 92 .... FF3 200 - £372 - **$653**

LELLI Giovan Battista 1827-1887 [2]
- *Isola dei Pescatori sul Lago Maggiore* - Olio/tela (59x100cm-23x39in) Milano 95...... FF136 000 - £18 040 - **$27,700**

LELLOUCHE Jules 1903-1963 [28]
- *Rue de Fez* - Huile/toile (46x37cm-18x15in) Paris 90 .... FF4 000 - £426 - **$716**
- *Sidi-Bou-Saïd* - Huile/toile (55x46cm-22x18in) Paris 92 .... FF11 000 - £1 126 - **$1,980**
- *Port de La Goulette, Tunisie* - Huile/toile (54x65cm-21x26in) Paris 96 .... FF45 000 - £5 210 - **$8,620**

LELLOUCHE Ofer 1947 [17]
- *Talmei Eliahu* - Oil/canvas (50x61cm-20x24in) Tel Aviv 97 .... FF7 222 - £803 - **$1,350**
- *Portrait of a Girl* - Oil/canvas (146x81cm-57x32in) Tel Aviv 94 .... FF21 240 - £2 417 - **$3,600**
- *Girl Reading* - Pencil (34x24cm-13x9in) Tel Aviv 97 .... FF2 032 - £225 - **$380**

LELOIR Auguste J.-B. 1809-1892 [4]
- *Chasseurs/Types négroïdes* - Dessin (16x22cm-6x9in) Paris 90 .... FF5 300 - £542 - **$1,046**

LELOIR Héloïse XIX [2]
- *Lady seated with crossed hands* - Miniature (10cm-4in) Genève 92 .... FF5 170 - £532 - **$966**

LELOIR Louis-Alexandre 1843-1884 [7]
- *The Trumpeter* - Oil/canvas (97x198cm-38x78in) San Francisco-Los Angeles 92 ..... FF57 200 - £6 830 - **$11,000**
- *Flamenco dancer* - Watercolour/paper (33x23cm-13x9in) New-York 92 .... FF11 360 - £1 162 - **$2,000**

LELOIR Maurice 1853-1940 [22]
- *Le modèle assis* - Huile/toile (81x65cm-32x26in) Biarritz 90 .... FF8 000 - £851 - **$1,431**
- *The elegant fisherwoman* - Oil/canvas (35x25cm-14x10in) London 97 .... FF57 143 - £6 000 - **$9,828**
- *Les Sept Péchés capitaux* - Watercolour/paper (76x54cm-30x21in) New-York 92 ...... FF29 900 - £3 024 - **$6,000**

LELOIR-COLIN Héloïse 1820-1873 [1]
- *Femmes/Conversation* - Aquarelle (22x16cm-9x6in) Paris 95 .... FF4 800 - £631 - **$963**

LELONG Corinne XX [5]
- *No Place to Go* - Encre (100x100cm-39x39in) Paris 97 .... FF6 500 - £734 - **$1,177**

LELONG Paul XIX [2]
- *Assassinat des plénipotentiaires français* - Huile/carton (48x34cm-19x13in) Paris 93 ...... FF2 650 - £320 - **$482**

LELONG Pierre 1908-1984 [22]
- *Nu dans un intérieur* - Huile/toile (65x54cm-26x21in) Paris 96 .... FF3 000 - £381 - **$576**
- *The Birthday Party, Brittany* - Oil/canvas (50x73cm-20x29in) London 95 .... FF51 300 - £6 800 - **$10,600**

LELONG René 1871-1933 [5]
- *The Gaming table* - Oil/canvas (40x70cm-16x28in) New-York 97 .... FF237 153 - £25 540 - **$42,000**

LELOUP Olivier 1951 [2]
- *La Femme aux bijoux* - Terracotta (125cm-49in) Liège 95 .... FF14 220 - £1 870 - **$2,854**

LELU Pierre 1741-1810 [14]
- *Garden of a Villa* - Ink (16x11cm-6x4in) London 97 .... FF3 981 - £420 - **$683**
- *Fishermen drawing in their Nets* - Black chalk (25x33cm-10x13in) London 97 ...... FF10 763 - £1 100 - **$1,831**

LELY Pieter van der Faes 1618-1680 [60]
- *Mary Davis* - Oil/canvas (127x101cm-50x40in) New-York 96 .... FF59 500 - £7 360 - **$11,500**
- *Richard and Ann Gibson* - Oil/canvas (165x122cm-65x48in) London 97 .... FF336 136 - £36 000 - **$58,421**

LEMAIRE Denise 1925 [3]
🖼 Stilleben mit Äpfel und Blumen - Oil/canvas (34x27cm-13x11in) Bern 91 .... FF5 940 - £599 - $1,031

LEMAIRE Eugène 1874-1948 [1]
📷 L'enjeu - Photo (29x39cm-11x15in) Paris 91 .... FF5 500 - £558 - $993

LEMAIRE Hector 1846-1880 [4]
🗿 Sarah Bernhardt - Sculpture (16cm-6in) Paris 97 .... FF7 000 - £739 - $1,210

LEMAIRE Henri 1879-1949 [3]
🖼 Scène bruxelloise - Huile/toile (44x38cm-17x15in) Bruxelles 96 .... FF2 975 - £373 - $578
🗔 Circuit des 3 Fleuves - Poster (90x58cm-35x23in) New-York 96 .... FF7 130 - £840 - $1,400
✏ Nu assis - Pastel/papier (50x34cm-20x13in) Bruxelles 92 .... FF8 300 - £850 - $1,460

LEMAIRE Jean Lemaire Poussin 1598-1659 [6]
✏ Ruined Temples & the Trojan Horse - Ink (17x25cm-7x10in) New-York 97 .... FF38 802 - £4 319 - $7,000

LEMAIRE Louis Marie 1824-1910 [5]
🖼 Poppies - Oil/canvas (32x40cm-13x16in) London 95 .... FF8 610 - £1 100 - $1,760

LEMAIRE Madeleine, née Coll 1845-1928 [56]
🖼 Bouquet de fleurs - Huile/toile (55x43cm-22x17in) Neuilly 97 .... FF7 200 - £793 - $1,264
Watering the Flowers - Oil/canvas (47x32cm-19x13in) London 97 .... FF59 307 - £6 500 - $10,408
Femme assiset - Oil/canvas (178x119cm-70x47in) New-York 95 .... FF204 000 - £25 460 - $40,000
✏ Vase de roses - Aquarelle/papier (76x54cm-30x21in) Calais 97 .... FF11 000 - £1 178 - $1,928

LEMAIRE Marie Thérèse 1861-? [1]
🖼 Assorted flowers - Oil/canvas (65x80cm-26x31in) New-York 91 .... FF47 900 - £4 768 - $8,237

LEMAIRE Pierre 1920 [2]
🖼 Composition, 1978 - Huile/toile (50x50cm-20x20in) Saint-Germain-en-Laye 90 .... FF8 000 - £862 - $1,411

LEMAIRE Suzanne [2]
🖼 Sous le parasol - Huile/toile (61x50cm-24x20in) Grenoble 92 .... FF4 000 - £410 - $720

LEMAITRE Albert 1886-1975 [17]
🖼 Femme au bouquet - Huile/toile (101x80cm-40x31in) Liège 90 .... FF5 770 - £590 - $1,139
La fileuse - Huile/toile (134x167cm-53x66in) Liège 92 .... FF32 950 - £3 934 - $6,340

LEMAITRE André 1909-1995 [38]
🖼 Nature morte au miroir - Huile/toile (81x60cm-32x24in) Rouen 95 .... FF6 000 - £785 - $1,202
Audierne - Huile/toile (46x55cm-18x22in) Bayeux 95 .... FF17 400 - £2 240 - $3,620
Paysage - Huile/toile (90x116cm-35x46in) Bayeux 96 .... FF32 000 - £3 790 - $6,240

LEMAîTRE Églantine Robert-H. XIX-XX [1]
🗿 Au Coup du fusil - Bronze (26cm-10in) London 97 .... FF7 435 - £800 - $1,307

LEMAITRE Gustave XIX-XX [2]
🖼 Poésie des bois - Huile/toile (31x46cm-12x18in) Calais 92 .... FF7 500 - £768 - $1,470

LEMAITRE Léon Jules 1850-1905 [19]
🖼 Rouen, rue des Matelas - Huile/panneau (41x16cm-16x6in) Rouen 96 .... FF21 000 - £2 490 - $4,100
Animation sur les quais de Rouen - Huile/panneau (17x35cm-7x14in) Rouen 92 .... FF115 000 - £11 770 - $20,240

LEMAîTRE Maurice 1929 [203]
🖼 La clôture blanche à Pezarches - Huile/toile (46x61cm-18x24in) La Varenne Saint-Hilaire 96 ..... FF5 000 - £644 - $991
Etang en Rozay en Brie - Huile/toile (33x46cm-13x18in) La Varenne Saint-Hilaire 97 .... FF10 000 - £1 078 - $1,756
Bord de rivière animé - Huile/toile (38x55cm-15x22in) Calais 97 .... FF19 000 - £2 035 - $3,331
Neige à Lavanderie - Huile/toile (65x100cm-26x39in) La Varenne Saint-Hilaire 92 .... FF34 000 - £3 490 - $6,540

LEMAîTRE Maurice Bismuth, dit 1926 [16]
🖼 Graffiti sur le mur de Michel - Huile/toile (74x100cm-29x39in) Paris 94 .... FF10 000 - £1 164 - $1,753
Au-delà qui transporte l'esprit... - Acrylique/toile (81x65cm-32x26in) Paris 95 .... FF20 000 - £2 527 - $4,010
🗔 Sans titre, 1987 - Lithographie (42x63cm-17x25in) Paris 90 .... FF2 500 - £263 - $435

LEMAITRE Nathalie 1965 [17]
🖼 Les baguettes bleues - Huile/toile (120x87cm-47x34in) Boulogne 94 .... FF3 200 - £366 - $543

LEMAITRE Nathanaël 1831-1897 [6]
🖼 Sommerliche Tallandschaft - Oil/canvas (20x42cm-8x17in) Bern 92 .... FF13 700 - £1 637 - $2,636

LEMAN Jacques Edmond 1829-1889 [1]
🖼 Molière posant chez Mignard - Oil/panel (53x74cm-21x29in) New-York 92 .... FF37 700 - £4 500 - $7,250

LEMAN Robert 1799-1863 [4]
✏ A Noforlk Heath - Watercolour (23x31cm-9x12in) London 95 .... FF2 800 - £350 - $566

LEMAN Ulrich XIX-XX [2]
✏ Mallorca - Watercolour/paper (47x67cm-19x26in) Köln 92 .... FF8 840 - £905 - $1,557

LEMANCEAU Charles XIX-XX [5]
🗿 Oie - Céramique (21cm-8in) Lyon 96 .... FF1 500 - £176 - $295

LEMANCEAU DUROCHÉ Louis 1747-1829 [1]
✏ Le Jardin de Soissons décoré - Encre Chine (32x54cm-13x21in) Paris 95 .... FF6 000 - £770 - $1,235

LEMARCHAND Anne XIX [1]
🖼 Fleurs et fruits - Huile/toile (72x59cm-28x23in) Paris 91 .... FF14 000 - £1 438 - $2,606

LEMARCHAND Pierre 1906-1970 [164]
🖼 Paysage de Provence - Huile/toile (50x65cm-20x26in) Montauban 94 .... FF3 000 - £355 - $539
Jour de marché - Huile/papier/toile (60x50cm-24x20in) Soissons 91 .... FF9 000 - £894 - $1,563

LEMARIE DES LANDELLES Émile 1847-1903 [1]
🖼 Village normand, crépuscule - Huile/toile (209x136cm-82x54in) Marseille 93 .... FF10 500 - £1 193 - $1,780

LEMASSON Jean-Paul 1954 [13]
🖼 La Cigale - Huile/toile (46x38cm-18x15in) L'Isle-Adam 96 .... FF8 000 - £970 - $1,556

LEMATTE François Fernand J. 1850-? [5]
- *Portrait de femme* - Huile/panneau (23x15cm-9x6in) Saint-Germain-en-Laye 92 .... FF**4 900** - £504 - **$942**
  Repos pendant la Fuite en Egypte - Huile/toile (55x82cm-22x32in) Paris 90 .... FF**18 500** - £1 892 - **$3,652**

LEMAY Olivier 1734-1797 [3]
- *Rivière avec voyageurs* - Gouache (16x21cm-6x8in) Paris 93 .... FF**35 000** - £4 020 - **$6,020**

LEMAYEUR Jean Adrien H. 1880-1958 [2]
- *Intérieur d'église* - Huile/toile (110x76cm-43x30in) Bruxelles 94 .... FF**8 350** - £997 - **$1,565**

LEMBECK Jack 1937 [6]
- *Small Orange Painting* - Oil/canvas (153x180cm-60x71in) Stockholm 94 .... FF**19 860** - £2 304 - **$3,420**

LEMBESSIS Polychronis 1849-1913 [5]
- *Seated man* - Oil/canvas (99x69cm-39x27in) Athens 94 .... FF**166 700** - £19 760 - **$30,800**

LEMCHEN Britta-Maria 1846-1914 [2]
- *Vattendrag vid gammal stad* - Oil/canvas (55x38cm-22x15in) Stockholm 89 .... FF**16 800** - £1 718 - **$2,701**

LEMERCIER Charles 1797-1853 [1]
- *Homme en habit noir* - Huile/toile (92x73cm-36x29in) Paris 91 .... FF**8 000** - £806 - **$1,388**

LEMEUNIER Basile 1852-1922 [12]
- *Guerre de 1870* - Huile/toile (136x240cm-54x94in) Paris 97 .... FF**60 000** - £6 420 - **$10,380**
  Marchand d'amour - Huile/toile (68x56cm-27x22in) Mayenne 96 .... FF**245 000** - £28 360 - **$46,900**

LEMEUNIER Carolus 1881-1918 [2]
- *Le Bien et le Mal* - Huile/panneau (92x55cm-36x22in) Paris 94 .... FF**22 000** - £2 620 - **$4,144**

LEMIEUX Annette 1957 [7]
- *Trying One's Virtues* - Oil/paper (119x59cm-47x23in) New-York 93 .... FF**7 040** - £807 - **$1,200**
- *Found Fun* - Gelatin silver print (48x58cm-19x23in) New-York 96 .... FF**10 310** - £1 325 - **$2,000**

LEMIEUX Jean-Paul 1904-1990 [48]
- *Marée-basse, Baie St-Paul* - Huile/isorel (38x61cm-15x24in) Montréal 95 .... FF**15 800** - £1 970 - **$3,095**
  Jeune fille avec chapeau blanc - Oil/canvas (34x31cm-14x12in) Toronto 94 .... FF**70 100** - £8 350 - **$13,200**
  Québec, 1953 - Huile/masonite (81x120cm-32x47in) Montréal 90 .... FF**269 200** - £28 822 - **$46,817**
- *La chasse* - Aquarelle (35x40cm-14x16in) Montréal 96 .... FF**13 170** - £1 503 - **$2,523**

LEMIRE Charles Gab. Sauvage 1741-1827 [6]
- *Trois Amours* - Bronze (45x40cm-18x16in) Paris 89 .... FF**300 000** - £31 612 - **$50,505**

LEMIRE Élisa Émilie Maval c.1820-c.1870 [1]
- *Fleurs sur un entablement* - Aquarelle/papier (36x27cm-14x11in) Paris 97 .... FF**17 000** - £1 783 - **$2,917**

LEMIRE Noël Le Mire 1724-1800 [1]
- *Study of a sandalled foot* - Black chalk (43x26cm-17x10in) London 93 .... FF**2 490** - £300 - **$435**

LEMM Georg 1867-? [7]
- *Strand auf Sylt* - Öl/Leinwand (69x83cm-27x33in) Hamburg 97 .... FF**4 044** - £432 - **$705**

LEMMEN Georges 1865-1916 [257]
- *Allégorie du Temps* - Huile/toile (46x61cm-18x24in) Bruxelles 92 .... FF**13 280** - £1 360 - **$2,336**
  Le jardin - Huile/panneau (49x65cm-19x26in) Paris 97 .... FF**29 000** - £3 152 - **$5,095**
  Femme et enfants au jardin - Oil/board (29x44cm-11x17in) New-York 94 .... FF**74 200** - £8 710 - **$13,000**
  Le parfum - Oil/board (88x69cm-35x27in) New-York 97 .... FF**257 144** - £27 567 - **$45,000**
- *La pose* - Pastel (27x36cm-11x14in) Lokeren 93 .... FF**4 285** - £513 - **$780**
  La lecture en famille - Aquarelle (21x27cm-8x11in) Calais 93 .... FF**10 200** - £1 275 - **$1,855**
  Madame Lemmen, aquarelle, gouache (37x26cm-15x10in) Bruxelles 96 .... FF**75 400** - £8 880 - **$14,800**

LEMMENS Émile Théophile V. 1821-1867 [11]
- *Bord de rivière avec pêcheurs* - Huile/toile (41x33cm-16x13in) La Flèche 94 .... FF**20 400** - £2 360 - **$3,500**
  Paysages orientaux - Huile/panneau (27x32cm-11x13in) Liège 97 .... FF**58 042** - £5 999 - **$9,940**

LEMMER August 1862-? [5]
- *Segelboote* - Öl/Leinwand (50x40cm-20x16in) Pforzheim 95 .... FF**4 990** - £622 - **$1,007**

LEMMERS Georges 1871-1944 [36]
- *Lavandières, Perros-Guirec* - Huile/toile (34x44cm-13x17in) Lokeren 95 .... FF**8 560** - £1 070 - **$1,730**
  Dame près d'une fenêtre ouverte - Huile/panneau (40x31cm-16x12in) Antwerpen 92 .... FF**49 800** - £5 100 - **$8,760**
- *De Hallen te Ieper* - Aquarelle (25x35cm-10x14in) Lokeren 95 .... FF**3 180** - £418 - **$638**

LÉMO Armand XIX-XX [1]
- *Seated woman with Borzoi* - Bronze (47cm-19in) New-York 93 .... FF**8 200** - £988 - **$1,500**

LEMOH Karl Vikentievich 1841-1910 [2]
- *Bouquet of flowers* - Oil/panel (18x11cm-7x4in) Moscow 94 .... FF**5 870** - £679 - **$1,000**

LEMOINE Charles 1839-? [1]
- *León* - Sculpture (54x80cm-21x31in) Madrid 92 .... FF**3 240** - £330 - **$570**

LEMOINE Edmond 1877-1922 [1]
- *Le ramasseur de moules* - Huile/toile (45x58cm-18x23in) Montréal 90 .... FF**2 000** - £213 - **$358**

LEMOINE Jacques Antoine M. 1751-1824 [12]
- *Marie-Anne Le Boussier/P. L. Lezurrier* - Crayon (21x18cm-8x7in) Bayeux 96 .... FF**9 000** - £1 128 - **$1,750**
  Self-portrait - Chalks/paper (27x21cm-11x8in) New-York 97 .... FF**66 740** - £7 428 - **$12,000**

LEMOINE Marie-Victoire 1754-1820 [5]
- *Madame Genlis* - Oil/canvas (60x49cm-24x19in) New-York 93 .... FF**192 500** - £22 750 - **$35,000**

LEMON Arthur 1850-1912 [3]
- *Shire- Horses at harvest* - Oil/canvas (34x44cm-13x17in) London 96 .... FF**6 630** - £800 - **$1,273**

LEMONNIER Anicet Charles G. 1743-1824 [3]
- *St. Charles Borromeo, Milan* - Oil/canvas (59x36cm-23x14in) London 94 .... FF**51 100** - £6 000 - **$9,100**

LEMONNIER Camille 1833-1891 [1]
- *Vue dans un parc* - Technique mixte/papier (34x42cm-13x17in) Antwerpen 94 .... FF**9 900** - £1 153 - **$1,734**

LEMONNIER Lucie 1865-1950 [5]
- *Eclaircie sur le polder* - Huile/toile/panneau (15x23cm-6x9in) Paris 90 .... FF**8 000** - £818 - **$1,579**

LEMONNIER Théodore c.1815-1888 [2]
Saint-Brieuc, Centre touristique... - Affiche (104x66cm-41x26in) Neuilly 96 .... FF1 600 - £206 - **$313**
LEMORDANT Jean-Julien 1878/82-1968 [87]
Naufrage - Huile/toile (92x73cm-36x29in) Quimper 96 .... FF11 000 - £1 373 - **$2,130**
Lavandières - Huile/toile (48x54cm-19x21in) Quimper 95 .... FF40 000 - £5 170 - **$8,170**
Bigoudènes dans le vent - Huile/toile (33x43cm-13x17in) Quimper 95 .... FF135 000 - £17 460 - **$27,600**
Ronde bretonne - Aquarelle, gouache (40x49cm-16x19in) Brest 96 .... FF29 000 - £3 330 - **$5,530**
LEMOS Pedro J. 1882-1954 [1]
Driftwood, Oakland Shipyard - Print Cambridge, Mass. 91 .... FF1 992 - £198 - **$346**
LEMOYNE Jean-Baptiste II 1704-1778 [4]
François-Hubert Drouais - Terracotta (58cm-23in) Paris 94 .... FF470 000 - £54 400 - **$80,600**
LEMOYNE Paul Lemoine St-Paul 1784-1873 [2]
Mujer con cántaro - Bronze (80cm-31in) Madrid 95 .... FF11 540 - £1 458 - **$2,316**
LEMOYNE Serge 1941 [13]
Sans titre - Huile/papier (47x62cm-19x24in) Montréal 93 .... FF2 580 - £282 - **$474**
LEMPAD I. Gusti Nyoman 1865-1978 [9]
Sculptors - Gouache (27x35cm-11x14in) Amsterdam 95 .... FF47 250 - £6 120 - **$9,670**
Fainted - Ink (25x33cm-10x13in) Singapore 95 .... FF77 100 - £9 840 - **$15,830**
LEMPECK Jack 1937 [2]
Komposition - Mixed media (102x76cm-40x30in) Göteborg 95 .... FF2 587 - £344 - **$534**
Komposition - Mixed media/paper (102x76cm-40x30in) Göteborg 96 .... FF1 665 - £215 - **$322**
LEMPEREUR Edmond 1876-1909 [9]
Flamencotänzerin - Huile/toile (60x60cm-24x24in) Pforzheim 95 .... FF17 750 - £2 215 - **$3,480**
LEMPEREUR-HAUT Marcel 1898 [2]
Sans titre - Huile/toile/panneau (97x41cm-38x16in) Paris 91 .... FF14 000 - £1 412 - **$2,474**
Nocturne - Crayons couleurs/papier (20x16cm-8x6in) Paris 92 .... FF1 800 - £184 - **$324**
LEMPICKA de Tamara 1898-1980 [152]
La Bretonne - Huile/toile (41x33cm-16x13in) Mont Saint-Michel 91 .... FF40 500 - £4 438 - **$7,107**
Seated Girl in Green - Oil/canvas (55x33cm-22x13in) New-York 97 .... FF75 449 - £7 937 - **$13,000**
Jjeune femme - Huile/toile (27x22cm-11x9in) Paris 97 .... FF460 000 - £48 116 - **$78,790**
Adam et Eve - Oil/panel (116x73cm-46x29in) New-York 94 .... FF1 52e +07 - £1 - **$1**
Femme nue assise - Mine plomb (25x20cm-10x8in) Paris 93 .... FF8 500 - £1 024 - **$1,546**
Femme en robe jaune - Watercolour, gouache (42x35cm-17x14in) New-York 95 .... FF16 430 - £2 016 - **$3,200**
Portrait - Aquarelle/papier (29x25cm-11x10in) Versailles 96 .... FF50 000 - £6 410 - **$9,910**
LEMPPUTTEN van Frans 1850-1914 [1]
Paysage campinois - Huile/panneau (29x37cm-11x15in) Genève 89 .... FF10 900 - £1 149 - **$1,835**
LEN Ernst 1946 [8]
das andere tier - Oil/canvas (80x120cm-31x47in) Wien 93 .... FF7 210 - £862 - **$1,388**
Grossen Proella - Mixed media/paper (75x58cm-30x23in) Wien 94 .... FF4 395 - £500 - **$745**
LENAIL Marie Joseph Ernest XIX [3]
A carriage by the sea - Oil/panel (29x41cm-11x16in) New-York 97 .... FF34 682 - £3 697 - **$6,000**
LENATUR Jules Maurice 1851-? [1]
Elégantes au bord de l'étang - Huile/toile (46x38cm-18x15in) Versailles 89 .... FF21 000 - £2 090 - **$3,318**
LENBACH von Franz Seraph 1836-1904 [61]
Gentleman wearing a Pince-Nez - Oil/panel (101x76cm-40x30in) Wien 96 .... FF44 150 - £5 350 - **$8,580**
Otto von Bismarck - Oil/panel (96x76cm-38x30in) München 96 .... FF187 000 - £23 460 - **$36,100**
Eleonora Duse - Pastel (79x59cm-31x23in) München 95 .... FF23 050 - £2 910 - **$4,620**
LENCI Marino 1874-1939 [2]
Gatti - Pastelli/carta (17x33cm-7x13in) Roma 90 .... FF3 000 - £319 - **$537**
LENCIEWICZ Robert [2]
Young girl with a terrier dog - Oil/board (76x48cm-30x19in) Penzance, Cornwall 92 .... FF8 280 - £850 - **$1,590**
LENDON Warwick William 1883-? [1]
Barnet Horse Fair - Mixed media (46x53cm-18x21in) Aylsham, Norfolk 96 .... FF2 054 - £270 - **$413**
LENDORFF Hans 1863-1946 [2]
Junge Italienerin - Oil/canvas (49x44cm-19x17in) Zofingen 92 .... FF4 650 - £475 - **$820**
LENDT van Adrian 1901-1984 [1]
Figures on a path in a landscape
   Oil/panel (41x51cm-16x20in) San Francisco-Los Angeles 90 .... FF3 700 - £394 - **$662**
LENEPVEU Jules Eugène 1819-1898 [5]
Velleda - Huile/toile (231x131cm-91x52in) Paris 91 .... FF79 000 - £8 018 - **$14,268**
Femme en costume albanais - Aquarelle/papier (33x21cm-13x8in) Angers 97 .... FF2 300 - £248 - **$409**
LÉNEZID Aimé XIX-XX [1]
Girl with puffed sleeves and hat - Bronze (37cm-15in) Billinghurst, West Sussex 91 ... FF13 200 - £1 367 - **$2,624**
LENGELE Maerten 1604-1668 [2]
Dame in Dreivierteltfigur, aetatis 26 - Oil/panel (110x86cm-43x34in) Köln 95 .... FF38 000 - £4 940 - **$7,790**
LENGELLE Paul 1908 [11]
Patrouille de chasseurs D-520 en vol
   Aquarelle, gouache/papier (50x100cm-20x39in) Reims 97 .... FF7 500 - £793 - **$1,287**
LENGLET Alfred Adolphe 1842-? [2]
Fermière dans les champs - Huile/toile (38x55cm-15x22in) Morlaix 93 .... FF2 200 - £247 - **$373**
LENGNICK Emily 1856-? [2]
Stilleben mit Flieder - Öl/Leinwand (95x135cm-37x53in) Wien 93 .... FF44 550 - £5 170 - **$7,500**

L

LENGO MARTINEZ Horacio 1840-1890 [4]
● *The Surprise* - Oil/panel (74x57cm-29x22in) New-York 94 .... FF128 700 - £14 900 - **$22,000**
LENGRÜSSER Rudolf XX [2]
● *Donau bei Wien* - Huile/panneau (49x69cm-19x27in) Wien 95 .... FF6 960 - £895 - **$1,436**
LENGYEL-RHEINFUSS Ede 1873-1942 [3]
● *Hungarian officer with two horses* - Oil/canvas (97x121cm-38x48in) New-York 93 .... FF11 020 - £1 267 - **$1,900**
LENHART Franz 1898-1992 [10]
▢ *Modiano, Tubetti per Sigarette* - Color lithograph (140x100cm-55x39in) London 92 .... FF11 720 - £1 200 - **$2,070**
LENICA Alfred 1899-1977 [1]
● *Powrót z wojny* - Huile/toile (77x63cm-30x25in) Warszawa 92 .... FF4 170 - £426 - **$744**
LENK Franz 1898-1968 [43]
● *Verödetes Kalkgebirge* - Oil/panel (76x96cm-30x38in) Stuttgart 94 .... FF29 050 - £3 490 - **$5,530**
  Fabrik unter Regenbogen - Öl/Leinwand (58x68cm-23x27in) München 95 .... FF179 000 - £23 500 - **$35,900**
✎ *Häuser in karger Landschaft* - Ink (25x40cm-10x16in) Stuttgart 94 .... FF12 860 - £1 496 - **$2,625**
LENK Kaspar Thomas 1933 [7]
▣ *Schichtung* - Sculpture (24x20x72cm-9x8x28in) Köln 91 .... FF12 170 - £1 220 - **$2,009**
LENNE van de Jules 1887-1962 [1]
● *Quai à Ostende* - Huile/panneau (50x60cm-20x24in) Bruxelles 90 .... FF8 100 - £837 - **$1,431**
LENNON Dennis 1918-1991 [1]
✎ *Masters club, Harrow* - Wash (24x34cm-9x13in) London 91 .... FF3 570 - £362 - **$645**
LENOIR Albert Alexandre 1801-1891 [1]
● *Patineurs* - Huile/panneau (14x21cm-6x8in) Saint-Dié 94 .... FF7 500 - £900 - **$1,456**
LENOIR Alexandre Louis 1843-1884 [1]
● *L'obole* - Huile/toile (46x38cm-18x15in) Bruxelles 94 .... FF2 123 - £243 - **$360**
LENOIR Alfred 1850-1920 [1]
▣ *Standing Arab man* - Bronze (45cm-18in) New-York 93 .... FF8 850 - £1 007 - **$1,500**
LENOIR André A. XIX-XX [1]
▣ *Arabe barbu, debout* - Bronze (44cm-17in) Morlaix 93 .... FF5 800 - £652 - **$983**
LENOIR Charles Amable 1860-? [10]
● *Sieste au bord du lac bordé d'iris* - Huile/toile (65x49cm-26x19in) Paris 95 .... FF29 000 - £3 665 - **$5,890**
  Pandora - Oil/canvas (175x100cm-69x39in) New-York 94 .... FF618 000 - £72 900 - **$110,000**
LENOIR Charles Joseph 1844-1899 [1]
▣ *Garçon nu assis aux deux coqs* - Bronze (60cm-24in) Nice 93 .... FF31 000 - £3 735 - **$5,640**
LENOIR Mathilde 1878-? [1]
● *Bewaldeter Flußlandschaft* - Oil/canvas (55x65cm-22x26in) Ahlden 92 .... FF10 200 - £1 044 - **$1,796**
LENOIR Maurice XIX-XX [3]
● *A village by a river* - Oil/panel (23x32cm-9x13in) London 94 .... FF16 930 - £2 000 - **$3,040**
LENOIR Paul-Marie 1843-1881 [3]
● *Arab procession* - Oil/canvas (63x49cm-25x19in) New-York 95 .... FF20 440 - £2 547 - **$4,000**
LENOIR Simon Bernard 1729-1791 [5]
✎ *Lady* - Pastel (54x45cm-21x18in) New-York 92 .... FF16 740 - £1 710 - **$3,100**
LENORDEZ Pierre XIX [24]
▣ *Pilgam* - Bronze (36cm-14in) Deauville 92 .... FF18 000 - £1 843 - **$3,530**
  Cours de chevaux libres - Bronze (56x76cm-22x30in) London 97 .... FF47 619 - £5 000 - **$8,162**
LENORMAND Charles 1835-1904 [1]
▣ *Avignon, Vierge, rives du Rhône* - Albumen print (28x23cm-11x9in) New-York 96 .... FF7 220 - £927 - **$1,400**
LENS Bernard I 1659-1725 [1]
✎ *John Hervey, Earl of Bristo* - Miniature (6cm-2in) London 97 .... FF3 483 - £380 - **$609**
LENSKY Michel 1953 [29]
● *La Madeleine* - Huile/toile (30x40cm-12x16in) Cannes 93 .... FF4 200 - £472 - **$712**
LENTELLI Léo 1879-1962 [1]
▣ *Xavier Martinez* - Bronze (47cm-19in) San Francisco-Los Angeles 93 .... FF8 800 - £1 104 - **$1,600**
LENTINI Rocco 1858-1943 [1]
● *Venezia, Calle Vendramin* - Olio/tavoletta (18x32cm-7x13in) Roma 92 .... FF7 700 - £788 - **$1,356**
LENTNER Josef Friedrich 1814-1852 [1]
● *Almabtrieb* - Öl/Leinwand (54x82cm-21x32in) München 94 .... FF6 120 - £714 - **$1,073**
LENTULOV Aristarkh Vasilievic 1882-1943 [9]
● *Old bath-house* - Oil/canvas (86x66cm-34x26in) Moscow 94 .... FF175 200 - £20 840 - **$33,000**
✎ *Building & statue of Hercule Farnese*
  Watercolour/paper (35x53cm-14x21in) Moscow 94 .... FF14 520 - £1 684 - **$2,500**
LENTZ August 1827-1898 [3]
● *The Harem beauties* - Oil/panel (27x21cm-11x8in) London 95 .... FF19 970 - £2 500 - **$3,980**
LENTZ Stanislas 1863-1920 [4]
● *Piekna Adelajda* - Oil/canvas (62x49cm-24x19in) Warszawa 94 .... FF12 980 - £1 540 - **$2,382**
LENTZ von Johann Jakob Anton 1701-1764 [1]
● *Christus bei Maria und Martha* - Oil/panel (43x38cm-17x15in) Ahlden 92 .... FF20 400 - £2 090 - **$3,590**
LENZ Alfred David 1872-1926 [1]
▣ *Bacchante* - Bronze (16cm-6in) Boston, Mass. 91 .... FF5 380 - £546 - **$972**
LENZ Hermann 1885-? [1]
● *Eine Magd hütet eine Schar Gänse* - Öl/Leinwand (20x37cm-8x15in) Stuttgart 93 .... FF4 520 - £519 - **$770**
LENZ Maximilian, Max 1860-1948 [15]
● *Interieur* - Oil/canvas (85x72cm-33x28in) Wien 92 .... FF8 180 - £838 - **$1,440**
  Fruhlingsreigen - Oil/canvas (162x201cm-64x79in) London 94 .... FF227 000 - £27 000 - **$42,700**

Stilleben mit Palette - Pastel/paper (41x48cm-16x19in) Wien 95 .... FF*14 900* - £*1 917* - **$3,080**

LENZ-MOROVANA Ernst Hugo 1872-? [1]
Fischerboote auf glatter See - Öl/Leinwand (100x70cm-39x28in) Bremen 94 .... FF*3 084* - £*358* - **$531**

LEOMPORRI Raffaele 1926-1974 [3]
Tetti di Roma - Olio/tela (50x70cm-20x28in) Roma 93 .... FF*7 700* - £*863* - **$1,377**
Senza titolo - Olio/tela (115x91cm-45x36in) Roma 92 .... FF*58 900* - £*6 030* - **$10,360**

LEON d' Omar 1929 [6]
Las gordas de pochomil - Oil (40x51cm-16x20in) New-York 92 .... FF*14 200* - £*1 453* - **$2,500**

LEON Jim XX [2]
Out of Now Here - Huile/toile (90x116cm-35x46in) Lyon 95 .... FF*2 500* - £*327* - **$501**

LÉON Maurits 1838-1865 [2]
The little savoyard - Oil/canvas (68x92cm-27x36in) Amsterdam 95 .... FF*8 030* - £*970* - **$1,510**

LÉON Y ESCOSURA de Ignacio 1834-1901 [23]
The Distraction - Oil/panel (30x24cm-12x9in) London 96 .... FF*29 800* - £*3 500* - **$5,860**
Un rato de lectura sosegada - Oleo/tabla (32x40cm-13x16in) Madrid 94 .... FF*62 200* - £*7 330* - **$11,070**
Interior scene - Oil/panel (38x56cm-15x22in) Chicago 93 .... FF*143 000* - £*17 930* - **$26,000**

LEONARD Agathon v.Weydeveldt 1841-1923 [27]
Cothurne - Bronze (53cm-21in) Paris 94 .... FF*23 000* - £*2 675* - **$3,980**
Salomé - Sculpture (33cm-13in) Paris 96 .... FF*41 500* - £*5 400* - **$8,220**
Le Jeu de l'écharpe - Bronze (61cm-24in) Lyon 96 .... FF*127 000* - £*15 300* - **$24,360**

LEONARD Alexandre 1821-1877 [1]
Le chamelier - Bronze (28cm-11in) Paris 90 .... FF*8 000* - £*862* - **$1,411**

LEONARD Charles 1894-1953 [4]
Intérieur de ferme - Huile/toile (50x60cm-20x24in) Bruxelles 91 .... FF*6 480* - £*644* - **$1,125**

LEONARD de P. XIX-XX [1]
Les deux amants - Bronze (44cm-17in) Paris 90 .... FF*10 000* - £*1 018* - **$2,000**

LEONARD Herman XX [2]
Billy Holiday - Gelatin silver print (43x36cm-17x14in) San Francisco-Los Angeles 96 .... FF*8 060* - £*1 032* - **$1,600**

LEONARD John Henry 1834-1904 [3]
Vessels offshore - Watercolour (36x51cm-14x20in) London 92 .... FF*2 736* - £*280* - **$482**

LÉONARD Jules 1827-1897 [3]
Jour des vendanges - Huile/toile (46x37cm-18x15in) Bruxelles 92 .... FF*10 710* - £*1 280* - **$2,060**

LEONARD Keith 1921-1993 [1]
Evening star bush - Oil/board (99x119cm-39x47in) London 90 .... FF*4 880* - £*497* - **$976**

LÉONARD Lambert Alex. 1831-? [2]
Le Renard et la cigogne - Bronze (20cm-8in) Soissons 95 .... FF*5 800* - £*733* - **$1,173**

LÉONARD Maurice 1899-1971 [6]
Place du marché en Bretagne - Huile/toile (54x65cm-21x26in) Brest 94 .... FF*12 500* - £*1 468* - **$2,210**

LEONARD Patrick 1918-1979 [4]
Evening Corfu - Oil/board (39x48cm-15x19in) Dublin 91 .... FF*12 720* - £*1 275* - **$2,330**

LEONARD Robert 1879-? [1]
Grammophon Orchester, Vladescu - Affiche (95x140cm-37x55in) Paris 93 .... FF*3 000* - £*362* - **$546**

LEONARD Ruth 1955 [2]
Cliffside Highway - Oil/canvas (152x183cm-60x72in) Bloomfield Hills, Michigan 93 .... FF*5 500* - £*690* - **$1,000**

LEONARDI Eduard 1828-1905 [1]
Rauschende Quelle - Öl/Karton (23x30cm-9x12in) Stuttgart 95 .... FF*3 110* - £*407* - **$623**

LEONARDI Giovanni 1876-1957 [4]
Les Rois mages - Gouache/papier (61x47cm-24x19in) Quimper 95 .... FF*4 000* - £*518* - **$818**

LEONCILLO Leoncillo Leonardi 1915-1968 [14]
Colonna, 1949 - Terracotta (173cm-68in) Prato 97 .... FF*136 000* - £*16 000* - **$24,000**
Incontro d'inverno - Tecnica mista/carta (99x65cm-39x26in) Prato 97 .... FF*12 920* - £*1 520* - **$2,280**

LEONE John 1929 [2]
Red Rock Warrior - Oil/panel (76x102cm-30x40in) Chicago 94 .... FF*12 360* - £*1 460* - **$2,200**

LEONHARDI August 1867-1940 [1]
Bauersfrau auf einem Waldweg
   Watercolour, gouache/paper (23x36cm-9x14in) Heidelberg 96 .... FF*3 894* - £*481* - **$752**

LEONHARDI Eduard Emil August 1826-1905 [2]
Felsenformation in einer Wiese - Öl/Karton (21x27cm-8x11in) Leipzig 95 .... FF*5 340* - £*668* - **$1,080**

LÉONNEC Georges 1881-1940 [2]
L'Amour à travers les âges - Affiche (434x36cm-171x14in) Paris 95 .... FF*3 000* - £*359* - **$571**

LEONROD Carl XIX [2]
Gegend beÿ Gauding (sic) - Öl/Leinwand (27x40cm-11x16in) München 93 .... FF*6 780* - £*810* - **$1,305**

LEOPOLD Curt 1860-1946 [1]
Fischerboot am Chiemseeufer - Oil/canvas (19x48cm-7x19in) München 91 .... FF*8 450* - £*858* - **$1,526**

LEOPOLSKI Wilhelm 1830-1892 [2]
Sonntag im Belvederegarten - Oil/canvas (65x51cm-26x20in) Wien 90 .... FF*43 200* - £*4 396* - **$8,639**

LEPAGE Céline 1882-1928 [4]
Mauresque - Bronze (50cm-20in) Paris 97 .... FF*25 500* - £*2 777* - **$4,434**

LEPAGE Clothilde [1]
Buste de femme - Pastel (45x36cm-18x14in) Paris 90 .... FF*1 600* - £*170* - **$286**

L

LEPAGE François 1796-1871 [1]
- Peaches & grapes on a bank - Oil/panel (19x24cm-7x9in) London 96 .... FF5 990 - £750 - $1,155

LEPAGE Georges 1887-1971 [3]
- Paysage - Gouache/papier (25x20cm-10x8in) Paris 97 .... FF1 500 - £163 - $261

LEPAGE Patrick 1949 [3]
- Le grand bleu - Sculpture (13cm-5in) Paris 92 .... FF2 000 - £239 - $385

LEPAGE Pierre 1906-1983 [18]
- La Corona, Espagne - Huile/toile (50x61cm-20x24in) Paris 90 .... FF4 600 - £470 - $908

LEPAIXE Jacques XX [2]
- A deux doigts de l'intimité - Huile/toile (73x92cm-29x36in) Paris 95 .... FF6 000 - £620 - $1,060

LEPAPE Georges 1887-1971 [77]
- Le modèle d'atelier - Huile/toile (43x24cm-17x9in) Paris 92 .... FF2 500 - £256 - $450
- Les Plaisirs du Bord de mer - Huile/toile (77x77cm-30x30in) Soissons 95 .... FF25 500 - £3 173 - $4,970
- La toque rouge - Gouache (30x25cm-12x10in) Paris 92 .... FF9 100 - £931 - $1,785
- Petrouchka: Nijinsky - Gouache (30x23cm-12x9in) Paris 95 .... FF55 000 - £6 580 - $10,460

LEPATRE Philippe 1900-1979 [3]
- Composition - Huile/toile (162x60cm-64x24in) Paris 96 .... FF3 500 - £425 - $681

LÉPAULLE François Gabriel G. 1804-1889 [9]
- Chasse à courre à Baden-Baden - Oil/canvas (97x134cm-38x53in) London 95 .... FF207 300 - £27 000 - $42,500

LEPAUTRE Jean 1618-1682 [2]
- Recherche d' Ornements - Etching (18x26cm-7x10in) London 94 .... FF4 200 - £500 - $792
- Le sacre de louis XIV. - Sanguine (34x52cm-13x20in) Paris 90 .... FF13 000 - £1 401 - $2,293

LEPCKE Ferdinand 1866-1909 [8]
- Diane chasseresse - Bronze (53cm-21in) Paris 97 .... FF13 800 - £1 503 - $2,400

LEPEC Charles 1830-? [1]
- Allégorie - Gouache (17cm-7in) Cannes 94 .... FF4 000 - £474 - $740

LEPEE Guy 1925 [21]
- Saint-Séverin, Paris - Huile/toile (41x33cm-16x13in) Provins 93 .... FF2 600 - £299 - $448

LEPEINTRE Charles 1735-1803 [2]
- Tasse de chocolat - Huile/toile (65x54cm-26x21in) Paris 91 .... FF20 000 - £1 986 - $3,473

LEPELTIER Robert 1913 [21]
- Le bouquet de Dalhias - Oil/canvas (55x46cm-22x18in) London 97 .... FF7 702 - £850 - $1,351
- Nue au bain - Oil/canvas (46x38cm-18x15in) London 97 .... FF18 132 - £2 000 - $3,180

LEPERE Auguste Louis 1849-1918 [65]
- Nature morte aux fruits - Huile/toile (48x66cm-19x26in) Soissons 96 .... FF11 000 - £1 278 - $2,130
- Paris depuis Notre-Dame - Huile/toile (56x73cm-22x29in) Paris 91 .... FF24 000 - £2 399 - $3,953
- Le Pont Neuf, Paris - Lithographie (34x44cm-13x17in) Paris 92 .... FF2 000 - £233 - $409
- La cathédrale de Rouen - Gravure bois (50x32cm-20x13in) Paris 91 .... FF13 000 - £1 304 - $2,146
- Le Palais de Justice - Gravure bois couleurs (19x30cm-7x12in) Paris 96 .... FF36 000 - £4 630 - $7,130
- Soleil couchant, Bretagne - Gouache (25x37cm-10x15in) Paris 97 .... FF9 500 - £989 - $1,618

LEPERE Jean-Baptiste 1761-1844 [1]
- Neoclassical garden with ruins - Pencil (13x18cm-5x7in) North Bethesda, MD. 92 .... FF2 550 - £261 - $500

LEPIC Ludovic Napoléon 1839-1889 [7]
- Partie de croquet sur la place - Huile/toile (46x65cm-18x26in) Calais 91 .... FF43 000 - £5 360 - $8,330

LÉPICIÉ Francois Bernard 1698-1755 [9]
- Le Tôton/Le Château de Cartes - Engraving (21x20cm-8x8in) London 92 .... FF21 770 - £2 600 - $4,190

LÉPICIÉ Nicolas Bernard 1735-1784 [20]
- La fille du braconnier - Huile/toile (45x37cm-18x15in) Bayeux 96 .... FF380 000 - £49 200 - $74,500
- Madame Lagrenée - Oil/panel (40x27cm-16x11in) London 94 .... FF519 000 - £51 888 - $85,476
- Four Hands, Studies for a proposal - Black chalk (12x18cm-5x7in) London 97 ...... FF25 440 - £2 600 - $433,0 4
- Seated woman - Red chalk (29x37cm-11x15in) London 91 .... FF39 900 - £3 989 - $6,571

LEPIÉ Ferdinand 1824-1883 [21]
- Das Flusskreuz vor Bad Ischl - Öl/Leinwand (53x71cm-21x28in) Wien 96 .... FF7 700 - £965 - $1,504
- Gmunden - Öl/Leinwand (77x91cm-30x36in) Wien 94 .... FF19 400 - £2 247 - $3,675

LÉPINAY Paul Ch. E. Gaillard 1842-1885 [5]
- Sortie de port - Huile/toile (75x50cm-30x20in) Granville 93 .... FF28 000 - £3 374 - $5,090

LÉPINE Joseph 1867-1943 [26]
- Vue d'un village girondin - Huile/carton (68x57cm-27x22in) Besançon 96 .... FF11 500 - £1 440 - $2,220
- Le Déjeuner - Huile/toile (60x72cm-24x28in) Bordeaux 92 .... FF48 000 - £5 730 - $9,230

LÉPINE Stanislas 1835-1892 [85]
- Vue de la Seine - Oil/board (35x44cm-14x17in) New-York 97 .... FF1 - £141 841 - $230,000
- Chateau-Thierry - Oil/canvas (46x38cm-18x15in) London 96 .... FF58 400 - £7 000 - $11,340
- Le canal saint-Martin - Oil/canvas (46x55cm-18x22in) New-York 97 .... FF170 550 - £18 369 - $30,000
- Montmartre, la rue des saules - Huile/toile (46x38cm-18x15in) Paris 97 ...... FF580 000 - £60 668 - $99,354
- Ferme dans la campagne - Pastel (32x49cm-13x19in) Paris 92 .... FF8 000 - £1 032 - $1,567

LEPIPPRE Septime Emeric M. 1833-1871 [16]
- L'attaque des loups - Huile/toile (53x85cm-21x33in) Bayeux 90 .... FF4 000 - £428 - $696
- Chasse à courre - Aquarelle (27x44cm-11x17in) Bayeux 90 .... FF3 500 - £375 - $609

LEPLAE Charles 1903-1962 [5]
- Buste de danseuse - Bronze (28cm-11in) Lokeren 93 .... FF13 770 - £1 573 - $2,380

LEPORSKAYA Anna Aleksandrovna 1900-1982 [2]
- Figure study, 1927 - Oil/cardboard (7x4cm-3x2in) London 90 .... FF20 300 - £2 188 - $3,580

LEPPIEN Jean 1910-1991 [48]
- Composition - Huile/toile (55x46cm-22x18in) Paris 96 .... FF13 000 - £1 606 - $2,510

Composition - Huile/toile (45x55cm-18x22in) Paris 92 .... FF**25 000** - £2 983 - **$4,810**
Composition, 1948 - Huile/isorel (45x36cm-18x14in) Paris 90 .... FF**75 000** - £7 772 - **$13,181**
Composition fond bleu - Gouache (38x59cm-15x23in) München 95 .... FF**9 330** - £1 220 - **$1,870**

LEPREUX Albert 1868-1959 [83]
Neige à Meaux - Huile/carton (54x46cm-21x18in) Paris 97 .... FF**2 600** - £280 - **$457**
Montmartre sous la neige - Huile/toile (46x38cm-18x15in) Versailles 94 .... FF**5 000** - £562 - **$848**
Les Oudaïas, Rabat - Gouache (23x33cm-9x13in) Paris 93 .... FF**3 000** - £345 - **$517**

LEPRI Stanislas 1905-1980 [33]
Le Corset - Huile/toile (60x26cm-24x10in) Paris 93 .... FF**7 800** - £897 - **$1,343**
Livres et branches - Oil/canvas (46x38cm-18x15in) London 92 .... FF**17 200** - £2 000 - **$3,510**
Le Bal des Blanchisseuses - Tempera/carton (35x25cm-14x10in) Monaco 91 .... FF**40 000** - £4 031 - **$6,941**

LEPRIN Marcel 1891-1933 [143]
Pendule et raisins - Huile/toile (81x60cm-32x24in) Provins 97 .... FF**13 000** - £1 381 - **$2,253**
Le modèle nu posant - Huile/toile (64x53cm-25x21in) Paris 97 .... FF**33 000** - £3 573 - **$5,834**
Moulin de la Galette - Huile/toile Cannes 95 .... FF**55 100** - £7 210 - **$11,250**
Rendez-vous des amis - Huile/toile (89x116cm-35x46in) Paris 97 .... FF**148 000** - £16 028 - **$26,166**
Nu assis - Gouache (63x49cm-25x19in) Paris 96 .... FF**7 500** - £950 - **$1,440**

LEPRINCE Auguste Xavier 1799-1826 [17]
Pêcheurs - Huile/toile (32x40cm-13x16in) Paris 93 .... FF**28 000** - £3 374 - **$5,090**
Soldiers/Figures - Oil/panel (31x39cm-12x15in) London 93 .... FF**249 000** - £30 000 - **$43,500**
Cavalier croisant un berger - Lavis (15x29cm-6x11in) Paris 93 .... FF**5 000** - £603 - **$910**

LEPRINCE Jean-Baptiste 1734-1781 [31]
A shepherdess dancing - Oil/canvas (15x80cm-6x31in) London 93 .... FF**194 400** - £25 000 - **$40,100**
Leçon de musique champêtre - Crayon (27x37cm-11x15in) Paris 96 .... FF**50 000** - £6 440 - **$9,730**

LEPRINCE Robert Léopold 1800-1847 [4]
Scène villageoise - Huile/toile (24x32cm-9x13in) Paris 93 .... FF**50 000** - £5 750 - **$8,600**

LEPRINCE Xavier 1799-1826 [2]
Homme assis - Huile/toile (32x24cm-13x9in) Pontoise 97 .... FF**28 000** - £3 055 - **$4,894**
Enfants jouant à la balançoire - Crayon (10x14cm-4x6in) Paris 95 .... FF**1 900** - £247 - **$392**

LEPSIUS Reinhold 1857-1922 [1]
Dornröschen - Charcoal/paper (120x80cm-47x31in) Wien 92 .... FF**5 300** - £531 - **$883**

LEPSIUS Sabine 1864-1942 [6]
Reizendes Mädchen am Stuhl - Öl/Leinwand (21x93cm-8x37in) Lindau 94 .... FF**16 450** - £1 907 - **$2,830**

LEQUESNE Eugène Louis 1815-1887 [9]
A standing figure of a Vestal - Bronze (95cm-37in) London 97 .... FF**32 381** - £3 400 - **$5,550**

LEQUESNE Fernand 1856-? [4]
Le déjeuner - Huile/toile (44x55cm-17x22in) Deauville 92 .... FF**25 000** - £2 560 - **$4,500**
Cie Gle Transatlantique, Havre-N.Y. - Poster (100x69cm-39x27in) London 96 ...... FF**7 410** - £950 - **$1,460**

LEQUEUX Émile XIX-XX [3]
Manufacture Gle. de Caoutchouc - Poster (69x46cm-27x18in) London 96 .... FF**3 140** - £400 - **$604**

LERAY Jules 1875-1938 [24]
Le port de Doëlan - Huile/toile (50x60cm-20x24in) Brest 94 .... FF**12 000** - £1 410 - **$2,122**
Ruelle à Carnac - Huile/toile (65x60cm-26x24in) Brest 90 .... FF**17 000** - £1 738 - **$3,356**
Sur la côte près de Doëlan - Huile/toile (39x46cm-15x18in) Brest 91 .... FF**56 000** - £5 575 - **$9,630**

LERAY Léon 1901-1976 [1]
L'épouse et l'enfant de l'artiste
    Huile/toile (50x61cm-20x24in) La Varenne Saint-Hilaire 94 .... FF**10 000** - £1 182 - **$1,796**

LERAY Prudent Louis 1820-1879 [8]
The chivalrous suitor - Oil/panel (40x31cm-16x12in) New-York 90 .... FF**22 900** - £2 452 - **$3,983**

LERBERGHE van Karel 1899-1953 [18]
Le moulin dans la neige - Huile/toile (55x65cm-22x26in) Bruxelles 97 .... FF**5 235** - £547 - **$896**

LERCH Franz 1895-1977 [10]
Bootshaus am Attersee - Oil/canvas (68x55cm-27x22in) Wien 92 .... FF**24 050** - £2 873 - **$4,630**
Badeplatz - Aquarell (35x42cm-14x17in) Wien 92 .... FF**9 620** - £985 - **$1,695**

LERCH Leo 1856-1892 [1]
Junges Mädchen - Pastell/Papier (75x64cm-30x25in) Wien 90 .... FF**13 400** - £1 426 - **$2,397**

LERCHE Freddie A. XX [1]
Komposition med blå firkant - Oil/canvas (50x60cm-20x24in) København 92 ...... FF**2 816** - £283 - **$542**

LERCHE Hans Stoltenberg 1867-1920 [2]
Mostri marini (centrotavola) - Bronze (54x24cm-21x10in) Trieste 93 .... FF**27 700** - £3 206 - **$4,760**

LERCHE Vincent Stoltenberg 1837-1892 [9]
San Gregorio - Watercolour/paper (36x27cm-14x11in) Oslo 96 .... FF**7 700** - £891 - **$1,476**

LEREBOURS Noël Marie Paymal 1807-1873 [1]
Excursions Daguerriennes - Daguerreotype (20x25cm-8x10in) New-York 92 ...... FF**44 200** - £4 690 - **$8,500**

LERFELDT Hans Henrik 1946-1990 [39]
Model - Oil/canvas (30x23cm-12x9in) København 92 .... FF**9 680** - £990 - **$1,705**
Erotisk komposition - Collage (36x27cm-14x11in) København 96 .... FF**5 310** - £690 - **$1,051**
Model - Watercolour (50x36cm-20x14in) København 94 .... FF**14 040** - £1 664 - **$2,596**

LERGAARD Niels 1893-1982 [36]
Mod havet, Bornholm - Oil/canvas (60x72cm-24x28in) København 94 .... FF**20 160** - £2 420 - **$3,920**
Udsigt over havet - Oil/canvas (55x70cm-22x28in) København 95 .... FF**35 500** - £4 600 - **$7,220**

L

LERICHE Joseph 1741-1812 [1]
Buste de femme drapée - Sculpture (69x42cm-27x17in) Paris 89 .... FF**70 000** - £**7 376** - **$11,785**

LERIUS van Joseph 1823-1876 [7]
Lady - Oil/canvas (142x10cm-56x4in) London 90 .... FF**77 500** - £**8 298** - **$13,478**

LERMITTE Jean-Pierre 1920-1977 [14]
Ansicht eines Dorfes - Lithographie (45x56cm-18x22in) Bern 95 .... FF**3 023** - £**378** - **$611**
Karren, mit Baumstamm beladen - Pencil/paper (13x21cm-5x8in) Bern 95 .... FF**2 830** - £**328** - **$488**

LERMONTOVA Nadezhda Vladimirov. 1885-1921 [2]
Madame V.P. Klimovich Tomer - Oil/canvas (90x62cm-35x24in) London 92 .... FF**29 300** - £**3 500** - **$5,640**

LERNER Leslie 1949 [2]
A poor day, mill fire - Acrylic/canvas (152x203cm-60x80in) San Francisco-Los Angeles 90 ..... FF**9 200** - £**967** - **$1,600**

LEROLLE Alain 1947 [6]
Totem à la Folie - Sculpture (66cm-26in) Paris 93 .... FF**5 000** - £**562** - **$848**

LEROLLE Henri 1848-1929 [4]
Après le travail - Oil/canvas (145x100cm-57x39in) New-York 97 .... FF**57 045** - £**6 149** - **$10,000**
Meules de foin - Aquarelle (18x16cm-7x6in) La Roche-sur-Yon 93 .... FF**2 800** - £**350** - **$510**

LEROUGE Luc 1953 [5]
Joséphine Baker - Huile/toile/panneau (116x89cm-46x35in) Boulogne 94 .... FF**3 800** - £**440** - **$652**

LEROUX Auguste 1871-1954 [90]
Les deux amants - Huile/toile (81x65cm-32x26in) Les Baux-de-Provence 95 .... FF**8 600** - £**1 111** - **$1,772**
Leçon de peinture - Huile/toile (137x222cm-54x87in) Paris 95 .... FF**88 000** - £**10 530** - **$16,740**
The Reflection - Oil/canvas (177x134cm-70x53in) New-York 93 .... FF**104 500** - £**13 100** - **$19,000**

LEROUX Constantin ?-1909 [3]
Femmes & enfant devant la fenêtre - Huile/toile Paris 90 .... FF**13 500** - £**1 445** - **$2,348**

LEROUX François 1943 [5]
Oiseau de lune - Huile/toile (195x130cm-77x51in) Paris 94 .... FF**5 000** - £**597** - **$937**

LEROUX Gaston Veuvenot 1854-1942 [26]
Porteuse d'eau - Sculpture (90cm-35in) La Varenne Saint-Hilaire 95 .... FF**18 000** - £**2 256** - **$3,474**
Aïda - Bronze (73cm-29in) Lokeren 95 .... FF**25 100** - £**3 300** - **$5,040**
Aïda - Bronze (74cm-29in) London 92 .... FF**73 100** - £**8 500** - **$14,920**

LEROUX Georges 1877-1957 [31]
Promenade dans le parc - Huile/toile (60x90cm-24x35in) Paris 96 .... FF**7 500** - £**965** - **$1,487**
Le cirque de Zanfretta - Fusain (31x48cm-12x19in) Villeneuve la Garenne 97 .... FF**13 000** - £**1 374** - **$2,231**
Le moulin de la Galette - Aquarelle, gouache (37x55cm-15x22in) Paris 91 .... FF**41 000** - £**4 130** - **$7,240**

LEROUX Hector 1829-1900 [5]
Herculanum - Huile/toile (75x110cm-30x43in) Monaco 94 .... FF**70 000** - £**8 260** - **$12,540**

LEROUX Henri Louis-Ph. 1872-1942 [8]
Paysage fauve - Huile/toile (60x50cm-24x20in) Bruxelles 95 .... FF**10 930** - £**1 322** - **$2,057**

LEROUX Jean-Michel 1944 [3]
White woman/2 - Pastel (35x22cm-14x9in) Brest 91 .... FF**3 000** - £**299** - **$516**

LEROUX Louis Eugène 1833-1905 [1]
La carte à payer - Huile/toile (57x46cm-22x18in) Paris 91 .... FF**160 000** - £**16 123** - **$27,764**

LEROUX Lucienne 1903-? [2]
Peintre sur le motif - Huile/toile (33x41cm-13x16in) Paris 95 .... FF**2 200** - £**264** - **$419**

LEROUX Pierre Albert 1890-1959 [10]
Matinée, Seine & Marne - Huile/toile (46x55cm-18x22in) Paris 91 .... FF**5 000** - £**501** - **$916**
Trompettes de Cuirassiers, Alsace - Aquarelle, gouache (49x31cm-19x12in) Paris 95 .... FF**1 750** - £**219** - **$349**

LEROY Charles ?-1898 [1]
Pears - Oil/canvas (36x31cm-14x12in) San Francisco-Los Angeles 94 .... FF**10 550** - £**1 221** - **$1,800**

LEROY DE LIANCOURT François 1741/42-1835 [1]
Porträtt av en köpman - Oil/canvas/board (163x114cm-64x45in) Stockholm 89 .... FF**107 600** - £**11 338** - **$18,114**

LEROY Étienne 1828-? [4]
Reclining nude with a tambourine - Oil/canvas (41x76cm-16x30in) London 95 .... FF**35 500** - £**4 500** - **$7,140**

LEROY Eugène 1910 [61]
Le moulin - Huile/toile (60x73cm-24x29in) Paris 96 .... FF**10 000** - £**1 244** - **$1,940**
Paysage aux barques - Huile/toile (58x71cm-23x28in) Toulouse 97 .... FF**20 000** - £**2 146** - **$3,484**
Paysage - Huile/toile (116x89cm-46x35in) Lille 96 .... FF**64 000** - £**8 270** - **$12,600**
Deux nus dans un paysage - Huile/toile (195x97cm-77x38in) Paris 96 .... FF**95 000** - £**10 820** - **$18,200**
Pour un homme - Huile/toile (195x130cm-77x51in) Paris 96 .... FF**170 000** - £**20 300** - **$31,740**
Sans Titre - Fusain/papier (92x65cm-36x26in) Paris 94 .... FF**14 000** - £**1 670** - **$2,624**

LEROY Henri 1851-? [2]
On the Seine - Oil/canvas (39x55cm-15x22in) London 94 .... FF**10 080** - £**1 200** - **$1,900**

LEROY Jean 1896-1939 [1]
L'Artiste à la palette - Huile/toile (130x90cm-51x35in) Bruxelles 96 .... FF**30 000** - £**3 930** - **$6,080**

LEROY Jules 1833-1865 [33]
Jeux de chatons - Huile/toile (54x73cm-21x29in) Saint-Dié 96 .... FF**9 600** - £**1 190** - **$1,860**
Les chatons jouant - Huile/toile (64x53cm-25x21in) Lille 97 .... FF**32 000** - £**3 315** - **$5,481**

LEROY Jules XIX-XX 1960 [60]
Chatons dans une cagette - Huile/toile (33x41cm-13x16in) Saint-Dié 94 .... FF**9 000** - £**1 092** - **$1,712**
Playfull kittens - Oil/canvas (56x47cm-22x19in) New-York 94 .... FF**15 330** - £**1 910** - **$3,000**
Playful kittens - Oil/panel (53x48cm-21x19in) New-York 94 .... FF**99 400** - £**11 500** - **$17,000**

LEROY Louis Joseph 1812-1885 [1]
Chapelle près de Port l'Abbé - Huile/toile (48x65cm-19x26in) Autun 90 .... FF**3 000** - £**319** - **$537**

L

LEROY Patrick 1948 [80]
- *Les régates* - Huile/panneau (91x72cm-36x28in) Paris 97 .... FF5 500 - £600 - **$961**
- *Deux femmes au lévrier* - Huile/panneau (73x60cm-29x24in) Paris 96 .... FF10 000 - £1 175 - **$1,967**

LEROY Paul Alexandre Alfr. 1860-1942 [8]
- *Enfants, village de Chetma, Algérie* - Huile/toile (38x56cm-15x22in) Paris 93 .... FF20 000 - £2 300 - **$3,440**

LERPA Ness 1942 [7]
- *Komposition* - Oil/canvas (125x160cm-49x63in) København 95 .... FF2 290 - £234 - **$403**

LERSKI Helmar Schmuklerski 1871-1956 [4]
- *Young Yemenian Worker* - Gelatin silver print (28x20cm-11x8in) New-York 94 .... FF46 500 - £5 390 - **$8,000**

LERSY Roger 1920 [28]
- *La fontaine* - Huile/toile (92x73cm-36x29in) Saint-Dié 91 .... FF9 000 - £902 - **$1,648**

LERVAD Gudmund 1904 [5]
- *Komposition* - Oil/canvas (90x110cm-35x43in) København 90 .... FF3 100 - £321 - **$545**

LERVEN van Gerard 1885-1966 [1]
- *Building site, Amsterdam (?)* - Oil/canvas (20x26cm-8x10in) Amsterdam 95 .... FF13 170 - £1 680 - **$2,697**

LESAGE Augustin 1876-1964 [3]
- *Composition* - Huile/toile (90x60cm-35x24in) Montreuil-sur-Mer 96 .... FF80 000 - £9 700 - **$15,560**

LESAGE Pierre Alexis 1872-1932 [1]
- *Scène de plage* - Oil/panel (12x30cm-5x12in) London 96 .... FF7 980 - £1 000 - **$1,540**

LESAINT Charles Louis 1795-? [3]
- *The artist's studio* - Oil/paper/canvas (32x40cm-13x16in) London 94 .... FF130 200 - £15 500 - **$24,540**

LESBROS Alfred 1913-1940 [50]
- *Paysage de Provence* - Huile/carton (52x73cm-20x29in) Carpentras 94 .... FF11 200 - £1 327 - **$2,070**
- *Vallon des grenadiers sauvages* - Huile (51x71cm-20x28in) Paris 94 .... FF30 500 - £3 570 - **$5,350**
- *Maison rose* - Gouache (50x72cm-20x28in) Aubagne 90 .... FF5 000 - £535 - **$870**

LESCOT Haudebourt 1784-1845 [2]
- *Garde* - Huile/toile (37x28cm-15x11in) Paris 89 .... FF53 000 - £5 585 - **$8,923**

LESCOULIER Jacques 1935 [2]
- *Marché* - Huile/toile (60x60cm-24x24in) Lyon 91 .... FF2 000 - £206 - **$373**

LESCURE Jean XX [11]
- *Les poules* - Huile/toile/panneau (27x35cm-11x14in) Montauban 95 .... FF2 800 - £350 - **$566**

LESELLIER Edmond 1885-1920 [2]
- *Berger antique* - Huile/toile (102x82cm-40x32in) Paris 90 .... FF6 200 - £668 - **$1,093**

LESIEUR Pierre 1922 [39]
- *La fenêtre* - Huile/toile (80x40cm-31x16in) Paris 95 .... FF12 500 - £1 510 - **$2,350**
- *Autobus à Londres* - Huile/toile (81x82cm-32x32in) Paris 94 .... FF30 000 - £3 470 - **$5,160**
- *Personnage endormi dans un paysage* - Huile/toile (220x220cm-87x87in) Paris 92 .... FF70 000 - £7 160 - **$12,320**

LESKER Ludwig 1840-1890 [2]
- *Diana* - Öl/Leinwand (91x159cm-36x63in) Bremen 95 .... FF59 100 - £7 660 - **$12,300**

LESKOSCHEK von Axel 1889-1976 [13]
- *Im Süden* - Oil/canvas (52x68cm-20x27in) Wien 91 .... FF13 440 - £1 338 - **$2,311**
- *Früchte* - Gouache/papier (46x59cm-18x23in) Wien 93 .... FF3 370 - £403 - **$648**

LESLIE Alexander J. 1873-1930 [4]
- *Bust of a young man* - Marble (61cm-24in) London 93 .... FF4 810 - £580 - **$841**

LESLIE Alfred 1927 [11]
- *Untitled* - Oil (110x129cm-43x51in) New-York 94 .... FF105 100 - £12 500 - **$20,000**
- *Pythoness* - Oil/canvas (173x220cm-68x87in) New-York 92 .... FF219 000 - £22 400 - **$40,000**
- *Untitled* - Gouache (47x61cm-19x24in) New-York 92 .... FF20 800 - £2 180 - **$3,750**

LESLIE Charles c.1835-1890 [41]
- *Kilchurn Castle/Loche scene*
  Oil/canvas (31x61cm-12x24in) Billinghurst, West Sussex 94 .... FF6 810 - £880 - **$1,345**
- *Acastle by a Loch* - Oil/canvas (76x127cm-30x50in) London 97 .... FF39 486 - £4 300 - **$6,867**

LESLIE Charles Robert 1794-1859 [9]
- *The highlands* - Oil/canvas (76x128cm-30x50in) New-York 93 .... FF24 750 - £2 925 - **$4,500**

LESLIE DUNLOP George 1835-1921 [10]
- *The Gleaners* - Oil/canvas (61x51cm-24x20in) London 95 .... FF22 400 - £2 900 - **$4,580**
- *Wayside rest* - Oil/canvas (112x86cm-44x34in) London 91 .... FF189 500 - £19 001 - **$31,281**

LESLIE Edward 1891-1960 [1]
- *Marin landscape* - Oil/canvas (61x76cm-24x30in) San Francisco-Los Angeles 93 .... FF8 800 - £1 104 - **$1,600**

LESLIE J.T. XIX-XX [2]
- *Tranquil stretch/Water meadows* - Watercolour (20x48cm-8x19in) London 92 .... FF1 856 - £190 - **$387**

LESLIE Peter 1877-? [3]
- *Adam and Eve* - Wash (22x15cm-9x6in) North Berwick, Maine 91 .... FF2 140 - £215 - **$370**

LESLIE Robert Charles 1843-1887 [3]
- *The Proposal* - Oil/panel (26x21cm-10x8in) London 94 .... FF15 800 - £1 900 - **$2,926**

LESNE Camille 1908 [12]
- *Le Tréport* - Huile/panneau (35x26cm-14x10in) Versailles 90 .... FF7 000 - £705 - **$1,273**

LESOURD-BEAUREGARD Ange Louis Guillaume 1800-c.1875 [6]
- *Panier de fleurs* - Huile/toile (50x61cm-20x24in) Monaco 91 .... FF90 000 - £9 024 - **$14,856**

LESPINASSE de Louis-Nicolas 1734-1803 [3]
- *Château de Meudon* - Watercolour (9x15cm-4x6in) New-York 97 .... FF66 518 - £7 404 - **$12,000**

L

LESPINASSE Herbert 1884-1972 [2]
🦋 L'étang - Huile/toile (15x21cm-6x8in) Paris 93 .... FF4 500 - £563 - $818
🕊 Horizons Artificiels - Gravure bois (50x33cm-20x13in) Paris 93 .... FF4 000 - £460 - $685

LESPINASSE Théodore XIX-XX [4]
🦋 Le Rhône à Lyon - Huile/toile (35x55cm-14x22in) Lyon 97 .... FF6 200 - £671 - $1,086

LESREL Adolphe Alexandre 1839-1929 [33]
🦋 The connoisseurs - Oil/panel (59x50cm-23x20in) London 95 .... FF61 400 - £8 000 - $12,600
The standing bearer - Oil/panel (58x48cm-23x19in) New-York 96 .... FF97 700 - £11 840 - $19,000
The Card Game - Oil/panel (66x90cm-26x35in) New-York 97 .... FF312 675 - £33 677 - $55,000
Baptism of the Condé - Oil/canvas (82x117cm-32x46in) New-York 94 .... FF906 000 - £104 800 - $155,000

LESSARD Émile 1909 [2]
🦋 La Maison où je suis né - Oil/panel (46x57cm-13x22in) Montréal 92 .... FF2 112 - £252 - $406

LESSARD Réal 1939 [2]
🦋 Départ des courses - Huile/toile (50x61cm-20x24in) Bruxelles 94 .... FF16 500 - £1 895 - $2,824

LESSER-KNAPP Marianne 1879-? [1]
🦋 Elsässer Dorfstraße - Oil/canvas (53x73cm-21x29in) Stuttgart 91 .... FF2 724 - £271 - $473

LESSEUR-LESSEROVITCH de Vincent 1745-1813 [1]
✎ Dunkelhaarigen Beautée - Miniature (13x10cm-5x4in) Wien 96 .... FF12 000 - £1 550 - $2,317

LESSI Tito Giovanni 1858-1917 [5]
🦋 Dopo il pasto - Olio/tavola (27x21cm-11x8in) Roma 91 .... FF22 800 - £2 314 - $4,118
In Place de l'Opéra a Parigi - Olio/tela/cartone (25x19cm-10x7in) Milano 92 .... FF95 100 - £9 730 - $16,750
✎ Le parapluie - Aquarelle/papier (25x21cm-10x8in) Paris 94 .... FF3 100 - £367 - $572

LESSIEUX Ernest Louis 1848-1925 [28]
🕊 Algérie-Tunisie - Affiche (106x76cm-42x30in) Paris 94 .... FF3 800 - £432 - $646
✎ Cap Martin - Aquarelle (38x62cm-15x24in) Pontoise 94 .... FF6 900 - £878 - $1,330
Le défilé - Aquarelle/papier (44x55cm-17x22in) Paris 97 .... FF25 000 - £2 670 - $4,382

LESSIEUX Louis Ernest 1874-1925 [3]
✎ Cie Gle Transatlantique - Gouache (67x96cm-26x39in) Paris 91 .... FF6 500 - £652 - $1,191

LESSING Carl Friedrich 1808-1880 [14]
🦋 Thüringische Landschaft - Öl/Leinwand (35x57cm-14x22in) München 94 .... FF71 400 - £8 330 - $12,510
✎ Das Rathaus in Posen - Aquarell/Papier (60x85cm-24x33in) Pforzheim 95 .... FF15 820 - £2 080 - $3,174

LESSING Erich 1923 [3]
📷 Charles De Gaulle in Algeria - Gelatin silver print (23x36cm-9x14in) London 94 .... FF3 834 - £450 - $672

LESSING Konrad Ludwig 1852-1916 [2]
🦋 Herbstwäldchen im Harz - Oil/canvas (66x49cm-26x19in) Bremen 92 .... FF4 250 - £435 - $748

LESSORE Émile Aubert 1805-1876 [4]
✎ Children playing in a lush grove - Watercolour Detroit, Michigan 95 .... FF10 910 - £1 450 - $2,250

LESSORE Jules 1849-1892 [17]
🦋 Rouen, les quais - Huile/toile (63x75cm-25x30in) Saint-Germain-en-Laye 92 .... FF12 000 - £1 432 - $2,310
✎ Riva degli Schiavoni, Venezia - Watercolour (25x17cm-10x7in) London 93 .... FF2 720 - £340 - $493

LESSORE Thérèse 1884-1945 [15]
🦋 Circus Act - Oil/canvas (76x64cm-30x25in) London 95 .... FF20 600 - £2 600 - $4,130
✎ Children in a perambulator - Watercolour (18x18cm-7x7in) London 94 .... FF3 376 - £400 - $624

LESTER Leonard 1870-1957 [2]
🦋 Landscape with trees - Oil/canvas (71x93cm-28x37in) New-York 95 .... FF15 750 - £2 025 - $3,250

LESTIÉ Alain 1944 [3]
🦋 Suite intérieure - Oil/canvas (130x88cm-51x35in) København 95 .... FF10 200 - £1 322 - $2,076

LESUEUR Louis 1746-? [7]
✎ Paysage animé de personnages - Aquarelle (40x28cm-16x11in) Rouen 90 .... FF16 000 - £1 724 - $2,822

LESUR Henri Victor 1863-1900 [25]
🦋 Jeune femme dans son salon - Huile/panneau (30x22cm-12x9in) Lyon 95 .... FF4 000 - £500 - $784
The street vendor - Oil/panel (56x46cm-22x18in) New-York 95 .... FF37 000 - £4 450 - $7,000
The flower seller - Oil/panel (46x55cm-18x22in) New-York 96 .... FF124 600 - £15 870 - $24,000

LESY Désiré Lesij 1806-1859 [1]
🦋 Segelschiff an der Küste vor Anker - Öl/Leinwand (33x53cm-13x21in) Heidelberg 95 .... FF6 610 - £857 - $1,376

LESZCZYNSKI Wladyslaw 1852-1916 [1]
🦋 Woodland - Oil/canvas (35x71cm-14x28in) Warszawa 95 .... FF3 150 - £403 - $647

LETAILLEUR Alfons 1876-? [2]
🦋 Landschaft mit Straße - Oil/canvas (63x83cm-25x33in) München 92 .... FF2 380 - £244 - $419
🕊 Badende - Woodcut in colors München 91 .... FF2 197 - £223 - $397

LETELLIER Jean-Baptiste Jos. 1755-c.1815 [1]
✎ Femme assise devant un clavec - Miniature (7cm-3in) Paris 91 .... FF78 000 - £7 820 - $14,286

LETELLIER Pierre 1928 [13]
🦋 Le petit marais - Huile/toile (24x37cm-9x15in) Paris 97 .... FF3 000 - £339 - $543

LETENDRE Rita 1929 [22]
🦋 Empreinte - Huile/toile (68x81cm-27x32in) Montréal 93 .... FF6 690 - £698 - $1,170
🕊 Tamaka - Sérigraphie couleurs (71x101cm-28x40in) Toronto 94 .... FF1 620 - £191 - $289

LETERREUX Gervais 1930 [37]
🦋 Honfleur, la Lieutenance - Huile/toile (46x55cm-18x22in) Le Havre 96 .... FF3 400 - £400 - $669
Barfleur - Huile/toile (60x73cm-24x29in) Le Havre 92 .... FF9 500 - £972 - $1,673
✎ La Seine à Honfleur - Aquarelle (35x49cm-14x19in) Le Havre 90 .... FF2 500 - £269 - $441

LETH Harald 1899-1986 [29]
🦋 Gåsepigen - Oil/canvas (30x50cm-12x20in) København 95 .... FF6 340 - £821 - $1,300

LETHABY William Richard 1857-1931 [5]
🖉 *Medieval stone carving* - Black chalk (25x36cm-10x14in) London 93 .... FF1 580 - £180 - $268
LETHBRIDGE Julian 1947 [8]
🖼 *Untitled* - Acrylic (68x53cm-27x21in) New-York 93 .... FF27 500 - £3 450 - $5,000
🖉 *Untitled* - Graphite (32x25cm-13x10in) New-York 97 .... FF4 643 - £488 - $800
LETHBRIDGE Walter Stephens 1771-1831 [3]
🖉 *Portrait of a young Lady* - Miniature Aylsham, Norfolk 96 .... FF3 275 - £420 - $646
LETHIERE Guillaume 1760-1832 [11]
🖼 *Brutus Condemning his Sons to Death*
      Oil/canvas (47x84cm-19x33in) New-York 97 .... FF182 234 - £19 427 - $32,000
   Herminie chez les bergers - Huile/toile (79x103cm-31x41in) Paris 96 ...... FF620 000 - £79 000 - $119,400
🖉 *Vénus et Adonis* - Craies (30x36cm-12x14in) Monaco 94 .... FF28 000 - £3 305 - $5,020
LETO Antonino 1844-1913 [25]
🖼 *Capri-Abendstimmung* - Oil/canvas (39x62cm-15x24in) Wien 91 .... FF24 000 - £2 389 - $4,127
   Rientro difficoltoso - Olio/tavola (26x42cm-10x17in) Roma 95 .... FF46 000 - £5 890 - $9,450
   Street scene in Florence - Oil/canvas (49x82cm-19x32in) London 94 .... FF549 000 - £64 000 - $96,100
LETOURNEAU Edouard 1851-1907 [2]
🗿 *An Arab warrior on horseback* - Bronze (88cm-35in) New-York 93 .... FF24 800 - £2 820 - $4,200
LETOURNEUR René [1]
🗿 *Nu* - Bronze (36cm-14in) Paris 97 .... FF3 500 - £377 - $615
LETSCH Louis 1856-1940 [7]
🖼 *Blumenstilleben* - Oil/canvas (60x73cm-24x29in) Bad Vilbel 92 .... FF14 620 - £1 497 - $2,574
LETT-HAINES Arthur 1894-1978 [2]
🖉 *Escaping bird* - Coloured crayons (47x61cm-19x24in) London 93 .... FF8 400 - £1 050 - $1,523
LETTO Arnulf 1937 [2]
🖼 *Composizione* - Acrilico/tela (96x96cm-38x38in) Milano 92 .... FF5 440 - £557 - $957
LETUAIRE Pierre Le Tuaire 1798-1884 [5]
🖉 *Régates en l'honneur de Napoléon III* - Encre (18x29cm-7x11in) Paris 95 .... FF2 000 - £262 - $407
LETY Hippolyte 1878-1959 [1]
🖼 *Bateaux, port de Saint-Tropez* - Huile/toile (46x65cm-18x26in) Paris 96 .... FF5 000 - £624 - $966
LEU August 1852-1876 [2]
🖼 *Am Hintersee* - Öl/Karton (31x42cm-12x17in) München 93 .... FF2 924 - £332 - $495
LEU August Wilhelm 1819-1897 [14]
🖼 *See in mildem Gegenlicht* - Oil/canvas (52x73cm-20x29in) Köln 92 .... FF11 200 - £1 337 - $2,153
   Norwegische Fjordlandschaft - Oil/canvas (109x154cm-43x61in) Luzern 91 .... FF23 950 - £2 384 - $4,119
   A Shepherdess and Sheep - Oil/canvas (119x163cm-47x64in) Wien 96 .... FF132 400 - £16 050 - $25,750
LEU Oskar 1864-1942 [14]
🖼 *Abend am Weiher* - Öl/Leinwand (75x53cm-30x21in) Bremen 94 .... FF5 480 - £636 - $944
   Abendstimmung am Dorfteich - Öl/Leinwand (74x60cm-29x24in) Köln 95 .... FF10 640 - £1 344 - $2,133
LEU Otto Friedrich 1855-1922 [7]
🖼 *Regensburg* - Öl/Leinwand (67x90cm-26x35in) Düsseldorf 96 .... FF5 170 - £670 - $1,034
LEUCK Hector 1934 [6]
🖼 *Loques de Leuck no.36* - Technique mixte/panneau (81x116cm-32x46in) Paris 90 ..... FF6 000 - £620 - $1,060
LEUENBERGER Ernst Otto 1856-1937 [4]
🖼 *Schlittelnde Kinder* - Huile/toile (57x38cm-22x15in) Zürich 95 .... FF4 240 - £550 - $840
LEUHUSEN Adelaide XIX-XX [2]
🖼 *Elise Aline Melin* - Oil/canvas (79x66cm-31x26in) Stockholm 96 .... FF2 046 - £266 - $401
LEULLIER Félix Louis 1811-1882 [1]
🖼 *Combat dans l'arène* - Oil/canvas (180x259cm-71x102in) New-York 90 .... FF126 000 - £12 688 - $24,682
LEUPENIUS Johannes 1647-1693 [3]
🖉 *Path through woods* - Ink (8x15cm-3x6in) Amsterdam 93 .... FF8 700 - £1 000 - $1,487
LEUPIN Hans W. 1920 [3]
🖼 *Côte d'Azur* - Öl/Leinwand (40x40cm-16x16in) Bern 96 .... FF13 440 - £1 630 - $2,614
LEUPIN Herbert 1916 [13]
🖽 *Savon Steinfels* - Poster (127x90cm-50x35in) London 96 .... FF4 050 - £500 - $782
LEUPPI Leo 1893-1972 [13]
🖼 *Tanz* - Öl/Leinwand (80x100cm-31x39in) München 95 .... FF15 900 - £2 080 - $3,183
   Lunaire - Öl/Leinwand (112x80cm-44x31in) Zürich 93 .... FF45 700 - £5 450 - $8,780
🖉 *Komposition* - Crayons couleurs/papier (30x21cm-12x8in) Bern 94 .... FF10 730 - £1 287 - $2,085
LEURS Henk 1890-1956 [3]
🖼 *Volendam's Harbour* - Oil/canvas (50x70cm-20x28in) Amsterdam 92 .... FF3 340 - £343 - $642
LEURS Johannes Karel 1865-1938 [14]
🖼 *Riverscape with a windmill* - Oil/canvas (42x60cm-17x24in) London 93 .... FF2 324 - £280 - $406
   Figures in a village street - Oil/canvas (58x43cm-23x17in) Amsterdam 94 .... FF10 420 - £1 241 - $1,982
🖉 *Shepherdess with her flock* - Watercolour (43x33cm-17x13in) London 92 .... FF3 710 - £380 - $656
LEUSDEN van Willem 1886-1974 [6]
🖽 *Animals* - Color lithograph (90x60cm-35x24in) Amsterdam 92 .... FF1 820 - £187 - $357
🖉 *Untitled* - Pencil/paper (53x41cm-21x16in) Amsterdam 97 .... FF11 987 - £1 260 - $2,059
LEUTEMANN Heinrich 1824-1905 [1]
🖉 *Löwenpaar* - Aquarell (43x60cm-17x24in) Frankfurt 92 .... FF4 410 - £527 - $848
LEUTENEZ Richard Léon 1884-? [2]
🖼 *Intérieur* - Huile/toile (47x54cm-19x21in) Bruxelles 90 .... FF3 900 - £418 - $678

L

LEUTERITZ Ernst August 1818-1893 [2]
- Baumbestandenem Elbeufer - Oil/canvas (53x67cm-21x26in) Leipzig 91 .... FF**30 400** - £**3 048** - **$5,018**

LEUTERITZ Paul 1867-1919 [3]
- Wolfsrudel - Oil/Leinwand (90x111cm-35x44in) Pforzheim 94 .... FF**6 520** - £**783** - **$1,222**

LEUTHOLD Hans Felix 1836-1859 [2]
- Entrée du Rhône, lac de Genève - Aquatinte (34x59cm-13x23in) Bern 93 .... FF**7 890** - £**986** - **$1,440**

LEUTZE Emmanuel Gottlieb 1816-1868 [7]
- Tasso and Leonora in a garden - Oil/canvas (82x65cm-32x26in) New-York 95 .... FF**17 050** - £**2 215** - **$3,500**
- The Mournful Harpist - Pencil/paper (29x22cm-11x9in) San Francisco-Los Angeles 94 .... FF**8 350** - £**987** - **$1,500**

LEUUS Jésus Mariano 1948 [20]
- La Familia - Oil/masonite (51x61cm-20x24in) Tarzana, CA 95 .... FF**4 390** - £**570** - **$900**
- El Grupo - Oil/canvas (70x80cm-28x31in) San Francisco-Los Angeles 96 .... FF**8 740** - £**1 060** - **$1,700**

LEUW de Friedrich August 1817-1888 [2]
- Winterlandschaft - Öl/Leinwand (47x55cm-19x22in) Köln 94 .... FF**30 850** - £**3 700** - **$6,000**

LEUZE-HIRSCHFELD Emmy 1884-? [9]
- Concarneau, place de la Croix - Huile/carton (28x36cm-11x14in) Brest 91 .... FF**4 400** - £**438** - **$757**
- Ségovia, Espagne - Aquarelle, gouache (45x37cm-18x15in) Douarnenez 95 .... FF**4 500** - £**587** - **$934**

LEVALLET Charles 1948 [1]
- Paysage aux champ - Huile/toile (33x24cm-13x9in) Sceaux 97 .... FF**3 500** - £**355** - **$592**

LEVANON Mordechai 1901-1968 [58]
- Safed - Oil/canvas (60x41cm-24x16in) Tel Aviv 93 .... FF**26 160** - £**3 160** - **$4,800**
- Road to Jerusalem - Oil/canvas (83x66cm-33x26in) Tel Aviv 96 .... FF**110 700** - £**9 370** - **$14,500**
- Safed - Gouache (75x55cm-30x22in) Tel Aviv 97 .... FF**16 043** - £**1 784** - **$3,000**

LEVANT V.K. 1931-1978 [1]
- Les manoeuvres - Huile/toile (130x280cm-51x110in) Pont-Audemer 94 .... FF**9 500** - £**1 091** - **$1,627**

LEVASSEUR Eugène 1822-? [2]
- La collation - Huile/toile (46x37cm-18x15in) Versailles 92 .... FF**14 000** - £**1 438** - **$2,693**
- Méhémet-Ali, vice-roi d'Égypte - Gouache (88x60cm-35x24in) Paris 94 .... FF**20 000** - £**2 370** - **$3,696**

LEVASSEUR Henri Louis 1853-1934 [21]
- Bataille de fleurs - Bronze (88cm-35in) New-York 96 .... FF**7 210** - £**903** - **$1,400**
- Etoile du Berger - Bronze (59cm-23in) London 91 .... FF**10 860** - £**1 089** - **$1,989**
- Standing woman - Bronze (86cm-34in) Detroit, Michigan 96 .... FF**20 220** - £**2 625** - **$4,000**

LEVASSEUR Jean 1935 [7]
- Port Blanc - Huile/toile (50x61cm-20x24in) Provins 94 .... FF**4 000** - £**468** - **$702**

LEVASSEUR José 1916 [2]
- Florence - Aquarelle/papier (23x44cm-9x17in) Paris 93 .... FF**1 850** - £**223** - **$337**

LEVASSEUR Marthe 1882-? [2]
- Paysanne - Huile/toile (65x54cm-26x21in) Paris 92 .... FF**2 200** - £**226** - **$408**

LEVÉ André 1917 [7]
- Personnages sur fond vert - Huile/toile (61x81cm-24x32in) La Varenne Saint-Hilaire 89 .... FF**9 000** - £**948** - **$1,515**
- Place animée le soir - Gouache (37x31cm-15x12in) Saumur 90 .... FF**2 000** - £**216** - **$353**

LEVE Frédéric Louis 1877-? [2]
- Harem beauty seated on a leopard skin
  Oil/canvas (176x137cm-69x54in) New-York 90 .... FF**68 600** - £**7 345** - **$11,930**

LEVEE John 1924 [19]
- Composition - Huile/toile (195x130cm-77x51in) Paris 95 .... FF**12 000** - £**1 533** - **$2,450**
- Composition, 1958 - Huile/toile (162x130cm-64x51in) Verrières-Le-Buisson 90 .... FF**70 000** - £**7 231** - **$12,367**
- Sans titre - Gouache Paris 91 .... FF**4 000** - £**401** - **$733**

LEVEILLÉ André 1880-1963 [11]
- Allée ombragée - Huile/toile (55x47cm-22x19in) Douai 94 .... FF**6 000** - £**689** - **$1,026**

LEVELT Heinrich Jacob 1808-? [1]
- Canal in a Dutch town - Oil/panel (32x47cm-13x19in) New-York 93 .... FF**23 600** - £**2 685** - **$4,000**

LEVEN Pierre 1891-1978 [1]
- Dans les vignes - Huile/toile (50x58cm-20x23in) L'Isle-Adam 92 .... FF**2 500** - £**256** - **$450**

LEVENSKOV S.I. 1913-1974 [1]
- Staline, vers Lénine - Huile/toile (190x290cm-75x114in) Pont-Audemer 94 .... FF**50 000** - £**5 740** - **$8,560**

LEVENSTEIN Leon 1913-1990 [6]
- Mother and Child - Gelatin silver print (33x28cm-13x11in) New-York 94 .... FF**11 610** - £**1 347** - **$2,000**

LEVEQUE Auguste 1866-1921 [4]
- Pomone - Oil/canvas (145x187cm-57x74in) New-York 97 .... FF**182 544** - £**19 676** - **$32,000**

LEVEQUE Edmond 1814-1874 [1]
- Mère allaitant son enfant - Bronze (52cm-20in) Saint-Dié 92 .... FF**6 500** - £**666** - **$1,275**

LEVEQUE Gabriel 1923 [2]
- Les Lutins d'un Songe - Oil/board (61x76cm-24x30in) New-York 95 .... FF**16 330** - £**2 040** - **$3,200**

LEVEQUE Henri 1769-1832 [2]
- Peasants dancing - Watercolour (35x45cm-14x18in) London 89 .... FF**14 500** - £**1 528** - **$2,441**

LEVEQUE Louis 1814-1875 [2]
- Les deux esclaves - Bronze (47x17x23cm-19x7x9in) Paris 92 .... FF**10 000** - £**1 024** - **$1,760**

LEVEQUE Yves 1937 [4]
- L'Echelle d'Orler à Osty - Huile/toile (100x100cm-39x39in) Paris 94 .... FF**2 900** - £**346** - **$544**
- Le moulin à vent - Aquarelle/papier Chartres 90 .... FF**2 300** - £**248** - **$406**

LEVER Richard Hayley 1876-1958 [138]
- Coastal landscape - Oil/canvas/board (23x23cm-9x9in) London 94 .... FF**7 620** - £**900** - **$1,368**

Gloucester, Massachusetts - Oil/canvas (51x62cm-20x24in) New-York 96 .... FF20 900 - £2 417 - **$4,000**
Erie Locomotive - Oil/canvas (61x91cm-24x36in) New-York 96 .... FF67 500 - £8 600 - **$13,000**
Flags - Oil/canvas (63x76cm-25x30in) New-York 94 .... FF328 500 - £39 450 - **$62,500**
Manhattan Skyline - Pencil/paper (38x56cm-15x22in) New-York 94 .... FF17 340 - £2 083 - **$3,300**
LEVERD René 1872-1938 [108]
Le Pont-Neuf - Huile/toile (38x55cm-15x22in) La Varenne Saint-Hilaire 91 .... FF13 500 - £1 353 - **$2,473**
Place de la Concorde - Aquarelle (21x30cm-8x12in) Calais 94 .... FF8 000 - £948 - **$1,478**
Quai de la Seine à Paris en hiver
    Aquarelle, gouache (79x105cm-31x41in) La Varenne Saint-Hilaire 92 .... FF30 000 - £3 070 - **$5,280**
LEVERET David XX [2]
Entrance to the Wonderland - Oil/Leinwand (152x122cm-60x48in) Luzern 93 .... FF4 360 - £496 - **$739**
LEVI Basil 1878-1930 [1]
Nymphalis - Olio/tela (101x80cm-40x31in) Milano 91 .... FF5 920 - £594 - **$1,024**
LEVI Carlo 1902-1975 [70]
Bosco - Olio/tela (60x60cm-24x24in) Prato 97 .... FF8 840 - £1 040 - **$1,560**
Natura morta di frutta - Olio/tela (70x50cm-28x20in) Venezia 96 .... FF18 700 - £2 352 - **$3,584**
Natura morta - Olio/tela (80x80cm-31x31in) Prato 96 .... FF26 860 - £3 360 - **$5,120**
Natura morta con ortaggi e melograno - Olio/tela (46x37cm-18x15in) Roma 91 .... FF67 600 - £6 713 - **$11,737**
LEVI Max 1865-1912 [1]
August Strindberg - Bronze (86cm-34in) Stockholm 93 .... FF28 200 - £3 200 - **$4,770**
LEVI Vassilij 1878-1954 [5]
Dancing couple - Oil/canvas (63x68cm-25x27in) London 96 .... FF52 500 - £6 000 - **$10,000**
LEVICK George Murray 1876-1956 [1]
Captain Scott's Antartic Expedition - Gelatin silver print London 96 .... FF47 900 - £6 000 - **$9,340**
LEVIER Adolfo 1873-1953 [7]
Uomo alla porta - Olio/tela (77x67cm-30x26in) Trieste 93 .... FF20 760 - £2 405 - **$3,570**
Ritratto di donna - Acquarello/carta (48x30cm-19x12in) Trieste 93 .... FF2 560 - £288 - **$459**
LEVIER Charles 1920 [212]
Femme nue - Oil/canvas (103x77cm-41x30in) New-York 95 .... FF5 140 - £630 - **$1,000**
Port Corse - Oil/canvas (76x101cm-30x40in) New-York 92 .... FF7 800 - £931 - **$1,500**
Sur la plage - Huile/toile (76x101cm-30x40in) Montauban 96 .... FF16 000 - £2 080 - **$3,134**
La nuit - Oil/canvas (76x101cm-30x40in) New-York 90 .... FF24 000 - £2 389 - **$4,127**
Girls in the green room - Watercolour (76x60cm-24x18in) London 96 .... FF4 840 - £620 - **$953**
LEVIEUX Renaud, Reynaud c.1625-1690 [2]
Hara et deux épagneuls nains - Huile/toile (81x102cm-32x40in) Paris 96 .... FF105 000 - £12 150 - **$20,100**
LEVIGNE Théodore 1848-1912 [61]
Déjeuner galant - Huile/toile (49x65cm-19x26in) Cherbourg 97 .... FF15 000 - £1 602 - **$2,609**
Chalet au bord du lac - Huile/toile (44x55cm-17x22in) Lyon 94 .... FF20 000 - £2 400 - **$3,880**
Le Passage du torrent - Huile/toile (120x160cm-47x63in) Lyon 96 .... FF49 000 - £6 110 - **$9,460**
LEVILLAIN Ferdinand 1837-1905 [1]
Lampadaire tripode à l'Antique - Bronze (158cm-62in) Paris 94 .... FF18 500 - £2 200 - **$3,485**
LEVIN Julo 1901-1943 [1]
Stettiner Hafenspeicher - Wash (28x39cm-11x15in) München 91 .... FF2 535 - £252 - **$436**
LEVIN Sam XX [10]
Brigitte Bardot et Alain Delon - (27x22cm-11x9in) Paris 92 .... FF12 500 - £1 280 - **$2,250**
LEVINE David 1926 [19]
Grand Army Plazza - Oil/board (20x40cm-8x16in) New-York 90 .... FF9 360 - £957 - **$1,848**
Vietnam as the crack in Liberty Bell - Ink (13x10cm-5x4in) New-York 94 .... FF4 280 - £503 - **$750**
Young man in tied shirt - Watercolour/paper (45x24cm-18x9in) New-York 92 .... FF7 210 - £756 - **$1,300**
LEVINE David Philipp 1910 [2]
Audience - Oil/board (24x21cm-9x8in) New-York 92 .... FF2 860 - £342 - **$550**
Wave Wall - Watercolour/board (22x49cm-9x19in) New-York 91 .... FF3 680 - £373 - **$665**
LEVINE Jack 1915 [26]
Study for Act of Legislature - Oil/masonite (61x50cm-24x20in) New-York 96 .... FF13 570 - £1 570 - **$2,600**
Kronos - Oil/canvas (61x53cm-24x21in) New-York 95 .... FF64 000 - £8 370 - **$13,000**
Lolita - Oil/canvas (71x81cm-28x32in) New-York 92 .... FF147 000 - £17 070 - **$30,000**
Reluctant Ploughshares - Gouache/paper (58x66cm-23x26in) New-York 95 .... FF121 800 - £15 560 - **$25,000**
LEVINE Les 1935 [2]
Reflect. Appear mirror - Gouache/papier (17x38cm-7x15in) Paris 91 .... FF7 000 - £707 - **$1,390**
LEVINE Sherrie 1947 [35]
Untitled (Thin Stripe #7) - Mixed media/panel (61x51cm-24x20in) New-York 96 .... FF45 600 - £5 880 - **$8,800**
Untitled (Copper Knots #2-5)
    Metallic paint on plywood (115x92cm-45x36in) New-York 94 .... FF290 300 - £33 700 - **$50,000**
Fountain - Bronze (66x35x38cm-26x14x15in) New-York 96 .... FF280 000 - £33 000 - **$55,000**
Untitled - Photograph (35x28cm-14x11in) New-York 96 .... FF19 700 - £2 540 - **$3,800**
After Piet Pondrian - Watercolour/paper (36x28cm-14x11in) New-York 95 .... FF21 800 - £2 890 - **$4,500**
LEVINE Théodore 1848-1912 [1]
Maternité - Huile/toile (54x64cm-21x25in) Bruxelles 95 .... FF6 050 - £732 - **$1,140**
LEVINESS Osmund 1904-1966 [5]
Babe Ruth - Silver print (2x11cm-1x4in) New-York 96 .... FF9 300 - £1 152 - **$1,800**
LEVINSEN Sophus Theobald 1869-1943 [8]
On the way to market - Oil/canvas (90x117cm-35x46in) London 96 .... FF8 470 - £1 100 - **$1,677**

L

LEVINSTEIN Leon 1913-1990 [14]
📷 *Lower East Side, NYC* - Gelatin silver print (36x48cm-14x19in) New-York 96 .... *FF16 570 - £2 047 - $3,200*

LEVINTHAL David 1949 [2]
📷 *Untitled* - Polaroid (24x19cm-9x7in) San Francisco-Los Angeles 95 .... *FF4 240 - £553 - $850*
Untitled - Polacolor II print (61x51cm-24x20in) New-York 95 .... *FF12 900 - £1 645 - $2,600*

LÉVIS Maurice 1860-1940 [88]
🖼 *Town on a River* - Oil/canvas (41x32cm-16x13in) London 96 .... *FF10 210 - £1 200 - $1,986*
Paquebot à quai - Huile/panneau (50x61cm-20x24in) La Rochelle 92 .... *FF16 000 - £1 638 - $2,880*
Moulin près du pont - Oil/panel (16x25cm-6x10in) London 95 .... *FF29 600 - £3 800 - $5,970*
Hameau et cascade - Huile/toile (43x61cm-17x24in) Montréal 96 .... *FF40 450 - £3 850 - $5,860*
✏ *Chemin au bord de la rivière* - Aquarelle (23x31cm-9x12in) Paris 90 .... *FF17 000 - £1 820 - $2,957*

LEVIS Max 1863-1930 [7]
🖼 *Junge Frau* - Öl/Leinwand (45x40cm-18x16in) Wien 96 .... *FF20 150 - £2 444 - $3,920*
Sleeping beauty, 1898 - Oil/canvas/board (23x35cm-9x14in) London 90 .... *FF63 000 - £6 508 - $11,131*

LEVISON Nanna 1897-1942 [3]
🖼 *Interior med to småpiger* - Oil/canvas (64x57cm-25x22in) Vejle 91 .... *FF2 640 - £265 - $436*
Afternoon's pastime - Oil/canvas (70x46cm-28x18in) New-York 93 .... *FF30 250 - £3 790 - $5,500*

LEVITAN Isaak Il'ich 1861-1900 [32]
🖼 *Hay fields* - Oil/canvas/board (20x12cm-8x5in) London 96 .... *FF20 300 - £2 600 - $4,020*
By the Lake - Oil/canvas/panel (16x26cm-6x10in) Tel Aviv 97 .... *FF58 824 - £6 541 - $11,000*
Avenue of birches - Oil/board (10x18cm-4x7in) London 96 .... *FF130 200 - £16 500 - $26,200*
Forest clearing - Oil/canvas (65x58cm-26x23in) London 96 .... *FF402 000 - £46 000 - $76,700*
✏ *Meadow, edge of a forest* - Pastel (67x53cm-26x21in) London 97 .... *FF190 476 - £20 000 - $32,762*

LEVITSKY Dimitri Gregoriovitc 1735-1822 [1]
✏ *Catherine II* - Miniature (6x5cm-2x2in) Paris 89 .... *FF3 800 - £389 - $611*

LEVITT Helen 1913 [24]
📷 *New York* - Tirage argentique (17x22cm-7x9in) Paris 94 .... *FF13 000 - £1 540 - $2,402*

LEVKOVITCH Léon 1936 [2]
🗿 *Cinq personnages* - Bronze (15x14x14cm-6x6x6in) Paris 91 .... *FF10 000 - £1 010 - $1,985*

LEVOIR Charles Louis 1870-1939 [1]
🖼 *Scheveningen bomschuiten* - Oil/canvas (888x70cm-350x28in) Amsterdam 93 .... *FF10 540 - £1 260 - $2,030*

LEVORATI Ernesto XIX [3]
✏ *Portrait of a young boy* - Watercolour (31x21cm-12x8in) Toronto 95 .... *FF2 523 - £320 - $508*

LEVRAC-TOURNIERES Robert 1667/68-1752 [13]
🖼 *Jeune femme en Flore* - Huile/toile (131x98cm-52x39in) Vendôme 95 .... *FF35 000 - £3 717 - $6,097*
Famille La Tour du Breuil - Huile/toile (70x90cm-28x35in) Paris 94 .... *FF100 000 - £11 800 - $17,920*

LEVREL René 1900-1981 [15]
🖼 *Près de la rivière* - Huile/toile (73x92cm-29x36in) La Varenne Saint-Hilaire 95 .... *FF5 000 - £614 - $974*
✏ *Port à l'île d'Yeu* - Aquarelle (32x27cm-13x11in) Calais 94 .... *FF2 200 - £261 - $407*

LÉVY Albert 1864-? [6]
🗿 *Judith* - Bronze (83cm-33in) Paris 95 .... *FF11 500 - £1 450 - $2,280*

LEVY Alphonse, dit Saïd 1843-1918 [49]
🖼 *Marchand d'étoffes* - Huile/toile (55x46cm-22x18in) Lyon 97 .... *FF3 500 - £379 - $615*
Dans la synagogue de Djerba - Huile/toile (95x68cm-37x27in) Paris 96 .... *FF38 000 - £4 930 - $7,510*
✏ *Juif algérien lisant* - Fusain (57x44cm-22x17in) Paris 96 .... *FF4 500 - £561 - $870*

LEVY Anton 1845-1897 [1]
🖼 *Angler am Seeufer* - Öl/Leinwand (54x65cm-21x26in) München 93 .... *FF5 090 - £608 - $978*

LEVY Beatrice S. 1892-1974 [3]
🖼 *Guadaloupe Church, Santa Fe*
    Oil/canvas (26x36cm-10x14in) San Francisco-Los Angeles 93 .... *FF4 400 - £552 - $800*

LÉVY Charles, sculpt. c.1820-1899 [16]
🗿 *Faneur* - Bronze (79cm-31in) London 96 .... *FF18 560 - £2 200 - $3,620*
Salomé - Bronze (82cm-32in) Paris 97 .... *FF27 000 - £2 840 - $4,652*

LEVY Emanuel 1900-? [4]
🖼 *Old Buildings London E.1* - Oil/canvas (61x76cm-24x30in) Manchester 93 .... *FF4 000 - £500 - $725*

LEVY Émile 1826-1890 [14]
🖼 *Diana standing in the woods* - Oil/canvas (105x60cm-41x24in) London 97 .... *FF57 143 - £6 000 - $9,828*
The Love Letter - Oil/canvas (121x160cm-48x63in) New-York 95 .... *FF192 500 - £23 630 - $37,500*
✏ *Young woman with a fan* - Pastel/paper (142x95cm-56x37in) New-York 94 .... *FF32 500 - £3 934 - $6,000*

LEVY Esti 1944 [2]
🖼 *Pointillés bleus* - Acrylique/panneau (40x40cm-16x16in) Boulogne 95 .... *FF3 000 - £369 - $585*

LÉVY Henri XX [7]
✏ *Femme nue* - Dessin (47x47cm-19x19in) Paris 89 .... *FF3 000 - £316 - $505*

LEVY Henri Léopold 1840-1904 [18]
🖼 *Diane chasseresse* - Huile/toile (9160cm-3606in) Paris 94 .... *FF31 000 - £3 690 - $5,840*
Esther - Huile/toile (117x90cm-46x35in) Paris 94 .... *FF50 000 - £5 740 - $8,560*
✏ *Etude de personnage* - Fusain/papier (60x38cm-24x15in) Pontoise 97 .... *FF3 000 - £327 - $524*

LEVY Laure 1866-1954 [2]
🖼 *La partie de cartes* - Huile/panneau (223x30cm-88x12in) Toulouse 97 .... *FF3 000 - £322 - $523*

LÉVY Léopold XX [3]
🖼 *Forêt* - Huile/toile (45x55cm-18x22in) Paris 95 .... *FF2 000 - £254 - $410*

LÉVY Léopold 1882-? [5]
🖼 *Vase de fleurs* - Huile/panneau (55x46cm-22x18in) Paris 93 .... *FF8 000 - £964 - $1,455*
Mädchen im weißen Kleid - Oil/panel (40x32cm-16x13in) Ahlden 92 .... *FF18 700 - £1 914 - $3,290*

Paysage - Aquarelle (49x63cm-19x25in) Paris 92 .... FF9 000 - £921 - **$1,620**

LEVY Michel 1949 [17]
Bor de mer - Huile/toile (27x46cm-11x18in) Versailles 90 .... FF16 500 - £1 679 - **$3,300**
Silence petit - Bronze (35cm-14in) Paris 96 .... FF21 000 - £2 393 - **$4,020**
Grande Eve - Bronze (183cm-72in) Paris 96 .... FF41 500 - £4 730 - **$7,940**

LEVY Moses 1885-1968 [14]
Spiaggia a viareggio - Tempera/cartone (13x11cm-5x4in) Firenze 97 .... FF5 780 - £680 - **$1,020**
Spiaggia con figure femminili - Olio/tela (55x110cm-22x43in) Firenze 97 .... FF34 000 - £4 000 - **$6,000**
Spiaggia di Viareggio - Olio/tela (47x51cm-19x20in) Venezia 96 .... FF112 200 - £13 860 - **$21,800**

LEVY Nat 1896-1984 [2]
Old blacksmith shop
      Watercolour/paper (71x89cm-28x35in) San Francisco-Los Angeles 92 .... FF12 150 - £1 242 - **$2,250**

LEVY Ra'anan 1954 [5]
Stil Life - Oil/canvas (62x69cm-24x27in) Tel Aviv 97 .... FF13 904 - £1 546 - **$2,600**

LEVY Rudolf 1875-1943 [13]
Karaffe und Skulptur - Oil/canvas (61x50cm-24x20in) Tel Aviv 95 .... FF48 900 - £6 320 - **$10,000**
Kürbisstilleben - Oil/canvas (65x54cm-26x21in) Köln 92 .... FF132 600 - £13 570 - **$23,340**
Reiter - Watercolour (57x47cm-22x19in) München 96 .... FF5 080 - £638 - **$981**

LEVY Sandra 1966 [2]
Vénus, 1988 - Bronze (50x25x35cm-20x10x14in) Paris 90 .... FF18 000 - £1 915 - **$3,220**

LÉVY-DHURMER Lucien 1865-1953 [89]
Fantasmagorie - Oil/canvas (157x238cm-62x94in) New-York 89 .... FF1 - £136 597 - **$216,872**
Nu bleu - Huile/toile (65x46cm-26x18in) Troyes 95 .... FF23 000 - £2 960 - **$4,720**
Nu pudique - Huile/toile (65x46cm-26x18in) Paris 93 .... FF80 000 - £9 630 - **$14,550**
La bourrasque - Oil/canvas (100x66cm-39x26in) New-York 97 .... FF454 800 - £48 984 - **$80,000**
Young nurse - Pastel/paper (63x47cm-25x19in) New-York 94 .... FF12 270 - £1 410 - **$2,100**
Femme au bandeau bleu - Pastel/carton (48x30cm-19x12in) Paris 94 .... FF40 000 - £4 660 - **$6,950**
Two nudes - Pastel/paper (181x151cm-71x59in) New-York 96 .... FF216 000 - £26 200 - **$42,000**

LEVY-KINGBOURG XIX-XX [1]
Jeune danseuse noire - Bronze (81cm-32in) Paris 95 .... FF50 000 - £6 040 - **$9,400**

LEVY-OPPEL Samuel 1884-1966 [2]
Washerwoman - Oil/canvas (61x46cm-24x18in) Tel Aviv 96 .... FF18 320 - £1 552 - **$2,400**

LEWANDOWSKI Edmund D. 1914 [5]
Steel Structures - Oil/canvas (102x76cm-40x30in) New-York 97 .... FF26 254 - £2 756 - **$4,500**
Lifeboat - Oil/canvas (113x91cm-44x36in) New-York 97 .... FF70 012 - £7 351 - **$12,000**
Railroad Signals - Gouache/paper (44x61cm-17x24in) New-York 96 .... FF19 830 - £2 296 - **$3,800**

LEWANDOWSKI Stanislauw R. 1859-1940 [1]
Weiblicher Akt - Bronze (13cm-5in) München 93 .... FF2 713 - £324 - **$522**

LEWENSTEIN Daniel 1860-? [1]
Liegender weiblicher Akt - Oil/panel (54x71cm-21x28in) Lindau 92 .... FF19 040 - £1 950 - **$3,350**

LEWI Minna 1872-? [1]
Rauchhaus, Lüneburger Heide - Öl/Leinwand (74x97cm-29x38in) Göttingen 95 ...... FF13 100 - £1 695 - **$2,664**

LEWIN Gideon 1939 [2]
Clint Eastwood - Silver print (38x48cm-15x19in) New-York 93 .... FF14 100 - £1 613 - **$2,500**

LEWIN Karin XX [4]
Jardin rouge - Huile/toile (116x89cm-46x35in) Paris 94 .... FF2 000 - £233 - **$347**

LEWIN Stephen 1890-1910 [13]
The Stag - Oil/canvas (61x81cm-24x32in) London 91 .... FF19 840 - £2 000 - **$3,500**
The News - Oil/canvas (61x81cm-24x32in) London 97 .... FF54 178 - £5 900 - **$9,422**

LEWINO Walter Affroville 1887-? [2]
Sous-bois près de la rivière - Huile/toile Deauville 90 .... FF7 200 - £746 - **$1,265**

LEWIS Alfred Neville 1895-1972 [2]
Three South African women - Oil/board (52x36cm-20x14in) London 96 .... FF3 790 - £480 - **$727**

LEWIS Betty Y. Davison 1909-? [1]
The Waiting Room - Oil/board (44x51cm-17x20in) Toronto 94 .... FF8 180 - £957 - **$1,443**

LEWIS Carroll 1832-1898 [1]
Margaret Morrell - Photograph (14x10cm-6x4in) New-York 90 .... FF4 540 - £457 - **$889**

LEWIS Charles H. XIX-XX [2]
Mrs. Albert Mortimer, full length - Oil/canvas (58x38cm-23x15in) London 94 .... FF3 090 - £360 - **$542**

LEWIS Charles James 1830/36-1892 [24]
The trysting tree - Oil/board (52x36cm-20x14in) London 92 .... FF4 870 - £500 - **$905**
Picking water Lilies - Oil/board (22x42cm-9x17in) London 96 .... FF29 500 - £3 500 - **$5,760**
Young anglers - Oil/canvas (30x45cm-12x18in) Billinghurst, West Sussex 95 .... FF43 440 - £5 200 - **$8,270**

LEWIS Edmonia c.1843/45-? [3]
Indian arrow maker - Marble (61cm-24in) New-York 94 .... FF446 000 - £52 000 - **$77,500**

LEWIS Edmund Darch 1835-1910 [83]
The Wissahickon - Oil/canvas (76x127cm-30x50in) New-York 95 .... FF17 950 - £2 234 - **$3,500**
Scene in the Catskills - Oil/canvas (76x63cm-30x25in) New-York 96 .... FF51 900 - £6 610 - **$10,000**
Morro castle, Havana harbor, Cuba - Oil/canvas (76x128cm-30x50in) New-York 92 ...... FF114 400 - £13 660 - **$22,000**
Riverscape - Watercolour, gouache/paper (24x50cm-9x20in) New-York 94 .... FF5 410 - £641 - **$1,000**
Narragansett Beach - Gouache/board (18x38cm-7x15in) New-York 94 .... FF17 120 - £1 996 - **$3,000**

LEWIS Edward Morland 1903-1943 [1]
● *Breezy day on the Welsh Coast* - Oil/canvas (41x48cm-16x19in) London 95 .... FF**14 900** - £1 900 - **$3,004**
LEWIS Frederick XIX-XX [2]
● *Portrait of a hunter* - Oil/canvas (64x81cm-25x32in) Chicago 95 .... FF**18 070** - £2 263 - **$3,600**
LEWIS Frederick Christ. II 1813-1875 [2]
● *View of Ootacamund* - Oil/canvas (63x76cm-25x30in) London 97 .... FF**47 214** - £5 000 - **$8,177**
LEWIS Frederick Christian 1779-1856 [3]
● *Return from exile* - Oil/panel (20x25cm-8x10in) Aylsham, Norfolk 91 .... FF**3 460** - £400 - **$590**
▢ *Six topographical aquatints* - Aquatint (15x23cm-6x9in) Exeter, Devon 92 .... FF**1 926** - £230 - **$371**
◢ *The Avenue/Northwick Park* - Watercolour, gouache (23x29cm-9x11in) New-York 90 ... FF**16 000** - £1 702 - **$2,862**
LEWIS George Robert 1782-1871 [3]
◢ *Farmhand inspecting a farmhouse* - Watercolour (20x28cm-8x11in) London 97 .... FF**4 229** - £450 - **$729**
LEWIS Harry Emerson 1892-1958 [5]
● *Forest in springtime* - Oil/canvas (76x91cm-30x36in) San Francisco-Los Angeles 91 .... FF**11 980** - £1 198 - **$1,973**
LEWIS Henry 1819-1904 [1]
● *Celebrating the full moon* - Oil/canvas (85x119cm-33x47in) London 91 .... FF**41 900** - £4 201 - **$6,916**
LEWIS Jeanette Maxfield 1894-1982 [1]
● *Street scene* - Oil/board (40x50cm-16x20in) New-York 91 .... FF**5 090** - £514 - **$900**
LEWIS John 1942 [2]
◢ *Jane Magendie, playing a lute*
Oil/canvas (78x58cm-31x23in) Castletown House, Co. Kilkenny 91 .... FF**24 530** - £2 472 - **$4,257**
LEWIS John XVIII [2]
● *Diana Pryce as the Huntress* - Oil/canvas (125x100cm-49x39in) London 92 .... FF**50 300** - £6 000 - **$9,660**
LEWIS John Frederick 1805-1876 [38]
● *House of the Coptic Patriarch, Cairo* - Oil/canvas (81x108cm-32x43in) London 96 ... FF**3** - £380 000 - **$636,000**
◢ *Lilium Auratum* - Watercolour (54x33cm-21x13in) London 96 .... FF**6** - £750 000 - **$1**
Pillage of a convent, in Spain - Watercolour (52x75cm-20x30in) London 97 .... FF**37 629** - £4 000 - **$6,484**
Arab encampment at Edfou - Watercolour (17x45cm-7x18in) London 96 .... FF**310 000** - £40 000 - **$60,700**
LEWIS John Hardwicke 1840-1927 [2]
● *Le passeur* - Huile/toile (60x90cm-24x35in) Bruxelles 97 .... FF**2 128** - £233 - **$373**
LEWIS Lennard 1826-1913 [16]
◢ *Figure on a footbridge before a village* - Watercolour (34x49cm-13x19in) London 97 .... FF**2 822** - £300 - **$488**
LEWIS Leonard XIX-XX [9]
◢ *Boats on a mountain lake* - Wash (26x54cm-10x21in) London 91 .... FF**1 895** - £190 - **$313**
LEWIS Martin 1881-1962 [100]
▢ *American nocturne* - Lithograph (25x37cm-10x15in) San Francisco-Los Angeles 96 .... FF**28 560** - £3 640 - **$5,500**
Shadow Dance - Drypoint (24x28cm-9x11in) New-York 93 .... FF**88 500** - £10 060 - **$15,000**
▦ *Morning on the River* - Mezzotint (22x15cm-9x6in) New-York 91 .... FF**27 100** - £2 698 - **$4,660**
LEWIS Maurice 1860-1940 [1]
● *Le village* - Huile/toile (55x46cm-22x18in) Fontainebleau 93 .... FF**13 000** - £1 567 - **$2,364**
LEWIS Max 1863-1930 [2]
● *Adele Strauss* - Öl/Leinwand (87x55cm-34x22in) Wien 95 .... FF**39 600** - £5 030 - **$7,880**
LEWIS Morland 1903-1943 [2]
● *Fir tree at Carmarthen* - Oil/canvas (35x25cm-14x10in) London 92 .... FF**14 240** - £1 700 - **$2,740**
LEWIS Neville 1895 [5]
● *The spanish coast* - Oil/canvas (45x63cm-18x25in) London 92 .... FF**3 180** - £380 - **$613**
LEWIS Percy Wyndham 1882-1957 [35]
● *Sheik's Wife* - Oil/canvas (50x61cm-20x24in) London 94 .... FF**100 500** - £12 000 - **$18,840**
◢ *Study in blue* - Watercolour (26x20cm-10x8in) London 96 .... FF**74 600** - £8 500 - **$14,280**
Helen - Watercolour (39x27cm-15x11in) London 97 .... FF**153 256** - £16 000 - **$26,222**
LEWIS Phillips Frisbee 1892-1930 [3]
● *Homestead* - Oil/canvas (51x61cm-20x24in) San Francisco-Los Angeles 95 .... FF**16 220** - £1 846 - **$2,750**
Valley of the Sweet Peas - Oil/canvas (51x61cm-20x24in) New-York 93 .... FF**82 500** - £10 340 - **$15,000**
LEWIS Richard A. 1820-1891 [1]
▦ *Little Street Sweeper Illustrated* - Album of 21 oval salt prints New-York 93 .... FF**124 000** - £14 200 - **$22,000**
LEWIS Stanley 1930 [3]
▣ *Tête solaire* - Albâtre (40cm-16in) Montréal 93 .... FF**2 150** - £235 - **$395**
LEWIS Thomas E. 1909-1979 [2]
● *San Diego, Mexico* - Oil/canvas (46x66cm-18x26in) San Francisco-Los Angeles 89 .... FF**8 600** - £856 - **$1,359**
The Insigna, Household Cavalry - Oil/canvas (86x68cm-34x27in) London 93 .... FF**22 400** - £2 800 - **$4,060**
LEWIS William 1791-1879 [1]
◢ *Old Basing Church, Hants* - Watercolour (35x45cm-14x18in) London 96 .... FF**7 320** - £950 - **$1,448**
LEWIS-BROWN John 1829-1890 [3]
● *La halte* - Huile/panneau (27x21cm-11x8in) Saint-Germain-en-Laye 90 .... FF**26 490** - £2 659 - **$5,132**
Le départ des courses - Huile/panneau (30x23cm-12x9in) Deauville 94 .... FF**90 000** - £11 000 - **$17,080**
LEWISOHN Raphael 1863-1923 [1]
● *Marchande de fleurs, St. Jean de Lutz* - Öl/Leinwand (100x81cm-39x32in) Zürich 94 ... FF**8 520** - £1 008 - **$1,530**
LEWITT Helen 1918 [1]
▦ *Street drawing* - Silver print (20x13cm-8x5in) New-York 96 .... FF**20 650** - £2 560 - **$4,000**
LEWITT Sol LeWitt 1928 [257]
● *Maquette for Outdoor Sculpture* - Enamel (56x56x56cm-22x22x22in) New-York 95 .... FF**44 600** - £5 570 - **$9,000**
Folding Screen
Colour ink wash/2-sided 5-panel screen (185x380cm-73x150in) London 95 .... FF**199 700** - £25 000 - **$39,800**
▢ *Lines to Specific Points* - Etching, aquatint in colors (45x45cm-18x18in) New-York 97 ... FF**20 000** - £2 144 - **$3,500**

Keys to Open the Skies - Bronze (18x4x26cm-7x2x10in) New-York 94 .... **FF16 520** - *£1 880* - **$2,800**
Structure - Bois (62x62x62cm-24x24x24in) Paris 94 .... **FF45 000** - *£5 310* - **$8,060**
1, 2, 3, 4, 5, 4, 3, 2, 1 - Installation (33x43x212cm-13x17x83in) Paris 93 .... **FF94 000** - *£11 750* - **$17,100**
All variations - Installation New-York 91 .... **FF655 000** - *£66 477* - **$118,299**
Untitled - Gouache/paper (16x25cm-6x10in) New-York 97 .... **FF6 965** - *£732* - **$1,200**
Untitled - Gouache/paper (29x38cm-11x15in) London 96 .... **FF21 000** - *£2 400* - **$4,000**
Untitled - Gouache/paper (76x56cm-30x22in) New-York 97 .... **FF93 024** - *£9 768* - **$16,000**

LEWKOWICZ Leon 1890-1950 [3]
Cyganie - Huile/panneau (91x119cm-36x47in) Warszawa 92 .... **FF37 500** - *£3 830* - **$6,700**

LEWY Kurt 1898-1963 [25]
Femme assise - Huile/toile (65x50cm-26x20in) Antwerpen 92 .... **FF4 940** - *£591* - **$951**
Composition - Dessin (30x20cm-12x8in) Antwerpen 95 .... **FF2 230** - *£289* - **$457**
Composition - Technique mixte/papier (50x40cm-20x16in) Antwerpen 96 .... **FF7 400** - *£954* - **$1,428**

LEX Franz 1895-1959 [11]
Heustadelwasser, Wien - Aquarelle (118x133cm-46x52in) Wien 91 .... **FF10 560** - *£1 059* - **$1,934**

LEXMOND van Johannes 1769-1838 [5]
Courtyard in a city - Pencil (20x14cm-8x6in) Amsterdam 91 .... **FF11 420** - *£1 159* - **$2,063**

LEY Hans Christian 1828-1875 [3]
L'atelier du peintre - Huile/panneau (20x17cm-8x7in) Calais 93 .... **FF9 500** - *£1 093* - **$1,640**

LEY Sophie 1859-1918 [1]
Parkanlage mit Passanten - Öl/Leinwand (24x29cm-9x11in) Zofingen 95 .... **FF2 340** - *£306* - **$469**

LEY van der S. XIX-XX [2]
Street scene, Rotterdam - Huile/panel (53x43cm-21x17in) Richmond, North Yorkshire 92 ...... **FF12 700** - *£1 300* - **$2,240**

LEYBOLD Carl Jacob Th. 1786-1844 [3]
Herr - Miniature (7cm-3in) Wien 96 .... **FF8 640** - *£1 047* - **$1,680**

LEYBOLD Eduard Friedrich 1798-? [3]
Damen-u. Herrenbildnis - Öl/Leinwand (130x107cm-51x42in) Wien 95 .... **FF39 200** - *£5 160* - **$7,940**
Young boys in blue pantaloons - Miniature (7cm-3in) Genève 92 .... **FF9 510** - *£1 137* - **$1,830**

LEYDE Kurt 1881-? [2]
Sololá, Guatemala - Oil/canvas (100x130cm-39x51in) London 93 .... **FF16 600** - *£2 000* - **$2,900**

LEYDE Otto Theodore 1835-1897 [4]
A toast - Oil/board (22x32cm-9x13in) Gleneagles Hôtel - Pertshire 90 .... **FF15 500** - *£1 548* - **$2,941**

LEYDEN van Aertgen, Aert Claesz 1498-1564 [1]
The Nativity - Oil/panel (46x60cm-18x24in) London 93 .... **FF571 000** - *£65 000* - **$96,800**

LEYDEN van Ernest 1892-1969 [26]
Harbour - Oil/cardboard (69x51cm-27x20in) Amsterdam 97 .... **FF11 387** - *£1 197* - **$1,956**
Flowers near the window - Oil/canvas (90x80cm-35x31in) Amsterdam 95 .... **FF12 600** - *£1 610* - **$2,570**
Untitled - Gouache (59x44cm-23x17in) Amsterdam 95 .... **FF3 780** - *£483* - **$772**

LEYDEN van Karin, née Kluth 1906-1977 [46]
Meeting at Sunset - Huile/toile (51x69cm-20x27in) Paris 94 .... **FF2 100** - *£244* - **$366**
Café chinois - Huile/toile (105x120cm-41x47in) Paris 94 .... **FF11 000** - *£1 280* - **$1,913**
Femmes et chats - Gouache (65x49cm-26x19in) Paris 94 .... **FF3 800** - *£442* - **$661**

LEYDENFROST Alexander 1888-1961 [2]
Reviewing bombing damage - Oil/canvas (61x79cm-24x31in) New-York 95 .... **FF9 300** - *£1 203* - **$1,900**

LEYDET Victor 1861-1904 [1]
Fenouillet - Affiche (149x109cm-59x43in) Neuilly 96 .... **FF2 000** - *£258* - **$392**

LEYENDECKER Francis Xavier 1877-1924 [3]
Athlete before a mosaic - Oil/canvas (91x66cm-36x26in) New-York 93 .... **FF24 750** - *£3 104* - **$4,500**
Woman with two gentlemen - Oil/board (58x41cm-23x16in) New-York 94 .... **FF51 500** - *£6 170* - **$10,000**

LEYENDECKER Joseph Christian 1874-1951 [29]
Seated girl with flowers - Oil/canvas (61x56cm-24x22in) New-York 95 .... **FF19 420** - *£2 507* - **$3,750**
Strolling Easter couple - Oil/canvas (69x53cm-27x21in) New-York 95 .... **FF186 000** - *£24 050* - **$38,000**
Arrow Collars - Poster (50x42cm-20x17in) New-York 92 .... **FF14 560** - *£1 740* - **$2,800**

LEYENDECKER Mathias 1822-1871 [3]
Thrush hanging from a hook - Oil/canvas (35x22cm-14x9in) London 91 .... **FF12 900** - *£1 300* - **$2,238**

LEYENDECKER Paul Joseph 1842-? [4]
La conversation - Huile/toile (33x41cm-13x16in) Deauville 95 .... **FF16 000** - *£2 056* - **$3,180**

LEYGONIE Martine 1958 [2]
Serge Gainsbourg - Huile/toile/carton (46x55cm-18x22in) Paris 96 .... **FF3 500** - *£425* - **$681**
La boîte à sel - Aquarelle, gouache/papier (22x30cm-9x12in) Paris 96 .... **FF1 600** - *£194* - **$311**

LEYGUE Louis 1905-1992 [4]
L'Ange de la Victoire - Bronze (27cm-11in) Paris 95 .... **FF5 000** - *£664* - **$1,030**

LEYMAN Alfred 1856-1933 [19]
The Old Ship Innn, Porlock - Watercolour (25x36cm-10x14in) London 96 .... **FF2 620** - *£340* - **$519**
Figures by a cart, Dartmouth - Watercolour (53x36cm-21x14in) London 96 .... **FF6 600** - *£800* - **$1,283**

LEYMARIE Auguste XIX-XX [3]
Charlot - Affiche (160x120cm-63x47in) Chartres 92 .... **FF11 000** - *£1 130* - **$2,037**

LEYPOLD Carl Julius 1806-1874 [3]
Bauerngehöft im Winter - Öl/Leinwand (44x55cm-17x22in) München 96 .... **FF56 300** - *£6 650* - **$10,110**

LEYRITZ de Léon Albert Marie 1888-1976 [2]
Soirée au music-hall - Huile/toile (103x132cm-41x52in) Paris 89 .... **FF130 000** - *£13 699* - **$21,886**
Homme debout - Sculpture (50cm-20in) Paris 93 .... **FF10 000** - *£1 250* - **$1,820**

L

LEYS Achille 1873-? [1]
🏛 *Deux béguines* - Bronze (20cm-8in) Bruxelles 96 .... FF4 105 - £475 - **$786**

LEYS Henri 1815-1869 [22]
🖼 *Scène d'intérieur* - Huile/toile La Rochelle 93 .... FF10 000 - £1 140 - **$1,695**
Nobles personnages - Huile/toile (132x103cm-52x41in) Liège 93 .... FF49 200 - £5 660 - **$8,440**
✏ *Intérieur et Figures* - Encre (19x21cm-7x8in) Antwerpen 94 .... FF3 660 - £425 - **$631**

LEYSALLE Pierre Émile 1847-? [3]
🏛 *L'Age d'Or* - Bronze (55cm-22in) London 94 .... FF15 240 - £1 800 - **$2,736**
L'Inquiétude - Marble (77cm-30in) Singapore 95 .... FF38 100 - £4 860 - **$7,670**

LEYSING Piet 1885-1933 [5]
🖼 *Korbflechter in seiner Stube* - Öl/Leinwand (50x61cm-20x24in) Köln 93 .... FF19 240 - £2 202 - **$3,270**

LEYSTER Judith 1600-1660 [1]
🖼 *Boy in a cap looking into a jug* - Oil/panel (31x21cm-12x8in) New-York 91 .... FF523 000 - £51 939 - **$90,808**

LEZCANO Carlos 1870-1929 [5]
🖼 *La Hoz del Júcar en Cuenca* - Oleo/lienzo (75x91cm-30x36in) Madrid 93 .... FF30 800 - £3 500 - **$5,220**

LHARDY Y GARRIGUES Agustín 1848-1918 [5]
🖼 *Camino de la cerca* - Oleo/tabla (14x21cm-6x8in) Madrid 90 .... FF11 900 - £1 229 - **$2,102**

LHERMITTE Georges XX [6]
🖼 *Thoniers en pêche sous voiles* - Huile/panneau (64x90cm-25x35in) Brest 92 .... FF9 900 - £1 013 - **$1,940**

LHERMITTE Léon Augustin 1844-1925 [175]
🖼 *La Fenaison* - Oil/canvas (216x264cm-85x104in) New-York 91 .... FF2 - £275 695 - **$474,761**
Le port de Nantes - Huile/toile (69x99cm-27x39in) Le Mans 95 .... FF16 000 - £2 080 - **$3,285**
Moisson, mère allaitant - Oil/canvas (46x34cm-21x17in) New-York 96 ...... FF129 800 - £16 530 - **$25,000**
Gleaners at sunset - Oil/canvas (69x110cm-27x43in) London 96 .... FF256 700 - £32 000 - **$49,600**
Moissonneurs, Mont-Saint-Père - Oil/canvas (77x97cm-30x38in) New-York 94 ...... FF935 000 - £108 200 - **$160,000**
✏ *Intérieur, buveur à Guyan-Mestras* - Charcoal/paper (32x44cm-13x17in) New-York 96 ... FF41 540 - £5 290 - **$8,000**
Figures in a churchyard - Pastel/canvas (56x46cm-22x18in) London 95 .... FF67 900 - £9 000 - **$14,020**
Sortie du troupeau - Pastel/paper (62x85cm-24x33in) New-York 97 .... FF164 865 - £17 757 - **$29,000**
Fortifications de Nuremberg - Pastel/paper (35x45cm-14x18in) New-York 94 ..... FF320 000 - £37 800 - **$57,000**

LHEUREUX Raymond [3]
🖼 *Canal de Nantes, Brest* - Huile/toile (41x33cm-16x13in) Nantes 89 .... FF3 800 - £389 - **$611**

LHOEST Engelbert 1919 [2]
🖼 *Landscape* - Oil/board (70x60cm-28x24in) Amsterdam 92 .... FF7 830 - £936 - **$1,508**

LHOMME Modeste Jean 1883-1946 [15]
🖼 *Matin* - Huile/toile (79x98cm-31x39in) Liège 93 .... FF4 285 - £513 - **$876**
En vacances - Huile (46x55cm-18x22in) Bruxelles 92 .... FF14 100 - £1 445 - **$2,482**

LHOSTE Claude 1929 [4]
🏛 *Le Chat rond* - Bronze (16x14x28cm-6x6x11in) Paris 95 .... FF19 000 - £2 274 - **$3,616**

LHOTAK Antonin 1897-? [1]
🏛 *Frauenraub* - Bronze (96cm-38in) Frankfurt 93 .... FF16 750 - £1 875 - **$2,810**

LHOTAK Kamil 1912-1990 [5]
🖼 *Methaphysische Landschaft* - Oil/canvas (46x59cm-18x23in) München 91 ..... FF26 360 - £2 624 - **$4,533**

LHOTE André 1885-1962 [1029]
🖼 *La grasse matinée* - Oil/canvas (175x144cm-69x57in) New-York 93 ...... FF1 - £147 600 - **$220,000**
Buste de femme nue - Huile/carton (38x33cm-15x13in) Besançon 97 .... FF120 000 - £1 303 - **$2,105**
Rugby BEC - Huile/toile (65x55cm-26x22in) Montauban 96 .... FF20 500 - £2 485 - **$3,990**
Ville et campagne - Huile (26x35cm-10x14in) Calais 97 .... FF34 000 - £3 403 - **$5,739**
La plage - Huile/toile (54x64cm-21x25in) Nice 92 .... FF59 000 - £6 407 - **$10,455**
Paysage - Huile/toile (44x68cm-17x27in) Paris 97 .... FF80 000 - £8 904 - **$14,456**
Paysage du Midi - Huile/toile (82x54cm-32x21in) Calais 97 .... FF165 000 - £16 516 - **$27,852**
La plage - Oil/canvas (86x131cm-34x52in) London 97 .... FF820 462 - £85 000 - **$140,547**
📷 *Le Nil* - Lithographie couleurs (31x48cm-12x19in) Paris 91 .... FF3 000 - £303 - **$596**
✏ *Paysage du Roussillon* - Fusain (29x37cm-11x15in) Paris 97 .... FF2 200 - £237 - **$380**
Nu assis - Aquarelle/papier (37x27cm-15x11in) Paris 97 .... FF6 000 - £678 - **$1,087**
Sous-bois - Aquarelle, gouache/papier (27x37cm-11x15in) Paris 96 .... FF12 000 - £1 556 - **$2,373**
La ville - Gouache/paper (36x53cm-14x21in) New-York 94 .... FF17 000 - £2 010 - **$3,000**
Compotiers de fruits et pichet
        Watercolour, gouache/paper (25x33cm-10x13in) London 97 .... FF21 680 - £2 391 - **$3,803**
Reclining nude - Gouache (23x32cm-9x13in) San Francisco-Los Angeles 96 ...... FF44 100 - £5 620 - **$8,500**
Le Gypsy's Bar - Aquarelle/papier Deauville 92 .... FF66 000 - £8 430 - **$13,050**
Deux jeunes femmes - Pastel (58x37cm-23x15in) New-York 94 .... FF112 700 - £13 360 - **$22,000**

LHOTE Hélène 1962 [2]
🖼 *Les deux plongeurs* - Technique mixte/panneau (70x35cm-28x14in) Paris 91 ..... FF3 000 - £302 - **$588**

LHUILLIER Charles Marie c.1824-1898 [4]
🖼 *Le Sergent de ville* - Huile/toile (60x27cm-24x11in) Le Havre 93 .... FF4 500 - £543 - **$818**

LHUILLIER Didier Alphonse XIX [2]
🖼 *La Vierge et l'Enfant* - Huile/toile (160x103cm-63x41in) Chaumont 93 .... FF5 000 - £625 - **$910**

LI ZHONGSHENG Li Chun-shan 1912-1984 [3]
✏ *Abstract* - Watercolour/paper (27x39cm-11x15in) Taipei, Taiwan 95 .... FF42 500 - £5 440 - **$8,550**

LIAGATCHEV Oleg 1939 [2]
✏ *Grand Empereur* - Technique mixte/papier (32x22cm-13x9in) Paris 92 .... FF1 500 - £154 - **$264**

LIAGATCHEV Vladimir 1945 [13]
🖼 *La rencontre bleue* - Acrylique/toile (81x65cm-32x26in) Paris 90 .... FF4 800 - £497 - **$844**
✏ *Le jeu de cache-cache* - Aquarelle (33x25cm-13x10in) Paris 89 .... FF1 700 - £174 - **$273**

LIANG QINGFU Liang Chingfu 1948 [2]
🌐 Peaceful Times - Oil/canvas (73x91cm-29x36in) Hong Kong 92 .... FF55 600 - £6 470 - **$11,350**
LIANI Francesco Aliani 1712/14-c.1780 [1]
🌐 Rè Ferdinando IV di Napoli - Oil/canvas (230x134cm-91x53in) Wien 95.................... FF101 100 - £12 620 - **$20,430**
LIARD Robert 1911-1988 [20]
🌐 La cour de ferme - Huile/toile (33x42cm-13x17in) Liège 97.. FF2 289 - £236 - **$392**
🌐 Vue de Liège - Huile/toile (59x72cm-23x28in) Liège 92... FF9 960 - £1 020 - **$1,752**
🖉 Paysage - Aquarelle Bruxelles 94... FF2 810 - £322 - **$481**
LIARDO Filippo 1840-1917 [1]
🌐 La perdita al gioco - Olio/tela (55x70cm-22x28in) Roma 94..................................... FF40 100 - £4 800 - **$7,440**
LIAUSU Camille 1894-1975 [92]
🌐 Le moulin bleu - Huile/toile (50x61cm-20x24in) Paris 96.. FF9 500 - £1 210 - **$1,832**
🌐 Nu allongé de dos - Huile/toile (105x53cm-41x21in) Deauville 92............................ FF35 000 - £3 580 - **$6,300**
🌐 Songe d'une nuit d'été - Huile/papier/toile (278x197cm-109x78in) Montauban 90............ FF92 000 - £9 369 - **$18,400**
🖉 Les labours - Gouache (32x32cm-13x13in) Paris 96... FF4 500 - £573 - **$868**
LIBAL Franta 1896-? [4]
🌐 Reclining nude - Oil/canvas (96x131cm-38x52in) Wien 95.. FF14 900 - £1 917 - **$3,080**
LIBAUDIERE Émile Joseph XIX [2]
🌐 Péniche sur la Seine - Huile/toile (38x55cm-15x22in) Morlaix 94............................. FF5 200 - £623 - **$961**
LIBAY Carl Ludwig 1814-1888 [1]
🖉 Hietzing, Platz vor der Kirche - Watercolour (13x21cm-5x8in) Wien 92.................... FF15 400 - £1 840 - **$2,960**
LIBERI Marco 1640-1725 [8]
🌐 loth et ses filles - Huile/toile (135x166cm-53x65in) Paris 91................................... FF800 000 - £79 448 - **$138,903**
LIBERICH Nicolai Ivanovich 1828-1883 [2]
🗿 A Cossack with Russian wolfhounds - Bronze (26cm-10in) New-York 95................. FF22 120 - £2 850 - **$4,500**
LIBERMAN Alexander 1912 [14]
🌐 Untitled - Acrylic/canvas (154x230cm-61x91in) New-York 93.................................. FF16 500 - £2 070 - **$3,000**
🗿 Cathedral - Bronze (47cm-19in) New-York 94.. FF13 200 - £1 585 - **$2,500**
🖉 Gate XVI, 1981 - Collage (214x15cm-84x6in) New-York 89..................................... FF48 600 - £4 969 - **$7,814**
LIBERSKI Benon 1926-1983 [1]
🌐 Le pouvoir au conseil - Huile/toile (126x186cm-50x73in) Paris 91.......................... FF5 450 - £543 - **$937**
LIBERT Francis XX [2]
🌐 L'ombre - Technique mixte (65x54cm-26x21in) Paris 90.. FF2 000 - £207 - **$353**
LIBERT Georg Emil 1820-1908 [88]
🌐 Marine, udsit mod Vesuv - Oil/canvas (53x77cm-21x30in) Kóbenhavn 90................ FF5 300 - £571 - **$935**
🌐 Rukan Fossen i telemarken i Norge - Oil/canvas (125x95cm-49x37in) Kóbenhavn 96......... FF19 600 - £2 540 - **$3,920**
🌐 Heidelberger Schlosses - Öl/Leinwand (47x63cm-19x25in) München 94................. FF61 600 - £7 300 - **$11,240**
LIBERT Léo XX [2]
🌐 Le moulin, Hechtel, Campine - Huile/toile (80x100cm-31x39in) Liège 90................ FF6 500 - £696 - **$1,130**
LIBERTÉ Jean Lewis 1896-1965 [3]
🌐 Sea and rocks - Oil/canvas (61x92cm-24x36in) New-York 93................................. FF3 670 - £420 - **$650**
LIBERTS Ludolf 1895-1959 [7]
🌐 Boulevard animé au crépuscule - Huile/carton (86x61cm-34x24in) Paris 96........... FF2 500 - £287 - **$477**
🌐 Venice - Oil/canvas (61x76cm-24x30in) Moscow 94.. FF10 510 - £1 263 - **$2,000**
LIBESKI Robert 1892-1988 [5]
🌐 Zitrone und Krug - Oil/panel (54x67cm-21x26in) Wien 96.. FF17 050 - £2 213 - **$3,370**
🖉 Ohne Titel - Mischtechnik/Papier (56x42cm-22x17in) Wien 96................................ FF1 920 - £233 - **$374**
LIBESSART Christian 1958 [3]
🌐 Guerrier africain à la lance - Huile/toile (146x114cm-57x45in) Paris 94................. FF8 000 - £948 - **$1,480**
🌐 Africaine aux tissus beninois - Huile/toile (130x97cm-51x38in) Paris 94................. FF21 500 - £2 547 - **$3,970**
LIBUDA Walter 1950 [1]
🌐 Bengalische Maschine - Oil/panel (100x100cm-39x39in) Berlin 96.......................... FF27 100 - £3 384 - **$5,240**
LICATA Riccardo 1929 [42]
🌐 Komposition - Oil/canvas/panel (110x226cm-43x89in) Stockholm 93...................... FF7 750 - £880 - **$1,313**
🌐 Composition - Huile/toile (129x195cm-51x77in) Le Touquet 94.............................. FF111 500 - £1 370 - **$2,190**
🌐 Composizione - Olio/tela (60x73cm-24x29in) Roma 90... FF27 500 - £2 963 - **$4,850**
🗿 Forêt - Sculpture (26x28cm-10x11in) Paris 97... FF7 000 - £753 - **$1,229**
LICHANSKY Batia 1901-1992 [6]
🗿 Dancer - Bronze (28x20x20cm-11x8x8in) Tel Aviv 97.. FF9 091 - £1 010 - **$1,700**
🖉 Yossef Bar Akiva Zoref - Charcoal (71x55cm-28x22in) Tel Aviv 94........................ FF2 750 - £325 - **$500**
LICHERIE DE BEURIE Louis (Attrib.) 1629-1687 [2]
🌐 Naissance de la Vierge - Huile/toile (130x163cm-51x64in) Paris 91....................... FF32 000 - £3 225 - **$5,553**
LICHT Hans 1876-1935 [23]
🌐 Landweg - Öl/Karton (45x57cm-18x22in) Hamburg 97.. FF4 550 - £486 - **$793**
🌐 Städtchen Schwalenberg - Oil/panel (29x36cm-11x14in) Bielefeld 96.................... FF15 020 - £1 954 - **$2,974**
LICHTENBERGER Hans Reinhold 1876-1957 [4]
🌐 Flughafen (Berlin?) - Oil/panel (51x66cm-20x26in) Bremen 94.............................. FF3 480 - £398 - **$588**
🌐 Herbststimmung - Oil/paper (41x68cm-16x27in) München 92................................ FF11 200 - £1 337 - **$2,153**
LICHTENBERGER Hermann Julius ?-1897 [2]
🌐 Überfahrt am Schreckenstein - Öl/Leinwand (67x141cm-26x56in) München 94.......... FF130 000 - £15 400 - **$23,730**
LICHTENHELD Wilhelm 1817-1891 [3]
🌐 Berglandschaft am See - Oil/canvas (50x70cm-20x28in) Köln 92........................... FF12 880 - £1 540 - **$2,480**

L

LICHTENSTEIN Roy 1923 [475]
- Arrrrrl ! - Oil/canvas (76x91cm-30x36in) New-York 96 .... FF1 - £228 000 - **$380,000**
- *Kiss II, 1962* - Oil/canvas (145x172cm-57x68in) New-York 90 .... FF3 - £3 - **$5**
- *Forest Scene* - Oil/canvas (244x325cm-96x128in) New-York 96 .... FF9 - £1 - **$1**
- *Untitled* - Oil/canvas (107x142cm-42x56in) New-York 97 .... FF40 936 - £4 323 - **$7,000**
- *Untitled* - Acrylic/paper (112x72cm-44x28in) Stockholm 97 .... FF224 040 - £23 880 - **$39,120**
- *Paintings* - Oil (101x91cm-40x36in) New-York 97 .... FF1 17 45e +06 - £106 838 - **$175,000**
- ⬛ *Brushstrokes* - Screenprint in colors (59x76cm-23x30in) New-York 97 .... FF14 286 - £1 532 - **$2,500**
- *Blue Face* - Screenprint in colors (137x85cm-54x33in) New-York 97 .... FF21 714 - £2 328 - **$3,800**
- *Huh?* - Screenprint in colors (106x78cm-42x31in) New-York 97 .... FF31 429 - £3 369 - **$5,500**
- *Sunshine Through the Clouds*
  Screenprint in colors (141x101cm-56x40in) New-York 97 .... FF57 143 - £6 126 - **$10,000**
- *Melody Haunts my Reveries*
  Silkscreen in colors (69x58cm-27x23in) Los Angeles 94 .... FF122 100 - £14 580 - **$23,000**
- *Peace through chemistry I* - Lithographie (95x161cm-37x63in) New-York 89 .... FF429 000 - £43 865 - **$68,971**
- 🗿 *The Conversation* - Bronze (123x23x107cm-48x9x42in) New-York 97 .... FF1 - £146 520 - **$240,000**
- *Modern Sculpture* - Stainless, plexiglass (81cm-32in) New-York 95 .... FF153 500 - £19 200 - **$31,000**
- *Suspended Mobile* - Relief (129x191cm-51x75in) New-York 96 .... FF248 600 - £32 100 - **$48,000**
- ✏ *Modern Head #5* - Graphite (71x49cm-28x19in) New-York 97 .... FF18 286 - £1 960 - **$3,200**
- *Head II* - Collage/paper (91x65cm-36x26in) New-York 97 .... FF261 324 - £27 491 - **$45,000**
- *Memory Haunts My reverie* - Coloured crayons (14x14cm-6x6in) New-York 96 .... FF512 000 - £60 700 - **$100,000**

LICHTFUS Yvette 1925 [6]
- Ferme au soleil - Huile/toile (65x80cm-26x31in) Bruxelles 93 .... FF5 600 - £670 - **$1,145**

LICHTNER-AIX Werner 1939-1987 [1]
- Mistral-Landschaft - Oil/canvas (35x40cm-14x16in) München 95 .... FF14 820 - £1 894 - **$3,024**

LICINI Oswaldo 1894-1958 [29]
- Fiore fantastico - Olio/carta/tela (11x22cm-4x9in) Milano 93 .... FF260 600 - £29 950 - **$44,800**
- *Personaggio* - Olio/carta (28x23cm-11x9in) Milano 92 .... FF421 000 - £43 100 - **$74,100**
- *Amalassunta* - Olio/carta/tela (23x31cm-9x12in) Milano 90 .... FF843 000 - £85 790 - **$168,587**
- ✏ *Composizione* - Crayon (17x26cm-7x10in) Milano 92 .... FF49 800 - £5 100 - **$8,770**
- *Leopardi* - Matita/carta (17x23cm-7x9in) Milano 90 .... FF79 800 - £8 036 - **$15,632**

LICK van der Armand. 1897-1985 [4]
- Sculpture africaine - Huile/toile (110x90cm-43x35in) Antwerpen 94 .... FF30 000 - £3 600 - **$5,830**

LICKLEDERER Max Michael 1863-? [2]
- Seelandschaft - Ol/Karton (15x15cm-6x6in) München 93 .... FF4 200 - £481 - **$711**

LIDBERG Sven 1929-1985 [11]
- En härlig sommardag - Oil/panel (50x63cm-20x25in) Göteborg 95 .... FF5 870 - £734 - **$1,152**

LIDDELL T. Hodgson 1860-1925 [2]
- Ferryhouse on the Ouse, Hants - Oil/canvas (52x77cm-20x30in) Edinburgh 96 .... FF5 500 - £700 - **$1,058**

LIDDERDALE Charles Sillem 1831-1895 [49]
- Off to school - Oil/canvas (60x50cm-24x20in) Billinghurst, West Sussex 95 .... FF8 830 - £1 100 - **$1,730**
- *Without Leave or Licence* - Oil/board (51x42cm-20x17in) London 96 .... FF16 040 - £2 000 - **$3,100**
- *Country girl in a forest* - Oil/canvas (70x46cm-28x18in) Toronto 92 .... FF43 000 - £4 400 - **$7,570**

LIDICKY Karel 1900-1976 [1]
- 🗿 Der verlorene Sohn - Bronze (15x50cm-6x20in) Düsseldorf 90 .... FF40 500 - £4 336 - **$7,043**

LIDIN Rolf 1900-1958 [1]
- Sjukhuset, San Giminiano - Oil/canvas (51x62cm-20x24in) Stockholm 91 .... FF2 923 - £299 - **$546**

LIDOV Arthur Herschel 1917-? [1]
- De Glory Road - Oil/canvas (61x56cm-24x22in) San Francisco-Los Angeles 94 .... FF5 500 - £690 - **$1,000**

LIE Edvarda 1910-1983 [2]
- Interiør med tre kvinner - Oil/canvas (100x150cm-39x59in) Oslo 91 .... FF33 000 - £3 325 - **$5,726**

LIE Jonas 1880-1940 [13]
- Safe harbor - Oil/canvas (91x76cm-36x30in) New-York 92 .... FF33 800 - £3 590 - **$6,500**
- *Emerald sea at Dawn* - Oil/canvas (127x152cm-50x60in) New-York 91 .... FF71 900 - £7 218 - **$12,440**
- *Gloucester harbor* - Oil/canvas (63x76cm-25x30in) New-York 97 .... FF163 456 - £17 194 - **$28,000**

LIE-GJEMRE Johan 1900-1990 [6]
- Foran vinduet - Oil/canvas (74x65cm-29x26in) Oslo 91 .... FF3 910 - £394 - **$678**

LIE-JØRGENSEN Thorbjørn 1900-1961 [6]
- Kystparti - Oil/canvas (90x72cm-24x28in) Tönsberg 93 .... FF14 400 - £1 720 - **$2,620**

LIEB Leopold 1771-1836 [1]
- ✏ Michelangelo Buonarottis - Miniature (9x7cm-4x3in) Wien 90 .... FF5 300 - £567 - **$922**

LIEBANA Ginés 1921 [2]
- Cabeza - Oleo/tabla (42x35cm-17x14in) Madrid 96 .... FF2 027 - £258 - **$390**

LIEBENAUER Ernst 1884-1970 [9]
- Meeresjungfrau - Öl/Leinwand (49x38cm-19x15in) Wien 93 .... FF4 810 - £575 - **$925**

LIEBENWEIN Maximilian 1869-1926 [4]
- ✏ Adoration of the Magi - Gouache (58x66cm-23x26in) New-York 91 .... FF17 430 - £1 761 - **$3,460**

LIEBER Tom 1949 [5]
- Spade - Oil/canvas (213x194cm-84x76in) San Francisco-Los Angeles 94 .... FF11 580 - £1 510 - **$2,250**

LIEBERICH Nicolaï Ivanovitch 1828-1883 [5]
- 🗿 Eskimo riding his sleigh - Bronze (92cm-36in) London 96 .... FF13 120 - £1 500 - **$2,500**

LIEBERMAN Harry 1876-1983 [1]
- If the Judge is Rich... - Acrylic/canvas (51x41cm-20x16in) Litchfield, CT 92 .... FF9 880 - £1 180 - **$1,900**

LIEBERMANN Ernst 1869-? [26]

🖼 *Alter Turm* - Oil/panel (35x29cm-14x11in) Frankfurt 95 .... FF3 440 - £435 - $673
Modellpause - Öl/Leinwand (63x71cm-25x28in) Düsseldorf 96 .... FF15 240 - £1 880 - $2,943
In grünen Licht - Öl/Leinwand (70x70cm-28x28in) Düsseldorf 96 .... FF37 900 - £4 910 - $7,580

LIEBERMANN Ferdinand 1883-1941 [6]

🗿 *Tanzende* - Bronze (29cm-11in) Wien 97 .... FF4 782 - £510 - $827
Tanzender Akt - Bronze (61cm-24in) Stuttgart 92 .... FF20 300 - £2 360 - $4,145

LIEBERMANN Max 1847-1935 [465]

🖼 *Die Bleiche* - Öl/Leinwand (43x62cm-17x24in) Berlin 97 .... FF1 - £189 805 - $311,316
Gartencafé am Wannsee - Oil/canvas (60x74cm-24x29in) London 94 .... FF4 - £550 000 - $868,000
Der Pfeifenraucher - Öl/Karton (35x25cm-14x10in) Zürich 95 .... FF68 000 - £8 600 - $13,680
Seated Lady - Oil/canvas (98x78cm-39x31in) Tel Aviv 95 .... FF80 500 - £9 650 - $15,000
Selbstbildnis - Öl/Leinwand (46x38cm-18x15in) Berlin 97 .... FF240 880 - £25 582 - $4,196,0 5
Beach scene, Scheveningen - Oil/board (26x44cm-10x17in) London 95 ..... FF521 000 - £66 000 - $104,800
Rindermarkt in Leyden - Öl/Leinwand (59x74cm-23x29in) Berlin 94 ...... FF962 000 - £115 000 - $179,700
🖼 *Frühling im Grunewald* - Radierung (23x15cm-9x6in) Hamburg 97 .... FF3 707 - £396 - $646
Selbstbildnis - Lithographie (26x34cm-10x13in) Wien 96 .... FF5 770 - £735 - $1,111
Richard Strauss - Lithographie (51x66cm-20x26in) Köln 97 .... FF9 463 - £994 - $162,0 8
Lesendes Mädchen - Color lithograph (30x24cm-12x9in) München 95 .... FF19 950 - £2 620 - $4,000
🖼 *Personen am Strand* - Drawing (12x19cm-5x7in) London 96 .... FF14 040 - £1 600 - $2,690
Mutter und Kind - Chalks (25x22cm-10x9in) Berlin 97 .... FF34 966 - £3 713 - $6,090
Die Kuhhirtin - Chalks/paper (51x30cm-20x12in) Berlin 97 .... FF54 392 - £5 776 - $9,474
Weg im Wannseegarten - Pastell/Papier (23x29cm-9x11in) Köln 97 ...... FF168 975 - £17 760 - $28,930
Nähende Mädchen in Huysen - Pastel (57x77cm-22x30in) Berlin 96 ..... FF475 000 - £59 200 - $91,700
Schafhirtin - Pastel/paper (74x66cm-29x26in) London 95 .... FF1 9e +06 - £140 000 - $220,000

LIEBIG Bernhard 1873-? [5]

🖼 *Heuernte* - Oil/panel (46x74cm-18x29in) Frankfurt 95 .... FF5 340 - £666 - $1,080

LIEBMAN Aline Meyer 1879-1966 [7]

🖼 *Landscape* - Oil/canvas/board (33x41cm-13x16in) New-York 93 .... FF56 000 - £6 370 - $9,500
📷 *12 East 87th Street* - Platinum print (15x10cm-6x4in) New-York 93 .... FF7 080 - £806 - $1,200

LIEBMAN Gehardt XX [2]

🖼 *Derelict* - Tempera (23x30cm-9x12in) New-York 90 .... FF7 460 - £759 - $1,492

LIEBMANN Hans Harry 1876-? [2]

🗿 *Diana med pilbåge och koger* - Bronze (83cm-33in) Stockholm 91 .... FF14 140 - £1 418 - $2,360

LIEBSCHER Adolf 1857-? [2]

🖼 *Der Schutzengel* - Öl/Leinwand Wien 94 .... FF12 250 - £1 448 - $2,260
🖌 *Tepliz-Schönau, Böhmen* - Watercolour, gouache/paper (25x37cm-10x15in) Wien 95 .... FF7 340 - £968 - $1,490

LIEBSCHER Karl 1851-1906 [2]

🖼 *Gebirgslandschaft mit Bauerngehöft* - Oil/panel (24x35cm-9x14in) München 89 ...... FF8 400 - £859 - $1,350
🖼 *Landschaft* - Vernis mou couleurs (30x25cm-12x10in) München 91 ...... FF1 690 - £168 - $291

LIECK Joseph 1849-? [3]

🖼 *Winzerkönigin* - Oil/canvas (28x21cm-11x8in) Wien 91 .... FF12 000 - £1 195 - $2,064

LIEDBECK Albert ?-1955 [3]

🖼 *Terrine* - Öl/Leinwand (46x54cm-18x21in) Hamburg 94 .... FF3 403 - £398 - $601

LIEDER D'ELLEVAUX Friedrich II 1807-1884 [2]

🖌 *Sophie, Erzherzogin von Österreich* - Aquarell/Papier (17x13cm-7x5in) Wien 96 .... FF5 880 - £761 - $1,176

LIEDER Friedrich G., Franz 1780-1859 [13]

🖌 *Blondgelockter Herr* - Miniature (7cm-3in) Wien 95 .... FF16 200 - £2 024 - $3,270

LIEFLAND van Johannes 1809-1861 [1]

🖌 *Schulmeister und Schüler* - Sanguine (33x25cm-13x10in) Bielefeld 89 ...... FF2 000 - £193 - $303

LIEGI Ulvi 1859-1939 [22]

🖼 *I fiori gialli* - Olio/tavola (37x29cm-15x11in) Roma 94 .... FF35 300 - £4 200 - $6,300
Ardenza - Olio/cartone (25x36cm-10x14in) Milano 95 .... FF87 500 - £11 300 - $17,980
Viale dei Colli a Firenze - Olio/tela (31x76cm-12x30in) Milano 95 .... FF287 000 - £37 050 - $58,900

LIEHM Anton 1817-1860 [1]

🖌 *Dorfmotiv aus Böhmen* - Aquarell/Papier (22x28cm-9x11in) Wien 90 ...... FF2 400 - £257 - $417

LIEKENS Koen XX [2]

🖼 *Insectes* - Huile/toile (95x54cm-37x49in) Antwerpen 92 .... FF3 984 - £408 - $701

LIENARD Emile Désiré 1842-? [1]

🗿 *Retriever with pheasant* - Bronze (53cm-21in) London 91 .... FF22 700 - £2 276 - $4,158

LIENARD Jean Auguste 1779-1848 [3]

🖌 *Le Roi Louis XIV* - Miniature (17x14cm-7x6in) Paris 92 .... FF16 000 - £1 644 - $2,963

LIENARD Jean-Bapt. Edward 1779-1848 [1]

🖌 *Admiral Searle in blue uniform* - Miniature (7cm-3in) Fingask Castle, Rait 93 ...... FF7 470 - £900 - $1,305

LIENARD Sophie XIX [2]

🖌 *Le maréchal Lannes* - Miniature (14cm-6in) London 94 .... FF15 260 - £1 800 - $2,716

LIENAUX Fernand 1897-1980 [2]

🖼 *Vallée de la Semois* - Huile/toile (79x99cm-31x39in) Bruxelles 97 .... FF2 289 - £252 - $402
Chapelle en Bretagne - Huile/toile (90x80cm-35x31in) Bruxelles 90 ...... FF5 500 - £589 - $957

LIER Adolf 1826-1882 [30]

🖼 *In the hay Fields* - Oil/canvas (29x44cm-11x17in) Wien 96 .... FF41 400 - £5 020 - $8,050
Sommerlandschaft mit Schafen vorn - Öl/Karton (16x28cm-6x11in) München 93 ...... FF115 300 - £13 770 - $22,200

Starnberger See von Pöcking aus
    Öl/Leinwand (90x128cm-35x50in) München 94 .... FF563 000 - £66 500 - $101,100

LIERMANN Frieda 1877-1958 [1]
🐦 *Pfeiferauchender Bauer* - Oil/canvas (55x46cm-22x18in) Bern 90 .... FF13 700 - £1 457 - $2,451

LIERNUR Martinus Wilhelmus XIX-XX [3]
✏ *Rêverie* - Watercolour/paper (23x14cm-9x6in) Amsterdam 96 .... FF2 860 - £347 - $556

LIERRES de Etienne XX [2]
🐦 *Gand sur l'Escaut* - Huile/toile (50x61cm-20x24in) Paris 91 .... FF5 000 - £497 - $868

LIES Joseph Hendrik H. 1821-1865 [6]
🐦 *Scène historique* - Huile/toile (31x49cm-12x19in) Bruxelles 97 .... FF4 575 - £496 - $809
Zweierlei Botanik - Oil/panel (69x59cm-27x23in) Wien 96 .... FF16 860 - £2 102 - $3,260

LIESEGANG Helmut 1858-1945 [44]
🐦 *Fischerhäuser am Quai* - Öl/Leinwand (40x50cm-16x20in) München 92 .... FF12 200 - £1 460 - $2,350
Schafherde mit Schäfer - Öl/Leinwand (78x60cm-31x24in) Düsseldorf 96 .... FF25 400 - £3 220 - $4,870
Kirchenportal in Moret-sur-Loing - Öl/Leinwand (60x81cm-24x32in) Düsseldorf 95.. FF66 300 - £8 430 - $13,470

LIESKE Karl 1816-1878 [2]
🐦 *Die Einschiffung der Pferde* - Oil/canvas (43x59cm-17x23in) Bern 92 .... FF15 220 - £1 820 - $2,930

LIESLER Josef 1912 [3]
🐦 *Hradschin vom Jan-Palach-Platz* - Oil/canvas (90x96cm-35x38in) München 91 .... FF21 970 - £2 187 - $3,778

LIESSNER-BLOMBERG Elena 1897-1978 [5]
✏ *Costume designs for Petrushka* - Gouache (24x26cm-9x10in) London 89 .... FF38 700 - £3 851 - $6,114

LIESTE Cornelis 1817-1861 [9]
🐦 *Mountainous summer landscape* - Oil/panel (54x68cm-21x27in) Amsterdam 95 .... FF12 080 - £1 510 - $2,440

LIETZMANN Hans 1872-? [6]
🐦 *Boys picking grapes* - Oil/canvas (127x100cm-50x39in) London 94 .... FF47 600 - £5 500 - $8,130
✏ *Seenlandschaft in Oberitalien* - Tempera/paper (49x38cm-19x15in) Lindau 94 .... FF4 630 - £579 - $935

LIEVRE Lucien 1878-? [1]
🐦 *Pont de pierre, Hollande* - Huile/panneau (61x83cm-24x33in) Bielefeld 96 .... FF3 550 - £441 - $689

LIEZEN-MAYER von Alexander 1839-1898 [2]
🐦 *Gretchen am Spinnrad* - Oil/panel (35x24cm-14x9in) München 92 .... FF10 150 - £1 181 - $2,072

LIFAR Serge 1905-1986 [1]
✏ *Danse* - Pastel (65x50cm-26x20in) Paris 92 .... FF1 500 - £179 - $289

LIFSHITZ Uri 1936 [48]
🐦 *Painting* - Mixed media (110x118cm-43x46in) Tel Aviv 97 .... FF19 251 - £2 140 - $3,600
Figure - Oil/canvas (90x94cm-35x37in) Tel Aviv 96 .... FF32 100 - £2 715 - $4,200
Anonymity - Oil/canvas (150x150cm-59x59in) Tel Aviv 96 .... FF155 500 - £19 500 - $30,000

LIGABUE Antonio 1899-1965 [13]
🐦 *Le rondini* - Olio/tavola (28x31cm-11x12in) Prato 97 .... FF37 400 - £4 400 - $6,600
Tigre reale - Olio/masonite (61x46cm-24x18in) Milano 94 .... FF96 800 - £11 220 - $16,940
Tapiro nella foresta assalito - Olio/tela (80x120cm-31x47in) Milano 95 .... FF300 000 - £37 000 - $61,000

LIGARE David 1945 [2]
🐦 *Patmos* - Oil/canvas (81x101cm-32x40in) New-York 90 .... FF45 400 - £4 572 - $8,893

LIGETI Antal 1823-1890 [2]
🐦 *A Street in an Ottoman Town* - Oil/canvas (34x47cm-13x19in) London 96 .... FF61 600 - £8 000 - $12,200

LIGNON Bernard 1928 [27]
🐦 *Un place à Paris* - Huile/toile (73x60cm-29x24in) Bruxelles 95 .... FF2 510 - £330 - $504
Le Moulin Rouge - Oil/canvas (62x46cm-24x18in) Bern 92 .... FF5 710 - £682 - $1,098
Le Canal Saint-Martin - Huile/toile (46x55cm-18x22in) Fontainebleau 95 .... FF24 500 - £3 150 - $5,100

LIGNY Charles 1819-1889 [1]
🐦 *Petit château près du rivage* - Huile/panneau (16x27cm-6x11in) Antwerpen 97 .... FF2 621 - £276 - $454

LIGTELIJN Evert Jan 1893-1977 [21]
🐦 *Ducks flying over a lake* - Oil/canvas (61x61cm-24x24in) Amsterdam 97 .... FF5 200 - £562 - $907

LIIPOLA Yrjö 1881-1971 [2]
🗿 *Sittande naken kvinna* - Bronze (17cm-7in) Helsinki 94 .... FF6 870 - £797 - $1,184

LIJNEN Amédée 1852-1938 [7]
🐦 *Zélandaise à la cruche* - Huile/panneau (65x40cm-26x16in) Antwerpen 94 .... FF4 650 - £546 - $828
✏ *Devant la ferme* - Gouache (33x49cm-13x19in) Antwerpen 93 .... FF3 296 - £394 - $674

LIKAN Gustav 1912 [2]
✏ *Bouquet* - Watercolour/paper (30x38cm-12x15in) Chicago 93 .... FF1 623 - £185 - $275

LIKARZ Maria 1893-1971 [1]
🐦 *Flucht nach Ägypten* - Enamel/panel (76x80cm-30x31in) Wien 94 .... FF8 800 - £1 018 - $1,512

LILBAEK Asta 1895-? [1]
🗿 *Sittande flicka med blåshorn* - Bronze (24cm-9in) Malmö 93 .... FF3 040 - £383 - $576

LILIEN Ephraim Moshe 1874-1925 [9]
▱ *Etcher at work* - Etching (35x39cm-14x15in) Tel Aviv 95 .... FF7 420 - £939 - $1,450

LILJEBLADH Birgitta 1924 [23]
🐦 *Sovande pojke, 1962* - Oil/canvas (57x63cm-22x25in) Stockholm 90 .... FF17 800 - £1 894 - $3,184

LILJEFORS Bruno 1860-1939 [373]
🐦 *Törnskata, circa 1887* - Oil/canvas Stockholm 90 .... FF6 - £685 862 - $1
Hedlandskap med vattendrag - Oil/canvas (49x46cm-19x25in) Stockholm 92 .... FF8 480 - £869 - $1,768
Flygande beckasin - Oil/canvas (75x100cm-30x39in) Stockholm 96 .... FF15 240 - £2 010 - $3,100
A fox in snow - Oil/panel (33x41cm-13x16in) London 94 .... FF44 800 - £5 200 - $7,750
Sträckande ejdrar - Oil/canvas (70x100cm-28x39in) Stockholm 96 .... FF77 800 - £8 870 - $14,900

Älg i höstlandskap - Oil/canvas (65x90cm-26x35in) Stockholm 97 .... FF*101 884* - £10 759 - **$17,604**
Flygande ejderpar - Oil/canvas (60x100cm-24x39in) Stockholm 94 .... FF*138 400* - £16 320 - **$24,630**
Ejderhona med ungar på skär - Oil/canvas (71x137cm-28x54in) Stockholm 97 .... FF*203 769* - £21 519 - **$35,208**
Bofinkar i blåsippsbacke - Oil/canvas (33x23cm-13x9in) Stockholm 96 .... FF*500 000* - £62 300 - **$96,500**
✏ *Vinterskog med jägare* - Charcoal/paper (45x59cm-18x23in) Göteborg 96 .... FF*11 670* - £1 330 - **$2,234**
Fällande vildgäss - Akvarell (14x39cm-6x15in) Stockholm 96. .... FF*27 700* - £3 530 - **$5,340**
Skogsparti med uggla - Ink/paper (38x55cm-15x22in) Stockholm 92 .... FF*90 300* - £10 800 - **$17,380**
LILJEFORS Charlotta 1945 [3]
🐦 *Fasaner i vinterlandskap* - Oil/panel (39x68cm-15x27in) Stockholm 89 .... FF*5 100* - £507 - **$806**
LILJEFORS Lindorm 1909-1985 [179]
🐦 *Stenen i skogen* - Oil/panel (21x16cm-8x6in) Uppsala 92 .... FF*3 300* - £338 - **$581**
Räv i vinterlandskap - Oil/panel (33x41cm-13x16in) Stockholm 97. .... FF*8 302* - £876 - **$1,434**
Vinterlandskap - Oil/canvas (63x90cm-25x35in) Stockholm 94 .... FF*21 570* - £2 556 - **$3,990**
Älg och gråhund - Oil/canvas (70x100cm-28x39in) Stockholm 95 .... FF*49 600* - £6 490 - **$9,930**
Älgjakt med grahund och älgtjur - Oil/canvas (81x100cm-32x39in) Stockholm 89 .... FF*187 200* - £19 141 - **$30,096**
✏ *Tjäder i skogsparti* - Drawing (26x28cm-10x11in) Söderköping 94 .... FF*6 100* - £657 - **$1,076**
LILJELUND Arvid 1844-1899 [12]
🐦 *Interiör* - Oil/canvas (41x65cm-16x26in) Helsinki 93 .... FF*87 100* - £10 470 - **$15,850**
Lotsen, circa 1896-97 - Oil/canvas (81x64cm-32x25in) Helsinki 89 .... FF*776 500* - £79 397 - **$124,839**
LILJESTROM Gustave 1882-1958 [4]
🐦 *The Rim of the Grand Cañyon*
Oil/canvas (71x91cm-28x36in) San Francisco-Los Angeles 91 .... FF*14 980* - £1 498 - **$2,467**
LILLIENDAHL Alfred Harry 1909 [4]
✏ *Komposition* - Oil/canvas (44x25cm-17x10in) København 95. .... FF*2 840* - £368 - **$578**
LILLONI Umberto 1898-1980 [91]
🐦 *Nevicata a Bardonecchia* - Olio/tela (27x41cm-11x16in) Milano 95 .... FF*27 000* - £3 330 - **$5,490**
Barconi a Venezia - Olio/tela (50x65cm-20x26in) Prato 95 .... FF*49 400* - £6 400 - **$10,080**
Stockholm - Olio/tela (70x100cm-28x39in) Prato 95 .... FF*111 200* - £14 400 - **$22,700**
✏ *Darsena a Stoccolma* - Acquarello/carta (31x46cm-12x18in) Prato 97 .... FF*14 620* - £1 720 - **$2,580**
LILLYWHITE Raphael 1891-1980 [3]
🐦 *Indian family* - Oil/canvas (63x91cm-25x36in) Denver, Colorado 95. .... FF*24 900* - £4 870 - **$3,150**
LIMBURG SIRUM van Eldina Aldegonda R. 1855-1941 [3]
🐦 *Fisherman in a riverlandscape* - Oil/canvas (62x86cm-24x34in) Amsterdam 90 .... FF*3 620* - £366 - **$689**
LIMBURG SIRUM van Elisabeth 1867-? [1]
🐦 *Seestück* - Oil/canvas (35x55cm-14x22in) Frankfurt 92 .... FF*2 380* - £244 - **$419**
LIMET Jean-François G. 1855-1941 [1]
🐦 *Paysage à l'église* - Huile/toile (38x61cm-15x24in) Reims 89 .... FF*3 100* - £308 - **$490**
LIMIDO Carlo 1901-1957 [1]
🐦 *Femme plumant une poule* - Huile/toile/carton (22x16cm-9x6in) Saint-Dié 93 .... FF*3 500* - £394 - **$594**
LIMMEN van Jan 1753-1831 [1]
🐦 *Wooded river landscape* - Oil/panel (49x65cm-19x26in) Amsterdam 90 .... FF*83 900* - £8 926 - **$15,009**
LIMNEL Emanuel 1766-1861 [3]
🐦 *Ulhärja ting vid Upsala* - Akvarell (43x58cm-17x23in) Stockholm 95 .... FF*19 030* - £2 440 - **$3,840**
LIMOUSE Roger 1894-1990 [179]
🐦 *La garrigue* - Huile/toile (46x62cm-18x24in) Montauban 96 .... FF*3 000* - £386 - **$595**
Bouquet de fleurs - Huile/toile (73x60cm-29x24in) Paris 96. .... FF*7 500* - £904 - **$1,440**
Voiliers au port - Huile/toile (101x81cm-40x32in) Les Baux-de-Provence 95. .... FF*20 000* - £2 584 - **$4,120**
Nature morte au melon - Huile/toile (54x73cm-21x29in) Versailles 91 .... FF*55 000* - £5 556 - **$10,918**
Voiliers dans le port - Huile/toile (81x99cm-32x39in) Versailles 90. .... FF*210 000* - £21 694 - **$37,102**
✏ *Nature morte printanière* - Gouache/papier (39x31cm-15x12in) Paris 96 .... FF*4 000* - £483 - **$768**
Carnaval de Nice - Pastel (25x32cm-10x13in) Neuilly 90 .... FF*11 000* - £1 136 - **$1,943**
LIMPERT Johann Heinrich 1858-1938 [6]
🐦 *Frühling* - Oil/canvas (45x67cm-18x26in) Köln 91 .... FF*7 490* - £751 - **$1,372**
LIN FENGMIAN 1900-1991 [93]
🐦 *Autumn landscape* - Oil/canvas (59x72cm-23x28in) Taipei, Taiwan 92 .... FF*388 000* - £39 500 - **$68,700**
White Lotus - Acrylic/paper (69x136cm-27x54in) Taipei, Taiwan 97. .... FF*420 800* - £44 600 - **$72,600**
LIN Richard 1933 [7]
🐦 *And it came to pass* - Oil (76x100cm-30x39in) Amsterdam 94 .... FF*8 540* - £1 002 - **$1,520**
Painting Relief - Oil (127x101cm-50x40in) London 97 .... FF*35 782* - £3 800 - **$6,233**
LINAAE Paul 1791-1866 [1]
🐦 *Gaustadfjellet* - Oil/canvas (72x60cm-28x24in) Oslo 93. .... FF*28 000* - £3 320 - **$5,040**
LINARD Henri XX [9]
🐦 *Neige place du Carrousel* - Huile/toile (60x75cm-24x30in) La Varenne Saint-Hilaire 89 .... FF*3 700* - £390 - **$623**
LINARD Joël 1954 [2]
🗿 *Un petit rien des dimanches..* - Sculpture Paris 90. .... FF*22 000* - £2 250 - **$4,342**
LINCE de Marcel 1886-1958 [61]
🐦 *Vue du Quai de Rome* - Huile/toile (73x53cm-29x21in) Liège 96. .... FF*6 250* - £783 - **$1,208**
✏ *L'Ourthe à Streupas* - Fusain (29x36cm-11x14in) Liège 97 .... FF*1 962* - £202 - **$336**
LINCK Ernst 1874-1963 [1]
🐦 *Emmentaler Hügellandschaft* - Öl/Leinwand (50x70cm-20x28in) Zofingen 94 .... FF*4 480* - £531 - **$827**
LINCK Jean Philippe 1770-1812 [2]
✏ *Studies after the Antique* - Pencil (29x19cm-11x7in) London 94 .... FF*4 160* - £500 - **$770**

Calendar & auction results :   INTERNET : **www.artprice.com**   MINITEL : 3617 ARTPRICE

LINCK Walter 1903-1975 [5]
- *Junge Frau mit geflochtenem Haar* - Öl/Leinwand (33x41cm-13x16in) Bern 94 .... FF3 030 - £351 - $522
- *Drei Figuren - Relief* (35x22cm-14x9in) Bern 94 .... FF3 650 - £436 - $682

LINCKE Karl Ludwig 1822-1886 [1]
- *Im Salzburger Land* - Oil/canvas (51x69cm-20x27in) Köln 92 .... FF18 650 - £2 230 - $3,590

LINCOLN Edwin Hale XIX-XX [12]
- *Iris* - Platinum print (33x25cm-13x10in) New-York 96 .... FF4 390 - £544 - $850

LINCOLN F.S. 1894-1975 [1]
- *Ford Pavilion, New York* - Gelatin silver print (18x23cm-7x9in) New-York 96 .... FF8 870 - £1 027 - $1,700

LINCOLN James Sullivan 1811-1888 [1]
- *Emma Jane Orrell/Martha Orrell* - Oil/canvas/panel (61x51cm-24x20in) New-York 95 .... FF17 100 - £2 214 - $3,500

LIND Bror 1877-1941 [1]
- *Månsken och dimma* - Oil/canvas (144x150cm-57x59in) Stockholm 93 .... FF38 100 - £4 320 - $6,440

LIND Christian Georg 1800-1856 [1]
- *Moonlit evening* - Oil/canvas London 89 .... FF9 700 - £965 - $1,532

LINDAHL Helge 1898-1985 [2]
- *Hus vid havet* - Oil/canvas (92x100cm-36x39in) Malmö 96 .... FF2 280 - £296 - $447

LINDAU Dietrich Wilhelm 1799-1862 [7]
- *In the Roman Campagna* - Oil/canvas (96x76cm-38x30in) London 94 .... FF30 250 - £3 600 - $5,700
- *The new ribbon* - Oil/canvas (100x86cm-39x34in) London 90 .... FF150 100 - £16 071 - $26,104
- *Musicians at a street altar* - Watercolour (23x30cm-9x12in) London 96 .... FF22 140 - £2 600 - $4,355

LINDBERG Alf 1905-1990 [58]
- *Sommargrönska* - Oil/canvas (65x55cm-26x22in) Stockholm 95 .... FF4 580 - £599 - $917
- *Modellstudie* - Oil/canvas (68x56cm-27x22in) Stockholm 96 .... FF11 300 - £1 370 - $2,200
- *Vänner emellan* - Oil/canvas (111x102cm-44x40in) Stockholm 92 .... FF45 200 - £5 400 - $8,690

LINDBERG Frans 1858-1944 [1]
- *Kverrestads prästgard fra trädgarden* - Akvarell (24x33cm-9x13in) Malmö 90 .... FF2 800 - £300 - $487

LINDBERG Garibaldi 1863-1957 [2]
- *Frestelsen* - Mixed media (74x52cm-29x20in) Stockholm 96 .... FF3 080 - £392 - $593

LINDBERG Harald 1901-1976 [49]
- *Kustlandskap, Alisleje, Arholma* - Oil/canvas (46x61cm-18x24in) Stockholm 96 .... FF4 610 - £576 - $891
- *Vårstrand med havsträng* - Oil/canvas (65x82cm-26x32in) Stockholm 95 .... FF11 440 - £1 497 - $2,292
- *Motiv fran Orsundsbro* - Drawing (23x15cm-9x6in) Stockholm 90 .... FF4 000 - £413 - $707

LINDBERG Niels 1886-1974 [3]
- *Dreng stående ved vindue* - Oil/canvas (84x100cm-33x39in) København 94 .... FF2 190 - £263 - $426

LINDBERG Otto 1880-1955 [2]
- *Skogslandskap i aftonsol* - Oil/canvas (54x78cm-21x31in) Stockholm 92 .... FF4 430 - £454 - $780

LINDBERG Per 1786-1868 [1]
- *Båtar i storm* - Pastel (42x56cm-17x22in) Helsinki 93 .... FF4 300 - £486 - $709

LINDBERG Stig 1916-1981 [2]
- *Manfisk* - Bronze (28cm-11in) Stockholm 89 .... FF2 800 - £295 - $471

LINDBLAD Pär 1907-1981 [15]
- *Fåruppköparen* - Oil/canvas (81x91cm-32x36in) Stockholm 91 .... FF6 740 - £671 - $1,159

LINDBLOM Sivert 1931 [9]
- *Profil* - Bronze (15cm-6in) Stockholm 94 .... FF6 100 - £732 - $1,154

LINDBORG Carl 1903-? [1]
- *White House, Chester Springs, PA* - Oil/canvas (61x76cm-24x30in) Cambridge, Mass. 93 .... FF4 720 - £537 - $800

LINDBORG Ingeborg Andréasen 1875-1950 [1]
- *En døende amazone september* - Oil/canvas (125x160cm-49x63in) København 93 .... FF3 520 - £422 - $676

LINDE Hermann 1863-1926 [2]
- *Orientale, der Affen füffert* - Aquarell/Papier (100x67cm-39x26in) Wien 94 .... FF4 860 - £571 - $865

LINDE Hjalmar 1864-1948 [1]
- *Kvällssol över norrländsk gard* - Oil/canvas (52x92cm-20x36in) Stockholm 89 .... FF16 800 - £1 718 - $2,701

LINDE Ossip L. 1934 [2]
- *Roman bridge, Spain* - Oil/canvas (91x71cm-36x28in) New Orleans, Louisiana 94 .... FF6 600 - £780 - $1,200

LINDE van der Jan 1864-1945 [15]
- *Weite höllandische Landschaft* - Öl/Leinwand (50x70cm-20x28in) Stuttgart 96 .... FF5 750 - £667 - $1,103

LINDE Wladimir 1862-? [4]
- *Katharinenkirche in Hamburg* - Oil/board (38x27cm-15x11in) Bremen 90 .... FF4 080 - £417 - $805

LINDE-WALTHER Heinrich 1868-1939 [2]
- *Kinderzimmer* - Öl/Leinwand (111x92cm-44x36in) Lindau 94 .... FF26 400 - £3 060 - $4,540

LINDEBURG Hans Peter 1854-1932 [7]
- *Bedstefar der betragter et barn* - Oil/canvas (54x38cm-21x15in) København 90 .... FF9 700 - £1 039 - $1,687

LINDEGREN Amalia 1814-1891 [2]
- *Allmogeinteriör med mor* - Oil/canvas (52x42cm-20x17in) Stockholm 94 .... FF12 220 - £1 450 - $2,260

LINDEGREN Karl [2]
- *Blick auf die Wartburg* - Öl/Leinwand (50x60cm-20x24in) Rudolstadt-Thüringen 96 .... FF3 400 - £387 - $650

LINDELL Lage 1920-1980 [56]
- *Figurkomposition* - Tempera (37x45cm-15x18in) Stockholm 96 .... FF12 470 - £1 512 - $2,426
- *Komposition* - Oil/canvas (198x170cm-78x67in) Stockholm 96 .... FF120 800 - £14 650 - $23,500
- *Komposition* - Gouache (18x15cm-7x17in) Stockholm 95 .... FF10 320 - £1 342 - $2,120

LINDEMANN Emil 1864-1939 [6]
- *Pariser Boulevard* - Öl/Leinwand (59x73cm-23x29in) Bremen 94 .... FF54 800 - £6 360 - $9,440

L

LINDEMANN Kai 1931 [23]
- *Februar* - Oil/canvas (60x81cm-24x32in) København 92 .... FF2 464 - £252 - **$434**
- *Vence* - Oil/canvas (160x97cm-63x38in) København 96 .... FF14 970 - £1 860 - **$2,905**

LINDEMANN-FROMMEL Karl August 1819-1891 [6]
- *Palermo* - Oil/canvas (32x86cm-13x34in) London 94 .... FF50 800 - £6 000 - **$9,120**
- *The traveller returns* - Wash (17x15cm-7x6in) London 97 .... FF4 229 - £450 - **$729**

LINDEMANN-FROMMEL Manfred Alfred 1852-? [3]
- *Schloss Ostera in Abendsonnenlicht* - Oil/panel (23x39cm-9x15in) Stuttgart 95 .... FF7 950 - £1 040 - **$1,592**

LINDEN Helge 1897-1961 [6]
- *Fran Gränna hamn* - Oil/canvas (60x73cm-24x29in) Stockholm 90 .... FF26 200 - £2 787 - **$4,687**

LINDÉN Ragnar 1919-1993 [11]
- *Förorståget* - Oil/panel (62x83cm-24x33in) Stockholm 95 .... FF7 240 - £902 - **$1,418**

LINDENAU Erich 1889-1955 [2]
- *Stilleben mit Birnen* - Oil/canvas (64x80cm-25x31in) Bremen 91 .... FF15 400 - £1 580 - **$2,863**

LINDENAU Martin [6]
- *Plage animée* - Huile/toile (60x73cm-24x29in) Aubagne 96 .... FF15 000 - £1 945 - **$2,940**

LINDENEG Thor XX [8]
- *Fangst* - Oil/masonite (60x80cm-24x31in) København 92 .... FF2 464 - £247 - **$474**

LINDENMUTH Tod 1885-1976 [22]
- *Fishing village* - Oil/canvas (51x74cm-20x29in) Cambridge, Mass. 93 .... FF4 400 - £520 - **$800**
- *Morning at the weir* - Woodcut in colors (36x28cm-14x11in) Cambridge, Mass. 92........ FF3 430 - £399 - **$700**

LINDENSCHMIT Hermann 1857-1939 [10]
- *Idle gossip* - Oil/canvas (53x68cm-21x27in) London 90... FF18 400 - £1 901 - **$3,251**

LINDENSCHMIT Ludwig 1809-1893 [2]
- *Kleines Mädchen mit Hühnern* - Oil/panel (30x21cm-12x8in) München 91 .... FF18 600 - £1 865 - **$3,070**

LINDENSCHMIT Wilhelm 1806-1848 [3]
- *Turnier* - Öl/Leinwand (61x87cm-24x34in) München 94 .... FF85 700 - £10 150 - **$15,850**

LINDENSCHMIT Wilhelm II 1829-1895 [6]
- *Murder of William of Orange* - Oil/canvas (48x38cm-19x15in) Wien 96 .... FF26 500 - £3 210 - **$5,150**
- *Sunday reading in Munick* - Oil/panel (52x38cm-20x15in) New-York 97 .... FF166 423 - £17 939 - **$29,174**

LINDER Alf 1944 [8]
- *Half the Moon* - Mixed media (64x46cm-25x18in) Stockholm 89 .... FF4 700 - £495 - **$791**
- *Huîtres* - Mixed media/paper (50x65cm-20x26in) Stockholm 92 .... FF2 830 - £290 - **$498**

LINDER Harry 1886-1931 [1]
- *Meandering Brook* - Pastel/paper (62x100cm-24x39in) San Francisco-Los Angeles 93 .... FF3 300 - £414 - **$600**

LINDER Philippe Jacques 1835-? [5]
- *In the rose garden* - Oil/panel (28x17cm-11x7in) London 95 .... FF11 050 - £1 400 - **$2,223**
- *Feeding the ducks* - Oil/canvas (47x62cm-19x24in) New-York 94 .... FF128 700 - £14 900 - **$22,000**
- *Girl with guitar* - Watercolour, gouache (30x23cm-12x9in) Chicago 94 .... FF4 330 - £514 - **$800**

LINDER Sepp XX [2]
- *Am Stadtrand* - Öl/Leinwand (66x80cm-26x31in) Heidelberg 95 .... FF3 650 - £474 - **$760**

LINDERGREEN Harold F. 1902-1988 [1]
- *Gladioluses* - Wash (61x91cm-24x36in) Cambridge, Mass. 91 .... FF2 250 - £226 - **$371**

LINDEROS Bengt Arne - BAL 1929-1989 [11]
- *Komposition* - Oil/canvas (80x90cm-31x35in) Göteborg 95 .... FF3 360 - £435 - **$688**

LINDERUM Richard 1851-? [12]
- *Tavern interior* - Oil/canvas (70x105cm-28x41in) San Francisco-Los Angeles 92 ...... FF31 200 - £3 725 - **$6,000**
- *A game of chess* - Oil/panel (39x56cm-15x22in) New-York 95 .... FF66 400 - £8 270 - **$13,000**

LINDFORSS Anton 1890-1943 [6]
- *Stilleben med frukt* - Oil/canvas (46x61cm-18x24in) Helsinki 91 .... FF5 160 - £514 - **$887**
- *Lapplands motiv* - Wash (47x33cm-19x13in) Helsinki 91 .... FF2 010 - £200 - **$346**

LINDGARDSZ Sven 1944 [2]
- *Surrealistisk motiv* - Color lithograph (38x52cm-15x20in) Söderköping 90 .... FF1 600 - £172 - **$282**

LINDGENS Walter 1893-1978 [2]
- *Aufstrebende Form* - Oil/canvas (65x50cm-26x20in) Köln 93 .... FF4 410 - £527 - **$848**

LINDGREN Amalia 1814-1891 [2]
- *Söndagsafton in en dalstuga* - Oil/canvas (89x119cm-35x47in) Stockholm 93 .... FF77 000 - £9 450 - **$14,250**

LINDGREN Emil 1866-1940 [11]
- *Skördearbetare, Grisslehamn* - Oil/canvas (79x109cm-31x43in) Stockholm 92 .... FF8 010 - £820 - **$1,410**
- *Middagsbordet* - Oil/canvas (83x118cm-33x46in) Stockholm 89 .... FF383 800 - £39 243 - **$61,704**

LINDGREN Ernst 1887-1948 [3]
- *Vinterbild med solglitter* - Oil/panel (68x83cm-27x33in) Stockholm 89 .... FF6 100 - £607 - **$964**

LINDH Bror 1877-1941 [11]
- *Vinterlandskap* - Oil/canvas (62x52cm-24x20in) Stockholm 95 .... FF12 200 - £1 597 - **$2,445**
- *Höstdag i Värmland* - Oil/canvas (133x156cm-52x61in) Stockholm 96....................... FF75 300 - £9 400 - **$14,550**

LINDH Johan Erik 1793-1865 [2]
- *The knitting lesson* - Oil/canvas (76x59cm-30x23in) London 89 .... FF31 000 - £3 085 - **$4,897**

LINDHBERG Per 1785-1868 [1]
- *Stockholms inlopp i månsken* - Gouache (46x60cm-18x24in) Stockholm 90 .... FF9 210 - £1 082 - **$1,812**

LINDHOLM Berndt Adolf 1841-1914 [80]
- *Rocky coast* - Oil/canvas (45x70cm-18x28in) Helsinki 94 .... FF79 100 - £9 440 - **$14,780**
- *Strandlandskap* - Oil/canvas (44x63cm-17x25in) Helsinki 92 .... FF229 400 - £23 470 - **$40,400**

Sommaridyll, motiv fran Särö - Oil/canvas (48x70cm-19x28in) Stockholm 89 .... FF**505 400** - £51 677 - **$81,254**
LINDI Albert Lindegger 1904-1991 [13]
⌀ *Van Gogh-Experten* - Ink/paper (33x45cm-13x18in) Bern 94 .... FF**2 020** - £234 - **$348**
LINDIN Carl Olaf Eric 1869-1942 [2]
🖝 *Summer Moon* - Oil/canvas (55x72cm-22x28in) New-York 95 .... FF**25 600** - £3 350 - **$5,200**
LINDIN Samuel 1915-1994 [3]
🖝 *Still life* - Oil/canvas (47x62cm-19x24in) London 96 .... FF**8 520** - £1 100 - **$1,646**
LINDINGER Heinz 1940 [4]
🖝 *Zimmer 4* - Acrylic/canvas (160x125cm-63x49in) Wien 94 .... FF**12 200** - £1 453 - **$2,300**
LINDKVIST Jonas 1889-1955 [13]
🖝 *Solsken över Uppsalastätten* - Oil/panel (65x97cm-26x38in) Uppsala 90 .... FF**4 200** - £450 - **$730**
LINDL Hans 1885-? [1]
🗿 *Pferd* - Bronze (40cm-16in) Frankfurt 93 .... FF**5 240** - £586 - **$878**
LINDLAR Johann Wilhelm 1816-1896 [2]
🖝 *Paysage lacustre en Suisse* - Huile/toile (102x124cm-40x49in) Bruxelles 95 .... FF**27 750** - £3 355 - **$5,220**
LINDMAN Axel 1848-1930 [23]
🖝 *Sommarmotiv från Visby* - Oil/canvas (41x32cm-16x13in) Stockholm 95 .... FF**7 630** - £998 - **$1,530**
Motiv från Tunis - Huile/toile (59x48cm-23x19in) Stockholm 97 .... FF**13 962** - £1 474 - **$2,412**
Var i trädgarden - Oil/canvas (56x73cm-22x29in) Stockholm 90 .... FF**32 800** - £3 534 - **$5,785**
LINDNER Ernest 1897-1988 [23]
🖝 *Sunset on the lake* - Oil/board (31x23cm-12x9in) Toronto 96 .... FF**7 750** - £930 - **$1,484**
LINDNER Hanns 1883-? [8]
🖝 *Steilküste auf Rügen* - Öl/Leinwand (60x75cm-24x30in) Rudolstadt-Thüringen 96 ...... FF**2 380** - £271 - **$455**
LINDNER Karl 1871-? [2]
🖝 *Grapes, plums, peaches & melon* - Oil/canvas (41x113cm-16x44in) London 96 .... FF**3 900** - £500 - **$774**
LINDNER Peter Moffat 1852-1949 [7]
🖝 *The Approaching Storm* - Oil/canvas (84x109cm-33x43in) Penzance, Cornwall 94 ...... FF**5 960** - £700 - **$1,062**
⌀ *Shipping in a harbour* - Watercolour (26x37cm-10x15in) London 95 .... FF**1 980** - £260 - **$397**
LINDNER Richard 1901-1978 [104]
🖝 *The couple* - Oil/canvas (183x198cm-72x78in) New-York 91 .... FF**1** - £167 764 - **$298,548**
The Brothers - Oil/canvas (99x64cm-39x25in) New-York 95 .... FF**193 700** - £25 700 - **$40,000**
Coney Island - Oil/canvas (152x101cm-60x40in) New-York 94 .... FF**581 000** - £67 300 - **$100,000**
🖝 *The Kiss* - Color lithograph (60x50cm-24x20in) Heidelberg 95 .... FF**12 170** - £1 580 - **$2,534**
⌀ *Opera Escalier d'Honneur* - Watercolour, gouache (63x46cm-25x18in) New-York 94 ... FF**12 980** - £1 477 - **$2,200**
La chevalier à la rose - Watercolour (79x58cm-31x23in) London 97 .... FF**79 738** - £8 500 - **$13,922**
To Norma and Bill - Graphite (49x39cm-19x15in) New-York 97 .... FF**104 530** - £10 996 - **$18,000**
Angel in Me - Watercolour/paper (99x72cm-39x28in) New-York 93 .... FF**220 000** - £27 600 - **$40,000**
LINDNEUX Robert 1887-1970 [3]
🖝 *Race for Life* - Oil/canvas (61x97cm-24x38in) San Francisco-Los Angeles 94 .... FF**10 020** - £1 184 - **$1,800**
LINDON Kurt 1910 [3]
🖝 *Hus vid Skanstull, Stockholm* - Oil/canvas/panel (32x40cm-13x16in) Stockholm 92 ...... FF**4 970** - £578 - **$1,014**
LINDONI Turillo XIX-XX [1]
🗿 *Napoleon a l'Isola d'Elba* - Bronze New Orleans, Louisiana 90 .... FF**7 400** - £764 - **$1,307**
LINDQVIST Axel Hjalmar 1843-1917 [14]
🖝 *Skånegård* - Oil/canvas (47x83cm-19x33in) Malmö 97 .... FF**4 340** - £444 - **$764**
LINDQVIST Carl Magnus 1884-1977 [5]
🖝 *Same med flicka vid fjällsjö* - Oil/canvas (48x60cm-19x24in) Stockholm 92 .... FF**4 900** - £502 - **$863**
LINDQVIST Herman 1868-1923 [10]
🖝 *Kastellholmen, Stockholmsmotiv* - Oil/canvas (53x64cm-21x25in) Stockholm 89 ...... FF**17 300** - £1 721 - **$2,733**
LINDQVIST Mauritz 1884-1941 [1]
🖝 *Kustmotiv med båtar och båthus* - Olja/panná (14x24cm-6x9in) Malmö 92 .... FF**2 357** - £241 - **$415**
LINDQVIST Ragnar 1906 [1]
🖝 *Sommarnatt* - Oil/canvas (59x73cm-23x29in) Malmö 94 .... FF**3 530** - £410 - **$609**
LINDQVIST Roy 1930-1987 [2]
🖝 *Abstrakt komposition* - Oil/canvas (105x135cm-41x53in) Köbenhavn 93 .... FF**3 700** - £444 - **$710**
LINDSAY Blanche of Balcarres ?-1912 [2]
⌀ *A wreath of roses* - Watercolour (18x26cm-7x10in) London 94 .... FF**3 730** - £440 - **$664**
LINDSAY Thomas 1793-1861 [1]
⌀ *Llynd Idwal* - Watercolour (31x45cm-12x18in) London 97 .... FF**3 223** - £350 - **$571**
LINDSAY Tom 1882-? [1]
🖝 *At the blacksmith's forge* - Oil/canvas (56x76cm-22x30in) Glasgow 91 .... FF**2 183** - £220 - **$385**
LINDSKOG Josef 1885-1967 [2]
🖝 *Parkmotiv fran Norrtälje* - Oil/panel (33x40cm-13x16in) Uppsala 90 .... FF**2 600** - £278 - **$452**
LINDSTRÖM Vicke 1904-1983 [2]
🖝 *Mannen och glaset* - Oil/canvas (54x65cm-21x26in) Stockholm 96 .... FF**15 360** - £1 804 - **$3,020**
LINDSTRÖM Arvid Mauritz 1849-1923 [28]
🖝 *Fjordlandskap* - Oil/canvas (127x75cm-50x30in) Stockholm 96 .... FF**4 575** - £590 - **$896**
Vårlandskap med bäck - Oil/canvas (68x117cm-27x46in) Stockholm 95 .... FF**15 270** - £1 838 - **$2,890**
Höstlandskap - Oil/canvas (78x127cm-31x50in) Stockholm 96 .... FF**33 300** - £4 300 - **$6,370**
LINDSTRÖM Bengt 1925 [376]
🖝 *Untiteld* - Acrylic/paper/canvas (77x57cm-30x22in) Amsterdam 97 .... FF**8 787** - £921 - **$1,507**
A Nude - Oil/canvas (55x46cm-22x18in) Amsterdam 97 .... FF**14 648** - £1 536 - **$2,513**
Komposition - Oil/canvas (54x45cm-21x18in) Stockholm 94 .... FF**20 900** - £2 477 - **$3,860**

Gifle IV - Oil/canvas (100x81cm-39x32in) Amsterdam 97 .... **FF26 364 - £2 765 - $4,524**
Cinq personnages - Huile/toile (130x163cm-51x64in) Paris 94 .... **FF45 000 - £5 350 - $8,230**
Grande tête - Acrylique/toile (250x200cm-98x79in) Paris 92 .... **FF125 000 - £14 920 - $24,040**
Komposition - Oil/canvas (130x162cm-51x64in) Stockholm 90 .... **FF149 800 - £15 475 - $26,466**
Eddan - Color lithograph (24x31cm-9x12in) Stockholm 95 .... **FF3 450 - £430 - $675**
Figures - Gouache/paper (76x56cm-30x22in) Amsterdam 97 .... **FF8 200 - £86 0 7 - $1,407**
Trol - Gouache (70x56cm-28x22in) Lokeren 93 .... **FF16 200 - £1 850 - $2,800**
Nu - Gouache (90x62cm-35x24in) Paris 91 .... **FF50 000 - £4 965 - $8,681**
LINDSTRÖM Fritz 1874-1962   [10]
Marsdag - Oil/canvas (82x66cm-32x26in) Stockholm 92 .... **FF23 500 - £2 810 - $4,520**
Där Hemma - Oil/canvas (71x120cm-28x47in) Stockholm 96 .... **FF92 200 - £11 500 - $17,820**
Klippigt strandparti - Akvarell (24x30cm-9x12in) Stockholm 90 .... **FF2 100 - £223 - $376**
LINDSTRÖM Rikard 1882-1943   [41]
Lofoten - Oil/panel (57x65cm-22x26in) Göteborg 96 .... **FF4 540 - £587 - $877**
Januariskymning - Oil/panel (108x88cm-43x35in) Stockholm 94 .... **FF9 350 - £1 107 - $1,728**
Segelskuta på redden - Oil/panel (100x85cm-39x33in) Stockholm 91 .... **FF25 450 - £2 534 - $4,376**
LINDSTRÖM Sven Otto 1883-1932   [2]
Hamn i Normandie - Oil/canvas (60x45cm-24x18in) Stockholm 91 .... **FF5 990 - £595 - $1,040**
Hamnbild grän Normandie - Gouache (118x147cm-46x58in) Stockholm 92 .... **FF12 250 - £1 255 - $2,160**
LINDVALL Birgit 1917-1972   [1]
Komposition med kvinnofigur - Oil/canvas (33x41cm-13x16in) Malmö 90 .... **FF2 400 - £257 - $417**
LINER Carl August 1871-1946   [21]
Jardin à Tourah - Oil/panel (26x46cm-10x18in) Zürich 92 .... **FF38 060 - £4 550 - $7,320**
Der Künstler mit Staffelei - Pencil (12x16cm-5x6in) Zofingen 92 .... **FF3 045 - £364 - $586**
LINER Carl Walter 1914   [43]
Composition - Huile/toile (100x65cm-39x26in) Versailles 97 .... **FF11 000 - £1 163 - $1,888**
Provence - Oil/canvas (81x116cm-32x46in) Zürich 92 .... **FF40 900 - £4 180 - $7,200**
Composition - Technique mixte/papier (65x50cm-26x20in) Paris 95 .... **FF4 000 - £520 - $823**
LINES Henry Harris 1800-1889   [10]
Paysage avec bétail à l'abreuvoir - Huile/panneau (50x38cm-20x15in) Bruxelles 94 ...... **FF19 400 - £2 064 - $3,470**
Wide open valley - Wash (35x53cm-14x21in) London 91 .... **FF2 183 - £222 - $394**
LINES Samuel Restell 1804-1833   [1]
King's Heath Park, Birmingham - Watercolour (15x26cm-6x10in) London 93 .... **FF2 780 - £320 - $480**
LINES Vincent Henry 1909-1968   [3]
Harbour estuary at low tide - Watercolour (30x47cm-12x19in) London 96 .... **FF1 716 - £220 - $338**
LINET Octave 1870-1962   [4]
Vue d'intérieur - Huile/toile (73x60cm-29x24in) Paris 90 .... **FF2 500 - £252 - $490**
LINFORD Charles 1846-1897   [5]
Scalp Level Landscape - Oil/board (46x66cm-18x26in) Philadelphia 95 .... **FF5 020 - £633 - $1,000**
LINFORD Victor 1940   [4]
Surrealist landscape - Oil/cardboard (24x32cm-9x13in) Amsterdam 96 .... **FF3 460 - £397 - $660**
LINGE Carl Fredrik 1828-1893   [1]
Jägare med hund i höstlandskap - Oil/canvas (32x42cm-13x17in) Söderköping 94 .... **FF2 603 - £311 - $488**
LINGELBACH Johannes 1622-1674   [36]
Hunting Party beside a Pond - Oil/canvas (87x112cm-34x44in) New-York 97 .... **FF99 392 - £11 232 - $18,000**
Mediterranean harbour - Oil/canvas (83x118cm-33x46in) London 96 .... **FF190 000 - £22 000 - $36,400**
Falconers & harvesters - Oil/canvas (51x44cm-20x17in) Amsterdam 94 .... **FF656 000 - £61 000 - $111,800**
LINGELFELDER Ernst 1862-?   [1]
Halvnogen pige - Oil/canvas (82x60cm-32x24in) Köbenhavn 90 .... **FF10 500 - £1 049 - $1,992**
LINGEMANN Lambertus 1829-1894   [3]
The artist's studio - Oil/panel (43x53cm-17x21in) Amsterdam 92 .... **FF34 900 - £3 580 - $6,710**
LINGENFELDER Eugen 1862-?   [2]
Draped female nude - Oil/canvas (80x60cm-31x24in) Köbenhavn 95 .... **FF15 030 - £1 845 - $2,930**
LINGNER Otto 1856-?   [2]
Beschneidung Christi - Öl/Leinwand (74x100cm-29x39in) Lindau 94 .... **FF13 640 - £1 630 - $2,570**
LINGOT Albert 1958   [6]
L'empoisonneuse - Encre Chine/papier (34x28cm-13x11in) Paris 91 .... **FF2 800 - £278 - $486**
LINGUET Henri 1881-1914   [7]
Paysage de rivière - Öl/Karton (15x25cm-6x10in) Lindau 96 .... **FF2 530 - £327 - $489**
Paris, vue de la Conciergerie - Huile/toile (127x19cm-50x7in) Genève 89 .... **FF58 500 - £6 164 - $9,848**
LINIERS de Louise, née Courbot 1864-?   [3]
Schäfer mit Herde an der Küste - Öl/Leinwand (65x100cm-26x39in) München 93 .... **FF2 750 - £312 - $466**
LINK B. Lillian 1880-?   [1]
Child with turtle - Bronze (14cm-6in) New-York 96 .... **FF11 480 - £1 330 - $2,200**
LINK Ernst 1874-1963   [1]
Winterlandschaft - Öl/Leinwand (80x120cm-31x47in) Zofingen 93 .... **FF4 880 - £588 - $892**
LINK O. Winston 1914   [55]
The Swimming Hole - Silver print (48x38cm-19x15in) New-York 96 .... **FF7 730 - £993 - $1,500**
Hot Shot Eastbound, West Virginia - Photograph (39x49cm-15x19in) New-York 96 .... **FF18 400 - £2 370 - $3,600**
LINKE Paul Rudolf 1844-1917   [2]
The South Gate, Karnak - Oil/canvas (45x32cm-18x13in) London 94 .... **FF35 300 - £4 200 - $6,650**

LINKE Simon 1958 [6]
- Lee Krasner - Oil/canvas (183x183cm-72x72in) New-York 92 .... FF56 800 - £5 810 - **$10,000**

LINKLATER Barrie R. 1931 [3]
- Lady Beaverbrook's Bustino - Oil/canvas (91x129cm-36x51in) London 96 .... FF32 260 - £3 800 - **$6,330**

LINN Kenneth A. 1903-1979 [15]
- Flower Abstract - Silver print (20x15cm-8x6in) New-York 95 .... FF5 810 - £748 - **$1,200**

LINNELL Harry 1873-? [1]
- Two children with parrot - Ink (23x36cm-9x14in) New-York 96 .... FF3 590 - £426 - **$700**

LINNELL James Thomas 1830-1905 [8]
- Wayfarers - Oil/canvas (79x122cm-31x48in) London 90 .... FF58 100 - £6 181 - **$10,394**

LINNELL John 1792-1882 [64]
- Jeanie Deans & Magde Wildfire - Oil/canvas (39x49cm-15x19in) London 92 .... FF10 050 - £1 200 - **$1,933**
- The Wold of Kent - Oil/canvas (64x91cm-25x36in) London 96 .... FF100 000 - £13 000 - **$19,800**
- English Woodlands - Oil/canvas (101x140cm-40x55in) London 94 .... FF445 000 - £52 000 - **$77,500**
- Mouse Bridge, Derbyshire - Ink (15x22cm-6x9in) London 92 .... FF21 500 - £2 200 - **$3,784**

LINNELL Lawrence G. XIX-XX [2]
- Autumn - Pastel (64x48cm-25x19in) London 95 .... FF1 930 - £250 - **$402**

LINNELL William 1826-1906 [15]
- Goatherds in the Appenines - Oil/canvas (66x113cm-26x44in) London 92 .... FF25 130 - £3 000 - **$4,830**
- An ox - Pencil (9x14cm-4x6in) London 92 .... FF1 760 - £180 - **$311**

LINNERHJELM Jonas Carl 1758-1829 [1]
- Mont-Blance, Savoie - Akvarell (26x37cm-10x15in) Stockholm 93 .... FF9 870 - £1 120 - **$1,670**

LINNIG Egide 1821-1860 [8]
- Shipping in a calm before a town - Oil/panel (42x57cm-17x22in) London 95 .... FF63 900 - £8 000 - **$12,730**

LINNIG Willem Jr. 1842-1890 [6]
- Le corniste - Huile/panneau (32x24cm-13x9in) Bruxelles 97 .... FF10 791 - £1 162 - **$1,881**
- Le bourdon - Huile/toile (88x70cm-35x28in) Bruxelles 95 .... FF34 600 - £4 324 - **$6,980**

LINNIG Willem Sr. 1819-1885 [11]
- Christopher Columbus - Oil/canvas (104x130cm-41x51in) London 89 .... FF33 900 - £3 373 - **$5,355**
- Le restaurateur - Huile/panneau (65x90cm-26x35in) Lokeren 96 .... FF52 600 - £6 500 - **$10,150**

LINNOVAARA Juhani 1934 [19]
- Hemlig värld - Oil/canvas (95x115cm-37x45in) Helsinki 95 .... FF69 400 - £8 680 - **$14,030**
- Nattens tecken - Oil/canvas (150x195cm-59x77in) Helsinki 92 .... FF258 000 - £26 400 - **$45,400**
- Nyfiken - Gouache (72x52cm-28x20in) Helsinki 93 .... FF14 300 - £1 643 - **$2,457**

LINNQVIST Hilding 1891-1984 [64]
- Egyptiskt landskap - Oil/canvas (100x75cm-39x30in) Stockholm 97 .... FF24 150 - £2 550 - **$4,172**
- Sol på snö - Oil/canvas (73x92cm-29x36in) Stockholm 95 .... FF58 800 - £7 680 - **$11,760**
- Stilleben - Oil/canvas (85x140cm-33x55in) Stockholm 92 .... FF379 500 - £45 300 - **$73,000**

LINO Gustave 1893-? [12]
- Port de La Goulette, Tunisie - Huile/toile (50x61cm-20x24in) Paris 94 .... FF15 000 - £1 732 - **$2,590**
- Mauresque, port d'Alger - Huile/panneau (47x78cm-19x31in) Paris 93 .... FF30 000 - £3 615 - **$5,450**

LINOSSIER Claudius 1893-1953 [9]
- Nde girl standing by the water-side - Bronze (13x25cm-5x10in) Genève 89 .... FF11 700 - £1 196 - **$1,881**
- Femme nue à l'écharpe, dansant - Sculpture (42cm-17in) Paris 97 .... FF24 000 - £2 606 - **$4,253**

LINS Adolf 1856-1927 [16]
- An der Tränke - Oil/panel (40x30cm-16x12in) Köln 92 .... FF10 170 - £1 215 - **$1,957**
- Sommerliche Flusslandschaft - Öl/Leinwand (90x65cm-35x26in) Düsseldorf 96 .... FF55 100 - £7 130 - **$11,020**
- Dorfstrasse im Hessischen - Öl/Leinwand (63x46cm-25x18in) Köln 93 .... FF118 000 - £14 180 - **$22,830**

LINSEN Jan 1602/03-1635 [1]
- Joseph enfant racontant un songe - Huile/panneau (16x23cm-6x9in) Paris 95 .... FF5 700 - £732 - **$1,173**

LINSENMAIER Walter 1917 [2]
- Zebrafohlen - Dessin (18x15cm-7x6in) Zofingen 95 .... FF2 980 - £390 - **$597**

LINSON Corwin Knapp 1864-1959 [11]
- Blue sunset - Oil/canvas (46x56cm-18x22in) New-York 89 .... FF10 300 - £1 025 - **$1,627**

LINT de Suze 1878-1953 [1]
- Still life with onions - Oil/canvas (25x52cm-10x20in) Amsterdam 95 .... FF2 010 - £243 - **$378**

LINT van Louis 1909-1987 [60]
- Intérieur de cuisine - Huile/toile (59x47cm-23x19in) Bruxelles 96 .... FF5 700 - £737 - **$1,140**
- Graphisme d'Avril - Huile/toile (100x80cm-39x31in) Bruxelles 95 .... FF43 700 - £5 290 - **$8,230**
- Printemps vert - Huile/toile (130x162cm-51x64in) Lokeren 96 .... FF46 000 - £5 680 - **$8,880**
- Fou Rire de l'Homme du XXe siècle - Huile/toile (200x240cm-79x94in) Bruxelles 93 .... FF131 800 - £15 760 - **$26,930**
- Filets de pêcheurs - Gouache/paper (50x65cm-20x26in) Amsterdam 95 .... FF13 230 - £1 690 - **$2,700**

LINT van Peter 1609-1690 [12]
- Suffer the Little Children to come... - Oil/canvas (122x176cm-48x69in) New-York 97 .... FF88 349 - £9 984 - **$16,000**
- A hermit - Red chalk (17x14cm-7x6in) London 90 .... FF5 800 - £625 - **$1,023**

LINTHORST Jacobus 1745/55-1815 [1]
- Still life with flowers - Oil/panel (56x45cm-22x18in) London 90 .... FF63 400 - £6 452 - **$12,679**

LINTON James Dromgole 1840-1916 [20]
- Mrs. Minie Sidney, aged 39 - Oil/canvas (46x36cm-18x14in) London 95 .... FF11 050 - £1 400 - **$2,223**
- A Classical maiden - Watercolour (32x33cm-13x9in) London 96 .... FF4 960 - £620 - **$962**

LINTON Violet Cheater XIX-XX [3]
- Perplexed draughts - Watercolour (28x23cm-11x9in) Groombridge, Kent 92 .... FF7 740 - £900 - **$1,580**

LINTON William 1791-1876 [7]
- Mistra with a peasant & a donkey - Oil/paper/board (28x39cm-11x15in) London 96 .... FF31 900 - £4 000 - **$6,200**

Fishermen on the Tiber - Oil/canvas (81x122cm-32x48in) London 91 .... FF100 700 - £10 173 - **$19,990**
LINTOTT Edward Barnard 1875-1951 [18]
● *White carnations* - Oil/canvas (76x63cm-30x25in) Cambridge, Mass. 91 .... FF2 997 - £301 - **$495**
✎ *Landscape* - Wash (21x31cm-8x12in) Mystic, Connecticut 91 .... FF1 500 - £150 - **$253**
LINTURI Into 1902-1989 [1]
● *Skogsgärde* - Oil/panel (51x61cm-20x24in) Helsinki 94 .... FF7 820 - £907 - **$1,348**
LINTZ Ferdinand Ernst 1833-1909 [5]
● *Chevaux dans une prairie* - Oil/panel (30x36cm-12x14in) London 96 .... FF6 930 - £900 - **$1,372**
LINTZ Frederick 1824-1909 [9]
● *Conversation au salon* - Huile/toile (74x90cm-29x35in) Bruxelles 91 .... FF24 700 - £2 489 - **$4,286**
✎ *At the notary* - Pastel (41x37cm-16x15in) Amsterdam 93 .... FF2 495 - £286 - **$425**
LION Alexandre Louis 1823-1852 [3]
● *La lettre attendue* - Huile/panneau (41x54cm-16x21in) Versailles 91 .... FF13 000 - £1 313 - **$2,581**
LION TCHE YUANG Renée 1939 [3]
● *La fête, 1986* - Acrylique/toile (197x114cm-78x45in) Paris 90 .... FF14 000 - £1 451 - **$2,460**
LIONEL Lionel Perrotte 1949 [46]
● *Enoch* - Technique mixte/toile (100x82cm-39x32in) Paris 96 .... FF3 200 - £413 - **$627**
▭ *Liberté* - Carborandum (63x170cm-25x67in) Paris 96 .... FF2 200 - £284 - **$431**
✎ *Sans titre* - Technique mixte/papier (76x57cm-30x22in) Paris 96 .... FF1 800 - £232 - **$353**
LIONNE Enrico 1865-1921 [2]
● *At the Café* - Oil/canvas (130x119cm-51x47in) New-York 93 .... FF248 000 - £28 200 - **$42,000**
LIONNET Félix 1832-1896 [1]
● *Paysage* - Huile/toile (32x71cm-13x28in) Toulouse 95 .... FF2 500 - £331 - **$507**
LIOT Paul 1855-1902 [3]
● *La côte sauvage* - Huile/panneau (24x33cm-9x13in) Strasbourg 89 .... FF5 500 - £562 - **$884**
LIOTARD Jean Étienne 1702-1789 [18]
● *Monsieur Levett* - Huile/carton (28x36cm-11x14in) Paris 93 .... FF9 e +06 - £1 84e +06 - **$1**
✎ *Bingo game* - Pastel/paper (39x46cm-15x18in) New-York 97 .... FF5 - £546 390 - **$900,000**
Jean-Baptiste Massé - Miniature (6cm-2in) Genève 89 .... FF331 500 - £33 896 - **$53,296**
LIOTE Denise 1925 [2]
● *Sans titre, 1986* - Huile/toile (59x80cm-23x31in) Paris 90 .... FF3 800 - £404 - **$680**
LIPA 1907-1976 [6]
⌇ *Pingouin* - Bronze (47x7x20cm-19x3x8in) Paris 92 .... FF10 000 - £1 027 - **$1,923**
ℕ *Caresse* - Feutre (45x32cm-18x13in) Paris 93 .... FF1 500 - £181 - **$273**
LIPCHITZ Jacques 1891-1973 [125]
● *Guitariste* - Oil (27x21cm-11x8in) New-York 92 .... FF666 000 - £69 700 - **$120,000**
⌇ *L'acrobate à cheval* - Bronze (54cm-21in) Paris 97 .... FF1 - £135 980 - **$222,690**
Baigneuse assise - Sculpture (70cm-28in) New-York 95 .... FF2 - £305 300 - **$480,000**
Reclining Woman - Bronze (6cm-2in) New-York 97 .... FF14 510 - £1 526 - **$2,500**
Les Amants - Bronze (78cm-31in) New-York 97 .... FF80 000 - £8 576 - **$14,000**
Prometheus Strangling the Vulture - Bronze (95cm-37in) New-York 97 .... FF342 858 - £36 756 - **$60,000**
✎ *Combat de l'homme et du taureau* - Encre Chine (23x30cm-9x12in) Paris 96 .... FF8 500 - £1 065 - **$1,640**
Study for a sculpture - Ink/paper (21x14cm-8x6in) Amsterdam 97 .... FF21 600 - £2 830 - **$4,330**
Etude de femme debout - Pencil/paper (34x26cm-13x10in) New-York 96 .... FF77 700 - £10 020 - **$15,000**
LIPHART von Ernest Friedrich 1847-1924 [2]
● *Staende kvinde ifort silkeflor* - Oil/canvas (235x128cm-93x50in) København 90 .... FF105 400 - £11 358 - **$18,589**
✎ *Jacques Offenbach* - Encre Chine (50x38cm-20x15in) Paris 92 .... FF12 000 - £1 432 - **$2,310**
LIPINSKI Hipolit 1846-1884 [2]
● *Opowiecsc o Powstaniu* - Huile/panneau (141x88cm-56x35in) Warszawa 92 .... FF87 500 - £8 930 - **$15,620**
LIPINSKY Sigmund 1873-1940 [2]
✎ *Zenny Engels-Birmingham* - Charcoal/paper (33x26cm-13x10in) München 93 .... FF6 100 - £730 - **$1,174**
LIPOFSKY Marvin 1938 [2]
⌇ *Miasa group #3* - Brown glass (25cm-10in) New-York 94 .... FF40 700 - £4 700 - **$7,000**
LIPOVKA Victor 1956 [7]
⌇ *Après la pluie* - Bronze (57cm-22in) Versailles 92 .... FF6 000 - £615 - **$1,056**
LIPPARINI Ludovico 1800-1856 [1]
● *The Death of Botsaris* - Oil/canvas (58x73cm-23x29in) London 95 .... FF197 300 - £25 000 - **$39,700**
LIPPENS Piet 1890-1981 [2]
● *De Ajuinlei te gent* - Huile/toile (60x50cm-24x20in) Lokeren 96 .... FF5 430 - £692 - **$1,046**
LIPPINCOTT William Henry 1849-1920 [11]
● *Grist to the mill, 1894* - Oil/panel (11x30cm-4x8in) New-York 90 .... FF17 200 - £1 842 - **$2,991**
✎ *Cuernavaca* - Watercolour (33x48cm-13x19in) Philadelphia 95 .... FF12 540 - £1 582 - **$2,500**
LIPPISCH Franz 1859-? [2]
● *Portrait of a lady/Hugo Commichav* - Oil/canvas (84x73cm-33x29in) London 96 .... FF2 340 - £300 - **$465**
LIPPMANN Johannes 1858-1935 [3]
● *An der Töpferscheibe* - Öl/Leinwand (104x73cm-41x29in) Frankfurt 95 .... FF10 860 - £1 377 - **$2,186**
LIPPMANN Karl Friedrich 1883-? [5]
● *Südländische Häusergruppe* - Öl/Leinwand (50x70cm-20x28in) Frankfurt 93 .... FF5 760 - £689 - **$1,110**
▭ *Sommertag bei Goddelau* - Woodcut in colors (58x79cm-23x31in) Frankfurt 91 .... FF3 210 - £322 - **$530**
LIPPS Richard 1857-1926 [9]
● *Obststand in einer südlichen Stadt* - Öl/Leinwand (52x34cm-20x13in) Wien 96 .... FF14 480 - £1 650 - **$2,774**
✎ *Strassenszene in Dinkelsbühl* - Aquarell (56x41cm-22x16in) München 93 .... FF6 960 - £796 - **$1,176**

L

LIPS Johann Heinrich 1758-1817 [2]
- ⬦ *Portrait of Laurenz Sterne* - Wash (10x7cm-4x3in) London 89 .... FF**2 300** - £*242* - **$387**

LIPSI Morice Lipszyc 1898-1986 [3]
- 🗿 *Joueuse de boule* - Ivory, bronze (28cm-11in) Paris 94 .... FF**21 000** - £*2 440* - **$3,680**

LIPSKY Donald 1947 [4]
- 🗿 *Building Steam #249* - Bronze (69x5x18cm-27x2x7in) New-York 93 .... FF**19 250** - £*2 414* - **$3,500**

LIPSZYC Samuel XIX-XX [2]
- ⬦ *L'offrande* - Ivory, bronze (46cm-18in) Paris 94 .... FF**42 000** - £*4 980* - **$7,760**

LIPTAI Antal 1893-? [1]
- 🖼 *Stilleben mir Dahlien* - Öl/Leinwand (80x70cm-31x28in) Köln 93 .... FF**2 100** - £*240* - **$357**

LIPTON Seymour 1903-1986 [4]
- 🗿 *Viking* - Sculpture (81cm-32in) New-York 92 .... FF**170 400** - £*17 430* - **$30,000**

LIRA Pedro XIX-XX [2]
- 🖼 *Canasteros* - Oleo/lienzo (50x60cm-20x24in) Madrid 94 .... FF**10 800** - £*1 298* - **$1,997**

LIRNER Alexandre 1943 [2]
- ⬦ *Jour d'éclipse* - Pastel (53x41cm-21x16in) Bordeaux 92 .... FF**1 600** - £*186* - **$327**

LISCHKE Emmy 1860-1919 [2]
- 🖼 *Vase mit Dahlien* - Oil/cardboard (71x60cm-28x24in) Wien 89 .... FF**12 000** - £*1 194* - **$1,896**

LISIE Isaac 1892-1983 [20]
- 🖼 *Ville d'Israël* - Huile/panneau (61x50cm-24x20in) Paris 91 .... FF**2 000** - £*201* - **$366**

LISIEWSKA Friederike Julie 1772-1856 [1]
- ⬦ *Luise Osiander/Benjamin Osiander* - Öl/Leinwand (39x30cm-15x12in) München 94 .. FF**10 200** - £*1 190* - **$1,790**

LISIK Bogdan XX [2]
- 🖼 *Polen* - Huile/toile (180x125cm-71x49in) Rambouillet 90 .... FF**16 000** - £*1 636* - **$3,158**

LISIO de Arnaldo 1869-? [14]
- 🖼 *Sulla spiaggia di Mergellina* - Olio/cartone (35x42cm-14x17in) Roma 95 ..... FF**11 880** - £*1 520* - **$2,440**
- ⬦ *A Neapolitan beauty* - Watercolour (64x48cm-25x19in) London 95 .... FF**3 645** - £*480* - **$739**

LISK Hans 1907-? [3]
- 🗐 *Tripoli, Mercedes-Benz* - Poster (69x49cm-27x19in) New-York 94 .... FF**6 830** - £*834* - **$1,300**

LISKA Jan Kristof 1650-1712 [1]
- 🖼 *L'assassinat de Wenceslas* - Huile/toile/panneau (48x38cm-19x15in) Paris 95 ..... FF**10 000** - £*1 317* - **$2,027**

LISLE Frank XX [2]
- 🖼 *Untitled* - Oil/canvas (151x100cm-59x39in) London 91 .... FF**5 490** - £*553* - **$953**

LISMANN Hermann 1878-1943 [11]
- 🖼 *Ansicht von Gubbio* - Öl/Leinwand (67x74cm-26x29in) Frankfurt 94 .... FF**11 340** - £*1 350* - **$2,135**
- ⬦ *Liebespaar* - Aquarell/Papier (39x27cm-15x11in) Heidelberg 95 .... FF**6 260** - £*812* - **$1,304**

LISMER Arthur 1885-1969 [58]
- 🖼 *Two Woodland studies* - Oil/canvas/board London 97 .... FF**9 337** - £*1 000* - **$1,637**
- *Mountain Pass, Canadian Rockies* - Oil/board (33x41cm-13x16in) Toronto 95 ..... FF**23 240** - £*3 080* - **$4,800**
- *McGregor Bay* - Oil/panel (31x41cm-12x16in) Toronto 94 .... FF**109 100** - £*13 000* - **$20,550**

LISMONDE Jules 1908 [15]
- ⬦ *Composition* - Dessin (90x52cm-35x20in) Antwerpen 92 .... FF**7 410** - £*885* - **$1,426**

LISOVSKIJ Alexander Sasha 1959 [2]
- 🖼 *Die Träumende* - Oil/canvas (65x50cm-26x20in) Ahlden 92 .... FF**2 710** - £*315* - **$553**

LISS Johann 1597-1630 [1]
- 🖼 *Repentant Sinner* - Oil/canvas (99x126cm-39x50in) London 94 .... FF**7** - £*900 000* - **$1**

LISSITZKY El, Lazar Markovitch 1890-1941 [32]
- 🗐 *Ansager* - Lithographie (35x26cm-14x10in) München 93 .... FF**68 400** - £*8 100* - **$12,340**
- 📷 *Kurt Schwitters* - Gelatin silver print (10x10cm-4x4in) New-York 95 ...... FF**329 400** - £*42 400* - **$68,000**
- ⬦ *Ohne Titel* - Watercolour (17x14cm-7x6in) Hamburg 93 .... FF**217 000** - £*25 900* - **$41,740**
- *Prounmit Energiehauptbahn*
    Mixed media drawing (66x66cm-26x26in) Berlin 92 .... FF**847 000** - £*101 200* - **$163,000**

LISSMANN Friedrich 1880-1915 [1]
- ⬦ *Kiebitz Regenpfeifer am Wattufer* - Gouache (54x73cm-21x29in) Bremen 92 ...... FF**12 200** - £*1 460* - **$2,350**

LIST Caroline 1964 [2]
- 🖼 *Water through stone* - Oil/canvas (230x169cm-91x67in) London 90 .... FF**13 600** - £*1 466* - **$2,399**

LIST Herbert 1903-1975 [77]
- 📷 *Christian Bérard* - Silver print (23x28cm-9x11in) London 95 .... FF**3 090** - £*400* - **$633**
- *Boy with mirror* - Silver print New-York 90 .... FF**17 200** - £*1 853* - **$3,034**

LIST Wilhelm 1864-1918 [9]
- 🖼 *Night rises from the sea* - Tempera (158x64cm-62x25in) London 97 .... FF**619 047** - £*65 000* - **$106,476**
- ⬦ *Weisse Rosen* - Tempera/paper (27x19cm-11x7in) Wien 97 .... FF**7 667** - £*806* - **$1,316**
- *A night fairy* - Pastel (44x33cm-17x13in) London 90 .... FF**50 800** - £*5 170* - **$10,159**

LISZEWSKA-THERBUSCH Anna Dorothea 1721/22-1782 [6]
- 🖼 *Scientist at his desk* - Oil/canvas (10x81cm-4x32in) London 96 .... FF**294 000** - £*34 000* - **$56,300**

LISZEWSKI Christian Friedrich 1725-1794 [3]
- 🖼 *Maestro e studente* - Olio/tela (93x112cm-37x44in) Milano 93 .... FF**90 300** - £*10 380* - **$15,520**

LITH van Hubert 1908-1977 [2]
- 🗿 *A male nude* - Bronze (18cm-7in) Amsterdam 96 .... FF**2 456** - £*316* - **$484**

LITRAN Manuel 1927 [5]
- 📷 *Courrèges à la lumière noire* - (29x40cm-11x16in) Paris 92 .... FF**2 500** - £*256* - **$450**

LITTERMAN Anne 1956 [2]
- 🖼 *The healing of Paloma* - Oil (167x122cm-66x48in) New-York 92 ...... FF**39 000** - £*4 660* - **$7,500**

LITTEY Gyorgy XX [2]
Composition - Gouache (48x60cm-19x24in) Antwerpen 90 .... FF2 400 - £259 - $423
LITTLE James XIX-XX [2]
Arc de Triomphe - Watercolour (25x35cm-10x14in) Auchterarder, Perthshire 95 .... FF5 860 - £750 - $1,154
LITTLE John G. Carruthers 1928 [35]
● *Pine Avenue, Spring, Montreal* - Huile/toile (61x76cm-24x30in) Montréal 91 .... FF13 760 - £1 380 - $2,271
Rue d'Artillerie, Québec - Huile/panneau (41x51cm-16x20in) Montréal 97 .... FF39 386 - £4 159 - $6,806
Miron - Lavis (37x49cm-15x19in) Montréal 91 .... FF3 870 - £388 - $709
LITTLE John Wesley 1867-1923 [2]
Hollandaises sur la côte - Aquarelle (27x35cm-11x14in) Genève 96 .... FF9 530 - £1 104 - $1,827
LITTLE Philip 1857-1942 [8]
● *Old Fish Weirs* - Oil/canvas (76x127cm-30x50in) Cambridge, Mass. 94 .... FF12 360 - £1 460 - $2,200
LITTLE Robert c.1855-1954 [3]
Barnes House, Loch Leven - Watercolour (28x36cm-11x14in) London 94 .... FF1 844 - £220 - $348
LITTLE Tracy May Bates 1879-? [1]
Boulevard Saint-Germain, Paris - Watercolour (30x20cm-12x8in) London 93 .... FF2 490 - £300 - $435
LITTLEWOOD Edward XIX [6]
Shipping off Gorleston - Watercolour (30x56cm-12x22in) Aylsham, Norfolk 92 .... FF4 190 - £500 - $806
LITTROW von Lea 1860-1914 [21]
● *Haus mit Garten* - Öl/Leinwand (60x80cm-24x32in) Wien 94 .... FF12 140 - £1 426 - $2,163
Strasse in Lovrana - Oil/panel (50x30cm-20x12in) Wien 96 .... FF36 200 - £4 670 - $7,080
LITVINENKO Tamara 1944 [2]
● *Composition à la bouteille* - Huile/toile (66x89cm-26x35in) Paris 92 .... FF2 800 - £287 - $504
LITVINOVSKY Pinchas 1894-1985 [48]
● *Two children* - Oil/paper (63x34cm-25x13in) Tel Aviv 94 .... FF5 740 - £683 - $1,050
Figures and a Camel - Oil/canvas (50x61cm-20x24in) Tel Aviv 97 .... FF31 016 - £3 449 - $5,800
The Chicken Vendor - Oil/canvas (67x48cm-26x19in) Tel Aviv 94 .... FF71 100 - £8 450 - $13,000
Synagogue in Petach Tikva - Watercolour (26x38cm-10x15in) Tel Aviv 97 .... FF90 909 - £10 109 - $17,000
LITZINGER Dorothea 1889-1925 [3]
● *Still life with flowers* - Oil/canvas (86x154cm-34x61in) New-York 95 .... FF20 100 - £2 515 - $4,000
LIU GUOSONG Liu Kuo-Sung 1932 [6]
Light from the past - Coloured inks/paper (144x44cm-57x17in) Hong Kong 91 .... FF75 600 - £7 618 - $13,118
LIU HAISU 1895-1994 [4]
● *Lotus by the willow bank* - Oil/canvas (60x72cm-24x28in) Taipei, Taiwan 96 .... FF68 000 - £8 230 - $13,100
Landscape of Huang Moutain - Ink (136x69cm-54x27in) Hong Kong 94 .... FF52 600 - £6 100 - $9,060
LIU JIAN 1961 [2]
Abstract architectural structure
  Mixed media/paper (180x96cm-71x38in) Taipei, Taiwan 92 .... FF52 500 - £5 350 - $9,300
LIU QIXIANG 1901 [2]
● *Still life with pears* - Oil/canvas (30x45cm-12x18in) Taipei, Taiwan 92 .... FF188 400 - £19 200 - $39,250
On the road to Manzhou - Oil/canvas (60x73cm-24x29in) Taipei, Taiwan 92 .... FF502 000 - £51 200 - $104,600
LIVACHE Victor René 1872-1944 [3]
● *Le repos de la soubrette* - Huile/panneau (46x38cm-18x15in) Angers 95 .... FF4 000 - £511 - $820
Le Jeux de la rose - Huile/toile (220x252cm-87x99in) Angers 95 .... FF40 400 - £5 160 - $8,270
LIVARTOWSKI Daniel 1944 [4]
● *Le fils unique* - Huile/panneau (78x60cm-31x24in) Chalon-sur-Saône 91 .... FF9 500 - £960 - $1,886
LIVENS Henry XIX-XX [10]
● *Rocky river landscape* - Oil/canvas (51x61cm-20x24in) London 91 .... FF4 790 - £479 - $789
LIVENS Horace Mann 1862-1936 [9]
● *Poultry* - Oil/canvas/board (36x53cm-14x21in) London 93 .... FF4 450 - £500 - $745
Hastings - Watercolour (26x36cm-10x14in) London 93 .... FF1 660 - £200 - $290
LIVERSEEGE Henry 1803-1832 [5]
● *Lady Lucy Ashton* - Oil/panel (54x42cm-21x17in) Wien 94 .... FF48 800 - £5 650 - $8,400
Final Scene from Romeo & Juliet - Watercolour (16x25cm-6x10in) London 96 .... FF2 460 - £280 - $471
LIVINGS Henry [2]
● *Cattle watering* - Oil/canvas (76x101cm-30x40in) London 92 .... FF9 770 - £1 000 - $2,035
LIVINGSTON Edward, Major 1837-1898 [1]
● *Trapper's Cabin, Lake Pontchartrain*
  Oil/canvas (15x23cm-6x9in) New Orleans, Louisiana 92 .... FF3 920 - £456 - $800
LIVINGSTON John XIX [2]
● *Two boats: Brigand & Gypsy Queen* - Oil/canvas (66x105cm-26x41in) London 94 .... FF63 900 - £7 500 - $11,200
LIVINGSTON Nan C. XIX-XX [2]
● *Hollyhock and summer flowers* - Oil/board (64x81cm-25x32in) London 94 .... FF4 240 - £500 - $755
LIVRAGNE Gaston 1900-1984 [4]
Bassin du Luxembourg et le Sénat - Huile/toile (38x55cm-15x22in) Paris 92 .... FF2 000 - £206 - $371
LIX Frédéric Théodore 1830-1897 [8]
● *Jésus et les marchands du Temple* - Huile/toile (114x146cm-45x57in) Versailles 94 .... FF27 000 - £2 728 - $5,360
Bateaux à marée basse - Encre Chine (34x44cm-13x17in) Saint-Dié 93 .... FF5 000 - £603 - $910
LIXL Sonia 1961 [2]
● *U-Picture* - Oil/canvas (100x145cm-39x57in) Wien 94 .... FF12 180 - £1 460 - $2,366
LIZAL Alex 1878-1913 [3]
● *Les Landes* - Huile/toile (150x90cm-59x35in) Provins 92 .... FF16 300 - £1 670 - $3,196

LIZARRAGA Gerardo 1905-1983 [1]
El picador - Oleo/cartón (39x36cm-15x14in) México 92 .... FF**9 900** - £1 016 - **$1,808**
LIZARS William Holme 1788-1859 [5]
Eared Owl/Short Eared Owl - Engraving (54x42cm-21x17in) London 95 .... FF**12 800** - £1 600 - **$2,586**
LIZCANO Y MONEDERO Angel 1846-1929 [17]
La Cruz - Oleo/lienzo (103x65cm-41x26in) Madrid 90 .... FF**13 500** - £1 445 - **$2,348**
After the bull fight - Oil/canvas (44x76cm-17x30in) New-York 95 .... FF**33 400** - £4 100 - **$6,500**
LIZEN Marcel 1887-? [16]
Paysage d'Italie - Huile/toile (83x118cm-33x46in) Liège 91 .... FF**9 720** - £974 - **$1,780**
LJØSNE Halvdan 1929 [2]
El maestrazgo II - Oil/canvas (95x65cm-37x26in) Oslo 92 .... FF**2 510** - £300 - **$483**
LJUBA Ljuba Popovitch, dit 1934 [94]
Le dernier repas - Huile/toile (41x32cm-16x13in) Paris 96 .... FF**4 500** - £571 - **$863**
Sabbat - Huile/toile (60x73cm-24x29in) Versailles 95 .... FF**15 000** - £1 962 - **$3,004**
La tentatrice - Huile/toile (195x160cm-77x63in) Paris 96 .... FF**40 000** - £5 170 - **$7,850**
Le somnanbule - Huile/toile (162x114cm-64x45in) Versailles 92 .... FF**90 000** - £9 240 - **$17,300**
Le paysage hystérique - Huile/toile (161x196cm-63x77in) Castres 90 .... FF**155 000** - £16 012 - **$27,385**
Zoé - Aquarelle (108x79cm-43x31in) Paris 96. .... FF**7 500** - £950 - **$1,440**
Kataklizme - Encre (150x110cm-59x43in) Versailles 95 .... FF**16 000** - £2 093 - **$3,204**
LJUNGBERG Reinhold 1920 [10]
Vinterdag vid Trosaån - Oil/panel (39x55cm-15x22in) Stockholm 92 .... FF**33 000** - £3 380 - **$5,810**
LJUNGBERG Sven 1913 [13]
Posthusbygget i Ljungby - Oil/canvas (38x40cm-15x16in) Malmö 90 .... FF**11 040** - £1 124 - **$2,208**
Gatuliv i södern - Oil/canvas (93x73cm-37x29in) Stockholm 89 .... FF**59 000** - £6 217 - **$9,933**
LJUNGBERGER Gustaf 1733-1787 [1]
Adolf Fredrik och hans familj - Plaster (10cm-4in) Stockholm 96 .... FF**15 130** - £1 956 - **$2,900**
LJUNGDAHL David 1870-1940 [3]
Förlagor till illustrationer - Gouache Stockholm 89 .... FF**2 000** - £193 - **$303**
LJUNGGREN Bror 1884-1939 [6]
Ovädersholm över Skåneslätten - Oil/panel (18x32cm-7x13in) Stockholm 92 .... FF**3 490** - £357 - **$614**
LJUNGGREN Reinhold 1920 [23]
Motiv från Trosa - Oil/canvas (37x45cm-15x18in) Stockholm 95 .... FF**10 940** - £1 382 - **$2,194**
Trosaån - Lithograph (48x38cm-19x15in) Malmö 92 .... FF**1 990** - £238 - **$383**
LJUNGQUIST Birger 1894-1965 [42]
Borgvikspensionaten, Gotland - Oil/panel (50x60cm-20x24in) Stockholm 94 .... FF**5 460** - £645 - **$972**
Rumsinteriör - Oil/panel (72x59cm-28x23in) Söderköping 94 .... FF**11 570** - £1 380 - **$2,170**
Han satte sig - Akvarell (31x58cm-12x23in) Söderköping 94 .... FF**7 950** - £950 - **$1,490**
LJUNGQUIST Birger 1910-1952 [1]
Stadsmotiv - Mixed media/paper (25x34cm-10x13in) Söderköping 93 .... FF**1 967** - £223 - **$333**
LJUTICA Zoran XX [17]
Métamorphose I - Huile/toile (103x65cm-41x26in) Paris 92 .... FF**6 000** - £617 - **$1,154**
LLACER Teresa 1932 [3]
Silla con gato dormido - Oleo/lienzo (73x61cm-29x24in) Madrid 95 .... FF**4 035** - £516 - **$811**
LLADO Pierre-Jean 1948 [4]
Le marché aux fleurs - Huile/toile (65x46cm-26x18in) Saint-Dié 92 .... FF**2 000** - £205 - **$352**
LLANECES José San Bartolomé 1863-1919 [6]
Gitana - Oleo/lienzo (91x75cm-36x30in) Madrid 96 .... FF**14 400** - £1 654 - **$2,750**
LLASERA DIAZ José 1882-1943 [1]
Carmen - Oil/canvas (69x59cm-27x23in) New-York 93 .... FF**11 550** - £1 365 - **$2,100**
LLAVERIAS LABRO Joan 1865-1938 [1]
Islas Meda - Acuarela (23x33cm-9x13in) Madrid 93 .... FF**10 570** - £1 272 - **$2,060**
LLEONART SENENT Benito 1860-? [1]
Pescadores - Oleo/lienzo (22x34cm-9x13in) Madrid 90 .... FF**4 600** - £489 - **$823**
LLEWELLYN John Dillwyn 1810-1882 [1]
Gypsies - Salt print (20x14cm-8x6in) New-York 94 .... FF**8 710** - £1 010 - **$1,500**
LLEWELLYN William Samuel Henry 1858-1941 [5]
Mary, daughter of A.M. Macqueen - Oil/canvas (76x63cm-30x25in) London 89 ...... FF**8 200** - £838 - **$1,318**
LLEWELLYN-ROBERTS C.R. XX [3]
Gemini - Bronze (46x47cm-18x19in) London 96 .... FF**11 600** - £1 500 - **$2,292**
LLIMONA BRUGUERA Josep 1864-1934 [2]
Mujer catalana - Bronze (44cm-17in) Madrid 96 .... FF**10 180** - £1 320 - **$2,013**
La Pastorcita - Bronze (66cm-26in) Madrid 95 .... FF**34 200** - £4 440 - **$7,040**
LLIMONA Joan 1860-1926 [4]
Pescador desde la barca - Oleo/lienzo (56x39cm-22x15in) Madrid 97 .... FF**7 600** - £817 - **$1,330**
LLONA Ramiro 1947 [5]
Un intento de lógica - Acrylic/canvas (172x203cm-68x80in) New-York 93 .... FF**29 500** - £3 356 - **$5,000**
El hijo pródigo vuelve a irse - Oil/canvas (172x182cm-68x72in) New-York 91 .... FF**101 600** - £10 114 - **$17,471**
LLORENS DíAZ Francisco 1874-1948 [3]
Marina - Oleo/tabla (20x30cm-8x12in) Madrid 91 .... FF**21 900** - £2 192 - **$3,650**
LLORO Manuel S. XX [3]
Tête de femme - Fer (26x16x25cm-10x6x10in) Paris 92 .... FF**6 000** - £615 - **$1,080**
LLOVERA Josep 1846-1896 [3]
Bailarinas - Oleo/lienzo (61x45cm-24x18in) Madrid 93 .... FF**2 225** - £265 - **$403**

LLOVERAS Federico 1912-1983 [5]

🖼 *Paisaje de Hampstead Heat* - Oleo/lienzo (92x60cm-36x24in) Madrid 97 .... FF5 970 - £645 - **$1,035**
✎ *Paisaje* - Acuarela (32x46cm-13x18in) Madrid 94 .... FF4 540 - £542 - **$855**

LLOVET Ramón 1917-1987 [3]

🖼 *Maternidad* - Oleo/lienzo (92x65cm-36x26in) Madrid 95 .... FF3 830 - £504 - **$770**

LLOYD H.G. XIX-XX [1]

📷 *Titanic as he left Southampton* - Photograph (41x46cm-16x18in) London 96 .... FF10 070 - £1 300 - **$1,945**

LLOYD James 1905-1974 [9]

🖼 *The Stag* - Acrylic (41x32cm-16x13in) London 96 .... FF2 090 - £260 - **$406**
✎ *Bullcocks* - Watercolour (41x44cm-16x17in) London 94 .... FF5 660 - £680 - **$1,077**

LLOYD John XIX [2]

📷 *Nansantffraid Brrok* - Albumen print (15x20cm-6x8in) New-York 94 .... FF4 940 - £573 - **$850**

LLOYD Llewelyn 1879-1949 [5]

🖼 *Brocca e melagrana* - Olio/tavola (34x29cm-13x11in) Prato 96 .... FF74 100 - £8 800 - **$14,520**

LLOYD Norman 1897-1985 [45]

🖼 *Place Dauphine, Paris* - Oil/canvas (56x65cm-22x26in) London 95 .... FF5 610 - £700 - **$1,133**

LLOYD OF ELESMERE Edward c.1846-1891 [3]

🖼 *Stable interior* - Oil/board (62x74cm-24x29in) Manchester 91 .... FF12 900 - £1 309 - **$2,330**

LLOYD Reg. J. 1926 [4]

✎ *Porthleven* - Watercolour (20x13cm-8x5in) Penzance, Cornwall 94 .... FF1 930 - £230 - **$363**

LLOYD Stuart 1875-1929 [19]

🖼 *Wildfowling* - Oil/canvas (81x121cm-32x48in) Edinburgh 91 .... FF22 170 - £2 207 - **$3,812**
✎ *A tranquil evening river scene* - Watercolour (71x53cm-28x21in) Aylsham, Norfolk 92 .... FF6 840 - £700 - **$1,204**

LLOYD Thomas Ivester 1873-1942 [12]

🖼 *Pack of Hounds* - Oil/canvas (38x48cm-15x19in) Exeter, Devon 92 .... FF6 200 - £740 - **$1,192**
✎ *A Clean Retrieve* - Watercolour, gouache (31x23cm-12x9in) London 93 .... FF4 810 - £580 - **$841**

LLOYD Thomas James 1849-1910 [18]

🖼 *A Coastal Reverie* - Oil/canvas (31x71cm-12x28in) New-York 96 .... FF24 700 - £2 993 - **$4,800**
✎ *A bit of Barley Mow* - Watercolour/paper (61x102cm-24x40in) London 96 .... FF17 030 - £2 000 - **$3,350**
✎ *Returning Home* - Watercolour (39x91cm-15x36in) London 96 .... FF33 700 - £4 200 - **$6,500**

LLOYD Walter Stuart 1875-1929 [34]

🖼 *Chichester/Gloucester* - Oil/canvas (61x51cm-24x20in) London 92 .... FF13 760 - £1 600 - **$2,810**
✎ *The Ferry Crossing* - Watercolour (48x99cm-19x39in) London 93 .... FF6 800 - £850 - **$1,233**
Iford, Hampshire - Watercolour (39x100cm-15x39in) London 96 .... FF16 870 - £2 000 - **$3,290**

LO A NJOE Guillaume 1937 [7]

🖼 *Wandeling Door De Nacht* - Oil/canvas (60x70cm-24x28in) Amsterdam 93 .... FF6 120 - £704 - **$1,052**

LO SAVIO Francesco 1935-1963 [3]

🖼 *Senza titolo* - Litografia (27x30cm-11x12in) Roma 91 .... FF5 010 - £513 - **$935**
Senza titolo - Scultura (38x25x106cm-15x10x42in) Milano 90 .... FF244 000 - £24 831 - **$48,796**
✎ *Progetto per scultura* - Inchiostro/carta (42x70cm-17x28in) Milano 90 .... FF53 200 - £5 414 - **$10,639**

LOATES Glen 1945 [6]

✎ *White tailed deer in the forest* - Watercolour (56x43cm-22x17in) Toronto 95 .... FF5 360 - £711 - **$1,107**

LOBACH Martha 1855-? [1]

🖼 *Gelb Rosenzweig* - Oil/panel (25x60cm-10x24in) München 92 .... FF4 750 - £567 - **$913**

LOBBEDEZ Charles Auguste R. 1825-1882 [3]

🖼 *Enfants jouant dans la ruelle* - Huile/toile (73x50cm-29x20in) Le Touquet 92 .... FF50 000 - £5 970 - **$9,610**

LOBECK Fritz 1897-1973 [1]

🖼 *Im Boot* - Huile/panneau (63x55cm-25x22in) Zofingen 94 .... FF3 050 - £362 - **$564**

LOBEDAN Clara 1840-1918 [1]

🖼 *Blumenbeet vor Haus* - Öl/Leinwand (87x140cm-34x55in) Pforzheim 93 .... FF10 960 - £1 260 - **$1,895**

LOBEL-RICHE Alméry 1880-1950 [28]

🖼 *Scène marocaine* - Aquatinte couleurs (48x62cm-19x24in) Paris 95 .... FF2 000 - £242 - **$377**
✎ *Dourga, danseuse hindoue* - Pastel (61x45cm-24x18in) Paris 94 .... FF2 800 - £324 - **$481**
Dourga, danseuse hindoue - Pastel/papier (61x46cm-24x18in) Paris 95 .... FF15 500 - £1 954 - **$3,090**

LÖBERG Gunnar 1893-1950 [10]

🖼 *Sjöbodar med ekor* - Oil/canvas (60x84cm-24x33in) Stockholm 89 .... FF4 900 - £488 - **$774**

LOBISSER Switbert 1878-1943 [33]

🖼 *Walpurgisnacht I* - Woodcut (34x30cm-13x12in) Wien 95 .... FF3 220 - £409 - **$641**

LOBO Balthazar 1910-1993 [35]

🖼 *Séléné* - Bronze poli (27cm-11in) Paris 94 .... FF16 000 - £1 850 - **$2,746**
Torse au soleil - Bronze (44cm-17in) Paris 94 .... FF24 500 - £2 854 - **$4,324**
Maternité - Marbre (44cm-7in) Toulouse 93 .... FF45 000 - £5 130 - **$7,620**
Maternité - Bronze (61cm-24in) Paris 94 .... FF140 000 - £16 300 - **$24,330**

LOBRE Maurice 1862-1951 [7]

🖼 *La Galerie d'Hercule à Versailles* - Huile/toile Paris 90 .... FF13 200 - £1 329 - **$2,586**
Cabinet de toilette de J. E. Blanche - Oil/canvas (77x82cm-30x32in) London 94 .... FF92 400 - £11 000 - **$17,400**

LOBRICHON Timoléon 1831-1914 [17]

🖼 *Etudes d'Enfants* - Oil/panel (60x30cm-24x12in) Amsterdam 97 .... FF19 005 - £2 009 - **$326,15**
Sur la plage - Oil/panel (22x41cm-9x16in) Billinghurst, West Sussex 95 .... FF33 700 - £4 200 - **$6,600**
La Leçon de lecture - Huile/toile (112x78cm-44x31in) Dijon 96 .... FF232 000 - £26 850 - **$44,440**

LOBRY Adrien R. Visbach 1840-1888 [1]

🖼 *Berglandskap* - Oil/board (19x23cm-7x9in) Stockholm 89 .... FF9 400 - £961 - **$1,511**

LOCATELLI Andrea 1693-1741 [32]
🖼 *Fishermen and a Woman resting by Rocks*
  Oil/canvas (52x40cm-20x16in) London 97 .... FF254 958 - £27 000 - **$43,878**
  Peasants revelling - Oil/canvas (58x73cm-23x29in) London 96 .... FF803 000 - £100 000 - **$156,000**
LOCATELLI Gian Francesco 1810-1882 [2]
🖼 *Two young beauties feeding a pigeon*
  Oil/canvas (115x104cm-45x41in) Stockholm 94 .... FF37 900 - £4 470 - **$6,740**
LOCATELLI Raffaello 1915-? [1]
🖼 *Pastorella con pecore* - Olio/tela (100x70cm-39x28in) Milano 95 .... FF7 720 - £1 025 - **$1,575**
LOCCA Albert 1895-1966 [10]
🖼 *Le Château de cartes* - Huile/toile (134x94cm-53x37in) Paris 95 .... FF12 000 - £1 526 - **$2,436**
LOCCA Guido 1901-1969 [6]
🖼 *Stilleben mit Traube* - Oil/canvas (26x23cm-10x9in) Luzern 89 .... FF3 300 - £337 - **$531**
LOCCA Jimmy 1940 [7]
🖼 *Femme au chapeau* - Technique mixte/panneau (82x60cm-32x24in) Angers 90 ... FF34 000 - £3 512 - **$6,007**
✏ *Sans titre* - Gouache (65x88cm-26x35in) L'Isle-Adam 90 .... FF4 500 - £485 - **$794**
LOCHER Axel 1879-? [3]
🖼 *Scene fra Jyllands* - Oil/canvas (29x49cm-11x19in) København 91 .... FF18 480 - £1 853 - **$3,051**
🗿 *Kunstnerens hustru, 1902* - Sculpture (31x21cm-12x8in) København 89 ...... FF1 600 - £169 - **$269**
LOCHER Bonifaz 1858-1916 [1]
🖼 *Alter grauhaarigen Mann* - Öl/Leinwand (35x29cm-14x11in) Lindau 96 .... FF4 730 - £570 - **$907**
LOCHER Carl 1851-1915 [83]
🖼 *Marine by moonlight* - Oil/canvas (60x92cm-24x36in) København 95 .... FF7 070 - £868 - **$1,378**
  Shipwreck - Oil/canvas (60x95cm-24x37in) København 94 .... FF26 100 - £2 994 - **$4,460**
LOCHER Gottfried 1730-1795 [4]
🖼 *Le Château de Chillon* - Etching in colors (20x19cm-8x7in) Bern 92 .... FF2 284 - £273 - **$440**
LOCHER Jens Thielsen 1825-1869 [2]
🖼 *Marine med selskibe udfor kyst* - Oil/canvas (52x76cm-20x30in) København 91 ...... FF24 600 - £2 449 - **$4,230**
LOCHER Thomas 1956 [7]
🖼 *1-11* - Mixed media (68x139cm-27x55in) New-York 92 .... FF29 400 - £3 414 - **$6,000**
LOCHHEAD John 1866-1921 [8]
🖼 *The village pond* - Oil/canvas (38x76cm-15x30in) Glasgow 92 .... FF6 020 - £700 - **$1,230**
  The flower girl - Oil/canvas (89x59cm-35x23in) London 94 .... FF26 130 - £3 000 - **$4,470**
LOCK Anton 1893-? [1]
🖼 *The deck chair* - Oil/board (20x35cm-8x14in) Billinghurst, West Sussex 96 .... FF3 740 - £480 - **$738**
LOCK Freida 1902-1962 [2]
🖼 *Man with turban* - Oil/canvas (33x29cm-13x11in) Cape Town 95 .... FF2 660 - £340 - **$546**
LOCKE Charles Wheeler 1899-? [1]
🖼 *Furman Street North* - Lithograph (20x15cm-8x6in) Boston, Mass. 93 .... FF3 025 - £380 - **$550**
LOCKER Edward Hawker 1777-1848 [1]
✏ *Cathedral & townhouse, Mahon* - Wash (23x33cm-9x13in) New-York 91 .... FF3 985 - £403 - **$791**
LOCKERBY Mabel Irene 1887-1976 [1]
🖼 *Red sails* - Oil/panel (21x29cm-8x11in) Toronto 92 .... FF13 970 - £1 430 - **$2,460**
LOCKERIDGE William XX [4]
🗿 *La Coquine* - Terracotta (14x48x18cm-6x19x7in) Paris 93 .... FF11 200 - £1 350 - **$2,036**
LOCKHART William Ewart 1846-1900 [6]
🖼 *The orange harvest, Majorca* - Oil/canvas (62x86cm-24x34in) Glasgow 91 ...... FF79 800 - £7 997 - **$13,456**
✏ *Venice in Dordrecht* - Watercolour (46x31cm-18x12in) Amsterdam 95 .... FF4 660 - £605 - **$971**
LOCKMAN Dewitt McClellan 1870-1957 [2]
🖼 *A grey horse* - Oil/canvas (74x91cm-29x36in) Bloomfield Hills, Michigan 95 ...... FF3 570 - £445 - **$700**
LOCKWOOD Ward 1894-1963 [1]
✏ *A. Dasburg in a blind, Rio Grande*
  Watercolour/paper (36cm-14x0in) Baton Rouge, Louisiana 94 ...... FF8 410 - £1 010 - **$1,600**
LOCKWOOD Wilton 1862-1914 [3]
🖼 *Peonies in a Chinese jar* - Oil/canvas (30x38cm-12x15in) Boston, Mass. 94 ...... FF32 500 - £3 850 - **$6,000**
LODEIZEN Frank 1931 [4]
✏ *Abstract composition* - Coloured chalks (38x44cm-15x17in) Amsterdam 92 .... FF2 110 - £252 - **$406**
LODEIZEN Johannes 1892-1980 [7]
🖼 *Books* - Oil/canvas (40x56cm-16x22in) Amsterdam 96 .... FF4 800 - £603 - **$944**
LODENKÄMPER Karolus 1943 [2]
🖼 *Mädchen im Regen* - Technique mixte (58x54cm-23x21in) Bruxelles 96 .... FF2 790 - £329 - **$548**
LODER Edwin 1827-c.1885 [4]
🖼 *Heads of two whippets* - Oil/board (23x30cm-9x12in) London 94 .... FF6 990 - £800 - **$1,184**
LODER Matthäus 1781-1828 [2]
🖼 *A Gypsy Family* - Oil/canvas (104x80cm-41x31in) London 96 .... FF62 000 - £8 000 - **$12,140**
✏ *Napoléon & Marie Louise standing* - Black chalk (50x43cm-20x17in) New-York 93 ...... FF16 500 - £1 950 - **$3,000**
LODER OF BATH James c.1800-c.1860 [16]
🖼 *A gentleman on a bay hunter* - Oil/canvas (50x68cm-20x27in) London 95 ...... FF25 050 - £3 200 - **$5,110**
  Combat - Oil/canvas (67x89cm-26x35in) New-York 94 .... FF89 800 - £10 540 - **$16,000**
LODGE George Edward 1860-1954 [143]
🖼 *At Blubberhouses* - Oil/canvas/board (23x37cm-9x15in) London 94 .... FF22 300 - £2 600 - **$3,910**
  Leopard by the pool - Oil/canvas (41x71cm-16x28in) New-York 95 .... FF59 700 - £7 550 - **$12,000**
✏ *Ptarmigan in the snow* - Watercolour (38x60cm-15x24in) London 94 .... FF24 870 - £2 900 - **$4,360**

Strathgartney Moor - Watercolour (39x59cm-15x23in) London 94 .... FF**44 600** - £5 200 - **$7,810**
LODI Gaetano c.1850-? [5]
☞ *The smoke* - Oil/canvas (41x52cm-16x20in) Detroit, Michigan 91 .... FF**2 830** - £285 - **$491**
LODS Marcel 1891-1978 [1]
▱ *Paris* - Poster (99x61cm-39x24in) London 96 .... FF**3 240** - £400 - **$626**
LODSTRÖM Georg 1915-1972 [18]
☞ *Utsikt fran Mäster Samuelsgatan 41* - Oil/canvas (72x53cm-28x21in) Stockholm 89 .... FF**4 200** - £418 - **$664**
LOEB Alfred 1885-? [3]
☞ *Kottingbrunn* - Öl/Leinwand (54x65cm-21x26in) Wien 96 .... FF**4 800** - £582 - **$933**
LOEB Dorothy 1887-? [12]
✎ *Abstraction #8* - Watercolour/board (25x35cm-10x14in) Cambridge, Mass. 91 .... FF**3 420** - £343 - **$592**
LOEB Leonard B. 1891-1978 [3]
▤ *Grant's Tomb, Riverside Drive* - Photograph (16x23cm-6x9in) New-York 96 .... FF**23 230** - £2 880 - **$4,500**
LOEB Louis 1866-1909 [2]
☞ *Lady standing in the breeze* - Oil/panel (35x25cm-14x10in) New-York 92 .... FF**22 200** - £2 324 - **$4,000**
LOEB Michel 1930 [3]
☞ *Le jardin* - Huile/panneau (33x40cm-13x16in) Paris 92 .... FF**2 500** - £256 - **$491**
Le chêne bleu - Huile/toile (89x116cm-35x46in) Paris 90 .... FF**30 000** - £3 233 - **$5,291**
LOEB Pierre 1920 [2]
☞ *Nature morte à la figure* - Huile/toile (61x46cm-24x18in) Paris 92 .... FF**8 000** - £820 - **$1,570**
La femme au figuier - Huile/toile (81x60cm-32x24in) Versailles 89 .... FF**40 000** - £3 980 - **$6,319**
LOEBER Johann Friedrich 1709-1772 [1]
☞ *Wild cat pouncing on a hen* - Oil/canvas (67x86cm-26x34in) London 89 .... FF**58 100** - £6 122 - **$9,781**
LOEBER Lou, Louise 1894-1983 [27]
☞ *Wervelend landschap* - Acrylic/canvas (55x55cm-22x22in) Amsterdam 96 .... FF**6 650** - £834 - **$1,285**
Bouwsels - Oil/board (88x61cm-35x24in) Amsterdam 95 .... FF**24 700** - £3 230 - **$4,940**
Bevrijde stad II - Oil/board (85x56cm-33x22in) Amsterdam 95 .... FF**41 000** - £5 230 - **$3,360**
LOEF Jacob Gerristsz c.1607-1670/75 [1]
☞ *Navire, rade d'Enkhuizen* - Huile/panneau (75x105cm-30x41in) Monaco 90 .... FF**180 000** - £18 595 - **$31,802**
LOEFFLER Carl Friedrich 1823-1905 [1]
☞ *Die heiligen Familie* - Oil/panel (41x32cm-16x13in) Wien 92 .... FF**19 250** - £1 930 - **$3,700**
LOEHR Franz 1874-1918 [1]
▨ *Liegender weiblicher Akt* - Bronze (17cm-7in) Wien 94 .... FF**5 860** - £666 - **$993**
LOEILLOT-HARTWIG Karl, Charles H. 1798-? [1]
✎ *Ferdinand Philippe duc d'Orléans* - Dessin (35x27cm-14x11in) Paris 90 .... FF**7 200** - £736 - **$1,421**
LOEMANS Alexander Francis 1894-? [15]
☞ *Indian encampment* - Oil/canvas (56x91cm-22x36in) Toronto 93 .... FF**7 580** - £859 - **$1,280**
A Windy Day - Oil/canvas (56x91cm-22x36in) San Francisco-Los Angeles 96 .... FF**20 720** - £2 600 - **$4,000**
LOESCH Ernst 1860-? [2]
☞ *Old Nuremberg* - Oil/canvas (70x48cm-28x19in) New-York 93 .... FF**23 600** - £2 685 - **$4,000**
LOESCHMANN Emil 1866-? [1]
✎ *Teichlandschaft* - Gouache/papier (24x38cm-9x15in) Köln 94 .... FF**3 430** - £403 - **$601**
LOEW Heinz 1903-1981 [5]
▤ *Travaux pratiques* - Photo (8x8cm-3x3in) Paris 94 .... FF**3 000** - £354 - **$538**
LOEWE-BETHE Margarete 1859-? [1]
☞ *Putti* - Oil/canvas (131x178cm-52x70in) Amsterdam 95 .... FF**35 000** - £4 370 - **$7,060**
LOEWEL Horst 1939 [3]
☞ *Die Burg* - Oil/canvas (80x70cm-31x28in) München 90 .... FF**6 800** - £728 - **$1,183**
LOEWENGUTH Frederick S. 1887-? [1]
☞ *Interior* - Oil/canvas (55x76cm-22x30in) New-York 96 .... FF**7 270** - £926 - **$1,400**
LOEWENSBERG Verena 1912-1986 [16]
☞ *Ohne Titel* - Acryl/Leinwand (162x15cm-64x6in) Zürich 97 .... FF**94 750** - £10 073 - **$16,344**
Composition - Oil/canvas (60x60cm-24x24in) Zürich 91 .... FF**107 000** - £10 729 - **$17,663**
▱ *Ohne Titel* - Serigraph (75x54cm-30x21in) Luzern 95 .... FF**2 130** - £266 - **$417**
LOEWIG Roger 1930 [4]
✎ *Einsamer Engel* - Ink Berlin 91 .... FF**7 430** - £754 - **$1,342**
LOEWY Raymond 1893-1986 [18]
✎ *Étude de combinaison pour la NASA* - Encre/papier (20x18cm-8x7in) Angoulême 97 .... FF**1 800** - £201 - **$323**
Vue en coupe d'une fusée - Gouache (47x60cm-19x24in) Angoulême 97 .... FF**5 800** - £647 - **$1,041**
LÖFDAHL Eva 1953 [8]
☞ *Väst* - Oil/canvas (87x200cm-34x79in) Stockholm 94 .... FF**5 890** - £683 - **$1,014**
LÖFDAHL Oscar Magnus 1811-1895 [2]
☞ *Figures resting in a landscape* - Oil/canvas (39x55cm-15x22in) London 96 .... FF**19 260** - £2 500 - **$3,810**
LÖFFELBEIN Julius ?-1903 [1]
☞ *Stadt Fiddichow* - Öl/Karton (35x58cm-14x23in) Zofingen 92 .... FF**2 740** - £328 - **$528**
LÖFFLER August 1822-1866 [4]
✎ *Küstenpartie von Teneriffa* - Aquarell/Papier (38x41cm-15x16in) Bielefeld 93 .... FF**22 750** - £2 653 - **$3,740**
LÖFFLER Bertold 1874-1960 [26]
☞ *Der Gratulant* - Öl/Leinwand (82x77cm-32x30in) Wien 96 .... FF**24 360** - £3 160 - **$4,820**
▱ *Ohne Titel* - Color lithograph (58x84cm-23x33in) Wien 97 .... FF**2 399** - £254 - **$412**
▨ *Tauber* - Ceramic (35cm-14in) Wien 95 .... FF**19 600** - £2 580 - **$3,970**

L

Kunst und Wissenschaft - Aquarell (29x57cm-11x22in) Wien 95........................ FF5 940 - £755 - $1,183
LÖFFLER Carl Johan Albrecht 1810-1853 [1]
Dekorationer fra Pompeij - Watercolour Viby J, Århus 94 .... FF1 736 - £209 - $322
LÖFFLER Emma 1843-1929 [3]
● *Roses and strawberries* - Oil/canvas (26x34cm-10x13in) Köbenhavn 96 .... FF46 100 - £5 260 - $8,830
LÖFFLER Franz 1875-1955 [15]
● *Halbinsel Wasserburg* - Oil/panel (25x33cm-10x13in) Lindau 97 .... FF8 440 - £886 - $1,451
Wasserburg - Öl/Leinwand (51x71cm-20x28in) Lindau 93 .... FF31 500 - £3 674 - $5,180
LOFFLER Hendrick 1723-1796 [1]
● *Verre et rose/Orange et pain* - Huile/carton (20x16cm-8x6in) Paris 90 ...... FF280 000 - £28 926 - $49,470
LÖFFLER Hugo 1859-1935 [4]
● *Dem Lyraspiel lauschend* - Oil/canvas (74x96cm-29x38in) Wien 91 .... FF3 840 - £385 - $703
LÖFFLER Melitta 1896-1960 [1]
● *Flora* - Öl/Papier (70x81cm-28x32in) Wien 91 .... FF3 840 - £385 - $703
LÖFFLER-RADYMNO Leopold 1827-1898 [3]
● *Dispute* - Oil/panel (47x40cm-19x16in) Warszawa 96 .... FF54 600 - £6 900 - $10,500
LOFFREDO Silvio 1932 [3]
● *Gatti* - Olio/tavola (34x59cm-13x23in) Firenze 97 .... FF2 380 - £280 - $420
LÖFFTZ von Ludwig 1845-1910 [1]
● *Fischer am Vierwaldstätter See* - Oil/canvas (58x87cm-23x34in) München 91 ...... FF17 100 - £1 756 - $3,180
LÖFGREN Clara 1843-1923 [4]
● *I rosenträdgården* - Oil/canvas (35x27cm-14x11in) Stockholm 96 .... FF33 840 - £4 220 - $6,530
Gatubild - Akvarell (32x21cm-13x8in) Söderköping 92 .... FF2 074 - £213 - $365
LÖFGREN Erik Johan 1825-1884 [1]
● *Psyche* - Oil/copper (94x78cm-37x31in) Helsinki 95 .... FF20 830 - £2 604 - $4,210
LÖFGREN Robert 1893-? [1]
● *Bogserbatar vid Slussen* - Oil/board (37x45cm-15x18in) Stockholm 90 .... FF2 000 - £214 - $348
LOFTHUS Arne 1881-1962 [1]
● *Lobster, leeks, marrow, turnips* - Oil/canvas (100x92cm-39x36in) London 91 .... FF18 140 - £1 806 - $3,119
LOGAN George XIX-XX [3]
A woodland recital - Pencil (30x46cm-12x18in) Glasgow 91 .... FF7 440 - £750 - $1,313
LOGAN Janet XX [2]
● *Paysage avec rivage* - Collage (92x122cm-36x48in) Montréal 91 .... FF3 010 - £304 - $598
LOGAN Maurice 1886-1977 [22]
● *Mudflat homes* - Oil/canvas (76x91cm-30x36in) San Francisco-Los Angeles 92 ...... FF40 500 - £4 140 - $7,500
Landing Float - Oil/board (30x41cm-12x16in) San Francisco-Los Angeles 94 ...... FF124 500 - £14 750 - $23,000
Yachts/Rocky coastline
　　　Watercolour/paper (53x74cm-21x29in) San Francisco-Los Angeles 92 ...... FF6 480 - £663 - $1,200
LOGELAIN Henri 1889-1968 [16]
● *Vue de port* - Huile/toile (50x60cm-20x24in) Bruxelles 94 .... FF2 656 - £314 - $473
La Bourse - Huile/panneau (37x45cm-15x18in) Bruxelles 95 .... FF12 200 - £1 298 - $2,182
● *Docks No. 1 à Anvers* - Aquarelle/papier (85x70cm-33x28in) Bruxelles 96 ...... FF7 350 - £943 - $1,450
LOGEROT Louise, née Lenot XIX [2]
Flowers - Gouache/vellum (27x18cm-11x7in) London 96 .... FF5 790 - £750 - $1,133
LOGGAN David 1635-1692 [4]
Gentleman in ceremonial robes - Pencil/paper (12x10cm-5x4in) London 90 ...... FF8 700 - £876 - $1,582
LOGHI Kimon 1871-? [5]
● *Jeune femme grecque* - Huile/toile (73x38cm-29x15in) Paris 96 .... FF16 500 - £2 070 - $3,190
LOGO Oto 1931 [2]
▨ *Mobile* - Bronze (50x40cm-20x16in) Lokeren 96 .... FF6 580 - £839 - $1,268
LOGSDAIL William 1859-1944 [18]
● *Fisherman of Venice* - Oil/canvas (44x35cm-17x14in) New-York 92 .... FF18 900 - £1 932 - $3,500
St. Martins-in-the-Fields - Oil/canvas (41x31cm-16x12in) London 97 .... FF477 500 - £52 000 - $83,039
LOHMANN Adolf 1928 [7]
● *Hühnerhof* - Huile/panneau (24x309cm-9x122in) Bern 94 .... FF10 100 - £1 170 - $1,740
LOHMANN Theo 1880-1963 [2]
● *Village in winter* - Oil/canvas (80x62cm-31x24in) Amsterdam 95 .... FF9 450 - £1 206 - $1,930
LOHMANN VAN DER FEER LADER Else 1897-1984 [3]
● *Akt mit geschlossenen Augen* - Oil/panel (70x59cm-28x23in) Bielefeld 92 ...... FF18 950 - £2 204 - $3,870
LOHR August 1843-1919 [27]
● *Mexico with the two Volcanoes* - Oil/canvas (70x109cm-28x43in) London 97 ...... FF140 057 - £15 000 - $24,552
● *Paisaje con Ferrocarril* - Oil/canvas (47x69cm-19x27in) New-York 93 .... FF283 600 - £32 200 - $48,000
Mexico Valley - Watercolour, gouache (33x50cm-13x20in) New-York 90 ...... FF16 000 - £1 682 - $2,783
Paisaje - Watercolour/paper (34x52cm-13x20in) New-York 97 .... FF40 184 - £4 267 - $7,000
LÖHR Emil 1809-1876 [10]
● *Bad Gastein* - Öl/Leinwand (45x57cm-18x22in) Wien 95 .... FF22 020 - £2 786 - $4,300
Das Haus Solitude in Gastein - Aquarell (23x30cm-9x12in) München 93 .... FF1 865 - £223 - $359
LOHR Johannes 1882-1928 [2]
● *Kitchengarden* - Oil/canvas (37x55cm-15x22in) Amsterdam 93 .... FF4 220 - £504 - $812
LÖHRER Johann Gottlieb 1791-1840 [3]
Gesellige Versammlung - Encre (9x12cm-4x5in) Bern 95 .... FF1 980 - £257 - $407
LOHSE Karl 1895-1965 [3]
● *Sommerliche Getreidelandschaft* - Öl/Leinwand (60x80cm-24x31in) Leipzig 95 ...... FF19 600 - £2 450 - $3,955

Portrait of a man - Oil/cardboard (71x51cm-28x20in) Dresden 95 .... FF62 200 - £8 130 - **$12,450**
LOHSE Richard Paul 1902-1988 [25]
🖾 *Verschraenkte Farbgruppen* - Öl/Leinwand (48x48cm-19x19in) Luzern 93 .... FF64 700 - £7 730 - **$12,440**
Vier Farbfelder an weissem Kreuz - Olio/tela (60x60cm-24x24in) Milano 89 .... FF141 900 - £14 119 - **$22,417**
🖾 *Ohne Titel* - Silkscreen in colors (45x45cm-18x18in) Berlin 96 .... FF2 373 - £296 - **$459**
LOHSE-WÄCHTER Elfriede 1899-1940 [6]
🖉 *Drei Frauen beim Tratsch* - Oil chalks/paper (62x50cm-24x20in) München 96 .... FF12 520 - £1 625 - **$2,480**
LOIR Alexis III 1712-1785 [1]
🗿 *Four Classical figures at an altar* - Terracotta (33cm-13in) London 96 .... FF20 730 - £2 400 - **$3,970**
LOIR Gaston 1868-1922 [2]
🖾 *Campagne près des Andelys* - Huile/toile (81x152cm-32..:60in) Rouen 92 .... FF5 000 - £512 - **$880**
LOIR Luigi 1845-1916 [247]
🖾 *Figures in a Parisian Park* - Oil/panel (9x16cm-4x6in) New-York 97 .... FF17 065 - £1 836 - **$3,000**
Vue de Parme - Huile/toile (30x70cm-12x28in) Paris 97 .... FF33 000 - £3 557 - **$5,867**
Près de la Seine, Paris - Oil/canvas (66x81cm-26x32in) New-York 96 .... FF83 100 - £10 580 - **$16,000**
Boulevard des Capucines, Paris - Oil/canvas (30x46cm-12x18in) Amsterdam 97 .... FF145 142 - £15 343 - **$24,904**
Porte Maillo - Oil/canvas (99x198cm-39x78in) New-York 95 .... FF562 000 - £70 000 - **$110,000**
🖾 *Chemin de Fer d'Orléan* - Affiche (75x105cm-30x41in) Paris 93 .... FF3 800 - £427 - **$644**
🖉 *L'Institut* - Aquarelle, gouache (10x7cm-4x3in) Paris 97 .... FF5 000 - £625 - **$910**
Figures by the Harbour, Biarritz - Watercolour (11x16cm-4x6in) London 97 ...... FF15 441 - £1 700 - **$2,710**
L'Opéra, Paris - Aquarelle (37x54cm-15x21in) Paris 95 .... FF30 000 - £3 950 - **$6,080**
Pace de la République
   Gouache/paper (35x24cm-14x9in) San Francisco-Los Angeles 94 .... FF53 400 - £6 370 - **$10,000**
Bating party, le de la Grande Jatte
   Gouache/paper (30x47cm-12x19in) New-York 94 .... FF439 000 - £50 700 - **$75,000**
LOIR Marianne c.1715-c.1770 [5]
🖾 *Charles de Montaigu en pâtre* - Huile/toile (92x74cm-36x29in) Paris 93 .... FF102 000 - £11 730 - **$17,530**
LOIR Nicolas 1624-1679 [8]
🖾 *Alexandre devant la tente de Darius* - Huile/toile (71x95cm-28x37in) Paris 92 ...... FF110 000 - £11 260 - **$19,360**
LOISEAU Gustave 1865-1935 [343]
🖾 *Pruniers, Ennery* - Huile/toile (60x73cm-24x29in) Paris 89 .... FF1 - £185 072 - **$290,997**
Nature morte au plat d'huitres - Huile/panneau (46x55cm-18x22in) Paris 97 ...... FF39 000 - £4 235 - **$6,911**
Voiliers près des falaises - Oil/canvas (60x73cm-24x29in) London 97 .... FF90 662 - £10 000 - **$15,902**
Bourg d'Oisans, Isère - Oil/canvas (54x65cm-21x26in) London 97 .... FF135 135 - £14 000 - **$23,149**
Sous-bois - Huile/toile (81x65cm-32x26in) Paris 97 .... FF210 000 - £22 806 - **$37,212**
Peupliers - Oil/canvas (81x65cm-32x26in) New-York 97 .... FF385 715 - £41 351 - **$67,500**
Seine à Pontoise - Oil/canvas (61x73cm-24x29in) London 97 .... FF536 000 - £64 000 - **$103,100**
🖉 *Route longeant un domaine* - Pastel/paper (26x39cm-10x15in) New-York 94 ...... FF38 000 - £4 360 - **$6,500**
LOISEAU-ROUSSEAU Paul Louis 1861-1927 [4]
🗿 *Femme fleur* - Bronze (47cm-19in) Paris 97 .... FF20 000 - £2 260 - **$3,622**
LOISON Pierre 1816-1886 [1]
🗿 *Jeune fille à la conque* - Fer Houdan 91 .... FF78 000 - £7 860 - **$13,535**
LOJACONO Francesco 1841-1915 [18]
🖾 *Palazzo Zisa, Palermo* - Oil/canvas (55x110cm-22x43in) New-York 94 .... FF58 500 - £6 760 - **$10,000**
Paesaggio campestre con paese - Olio/tela (84x199cm-33x78in) Milano 94 ...... FF209 000 - £24 600 - **$37,200**
Taormina with Etna - Oil/canvas (78x159cm-31x63in) London 97 .... FF342 857 - £36 000 - **$58,971**
LOKHORST van Dirk 1818-1893 [9]
🖾 *Watering cattle* - Oil/canvas (52x67cm-20x26in) Amsterdam 94 .... FF12 200 - £1 416 - **$2,100**
LOKHORST van Dirk Peter 1848-? [9]
🖾 *Cows standing by a stream* - Oil/panel (45x76cm-18x30in) Amsterdam 94 ...... FF11 500 - £1 323 - **$1,970**
LOKHORST van Ida 1854-1881 [1]
🖾 *Young girl feeding chickens* - Oil/panel (17x24cm-7x9in) Amsterdam 92 .... FF7 220 - £840 - **$1,475**
LOKHORST van Jan 1837-1872 [11]
🖾 *Bord de rivière en Hollande* - Huile/toile (76x113cm-30x44in) Lille 96 .... FF26 000 - £3 360 - **$5,120**
LØKKE Karl 1870-1943 [2]
🖾 *Vårlandskap i Guldrandsdalen* - Oil/canvas (65x80cm-26x31in) Oslo 93 .... FF4 800 - £559 - **$824**
LØKKE Marie 1876-1948 [4]
🖾 *Pike med kaniner* - Oil/canvas (67x56cm-26x22in) Oslo 92 .... FF12 540 - £1 460 - **$2,560**
LOLOCHKA Laurence Caiazzo 1957 [14]
🖾 *Le manège* - Acrylique/toile (100x81cm-39x32in) Paris 97 .... FF3 200 - £382 - **$616**
Eve au jardin d'Éden - Technique mixte (130x97cm-51x38in) Paris 90 .... FF7 000 - £723 - **$1,237**
LOMAN Anders 1879-1953 [9]
🖾 *Nordlandsgard, vinter* - Oil/canvas (64x95cm-25x37in) Vejle 94 .... FF5 400 - £560 - **$949**
LOMAS William XIX [2]
🖾 *The pet parrot* - Oil/canvas (105x85cm-41x33in) Billinghurst, West Sussex 96 ...... FF5 770 - £750 - **$1,131**
Music - Oil/canvas (112x81cm-44x32in) London 92 .... FF34 200 - £3 500 - **$6,020**
LOMAX John Arthur 1857-1923 [25]
🖾 *The spinning wheel* - Oil/canvas (61x46cm-24x18in) London 92 .... FF7 980 - £820 - **$1,534**
The Art Critic - Oil/panel (29x40cm-11x16in) London 94 .... FF23 300 - £2 800 - **$4,310**
The dice players - Oil/panel (40x30cm-16x12in) London 92 .... FF56 700 - £5 800 - **$10,000**
LOMBARD Alfred 1884-1973 [1]
🖾 *Sur le balcon* - Huile/toile (73x92cm-29x36in) Paris 96 .... FF80 000 - £10 340 - **$15,850**

LOMBARD Jean 1895-1983 [12]
- Rue du champ de l'alouette - Huile/toile Compiègne 92 .... FF9 000 - £1 047 - $1,837

LOMBARD Lambert 1505-1566 [4]
- Psiche involata dagli amorini - Olio/tela (99x77cm-39x30in) Roma 91 .... FF90 100 - £8 948 - $15,644

LOMBARDI Giovanni Battista 1823-1880 [10]
- Veiled woman - Marble (68cm-27in) New-York 95 .... FF133 000 - £16 550 - $26,000
- Surprised Egyptian Bather - Marble London 91 .... FF347 000 - £35 217 - $62,672

LOMBARDI Tonino 1934 [3]
- Symphonie No. 1 - Aquatinte (44x50cm-17x20in) Paris 94 .... FF1 800 - £213 - $324

LOMBARDO Spartaco XX [2]
- Bateaux de pêche - Huile/toile (61x50cm-24x20in) L'Isle-Adam 92 .... FF3 200 - £328 - $576

LOMI Giovanni 1889-1969 [26]
- Galli e galline - Olio/faesite (30x40cm-12x16in) Roma 94 .... FF4 010 - £480 - $744
- Lavandaie - Olio/tela (50x59cm-20x23in) Milano 93 .... FF12 150 - £1 530 - $2,465
- Bagnanti - Olio/tela (71x95cm-28x37in) Milano 95 .... FF36 240 - £4 680 - $7,440

LOMIKIN Constantin 1924 [8]
- Beehives - Oil/board (24x35cm-9x14in) St. Helier, Jersey 96 .... FF2 890 - £360 - $558
- La ballerine en rouge - Pastel/carton (65x50cm-26x20in) Paris 92 .... FF4 000 - £466 - $817

LOMMAERT Léon 1904-? [4]
- Enfant à l'écharpe rouge - Huile/toile (50x48cm-20x19in) Antwerpen 94 .... FF2 500 - £300 - $486

LOMMEN Wilhelm 1838-1895 [2]
- Alpine landscape - Oil/canvas (81x65cm-32x26in) San Francisco-Los Angeles 94 .... FF11 730 - £1 357 - $2,000

LÖNBLAD Emilia 1865-1946 [14]
- Emilia Lagerheim, född Landegren - Oil/canvas (52x44cm-20x17in) Söderköping 93 .... FF2 530 - £287 - $428
- Bland fallande kejsarkronor - Oil/canvas (97x66cm-38x26in) Stockholm 92 .... FF33 940 - £3 474 - $5,970

LONCHAMP Pierre 1925 [6]
- Chèvres blanches - Huile/toile (115x146cm-45x57in) Paris 94 .... FF5 200 - £602 - $887

LONCIN Louis 1875-? [9]
- Adieu l'ami - Huile/toile (76x111cm-30x44in) Bruxelles 92 .... FF7 300 - £748 - $1,404

LONCLE Émile 1818-1881 [2]
- Badende Mädchen - Oil/canvas (29x47cm-11x19in) Lindau 91 .... FF14 200 - £1 431 - $2,464
- Arles et les bords du Rhône - Fusain (29x45cm-11x18in) Paris 95 .... FF1 700 - £219 - $351

LONDON Frank Marsden 1876-1945 [1]
- Garçon au foulard - Oil/canvas/board (38x30cm-15x12in) Dedham, Mass. 94 .... FF3 576 - £462 - $700

LONDON Jacob 1872-1953 [3]
- Boulevard à Paris - Huile/toile (59x79cm-23x31in) Bruxelles 91 .... FF9 870 - £1 002 - $1,783

LONDONIO Francesco 1723-1783 [11]
- Studi di teste di capre - Olio/tela (50x73cm-20x29in) Milano 91 .... FF45 600 - £4 671 - $8,514

LONDOT Charles 1887-1968 [2]
- Marin au repos - Huile/toile (60x70cm-24x28in) Bruxelles 96 .... FF2 630 - £304 - $504

LONDOT Léon 1878-1953 [7]
- Bord de mer - Huile/toile (78x80cm-31x31in) Bruxelles 90 .... FF10 500 - £1 124 - $1,826

LONG Edwin 1829-1891 [26]
- Vashti - Oil/canvas (213x166cm-84x65in) New-York 94 .... FF1 - £222 000 - $335,000
- Turkish Delight - Oil/canvas (36x47cm-14x19in) London 96 .... FF15 370 - £2 000 - $3,046
- Jamaica - Oil/canvas (91x71cm-36x28in) London 94 .... FF151 300 - £18 000 - $28,800

LONG Marion 1882-1970 [3]
- The Furnace Man - Oil/canvas (107x91cm-42x36in) Toronto 96 .... FF10 450 - £1 331 - $2,010

LONG Richard 1945 [25]
- River Mud - Missippi River mud/handmade paper (182x93cm-72x37in) New-York 95 ..... FF92 000 - £12 200 - $19,000
- Untitled - Mixed media (42x31cm-17x12in) New-York 91 .... FF198 000 - £20 095 - $35,761
- Valle Pelice Stone Cair - Installation (160cm-63in) London 95 .... FF115 600 - £15 000 - $23,860
- Granite Circle - Stone (400cm-157in) London 94 .... FF169 000 - £20 000 - $31,200

LONGA Louis 1809-1869 [3]
- Figures, North African town - Oil/canvas (123x178cm-48x70in) London 96 .... FF48 100 - £6 000 - $9,300

LONGA René 1878-? [1]
- Printemps - Oil/canvas (114x93cm-45x37in) New-York 97 .... FF43 605 - £4 578 - $7,500

LONGANESI Leo 1905-1957 [4]
- Signorina - Olio/tela (46x37cm-18x15in) Prato 95 .... FF12 360 - £1 600 - $2,520
- Figura - Acquarello/carta (29x12cm-11x5in) Milano 95 .... FF2 200 - £287 - $441

LONGARETTI Trento 1916 [5]
- Il giocoliere violonista - Olio/tela (40x30cm-16x12in) Torino 93 .... FF10 810 - £1 240 - $1,840
- Studio per Cara Bergamo - Acquarello (26x20cm-10x8in) Milano 95 .... FF3 344 - £418 - $650

LONGCHAMP de Henriette XIX [4]
- Still life of winter vegetables - Oil/canvas (73x92cm-29x36in) New-York 93 .... FF62 000 - £7 050 - $10,500

LONGER-PITTERMANN Emil Arthur 1885-1936 [2]
- Landschaft, 1935 - Oil/canvas (49x58cm-19x23in) Düsseldorf 90 .... FF8 100 - £867 - $1,409

LONGEUIL de Joseph 1730-1792 [2]
- Le matin/Le midi/L'après-midi/Le soir - Eau-forte (16x21cm-6x8in) Paris 97 .... FF5 200 - £549 - $899

LONGFELLOW Ernest Wadsworth 1845-1921 [8]
- Beached sailboat - Oil/canvas (61x41cm-24x16in) New-York 94 .... FF8 420 - £994 - $1,500

LONGFELLOW Mary King 1852-1945 [1]
- Sailboats in Fog - Watercolour (284x46cm-112x18in) North Berwick, Maine 94 .... FF2 136 - £257 - $400

LONGHI Allessandro 1733-1813 [6]
- *Marie Louise of Parma* - Oil/canvas (96x72cm-38x28in) New-York 96 .... FF**494 000** - £**62 800** - **$95,000**

LONGHI Pietro 1702-1785 [7]
- *The Fortune Teller* - Oil/canvas (61x50cm-24x20in) New-York 91 .... FF**1** - £**112 242** - **$216,929**

LONGI Carlantonio 1921-1980 [1]
- *L'Avventura, M. Antonioni* - Poster (160x119cm-63x47in) London 96 .... FF**7 320** - £**950** - **$1,448**

LONGLEY Stanislaus Soutten 1884-1966 [3]
- *A lady of fashion* - Wash (43x33cm-17x13in) Perth 91 .... FF**5 160** - £**520** - **$895**

LONGMAID William H. XIX-XX [2]
- *Roman maiden with a flute player*
  Oil/canvas (84x127cm-33x50in) San Francisco-Los Angeles 95 .... FF**41 600** - £**5 380** - **$8,500**

LONGMAN Evelyn Beatrice 1874-1954 [2]
- *Head of a Bacchante* - Bronze (68cm-27in) New-York 96 .... FF**11 480** - £**1 330** - **$2,200**

LONGO Robert 1953 [58]
- *Study for DNM* - Acrylic/paper (50x75cm-20x30in) New-York 90 .... FF**57 200** - £**5 927** - **$10,053**
- *Strong in Love* - Oil/canvas (183x18x213cm-72x7x84in) New-York 93 .... FF**203 500** - £**25 500** - **$37,000**
- *Meryl/Jonathan* - Lithographie (173x99cm-68x39in) New-York 97 .... FF**40 000** - £**4 288** - **$7,000**
- *Round heads & square heads* - Relief (195x43x213cm-77x17x84in) New-York 92 .... FF**73 800** - £**7 550** - **$13,000**
- *Songs of silent running &4* - Sculpture (74x29cm-29x3x11in) New-York 90 .... FF**120 100** - £**12 777** - **$21,485**
- *Men in the Cities* - Mixed media/paper (244x152cm-96x60in) London 93 .... FF**78 500** - £**10 000** - **$15,120**
- *Untitled* - Ink (244x152cm-96x60in) New-York 94 .... FF**171 300** - £**20 100** - **$30,000**
- *Men trapped in ice* - Charcoal (152x304cm-60x120in) New-York 90 .... FF**800 800** - £**85 191** - **$143,256**

LONGOBARDI Nino 1953 [29]
- *Tête et personnage* - Huile/toile (138x104cm-54x41in) Douai 96 .... FF**3 500** - £**437** - **$676**
- *Silence de la Nuit* - Huile/toile (65x100cm-26x39in) Saint-Germain-en-Laye 96 .... FF**10 000** - £**1 293** - **$1,980**
- *Autoritratto* - Oil/canvas (140x200cm-55x79in) London 96 .... FF**26 230** - £**3 000** - **$5,000**
- *Untitled* - Coloured crayons (76x56cm-30x22in) London 92 .... FF**6 820** - £**700** - **$1,310**

LONGOBARDI Xavier 1923 [11]
- *Composition* - Huile/papier/toile (76x57cm-30x22in) Paris 93 .... FF**10 000** - £**1 205** - **$1,820**
- *Ferveur, élan* - Huile/toile (54x65cm-21x26in) Verrières-Le-Buisson 90 .... FF**43 000** - £**4 604** - **$7,478**
- *Composition* - Gouache (28x49cm-11x19in) Paris 92 .... FF**5 000** - £**512** - **$980**

LONGONI Baldassare 1876-1956 [5]
- *Paese sul lago* - Olio/tela (75x85cm-30x33in) Milano 89 .... FF**57 200** - £**5 692** - **$9,036**

LONGONI Emilio 1859-1932 [11]
- *Bambino con balocchi* - Olio/tela (41x18cm-16x7in) Milano 90 .... FF**160 200** - £**17 152** - **$27,861**
- *Pascolo in un paesaggio fluviale* - Pastelli/carta (70x94cm-28x37in) Milano 95 .... FF**34 300** - £**4 320** - **$6,960**

LONGPRÉ de Paul 1855-1911 [28]
- *Roses* - Oil/canvas (43x68cm-17x27in) New-York 91 .... FF**20 900** - £**2 111** - **$4,149**
- *Pnk peonies* - Oil/canvas (75x60cm-30x24in) New-York 92 .... FF**40 500** - £**4 140** - **$7,500**
- *Roses and lilacs*
  Watercolour, gouache/paper (74x96cm-29x38in) San Francisco-Los Angeles 96 ...... FF**62 600** - £**7 250** - **$12,000**

LONGSTAFF William Francis 1879-1953 [30]
- *Arun estuary, Littlehampton* - Oil/canvas (51x61cm-20x24in) London 97 .... FF**2 330** - £**249** - **$402**
- *Sussex landscape* - Oil/canvas (95x141cm-37x56in) London 93 .... FF**10 680** - £**1 200** - **$1,790**

LONGSTAFFE Edgar c.1850-c.1900 [12]
- *Loche landscape/Watering place* - Oil/canvas (54x43cm-21x17in) London 93 .... FF**8 400** - £**1 050** - **$1,523**

LONGSTREET Stephen 1907 [2]
- *Fruit* - Oil/board (62x93cm-24x37in) San Francisco-Los Angeles 94 .... FF**3 485** - £**404** - **$600**

LONGUET Alexandre Marie ?-1851 [2]
- *Jeunes femmes et Amour* - Huile/panneau (38x46cm-15x18in) Versailles 92 .... FF**11 000** - £**1 130** - **$2,116**

LONGUET Daniel 1936 [9]
- *Paysage* - Huile/toile (33x24cm-13x9in) Étampes 93 .... FF**2 200** - £**251** - **$373**

LONGUET Frédéric 1904-1987 [32]
- *Vers Fayence* - Huile/panneau (50x61cm-20x24in) Neuilly 93 .... FF**9 000** - £**1 023** - **$1,526**
- *Maisons à Ker-Pont* - Huile/panneau (50x61cm-20x24in) Rennes 92 .... FF**13 000** - £**1 552** - **$2,500**
- *Port d'Alexandrie* - Aquarelle (31x71cm-12x28in) Paris 95 .... FF**4 200** - £**545** - **$860**

LONGUET Karl J., Carl 1904-1981 [1]
- *Nu à la draperie* - Bronze (40cm-16in) Paris 96 .... FF**13 000** - £**1 680** - **$2,576**

LØNNBERG William 1887-1949 [6]
- *Mother and children* - Oil/canvas (98x122cm-39x48in) Köbenhavn 96 .... FF**4 434** - £**506** - **$850**

LÖNNGREN Carl Ewald 1839-1902 [3]
- *Bryggan vid Fogelnäs* - Oil/panel (23x32cm-9x13in) Stockholm 96 .... FF**3 845** - £**480** - **$743**

LÖNNROTH Fredrik Axel 1823-1880 [3]
- *Skenande häst* - Oil/canvas (50x61cm-20x24in) Stockholm 92 .... FF**15 080** - £**1 544** - **$2,656**

LONSDALE G.H. XIX [2]
- *Still life of plums and dates* - Oil/canvas (76x114cm-30x45in) London 92 .... FF**5 370** - £**550** - **$946**

LONSDALE James 1777-1839 [4]
- *Captain Morris* - Oil/canvas (127x102cm-50x40in) London 97 .... FF**5 050** - £**550** - **$878**
- *Group portrait of children* - Oil/canvas (142x112cm-56x44in) London 95 .... FF**46 300** - £**6 000** - **$9,470**

LONZA Antonio 1846-1918 [2]
- *Nudo di donna* - Olio/tela (100x200cm-39x79in) Trieste 96 .... FF**19 840** - £**2 495** - **$3,800**

L

LOO van Carle 1705-1765 [30]
- Halte durant la chasse - Oil/canvas (59x49cm-23x19in) New-York 95 .... FF1 - £140 000 - **$220,000**
- Fortitude - Oil/canvas (158x106cm-62x42in) London 97 .... FF103 872 - £11 000 - **$17,876**
- Seated Rider/Drapery Study - Black chalk (37x27cm-15x11in) New-York 97 .... FF166 296 - £18 510 - **$30,000**

LOO van der Jan, Jean Marie F. 1908-1978 [4]
- Moulin à eau - Huile/toile (80x100cm-31x39in) Antwerpen 96 .... FF3 280 - £398 - **$633**

LOO van Fritz 1871-1957 [1]
- Paysage - Huile/toile (58x71cm-23x28in) Bruxelles 90 .... FF19 400 - £2 064 - **$3,470**

LOO van Jean-Baptiste 1684-1745 [18]
- Ethelreda Harrison - Oil/canvas (74x61cm-29x24in) London 95 .... FF50 300 - £6 500 - **$10,270**
- Charles, 2nd Duke of Richmond - Oil/canvas (232x141cm-91x56in) London 96 .... FF552 000 - £65 000 - **$108,300**
- Passage de la Mer Rouge - Dessin (24x37cm-9x15in) Saint-Germain-en-Laye 92 .... FF7 000 - £717 - **$1,233**

LOO van Jules Cesar Denis 1749-1821 [11]
- Paysage de montagne - Huile/toile (48x62cm-19x24in) Paris 95 .... FF75 000 - £9 850 - **$15,050**
- Snowy landscape with figures - Oil/canvas (37x54cm-15x21in) New-York 94 .... FF132 000 - £15 260 - **$22,500**

LOO van Louis-Michel 1707-1771 [17]
- Marquis de Marigny - Oil/canvas (130x98cm-51x39in) London 94 .... FF2 - £300 000 - **$455,000**
- Louise Elisabeth de Bourbon - Oil/canvas (103x83cm-41x33in) New-York 95 .... FF69 400 - £8 850 - **$14,000**
- Lady with a Mask - Oil/canvas (100x80cm-39x31in) New-York 97 .... FF512 532 - £54 639 - **$90,000**

LOOMIS Andrew 1892-1959 [7]
- Apple Kiss - Oil/canvas (76x81cm-30x32in) Detroit, Michigan 92 .... FF18 900 - £1 932 - **$3,500**

LOOMIS Charles Russell 1857-1936 [3]
- Marshland - Watercolour (38x28cm-15x11in) St. Petersburg, Florida 92 .... FF1 704 - £174 - **$300**

LOOMIS Chester 1852-1924 [5]
- Path in the country - Oil/canvas/board (25x41cm-10x16in) Chicago 93 .... FF10 030 - £1 141 - **$1,700**

LOOMIS Osbert Burr 1813-1886 [1]
- Watermelon, cigars and wine - Oil/canvas (43x53cm-17x21in) New-York 92 .... FF14 700 - £1 707 - **$3,000**

LOON van Gustaaf 1912-1980 [15]
- Rivierlandschap met roee - Huile/toile/panneau (24x25cm-9x10in) Lokeren 92 .... FF7 300 - £748 - **$1,285**

LOON van Pieter 1801-1873 [1]
- Ponte della Paglia, Venezia - Oil/canvas (61x90cm-24x35in) London 93 .... FF46 400 - £5 800 - **$8,410**

LOOP Henry Augustus 1831-1895 [1]
- Young woman - Oil/canvas (46x30cm-18x12in) New Orleans, Louisiana 94 .... FF2 187 - £260 - **$400**

LOOS Friedrich 1797-1890 [6]
- Blick auf Wien - Oil/Leinwand (47x64cm-19x25in) Wien 96 .... FF62 800 - £7 150 - **$12,020**
- Bruck an der Mur - Watercolour/paper (13x18cm-5x7in) London 93 .... FF39 840 - £4 800 - **$6,960**

LOOS Henry XIX [3]
- A study of the barque Miss Thornton
    Oil/canvas (51x75cm-20x30in) Billinghurst, West Sussex 94 .... FF6 200 - £750 - **$1,144**
- Topsail Roseola, dutch coast - Oil/canvas (52x77cm-20x30in) London 91 .... FF34 900 - £3 474 - **$6,002**

LOOSCHEN Hans 1859-1923 [1]
- Riders conversing in a village street - Oil/canvas (42x53cm-17x21in) London 96 .... FF8 820 - £1 100 - **$1,704**

LOOSE de Basile 1809-1885 [17]
- The pranksters - Oil/canvas (81x68cm-32x27in) New-York 92 .... FF45 900 - £4 690 - **$8,500**
- The Schoolroom - Oil/canvas (83x71cm-33x28in) New-York 94 .... FF106 200 - £12 670 - **$20,000**

LOOSE de Joz. 1925 [2]
- Zittende Vrouw - Bronze (16x6cm-6x2in) Lokeren 96 .... FF4 115 - £524 - **$793**

LOOSE Max 1869-? [5]
- Bauernknabe auf felsigem Weg - Oil/canvas/board (46x30cm-18x12in) München 91 .... FF5 810 - £597 - **$1,082**
- Florenz - Gouache/paper (35x49cm-14x19in) Bremen 95 .... FF4 170 - £542 - **$870**

LOOSER Hans 1919-1988 [1]
- PKZ - Poster (127x90cm-50x35in) New-York 93 .... FF3 540 - £403 - **$600**

LOOTZ Eva 1940 [2]
- Zona Fria - Sculpture (27x20x80cm-11x8x31in) Madrid 93 .... FF24 470 - £2 915 - **$4,430**

LOOY van Jacobus, Jac 1855-1930 [5]
- Chinese Bowl - Oil/canvas (40x50cm-16x20in) Amsterdam 97 .... FF15 606 - £1 660 - **$2,715**

LOOY van Jan 1882-1971 [21]
- Fermette en flandres - Huile/toile (37x51cm-15x20in) Bruxelles 97 .... FF2 289 - £252 - **$402**
- Stilleven - Huile/toile (60x80cm-24x31in) Lokeren 95 .... FF6 170 - £770 - **$1,246**

LOOYMANS Romain 1864-1914 [1]
- Femme dans les dunes - Huile/panneau (28x36cm-11x14in) Antwerpen 91 .... FF3 240 - £325 - **$593**

LOP-MONTEL Alfred 1898-1976 [6]
- Jeune femme au bibi - Huile/toile (117x73cm-46x29in) Avranches 95 .... FF12 500 - £1 580 - **$2,510**

LOPER Brock 1935 [2]
- Wash Day - Oil/canvas (64x84cm-25x33in) Baton Rouge, Louisiana 94 .... FF4 730 - £569 - **$900**

LOPES SUASSO Abraham 1855-1927 [2]
- Scène d'intérieur rustique - Huile/toile (61x45cm-24x18in) Bruxelles 90 .... FF21 060 - £2 143 - **$4,212**

LOPEZ Antonio 1944-1988 [1]
- Woman in black bra & hip-huggers - Pastel (64x48cm-25x19in) New-York 94 .... FF10 350 - £1 337 - **$2,000**

LOPEZ BERRON Eugenio 1941 [2]
- Vista del Buen Pastor - Oleo/lienzo (65x54cm-26x21in) Madrid 95 .... FF5 630 - £731 - **$1,160**

LOPEZ CABRERA Ricardo 1864-1950 [24]
- La place du village - Huile/carton (34x42cm-13x17in) Paris 93 .... FF12 000 - £1 446 - **$2,182**

Jugando en el árbol - Oleo/lienzo (57x80cm-22x31in) Madrid 93 .... FF**58 200** - £**6 700** - **\$10,000**
LOPEZ DE AYALA Manuel 1869-1920 [1]
🖼 *Jinete* - Oleo/tabla (34x18cm-13x7in) Madrid 96 .... FF**5 810** - £**666** - **\$1,108**
LOPEZ DE LEAO LAGUNA Baruch 1864-1943 [4]
🖼 *Feierabend* - Oil/canvas (54x45cm-21x18in) Wien 92.. FF**24 060** - £**2 463** - **\$4,240**
LOPEZ DE VICTORIA José 1898-1948 [1]
🖼 *Paisaje con Riachuelo* - Oil/canvas,/board (41x60cm-16x24in) New-York 95 .... FF**19 400** - £**2 420** - **\$3,800**
LOPEZ DEI FIORI Gasparo 1650-1732 [7]
🖼 *Flowers in an urn* - Oil/canvas (200x150cm-79x59in) London 93 .... FF**182 600** - £**22 000** - **\$31,900**
LOPEZ GARCIA Antonio 1936 [7]
🖼 *Women and Martins* - Oil/canvas (41x34cm-16x13in) Chicago 96 .... FF**192 200** - £**24 900** - **\$38,000**
Carmencita en la cuna - Oil/wood (63x83cm-25x33in) London 96 .... FF**612 000** - £**70 000** - **\$116,700**
LOPEZ GARCIA Juan Luis 1894-1984 [1]
🖼 *A presa do Muiño* - Oleo/lienzo (59x92cm-23x36in) Madrid 95 .... FF**30 250** - £**3 975** - **\$6,070**
LOPEZ LOZA Luis 1939 [2]
🖼 *Abstracción* - Oleo/lienzo (29x47cm-11x19in) México 92 .... FF**4 500** - £**462** - **\$807**
LOPEZ MEZQUITA José María 1883-1954 [7]
🖼 *El diablo en mujer* - Oleo/tabla (32x24cm-13x9in) Madrid 93 .... FF**25 870** - £**2 795** - **\$4,485**
Casa de Granada - Oleo/lienzo (86x90cm-34x35in) Madrid 95...................................... FF**64 500** - £**8 480** - **\$12,960**
LOPEZ PAMIES Alberto 1951 [5]
🖼 *Joven de espaldas* - Oleo/lienzo (46x38cm-18x15in) Madrid 94 .... FF**2 900** - £**334** - **\$497**
LOPEZ Pilar [3]
🖼 *Cacharrera* - Oleo/lienzo (97x130cm-38x51in) Madrid 90 .... FF**4 300** - £**446** - **\$756**
LOPEZ PIQUER Bernardo 1800-1874 [1]
🖼 *Antonia Dal-Re Placci* - Oleo/lienzo (45x33cm-18x13in) Madrid 94 .... FF**24 860** - £**2 856** - **\$4,254**
LOPEZ RAMON Ramón López Muñoz 1905-1984 [1]
🖼 *Santiago de Compostela* - Oleo/lienzo (80x65cm-31x26in) Madrid 92 .... FF**3 144** - £**375** - **\$605**
LOPEZ SILVA Lucien 1862-? [2]
🖼 *Bénédictine* - Poster (154x112cm-61x44in) New-York 96 .... FF**12 430** - £**1 605** - **\$2,400**
✏ *Bouquet de roses* - Aquarelle (46x28cm-18x11in) Morlaix 92 .... FF**3 800** - £**389** - **\$670**
LOPEZ SILVA Lucien. 1862-? [1]
🖼 *Lavandière* - Huile/toile (80x65cm-31x26in) Beaune 92 .... FF**8 100** - £**830** - **\$1,458**
LOPEZ Y PORTANA Vincente 1772-1850 [6]
🖼 *Queen Isabella II of Spain* (97x79cm-38x31in) New-York 90 .... FF**114 400** - £**12 029** - **\$19,896**
LOPEZ-CURVAL Catherine 1954 [5]
🖼 *L'hôtel, 1988* - Huile/toile (61x50cm-24x20in) Versailles 90 .... FF**21 000** - £**2 248** - **\$3,652**
LOPPÉ Gabriel 1825-1913 [15]
🖼 *Sunset in the alps* - Oil/canvas (25x33cm-10x13in) London 97 .... FF**15 441** - £**1 700** - **\$2,710**
📷 *Soleil couchant, temps orageux* - Tirage argentique (17x12cm-7x5in) Chartres 92.......... FF**5 000** - £**514** - **\$962**
LORAIN Gustave 1882-? [2]
🖼 *Nu allongé* - Huile/toile (64x100cm-25x39in) Paris 94 .... FF**3 800** - £**443** - **\$671**
LORAN Erle 1905 [36]
🖼 *Harbor Scene* - Oil/canvas (48x63cm-19x25in) San Francisco-Los Angeles 96 .... FF**15 550** - £**1 950** - **\$3,000**
✏ *Pier & Loading Dock*
  Watercolour/paper (37x54cm-15x21in) San Francisco-Los Angeles 96 .... FF**8 870** - £**1 027** - **\$1,700**
LORANGE August Johan F. 1833-1875 [3]
🖼 *Folkelivsscene fra en italiensk landsby* - Oil/canvas (70x50cm-28x20in) Viby J, Århus 91 .... FF**3 520** - £**353** - **\$581**
LORANGE Carl A. 1833-1875 [1]
🖼 *Figurer ved en romersk Piazza* - Oil/canvas (39x29cm-15x11in) København 93 .... FF**5 280** - £**633** - **\$1,014**
LORANT-HEILBRONN Vincent 1874-? [11]
📄 *Salies de Béarn* - Affiche (78x118cm-31x46in) Paris 95 .... FF**4 000** - £**520** - **\$821**
LORAY Cat 1962 [2]
🖼 *Sans titre* - Technique mixte/carton (18x25cm-7x10in) Paris 90................................. FF**2 200** - £**237** - **\$388**
🖼 *Série de balançoires* - Acrylique/toile (150x170cm-59x67in) Paris 90 .... FF**9 500** - £**981** - **\$1,678**
LORCH Melchior Lorick 1527-c.1595 [2]
📄 *Martin Luther* - Copper engraving (25x17cm-10x7in) Bern 92 .... FF**20 100** - £**2 052** - **\$3,540**
LÖRCHER Alfred 1875-1962 [14]
🗿 *Zwei Reiterinnen* - Bronze (9x6x13cm-4x2x5in) Köln 97 .... FF**20 277** - £**2 131** - **\$3,471**
LORCK Karl 1828-1882 [2]
🖼 *A Furtive drink* - Oil/canvas (44x33cm-17x13in) New-York 87 .... FF**29 623** - £**2 374** - **\$4,250**
LORD Andrew XX [3]
🗿 *Three Bronze Lamps* - Bronze (192cm-76in) New-York 95 .... FF**183 200** - £**22 900** - **\$37,000**
LORD Elyse Ashe ?-1971 [36]
📄 *Oriental beauty* - Etching in colors (34x26cm-13x10in) London 93................................ FF**2 905** - £**350** - **\$508**
✏ *A horseman* - Watercolour (54x120cm-21x47in) London 96 .... FF**26 900** - £**3 500** - **\$5,330**
LORDON Pierre Jérôme 1780-1838 [1]
🖼 *Jeune femme et l'amour* - Oil/canvas (21x16cm-8x6in) London 94 .... FF**3 430** - £**400** - **\$602**
LORENTZEN Christian August 1746-1828 [17]
🖼 *Skaegget mand/Kone med hons* - Oil/canvas (37x29cm-15x11in) København 90 .... FF**17 600** - £**1 758** - **\$3,340**
Tistedalselven fra Weidengaard - Oil/canvas (59x74cm-23x29in) København 91 .... FF**109 700** - £**10 921** - **\$18,864**

L

LORENTZEN Ida 1951 [3]
En vask - Gouache (31x41cm-12x16in) Oslo 92 .... FF1 **737** - £178 - **$306**

LORENTZEN Mogens 1892-1953 [7]
Buket med en dame - Oil/canvas (75x75cm-30x30in) København 91 .... FF2 **283** - £229 - **$418**

LORENTZON Waldemar 1899-1984 [52]
Scen från Grimaud - Oil/panel (25x31cm-10x12in) Stockholm 97 .... FF16 **603** - £1 753 - **$2,868**
Hamnpastoral - Oil/canvas (66x90cm-26x35in) Stockholm 94 .... FF48 **600** - £5 630 - **$8,360**
Frigörelse - Oil/canvas (38x49cm-15x19in) Stockholm 90 .... FF140 **400** - £14 936 - **$25,116**
Figurkomposition - Pencil (36x28cm-14x11in) Stockholm 91 .... FF13 **200** - £1 324 - **$2,203**

LORENZ Carl 1871-1945 [6]
Die Haselburg bei Bozen - Öl/canvas (72x120cm-28x47in) Wien 96 .... FF12 **020** - £1 508 - **$2,350**
Motiv aus Gosau - Woodcut in colors (48x66cm-19x26in) Wien 91 .... FF7 **200** - £715 - **$1,250**

LORENZ Ernst Hugo 1872-? [3]
Dresden - Oil/canvas (70x100cm-28x39in) Amsterdam 90 .... FF10 **800** - £1 149 - **$1,932**

LORENZ Richard 1858-1915 [6]
Prachtvoll Marine mit Landzunge - Öl/Leinwand (70x100cm-28x39in) Lindau 97 .... FF5 **064** - £531 - **$87,1 5**
Rocky coastal scene, Calif.
Oil/canvas (81x121cm-32x48in) Bloomfield Hills, Michigan 90 .... FF18 **900** - £1 912 - **$3,595**

LORENZ Willy 1901-1981 [12]
Röhrender Hirsch - Mischtechnik/Karton (50x75cm-20x30in) Wien 96 .... FF9 **670** - £1 210 - **$1,878**
Antilopengruppe - Charcoal (50x70cm-20x28in) Köln 92 .... FF3 **740** - £383 - **$659**

LORENZ-MUROWANA Ernst 1872-? [8]
Berliner Dom - Öl/Leinwand (80x100cm-31x39in) Bremen 94 .... FF12 **200** - £1 453 - **$2,320**

LORENZI Francesco 1723-1787 [2]
Virgin appearing to St. Philip Neri - Oil/canvas (58x31cm-23x12in) New-York 93 .... FF110 **000** - £13 000 - **$20,000**

LORENZL Josef 1892-1950 [20]
Danseuse nue - Bronze (29cm-11in) Paris 96 .... FF4 **200** - £544 - **$832**
A snake charmer - Bronze (63cm-25in) New-York 94 .... FF18 **940** - £2 245 - **$3,500**

LORENZL K. XIX-XX [3]
Figure of a dancer - Ivory, bronze (41cm-16in) New-York 91 .... FF71 **900** - £7 209 - **$11,869**

LORENZO Antonio 1922 [3]
Cuadro 270 - Oleo/tabla (60x90cm-24x35in) Madrid 93 .... FF17 **800** - £2 120 - **$3,220**

LORIA Vincenzo 1834-1894 [33]
Italienisches Paar - Oil/panel (20x11cm-8x4in) Bremen 94 .... FF3 **800** - £449 - **$700**
Bringing the catch - Oil/canvas (55x75cm-22x30in) New-York 92 .... FF27 **750** - £2 905 - **$5,000**
Lezione di aritmetica - Acquarello/carta (33x46cm-13x18in) Roma 95 .... FF17 **160** - £2 255 - **$3,410**

LORIEUX Albert 1862-? [3]
Rêverie auprès des cygnes - Oil/canvas (77x76cm-30x30in) London 90 .... FF38 **700** - £3 998 - **$6,837**

LORIEUX Julien A. 1876-1915 [2]
Jeune garçon nu appuyé à un rocher - Bronze (31cm-12in) Söderköping 92 .... FF4 **520** - £540 - **$870**
Coquettish girl standing - Bronze (68cm-27in) London 94 .... FF17 **160** - £2 000 - **$2,980**

LORIMER John Henry 1856-1936 [9]
A dog and a mirror - Oil/canvas (127x96cm-50x38in) London 91 .... FF139 **600** - £13 957 - **$22,991**

LORIMIER Henriette 1775-1854 [1]
Nicolas Lupot - Huile/toile (80x65cm-31x26in) Étampes 93 .... FF78 **000** - £8 880 - **$13,220**

LORING Charles Greeley 1828-1902 [1]
Pippo - Oil/board (18x20cm-7x8in) New Orleans, Louisiana 94 .... FF3 **010** - £358 - **$550**

LORIOL Albert Francique M. 1882-? [1]
Salomé - Huile/toile (130x180cm-51x71in) Paris 93 .... FF20 **000** - £2 300 - **$3,450**

LORIOT Bernard 1925 [41]
Les planches, Deauville - Huile/toile (46x55cm-18x22in) Le Havre 95 .... FF5 **500** - £720 - **$1,101**
Ciel d'orage, baie de Seine - Huile/toile (50x61cm-20x24in) Le Havre 95 .... FF11 **000** - £1 440 - **$2,203**
L'Armada de la liberté, Rouen - Oil/canvas (100x100cm-39x39in) Sainte Adresse 97 .... FF29 **000** - £3 181 - **$5,211**

LORIS Fabien L. Ferrerau 1900-1984 [57]
Femme à l'oiseau - Huile/carton (99x53cm-39x21in) Paris 90 .... FF3 **500** - £362 - **$618**
La mariée - Aquarelle Paris 89 .... FF3 **200** - £327 - **$514**

LORJOU Bernard 1908-1986 [222]
Cheval cambré - Huile/toile (116x89cm-46x35in) Neuilly 96 .... FF6 **500** - £766 - **$1,276**
Nature morte à la poire - Huile/toile (54x74cm-21x29in) Paris 97 .... FF12 **000** - £1 315 - **$2,106**
Vase de fleurs - Oil/paper/board (77x56cm-30x22in) London 97 .... FF25 **385** - £2 800 - **$4,453**
Flowers in a Blue Pitcher - Oil/canvas (92x73cm-36x29in) New-York 97 .... FF34 **823** - £3 663 - **$6,000**
Arc de Triomphe pavoisé - Huile/toile (46x38cm-18x15in) Monaco 93 .... FF55 **000** - £6 870 - **$10,000**
Le fumeur allongé - Huile/toile (213x252cm-84x99in) Paris 94 .... FF150 **000** - £17 850 - **$28,250**
La corrida - Aquarelle (48x63cm-19x25in) Paris 97 .... FF6 **000** - £638 - **$1,044**
Portrait de profil - Technique mixte/papier (67x48cm-26x19in) Le Touquet 96 .... FF12 **000** - £1 423 - **$2,340**
Diable - Aquarelle, gouache/papier (48x68cm-19x27in) Saint-Dié 92 .... FF29 **000** - £2 980 - **$5,580**

LORSCH Dominique ?-1990 [38]
Nu sur un canapé - Huile/toile (81x100cm-32x39in) Bayeux 91 .... FF4 **500** - £453 - **$781**
Jeune fille seule - Huile/toile (146x97cm-57x38in) Bayeux 93 .... FF13 **000** - £1 567 - **$2,364**
Clown - Fusain (78x56cm-31x22in) Bayeux 91 .... FF1 **900** - £191 - **$330**

LORTEL Leberecht 1818/27-1901 [5]
Mächtige Föhren an einem Bergbach - Oil/canvas (90x65cm-35x26in) Luzern 92 .... FF24 **200** - £2 470 - **$4,260**

LORTET Leberecht 1826-1901 [3]
Hochgebirgslandschaft - Öl/Leinwand (27x22cm-11x9in) Lindau 96 .... FF8 **440** - £1 018 - **$1,620**

LØRUP Henry 1867-1898 [2]
🌸 *Vase de fleurs* - Oil/board (77x56cm-30x22in) New-York 95 .... FF21 200 - £2 670 - **$4,200**

LORY Gabriel Ludwig I 1763-1840 [13]
📖 *Altdorf et ses environs...* - Eau-forte (46x63cm-18x25in) Bern 96 .... FF5 300 - £643 - **$1,030**
🖉 *Cascade de Nant d'Arpenas* - Aquarelle (45x68cm-18x27in) Bern 96 .... FF39 300 - £4 990 - **$7,550**

LORY Mathias Gabriel II 1784-1846 [33]
📖 *Le repas champêtre* - Aquatinte (19x27cm-7x11in) Zürich 96 .... FF11 920 - £1 380 - **$2,283**
🖉 *Galerie des Glaciers* - Aquarell/Papier (26x19cm-10x7in) Zürich 94 .... FF16 200 - £1 920 - **$2,990**
  Genève près Saint-Gingough - Aquarell/Papier (19x28cm-7x11in) Zürich 94 .... FF40 500 - £4 800 - **$7,480**

LOS RIOS de Ricardo 1846-1929 [2]
🌸 *Joueurs de cartes* - Huile/toile (53x61cm-21x24in) Bruxelles 91 .... FF19 750 - £1 990 - **$3,427**
🖉 *Dessins pour Guzmar de Alfranche* - Mine plomb (28x19cm-11x7in) Paris 94 .... FF1 500 - £177 - **$277**

LOS SANTOS de Angel [3]
🗿 *Cerf au brame* - Bronze (22cm-9in) Paris 96 .... FF5 600 - £641 - **$1,068**

LOS Waldemar 1849-1888 [3]
🌸 *Motiv aus Polen* - Ol/Leinwand (52x82cm-20x32in) Wien 96 .... FF29 230 - £3 794 - **$5,780**

LOSADA Manuel 1865-1949 [4]
🌸 *Paisaje de río* - Oleo/lienzo (34x16cm-13x6in) Madrid 91 .... FF2 980 - £301 - **$592**

LOSADA Martin [2]
🌸 *Desnudo* - Oleo/lienzo (35x27cm-14x11in) Madrid 92 .... FF4 650 - £466 - **$893**

LÖSCH Ernst 1860-? [1]
🌸 *Dorfpolitik betreiben Bauern* - Öl/Leinwand (39x56cm-15x22in) München 93 .... FF12 040 - £1 365 - **$2,035**

LOSQUES de Daniel Thouroude 1880-1915 [11]
📖 *Mistinguett* - Poster (192x104cm-76x41in) London 96 .... FF5 850 - £750 - **$1,153**

LOSSENI 1959 [2]
🌸 *Nuit de jeunesse* - Peinture (63x39cm-25x15in) Paris 91 .... FF2 800 - £278 - **$486**

LOSSOUARN Jacques XX [20]
🌸 *Cassis, le port* - Huile/toile (55x46cm-22x18in) Provins 96 .... FF3 500 - £401 - **$668**

LOSSOW Heinrich 1843-1897 [10]
🌸 *Mädchen mit nacktem Oberkörper* - Öl/Leinwand (35x27cm-14x11in) München 93 .... FF2 713 - £324 - **$522**
  Spinning tales - Oil/canvas (68x48cm-27x19in) London 94 .... FF34 300 - £4 000 - **$6,010**

LOT Henri, Hendrik 1822-1876 [5]
🌸 *Hilly river landscape* - Oil/panel (38x30cm-15x12in) Amsterdam 93 .... FF16 520 - £1 980 - **$3,020**

LOT R. XIX-XX [2]
🗿 *Figure raised on her toes* - Bronze (18cm-7in) Billinghurst, West Sussex 94 .... FF1 950 - £200 - **$374**

LOTAR Eli 1905-1969 [8]
📷 *Isolateur* - Photo (24x20cm-9x8in) Paris 92 .... FF5 000 - £597 - **$962**

LOTH Marcel 1919 [10]
🌸 *Frimaire* - Acrylique/toile (73x92cm-29x36in) Calais 90 .... FF8 500 - £910 - **$1,478**

LOTH Roman 1893-? [2]
🌸 *Dans la casbah* - Huile/toile (63x46cm-25x18in) Paris 92 .... FF7 000 - £814 - **$1,430**

LOTH Wilhelm 1920-1993 [26]
🗿 *Segment-Bioimorph* - Sculpture (10cm-4in) Köln 93 .... FF4 140 - £468 - **$698**
  Tor mit antropomophen Formen - Bronze (31cm-12in) Heidelberg 95 .... FF15 330 - £1 967 - **$3,093**
  Figuration - Terracotta (42x21x20cm-17x8x8in) München 93 .... FF34 200 - £4 050 - **$6,170**
🖉 *Komposition 3XF* - Watercolour (75x64cm-30x25in) München 93 .... FF2 720 - £310 - **$520**
  Weiblicher Torso - Watercolour (79x60cm-31x24in) Heidelberg 96 .... FF5 770 - £745 - **$1,130**

LOTHAR-MÜLLER Paul 1869-? [1]
🌸 *Märchenszene* - Oil/canvas (49x53cm-19x21in) Köln 90 .... FF2 700 - £289 - **$470**

LOTHON Elisabeth 1806-? [1]
🌸 *Jean Sobieski* - Öl/Metall (14x10cm-6x4in) Paris 90 .... FF4 000 - £405 - **$761**

LOTIRON Robert 1886-1966 [89]
🌸 *Les pêcheurs* - Huile/toile (42x32cm-17x13in) Paris 96 .... FF14 500 - £1 870 - **$2,840**
  Les plaisirs du dimanche - Huile/toile (33x46cm-13x18in) Pontoise 97 .... FF17 000 - £1 833 - **$2,985**
  Péniches, Seine - Huile/toile (40x55cm-16x22in) La Varenne Saint-Hilaire 93 .... FF25 000 - £3 125 - **$4,550**
  La partie de tennis - Oil/canvas (81x100cm-32x39in) New-York 96 .... FF62 100 - £7 680 - **$12,000**
🖉 *Marins au port* - Gouache (21x27cm-8x11in) Paris 93 .... FF7 200 - £820 - **$1,220**

LOTOVA Irène 1958 [2]
🌸 *Le repos* - Huile/toile (120x100cm-47x39in) Paris 93 .... FF9 000 - £1 011 - **$1,526**

LOTT Frederick Tully XIX-XX [2]
🖉 *Wash-day* - Pencil (46x66cm-18x26in) London 92 .... FF4 890 - £500 - **$860**
  Fort of Sta. Maria & church, Salvador - Watercolour (25x36cm-10x14in) London 96 .... FF46 500 - £5 800 - **$8,980**

LOTTER Heinrich 1875-1941 [2]
🌸 *Das goldene Bäumchen* - Oil/canvas (64x64cm-25x25in) Wien 90 .... FF12 000 - £1 227 - **$2,369**

LOTTIER Louis 1815-1892 [3]
🌸 *Rivage en Turquie* - Huile/toile (37x60cm-15x24in) Paris 94 .... FF13 000 - £1 540 - **$2,402**

LOTTIN DE LAVAL Pierre Victor 1810-1903 [2]
🌸 *Strassenszene in Kairo* - Öl/Leinwand (108x88cm-43x35in) Hamburg 95 .... FF15 070 - £1 910 - **$3,030**

LOTTO Romano 1933 [6]
🌸 *Venezia, Giudecca* - Olio/tela (35x60cm-14x24in) Milano 94 .... FF9 000 - £1 040 - **$1,534**

LOTZ Károly 1833-1904 [2]
🌸 *Frau mit schulterlangem Haar* - Oil/canvas (18x15cm-7x6in) Lindau 92 .... FF4 060 - £473 - **$830**

L

LOTZ Marie 1877-1970 [4]
- *Blumenstilleben mit Anthurium* - Öl/Karton (38x31cm-15x12in) Luzern 92 .... FF4 570 - £546 - $879

LOTZ Matilda 1858-1923 [4]
- *Waiting for dinner* - Oil/canvas (46x61cm-18x24in) San Francisco-Los Angeles 95 .... FF7 470 - £982 - $1,500

LOTZE Moritz Eduard 1809-1890 [4]
- *Schafe auf einem Hügel* - Oil/canvas (46x61cm-18x24in) Köln 90 .... FF25 160 - £2 573 - $4,966

LOU BO'AN Lao Pakon 1947 [2]
- *Landscape after rain* - Coloured inks/paper (68x96cm-27x38in) Hong Kong 92 .... FF47 500 - £4 840 - $8,410

LOUBCHANSKY Marcelle 1917-1988 [17]
- *Composition* - Huile/toile (91x65cm-36x26in) Versailles 92 .... FF5 500 - £563 - $968
- *Composition* - Huile/toile (146x114cm-57x45in) Paris 94 .... FF10 000 - £1 174 - $1,770
- *Peinture* - Huile/toile (130x97cm-51x38in) Paris 96 .... FF14 000 - £1 645 - $2,754

LOUBERE Roger Lambert XX [2]
- *Composition* - Huile/toile (115x80cm-45x31in) Paris 90 .... FF11 000 - £1 170 - $1,968

LOUBON Émile Charles J. 1809-1863 [18]
- *La Sainte Famille* - Huile/panneau (18x11cm-7x4in) Bayeux 96 .... FF10 000 - £1 186 - $1,950
- *Paysanne à Sausset* - Huile/toile (48x31cm-19x12in) Paris 94 .... FF25 000 - £2 990 - $4,900
- *Le troupeau* - Huile/toile (95x175cm-37x69in) Bourg-en-Bresse 92 .... FF85 000 - £8 730 - $16,350

LOUCHANSKY Jacob 1882-1978 [1]
- *Nude* - Bronze (32cm-13in) Tel Aviv 95 .... FF3 070 - £389 - $600

LOUCHE Constant XIX-XX [28]
- *Vue d'Azemour, Maroc* - Huile/toile (35x116cm-14x46in) Paris 97 .... FF12 000 - £1 276 - $2,068
- *Paysage du Sud* - Huile/toile (43x124cm-17x49in) Paris 94 .... FF22 000 - £2 620 - $4,190
- *La baie d'Alger* - Huile/toile (70x260cm-28x102in) Paris 95 .... FF69 000 - £8 700 - $13,760

LOUCHET Charles XIX-XX [2]
- *Jeune Bacchus* - Bronze (13cm-5in) Paris 96 .... FF4 000 - £498 - $772

LOUCHET Paul 1854-1936 [20]
- *Hauteurs de la Ferté-sous-Jouarre* - Huile/carton (25x35cm-10x14in) Barbizon 96 .... FF4 500 - £529 - $885
- *La vallée du Petit-Morin* - Huile/toile (25x34cm-10x13in) Barbizon 96 .... FF11 500 - £1 434 - $2,220

LOUDAN William Mouat 1860-1925 [3]
- *Portrait group* - Oil/canvas (503x411cm-198x162in) London 92 .... FF53 700 - £5 500 - $9,460

LOUDEN Albert 1942 [3]
- *The fat and the thin* - Pastel (53x79cm-21x31in) London 91 .... FF9 970 - £1 000 - $1,646

LOUDERBACK Walt S. 1887-1941 [3]
- *Two boys and dog* - Oil/canvas (86x64cm-34x25in) New-York 94 .... FF7 420 - £871 - $1,300

LOUDET Alfred 1836-1895 [1]
- *Bey Sidi Ali Pacha* - Huile/toile (65x54cm-26x21in) Paris 95 .... FF30 000 - £3 880 - $6,130

LOUDON Terence XIX-XX [16]
- *Flowers on a ledge*
  Oil/canvas (55x75cm-22x30in) Pennington, Lymington, Hampshire 92 .... FF7 800 - £800 - $1,496

LOUEDIN Bernard 1938 [7]
- *Bateau échoué* - Huile/toile (33x46cm-13x18in) Rennes 97 .... FF3 200 - £336 - $550

LOUGHEED Robert Elmer 1901-1982 [9]
- *Waiting for work* - Oil/board (30x40cm-12x16in) New-York 95 .... FF11 280 - £1 404 - $2,200
- *Taos Indian Pony* - Oil/masonite (31x41cm-12x16in) New-York 94 .... FF32 500 - £3 850 - $6,000

LOUIS Hugo 1847-? [1]
- *Schneewitchen* - Oil/canvas (125x95cm-49x37in) Ahlden 92 .... FF28 900 - £2 960 - $5,090

LOUIS Morris 1912-1962 [38]
- *Untitled B* - Magna/canvas (259x199cm-102x78in) New-York 94 .... FF1 - £200 000 - $320,000
- *Slow Pace* - Acrylic/canvas (206x39cm-81x15in) New-York 97 .... FF435 540 - £45 818 - $75,000
- *ETA* - Acrylic/canvas (240x396cm-102x156in) New-York 95 .... FF726 000 - £96 200 - $150,000
- *Beth Nun* - Acrylic/canvas (219x337cm-86x133in) New-York 97 .... FF930 240 - £97 680 - $160,000

LOUIS Paul XX [2]
- *Picasso et Cocteau à la corrida* - Photo (14x10cm-6x4in) Paris 93 .... FF4 800 - £579 - $873

LOUIS Séraphine 1864-1942 [1]
- *Bouquet de mimosas* - Huile/toile (145x97cm-57x38in) Paris 93 .... FF385 000 - £43 300 - $65,200

LOUISE Caroline Alberta 1848-1939 [1]
- *Madonna lilies* - Wash (43x29cm-17x11in) London 91 .... FF4 445 - £449 - $882

LOUISE Ruth Harriet 1906-1944 [4]
- *Portrait of Greta Garbo* - Silver print (30x23cm-12x9in) New-York 95 .... FF2 760 - £348 - $550
- *Greta Garbo, 1930s* - Photograph New-York 94 .... FF18 800 - £2 182 - $3,240

LOUISGRAND Philippe 1943 [2]
- *Air Mail* - Lavis (56x76cm-22x30in) Nantes 90 .... FF3 800 - £389 - $750

LOUJAN Louis Janssen 1921 [2]
- *Matinée sur la Meuse, Sclessin* - Aquarelle/papier (28x38cm-11x15in) Liège 95 .... FF2 516 - £321 - $507

LOUKINE Rostislas 1904 [8]
- *Place du village* - Huile/panneau (70x100cm-28x39in) Troyes 91 .... FF4 000 - £397 - $695
- *La Sorcière et l'Oiseau de Paradis* - Gouache (39x41cm-15x16in) Chaumont 93 .... FF1 700 - £194 - $288

LOUKOTA Josef 1879-1967 [3]
- *Rübezahls Flug über das Gebirge* - Drawing (30x26cm-12x10in) Wien 91 .... FF1 920 - £192 - $352

LOUND Thomas 1802-1861 [26]
- *Driving cattle* - Oil/canvas (39x64cm-15x25in) London 96 .... FF6 810 - £800 - $1,340
- *On the Yare, Norfolk* - Oil/canvas (27x47cm-11x18in) London 92 .... FF29 300 - £3 000 - $5,160
- *Figure on the Shore, North Wales* - Watercolour (38x55cm-15x22in) London 97 .... FF9 363 - £1 000 - $1,628

LOUP Arnold 1882-1972 [3]
🖼 *La Vaux* - Oil/canvas/board (57x73cm-22x29in) Luzern 89 .... FF5 100 - £521 - **$820**
LOUP Eugène 1867-1948 [1]
🖼 *Femme nue accoudée* - Oil/canvas (88x115cm-35x45in) Billinghurst, West Sussex 95 .... FF21 720 - £2 600 - **$4,134**
LOUP Suzanne XX [2]
🖼 *Danse bretonne* - Huile/toile (60x101cm-24x40in) Bayeux 95 .... FF2 000 - £260 - **$410**
LOUPOT Charles 1892-1960 [49]
📖 *Stop-Fire* - Affiche (200x128cm-79x50in) Orléans 96 .... FF20 000 - £2 315 - **$3,830**
Valentine - Poster (159x118cm-63x46in) New-York 96 .... FF35 660 - £4 200 - **$7,000**
Peugeot - Poster (118x160cm-46x63in) New-York 94 .... FF125 800 - £14 770 - **$22,000**
LOUPPE Marguerite 1902 [6]
🖼 *Le café Pomme* - Huile/toile (46x55cm-18x22in) Autun 90 .... FF9 000 - £930 - **$1,590**
LOURDES Manuel Guillermo 1898-1970 [1]
🖼 *Desnudo* - Oleo/lienzo (106x83cm-42x33in) México 92 .... FF55 800 - £5 730 - **$10,180**
LOURENÇO Armand 1925 [113]
🖼 *Rue de Paris* - Huile/toile (46x55cm-18x22in) Toulouse 93 .... FF6 100 - £697 - **$1,034**
Quai de Montebello - Huile/toile (61x50cm-24x20in) Provins 91 .... FF12 100 - £1 210 - **$1,993**
✎ *Rue à Montmartre* - Gouache (69x54cm-27x21in) La Varenne Saint-Hilaire 92 .... FF3 000 - £307 - **$529**
LOUSTAUNAU Louis Auguste 1846-1898 [5]
🖼 *Enfant au jardin* - Huile/toile (63x46cm-25x18in) Le Havre 91 .... FF23 000 - £2 356 - **$4,294**
Distracted Husband - Oil/canvas (55x79cm-22x31in) New-York 95 .... FF143 800 - £17 640 - **$28,000**
LOUTCHANSKY Jacob, Jacques 1882-1978 [10]
🗿 *Awakening* - Bronze (44cm-17in) Tel Aviv 95 .... FF12 340 - £1 480 - **$2,300**
Expectation - Bronze (70cm-28in) Tel Aviv 97 .... FF32 086 - £3 568 - **$6,000**
LOUTHERBOURG de Philip Jakob I c.1698-1768 [1]
✎ *Beatrix Mollinger* - Miniature (5x6cm-2x2in) Genève 95 .... FF8 080 - £1 010 - **$1,585**
LOUTREL Victor J.-B. 1821-1908 [6]
🖼 *Morgentoilette* - Oil/canvas/panel (66x77cm-26x30in) München 95 .... FF15 960 - £2 016 - **$3,200**
LOUTREUIL Maurice 1885-1925 [9]
🖼 *Peupliers au-dessus de la vallée* - Huile/toile (65x49cm-26x19in) Paris 97 .... FF11 200 - £1 217 - **$1,968**
Nature morte - Oil/canvas (46x56cm-18x22in) London 96 .... FF24 750 - £3 200 - **$4,900**
✎ *Jeune femme assise* - Aquarelle (33x27cm-13x11in) Neuilly 91 .... FF12 000 - £1 233 - **$2,233**
LOUTTRE B. Marc-Antoine 1926 [36]
🖼 *Bouquet pour ma maison* - Oil/canvas (60x60cm-24x24in) Amsterdam 93 .... FF3 904 - £468 - **$714**
Composition - Huile/toile (50x65cm-20x26in) Paris 95 .... FF6 500 - £840 - **$1,340**
✎ *Composition* - Gouache/papier (53x50cm-21x20in) Paris 95 .... FF2 880 - £351 - **$563**
Canard et papillon - Technique mixte/papier (44x44cm-17x17in) Saint-Germain-en-Laye 92 .. FF3 000 - £358 - **$577**
LOUVEAU-ROUVEYRE Marcel Eugène 1881-? [1]
🖼 *Marchand de fruits au campement* - Huile/toile (128x194cm-50x76in) Paris 94 .... FF60 000 - £6 980 - **$10,400**
LOUVET Henri Eug. 1866-? [1]
🖼 *Paysage de l'Yonne* - Huile/toile (67x100cm-26x39in) Le Touquet 94 .... FF12 000 - £1 428 - **$2,283**
LOUVRIER Maurice 1878-1954 [71]
🖼 *Ffalaises d'Etretat* - Huile/toile (54x45cm-21x18in) Rouen 92 .... FF10 000 - £1 194 - **$1,923**
Monsieur Rousse - Huile/carton (40x32cm-16x13in) Evreux 90 .... FF20 000 - £2 073 - **$3,515**
Fin de jour sur le port de Rouen - Huile/toile (24x41cm-9x16in) Paris 93 .... FF43 000 - £5 180 - **$7,820**
Lys, lillium and iris - Oil/board (78x58cm-31x23in) Taipei, Taiwan 93 .... FF86 200 - £9 800 - **$17,160**
✎ *Vapeur remontant la Seine* - Gouache (38x52cm-15x20in) Rouen 91 .... FF20 000 - £2 030 - **$3,612**
LOUYOT Edmond Loujot 1860-1918 [5]
🖼 *Mädchen als Harlekin verkleidet* - Oil/canvas (57x42cm-22x17in) München 91 .... FF22 130 - £2 219 - **$4,053**
LOUYOT Henry XIX-XX [3]
🖼 *Paysage à la rivière* - Huile/toile (65x92cm-26x36in) Versailles 89 .... FF8 000 - £818 - **$1,286**
LOUYS Pierre 1870-1925 [5]
📖 *La 9cv C4 IX Citroën* - Poster (159x119cm-63x47in) New-York 95 .... FF4 390 - £572 - **$900**
LOUZIER Paul A. 1882-? [1]
🖼 *Sous-bois, animé d'une jeune femme* - Huile/toile (50x73cm-20x29in) Arles 96 .... FF2 500 - £324 - **$495**
LOVATTI August 1852-1921 [1]
✎ *Südlicher Garten mit Agaven* - Aquarell/Papier (25x17cm-10x7in) Wien 92 .... FF8 660 - £887 - **$1,526**
LOVATTI E. Augusto 1816-? [14]
🖼 *Water carrier, Capri* - Oil/panel (34x24cm-13x9in) London 91 .... FF44 450 - £4 490 - **$8,824**
LOVATTI Matteo 1861-? [2]
🖼 *Russian army on the move* - Oil/canvas (56x80cm-22x31in) London 95 .... FF31 600 - £4 000 - **$6,350**
LØVBERG Alf 1899-1986 [4]
🖼 *Skog i soloppgang* - Oil/canvas (68x84cm-27x33in) Oslo 91 .... FF4 340 - £437 - **$753**
LOVEJOY Rupert S. 1885-1975 [16]
🖼 *Placid Waters* - Gum print (30x25cm-12x10in) New-York 94 .... FF2 920 - £349 - **$550**
LOVELL Katherine Adams 1877-1965 [6]
🖼 *Path along the cliff* - Oil/canvas (46x55cm-18x22in) New-York 89 .... FF5 700 - £551 - **$865**
LOVELL Margaret 1939 [3]
🗿 *Autumn Leaf* - Bronze (152cm-60in) London 96 .... FF55 900 - £7 000 - **$10,780**
LOVELL Tom 1909 [15]
🖼 *Men on shipboard* - Oil/board (51x53cm-20x21in) New-York 96 .... FF35 900 - £4 250 - **$7,000**

L

LOVELY Candace 1953 [21]
- *Capital Snow* - Oil/canvas (43x64cm-17x25in) Cambridge, Mass. 93 .... FF5 500 - £690 - **$1,000**

LOVEN Frank W. 1869-1941 [6]
- *River landscape in winter* - Oil/canvas (75x100cm-30x39in) New-York 93 .... FF15 400 - £1 930 - **$2,800**

LOVER Samuel 1797-1868 [1]
- *Miss De Salis, in pleated dress* - Miniature (10cm-4in) Fingask Castle, Rait 93 .... FF7 050 - £850 - **$1,233**

LOVERIDGE Clinton 1824-1902 [8]
- *Cows grazing* - Oil/canvas (41x33cm-16x13in) New-York 94 .... FF3 510 - £403 - **$600**
- *Cows in a Pasture* - Oil/canvas (40x61cm-16x24in) San Francisco-Los Angeles 96 .... FF10 360 - £1 300 - **$2,000**

LOVET-LORSKI Boris 1894-1973 [12]
- *Melpomene* - Bronze (100cm-39in) New-York 92 .... FF369 000 - £37 800 - **$65,000**

LOVI Tilda 1952 [5]
- *Lieu - Chamotte noire, patinée (unique)* (29x29x36cm-11x11x14in) Paris 95 .... FF5 000 - £637 - **$964**

LOVINFOSSE de Pierre Michel 1745-1821 [1]
- *Sainte Famille et Sainte Anne* - Huile/panneau (40x28cm-16x11in) Liège 89 .... FF15 400 - £1 623 - **$2,593**

LØVMAND Christine Marie 1803-1872 [8]
- *Opstilling* - Oil/canvas (44x52cm-17x20in) Köbenhavn 93 .... FF30 800 - £3 690 - **$5,910**
- *Mixed flowers and fruits* - Oil/canvas (52x43cm-20x17in) Köbenhavn 95 .... FF133 000 - £17 400 - **$27,000**

LOVOLD Gend XX [2]
- *Dancing Figures* - Bronze (28x51cm-11x20in) London 95 .... FF2 846 - £360 - **$557**

LOW Charles c.1860-c.1920 [4]
- *Returning home* - Watercolour (33x48cm-13x19in) London 92 .... FF3 520 - £420 - **$677**

LOW David 1891-1963 [4]
- *Publicity* - Ink (33x41cm-13x16in) London 93 .... FF2 324 - £280 - **$406**

LÖW Fritzi, Lazar 1892-1975 [1]
- *Mädchen in roten Kleid* - Coloured crayons/paper (25x15cm-10x6in) Wien 96 .... FF4 810 - £603 - **$940**

LOW Mary Fairchild 1858-1946 [5]
- *Flowers* - Oil/canvas (76x61cm-30x24in) North Berwick, Maine 92 .... FF8 160 - £836 - **$1,700**

LÖW Rudolf 1878-1948 [4]
- *Winterliche Waldlandschaft* - Ol/Leinwand (55x64cm-22x25in) Bern 95 .... FF5 180 - £648 - **$1,046**

LOW William Hicok 1853-1932 [5]
- *Study from nature of Georgina* - Oil/canvas (53x71cm-21x28in) Mystic, Connecticut.... FF16 050 - £1 983 - **$3,100**
- *Arcadian font* - Oil/canvas (51x67cm-20x26in) Los Angeles 96 .... FF34 300 - £3 507 - **$5,514**

LOWCOCK Charles Frederick 1878-1922 [8]
- *Courtship in the park* - Oil/panel (51x38cm-20x15in) London 94 .... FF6 700 - £800 - **$1,263**
- *The Bather* - Oil/board (47x21cm-19x8in) London 97 .... FF26 667 - £2 800 - **$4,570**

LOWE Anthony 1957 [2]
- *Malham* - Oil/canvas (152x183cm-60x72in) London 90 .... FF4 800 - £517 - **$847**

LOWE George Theodore 1858-? [1]
- *Paisaje de Lake District* - Oleo/lienzo (75x125cm-30x49in) Madrid 92 .... FF3 386 - £394 - **$691**

LOWE Jacques XX [1]
- *Kennedy, with cigar, on Caroline* - Silver print (18x18cm-7x7in) New-York 95 .... FF5 520 - £696 - **$1,100**

LOWE Mauritius 1746-1793 [1]
- *Venus and Cupid* - Black & white chalks/paper (24x31cm-9x12in) London 92 .... FF2 345 - £280 - **$452**

LOWE Robert Allensmore 1873-? [2]
- *A Liverpool shipping view* - Watercolour (32x51cm-13x20in) Toronto 93 .... FF1 560 - £177 - **$264**

LOWELL Milton H. 1848-1927 [12]
- *Double Head, New Hampshire*
  Oil/canvas (51x61cm-20x24in) San Francisco-Los Angeles 96 .... FF7 830 - £906 - **$1,500**

LOWELL Orson Byron 1871-1932 [10]
- *Couple on couch* - Ink (38x53cm-15x21in) New-York 96 .... FF5 640 - £669 - **$1,100**

LÖWENADLER Kjell 1905 [4]
- *Varvinterlandskap* - Gouache (64x49cm-25x19in) Uppsala 90 .... FF1 900 - £203 - **$330**

LOWENSTAMM Emma 1879-? [1]
- *Street scene* - Pencil (36x24cm-14x9in) London 90 .... FF2 930 - £298 - **$586**

LOWERY Louis XX [1]
- *The flag at Iwo Jima* - Silver print (20x25cm-8x10in) New-York 92 .... FF15 680 - £1 820 - **$3,200**

LOWINSKY Thomas Esmond 1892-1947 [1]
- *Gentleman* - Pencil (48x33cm-19x13in) London 91 .... FF2 270 - £228 - **$416**

LÖWITH Wilhelm 1861-1931 [11]
- *Tête à tête* - Oil/panel (13x11cm-5x4in) Amsterdam 93 .... FF15 020 - £1 800 - **$2,745**
- *Diskussion der Kardinäle* - Oil/panel (38x46cm-15x18in) Köln 94 .... FF24 570 - £2 903 - **$4,410**

LOWNDES Alan 1921-1978 [36]
- *Three Small Boats* - Oil/board (51x81cm-20x32in) London 95 .... FF9 500 - £1 200 - **$1,906**
- *The market place* - Oil/board (120x181cm-47x71in) London 92 .... FF33 500 - £4 000 - **$6,440**
- *The Organ Grinder* - Oil/canvas London 90 .... FF79 400 - £8 501 - **$13,809**

LOWRY Lawrence Stephen 1887-1976 [263]
- *Jackson's auctions & saleroom* - Oil/canvas (49x75cm-19x30in) London 97 .... FF1 - £145 000 - **$237,727**
- *Woman with out-streshed arms* - Oil/board (19x11cm-7x4in) London 95 .... FF21 200 - £2 700 - **$4,270**
- *Seated woman* - Oil/board (15x16cm-6x6in) London 96 .... FF51 900 - £6 500 - **$10,010**
- *Boy with pram* - Oil/panel (16x12cm-6x4in) London 96 .... FF112 100 - £14 500 - **$22,200**
- *The Argument* - Oil/board (18x14cm-7x6in) London 96 .... FF201 000 - £26 000 - **$39,800**
- *Cranes & Ships, Glasgow Docks* - Oil/canvas (46x56cm-18x22in) London 97 .... FF574 710 - £60 000 - **$98,334**

Warehouses - Pencil (16x23cm-6x9in) London 97 .... FF5 655 - £600 - **$974**
Perambulator and Children - Pencil (13x15cm-5x6in) London 97 .... FF15 873 - £1 700 - **$2,742**
Seaham harbour - Pencil (25x34cm-10x13in) London 91 .... FF17 850 - £1 799 - **$3,097**
Old Town Hall, Middlesbrough - Pencil (32x24cm-13x9in) London 93 .... FF19 300 - £2 200 - **$3,280**
Street Scene - Ballpoint pen (24x15cm-9x6in) London 96 .... FF20 100 - £2 600 - **$3,980**
Ships, Glasgow Dosks - Pencil/paper (28x35cm-11x14in) London 97 .... FF62 260 - £6 500 - **$10,652**
The Meeting - Pencil/paper (26x35cm-10x14in) London 97 .... FF100 574 - £10 500 - **$17,208**
Fish & Chips, Cleator Moor - Pastel (27x37cm-11x15in) London 95 .... FF316 600 - £40 000 - **$63,500**

LÖWSTÄDT-CHADWICK Emma 1855-1932 [4]
Maternity - Oil/canvas (53x64cm-21x25in) London 92 .... FF33 500 - £4 000 - **$6,440**

LOYE Charles A. Montbard 1841-1905 [2]
The arab musicians - Oil/canvas (32x41cm-13x16in) London 94 .... FF77 800 - £9 000 - **$13,300**

LOYER Christophe 1956 [2]
L'exploration des profondeurs - Bronze (90cm-35in) Paris 92 .... FF9 500 - £976 - **$1,827**

LOYEUX Charles 1823-1898 [2]
Cellist - Oil/canvas (36x25cm-14x10in) Mystic, Connecticut 95 .... FF9 120 - £1 094 - **$1,700**
Musical still life - Oil/canvas (98x129cm-39x51in) New-York 90 .... FF121 000 - £12 184 - **$23,702**

LOYS Étienne 1724-1783 [1]
Guillaume Barcellon - Oil/canvas (79x63cm-31x25in) London 93 .... FF608 000 - £70 000 - **$105,000**

LOZANO Agueda 1944 [4]
Sans titre - Sculpture (106x20x38cm-42x8x15in) Paris 95 .... FF3 500 - £448 - **$715**
Mohinora, 1987 - Sculpture (107x24x40cm-42x9x16in) Paris 90 .... FF8 200 - £850 - **$1,441**

LOZANO Margarita 1936 [3]
Florero con fondo lila - Oil/canvas (105x120cm-41x47in) New-York 92 .... FF36 400 - £4 345 - **$7,000**

LOZANO Pedro 1910-1967 [1]
Tomando unos finos - Oleo/lienzo (60x81cm-24x32in) Madrid 91 .... FF2 735 - £274 - **$451**

LOZANO SANCHIS Francisco 1912 [15]
Mediterráneo - Oleo/lienzo (35x27cm-14x11in) Madrid 94 .... FF23 700 - £2 800 - **$4,260**

LOZANO SIDRO Adolfo 1874-? [4]
Paseo por el parque - Acuarela (45x32cm-18x13in) Madrid 90 .... FF7 000 - £725 - **$1,230**

LOZOWICK Louis 1892-1973 [58]
Hudson Bridge - Lithograph (36x22cm-14x9in) New-York 96 .... FF14 500 - £1 872 - **$2,800**
Brooklyn Bridge - Lithograph (33x20cm-13x8in) New-York 96 .... FF36 250 - £4 680 - **$7,000**
In the Park - No Joda - Lithograph (36x23cm-14x9in) New-York 94 .... FF7 120 - £832 - **$1,255**

LUARD Lowes Dalbiac 1872-1944 [5]
La Fin de la journée - Oil/canvas (31x43cm-12x17in) London 95 .... FF6 270 - £800 - **$1,283**

LUBARDA Petar XX [2]
Composition abstraite - Korali - Huile/carton (45x55cm-18x22in) Paris 89 .... FF22 500 - £2 371 - **$3,788**

LUBAROW Renée 1923 [2]
Komposition - Aquatint in colors (18x14cm-7x6in) Göteborg 95 .... FF2 850 - £369 - **$583**

LUBBERS Adriaan 1892-1954 [13]
Chicago - Oil/canvas (61x76cm-24x30in) Amsterdam 96 .... FF22 250 - £2 553 - **$4,250**
NY Skyline from Jersey Heights - Oil/canvas (89x130cm-35x51in) Amsterdam 95 ...... FF100 800 - £12 860 - **$20,570**
Exchange Alley, New York - Charcoal (56x17cm-22x7in) Amsterdam 92 .... FF7 530 - £900 - **$1,450**

LÜBBERS Holger P.S. 1855-1928 [106]
Beach scene - Oil/canvas (43x61cm-17x24in) Aalborg 96 .... FF3 260 - £409 - **$629**
On Skagen Baech - Oil/canvas (42x61cm-17x24in) London 95 .... FF15 800 - £2 000 - **$3,176**
Danish Frigate Jylland, Copenhagen - Oil/canvas (108x95cm-43x37in) New-York 94 ...... FF53 400 - £6 260 - **$9,500**

LUBBERT Ernst 1879-1916 [1]
Weidenhof Casino - Poster (69x93cm-27x37in) New-York 96 .... FF8 150 - £960 - **$1,600**

LÜBBES Maria 1847-? [1]
Junge Frau - Pastel (80x58cm-31x23in) Stuttgart 95 .... FF7 000 - £898 - **$1,442**

LÜBEN Adolf 1837-1905 [7]
Heuboot am Chiemseeufer - Öl/Leinwand (35x54cm-14x21in) München 94 .... FF13 650 - £1 613 - **$2,452**
Am Hang liegt ein Hüterbub - Fusain/papier (21x31cm-8x12in) Lindau 97 .... FF3 376 - £354 - **$580**

LUBIENIECKI Christoffel 1660/61-c.1730 [1]
Scribe and his housekeeper
   Oil/canvas (131x103cm-52x41in) San Francisco-Los Angeles 90 .... FF74 400 - £7 966 - **$12,939**

LUBIN Aryeh 1897-1980 [46]
Workers in the field - Oil/board (38x46cm-15x18in) Tel Aviv 96 .... FF16 580 - £2 080 - **$3,200**
Dancers - Oil/canvas (60x81cm-24x32in) Tel Aviv 95 .... FF23 600 - £2 830 - **$4,400**
Landscape - Oil/canvas (54x65cm-21x26in) Tel Aviv 94 .... FF54 200 - £6 340 - **$9,500**
Three women - Pastel (42x68cm-17x27in) Tel Aviv 95 .... FF4 610 - £583 - **$900**
Oriental cafe - Gouache (49x67cm-19x26in) Tel Aviv 95 .... FF19 320 - £2 317 - **$3,600**

LUBIN Désiré Jules 1854-? [1]
Femme de profil - Huile/panneau (28x22cm-11x9in) Paris 92 .... FF2 000 - £205 - **$352**

LUBITCH Ossip 1896-1986 [22]
Les toits de Paris sous la neige - Huile/toile (55x38cm-22x15in) Paris 94 .... FF8 000 - £936 - **$1,403**
Nature morte aux fleurs - Huile/toile (27x46cm-11x18in) Paris 91 .... FF12 000 - £1 192 - **$2,084**
Les chevaux de cirque - Huile/toile (73x50cm-29x20in) Paris 91 .... FF22 000 - £2 185 - **$3,820**

LUC Jean XX [2]
Monaco, Aquarium - Affiche (99x63cm-39x25in) Boulogne 95 .... FF4 800 - £618 - **$991**

L

LUC-DÉJÉ L. XX [2]
- P.L.M. Hyères et son Golf - Affiche (62x100cm-24x39in) Marseille 93 .... FF4 100 - £513 - **$746**

LUCA de Arturo 1885-? [3]
- Fischer im Golf von Gaeta - Öl/Leinwand (51x60cm-20x24in) München 94 .... FF3 250 - £398 - **$590**

LUCANDER Anitra 1918 [8]
- Balanse - Oil/panel (86x100cm-34x39in) Helsinki 93 .... FF31 030 - £3 730 - **$5,650**

LUCANO Pietro 1878-1972 [10]
- Paesaggio blu - Olio/tela (54x54cm-21x21in) Trieste 96 .... FF13 360 - £1 680 - **$2,560**

LUCAS Albert Durer 1828-1918 [29]
- Flowering Heather and Ferns - Oil/canvas (26x20cm-10x8in) London 96 .... FF5 800 - £750 - **$1,146**
- Language of roses - Oil/board (20x40cm-8x16in) Billingshurst, West Sussex 94 .... FF16 530 - £2 000 - **$3,050**
- Bog asphodel, Harebell, Heather,... - Oil/canvas (27x22cm-11x9in) London 97 .... FF40 038 - £4 200 - **$6,870**

LUCAS Albert Pike 1862-1945 [1]
- Moonlit pond - Oil/canvas/board (41x30cm-16x12in) San Francisco 89 .... FF5 100 - £493 - **$774**

LUCAS August 1803-1863 [2]
- Wood gatherers in forest - Oil/canvas (102x149cm-40x59in) New-York 93 .... FF708 000 - £80 500 - **$120,000**
- Tivoli - Aquarell/Papier (20x29cm-8x11in) Heidelberg 96 .... FF9 160 - £1 183 - **$1,793**

LUCAS Daniel 1941 [2]
- Voiliers et canots dans le golf - Huile/toile (46x38cm-18x15in) Morlaix 96 .... FF2 500 - £321 - **$494**

LUCAS Edward George Handel 1861-1936 [9]
- The Stolen Nest - Oil/board (30x38cm-12x15in) London 96 .... FF6 300 - £800 - **$1,241**
- The Cause of Many Joys - Oil/panel (44x36cm-17x14in) London 97 .... FF171 592 - £18 000 - **$29,444**

LUCAS Friedrich Wilhelm 1815-1898 [1]
- Pueblo montanoso - Oleo/lienzo (38x46cm-15x18in) Madrid 90 .... FF3 500 - £368 - **$609**

LUCAS Georg 1893-? [2]
- Kraniche in Wasser stehend - Öl/Leinwand (60x80cm-24x31in) Bielefeld 96 .... FF6 820 - £888 - **$1,352**
- Harvest time - Watercolour (66x100cm-26x40in) London 92 .... FF7 300 - £750 - **$1,403**

LUCAS Hippolyte 1854-1925 [3]
- A portrait of Loïe Fuller - Oil/canvas (89x117cm-35x46in) New-York 94 .... FF38 500 - £4 595 - **$7,250**
- Le verger - Huile/toile (78x55cm-31x22in) Neuilly 89 .... FF64 000 - £6 744 - **$10,774**

LUCAS Jean 1823-? [2]
- Lago Maggiore/Lago di Como - Lithographie (18x51cm-7x20in) Genève 91 .... FF5 940 - £596 - **$991**

LUCAS Jean-Paul ?-1808 [1]
- Mystic Marriage of Saint Catherine - Oil/copper (23x17cm-9x7in) London 92 .... FF5 360 - £550 - **$1,030**

LUCAS John 1807-1874 [3]
- The Duke of Wellington - Mezzotint (76x51cm-30x20in) London 95 .... FF2 430 - £320 - **$493**

LUCAS John Seymour 1849-1923 [22]
- Rehearsal - Oil/canvas (31x24cm-12x9in) New-York 95 .... FF3 690 - £475 - **$750**
- Call to Arms - Oil/canvas (62x95cm-24x37in) Retford, Nottinghamshire 94 .... FF17 250 - £2 000 - **$2,970**
- The Elopement - Oil/canvas (76x117cm-30x46in) Delray Beach, Florida 96 .... FF50 000 - £6 470 - **$10,000**

LUCAS John Templeton 1836-1880 [7]
- Taxidermist at work - Oil/canvas (51x40cm-20x16in) Leamington Spa 96 .... FF5 700 - £650 - **$1,092**
- The Rainbow - Oil/canvas (178x155cm-70x61in) Baton Rouge, Louisiana 93 .... FF26 000 - £3 130 - **$4,750**

LUCAS Marie Ellen Seymour 1855-1921 [1]
- The Child King - Oil/canvas (93x61cm-37x24in) London 93 .... FF3 984 - £480 - **$696**

LUCAS Richard 1925-1977 [9]
- Composition - Huile/toile (125x43cm-49x17in) Antwerpen 93 .... FF2 472 - £296 - **$506**

LUCAS VELASQUEZ Eugenio 1817-1870 [29]
- Romeria de San Isidro - Oleo/lienzo (110x173cm-43x68in) Madrid 90 .... FF2 - £287 234 - **$483,005**
- Crucifixiòn - Oleo/cobre (24x17cm-9x7in) Madrid 97 .... FF9 600 - £1 032 - **$1,680**
- Noche de Romeria - Oleo/tabla (21x44cm-8x17in) Madrid 94 .... FF57 600 - £6 870 - **$9,800**
- Naufragio en la bocana del puerto - Oleo/lienzo (48x64cm-19x25in) Madrid 93 .... FF89 000 - £10 660 - **$16,100**

LUCAS VILLAAMIL Eugenio 1840-1907 [17]
- Una noche de disfraces - Oleo/tabla (37x25cm-15x10in) Madrid 93 .... FF29 100 - £3 353 - **$5,000**
- Majas en la Puerta de Alcalá - Oleo/lienzo (60x50cm-24x20in) Madrid 95 .... FF75 900 - £9 470 - **$17,980**
- Procesion nocturna - Oleo/lienzo (65x80cm-26x31in) Madrid 90 .... FF140 400 - £14 549 - **$24,675**

LUCAS Wilhelm, Willi 1884-1918 [8]
- Frühling am Niederrhein - Öl/Leinwand (60x80cm-24x31in) Köln 94 .... FF28 900 - £3 370 - **$5,070**

LUCAS William 1840-1895 [7]
- A hearty meal - Oil/canvas (51x40cm-20x16in) London 91 .... FF11 080 - £1 100 - **$1,924**
- Lady, wearing a Gilt Cross - Watercolour (31x25cm-12x10in) London 97 .... FF2 822 - £300 - **$488**

LUCAS Y PADILLA Eugenio 1824-1870 [14]
- La Prière - Huile/toile (56x46cm-22x18in) Lille 96 .... FF15 000 - £1 820 - **$2,920**
- Detail of Gloria de S. Lorenzo - Oil/canvas (61x80cm-24x31in) New-York 97 .... FF54 008 - £5 817 - **$9,500**
- Sangre/Varilargueros acosando al toro
  Oil/canvas (56x73cm-22x29in) New-York 96 .... FF617 000 - £74 800 - **$120,000**

LUCAS Y VILAAMIL Eugenio Lucas 1858-1918 [35]
- A Musical Evening - Oil/canvas (56x101cm-22x40in) London 95 .... FF22 100 - £2 800 - **$4,450**
- Baile en palacio - Oleo/lienzo (56x113cm-22x44in) Madrid 95 .... FF90 700 - £11 600 - **$18,240**
- Picadors drawing a bull - Oil/paper/canvas (49x71cm-19x28in) London 94 .... FF227 000 - £27 000 - **$41,500**

LUCAS-LUCAS Henry Frederick c.1848-1943 [29]
- Tom Thumb - Oil/canvas (56x68cm-22x27in) Honiton, Devon 94 .... FF600 - £920 - **$1,403**
- Mickey, a Pekinese - Oil/canvas (23x30cm-9x12in) London 94 .... FF11 110 - £1 300 - **$1,937**
- Holmleigh Bloodhounds - Oil/canvas (76x152cm-30x60in) New-York 94 .... FF95 400 - £11 200 - **$17,000**

LUCAS-ROBIQUET Marie E. Aimée 1858-1959 [17]
- Marché aux fleurs, Afrique - Huile/toile (33x55cm-13x22in) Paris 96 .... FF40 000 - £4 630 - **$7,660**
- Préparant le couscous - Aquarelle (21x12cm-8x5in) Paris 96 .... FF5 800 - £672 - **$1,111**
- Dans l'oued, Biskra - Gouache (34x70cm-13x28in) Paris 96 .... FF20 000 - £2 315 - **$3,830**

LUCASSEN Reinier 1939 [11]
- Belgische Tuin - Oil/canvas (200x160cm-79x63in) Amsterdam 97 .... FF65 927 - £6 930 - **$11,325**
- WOW-/PITS - Screenprint in colors (49x39cm-19x15in) Amsterdam 94 .... FF1 840 - £218 - **$340**
- Mur - Gouache (72x54cm-28x21in) Antwerpen 92 .... FF2 307 - £276 - **$444**

LUCCHESI Andrea 1860-1924 [1]
- Myrtle's Altar - Bronze (38cm-15in) London 90 .... FF85 200 - £9 122 - **$14,817**

LUCCHESI Bruno 1926 [13]
- Standing woman - Bronze (71cm-28in) New-York 93 .... FF15 400 - £1 930 - **$2,800**

LUCCHESI Giorgio 1855-1941 [5]
- Vines against a wall - Oil/canvas (138x68cm-54x27in) London 90 .... FF92 700 - £9 434 - **$18,539**

LUCCHI Leonardo 1952 [2]
- Mannequin - Bronze (25x25x116cm-10x10x46in) Milano 94 .... FF53 600 - £6 200 - **$9,140**

LUCE Alain 1947 [43]
- Bouquet au vase bleu - Huile/panneau (41x33cm-16x13in) Saint-Quentin 93 .... FF5 000 - £603 - **$910**

LUCE Frédéric 1896-1974 [4]
- Maximilien Luce peignant - Huile/carton (55x46cm-22x18in) La Varenne Saint-Hilaire 91 .... FF6 000 - £602 - **$1,099**
- La moisson - Pastel (46x59cm-18x23in) La Varenne Saint-Hilaire 90 .... FF2 000 - £201 - **$392**

LUCE Maximilien 1858-1941 [1007]
- Notre Dame de Paris - Oil/canvas (100x119cm-39x47in) London 90 .... FF4 - £480 248 - **$821,343**
- Paysage à l'isle-Adam - Huile/toile (19x33cm-7x13in) Paris 97 .... FF12 000 - £1 303 - **$2,105**
- Le parc fleuri - Huile/toile (40x32cm-16x13in) Calais 97 .... FF33 000 - £3 617 - **$5,792**
- La baignade - Huile/papier/toile (30x40cm-12x16in) Calais 97 .... FF48 000 - £5 261 - **$8,424**
- Les travailleurs - Huile/carton (31x42cm-12x17in) Paris 97 .... FF61 000 - £6 655 - **$10,663**
- Vase of Flowers - Oil/canvas (73x61cm-29x24in) New-York 97 .... FF81 253 - £8 548 - **$14,000**
- Baigneuses - Huile/papier/toile (46x55cm-18x22in) Paris 97 .... FF125 000 - £13 125 - **$21,500**
- La Seine à Herblay - Oil/canvas (24x33cm-9x13in) London 97 .... FF222 008 - £23 000 - **$38,030**
- Madame Luce au thé - Huile/toile (90x71cm-35x28in) Paris 97 .... FF435 000 - £47 589 - **$75,777**
- Jardin au Grésillon, Poissy - Oil/canvas (50x64cm-20x25in) New-York 96 .... FF1 87e +06 - £140 400 - **$210,000**
- Environs de Vernon - Lithographie couleurs (22x34cm-9x13in) Paris 97 .... FF8 500 - £900 - **$1,472**
- Camaret - Lithographie couleurs (25x39cm-10x15in) Paris 97 .... FF12 000 - £1 270 - **$2,078**
- Rochers - Gouache (22x30cm-9x12in) Paris 96 .... FF3 000 - £386 - **$595**
- Jeune femme au piano - Encre (27x20cm-11x8in) Douai 95 .... FF5 900 - £757 - **$1,215**
- Chemin de village, Yonne - Pastel (23x20cm-9x8in) London 93 .... FF17 560 - £2 000 - **$2,980**
- Peintre à son chevalet - Pastel (23x31cm-9x12in) London 93 .... FF35 100 - £4 000 - **$5,960**

LUCE Molly 1896-1986 [1]
- Tolling Bell - Oil/board Cambridge, Mass. 90 .... FF2 300 - £245 - **$411**

LUCEBERT Jean van Swaanswijk 1924-1994 [287]
- Still life in landscape - Oil/cardboard (72x78cm-28x31in) Amsterdam 96 .... FF10 560 - £1 222 - **$2,023**
- De Boezemwees - Oil/canvas (98x84cm-39x33in) Amsterdam 97 .... FF24 573 - £2 583 - **$4,221**
- Four Lobulated Lady - Oil/canvas (54x43cm-21x17in) Amsterdam 97 .... FF55 659 - £5 837 - **$9,551**
- Brother Elephantus - Oil/canvas (130x90cm-51x35in) Amsterdam 97 .... FF102 533 - £1 075 4 8 - **$17,595**
- Untitled VIII-60 - Oil/canvas (80x100cm-31x39in) Amsterdam 95 .... FF195 300 - £24 900 - **$39,900**
- Dorfsscene - Oil/canvas (130x200cm-51x79in) Amsterdam 90 .... FF509 200 - £54 170 - **$91,091**
- Bloemen Voor Eleonora - Etching (29x34cm-11x13in) Amsterdam 97 .... FF5 704 - £605 - **$993**
- The Bull - Glazed earthenware dish (18cm-7in) Amsterdam 96 .... FF12 670 - £1 466 - **$2,430**
- Figure - Collage (25x20cm-10x8in) Amsterdam 97 .... FF7 616 - £798 - **$1,306**
- Figures - Ink (27x20cm-11x8in) Amsterdam 97 .... FF11 132 - £1 167 - **$1,910**
- Untitled - Gouache (49x63cm-19x25in) Amsterdam 97 .... FF53 941 - £5 670 - **$9,266**
- Head - Tempera/paper (57x41cm-22x16in) Amsterdam 96 .... FF78 400 - £9 070 - **$15,030**

LUCERO Michael 1953 [5]
- Dreamer with Moth - Sculpture (51x52x61cm-20x20x24in) New-York 97 .... FF49 708 - £5 249 - **$8,500**

LUCHINI Pietro 1800-1883 [1]
- Dame phanariote de Constantinople - Huile/toile (103x127cm-41x50in) Paris 95 .... FF340 000 - £43 100 - **$68,400**

LUCIEN-ROBERT Henri 1868-? [1]
- Arab horsemen in a landscape - Oil/panel (21x41cm-8x16in) London 92 .... FF14 660 - £1 500 - **$2,587**

LUCIONI Luigi 1900-1988 [29]
- Design in blue - Oil/canvas (53x61cm-21x24in) New-York 94 .... FF39 300 - £4 640 - **$7,000**
- Fruit and flowers - Oil/canvas (25x33cm-10x13in) New-York 94 .... FF84 200 - £9 940 - **$15,000**
- The Concert - Oil/canvas (122x152cm-48x60in) New-York 97 .... FF204 200 - £21 441 - **$35,000**
- Sunlight and shadows - Watercolour (53x37cm-21x15in) New-York 94 .... FF21 400 - £2 496 - **$3,750**

LUCKE Edouard 1901-1972 [6]
- Bouquet d'été - Huile/panneau (61x60cm-24x24in) Bruxelles 96 .... FF2 975 - £373 - **$578**

LÜCKE von Christoph Ludwig c.1703-1780 [1]
- Frederick II - Relief (51x36cm-20x14in) London 89 .... FF92 000 - £9 694 - **$15,488**

LUCKENBACH Reuben O. XIX [2]
- Autumn's bounty - Oil/canvas (56x66cm-22x26in) New-York 89 .... FF22 900 - £2 213 - **$3,475**

LÜCKER Eugène 1876-1943 [2]
- Cathédrale de Rouen - Oil/panel (53x44cm-21x17in) Amsterdam 93 .... FF2 760 - £317 - **$474**
- Man trundling a wheelbarrow - Watercolour (29x45cm-11x18in) Amsterdam 92 .... FF4 860 - £497 - **$855**

L

LÜCKEROTH Jupp Johannes 1919-1993 [13]
- *Ohne Titel* - Oil (80x60cm-31x24in) Köln 91 .... FF8 620 - £864 - $1,423
- *Schein und Wirklickeit* - Mixed media/paper (50x32cm-20x13in) Köln 93 .... FF2 035 - £243 - $392

LUCKHARDT Karl 1886-1970 [36]
- *Taunuslandschaft* - Öl/Karton (25x39cm-10x15in) Frankfurt 97 .... FF14 175 - £1 528 - $2,489
- *Landschaft mit gehöft* - Oil (80x98cm-31x39in) Frankfurt 91 .... FF37 200 - £3 734 - $6,436
- *Dorfansicht mit Holzfuhrwerk* - Pastel (43x56cm-17x22in) Frankfurt 94 .... FF11 420 - £1 573 - $2,390

LUCKNER von Heinrich Alexander 1891-1970 [2]
- *Blumenstilleben* - Öl/Leinwand (79x59cm-31x23in) Hamburg 93 .... FF7 120 - £851 - $1,370
- *Bauernhof in Südfrankreich* - Oil/canvas (60x80cm-24x31in) Köln 89 .... FF20 300 - £2 076 - $3,264

LUCKX Frans Josef 1802-1854 [4]
- *The winning hand* - Oil/panel (55x46cm-22x18in) London 91 .... FF69 100 - £6 928 - $12,656

LUCOP Thomas XIX-XX [5]
- *Shipping by moonlight* - Oil/canvas (30x46cm-12x18in) London 93 .... FF8 900 - £1 000 - $1,490

LUCY Adrien ?-1875 [2]
- *The gorge of el Kantara* - Oil/canvas (143x88cm-56x35in) London 90 .... FF43 600 - £4 668 - $7,583
- *Mail de tilleuls/Bateau de pêche* - Aquarelle (20x27cm-8x11in) Paris 95 .... FF2 200 - £264 - $419

LUCY Charles 1814-1873 [3]
- *Children in the wood* - Oil/canvas (81x66cm-32x26in) New-York 94 .... FF112 200 - £13 250 - $20,000

LUCZYNSKI Jan Piotr 1816-1855 [1]
- *Bathing Nymphs* - Oil/canvas (70x91cm-28x36in) Warszawa 96 .... FF22 200 - £2 766 - $4,285

LUDBY Max 1858-1943 [22]
- *River Thames at Greenwich* - Watercolour (26x36cm-10x14in) London 97 .... FF3 951 - £420 - $683

LÜDECKE-CLEVE August 1868-1957 [9]
- *Frühlingslandschaft* - Öl/Leinwand (39x55cm-15x22in) Düsseldorf 92 .... FF13 600 - £1 392 - $2,394

LUDEKENS Fred 1900-1982 [2]
- *Incident at the Ballgame* - Watercolour (23x71cm-9x28in) North Bethesda, MD. 92 .. FF9 700 - £992 - $1,900

LUDIN Charles 1867-1949 [1]
- *Les moutons* - Huile/toile (72x53cm-28x21in) Provins 90 .... FF5 000 - £511 - $987

LÜDKE Alfred 1874-1960 [1]
- *Bauernhof mit Benediktenwand* - Oil/panel (79x95cm-31x37in) München 93 ...... FF20 500 - £2 430 - $3,704

LUDLOW Henry Stephen, Hal 1861-? [6]
- *Shooting* - Oil/board (17x25cm-7x10in) Auchterarder, Perthshire 92 .... FF8 370 - £880 - $1,750
- *Portrait of a Lady* - Coloured chalks (37x32cm-15x13in) Groombridge, Kent 92 .. FF6 450 - £750 - $1,317

LUDLOW Mary Sophia ?-1951 [1]
- *Figures upon a beach* - Watercolour (23x30cm-9x12in) London 93 .... FF4 800 - £600 - $870

LUDOVICI Albert, Jnr. 1852-1932 [21]
- *Blowing bubbles* - Oil/canvas (61x51cm-24x20in) London 95 .... FF15 220 - £2 000 - $3,054
  Figures in Kensington Gardens
  Oil/panel (22x33cm-9x13in) Leyburn, North Yorkshire 90 .... FF38 100 - £3 877 - $7,619
- *The Poacher* - Watercolour (21x15cm-8x6in) Billinghurst, West Sussex 94 .... FF3 720 - £450 - $687
- *A peeping tom* - Watercolour (23x17cm-9x7in) London 89 .... FF6 000 - £632 - $1,010

LUDOVICI Albert, Snr. 1820-1894 [10]
- *Young girl* - Oil/canvas (35x30cm-14x12in) London 93 .... FF8 970 - £899 - $1,481
- *Hide and Seek* - Oil/canvas (46x36cm-18x14in) London 95 .... FF10 800 - £1 300 - $2,044
- *The four-in-hand, Hyde Park* - Oil/canvas (102x145cm-40x57in) New-York 96 .... FF376 500 - £47 950 - $72,500
- *A child in the rain* - Watercolour (34x20cm-13x8in) London 92 .... FF33 500 - £4 000 - $6,440

LUDOVICI Julius 1837-1906 [1]
- *Nassau* - Watercolour/paper (25x35cm-10x14in) New-York 94 .... FF14 270 - £1 676 - $2,500

LUDWIG August 1834-? [1]
- *The first pipe* - Oil/canvas (108x82cm-43x32in) London 92 .... FF156 300 - £16 000 - $27,500

LUDWIG Friedrich 1891-1970 [3]
- *Blick auf ein Dorf* - Oil/canvas (75x80cm-30x31in) Luzern 92 .... FF5 710 - £682 - $1,098

LUDWIG Henri Louis 1856-1925 [19]
- *La cuillette des épices* - Huile/toile (60x83cm-24x33in) Antwerpen 97 .... FF6 528 - £700 - $1,144

LUDWIG Karl Julius 1839-1901 [8]
- *Italienische Landschaft* - Öl/Leinwand (57x84cm-22x33in) Berlin 97 .... FF21 368 - £2 269 - $3,722
- *Figures before an Italian Villa* - Oil/canvas (115x88cm-45x35in) Wien 96 .... FF55 200 - £6 690 - $10,730

LUDWIG Louis 1856-1925 [2]
- *Wald- und Wiesenlandschaft* - Öl/Leinwand (57x72cm-22x28in) Bielefeld 95 ..... FF2 973 - £383 - $614

LUEG Konrad 1939 [5]
- *Boxers* - Oil (136x100cm-54x39in) New-York 91 .... FF28 300 - £2 872 - $5,111
- *Komposition* - Farbserigraphie (87x66cm-34x26in) Köln 92 .... FF2 380 - £244 - $419

LUEGER Michael 1804-1883 [3]
- *Würzburg* - Oil/canvas (64x89cm-25x35in) München 94 .... FF54 700 - £5 620 - $10,180
- *Schloss Hohenschwangau* - Oil/canvas/board (90x75cm-35x30in) Wien 96 .... FF104 800 - £12 700 - $20,400

LUGAN Franz 1864-? [2]
- *Boccale in peltro* - Olio/tela (52x82cm-20x32in) Trieste 97 .... FF13 600 - £1 600 - $2,400

LUGARDON Albert 1827-1909 [24]
- *Eine Zeitung lesender Hirte* - Huile/panneau (43x61cm-17x24in) Bern 96 .... FF16 530 - £2 100 - $3,180
- *Alpenlandschaft mit Kühen* - Oil/canvas (99x133cm-39x52in) Luzern 92 .... FF32 350 - £3 864 - $6,220

LUGARDON Jean Léonard 1801-1848 [1]
- *Femme debout avec un parasol* - Mine plomb (43x28cm-17x11in) Genève 96 ..... FF2 385 - £276 - $457

LUGER Alfons 1869-1945 [1]
- Vorarlberger Gebirgslandschaft - Öl/Leinwand (54x75cm-21x30in) Lindau 93 .... FF*19 300* - £*2 183* - **$3,256**

LÜGERTH Ferdinand 1885-1915 [11]
- A stag roaring - Bronze (37cm-15in) Auchterarder, Perthshire 95 .... FF*5 470* - £*700* - **$1,077**

LUGINBÜHL Bernhard 1929 [40]
- Ohne Titel - Eau-forte (44x33cm-17x13in) Luzern 94 .... FF*3 414* - £*401* - **$608**
- Kopfvolumen - Sculpture (55cm-22in) Bern 95 .... FF*35 100* - £*4 480* - **$7,190**
- C Figur II - Fer (55cm-22in) Zürich 97 .... FF*375 051* - £*39 872* - **$64,695**
- Crocodrome de Zig et Puce - Felt pen (21x29cm-8x11in) Bern 92 .... FF*13 400* - £*1 368* - **$2,360**
- Sans titre - Crayon (29x40cm-11x16in) Zürich 96 .... FF*36 100* - £*4 680* - **$7,130**

LUGLI Albano 1835-? [1]
- The Broken Plate - Oil/canvas (42x32cm-17x13in) San Francisco-Los Angeles 95 .... FF*17 120* - £*2 215* - **$3,500**

LUGO Amador 1922 [2]
- Minas de Arena - Oil/panel (92x129cm-36x51in) San Francisco-Los Angeles 95 .... FF*12 380* - £*1 547* - **$2,500**
- Nopal - Lithograph (43x57cm-17x22in) New-York 91 .... FF*3 396* - £*345* - **$613**

LUGO Emil 1840-1902 [16]
- Holzhauerhütte an der Murg - Oil/panel (53x36cm-21x14in) Heidelberg 94 .... FF*21 240* - £*2 464* - **$3,660**
- Wilden Ziegen und ein Mädchen - Aquarell (27x40cm-11x16in) Leipzig 94 .... FF*9 930* - £*1 152* - **$1,710**

LUGOSSY Maria 1950 [1]
- Voyage - Sculpture (17cm-7in) New-York 96 .... FF*26 100* - £*3 020* - **$5,000**

LÜHRIG Georg 1868-1957 [2]
- Steinbruch - Oil/paper/canvas (25x36cm-10x14in) Dresden 95 .... FF*3 460* - £*452* - **$692**
- La Neueville - Pastell (47x63cm-19x25in) Frankfurt 91 .... FF*2 873* - £*288* - **$474**

LUICK Otto Ernst 1905-1984 [3]
- Neckartal im Vorfrühling - Oil/canvas (60x75cm-24x30in) Stuttgart 90 .... FF*7 480* - £*765* - **$1,476**

LUIGENFELDER Eugen 1862-? [1]
- Homme à la pipe, Allemagne - Oil/canvas (21x16cm-8x6in) København 91 .... FF*6 600* - £*670* - **$1,192**

LUIGI de Ludovico 1933 [2]
- Campo S. Maria Formosa - Tempera/tela (69x84cm-27x33in) Fossano (Cuneo) 96............ FF*21 840* - £*2 730* - **$4,290**

LUIGI de Mario 1901-1978 [4]
- Senza titolo - Olio (80x80cm-31x31in) Milano 93 .... FF*17 820* - £*2 120* - **$3,430**

LUIGINI Ferdinand 1870-1943 [14]
- L'ânier à la fontaine - Huile/toile (49x65cm-19x26in) Paris 92 .... FF*8 000* - £*817* - **$1,435**
- Le port de Tanger - Huile/panneau (26x65cm-10x26in) Paris 93 .... FF*15 000* - £*1 807* - **$2,730**

LUIS Fernando 1932-1983 [5]
- Retrato de un Crítico Fumador - Oil/canvas (152x116cm-60x46in) New-York 95 .... FF*16 330* - £*2 040* - **$3,200**

LUIS Juan López García 1944-1978 [4]
- Contraluz, Galicia - Oleo/lienzo (100x70cm-39x28in) Madrid 95 .... FF*25 300* - £*3 160* - **$5,990**

LUISADA Avigdor 1905-1987 [1]
- Composition - Oil/canvas (61x51cm-24x20in) Tel Aviv 92 .... FF*3 330* - £*349* - **$600**

LUISE de Enrico 1840-1915 [2]
- En pris snus - Oil/canvas (43x64cm-17x25in) Stockholm 95 .... FF*16 580* - £*2 170* - **$3,370**

LUKA Madeleine Kula, dite 1894 [67]
- Le Champagne - Oil/canvas (73x60cm-29x24in) London 93 .... FF*7 020* - £*800* - **$1,192**
- Printemps sur Montbrun - Huile/toile (59x80cm-23x31in) Paris 93 .... FF*15 000* - £*1 724* - **$2,565**
- La mère et l'enfant - Huile/toile (100x81cm-39x32in) Le Touquet 95 .... FF*32 500* - £*3 330* - **$5,720**
- Devant la propriété - Encre (29x21cm-11x8in) Saint-Dié 96 .... FF*2 800* - £*365* - **$555**

LUKAS August 1803-1863 [1]
- Terracina - Watercolour (13x19cm-5x7in) München 92 .... FF*6 100* - £*730* - **$1,174**

LUKAS Jan XX [3]
- Bathing women - Gelatin silver print (13x13cm-5x5in) London 96 .... FF*4 680* - £*550* - **$921**

LUKAS Petr 1966 [2]
- Les 4 as, 1989 - Photograph (31x19cm-12x7in) Paris 90 .... FF*4 000* - £*413* - **$707**

LUKASCHEWSKI Rolf 1947 [3]
- Schöne Aussicht - Huile/toile (124x129cm-49x51in) Paris 92 .... FF*15 000* - £*1 536* - **$2,640**

LUKASZEWICZ Jozefat Ignacy 1789-1850 [1]
- Jeneral Dywizyi Piotr hr. Szembek - Oil/canvas (77x62cm-30x24in) Warszawa 93 .... FF*11 670* - £*1 272* - **$1,955**

LUKE John 1906-1975 [6]
- Figures - Tempera/board (42x59cm-17x23in) London 97 .... FF*1* - £*175 000* - **$287,788**
- The potted geranium - Oil/board (56x36cm-22x14in) London 91 .... FF*121 200* - £*12 151* - **$22,199**

LUKER William I 1828-1905 [8]
- Hunters in a landscape - Oil/canvas (61x92cm-24x36in) London 93 .... FF*24 900* - £*3 000* - **$4,350**

LUKER William II 1851-1889 [7]
- Scottish terrier - Oil/canvas (50x61cm-20x24in) London 92 .... FF*16 600* - £*1 700* - **$2,924**

LUKIN 1821-1867 [1]
- Ryttare vid kusten - Oil/canvas (44x84cm-17x33in) Helsinki 90 .... FF*11 880* - £*1 209* - **$2,376**

LUKKA Valery N. 1945 [6]
- Jeune femme dans un parc - Technique mixte, dessin (74x90cm-29x35in) Paris 90 .... FF*5 000* - £*511* - **$987**

LUKOMSKII Georgi Kreskentevich 1884-1954 [2]
- The cathedral of Hagia Sophia, Kiev - Watercolour (48x58cm-19x23in) London 96 .... FF*5 820* - £*750* - **$1,140**

LUKS George Benjamin 1867-1933 [51]
- Knitters, high Bridge Park - Oil/canvas (76x91cm-30x36in) New-York 90..................... FF*3* - £*365 106* - **$613,954**

L

Farm at Chatham - Oil/panel (40x50cm-16x20in) New-York 96 .... FF36 050 - £4 480 - **$7,000**
Lady in Green Dress - Oil/canvas (103x83cm-41x33in) New-York 95 .... FF207 000 - £26 450 - **$42,500**
Spring Morning, NY - Oil/canvas (41x51cm-16x20in) New-York 94 .... FF517 000 - £61 000 - **$92,000**
Ausable Lake, Adirondack Mountains
   Watercolour/paper (36x51cm-14x20in) New-York 96 .... FF33 750 - £4 300 - **$6,500**
LUKSCH Richard 1872-1936 [2]
Seated female nude - Plaster (29cm-11in) Wien 95 .... FF3 430 - £452 - **$695**
Korax - Ceramic (40cm-16in) Wien 93 .... FF22 050 - £2 494 - **$3,720**
LUKSCH-MAKOWSKY Elena Konstantinov. 1878-1967 [6]
Illustration zu Edgar Allan Poe - Mischtechnik/Papier (18x11cm-7x4in) Wien 95 .... FF6 970 - £884 - **$1,404**
LULLIN Adolphe 1780-1806 [1]
Les trois soeurs, ou la lecture - Crayon (44x34cm-17x13in) Paris 90 .... FF4 000 - £413 - **$707**
LULLY Isis [24]
Coup de foudre de l'oiseau - Huile/toile (150x200cm-59x79in) Paris 90 .... FF2 000 - £207 - **$351**
LUM Bertha Boynton 1879-1954 [14]
Temple at Osaka, Japan - Oil/board (35x33cm-14x13in) San Francisco-Los Angeles 96 .. FF11 740 - £1 360 - **$2,250**
Procession - Woodcut (34x54cm-13x21in) New-York 92 .... FF4 900 - £570 - **$1,000**
LUM Ken 1956 [4]
Wood-cutter - Photograph (244x152cm-96x60in) Stockholm 94 .... FF32 850 - £3 855 - **$5,850**
LUMERMAN Juana 1905-1982 [6]
Terrazas - Oil/board (59x79cm-23x31in) New-York 95 .... FF31 540 - £4 190 - **$6,500**
LUMIERE Auguste 1862-1954 [5]
Self portrait - Autochrome (18x13cm-7x5in) London 96 .... FF23 240 - £3 000 - **$4,490**
LUMIERE Louis 1864-1948 [5]
The Lumière brothers self-portrait - Autochrome New-York 89 .... FF28 600 - £2 846 - **$4,518**
LUMINAIS Evariste 1822-1896 [19]
Soldats Gaulois et un patriarche Romain
   Huile/panneau (112x143cm-44x56in) Paris 97 .... FF13 000 - £1 380 - **$2,264**
Kühler Schluck - Oil/canvas (37x45cm-15x18in) Bern 92 .... FF16 370 - £1 672 - **$2,880**
Conquête de Rome par les Gaulois - Huile/toile (102x83cm-40x33in) Paris 97 .... FF50 000 - £5 470 - **$8,710**
LUMIS Hariet Randall 1867-1953 [15]
Autumn Hillside - Oil/canvas (69x58cm-27x23in) South Deerfield, Mass. 92 .... FF22 750 - £2 382 - **$4,100**
Inner Harbor - Oil/canvas (66x54cm-26x21in) South Deerfield, Mass. 91 .... FF41 950 - £4 204 - **$7,074**
LUMMIS Charles Fletcher 1859-1928 [2]
Selected images - Photograph (17x10cm-7x4in) New-York 90 .... FF25 700 - £2 769 - **$4,533**
LUMPKINS William 1909-? [1]
Abstract - Watercolour (25x25cm-10x10in) Chicago 94 .... FF3 250 - £385 - **$600**
LUMSDEN Ernest Stephen 1883-1945 [10]
On the Ganges, Benares - Oil/board (24x33cm-9x13in) Amsterdam 97 .... FF13 132 - £1 388 - **$2,253**
LUNA de Charles XIX [6]
La charge de la cavalerie - Huile/toile (46x56cm-18x22in) Calais 96 .... FF7 000 - £804 - **$1,335**
Armée du Second Empire - Aquarelle (16x12cm-6x5in) Paris 94 .... FF2 000 - £232 - **$345**
LUNA Y NOVICIO Juan 1857-1900 [11]
Alejo Vera - Oleo/lienzo (31x22cm-12x9in) Madrid 90 .... FF43 200 - £4 625 - **$7,513**
LUND Aage XIX-XX [3]
Interiør med to pige - Oil/canvas (53x55cm-21x22in) Vejle 91 .... FF9 650 - £967 - **$1,767**
LUND Anker 1840-1922 [5]
Herre - Oil/canvas (47x37cm-19x15in) Viby J, Århus 91 .... FF3 080 - £309 - **$519**
LUND Bjarne 1896-1931 [2]
Hest og figurer på gårdsplads - Oil/canvas (59x73cm-23x29in) København 92 .... FF5 720 - £585 - **$1,008**
LUND Carl Ove J. 1857-1936 [24]
Skovparti, Fredensborg - Oil/canvas (94x63cm-37x25in) København 96 .... FF2 660 - £304 - **$510**
Summer landscape - Oil/canvas (44x53cm-17x21in) København 95 .... FF7 090 - £928 - **$1,440**
LUND Emil Carl 1855-1928 [5]
Extensive country landscape - Oil/canvas London 89 .... FF6 800 - £677 - **$1,074**
LUND Frederick Christian 1826-1901 [28]
St Bernard dog - Oil/canvas (63x49cm-25x19in) London 97 .... FF5 396 - £600 - **$1,013**
The Induction - Oil/canvas (85x126cm-33x50in) New-York 97 .... FF90 960 - £9 797 - **$16,000**
Castel Sant'Angelo, Rome - Watercolour/paper (50x80cm-20x31in) London 94 .... FF15 560 - £1 800 - **$2,660**
LUND Harol Marrat 1904-? [1]
Young boy - Oil/board (53x41cm-21x16in) Mystic, Connecticut 95 .... FF2 147 - £258 - **$400**
LUND Hedevig 1824-1888 [1]
Bunadkledd kvinne - Oil/canvas (81x64cm-32x25in) Oslo 96 .... FF34 850 - £4 030 - **$6,680**
LUND Henrik 1879-1935 [11]
Hvitt hus, Skåtøy - Oil/canvas (100x90cm-39x35in) Oslo 92 .... FF50 400 - £5 150 - **$8,860**
LUND Johan Ludvig G. 1777-1867 [3]
Young woman at her toilet - Oil/canvas (38x28cm-15x11in) København 96 .... FF14 200 - £1 618 - **$2,720**
LUND Liv 1923-1988 [3]
Interiør med kvinne - Oil/canvas (67x45cm-26x18in) Oslo 92 .... FF11 280 - £1 132 - **$2,170**
LUND Søren 1852-1933 [4]
Interiør fra en bondestue - Oil/canvas (60x73cm-24x29in) København 92 .... FF3 700 - £378 - **$651**
LUND Troels 1802-1867 [5]
Udsigt over Lyngby sø - Oil/canvas (29x52cm-11x20in) København 91 .... FF3 080 - £309 - **$519**

◇ *Scenestykke* - Watercolour/paper (40x57cm-16x22in) Viby J, Århus 95 .... FF**4 080** - £**510** - $**823**
LUNDAHL Amélia 1850-1914 [7]
● *Two women in the garden* - Oil/panel (22x12cm-9x5in) Helsinki 94 .... FF**39 000** - £**4 660** - $**7,290**
LUNDBERG August Frederick 1878-1928 [1]
● *Winter morning* - Oil/canvas (61x51cm-24x20in) North Bethesda, MD. 92 .... FF**5 720** - £**608** - $**1,100**
LUNDBERG Gerhard 1905-1980 [2]
● *Solträdet* - Oil/canvas (149x165cm-59x65in) Göteborg 96 .... FF**8 700** - £**1 124** - $**1,680**
LUNDBERG Gustaf 1695-1786 [16]
◇ *Friherrinnan Charlotta Frederika Sparre*
    Pastel/paper (66x50cm-26x20in) Stockholm 97 .... FF**42 263** - £**4 463** - $**7,302**
  Fredrika Eleonora Stenbock, Ekebyholm - Pastel (65x52cm-26x20in) Stockholm 96 .... FF**96 200** - £**12 250** - $**18,520**
LUNDBERG Lars Gösta 1938 [15]
● *Kuddar* - Oil/canvas (82x88cm-32x35in) Stockholm 91 .... FF**9 450** - £**941** - $**1,625**
◇ *Paper nude No. 15* - Mixed media/paper (85x56cm-33x22in) Stockholm 91 .... FF**4 530** - £**454** - $**755**
LUNDBERG Robert 1861-1903 [2]
● *Stenbrottet, Svinninge* - Oil/canvas (73x91cm-29x36in) Stockholm 94 .... FF**9 350** - £**1 107** - $**1,728**
◇ *I ateljén* - Akvarell (41x31cm-16x12in) Stockholm 95 .... FF**4 100** - £**519** - $**823**
LUNDBERG Sture 1900-1930 [3]
◇ *Stilleben* - Gouache (16x17cm-6x7in) Stockholm 91 .... FF**18 850** - £**1 931** - $**3,519**
LUNDBERG Theodor 1852-1926 [6]
▯ *Vågen och Stranden* - Bronze (80cm-31in) Stockholm 93 .... FF**41 400** - £**5 090** - $**7,670**
LUNDBOHM Sixten 1895-1982 [72]
● *Landscape* - Oil/canvas (66x92cm-26x36in) Stockholm 96 .... FF**7 180** - £**931** - $**1,420**
  Träd i dalsänka - Oil/canvas (55x83cm-22x33in) Stockholm 91 .... FF**13 670** - £**1 400** - $**2,552**
  Landskap - Oil/canvas (91x116cm-36x46in) Stockholm 89 .... FF**74 900** - £**7 893** - $**12,609**
LUNDBORG Karl 1893-1972 [17]
● *Gislöv* - Oil/canvas (41x39cm-16x15in) Malmö 94 .... FF**3 530** - £**410** - $**609**
  Utsikt mot Trelleborg från öster - Oil/canvas (62x92cm-24x36in) Malmö 93 .... FF**8 810** - £**1 040** - $**1,550**
LUNDBYE Johan Thomas 1818-1848 [40]
● *Coastal landscape with sheep* - Oil/paper (20x30cm-8x12in) London 91 .... FF**50 800** - £**6 000** - $**9,120**
  Bakketrolden Sindre uden for sin hule
    Oil/canvas (37x47cm-15x19in) København 95 .... FF**97 400** - £**12 760** - $**19,800**
  Aften ved Arresø - Oil/canvas (23x30cm-9x12in) København 96 .... FF**184 000** - £**23 330** - $**35,300**
◇ *Lorenz Frölich som nisse* - Watercolour (21x25cm-8x10in) København 94 .... FF**13 900** - £**1 597** - $**2,380**
LUNDE Anders Christian 1809-1886 [15]
● *Kœrne vandes ved en sø* - Oil/canvas (45x67cm-18x26in) København 91 .... FF**7 900** - £**785** - $**1,372**
  Italiensk landskab - Oil/canvas (50x67cm-20x26in) København 96 .... FF**32 100** - £**4 155** - $**6,410**
LUNDE Ferdinand 1910-1981 [1]
● *Fra Lillehammer* - Oil/canvas (37x51cm-15x20in) Oslo 93 .... FF**2 080** - £**242** - $**357**
LUNDEBERG Helen 1908-? [6]
● *Macrocosmic Landscape*
    Oil/board (30x40cm-12x16in) San Francisco-Los Angeles 96 .... FF**78 300** - £**9 060** - $**15,000**
LUNDEBY Alf 1870-1961 [4]
● *Landskap fra Lillehammer* - Oil/canvas (63x79cm-25x31in) Oslo 92 .... FF**6 080** - £**622** - $**1,070**
LUNDEEN George W. 1948 [1]
▯ *Promise of The Prairie* - Bronze (84cm-33in) Chicago 94 .... FF**53 400** - £**6 300** - $**9,500**
LUNDEGÅRD Justus 1860-1924 [17]
● *Vy över kanaler, Venedig* - Oil/canvas (46x67cm-18x26in) Stockholm 91 .... FF**14 980** - £**1 488** - $**2,601**
  Vinterlandskap, Montigny-sur-Loing
    Oil/canvas/board (47x70cm-19x28in) Stockholm 90 .... FF**44 900** - £**4 569** - $**8,979**
LUNDGREEN Aksel 1908 [2]
● *L'Opéra, Paris* - Oil/canvas (80x100cm-31x39in) Aalborg 96 .... FF**2 377** - £**298** - $**459**
LUNDGREN Amalie XIX [2]
● *Oskar II, König von Schweden* - Oil/canvas (32x29cm-13x11in) Wien 91 .... FF**12 000** - £**1 212** - $**2,382**
LUNDGREN Egron Sillif 1815-1875 [35]
◇ *Man på åsna* - Akvarell (33x26cm-13x10in) Stockholm 97 .... FF**1 982** - £**220** - $**358**
  Serenad, Sevilla - Akvarell (47x68cm-19x27in) Stockholm 91 .... FF**14 630** - £**1 862** - $**2,816**
  Dawn at Beylah - Watercolour (38x59cm-15x23in) London 95 .... FF**36 100** - £**4 500** - $**7,070**
LUNDGREN Johan Edvin 1920-1989 [3]
● *Vårvinterlandskap, Nordingrå* - Oil/canvas (86x87cm-34x34in) Stockholm 92 .... FF**7 730** - £**792** - $**1,361**
LUNDGREN Johan Erik 1822-1895 [2]
● *Utsikt över Stockholm* - Oil/canvas (79x124cm-31x49in) Stockholm 92 .... FF**11 740** - £**1 365** - $**2,400**
LUNDGREN Tyra Carolina 1897-1979 [17]
● *Blombukett* - Oil/panel (61x50cm-24x20in) Stockholm 94 .... FF**5 770** - £**684** - $**1,065**
▯ *Svan* - Bronze (50cm-20in) Stockholm 92 .... FF**9 420** - £**965** - $**1,660**
LUNDH Theodor 1812-1896 [7]
● *Viltstilleben med hackspett* - Oil/canvas (54x40cm-21x16in) Stockholm 96 .... FF**15 380** - £**1 920** - $**2,970**
LUNDHAL Amelie 1850-1914 [5]
● *Insjölandskap* - Oil/canvas (28x46cm-11x18in) Helsinki 93 .... FF**16 330** - £**1 878** - $**2,810**
◇ *Krattande flicka* - Gouache (22x26cm-9x10in) Helsinki 94 .... FF**28 550** - £**3 310** - $**4,920**
LUNDKVIST Bruno 1948 [6]
● *Betande vildgäss* - Oil/canvas (46x113cm-18x44in) Uppsala 91 .... FF**4 680** - £**469** - $**857**

L

LUNDMARK Leon 1875-1942 [2]
🖌 Rocks and surf - Oil/canvas (64x76cm-25x30in) Chicago 92 .... FF4 810 - £575 - $925
LUNDQVIST Anders 1803-1853 [1]
🖌 De fyra årstiderna, landskap - Oil/canvas (35x44cm-14x17in) Stockholm 95 .... FF21 560 - £2 755 - $4,400
LUNDQVIST Birger 1910-1952 [1]
✏ Gungbräde med 91- an Karlsson - Watercolour (32x24cm-13x9in) Stockholm 89.................. FF2 200 - £213 - $334
LUNDQVIST Evert 1904-1994 [115]
🖌 Bourgogne - Oil/canvas (116x103cm-46x41in) Stockholm 89........................... FF1 - £124 417 - $195,627
Ebba - Oil/canvas (82x49cm-32x19in) Stockholm 95 .... FF10 210 - £1 277 - $2,603
Odalisk - Oil/canvas (83x73cm-33x29in) Stockholm 96................................. FF28 450 - £3 550 - $5,500
Bordet med tallrik - Oil/panel (73x92cm-29x36in) Stockholm 97 .... FF95 847 - £10 121 - $16,560
Trappan - Oil/canvas (100x82cm-39x32in) Stockholm 97 .... FF147 166 - £15 541 - $25,428
LUNDQVIST Gustaf 1827-1905 [1]
🖌 Pastoralt landskap - Oil/canvas (46x54cm-18x21in) Stockholm 95 .... FF3 420 - £432 - $686
LUNDQVIST Jan 1935 [5]
✏ Mot Skeppsbron och Slottet - Watercolour (27x45cm-11x18in) Stockholm 89............ FF4 900 - £501 - $788
LUNDQVIST John 1882-1972 [7]
🗿 Orpheus - Bronze (145cm-57in) London 93.. FF47 400 - £5 400 - $8,040
LUNDSTEEN Lilli 1871-1949 [1]
🖌 Lille dreng siddende i en vugge - Oil/canvas (34x37cm-13x15in) Vejle 91 .... FF2 634 - £264 - $482
LUNDSTRÖM Ernst 1853-1931 [1]
🖌 Fransk by, Normandie - Oil/canvas (66x54cm-26x21in) Stockholm 95 .... FF11 710 - £1 503 - $2,360
LUNDSTRÖM Knut 1892-1945 [9]
🖌 Accord en couleurs - Oil/canvas (73x50cm-29x20in) Stockholm 95..................... FF12 260 - £1 532 - $3,123
Accord en couleur - Oil/panel (73x54cm-29x21in) Stockholm 94 .... FF133 300 - £15 800 - $24,600
LUNDSTRØM Vilhelm 1893-1950 [56]
🖌 Reclining nude model, Cagnes - Oil/canvas (92x158cm-36x62in) København 96 ..... FF48 600 - £6 320 - $9,630
Still life - Oil/canvas (97x130cm-38x51in) København 96............................. FF115 000 - £14 950 - $22,770
Still life - Oil/canvas (101x126cm-40x50in) København 94 .... FF323 000 - £37 500 - $55,600
🖼 Komposition - Lithograph København 91 .... FF2 464 - £245 - $424
✏ Standing female nude - Pencil/paper (35x25cm-14x10in) København 95 .... FF6 190 - £760 - $1,206
LUNEL Ferdinand 1857-? [8]
🖼 Rouxel & Dubois - Poster (98x140cm-39x55in) New-York 94 .... FF18 920 - £2 310 - $3,600
✏ La Grenouillère - Aquarelle (54x39cm-21x15in) Pontoise 95........................... FF6 200 - £784 - $1,254
LUNGKWITZ Hermann 1813-1890 [1]
🖌 Berglandschaft - Öl/Leinwand (49x66cm-19x26in) Stuttgart 95 .... FF13 300 - £1 706 - $2,740
LUNGREN Fernand 1859-1932 [2]
🖌 Vast landscape - Oil/canvas (58x74cm-23x29in) Philadelphia 95 .... FF4 510 - £570 - $900
✏ Indian boy on cliff
   Watercolour/paper (48x32cm-19x13in) San Francisco-Los Angeles 93 .... FF8 250 - £1 035 - $1,500
LUNN Agnes 1850-1941 [1]
🗿 Mand til hest - Bronze (32cm-13in) Vejle 90 .... FF3 200 - £340 - $572
LUNN H. Augustus 1905-1986 [3]
🖌 Composition - Tempera/board (80x55cm-31x22in) London 93 .... FF30 400 - £3 800 - $5,510
LUNOIS Alexandre 1863-1916 [25]
🖌 Expo. des Peintres Français - Huile/toile (98x81cm-39x32in) Cannes 94 .... FF15 500 - £1 760 - $2,630
🖼 L'Illumination - Lithographie couleurs Paris 92 .... FF2 600 - £267 - $500
✏ Toilette des Juives, Tanger - Pastel (46x55cm-18x22in) Paris 92 .... FF12 000 - £1 432 - $2,310
LUNS Hubert Marie 1881-1942 [1]
🖌 Reclining nude - Oil/canvas (80x108cm-31x43in) Amsterdam 92 .... FF3 910 - £455 - $799
LÜNSSTROTH Franz Martin 1880-1956 [1]
🖌 In der Bauernstube - Oil/canvas (84x98cm-33x39in) München 92 .... FF6 120 - £627 - $1,077
LUNTZ Adolf 1875-1924 [15]
🖌 Winterabend an der Alb - Öl/Leinwand (54x83cm-21x33in) Stuttgart 95 .... FF7 600 - £994 - $1,523
LUNY Thomas 1759-1837 [107]
🖌 Three Masted Ship - Oil/canvas (70x101cm-28x40in) London 97 .... FF41 276 - £4 400 - $7,206
Fisherfolk & shipping at Teignmouth - Oil/panel (50x68cm-20x27in) London 97 .... FF131 333 - £14 000 - $22,930
Bombardmennt of Algiers - II - Oil/canvas (119x179cm-47x70in) London 92 .... FF586 000 - £60 000 - $103,400
LUO YITONG 1960 [2]
✏ Mountain village in Italy - Coloured inks/paper (68x136cm-27x54in) Hong Kong 92........... FF30 700 - £3 130 - $5,430
LUONGO Aldo 1940 [7]
🖌 Lovers - Oil/canvas (99x132cm-39x52in) Tarzana, CA 94 .... FF8 930 - £1 063 - $1,700
🖼 Together - Serigraph (74x99cm-29x39in) Tarzana, CA 95............................. FF2 467 - £325 - $500
LUOSTARINEN Leena 1949 [6]
🖌 Svart tiger - Oil/canvas (44x60cm-17x24in) Helsinki 93 .... FF16 520 - £1 986 - $3,005
LÜPERTZ Markus 1941 [109]
✏ Palette I - Painting (160x130cm-63x51in) Köln 90 .... FF1 - £122 121 - $239,981
Stierkopf und Kaktus - Oil/canvas (120x120cm-47x47in) London 97 .... FF60 976 - £6 500 - $10,646
Akt links im Rechteck - Öl (230x160cm-91x63in) London 97 .... FF112 571 - £12 000 - $19,654
Ny Tagebuch - Acrylique/carton (128x183cm-50x72in) Paris 96 .... FF150 000 - £17 100 - $28,700
🖼 Schwalbenmotiv - Silkscreen (56x66cm-22x26in) Berlin 96.......................... FF8 500 - £968 - $1,625
🗿 Saint Sebastian - Bronze (237cm-93in) New-York 93 .... FF396 000 - £49 700 - $72,000
Standbein-Spielbein - Bronze (320x100x100cm-126x39x39in) New-York 93 .... FF1 62e +06 - £120 800 - $180,000
✏ Heiliger Sebastian - Ink (59x41cm-23x16in) New-York 97 .... FF9 942 - £1 050 - $1,700

Sans titre - Gouache (49x69cm-19x27in) Paris 96 .... FF20 000 - £2 494 - **$3,860**
Haus am See - Mischtechnik/Papier (209x17cm-82x7in) Köln 96 .... FF102 000 - £11 600 - **$19,500**
LUPIANEZ Y CARRASCO José 1864-1933 [24]
Fondo de casas blancas - Oleo/lienzo (43x71cm-17x28in) Madrid 93 .... FF23 500 - £2 825 - **$4,580**
Lagunas de Ruidera - Acuarela (23x33cm-9x13in) Madrid 90 .... FF2 700 - £279 - **$477**
LUPLAU Marie 1848-1925 [4]
En blomstrende eng - Oil/canvas (87x135cm-34x53in) Viby J, Århus 94 .... FF5 390 - £619 - **$922**
LUPO Alessandro 1876-1953 [10]
Porto di Genova - Olio/tela (85x100cm-33x39in) Torino 93 .... FF38 400 - £4 340 - **$6,460**
LUPPEN van Joseph 1834-1891 [17]
Vallée de la Terwagne - Huile/toile (65x96cm-26x38in) Bruxelles 94 .... FF3 960 - £455 - **$678**
Le soir - Huile/panneau (30x50cm-12x20in) Lokeren 96 .... FF8 230 - £1 048 - **$1,585**
Mont Aigle - Oil/canvas (111x85cm-44x33in) New-York 93 .... FF53 100 - £6 040 - **$9,000**
LUPPEN van Prosper [1]
Coin d'atelier - Huile/toile (72x46cm-28x18in) Bruxelles 90 .... FF6 500 - £696 - **$1,130**
LUPTON Nevil Oliver 1828-? [1]
Young girl filling pitcher at millpond - Oil/canvas (61x50cm-24x20in) Toronto 94 ..... FF5 270 - £622 - **$937**
LUPTON Thomas Goff 1791-1873 [1]
Fleur-de-Lis - Mezzotint (50x58cm-20x23in) Billinghurst, West Sussex 94 .... FF2 150 - £260 - **$397**
LUQUE ROSELLO Joaquín ?-1932 [1]
Auf dem Forum Romanum - Oil/canvas (32x62cm-13x24in) Köln 90 .... FF81 100 - £8 378 - **$14,329**
LUQUE Y ROSELLO Joaquín 1866-? [2]
The baptism - Oil/panel (18x28cm-7x11in) London 93 .... FF22 400 - £2 800 - **$4,060**
LUQUET Germaine 1899-1991 [1]
Jeune Sénégalaise - Huile/toile (83x60cm-33x24in) Lyon 89 .... FF3 000 - £299 - **$474**
LURÇAT Jean 1892-1966 [218]
Les voiles - Huile/panneau (26x41cm-10x16in) Calais 97 .... FF8 200 - £878 - **$1,437**
Baigneuses à la plage - Oil/canvas (49x99cm-19x39in) New-York 96 .... FF20 850 - £2 515 - **$4,000**
Le belvédère - Huile/toile (50x50cm-20x20in) Paris 97 .... FF32 000 - £3 334 - **$5,452**
Femme dans la ville - Huile/toile (81x61cm-32x24in) Paris 96 .... FF50 000 - £6 470 - **$9,810**
Asie Mineure - Huile/toile (83x115cm-33x45in) Paris 92 .... FF240 000 - £28 640 - **$46,200**
Leaves - Lithographie couleurs Amsterdam 97 .... FF3 002 - £318 - **$523**
Composition - Gouache Guéret 93 .... FF5 200 - £585 - **$881**
Surrealistic Landscape - Gouache/paper (27x52cm-11x20in) Amsterdam 97 .... FF12 303 - £1 290 - **$2,111**
Figures in a landscape - Gouache (55x74cm-22x29in) Amsterdam 93 .... FF30 030 - £3 600 - **$5,490**
LURCZYNSKI Mieczyslaw 1908-1982 [3]
Vase of flowers - Oil/cardboard (68x77cm-27x30in) Warszawa 96 .... FF5 330 - £673 - **$1,064**
LÜSCHER Gottfried 1881-1975 [12]
Frau in roter Bluse - Öl/Karton (41x31cm-16x12in) Bern 95 .... FF2 580 - £336 - **$530**
LÜSCHER Jean Jacques 1884-1955 [6]
Livre et fruits - Huile/toile (33x41cm-13x16in) Zürich 96 .... FF7 150 - £828 - **$1,370**
LÜSCHWITZ-KOREFFSKI Arnold 1869-? [1]
Ausfahrender Dampfer - Oil/board (33x44cm-13x17in) Bremen 91 .... FF4 090 - £406 - **$710**
LUSCOMBE Henry A. 1820-? [1]
Approaching Plymouth/Ship hove to - Oil/canvas (46x61cm-18x24in) London 92 .. FF4 690 - £480 - **$828**
LUSIERI Giovanni Battista c.1755-1821 [1]
Figures looking at the bay of Naples - Gouache (8x50cm-3x20in) London 90 .... FF53 300 - £5 707 - **$9,270**
LUSKINA Wlodzimierz 1849-1894 [1]
Hunstsman in the woods - Oil/canvas (57x37cm-22x15in) Warszawa 94 .... FF3 660 - £440 - **$697**
LUSSANET de Paul 1940 [11]
Soho stripper - Oil/canvas (77x60cm-30x24in) Amsterdam 90 .... FF9 630 - £985 - **$1,901**
Nude - Watercolour (100x72cm-39x28in) Amsterdam 95 .... FF8 820 - £1 126 - **$1,800**
LUSSE de Jean Jacques Theresa 1757-1833 [2]
Young Gentleman in sky blue silk coat - Miniature (5cm-2in) London 97 .... FF8 053 - £850 - **$1,382**
LUSSENBURG Jos 1889-1975 [8]
Pauze - Oil/canvas (120x80cm-47x31in) Amsterdam 97 .... FF14 565 - £1 575 - **$2,541**
LUSSIGNY de Guy 1929 [2]
Composition 586 G 2 - Gouache (22x22cm-9x9in) Douai 90 .... FF2 000 - £204 - **$400**
LUSSON Wladimir Guertick 1899-1986 [10]
Jumeaux - Huile/toile (50x100cm-20x39in) Paris 91 .... FF8 200 - £828 - **$1,628**
LUSTCHER Fernand 1850-? [2]
La basse-cour - Huile/toile (35x65cm-14x26in) Pontoise 96 .... FF8 200 - £934 - **$1,570**
LUSZPINSKI Jean-Marc XX [2]
Composition au camion - Huile/toile (81x100cm-32x39in) Paris 95 .... FF5 000 - £650 - **$1,030**
Port de Gennevilliers - Huile/toile (130x162cm-51x64in) Paris 89 .... FF22 500 - £2 371 - **$3,788**
LUTERKORT Einar 1905-1981 [2]
Liggande katt - Sculpture (10cm-4in) Stockholm 96 .... FF1 872 - £227 - **$364**
LÜTGERS Petrus Josephus 1808-1874 [5]
Castle of Nijenrode on the Vecht - Pencil (19x25cm-7x10in) Amsterdam 93 .... FF5 830 - £661 - **$985**
LUTHANDER Carl 1879-1967 [14]
Stadshuset från Södermälarstrand - Oil/panel (50x50cm-20x20in) Stockholm 91 .. FF6 600 - £676 - **$1,232**
Kall vinterdag - Oil/canvas (55x61cm-22x24in) Stockholm 90 .... FF22 500 - £2 394 - **$4,025**

L

LUTHER Adolf 1912-1990 [31]
- *Ohne Titel* - Öl/Leinwand (35x25cm-14x10in) Köln 94 .... FF8 540 - £1 003 - **$1,523**
- *Spiegel Objekt - 64 konkave Spiegel* (97x97cm-38x38in) Berlin 94 .... FF34 360 - £4 105 - **$6,420**
- *Licht und Materie* - (122x9x87cm-48x4x34in) Köln 96 .... FF23 800 - £2 710 - **$4,550**
- *Sphärisches Hohlspiegelwand* - Sculpture (290x46cm-114x18in) Düsseldorf 93 .... FF169 500 - £20 250 - **$32,600**

LÜTHI Johann 1803-c.1870 [1]
- *Ehepaar Nägeli-Landis* - Öl/Leinwand (70x55cm-28x22in) Zofingen 96 .... FF6 200 - £773 - **$1,197**

LÜTHI Karl 1840-1910 [1]
- *Zunftgruppe zu Kaufleuten* - Aquarell (52x71cm-20x28in) Bern 96 .... FF19 000 - £2 415 - **$3,660**

LÜTHI Urs 1947 [13]
- *Selbstportrait* - Öl/Leinwand (50x65cm-20x26in) Wien 94 .... FF14 550 - £1 686 - **$2,757**
- *Selfportrait with bed* - Photograph (57x85cm-22x33in) Amsterdam 95 .... FF18 500 - £2 424 - **$3,710**

LÜTHY Emil 1890-1966 [4]
- *Der nächtliche Spaziergang* - Aquarell (18x15cm-7x6in) Zofingen 96 .... FF1 654 - £206 - **$320**

LÜTHY Oskar Wilhelm 1882-1945 [19]
- *Landschaft* - Huile/panneau (27x24cm-11x9in) Zürich 96 .... FF4 240 - £550 - **$840**
- *Uhr* - Öl/Karton (28x27cm-11x11in) Zürich 97 .... FF25 661 - £2 728 - **$4,427**

LÜTKEN Mathias 1841-1905 [14]
- *Båtar i hamn* - Oil/canvas (65x87cm-26x34in) Söderköping 94 .... FF2 890 - £345 - **$542**
- *Sailing vessels off the Danish coast* - Oil/canvas (48x68cm-19x27in) London 95 ... FF19 730 - £2 500 - **$3,970**

LUTTER Aino 1951 [3]
- *Still life with fruit* - Pastel (73x57cm-29x22in) Toronto 89 .... FF6 900 - £706 - **$1,109**

LUTTEROTH Ascan 1842-1923 [19]
- *Frühlingstag am Bodensee* - Öl/Karton (41x16cm-16x24in) Lindau 96 .... FF18 900 - £2 280 - **$3,630**
- *Partie am oberitalienische See* - Öl/Leinwand (70x120cm-28x47in) Köln 95 .... FF35 500 - £4 480 - **$7,110**
- *Olevano* - Pencil (22x44cm-9x17in) Hamburg 93 .... FF6 100 - £730 - **$1,174**

LÜTTICH Eduard 1844-1920 [1]
- *Undine* - Aquarell/Papier (55x26cm-22x10in) Wien 94 .... FF5 880 - £695 - **$1,084**

LUTTICH von Mila 1872-1929 [1]
- *Goldregen* - Mischtechnik/Papier (26x21cm-10x8in) Wien 92 .... FF16 840 - £1 724 - **$2,966**

LUTTRELL Edward 1650-1710 [3]
- *Man holding a glass* - Pastel/paper (31x24cm-12x9in) London 96 .... FF5 770 - £680 - **$1,134**

LUTTRINGSHAUSEN Johann Heinrich 1783-1857 [3]
- *Vue de la Seine et du Pont-Royal* - Aquarelle, gouache (20x33cm-8x13in) Paris 96 .... FF30 000 - £3 524 - **$5,900**

LUTTROW von Leo 1860-1914 [2]
- *Veduta di paese* - Olio/tela (32x62cm-13x24in) Trieste 92 .... FF5 440 - £557 - **$957**
- *Mädchen beim Blumen eintopfen* - Öl (39x26cm-15x10in) München 91 .... FF15 200 - £1 543 - **$2,745**

LUTYENS Charles Henry Aug. 1829-1915 [13]
- *Disporting Cherubs* - Oil/canvas (46x91cm-18x36in) London 96 .... FF12 730 - £1 600 - **$2,504**
- *On the Scent* - Oil/canvas (128x222cm-50x87in) London 96 .... FF53 800 - £7 000 - **$10,660**

LUTYENS Robert XX [2]
- *Recollections of old Queen's Hall* - Oil/canvas (35x25cm-14x10in) London 91 .... FF5 130 - £517 - **$1,000**

LUTZ Anton 1894-1976 [3]
- *Christine* - Oil/panel (82x60cm-32x24in) Wien 93 .... FF24 750 - £2 905 - **$4,115**

LUTZ Bertha 1889-? [1]
- *Still life* - Oil/panel (31x20cm-12x8in) Wien 95 .... FF9 800 - £1 290 - **$1,986**

LUTZ Daniel, Dan 1906-1978 [5]
- *Grand portail* - Oil/canvas (61x45cm-24x18in) San Francisco-Los Angeles 94 ...... FF4 940 - £573 - **$850**

LUTZ Johann Jakob 1753-1791 [1]
- *Berner in ländlicher Tracht* - Öl/Leinwand (47x40cm-19x16in) Bern 93 .... FF9 900 - £1 140 - **$1,698**

LUTZ Louis 1940 [2]
- *Spirale* - Bronze (39cm-15in) Paris 97 .... FF15 000 - £1 637 - **$2,622**
- *Victoire ailée* - Bronze (54x24x24cm-21x9x9in) Paris 91 .... FF35 000 - £3 536 - **$6,948**

LÜTZEN Niels Aagaard 1826-1890 [2]
- *Portraits* - Oil/canvas (34x27cm-13x11in) Viby J, Århus 96 .... FF3 565 - £462 - **$713**

LÜTZOW von Karl Wilhelm 1872-1923 [1]
- *Zwei Pferde* - Öl/Leinwand (55x68cm-22x27in) Stuttgart 95 .... FF6 220 - £814 - **$1,246**

LUXARDO Elio 1908-1969 [1]
- *Marie Callas* - Photo (10x12cm-4x5in) Roma 92 .... FF3 390 - £349 - **$601**

LUXTON Roger XX [2]
- *Peregrine falcon* - Bronze (40cm-16in) London 93 .... FF8 340 - £950 - **$1,416**

LUYCKX Benoit 1955 [3]
- *Double Trilogie bleu* - Sculpture (200cm-79in) London 93 .... FF6 800 - £850 - **$1,233**

LUYKS Christian 1623-1653 [2]
- *Sainte Claire* - Huile/cuivre (42x32cm-17x13in) Bruxelles 95 .... FF14 300 - £1 850 - **$2,920**

LUYPAERT Jean 1893-1954 [5]
- *Hôtel de ville de Veurne* - Huile/toile (58x75cm-23x30in) Antwerpen 92 .... FF6 640 - £680 - **$1,168**

LUYTEN Henri Jean 1859-1945 [20]
- *Seascape with ships* - Oil/canvas (40x55cm-16x22in) New-York 93 .... FF5 500 - £690 - **$1,000**
- *The bleaching-field* - Oil/canvas (112x96cm-44x38in) Amsterdam 94 .... FF27 600 - £3 285 - **$5,250**
- *The clog-boat* - Oil/canvas (61x86cm-24x34in) Amsterdam 92 .... FF54 200 - £6 480 - **$10,430**

LUYTEN Mark 1955 [2]
- *Serre* - Mixed media (200x240cm-79x94in) New-York 92 .... FF20 600 - £2 390 - **$4,200**

Portret - Mixed media/paper (108x78cm-43x31in) Amsterdam 97 .... FF2 **782** - £291 - **$477**

LUYTEN-BEHNISCH Caroline Aug. Hedwig 1873-1963 [3]
A little girl on a country road - Oil/canvas (58x78cm-23x31in) Amsterdam 93 .... FF6 **240** - £714 - **$1,062**

LUYTENS Charles Augustus H. 1829-1915 [3]
Successful competitor
    Oil/canvas (85x70cm-33x28in) San Francisco-Los Angeles 93 .... FF70 **500** - £8 050 - **$12,000**

LUZURIAGA Juan Ramón 1938 [11]
Bar de Ondarroa - Oleo/lienzo (46x38cm-18x15in) Madrid 92 .... FF5 **470** - £548 - **$1,051**
Jubilado con paraguas - Pastel (75x52cm-30x20in) Madrid 97 .... FF3 **582** - £387 - **$621**

LUZZI Cleto XIX-XX [5]
The gondola ride - Oil/canvas (74x100cm-29x39in) New-York 92 .... FF20 **250** - £2 070 - **$3,750**
The recital - Watercolour (54x36cm-21x14in) London 95 .... FF6 **070** - £800 - **$1,231**

LUZZO Antonio 1855-1907 [5]
Tasmania off Gibraltar - Watercolour/paper (38x58cm-15x23in) London 96 .... FF3 **670** - £420 - **$700**

LUZZO Giovanni, John XIX-XX [3]
Kate leaving Venice - Watercolour (34x47cm-13x19in) Guernsey 96 .... FF3 **250** - £420 - **$642**
Cynosure leaving Venice - Bodycolour (37x56cm-15x22in) London 96 .... FF55 **200** - £6 500 - **$10,830**

LYBAERT Théophile M.F. 1848-1927 [1]
Favoris de la veille sur les remparts - Huile/panneau (42x22cm-17x9in) Paris 95 .... FF10 **000** - £1 315 - **$2,007**

LYBECK Bertil 1887-1945 [1]
Café Capoulades, Paris - Watercolour (31x36cm-12x14in) Stockholm 92 .... FF1 **510** - £155 - **$315**

LYCKE Oscar 1877-1927 [22]
Solig vinterdag - Oil/canvas (73x101cm-29x40in) Stockholm 95 .... FF4 **840** - £604 - **$949**
Mandskap med insjö - Oil/canvas (71x99cm-28x39in) Stockholm 90 .... FF10 **300** - £1 096 - **$1,843**

LYDEN Edvin 1879-1956 [1]
Natt - Oil/canvas (32x43cm-13x17in) Helsinki 92 .... FF34 **400** - £4 110 - **$6,610**

LYDIS Mariette 1890-1970 [87]
Femme à l'oiseau - Huile/toile (55x47cm-22x19in) Paris 96 .... FF2 **000** - £232 - **$384**
La table d'astrologie - Huile/toile (35x45cm-14x18in) Paris 97 .... FF12 **000** - £1 284 - **$2,091**
Fanciulle bretoni - Olio/tavola (55x45cm-22x18in) Roma 94 .... FF25 **060** - £2 940 - **$4,340**
Akrobate - Aquarelle, gouache (19x20cm-7x8in) Paris 95 .... FF2 **100** - £262 - **$411**
Clowns - Aquarelle (21x21cm-8x8in) Toulouse 95 .... FF4 **200** - £555 - **$851**
Woman's portrait - Watercolour (107x94cm-42x37in) New-York 92 .... FF21 **600** - £2 210 - **$3,800**

LYÉE DE BELLEAU de Manette 1873-1957 [1]
Pavlova Stowittz dans La Péri - Bronze (48x48cm-19x19in) Paris 95 .... FF39 **000** - £4 670 - **$7,420**

LYFORD Philip 1887-1950 [2]
The stubborn child - Oil/canvas (69x61cm-27x24in) New-York 89 .... FF17 **200** - £1 662 - **$2,610**

LYGRISSE Georges 1914 [2]
Notre-Dame de la Joie, Penmarch - Huile/toile (100x140cm-39x55in) Nantes 90 .... FF12 **000** - £1 285 - **$2,087**

LYLE Thomas Byron XIX-XX [2]
The Bird's nest - Oil/canvas (45x35cm-18x14in) Glasgow 92 .... FF7 **810** - £800 - **$1,376**

LYMAN John Goodwin 1886-1967 [12]
Nu au collier - Oil/canvas (41x30cm-16x13in) Toronto 94 .... FF23 **400** - £2 784 - **$4,404**
Corinne - Pencil/paper (25x20cm-10x8in) Toronto 94 .... FF7 **400** - £882 - **$1,395**

LYMAN Joseph 1843-1913 [2]
Fishing on the river - Oil/canvas (25x33cm-10x13in) Mystic, Connecticut 92 .... FF4 **830** - £494 - **$850**

LYNAS-GRAY John Abernethy 1869-c.1940 [13]
A dog and child - Watercolour (18x26cm-7x10in) London 95 .... FF5 **130** - £650 - **$1,032**

LYNCH Albert 1851-? [37]
Girl with bonnett - Oil/canvas (46x36cm-18x14in) Chicago 93 .... FF21 **000** - £2 415 - **$3,600**
Fancy Free - Oil/canvas (66x54cm-26x21in) New-York 94 .... FF87 **700** - £10 140 - **$15,000**
In the studio - Oil/canvas (129x89cm-51x35in) New-York 96 .... FF190 **000** - £24 600 - **$38,000**
Gathering in the drawing room
    Watercolour, gouache (31x63cm-12x25in) New-York 92 .... FF36 **100** - £3 780 - **$6,500**

LYNDE Raymond XIX-XX [14]
Beauty bathed in lilacs - Oil/canvas (58x43cm-23x17in) New-York 95 .... FF15 **430** - £1 870 - **$3,000**

LYNE Michael 1912-1989 [44]
VWH moving off at Charlton Park - Oil/board (33x49cm-13x19in) London 96 .... FF16 **600** - £2 000 - **$3,180**
Ascot 1961 - Oil/canvas (70x91cm-28x36in) New-York 96 .... FF71 **400** - £10 260 - **$14,000**
Quorn, New Plantation - Watercolour (29x42cm-11x17in) London 97 .... FF6 **536** - £700 - **$1,129**
By the Thames at Castle Eaton
    Watercolour (21x32cm-8x13in) Billinghurst, West Sussex 93 .... FF25 **200** - £2 900 - **$4,350**

LYNEN Amédée M. 1852-1938 [35]
M. Léopold Merckx - Huile/toile (50x27cm-20x11in) Bruxelles 96 .... FF3 **290** - £419 - **$633**
Songe d'une nuit d'été - Huile/toile (95x160cm-37x63in) Bruxelles 96 .... FF16 **460** - £2 093 - **$3,165**
Occupations ménagères - Aquarelle (21x33cm-8x13in) Bruxelles 97 .... FF4 **581** - £484 - **$792**
Le Roi boit - Aquarelle, gouache (18x37cm-7x15in) Bruxelles 92 .... FF19 **100** - £1 955 - **$3,360**

LYNEN André 1888-1984 [3]
Liévin Bouwens - Oil/canvas (114x92cm-45x36in) Bruxelles 92 .... FF4 **980** - £510 - **$957**

LYNES George Platt 1907-1955 [73]
Male nudes - Silver print (23x18cm-9x7in) New-York 94 .... FF4 **650** - £539 - **$800**
Male nude - Silver print (25x20cm-10x8in) London 95 .... FF9 **270** - £1 200 - **$1,897**

L

LYNGBO Christen 1871-1968 [7]
Klitter - Oil/canvas (47x67cm-19x26in) Vejle 91 .... FF3 520 - £353 - **$581**
LYNGBYE Lauritz B. 1805-1869 [1]
Parti fra Egebaeksvang - Oil/canvas (18x29cm-7x11in) Köbenhavn 90 .... FF3 500 - £375 - **$609**
LYNGE-AHLBERG Einar 1913-1980 [23]
Grönt och rött - Oil/canvas (117x80cm-46x31in) Stockholm 91 .... FF7 070 - £724 - **$1,320**
LYNN W.H. ?-1916 [1]
Mt. St. Michel/Chateau of St. Louis - Watercolour (20x28cm-8x11in) London 94 .... FF2 180 - £260 - **$411**
LYNTON Henry S. XIX-XX [7]
Figures by an archway - Oil/canvas (51x76cm-20x30in) London 92 .... FF5 590 - £650 - **$1,141**
Eastern street scene - Watercolour (60x49cm-24x19in) London 95............................ FF12 010 - £1 500 - **$2,355**
LYON Danny 1942 [38]
Sparky and Cowboy - Gelatin silver print (20x30cm-8x12in) New-York 96 .... FF4 700 - £544 - **$900**
LYON John Howard ?-1921 [4]
Glen ogle - Oil/canvas (76x127cm-30x50in) Edinburgh 92 .... FF17 600 - £1 800 - **$3,096**
LYON Lucy-Sarah ?-1893 [1]
My little sister - Wash (39x33cm-15x13in) London 90 .... FF11 080 - £1 121 - **$2,108**
LYON Thomas Bonar 1873-? [3]
Repairing the Boats - Huile/toile (30x45cm-12x18in) Montréal 96 .... FF3 100 - £354 - **$594**
LYONGRÜN Arnold E. 1871-? [7]
Niedersächsisches Gehöft - Öl/Karton (37x49cm-15x19in) Lindau 92 .... FF6 770 - £787 - **$1,382**
LYSELL Linda 1947 [5]
Stjärnenatt - Oil/canvas (77x62cm-30x24in) Stockholm 91 .... FF12 170 - £1 212 - **$2,093**
LYSENKO Vladimir 1924 [2]
Les fleurs bleues - Huile/toile (81x75cm-32x30in) Paris 92 .... FF4 000 - £410 - **$720**
LYSTAD Elsa 1899-1970 [2]
Stilleben - Oil/canvas (34x42cm-13x17in) Oslo 93 .... FF2 240 - £261 - **$385**
LYTE Farnham Maxwell 1828-1906 [1]
Gorge, Eaux-Chaudes - Light albumen print (25x20cm-10x8in) London 95 .... FF2 560 - £320 - **$518**
LYTH Harald 1937 [17]
Vinge - Mixed media (75x64cm-30x25in) Stockholm 94 .... FF22 700 - £2 670 - **$4,270**
Uppflog - Mixed media/paper (57x64cm-22x25in) Stockholm 95 .... FF17 930 - £2 234 - **$3,510**
Nonfigurativ komposition - Gouache (140x82cm-55x32in) Stockholm 90 .... FF149 800 - £15 936 - **$26,798**
LYTRAS Nicholaos 1883-1927 [6]
Landscape - Oil/board (40x66cm-16x26in) Athens 94 .... FF89 000 - £10 540 - **$16,440**
LYTRAS Nikoforos 1832-1904 [7]
Approaching the coast - Oil/canvas (88x114cm-35x45in) Athens 96............................ FF332 000 - £38 500 - **$63,700**
Grandfather& his granddaughter - Pastel (38x31cm-15x12in) Athens 93 .... FF52 800 - £6 060 - **$9,060**
LYTRAS Pericles 1888-1940 [2]
Coastal landscape - Oil/canvas (45x62cm-18x24in) Athens 94 .... FF22 230 - £2 635 - **$4,110**
A young boy - Oil/canvas (27x25cm-11x10in) Athens 93 .... FF48 000 - £5 510 - **$8,240**
LYTTON Neville Stephen 1879-1951 [5]
Pot de roses - Oil/paper (37x28cm-15x11in) London 91 .... FF3 900 - £400 - **$724**
Ombre du Semnoz, Haute-Savoie - Watercolour London 96 .... FF5 110 - £650 - **$983**
LYTZEN Niels Aagaard 1826-1890 [14]
To gode venner - Oil/canvas (24x30cm-9x12in) Köbenhavn 95 .... FF4 860 - £597 - **$947**
Höstscene - Oil/canvas (79x89cm-31x35in) Viby J, Århus 96 .... FF16 640 - £2 147 - **$3,213**
LYYTIKÄINEN Olli 1949-1987 [5]
Potemkins dröm - Watercolour/paper (50x36cm-20x14in) Helsinki 94 .... FF38 100 - £4 410 - **$6,550**

M

MAADER Theodor 1884-1937 [1]
Partie aus dem Schwarzenbergpark - Öl/Leinwand (63x79cm-25x31in) Wien 94................ FF12 140 - £1 425 - **$2,163**
MAAR Dora Markovic 1909 [20]
Composition abstraite - Oil/canvas (16x22cm-6x9in) London 93 .... FF14 050 - £1 600 - **$2,384**
Tête de jeune femme - Huile/toile (162x130cm-64x51in) Paris 97 .... FF40 000 - £4 172 - **$6,840**
Le Simulateur - Photograph (25x20cm-10x8in) New-York 92 .... FF98 000 - £11 380 - **$20,000**
Figural studies - Pencil/paper (31x24cm-12x9in) New-York 91 .... FF57 000 - £5 785 - **$10,295**
MAAR Johann 1815-? [1]
Mai-Prozession in Gössweinsten - Ink (26x37cm-10x15in) München 93 .... FF7 650 - £878 - **$1,303**
MAAREL van de Marinus 1847-1921 [6]
Children on the beach - Oil/panel (37x19cm-15x7in) Amsterdam 94 .... FF7 930 - £920 - **$1,365**
MAARNI Elvi 1907 [12]
Efter arbetsdagen - Oil/canvas (62x80cm-24x31in) Helsinki 94................................ FF9 680 - £1 110 - **$1,640**
Violonist - Pastel (26x22cm-10x9in) Helsinki 95 .... FF7 520 - £940 - **$1,520**
MAAS Elias 1931 [5]
Bouquet de fleurs - Huile/toile (50x40cm-20x16in) Troyes 96 .... FF3 000 - £354 - **$590**

MAAS Godfried 1649-1700 [2]
✎ *Alpheus and Arethusa* - Ink (17x23cm-7x9in) London 92 .... FF4 860 - £580 - **$934**
MAAS Henri Franz, Harry 1906-1982 [4]
🖛 *Junge blonde Frau* - Oil/Leinwand (120x100cm-47x39in) Lindau 93 .... FF20 300 - £2 370 - **$3,335**
MAAS Paul 1890-1962 [54]
🖛 *Port de Cannes* - Huile/panneau (50x65cm-20x26in) Antwerpen 93 .... FF10 510 - £1 203 - **$1,790**
🖛 *Menigte* - Huile/toile (65x92cm-26x36in) Lokeren 92 .... FF23 240 - £2 380 - **$4,090**
✎ *Cannes* - Aquarelle/papier (26x34cm-10x13in) Bruxelles 94 .... FF4 650 - £555 - **$875**
MAASDIJK van Alexander Henri R. 1856-1931 [2]
✎ *The young paintress* - Watercolour/paper (41x28cm-16x11in) Amsterdam 90 .... FF6 600 - £711 - **$1,164**
MAASS David A. XX [2]
🖛 *Late Migration, Bluebills* - Oil/board (66x107cm-26x42in) New-York 95 .... FF36 900 - £4 830 - **$7,500**
MAASS Ernst 1904-1971 [12]
🖛 *Surreale Komposition* - Technique mixte/carton (51x64cm-20x25in) Luzern 95 .... FF8 510 - £1 062 - **$1,670**
🖛 *Surreale Figur* - Aquarelle (26x19cm-10x7in) Luzern 93 .... FF9 510 - £1 137 - **$1,830**
MAATEN van der Jacob Jan 1820-1879 [3]
🖛 *Garden party in a park* - Oil/canvas (83x116cm-33x46in) London 95 .... FF61 400 - £8 000 - **$12,600**
MAATSCH Thilo 1900-1983 [7]
✎ *Tänzerin, 1925* - Ink/paper (20x13cm-8x5in) Köln 89 .... FF2 700 - £276 - **$434**
MABE Manabu 1924 [4]
🖛 *Sem Titulo* - Oil/canvas (122x107cm-48x42in) New-York 95 .... FF67 900 - £9 020 - **$14,000**
🖛 *Energia* - Oil/canvas (130x163cm-51x64in) New-York 97 .... FF229 620 - £24 384 - **$40,000**
MABER de Johannes ?-1702 [1]
🖛 *Personifications: Virtue & Diligence* - Oil/canvas (100x155cm-39x61in) Amsterdam 94 ...... FF33 700 - £4 015 - **$6,350**
MABLORD Jean 1909-1978 [44]
🖛 *Autoportrait* - Huile/toile (73x54cm-29x21in) Soissons 96 .... FF4 200 - £487 - **$805**
🖛 *Jockeys au manège* - Huile/toile (65x80cm-26x31in) Soissons 96 .... FF30 000 - £3 470 - **$5,750**
✎ *Départ du paddock* - Gouache (47x61cm-19x24in) Soissons 96 .... FF3 500 - £406 - **$671**
MAC ADAM Walter 1866-? [2]
🖛 *Roadside chat* - Oil/canvas (61x92cm-24x36in) Auchterarder, Perthshire 92 .... FF9 040 - £950 - **$1,890**
MAC ALLUM John Thomas Hamilton 1841-1896 [2]
🖛 *Jan van der Plass shrimper* - Oil/canvas (68x12cm-27x5in) Edinburgh 89 .... FF46 500 - £4 755 - **$7,476**
MAC ARTHUR Paula XX [2]
🖛 *Portrait with Pillow and Blue Jeans* - Oil/canvas (183x122cm-72x48in) London 95 .... FF2 245 - £280 - **$454**
MAC ARTNEY Jack 1893-1949 [1]
✎ *City Hall* - Watercolour/paper (43x35cm-17x14in) San Francisco-Los Angeles 96 .... FF5 740 - £665 - **$1,100**
MAC AULEY Charles 1910 [9]
🖛 *The Old Church*
      Oil/panel (40x53cm-16x21in) Castle Upton, Templepatrick, Co. Antrim 93 .... FF17 560 - £2 000 - **$2,980**
MAC AULIFF James J. 1848-1921 [7]
🖛 *A bay racehorse in a landscape* - Oil/canvas (56x69cm-22x27in) New-York 93 .... FF11 000 - £1 380 - **$2,000**
MAC AULIFFE Kathleen 1965 [5]
✎ *Derrynaine II* - Wash (51x70cm-20x28in) London 90 .... FF2 500 - £269 - **$441**
MAC AVOY Édouard 1905-1991 [49]
🖛 *Fleurs des champs* - Huile/toile (55x46cm-22x18in) Lyon 95 .... FF8 500 - £1 112 - **$1,702**
Le port de Sète - Huile/toile (37x54cm-15x21in) Paris 94 .... FF12 000 - £1 422 - **$2,217**
La piscine aux orchidées - Huile/toile (54x65cm-21x26in) Paris 93 .... FF23 000 - £2 585 - **$3,900**
Vue de Paris - Huile/toile (97x130cm-38x51in) Monaco 93 .... FF70 000 - £8 750 - **$12,730**
✎ *Portrait de jeune homme* - Mine plomb (59x45cm-23x18in) Calais 97 .... FF4 000 - £438 - **$702**
✎ *Nu endormi* - Mine plomb (99x69cm-39x27in) Calais 97 .... FF8 000 - £877 - **$1,404**
MAC BEAN Angus 1904-1990 [19]
📷 *Man with figural candelabra* - Gelatin silver print (51x38cm-20x15in) New-York 93 .... FF7 080 - £806 - **$1,200**
MAC BETH Anne 1870-1948 [1]
✎ *Angels garlanding Infant Christ* - Watercolour (44x62cm-17x24in) Glasgow 96 .... FF15 430 - £2 000 - **$3,020**
MAC BETH James 1847-1891 [3]
🖛 *The Oxford & Cambridge Boat Race* - Oil/canvas (46x154cm-18x61in) London 97 .... FF110 192 - £12 000 - **$19,163**
MAC BETH Robert Walker 1848-1910 [15]
🖛 *Coming from Saint Ives market* - Oil/canvas (94x175cm-37x69in) London 91 .... FF39 500 - £3 990 - **$7,841**
Cider orchard - Oil/canvas (91x11cm-36x4in) London 90 .... FF271 200 - £29 036 - **$47,165**
✎ *The ghost story* - Watercolour (19x27cm-7x11in) London 96 .... FF8 430 - £1 000 - **$1,646**
MAC BEY James 1883-1959 [62]
🖛 *San Giorgio/Santa Maria della Salute*
      Oil/canvas/board (26x40cm-10x16in) London 94 .... FF23 850 - £2 800 - **$4,180**
⌷ *Zero* - Drypoint (21x30cm-8x12in) London 96 .... FF2 567 - £320 - **$496**
✎ *Afternoon after Good Friday* - Watercolour (13x25cm-5x10in) Glasgow 91 .... FF6 940 - £700 - **$1,225**
MAC BRIDE Clifford 1901-1951 [2]
✎ *Bringing Up Father* - Watercolour (53x41cm-21x16in) New-York 93 .... FF9 350 - £1 173 - **$1,700**
MAC BRIDE William ?-1913 [5]
🖛 *Woodcutters in a copse* - Oil/canvas (53x43cm-21x17in) London 90 .... FF9 960 - £1 200 - **$1,740**
MAC BRYDE Robert 1913-1966 [6]
🖛 *Bird of paradise* - Oil/panel (43x43cm-17x17in) London 90 .... FF29 300 - £2 982 - **$5,860**

M

M

MAC CORMICK Arthur David 1860-1943 [33]
🖼 *Nelson Touch* - Oil/canvas (61x45cm-24x18in) London 96 .... FF22 800 - £2 700 - **$4,445**
🖼 *Changing the Sails* - Oil/canvas (22x28cm-9x11in) London 97 .... FF159 475 - £17 000 - **$27,844**
✏ *The Farewell* - Watercolour (53x73cm-21x29in) London 96 .... FF12 650 - £1 500 - **$2,470**
MAC CORMICK Evelyn 1869-1948 [1]
🖼 *Monterey houses* - Oil/canvas (81x96cm-32x38in) San Francisco 91 .... FF23 660 - £2 390 - **$4,697**
MAC CORMICK Howard 1875-1943 [1]
🖼 *The Parrot* - Oil/panel (41x30cm-16x12in) Baton Rouge, Louisiana 94 .... FF6 740 - £791 - **$1,200**
MAC CORMICK Katherine Hood 1882-1960 [1]
🖼 *Menemsha harbor* - Oil/canvas (40x51cm-16x20in) New-York 89 .... FF5 700 - £567 - **$900**
MAC CORMICK Nettie XIX-XX [2]
🖼 *Sunlit path by a house in the Alps* - Oil/canvas (45x35cm-18x14in) Belfast 90 .... FF4 800 - £511 - **$859**
MAC COY Guy, Wilton 1902-1986 [3]
🖼 *Break Time* - Oil/canvas (56x71cm-22x28in) San Francisco-Los Angeles 93 .... FF59 100 - £6 710 - **$10,000**
MAC CRACKEN John 1934 [10]
🗿 *Untitled* - Sculpture (305x6x56cm-120x2x22in) New-York 94 .... FF47 300 - £5 630 - **$9,000**
Case for Fakery
  Polyester resin, Fiberglass/plywood (305x80x46cm-120x31x18in) New-York 96.... FF107 000 - £12 600 - **$21,000**
MAC CRADY John 1911-1968 [7]
🖼 *The Art Gallery* - Oil/canvas (51x41cm-20x16in) New Orleans, Louisiana 95 .... FF47 400 - £5 980 - **$9,500**
🖾 *Steamboat Round the Bent* - Lithograph (30x41cm-12x16in) New Orleans, Louisiana 96 .... FF3 380 - £430 - **$650**
MAC CREA Harold Wellington 1887-1969 [4]
🖼 *Northern Hills* - Oil/board (51x66cm-20x26in) Toronto 96 .... FF16 470 - £1 976 - **$3,154**
MAC CROSSAN Mary 1865-1934 [17]
🖼 *San marco, Venice* - Oil/canvas (51x61cm-20x24in) London 92 .... FF15 900 - £1 900 - **$3,060**
✏ *Thames barges* - Watercolour (24x30cm-9x12in) Billinghurst, West Sussex 93 .... FF2 160 - £260 - **$403**
MAC CUBBIN Frederick 1855-1917 [8]
🖼 *Trees in a landscape* - Oil/board (17x34cm-7x13in) London 92 .... FF67 000 - £8 000 - **$12,900**
MAC CULLIN Donald 1935 [3]
📷 *Melanesian portrait* - Gelatin silver print (43x30cm-17x12in) London 92 .... FF2 930 - £300 - **$516**
MAC CULLOCH Horatio 1805-1867 [22]
🖼 *Quiet Pool* - Oil/canvas (45x61cm-18x24in) Auchterarder, Perthshire 95 .... FF15 630 - £2 000 - **$3,076**
Landscape with waterfall - Oil/canvas (284x152cm-112x60in) Edinburgh 91 .... FF65 500 - £6 521 - **$11,264**
MAC CULLOCH James c.1850-1915 [3]
✏ *A castle on a highland loch* - Wash (29x48cm-11x19in) London 91 .... FF3 226 - £320 - **$560**
MAC CURRY Steve XX [2]
📷 *Afghan refugee* - Cibachrome print (33x20cm-13x8in) London 94 .... FF8 100 - £950 - **$1,418**
MAC DARRAH Fred W. XX [6]
📷 *Martin Luther King* - Silver print (46x30cm-18x12in) New-York 93 .... FF2 803 - £319 - **$475**
MAC DERMITT William Thomas 1884-1961 [2]
🖼 *High Sierras* - Oil/canvas (51x40cm-20x16in) New-York 96 .... FF15 450 - £1 920 - **$3,000**
MAC DERMOTT & MAC GOUGH David & Peter 1952/1958 [22]
🖼 *The Advent* - Oil (179x180cm-70x71in) New-York 97 .... FF17 411 - £1 831 - **$3,000**
The newspaper - Oil/canvas (152x152cm-60x60in) New-York 93 .... FF41 250 - £5 170 - **$7,500**
📷 *Siphon: bandelette de drap* - Platinum print (33x25cm-13x10in) New-York 96 .... FF12 950 - £1 600 - **$2,500**
MAC DONALD Christopher, Chris 1957 [N]
🗿 *Work Truck Variation* - Wood (307x183x91cm-121x72x36in) New-York 94 .... FF5 620 - £663 - **$1,000**
MAC DONALD Daniel 1821-1853 [1]
🖼 *Group of toy spaniels* - Oil/canvas (36x98cm-14x39in) London 97 .... FF75 047 - £8 000 - **$13,156**
MAC DONALD J. Tim XIX-XX [4]
✏ *Westminster* - Watercolour (23x35cm-9x14in) London 92 .... FF7 330 - £750 - **$1,290**
MAC DONALD J.L. XIX [2]
🖼 *Shipping at the mouth, Leith harbour*
  Oil/canvas (51x92cm-20x36in) Auchterarder, Perthshire 92 .... FF7 610 - £800 - **$1,592**
MAC DONALD James Edward Hervey 1873-1932 [36]
🖼 *Georgian Bay* - Oil/board (10x15cm-4x6in) Toronto 94 .... FF14 620 - £1 740 - **$2,753**
🖼 *Algoma Stream* - Oil/board (22x27cm-9x11in) Toronto 96 .... FF155 000 - £18 600 - **$29,700**
✏ *Winding stream* - Pencil (22x27cm-9x11in) Toronto 92 .... FF8 170 - £836 - **$1,440**
MAC DONALD James W.G., Jock 1897-1960 [6]
✏ *Life's Everchanging Mosaic* - Watercolour/paper (37x49cm-15x19in) Toronto 96 .... FF9 680 - £1 163 - **$1,855**
MAC DONALD John Blake 1829-1901 [9]
🖼 *Boys Fishing* - Oil/canvas (41x58cm-16x23in) New Orleans, Louisiana 94 .... FF11 900 - £1 412 - **$2,200**
MAC DONALD Lawrence 1799-1878 [2]
🗿 *Bust of a gentleman, shoulders draped* - Marble (71cm-28in) London 95 .... FF3 290 - £420 - **$674**
MAC DONALD Manly Edward 1889-1971 [32]
🖼 *Winter Landscape with River* - Oil/canvas (51x66cm-20x26in) Toronto 96 .... FF9 500 - £1 210 - **$1,828**
🖼 *Welland Furnaces* - Oil/canvas (71x92cm-28x36in) Toronto 92 .... FF18 270 - £1 870 - **$3,220**
Latta mills, Moira river, Belleville - Oil/canvas (71x92cm-28x36in) Toronto 89 .... FF88 100 - £9 008 - **$14,164**
MAC DONALD Murray 1898-1989 [4]
🖼 *Barskimming bridge, Ayrshire* - Oil/canvas (51x76cm-20x30in) Glasgow 91 .... FF12 820 - £1 295 - **$2,545**
MAC DONALD Murray XIX-XX [2]
🖼 *Calf's Cove* - Oil/panel (18x17cm-7x7in) Montréal 93 .... FF4 014 - £455 - **$677**

M

MAC DONALD Thomas Reid 1908-1978 [1]
🦋 *Le manteau neuf* - Huile/toile (61x45cm-24x18in) Montréal 91 .... FF3 010 - £299 - **$523**
MAC DONALD Thoreau 1901-1989 [10]
▱ *Horse and sleigh, Dartmouth* - Linocut (4x7cm-2x3in) Toronto 92 .... FF9 460 - £968 - **$1,666**
◿ *J. E. Hervey Mac Donald sketching* - Pencil (10x14cm-4x6in) Toronto 92 .... FF4 300 - £440 - **$757**
MAC DONALD William Alister 1861-1948 [31]
◿ *The Thames by St. Paul's* - Watercolour/paper (12x17cm-5x7in) London 96 .... FF3 920 - £460 - **$771**
MAC DONALD-WRIGHT Stanton 1890-1974 [11]
🦋 *Conception Synchromy* - Oil/canvas/board (76x30cm-30x12in) New-York 90 .... FF2 - £267 745 - **$450,233**
🦋 *Cubist still life* - Oil/canvas (76x61cm-30x24in) New-York 93 .... FF104 500 - £13 100 - **$19,000**
◿ *Synchromy in Red* - Watercolour (49x31cm-19x12in) New-York 93 .... FF212 400 - £24 160 - **$36,000**
MAC DONNELL Hector 1947 [3]
🦋 *Lodge Gates, County Meath* - Oil/board (13x23cm-5x9in) Dublin 93 .... FF3 570 - £426 - **$686**
MAC DOUGAL James 1828-1901 [2]
🦋 *Among Friends* - Oil/canvas (162x107cm-64x42in) New-York 96 .... FF62 600 - £7 250 - **$12,000**
MAC DOUGAL John c.1860-c.1941 [14]
◿ *The fishing fleet at anchor* - Watercolour (23x51cm-9x20in) London 95 .... FF2 763 - £350 - **$556**
Fishing boats setting out to see - Watercolour (46x36cm-18x14in) Birmingham 92 .... FF11 700 - £1 200 - **$2,244**
MAC DOUGALL John Alexander 1810-1894 [1]
🦋 *Peeling vegetables* - Oil/canvas (61x46cm-24x18in) North Berwick, Maine 92 .... FF10 800 - £1 104 - **$1,900**
MAC DOWALL William 1905-1986 [18]
🦋 *Italian street* - Oil/board (58x43cm-23x17in) London 92 .... FF6 020 - £700 - **$1,230**
MAC DOWELL William 1888-1950 [7]
▱ *Cunard White Star, Queen Mary* - Poster (57x89cm-22x35in) London 94 .... FF3 500 - £420 - **$666**
◿ *Sunderland Flying Boat in Action* - Bodycolour (23x36cm-9x14in) London 92 .... FF3 870 - £450 - **$790**
MAC DUFF Frederick 1931 [8]
🦋 *Bathing huts on the beach* - Oil/canvas (89x93cm-35x37in) London 95 .... FF9 270 - £1 200 - **$1,897**
At the Beach - Oil/canvas (24x36cm-9x14in) New-York 96 .... FF39 150 - £4 530 - **$7,500**
MAC ELCHERAN William Hadd 1927 [16]
🗿 *Two businessmen talking* - Bronze (39cm-15in) Toronto 96 .... FF38 750 - £4 650 - **$7,420**
Wath Your Rear - Bronze (72cm-28in) Toronto 94 .... FF62 400 - £7 420 - **$11,740**
MAC ENTEE Jervis 1828-1891 [23]
🦋 *The woods in fall* - Oil/canvas (40x27cm-16x11in) New-York 91 .... FF17 540 - £1 770 - **$3,100**
Gathering Christmas Finery, New Jersey - Oil/board (30x50cm-12x20in) New-York 92 .... FF83 300 - £9 670 - **$17,000**
◿ *Rocky inlet* - Watercolour/paper (46x71cm-18x28in) Mystic, Connecticut 96 .... FF4 200 - £550 - **$850**
MAC EVOY Ambrose 1878-1927 [35]
🦋 *Sir Johnston Forbes Robertson* - Oil/canvas (77x63cm-30x25in) London 92 .... FF26 800 - £3 200 - **$5,160**
Mrs Claude Johnson - Oil/canvas (124x101cm-49x40in) London 91 .... FF141 000 - £14 037 - **$24,247**
◿ *Portrait of a woman* - Watercolour (51x33cm-20x13in) Detroit, Michigan 93 .... FF21 750 - £2 500 - **$3,750**
MAC EVOY Henry Nesbitt 1828-1914 [12]
🦋 *Sunlit lake with lilies* - Oil/board (18x25cm-7x10in) Toronto 91 .... FF2 580 - £259 - **$426**
MAC EVOY Marie 1870-1941 [2]
🦋 *Shipping in a calm* - Oil/canvas (44x51cm-17x20in) London 93 .... FF4 570 - £550 - **$798**
MAC EWAN Tom 1846-1914 [26]
🦋 *Waiting* - Oil/canvas (46x36cm-18x14in) Auchterarder, Perthshire 95 .... FF10 940 - £1 400 - **$2,153**
In the kitchen - Oil/canvas (64x77cm-25x30in) Glasgow 96 .... FF42 300 - £4 900 - **$8,110**
MAC EWAN Walter XIX-XX [2]
🦋 *Two girls netting fish in a creek* - Oil/canvas/board (21x35cm-8x14in) New-York 92 .... FF5 880 - £683 - **$1,200**
MAC EWEN Charles XIX-XX [4]
🦋 *The Little Picnic* - Oil/canvas Amsterdam 96 .... FF15 050 - £1 825 - **$2,925**
MAC EWEN Jean Albert 1923 [20]
🦋 *Bleu traversant les jaunes* - Huile/toile (222x170cm-87x67in) Montréal 91 .... FF30 100 - £3 009 - **$4,957**
MAC EWEN Walter 1860-1943 [5]
🦋 *The Interlude* - Oil/canvas (193x171cm-76x67in) New-York 97 .... FF102 330 - £11 021 - **$18,000**
◿ *Contemplation* - Pastel (54x43cm-21x17in) New-York 95 .... FF35 900 - £4 470 - **$7,000**
MAC FALL David 1919 [3]
🗿 *Sir Winston Churchill* - Bronze (40cm-16in) London 96 .... FF75 800 - £9 500 - **$14,630**
MAC FARLANE Duncan c.1810-c.1890 [2]
🦋 *The Francis A. Palmer* - Oil/canvas (76x114cm-30x45in) New-York 97 .... FF341 688 - £36 936 - **$60,000**
MAC FARLANE J.L. XIX-XX [2]
🦋 *The amateur artists* - Oil/canvas (38x50cm-15x20in) London 89 .... FF3 100 - £327 - **$522**
MAC FAYDEN Jock 1950 [2]
🦋 *The Little Murderess* - Oil/canvas (60x45cm-24x18in) London 95 .... FF6 950 - £900 - **$1,423**
MAC FEE Henry Lee 1886-1953 [7]
🦋 *The Skull* - Oil/canvas (77x102cm-30x40in) New-York 94 .... FF49 900 - £6 000 - **$9,500**
◿ *Farm Through the Trees* - Pencil/paper (32x28cm-13x11in) New-York 95 .... FF4 680 - £613 - **$950**
MAC GEORGE William Stewart 1861-1931 [18]
🦋 *Playing on a beach* - Oil/canvas (30x40cm-12x16in) Glasgow 96 .... FF39 700 - £4 000 - **$6,960**
The bonfire - Oil/canvas (63x73cm-32x29in) Glasgow 90 .... FF271 200 - £28 104 - **$47,663**
◿ *Chopping faggots* - Watercolour (27x38cm-11x15in) Edinburgh 92 .... FF7 810 - £980 - **$1,376**
MAC GHIE John 1867-1941 [18]
🦋 *Scottish Coast* - Oil/canvas (72x92cm-28x36in) Glasgow 96 .... FF8 640 - £1 000 - **$1,655**
Swimming off the rocks - Oil/canvas (46x61cm-18x24in) Auchterarder, Perthshire 95 .... FF28 130 - £3 600 - **$5,540**
Fisherfolk unloading the boats - Oil/canvas (76x144cm-30x57in) Edinburgh 92 .... FF76 200 - £7 800 - **$13,410**

MAC GILL David XIX-XX [2]
The Victor - Bronze (31cm-12in) London 97 .... FF**61 905** - £6 500 - **$10,610**

MAC GILL Donald Fraser Gould 1875-1962 [21]
Oh, it's a bee! - Watercolour (20x15cm-8x6in) London 91 .... FF**4 680** - £480 - **$870**

MAC GILL Eloise Polk 1869-1939 [1]
Scene with women spinning - Oil/canvas (69x86cm-27x34in) New Orleans, Louisiana 94 ...... FF**8 120** - £962 - **$1,500**

MAC GILLIVRAY Florence Helena 1864-1938 [8]
Dawn at Perce, Quebec - Oil/canvas (46x58cm-18x23in) Toronto 94 .... FF**3 445** - £407 - **$613**
Skagway, Alaska - Watercolour (30x35cm-12x14in) Toronto 94 .... FF**1 930** - £228 - **$344**

MAC GILVARY Norwood Hodge 1874-1949 [11]
Little Girl Reading a Book
Oil/canvas (76x56cm-30x22in) San Francisco-Los Angeles 96 .... FF**8 810** - £1 104 - **$1,700**

MAC GINNIS Robert 1926 [7]
Lounging dark-haired nude - Tempera (53x71cm-21x28in) New-York 96 .... FF**35 900** - £4 250 - **$7,000**

MAC GLASHAN Archibald A. 1888-? [1]
Mixed roses in a basket - Oil/canvas (56x81cm-22x32in) Glasgow 93 .... FF**4 980** - £600 - **$870**

MAC GLYNN Thomas A. 1878-1966 [8]
Coast - Oil/canvas (48x53cm-19x21in) San Francisco-Los Angeles 93 .... FF**22 000** - £2 760 - **$4,000**

MAC GONIGAL Maurice Joseph 1900-1979 [10]
Fear an Iartair - Oil/canvas (61x51cm-24x20in) Dublin 95 .... FF**33 300** - £4 330 - **$6,850**

MAC GORAN Kieran ?-1990 [12]
In the paddock - Pastel (40x34cm-16x13in) Castle Upton, Templepatrick, Co. Antrim 93 .... FF**8 340** - £950 - **$1,416**

MAC GORTER Arnold 1866-1933 [1]
Autumn in Holland - Oil/canvas Cambridge, Mass. 90 .... FF**11 400** - £1 213 - **$2,039**

MAC GOUN Hannah Clarke Prest. 1864-1913 [6]
Three young tennis players - Charcoal/paper (10x6cm-4x2in) London 96 .... FF**25 540** - £3 200 - **$4,930**

MAC GREGOR David Roy 1925 [4]
The clipper Star of Greece - Watercolour (30x48cm-12x19in) London 93 .... FF**3 950** - £450 - **$671**

MAC GREGOR John 1944 [2]
Le train - Acrylique (56x76cm-22x30in) Paris 92 .... FF**5 000** - £512 - **$880**

MAC GREGOR Robert 1848-1922 [12]
Haymaking - Oil/canvas (25x41cm-10x16in) Edinburgh 96 .... FF**12 560** - £1 600 - **$2,420**
Shrimping on the french coast - Oil/canvas (66x84cm-26x33in) Edinburgh 92 ...... FF**46 900** - £4 800 - **$8,250**

MAC GREGOR William York 1855-1923 [2]
Coastal scene - Oil/panel (25x35cm-10x14in) Hopetoun House, South Queensferry 91 .... FF**9 070** - £901 - **$1,575**
A quiet harbour
Watercolour, gouache (26x23cm-10x9in) Gleneagles Hôtel - Perthshire 90 .... FF**13 600** - £1 359 - **$2,581**

MAC GUINNESS Norah Allison 1903-1980 [15]
Road to donegal - Oil/canvas (51x71cm-20x28in) London 90 .... FF**63 000** - £6 702 - **$11,270**
Temple Street, Dublin - Watercolour (38x51cm-15x20in) Belfast 92 .... FF**8 170** - £950 - **$1,668**

MAC GUINNESS William Bingham ?-1928 [34]
Fisherman - Watercolour (51x34cm-20x13in) Castle Upton, Templepatrick, Co. Antrim 93 .... FF**3 950** - £450 - **$671**
A street, Rouen - Watercolour (48x30cm-19x12in) Glasgow 92 .... FF**13 400** - £1 600 - **$2,580**

MAC ILHENNEY Charles Morgan 1858-1904 [3]
Summer Fields - Oil/canvas (41x51cm-16x20in) Litchfield, CT 92 .... FF**3 300** - £390 - **$600**
Afternoon by the shore - Oil/canvas (35x63cm-14x25in) New-York 92 .... FF**147 000** - £17 070 - **$30,000**

MAC INNES Robert 1801-1886 [2]
English cottage - Oil/panel (30x40cm-12x16in) London 92 .... FF**24 420** - £2 500 - **$4,300**

MAC INTIRE Kenneth Stevens 1891-1979 [2]
Racehorse in the paddock - Oil/board (48x53cm-19x21in) Cambridge, Mass. 93 ...... FF**2 063** - £244 - **$375**

MAC INTOSH John Mac Intosh 1847-1913 [3]
Young girl feeding chickens - Wash (26x19cm-10x7in) London 91 .... FF**4 490** - £450 - **$741**

MAC INTOSH Pleasant Ray 1897-? [3]
Pleasant landscape - Oil/canvas (71x79cm-28x31in) San Francisco 89 .... FF**4 900** - £473 - **$744**

MAC INTOSH Torquil XX [2]
Paris, Grand-Palais et Pont Alexandre-III - Acrylique/toile (60x81cm-24x32in) Paris 96 .... FF**11 000** - £1 422 - **$2,166**

MAC INTYRE Donald 1923 [26]
Treen No. 1 - Acrylic/board (51x60cm-20x24in) London 97 .... FF**3 735** - £400 - **$645**

MAC INTYRE Keith 1959 [5]
Fish Bird - Charcoal (56x76cm-22x30in) London 96 .... FF**1 550** - £200 - **$304**

MAC INTYRE Peter 1910-1995 [5]
Landscape - Oil/canvas/board (41x51cm-16x20in) London 96 .... FF**13 630** - £1 700 - **$2,634**

MAC INTYRE R.E. XIX-XX [2]
The Strand, Kew - Oil/canvas (29x55cm-11x22in) Billinghurst, West Sussex 94 ...... FF**7 660** - £880 - **$1,312**

MAC KAY Edwin Murray 1869-1926 [3]
Japanese print - Oil/canvas (81x66cm-32x26in) New-York 93 .... FF**32 450** - £3 690 - **$5,500**

MAC KAY F.H. XIX [2]
Village scene - Oil/canvas (38x48cm-15x19in) St. Petersburg, Florida 94 .... FF**3 140** - £366 - **$550**

MAC KAY James M. XIX-XX [2]
A mill pool - Oil/canvas (61x91cm-24x36in) Glasgow 91 .... FF**14 960** - £1 499 - **$2,523**

M

MAC KAY Thomas 1851-1920 [36]
Young girl reading by a watermill - Watercolour (10x15cm-4x6in) London 93 .... FF3 950 - £450 - **$671**
Girl crossing a bridge - Watercolour (25x34cm-10x13in) London 94 .... FF12 820 - £1 500 - **$2,235**
Crossing the stream - Watercolour (18x26cm-7x10in) Billinghurst, West Sussex 93 .... FF20 750 - £2 500 - **$3,875**

MAC KAY Thomas Hill 1875-1941 [1]
The Brook - Oil/canvas (71x91cm-28x36in) San Francisco-Los Angeles 95 .... FF10 620 - £1 208 - **$1,800**

MAC KAY William Darling 1844-1924 [20]
Farmer with Flock - Oil/canvas (23x35cm-9x14in) Toronto 96 .... FF5 810 - £663 - **$1,113**
Woodcutters - Oil/board (27x41cm-11x16in) Glasgow 91 .... FF18 950 - £1 899 - **$3,195**

MAC KEEVER Ian 1946 [4]
Glacier III - Oil (219x170cm-86x67in) New-York 92 .... FF33 200 - £3 360 - **$6,000**

MAC KELLAR Duncan c.1848-1908 [3]
Unrequited Love - Oil/canvas (45x61cm-18x24in) London 96 .... FF5 800 - £750 - **$1,146**

MAC KELVEY Frank 1895-1974 [64]
Moyola River at Moyola Park - Oil/panel (32x42cm-13x17in) London 96 .... FF29 440 - £3 800 - **$5,680**
The Schoolhouse - Oil/canvas/panel (37x46cm-15x18in) London 97 .... FF70 357 - £7 500 - **$12,334**
Picnic in the shade - Oil/canvas (41x51cm-16x20in) London 96 .... FF133 700 - £17 000 - **$25,700**
Feeding Chickens - Watercolour (36x49cm-14x19in) London 96 .... FF27 100 - £3 500 - **$5,240**

MAC KENNA Stephen 1939 [5]
Hercules Strangling the Serpents - Oil/canvas (150x100cm-59x39in) London 94 .... FF11 250 - £1 350 - **$2,187**
Apollo and Daphne - Oil/canvas (150x200cm-59x79in) London 90 .... FF58 100 - £6 021 - **$10,211**

MAC KENZIE Alexander 1879-1963 [10]
Pedn-vounder - Oil/board (30x76cm-12x30in) London 91 .... FF13 100 - £1 342 - **$2,446**

MAC KENZIE Alexander 1923 [12]
The Dark Interior - Oil/canvas (48x74cm-19x29in) Penzance, Cornwall 96 .... FF11 230 - £1 400 - **$2,170**

MAC KENZIE Frederick 1787-1854 [5]
Radcliffe Library, Oxford - Pencil (9x14cm-4x6in) London 94 .... FF7 980 - £950 - **$1,504**
Library of Stanmore Hall - Watercolour (66x89cm-26x35in) London 94 .... FF235 300 - £28 000 - **$44,300**

MAC KENZIE Helen Margaret 1888-1966 [2]
A Berkshire lad - Oil/canvas (91x86cm-36x34in) London .... FF13 160 - £1 700 - **$2,600**

MAC KENZIE Hugh Seaforth 1928 [3]
Nude in front of a mirror - Ink (48x48cm-19x19in) Toronto 93 .... FF2 230 - £253 - **$377**

MAC KENZIE James Hamilton 1875-1926 [6]
The Harbour, Dordrecht - Oil/canvas (50x50cm-20x20in) Edinburgh 93 .... FF12 300 - £1 400 - **$2,086**

MAC KENZIE Marie Henri 1878-1961 [42]
Streetscene in Amsterdam - Oil/board (21x28cm-8x11in) Amsterdam 97 .... FF13 806 - £1 469 - **$2,402**
Leidseplein, Amsterdam - Oil/canvas (101x141cm-40x56in) Amsterdam 93 .... FF144 100 - £17 280 - **$26,350**
A market scene - Watercolour (24x35cm-9x14in) Amsterdam 96 .... FF12 900 - £1 655 - **$2,540**

MAC KENZIE Robert Tait 1867-1938 [8]
The Sprinter - Bronze (22cm-9in) London 97 .... FF27 881 - £3 000 - **$4,901**

MAC KEWAN David Hall 1816-1873 [13]
Bed of the Llugwy, North Wales - Watercolour (35x51cm-14x20in) London 95 .... FF3 096 - £400 - **$638**

MAC KIE Todd XX [2]
The wash house - Oil/canvas (36x45cm-14x18in) Glasgow 92 .... FF4 190 - £500 - **$806**

MAC KINNON Sine 1901-? [9]
L'Ile de la Cité - Oil/canvas (38x55cm-15x22in) London 96 .... FF7 080 - £900 - **$1,360**

MAC KNIGHT Dodge 1860-1950 [12]
Moonlight - Watercolour (36x51cm-14x20in) North Berwick, Maine 92 .... FF7 380 - £756 - **$1,300**

MAC KNIGHT R.J. 1905-1989 [1]
Bacchus holding a baby satyr - Bronze (109cm-43in) New-York 91 .... FF11 950 - £1 207 - **$2,372**

MAC KNIGHT Thomas 1941 [15]
Skyline view from window - Serigraph (91x96cm-36x38in) Boston, Mass. 91 .... FF5 990 - £600 - **$1,010**

MAC LACHLAN Thomas Hope 1845-1897 [1]
The shepherdess - Oil/canvas (53x68cm-21x27in) London 96 .... FF4 320 - £550 - **$832**

MAC LANE Jean 1878-1964 [1]
The hilltop - Oil/canvas (150x152cm-59x60in) New-York 89 .... FF103 000 - £10 249 - **$16,272**

MAC LAREN John Stewart 1860-? [1]
Spanish patio - Oil/panel (22x14cm-9x6in) London 90 .... FF8 700 - £902 - **$1,529**

MAC LAREN John Wilson 1896-1988 [1]
St. Simeon Harbour - Oil/board (101x117cm-40x46in) Toronto 95 .... FF4 320 - £548 - **$870**

MAC LAREN Peter 1964 [3]
The cyclist - Oil/cardboard (222x206cm-87x81in) London 94 .... FF6 050 - £700 - **$1,032**

MAC LAUGHLIN Charles J. 1888-? [1]
Yosemite - Oil/canvas (76x91cm-30x36in) Chicago 94 .... FF6 180 - £730 - **$1,100**

MAC LAUGHLIN Isabel 1903 [3]
The corner house - Oil/canvas (48x51cm-19x20in) Toronto 92 .... FF8 170 - £836 - **$1,440**

MAC LAUGHLIN John 1898-1976 [26]
Untitled #5 - Oil/panel (183x61cm-72x24in) New-York 97 .... FF69 768 - £7 326 - **$12,000**
Untitled - Oil/masonite (97x81cm-38x32in) New-York 97 .... FF139 373 - £14 662 - **$24,000**

MAC LAURIN Duncan 1849-1921 [1]
Weary O'er the Moor - Oil/canvas (35x48cm-14x19in) Glasgow 92 .... FF3 130 - £320 - **$551**

MAC LEA Duncan Fraser XIX-XX [6]
Scottish loch scenes

Oil/canvas (17x30cm-7x12in) Marlborough Crescent, Newcastle upon Tyn 91 .... FF**2 594** - £**260** - **$437**

MAC LEAN Alexander 1840-1877 [6]
- *Watermeadows at twilight* - Oil/canvas (101x151cm-40x59in) Edinburgh 92........................ FF**46 900** - £**4 800** - **$8,250**
- *Sweethearts, Pistoia* - Oil/canvas (99x88cm-39x35in) New-York 97 .... FF**102 330** - £**11 021** - **$18,000**

MAC LEAN Bruce 1944 [32]
- *Drawing 1985* - Acrylic/paper (99x67cm-39x26in) London 96 .... FF**9 070** - £**1 100** - **$1,765**
- *Personnage* - Technique mixte/panneau (241x154cm-95x61in) Paris 91 .... FF**17 000** - £**1 725** - **$3,070**
- *Sans titre* - Technique mixte/toile (199x149cm-78x59in) Paris 90 .... FF**45 000** - £**4 649** - **$7,951**
- *Portrait of a man* - Sculpture (45cm-18in) London 89 .... FF**11 600** - £**1 154** - **$1,833**
- *A Possible Return of the Poncho* - Gouache (156x122cm-61x48in) London 96 .... FF**16 200** - £**2 000** - **$3,126**

MAC LEAN Richard 1934 [2]
- *Ihle Country* - Huile/toile (156x156cm-61x61in) Paris 93 .... FF**190 000** - £**22 900** - **$34,550**

MAC LEAN Thomas Nelson 1845-1894 [2]
- *Jeune fille* - Marbre (149cm-59in) Bruxelles 92 .... FF**23 240** - £**2 380** - **$4,090**

MAC LEAN Will 1941 [3]
- *Death fish study* - Mixed media (26x41cm-10x16in) London 91 .... FF**12 900** - £**1 309** - **$2,330**
- *The navigator's locker* - Construction (61x28x56cm-24x11x22in) London 90 .... FF**21 470** - £**2 185** - **$4,294**

MAC LEARY Bonnie XIX-XX [3]
- *Ouch A Girl with Crab* - Bronze (20cm-8in) New-York 96 .... FF**25 060** - £**2 900** - **$4,800**

MAC LEAY Kenneth 1802-1878 [2]
- *Loch Laggan, Inverness-shire* - Oil/canvas (19x39cm-7x15in) Edinburgh 96........... FF**14 130** - £**1 800** - **$2,720**

MAC LELLAN Charles A. 1885-1961 [1]
- *Fisk Tire Illustration* - Oil/canvas (66x112cm-26x44in) St. Petersburg, Florida 92 .... FF**44 000** - £**4 500** - **$7,750**

MAC LEOD Jessie XIX [3]
- *Visiting an old friend in prison* - Oil/panel (41x33cm-16x13in) London 96 .... FF**29 100** - £**3 800** - **$5,820**

MAC LEOD John XIX [2]
- *A careful approach* - Oil/board (44x61cm-17x24in) London 97 .... FF**2 878** - £**320** - **$540**

MAC LEOD Juliet 1917 [5]
- *Horse in landscape* - Oil/canvas (62x75cm-24x30in) St. Helier, Jersey 92 .... FF**2 930** - £**300** - **$518**

MAC LEOD Pegi Nicol 1904-1949 [9]
- *Autumn Woods* - Oil/panel (66x61cm-26x24in) Toronto 96 .... FF**7 600** - £**968** - **$1,462**
- *Red Door on Tree-lined Street* - Watercolour (35x25cm-14x10in) Toronto 94............ FF**4 860** - £**574** - **$865**

MAC LEOD William Douglas 1892-1963 [2]
- *Above Loch Tay, Perthshire* - Oil/canvas (76x63cm-30x25in) London 96.................. FF**4 720** - £**600** - **$934**

MAC LIAMMOIR Michael 1899-1978 [1]
- *Cauldron & Pixies* - Watercolour (28x23cm-11x9in) Dublin 95 .... FF**8 720** - £**1 133** - **$1,794**

MAC LOY E.L. c.1850-c.1920 [2]
- *Portrait of a girl* - Watercolour (55x44cm-22x17in) Billinghurst, West Sussex 96 .... FF**8 800** - £**1 150** - **$1,760**

MAC LOY Samuel 1831-1904 [2]
- *Children playing with shells* - Pencil (26x34cm-10x13in) London 91 .... FF**29 630** - £**2 993** - **$5,882**

MAC MAHON Colin John 1919-1987 [1]
- *Untitled (Gate series)* - Oil/board (121x75cm-48x30in) London 93 .... FF**166 000** - £**20 000** - **$29,000**

MAC MANUS James Goodwin 1882-1958 [4]
- *Summer day* - Oil/canvas (64x76cm-25x30in) Mystic, Connecticut 96........................ FF**4 040** - £**526** - **$800**

MAC MASTER James 1856-1913 [12]
- *Ducks by a stream* - Watercolour (70x39cm-28x15in) Glasgow 96........................... FF**6 560** - £**850** - **$1,285**

MAC MEIN Neysa 1890-1949 [3]
- *Young Lady fixing her hair* - Pastel (48x56cm-19x22in) St. Petersburg, Florida 96 .... FF**5 060** - £**657** - **$1,000**

MAC MILLAN William 1887-? [2]
- *Head of the artist Charles Cundall* - Bronze (28cm-11in) Crewkerne, Somerset 93....... FF**3 340** - £**380** - **$567**

MAC MILLEN Jack 1910 [2]
- *Three Sentinels* - Tempera (51x61cm-20x24in) San Francisco-Los Angeles 94 .... FF**32 500** - £**3 850** - **$6,000**

MAC MINN William Kimmins 1818-1898 [2]
- *The Duke off St. Helena* - Oil/canvas (40x63cm-16x25in) London 93.......................... FF**68 000** - £**8 200** - **$12,700**

MAC MONNIES Frederick William 1863-1937 [37]
- *Mrs. Anne Archbold* - Oil/canvas (215x113cm-85x44in) New-York 95 .... FF**42 700** - £**5 340** - **$8,500**
- *Pan of Rohallion* - Bronze (76cm-30in) New-York 96.. FF**40 450** - £**5 250** - **$8,000**
- *Diana* - Bronze (77cm-30in) New-York 97 .... FF**87 566** - £**9 211** - **$15,000**
- *Girl with a goat* - Marble (173cm-68in) New-York 94.. FF**506 000** - £**59 600** - **$90,000**

MAC MONNIES LOW Mary L. Fairchild 1858-1946 [1]
- *Garden in Giverny* - Oil/canvas (76x141cm-30x56in) New-York 95 .... FF**51 200** - £**6 470** - **$10,000**

MAC MORELAND Patrick 1741-1809 [2]
- *A lady in white dress* - Miniature (4cm-2in) London 94 .... FF**3 220** - £**380** - **$574**

MAC MORRIS LeRoy Daniel 1893-1985 [1]
- *Fontainebleau* - Oil/canvas St. Petersburg, Florida 96.. FF**16 430** - £**2 133** - **$3,250**

MAC NAB Iain 1890-1967 [16]
- *Gathering Almonds, Spain* - Oil/canvas (51x61cm-20x24in) London 95 .... FF**15 040** - £**1 900** - **$3,020**

MAC NAB Peter ?-1900 [1]
- *Near Bembridge, Isle of Wright* - Oil/canvas/board (37x28cm-15x11in) London 96....... FF**2 210** - £**260** - **$434**

MAC NAMARA Leila Constance 1894-1972 [1]
- *Sunlit gums* - Oil/board (29x22cm-11x9in) London 89.. FF**5 300** - £**542** - **$852**

M

MAC NÉE Daniel 1806-1882 [3]
- Fisherman in a scottish landscape
  Oil/canvas (93x72cm-37x28in) San Francisco-Los Angeles 90 .... FF5 700 - £599 - $991

MAC NEE Robert Russell 1880-1952 [40]
- Cattle by the shore - Oil/canvas (51x76cm-20x30in) Auchterarder, Perthshire 95 .... FF10 940 - £1 400 - $2,153
- Watering the team - Oil/canvas (51x61cm-20x24in) Auchterarder, Perthshire 95.................. FF20 320 - £2 600 - $4,000
- Feeding chickens - Watercolour (35x25cm-14x10in) Auchterarder, Perthshire 92 .... FF9 520 - £1 000 - $1,990

MAC NEIL George 1908 [12]
- Luxury - Oil/canvas (193x183cm-76x72in) New-York 96 .... FF19 700 - £2 540 - $3,800
- The British Navy - Oil/canvas (167x167cm-66x66in) New-York 91 .... FF91 200 - £9 256 - $16,472

MAC NEIL Herman Atkins 1866-1947 [6]
- A Primitive Chant - Bronze (61cm-24in) New-York 90.................... FF1 990 - £203 - $398
- The Sun Vow - Bronze (91cm-36in) Chicago 94 .... FF146 000 - £17 240 - $26,000
- Chief of the Multnomah Tribe - Bronze (94cm-37in) Chicago 94 .... FF253 000 - £29 840 - $45,000

MAC NICOL Bessie 1869-1904 [3]
- Mother and daughter - Oil/panel (28x37cm-11x15in) Glasgow 90 .... FF125 900 - £13 047 - $22,127

MAC NULTY Marie XX [2]
- Black children bicycling - Oil/masonite (36x41cm-14x16in) New Orleans, Louisiana 92............ FF2 450 - £285 - $500

MAC NULTY William Charles 1884-1963 [1]
- Manhattan - Watercolour/board (38x53cm-15x21in) New-York 94 .... FF2 165 - £257 - $400

MAC PHAIL Rodger 1953 [16]
- Partridge sheltering below a bank - Watercolour (62x50cm-24x20in) London 94 .... FF32 600 - £3 800 - $5,710
- Grey partridge - Watercolour (47x58cm-19x23in) London 96 .... FF110 100 - £14 000 - $21,160

MAC PHERSON John ?-1884 [13]
- Lake in a winter landscape - Watercolour (16x12cm-6x5in) Billinghurst, West Sussex 93 .... FF3 900 - £470 - $682

MAC PHERSON John Havard 1894-? [1]
- Corn shucks - Oil/canvas (41x51cm-16x20in) New-York 92.................... FF8 840 - £1 055 - $1,700

MAC PHERSON Kenneth Ross 1861-1916 [1]
- The Old Trout Pond - Oil/panel (30x41cm-12x16in) Toronto 94 .... FF5 730 - £670 - $1,010

MAC QUOID Percy Thomas 1852-1925 [4]
- Doesn't thou not spare him... - Oil/canvas (79x123cm-31x48in) London 96.................... FF41 400 - £5 200 - $8,140
- Penelope - Oil/canvas (88x121cm-35x48in) New-York 96 .... FF164 600 - £19 950 - $32,000

MAC QUOID Thomas Robert 1820-1912 [5]
- In an old cloister, Spain - Watercolour/paper (33x26cm-13x10in) London 96.................... FF5 070 - £580 - $967

MAC RAE Elmer Livingston 1875-1953 [11]
- The Shipyard - Oil/canvas (41x51cm-16x20in) New-York 94 .... FF5 260 - £632 - $1,000
- Mill Bridge, Cos Cob - Oil/canvas (56x66cm-22x26in) New-York 93 .... FF70 900 - £8 050 - $12,000
- Cos Cob - Pastel/paper (44x51cm-17x20in) New-York 94 .... FF8 120 - £962 - $1,500

MAC RAE Emma Fordyce 1887-1974 [6]
- Elizabeth, the Emerald Ring - Oil/canvas/board (101x81cm-40x32in) New-York 94.............. FF22 730 - £2 693 - $4,200

MAC SWEENEY Sean 1935 [3]
- Bogland & Sea - Oil/board (36x46cm-14x18in) London 95 .... FF4 510 - £580 - $931

MAC SWINEY Eugene Joseph 1866-? [7]
- By the river side - Oil/canvas (51x76cm-20x30in) Billinghurst, West Sussex 93 .... FF14 100 - £1 700 - $2,465

MAC TAGGART William 1835-1910 [50]
- Daisy Chain - Oil/canvas (71x91cm-28x36in) London 96.................... FF40 100 - £5 000 - $7,740
- Crossing the Bar - Oil/canvas (85x110cm-33x43in) Edinburgh 95 .... FF146 800 - £19 000 - $30,030
- Highland Burn - Oil/canvas (81x90cm-32x35in) Auchterarder, Perthshire 95.................. FF406 400 - £52 000 - $80,000
- Shoreline scene - Watercolour (48x74cm-19x29in) Richmond Hill, Bournemouth 92 .... FF50 800 - £5 200 - $8,940

MAC TAGGART William II 1903-1981 [22]
- Dinner hour - Oil (22x32cm-9x13in) Glasgow 96 .... FF11 570 - £1 500 - $2,267
- Sounding Sea - Oil/canvas (18x30cm-7x12in) London 95.................... FF19 440 - £2 500 - $4,010
- Poppies & sunflowers - Oil/canvas (76x64cm-30x25in) Edinburgh 93 .... FF61 400 - £7 000 - $10,430

MAC WHIRTER John 1839-1911 [64]
- Heron by a pond - Oil/canvas (91x59cm-36x23in) Toronto 92 .... FF4 085 - £418 - $720
- Running waters, Glen Cannich - Oil/canvas/board (124x84cm-49x33in) Glasgow 91 .... FF26 930 - £2 699 - $4,541
- Alpine Meadow, Switzerland - Oil/canvas (127x101cm-50x40in) London 97.................. FF78 170 - £8 200 - $13,414
- Near Menton - Watercolour (30x48cm-12x19in) Billinghurst, West Sussex 93 .... FF8 830 - £1 100 - $1,730

MAC WILLIAM F. E. 1909-1992 [33]
- Winged Figure - Bronze (28cm-11in) London 96.................... FF6 330 - £750 - $1,235
- Standing Figures - Bronze (47cm-19in) London 94 .... FF19 170 - £2 300 - $3,730
- Girl & her Shadow - Bronze (31cm-12in) London 97.................... FF42 017 - £4 500 - $7,260

MACARA Andrew 1944 [18]
- Parc zoologique, Fréjus - Oil/canvas (101x127cm-40x50in) London 92 .... FF4 990 - £580 - $1,018

MACARRON JAIME Ricardo 1926 [6]
- Pueblo en la montaña - Oleo/tabla (31x47cm-12x19in) Madrid 93 .... FF9 400 - £1 130 - $1,830

MACAYA Luis 1890-? [2]
- Olot - Oleo/cartón (21x27cm-8x11in) Madrid 93 .... FF2 003 - £239 - $363

MACBETH-RAEBURN Marjorie May 1902-1988 [1]
- Jockeys and racehorses at the start - Oil/board (45x57cm-18x22in) London 92 .... FF5 370 - £550 - $946

MACCARI Cesare 1840-1919 [9]
- Donnine - Olio/tela (50x40cm-20x16in) Milano 93 .... FF21 700 - £2 472 - $3,680
- Personaggi nel paesaggio/Figure - Olio/tavola (73x59cm-29x23in) Milano 90 .... FF64 300 - £6 575 - $12,692
- The Cardinal having audience - Watercolour/paper (75x5cm-30x2in) Amsterdam 95 .... FF12 720 - £1 590 - $2,570

MACCARI Mino 1898-1989 [178]

- Cavallo con fantino - Olio/cartone (24x30cm-9x12in) Firenze 97 .... FF9 860 - £1 160 - **$1,740**
- *La visita* - Olio/tavola (35x48cm-14x19in) Prato 97 .... FF19 720 - £2 320 - **$3,480**
- *Autoritratto con due ragazze* - Olio/tela (40x60cm-16x24in) Prato 97 .... FF40 800 - £4 800 - **$7,200**
- *Girotondo con diavoletti* - Olio/tela (50x70cm-20x28in) Prato 96 .... FF60 300 - £7 560 - **$11,520**
- *I nonni* - Olio/tela (50x60cm-20x24in) Prato 93 .... FF97 300 - £11 120 - **$16,550**
- *La tentatrice* - Tecnica mista/carta (35x33cm-14x13in) Firenze 97 .... FF5 100 - £600 - **$900**
- *Figura femminile* - Gouache/carta (36x36cm-14x14in) Milano 94 .... FF7 560 - £897 - **$1,403**
- *La serva* - Tecnica mista/carta (50x36cm-20x14in) Milano 94 .... FF25 950 - £3 000 - **$4,425**

MACCHERONI Henri 1932 [7]

- *Archéologies* - Huile/papier (65x50cm-26x20in) Paris 92 .... FF9 000 - £921 - **$1,620**
- *Sans titre, 1974* - Gouache/papier (64x48cm-25x19in) Paris 90 .... FF3 800 - £404 - **$680**

MACCHIATI Serafino 1860-1916 [8]

- *Scena spiritica* - Olio/tela (55x38cm-22x15in) Milano 95 .... FF11 430 - £1 517 - **$2,330**
- *Salotto con figure sul divano* - Pastelli/carta (37x34cm-15x13in) Milano 95 .... FF8 860 - £1 116 - **$1,800**

MACCIO Demostene 1824-1910 [3]

- *Galilée refuse le collier d'or* - Huile/toile (126x191cm-50x75in) Paris 93 .... FF92 000 - £11 080 - **$16,730**

MACCIO Romulo 1931 [5]

- *Sin título* - Oil/canvas (99x90cm-39x35in) New-York 92 .... FF36 900 - £3 780 - **$6,500**

MACCO Georg 1863-1933 [24]

- *Devant la Mosquée au Caire* - Huile/toile (53x38cm-21x15in) Paris 97 .... FF9 000 - £970 - **$1,600**
- *The Acropolis, Athens* - Oil/canvas (41x74cm-16x29in) London 95 .... FF39 940 - £5 000 - **$7,950**
- *Frühling in Wimpfen am Neckar* - Watercolour (39x51cm-15x20in) Köln 92 .... FF6 460 - £662 - **$1,137**

MACE John Edmund 1889-? [7]

- *Ducks crossing a stream* - Oil/board (29x39cm-11x15in) Billinghurst, West Sussex 96 .... FF2 070 - £270 - **$414**
- *Rye* - Watercolour (28x35cm-11x14in) London 93 .... FF2 720 - £340 - **$493**

MACE Nick XX [3]

- *Bécasse* - Huile/panneau (19x29cm-7x11in) Paris 96 .... FF2 900 - £370 - **$559**

MACFIE Gordon 1919-1971 [5]

- *Västkustlandskap* - Oil/canvas/panel (55x64cm-22x25in) Stockholm 90 .... FF2 800 - £298 - **$501**

MACH David 1956 [3]

- *Head of a Faun* - Sculpture (30cm-12in) London 97 .... FF14 124 - £1 500 - **$2,460**

MACHARD Jules Louis 1839-1900 [7]

- *Joueuse de mandoline* - Huile/toile (116x89cm-46x35in) Paris 95 .... FF20 500 - £2 680 - **$4,105**

MACHATSCHEK Félix 1863-? [1]

- *Potsdamerplatz, Berlin at dusk* - Oil/canvas (118x156cm-46x61in) London 89 .... FF174 300 - £17 822 - **$28,023**

MACHAULT Paul Émile 1800-1886 [1]

- *Jeux de trois Putti* - Bronze (45cm-18in) Zürich 95 .... FF43 150 - £5 560 - **$8,780**

MACHEN Henry 1832-1911 [1]

- *After the Battle* - Oil/canvas (64x77cm-25x30in) New-York 94 .... FF15 770 - £1 894 - **$3,000**

MACHEN William H. 1832-1911 [7]

- *Hanging game bird still life* - Oil/canvas (76x64cm-30x25in) St. Petersburg, Florida 95 .... FF7 100 - £850 - **$1,350**

MACHERA Ferdinand 1776-1843 [4]

- *Young lady with brown hair* - Miniature (7cm-3in) Genève 92 .... FF22 140 - £2 280 - **$4,140**

MACHO Victorio 1887-1966 [28]

- *Cabeza de la estatua de su madre* - Bronze (35x22x24cm-14x9x9in) Madrid 93 .... FF35 600 - £4 240 - **$6,440**
- *Victoria del Monumento a Elcano* - Bronze (81x26x42cm-32x10x17in) Madrid 97 .... FF79 600 - £8 400 - **$14,000**
- *Interior del Templo a Beethoven* - Pastel (70x69cm-28x27in) Madrid 93 .... FF8 010 - £954 - **$1,450**

MACIAS MORELL Josep 1899-1949 [1]

- *Playas de Cataluña* - Poster (99x64cm-39x25in) London 95 .... FF5 300 - £600 - **$955**

MACIUNAS George 1931-1978 [1]

- *New Flux Year* - Technique mixte (11x6x6cm-4x2x2in) Paris 96 .... FF11 000 - £1 430 - **$2,154**

MACK Andre [2]

- *La Plage de Saint-Aubin* - Oil/canvas (46x53cm-18x21in) St. Helier, Jersey 92 .... FF5 670 - £580 - **$1,000**

MACK Heinz 1931 [63]

- *Strukturen* - Oil/canvas (90x80cm-35x31in) Köbenhavn 92 .... FF21 900 - £2 545 - **$4,470**
- *Sandflügel* - Mixed media/panel (51x3x65cm-20x1x26in) Düsseldorf 93 .... FF45 800 - £5 470 - **$8,800**
- *Rotor* - Sculpture (40x12x40cm-16x5x16in) Köln 91 .... FF9 460 - £960 - **$1,709**
- *Der kleine Himmel* - Relief (152x202cm-60x80in) Berlin 97 .... FF116 555 - £12 378 - **$20,303**
- *Wolkenraster* - Drawing (75x54cm-30x21in) Köln 93 .... FF12 200 - £1 460 - **$2,350**

MACKAIN-LANGLOIS Marguerite 1896-1979 [1]

- *Calvaire* - Bronze (29cm-11in) Auxerre 96 .... FF4 000 - £502 - **$773**

MACKALL Robert McGill 1889-? [1]

- *Landscape with figure* - Oil/canvas (66x81cm-26x32in) Mystic, Connecticut 91 .... FF4 530 - £460 - **$818**

MACKAY Florence XIX-XX [2]

- *Cottage with a flowering garden* - Watercolour/paper (25x19cm-10x7in) New-York 92 ... FF10 800 - £1 104 - **$2,000**

MACKAY John 1947 [4]

- *Landscape 21st century* - Oil/canvas (101x115cm-40x45in) London 92 .... FF24 100 - £2 800 - **$4,910**

MACKE August 1887-1914 [86]

- *Heiliger Georg* - Oil/Leinwand (80x60cm-31x24in) Berlin 97 .... FF1 - £198 057 - **$324,852**
- *Schaufenster* - Oil/board (48x34cm-19x13in) London 96 .... FF7 - £980 000 - **$1**
- *Grossmutter im Garten* - Öl/Karton (48x38cm-19x15in) Berlin 94 .... FF359 000 - £42 300 - **$63,800**

M

Blumenkasten - Öl/Leinwand (71x70cm-28x28in) Köln 93 .... FF**593 000** - £**70 900** - **$114,100**
Hinterglasbild - Pencil (28x23cm-11x9in) Berlin 97 .... FF**17 483** - £**1 856** - **$3,045**
Akt von der Seite - Pencil/paper (35x41cm-14x16in) Berlin 97 .... FF**46 622** - £**4 951** - **$8,121**
Thunersee - Chalks (17x10cm-7x4in) Berlin 97 .... FF**116 555** - £**12 378** - **$20,303**
Gewächshaus, Oberhofen - Watercolour (57x41cm-22x16in) Berlin 97 .... FF**971 290** - £**103 155** - **$169,193**
Spaziergänger - Pastel (35x45cm-14x18in) Berlin 96 .... FF**4 8e +06** - £**464 000** - **$780,000**

MACKE Helmut 1891-1936 [19]
Blumen und Obstkorb - Öl/Leinwand (85x69cm-33x27in) München 95 .... FF**119 200** - £**15 060** - **$23,870**
Expressive Landschaft - Aquarell/Papier (33x25cm-13x10in) Düsseldorf 95 .... FF**13 930** - £**1 790** - **$2,810**
Mazedonische Küstenlandschaft - Watercolour (30x45cm-12x18in) Berlin 93 .... FF**45 300** - £**5 170** - **$7,700**

MÄCKEL Elfriede 1907-1993 [1]
Sommerblumen in braunem Krug - Öl/Leinwand (96x85cm-38x33in) München 96 .... FF**14 230** - £**1 785** - **$2,750**

MACKENNAL Bertram 1863-1931 [4]
Nicolas II - Bronze (53cm-21in) Paris 97 .... FF**15 000** - £**1 695** - **$2,717**

MACKENSEN Fritz 1866-1953 [20]
Bildnis der Frau Prof. Gocht - Öl/Leinwand (128x107cm-50x42in) Bremen 95 .... FF**44 700** - £**5 880** - **$8,970**
Moorgraben - Öl/Karton (41x55cm-16x22in) Berlin 97 .... FF**112 670** - £**11 965** - **$19,626**
Torfkahn auf der Hamme - Etching (13x21cm-5x8in) Bremen 92 .... FF**2 710** - £**315** - **$553**

MACKEPRANG Adolf Heinrich 1833-1911 [61]
Woodland landscape with deer - Oil/canvas (88x140cm-35x55in) Köbenhavn 95 .... FF**11 500** - £**1 410** - **$2,240**
Kronvilde på en slette - Oil/canvas (95x113cm-37x44in) Köbenhavn 96 .... FF**26 300** - £**3 280** - **$5,080**
L'intrus - Huile/toile (83x110cm-33x43in) Bruxelles 91 .... FF**59 200** - £**6 064** - **$11,053**

MACKETANZ Ferdinand 1902-1970 [7]
Giardino Luccanese - Oil (110x151cm-43x59in) Köln 92 .... FF**20 340** - £**2 430** - **$3,914**
Fegefeuer - Woodcut (29x29cm-11x11in) Konstanz 92 .... FF**1 700** - £**174** - **$355**
Stilleben, Äpfel in Schale - Watercolour (19x25cm-7x10in) Konstanz 92 .... FF**3 400** - £**348** - **$709**

MACKEY Charles H. 1862-1920 [2]
Robad traekkes i vandet - Oil/canvas (28x49cm-11x19in) Vejle 90 .... FF**4 000** - £**431** - **$705**

MACKEY Haydn Reynolds 1881-? [1]
Self-portrait in the studio - Oil/canvas (113x153cm-44x60in) London 90 .... FF**14 500** - £**1 552** - **$2,522**

MACKIE Charles Hodge 1862-1920 [6]
Rahoep, County Down - Oil/canvas (36x31cm-14x12in) Glasgow 90 .... FF**11 600** - £**1 202** - **$2,039**

MACKIE Thomas Cal. Campbell 1886-1952 [1]
On the Arno, Florence - Oil/canvas (61x76cm-24x30in) Glasgow 96 .... FF**14 700** - £**1 700** - **$2,814**

MACKINTOSH Charles Rennie 1868-1928 [43]
Venice, Santa Maria dei Miracoli - Pencil (34x25cm-13x10in) London 94 .... FF**11 240** - £**1 300** - **$1,920**
Cintra - Watercolour (25x20cm-10x8in) Glasgow 96 .... FF**198 600** - £**23 000** - **$38,100**
The Wassail - Watercolour (32x69cm-13x27in) London 94 .... FF**622 000** - £**72 000** - **$106,400**

MACKINTOSH John XIX [2]
Evening on the river - Wash (51x71cm-20x28in) London 89 .... FF**5 600** - £**541** - **$850**

MACKINTOSH Margaret Macdonald 1864-1933 [5]
White & Red Rose - Painting (97x100cm-38x39in) New-York 91 .... FF**479 000** - £**48 030** - **$79,069**

MACKLIN Thomas Eyre XIX-XX [5]
The sailor boy - Oil/canvas (61x40cm-24x16in) London 92 .... FF**3 910** - £**400** - **$690**

MACKOWIAK Erwin 1926 [8]
La rose d'or - Huile/toile (130x100cm-51x39in) Lokeren 92 .... FF**4 320** - £**442** - **$760**

MACKRILL Martyn R. XX [25]
Rouding of the Buoy - Oil/canvas (61x91cm-24x36in) New-York 97 .... FF**37 016** - £**4 001** - **$6,500**
Britannia & Vigilant off Cowes - Oil/canvas (91x153cm-36x60in) London 97 .... FF**140 714** - £**15 000** - **$24,568**
Yacht off Cowes - Watercolour (24x53cm-9x21in) London 97 .... FF**7 505** - £**800** - **$1,310**

MACLEAN Jean Munro 1879-1952 [1]
Sitting under the Parasol - Huile/panneau (18x21cm-7x8in) Montréal 94 .... FF**2 200** - £**260** - **$395**

MACLET Élisée 1881-1962 [751]
Floirac - Huile/carton (29x40cm-11x16in) Montauban 96 .... FF**5 500** - £**708** - **$1,090**
Église de banlieue - Huile/panneau (53x39cm-21x15in) Paris 97 .... FF**10 000** - £**1 083** - **$1,768**
Montmartre, maison de Mimi Pinson - Huile/carton (37x46cm-15x18in) Paris 97 .... FF**15 000** - £**1 644** - **$2,633**
Rue Saint-Vincent - Huile/carton (45x60cm-18x24in) Lyon 97 .... FF**22 000** - £**2 385** - **$3,868**
Promeneurs, rue du Mont Cenis
  Huile/toile (50x61cm-20x24in) La Varenne Saint-Hilaire 97 .... FF**38 000** - £**4 096** - **$6,673**
La rue principale - Huile/toile (81x100cm-32x39in) Paris 97 .... FF**76 000** - £**7 980** - **$13,072**
La rue principale - Huile/toile (81x100cm-32x39in) Zürich 93 .... FF**117 700** - £**13 470** - **$20,070**
Remorqueur, falaises à Dieppe - Huile/toile (81x100cm-32x39in) Versailles 91 .... FF**150 000** - £**15 041** - **$24,761**
Couple de Paysans - Sculpture (20x7cm-8x3in) Paris 97 .... FF**15 000** - £**1 586** - **$2,586**
Bord de Seine animé à Paris - Pastel/toile (38x46cm-15x18in) Mayenne 97 .... FF**10 000** - £**1 076** - **$1,726**
Le port de Dieppe - Aquarelle (20x27cm-8x11in) Douai 92 .... FF**19 000** - £**1 945** - **$3,420**

MACLISE Daniel 1806-1870 [23]
Snapp-apple night - Oil/canvas (11x164cm-4x65in) London 89 .... FF**2** - £**265 342** - **$423,923**
Othello and Desdemona - Oil/panel (65x77cm-26x30in) London 95 .... FF**131 400** - £**17 000** - **$26,860**
Satan starting from Ithuriel's spear
  Watercolour, gouache (62x4cm-24x2in) London 96 .... FF**42 600** - £**5 500** - **$8,230**

MACLOT Armand Frans Karel 1877-1960 [6]
Intérieur d'une ferme - Huile/toile (60x80cm-24x31in) Antwerpen 96 .... FF**9 840** - £**1 192** - **$1,897**

MACOMBER Mary Lizzie 1861-1916 [7]
Common - Oil/canvas (30x50cm-12x20in) New-York 89 .... FF**22 900** - £**2 213** - **$3,475**

MACRAE Emma Fordyce 1887-1974 [5]
- *Distant News* - Oil/canvas/board (91x76cm-36x30in) New-York 95 .... FF**7 700** - £**957** - **$1,500**

MACRÉAU Michel 1935 [53]
- *Le Griffu* - Huile/toile (155x80cm-61x31in) Douai 94 .... FF**27 000** - £**3 190** - **$4,850**
- *Tatouage sur le Sorcier* - Huile/toile (155x125cm-61x49in) Paris 94 .... FF**58 000** - £**6 890** - **$10,700**
- *La faune humaine* - Huile (192x116cm-76x46in) Versailles 92 .... FF**88 000** - £**9 030** - **$16,920**
- *La jeune fille à la plage* - Encre (65x50cm-26x20in) Paris 97 .... FF**5 500** - £**579** - **$945**
- *Femme sur le sable*
     Mixed media/paper (106x75cm-42x30in) Saint-Germain-en-Laye 93 .... FF**12 000** - £**1 350** - **$2,034**

MACRET Adrien Ch., André 1751-1789 [1]
- *La Sultane reconnaissante* - Gravure (36x31cm-14x12in) Paris 94 .... FF**35 000** - £**4 190** - **$6,850**

MACRIS Constantin George 1917-1984 [10]
- *Composition* - Huile/toile (110x110cm-43x43in) Paris 93 .... FF**4 200** - £**507** - **$764**
- *Egyptian girls* - Oil/canvas (63x76cm-25x30in) London 93 .... FF**34 860** - £**4 200** - **$6,090**

MACROU Jean [1]
- *Bacchus* - Bronze (28cm-11in) Paris 96 .... FF**16 000** - £**1 990** - **$3,085**

MACRUM George Herbert 1888-? [3]
- *Metropolitan Tower* - Oil/canvas (101x76cm-40x30in) New-York 90 .... FF**41 600** - £**4 254** - **$8,211**

MACULLUM John Thomas Hamilton 1841-1896 [1]
- *Southerly Breeze* - Watercolour (15x23cm-6x9in) London 95 .... FF**1 544** - £**200** - **$322**

MAD-JAROVA Antoinette 1937 [3]
- *Printemps* - Huile/toile (51x61cm-20x24in) Paris 94 .... FF**24 000** - £**2 870** - **$4,480**

MADAN Fred 1885-? [1]
- *New Year's architec baby* - Oil/canvas (61x51cm-24x20in) New-York 96 ...... FF**5 640** - £**669** - **$1,100**

MADDEN Jan 1884-? [1]
- *Village fishing scene* - Oil/canvas (61x91cm-24x36in) Cleveland, Ohio 92 ...... FF**2 360** - £**247** - **$425**

MADDOX Conroy 1912 [36]
- *Daydreams* - Mixed media (51x36cm-20x14in) London 95 .... FF**2 660** - £**340** - **$535**
- *The departure* - Oil/canvas (127x152cm-50x60in) London 96 .... FF**13 930** - £**1 800** - **$2,750**
- *Little Burrowing Machine* - Gouache/paper (26x36cm-10x14in) Stockholm 96 ...... FF**5 910** - £**695** - **$1,163**

MADEC Jean 1924 [4]
- *Cannes* - Huile/toile (65x81cm-26x32in) La Varenne Saint-Hilaire 91 .... FF**10 000** - £**1 003** - **$1,832**

MADELAIN Gustave 1867-1944 [152]
- *Foire à la ferraille* - Huile/toile (54x65cm-21x26in) La Varenne Saint-Hilaire 96 ...... FF**11 500** - £**1 394** - **$2,236**
- *La Seine à Paris* - Huile/toile (54x65cm-21x26in) La Varenne Saint-Hilaire 96 ...... FF**23 000** - £**2 960** - **$4,560**
- *14-Juillet 1919* - Huile/toile Evreux 92 .... FF**50 000** - £**5 140** - **$9,260**
- *Notre Dame* - Oil/canvas (96x129cm-38x51in) London 94 .... FF**79 900** - £**9 500** - **$14,600**
- *St. Germain-des-Prés* - Huile/toile (73x91cm-29x36in) Versailles 90 .... FF**205 000** - £**21 178** - **$36,219**
- *Le Pont-Neuf* - Aquarelle (19x30cm-7x12in) Paris 94 .... FF**4 500** - £**524** - **$790**
- *Mi-Carême 1912* - Gouache/papier (17x24cm-7x9in) Paris 92 .... FF**16 000** - £**1 910** - **$3,080**

MADELAINE Hippolyte 1871-1966 [26]
- *Vase de fleurs* - Pastel (30x36cm-12x14in) Rouen 96 .... FF**4 200** - £**498** - **$820**
- *Paysage exotique à Tahiti* - Aquarelle (52x63cm-20x25in) Evreux 90 .... FF**18 500** - £**1 917** - **$3,251**

MADELINE Paul 1863-1920 [142]
- *Dans le parc* - Öl/Karton (23x34cm-9x13in) Köln 97 .... FF**11 828** - £**1 243** - **$2,025**
- *La Rochelle* - Huile/toile (56x46cm-22x18in) Paris 94 .... FF**24 000** - £**2 800** - **$4,210**
- *Paris, les quais* - Huile/toile (54x65cm-21x26in) Paris 96 .... FF**40 000** - £**4 820** - **$7,670**
- *Lavandières bretonnes* - Huile/toile (50x65cm-20x26in) La Varenne Saint-Hilaire 94 ...... FF**51 000** - £**6 040** - **$9,420**
- *Au bord de l'eau* - Huile/toile (64x80cm-25x31in) Paris 90 .... FF**214 000** - £**22 912** - **$37,217**

MADER Eduard 1858-? [2]
- *Landschaft mit auffliegenden Enten* - Öl/Karton (16x28cm-6x11in) Bremen 93 ...... FF**3 850** - £**441** - **$655**

MADER Joseph 1905-1982 [1]
- *Spätwinterabend* - Oil/cardboard (50x60cm-20x24in) Berlin 94 .... FF**4 780** - £**565** - **$851**

MADER Karl 1884-1952 [2]
- *Das Geständnis* - Öl/Leinwand (107x138cm-42x54in) Wien 92 .... FF**7 700** - £**920** - **$1,480**

MADEWEISS von Hedwig 1856-? [1]
- *Two girls in native costumes* - Oil/canvas (99x61cm-39x24in) St. Louis, Miss. 93 ...... FF**26 550** - £**3 020** - **$4,500**

MADGWICK Clive 1934 [4]
- *Autumn - Suffolk Landscape* - Oil/canvas (51x76cm-20x30in) London 97 ...... FF**4 713** - £**500** - **$812**

MADIAI Mario 1944 [3]
- *Tavola della memoria* - Olio/tavola (74x58cm-29x23in) Firenze 97 .... FF**2 380** - £**280** - **$420**

MADIOL Adrien Jean Madyol c.1845-1892 [9]
- *Scène familiale* - Huile/toile (57x47cm-22x19in) Antwerpen 94 .... FF**10 730** - £**1 232** - **$1,855**
- *L'incendie* - Huile/toile (211x142cm-83x56in) Lokeren 95 .... FF**21 560** - £**2 693** - **$4,230**

MADIOL Jacques, Jakob 1871-1950 [2]
- *Préparation du repas* - Huile/toile (107x118cm-42x46in) Bruxelles 93 ...... FF**12 360** - £**1 478** - **$2,526**

MADJAROVA Antoinette 1937 [2]
- *Nu allongé* - Huile/toile (38x46cm-15x18in) Brest 95 .... FF**7 000** - £**920** - **$1,430**

MADLENER Antonius 1827-1890 [3]
- *Shepherd and flock* - Oil/panel (21x29cm-8x11in) Amsterdam 93 .... FF**9 640** - £**1 152** - **$1,855**

MADLENER Jörg 1939 [14]
- *Long Island V, Coming Back* - Huile/toile (120x140cm-47x55in) Antwerpen 96 ...... FF**6 600** - £**752** - **$1,263**

M

MADLENER Josef 1881-1967 [7]
🖼 Marterl schmückende Kinder - Öl/Leinwand (60x83cm-24x33in) Kempten 96 .... FF14 930 - £1 936 - $2,926
✎ Verschneites Feld - Gouache/papier (12x12cm-5x5in) Lindau 97 .... FF4 051 - £425 - $696

MADOU Jean-Baptiste 1796-1877 [46]
🖼 Retour de chasse - Huile/panneau (22x21cm-9x8in) Bruxelles 97 .... FF29 412 - £3 186 - $5,202
Le bon tuyau - Oil/panel (49x37cm-19x15in) New-York 97 .... FF85 275 - £9 185 - $15,000
The broken ju - Oil/panel (57x83cm-22x33in) London 93 .... FF175 600 - £20 000 - $29,800
✎ Prisonnier demandant grâce - Aquarelle/papier (21x25cm-8x10in) Antwerpen 96 .... FF6 660 - £864 - $1,317

MADRASSI Luca 1848-1919 [17]
🗿 L'escrimeur - Bronze (45cm-18in) Paris 94 .... FF5 600 - £672 - $1,088
Lutin des Bois - Bronze (104cm-41in) London 94 .... FF21 850 - £2 600 - $4,160
Arabian Watercarrier - Alabaster (80cm-31in) London 97 .... FF32 381 - £3 400 - $5,550

MADRASSI Ludovic Lucien 1881-1956 [3]
✎ Jeune fille aux fleurs - Huile/carton (46x38cm-18x15in) Saint-Dié 95 .... FF2 800 - £363 - $573

MADRASSI Luigi XIX-XX [4]
🖼 Bouquet de fleurs - Huile/toile (55x46cm-22x18in) Le Havre 90 .... FF7 500 - £808 - $1,323
🗿 Bronze group of Lutin des Bois - Bronze (64cm-25in) London 90 .... FF8 700 - £931 - $1,513

MADRAZO DE OCHOA de Federico 1875-1934 [5]
🖼 Geishas - Huile/toile (100x54cm-39x21in) Paris 89 .... FF153 000 - £15 224 - $24,171

MADRAZO de Tito Livio 1899-1979 [4]
🖾 Vonna-Li - Poster (156x115cm-61x45in) New-York 95 .... FF10 100 - £1 273 - $2,000

MADRAZO Y GARRETA de Raimundo 1841-1920 [25]
🖼 Young Coquette - Oil/canvas (33x25cm-13x10in) New-York 96 .... FF27 500 - £3 560 - $5,500
Isabelle McCrery - Oil/canvas (266x174cm-105x69in) New-York 95 .... FF92 000 - £11 450 - $18,000
Nanon Masson - Oleo/lienzo (97x80cm-38x31in) Madrid 96 .... FF281 000 - £35 100 - $54,300

MADRAZO Y GARRETA de Ricardo 1852-1917 [10]
🖼 Maja - Oleo/lienzo (92x122cm-36x48in) Madrid 90 .... FF75 600 - £8 147 - $13,333
✎ Retrato de caballero - Carbón/papel (47x30cm-19x12in) Madrid 97 .... FF5 600 - £602 - $980

MADRAZO Y KUNTZ de Federico 1815-1894 [5]
🖼 El caballero Torres Adalí - Oleo/lienzo (27x20cm-11x8in) Madrid 93 .... FF49 900 - £5 750 - $8,560

MADRAZO Y KUNTZ de Luis 1825-1897 [2]
🖼 Dama - Oleo/lienzo (72x55cm-28x22in) Madrid 92 .... FF5 320 - £635 - $1,023
Don S. de Bourbon/Dona M. Cristina - Oil/canvas (177x134cm-70x53in) Wien 96 .... FF48 100 - £6 030 - $9,400

MADSEN Alfred 1923-1986 [6]
🖼 Plankevaerk - Oil/canvas (85x120cm-33x47in) København 90 .... FF6 100 - £653 - $1,061

MADSEN Andreas Peter 1822-1911 [11]
🖼 Geder ved havet - Oil/canvas (34x44cm-13x17in) Viby J, Århus 96 .... FF4 205 - £543 - $812
Landschaft mit Schaffen - Öl/Leinwand (50x68cm-20x27in) Wien 96 .... FF12 180 - £1 580 - $2,410

MADSEN Christian Juel 1890-1923 [4]
🖼 Flowers and fruit still life - Oil/canvas (68x52cm-27x20in) København 96 .... FF4 434 - £506 - $850

MADSEN Karl 1855-1938 [2]
🖼 Malerinden Anna Ancher - Oil/canvas (36x31cm-14x12in) København 91 .... FF17 600 - £1 764 - $2,968

MADSEN Mads 1955 [8]
🖼 Mor'n med Faust - Oil/canvas (160x130cm-63x51in) København 94 .... FF3 920 - £458 - $687

MADSEN Viggo Svend 1885-1954 [6]
🖼 Haveparti - Oil/canvas (60x50cm-24x20in) Vejle 91 .... FF4 750 - £476 - $784

MADSEN-OHLSEN Jeppe 1891-1948 [10]
🖼 Praest og Doden på kirkegård - Oil/canvas (65x57cm-26x22in) Aalborg 93 .... FF6 600 - £791 - $1,268

MADURA Jean XIX-XX [2]
🖼 Italianate town with figures - Oil/canvas (68x106cm-27x42in) London 92 .... FF14 660 - £1 500 - $2,587

MADYOL Jacques 1871-1950 [33]
🖼 Le vieux poêle - Huile/toile (50x60cm-20x24in) Bruxelles 92 .... FF4 320 - £442 - $760
Vue d'un port méditerranéen - Huile/toile (100x80cm-39x31in) Liège 96 .... FF10 500 - £1 360 - $2,074
La Grand'Place, Bruxelles - Huile/toile (340x360cm-134x197in) Bruxelles 92 .... FF69 700 - £7 140 - $12,260

MAECKER Franz Wilhelm 1855-1913 [1]
🖼 Sandanen in der heide - Oil/canvas (49x68cm-19x27in) New-York 89 .... FF6 900 - £687 - $1,090

MAEDA Josaku 1926 [4]
🖼 Paysage Humain No. 32 - Oil/canvas (80x120cm-31x47in) London 93 .... FF79 000 - £9 000 - $13,400

MAEDA Seison 1886-1977 [1]
✎ Bunraku puppet - Ink (29x21cm-11x8in) New-York 94 .... FF46 500 - £5 390 - $8,000

MAEGLIN Rolf 1892-1971 [4]
🖾 Der Rebschneider - Woodcut (33x28cm-13x11in) Zofingen 93 .... FF2 177 - £248 - $370
✎ Le 14-Juillet à Paris - Aquarell/Papier (37x30cm-15x12in) Zofingen 95 .... FF2 980 - £390 - $597

MAEHLE Ole 1904-1990 [7]
🖼 Novemberdag ved Wesna - Oil/panel (60x73cm-24x29in) Stockholm 89 .... FF11 200 - £1 180 - $1,886

MAEHLY Otto 1869-1953 [6]
🖼 Partnunsee - Öl/Leinwand (34x26cm-13x10in) Zofingen 94 .... FF2 240 - £265 - $414
✎ Berglandschaft bei Sedrun - Gouache (25x37cm-10x15in) Zofingen 95 .... FF2 124 - £269 - $427

MAELLA Mariano Salvador 1738-1819 [11]
🖼 Esau selling his birthright - Oil/canvas (239x156cm-94x61in) New-York 92 .... FF80 600 - £8 280 - $15,000
✎ Inmaculada Concepcion - Oleo/lienzo (140x70cm-55x28in) Madrid 91 .... FF246 000 - £24 489 - $42,303
✎ Personaje clásico portando la antorcha - Sanguina (50x39cm-20x15in) Madrid 92 .... FF21 600 - £2 200 - $3,800

MAENPÄÄ Arvi 1899-1976 [1]
✎ Insjölandskap - Watercolour/paper (28x41cm-11x16in) Helsinki 92 .... FF1 610 - £193 - $310

MAENTEL Jacob 1763-1863 [6]
Margaret Christian - Watercolour (26x20cm-10x8in) New-York 93 .... FF27 500 - £3 250 - **$5,000**

MAERE de Bernard 1887-1954 [1]
Nature morte - Huile/toile (80x70cm-31x28in) Antwerpen 95 .... FF3 406 - £429 - **$675**

MAERTELAERE de Edmond 1876-1938 [3]
Ruisseau - Huile/toile (56x75cm-22x30in) Antwerpen 93 .... FF2 143 - £256 - **$438**

MAERTELAERE de Lodewyk 1819-1864 [1]
Sommertag auf dem Lande - Oil/panel (39x52cm-15x20in) Köln 92 .... FF13 560 - £1 620 - **$2,610**

MAERTENS Médard 1875-1949 [27]
Modèle - Huile/toile/panneau (55x38cm-22x15in) Antwerpen 95 .... FF4 685 - £616 - **$940**
La tourbière - Huile/toile (59x79cm-23x31in) Bruxelles 94 .... FF21 560 - £2 573 - **$4,060**
Paysage méditerranéen - Aquarelle/papier (22x30cm-9x12in) Bruxelles 96 .... FF1 584 - £208 - **$321**

MAES Eugène Rémy 1849-1931 [32]
Rooster, chickens, pigeons - Oil/canvas (91x61cm-36x24in) Elgin, Illinois 95 .... FF24 230 - £3 026 - **$4,750**
Animals in a barn - Oil/canvas (53x98cm-21x39in) New-York 96 .... FF70 100 - £8 930 - **$13,500**
Training the dog - Oil/canvas (80x65cm-31x26in) London 90 .... FF117 100 - £11 917 - **$23,418**

MAES J.-Baptist Lodewijk 1794-1856 [4]
Toilette d'une jeune romaine - Huile/toile (97x134cm-38x53in) Bruxelles 91 .... FF72 400 - £7 295 - **$12,563**

MAES Jacques 1905-1968 [32]
Village de pêche - Huile/toile (65x81cm-26x32in) Bruxelles 97 .... FF5 562 - £588 - **$962**
Nu au chapeau de paille - Huile/toile (120x101cm-47x40in) Bruxelles 96 .... FF15 800 - £1 970 - **$3,050**

MAES Jan 1876-1974 [9]
Oude Buurt te Dendermonde - Huile/toile (56x78cm-22x31in) Lokeren 94 .... FF5 970 - £713 - **$1,125**

MAES Karel 1900-1974 [1]
Composition brune - Aquarelle (7x21cm-3x8in) Argenteuil 89 .... FF2 000 - £211 - **$337**

MAES Maurice   [1]
Le port de Rotterdam - Huile/toile (46x55cm-18x22in) Tourcoing 89 .... FF3 000 - £316 - **$505**

MAES Paul 1939 [3]
Portrait d'homme - Huile/toile (91x70cm-36x28in) Bruxelles 93 .... FF4 285 - £513 - **$876**

MAESTRI Michelangelo ?-c.1812 [27]
Fama - Etching (50x37cm-20x15in) London 97 .... FF15 166 - £1 600 - **$2,602**
Ora prima di Giorno - Gouache (41x31cm-16x12in) Bremen 94 .... FF8 940 - £1 064 - **$1,700**
Putti driving chariots - Gouache/paper (36x52cm-14x20in) New-York 91 .... FF19 380 - £1 953 - **$3,363**

MAETERLINCK Louis 1846-1926 [1]
L'Espagnole - Huile/toile (42x34cm-17x13in) Bruxelles 92 .... FF6 100 - £728 - **$1,173**

MAETZEL Emil 1877-1955 [56]
Still life - Oil/cardboard (50x75cm-20x30in) Hamburg 96 .... FF10 460 - £1 268 - **$2,034**
Zwei Knaben am Waldteich - Woodcut (23x16cm-9x6in) München 92 .... FF2 780 - £332 - **$535**
Badende - Watercolour (37x58cm-15x23in) Hamburg 93 .... FF13 070 - £1 482 - **$2,210**

MAETZEL-JOHANNSEN Dorothea 1886-1930 [36]
Müde Kinder - Etching (18x11cm-7x4in) Heidelberg 96 .... FF5 770 - £745 - **$1,130**
Mädchen am Vorhang - Watercolour (21x18cm-8x7in) Heidelberg 96 .... FF2 545 - £329 - **$498**
Winterliches Dorf mit Mühle - Watercolour (22x29cm-9x11in) Hamburg 96 .... FF5 760 - £720 - **$1,114**

MAEXMONTAN Frans 1847-1901 [5]
Pilkaren - Oil/canvas (65x81cm-26x32in) Helsinki 92 .... FF35 850 - £3 670 - **$6,310**
Coastal landscape - Gouache (23x37cm-9x15in) Helsinki 93 .... FF6 610 - £755 - **$1,125**

MAEYER de Lode 1903-1981 [2]
Nature morte dans l'atelier - Huile/toile (80x110cm-31x43in) Bruxelles 94 .... FF5 010 - £594 - **$925**

MAEYER Marcel 1920 [5]
No Parking - Huile/toile (160x90cm-63x35in) Antwerpen 93 .... FF22 640 - £2 590 - **$3,850**

MAEZTU WHITNEY de Gustavo 1887-1947 [2]
Paisaje - Oleo/lienzo (60x71cm-24x28in) Madrid 94 .... FF82 500 - £9 740 - **$14,820**
Estudio para el retrato de Lady Larey - Drawing (56x38cm-22x15in) Madrid 90 .... FF4 300 - £460 - **$748**

MAFAGAN Ethel 1916-? [1]
Mountain Lake - Oil/board (30x43cm-12x17in) Mystic, Connecticut 96 .... FF2 587 - £325 - **$500**

MAFAI Antonietta Raphaël 1900-1975 [4]
Lamentazione di Giobbe - Olio/tavola (72cm-28in) Milano 93 .... FF41 440 - £4 740 - **$7,050**

MAFAI Mario 1902-1965 [37]
Fiori secchi - Olio/tela (50x60cm-20x24in) Prato 97 .... FF57 800 - £6 800 - **$10,200**
Natura morta - Olio/tela (50x65cm-20x26in) Roma 92 .... FF100 700 - £11 980 - **$19,370**
Nudi - Olio/tela (80x99cm-31x39in) Prato 94 .... FF248 200 - £30 000 - **$46,500**

MAFFEI Alexandre 1780-1859 [3]
Aeneas Silvins Piccolomini Library - Watercolour (89x68cm-35x27in) London 96 .... FF24 060 - £3 000 - **$4,650**

MAFFEI Francesco c.1620-1660 [2]
Sacra Conversazione - Olio/tela (95x125cm-37x49in) Firenze 89 .... FF91 500 - £9 356 - **$14,711**

MAFFEI von Guido 1838-c.1898 [2]
Rehbock auf grüner Wiese - Oil/cardboard (28x37cm-11x15in) Köln 89 .... FF6 100 - £643 - **$1,027**

MAFLI Walter 1915 [21]
Schiffe im Hafen von Ouchy - Öl/Leinwand (62x50cm-24x20in) Zürich 92 .... FF9 300 - £950 - **$1,638**
Juradorf - Oil/canvas (80x130cm-31x51in) Zofingen 91 .... FF21 800 - £2 213 - **$3,937**
Wengen - Aquarell (31x47cm-12x19in) Bern 94 .... FF2 477 - £297 - **$482**

M

MAGAARD Valdemar 1864-1937 [9]

🖼 *Interior med et gammelt aegtepar* - Oil/canvas (40x48cm-16x19in) Köbenhavn 89 .... FF6 100 - £624 - $981

MAGAFAN Ethel 1916 [3]

🖼 *Approaching Storm* - Tempera/panel (58x83cm-23x33in) New-York 95 .... FF17 720 - £2 320 - $3,600

MAGAFAN Jennie 1916-1950 [1]

🖼 *Pigs* - Oil/canvas (61x88cm-24x35in) New-York 92 .... FF14 700 - £1 707 - $3,000

MAGATTI Pietro Antonio 1687-1768 [1]

🖼 *Don C. F. Martognoni e Chiara M.* - Olio/tela (95x73cm-37x29in) Firenze 89 .... FF64 100 - £6 554 - $10,305

MAGAUD Dominique Antoine 1817-1899 [2]

🖼 *Les Aygolades (?), vers Marseille* - Huile/toile (73x92cm-29x36in) Paris 96 .... FF25 000 - £2 870 - $4,770

MAGAZZINI Salvatore 1955 [2]

🖼 *Paesaggio egizio* - Olio/cartone (70x100cm-28x39in) Prato 96 .... FF3 370 - £400 - $660

MAGE Édouard Mathurin ?-1904 [1]

🖼 *Carnaval à Paris* - Huile/toile (130x195cm-51x77in) Preuilly-sur-Claise 96 .... FF74 000 - £9 570 - $14,660

MAGEE James C. 1846-1924 [2]

🖼 *Atlantic City Meadows* - Oil/canvas (51x61cm-20x24in) Chicago 95 .... FF8 530 - £1 070 - $1,700

MAGEO 1943 [2]

🖼 *Cavalier* - Huile/toile (100x80cm-39x31in) Liège 91 .... FF2 916 - £292 - $534

MAGES Joseph 1728-1769 [1]

🖼 *Joseph von Cupertino* - Oil/canvas (66x51cm-26x20in) Wien 92 .... FF14 440 - £1 448 - $2,777

MAGGI Cesare 1881-1961 [27]

🖼 *Snowy mountainous landscape* - Oil/panel (29x42cm-11x17in) New-York 94 .... FF40 940 - £4 740 - $7,000

Donne in riva al lago, Pian dei Gelsi - Olio/cartone (49x69cm-19x27in) Milano 92 .... FF72 500 - £7 420 - $12,760

Il pastore - Olio/tela (145x195cm-57x77in) Milano 95 .... FF171 600 - £21 600 - $34,800

MAGGI Giuseppe 1875-1946 [1]

🖼 *Paesaggio montano* - Olio/cartone (68x48cm-27x19in) Milano 93 .... FF5 490 - £618 - $920

MAGGI Nadine 1952 [2]

🖼 *Sans titre* - Acrylique/toile (110x110cm-43x43in) Paris 90 .... FF6 500 - £700 - $1,146

MAGGIORANI Luigi XIX-XX [2]

🖼 *Gentleman in Georgian blue dress*
Oil/canvas (25x38cm-10x15in) Sutton-in-Ashfield, Notts. 92 .... FF19 540 - £2 000 - $3,450

MAGGIOTTO Domenico Majotto 1713-1794 [4]

🖼 *Joseph & the dreams of Pharaoh's* - Oil/canvas (110x130cm-43x51in) London 97 .... FF264 900 - £28 000 - $45,668

MAGGIOTTO Francesco 1750-1805 [4]

🖼 *Fanciulla con tamburino* - Olio/tela (96x71cm-38x28in) Milano 91 .... FF38 700 - £3 853 - $6,655

MAGGS John Charles 1819-1896 [36]

🖼 *Four-in-Hand* - Oil/board (31x46cm-12x18in) New-York 96 .... FF13 270 - £1 720 - $2,600

The Salisbury - Oil/canvas (36x66cm-14x26in) New-York 97 .... FF20 809 - £2 218 - $3,600

Nimrod coach entering Bath - Oil/canvas (84x113cm-33x44in) New-York 97 .... FF69 364 - £7 394 - $12,000

MAGHELLEN de Alfred 1871-? [1]

🖼 *Invitation to dinner* - Oil/canvas (53x65cm-21x26in) New-York 91 .... FF20 970 - £2 097 - $3,454

MAGHELLI R. XIX-XX [2]

✎ *The young shepherdess* - Watercolour (33x18cm-13x7in) London 92 .... FF1 760 - £180 - $311

MAGLIONE André 1838-1923 [4]

🖼 *Venise* - Huile/toile (47x64cm-19x25in) Neuilly 93 .... FF18 000 - £2 046 - $3,050

MAGLIONE Milvia 1934 [3]

🖼 *Nuage dans le champs* - Huile/toile (72x92cm-28x36in) Paris 92 .... FF2 500 - £256 - $491

MAGNARD Philippe XX [2]

🖼 *Composition* - Huile/toile (100x81cm-39x32in) Versailles 91 .... FF3 000 - £303 - $585

MAGNE Alfred Désiré 1855-1936 [3]

🖼 *A lobster, shrimps and a crab* - Oil/canvas (89x116cm-35x46in) London 94 .... FF49 900 - £5 800 - $8,640

MAGNE Antoine 1883-1968 [3]

▱ *Cirque des 4 Frères Robba* - Affiche (154x225cm-61x89in) Villeneuve la Garenne 97 ...... FF1 700 - £179 - $291

MAGNELLI Alberto 1888-1971 [150]

🖼 *La foire* - Olio/tela (100x75cm-39x30in) Lugano 92 .... FF1 - £197 600 - $340,600

Collage sur métal gris - Mixed media (46x56cm-18x22in) Amsterdam 97 .... FF64 448 - £6 759 - $11,059

Composizione - Olio/tela (55x46cm-22x18in) Milano 95 .... FF120 000 - £14 800 - $24,400

Éléments Groupe No. 1 - Oil/canvas (163x130cm-64x51in) London 93 .... FF395 000 - £45 000 - $67,000

Perpétuellement - Olio/tela (100x81cm-39x32in) Milano 92 .... FF688 000 - £70 400 - $121,200

▱ *Sans titre* - Lithographie couleurs (42x61cm-17x24in) Paris 97 .... FF3 500 - £370 - $601

✎ *Ohne Titel* - Collage (79x68cm-31x27in) Köln 93 .... FF1 - £124 800 - $186,000

Composition - Encre (27x21cm-11x8in) Versailles 96 .... FF18 000 - £2 256 - $3,474

Composizione - Gouache (27x21cm-11x8in) Milano 92 .... FF45 300 - £4 640 - $7,970

Pierre I - Gouache/cartone (47x62cm-19x24in) Prato 97 .... FF66 300 - £7 800 - $11,700

Ardoise - Gouache (18x26cm-7x10in) Paris 97 .... FF115 000 - £11 994 - $19,665

MAGNI Giuseppe 1869-1956 [18]

🖼 *Pastorelli* - Olio/cartone (43x32cm-17x13in) Trieste 96 .... FF16 030 - £2 016 - $3,070

Il primi passi - Olio/tela (53x79cm-22x31in) Roma 96 .... FF56 800 - £6 580 - $11,050

The first toast - Oil/canvas (70x103cm-28x41in) New-York 97 .... FF285 225 - £30 745 - $50,000

MAGNI Pietro 1817-1877 [2]

🗿 *The reader (La leggitrice)* - Marble (122cm-48in) New-York 97 .... FF171 135 - £18 447 - $30,000

MAGNIER Charles 1883-1950 [1]

🖼 *Morgenstimmung in Flußlandschaft* - Oil/canvas (50x65cm-20x26in) Ahlden 92 .... FF12 860 - £1 496 - $2,625

MAGNUS Camille 1850-? [28]
- Paysanne à la mare - Huile/toile (38x55cm-15x22in) Fontainebleau 93 .... FF16 000 - £1 930 - **$2,910**
- Clairière, Fontainebleau - Huile/toile (52x72cm-20x28in) Barbizon 96 .... FF24 000 - £2 990 - **$4,640**
- Clairière à Fontainebleau - Huile/toile (41x61cm-16x24in) Barbizon 90 .... FF66 000 - £6 818 - **$11,661**

MAGNUS Carl 1943 [6]
- Eligie - Oil/canvas/panel (46x133cm-18x52in) Stockholm 96 .... FF2 670 - £344 - **$523**

MAGNUS Emma 1856-? [1]
- Dinning Room - Oil/canvas (51x66cm-20x26in) London 96 .... FF4 080 - £480 - **$800**

MAGNUS Reidar 1896-1968 [3]
- På fortovscafe, Paris - Oil/canvas (106x133cm-42x52in) Vejle 91 .... FF9 650 - £967 - **$1,767**

MAGNUSSEN Harro 1861-1908 [2]
- Bismarck im Profil - Relief (52x42cm-20x17in) Bremen 93 .... FF1 575 - £180 - **$268**

MAGNUSSON Akke Hugh 1894-1968 [1]
- Boulevardcafé, Le Diplomate, Paris - Oil/panel (74x90cm-29x35in) Stockholm 94 .... FF8 620 - £1 034 - **$1,630**

MAGNUSSON Gustaf 1890-1957 [10]
- Skolinteriör, Stockholm - Oil/canvas (65x81cm-26x32in) Göteborg 96 .... FF5 150 - £665 - **$993**

MAGNUSSON Ragnvald 1904-1984 [11]
- Septembermorgon - Oil/panel (62x75cm-24x30in) Göteborg 94 .... FF5 890 - £683 - **$1,014**

MAGRATH William 1838-1918 [1]
- Irish cottage interior with figures - Oil/panel (35x46cm-14x18in) Edinburgh 93 .... FF28 100 - £3 200 - **$4,770**

MAGRINI Adolfo 1874-? [1]
- Città di Parma - Poster (137x99cm-54x39in) New-York 94 .... FF10 510 - £1 283 - **$2,000**

MAGRITTE René 1898-1967 [329]
- La mémoire - Huile/toile (46x55cm-18x22in) Paris 94 .... FF1 - £226 000 - **$350,600**
- Le gouffre argenté - Oil/canvas (75x65cm-30x26in) London 97 .... FF1 - £130 000 - **$214,955**
- L'Empire des Lumières - Oil/canvas (100x80cm-39x31in) London 96 .... FF1 - £2 - **$3**
- La Chambre d'écoute - Oil/canvas (37x46cm-15x18in) New-York 96 .... FF3 - £449 000 - **$727,000**
- La belle Société - Oil/canvas (81x65cm-32x26in) London 97 .... FF8 - £850 000 - **$1**
- La malédiction - Oil/canvas/board (16x21cm-6x8in) London 96 .... FF335 000 - £42 000 - **$64,700**
- Le Retour de l'Explorateur - Oil/canvas (75x65cm-30x26in) London 96 .... FF798 000 - £100 000 - **$154,000**
- Bijoux indiscrets - Color lithograph (23x30cm-9x12in) München 96 .... FF21 700 - £2 720 - **$4,190**
- Le Puits de Vérité - Bronze (81cm-32in) London 95 .... FF192 400 - £25 000 - **$39,600**
- Madame Récamier - Bronze (170x194cm-67x76in) New-York 90 .... FF523 000 - £53 225 - **$104,592**
- Georgette et ses sauterelles... - Silver print (11x9cm-4x4in) London 93 .... FF6 640 - £800 - **$1,160**
- Recherche de l'Absolu - Gouache/paper (36x27cm-14x11in) New-York 96 .... FF1 - £167 000 - **$250,000**
- Le retour - Gouache/paper (20x27cm-8x11in) London 97 .... FF2 - £295 000 - **$487,782**
- Composiciòn/Composiciòn - Lápiz/papel (20x16cm-8x6in) Madrid 97 .... FF10 000 - £1 075 - **$1,725**
- Nu - Mine plomb (35x24cm-14x9in) Paris 97 .... FF35 000 - £3 738 - **$6,135**
- Les Belles Réalités - Crayon/papier (34x25cm-13x10in) Lyon 95 .... FF140 000 - £17 700 - **$28,340**
- La Recherche de l'Absolu - Gouache/paper (35x20cm-14x11in) New-York 96 .... FF595 000 - £76 800 - **$115,000**

MAGROTTI Ercole 1890-1967 [1]
- Marina Napoletana con pescatori - Olio/tela (35x34cm-10x13in) Roma 93 .... FF4 390 - £493 - **$786**

MAGUET Richard 1896-1940 [2]
- Rue des pêcheurs - Aquarelle/papier (25x17cm-10x7in) Montréal 94 .... FF13 610 - £1 635 - **$2,520**

MAGUIRE Helena J. 1860-1909 [7]
- A Sting in the Tail - Watercolour (33x47cm-13x19in) London 96 .... FF23 060 - £3 000 - **$4,570**

MAGUIRE Thomas Herbert 1821-1895 [2]
- Oferente - Acuarela (31x17cm-12x7in) Madrid 90 .... FF2 300 - £245 - **$411**

MAGY Jules Édouard 1827-1878 [4]
- Convoi de moissonneurs - Huile/toile (188x135cm-74x53in) Paris 96 .... FF80 000 - £10 310 - **$15,660**

MAGYAR Gabor 1953 [2]
- Sans titre - Huile/toile (120x90cm-47x35in) Paris 91 .... FF4 000 - £403 - **$694**

MAGYAR-MANNHEIMER Gusztáv 1859-1937 [3]
- Flusslandschaft mit Häusern - Öl/Leinwand (44x54cm-17x21in) Pforzheim 93 .... FF7 460 - £891 - **$1,435**

MAHAFFEY Noël 1944 [2]
- Black Sunday - Oil/canvas (183x183cm-72x72in) New-York 90 .... FF114 400 - £11 855 - **$20,105**

MAHAINZ Julius 1882-1966 [3]
- Krems - Öl/Leinwand (65x72cm-26x28in) Wien 96 .... FF10 550 - £1 280 - **$2,053**

MAHAUX Eugène 1874-1946 [2]
- Vase de fleurs - Huile/toile (60x70cm-24x28in) Bruxelles 89 .... FF5 200 - £548 - **$875**

MAHER Kate Heath 1860-1946 [1]
- Sonoma Valley - Oil/canvas (36x51cm-14x20in) San Francisco-Los Angeles 92 .... FF8 820 - £1 024 - **$1,800**

MAHIAS Robert 1890-? [1]
- Fantaisie décorative - Gouache (57x39cm-22x15in) London 95 .... FF14 000 - £1 800 - **$2,890**

MAHIEU Frank 1952 [2]
- Tête de Vierge - Collage (68x48cm-27x19in) Paris 96 .... FF1 800 - £234 - **$356**

MAHLAU Alfred 1894-1967 [1]
- Adam une Eva von Bernt Notke - Watercolour (47x30cm-19x12in) Hamburg 93 .... FF2 713 - £324 - **$522**

MAHLER Anna 1904-? [1]
- Landschaft im Vorfrühling - Woodcut in colors (76x100cm-30x39in) Wien 90 .... FF19 200 - £1 963 - **$3,790**

MAHLER Heinrich 1909-1982 [1]
- PKZ - Poster (128x91cm-50x36in) New-York 93 .... FF7 670 - £873 - **$1,300**

M

MAHLKNECHT Edmund 1820-1903 [40]
🔸 *Cows resting* - Oil/canvas (38x29cm-15x11in) New-York 94 .... FF*26 930* - £*3 180* - **$4,800**
Tränke am Seeufer - Oil/canvas (41x52cm-16x20in) Wien 91 .... FF*48 000* - £*4 767* - **$8,334**
Weidevieh an der Furt - Öl/Leinwand (69x95cm-27x37in) Wien 96 .... FF*96 500* - £*11 000* - **$18,500**
MAHLKNECHT Josef 1886-1953 [1]
🔸 *Hirte auf einem Pferd mit Kühen* - Öl/Leinwand (55x73cm-22x29in) München 92 .... FF*8 810* - £*1 053* - **$1,696**
MAHOKIAN Wartan 1869-1937 [5]
🔸 *Coucher de soleil sur l'océan* - Huile/toile (74x116cm-29x46in) Neuilly 91 .... FF*26 000* - £*2 670* - **$4,840**
MAHON André XIX-XX [1]
🔹 *Cheval* - Bronze Paris 92 .... FF*12 500* - £*1 454* - **$2,550**
MAHONEY James 1816-1879 [3]
🔹 *Figures by a ruined bridge*
  Watercolour (21x34cm-8x13in) Castle Upton, Templepatrick, Co. Antrim 93 .... FF*7 900* - £*900* - **$1,341**
MAHORCIG Josef 1843-1923 [2]
🔸 *Motiv aus Steyr im Harz* - Oil/cardboard (69x49cm-27x19in) Wien 90 .... FF*7 700* - £*798* - **$1,353**
Dürnstein - Oil/board (44x62cm-17x24in) Wien 90 .... FF*21 600* - £*2 231* - **$3,816**
MAHRINGER Anton 1902-1974 [17]
🔸 *Winterlandschaft* - Oil/canvas (65x51cm-26x20in) Wien 90 .... FF*67 200* - £*7 149* - **$12,021**
🔹 *Venezia* - Mixed media/paper (44x55cm-17x22in) Wien 94 .... FF*16 980* - £*1 966* - **$3,216**
MAHUDEZ Jeanne L. Jacontot 1876-1956 [2]
🔸 *La soupe* - Huile/toile (38x46cm-15x18in) Bruxelles 94 .... FF*3 320* - £*390* - **$592**
MAHY Emile 1903-1979 [4]
🔸 *Le retour à l'étable* - Huile/toile (75x93cm-30x37in) Antwerpen 96 .... FF*2 330* - £*303* - **$461**
MAI Helen 1903 [3]
🔸 *Les plantes vertes* - Huile/toile (81x100cm-32x39in) Douai 90 .... FF*4 200* - £*427* - **$840**
MAï THU 1906-1980 [11]
🔹 *Jeune femme à l'éventail* - Gouache (24x23cm-9x9in) Paris 97 .... FF*24 800* - £*2 691* - **$4,395**
MAIDMENT Thomas 1871-? [8]
🔹 *Pudding Bag Lane* - Watercolour (36x28cm-14x11in) Penzance, Cornwall 94 .... FF*1 677* - £*200* - **$316**
MAIER Johann B. ?-1942 [1]
🔹 *Café Imperial am Hauptbahnhof* - Poster (182x89cm-72x35in) New-York 95 .... FF*9 750* - £*1 270* - **$2,000**
MAIER-LINDI Heinrich 1876-? [2]
🔸 *Schwäbische Alblandschaft* - Oil/canvas/board Stuttgart 89 .... FF*7 400* - £*780* - **$1,246**
🔹 *Kloster Alpirsbach* - Woodcut in colors (44x33cm-17x13in) Stuttgart 91 .... FF*2 213* - £*222* - **$405**
MAIEU Frank 1954 [1]
🔹 *Artiste spastique* - Dessin (35x26cm-14x10in) Antwerpen 91 .... FF*3 564* - £*354* - **$619**
MAIGNAN Albert Pierre René 1845-1908 [11]
🔸 *Le Forgeron* - Huile/toile (46x65cm-18x26in) Paris 97 .... FF*5 000* - £*539* - **$889**
La Sirène - Oil/panel (126x88cm-50x35in) Stockholm 94 .... FF*18 200* - £*2 150* - **$3,240**
🔹 *Expo. Franco-Britannique, Londres* - Affiche (158x118cm-62x46in) Neuilly 96 .... FF*1 600* - £*206* - **$313**
MAIGNAN M. XIX-XX [1]
🔹 *Fisherman struggling in a storm* - Bronze (43cm-17in) Cleveland, Ohio 92 .... FF*12 500* - £*1 278* - **$2,200**
MAIGRET Jacobus Adrianus 1812-1893 [1]
🔸 *Riverlandscape with figures* - Oil/panel (24x31cm-9x12in) Amsterdam 94 .... FF*4 240* - £*491* - **$726**
MAïK Paul 1894-1985 [1]
🔸 *Vers un autre voyage* - Huile/toile (46x65cm-18x26in) Versailles 89 .... FF*3 000* - £*290* - **$455**
MAïLHE Jean 1912 [19]
🔸 *Composition* - Huile/toile (73x60cm-29x24in) Verrières-Le-Buisson 91 .... FF*6 000* - £*605* - **$1,041**
Constellation - Huile/toile (88x115cm-35x45in) Douai 90 .... FF*19 500* - £*1 984* - **$3,900**
🔹 *Symphonie de lumière* - Gouache/papier (65x46cm-26x18in) Rambouillet 91 .... FF*7 500* - £*758* - **$1,489**
MAILICK Alfred 1869-? [2]
🔸 *Reh in blühender Wiese* - Öl/Leinwand (33x40cm-13x16in) München 93.................... FF*2 374* - £*284* - **$457**
MAILLARD Auguste 1864-1944 [3]
🔹 *Jules-François Lombart* - Bronze (70cm-28in) Brive-la-Gaillarde 97 .... FF*7 000* - £*764* - **$1,224**
MAILLARD Charles 1876-? [1]
🔹 *Lièvre tapi* - Bronze (6cm-2in) Paris 96 .... FF*4 500* - £*581* - **$870**
MAILLARD Émile 1846-? [14]
🔸 *Marine* - Huile/toile (64x92cm-25x36in) Zofingen 94 .... FF*5 290* - £*627* - **$978**
Remontée des filets - Huile/panneau (34x47cm-13x19in) Le Havre 96 .... FF*7 500* - £*881* - **$1,476**
La plage à Etretat - Huile/toile (65x92cm-26x36in) Bruxelles 90 .... FF*48 600* - £*5 021* - **$8,587**
MAILLARD Jean 1901-1993 [5]
🔹 *Tête de femme* - Sanguine (37x30cm-15x12in) Bruxelles 95 .... FF*1 557* - £*195* - **$315**
MAILLARD Jean-Denis 1913 [2]
🔸 *Pierrot à la guitare* - Huile/toile (170x79cm-67x31in) Monaco 93 .... FF*9 000* - £*1 125* - **$1,637**
MAILLARD Thomas 1904-1953 [2]
🔹 *Abords d'étang* - Crayon gras/papier (57x48cm-22x19in) Bruxelles 94 .... FF*1 992* - £*234* - **$355**
MAILLART Diogène 1840-1926 [4]
🔸 *Lady wearing a cream dress* - Oil/canvas (227x149cm-89x59in) New-York 95 .... FF*40 900* - £*5 090* - **$8,000**
MAILLART Thomas 1904-1953 [3]
🔹 *Madame Maillart au bord du lac* - Dessin (60x48cm-24x19in) Bruxelles 93 .... FF*7 580* - £*906* - **$1,550**
MAILLAUD Fernand 1862-1948 [132]
🔸 *Rivage méditerranéen* - Huile/toile (27x35cm-11x14in) Calais 94 .... FF*8 100* - £*960* - **$1,497**
Jeunes filles au bain - Huile/panneau (32x40cm-13x16in) Paris 95 .... FF*11 000* - £*1 460* - **$2,267**

Les moissonneurs - Huile/toile (53x63cm-21x25in) Nice 96 .... FF**18 500** - £2 124 - **$3,530**
Berger et son troupeau - Huile/toile (37x45cm-15x18in) Guéret 96 .... FF**42 000** - £5 380 - **$8,330**
🖉 *Gardienne de chèvres* - Gouache/carton (17x24cm-7x9in) Limoges 92 .... FF**6 000** - £615 - **$1,080**
  MAILLET Leo 1902-1990   [2]
🖼 *Notre-Dame de Paris* - Oil/canvas (51x62cm-20x24in) Luzern 89 .... FF**21 500** - £2 198 - **$3,457**
  MAILLOL Aristide 1861-1944   [311]
🖼 *Les deux soeurs* - Oil/panel (23x27cm-9x11in) London 94 .... FF**87 500** - £10 500 - **$17,000**
Baigneuse - Oil/canvas (73x60cm-29x24in) New-York 93 .... FF**275 000** - £34 500 - **$50,000**
Mère allaitant son enfant - Oil/board (43x36cm-17x14in) London 93 .... FF**622 000** - £75 000 - **$108,700**
La montagne - Tempera/tela (26x27cm-10x11in) New-York 90 .... FF**994 000** - £101 157 - **$198,784**
🖾 *Religieuse accroupie* - Gravure bois (12x13cm-5x5in) Paris 97 .... FF**4 100** - £434 - **$710**
La Vague - Gravure bois (17x19cm-7x7in) Paris 93 .... FF**68 000** - £7 810 - **$11,640**
🗿 *Les Trois Nymphes* - Bronze (157cm-62in) New-York 91 .... FF**1** - £1 - **$2 ,589,51e,+06**
Nymphe - Bronze (154cm-61in) London 96 .... FF**1** - £230 000 - **$354,000**
Femme à l'épine - Terracotta (17cm-7in) London 95 .... FF**103 800** - £13 000 - **$20,700**
Baigneuse debout - Bronze (38cm-15in) New-York 97 .... FF**285 715** - £30 630 - **$50,000**
Femme debout à la draperie - Bronze (30cm-12in) New-York 94 .... FF**481 000** - £55 600 - **$82,000**
🖉 *Femme agenouillée* - Sanguine (38x24cm-15x9in) London 95 .... FF**10 600** - £1 400 - **$2,150**
Standing Nude - Sanguine/papier (33x22cm-13x9in) New-York 94 .... FF**34 300** - £4 120 - **$6,500**
Femme nue de dos - Sanguine/papier (21x32cm-8x13in) Paris 95 .... FF**58 000** - £7 330 - **$11,770**
Jeune fille nue - Fusain (85x130cm-33x51in) Paris 92 .... FF**2 e +06** - £204 700 - **$352,000**
Nu de femme - Crayon (37x22cm-15x9in) Paris 95 .... FF**210 000** - £27 500 - **$42,650**
  MAILLOL Gaspard 1880-?   [2]
🖉 *La lecture du journal* - Aquarelle/papier (26x24cm-10x9in) Paris 96 .... FF**4 000** - £502 - **$772**
  MAILLOS André Jean Marie 1871-?   [1]
🖼 *Sous-bois avec deux enfants* - Oil/canvas (64x90cm-25x35in) Köbenhavn 91 .... FF**3 950** - £392 - **$686**
  MAILLOT Fernand   [2]
🖼 *Plage à Carantec* - Huile/toile (46x62cm-18x24in) Brest 89 .... FF**5 000** - £527 - **$842**
  MAILLOT Philippe 1940   [2]
🖉 *Sans titre* - Gouache/papier (54x40cm-21x16in) Paris 92 .... FF**5 000** - £514 - **$887**
  MAILLY Hippolyte 1829-?   [1]
🖉 *Dessin satirique de Guillot-Sagnez* - Crayon (31x46cm-12x18in) Paris 91 .... FF**14 000** - £1 434 - **$2,614**
  MAIMERI Gianni 1884-1951   [1]
🖼 *Cascina alla Barona, Milano* - Olio/tela (110x150cm-43x59in) Milano 90 .... FF**51 000** - £5 136 - **$9,990**
  MAIMON Moisej Leibovits 1860-?   [1]
🖼 *Nedtaging från Korset* - Oil/canvas (173x218cm-68x86in) Helsinki 95 .... FF**53 200** - £6 650 - **$10,750**
  MAINCENT Gustave 1850-1887   [14]
🖼 *Vue de Paris* - Huile/toile (25x32cm-10x13in) Pontoise 95 .... FF**27 500** - £3 650 - **$5,670**
Grenouillère, Poissy - Oil/board (22x40cm-9x16in) London 94 .... FF**59 200** - £7 000 - **$10,640**
  MAINDRON Etienne Hippolyte 1801-1884   [1]
🗿 *Arab on a horse* - Bronze (34cm-13in) London 94 .... FF**3 810** - £450 - **$684**
  MAINDS Allan Douglas 1881-1945   [1]
🖼 *On the Seine, Paris* - Oil/canvas (51x61cm-20x24in) Gleneagles Hôtel - Pertshire 90 .... FF**11 600** - £1 159 - **$2,201**
  MAINE de Harry 1880-1952   [4]
🖼 *Woman by the Sea, Near Rockport* - Oil/board (30x41cm-12x16in) North Berwick, Maine 94 ..... FF**2 366** - £284 - **$450**
  MAINELLA Raffaele 1858-?   [26]
🖉 *Venice* - Watercolour/paper (17x30cm-7x12in) New-York 95 .... FF**3 960** - £495 - **$800**
Gondole a Venezia - Inchiostro (19x34cm-7x13in) Roma 92 .... FF**9 960** - £1 020 - **$1,755**
Musulman dans la ville - Aquarelle (120x78cm-47x31in) Genève 93 .... FF**86 000** - £10 310 - **$15,870**
  MAINSSIEUX Lucien 1885-1958   [182]
🖼 *Marrakech* - Huile/toile (54x65cm-21x26in) Paris 97 .... FF**5 500** - £600 - **$961**
L'Arc de Constantin, Rome - Huile/toile (97x130cm-38x51in) Grenoble 93 .... FF**15 000** - £1 807 - **$2,730**
🖉 *Saint-Cassien* - Aquarelle, gouache/papier (36x53cm-14x21in) Grenoble 96 .... FF**5 000** - £588 - **$983**
  MAIRE André 1898-1984   [216]
🖼 *Pommes* - Huile/carton (33x41cm-13x16in) Saint-Dié 95 .... FF**6 800** - £875 - **$1,404**
Venise, 1972 - Huile/isorel (91x60cm-36x24in) Versailles 96 .... FF**29 000** - £2 996 - **$5,124**
Eléphants sacrés à Madura - Huile/isorel (155x177cm-61x70in) Versailles 91 .... FF**170 000** - £17 046 - **$28,062**
🖉 *La belle indigène* - Sanguine (63x48cm-25x19in) Paris 97 .... FF**7 000** - £760 - **$1,228**
Le départ des chasseurs moïs - Gouache (48x63cm-19x25in) Versailles 91 .... FF**26 000** - £2 582 - **$4,514**
  MAIRE Edmond XIX-XX   [3]
🖼 *Roses et pivoines* - Huile/toile (90x116cm-35x46in) Paris 97 .... FF**95 000** - £9 899 - **$16,188**
  MAIRE Ferdinand Henri 1901-1963   [5]
🖼 *Waadtländer Uferlandschaft* - Öl/Leinwand (51x60cm-20x24in) Bern 95 .... FF**2 580** - £336 - **$530**
  MAIRE Victor 1827-1881   [1]
🖼 *Torrent/Rivière* - Huile/toile (65x99cm-26x39in) Lyon 91 .... FF**10 000** - £1 010 - **$1,985**
  MAIRET Alexandre 1880-1947   [1]
🖼 *Paysage de montagne* - Huile/panneau (64x80cm-25x31in) Genève 89 .... FF**10 000** - £932 - **$1,598**
  MAIRET Charles J. 1878-1957   [2]
🖼 *Départ pour la pêche* - Huile (33x46cm-13x18in) Paris 90 .... FF**14 000** - £1 499 - **$2,435**
  MAIROVITCH Zvi 1911-1974   [59]
🖼 *Girl with Braids* - Oil/canvas (61x50cm-24x20in) Tel Aviv 97 .... FF**9 626** - £1 070 - **$1,800**
Broken Moon Over the City - Oil/canvas (75x109cm-30x43in) Tel Aviv 97 .... FF**40 107** - £4 460 - **$7,500**

M

Pink View at the Window - Mixed media/paper (100x100cm-39x39in) Tel Aviv 93............... FF60 200 - £7 240 - **$11,000**

MAIRWÖGER Gottfried 1951 [6]
Ohne Titel - Öl/Leinwand (95x85cm-37x33in) Wien 95.. FF14 700 - £1 903 - **$2,990**

MAISCH Eduard 1845-1904 [1]
Beim Brettspiel - Oil/cardboard (23x19cm-9x7in) Wien 90.. FF6 700 - £717 - **$1,165**

MAISIAT Jean Etienne Joanny 1824-1910 [3]
Pink and white roses - Oil/canvas (74x58cm-29x23in) London 96.................................... FF28 300 - £3 600 - **$5,600**

MAISON Rudolf 1854-1904 [1]
Nude male Athlete - Bronze (77cm-30in) New-York 95.. FF35 400 - £4 560 - **$7,200**

MAISSEM Fernand 1873-? [3]
Chiens courant en forêt - Gouache (17x11cm-7x4in) Soissons 96.................................. FF2 450 - £312 - **$473**

MAITLAND Paul 1863-1909 [8]
Storm cloud, Kensington gardens - Oil/canvas (25x35cm-10x14in) London 92................ FF21 500 - £2 200 - **$3,784**

MAJER Gustav 1847-1900 [5]
Gefährliche Spiele - Oil/panel (52x38cm-20x15in) Stuttgart 90.................................... FF101 400 - £10 857 - **$17,635**

MAJERANOWSKI Ladislas V. ?-1864 [1]
Portrait d'une élégante - Huile/toile (59x48cm-23x19in) Genève 89............................ FF10 100 - £1 064 - **$1,700**

MAJOR Ernest Lee 1864-1951 [1]
Duck blind on a creek - Oil/canvas (66x81cm-26x32in) New-York 92........................... FF4 900 - £570 - **$1,000**

MAJOR Theodore [2]
Pink poppies - Oil/board (35x32cm-14x13in) London 94.. FF2 052 - £240 - **$360**

MAJOR Thomas 1714/20-1799 [1]
Ruins of Paestum - Engraving Bern 93.. FF4 130 - £517 - **$755**

MAJORE Frank 1948 [4]
Manhattan Lights - Cibachrome print (48x38cm-19x15in) New-York 95......................... FF6 450 - £822 - **$1,300**

MAJOREL Fernand 1898-1965 [13]
Nu étendu - Huile/toile (60x81cm-24x32in) Lyon 96... FF11 000 - £1 380 - **$2,123**
Nu assis - Pastel/papier (45x32cm-18x13in) Lyon 97... FF3 800 - £411 - **$665**
Nu allongé - Pastel (62x130cm-24x51in) Lyon 90.. FF7 600 - £785 - **$1,343**

MAJORELLE Jacques 1886-1962 [101]
Géants de la forêt - Huile/toile (57x71cm-22x28in) Paris 97...................................... FF20 000 - £2 126 - **$3,446**
Telouet, la Kasbah du Glaoui - Huile/carton (50x60cm-20x24in) Paris 96.................... FF45 000 - £5 300 - **$8,830**
Anémiter - Technique mixte/panneau (77x88cm-30x35in) Paris 97.............................. FF100 000 - £10 630 - **$17,230**
Anémiter, Grand Atlas - Technique mixte (55x75cm-22x30in) Paris 95....................... FF230 000 - £29 750 - **$47,000**
Golf Club, Fedhala, Maroc - Poster (99x62cm-39x24in) New-York 95.......................... FF21 730 - £2 550 - **$3,800**
Portrait de Aïcha - Gouache (57x42cm-22x17in) Paris 97.. FF32 000 - £3 402 - **$5,514**
Les marchands, Marrakech - Pastel (83x100cm-33x39in) Nice 97................................ FF65 000 - £7 059 - **$11,518**
Jeune fille dans mon jardin, ou Porteuse d'eau
    Aquarelle, gouache (63x52cm-25x20in) Paris 94... FF195 000 - £23 200 - **$37,100**
Ouarzazat - Gouache (53x72cm-21x28in) Paris 94.. FF210 000 - £25 000 - **$39,950**

MAJORIE'S 1953 [2]
Le torrent - Huile/toile (61x50cm-24x20in) Martigues 92.. FF8 500 - £870 - **$1,530**

MAK Edith 1936 [2]
Bouquet de fleurs - Huile/panneau (40x30cm-16x12in) Le Mans 92............................ FF4 300 - £442 - **$827**

MAK Paul, Pavel Ivanov XX [8]
Soldier and maiden - Watercolour (27x20cm-11x8in) New-York 95............................. FF20 540 - £2 520 - **$4,000**

MAK Pieter Johannes 1842-1929 [1]
Hoevegezicht onder de sneuuw - Huile/toile (50x70cm-20x28in) Tongeren 92............. FF2 794 - £325 - **$570**

MAKARENKO Vladimir, dit Maka 1943 [4]
Composition surréaliste - Technique mixte (29x34cm-11x13in) L'Isle-Adam 90............. FF6 500 - £683 - **$1,130**

MAKAREWICZ Jerzy 1907-1944 [1]
Still life of flowers - Oil/canvas (79x99cm-31x39in) Warszawa 96............................... FF11 020 - £1 381 - **$2,150**

MAKAROV Valery 1958 [2]
La traversée du désert - Huile/toile (100x95cm-39x37in) Paris 89............................. FF3 000 - £316 - **$505**

MAKART Franz 1892-1971 [1]
Rotenburg ob der Tauber - Wash (28x34cm-11x13in) Wien 91.................................. FF6 720 - £667 - **$1,167**

MAKART Hans 1840-1884 [35]
Kentauren im Wald - Öl/Leinwand (100x75cm-39x30in) München 96.......................... FF68 000 - £7 740 - **$13,000**
Profile of a young woman - Öl/Leinwand (54x24cm-13x9in) Wien 96......................... FF120 700 - £13 750 - **$23,100**
Abundantia - Oil/canvas (117x329cm-46x130in) London 97.................................... FF428 571 - £45 000 - **$73,714**
Triumph der Ariache - Oil/panel (88x133cm-35x52in) London 90............................. FF503 600 - £53 919 - **$87,583**
Figurenstudie - Pencil/paper (54x43cm-21x17in) Wien 92...................................... FF10 580 - £1 084 - **$1,864**

MÄKELÄ Juho 1885-1943 [3]
Sommardag - Akvarell (32x25cm-13x10in) Helsinki 90.. FF8 600 - £927 - **$1,517**

MAKHORINE Viktor 1923 [3]
Old herdsman - Oil/canvas (90x73cm-35x29in) London 96...................................... FF21 700 - £2 800 - **$4,190**

MAKIELSKI Leon A. 1885-? [1]
Summer in Vermont - Oil/panel (33x40cm-13x16in) New-York 92.............................. FF16 640 - £1 767 - **$3,200**

MÄKILÄ Otto 1904-1955 [4]
Varvet i Pansio - Oil/canvas (27x41cm-11x16in) Helsinki 95................................... FF7 180 - £897 - **$1,450**

MAKKONEN Arvo 1894-1956 [6]
Stadsvy, Långa Bron Helsinfors - Oil/panel (38x47cm-15x19in) Helsinki 95............... FF2 805 - £339 - **$528**

MAKLOTH Johann XIX-XX [2]
- *Kind mit rotem Haarband* - Öl/Karton (12x10cm-5x4in) Wien 95 .... FF3 184 - £420 - $646

MAKOKIAN Vartan 1869-1937 [1]
- *Marine* - Huile/toile/panneau (38x60cm-15x24in) Paris 93 .... FF5 000 - £603 - $910

MAKOVSKII Aleksandr Vladimir. 1869-1924 [7]
- *The church across the water* - Oil/canvas (38x53cm-15x21in) London 96 .... FF23 400 - £3 000 - $4,640
- *Grand Duchess Elena Pavlovna* - Oil/canvas (142x106cm-56x42in) London 91 .... FF148 800 - £15 102 - $26,875

MAKOVSKII Konstantin Egorovich 1839-1915 [32]
- *The Boyar Bride* - Oil/canvas (49x38cm-19x15in) New-York 94 .... FF29 800 - £3 610 - $5,500
- *Young girl in a wedding dress* - Oil/board (28x24cm-11x9in) London 97 .... FF95 238 - £10 000 - $16,381
- *Blind man's bluff* - Oil/canvas (183x198cm-72x78in) New-York 92 .... FF498 000 - £50 400 - $100,000

MAKOVSKII Vladimir Egorovitch 1846-1920 [46]
- *Vilostund* - Oil/canvas (40x32cm-16x13in) Helsinki 94 .... FF8 150 - £934 - $1,382
- *Children in a sunlit yard* - Oil/canvas (33x40cm-13x16in) New-York 95 .... FF26 600 - £3 210 - $5,000
- *The letter* - Oil/board (47x31cm-19x12in) London 97 .... FF80 952 - £8 500 - $13,923
- *Gourmand* - Oil/panel (35x27cm-14x11in) Helsinki 93 .... FF153 000 - £17 200 - $26,300
- *Country market* - Watercolour (37x53cm-15x21in) London 95 .... FF41 050 - £5 200 - $8,250

MAKOWSKI Alexander 1869-1924 [1]
- *River landscape* - Oil/cardboard (22x33cm-9x13in) Helsinki 94 .... FF15 300 - £1 750 - $2,590

MAKOWSKI Nikolai Georgievich 1842-1886 [3]
- *A Southern village* - Oil/board (33x24cm-13x9in) Moscow 94 .... FF10 520 - £1 208 - $1,800

MAKOWSKI Tadeusz 1882-1932 [21]
- *Paysanne et études de têtes* - Huile/toile (80x51cm-31x20in) Paris 96 .... FF60 000 - £7 760 - $11,880
- *Masquerade* - Oil/canvas (81x100cm-32x39in) Warszawa 94 .... FF401 000 - £45 900 - $68,000
- *The Drinking* - Watercolour, gouache (27x34cm-11x13in) Warszawa 94 .... FF59 400 - £6 810 - $10,070

MAKOWSKI Théodore 1890-1971 [19]
- *Le sacrifice* - Huile/toile (70x44cm-28x17in) Paris 92 .... FF4 000 - £411 - $770

MAKOWSKI Zbigniew 1930 [4]
- *La nature qui seule est bonne...* - Acrylique/panneau (77x57cm-30x22in) Paris 89 .... FF6 000 - £614 - $965

MAKRIS Constantinos 1917-1984 [1]
- *Egyptian girls* - Oil/canvas (63x76cm-25x30in) Athens 94 .... FF40 000 - £4 740 - $7,400

MAKROULAKIS Michalis 1940 [3]
- *Landscape* - Oil/panel (42x66cm-17x26in) Athens 96 .... FF53 600 - £6 200 - $10,270

MAKS Kees 1876-1965 [61]
- *Circus* - Oil/cardboard (39x50cm-15x20in) Amsterdam 97 .... FF8 990 - £945 - $1,544
- *Jonge vrouw leunend op fauteuil* - Oil/canvas (107x87cm-42x34in) Amsterdam 96 ..... FF21 650 - £2 484 - $4,130
- *Revue girl* - Oil/canvas (116x78cm-46x31in) Amsterdam 95 .... FF53 600 - £6 830 - $10,930
- *Souvenir de Paris* - Oil/canvas (42x73cm-17x29in) Amsterdam 95 .... FF100 800 - £12 860 - $20,570
- *Lady wearing a corset* - Watercolour/paper (19x14cm-7x6in) Amsterdam 94 .... FF11 500 - £1 323 - $1,970
- *Dancing couple* - Watercolour/paper (22x20cm-8x8in) Amsterdam 97 .... FF55 491 - £6 003 - $968,3 8

MALACHOWSKI Soter 1867-1952 [1]
- *Coastal landscape & sailing boats* - Oil/panel (32x58cm-13x23in) Warszawa 95 ...... FF4 200 - £537 - $862

MALACREA Francesco 1812-1886 [3]
- *Uva e brocca da vino* - Olio/tela (53x73cm-21x29in) Trieste 92 .... FF31 700 - £3 245 - $5,580

MALAGODI Giuseppe 1890-1968 [4]
- *Operai in galleria* - Öl/Metall (54x64cm-21x25in) Roma 91 .... FF11 850 - £1 214 - $2,212

MALAINE Joseph Laurent 1745-1809 [5]
- *Flowers in a vase* - Oil/panel (73x59cm-29x23in) San Francisco-Los Angeles 92 ...... FF222 000 - £23 240 - $40,000

MALAN Jean Sidrac 1814-1864 [1]
- *Voilier sur le Lac Léman* - Huile/toile (22x16cm-9x6in) Bern 94 .... FF2 020 - £234 - $348

MALANCA José 1897-1967 [2]
- *Calle del Puno* - Oil/canvas (50x60cm-20x24in) New-York 93 .... FF35 460 - £4 030 - $6,000

MALANÇON Henri 1876-1960 [19]
- *Maisons près des collines* - Huile/toile (49x64cm-19x25in) Versailles 91 .... FF3 000 - £298 - $521
- *Paysage* - Huile/toile (52x62cm-20x24in) Bremen 94 .... FF14 000 - £1 796 - $2,884

MALANGA Gérard XX [3]
- *Nothing in the city* - Drawing (35x21cm-14x8in) New-York 90 .... FF57 200 - £6 085 - $10,233

MALARD Félix 1840-? [2]
- *French volunteer in a barn* - Oil/canvas (69x90cm-27x35in) London 96 .... FF11 230 - £1 400 - $2,170
- *Figures promenading by the sea* - Oil/canvas (60x76cm-24x30in) London 91 .... FF49 600 - £4 998 - $8,607

MALARDOT Charles André 1817-1879 [3]
- *Paysages avec brigands* - Eau-forte Paris 96 .... FF3 550 - £461 - $702

MALATESTA Adeodato 1806-1891 [1]
- *Martirio dei Santi Nazario e Ceso* - Olio/tela (23x14cm-9x6in) Roma 90 .... FF4 440 - £454 - $876

MALATESTA Narciso 1835-1896 [1]
- *Ente vor Marmorwand* - Gouache/papier (55x39cm-22x15in) Wien 93 .... FF8 650 - £1 034 - $1,665

MALAUSSENA Jean-Pierre 1935 [9]
- *Conversation V* - Bronze (33cm-13in) Paris 97 .... FF11 000 - £1 200 - $1,923

MALAVAL Robert 1937-1980 [54]
- *Petit Glaive* - Technique mixte (27x41cm-11x16in) Versailles 97 .... FF11 000 - £1 163 - $1,888
- *Gold Falls* - Technique mixte/panneau (64x49cm-25x19in) Versailles 96 .... FF25 000 - £2 870 - $4,770
- *Sécoué-tâche bleue* - Technique mixte/toile (195x195cm-77x77in) Paris 97 .... FF45 000 - £4 739 - $7,736

M

Trois batons - Acrylique/toile (195x265cm-77x104in) Paris 92 .... FF170 000 - £20 300 - **$32,700**
Composition - Sérigraphie (64x100cm-25x39in) Paris 92 .... FF1 700 - £174 - **$300**
Cristallisation d'aliment blanc - Sculpture (27x17x28cm-11x7x11in) Paris 94 .... FF30 000 - £3 555 - **$5,540**
Vortex No. 9 - Pastel/papier (50x64cm-20x25in) Versailles 96 .... FF10 000 - £1 253 - **$1,930**
Vortex 05 - Pastel (50x65cm-20x26in) Versailles 90 .... FF33 000 - £3 420 - **$5,800**

MALBON William XIX [8]
Two Dogs and Hedgehog - Oil/board (23x28cm-9x11in) North Berwick, Maine 94 .... FF8 190 - £947 - **$1,400**

MALBOS Ernest 1885-1960 [1]
Campagne, Montagne St. Victoire - Gouache (14x21cm-6x8in) Marseille 89 .... FF1 500 - £158 - **$253**

MALBRANCHE Louis Claude 1790-1838 [7]
Église de village sous la neige - Huile/toile (24x32cm-9x13in) Calais 92 .... FF23 000 - £2 354 - **$4,050**

MALCHAIR John Baptiste 1731-1812 [2]
View of Bristol - Pencil (24x36cm-9x14in) Bristol, Avon 94 .... FF2 914 - £350 - **$555**

MALCHIN Karl 1838-1923 [1]
Fischerboote auf der Ostsee - Oil/board (16x34cm-6x13in) Hamburg 92 .... FF10 200 - £1 044 - **$1,796**

MALCLES Jean-Denis 1912 [11]
La Belle et la Bête - Affiche (120x120x160cm-47x47x63in) Argenteuil 95 .... FF15 500 - £2 042 - **$3,140**
Compagnie Renaud-Barrault - Dessin (60x40cm-24x16in) Paris 95 .... FF6 500 - £845 - **$1,338**

MALCLES Laure 1911-1981 [1]
Nature morte à la bouteille de cidre - Huile/toile (73x55cm-29x22in) Strasbourg 90 .... FF5 500 - £568 - **$972**

MALCOMPRÉ Léo 1884-? [2]
Marie - Huile/toile (98x71cm-39x28in) Bruxelles 91 .... FF5 270 - £529 - **$912**

MALCZEWSKI Jacek 1854-1929 [59]
The Piano Lesson - Oil/canvas (44x78cm-17x31in) New-York 97 .... FF96 701 - £10 406 - **$17,000**
Thanatos - Oil/canvas (247x196cm-97x77in) Warszawa 96 .... FF771 000 - £96 600 - **$150,300**
Junge Frauen im Geröll - Aquarell/Papier (26x21cm-10x8in) Wien 92 .... FF6 250 - £747 - **$1,203**

MALCZEWSKI Rafal 1892-1965 [6]
Z Radju Tatrzanskiego - Oil/canvas (81x100cm-32x39in) Warszawa 93 .... FF17 000 - £1 853 - **$2,850**
River landscape - Watercolour, gouache (35x52cm-14x20in) Warszawa 96 .... FF2 665 - £337 - **$532**

MALDARELLI Frederico 1826-1893 [1]
In the Poppy field - Oil/canvas (146x96cm-57x38in) New-York 94 .... FF101 100 - £11 930 - **$18,000**

MALDARELLI Giuseppe 1855-1958 [5]
Ragazza con fiori - Olio/tela (66x46cm-26x18in) Milano 95 .... FF4 470 - £570 - **$915**

MALDEGHEM van Eugène Romain 1813-1867 [5]
In The Harem - Oil/panel (34x25cm-13x10in) London 90 .... FF18 500 - £2 400 - **$3,660**
Femmes turques au harem - Aquarelle (26x36cm-10x14in) Paris 94 .... FF21 000 - £2 490 - **$3,880**

MALDERE van Raoul 1875-? [2]
Ferme à Château-Gombert - Huile/toile (53x72cm-21x28in) Paris 91 .... FF2 500 - £252 - **$487**
Bord de mer méditerranéen - Aquarelle, gouache (22x37cm-9x15in) Paris 96 .... FF2 000 - £254 - **$384**

MALDEREN van Jan 1883-? [4]
Ardennes - Huile/toile (80x110cm-31x43in) Lokeren 96 .... FF7 330 - £947 - **$1,448**

MALDUPE Vija 1947 [3]
Liberté de la Lettonie - Huile/toile (140x120cm-55x47in) Paris 90 .... FF5 200 - £524 - **$945**

MALDURA Giovanni 1772-1849 [1]
Colosseum/Arch of Janus/... - Oil/canvas (55x77cm-22x30in) London 90 .... FF1 - £146 304 - **$264,145**

MALEAS Konstantinos 1879-1928 [10]
Greek church in Kifissa - Oil/canvas/board (38x55cm-15x22in) London 94 .... FF37 700 - £4 400 - **$6,550**
Les Objets du Hamam - Oil/canvas (61x73cm-24x29in) Athens 93 .... FF240 000 - £27 570 - **$41,200**

MALECKI Felix 1908-1986 [4]
Heimliche Kuss - Öl/Leinwand (24x18cm-9x7in) Wien 93 .... FF4 455 - £527 - **$741**

MALECKI Wladyslaw Aleksander 1836-1900 [2]
Cavalier de chasse à courre - Huile/carton (82x61cm-32x24in) Warszawa 94 .... FF35 100 - £4 020 - **$5,950**

MALEMPRÉ Leo XIX-XX [8]
The Fisherman's Lunch - Oil/panel (49x40cm-11x16in) London 95 .... FF5 280 - £700 - **$1,091**
Country beauty - Oil/canvas (27x19cm-11x7in) London 92 .... FF17 200 - £2 000 - **$3,510**

MALEMPRÉ Louis Auguste, sculp XIX-XX [1]
Queen Victoria - Marble (50cm-20in) London 89 .... FF4 800 - £464 - **$728**

MALENSON Paul 1817-1880 [1]
Chasse à courre - Huile/toile Bruxelles 93 .... FF10 870 - £1 300 - **$2,222**

MALER Nyrop Borge Chr. 1881-? [1]
Caballo en la pradera - Oleo/lienzo (53x67cm-21x26in) Madrid 91 .... FF3 010 - £303 - **$522**

MALERBA Gian Emilio 1880-1926 [1]
E & A Melle, Napoli - Poster (203x144cm-80x57in) New-York 94 .... FF45 800 - £5 370 - **$8,000**

MALESCI Giovanni 1884-1969 [3]
Colonia sul fiume Sieve - Olio/tavola (40x60cm-16x24in) Roma 94 .... FF9 170 - £1 092 - **$1,640**

MALESPINA Louis-Ferdinand 1874-1940 [29]
Course de Sulky - Huile/toile (73x92cm-29x36in) Calais 97 .... FF15 000 - £1 501 - **$2,532**
Piste à Longchamps - Oil/board (38x46cm-15x18in) New-York 95 .... FF139 200 - £17 630 - **$28,000**
Course hippique - Fusain Quimper 94 .... FF3 000 - £356 - **$555**
Les trotteurs - Aquarelle (43x58cm-17x23in) Deauville 92 .... FF10 000 - £1 024 - **$1,760**

MALESPINE Émile 1892-1952 [2]
Le Nid des étoiles oubliées - Huile/papier (22x28cm-9x11in) Paris 94 .... FF4 000 - £475 - **$759**
Indécision, 1948 - Aquarelle (56x46cm-22x18in) Verrières-Le-Buisson 90 .... FF60 500 - £6 478 - **$10,522**

MALET Albert 1905-1986 [207]
- *Giverny* - Huile/toile (46x61cm-18x24in) Ourville-en-Caux 96 .... FF7 000 – £918 - **$1,424**
- *Bord de mer* - Huile/toile (55x46cm-22x18in) Orange 92 .... FF11 000 – £1 130 - **$2,037**
- *Automne sur la rivière* - Huile/toile (51x61cm-20x24in) La Varenne Saint-Hilaire 93 .... FF21 000 – £2 625 - **$3,820**
- *Bord de Seine* - Huile/toile (54x81cm-21x32in) Bayeux 91 .... FF34 000 – £3 377 - **$5,903**
- *L'étang en automne* - Huile/panneau (50x61cm-20x24in) Rouen 90 .... FF87 000 – £9 315 - **$15,130**
- *Neige* - Gouache (19x27cm-7x11in) Dieppe 91 .... FF9 600 – £962 - **$1,758**

MALET Guy Seymour Warre 1900-1973 [5]
- *Surprise View, Yorkshire* - Oil/canvas (76x51cm-30x20in) London 94 .... FF2 940 – £340 - **$503**

MALET Harold Esdaile, Col. 1841-1918 [7]
- *Interior at Cox Hoe* - Watercolour (17x25cm-7x10in) London 94 .... FF54 600 – £6 500 - **$10,300**

MALET Mercédès XX [2]
- *Jeune fille blonde et oiseau* - Huile/toile (50x61cm-20x24in) Versailles 90 .... FF3 500 – £358 - **$691**

MALEVITCH Kasimir Sevrinovitch 1878-1935 [13]
- *Head of a peasant* - Gouache (46x46cm-18x18in) London 93 .... FF1 – £190 000 - **$275,500**
- *Children in the park* - Watercolour, gouache/paper (23x20cm-9x8in) Stockholm 95 .... FF88 500 – £11 060 - **$22,550**
- *The widow* - Watercolour, gouache (14x14cm-6x6in) London 92 .... FF195 400 – £20 000 - **$34,500**

MALFAIT Hubert 1898-1971 [42]
- *Nature morte* - Huile/toile (103x76cm-41x30in) Antwerpen 92 .... FF13 280 – £1 360 - **$2,336**
- *Deux cavaliers sur la plage* - Huile/panneau (46x61cm-18x24in) Lokeren 95 .... FF51 700 – £6 460 - **$10,140**
- *Ploeger met os* - Huile/panneau (60x90cm-24x35in) Lokeren 94 .... FF141 000 – £16 820 - **$26,550**
- *Twee kinderen* - Encre (75x55cm-30x22in) Lokeren 94 .... FF39 800 – £4 750 - **$7,500**

MALFATTI Andrea 1832-1917 [1]
- *Venus and Cupid* - Marble (208cm-82in) New-York 96 .... FF1 – £152 000 - **$230,000**

MALFLIET Romain 1910 [8]
- *Travailleurs au port d'Anvers* - Huile/toile (43x40cm-17x16in) Antwerpen 90 .... FF4 500 – £482 - **$783**
- *Le pont* - Eau-forte Antwerpen 94 .... FF1 834 – £220 - **$357**

MALFRAY Charles Alexandre 1887-1940 [49]
- *Female Torso* - Bronze (25cm-10in) London 97 .... FF3 810 – £400 - **$652**
- *L'éveil* - Bronze (18cm-7in) Paris 97 .... FF15 000 – £1 637 - **$2,622**
- *La danse debout* - Bronze (120cm-47in) Paris 94 .... FF78 000 – £9 270 - **$14,400**
- *Deux baigneuses* - Crayon (39x25cm-15x10in) Paris 96 .... FF6 000 – £776 - **$1,178**

MALFROY Charles 1862-? [55]
- *Les Martigues* - Huile/toile (46x73cm-18x29in) Mont Saint-Michel 97 .... FF15 000 – £1 644 - **$2,632**
- *Barques à voiles, Venice* - Huile/toile (55x92cm-22x36in) Arles 96 .... FF28 000 – £3 660 - **$5,600**
- *Port de pêche en Provence* - Huile/toile (66x91cm-26x36in) Saint-Germain-en-Laye 90 ..... FF42 000 – £4 352 - **$7,381**

MALFROY Henry 1895-1944 [75]
- *Arc de Triomphe, Paris* - Oil/panel (23x33cm-9x13in) London 94 .... FF13 830 – £1 600 - **$2,365**
- *Martigues* - Huile/toile (46x65cm-18x26in) Paris 97 .... FF19 000 – £2 048 - **$3,378**
- *Harbour of Cassis, Provence* - Oil/canvas (60x92cm-24x36in) London 94 .... FF24 200 – £2 800 - **$4,140**
- *Voiliers, Bosphore* - Huile/toile (73x116cm-29x46in) Paris 93 .... FF70 000 – £7 970 - **$11,860**

MALHAUPT Frédérick J. 1871-1938 [1]
- *Young woman* - Oil/canvas (51x41cm-20x16in) San Francisco-Los Angeles 90 .... FF28 600 – £3 062 - **$4,974**

MALHERBE William 1884-1951 [22]
- *Paysage américain* - Huile/toile (61x91cm-24x36in) Paris 96 .... FF3 500 – £436 - **$679**
- *Anémones, jonquilles et pommes* - Huile/toile (55x46cm-22x18in) Paris 97 .... FF20 000 – £2 172 - **$3,544**

MALI Christian Friedrich 1832-1906 [50]
- *Shepherd with his Flock* - Oil/canvas (44x67cm-17x26in) New-York 97 .... FF28 442 – £3 061 - **$5,000**
- *Ankunft des Ochsenschlittens* - Öl/Leinwand (33x41cm-13x16in) Stuttgart 95 .... FF87 600 – £10 650 - **$17,250**
- *Die Kuhherd* - Öl/Leinwand (89x156cm-35x61in) Stuttgart 94 .... FF153 800 – £17 960 - **$27,100**
- *Chiemsee* - Öl/Leinwand (37x71cm-15x28in) Stuttgart 90 .... FF222 000 – £28 860 - **$43,900**

MALI Jan 1828-1865 [1]
- *Esslingen* - Oil/canvas (26x23cm-10x9in) Frankfurt 92 .... FF12 920 – £1 323 - **$2,275**

MALIARENKO Dimitri Petrovich 1824-1860 [1]
- *Young Man smoking in an interior* - Oil/canvas (56x46cm-22x18in) London 96 ...... FF27 300 – £3 500 - **$5,410**

MALIAVINE Philippe Andreevitch 1869-1939 [51]
- *Hut by a birch forest* - Oil/canvas (50x66cm-20x26in) London 96 .... FF8 580 – £1 100 - **$1,702**
- *Troika* - Oil/canvas (51x73cm-20x29in) London 96 .... FF29 640 – £3 800 - **$5,880**
- *Princess Vokonsky* - Oil/canvas (113x144cm-44x57in) London 97 .... FF142 857 – £15 000 - **$24,571**
- *Etude de femme* - Coloured crayons (33x26cm-13x10in) London 97 .... FF4 982 – £550 - **$874**

MALIBRAN Maria Felicidad G. 1808-1836 [1]
- *Paysage au ruisseau* - Crayon (33x26cm-13x10in) Paris 91 .... FF5 000 – £507 - **$903**

MALICHEFF Nicolaï XIX [2]
- *The antiques shop* - Oil/canvas (39x59cm-15x23in) Amsterdam 97 .... FF58 747 – £6 210 - **$10,080**

MALICOAT Philip Cecil 1908-1981 [1]
- *The Trio* - Gouache/paper (25x36cm-10x14in) Cambridge, Mass. 93 .... FF8 800 – £1 040 - **$1,600**

MALINGREY Rémi 1958 [3]
- *Location* - Acrylique/toile (82x60cm-32x24in) Paris 90 .... FF3 000 – £319 - **$537**

MALINOVSKII Adam 1829-1892 [1]
- *Moonlit landscape with building* - Oil/canvas/panel (28x37cm-11x15in) Warszawa 94 ... FF10 780 – £1 235 - **$1,827**

MALINOVSKY Lise XX [17]
- *Skelletbilleder, 1987* - Drawing (24x31cm-9x12in) København 90 .... FF2 600 – £277 - **$465**

M

MALIPHANT William XIX-XX [2]

◇ *Young girl listening to a song*
Watercolour (24x25cm-9x10in) Marlborough Crescent, Newcastle upon Tyne 93 .... FF8 000 - £1 000 - **$1,450**

MALIQUET Claire 1878-1964 [2]

◇ *Portrait de femme* - Huile/toile (60x41cm-24x16in) Neuilly 90 .... FF3 800 - £407 - **$661**

MALISSARD Georges 1877-1942 [12]

▪ *Éléphant* - Bronze (46x60cm-18x10x24in) Senlis 94 .... FF30 000 - £3 445 - **$5,140**
Tandem - Bronze (47cm-19in) Paris 95 .... FF134 000 - £17 400 - **$27,450**

MALIVER Émilie 1885-1944 [5]

▪ *Amour maternel* - Bronze (16cm-6in) Reims 95 .... FF5 500 - £715 - **$1,130**

MALKIN David 1910 [3]

☞ *Sans titre* - Huile/papier/toile (14x25cm-6x10in) Paris 90 .... FF41 000 - £4 249 - **$7,206**

MALKINE Georges 1898-1970 [7]

☞ *Paysage* - Huile/toile (55x46cm-22x18in) Paris 96 .... FF14 500 - £1 876 - **$2,846**
Le Bain - Huile/toile (53x64cm-21x25in) Paris 96 .... FF36 000 - £4 650 - **$7,090**

MALKOWSKY Heiner 1920-1988 [11]

☞ *Figurengruppe* - Oil/canvas (145x145cm-57x57in) Ahlden 91 .... FF42 250 - £4 288 - **$7,631**
◇ *Abstraktes Blumenstilleben* - Mixed media/paper (70x50cm-28x20in) Pforzheim 93 .... FF7 460 - £891 - **$1,435**

MALLAVINE Philippe 1869-1939 [1]

◇ *Deux danseurs* - Dessin (47x31cm-19x12in) La Roche-sur-Yon 93 .... FF4 400 - £550 - **$800**

MALLE Charles 1895-1983 [9]

☞ *Le bassin à Dieppe* - Huile/toile (33x41cm-13x16in) Paris 97 .... FF2 900 - £312 - **$501**
Le Havre, la jetée - Huile/toile (46x55cm-18x22in) Provins 94 .... FF4 300 - £515 - **$842**

MALLE Charles 1935 [36]

☞ *La plage* - Huile/carton/toile (46x55cm-18x22in) Provins 97 .... FF2 500 - £270 - **$439**
L'heure du thé - Huile/toile (54x65cm-21x26in) Provins 95 .... FF5 500 - £685 - **$1,076**

MALLEBRANCHE Louis-Claude 1790-1838 [21]

☞ *Vue d'un village normand* - Huile/toile (32x41cm-13x16in) Paris 95 .... FF10 000 - £1 264 - **$2,022**
Patineurs - Huile/toile (25x42cm-10x17in) Auxerre 92 .... FF26 000 - £2 660 - **$4,580**
Soleil couchant sur le village - Huile/toile (60x84cm-24x33in) Paris 93 .... FF72 000 - £8 090 - **$12,200**

MALLEBRERA Higinio 1891-1980 [1]

☞ *Scène d'hiver* - Huile/toile (48x37cm-19x15in) Bruxelles 93 .... FF7 580 - £906 - **$1,550**

MALLET J.L. Léonce 1827-? [1]

☞ *Paysage alpin à la cascade* - Huile/toile (70x90cm-28x35in) Besançon 95 .... FF5 500 - £723 - **$1,104**

MALLET Jean Baptiste 1759-1835 [22]

◇ *Nymphe au bain* - Oil/canvas (38x46cm-15x18in) New-York 92 .... FF144 300 - £15 100 - **$26,000**
◇ *Three Drunken Nymphs* - Gouache (29x22cm-11x9in) New-York 97 .... FF33 370 - £3 714 - **$6,000**
Young Couple making Love - Bodycolour (25x18cm-10x7in) Wien 96 .... FF232 000 - £28 100 - **$45,100**

MALLET-STEVENS Robert 1886-1945 [4]

▭ *Saint-Jean-de-Luz* - Affiche (160x120cm-63x47in) Paris 96 .... FF16 000 - £2 052 - **$3,153**

MALLIA René 1885-1931 [1]

☞ *Le Havre, 1929* - Huile/toile (60x73cm-24x29in) Versailles 90 .... FF7 000 - £736 - **$1,217**

MALLINA Erich 1873-1954 [4]

◇ *Engel* - Black chalk/paper (26x42cm-10x17in) Wien 96 .... FF21 640 - £2 756 - **$4,170**

MALLINSON Ethel M. XIX-XX [3]

◇ *Figures by a gateway* - Pencil (33x41cm-13x16in) London 92 .... FF2 930 - £300 - **$518**

MALLO Cristino 1908 [5]

▪ *Mujer asomada a la ventana* - Bronze (15cm-6in) Madrid 90 .... FF56 700 - £6 110 - **$10,000**
◇ *Mujer con nino* - Aguada (48x32cm-19x13in) Madrid 90 .... FF6 800 - £702 - **$1,201**

MALLO GONZALEZ Cristino 1905-1989 [3]

▪ *La Paz* - Sculpture (22cm-9in) Madrid 91 .... FF17 600 - £1 752 - **$3,027**

MALLOCH Stirling 1865-1901 [1]

☞ *Salmon fishermen* - Oil/canvas/panel (41x61cm-16x24in) Edinburgh 96 .... FF9 420 - £1 200 - **$1,815**

MALLOL SUAZO Josep Maria 1910-1986 [8]

☞ *Caballos en un valle del Pirineo* - Oleo/lienzo (80x100cm-31x39in) Madrid 96 .... FF140 600 - £16 520 - **$27,650**
◇ *Niñas en el jardin* - Acuarela (46x31cm-18x12in) Madrid 96 .... FF3 620 - £450 - **$702**

MALMBERG Viktor 1868-1936 [1]

▪ *Dansös* - Wood (23cm-9in) Helsinki 92 .... FF3 585 - £367 - **$631**

MALMBORG Arne 1924-1990 [1]

☞ *Marstrand* - Oil/canvas (82x102cm-32x40in) Göteborg 95 .... FF2 190 - £284 - **$449**

MALMESTRÖM Acke Hugues 1894-1968 [13]

☞ *Motiv från Capri* - Oil/canvas (48x60cm-19x24in) Stockholm 91 .... FF4 530 - £464 - **$846**

MALMSTRÖM August 1829-1901 [26]

☞ *Grindslanten* - Oil/canvas/panel (70x101cm-28x40in) Stockholm 92 .... FF1 - £216 000 - **$347,500**
Mother and child - Oil/canvas (95x78cm-37x31in) Stockholm 96 .... FF8 530 - £1 070 - **$1,662**
Trollskrinet - Oil/canvas (2x47cm-1x19in) Stockholm 95 .... FF87 800 - £11 260 - **$17,700**

MALMSTRÖM Gustav 1887-? [1]

▪ *Stående kvinnofigur* - Bronze (135cm-53in) Stockholm 95 .... FF27 640 - £3 450 - **$5,420**

MALMSTRÖM Henning 1890-1968 [5]

☞ *Stilleben med blommor i vas* - Oil/canvas (80x64cm-31x25in) Malmö 93 .... FF5 290 - £624 - **$930**
◇ *Blomsterstilleben* - Pastel (53x47cm-21x19in) Malmö 93 .... FF4 230 - £499 - **$744**

MALMSTRÖM Tyra E. 1875-1928 [2]

☞ *I väveriet* - Oil/canvas (46x38cm-18x15in) Helsinki 93 .... FF16 330 - £1 878 - **$2,810**

MALNOVITZER Zvi 1945 [9]
- *The artist and his model* - Oil/canvas (80x97cm-31x38in) Amsterdam 93 .... FF39 040 - £4 680 - **$7,140**
- *The Blessing of the New Moon* - Oil/canvas (51x73cm-20x29in) New-York 94 .... FF87 700 - £10 060 - **$15,000**

MALO Vincent c.1600-c.1650 [1]
- *The Annunciation* - Oil/canvas (166x130cm-65x51in) London 90 .... FF184 000 - £19 828 - **$32,452**

MALO-RENAULT Émile A. 1870-1938 [8]
- *La porteuse* - Gravure (36x28cm-14x11in) Quimper 97 .... FF1 600 - £171 - **$280**
- *La petite bigoudenne* - Pastel (46x29cm-18x11in) Quimper 96 .... FF3 900 - £463 - **$761**

MALSKAT Lothar 1913-1988 [24]
- *Flußlandschaft* - Oil/canvas (40x54cm-16x21in) Pforzheim 91 .... FF10 250 - £1 053 - **$1,910**
- *Die Insel Barsø* - Aquarell/Papier (50x65cm-20x26in) Hamburg 96 .... FF7 510 - £977 - **$1,488**

MALTAIS Marcella 1933 [17]
- *Sans titre, 1959* - Huile/toile (25x40cm-10x16in) Montréal 94 .... FF3 900 - £388 - **$616**
- *Abstract composition* - Oil/canvas (61x86cm-24x34in) Toronto 94 .... FF18 420 - £2 152 - **$3,250**

MALTERRE André 1889-? [11]
- *Pont Henri-IV* - Huile/panneau (24x33cm-9x13in) Cherbourg 96 .... FF3 400 - £435 - **$674**
- *Le Pont-Marie, Paris* - Aquarelle (33x52cm-13x20in) Paris 93 .... FF3 000 - £362 - **$546**

MALTESTE Louis XIX-XX [3]
- *Crème Bouttet* - Affiche (133x106cm-52x42in) Paris 93 .... FF3 000 - £362 - **$546**

MALTHOUSE Eric 1914 [8]
- *Drying surgical instruments* - Oil/canvas (46x61cm-18x24in) London 91 .... FF2 494 - £248 - **$429**
- *St. Ives Harbour* - Gouache (55x45cm-22x18in) London 93 .... FF1 577 - £190 - **$276**

MALTON Thomas I 1726-1801 [4]
- *Views of Cambridge* - Etching, aquatint (35x51cm-14x20in) London 96 .... FF2 086 - £260 - **$403**
- *A study of a street on a hill* - Ink/paper (10x22cm-4x9in) London 90 .... FF15 500 - £1 561 - **$2,818**

MALTON Thomas II 1748-1804 [3]
- *Oriel College, Oxford* - Watercolour (30x46cm-12x18in) London 96 .... FF24 740 - £3 200 - **$4,855**

MALVESTIO Jacques 1949 [2]
- *Composition* - Huile/toile (46x38cm-18x15in) Provins 91 .... FF3 900 - £391 - **$714**

MALY Michel 1955 [2]
- *Les voiliers* - Huile/toile (60x75cm-24x30in) Entzheim 97 .... FF6 500 - £68 7 5 - **$1,115**

MALY Pavel F. 1882-? [1]
- *Winterlandschaft mit Kindern* - Oil/board (56x44cm-22x17in) München 91 .... FF4 090 - £410 - **$749**

MALY Vaclav 1874-1935 [1]
- *Mährische Verkäuferin* - Woodcut in colors (35x46cm-14x18in) München 91 .... FF7 100 - £707 - **$1,221**

MAMBOR Renato 1936 [6]
- *Questo treno...* - Acrilico/tela (66x96cm-26x38in) Roma 94 .... FF12 770 - £1 555 - **$2,432**

MAMBOUR Auguste 1896-1968 [80]
- *Jeune femme de face* - Huile/panneau (45x31cm-18x12in) Bruxelles 96 .... FF11 900 - £1 490 - **$2,310**
- *Léda et le cygne* - Huile/toile (60x50cm-24x20in) Liège 94 .... FF41 700 - £4 940 - **$7,710**
- *Africaine* - Huile/toile (73x60cm-29x24in) Bruxelles 95 .... FF63 900 - £8 260 - **$13,060**
- *Maternité* - Huile/toile (110x89cm-43x35in) Liège 93 .... FF296 600 - £35 460 - **$60,600**
- *Femme à l'enfant* - Fusain (100x69cm-39x27in) Antwerpen 95 .... FF5 540 - £692 - **$1,118**
- *Nu masculin vu de dos* - Pastel/papier (66x48cm-26x19in) Liège 91 .... FF16 200 - £1 624 - **$2,967**

MAMMEN Jeanne 1890-1976 [21]
- *Avenue d'Orléans* - Aquarelle (17x4cm-7x2in) München 94 .... FF5 490 - £650 - **$1,014**
- *Junge Frau* - Coloured crayons (38x26cm-15x10in) Berlin 94 .... FF17 100 - £2 015 - **$3,040**
- *An der Schiessbude* - Watercolour (44x36cm-17x14in) München 95 .... FF103 700 - £13 560 - **$20,760**

MAMMERI Azouaoui 1890-1954 [5]
- *Deux arabes* - Huile/toile (44x53cm-17x21in) Paris 94 .... FF23 000 - £2 724 - **$4,250**
- *Marocaine assise* - Gouache (47x62cm-19x24in) Paris 90 .... FF32 000 - £3 306 - **$5,654**

MAMPASO Manuel 1924 [3]
- *Composición* - Oleo/lienzo (170x80cm-67x31in) Madrid 91 .... FF16 400 - £1 653 - **$2,846**

MAN COLLOT 1903-1962 [132]
- *Glaïeuls à la théière* - Huile/toile (100x81cm-39x32in) Soissons 96 .... FF5 500 - £713 - **$1,087**
- *Nu aux mains croisées* - Huile/toile (81x54cm-32x21in) Soissons 96 .... FF26 000 - £3 370 - **$5,140**
- *Bouquet au vase jaune* - Gouache (63x45cm-25x18in) Soissons 96 .... FF2 500 - £324 - **$495**

MAN Felix Hans S.Baumann 1893-? [5]
- *Chamberlain & Maisky, London* - Gelatin silver print (28x36cm-11x14in) New-York 92 ...... FF5 200 - £552 - **$1,000**

MAN RAY Emanuel Rabonovitch 1890-1976 [948]
- *Le Beau Temps* - Oil/canvas (21x20cm-8x8in) London 95 .... FF3 - £480 000 - **$762,000**
- *Novembre* - Acrylic/masonite (37x45cm-15x18in) London 95 .... FF23 750 - £3 000 - **$4,760**
- *Le Point* - Oil/canvas (60x81cm-24x32in) London 95 .... FF71 200 - £9 000 - **$14,330**
- *Perpetual Motive* - Oil/canvas (80x60cm-31x24in) London 95 .... FF84 600 - £11 000 - **$17,420**
- *Femmeà la harpe No. II* - Huile/toile (60x76cm-24x30in) Paris 95 .... FF300 000 - £37 700 - **$60,000**
- *Rope Dancer with her Shadows* - Lithographie couleurs (50x70cm-20x28in) New-York 97 ...... FF8 000 - £858 - **$1,400**
- *A l'Heure de l'Observatoire* - Color lithograph (60x104cm-24x41in) London 95 .... FF63 300 - £8 000 - **$12,700**
- *Keeps London Going* - Poster (102x64cm-40x25in) London 94 .... FF203 400 - £24 000 - **$36,200**
- *Cadeau* - Métal (17cm-7in) Paris 96 .... FF10 000 - £1 290 - **$1,930**
- *L'Hôtel meublé* - Bronze (20x29cm-8x11in) London 95 .... FF19 890 - £2 500 - **$3,970**
- *Ballet français* - Bronze (79cm-31in) Milano 94 .... FF37 100 - £4 410 - **$6,610**
- *Idole du pêcheur* - Bronze (41cm-16in) New-York 94 .... FF91 000 - £10 510 - **$15,500**
- *Satellite* - Assemblage (54x64cm-21x25in) New-York 94 .... FF184 000 - £21 900 - **$35,000**

M

Pêchage - Assemblage (36x11x24cm-14x4x9in) London 95 .... FF**332 500** - £**42 000** - $**66,700**
Noire et Blanche - Gelatin silver print (20x25cm-8x10in) New-York 94 .... FF**1** - £**215 500** - $**320,000**
Transit - Photo (12x17cm-5x7in) Paris 94 .... FF**3 000** - £**354** - $**538**
Ava Gardner - Silver print (35x27cm-14x11in) London 96 .... FF**7 910** - £**1 000** - $**1,590**
Jacques Cathelin - Gelatin silver print (28x23cm-11x9in) New-York 96 .... FF**14 440** - £**1 854** - $**2,800**
Picasso - Photo (23x18cm-9x7in) Madrid 97 .... FF**24 000** - £**2 580** - $**4,140**
Gertrude Stein - Silver print (27x22cm-11x9in) London 96 .... FF**34 840** - £**4 400** - $**6,940**
Francis Picabia - Photo (47x37cm-19x15in) Paris 96 .... FF**70 000** - £**8 240** - $**13,740**
Marcel Duchamp - Silver print (29x22cm-11x9in) London 95 .... FF**293 000** - £**37 000** - $**58,700**
Untitled - Gelatin silver print (23x18cm-9x7in) New-York 95 .... FF**678 000** - £**87 200** - $**140,000**
Man and woman - Indian ink (25x34cm-10x13in) London 95 .... FF**3 170** - £**400** - $**636**
Perroquet - Ink/paper (35x28cm-14x11in) London 96 .... FF**7 010** - £**850** - $**1,364**
La ville - Gouache (63x49cm-25x19in) London 95 .... FF**13 460** - £**1 700** - $**2,700**
Sablier-compte fils - Ink (33x25cm-13x10in) London 95 .... FF**50 300** - £**6 300** - $**9,700**
Nature morte - Mixed media/paper (34x25cm-13x10in) New-York 90 .... FF**165 900** - £**17 192** - $**29,156**
Promenade - Gouache (27x21cm-11x8in) London 95 .... FF**515 000** - £**65 000** - $**103,200**
MANAGO Armand 1913 [2]
Les Martigues - Huile/toile (27x41cm-11x16in) Versailles 90 .... FF**2 800** - £**302** - $**494**
MANAGO Dominique 1902 [3]
Une rue de Tunis - Huile/toile (46x55cm-18x22in) Paris 96 .... FF**4 200** - £**498** - $**820**
MANAGO Vincent 1880-1936 [54]
Port - Huile/toile (33x44cm-13x17in) Paris 97 .... FF**4 600** - £**500** - $**801**
Marseille, les Catalans - Huile/toile (46x61cm-18x24in) Arles 92 .... FF**7 800** - £**799** - $**1,374**
Pêcheurs aux Martigues - Huile/toile (89x129cm-35x51in) Orléans 93 .... FF**18 500** - £**2 313** - $**3,364**
Rue Saussier, Kairouan - Huile/toile (81x100cm-32x39in) Paris 95 .... FF**43 000** - £**5 650** - $**8,630**
MANAGO-GUERIN Armand 1913-1983 [1]
Lion noir - Huile/isorel (60x81cm-24x32in) Versailles 90 .... FF**5 000** - £**503** - $**979**
MANAJEVSKI Katia XX [2]
Bouquet - Huile/toile (50x60cm-20x24in) Verrières-Le-Buisson 91 .... FF**3 000** - £**301** - $**495**
MANANOS Asterio 1865-1935 [1]
Interior de catedral - Oleo/lienzo (58x73cm-23x29in) Madrid 94 .... FF**6 800** - £**810** - $**1,272**
MANARESI Ugo 1851-1917 [5]
Marina livornese - Olio/tela (23x40cm-9x16in) Milano 92 .... FF**68 000** - £**6 950** - $**11,960**
MANAUT Paul XIX-XX [5]
Remailleuses de filets à Collioure - Huile/toile (33x46cm-13x18in) Arles 90 .... FF**3 000** - £**319** - $**537**
MANCHON Raphaël 1884-1975 [2]
Nature morte au faisan - Huile/toile (51x63cm-20x25in) Fontaine-Henry 96 .... FF**2 000** - £**247** - $**387**
MANCHUELLE Édouard 1903-1984 [1]
Nu debout se coiffant - Bronze (21cm-8in) Saint-Germain-en-Laye 93 .... FF**4 000** - £**500** - $**728**
MANCIET Charles 1874-1963 [1]
Pyrénées enneigées - Huile/toile (128x160cm-50x63in) Tarbes 96 .... FF**7 500** - £**904** - $**1,440**
MANCINELLI Giuseppe 1813-1875 [2]
Three ages of man - Oil/canvas (95x122cm-37x48in) Los Angeles 89 .... FF**68 600** - £**7 014** - $**11,029**
MANCINELLI Gustavo 1842-1906 [1]
The odalisque - Oil/canvas (92x66cm-36x26in) London 90 .... FF**145 300** - £**15 010** - $**25,671**
MANCINI Antonio 1852-1930 [28]
Il Saltimbanco - Oil/canvas (204x111cm-80x44in) New-York 94 .... FF**1** - £**159 000** - $**240,000**
Controluce - Olio/tela (59x44cm-23x17in) Roma 96 .... FF**16 700** - £**1 935** - $**3,250**
Prevetariello in preghiera - Oil/canvas (73x61cm-29x24in) Napoli 96 .... FF**180 000** - £**21 800** - $**35,000**
Fanciulla/Bimba con velo bianco - Oil/canvas (47x37cm-19x15in) London 97 .... FF**529 198** - £**58 000** - $**92,875**
MANCINI Carlo 1829-1910 [2]
Continental street scene - Oil/canvas (38x31cm-15x12in) London 94 .... FF**7 740** - £**900** - $**1,337**
MANCINI Francesco 1679-1758 [7]
Returning home - Oil/canvas (49x35cm-19x14in) London 92 .... FF**60 600** - £**6 200** - $**10,660**
MANCINI Francesco Longo 1880-? [6]
Pescatori a riva - Olio/tavola (23x35cm-9x14in) Roma 96 .... FF**25 130** - £**3 150** - $**4,800**
MANCINI Francesco, Lord 1829-1905 [8]
Strada rurale - Olio/tela (38x52cm-15x20in) Milano 93 .... FF**75 700** - £**8 650** - $**12,870**
Lanciere a cavallo - Acquarello/carta (37x28cm-15x11in) Roma 94 .... FF**8 680** - £**1 040** - $**1,612**
Pozzuoli - Acquarello (32x54cm-13x21in) Roma 92 .... FF**42 600** - £**5 070** - $**8,200**
MANCIOLI Corrado 1904-1958 [1]
Incontro Internazionale Cuba-Italia - Poster (60x32cm-24x13in) New-York 96 .... FF**3 566** - £**420** - $**700**
MANDAR Georges XIX-XX [1]
Forgeron - Bronze (94cm-37in) Paris 90 .... FF**11 000** - £**1 185** - $**1,940**
MANDEL Efraim 1884-1943 [2]
Market place, Krakowie - Oil/canvas (33x46cm-13x18in) Warszawa 93 .... FF**6 670** - £**710** - $**1,152**
MANDELBERG Johan Edvard 1730-1786 [3]
Cavalry battle - Oil/canvas (24x33cm-9x13in) København 94 .... FF**9 560** - £**1 098** - $**1,636**
MANDELLI Pompilio 1914 [4]
Figure fondo arancio - Olio/tela (120x95cm-47x37in) Roma 92 .... FF**20 400** - £**2 086** - $**3,590**
MANDER William Henry 1850-1922 [39]
River Mawddoch, N. Wales - Oil/canvas (51x76cm-20x30in) Toronto 96 .... FF**8 350** - £**1 058** - $**1,602**
Autumn, Llugwy Valley, North Wales - Oil/canvas (51x76cm-20x30in) London 95 .... FF**21 370** - £**2 700** - $**4,290**
Boys Playing on a Bridge - Oil/canvas (51x76cm-20x30in) London 96 .... FF**44 500** - £**5 500** - $**8,600**

M

MANDEVARE Alphonse N. Michel ?-1829 [19]
∅ *Walled town/Cottage among hills* - Black chalk/paper (41x55cm-16x22in) London 97 .... FF2 833 - £300 - **$487**
MANDEVILLE Bernard 1921 [16]
🖼 *Femme au canapé* - Huile/toile (100x65cm-39x26in) Provins 92 .... FF5 000 - £512 - **$980**
∅ *Composition* - Collage (12x16cm-5x6in) Versailles 94 .... FF2 000 - £237 - **$360**
MANDEVILLE Cara [1]
🖼 *Flowers in a vase* - Oil/canvas (78x60cm-31x24in) London 90 .... FF4 600 - £475 - **$813**
MANDIN Richard 1909 [22]
🖼 *Nature morte aux fruits* - Huile/toile (46x61cm-18x24in) Calais 97 .... FF6 000 - £643 - **$1,052**
🖼 *Le déjeuner* - Huile/toile (55x66cm-22x26in) Marseille 93 .... FF13 500 - £1 538 - **$2,290**
∅ *Clown* - Gouache (62x48cm-24x19in) Paris 90 .... FF3 400 - £364 - **$591**
MANDL Alois 1931-1988 [1]
🗿 *Ohne Titel* - Sculpture (39cm-15in) Wien 93 .... FF2 405 - £288 - **$463**
MANDL Max 1864-? [1]
🖼 *Fayence-Walzenkrug* - Öl/Leinwand (48x66cm-19x26in) Lindau 94 .... FF7 840 - £936 - **$1,477**
MANDRESCU Ion 1954 [1]
🗿 *L'Homme, le Temps, l'Espace* - Bronze (50cm-20in) Paris 95 .... FF19 000 - £2 420 - **$3,660**
MANDRUP Peter 1949 [7]
🖼 *Komposition* - Oil/canvas (160x135cm-63x53in) København 95 .... FF6 660 - £862 - **$1,354**
MANÉ-KATZ 1894-1962 [337]
🖼 *La cérémonie* - Huile/toile/carton (35x45cm-14x18in) Versailles 92 .... FF13 000 - £1 335 - **$2,500**
Head of a Boy - Oil/board (18x14cm-7x6in) New-York 94 .... FF22 430 - £2 694 - **$4,250**
Cavalier - Huile/toile (35x27cm-14x11in) Calais 95 .... FF35 000 - £4 470 - **$7,160**
L'étal de fleurs - Huile/toile (41x33cm-16x13in) Paris 97 .... FF46 000 - £5 019 - **$8,041**
Bouquet de fleurs - Huile/toile (73x60cm-29x24in) Paris 97 .... FF63 000 - £6 873 - **$11,012**
Vase of flowers - Oil/canvas (72x59cm-28x23in) Tel Aviv 95 .... FF89 100 - £11 140 - **$18,000**
Jerusalem Hills - Oil/canvas (97x128cm-38x50in) Tel Aviv 97 .... FF133 690 - £14 867 - **$25,000**
Resting - Oil/canvas (86x145cm-34x57in) Tel Aviv 94 .... FF399 000 - £46 700 - **$70,000**
The jewish wedding - Oil/canvas (73x92cm-29x36in) Tel Aviv 93 .... FF401 000 - £45 600 - **$68,000**
Simchat Torah - Oil/canvas (198x304cm-78x120in) Tel Aviv 94 .... FF683 000 - £82 000 - **$130,000**
🖼 *Enfants à la Torah* - Lithographie couleurs (53x41cm-21x16in) Paris 95 .... FF5 000 - £634 - **$1,004**
🗿 *Oriental Jew* - Bronze (48cm-19in) Tel Aviv 97 .... FF13 904 - £1 546 - **$2,600**
Moses Hurling the Covenant's Tables - Bronze (98cm-39in) Tel Aviv 97 .... FF40 107 - £4 460 - **$7,500**
Five Hassidic musicians - Bronze (24cm-9in) Tel Aviv 93 .... FF129 800 - £14 770 - **$22,000**
∅ *Rabbi and Talmud* - Watercolour (29x23cm-11x9in) Tel Aviv 96 .... FF12 760 - £1 655 - **$2,500**
Fermes - Gouache/papier (49x64cm-19x25in) Paris 97 .... FF16 000 - £1 746 - **$2,797**
Femme Yemenite - Gouache/papier (65x50cm-26x20in) Tel Aviv 97 .... FF54 977 - £5 844 - **$9,500**
Student - Gouache/paper (64x48cm-25x19in) Tel Aviv 93 .... FF188 800 - £21 470 - **$32,000**
MANERA Enrico 1947 [5]
🖼 *Camioneggiando, viaggiando* - Tecnica mista/tela (164x134cm-65x53in) Vercelli 93 .... FF4 030 - £452 - **$721**
MANERO MIGUEL Luis 1876-1937 [1]
🖼 *Vista de Pancorbo* - Oleo/lienzo (87x130cm-34x51in) Madrid 94 .... FF14 340 - £1 694 - **$2,643**
MANES Josef 1820-1871 [1]
∅ *Mythologische Szene* - Ink (14x19cm-6x7in) Wien 94 .... FF4 390 - £526 - **$852**
MANES Pablo Curatella 1891-? [3]
🗿 *Guitariste* - Sculpture (59cm-23in) New-York 97 .... FF93 024 - £9 768 - **$16,000**
MANESSIER Alfred 1911-1993 [153]
🖼 *Tour de David* - Huile/toile (200x150cm-79x59in) Paris 90 .... FF1 - £165 289 - **$282,686**
Signes de passion - Oil/canvas (24x33cm-9x13in) London 97 .... FF46 904 - £5 000 - **$8,189**
L'eau vive - Huile/toile (60x92cm-24x36in) Douai 96 .... FF69 000 - £8 860 - **$13,620**
Printemps-Clair - Oil/canvas (80x99cm-31x39in) London 96 .... FF118 000 - £13 500 - **$22,500**
Table à l'Automne - Huile/toile (54x72cm-21x28in) Bern 94 .... FF211 000 - £24 960 - **$37,900**
∅ *Cymbalum* - Aquarelle/papier (32x24cm-13x9in) Besançon 96 .... FF10 000 - £1 236 - **$1,930**
Composition - Gouache/papier (31x50cm-12x20in) Versailles 94 .... FF25 500 - £3 020 - **$4,710**
Composition - Aquarelle (26x22cm-10x9in) Saint-Germain-en-Laye 92 .... FF130 000 - £13 300 - **$23,400**
MANET Édouard 1832-1883 [162]
🖼 *Rue Mosnier* - Oil/canvas (65x81cm-26x32in) New-York 89 .... FF1 - £1 - **$2**
Trois pommes - Oil/canvas (19x24cm-7x9in) New-York 95 .... FF1 - £191 000 - **$300,000**
Le Bal à l'Opéra - Oil/canvas (36x28cm-14x11in) London 96 .... FF1 - £1 - **$2**
Manet par lui-même - Oil/canvas (85x71cm-33x28in) New-York 97 .... FF9 - £1 48 39e +07 - **$1**
🖼 *Le Gamin* - Lithographie Paris 96 .... FF72 000 - £9 330 - **$14,230**
Exécution de l'Empereur Maximilien - Lithographie (49x60cm-19x24in) Bern 92 ... FF614 000 - £62 700 - **$108,000**
∅ *Suzette Lemaire* - Pastel/paper (54x45cm-21x18in) New-York 94 .... FF1 - £1 - **$2**
Commandant Besson - Aquarelle/papier (24x17cm-9x7in) Paris 97 .... FF150 000 - £15 630 - **$25,560**
Femme au tub - Pastel/canvas (46x56cm-18x22in) London 96 .... FF3 7e +06 - £350 000 - **$588,000**
MANEV Nicolas 1940 [2]
🖼 *Rivages cosmique* - Technique mixte (73x103cm-29x41in) Paris 90 .... FF13 000 - £1 367 - **$2,261**
MANFRED Karl I 1819-1882 [2]
🖼 *Gebirgsbach in Südtirol (?)* - Öl/Karton (31x42cm-12x17in) Wien 93 .... FF24 750 - £2 873 - **$4,165**
MANFREDI Alberto 1930 [31]
🖼 *La cameriera* - Olio/tavola (60x45cm-24x18in) Milano 95 .... FF13 720 - £1 800 - **$2,835**
Figure nella stanza - Olio/tela (80x80cm-31x31in) Milano 94 .... FF60 500 - £7 200 - **$11,520**
∅ *Volto femminile* - Acquarello (31x21cm-12x8in) Milano 92 .... FF4 080 - £418 - **$718**

M

MANGE Joseph C., José 1866-1935 [31]
- 🖼 *Dans le parc* - Huile/carton (38x55cm-15x22in) La Varenne Saint-Hilaire 94 .... FF5 100 - £603 - $916
- *Nature morte aux fruits* - Huile/panneau (50x65cm-20x26in) Auxerre 91 .... FF16 000 - £1 589 - $2,778
- 🖉 *La Cadière* - Aquarelle (36x49cm-14x19in) Paris 93 .... FF2 800 - £315 - $475

MANGENOT Émile 1910 [5]
- 🖼 *Maisons au bord de l'eau* - Huile/toile (38x55cm-15x22in) Paris 93 .... FF3 200 - £360 - $543

MANGIER Marius 1867-1952 [5]
- 🖼 *Faisan, rafraîchissoir et pichet* - Huile/toile (58x81cm-23x32in) Lyon 95 .... FF5 000 - £654 - $1,001
- *Promenade dans le parc* - Huile/toile (80x117cm-31x46in) Lyon 94 .... FF32 000 - £3 840 - $6,210

MANGILLI Ada 1863-? [1]
- 🖼 *The Pagan Festival* - Oil/canvas (202x302cm-80x119in) New-York 93 .... FF176 000 - £22 070 - $32,000

MANGIN Charles 1892-1977 [7]
- 🖼 *Fleurs* - Huile/toile (80x120cm-31x47in) Antwerpen 96 .... FF2 950 - £358 - $574

MANGIN Marcel XIX [2]
- 🖼 *Surprises !* - Huile/toile (82x101cm-32x40in) Paris 90 .... FF20 000 - £2 045 - $3,948
- *Le rêve* - Huile/toile (81x100cm-32x39in) Paris 89 .... FF110 000 - £11 591 - $18,519

MANGLARD Adrien 1695-1760 [16]
- 🖼 *Waterfront at Naples* - Oil/canvas (49x75cm-19x30in) New-York 93 .... FF385 000 - £45 500 - $70,000
- 🖾 *Grand port de mer* - Eau-forte Paris 97 .... FF2 000 - £213 - $346
- 🖉 *Présentation au Temple* - Dessin (26x39cm-10x15in) Monaco 93 .... FF16 000 - £1 930 - $2,910

MANGO de Leonardo 1843-? [1]
- 🖼 *Young girl in Istanbul* - Oil/panel (24x33cm-9x13in) London 96 .... FF72 800 - £9 000 - $14,070
- 🖉 *La prière du soir* - Aquarelle (39x25cm-15x10in) Paris 95 .... FF6 000 - £789 - $1,204

MANGOLD Burkhard 1873-1950 [18]
- 🖼 *H. Suter im Basler Münster* - Öl/Karton (71x42cm-28x17in) Zürich 96 .... FF19 870 - £2 300 - $3,805
- 🖾 *Rullschuhbahn* - Poster (100x70cm-39x28in) New-York 95 .... FF21 200 - £2 670 - $4,200

MANGOLD Josef 1884-1942 [10]
- 🖼 *Einsamer Wald im Harz* - Öl/Leinwand (56x65cm-22x26in) Köln 94 .... FF54 900 - £6 500 - $10,140

MANGOLD Robert 1937 [55]
- 🖼 *Distorted Square within a Square 2* - Oil/masonite (50x50cm-20x20in) New-York 96 .. FF82 800 - £10 700 - $16,000
- *Color Frame Painting #6* - Acrylic (48x36cm-19x14in) New-York 95 .... FF106 500 - £14 120 - $22,000
- *Red Wall* - Oil/masonite (245x245cm-96x96in) New-York 97 .... FF406 504 - £42 763 - $70,000
- *Untitled* - Acrylic/canvas (122x122cm-48x48in) New-York 93 .... FF451 000 - £56 500 - $82,000
- 🖉 *Four Triangles* - Graphite (56x56cm-22x22in) New-York 96 .... FF41 400 - £5 350 - $8,000

MANGOLD Sylvia Plimack 1938 [4]
- 🖼 *Summerset* - Oil/canvas (152x203cm-60x80in) New-York 94 .... FF33 700 - £3 980 - $6,000

MANGRAVITE Peppino G. 1896-1978 [6]
- 🖼 *Nostalgia* - Oil/canvas (76x63cm-30x25in) Denver, Colorado 95 .... FF8 700 - £1 700 - $1,100

MANGUIN Henri 1874-1949 [181]
- 🖼 *Petite odalisque* - Oil/canvas (87x116cm-34x46in) New-York 90 .... FF1 - £202 314 - $397,568
- *Vase de fleurs* - Huile/panneau (35x27cm-14x11in) Calais 96 .... FF36 500 - £4 550 - $7,070
- *Les iris* - Huile/toile (55x32cm-22x13in) Paris 97 .... FF60 000 - £6 546 - $10,488
- *Le séchage des voiles* - Huile/toile (74x60cm-29x24in) Paris 96 .... FF150 000 - £18 800 - $29,160
- *Jeanne au chapeau* - Oil/canvas/board (27x22cm-11x9in) London 97 .... FF183 398 - £19 000 - $31,416
- *Nu devant la coiffeuse* - Huile/toile (55x38cm-22x15in) Paris 97 .... FF257 000 - £28 039 - $44,924
- *Après le bain* - Huile/toile (100x81cm-39x32in) Paris 97 .... FF580 000 - £60 436 - $98,832
- 🖉 *Nus debout* - Indian ink/paper (32x24cm-13x9in) London 93 .... FF10 530 - £1 200 - $1,790
- *Weiblicher Akt* - Craies (53x35cm-21x14in) Pforzheim 95 .... FF12 100 - £1 510 - $2,445
- *Bateaux au port* - Aquarelle (28x35cm-11x14in) Paris 96 .... FF13 000 - £1 620 - $2,510
- *Vallée du Lot* - Aquarelle (29x45cm-11x18in) Le Touquet 96 .... FF18 500 - £2 193 - $3,610
- *Chapelle Sainte-Anne, St. Tropez* - Aquarelle (36x48cm-14x19in) Cannes 92 ...... FF55 000 - £5 630 - $11,460

MANGUIN Pierre 1935 [2]
- 🖼 *Lévitation* - Huile/toile (195x130cm-77x51in) Paris 92 .... FF8 000 - £820 - $1,410

MANHART Eduard 1880-1945 [2]
- 🖼 *Mühle im Vorfrühling* - Öl/Karton (28x19cm-11x7in) München 95 .... FF2 130 - £269 - $427
- 🖉 *Mauterndorf (Lungau)* - Aquarell/Papier (23x38cm-9x15in) Wien 95 .... FF5 880 - £774 - $1,191

MANIATIS Tonis 1937 [6]
- 🖼 *Vaison-la-Romaine, Provence* - Oil/canvas (88x97cm-35x38in) Stuttgart 91 ...... FF8 450 - £848 - $1,462

MANIATTY Stephen George 1910-? [15]
- 🖼 *Deep pool* - Oil/canvas (74x48cm-29x19in) South Deerfield, Mass. 94 .... FF7 560 - £773 - $1,400

MANIEVITCH Abraham 1882-1959 [1]
- 🖼 *Lac Brûlé* - Huile/toile (80x85cm-31x33in) Montréal 94 .... FF16 000 - £1 890 - $2,870

MANIGAULT Edward Middleton 1887-1922 [1]
- 🖼 *Town in France* - Oil/canvas (68x84cm-27x33in) New-York 93 .... FF32 450 - £3 690 - $5,500

MANIQUET Augustin 1812-1879 [5]
- 🖼 *Bord de plage* - Huile/toile (35x50cm-14x20in) Lyon 95 .... FF6 000 - £777 - $1,228

MANIQUET Marius [2]
- 🖼 *Mer, matin calme aux Martigues* - Huile/toile (48x75cm-19x30in) Paris 97 .... FF18 000 - £1 911 - $3,135

MANKES Jan 1889-1920 [28]
- 🖼 *Lijster op Tak* - Oil/canvas/panel (17x17cm-7x7in) Amsterdam 97 .... FF278 304 - £29 189 - $47,758
- *Avondlandschap* - Oil/canvas (31x40cm-12x16in) Amsterdam 97 .... FF410 133 - £43 016 - $70,380
- 🖉 *Sitting nude* - Pencil/paper (24x12cm-9x5in) Amsterdam 92 .... FF10 850 - £1 296 - $2,087

MANLEY Thomas R. 1853-1938 [1]
- 🖼 *Red house by the river* - Oil/board (43x58cm-17x23in) Philadelphia 92 .... FF3 675 - £427 - $750

MANLY Charles MacDonald 1855-1924 [3]
Bridge over Meadows - Watercolour (8x25cm-3x10in) Toronto 94 .... FF5 460 - £650 - **$1,028**
MANLY Eleanor E. XIX-XX [3]
The little peacemaker - Watercolour (51x72cm-20x28in) London 95 .... FF41 050 - £5 200 - **$8,250**
MANN Alexander 1853-1908 [16]
Venetian backwater - Oil/canvas (52x100cm-20x39in) Auchterarder, Perthshire 92 .... FF38 100 - £4 000 - **$7,960**
Peek, outside world, Morocco - Oil/canvas (53x28cm-21x11in) New-York 93 .... FF118 000 - £13 420 - **$20,000**
MANN Cathleen S. 1896-1959 [8]
Promenade des Anglais, Nice - Oil/canvas (45x61cm-18x24in) London 89 .... FF7 300 - £705 - **$1,108**
Film Stars Use Shell - Poster (76x113cm-30x44in) New-York 94 .... FF8 580 - £1 007 - **$1,500**
MANN Cyril 1911-1980 [2]
Flowers & a Bowl of Fruits on a Table - Oil/board (91x61cm-36x24in) London 97 .... FF16 807 - £1 800 - **$2,904**
MANN Harrington 1864-1937 [24]
Ninette Chester Beatty - Oil/canvas (140x92cm-55x36in) London 97 .... FF35 481 - £3 800 - **$6,130**
MANN James Scrimgeour 1883-1946 [7]
S.S. Yorkshire - Watercolour (24x39cm-9x15in) London 92 .... FF3 950 - £450 - **$671**
MANN Joshua Hargrave Sams ?-1886 [11]
Young beauty reading - Oil/canvas (53x43cm-21x17in) London 94 .... FF6 300 - £750 - **$1,200**
Church of the World - Oil/canvas (76x64cm-30x25in) New-York 95 .... FF23 400 - £3 040 - **$4,800**
First Earring - Oil/canvas (75x6cm-30x2in) London 96 .... FF152 000 - £19 000 - **$29,430**
MANN Sally 1951 [26]
Dog Scratches - (48x58cm-19x23in) New-York 94 .... FF14 600 - £1 743 - **$2,750**
Jesse at 12 - Gelatin silver print (18x23cm-7x9in) New-York 96 .... FF38 840 - £4 800 - **$7,500**
MÄNNCHEN Albert 1873-1935 [1]
Segelboote vor der Küste - Öl/Leinwand (50x60cm-20x24in) Berlin 94 .... FF5 150 - £616 - **$963**
MANNEN Jeanne 1890-1976 [1]
Frauenportrait - Pencil/paper (38x26cm-15x10in) Berlin 94 .... FF6 180 - £740 - **$1,156**
MANNERS William 1863-1945 [67]
Bringing in the Hay - Oil/board (20x31cm-8x12in) London 95 .... FF2 880 - £380 - **$583**
Women and Cattle - Oil/canvas (25x40cm-10x16in) London 94 .... FF5 130 - £600 - **$900**
Netting Salmon - Oil/canvas (76x127cm-30x50in) London 92 .... FF25 400 - £2 600 - **$4,480**
Wooded landscape/Village
   Watercolour (20x30cm-8x12in) Richmond, North Yorkshire 93 .... FF7 470 - £900 - **$1,305**
MANNERS-SUTTON Charles, Viscount 1780-1845 [1]
George III exercising, silhouette - Silhouette (10x7cm-4x3in) London 96 .... FF2 710 - £350 - **$524**
MANNFELD Bernhard K.J. 1848-1925 [3]
Köln - Etching (75x56cm-30x22in) Köln 92 .... FF3 400 - £348 - **$599**
MANNHEIM Jean 1863-1945 [25]
Near La Quinta - Oil/board (51x61cm-20x24in) San Francisco-Los Angeles 92 .... FF9 800 - £1 138 - **$2,000**
View from a Hillside - Oil/canvas (58x45cm-23x18in) San Francisco-Los Angeles 96 .... FF25 900 - £3 250 - **$5,000**
MANNIER Charles 1823-1855 [2]
Paysage animé - Pastel (49x75cm-19x30in) Paris 93 .... FF10 000 - £1 250 - **$1,820**
MANNING Douglas 1921 [2]
Shaggy giants - Pastel (53x74cm-21x29in) Montréal 92 .... FF1 935 - £198 - **$380**
MANNING J.A. XIX-XX [3]
Victorian haymaking on Severnside - Watercolour (28x46cm-11x18in) London 92 .... FF1 560 - £160 - **$299**
MANNING Samuel 1788-1842 [1]
Margaret Blanshard - Marble (55cm-22in) London 96 .... FF39 260 - £5 000 - **$7,560**
MANNING William Westley 1868-? [3]
The Fish Quay, Whitby - Oil/panel (26x34cm-10x13in) London 93 .... FF4 150 - £500 - **$725**
MANNLICH von Christian 1741-1822 [2]
Einer der Evangelisten - Red chalk (15x13cm-6x5in) Heidelberg 96 .... FF3 050 - £377 - **$589**
MANNOURY Armand Arsène XIX [2]
Eglise au bord de mer - Huile/toile (33x55cm-13x22in) Paris 91 .... FF4 600 - £471 - **$859**
MANNOZZI Giovanni di San Giov 1592-1636 [2]
Étude de plafond - Sanguine (12x8cm-5x3in) Paris 93 .... FF12 000 - £1 364 - **$2,034**
MANNUCCI Cipriano 1882-1970 [9]
Reclining nude - Oil/canvas (56x71cm-22x28in) Mystic, Connecticut 96 .... FF17 100 - £2 110 - **$3,300**
A game of chess - Watercolour (53x36cm-21x14in) London 93 .... FF5 640 - £680 - **$986**
MANOCCHI Giuseppe c.1731-1782 [1]
Lunette decorated/Coffered ceiling - Watercolour (29x42cm-11x17in) London 94 .... FF8 320 - £1 000 - **$1,540**
MANOIR Irving K. 1891-1982 [3]
Abode Fram House - Oil/canvas (48x71cm-19x28in) San Francisco-Los Angeles 91 .... FF5 690 - £569 - **$937**
MANOLO Manuel M. Hugué 1872-1945 [17]
Herdsmen with cattle - Bronze (33cm-13in) New-York 95 .... FF14 680 - £1 900 - **$3,000**
Les bouviers - Relief (33x44cm-13x17in) Paris 96 .... FF32 000 - £4 120 - **$6,340**
Le cheval - Encre (15x24cm-6x9in) Paris 97 .... FF21 000 - £2 308 - **$3,833**
MANRIQUE CABRERA César 1921 [6]
Composición en rojos - Técnica mixta/papel (15x18cm-6x7in) Madrid 97 .... FF5 572 - £602 - **$966**
MANSCHGO Johann 1800-1867 [5]
Der Urlaubs-Paß - Oil/canvas (74x95cm-29x37in) Wien 90 .... FF105 600 - £11 104 - **$18,365**

M

MANSFELD August H. 1816-1901 [4]
- Der Abschied des Soldaten - Öl/Leinwand (46x61cm-18x24in) Wien 93 .... FF7 420 - £878 - **$1,235**
- Hat das der Liebe Storch gebracht - Öl/Karton (49x62cm-19x24in) Wien 92 .... FF72 200 - £7 390 - **$12,700**

MANSFELD Josef 1819-1894 [12]
- Still life - Oil/panel (37x29cm-15x11in) London 93 .... FF17 560 - £2 000 - **$2,980**
- The singing lesson - Oil/canvas (38x30cm-15x12in) London 94 .... FF53 200 - £6 200 - **$9,310**

MANSFELD Moritz c.1850-c.1890 [10]
- Still life - Oil/panel (26x21cm-10x8in) Praha 95 .... FF10 240 - £1 326 - **$2,095**
- Champagne, Oysters, a bowl of fruit - Oil/panel (26x20cm-10x8in) London 97 .... FF21 798 - £2 400 - **$3,826**

MANSHIP Paul Howard 1885-1966 [40]
- Lyric Muse - Bronze (31cm-12in) New-York 95 .... FF63 000 - £8 100 - **$13,000**
- Flight of Night - Bronze (36cm-14in) New-York 94 .... FF269 600 - £31 800 - **$48,000**
- Briseis - Bronze (112cm-44in) New-York 94 .... FF514 000 - £60 900 - **$95,000**

MANSION André Léon Larue 1785-c.1840 [6]
- Napoléon Ier - Miniature (22cm-9in) Paris 93 .... FF28 000 - £3 374 - **$5,090**

MANSKIRSCH Franz Joseph 1768-1830 [4]
- Mousquetaire - Aquarelle (19x16cm-7x6in) Paris 92 .... FF2 700 - £323 - **$520**

MANSNERUS Onni 1906-1980 [1]
- Från Koli - Oil/canvas (65x82cm-26x32in) Helsinki 94 .... FF2 040 - £234 - **$346**

MANSON James Bolivar 1879-1945 [15]
- Roses of Normandy - Oil/panel (46x36cm-18x14in) London 95 .... FF11 870 - £1 500 - **$2,382**
- Vase of dahlias - Oil/canvas (76x63cm-30x25in) London 92 .... FF41 900 - £5 000 - **$8,050**

MANSON Peter 1916-1991 [2]
- Landskap från Mallorca - Oil/canvas (62x46cm-24x18in) Stockholm 93 .... FF4 810 - £591 - **$891**

MANSOUROFF Paul 1896-1983 [62]
- Composition - Technique mixte/panneau (124x22cm-49x9in) Paris 94 .... FF18 000 - £2 160 - **$3,495**
- Composition - Technique mixte/panneau (127x17cm-50x7in) Paris 94 .... FF31 000 - £3 720 - **$6,020**
- La Dame de coeur - Huile/panneau (82x35cm-32x14in) Paris 93 .... FF41 000 - £4 940 - **$7,450**
- Pictorial Forms - Tempera/panel (135x37cm-53x15in) London 93 .... FF149 440 - £18 000 - **$26,100**
- Progetto per tessuto - Gouache (17x11cm-7x4in) Milano 97 .... FF10 070 - £1 198 - **$1,937**

MÅNSSON Carl 1892-1976 [25]
- Skånegård med pickande höns - Oil/canvas (49x71cm-19x28in) Söderköping 94 .... FF3 615 - £432 - **$678**
- Skånegard med pickande höns - Oil/canvas (66x100cm-26x39in) Stockholm 91 .... FF12 170 - £1 209 - **$2,113**

MÅNSSON Mats 1945 [2]
- Komposition - Oil/canvas (80x97cm-31x38in) Malmö 94 .... FF2 896 - £345 - **$551**

MÅNSSON Per 1896-1949 [10]
- Stilleben med fiskar och katt - Oil/canvas (93x120cm-37x47in) Stockholm 94 .... FF7 330 - £861 - **$1,378**

MANTE Louis Amédée 1826-1913 [1]
- Selected autochromes - 5 autochromes (13x18cm-5x7in) New-York 96 .... FF36 140 - £4 480 - **$7,000**

MANTEGANI Roger 1957 [3]
- Objetos en el Paisaje - Oil/canvas (130x140cm-51x55in) New-York 93 .... FF55 000 - £6 900 - **$10,000**

MANTEGAZZA Giacomo 1853-1920 [14]
- Baby's first steps - Oil/canvas (51x69cm-20x27in) Billinghurst, West Sussex 93 .... FF54 800 - £6 600 - **$9,570**
- Les marionnettes - Oil/canvas (65x95cm-26x37in) Köbenhavn 94 .... FF182 500 - £20 950 - **$31,200**
- Idililio - Acquarelo (36x24cm-14x9in) Roma 89 .... FF4 600 - £485 - **$774**

MANTELET Albert Goguet 1858-? [9]
- Marché aux poissons, Bretagne - Huile/toile (33x41cm-13x16in) Calais 93 .... FF9 500 - £1 188 - **$1,728**
- La plage à Bourg-Dault - Huile/toile (46x61cm-18x24in) Paris 90 .... FF45 000 - £4 818 - **$7,826**

MANTON George Grenville 1855-1932 [5]
- Lady, three-quarter length - Oil/canvas (109x85cm-43x33in) London 94 .... FF9 450 - £1 100 - **$1,634**

MANTOVANI Luigi 1880-1957 [13]
- Venezia, Bacino di San Marco - Olio/tela (67x168cm-26x66in) Milano 95 .... FF17 160 - £2 160 - **$3,480**

MANTRA Pierre XX [8]
- Composition - Acrylique/toile (146x114cm-57x45in) Paris 97 .... FF2 000 - £219 - **$351**
- Composition - Acrylique/toile (146x114cm-57x45in) Paris 97 .... FF5 000 - £527 - **$860**

MANTU Nicolae 1871-1958 [1]
- Bauer mit zwei Pferden - Oil/canvas (63x90cm-25x35in) München 91 .... FF6 130 - £615 - **$1,123**

MÄNTYNEN Jussi 1886-1978 [62]
- Älgko - Bronze (31cm-12in) Helsinki 93 .... FF15 020 - £1 805 - **$2,733**
- Lodjur krökande rygg - Bronze (51cm-20in) Stockholm 96 .... FF36 900 - £4 600 - **$7,130**
- Koketterande lokatt - Sculpture (47cm-19in) Stockholm 92 .... FF77 300 - £7 910 - **$13,600**

MANTZ Werner 1901-1983 [11]
- Movie House - Gelatin silver print (15x20cm-6x8in) New-York 96 .... FF18 050 - £2 320 - **$3,500**

MANUEL G.L., Frères XX [1]
- Josephine Baker - Silver print (25x20cm-10x8in) New-York 93 .... FF4 950 - £621 - **$900**

MANUEL Víctor 1897-1969 [38]
- Vista de La Habana - Oil/masonite (51x40cm-20x16in) Miami, Florida 94 .... FF37 600 - £4 505 - **$7,000**
- Gitana - Oil/canvas (51x40cm-20x16in) New-York 97 .... FF68 729 - £7 326 - **$12,000**
- Luces - Oil/canvas (66x91cm-26x36in) New-York 97 .... FF148 912 - £15 873 - **$26,000**

MANZANA-PISSARRO Georges 1871-1961 [94]
- Paris, Pont-Marie - Huile/panneau (32x46cm-13x18in) Morlaix 96 .... FF15 000 - £1 922 - **$2,963**
- La danseuse orientale - Technique mixte (109x76cm-43x30in) Neuilly 97 .... FF36 000 - £3 964 - **$6,318**
- Trois Bretonnes - Huile/carton (106x79cm-42x31in) Pontoise 95 .... FF100 000 - £12 660 - **$20,100**
- Les deux geais - Pochoir (43x28cm-17x11in) Paris 95 .... FF6 000 - £725 - **$1,130**

Amazones - Fusain/papier (31x41cm-12x16in) Lyon 97 .... FF2 800 - £303 - **$490**
Le coq chanteclerc - Pastel (31x48cm-12x19in) Pontoise 97 .... FF5 200 - £561 - **$913**
Indigènes au bain - Aquarelle/papier (94x61cm-37x24in) Paris 94 .... FF39 000 - £4 540 - **$6,780**
MANZANET Ricardo XIX   [2]
Marina - Oleo/tabla (18x31cm-7x12in) Madrid 92 .... FF3 630 - £433 - **$698**
MANZEL Ludwig O.E. 1858-1936   [2]
Personifikation der Schiffahrt - Bronze (32cm-13in) Bremen 95 .... FF6 950 - £902 - **$1,448**
MANZONI Enrico 1882-1962   [1]
Stadtlandschaft - Oil/canvas (55x70cm-22x28in) Bern 90 .... FF2 300 - £245 - **$411**
MANZONI Ignazio 1799-1888   [5]
Le carezze del nonno - Olio/tavola (34x25cm-13x10in) Milano 90 .... FF5 500 - £593 - **$970**
MANZONI Piero 1933-1963   [47]
Achrome - Kaolin/canvas (116x146cm-46x57in) London 94 .... FF1 - £230 000 - **$354,000**
Achrome - Pintura (40x50cm-16x20in) Prato 97 .... FF88 400 - £10 400 - **$15,600**
Genus - Olio/tela (60x50cm-24x20in) Milano 94 .... FF226 000 - £26 900 - **$40,300**
Achrome - Kaolin/canvas (100x70cm-39x28in) London 96 .... FF598 000 - £75 000 - **$115,600**
Pacco - Construction (30x30cm-12x12in) Milano 91 .... FF114 000 - £11 570 - **$20,590**
Impronte - Ink/paper (61x50cm-24x20in) London 91 .... FF69 400 - £6 993 - **$12,043**
MANZONI Ridolfo 1675-1743   [2]
An assembly of birds - Tempera (28x20cm-11x8in) London 93 .... FF86 900 - £10 000 - **$15,000**
MANZU Giacomo 1908-1990   [146]
Amanti - Tempera (35x51cm-14x20in) Prato 93 .... FF36 040 - £4 120 - **$6,130**
Nu de dos - Technique mixte/panneau (230x160cm-91x63in) Nice 91 .... FF380 000 - £38 103 - **$62,727**
Donna com bambino - Acquatinta (49x34cm-19x13in) Prato 96 .... FF7 410 - £880 - **$1,452**
Portrait - Plâtre (20cm-8in) Saint-Germain-en-Laye 95 .... FF18 000 - £2 366 - **$3,680**
Deposizione - Scultura (51x43cm-20x17in) Prato 97 .... FF115 600 - £13 600 - **$20,440**
Grande Pattinatrice - Bronze (183cm-72in) New-York 97 .... FF300 001 - £32 162 - **$52,500**
Cardinale - Bronze (230cm-91in) New-York 96 .... FF4 4e +06 - £521 000 - **$780,000**
Cardinale seduto - Bronze (47cm-19in) New-York 96 .... FF1 35e +06 - £133 700 - **$200,000**
Volto di fanciulla - Sanguina (16x13cm-6x7in) Milano 94 .... FF11 130 - £1 315 - **$1,984**
Figura di donna in piedi - Pencil/paper (49x35cm-19x14in) New-York 94 .... FF28 550 - £3 350 - **$5,000**
Religioso inginocchiato
  Watercolour, gouache/paper (50x37cm-20x15in) New-York 96 .... FF38 840 - £5 010 - **$7,500**
MANZUOLI Egisto XIX   [3]
The Molo & the Piazzetta , S. Marco - Oil/canvas (114x188cm-45x74in) London 92 .... FF17 530 - £1 800 - **$3,366**
MANZUR David 1929   [5]
The moon as a flower - Mixed media/canvas (27x43cm-11x17in) New-York 92 ..... FF14 200 - £1 453 - **$2,500**
Leccion 160 - Charcoal (50x65cm-20x26in) New-York 97 .... FF33 219 - £3 540 - **$5,800**
MAPLESTONE Henry 1819-1884   [3]
Construction of the Victoria Tower - Watercolour (18x25cm-7x10in) London 95 .... FF2 557 - £320 - **$510**
MAPPLETHORPE Robert 1946-1989   [237]
America - Lithographie couleurs (75x63cm-30x25in) New-York 97 .... FF21 714 - £2 328 - **$3,800**
Eric - Silver print (33x33cm-13x13in) New-York 90 .... FF14 300 - £1 541 - **$2,522**
Lydia - Gelatin silver print (48x38cm-19x15in) New-York 96 .... FF30 940 - £3 974 - **$6,600**
Hyacinth - Photogravure/chine collé (81x81cm-32x32in) New-York 94 .... FF40 650 - £4 710 - **$7,000**
American Flag - Photograph (36x36cm-14x14in) New-York 96 .... FF86 800 - £11 200 - **$17,000**
Calla Lily
  Unique platinum print/linen (shadow-box frame) (48x48cm-19x19in) New-York 92. FF282 000 - £32 700 - **$57,500**
Calender Guy - Mixed media/paper (50x30cm-20x12in) New-York 92 .... FF127 800 - £13 070 - **$22,550**
MAR de la David 1832-1898   [4]
The harvest - Oil/canvas (100x65cm-39x26in) Amsterdam 95 .... FF9 400 - £1 200 - **$1,926**
MARA Pol 1920   [69]
La Diva - Mixed media (130x110cm-51x43in) Amsterdam 97 .... FF10 488 - £1 102 - **$1,801**
Profil et Face - Mixed media (162x195cm-64x77in) Amsterdam 97 .... FF20 506 - £2 150 - **$3,518**
Kompositie - Huile/toile (146x114cm-57x45in) Lokeren 97 .... FF46 000 - £5 350 - **$9,380**
Les derniers mois - Aquarelle/papier (107x70cm-42x28in) Bruxelles 95 .... FF11 430 - £1 383 - **$2,152**
MARABOTTI Piero 1897-1973   [1]
Piazza di Murato (Corsica) - Olio/cartone (34x49cm-13x19in) Prato 96 .... FF2 696 - £320 - **$528**
MARACEK Bohumil 1884-?   [1]
Model - Oil/canvas (80x60cm-31x24in) København 91 .... FF2 112 - £214 - **$381**
MARAGALL MIRA Jordi 1936   [3]
Mujer y caballo la - Bronze (47cm-19in) New-York 94 .... FF39 540 - £3 936 - **$6,799**
MARAGLIANO Federico 1873-1952   [3]
Villa nel paesaggio - Olio/tavola (13x20cm-5x8in) Roma 95 .... FF5 050 - £646 - **$1,037**
MARAIS Adolphe 1856-1940   [34]
Winter time - Oil/canvas (104x136cm-41x54in) New-York 92 .... FF78 000 - £9 310 - **$15,000**
MARAIS-MILTON Victor 1872-1968   [44]
Cardinal amateur de Champagne - Huile/panneau (46x37cm-18x15in) Bruxelles 97 .... FF16 340 - £1 770 - **$2,890**
La bonne note - Huile/toile (65x54cm-26x21in) Lokeren 95 .... FF33 460 - £4 400 - **$6,710**
L'intermède musical - Huile/toile (60x70cm-24x28in) Antwerpen 94 .... FF74 300 - £8 520 - **$12,700**
MARAK Julius Eduard 1832-1899   [1]
Idylle am Waldbach - Öl/Leinwand (95x131cm-37x52in) Wien 96 .... FF62 700 - £8 090 - **$12,270**

MARANA Eugenio 1879-1932 [1]
🖾 Paesaggio campestre - Olio/tavola (65x72cm-26x28in) Milano 94 .... FF2 610 - £308 - $465

MARANDAT de Henri ?-1914 [1]
🖾 Le marché - Huile/toile (80x98cm-31x39in) Nîmes 91 .... FF18 500 - £1 837 - $3,212

MARANGIO Carlo 1936 [22]
🖾 Fleurs - Huile/toile (92x73cm-36x29in) Paris 95 .... FF5 500 - £727 - $1,115
Composition mauve - Huile/toile (60x81cm-24x32in) Soissons 90 .... FF13 000 - £1 392 - $2,261
∅ Composition abstraite - Gouache (64x49cm-2x19in) Neuilly 96 .... FF2 800 - £362 - $541
Composition - Gouache (62x48cm-24x19in) Saint-Germain-en-Laye 92 .... FF50 000 - £5 120 - $8,800

MARANGONI Tranquillo 1912 [4]
🖾 Città di mare/Le barchette... - Olio/legno Trieste 94 .... FF3 624 - £371 - $638

MARANIELLO Giuseppe 1945 [4]
🖾 Ri-flettere - Olio (27x88cm-11x35in) Milano 92 .... FF13 950 - £1 660 - $2,680

MARASCHINI Giuseppe 1839-1881 [3]
🖾 Madona della Arpie - Oil/canvas (118x91cm-46x36in) Kobenhavn 90 .... FF27 200 - £2 931 - $4,797

MARASCO Antonio 1896-1985 [26]
🖾 Natura sul tavolo - Olio/tela (60x50cm-24x20in) Prato 95 .... FF17 000 - £2 200 - $3,465
Canta il gallo - Olio/tela (65x54cm-26x21in) Prato 97 .... FF95 200 - £11 200 - $16,800
Piazza di paese - Olio/tavola (54x69cm-21x27in) Roma 90 .... FF238 000 - £25 647 - $41,975

MARASS Giuseppe 1862-1926 [15]
🖾 Ritratto con ventaglio - Olio/tela (106x60cm-42x24in) Trieste 94 .... FF14 500 - £1 640 - $2,770
Giornata di bora a Trieste - Olio/tela (110x87cm-43x34in) Trieste 96 .... FF69 000 - £7 800 - $13,200
∅ Matrimonio - Acquarello/carta (46x64cm-18x25in) Trieste 96 .... FF4 485 - £507 - $858

MARASTONI Giuseppe 1834-1895 [2]
🖾 Venezianerin in festlicher Tracht - Öl/Leinwand (80x64cm-31x25in) Bern 93 .... FF11 870 - £1 368 - $2,037

MARATKA Josef 1874-1937 [3]
🖾 Eva - Bronze (11cm-4in) Düsseldorf 90 .... FF7 400 - £792 - $1,287

MARATTI Carlo 1625-1713 [4]
🖾 The Visitation - Etching London 94 .... FF20 300 - £2 400 - $3,650
∅ Female figure from behind/A sketch ..
        Black chalk/paper (26x35cm-10x14in) New-York 97 .... FF33 370 - £3 714 - $6,000

MARAVAL Pierre 1949 [2]
🖾 Porcheria, 1989 - Acrylic/canvas (58x43cm-23x17in) Paris 90 .... FF15 000 - £1 596 - $2,683

MARBEAU Philippe 1807-1861 [1]
🖾 Marie visite Élisabeth - Oil/canvas (83x68cm-33x27in) Stockholm 92 .... FF12 650 - £1 512 - $2,433

MARBORE du Jean 1896-1933 [8]
🖾 Bouquet de fleurs - Huile/toile (61x46cm-24x18in) Paris 91 .... FF6 000 - £602 - $1,099
∅ Nu accroupi - Encre Chine (30x23cm-12x9in) Paris 93 .... FF2 000 - £225 - $339

MARC Franz 1880-1916 [79]
🖾 Two Babies - Oil/canvas (46x58cm-18x23in) Pforzheim 91 .... FF232 500 - £23 870 - $43,300
Abstraktes Aquarell I - Tempera (22x16cm-9x6in) New-York 96 .... FF615 000 - £72 900 - $120,000
🖾 Versöhnung - Woodcut (20x26cm-8x10in) Hamburg 93 .... FF11 200 - £1 337 - $2,153
Ausstellung Franz Marc - Color lithograph (91x63cm-36x25in) New-York 94 .... FF103 000 - £12 060 - $18,000
Pferde in der Schwemme - Color lithograph (35x28cm-14x11in) Berlin 95 .... FF231 300 - £28 880 - $45,200
∅ Liegende Akte - Gouache/papier (54x67cm-21x26in) London 96 .... FF2 - £290 000 - $453,000)
Fliegende Möwen - Pencil (9x14cm-4x6in) Berlin 91 .... FF101 014 - £10 728 - $17,596
Abstrakte Formen - Pencil (21x16cm-8x6in) Köln 96 .... FF544 000 - £61 900 - $104,000

MARC Jean XX [3]
∅ Hommes en conversationne - Fusain (47x39cm-19x15in) Rouen 92 .... FF3 800 - £454 - $731

MARC Jean Auguste 1818-1886 [1]
🖾 Nude seated on a rock in a forest - Oil/panel (9x11cm-4x4in) Amsterdam 94 .... FF15 250 - £1 770 - $2,625

MARC Mark Boxer 1931-1988 [10]
∅ Prince Charles at a party - Ink London 90 .... FF8 700 - £876 - $1,582

MARC Robert 1943-1993 [130]
🖾 Composition géométrique - Huile/toile (45x37cm-18x15in) Saint-Germain-en-Laye 94 .... FF15 000 - £1 770 - $2,650
Composition aux lettres - Huile/toile (59x78cm-23x31in) Versailles 93 .... FF26 000 - £3 130 - $4,730
Composition cubiste - Huile/toile (162x97cm-64x38in) Paris 94 .... FF82 000 - £9 820 - $15,520
∅ Composition - Pastel (16x16cm-6x6in) Versailles 89 .... FF7 000 - £716 - $1,125

MARC Wilhelm 1839-1907 [3]
🖾 The Blackbird - Oil/canvas (52x34cm-20x13in) Los Angeles 89 .... FF31 500 - £3 221 - $5,064

MARCA-RELLI Conrad 1913 [42]
🖾 Corral - Huile/toile/panneau (63x57cm-25x22in) Paris 95 .... FF15 000 - £1 940 - $3,090
Blueprint - Oil/canvas (134x183cm-53x72in) New-York 95 .... FF77 500 - £10 270 - $16,000
R-L-4-58 white night - Mixed media/canvas (142x195cm-56x77in) New-York 90 .... FF457 000 - £48 681 - $81,860
🖾 XL-6-64 - Sculpture (114x242cm-45x156in) New-York 93 .... FF26 000 - £3 104 - $5,400
∅ Untitled - Charcoal (44x56cm-17x22in) New-York 96 .... FF16 300 - £1 920 - $3,200

MARCARD-CUCUEL von Clara Lotte XIX-XX [2]
🖾 Mein Wohnzimmer - Öl/Karton (65x78cm-26x31in) Köln 96 .... FF13 600 - £1 550 - $2,600

MARCEAU Philippe 1938 [2]
🖾 Dimanche à Port-Marly - Huile/toile (38x46cm-15x18in) Sceaux 93 .... FF3 500 - £403 - $602

MARCEL-BERONNEAU Pierre Amédée 1869-1937 [39]
🖾 Judith - Huile/toile (54x65cm-21x26in) Paris 96 .... FF35 000 - £4 050 - $6,700
Femme au serpent No. 2 - Huile/toile (81x100cm-32x39in) Paris 96 .... FF62 000 - £7 710 - $12,070
Salomé - Huile/panneau (177x114cm-70x45in) Paris 95 .... FF92 000 - £12 100 - $18,460

Torse d'homme - Pastel (59x100cm-23x39in) Paris 89.. **FF33 000 - £3 477 - $5,556**

MARCEL-CLÉMENT Amédée J. 1873-? [28]
Repos du modèle - Huile/toile (38x46cm-15x18in) Arles 96.......................... FF7 000 - £914 - **$1,400**
Après-midi dans la baie de Cancale - Huile/toile (65x81cm-26x32in) Brest 94 .... FF11 000 - £1 300 - **$2,030**
Après l'averse, place de la Concorde - Oil/board (61x73cm-24x29in) London 93............... FF36 800 - £4 600 - **$6,670**
L'attelage brun - Gouache Paris 49.. FF13 000 - £1 309 - **$2,547**

MARCEL-LENOIR Jules Oury, dit 1872-1931 [51]
Le Village - Huile/toile (38x46cm-15x18in) Paris 97.............................. FF5 200 - £565 - **$921**
Quai aux Fleurs et Conciergerie - Huile/panneau (46x51cm-18x20in) Le Touquet 96.......... FF12 200 - £1 447 - **$2,380**
Fête à Fontainebleau - Huile/toile (46x55cm-18x22in) Barbizon 93 .... FF51 000 - £5 730 - **$8,640**
Baigneuses - Huile/toile (65x91cm-26x36in) Paris 89.............................. FF195 000 - £19 939 - **$31,350**
La danse - Gouache (25x20cm-10x8in) Versailles 92................................. FF12 000 - £1 228 - **$2,160**

MARCELLIN Jean Esprit 1821-1884 [1]
Figure allegorical of Love - Bronze (50cm-20in) Leyburn, North Yorkshire 90......... FF11 710 - £1 192 - **$2,342**

MARCELLO Adèle d'Affry, dite 1836-1879 [7]
La Gorgogne - Sculpture (92cm-36in) New-York 97.................................. FF278 565 - £30 003 - **$49,000**
Chef Abyssin - Aquarell (24x17cm-9x7in) Bern 94................................... FF8 250 - £990 - **$1,604**

MARCESTEL 1943 [2]
Spring - Huile/toile (148x116cm-58x46in) Paris 91................................. FF50 000 - £5 075 - **$9,030**

MARCETTE Alexandre 1853-1929 [14]
Campagne Romaine - Huile/toile (73x137cm-29x54in) Bruxelles 94..................... FF11 640 - £1 400 - **$2,157**
L'entrée du parc - Aquarelle (50x32cm-20x13in) Calais 92.......................... FF4 800 - £492 - **$941**
Figures, Zeeland - Watercolour, gouache (73x94cm-29x37in) Amsterdam 94........... FF11 600 - £1 346 - **$1,995**

MARCETTE Henri 1824-1890 [10]
Paysage - Huile/toile (46x61cm-18x24in) Bruxelles 94.............................. FF6 850 - £880 - **$1,350**
Le petit pêcheur - Aquarelle/papier (36x25cm-14x10in) Bruxelles 93.............. FF1 895 - £227 - **$388**

MARCH Elsie XIX-XX [1]
The Flight into Egypt - Bronze (36cm-14in) London 96.............................. FF3 460 - £450 - **$686**

MARCH Giovanni 1894-1974 [5]
Natura Morta - Olio/tela (50x70cm-20x28in) Firenze 97............................ FF6 120 - £720 - **$1,080**

MARCH Sydney XIX-XX [7]
Nymph caught in a wave - Marble (75cm-30in) London 94............................ FF22 040 - £2 600 - **$3,920**
The Wave - Marble (75cm-30in) London 97.. FF61 905 - £6 500 - **$10,610**

MARCH Vernon XIX-XX [4]
Young Cupid & Pschyche - Bronze (17cm-7in) London 96............................. FF4 610 - £600 - **$914**

MARCH Y MARCO Vicente 1859-1914 [7]
An Attentive Audience - Oil/panel (51x33cm-20x13in) London 96.................... FF170 300 - £20 000 - **$33,100**
The Saltimbanque, Valencia - Oil/canvas (56x92cm-22x36in) London 94 .... FF610 000 - £72 000 - **$109,400**
La belle Orientale - Aquarelle (55x82cm-22x32in) Paris 96........................ FF20 000 - £2 580 - **$3,916**

MARCHAIS Pierre-Antoine 1763-1859 [2]
Bergers et moutons - Huile/toile (90x130cm-35x51in) Paris 96..................... FF70 000 - £8 480 - **$13,600**
Paysage animé avec rivière - Crayon (21x15cm-8x6in) Paris 92.................... FF2 600 - £266 - **$458**

MARCHAL Henri 1878-? [3]
Élégante devant les Magasins - Huile/toile (108x60cm-43x24in) Paris 95........... FF6 000 - £750 - **$1,176**

MARCHAND André 1877-1951 [49]
Brantôme - Huile/carton Paris 97... FF5 500 - £596 - **$972**
Le plat en étain - Huile/toile (65x81cm-26x32in) Paris 94........................ FF26 000 - £3 103 - **$4,870**
Les trois pommes - Huile/carton (46x55cm-18x22in) Paris 90....................... FF131 000 - £13 533 - **$23,145**
Portrait de femme - Fusain/papier (36x27cm-14x11in) Paris 94.................... FF4 800 - £559 - **$831**

MARCHAND André 1907 [52]
Respiration marine - Huile/toile (46x55cm-18x22in) Paris 97...................... FF8 500 - £916 - **$1,511**
Tomates et aubergines - Huile/toile (65x81cm-26x32in) Versailles 93.............. FF25 000 - £3 010 - **$4,550**
Vies silencieuses - Huile/toile (81x65cm-32x26in) Paris 93....................... FF70 000 - £7 160 - **$12,320**
Nièvre l'été - Gouache (19x23cm-7x9in) Paris 92.................................. FF7 000 - £835 - **$1,347**

MARCHAND Camille Maurice 1889-? [1]
L'Etoile, 13 juillet - Watercolour (31x46cm-12x18in) Viby J, Århus 96............ FF1 604 - £208 - **$321**

MARCHAND DES RAUX Louis 1902 [17]
Roi à cheval - Huile/toile (73x54cm-29x21in) Nice 95.............................. FF4 200 - £537 - **$862**
Chant du Rossignol - Huile/toile (64x80cm-25x31in) Bordeaux 93................... FF10 000 - £1 124 - **$1,695**
Vase de tournesols - Pastel (58x43cm-23x17in) Versailles 90...................... FF2 200 - £231 - **$383**

MARCHAND Jean Hippolyte 1883-1940 [54]
Maison au dessus du fleuve - Huile/toile (60x92cm-24x36in) Morlaix 92............ FF4 800 - £573 - **$923**
Seine et Pavillon de Flore, Paris - Oil/canvas (61x51cm-24x20in) London 96....... FF23 200 - £3 000 - **$4,600**
Femmes dans un paysage - Huile/toile (162x130cm-64x51in) Paris 97............... FF130 000 - £13 650 - **$22,360**
Paysage du Midi - Aquarelle (44x54cm-17x21in) Lokeren 93......................... FF5 930 - £710 - **$1,080**

MARCHAND John Norval 1875-1921 [1]
Bucking Bronco - Oil/canvas (91x61cm-36x24in) New-York 94........................ FF37 100 - £4 325 - **$6,500**

MARCHANT Edward Dalton 1806-1887 [1]
General Ulysses G. Grant - Oil/canvas (40x33cm-16x13in) New Orleans, Louisiana 90... FF8 600 - £888 - **$1,519**

MARCHANT Nathaniel 1738-1816 [1]
Caballero de perfil - Miniature (4cm-2in) Madrid 94.............................. FF3 724 - £434 - **$653**

M

MARCHAUX Aimé 1840-? [2]
- Gathering flowers - Oil/canvas (52x41cm-20x16in) London 90 .... FF4 400 - £456 - **$773**
- Orientale au gilet rouge - Huile/toile (66x55cm-26x22in) Paris 93 .... FF25 000 - £3 010 - **$4,550**

MARCHÉ Ernest G. 1864-1932 [9]
- Le pêcheur - Huile/toile (38x55cm-15x22in) Versailles 89 .... FF4 000 - £409 - **$643**
- Lavandières - Huile/toile Lille 94 .... FF13 000 - £1 537 - **$2,397**

MARCHEGIANI Elio 1929 [7]
- Grammature di colore - Intonaco (50x50cm-20x20in) Milano 92........................ FF3 400 - £348 - **$599**

MARCHENCKO Viacheslav 1952 [4]
- Paisaje nevado - Oleo/lienzo (64x90cm-25x35in) Madrid 91 .... FF4 650 - £469 - **$807**

MARCHESANI Josef 1866-1956 [1]
- Landschaft - Oil/canvas (46x51cm-18x20in) Wien 90 .... FF4 800 - £497 - **$844**

MARCHESCHI Jean Paul 1951 [8]
- 11 000 nuits - Technique mixte Paris 92 .... FF8 000 - £820 - **$1,570**

MARCHESE Giancarlo 1931 [1]
- SN 2-72 - Sculpture (100x12x50cm-39x5x20in) Milano 89 .... FF29 800 - £3 140 - **$5,017**

MARCHESI IL SANSONE Giuseppe 1699-1771 [1]
- Achilles & Lycomedes's Daughter - Oil/canvas (105x138cm-41x54in) New-York 97 ...... FF132 523 - £14 976 - **$24,000**

MARCHESI Pompeo 1783/89-1859 [1]
- Male figure sailing a boat - Marble (193cm-76in) London 96 .... FF487 000 - £62 000 - **$93,700**

MARCHESI Salvatore 1852-1926 [1]
- Kyrkointeriör med figurer - Oil/canvas (132x91cm-52x36in) Stockholm 90 .... FF76 800 - £8 170 - **$13,739**

MARCHETTI Gustave H. 1873-? [1]
- Colonne de militaires sur un chemin - Aquarelle, gouache (26x46cm-10x18in) Paris 95 .... FF2 100 - £266 - **$422**

MARCHETTI Ludovico 1853-1909 [23]
- Traveller - Oil/canvas (29x45cm-11x18in) London 97 .... FF12 716 - £1 400 - **$2,232**
- Junge Frau in Interieur - Oil/panel (32x23cm-13x9in) Luzern 90 .... FF54 600 - £5 809 - **$9,767**
- The Introduction - Oil/panel (25x36cm-10x14in) London 94 .... FF120 500 - £14 000 - **$20,860**

MARCHI Vincenzo 1818-1894 [3]
- A Salotto, Bagni di Lucca - Watercolour (18x24cm-7x9in) London 92 .... FF12 560 - £1 500 - **$2,417**

MARCHI Virgilio 1895-1960 [2]
- Curva di ferrovia alta - Inchiostro (32x22cm-13x9in) Roma 93 .... FF32 940 - £3 700 - **$5,900**

MARCHIG Giannino 1897-1983 [7]
- In attesa - Olio/tela (96x84cm-38x33in) Roma 95 .... FF16 330 - £2 090 - **$3,355**
- Liegender weiblicher Akt - Oil/canvas (87x178cm-34x70in) Wien 90 .... FF96 000 - £10 213 - **$17,174**
- Nu allongé - Pencil/paper (16x33cm-6x13in) London 90................................ FF11 600 - £1 234 - **$2,075**

MARCHIONI Carlo 1702-1786 [1]
- Designs for doors for St. Peters - Ink London 93 .... FF15 640 - £1 800 - **$2,700**

MARCHIONI Elisabetta XVII-XVIII [13]
- Composizioni floreali - Olio/tela (90x140cm-35x55in) Milano 90...................... FF135 500 - £13 790 - **$27,098**

MARCHIS de Alessio 1684-1752 [6]
- Shepperdsin Italy - Oil/canvas (30x40cm-12x16in) Amsterdam 97 .... FF15 015 - £1 586 - **$2,568**
- Paesaggio collinare con cascatella - Olio/tela (57x71cm-22x28in) Roma 90 .... FF36 600 - £3 919 - **$6,365**

MARCHISIO Andrea 1850-1927 [3]
- En sortant de chez la modiste - Huile/toile (100x80cm-39x31in) Genève 89........... FF78 000 - £8 219 - **$13,131**

MARCHOU Georges 1898-1984 [16]
- Paysage près de Grasse - Huile/toile (54x46cm-21x18in) Bern 94 .... FF6 600 - £792 - **$1,283**
- House & blue tree - Oil/canvas (81x100cm-32x39in) San Francisco-Los Angeles 93 .... FF29 500 - £3 356 - **$5,000**

MARCILLY Claude 1944 [42]
- Vue de Paris - Huile/toile (22x27cm-9x11in) Toulouse 93 .... FF4 200 - £525 - **$764**

MARCIUS-SIMONS Pinkney 1867-1909 [5]
- Venetian scene - Oil/canvas (58x81cm-23x32in) Mystic, Connecticut 96 .... FF12 950 - £1 600 - **$2,500**
- Toilette de nature - Oil/canvas (114x143cm-45x56in) New-York 97.................... FF291 715 - £30 630 - **$50,000**

MARCKE DE LUMMEN van Émile 1827-1890 [30]
- Enfant et chien - Huile/toile (42x57cm-17x22in) Calais 96 .... FF9 000 - £1 033 - **$1,717**
- Cows at pasture - Oil/canvas (56x82cm-22x32in) New-York 94 .... FF22 200 - £2 550 - **$3,800**
- Retour du troupeau - Huile/toile (61x98cm-24x39in) Barbizon 94..................... FF88 000 - £10 420 - **$16,260**

MARCKE van Emile 1797-c.1850 [1]
- Cow wading in a stream - Oil/canvas (26x35cm-10x14in) New-York 89 .... FF8 600 - £856 - **$1,359**

MARCKE-ROBERT van Julie 1801-1875 [2]
- Bouquet de fleurs - Huile/toile (32x25cm-13x10in) Liège 90 .... FF8 900 - £953 - **$1,548**

MARCKS Gerhard 1889-1981 [154]
- Die Katzen - Woodcut (39x55cm-15x22in) Köln 96 .... FF12 880 - £1 608 - **$2,490**
- Traeumende - Bronze (20cm-8in) New-York 95 .... FF7 810 - £998 - **$1,600**
- Kleine Tänzerin - Bronze (19x4x14cm-7x2x6in) Köln 97 .... FF19 601 - £2 060 - **$3,355**
- Mädchen mit Apfel - Bronze (72cm-28in) Berlin 97 .... FF58 277 - £6 189 - **$10,151**
- Stehende mit Zopf - Bronze (115cm-45in) Berlin 94 .... FF222 000 - £26 200 - **$39,500**
- Mädchen - Pencil (38x28cm-15x11in) München 93 .... FF5 130 - £608 - **$926**
- Konrad Anenauer - Pencil/paper (32x22cm-13x9in) Köln 97 .... FF16 898 - £1 776 - **$2,893**

MARCLAY Christian 1955 [3]
- Candle - Beeswax, wick, gramophone horn (77x48x48cm-30x19x19in) New-York 94 .... FF2 250 - £266 - **$400**

MARCO Carl I 1791-1860 [1]
- Südliche Landschaft mit Staffage - Oil/canvas (18x27cm-7x11in) Wien 92 .... FF21 660 - £2 217 - **$3,810**

MARCOLA Marco 1740-1793 [5]
- Die Hölle - Öl/Leinwand (103x136cm-41x54in) Wien 94.......................... FF29 100 - £3 390 - **$5,090**

MARCON Charles 1920 [12]
- Personnages - Huile/panneau (32x75cm-13x30in) Versailles 93.......................... FF17 500 - £2 010 - **$3,010**
- L'homme qui sème - Oil/masonite (100x65cm-39x26in) New-York 91 .... FF74 100 - £7 467 - **$12,858**
- Le modèle - Gouache/papier (21x15cm-8x6in) Paris 97.......................... FF4 000 - £430 - **$702**

MARCON Giorgio 1924-? [1]
- Rientro dei pescatori - Olio/tela (68x98cm-27x39in) Milano 93.......................... FF12 800 - £1 442 - **$2,146**

MARCOTTE Marie-Antoinette 1869-1929 [19]
- Blumenstilleben - Öl/Leinwand (54x51cm-21x20in) München 93.......................... FF3 440 - £390 - **$582**
- Vase de fleurs - Huile/toile (54x50cm-21x20in) Lindau 96.......................... FF11 810 - £1 526 - **$2,282**

MARCOUSSIS Louis Markus 1883-1941 [107]
- Guitare - Huile/carton (89x42cm-35x17in) Paris 90.......................... FF2 -£246 253 - **$400,000**
- Paysage de Kerity - Huile/carton (33x41cm-13x16in) Paris 95.......................... FF49 000 - £6 190 - **$9,900**
- La rue Caulaincourt - Fixé sous verre (36x26cm-14x10in) Paris 96.......................... FF72 000 - £9 020 - **$13,900**
- Le violoncelle - Huile (91x32cm-36x13in) Paris 96.......................... FF170 000 - £21 300 - **$32,800**
- Personnage écrivant - Oil/canvas (100x81cm-39x32in) London 93.......................... FF351 000 - £40 000 - **$59,600**
- La table - Etching in colors (46x37cm-18x15in) London 97.......................... FF40 540 - £4 200 - **$6,944**
- Nature morte - Gouache/papier (17x15cm-7x6in) London 96.......................... FF17 560 - £2 200 - **$3,390**
- Pastèque - Gouache/paper (35x43cm-14x17in) London 96.......................... FF49 500 - £6 000 - **$9,620**
- Nature morte - Gouache (20x44cm-8x17in) Paris 96.......................... FF82 000 - £10 600 - **$16,100**
- Nature morte - Gouache (43x31cm-17x12in) New-York 91.......................... FF182 400 - £18 512 - **$32,943**

MARCOVILLE 1939 [3]
- Pomme - Sculpture Paris 96.......................... FF4 500 - £564 - **$869**

MARCUCCI Mario 1910-1992 [16]
- Natura morta - Olio/cartone (30x40cm-12x16in) Prato 93.......................... FF18 020 - £2 060 - **$3,065**
- Autoritratto - Olio/cartone (40x30cm-16x12in) Prato 93.......................... FF44 500 - £5 350 - **$8,130**

MARCUEYZ Paul XX [3]
- Renard tenant un geai - Huile/toile (65x100cm-26x39in) Paris 91.......................... FF11 500 - £1 153 - **$2,106**

MARCUS Jacob Ernst 1774-1826 [2]
- Farmer resting by a tree - Watercolour (23x29cm-9x11in) Amsterdam 92.......................... FF2 560 - £306 - **$493**

MARCUS Kaete Ephraim 1892-1970 [15]
- Safed - Oil/board (100x70cm-39x28in) Tel Aviv 95.......................... FF18 800 - £1 497 - **$2,400**
- The Sower - Bronze (74cm-29in) Tel Aviv 95.......................... FF25 070 - £1 995 - **$3,200**
- Street scene in Tiberias - Pastel (55x40cm-22x16in) Tel Aviv 94.......................... FF5 470 - £651 - **$1,000**

MARCUSE Rudolf 1878-? [16]
- A mother and child - Bronze (44cm-17in) London 95.......................... FF7 910 - £1 000 - **$1,590**
- Tänzerin - Bronze (61cm-24in) Stuttgart 92.......................... FF32 160 - £3 740 - **$6,560**

MARCY Claude 1899-1996 [1]
- Paul Léautaud - Huile/toile (44x38cm-17x15in) Honfleur 96.......................... FF4 000 - £510 - **$770**

MARDEN Brice 1938 [81]
- Dylan Karina painting - Oil (243x365cm-96x144in) New-York 92.......................... FF3 -£334 000 - **$575,000**
- Untitled - Mixed media/canvas (175x259cm-69x102in) New-York 92.......................... FF5 -£608 511 - **$1 ,232,56e,+06**
- Untitled - Oil (75x55cm-30x22in) New-York 92.......................... FF108 000 - £11 040 - **$19,000**
- Views for Caroline Tatyane - Etching, aquatint (67x52cm-26x20in) New-York 97.......................... FF20 000 - £2 144 - **$3,500**
- Untitled Press Series - Lithograph (67x49cm-26x19in) New-York 92.......................... FF47 300 - £5 630 - **$9,000**
- Untitled - Ink (30x20cm-12x8in) New-York 96.......................... FF33 100 - £3 900 - **$6,500**
- Card Drawings - Gouache (15x15cm-6x6in) New-York 92.......................... FF169 500 - £22 460 - **$35,000**
- Untitled - Charcoal/paper (51x56cm-20x22in) New-York 95.......................... FF557 000 - £73 800 - **$115,000**

MARDEROSOV Leonid Ivanovich ?-1930 [1]
- I the hammack - Oil/canvas (52x60cm-20x24in) Moscow 94.......................... FF3 720 - £443 - **$700**

MARE André 1885-1932 [9]
- Maillet de polo et selle de cheval - Huile/toile (81x100cm-32x39in) Paris 96.......................... FF5 000 - £645 - **$980**
- Fontaine de jardin - Gouache (34x24cm-13x9in) Pontoise 95.......................... FF5 000 - £657 - **$1,026**

MARE de Yves XX [2]
- Les Andelys - Dessin (41x56cm-16x22in) Paris 91.......................... FF2 200 - £223 - **$397**

MAREC Victor 1862-1920 [4]
- Luxembourg Garden - Oil/panel (61x43cm-24x17in) New-York 90.......................... FF37 800 - £3 806 - **$7,405**

MARECHAL Charles 1865-? [3]
- Basse-cour - Huile/toile (65x48cm-26x19in) Clermont-Ferrand 90.......................... FF9 000 - £930 - **$1,590**

MARÉCHAL Charles Laurent 1801-1887 [1]
- Tombeau de Cecilia Metella, Rome - Sanguine (22x33cm-9x13in) Paris 96.......................... FF2 000 - £251 - **$387**

MARECHAL Claude 1925 [12]
- Vallée fertile - Decollage (65x56cm-26x22in) Paris 91.......................... FF40 000 - £4 031 - **$6,941**
- California - Collage (70x54cm-28x21in) Paris 94.......................... FF23 000 - £2 690 - **$4,040**

MARÉCHAL François 1861-1945 [10]
- Soir d'hiver - Huile/toile (52x65cm-20x26in) Liège 95.......................... FF6 830 - £872 - **$1,400**
- Haven - Dessin (30x39cm-12x15in) Lokeren 94.......................... FF3 170 - £376 - **$586**

MARÉCHAL Jacques 1953 [2]
- Composition - Huile/papier (141x213cm-56x84in) Antwerpen 94.......................... FF3 334 - £400 - **$648**

MARÉCHAL Jean-Baptiste 1779-1824 [4]
- Promeneurs en barque - Aquarelle (20x32cm-8x13in) Paris 94.......................... FF20 000 - £2 360 - **$3,570**

M

MARECHAL Louis Demarez 1885-1954 [7]
🖼 *Beguinage à Bruges* - Huile/panneau (40x35cm-16x14in) Bruxelles 89 .... FF2 800 - £279 - $442
MARECHAL Victor 1879-? [4]
🖼 *Big Ben in the Mist* - Oil/board (29x23cm-11x9in) London 97 .... FF6 452 - £700 - $1,143
MARÉCHAUX Charles c.1710-c.1770 [1]
✏ *Projet: Hôtel de Ville, place Dauphine* - Encre (18x48cm-7x19in) Paris 96 .... FF8 000 - £1 020 - $1,540
MAREELS Maurice 1893-1976 [6]
🖼 *Le cortège, Blankenbergen* - Huile/toile (50x62cm-20x24in) Antwerpen 92 .... FF4 650 - £476 - $818
MAREES von Hans 1837-1887 [8]
🖼 *Orpheus und Eurydike* - Öl/Leinwand (66x45cm-26x18in) Köln 94 .... FF3 740 - £437 - $656
🖼 *Blick auf einen Bergrücken* - Öl/Leinwand (33x25cm-13x10in) Köln 95 .... FF156 000 - £19 400 - $30,400
✏ *Studie zum Bacchus* - Dessin (59x44cm-23x17in) Berlin 91 .... FF81 100 - £8 231 - $14,647
MARELLI Luca 1958 [3]
✏ *Ohne Titel* - Fusain/papier (100x70cm-39x28in) Zürich 96 .... FF3 395 - £440 - $672
MAREMBERT Jean 1900-1970 [3]
🖼 *Paysage surréaliste* - Huile/toile (41x32cm-16x13in) Versailles 89 .... FF7 500 - £725 - $1,138
MARENT Emil 1900-1971 [2]
✏ *Hütte im Hochgebirge* - Aquarell/Papier (30x39cm-12x15in) Kempten 96 .... FF1 864 - £234 - $363
MARES Frédéric 1893-? [1]
🗿 *Monumento al Tambor de Bruch* - Bronze (71cm-28in) Madrid 94 .... FF14 510 - £1 712 - $2,583
MARESCA Mario 1877-? [2]
🖼 *Barche nel porto* - Olio/tavola (22x35cm-9x14in) Roma 89 .... FF3 000 - £316 - $505
MARESTE Georges 1875-? [1]
📄 *Portraits, Bauchet-Lucet, Orléans* - Poster (79x115cm-31x45in) New-York 93 .... FF13 200 - £1 656 - $2,400
MARET Jacques 1900-1980 [6]
🖼 *Komposition* - Oil/canvas (81x99cm-32x39in) Stockholm 89 .... FF8 000 - £843 - $1,347
MAREVNA Marie Vorobieff 1892-1984 [35]
🖼 *Raisins et pommes* - Huile/toile (54x48cm-21x19in) La Varenne Saint-Hilaire 93 .... FF25 000 - £3 125 - $4,550
Chat près d'un vase - Oil/canvas (86x64cm-34x25in) London 96 .... FF36 860 - £4 200 - $7,050
L'attente - Huile/toile (39x28cm-15x11in) Paris 97 .... FF59 000 - £6 301 - $10,342
Marika - Oil/canvas (92x59cm-36x23in) London 94 .... FF137 000 - £16 000 - $23,840
✏ *Bouquet de fleurs* - Watercolour (54x39cm-21x15in) London 93 .... FF24 000 - £3 000 - $4,350
MAREY Etienne Jules 1830-1904 [2]
📷 *Motion study* - Gelatin silver print (18x31cm-7x12in) New-York 97 .... FF58 106 - £6 153 - $10,000
MAREZ-DARLEY Nelly 1908 [4]
✏ *A travers le miroir* - Gouache/papier (32x50cm-13x20in) Paris 92 .... FF4 000 - £478 - $770
MARFAING André 1925-1987 [39]
🖼 *Peinture II-53* - Huile/toile (41x33cm-16x13in) Paris 95 .... FF8 600 - £1 085 - $1,715
X-53 - Huile/toile (60x73cm-24x29in) Paris 92 .... FF18 500 - £1 894 - $3,330
Composition - Huile/toile (195x152cm-77x60in) Saint-Germain-en-Laye 93 .... FF59 000 - £6 630 - $10,000
MARFFY Odon 1878-? [1]
🖼 *Nude in an armchair* - Oil/canvas (55x66cm-22x26in) London 89 .... FF6 800 - £695 - $1,093
MARFURT Leo 1894-1977 [2]
📄 *Belga Sigaretten* - Poster (115x81cm-45x32in) New-York 95 .... FF8 770 - £1 143 - $1,800
MARGAIL Paule 1928 [6]
🖼 *Les genêts d'or* - Huile/carton (46x38cm-18x15in) Carcassonne 92 .... FF5 200 - £533 - $936
✏ *Châteaux Cathares* - Pastel (41x33cm-16x13in) Bédarieux 92 .... FF3 800 - £391 - $731
MARGANTIN Louis 1900 [2]
🖼 *French Cancan* - Huile/toile (27x22cm-11x9in) Paris 91 .... FF7 000 - £702 - $1,282
MARGARA Pierre XX [1]
🗿 *La main des alizées* - Bronze (49x22cm-19x9in) Paris 90 .... FF60 000 - £6 424 - $10,435
MARGARI Luigi 1857-? [1]
🖼 *Krönung Mariae* - Öl/Leinwand (72x55cm-28x22in) Köln 94 .... FF4 100 - £484 - $736
MARGAT André 1903 [43]
🖼 *Eléphants d'Afrique* - Technique mixte/panneau (33x34cm-13x13in) Calais 97 .... FF25 000 - £2 740 - $4,388
✏ *Panthères* - Aquarelle, gouache/papier (25x18cm-10x7in) Calais 97 .... FF8 800 - £880 - $1,485
Deux singes - Pastel (49x63cm-19x25in) Paris 96 .... FF16 500 - £2 135 - $3,240
Jeune panthère - Huile (49x50cm-19x20in) Sceaux 89 .... FF53 000 - £5 585 - $8,923
MARGERIN Frank 1952 [4]
✏ *Crottes de chiens* - Encres couleurs/papier (32x24cm-13x9in) Paris 91 .... FF3 000 - £298 - $521
MARGETSON William Henry 1861-1940 [15]
🖼 *Love's Talisman* - Oil/canvas (86x56cm-34x22in) London 93 .... FF20 800 - £2 600 - $3,770
Stitch in time - Oil/canvas (77x55cm-30x22in) London 96 .... FF244 600 - £29 000 - $47,700
✏ *Watering daffodils* - Watercolour/paper (56x33cm-22x13in) London 90 .... FF35 860 - £3 809 - $6,404
MARGITAY Tihamér 1859-1922 [7]
🖼 *Meeting in the park* - Oil/canvas (66x100cm-26x39in) London 93 .... FF7 200 - £900 - $1,305
Leçon de lecture - Huile/toile (66x100cm-26x39in) Paris 96 .... FF13 000 - £1 527 - $2,560
MARGITSON Maria XIX [2]
🖼 *Study of black & white grapes* - Oil/canvas (36cm-14in) Aylsham, Norfolk 91 .... FF21 420 - £2 200 - $3,980
MARGO Boris 1902 [5]
✏ *Mechanic* - Ink/paper (57x73cm-22x29in) New-York 90 .... FF18 300 - £1 896 - $3,216
MARGOLIES Samuel L. 1897-1974 [5]
📄 *Builders of Babylon* - Etching, aquatint (36x28cm-14x11in) New-York 96 .... FF18 700 - £2 380 - $3,600

MARGOTTI Anacleto 1895-1984 [3]
🖼 *Gramolatura* - Oil/board (64x76cm-25x30in) Bloomfield Hills, Michigan 92................ FF**24 500** - £**2 845** - **$5,000**
MARGOTTON René 1915 [3]
🖼 *Vase de fleurs* - Huile/toile (80x40cm-31x16in) Calais 96............................ FF**6 800** - £**781** - **$1,298**
MARGOULIES Berta XX [1]
🗿 *Bust of a clown* - Bronze (28cm-11in) New-York 89.............................. FF**3 400** - £**338** - **$537**
MARGUERAY Michel 1938 [5]
🖼 *Levée du soleil, Bretagne* - Huile/toile (50x61cm-20x24in) Le Touquet 95............ FF**8 000** - £**995** - **$1,560**
MARGUERIE Gustave Lucien 1825-? [1]
🖼 *Treiben im Park von Versailles* - Oil/canvas (130x98cm-51x39in) Luzern 92.......... FF**3 810** - £**455** - **$732**
MARGULIES Joseph 1896-1984 [14]
🖼 *Lake with canoes* - Oil/canvas (76x61cm-30x24in) New-York 90.................. FF**10 400** - £**1 063** - **$2,053**
MARIA de Mario 1852-1924 [1]
🖼 *Portico veneziano* - Olio/tela (40x30cm-16x12in) Roma 96...................... FF**6 010** - £**697** - **$1,170**
MARIA de Pierre-Jean 1896-1984 [5]
🖼 *Guerrier I, 1968* - Oil/canvas (80x64cm-31x25in) Luzern 90.................... FF**21 800** - £**2 319** - **$3,900**
MARIA de Walter 1935 [8]
🖼 *Les yeux clos* - Huile/toile (64x80cm-25x31in) Paris 90........................ FF**6 000** - £**647** - **$1,058**
🗿 *Garbo Column* - Sculpture (183cm-72in) New-York 96........................ FF**768 000** - £**91 100** - **$150,000**
✏ *Mountain with red castle* - Pencil/paper (45x61cm-18x24in) New-York 89.......... FF**22 900** - £**2 342** - **$3,682**
MARIA Francesco de 1845-1908 [1]
✏ *Harem interior* - Watercolour (30x57cm-12x22in) New-York 90.................. FF**11 400** - £**1 221** - **$1,983**
MARIANI Carlo Maria 1931 [21]
🖼 *Dionisio, 1985* - Olio/tela (66x50cm-26x20in) Prato 97........................ FF**47 600** - £**5 600** - **$8,400**
   Universalia Ante Rem - Oil/canvas (120x100cm-47x39in) New-York 97........... FF**87 108** - £**9 164** - **$15,000**
✏ *Sogno profetico* - Oil/canvas (200x250cm-79x98in) London 97.................. FF**140 714** - £**15 000** - **$24,568**
✏ *Luglio* - Watercolour (240x202cm-94x80in) London 97.................... FF**89 119** - £**9 500** - **$1,556,0 5**
MARIANI Cesare 1826-1901 [3]
🖼 *The Suitor* - Oil/canvas (56x69cm-22x27in) New-York 97...................... FF**45 506** - £**4 897** - **$8,000**
MARIANI Elio 1943 [5]
🖼 *Senza titolo* - Tecnica mista/tela (94x95cm-37x37in) Milano 92................ FF**3 490** - £**415** - **$671**
MARIANI Pompeo 1857-1927 [82]
🖼 *Olive trees by a path* - Oil/board (47x54cm-19x21in) London 91................ FF**37 700** - £**3 826** - **$6,809**
   Flushing ducks - Oil/panel (50x74cm-20x29in) London 94.................... FF**90 400** - £**10 500** - **$15,640**
   Paesaggio del Ticino - Oil/canvas (133x219cm-52x86in) Milano 92............. FF**235 500** - £**24 100** - **$41,500**
✏ *Marina* - Carboncino (21x30cm-8x12in) Milano 92.......................... FF**7 250** - £**742** - **$1,276**
   Signora a San Siro - Bodycolour (84x43cm-33x17in) London 96............... FF**77 000** - £**10 000** - **$15,240**
MARIANI Umberto 1936 [8]
🖼 *Ritratto del Questore G.* - Olio/tela (130x200cm-51x79in) Milano 94............ FF**14 120** - £**1 680** - **$2,520**
MARIBONA Armando R. 1895-1964 [1]
🖼 *Desnudo en reposo* - Oil/canvas (127x81cm-50x32in) New-York 95............. FF**51 000** - £**6 370** - **$10,000**
MARICOT Jeanne Alexandre 1789-? [2]
✏ *Husband and wife* - Miniature (12cm-5in) London 97...................... FF**25 665** - £**2 700** - **$4,396**
MARIE Adrien E. 1848-1891 [4]
🖼 *La Bohémienne* - Huile/toile (89x148cm-35x58in) Paris 95.................... FF**74 000** - £**9 720** - **$14,850**
✏ *Plage bourgeoise à Dieppe* - Aquarelle (28x39cm-11x15in) Bruxelles 97......... FF**2 127** - £**221** - **$363**
MARIE Désiré XIX-XX [1]
🗿 *Mercator* - Bronze (38cm-15in) Bruxelles 90.......................... FF**2 430** - £**247** - **$486**
MARIE Gustave XIX-XX [4]
▱ *Théâtre de L'Athénée* - Affiche (148x109cm-58x43in) Paris 93.................. FF**4 800** - £**579** - **$873**
MARIE Jacques XIX-XX [2]
🖼 *Country bridge* - Oil/canvas (46x61cm-18x24in) San Francisco-Los Angeles 90....... FF**18 600** - £**1 979** - **$3,327**
MARIëN Marcel 1920-1993 [43]
🖼 *Le Reproche* - Oil/board (58x48cm-23x19in) Amsterdam 94.................. FF**33 450** - £**3 950** - **$5,950**
🗿 *Soleil pour Hodwig* - Sculpture Antwerpen 96........................ FF**2 465** - £**318** - **$476**
   Le monstre amical - Sculpture (63x26cm-25x10in) Paris 96.................. FF**4 500** - £**571** - **$863**
▱ *La place au soleil* - Tirage argentique (30x40cm-12x16in) Paris 92............. FF**4 200** - £**430** - **$740**
✏ *Ode au Nil* - Collage (24x30cm-9x12in) Amsterdam 96.................... FF**6 640** - £**768** - **$1,272**
   Si Vous ne trouvez pas cela ridicule - Collage (19x23cm-7x9in) Amsterdam 95...... FF**22 050** - £**2 814** - **$4,500**
MARIENHOF Jan c.1610-c.1650 [3]
🖼 *Wooded river landscape* - Oil/panel (35x50cm-14x20in) London 94............. FF**108 100** - £**12 500** - **$18,420**
MARIESCHI Jacopo di Paolo 1711-1794 [5]
🖼 *Grand Canal* - Oil/canvas (71x117cm-28x46in) London 92................... FF**293 000** - £**30 000** - **$51,600**
MARIESCHI Michele 1696-1743 [23]
🖼 *Il Campo San Gallo, Venezia* - Oil/canvas (98x137cm-39x54in) London 94........ FF**3 - £**420 000** - **$655,000**
▱ *Il Canal Grande* - Etching (32x47cm-13x19in) New-York 94................... FF**10 300** - £**1 207** - **$1,800**
MARIETTE Pierre Jean 1694-1774 [1]
▱ *La Fuite en Égypte* - Eau-forte (18x22cm-7x9in) Paris 94.................... FF**1 500** - £**177** - **$270**
MARIGNY P. J. Doorn, dit 1942 [3]
🖼 *La maison fleurie* - Huile/panneau (60x76cm-24x30in) Verrières-Le-Buisson 91...... FF**4 000** - £**401** - **$660**
   Au jardin - Huile/panneau (60x70cm-24x28in) Verrières-Le-Buisson 91.......... FF**8 800** - £**882** - **$1,453**

MARIJNISSEN Adrianus 1899-? [2]
- Sailing away - Oil/panel (69x89cm-27x35in) New Orleans, Louisiana 92 .... FF5 000 - £523 - $900

MARILHAT Prosper Georges Ant. 1811-1847 [22]
- Bather at Twilight - Oil/canvas (46x56cm-18x22in) New-York 92 .... FF17 200 - £1 800 - $3,100
- Vue du Bosphore - Huile/toile (30x45cm-12x18in) Nice 94 .... FF38 000 - £4 500 - $7,020
- Arabs and Camels - Oil/canvas (82x65cm-32x26in) London 96 .... FF239 400 - £30 000 - $46,200

MARILLIER Clément Pierre 1740-1808 [5]
- Montée de Louis XVI sur le trône - Encre Chine (9x14cm-4x6in) Paris 95 .... FF3 600 - £442 - $701

MARIN BALDO José 1826-1891 [5]
- Spanish farmyard - Oil/panel (15x22cm-6x9in) London 93 .... FF11 620 - £1 400 - $2,030
- Patio Renacentista - Acuarela (51x67cm-20x26in) Madrid 93 .... FF3 960 - £450 - $671

MARIN Charo 1951 [2]
- Timo Theus Snapp - Huile/toile (104x90cm-41x35in) Paris 91 .... FF8 000 - £808 - $1,588

MARIN Claude 1914 [35]
- La Seine à Paris - Huile/papier (22x27cm-9x11in) Grenoble 95 .... FF4 000 - £527 - $811
- Bateaux échoués, Bretagne - Huile/isorel (22x27cm-9x11in) Grenoble 91 .... FF6 800 - £697 - $1,270
- Conversation aux Tuileries - Huile/toile (22x27cm-9x11in) Grenoble 92 .... FF10 000 - £827 - $1,760

MARIN Enrique 1876-1940 [54]
- Vista de Granada desde la Vega - Oleo/lienzo (42x54cm-17x21in) Madrid 96 .... FF18 320 - £2 376 - $3,620
- Grand Labyrinthe - Acrylic/panel (48x63cm-19x25in) Verrières-Le-Buisson 90 .... FF26 000 - £2 686 - $4,594
- Pelando la pava - Acuarela (68x45cm-27x18in) Madrid 92 .... FF24 300 - £2 475 - $4,275

MARIN Jacques 1877-1950 [6]
- Buste de Mercure - Bronze (50cm-20in) Bruxelles 97 .... FF4 902 - £531 - $867
- Bacchantes - Bronze (58cm-23in) London 97 .... FF15 166 - £1 600 - $2,602

MARIN John 1870-1953 [73]
- Brooklyn Bridge No. 6 - Etching (27x22cm-11x9in) New-York 95 .... FF83 100 - £10 760 - $17,000
- Woolworth Building - Etching (33x26cm-13x10in) New-York 93 .... FF297 500 - £34 000 - $50,000
- Movement fantasy - Pencil/paper (20x25cm-8x10in) New-York 94 .... FF14 270 - £1 664 - $2,500
- Sullivan Hancock Bridge - Watercolour/paper (39x51cm-15x20in) New-York 97 .... FF75 846 - £7 963 - $13,000
- Rocks, Maine - Watercolour/paper (38x49cm-15x19in) New-York 97 .... FF105 017 - £11 026 - $18,000
- Deer Isle Main Series, No. 11 - Watercolour (35x44cm-14x17in) New-York 93 .... FF194 700 - £22 150 - $33,000

MARIN Joseph Charles 1759-1834 [2]
- Buste de bacchante - Terracotta (19cm-7in) Paris 95 .... FF26 000 - £3 303 - $5,330
- Draped female nudes - Pencil/paper (13x11cm-5x4in) New-York 90 .... FF103 000 - £10 831 - $17,913

MARÍN Mari Jose 1962 [2]
- Desde adentro - Oleo/lienzo (120x100cm-47x39in) México 92 .... FF17 280 - £1 774 - $3,155

MARIN RAMOS Eustaquio 1873-1959 [1]
- Fête à Séville - Huile/carton (82x104cm-32x41in) Paris 94 .... FF51 000 - £6 040 - $9,420

MARIN Ricardo 1874-1942 [1]
- Sancho Panza/Don Quijote - Drawing (22x15cm-9x6in) Madrid 91 .... FF2 190 - £220 - $362

MARIN-MARIE 1901-1987 [69]
- Trois-mâts barque français - Huile/toile (123x262cm-48x103in) Paris 94 .... FF60 000 - £7 020 - $10,570
- Toulon, mars 1932 - Aquarelle/papier (34x51cm-13x20in) Paris 97 .... FF30 000 - £3 150 - $5,142
- Quatre mâts - Gouache (63x94cm-25x37in) Paris 92 .... FF70 000 - £7 637 - $12,236
- Cancale, le Port - Aquarelle/papier (53x71cm-21x28in) Mont Saint-Michel 97 .... FF138 000 - £15 124 - $24,219

MARINELLI Vincenzo 1820-1892 [3]
- Notables se rendant à un mariage - Huile/toile (54x106cm-21x42in) Paris 95 .... FF250 000 - £31 500 - $49,900

MARINETTI Filippo Tommaso 1876-1944 [1]
- Planche tactile de poche - Mixed media/paper (10x6cm-4x2in) Monaco 90 .... FF29 000 - £2 996 - $5,124

MARINI Antonio 1788-1861 [3]
- Shipping in a storm - Oil/canvas (99x114cm-39x45in) New-York 91 .... FF354 400 - £35 740 - $69,074

MARINI Antonio Maria 1668-1725 [3]
- Paysage de bord de mer - Huile/toile (89x114cm-35x45in) Monaco 91 .... FF140 000 - £14 100 - $24,560

MARINI Marino 1901-1980 [461]
- Abstract Composition - Oil/paper (43x62cm-17x24in) New-York 94 .... FF78 800 - £9 380 - $15,000
- Cavallo - Tempera (84x60cm-33x24in) New-York 95 .... FF269 000 - £34 800 - $55,000
- Piccolo cavaliere - Oil/canvas (92x73cm-36x29in) London 95 .... FF757 000 - £100 000 - $153,400
- I guerrieri e la danza - Oil/canvas (200x180cm-79x71in) New-York 97 .... FF2 571 48e +06 - £220 536 - $360,000
- Cavallo in Armonia - Etching, aquatint in colors (49x67cm-19x26in) München 96 .... FF6 800 - £794 - $1,300
- From color to Form III - Lithographie couleurs (40x53cm-16x21in) London 93 .... FF18 340 - £1 900 - $3,141
- Marino from Shakespeare I - Aquatint in colors (47x38cm-19x15in) London 97 .... FF26 062 - £2 700 - $4,464
- Cavalière - Bronze (115cm-45in) New-York 97 .... FF7 - £770 000 - $1
- Piccolo Pugilato - Bronze (20cm-8in) New-York 95 .... FF48 900 - £6 300 - $10,000
- Giocoliere petito - Bronze (43cm-17in) New-York 96 .... FF205 000 - £24 300 - $40,000
- Giovenetta - Iron (133cm-52in) New-York 96 .... FF595 000 - £76 800 - $115,000
- Cavalière - Ballpoint pen (34x56cm-13x22in) New-York 97 .... FF9 286 - £976 - $1,600
- Untitled - Gouache (29x22cm-11x9in) New-York 97 .... FF58 038 - £6 106 - $10,000
- Cavallo - Gouache (39x37cm-15x15in) London 96 .... FF95 700 - £12 000 - $18,480
- Giocoliere - Tempera/carta (62x43cm-24x17in) Prato 95 .... FF204 000 - £26 400 - $41,600
- Cavallo - Ink/paper (49x35cm-19x14in) New-York 94 .... FF508 000 - £58 700 - $86,600

MARINKELLE Joseph Marinllige 1732-c.1776 [2]
- Damenbildnis - Miniature (3cm-1in) Köln 93 .... FF4 580 - £547 - $881

MARINKO George J. 1908-1990 [23]
- Broken window - Oil/masonite (15x16cm-6x6in) Litchfield, CT 92 .... FF3 240 - £332 - $600

M

Life of the Artist - Ink (10x14cm-4x6in) Litchfield, CT 92 .... FF2 **700** - £276 - **$500**

MARINO Carol 1943   [2]
O no ! More flowers ! - Silver print (35x43cm-14x17in) New-York 89 .... FF9 **200** - £915 - **$1,453**

MARINO Raffaele 1868-?   [2]
Nude female reclining in ecstasy - Marble (196x92cm-77x36in) New-York 92 ...... FF142 **000** - £16 500 - **$29,000**

MARINONI Antonio 1796-1871   [1]
Landskap med vattenfall och figurer - Oil/canvas (99x75cm-39x30in) Stockholm 92 .... FF30 **160** - £3 090 - **$5,310**

MARINOT Maurice 1882-1960   [3]
Paysage à Montgueux - Aquarelle (39x50cm-15x20in) Paris 97 .... FF3 **500** - £364 - **$596**

MARINUS Ferdinand 1808-1890   [17]
Les haleurs - Huile/toile (62x120cm-24x47in) Antwerpen 94 .... FF21 **640** - £2 510 - **$3,730**
Rochers bordant une rivière - Huile/toile Bruxelles 94 .... FF83 **500** - £9 960 - **$15,640**

MARIO DEI FIORI Mario Nuzzi 1603-1673   [19]
Bouquets de fleurs - Huile/toile (92x67cm-36x26in) Paris 97 .... FF205 **000** - £21 812 - **$35,670**

MARIO Ugo XIX-XX   [3]
Fishermen and boats at Naples - Oil/canvas (30x46cm-12x18in) New Orleans, Louisiana 92 ..... FF2 **352** - £273 - **$480**

MARIONNEAU Charles Claude 1823-1896   [3]
Callimaque contemplant un tombeau - Huile/toile (115x147cm-45x58in) Monaco 90 .... FF30 **000** - £3 068 - **$5,921**

MARIOTON Claudius 1844-1919   [8]
Vainqueur - Bronze (69cm-27in) Amsterdam 93 .... FF3 **014** - £360 - **$580**
Diogène - Bronze (55cm-22in) Saint-Germain-en-Laye 96 .... FF9 **500** - £1 191 - **$1,837**

MARIOTON Eugène 1854-1933   [35]
Fascination - Bronze (85cm-33in) Saint-Etienne 93 .... FF13 **000** - £1 567 - **$2,364**
Phoebe - Bronze (64cm-25in) London 97 .... FF28 **571** - £3 000 - **$4,897**
Guerrier barbare - Bronze (155cm-61in) Périgueux 93 .... FF50 **500** - £5 670 - **$8,560**

MARIOTON Jean Alfred 1864-1903   [1]
Nus féminins dans les nuées - Huile/toile Orléans 95 .... FF17 **000** - £2 170 - **$3,425**

MARIS Frits 1873-1935   [4]
Apples & peeled lemon - Oil/canvas (57x74cm-22x29in) Amsterdam 89 .... FF9 **000** - £896 - **$1,422**

MARIS Jacob Marcus 1837-1899   [43]
Bomschuit in the Breakers - Oil/canvas (22x30cm-9x12in) Amsterdam 94 .... FF27 **600** - £3 285 - **$5,250**
After the storm - Oil/canvas (77x86cm-30x34in) London 94 .... FF42 **300** - £5 000 - **$7,600**
Moored sailboat - Oil/canvas (95x77cm-37x30in) New-York 93 .... FF82 **500** - £10 340 - **$15,000**
Landschap met hengelaars - Oil/panel (21x33cm-8x13in) Amsterdam 97 .... FF362 **858** - £3 836 0 4 - **$62,262**

MARIS Matthijs 1839-1917   [13]
The veiled lady - Oil/canvas (61x36cm-24x14in) Amsterdam 95 .... FF111 **300** - £13 900 - **$22,470**
The lady of Shalot - Etching (16x11cm-6x4in) Amsterdam 93 .... FF10 **540** - £1 260 - **$2,030**
The milkmaid - Watercolour (19x19cm-7x7in) Amsterdam 92 .... FF3 **640** - £374 - **$700**

MARIS Simon Wzn. 1873-1935   [25]
The bride - Oil/panel (21x15cm-8x6in) Amsterdam 97 .... FF4 **508** - £487 - **$786**
Mother and child - Oil/canvas (54x40cm-21x16in) Amsterdam 97 .... FF10 **403** - £1 125 - **$1,815**

MARIS Willem 1844-1910   [36]
Cattle at pature - Oil/canvas (26x32cm-10x13in) Amsterdam 97 .... FF15 **606** - £1 660 - **$2,715**
Cattle on a wooded path - Oil/canvas/board (62x90cm-24x35in) New-York 96 .... FF23 **140** - £2 806 - **$4,500**
Ducks with ducklings - Oil/canvas (85x125cm-33x49in) Amsterdam 95 .... FF77 **600** - £10 070 - **$16,170**
Watering cows - Watercolour (30x41cm-12x16in) Amsterdam 93 .... FF20 **260** - £2 320 - **$3,450**

MARIS Willem Matthijs 1872-1929   [7]
The little swineherd - Oil/panel (14x18cm-6x7in) Amsterdam 93 .... FF26 **800** - £3 070 - **$4,570**
Yung woman with flowers on her lap - Watercolour (61x41cm-24x16in) Amsterdam 96 .... FF5 **520** - £710 - **$1,090**

MARISOL Escobar 1930   [15]
Untitled - Wood (44x84cm-17x33in) New-York 96 .... FF33 **660** - £4 345 - **$6,500**
Georgia O'Keefe - Sculpture (140x108x140cm-55x43x55in) New-York 97 .... FF247 **500** - £31 030 - **$45,000**
Nude - Coloured pencils (65x50cm-26x20in) Toronto 96 .... FF5 **310** - £674 - **$1,020**

MARISSAL-CARLBERG Andrée 1903-?   [1]
Nature morte de fruits - Huile/toile (0x60cm-24in) Bruxelles 96 .... FF2 **010** - £260 - **$402**

MARIUS-ERAUD Gerarda Hermina 1854-1919   [5]
Der Hafen von Marseille - Oil/panel (16x21cm-6x8in) Wien 93 .... FF6 **710** - £805 - **$1,155**

MARK Lajos, Louis 1867-1940   [7]
The artist's model - Oil/canvas (119x99cm-47x39in) London 91 .... FF4 **990** - £499 - **$822**

MARK Mary Ellen 1941   [10]
Pakistan - Silver print (33x20cm-13x8in) New-York 94 .... FF5 **230** - £606 - **$900**

MARKELBACH Alexandre 1824-1906   [1]
Le Voeu de Charles I - Huile/toile (136x174cm-54x69in) Lyon 97 .... FF13 **000** - £1 409 - **$2,285**

MARKES Albert Ernest 1865-1901   [28]
Coming into port - Watercolour (15x24cm-6x9in) London 93 .... FF5 **340** - £600 - **$894**

MARKES Richmond 1875-1920   [21]
Sailing vessel - Watercolour (11x24cm-4x9in) London 94 .... FF2 **250** - £260 - **$385**

MARKESTEIN W. 1911-?   [3]
A country road - Oil/canvas (24x30cm-9x12in) Amsterdam 97 .... FF3 **119** - £337 - **$544**

MARKHAM Charles C. 1837-1907   [2]
That little german band - Oil/canvas (35x30cm-14x12in) New-York 94 .... FF45 **400** - £4 650 - **$8,000**

M

MARKHAM Kyra 1891-1967 [20]
Square dance - Tempera (61x76cm-24x30in) New-York 92 .... FF98 000 - £11 380 - **$20,000**
Bleecker Street Fire Hydrant - Lithograph (20x25cm-8x10in) New-York 94 .... FF5 940 - £694 - **$1,046**
MARKIN Vitaly Alexandrov. 1924 [7]
By the Don river - Oil/canvas (46x51cm-18x20in) London 97 .... FF5 655 - £600 - **$975**
MARKINO Yoshiko XIX-XX [10]
The aldwych Site - Watercolour (25x32cm-10x13in) London 97 .... FF26 820 - £2 800 - **$4,589**
Elegant Figures, Hyde Park Corner - Watercolour (36x26cm-14x10in) London 96 .... FF74 200 - £8 800 - **$14,480**
MARKKULA Mauno 1905-1959 [8]
Bergslandskap - Oil/canvas (20x28cm-8x11in) Helsinki 91 .... FF10 030 - £998 - **$1,725**
MARKLUND Berto 1931 [4]
Gestalt i storm - Bronze (18cm-7in) Stockholm 92 .... FF6 690 - £800 - **$1,286**
MARKLUND Bror 1907-1977 [12]
Komposition - Bronze (30x28cm-12x11in) Stockholm 96 .... FF2 464 - £314 - **$475**
Gelstalt i Storm - Bronze (88cm-35in) Stockholm 96 .... FF62 400 - £7 560 - **$12,130**
MARKO Andreas 1824-1895 [29]
Pastoral - Oil/canvas/panel (48x62cm-19x24in) Göteborg 96 .... FF18 300 - £2 085 - **$3,500**
Near Lake Albano - Oil/canvas (41x70cm-16x28in) London 93 .... FF34 860 - £4 200 - **$6,090**
Cattle & ruins (79x122cm-31x48in) New Orleans, Louisiana 94 .... FF63 700 - £7 400 - **$13,000**
MARKO Ferenc 1832-1874 [2]
Italienische Gebirgslandschaft - Oil/canvas (47x64cm-19x25in) Wien 91 .... FF9 600 - £970 - **$1,906**
MARKO Henry 1855-1921 [3]
Isola Bella - Olio/tela (39x51cm-15x20in) Trieste 95 .... FF6 160 - £780 - **$1,200**
MARKO Karl I, Carlo 1791-1860 [15]
An der Waldquelle - Oil/panel (15x21cm-6x8in) Wien 92 .... FF57 700 - £6 900 - **$11,100**
Das Urteil des Paris - Öl/Leinwand (71x91cm-28x36in) Wien 93 .... FF137 000 - £15 500 - **$23,140**
MARKO Karl II, Carlo 1822-1891 [19]
Paesaggio costiero - Olio/tavola (34x46cm-13x18in) Roma 95 .... FF14 040 - £1 845 - **$2,790**
Latinum bei Rom - Öl/Leinwand (48x63cm-19x25in) Wien 97 .... FF28 776 - £3 108 - **$5,022**
Rast in felsiger Landschaft - Oil/canvas (93x131cm-37x52in) Wien 90 .... FF86 400 - £8 793 - **$17,279**
MARKÖ Serge 1926 [10]
Breguet Alizé - Aquarelle/papier (50x65cm-20x26in) Paris 89 .... FF8 500 - £869 - **$1,367**
MARKOS Andras 1824-1895 [1]
Junge Italienerin auf dem Maultier - Öl/Leinwand (41x70cm-16x28in) München 92 .... FF27 100 - £3 150 - **$5,530**
MARKOS Andras 1950 [2]
Entstehung eines Bogens - Mischtechnik/Papier (79x88cm-31x35in) München 92 .... FF12 400 - £1 270 - **$2,185**
MARKOVIC Peter 1869-? [1]
Winterlandschaft mit Birken - Aquarell/Papier (40x51cm-16x20in) Wien 95 .... FF4 050 - £507 - **$817**
MARKOVITZKY F. XIX [2]
La charge - Huile/toile (51x81cm-20x32in) Montréal 91 .... FF6 450 - £653 - **$1,295**
MARKOWICZ Arthur 1872-1934 [14]
Vieux juifs - Huile/carton (34x50cm-13x20in) Warszawa 95 .... FF21 000 - £2 683 - **$4,310**
Rabbi's studying - Pastel (34x31cm-13x12in) Amsterdam 91 .... FF3 910 - £392 - **$645**
MARKS Albert Markowski 1870-1941 [1]
Französische Flusslandschaft, Paris - Öl/Leinwand (33x46cm-13x18in) Stuttgart 95 .... FF8 760 - £1 066 - **$1,726**
MARKS Claude XIX-XX [4]
Canal Grande, Venezia - Oil/canvas (97x81cm-38x32in) St. Petersburg, Florida 92 .... FF35 500 - £3 630 - **$6,250**
MARKS Ferdinand Louis 1861-? [4]
Bords de l'Oise, Pontoise - Huile/panneau (55x37cm-22x15in) Pontoise 96 .... FF11 000 - £1 400 - **$2,120**
MARKS George XIX-XX [8]
A Surrey Common - Watercolour (25x38cm-10x15in) London 95 .... FF20 770 - £2 600 - **$4,140**
MARKS Henry Stacy 1829-1898 [27]
Doctors Differ - Oil/canvas (46x36cm-18x14in) London 97 .... FF13 774 - £1 500 - **$2,395**
Doctors Differ - Oil/canvas (92x71cm-36x28in) London 96 .... FF65 800 - £7 800 - **$12,840**
Orpheus charming the Beasts - Watercolour (15x70cm-6x28in) Hadspen 96 .... FF110 400 - £14 000 - **$21,200**
MARKS Margaret XX [2]
Narcissi - Oil/board (48x25cm-19x10in) London 89 .... FF3 900 - £377 - **$592**
MÄRKSCH Helmut 1907 [1]
Stilleben mit Kastanien - Oil/cardboard (39x48cm-15x19in) München 90 .... FF5 100 - £546 - **$887**
MARKUS Antoon 1870-1955 [2]
Polder landscape - Oil/canvas (28x45cm-11x18in) Amsterdam 93 .... FF2 110 - £252 - **$406**
MARKUS Johan Karel Abraham 1890-1919 [1]
Milking-time/Cows in a meadow - Pastel/paper Amsterdam 96 .... FF1 535 - £197 - **$303**
MARKUS Karl 1899-1974 [5]
Dorfstrasse - Aquarell/Papier (38x49cm-15x19in) Wien 96 .... FF1 930 - £220 - **$370**
MARKUS Kurt 1947 [3]
Derrick Wince, Mississippi - Gelatin silver print (41x33cm-16x13in) New-York 96 .... FF4 640 - £596 - **$900**
MARLATT H. Irving 1860-1929 [5]
Autumn landscape - Oil/canvas (77x127cm-30x50in) New-York 92 .... FF9 800 - £1 138 - **$2,000**
Hillside Brook - Gouache (71x56cm-28x22in) North Berwick, Maine 93 .... FF2 065 - £235 - **$350**
MARLET Jean Henri 1771-1847 [7]
Scène de l'Histoire Romaine - Huile/toile (32x41cm-13x16in) Paris 92 .... FF4 200 - £502 - **$808**
Soldiers at a fountain - Ink (28x39cm-11x15in) London 92 .... FF2 513 - £300 - **$484**

MARLIAVE de François Marie 1874-1953 [69]
- Le Bassin à Bordeaux - Huile/panneau (23x17cm-9x7in) Paris 92 .... FF6 100 - £625 - **$1,098**
- El Kantara - Aquarelle (44x38cm-17x15in) Paris 92 .... FF3 500 - £359 - **$630**

MARLOW Peter XX [2]
- Scavenger, Moss Tip, Liverpool - Gelatin silver print (30x43cm-12x17in) London 94.................. FF3 834 - £450 - **$672**

MARLOW William 1740-1813 [16]
- Bay of Naples - Oil/canvas (87x119cm-34x47in) London 97.. FF178 237 - £19 000 - **$30,835**
- Saint Peter's, Rome - Oil/canvas (90x126cm-35x50in) New-York 96 .... FF419 500 - £55 000 - **$85,000**

MARLOWE Florence XIX-XX [1]
- Learning to ride - Oil/canvas (91x71cm-36x28in) London 96 .... FF50 600 - £6 000 - **$9,870**

MARNAT Jean 1915-1988 [1]
- Chant de masses - Huile/toile (130x89cm-51x35in) Paris 90 .... FF44 000 - £4 499 - **$8,685**

MARNEFFE de François 1793-1877 [1]
- Skaters on the frozen river - Oil/panel (46x67cm-18x26in) Wien 95 .... FF53 800 - £6 810 - **$10,510**

MARNEFFE Ernest 1866-1921 [30]
- Nu couché de dos - Huile/panneau (44x62cm-17x24in) Liège 96 .... FF9 850 - £1 218 - **$1,903**
- Espagnole à la coiffeuse - Huile/carton (75x40cm-30x16in) Liège 96 .... FF26 300 - £3 250 - **$5,080**
- Nu féminin couché - Fusain/papier (27x44cm-11x17in) Liège 96 .... FF2 300 - £289 - **$446**

MARNY Paul 1829-1914 [58]
- Filey point, Yorkshire - Watercolour (15x46cm-6x18in) London 97 .... FF1 750 - £190 - **$310**
- Riverside village - Watercolour (51x74cm-20x29in) New Orleans, Louisiana 92 .... FF6 810 - £698 - **$1,200**
- Rouen - Watercolour (58x96cm-23x38in) Cheltenham 91 .... FF16 340 - £1 900 - **$3,335**

MAROCHETTI Charles, Carlo 1805-1867 [9]
- Napoléon Ier - Marbre (66cm-26in) Rouen 92 .... FF21 000 - £2 150 - **$3,700**
- Amour et lévrier - Bronze (87x89cm-34x35in) London 90 .... FF155 000 - £16 062 - **$27,241**

MAROCHETTI Maurizio ?-1911 [2]
- Lady, profile to the left - Relief (56x40cm-22x16in) London 92 .... FF7 810 - £800 - **$1,380**
- Credo - Ivory, bronze (37cm-15in) Paris 93 .... FF35 000 - £4 020 - **$6,010**

MAROLD Ludwig, Ludek 1865-1898 [10]
- Im Hofbräuhaus - Mischtechnik (37x50cm-15x20in) München 91 .... FF6 760 - £673 - **$1,162**
- Junge Dame in Hut - Watercolour/paper (25x14cm-10x6in) Wien 92 .... FF7 700 - £788 - **$1,356**

MARON von Anton 1733-1808 [4]
- Josef II of Austria - Oil/canvas (56x40cm-22x16in) New-York 95 .... FF81 600 - £10 200 - **$16,000**

MARONIEZ Georges Philibert 1865-1933 [77]
- Barques - Huile/panneau (22x27cm-9x11in) Brest 97 .... FF7 200 - £780 - **$1,264**
- Rayon de soleil - Huile/toile (65x81cm-26x32in) Calais 95 .... FF16 000 - £2 070 - **$3,275**
- Returning home - Oil/canvas (46x55cm-18x22in) New-York 96 .... FF43 700 - £5 300 - **$8,500**
- Récolte des pommes de terre - Oil/canvas (60x81cm-24x32in) New-York 96 .... FF129 800 - £16 530 - **$25,000**
- Barques de pêche - Aquarelle (18x25cm-7x10in) Quimper 95 .... FF3 000 - £388 - **$614**

MARPLE William Lewis 1827-1910 [8]
- Coming into shore - Oil/canvas (31x51cm-12x20in) San Francisco-Los Angeles 93 .... FF7 150 - £897 - **$1,300**

MARQUANT Peter 1954 [4]
- Ohne Titel - Oil/canvas (140x110cm-55x43in) Wien 91 .... FF9 600 - £962 - **$1,758**

MARQUARD DE TREY Joseph Nathan 1713-1796 [1]
- Trompe l'oeils - Oil/canvas (89x72cm-35x28in) New-York 96 .... FF143 500 - £17 000 - **$28,000**

MARQUARD Otto 1881-1969 [2]
- Stehender Mädchenakt - Öl/Leinwand (121x80cm-48x31in) Lindau 93 .... FF18 650 - £2 290 - **$3,355**

MARQUARDT Hedwig 1884-1969 [1]
- Drei Pferdeköpfe - Soft pencil (54x40cm-21x16in) Hamburg 96 .... FF20 400 - £2 322 - **$3,900**

MARQUES Guilherme O. 1887-? [1]
- Village congolais - Huile/toile (60x72cm-24x28in) Paris 90 .... FF8 000 - £862 - **$1,411**

MARQUES José María 1862-1936 [2]
- Paisaje fluvial - Oleo/tabla (29x42cm-11x17in) Madrid 91 .... FF5 610 - £644 - **$1,071**

MARQUESTE Laurent Honoré 1848-1920 [2]
- La Renommée - Bronze (81cm-32in) Rennes 93 .... FF5 700 - £687 - **$1,036**
- Sans titre - Bronze (77cm-30in) Nice 97 .... FF16 000 - £1 738 - **$2,835**

MARQUET Albert 1875-1947 [483]
- Quai des Augustins, Paris - Oil/canvas (65x81cm-26x32in) London 93................................ FF1 - £175 000 - **$261,000**
- Passerelle, Saint-Adresse - Oil/paper/canvas (50x61cm-20x24in) New-York 95....................... FF2 - £329 000 - **$520,000**
- Seine à Vieux-Port - Huile/panneau (33x41cm-13x16in) Calais 97 .... FF55 000 - £5 505 - **$9,284**
- Rue à Arcueil - Oil/panel (27x22cm-11x9in) New-York 94 .... FF142 000 - £16 900 - **$27,000**
- Alger, les palmiers - Huile/carton (33x41cm-13x16in) Deauville 95 .... FF280 000 - £36 000 - **$58,300**
- Port de La Goulette, Tunis - Huile/toile (50x61cm-20x24in) Paris 95 .... FF430 000 - £55 200 - **$88,500**
- L'Amirauté à Alger - Oil/canvas (46x55cm-18x22in) London 97 .... FF627 412 - £65 000 - **$107,477**
- Carnaval à Fécamp - Huile/toile (50x61cm-20x24in) Paris 89 .... FF8 e +06 - £817 996 - **$1**
- Venise, Grand Canal - Oil/canvas (50x60cm-20x24in) Paris 95 .... FF950 000 - £121 200 - **$194,400**
- Baie de Naples - Lithographie (20x29cm-8x11in) Paris 96.. FF7 800 - £916 - **$1,535**
- Port de Boulogne - Lithographie (23x38cm-9x15in) Paris 95 .... FF25 000 - £3 160 - **$5,010**
- Plage de Fécamp - Aquarelle, gouache/papier (24x35cm-9x14in) Enghien 90 .... FF1 - £113 636 - **$194,346**
- Jeune femme - Lavis (26x19cm-10x7in) Calais 97 .... FF4 500 - £482 - **$789**
- Les cavaliers - Encre Chine/papier (21x27cm-8x11in) Calais 97 .... FF7 500 - £822 - **$1,316**
- Le peintre - Encre Chine/papier (27x38cm-11x15in) Paris 97 .... FF22 000 - £2 292 - **$3,748**
- La jetée - Watercolour (23x29cm-9x11in) New-York 96 .... FF62 100 - £8 020 - **$12,000**

M

Port - Aquarelle (19x22cm-7x9in) Paris 93 .... FF80 000 - £8 990 - $13,560
MARQUET Alix 1875-? [3]
A young girl - Bronze (68cm-27in) London 89 .... FF9 700 - £937 - $1,472
MARQUET Gaston 1848-? [3]
Scène de marché - Huile/toile (50x40cm-20x16in) Bruxelles 93 .... FF3 626 - £434 - $741
MARQUET René Paul 1875-? [2]
Two dancing ladies - Sculpture (38cm-15in) New-York 91 .... FF13 780 - £1 382 - $2,275
Stehender Page - Bronze (37cm-15in) Pforzheim 91 .... FF30 800 - £3 160 - $5,730
MARQUEVIC de Louis 1896-1973 [4]
Le boxeur Rutz - Huile/panneau (68x128cm-27x50in) Paris 95 .... FF6 000 - £797 - $1,237
MARQUIS James Richard ?-1885 [4]
Shipping off the coast - Oil/canvas (72x122cm-28x48in) London 95 .... FF38 040 - £5 000 - $7,630
MARR Joseph Heinrich L. 1807-1871 [3]
Going to Market - Oil/canvas (37x46cm-15x18in) Wien 96 .... FF44 150 - £5 350 - $8,580
MARR von Carl 1858-1936 [17]
Mädchenporträt - Oil/panel (45x34cm-18x13in) München 94 .... FF22 240 - £2 635 - $4,060
Sea Nymphs - Oil/canvas (91x90cm-36x35in) Wien 96 .... FF66 200 - £8 020 - $12,880
Blumenwiese am Waldrand - Aquarell (35x25cm-14x10in) München 94 .... FF2 564 - £308 - $488
MARRACCI Giovanni 1637-1704 [1]
Architect instructing craftsmen - Ink (19x25cm-7x10in) London 95 .... FF1 855 - £240 - $384
MARRE Bernard 1924 [6]
Rythme, 1952 - Huile/toile (81x116cm-32x46in) Saint-Germain-en-Laye 90 .... FF22 000 - £2 371 - $3,880
Eclatement, 1950 - Encre Chine (46x30cm-18x12in) Paris 89 .... FF3 000 - £299 - $474
MARRE Hélène XX [4]
Nue au chapeau - Huile/toile (38x46cm-15x18in) Troyes 91 .... FF3 500 - £351 - $578
MARRE Henri 1858-1927 [7]
Le port de Collioure - Huile/toile (95x60cm-37x24in) Toulouse 93 .... FF13 000 - £1 495 - $2,240
MARREL Jacob 1614-1681 [13]
Mixed flowers - Oil/panel (74x60cm-29x24in) New-York 93 .... FF1 - £214 500 - $330,000
Still life - Oil/panel (56x47cm-22x19in) New-York 97 .... FF427 110 - £45 533 - $75,000
MARS-VALLET Marius 1867-? [2]
Fadette - Bronze (70cm-28in) Madrid 94 .... FF7 260 - £856 - $1,292
La Princesse Lointaine - Bronze (60cm-24in) New-York 93 .... FF49 400 - £5 690 - $8,500
MARSA 1935 [4]
Dégustateur de vin - Sculpture (105cm-41in) Antwerpen 94 .... FF1 834 - £220 - $357
MARSDEN Charles 1898-1980 [1]
Rockport street scene - Oil/canvas (64x76cm-25x30in) Boston, Mass. 92 .... FF3 885 - £407 - $700
MARSELIER Louis 1748-1810 [1]
Le Martyr de Saint Sébastien - Encre (33x31cm-13x12in) La Varenne Saint-Hilaire 91 .... FF15 000 - £1 522 - $2,709
MARSH Arthur Hardwick 1842-1909 [3]
Feeding time
     Watercolour (106x72cm-42x28in) Marlborough Crescent, Newcastle upon Tyne 92 .... FF4 690 - £480 - $826
MARSH Reginald 1898-1954 [151]
Lady on Carousel Horse - Oil/canvas/board (18x13cm-7x5in) New-York 96 .... FF13 050 - £1 510 - $2,500
The Waterfront, NY - Oil/canvas (40x61cm-16x24in) New-York 97 .... FF52 509 - £5 513 - $9,000
Striptease - Tempera (46x61cm-18x24in) New-York 97 .... FF145 858 - £15 315 - $25,000
Girls on Fourteenth Street - Tempera (40x30cm-16x12in) New-York 97 .... FF280 210 - £29 476 - $48,000
Park Avenue - Oil/board (59x50cm-23x20in) New-York 94 .... FF870 000 - £102 700 - $155,000
Huber's Museum - Lithograph (22x34cm-9x13in) New-York 96 .... FF4 930 - £629 - $950
Coney Island Beach - Etching (23x23cm-9x9in) Chicago 96 .... FF14 540 - £1 852 - $2,800
Smokehounds - Etching (30x23cm-12x9in) New-York 95 .... FF26 900 - £3 480 - $5,500
Ships in the NY Harbor - Watercolour/paper (51x36cm-20x14in) New-York 95 .... FF111 810 - £1 547 - $2,400
Women Walking - Watercolour/paper (31x46cm-12x18in) New-York 94 .... FF31 530 - £3 790 - $6,000
Women on the boardwalk - Watercolour, gouache (61x45cm-24x18in) New-York 97 .... FF163 456 - £17 194 - $28,000
Dali's Dream of Venus - Watercolour/paper (67x100cm-26x39in) New-York 93 .... FF266 000 - £30 200 - $45,000
MARSHALL Benjamin 1767-1835 [20]
Captain Barrington Price - Oil/canvas (102x128cm-40x50in) New-York 95 .... FF248 600 - £31 500 - $50,000
Curricle - Oil/canvas (73x99cm-29x39in) London 96 .... FF934 000 - £110 000 - $183,300
MARSHALL Charles 1806-1890 [4]
Kenilworth castle - Oil/canvas (50x76cm-20x30in) New-York 93 .... FF6 600 - £780 - $1,200
Rural landscape - Watercolour (20x35cm-8x14in) Clifton, Bristol 93 .... FF2 314 - £260 - $388
MARSHALL Charles Edward XIX-XX [2]
Sabina - Oil/canvas (60x50cm-24x20in) London 92 .... FF5 370 - £550 - $1,120
MARSHALL Herbert Menzies 1841-1913 [33]
From the Tower Quay - Oil/canvas (46x36cm-18x14in) London 97 .... FF36 225 - £3 800 - $6,216
St Paul's Churchyard - Watercolour (35x25cm-14x10in) London 96 .... FF7 600 - £900 - $1,482
The Top of Waterloo Place - Watercolour (48x66cm-19x26in) London 96 .... FF47 700 - £6 200 - $9,440
MARSHALL J. Fitz 1859-1932 [5]
Puppies with a Bone - Oil/canvas (31x61cm-12x24in) London 96 .... FF38 000 - £4 500 - $7,410
MARSHALL Jim XX [2]
Rod Stewart - Photograph (20x30cm-8x12in) London 91 .... FF2 194 - £220 - $370
MARSHALL John ?-1896 [3]
Cherries & basket - Oil/canvas (33x44cm-13x17in) London 91 .... FF26 800 - £2 720 - $4,840

MARSHALL Joseph c.1740-c.1790 [1]
🖼 *Model of the Royal George* - Oil/panel (73x115cm-29x45in) London 95 .... FF*108 600* - £*14 000* - **$22,100**

MARSHALL Lambert 1810-1870 [2]
🖼 *Col. John Peel's racehorse* - Oil/canvas (63x76cm-25x30in) London 96 .... FF*80 600* - £*9 500* - **$15,840**

MARSHALL Maude c.1877-1967 [3]
🖼 *Mare and foal* - Oil/board (24x29cm-9x11in) Glasgow 93 .... FF*5 200* - £*650* - **$943**

MARSHALL Roberto Angelo Kitt. 1818-1878 [9]
🖼 *A Summer pastoral* - Oil/canvas (44x69cm-17x27in) Billinghurst, West Sussex 93 .... FF*12 160* - £*1 400* - **$2,100**
🖌 *Herstmonceaux, Sussex* - Watercolour (35x59cm-14x23in) London 93 .... FF*12 800* - £*1 600* - **$2,320**

MARSHALL Roberto Kittermaster 1849-c.1923 [9]
🖌 *At Abergavenny* - Wash (33x59cm-13x23in) London 91 .... FF*13 960* - £*1 400* - **$2,304**

MARSHALL Steven 1967 [4]
🖼 *Fish out of water* - Acrylic/paper (43x88cm-17x35in) London 90 .... FF*6 800* - £*733* - **$1,199**

MARSHALL Thomas Falcon 1818-1878 [7]
🖼 *Primroses* - Oil/canvas (47x37cm-19x15in) London 96 .... FF*17 030* - £*2 000* - **$3,350**

MARSHALL Thomas William 1850-1874 [2]
🖼 *Forest scene* - Oil/canvas (51x41cm-20x16in) San Francisco-Los Angeles 93 .... FF*13 750* - £*1 724* - **$2,500**

MARSHALL William Calder 1813-1894 [1]
🗿 *Resignation* - Sculpture (34cm-13in) Bristol, Avon 93 .... FF*3 320* - £*400* - **$580**

MARSHALL Willis Elstob XIX-XX [6]
🖼 *Ptarmigan* - Oil/canvas (51x62cm-20x24in) London 92 .... FF*27 350* - £*2 800* - **$4,820**

MARSTBOOM Antoon 1905-1960 [3]
🖼 *Baigneuses* - Huile/toile (72x93cm-28x37in) Antwerpen 96 .... FF*6 560* - £*795* - **$1,275**

MARSTON Freda, née Clulow 1895-1949 [6]
🖼 *Boating on the Lake* - Oil/canvas (46x61cm-18x24in) London 97 .... FF*7 470* - £*800* - **$1,290**

MARSTON George Edward 1882-1940 [11]
🖼 *Navigating at Weddell Sea* - Oil/canvas (34x49cm-13x19in) London 96 .... FF*175 500* - £*22 000* - **$34,300**
🖼 *Endurance in the Ice* - Oil/canvas (57x77cm-22x30in) London 97 .... FF*413 921* - £*44 000* - **$71,320**

MARSTON Reginald St. Clair 1886-1943 [2]
🖼 *Female figure walking* - Oil/canvas (58x73cm-23x29in) St. Helier, Jersey 92 .... FF*10 740* - £*1 100* - **$1,897**

MARSTRAND Troels 1919-1992 [17]
🖌 *Discussion dans la voiture* - Gouache/carton (20x50cm-8x20in) Paris 95 .... FF*2 600* - £*338* - **$533**

MARSTRAND Wilhelm 1810-1873 [99]
🖼 *Eva i Edens Have* - Oil/canvas (36x29cm-14x11in) København 96 .... FF*3 950* - £*492* - **$763**
Landskab - Oil/canvas (22x33cm-9x13in) København 96 .... FF*18 420* - £*2 296* - **$3,560**
Gåsepigen - Oil/canvas (50x37cm-20x15in) København 94 .... FF*31 400* - £*3 705* - **$5,590**
The refreshment - Oil/canvas (98x99cm-39x39in) London 97 .... FF*88 700* - £*8 830* - **$15,253**
🖌 *Bellmans Apoteose* - Watercolour (24x31cm-9x12in) København 90 .... FF*8 300* - £*894* - **$1,464**

MARSZALKIEWICZ Stanislaw 1789-1872 [2]
🖌 *Vieillard barbu appuyé sur un bâton* - Miniature (13x11cm-5x4in) Paris 95 .... FF*8 000* - £*967* - **$1,506**

MARSZEWSKI Józef 1825-1883 [2]
🖼 *Italian coastal landscape* - Oil/canvas (43x61cm-17x24in) Warszawa 93 .... FF*12 980* - £*1 396* - **$2,243**

MARTEL Christian XX [2]
🗿 *Femme au livre* - Pierre (145cm-57in) Paris 91 .... FF*35 000* - £*3 552* - **$6,321**

MARTEL Eugène 1869-1947 [1]
🖼 *La repasseuse* - Huile/toile (38x46cm-15x18in) Paris 96 .... FF*10 000* - £*1 294* - **$1,962**

MARTEL Jan, Joël 1896-1966 [31]
🗿 *Colombe* - Bois (32cm-13in) Paris 94 .... FF*11 000* - £*1 270* - **$1,900**
La Musique - Terracotta (58cm-23in) La Roche-sur-Yon 95 .... FF*22 000* - £*2 754* - **$4,380**
L'accordéoniste - Plâtre (38cm-15in) Paris 97 .... FF*48 000* - £*5 213* - **$8,506**

MARTEL Paul Jean 1879-1944 [14]
🖼 *Jeune fille* - Huile/toile (52x32cm-20x13in) Bruxelles 97 .... FF*3 599* - £*376* - **$616**

MARTELAERE de Lodewyck 1819-1904 [1]
🖼 *Gehöft mit Weiher, Enten, Staffagen* - Oil/panel (39x52cm-15x20in) Frankfurt 91 .... FF*11 230* - £*1 126* - **$2,057**

MARTELLY de John Stockton 1903-1979 [16]
🖼 *Blue Valley Fox Hunt* - Lithograph (32x42cm-13x17in) Bloomfield Hills, Michigan 96 .... FF*1 930* - £*234* - **$375**

MARTEN Elliot Henry XIX-XX [15]
🖌 *Harvesters* - Watercolour (34x49cm-13x19in) London 92 .... FF*3 910* - £*400* - **$688**

MARTEN Franz 1898 [2]
🖼 *Im Tannenwald* - Oil/canvas (96x74cm-38x29in) Wien 91 .... FF*12 000* - £*1 195* - **$2,064**

MÄRTENS Alfred 1888-1936 [4]
🖼 *Paysage de bruyère* - Huile/toile (58x79cm-23x31in) Paris 94 .... FF*2 500* - £*300* - **$471**

MARTENS Conrad 1801-1878 [36]
🖼 *Port Jackson with Garden Island* - Color lithograph (14x21cm-6x8in) London 90 .... FF*9 700* - £*1 032* - **$1,735**

MARTENS Ditlev 1795-1864 [1]
🖼 *San Giovanni in Laterano, Rom* - Öl/Leinwand (74x102cm-29x40in) Berlin 95 .... FF*35 600* - £*4 430* - **$6,960**

MARTENS Ernest 1865-? [2]
🖼 *Lady with The Swans* - Oil/canvas (49x73cm-19x29in) London 96 .... FF*72 400* - £*8 500* - **$14,070**

MARTENS George 1894-? [5]
🖼 *Still life* - Oil/canvas (60x51cm-24x20in) Amsterdam 93 .... FF*11 630* - £*1 337* - **$2,000**

M

MARTENS Henry ?-c.1860 [4]
- The Yorkshire Hussars - Oil/canvas (142x151cm-56x59in) London 96 .... FF195 200 - £23 000 - **$38,340**
- Lord Raglan in the Crimea - Watercolour (23x32cm-9x13in) London 94 .... FF6 900 - £800 - **$1,188**

MARTENS Max 1887-1970 [7]
- Die Alpspitze - Oil/canvas (80x100cm-31x39in) Frankfurt 92 .... FF5 100 - £522 - **$1,063**
- Canale Grande - Aquarell (26x35cm-10x14in) Heidelberg 93 .... FF3 325 - £388 - **$547**

MARTENS Theodor 1822-1884 [1]
- Farmstead by a river - Oil/panel (32x50cm-13x20in) London 89 .... FF13 600 - £1 353 - **$2,149**

MARTENS von Louise Henriette 1828-1897 [6]
- Portrait of two sisters - Oil/canvas (83x64cm-33x25in) London 95 .... FF31 600 - £4 000 - **$6,350**

MARTENS Willem Johannes 1838-1895 [4]
- Junge Italienerin mit Taube - Öl/Leinwand (75x62cm-30x24in) Frankfurt 95 .... FF14 960 - £1 865 - **$3,020**
- Bella Addormentata - Oil/panel (46x36cm-18x14in) London 96 .... FF95 700 - £12 000 - **$18,480**

MARTENS Willy 1856-1927 [4]
- Women in a farmyard - Oil/canvas (83x71cm-33x28in) London 90 .... FF23 200 - £2 397 - **$4,099**

MARTI Joan 1892-? [4]
- El Pinchavas - Sanguina (33x23cm-13x9in) Madrid 93 .... FF2 136 - £255 - **$387**

MARTI Ricardo 1868-1936 [2]
- Still life with flowers - Oil/canvas (60x46cm-24x18in) London 93 .... FF20 800 - £2 600 - **$3,770**

MARTI Y ALSINA Ramón 1826-1894 [5]
- Paisaje de costa - Oleo/lienzo (85x138cm-33x54in) Madrid 93 .... FF23 500 - £2 825 - **$4,580**

MARTIAL Lucien 1892-1987 [15]
- Bateaux au port - Huile/toile (33x41cm-13x16in) Paris 96 .... FF5 000 - £622 - **$970**
- Jeune fille - Huile/panneau (75x50cm-30x20in) Quimper 96 .... FF9 800 - £1 223 - **$1,900**
- Statue du duc d'Orléans, Alger - Gouache (30x22cm-12x9in) Paris 94 .... FF2 300 - £266 - **$397**

MARTIARENA LASCURAIN Ascensio 1883-1966 [7]
- Calatañazor - Oleo/cartón (52x37cm-20x15in) Madrid 93 .... FF9 340 - £1 113 - **$1,690**

MARTIN Agnes 1912 [49]
- The Tree - Acrylic/canvas (190x190cm-75x75in) New-York 96 .... FF2 - £317 500 - **$475,000**
- Drift of summer - Oil/canvas (127x91cm-50x36in) New-York 97 .... FF139 373 - £14 662 - **$24,000**
- Night Harbor - Oil/canvas (63x63cm-25x25in) New-York 97 .... FF319 396 - £33 600 - **$55,000**
- Untitled # 7 - Mixed media/canvas (183x183cm-72x72in) New-York 96 .... FF1 35e +06 - £133 700 - **$200,000**
- The Shell - Ink (23x23cm-9x9in) New-York 96 .... FF272 000 - £35 100 - **$52,500**

MARTIN Albin 1813-1888 [1]
- Manakan Harbour, Auckland, N.Z. - Oil/board (31x46cm-12x18in) London 94 .... FF13 330 - £1 600 - **$2,495**

MARTIN Alex. 1887-1954 [6]
- Autoportrait - Huile/toile (66x54cm-26x21in) Bruxelles 97 .... FF3 272 - £340 - **$558**

MARTIN Alfred 1839-1903 [23]
- Saint-Denis, Liège - Huile/panneau (65x56cm-26x22in) Liège 90 .... FF2 430 - £246 - **$462**
- Haute Lesse - Huile/toile (80x118cm-31x46in) Bruxelles 96 .... FF9 870 - £1 231 - **$1,907**
- Canaux, Bruges - Pastel/papier (39x46cm-15x18in) Liège 91 .... FF3 080 - £309 - **$564**

MARTIN Alfred 1888-1950 [13]
- Personnages sous les arbres - Huile/panneau (25x33cm-10x13in) Liège 92 .... FF6 640 - £680 - **$1,168**

MARTIN Anson A. c.1830-c.1870 [5]
- The proud mother - Oil/canvas (24x30cm-9x12in) London 91 .... FF7 980 - £800 - **$1,317**

MARTIN Camille 1861-1898 [4]
- A sunlit villa - Oil/panel (25x19cm-10x7in) London 96 .... FF3 690 - £420 - **$706**
- An afternoon stroll - Oil/canvas (100x139cm-39x55in) London 90 .... FF70 600 - £7 109 - **$13,830**
- L'Estampe Originale - Affiche (60x89cm-24x35in) Paris 92 .... FF6 000 - £716 - **$1,154**

MARTIN Charles 1848-1934 [2]
- Chapeau plume et pelisse - Pochoir (27x24cm-11x9in) Paris 92 .... FF2 000 - £205 - **$393**
- Palace - Encre (77x56cm-30x22in) Paris 94 .... FF8 500 - £976 - **$1,456**
- Équivoque - Aquarelle (30x40cm-12x16in) Paris 96 .... FF39 000 - £5 040 - **$7,700**

MARTIN Charles 1820-1906 [3]
- Portrait of J. M. W. Turner - Watercolour (33x22cm-13x9in) London 94 .... FF23 530 - £2 800 - **$4,480**

MARTIN David 1736-1798 [13]
- Duchess of Gordon - Oil/canvas (90x75cm-35x30in) London 90 .... FF24 200 - £2 508 - **$4,253**
- Elizabeth and Thomas Trower - Oil/canvas (139x109cm-55x43in) New-York 90 .... FF257 400 - £27 737 - **$45,397**

MARTIN DES AMAIGNES Paul Louis 1850-1925 [1]
- Paysage de neige - Pastel (101x82cm-40x32in) Köbenhavn 96 .... FF2 663 - £342 - **$525**

MARTIN Eddie Owens St. Eom 1908-1986 [2]
- Mythological Head - Hand molded, carved concrete (36cm-14in) Litchfield, CT 92 ...... FF7 280 - £870 - **$1,400**
- Study of Faces and Feathers - Watercolour/paper (46x30cm-18x12in) Litchfield, CT 92 .... FF5 720 - £683 - **$1,100**

MARTIN Elias 1739-1818 [21]
- Familien Latrobe of Fulneck - Oil/canvas (63x77cm-25x30in) Stockholm 95 .... FF56 500 - £7 400 - **$11,480**
- Kinesen afock i sällskap av en man
  Oil/canvas/panel (76x63cm-30x25in) Stockholm 92 .... FF144 600 - £17 270 - **$27,800**
- Wue af Stockholm från Skeppsbron - Watercolour (47x72cm-19x28in) Stockholm 94 .... FF80 100 - £9 450 - **$14,260**

MARTIN Emile 1865-1941 [1]
- Soleil couchant sur le Mont-Blanc - Aquarell (20x27cm-8x11in) Bern 94 .... FF1 652 - £198 - **$321**

MARTIN Erich 1905-1977 [3]
- Komposition - Tempera (68x51cm-27x20in) Frankfurt 92 .... FF5 780 - £592 - **$1,204**

MARTIN Étienne 1858-1945 [7]
- La sortie des mauresques - Huile/toile (101x60cm-40x24in) Paris 91 .... FF16 000 - £1 624 - **$2,890**

MARTIN Eugène 1880-1954 [20]
- Pluie à Buchillon - Huile/toile (38x46cm-15x18in) Bern 94 .... FF4 040 - £468 - $696
- Bretons dans un intérieur - Huile/toile (33x41cm-13x16in) Paris 92 .... FF11 000 - £1 130 - $2,116

MARTIN Fletcher 1904-1979 [15]
- The cigarette - Oil/canvas (56x81cm-22x32in) New-York 94 .... FF19 970 - £2 330 - $3,500
- Meat Packing House - Watercolour (53x33cm-21x13in) New-York 92 .... FF3 885 - £407 - $700

MARTIN François 1945 [7]
- Les jumelles - Technique mixte (105x158cm-41x62in) Paris 97 .... FF3 000 - £316 - $516
- Variation sur une tasse de café - Aquarelle (74x100cm-29x39in) Saint-Germain-en-Laye 94 .... FF2 500 - £294 - $438

MARTIN François XIX-XX [2]
- Das Forum Romanum in Rom - Aquarell/Papier (53x70cm-21x28in) Wien 92 .... FF14 430 - £1 724 - $2,775

MARTIN François, sculpt. ?-1804 [1]
- Carl von Linné - Terracotta (68cm-27in) Zürich 95 .... FF163 000 - £21 000 - $33,130

MARTIN Georg 1875-? [1]
- Rocky coast - Oil/canvas/board (41x66cm-16x26in) Delray Beach, Florida 94 .... FF6 970 - £806 - $1,200

MARTIN Georges 1906-1962 [2]
- Chambre à coucher - Huile/toile (72x59cm-28x23in) Paris 90 .... FF2 950 - £300 - $590

MARTIN Henri 1860-1943 [258]
- Les faucheurs - Oil/canvas (66x150cm-26x59in) London 97 .... FF2 - £270 000 - $446,445
- Figure on a Path - Oil/board (41x33cm-16x13in) New-York 97 .... FF40 627 - £4 274 - $7,000
- Le bassin - Huile/toile (74x35cm-29x11in) Saint-Germain-en-Laye 94 .... FF72 000 - £9 410 - $14,420
- Jardin de La Bastide-du-Vert - Huile/toile (90x80cm-35x31in) Paris 96 .... FF160 000 - £18 800 - $31,500
- Maison paysanne - Oil/canvas (65x81cm-26x32in) London 97 .... FF250 965 - £26 000 - $42,991
- Village ensoleillé - Oil/canvas (83x83cm-33x33in) London 96 .... FF395 000 - £45 000 - $75,600
- L'église de la Bastide-du-Vert - Oil/canvas (131x81cm-52x32in) New-York 95 ... FF587 000 - £76 000 - $120,000
- Bassin de Marqueyrolles - Oil/canvas (90x120cm-35x47in) Taipei, Taiwan 93 ...... FF1 62e +06 - £120 700 - $211,300
- Paysanne tricotant - Pencil (53x31cm-21x12in) London 92 .... FF40 900 - £4 200 - $7,850

MARTIN Henry 1835-1908 [13]
- Low tide, Penzance - Oil/canvas (41x76cm-16x30in) London 95 .... FF22 220 - £2 800 - $4,400
- Ammunition barges on the Tamar - Watercolour (15x23cm-6x9in) Penzance, Cornwall 94 .... FF2 195 - £250 - $373

MARTIN Herman 1881-1968 [1]
- Leidsvaart - Oil/canvas (49x59cm-19x23in) Amsterdam 94 .... FF2 593 - £301 - $447

MARTIN Homer Dodge 1836-1897 [17]
- Deer in a mountain landscape - Oil/canvas (36x56cm-14x22in) Portland, Maine 94 .... FF14 070 - £1 686 - $2,600
- Lake George - Oil/canvas (33x61cm-13x24in) New-York 92 .... FF98 050 - £11 380 - $20,000

MARTIN Jacques 1844-1919 [34]
- Vase de fleurs - Huile/toile (69x53cm-27x21in) Stuttgart 95 .... FF5 480 - £666 - $1,080
- Henry Béraud à la pipe - Huile/toile (65x54cm-26x21in) Paris 97 .... FF20 000 - £2 124 - $3,484
- Branche de cerisier - Huile/panneau (80x25cm-31x10in) Paris 97 .... FF46 000 - £4 885 - $8,013

MARTIN Jacques XX [2]
- Nature morte aux cerises - Huile/toile (37x54cm-15x21in) Lyon 93 .... FF15 000 - £1 875 - $2,730

MARTIN Johan Fredrik 1755-1816 [15]
- Gustaf Adolphs Torg, Stockhoml - Aquatint (36x54cm-14x21in) Stockholm 92 .... FF7 540 - £772 - $1,572
- Stockholm åt Mälaresidan - Watercolour (33x50cm-13x20in) Stockholm 94 .... FF38 600 - £4 550 - $6,870

MARTIN John 1789-1854 [38]
- Edwin and Angelina - Oil/canvas (32x46cm-13x18in) London 95 .... FF71 000 - £9 000 - $14,300
- Pan and Syrinx - Oil/canvas (60x90cm-24x35in) London 90 .... FF781 000 - £79 481 - $156,188
- Figures by a Waterfall, Italy - Watercolour (21x16cm-8x6in) London 97 .... FF20 599 - £2 200 - $3,582

MARTIN John Knox 1923 [2]
- Eight - Oil/canvas (101x66cm-40x26in) New-York 90 .... FF21 430 - £2 158 - $4,198

MARTIN John, Jack 1904-1965 [11]
- Autumn landscape/Gothic revival - Oil/canvas Toronto 96 .... FF3 875 - £465 - $742
- In the Lane - Drypoint (19x22cm-7x9in) Toronto 96 .... FF2 865 - £366 - $585
- Storefront - Watercolour (60x49cm-24x19in) Toronto 92 .... FF2 150 - £220 - $379

MARTIN Jules Léon Gabriel A 1850-? [1]
- Carottes et aux prunes - Huile/toile (59x73cm-23x29in) Morlaix 90 .... FF14 500 - £1 543 - $2,594

MARTIN Keith Morrow 1911 [2]
- Standing Nude - Pencil/paper (38x25cm-15x10in) New-York 94 .... FF2 376 - £285 - $450

MARTIN Kenneth 1905-1984 [6]
- Hampstead High Street - Oil/canvas (33x23cm-13x9in) Aylsham, Norfolk 95 .... FF2 824 - £360 - $570
- Drawing for a screw mobile - Pencil (76x54cm-30x21in) London 91 .... FF7 980 - £800 - $1,317

MARTIN Knox 1923 [3]
- White Point - Collage (51x44cm-20x17in) New-York 93 .... FF10 450 - £1 310 - $1,900

MARTIN Martin 1792-1865 [9]
- Blick auf den Watzmann - Öl/Karton (23x28cm-9x11in) Wien 96 .... FF7 200 - £873 - $1,400
- Wallberg am Tegernsee - Ink (18x23cm-7x9in) Heidelberg 93 .... FF2 275 - £266 - $374

MARTIN Mary 1907-1967 [1]
- Expanding Form - Sculpture (54x4x54cm-21x2x21in) London 97 .... FF32 957 - £3 500 - $574,1 5

MARTIN Maurice 1894-1978 [68]
- Pont romain à Pollenza - Huile/toile (54x65cm-21x26in) Soissons 96 .... FF7 800 - £920 - $1,532
- Village in the Alps - Oil/canvas (73x60cm-29x24in) New-York 96 .... FF14 340 - £1 730 - $2,750
- Lavardin - Huile/toile (73x81cm-29x32in) Soissons 96 .... FF28 000 - £3 300 - $5,500

M

MARTIN Norbert XX [10]
🖼 *In the war* - Huile/toile (100x80cm-39x31in) Paris 91 .... FF2 000 - £205 - **$373**
    MARTIN Paul 1830-1903 [3]
✏ *Bords de la Durance* - Aquarelle (54x75cm-21x30in) Aubagne 95 .... FF11 000 - £1 425 - **$2,240**
    MARTIN Paul 1821-1901 [3]
🖼 *Halbfigurenbild einer jungen Dame* - Öl/Leinwand (61x50cm-24x20in) Stuttgart 95 .... FF8 400 - £1 021 - **$1,654**
    MARTIN Philip 1927 [8]
🖼 *Winter quarters* - Huile (67x91cm-26x36in) Milano 91 .... FF15 500 - £1 573 - **$2,799**
✏ *Lords of the coming light* - Tecnica mista/carta (76x56cm-30x22in) Milano 94 .... FF3 024 - £360 - **$576**
    MARTIN Raymond XX [2]
✏ *Le modèle* - Sanguine (24x34cm-9x13in) Paris 92 .... FF2 000 - £206 - **$385**
    MARTIN REBOLLO Tomás 1858-1931 [2]
✏ *Macizo de flores* - Oleo/lienzo (23x35cm-9x14in) Madrid 89 .... FF4 900 - £488 - **$774**
    MARTIN Roger 1906-1962 [18]
📷 *Bassin des Tuileries* - Photo (25x24cm-10x9in) Paris 93 .... FF2 000 - £241 - **$364**
    MARTIN Seth Roland 1886-1925 [1]
✏ *The Forum* - Watercolour/paper (49x71cm-19x28in) New-York 92 .... FF15 900 - £1 627 - **$2,800**
    MARTIN Shirley Vance XIX-XX [1]
📷 *Jackie Coogan in My Own Play*
    Gelatin silver print (23x18cm-9x7in) San Francisco-Los Angeles 96 .... FF7 060 - £903 - **$1,400**
    MARTIN Sylvester 1856-1906 [16]
🖼 *On the scent/Crossing the Brook* - Oil/panel (19x45cm-7x18in) London 97 .... FF5 510 - £600 - **$958**
🖼 *Thornleys Bog/The Death/...* - Oil/panel (24x45cm-9x18in) London 95 .... FF24 050 - £3 000 - **$4,860**
    MARTIN Thomas Mower 1838-1934 [37]
🖼 *Fox at Bay* - Oil/canvas (63x76cm-25x30in) Toronto 96 .... FF4 560 - £581 - **$877**
🖼 *Roger's Pass, Selkirk Range* - Oil/canvas (138x90cm-54x35in) Toronto 96 .... FF19 000 - £2 420 - **$3,655**
✏ *Indian encampment* - Watercolour (33x55cm-13x22in) Toronto 94 .... FF2 336 - £279 - **$437**
    MARTIN Tomás 1858-1919 [1]
✏ *Vista granadina* - Acuarela (35x25cm-14x10in) Madrid 90 .... FF9 500 - £1 011 - **$1,699**
    MARTIN von Priska 1912-1982 [2]
🗿 *Toni Stadler* - Bronze (28cm-11in) München 93 .... FF9 910 - £1 175 - **$1,790**
    MARTIN Wilhelm 1876-1954 [1]
🖼 *Fishing pink in a calm, Katwijk* - Oil/canvas (46x55cm-18x22in) Amsterdam 95 ...... FF4 134 - £517 - **$835**
    MARTIN-AMORBACH Oskar 1897-? [1]
🖼 *Madonna mit Kind vor Landschaft* - Oil/panel (53x49cm-21x19in) München 92 ...... FF4 420 - £453 - **$778**
    MARTIN-FERRIERES Jacques, Jac 1893-1972 [131]
🖼 *Canal à Venise* - Huile/panneau (46x38cm-18x15in) Calais 97 .... FF18 000 - £1 801 - **$3,038**
🖼 *Pansies* - Oil/canvas (65x50cm-26x20in) New-York 96 .... FF31 300 - £3 770 - **$6,000**
🖼 *Moored barges at twilight* - Oil/canvas (50x61cm-20x24in) New-York 94 .... FF64 300 - £7 380 - **$11,000**
🖼 *Collioure, les toits* - Oil/canvas (69x101cm-27x40in) New-York 96 .... FF108 000 - £13 430 - **$21,000**
🖼 *Pont sur la Seine* - Oil/canvas (50x73cm-20x29in) New-York 93 .... FF165 000 - £20 700 - **$30,000**
    MARTIN-KAVEL François 1861-1931 [13]
🖼 *La coquette surprise* - Huile/toile (92x65cm-36x26in) Paris 96 .... FF34 000 - £4 260 - **$6,570**
🖼 *Vanitas* - Oil/canvas (129x96cm-51x38in) London 96 .... FF61 000 - £7 600 - **$11,770**
    MARTIN-SAUVAIGO Charles 1881-1962 [4]
🖼 *Baie des Anges à Nice* - Huile/toile (33x41cm-13x16in) Paris 90 .... FF4 500 - £458 - **$900**
    MARTINATI Luigi 1893-1984 [1]
🖼 *H. Bogart, Il Terrore di Chicago* - Poster (71x33cm-28x13in) London 96 .... FF1 542 - £200 - **$305**
    MARTINAU Nathalie 1845-1936 [1]
🖼 *Dominospel* - Oil/canvas (119x90cm-47x35in) Helsinki 92 .... FF25 800 - £2 640 - **$4,540**
    MARTINEAU Anton 1926 [7]
🖼 *De Toreador* - Acrylic/canvas (136x202cm-54x80in) Amsterdam 94 .... FF9 730 - £1 150 - **$1,730**
✏ *Female nude* - Black chalk/paper (50x65cm-20x26in) Amsterdam 94 .... FF3 050 - £358 - **$543**
    MARTINEAU Edith 1842-1909 [22]
✏ *A Spring meadow* - Watercolour (26x36cm-10x14in) Billinghurst, West Sussex 93 .... FF15 770 - £1 900 - **$2,755**
✏ *Rokeby Park, Yorkshire* - Watercolour (25x36cm-10x14in) London 96 .... FF32 050 - £3 800 - **$6,250**
    MARTINELLI Giovanni 1600/04-1659 [12]
🖼 *Giaele* - Olio/tela (100x73cm-39x29in) Roma 95 .... FF91 200 - £11 700 - **$18,300**
🖼 *Death comes to the table* - Oil/canvas (75x99cm-30x39in) London 96 .... FF884 000 - £110 000 - **$171,500**
    MARTINELLI Ulrich 1911-1989 [1]
✏ *Alpfahrt* - Gouache (15x19cm-6x7in) Zürich 93 .... FF18 270 - £2 182 - **$3,514**
    MARTINELLI Vincenzo 1737-1807 [1]
🖼 *Flowers surrounding a Landscape* - Oil/canvas (128x101cm-50x40in) New-York 96 .... FF98 700 - £12 930 - **$20,000**
    MARTINET Alphonse 1821-1861 [1]
🖼 *Amigo/Defensor de la corona* - Print (55x61cm-22x24in) Madrid 90 .... FF2 200 - £236 - **$383**
    MARTINET François Nicolas 1731-? [4]
🖼 *L'Histoire des Oiseaux* - Etching in colors (25x20cm-10x8in) London 91 .... FF3 770 - £380 - **$654**
    MARTINET Henri Émile 1893-1965 [1]
🗿 *François Pompon* - Plâtre (45cm-18in) Pontoise 96 .... FF160 000 - £20 800 - **$31,700**
    MARTINET Louis 1810-1894 [1]
🖼 *Paysage animé* - Huile/carton (21x32cm-8x13in) Senlis 94 .... FF3 000 - £345 - **$514**
    MARTINET Milo 1904 [2]
🖼 *F/N, Van Hauteghem Frères, Bruges* - Poster (119x79cm-47x31in) New-York 96 .... FF4 300 - £549 - **$850**

MARTINETTI Maria 1864-? [12]
🖌 *Arab warrior inspecting his sword*
    Watercolour/paper (82x60cm-32x24in) New-York 96 .... FF20 570 - £2 494 - **$4,000**

MARTINEZ ABADES Juan 1862-1920 [36]
🖼 *Acantilado. Gijón* - Oleo/lienzo (70x40cm-28x16in) Madrid 97 .... FF42 000 - £4 515 - **$7,245**
Vista de la ria de Bilbao - Oleo/lienzo (31x45cm-12x18in) Madrid 96 .... FF60 200 - £7 290 - **$11,700**
Playa de la Franca - Oleo/lienzo (81x120cm-32x47in) Madrid 96 .... FF200 400 - £23 000 - **$38,250**

MARTINEZ Ana María 1937 [2]
🖼 *Mandarinas* - Acrylic/canvas (100x130cm-39x51in) New-York 95 .... FF71 400 - £8 910 - **$14,000**

MARTINEZ BAEZ Salvador 1896-1987 [1]
🖼 *Orquídeas* - Oil/board (50x61cm-20x24in) New-York 92 .... FF62 400 - £7 450 - **$12,000**

MARTINEZ CHECA Fernando 1858-? [11]
🖼 *Casa de Campo* - Oleo/tabla (39x58cm-15x23in) Madrid 90 .... FF10 800 - £1 149 - **$1,932**

MARTINEZ CUBELLS Y RUIZ Enrique 1874-1947 [18]
🖼 *llegada de las barcas* - Oleo/lienzo (39x50cm-15x20in) Madrid 97 .... FF52 000 - £5 590 - **$8,970**
Fishing Time - Oil/canvas (45x60cm-18x24in) London 94 .... FF101 500 - £12 000 - **$18,240**
Puerta del Sol, Madrid - Oleo/lienzo (75x97cm-30x38in) Madrid 97 .... FF600 000 - £64 500 - **$103,500**

MARTINEZ de Ana Maria 1937 [2]
🖼 *Racimo de naranjas* - Acrylic/canvas (85x120cm-33x47in) New-York 97 .... FF54 410 - £5 799 - **$9,500**

MARTINEZ DE LEON Andrés 1895-1978 [3]
🖌 *La Feria* - Tinta (27x42cm-11x17in) Madrid 96 .... FF1 610 - £200 - **$312**
Salida a hombros - Ink (21x33cm-8x13in) Madrid 92 .... FF6 750 - £688 - **$1,323**

MARTINEZ DE MEDINA Ricardo 1940 [2]
🖼 *Pareja antigua* - Oil/canvas (201x175cm-79x69in) New-York 92 .... FF284 000 - £29 050 - **$50,000**

MARTINEZ DEL RINCON Y TRIVES Serafín 1840-1892 [2]
🖼 *La Cruz de Mayo* - Oleo/lienzo (45x58cm-18x23in) Madrid 93 .... FF105 700 - £12 710 - **$20,600**

MARTINEZ DEL RIO Paul 1838-? [1]
🖼 *Chevaux au relais de poste* - Huile/toile (65x81cm-26x32in) Lons-Le-Saunier 96 .... FF12 000 - £1 368 - **$2,297**

MARTINEZ Jacques [7]
🖼 *Petit cercle* - Acrylique/toile (100cm-39in) Paris 89 .... FF5 500 - £531 - **$835**
🗿 *Terracotta morbide* - Terracotta (180x170x48cm-71x67x19in) Paris 96 .... FF7 000 - £798 - **$1,340**

MARTINEZ LOZANO Josep 1923 [2]
🖼 *El estudio del pintor* - Oleo/cartón (46x38cm-18x15in) Madrid 94 .... FF9 330 - £1 100 - **$1,660**

MARTINEZ NOVILLO Cirilo 1921 [21]
🖼 *Paisaje castellano* - Oleo/lienzo (39x47cm-15x19in) Madrid 95 .... FF15 400 - £1 944 - **$3,090**
🖌 *En la era* - Acuarela (25x32cm-10x13in) Madrid 94 .... FF3 310 - £386 - **$580**

MARTINEZ ORTIZ DE ZARATE Nicolás 1907-1990 [9]
🖼 *Sagrada Familia* - Oleo/lienzo (92x73cm-36x29in) Madrid 94 .... FF51 800 - £6 110 - **$9,220**
🖌 *Caserio Ibarra* - Dibujo (16x21cm-6x8in) Madrid 94 .... FF2 050 - £242 - **$378**

MARTINEZ PADILLA Rafael 1878-? [1]
🖼 *14 de julio en Bruiquel* - Oleo/tabla (40x32cm-16x13in) Madrid 93 .... FF3 995 - £481 - **$778**

MARTINEZ Raoul 1876-1973 [19]
🖼 *Oysters and a lemon* - Oil/panel (37x42cm-15x17in) Amsterdam 97 .... FF3 293 - £356 - **$574**
Radijs in boter - Oil/canvas (55x46cm-22x18in) Amsterdam 94 .... FF10 370 - £1 217 - **$1,846**

MARTINEZ Ricardo 1918 [32]
🖼 *Cabeza de perfil* - Oleo/lienzo (35x25cm-14x10in) México 92 .... FF45 000 - £4 620 - **$8,210**
Hombre sentado - Oil/canvas (80x90cm-31x35in) New-York 97 .... FF114 810 - £12 192 - **$20,000**
Vendedor de frutas - Oil/canvas (50x150cm-20x59in) New-York 97 .... FF214 778 - £22 893 - **$37,500**

MARTINEZ RICHIER Luis 1928 [3]
🗿 *Sans titre* - Bronze (32x21x23cm-13x8x9in) Paris 90 .... FF5 600 - £600 - **$974**

MARTINEZ Santiago 1890-1979 [2]
🖼 *King Alfonso XIII* - Oil/canvas (162x116cm-64x46in) New-York 96 .... FF15 000 - £1 942 - **$3,000**

MARTINEZ Santiago [3]
🖼 *Plaza de la Iglesia* - Oleo/lienzo (66x55cm-26x22in) Madrid 92 .... FF10 940 - £1 096 - **$2,102**

MARTINEZ TARRASSO Casimirà 1900-? [1]
🖼 *Mi jardin* - Oleo/lienzo (90x100cm-35x39in) Madrid 96 .... FF34 100 - £3 900 - **$6,500**

MARTINEZ VAZQUEZ Eduardo 1886-1971 [10]
🖼 *Sierra al amanecer* - Oleo/lienzo (24x33cm-9x13in) Madrid 97 .... FF15 000 - £1 612 - **$2,625**
Sierra de Gredos - Oleo/lienzo (81x98cm-32x39in) Madrid 95 .... FF36 300 - £4 770 - **$7,290**

MARTINEZ VILLAFINEZ Lino 1892-1960 [2]
🖼 *Santiago de Compostela* - Oleo/lienzo (96x74cm-38x29in) Madrid 97 .... FF24 000 - £2 700 - **$4,320**

MARTINEZ Xavier 1869-1943 [13]
🖼 *Notre Dame de Paris*
    Oil/canvas/board (22x27cm-9x11in) San Francisco-Los Angeles 94 .... FF8 660 - £1 026 - **$1,600**
San Francisco Bay - Oil/canvas (58x66cm-23x26in) San Francisco-Los Angeles 94 .... FF39 000 - £4 610 - **$7,000**

MARTINEZ-PEDRO Luis 1910-1990 [9]
🖼 *Flautista* - Tempera/canvas (60x50cm-24x20in) New-York 93 .... FF59 000 - £6 710 - **$10,000**
🖌 *Mujer con flores* - Gouache/papier (60x46cm-24x18in) New-York 94 .... FF28 100 - £3 314 - **$5,000**

MARTINI Alberto 1876-1954 [41]
🖼 *La Samaritana* - Tecnica mista/lenzuolo (122x90cm-48x35in) Roma 94 .... FF29 600 - £3 485 - **$5,270**
Venere - Tempera/board (131x85cm-52x33in) Milano 91 .... FF114 000 - £11 431 - **$18,818**
🖌 *Nascita* - China (25x18cm-10x7in) Milano 95 .... FF5 660 - £722 - **$1,160**

M

Grotta delle sirene - Pastelli/cartone (88x58cm-35x23in) Milano 95 .... FF*66 000* - £*8 610* - **$13,230**

MARTINI Arturo 1885-1947 [39]

Madre e bambino - Bronze (61cm-24in) Douai 92 .... FF*25 000* - £*2 560* - **$4,400**
Maternità della montagna - Bronzo (60cm-24in) Prato 97 .... FF*88 400* - £*10 400* - **$15,600**
Vittoria - Bronzo (77cm-30in) Prato 97 .... FF*197 200* - £*23 200* - **$34,800**

MARTINI Biagio 1761-1840 [1]
Mary Magdalen & the Virgin - Black & white chalks/paper (28x19cm-11x7in) London 90 .... FF*3 100* - £*334* - **$547**

MARTINI de Gaetano 1845-? [1]
The artist's repose - Watercolour (23x33cm-9x13in) London 92 .... FF*8 370* - £*1 000* - **$1,610**

MARTINI di Joseph 1896-? [6]
Barges on a river - Oil/board (50x76cm-20x30in) New-York 92 .... FF*7 950* - £*814* - **$1,400**

MARTINI Noël Ange 1886-1962 [1]
Paire de marabout - Sculpture (21cm-8in) Paris 91 .... FF*3 500* - £*351* - **$578**

MARTINI Remo 1917 [5]
Aux deux chères petites amies - Assemblage (36x16cm-14x6in) Antwerpen 96 .... FF*2 624* - £*318* - **$506**

MARTINI Sandro 1941 [21]
Questa - Decollage (118x75cm-46x30in) Milano 92 .... FF*12 680* - £*1 298* - **$2,233**
Quantità terra, 1986 - Mixed media/canvas (146x114cm-57x45in) Milano 90 .... FF*64 100* - £*6 819* - **$11,467**
Salamandra, 1972 - Collage (150x140cm-59x55in) Milano 89 .... FF*50 300* - £*5 143* - **$8,087**

MARTINI Simone c.1284-1344 [1]
Saint Peter - Tempera/carton (57x38cm-22x15in) New-York 91 .... FF*1* - £*112 242* - **$216,929**

MARTINI Vivaldo 1908-1989 [6]
Komposition - Oil/canvas (68x87cm-27x34in) Bern 92 .... FF*13 020* - £*1 330* - **$2,293**

MARTINO Antonio Pietro 1902-1988 [11]
Houses in a winter lanndscape - Oil/canvas (51x61cm-20x24in) Philadelphia 93 .... FF*16 500* - £*1 950* - **$3,000**
Dock scene - Watercolour/board (52x73cm-20x29in) Philadelphia 90 .... FF*2 610* - £*267* - **$515**

MARTINO de Eduardo Federico 1838-1912 [10]
Fresh Day - Oil/canvas (42x71cm-17x28in) London 96 .... FF*11 440* - £*1 450* - **$2,194**
H.M.S. Vanguard, 1,604 tons - Oil/canvas (64x94cm-25x37in) London 94 .... FF*35 300* - £*4 200* - **$6,710**

MARTINO Giovanni 1908-? [11]
Manayunk Trestle, Philadelphia - Oil/panel (28x48cm-11x19in) Portland, Maine 93 .... FF*4 950* - £*621* - **$900**

MARTINS Jorge 1940 [4]
Composition - Huile/papier (57x38cm-22x15in) Boulogne 94 .... FF*5 500* - £*646* - **$963**

MARTINSEN Kåre 1912-1986 [5]
Gårdstun med pike i rødt - Oil/canvas (33x41cm-13x16in) Oslo 93 .... FF*2 800* - £*326* - **$481**

MARTINY Philip 1858-? [1]
Female nude - Bronze (118cm-46in) New-York 92 .... FF*19 420* - £*2 034* - **$3,500**

MARTON Lajos 1891-1952 [6]
Cycles Automoto - Poster (120x79cm-47x31in) New-York 94 .... FF*5 150* - £*604* - **$900**

MARTORELL 1929 [3]
Paris - Huile/toile (38x46cm-15x18in) L'Isle-Adam 94 .... FF*4 000* - £*450* - **$678**

MARTORELL Thierry XIX-XX [11]
Reveillon au Fouquet's - Huile/toile (33x41cm-13x16in) Cannes 91 .... FF*4 600* - £*471* - **$859**

MARTOS Manuel 1950 [7]
Paisaje con arboles - Oleo/lienzo (46x38cm-18x15in) Madrid 92 .... FF*2 080* - £*208* - **$400**

MARTS Irène 1959 [2]
Soir d'hiver - Huile/toile Paris 92 .... FF*2 500* - £*255* - **$449**

MARTSZEN Jan II 1609-1647 [7]
The Castle of Swieten - Ink (29x52cm-11x20in) Amsterdam 94 .... FF*25 130* - £*2 993* - **$4,720**

MARTTINEN Veikko 1917 [6]
September - Oil/canvas (100x60cm-39x24in) Helsinki 95 .... FF*15 050* - £*1 880* - **$3,040**

MARTY André Edouard 1882-1974 [1]
Jeune femme devant une porte - Encre Chine (34x24cm-13x9in) Paris 96 .... FF*4 500* - £*560* - **$873**

MARUCELLI Giovanni Stefano 1586-1646 [1]
The Ecstasy of Saint Francis - Black chalk (18x15cm-7x6in) London 95 .... FF*7 720* - £*1 000* - **$1,600**

MARUSSIG Guido 1885-1972 [2]
Trieste nel 1300 - Tecnica mista/tavola (85x132cm-33x52in) Trieste 95 .... FF*70 800* - £*8 970* - **$13,800**

MARUSSIG Piero 1879-1937 [37]
Fanciulla - Olio/tavola (70x60cm-28x24in) Venezia 96 .... FF*37 400* - £*4 620* - **$7,260**
Paesaggio - Olio/tavola (66x50cm-26x20in) Torino 93 .... FF*82 900* - £*9 500* - **$14,100**
Figura di donna - Olio/tela (70x85cm-28x33in) Milano 90 .... FF*228 900* - £*24 507* - **$39,809**
Concertino nel parco - Olio/tela (120x97cm-47x38in) Firenze 89 .... FF*1 9 85e +06* - £*109 303* - **$173,539**
Vela all'isola di San Giorgio - Tecnica mista/carta (39x35cm-15x14in) Roma 92 .... FF*9 960* - £*1 020* - **$1,755**

MARVAL Jacqueline 1866-1932 [58]
Fleurs - Huile/toile (89x81cm-35x32in) Lyon 96 .... FF*14 500* - £*1 880* - **$2,870**
Nu avec chat et chien - Huile/toile (88x118cm-35x46in) Grenoble 96 .... FF*33 500* - £*3 934* - **$6,590**
Glaïeuls - Huile/toile (138x150cm-54x59in) Grenoble 96 .... FF*57 000* - £*6 700* - **$11,210**
Le Printemps paré - Huile/toile (111x80cm-44x31in) Lyon 93 .... FF*230 000* - £*27 700* - **$41,800**
Fantaisie sur Sylvie - Huile/toile (206x216cm-81x85in) Chambéry 90 .... FF*800 000* - £*85 573* - **$139,014**
Le toréador - Crayons couleurs (16x12cm-6x5in) Grenoble 92 .... FF*3 000* - £*358* - **$577**

MARVANEK Otakar 1884-1921 [1]
Dorflandschaft - Oil/canvas (59x73cm-23x29in) Düsseldorf 90 .... FF*18 600* - £*1 991* - **$3,235**

MARVILLE Charles 1816-1878/79 [32]
- Rue des Moulins - Tirage albuminé (22x36cm-9x14in) Paris 96 .... FF17 000 - £1 937 - **$3,254**

MARX Ernst Bernhard 1864-? [2]
- Nymphe mit Schleier - Öl/Leinwand (100x76cm-39x30in) Stuttgart 96 .... FF7 850 - £1 021 - **$1,555**
- Reclining nude - Oil/canvas (127x204cm-50x80in) New-York 92 .... FF54 100 - £5 660 - **$9,750**

MARX Franz 1889-1960 [13]
- Zebrarudel - Oil/cardboard (44x54cm-17x21in) Amsterdam 91 .... FF7 250 - £720 - **$1,259**

MARX Gustav 1855-1928 [4]
- Kaiser Wilhelm II - Oil/canvas (114x92cm-45x36in) Köln 92 .... FF23 800 - £2 436 - **$4,190**

MARX Johann 1866-1937 [5]
- Frankfurter Anlagen - Oil/canvas (66x85cm-26x33in) Frankfurt 91 .... FF4 060 - £408 - **$702**

MARX Maurice Roger 1872-? [1]
- Löwe - Bronze (15cm-6in) Zofingen 92 .... FF2 232 - £228 - **$393**

MARX Otto 1887-1962 [3]
- Frühlingslandschaft mit Frauen - Öl/Leinwand (62x70cm-24x28in) Köln 94 .... FF6 170 - £725 - **$1,080**

MARX VON SÖHNEN Gustav 1882-? [1]
- Wintertag in Kronburg in der Eifel - Öl/Leinwand (54x60cm-21x24in) Köln 94 .... FF4 460 - £535 - **$866**

MARXER Alfred 1876-1945 [5]
- Zürichsee - Öl/Leinwand (80x100cm-31x39in) Bern 93 .... FF15 840 - £1 823 - **$2,716**

MARY Guillaume 1962 [4]
- Amphore - Huile/toile (100x80cm-39x31in) Paris 92 .... FF5 000 - £512 - **$880**
- Sans titre - Dessin (25x25cm-10x10in) Paris 91 .... FF3 500 - £353 - **$607**

MARY Jacqueline [1]
- Guirlande de pavots - Aquarelle (40x50cm-16x20in) Dijon 90 .... FF1 800 - £193 - **$313**

MARY Joséphine XIX [3]
- Le feu - Huile/panneau (45x65cm-18x26in) Chaumont 91 .... FF9 000 - £894 - **$1,563**

MARYAN M. Pinchas Burstein 1927-1977 [87]
- Composition - Huile/toile (40x30cm-16x12in) Paris 94 .... FF2 500 - £294 - **$443**
- Composition - Huile/toile (33x22cm-13x9in) Paris 96 .... FF11 200 - £1 404 - **$2,160**
- Personnage - Acrylique/toile (100x73cm-39x29in) Paris 97 .... FF25 000 - £2 643 - **$4,290**
- Yemenite Boy - Oil/canvas (80x64cm-31x25in) Tel Aviv 97 .... FF38 194 - £4 060 - **$6,600**
- Personnage - Oil/canvas (146x89cm-57x35in) Kobenhavn 93 .... FF78 500 - £8 900 - **$13,280**
- Personnage - Huile/toile (110x88cm-43x35in) Limoges 90 .... FF125 000 - £12 953 - **$21,968**
- Visage, 1977 - Lithographie (85x70cm-33x28in) Saint-Germain-en-Laye 90 .... FF1 800 - £191 - **$322**
- Sans titre - Plâtre (48cm-19in) Paris 92 .... FF3 700 - £379 - **$666**
- Personnage - Pastel (47x60cm-19x24in) Paris 97 .... FF4 000 - £423 - **$686**
- Le clown - Pastel/papier (75x54cm-30x21in) Paris 91 .... FF10 500 - £1 050 - **$1,729**

MARYE Simone XIX-XX [3]
- Rascasse - Bronze (30cm-12in) Paris 91 .... FF6 000 - £596 - **$1,042**

MARZELLE Jean 1916 [53]
- Paysage de Provence - Huile/toile (46x55cm-18x22in) Paris 94 .... FF2 000 - £237 - **$369**
- Fleurs et flacon - Huile/toile (73x60cm-29x24in) Paris 97 .... FF7 000 - £747 - **$1,212**
- Le verger - Huile/panneau (46x55cm-18x22in) Calais 92 .... FF19 500 - £1 996 - **$3,824**

MARZILIUS Alfred XIX [2]
- Hessischer Bauer - Öl/Leinwand (80x55cm-31x22in) Frankfurt 93 .... FF2 880 - £345 - **$555**

MARZIN Alfred 1880-? [5]
- Port au soleil couchant - Huile/toile (46x55cm-18x22in) Morlaix 95 .... FF2 700 - £350 - **$553**

MARZOCCHI DE BELLUCI Numa XIX-XX [4]
- Arrivé au campement, Afrique - Huile/toile (57x47cm-22x19in) Paris 95 .... FF40 000 - £5 070 - **$8,040**

MARZOCCHI DE BELLUCI Tito 1800-1871 [2]
- Elégante sur la plage - Huile/panneau (32x23cm-13x9in) Calais 89 .... FF21 000 - £2 213 - **$3,535**

MARZOHL Johann Baptist 1792-1863 [3]
- Waldparthie - Watercolour (33x44cm-13x17in) Luzern 92 .... FF4 190 - £500 - **$805**

MARZORATI Johann Wilhelm 1795-1870 [1]
- Spray of rose buds - Watercolour (33x25cm-13x10in) Amsterdam 96 .... FF8 430 - £994 - **$1,658**

MARZULLI Lino 1929 [2]
- Trenino - Olio/tela (80x70cm-31x28in) Milano 91 .... FF7 230 - £743 - **$1,347**

MAS Y FONDEVILLA Arturo Arcadio 1852-1934 [12]
- Procession - Oil/panel (71x45cm-28x18in) London 93 .... FF83 400 - £9 500 - **$14,150**
- Snake charmers - Watercolour (71x48cm-28x19in) London 93 .... FF9 960 - £1 200 - **$1,740**

MASAK Karel Vitezslav 1865-1927 [2]
- Hrafschin - Oil/canvas (96x120cm-38x47in) London 96 .... FF9 710 - £1 200 - **$1,876**

MASCART Gustave 1834-1914 [64]
- Pont neuf et les quais - Huile/toile (33x45cm-13x18in) Neuilly 97 .... FF14 200 - £1 563 - **$2,492**
- Paysage au lac - Huile/toile (45x59cm-18x23in) Paris 96 .... FF22 200 - £2 653 - **$4,220**
- La petite mare - Huile/panneau (24x38cm-9x15in) Barbizon 92 .... FF46 000 - £5 450 - **$8,500**

MASCART Paul 1874-1958 [35]
- Grande marée à Veulette - Huile/panneau (31x54cm-12x21in) Quimper 95 .... FF4 500 - £560 - **$877**
- Promenade en barque - Huile/toile (50x68cm-20x27in) Saint-Dié 92 .... FF22 000 - £2 260 - **$4,230**

MASCART Rolland 1909 [4]
- Sorcier Canaque - Oil/canvas (55x46cm-22x18in) London 97 .... FF9 337 - £1 000 - **$1,637**

MASCAUX Albert 1900-1963 [3]

Le pont-levis - Huile/panneau (38x46cm-15x18in) Bruxelles 95 .... FF2 684 - £323 - $508

MASCHEK Caroline 1857-1938 [1]

Verschiedene Orchideenarten - Aquarelle, gouache/carton (31x24cm-12x9in) Wien 94 .... FF2 425 - £287 - $436

MASCHEK Franz 1797-1862 [5]

Herr mit Pfeife - Öl/Karton (23x19cm-9x7in) Wien 92 .... FF9 620 - £965 - $1,850
Junger Herr - Miniature (5cm-2in) Wien 96 .... FF9 600 - £1 164 - $1,866

MASCHERINI Marcello 1906-1983 [6]

Toro ferito - Bronze (54cm-21in) Milano 95 .... FF40 800 - £5 270 - $8,370

MASCLET Daniel 1892-1969 [1]

Enfant jouant, Quai d'Orléans, Paris - Silver print (29x22cm-11x9in) Paris 90 .... FF5 100 - £550 - $899

MASEK Vitezlav Karl 1865-1927 [3]

An Allegorial scene - Oil/canvas (394x222cm-155x87in) Amsterdam 97 .... FF174 070 - £18 519 - $30,288

MASELLI Titina 1924 [6]

Figura nell'altra metropolitana - Olio/tavola (100x70cm-39x28in) Roma 89 .... FF32 000 - £3 272 - $5,145

MASER Roland 1868-1926 [2]

Interieur mit zwei Frauen - Pastell (67x78cm-26x31in) Pforzheim 92 .... FF2 030 - £236 - $415

MASEREEL Frans 1889-1972 [336]

Le Crime I - Huile/panneau (65x50cm-26x20in) Antwerpen 96 .... FF3 940 - £477 - $765
Familienszene - Öl/Leinwand (50x64cm-20x25in) Stuttgart 94 .... FF10 620 - £1 275 - $2,065
Le joueur de flûte - Huile/toile (73x92cm-29x36in) Calais 97 .... FF20 000 - £2 002 - $3,376
Liegender Matrose - Öl/Leinwand (64x92cm-25x36in) Köln 94 .... FF32 105 - £3 374 - $5,496
Couple sur la plage - Öl/Leinwand (96x130cm-38x51in) Amsterdam 93 .... FF70 400 - £8 100 - $12,100
Carl Sternheim - Lithographie (31x24cm-12x9in) Köln 97 .... FF6 421 - £674 - $1,099
Auerbachs Keller - Gouache (46x61cm-18x24in) Köln 96 .... FF3 060 - £349 - $585
Namur - Encre/papier (24x16cm-9x6in) Köln 94 .... FF6 840 - £803 - $1,218
Personnages au bar - Encre (109x74cm-43x29in) La Varenne Saint-Hilaire 95 .... FF21 000 - £2 700 - $4,335

MASHERINI Marcello 1906-1983 [2]

Jeune femme nue les bras croisés - Bronze (158cm-62in) Paris 89 .... FF22 000 - £2 189 - $3,476

MASHKOV Ilya Ivanovich 1881-1944 [2]

Still life - Oil/canvas (40x56cm-16x22in) London 96 .... FF54 200 - £6 200 - $10,330

MASINI Girolamo 1840-c.1895 [2]

Cleopatra seated on a lion - Marble (123x63x94cm-48x25x37in) London 94 .... FF695 000 - £82 000 - $123,700

MASLOWSKI Stanislaw 1856-1926 [5]

Fishermen in harbour - Oil/canvas (26x29cm-10x11in) Warszawa 96 .... FF16 180 - £2 043 - $3,113
Flowers in a landscape - Watercolour/paper (99x64cm-39x25in) Warszawa 96 .... FF9 910 - £1 243 - $1,933

MASO DE FALP Felip 1851-1929 [1]

The Serenade - Oil/panel (51x43cm-20x17in) Mystic, Connecticut 97 .... FF18 170 - £2 364 - $3,600

MASOLLE Helmer 1884-1969 [1]

Interiör (Ingrid Schultzberg) - Oil/canvas (200x120cm-79x47in) Stockholm 89 .... FF93 600 - £9 313 - $14,787

MASON Barry 1947 [22]

The Clippers Ariel and Taeping - Oil/canvas (135x285cm-53x112in) London 93 .... FF24 900 - £3 000 - $4,350

MASON Finch c.1850-1915 [5]

The Derby 1899 - Pencil (26x36cm-10x14in) London 90 .... FF3 123 - £318 - $625

MASON Frank XX [4]

Still life - Oil/canvas (76x91cm-30x36in) Cambridge, Mass. 91 .... FF7 410 - £744 - $1,282

MASON Frank Henry 1876-1965 [114]

Convoy - Oil/board (51x76cm-20x30in) London 97 .... FF7 505 - £800 - $1,310
Yachting - Oil/canvas (45x61cm-18x24in) London 97 .... FF15 009 - £1 600 - $2,620
Shipmates Ahoy and MTB's - Oil/canvas New-York 97 .... FF45 558 - £4 925 - $8,000
P. & O. Cruises - Poster (99x64cm-39x25in) London 95 .... FF5 130 - £580 - $923
Original Railway Poster Design - Gouache/paper (75x56cm-30x22in) London 97 .... FF5 131 - £549 - $886
Cowes Week - Watercolour (39x63cm-15x25in) London 97 .... FF26 267 - £2 800 - $4,586

MASON George Finch XIX-XX [8]

The Grand National - Watercolour (36x26cm-14x10in) London 92 .... FF2 736 - £280 - $537

MASON George Heming 1818-1872 [2]

Near Ventnor - Oil/board (25x35cm-10x14in) London 90 .... FF5 800 - £610 - $1,009

MASON Raymond 1922 [5]

Scènes de ville - Encre (9x6cm-4x2in) Paris 95 .... FF3 100 - £394 - $636

MASON Robert 1946 [2]

From the wardrobe - Mixed media (65x40cm-26x16in) London 91 .... FF2 194 - £221 - $381
Working in Millers tunnel - Charcoal (138x97cm-54x38in) London 91 .... FF21 940 - £2 211 - $3,807

MASON Roy Martell 1886-1972 [11]

Little River Town - Oil/canvas (51x64cm-20x25in) Bloomfield Hills, Michigan 95 .... FF8 670 - £1 080 - $1,700
The Tile Yard
Watercolour, gouache/paper (25x36cm-10x14in) Baton Rouge, Louisiana 93 .... FF6 020 - £724 - $1,100

MASON William 1724-1797 [5]

On the beach - Oil/board (30x40cm-12x16in) Billinghurst, West Sussex 91 .... FF4 990 - £497 - $858

MASON William Henry XIX-XX [2]

Children on a Hilltop overlooking Arundel - Oil/canvas (41x56cm-16x22in) London 94 .... FF2 500 - £300 - $476

MASON William Sanford 1824-1864 [1]

General Robert E. Lee - Oil/canvas (76x64cm-30x25in) New-York 95 .... FF50 200 - £6 280 - $10,000

MASORELLI Frederick 1952 [3]

Jules Vernes - Sculpture (87cm-34in) Saint-Dié 96 .... FF4 500 - £529 - $885

MASOUR Sasha XX [1]
Wire sculpture - Silver print (23x19cm-9x7in) London 95 .... FF2 320 - £300 - **$475**

MASQUELIER Louis Joseph, père 1741-1811 [1]
Vue de la ville de Soleure - Gravure (25x36cm-10x14in) Bern 95 .... FF2 894 - £362 - **$585**

MASQUERIER John James 1778-1855 [5]
Louise Stevens - Oil/canvas (91x70cm-36x28in) London 93 .... FF34 900 - £4 000 - **$5,980**

MASRELIER Louis 1748-1810 [2]
Design for a Pediment - Ink (17x43cm-7x17in) New-York 96 .... FF5 430 - £711 - **$1,100**

MASRIERA Lluis 1872-1958 [1]
Old man holding a hen - Oil/canvas (81x66cm-32x26in) London 91 .... FF8 920 - £895 - **$1,543**

MASRIERA Y MANOVENS Francesco 1842-1902 [15]
L'Odalisque - Oil/canvas (175x85cm-69x33in) New-York 96 .... FF155 800 - £19 840 - **$30,000**
Noia nord-africana - Oil/canvas (91x46cm-36x18in) London 96 .... FF775 000 - £91 000 - **$152,400**
Desnudo femenino - Dessin (70x39cm-28x15in) Madrid 92 .... FF5 400 - £550 - **$950**

MASRIERA Y MANOVENS José 1841-1912 [2]
Paisaje de Vichy - Oleo/lienzo (32x40cm-13x16in) Madrid 96 .... FF13 070 - £1 625 - **$2,535**

MASSAD G. Daniel 1946 [2]
Noon - Coloured chalks/paper (55x75cm-22x30in) New-York 94 .... FF16 520 - £1 880 - **$2,800**

MASSAGRANDE Matteo 1959 [2]
La Stanza - Tecnica mista/tela (70x80cm-28x31in) Milano 93 .... FF8 300 - £962 - **$1,428**

MASSAGUER Conrado 1889-1956 [1]
Kuchilan Escucha - Ink (38x31cm-15x12in) New-York 95 .... FF1 940 - £242 - **$380**

MASSANI Pompeo 1850-1920 [37]
Calling for dinner - Oil/canvas (31x23cm-12x9in) London 95 .... FF19 730 - £2 500 - **$3,970**
Afternoon tea - Oil/canvas (46x74cm-18x29in) New-York 95 .... FF41 400 - £5 380 - **$8,500**
Scène d'intérieur - Huile/toile (62x43cm-24x17in) Monaco 93 .... FF110 000 - £12 660 - **$18,960**

MASSARD Jean Marie R.L. 1812-1889 [1]
Vicomte Alexandre de Beauharnais - Pencil (35x25cm-14x10in) London 91 .... FF9 970 - £997 - **$1,642**

MASSARD Léo 1945 [10]
Effet de neige - Huile/toile (35x27cm-14x11in) Dieppe 92 .... FF2 000 - £205 - **$417**
Arbres en hiver - Huile/toile (46x55cm-18x22in) Les Sables d'Olonne 94 .... FF4 500 - £530 - **$791**

MASSARI Lucio 1569-1633 [1]
Angel musicians - Ink/paper (51x40cm-20x16in) New-York 90 .... FF31 500 - £3 312 - **$5,478**

MASSAU Edmond 1860-? [1]
The Artist's Studio - Oil/canvas (72x91cm-28x36in) London 96 .... FF17 030 - £2 000 - **$3,310**

MASSAUX Léon 1845-1926 [2]
Après la pluie - Huile/toile (110x80cm-43x31in) Lokeren 96 .... FF9 870 - £1 258 - **$1,902**

MASSE Charles 1855-1913 [2]
Japonaise en kimono - Bronze (190cm-75in) Nice 94 .... FF34 000 - £3 930 - **$5,810**

MASSÉ Jean 1856-1950 [4]
Bord de rivière - Huile/panneau (27x35cm-11x14in) Versailles 89 .... FF9 500 - £971 - **$1,527**

MASSÉ Jean Baptiste 1687-1767 [5]
Jacques Massé - Miniature (9cm-4in) Genève 92 .... FF96 700 - £9 880 - **$17,030**

MASSE Jules 1825-1899 [3]
Sur le bord de la grève, Kerity - Huile/toile (34x42cm-13x17in) Brest 96 .... FF4 600 - £528 - **$878**
Une Matinée chez Barras - Oil/canvas (104x144cm-41x57in) New-York 93 .... FF209 000 - £26 200 - **$38,000**

MASSÉ René Charles 1855-1913 [4]
Le Caïd - Bronze (45cm-18in) Paris 91 .... FF39 000 - £4 700 - **$7,090**

MASSENET Jules 1842-1902 [1]
Autoportrait, sur un âne - Encre/papier Paris 89 .... FF4 000 - £422 - **$673**

MASSICOTTE Edmond Joseph 1875-1929 [3]
Canadiens d'autrefois - Estampe (22x31cm-9x12in) Montréal 92 .... FF1 730 - £206 - **$332**

MASSINI Pompeo 1850-1920 [2]
Uomo che legge - Olio/cartone (27x19cm-11x7in) Firenze 97 .... FF7 480 - £880 - **$1,320**

MASSIOT Georges XIX-XX [1]
Porto & Sherry Sandeman - Poster (155x114cm-61x45in) New-York 96 .... FF30 560 - £3 600 - **$6,000**

MASSMANN Carl 1859-1929 [3]
Mixed fruits - Oil/canvas (46x89cm-18x35in) London 96 .... FF9 240 - £1 200 - **$1,830**

MASSMANN Hans 1887-1973 [34]
Bach im Waldviertel - Tempera/carton (60x72cm-24x28in) Wien 94 .... FF3 400 - £400 - **$607**
Holzfuhre im Winterwald - Oil/panel (100x100cm-39x39in) Wien 96 .... FF12 000 - £1 455 - **$2,333**
Klosterneuburg - Aquarell/Papier (32x27cm-13x11in) Wien 94 .... FF2 910 - £344 - **$523**

MASSON Alexandre XX [2]
Retour des pêcheurs - Huile/toile (50x61cm-20x24in) Douarnenez 93 .... FF7 500 - £904 - **$1,364**

MASSON André 1896-1987 [719]
Femme paralytique - Oil/canvas (114x146cm-45x57in) New-York 91 .... FF2 - £254 742 - **$453,330**
Trois Dames - Huile/toile (46x38cm-18x15in) Paris 97 .... FF40 000 - £4 228 - **$6,864**
Pluie printanière - Oil/canvas (72x91cm-28x36in) London 94 .... FF79 500 - £9 500 - **$14,850**
Rencontre d'ombres - Huile/toile (116x81cm-46x32in) Paris 94 .... FF180 000 - £21 050 - **$31,560**
Feu des Forges - Oil/canvas (115x140cm-45x55in) London 95 .... FF231 000 - £30 000 - **$47,500**
Tumulte - Huile/toile (88x115cm-35x45in) Paris 97 .... FF280 000 - £29 288 - **$47,964**
Femme attaquée - Technique mixte/toile (95x82cm-37x32in) Paris 95 .... FF650 000 - £82 600 - **$132,000**

Pietà Corrida - Huile/toile (45x49cm-18x19in) Paris 92........................ FF830 000 - £99 000 - **$159,600**
Rêve d'un futur désert - Pointe sèche (62x80cm-24x31in) Paris 92........... FF34 000 - £3 480 - **$5,990**
Bacchantes - Bronze (11x14x12cm-4x6x5in) Paris 92........................... FF35 000 - £3 599 - **$6,206**
Femme servant de table - Bronze (63cm-25in) Paris 93......................... FF95 000 - £11 440 - **$17,270**
Hybris - Bronze (90x33x43cm-35x13x17in) Paris 89............................ FF550 000 - £54 726 - **$86,888**
Fémimaire - Encre Chine (49x32cm-19x13in) Paris 95.......................... FF4 800 - £624 - **$985**
Métamorphose - Encre Chine (38x32cm-15x11in) Paris 95....................... FF10 000 - £1 297 - **$2,063**
Mythologies I - Coloured pencils (22x16cm-9x6in) New-York 96................. FF22 000 - £2 720 - **$4,250**
Paysage, St. Victoire - Pastelli/carta (47x62cm-19x24in) Prato 97............ FF28 900 - £3 400 - **$5,100**
Pan - Pastel/paper (64x49cm-25x19in) New-York 96............................ FF53 800 - £6 960 - **$11,000**
Chambre d'Ingres - Aquarelle (48x62cm-19x24in) Paris 94..................... FF100 000 - £11 940 - **$18,670**
Torse de femme - Pastel/papier (76x56cm-30x22in) Paris 93................... FF260 000 - £31 300 - **$47,300**
Pasiphae - Drawing (49x63cm-19x25in) London 90.............................. FF581 100 - £62 619 - **$102,487**

MASSON Antoine 1636-1700 [2]
Henri de Lorraine - Eau-forte Paris 95...................................... FF2 000 - £242 - **$377**
Guillaume de Brisachier - Ink (34x26cm-13x10in) London 92................... FF2 443 - £250 - **$479**

MASSON Benedict 1819-1893 [16]
Jeune femme allanguie - Huile/toile (60x52cm-24x20in) La Varenne Saint-Hilaire 97 .... FF6 200 - £671 - **$1,089**
Devant la cheminée - Huile/toile (81x65cm-32x26in) Saint-Dié 96............. FF20 000 - £2 350 - **$3,934**
Bouquet de fleurs - Huile/toile (92x73cm-36x29in) Le Touquet 91............. FF43 000 - £4 281 - **$7,394**

MASSON Clovis Edmond 1838-1913 [38]
Biche - Bronze (34x23cm-13x9in) Lokeren 96.................................. FF3 130 - £399 - **$603**
Taureau - Bronze (47cm-19in) Amiens 91...................................... FF9 500 - £1 174 - **$1,834**
Combat de cerfs - Bronze (42cm-17in) Paris 89............................... FF20 000 - £2 045 - **$3,215**

MASSON Edouard 1881-1950 [35]
Château de Brienne - Huile/panneau (26x35cm-10x14in) Liège 97.............. FF2 616 - £270 - **$448**
Le canapé rouge - Huile/toile (74x60cm-29x24in) Liège 93................... FF15 580 - £1 793 - **$2,673**
Nature morte de fleurs - Pastel (80x116cm-31x46in) Bruxelles 96............ FF10 670 - £1 235 - **$2,044**

MASSON Henri Gustave 1869-1957 [2]
La partie de Pelote basque - Huile (18x23cm-7x9in) Paris 97................ FF9 500 - £1 008 - **$1,654**

MASSON Henri Jacques 1907 [4]
L'ombre du matin - Huile/toile (66x81cm-26x32in) Montréal 92............... FF2 580 - £264 - **$455**

MASSON Henri Léopold 1907-1996 [97]
Paysage d'Automne - Huile/isorel (46x60cm-18x24in) Montréal 95............. FF6 700 - £861 - **$1,323**
Still life - Huile/toile (41x51cm-16x20in) Montréal 96..................... FF8 620 - £1 113 - **$1,690**
Waiting for the Lift - Oil/canvas (30x41cm-12x16in) Toronto 94............. FF28 650 - £3 350 - **$5,050**

MASSON Hervé 1918-1990 [25]
Grand nu blanc - Huile/toile (100x73cm-39x29in) Paris 91................... FF3 000 - £303 - **$585**
Le voyage - Huile/toile (82x100cm-32x39in) Paris 91........................ FF5 000 - £497 - **$868**

MASSON Joseph Antoine 1845-? [1]
Cupid & Daphne - Oil/canvas (102x81cm-40x32in) Mystic, Connecticut 96...... FF18 120 - £2 240 - **$3,500**

MASSON Jules Edmond 1871-1932 [15]
Cerf et biche - Bronze (40cm-16in) Liège 97................................ FF6 867 - £709 - **$1,176**
Grand cerf - Bronze (79cm-31in) Paris 92................................... FF20 000 - £2 053 - **$3,717**

MASSON Julien 1891-1957 [1]
Ferme en Brabant - Huile/toile (80x116cm-31x46in) Bruxelles 96............. FF5 330 - £699 - **$1,081**

MASSON Marcel 1911-1988 [34]
Montmartre - Huile/toile (55x46cm-22x18in) Bern 95......................... FF5 160 - £671 - **$1,060**
Mohnblumen - Oil/canvas (38x46cm-15x18in) Bern 92.......................... FF13 700 - £1 637 - **$2,636**

MASSON Roger XX [2]
Quai des Peceaux à Joinville - Huile/carton (40x32cm-16x13in) Chaumont 94.. FF3 000 - £350 - **$526**

MASSONET Armand 1892-1979 [28]
Pont à Paris - Huile/toile (54x63cm-21x25in) Bruxelles 96.................. FF2 460 - £292 - **$480**
Leçon de chant - Huile/toile (65x54cm-26x21in) Bruxelles 91............... FF26 560 - £2 720 - **$4,930**
Jeune femme - Aquarelle (45x31cm-18x12in) Bruxelles 97.................... FF2 288 - £248 - **$405**

MASSONI Egisto 1880-? [4]
The Bay of Naples - Oil/canvas (46x94cm-18x37in) London 95................ FF63 400 - £8 400 - **$13,100**
Washerwomen, Campanile di S.Trineta - Watercolour (99x66cm-39x26in) London 96 .... FF9 360 - £1 100 - **$1,820**

MASSOT Firmin 1766-1849 [4]
Dorothée - Huile/carton (16x14cm-6x6in) Genève 91......................... FF12 750 - £1 310 - **$2,373**
Vallée de Megève - Huile/toile (85x105cm-33x41in) Genève 89............... FF975 000 - £102 740 - **$164,141**

MASSOULE André P. 1851-1901 [4]
Jeune femme assise - Bronze (76cm-30in) Paris 95.......................... FF13 000 - £1 650 - **$2,620**

MAST Louis Jean 1857-1901 [1]
Jeune femme - Terracotta (50cm-20in) Bruxelles 94......................... FF2 655 - £317 - **$500**

MASTAGLIO Domenico 1851-? [2]
Trauben und Äpfeln - Öl/Leinwand (36x54cm-14x21in) Bremen 92.............. FF3 050 - £365 - **$587**

MASTELLARO Giuseppe 1903-? [1]
Ragazza col vestito rosso - Olio/tela (79x60cm-31x24in) Milano 95......... FF3 090 - £410 - **$630**

MASTENBROEK van Jan 1827-1909 [2]
Riverlandscape/Riverlandscape - Oil/panel (36x47cm-14x19in) Amsterdam 89.. FF19 500 - £1 994 - **$3,135**
A Dutch Canal Scene - Watercolour (19x24cm-7x9in) Billinghurst, West Sussex 94 .... FF13 560 - £1 600 - **$2,415**

MASTENBROEK van Johann Hendrik 1875-1945 [72]
Schiekade, Rotterdam - Oil/panel (28x39cm-11x15in) Amsterdam 95........... FF8 700 - £1 130 - **$1,812**

River Maas - Oil/canvas (36x55cm-14x22in) Amsterdam 97 .... FF72 029 - £7 663 - **$12,533**
Boats in a Dutch port - Oil/canvas (51x71cm-20x28in) New-York 97 .... FF241 613 - £26 023 - **$42,500**
Shipping on the Maas, Rotterdam - Bodycolour (31x54cm-12x21in) Amsterdam 97.......... FF69 116 - £7 306 - **$11,859**
MASTER OF THE KRESS LANDSCAPES Firenze c.1505-c.1530 [2]
Fortuna - Oil/panel (30x24cm-12x9in) London 92 .... FF92 100 - £11 000 - **$17,720**
MASTROIANNI Umberto 1910-1996 [57]
Composizione - Tecnica mista (39x29cm-15x11in) Milano 94 .... FF9 960 - £1 200 - **$1,860**
Personaggi - Tempera/tela (27cm-11in) Milano 90 .... FF51 000 - £5 136 - **$9,990**
Totem - Bronze (99cm-39in) Milano 96 .... FF17 470 - £2 030 - **$3,430**
Sediolina - Bronzo (50x31x43cm-20x12x17in) Prato 97 .... FF40 800 - £4 800 - **$7,200**
Ingranaggio - Bronze (47x45x145cm-19x18x57in) Milano 94 .... FF147 800 - £17 600 - **$28,160**
Composizione - Inchiostro/carta (38x27cm-15x11in) Roma 93 .... FF3 294 - £370 - **$590**
Composizione - Tecnica mista/carta (100x70cm-39x28in) Fossano (Cuneo) 96 .... FF18 480 - £2 310 - **$3,630**
MASUCCI Lorenzo ?-1785 [2]
Le Repos de la Sainte Famille - Huile/toile (61x47cm-24x19in) Monaco 95 .... FF40 000 - £5 190 - **$8,250**
MASUDA Kimyo XX [8]
Portrait de femme - Huile/toile (65x54cm-26x21in) Saint-Dié 93 .... FF6 500 - £731 - **$1,102**
MASUI Paul Aug. 1888-1981 [13]
Bigouden - Huile/toile (70x60cm-28x24in) Bruxelles 92 .... FF8 240 - £984 - **$1,585**
Pardon de St. Anne la Palud II - Huile/toile (98x109cm-39x43in) Lokeren 92 .... FF65 700 - £7 640 - **$13,400**
MASUREL Johannes Engel 1826-1915 [3]
Displaying dinner - Oil/canvas (61x51cm-24x20in) Amsterdam 89 .... FF21 000 - £2 090 - **$3,318**
MASUROVSKY Grégory 1929 [2]
Old paintbrush, 1970 - Ink/paper (62x48cm-24x19in) New-York 90 .... FF4 300 - £457 - **$769**
MASWIENS Joseph 1828-1880 [6]
Église St-Jacques, Liège - Huile/toile (72x60cm-28x24in) Liège 90 .... FF23 060 - £2 358 - **$4,552**
MASZKOWSKI Jan 1794-1865 [1]
Lady - Oil/canvas (62x49cm-24x19in) Warszawa 94 .... FF17 460 - £2 010 - **$3,003**
MATA Maurice XX [6]
L'éveil de la planète, 00 heures - Huile/toile (60x73cm-24x29in) Saint-Dié 96 .... FF4 200 - £494 - **$826**
MATAIVE Alphonse 1856-1946 [3]
Le chauffoir public - Huile/toile/panneau (80x60cm-31x24in) Liège 90 .... FF9 720 - £983 - **$1,849**
MATALONI Giovanni 1869-1944 [2]
Esposizione Internazionale, Milano - Poster (196x99cm-77x39in) New-York 96 .... FF7 770 - £1 003 - **$1,500**
MATANIA Fortunino 1881-1963 [31]
The party - Oil/canvas (29x24cm-11x9in) Billinghurst, West Sussex 93..................... FF9 130 - £1 100 - **$1,595**
Junge Frau in Tracht - Oil/Leinwand (76x50cm-30x20in) Lindau 96 .... FF28 700 - £3 460 - **$5,510**
Moving the Artillery - Drawing (31x24cm-12x9in) London 93 .... FF15 200 - £1 900 - **$2,755**
MATANIA Franco XIX-XX [10]
Young lady - Chalks (46x30cm-18x12in) London 92 .... FF1 954 - £200 - **$345**
MATANIA Ugo 1888-? [1]
Al Fresco - Oil/canvas (148x129cm-58x51in) London 94 .... FF43 200 - £5 000 - **$7,390**
MATARÉ Ewald 1887-1965 [99]
Liegendes Pferd - Woodcut in colors (41x40cm-16x16in) Köln 96 .... FF17 000 - £1 935 - **$3,250**
Reihe der Kühe - Woodcut in colors (23x57cm-9x22in) München 95 .... FF57 700 - £7 550 - **$11,550**
Vessel - Bronze (10x9x9cm-4x4x4in) New-York 94 .... FF20 460 - £2 350 - **$3,500**
Relief mit Huhn - Bronze (12cm-5in) Köln 94 .... FF44 600 - £5 280 - **$8,240**
Mathematik - Bronze (4x6x11cm-2x2x4in) Köln 97 .... FF77 728 - £8 169 - **$13,307**
Stehende Kuh - Bronze (18cm-7in) Köln 94 .... FF205 000 - £24 100 - **$36,540**
Pferde und Kühe - Aquarell Köln 93 .... FF13 300 - £1 522 - **$2,235**
Kuh - Watercolour/paper (23x33cm-9x13in) New-York 92 .... FF31 850 - £3 700 - **$6,500**
MATEGOT Mathieu 1910 [7]
Lumière d'été - Öl/Papier (200x217cm-79x85in) Paris 90 .... FF42 000 - £4 274 - **$8,399**
MATEJKO Jan 1838-1893 [10]
J. Tenczynski & S. Zborowski - Oil/cardboard (65x49cm-26x19in) Warszawa 93 .... FF41 700 - £4 250 - **$6,290**
Hetman Jan Zamoyski - Pencil/paper (23x17cm-9x7in) Warszawa 96 .... FF9 240 - £1 054 - **$1,772**
MATEJKO Theo 1893-1946 [4]
Polo-Wettspiele - Poster (94x71cm-37x28in) London 94 .... FF5 510 - £650 - **$981**
MATEOS GONZALEZ Francisco 1894-1976 [59]
Canto mañanero - Oleo/lienzo (81x100cm-32x39in) Madrid 96 .... FF15 040 - £1 823 - **$2,925**
Los augurios - Oleo/lienzo (120x85cm-47x33in) Madrid 95 .... FF59 700 - £7 550 - **$11,960**
La fiesta - Oleo/lienzo (150x150cm-59x59in) Madrid 94 .... FF82 700 - £9 640 - **$14,500**
Cuatro personajes - Litografía (76x57cm-30x22in) Madrid 93 .... FF2 820 - £339 - **$550**
Lo queremos como a un hijo - Acuarela (63x47cm-25x19in) Madrid 95 .... FF15 400 - £1 944 - **$3,090**
MATERS Wout 1931 [1]
Dubbelspiegel I - Bronze (39cm-15in) Amsterdam 95..................................... FF10 710 - £1 367 - **$2,186**
MATET Jean 1870-? [4]
Le manège des chevaux de bois - Dessin (46x59cm-18x23in) Paris 94.................... FF1 700 - £197 - **$292**
MATHELIN Lucien 1905 [3]
Hommage à raoul Dufy - Huile/bois (60x73cm-24x29in) Paris 97 .... FF3 000 - £320 - **$519**
MATHER Arvid 1905-1955 [4]
Frau an Gewässer - Oil/canvas (40x30cm-16x12in) Bremen 92............................ FF5 100 - £522 - **$898**

M

Der neue Hut - Lithographie couleurs (48x32cm-19x13in) Heidelberg 94 .... FF**2 230** - £259 - **$384**
   MATHER John 1848-1916 [5]
Cadzov Forest, Botanical Garden - Watercolour (18x25cm-7x10in) Chicago 93 .... FF**4 950** - £621 - **$900**
   MATHER Margrethe 1885-1952 [6]
Interior - Gelatin silver print (23x18cm-9x7in) San Francisco-Los Angeles 93 .... FF**16 220** - £1 850 - **$2,750**
   MATHES Nicolaus 1845-1921 [1]
Madonna mit Kind in Wolken - Oil/canvas (91x50cm-36x20in) München 93 .... FF**2 204** - £264 - **$424**
   MATHESON-BYE Roar 1895-1987 [2]
Sirkusartister - Oil/canvas (75x108cm-30x43in) Oslo 91 .... FF**6 940** - £697 - **$1,160**
   MATHEWS Arthur Frank 1860-1945 [4]
Cloudburst Over the Coast
     Oil/panel (40x45cm-16x18in) San Francisco-Los Angeles 96 .... FF**168 400** - £21 100 - **$32,500**
   MATHEWS Lucia Kleinhans 1870-1955 [2]
Palace of fine arts, San Francisco
     Oil/panel (15x9cm-6x4in) San Francisco-Los Angeles 89 .... FF**37 200** - £3 701 - **$5,877**
Monterey Pines
     Watercolour/paper (48x59cm-19x23in) San Francisco-Los Angeles 92 .... FF**59 400** - £6 070 - **$11,000**
   MATHEWSON Frank Convers 1862-1941 [7]
Corner of studio - Oil/board (25x20cm-10x8in) Mystic, Connecticut 92 .... FF**3 550** - £363 - **$625**
Hollyhocks - Wash (35x25cm-14x10in) London 90 .... FF**3 500** - £352 - **$636**
   MATHEY Georg Alexander 1884-1968 [4]
Cirque de Paris - Woodcut (25x22cm-10x9in) Hamburg 93 .... FF**1 830** - £219 - **$353**
   MATHEY Georges, sculpt. 1887-1917 [1]
Jeune femme à l'enfant - Pierre (43cm-17in) Paris 90 .... FF**4 500** - £465 - **$795**
   MATHEY Maurice 1878-? [5]
Garen mit Fliederbusch - Huile/panneau (31x47cm-12x19in) Bern 94 .... FF**6 600** - £792 - **$1,283**
   MATHEY Paul 1891-1972 [2]
Garten im Frühling - Öl/Leinwand (52x38cm-20x15in) Bern 93 .... FF**2 855** - £341 - **$550**
   MATHEY Paul 1844-1929 [14]
Philippe, duc d'Orléans - Huile/toile (144x105cm-57x41in) Monaco 96 .... FF**9 000** - £1 033 - **$1,717**
Paysage fluvial - Huile/toile (46x65cm-18x26in) Bruxelles 93 .... FF**14 000** - £1 675 - **$2,860**
Homme à la peinture de Degas - Huile/panneau (41x31cm-16x12in) Monaco 92 .... FF**55 000** - £5 500 - **$9,160**
   MATHIASEN Hjalmar 1880-? [1]
Interior, Harritzlevgård - Oil/canvas (56x56cm-22x22in) Viby J, Århus 95 .... FF**3 420** - £444 - **$703**
   MATHIE James 1897-1938 [1]
Ayrshire Moorland - Öl/Leinwand (46x61cm-18x24in) Lindau 94 .... FF**6 820** - £814 - **$1,284**
   MATHIESEN Egon 1907-1976 [37]
Plantagen, Vinter - Oil/canvas (65x54cm-26x21in) København 95 .... FF**3 150** - £399 - **$634**
Plantagen og havet - Oil/canvas (131x166cm-52x65in) København 94 .... FF**10 100** - £1 285 - **$1,954**
Nature morte - Oil/canvas (136x200cm-54x79in) København 91 .... FF**41 400** - £4 150 - **$6,900**
   MATHIEU Auguste 1810-1864 [1]
Bateaux près de la côte - Öl/Leinwand (24x35cm-9x14in) Frankfurt 93 .... FF**13 220** - £1 580 - **$2,544**
   MATHIEU Gabriel 1848-1921 [13]
Bord de rivière ensoleillée - Huile/toile (46x55cm-18x22in) Reims 94 .... FF**8 500** - £983 - **$1,460**
Torrent à Bourganeuf - Huile/toile (96x146cm-38x57in) New-York 95 .... FF**19 820** - £2 386 - **$3,750**
   MATHIEU Georges 1921 [298]
Éphémère - Huile/toile (73x60cm-29x24in) Arles 96 .... FF**30 000** - £3 754 - **$5,820**
Abîme de paix - Huile/toile (92x73cm-36x29in) Paris 95 .... FF**46 000** - £5 055 - **$8,395**
Hommage à Gérad de Riderfort - Oil/canvas (81x130cm-32x51in) London 97 .... FF**63 463** - £7 000 - **$11,131**
Tempêtes inconnues - Huile/toile (145x113cm-57x44in) Lyon 97 .... FF**100 000** - £10 840 - **$17,580**
Blanc d'Arcy - Oil/canvas (120x160cm-47x63in) London 94 .... FF**169 000** - £20 000 - **$31,200**
Composition - Oil/canvas (147x247cm-58x97in) London 97 .... FF**262 665** - £28 000 - **$45,861**
Louis XIII et Anne d'Autriche dans Paris
     Huile/toile (250x600cm-98x236in) Paris 93 .... FF**640 000** - £77 100 - **$116,300**
Viatha Posthume - Bronze (27cm-11in) Köln 94 .... FF**10 250** - £1 204 - **$1,827**
Composition - Encre Chine (49x69cm-19x27in) Paris 97 .... FF**12 000** - £1 279 - **$2,076**
Composition - Gouache (51x65cm-20x26in) New-York 95 .... FF**24 760** - £3 094 - **$5,000**
Sans titre - Technique mixte/papier (55x43cm-21x16in) Paris 94 .... FF**87 000** - £10 060 - **$14,930**
Nuits bannies - Gouache (54x75cm-21x30in) Paris 90 .... FF**110 000** - £11 077 - **$21,548**
   MATHIEU Georges-Mathieu 1944 [2]
Les ramasseurs de bois - Huile/toile (27x22cm-11x9in) La Varenne Saint-Hilaire 93 .... FF**4 100** - £513 - **$746**
   MATHIEU Oscar 1845-1881 [1]
La mort de Brittanicus - Huile/toile (117x147cm-46x58in) Paris 92 .... FF**38 500** - £3 940 - **$7,550**
   MATHIEU Paul 1872-1932 [62]
Vue de falaise - Oil/canvas (72x100cm-28x39in) Amsterdam 97 .... FF**23 974** - £2 520 - **$4,118**
Kempenland - Öl/Leinwand (71x99cm-28x39in) Hamburg 96 .... FF**42 400** - £5 290 - **$8,180**
Étangs de Boisfort - Huile/toile (72x100cm-28x39in) Bruxelles 91 .... FF**117 400** - £11 860 - **$23,306**
   MATHIEU Pol François 1895-1979 [7]
Saint-Malo, effet du soir - Huile/panneau (44x33cm-17x13in) Bruxelles 89 .... FF**2 300** - £229 - **$363**
   MATHIEU-MEUSNIER Roland 1824-1896 [1]
L'Orfévrerie - Bronze (42cm-17in) Bruxelles 90 .... FF**4 050** - £412 - **$810**
   MATHIOPOULOS Pavlos 1876-1959 [6]
K. Kostantinidis, seated - Oil/panel (26x20cm-10x8in) Athens 93 .... FF**24 000** - £2 757 - **$4,120**
Mademoiselle Scouze - Pencil (58x42cm-23x17in) Athens 95 .... FF**12 580** - £1 627 - **$2,570**

Hadrian's Gate - Pastel/paper (58x98cm-23x39in) Athens 96 .... FF110 200 - £14 230 - **$21,300**

MATHIS Hans 1882-1944 [6]
🍐 *Fruit & Flowers* - Oil/canvas (73x62cm-29x24in) New-York 97 .... FF18 203 - £1 959 - **$3,200**

MATHON Edmond 1835-1891 [1]
🖼 *La Seine à Glotom* - Huile/panneau (35x70cm-14x28in) Pontoise 95 .... FF7 000 - £930 - **$1,443**

MATHORNE Carl 1878-1942 [3]
Ung kvinde ved et ildsted - Oil/canvas (69x85cm-27x33in) Vejle 94 .... FF3 494 - £406 - **$602**

MATHURIN Maurice XX [2]
Printemps - Oil/canvas/board (58x80cm-23x31in) New-York 93 .... FF2 750 - £345 - **$500**

MATHYS Adolf 1889-? [1]
🖼 *Landschaft in Bindenhaus* - Öl/Leinwand (75x90cm-30x35in) Bern 95 .... FF3 890 - £486 - **$785**

MATHYS Albert François 1885-1956 [8]
🖼 *Chrysanthème* - Huile/toile (70x60cm-28x24in) Bruxelles 94 .... FF6 970 - £831 - **$1,312**

MATICKA Jan Josef 1893-1976 [2]
🖼 *Karlin, Sokolovska* - Oil/canvas (65x92cm-26x36in) München 91 .... FF20 950 - £2 086 - **$3,603**

MATIFAS Louis R. 1847-1896 [6]
🖼 *Village dans le vallon* - Huile/toile (51x91cm-20x36in) Barbizon 96 .... FF16 500 - £2 057 - **$3,190**

MATIGNON Albert 1860-1937 [10]
🖼 *Bergère à la mare* - Huile/toile (65x92cm-26x36in) Saint-Dié 96 .... FF10 500 - £1 366 - **$2,080**

MATILLA Y MARINA Segundo 1862-1937 [20]
🖼 *Crepúsculo* - Oleo/lienzo (99x59cm-39x23in) Madrid 94 .... FF33 000 - £3 940 - **$6,220**
🖼 *Pescadores en la playa* - Oleo/lienzo (39x75cm-15x30in) Madrid 95 .... FF80 400 - £10 440 - **$16,560**
✏ *Patos* - Acuarela (11x31cm-4x12in) Madrid 93 .... FF5 780 - £690 - **$1,047**

MATINO Vittorio 1943 [19]
Fixe clair - Acrilico/tela (176x130cm-69x51in) Milano 93 .... FF32 600 - £3 710 - **$5,520**
✏ *Motivo dalmata* - Acquarello/carta (24x32cm-9x13in) Milano 93 .... FF16 650 - £1 895 - **$2,820**

MATIOUCHINE Mikhail Vasilievich 1861-1934 [1]
✏ *Sans titre, XV-Y* - Collage (25x30cm-10x12in) Paris 94 .... FF39 500 - £4 680 - **$7,300**

MATISSE Auguste 1866-1931 [3]
🖼 *Marine* - Huile/toile (24x32cm-9x13in) Saint-Valéry-en-Caux 93 .... FF2 000 - £225 - **$339**

MATISSE Camille XIX-XX [8]
🖼 *Summer flowers* - Oil/canvas (53x46cm-21x18in) London 93 .... FF3 600 - £450 - **$653**

MATISSE Henri 1869-1954 [737]
🖼 *Tête de femme* - Oil/canvas/panel (36x28cm-14x11in) New-York 97 .... FF1 - £134 772 - **$220,000**
Notre-Dame de Paris - Oil/canvas (41x33cm-16x13in) New-York 94 .... FF2 - £302 000 - **$450,000**
Deux femmes - Oil/canvas (74x60cm-29x24in) New-York 95 .... FF2 - £3 - **$5**
Femme au chapeau - Oil/canvas (65x49cm-26x19in) New-York 95 .... FF5 - £649 000 - **$1, 2e,+06**
Mulâtresse Fatma - Oil/canvas (146x61cm-57x24in) New-York 93 .... FF7 - £8 - **$1**
Les tulipes - Oil/canvas (100x73cm-39x29in) New-York 96 .... FF8 - £1 7e +06 - **$1**
Arbre penché sur l'eau - Huile/papier/panneau (31x24cm-12x9in) Paris 97 .... FF423 000 - £44 076 - **$72,079**
Canal du Midi - Oil/panel (24x36cm-9x14in) London 97 .... FF772 200 - £80 000 - **$132,280**
Antoinette - Oil/canvas (67x52cm-26x20in) New-York 96 .... FF3 75e +06 - £364 500 - **$600,000**
🖼 *Grande Odalisque* - Lithograph (54x43cm-21x17in) New-York 93 .... FF1 - £149 600 - **$220,000**
La lecture - Lithographie (49x25cm-19x10in) Paris 96 .... FF15 000 - £1 870 - **$2,900**
Jeune fille - Lithograph (20x15cm-8x6in) New-York 94 .... FF20 020 - £2 346 - **$3,500**
Nu au fauteuil - Drypoint (17x12cm-7x5in) Berlin 97 .... FF27 196 - £2 888 - **$4,737**
Nu au fauteuil - Lithographie (54x44cm-21x17in) Paris 96 .... FF38 000 - £4 820 - **$7,280**
Nu assis - Etching (24x15cm-9x6in) London 97 .... FF57 915 - £6 000 - **$9,921**
Odalisque voilée - Lithographie (54x44cm-21x17in) Paris 97 .... FF75 000 - £7 942 - **$12,990**
Nu au coussin bleu - Lithographie (63x47cm-25x19in) Paris 96 .... FF340 000 - £42 400 - **$65,600**
🏛 *Madeleine II* - Bronze (60cm-24in) New-York 94 .... FF1 - £203 000 - **$329,000**
Nu couché - Bronze (26cm-10in) New-York 95 .... FF342 500 - £44 300 - **$70,000**
Jaguar dévorant un lièvre - Bronze (56cm-22in) London 97 .... FF530 888 - £55 000 - **$90,942**
Henriette III - Bronze (20cm-8in) New-York 89 .... FF4 4e +06 - £409 407 - **$643,730**
✏ *Poissons chinois* - Gouache (192x91cm-76x36in) New-York 95 .... FF2 - £3 - **$5**
Jazz - Gouache (20x44cm-8x17in) London 94 .... FF2 - £260 000 - **$437,000**
Nu au canapé jaune - Pastel/paper (32x48cm-13x19in) New-York 94 .... FF7 - £871 000 - **$1**
La vis - Gouache/paper (174x81cm-69x32in) New-York 93 .... FF7 - £8 - **$1**
Homme nu - Pencil (32x24cm-13x9in) London 96 .... FF27 060 - £3 500 - **$5,360**
Tête de Jeune Femme - Indian ink/paper (20x16cm-8x6in) New-York 96 .... FF51 800 - £6 680 - **$10,000**
Femme nu - Pencil/paper (20x28cm-8x11in) New-York 96 .... FF91 429 - £9 802 - **$16,000**
Nature morte devant une fenêtre
    Indian ink/paper (38x28cm-15x11in) New-York 97 .... FF137 143 - £14 702 - **$24,000**
Femme dessinant - Charcoal/paper (53x41cm-21x16in) New-York 93 .... FF231 000 - £28 960 - **$42,000**
Portrait - Crayon (52x40cm-20x16in) Paris 97 .... FF273 000 - £29 102 - **$47,229**
Autoportrait - Indian ink (40x26cm-16x10in) London 94 .... FF420 500 - £50 000 - **$76,900**
Torse - Charcoal (37x27cm-15x11in) New-York 94 .... FF893 000 - £106 300 - **$170,000**

MATIUSHIN Mikhail 1861-1934 [1]
✏ *Paesaggio* - Acquarello/carta (17x25cm-7x10in) Milano 92 .... FF7 360 - £875 - **$1,416**

MATIZ Leo 1917 [4]
📷 *Frida Kahlo & Diego Rivera* - Gelatin silver print (25x25cm-10x10in) New-York 93 .... FF4 730 - £537 - **$800**

MATJEKO Theo ?-1946 [1]
✏ *Berliner 6 Tage-Rennen* - Drawing (69x88cm-27x35in) München 95 .... FF2 386 - £312 - **$478**

MATO Bernard Malaquis 1951 [2]
- Soleil vert - Huile/toile (46x55cm-18x22in) Strasbourg 93 .... FF2 500 - £288 - $431
- Tel père, tel fils - Technique mixte/papier (70x59cm-28x23in) Paris 92 .... FF3 000 - £309 - $532

MATON Bartholomeus Mathon 1645-c.1685 [1]
- Stilleben med två barn - Oil/canvas/board (117x94cm-46x37in) Stockholm 91 ..... FF178 000 - £17 720 - $30,609

MATOSSY Pierre 1891-1969 [9]
- Les Trois Grâces, Villa Médicis - Huile/toile (310x225cm-122x89in) Paris 95 ...... FF28 000 - £3 700 - $5,670
- Chercheur d'or Niafunké - Gouache (52x43cm-20x17in) Soissons 96 .... FF2 500 - £322 - $496

MATOUT Louis 1811-1888 [1]
- Promenade, Pont des Arts, Paris - Oil/canvas (38x76cm-15x30in) New-York 94 .... FF25 300 - £2 980 - $4,500

MATSCH von Franz 1861-1942 [19]
- Klio - Öl/Leinwand (42cm-17in) Wien 96 .... FF26 450 - £3 316 - $5,170
- TThe Triumph of Light over Darkness - Oil/canvas (146x97cm-57x38in) London 92 ... FF150 700 - £18 000 - $29,000
- Franz Joseph I. am Totenbett - Watercolour, gouache (23x36cm-9x14in) Wien 96 .... FF19 260 - £2 403 - $3,720

MATSCHINSKY-DENNINGHOFF Brigitte 1923 [5]
- Pharos IV - Metal (80cm-31in) Köln 96 .... FF71 300 - £8 120 - $13,650
- Ohne Titel - Mixed media/paper (34x26cm-13x10in) Köln 94 .... FF10 250 - £1 204 - $1,827

MATSCHINSKY-DENNINGHOFF Martin & Brigitte 1921/1923 [3]
- Form in Zinn Nr. 68 - Sculpture (76cm-30in) Berlin 97 .... FF85 474 - £9 077 - $1,488,9 5

MATSIEVSKI Eugeny 1945 [3]
- Afilador - Oleo/lienzo (79x64cm-31x25in) Madrid 91 .... FF9 210 - £917 - $1,584

MATSON Alex 1888-1972 [1]
- Sommarbild med sjö - Akvarell (30x41cm-12x16in) Uppsala 92 .... FF1 603 - £164 - $282

MATSON Henry Ellis 1887-1971 [1]
- Moonlit stream - Oil/canvas (38x51cm-15x20in) North Berwick, Maine 94 .... FF4 250 - £492 - $725

MATSON Victor 1898-1972 [1]
- The Essence of Spring - Oil/canvas (46x61cm-18x24in) San Francisco-Los Angeles 91 .. FF7 190 - £719 - $1,184

MATT von Hans 1899-1985 [1]
- Dorflandschaft - Aquarell (37x27cm-15x11in) Luzern 90 .... FF11 700 - £1 245 - $2,093

MATTA Roberto S. Echauren 1911 [567]
- Sans titre - Oil/canvas (46x66cm-18x26in) New-York 91 .... FF1 - £172 000 - $270,000
- Inscape - Oil/canvas (93x92cm-37x36in) New-York 94 .... FF2 - £339 000 - $500,000
- Disasters of Mysticism - Oil/canvas (98x130cm-39x51in) New-York 95 .... FF7 - £966 000 - $1
- La Poil- Hunte - Olio/tela (51x49cm-20x19in) Prato 97 .... FF34 000 - £4 000 - $6,000
- Composiciòn - Oil/canvas/board (59x60cm-23x24in) New-York 97 .... FF80 184 - £8 547 - $14,000
- Untitled - Oil/canvas (79x66cm-31x26in) New-York 97 .... FF126 003 - £13 431 - $22,000
- Re-Evolvers - Huile/toile (191x209cm-75x82in) Paris 96 .... FF200 000 - £25 800 - $38,600
- Fleur du Midi - Oil/canvas (99x80cm-39x31in) New-York 97 .... FF249 700 - £31 740 - $48,000
- L'un L'tout - Huile/toile (82x102cm-32x40in) Verrières-Le-Buisson 93 .. FF385 000 - £43 850 - $65,200
- Eros Enfant - Oil/canvas (210x288cm-83x113in) New-York 97 .... FF545 034 - £58 320 - $95,000
- Etre Hommonde - Eau-forte, aquatinte (49x37cm-19x15in) Paris 96 ...... FF4 200 - £510 - $817
- Hom'mere - Etching (49x37cm-19x15in) México 92 .... FF13 500 - £1 386 - $2,465
- Sans titre - Bronze (41x7cm-16x3in) Paris 97 .... FF11 000 - £1 158 - $1,891
- Personnage - Bronze (62cm-24in) New-York 96 .... FF52 000 - £6 610 - $10,000
- Pareja - Bronze (70cm-28in) New-York 93 .... FF153 700 - £17 450 - $26,000
- Assassinat de Kennedy - Pastel (48x63cm-19x25in) Paris 92 .... FF110 000 - £1 194 - $1,923
- Senza titolo - Disegno (34x43cm-13x25in) Prato 97 .... FF17 000 - £2 000 - $3,000
- Options - Charcoal (49x63cm-19x25in) New-York 97 .... FF34 364 - £3 663 - $6,000
- Charge héroïque - Pastel (17x14cm-7x6in) Paris 96 .... FF45 000 - £5 820 - $8,830
- Give Me One - Graphite (29x37cm-11x15in) New-York 94 .... FF158 400 - £18 300 - $27,000
- La figue et l'âne - Craies couleurs (50x65cm-20x26in) Paris 94 .... FF245 000 - £29 350 - $46,400
- Endless muse - Gouache (25x33cm-10x13in) New-York 93 .... FF590 000 - £67 100 - $100,000

MATTA-CLARK Gordon 1943-1978 [9]
- Office Baroque - Photograph (101x50cm-40x20in) London 95 .... FF42 500 - £5 500 - $8,700
- Untitled - Felt pen (48x60cm-19x24in) San Francisco-Los Angeles 94 .. FF3 600 - £470 - $700

MATTAS Åke 1920-1962 [4]
- Pä café - Oil/canvas (32x32cm-13x13in) Helsinki 93 .... FF16 020 - £1 925 - $2,914

MATTEI Pasquale 1813-1879 [2]
- Entrada di Garibaldi a Napoli - Technique mixte/toile (55x76cm-22x30in) Roma 91 ... FF117 100 - £11 629 - $20,332

MATTEINI Teodoro 1754-1831 [1]
- The Blessing of Esau - Black chalk (27x36cm-11x14in) London 95 ...... FF4 270 - £550 - $876

MATTEIS de Francesco 1852-? [1]
- Alla Festa - Terracotta (33cm-13in) Bern 93 .... FF3 045 - £364 - $586

MATTEIS de Ulisse 1828-1910 [2]
- Cherubim, 1897 - Aquarell/Karton (47x10cm-11x4in) Wien 90 .... FF3 800 - £407 - $661

MATTENHEIMER Albin 1823-? [1]
- Markplatz zu Nürnberg - Oil/canvas/panel (35x26cm-14x10in) Köln 92 .. FF3 400 - £348 - $599

MATTENHEIMER Andreas Theodor 1787-1856 [6]
- Still life with fruits - Oil/panel (33x25cm-13x10in) London 93 ..... FF49 600 - £6 200 - $8,990

MATTENHEIMER Karl 1791-1853 [1]
- Die Verstossung Hagars - Öl/Leinwand (97x73cm-38x29in) München 94 .. FF11 940 - £1 412 - $2,146

MATTEO Lucien XIX-XX [2]
- Toulon, sa Rade merveilleuse - Poster (108x78cm-43x31in) New-York 95 .. FF9 600 - £1 210 - $1,900

M

MATTER Herbert 1907-1984 [12]
Das Erlebnis die Schweiz - Poster (102x64cm-40x25in) London 96 .... FF8 100 - £1 000 - $1,563

MATTER Margrethe 1885-1952 [1]
A. Calder's mobile in motion - Silver print (12x15cm-5x6in) New-York 90 .... FF4 600 - £496 - $811

MATTESON Bartow V. 1894-? [3]
Woman at window - Oil/canvas (81x76cm-32x30in) New-York 94 .... FF7 420 - £871 - $1,300

MATTESON Ross 1960 [2]
Falco Mexicanus - Bronze (40cm-16in) London 95 .... FF21 500 - £2 800 - $4,450

MATTESON Tompkins H. 1813-1884 [1]
Custer's Last Shot - Oil/canvas (53x76cm-21x30in) New-York 95 .... FF85 300 - £10 680 - $17,000

MATTHAEI Karl Otto 1863-1931 [1]
Festvorbereitungen - Öl/Leinwand (70x9cm-28x4in) Heidelberg 96 .... FF5 940 - £767 - $1,162

MATTHEI Theodor 1857-1920 [1]
Der Ausrufer - Oil/canvas (82x109cm-32x43in) München 90 .... FF115 600 - £11 821 - $22,817

MATTHES Ernst 1878-1918 [4]
Pariser Szenen - Lithographie (67x52cm-26x20in) München 94 .... FF7 480 - £859 - $1,278
Vollmertswall, Altrheinarm - Watercolour (25x35cm-10x14in) Heidelberg 92 .... FF3 555 - £414 - $726

MATTHEUER Wolfgang 1927 [15]
Horizont - Woodcut (34x45cm-13x18in) Köln 92 .... FF2 204 - £264 - $424

MATTHEWS Laura 1964 [2]
Albertine III - Oil/canvas (116x95cm-46x37in) London 90 .... FF13 600 - £1 466 - $2,399

MATTHEWS Michael 1954 [2]
The Clipper Eagle Star - Watercolour (45x66cm-18x26in) London 96 .... FF1 985 - £260 - $403

MATTHEWS Philip 1916-1984 [2]
Sloane Square - Early Morning - Oil/canvas (51x61cm-20x24in) London 97 .... FF3 735 - £400 - $645

MATTHEWS William F. 1878-? [3]
Study of the Terrier Bat - Oil/canvas (47x73cm-19x29in) London 94 .... FF6 550 - £750 - $1,110

MATTHEY Octave 1888-1969 [1]
Coquelicots - Huile/toile (77x56cm-30x22in) Bern 94 .... FF3 715 - £446 - $722

MATTHIESEN Oscar Adam Otto 1861-1957 [12]
At the Forge - Oil/canvas (72x94cm-28x37in) London 96 .... FF7 660 - £900 - $1,508

MATTHIJS Lode 1915 [3]
Chasseur en hiver - Huile/toile (80x69cm-31x27in) Bruxelles 94 .... FF6 970 - £831 - $1,312

MATTHISON William XIX-XX [6]
H. Cabs, St. John's College, Oxford - Watercolour (18x26cm-7x10in) Glasgow 96 .... FF3 700 - £480 - $732

MATTHISSON William 1843-1922 [3]
Riverside path - Watercolour (55x92cm-22x36in) London 92 .... FF9 770 - £1 000 - $1,720

MATTHYS Alberic 1877-1952 [1]
Schapenhoeder met kudde - Huile/toile (35x50cm-14x20in) Lokeren 92 .... FF3 944 - £459 - $805

MATTHYS Lode 1915 [5]
Crépuscule - Huile/toile (80x70cm-31x28in) Bruxelles 96 .... FF4 690 - £607 - $938
Le garde-chasse - Gouache (62x70cm-24x28in) Bruxelles 96 .... FF15 080 - £1 950 - $3,015

MATTIACCI Eliseo 1940 [6]
Senza titolo - Inchiostro/carta (99x69cm-39x27in) Milano 90 .... FF16 500 - £1 755 - $2,952

MATTIASSON Jens 1916 [2]
Sommargäster - Oil/canvas (92x92cm-36x36in) Göteborg 93 .... FF3 180 - £364 - $544

MATTILA J.V. 1884-1959 [2]
Coastal landscape - Oil/canvas (46x55cm-18x22in) Helsinki 93 .... FF3 860 - £442 - $658

MATTINEN Seppo 1930 [12]
To figurer - Oil/canvas (97x100cm-38x39in) København 91 .... FF5 280 - £530 - $914

MATTIO Laurent 1892-1965 [5]
Barques de pêche, Lavandou - Huile/isorel (45x61cm-18x24in) Reims 92 .... FF19 500 - £1 996 - $3,510

MATTIOLI Carlo 1911-1994 [41]
Pier Carlo Santini - Olio/tela (60x50cm-24x20in) Prato 97 .... FF74 800 - £8 800 - $13,200
Aigues-Mortes - Olio/tela (80x60cm-31x24in) Milano 92 .... FF127 800 - £15 200 - $24,600
Primavera in collina - Tempera/carta (35x38cm-14x15in) Milano 93 .... FF23 530 - £2 680 - $3,985

MATTIS-TEUTCH Hans Janos 1884-? [1]
Abstraction organique - Huile/toile (35x55cm-14x22in) Limoges 89 .... FF74 000 - £7 566 - $11,897

MATTO Francisco 1911 [10]
Grafismo - Oil/board (100x77cm-39x30in) New-York 93 .... FF55 000 - £6 900 - $10,000

MATTON Arsène 1873-1953 [3]
Porteur noir - Bronze (40cm-16in) Paris 96 .... FF17 000 - £2 120 - $3,283
Mangbeton à l'olifant - Bronze (133cm-52in) Paris 91 .... FF85 000 - £8 498 - $13,999

MATTON Charles 1933 [3]
Le crowl - Huile/toile (91x72cm-36x28in) Paris 93 .... FF55 000 - £6 870 - $10,000

MATTON Ida 1863-1940 [1]
Méditation, Paris - Bronze (55cm-22in) Stockholm 90 .... FF12 600 - £1 340 - $2,254

MATTONI DE LA FUENTE Virgilio 1842-1923 [4]
Sentencia de los Calderones - Oil/canvas (76x50cm-30x20in) Madrid 90 .... FF37 800 - £4 021 - $6,762

MATTOS de Joseph Teixeira 1816-1893 [2]
Gaat ze mee ? - Oil/canvas (79x59cm-31x23in) Amsterdam 92 .... FF13 540 - £1 575 - $2,764

M

Domestic happiness - Watercolour, gouache (50x40cm-20x16in) Amsterdam 90 .... FF6 030 - £607 - **$1,181**

MATTSCHASS Erich 1866-? [1]
Galoppierender Reite - Pastel (46x63cm-18x25in) Bremen 92 .... FF1 865 - £223 - **$359**

MATTSON Henry Ellis 1877-1971 [2]
Wings of the morning - Oil/canvas (91x127cm-36x50in) New-York 90 .... FF18 900 - £1 923 - **$3,780**

MATULKA Jan 1890-1972 [31]
Ceramic jugs and fruit - Oil/canvas (76x64cm-30x25in) New-York 96 .... FF16 620 - £2 117 - **$3,200**
Storm King Mountain - Oil/canvas (66x80cm-26x31in) New-York 96 .... FF25 750 - £3 200 - **$5,000**
Indian Dancers - Oil/canvas (96x76cm-38x30in) New-York 97 .... FF218 786 - £22 972 - **$37,500**
Nude - Lithograph (29x25cm-11x10in) New-York 92 .... FF15 600 - £1 656 - **$3,000**
Slovak Village - Gouache/paper (44x59cm-17x23in) New-York 97 .... FF17 503 - £1 837 - **$3,000**

MATULLA Oskar 1900-1982 [5]
Mädchen aus Kona... - Oil/canvas (82x103cm-32x41in) Wien 92 .... FF4 810 - £483 - **$803**
Grebic, 1961 - Ink/paper (39x52cm-15x20in) Wien 90 .... FF2 200 - £231 - **$383**

MATURO Joseph A. 1867-1938 [6]
Man ready to strangle woman - Oil/canvas (79x51cm-31x20in) New-York 93 .... FF15 930 - £1 812 - **$2,700**

MATUSZCZAK Edward 1906-? [1]
Sur la plage - Huile/carton (21x29cm-8x11in) Kraków 93 .... FF9 160 - £935 - **$1,637**

MATVEEV Vladimir 1963 [2]
Etang noir - Huile/toile (120x150cm-47x59in) Paris 90 .... FF3 000 - £305 - **$600**

MATWIJKIW Edward 1937 [5]
Figur i interiør - Oil/canvas (140x120cm-55x47in) København 93 .... FF7 040 - £844 - **$1,352**

MATYSIAK Walter 1905-1985 [5]
Reiter - Acrylic/panel (45x39cm-18x15in) Konstanz 93 .... FF2 975 - £341 - **$506**
Der Bahnhofsvorsteher - Watercolour (22x30cm-9x12in) Konstanz 94 .... FF2 210 - £258 - **$388**

MAUBERT James 1666-1746 [1]
James Herbert, his wife Maria,... - Oil/canvas (209x301cm-82x119in) London 90 .... FF145 300 - £15 657 - **$25,626**

MAUBERT Louis 1875-? [1]
Enfant à l'insecte - Bronze (18cm-7in) Montréal 96 .... FF2 086 - £262 - **$403**

MAUBERT Yvette XX [3]
Jeune femme dans la forêt - Huile/toile (100x81cm-39x32in) Versailles 91 .... FF3 000 - £302 - **$521**

MAUBOULES Jean 1943 [2]
Ohne Titel - Sculpture (16cm-6in) Luzern 93 .... FF8 750 - £1 046 - **$1,684**

MAUCH Richard 1874-1921 [2]
Allegorie auf die Musik - Oil/canvas (77x57cm-30x22in) Wien 89 .... FF24 000 - £2 388 - **$3,791**

MAUCHEVAT DE LONGPRÉ Raoul Henry 1859-c.1920 [7]
Daisies - Gouache/paper (51x63cm-20x25in) San Francisco-Los Angeles 92 .... FF24 300 - £2 484 - **$4,500**

MAUCKNER Georg 1829-1862 [1]
Das Isartal und Grünwald - Oil/canvas (74x59cm-29x23in) München 92 .... FF25 500 - £2 610 - **$4,490**

MAUD William T. 1865-1903 [1]
The Ride of the Walkyrie - Oil/canvas (161x201cm-63x79in) New-York 94 .... FF101 000 - £12 040 - **$19,000**

MAUDE Alice C. 1879-? [1]
Sailing vessels in stormy waters - Oil/canvas (28x38cm-11x15in) London 91 .... FF2 594 - £260 - **$437**

MAUDER Josef 1884-1969 [3]
Figuren - Ink/paper München 96 .... FF2 195 - £284 - **$424**

MAUDUIT Henri 1917 [14]
Composition - Huile/toile (92x73cm-36x29in) Paris 89 .... FF4 000 - £398 - **$632**

MAUDUIT Louise Marie Jeanne 1784-1862 [1]
Les enfants du duc de Berry,... - Lavis (13x10cm-5x4in) Monaco 95 .... FF4 600 - £597 - **$950**

MAUFRA Maxime 1861-1918 [218]
Rivière en Bretagne - Huile/toile (46x55cm-18x22in) Douarnenez 96 .... FF21 000 - £2 686 - **$4,165**
Bateau à sec de toile - Huile/toile (47x63cm-19x25in) Paris 97 .... FF36 000 - £3 928 - **$6,293**
Barque, Trieux - Huile/toile (31x44cm-12x17in) Quimper 97 .... FF50 000 - £5 355 - **$8,765**
Seine aux Andelys - Huile/toile Brest 95 .... FF80 000 - £10 510 - **$16,350**
Bord de l'eau - Oil/canvas (60x73cm-24x29in) New-York 97 .... FF157 143 - £16 847 - **$27,500**
Port d'Auray - Oil/canvas (60x73cm-24x29in) New-York 96 .... FF233 000 - £30 100 - **$45,000**
La Rochelle - Huile/toile (81x100cm-32x39in) Paris 89 .... FF560 000 - £55 721 - **$88,468**
Cimetière Plougasnou - Lithographie couleurs (40x31cm-16x12in) Paris 94 .... FF17 000 - £2 040 - **$3,314**
Chemin en montagne - Aquarelle (24x34cm-9x13in) Douarnenez 94 .... FF4 600 - £558 - **$875**
Paysage montagneux - Aquarelle, gouache (18x25cm-7x10in) Brest 91 .... FF12 000 - £1 233 - **$2,233**
Barques de pêche - Fusain (22x29cm-9x11in) Brest 97 .... FF19 000 - £2 058 - **$3,336**
Falaises à Belle-Ile-en-Mer - Gouache (27x44cm-11x17in) Paris 94 .... FF31 000 - £3 684 - **$5,720**
Bord de mer - Pastel (26x34cm-10x13in) Paris 90 .... FF55 000 - £5 927 - **$9,700**

MAUGENDRE Adolphe 1809-1895 [7]
Bayeux et ses environs - Lithographie couleurs (25x34cm-10x13in) Bayeux 96 .... FF3 100 - £368 - **$605**
Saint-Lô - Aquarelle (22x34cm-9x13in) Bayeux 96 .... FF4 600 - £595 - **$903**

MAUGERI Alferio 1933 [4]
Paysage - Aquarelle (45x35cm-18x14in) Saint-Dié 92 .... FF3 200 - £328 - **$564**

MAUGSH Gyula, Julius 1882-? [2]
Sethender weiblicher Akt - Bronze (37cm-15in) Lindau 95 .... FF4 990 - £623 - **$1,007**

MAUNDRELL Charles Gilder 1860-c.1924 [3]
Beside the Kitchen Window - Watercolour (47x36cm-19x14in) London 97 .... FF6 906 - £750 - **$1,224**

MAURA Antonio [2]
- Lavanderas y en río - Oleo/tabla (22x48cm-9x19in) Madrid 92 .... FF**10 800** - £**1 100** - **$1,900**

MAURA Y MONTANER Bartolome 1842-1926 [2]
- Adán y Eva en el Paraíso - Oleo/lienzo (33x25cm-13x10in) Madrid 92 .... FF**4 350** - £**520** - **$837**

MAURA Y MONTANER Francisco 1857-1931 [3]
- Las hermanas - Oleo/lienzo (151x80cm-59x31in) Madrid 92 .... FF**20 250** - £**2 063** - **$3,560**

MAURER Alfred Henry 1868-1932 [35]
- The Beach - Oil/canvas (75x91cm-30x36in) New-York 94 .... FF**3** - £**465 000** - **$725,000**
- Girl in green dress - Oil/board (56x34cm-22x13in) New-York 93 .... FF**47 200** - £**5 370** - **$8,000**
- Still life - Oil/canvas (46x61cm-18x24in) Portland, Maine 93 .... FF**70 800** - £**8 050** - **$12,000**
- French landscape - Oil/canvas (94x94cm-37x37in) San Francisco-Los Angeles 95 ...... FF**280 000** - £**31 900** - **$47,500**
- Portrait of a girl - Gouache (54x45cm-21x18in) New-York 96 .... FF**36 050** - £**4 480** - **$7,000**
- Vase of flowers - Watercolour (55x46cm-22x18in) New-York 95 .... FF**76 700** - £**9 700** - **$15,000**

MAURER Eugen Adolf 1885-1961 [9]
- Sommertag - Öl/Leinwand (41x61cm-16x24in) Zofingen 92 .... FF**2 284** - £**273** - **$440**
- Grosser Lohner im Schnee - Öl/Leinwand (81x102cm-32x40in) Bern 93 .... FF**14 960** - £**1 810** - **$2,780**

MAURER Heinrich 1774-1850 [1]
- Ruine unspunnen und Eiger - Oil/canvas (40x55cm-16x22in) Zürich 91 .... FF**15 840** - £**1 588** - **$2,615**

MAURER Jacob 1826-1887 [3]
- Waldlichtung mit Rehwild - Öl/Leinwand (82x68cm-32x27in) Frankfurt 94 .... FF**37 400** - £**4 290** - **$6,390**

MAURER Louis 1852-1932 [3]
- Chief Spotted Tail Shooting Buffalo - Oil/canvas (81x56cm-32x22in) New-York 95 .... FF**95 400** - £**11 940** - **$19,000**

MAURER Sascha 1897-1961 [2]
- Flexible Flyer, Splitkein - Poster (96x60cm-38x24in) New-York 95 .... FF**4 880** - £**635** - **$1,000**

MAURER-FRANKEN Ludwig 1907-1986 [1]
- Stilleben mit Weintrauben - Oil/board (44x56cm-17x22in) München 90 .... FF**4 100** - £**439** - **$713**

MAURI Fabio 1926 [3]
- Senza titolo - Tecnica mista/tavola (72x101cm-28x40in) Prato 95 .... FF**13 600** - £**1 760** - **$2,770**

MAURICE Jules A. Tassencourt 1883-? [1]
- Bevölkerte Strandpromenade - Öl/Leinwand (64x54cm-25x21in) Stuttgart 92 ...... FF**33 900** - £**4 050** - **$6,520**

MAURIN Charles 1856-1914 [15]
- Toulouse-Lautrec - Aquatinte (22x13cm-9x5in) Paris 92 .... FF**16 000** - £**1 638** - **$2,820**
- Guignol, square Saint-Pierre - Pastel (47x61cm-19x24in) Paris 89 .... FF**32 000** - £**3 184** - **$5,055**
- Young girl & her angel
  Watercolour, gouache/paper (65x46cm-26x18in) New-York 94 .... FF**67 400** - £**7 950** - **$12,000**

MAURO Romualdo 1699-1756 [1]
- Progetto/Abbozzo di scenografia - Inchiostro (35x47cm-14x19in) Roma 89 .... FF**2 500** - £**256** - **$402**

MAURUS Edmond XX [4]
- United States Lines - Poster (100x81cm-39x32in) New-York 96 .... FF**22 400** - £**2 640** - **$4,400**

MAURUS Hans 1901-1942 [50]
- Seeufer - Öl/Leinwand (65x80cm-26x31in) Bremen 94 .... FF**11 040** - £**1 306** - **$2,035**
- Iseltwald am Brienzer See - Öl/Leinwand (66x80cm-26x31in) München 94 .... FF**15 360** - £**1 815** - **$2,760**
- Davos - Öl/Leinwand (41x56cm-16x22in) München 95 .... FF**31 900** - £**4 030** - **$6,400**

MAURY François 1861-1933 [13]
- A pond in the forest - Oil/canvas (93x65cm-37x26in) San Francisco-Los Angeles 92 ... FF**9 360** - £**1 117** - **$1,800**
- Cottages - Oil/panel (28x46cm-11x18in) London 97 .... FF**18 165** - £**2 000** - **$3,188**

MAURY Georges Sauveur 1872-? [6]
- Gathering flowers - Oil/canvas (51x63cm-20x25in) Toronto 89 .... FF**21 500** - £**2 198** - **$3,457**

MAUTNER VON MARKHOF Magda 1881-1944 [1]
- Kalenderbilderbuch - Woodcut in colors (22x12cm-9x5in) Wien 96 .... FF**6 820** - £**885** - **$1,350**

MAUVE Anton 1838-1888 [71]
- A l'étable - Huile/panneau (21x16cm-8x6in) Paris 97 .... FF**3 800** - £**403** - **$661**
- Peasant Ploughing the Fields - Oil/panel (18x13cm-7x5in) Amsterdam 97 .... FF**25 510** - £**2 714** - **$4,439**
- Shepherd and his Flock - Oil/canvas (58x112cm-23x44in) New-York 97 .... FF**214 567** - £**23 108** - **$38,000**
- Milkmaid with cattle - Watercolour (30x44cm-12x17in) Amsterdam 97 .... FF**11 098** - £**1 200** - **$1,936**
- Peasantgirl driving cows - Watercolour (29x45cm-11x18in) Amsterdam 97 .... FF**155 511** - £**1 644 0 2** - **$26,683**

MAUVE Anton Rudolf 1876-1962 [2]
- In the garden - Oil/canvas (36x60cm-14x24in) Amsterdam 94 .... FF**6 130** - £**730** - **$1,166**

MAUZAISSE Jean-Baptiste 1784-1844 [7]
- Arrestation du Comte de Beaujolais - Huile/toile (33x25cm-13x10in) Paris 92 ...... FF**52 000** - £**6 200** - **$10,000**
- Illustration pour Ossian - Fusain (50x39cm-20x15in) Paris 93 .... FF**28 000** - £**3 220** - **$4,830**

MAUZAN Achille Lucien 1883-1952 [18]
- Superba, DM - Poster (198x140cm-78x55in) London 95 .... FF**7 950** - £**900** - **$1,432**

MAUZEY Merritt 1895-1975 [3]
- Desert Symphony/The Battle - Lithograph Mystic, Connecticut 95 .... FF**1 610** - £**193** - **$300**

MAVIGNIER Almir da Silva 1925 [8]
- Goldene Punkte - Sérigraphie (80x51cm-31x20in) Heidelberg 93 .... FF**1 925** - £**225** - **$317**

MAVRO Mania 1889-? [11]
- Rue de village - Huile/carton (33x41cm-13x16in) Paris 92 .... FF**2 200** - £**226** - **$423**
- Nu féminin assis - Huile/toile (73x60cm-29x24in) Guéret 94 .... FF**10 500** - £**1 208** - **$1,810**

MAVROIDIS Giorgios 1913 [2]
- Village - Oil/canvas (34x46cm-13x18in) Athens 96 .... FF**10 600** - £**1 370** - **$2,050**

M

MAX Corneille 1875-1924 [2]
- Mädchen mit Margeritenstrauss - Öl/Karton (74x46cm-29in) München 94 .... FF22 100 - £2 580 - **$3,874**

MAX Peter 1937 [28]
- Zero Man - Acrylic/canvas (30x30cm-12x12in) Chicago 93 .... FF13 200 - £1 656 - **$2,400**
- Hieroglyphic I - Screenprint (48x58cm-19x23in) Philadelphia 92 .... FF2 600 - £311 - **$500**

MAX von Gabriel 1840-1915 [37]
- Whispers of Anticipation
  Oil/canvas (100x83cm-39x33in) San Francisco-Los Angeles 94 .... FF74 700 - £8 910 - **$14,000**
- Yearning - Oil/canvas (59x43cm-23x17in) Wien 96 .... FF193 000 - £23 400 - **$37,560**
- Junges Mädchen mit langem Haar - Pastell (67x57cm-26x22in) Lindau 92 .... FF26 400 - £3 070 - **$5,390**

MAX-EHRLER Louise 1850-? [1]
- Sonnenblumen - Oil/canvas (94x68cm-37x27in) München 91 .... FF3 420 - £351 - **$637**

MAX-INGRAND Maurice 1908-1969 [1]
- Décor pour Christophe Colomb - Gouache Paris 95 .... FF2 000 - £260 - **$412**

MAXENCE Edgard 1871-1954 [48]
- Dame en prière - Huile/isorel (81x54cm-32x21in) Paris 94 .... FF17 000 - £2 014 - **$3,140**
- Choeur d'Anges - Oil/panel (70x80cm-28x31in) New-York 96 .... FF98 600 - £12 560 - **$19,000**
- Buste de fillette - Pastel (35x28cm-14x11in) Paris 97 .... FF5 000 - £533 - **$865**
- La lecture - Pastel (46x33cm-18x13in) Paris 94 .... FF55 000 - £6 440 - **$9,700**

MAXEY Edward, Ed XX [4]
- Torso, Melody - Gelatin silver print (61x50cm-24x20in) London 91 .... FF5 950 - £600 - **$1,032**

MAXFIELD James E. 1848-? [1]
- Girl with white scarf - Oil/canvas (32x40cm-13x16in) South Deerfield, Mass. 91 .... FF2 040 - £204 - **$344**

MAXIMINO Javier XX [2]
- Lo Cotidiano - Oil/canvas (65x51cm-26x20in) San Francisco-Los Angeles 95 .... FF9 770 - £1 265 - **$2,000**

MAXIMOV Vasily Maximovich 1844-1911 [1]
- After flower picking - Oil/canvas (79x54cm-31x21in) London 96 .... FF14 040 - £1 800 - **$2,785**

MAXWELL Donald 1877-1936 [1]
- Short Singapore - Gouache (51x71cm-20x28in) London 91 .... FF1 796 - £179 - **$309**

MAXWELL E.T. XIX-XX [2]
- Highland cattle - Oil/canvas (63x76cm-25x30in) Auchterarder, Perthshire 92 .... FF36 200 - £3 800 - **$7,560**

MAXWELL Hamilton 1830-1923 [2]
- Marker Day, Le Faouet - Watercolour (38x53cm-15x21in) London 93 .... FF3 154 - £380 - **$551**

MAXWELL John 1905-1962 [2]
- Landscape - Watercolour (15x30cm-15x20in) Glasgow 96 .... FF8 480 - £1 100 - **$1,662**

MAXY M. Henry 1895-? [1]
- Saturn - Öl/Karton (48x35cm-19x14in) Stuttgart 94 .... FF6 170 - £740 - **$1,200**

MAY Antoine Françoise 1812-1849 [2]
- Blütenzweig - Oil/panel (23x32cm-9x13in) Wien 93 .... FF7 190 - £862 - **$1,238**

MAY Arthur Dampier XIX-XX [2]
- Sunday best, 1912 - Oil/canvas (126x101cm-50x40in) London 89 .... FF22 300 - £2 155 - **$3,384**

MAY Arthur Powell XIX-XX [3]
- Geese by a thatched barn - Wash (35x24cm-14x9in) London 90 .... FF1 600 - £166 - **$281**

MAY Bruno 1880-1959 [2]
- Blumen - Oil/panel (78x63cm-31x25in) Wien 96 .... FF2 923 - £380 - **$578**
- Carpe et Mizrach - Huile/toile (65x54cm-26x21in) Paris 91 .... FF8 000 - £794 - **$1,389**

MAY Edouard 1807-1881 [1]
- Scène galante dans un parc - Huile/toile (54x42cm-21x17in) La Varenne Saint-Hilaire 94 .... FF9 500 - £1 126 - **$1,755**

MAY Edward Harrison 1824-1887 [1]
- Sackville George Lane-Fox - Oil/canvas (129x96cm-51x38in) Bristol, Avon 93 .... FF5 980 - £720 - **$1,044**

MAY Heinz 1878-1954 [4]
- Der zerbrochene Teller - Watercolour, gouache (19x28cm-7x11in) Konstanz 92 .... FF6 800 - £696 - **$1,417**

MAY Henrietta Mabel 1884-1971 [13]
- St. Lawrence - Oil/panel (25x36cm-10x14in) Toronto 95 .... FF5 360 - £711 - **$1,107**
- Apples - Oil/canvas (56x42cm-22x17in) Toronto 93 .... FF12 130 - £1 528 - **$2,400**

MAY Matthias 1884-1933 [1]
- Bildnis eines Herren - Öl/Leinwand (61x49cm-24x19in) Wien 93 .... FF12 020 - £1 437 - **$2,313**

MAY Philip W., Phil May 1864-1903 [15]
- In Petticoat Lane - Pencil (20x13cm-8x5in) London 93 .... FF2 850 - £320 - **$477**

MAY von Walo 1879-1928 [1]
- Bohnenernte/Waldlandschaft - Gouache (37x21cm-15x8in) Bern 93 .... FF3 380 - £423 - **$618**

MAY Walter William 1831-1896 [13]
- Dordrecht Harbour - Oil/canvas (45x76cm-18x30in) London 93 .... FF6 150 - £700 - **$1,043**
- Rescuing the launch - Oil/canvas (33x52cm-13x20in) London 91 .... FF31 900 - £3 176 - **$5,486**
- Shipping in rough sea - Watercolour (17x26cm-7x10in) London 96 .... FF6 540 - £820 - **$1,272**

MAYA Jeronimo 1964 [2]
- Composición - Oleo/lienzo (78x92cm-31x36in) Madrid 94 .... FF2 470 - £295 - **$463**

MAYALL John Jabez Edwin 1810-1901 [6]
- Unidentified woman - Daguerreotype New-York 96 .... FF33 200 - £4 280 - **$6,500**

MAYAN Théophile 1860-c.1937 [5]
- Young peasants resting - Oil/canvas (56x73cm-22x29in) London 94 .... FF25 730 - £3 000 - **$4,510**

MAYBURGER Joseph 1813-1908 [7]
- Alm mit Viehherde und Gehöft - Oil/canvas (74x116cm-29x46in) Frankfurt 91 .... FF20 300 - £2 035 - **$3,351**

Blick auf die Stadt Salzburg - Öl/Leinwand (97x143cm-38x56in) Wien 96 .... FF*106 200* - £*12 100* - **$20,330**

MAYDELL von Ernst, Baron 1888-? [9]
✎ Flowering cactus with butterfly - Watercolour (15x15cm-6x6in) Bloomfield Hills, Michigan 93 .... FF*5 310* - £*604* - **$900**

MAYER Albrecht 1875-1952 [2]
🖝 Ermatingen am Bodensee - Öl/Leinwand (38x55cm-15x22in) Zofingen 93 .... FF*3 565* - £*430* - **$652**

MAYER Alois 1855-? [3]
🎨 Femme drapée - Bronze Libourne 92.. FF*4 000* - £*410* - **$705**

MAYER Auguste 1805-1890 [16]
🖝 Fire in a mosque, Constantinople - Oil/canvas (38x51cm-15x20in) London 95 .... FF*66 400* - £*8 800* - **$13,700**
A Coffee-House, Constantinople - Oil/canvas (39x58cm-15x23in) London 97 .... FF*228 103* - £*25 000* - **$40,033**
✎ Vaisseaux de l'escadre française - Pierre noire (25x43cm-10x17in) Paris 96.................. FF*3 600* - £*423* - **$708**

MAYER Constant 1832-1911 [3]
🖝 The Sewing School - Oil/canvas (104x124cm-41x49in) New-York 95........................... FF*182 700* - £*23 330* - **$37,500**

MAYER Friedrich 1792-1870 [2]
🖝 Bay of Naples & Vesuvius - Oil/canvas (56x79cm-22x31in) London 91 .... FF*198 400* - £*20 136* - **$35,833**

MAYER Friedrich 1825-1875 [2]
✎ Children playing on a frozen river - Oil/canvas (95x116cm-37x46in) London 95 .... FF*47 400* - £*6 000* - **$9,520**

MAYER Friedrich Carl 1824-1903 [8]
🖝 Abend in Volveno - Oil/canvas (58x92cm-23x36in) Stuttgart 91.............................. FF*34 050* - £*3 381* - **$5,912**

MAYER Georg XVIII-XIX [3]
🖝 James Charles Murrey Cowell - Oil/canvas (76x61cm-30x24in) London 92.................... FF*3 700* - £*380* - **$711**

MAYER Gustav 1847-1900 [1]
🖝 Mönch mit Kindern - Öl/Leinwand (60x47cm-24x19in) Rudolstadt-Thüringen 96 .... FF*10 200* - £*1 161* - **$1,950**

MAYER Henrik Martin 1908-1972 [2]
🖝 Geronimo - Oil/canvas (71x102cm-28x40in) San Francisco-Los Angeles 94 .... FF*35 200* - £*4 170* - **$6,500**

MAYER Jakob 1828-? [1]
✎ Weissenkirchen in der Wachau - Aquarell/Papier (19x27cm-7x11in) Wien 94................... FF*8 730* - £*1 011* - **$1,654**

MAYER LA MARTINIERE Constance Marie 1775-1821 [4]
🖝 Étude pour une Naïade - Huile/toile (46x38cm-18x15in) Paris 92 .... FF*23 000* - £*2 745* - **$4,420**

MAYER Louis 1869-? [1]
🎨 Abraham Lincoln - Bronze (61cm-24in) Detroit, Michigan 93............................... FF*49 500* - £*6 210* - **$9,000**

MAYER Ludwig 1834-1917 [1]
🖝 Chierico con il turibolo - Olio/tavola (75x52cm-30x20in) Milano 89 .... FF*5 500* - £*580* - **$926**

MAYER Luigi ?-1845 [21]
🖝 Sunset over the Bay of Naples - Oil/canvas (43x68cm-17x27in) London 90 .... FF*92 700* - £*9 434* - **$18,539**

MAYER Luigi c.1750-1803 [8]
🖝 Shepherds in the ruins of a temple - Oil/canvas (43x68cm-17x27in) London 94 .... FF*15 000* - £*1 800* - **$2,770**

MAYER Martin 1931 [3]
🎨 Palatina Quieta - Bronze (7x33cm-3x13in) Heidelberg 92 .... FF*8 800* - £*1 023* - **$1,796**

MAYER Nicolas 1852-1929 [1]
🎨 Un Duel - Bronze (107cm-42in) New-York 95 .... FF*35 800* - £*4 460* - **$7,000**

MAYER Peter Bela 1888-1954 [8]
🖝 Summer Clouds, Long Islands - Oil/canvas (25x30cm-10x12in) Philadelphia 95.................... FF*6 480* - £*851* - **$1,300**
New Hampshire Birches - Oil/canvas (30x34cm-12x13in) Philadelphia 95.......................... FF*34 900* - £*4 585* - **$7,000**

MAYER Ralph 1895-? [1]
🖝 Buffalo Canal - Oil/board (51x71cm-20x28in) Mystic, Connecticut 94 .... FF*3 280* - £*391* - **$600**

MAYER-FRANKEN Georg 1870-1926 [1]
🖝 Ziegenhirt und seine Herde - Oil/canvas (122x100cm-48x39in) Wien 91 .... FF*24 000* - £*2 389* - **$4,127**

MAYER-MARTON Georg 1897-1960 [3]
✎ Kleine Hafenstadt - Mixed media/paper (48x60cm-19x24in) Wien 94 .... FF*2 440* - £*278* - **$414**

MAYES William Edward 1861-1952 [27]
✎ River with sailing cruiser, Wroxham - Watercolour (28x51cm-11x20in) Aylsham, Norfolk 95........ FF*2 840* - £*360* - **$572**

MAYET Léon 1858-? [2]
🖝 Élégante et son petit chien - Huile/toile (46x38cm-18x15in) Calais 89 .... FF*20 000* - £*2 107* - **$3,367**

MAYGER Chris 1919-1994 [9]
✎ French Fleet at Oran - Gouache/papier (40x57cm-16x22in) London 97...................... FF*14 071* - £*1 500* - **$2,456**

MAYHEW Elza XX [3]
🎨 Old Gate - Bronze (28cm-11in) Victoria, B.C. 94 .... FF*11 830* - £*1 401* - **$2,187**

MAYHEW Nell Brooker 1876-1940 [2]
🖝 San Francisco Bay from San Rafael
    Oil/canvas (76x102cm-30x40in) Baton Rouge, Louisiana 93 .... FF*4 740* - £*536* - **$800**
✎ Matilaha Poppies - Gouache/panel (84x41cm-33x16in) San Francisco-Los Angeles 94 .... FF*2 784* - £*329* - **$500**

MAYNARD George Willoughby 1843-1923 [3]
🖝 Soldier of the Revolution - Oil/canvas (130x99cm-51x39in) New-York 92...................... FF*39 000* - £*4 660* - **$7,500**

MAYNARD Max 1903-1982 [2]
🖝 From my window in Witton - Oil/paper (33x43cm-13x17in) Victoria, B.C. 95...................... FF*3 800* - £*492* - **$790**

MAYNARD Richard Field 1875-? [2]
🎨 Anaïs Nin in an Italian chair - Bronze (32cm-13in) New-York 93.............................. FF*5 900* - £*671* - **$1,000**

MAYNÉ Henry 1891-? [10]
🖝 Motiv från Vik - Oil/canvas (58x75cm-23x30in) Malmö 91 .... FF*3 180* - £*316* - **$552**

MAYNÉ Jean 1854-1924 [5]
- *Hollandse hoeve* - Huile/toile (54x75cm-21x30in) Lokeren 92 .... FF9 960 - £1 020 - $1,752
- *Bal des débutants* - Huile/toile (265x202cm-104x80in) Bruxelles 90 .... FF291 600 - £31 021 - $52,165

MAYNE Roger 1929 [4]
- *Boy on a bombsite* - Gelatin silver print (36x25cm-14x10in) London 96 .... FF2 980 - £350 - $587

MAYO Antoine Malliakaris 1905-1990 [5]
- *Profil* - Huile/toile (24x19cm-9x7in) Paris 95 .... FF6 500 - £845 - $1,338
- *Les Enfants du Paradis* - Gouache Paris 95 .... FF8 000 - £1 040 - $1,646

MAYOR Fred 1865-1916 [6]
- *Trees by a river at dusk* - Oil/panel Leeds 91 .... FF3 770 - £380 - $654
- *The avenue* - Pencil Leeds 91 .... FF3 770 - £380 - $654

MAYOR William Frederick 1868-1916 [2]
- *On the beach* - Oil/canvas (102x152cm-40x60in) London 94 .... FF69 200 - £8 000 - $11,920
- *On the beach, Paris-Plage* - Watercolour (25x33cm-10x13in) Billinghurst, West Sussex 95 ..... FF5 780 - £720 - $1,131

MAYR Andreas 1820-1893 [1]
- *Kreuzabnahme* - Oil/copper (62x71cm-24x28in) Ahlden 92 .... FF20 400 - £2 090 - $3,590

MAYR Josef 1788-? [1]
- *Dorfplatz in Tirol* - Öl/Leinwand (30x30cm-12x12in) München 93 .... FF10 850 - £1 296 - $2,087

MAYR Josef 1829-1865 [1]
- *Stilleben* - Oil/canvas (59x44cm-23x17in) Wien 92 .... FF24 050 - £2 797 - $4,910

MAYR Karl XIX-XX [1]
- *Wie sich von Biemasl fühlt* - Öl/Karton (70x90cm-28x35in) Wien 94 .... FF3 420 - £389 - $580

MAYR Karl Viktor 1882-1974 [7]
- *A Dutch girl in a doorway* - Oil/board (54x37cm-21x15in) Amsterdam 93 ...... FF9 350 - £1 071 - $1,593

MAYR Peter 1758-1836 [4]
- *Eugène de Beauharnais* - Miniature (4cm-2in) Genève 92 .... FF17 700 - £1 824 - $3,310

MAYR Peter Paul 1908-1987 [1]
- *Malers und Emil Marent* - Öl/Karton (74x89cm-29x35in) Kempten 96 .... FF5 080 - £638 - $989

MAYR von Heinrich 1806-1871 [4]
- *Arab horsemen at play* - Oil/canvas (36x46cm-14x18in) London 90 .... FF75 500 - £7 824 - $13,269

MAYR-GRAETZ Karl 1850-1929 [4]
- *Mutter mit Kind vor dem Kamin* - Oil/panel (22x17cm-9x7in) München 94 ... FF5 120 - £605 - $920

MAYREDER Rosa 1858-1938 [1]
- *Flowers* - Watercolour/paper (70x90cm-28x35in) Wien 95 .... FF15 980 - £2 016 - $3,190

MAYRHOFER Johann Nepomuk 1764-1832 [4]
- *Blumenstilleben* - Öl/Leinwand (77x61cm-30x24in) München 92 .... FF28 800 - £3 440 - $5,540
- *Stilleben med frukter och blommor* - Oil/canvas (85x69cm-33x27in) Helsinki 94 ... FF105 700 - £12 260 - $18,200

MAYRHOFER-PASSAU Hermann 1901-1976 [1]
- *Winterlandschaft* - Oil/panel (16x20cm-6x8in) München 93 .... FF3 250 - £385 - $587

MAYRHUBER Sepp 1904-? [1]
- *Maria mit Jesuskind* - Fresco (43x32cm-17x13in) Wien 95 .... FF2 204 - £291 - $447

MAYRSHOFER Max 1875-1950 [49]
- *Maler im Atelier* - Öl/Leinwand (56x67cm-22x26in) München 95 .... FF5 290 - £675 - $1,085
- *Ballett(Szene* - Öl/Leinwand (60x81cm-24x32in) Stuttgart 95 .... FF29 750 - £3 820 - $6,130
- *Blumenstilleben* - Woodcut in colors (52x37cm-20x15in) München 91 .... FF5 410 - £549 - $977
- *Lesende Frau* - Pastel/paper (49x38cm-19x15in) München 94 .... FF8 540 - £1 003 - $1,523

MAYS Brian XX [12]
- *Sailing off cowes* - Oil/canvas (61x91cm-24x36in) London 92 .... FF25 400 - £2 600 - $4,480

MAYWALD Wilhelm 1907-1985 [19]
- *Antoine dans son appartement* - Silver print (40x30cm-16x12in) London 95 ... FF4 640 - £600 - $950

MAYWALT Leopold 1925 [2]
- *Blumenstück* - Öl/Leinwand (50x40cm-20x16in) Wien 96 .... FF3 410 - £443 - $675

MAZARD Alphonse 1865-? [3]
- *Fontainebleau sous la neige* - Huile/toile (73x92cm-29x36in) Calais 93 ..... FF8 000 - £921 - $1,380

MAZE Paul 1887-1979 [153]
- *Roses* - Oil/canvas (24x33cm-9x13in) London 97 .... FF3 735 - £400 - $645
- *On the Thames* - Oil/canvas (54x65cm-21x26in) London 96 .... FF14 700 - £1 900 - $2,903
- *At the Races* - Oil/canvas (37x31cm-15x12in) London 97 .... FF57 471 - £6 000 - $9,833
- *Bridge, Argyllshire* - Watercolour (46x57cm-18x22in) London 97 .... FF4 669 - £500 - $806
- *Statue in the Park* - Pastel (37x35cm-15x14in) London 97 .... FF10 271 - £1 100 - $1,774
- *Still Life* - Pastel/paper (24x31cm-9x12in) London 97 .... FF24 904 - £2 600 - $4,261
- *Flowers in a jug*
  Pastel (53x73cm-21x29in) West Marden, near Chichester, West Sussex 91 .... FF178 500 - £17 920 - $30,883

MAZER Karl Peter 1807-1884 [2]
- *Antoinette Mazer & Charlotte* - Oil/canvas (80x63cm-31x25in) Stockholm 95 ... FF15 070 - £1 972 - $3,060

MAZEROLLE Alexis Joseph 1826-1889 [6]
- *Blossom with a butterfly* - Oil/canvas (24x49cm-9x19in) London 97 .... FF8 780 - £1 100 - $1,694
- *La Déclaration* - Huile/toile (160x232cm-63x91in) Versailles 95 .... FF90 000 - £11 650 - $18,300

MAZET Christian XX [4]
- *Réseau vite* - Acrylique/toile (150x152cm-59x60in) Paris 90 .... FF4 700 - £487 - $826

MAZIER Claude 1926 [5]
- *Esquisse pour un record* - Huile/toile (66x80cm-26x31in) Paris 90 .... FF8 000 - £826 - $1,413

MAZILU Georges XX [2]
- *Les marionnettes* - Huile/toile (92x73cm-36x29in) Saint-Dié 92 .... FF6 500 - £666 - $1,275

MAZO Maurice 1901-1989 [2]
🖼 Odalisque au harem - Huile/panneau (40x32cm-16x13in) Versailles 91 .... FF4 500 - £447 - **$781**

MAZOT Louis 1919 [4]
🖼 Coupe de fruits - Huile/toile (22x33cm-9x13in) Calais 97 .... FF5 000 - £536 - **$877**
La parade - Huile/toile (81x116cm-32x46in) Neuilly 90 .... FF80 000 - £8 506 - **$14,290**

MAZUMDAR Hemen 1894-1943 [2]
🖼 Woman in a sari - Oil/canvas (37x26cm-15x10in) New Delhi 97 .... FF49 500 - £5 740 - **$9,700**

MAZUR Michael 1935 [8]
🖼 Carriage House #1 - Monotype (101x64cm-40x25in) Boston, Mass. 91 .... FF6 590 - £660 - **$1,111**
🖊 Wakeby - Pastel (113x111cm-44x44in) Boston, Mass. 91 .... FF8 990 - £901 - **$1,516**

MAZURA F. XIX-XX [1]
🗿 Nude Indian on horseback - Bronze (58cm-23in) London 94 .... FF25 740 - £3 000 - **$4,470**

MAZURE Jules 1819-1925 [1]
🖼 Kustlandskap - Oil/canvas (70x112cm-28x44in) Helsinki 89 .... FF71 900 - £7 352 - **$11,559**

MAZUROWSKI Wiktor 1859-1944 [1]
🖼 Rue à Tanger - Huile/panneau (32x23cm-13x9in) Warszawa 95 .... FF5 040 - £644 - **$1,035**

MAZZA Aldo 1880-1964 [1]
🖼 Circuito di Milan, Parc du Monza - Poster (99x139cm-39x55in) New-York 92 .... FF31 200 - £3 725 - **$6,000**

MAZZA Giuseppe Maria 1653-1741 [2]
🗿 Apollo - Terracotta (35cm-14in) Roma 90 .... FF54 900 - £5 878 - **$9,548**

MAZZA Salvatore 1819-1886 [2]
🖼 Sentiero nel bosco - Olio/carta (24x33cm-9x13in) Milano 95 .... FF4 470 - £570 - **$915**

MAZZACURATI Marino 1907-1969 [1]
🗿 Volumi plastici di un nudo femminile - Bronze (45x9x12cm-18x4x5in) Roma 94 .... FF16 800 - £2 045 - **$3,200**

MAZZANOVICH Lawrence 1872-1946 [7]
🖼 Troyon, North Carolina Landscape - Oil/panel (58x69cm-23x27in) Chicago 96 .... FF14 400 - £1 746 - **$2,800**
Poplars - Oil/canvas (56x74cm-22x29in) Chicago 96 .... FF51 400 - £6 230 - **$10,000**

MAZZEI Corrado Alberto 1884-? [12]
🗿 Beethoven - Bronze (34cm-13in) Lyon 94 .... FF6 500 - £745 - **$1,091**
🖊 Etude no.2 - Encre Chine (19x30cm-7x12in) Soissons 91 .... FF1 800 - £180 - **$330**

MAZZETTI Emo 1870-1955 [7]
🖼 Lago di Garda - Olio/tavola (49x64cm-19x25in) Roma 91 .... FF14 580 - £1 480 - **$2,633**

MAZZOLA IL PARMIGIANO Girolamo Francesco 1503-1540 [17]
🖊 Adoration of the Sheperds - Black chalk (16x14cm-6x6in) London 97 .... FF53 816 - £5 500 - **$9,159**

MAZZOLANI Enrico 1876-1967 [1]
🖼 Paese sul lago - Olio/tela (70x100cm-28x39in) Roma 95 .... FF9 270 - £1 230 - **$1,890**

MAZZOLANI Giuseppe 1842-1916 [1]
🖼 Mother and child at a window - Oil/canvas (61x48cm-24x19in) London 93 .... FF16 800 - £2 100 - **$3,045**

MAZZOLINI Giuseppe 1806-1876 [18]
🖼 Seeling sanctuary - Oil/canvas (61x50cm-24x20in) London 97 .... FF8 629 - £950 - **$1,514**
Rocking the baby asleep - Oil/canvas (101x75cm-40x30in) New-York 91 .... FF37 050 - £3 733 - **$6,429**

MAZZOLINI Giuseppi 1748-1839 [2]
🖼 Venus admonishing Cupid
Oil/canvas (77x61cm-30x24in) San Francisco-Los Angeles 93 .... FF17 640 - £2 013 - **$3,000**

MAZZON Galliano 1896-1978 [1]
🖼 Forme pure - Olio/cartone (66x47cm-26x19in) Milano 89 .... FF3 700 - £378 - **$595**

MAZZUOLA Giuseppe, sculpt. 1644-1725 [1]
🗿 Sleeping Infant and dog - Terracotta (37cm-15in) London 94 .... FF60 400 - £7 000 - **$10,400**

MEACCI Riccardo 1856-? [13]
🖊 Angels adoring the Madonna - Watercolour (25x23cm-10x9in) London 97 .... FF6 585 - £700 - **$1,138**
Die goldene Jugendzeit - Aquarell (38x19cm-15x7in) Köln 94 .... FF54 300 - £6 480 - **$10,430**

MEAD Larkin Goldsmith 1835-1910 [6]
🗿 Echo - Marble (102cm-40in) New-York 97 .... FF52 509 - £5 513 - **$9,000**
G. Washington as First President - Bronze (63x106cm-25x42in) New-York 95 .... FF98 700 - £13 040 - **$20,000**

MEAD Ray 1921 [6]
🖼 Scented Garden - Acrylic/canvas (131x170cm-52x67in) Toronto 94 .... FF8 100 - £956 - **$1,442**
🖊 Fantasy Landscape - Watercolour (56x75cm-22x30in) Toronto 94 .... FF6 080 - £717 - **$1,082**

MEADE Arthur XIX-XX [3]
🖼 St. Anthony-in-Meneage - Oil/canvas (30x40cm-12x16in) Penzance, Cornwall 90 .... FF3 130 - £315 - **$569**

MEADE Charles 1827-1858 [1]
📷 L.J.M. Daguerre - Salt print (18x13cm-7x5in) New-York 96 .... FF19 150 - £2 470 - **$3,750**

MEADMORE Clement 1929 [5]
🗿 Untitled - Bronze (33x6x16cm-13x2x6in) New-York 92 .... FF8 300 - £840 - **$1,500**
Up and over - Metal (30x40x62cm-12x16x24in) New York 90 .... FF34 800 - £3 542 - **$6,959**

MEADOWS Arthur Joseph 1843-1907 [83]
🖼 Schiedam - Oil/canvas (51x61cm-20x24in) London 92 .... FF12 210 - £1 250 - **$2,150**
Bordeaux - Oil/canvas (30x51cm-12x20in) London 96 .... FF21 500 - £2 800 - **$4,265**
Breezy day - Oil/canvas (61x108cm-24x43in) London 93 .... FF48 100 - £5 400 - **$8,040**
Houses of Parliament - Oil/canvas (102x152cm-40x60in) London 92 .... FF79 500 - £9 500 - **$15,300**

MEADOWS Bernard 1915 [28]
🗿 Grey Bird - Bronze (28cm-11in) London 97 .... FF3 735 - £400 - **$645**
Maquette for Armed Figure - Bronze (56cm-22in) London 96 .... FF18 840 - £2 400 - **$3,630**

M

Personnage Très Important - Bronze (56cm-22in) London 93.....................................FF24 000 - £3 000 - **$4,350**

MEADOWS Chris XIX-XX [3]
Thier Aine Fireside - Watercolour (36x51cm-14x20in) Toronto 95.....................................FF2 162 - £274 - **$435**

MEADOWS James Edwin 1828-1888 [46]
Rough Seas, Normandy Coast - Oil/canvas (56x91cm-22x36in) London 97.....................FF18 762 - £2 000 - **$3,275**
Country lane - Oil/canvas (61x102cm-24x40in) London 96.....................................FF49 200 - £6 400 - **$9,740**
Horse-Drawn cart - Oil/canvas (76x122cm-30x48in) London 97.....................FF104 862 - £11 000 - **$17,994**

MEADOWS James M. 1798-1864 [3]
Hauling in the Nets - Oil/canvas (76x125cm-30x49in) London 96.....................FF21 700 - £2 800 - **$4,190**

MEADOWS W.G. XIX [10]
Figures resting by cattle - Oil/canvas (92x61cm-36x24in) London 91.....................FF10 410 - £1 049 - **$1,806**

MEAKIN Lewis Henry 1850-1917 [1]
Mountainous landscape - Oil/canvas (53x84cm-21x33in) New-York 93.....................FF9 900 - £1 242 - **$1,800**

MEARS George 1865-1910 [7]
Steamship S.S. Rouen in a swell - Oil/canvas (51x91cm-20x36in) London 93.....................FF6 640 - £800 - **$1,160**

MEARS Henrietta Dunn 1877-? [5]
Spring landscape - Oil/canvas/board (29x34cm-11x13in) San Francisco-Los Angeles........FF7 560 - £773 - **$1,400**

MEASOM William Frederick 1875-? [3]
Woman walking alongside cottages - Wash (23x35cm-9x14in) London 90.....................FF4 800 - £511 - **$859**

MEATYARD Ralph Eugene 1925-1972 [8]
Colored sign - Silver print (18x23cm-7x9in) New-York 96.....................FF9 280 - £1 192 - **$1,800**

MEAUX Dan XX [17]
Le saxophoniste - Huile/toile (50x61cm-20x24in) Cherbourg 92.....................FF2 200 - £225 - **$399**

MEAUZE Pierre 1913-1978 [1]
Jeune fille africaine - Mine plomb (50x36cm-20x14in) Paris 94.....................FF4 200 - £498 - **$776**

MECATTI Dario 1909-1976 [4]
Le passage du gué - Huile/toile (50x100cm-20x39in) Paris 97.....................FF8 000 - £850 - **$1,378**

MECHAU Frank Albert 1903-1946 [2]
The pet eagle of Elk Basin - Oil/board (53x91cm-21x36in) New-York 95.....................FF15 750 - £2 025 - **$3,250**
Tom Kenney comes home - Oil/masonite (81x124cm-32x49in) New-York 90.....................FF77 100 - £7 846 - **$15,419**

MECHAU Jacob Wilhelm 1745-1808 [3]
Labourer & woman conversing - Watercolour (27x35cm-11x14in) London 95.....................FF18 950 - £1 895 - **$3,121**

MECHEL von Christian 1737-1817 [5]
Paysan du canton de Zürich - Etching in colors (18x12cm-7x5in) Bern 92.....................FF2 604 - £266 - **$459**

MECHELAERE Léon 1880-1964 [8]
Église - Huile/toile (100x95cm-39x37in) Bruxelles 92.....................FF6 310 - £646 - **$1,110**

MECHLEN Paul 1888-1961 [1]
Wattlandschaft, Kampen, Sylt - Oil/canvas (60x74cm-24x29in) Bremen 91.....................FF3 235 - £321 - **$562**

MECHTILT M. Greiner, dit 1936 [2]
Traversée, 1989 - Huile/papier (26x50cm-10x20in) Semur-en-Auxois 90.....................FF2 800 - £300 - **$487**

MECKLENBURG Ludwig 1820-1882 [1]
Der Piazzetta, Venedig - Oil/panel (23x31cm-9x12in) Wien 96.....................FF209 700 - £25 400 - **$40,800**

MECKSEPER Friedrich 1936 [116]
Torso - Aquatint (33x30cm-13x12in) Hamburg 93.....................FF1 628 - £195 - **$313**
Zwei Flaschen - Aquatint (22x36cm-9x14in) Hamburg 94.....................FF3 063 - £358 - **$541**
Stilleben - Serigraph in colors (34x49cm-13x19in) München 96.....................FF10 200 - £1 161 - **$1,950**

MEDARD Eugène 1847-1887 [1]
L'Amour et Psyché - Oil/canvas (63x45cm-25x18in) New-York 94.....................FF56 200 - £6 630 - **$10,000**

MÉDARD Jules Ferdinand 1855-c.1925 [6]
Roses - Huile/toile (60x73cm-24x29in) Paris 93.....................FF80 000 - £9 630 - **$14,550**

MEDGYES Ladislas 1892-? [2]
Verre, pipe et citron - Huile/panneau (35x27cm-14x11in) Paris 93.....................FF4 500 - £506 - **$763**

MEDINA CAMPENY Javier 1943 [1]
Remainder - Bronze (181cm-71in) New-York 90.....................FF91 500 - £9 482 - **$16,081**

MEDINA John 1721-1796 [2]
Two children - Oil/canvas (122x114cm-48x45in) London 89.....................FF53 300 - £5 450 - **$8,569**

MEDINA VERA Inocencio 1876-1918 [6]
Caballistas murcianos - Oleo/cartón (34x34cm-13x13in) Madrid 91.....................FF19 500 - £2 472 - **$3,740**

MEDIZ Karl 1868-1944 [40]
Wasserfall - Öl/Leinwand (49x22cm-19x9in) Wien 96.....................FF6 370 - £825 - **$1,274**
Baumblüte - Öl/Leinwand (78x67cm-31x26in) Wien 97.....................FF23 980 - £2 530 - **$4,145**
Der Steinbock - Oil/canvas (254x206cm-100x81in) Wien 91.....................FF216 000 - £21 503 - **$37,144**
Frau - Ink/paper (39x38cm-15x15in) Wien 95.....................FF7 340 - £968 - **$1,490**

MEDIZ-PELIKAN Emilie 1861-1908 [85]
Dünenlandschaft, Knokke - Öl/Karton (26x34cm-10x13in) Wien 94.....................FF7 320 - £833 - **$1,241**
Felsenstück - Öl/Leinwand (91x81cm-36x32in) Wien 96.....................FF16 830 - £2 110 - **$3,290**
Zibelfeisen von Mittelberg - Öl/Leinwand (131x173cm-52x68in) Wien 96.....................FF72 400 - £8 250 - **$13,870**
Schroffe Küste - Pastel/paper (41x70cm-16x28in) Wien 96.....................FF7 280 - £856 - **$1,298**
Maidele - Coloured chalks (59x43cm-23x17in) München 92.....................FF13 600 - £1 392 - **$2,394**

MEDLAND Lilian 1880-1955 [1]
Ospreys - Wash (23x14cm-9x6in) London 91.....................FF3 950 - £399 - **$784**

MEDLEY Robert 1905-1995 [8]
Figures in an interior - Oil/canvas (30x30cm-12x12in) London 91.....................FF9 970 - £1 000 - **$1,646**

Summer eclogue no.1 - Oil/canvas (130x160cm-51x63in) London 91 .... FF*54 600* - £*5 541* - **$9,861**
MEDLYCOTT Hubert James, Bt. 1841-1920 [8]
◊ *Thames at Lymehouse* - Watercolour (20x46cm-8x18in) London 94 .... FF*3 780* - £*450* - **$720**
◊ *Santa Maria della Salute, Venice* - Watercolour (38x60cm-15x24in) London 96 .... FF*10 370* - £*1 300* - **$2,016**
MEDNIKOFF Reuben 1906-1975 [1]
Surrealist forms - Wash (26x36cm-10x14in) London 91 .... FF*3 175* - £*319* - **$549**
MEDNYANSZKY László 1852-1919 [9]
● *Treck* - Oil/canvas (42x60cm-17x24in) Wien 91 .... FF*14 440* - £*1 466* - **$2,608**
◊ *Flusslandschaft* - Gouache/carton (19x24cm-7x9in) Wien 94 .... FF*2 914* - £*343* - **$520**
MEDSTRAND Per 1957 [11]
◊ *Komposition* - Oil/panel (40x77cm-16x30in) Stockholm 91 .... FF*7 540* - £*756* - **$1,260**
◊ *Komposition* - Gouache (99x69cm-39x27in) Stockholm 90 .... FF*8 900* - £*919* - **$1,572**
MEDVIEDEV Youri 1939 [11]
◊ *La plage* - Gouache/papier (34x42cm-13x17in) Paris 90 .... FF*4 000* - £*413* - **$707**
MEE Anne, née Foldstone 1770/75-1851 [6]
◊ *Sophia Charlotte Fielding* - Miniature (6cm-2in) London 95 .... FF*7 430* - £*950* - **$1,494**
MEEGEREN van Hans 1899-1947 [28]
● *Portrait of a Child* - Oil/panel (36cm-14in) Amsterdam 97 .... FF*14 406* - £*1 533* - **$2,507**
La Cène - Huile/toile (172x243cm-68x96in) Paris 95 .... FF*350 000* - £*46 000* - **$70,200**
◊ *The Adoration* - Pastel/papier (83x104cm-33x41in) Amsterdam 97 .... FF*10 804* - £*1 149* - **$1,880**
MEEHAN Teresa 1967 [2]
● *Plastic flowers* - Oil/canvas (92x92cm-36x36in) London 90 .... FF*5 300* - £*571* - **$935**
MEEKER Joseph Rusling 1827-1889 [16]
● *Near Lake Providence, Louisiana*
   Oil/canvas (61x51cm-24x20in) New Orleans, Louisiana 93 .... FF*38 350* - £*4 360* - **$6,500**
MEEKS Eugene 1843-? [1]
◊ *Laughing monk* - Oil/canvas (41x56cm-16x22in) St. Petersburg, Florida 92 .... FF*5 110* - £*523* - **$900**
MEER MOHR van der Cornelis 1821-1876 [2]
● *Church interior with figures* - Oil/panel Amsterdam 90 .... FF*11 460* - £*1 159* - **$2,180**
MEER van der Barend 1659-1690/1702 [11]
● *Still life* - Oil/canvas (89x73cm-35x29in) London 95 .... FF*175 000* - £*23 000* - **$35,100**
MEERBERGEN Rudolf 1886-1987 [4]
◊ *Nu abstrait* - Huile/panneau (100x80cm-39x31in) Antwerpen 93 .... FF*6 590* - £*788* - **$1,347**
MEERMANN Arnold 1829-1908 [7]
● *Angler bei Meran* - Öl/Leinwand (62x51cm-24x20in) München 94 .... FF*20 400* - £*2 380* - **$3,580**
◊ *Paysage* - Aquarelle (15x23cm-6x9in) Paris 93 .... FF*3 400* - £*410* - **$619**
MEERSCHE van den Gustave 1891-1970 [4]
▣ *L'Aveugle* - Bronze (19cm-7in) Lokeren 93 .... FF*3 890* - £*444* - **$672**
MEERSON Harry O. 1910-1991 [8]
▣ *Coiffure extraordinaire* - Photo (39x30cm-15x12in) Paris 93 .... FF*5 800* - £*699* - **$1,055**
MEERT Franz 1836-1896 [3]
● *L'astiquage des cuivres* - Huile/toile (30x24cm-12x9in) Antwerpen 95 .... FF*4 350* - £*572* - **$873**
MEERTENS Abraham 1757-1823 [2]
● *Blumenstilleben* - Öl/Leinwand (77x63cm-30x25in) Köln 95 .... FF*14 840* - £*1 930* - **$3,044**
◊ *Papagei und zwei kleinere Vögel* - Watercolour (25x23cm-10x9in) München 92 .... FF*2 544* - £*304* - **$490**
MEERTS Franz 1836-1896 [15]
● *A Proposal* - Oil/panel (25x34cm-10x13in) Toronto 95 .... FF*7 160* - £*914* - **$1,462**
Joyeux propos - Huile/toile (101x80cm-40x31in) Bruxelles 91 .... FF*21 400* - £*2 156* - **$3,713**
Un Marché aux légumes - Oil/canvas (74x12cm-29x5in) New-York 90 .... FF*85 800* - £*9 128* - **$15,349**
MEES Jozef 1898-1987 [10]
● *Composition* - Huile/panneau (120x100cm-47x39in) Antwerpen 92 .... FF*6 590* - £*787* - **$1,268**
◊ *Kompositie* - Gouache (21x16cm-8x6in) Lokeren 92 .... FF*1 562* - £*182* - **$319**
MEESON Dora 1869-1955 [9]
● *Chelsea Balcony* - Oil/canvas (93x79cm-37x31in) London 92 .... FF*108 800* - £*13 000* - **$20,940**
MEESTER DE BETZENBROECK de Raymond 1904-1995 [29]
▣ *Bouquetin sur un rocher* - Bronze (60cm-24in) Liège 92 .... FF*13 280* - £*1 360* - **$2,336**
▣ *Mouflon* - Bronze (61cm-24in) Bruxelles 97 .... FF*24 540* - £*2 610* - **$4,275**
▣ *Léopard se retournant* - Bronze (23x19x34cm-9x7x13in) Bruxelles 92 .... FF*49 540* - £*5 100* - **$8,760**
MEESTERS Dirk 1899-1950 [4]
● *Shell gathering* - Oil/canvas (50x71cm-20x28in) London 93 .... FF*11 620* - £*1 400* - **$2,127**
MEETEREN BROUWER van Menno Simon Jacobus 1882-1974 [9]
● *Wayang puppet* - Oil/canvas (54x75cm-21x30in) Amsterdam 94 .... FF*7 620* - £*885* - **$1,313**
A street scene, Indonesia - Oil/canvas (55x80cm-22x31in) Singapore 94 .... FF*59 300* - £*7 140* - **$10,730**
◊ *Gamelan players* - Watercolour (22x36cm-9x14in) Amsterdam 96 .... FF*6 630* - £*852* - **$1,285**
MEFFERT Carl 1903-1988 [1]
▣ *Josephine Baker* - Linocut (30x20cm-12x8in) Berlin 92 .... FF*2 380* - £*244* - **$419**
MEGANCK Joseph 1807-1891 [5]
● *Laissez venir à moi les petits enfants* - Huile/toile (35x25cm-14x10in) Bruxelles 92 .... FF*18 120* - £*2 164* - **$3,486**
MEGARGEE Edwin 1883-1958 [2]
▣ *North Star 3rd* - Etching (22x31cm-9x12in) Mystic, Connecticut 91 .... FF*2 100* - £*210* - **$354**
◊ *Young stallions* - Charcoal (33x41cm-13x16in) Mystic, Connecticut 94 .... FF*1 777* - £*212* - **$325**

M

MEGARGEE Lon 1883-1960 [1]
Indian Chief - Oil/canvas (66x51cm-26x20in) Mystic, Connecticut 94 .... FF8 130 - £940 - **$1,400**
MEGE DU MALMONT René 1859-1911 [2]
La cigale (A water nymph) - Oil/canvas (74x198cm-29x78in) London 96 .... FF202 700 - £26 000 - **$40,000**
MEGE Violette 1889-? [1]
Landschaft mit Wäscherinnen - Oil/canvas (24x35cm-9x14in) Luzern 90 .... FF4 700 - £486 - **$830**
MEGERT Christian 1936 [8]
Essai, 1959 - Mixed media/canvas (80x44cm-31x17in) Köln 90 .... FF16 900 - £1 821 - **$2,981**
Spiegel-Objekt - (109x6x23cm-43x2x9in) Köln 94 .... FF5 500 - £655 - **$1,046**
MEGEVAND Marc Pierre 1879-? [1]
Rue des brocanteurs - Aquarelle (69x51cm-27x20in) Paris 93 .... FF4 500 - £543 - **$818**
MEGGENDORFER Lothar 1847-1925 [1]
Bootsfahrt bei Vollmond - Öl/Karton (50x37cm-20x15in) Hamburg 97 .... FF5 730 - £61 3 2 - **$998**
MEGIROV Youri 1933 [2]
Saint-Petersbourg - Huile/toile (65x80cm-26x31in) Paris 92 .... FF6 000 - £716 - **$1,154**
MEGRET Adolphe L. Nicolas 1829-1911 [1]
Financier anglais Gobden - Sculpture (92cm-36in) Bordeaux 96 .... FF10 000 - £1 254 - **$1,933**
MÉGRET Marcel 1885-1956 [1]
View through the window - Oil/board (56x47cm-22x19in) San Francisco-Los Angeles 95 .... FF5 450 - £681 - **$1,100**
MÉGUIN Régine 1938 [82]
Nature morte à la bourse - Huile/toile (24x33cm-9x13in) Cannes 96 .... FF3 200 - £409 - **$633**
Nature morte aux faïences - Huile/toile (24x33cm-9x13in) Cannes 95 .... FF5 500 - £707 - **$1,092**
MÉHEUT François [10]
Pêcheur breton - Bronze (37cm-15in) Rennes 93 .... FF14 000 - £1 687 - **$2,546**
MÉHEUT Mathurin 1882-1958 [577]
Ramassage des coquillages - Huile/panneau (22x27cm-9x11in) Brest 97 .... FF5 100 - £552 - **$896**
Algues et anguille - Huile/toile (44x55cm-17x22in) Brest 93 .... FF16 000 - £1 930 - **$2,910**
Barques dans la crique - Huile/toile (98x138cm-39x54in) Versailles 96 .... FF31 000 - £4 020 - **$6,070**
Algues/Algues/Hippocampes - Huile/toile Brest 93 .... FF58 000 - £6 990 - **$10,540**
Entretien des barques - Gravure bois (31x38cm-12x15in) Douarnenez 95 .... FF2 300 - £300 - **$458**
Pêcheur de congre - Bronze (35cm-14in) Brest 94 .... FF12 000 - £1 420 - **$2,213**
Ramassage du varech - Bronze Montreuil-sur-Mer 96 .... FF29 000 - £3 730 - **$5,750**
Anes en montagne - Fusain (18x27cm-7x11in) Brest 97 .... FF2 650 - £287 - **$465**
Devant le temple, Japon - Aquarelle (48x34cm-19x13in) Brest 97 .... FF6 000 - £650 - **$1,054**
Port en bretagne - Gouache/papier (27x36cm-11x14in) Paris 97 .... FF14 500 - £1 582 - **$2,535**
Vue d'Osaka - Gouache/papier (30x45cm-12x18in) Paris 97 .... FF25 500 - £2 782 - **$4,457**
Pardon de Ste. Barbe - Gouache (42x27cm-17x11in) Brest 97 .... FF33 000 - £3 574 - **$5,795**
MEHEUX Felix ?-1908 [1]
Medical study of a burn victim
    Printing-out paper print (29x23cm-11x9in) New-York 96 .... FF12 770 - £1 647 - **$2,500**
MEHL Jan 1912-? [1]
Puppen - Öl/Karton (48x63cm-19x25in) Wien 95 .... FF7 400 - £885 - **$1,408**
MEHLS Hanna 1867-1928 [2]
A lazy summer-afternoon - Oil/canvas (55x80cm-22x31in) Amsterdam 94 .... FF11 630 - £1 395 - **$2,257**
MEHOFFER Józef 1869-1946 [9]
Ogród - Huile/toile (66x54cm-26x21in) Warszawa 93 .... FF27 700 - £3 190 - **$4,770**
Dysputa, Stanislaw Niegoszewski
    - Watercolour/board (38x48cm-15x19in) Warszawa 96 .... FF15 430 - £1 924 - **$2,980**
MEHOFFER von Rudolf 1857-1938 [3]
Nubisches Stilleben - Öl/Leinwand (100x70cm-39x28in) Lindau 94 .... FF17 130 - £1 987 - **$2,950**
MEHUS Lieven 1630-1691 [5]
The Gathering of Manna - Black & white chalks/paper (31x29cm-12x11in) London 97 .... FF8 053 - £850 - **$1,382**
MEI Bernardino c.1615-1676 [1]
Allegory of Justice - Oil/canvas (114x155cm-45x61in) New-York 92 .... FF1 54e +06 - £110 400 - **$190,000**
MEICHELT Heinrich 1805-1880 [2]
Zwei südliche Landschaften - Oil/canvas (26x37cm-10x15in) Köln 92 .... FF30 600 - £3 130 - **$5,390**
Flusslandschaft in der Campagna - Aquarell/Papier (25x35cm-10x14in) München 96 .... FF3 400 - £387 - **$650**
MEID Hans 1883-1957 [32]
Am Radiertisch - Etching (22x23cm-9x9in) Heidelberg 94 .... FF3 430 - £411 - **$666**
Reiter auf einem Felsvorsprung - Aquarell (32x29cm-13x11in) Berlin 94 .... FF5 810 - £686 - **$1,034**
MEIDNER Ludwig 1884-1966 [104]
Apokalypse/Selbstbildnis - Oil/canvas (54x74cm-21x29in) London 96 .... FF5 - £700 000 - **$1 ,94e,+06**
Dame mit gesenktem Blick - Öl/Karton (49x37cm-19x15in) Heidelberg 96 .... FF32 160 - £3 970 - **$6,210**
Selbstbildnis - Öl/Leinwand (89x69cm-35x27in) Köln 94 .... FF360 000 - £42 700 - **$66,600**
In der Bar - Etching (12x14cm-5x6in) München 95 .... FF7 730 - £972 - **$1,547**
Prophet - Ink/paper (65x49cm-26x19in) Köln 95 .... FF16 470 - £2 155 - **$3,346**
Junge Frau - Watercolour (53x46cm-21x18in) Berlin 93 .... FF37 300 - £4 460 - **$7,170**
Selbstbildnis - Crayon (76x56cm-30x22in) Berlin 95 .... FF123 500 - £16 160 - **$25,100**
MEIER DE MEILEN Johann Jakob 1787-1858 [1]
Wengernalp/Giessbachfälle - Aquarell/Papier (58x42cm-23x17in) Zürich 94 .... FF81 000 - £9 600 - **$14,960**
MEIER Emil 1877-? [3]
Winter - Ceramic (29cm-11in) Wien 96 .... FF6 720 - £815 - **$1,307**
MEIER Theo 1908-1984 [30]
Bangkok - Öl/Leinwand (68x58cm-27x23in) Zürich 96 .... FF21 200 - £2 750 - **$4,195**

Balinese beauties - Oil/canvas (66x56cm-26x22in) Amsterdam 93 .... **FF66 300** - £7 910 - **$12,750**
Balinese beauty - Oil/canvas (67x37cm-26x15in) Amsterdam 96 .... FF407 000 - £52 200 - **$78,800**
MEIER-DENNINGHOFF Brigitte 1923   [5]
Pharos - Sculpture (47x11x15cm-19x4x6in) München 91 .... **FF77 700** - £7 735 - **$13,362**
MEIER-LEMGO Karl 1892-1969   [1]
Westfälische Stadt - Coloured chalks/paper (39x59cm-15x23in) Bielefeld 96 .... **FF2 220** - £289 - **$440**
MEIER-MICHEL Johanna 1876-?   [22]
Winter - Ceramic (25cm-10in) Wien 93 .... **FF6 250** - £747 - **$1,203**
Winter - Ceramic (24cm-9in) Wien 96 .... **FF16 800** - £2 036 - **$3,266**
MEIFFREN Marius 1855-?   [1]
Paysage - Huile/toile (27x46cm-11x18in) Bruxelles 97 .... **FF2 127** - £225 - **$368**
MEIFRÉN Y ROIG Eliseo 1859-1940   [50]
Marina - Oleo/lienzo (44x33cm-17x13in) Madrid 97 .... **FF48 000** - £5 160 - **$8,400**
El estanque - Oleo/lienzo (35x46cm-14x18in) Madrid 97 .... FF130 000 - £13 975 - **$22,750**
Mariscadoras - Oleo/lienzo (48x65cm-19x26in) Madrid 92 .... FF297 000 - £30 250 - **$52,200**
Puerto de Barcelona - Oil/canvas (150x300cm-59x118in) London 96 .... FF851 000 - £100 000 - **$167,500**
MEIGER Fritz 1900-1969   [15]
Lugano - Huile/toile (51x62cm-20x24in) Bern 95 .... **FF2 160** - £270 - **$436**
MEIJER Christoffel 1776-1813   [1]
Winter scene - Ink (26x40cm-10x16in) Amsterdam 94 .... **FF55 200** - £6 570 - **$10,380**
MEIJER de Hendrik 1737-1793   [3]
River landscape with fishermen - Ink (24x34cm-9x13in) London 92 .... **FF4 190** - £500 - **$806**
MEIJER Fritz ?-1972   [1]
Tessiner Dorfplatz vor Bergen - Oil/canvas (63x52cm-25x20in) Stuttgart 92 .... **FF2 380** - £244 - **$419**
MEIJER Gerhardus 1816-1875   [3]
A shepherd, sheep and donkeys - Oil/canvas (50x63cm-20x25in) Amsterdam 97 .... **FF3 822** - £418 6 - **$670**
Hügellandschaft - Oil/canvas (41x53cm-16x21in) Stuttgart 90 .... **FF20 140** - £2 038 - **$3,831**
MEIJER Jan 1927   [58]
Combat de coqs - Oil/canvas (131x97cm-52x38in) Amsterdam 96 .... **FF4 800** - £603 - **$944**
Terre déchirée - Oil/canvas (195x130cm-77x51in) Amsterdam 97 .... **FF7 630** - £825 - **$1,331**
Composition - Acrylique/toile (65x81cm-26x32in) Paris 95 .... **FF18 000** - £2 366 - **$3,680**
MEIJER Johan 1885-?   [15]
Village in the polder at dusk - Oil/canvas (44x57cm-17x22in) Amsterdam 97 .... **FF7 630** - £825 - **$1,331**
MEIJER Johan Hendrik Louis 1809-1866   [3]
Figures on the quay - Oil/panel (43x40cm-17x16in) London 93 .... **FF10 800** - £1 300 - **$1,885**
MEIJER Louis 1809-1866   [13]
Dutch steamer - Oil/panel (21x32cm-8x13in) Amsterdam 91 .... **FF21 040** - £2 120 - **$3,651**
Sailors in a rowing boat - Oil/panel (66x100cm-26x39in) Amsterdam 93 .... FF150 700 - £18 000 - **$29,000**
Threemaster and other shipping
      Watercolour/paper (28x48cm-11x19in) Amsterdam 94 .... **FF24 500** - £2 936 - **$4,750**
MEIJER Sal 1877-1965   [34]
Roses in a vase - Oil/canvas (40x30cm-16x12in) Amsterdam 97 .... **FF8 322** - £900 - **$1,452**
Reguliersgracht - Oil/canvas (52x41cm-20x16in) Amsterdam 95 .... **FF26 800** - £3 420 - **$5,470**
Poes in Mand - Oil/canvas (33x38cm-13x15in) Amsterdam 95 .... **FF55 100** - £7 030 - **$11,250**
MEIJIER de Anthony Andreas 1806-1867   [2]
Riverlandscape with peasants - Oil/panel (43x62cm-17x24in) Amsterdam 90 .... **FF11 460** - £1 159 - **$2,180**
MEIJS Louis 1902   [2]
A mediterranean landscape - Oil/panel (37x50cm-15x20in) Amsterdam 94 .... **FF3 656** - £432 - **$657**
MEILI Conrad 1895-1970   [16]
Stilleben mit Birnen - Huile/panneau (24x33cm-9x13in) Zürich 96 .... **FF16 440** - £2 060 - **$3,170**
MEILINGER Lothar Rudolf 1887-1935   [8]
Am Chiemsee - Öl/Leinwand (15x50cm-6x20in) Hamburg 97 .... **FF6 741** - £721 - **$1,175**
MEILLON de Henry Clifford c.1823-c.1856   [5]
St. Andrews Church, Cape Town - Watercolour (19x25cm-7x10in) London 94 .... **FF41 650** - £5 000 - **$7,800**
MEILSTRUP Helene Holm 1889-1974   [1]
Chat noir - Oil/canvas (72x88cm-28x35in) Oslo 92 .... **FF4 350** - £520 - **$837**
MEIN Étienne J. 1865-1938   [1]
Port de Carry-Le-Rouet - Huile/toile (100x74cm-39x29in) Paris 95 .... **FF8 000** - £1 020 - **$1,607**
MEINDL Albert 1891-1967   [10]
Winterlandschaft - Öl/Leinwand (42x51cm-17x20in) Wien 95 .... **FF7 450** - £960 - **$1,540**
MEINERI Guido 1869-1944   [1]
La fine di un giorno - Olio/tavola (23x31cm-9x12in) Torino 93 .... **FF5 120** - £579 - **$862**
MEINERS Claas Hendrik 1819-1894   [7]
Wooded hilly landscape - Oil/canvas (36x45cm-14x18in) Amsterdam 94 .... **FF10 600** - £1 218 - **$1,813**
MEINERS Piet 1857-1903   [6]
Boating along the river - Oil/panel (28x38cm-11x15in) Chicago 93 .... **FF3 245** - £369 - **$550**
MEINHARD Fritz 1910   [2]
Freudenmädchen - Watercolour (44x39cm-17x15in) Heidelberg 96 .... **FF1 527** - £197 - **$299**
MEINZOLT Georg M. 1863-?   [5]
Fjordlandschaft - Öl/Leinwand (82x62cm-32x24in) München 94 .... **FF7 140** - £833 - **$1,252**

M

MEIRELLES DE LIMA Victor 1823-? [2]
Île Sainte Catherine, Rio - Aquarelle (22x29cm-9x11in) Paris 92 .... FF7 500 - £895 - $1,443
MEIRHANS Joseph 1890-1981 [1]
Abstract - Oil/panel (122x76cm-48x30in) Mystic, Connecticut 92 .... FF6 250 - £640 - $1,100
MEIROVICH Zvi 1911-1973 [2]
Interior - Oil/canvas (62x38cm-24x15in) Tel Aviv 92 .... FF7 210 - £756 - $1,300
MEIRVENNE van Alfons 1932 [14]
Basset Hond - Huile/toile (75x100cm-30x39in) Lokeren 96 .... FF2 305 - £294 - $444
MEISEL Fritz 1897-1960 [1]
Die Schöne Imperia - Etching (34x27cm-13x11in) Berlin 95 .... FF2 230 - £292 - $454
MEISEL Stephen XX [3]
Kristen and Nadja, NY - Silver print (56x46cm-22x18in) New-York 96 .... FF5 160 - £663 - $1,000
MEISELAS Susan 1948 [2]
Wedding, El Salvador - Gelatin silver print (30x48cm-12x19in) New-York 96 .... FF3 610 - £464 - $700
MEISENBACH Karl 1898-? [1]
Bergsee - Oil/canvas/panel (61x76cm-24x30in) München 94 .... FF3 070 - £367 - $578
MEISS von Maria E. 1870-? [2]
Frau Wendmüller - Öl/Leinwand (70x55cm-28x22in) Konstanz 93 .... FF2 035 - £243 - $392
MEISSEL Ernst 1838-1895 [6]
Flirtation - Oil/canvas (76x64cm-30x25in) New-York 89 .... FF62 900 - £6 259 - $9,937
MEISSER Leonhard 1902-1977 [9]
Paysage de neige - Huile/toile (50x61cm-20x24in) Bern 95 .... FF25 800 - £3 354 - $5,300
MEISSER-VONZUN Anny 1910-1990 [3]
Abend in Venedig - Öl/Leinwand (38x45cm-15x18in) Bern 94 .... FF5 270 - £630 - $984
MEISSL von August 1867-? [5]
In the wine cellar - Oil/canvas (63x75cm-25x30in) New-York 94 .... FF21 670 - £2 623 - $4,000
MEISSL von Rudolf XIX-XX [3]
Kaiser Franz Josef - Gouache (33x48cm-13x19in) Wien 95 .... FF7 420 - £943 - $1,480
MEISSNER Adolf Ernst 1837-1902 [15]
At the Crossroads - Oil/canvas (63x101cm-25x40in) New-York 97 .... FF45 506 - £4 897 - $8,000
The midday rest - Oil/canvas (66x102cm-26x40in) London 92 .... FF97 700 - £10 000 - $17,240
Das Neugeborene - Öl/Leinwand (64x118cm-25x46in) München 94 .... FF122 400 - £14 280 - $21,450
MEISSNER Paul 1907-1982 [3]
Junge Frau mit Obstteller - Oil/canvas (92x65cm-36x26in) Wien 91 .... FF4 800 - £484 - $936
MEISSONIER Jean-Charles 1848-1917 [12]
Barques à voile - Huile/toile (73x51cm-29x20in) Arles 90 .... FF35 000 - £3 627 - $6,151
Village festival - Oil/canvas (64x10cm-25x4in) New-York 90 .... FF286 000 - £29 637 - $50,264
La pêche au filet - Aquarelle, gouache (44x67cm-17x26in) La Varenne Saint-Hilaire 93 .... FF4 200 - £507 - $764
MEISSONIER Joseph François Xav. 1864-1943 [10]
Château de Font Vert - Huile/panneau (50x65cm-20x26in) Paris 90 .... FF13 500 - £1 374 - $2,700
MEISSONIER Louis-Ernest 1815-1891 [96]
Etude d'antérieur droit - Huile/panneau (13x9cm-5x4in) Paris 96 .... FF7 500 - £950 - $1,440
Atelier de peintre - Huile/toile (25x19cm-10x7in) Bordeaux 97 .... FF21 800 - £2 289 - $3,749
The Cavalier - Oil/panel (36x25cm-14x10in) New-York 96 .... FF61 700 - £7 480 - $12,000
Homme de guerre - Oil/panel (40x29cm-16x11in) London 95 .... FF160 000 - £20 000 - $32,300
Hussard à cheval - Bronze (22cm-9in) Paris 96 .... FF19 000 - £2 465 - $3,890
Napoléon ler à cheval - Bronze (59cm-23in) Compiègne 92 .... FF45 000 - £4 610 - $8,100
Napoléon - Bronze (39x37cm-15x15in) London 97 .... FF64 762 - £6 800 - $11,100
Playing boules - Watercolour (12x19cm-5x7in) London 97 .... FF80 952 - £8 500 - $13,923
MEISTER Otto 1887-1969 [4]
Landschaft - Öl/Leinwand (34x42cm-13x17in) Zürich 96 .... FF5 090 - £660 - $1,007
MEISTER Simon 1796-1844 [2]
Officer with his white horse - Oil/paper/canvas (68x95cm-27x37in) New-York 96 .... FF13 000 - £1 683 - $2,600
MEISTER Willy 1918 [2]
Nächtliche Werkhalle - Oil/canvas (130x145cm-51x57in) Bern 90 .... FF11 700 - £1 245 - $2,093
MEISTERMANN Georg 1911-1990 [69]
Pflüger in weiter Landschaft - Öl/cardboard (40x70cm-16x28in) München 94 .... FF61 500 - £7 220 - $10,960
Tiegel - Öl/Leinwand (95x95cm-37x37in) Köln 92 .... FF84 700 - £10 120 - $16,300
Wehendes Rot - Öl/Leinwand (149x251cm-59x99in) Köln 92 .... FF441 000 - £52 700 - $84,800
Komposition - Color lithograph (23x27cm-9x11in) München 94 .... FF4 800 - £569 - $888
Figur-Wandrelief - Bronze (31x36cm-12x14in) Bremen 95 .... FF10 500 - £1 347 - $2,163
Abstrakte Komposition - Mixed media/paper (45x62cm-18x24in) Köln 92 .... FF10 200 - £1 161 - $1,950
MEITNER Richard 1876-1949 [2]
Sans titre - Sculpture (35cm-14in) Paris 97 .... FF7 500 - £806 - $1,316
Landschaft mit tiefem Himmel - Aquarell/Papier (18x25cm-7x10in) Wien 95 .... FF3 995 - £505 - $797
MEITNER-GRAF Lotte XX [1]
Norgay Tenzing - Gelatin silver print (20x18cm-8x7in) London 96 .... FF1 873 - £220 - $369
MEIXMORON DE DOMBASLE de Charles 1839-1912 [10]
Moissonneurs - Toile (38x46cm-15x18in) Paris 91 .... FF3 800 - £411 - $671
Lac du Bourget - Huile/toile (43x55cm-17x22in) Neuilly 92 .... FF18 000 - £1 843 - $3,240
Repos au bord du bassin - Huile/toile (38x46cm-15x18in) Nancy 90 .... FF28 000 - £2 902 - $4,921
MEIXNER Ludwig 1828-1885 [9]
Isartal mit Aussicht auf München - Öl/Leinwand (61x48cm-24x19in) Zürich 92 .... FF24 200 - £2 470 - $4,260

MEJIA Y MARQUEZ Nicolas 1845-1917 [2]
✏ *Cavalier* - Watercolour (36x25cm-14x10in) Mystic, Connecticut 94 .... FF2 125 - £254 - **$400**
Zapatera remendón - Acuarela (35x25cm-14x10in) Madrid 92............................ FF13 500 - £1 375 - **$2,375**
MELAJA Irma 1955 [2]
🏛 *Vännen* - Metal (22cm-9in) Helsinki 94 .... FF2 960 - £344 - **$510**
MELAMOUD Chaia Noevitch 1911 [3]
🖿 *Soir du Sud* - Huile/toile (47x36cm-19x14in) Paris 94................................. FF3 600 - £414 - **$617**
MELANI Fernando XX [2]
🖿 *Senza titolo, 1959* - Tecnica mista/cartone (72x100cm-28x39in) Prato 97 .... FF8 840 - £1 040 - **$1,560**
MELBYE Anton 1818-1875 [42]
🖿 *Marine* - Oil/canvas (52x80cm-20x31in) København 95................................. FF6 160 - £744 - **$1,160**
Marine - Öl/Leinwand (95x142cm-37x56in) Zürich 94 .... FF26 200 - £3 080 - **$5,010**
A Danish brig - Oil/canvas (71x108cm-28x43in) London 95 .... FF35 700 - £4 500 - **$7,070**
Sailing vessels - Oil/canvas (44x76cm-17x30in) London 91 .... FF108 600 - £10 971 - **$21,559**
MELBYE Fritz 1826-1896 [2]
🖿 *Off Caracas, Venezuela* - Oil/canvas (52x72cm-20x28in) London 92 .... FF199 400 - £25 000 - **$38,950**
MELBYE Wilhelm 1824-1882 [55]
🖿 *Marine, Skagen* - Oil/canvas (35x56cm-14x22in) København 92 .... FF10 500 - £1 256 - **$2,020**
Coast of North Africa - Oil/canvas (71x109cm-28x43in) London 97................ FF58 162 - £6 200 - **$10,154**
Shipping, Gibraltar - Oil/canvas (121x189cm-48x74in) London 90 .... FF184 000 - £19 700 - **$32,000**
MELCHER Chaspar Otto 1945 [8]
🖿 *Ohne Titel* - Öl/Leinwand (130x95cm-51x37in) Zürich 96............................ FF6 790 - £880 - **$1,343**
✏ *Il Bravo Soldato* - Oil chalks/paper (69x49cm-27x19in) Zürich 96 .... FF2 055 - £258 - **$397**
MELCHER George Henry 1881-1957 [2]
🖿 *Point Dune from Malibu Hills*
        Oil/canvas (63x76cm-25x30in) San Francisco-Los Angeles 93...................... FF33 000 - £4 140 - **$6,000**
MELCHER Gustav 1898-? [1]
✏ *Niederrheinische Landschaft* - Öl/Karton (40x50cm-16x20in) Bremen 93 .... FF2 800 - £321 - **$476**
MELCHER TILMES Jan Hermanus 1847-1920 [4]
🖿 *Wooded stream* - Oil/panel (11x16cm-4x6in) Amsterdam 97 .... FF20 734 - £2 191 - **$3,557**
MELCHERS Franz 1869-1944 [5]
🖿 *Rêve au soleil* - Oil/canvas (99x79cm-39x31in) Amsterdam 94 .... FF29 000 - £3 363 - **$4,990**
MELCHERS Julius, Gari 1860-1932 [19]
🖿 *Eve holding apple* - Oil/canvas (47x31cm-19x12in) New-York 92 .... FF18 170 - £1 860 - **$3,200**
After the ball - Oil/panel (29x20cm-11x8in) New-York 90 .... FF85 800 - £9 186 - **$14,922**
Rainbow - Oil/canvas (69x76cm-27x30in) New-York 93 .... FF266 000 - £30 200 - **$45,000**
✏ *Madonna of the Fields* - Gouache (77x69cm-30x27in) New-York 93............... FF82 500 - £10 340 - **$15,000**
MELCHERT Adolf 1818-1840 [1]
🖿 *Dansk landskab med huse* - Oil/canvas (44x57cm-17x22in) Vejle 90 .... FF5 400 - £558 - **$954**
MELCHERT Samuel 1916 [2]
🖿 *Marien von Genua* - Huile/panneau (27x35cm-11x14in) Zürich 94 .... FF3 245 - £388 - **$606**
MELCHIOR Carl Theodor 1826-1898 [3]
🖿 *Udsigt mod Kerteminde kirke* - Oil/canvas (28x39cm-11x15in) København 91 ...... FF4 830 - £484 - **$885**
MELCHIOR Joseph 1810-1883 [2]
🖿 *Almabtrieb* - Öl/Leinwand (45x62cm-18x24in) München 95 .... FF26 600 - £3 360 - **$5,330**
MELCHIOR Wilhelm 1817-1860 [10]
🖿 *Hirsch auf dem Waldweg* - Öl/Leinwand (53x68cm-21x27in) München 92......... FF7 450 - £866 - **$1,520**
Gamsrudel - Öl/Leinwand (82x107cm-32x42in) Wien 95 .... FF24 750 - £3 163 - **$5,130**
MELDERE Anita 1949 [6]
🖿 *Dalhias* - Huile/toile (80x67cm-31x26in) Paris 90 .... FF2 800 - £282 - **$509**
MELÉNDEZ José Agustín 1724-1800 [1]
🖿 *Autorretrato* - Oleo/lienzo (39x31cm-15x12in) Madrid 96......................... FF40 200 - £5 010 - **$7,760**
MELENDEZ Luis 1716-1780 [7]
🖿 *Naturaleza muerta con sandias* - Oleo/lienzo (38x50cm-15x20in) Madrid 92 ...... FF3 - £385 000 - **$665,000**
MELI Filippo 1795-? [1]
✏ *Gentleman contesting a bill* - Drawing (25x20cm-10x8in) London 91 .... FF2 183 - £220 - **$385**
MELI Giosué 1807-1893 [1]
✏ *Album: studies, genre scenes* - Drawing (25x34cm-10x13in) London 95 .... FF7 720 - £1 000 - **$1,600**
MELI Giuseppe ?-1893 [1]
✏ *Studies: Cardinal/Monk/Soldier* - Wash (20x15cm-8x6in) London 91 .... FF1 975 - £200 - **$392**
MELIDA Y ALINARI Enrique 1834-1892 [3]
🖿 *The concert* - Oil/canvas (155x123cm-61x48in) London 92 .... FF22 600 - £2 700 - **$4,350**
MELIK Edgar 1904-1976 [21]
🖿 *Femme assise* - Tempera (101x80cm-40x31in) Stuttgart 92 .... FF11 840 - £1 378 - **$2,420**
Le couple - Huile/carton (74x79cm-29x31in) Arles 94 .... FF26 000 - £3 010 - **$4,460**
Centaure terrassant le taureau - Huile/panneau (76x52cm-30x20in) Paris 94 .... FF36 000 - £4 210 - **$6,310**
MELIN Joseph Urbain 1814-1886 [6]
🖿 *Couple de chiens* - Huile/toile (97x130cm-38x51in) Paris 96 .... FF66 000 - £7 750 - **$12,980**
✏ *Six académies d'homme* - Pierre noire (45x61cm-18x24in) Paris 96 .... FF4 500 - £515 - **$858**
MÉLINGUE Étienne Marin 1808-1875 [1]
🏛 *Ambroise Paré* - Bronze (25cm-10in) Soissons 95 .... FF8 000 - £1 037 - **$1,665**

MÉLINGUE Gaston 1840-1914 [2]
- *A song for supper* - Oil/canvas (127x100cm-50x39in) London 91 .... FF*18 760* - £*1 881* - **$3,436**
- *Deux pêcheurs sur la grève* - Aquarelle (28x20cm-11x8in) Paris 94 .... FF*3 200* - £*379* - **$590**

MÉLINGUE Lucien Étienne 1841-1899 [2]
- *La Reine et Don Salluste* - Huile/toile (49x27cm-19x11in) Paris 94 .... FF*7 000* - £*804* - **$1,198**

MELIODON Jules 1867-? [2]
- *Allégorie de la peinture* - Bronze (26cm-10in) Bruxelles 92 .... FF*3 154* - £*323* - **$555**

MELIS Henricus Johannes 1845-1923 [4]
- *Mother & child at a table* - Oil/panel (25x27cm-10x11in) Amsterdam 93 .... FF*11 450* - £*1 368* - **$2,203**

MELITO Maurice Miot, dit 1920 [2]
- *Composition, 1957* - Collage (24x20cm-9x8in) Douai 90 .... FF*2 000* - £*216* - **$353**

MELKEBEKE van Jacques 1904-1983 [2]
- *Le cadeau de Pierrot* - Huile/toile (96x75cm-38x30in) Bruxelles 95 .... FF*5 520* - £*726* - **$1,108**

MELLE 1917-1988 [24]
- *Artist's parents* - Oil/panel (25x22cm-10x9in) Amsterdam 94 .... FF*16 700* - £*1 710* - **$2,940**
- *Lanscape* - Oil/panel (28x40cm-11x16in) Amsterdam 97 .... FF*23 435* - £*2 457* - **$4,021**
- *Bickerseiland* - Oil/canvas (51x70cm-20x28in) Amsterdam 96 .... FF*105 600* - £*12 210* - **$20,230**
- *Mother's care* - Ink/paper (32x49cm-13x19in) Amsterdam 96 .... FF*6 640* - £*768* - **$1,272**

MELLÉ Léon Auguste 1816-1889 [2]
- *Pêcheur en barque* - Huile/panneau (23x44cm-9x17in) Pontoise 96 .... FF*3 800* - £*433* - **$728**
- *Le château des Tuileries* - Huile/toile (50x100cm-20x39in) Paris 95 .... FF*19 000* - £*2 394* - **$3,760**

MELLE van Henri 1859-1930 [4]
- *Église, Chapelle-en-Serval* - Huile/toile (93x142cm-37x56in) Paris 93 .... FF*42 000* - £*5 060* - **$7,630**

MELLEN Mary Blood 1817-c.1890 [2]
- *House portrait* - Oil/canvas (55x68cm-22x27in) New-York 92 .... FF*19 600* - £*2 276* - **$4,000**
- *Shipwreck on the beach* - Oil/canvas (33x53cm-13x21in) New-York 92 ...... FF*267 000* - £*27 300* - **$47,000**

MELLERUP Tage 1911 [9]
- *Komposition* - Oil/canvas (67x47cm-26x19in) København 90 .... FF*5 300* - £*564* - **$948**

MELLERY Xavier 1845-1921 [25]
- *Allégorie* - Huile/papier/toile (51x134cm-20x53in) Bruxelles 92 .... FF*2 656* - £*272* - **$468**
- *A staircase* - Oil/canvas (70x50cm-28x20in) Amsterdam 97 .... FF*13 806* - £*1 469* - **$2,402**
- *Toits en hiver* - Oil/canvas (45x33cm-18x13in) London 90 .... FF*63 000* - £*6 702* - **$11,270**
- *Pêle-mêle de chats* - Dessin (12x10cm-5x4in) Bruxelles 97 .... FF*13 906* - £*1 513* - **$2,465**
- *Les Heures, L'Éternité et La Mort* - Watercolour (65x98cm-26x39in) London 93 ... FF*99 600* - £*12 000* - **$17,400**

MELLI Roberto 1885-1958 [5]
- *Ritratto di donna* - Olio/tela (57x43cm-22x17in) Milano 94 .... FF*26 560* - £*3 200* - **$4,960**

MELLIN Charles 1597-1647 [2]
- *The Triumph of Galatea* - Oil/canvas (121x124cm-48x49in) London 95 ..... FF*293 000* - £*38 000* - **$60,600**

MELLIN Ernst 1674-1746 [2]
- *Landscape* - Oil/panel (15x22cm-6x9in) Stockholm 96 .... FF*4 610* - £*542* - **$906**
- *Ruinlandskap* - Gouache (11x16cm-4x6in) Stockholm 95 .... FF*15 500* - £*1 980* - **$3,160**

MELLIN Joseph Urbain 1814-1886 [1]
- *Couple de chiens* - Huile/toile (95x125cm-37x49in) Paris 95 .... FF*27 000* - £*3 586* - **$5,560**

MELLING Antoine-Ignace 1763-1831 [8]
- *Palais, Defterdar Burnou* - Aquarelle, gouache (34x53cm-13x21in) Paris 94 .... FF*200 000* - £*23 630* - **$36,900**

MELLIT Arnold 1923 [7]
- *Nu allongé* - Huile/toile (80x130cm-31x51in) Paris 91 .... FF*3 800* - £*380* - **$626**

MELLON Campbell A. 1876-1955 [74]
- *The ruined abbey* - Oil/board (22x30cm-9x12in) London 92 .... FF*5 370* - £*550* - **$948**
- *Early May* - Oil/panel (30x38cm-12x15in) London 90 .... FF*12 100* - £*1 400* - **$2,086**
- *English Channel/On the Beach* - Oil/panel (22x30cm-9x12in) New-York 97 .... FF*48 351* - £*5 203* - **$8,500**

MELLON Eleanor 1894-1980 [1]
- *Guardian Angel figure* - Sculpture (56cm-22in) San Francisco-Los Angeles 93 ...... FF*5 500* - £*690* - **$1,000**

MELLONI Macedanio 1801-1854 [1]
- *Junge Frau mit Blüten am Dekolleté* - Aquarell (6x5cm-2x2in) Wien 93 .... FF*6 930* - £*796* - **$1,152**

MELLOR J. XIX [2]
- *River landscape with cattle* - Oil/canvas (60x91cm-24x36in) London 92 ...... FF*5 370* - £*550* - **$1,120**

MELLOR William 1851-1931 [84]
- *Llugwy, North Wales* - Oil/canvas (41x61cm-16x24in) New-York 94 .... FF*10 520* - £*1 218* - **$1,800**
- *Wooded river scene* - Oil/canvas (51x76cm-20x30in) Nantwich, Cheshire 92 ... FF*17 600* - £*1 800* - **$3,104**
- *Langdale, Westmoreland* - Oil/canvas (61x41cm-24x16in) London 97 .... FF*33 365* - £*3 500* - **$5,725**
- *Bolton Abbey/Rydal Water* - Oil/canvas (61x91cm-24x36in) London 95 ..... FF*69 600* - £*9 000* - **$14,220**

MELLOT Emmanuelle 1960 [2]
- *Nuage, 1989* - Technique mixte/panneau (75x110cm-30x43in) Verrières-Le-Buisson 89 ... FF*3 800* - £*400* - **$640**

MELLSTRÖM Rolf 1896-1953 [25]
- *Fällande änder* - Oil/canvas (73x115cm-29x45in) Stockholm 91 .... FF*5 390* - £*639* - **$997**
- *Flygande alfåglar* - Oil/canvas (74x115cm-29x45in) Stockholm 95 .... FF*7 230* - £*947* - **$1,470**
- *Ejdrar i havsbandet* - Oil/canvas (100x190cm-39x75in) Stockholm 97 ...... FF*30 943* - £*3 267* - **$5,346**

MELNIKOV Léonid 1927 [2]
- *Départ des régates* - Huile/toile (51x94cm-20x37in) Paris 91 .... FF*4 800* - £*492* - **$896**

MELNITZKY Margarete 1877-1962 [2]
- *Wiesenblumenstrauss im Tonkrug* - Öl/Leinwand Heidelberg 93 .... FF*3 050* - £*365* - **$587**

MELO Attilio 1917 [2]
- *Giardino pubblico a Londra* - Olio/tavola (35x48cm-14x19in) Milano 90 ...... FF*14 600* - £*1 553* - **$2,612**

MELOHS Charles XIX-XX [4]
- Garden path - Oil/canvas (71x91cm-28x36in) St. Petersburg, Florida 92 .... FF3 410 - £349 - $600

MELONI Gino 1905-1989 [26]
- Fiori sul tavolo - Tempera/cartone (35x49cm-14x19in) Milano 94 .... FF2 856 - £340 - $544
- Venezia - Olio/canvas (40x50cm-16x20in) Milano 94 .... FF19 030 - £2 204 - $3,330
- Natura morta con mele - Tempera/carta (34x47cm-13x19in) Milano 96 .... FF6 720 - £780 - $1,320

MELOTTI Fausto 1901-1986 [61]
- Senza titolo - Tecnica mista/cartone (34x49cm-13x19in) Milano 94 .... FF10 740 - £1 274 - $1,992
- Composizione - Tecnica mista (50x70cm-20x28in) Firenze 90 .... FF28 830 - £2 903 - $5,647
- Senza titolo, 1975 - Technique mixte/toile (70x50cm-28x20in) Milano 89 .... FF48 100 - £5 068 - $8,098
- Cavallino - Terracotta (23x11x20cm-9x4x8in) Milano 93 .... FF15 370 - £1 725 - $2,750
- Luna a coppa - Céramique (35x16x58cm-14x6x23in) Milano 92 .... FF46 500 - £5 530 - $8,940
- Cariatide - Céramique (155x90x63cm-61x35x25in) Venezia 96 .... FF300 600 - £37 800 - $57,600
- Composizione - Tecnica mista/carta (31x22cm-12x9in) Milano 96 .... FF5 380 - £624 - $1,056
- Due alberi - Matita/carta (23x15cm-9x6in) Milano 92 .... FF9 960 - £1 020 - $1,755
- Progetto per scultura - Gouache (50x70cm-20x28in) Milano 92 .... FF27 190 - £3 225 - $5,220

MELROSE Andrew W. 1836-1901 [28]
- Oberwessel on the Rhine - Oil/canvas (56x91cm-22x36in) Denver, Colorado 95 .... FF5 120 - £1 000 - $648
- Wind River Mountains, Colorado - Oil/canvas (61x107cm-24x42in) London 94 .... FF23 330 - £2 800 - $4,370
- Life on the river - Oil/canvas (76x127cm-30x50in) San Francisco-Los Angeles 92 .... FF117 000 - £13 970 - $22,500

MELS Jacques 1899-? [3]
- Raadhuisstraat - Oil/canvas (40x90cm-16x35in) Amsterdam 97 .... FF2 078 - £224 - $362

MELS René 1909-1977 [3]
- Composition - Technique mixte/papier (64x49cm-25x19in) Bruxelles 92 .... FF2 490 - £255 - $438

MELSEN Marten 1870-1947 [12]
- Kermesse in Flandres - Huile/toile (50x60cm-20x24in) Lokeren 95 .... FF27 600 - £3 450 - $5,410
- Les apiculteurs - Dessin (25x36cm-10x14in) Antwerpen 95 .... FF10 300 - £1 332 - $2,106

MELTSNER Paul R. 1905-1966 [6]
- Study of a worker - Oil/canvas Bloomfield Hills, Michigan 90 .... FF12 000 - £1 240 - $2,120

MELTZER Anna Elkan 1896-? [2]
- Girl with a pail - Oil/canvas (89x114cm-35x45in) Litchfield, CT 92 .... FF10 000 - £1 046 - $1,800

MELTZER Arthur 1893-? [4]
- Les jeunes au bain - Huile/toile (98x77cm-39x30in) Genève 89 .... FF78 000 - £8 219 - $13,131

MELTZOFF Stanley 1917-? [6]
- Lady fish - Oil/canvas (44x59cm-17x23in) London 95 .... FF42 200 - £5 500 - $8,730

MELVILLE Arthur 1855-1904 [10]
- French peasant - Oil/canvas (61x40cm-24x16in) London 91 .... FF44 600 - £4 526 - $8,055
- Abdullah - Watercolour (51x36cm-20x14in) Edinburgh 93 .... FF48 300 - £5 500 - $8,200
- Brig o'turk - Watercolour (60x85cm-24x33in) Glasgow 91 .... FF278 000 - £28 000 - $48,700

MELVILLE Harden Sidney XIX-XX [11]
- Rounding up the horses - Oil/canvas (61x91cm-24x36in) San Francisco-Los Angeles 95 .... FF6 360 - £823 - $1,300
- Tree fellers returning home - Wash (50x72cm-20x28in) London 91 .... FF2 963 - £299 - $588

MELVILLE John 1902-1986 [15]
- Art School - Oil/board (43x36cm-17x14in) London 95 .... FF6 720 - £850 - $1,314
- Surrealist Composition - Bronze (102x124cm-40x49in) London 94 .... FF6 920 - £900 - $1,370
- Reclining Female Figure - Pastel/paper (30x46cm-12x18in) London 94 .... FF2 330 - £280 - $432

MELZENER Alfred 1833-1905 [1]
- Berninamassiv von Pontresina - Öl/Leinwand (56x70cm-22x28in) Köln 95 .... FF19 500 - £2 464 - $3,910

MELZER Moritz 1877-1966 [27]
- Christus am Kreuz - Öl/Leinwand (195x105cm-77x41in) Köln 94 .... FF20 560 - £2 384 - $3,540
- Zwei Akte - Monotype (29x20cm-11x8in) Berlin 94 .... FF3 436 - £411 - $642
- Figur in Landschaft - Monotype (59x38cm-23x15in) Bremen 91 .... FF4 090 - £406 - $710
- Komposition - Monotype (27x13cm-11x5in) Berlin 95 .... FF13 730 - £1 796 - $2,790

MENABONE Athos 1895-? [2]
- Approaching storm - Oil/board (122x79cm-48x31in) New Orleans, Louisiana 92 .... FF14 040 - £1 436 - $2,600
- Cardinals and Dogwood - Watercolour (58x46cm-23x18in) New Orleans, Louisiana 92 .... FF4 320 - £442 - $800

MÉNAGEOT François-Guillaume 1744-1816 [7]
- L'Amicizia offre una ghirlanda - Olio/tela (109x130cm-43x51in) Milano 93 .... FF109 800 - £12 360 - $18,400
- Martyre de St. Sébastien - Oil/canvas (134x99cm-53x39in) New-York 92 .... FF305 000 - £31 950 - $55,000
- Tulia driving her chariot - Ink (16x21cm-6x8in) London 93 .... FF39 100 - £4 500 - $6,750

MÉNAGER Louise XIX-XX [1]
- Jetée de roses et fruits rouges - Huile/toile (46x55cm-18x22in) Paris 96 .... FF4 500 - £521 - $862

MENARD Émile René 1862-1930 [50]
- Paysage au crépuscule - Huile/toile (50x73cm-20x29in) Paris 97 .... FF9 500 - £1 036 - $1,661
- Ronde au bord du lac - Huile/toile (85x62cm-33x24in) Versailles 91 .... FF29 000 - £2 923 - $5,120
- Tritons et naïades - Gouache (32x59cm-13x23in) Paris 96 .... FF9 500 - £1 234 - $1,882
- Baigneuse - Pastel/toile (41x77100cm-30x39in) Paris 95 .... FF17 000 - £2 054 - $3,200
- Les Trois Grâces - Pastel (68x98cm-27x39in) Paris 95 .... FF50 000 - £5 980 - $9,510

MÉNARD René Joseph 1827-1887 [5]
- Halte sur le chemin - Huile/panneau (31x52cm-12x20in) Bayeux 95 .... FF15 000 - £1 898 - $2,930

MENARD Victor P. 1857-1930 [2]
- Vélodrome de Rennes - Poster (87x102cm-34x40in) New-York 96 .... FF18 340 - £2 160 - $3,600

M

MENARDEAU Maurice 1897-1977 [22]

🖼 *Thoniers à Concarneau* - Huile/toile (52x60cm-20x24in) Paris 92 .... FF2 800 - £287 - **$493**

✏ *Au mouillage* - Huile/panneau (22x27cm-9x11in) Quimper 97 .... FF7 500 - £803 - **$1,315**

✏ *Port de pêche* - Aquarelle (31x39cm-12x15in) Morlaix 95 .... FF2 200 - £285 - **$451**

MENASSADE Emilia 1860-? [1]

🖼 *Grappe de raisin* - Huile/panneau (50x26cm-20x10in) Madrid 96 .... FF14 070 - £1 750 - **$2,730**

MENDEL Arthur 1872-1945 [2]

🖼 *Enten am Rande eines Teiches* - Ol/Karton (18x24cm-7x9in) Lindau 93 .... FF7 000 - £817 - **$1,150**

MENDELSON Marc 1915 [12]

🖼 *Nature morte* - Huile/carton (22x17cm-9x7in) Antwerpen 95 .... FF5 880 - £735 - **$1,188**

✏ *L'Immobilité bleue* - Watercolour (53x67cm-21x26in) Lokeren 92 .... FF9 960 - £1 020 - **$1,752**

Composition - Gouache (14x19cm-6x7in) Bruxelles 92 .... FF19 770 - £2 360 - **$3,800**

MENDENHALL Emma 1876-? [2]

✏ *Beach Scene* - Watercolour (15x20cm-6x8in) Cambridge, Mass. 94 .... FF2 234 - £269 - **$425**

MENDENHALL Jack 1937 [3]

🖼 *Yellow sofa* - Oil/canvas (203x188cm-80x74in) New-York 89 .... FF91 500 - £9 356 - **$14,711**

MENDES DA COSTA Joseph 1863/64-1939 [8]

🗿 *Spinoza* - Bronze (32cm-13in) Amsterdam 91 .... FF29 450 - £2 953 - **$4,861**

A seated monkey - Stone (19cm-7in) Amsterdam 91 .... FF75 100 - £7 530 - **$12,397**

MENDES DA COSTA Samuel Henri 1845-1923 [3]

🖼 *Fishermen in the dunes* - Oil/panel (29x41cm-11x16in) Amsterdam 94 .... FF10 660 - £1 260 - **$1,915**

MENDES Jules Eduard 1862-1920 [1]

🖼 *Het dobbelstenenspel* - Huile/toile (81x101cm-32x40in) Tongeren 92 .... FF14 800 - £1 720 - **$3,020**

MENDES-FRANCE René 1888-1985 [4]

🖼 *La cuisinière* - Huile/toile (73x61cm-29x24in) Arles 96 .... FF5 000 - £634 - **$960**

MÉNDEZ Leopoldo 1902-1969 [7]

🖼 *Rumbo al mercado* - Linocut (25x26cm-10x10in) New-York 93 .... FF7 670 - £873 - **$1,300**

MENDIVE Manuel 1944 [3]

🖼 *Flor amarilla* - Olio/tela (76x102cm-30x40in) Roma 91 .... FF22 800 - £2 280 - **$3,800**

MENDJISKY Maurice 1889-? [11]

🖼 *Chemin dans la forêt* - Huile/toile (65x50cm-26x20in) Paris 92 .... FF15 500 - £1 587 - **$2,730**

✏ *Sitzender weiblicher Akt* - Pastell (65x50cm-26x20in) Bern 94 .... FF4 800 - £567 - **$855**

MENDJISKY Serge 1929 [117]

🖼 *Dans le tournant* - Oil/canvas (39x79cm-15x31in) New-York 94 .... FF6 430 - £739 - **$1,100**

Seine au Pont-Marie - Huile/toile (65x92cm-26x36in) Calais 92 .... FF15 500 - £1 850 - **$2,980**

La récolte - Huile/toile (72x91cm-28x36in) Nice 93 .... FF33 500 - £4 040 - **$6,090**

Paysage méditérranéen - Huile/panneau (45x53cm-18x21in) Le Touquet 93 .... FF50 900 - £6 130 - **$9,250**

Tsigane - Huile/toile (60x81cm-24x32in) Paris 91 .... FF82 000 - £8 143 - **$14,238**

✏ *Le Neguev* - Gouache (54x40cm-21x16in) Paris 95 .... FF3 000 - £389 - **$625**

MENDLICK Oscar 1871-1963 [5]

🖼 *Mer agitée* - Huile/toile (79x151cm-30x59in) Bruxelles 97 .... FF9 658 - £1 056 - **$1,687**

MENDOLY Grzegorz ?-1943 [1]

🖼 *Wenecja* - Oil/cardboard (32x43cm-13x17in) Lódz 93 .... FF2 545 - £289 - **$431**

MENE Jules 1810-1879 [453]

🗿 *Matador* - Bronze (54cm-21in) London 97 .... FF11 152 - £1 200 - **$1,961**

Chiens au repos - Bronze (25x45cm-10x18in) Chaumont 97 .... FF15 500 - £1 646 - **$2,700**

Cheval à la barrière - Bronze (29cm-11in) Compiègne 97 .... FF25 000 - £2 728 - **$4,370**

Fauconnier arabe à cheval - Bronze (78x58cm-31x23in) Bruxelles 97 .... FF40 712 - £4 382 - **$7,097**

Two horses - Bronze (73cm-29in) New-York 89 .... FF68 600 - £7 229 - **$11,549**

Louis XV à cheval - Bronze (65x76cm-26x30in) Paris 89 .... FF170 000 - £16 915 - **$26,856**

MENEGHINI Matteo 1840-1925 [3]

✏ *Jeune fille dans les fleurs* - Aquarelle (50x68cm-20x27in) Monaco 90 .... FF25 000 - £2 694 - **$4,409**

MENENDEZ PIDAL Luis 1864-1932 [6]

🖼 *El Gaitero* - Oleo/lienzo (68x48cm-27x19in) Madrid 97 .... FF48 000 - £5 160 - **$8,400**

El templo de Baco - Oleo/lienzo (51x79cm-20x31in) Madrid 94 .... FF103 600 - £12 220 - **$18,450**

MENESES Jesús [2]

✏ *Trillando en la era* - Acuarela/papel (65x95cm-26x37in) Madrid 97 .... FF4 800 - £540 - **$864**

MENETRIER Eric XX [8]

✏ *Les quais de l'Isère* - Aquarelle, gouache (36x48cm-14x19in) Grenoble 92 .... FF2 500 - £299 - **$481**

MENGARINI Fausta Vittoria 1893-1952 [2]

🗿 *Master Impudence* - Bronze (32cm-13in) New-York 95 .... FF1 940 - £249 - **$400**

Young boy looking to the right - Bronze (41cm-16in) London 92 .... FF3 710 - £380 - **$728**

MENGE Charles 1920 [6]

🖼 *Automne* - Ol/Karton (26x36cm-10x14in) Bern 94 .... FF26 260 - £3 040 - **$4,520**

MENGER Franz Xaver 1790-1866 [1]

✏ *Italienisches Skizzenbuch* - Drawing (21x28cm-8x11in) Wien 94 .... FF4 400 - £509 - **$756**

MENGIN Charles Auguste 1853-1933 [2]

🖼 *Liegender weiblicher Akt* - Oil/canvas (21x28cm-8x11in) Wien 92 .... FF8 660 - £887 - **$1,526**

MENGIN Paul Eugène 1853-1937 [7]

🗿 *Femme à la mandoline* - Bronze (61cm-24in) Saint-Etienne 95 .... FF15 000 - £1 895 - **$3,010**

Le Puits qui parle - Bronze (150cm-59in) Brive-la-Gaillarde 96 .... FF93 000 - £11 270 - **$18,100**

MENGS Anton Rafael 1728-1779 [14]

🖼 *Saint John the Baptist* - Oil/panel (34x45cm-13x18in) London 94 .... FF97 000 - £11 500 - **$17,940**

Infanta Maria Ludovica de Borbon - Oil/canvas (45x33cm-18x13in) London 96 .... FF337 600 - £42 000 - **$65,500**

Truth - Pastel (61x49cm-24x19in) London 93 .... **FF851 000** - £98 000 - **\$147,000**
MENGUY Frédéric 1927 [55]
Arbres noirs - Huile/toile (55x46cm-22x18in) Lille 97 .... **FF4 000** - £414 - **\$685**
Bord de l'eau - Huile/toile (73x60cm-29x24in) Versailles 97 .... **FF10 500** - £1 151 - **\$1,843**
Deux chevaux bleus - Huile/toile (65x81cm-26x32in) Versailles 91 .... **FF24 000** - £2 418 - **\$4,165**
MENICHETTI Mario 1889-? [4]
Firenze dal Piazzale Michelangelo - Olio/cartone (12x19cm-5x7in) Roma 96 .... **FF2 170** - £252 - **\$423**
MENIN Roger 1925 [17]
Maternité - Huile/toile (54x65cm-21x26in) Blois 95 .... **FF3 900** - £472 - **\$734**
MENINSKY Bernard 1891-1950 [66]
Young Woman - Oil/canvas (46x30cm-18x12in) London 97 .... **FF12 253** - £1 300 - **\$2,112**
Reclining female nude - Oil/canvas (36x46cm-14x18in) London 96 .... **FF28 100** - £3 200 - **\$5,380**
Spanish siesta - Oil/canvas (54x67cm-21x26in) London 92 .... **FF70 100** - £7 200 - **\$13,460**
Mother and child - Watercolour (34x24cm-13x9in) London 95 .... **FF16 470** - £2 100 - **\$3,320**
Repose - Gouache (36x51cm-14x20in) London 94 .... **FF40 200** - £4 800 - **\$7,530**
MENJAUD Alexandre 1773-1832 [1]
Joseph et les songes de Pharaon - Huile/toile (81x109cm-32x43in) Paris 96 .... **FF35 000** - £4 540 - **\$6,920**
MENKES Zygmunt, Joseph 1896-1986 [72]
Old Printing House - Oil/cardboard (60x47cm-24x19in) Tel Aviv 95 .... **FF9 030** - £1 131 - **\$1,800**
Floral still life - Oil/canvas (77x51cm-30x20in) New-York 96 .... **FF16 940** - £2 043 - **\$3,250**
Flowers and Fruit - Oil/canvas (76x61cm-30x24in) New-York 97 .... **FF30 467** - £3 205 - **\$5,249**
Native Melody - Oil/canvas (100x81cm-39x32in) New-York 97 .... **FF40 627** - £4 274 - **\$7,000**
Flowers - Huile/toile (116x81cm-46x32in) Warszawa 91 .... **FF158 000** - £16 260 - **\$31,600**
MENN Barthélémy 1815-1893 [13]
Galante Szene - Öl/Papier (20x29cm-8x11in) Zürich 96 .... **FF110 180** - £1 320 - **\$2,014**
Vaches à l'étang - Oil/canvas (38x46cm-15x18in) Luzern 92 .... **FF68 500** - £8 180 - **\$13,180**
Bäumen und Sträuchern - Watercolour/paper (18x27cm-7x11in) Zürich 95 .... **FF7 230** - £864 - **\$1,391**
MENNERET Charles 1876-1946 [3]
Paysage d'hiver - Huile/toile (45x75cm-18x30in) Paris 93 .... **FF3 200** - £368 - **\$551**
MENNET Louis 1829-1875 [9]
Zweimaster vor einer Küste - Oil/canvas/board (21x30cm-8x12in) Luzern 92 .... **FF8 180** - £836 - **\$1,441**
Schoner mit Segel im Hafen - Aquarell/Papier (24x21cm-9x8in) Wien 94 .... **FF3 410** - £409 - **\$663**
MENOCAL Armando G. 1863-1942 [5]
Recepción de los caballeros - Oleo/tabla (26x35cm-10x14in) Madrid 91 .... **FF25 740** - £2 562 - **\$4,426**
MENON Anjolie Ela 1940 [9]
Dariba Kalaan - Oil/masonite (122x92cm-48x36in) London 95 .... **FF93 800** - £12 000 - **\$18,860**
MENPES Mortimer L. 1855-1938 [45]
Southern Aisle, St. Marks - Oil/board (39x25cm-15x10in) London 95 .... **FF3 700** - £480 - **\$766**
Jaipur - Oil/board (24x28cm-9x11in) London 95 .... **FF68 200** - £8 500 - **\$13,350**
Children - Bodycolour (40x31cm-16x12in) London 96 .... **FF6 140** - £700 - **\$1,176**
Porta della Cart, Venice - Watercolour (26x20cm-10x8in) London 94 .... **FF25 950** - £3 000 - **\$4,470**
MENS van Isidore 1890-1985 [36]
Jeune femme Mozabite - Huile/toile (47x36cm-19x14in) Paris 96 .... **FF8 000** - £1 003 - **\$1,547**
Ghardaïa - Huile/toile (80x100cm-31x39in) Paris 95 .... **FF25 000** - £3 286 - **\$5,020**
MENSA Carlos 1936-1982 [2]
Surrealistische Darstellung - Oil/canvas (33x24cm-13x9in) Bremen 91 .... **FF6 840** - £702 - **\$1,273**
MENSA SALAS Manuel 1875-? [1]
Posada de Gitanos sevillanos - Oleo/lienzo (69x58cm-27x23in) Madrid 96 .... **FF11 160** - £1 417 - **\$2,142**
MENSE Carlo 1886-1965 [39]
Spätsommertag am Rhein - Öl/Leinwand (70x89cm-28x35in) Köln 95 .... **FF34 300** - £4 490 - **\$6,970**
Madonna mit Kind - Oil/canvas (100x71cm-39x28in) London 95 .... **FF92 300** - £12 000 - **\$19,000**
Resi - Aquarell (52x34cm-20x13in) München 94 .... **FF8 540** - £1 003 - **\$1,523**
Landschaft mit Häuser - Watercolour (22x26cm-9x10in) London 94 .... **FF32 560** - £3 800 - **\$5,660**
MENSES Jan 1933 [14]
Tête de femme - Encre (61x48cm-24x19in) Montréal 93 .... **FF2 275** - £257 - **\$389**
MENSHAUSEN-LABRIOLA Frieda 1861-1939 [1]
Mädchenbildnis - Pastell (112x92cm-44x36in) Bern 92 .... **FF2 976** - £304 - **\$524**
MENSION Cornelis Jan 1852-1950 [3]
Two tigers washing - Oil/canvas (68x89cm-27x35in) Amsterdam 89 .... **FF10 800** - £1 043 - **\$1,639**
MENTA Édouard 1858-1887 [10]
Le petit cuisinier - Oil/canvas (65x44cm-26x17in) New-York 92 .... **FF38 850** - £4 070 - **\$7,000**
La Repasseuse - Oil/canvas (162x101cm-64x40in) London 94 .... **FF113 400** - £13 500 - **\$21,370**
MENTELER Franz 1777-1833 [2]
Kinderportrait - Oil/canvas (28x25cm-11x10in) Zofingen 92 .... **FF5 210** - £532 - **\$917**
MENTELER Franz Thaddäus I 1712-1789 [1]
Damenporträt - Öl/Leinwand (86cm-34in) Bern 93 .... **FF3 005** - £376 - **\$549**
MENTELER Kaspar Anton 1783-1837 [3]
Bildnis einer älteren Frau - Öl/Leinwand (53x42cm-21x17in) Bern 95 .... **FF5 160** - £671 - **\$1,060**
MENTHA Edouard John 1858-? [1]
L'Amateur - Aquarell (21x16cm-8x6in) Bern 96 .... **FF2 037** - £247 - **\$396**
MENTOR Blasco 1918 [103]
Venise, Pont du Rialto - Huile/toile (54x65cm-21x26in) Paris 96 .... **FF15 500** - £1 880 - **\$3,014**

M

Bain de soleil - Huile/toile (55x65cm-22x26in) Calais 97 .... FF*24 300* - £2 663 - **$4,265**
Dans l'arène - Huile/toile (81x116cm-32x46in) La Varenne Saint-Hilaire 94 .... FF*59 000* - £6 770 - **$10,100**
L'imprimerie - Huile/toile (130x162cm-51x64in) Versailles 91 .... FF*300 000* - £30 081 - **$49,521**
🎨 *Sphinge songeuse* - Bronze (15x25cm-6x10in) Versailles 90 .... FF*20 000* - £2 073 - **$3,515**
✏️ *L'artiste et son modèle* - Pastel (29x41cm-11x16in) Paris 96 .... FF*4 500* - £581 - **$870**
MENTOR Will XX [2]
🌿 *One of six systems of Yoga* - Oil/canvas (183x122cm-72x48in) New-York 90 .... FF*28 600* - £2 964 - **$5,026**
MENUS Alexandre 1964 [2]
🌿 *Fruits, poissons* - Huile/toile (110x150cm-43x59in) Paris 90 .... FF*3 600* - £368 - **$711**
MENZ von Max 1824-1895 [1]
🌿 *Bauerndirdl im Kahn* - Öl/Leinwand (52x67cm-20x26in) München 94 .... FF*21 100* - £2 583 - **$3,835**
MENZ Willy 1890-1969 [2]
✏️ *Spaziergänger* - Aquarell (23x32cm-9x13in) Bremen 95 .... FF*2 087* - £271 - **$435**
MENZEL Julie 1863-? [3]
🖼️ *Mädchenporträt mit Weinlaub umrankt* - Öl/Leinwand (64x50cm-25x20in) Wien 94 .... FF*2 930* - £333 - **$497**
Sarah Bernhardt - Oil/canvas (66x53cm-26x21in) Chicago 94 .... FF*28 100* - £3 314 - **$5,000**
MENZEL von Adolph 1815-1905 [91]
✏️ *Vier Kindern* - Pencil/paper (17x21cm-7x8in) Hamburg 97 .... FF*9 269* - £991 - **$1,615**
Friedrichs des Grossen - Pencil/paper (23x31cm-9x12in) Hamburg 93 .... FF*29 240* - £3 314 - **$4,940**
Mutter mit Kind - Charcoal (16x16cm-6x6in) München 93 .... FF*54 700* - £6 480 - **$9,870**
Voltaire beim Ankleiden - Gouache/papier (24x18cm-9x7in) Köln 95 .... FF*656 000* - £85 300 - **$134,500**
Indianer-Café, Wien - Bodycolour (31x22cm-12x9in) London 96 .... FF*1 92e +06* - £135 000 - **$211,000**
MENZIEY-JONES Llewellyn 1889-? [1]
✏️ *Brill* - Wash (28x39cm-11x15in) London 90 .... FF*1 663* - £175 - **$289**
MENZIO Francesco 1899-1979 [13]
🌿 *Paesaggio lacustre* - Olio/cartone (50x70cm-20x28in) Milano 91 .... FF*27 100* - £2 785 - **$5,050**
Nudo disteso - Olio/tela (60x120cm-24x47in) Milano 91 .... FF*45 200* - £4 640 - **$8,410**
✏️ *Fanciulla seduta* - Tempera/carta (100x71cm-39x28in) Milano 95 .... FF*25 100* - £3 280 - **$5,040**
MENZLER Wilhelm 1846-1900 [17]
🌿 *Elegant young woman* - Oil/panel (42x27cm-17x11in) New-York 92 .... FF*16 740* - £1 710 - **$3,100**
Arranging Flowers - Oil/canvas (95x65cm-37x26in) London 97 .... FF*91 241* - £10 000 - **$16,013**
MENZLER-PEYTON Bertha 1871-1950 [1]
🌿 *Fishing Sheds* - Oil/canvas (30x40cm-12x16in) Elgin, Illinois 91 .... FF*8 200* - £826 - **$1,423**
MEO Gaetano ?-1925 [1]
🌿 *Hampstead heath* - Oil/canvas/board (30x23cm-12x9in) London 90 .... FF*6 050* - £612 - **$1,151**
MEQUILLET Gustave c.1840-c.1900 [1]
✏️ *View of Meissonier's studio* - Watercolour (29x42cm-11x17in) London 94 .... FF*31 930* - £3 800 - **$6,010**
MERCADÉ QUERALT Jaime 1889-1967 [5]
🌿 *Paisaje catalán* - Oleo/lienzo (51x61cm-20x24in) Madrid 90 .... FF*64 800* - £6 938 - **$11,270**
MERCADIER Gustave XIX-XX [1]
🌿 *Grand-père, raconte une histoire!* - Huile/toile (41x33cm-16x13in) Paris 96 ...... FF*8 000* - £926 - **$1,533**
MERCEY de Frédéric 1805-1860 [3]
✏️ *View of Foligno* - Black chalk (26x41cm-10x16in) London 97 .... FF*2 085* - £220 - **$358**
MERCHI Gaetano 1747-1829 [1]
🗿 *Madame Guimard* - Terracotta (68cm-27in) Zürich 95 .... FF*73 300* - £9 450 - **$14,930**
MERCIÉ Marius Jean Antonin 1845-1916 [88]
🗿 *Quand même* - Bronze (103cm-41in) Besançon 96 .... FF*23 000* - £2 840 - **$4,440**
Gloria Victis - Bronze (72cm-28in) London 96 .... FF*31 560* - £4 000 - **$6,050**
Gloria Victis - Bronze (140cm-55in) London 96 .... FF*142 000* - £18 000 - **$27,230**
MERCIER Charles 1832-1909 [1]
🌿 *Bords de la Marne* - Huile/panneau (23x38cm-9x15in) Paris 90 .... FF*9 000* - £920 - **$1,776**
MERCIER Jean A. 1899-1995 [19]
🗂️ *Cointreau* - Poster (119x80cm-47x31in) New-York 96 .... FF*6 110* - £720 - **$1,200**
✏️ *La Bigoudenne* - Gouache (46x38cm-18x15in) Pont-Audemer 90 .... FF*38 000* - £4 043 - **$6,798**
MERCIER Monique 1934 [2]
🌿 *Le petit bois* - Huile/toile (56x71cm-22x28in) Montréal 91 .... FF*2 150* - £218 - **$432**
MERCIER Paul C. 1930 [1]
🗿 *Sans titre* - Bronze (42cm-17in) Montréal 89 .... FF*2 400* - £239 - **$379**
MERCIER Philippe 1689-1760 [27]
🌿 *Farquhar's recruiting officer* - Oil/canvas (106x132cm-42x52in) London 97 ...... FF*74 697* - £8 000 - **$12,982**
Vorbereitung für einen Maskenball - Öl/Leinwand (19x96cm-7x38in) Wien 96 .... FF*216 400* - £27 130 - **$42,300**
MERCIER Ruth 1882-1913 [3]
✏️ *The Gondoliers* - Watercolour (75x56cm-30x22in) London 94 .... FF*2 970* - £340 - **$499**
MERCIER Victor 1833-? [1]
🌿 *Matelots jouant au loto* - Huile/toile (140x210cm-55x83in) Biarritz 90 .... FF*32 000* - £3 316 - **$5,624**
MERCKAERT Jules 1872-1924 [20]
🌿 *Riviergezicht bij zonsondergang* - Huile/toile (50x60cm-20x24in) Lokeren 96 ...... FF*4 780* - £603 - **$953**
Riviergezicht - Huile/toile (55x90cm-22x35in) Lokeren 96 .... FF*14 800* - £1 827 - **$2,855**
MERCKER Erich 1891-1973 [50]
🌿 *Hochofen und Eisenbahnlinie* - Öl/Leinwand (110x45cm-43x18in) Stuttgart 94 ...... FF*8 500* - £992 - **$1,490**
Veduta del porto di Amburgo - Olio/faesite (103x120cm-41x47in) Trieste 92 ...... FF*31 700* - £3 245 - **$5,580**
MERCULIANO Giacomo 1859-1935 [4]
🗿 *Lioness on a rock* - Bronze (38cm-15in) London 92 .... FF*14 600* - £1 500 - **$2,715**

M

MERCURY Paolo 1804-1884 [1]
Etude de sculpture - Crayon (35x24cm-14x9in) Paris 92 .... FF*2 000* - £*239* - **\$385**

MEREDITH Eric Norman XX [2]
Leapfrog - Watercolour (25x16cm-10x6in) London 94 .... FF*5 110* - £*600* - **\$910**

MEREDITH John 1933 [6]
The Bridge, N° 4 - Oil/canvas (92x85cm-36x33in) Toronto 94 .... FF*20 460* - £*2 390* - **\$3,610**
Female nude - Mixed media/paper (183x152cm-72x60in) Toronto 96 .... FF*13 560* - £*1 628* - **\$2,600**

MEREILES DE LIMA Vitor 1832-1903 [2]
Menina - Oil/canvas (65x53cm-26x21in) New-York 92 .... FF*34 100* - £*3 486* - **\$6,000**
Jovem Cavalheiro - Oil/canvas (192x130cm-76x51in) New-York 90 .... FF*189 000* - £*19 234* - **\$37,797**

MERELLE René 1903 [1]
Petit chien - Bronze (16cm-6in) Zofingen 95 .... FF*4 680* - £*612* - **\$937**

MERELLO Rubaldo 1872-1922 [3]
Nimfa - Carboncino/carta (23x16cm-9x6in) Genova 89 .... FF*9 200* - £*941* - **\$1,479**

MÉRET Émile-Louis XIX-XX [5]
Paris, les quais et le bateau-lavoir - Huile/toile (38x61cm-15x24in) Paris 96 ...... FF*7 000* - £*901* - **\$1,388**

MERGELL Karl 1870-1944 [12]
Bauernhaus mit Bäumen - Öl/Leinwand (50x65cm-20x26in) Staufen 95 .... FF*4 210* - £*540* - **\$849**

MERIAN Maria Sybilla 1647-1717 [7]
Parrot Tulip with a Magpie Moth - Watercolour (32x26cm-13x10in) New-York 96 . FF*222 000* - £*29 100* - **\$45,000**

MERIAN Matthäus II 1621-1687 [1]
Karl V von Lothringen als Sieger - Oil/canvas (325x352cm-128x139in) Wien 90 ... FF*336 000* - £*35 974* - **\$58,435**

MÉRIDA Carlos 1891-1984 [95]
Impresiones del viejo Oriente - Oil/paper (55x80cm-22x31in) New-York 97 ...... FF*58 038* - £*6 106* - **\$10,000**
Untitled - Oil/masonite (61x45cm-24x18in) New-York 92 .... FF*114 400* - £*13 660* - **\$22,000**
Demoiselle élue - Mixed media (60x45cm-24x18in) New-York 97 .... FF*206 658* - £*21 945* - **\$36,000**
Viejos dioses y los viejos mitos - Oil/canvas (112x93cm-44x37in) New-York 97 . FF*429 555* - £*45 787* - **\$75,000**
Cuadro de don Carlos Pellicer - Watercolour (29x36cm-11x14in) New-York 97 .... FF*22 962* - £*2 438* - **\$4,000**
Composición Geométrica - Gouache (42x34cm-17x13in) New-York 95 .... FF*41 240* - £*5 480* - **\$8,500**
Cuarta dimension - Mixed media/paper (45x60cm-18x24in) New-York 97 .... FF*54 535* - £*5 791* - **\$9,500**
Theme of Love - Gouache (47x57cm-19x22in) New-York 95 .... FF*112 290* - £*14 000* - **\$22,000**

MÉRIEL-BUSSY André 1902-1985 [36]
Les nymphes - Huile (61x50cm-24x20in) Concarneau 92 .... FF*6 500* - £*666* - **\$1,145**
Jeune fille de Kerlouan - Gouache (28x41cm-11x16in) Quimper 94 .... FF*3 400* - £*394* - **\$584**
Maternité à Plougastel - Gouache (44x36cm-17x14in) Brest 94 .... FF*5 800* - £*681* - **\$1,026**

MÉRIEL-BUSSY Yves XX [5]
Jeune fille à la colombe - Huile/toile (54x38cm-21x15in) Douarnenez 95 .... FF*3 000* - £*391* - **\$623**
Femme de Plougastel - Aquarelle (45x61cm-18x24in) Concarneau 93 .... FF*2 600* - £*314* - **\$473**

MERINO Daniel 1941 [6]
En la mesa - Oleo/tablex (46x39cm-18x15in) Madrid 93 .... FF*7 050* - £*848* - **\$1,373**

MERINO Ignacio 1817-1876 [1]
Colón y su hijo en la Ribida - Oil/canvas (88x150cm-35x59in) New-York 94 ..... FF*137 000* - £*16 100* - **\$24,000**

MÉRION René [2]
Orientals on a market-square, Turkey - Oil/canvas (52x43cm-20x17in) Amsterdam 97 ... FF*4 492* - £*474* - **\$770**

MERISE Fritz 1946 [8]
Jungle - Huile/toile (51x61cm-20x24in) Paris 93 .... FF*4 400* - £*531* - **\$800**

MÉRITE Édouard Paul 1867-1941 [29]
La hase et ses petits - Huile/carton (27x35cm-11x14in) Barbizon 92 .... FF*7 000* - £*717* - **\$1,233**
La battue - Aquarelle (15x24cm-6x9in) Soissons 92 .... FF*3 800* - £*493* - **\$779**
Le lièvre et la pie - Aquarelle (15x23cm-6x9in) Soissons 96 .... FF*5 500* - £*646* - **\$1,082**

MERK Eduard 1816-1888 [3]
Interieur - Oil/canvas (46x64cm-18x25in) München 91 .... FF*19 600* - £*1 965* - **\$3,235**

MERKAERT Jules 1872-1924 [1]
Paysage champêtre - Huile/panneau (15x24cm-6x9in) Liège 89 .... FF*2 900* - £*280* - **\$440**

MERKEL Georg, Jerzy 1881-1976 [16]
Mutter mit Kind - Öl/Karton (48x36cm-19x14in) Wien 93 .... FF*24 500* - £*2 770* - **\$4,130**
Sitzender Akt - Öl/Leinwand (74x61cm-29x24in) Wien 97 .... FF*105 116* - £*11 176* - **\$18,128**
Morgentoilette - Aquarell/Papier (50x36cm-20x14in) Wien 97 .... FF*5 276* - £*557* - **\$912**

MERKEL Otto XIX-XX [2]
Woman with pearls - Miniature (13x5cm-5x2in) Philadelphia 93 .... FF*3 025* - £*358* - **\$550**

MERKEL-ROMÉE Louise 1888-1976 [2]
Motiv aud Südfrankreich - Öl/Leinwand (60x73cm-24x29in) Wien 93 .... FF*19 600* - £*2 216* - **\$3,303**
Dorf in Südfrankreich - Aquarell (45x60cm-18x24in) Wien 95 .... FF*1 750* - £*221* - **\$351**

MERKELBACH Alexander Pierre J. 1824-1906 [1]
The picture book - Oil/panel (44x55cm-17x22in) Amsterdam 95 .... FF*30 200* - £*3 770* - **\$6,100**

MERKER Erich 1891-1971 [3]
Nordischer Fischerhafen - Öl/Leinwand (65x85cm-26x33in) Kempten 96 .... FF*9 500* - £*1 232* - **\$1,862**

MERKER Max 1861-1928 [8]
Fontaine, Villa Borghese, Rome - Huile/toile (60x83cm-24x33in) Bruxelles 91 ...... FF*8 230* - £*843* - **\$1,537**

MERKL Georg 1881-1976 [1]
Mutter mit Kind - Pastel/paper (53x38cm-21x15in) Wien 93 .... FF*3 370* - £*403* - **\$648**

M

MERKOULOV Pierre 1951 [1]
● *La madone verte* - Huile/toile (60x46cm-24x19in) Bruxelles 92 .... FF10 200 - £1 184 - **$2,080**
MERKUROV Sergei Dmitrievich 1881-1952 [1]
▣ *Death mask of Vladimir Lenin* - Plaster London 89 .... FF58 100 - £5 941 - **$9,341**
MERLE Hugues 1823-1881 [14]
● *Carmosine* - Oil/canvas (56x46cm-22x18in) New-York 94 .... FF17 950 - £2 120 - **$3,200**
  Prière pour un bon retour - Oil/canvas (131x99cm-52x39in) New-York 97 .... FF91 272 - £9 838 - **$16,000**
  Rocking the Cradle - Oil/canvas (50x60cm-20x24in) New-York 97 .... FF231 507 - £24 932 - **$41,000**
MERLICEK Elisabeth 1911-1988 [5]
● *Abend* - Oil/canvas (95x88cm-37x35in) Wien 92 .... FF13 470 - £1 610 - **$2,590**
  Abendsonne - Öl/Leinwand (92x110cm-36x43in) Wien 95 .... FF49 000 - £6 340 - **$9,960**
MERLIER Pierre 1931 [2]
▣ *La Toison* - Bois (13x24cm-5x9in) Paris 93 .... FF6 000 - £723 - **$1,091**
  L'opération - Sculpture (130x97cm-51x38in) Paris 91 .... FF18 000 - £1 788 - **$3,125**
MERLIN Daniel 1861-1933 [15]
● *Kittens at play* - Oil/canvas (58x73cm-23x29in) New-York 93 .... FF16 500 - £1 950 - **$3,000**
  A Proud Mother - Oil/canvas (45x54cm-18x21in) London 94 .... FF41 900 - £4 800 - **$7,100**
MERLIN Louis 1886-1919 [1]
● *Jardinier au printemps* - Huile/panneau (58x78cm-23x31in) Bruxelles 95 .... FF4 400 - £571 - **$916**
MERLINO Silvio 1952 [2]
● *Palmeto* - Tecnica mista/tela (60x80cm-24x31in) Milano 91 .... FF9 040 - £928 - **$1,684**
✎ *Vulcano che dorme* - Coloured chalks (123x185cm-48x73in) New-York 93 .... FF38 500 - £4 830 - **$7,000**
MERLO Camillo 1856-1931 [1]
✎ *Campagna torinese* - Carboncino (24x37cm-9x15in) Torino 93 .... FF1 647 - £186 - **$277**
MERLO Metello 1886-1964 [1]
● *Riva degli Schiavoni a Venezia* - Olio/cartone (40x50cm-16x20in) Torino 93 .... FF2 745 - £310 - **$462**
MERMET Roger, Robert 1896-? [2]
▣ *Nu féminin au rocher* - Terracotta (40cm-16in) Liège 96 .... FF1 500 - £195 - **$297**
MERO Istvan 1873-1938 [5]
● *Vanity* - Oil/panel (27x35cm-11x14in) London 94 .... FF3 386 - £400 - **$608**
  Cherry picking - Oil/canvas (100x75cm-39x30in) London 93 .... FF44 000 - £5 500 - **$7,970**
MÉRODACK-JEANNEAU Alexis 1873-1919 [27]
● *Femme sur fond bleu* - Huile/toile (35x27cm-14x11in) Paris 94 .... FF9 000 - £1 022 - **$1,526**
  Porteuse d'oranges - Huile/toile (81x64cm-32x25in) Paris 95 .... FF20 500 - £2 650 - **$4,190**
✎ *Femme aux oiseaux* - Fusain (32x38cm-13x15in) Paris 96 .... FF20 000 - £2 410 - **$3,840**
MERODE von Carl Freiherr 1853-1909 [4]
● *Herbstmorgen am Markt* - Öl/Karton (24x16cm-9x6in) Wien 95 .... FF16 730 - £1 778 - **$2,884**
  The Fiddler - Oil/panel (22x16cm-9x6in) New-York 94 .... FF45 300 - £5 240 - **$7,750**
MEROLA Mario 1931 [5]
● *Neige* - Acrylique/panneau (91x61cm-36x24in) Montréal 93 .... FF3 560 - £404 - **$603**
MERRE Johanna H. 1867-1940 [4]
● *Stilleben* - Oil/panel (65x50cm-26x20in) Köln 92 .... FF6 120 - £627 - **$1,077**
MERRETT Joseph Jenner 1816-1854 [1]
✎ *Heki/Heki's wife/Kawiti* - Wash (24x17cm-9x7in) London 89 .... FF3 700 - £378 - **$595**
MERRIAM James Arthur 1880-1951 [3]
● *Sand dunes* - Oil/canvas (79x127cm-31x50in) San Francisco 91 .... FF7 970 - £805 - **$1,582**
MERRIFIELD Tom 1932 [14]
● *Woman seated in a conservatory* - Oil/canvas (61x91cm-24x36in) London 92 .... FF4 680 - £480 - **$870**
▣ *L'arabesque* - Bronze (63cm-25in) London 92 .... FF13 640 - £1 400 - **$2,535**
✎ *Seated and standing figures* - Pastel (35x24cm-14x9in) London 93 .... FF2 670 - £300 - **$447**
MERRILD Knut 1894-1954 [3]
● *Anthropometric* - Oil/masonite (33x28cm-13x11in) London 95 .... FF39 600 - £5 000 - **$7,940**
MERRILL Frank Thayer 1848-? [1]
● *Pilgrims waving goodbye to men* - Oil/board (46x61cm-18x24in) New-York 96 .... FF4 100 - £487 - **$800**
MERRIOTT Jack 1901-1968 [8]
● *The harbour, Looe* - Oil/canvas (218x366cm-86x144in) Penzance, Cornwall 94 .... FF8 780 - £1 000 - **$1,490**
✎ *Winter in Chelshem* - Coloured chalks (45x61cm-18x24in) Honiton, Devon 95 .... FF2 336 - £300 - **$472**
MERRITT Anna Lea 1844-1930 [7]
● *Miss Ethel D'Arcy* - Oil/canvas (152x92cm-60x36in) New-York 95 .... FF12 110 - £1 558 - **$2,500**
MERRITT Henry Samuel XIX-XX [3]
✎ *Rural landscape* - Watercolour (36x46cm-14x18in) London 95 .... FF2 197 - £280 - **$443**
MERS de Joseph, Joe 1910-1984 [4]
● *Woman seated in dressing room* - Gouache (41x38cm-16x15in) New-York 94 .... FF9 260 - £1 111 - **$1,800**
MERSEREAU Paul 1868-? [1]
● *Rural landscape with road*
        Oil/canvas/board (69x84cm-27x33in) New Orleans, Louisiana 96 .... FF6 240 - £794 - **$1,200**
MERSFELDER Jules 1865-1937 [3]
● *Plowing the fields* - Oil/canvas (76x102cm-30x40in) San Francisco-Los Angeles 91 .... FF5 990 - £599 - **$987**
MERSON Charles Olivier 1822-1902 [1]
● *Pan et une Chimère* - Oil/panel (34x67cm-13x26in) London 96 .... FF16 950 - £2 200 - **$3,350**
MERSON Luc Olivier 1846-1920 [11]
● *Justice et Liberté* - Huile/panneau (20x47cm-8x19in) Paris 92 .... FF10 000 - £1 194 - **$1,923**
✎ *Étude pour l'Opéra Comique* - Trois crayons (43x35cm-17x14in) Clermont-Ferrand 95 .... FF2 200 - £274 - **$429**
  Etude de tête - Crayon (36x26cm-14x10in) Paris 97 .... FF8 600 - £918 - **$1,489**

MERSSEMAN de Auguste Joseph M. 1808-c.1880 [1]
- *Jeune femme au chien* - Huile/panneau (37x30cm-15x12in) Paris 90 .... FF36 000 - £3 625 - **$7,052**

MERTÉ Heinrich 1838-1917 [1]
- *Hausbesuch* - Öl/Leinwand (83x106cm-33x42in) Köln 93 .... FF63 000 - £7 200 - **$10,700**

MERTÉ Oskar 1873-1938 [3]
- *Heads of four horses* - Oil/canvas (59x83cm-23x33in) London 91 .... FF29 760 - £3 020 - **$5,375**

MERTENS Charles 1865-1919 [10]
- *Vue de la Méditerranée* - Huile/toile (69x65cm-27x26in) Bruxelles 93 .... FF5 930 - £710 - **$1,212**

MERTENS Hans 1906-1944 [1]
- *Selbstbildnis an der Staffelei* - Oil/canvas (75x60cm-30x24in) Berlin 90 .... FF61 200 - £6 228 - **$12,239**

MERTENS Hedi 1893-1982 [1]
- *Ohne Titel* - Öl/Leinwand (100x100cm-39x39in) Luzern 93 .... FF16 650 - £1 892 - **$2,820**

MERTENS Stella 1896-1986 [5]
- *Survisions* - Huile/(91x65cm-36x26in) Rambouillet 90 .... FF10 000 - £1 007 - **$1,959**

MERTON Erling 1898-1967 [2]
- *Kunstnerens hustru på trappen* - Oil/canvas (50x60cm-20x24in) Oslo 92 .... FF8 250 - £844 - **$1,453**

MERTZ Albert 1920-1991 [17]
- *Vinduesraekke* - Oil/canvas (18x21cm-7x8in) Köbenhavn 92 .... FF3 700 - £378 - **$651**
- *Figurkomposition* - Gouache (30x22cm-12x9in) Köbenhavn 95 .... FF1 980 - £251 - **$398**

MERTZ Emma 1880-1937 [1]
- *Bündner Maiensäss* - Oil/canvas (48x54cm-19x21in) Zofingen 91 .... FF13 460 - £1 366 - **$2,431**

MERTZ Johannes Cornelis 1819-1891 [9]
- *The beloved cavalier* - Oil/panel (53x41cm-21x16in) Amsterdam 90 .... FF15 080 - £1 519 - **$2,954**

MERVELDT von Hans Hubertus 1901-1969 [2]
- *Festung Villeneuve-lès-Avignon* - Oil/canvas (65x80cm-26x31in) Köln 91 .... FF8 850 - £879 - **$1,537**

MERWART Ludwig 1913-1979 [2]
- *Komposition* - Mixed media/panel (81x62cm-32x24in) Wien 91 .... FF4 800 - £478 - **$825**

MERWART Paul 1855-1902 [7]
- *Afrikanische Uferlandschaft* - Öl/Leinwand (56x106cm-22x42in) Wien 94 .... FF14 500 - £1 666 - **$2,480**
- *An odalisque* - Oil/canvas (160x215cm-63x85in) Amsterdam 92 .... FF75 800 - £7 760 - **$13,350**

MERY Émile Alfred 1824-1896 [2]
- *Un singe et un chat se querellant* - Technique mixte/papier (75x50cm-30x20in) Wien 93 .... FF4 810 - £575 - **$925**

MERY Louis 1877-1967 [2]
- *La lande aux coquelicots, Brigognan* - Huile/toile (37x45cm-15x18in) Douarnenez 96 .... FF4 900 - £627 - **$972**

MÉRYON Charles 1821-1868 [77]
- *La rue des Chantres* - Etching (30x15cm-12x6in) New-York 96 .... FF12 300 - £1 460 - **$2,400**
- *La Morgue, Paris* - Eau-forte Bern 93 .... FF26 200 - £3 164 - **$4,870**
- *Tombeau de Molière* - Pencil (10x10cm-4x4in) Bern 91 .... FF47 500 - £4 763 - **$7,841**

MERZ Albert 1942 [5]
- *Dagens navn* - Gouache (24x32cm-9x13in) Köbenhavn 95 .... FF2 250 - £285 - **$453**

MERZ Gerhard 1947 [18]
- *Untitled* - Oil/canvas (198x198cm-78x78in) London 95 .... FF32 440 - £4 200 - **$6,640**
- *Untitled* - Silkscreen/canvas (270x149cm-106x59in) New-York 91 .... FF74 700 - £7 546 - **$14,829**
- *Adler* - Oil New-York 94 .... FF105 100 - £12 500 - **$20,000**
- *Salire I* - Sérigraphie (168x192cm-66x76in) London 94 .... FF67 300 - £8 000 - **$12,300**
- *S.P.Q.R.* - Installation (79x14x330cm-31x6x130in) New-York 93 .... FF82 500 - £10 340 - **$15,000**

MERZ Mario 1924 [39]
- *Rite con la spirale di Leonardo Pisano* - Oil (103x72cm-41x28in) New-York 95 .... FF87 100 - £11 550 - **$18,000**
- *Senza titolo* - Tecnica mista/tela (177x235cm-70x93in) Milano 94 .... FF346 000 - £40 100 - **$60,500**
- *Moved* - Assemblage (244x21x244cm-96x8x96in) New-York 92 .... FF676 000 - £80 700 - **$130,000**
- *Untitled* - Pencil (70x210cm-28x83in) London 96 .... FF61 200 - £7 000 - **$11,670**
- *Numero per pino cono* - Coloured chalks (92x142cm-36x56in) New-York 91 .... FF188 000 - £19 080 - **$33,955**

MES François Constant ?-1905 [1]
- *Les sept Péchés capitaux* - Crayon (71x56cm-28x22in) Paris 95 .... FF3 000 - £393 - **$610**

MES Han 1936 [2]
- *Three portraits* - Oil/board (48x21cm-19x8in) Amsterdam 94 .... FF2 285 - £270 - **$411**

MESCHERSKY Arsenii Ivanovich 1834-1902 [8]
- *Bewaldete Uferlandschaft* - Oil/canvas (48x73cm-19x29in) Wien 91 .... FF38 500 - £3 865 - **$6,661**
- *Great Monastery of St Panteleimon* - Oil/canvas (93x142cm-37x56in) Athens 94 .... FF222 300 - £26 350 - **$41,100**

MESDAG Hendrick Willem 1831-1915 [58]
- *Coucher de soleil* - Oil/canvas (100x124cm-39x49in) Amsterdam 97 .... FF1 - £171 706 - **$278,698**
- *Windmill at Sunset* - Oil/canvas (30x46cm-12x18in) Amsterdam 97 .... FF30 012 - £3 193 - **$5,222**
- *Fishing fleet at anchor* - Oil/canvas (100x125cm-39x49in) Amsterdam 95 .... FF270 300 - £33 740 - **$54,600**
- *Bomschuiten* - Watercolour (19x14cm-7x6in) Amsterdam 96 .... FF12 900 - £1 655 - **$2,540**
- *Coastal scene* - Watercolour (27x48cm-11x19in) Amsterdam 94 .... FF36 600 - £4 250 - **$6,300**
- *Fishing fleet off the coast*
  Watercolour, gouache/paper (46x98cm-18x39in) Amsterdam 94 .... FF48 800 - £5 660 - **$8,400**

MESDAG Taco 1829-1902 [6]
- *Moored rowingboat* - Oil/canvas (41x51cm-16x20in) Amsterdam 95 .... FF9 540 - £1 191 - **$1,926**

MESDAG VAN HOUTEN Sientje, Sina 1834-1909 [23]
- *Still life with Japanese vase* - Oil/canvas (124x98cm-49x39in) Stockholm 94 .... FF17 176 - £1 830 - **$2,999**
- *Roses in a vase* - Watercolour/paper (38x29cm-15x11in) Amsterdam 94 .... FF6 700 - £792 - **$1,204**

M

MESECK Felix 1883-1955 [4]
◇ *Der Runenberg* - Ink/paper (23x16cm-9x6in) Heidelberg 96 .... FF1 527 - £197 - **$299**
MESEGUER MUÑOZ Conrado 1946 [2]
🖝 *Recogiendo fruta* - Oleo/tabla (65x50cm-26x20in) Madrid 91 .... FF35 200 - £3 556 - **$6,988**
MESENS Edouard Léon Théod. 1903-1971 [44]
🖝 *Paysage explosif* - Technique mixte (35x31cm-14x12in) Antwerpen 95 .... FF17 300 - £2 162 - **$3,493**
◇ *Petits carrés, petit Tyrol* - Pastel (28x21cm-11x8in) London 95 .... FF11 180 - £1 450 - **$2,307**
   Black Music - Collage (23x18cm-9x7in) London 95 .... FF23 440 - £2 800 - **$4,380**
MESGRINY de Claude François A. 1836-1884 [4]
🖝 *Paysage au moulin* - Huile/toile (36x56cm-14x22in) Paris 90 .... FF40 000 - £4 028 - **$7,835**
MESHKOV Vassily Vassilievich 1893-1963 [3]
🖝 *Portrait de Maxime Gorki* - Oil/canvas (100x80cm-39x31in) London 95 .... FF27 630 - £3 500 - **$5,560**
MESKER Theodorus Ludovicus 1853-1894 [5]
🖝 *The lithographer* - Oil/canvas (46x34cm-18x13in) Amsterdam 92 .... FF23 500 - £2 810 - **$4,520**
◇ *The Corner of the Square* - Watercolour (46x35cm-18x14in) London 94 .... FF20 300 - £2 400 - **$3,650**
MESLÉ Joseph Paul 1855-1929 [5]
🖝 *Paysage à l'arbre mort* - Huile/toile (50x66cm-20x26in) Paris 91 .... FF5 000 - £497 - **$868**
MESLY David 1918 [9]
🗿 *Sérénité* - Bronze (30cm-12in) Provins 96 .... FF16 000 - £2 002 - **$3,105**
   Indifférente - Bronze (26cm-10in) Lons-Le-Saunier 96 .... FF20 000 - £2 280 - **$3,830**
MESMER Gustav 1865-? [6]
🖝 *Weisser Hahn mit 3 Hennen* - Öl/Leinwand (26x35cm-10x14in) Lindau 94 .... FF4 880 - £582 - **$918**
MESNAGER Émile XIX-XX [1]
🖝 *La rêverie, femme en bord de mer* - Huile/toile (77x10cm-30x4in) Lyon 89 .... FF88 000 - £9 273 - **$14,815**
MESNAGER Jérôme 1961 [77]
🖝 *Adieu Bercy* - Acrylique (202x50cm-80x20in) Paris 97 .... FF6 000 - £661 - **$1,057**
   Personnage aux pinceaux - Acrylique/toile (73x92cm-29x36in) Paris 95 .... FF7 600 - £1 000 - **$1,554**
   Kid - Acrylique/toile (131x97cm-52x38in) Versailles 94 .... FF12 500 - £1 447 - **$2,145**
   Adam et Eve - Huile/panneau (195x50cm-77x20in) Paris 90 .... FF65 000 - £7 004 - **$11,464**
◇ *Le coeur bleu* - Gouache/panneau (50x32cm-20x13in) Saint-Germain-en-Laye 96 .... FF3 500 - £439 - **$676**
MESPLES Paul Eugène 1849-? [2]
🖝 *Ballerines* - Huile/toile (41x32cm-16x13in) Paris 96 .... FF2 100 - £273 - **$412**
   La fiesta - Oil/canvas (27x34cm-11x13in) New-York 90 .... FF37 200 - £3 983 - **$6,470**
MESQUITA de Samuel Jessurun 1868-1944 [26]
▱ *Ara* - Etching (34x20cm-13x8in) Amsterdam 97 .... FF4 687 - £491 - **$804**
◇ *Portrait of a lady* - Watercolour/paper (56x44cm-22x17in) Amsterdam 93 .... FF4 600 - £528 - **$790**
MESSAGER Annette 1943 [2]
🖝 *Sans titre* - Technique mixte (28x26cm-11x10in) Versailles 94 .... FF3 500 - £413 - **$628**
🗿 *Mes petites effigies* - Sculpture London 92 .... FF38 700 - £4 500 - **$7,900**
MESSAGIER Jean 1920 [238]
🖝 *Sans titre* - Acrylique/toile (74x104cm-29x41in) Paris 97 .... FF3 200 - £341 - **$554**
   Un printemps qu'on frôle... - Acrylique/toile (52x112cm-20x44in) Versailles 97 .... FF6 500 - £687 - **$1,115**
   Paysage - Acrylique/toile (75x130cm-30x51in) Paris 97 .... FF8 000 - £870 - **$1,406**
   Juin à Corolles - Acrylique/toile (90x170cm-35x67in) Paris 97 .... FF12 500 - £1 321 - **$2,145**
   Avalaison - Huile/toile (109x166cm-43x65in) Paris 97 .... FF21 000 - £2 211 - **$3,610**
   Avril harnaché - Huile/toile (131x191cm-52x75in) Versailles 92 .... FF46 000 - £4 710 - **$8,280**
   Sans titre - Huile/toile (108x198cm-43x78in) Paris 92 .... FF100 000 - £10 230 - **$18,000**
🗿 *Arbre* - Bronze poli (21cm-8in) Paris 97 .... FF2 500 - £273 - **$437**
   Armure de jardin - Bronze (32cm-13in) Paris 92 .... FF6 100 - £625 - **$1,196**
◇ *Porteurs d'arc-en-ciel* - Pastel/papier (74x108cm-29x43in) Paris 96 .... FF4 000 - £519 - **$791**
   Paraphe vite - Feutre (133x153cm-52x60in) Versailles 96 .... FF8 500 - £1 060 - **$1,663**
   Moteur à printemps - Gouache (75x108cm-30x43in) Paris 91 .... FF18 000 - £1 814 - **$3,120**
MESSEG Aharon 1942 [43]
🖝 *Girls with Braids* - Oil/canvas (73x100cm-29x39in) Tel Aviv 95 .... FF13 950 - £1 673 - **$2,600**
   House in Landscape - Oil/canvas (116x120cm-46x47in) Tel Aviv 96 .... FF47 300 - £4 010 - **$6,200**
◇ *Crows* - Mixed media/paper (64x76cm-25x30in) Tel Aviv 96 .... FF2 384 - £299 - **$460**
MESSELL Oliver 1904-1978 [15]
🖝 *Mrs Jackson* - Oil/canvas (75x62cm-30x24in) Nymans, Handcross, West Sussex 94 .... FF40 600 - £4 800 - **$7,300**
◇ *Lady of the Bassa Selim's harem* - Watercolour (35x23cm-14x9in) London 91 .... FF4 380 - £450 - **$815**
MESSENGER Ivan 1895-1983 [2]
🖝 *Wash day* - Oil/canvas (74x94cm-29x37in) New Orleans, Louisiana 93 .... FF12 400 - £1 410 - **$2,100**
MESSENSEE Jürgen 1937 [33]
🖝 *Tête de femme* - Oil/canvas (73x92cm-29x36in) Wien 92 .... FF26 450 - £3 160 - **$5,090**
   Sitzender Frau - Öl/Leinwand (146x151cm-57x59in) Wien 95 .... FF98 000 - £12 680 - **$19,920**
◇ *Ohne Titel* - Mischtechnik/Papier (41x55cm-16x22in) Wien 97 .... FF13 378 - £1 422 - **$2,307**
MESSER Edmund Clarence 1842-1919 [2]
🖝 *Blue Ridge* - Oil/canvas (46x61cm-18x24in) North Bethesda, MD. 92 .... FF5 550 - £581 - **$1,000**
MESSER Guido 1941 [4]
🗿 *Familie* - Bronze (134x31x15cm-53x12x6in) Stuttgart 92 .... FF9 570 - £983 - **$1,840**
MESSERSCHMITT Pius Ferdinand 1858-1915 [1]
◇ *Einfahrende Post* - Pastel (50x65cm-20x26in) Pforzheim 93 .... FF3 730 - £446 - **$718**
MESSEYNE Edouard 1858-1933 [1]
🖝 *Songeuse* - Huile/toile (47x36cm-19x14in) Liège 90 .... FF4 100 - £424 - **$724**

M

MESSIK Nat XX [2]

Couple Kissing, Columbus Circle, NYC - Silver print (33x23cm-13x9in) New-York 96 .... FF3 350 - £431 - **$650**

MESSINA Francesco 1900-1995 [19]

Giovana seduta - Bronze (16cm-6in) Roma 92 .... FF21 900 - £2 603 - **$4,210**
Cavallo - Bronzo (26x19x50cm-10x7x20in) Prato 97 .... FF64 600 - £7 600 - **$11,400**
Nude female - Bronze (177cm-70in) New-York 93 .... FF236 000 - £26 840 - **$40,000**

MESSMAN Ludvig 1826-1893 [5]

Vy mot Kungälvs fästning - Oil/canvas (37x60cm-15x24in) Göteborg 90 .... FF13 600 - £1 447 - **$2,433**

MESSMANN Carl 1826-? [1]

Udsigt over dansk provinsby - Oil/canvas (31x43cm-12x17in) Köbenhavn 89 .... FF2 200 - £219 - **$348**

MESTERHAZY Kalaman 1857-1898 [1]

Nudo nel bosco - Olio/tela (50x30cm-20x12in) Trieste 93 .... FF7 240 - £824 - **$1,226**

MESTRALLET André Louis 1874-? [1]

Le Vieux Bassin, Honfleur - Oil/board (37x44cm-15x17in) New-York 93 .... FF4 400 - £552 - **$800**

MESTRALLET Paul Louis 1886-? [5]

Landschaft mit Bäumen - Oil/board (27x35cm-11x14in) Wien 91 .... FF7 220 - £728 - **$1,253**

MESTRES BORRELL Félix 1872-1933 [3]

Las Caramellas - Oil/canvas (80x49cm-31x19in) London 95 .... FF38 400 - £5 000 - **$7,870**

MESTROVICH Ivan 1883-1962 [7]

Crucifix - Bronze (37cm-15in) New-York 91 .... FF17 980 - £1 805 - **$3,111**
Frau im Gebet - Bronze (51cm-20in) Wien 96 .... FF48 700 - £6 320 - **$9,630**
The violonist - Crayon (49x37cm-19x15in) London 96 .... FF3 700 - £460 - **$717**

MESZÖLY Géza 1844-1887 [6]

Abendrotlandschaft - Oil/panel (17x33cm-7x13in) Bremen 94 .... FF22 300 - £2 680 - **$4,130**

METCALF Conger 1914 [7]

Ragazzo di Campagna - Mixed media/canvas (95x54cm-37x21in) Boston, Mass. 91 .... FF8 490 - £862 - **$1,533**
Two boys - Watercolour (25x20cm-10x8in) Boston, Mass. 92 .... FF2 556 - £262 - **$450**
Desegnatore - Pencil (26x19cm-10x7in) Chicago 96 .... FF18 200 - £2 360 - **$3,600**

METCALF Willard Leroy 1858-1925 [25]

East Boothbay Harbor - Oil/canvas (66x74cm-26x29in) New-York 92 .... FF1 - £186 200 - **$300,000**
Gloucester - Oil/canvas (74x59cm-29x23in) New-York 97 .... FF2 - £307 050 - **$500,000**
Landscape - Oil/canvas (38x46cm-15x18in) New-York 93 .... FF35 750 - £4 480 - **$6,500**
Green pastures - Oil/canvas (66x73cm-26x29in) New-York 97 .... FF350 262 - £36 846 - **$60,000**

METCALFE Bruce 1890-1962 [4]

Spectacles - Gelatin silver print (20x15cm-8x6in) New-York 96 .... FF15 540 - £1 920 - **$3,000**

METCALFE Muriel XX [2]

Study of a woman - Drawing Leeds 91 .... FF1 885 - £190 - **$327**

METEIN William 1890-1975 [1]

Le berceau - Oil chalks (46x56cm-18x22in) Zürich 91 .... FF11 080 - £1 111 - **$1,829**

METEIN-GILLIARD Valentine 1891-1969 [2]

Nu assis - Oil/canvas (73x60cm-29x24in) Luzern 92 .... FF7 440 - £760 - **$1,310**

METEREAU Florimond 1888-? [2]

Port de Fécamp - Huile/carton (33x41cm-13x16in) Morlaix 90 .... FF4 700 - £503 - **$817**

METEYARD Sidney Harold 1868-1947 [8]

The Hour Glass - Oil/canvas (46x31cm-18x12in) San Francisco-Los Angeles 95 .... FF65 600 - £8 270 - **$13,000**
Venus and Adonis - Oil/canvas (105x110cm-41x43in) London 90 .... FF581 100 - £60 031 - **$102,668**
Water nymphs - Wash (28x19cm-11x7in) London 90 .... FF36 300 - £3 672 - **$6,905**

METEYARD Thomas Bredford 1865-? [2]

Brisant, Surf at Scitutate, Mass. - Huile/toile (55x38cm-22x15in) Lokeren 93 .... FF9 880 - £1 182 - **$2,020**

METHER-BORGSTRÖM Ernst 1917 [8]

Komposition - Acrylic/canvas (112x146cm-44x57in) Helsinki 94 .... FF11 210 - £1 284 - **$1,900**

METHFESSEL Adolf 1836-1909 [7]

Spaziergänger auf Anhöhe - Oil/canvas (100x75cm-39x30in) Bern 94 .... FF18 230 - £1 862 - **$3,210**
Spannende Geschichten - Aquarell/Papier (26x32cm-10x15in) Bern 94 .... FF3 840 - £445 - **$662**

METHUEN Eva XIX-XX [5]

Bust portrait of a young boy - Pastel (39x31cm-15x12in) London 90 .... FF2 100 - £218 - **$369**

METHUEN Paul Ayshford 1886-1974 [21]

B.B.C. Symphony Orchestra - Oil/canvas (61x86cm-24x34in) London 94 .... FF8 340 - £1 000 - **$1,620**
Florence, 21 July - Ink (26x38cm-10x15in) London 96 .... FF2 517 - £320 - **$484**
The Seine - Watercolour (48x61cm-19x24in) London 97 .... FF3 548 - £380 - **$61,3 9**

METHVEN Cathcart William 1849-1925 [1]

Moon has raised her camp above - Oil/canvas (92x137cm-36x54in) London 93 .... FF30 700 - £3 700 - **$5,370**

METIVET Lucien M. Fr., Luc 1863-1937 [10]

Eugénie Buffet - Poster (120x80cm-47x31in) London 96 .... FF12 550 - £1 600 - **$2,530**

METLICOVITZ Leopoldo 1868-1944 [19]

Impermeabili Moretti, Milano - Poster (140x97cm-55x38in) New-York 96 .... FF2 150 - £275 - **$425**
Madame Butterfly - Poster (116x98cm-46x39in) New-York 95 .... FF20 500 - £2 667 - **$4,200**

METRAL René XX [6]

L'écriture - Acrylique/toile (120x100cm-47x39in) Paris 93 .... FF2 500 - £302 - **$455**

METS de Pieter 1880-1965 [2]

Le dock Albert - Huile/toile (70x80cm-28x31in) Antwerpen 90 .... FF5 200 - £560 - **$917**

M

METSU Gabriël 1629-1667 [5]
- Marchande de poissons - Huile/toile (30x27cm-12x11in) Paris 90 .... FF2 e +06 - £206 612 - **$353,357**
METTENHOVEN Marcel XIX-XX [18]
- Sortie de messe en Morbihan - Huile/toile (54x73cm-21x29in) Brest 97 .... FF8 800 - £953 - **$1,545**
- Kersigen, Morbihan - Aquarelle, gouache (37x53cm-15x21in) Morlaix 92 .... FF3 000 - £307 - **$529**
METTENLEITER Johann Michael 1765-1853 [4]
- Badende - Aquarell/Papier (19x13cm-7x5in) München 94 .... FF5 150 - £610 - **$951**
METTLER Verène 1914-1978 [1]
- Gina - Öl/Leinwand (73x50cm-29x20in) Bern 93 .... FF3 170 - £365 - **$544**
METTLING Louis 1847-1904 [5]
- Young lady in a garden - Oil/paper/panel (14x11cm-6x4in) New-York 95 .... FF4 090 - £510 - **$800**
METTON Edouard Louis Aug. 1856-1927 [5]
- Vaches en montagne - Huile/toile (73x92cm-29x36in) Genève 91 .... FF2 320 - £238 - **$432**
METZ Cäsar 1823-1895 [3]
- Mondaufgang an der Isar - Öl/Leinwand (70x126cm-28x50in) Lindau 97 .... FF27 009 - £2 836 - **$4,645**
METZ Conrad Martin 1749-1827 [5]
- Mercury observing Venus - Red chalk (23x36cm-9x14in) London 89 .... FF16 500 - £1 739 - **$2,778**
METZ Friedrich 1820-1901 [3]
- Italianate landscape - Oil/canvas (41x54cm-16x21in) New-York 95 .... FF23 400 - £3 040 - **$4,800**
METZ Hermann 1865-1945 [1]
- Waschfrauen am Flussufer - Öl/Leinwand (29x37cm-11x15in) Rudolstadt-Thüringen 96 ..... FF10 210 - £1 278 - **$1,983**
METZ Johann Martin 1717-1790 [3]
- Blumenstilleben - Oil/canvas (80x110cm-31x43in) Köln 91 .... FF108 100 - £10 761 - **$18,589**
METZELAAR Coenraad 1845-1881 [1]
- Familienrast am Fluss - Öl/Leinwand (70x46cm-28x18in) Köln 93 .... FF6 300 - £721 - **$1,071**
METZGER Eduard 1807-? [1]
- Greek landscape - Oil/canvas (40x64cm-16x25in) London 93 .... FF28 000 - £3 500 - **$5,080**
METZGER Hans 1879-1957 [4]
- Die Ratschkattel/Die Begegnung - Oil/panel (60x50cm-24x20in) München 90 .... FF6 460 - £661 - **$1,275**
METZGER Max XX [2]
- Plage animée - Huile/toile (38x55cm-15x22in) Saint-Dié 93 .... FF6 000 - £723 - **$1,091**
METZINGER Jean 1883-1956 [177]
- Poires - Oil/canvas/panel (116x81cm-46x32in) New-York 90 .... FF3 - £349 894 - **$588,372**
- Faucon - Huile/toile (30cm-12in) Paris 97 .... FF40 000 - £4 352 - **$6,964**
- Femme à la fenêtre - Huile/carton (33x24cm-13x9in) Paris 96 .... FF65 000 - £7 520 - **$12,450**
- Petit port normand - Huile/toile (54x73cm-21x29in) Paris 95 .... FF92 000 - £11 950 - **$18,930**
- Verres, poires et carreaux - Oil/canvas (22x35cm-9x14in) London 92 .... FF126 600 - £13 000 - **$24,300**
- Allégorie - Oil/canvas (91x65cm-36x26in) New-York 94 .... FF226 000 - £26 900 - **$43,000**
- Gare du village - Oil/canvas (64x92cm-25x36in) New-York 94 .... FF368 000 - £43 800 - **$70,000**
- Carafe - Oil/canvas (81x60cm-32x24in) New-York 95 .... FF555 000 - £70 000 - **$110,000**
- Femme et roses - Oil/canvas (92x65cm-36x26in) London 97 .... FF694 980 - £72 000 - **$119,052**
- Joueur de cartes - Oil/canvas (137x33cm-146x29in) New-York 92 .... FF931 000 - £108 100 - **$190,000**
- Composition - Gouache/papier (13x9cm-5x4in) Zürich 94 .... FF30 440 - £3 600 - **$5,470**
- Femme cubiste - Fusain (30x21cm-12x8in) Deauville 93 .... FF42 600 - £4 840 - **$7,220**
- Échiquier et cartes à jouer - Mine plomb (57x77cm-22x30in) Paris 95 .... FF130 000 - £16 520 - **$26,400**
- Cantaloup - Pierre noire (46x54cm-18x21in) New-York 93 .... FF383 500 - £43 600 - **$65,000**
METZKER Ray K. 1931 [6]
- Mykonos, Greece - Gelatin silver print (30x41cm-12x16in) New-York 92 .... FF14 700 - £1 707 - **$3,000**
METZKES Harald 1929 [6]
- Erwatung - Gouache (51x73cm-20x29in) Berlin 96 .... FF5 760 - £720 - **$1,114**
METZLER Johann Jakob 1804-1839 [1]
- Die heilige Familie - Oil/canvas (44x36cm-17x14in) Wien 90 .... FF21 600 - £2 313 - **$3,757**
METZMACHER Emile Pierre XIX-XX [6]
- Beauty crossing a brooky - Oil/panel (60x49cm-24x19in) New-York 89 .... FF148 700 - £14 796 - **$23,491**
METZNER Franz 1870-1919 [2]
- Sculpture - Bronze (48cm-19in) Detroit, Michigan 94 .... FF13 060 - £1 516 - **$2,250**
METZNER Sheila 1939 [15]
- Stella, Upstate NY - Fresson color print (33x48cm-13x19in) New-York 96 .... FF8 770 - £1 126 - **$1,700**
METZOLDT Max 1859-? [1]
- Baby's breakfast - Oil/canvas (79x64cm-31x25in) Amsterdam 95 .... FF27 030 - £3 375 - **$5,460**
MEUCCI Angiola 1892-? [1]
- Il ritorno del boscaiolo - Olio/tela (98x120cm-39x47in) Milano 95 .... FF18 540 - £2 460 - **$3,780**
MEUCCI Michelangelo c.1840-c.1890 [67]
- Eichelhäher - Öl/Leinwand (99x39cm-39x15in) Wien 93 .... FF7 190 - £862 - **$1,238**
- Colorful roses - Oil/canvas (115x48cm-45x19in) New-York 93 .... FF16 500 - £2 070 - **$3,000**
- Still life with grapes - Oil/canvas (135x75cm-53x30in) København 96 .... FF30 700 - £3 826 - **$5,930**
MEUCCI Vincenzo 1699-1766 [2]
- The Agony in the Garden - Ink (27x40cm-11x16in) London 94 .... FF8 200 - £950 - **$1,410**
MEUGNIER Jacques 1951 [69]
- Dans les fleurs blanches - Huile/toile (46x38cm-18x15in) La Varenne Saint-Hilaire 93 .... FF3 500 - £422 - **$637**
- L'été à la campagne - Huile/toile (50x61cm-20x24in) La Varenne Saint-Hilaire 93 .... FF8 000 - £964 - **$1,455**
- Méditerrannée - Huile/toile (47x55cm-19x22in) Paris 91 .... FF13 100 - £1 314 - **$2,162**
MEULEMANS Adriaan 1763-1835 [1]
- Figures in a frozen river landscape - Oil/panel (31x41cm-12x16in) London 90 .... FF48 400 - £5 000 - **$8,551**

MEULEN van der Adam Frans 1632-1690 [18]
- 🖼 *War against the Turks* - Oil/copper (52x84cm-20x33in) London 94 .... FF717 000 - £85 000 - **$132,500**
- 🖉 *Cavaliers* - Dessin Étampes 93 .... FF40 000 - £5 000 - **$7,270**

MEULEN van der Edmond 1841-1905 [7]
- 🖼 *Chiots têtant leur mère* - Oil/canvas (54x73cm-21x29in) New-York 95 .... FF19 900 - £2 520 - **$4,000**

MEULENAERE de Edmond 1884-1963 [29]
- 🖼 *Femme en intérieur* - Huile/panneau (106x84cm-42x33in) Lokeren 95................. FF5 630 - £710 - **$1,123**

MEULENER Pieter 1602-1654 [20]
- 🖼 *A cavalry battle* - Oil/panel (25x41cm-10x16in) Amsterdam 97 .... FF15 015 - £1 586 - **$2,568**
- *Cavalry engagement* - Oil/canvas (70x94cm-28x37in) London 97 .... FF47 215 - £5 000 - **$8,126**
- *Reiter und Reisende* - Oil/panel (41x63cm-16x25in) Wien 94 .... FF169 600 - £19 770 - **$29,700**

MEULLER Alexander 1872-1935 [1]
- 🖼 *Summer afternoon* - Oil/canvas (55x64cm-22x25in) Elgin, Illinois 91 .... FF2 550 - £257 - **$442**

MEUNIER Constantin 1831-1905 [88]
- 🖼 *Bêcheur* - Huile/toile/panneau (75x35cm-30x14in) Bruxelles 93 .... FF7 410 - £887 - **$1,516**
- *Dans les Dunes* - Huile/toile (46x38cm-18x15in) Bruxelles 94 .... FF24 950 - £3 000 - **$4,620**
- *Repas du paysan* - Huile/panneau (170x100cm-67x39in) Bruxelles 97 .... FF89 925 - £9 680 - **$15,645**
- 🗿 *Le Débardeur* - Bronze (39x17x20cm-15x7x8in) Köln 97 .... FF11 490 - £1 207 - **$1,967**
- *Le Débardeur* - Bronze (47cm-19in) Berlin 97 .... FF23 311 - £2 475 - **$4,060**
- *Old Colliery Horse* - Bronze (38cm-15in) New-York 95 .... FF48 600 - £6 050 - **$9,500**
- 🖉 *Printemps* - Aquarelle/papier (44x33cm-17x13in) Antwerpen 96 .... FF4 920 - £597 - **$956**
- *Têtes de mineurs* - Technique mixte/papier (28x21cm-11x8in) Bruxelles 97 ...... FF13 906 - £1 471 - **$2,406**
- *Chemin de la mine* - Aquarelle, gouache/papier (61x84cm-24x33in) Bruxelles 96 ...... FF72 100 - £8 500 - **$14,160**

MEUNIER Georges 1869-1942 [15]
- 🖼 *Papier à Cigarettes Job* - Poster (173x122cm-68x48in) New-York 96 .... FF10 180 - £1 200 - **$2,000**

MEUNIER Georgette 1859-1951 [3]
- 🖉 *Les cinéraires* - Pastel (100x74cm-39x29in) Bruxelles 95............................ FF3 700 - £479 - **$756**

MEUNIER Henri XIX-XX [2]
- 🖼 *Rajah* - Poster (61x74cm-24x29in) London 91 .... FF12 960 - £1 290 - **$2,229**

MEUNIER Henri, Marc-Henry 1873-1922 [4]
- 🖼 *Rajah* - Poster (61x77cm-24x30in) New-York 95...................................... FF10 720 - £1 397 - **$2,200**
- 🖉 *Les passerelles, effet de lune* - Pastel (41x56cm-16x22in) Lokeren 91 .... FF3 130 - £312 - **$538**

MEUNIER Jules Alexis 1863/69-1942 [1]
- 🖼 *Paysanne à l'âne* - Huile/toile (111x82cm-44x32in) Paris 96 .... FF6 500 - £838 - **$1,273**

MEUNIER LE RET Bernard XX [2]
- 🖼 *La fenêtre fleurie* - Huile/toile (45x56cm-18x22in) Paris 90........................ FF3 000 - £319 - **$537**

MEUNIER Simone 1890-? [2]
- 🖉 *Deux femmes au bord de l'eau* - Pastel (62x47cm-24x19in) Paris 93 .... FF3 500 - £403 - **$603**

MEURER Charles Alfred 1865-1955 [7]
- 🖼 *Pocket Paraphernalia* - Oil/board (18x24cm-7x9in) New-York 95.................. FF26 800 - £3 420 - **$5,500**
- *My Passport* - Oil/canvas (95x75cm-37x30in) New-York 92 .... FF192 400 - £22 970 - **$37,000**

MEURET François 1800-1887 [15]
- 🖉 *Knight of Calatrava* - Miniature (411x8cm-162x3in) London 97 .... FF23 697 - £2 500 - **$4,066**

MEURICE Jean-Michel 1938 [7]
- 🖼 *Sans titre* - Technique mixte/toile (58x58cm-23x23in) Versailles 92 .... FF2 500 - £299 - **$481**
- *Tondo 4* - Huile/toile (100cm-39in) Paris 89... FF26 000 - £2 740 - **$4,377**

MEURIS Emmanuel 1894-1969 [22]
- 🖼 *Ma Famille* - Huile/toile (73x92cm-29x36in) Liège 91 .... FF13 770 - £1 381 - **$2,522**
- 🖉 *Monte-Carlo* - Bodycolour (28x41cm-11x16in) London 95.......................... FF3 096 - £400 - **$638**

MEURON de Albert 1823-1897 [7]
- 🖼 *Sommertag in Venedig* - Oil/canvas (102x82cm-40x32in) Köln 92................ FF37 300 - £4 460 - **$7,170**

MEURON de Louis 1868-1949 [22]
- 🖼 *Le moulin à Bevaix* - Huile/carton (36x45cm-14x18in) Château d'Arare 92.......... FF3 720 - £380 - **$655**
- 🖉 *Nu féminin* - Öl/Leinwand (55x45cm-22x18in) Zürich 94 .... FF15 700 - £1 850 - **$3,003**
- *Tempesta al Monte Soracte Lazi* - Oil/canvas (118x144cm-46x57in) Zürich 92 .... FF96 700 - £9 880 - **$17,030**

MEURS Harmen Hermanus 1891-1964 [27]
- 🖼 *Sunflowers* - Oil/canvas (145x112cm-57x44in) Amsterdam 95................... FF18 100 - £2 094 - **$3,470**
- *Salome* - Oil/canvas (138x81cm-54x32in) Amsterdam 93 .... FF72 300 - £8 630 - **$13,900**
- 🖉 *Salomé* - Watercolour (25x16cm-10x6in) Amsterdam 93.......................... FF77 210 - £864 - **$1,318**
- *Basse-Semur, Bourgogne* - Watercolour/paper (72x91cm-28x36in) Amsterdam 92 ...... FF22 600 - £2 700 - **$4,350**

MEUSE de Jane XIX-XX [1]
- 🗿 *Young woman* - Marble (58cm-23in) London 94 .... FF18 587 - £2 000 - **$3,268**

MEUSER Klaus 1947 [3]
- 🖼 *Untitled* - Mixed media New-York 97 .... FF10 526 - £1 112 - **$1,800**

MEUX Gwendolyn D. 1893-1973 [1]
- 🖼 *Tundra and Moon* - Oil/canvas (122x6cm-48x2in) Denver, Colorado 95 .... FF2 560 - £500 - **$324**

MEVIUS Hermann 1820-1864 [5]
- 🖼 *Hamburger Hafen* - Öl/Leinwand (79x122cm-31x48in) München 96................. FF52 900 - £6 630 - **$10,200**
- 🖉 *Küstenlandschaft* - Aquarell/Papier (21x33cm-8x13in) Hamburg 96 .... FF3 400 - £387 - **$650**

MEYBODEN Hans 1901-1965 [8]
- 🖼 *Colombipark* - Öl/Leinwand (63x115cm-25x45in) München 95................... FF56 400 - £7 210 - **$11,520**
- 🖉 *Europäischer Hof* - Pencil/paper (28x5x22cm-11x2x9in) Hamburg 96 .... FF1 700 - £194 - **$325**

MEYER Adolf 1867-1940 [2]
🏛 *Taugenicht John Kabys* - Bronze (23cm-9in) Zofingen 96 .... FF2 480 - £309 - $479
MEYER Alvin 1892-? [1]
🖼 *Paysages animés* - Huile/toile (25x19cm-10x7in) Verrières-Le-Buisson 92 .... FF4 100 - £421 - $789
MEYER Carl Theodor 1860-1932 [3]
🖼 *Arvengruppe im Wallis* - Öl/Leinwand (61x80cm-24x31in) Zofingen 95 .... FF3 610 - £458 - $726
MEYER Carl V. 1870-1938 [9]
🖼 *Interior med lille pige* - Oil/canvas (63x52cm-25x20in) København 96 .... FF6 570 - £833 - $1,260
Danish family - Oil/canvas (95x110cm-37x43in) København 96 .... FF31 200 - £4 040 - $6,240
MEYER Christophe 1958 [11]
🖼 *Personnages* - Technique mixte/panneau (144x110cm-57x43in) Paris 90 .... FF12 500 - £1 330 - $2,236
MEYER Claus 1856-1919 [5]
🖼 *Beside the hearth* - Oil/canvas (75x65cm-30x26in) London 91 .... FF9 920 - £1 007 - $1,792
MEYER de Antonij Andreas 1806-? [1]
🖼 *Figures on a frozen lake* - Oil/panel (50x65cm-20x26in) London 93 .... FF87 800 - £10 000 - $14,900
MEYER DE HAAN Jacob I. 1852-1895 [4]
🖼 *Paysannes broyant du lin*
 Fresco, mounted/canvas (133x201cm-52x79in) New-York 93 .... FF4 - £603 000 - $875,000
La ferme - Huile/toile (92x73cm-36x29in) Paris 90 .... FF350 000 - £37 716 - $61,728
MEYER de Jacob 1798-1884 [1]
🖼 *Gentleman wearing a dark coat* - Oil/panel (41x32cm-16x13in) Amsterdam 93 .... FF2 560 - £306 - $493
MEYER de Maurice 1911 [28]
🖼 *Coup de vent* - Huile/toile (60x70cm-24x28in) Bruxelles 93 .... FF3 460 - £414 - $707
Vue de plage animée - Huile/toile (50x70cm-20x28in) Bruxelles 96 .... FF13 930 - £1 652 - $2,720
MEYER Diethelin 1840-1884 [2]
🖼 *The afternoon nap* - Oil/canvas (70x57cm-28x22in) London 89 .... FF46 500 - £4 627 - $7,346
MEYER Edgar 1853-1925 [1]
✏ *Procession entering a church* - Wash/paper (134x105cm-53x41in) London 91 .... FF29 760 - £3 020 - $5,375
MEYER Elias 1763-1809 [2]
✏ *Aløb gennem en skov* - Oil/panel (41x65cm-16x26in) København 91 .... FF6 150 - £611 - $1,068
✏ *Frederiksdal Molle* - Gouache (44x70cm-17x28in) København 93 .... FF8 670 - £995 - $1,482
MEYER Emma Eleonora 1859-1921 [4]
🖼 *Sommerlandschaft* - Oil/canvas (72x102cm-28x40in) Wien 92 .... FF19 250 - £1 930 - $3,700
MEYER Emmy 1866-1940 [2]
🖼 *Kornfeld* - Oil/cardboard (35x49cm-14x19in) Bremen 95 .... FF6 650 - £853 - $1,370
MEYER Ernest Frederick 1863-1952 [4]
🖼 *Hartford scene* - Oil/canvas (56x91cm-22x36in) Mystic, Connecticut 96 .... FF5 170 - £649 - $1,000
MEYER Ernst 1797-1861 [10]
🖼 *Terracina, Sicilien* - Oil/canvas (30x44cm-12x17in) København 93 .... FF4 204 - £503 - $808
The artist's sister - Oil/canvas (33x26cm-13x10in) København 94 .... FF17 580 - £2 092 - $3,310
✏ *En italiensk nonne* - Watercolour (26x21cm-10x8in) København 95 .... FF1 995 - £248 - $389
MEYER Ernst Ludolf 1848-1922 [1]
🖼 *Niederländisch um 1600* - Oil/panel (16x12cm-6x5in) Lindau 96 .... FF4 054 - £489 - $778
MEYER Felix 1653-1713 [3]
✏ *Winterliche Flusslandschaft* - Charcoal/paper (15x20cm-6x8in) München 96 .... FF2 366 - £281 - $462
MEYER Ferdinand 1833-1917 [1]
🖼 *Gefiederter Besuch* - Oil/canvas (47x40cm-19x16in) Stuttgart 89 .... FF12 800 - £1 237 - $1,942
MEYER Frederick 1872-1960 [1]
🏛 *Tom Mix* - Terracotta (109cm-43in) New-York 94 .... FF9 130 - £1 065 - $1,600
MEYER Frederick William ?-1922 [3]
🖼 *River scene, Rouen/Figures* - Oil/panel (28x51cm-11x20in) London 93 .... FF14 940 - £1 800 - $2,610
MEYER Guillaume XIX [2]
🖼 *Moorish Prince, Alhambra Palace* - Oil/canvas (97x76cm-38x30in) London 94 .... FF151 300 - £18 000 - $28,500
MEYER Hans Rudolph 1913 [3]
🖼 *Lei March Campfèr* - Öl/Karton (45x61cm-18x24in) Zofingen 96 .... FF2 275 - £284 - $439
MEYER Heinrich 1760-1832 [1]
🖼 *Reisende vor einem Gasthaus* - Oil/panel (26x20cm-10x8in) London 95 .... FF31 140 - £4 000 - $6,290
MEYER Herbert 1882-1960 [3]
🖼 *Winter* - Oil/canvas (71x97cm-28x38in) North Berwick, Maine 92 .... FF14 200 - £1 453 - $2,500
MEYER Hermann 1878-1961 [6]
🖼 *Spielende Kinder* - Öl/Leinwand (50x74cm-20x29in) Zofingen 93 .... FF5 250 - £633 - $960
MEYER Jan XX [2]
🖼 *Torsed be brave'co* - Huile/toile (100x70cm-39x28in) Paris 94 .... FF2 300 - £268 - $404
MEYER Jeremiah 1735-1789 [7]
✏ *Owen Ormsby of Willow Brook* - Miniature (4cm-2in) London 97 .... FF19 905 - £2 100 - $3,416
MEYER Johan 1885-? [5]
🖼 *A View of Katwijk* - Oil/canvas/panel (47x57cm-19x22in) Amsterdam 94 .... FF10 420 - £1 241 - $1,982
MEYER Johann Jakob 1787-1858 [5]
📖 *Village de Bevers* - Aquatinte couleurs (7x11cm-3x4in) Bern 92 .... FF3 810 - £455 - $732
✏ *Capuciner Kloster zu Loccarno* - Ink (42x57cm-17x22in) Bern 92 .... FF8 370 - £1 000 - $1,610
✏ *Lac Léman & Vevey* - Watercolour/paper (41x56cm-16x22in) London 92 .... FF215 000 - £22 000 - $37,900
MEYER Johannes 1655-1712 [2]
📖 *Zweiter Villmergerkrieg* - Engraving (14x29cm-6x11in) Bern 93 .... FF2 254 - £282 - $412

MEYER Jürgen 1945 [4]
🖼 *Ohne Titel* - Oil/canvas (40x45cm-16x18in) Köln 92 .... FF11 900 - £1 218 - **$2,095**
MEYER Louis 1809-1866 [10]
🖼 *Sailing Vessels on an Estuary* - Oil/panel (21x28cm-8x11in) Amsterdam 97 .... FF15 006 - £1 597 - **$2,611**
Figures skating near a castle - Oil/canvas (49x72cm-19x28in) Amsterdam 97 .... FF138 055 - £14 688 - **$24,021**
MEYER Rolf 1913-1990 [1]
🖌 *Stilleben* - Gouache/papier (47x72cm-19x28in) Luzern 93 .... FF3 770 - £428 - **$638**
MEYER Rudolf 1803-1857 [1]
🗔 *Panorama du Mont Righi* - Aquatinte (24x118cm-9x46in) Bern 95 .... FF8 630 - £1 080 - **$1,744**
MEYER Sal 1877-1965 [4]
🖼 *Gezicht op de Groene Rei te Brugge* - Oil/panel (56x76cm-22x30in) Amsterdam 94 .... FF30 600 - £3 630 - **$5,660**
MEYER Sophie ?-1921 [2]
🖼 *Rhein bei Caub und die Pfalz* - Oil/canvas (49x93cm-19x37in) München 92 .... FF5 100 - £522 - **$1,000**
MEYER VON BREMEN Johann Georg 1813-1886 [40]
🖼 *Grand-mère et petit-fils* - Oil/canvas (23x19cm-9x7in) Hadspen 96 .... FF59 200 - £7 500 - **$11,340**
Junge Schülerin - Oil/canvas (23x17cm-9x7in) New-York 94 .... FF159 400 - £19 000 - **$30,000**
Das Jüngste Brüder - Oil/canvas (44x34cm-17x13in) New-York 92 .... FF249 000 - £25 200 - **$50,000**
Kaninchenverkäuferin - Oil/canvas (65x49cm-26x19in) New-York 94 .... FF731 000 - £84 500 - **$125,000**
MEYER VON ZOLLIKON Hans Rudolf 1913 [1]
🖼 *Badende am Hafenkai* - Oil/cardboard (58x80cm-23x31in) Köln 94 .... FF2 390 - £283 - **$430**
MEYER-AMDEN Otto 1885-1933 [11]
🖌 *Eintritt in die Klasse* - Encre (27x20cm-11x8in) Bern 93 .... FF48 600 - £5 880 - **$9,030**
Hände Hochhaltende (2) - Mixed media/paper (19x29cm-7x11in) Bern 93 .... FF101 000 - £12 200 - **$18,760**
MEYER-BASEL Carl Theodor 1860-1932 [14]
🖼 *Blick auf den Bodensee* - Oil/panel (26x35cm-10x14in) Bielefeld 91 .... FF8 450 - £848 - **$1,462**
🖌 *Bei Radolfzell* - Charcoal (19x44cm-7x17in) Konstanz 93 .... FF3 050 - £365 - **$587**
MEYER-BERNBURG Alfred 1872-? [1]
🖼 *Stilleben mit rotem Azaleenstock* - Oil/panel (66x60cm-26x24in) München 91 .... FF2 394 - £246 - **$446**
MEYER-CASSEL Hans 1872-1952 [2]
🖼 *Wolkenschatten über Berglandschaft* - Öl/Leinwand (65x80cm-26x31in) Salzburg 94 ...... FF7 780 - £922 - **$1,440**
MEYER-EBERHARDT Kurt 1895-1977 [6]
🖼 *Hase beim Wasser* - Oil/canvas (76x100cm-30x39in) Wien 91 .... FF12 000 - £1 195 - **$2,064**
🗔 *West Highland terriers* - Etching (25x30cm-10x12in) London 93 .... FF5 710 - £650 - **$969**
MEYER-GLAESECKER Marie ?-1985 [1]
🖼 *Weiße Anthurie* - Oil/board (51x41cm-20x16in) Bremen 92 .... FF2 040 - £209 - **$359**
MEYER-HELLDIEK Gerd 1891-1987 [11]
🖌 *Paul Sandstede* - Watercolour (35x26cm-14x10in) München 92 .... FF3 500 - £359 - **$617**
MEYER-MAINZ Paul 1864-1909 [1]
🖼 *Amusing tale* - Oil/panel (71x104cm-28x41in) London 96 .... FF11 560 - £1 500 - **$2,286**
MEYER-PYRITZ Martin A.R. 1870-? [2]
🗿 *King Charles spaniel* - Bronze Cambridge, Mass. 90 .... FF4 600 - £489 - **$823**
MEYER-RHODIUS Wilhelm Emil 1815-1897 [1]
🖼 *Unloading before a storm* - Oil/canvas (33x41cm-13x16in) New-York 95 .... FF13 210 - £1 590 - **$2,500**
MEYER-STEGLITZ Georg Renatus 1868-1929 [1]
🗿 *Knabe beim Seifenblasenspiel* - Bronze (53cm-21in) Köln 95 .... FF3 015 - £381 - **$605**
MEYER-VAISSMAN 1960 [2]
🖼 *Pollute the fool* - Mixed media (181x43x130cm-71x17x51in) New-York 92 .... FF52 000 - £6 210 - **$10,000**
🗿 *Untitled* - Construction (184x17x175cm-72x7x69in) New-York 93 .... FF177 000 - £20 130 - **$30,000**
MEYER-WALDECK Kunz 1859-1953 [4]
🖼 *Fee mit Kindern am Bach* - Öl/Leinwand (84x79cm-33x31in) München 93 .... FF13 770 - £1 560 - **$2,326**
MEYER-WIEGAND Rolf Dieter 1929 [9]
🖼 *Winterliche Benrather Schlosspark* - Oil/panel (18x13cm-7x5in) Düsseldorf 96 .... FF6 890 - £892 - **$1,378**
MEYER-WISMAR Ferdinand 1833-1917 [2]
🖼 *Der Zeitungsleser* - Öl/Leinwand (54x49cm-21x19in) Bremen 95 .... FF21 000 - £2 694 - **$4,330**
Critical eye - Oil/canvas (77x63cm-30x25in) London 97 .... FF104 927 - £11 500 - **$18,415**
MEYERHEIM Franz Eduard 1838-1880 [3]
🖼 *The Toy Basket* - Oil/canvas/board (21x15cm-8x6in) New-York 95 .... FF51 100 - £6 360 - **$10,000**
MEYERHEIM Friedrich Edouard 1808-1879 [8]
🖼 *Der Abschied* - Öl/Leinwand (42x37cm-17x15in) Zürich 95 .... FF32 360 - £4 170 - **$6,580**
Wer den Schaden hat - Oil/canvas (46x37cm-18x15in) München 92 .... FF272 000 - £27 840 - **$53,300**
MEYERHEIM Hermann 1840-1880 [4]
🖼 *Busy port town* - Oil/canvas (67x95cm-26x37in) New-York 92 .... FF62 400 - £7 450 - **$12,000**
MEYERHEIM Paul Friedrich 1842-1915 [23]
🖼 *Löwe* - Öl/Leinwand (100x71cm-39x28in) Köln 95 .... FF14 200 - £1 792 - **$2,844**
Fütterung der Löwenjungen - Oil/canvas (101x73cm-40x29in) München 90 .... FF98 000 - £10 426 - **$17,531**
🖌 *Straße nach Fettau* - Aquarell (27x37cm-11x15in) Bremen 92 .... FF9 860 - £1 010 - **$1,736**
MEYERHEIM Robert Gustave 1847-1920 [4]
🖼 *Bauernhof mit Tier* - Oil/panel (24x19cm-9x7in) Nürnberg 92 .... FF6 800 - £696 - **$1,197**
MEYERHEIM Wilhelm Alexander 1815-1882 [17]
🖼 *Militari a cavallo* - Olio/tela (30x39cm-12x15in) Roma 94 .... FF17 650 - £2 100 - **$3,150**
Ferry - Oil/canvas/board (69x96cm-27x38in) New-York 93 .... FF49 500 - £6 210 - **$9,000**
Hubertus Hunt, Grünwald - Oil/canvas (68x97cm-27x38in) Wien 96 .... FF104 800 - £12 700 - **$20,400**

M

MEYERKASSEL Hans 1872-1915 [1]
🔹 *Sommargäster, Svinemunde* - Oil/canvas (85x125cm-33x49in) Stockholm 94 .... FF61 100 - £7 240 - **$11,300**
MEYERN-HOHENBERG von Louise 1815-1865 [1]
🔹 *Adeligen vor Parklandschaft* - Oil/canvas (188x124cm-74x49in) München 92 .... FF64 600 - £6 610 - **$11,370**
MEYEROVITZ Zvi 1911-1974 [1]
🔹 *Still life by a window* - Oil/canvas (60x81cm-24x32in) Tel Aviv 93 .... FF29 500 - £3 356 - **$5,000**
MEYEROWITZ Joel 1938 [13]
📷 *Ariel* - Color coupler print (60x48cm-24x19in) San Francisco-Los Angeles 93 .... FF3 540 - £404 - **$600**
MEYEROWITZ William 1898-1981 [12]
🔹 *City scene* - Oil/canvas (51x61cm-20x24in) Baton Rouge, Louisiana 94 .... FF6 830 - £821 - **$1,300**
MEYERS Frank Harmon 1899-1956 [3]
🔹 *Joyous Spray* - Oil/board (51x76cm-20x30in) San Francisco-Los Angeles 95 .... FF12 460 - £1 638 - **$2,500**
MEYERS Isidoor 1836-1917 [30]
🔹 *Abords de ferme* - Huile/toile (30x55cm-12x22in) Bruxelles 94 .... FF5 990 - £720 - **$1,110**
Pies en sous-bois - Huile/panneau (63x43cm-25x17in) Antwerpen 92 .... FF16 480 - £1 967 - **$3,170**
MEYERS Jerome 1867-1940 [1]
✏️ *Summer Day in New York City* - Pencil (20x25cm-8x10in) Mystic, Connecticut 94 .... FF3 830 - £456 - **$700**
MEYIER Anthonie Andreas 1806-1867 [4]
🔹 *Several skaters* - Oil/panel (47x64cm-19x25in) Amsterdam 93 .... FF45 200 - £5 400 - **$8,700**
MEYLAN Henry 1899-1980 [9]
🔹 *Le modèle* - Huile/toile (88x74cm-35x29in) Château d'Arare 92 .... FF18 600 - £1 900 - **$3,275**
✏️ *Bateaux à quai à saint-Tropez* - Aquarelle (37x49cm-15x19in) Genève 89 .... FF4 700 - £434 - **$744**
MEYLAN P.J. 1882-? [1]
✏️ *Seated formal couple* - Charcoal (69x48cm-27x19in) New-York 95 .... FF1 713 - £222 - **$350**
MEYLAN Pedro 1890-1954 [2]
🗿 *H.C. Forestier* - Bronze (47cm-19in) Zofingen 94 .... FF12 850 - £1 508 - **$2,290**
Ferdinand Hodler - Bronze (33cm-13in) Bern 94 .... FF63 600 - £7 680 - **$11,810**
MEYNART Maurice 1894-1976 [2]
🔹 *Paysage fauve* - Huile/carton (43x56cm-17x22in) Liège 90 .... FF15 400 - £1 558 - **$2,929**
MEYNER Walter 1867-1938 [1]
🔹 *Spring landscape* - Oil/canvas (46x61cm-18x24in) New Orleans, Louisiana 93 .... FF7 150 - £845 - **$1,300**
MEYNIER Charles 1768-1832 [8]
🔹 *Milon de Crotone* - Huile/toile (60x50cm-24x20in) Pau 97 .... FF175 000 - £19 005 - **$30,695**
✏️ *Hector's farewell to Andromache* - Ink (41x52cm-16x20in) London 95 .... FF23 300 - £3 000 - **$4,780**
MEYR Charles Louis Meyer 1882-1980 [17]
🔹 *L'Ascencion* - Huile/toile (170x107cm-67x42in) Paris 90 .... FF4 000 - £403 - **$784**
Allégorie aux étoiles - Huile/toile (81x150cm-32x59in) Paris 92 .... FF31 000 - £3 700 - **$5,960**
MEYRICK Arthur XIX-XX [2]
✏️ *Cargo boats on the Nile* - Watercolour (19x30cm-7x12in) London 96 .... FF2 204 - £280 - **$435**
MEYROVITZ Zvi 1911-1974 [2]
🔹 *Landscape in the Chamsin* - Oil/canvas (65x81cm-26x32in) Tel Aviv 92 .... FF28 600 - £3 414 - **$5,500**
MEYS Marcel XIX-XX [5]
🔹 *Going Out* - Oil/panel (41x31cm-16x12in) London 94 .... FF12 700 - £1 500 - **$2,280**
Harem Pet - Oil/canvas (165x107cm-65x42in) New-York 93 .... FF165 200 - £18 800 - **$28,000**
MEYSTRE Charles 1925 [3]
🔹 *Hammamet* - Öl/Leinwand (54x73cm-21x29in) Luzern 94 .... FF8 920 - £1 065 - **$1,666**
MEZA Guillermo 1917 [15]
🔹 *La flor del mal* - Oil/canvas (51x38cm-20x15in) New-York 97 .... FF22 962 - £2 438 - **$4,000**
El niño azul - Oil (99x63cm-39x25in) New-York 91 .... FF101 600 - £10 114 - **$17,471**
✏️ *Retrato de Mujer* - Gouache/paper (71x58cm-28x23in) New-York 94 .... FF13 480 - £1 590 - **$2,400**
MEZEROVA Juliana Winterova 1893-? [3]
🔹 *Primeln* - Öl/Leinwand (35x27cm-14x11in) München 96 .... FF4 070 - £510 - **$785**
MEZKONE Silvija 1942 [8]
🔹 *Zodiaque* - Huile/toile (110x89cm-43x35in) Lyon 90 .... FF2 000 - £205 - **$395**
MEZZARA Angélique ?-1868 [1]
✏️ *Baronne Hélène Mallet* - Pastel (61x45cm-24x18in) Monaco 94 .... FF65 000 - £7 680 - **$11,670**
MIAHLE Federico 1800-1868 [1]
🔹 *Teatro Tacón* - Oil/canvas (47x81cm-19x32in) New-York 92 .... FF52 700 - £5 520 - **$9,500**
MIARCZYNSKI Aleksandra 1916 [16]
🔹 *La rue Saint-Jacques* - Huile/toile (50x61cm-20x24in) Grenoble 91 .... FF5 200 - £518 - **$894**
✏️ *La Mer de Chine* - Pastel (44x35cm-17x14in) Grenoble 94 .... FF2 000 - £239 - **$375**
MIASOEDOV G.G. 1834-1911 [2]
🔹 *Rural landscape* - Oil/canvas (54x69cm-21x27in) Moscow 94 .... FF95 800 - £11 110 - **$16,500**
MICAELLES Ruggero 1898-1976 [5]
🔹 *L'Aveugle* - Huile/panneau (73x60cm-29x24in) Paris 95 .... FF11 000 - £1 446 - **$2,210**
MICAS Jean 1906 [17]
🔹 *Les marionettes* - Huile/toile (97x131cm-38x52in) Paris 91 .... FF2 500 - £253 - **$496**
Audierne - Huile/toile (73x92cm-29x36in) Monaco 93 .... FF5 000 - £625 - **$910**
MICCINI Eugenio 1925 [7]
🔹 *La Vita Di ogni giorno* - Tempera/cartone (80x65cm-31x26in) Prato 95 .... FF18 540 - £2 400 - **$3,780**
✏️ *Algebra, 1962* - Indian ink/paper (24x18cm-9x7in) Prato 95 .... FF22 900 - £2 366 - **$4,046**
MICEU Giuseppe 1873-1909 [1]
🔹 *Marina* - Olio/tavola (18x28cm-7x11in) Trieste 93 .... FF10 980 - £1 232 - **$1,965**

MICH Jean XIX-XX [3]
Chin-Chin - Ceramic (37cm-15in) Paris 97 .... FF7 000 - £762 - $1,217
MICH Michel Liebaux, dit 1881-1923 [13]
La Fakyr - Poster (155x114cm-61x45in) New-York 96 .... FF4 550 - £581 - $900
MICHA Geneviève 1918 [4]
Paysage près de Brabançon - Huile/carton (50x64cm-20x25in) Versailles 89 .... FF2 500 - £242 - $379
Le port d'Ibiza - Huile/toile (65x92cm-26x36in) Versailles 90 .... FF8 500 - £910 - $1,478
Les grands arbres - Technique mixte/papier (50x63cm-20x25in) Versailles 89 ... FF2 400 - £232 - $364
MICHA Maurice 1890-1969 [22]
Modèle au peignoir vert - Huile/toile (70x55cm-28x22in) Bruxelles 92 .... FF5 310 - £544 - $1,107
La danse - Gouache (40x28cm-16x11in) Bruxelles 93 .... FF6 590 - £788 - $1,347
MICHAEL Frederick Howard XIX-XX [1]
Grecian Holiday - Oil/canvas (100x127cm-39x50in) London 96 .... FF46 400 - £5 500 - $9,050
MICHAEL Loui 1933 [20]
Komposition - Oil/canvas (135x112cm-53x44in) Köbenhavn 91 .... FF3 520 - £350 - $605
MICHAEL Max 1823-1891 [6]
Harvest Time - Oil/canvas (70x104cm-28x41in) Toronto 96 .... FF27 100 - £3 094 - $5,190
MICHAELEDES Michel XX [4]
Cinq reliefs - Relief Paris 92 .... FF6 800 - £696 - $1,197
MICHAELIS Arthur 1864-1946 [2]
A country home - Oil/canvas (71x80cm-28x31in) New-York 90 .... FF5 400 - £574 - $966
MICHAELIS Gerrit Jan 1775-1857 [1]
Seashore with ships at anchor - Ink (31x54cm-12x21in) Amsterdam 96 .... FF8 130 - £959 - $1,600
MICHAELIS Oscar 1872-? [3]
Reizvoller liegender Frauenakt - Öl/Karton (26x43cm-10x17in) Lindau 96 .... FF6 080 - £785 - $1,174
MICHAELIS von Heinrich H.J. 1912-? [1]
Exotic birds - Oil/panel (57x43cm-22x17in) New-York 93 .... FF9 440 - £1 074 - $1,600
MICHAELLI Michel XIX-XX [6]
La carrière, route d'Aramon - Huile/toile (46x62cm-18x24in) Paris 91 .... FF16 000 - £1 644 - $2,980
MICHAELSON Hans 1872-? [3]
Dorfstrasse, 1912 - Oil/canvas (40x55cm-16x22in) London 89 .... FF48 400 - £4 816 - $7,646
MICHAHELLES Ruggero 1898-1977 [1]
Chimica - Gouache (48x36cm-19x14in) New-York 93 .... FF4 950 - £621 - $900
MICHALEK Ludwig 1859-1942 [5]
Palais, Ringstrasse, Wien - Watercolour (47x61cm-19x24in) London 92 .... FF15 900 - £1 900 - $3,060
MICHALIK Marian 1947 [3]
Nature morte - Pastel/carton (64x85cm-25x33in) Warszawa 95 .... FF8 400 - £1 073 - $1,725
MICHALLON Achille Etna 1796-1822 [8]
Vue du Wetterhorn - Huile/toile (44x60cm-17x24in) Paris 90 .... FF190 000 - £19 628 - $33,569
Bergers devant un tombeau - Huile/toile (81x100cm-32x39in) Paris 95 .... FF470 000 - £61 800 - $94,300
Paysage animé - Lavis (18x26cm-7x10in) Paris 96 .... FF3 000 - £353 - $590
MICHALOWSKI Norm XIX-XX [2]
Middle eastern woman with flowers - Oil/canvas (61x45cm-24x18in) Detroit, Michigan 91 .... FF3 680 - £371 - $639
MICHALOWSKI Piotr 1801-1855 [15]
Cavalry engagement - Oil/canvas (63x49cm-25x19in) Warszawa 94 .... FF190 000 - £22 800 - $36,150
Study of horses - Ink (26x23cm-10x9in) Warszawa 96 .... FF20 220 - £2 554 - $3,890
Napoléon à cheval - Aquarelle/papier (24x24cm-9x9in) Warszawa 96 .... FF44 400 - £5 530 - $8,570
MICHALS Duane 1932 [59]
René Magritte - Silver print (15x25cm-6x10in) New-York 93 .... FF3 575 - £449 - $650
Illuminated Man - Silver print (15x23cm-6x9in) New-York 96 .... FF10 320 - £1 280 - $2,000
Letter from my father - Gelatin silver print (12x17cm-5x7in) New-York 90 .... FF22 700 - £2 286 - $4,447
MICHAU Raoul 1897-1981 [6]
La couturière - Huile/toile (73x60cm-29x24in) Paris 93 .... FF2 600 - £310 - $486
La bayadère, composition - Collage (36x24cm-14x9in) Paris 93 .... FF4 100 - £489 - $767
MICHAU Theobald 1676-1765 [33]
Extérieur d'auberge - Huile/panneau (27x59cm-11x23in) Paris 95 .... FF85 000 - £10 640 - $16,930
Repos des bergers - Huile/panneau (40x52cm-16x20in) Paris 97 .... FF170 000 - £17 833 - $29,189
Winter townscape - Oil/copper (33x45cm-13x18in) London 95 .... FF850 000 - £110 000 - $176,000
MICHAUD Léonie 1873-? [1]
Nude on a bench in an interior - Oil/canvas (149x11cm-59x4in) Amsterdam 89 .... FF8 400 - £836 - $1,327
MICHAUD R. XX [2]
Téléphérique de Megève à Rochebrune - Affiche (98x58cm-39x23in) Paris 94 .... FF3 900 - £451 - $674
MICHAUX Henri 1899-1984 [205]
Untitled - Oil/board (35x46cm-14x18in) London 96 .... FF21 860 - £2 500 - $4,170
Sans titre - Huile/toile (33x41cm-13x16in) Paris 97 .... FF35 000 - £3 801 - $6,139
Ohne Titel - Acryl/Leinwand (43x60cm-17x24in) Wien 97 .... FF71 670 - £7 620 - $12,360
Grande Gueule - Oil/canvas (43x55cm-17x22in) London 97 .... FF175 000 - £21 000 - $32,340
Voix des Rythmes - Lithographie (26x23cm-10x9in) Hamburg 95 .... FF3 970 - £502 - $797
Les Regards - Fusain/papier (27x21cm-11x8in) Paris 92 .... FF11 500 - £1 373 - $2,210
Composition - Gouache/papier (32x25cm-13x10in) Versailles 97 .... FF22 000 - £2 325 - $3,775
Sans titre - Encre Chine (74x107cm-29x42in) Paris 97 .... FF40 000 - £4 212 - $6,876
Sans titre - Encre Chine/papier (74x109cm-29x43in) Paris 97 .... FF55 000 - £5 792 - $9,455

M

Dessin mescalinien - Encre Chine (31x23cm-12x9in) Paris 97 .... FF**80 000** - £8 424 - **$13,752**
Sans titre - Encre Chine (65x140cm-26x55in) Paris 95 .... FF**120 000** - £12 636 - **$20,628**
N.ER.1143 - Encre Chine (70x10cm-28x4in) Paris 89 .... FF**280 000** - £27 861 - **$44,234**

MICHAUX John 1876-1956 [39]
🌑 *Bouquet de fiançailles* - Huile/toile (95x75cm-37x30in) Antwerpen 97 .... FF**3 276** - £346 - **$568**
Scène de plage - Huile/panneau (24x35cm-9x14in) Antwerpen 92 .... FF**9 880** - £1 180 - **$1,900**
Fleurs - Huile/panneau (100x95cm-39x37in) Bruxelles 91 .... FF**23 870** - £2 423 - **$4,311**
Parc Bex-Hill - Huile/toile (61x76cm-24x30in) Antwerpen 90 .... FF**81 000** - £8 617 - **$14,490**

MICHEL Alfonso 1897-1957 [4]
🌑 *Los Abanicos* - Oil/canvas (60x50cm-24x20in) New-York 95 .... FF**315 300** - £41 900 - **$65,000**

MICHEL André 1945 [2]
🌑 *Johny & Bianca* - Huile/toile (50x61cm-20x24in) Montréal 91 .... FF**4 810** - £485 - **$937**

MICHEL Andrée 1908-1975 [1]
✎ *Le Quai aux Fleurs, Paris* - Aquarelle/papier (38x26cm-15x10in) La Flèche 94 .... FF**1 900** - £227 - **$356**

MICHEL Charles 1874-1972 [9]
🌑 *Pont du Carrousel, Paris* - Huile/toile (33x40cm-13x16in) Antwerpen 90 .... FF**8 900** - £959 - **$1,570**
✎ *Léopold II* - Encre Chine/papier (50x60cm-20x24in) Bruxelles 97 .... FF**1 634** - £177 - **$289**

MICHEL Charles Henri 1817-1905 [1]
🌑 *Ruins of Pompeii* - Oil/paper/canvas (28x36cm-11x14in) London 95 .... FF**7 210** - £900 - **$1,458**

MICHEL Emile François 1818-1909 [2]
🌑 *Bord de rivière* - Huile/toile (85x126cm-33x50in) Pontoise 96 .... FF**12 000** - £1 368 - **$2,297**

MICHEL Ernest Barthelémy 1833-1902 [2]
🌑 *The orange picker* - Oil/canvas (86x54cm-34x21in) London 91 .... FF**21 730** - £2 179 - **$3,980**

MICHEL Fernand 1920 [2]
🔲 *Festival de Cannes* - Assemblage (40x60cm-16x24in) Paris 95 .... FF**2 500** - £332 - **$516**

MICHEL Georges 1763-1843 [51]
🌑 *Stormy landscape* - Oil/canvas (48x64cm-19x25in) New-York 95 .... FF**15 940** - £1 927 - **$3,000**
Approaching storm - Oil/canvas (70x121cm-28x48in) London 94 .... FF**32 860** - £3 800 - **$5,620**
Chaumière sous l'orage - Huile/toile (46x55cm-18x22in) Barbizon 95 .... FF**60 000** - £7 460 - **$11,700**
Before the storm - Oil/canvas (96x126cm-38x50in) New-York 92 .... FF**93 600** - £11 170 - **$18,000**
✎ *Troupeau/Moulins* - Aquarelle (18x30cm-7x12in) Paris 89 .... FF**27 000** - £2 845 - **$4,545**

MICHEL Gustave F. 1851-1924 [7]
🔲 *Fleurs de Printemps* - Marbre (87cm-34in) Tours 96 .... FF**29 500** - £3 415 - **$5,650**
Victor Hugo with oak leaves - Terracotta (59x49cm-23x19in) London 93 .... FF**68 500** - £7 800 - **$11,620**

MICHEL Marius 1853-? [2]
🌑 *Une cour à Pont-Audemer* - Huile/toile (61x50cm-24x20in) Paris 90 .... FF**7 200** - £771 - **$1,252**

MICHEL Pierre Aug. 1889-1969 [2]
🗔 *Barcelonnette, Sports d'hiver* - Affiche (108x78cm-43x31in) Paris 94 .... FF**1 500** - £173 - **$259**

MICHEL Robert 1897-1983 [18]
✎ *Dennoch SW* - Mischtechnik (48x66cm-19x26in) München 94 .... FF**23 930** - £2 810 - **$4,260**
✎ *Nombre Abstrait* - Collage (50x60cm-20x24in) Köln 92 .... FF**22 040** - £2 633 - **$4,260**
Flugsport - Mixed media/paper (46x75cm-18x30in) München 93 .... FF**94 300** - £11 180 - **$17,040**
Zangenfunktionen - Mixed media drawing (33x39cm-13x15in) München 92 .... FF**176 800** - £18 100 - **$31,100**

MICHEL Siméon 1953 [3]
🌑 *Le parasol rouge* - Huile/toile (61x76cm-24x30in) Paris 92 .... FF**4 500** - £537 - **$866**

MICHEL-HENRY 1928 [39]
🌑 *Vase de fleurs* - Oil/canvas (130x89cm-51x35in) New-York 95 .... FF**8 730** - £1 071 - **$1,700**
Bouquet champêtre - Huile/toile (65x81cm-26x32in) Epernay 95 .... FF**25 000** - £3 284 - **$5,130**

MICHEL-LÉVY Henri 1846-1912 [7]
🌑 *Chemin aux Martigues* - Huile/panneau (46x38cm-18x15in) Arles 93 .... FF**3 200** - £369 - **$552**

MICHELACCI Luigi 1879-1959 [5]
🌑 *Via dello Sprone, Paris* - Olio/cartone (17x11cm-7x4in) Prato 96 .... FF**14 830** - £1 760 - **$2,904**

MICHELET G.C. 1873-? [4]
🌑 *Fiesta al Koran* - Oil/panel (129x197cm-51x78in) New-York 91 .... FF**85 500** - £8 615 - **$14,836**

MICHELET Johan Fredrik 1905-1905 [2]
🌑 *Gul hãst* - Oil/panel (55x65cm-22x26in) Oslo 92 .... FF**3 910** - £400 - **$688**

MICHELETTI Mario 1892-1975 [11]
🌑 *Romerska landskap* - Oil/canvas (40x50cm-16x20in) Stockholm 94 .... FF**7 547** - £797 - **$1,304**
✎ *Mädchen med Lilie* - Coloured chalks/paper (81x49cm-32x19in) Wien 96 .... FF**3 850** - £483 - **$752**

MICHELI Guglielmo 1866-1926 [2]
🌑 *Casolare con pagliai* - Olio/tavola (24x34cm-9x13in) Prato 96 .... FF**21 900** - £2 600 - **$4,290**

MICHELIN Jules 1815-1870 [1]
🌑 *Marée-basse* - Huile/panneau (21x27cm-8x11in) Paris 96 .... FF**3 000** - £387 - **$588**

MICHELIS Alexander 1823-1868 [2]
🌑 *Landschaft mit Viehherde* - Öl/Leinwand (82x120cm-32x47in) Frankfurt 94 .... FF**9 510** - £1 093 - **$1,627**
✎ *Bauernhof im Dörnberg* - Ink (27x40cm-11x16in) Köln 94 .... FF**4 125** - £491 - **$777**

MICHELL Zet 1963 [22]
🌑 *La lavandière* - Huile/toile (65x50cm-26x20in) Sceaux 90 .... FF**7 000** - £749 - **$1,217**

MICHELOZZI Corrado 1883-1965 [1]
🌑 *Natura morta con vaso di fiori* - Olio/tavola (61x40cm-24x16in) Milano 95 .... FF**3 090** - £410 - **$630**

MICHELSEN Gustav 1800-1846 [1]
🌑 *Portraet af en ung pige* - Oil/canvas (60x50cm-24x20in) Köbenhavn 90 .... FF**6 100** - £653 - **$1,061**

MICHETTI Francesco Paolo 1851-1929 [50]

🖝 *The grape picker* - Oil/canvas (65x50cm-26x20in) New-York 96 .... FF56 600 - £6 860 - **$11,000**
Contadinella - Oil/canvas (37x26cm-15x10in) London 96 .... FF272 500 - £32 000 - **$53,600**
✎ *Innocenzo X* - Pastelli/carta (39x29cm-15x11in) Milano 95 .... FF10 200 - £1 353 - **$2,080**
Ragazzo - Pastelli/carta (42x29cm-17x11in) Roma 96 .... FF23 450 - £2 940 - **$4,480**
Self-portrait - Pastel/paper (45x28cm-18x11in) New-York 93 .... FF183 000 - £20 800 - **$31,000**

MICHIE David Alan Redpath 1928 [7]

🖝 *Cocks, Hen and a Goose* - Oil/canvas (61x61cm-24x24in) London 97 .... FF9 416 - £1 000 - **$1,640**
Scabious - Oil/canvas (86x102cm-34x40in) Auchterarder, Perthshire 92 .... FF22 850 - £2 400 - **$4,780**

MICHIE James Coutts 1861-1919 [3]

🖝 *St Valentines day* - Oil/canvas (61x95cm-24x37in) London 91 .... FF25 800 - £2 618 - **$4,660**

MICHIELI G. XIX-XX [2]

🏛 *Bust of a young boy* - Marble (62cm-24in) London 95 .... FF19 440 - £2 200 - **$3,500**

MICHIELS Robert 1933 [12]

🏛 *Le Spécimen* - Sculpture (94cm-37in) Lokeren 95 .... FF9 420 - £1 176 - **$1,903**

MICHIELSEN Hendrick Evert 1852-1929 [1]

🖝 *Wooded landscape* - Oil/masonite (48x73cm-19x29in) San Francisco-Los Angeles 93 ...... FF13 750 - £1 724 - **$2,500**

MICHIS Pietro 1836-1903 [1]

🖝 *Cour de danse au XVIIIe siècle* - Huile/toile (89x65cm-35x26in) Bern 95 .... FF12 960 - £1 620 - **$2,616**

MICHON Guy 1925-1984 [4]

🖝 *Boréale, 1962* - Oil/board (50x61cm-20x24in) Toronto 90 .... FF4 900 - £521 - **$877**

MICHONZE Grégoire 1902-1982 [163]

🖝 *Portrait d'homme* - Huile/isorel (49x22cm-19x9in) Paris 95 .... FF4 000 - £509 - **$820**
Rixe - Huile/isorel (25x43cm-10x17in) Paris 96 .... FF6 400 - £798 - **$1,236**
Jardin - Huile/papier/toile (33x46cm-13x18in) Paris 97 .... FF12 500 - £1 364 - **$2,185**
Scène villageoise - Huile/toile (38x61cm-15x24in) Paris 97 .... FF15 000 - £1 637 - **$2,622**
Cour de la ferme - Huile/toile (38x46cm-15x18in) Le Touquet 92 .... FF26 500 - £2 713 - **$4,670**
Boy with a hoop - Oil/paper (52x95cm-20x37in) Tel Aviv 94 .... FF39 600 - £4 750 - **$7,500**
Rixe - Huile/toile (114x146cm-45x57in) Paris 95 .... FF80 000 - £10 340 - **$16,350**
🏛 *Maternité/Père et enfant* - Bronze (9cm-4in) Paris 92 .... FF4 000 - £410 - **$720**
✎ *Étude de caractère* - Encre/papier Paris 96 .... FF4 000 - £519 - **$791**
Scène de village - Gouache/papier (24x25cm-9x10in) Paris 96 .... FF13 000 - £1 686 - **$2,547**

MICKELBORG Finn 1932 [22]

🖝 *Komposition* - Oil/canvas (81x100cm-32x39in) Köbenhavn 93 .... FF2 803 - £335 - **$539**
To-Morrow - Oil/canvas (100x120cm-39x47in) Köbenhavn 95 .... FF5 300 - £651 - **$1,033**

MICUS Eduard 1925 [1]

🖝 *Coudrage-259* - Technique mixte/toile (130x172cm-51x68in) Luzern 94 .... FF3 615 - £424 - **$644**

MIDART Lorenz Ludwig 1773-1800 [6]

🗔 *Bataille de Näfels* - Gravure (36x50cm-14x20in) Bern 96 .... FF5 700 - £692 - **$1,110**

MIDDELBOE Bernhard 1850-? [2]

🖝 *Mogens Munk tager afsked Christian II* - Oil/canvas (100x125cm-39x49in) Köbenhavn 89 .... FF3 300 - £328 - **$521**

MIDDELEER Joseph 1865-1934 [6]

🖝 *Scène de marché* - Huile/toile (114x145cm-45x57in) Lille 97 .... FF29 000 - £3 004 - **$4,967**

MIDDENDORF Helmut 1953 [64]

🖝 *Kindergarten* - Oil/canvas (163x130cm-64x51in) New-York 94 .... FF23 240 - £2 685 - **$4,000**
Caligari II - Acrylic/canvas (180x227cm-71x89in) New-York 96 .... FF40 750 - £4 800 - **$8,000**
Nude in front of a mirror - Acrylic/cardboard (132x108cm-52x43in) Stockholm 94 .... FF64 300 - £7 540 - **$11,440**
Blauer Tanz - Oil (190x230cm-75x91in) Köln 91 .... FF94 600 - £9 601 - **$17,086**
🗔 *Grosser Stadkopf* - Serigraph (100x100cm-39x39in) Köln 93 .... FF4 070 - £487 - **$783**
✎ *Häuser Kopf* - Gouache/carton (99x70cm-39x28in) München 95 .... FF12 350 - £1 580 - **$2,520**
Atelier - Watercolour (99x70cm-39x28in) Berlin 92 .... FF23 800 - £2 436 - **$4,190**

MIDDLEDITCH Edward 1923-1987 [15]

🖝 *Carnation* - Oil/canvas (97x85cm-38x33in) London 97 .... FF6 591 - £700 - **$1,148**
Sun through trees - Oil/canvas (146x121cm-57x48in) London 97 .... FF22 052 - £2 300 - **$3,770**
✎ *Teatime* - Gouache (28x30cm-11x12in) London 96 .... FF4 820 - £600 - **$935**

MIDDLETON Colin 1910-1983 [54]

🖝 *Rosses* - Oil/panel (7x7cm-3x3in) Dublin 93 .... FF5 350 - £640 - **$1,030**
Mother & child, Garron - Oil/board (61x61cm-24x24in) London 96 .... FF14 570 - £1 800 - **$2,814**
Girl with a Kali-sucker - Oil/canvas (61x51cm-24x20in) London 96 .... FF46 500 - £6 000 - **$8,970**
Mountain River - Oil/canvas (46x61cm-18x24in) London 96 .... FF64 500 - £8 200 - **$12,400**
✎ *Kookaburra* - Gouache (41x41cm-16x16in) Belfast 92 .... FF6 450 - £750 - **$1,317**

MIDDLETON John 1828-1856 [19]

🖝 *Intwood, Norwich* - Oil/canvas (29x47cm-11x19in) London 97 .... FF56 023 - £6 000 - **$9,737**
✎ *Hatfield Park, Hertfordshire* - Watercolour (33x48cm-13x19in) London 97 .... FF79 962 - £8 500 - **$13,778**
Track in a wood - Watercolour (43x65cm-17x26in) London 94 .... FF143 000 - £17 000 - **$26,150**

MIDDLETON Sam 1927 [21]

🖝 *Untitled* - Oil (114x53cm-45x21in) Amsterdam 92 .... FF24 100 - £2 880 - **$4,640**
🗔 *Sun dance* - Color lithograph (49x38cm-19x15in) Amsterdam 91 .... FF2 104 - £211 - **$351**
✎ *Black rythm* - Mixed media/paper (53x77cm-21x30in) Amsterdam 90 .... FF7 830 - £801 - **$1,546**

MIDDLETON Stanley Grant 1852-? [1]

🖝 *Lady in a gray veil* - Oil/canvas (43x36cm-17x14in) New Orleans, Louisiana 94 .... FF8 740 - £1 040 - **$1,600**

MIDELFART Willie 1904-1975 [9]

🖝 *Vinterskog, Hakadal* - Oil/panel (46x55cm-18x22in) Oslo 92 .... FF8 360 - £1 000 - **$1,610**

M

MIDGLEY William ?-1933 [2]
- *Non Angeli Sed Angeli* - Oil/canvas (137x89cm-54x35in) London 92 .... FF*134 000* - £16 000 - **$25,800**
- *Head and shoulder study* - Watercolour/paper (23cm-9in) Leamington Spa 96 .... FF*1 650* - £200 - **$321**

MIDY Arthur 1887-1944 [30]
- *Salute à Venise* - Huile/toile (61x50cm-24x20in) Pontoise 97 .... FF*8 000* - £862 - **$1,405**
- *Bourrasque* - Huile/toile (138x130cm-54x51in) Brest 96 .... FF*33 200* - £3 810 - **$6,330**
- *Palais de glace* - Oil/canvas (117x176cm-46x69in) New-York 93 .... FF*253 700* - £28 860 - **$43,000**

MIDY Ernest 1878-1938 [4]
- *Vase de fleurs* - Huile/toile (70x87cm-28x34in) Bruxelles 96 .... FF*8 540* - £988 - **$1,636**

MIEDEMA Rein 1835-1912 [1]
- *Rotterdam harbour at night* - Oil/canvas (38x49cm-15x19in) Amsterdam 93 .... FF*5 610* - £643 - **$956**

MIEG Jean 1791-1862 [3]
- *Monastère Dracoeli, Rome* - Huile/toile (33x44cm-13x17in) Cannes 90 .... FF*19 000* - £1 998 - **$3,304**

MIEG Peter 1906-1990 [3]
- *Bunter Frühlingsstrauss* - Aquarelle (28x34cm-11x13in) Zofingen 96 .... FF*5 790* - £721 - **$1,117**

MIEGHEM van Eugeen 1875-1930 [224]
- *Anveroise* - Oil/paper (31x41cm-12x16in) Amsterdam 97 .... FF*13 182* - £1 382 - **$226,2 5**
- *Famille au port* - Huile/papier (35x23cm-14x11in) Antwerpen 94 .... FF*30 000* - £3 600 - **$5,830**
- *Jazz* - Huile/panneau (42x54cm-17x21in) Antwerpen 94 .... FF*53 300* - £6 400 - **$10,360**
- *Musicien au port* - Huile/toile (60x88cm-24x35in) Antwerpen 94 .... FF*100 000* - £12 000 - **$19,420**
- *Hymne au port d'Anvers* - Huile/toile (165x250cm-65x98in) Antwerpen 95 .... FF*508 000* - £64 900 - **$102,000**
- *Dockers* - Eau-forte Antwerpen 95 .... FF*1 887* - £244 - **$386**
- *Dimanche au port* - Monotype (19x21cm-7x8in) Antwerpen 95 .... FF*7 380* - £894 - **$1,423**
- *Nu allongé* - Dessin (17x24cm-7x9in) Antwerpen 97 .... FF*4 259* - £449 - **$738**
- *Un port* - Sanguine (20x15cm-8x6in) Antwerpen 95 .... FF*8 570* - £1 110 - **$1,755**
- *Dockers avec cheval* - Pastel/papier (30x38cm-12x15in) Antwerpen 95 .... FF*22 000* - £2 813 - **$4,420**
- *Couple sous la pluie* - Pastel (48x48cm-19x19in) Antwerpen 95 .... FF*55 400* - £6 920 - **$11,170**
- *Salle de bal* - Technique mixte/papier (46x34cm-18x13in) Antwerpen 96 .... FF*123 200* - £15 900 - **$23,800**
- *Au bar* - Pastel (50x70cm-20x28in) Antwerpen 95 .... FF*173 000* - £21 600 - **$34,900**

MIEGHEM van Francine 1930 [3]
- *Eva* - Bronze (63cm-25in) Antwerpen 95 .... FF*23 700* - £3 030 - **$4,760**

MIEHE Walter 1883-? [1]
- *At the theatre* - Oil/canvas (45x54cm-18x21in) London 96 .... FF*7 720* - £880 - **$1,480**

MIELATZ Charles F. 1864-1919 [2]
- *City scene/Train station* - Etching, aquatint Mystic, Connecticut 96 .... FF*3 210* - £421 - **$650**
- *Fisherman on the catch* - Watercolour (38x28cm-15x11in) Litchfield, CT 92 .... FF*1 804* - £189 - **$325**

MIELDS Rune 1935 [9]
- *B.15, 1969* - Oil/canvas (120x100cm-47x39in) Köln 90 .... FF*16 200* - £1 723 - **$2,898**

MIELICH Alphons Leopold 1863-1929 [7]
- *Orientalische Strassenszene* - Oil/panel (50x38cm-20x15in) Wien 96 .... FF*48 200* - £6 220 - **$9,440**

MIERES Alejandro 1927 [3]
- *Composición* - Técnica mixta/tabla (50x61cm-20x24in) Madrid 95 .... FF*5 650* - £742 - **$1,134**

MIERIS van Frans I 1635-1681 [12]
- *Lady wearing a satin dress* - Oil/panel (23x17cm-9x7in) New-York 90 .... FF*3* - £401 617 - **$675,349**
- *Elégante au petit chien* - Huile/panneau (27x20cm-11x8in) Paris 97 .... FF*380 000* - £39 862 - **$65,246**
- *Card-player* - Black chalk (19x14cm-7x6in) New-York 97 .... FF*250 276* - £27 855 - **$45,000**

MIERIS van Frans II 1689-1763 [10]
- *Vornehmer junger Herr* - Oil/copper (49x41cm-19x16in) Wien 97 .... FF*37 409* - £4 040 - **$6,528**
- *Diana surprised by Actaeon* - Oil/panel (31x39cm-12x15in) London 95 .... FF*373 000* - £48 000 - **$77,000**

MIERLO van Eugene Victor Joseph 1880-1972 [8]
- *Arbre en fleurs* - Huile/toile (48x61cm-19x24in) Bruxelles 92 .... FF*3 650* - £374 - **$643**
- *Zomerlandschap* - Huile/toile (64x81cm-25x32in) Lokeren 96 .... FF*15 600* - £1 930 - **$3,013**

MIERLO van Jan XIX-XX [2]
- *Vue de village* - Huile/toile (65x82cm-26x32in) Bruxelles 90 .... FF*5 800* - £621 - **$1,009**

MIERS John c.1758-1821 [16]
- *Gentleman in coat and cravat* - Miniature (4cm-2in) London 97 .... FF*2 566* - £280 - **$449**

MIESLER Ernst 1879-? [4]
- *Winterlandschaft in Westfalen* - Oil/canvas (60x80cm-24x31in) Köln 90 .... FF*12 240* - £1 252 - **$2,416**

MIESS Friedrich 1854-? [1]
- *Children in the forest* - Oil/canvas (70x100cm-28x39in) London 91 .... FF*119 000* - £12 077 - **$21,493**

MIESTCHANINOFF OSCAR 1886-? [1]
- *Visage de jeune fille* - Sculpture (33cm-13in) Paris 94 .... FF*9 000* - £1 047 - **$1,565**

MIETH Hansel 1912 [3]
- *Mad Monkey* - (33x25cm-13x10in) New-York 92 .... FF*29 400* - £3 414 - **$6,000**

MIETH Hugo 1865-? [2]
- *Norddeutsches Interieum Ufer eines Sees*
  Öl/Leinwand (762x664cm-300x261in) Bremen 95 .... FF*10 430* - £1 353 - **$2,172**

MIETTINEN Olli 1899-1969 [1]
- *Sommarlandskap* - Oil/canvas (53x64cm-21x25in) Helsinki 94 .... FF*6 550* - £760 - **$1,130**

MIGEM van Jeanne XIX-XX [1]
- *Prince C. P. de Bourbon Orléans* - Miniature (10cm-4in) Paris 90 .... FF*3 500* - £358 - **$691**

MIGETTE Auguste Karl 1802-1884 [1]
- *Escena urbana* - Óleo/lienzo (47x39cm-19x15in) Madrid 96 .... FF*28 100* - £3 510 - **$5,430**

MIGLIARA Giovanni 1785-1837 [8]
- Carthusian monks in a cellar - Oil/panel (38x27cm-15x11in) London 92 .... FF*33 500* - £*4 000* - **$6,440**
- Giovane popolana - Olio/cartone (45x29cm-18x11in) Roma 95 .... FF*89 100* - £*11 400* - **$18,300**

MIGLIARA Teodolinda 1816-1886 [1]
- Basilica di San Lorenzo, Milano - Olio/tela (59x44cm-23x17in) Milano 90 .... FF*192 200* - £*20 447* - **$34,383**

MIGLIARI Giovanni 1718-1778 [1]
- Intérieur de palais - Lavis (42x56cm-17x22in) Paris 89 .... FF*50 000* - £*5 112* - **$8,039**

MIGLIARINI Michele Arcangelo 1785-? [1]
- Augusta Rennenkampff, f. Brun - Oil/canvas (65x56cm-26x22in) København 90 .... FF*26 340* - £*2 665* - **$5,010**

MIGLIARO Vincenzo 1858-1938 [27]
- Luisella - Olio/tela (60x39cm-24x15in) Roma 96 .... FF*73 500* - £*8 510* - **$14,300**
- La Luciana - Olio/tela (25x17cm-10x7in) Milano 93 .... FF*120 500* - £*13 780* - **$20,500**
- Fantasia araba - Acquarello (19x27cm-7x11in) Roma 92 .... FF*36 240* - £*3 710* - **$6,380**

MIGLIORETTI Pasquale 1823-1881 [1]
- Charlotte Corday - Marble (137cm-54in) New-York 94 .... FF*797 000* - £*95 000* - **$150,000**

MIGNARD Pierre I le Romain 1612-1695 [12]
- J. L. marquis de Beringhen - Huile/toile (140x105cm-55x41in) Paris 96 .... FF*65 000* - £*7 520* - **$12,450**
- Girl playing a Guitar - Oil/canvas (72x50cm-28x20in) New-York 97 .... FF*220 872* - £*24 960* - **$40,000**

MIGNECO Giuseppe 1908 [103]
- Raccolta delle olive - Olio/tela (30x24cm-12x9in) Prato 97 .... FF*40 800* - £*4 800* - **$7,200**
- Donna a pesci - Olio/tela (50x40cm-20x16in) Prato 96 .... FF*63 600* - £*7 980* - **$12,160**
- Contadino che raccoglie limoni - Olio/tela (61x50cm-24x20in) Prato 97 .... FF*85 000* - £*10 000* - **$15,000**
- Ragazzo con gatto - Olio/tela (65x81cm-26x32in) Prato 97 .... FF*149 600* - £*17 600* - **$26,400**
- Pescivendoli - Olio/tela (81x100cm-32x39in) Milano 94 .... FF*280 500* - £*33 600* - **$52,100**
- Mondina - Acquarello/carta (28x21cm-11x8in) Firenze 97 .... FF*4 760* - £*560* - **$840**
- Figura - China (35x24cm-14x9in) Prato 97 .... FF*9 520* - £*1 120* - **$1,680**
- Donnina con candela - Gouache (30x22cm-12x9in) Milano 92 .... FF*12 680* - £*1 298* - **$2,233**
- Personaggio seduto - Gouache/carta (73x50cm-29x20in) Milano 91 .... FF*36 460* - £*3 700* - **$6,585**

MIGNO Jean-François 1955 [3]
- Série des Apesanteurs - Acrylique/toile (55x5x46cm-22x2x18in) Paris 90 .... FF*8 000* - £*841* - **$1,391**

MIGNON Abraham 1640-1679 [8]
- Still life with fruits - Huile/toile (61x51cm-24x20in) Wien 96 .... FF*2* - £*353 400* - **$567,000**

MIGNON Léon 1847-1898 [11]
- Modèle dans un intérieur - Huile/toile (65x42cm-26x17in) La Varenne Saint-Hilaire 94 .... FF*18 000* - £*2 097* - **$3,176**
- Le Uhlan en vedette - Bronze (73x17x58cm-29x7x23in) Bruxelles 94 .... FF*8 300* - £*990* - **$1,562**
- Taureau Romain - Bronze (46x61cm-18x24in) Liège 96 .... FF*16 440* - £*2 060* - **$3,180**

MIGNON Lucien 1865-1944 [35]
- Hameau animé - Huile/toile (28x33cm-11x13in) Provins 97 .... FF*3 000* - £*335* - **$539**
- Jeune femme à la voilette - Huile/toile (24x14cm-9x6in) Deauville 93 .... FF*10 500* - £*1 180* - **$1,780**
- Vase de fleurs - Oil/canvas (56x42cm-22x17in) New-York 94 .... FF*23 400* - £*2 685* - **$4,000**

MIGNONI GUERRA Fernando 1929 [5]
- Bodegon - Oleo/lienzo (100x70cm-39x28in) Madrid 90 .... FF*14 900* - £*1 606* - **$2,628**

MIGNOT Louis Rémy 1831-1870 [10]
- Mount Cayambe, Ecuador
  Oil/canvas (61x92cm-24x36in) San Francisco-Los Angeles 93 .... FF*24 750* - £*3 104* - **$4,500**
- Winter Skating Scene - Oil/canvas (78x102cm-31x40in) New-York 96 .... FF*135 700* - £*15 700* - **$26,000**

MIGNOT Victor 1872-1944 [1]
- Woman at Lithographic Press - Poster (37x31cm-15x12in) New-York 93 .... FF*6 490* - £*739* - **$1,100**

MIGONNEY Jules 1876-1929 [2]
- Odalisque couchée - Huile/toile (58x87cm-23x34in) Chalon-sur-Saône 93 ...... FF*18 500* - £*2 230* - **$3,364**
- Le Bain Maure - Huile/toile (104x188cm-41x74in) Paris 93 .... FF*170 000* - £*20 500* - **$30,900**

MIHAILEVICH Valentina 1948 [2]
- Corps allongé - Marbre (25cm-10in) Versailles 92 .... FF*5 800* - £*594* - **$1,021**

MIHAILOVITCH Batta 1923 [18]
- Composition - Huile/toile (120x120cm-47x47in) Paris 96 .... FF*2 500* - £*311* - **$485**
- Sur un thème Serbe - Oil/canvas (162x130cm-64x51in) Amsterdam 97 .... FF*5 271* - £*552* - **$904**

MIHAILOVITS Miklos 1888-1960 [11]
- The artist's model - Huile/toile (89x117cm-35x46in) London 95 .... FF*11 840* - £*1 500* - **$2,382**

MIHELIC Tone 1915-1979 [1]
- Barcola vista dall'alto - Olio/tela (65x75cm-26x30in) Trieste 96 .... FF*4 140* - £*468* - **$792**

MIJARES José Maria 1921 [22]
- Bodegon - Oil/canvas (66x46cm-26x18in) New-York 97 .... FF*27 265* - £*2 895* - **$4,749**
- Arlequines - Oil/canvas (83x111cm-33x44in) New-York 92 .... FF*67 600* - £*8 070* - **$13,000**
- Figura - Pastel/paper (68x52cm-27x20in) New-York 95 .... FF*14 560* - £*1 933* - **$3,000**

MIKESCH Friderike 1853-1891 [2]
- Interieur - Oil/panel (37x28cm-15x11in) München 91 .... FF*25 350* - £*2 573* - **$4,578**

MIKHAILOV Boris 1919 [5]
- Attente, les filles de Nevsky - Huile/toile (79x65cm-31x26in) Paris 90 .... FF*3 500* - £*356* - **$700**

MIKHAYLOV Boris Alexandrovich 1959 [2]
- The foreman - Oil/canvas (94x80cm-37x31in) London 90 .... FF*3 900* - £*403* - **$689**

MIKHNOV-VOITENKO Evgeny 1932-1988 [7]
- Composition, 1976 - Gouache/papier (38x60cm-15x24in) Paris 89 .... FF*6 500* - £*685* - **$1,094**

MIKKELSEN Lauritz Martin 1879-1966 [11]
🖼 Roeoptagning, Martin fra Salfofte - Oil/canvas (51x76cm-20x30in) København 94 .... FF2 950 - £355 - **$547**
✏ Interior/Portrait/Cows - Watercolour Viby J, Århus 96 .... FF1 770 - £225 - **$351**

MIKKOLA Matti 1930 [2]
🖼 Gul himmel - Oil/canvas (54x73cm-21x29in) Helsinki 91 .... FF2 150 - £214 - **$370**

MIKL Josef 1929 [41]
🖼 Kopf - Oil/panel (20x27cm-8x11in) Wien 96 .... FF14 430 - £1 837 - **$2,780**
Blumenvase - Öl/Papier (88x62cm-35x24in) Wien 95 .... FF29 400 - £3 805 - **$5,980**
✏ Büste - Mischtechnik/Papier (29x21cm-11x8in) Wien 97 .... FF6 230 - £655 - **$1,069**
Holzente - Mischtechnik/Papier (88x62cm-35x24in) Wien 95 .... FF14 430 - £1 810 - **$2,820**
Ohne Titel - Mischtechnik/Papier (100x70cm-39x28in) Wien 95 .... FF31 830 - £4 120 - **$6,470**

MIKLOS Gustave 1888-1967 [24]
🖼 Vitesse contraste de forme - Huile/toile (93x73cm-37x29in) Paris 92 .... FF130 000 - £13 300 - **$22,900**
🗿 Sérénité - Bronze (153cm-60in) Paris 96 .... FF40 000 - £5 160 - **$7,830**
L'homme - Bronze (55cm-22in) Paris 92 .... FF300 000 - £35 800 - **$57,700**
✏ Visage totems - Gouache (27x12cm-11x5in) Paris 93 .... FF26 000 - £3 130 - **$4,730**

MIKOLA Armas 1901-1983 [9]
🖼 Fiskarens hamn - Oil/canvas (50x85cm-20x33in) Helsinki 94 .... FF8 930 - £1 025 - **$1,528**

MIKOLA Nandor 1911 [5]
✏ Morgon - Watercolour (48x70cm-19x28in) Helsinki 92 .... FF5 740 - £587 - **$1,010**

MIKOLASCH Henryk 1872-1931 [1]
✏ Landscape - Watercolour/paper (22x32cm-9x13in) Warszawa 96 .... FF1 845 - £233 - **$369**

MIKULICZ-BREYER von Isabella 1887-1973 [1]
🖼 Bunter Sommerstrauss - Oil/canvas (66x80cm-26x31in) Lindau 92 .... FF8 800 - £1 023 - **$1,796**

MIKULSKI Kazimierz 1918-? [2]
🖼 Good or bar Augury, always True - Oil/canvas (72x53cm-28x21in) Warszawa 95 .... FF16 800 - £2 147 - **$3,450**
✏ Marzenia Pana z Wasami - Gouache (27x21cm-11x8in) Kraków 93 .... FF17 500 - £1 786 - **$3,125**

MIKUTOWSKI Arthur 1830-1888 [1]
🖼 Army Training - Oil/canvas (38x69cm-15x27in) Penzance, Cornwall 92 .... FF6 840 - £700 - **$1,340**

MILAN Alfred 1882-1951 [1]
✏ Verschneites Gehöft - Aquarell/Papier (50x38cm-20x15in) Wien 94 .... FF10 720 - £1 285 - **$2,082**

MILANI Aureliano 1675-1749 [8]
🖼 Workship of the Golden Calf - Oil/panel (38x56cm-15x22in) London 95 .... FF200 600 - £26 000 - **$41,500**
✏ Man on his deathbed - Black chalk (34x48cm-13x19in) London 92 .... FF39 100 - £4 000 - **$7,660**

MILANI Gino 1921 [4]
🖼 Moulin de la Galette, Montmartre - Huile/toile (55x46cm-22x18in) Cannes 93 .... FF3 500 - £422 - **$637**

MILANI Umberto 1912-1969 [25]
🖼 Composizione - Olio/tela (100x70cm-39x28in) Milano 92 .... FF34 000 - £3 480 - **$5,980**
Composizione - Olio/tela (150x150cm-59x59in) Milano 92 .... FF80 500 - £9 030 - **$14,400**
🗿 Donna che si pettina - Bronze (13x18x38cm-5x7x15in) Milano 90 .... FF48 100 - £5 150 - **$8,365**
✏ Composizione - Tempera/carta (149x100cm-59x39in) Milano 90 .... FF34 300 - £3 672 - **$5,965**

MILATZ Franciscus Andreas 1764-1808 [1]
✏ Farm by Velsen, near Haarlem - Ink (19x31cm-7x12in) Amsterdam 92 .... FF4 520 - £540 - **$870**

MILBANKE Mark Richard 1875-1927 [1]
🖼 Tender autumn - Oil/canvas (50x34cm-20x13in) Amsterdam 94 .... FF3 940 - £453 - **$674**

MILBOURNE Henry 1781-1826 [6]
🖼 Cows & a peasant woman - Oil/panel (47x58cm-19x23in) Amsterdam 94 .... FF13 770 - £1 652 - **$2,673**

MILCENDEAU Charles 1872-1919 [52]
🖼 Paysage au clocher - Huile/toile (65x81cm-26x32in) Brest 97 .... FF14 500 - £1 570 - **$2,546**
🖼 Mme. Milcendeau de profil - Huile/toile/panneau (87x40cm-34x16in) Paris 96 .... FF55 000 - £6 270 - **$10,520**
Vins & Spiritueux à Croie de Vie - Affiche La Roche-sur-Yon 92 .... FF3 200 - £386 - **$582**
✏ Vendéens - Pastel Nantes 96 .... FF5 800 - £672 - **$1,111**
Bretonne, Sables d'Olonne - Fusain/papier (30x23cm-12x9in) Paris 97 .... FF15 000 - £1 632 - **$2,612**

MILCOVITCH Mircea 1941 [5]
🗿 Repos de l'esprit 604 - Marbre Carrare (28x4x26cm-11x2x10in) Paris 97 .... FF7 000 - £764 - **$1,224**

MILDE Karl Julius 1803-1875 [1]
🖼 Die freundinnen - Oil/canvas (35x43cm-14x17in) Ahlden 91 .... FF11 830 - £1 201 - **$2,137**

MILDER Jay 1934 [2]
🖼 Subway Man - Oil/canvas (121x122cm-48x48in) San Francisco-Los Angeles 94 .... FF5 810 - £674 - **$1,000**

MILEHAM Harry Robert 1873-1957 [3]
🖼 The Pied Piper of Hamelin - Oil/canvas (112x143cm-44x56in) London 96 .... FF41 700 - £5 200 - **$8,050**

MILES Edward 1752-1828 [5]
✏ Gentleman, Grenfell familly - Miniature (7cm-3in) London 97 .... FF6 119 - £650 - **$1,056**

MILES Frank 1852-1891 [1]
🖼 Fishing boat beatched upon rocks
     Oil/canvas (35x63cm-14x25in) Retford, Nottinghamshire 94 .... FF4 500 - £520 - **$769**

MILES John Cristopher 1831/2-1911 [2]
🖼 Artist holding palette & brushes - Oil/canvas (61x50cm-24x20in) London 91 .... FF6 940 - £704 - **$1,253**

MILES Thomas Rose c.1869-1888 [47]
🖼 Galleons at night - Oil/canvas (91x71cm-36x28in) London 92 .... FF6 060 - £620 - **$1,262**
Fishing boats - Oil/canvas (76x128cm-30x50in) Stockholm 96 .... FF15 130 - £1 956 - **$2,900**
Gorlston harbour - Oil/canvas (76x127cm-30x50in) London 96 .... FF27 930 - £3 500 - **$5,390**

MILESI Alessandro 1856-1945 [19]
🖼 Ragazza con fiori - Olio/cartone (50x36cm-20x14in) Milano 95 .... FF25 670 - £3 315 - **$5,270**

After tea - Oil/canvas (129x150cm-51x59in) New-York 96.. FF*175 000* - £*21 200* - **$34,000**
Clam seller, Venice - Oil/canvas (91x65cm-36x26in) New-York 97................................ FF*627 495* - £*67 639* - **$110,000**

MILET Yves 1934 [11]
Personnages, 1973 - Huile/toile (60x73cm-24x29in) Paris 90 .... FF*7 000* - £*736* - **$1,217**

MILET-MOREAU Iphigénie de Caux 1780-? [3]
Flowers in a Vase - Oil/panel (41x32cm-16x13in) London 94 .... FF*105 000* - £*12 500* - **$19,800**

MILHOUS Katherine 1894-1977 [3]
Rural Pennsylvania - Poster (58x43cm-23x17in) New-York 95 .... FF*5 360* - £*699* - **$1,100**

MILI Gjon 1904-1984 [8]
Duke Ellington Jam Session - Gelatin silver print (33x25cm-13x10in) New-York 95 .... FF*12 600* - £*1 620* - **$2,600**

MILIADIS Stelios 1881-1965 [5]
Monastery - Oil/panel (27x36cm-11x14in) Athens 96.. FF*15 760* - £*1 824* - **$3,020**

MILIAN Raúl 1921-1986 [2]
Formas rectangulares - Watercolour (38x28cm-15x11in) New-York 95 .... FF*7 760* - £*1 031* - **$1,600**

MILICH Abram Adolphe 1884-1964 [15]
Peaches - Oil/canvas (50x65cm-20x26in) Tel Aviv 93 .... FF*16 520* - £*1 880* - **$2,800**
Houses by the dea - Watercolour, gouache (33x24cm-13x9in) Tel Aviv 96 .... FF*3 110* - £*390* - **$600**

MILIOTY Vasily Dmitrievich 1875-1943 [3]
Tsarevna-Liagushka - Oil/panel (54x37cm-21x15in) Moscow 94 .... FF*6 450* - £*747* - **$1,100**

MILIUS Félix Augustin 1843-1894 [2]
An afternoon reading - Oil/canvas (100x81cm-39x32in) New-York 96 .... FF*197 300* - £*25 130* - **$38,000**

MILLAIS John Everett 1829-1896 [49]
Evelyn Otway - Oil/canvas (123x78cm-48x31in) London 92 .... FF*107 400* - £*11 000* - **$18,960**
John Wycliffe Taylor - Oil/panel (35x26cm-14x10in) London 97 .... FF*809 523* - £*85 000* - **$138,754**
Farmer's Daughter - Oil/canvas (45x35cm-18x14in) London 97 .... FF*1 100 97e+06* - £*110 000* - **$175,659**
Coarse fishing - Ink (17x22cm-7x9in) London 93 .... FF*20 800* - £*2 600* - **$3,770**
School yard, Eton - Watercolour (22x30cm-9x12in) London 96 .... FF*59 200* - £*7 700* - **$11,720**

MILLAIS John Guille 1865-1931 [4]
Eider at Myratic Lake, Iceland - Watercolour (39x51cm-15x20in) London 94 .... FF*13 720* - £*1 600* - **$2,405**

MILLAIS Raoul 1901 [50]
Promenade - Oil/canvas (30x25cm-12x10in) London 92 .... FF*5 160* - £*600* - **$1,053**
Horses grazing/Mares & Foals - Oil/canvas (20x25cm-8x10in) London 92 .... FF*18 762* - £*2 000* - **$3,275**
Grey Arab - Oil/canvas (51x61cm-20x24in) London 94 .... FF*99 400* - £*11 500* - **$17,130**
In the Paddock - Pencil (12x6cm-5x2in) London 96 .... FF*6 920* - £*900* - **$1,370**

MILLAIS William Henry 1828-1899 [2]
W. Lyn/Isle of Wight - Watercolour (41x30cm-16x12in) London 93 .... FF*5 910* - £*680* - **$1,020**

MILLAN FERRIZ Emilio 1859-? [5]
La florista - Acuarela (45x28cm-18x11in) Madrid 92 .... FF*4 600* - £*534* - **$938**

MILLAN Jean-François 1939 [3]
La table-jardin - Huile/toile Sens 95 .... FF*3 200* - £*401* - **$638**

MILLAN Manuel 1948 [3]
Bodegón - Oleo/tabla (34x52cm-13x20in) Madrid 92 .... FF*6 480* - £*660* - **$1,140**

MILLAN VELASCO Mariano 1871-? [1]
Bodegón de flores - Oleo/lienzo (88x45cm-35x18in) Madrid 94 .... FF*7 220* - £*852* - **$1,297**

MILLAR Addison Thomas 1850-1913 [32]
Silvermine birches - Oil/canvas (45x61cm-18x24in) New-York 92 .... FF*8 880* - £*930* - **$1,600**
La Kasbah, Alger - Huile/toile (61x45cm-24x18in) Paris 95 .... FF*23 000* - £*3 023* - **$4,620**
The turkish vase - Oil/canvas (46x61cm-18x24in) New-York 92 .... FF*104 000* - £*12 410* - **$20,000**

MILLAR William XIX-XX [2]
Lady in a dark yellow dress - Oil/canvas (76x63cm-30x25in) London 91 .... FF*7 480* - £*750* - **$1,235**

MILLARD Frederick, Fred 1857-1919 [4]
The letter - Oil/canvas (71x51cm-28x20in) Toronto 95 .... FF*7 520* - £*960* - **$1,536**

MILLARD Patrick Ferguson 1902-1977 [2]
John Minton with a violin - Oil/canvas (102x76cm-40x30in) London 93 .... FF*10 920* - £*1 300* - **$2,002**
A reclining female nude - Ink (34x56cm-13x22in) Retford, Nottinghamshire 92.............. FF*4 380* - £*450* - **$842**

MILLARES Francisco 1848-1901 [2]
Espagnole - Huile/toile Fontainebleau 95 .... FF*18 500* - £*2 360* - **$3,796**

MILLARES Manolo 1926-1972 [41]
Personnaje de la Paz - Technique mixte/panneau (100x81cm-39x32in) Enghien 89.......... FF*1* - £*112 474* - **$176,849**
La mina - Técnica mixta/lienzo (100x87cm-39x34in) Madrid 90.................................. FF*2* - £*307 772* - **$521,968**
Cuadro 161 - Mixed media/canvas (81x100cm-32x39in) London 95............................ FF*200 400* - £*26 000* - **$41,400**
Cuadro - Acrylique/toile (60x73cm-24x29in) Paris 96.. FF*257 000* - £*29 300* - **$49,200**
Cuadro 44 - Oil/canvas (132x100cm-52x39in) London 94 .... FF*583 000* - £*70 000* - **$107,800**
Personajes - Tinta/papel (45x34cm-18x13in) Madrid 97 .... FF*15 920* - £*1 720* - **$2,760**
Untitled - Wash/paper (50x70cm-20x28in) London 91 .... FF*124 000* - £*12 495* - **$21,517**

MILLASSON Anne XX [7]
Chaumières - Pastel (48x63cm-19x25in) Dournenez 93 .... FF*11 000* - £*1 326* - **$2,000**

MILLER Alfred Jacob 1810-1874 [22]
Indian encampment - Oil/canvas (20x33cm-8x13in) New-York 93 .... FF*106 200* - £*12 080* - **$18,000**
Indian canoe - Oil/canvas (46x61cm-18x24in) New-York 94 .... FF*977 000* - £*114 000* - **$170,000**
Wind river territory - Watercolour, gouache (19x28cm-7x11in) New-York 97 .... FF*437 828* - £*46 057* - **$75,000**

M

MILLER Barse 1904-1973 [9]
⬦ *Dredging the Sacramento River*
  Watercolour/paper (38x56cm-15x22in) San Francisco-Los Angeles 94 .... FF8 350 - £987 - **$1,500**
MILLER Carol 1933 [13]
🔲 *Priam y Hecuba* - Bronze (76cm-30in) London 94 .... FF20 920 - £2 500 - **$3,910**
My Son, My Love - Bronze (68cm-27in) New-York 95 .... FF35 700 - £4 460 - **$7,000**
MILLER Charles Henry 1842-1922 [8]
🖼 *Ivanohe racing on the Clyde* - Oil/cardboard (51x60cm-20x24in) London 92 .... FF5 370 - £550 - **$948**
MILLER Charles Keith, Capt. XIX-XX [6]
🖼 *The barque Orion* - Oil/canvas (61x106cm-24x42in) London 92 .... FF39 100 - £4 000 - **$6,900**
MILLER Denis Wirth XX [2]
🖼 *Landscape, Hot day* - Oil/canvas (101x101cm-40x40in) London 95 .... FF4 585 - £580 - **$896**
MILLER Evylena Nunn 1888-1966 [1]
🖼 *Early Chinatown, Los Angeles*
  Oil/canvas (63x76cm-25x30in) San Francisco-Los Angeles 96 .... FF2 610 - £302 - **$500**
MILLER Frederick XIX-XX [7]
⬦ *Cuckfield Church, Sussex* - Watercolour (20x34cm-8x13in) London 96 .... FF1 937 - £250 - **$374**
MILLER Henry 1891-1980 [3]
⬦ *Kiosk along the Seine, Paris* - Watercolour (36x52cm-14x20in) New-York 92 .... FF12 200 - £1 278 - **$2,200**
MILLER Henry 1893-1975 [1]
⬦ *Untitled* - Watercolour/paper (61x43cm-24x17in) San Francisco-Los Angeles 92 .... FF5 470 - £648 - **$1,052**
MILLER John XX [3]
⬦ *Carnival in Venice III* - Watercolour (64x52cm-25x20in) London 94 .... FF1 593 - £190 - **$300**
MILLER John 1931 [11]
🖼 *Dghajjes, Malta* - Oil/canvas (61x61cm-24x24in) London 93 .... FF4 980 - £600 - **$930**
MILLER Kenneth Hayes 1876-1952 [8]
🖼 *The boudoir* - Oil/canvas (72x48cm-28x19in) New-York 90 .... FF40 000 - £4 283 - **$6,957**
Waiting for the bus - Oil/masonite (76x51cm-30x20in) New-York 94 .... FF105 100 - £12 620 - **$20,000**
MILLER Lee 1907-1977 [12]
📷 *Modèle à la cote de mailles* - Tirage albuminé (23x17cm-9x7in) Paris 96 .... FF40 000 - £4 560 - **$7,650**
MILLER Lewis 1796-1882 [1]
⬦ *Conrad Laub* - Ink/paper (14x7cm-6x3in) New-York 92 .... FF9 720 - £994 - **$1,800**
MILLER Lilian 1943 [4]
🗁 *East Mountain, Kyoto (2)*
  Woodcut in colors (28x25cm-11x10in) San Francisco-Los Angeles 93 .... FF1 925 - £242 - **$350**
MILLER Mildred Bunting 1892-1964 [1]
🖼 *The Garden* - Oil/canvas (71x64cm-28x25in) North Berwick, Maine 93 .... FF13 750 - £1 724 - **$2,500**
MILLER Oscar 1867-? [3]
🖼 *Young lady in white* - Oil/canvas (46x30cm-18x12in) Mystic, Connecticut 96 .... FF4 540 - £591 - **$900**
MILLER Ralph Davidson XX [2]
🖼 *Landscape* - Oil/canvas (77x102cm-30x40in) San Francisco 89 .... FF5 100 - £493 - **$774**
MILLER Richard Edward 1875-1943 [38]
🖼 *Woman with Parasol* - Oil/canvas (74x61cm-29x24in) New-York 96 .... FF1 - £145 500 - **$220,000**
Spring - Oil/canvas (148x114cm-58x45in) New-York 94 .... FF3 - £398 000 - **$600,000**
Woman seated at a table - Oil/canvas (91x86cm-36x34in) New-York 95 .... FF280 000 - £35 800 - **$57,500**
Day dreams - Oil/canvas (55x61cm-22x24in) New-York 94 .... FF506 000 - £59 600 - **$90,000**
MILLER Robert A. Darrah 1905-? [1]
🖼 *Flowers in a blue vase* - Oil/canvas (56x46cm-22x18in) Mystic, Connecticut 95 .... FF6 980 - £837 - **$1,300**
MILLER Samuel c.1807-1853 [1]
🖼 *Girl in blue dress holding a book* - Oil/canvas (117x66cm-46x26in) New-York 95 .... FF205 200 - £26 560 - **$42,000**
MILLER Samuel J. c.1810-c.1860 [1]
📷 *Frederick Douglass* - Daguerreotype New-York 96 .... FF852 000 - £105 500 - **$165,000**
MILLER Stuart XX [5]
🖼 *The Muse* - Oil/canvas/board (61x50cm-24x20in) London 92 .... FF2 443 - £250 - **$430**
MILLER Terry 1945 [8]
⬦ *Seclusion* - Pencil (20x68cm-8x27in) London 96 .... FF17 360 - £2 200 - **$3,330**
MILLER von Ferdinand II 1842-1929 [1]
🔲 *Abraham Lincoln* - Bronze (104cm-41in) New-York 89 .... FF22 900 - £2 213 - **$3,475**
MILLER Wat XIX-XX [3]
🖼 *La jeune tricoteuse* - Huile/toile (30x22cm-12x9in) Saint-Germain-en-Laye 93 .... FF4 100 - £494 - **$746**
MILLER Wayne XX [3]
📷 *Billiards* - Silver print (28x25cm-11x10in) New-York 94 .... FF6 390 - £741 - **$1,100**
MILLER Werner 1892-1959 [2]
🖼 *Mädchenbildnis* - Oil/canvas (39x34cm-15x13in) Zürich 91 .... FF11 880 - £1 191 - **$1,961**
MILLER William XIX-XX [2]
🖼 *Landscape with figures* - Oil/canvas (39x60cm-15x24in) Söderköping 92 .... FF3 580 - £367 - **$631**
MILLER William 1796-1882 [2]
🖼 *In the day of long ago/The picnic* - Oil/canvas (30x46cm-12x18in) Glasgow 91 .... FF3 944 - £398 - **$783**
⬦ *Moonrise on the Channel* - Watercolour (46x51cm-18x20in) Glasgow 92 .... FF2 736 - £280 - **$482**
MILLER William Ongley 1883-? [3]
🖼 *Landscape at Harvest Time* - Oil/board (55x72cm-22x28in) London 90 .... FF8 700 - £876 - **$1,582**
MILLER William Rickarby 1818-1893 [23]
🖼 *Palisades of the Hudson* - Oil/board (23x18cm-9x7in) San Francisco-Los Angeles 95 .... FF20 650 - £2 350 - **$3,500**

House in the country - Oil/canvas (45x61cm-18x24in) New-York 93 .... FF60 500 - £7 580 - **$11,000**

Jersey City - Watercolour, gouache (31x50cm-12x20in) New-York 92 .... FF73 800 - £7 550 - **$13,000**

MILLER-DIFLO Otto 1878-1949 [6]

Winter am Bach - Öl/Leinwand (61x71cm-24x28in) München 94 .... FF12 650 - £1 485 - **$2,254**

MILLES Carl 1875-1955 [151]

Lilla Najaden - Bronze (286cm-113in) Stockholm 89 .... FF3 -£334 969 - **$526,688**

Mendiant - Bronze (26cm-10in) Soissons 94 .... FF20 000 - £2 273 - **$3,400**

Hollandes - Bronze (24cm-9in) Stockholm 96 .... FF33 840 - £4 220 - **$6,530**

Hyllning till automobilien - Bronze (96cm-38in) Stockholm 96 .... FF84 600 - £10 550 - **$16,330**

Sisters - Bronze (83cm-33in) New-York 94 .... FF267 000 - £31 500 - **$47,500**

Najad med fiskar - Bronze (120cm-47in) Stockholm 96 .... FF615 000 - £76 700 - **$118,800**

MILLES Ruth 1873-1941 [34]

Jeune femme en coiffe - Bronze (16cm-6in) Quimper 97 .... FF3 500 - £375 - **$614**

Paysanne portant un panier - Bronze (26cm-10in) Chaumont 97 .... FF8 800 - £934 - **$1,532**

Jeune fille en sabot - Bronze (48cm-19in) Brest 94 .... FF13 500 - £1 585 - **$2,390**

MILLESON Royal Hill 1849-1926 [7]

Before the storm - Oil/canvas (71x56cm-28x22in) Baton Rouge, Louisiana 93 .... FF6 020 - £724 - **$1,100**

MILLET Aimé 1819-1891 [3]

Jeune femme agenouillée, rêvant - Bronze (31cm-12in) Paris 89 .... FF6 200 - £617 - **$979**

Warrior on horseback attacking a lion - Bronze (76cm-30in) London 90 .... FF31 000 - £3 202 - **$5,477**

MILLET Clarence 1897-1959 [21]

Houses on the Bayou

Oil/canvas/board (33x46cm-13x18in) New Orleans, Louisiana 96 .... FF13 170 - £1 702 - **$2,600**

Old Louisiana Bridge - Oil/canvas (76x102cm-30x40in) New Orleans, Louisiana 95 .... FF59 800 - £7 640 - **$12,250**

MILLET DE MARCILLY Edouard Gustave L. 1811/16-1885 [1]

Buste de femme - Sculpture (50cm-20in) Rouen 90 .... FF10 000 - £1 071 - **$1,739**

MILLET Francis David, Frank 1846-1912 [10]

Artist's studio, Florence - Oil/board (46x56cm-18x22in) Boston, Mass. 94 .... FF16 960 - £2 180 - **$3,500**

After the festival - Oil/canvas (51x40cm-20x16in) New York 92 .... FF90 800 - £9 300 - **$16,000**

MILLET Francisque J-Fr. I 1642-1679/80 [16]

Midas se baignant dans le Pactole - Huile/toile (79x96cm-31x38in) Lille 96 .... FF100 000 - £12 470 - **$19,300**

MILLET François 1851-1917 [8]

Still life - Oil/canvas (50x65cm-20x26in) New-York 96 .... FF45 300 - £5 490 - **$8,800**

Paysage, Barbizon - Watercolour (30x50cm-12x20in) New-York 96 .... FF19 730 - £2 514 - **$3,800**

Dawn over a snow covered farmstead

Pastel/paper (34x49cm-13x19in) New-York 94 .... FF61 700 - £7 290 - **$11,000**

MILLET Frédéric 1786-1859 [7]

Napoléon Lannes - Miniature (11cm-4in) Paris 96 .... FF35 000 - £4 050 - **$6,700**

MILLET Jean-Baptiste 1831-1906 [15]

Rivière en hiver - Aquarelle/papier (28x46cm-11x18in) Wien 95 .... FF6 070 - £760 - **$1,226**

Maison de T. Rousseau - Aquarelle (12x14cm-5x6in) Barbizon 92 .... FF14 000 - £1 433 - **$2,465**

MILLET Jean-Charles XIX [10]

Église de Gréville - Huile/toile (38x46cm-15x18in) Barbizon 96 .... FF3 500 - £411 - **$689**

MILLET Jean-François 1814-1875 [241]

Cardeuse - Oil/canvas (90x75cm-35x30in) New-York 96 .... FF1 - £2 5e +06 - **$3**

Petite bergère - Oil/canvas (45x38cm-18x15in) London 96 .... FF3 - £445 000 - **$689,000**

Shepherdess on a Fence - Oil/panel (35x37cm-14x15in) London 96 .... FF213 000 - £25 000 - **$41,400**

Gathering apples - Oil/canvas (37x30cm-15x12in) New-York 94 .... FF640 000 - £74 100 - **$109,500**

La fileuse - Etching (34x25cm-13x10in) London 97 .... FF10 618 - £1 100 - **$1,818**

Bêcheurs - Etching (31x41cm-12x16in) London 97 .... FF17 374 - £1 800 - **$2,976**

Glaneuses - Eau-forte (19x25cm-7x10in) Paris 94 .... FF55 000 - £6 440 - **$9,700**

Baratteuse - Black chalk/paper (48x39cm-19x15in) New-York 97 .... FF1 - £169 400 - **$275,000**

Animals, Vosges - Pastel (68x93cm-27x37in) New-York 94 .... FF2 - £318 000 - **$480,000**

La méridienne - Crayon (26x39cm-10x15in) Paris 94 .... FF2 - £248 000 - **$383,000**

Oies Sauvages - Pastel (60x43cm-24x17in) London 91 .... FF5 - £528 575 - **$963,406**

Ivresse de Noé - Crayon/papier Paris 96 .... FF7 000 - £901 - **$1,388**

Vichy - Encre (15x21cm-6x8in) Paris 96 .... FF17 000 - £2 190 - **$3,330**

Cheval cabré - Encre (19x19cm-7x7in) Paris 94 .... FF85 000 - £10 020 - **$15,170**

Chat à la fenêtre - Charcoal/paper (50x39cm-20x15in) New-York 95 .... FF537 000 - £66 800 - **$105,000**

MILLETT George van Horn 1864-? [1]

Interior with children playing - Oil/canvas (44x63cm-17x25in) St. Louis, Miss. 91 .... FF39 540 - £3 927 - **$6,865**

MILLIAN Thaddäus 1794-1875 [1]

Donaulandschaft - Oil/canvas (75x102cm-30x40in) Köln 91 .... FF25 350 - £2 542 - **$4,185**

MILLIERE Maurice 1871-1946 [56]

Belle-Ile-en-Mer - Huile/toile (59x81cm-23x32in) Le Havre 96 .... FF4 000 - £470 - **$787**

Modèle - Huile/toile (55x46cm-22x18in) Le Havre 94 .... FF15 500 - £1 844 - **$2,950**

Elegant Lady in Vatel - Oil/board (49x26cm-19x10in) New-York 89 .... FF62 900 - £6 259 - **$9,937**

Elégante au sofa - Pointe sèche (43x53cm-17x21in) Le Havre 94 .... FF3 500 - £418 - **$673**

Femme au miroir - Gouache Louviers 91 .... FF10 000 - £1 027 - **$1,860**

MILLIGAN Gladys 1892-1973 [1]

Lucita, portrait of a child - Oil/canvas (41x33cm-16x13in) North Bethesda, MD. 92 .... FF3 050 - £320 - **$550**

MILLIKEN James W. c.1897-1930 [30]

Vegetable sellers, Bruges - Watercolour (25x35cm-10x14in) London 92 .... FF6 640 - £680 - **$1,384**

M

MILLIKEN Robert W. c.1880-c.1930 [15]
✎ Woodcock in flight - Watercolour (36x48cm-14x19in) London 93 .... FF5 600 - £700 - **$1,015**
MILLIN DU PERREUX Alexandre Louis R. 1764-1843 [1]
🖿 The Mont Saint-Gothard - Oil/panel (32x40cm-13x16in) London 93 .... FF9 960 - £1 200 - **$1,740**
MILLINGTON James Heath 1799-1872 [1]
✎ Officer in uniform of the 42nd Foot - Miniature (7cm-3in) London 93 .... FF8 000 - £1 000 - **$1,450**
MILLION J. XIX-XX [3]
🖿 Paysage de neige - Huile/toile (27x35cm-11x14in) Lyon 97 .... FF8 000 - £866 - **$1,401**
MILLIOTTI Nicolas 1874-? [4]
🖿 Paul Valéry - Huile/toile (91x73cm-36x29in) Paris 93 .... FF4 300 - £538 - **$782**
MILLITZ Johann Michael 1725-1779 [2]
🖿 Joseph II. - Öl/Leinwand (78x67cm-31x26in) Wien 96 .... FF34 100 - £4 430 - **$6,740**
MILLNER Carl 1825-1895 [35]
🖿 Hochgebirgeslandschaft - Öl/Leinwand (50x67cm-20x26in) Göttingen 95 .... FF13 900 - £1 804 - **$2,896**
Fürstenwand in Steyermark - Oil/panel (24x18cm-9x7in) München 93 .... FF54 300 - £6 480 - **$10,430**
Schneebedeckte Ortlergruppe - Oil/canvas (88x128cm-35x50in) Wien 91 .... FF216 600 - £21 744 - **$37,475**
MILLNER William Edward XIX [4]
🖿 Tired out - Oil/canvas (71x53cm-28x21in) London 96 .... FF27 670 - £3 600 - **$5,480**
MILLOCHEAU Joseph Émile 1856-? [1]
🖿 Partie de bille dans une rue - Huile/toile (44x63cm-17x25in) Paris 92 .... FF2 000 - £205 - **$352**
MILLOT Adolphe Philippe 1857-1921 [4]
🖿 Junge Frau mit weissem Hut - Oil/panel (26x21cm-10x8in) Wien 95 .... FF4 430 - £535 - **$833**
MILLOT Henri ?-1756 [3]
🖿 Bacchus - Huile/toile (180x145cm-71x57in) Bourg-en-Bresse 93 .... FF285 000 - £32 460 - **$48,300**
MILLS Arthur Wallis 1878-1940 [2]
✎ On the way home - Pencil (23x33cm-9x13in) London 92 .... FF1 954 - £200 - **$345**
MILLS Clark 1810/15-1883 [2]
🏛 Equestrian group of General Jackson - Metal (61cm-24in) New-York 91 .... FF39 900 - £4 020 - **$7,000**
MILLS Edwards XIX-XX [5]
🖿 Temple, Luxor - Oil/canvas (61x46cm-24x18in) London 93 .... FF3 735 - £450 - **$653**
MILLS William XIX-XX [2]
🖿 Regent circus - Oil/canvas (38x30cm-15x12in) London 92 .... FF29 300 - £3 000 - **$5,160**
MILMAN Adolf 1888-1930 [1]
🖿 Still life with townscape - Oil/canvas (85x110cm-33x43in) London 90 .... FF135 600 - £14 426 - **$24,258**
MILMORE Martin 1844-? [1]
🏛 Charles Sumner - Bronze (30cm-12in) Cambridge, Mass. 92 .... FF4 680 - £559 - **$900**
MILNE David Brown 1882-1953 [17]
🖿 Adirondack Valley - Oil/canvas (41x51cm-16x20in) Toronto 95 .... FF128 700 - £17 060 - **$26,570**
✎ Croton-on-Hudson - Watercolour (59x46cm-23x18in) Toronto 95 .... FF36 600 - £4 780 - **$7,330**
MILNE Joe XIX-XX [3]
🖿 Sheep in a winter landscape - Oil/panel (51x31cm-20x12in) London 94 .... FF2 993 - £350 - **$525**
MILNE John 1931-1978 [1]
🏛 Oracle - Bronze (68cm-27in) London 93 .... FF7 900 - £900 - **$1,341**
MILNE John Maclauchlan 1885-1957 [53]
🖿 Quarry at Torridon - Oil/canvas (64x76cm-25x30in) Auchterarder, Perthshire 95 .... FF34 400 - £4 400 - **$6,770**
White cottages, Aran - Oil/canvas (43x58cm-17x23in) London 92 .... FF56 500 - £5 800 - **$10,840**
Cottages, Arran - Oil/canvas (51x61cm-20x24in) Glasgow 90 .... FF96 900 - £10 041 - **$17,030**
✎ On the beach - Pastel (37x51cm-15x20in) Glasgow 91 .... FF37 700 - £3 800 - **$6,610**
MILNE Joseph 1861-1911 [19]
🖿 Hyne, Buckhaven - Oil/board (30x45cm-12x18in) Glasgow 96 .... FF6 170 - £800 - **$1,210**
Scottish Highland pasture - Oil/canvas (64x76cm-25x30in) New-York 95 .... FF15 330 - £1 910 - **$3,000**
MILNE Malcolm 1887-1954 [6]
🖿 Vase of roses - Oil/canvas (41x33cm-16x13in) Birmingham 92 .... FF5 080 - £520 - **$895**
MILNE William Watt 1873-1951 [22]
🖿 Harbor scene - Oil/canvas (31x50cm-12x20in) San Francisco-Los Angeles 95 .... FF12 230 - £1 583 - **$2,500**
Crossing a bridge - Oil/canvas (45x61cm-18x24in) Glasgow 91 .... FF35 900 - £3 597 - **$6,054**
MILNER Frederick ?-1939 [6]
🖿 Sailing boats in an estuary - Oil/board (23x33cm-9x13in) London 93 .... FF9 120 - £1 050 - **$1,575**
MILNER Karl 1825-1894 [1]
🖿 ...Horn bei Lofer in Tirol - Oil/canvas (95x117cm-37x46in) New-York 96 .... FF62 300 - £7 930 - **$12,000**
MILNER William Edward 1849-1895 [3]
🖿 Gathering potatoes - Oil/canvas (28x50cm-11x20in) Retford, Nottinghamshire 93 .... FF4 160 - £520 - **$754**
MILNES Sibyl 1902 [3]
🖿 Lullaby - Oil/canvas (157x127cm-62x50in) London 94 .... FF3 376 - £400 - **$624**
MILNES-SMITH John 1912 [3]
🖿 White vertical - Oil/board (86x52cm-34x20in) London 92 .... FF3 350 - £400 - **$645**
MILO Jean 1906-1993 [72]
🖿 Le jardin de mon voisin - Huile/carton (60x73cm-24x29in) Bruxelles 96 .... FF4 270 - £494 - **$818**
Le feu ouvert - Huile/panneau (70x90cm-28x35in) Bruxelles 97 .... FF13 072 - £1 416 - **$2,312**
Retour aux sources - Huile/toile (97x130cm-38x51in) Bruxelles 97 .... FF39 288 - £4 296 - **$6,864**
✎ Autoportrait à la pipe - Aquarelle/papier (48x31cm-19x12in) Antwerpen 96 .... FF4 590 - £557 - **$893**
Dans la cuisine - Aquarelle/papier (50x61cm-20x24in) Bruxelles 97 .... FF11 438 - £1 239 - **$2,023**

MILOCH Henri [3]
- *Marine à Concarneau* - Huile/carton (46x55cm-18x22in) Douarnenez 96 .... FF**4 200** - £*538* - **$833**

MILON Joseph 1868-1947 [5]
- *Le coup du lapin* - Huile/toile (46x38cm-18x15in) Aubagne 95 .... FF**31 000** - £*4 120* - **$6,390**

MILONE Antonio XIX-XX [14]
- *Ritorno dal pascolo* - Olio/tela (63x92cm-25x36in) Roma 91 .... FF**36 050** - £*3 580* - **$6,259**

MILORADOVICH Sergei Dmitrievich 1851-1943 [2]
- *Patriarch Nikon* - Oil/canvas (90x125cm-35x5in) London 89 .... FF**251 800** - £*25 055* - **$39,779**
- *The Baptism of Rus* - Pencil (20x32cm-8x13in) London 95 .... FF**10 260** - £*1 300* - **$2,064**

MILOVA 1957 [2]
- *Sur le Dniepr* - Huile/carton (50x80cm-20x31in) Paris 92 .... FF**4 500** - £*461* - **$810**

MILOW Keith 1945 [4]
- *Cross between painting & sculpture* - Mixed media (77x57cm-30x22in) London 91 .... FF**2 294** - £*230* - **$379**

MILROY Lisa 1959 [3]
- *Butterflies* - Oil/canvas (183x221cm-72x87in) New-York 94 .... FF**42 140** - £*4 970* - **$7,500**

MILSHTEIN Zwy 1934 [41]
- *Figures* - Oil/canvas (46x34cm-18x13in) Tel Aviv 95 .... FF**3 220** - £*386* - **$600**
- *Femme au châle* - Huile/toile (130x96cm-51x38in) Paris 94 .... FF**10 000** - £*1 194* - **$1,874**
- *Homme à l'oiseau* - Bronze (10cm-4in) Paris 95 .... FF**3 000** - £*380* - **$603**

MILTON JENSEN Carl 1855-1928 [45]
- *Kustmotiv med båt* - Oil/canvas (56x89cm-22x35in) Malmö 93 .... FF**2 460** - £*310* - **$466**
- *En skovarbejder får bragt frokosten* - Oil/canvas (153x129cm-60x51in) Viby J, Århus 96 ...... FF**8 760** - £*1 130* - **$1,690**
- *Sommertag am Lande* - Oil/canvas (80x123cm-31x48in) Wien 92 .... FF**24 060** - £*2 463* - **$4,240**

MILTON Peter 1930 [14]
- *Soundings, from Interior* - Etching, aquatint (75x60cm-30x24in) New-York 95 .... FF**5 870** - £*760* - **$1,200**
- *Card House* - Lithograph (56x71cm-22x28in) New-York 94 .... FF**35 760** - £*4 180* - **$6,300**

MIMIAGUES Georges XX [2]
- *Sans titre* - Huile/toile (89x116cm-35x46in) Versailles 96 .... FF**9 000** - £*1 033* - **$1,717**

MIN de Giovanni 1786-1859 [1]
- *Putto che regge una torcia* - China/carta (21x15cm-8x6in) Milano 90 .... FF**4 600** - £*489* - **$823**

MIN Jaap 1914-1987 [18]
- *Het wiertdijkje, Bergen* - Oil/canvas (80x100cm-31x39in) Amsterdam 92 .... FF**16 700** - £*1 710* - **$2,940**
- *Gezicht op de Nok* - Watercolour/paper (36x50cm-14x20in) Amsterdam 93 .... FF**6 730** - £*774* - **$1,157**

MINARD E.A. XIX-XX [12]
- *Jeune fille au bouquet* - Huile/toile (55x43cm-22x17in) Grenoble 96 .... FF**4 200** - £*535* - **$810**

MINARDI Tommaso 1787-1871 [5]
- *Madonna and Child* - Black chalk (44x26cm-17x10in) London 92 .... FF**2 930** - £*300* - **$575**

MINARTZ Antoine G., dit Tony 1870-1944 [15]
- *French cancan* - Huile/toile (46x55cm-18x22in) Calais 97 .... FF**8 500** - £*910* - **$1,490**
- *Fiacre et élégante* - Huile/toile (50x65cm-20x26in) Calais 97 .... FF**10 000** - £*1 096* - **$1,755**
- *Coulisses* - Aquarelle (39x29cm-15x11in) Paris 94 .... FF**2 500** - £*295* - **$448**

MINASSIAN Annie 1949 [2]
- *Attachée* - Acrylique/toile (61x50cm-24x20in) Bourg-en-Bresse 96 .... FF**2 500** - £*313* - **$486**

MINAUX André 1923-1986 [31]
- *Paysage en hiver* - Oil/panel (95x95cm-37x37in) London 95 .... FF**7 520** - £*950* - **$1,510**
- *Sur la Loire* - Oil/canvas (100x100cm-39x39in) London 95 .... FF**15 830** - £*2 000* - **$3,176**
- *Femme aux cheveux noirs* - Gouache/papier (76x56cm-30x22in) Paris 97 .... FF**4 100** - £*446* - **$713**

MINCHELL Peter 1889-c.1975 [2]
- *New Orleans Mansion* - Watercolour (46x56cm-18x22in) New-York 90 .... FF**2 900** - £*305* - **$504**

MIND Gottfried 1768-1814 [8]
- *Zwei Katzenpaare* - Pencil (15x16cm-6x6in) Zürich 92 .... FF**8 920** - £*912* - **$1,572**

MINDERMAN Willem 1910 [2]
- *Still life with a jug and fruit* - Oil/canvas (50x64cm-20x25in) Amsterdam 96 .... FF**3 025** - £*379* - **$584**

MINDERS W.A.E. 1913-1977 [2]
- *Haie à Houthalen* - Huile/toile (50x60cm-20x24in) Tongeren 91 .... FF**5 180** - £*516* - **$891**

MINER Edward Herbert 1882-? [1]
- *Horses grazing* - Oil/canvas (64x76cm-25x30in) Mystic, Connecticut 96 .... FF**3 360** - £*422* - **$650**

MINET Louis Émile 1850-1920 [7]
- *Assorted flowers* - Oil/canvas (58x76cm-23x30in) New-York 94 .... FF**64 300** - £*7 440* - **$11,000**

MINGAM Jean XX [5]
- *Crucifixion* - Huile/toile (105x44cm-41x17in) Quimper 97 .... FF**4 000** - £*428* - **$701**
- *Procession* - Aquarelle, gouache (48x27cm-19x11in) Quimper 95 .... FF**1 500** - £*194* - **$307**

MINGORANCE ACIEN Manuel 1920 [9]
- *Casas en el puerto* - Oleo/lienzo (93x74cm-37x29in) Madrid 93 .... FF**8 460** - £*1 017* - **$1,647**
- *Las Angustias* - Gouache (45x31cm-18x12in) Madrid 93 .... FF**4 005** - £*477* - **$725**

MINGRET José 1880-1969 [4]
- *Vue de Venise* - Huile/papier (17x24cm-7x9in) Paris 90 .... FF**4 200** - £*427* - **$840**

MINGUET André J. 1818-1861 [3]
- *Appelmans à la cathédrale d'Anvers* - Huile/toile (52x64cm-20x25in) Antwerpen 94 .... FF**12 450** - £*1 462* - **$2,217**

MINGUILLON IGLESIAS Julia 1906-1965 [1]
- *La Espera* - Oleo/lienzo (82x66cm-32x26in) Madrid 95 .... FF**68 600** - £*9 010* - **$13,770**

M

MINGUZZI Luciano 1912 [15]
- *Intreccio di corpi* - Bronze (28cm-11in) Milano 94 .... FF**19 370** - £2 320 - **$3,600**
- *Gli aquiloni* - Bronze (215x50x140cm-85x20x55in) London 94 .... FF**42 050** - £5 000 - **$7,690**
- *Due figure sedute* - Gouache/carta (66x49cm-26x19in) Milano 92 .... FF**7 700** - £788 - **$1,356**

MINIER Suzanne 1884-? [4]
- *La préparation de la table* - Huile/toile (100x82cm-39x32in) Versailles 91 ..... FF**17 000** - £1 714 - **$3,004**

MININ Serge 1859-1916 [1]
- *Nature morte aux fleurs* - Huile/toile (78x67cm-31x26in) Paris 91 .... FF**6 500** - £652 - **$1,191**

MINJON P. Joseph 1818-? [1]
- *Heimkehr von Felde* - Öl/Leinwand (66x88cm-26x35in) Bremen 93 .... FF**35 000** - £4 000 - **$5,950**

MINKA Alexandre 1938 [2]
- *Les voisines* - Pastel (60x70cm-24x28in) Bordeaux 92 .... FF**2 800** - £326 - **$572**

MINKOWSKI Maurice 1889-1930 [1]
- *Gheto Alley* - Watercolour (48x60cm-19x24in) Tel Aviv 95 .... FF**6 280** - £786 - **$1,250**

MINNAERT Frans 1929 [9]
- *Composition* - Huile/toile (100x80cm-39x31in) Antwerpen 93 .... FF**3 296** - £394 - **$674**

MINNE George 1866-1941 [84]
- *Couple enlacé* - Plâtre Bruxelles 93 .... FF**9 880** - £1 182 - **$2,020**
- *Mère et enfant IV* - Sculpture (67cm-26in) Paris 97 .... FF**23 000** - £2 382 - **$3,939**
- *L'Adolescent* - Bronze (41cm-16in) Lokeren 94 .... FF**43 400** - £5 140 - **$8,010**
- *L'orateur* - Bronze (41x37x45cm-16x15x18in) Bruxelles 95 .... FF**84 000** - £10 870 - **$17,180**
- *Adolescent nu agenouillé* - Marbre (80cm-31in) Paris 93 .... FF**410 000** - £47 100 - **$70,400**
- *Le Résurrection* - Fusain (31x19cm-12x7in) Bruxelles 93 .... FF**23 070** - £2 502 - **$4,710**
- *Mère et enfant* - Fusain (110x150cm-43x59in) Antwerpen 96 .... FF**65 600** - £7 940 - **$12,640**

MINNE Joris 1897-1988 [10]
- *Composition de Minerve* - Encre/papier (9x13cm-4x5in) Antwerpen 90 ...... FF**3 600** - £388 - **$635**

MINNEBO Hubert 1940 [4]
- *De Gevoelsijn Doortrekken* - Bronze (102x46cm-40x18in) Lokeren 96 ...... FF**15 120** - £1 868 - **$2,920**

MINNER Herman 1924-1981 [3]
- *Nu* - Huile/panneau (84x47cm-33x19in) Lokeren 95 .... FF**11 130** - £1 390 - **$2,250**

MINNIGERODE Ludwig 1847-c.1917 [9]
- *Das Stelldichein* - Oil/panel (26x27cm-10x11in) Wien 91 .... FF**7 680** - £763 - **$1,333**
- *Ein lieber Freund* - Oil/panel (30x20cm-12x8in) Wien 94 .... FF**48 500** - £5 620 - **$9,180**

MINOGGIO-ROUSSEL Ysabel 1865-? [1]
- *Roses on a ledge* - Watercolour (65x94cm-26x37in) Amsterdam 92 .... FF**18 100** - £2 160 - **$3,480**

MINONZIO Giuseppe 1884-1959 [1]
- *G.B. Borsalino, Alesandria, Italia* - Poster (140x99cm-55x39in) London 96 ..... FF**8 100** - £1 000 - **$1,563**

MINOR Ferdinand 1814-1883 [2]
- *Flirtation* - Oil/canvas (110x92cm-43x36in) New-York 94 .... FF**140 400** - £16 240 - **$24,000**

MINOR Robert Crannell 1839-1904 [7]
- *Summer landscape* - Oil/canvas New-York 90 .... FF**10 000** - £1 036 - **$1,757**

MINOZZI Filiberto 1887-1936 [1]
- *Tramonto a bordighera* - Oil/board (28x34cm-11x13in) London 90 .... FF**4 800** - £497 - **$844**

MINSART Jean-Maurice 1894-1976 [2]
- *Sous les arbres fruitiers* - Huile/toile (41x46cm-16x18in) Bruxelles 94 ..... FF**2 664** - £309 - **$459**

MINSKY Grigoryi Semyonov. 1912 [2]
- *Répétition* - Huile/toile (70x100cm-28x39in) Paris 91 .... FF**3 500** - £351 - **$641**

MINTCHINE Abraham 1898-1931 [31]
- *The bridge* - Oil/canvas (60x73cm-24x29in) Tel Aviv 95 .... FF**26 900** - £3 480 - **$5,500**
- *Promeneurs, Paris* - Huile/toile (74x101cm-29x40in) Paris 93 .... FF**40 000** - £5 180 - **$8,280**
- *Figures by the Jetty* - Oil/canvas (50x65cm-20x26in) Tel Aviv 96 .... FF**72 500** - £6 140 - **$9,500**
- *Still life with violin* - Oil/canvas (100x81cm-39x32in) Tel Aviv 93 .... FF**112 000** - £12 750 - **$19,000**
- *Chalandes sur un canal* - Watercolour (44x57cm-17x22in) London 92 ... FF**13 680** - £1 400 - **$2,414**

MINTCHINE Isaac 1900-1941 [83]
- *Paravent oriental* - Huile/toile (55x46cm-22x18in) La Varenne Saint-Hilaire 93 ... FF**4 000** - £500 - **$728**
- *Fleurs* - Huile/toile (112x86cm-44x34in) La Varenne Saint-Hilaire 91 ...... FF**25 000** - £2 506 - **$4,579**
- *Vase of flowers* - Oil/canvas (55x46cm-22x18in) Tel Aviv 93 .... FF**41 300** - £4 700 - **$7,000**
- *Offrande des fleurs* - Aquarelle (72x100cm-28x39in) Paris 89 .... FF**20 000** - £1 990 - **$3,160**

MINTER Marilyn 1948 [3]
- *To be a Better Cook* - Oil/panel (62x77cm-24x30in) New-York 94 .... FF**35 400** - £4 030 - **$6,000**

MINTON John 1917-1957 [94]
- *Corsican Fisherman* - Oil/canvas (56x66cm-22x26in) London 97 .... FF**47 081** - £5 000 - **$8,202**
- *Eric Verrico* - Oil/canvas (107x81cm-42x32in) London 95 .... FF**141 000** - £18 000 - **$28,900**
- *Man in a Street* - Ink (38x28cm-15x11in) London 97 .... FF**5 131** - £549 - **$886**
- *Ricky Stride* - Ink (38x28cm-15x11in) London 97 .... FF**6 536** - £700 - **$1,129**
- *Rooftops, Marrakech* - Watercolour (28x38cm-11x15in) London 97 ...... FF**12 708** - £1 350 - **$2,214**
- *Bathers discovery bay* - Watercolour (38x27cm-15x11in) London 94 ..... FF**20 840** - £2 500 - **$4,050**
- *Figure in a Landscape* - Watercolour (44x56cm-17x22in) London 94 ..... FF**62 500** - £7 500 - **$12,150**

MINTZ Raymond XX [2]
- *Man with a newspaper* - Oil/canvas (137x106cm-54x42in) Cambridge, Mass. 91 ..... FF**2 264** - £230 - **$409**

MINUZZI Maurilio 1939 [3]
- *Frühling 78* - Aquatint (50x37cm-20x15in) Heidelberg 93 .... FF**1 540** - £180 - **$253**

MIOCHE André 1907-1995 [3]
- *Le berger* - Huile/panneau Le Puy 96 .... FF**2 800** - £332 - **$547**

MIODUSZEVSKI Jan Ostoja 1831-? [1]
🖼 *Place de l'Hôtel de Ville, Paris* - Huile/toile (93x151cm-37x59in) Neuilly 90.................. FF*140 000* - £*14 503* - **$24,592**

MIOLA Camillo 1840-? [1]
🖼 *Children's infantry* - Oil/canvas (71x90cm-28x35in) New-York 90 .... FF*17 200* - £*1 830* - **$3,077**

MIOLÉE Adrianus 1879-1961 [4]
🖼 *Peasantwoman* - Oil/panel (23x18cm-9x7in) Amsterdam 94 .... FF*3 046* - £*360* - **$547**

MIOTTE Jean 1926 [54]
🖼 *Composition* - Huile/toile (80x60cm-31x24in) Le Touquet 96 .... FF*8 000* - £*948* - **$1,560**
   Sans titre - Acrylique/toile (130x97cm-51x38in) Paris 96 .... FF*28 500* - £*3 546* - **$5,530**
   Composition - Acrylique/toile (130x97cm-51x38in) Paris 96.............................. FF*35 000* - £*4 360* - **$6,760**
   Sans titre - Oil/canvas (100x80cm-39x31in) London 91 .... FF*89 200* - £*8 988* - **$15,478**
🖼 *Composition* - Sérigraphie couleurs (86x63cm-34x25in) Zürich 96.......................... FF*3 080* - £*387* - **$595**
✎ *Composition abstraite* - Gouache/papier (100x70cm-39x28in) Toulouse 90 .... FF*32 500* - £*3 502* - **$5,732**

MIR Octave XX [30]
🖼 *Plage* - Huile/toile (46x33cm-18x13in) Montauban 95 .... FF*3 000* - £*383* - **$616**

MIR TRINXET Joaquín 1873-1940 [16]
🖼 *Paisaje rural* - Oleo/lienzo (60x73cm-24x29in) Madrid 96 .... FF*64 100* - £*7 340* - **$12,220**
   Costa catalana - Oleo/lienzo (75x104cm-30x41in) Madrid 91 .... FF*515 000* - £*51 268* - **$88,561**
✎ *El Estorbo* - Mixed media drawing (27x37cm-11x15in) Madrid 92 .... FF*109 410* - £*10 960* - **$21,000**

MIRA Víctor 1949 [10]
🖼 *Cuatro mesas* - Oleo/cartón (86x58cm-34x23in) Madrid 91 .... FF*19 140* - £*1 919* - **$3,159**
🖼 *Suite HJKahn* - Etching (46x35cm-18x14in) Düsseldorf 93................................ FF*4 070* - £*487* - **$783**

MIRAGLIA Ermogene 1907-1964 [5]
🖼 *Natura morta di pesci* - Olio/tela (120x160cm-47x63in) Milano 95 .... FF*21 450* - £*2 700* - **$4,350**

MIRALDA Antoni 1942 [9]
🖼 *Soldats* - Technique mixte (98x132cm-39x52in) Paris 93 .... FF*7 000* - £*844* - **$1,273**
🗿 *Soldats soldés* - Assemblage (98x9x130cm-39x4x51in) Versailles 96 .... FF*9 000* - £*1 167* - **$1,763**

MIRALLES DARMANIN José 1851-? [10]
🖼 *Después de la función* - Oleo/lienzo (49x66cm-19x26in) Madrid 94 .... FF*39 400* - £*4 650* - **$7,010**
   Spanish fiesta - Oil/panel (32x40cm-13x16in) New-York 91 .... FF*102 600* - £*10 339* - **$17,804**

MIRALLES Enrique ?-1883 [7]
🖼 *After the performance* - Oil/board (50x66cm-20x26in) New-York 93 .... FF*26 550* - £*3 020* - **$4,500**

MIRALLES Y GALUP Francisco 1848-1901 [32]
🖼 *Conversation en el parque* - Oleo/lienzo (60x50cm-24x20in) Madrid 96 .... FF*130 300* - £*14 920* - **$24,830**
   Scène de rue en temps de pluie - Oil/panel (61x51cm-24x20in) New-York 97 .... FF*356 531* - £*38 431* - **$62,500**
✎ *Allongée dans l'herbe* - Watercolour/board (27x37cm-11x15in) New-York 91 .... FF*65 500* - £*6 600* - **$11,366**

MIRANDA Marc 1949 [7]
🖼 *Les iris* - Huile/toile (61x46cm-24x18in) Reims 92 .... FF*6 200* - £*635* - **$1,092**

MIRANDA Sebastian 1895-1975 [7]
🗿 *Gitana* - Bronze (54cm-21in) Madrid 95 .... FF*6 460* - £*826* - **$1,298**

MIRANDE Henry 1877-1955 [5]
🖼 *Choix du modèle, atelier Gérôme* - Huile/carton (26x40cm-10x16in) Paris 92 .... FF*2 000* - £*206* - **$371**
✎ *Vendanges/Les 4'z'arts* - Aquarelle (32x49cm-13x19in) Paris 92...................... FF*2 800* - £*288* - **$519**

MIRANI Everadus Pagano 1810-1881 [1]
🖼 *Peasant woman on a snowy path* - Oil/panel (30x41cm-12x16in) Amsterdam 91 .... FF*6 650* - £*660* - **$1,155**

MIRANTE François 1938 [16]
🖼 *Funambules* - Acrylique/toile (120x120cm-47x47in) Paris 96 .... FF*2 800* - £*329* - **$551**
✎ *Sans titre* - Technique mixte/papier (79x89cm-31x35in) Versailles 93 .... FF*2 000* - £*250* - **$364**

MIRAVALLS BOVE Armando 1916-1978 [4]
🖼 *Florero con cuadro al fondo* - Oleo/lienzo (81x65cm-32x26in) Madrid 93............... FF*4 840* - £*556* - **$825**

MIRAZOVITCH Radovan 1950 [3]
🖼 *Moisson, Champs-Elysées* - Huile/toile (65x80cm-26x31in) Paris 91 .... FF*7 000* - £*706* - **$1,364**

MIRBEL de A. Lizinka, née Rue 1796-1849 [8]
✎ *Jeune femme de profil* - Miniature (13x9cm-5x4in) Paris 92 .... FF*19 000* - £*1 954* - **$3,369**

MIRIANON Georges 1910-1986 [5]
✎ *Paysage* - Pastel (45x31cm-18x12in) Rouen 90 .... FF*3 800* - £*409* - **$670**

MIRKO Mirko Basaldella 1910-1969 [7]
🖼 *Figure, 1955* - Technique mixte/toile (23x29cm-9x11in) Milano 89 .... FF*22 900* - £*2 279* - **$3,618**
🗿 *Composizione astratta* - Bronze (22cm-9in) New-York 89 .... FF*19 760* - £*2 100* - **$3,800**
✎ *La faccia, recto-verso* - Mixed media drawing (30x24cm-12x9in) New-York 89 .... FF*5 700* - £*583* - **$916**

MIRO Joan 1893-1983 [1140]
🖼 *Peinture* - Huile/papier (26x35cm-10x14in) Paris 97 .... FF*1* - £*135 980* - **$222,690**
   Cheval de cirque - Oil/canvas (130x95cm-51x37in) New-York 96....................... FF*1* - £*2* - **$3**
   Femme, oiseau, étoile - Oil/canvas (115x89cm-45x35in) London 97 .... FF*2* - £*280 000* - **$462,980**
   La Table - Oil/canvas (130x110cm-51x43in) London 95 .... FF*3* - £*4* - **$6**
   Jack in the box - Oil/canvas (193x129cm-76x51in) New-York 97 .... FF*4* - £*505 120* - **$820,000**
   Personnage - Mixed media (51x34cm-20x13in) London 97 .... FF*173 745* - £*18 000* - **$29,763**
   Peinture I - Huile/toile (73x60cm-29x24in) Paris 96 .... FF*300 000* - £*37 400* - **$57,900**
   Après les Constellations - Oil (14x77cm-6x30in) London 93 .... FF*484 000* - £*55 000* - **$82,000**
   Personnage - Oil/canvas (34x25cm-14x9in) New-York 97.............................. FF*571 430* - £*61 260* - **$100,000**
   Peinture objet - Huile/papier (15x9cm-6x4in) Paris 97............................. FF*700 000* - £*73 220* - **$119,910**
🖼 *Figure composition* - Lithographie couleurs (36x25cm-14x10in) London 97............. FF*8 687* - £*900* - **$1,488**

M

Atmosfera Mirò - Farblithographie (20x20cm-8x8in) Köln 97.. FF*10 138* - £*1 065* - **$1,735**
Soleil et vent - Etching, aquatint in colors (58x30cm-23x12in) London 97........................ FF*12 548* - £*1 300* - **$2,149**
Hommage aux Prix Nobel - Lithographie couleurs (75x56cm-30x22in) London 97.......... FF*13 514* - £*1 400* - **$2,314**
Lézard aux Plumes d'Or - Lithographie couleurs (33x48cm-13x19in) Tel Aviv 97.......... FF*16 043* - £*1 784* - **$3,000**
Petite Fille au Bois - Lithographie (47x56cm-19x22in) Berlin 96.................................. FF*20 340* - £*2 540* - **$3,930**
L'Inhibé - Etching, aquatint in colors (69x54cm-27x21in) London 97.............................. FF*33 784* - £*3 500* - **$5,787**
Grand sorcier - Etching, aquatint in colors (89x67cm-35x26in) London 97...................... FF*82 046* - £*8 500* - **$14,054**
Equinoxe - Etching (104x73cm-41x29in) New-York 94.. FF*357 400* - £*42 500* - **$68,000**
Caresse d'un oiseau - Bronze (315cm-124in) London 92.. FF*3* - £*370 000* - **$596,000**
Personnage dans la nuit - Bronze (30x21x21cm-12x8x8in) London 92........................ FF*62 800* - £*7 500* - **$12,080**
Femme sur une place - Bronze (57x12x28cm-22x11in) Paris 97.............................. FF*180 000* - £*18 828* - **$30,834**
Femme - Bronze (113cm-44in) New-York 97.. FF*628 573* - £*67 386* - **$110,000**
Poétesse - Gouache (38x46cm-15x18in) New-York 95.. FF*2* - £*2* - **$4**
Personnages - Acquarello, gouache (38x32cm-15x13in) Milano 92............................ FF*4* - £*436 000* - **$750,000**
Composition - Coloured crayons (29x35cm-11x14in) London 96.............................. FF*18 560* - £*2 430* - **$3,680**
20. Vi. 71 - Encre Chine/papier (35x49cm-14x19in) Paris 97.................................. FF*54 000* - £*5 708* - **$9,266**
Three Figures - Charcoal/paper (13x27cm-5x11in) New-York 97.............................. FF*91 429* - £*9 802* - **$16,000**
Montroig - Crayon/papier (62x46cm-24x18in) Versailles 97.................................. FF*175 000* - £*18 498* - **$30,030**
Composition - Watercolour, gouache/paper (22x15cm-9x6in) New-York 96.............. FF*285 000* - £*36 800* - **$55,000**
Femme devant la lune - Watercolour, gouache (37x30cm-15x12in) New-York 94....... FF*736 000* - £*87 500* - **$140,000**
MIRO LLEO Gaspar 1859-1930 [19]
Avenue de l'Opéra, Paris - Oleo/cartón (23x32cm-9x13in) Madrid 93........................ FF*12 480* - £*1 437* - **$2,142**
Venezia - Oleo/lienzo (50x65cm-20x26in) Madrid 97.. FF*20 300* - £*2 575* - **$3,895**
MIROU Antoine Miruleus c.1580-c.1665 [16]
Appel de Saint-Pierre - Huile/cuivre (17x22cm-7x9in) Paris 97.............................. FF*200 000* - £*20 980* - **$34,340**
Tobie et l'Ange - Huile/toile (62x91cm-24x36in) Paris 90.................................... FF*580 000* - £*62 500* - **$102,293**
MIROW Viktor XIX [2]
Strand von Rügen bei Lohme - Öl/Leinwand (47x67cm-19x26in) Hamburg 97.......... FF*17 526* - £*1 875* - **$3,055**
MIRRI Sabina 1957 [2]
Il reposo del guerriere - Watercolour, gouache (85x75cm-33x30in) New-York 90....... FF*6 900* - £*734* - **$1,234**
MIRSKY Samuel 1891-1983 [1]
Studying by candlelight - Oil/board (28x36cm-11x14in) New-York 93...................... FF*11 000* - £*1 380* - **$2,000**
MISBACH Constant 1808-? [1]
La barrière de la Villette - Encre (9x15cm-4x6in) Paris 96.................................. FF*5 500* - £*667* - **$1,070**
MISCHELES Margaret 1871-1924 [1]
Still life with flowers and peaches - Oil/board (23x18cm-9x7in) Philadelphia 92....... FF*4 165* - £*484* - **$850**
MISCHKINE Olga 1910-1985 [27]
Sans titre - Huile/toile (46x33cm-18x13in) Versailles 94.................................... FF*3 600* - £*426* - **$647**
Chemin de rêve - Huile/toile (60x30cm-24x12in) La Varenne Saint-Hilaire 90.......... FF*8 000* - £*851* - **$1,431**
Maison de l'artiste, Gambais
    Huile/toile (73x100cm-29x39in) La Varenne Saint-Hilaire 90............................ FF*25 000* - £*2 591* - **$4,394**
Bouquet de fleurs - Aquarelle (63x58cm-25x23in) Provins 90.............................. FF*5 800* - £*584* - **$1,055**
MISEROCCHI Domenico 1861-1917 [1]
Der Liebling - Pencil/paper (53x79cm-21x31in) Luzern 92.................................. FF*11 410* - £*1 364* - **$2,196**
MISISCHI Jean 1935 [7]
Paysage du Midi - Huile/toile (46x55cm-18x22in) Provins 95.............................. FF*3 200* - £*416* - **$657**
MISONNE Leonard 1870-1922 [4]
Paturage - Silver print (28x38cm-11x15in) New-York 96.................................... FF*9 810* - £*1 216* - **$1,900**
MISRACH Richard 1949 [17]
Desert Croquet #3
    Color coupler print. Printed 1989 (97x119cm-38x47in) New-York 95.................... FF*12 400* - £*1 582* - **$2,500**
MISS TIC XX [2]
Sans titre - Dessin (73x92cm-29x36in) Paris 91.. FF*10 000* - £*1 010* - **$1,985**
MISSONE Léonard 1887-1943 [1]
Étude de reflets - mediobrome or oil pigment print (28x38cm-11x15in) New-York 96....... FF*14 440* - £*1 854* - **$2,800**
MISTI Ferdinand Mifliez 1865-1923 [21]
Rouxel & Dubois - Affiche (184x129cm-72x51in) Boulogne 96.............................. FF*4 500* - £*588* - **$900**
MISZEWSKA de Hélène 1876-1969 [1]
Bouquet de fleurs - Huile/toile (50x40cm-20x16in) Bruxelles 91.......................... FF*11 520* - £*1 155* - **$1,902**
MISZFELDT Heinrich 1872-1945 [1]
Männlicher Akt mit Kugel - Bronze (22cm-9in) Lindau 92.................................. FF*3 724* - £*433* - **$760**
MITA Georges XIX-XX [4]
Bords de la Doucelirre (Nièvre) - Huile/toile (60x81cm-24x32in) Paris 94.............. FF*30 000* - £*3 530* - **$5,270**
MITARAKIS Yannis 1898-1992 [2]
In the Olive Grove - Oil/panel (38x46cm-15x18in) Athens 96.............................. FF*8 480* - £*1 095* - **$1,640**
Mykonos - Oil/canvas (46x55cm-18x22in) Athens 93.. FF*28 800* - £*3 310* - **$4,950**
MITCHELL Alfred R. 1888-1972 [46]
Mount San Miguel - Oil/board (41x51cm-16x20in) San Francisco-Los Angeles 92....... FF*14 700* - £*1 707* - **$3,000**
Building the Dam - Oil/board (41x51cm-16x20in) San Francisco-Los Angeles 95....... FF*32 400* - £*4 260* - **$6,500**
MITCHELL Arthur 1886-1977 [1]
Cowboy riding bucking bull - Oil/canvas (66x71cm-26x28in) New-York 95.............. FF*12 720* - £*1 646* - **$2,600**
MITCHELL Arthur Croft 1872-? [3]
The Tea Party - Oil/canvas (76x64cm-30x25in) London 95.................................. FF*13 550* - £*1 800* - **$2,794**

MITCHELL Charles D. 1887-1940 [2]
Couple in garden with cat - Watercolour (46x53cm-18x21in) New-York 94 .... FF5 660 - £680 - **$1,100**
MITCHELL Denis 1912-1993 [20]
Mulfra - Bronze (61cm-24in) London 97 .... FF20 716 - £2 200 - **$3,608**
Project for a Six-Foot Sculpture - Watercolour (27x18cm-11x7in) London 94 .... FF2 363 - £280 - **$437**
MITCHELL Ernest Gabriel 1859-? [3]
Harvesting scene - Watercolour (15x23cm-6x9in) Birmingham 92 .... FF4 890 - £500 - **$958**
MITCHELL Flora H. 1890-1973 [1]
St. Georges Church, Dublin - Watercolour (21x26cm-8x10in) Dublin 93 .... FF9 810 - £1 172 - **$1,887**
MITCHELL George Bertrand 1872-1966 [1]
New England Harbor - Oil/canvas (64x76cm-25x30in) North Bethesda, MD. 92 .... FF10 400 - £1 104 - **$2,000**
MITCHELL Henry 1915-1980 [1]
Harness pony - Bronze (17cm-7in) New-York 91 .... FF5 700 - £572 - **$986**
MITCHELL Hutton 1872-1939 [6]
The shepherdess - Watercolour (37x53cm-15x21in) London 92 .... FF1 508 - £180 - **$290**
MITCHELL Joan 1926-1992 [92]
12 Hawkts - Oil/canvas (295x200cm-116x79in) New-York 97 .... FF1 - £170 940 - **$280,000**
Sunflowers - Oil/canvas (280x400cm-110x157in) New-York 97 .... FF2 - £305 250 - **$500,000**
Untitled - Oil/paper (51x41cm-20x16in) New-York 96 .... FF41 000 - £4 860 - **$8,000**
Petit Matin - Oil/canvas (65x54cm-26x21in) New-York 95 .... FF121 000 - £16 050 - **$25,000**
St Martin la Garenne - Huile/toile (81x120cm-32x47in) Paris 95 .... FF230 000 - £40 100 - **$47,400**
Chord III - Oil/canvas (162x97cm-64x38in) Köbenhavn 93 .... FF523 000 - £59 400 - **$88,500**
Rose Cottage - Oil/canvas (183x174cm-72x69in) New-York 95 .... FF743 000 - £92 800 - **$150,000**
Untitled - Chalks (34x41cm-13x16in) New-York 96 .... FF40 750 - £4 800 - **$8,000**
Cypresses - Pastel/paper (48x70cm-19x28in) New-York 92 .... FF68 100 - £6 970 - **$12,000**
Untitled - Pastel/paper (79x57cm-31x22in) New-York 96 .... FF76 400 - £9 000 - **$15,000**
MITCHELL John Campbell 1862-1922 [13]
Sunset on the shore - Oil/canvas (47x76cm-19x30in) Auchterarder, Perthshire 95 .... FF11 720 - £1 500 - **$2,307**
MITCHELL Neil 1858-1934 [2]
Sunset over the Marshes - Watercolour (36x53cm-14x21in) North Berwick, Maine 94 .... FF2 270 - £273 - **$425**
MITCHELL OF ABERDEEN John 1838-1926 [1]
On the road to Braemar - Watercolour/paper (43x61cm-17x24in) Chicago 92 .... FF2 775 - £291 - **$500**
MITCHELL OF MARYPORT Wiliam c.1806-1900 [4]
Lady Gordon… - Oil/canvas (48x73cm-19x29in) London 96 .... FF17 040 - £2 200 - **$3,290**
MITCHELL Peter Todd [2]
Four Arabian ladies - Oil/canvas (147x113cm-58x44in) London 95 .... FF3 840 - £460 - **$732**
MITCHELL Philip 1814-1905 [15]
Devon landscape - Watercolour/paper (27x43cm-11x17in) San Francisco-Los Angeles 92 .... FF4 680 - £559 - **$900**
MITCHELL Thomas 1735-1790 [1]
River boyne with Gentlemen - Oil/canvas (103x169cm-41x67in) London 90 .... FF590 800 - £63 255 - **$102,748**
MITCHELL William Frederick 1845-1914 [50]
Bombardment of Monbasa - Watercolour (18x35cm-7x14in) London 93 .... FF8 300 - £1 000 - **$1,450**
H.M.S. Granpus, Pacific - Watercolour (24x34cm-9x13in) London 93 .... FF19 920 - £2 400 - **$3,720**
MITCHY Dimiter Buyukliiski 1943 [3]
Composition I - Oil/canvas (110x130cm-43x51in) London 90 .... FF38 700 - £4 010 - **$6,801**
MITFORD-BARBETON Ivan Graham 1896-1976 [2]
Nandi - Bronze (13cm-5in) Cape Town 95 .... FF2 126 - £272 - **$437**
MITI ZANETTI Giuseppe 1860-1946 [9]
Venezia - Olio/tela (84x64cm-33x25in) Milano 93 .... FF13 200 - £1 518 - **$2,270**
In riva al Brenta - Olio/tela (102x120cm-40x47in) Roma 92 .... FF72 500 - £7 420 - **$12,760**
MITLER Józef 1900-? [1]
Head of a monk - Oil/canvas (52x38cm-20x15in) Warszawa 95 .... FF7 380 - £932 - **$1,473**
MITLIANSKI Maxim 1953 [2]
Sortie - Huile/toile (90x130cm-35x51in) Paris 93 .... FF10 000 - £1 250 - **$1,820**
MITORAJ Igor 1944 [21]
Le Grépol - Bronze (30x21cm-12x8in) Paris 94 .... FF7 000 - £795 - **$1,187**
Torse - Bronze (37cm-15in) Paris 95 .... FF10 000 - £1 328 - **$2,060**
MITSCHKE COLLANDE von Constantin 1884-1956 [4]
Die Werbung - Öl/Leinwand (76x66cm-30x26in) München 95 .... FF42 150 - £5 300 - **$8,430**
MITSUTANE Kunishirô 1874-1936 [2]
Japanese temple scene - Watercolour (33x50cm-13x20in) New-York 92 .... FF18 200 - £1 932 - **$3,500**
MITTELFELLNER Andreas 1912-1972 [1]
Rissbachtal im Karwendel - Oil/canvas (60x80cm-24x31in) Lindau 92 .... FF3 724 - £433 - **$760**
MITTERFELLNER Andreas 1912-1972 [8]
Heuernte am Ammersee - Oil/panel (20x45cm-8x18in) München 92 .... FF16 920 - £1 970 - **$3,454**
MITTERTREINER Johannes Jacobus 1851-1890 [2]
Street of a Dutch town - Oil/canvas (39x32cm-15x13in) Amsterdam 93 .... FF11 850 - £1 357 - **$2,020**
MITTEY Joseph 1853-1936 [4]
Hortensien auf einer Terrasse - Öl/Karton (34x42cm-13x17in) Bern 93 .... FF5 710 - £682 - **$1,098**
Exotic birds - Oil/canvas (57x70cm-22x28in) London 91 .... FF89 200 - £8 988 - **$15,478**
MITTLEMANN Alexandre 1959 [2]
Danseuse espagnole - Huile/toile (130x97cm-51x38in) Paris 90 .... FF41 000 - £4 362 - **$7,335**

M

MIVILLE Jakob Christian 1786-1836 [2]
Fête des Bergers Suisses - Aquatinte (39x53cm-15x21in) Bern 95 .... FF3 456 - £432 - **$698**
Temple de la Sybille/Abruzzesi - Aquarelle Paris 89 .... FF1 500 - £158 - **$253**

MIYAJIMA Tatsuo 1957 [4]
No. 1932 - No. 1938
    Light emitting diode, aluminium, IC, elect. wire (11x3x26cm-4x1x10in) London 95 ... FF63 300 - £8 200 - **$12,960**

MIZEN Frederick K. 1888-1965 [1]
Woman with cocker by car - Oil/canvas (84x64cm-33x25in) New-York 93 .... FF15 340 - £1 745 - **$2,600**

MOAL Paul XX [3]
Marins triant le poisson - Huile/toile (73x60cm-29x24in) Concarneau 93 .... FF8 900 - £1 072 - **$1,620**

MOBERLY Mariquita Jenny 1855-? [5]
A young girl in profile - Oil/canvas (42cm-17in) Billinghurst, West Sussex 95 .... FF20 870 - £2 600 - **$4,085**
His Mistress's Voice - Watercolour (20x30cm-8x12in) Aylsham, Norfolk 93 .... FF1 670 - £190 - **$283**

MÖBIUS Jorn XX [2]
Femme à l'écharpe - Watercolour/paper (46x65cm-18x26in) Genève 89 .... FF2 700 - £285 - **$455**

MÖBIUS Karl 1876-1953 [1]
Pferd - Bronze (21cm-8in) München 93 .... FF3 050 - £365 - **$587**

MOCK Fritz 1867-1919 [1]
Karikatur - Aquarell (72x50cm-28x20in) Kempten 96 .... FF1 860 - £221 - **$363**

MODEL Lisette 1906-1983 [31]
Gambler, Nice - Silver print (48x38cm-19x15in) New-York 95 .... FF6 520 - £822 - **$1,300**
Two Women - Gelatin silver print (33x25cm-13x10in) New-York 96 .... FF36 250 - £4 480 - **$7,000**

MODELL Elisabeth 1820-1865 [2]
Blumenstilleben - Öl/Leinwand (51x46cm-20x18in) Wien 96 .... FF24 200 - £3 030 - **$4,690**

MODERSOHN Christian 1916 [4]
Sonnenuntergang - Mischtechnik (34x56cm-13x22in) Pforzheim 94 .... FF8 870 - £1 065 - **$1,680**
Sommerlicher Blick auf Fischerhude - Aquarell (45x61cm-18x24in) Köln 90 .... FF6 800 - £723 - **$1,216**

MODERSOHN Otto 1865-1943 [78]
Landschaft - Öl/Karton (40x58cm-16x23in) Berlin 95 .... FF68 600 - £8 980 - **$13,940**
Bouquet of flowers - Oil/canvas (61x50cm-24x20in) Stockholm 97 .... FF100 818 - £10 746 - **$17,604**
Dorfstrasse - Öl/Karton (55x70cm-22x28in) Berlin 97 .... FF137 923 - £14 464 8 1 - **$24,025**
Worpsweder Dorfansicht - Öl/Karton (68x69cm-27x35in) Bremen 97 .... FF292 400 - £33 400 - **$49,400**
Haus und Birken - Aquarell (24x32cm-9x13in) Bremen 92 .... FF11 870 - £1 418 - **$2,283**
Moorkaten - Charcoal/paper (28x44cm-11x17in) Köln 92 .... FF11 900 - £1 218 - **$2,095**
Schützenfest in Worpswede - Charcoal (32x48cm-13x19in) Bremen 95 .... FF36 750 - £4 715 - **$7,570**

MODERSOHN-BECKER Paula 1876-1907 [34]
Mutter und Kind - Tempera/board (46x70cm-18x28in) London 93 .... FF158 400 - £18 000 - **$26,800**
Mädchenkopf - Oil/cardboard (37x37cm-15x15in) London 96 .... FF291 400 - £36 000 - **$56,300**
Mädchen mit Schleier - Oil/cardboard (46x40cm-18x16in) Berlin 95 .... FF618 000 - £80 800 - **$125,400**
Sitzende Alte - Etching, aquatint (18x14cm-7x6in) Berlin 97 .... FF21 368 - £2 269 - **$3,722**
Drei Bäumen - Charcoal/paper (37x54cm-15x21in) Berlin 95 .... FF309 000 - £40 400 - **$62,700**
Sitzendes Mädchen - Red chalk (49x36cm-19x14in) Bremen 94 .... FF411 000 - £47 700 - **$70,800**

MODESPACHER Theobald, Theo 1897-1955 [7]
1. Augustfeier 1944 - Öl/Leinwand (44x32cm-17x13in) Zofingen 94 .... FF2 474 - £296 - **$476**
Mädchen beim Ankleiden - Gouache (35x22cm-14x9in) Zofingen 94 .... FF1 807 - £212 - **$322**

MODIGLIANI Amedeo 1884-1920 [195]
Homme assis - Oil/canvas (126x75cm-50x30in) London 96 .... FF1 - £1 - **$2**
Tête de jeune fille - Oil/canvas (33x26cm-13x10in) New-York 92 .... FF1 - £159 300 - **$280,000**
Belle Épicière - Oil/canvas (100x65cm-39x26in) New-York 95 .... FF2 - £3 - **$6 e,+06**
Lunia - Öl/Leinwand (45x36cm-18x14in) Köln 97 .... FF3 - £372 960 - **$607,530**
Jeanne Hebuterne - Oil/canvas (93x53cm-37x21in) New-York 97 .... FF4 - £5 - **$8**
Georges Ortiz - Oil/board (43x28cm-17x11in) New-York 95 .... FF454 000 - £57 200 - **$90,000**
Unicum - Eau-forte (24x39cm-9x15in) Paris 94 .... FF39 500 - £4 670 - **$7,100**
Tête de femme - Sculpture (49cm-19in) New-York 95 .... FF4 - £604 000 - **$950,000**
Tête de jeune fille à la frange - Bronze (49cm-19in) Paris 97 .... FF150 000 - £15 630 - **$25,560**
Tête de femme à la frange - Bronze (51cm-20in) Tel Aviv 95 .... FF464 000 - £60 100 - **$95,000**
Cariatide bleue II - Pencil (55x44cm-22x17in) New-York 95 .... FF1 - £145 600 - **$230,000**
Caryatid - Gouache/paper (73x51cm-29x20in) New-York 95 .... FF2 - £367 000 - **$580,000**
Sborowski - Mine plomb (38x30cm-15x12in) Paris 94 .... FF72 000 - £8 550 - **$13,170**
Sitzende Frau - Pencil/paper (28x18cm-11x7in) Köln 97 .... FF121 662 - £12 787 - **$20,829**
Lipchitz - Mine plomb (48x31cm-19x12in) Paris 95 .... FF155 000 - £20 370 - **$31,100**
Tête de femme - Crayon (34x32cm-13x13in) Paris 97 .... FF300 000 - £31 380 - **$51,390**

MODIGLIANI Jeanne 1918-1984 [30]
Composition abstraite - Huile/toile (81x100cm-32x39in) Dieppe 96 .... FF2 150 - £277 - **$421**
Le H.L.M. - Huile/panneau Montauban 95 .... FF4 850 - £624 - **$1,001**
Composition - Huile/toile (50x100cm-20x39in) Paris 92 .... FF21 000 - £2 150 - **$4,120**
Fille aux yeux bleus - Aquarelle (60x45cm-24x18in) Dieppe 96 .... FF6 200 - £800 - **$1,214**

MODOTTI Tina 1893-1942 [45]
Elisa kneeling - Gelatin silver print (20x15cm-8x6in) New-York 96 .... FF82 500 - £10 600 - **$16,000**

MODOTTO Angilotto 1900-1968 [2]
Figura - Olio/tela (68x100cm-27x39in) Roma 93 .... FF8 780 - £986 - **$1,572**

MODRA Theodore B. 1873-1930 [1]
Harvesting - Watercolour/paper (34x24cm-13x9in) Los Angeles 90 .... FF14 300 - £1 482 - **$2,513**

MOE Carl 1889-1942 [4]
Norskt landskap - Oil/canvas (40x58cm-16x23in) Malmö 94 .... FF2 060 - £239 - **$355**

Vinterlandskap med röda stugor - Oil/canvas (50x81cm-20x32in) Uppsala 91 .... FF4 490 - £450 - **$822**

MOE Louis 1857-1945 [9]
Strassenszene in Bergen - Öl/Leinwand (59x38cm-23x15in) Bern 95 .... FF2 160 - £270 - **$436**
Bellona - Watercolour (31x60cm-12x24in) København 95 .... FF2 564 - £315 - **$500**

MOE Niels 1792-1854 [3]
Fossum Hammer i Norge - Oil/canvas (50x65cm-20x26in) Oslo 93 .... FF24 000 - £2 790 - **$4,120**

MOE Odd 1944 [4]
Vandtyr - Oil/canvas (110x110cm-43x43in) København 95 .... FF9 900 - £1 253 - **$1,990**

MOELL Sven 1894-1974 [5]
Gatubild med figurer - Oil/panel (43x36cm-17x14in) Göteborg 94 .... FF4 050 - £470 - **$697**

MOELLER Arnold 1886-1963 [9]
Ziegenhirtin auf dem Feld - Oil/cardboard (30x43cm-12x17in) München 92 .... FF18 650 - £2 230 - **$3,590**

MOELLER Edmund 1885-? [1]
Zwei Ringer - Bronze (70cm-28in) Stuttgart 92 .... FF20 500 - £2 107 - **$3,950**

MOELLER Louis Charles 1855-1930 [23]
Interested - Oil/canvas (26x21cm-10x8in) New-York 96 .... FF38 940 - £4 960 - **$7,500**
The toast - Oil/canvas (46x61cm-18x24in) New-York 96 .... FF92 700 - £11 500 - **$18,000**

MOENCH Charles 1784-1867 [1]
Alfred de Musset - Huile/toile (60x74cm-24x29in) Paris 89 .... FF48 000 - £5 058 - **$8,081**

MOENS David 1757-1832 [1]
Gelderse Kaay te Rotterdam - Ink/paper (31x44cm-12x17in) Amsterdam 90 .... FF1 508 - £152 - **$295**

MOENS Robert 1908-1977 [3]
Dreef in de herfst - Huile/panneau (103x96cm-41x38in) Lokeren 94 .... FF4 950 - £577 - **$867**

MOER van Jean Baptiste 1819-1884 [11]
Village méditerranéen - Huile/toile (73x100cm-29x39in) Calais 97 .... FF56 000 - £6 138 - **$9,828**
Grand Canal à Venise - Huile/toile (120x97cm-47x38in) Monaco 90 .... FF100 000 - £10 226 - **$19,738**
Personnages près d'une ruine - Aquarelle/papier (44x55cm-17x22in) Antwerpen 96 .... FF7 390 - £855 - **$1,416**

MOERENHOUT Jozef Jodocus 1801-1875 [29]
L'incendie du moulin - Huile/toile (83x110cm-33x43in) Lille 96 .... FF3 500 - £437 - **$676**
Travellers resting before an inn - Oil/panel (56x47cm-22x19in) London 92 .... FF17 130 - £2 200 - **$3,320**
Saddling a Horse - Oil/panel (23x30cm-9x12in) Wien 96 .... FF33 100 - £4 014 - **$6,440**

MOERENHOUT Pierre Victor 1856-1935 [1]
Nature morte - Huile/toile (80x120cm-31x47in) Bruxelles 92 .... FF3 154 - £323 - **$555**

MOERKERCKE Jean-Baptiste ?-1689 [1]
Instruments de musique - Huile/toile (81x103cm-32x41in) Monaco 92 .... FF300 000 - £30 700 - **$54,000**

M

MOERKERKEN van Emil 1915 [1]
Photographie (Nu) - (29x21cm-11x8in) Paris 92 .... FF1 800 - £184 - **$324**

MOERKERKEN van H. 1877-1951 [1]
Farm yard, Arnhem - Oil/canvas (24x40cm-9x16in) Laren 90 .... FF5 400 - £574 - **$966**

MOERMAN Albert Edouard 1808-1856 [6]
Skaters copnversing on frozen river - Oil/canvas (44x54cm-17x21in) Amsterdam 92 .... FF75 300 - £9 000 - **$14,500**

MOERMAN Jan 1850-1896 [8]
Countryfolk outside a tavern - Oil/panel (53x72cm-21x28in) Amsterdam 96 .... FF12 040 - £1 460 - **$2,340**

MOERS Denny 1953 [1]
Selected images - Silver print New-York 90 .... FF6 900 - £744 - **$1,217**

MOES Wally 1856-1918 [4]
Mother and baby - Oil/canvas (56x38cm-22x15in) Boston, Mass. 93 .... FF7 680 - £873 - **$1,300**
Eerste breiles - Oil/canvas (57x43cm-22x17in) Amsterdam 90 .... FF75 400 - £7 593 - **$14,770**

MOESCHLIN Walter Johann 1902-1961 [5]
Grüner Akt - Huile/panneau (81x56cm-32x22in) Luzern 94 .... FF12 850 - £1 508 - **$2,290**
Stehender Frauenakt - Charcoal (42x26cm-17x10in) Zofingen 93 .... FF3 190 - £385 - **$584**

MOESERS Johannes Hendrikus 1826-1864 [1]
Kühe an der Tränke - Öl/Leinwand (60x79cm-24x31in) Bremen 94 .... FF4 140 - £490 - **$763**

MOESMAN Johannes, Joop 1909-1988 [3]
Figure with horse - Watercolour/paper (56x102cm-22x40in) Amsterdam 92 .... FF13 560 - £1 620 - **$2,610**

MOEST Hermann 1868-1945 [1]
Verführung (Seduction) - Drawing (25x16cm-10x6in) London 90 .... FF17 570 - £1 788 - **$3,514**

MOFFAT Curtis 1887-1949 [3]
Nudes in landscape - Oil/canvas New-York 90 .... FF5 700 - £606 - **$1,020**
Photographers Prefer Shell - Poster (78x115cm-30x45in) New-York 94 .... FF17 160 - £2 013 - **$3,000**
Cecil Beaton - Silver print (26x39cm-10x15in) London 95 .... FF4 250 - £550 - **$870**

MOFFATT James 1775-1815 [1]
India - Etching, aquatint (49x61cm-19x24in) London 96 .... FF14 440 - £1 800 - **$2,790**

MOFFETT Ross E. 1888-1971 [8]
Off to fish - Oil/canvas (64x97cm-25x38in) Mystic, Connecticut 95 .... FF10 200 - £1 223 - **$1,900**

MOGET Piet, Pierre 1928 [6]
Untitled - Oil/canvas (80x80cm-31x31in) Amsterdam 94 .... FF3 350 - £396 - **$602**

MOGFORD John 1821-1885 [33]
Ventnor, The Isle of Wight - Oil/canvas (56x92cm-22x36in) London 96 .... FF12 830 - £1 600 - **$2,480**
Fisherman resting on a rock - Oil/canvas (86x142cm-34x56in) Aylsham, Norfolk 92 .... FF56 500 - £5 800 - **$10,840**
Seaton Cliffs, Devon - Watercolour (44x76cm-17x30in) London 96 .... FF20 850 - £2 600 - **$4,030**

MOGFORD OF EXETER Thomas 1809-1868 [3]
🖼 *The Slaughterhouse* - Oil/canvas (50x61cm-20x24in) London 96 .... FF50 800 - £6 600 - **$9,920**
MOGGIOLI Umberto 1886-1919 [3]
🖼 *Nudo femminile* - Olio/tela (100x75cm-39x30in) Milano 92 .... FF163 000 - £16 700 - **$28,700**
MOGISSE Robert 1933 [79]
🖼 *Le port* - Huile/toile (46x55cm-18x22in) Morlaix 96.............................. FF3 000 - £385 - **$593**
🖼 *Village sous la neige* - Huile/toile (38x46cm-15x18in) Provins 95 .... FF7 100 - £925 - **$1,475**
MOGNIAT-DUCLOS Bertrand 1903-1987 [225]
🖼 *Peintre à son chevalet* - Huile/toile (27x22cm-11x9in) Troyes 91 .... FF4 600 - £457 - **$799**
🖼 *Les deux amies* - Huile/toile (73x92cm-29x36in) Soissons 90 .... FF12 500 - £1 291 - **$2,208**
✏ *Le pêcheur* - Fusain (48x63cm-19x25in) Soissons 90 .... FF2 100 - £217 - **$371**
MOGRIDGE Victoria 1965 [4]
✏ *Dam at sunset, 1989* - Watercolour (52x70cm-20x28in) London 90 .... FF3 700 - £399 - **$653**
MOHDAD Samer XX [4]
📷 *Ligne de démarcation, Beyrouth* - Photo (24x30cm-9x12in) Paris 95 .... FF1 500 - £197 - **$301**
MOHIDIN Latiff 1938 [2]
🖼 *Malam Merah (Red Night)* - Oil/canvas (81x99cm-32x39in) Singapore 94 .... FF174 500 - £21 000 - **$31,560**
✏ *Blue Pago Pago* - Watercolour/paper (26x18cm-10x7in) Singapore 95 .... FF21 030 - £2 686 - **$4,320**
MOHLER Gustave 1836-? [3]
🗿 *Cheval de trait harnaché* - Bronze (20x24cm-8x9in) Paris 95 .... FF4 200 - £545 - **$860**
MOHLITZ Philippe 1941 [25]
🖼 *La Peste* - Burin (29x29cm-11x11in) Paris 92 .... FF2 600 - £267 - **$500**
MOHLTE John Alfred 1865-1952 [2]
🖼 *Duck, hunter and pointers* - Oil/board (18x28cm-7x11in) New Orleans, Louisiana 96 .... FF5 180 - £640 - **$1,000**
MOHN Victor Paul 1842-1911 [6]
✏ *Blick von der Via Flaminia* - Aquarell (18x27cm-7x11in) München 93 .... FF9 630 - £1 092 - **$1,630**
MOHOLY Lucia 1894-1989 [14]
📷 *Bauhaus Building, Dessau* - Silver print (2x16cm-1x6in) London 96 .... FF3 874 - £500 - **$748**
MOHOLY-NAGY László 1895-1946 [75]
🖼 *Tp3* - Oil (30x15cm-12x6in) London 97 .... FF289 575 - £30 000 - **$49,605**
🖼 *Construction Al 6* - Oil (60x50cm-24x20in) New-York 91 .... FF456 000 - £46 280 - **$82,358**
🖼 *Leu, I* - Oil/canvas (127x127cm-50x50in) New-York 94 .... FF972 500 - £115 700 - **$185,000**
🖼 *Construction* - Color lithograph (36x24cm-14x9in) London 96 .... FF145 700 - £18 000 - **$28,130**
🖼 *Lyon (Stadion)* - Silver print (29x21cm-11x8in) New-York 91 .... FF108 300 - £10 913 - **$18,793**
✏ *Untitled* - Gouache (46x36cm-18x14in) London 93 .... FF54 000 - £6 500 - **$9,420**
✏ *Red cross* - Watercolour, gouache (49x37cm-19x15in) New-York 95 .... FF151 700 - £19 620 - **$31,000**
MOHR Alexander 1892-1974 [4]
✏ *Scène antique* - Gouache (34x46cm-13x18in) Neuilly 96 .... FF2 000 - £250 - **$387**
MOHR Hugo Louis 1889-1970 [5]
🖼 *Sommerdag* - Oil/panel (45x54cm-18x21in) Tönsberg 92 .... FF6 510 - £667 - **$1,357**
MOHR Johann Georg 1864-1943 [7]
🖼 *Sommermorgen im Taunus* - Öl/Leinwand (40x50cm-16x20in) Frankfurt 93 .... FF6 100 - £730 - **$1,174**
MOHR Johann Georg Paul 1808-1843 [3]
🖼 *Hirschbühl* - Öl/Leinwand (30x39cm-12x15in) Wien 94 .... FF13 540 - £1 555 - **$2,317**
MOHR Karl 1922 [3]
🖼 *Parforcejagd* - Öl/Leinwand (80x70cm-31x28in) Köln 94 .... FF3 770 - £453 - **$733**
MOHR Paul XIX-XX [3]
🖼 *J'ai 2 amours... - Affiche* (147x98cm-58x39in) Boulogne 95 .... FF9 500 - £1 222 - **$1,960**
MÖHREN Jean 1876-? [11]
🖼 *Abend im Bollwerk in Köln* - Öl/Leinwand (28x20cm-11x8in) Köln 93 .... FF4 410 - £527 - **$848**
MOHRMANN John Henry 1857-1916 [13]
🖼 *Steamer Rhone off the Coast* - Oil/canvas (60x99cm-24x39in) New-York 97 .... FF28 474 - £3 078 - **$5,000**
MOHRMANN Wilhelm 1849-1943 [1]
✏ *Heidelandschaft im Abendlicht* - Gouache (54x85cm-21x33in) Bremen 95 .... FF1 913 - £248 - **$399**
MOIGNIEZ Jules 1835-1894 [142]
🗿 *Cheval* - Bronze Nancy 97 .... FF9 500 - £1 021 - **$1,667**
Retriever and pheasant - Bronze (58cm-23in) New-York 97 .... FF23 121 - £2 465 - **$4,000**
Pointer and Hare - Bronze (44cm-17in) New-York 96 .... FF25 500 - £3 310 - **$5,000**
Prince Albert on his Favorite Horse - Bronze (42cm-17in) New-York 96 .... FF43 400 - £5 630 - **$8,500**
MOILLET Louis René 1880-1962 [3]
✏ *Dächer von Andraixt III* - Aquarell (23x30cm-9x12in) Bern 93 .... FF18 780 - £2 350 - **$3,430**
MOILLIET Louis 1880-1962 [9]
🖼 *Frau* - Oil/Leinwand (46x38cm-18x15in) Zürich 95 .... FF21 570 - £2 780 - **$4,390**
Arabischer Bauchtanz - Oil/canvas (38x46cm-15x18in) Bern 90 .... FF585 000 - £60 434 - **$103,357**
✏ *Häuser in Südfrankreich* - Aquarell/Papier (38x44cm-15x17in) Zürich 95 .... FF23 360 - £2 960 - **$4,700**
MOILLON Louise 1609/16-1674/96 [3]
🖼 *Marchande de fruits* - Huile/panneau (96x125cm-38x49in) Paris 92 .... FF2 - £225 000 - **$387,000**
Peaches in a bowl - Oil/panel (48x64cm-19x25in) New-York 96 .... FF286 000 - £36 400 - **$55,000**
MOIR James c.1776-1857 [2]
🖼 *Castle Gandolfo across Lake Albano* - Oil/canvas (89x120cm-35x47in) London 97 .... FF26 144 - £2 800 - **$4,544**
MOIRA Gerald Edward 1867-1959 [4]
🖼 *Clara and Vera Palmer* - Oil/canvas (110x142cm-43x56in) London 93 .... FF87 100 - £10 500 - **$15,230**
MOIRET Edmund, Ödön 1883-1967 [1]
🗿 *Küssendes Paar* - Terracotta (34cm-13in) Wien 94 .... FF1 934 - £222 - **$331**

MOIRIGNOT Edmond 1913 [12]
Petites joueuse de billes - Bronze (18cm-7in) Paris 96 .... FF**2 800** - £319 - **\$536**
Beau Navire - Bronze (33cm-13in) Paris 93 .... FF**7 000** - £844 - **\$1,273**
Poursuite - Bronze (31cm-12in) Paris 93 .... FF**12 000** - £1 446 - **\$2,182**
MOISAND Marcel 1874-1903 [7]
Scène de chasse - Huile/toile (72x49cm-28x19in) Paris 90 .... FF**32 000** - £3 272 - **\$6,316**
MOISCIM Georges XIX-XX [1]
Greyhounds in full flight - Bronze (19cm-7in) London 90 .... FF**9 700** - £1 039 - **\$1,687**
MOÏSE Gustave 1879-c.1955 [16]
Bar Fort-Blanc, Dieppe - Huile/toile (46x61cm-18x24in) Dieppe 96 .... FF**4 800** - £619 - **\$940**
MOISE Theodore Sidney 1808-1885 [1]
Portrait of a man - Oil/canvas (91x74cm-36x29in) New Orleans, Louisiana 93 .... FF**6 600** - £828 - **\$1,200**
MOISELET Gabriel 1885-1961 [13]
Les Foins - Huile/toile Le Puy 96 .... FF**5 000** - £579 - **\$958**
Haute-Loire sous la neige - Huile/toile (50x61cm-20x24in) Clermont-Ferrand 95 ..... FF**14 000** - £1 742 - **\$2,730**
MOISÉS Julio 1888-1968 [5]
Venus delando de espejo - Oleo/lienzo (115x147cm-45x58in) Madrid 93 .... FF**56 800** - £6 500 - **\$9,670**
MOISSENET Louis ?-1900 [1]
La grande rue à Octeville - Aquarelle (67x87cm-26x34in) Rennes 90 .... FF**3 800** - £393 - **\$671**
MOISSET Maurice 1860-1946 [22]
Bord de rivière - Huile/toile (46x71cm-18x28in) Saint-Dié 92 .... FF**4 500** - £524 - **\$918**
La ferme au crépuscule - Huile/toile (46x73cm-18x29in) Paris 90 .... FF**11 500** - £1 188 - **\$2,032**
MOISSET Raymond 1906 [34]
Vieil Eygalière - Huile/toile (81x65cm-32x26in) Douai 94 .... FF**13 000** - £1 536 - **\$2,335**
Composition - Huile/toile (96x116cm-38x46in) Paris 90 .... FF**25 000** - £2 629 - **\$4,348**
Composition - Gouache (20x47cm-8x19in) Paris 92 .... FF**4 000** - £410 - **\$785**
MOITTE Alexandre 1750-1829 [2]
Danseuse nue près d'un buste de Pan - Aquarelle (27x20cm-11x8in) Zofingen 95 ... FF**13 600** - £1 780 - **\$2,727**
MOITTE Anne-Marie 1747-1807 [1]
Lecture en famille - Dessin (19x38cm-7x15in) Paris 92 .... FF**16 000** - £1 910 - **\$3,080**
MOITTE Jean Guillaume 1746-1810 [13]
The Plague of David - Ink (32x42cm-13x17in) London 96 .... FF**24 100** - £3 000 - **\$4,680**
MOJA Frederico Moia 1802-1885 [5]
Procession, Église St.-Étienne-du-Mont - Huile/toile (118x89cm-46x35in) Paris 96 .... FF**70 000** - £8 770 - **\$13,530**
MOKADY Moshe 1902-1975 [63]
Landscape and Figures - Oil/paper/canvas (35x46cm-14x18in) Tel Aviv 97 .... FF**29 947** - £3 330 - **\$5,600**
Self portrait - Oil/canvas (97x65cm-38x26in) Tel Aviv 97 .... FF**245 990** - £27 356 - **\$46,000**
View from the window - Oil/canvas (65x53cm-26x21in) Tel Aviv 96 .... FF**763 000** - £64 600 - **\$100,000**
MOKEïT Frédéric 1964 [6]
Petit rouge - Pastel/papier (40x60cm-16x24in) Paris 91 .... FF**2 100** - £209 - **\$365**
MOKRY MÉSZAROS Dezsö 1881-1970 [1]
Osvilag - Oil/canvas (35x49cm-14x19in) Budapest 89 .... FF**5 100** - £537 - **\$859**
MOKWA Marian 1889-1986 [2]
Construction du Soldek - Huile/panneau (96x77cm-38x30in) Paris 91 .... FF**14 000** - £1 394 - **\$2,407**
MOL de Adolphe 1834-? [2]
Diane - Aquarelle (20x11cm-8x4in) Bruxelles 93 .... FF**1 980** - £237 - **\$404**
MOL Pieter Laurens 1946 [2]
3 Icarus Bloemen - Mixed media (88x55cm-35x22in) Amsterdam 93 .... FF**30 600** - £3 520 - **\$5,260**
MOL van Pieter 1906-1988 [3]
Arles - Aquarelle (28x40cm-11x16in) Antwerpen 92 .... FF**1 660** - £170 - **\$292**
MOLA Pier Francesco 1612-1666 [21]
Flora & the infant Bacchus - Oil/canvas (46x40cm-18x16in) New-York 96 .... FF**158 000** - £20 700 - **\$32,000**
Onlookers/Two Putti - Ink (17x25cm-7x10in) New-York 96 .... FF**83 148** - £9 255 - **\$15,000**
The Brother of Joseph kneeling - Chalks/paper (145x112cm-57x44in) London 90 .... FF**464 900** - £46 818 - **\$84,527**
MOLARSKY Maurice 1885-1950 [5]
In the cafe - Oil/canvas (61x45cm-24x18in) New-York 90 .... FF**14 300** - £1 521 - **\$2,558**
MØLBACK Christian 1853-1923 [1]
Vase of roses - Oil/canvas (56x45cm-22x18in) Köbenhavn 95 .... FF**4 990** - £621 - **\$972**
MOLDOVAN Kurt 1918-1977 [79]
Studie - Ink/paper (31x31cm-12x12in) Wien 94 .... FF**4 370** - £506 - **\$827**
Ordensträger - Indian ink/paper (2x29cm-1x11in) Wien 97 .... FF**8 633** - £911 - **\$1,492**
Kentauren und Fabelwesen - Ink (28x19cm-11x7in) Wien 96 .... FF**14 430** - £1 837 - **\$2,780**
Santa Maria della Salute - Aquarell/Papier (28x33cm-11x13in) Wien 95 .... FF**25 300** - £3 156 - **\$5,110**
Kärtnerstrasse - Gouache/papier (47x64cm-19x25in) Wien 96 .... FF**57 900** - £6 600 - **\$11,100**
MOLE John Henry 1814-1886 [48]
Banstead Downs - Watercolour (23x36cm-9x14in) Billinghurst, West Sussex 96 ..... FF**3 540** - £460 - **\$694**
Feeding the ducks - Watercolour (28x44cm-11x17in) Edinburgh 96 .... FF**11 000** - £1 400 - **\$2,117**
Near Ringwood, Hants
Watercolour (25x38cm-10x15in) Richmond Hill, Bournemouth 92 .... FF**27 350** - £2 800 - **\$4,820**
MOLENAAR Johannes Petrus 1914-? [1]
Cargo-boat in Rotterdam harbour - Oil/canvas (26x44cm-10x17in) Amsterdam 93 .... FF**3 604** - £432 - **\$659**

M

MOLENAER Klaes c.1630-1676 [60]
- Reiter im Gebirge - Öl/Leinwand (33x30cm-13x12in) Wien 97 .... FF28 776 - £3 108 - **$5,022**
- Travellers in a Village Street - Oil/canvas (61x84cm-24x33in) London 97 .... FF55 046 - £6 000 - **$9,666**
- Skaters & horse-drawn sleighs - Oil/canvas (61x84cm-24x33in) London 93 .... FF249 000 - £30 000 - **$43,500**

MOLENKAMP Nico 1920 [4]
- Theater Figuur, Giraf, Masker - Screenprint Amsterdam 91 .... FF6 610 - £658 - **$1,137**

MOLFENTER Hans 1884-1979 [7]
- Schiffe im Hafen - Mischtechnik (21x26cm-8x10in) Stuttgart 91 .... FF40 600 - £4 076 - **$7,024**
- Tigerkopf - Chalks (4x8cm-2x3in) Stuttgart 90 .... FF3 700 - £396 - **$643**

MOLIN da Oreste 1856-1921 [2]
- Reading in the art gallery - Oil/canvas (68x51cm-27x20in) New-York 91 .... FF28 900 - £2 919 - **$5,737**
- Anarchico/Artista/Poeta/Clericale - Indian ink/paper (23x14cm-9x6in) Milano 90 ...... FF9 200 - £991 - **$1,623**

MOLIN Johann Peter 1814-1873 [2]
- Bältesspännare - Bronze (60cm-24in) Göteborg 90 .... FF32 800 - £3 489 - **$5,868**

MOLIN Lei 1927-1990 [7]
- Young woman holding a bird - Oil/canvas (70x83cm-28x33in) Amsterdam 96 .... FF6 750 - £867 - **$1,331**
- Boats in a harbour - Oil/canvas (52x98cm-20x39in) Amsterdam 89 .... FF25 500 - £2 537 - **$4,028**
- Stenen op Kafar Naüm - Watercolour/paper (77x105cm-30x41in) Amsterdam 96 ...... FF6 310 - £725 - **$1,206**

MOLIN Pelle 1864-1896 [3]
- Skogsinteriör - Oil/canvas (31x27cm-12x11in) Stockholm 89 .... FF6 600 - £675 - **$1,061**

MOLIN Verner 1907-1980 [5]
- Motiv från Dalarna - Oil/canvas (65x95cm-26x37in) Stockholm 96 .... FF2 364 - £306 - **$473**
- Landskap med mörksuggor - Gouache (23x32cm-9x13in) Stockholm 89 .... FF3 700 - £390 - **$623**

MOLIN Willem 1895-1959 [1]
- S. Fruttuose de mare di camogli - Oil/board (100x75cm-39x30in) Amsterdam 92 ...... FF4 520 - £540 - **$870**

MOLINA CAMPOS Florencio 1891-1959 [30]
- March - Oil/canvas/board (34x50cm-13x20in) New-York 97 .... FF57 405 - £6 096 - **$10,000**
- Vaqueros - Gouache/paper (31x48cm-12x19in) New-York 97 .... FF34 364 - £3 663 - **$6,000**
- Las Chimosas - Gouache/board (34x48cm-13x19in) New-York 97 .... FF63 146 - £6 705 - **$11,000**

MOLINA SANCHEZ José Antonio 1918 [5]
- Abstracto en rosas, verdes y blancos - Oleo/lienzo (46x55cm-18x22in) Madrid 91 ...... FF9 840 - £992 - **$1,707**
- Niña con flores - Gouache/papier (66x51cm-26x20in) Madrid 96 .... FF4 870 - £618 - **$935**

MOLINARI Guido 1933 [7]
- Tri-bleu - Huile/toile (152x183cm-60x72in) Montréal 92 .... FF111 800 - £11 300 - **$21,470**

MOLINARI Louis XX [3]
- Janus, 1983 - Bronze (35cm-14in) Paris 90 .... FF5 800 - £599 - **$1,025**

MOLINARY Andres 1847-1915 [6]
- City Park, New Orleans - Oil/canvas (36x69cm-14x27in) New Orleans, Louisiana 94 ...... FF21 650 - £2 594 - **$4,000**

MOLINE de Alfred XIX [3]
- Promenade au bois - Huile/panneau (24x33cm-9x13in) Deauville 91 .... FF32 000 - £3 207 - **$5,396**

MOLINIER Pierre 1900-1976 [91]
- Les Dames voilées - Technique mixte/toile (46x61cm-18x24in) Paris 95 .... FF25 000 - £3 190 - **$5,120**
- Le grand combat - Huile/toile (210x140cm-83x55in) Paris 90 .... FF280 000 - £29 016 - **$49,209**
- Podex amoureux - Photo (22x16cm-9x6in) Paris 90 .... FF11 000 - £1 420 - **$2,124**

MOLINS de Alfred XIX [5]
- Avant la course - Oil/canvas (35x56cm-14x22in) New-York 96 .... FF88 200 - £11 240 - **$17,000**

MOLINS-BALLESTE Enrique 1893-? [1]
- Dancer - Sculpture (36cm-14in) New-York 90 .... FF12 450 - £1 267 - **$2,490**

MOLITOR Franz 1857-1929 [1]
- Endlich Gefunden ! - Oil/panel (52x33cm-20x13in) San Francisco-Los Angeles 95 ...... FF45 400 - £5 720 - **$9,000**

MOLITOR Johan Peter Miller 1702-1756 [1]
- Gattin des Malers Johann Kupetzky - Oil/canvas (87x63cm-34x25in) Wien 92 .... FF36 100 - £4 310 - **$6,940**

MOLITOR Mathieu 1873-1929 [18]
- Nach dem Pflügen - Oil/Karton (25x45cm-10x18in) Stuttgart 96 .... FF3 755 - £489 - **$744**
- Der alte Fritz - Bronze (31cm-12in) Leipzig 95 .... FF7 120 - £890 - **$1,438**
- Der Sämann - Gouache (23x32cm-9x13in) Stuttgart 96 .... FF5 800 - £755 - **$1,150**

MOLITOR von Martin 1759-1812 [13]
- Gebirgslandschaft mit Burgruine - Ink (21x26cm-8x10in) Heidelberg 94 .... FF6 850 - £822 - **$1,332**

MÖLK van Joseph Adam c.1714-1794 [2]
- Der Tod des heiligen Josef - Öl/Kupfer (26x39cm-10x15in) Wien 95 .... FF24 970 - £3 150 - **$4,980**

MOLKENBOER Antonius H. J. 1872-1960 [1]
- A Knight overlooking a valley - Oil/canvas (99x85cm-39x33in) London 96 .... FF8 020 - £1 000 - **$1,550**

MOLL Arthur Richard 1929 [4]
- La Camargue - Huile/toile (60x81cm-24x32in) Bern 93 .... FF2 376 - £274 - **$408**

MOLL Carl 1861-1945 [4]
- Park - Oil/wood (35x34cm-14x13in) Wien 97 .... FF167 720 - £17 640 - **$28,805**
- Jesuitenwiese im Prater - Öl/Leinwand (70x60cm-28x24in) Wien 96 .... FF241 400 - £27 500 - **$46,200**
- Preinbach im Winter - Öl/Leinwand (80x80cm-31x31in) Wien 95 .... FF832 000 - £109 600 - **$168,700**

MOLL Evert 1878-1955 [110]
- Rotterdam harbour - Oil/canvas (60x100cm-24x39in) Amsterdam 97 .... FF4 508 - £487 - **$786**
- Harbour of Scheveningen - Oil/canvas (40x50cm-16x20in) Amsterdam 91 .... FF7 630 - £825 - **$1,331**
- De Boompjes, Rotterdam - Oil/canvas (60x101cm-24x40in) Amsterdam 94 .... FF19 290 - £2 262 - **$3,370**
- Three-master in a harbour - Watercolour (31x24cm-12x9in) Amsterdam 95 .... FF3 760 - £480 - **$771**

MOLL Margarete 1884-1977 [6]
Junges Mädchen - Sculpture (61cm-24in) München 92..FF**54 400** - £5 570 - **$9,570**
MOLL Oskar 1875-1947 [26]
Dorf im Wald - Oil/Leinwand (99x110cm-39x43in) Berlin 94 ....FF**48 100** - £5 750 - **$8,980**
Bildnis I.M. - Oil/canvas (100x81cm-39x32in) London 94 ....FF**151 400** - £18 000 - **$27,700**
Sonnenblumen - Öl/Leinwand (92x74cm-36x29in) Berlin 97 ....FF**271 961** - £28 883 - **$47,374**
MOLL Petra 1921-1989 [1]
Schlittschuhläuferinnen - Color lithograph (60x40cm-24x16in) München 96..........................FF**1 767** - £201 - **$338**
MØLLBACK Christian 1853-1921 [2]
Blühender Phyllokaktus - Öl/Leinwand (43x34cm-17x13in) München 94.........................FF**13 600** - £1 587 - **$2,384**
MÖLLER Andreas 1684-1758/62(?) [4]
F. Cron-Prinz v. Dänemark - Oil/canvas (77x61cm-30x24in) København 94 ....FF**13 040** - £1 497 - **$2,230**
MÖLLER Arnold 1884-? [2]
Ein Mädchen sitzt in den Dünen - Öl/Leinwand (32x46cm-13x18in) Leipzig 95 ....FF**35 600** - £4 450 - **$7,190**
MØLLER Carl H.K. 1845-1920 [3]
A wooded clearing - Oil/canvas (32x47cm-13x19in) New-York 94 ....FF**6 730** - £795 - **$1,200**
MÖLLER Edmund 1885-? [1]
Zwei Jockeys - Bronze (31cm-12in) Stuttgart 95 ....FF**8 420** - £1 080 - **$1,697**
MØLLER Georg 1784-1852 [1]
Kirche und Kirchenplatz - Aquarell/Papier (68x59cm-27x23in) Wien 96 ....FF**9 600** - £1 164 - **$1,866**
MØLLER Gunnar 1946 [17]
Nordisk landskab - Oil/canvas (67x85cm-26x33in) København 94 ....FF**4 790** - £559 - **$840**
Komposition - Oil/canvas (135x185cm-53x73in) København 93 ....FF**13 870** - £1 592 - **$2,370**
MØLLER Jens Peter 1783-1854 [11]
The Nahe & the Rhine at Bingen - Oil/canvas (64x83cm-25x33in) London 95...................FF**20 520** - £2 600 - **$4,130**
MØLLER Johan Frederik 1797-1871 [6]
Nicoline Magdalene von Scholten - Oil/canvas (20x16cm-8x6in) København 95...................FF**8 400** - £1 031 - **$1,636**
MØLLER Johan Peter Ch. 1829-? [1]
Ermelundshuset - Oil/canvas (35x51cm-14x20in) København 93 ....FF**2 630** - £314 - **$505**
MØLLER Knud Max 1879-? [1]
Et hestekøretøj med to bønder - Oil/canvas (101x117cm-40x46in) Viby J, Århus 93 ....FF**4 840** - £581 - **$930**
MØLLER Morten 1828-1911 [1]
Landskap - Oil/canvas (29x39cm-11x15in) Oslo 92 ....FF**10 030** - £1 200 - **$1,930**
MÖLLER Niels Björnson 1827-1887 [5]
Norsk landskap - Oil/canvas (34x53cm-13x21in) Tönsberg 90 ....FF**19 300** - £1 944 - **$3,509**
MÖLLER Nils Frederik 1814-1884 [2]
Flußlandschaft - Oil/canvas (20x28cm-8x11in) Stuttgart 90 ....FF**3 200** - £343 - **$557**
MÖLLER Otto 1883-1964 [2]
Wochenmarkt - Oil/canvas (60x76cm-24x30in) Berlin 92.................................FF**23 800** - £2 436 - **$4,190**
Wasserfall - Watercolour (50x37cm-20x15in) München 92 ....FF**10 200** - £1 044 - **$1,796**
MØLLER Peter Nicolai 1838-1910 [1]
Two children - Pastel (70x54cm-28x21in) Viby J, Århus 95 ....FF**4 530** - £566 - **$915**
MÖLLER Rudolf 1881-1967 [4]
Ruhe auf der Flucht - Watercolour (38x48cm-15x19in) Bremen 92 ....FF**9 520** - £974 - **$1,676**
MÖLLER Sigurd 1895-1984 [17]
Midsommardans I - Oil/canvas (50x63cm-20x25in) Stockholm 91 ....FF**6 080** - £605 - **$1,046**
Interiör med stilleben - Oil/board (73x100cm-29x39in) Stockholm 89 ....FF**19 700** - £2 076 - **$3,317**
Afton i ateljén, rumsinteriör - Akvarell (33x46cm-13x18in) Stockholm 90 ....FF**3 300** - £341 - **$583**
MØLLER Thorvald C. Benjamin 1842-1925 [4]
Marine - Oil/canvas (61x94cm-24x37in) Viby J, Århus 96 ....FF**8 850** - £1 126 - **$1,752**
Segelschiffe im Küstengewässer - Oil/canvas (93x131cm-37x52in) Ahlden 91 ....FF**17 570** - £1 783 - **$3,173**
MÖLLER-HOLMLUND Jeanette, Johanna 1825-1872 [1]
Sömmerska insomnad vid sitt arbete - Oil/canvas (60x48cm-24x19in) Stockholm 96 .... FF**40 000** - £4 990 - **$7,720**
MÖLLERBERG Inga 1898-1971 [1]
Stockholmsmotiv med sparvagnar - Oil/canvas (53x64cm-21x25in) Stockholm 89.....................FF**2 400** - £239 - **$379**
MÖLLERBERG Nils 1892-1954 [16]
Galathea - Bronze (59cm-23in) Stockholm 95 ....FF**19 540** - £2 497 - **$3,990**
MÖLLERSWÄRD Pekkila 1894-1975 [10]
Motiv från Gränberga - Oil/panel (39x55cm-15x22in) Uppsala 95.........................FF**3 010** - £380 - **$603**
Västgötaspången, Uppsala - Akvarell (32x43cm-13x17in) Uppsala 92 ....FF**3 160** - £368 - **$646**
MOLLES Andrew 1907 [2]
Ohne Titel - Pastell/Papier (30x24cm-12x9in) Wien 92 ....FF**3 370** - £345 - **$594**
MÖLLGAARD Christian 1919 [7]
Sejlskibe udfor Københavns havn - Oil/canvas (64x86cm-25x34in) Vejle 94 ....FF**2 446** - £284 - **$422**
MOLLICA Achille XIX [8]
Playtime - Oil/canvas (89x61cm-35x24in) San Francisco-Los Angeles 95.....................FF**39 140** - £5 060 - **$8,000**
MOLLIEN Comtesse Adèle, née Dutilleul XIX [2]
La comtesse de Montjoye - Pastel (37x32cm-15x13in) Paris 93 ....FF**13 000** - £1 567 - **$2,364**
MOLLIET Clémence XIX-XX [3]
Corbeille de roses - Huile/toile (68x78cm-27x31in) Lille 97..............................FF**30 000** - £3 108 - **$5,139**

MOLLINO Carlo 1905-1973 [1]
Staircase, Torino, Italy - Silver print (27x23cm-11x9in) New-York 93 .... FF6 770 - £774 - **$1,200**
MOLNAR Farkas 1897-1945 [2]
Dada - Gravure bois (17x16cm-7x6in) Paris 93 .... FF8 000 - £964 - **$1,455**
MOLNAR János Z. 1880-1960 [24]
Limoni sul tavolo - Olio/tela (80x60cm-31x24in) Trieste 97 .... FF4 760 - £560 - **$840**
MOLNAR Josef 1939 [3]
Corbeille de fruits - Huile/panneau (30x40cm-12x16in) Lyon 92 .... FF7 000 - £720 - **$1,297**
MOLNAR József 1821-1899 [4]
Rendez-vous - Öl/Leinwand (112x96cm-44x38in) Wien 95 .... FF58 800 - £7 740 - **$11,910**
MOLNAR Karel Pál 1894-1981 [5]
Liegender Rückenakt - Öl/Leinwand (80x100cm-31x39in) Lindau 96 .... FF9 110 - £1 177 - **$1,760**
MOLNÉ Hector 1935 [12]
Couple à l'enfant - Huile/panneau (122x81cm-48x32in) Paris 96 .... FF9 200 - £1 080 - **$1,810**
Conga camagüeyana - Oil/canvas (69x89cm-27x35in) New-York 97 .... FF86 108 - £9 144 - **$15,000**
Chapelles - Aquarelle (33x26cm-13x10in) Paris 96 .... FF2 000 - £235 - **$394**
MOLNÉ Luis Vidal 1907-1970 [24]
Jeune fille à la guitare - Huile/toile (61x50cm-24x20in) Paris 96 .... FF3 000 - £387 - **$588**
Jeune femme à la guitare - Huile/toile (61x50cm-24x20in) Arles 96 .... FF14 000 - £1 815 - **$2,770**
Femme à la coupe de fruits - Aquarelle, gouache/papier (37x30cm-15x12in) Arles 94 .... FF2 500 - £304 - **$476**
MOLS Adrienne XIX-XX [2]
Nature morte - Huile/panneau (36x45cm-14x18in) Antwerpen 95 .... FF4 015 - £528 - **$806**
MOLS Niels Pedersen 1859-1921 [41]
Barn with cows & poultry - Oil/canvas (40x62cm-16x24in) København 96 .... FF4 460 - £577 - **$891**
Fiskerfamilie - Oil/canvas (66x81cm-26x32in) Viby J, Århus 95 .... FF22 640 - £2 830 - **$4,570**
MOLS Robert 1848-1903 [34]
Trois-mâts au mouillage - Huile/papier/toile (11x18cm-4x7in) Saint-Dié 96 .... FF10 000 - £1 175 - **$1,967**
Expédition antarctique belge - Huile/panneau (27x46cm-11x18in) Lokeren 96 .... FF25 000 - £3 230 - **$4,940**
Quai du Louvre - Oil/canvas (128x198cm-50x78in) London 92 .... FF427 000 - £51 000 - **$82,100**
MØLSTED Christian 1862-1930 [28]
Bygevejr i Drogden - Oil/canvas (51x38cm-20x15in) Viby J, Århus 93 .... FF2 640 - £317 - **$507**
Fishermen on the beach - Oil/canvas (53x83cm-21x33in) København 94 .... FF17 400 - £1 996 - **$2,974**
S.S. Russia - Oil/canvas (98x127cm-39x50in) København 95 .... FF41 700 - £5 190 - **$8,130**
MOLTCHANOVA Elena 1960 [2]
Nature morte - Huile/toile (70x50cm-28x20in) Paris 93 .... FF2 800 - £338 - **$510**
MOLTE DE RENTOIL Henri 1846-1922 [1]
Wassernymphen - Oil/canvas (121x104cm-48x41in) Ahlden 91 .... FF23 660 - £2 401 - **$4,273**
MOLTENI Giuseppe 1800-1867 [1]
Confessione - Olio/tela (173x141cm-68x56in) Milano 89 .... FF206 000 - £21 707 - **$34,680**
MOLTINO Francis 1818-1874 [7]
Westminster Abbey - Oil/canvas (61x107cm-24x42in) New-York 92 .... FF13 000 - £1 552 - **$2,500**
MOLTKE Harald 1871-1960 [8]
Knud Rasmussen, Snefog - Oil/canvas (107x90cm-42x35in) København 95 .... FF7 970 - £1 017 - **$1,570**
MOLTO Vicente 1948 [4]
Spanien, 1988 - Acrylic/canvas (99x79cm-39x31in) Luzern 90 .... FF25 400 - £2 624 - **$4,488**
MOLYN Pieter 1595-1661 [35]
Figures conversing beside a cottage - Oil/panel (33x46cm-13x18in) London 97 .... FF73 655 - £7 800 - **$12,676**
Figures on a road - Oil/panel (36x49cm-14x19in) London 94 .... FF649 000 - £78 000 - **$120,100**
Figures on a frozen river - Black chalk (14x19cm-6x7in) Amsterdam 93 .... FF105 500 - £12 140 - **$18,050**
MOLYNEUX Edward 1891-1974 [6]
Deux roses - Huile/toile (27x22cm-11x9in) London 96 .... FF17 500 - £2 110 - **$3,180**
Spring in the mountains - Watercolour (53x41cm-21x16in) London 92 .... FF2 143 - £220 - **$412**
MOLZAHN Johannes 1892-1965 [12]
Zeit-Taster - Etching (34x27cm-13x11in) London 96 .... FF50 900 - £5 800 - **$9,740**
Figürliches Gebilde - Black chalk (42x59cm-17x23in) Bern 93 .... FF37 400 - £4 520 - **$6,950**
MOLZER Hermann 1894-1969 [2]
Interieur mit Blick auf den Stephansdom - Aquarell/Papier (46x61cm-18x24in) Wien 95 .... FF3 540 - £442 - **$716**
MOMAL Jacques François 1754-1832 [1]
Didon et Enée - Huile/toile (97x114cm-38x45in) Paris 90 .... FF21 500 - £2 317 - **$3,792**
MOMEN Karl 1935 [6]
Komposition - Oil/canvas (101x101cm-40x40in) Stockholm 91 .... FF28 300 - £2 817 - **$4,867**
Temple of Mercury - Bronze (79cm-31in) Stockholm 96 .... FF29 940 - £3 520 - **$5,890**
MOMMERS Hendrick 1623-1693 [23]
Peasant family - Oil/panel (61x47cm-24x19in) New-York 92 .... FF22 700 - £2 324 - **$4,000**
Italianate coastal Landscape - Oil/canvas (69x82cm-27x32in) New-York 96 .... FF83 900 - £11 000 - **$17,000**
MOMPER de Frans 1603-1660 [27]
Reiter mit Hund - Oil/wood (26x35cm-10x14in) Wien 97 .... FF76 736 - £8 288 - **$13,392**
Rue d'un village flamand - Huile/panneau (62x87cm-24x34in) Paris 96 .... FF220 000 - £32 400 - **$53,600**
MOMPER de Joos II Jodocus 1564-1635 [46]
Landscape with hatvesters - Huile/panneau (82x144cm-32x57in) London 95 .... FF5 - £720 000 - **$1**
Gebirgige Flusslandschaft - Oil/wood (33x55cm-13x22in) Wien 97 .... FF311 740 - £33 670 - **$54,405**
Mountainous landscape - Ink (18x26cm-7x10in) Amsterdam 93 .... FF29 160 - £3 305 - **$4,930**
MOMPO Manuel Hernández 1927-1992 [37]
Sín titulo - Oleo/lienzo (26x35cm-10x14in) Madrid 94 .... FF17 300 - £2 062 - **$3,240**

Sín título - Oleo/lienzo (64x81cm-25x32in) Madrid 94 .... FF**39 400** - £4 650 - **$7,010**
Three musicians - Oleo/lienzo (65x92cm-26x36in) Madrid 90 .... FF**189 000** - £19 033 - **$34,364**
⬙ *Sín título* - Pastel (44x59cm-17x23in) Madrid 93 .... FF**19 800** - £2 273 - **$3,375**
MONACHESI Sante 1910-1991   [47]
🖝 *Gondole a Venezia* - Olio/tela (60x50cm-24x20in) Venezia 94 .... FF**8 970** - £1 014 - **$1,716**
Roma, Ponte Cavour - Olio/tela (50x61cm-20x24in) Milano 90 .... FF**19 960** - £2 010 - **$3,910**
Natura morta con ortaggi - Olio/tela (50x61cm-20x24in) Roma 94 .... FF**80 600** - £9 810 - **$15,360**
MONACO del Crisanto 1870-?   [1]
⬙ *Italienischer Bauer mit Pfeife* - Oil/canvas (63x30cm-25x12in) München 92 .... FF**4 060** - £473 - **$830**
MONAHAN Hugh 1914-1970   [13]
🖝 *Blues & snow geese* - Oil/canvas (50x76cm-20x30in) London 94 .... FF**3 900** - £460 - **$694**
Ground Surf Rising - Oil/canvas (61x71cm-24x28in) Aylsham, Norfolk 94 .... FF**11 930** - £1 400 - **$2,124**
MONAMY Peter 1681-1749   [21]
⬙ *Privateer Squadron...* - Oil/canvas (60x71cm-24x28in) London 97 .... FF**75 047** - £8 000 - **$13,103**
Royal William firing a salute - Oil/canvas (61x77cm-24x30in) London 92 .... FF**234 500** - £28 000 - **$45,100**
MONAMY Pierre 1814-1857   [3]
🖝 *The Forum, Rome* - Oil/canvas (37x57cm-15x22in) London 92 .... FF**50 300** - £6 000 - **$9,660**
MONANTEUIL Jean J. 1785-1860   [1]
🖝 *Amazone* - Huile/toile (61x50cm-24x20in) Paris 96 .... FF**12 000** - £1 373 - **$2,290**
MONARD de Louis 1873-1939   [13]
⌂ *Hercule et le cerf* - Bronze (23cm-9in) Paris 96 .... FF**5 200** - £602 - **$996**
Étalon cabré - Bronze (59cm-23in) Paris 95 .... FF**45 000** - £5 840 - **$9,210**
MONARI Christoforo 1667-1720   [1]
🖝 *Strumenti musicali a corda libri* - Olio/tela (76x100cm-30x39in) Roma 88 .... FF**366 200** - £33 443 - **$61,135**
MONASTERIO Luis Ortiz 1906   [2]
⌂ *Pareja* - Bronze (34cm-13in) New-York 92 .... FF**44 400** - £4 650 - **$8,000**
⬙ *Vendedores de flores* - Watercolour, gouache (54x76cm-21x30in) New-York 91 ... FF**39 900** - £4 049 - **$7,206**
MONAY Pierre 1896-1974   [1]
🖝 *Saint-Prex* - Huile/carton (23x33cm-9x13in) Genève 91 .... FF**3 284** - £337 - **$611**
MONCADA Ignazio 1932   [5]
⬙ *Senza titolo* - Tecnica mista/carta (100x70cm-39x28in) Milano 93 .... FF**1 647** - £185 - **$295**
MONCEAU DE BERGENDAEL du Comtesse Mathilde 1877-1952   [12]
🖝 *A garden in summer* - Oil/canvas (50x60cm-20x24in) Amsterdam 96 .... FF**9 200** - £1 182 - **$1,815**
Jardin en fleurs - Huile/toile (50x61cm-20x24in) Bruxelles 91 .... FF**17 430** - £1 785 - **$3,234**
MONCEL DE PERRIN de Alphonse Emmanuel 1866-1930   [5]
⌂ *Seated boy in a garden chair* - Bronze (66cm-26in) New-York 92 .... FF**31 850** - £3 700 - **$6,500**
MONCHABLON Jean Ferdinand, Jan 1855-1904   [23]
🖝 *Lumière d'automne* - Huile/panneau (45x61cm-18x24in) Barbizon 93 .... FF**11 000** - £1 236 - **$1,865**
L'Apance, près d' Enfonvelle - Oil/canvas (25x38cm-10x15in) New-York 93 ...... FF**57 700** - £7 240 - **$10,500**
Picking wildflowers - Oil/canvas (91x126cm-36x50in) New-York 94 .... FF**245 700** - £28 400 - **$42,000**
MONCIATTI Maurice/GruppoAperto 1944   [24]
🖝 *Composition* - Huile/toile (100x100cm-39x39in) Paris 95 .... FF**3 900** - £518 - **$804**
Sans titre - Technique mixte/toile (97x130cm-38x51in) Tours 92 .... FF**7 600** - £778 - **$1,338**
MONCUR Jane 1891-1983   [1]
🖝 *Garden in Steyning* - Oil/canvas (46x36cm-18x14in) London 94 .... FF**2 283** - £260 - **$388**
MONDINO Aldo 1938   [22]
🖝 *Caza y caballo* - Olio (40x50cm-16x20in) Prato 97 .... FF**6 120** - £720 - **$1,080**
Satie Riche - Acrilico/tela (150x150cm-59x59in) Milano 93 .... FF**18 300** - £2 054 - **$3,275**
⬙ *Passepartout grigio* - Collage (99x70cm-39x28in) Milano 97 .... FF**2 770** - £321 - **$484**
MONDO Domenico 1723-1806   [9]
🖝 *Agar e l'Angelo* - Olio/tela (96x124cm-38x49in) Roma 95 .... FF**67 100** - £8 800 - **$13,860**
⬙ *Madonna in glory/Seated figure* - Ink (19x16cm-7x6in) London 97 .... FF**5 477** - £580 - **$942**
MONDRIAAN Frits, Frederic H. 1853-1932   [12]
🖝 *Evening at Clingendael* - Oil/canvas (41x61cm-16x24in) Amsterdam 94 .... FF**6 100** - £708 - **$1,050**
MONDRIAN Piet 1872-1944   [91]
🖝 *Composition nº 8* - Oil/canvas (74x67cm-29x26in) New-York 94 .... FF**2** - £3 - **$5**
Composition - Oil/canvas (52x35cm-20x14in) New-York 97 .... FF**5** - £616 000 - **$1 e,+06**
Wilgen aan de Sloot - Oil/canvas/panel (27x53cm-11x21in) Amsterdam 97 ...... FF**140 615** - £14 748 - **$24,130**
Farm in twente - Oil/paper/panel (64x77cm-25x30in) Amsterdam 94 .... FF**250 000** - £29 350 - **$44,500**
Facade - Oil/canvas (64x94cm-25x37in) New-York 89 .... FF**5 5e +07** - £5 - **$8 ,466,24e,+06**
🗔 *Komposition* - Lithographie (65x49cm-26x19in) Hamburg 91 .... FF**270 400** - £27 113 - **$44,635**
⬙ *Trees reflecting, river Gein* - Watercolour/board (50x63cm-20x25in) Amsterdam 89 ..... FF**3** - £410 274 - **$655,471**
Washing Stoop - Charcoal/paper (26x35cm-10x14in) Amsterdam 97 .... FF**99 602** - £10 446 - **$1,709,2 3**
Field with three trees - Charcoal/paper (69x97cm-27x38in) Amsterdam 97 ...... FF**151 000** - £17 450 - **$28,900**
Farmstead screened by Trees - Watercolour (53x74cm-21x29in) Amsterdam 97 ... FF**468 723** - £49 161 - **$80,434**
MONDRY Luc 1939   [2]
⬙ *Composition, 1978* - Aquarelle (57x78cm-22x31in) Bruxelles 89 .... FF**2 300** - £242 - **$387**
MONDZAIN Simon 1890-1979   [35]
🖝 *Nature morte aux pommes* - Huile/carton (34x46cm-13x18in) Paris 97 .... FF**5 800** - £633 - **$1,014**
Arbre dans la cour - Huile/toile (73x54cm-29x21in) Paris 96 .... FF**22 000** - £2 757 - **$4,250**
Port d'Alger - Huile/toile (66x82cm-26x32in) Paris 91 .... FF**57 000** - £5 661 - **$9,897**
⬙ *Bateaux de pêcheurs* - Aquarelle (26x38cm-10x15in) Paris 92 .... FF**3 900** - £400 - **$702**

M

MONET Claude 1840-1926 [176]
🖌 Fort d'Antibes - Oil/canvas (60x80cm-24x31in) New-York 96 .... FF1 - £164 000 - **$270,000**
Antibes - Oil/canvas (65x92cm-26x36in) New-York 96 .... FF1 - £2 - **$3**
Palais Dario - Oil/canvas (81x66cm-32x26in) New-York 97 .... FF1 - £1 - **$2 e,+06**
Sous-bois (Ile de la Jatte) - Oil/canvas (56x46cm-22x18in) Paris 94 .... FF2 - £267 600 - **$400,000**
Marine - Oil/canvas (50x73cm-20x29in) London 94 .... FF3 - £370 000 - **$569,000**
La jetée du Havre - Oil/canvas (147x226cm-58x89in) New-York 93 .... FF4 - £6 7e +06 - **$8**
Glaçons, Seine, Port-Villez - Huile/toile (73x92cm-29x36in) Paris 95 .... FF4 - £631 000 - **$963,000**
Jardin de l'artiste, Vétheuil - Oil/canvas (100x82cm-39x32in) New-York 96 .... FF6 - £7 - **$1**
Vallée de Sasso - Oil/canvas (65x92cm-26x36in) New-York 97 .... FF7 - £800 800 - **$1**
Nymphéas - Huile/toile (49x25cm-19x10in) Paris 96 .... FF140 000 - £18 000 - **$27,740**
Sandviken, Norvège - Oil/canvas (50x61cm-20x24in) London 95 .... FF962 000 - £125 000 - **$198,000**
✎ Femme à l'ombrelle - Drawing (30x23cm-12x9in) London 93 .... FF2 - £320 000 - **$464,000**
Vaches à l'étable - Crayon/papier (24x47cm-9x19in) Paris 96 .... FF60 000 - £7 230 - **$11,500**
Bateaux sur la Tamise - Pastel/paper (31x46cm-12x18in) London 96 .... FF399 000 - £50 000 - **$77,000**
Les meules - Drawing (25x18cm-10x7in) New-York 91 .... FF899 000 - £89 495 - **$154,595**
MONEY Fred 1882-1956 [12]
🖌 Le port - Huile/toile (38x46cm-15x18in) Paris 97 .... FF4 000 - £431 - **$702**
Hortensias - Huile/toile (83x130cm-33x51in) Paris 91 .... FF43 000 - £4 299 - **$7,082**
MONFALLET Adolphe François 1816-1900 [4]
🖌 Partie de dés - Huile/panneau (32x24cm-13x9in) Paris 96 .... FF13 000 - £1 680 - **$2,576**
Courtyard performers - Oil/panel (48x63cm-19x25in) New-York 89 .... FF188 800 - £18 786 - **$29,826**
MONFREID de Georges Daniel 1856-1929 [10]
🖌 Deux roses - Huile/toile (41x33cm-16x13in) Montauban 95 .... FF19 500 - £2 525 - **$3,970**
Gustave Le Rouge - Huile/toile (48x65cm-19x26in) Paris 94 .... FF140 000 - £16 640 - **$25,600**
MONFREID de Henry 1879-1974 [3]
✎ Barque dans un golfe - Aquarelle (12x16cm-5x6in) Paris 96 .... FF2 400 - £278 - **$460**
MONGE Jules 1855-? [11]
🖌 Pékin, la place Tien-An-Men - Huile/panneau (15x24cm-6x9in) Paris 91 .... FF4 200 - £426 - **$759**
Prise du Bois Belleau, 1918 - Oil/canvas (33x46cm-13x18in) New-York 92 .... FF13 500 - £1 380 - **$2,500**
MONGE Luis 1925 [3]
🖌 Garza en el triángulo amazónico - Oil/canvas (134x121cm-53x48in) New-York 92 .... FF67 600 - £8 070 - **$13,000**
MONGERS Cornelis Marinus W. 1806-1875 [1]
🖌 Lady, seated, wearing a dress - Oil/canvas (85x65cm-33x26in) Amsterdam 96 .... FF9 030 - £1 095 - **$1,755**
MONGIN Antoine Pierre 1762-1827 [11]
🖌 Le repos du joueur de vielle - Huile/toile (74x60cm-29x24in) Paris 96 .... FF45 000 - £5 610 - **$8,690**
✎ Paysage au moulin à eau - Gouache/papier (62x89cm-24x35in) Paris 94 .... FF25 000 - £2 910 - **$4,330**
MONGINI Costanzo 1918-? [2]
🗿 Nudo - Bronze (32cm-13in) København 96 .... FF7 960 - £1 035 - **$1,577**
MONGINOT Charles 1825-1900 [11]
🖌 Convoitise du chaton - Huile/toile (50x34cm-20x13in) Troyes 96 .... FF11 200 - £1 458 - **$2,220**
Colombes dans un nid - Huile/toile (73x92cm-29x36in) Nice 95 .... FF23 500 - £3 090 - **$4,800**
Pierrot in the garden - Oil/canvas (205x120cm-81x47in) New-York 90 .... FF328 900 - £34 083 - **$57,803**
MONGINOT Charlotte 1872-? [1]
🗿 Trois enfants nus courant - Terracotta (46cm-18in) Paris 89 .... FF2 800 - £286 - **$450**
MONGODIN Victor 1819-? [3]
🖌 La leçon - Huile/panneau (16x21cm-6x8in) Paris 91 .... FF12 500 - £1 260 - **$2,210**
MONGRELL Y TORRENT José 1874-1937 [5]
🖌 Fisherfolk on a beach - Oil/canvas (90x78cm-35x31in) London 90 .... FF726 400 - £75 275 - **$127,663**
MONIC Daniel 1948 [9]
🖌 Lionne - Huile/toile (97x130cm-38x51in) Bruxelles 95 .... FF16 760 - £2 207 - **$3,400**
MONIEN Julius 1842-1897 [1]
🖌 Abendliche Winterlandschaft - Oil/canvas (45x72cm-18x28in) Bremen 90 .... FF10 880 - £1 113 - **$2,148**
MONIER Émile Adolphe 1883-? [3]
🗿 Tête de Soudanaise - Plâtre (52cm-20in) Quimper 96 .... FF52 000 - £6 660 - **$10,310**
MONIER Julien XIX-XX [1]
🗿 Credo - Ivory, bronze (41cm-16in) Bruxelles 94 .... FF3 164 - £367 - **$545**
MONIES David 1812-1894 [28]
🖌 Romantiskt parklandskap - Oil/canvas (58x75cm-23x30in) Stockholm 92 .... FF6 130 - £628 - **$1,080**
The Huntsman - Oil/canvas (53x49cm-21x19in) New-York 96 .... FF33 200 - £4 300 - **$6,500**
MONINOT Bernard 1949 [2]
🖌 Sans titre - Peinture (9x19cm-4x7in) Paris 96 .... FF6 000 - £742 - **$1,160**
Sans titre - Pigment bleu fixé sous verre (14x40cm-6x16in) Paris 96 .... FF8 000 - £988 - **$1,548**
MONIUSZKO Jan Czeslaw 1853-1908 [2]
🖌 Medieval scene with courtesans - Oil/canvas (77x115cm-30x45in) Warszawa 95 .... FF26 260 - £3 354 - **$5,390**
MONJO Francesc Hernandez 1862-1939 [5]
🖌 Barcos en el puerto - Oleo/lienzo (29x48cm-11x19in) Madrid 90 .... FF23 000 - £2 463 - **$4,000**
MONK William 1863-1937 [4]
🖾 A Highland landscape - Etching (20x27cm-8x11in) London 95 .... FF1 502 - £190 - **$294**
MONKS John Austin Sands 1850-1917 [1]
🖌 Sheep in a pasture - Oil/canvas (46x71cm-18x28in) Detroit, Michigan 93 .... FF7 150 - £897 - **$1,300**
MONLÉON Y TORRES Rafael 1847-1900 [5]
🖌 Screw streamer America - Oil/canvas (79x105cm-31x41in) London 93 .... FF37 350 - £4 500 - **$6,520**

MONNARD Maurice XX [5]
Femme et son chien - Huile/toile (60x76cm-24x30in) Lille 95 .... FF**7 200** - £862 - **$1,344**
MONNERET Jean 1922 [12]
Vue de Venise - Huile/toile (33x55cm-13x22in) Paris 95 .... FF**6 000** - £725 - **$1,130**
Honfleur, le chenal - Aquarelle (50x64cm-20x25in) Le Havre 95 .... FF**4 600** - £602 - **$921**
MONNET Charles 1732-1808 [4]
Je n'ai vu que l'appât, il avait vu le piège - Lavis (13x8cm-5x3in) Paris 91 .... FF**4 000** - £411 - **$745**
MONNET François 1822-1879 [1]
Femme au chignon - Huile/toile (80x63cm-31x25in) Paris 95 .... FF**2 500** - £319 - **$512**
MONNET Madeleine XX [3]
Prélude - Huile/toile (60x73cm-24x29in) Epernay 94 .... FF**4 400** - £513 - **$777**
MONNICKENDAM Martin 1874-1943 [12]
Ready for sailing - Oil/board (60x40cm-24x16in) Amsterdam 90 .... FF**6 600** - £702 - **$1,181**
Fruits - Pastel/paper (96x70cm-38x28in) Amsterdam 89 .... FF**4 800** - £464 - **$728**
MONNIER Charles 1925 [4]
Le Gourgonier - Huile/toile (33x46cm-13x18in) London 95 .... FF**12 270** - £1 566 - **$2,510**
MONNIER Claire Lise 1894 [2]
L'accident - Huile/toile (73x60cm-29x24in) Zofingen 96 .... FF**3 515** - £438 - **$679**
MONNIER Henry Bonaventure 1805-1877 [33]
Homme à l'habit noir - Aquarelle/papier (15x10cm-6x4in) Paris 96 .... FF**3 000** - £353 - **$590**
Le salon d'attente - Aquarelle (14x24cm-6x9in) Paris 97 .... FF**12 500** - £1 328 - **$2,166**
MONNIER Willy 1909-1981 [5]
Thunersee - Öl/Leinwand (62x82cm-24x32in) Bern 96 .... FF**2 037** - £247 - **$396**
MONNINGTON Walter Thomas 1903-1976 [13]
Winter - Oil/canvas (122x218cm-48x86in) London 91 .... FF**8 080** - £810 - **$1,480**
Clearing the Minefields, El Alamein - Pastel (16x25cm-6x10in) London 93 .... FF**5 810** - £700 - **$1,015**
MONNOT Maurice Louis 1869-? [9]
Cuivres et radis - Huile/toile (65x92cm-26x36in) Paris 89 .... FF**12 000** - £1 227 - **$1,929**
MONNOT Pierre Étienne 1657-1733 [1]
Head of Proserpina weeping - Marble (44cm-17in) New-York 96 .... FF**296 000** - £38 800 - **$60,000**
MONNOYER Antoine 1670-1747 [9]
Flowers in a glass vase - Oil/canvas (74x63cm-29x25in) London 94 .... FF**104 200** - £12 500 - **$20,250**
MONNOYER Jean-Baptiste 1636-1699 [47]
Fleurs dans un vase - Huile/toile (210x160cm-83x63in) Paris 93 .... FF**1** - £223 000 - **$336,400**
Roses, carnations, morning glory - Oil/canvas (43x58cm-17x23in) London 97 .... FF**94 607** - £10 000 - **$16,310**
Flowers in a Glass Vase - Oil/canvas (64x55cm-25x22in) New-York 96 .... FF**195 000** - £24 800 - **$37,500**
MONOD Claude 1944-1990 [2]
Sans titre - Sculpture (16cm-6in) Paris 97 .... FF**3 500** - £376 - **$614**
MONOD Isabelle 1945 [2]
Le Mur - Sculpture (36cm-14in) Paris 94 .... FF**14 000** - £1 660 - **$2,587**
MONORY Jacques 1924 [53]
La terrasse No. 14 - Huile/toile (92x73cm-36x29in) Paris 96 .... FF**18 000** - £2 084 - **$3,450**
Image incurable, n° 15 - Acrylique/toile (114x162cm-45x64in) Paris 96 .... FF**45 000** - £5 560 - **$8,690**
Toxique N9 : les gladiateurs - Huile/toile (150x230cm-59x91in) Douai 92 .... FF**81 000** - £8 290 - **$14,260**
Opéra glace no.11 - Huile/toile (194x260cm-76x102in) Paris 96 .... FF**350 000** - £36 269 - **$61,511**
Fuite no.5 - Sérigraphie couleurs (72x99cm-28x39in) Paris 92 .... FF**4 200** - £430 - **$740**
Station de métro Gare d'Orsay - Collage (52x150cm-20x59in) Paris 89 .... FF**25 000** - £2 556 - **$4,019**
MONOSTORI-MOLLER Pal 1894-1978 [1]
Varos - Öl/Leinwand (100x76cm-39x30in) Wien 95 .... FF**4 440** - £532 - **$845**
MONPETIT de Armand Vincent 1713-1800 [1]
Portrait d'homme (2) - Huile/toile (65x54cm-26x21in) Paris 90 .... FF**15 000** - £1 616 - **$2,646**
MONPO Manuel 1927 [2]
Man in lounge - Oleo/lienzo (61x46cm-24x18in) Madrid 89 .... FF**133 100** - £14 025 - **$22,407**
MONPOU Josep 1888-1968 [1]
Barcelona : la Rambla - Oil/canvas (59x72cm-23x28in) London 92 .... FF**80 100** - £8 200 - **$14,100**
MONRO Alexander 1802-1944 [1]
A folio of drawings - Drawing London 95 .... FF**4 780** - £620 - **$980**
MONRO Thomas 1759-1833 [8]
Cottage by a stream - Wash (25x20cm-10x8in) London 91 .... FF**3 226** - £320 - **$560**
MONSEN Frederick 1865-1929 [8]
Seated woman - Gelatin silver print (36x25cm-14x10in) New-York 96 .... FF**15 470** - £1 987 - **$3,000**
MONSIAUX Nicolas André 1755-1837 [8]
Valeur d'Alexandre - Huile/toile (90x195cm-35x77in) Paris 89 .... FF**240 000** - £25 290 - **$40,404**
Socrates & Alcibiade by Aspasia - Black chalk (22x29cm-9x11in) London 96 .... FF**17 030** - £2 000 - **$3,350**
MØNSTED Peder Mork 1859-1941 [284]
Motiv från Werfen - Oil/canvas (30x25cm-12x10in) Malmö 96 .... FF**12 920** - £1 675 - **$2,530**
Woodland river landscape - Oil/canvas (114x162cm-45x64in) London 90 .... FF**25 300** - £2 551 - **$5,060**
Flower garden, North Italy - Oil/canvas (42x70cm-17x28in) København 96 .... FF**48 800** - £6 260 - **$9,620**
Wooded landscape - Oil/canvas (80x120cm-31x47in) København 96 .... FF**88 600** - £10 110 - **$16,980**
Woodland glade, Dyrehaven - Oil/canvas (118x198cm-46x78in) New-York 96 .... FF**140 200** - £17 850 - **$27,000**
The shepherdess - Oil/canvas (120x200cm-47x79in) London 94 .... FF**318 500** - £37 000 - **$55,100**
Dansk vinterlandskap - Gouache/paper (29x44cm-11x17in) Stockholm 91 .... FF**32 050** - £3 214 - **$5,350**

M

MONTAG Carl 1880-1956 [1]
🖼 *Anemonen* - Oil/Leinwand (55x46cm-22x18in) Zofingen 95 .... FF5 950 - £753 - **$1,196**
MONTAGNAC Pierre Paul 1883-1961 [1]
🖼 *Interieur mit weiblichen Akt* - Oil/Leinwand (116x89cm-46x35in) Bern 94 .... FF4 950 - £594 - **$962**
MONTAGNÉ Agricol Louis 1879-1960 [83]
🖼 *Tour Philippe le Bel* - Huile/toile (33x46cm-13x18in) Entzheim 97 .... FF13 000 - £1 374 - **$2,230**
   Les Baux - Huile/toile (65x81cm-26x32in) Paris 96 .... FF20 000 - £2 535 - **$3,835**
   Venise, le Grand Canal - Huile/toile (60x92cm-24x36in) Paris 96 .... FF31 000 - £3 930 - **$5,940**
   Angles en automne - Huile/toile (65x100cm-26x39in) Paris 90 .... FF66 500 - £6 870 - **$11,749**
✏ *Le Pont d'Avignon* - Aquarelle/papier (60x64cm-24x25in) Paris 97 .... FF6 200 - £658 - **$108,0 4**
   Intérieur d'église - Aquarelle Béziers 95 .... FF18 000 - £1 865 - **$3,163**
MONTAGNE Gisèle XX [2]
🖼 *Vase de fleurs* - Huile/toile (73x60cm-29x24in) Provins 90 .... FF2 000 - £201 - **$364**
MONTAGNE Pierre Marius 1828-1879 [1]
🗿 *Mercure assis* - Bronze (48cm-19in) Paris 95 .... FF2 500 - £316 - **$506**
MONTAGNY Elie Honoré c.1795-1864 [2]
✏ *Hercules* - Ink/paper (39x52cm-15x20in) New-York 90 .... FF20 170 - £2 031 - **$3,951**
MONTAGUE Alfred 1832-1883 [59]
🖼 *A Continental Backwater* - Oil/canvas (41x31cm-16x12in) London 97 .... FF4 132 - £450 - **$719**
   Seascape - Oil/canvas (30x53cm-12x21in) New Orleans, Louisiana 94 .... FF10 930 - £1 300 - **$2,000**
   Skating on the frozen fields - Oil/canvas (61x107cm-24x42in) London 91 .... FF47 900 - £4 803 - **$7,907**
MONTAGUE Clifford XIX-XX [12]
🖼 *Huntsmen & their birds of prey* - Oil/canvas (45x76cm-18x30in) London 91 .... FF5 980 - £600 - **$987**
MONTAIGNE William John ?-1902 [1]
🖼 *Reminiscences* - Oil/panel (35x25cm-14x10in) London 91 .... FF13 330 - £1 347 - **$2,646**
MONTAIGU Louis 1905-1988 [1]
🖼 *Le port de Boulogne* - Huile/panneau (44x19cm-17x7in) Le Touquet 94 .... FF5 500 - £655 - **$1,046**
MONTALBA Clara 1842-1929 [11]
🖼 *Orange seller by a road* - Oil/canvas (21x31cm-8x12in) London 91 .... FF12 900 - £1 300 - **$2,275**
✏ *Mother & child before shipping* - Watercolour (16x21cm-6x8in) London 96 .... FF2 990 - £380 - **$590**
   Unloading salt at Venice - Watercolour (65x40cm-26x16in) Groombridge, Kent 92 .... FF15 480 - £1 800 - **$3,160**
MONTALBA Hilda ?-1919 [2]
🖼 *Venetian Canal at Sunset* - Oil/panel (29x55cm-11x22in) London 96 .... FF18 560 - £2 200 - **$3,620**
MONTALBO Bartolomé 1768-1846 [1]
🖼 *Mallard & game bird* - Oil/panel (53x72cm-21x28in) London 96 .... FF84 600 - £9 800 - **$16,220**
MONTALD Constant 1862-1944 [33]
🖼 *Sous-bois ensoleillé* - Huile/toile (77x104cm-30x41in) Bruxelles 92 .... FF24 900 - £2 550 - **$4,380**
   Deux baigneuses - Huile/toile (90x70cm-35x28in) Bruxelles 92 .... FF132 800 - £13 600 - **$23,360**
✏ *L'été* - Gouache/carton (88x70cm-35x28in) Bruxelles 94 .... FF23 300 - £2 800 - **$4,310**
   L'aveugle - Gouache/board (80x97cm-31x38in) London 89 .... FF125 900 - £12 527 - **$19,889**
MONTALVO Bartolomé 1769-1846 [1]
🖼 *Vista de Madrid de San Isidro* - Oleo/lienzo (93x118cm-22x46in) Madrid 90 .... FF243 000 - £25 181 - **$42,707**
MONTAN Anders 1845-1917 [9]
🖼 *Woman peeling potatoes* - Oil/canvas (54x39cm-21x15in) Malmö 95 .... FF10 900 - £1 362 - **$2,200**
MONTANARI Dante 1896-? [1]
🖼 *Blumenverkäuferin* - Oil/cardboard (25x29cm-10x11in) Luzern 89 .... FF3 100 - £317 - **$498**
MONTANARI Giuseppe 1889-1970 [4]
🖼 *Plauderstündchen* - Huile/panneau (34x27cm-13x11in) Zofingen 94 .... FF11 800 - £1 398 - **$2,180**
MONTANARINI Luigi 1906 [24]
🖼 *Vaso con fiori di campo* - Olio/cartone (52x34cm-20x13in) Roma 93 .... FF10 980 - £1 232 - **$1,965**
   Autoritratto, 1932 - Olio/tela (78x55cm-31x22in) Milano 89 .... FF57 200 - £6 027 - **$9,630**
✏ *Senza titolo, 1954* - Tempera/paper (200x35cm-79x14in) Roma 89 .... FF18 300 - £1 871 - **$2,942**
MONTANDON Roger 1918 [3]
🖼 *Le pot* - Oil/canvas (61x50cm-24x20in) Bern 92 .... FF3 426 - £409 - **$660**
MONTANÉ Roger 1916 [8]
🖼 *Le gondolier* - Oil/canvas (72x116cm-28x46in) London 95 .... FF7 520 - £950 - **$1,510**
   Ruelle sur le port, Sitgès - Oil/canvas (10x66cm-4x26in) London 96 .... FF7 800 - £1 000 - **$1,537**
MONTANELLA Evasio 1878-1940 [1]
🖼 *Pesci, ciotola, posate e posacenere*
     Olio (52x60cm-20x24in) Annico, Casa Bassani 92 .... FF14 000 - £1 628 - **$2,860**
MONTANI Carlo 1868-1936 [5]
🖼 *Il gigante divelto* - Olio/cartone (50x60cm-20x24in) Milano 95 .... FF10 500 - £1 394 - **$2,142**
MONTANIER Francis 1895-1974 [4]
🖼 *Les jumelles* - Huile/toile (116x63cm-46x25in) Paris 88 .... FF380 000 - £36 442 - **$66,766**
MONTASSIER Henri 1880-1946 [15]
🖼 *Modèle allongé* - Huile/toile (92x73cm-36x29in) Paris 95 .... FF8 500 - £1 094 - **$1,742**
   The Siesta - Oil/canvas (121x201cm-48x79in) London 96 .... FF93 600 - £11 000 - **$18,200**
MONTAUT D'OLÉRON Gabriel Xavier 1798-1852 [1]
🖼 *Portrait de femme* - Huile/toile (62x51cm-24x20in) Paris 93 .... FF5 500 - £633 - **$940**
MONTAUT de Bernard XX [2]
🖼 *Espace Zen* - Acrylique/toile (92x65cm-36x26in) Paris 97 .... FF5 000 - £565 - **$905**
✏ *Port de nuages* - Technique mixte/toile (39x31cm-15x12in) Paris 96 .... FF2 800 - £330 - **$550**
MONTAUT de Henri c.1825-1890 [2]
🖼 *L'Alpe domptée, Col du Simplon* - Lithographie couleurs (39x66cm-15x26in) Paris 92 ...... FF1 500 - £175 - **$306**

Réunion mondaine - Aquarelle, gouache (15x23cm-6x9in) Provins 95.................................... FF**1 950** - £**254** - **$401**

MONTAUT Ernest 1879-1936 [35]

Clément-Bayard - Poster (156x116cm-61x46in) London 96 .... FF**4 680** - £**600** - **$922**

Elégante et son chauffeur - Crayon (53x40cm-21x16in) Paris 91 .... FF**20 000** - £**2 015** - **$3,470**

MONTBEL de J. 1861-1938 [1]

Touché - Bronze (12cm-5in) Soissons 96 .... FF**4 800** - £**618** - **$951**

MONTCHENU-LAVIROTTE Jane Daniéla XIX-XX [1]

Gaby Deylis - Pastel (170x121cm-67x48in) Lyon 90 .... FF**17 000** - £**1 712** - **$3,330**

MONTE Ira 1918 [4]

Tropical birds - Oil/canvas (140x99cm-55x39in) Chicago 93 .... FF**4 680** - £**587** - **$850**

MONTEFORTE Edoardo 1849-1932 [3]

Donna su un'asinello, Golfo di Napoli - Olio/tavola (13x17cm-5x7in) Roma 92 .... FF**13 600** - £**1 390** - **$2,393**

MONTEFUSCO Vincenzo 1852-1912 [4]

Popolane sul paesaggio - Olio/tavola (27x22cm-11x9in) Roma 94 .... FF**8 010** - £**960** - **$1,488**

MONTELATICCI CECCO BRAVO Francesco 1607-1661 [9]

Allegory: Autumn/Summer - Oil/canvas (97x147cm-38x58in) New-York 97 .... FF**361 000** - £**37 800** - **$65,000**

Female Nude - Red chalk/paper (23x22cm-9x9in) New-York 97 .... FF**66 518** - £**7 404** - **$12,000**

MONTELEONE Alessandro 1897-1967 [2]

Natività con Angeli - Terracotta (74x76cm-29x30in) Roma 95 .... FF**8 510** - £**1 092** - **$1,710**

MONTEMAGGIORE Franco XX [3]

Le penseur - Sculpture (98x20x22cm-39x8x9in) Paris 92 .... FF**2 000** - £**240** - **$398**

MONTEMAZZO Antonio 1841-1898 [6]

Pastoral scene - Oil/panel (36x47cm-14x19in) London 96 .... FF**92 200** - £**11 500** - **$17,800**

MONTEMEZZO Antonio Matteo 1841-1898 [3]

The duck farm - Oil/canvas (55x89cm-22x35in) New-York 94 .... FF**73 100** - £**8 850** - **$13,500**

MONTEN Heinrich M. Dietrich 1799-1843 [1]

Berittener französischer Kürassier - Aquarell/Papier (13x9cm-5x4in) Bielefeld 93 .... FF**2 800** - £**327** - **$460**

MONTENARD Frédéric 1849-1926 [26]

Moines, paysage du Midi - Huile/toile (145x215cm-57x85in) Saint-Germain-en-Laye 95 ... FF**8 100** - £**1 030** - **$1,660**

La jetée - Huile/toile (48x46cm-19x18in) Paris 93 .... FF**10 000** - £**1 150** - **$1,720**

Jeune fille cuillant grenades - Oil/canvas (112x80cm-44x31in) London 94 .... FF**25 100** - £**3 000** - **$4,690**

MONTENEGRO Julio 1867-1932 [1]

The courtyard of the Alhambra - Oil/canvas (51x45cm-20x18in) New-York 93 .... FF**59 000** - £**6 710** - **$10,000**

MONTENEGRO Roberto 1881-1968 [30]

Eclipse solar - Oil/masonite (76x60cm-30x24in) New-York 97 .... FF**43 054** - £**4 572** - **$7,500**

Amanecer - Oil/canvas (80x80cm-31x31in) New-York 95 .... FF**71 400** - £**8 910** - **$14,000**

Urna de la Felicidad - Oleo/lienzo (112x129cm-44x51in) México 93 .... FF**219 300** - £**24 870** - **$37,100**

MONTENEGRO Y CAPELL José ?-1929 [4]

Arab courtyard - Oil/canvas (44x31cm-17x12in) London 91 .... FF**5 920** - £**597** - **$1,154**

Palais mauresque, Séville - Huile/toile (63x40cm-25x16in) Paris 96 .... FF**32 000** - £**3 704** - **$6,130**

MONTERO Y CALVO Arturo 1859-1887 [1]

Spanish beauty with a guitar - Oil/canvas (47x34cm-19x13in) London 92 .... FF**3 130** - £**320** - **$551**

MONTES ITURRIOZ Gaspar 1901 [2]

Indios (Boceto para mural) - Pastel (15x30cm-6x12in) Madrid 93 .... FF**3 950** - £**456** - **$679**

MONTESANO Gian Marco 1943 [7]

Farinello a Trevi - Oil/canvas (80x120cm-31x47in) Roma 94 .... FF**11 760** - £**1 432** - **$2,240**

MONTESQUIOU de Robert 1855-1921 [1]

Paysage au couchant - Pastel (6x14cm-2x6in) Paris 96 .... FF**8 000** - £**1 036** - **$1,600**

MONTEYNE Roland 1932 [6]

Femme qui rêve d'être un oiseau - Bronze (74x30x72cm-29x12x28in) Bruxelles 90 .... FF**21 100** - £**2 245** - **$3,775**

MONTEZIN Bernard 1951 [10]

Cybèle - Huile/toile (81x65cm-32x26in) Montauban 96 .... FF**4 500** - £**564** - **$869**

Nu au voile - Fusain (48x32cm-19x13in) Montauban 96 .... FF**1 500** - £**188** - **$290**

MONTEZIN Pierre Eugène 1874-1946 [278]

Bord de mer animé - Huile/carton (24x33cm-9x13in) Lille 96 .... FF**8 500** - £**1 030** - **$1,653**

Bord de mer animé - Huile/panneau (33x24cm-13x9in) Pontoise 97 .... FF**22 000** - £**2 372** - **$3,863**

Bouquet de lilas - Huile/toile Marseille 95 .... FF**41 000** - £**5 390** - **$8,380**

Voilier - Huile/papier/toile (37x60cm-15x24in) Paris 97 .... FF**60 000** - £**6 576** - **$10,530**

Péniches, Saint-Mammès - Oil/canvas (51x65cm-20x26in) New-York 94 .... FF**84 400** - £**10 140** - **$16,000**

Troupeau dans la clairière - Oil/Leinwand (55x46cm-22x18in) Köln 97 .... FF**135 180** - £**14 208** - **$23,144**

La table de jardin - Huile/carton/toile (73x60cm-29x24in) Paris 91 .... FF**291 000** - £**29 179** - **$48,036**

Sur l'eau - Oil/canvas (89x130cm-35x51in) New-York 90 .... FF**746 000** - £**75 919** - **$149,188**

Péniches sur la Seine - Gouache/carton (26x36cm-10x14in) Lyon 97 .... FF**9 000** - £**976** - **$1,582**

Péniches, Seine - Gouache/papier (26x35cm-10x14in) Calais 97 .... FF**13 000** - £**1 392** - **$2,279**

Le manège - Gouache (38x57cm-15x22in) Paris 96 .... FF**30 000** - £**3 870** - **$5,870**

Bord de l'eau, 1923 - Gouache (60x81cm-24x32in) Versailles 90 .... FF**130 000** - £**13 919** - **$22,609**

MONTFALLET Adolphe-François 1816-1900 [6]

Le joueur de cornemuse - Huile/panneau (21x16cm-8x6in) Reims 97 .... FF**9 500** - £**984** - **$1,627**

Leçon de musique: française/espagnole - Huile/panneau (27x22cm-11x8in) Lyon 92 .... FF**20 000** - £**2 410** - **$3,840**

MONTFORD Henry XIX-XX [1]

Greeting the dawn - Bronze (44cm-17in) London 92 .... FF**3 610** - £**420** - **$737**

M

MONTFORT Antoine Alphonse 1802-1884 [11]
- Arabe réveillant ses compagnons, Liban - Huile/toile (114x100cm-45x39in) Paris 94 .... **FF260 000** - £30 800 - **$48,000**
- Grec au pied d'un arbre - Aquarelle (27x21cm-11x8in) Paris 95 .... **FF14 000** - £1 765 - **$2,790**

MONTFORT de Charles 1910-? [1]
- At the horse fair - Watercolour/paper (46x66cm-18x26in) Baton Rouge, Louisiana 94 .... **FF3 425** - £400 - **$600**

MONTFORT van Franz 1889-1980 [11]
- Tête de jeune fille - Huile/papier (63x48cm-25x19in) Lokeren 91 .... **FF8 230** - £829 - **$1,428**
- Cécile en bleu - Huile/toile/panneau (55x44cm-22x17in) Lokeren 91 .... **FF24 700** - £2 459 - **$4,247**
- Sur la Route vers le Destin - Dessin (47x62cm-19x24in) Lokeren 91 .... **FF8 230** - £829 - **$1,428**

MONTGOMERY Alfred 1857-1922 [2]
- Barrel and Sack of Corn - Oil/board (61x91cm-24x36in) Elgin, Illinois 91 .... **FF10 180** - £1 026 - **$1,766**

MONTHOLON de Charles Tristan 1783-1853 [1]
- Vues du Fort de Ham - Encre Paris 93 .... **FF20 000** - £2 300 - **$3,440**

MONTHOLON de François Richard 1856-? [10]
- Chemin dans la campagne - Huile/carton (24x33cm-9x13in) Wien 95 .... **FF5 990** - £756 - **$1,195**

MONTI Cesare 1891-1959 [12]
- Vaso di fiori, 1957 - Olio/tavola (50x67cm-20x26in) Milano 90 .... **FF18 300** - £1 959 - **$3,183**
- Due figure - Olio/tela (140x100cm-55x39in) Milano 90 .... **FF53 200** - £5 357 - **$10,421**

MONTI DI RAVENNA Gaetano 1776-1847 [1]
- Young man - Marble (69cm-27in) New-York 90 .... **FF35 300** - £3 555 - **$6,915**

MONTI Giovanni 1779-1844 [3]
- Jeune homme de profil - Relief (15cm-6in) Paris 97 .... **FF6 200** - £646 - **$1,060**

MONTI Nicolà 1780-1854 [2]
- Charles VIII visiting Galeazzo Visconti - Watercolour (13x19cm-5x7in) London 96 .... **FF5 430** - £700 - **$1,063**

MONTI Rafaello 1818-1881 [1]
- Lady Godiva - Marble (122cm-48in) London 95 .... **FF497 000** - £66 000 - **$102,400**

MONTICELLI Adolphe 1824-1886 [163]
- Nature morte au pichet - Oil/panel (44x64cm-17x25in) London 92 .... **FF2** - £290 000 - **$500,000**
- Woodland tryst - Oil/panel (46x38cm-18x15in) London 97 .... **FF38 095** - £4 000 - **$6,552**
- Joueur de cor - Huile/panneau (50x27cm-20x11in) Deauville 94 .... **FF61 000** - £7 200 - **$10,680**
- Garden conversation - Oil/panel (45x36cm-18x14in) Amsterdam 97 .... **FF82 937** - £8 767 - **$14,231**
- Rendez-vous sous la vasque - Oil/panel (47x64cm-19x25in) London 96 .... **FF169 500** - £22 000 - **$33,500**
- Port de Marseille - Huile/toile (137x232cm-54x91in) Marseille 95 .... **FF390 000** - £50 600 - **$79,900**
- Fleurs des champs et de jardin - Oil/panel (68x48cm-27x19in) London 94 .... **FF670 000** - £80 000 - **$125,000**
- Femme dans un parc - Aquarelle (25x19cm-10x7in) Paris 95 .... **FF11 000** - £1 330 - **$2,070**

MONTIGNY Jenny 1875-1937 [23]
- Leielandschap onder de sneeuw - Oil/canvas (37x63cm-15x25in) Lokeren 96 .... **FF25 000** - £3 230 - **$4,940**
- Enfants dans la neige - Oil/canvas (55x60cm-22x24in) Lokeren 96 .... **FF258 400** - £33 400 - **$51,000**
- Studie van Emile Claus Aan Het Werk - Eau-forte (27x35cm-11x14in) Lokeren 94 .... **FF4 950** - £537 - **$867**
- Bathing women - Watercolour/paper (48x40cm-19x16in) Amsterdam 97 .... **FF16 482** - £1 732 - **$2,831**

MONTIGNY Jules 1840-1899 [14]
- Winter - Oil/canvas (85x120cm-33x47in) Billinghurst, West Sussex 94 .... **FF11 870** - £1 400 - **$2,113**
- Couronne de fleurs - Pastel (34cm-13in) Bruxelles 92 .... **FF4 940** - £591 - **$951**

MONTIGNY-GIGUERE de E. Louise 1878-? [1]
- Traîneau - Bronze (47cm-19in) Montréal 93 .... **FF5 770** - £660 - **$985**

MONTIS Guy 1918-1976 [6]
- Mur des Lamentations - Huile/toile (54x65cm-21x26in) Paris 92 .... **FF2 300** - £275 - **$443**

MONTLAUR de Guy 1918-1977 [5]
- Je te rends pure à ta place - Huile/toile (92x60cm-36x24in) La Varenne Saint-Hilaire 91 .... **FF9 000** - £902 - **$1,486**

MONTLEVAULT Charles Joly, dit 1835-1897 [11]
- Paysage aux deux clochers - Huile/panneau (19x31cm-7x12in) Lyon 96 .... **FF5 800** - £727 - **$1,120**

MONTMARIN de Consuelo XX [5]
- Les plongeurs - Technique mixte/papier (25x25cm-10x10in) Paris 97 .... **FF1 600** - £180 - **$289**

MONTOBIO Guillaume 1883-1962 [14]
- Bord de la Lys - Oil/canvas (50x65cm-20x26in) Amsterdam 91 .... **FF18 030** - £1 806 - **$3,006**

MONTOYA Gustavo 1925 [30]
- Niña con parasol - Oil/canvas (56x46cm-22x18in) New-York 95 .... **FF12 240** - £1 530 - **$2,400**
- Niña con parasol - Oil/canvas (62x46cm-24x18in) New-York 96 .... **FF22 962** - £2 438 - **$4,000**
- Niño con juguete/Niña con guitarra - Oil/canvas (55x45cm-22x18in) New-York 97 .... **FF45 819** - £4 884 - **$8,000**

MONTPÉTIT Guy 1938 [2]
- Noeud papillon - Technique mixte/panneau (53x36cm-21x14in) Montréal 93 .... **FF11 100** - £1 270 - **$1,894**

MONTPEZAT de Henri d'Ainecy 1817-1859 [15]
- Elegant figures - Oil/canvas (41x60cm-16x24in) New-York 93 .... **FF13 750** - £1 724 - **$2,500**
- The Meeting - Oil/canvas (66x95cm-26x37in) New-York 96 .... **FF73 100** - £8 460 - **$14,000**
- En route pour la chasse - Oil/canvas (70x100cm-28x39in) New-York 97 .... **FF202 311** - £21 567 - **$35,000**

MONTRELAY Elisabeth XX [9]
- Sans titre - Huile/toile (114x146cm-45x57in) Paris 89 .... **FF6 000** - £597 - **$948**

MONTRICHARD Raymond 1887-1937 [1]
- Still life with eggplant and squash
  Oil/canvas (51x61cm-20x24in) San Francisco-Los Angeles 91 .... **FF8 390** - £839 - **$1,382**

MONTVALLON de Valérie XX [4]
- Sans titre - Huile/toile (117x88cm-46x35in) Paris 96 .... **FF4 800** - £619 - **$940**

MONTYN Jean 1924 [8]
- Bottles - Etching (17x22cm-7x9in) Amsterdam 95 .... **FF1 852** - £243 - **$371**

MONTZAIGLE de Edgard de St-Pierre XIX-XX [6]
- *La Loge* - Oil/panel (25x28cm-10x11in) New-York 96 .... FF**77 900** - £9 920 - **$15,000**
- *Entracte, Opéra de Paris* - Gouache (55x37cm-22x15in) New-York 97 .... FF**154 022** - £16 602 - **$27,000**

MONVERT Charles-Henri 1948 [6]
- *Deux carrés, 1986* - Huile/toile (72x144cm-28x57in) Paris 89 .... FF**10 000** - £995 - **$1,580**

MONVOISIN Raymond A. Quinsac 1794-1870 [4]
- *Guanabara Bay from Corcovado, Rio de Janeiro*
  Oil/canvas (43x61cm-17x24in) London 96 .... FF**176 400** - £22 000 - **$34,100**

MONY Stéphane Adolphe 1831-1909 [1]
- *Femme au rocher* - Bronze (73cm-29in) Paris 94 .... FF**14 800** - £1 777 - **$2,770**

MOODIE Susanna Strickland 1803-1885 [1]
- *Forget me not* - Watercolour (32x23cm-13x9in) Toronto 96 .... FF**6 080** - £775 - **$1,170**

MOODY Fannie 1861-c.1948 [9]
- *A Critical moment* - Oil/board (61x48cm-24x19in) London 97 .... FF**41 322** - £4 500 - **$7,186**
- *First come, first served* - Pencil (43x55cm-17x22in) London 92 .... FF**7 800** - £800 - **$1,448**

MOODY John Charles 1884-1962 [8]
- *Knaresborough Castle* - Wash (47x35cm-19x14in) London 91 .... FF**2 220** - £220 - **$385**

MOOJEN Piet 1879-1955 [1]
- *A Koelkoel on Bali* - Oil/canvas (36x24cm-14x9in) Amsterdam 93 .... FF**2 870** - £329 - **$489**

MOOK Friedrich W. 1888-1944 [12]
- *Bei Dreieichenhain* - Öl/Leinwand (54x73cm-21x29in) Frankfurt 96 .... FF**5 400** - £637 - **$1,061**

MOON Carl 1879-1948 [9]
- *Bro-ki-he-hah, Osage* - Warm-toned (42x34cm-17x13in) New-York 94 .... FF**13 280** - £1 585 - **$2,500**

MOON Henry George 1857-1905 [3]
- *Christmas roses & forsythia* - Oil/canvas (59x50cm-23x20in) London 92 .... FF**12 560** - £1 500 - **$2,417**

MOON Jeremy 1934 [3]
- *Carousel* - Oil/canvas (139x470cm-55x185in) London 95 .... FF**7 900** - £1 000 - **$1,545**

MOON Karl 1878-1948 [22]
- *Indian Woman* - Photogravure (48x28cm-19x11in) New-York 96 .... FF**12 430** - £1 536 - **$2,400**

MOON Sarah M. Hadengue 1938 [11]
- *Roc Annonce 1978* - Cibachrome print (23x15cm-9x6in) Paris 91 .... FF**1 700** - £173 - **$307**

MOON Shin 1923 [1]
- *Petit totem* - Bronze (47cm-19in) Paris 89 .... FF**2 000** - £199 - **$316**

MOONENS Laurent 1911-1991 [2]
- *Nu couché de dos* - Huile/toile (78x98cm-31x39in) Bruxelles 97 .... FF**3 924** - £432 - **$689**

MOONEY E. Hartley XIX-XX [5]
- *Chrysanthemums in an Oriental vase*
  Oil/canvas (48x58cm-19x23in) Cheadle Hulme-Cheshire 97 .... FF**3 770** - £400 - **$650**

MOONY Robert James Enraght 1879-1946 [6]
- *Wind Fairies* - Oil/canvas/board (41x51cm-16x20in) London 96 .... FF**12 580** - £1 600 - **$2,420**
- *Golden Gorse* - Tempera/paper (49x59cm-19x23in) London 95 .... FF**4 175** - £520 - **$817**

MOOR de Christiaan 1899-1981 [2]
- *Opgebaarde Engel* - Oil/canvas (80x100cm-31x39in) Amsterdam 97 .... FF**8 990** - £945 - **$1,544**

MOOR de Pieter Cornelis 1866-1953 [4]
- *A siren* - Oil/panel (34x30cm-13x12in) Amsterdam 90 .... FF**12 660** - £1 275 - **$2,480**

MOOR Dimitri S. Orlov 1883-1946 [1]
- *Pomogi, Help!* - Poster (106x72cm-42x28in) New-York 96 .... FF**15 280** - £1 800 - **$3,000**

MOOR Karl 1904-1991 [10]
- *Fischer am Rhein* - Oil/masonite (33x39cm-13x15in) Zofingen 92 .... FF**7 230** - £864 - **$1,391**

MOORE Albert Joseph 1841-1892 [21]
- *Painter's tribute* - Oil/canvas (61x88cm-24x35in) New-York 97 .... FF**3** - £368 940 - **$600,000**
- *End of the Story* - Oil/canvas (88x33cm-35x13in) New-York 97 .... FF**966 450** - £104 091 - **$170,000**
- *Roses* - Pastel (98x38cm-39x15in) New-York 96 .... FF**181 700** - £23 150 - **$35,000**

MOORE Arthur W. 1840-1913 [2]
- *Autumn landscape* - Oil/canvas (97x180cm-38x71in) Baton Rouge, Louisiana 93 .... FF**6 020** - £724 - **$1,100**

MOORE Barlow 1834-1897 [8]
- *Off Gibralter* - Oil/canvas (61x102cm-24x40in) New-York 94 .... FF**33 700** - £3 955 - **$6,000**
- *Schooner/High Seas* - Ink (30x51cm-12x20in) London 92 .... FF**5 030** - £600 - **$967**

MOORE Benson Bond 1882-1974 [2]
- *Sunset on Mobile Bay, Alabama*
  Oil/masonite (51x61cm-20x24in) New Orleans, Louisiana 94 .... FF**5 020** - £602 - **$950**

MOORE Charles 1931 [5]
- *Arrest of Martin Luther King* - Photograph (41x47cm-16x19in) New-York 95 .... FF**14 540** - £1 870 - **$3,000**

MOORE Charles Herbert 1840-1930 [1]
- *Indian Summer: Port Jervis, NY*
  Oil/canvas (46x102cm-18x40in) San Francisco-Los Angeles 96 .... FF**11 660** - £1 462 - **$2,250**

MOORE Christopher 1790-1863 [2]
- *Sir Richard Griffith* - Marble (66cm-26in) London 93 .... FF**41 700** - £4 800 - **$7,200**

MOORE Claude T. Stanfield 1853-1901 [19]
- *Northfleet* - Oil/canvas (32x47cm-13x19in) London 96 .... FF**11 880** - £1 400 - **$2,334**
- *H.M.S. Warspale off Greenwich* - Oil/canvas (34x48cm-13x19in) London 96 .... FF**41 700** - £5 200 - **$8,050**
- *The Docks, Grimsby* - Watercolour/paper (15x23cm-6x9in) London 96 .... FF**3 750** - £440 - **$737**

MOORE Edwin Augustus 1858-1928 [7]

🐦 *Cow wading* - Oil/canvas (61x76cm-24x30in) New-York 92 .... FF14 430 - £1 510 - **$2,600**

MOORE Eleanor Allen 1885-1955 [1]

🐦 *Birds eggs* - Oil/canvas (76x74cm-30x29in) Edinburgh 91 .... FF48 400 - £4 818 - **$8,323**

MOORE Frank Montague 1877-1967 [9]

🐦 *Hawaiian Coast* - Oil/board (51x61cm-20x24in) San Francisco-Los Angeles 93 .... FF12 370 - £1 552 - **$2,250**

MOORE Gordon 1947 [2]

🗿 *Bade* - Sculpture (254x25cm-100x10in) Stockholm 94 .... FF2 286 - £268 - **$407**

MOORE Harry Humphrey 1844-1926 [12]

🐦 *A young beauty* - Oil/canvas (58x46cm-23x18in) London 95 .... FF22 640 - £3 000 - **$4,670**
Leaving the Alhambra - Oil/panel (63x37cm-25x15in) New-York 95 .... FF270 400 - £34 850 - **$55,000**

MOORE Henry 1898-1986 [504]

📖 *Gruppo di figure* - Lithographie couleurs (45x56cm-18x22in) Amsterdam 97 .... FF4 503 - £478 - **$784**
Eight reclining Figures - Lithographie couleurs (26x22cm-10x9in) London 97 .... FF8 687 - £900 - **$1,488**
Seated Figures - Lithographie couleurs (66x48cm-26x19in) London 97 .... FF30 888 - £3 200 - **$5,291**
Woman Holding Cat
    Colograph in colors/wove paper (29x48cm-11x19in) New-York 96 .... FF44 000 - £5 680 - **$8,500**
🗿 *Reclining figure* - Marble (175cm-69in) New-York 97 .... FF1 - £1 - **$2 e,+06**
Draped seated Figure - Bronze (23cm-9in) London 97 .... FF1 - £135 000 - **$223,222**
Internal & External Forms - Bronze (200cm-79in) New-York 96 .... FF6 - £802 000 - **$1**
Dog's head - Bronze (12cm-5in) Montréal 97 .... FF31 606 - £3 426 - **$5,556**
Reclining figure - Bronze (26cm-10in) London 96 .... FF89 000 - £11 500 - **$17,620**
Maquette for reclining figure - Bronze (15cm-6in) New-York 96 .... FF145 000 - £18 700 - **$28,000**
Sculptural Objet - Bronze (45cm-18in) New-York 97 .... FF214 286 - £22 973 - **$37,500**
Maquette for Reclining Figure - Bronze (21cm-8in) New-York 97 .... FF370 162 - £40 085 - **$65,000**
Familly group - Bronze (13cm-5in) London 93 .... FF755 000 - £91 000 - **$132,000**
✏️ *Shelter Drawing* - Watercolour (18x22cm-7x9in) London 96 .... FF36 860 - £4 200 - **$7,050**
Studies for sculpture - Watercolour (29x24cm-11x9in) New-York 97 .... FF74 286 - £7 964 - **$13,000**
People looking at a Sculpture - Ink (18x25cm-7x10in) Berlin 97 .... FF194 258 - £20 631 - **$33,838**
Standing Figures - Watercolour, gouache (50x38cm-20x15in) New-York 96 .... FF570 000 - £73 500 - **$110,000**

MOORE Henry 1831-1895 [48]

🐦 *Return of the fishing smacks* - Oil/canvas (70x100cm-28x39in) London 94 .... FF10 080 - £1 200 - **$1,920**
Alpine landscape - Oil/canvas (27x38cm-11x15in) London 91 .... FF11 850 - £1 197 - **$2,352**
As when the sun... - Oil/canvas (76x127cm-30x50in) London 95 .... FF27 000 - £3 400 - **$5,340**
Every Cloud hath ist Silver Lining - Oil/canvas (96x178cm-38x70in) London 94 .... FF80 100 - £9 500 - **$15,640**
Shine & shower - Oil/canvas (107x183cm-42x72in) London 90 .... FF80 600 - £8 154 - **$15,331**

MOORE James 1762-1799 [2]

✏️ *The River from Kew Bridge* - Wash (28x38cm-11x15in) London 91 .... FF2 183 - £222 - **$394**

MOORE John Callington 1829-1880 [9]

🐦 *Sea piece* - Oil/canvas (35x40cm-14x16in) London 92 .... FF12 560 - £1 500 - **$2,417**
✏️ *Village before a Mediterranean coastline* - Watercolour (28x60cm-11x24in) London 96 .... FF2 640 - £320 - **$514**
Margaret May de Brieneu/A young girl
    Watercolour (45x30cm-18x12in) Billinghurst, West Sussex 95 .... FF18 460 - £2 300 - **$3,614**

MOORE Leslie L.H. XIX-XX [10]

✏️ *Winter, River Bure, Thurne* - Watercolour (38x53cm-15x21in) Aylsham, Norfolk 95 .... FF2 483 - £300 - **$459**

MOORE Madena XIX [2]

🐦 *Tired Fingers* - Oil/canvas (46x36cm-18x14in) London 94 .... FF12 820 - £1 500 - **$2,235**

MOORE Neil 1959 [2]

🐦 *Untitled* - Öl/Leinwand (45x35cm-18x14in) Köln 95 .... FF11 670 - £1 527 - **$2,370**

MOORE Nelson Augustus 1824-1902 [6]

🐦 *Indian on Lake Champlain* - Oil/canvas (44x54cm-17x21in) New-York 96 .... FF5 220 - £605 - **$1,000**

MOORE OF HULL Henry XIX-XX [5]

🐦 *Fleet of Shore* - Oil/canvas (63x101cm-25x40in) New-York 97 .... FF91 117 - £9 850 - **$16,000**

MOORE OF IPSWICH John 1820-1902 [20]

🐦 *The Harbour Mouth* - Oil/canvas (30x45cm-12x18in) Billinghurst, West Sussex 94 .... FF10 740 - £1 300 - **$1,983**
Leaving the Harbour - Oil/canvas (35x54cm-14x21in) London 97 .... FF73 462 - £8 000 - **$12,775**

MOORE Percival 1886-1964 [1]

🐦 *Spring* - Oil/canvas (56x76cm-22x30in) London 92 .... FF48 850 - £5 000 - **$8,620**

MOORE Raymond 1920-1987 [10]

📷 *Allonby* - Silver print (30x38cm-12x15in) London 93 .... FF2 990 - £360 - **$522**

MOORE Robert 1905 [3]

🐦 *At the beach* - Oil/board (22x27cm-9x11in) Cambridge, Mass. 90 .... FF5 700 - £606 - **$1,020**

MOORE Robert Eric 1927 [4]

✏️ *Maine Otter Trail* - Watercolour (18x25cm-7x10in) North Berwick, Maine 93 .... FF1 513 - £190 - **$275**

MOORE Theo 1879-? [3]

🐦 *Eventide* - Oil/canvas (35x45cm-14x18in) London 89 .... FF3 100 - £317 - **$498**

MOORE Thomas Cooper 1827-1901 [1]

🐦 *Butch boats making for port* - Oil/canvas (26x36cm-10x14in) London 93 .... FF3 204 - £360 - **$537**

MOORE William XIX [4]

🐦 *Lady with her two daughters* - Oil/copper (30x36cm-12x14in) Billinghurst, West Sussex 92 .... FF5 470 - £560 - **$963**
✏️ *King Charles Span & two fellows* - Pastel (68x50cm-27x20in) London 91 .... FF1 588 - £160 - **$276**

MOORE William Stanley 1914 [2]

✏️ *French village steps* - Watercolour (74x51cm-29x20in) Penzance, Cornwall 92 .... FF1 954 - £200 - **$345**

MOORE William, Snr. 1790-1851 [4]
/ *The young Archers* - Watercolour (41x31cm-16x12in) London 96 .... FF7 730 - £1 000 - **$1,517**
MOOREN Josef 1885-1987 [2]
● *Kornernte am Niederrhein* - Öl/Leinwand (79x100cm-31x39in) Köln 94 .... FF23 800 - £2 777 - **$4,170**
MOORHOUSE George Mortram 1882-? [2]
/ *Off to the Meet* - Watercolour (23x28cm-9x11in) London 94 .... FF1 850 - £220 - **$352**
MOORMALER-MAHLER Sepp 1901-1975 [1]
/ *Selbstbildnis* - Watercolour, gouache (35x45cm-14x18in) Stuttgart 89 .... FF1 900 - £200 - **$320**
MOORMAN Charlotte 1933-1991 [1]
▣ *2 Bomb Cellos* - Painted metal (2) (121cm-48in) London 93 .... FF39 840 - £4 800 - **$6,960**
MOORMANS Franciscus 1832-1884 [1]
● *Interior scene: mother, child and toy*
  Oil/panel (25x20cm-10x8in) North Bethesda, MD. 92 .... FF15 300 - £1 567 - **$3,000**
MOORMANS Frans 1831-1893 [11]
● *The News* - Oil/panel (31x41cm-12x16in) New-York 96 .... FF16 000 - £2 070 - **$3,200**
● *La lecture* - Huile/panneau (37x46cm-15x18in) Pontoise 96 .... FF46 000 - £5 240 - **$8,800**
MOORTGAT Achiel Jan Frans 1881-1957 [4]
● *View in Mechelen* - Oil/canvas (102x92cm-40x36in) Amsterdam 95 .... FF3 135 - £400 - **$642**
MOORTGAT Gérard 1908-? [1]
● *Marché aux fleurs à Gand* - Huile/toile (61x70cm-24x28in) Liège 93 .... FF3 940 - £453 - **$675**
MOOS Carl 1879-1959 [8]
▭ *Klosters* - Poster (99x64cm-39x25in) London 95 .... FF7 510 - £850 - **$1,353**
MOOS Friedrich 1822-1895 [1]
● *Alpenveilchen, Wolfsmilch und Efeu* - Öl/Karton (31x26cm-12x10in) München 94 ..... FF17 700 - £2 063 - **$3,100**
MOOS von Max 1903-1979 [91]
● *Ohne Titel* - Huile/carton (40x54cm-16x21in) Luzern 95 .... FF11 910 - £1 487 - **$2,336**
  Diktator - Tempera/Karton (43x53cm-17x21in) Luzern 93 .... FF55 200 - £6 590 - **$10,610**
  Ohne Titel - Tempera (42x60cm-17x24in) Zürich 95 .... FF93 400 - £11 830 - **$18,800**
▭ *Ohne Titel* - Lithographie (56x76cm-22x30in) Luzern 95 .... FF2 980 - £372 - **$584**
/ *Ohne Titel* - Technique mixte/papier (29x42cm-11x17in) Luzern 94 .... FF21 900 - £2 614 - **$4,090**
  Trio - Technique mixte/papier (46x64cm-18x25in) Luzern 93 .... FF95 100 - £11 360 - **$18,300**
MOOSBRUGGER Josef 1810-1869 [3]
● *Allmannsdorfer Höhe auf Staad* - Öl/Leinwand (33x48cm-13x19in) Stuttgart 96 .... FF47 800 - £6 220 - **$9,460**
MOOSBRUGGER Wendelin 1760-1849 [1]
● *Junge Patrizierin* - Oil/canvas/panel (32x27cm-13x11in) Lindau 95 .... FF17 800 - £2 225 - **$3,595**
MOOY François Albert 1884-1968 [3]
● *Bords de la Seine, Paris* - Oil/canvas (90x112cm-35x44in) Amsterdam 94 .... FF21 200 - £2 436 - **$3,630**
MOOY Jaap 1915-1987 [12]
● *Untitled* - Oil/board (15x15cm-6x6in) Amsterdam 96 .... FF4 830 - £559 - **$925**
▣ *The Glass Princess* - Assemblage (30x53cm-12x21in) Amsterdam 96 .... FF13 580 - £1 570 - **$2,600**
/ *Female figure* - Gouache (63x48cm-25x19in) Amsterdam 96 .... FF8 440 - £977 - **$1,620**
MOOY Jan 1776-1847 [3]
/ *T'Schip Archangel Michell* - Watercolour (43x57cm-17x22in) London 96 .... FF21 700 - £2 800 - **$4,190**
MOPPERT Franz 1867-1906 [1]
● *Böttcherwerkstatt* - Oil/canvas (90x73cm-35x29in) Stuttgart 92 .... FF28 800 - £3 346 - **$5,870**
MOPPES van Maurice 1904-1957 [1]
/ *Au restaurant* - Gouache (48x63cm-19x25in) Paris 93 .... FF1 500 - £188 - **$273**
MOR-SUNEGG von Therese 1871-1945 [1]
● *Abend am See* - Oil/canvas (57x72cm-22x28in) Wien 92 .... FF7 220 - £724 - **$1,204**
MORA Alphonse 1891-1977 [4]
● *Winterlandschap met bomen* - Huile/toile (123x144cm-48x57in) Antwerpen 93 .... FF11 530 - £1 380 - **$2,357**
MORA Francis Luis 1874-1940 [38]
● *Circus performers* - Oil/board (28x36cm-11x14in) Mystic, Connecticut 94 .... FF11 480 - £1 366 - **$2,100**
  Little Army - Oil/canvas (121x86cm-48x34in) New-York 94 .... FF79 900 - £9 310 - **$14,000**
/ *Bullfighter awaits his turn* - Watercolour/paper (56x46cm-22x18in) New-York 94 ...... FF6 830 - £821 - **$1,300**
  Courtyard - Watercolour (35x25cm-14x10in) New-York 92 .... FF14 700 - £1 707 - **$3,000**
MORA Joseph Jacinto 1876-1947 [2]
● *The miners, 1946* - Oil/canvas (49x65cm-19x26in) San Francisco-Los Angeles 90 .... FF7 400 - £778 - **$1,287**
▣ *Cowboy on a Bucking Horse* - Bronze (25cm-10in) New-York 96 .... FF7 830 - £906 - **$1,500**
MORACA Vincenzo 1934 [2]
● *White horse* - Oil/canvas (55x69cm-22x27in) Toronto 95 .... FF3 240 - £411 - **$653**
MORACH Otto 1887-1973 [23]
● *Selbstbildnis mit Arnold Brügger* - Öl/Leinwand (45x38cm-18x15in) Zürich 94 .... FF181 800 - £21 060 - **$31,300**
  Der Greis - Öl/Leinwand (90x80cm-35x31in) Zürich 96 .... FF254 600 - £33 000 - **$50,300**
▭ *Taxameter* - Poster (129x90cm-51x35in) New-York 95 .... FF17 160 - £2 163 - **$3,400**
/ *A. Welti-Furrer AG Taxameter* - Gouache/papier (129x92cm-51x36in) Zürich 95 ..... FF50 800 - £6 590 - **$10,570**
MORAGAS Y TORRES Tomás 1837-1906 [4]
● *Shopping for Oriental wares* - Oil/canvas (64x48cm-25x19in) New-York 95 .... FF16 350 - £2 037 - **$3,200**
/ *Zingara* - Acuarela/papel (17x19cm-7x7in) Madrid 95 .... FF4 150 - £489 - **$738**
MORAHAN Eugene 1869-? [1]
▣ *Horse* - Bronze (48cm-19in) New-York 90 .... FF10 000 - £1 033 - **$1,767**

M

MORAINES Sylvie 1959 [5]
🖼 Village de Curemonte - Huile/toile (40x70cm-16x28in) Saint-Germain-en-Laye 96 .... FF3 700 - £476 - **$734**
MORAL Jean 1906 [6]
📷 Woman in bed - Silver print (23x18cm-9x7in) New-York 93 .... FF4 720 - £537 - **$800**
MORAL-FATIO Antoine Léon 1810-1871 [1]
🖼 Dutch shipping offshore in a breeze - Oil/panel (56x72cm-22x28in) London 89 .... FF67 800 - £6 933 - **$10,900**
MORALES Armando 1927 [114]
🖼 Dos Desnudos, Puerto al Fondo - Oil/canvas (201x162cm-79x64in) New-York 97 ... FF1 - £196 448 - **$320,000**
Untitled - Oil/paper/board (26x38cm-10x15in) New-York 97 .... FF27 265 - £2 895 - **$4,749**
Girls & fruit - Oil/canvas (46x38cm-18x15in) New-York 95 .... FF92 100 - £12 240 - **$19,000**
Mujer desnuda - Oil/paper/canvas (41x33cm-16x13in) New-York 97 .... FF108 821 - £11 599 - **$19,000**
Untitled - Oil/canvas (152x122cm-60x48in) New-York 97 .... FF166 474 - £17 678 - **$29,000**
Pommes, poires, olives - Oil/canvas (55x46cm-22x18in) New-York 97 .... FF246 842 - £26 212 - **$43,000**
Personnages attendant la Nuit
   Oil/canvas (81x116cm-32x46in) New-York 97 .... FF1 900 68e +06 - £116 641 - **$190,000**
🖉 At the Circus V - Pastel (51x41cm-20x16in) New-York 94 .... FF116 900 - £13 900 - **$22,000**
Nu - Charcoal/paper (80x56cm-31x22in) New-York 95 .... FF142 800 - £17 830 - **$28,000**
MORALES Darío 1944-1988 [12]
🗿 The Bed - Bronze (43x74x92cm-17x29x36in) New-York 93 .... FF224 600 - £25 500 - **$38,000**
🖉 Desnudo - Sanguine (150x100cm-59x39in) New-York 91 .... FF311 000 - £30 960 - **$53,481**
MORALES Eduardo 1868-1938 [8]
🖼 Plameras - Oil/canvas (50x35cm-20x14in) New-York 92 .... FF28 400 - £2 905 - **$5,000**
Quitrín y Jinete, Cuba - Oil/canvas (34x42cm-13x17in) New-York 91 .... FF52 400 - £5 318 - **$9,464**
MORALES Juan Antonio 1912-1984 [9]
🖼 Escena ce circo - Oleo/lienzo (46x61cm-18x24in) Madrid 95 .... FF6 730 - £851 - **$1,351**
MORALES Rodolfo 1925 [20]
🖼 Sin título - Oil/canvas (100x100cm-39x39in) New-York 95 .... FF63 100 - £8 370 - **$13,000**
Sin título - Oil/canvas (100x950cm-39x374in) New-York 95 .... FF204 000 - £25 500 - **$40,000**
MORALES-SCHILDT Mona 1908 [2]
🗿 Vas, Ventana - Sculpture (25cm-10in) Stockholm 90 .... FF11 230 - £1 143 - **$2,246**
MORALIS Yannis 1916 [6]
🖼 Composition - Oil/board (59x49cm-23x19in) Athens 93 .... FF168 000 - £19 300 - **$28,850**
MORALT Willy 1884-1947 [53]
🖼 Am Chiemsee - Oil/board (51x61cm-20x24in) London 95 .... FF54 500 - £7 000 - **$11,000**
Sonntagsspaziergang - Oil/panel (39x56cm-15x22in) Köln 92 .... FF78 200 - £8 000 - **$13,760**
Postkutsche vor einem Wirthaus - Öl/Papier (38x55cm-15x22in) Köln 94 .... FF113 100 - £13 570 - **$22,000**
MORAN Earl 1893-1984 [1]
🖉 Woman seated on rock - Pastel (117x91cm-46x36in) New-York 95 .... FF73 400 - £9 500 - **$15,000**
MORAN Edward 1829-1901 [27]
🖼 Fishermen to the Rescue - Oil/canvas (76x114cm-30x45in) New-York 97 .... FF51 253 - £5 540 - **$9,000**
Sailors, Rockaway beach - Oil/canvas (69x104cm-27x41in) New-York 92 .... FF124 800 - £14 900 - **$24,000**
Madeleine's Victory, August 11 - Oil/canvas (61x107cm-24x42in) New-York 93 ... FF826 000 - £94 000 - **$140,000**
MORAN Edward 1819-1878 [18]
🖼 Gathering cockles - Oil/canvas (56x88cm-22x35in) New-York 91 .... FF51 300 - £5 150 - **$8,876**
Early morning - Oil/canvas (45x73cm-18x29in) New-York 89 .... FF183 000 - £17 681 - **$27,769**
MORAN Edward Percy 1862-1935 [21]
🖼 Morning Gossips - Oil/canvas (36x51cm-14x20in) New-York 95 .... FF10 250 - £1 277 - **$2,000**
The greenhouse - Oil/board (25x30cm-10x12in) Mystic, Connecticut 96 .... FF36 200 - £4 540 - **$7,000**
Isère in N.Y. Bay - Oil/canvas (48x80cm-19x31in) New-York 97 .... FF165 200 - £18 800 - **$28,000**
MORAN Henry Marcus 1877-1960 [2]
🖼 The Empire State Building - Oil/canvas (76x55cm-30x22in) New-York 96 .... FF38 940 - £4 960 - **$7,500**
🖉 The Queensboro Bridge - Gouache (27x38cm-11x15in) New-York 96 .... FF5 190 - £662 - **$1,000**
MORAN John 1831-1903 [1]
📷 Limon Bay, Low Tide - Albumen print (20x27cm-8x11in) New-York 95 .... FF16 960 - £2 180 - **$3,500**
MORAN Leon John 1864-1941 [13]
🖼 The mandolin player - Oil/panel (12x10cm-5x4in) New-York 90 .... FF8 000 - £851 - **$1,431**
Woman with a basket - Oil/canvas (74x43cm-29x17in) Chicago 94 .... FF34 640 - £4 105 - **$6,400**
🖉 Blue carnation - Wash/paper (46x30cm-18x12in) North Bethesda, MD. 91 .... FF4 495 - £449 - **$740**
MORAN Peter 1841-1914 [6]
🖼 Morning fishing - Oil/canvas (71x107cm-28x42in) New-York 96 .... FF23 370 - £2 976 - **$4,500**
MORAN Thomas 1837-1926 [72]
🖼 Grand Cañyon of Arizona - Oil/canvas (51x76cm-20x30in) New-York 95 .... FF1 - £195 500 - **$300,000**
Golden Bough - Oil/canvas (75x113cm-30x44in) New-York 94 .... FF42 800 - £4 990 - **$7,500**
Moonlit Seascape - Oil/canvas (76x101cm-30x40in) New-York 97 .... FF233 372 - £24 504 - **$40,000**
Grand Canal - Oil/canvas (30x51cm-12x20in) New-York 97 .... FF554 258 - £58 197 - **$95,000**
🖉 Stormy coast - Watercolour, gouache/paper (16x11cm-6x4in) New-York 95 .... FF15 350 - £1 942 - **$3,000**
Green river, Wyoming - Watercolour/paper (21x34cm-8x13in) New-York 92 .... FF98 000 - £11 380 - **$20,000**
Blue Spring, Yellowstone - Watercolour/paper (26x36cm-10x14in) New-York 93 ... FF768 000 - £87 200 - **$130,000**
MORAND Ceneri 1852-1917 [4]
🖼 L'orée du village - Huile/toile (38x46cm-15x18in) Troyes 96 .... FF3 000 - £391 - **$595**
MORAND Dominique 1954 [3]
🖼 Agrumes avec un vase de Chine - Huile/panneau (61x50cm-24x20in) Montauban 90 .... FF5 200 - £557 - **$904**
MORANDI Giorgio 1890-1964 [347]
🖼 Natura morta - Oil/canvas (20x46cm-8x18in) New-York 97 .... FF1 - £153 150 - **$250,000**

Natura morta - Oil/canvas (35x46cm-14x18in) New-York 95 .... FF1 - £152 000 - **$240,000**
Natura morta - Oil/canvas (40x46cm-16x18in) New-York 96 .... FF2 - £321 000 - **$480,000**
Natura morta - Olio/tela (39x53cm-15x21in) Milano 95 .... FF4 - £590 000 - **$907,000**
Natura morta - Olio/tela (43x61cm-17x24in) Prato 90 .... FF8 - £851 095 - **$1**
Fiori - Olio/tela (32x24cm-13x9in) Prato 97 .... FF544 000 - £64 000 - **$96,000**
Paesaggio - Oil/canvas (40x46cm-16x18in) London 95 .... FF832 000 - £110 000 - **$168,700**
Il Poggio al mattino - Acquaforte (25x25cm-10x10in) Milano 94 .... FF87 000 - £10 260 - **$15,500**
Bottiglie e brocca - Acquaforte (15x12cm-6x5in) Milano 95 .... FF104 400 - £12 320 - **$18,600**
Il Poggio di Sera - Etching (24x32cm-9x13in) London 95 .... FF197 000 - £26 000 - **$39,900**
Lampada a petrolio - Acquaforte (30x36cm-12x14in) Milano 96 .... FF294 000 - £38 200 - **$58,200**
Lampada a destra - Acquaforte (49x41cm-19x16in) Milano 92 .... FF411 900 - £43 819 - **$73,685**
Natura morta - Ink/paper (22x22cm-9x9in) Milano 89 .... FF1 - £144 689 - **$231,162**
Natura morta - Pencil/paper (16x24cm-6x9in) New-York 94 .... FF44 700 - £5 320 - **$8,500**
Natura morta (2) - Pencil/paper (21x29cm-8x11in) London 95 .... FF94 600 - £12 500 - **$19,170**
Paesaggio - Watercolour/paper (32x19cm-13x7in) London 95 .... FF197 000 - £26 000 - **$39,900**
Natura morta - Watercolour/paper (17x29cm-7x11in) London 95 .... FF454 000 - £60 000 - **$92,000**
MORANDINI IL POPPI Francesco 1544-1597 [1]
Holy Family with the Infant - Oil/panel (126x98cm-50x39in) New-York 91 .... FF506 000 - £51 028 - **$98,622**
MORANDINI Marcello 1940 [3]
Formazione di 2/4 di sfera - Smalto/legno (54x9x54cm-21x4x21in) Milano 92 .... FF3 680 - £438 - **$708**
MORANDIS Gino 1915 [5]
Immagine in nero no.3 - Tecnica mista/tela (145x185cm-57x73in) Milano 92 .... FF61 100 - £6 260 - **$10,760**
MORANDO Pietro 1892-1980 [4]
Il mercatino - Olio/tela (60x70cm-24x28in) Vercelli 93 .... FF29 640 - £3 330 - **$5,310**
MORANG Dorothy 1906-? [1]
Space Motion - Oil/canvas (56x79cm-22x31in) Chicago 96 .... FF7 200 - £873 - **$1,400**
MORAS Ferdinand 1821-1908 [1]
Camp Meigs - Color lithograph (25x53cm-10x21in) North Bethesda, MD. 92 .... FF1 530 - £157 - **$300**
MORAS Walter 1854-1925 [25]
Verwunschenes Waldstück - Öl/Leinwand (32x46cm-13x18in) Rudolstadt-Thüringen 96 .... FF3 050 - £383 - **$589**
Idyllische Bachlandschaft - Öl/Leinwand (50x70cm-20x28in) Düsseldorf 96 .... FF14 220 - £1 756 - **$2,750**
Sommarlandskap - Oil/canvas (80x120cm-31x47in) Stockholm 96 .... FF28 450 - £3 550 - **$5,500**
MORAT Joseph 1805-c.1867 [2]
Baden et l'Allée de Lichtenau, Août - Gouache (25x32cm-10x13in) Stuttgart 94 .... FF25 630 - £2 994 - **$4,520**
MORATH-MILLER Inge 1923 [5]
Mrs. E. Nash, Buckingham Palace - Gelatin silver print (20x30cm-8x12in) London 94 .... FF4 690 - £550 - **$821**
MORAVEC Alois 1899-? [3]
Blumen - Öl/Karton (45x60cm-18x24in) Wien 94 .... FF10 660 - £1 262 - **$1,917**
MORBELLI Angelo 1853-1919 [19]
Canale di Burano - Olio/tela (26x36cm-10x14in) Milano 95 .... FF247 600 - £32 000 - **$50,800**
In Risaia - Oil/canvas (183x130cm-72x51in) New-York 95 .... FF1 22e +07 - £1 - **$2 e,+06**
Il telegramma - Olio/tela (90x140cm-35x55in) Milano 95 .... FF1 57e +06 - £135 000 - **$216,500**
MORBET Edith Ellenborough 1850-c.1920 [1]
The sleeping girl - Oil/canvas (91x55cm-36x22in) London 90 .... FF56 200 - £5 806 - **$9,929**
MORCHAIN Paul 1876-1939 [62]
Douarnenez, la vieille rue - Huile/panneau (46x38cm-18x15in) Quimper 97 .... FF3 600 - £386 - **$631**
Marine, thoniers sous voiles - Huile/toile (51x65cm-20x26in) Brest 97 .... FF8 800 - £953 - **$1,545**
Retour de pêche à Yport - Huile/toile Louviers 94 .... FF30 000 - £3 615 - **$5,450**
MORCILLO RAYA Gabriel 1888-1973 [16]
La bola de cristal - Oleo/lienzo (73x60cm-29x24in) Madrid 90 .... FF65 600 - £6 570 - **$12,600**
Nude with still life - Oil/canvas (112x86cm-44x34in) London 91 .... FF148 800 - £15 102 - **$26,875**
MORDANT Raphaël 1895 [2]
Le panier de pensées - Huile/toile (50x60cm-20x24in) Bruxelles 90 .... FF5 200 - £557 - **$904**
MORDECAI Joseph 1851-1940 [1]
Portrait of a lady - Oil/canvas (76x63cm-30x25in) London 93 .... FF5 640 - £680 - **$986**
MORDEROSOV Leonid Ivanovich ?-1930 [1]
Lovers - Oil/canvas (56x71cm-22x28in) Moscow 94 .... FF3 420 - £411 - **$650**
MORDSTEIN Karl Ludwig 1937 [5]
Leicht geneigte Körper - Color lithograph (40x34cm-16x13in) München 94 .... FF1 532 - £191 - **$309**
Komposition mit Birne - Gouache (17x23cm-7x9in) München 92 .... FF2 650 - £272 - **$467**
MORDT Gustaf Adolf 1826-1856 [8]
Fiskere i solnedgang - Oil/canvas (50x65cm-20x26in) Oslo 91 .... FF28 650 - £2 873 - **$4,729**
MORE Jacob c.1740-1793 [8]
Licenza & the Mons Lucretilis - Watercolour (25x38cm-10x15in) London 93 .... FF3 320 - £400 - **$580**
MOREAU Adolphe Ferdinand 1827-1882 [1]
The Wedding Procession - Watercolour/paper (36x46cm-14x18in) New-York 96 .... FF14 000 - £1 812 - **$2,800**
MOREAU Adrien 1843-1906 [24]
Tranquility - Oil/panel (21x16cm-8x6in) London 96 .... FF23 840 - £2 800 - **$4,690**
L'averse - Oil/canvas (90x60cm-35x24in) New-York 96 .... FF91 272 - £9 838 - **$16,000**
Noces d'argent - Oil/canvas (93x132cm-37x52in) London 96 .... FF340 600 - £40 000 - **$67,000**
MOREAU Auguste 1834-1917 [46]
Marguerite - Bronze (50cm-20in) Bremen 93 .... FF8 750 - £1 001 - **$1,488**

M

The Infant Psyche - Bronze (80cm-31in) London 97..FF**32 381** - £**3 400** - **$5,550**
Char de l'Aurore - Bronze (84cm-33in) New-York 93...FF**43 800** - £**5 270** - **$8,000**
MOREAU Auguste 1826-1897 [28]
L'Espiègle - Bronze (46cm-18in) London 91..FF**19 750** - £**1 980** - **$3,617**
Aurore - Bronze (79cm-31in) London 91..FF**51 400** - £**5 153** - **$9,414**
MOREAU Auguste Louis 1855-1919 [13]
L'Ange - Bronze (59cm-23in) Antwerpen 93..FF**2 472** - £**296** - **$506**
Bailarina - Bronze (57cm-22in) Madrid 89...FF**12 200** - £**1 214** - **$1,927**
Le Pêcheur et la sirène - Bronze (60cm-24in) Tarbes 96...FF**24 000** - £**2 894** - **$4,600**
MOREAU Charles 1830-? [4]
Le château de cartes - Oil/canvas (74x60cm-29x24in) New-York 95........................FF**61 600** - £**7 560** - **$12,000**
MOREAU Charles 1762-1810 [1]
Scène de port - Huile/toile (26x40cm-10x16in) Castres 91......................................FF**4 500** - £**451** - **$824**
MOREAU DE TOURS Georges 1848-1901 [13]
Une mère et son bébé - Oil/canvas (65x46cm-26x18in) Köbenhavn 95....................FF**57 600** - £**7 540** - **$11,700**
Jeune fille dans un jardin fleuri - Oil/canvas (169x133cm-67x52in) New-York 97......FF**85 275** - £**9 185** - **$15,000**
MOREAU Édouard Jean-Bapt. 1825-1878 [1]
Die Geburt der Venus - Miniature (26x3x2in) Zürich 93..FF**7 910** - £**906** - **$1,350**
MOREAU Gustave 1826-1898 [34]
Poète et Sirène - Oil/canvas (97x62cm-38x24in) New-York 89.................................FF**1** - £**1** - **$2**
Diomedes & his horses - Oil/canvas (46x38cm-18x15in) New-York 96............FF**1 28e +06** - £**124 700** - **$200,000**
Enlèvement de Ganymède - Watercolour, gouache (60x46cm-24x18in) New-York 96 ....FF**1** - £**188 500** - **$285,000**
Le Lion Amoureux - Watercolour, gouache (37x23cm-15x9in) New-York 91 ....FF**2** - £**287 183** - **$494,543**
La Sainte et le Poète - Watercolour (20x11cm-8x4in) London 95.............................FF**284 000** - £**36 000** - **$57,200**
MOREAU Henri 1869-1943 [1]
Weiblicher Akt mit Blumenstrauss - Öl/Leinwand (50x40cm-20x16in) Wien 94 ....FF**14 570** - £**1 710** - **$2,596**
MOREAU Hippolyte 1832-1927 [44]
Flûte champêtre - Bronze (40cm-16in) Bruxelles 97...FF**12 278** - £**1 343** - **$2,145**
Captif - Bronze (64x19cm-25x7in) Lokeren 96..FF**26 300** - £**3 250** - **$5,080**
Young girl & Putto - Marble (71cm-28in) London 96..FF**77 400** - £**10 000** - **$15,280**
MOREAU Jacques Gaston 1903 [4]
Place Gambetta, Bordeaux - Huile/panneau (53x76cm-21x30in) Bordeaux 95 ....FF**3 800** - £**505** - **$783**
MOREAU Jean-Michel II 1741-1814 [26]
Head of a sleeping Child - Black & white chalks (26x21cm-10x8in) London 97 ....FF**39 139** - £**4 000** - **$6,661**
Diane et Endymion - Encre (40x54cm-16x21in) Paris 93...FF**240 000** - £**27 600** - **$41,100**
MOREAU Louis Gabriel l'Aîné 1740-1806 [32]
Cottage by a River - Oil/canvas (32x40cm-13x16in) New-York 96...........................FF**74 000** - £**9 700** - **$15,000**
Dame de qualité - Miniature (4x3cm-2x1in) Paris 92...FF**15 000** - £**1 540** - **$2,780**
Un jardin à l'anglaise - Craies (21x33cm-8x13in) Monaco 94.................................FF**32 000** - £**3 780** - **$5,730**
Château de Vincennes - Bodycolour (27x41cm-11x16in) New-York 96.....................FF**192 500** - £**25 200** - **$39,000**
MOREAU Luc Albert 1882-1948 [8]
L'abandon - Huile/toile (55x38cm-22x15in) Paris 96..FF**7 500** - £**904** - **$1,440**
Nu aux bas - Crayon (34x25cm-13x10in) Paris 91...FF**1 500** - £**150** - **$275**
MOREAU Mathurin 1822-1912 [156]
L'Écho - Bronze Dendermonde-Schoonaarde 92..FF**14 100** - £**1 445** - **$2,482**
A Mother and Child - Alabaster (75cm-30in) London 97...FF**38 095** - £**4 000** - **$6,529**
Group of a Nymph and two Putti - Bronze (98cm-39in) London 97..........................FF**278 811** - £**30 000** - **$49,014**
MOREAU Max 1902 [28]
Arab with his Donkey - Oil/canvas (92x71cm-36x28in) London 96..........................FF**6 810** - £**800** - **$1,340**
Smoking in the Harem - Oil/canvas (148x88cm-58x35in) London 96........................FF**23 840** - £**2 800** - **$4,690**
Melons Galore - Oil/canvas (129x95cm-51x37in) London 94..................................FF**79 800** - £**9 500** - **$15,040**
MOREAU Nicolas XIX [2]
Sanglier poursuivi par des chiens - Huile/toile (50x109cm-20x43in) Bayeux 92 ....FF**9 500** - £**972** - **$1,673**
MOREAU Nikolaus 1805-1834 [2]
Chasse à courre - Huile/toile (65x100cm-26x39in) Paris 90....................................FF**50 000** - £**5 035** - **$9,794**
MOREAU Serge Henri 1892-1963 [1]
The blue Kimono - Oil/canvas (66x50cm-26x20in) New-York 96..............................FF**13 370** - £**1 620** - **$2,600**
MOREAU-NÉLATON Camille 1840-1897 [1]
Expectation - Oil/canvas (52x68cm-20x27in) New-York 94.....................................FF**23 400** - £**2 707** - **$4,000**
MOREAU-NÉLATON Étienne Adolphe 1859-1927 [7]
St Jean-du-Doigt, bains de mer... - Affiche (137x98cm-54x39in) Paris 96................FF**1 900** - £**229** - **$365**
MOREAU-NÉRET Adrien 1860-1944 [8]
Femme à la blouse rayée - Huile/toile (80x65cm-31x26in) Paris 92.........................FF**3 800** - £**389** - **$745**
Jeune femme symboliste - Aquarelle (49x28cm-19x11in) Paris 93..........................FF**7 800** - £**940** - **$1,420**
MOREAU-VAUTHIER Augustin Edme 1831-1893 [4]
Allégorie - Bronze (70cm-28in) Lyon 97...FF**15 500** - £**1 616** - **$2,650**
MOREAU-VAUTHIER Paul G. 1871-1936 [7]
An Arab soldier - Bronze (19cm-7in) New-York 93..FF**4 720** - £**537** - **$800**
L'homme et sa machine volante... - Sculpture (27cm-11in) Paris 91.......................FF**20 000** - £**2 015** - **$3,470**
MOREELSE Paulus 1571-1638 [13]
Amorous young couple - Oil/panel (62x62cm-24x24in) London 91............................FF**1** - £**139 568** - **$229,912**
Young gentleman - Oil/panel (55x38cm-22x15in) London 95...................................FF**124 400** - £**16 000** - **$25,700**
MOREIGNE Sophie XIX-XX [1]
Nature morte aux mimosas - Huile/toile (46x38cm-18x15in) Grenoble 95................FF**2 100** - £**277** - **$426**

MOREL Casparus Johannes 1798-1861 [6]
- A Dutch royal state yacht - Oil/canvas (77x104cm-30x41in) London 96 .... FF*43 400* - £*5 500* - **$8,320**
  MOREL DE TANGUY XIX-XX [7]
- Menton, à 14h. de Paris... - Affiche (108x77cm-43x30in) Paris 94 .... FF*1 800* - £*208* - **$311**
  MOREL Émile 1918 [9]
- Le port - Huile/panneau (19x24cm-7x9in) Saint-Quentin 94 .... FF*2 000* - £*232* - **$379**
  MOREL François c.1768-c.1840 [2]
- Musical moments - Oil/canvas (53x42cm-21x17in) London 96 .... FF*11 970* - £*1 500* - **$2,310**
  MOREL Jan Baptiste 1662-1732 [2]
- Still life of flowers - Oil/canvas (103x160cm-41x63in) Köbenhavn 91 .... FF*290 400* - £*29 473* - **$52,449**
  MOREL Jan Evert 1777-1808 [2]
- Figures on a frozen canal - Oil/canvas (49x76cm-19x30in) New-York 94 .... FF*77 000* - £*9 190* - **$14,500**
  MOREL Jan Evert II 1835-1905 [40]
- Drover and cows - Oil/canvas/board (56x75cm-22x30in) Amsterdam 97 .... FF*20 734* - £*2 191* - **$3,557**
  Travellers on a country road - Oil/canvas/board (75x102cm-30x40in) New-York 94 .... FF*70 200* - £*8 120* - **$12,000**
  MOREL Louis, Fernand 1887-1975 [1]
- Femme au tambourin - Bronze (74x43cm-29x17in) Chicago 95 .... FF*11 300* - £*1 415* - **$2,250**
  MOREL Louise XX [4]
- Vase de roses - Huile/toile (56x46cm-22x18in) Grenoble 89 .... FF*9 100* - £*959* - **$1,532**
  MOREL-FATIO Antoine Léon 1810-1871 [20]
- Golden Horn, Constantinople - Oil/canvas (46x123cm-18x48in) London 95 .... FF*1* - £*150 000* - **$233,700**
  Bord de mer animé - Huile/toile (34x55cm-13x22in) Saint-Germain-en-Laye 95 .... FF*26 100* - £*3 330* - **$5,260**
  Prince-Président, Toulon - Oil/canvas (129x227cm-51x89in) London 95 .... FF*159 800* - £*20 000* - **$31,800**
- Combat naval: Anglais et Américains - Dessin (30x45cm-12x18in) Paris 94 .... FF*6 800* - £*815* - **$1,288**
  MOREL-LADEUIL Léonard 1820-1888 [2]
- La Danse des Willis - Bronze (71cm-28in) New-York 96 .... FF*51 500* - £*6 450* - **$10,000**
  MORELL Abelardo 1948 [1]
- Light Bulb/Camera Obscura Image
  Gelatin silver print (46x56cm-18x22in) New-York 95 .... FF*10 910* - £*1 392* - **$2,200**
  MORELL Josep Marcia 1899-1949 [6]
- Espagne - Poster (100x62cm-39x24in) London 95 .... FF*2 650* - £*320* - **$489**
  MORELL Pit 1939 [10]
- About you - Print (52x71cm-20x28in) Bremen 92 .... FF*3 050* - £*365* - **$587**
- 2 erregte Bewohner von H. - Mixed media drawing (29x41cm-11x16in) Köln 90 .... FF*4 400* - £*468* - **$787**
  MORELLET François 1926 [27]
- Geometrie No. 55 - Mixed media/board (48x37cm-19x15in) Köln 96 .... FF*20 400* - £*2 322* - **$3,900**
  Steel life no.2 - Acrylic/canvas (140x133cm-55x52in) London 97 .... FF*65 666* - £*7 000* - **$11,465**
  Tirets 0°-90° - Acrylic/canvas (81x160cm-32x63in) London 96 .... FF*105 000* - £*12 000* - **$20,000**
- 2 trames de grillages -18°+18° - Assemblage (80x80cm-31x31in) Milano 93 .... FF*47 100* - £*5 360* - **$7,970**
  MORELLI Domenico 1823-1901 [18]
- The lute player - Oil/canvas (78x48cm-31x19in) New-York 92 .... FF*32 400* - £*3 310* - **$6,000**
  Suonatore arabo - Olio/tela (145x90cm-57x35in) Milano 94 .... FF*487 000* - £*57 400* - **$86,800**
- Mopso e Amarilli, Idillio - Acquarello (25x27cm-10x11in) Bologna 94 .... FF*9 960* - £*1 020* - **$1,755**
  An Arab marketplace - Watercolour/board (21x29cm-8x11in) New-York 94 .... FF*24 900* - £*2 515* - **$4,943**
  MORELLI Enzo 1896-1976 [3]
- Assisi - Olio/tavola (29x21cm-11x8in) Milano 92 .... FF*22 650* - £*2 320* - **$3,990**
  MORELLO Federico 1885-? [2]
- Paesaggio con pecore (Capri) - Olio/tavola (60x70cm-24x28in) Prato 96 .... FF*11 800* - £*1 400* - **$2,310**
  MORENI Mattia 1920 [21]
- Antibes - Olio/tela (100x150cm-39x59in) Roma 91 .... FF*100 200* - £*10 030* - **$16,720**
  Moulin Rouge - Olio/tela (140x160cm-54x63in) Milano 94 .... FF*155 300* - £*18 480* - **$27,700**
  Ah ! la povera anguria - Olio/tela (130x162cm-51x64in) Milano 92 .... FF*362 400* - £*37 100* - **$63,800**
  MORENO CAPDEVILLA Francisco 1926 [2]
- Camino al Tepozteco - Etching (48x30cm-19x12in) Delray Beach, Florida 96 .... FF*4 250* - £*551* - **$850**
  MORENO CARBONERO José 1858-1942 [13]
- Gentleman in uniform/Seated lady - Oil/canvas (84x68cm-33x27in) Glasgow 96 .... FF*27 000* - £*3 500* - **$5,340**
  Procesión en un pueblo castellano - Oleo/tabla (25x40cm-10x16in) Madrid 93 .... FF*176 200* - £*21 200* - **$34,300**
- La Fontana di Trevi, Roma - Acuarela (53x36cm-21x14in) Madrid 90 .... FF*20 300* - £*2 188* - **$3,580**
  MORENO Michel 1945 [82]
- Composition - Huile/toile (45x37cm-18x15in) Saint-Dié 96 .... FF*4 000* - £*460* - **$763**
  Jazz - Huile/toile (92x73cm-36x29in) Paris 91 .... FF*15 500* - £*1 566* - **$3,077**
- Composition - Gouache (40x30cm-16x12in) Paris 91 .... FF*3 800* - £*377* - **$660**
  MORENO Rosario XX [2]
- Composition, 1963 - Gouache (73x54cm-29x21in) Paris 90 .... FF*4 000* - £*403* - **$727**
  MORENO VILLA José 1887-1955 [3]
- Bodegón - Oleo/lienzo (65x50cm-26x20in) Madrid 93 .... FF*33 400* - £*3 975* - **$6,040**
  MORERA Y GALICIA Jaime 1855-1927 [3]
- Paisaje - Oleo/lienzo (53x89cm-21x35in) Madrid 92 .... FF*35 100* - £*3 575* - **$6,170**
  MORERE René 1907-1942 [17]
- Jeune femme à la fourrure - Huile/toile (56x38cm-22x15in) Paris 96 .... FF*8 500* - £*1 025* - **$1,630**
  Jeune fille blonde - Huile/toile (81x54cm-32x21in) Saint-Germain-en-Laye 92 .... FF*30 000* - £*3 580* - **$5,770**
- Femme aux manches de dentelle - Dessin (37x28cm-15x11in) Saint-Germain-en-Laye 92 .... FF*3 500* - £*418* - **$673**

M

MOREROD Edouard 1879-1919 [1]
Bazar - Aquarell/Papier (48x59cm-19x23in) Zürich 94 .... FF3 366 - £396 - **$644**
MORET Christine 1870-1952 [4]
Roses, apples and jugs - Oil/canvas (51x61cm-20x24in) Amsterdam 95 .... FF6 800 - £821 - **$1,278**
MORET Henry 1856-1913 [247]
Dune rouge, Pouldu - Huile/toile (54x65cm-21x26in) Douarnenez 96 .... FF61 000 - £7 800 - **$12,100**
Le soir, Audierne - Oil/canvas (50x61cm-20x24in) London 97 .... FF125 482 - £13 000 - **$21,495**
Ruisseau - Oil/canvas (81x60cm-32x24in) London 97 .... FF212 355 - £22 000 - **$36,377**
Femme cousant - Huile/toile (57x83cm-22x33in) Paris 97 .... FF366 000 - £39 235 - **$64,050**
Rade de Lorient - Huile/toile (74x92cm-36x29in) Paris 95 .... FF730 000 - £94 700 - **$149,500**
La baie du Hespant - Huile/toile (60x92cm-24x36in) Lyon 90 .... FF950 000 - £101 713 - **$165,217**
Mer et rochers - Aquarelle (25x32cm-10x13in) Saint-Germain-en-Laye 93 ..... FF9 500 - £1 188 - **$1,728**
Vieux port de Dielette - Aquarelle (23x32cm-9x13in) Quimper 97 .... FF29 000 - £3 106 - **$5,084**
Pointe de Penharn - Aquarelle (24x32cm-9x13in) Paris 90 .... FF82 000 - £8 471 - **$14,488**
MORETTI FOGGIA Mario 1882-1954 [8]
Popolana spagnola - Olio/tela (130x80cm-51x31in) Roma 95 .... FF17 820 - £2 280 - **$3,660**
MORETTI Lucien-Philippe 1922 [144]
Jeune garçon - Oil/canvas (56x46cm-22x18in) London 96 .... FF3 160 - £360 - **$605**
Tziganes, place du Tertre - Huile/toile (46x38cm-18x15in) Paris 97 .... FF12 000 - £1 299 - **$2,121**
Colombe sauvée - Huile/toile (55x46cm-22x18in) Rouen 95 .... FF42 000 - £5 580 - **$8,650**
La Falaise d'Etretat... - Huile/toile (46x55cm-18x22in) Honfleur 92 .... FF125 000 - £12 600 - **$22,100**
Le titi parisien - Mine plomb (43x31cm-17x12in) Paris 97 .... FF3 000 - £324 - **$530**
Terrasse de café - Aquarelle (45x54cm-18x21in) Calais 96 .... FF12 000 - £1 512 - **$2,373**
Réunion hippique - Encre Chine (48x63cm-19x25in) Versailles 91 .... FF28 000 - £2 823 - **$4,950**
Crémaillère à Montmartre - Aquarelle, gouache/papier Honfleur 96 .... FF76 000 - £9 520 - **$14,770**
MORETTI Luigi 1884-? [12]
The fruit market, Venice - Oil/canvas (55x46cm-22x18in) London 92 .... FF8 800 - £900 - **$1,552**
Paysage méditerranéen - Aquarelle (32x47cm-13x19in) Paris 90 .... FF3 500 - £372 - **$626**
MORETTI Raymond 1931 [47]
Le clown - Huile/toile (114x195cm-45x77in) Cannes 93 .... FF24 000 - £2 890 - **$4,360**
Duke est mort - Aquarelle, gouache (64x48cm-25x19in) Paris 94 .... FF3 000 - £357 - **$554**
Barthes - Encre Chine (56x50cm-22x20in) Nice 95 .... FF5 500 - £712 - **$1,120**
Personnage et violon - Gouache (74x100cm-29x39in) Nice 95 .... FF17 000 - £2 200 - **$3,460**
C. Nougaro et Demoiselles d'Avignon - Gouache (82x148cm-32x58in) Nice 91 .... FF120 000 - £12 032 - **$19,809**
MOREY Prosper 1805-1886 [1]
Châteaux, églises, monuments,... - Encre Dijon 90 .... FF3 300 - £353 - **$574**
MORFF Gottlob Wilhelm 1771-1857 [1]
Pauline, Queen of Würtemberg - Miniature (14cm-6in) London 97 .... FF5 644 - £600 - **$974**
MORGAN Alfred c.1862-1904 [5]
Grandmother's Visit - Oil/canvas (71x92cm-28x36in) London 93 .... FF69 800 - £8 000 - **$11,960**
An omnibus ride to Piccadilly circus, Mr Gladstone, 1885
Oil/canvas (81x10cm-32x4in) London 90 .... FF871 700 - £90 052 - **$154,011**
MORGAN Barbara Brooks J. 1900-1992 [44]
Martha Graham Frontier - Tirage 1977 (25x33cm-10x13in) Paris 95 .... FF2 000 - £252 - **$400**
Martha Graham, Lamentation - Silver print (56x46cm-22x18in) New-York 95 .... FF9 200 - £1 184 - **$1,900**
MORGAN Cole 1950 [6]
Black holes - Mixed media/board (100x100cm-39x39in) Amsterdam 95 ...... FF9 450 - £1 206 - **$1,930**
Sorc Start - Gouache (100x70cm-39x28in) Amsterdam 97 .... FF14 384 - £1 512 - **$247,1 4**
MORGAN de Evelyn née Pickering 1855-1919 [10]
Clytie - Oil/canvas (104x44cm-41x17in) London 91 .... FF892 000 - £89 883 - **$154,783**
Hero holding the Beacon - Gouache/paper (58x29cm-23x11in) London 94 ...... FF64 100 - £7 500 - **$11,170**
MORGAN de William 1839-1917 [1]
Tobias & Angel at the River Tigris
Watercolour, gouache (46x31cm-18x12in) London 92 .... FF31 160 - £3 200 - **$5,980**
MORGAN Frederick 1856-1927 [26]
Oranges & lemons - Oil/canvas (83x127cm-33x50in) London 91 .... FF1 - £140 000 - **$230,400**
A flood - Oil/canvas (139x120cm-55x47in) London 96 .... FF114 000 - £13 500 - **$22,200**
La marchande d'oranges - Huile/toile (92x59cm-36x23in) Paris 96 .... FF265 000 - £32 100 - **$51,500**
Playmates - Oil/canvas (91x61cm-36x24in) London 97 .... FF808 078 - £88 000 - **$140,527**
MORGAN Gertrude, Sister 1900-1980 [2]
Jesus is My Airplane - Oil/cardboard (8x23cm-3x9in) New Orleans, Louisiana 94 .... FF5 870 - £679 - **$1,000**
Wedding, Pilgrim Rest Baptist Church - Gouache (9x12cm-4x5in) Chicago 96 ...... FF6 070 - £787 - **$1,200**
MORGAN Howard [3]
Louisianna - Oil/canvas (71x91cm-28x36in) London 97 .... FF45 977 - £4 800 - **$7,866**
MORGAN John 1823-1886 [11]
Gee-wo ! - Oil/canvas (59x90cm-23x35in) London 96 .... FF42 300 - £5 500 - **$8,370**
Gee Wo! - Oil/canvas (91x71cm-36x28in) London 96 .... FF202 400 - £24 000 - **$39,500**
MORGAN Mary DeNeale 1868-1948 [34]
Cypress, Monterye Coast
Oil/board (57x45cm-22x18in) San Francisco-Los Angeles 93 .... FF19 250 - £2 414 - **$3,500**
Afternoon, Pibble Beach - Oil/board (76x91cm-30x36in) San Francisco-Los Angeles 95 .... FF39 900 - £5 240 - **$8,000**
In the Sand Dune - Watercolour/paper (21x29cm-8x11in) San Francisco-Los Angeles 95 ...... FF7 470 - £982 - **$1,500**
MORGAN Owen Frederick XIX-XX [2]
The walled garden - Oil/canvas (50x60cm-20x24in) London 92 .... FF15 630 - £1 600 - **$2,760**

MORGAN Walter Jenks 1847-1924 [2]
A Cake Seller, Algiers - Oil/canvas (91x61cm-36x24in) London 96 .... FF9 340 - £1 100 - **$1,834**
In the garden at Haddon Hall - Wash (28x49cm-11x19in) London 91 .... FF4 190 - £420 - **$707**
MORGAN William 1826-1900 [6]
The visit - Oil/canvas (61x87cm-24x34in) New-York 91 .... FF15 850 - £1 600 - **$2,800**
MORGAN-SNELL Maria 1920 [2]
Paysage - Aquarelle (27x63cm-11x25in) Paris 95 .... FF2 000 - £266 - **$413**
MORGARI Luigi 1857-1935 [1]
Allegoria della poesia - Olio/tela (125x205cm-49x81in) Milano 89 .... FF87 000 - £9 168 - **$14,646**
MORGARI Pietro 1843-1885 [1]
Checca - Oil/canvas (50x39cm-20x15in) London 92 .... FF11 720 - £1 400 - **$2,256**
MORGARI Rodolfo 1827-1909 [1]
Corteggiamento - Olio/tela (55x431cm-22x170in) Torino 93 .... FF7 320 - £827 - **$1,231**
MORGENROTH Johann Martin 1800-1859 [1]
Mutter mit Kind - Aquarell (19x16cm-7x6in) Heidelberg 96 .... FF6 100 - £753 - **$1,177**
MORGENSTERN Carl 1811-1893 [6]
Fishermen, Bay of Napoli - Oil/canvas (35x59cm-14x23in) London 91 .... FF72 600 - £7 227 - **$12,485**
MORGENSTERN Carl Ernst 1847-1928 [7]
Gehöft am Fluss in Gebirgslandschaft - Oil/panel (29x44cm-11x17in) München 94 .... FF17 150 - £2 033 - **$3,170**
MORGENSTERN Christian Bernhard 1805-1867 [5]
Maisachau bei Mitterdorf - Watercolour (34x64cm-13x25in) München 94 .... FF6 180 - £732 - **$1,141**
MORGENSTERN Friedrich Ernst 1853-1919 [11]
Abend an der Nordseeküste - Oil/canvas (68x103cm-27x41in) Köln 92 .... FF18 360 - £1 880 - **$3,230**
An der Mosel - Öl/Leinwand (41x60cm-16x24in) Wien 94 .... FF48 800 - £5 650 - **$8,400**
MORGENSTERN Johann Ludwig Ernst 1738-1819 [8]
Church interior with figures - Oil/copper (24x19cm-9x7in) London 92 .... FF48 850 - £5 000 - **$8,600**
MORGENTHALER Ernst 1887-1962 [54]
Mädchen in Lehnstuhl - Öl/Karton (51x39cm-20x15in) Zürich 95 .... FF6 370 - £807 - **$1,281**
Balletänzerin - Öl/Leinwand (74x62cm-29x24in) Bern 95 .... FF21 150 - £2 700 - **$4,330**
Mondnacht - Oil/canvas (120x120cm-47x47in) Zürich 95 .... FF59 400 - £5 956 - **$9,805**
Gioventù Felice - Poster (128x90cm-50x35in) New-York 96 .... FF7 640 - £900 - **$1,500**
Rebberge - Aquarell/Papier (23x29cm-9x11in) Zürich 96 .... FF9 330 - £1 210 - **$1,846**
MORGHEN Antonio 1788-1853 [1]
Southern landscape - Oil/canvas (88x117cm-35x46in) New-York 90 .... FF50 300 - £5 351 - **$8,998**
MORGHEN Raphael 1758-1833 [4]
Pie VI aux marais pontains - Gravure (27x38cm-11x15in) Monaco 94 .... FF18 000 - £2 125 - **$3,225**
MORGNER Michael 1942 [23]
Angst - Aquatint (64x49cm-25x19in) München 95 .... FF1 532 - £191 - **$309**
Mann am Abgrund - Ink (48x36cm-19x14in) Berlin 93 .... FF8 350 - £955 - **$1,422**
MORGNER Wilhelm 1891-1917 [37]
Große Kreuzigung - Woodcut (37x57cm-15x22in) München 92 .... FF18 700 - £1 914 - **$3,290**
Herkules bändigt Hydra - Ink/paper (15x16cm-6x6in) Köln 92 .... FF6 780 - £810 - **$1,305**
Berglandschaft - Charcoal/paper (50x70cm-20x28in) Berlin 93 .... FF27 850 - £3 183 - **$4,740**
MORGUNOV Alexej Alexewitsch 1884-1935 [2]
Ohne Titel - Öl/Karton (50x25cm-20x10in) München 94 .... FF17 780 - £2 087 - **$3,170**
MORI Ester 1918 [2]
Fleurs - Huile/toile (35x22cm-14x9in) Barjols 93 .... FF7 000 - £806 - **$1,207**
MORIANI Milena 1934 [3]
Recollections - Oil/canvas (80x60cm-31x24in) Toronto 95 .... FF3 223 - £412 - **$658**
MORIARTY David 1957 [3]
Paul Revere in Brown/Corral - Oil/panel (88x136cm-35x54in) New-York 93 .... FF9 400 - £1 076 - **$1,600**
MORICCI Giuseppe 1806-1880 [1]
Accampamento di soldati - Acquerello/carta (17x35cm-7x14in) Roma 93 .... FF3 604 - £412 - **$613**
MORICE Léon 1868-? [1]
Michelangelo holding a sculpture - Ivory, bronze (22cm-9in) North Bethesda, MD. 91 .... FF4 495 - £447 - **$773**
MORILLON Alfred 1832-1886 [1]
Piqueur et chien en forêt - Huile/toile (65x54cm-26x21in) Paris 90 .... FF6 500 - £674 - **$1,142**
MORILLON Étienne 1884-1949 [5]
Route de Soucieu - Huile/toile (54x65cm-21x26in) Lyon 94 .... FF7 500 - £900 - **$1,456**
MORIMURA Yasumasa 1951 [3]
Portrait (Camille Roulin) - Color photograph (120x100cm-47x39in) New-York 96 .... FF31 100 - £4 010 - **$6,000**
MORIN Adolphe 1841-? [2]
Heimkehr der Herde - Öl/Leinwand (38x55cm-15x22in) Stuttgart 94 .... FF16 330 - £1 904 - **$2,860**
MORIN Claude 1932 [5]
Femme au bouquet - Huile/toile Nancy 97 .... FF15 000 - £1 636 - **$2,655**
Vase de fleurs - Huile/toile (50x65cm-20x26in) Saint-Dié 92 .... FF18 500 - £1 900 - **$3,560**
Jeune fille au turban - Lithographie Saint-Dié 92 .... FF2 400 - £247 - **$462**
MORIN Edmond 1824-1882 [3]
The sled race - Oil/canvas (160x107cm-63x42in) London 96 .... FF39 900 - £5 000 - **$7,700**
MORIN Eugénie ?-1875 [1]
Jeunes femmes et fillette sur la plage - Aquarelle (17x20cm-7x8in) Paris 94 .... FF6 500 - £774 - **$1,225**

M

MORIN Georges 1874-? [7]
A Classical dancing girl - Bronze (59cm-23in) London 95 .... FF12 330 - £1 600 - **$2,554**

MORIN Louis 1855-? [8]
Bouquet de fleurs - Huile/toile (61x50cm-24x20in) Versailles 90 .... FF8 000 - £862 - **$1,411**
Papageien im Urwald - Watercolour, gouache/board (25x20cm-10x8in) Berlin 92 .... FF4 080 - £418 - **$718**

MORIN Paul 1948 [2]
Pêches et oranges - Huile/toile (60x73cm-24x29in) Ourville-en-Caux 94 .... FF7 000 - £816 - **$1,228**

MORIN Stig 1943 [2]
Dungarna - Oil/canvas (20x30cm-8x12in) Malmö 93 .... FF2 317 - £292 - **$439**

MORIN Vitalis 1867-1936 [3]
Le port du Conquet - Huile/toile (50x72cm-20x28in) Douarnenez 95 .... FF4 000 - £522 - **$831**

MORIN-JEAN Jean A. Joseph Morin 1877-1940 [3]
Suite domestique - Gravure bois (25x33cm-10x13in) Paris 95 .... FF1 700 - £224 - **$349**

MORINAGA Jun 1937 [4]
Nokano-shima - Photo (22x32cm-9x13in) Paris 91 .... FF1 700 - £173 - **$307**

MORIS Louis M. 1818-1883 [5]
Napoléon on horseback - Bronze (63cm-25in) New-York 92 .... FF38 850 - £4 070 - **$7,000**

MORISE Louis Marie XIX [1]
Emperor on horseback - Bronze (48cm-19in) London 96 .... FF16 870 - £2 000 - **$3,290**

MORISOT Berthe 1841-1895 [62]
Dame à l'ombrelle - Oil/canvas (92x73cm-36x29in) New-York 95 .... FF3 - £456 000 - **$720,000**
Le thé - Oil/canvas (60x73cm-24x29in) New-York 95 .... FF5 - £731 000 - **$1**
Parterre de fleurs - Huile/toile Paris 97 .... FF200 000 - £21 000 - **$34,400**
Fillette au Mesnil - Oil/canvas (47x42cm-19x17in) New-York 96 .... FF1 25e +06 - £121 500 - **$200,000**
Épaules nues - Pastel/paper (55x45cm-22x18in) New-York 89 .... FF2 - £233 947 - **$367,846**
Nu couché - Pastel/paper (45x61cm-18x24in) New-York 92 .... FF155 400 - £16 270 - **$28,000**

MORISSET André 1876-1954 [1]
Pins au bord de la mer, crépuscule - Huile/toile (108x134cm-43x53in) Lokeren 95 .... FF32 800 - £4 090 - **$6,420**

MORISSET François Henri E. 1870-? [3]
By the hearth - Oil/canvas (54x64cm-21x25in) New-York 91 .... FF31 350 - £3 159 - **$5,440**

MORISSET Henri Georges XIX [2]
Nature morte de fleurs - Huile/toile (46x36cm-18x14in) Honfleur 90 .... FF8 500 - £849 - **$1,613**
Portrait d'une Princesse - Huile/toile (193x146cm-76x57in) Paris 89 .... FF250 000 - £25 562 - **$40,193**

MORISSON Philippe 1924 [10]
Hommage à Anton Webern - Acrylique/toile (67x140cm-26x55in) Paris 94 .... FF6 000 - £713 - **$1,107**
Composition - Huile/toile (139x260cm-55x102in) Paris 96 .... FF21 000 - £2 595 - **$4,055**
Sans titre - Gouache (26x45cm-10x18in) Avignon 89 .... FF5 500 - £580 - **$926**

MORITA Shiryu 1912 [1]
Untitled - Ink/paper (91x67cm-36x26in) New-York 97 .... FF28 885 - £3 082 - **$5,000**

MORITZ Friedrich Wilhelm 1783-1855 [6]
Berner bauernhaus am Thunersee - Aquarell/Papier (36x51cm-14x20in) Zürich 94 .... FF15 700 - £1 850 - **$3,003**

MÖRITZ Fritz 1922-1994 [5]
Treibjagd - Oil/canvas (50x60cm-20x24in) Köln 92 .... FF7 460 - £891 - **$1,435**

MORITZ Karl 1896-1963 [2]
Fanzösisches Fischerstädtchen - Aquarell (25x34cm-10x13in) Konstanz 93 .... FF4 520 - £520 - **$761**

MORITZ Louis 1773-1850 [1]
Disobedience - Oil/panel (35x44cm-14x17in) Amsterdam 96 .... FF24 100 - £2 920 - **$4,680**

MORITZ Raymond 1891-? [1]
Entrée du Sultan à Meknès - Gouache (41x54cm-16x21in) Paris 90 .... FF22 000 - £2 371 - **$3,880**

MORITZ Robert 1873-? [1]
Hallorum Hallensis - Woodcut (36x26cm-14x10in) Heidelberg 96 .... FF1 693 - £209 - **$327**

MORITZ William 1816-1860 [4]
Jeunes Filles près d'un Chalet - Oil/canvas (48x37cm-19x15in) New-York 94 .... FF29 200 - £3 486 - **$5,500**
Cour du palais à la fontaine, Alger - Aquarelle/papier (30x24cm-12x9in) Lyon 96 .... FF3 000 - £362 - **$576**

MORLAIX Emile 1910-1990 [1]
Pêcheur ramenant son filet - Bronze (40x62cm-16x24in) Brest 97 .... FF29 000 - £3 141 - **$5,092**

MORLAND George 1763-1804 [104]
Couple in a Donkey's stall - Oil/canvas (52x67cm-20x26in) New-York 97 .... FF11 377 - £1 224 - **$2,000**
Louisa - Oil/canvas (43x36cm-17x14in) London 97 .... FF32 139 - £3 500 - **$5,589**
Fishermen on the shore - Oil/canvas (91x137cm-36x54in) London 97 .... FF131 333 - £14 000 - **$22,930**
Story of Laetitia - Oil/canvas (45x35cm-18x14in) London 95 .... FF889 000 - £115 000 - **$181,700**

MORLAND Henry Robert 1730-1797 [4]
The laundry maid - Pastel/paper (78x66cm-31x26in) London 92 .... FF73 300 - £7 500 - **$12,930**

MORLAND James Smith 1846-1921 [3]
A walk in the forest - Wash Cape Town 91 .... FF1 743 - £176 - **$302**

MORLETTE Y RUIZ Juan Patricio 1715-1780 [1]
Triumph of Alexander the Great - Oil/canvas (83x127cm-33x50in) New-York 93 .... FF248 000 - £28 200 - **$42,000**

MORLEY Harry 1881-1943 [32]
Europa - Tempera/board (46x53cm-18x21in) London 97 .... FF10 271 - £1 100 - **$1,774**
The sea race - Oil/canvas (85x13cm-33x5in) London 90 .... FF96 900 - £10 010 - **$17,120**
Study for The Pedlar - Gouache (23x20cm-9x8in) London 97 .... FF2 028 - £220 - **$359**

MORLEY Henry 1869-1937 [2]
Feeding the calves - Oil/board (30x41cm-12x16in) Auchterarder, Perthshire 95 .... FF5 080 - £650 - **$1,000**

MORLEY Lewis XX [2]
📷 *Joe Orton* - Silver print (50x39cm-20x15in) London 92 .... FF4 690 - £480 - **$826**

MORLEY Malcolm 1931 [92]
🖼 *Vermeer* - Acrylic/canvas (266x221cm-105x87in) New-York 92 .... FF3 - £331 000 - **$570,000**
Pirate Head - Oil/canvas (45x40cm-18x16in) New-York 97 .... FF17 411 - £1 831 - **$3,000**
Cutting horse - Acrylic/canvas (97x79cm-38x31in) New-York 96 .... FF101 800 - £12 000 - **$20,000**
Picasso Bridge - Oil/canvas (122x168cm-48x66in) New-York 94 .... FF263 000 - £31 300 - **$50,000**
National Open - Acrylic/canvas (127x152cm-50x60in) New-York 95 .... FF750 000 - £99 400 - **$155,000**
🖼 *Parrots* - Color lithograph (102x94cm-40x37in) New-York 95 .... FF13 300 - £1 606 - **$2,500**
✏ *Highlands* - Watercolour/paper (56x77cm-22x30in) New-York 97 .... FF13 349 - £1 404 - **$2,300**
Lifeguard - Watercolour/paper (56x57cm-22x31in) New-York 94 .... FF49 900 - £5 940 - **$9,500**
Indian family - Watercolour/paper (54x75cm-21x30in) New-York 92 .... FF147 700 - £15 100 - **$26,000**
Untitled - Gouache/paper (102x112cm-40x44in) New-York 94 .... FF276 000 - £32 000 - **$47,500**

MORLEY Robert 1857-1941 [24]
🖼 *A wolf pack* - Oil/canvas (101x142cm-40x56in) London 92 .... FF12 560 - £1 500 - **$2,417**
Comrades in distress - Oil/canvas (87x11cm-34x4in) London 89 .... FF43 600 - £4 458 - **$7,010**

MORLEY Thomas William 1859-1925 [21]
🖼 *Cattle grazing in Meadows* - Oil/canvas/board (25x35cm-10x14in) London 97 .... FF2 801 - £300 - **$48,4 2**
✏ *Landscape with figures* - Watercolour (38x53cm-15x21in) London 95 .... FF3 800 - £480 - **$762**

MORLON Alexandre 1878-? [6]
🗿 *Jeune femme et chèvre* - Bronze (37x20x80cm-15x8x31in) Bruxelles 97 .... FF7 526 - £800 - **$1,311**
Danseuse et bouquetin - Bronze (120cm-47in) Bruxelles 95 .... FF111 000 - £14 050 - **$22,300**

MORLON Antony 1835-? [12]
🖼 *Neige à Paris* - Huile/panneau (28x19cm-11x7in) Bayeux 89 .... FF22 000 - £2 189 - **$3,476**
Boating on the river - Oil/canvas (57x87cm-22x34in) London 90 .... FF62 300 - £6 273 - **$12,204**
🖼 *Bal d'Asnières, château rouge* - Lithographie couleurs (35x49cm-14x19in) Paris 92 ... FF4 200 - £430 - **$740**

MORLOT Alphonse Alexis 1838-1918 [5]
🖼 *Après la moisson* - Oil/canvas (27x35cm-11x14in) Pontoise 96 .... FF8 000 - £1 018 - **$1,543**

MORLOTTI Ennio 1910-1992 [104]
🖼 *Natura morta* - Olio/tela (40x50cm-16x20in) Prato 96 .... FF63 600 - £7 980 - **$12,160**
Olivi - Olio/tela (53x60cm-21x24in) Milano 94 .... FF134 100 - £15 960 - **$23,940**
Vegetazione - Olio/tela (100x75cm-39x30in) Milano 94 .... FF190 600 - £22 700 - **$34,000**
Collina ad Imbersago - Olio/tela (60x72cm-24x28in) Milano 95 .... FF287 000 - £37 050 - **$58,900**
Vegetazione - Olio/tela (80x75cm-31x30in) Milano 90 .... FF643 000 - £64 748 - **$125,955**
✏ *Uomini al lavoro* - Tempera/carta (48x68cm-19x27in) Roma 93 .... FF17 570 - £1 970 - **$3,144**
✏ *Rocce* - Pastelli (27x35cm-11x14in) Milano 91 .... FF29 830 - £3 063 - **$5,560**

MORMILE Gaetano 1839-1890 [11]
🖼 *Hier spricht man Französisch* - Oil/panel (26x18cm-10x7in) Wien 96 .... FF22 050 - £2 854 - **$4,410**

MÖRNER Axel Otto 1774-1852 [2]
🖼 *Stockholmsmotiv med Slottet* - Oil/canvas (53x72cm-21x28in) Stockholm 92 .... FF38 650 - £3 960 - **$6,800**

MÖRNER Hjalmar 1794-1837 [2]
🖼 *Rövare i Abruzzo* - Oil/canvas (118x167cm-46x66in) Stockholm 93 .... FF59 900 - £6 800 - **$10,130**

MÖRNER Stellan 1896-1979 [141]
🖼 *Interiör i blått* - Oil/canvas (27x35cm-11x14in) Malmö 96 .... FF5 090 - £660 - **$998**
Längtans port - Oil/panel (19x24cm-7x9in) Stockholm 97 .... FF13 585 - £1 434 - **$2,347**
Fönstret - Oil/canvas (64x92cm-25x36in) Stockholm 96 .... FF25 730 - £3 120 - **$5,000**
Porträttet i albumet - Oil/canvas (80x60cm-31x24in) Stockholm 92 .... FF144 600 - £17 270 - **$27,800**
✏ *Motiv från Esplunda* - Akvarell (45x67cm-18x26in) Stockholm 97 .... FF3 125 - £348 - **$565**
✏ *Romantisk landskap* - Gouache (18x26cm-7x10in) Stockholm 96 .... FF25 500 - £3 180 - **$5,000**

MORNEWICK Charles Augustus Jnr c.1800-c.1880 [2]
🖼 *British & French Frigate* - Oil/canvas (107x57cm-42x22in) New-York 97 .... FF148 065 - £16 006 - **$26,000**
✏ *H.M.S. Thunderer* - Watercolour (44x59cm-17x23in) London 94 .... FF4 690 - £550 - **$821**

MORO Franz 1875-1961 [5]
✏ *Landschaft* - Mischtechnik/Papier (20x29cm-8x11in) Wien 96 .... FF3 420 - £445 - **$670**

MORO Gino 1901-1977 [1]
🖼 *Vigneto* - Olio/tela (60x80cm-24x31in) Milano 94 .... FF6 440 - £760 - **$1,216**

MORODER-LUSENBERG Josef 1846-1939 [4]
🖼 *Bärtiger Greis* - Öl/Karton (23x17cm-9x7in) München 93 .... FF20 640 - £2 340 - **$3,490**

MOROSOVA Maria 1957 [2]
🖼 *Journée à la foire* - Huile/toile (61x86cm-24x34in) Grenoble 96 .... FF2 000 - £250 - **$387**

MOROT Aimé 1850-1913 [11]
🖼 *Madeleine Gérôme* - Huile/toile (65x55cm-26x22in) Paris 94 .... FF31 000 - £3 520 - **$5,250**
Retraite de St Jean d'Acre - Oil/canvas (132x251cm-52x99in) London 97 .... FF323 500 - £38 000 - **$63,600**
✏ *Lionne* - Lavis (52x75cm-20x30in) Morlaix 97 .... FF3 300 - £396 - **$610**

MORPHY Garret Morphey ?-1716 [1]
🖼 *James Bryan of Jenkinstown Park* - Oil/panel (66x53cm-26x21in) London 95 .... FF88 300 - £10 000 - **$15,900**

MORREL Owen 1947 [2]
📷 *World Desk #3 of 3, Brooklyn N.Y.* - Cibachrome print (67x97cm-26x38in) Stockholm 94 .... FF2 286 - £268 - **$407**
✏ *Pilot bridge, 1983* - Coloured crayons/paper (42x35cm-17x14in) New-York 90 .... FF4 900 - £521 - **$877**

MORRELL Wayne Beam 1923 [4]
🖼 *Ipswich, Late Summer* - Oil/masonite (30x41cm-12x16in) Cambridge, Mass. 93 .... FF3 245 - £369 - **$550**

MORREN Georges 1868-1941 [13]
🖼 *Petite Pierette* - Huile/toile (55x46cm-22x18in) Bruxelles 93 .... FF36 000 - £4 140 - **$6,200**

M

Calendar & auction results :   INTERNET : **www.artprice.com**   MINITEL : 3617 ARTPRICE

Femme dans un potager - Oil/canvas (53x66cm-21x26in) New-York 94 .... FF**293 300** - £**33 900** - **$50,000**
MORRICE James Wilson 1865-1924 [18]
🖼 *Sailboat off rocky shore* - Oil/panel (11x15cm-4x6in) Toronto 96 .... FF**36 800** - £**4 420** - **$7,050**
Café, Paris - Oil/panel (13x15cm-5x6in) Toronto 94 .... FF**85 700** - £**10 200** - **$16,150**
Winter sleigh scene - Oil/canvas (60x81cm-24x32in) Toronto 96 .... FF**697 000** - £**83 700** - **$133,500**
MORRIS Carl 1911 [2]
🖼 *Gray facade* - Oil/canvas (91x121cm-36x48in) Cambridge, Mass. 91 .... FF**10 750** - £**1 091** - **$1,942**
MORRIS Cedric Lockwood 1889-1982 [54]
🖼 *Miss Picton-Turbeville* - Oil/canvas (61x50cm-24x20in) London 96 .... FF**16 200** - £**2 000** - **$3,126**
Bitterns - Oil/canvas (91x76cm-36x30in) London 97 .... FF**52 682** - £**5 500** - **$9,013**
Milly Gomersall - Oil/canvas (71x61cm-28x24in) London 93 .... FF**144 000** - £**18 000** - **$26,100**
✏ *Guest at Higham* - Pencil (36x27cm-14x11in) London 91 .... FF**3 530** - £**351** - **$607**
MORRIS Charles XIX [14]
🖼 *Cattle in an extensive landscape* - Oil/panel (26x36cm-10x14in) London 94 .... FF**4 390** - £**500** - **$745**
MORRIS Charles Greville 1861-1922 [5]
🖼 *Herding sheep* - Oil/canvas (29x40cm-11x16in) London 92 .... FF**2 930** - £**300** - **$518**
MORRIS Charles, Snr. 1898-? [1]
🖼 *Wooded landscape with a figure*
    Oil/canvas (29x59cm-11x23in) Billinghurst, West Sussex 92 .... FF**4 690** - £**480** - **$826**
MORRIS Edmund G. Montague 1871-1913 [2]
🖼 *Dufferin Terrace, Quebec City* - Oil/canvas (18x25cm-7x10in) Toronto 96 .... FF**9 300** - £**1 116** - **$1,780**
MORRIS George Ford 1873-1960 [3]
🗔 *Cocker/Palomino Pals/Mare/Pasture* - Lithograph Elgin, Illinois 91 .... FF**1 700** - £**171** - **$295**
✎ *Horse and rider* - Gouache (51x74cm-20x29in) Mystic, Connecticut 94 .... FF**2 734** - £**325** - **$500**
MORRIS George L.K. 1906-1975 [14]
🖼 *Baroque, 1938* - Oil/canvas (45x64cm-18x25in) New-York 89 .... FF**103 000** - £**9 952** - **$15,630**
✎ *Abstraction* - Ink/paper (54x45cm-21x18in) New-York 90 .... FF**24 000** - £**2 524** - **$4,174**
MORRIS John Floyd XX [2]
🖼 *Surrealist scene* - Oil/canvas/board (61x76cm-24x30in) New-York 94 .... FF**4 600** - £**545** - **$850**
MORRIS Kathleen Moir 1893-1986 [10]
🖼 *Mary, Queen of the World Cathedral* - Oil/panel (36x26cm-14x10in) Toronto 96 .... FF**16 160** - £**2 057** - **$3,110**
Caughnawaga, Quebec - Oil/canvas (46x53cm-18x21in) Toronto 94 .... FF**53 200** - £**6 220** - **$9,380**
MORRIS Margaret 1891-? [1]
✎ *Girl with head-dress* - Watercolour (18x10cm-7x4in) Glasgow 91 .... FF**1 786** - £**180** - **$315**
MORRIS Philip Richard 1833-1902 [9]
🖼 *The hawthorn in the glade* - Oil/canvas (82x138cm-32x54in) London 90 .... FF**24 200** - £**2 591** - **$4,209**
In Sunday Best - Oil/canvas (70x51cm-28x20in) London 95 .... FF**142 000** - £**18 000** - **$28,600**
MORRIS Robert 1931 [33]
🖼 *Untitled* - Lead/panel (28x23cm-11x9in) New-York 95 .... FF**33 400** - £**4 100** - **$6,500**
Untitled - Lead/wood, cast-lead ruler (30x4x86cm-12x2x34in) New-York 96 .... FF**108 700** - £**14 040** - **$21,000**
🗿 *Teeth and Penis* - Bronze (9x12x7cm-4x5x3in) New-York 94 .... FF**21 020** - £**2 500** - **$4,000**
✎ *Blind Time III* - Graphite (96x127cm-38x50in) New-York 94 .... FF**26 300** - £**3 130** - **$5,000**
MORRIS Roger 1935 [2]
✎ *Sailing boats in Old Penzance Harbour*
    Watercolour (51x74cm-20x29in) Penzance, Cornwall 96 .... FF**3 210** - £**400** - **$620**
MORRIS William Bright 1834-1896 [4]
✎ *The Moorish workman* - Watercolour (25x15cm-10x6in) London 96 .... FF**2 963** - £**380** - **$584**
MORRIS Wright 1910-1992 [16]
📷 *New Mexico* - Silver print (18x23cm-7x9in) New-York 96 .... FF**6 200** - £**768** - **$1,200**
MORRISET François Henri 1870-? [1]
🖼 *Study of a seated woman* - Oil/canvas (45x37cm-18x15in) Amsterdam 89 .... FF**17 400** - £**1 779** - **$2,797**
MORRISH Sydney S. XIX-XX [3]
🖼 *The anxious mother* - Oil/canvas (70x63cm-28x25in) London 91 .... FF**13 900** - £**1 411** - **$2,510**
MORRISH William Sidney 1844-1917 [8]
✎ *Cattle returning home* - Watercolour (31x23cm-12x9in) Montréal 93 .... FF**1 560** - £**177** - **$263**
MORRISON James 1932 [8]
🖼 *Formal landscape II* - Oil/board (27x34cm-11x13in) Glasgow 96 .... FF**11 570** - £**1 500** - **$2,267**
✎ *Angus landscape* - Watercolour (30x153cm-12x60in) Glasgow 93 .... FF**4 800** - £**600** - **$870**
MORRISON Joseph A. Colquhourn 1882-? [1]
🖼 *Contemplation* - Oil/canvas (61x51cm-24x20in) London 90 .... FF**2 500** - £**259** - **$439**
MORRISON Robert Edward 1852-1925 [8]
🖼 *Peel Harbour, Isle of Man* - Oil/panel (25x34cm-10x13in) Glasgow 93 .... FF**3 984** - £**480** - **$696**
MORRISROE Mark 1959 [4]
📷 *Roses back/Untitled* - Photograph (50x38cm-20x15in) New-York 92 .... FF**4 160** - £**497** - **$800**
MORRISSEAU Norval 1932 [34]
🖼 *Silent Eye* - Acrylic/canvas (175x94cm-69x37in) Toronto 94 .... FF**7 700** - £**908** - **$1,370**
Mother and Child - Acrylic/canvas (101x81cm-40x32in) Toronto 93 .... FF**21 200** - £**2 400** - **$3,580**
✎ *Animal chimérique* - Gouache/papier (54x75cm-21x30in) Montréal 95 .... FF**3 720** - £**448** - **$704**
MORROCCO Alberto 1917 [12]
🖼 *Flowers* - Oil/board (57x40cm-22x16in) London 95 .... FF**32 940** - £**4 200** - **$6,640**
MORSA Michel 1899-? [2]
✎ *Quai de la Batte, Liège* - Mine plomb (36x49cm-14x19in) Liège 95 .... FF**2 684** - £**342** - **$541**

MORSE Jay Vernon 1898-1944 [2]

☞ *Abandonned Ferry Slip* - Oil/canvas (51x66cm-20x26in) San Francisco-Los Angeles 92 .... FF**9 720** - £*994* - **$1,800**

◿ *Suicide Bridge, Pasadena*
Watercolour/paper (36x48cm-14x19in) San Francisco-Los Angeles 92 .... FF**7 560** - £*773* - **$1,400**

MORSE Jonathan Bradley 1834-1898 [2]

☞ *Extensive farm landscape*
Oil/canvas (46x76cm-18x30in) Bloomfield Hills, Michigan 95 .... FF**19 130** - £*2 383* - **$3,750**

MORSE Samuel Finley Breese 1791-1872 [2]

☞ *C. G. Endicott off the Coast of Truro* - Oil/canvas (56x91cm-22x36in) New-York 97 .... FF**54 101** - £*5 848* - **$9,500**

◿ *Chapel of the Virgin, Subaico, Sabine*
Watercolour, gouache (23x19cm-9x7in) New-York 90 .... FF**64 700** - £*6 679* - **$11,422**

MORSE Susan Mary 1862-1939 [1]

☞ *Pansies* - Oil/panel (17x23cm-7x9in) Toronto 95 .... FF**3 575** - £*474* - **$738**

MORSING Ivar 1919 [38]

☞ *Portal* - Oil/canvas (100x95cm-39x37in) Stockholm 95 .... FF**7 000** - £*910* - **$1,434**
Bagaren, Cypern - Oil/canvas (100x95cm-39x37in) Stockholm 95 .... FF**15 100** - £*1 964* - **$3,100**
Tvätterskor, 1978 - Oil/canvas (128x123cm-50x48in) Stockholm 89 .... FF**52 400** - £*5 522* - **$8,822**

MORSING Leopold 1887-? [1]

☞ *Enar på stranden* - Oil/panel (29x49cm-11x19in) Söderköping 94 .... FF**2 530** - £*302* - **$475**

MORSTADT Anna 1874-? [4]

☞ *Arrivée à l'étape, Kairouan* - Huile/toile (52x61cm-20x24in) Paris 92 .... FF**12 000** - £*1 228* - **$2,113**

◿ *Cavalier* - Pastel (31x40cm-12x16in) Paris 96 .... FF**2 100** - £*263* - **$406**

MORTELMANS Frank 1898-1986 [10]

☞ *Rosenstrauss* - Oil/canvas (90x60cm-35x24in) Düsseldorf 90 .... FF**81 000** - £*8 683* - **$14,104**

◿ *Anemonen* - Pastel (56x41cm-22x16in) Lokeren 94 .... FF**3 135** - £*366* - **$549**

MORTELMANS Frans 1865-1936 [37]

☞ *A farmyard in spring* - Oil/canvas (51x62cm-20x24in) Amsterdam 97 .... FF**25 918** - £*2 740* - **$4,447**
Fruits et faisan - Huile/toile (85x94cm-33x37in) Antwerpen 94 .... FF**53 100** - £*6 240* - **$9,460**
Visiting the studio - Oil/canvas (111x171cm-44x67in) London 94 .... FF**176 500** - £*21 000* - **$33,240**

MORTENSEN Richard 1910-1993 [130]

☞ *Komposition* - Oil/canvas (100x121cm-39x48in) København 96 .... FF**39 600** - £*4 920* - **$7,690**
Chantilly - Oil/canvas (72x60cm-28x24in) København 94 .... FF**61 000** - £*7 110* - **$10,700**
Développement en rouge - Oil/canvas (97x136cm-38x54in) København 94 .... FF**166 700** - £*19 760* - **$30,800**
Opus 14 nr.1 - Oil/canvas (64x94cm-25x37in) Amsterdam 90 .... FF**479 200** - £*51 638* - **$84,515**

◿ *Komposition* - Watercolour (25x26cm-10x10in) København 96 .... FF**5 320** - £*692* - **$1,052**
Natten/Morgenen - Ink (21x28cm-8x11in) København 96 .... FF**13 300** - £*1 727* - **$2,630**

MORTENSEN William 1897-1965 [20]

📷 *Youth* - Gelatin silver print (18x10cm-7x4in) New-York 92 .... FF**11 760** - £*1 366* - **$2,400**

MORTIER Antoine 1908 [18]

☞ *Personnages* - Oil/canvas (61x38cm-24x15in) Amsterdam 94 .... FF**23 630** - £*3 015* - **$4,820**
Don Quichotte - Huile/toile (162x98cm-64x39in) Bruxelles 94 .... FF**92 400** - £*10 610* - **$15,800**

◿ *Thème II no.4* - Lavis (110x72cm-43x28in) Bruxelles 91 .... FF**18 100** - £*1 824* - **$3,141**

MORTIMER Alex XIX-XX [2]

☞ *Coastal scene* - Oil/canvas (74x49cm-29x19in) London 94 .... FF**3 460** - £*400* - **$592**

MORTIMER John Hamilton 1741-1779 [10]

☞ *Reverend John Cocks & James Cocks* - Oil/canvas (71x90cm-28x35in) London 94 ..... FF**561 000** - £*65 000* - **$95,500**

◿ *Don Quixote* - Ink (23x21cm-9x8in) London 93 .... FF**15 770** - £*1 900* - **$2,755**

MORTIMER Louis XIX-XX [3]

◿ *Thatched Devonshire Cottage* - Watercolour (25x36cm-10x14in) Exeter, Devon 94 .... FF**1 625** - £*190* - **$285**

MORTIMER Thomas XIX-XX [19]

◿ *Fisherman returning home* - Watercolour (17x36cm-7x14in) London 96 .... FF**1 850** - £*240* - **$366**

MORTON Alastair 1910-1963 [13]

◿ *Untitled* - Gouache (25x35cm-10x14in) London 94 .... FF**9 400** - £*1 100* - **$1,650**

MORTON Andrew 1802-1845 [3]

☞ *Le Rabbin Nathan* - Huile/toile (127x101cm-50x40in) Paris 94 .... FF**28 000** - £*3 275* - **$4,910**

MORTON Cavendish 1911 [5]

☞ *H.M.S. Hood in Portsmouth Harbour* - Oil/canvas (43x69cm-17x27in) London 96 .... FF**2 480** - £*320* - **$479**

◿ *Cley Mill* - Watercolour (38x51cm-15x20in) Aylsham, Norfolk 96 .... FF**2 235** - £*280* - **$432**

MORTON Gustel 1902 [4]

🗿 *Organic* - Bronze (25cm-10in) Cambridge, Mass. 93 .... FF**3 245** - £*369* - **$550**

MORTON John Ludlow 1792-1871 [4]

☞ *School House* - Oil/canvas (45x60cm-18x24in) New-York 90 .... FF**68 600** - £*7 087* - **$12,120**

MORVAN Hervé 1917-1980 [6]

▱ *Avec la Bonne Huile Lesieur* - Poster (114x155cm-45x61in) New-York 93 .... FF**6 490** - £*739* - **$1,100**

MORVAN Jean-Jacques 1928 [34]

☞ *Nu couché* - Huile/toile (20x50cm-8x20in) Paris 95 .... FF**2 500** - £*312* - **$490**
Ciel et terre - Huile/toile (50x150cm-20x59in) Paris 92 .... FF**6 000** - £*615* - **$1,056**

◿ *Bouquet de fleurs* - Gouache (74x55cm-29x22in) Paris 95 .... FF**2 800** - £*363* - **$583**

MORVAY Julius 1869-? [2]

☞ *Ungarischer Markt* - Oil/panel (26x39cm-10x15in) Stuttgart 90 .... FF**6 800** - £*695* - **$1,342**

MORVILLER Joseph c.1800-c.1870 [7]

☞ *Winter landscape at dusk* - Oil/panel (31x51cm-12x20in) New-York 94 .... FF**22 470** - £*2 650* - **$4,000**

M

A Winter's Day - Oil/canvas (91x163cm-36x64in) New-York 96.. FF156 600 - £18 120 - **$30,000**

MOSBACHER Alois 1954 [43]
Sitzender - Acrylic/canvas (98x83cm-39x33in) Wien 95 .... FF7 400 - £885 - **$1,408**
Am roten Felsen - Öl/Leinwand (180x129cm-71x51in) Wien 94 .... FF29 300 - £3 486 - **$5,570**
Ohne Titel - Gouache/papier (29x41cm-11x16in) Wien 94 .... FF6 310 - £742 - **$1,127**

MOSCARDO Ramón 1953 [2]
Paisaje de Florencia - Oleo/lienzo (54x65cm-21x26in) Madrid 95 .... FF4 810 - £608 - **$965**

MOSCHELES Félix 1833-1917 [1]
When Mamma is out - Oil/canvas (85x133cm-33x52in) London 94 .... FF32 500 - £3 800 - **$5,700**

MOSCHELES Margaret 1893-1924 [1]
Arkadenhof in Sevilla - Öl/Leinwand (56x38cm-22x15in) Wien 93 .... FF3 370 - £403 - **$648**

MOSCOSO Victor XX [2]
Family Dog, Moby Grape - Poster (51x36cm-20x14in) London 92 .... FF29 300 - £3 000 - **$5,170**

MOSCOVITZ Pascal XX [1]
Nature morte - Huile/toile (53x64cm-21x25in) Douai 92 .... FF9 000 - £921 - **$1,620**

MOSEBEKK Olav 1910 [3]
Figur i interiør - Oil/canvas (86x67cm-34x26in) Oslo 93 .... FF5 600 - £652 - **$962**

MOSEHOLM-JÖRGENSEN Kjeld 1936 [2]
Paret - Bronze (14cm-6in) Stockholm 89 .... FF3 800 - £400 - **$640**

MOSENGEL Adolf 1837-1885 [7]
Iseltwald am Brienzer See - Öl/Leinwand (46x72cm-18x28in) München 93 .... FF10 850 - £1 296 - **$2,087**
Bergbauern auf dem Heimweg - Watercolour (27x21cm-11x8in) München 91 .... FF7 520 - £773 - **$1,400**

MOSER Anna Maria 1756-1838 [2]
Magdalena salbt Christi Füsse - Öl/Leinwand (39x51cm-15x20in) München 95 .... FF17 730 - £2 240 - **$3,555**

MOSER August 1884-1957 [1]
Hütten im Hochgebirge - Watercolour/board (50x47cm-20x19in) Wien 91 .... FF2 400 - £242 - **$476**

MOSER Carl 1873-1939 [26]
Bretonisches Kind - Woodcut in colors (31x21cm-12x8in) München 94 .... FF9 600 - £1 138 - **$1,775**
Weissgefleckter Pfau III - Woodcut in colors (35x37cm-14x15in) München 95 .... FF19 950 - £2 620 - **$4,000**

MOSER Ernst Christian 1815-1867 [1]
Kapelle an einem Bergsee - Oil/panel (38x33cm-15x13in) Düsseldorf 91 .... FF40 600 - £4 091 - **$7,045**

MOSER Frank 1886-1964 [1]
Snow - Oil/board Cambridge, Mass. 89 .... FF5 100 - £521 - **$820**

MOSER Henry 1841-1920 [1]
Egyptian musician - Oil/canvas (76x63cm-30x25in) New-York 95 .... FF56 400 - £7 020 - **$11,000**

MOSER Hermann 1835-? [5]
Wolfgangssee - Oil/panel (18x31cm-7x12in) Nürnberg 92 .... FF4 590 - £470 - **$808**

MOSER James Henry 1854-1913 [2]
Whitbey, clair de lune en baie - Huile/toile (37x58cm-15x23in) Montréal 90 .... FF5 400 - £582 - **$952**

MOSER Koloman, Kolo 1868-1918 [40]
Geranium - Oil/canvas (50x50cm-20x20in) Wien 95 .... FF83 200 - £10 960 - **$16,880**
Tulpen in grüner Vase - Öl/Leinwand (80x88cm-31x35in) Wien 96 .... FF240 400 - £30 600 - **$46,300**
XIII. Ausstellung - Secession - Poster (91x31cm-36x12in) New-York 95 .... FF131 300 - £16 540 - **$26,000**
Gebirgslandschaft - Black chalk (10x21cm-4x8in) Wien 95 .... FF7 950 - £1 023 - **$1,642**
Der Wanderer (Wotan) - Aquarell/Papier (49x26cm-19x10in) Wien 93 .... FF12 250 - £1 385 - **$2,064**

MOSER Kurt 1925-1984 [5]
Hochgebirgslandschaft - Öl/Leinwand (60x80cm-24x31in) Lindau 94 .... FF2 060 - £244 - **$381**

MOSER Lida XX [2]
Judy and the boys, NYC - Silver print (25x33cm-10x13in) New-York 96 .... FF3 350 - £431 - **$650**

MOSER Marc 1958 [2]
Ligne claire et obscure - Huile/toile (60x73cm-24x29in) Paris 90 .... FF7 000 - £745 - **$1,252**

MOSER Maria 1948 [7]
Ohne Titel - Mixed media/canvas (140x180cm-55x71in) Wien 94 .... FF6 840 - £777 - **$1,160**
Ohne Titel - Mischtechnik/Papier (43x48cm-17x19in) Wien 96 .... FF1 930 - £249 - **$378**

MOSER Mary 1744-1819 [2]
Still life of flowers - Oil/canvas (54x36cm-21x14in) London 96 .... FF127 300 - £15 000 - **$25,000**
Summer flowers - Gouache (57x41cm-22x16in) London 92 .... FF113 000 - £13 500 - **$21,750**

MOSER Max 1880-1965 [1]
Bergfrieden - Öl/Leinwand (69x87cm-27x34in) Wien 95 .... FF13 860 - £1 760 - **$2,760**

MOSER Richard 1904-? [1]
Sonnig beleuchtete Alm - Öl/Leinwand (94x91cm-37x36in) Lindau 96 .... FF3 040 - £367 - **$584**

MOSER Richard 1874-1924 [15]
Letzte Pferdewagen, Wiener Tramway - Aquarell/Karton (12x19cm-5x7in) Wien 92 .... FF18 280 - £2 184 - **$3,515**
Wien, Stallburgasse - Aquarell/Papier (32x21cm-13x8in) Wien 95 .... FF45 600 - £5 690 - **$9,200**

MOSER Wilfrid 1914 [23]
Marina di Carrara - Öl/Leinwand (82x65cm-32x26in) Zürich 96 .... FF14 800 - £1 854 - **$2,855**
Composition - Huile/toile (81x100cm-32x39in) Zürich 96 .... FF31 800 - £4 125 - **$6,290**
Metro - Öl/Leinwand (195x270cm-77x106in) Luzern 94 .... FF120 500 - £14 130 - **$21,450**

MOSES Anna Mary 1860-1951 [5]
Silvery Brook - Oil/board (26x32cm-10x13in) New-York 97 .... FF43 757 - £4 594 - **$7,500**
Home of A. M. Robertson Moses - Oil (51x71cm-20x28in) New-York 97 .... FF189 615 - £19 909 - **$32,500**

MOSES Ed 1926 [7]
Untitled - Painting (241x218cm-95x86in) New-York 88 .... FF150 000 - £14 043 - **$25,000**

☖ Untitled - Color lithograph (90x65cm-35x26in) San Francisco-Los Angeles 93 .... FF2 200 - £276 - **$400**
⌿ Untitled - Graphite (63x51cm-25x20in) New-York 92 .... FF10 000 - £1 046 - **$1,800**

MOSES Forrest K. 1893-1974 [3]
⎈ Winter days - Oil/masonite (41x61cm-16x24in) Chicago 93 .... FF4 720 - £537 - **$800**

MOSES Grandma A.Robertson 1860-1961 [65]
⎈ Home of John Brown - Oil/board (41x51cm-16x20in) New-York 95 .... FF148 000 - £19 550 - **$30,000**
Â In the Springtime - Oil/masonite (61x76cm-24x30in) New-York 93 .... FF385 000 - £48 300 - **$70,000**
Country Fair - Oil/canvas (89x114cm-35x45in) New-York 93 .... FF1 63e +06 - £120 800 - **$180,000**
⌿ Help - Collage (41x61cm-16x24in) New-York 94 .... FF309 000 - £36 450 - **$55,000**

MOSES Henry c.1782-1870 [1]
⎈ Frigate, paddlesteamer & Dutchg - Oil/canvas (62x76cm-24x30in) London 93.................. FF48 000 - £5 500 - **$8,140**

MOSES Thomas G. 1856-1934 [1]
⎈ Laguna Coast - Oil/canvas (76x101cm-30x40in) San Francisco-Los Angeles 92 .... FF6 480 - £663 - **$1,200**

MOSES Walter Farrington 1874-1947 [1]
⎈ Sycamore, Tujunga Canyon - Oil/canvas (64x76cm-25x30in) Baton Rouge, Louisiana 93 .... FF4 380 - £527 - **$800**

MOSKOWITZ Ira 1912 [2]
⎈ A floral still life on a table - Oil/canvas Bloomfield Hills, Michigan 90 .... FF3 300 - £341 - **$583**

MOSKOWITZ Robert 1935 [10]
⎈ Untitled - Acrylic/canvas (228x190cm-90x75in) New-York 96.. FF30 560 - £3 600 - **$6,000**
Smile in the lotus position
    Mixed media/canvas (581x484cm-229x191in) New-York 91 .... FF199 200 - £19 830 - **$34,255**
⌿ Flat iron - Coloured chalks (36x19cm-14x7in) New-York 91.. FF19 950 - £2 025 - **$3,603**

MOSLER Henry 1841-1920 [9]
⎈ Milking hour - Oil/canvas (117x161cm-46x63in) New-York 94 .... FF44 700 - £5 370 - **$8,500**
⌿ Portrait studies - Drawing New-York 95 .... FF5 330 - £686 - **$1,100**

MOSLER-PALLENBERG Heinrich 1863-1893 [1]
⎈ Mädchen - Öl/Leinwand (43x36cm-17x14in) Köln 95 .... FF2 306 - £291 - **$463**

MOSMAN Warren T. 1908 [1]
↟ Oriental lady - Bronze (46cm-18in) New-York 92 .... FF10 220 - £1 046 - **$1,800**

MOSNER Ricardo 1948 [13]
⎈ Gulliver Gulp - Technique mixte/carton (50x65cm-20x26in) Paris 91 .... FF9 000 - £907 - **$1,562**
La Desbandada - Acrylic/canvas (114x146cm-45x57in) Paris 89 .... FF17 500 - £1 741 - **$2,765**
Â Supplément littéraire Libération... - Gouache/carton (23x16cm-9x6in) Paris 90 .... FF3 500 - £362 - **$618**

MOSNIER Jean Laurent 1743/44-1808 [6]
⎈ Young Girl seated - Oil/canvas (76x64cm-30x25in) New-York 94 .... FF59 200 - £7 750 - **$12,000**
Â Young lady in robe à la polonaise - Miniature (7cm-3in) London 95 .... FF203 300 - £26 000 - **$40,900**

MOSQUERA Luis 1900-1988 [3]
⎈ Dama de negro - Oleo/lienzo (101x82cm-40x32in) Madrid 93 .... FF16 450 - £1 978 - **$3,200**

MOSS Charles E. 1860-1901 [3]
⎈ Ship in Harbour - Oil/panel (11x14cm-4x6in) Toronto 96 .... FF5 700 - £726 - **$1,097**

MOSS Marlow Marjor.Jewell 1890-1958 [6]
⎈ Composition - Oil/canvas (61x76cm-24x30in) Amsterdam 92 .... FF36 200 - £4 320 - **$6,960**

MOSSA Alexis 1844-1926 [88]
Â Les Oliviers, Magnan - Aquarelle (22x16cm-9x6in) Nice 96 .... FF2 800 - £351 - **$542**
Mont Boron, Nice - Aquarelle (19x25cm-7x10in) Nice 93 .... FF6 500 - £783 - **$1,182**

MOSSA Giovanni Maria 1896 [1]
⎈ Gesammelte Pilze auf dem Boden - Oil/panel (30x40cm-12x16in) Lindau 92 .... FF10 150 - £1 181 - **$2,072**

MOSSA Gustave-Adolphe 1883-1971 [76]
⎈ Jeune femme - Huile/toile (125x60cm-49x24in) Paris 95... FF52 000 - £6 800 - **$10,410**
Poppée - Huile/toile (120x78cm-47x31in) Paris 93 .... FF480 000 - £55 200 - **$82,400**
Â Papillons - Aquarelle (44x29cm-17x11in) Paris 97 .... FF40 000 - £4 344 - **$7,088**
La Fin de Danaé - Watercolour (68x47cm-27x19in) London 96 .... FF80 200 - £10 000 - **$15,500**

MOSSBERG Gunnar Elis 1903-1983 [5]
⎈ Klippor vid havet - Oil/board (45x53cm-18x21in) Söderköping 90 .... FF3 600 - £388 - **$635**

MÖSSEL Julius 1872-? [1]
⎈ She Waits for Her Mates - Oil/canvas (77x64cm-30x25in) New-York 95 .... FF3 850 - £479 - **$750**

MOSSET Olivier 1944 [35]
⎈ Peinture - Acrylique/toile (10x100cm-4x39in) Paris 96... FF19 000 - £2 364 - **$3,685**
Monochrome rouge - Acrylique/toile (140x300cm-55x118in) Paris 94 .... FF28 000 - £3 305 - **$5,020**
Cercle noir - Acrylique/toile (100x100cm-39x39in) Paris 94 .... FF52 000 - £5 356 - **$9,100**
☖ Sans titre, 1974 - Sérigraphie (100x100cm-39x39in) Paris 90 .... FF13 000 - £1 309 - **$2,364**

MOSSIG-ZUPAN von Olga 1944 [4]
⎈ Azaleen vor dem Fenster - Oil/canvas (74x88cm-29x35in) Wien 91 .... FF5 280 - £529 - **$967**

MOSSMAN David 1825-1901 [1]
Â Wreck of Northumbria, Shareham - Wash (15x43cm-6x17in) London 90......................... FF2 100 - £218 - **$369**

MÖSSMER Joseph 1780-1845 [5]
Â Kleinen Bauernhof - Aquarell/Papier (23x28cm-9x11in) Wien 95 .... FF5 990 - £756 - **$1,195**

MÖSSMER Raimund 1813-1874 [1]
Â Mödling bei Wien im Sommer - Aquarell/Papier (15x23cm-6x9in) Wien 94 .... FF10 740 - £1 244 - **$1,848**

MOSSON George 1851-1933 [2]
⎈ Floral still life - Oil/canvas (41x34cm-16x13in) New-York 95 .... FF12 840 - £1 576 - **$2,500**

M

MOSTBÖCK Karl 1921 [2]
Ohne Titel - Aquarell/Papier (30x40cm-12x16in) Wien 97 .... FF3 345 - £355 - **$576**

MOSTYN Marjorie 1893-1979 [4]
Still Life a vase of flower - Oil/canvas (54x39cm-21x15in) London 96 .... FF7 170 - £850 - **$1,400**

MOSTYN Thomas Edwin, Tom 1864-1930 [1]
The Slave Market - Oil/canvas (51x69cm-20x27in) London 96 .... FF5 900 - £699 - **$1,150**
Lustleigh Vale, Devon - Oil/canvas (76x102cm-30x40in) London 94 .... FF16 680 - £1 900 - **$2,830**
Little Mrs. Camp - Oil/canvas (67x48cm-26x19in) New-York 91 .... FF16 930 - £1 710 - **$3,361**
Jardins à Devon - Huile/toile (102x128cm-40x50in) Paris 97 .... FF80 000 - £8 752 - **$13,936**

MOTA Vicente [3]
Pastoreando - Oleo/lienzo (20x34cm-8x13in) Madrid 92 .... FF4 600 - £549 - **$884**
Bodegon de langosta - Oleo/lienzo (42x56cm-17x22in) Madrid 90 .... FF6 800 - £723 - **$1,216**

MOTE George William 1832-1909 [22]
Hochland - Öl/Leinwand (61x92cm-24x36in) Köln 93 .... FF7 460 - £891 - **$1,435**
Shepherds & their flock/By the River - Oil/canvas (51x76cm-20x30in) London 94 .... FF29 400 - £3 500 - **$5,600**
Fisherfolk before Chatham castle - Oil/canvas (102x127cm-40x50in) London 92 .... FF44 000 - £4 500 - **$7,760**

MOTELEY Georges 1865-1923 [12]
Fermette en bord de mer - Huile/panneau (34x38cm-13x15in) Bayeux 94 .... FF2 800 - £337 - **$522**
Omonville-la-Rogue - Huile/toile (50x73cm-20x29in) Cherbourg 96 .... FF11 000 - £1 254 - **$2,106**

MOTHERSOLE Jessie XIX-XX [2]
Scilly Islands - Watercolour (29x23cm-11x9in) London 96 .... FF3 930 - £500 - **$756**

MOTHERWELL Robert 1915-1991 [271]
Two figures - Oil/canvas New-York 91 .... FF1 - £173 549 - **$308,843**
Still life with black - Oil/canvas (46x36cm-18x14in) New-York 97 .... FF110 466 - £11 600 - **$19,000**
Untitled - Acrylic/canvas (137x152cm-54x60in) New-York 96 .... FF275 000 - £35 600 - **$55,000**
Black Palette - Mixed media/canvas (183x61cm-72x24in) New-York 93 .... FF396 000 - £49 700 - **$72,000**
A View No. 1 - Oil/canvas (206x264cm-81x104in) New-York 95 .... FF792 000 - £99 000 - **$160,000**
Dutch Linen Suite - Etching, aquatint (75x63cm-30x25in) New-York 97 .... FF14 857 - £1 593 - **$2,600**
Blue elegy - Color lithograph (105x146cm-41x57in) New-York 94 .... FF171 600 - £20 100 - **$30,000**
L'abeille - Mixed media/paper (28x18cm-11x7in) New-York 97 .... FF23 215 - £2 442 - **$4,000**
Untitled - Watercolour (40x51cm-16x20in) New-York 97 .... FF127 908 - £13 431 - **$22,000**
Par Avion - Collage (91x62cm-36x24in) New-York 95 .... FF272 300 - £34 030 - **$55,000**

MOTI Kaïko 1921-1981 [2]
Bison - Color lithograph (56x76cm-22x30in) New Orleans, Louisiana 94 .... FF2 213 - £252 - **$375**

MOTLEY David XIX-XX [2]
Broget blomsterbuket - Oil/canvas (146x100cm-57x39in) København 90 .... FF21 100 - £2 108 - **$4,004**

MOTTA Denis 1821-1889 [1]
Paesaggio mediterraneo - Öl/Leinwand (43x61cm-17x24in) Bern 94 .... FF13 330 - £1 545 - **$2,297**

MOTTE Emile 1860-1931 [3]
L'enfant aux papillons - Huile/toile (52x42cm-20x17in) Bruxelles 90 .... FF24 300 - £2 602 - **$4,226**

MOTTE Henri P. 1846-1922 [1]
La Belle Alliance - Huile/toile (61x92cm-24x36in) Paris 94 .... FF12 500 - £1 482 - **$2,310**

MOTTET DE LA FONTAINE Elisabeth 1814-? [8]
Bramine/Pondichery cook - Aquarelle (26x20cm-10x8in) Paris 92 .... FF2 500 - £299 - **$481**

MOTTET Jeanie Gallup 1884-1934 [1]
Woman sewing on the veranda - Oil/canvas (69x56cm-27x22in) Mystic, Connecticut 93 ...... FF6 600 - £828 - **$1,200**

MOTTET Johann Daniel 1754-1822 [4]
Junge Frau - Oil/canvas (63x53cm-25x21in) Bern 92 .... FF8 920 - £912 - **$1,572**

MOTTET Yvonne 1906-1968 [11]
Corbeille de fruits - Huile/toile (54x46cm-21x18in) Paris 96 .... FF6 000 - £752 - **$1,158**
Fleurs et coupe de fruits - Huile/toile (65x81cm-26x32in) Versailles 94 .... FF13 500 - £1 550 - **$2,310**

MOTTEZ Victor Louis 1809-1897 [7]
The artist's studio - Oil/canvas (95x12cm-37x5in) New-York 89 .... FF57 200 - £5 692 - **$9,036**
Illustration de Lysistrate d'Aristophane - Aquarelle (19x27cm-7x11in) Paris 97 .... FF2 500 - £276 - **$440**

MOTTI Giuseppe 1908 [3]
Maternità - Olio/tela (60x90cm-24x35in) Milano 93 .... FF7 320 - £822 - **$1,310**

MOTTLAU Kai 1902-1984 [4]
Fran en have, vinter - Oil/canvas (80x100cm-31x39in) København 96 .... FF3 080 - £397 - **$603**

MOTTRAM Charles 1807-1876 [4]
Boston - Engraving (74x106cm-29x42in) New-York 93 .... FF4 950 - £585 - **$900**

MOTTRAM Charles Sim XIX-XX [32]
Mackerel season - Oil/canvas (31x49cm-12x19in) Billinghurst, West Sussex 91 .... FF6 780 - £675 - **$1,166**
Fishing fleet set sails - Watercolour (28x43cm-11x17in) London 95 .... FF2 172 - £280 - **$442**
His Ruling Passion - Watercolour (39x33cm-15x13in) London 95 .... FF9 270 - £1 200 - **$1,896**

MOTTU Luc Henri 1815-1859 [4]
Weisshorn, Gebirgslandschaft - Gouache (15x20cm-6x8in) Bern 92 .... FF8 750 - £1 046 - **$1,684**

MOUALLA Fikret M. Saygi 1903-1967 [240]
Le petit bonhomme - Huile/papier (25x16cm-10x6in) Soissons 95 .... FF5 000 - £648 - **$1,023**
Église St Étienne-du-Mont - Huile/toile (70x58cm-28x23in) Paris 96 .... FF17 500 - £2 264 - **$3,435**
Bateau-lavoir, Butte-Montmartre - Huile/toile (65x81cm-26x32in) Paris 96 .... FF34 000 - £4 260 - **$6,570**
Rue au moulin - Gouache/carton (21x28cm-8x11in) Paris 97 .... FF7 000 - £764 - **$1,224**
Scène de marché - Gouache/carton (54x65cm-21x26in) Paris 97 .... FF26 500 - £2 891 - **$4,632**
Notre-Dame de Paris - Gouache/paper (53x63cm-21x25in) London 93 .... FF45 700 - £5 200 - **$7,750**

MOUCHERON de Frédéric 1633-1686 [33]
- Waldlandschaft mit Reitern - Öl/Leinwand (110x145cm-43x57in) Wien 96 .... FF*146 200* - £*18 960* - **$28,900**
- Mountainous landscape - Ink (31x42cm-12x17in) London 97 .... FF*16 460* - £*1 646* - **$2,711**

MOUCHERON de Isaac 1670-1744 [36]
- Figures in a classical landscape - Oil/canvas (51x68cm-20x27in) London 97 .... FF*113 315* - £*12 000* - **$19,501**
- Italiane terraced Garden - Black chalk (31x45cm-12x18in) London 97 .... FF*29 354* - £*3 000* - **$4,996**
- Idealized landscape with huntsmen - Ink (23x34cm-9x13in) Amsterdam 94 .... FF*106 400* - £*12 560* - **$18,930**

MOUCHOT Hippolyte Louis 1846-1893 [1]
- Le violoniste - Huile/panneau (35x27cm-14x11in) Paris 96 .... FF*8 500* - £*1 058* - **$1,640**

MOUCHOT Louis Claude 1830-1891 [10]
- Seated friar reading - Oil/board (36x26cm-14x10in) New-York 95 .... FF*7 930* - £*954* - **$1,500**
- Mosquée au Caire - Huile/panneau (59x48cm-23x19in) Paris 95 .... FF*35 000* - £*4 430* - **$7,040**

MOUGINS Pierre XX [17]
- Jazzmen - Huile/toile (55x46cm-22x18in) Provins 93 .... FF*2 300* - £*277* - **$419**

MOUILLON Alfred Mouillion 1832-1886 [5]
- Felsige Küstenlandschaft - Oil/panel (45x70cm-7x16in) Luzern 92 .... FF*2 665* - £*318* - **$513**

MOUILLOT Marcel 1889-1972 [6]
- L'escalier, c.1920 - Huile/toile (54x65cm-21x26in) Paris 89 .... FF*19 000* - £*2 002* - **$3,199**

MOUKHAMEDZIANOV Chakirzian 1930 [2]
- Le facteur du village - Huile/carton (50x70cm-20x28in) Paris 92 .... FF*2 800* - £*288* - **$496**

MOULIGNON de Léopold 1821-1897 [5]
- Costume d'Alvito, Rome - Mine plomb (30x22cm-12x9in) Paris 92 .... FF*1 550* - £*185* - **$298**

MOULIN Charles Lucien XIX-XX [3]
- Baigneuse aux figues - Oil/canvas (172x71cm-68x28in) New-York 92 .... FF*44 400* - £*4 650* - **$8,000**

MOULIN Eugène Émile 1880-1914 [1]
- Embracing couple - Bronze (61cm-24in) Delray Beach, Florida 93 .... FF*4 930* - £*567* - **$850**

MOULIN François Jacques c.1800-1868 [2]
- Tlemcen 1857/Col. de Brémond d'Ars - Tirage albuminé Paris 95 .... FF*6 000* - £*718* - **$1,142**

MOULIN Hippolyte A. 1832-1884 [3]
- Lucky Find at Pompeii - Bronze (84cm-33in) London 90 .... FF*33 900* - £*3 630* - **$5,896**

MOULIN Simon 1866-1948 [2]
- Italiaansch park, Tivoli - Oil/canvas (33x33cm-13x13in) Amsterdam 90 .... FF*5 130* - £*525* - **$1,013**

MOULINET Antoine Edouard J. 1833-1891 [8]
- A good book - Oil/canvas (22x16cm-9x6in) London 96 .... FF*8 780* - £*1 100* - **$1,694**
- Birthday surprises - Oil/panel (47x71cm-19x28in) London 92 .... FF*88 000* - £*9 000* - **$15,480**

MOULLADE Georges 1893-1968 [111]
- Etang de la plaine du Forez - Huile/isorel (43x67cm-17x26in) Cannes 92 .... FF*3 200* - £*372* - **$653**
- Cap Martin - Huile/carton (76x50cm-30x20in) Paris 90 .... FF*10 500* - £*1 057* - **$2,057**

MOULLIN Louis J.B. 1817-1876 [2]
- Napoléon III à Chaillot en Mar - Huile/toile Le Touquet 91 .... FF*80 000* - £*8 119* - **$14,449**
- Place du Mollard à Genève - Aquarelle, gouache (22x28cm-9x11in) Paris 92 .... FF*5 000* - £*512* - **$880**

MOULLION Alfred 1832-1886 [2]
- Meadow pool with trees - Oil/panel (44x36cm-17x14in) Bristol 97 .... FF*10 859* - £*1 150* - **$1,869**

MOULTHROP Ed 1916 [2]
- Figured Tulipwood Spheroid - Wood (68cm-27in) New-York 96 .... FF*46 600* - £*6 020* - **$9,000**

MOULTRAY John Elder 1865-1922 [1]
- Maoris attacking a settler family - Oil/board (49x76cm-19x30in) Dorchester, Dorset 92 ...... FF*11 720* - £*1 400* - **$2,256**

MOULY Marcel 1918 [35]
- Ismalia à Kandy - Acrylique/papier (55x75cm-22x30in) Paris 96 .... FF*4 100* - £*529* - **$803**
- Paysage et rivage de Grèce - Huile/toile (27x35cm-11x14in) Calais 97 .... FF*7 200* - £*789* - **$1,264**
- Bateaux sur la plage - Huile/toile (67x72cm-26x28in) Paris 92 .... FF*15 500* - £*1 850* - **$2,980**

MOUNCEY William 1852-1901 [5]
- Tongland, Kirkcudbrightshire - Oil/canvas (40x51cm-16x20in) Edinburgh 92 .... FF*7 810* - £*800* - **$1,376**

MOUNICOT Virginie 1955 [2]
- Mètre étalon - Sculpture (100x18x24cm-39x7x9in) Semur-en-Auxois 90 .... FF*12 000* - £*1 277* - **$2,147**
- Scanachrome - Photograph (43x200cm-17x79in) Semur-en-Auxois 90 .... FF*6 000* - £*638* - **$1,073**

MOUNIER Emil 1810-? [1]
- Landmädchen - Oil/canvas (56x47cm-22x19in) München 89 .... FF*40 500* - £*4 141* - **$6,511**

MOUNT Rita 1888-1967 [14]
- Carleton, Baie des Chaleurs - Huile/toile (53x64cm-21x25in) Montréal 96 .... FF*6 070* - £*760* - **$1,171**

MOUNT Shepard Alonzo 1804-1868 [3]
- Family homestead - Oil/panel (24x38cm-9x15in) New-York 91 .... FF*45 600* - £*4 590* - **$8,000**

MOUNT William Sidney 1807-1868 [8]
- Cracking Nuts - Oil/board (23x36cm-9x14in) New-York 93 .... FF*159 500* - £*20 000* - **$29,000**
- Chopping Down the Tree - Drawing (26x39cm-10x15in) New-York 93 .... FF*71 500* - £*8 960* - **$13,000**

MOUNTAIN Robert Frederick 1821-1871 [1]
- Lake St. Louis, Quebec - Watercolour (17x27cm-7x11in) London 97 .... FF*16 840* - £*2 100* - **$3,253**

MOUNTFORD Arnold 1878-? [2]
- The Flirtatious Look - Oil/canvas (71x92cm-28x36in) London 97 .... FF*36 731* - £*4 000* - **$6,388**

MOUR van Jan Baptiste 1671-1737 [7]
- Turkish Lady with her Son - Oil/canvas (34x26cm-13x10in) London 96 .... FF*80 400* - £*10 000* - **$15,600**

M

MOURADIAN Hovhannes 1916-1984 [3]
🖼 *Plage* - Huile/toile (68x95cm-27x37in) Paris 94 .... FF**2 000** - £*236* - **$359**

MOUREN Henri Laurent 1844-1926 [47]
🖼 *Marseille* - Huile/toile (28x35cm-11x14in) Aubagne 93 .... FF**4 000** - £*456* - **$678**
⬦ *Bords de rivière* - Aquarelle (27x32cm-11x13in) Grenoble 92.. FF**1 700** - £*198* - **$347**
Pont Sully, Paris - Aquarelle (13x19cm-5x7in) Paris 94... FF**4 200** - £*489* - **$727**

MOURGUE Pierre XIX-XX [3]
🖼 *Jean Borlin* - Affiche (114x151cm-45x59in) Paris 93 .... FF**11 000** - £*1 326* - **$2,000**

MOURIER Claude 1930 [91]
🖼 *Femme à la lecture* - Huile/toile (33x41cm-13x16in) Montauban 96 .... FF**3 000** - £*389* - **$594**
L'étang des pêcheurs - Huile/toile (46x55cm-18x22in) Bordeaux 92 .... FF**6 800** - £*696* - **$1,334**
Village et son clocher - Huile/toile (46x55cm-18x22in) L'Isle-Adam 92 .... FF**9 000** - £*921* - **$1,620**

MOURIER-PETERSEN Christian 1858-1945 [14]
🖼 *Kysten ved Kunda* - Oil/canvas (44x52cm-17x20in) København 91 .... FF**13 200** - £*1 333* - **$2,620**

MOURLAN Pierre-Jean A. 1789-1860 [1]
⬦ *Gentleman in dark blue coat* - Miniature (7cm-3in) London 92 .... FF**7 810** - £*800* - **$1,376**

MOURLOT Jacques XX [2]
🗿 *Emboîtage* - Bronze (70x17x44cm-28x7x17in) Douai 90 .... FF**4 000** - £*407* - **$800**

MOURLOT Maurice 1906-1983 [75]
🖼 *Cour Saint-Loup* - Huile/toile (38x55cm-15x22in) La Varenne Saint-Hilaire 91 .... FF**3 000** - £*299* - **$516**
Marché du désert - Huile/toile (73x92cm-29x36in) Paris 89 .... FF**17 000** - £*1 692* - **$2,686**

MOUS Jozef 1896-1968 [12]
🖼 *Dockers au port* - Huile/papier (30x40cm-12x16in) Antwerpen 95 .... FF**2 677** - £*352* - **$538**

MOUSATOFF Grigorij 1909-1941 [1]
🖼 *Dame in Ruinenlandschaft* - Oil/panel (60x52cm-24x20in) München 92.. FF**9 500** - £*1 134* - **$1,827**

MOUSSEAU Jean-Paul 1927-1991 [9]
🖼 *Suspension* - Fibre de verre (84cm-33in) Montréal 91 .... FF**2 580** - £*261* - **$518**
⬦ *Tellu modulations matin* - Pastel (56x76cm-22x30in) Montréal 91 .... FF**2 580** - £*259* - **$446**

MOUSSEAU Michel 1934 [3]
🖼 *Nature morte au fond gris* - Huile/toile (81x100cm-32x39in) Lyon 96 .... FF**8 000** - £*965* - **$1,535**

MOUSSON Tivadar J. 1887-? [1]
🖼 *Markt* - Öl/Karton (35x46cm-14x18in) Wien 92 .... FF**3 850** - £*386* - **$741**

MOUTHIER Hippolyte XIX-XX [17]
🖼 *Le Vallon de la Pra* - Huile/panneau (26x34cm-10x13in) Grenoble 94 .... FF**2 900** - £*344* - **$536**

MOUTON Georges XIX-XX [3]
🖼 *Avant le départ/Départ au marché* - Huile/panneau (33x24cm-13x9in) Paris 95 .... FF**18 000** - £*2 270* - **$3,590**

MOUTTE Alphonse 1840-1913 [2]
🖼 *Una hembra, femme nue sur un canapé* - Oleo/lienzo (114x88cm-45x35in) Madrid 89 .... FF**54 000** - £*5 373* - **$8,531**

MOWBRAY Henry Siddons 1858-1928 [5]
🖼 *The Test* - Oil/panel (47x39cm-19x15in) London 97 .... FF**51 354** - £*5 500* - **$9,002**
Marriage of Persephone - Oil/canvas (53x86cm-21x34in) New-York 94 .... FF**337 000** - £*39 800* - **$60,000**

MOWER Martin 1870-? [1]
🖼 *Floral still life* - Oil/canvas (66x48cm-26x19in) Boston, Mass. 94 .... FF**10 820** - £*1 283* - **$2,000**

MOWER-MARTIN Thomas 1838-1934 [3]
⬦ *Ruisseau d'automne* - Aquarelle/papier (38x56cm-15x22in) Montréal 94 .... FF**1 556** - £*187* - **$288**

MOXON Jenner XIX [2]
⬦ *Hop Picking, Farnham, Surrey*
   Watercolour (41x55cm-16x22in) Billinghurst, West Sussex 93 .... FF**3 984** - £*480* - **$696**

MOY Maurice 1883-1945 [7]
⬦ *Près de la ville close, Concarneau*
   Aquarelle, gouache/papier (33x41cm-13x16in) Quimper 97 .... FF**2 800** - £*300* - **$491**

MOY Seong 1921 [7]
🖼 *Changes # 2* - Woodcut in colors (51x71cm-20x28in) Cambridge, Mass. 94 .... FF**3 090** - £*365* - **$550**

MOYA DEL PINO José 1891-1969 [1]
🖼 *Procession* - Oil/board (101x119cm-40x47in) San Francisco-Los Angeles 93............................... FF**17 730** - £*2 013* - **$3,000**

MOYA Federico 1802-1885 [2]
🖼 *St. Mark's Square, Venice* - Oil/canvas (100x75cm-39x30in) New-York 94 .... FF**118 000** - £*13 920* - **$21,000**
⬦ *Veduta di Fiuma* - Indian ink (22x29cm-9x11in) Milano 90 .... FF**2 500** - £*266* - **$447**

MOYA Víctor 1890-1972 [1]
🖼 *Joven con flores* - Oleo/lienzo (90x74cm-35x29in) Madrid 93 .... FF**16 700** - £*1 988* - **$3,020**

MOYA Víctor XIX-XX [2]
🖼 *Princesita* - Oleo/lienzo (66x54cm-26x21in) Madrid 93.. FF**9 360** - £*1 078* - **$1,607**

MOYA Y CALVO Víctor 1884-? [2]
🖼 *The love letter* - Oil/canvas (80x90cm-31x35in) London 90 .... FF**58 100** - £*6 021* - **$10,211**

MOYANO Luis 1907 [11]
🖼 *Les tables de la Loi* - Huile/toile (130x89cm-51x35in) Antwerpen 96 .... FF**4 264** - £*517* - **$822**

MOYLAN Lloyd 1893-? [2]
🖼 *Top of a hill in Taos* - Oil/panel (71x92cm-28x36in) San Francisco-Los Angeles 94 .... FF**27 060** - £*3 210* - **$5,000**

MOYNAN Richard Thomas 1856-1906 [5]
🖼 *Home Again* - Oil/canvas (61x45cm-24x18in) London 96... FF**47 300** - £*6 100* - **$9,120**

MOYNIER Auguste 1820-1891 [1]
⬦ *Landschaft mit Städtchen und See* - Oil/canvas (22x35cm-9x14in) Bern 90 .... FF**7 800** - £*830* - **$1,395**

MOYNIHAN Rodrigo 1910-1991 [17]
- The Antique Room - Oil/board (50x38cm-20x15in) London 95 .... FF13 130 - £1 700 - $2,690

MOYREAU Jean 1690-1762 [2]
- La Partie carrée - Eau-forte (39x46cm-15x18in) Paris 96 .... FF2 600 - £324 - $503

MOYROUD Lucien [6]
- Le printemps - Huile/toile/carton (46x61cm-18x24in) Grenoble 96 .... FF2 000 - £255 - $386

MOYSE Edouard 1827-1908 [4]
- Covenant of Abraham - Oil/canvas (58x86cm-23x34in) Tel Aviv 95 .... FF97 700 - £12 650 - $20,000
- Rabbi and Talmid - Oil/canvas (595x35cm-234x14in) Tel Aviv 96 .... FF204 000 - £26 470 - $40,000

MOZART Rottmann 1874-? [1]
- Draped nudes in a garden - Oil/canvas (60x80cm-24x31in) London 90 .... FF8 280 - £843 - $1,656

MOZIER Joseph 1812-1870 [7]
- Pocahontas, bust - Marble (59cm-23in) New-York 95 .... FF30 100 - £3 770 - $6,000
- The White Lady - Marble (140cm-55in) New-York 97 .... FF157 526 - £16 540 - $27,000

MOZIN Charles Louis 1806-1862 [18]
- Tour Malakoff à Trouville - Huile/panneau (46x56cm-18x22in) Paris 94 .... FF21 000 - £2 446 - $3,710
- Bateau échoué - Huile/toile (100x81cm-39x32in) Paris 94 .... FF40 000 - £4 660 - $7,060
- Port de Trouville, marée-basse - Aquarelle, gouache (27x42cm-11x17in) Deauville 95........ FF31 000 - £3 910 - $6,140

MOZLEY Charles 1915-1991 [11]
- By Richmond Bridge - Oil/canvas (51x61cm-20x24in) London 97 .... FF2 828 - £300 - $487

MOZOS Pedro 1915-1982 [35]
- Adoración y ofrenda en Belém - Oleo/cartón (46x63cm-18x25in) Madrid 95 .... FF10 050 - £1 305 - $2,070
- Cruce en el camino - Oleo/lienzo (84x69cm-33x27in) Madrid 92 .... FF29 700 - £3 025 - $5,230
- Desnudo de mujer sentada - Dibujo (32x23cm-13x9in) Madrid 95 .... FF2 205 - £253 - $421

MROCZKOWSKI Aleksander 1850-1927 [2]
- Goats in a river landscape - Oil/panel (100x50cm-39x20in) Warszawa 96 .... FF9 150 - £1 044 - $1,754

MROZEK Erich 1907 [5]
- Abstrakte Komposition - Watercolour (38x31cm-15x12in) München 92 .... FF8 140 - £972 - $1,566

MRZYGLOD Wincenty, Lukasz 1884-1952 [1]
- Near the church - Oil/canvas (41x51cm-16x20in) Warszawa 94 .... FF4 250 - £505 - $781

MUBIN Othon 1924-1981 [3]
- Composition abstraite - Huile/toile (100x73cm-39x29in) Paris 92 .... FF2 800 - £288 - $539

MUCCHI Gabriele 1899-? [10]
- Donne che rammendano una vela - Tempera/cartone (50x60cm-20x24in) Milano 93 .... FF15 220 - £1 763 - $2,620
- No alla guerra - Inchiostro (29x36cm-11x14in) Milano 94 .... FF3 390 - £404 - $605

MUCCINI Marcello 1926 [4]
- Modella nello studio - Olio/tela (84x120cm-33x47in) Roma 89 .... FF14 600 - £1 493 - $2,347

MUCHA Alphonse 1860-1939 [238]
- Woman with a ribbon - Oil/canvas (38x84cm-15x33in) New-York 95 .... FF38 760 - £4 980 - $8,000
- Life of the Old Slavs - Oil/canvas (148x114cm-58x45in) London 91 .... FF297 000 - £30 204 - $53,749
- Dawn, Aurore - Lithograph (60x100cm-24x39in) New-York 97 .... FF21 800 - £2 289 - $3,749
- Bière de la Meuse - Affiche (154x96cm-61x38in) Boulogne 96 .... FF31 000 - £4 030 - $6,140
- Sarah Bernhardt - Poster (207x76cm-81x30in) New-York 96 .... FF80 100 - £9 400 - $14,000
- Young woman - Coloured pencils/paper (49x59cm-19x23in) London 96 .... FF32 050 - £3 800 - $6,250
- Bleu des Champs - Pastel (39x22cm-15x9in) Paris 96 .... FF75 000 - £9 670 - $14,680

MUCHA Reinhard 1950 [1]
- BBK Edition
  Photo lithograph in artist's frame (diptyck) (115x173cm-45x68in) New-York 96 ...... FF77 700 - £10 020 - $15,000

MUCHA Willy 1905-1995 [10]
- Collioures - Huile/toile (65x81cm-26x32in) Paris 96.. FF9 000 - £1 167 - $1,780
- Les courses - Gouache (56x45cm-22x18in) Louviers 90 .... FF5 000 - £539 - $882

MUCHE Georg 1895-1987 [7]
- Stilleben mit Früchten - Öl/Leinwand (51x49cm-20x19in) München 95 .... FF196 700 - £24 750 - $39,400
- Stilleben - Color lithograph (20x20cm-8x8in) Heidelberg 94 .... FF22 620 - £2 713 - $4,400

MUCHIR Claude XX [2]
- Composition - Huile/toile (92x73cm-36x29in) Paris 96 .... FF2 500 - £299 - $490

MUCKADELL de Albinia Schafalitsky 1824-1897 [1]
- Pige der saelger blomster ... - Oil/canvas (73x60cm-29x24in) Köbenhavn 91 .... FF19 300 - £1 917 - $3,351

MÜCKE J. Ferenc, Franz 1819-1883 [2]
- Family group in a landscape - Oil/canvas (88x72cm-35x28in) London 93 .... FF21 600 - £2 600 - $3,770

MÜCKE Karl Anton H. 1806-1891 [1]
- Sacra Conversatione - Oil/canvas (60x38cm-24x15in) Köln 91 .... FF34 050 - £3 414 - $6,236

MÜCKE Karl Emil 1847-1923 [3]
- The First Born - Oil/masonite (15x11cm-6x4in) San Francisco-Los Angeles 93............... FF12 370 - £1 552 - $2,250

MUCKLEY William Jabez 1837-1905 [8]
- Home once more - Oil/canvas (69x53cm-27x21in) New-York 93...................................... FF64 900 - £7 380 - $11,000
- Clematis - Oil/canvas (90x34cm-35x13in) London 96 .... FF261 500 - £31 000 - $51,000
- Peonies - Watercolour (33x51cm-13x20in) London 95 .... FF8 000 - £1 000 - $1,616

MUDD James 1852-1901 [3]
- Peacock Locomotive, Manchester - Albumen print (23x36cm-9x14in) New-York 93................... FF5 320 - £604 - $900

MUDD John P. 1888-1955 [2]
- Casting a steel ingot, c.1936 - Silver print (33x25cm-13x10in) New-York 89 .... FF9 200 - £915 - $1,453

M

Calendar & auction results :　　　INTERNET : www.artprice.com　　　MINITEL : 3617 ARTPRICE

MUDFORD Grant 1944 [1]
Los Angeles - Silver print New-York 90 .... FF3 400 - £366 - $600

MUEHLHAUS Daan 1907 [4]
A view in Venice - Oil/panel (13x24cm-5x9in) Amsterdam 96 .... FF3 290 - £414 - $648

MUELLER Bruno 1929-1989 [1]
Quadrille - Oil/canvas (80x99cm-31x39in) Luzern 90 .... FF37 400 - £3 806 - $7,479

MUELLER Georg 1880-? [1]
Roßbändiger - Bronze (30cm-12in) Ahlden 92 .... FF3 385 - £394 - $691

MUELLER Otto 1874-1930 [147]
Sitzende im Grünen - Tempera/canvas (104x75cm-41x30in) Berlin 95 .... FF1 - £177 200 - $278,400
Teich im Wald - Oil/canvas (80x106cm-31x42in) London 96 .... FF469 500 - £58 000 - $90,600
Funf gelbe Akte am Wasser - Color lithograph (32x44cm-13x17in) Berlin 97 . FF77 703 - £8 252 - $13,535
Zigeunerkind im Dorf - Color lithograph (50x35cm-20x14in) Berlin 96 .... FF458 000 - £57 100 - $88,400
Liegendes Mädchen - Coloured chalks/paper (37x55cm-15x22in) Berlin 97 ... FF77 703 - £8 252 - $13,535
Tänzerin - Coloured chalks (69x49cm-27x19in) Berlin 97 .... FF233 110 - £24 757 - $40,606
Mädchenakt am Ufer - Watercolour (67x52cm-26x20in) Berlin 92 .... FF881 000 - £105 300 - $169,600

MUENDEL George 1871-? [1]
Pailsades from Manhattan - Oil/canvas (61x45cm-24x18in) New-York 91 .... FF12 450 - £1 256 - $2,200

MUENIER Jules Alexis 1863/69-1942 [11]
L'Oignon en automne - Huile/toile (81x65cm-32x26in) Besançon 96 .... FF15 500 - £1 870 - $2,973
Young girl arranging flowers - Oil/board (61x38cm-24x15in) New-York 94 .... FF61 400 - £7 100 - $10,500

MUFF Orla 1903-1984 [7]
Tibedelsen - Oil/canvas (150x98cm-59x39in) København 96 .... FF3 960 - £492 - $770

MÜGGE Berthold 1896-1970 [2]
Abendstimmung - Öl/Leinwand (33x42cm-13x17in) Bremen 94 .... FF4 460 - £517 - $767

MUGICA Y PEREZ Carlos 1821-? [1]
Mujer de Zamora - Acuarela (27x18cm-11x7in) Madrid 93 .... FF3 995 - £481 - $778

MUGNIER Jules 1857-? [1]
Automne - Huile/panneau (27x35cm-11x14in) Paris 92 .... FF2 400 - £246 - $423

MUGUET Georges 1903-1988 [1]
Nu allongé vu de dos - Sanguine (49x64cm-19x25in) Paris 93 .... FF3 200 - £360 - $543

MUHEIM Jost Anton 1808-1880 [2]
Morteratschgletscher - Oil/canvas (44x55cm-17x22in) Luzern 92 .... FF19 030 - £2 273 - $3,660

MÜHL Otto 1925 [56]
Ohne Titel - Schuhcreme/Papier (84x121cm-33x48in) Wien 93 .... FF12 020 - £1 437 - $2,313
Massaker in Arles - Acrylic/canvas (180x120cm-71x47in) Wien 96 .... FF115 400 - £14 470 - $22,540
3 Figuren - Gouache/papier (42x56cm-17x22in) Wien 96 .... FF10 600 - £1 321 - $2,047

MÜHL Roger 1929 [112]
Fumées - Oil/canvas (65x81cm-26x32in) New-York 97 .... FF10 447 - £109 9 8 - $1,800
Nature morte au falcon bleu - Oil/canvas (92x60cm-36x24in) New-York 97 .. FF26 117 - £2 747 - $4,500
Jardin à Grasse - Oil/canvas (150x201cm-59x79in) New-York 94 .... FF44 000 - £5 140 - $7,750

MÜHLBACH Peter 1957 [2]
Erste Schwimmversuche - Oil/panel (13x18cm-5x7in) Köln 90 .... FF8 800 - £942 - $1,530

MÜHLBACHER Ferdinand 1844-1921 [1]
Römische Ruine, Wien - Oil/canvas (69x96cm-27x38in) Wien 91 .... FF5 760 - £581 - $1,123

MÜHLBACHER Josef 1868-1933 [1]
Die Haselburg bei Bozen - Gouache/papier (26x19cm-10x7in) Wien 94 ..... FF3 400 - £400 - $606

MÜHLBECK Josef 1878-1948 [12]
Im Dachauer Moos - Öl/Leinwand (60x80cm-24x31in) Wien 95 .... FF8 940 - £1 150 - $1,846

MÜHLBERG Georg 1863-1925 [2]
Maend der diskuterer i en krostue - Oil/canvas (50x60cm-20x24in) København 92 . FF5 280 - £540 - $1,100

MÜHLEN Hermann 1886-? [1]
Paris-Urteil - Ink (49x39cm-19x15in) München 93 .... FF2 610 - £299 - $441

MÜHLENEN von Max Rudolf 1903-1971 [18]
Landschaft in Stuckishaus - Öl/Leinwand (89x116cm-35x46in) Bern 96 .... FF21 500 - £2 730 - $4,134
In Gedanken - Oil/board (64x81cm-25x32in) Bern 91 .... FF25 740 - £2 594 - $4,467
Lucerne - Öl/Leinwand (94x111cm-37x44in) Luzern 94 .... FF120 500 - £14 130 - $21,450
Aktstudie - Crayon/papier (30x47cm-12x19in) Bern 92 .... FF3 235 - £387 - $623

MÜHLENFELD Otto XIX-XX [1]
The American schooner - Oil/canvas (66x92cm-26x36in) London 96 ...... FF11 830 - £1 500 - $2,270

MUHLENHAUPT Curt 1921 [2]
Am Landwehrkanal - Öl/Leinwand (50x70cm-20x28in) Berlin 94 .... FF12 020 - £1 437 - $2,247

MUHLERN Mark 1951 [2]
Sorting it out - Oil/canvas (198x228cm-78x90in) New-York 91 .... FF5 130 - £521 - $927

MÜHLETALER Ernst 1897-? [2]
Zofingen - Öl/Leinwand (64x80cm-25x31in) Zofingen 93 .... FF4 690 - £565 - $858

MÜHLHAN Adolf 1886-? [2]
Auf der Alster - Oil/canvas (40x61cm-16x24in) Bremen 92 .... FF9 520 - £974 - $1,676

MÜHLHAUS Daan 1907-? [3]
Various shipping, Rotterdam - Oil/canvas (100x180cm-39x71in) Amsterdam 96 . FF33 200 - £4 100 - $6,410

MÜHLIG Albert Ernst 1862-? [3]
Dohna bei Dresden - Oil/panel (40x32cm-16x13in) Düsseldorf 92 .... FF27 200 - £2 784 - $4,790

MÜHLIG Bernhard 1829-1910 [22]
- Berglandschaft im Spätsommer - Oil/Karton (28x36cm-11x14in) Stuttgart 94 .... FF6 800 - £794 - $1,192
- Negotiating/Chopping Wood - Oil/board (15x22cm-6x9in) New-York 95 .... FF29 230 - £3 530 - $5,500

MÜHLIG Hugo 1854-1929 [63]
- Hühnerhof - Öl/Leinwand (86x35cm-34x14in) Düsseldorf 96 .... FF82 700 - £10 700 - $16,530
- Bei der Kartoffelernte - Öl/Leinwand (55x90cm-22x35in) München 93 .... FF183 000 - £21 870 - $35,200
- Bauernhaus in Spätwinter - Gouache/carton (14x21cm-6x8in) Köln 94 .... FF30 850 - £3 620 - $5,400

MÜHLIG Meno 1823-1873 [13]
- Eisvergnügen bei Schneehimmel - Öl/Leinwand (28x35cm-11x14in) Köln 95 .... FF17 000 - £2 117 - $3,320

MUHLSTOCK Louis 1904 [24]
- Laurentian Lake - Huile/toile (66x77cm-26x30in) Montréal 94 .... FF3 500 - £403 - $602
- Corner of our garden, Laurentians - Huile/toile (73x66cm-29x26in) Montréal 93 .... FF62 100 - £7 100 - $10,600
- Seated figure - Pastel/papier (58x86cm-23x34in) Montréal 96 .... FF7 580 - £950 - $1,464

MUHR Hans 1924 [1]
- Brunnen - Marble (65cm-26in) Wien 95 .... FF19 220 - £2 400 - $3,880

MUHR Julius 1819-1865 [1]
- Kinderporträt - Öl/Leinwand (83x63cm-33x25in) Bern 95 .... FF8 630 - £1 080 - $1,744

MUHRMAN Henry 1854-1916 [1]
- Landscapes - Oil/panel London 95 .... FF10 040 - £1 300 - $2,042

MUHRMANN Ludwig 1886-? [2]
- Wallpavilon des Dresdener Zwingers - Öl/Leinwand (49x68cm-19x27in) Dresden 95 .... FF8 640 - £1 130 - $1,730

MUIR William XIX-XX [2]
- Cockle gatherers - Oil/canvas (114x173cm-45x68in) London 92 .... FF6 840 - £700 - $1,207

MUIRHEAD David Thomson 1867-1930 [6]
- Mary Cassatt painting - Oil/cardboard (19x25cm-7x10in) London 95 .... FF8 160 - £1 050 - $1,686

MUIRHEAD John 1863-1927 [6]
- Cattle by a river - Oil/canvas/board (31x45cm-12x18in) Glasgow 96 .... FF3 456 - £400 - $662
- The coast, Dieppe - Watercolour (16x35cm-6x14in) London 92 .... FF2 143 - £220 - $412

MUIS Albert 1914-1982 [3]
- Interieur - Oil/paper/board (65x54cm-26x21in) Amsterdam 97 .... FF5 895 - £637 - $1,028

MUIZULIS Ivars 1935 [4]
- Le Conte de fées - Huile/toile (97x100cm-38x39in) Montauban 94 .... FF4 000 - £520 - $784

MUKAROWSKY Josef 1851-1921 [1]
- Admiration - Ink (37x27cm-15x11in) Toronto 89 .... FF1 800 - £190 - $303

MULARD François Henri 1769-1850 [1]
- Lady in elegant dress - Oil/canvas (99x80cm-39x31in) New-York 92 .... FF855 000 - £86 100 - $150,000

MULAS Ugo 1928-1973 [1]
- David Smith in his Voltri studio - Silver print (27x35cm-11x14in) New-York 91 .... FF3 135 - £316 - $544

MULDER A.R. 1903-1971 [2]
- Setter at point - Oil/canvas (61x91cm-24x36in) New Orleans, Louisiana 94 .... FF4 100 - £488 - $750

MULDER Gillis Bernhard 1875-1938 [1]
- The seamstress - Oil/canvas (40x34cm-16x13in) Amsterdam 90 .... FF4 800 - £496 - $848

MULDER Joseph 1659/60-c.1718 [1]
- Arbre de gomme - Engraving Heidelberg 94 .... FF4 110 - £477 - $708

MULDERS van Camille 1868-1949 [8]
- Pink and white roses - Oil/canvas (70x50cm-28x20in) London 96 .... FF9 240 - £1 200 - $1,830
- Tropical flowers - Oil/canvas (133x98cm-52x39in) Amsterdam 90 .... FF54 300 - £5 526 - $10,859

MULERTT Carl Eugene 1869-1915 [2]
- When the Day's Work is Done - Oil/canvas (76x64cm-30x25in) New-York 94 .... FF6 850 - £799 - $1,200

MULET Y CLAVER Vicente 1897-1945 [1]
- Retrato de niño con aves - Oil/canvas (55x50cm-22x20in) London 96 .... FF85 100 - £10 000 - $16,750

MULFORD Stockton 1886-? [2]
- Man in chair with cigarette and dog - Oil/canvas (74x71cm-29x28in) New-York 96 .... FF16 830 - £2 173 - $3,250

MULHAUPT Frederick John 1874-1939 [25]
- A spanish vendor - Oil/canvas (36x36cm-14x14in) New-York 94 .... FF6 310 - £758 - $1,200
- The Morning Hour - Oil/canvas (89x71cm-35x28in) New-York 94 .... FF44 900 - £5 300 - $8,000
- Guinea wharf - Oil/canvas (45x61cm-18x24in) New-York 97 .... FF204 320 - £21 493 - $35,000

MULHEM Dominique 1952 [5]
- Juste un dernier été - Acrylique/toile (63x81cm-25x32in) Paris 90 .... FF9 500 - £1 024 - $1,675

MULIERE Claude 1940 [5]
- Jeune femme en blanc - Huile/panneau (56x68cm-22x27in) Verrières-Le-Buisson 91 .... FF7 800 - £782 - $1,288

MULKEN van Johannes Josephus 1796-1879 [3]
- Wooded river landscape - Oil/canvas (56x74cm-22x29in) Amsterdam 95 .... FF14 300 - £1 787 - $2,890

MULLANIFF Kathleen 1957 [2]
- Me in my painted world - Oil/canvas (152x126cm-60x50in) London 90 .... FF7 300 - £787 - $1,287

MÜLLEGG Alexander 1904-1982 [4]
- Landschaft bei der Schönaubrücke - Öl/Karton (39x52cm-15x20in) Zofingen 94 .... FF6 020 - £707 - $1,073

MULLENAAR Peter Wilhelm 1887-? [1]
- Cherries in a brass dish - Oil/canvas (40x60cm-16x24in) Amsterdam 95 .... FF3 135 - £400 - $642

MÜLLER Adam 1811-1844 [7]
- Castel Sant'Angelo, Roma - Oil/canvas (69x94cm-28x37in) Köbenhavn 96 .... FF24 830 - £2 830 - $4,755
- Fillettes à la leçon de musique - Eau-forte (56x41cm-22x16in) Paris 94 .... FF7 000 - £815 - $1,217

M

MÜLLER Albert 1897-1926 [35]
🖼 *Tessinerlandschaft* - Öl/Leinwand (74x110cm-29x43in) Zürich 97 .... FF197 395 - £20 985 - **$34,050**
Waldweg - Öl/Leinwand (100x70cm-39x28in) Bern 95 .... FF487 000 - £62 100 - **$99,500**
▭ *Anna II* - Woodcut (77x56cm-30x22in) Bern 95 .... FF3 023 - £378 - **$611**
▱ *Tessinerlandschaft* - Pastel/papier (34x48cm-13x19in) Zürich 97 .... FF59 219 - £6 296 - **$10,215**

MÜLLER Albert 1884-1963 [9]
▭ *Traum* - Lithograph (23x20cm-9x8in) München 96 .... FF3 050 - £383 - **$589**

MÜLLER Alfredo 1869-1940 [23]
▭ *L'heure du thé* - Eau-forte (61x44cm-24x17in) Soissons 94 .... FF2 500 - £296 - **$449**
Can-Can dancer - Etching (39x30cm-15x12in) London 93 .... FF9 150 - £1 100 - **$1,670**
▱ *Femme au chapeau* - Mine plomb (63x48cm-25x19in) Soissons 94 .... FF5 200 - £615 - **$934**

MÜLLER Amalie 1843-? [1]
🖼 *Kinder in einer Wiesenlandschaft* - Oil/board (21x33cm-8x13in) München 89 .... FF2 400 - £245 - **$386**

MÜLLER Anton 1853-1897 [6]
🖼 *Pay Day* - Oil/panel (46x53cm-18x21in) London 96 .... FF57 800 - £7 500 - **$11,430**

MÜLLER Carl 1818-1893 [8]
Christ at Emmaus - Oil/canvas/panel (109x155cm-43x61in) New-York 96 .... FF30 000 - £3 884 - **$6,000**
▱ *Die Ferdinandsbrücke in Wien* - Aquarell/Papier (36x54cm-14x21in) Wien 90 .... FF6 700 - £713 - **$1,199**

MÜLLER Carl 1862-1938 [4]
▱ *Regensburghof, Lugeck, Wien* - Aquarell/Karton (33x24cm-13x9in) Wien 92 .... FF9 620 - £1 150 - **$1,850**

MÜLLER Carl Leopold 1834-1892 [14]
🖼 *Beduine* - Öl/Leinwand (64x50cm-25x20in) Wien 92 .... FF36 100 - £4 195 - **$7,360**
An Arab encampment - Oil/canvas (74x122cm-29x48in) London 93 .... FF373 500 - £45 000 - **$65,200**
▱ *Rast der karawane* - Pencil/paper (44x74cm-17x29in) Wien 94 .... FF2 930 - £340 - **$504**

MÜLLER Carl Wilhelm 1839-1904 [5]
🖼 *Campagna-Landschaft* - Öl/Karton (21x27cm-8x11in) München 92 .... FF14 580 - £1 742 - **$2,805**
▱ *Ländliche Einkehr* - Watercolour (14x15cm-6x6in) Hamburg 96 .... FF2 034 - £254 - **$393**

MULLER Charles XIX [2]
🖼 *Sheep in a landscape* - Oil/canvas (54x90cm-21x35in) New-York 93 .... FF7 150 - £845 - **$1,300**

MÜLLER Charles Arthur 1868-? [1]
🗿 *La Victoire* - Ivory, bronze (63cm-25in) Madrid 96 .... FF14 250 - £1 850 - **$2,820**

MÜLLER Charles François 1789-1855 [1]
🖼 *Le relais de poste* - Huile/toile Aubagne 92 .... FF16 500 - £1 690 - **$2,905**

MULLER Charles Louis Lucien 1815-1892 [21]
🖼 *Comédienne Rachel* - Huile/toile (130x92cm-51x36in) Paris 94 .... FF25 000 - £2 960 - **$4,620**
Bains de mer, la mère et l'enfant - Oil/canvas (106x75cm-42x30in) New-York 92 ...... FF44 800 - £4 540 - **$9,000**
Languissant Lady - Oil/canvas (97x79cm-38x31in) Amsterdam 97 .... FF108 043 - £11 495 - **$18,799**

MÜLLER Eduard Josef 1851-? [4]
🖼 *Herbstliche Flußlandschaft* - Oil/panel (34x49cm-13x19in) München 92 .... FF12 880 - £1 540 - **$2,480**

MÜLLER Emil 1934 [2]
🖼 *Bild Nr. 157* - Acrylique/toile (100x100cm-39x39in) Luzern 94 .... FF9 630 - £1 130 - **$1,716**

MÜLLER Emma von Seehofen 1859-1925 [3]
🖼 *Der Brief* - Öl/Leinwand (57x63cm-22x25in) Pforzheim 95 .... FF35 600 - £4 440 - **$7,190**

MÜLLER Erich Martin 1888-1972 [9]
🖼 *Vilstal mit Blick auf Burg Kallmünz* - Öl/Leinwand (61x82cm-24x32in) München 94 ... FF5 120 - £605 - **$920**
Blick auf Frauenchiemsee - Öl/Leinwand (57x77cm-22x30in) München 94 .... FF20 600 - £2 440 - **$3,804**

MÜLLER Ernst 1902-? [3]
🖼 *Bauer mit Pfeife* - Oil/panel (24x18cm-9x7in) München 91 .... FF6 080 - £617 - **$1,098**

MÜLLER Ernst Immanuel 1844-1915 [3]
🖼 *Musizierende Bauern* - Öl/Leinwand (38x53cm-15x21in) Wien 94 .... FF21 830 - £2 530 - **$4,135**

MÜLLER Ferdinand A. 1833-? [1]
🖼 *Gesamtansicht von Dausenau* - Öl/Leinwand (43x71cm-17x28in) Köln 95 .... FF11 700 - £1 480 - **$2,347**

MÜLLER Franz 1843-1929 [1]
🖼 *Berglandschaft , Bex* - Öl/Leinwand (69x102cm-27x40in) Bern 93 .... FF17 420 - £2 005 - **$2,990**

MÜLLER Friedrich 1749-1825 [4]
▭ *Landschaft mit Hirte* - Etching (16x20cm-6x8in) Heidelberg 94 .... FF3 386 - £418 - **$654**

MÜLLER Friedrich Wilhelm 1801-1889 [2]
🖼 *Der Rütlischwur* - Oil/canvas (78x103cm-31x41in) Bern 92 .... FF20 930 - £2 500 - **$4,030**

MÜLLER Fritz XIX-XX [6]
🖼 *Arab houses on a sandy hill* - Oil/canvas (46x34cm-18x13in) New-York 93 .... FF3 540 - £403 - **$600**

MÜLLER Fritz 1814-? [2]
🖼 *The Johann Lange* - Oil/canvas (56x84cm-22x33in) New-York 95 .... FF20 600 - £2 650 - **$4,250**

MÜLLER Georges 1895-1977 [19]
🖼 *Péniches sur Seine, 1950's* - Huile/carton (26x34cm-10x13in) Paris 90 .... FF3 200 - £336 - **$557**

MÜLLER Gustav Alfred 1895-1978 [1]
🖼 *Strasse in Freital* - Oil/canvas/panel (28x41cm-11x16in) Stuttgart 93 .... FF7 650 - £878 - **$1,303**

MÜLLER Hans 1873-? [6]
🗿 *Charioteer racing past city walls* - Bronze (35cm-14in) London 94 .... FF8 470 - £1 000 - **$1,510**

MÜLLER Heinrich 1913-? [1]
🗿 *Magd mit Wasserkübel* - Bronze (43cm-17in) Stuttgart 92 .... FF5 430 - £648 - **$1,044**

MÜLLER Heinrich 1903-1978 [3]
🖼 *Orchidée* - Oil/canvas (51x42cm-20x17in) Zürich 90 .... FF23 400 - £2 488 - **$4,180**

M

MÜLLER Heinrich Anton 1865-1930 [1]
Pflanzenfigur - Drawing (33x25cm-13x10in) Bern 93 .... FF6 360 - £769 - **$1,182**

MÜLLER Heinrich Eduard 1823-1853 [1]
Miss Ellis - Pencil/paper (18x17cm-7x7in) Hamburg 95 .... FF1 890 - £250 - **$383**

MÜLLER Heinrich, Haiggi 1885-1960 [12]
Veilchen, Äpfeln und Nüssen - Öl/Leinwand (33x41cm-13x16in) Zürich 93 .... FF7 120 - £811 - **$1,210**

MÜLLER Heinz 1872-? [2]
El floretista - Bronze (45cm-18in) Madrid 92 .... FF3 386 - £394 - **$691**

MULLER Jan 1922-1958 [3]
Untitled - Charcoal (63x48cm-25x19in) New-York 92 .... FF10 400 - £1 242 - **$2,000**

MÜLLER Johann Georg 1913-1986 [2]
Pomona - Öl/Leinwand (110x120cm-43x47in) Köln 96 .... FF71 300 - £8 120 - **$13,650**

MÜLLER Johann Jakob 1765-1831 [2]
Ansicht von Neapel - Öl/Leinwand (47x64cm-19x25in) München 93 .... FF23 740 - £2 835 - **$4,570**

MÜLLER Johannes 1806-1897 [3]
Eimerbödeli Ulrich Etter - Huile/panneau (24cm-9in) Zürich 96 .... FF63 600 - £7 360 - **$12,170**

MÜLLER Johannes 1863-1945 [2]
Fjellandskap - Oil/canvas (78x105cm-31x41in) Oslo 92 .... FF4 270 - £510 - **$820**

MÜLLER Josef Felix 1955 [2]
Ohne Titel - Aquarelle (102x77cm-40x30in) Zürich 93 .... FF12 180 - £1 455 - **$2,343**

MÜLLER Judith 1923-1977 [3]
Bernfest - Öl/Leinwand (41x33cm-16x13in) Bern 93 .... FF4 860 - £588 - **$904**

MÜLLER Karl 1818-1893 [3]
Lighting the pipe - Oil/canvas (70x100cm-28x39in) New-York 93 .... FF6 960 - £800 - **$1,200**
Blacksmith - Bronze (33cm-13in) Baton Rouge, Louisiana 94 .... FF7 420 - £865 - **$1,300**
Studies of the effect of light - Ink (34x46cm-13x18in) London 91 .... FF90 700 - £9 007 - **$15,748**

MÜLLER Karl L.H. 1820-1887 [1]
Mythological group
    Rare Union Porcelain Works White Biscuit (47cm-19in) New-York 93 .... FF71 500 - £8 450 - **$13,000**

MÜLLER Leopold Carl 1834-1892 [8]
L'Angélus à Lisseweghe - Huile/toile (90x119cm-35x47in) Antwerpen 94 .... FF19 920 - £2 340 - **$3,550**
The Blind Beggar - Oil/canvas (70x120cm-28x47in) New-York 93 .... FF247 500 - £31 030 - **$45,000**
Markttag - Pencil/paper (24x36cm-9x14in) Wien 96 .... FF2 414 - £275 - **$463**

MÜLLER Maria 1847-c.1902 [3]
Interieur - Oil/canvas (61x49cm-24x19in) Wien 92 .... FF8 660 - £887 - **$1,526**

MÜLLER Max 1911 [14]
Paris - Oil/canvas (31x41cm-12x16in) København 96 .... FF5 130 - £667 - **$1,016**

MULLER Mic 1928 [12]
Nature morte aux fruits - Huile/toile (61x50cm-24x20in) Dieppe 92 .... FF4 000 - £410 - **$834**

MÜLLER Moritz 1841-1899 [17]
Rotwild an der Tränke - Öl/Leinwand (55x68cm-22x27in) Wien 95 .... FF5 880 - £774 - **$1,191**
Rehe am Waldrand - Oil/panel (15x25cm-6x10in) München 94 .... FF20 400 - £2 380 - **$3,580**

MÜLLER Moritz Feuer-Müller 1807-1865 [4]
Der Antrag - Öl/Leinwand (28x23cm-11x9in) Stuttgart 93 .... FF34 500 - £3 900 - **$5,810**

MÜLLER Moritz II XIX-XX [6]
Ein Jagdhund spürt ein Rebhuhn auf - Öl/Leinwand (41x51cm-16x20in) München 94 ...... FF7 510 - £887 - **$1,350**

MÜLLER Morten 1828-1911 [28]
Hardangerfjord - Oil/canvas (29x48cm-11x19in) Oslo 93 .... FF8 000 - £948 - **$1,440**
Utsikt mot Äl i Hallingdal - Oil/canvas (73x107cm-29x42in) Oslo 93 .... FF32 000 - £3 790 - **$5,760**
Fra Nordmarken - Oil/canvas (70x100cm-28x39in) Tönsberg 92 .... FF74 600 - £7 640 - **$14,640**

MÜLLER Otto 1874-1930 [12]
Polnische Familie - Lithographie Bern 91 .... FF19 400 - £1 945 - **$3,202**

MÜLLER Paul Jakob 1894-1983 [79]
Schlafender Clochard - Öl/Leinwand (60x100cm-24x39in) Bern 94 .... FF8 920 - £1 065 - **$1,666**
Schlafender weiblicher Akt - Technique mixte/papier (31x38cm-12x15in) Bern 92 .... FF4 190 - £500 - **$805**

MÜLLER Paul Lothar 1869-? [15]
Wichtelmann unter Birke - Öl/Leinwand (61x55cm-24x22in) Bremen 93 .... FF7 700 - £881 - **$1,310**
Frankfurter Strasse - Aquarell (33x21cm-13x8in) Bremen 95 .... FF4 550 - £584 - **$937**

MÜLLER Peter Paul 1853-1915 [15]
Fliederstrauss in Glasvase - Öl/Leinwand (81x60cm-32x24in) Kempten 96 .... FF3 426 - £449 - **$694**
Pioneer - Oil/canvas (66x94cm-26x37in) Chicago 96 .... FF23 140 - £2 806 - **$4,500**

MÜLLER Richard 1874-1954 [41]
Der Alptraum - Oil/canvas München 91 .... FF10 140 - £1 029 - **$1,831**
Zeus und Danae - Oil/canvas (194x220cm-76x87in) Lindau 92 .... FF94 700 - £11 020 - **$19,340**
Kopf Sieland - Etching (40x28cm-16x11in) Köln 97 .... FF4 731 - £497 - **$81,0 4**
Eine Anfrage I - Black chalk (31x30cm-12x12in) München 92 .... FF17 680 - £1 810 - **$3,110**

MÜLLER Robert 1920 [2]
Abstract composition - Sculpture (30cm-12in) Amsterdam 93 .... FF48 050 - £5 760 - **$8,780**

MÜLLER Robert Antoine XIX [6]
Klösterliche Alchemistenküche - Oil/panel (36x45cm-14x18in) Köln 95 .... FF17 260 - £2 245 - **$3,540**

MÜLLER Robert Werthmüller 1859-1895 [1]
Friedrich der Grosse mit Adjudanten - Öl/Leinwand (75x53cm-30x21in) Bremen 95 .... FF20 860 - £2 706 - **$4,344**

M

MÜLLER Rosa XIX-XX [5]

🖼 *On the river Lledr, North Wales* - Oil/canvas (42x76cm-17x30in) London 89 .... FF**56 200** - £**5 430** - **$8,528**

MÜLLER Rudolf 1816-1904 [1]

🖼 *Village in an Alpine valley* - Oil/canvas (38x46cm-15x18in) New-York 96 .... FF**4 500** - £**583** - **$900**

MÜLLER Rudolf 1802-1885 [17]

✎ *View of seaside Sicilian town* - Watercolour (48x64cm-19x25in) Toronto 96 .... FF**19 730** - £**2 500** - **$3,786**

MÜLLER Rudolf 1892-1972 [43]

🖼 *März bei Siviriez* - Öl/Leinwand (23x28cm-9x11in) Bern 95 .... FF**2 160** - £**270** - **$436**

Oschwand - Öl/Leinwand (48x59cm-19x23in) Bern 94 .... FF**12 120** - £**1 404** - **$2,090**

MÜLLER Rudolph Gustaph 1858-1888 [2]

🖼 *At the city wall* - Oil/panel (23x18cm-9x7in) London 93 .... FF**28 500** - £**3 200** - **$4,770**

MÜLLER Thomas 1953 [2]

🖼 *Der Konkav - Konvexe Dionysos* - Oil/canvas (128x133cm-50x52in) Athens 93 .... FF**12 000** - £**1 380** - **$2,060**

MÜLLER VOM SIEL Georg Bernhard 1865-1939 [9]

🖼 *Weg in Schatten hoher Bäume* - Öl/Leinwand (64x92cm-25x36in) Bremen 94 .... FF**14 840** - £**1 755** - **$2,735**

🏠 *Dorfstrasse* - Etching Hamburg 95 .... FF**2 280** - £**289** - **$459**

MÜLLER von Emma 1859-1925 [11]

🖼 *Junge Tirolerin in Tracht* - Öl/Karton (27x21cm-11x8in) München 93 .... FF**8 470** - £**1 013** - **$1,630**

Tirolerin - Oil/panel (26x21cm-10x8in) Luzern 94 .... FF**22 830** - £**2 730** - **$4,390**

MULLER von Emma 1859-? [4]

🖼 *Tiroler Bauernmädchens* - Oil/panel (33x24cm-13x9in) Wien 91 .... FF**14 400** - £**1 434** - **$2,476**

MULLER von Johann Gottard 1741-1814 [1]

🏠 *Louis XVI* - Engraving New-York 93 .... FF**5 500** - £**690** - **$1,000**

MÜLLER von Karl Friedrich 1813-1881 [2]

🖼 *Bann-Bulle an Heinrich IV* - Öl/Leinwand (132x139cm-52x55in) Frankfurt 93 .... FF**24 430** - £**2 735** - **$4,095**

✎ *The orange seller, Paris, 1859* - Wash (27x20cm-11x8in) London 90 .... FF**2 500** - £**269** - **$441**

MÜLLER Walter Emil 1896-1963 [18]

✎ *Komposition 50er Jahre* - Ink/paper (58x82cm-23x32in) Luzern 95 .... FF**2 165** - £**220** - **$433**

MÜLLER Wilhelm 1881-1918 [5]

🖼 *Frau in weissem Kleid* - Oil/board (61x56cm-24x22in) Bern 92 .... FF**9 300** - £**950** - **$1,638**

MULLER William James 1812-1845 [62]

🖼 *Street scene, Cairo* - Oil/canvas (30x25cm-12x10in) London 97 .... FF**16 886** - £**1 800** - **$2,921**

Near Gillingham - Oil/canvas (106x91cm-42x36in) London 89 .... FF**63 000** - £**6 442** - **$10,129**

The falls of Tivoli - Oil/canvas (168x119cm-66x47in) London 96 .... FF**127 600** - £**16 000** - **$24,800**

✎ *Tent of Yurooks near Xanthus* - Wash London 91 .... FF**4 170** - £**419** - **$721**

Walsingham church, Norfolk - Watercolour, gouache (20x14cm-8x6in) London 90 .... FF**5 800** - £**610** - **$1,009**

MULLER Wout 1946 [6]

🖼 *Nude & Sunflowers at Night* - Oil (115x85cm-45x33in) Amsterdam 97 .... FF**26 364** - £**2 765** - **$4,524**

MÜLLER-BAUMGARTEN Karl 1879-1946 [12]

🖼 *Bärtiger Jäger mit Pfeife* - Oil/panel (18x14cm-7x6in) Lindau 97 .... FF**4 895** - £**51 4 2** - **$84,2 1**

Moorlandschaft in Oberbayern - Öl/Leinwand (75x120cm-30x47in) Lindau 93 .... FF**13 300** - £**1 550** - **$2,185**

MÜLLER-BRESLAU Georg 1856-1911 [3]

🖼 *Arkadische Landschaft* - Oil/canvas (91x58cm-36x23in) Stuttgart 92 .... FF**15 570** - £**1 810** - **$3,180**

MÜLLER-BRIGHEL Wilhelm 1860-? [2]

🖼 *Fiskere traekker garnet ind* - Oil/canvas (90x145cm-35x57in) Viby J, Århus 95 .... FF**5 300** - £**694** - **$1,083**

MÜLLER-BRITTNAU Willy 1938 [10]

🖼 *III/X/68* - Dispersion (80x80cm-31x31in) Zofingen 95 .... FF**13 600** - £**1 722** - **$2,733**

✎ *Ohne Titel* - Sérigraphie couleurs (70x70cm-28x28in) Bern 94 .... FF**3 300** - £**396** - **$642**

✎ *Ohne Titel* - Gouache (44x44cm-17x17in) Zofingen 91 .... FF**2 574** - £**261** - **$465**

MÜLLER-BROCKMANN Josef 1914 [3]

🏠 *BEA, Fly Viscount* - Poster (127x90cm-50x35in) London 95 .... FF**3 360** - £**380** - **$605**

MÜLLER-CASSEL Adolf Leonhard 1864-? [1]

🖼 *Boulevard in Paris* - Oil/canvas (35x50cm-14x20in) München 91 .... FF**8 110** - £**817** - **$1,407**

MÜLLER-COBURG Gustav Adolf 1828-1901 [1]

🖼 *Giovane turca* - Olio/tela (86x62cm-34x24in) Roma 90 .... FF**33 300** - £**3 405** - **$6,573**

MÜLLER-COBURG Karl Gottfried 1858-1909 [2]

✎ *Ronda, Granada* - Acuarela (50x34cm-20x13in) Madrid 90 .... FF**13 500** - £**1 455** - **$2,381**

MÜLLER-CORNELIUS Ludwig 1864-1943 [37]

🖼 *Eine Postkutsche hält* - Oil/panel (11x16cm-4x6in) Stuttgart 95 .... FF**8 270** - £**1 070** - **$1,683**

Harvesting the hay - Oil/panel (11x16cm-4x6in) New-York 96 .... FF**14 400** - £**1 740** - **$2,800**

Postkutsche vor dem Bauernhaus - Oil/panel (8x12cm-3x5in) München 94 .... FF**23 800** - £**2 777** - **$4,170**

MÜLLER-CREFELD Adolf 1863-? [1]

🗿 *Stehende nackte Diana* - Bronze (45cm-18in) Stuttgart 90 .... FF**13 500** - £**1 445** - **$2,348**

MÜLLER-DACHAU Hans 1877-1924 [1]

🖼 *Villa in einem Park* - Oil/Leinwand (56x66cm-22x26in) München 92 .... FF**6 780** - £**810** - **$1,305**

MÜLLER-DIFLO Otto 1878-1949 [2]

🖼 *Der alte Steg bei Kloster Seeon* - Öl/Leinwand (51x61cm-20x24in) München 94 .... FF**18 450** - £**2 217** - **$3,510**

MÜLLER-ERBACH Heinz Otto 1921-1984 [1]

🖼 *Eine andere Welt* - Mischtechnik (130x100cm-51x39in) Frankfurt 92 .... FF**2 040** - £**209** - **$359**

MÜLLER-GOSSEN Franz 1871-? [13]

🖼 *Dreimaster auf der Elbe* - Öl/Leinwand (165x125cm-65x49in) Hamburg 94 .... FF**10 630** - £**1 260** - **$1,965**

MÜLLER-HOFSCHMIED Willy 1890-1966 [8]

✎ *Ein fröhlicher Spaziergang* - Ink (21x30cm-8x12in) Hamburg 95 .... FF**4 205** - £**533** - **$846**

MÜLLER-KAEMPFF Paul 1861-1941 [27]

🖼 Heidelandschaft - Öl/panel (20x25cm-8x10in) Bremen 95.. FF7 000 - £898 - $1,442
Sonniger Herbsttag in der Heide - Öl/Leinwand (81x120cm-32x47in) Bremen 95 .... FF17 200 - £2 260 - $3,450
Tauwetter - Öl/Leinwand (70x132cm-28x52in) Köln 95 .... FF56 700 - £7 170 - $11,370

MÜLLER-KRAUS Erich 1911-1967 [2]

📖 In Memoriam A. Hitler - Woodcut (27x17cm-11x7in) Köln 94.................................... FF2 230 - £259 - $384
🖉 Landschaftliche rythmen IX - Aquarell (22x27cm-9x11in) München 93............................ FF16 420 - £1 944 - $2,963

MÜLLER-KREFELD Adolf 1863-? [1]

🏛 Liegender weiblicher Akt - Bronze (19cm-7in) Pforzheim 93.................................... FF2 544 - £304 - $490

MÜLLER-KURZWELLY Konrad Alexander 1855-1914 [12]

🖉 Küstenlandschaft - Öl/Leinwand (51x76cm-20x30in) Düsseldorf 96............................... FF6 890 - £892 - $1,378
Rehe in einem Wald - Oil/canvas (100x147cm-39x58in) Stuttgart 92............................. FF10 150 - £1 181 - $2,072

MÜLLER-LANDAU Rolf 1903-1956 [8]

📖 Kap im Mondschein - Monotype (44x54cm-17x21in) Heidelberg 95................................. FF11 130 - £1 444 - $2,317

MÜLLER-LANDECK Fritz 1865-1942 [12]

🖼 Vorgebirgslandschaft - Öl/Leinwand (50x70cm-20x28in) München 92............................. FF6 100 - £730 - $1,174
Sommerliche Erntelandschaft - Öl/Leinwand (70x100cm-28x39in) Lindau 93........................ FF11 870 - £1 418 - $2,283

MÜLLER-LINGKE Albert 1844-c.1900 [8]

🖼 Jäger mit Hund - Öl/Karton (42x36cm-17x14in) München 94....................................... FF3 076 - £370 - $585
Dirndl und alte Bauern in Gespräch - Öl/Leinwand (48x61cm-19x24in) München 95............ FF17 730 - £2 240 - $3,555
📖 Bauernmädchen am Gartenzaun - Woodcut in colors (36x27cm-14x11in) Köln 91.................... FF3 746 - £376 - $686

MÜLLER-LINOW Bruno 1909 [11]

🖉 Stilleben mit Obst - Aquarell (45x60cm-18x24in) Bielefeld 90................................... FF8 400 - £899 - $1,461

MÜLLER-LÜMEN Franz 1890-1959 [2]

🖼 Sommertag in der Eiffel - Oil/panel (50x70cm-20x28in) Köln 93................................. FF2 275 - £260 - $387

MÜLLER-MASSDORF Julius 1863-? [4]

🖼 Lesendes Mädchen - Oil/canvas (60x50cm-24x20in) Köln 91....................................... FF12 300 - £1 264 - $2,290

MÜLLER-MÜNSTER Franz 1867-? [1]

📖 Mutter mit Kind in Landschaft - Woodcut in colors (30x25cm-12x10in) Wien 91................... FF12 000 - £1 210 - $2,339

MÜLLER-REHM Georg Hans 1880-1952 [1]

🖉 Gärtner im Sonnenblumenbeet - Aquarell/Papier (49x63cm-19x25in) Heidelberg 94............... FF3 084 - £358 - $531

MÜLLER-SAMERBERG Karl Hermann 1869-? [2]

🖼 Landscape with forest and house
Oil/canvas (30x41cm-12x16in) Bloomfield Hills, Michigan 92......................... FF27 000 - £2 760 - $5,000
🖉 Harburg an der Wörnitz - Watercolour/paper (47x62cm-19x24in) Köln 90......................... FF10 200 - £1 043 - $2,013

MÜLLER-SCHEESSEL Ernst 1863-1936 [11]

🖼 Wäscherinnen am Fluss - Öl/Leinwand (59x76cm-23x30in) Bremen 94.............................. FF9 660 - £1 143 - $1,780
🖉 Am Deich vor der Stadt - Gouache (38x46cm-15x18in) Bremen 93................................. FF4 900 - £561 - $833

MÜLLER-SCHNUTTENBACH Hans 1889-1974 [1]

🖉 Winterliche Vorgebirgslandschaft - Gouache (29x39cm-11x15in) München 89...................... FF27 000 - £2 761 - $4,341

MÜLLER-SCHÖNEFELD Ernst 1867-? [2]

🖼 Holländisches Interieur - Oil/wood (59x49cm-23x19in) Hamburg 97.............................. FF2 696 - £288 - $470

MÜLLER-SCHWABEN Fritz 1879-? [5]

🖼 Mühle am Bach - Öl/Leinwand (71x95cm-28x37in) München 95.................................... FF5 540 - £669 - $1,042

MÜLLER-TRENKHOFF Carl 1873-? [2]

🖼 Sommertag im Taunus - Öl/Leinwand (78x89cm-31x35in) Frankfurt 94............................ FF8 790 - £1 210 - $1,840

MÜLLER-URY Adolf Felix 1862-1947 [2]

🖼 Woman in red dress - Oil/board (20x25cm-8x10in) Delray Beach, Florida 94..................... FF2 475 - £311 - $450

MÜLLER-VALENTIN Gustave 1894-1954 [2]

📖 Vallée près de Saint-Moritz - Woodcut in colors (36x41cm-14x16in) Zofingen 91................. FF1 782 - £181 - $322

MÜLLER-WARTH Augustin 1864-1943 [1]

🖼 Religiöse Szene - Oil/canvas (65x45cm-26x18in) München 90.................................... FF9 520 - £973 - $1,879

MÜLLER-WERLAU Peter Paul 1864-? [1]

🖼 Die alte Mühle - Oil/cardboard (23x23cm-9x9in) Pforzheim 95.................................. FF2 670 - £333 - $540

MÜLLER-WISCHIN Anton 1865-1949 [15]

🖼 Das alte Castell - Öl/Leinwand (85x100cm-33x39in) Lindau 96.................................. FF21 940 - £2 834 - $4,240

MULLEY Oskar 1891-1949 [42]

🖼 Bäume - Mischtechnik/Karton (33x33cm-13x13in) Wien 95... FF36 700 - £4 840 - $7,440
Tiroler Bildstock - Öl/Leinwand (68x100cm-27x39in) Wien 96.................................... FF134 800 - £16 800 - $26,050
🖉 Festung Geroldseck Kufstein - Mischtechnik/Papier (43x36cm-17x14in) Wien 94................... FF14 650 - £1 743 - $2,790

MÜLLI Rudolf 1882-1926 [1]

🖼 Landschaft - Öl/Leinwand (36x50cm-14x20in) Wien 94... FF4 410 - £522 - $813

MULLICAN Lee 1919 [2]

🖼 Spirit Head Swims Red #1
Oil/canvas (76x76cm-30x30in) San Francisco-Los Angeles 94............................. FF7 200 - £940 - $1,400

MULLICAN Matt 1951 [14]

🖼 Anatomy & Evolutionary Chart
Oilstick/canvas (4 parts) (244x488cm-96x192in) New-York 96............................ FF101 800 - £12 000 - $20,000
🖉 Mythological Views - Pencil (96x126cm-38x50in) Stockholm 94................................... FF8 570 - £1 006 - $1,527

MULLINS Bert Rubin 1901-? [1]

🖉 Gallier Hall, New Orleans
Watercolour/paper (51x36cm-20x14in) Baton Rouge, Louisiana 94......................... FF1 710 - £205 - $325

M

MULLINS Edwin Roscoe 1849-1907 [2]
🎨 *A mother tending a girl on her knee* - Marble (72cm-28in) Cheltenham 92 .... FF24 420 - £2 500 - **$4,310**
MULLINS William J. 1860-1917 [2]
📷 *Cloud study* - Silver print (5x10cm-2x4in) New-York 90 .... FF2 500 - £269 - **$441**
MÜLLNER Adolf 1875-1954 [1]
🖼 *Dame vor einem Spiegel* - Oil/canvas (70x93cm-28x37in) Wien 91 .... FF3 840 - £387 - **$748**
MÜLLNER Josef 1879-1968 [2]
🗿 *Bust of Medusa* - Bronze (24cm-9in) London 90 .... FF19 400 - £2 004 - **$3,428**
MULNIER Jean-Baptiste F. XVIII-XIX [2]
🖊 *Young gentleman* - Miniature (12cm-5in) Genève 92 .... FF4 430 - £456 - **$828**
MULOCK Benjamin R. XIX [1]
📷 *Bahia* - Albumen print (18x23cm-7x9in) London 96 .... FF24 800 - £3 200 - **$4,790**
MULPHIN Albert [2]
🎨 *Amazone* - Huile/toile (174x155cm-69x61in) Paris 97 .... FF4 500 - £489 - **$790**
MULREADY Augustus E. c.1863-1905 [21]
🎨 *A Christmas Carol* - Oil/canvas (99x61cm-39x24in) London 94 .... FF23 940 - £2 800 - **$4,170**
Fading flowers - Oil/canvas (55x38cm-22x15in) London 90 .... FF140 400 - £14 549 - **$24,675**
🖊 *Tired minstrels* - Watercolour (40x27cm-16x11in) London 95 .... FF18 940 - £2 400 - **$3,810**
MULREADY William 1786-1863 [15]
🎨 *Edith* - Oil/board (31x21cm-12x8in) London 96 .... FF28 100 - £24 630 - **$4,810**
Idle Boys - Oil/panel (79x67cm-31x26in) London 95 .... FF300 000 - £38 000 - **$60,300**
🖊 *Portrait of two sisters* - Watercolour/paper (52x39cm-20x15in) Toronto 92 .... FF9 460 - £968 - **$1,666**
MULTRUS Josef 1898-1957 [4]
🎨 *Girls picking flowers* - Oil/canvas (64x90cm-25x35in) London 93 .... FF17 560 - £2 000 - **$2,980**
MULVAD Emma 1838-1903 [6]
🎨 *Roser i glasvase* - Oil/canvas (50x38cm-20x15in) Vejle 90 .... FF11 200 - £1 157 - **$1,979**
MULVANEY John 1844-1906 [1]
🎨 *Famous American Frontiersman*
Printers chromolithographic proof (56x74cm-22x29in) Elgin, Illinois 92 .... FF3 900 - £466 - **$750**
MULVANY Thomas J. 1779-1845 [2]
🎨 *Grouse shooting* - Oil/board (51x60cm-20x24in) Belfast 92 .... FF34 400 - £4 000 - **$7,020**
MUMPRECHT Walter Rudolf 1918 [17]
🎨 *Quand la nuit tombera...* - Technique mixte/toile (11x26cm-4x10in) Bern 95 .... FF5 590 - £727 - **$1,148**
🖊 *Bois clairière silence papillon* - Mischtechnik/Papier (28x26cm-11x10in) Bern 96 .... FF4 550 - £578 - **$875**
MUNAKATA Shiko 1903-1975 [39]
📄 *Dragonfly* - Woodcut (34x23cm-13x9in) New-York 94 .... FF24 300 - £2 850 - **$4,250**
Goddess - Woodcut (34x32cm-13x13in) New-York 95 .... FF107 100 - £13 920 - **$22,000**
🖊 *Goddess* - Ink (64x32cm-25x13in) New-York 95 .... FF82 800 - £10 760 - **$17,000**
MUNARI Bruno 1907 [10]
🎨 *Scrittura illegibile* - Tecnica mista/tela (41x21cm-16x8in) Milano 93 .... FF4 030 - £452 - **$721**
Composizione - Acrilico/tela (100x100cm-39x39in) Milano 93 .... FF24 320 - £2 796 - **$4,180**
🖊 *Senza titolo* - Disegno (24x32cm-9x13in) Milano 92 .... FF4 650 - £553 - **$894**
MUNCASTER Claude Graham 1903-1974 [26]
🎨 *Gondolas, Venice* - Oil/canvas/board (41x51cm-16x20in) London 92 .... FF9 280 - £950 - **$1,634**
🖊 *In the Trades* - Watercolour (35x51cm-14x20in) London 97 .... FF2 074 - £220 - **$357**
A Rural Landscape - Watercolour (34x51cm-13x20in) London 97 .... FF18 433 - £2 000 - **$3,266**
MUNCH Anna Elisabeth 1876-1960 [1]
🎨 *Woman in an interior* - Oil/canvas (58x80cm-23x31in) Viby J, Århus 95 .... FF6 740 - £876 - **$1,388**
MUNCH Constance XIX-XX [1]
🖊 *Paysage des Vosges* - Aquarelle/papier Saint-Dié 92 .... FF5 000 - £597 - **$962**
MUNCH Edvard 1863-1944 [256]
🎨 *Vampire* - Oil/canvas (85x10cm-33x4in) New-York 90 .... FF1 - £1 - **$2**
By the Sea - Oil/panel (25x35cm-10x14in) Stockholm 94 .... FF171 764 - £18 308 - **$29,992**
Summer in Agårstrand - Oil/canvas (69x52cm-27x20in) London 95 .... FF846 000 - £110 000 - **$174,200**
Frühjahr Asgåstrand - Oil/canvas (80x60cm-31x24in) London 95 .... FF2 44e +06 - £270 000 - **$414,000**
📄 *Vampyre* - Lithograph (36x46cm-14x18in) London 96 .... FF1 - £140 000 - **$235,000**
Street-Type - Etching (44x29cm-17x11in) London 97 .... FF13 514 - £1 400 - **$2,314**
Das Weib - Lithographie (69x64cm-27x25in) London 97 .... FF60 811 - £6 300 - **$1,041,7 5**
Der Kuss - Woodcut (47x49cm-19x19in) Berlin 96 .... FF272 000 - £30 960 - **$52,000**
🖊 *Lla bergère* - Dessin (25x20cm-10x8in) Quimper 96 .... FF70 000 - £8 300 - **$13,660**
Blaveisbakken, Ekely - Gouache/board (50x65cm-20x26in) London 95 .... FF500 000 - £65 000 - **$103,000**
MÜNCH Gustav Heinrich 1884-1922 [1]
🎨 *Altwasser nach dem Schneefall* - Öl/Karton (31x34cm-12x13in) Stuttgart 94 .... FF3 430 - £407 - **$634**
MÜNCH Otto 1885-1965 [1]
🗿 *Pelikane* - Bronze (34cm-13in) Zürich 95 .... FF10 610 - £1 345 - **$2,135**
MÜNCH-K'HE Willi 1885-1960 [3]
🗿 *Stehendes Eselchen* - Bronze (13cm-5in) München 95 .... FF2 470 - £315 - **$507**
🖊 *Hans Thoma im Profil* - Coloured pencils (21x14cm-8x6in) Freiburg 96 .... FF2 373 - £298 - **$458**
MUNDELEER Léon 1851-1933 [2]
🖊 *Moulin à vent* - Aquarelle (66x48cm-26x19in) Bruxelles 93 .... FF1 650 - £197 - **$337**
MUNDO Ignasi 1918 [3]
🎨 *La llegada de la barca* - Oleo/lienzo (86x116cm-34x46in) Madrid 97 .... FF13 000 - £1 397 - **$2,275**
MUNDT Emilie 1842-1922 [23]
🎨 *Den førstefødte* - Oil/canvas (45x63cm-18x25in) København 95 .... FF11 050 - £1 357 - **$2,153**

A Field of Flowers - Oil/canvas (53x79cm-21x31in) London 95 .... FF**37 240** - £4 500 - **$6,870**
MUNDY Henry 1919 [2]
Abstract, 1961 - Gouache (38x32cm-15x13in) London 89 .... FF**2 900** - £280 - **$440**
MUNERET Patrick 1940 [2]
Vert espérance - Huile/toile (101x76cm-40x30in) Montréal 91 .... FF**4 950** - £496 - **$907**
MUNFORD Robert W. 1925 [2]
Untitled - Mixed media/paper (43x52cm-17x20in) Amsterdam 93.................................... FF**2 410** - £288 - **$464**
MUNGER Gilbert Davis 1837-1903 [5]
Venise, trois-mâts - Huile/toile (56x81cm-22x32in) Paris 89 .... FF**22 000** - £2 189 - **$3,476**
MUNIER Émile 1810-1895 [16]
Le sauvetage - Oil/canvas (101x187cm-40x74in) New-York 97 .... FF**1** - £121 620 - **$200,000**
La baigneuse - Oil/canvas (37x19cm-15x7in) New-York 97 .... FF**107 284** - £11 554 - **$19,000**
A Happy Familly - Oil/canvas (67x56cm-26x22in) New-York 97 .... FF**293 618** - £31 621 - **$52,000**
MUNIER-JOLAIN Pierre 1888-1922 [5]
Les Naïades - Huile/panneau (72x59cm-28x23in) Versailles 91..................................... FF**10 000** - £1 003 - **$1,832**
MÜNIP Ahmet XIX-XX [1]
Heybeliada'dan Büyükada'ya bakis - Oil/canvas (54x73cm-21x29in) Istanbul 92.............. FF**15 800** - £1 580 - **$2,810**
MUNK Arthur XX [2]
Espace probable - Huile/toile (122x51cm-48x20in) Montréal 94 .... FF**2 797** - £321 - **$479**
MUNK Jacob ?-1885 [3]
Bei der Handleserin - Öl/Leinwand (48x54cm-19x21in) Köln 95 .... FF**16 570** - £2 155 - **$3,400**
MUNKACSI Martin Marmorstein 1896-1963 [13]
Dancer, Berlin - Photograph (29x24cm-11x9in) New-York 95.. FF**53 300** - £6 850 - **$11,000**
MUNKACSY Mihály 1844-1900 [36]
Young girl with her dog - Oil/panel (38x27cm-15x11in) New-York 95............................. FF**37 200** - £4 500 - **$7,000**
Picnic - Oil/canvas (21x34cm-8x13in) London 97... FF**171 428** - £18 000 - **$29,485**
Repos pendant une promenade
    Oil/canvas (101x76cm-40x30in) New-York 97 .... FF**1 26 81e +06** - £110 682 - **$180,000**
MUNN George Frederick 1852-1907 [4]
A Grey Day, Brittany - Oil/canvas (41x64cm-16x25in) Boston, Mass. 93 .... FF**11 550** - £1 450 - **$2,100**
MUNN Paul Sandby 1773-1845 [16]
Capel-y-Cerrig/Llanberris & Capel-y-C. - Watercolour (27x34cm-11x13in) London 94.......... FF**4 660** - £550 - **$836**
MÜNNINGHOF Xeno 1873-1944 [11]
Young girl in the shade of a tree - Oil/panel (36x63cm-14x25in) Amsterdam 92 .... FF**3 610** - £420 - **$737**
MUNNINGS Alfred James 1878-1959 [213]
H. M., Queen's horse Aureole... - Oil/panel (55x76cm-22x30in) New-York 97 .... FF**2** - £264 966 - **$430,000**
A Cornwall Lane - Oil/canvas (76x63cm-30x25in) New-York 96 .... FF**71 400** - £9 260 - **$14,000**
Above the wood - Oil/canvas (51x60cm-20x24in) London 97 .... FF**345 157** - £36 000 - **$59,022**
Bahram with his groom - Oil/board (53x62cm-21x24in) London 96 .... FF**662 000** - £78 000 - **$130,000**
Soldier and girl on a swing - Watercolour (32x33cm-13x9in) London 94 .... FF**80 400** - £9 500 - **$14,440**
Landau drawn by greys - Watercolour (29x40cm-11x16in) London 96 .... FF**247 400** - £31 000 - **$47,700**
MUNNS Bernard ?-1942 [4]
Enigma - Oil/canvas (48x40cm-19x16in) London 94 .... FF**18 740** - £2 200 - **$3,340**
MUNNS Henry Turner XIX-XX [1]
The Harem Favourite - Huile/toile (87x51cm-34x20in) Montréal 96 .... FF**17 070** - £2 140 - **$3,294**
MUÑOZ Ana Maria 1947 [2]
El Nido - Oleo/tabla (40x54cm-16x21in) Madrid 96 .... FF**3 243** - £412 - **$624**
MUÑOZ DEGRAIN Antonio Gomez 1841-1924 [26]
Amantes en la laguna - Oleo/lienzo (27x65cm-11x26in) Madrid 96 .... FF**16 040** - £1 840 - **$3,060**
Constantinopla - Oleo/lienzo (77x109cm-30x43in) Madrid 93 .... FF**99 000** - £11 250 - **$16,760**
MUÑOZ Juan 1953 [13]
Clock - Metal (100x25x100cm-39x10x39in) New-York 90 .... FF**89 500** - £9 108 - **$17,899**
Albuquerque balcony - Iron (108x46x57cm-43x18x22in) London 97 .... FF**290 808** - £31 000 - **$50,774**
MUÑOZ Lucio 1929 [28]
Tabla azul - Oil/wood (60x73cm-24x29in) London 97 .... FF**56 285** - £6 000 - **$9,827**
Azul Herido - Mixed media/panel (114x146cm-45x57in) London 94 .... FF**101 300** - £12 000 - **$18,720**
Orama y troca - Oleo (146x114cm-57x45in) Madrid 90 .... FF**255 500** - £26 127 - **$50,431**
Romua 5 - Relief (33x41cm-13x16in) London 91 .... FF**74 400** - £7 497 - **$12,910**
MUÑOZ RUBIO Julio XIX-XX [2]
Paseo romántico en barca - Oleo/lienzo (58x96cm-23x38in) Madrid 92 .... FF**13 500** - £1 375 - **$2,375**
Paseo en barca por el lago - Oleo/lienzo (58x96cm-23x38in) Madrid 93 .... FF**30 550** - £3 670 - **$5,950**
MUÑOZ RUBIO Ramón XIX-XX [7]
Militar - Oleo/tabla (19x13cm-7x5in) Madrid 93 .... FF**12 460** - £1 484 - **$2,254**
Bailando sevillanas - Gouache (28x37cm-11x15in) Madrid 93 .... FF**11 120** - £1 325 - **$2,013**
MUÑOZ Y CUESTA Domingo 1850-1912 [17]
Reading the despatch - Oil/canvas (71x92cm-28x36in) London 94.............................. FF**25 730** - £3 000 - **$4,510**
Le Conseil de Guerre - Oil/panel (53x66cm-21x26in) New-York 96 .... FF**69 400** - £8 410 - **$13,500**
In the Armourer's Shop - Oil/panel (25x36cm-10x14in) New-York 94 .... FF**134 500** - £15 560 - **$23,000**
MUÑOZ Y CUESTA Domingo 1850-1935 [5]
Batalla - Oleo/lienzo (54x73cm-21x29in) Madrid 93.. FF**56 800** - £6 500 - **$9,670**
MUNOZ Y LUCENA Tomás 1860-1942 [5]
The Flower Seller - Oil/canvas (120x69cm-47x27in) New-York 96 .... FF**77 900** - £9 920 - **$15,000**

M

MUÑOZ-VERA Guillermo 1949 [2]
Bodegon para café - Pastel/paper (37x69cm-15x27in) Miami, Florida 95 .... FF37 600 - £4 505 - **$7,000**
MUNRO Alexander 1825-1871 [3]
Young Romilly - Marble (94cm-37in) London 91 .... FF29 760 - £2 988 - **$5,149**
MUNRO Alexander Graham 1903-1985 [2]
Reflections - Oil/canvas (30x35cm-12x14in) Auchterarder, Perthshire 92 .... FF13 330 - £1 400 - **$2,786**
MUNRO Hugh 1873-1928 [6]
A stirlingshire by way - Oil/board (40x40cm-16x16in) Glasgow 96 .... FF3 470 - £450 - **$680**
In the rose garden - Oil/canvas (76x62cm-30x24in) New-York 92 .... FF41 600 - £4 360 - **$7,500**
MUNRO Peter 1954 [2]
Otter on the River Foyers - Acrylic/canvas (39x49cm-15x19in) London 96 .... FF11 040 - £1 400 - **$2,120**
MUNSCH Josef 1832-1896 [3]
Die Lieblinge - Oil/canvas (90x52cm-35x20in) Amsterdam 92 .... FF27 100 - £3 240 - **$5,220**
Die Werber - Oil/canvas (102x147cm-40x58in) London 95 .... FF85 600 - £11 000 - **$17,300**
MUNSCH Leopold 1826-1888 [18]
Bondgård i Tyrolen - Oil/panel (42x59cm-17x23in) Stockholm 96 .... FF18 160 - £2 350 - **$3,480**
Am Waldweg - Oil/panel (21x15cm-8x6in) Wien 93 .... FF44 000 - £4 990 - **$7,470**
Weissenkirchen - Aquarell/Papier (27x41cm-11x16in) Wien 97 .... FF18 156 - £1 930 - **$3,131**
MUNSELL Albert H. 1858-1918 [1]
Dawn, Road, Island of Appledore - Oil/canvas (76x122cm-30x48in) New-York 94 .... FF10 270 - £1 198 - **$1,800**
MUNSKY Maina Miriam 1943 [2]
Eingriff III (Abortus) - Öl/Leinwand (110x130cm-43x51in) München 94 .... FF14 670 - £1 750 - **$2,760**
Säugling auf Intensivstation - Coloured crayons (50x33cm-20x13in) Köln 89 .... FF1 700 - £174 - **$273**
MÜNSTERHJELM Ali 1873-1944 [27]
Landskap från Åland - Oil/canvas (49x55cm-19x22in) Helsinki 95 .... FF6 940 - £868 - **$1,403**
Tidig vårdag - Oil/canvas (49x70cm-19x28in) Helsinki 93 .... FF10 240 - £1 156 - **$1,687**
Molnig augustidag, Tavastehus - Oil/canvas (49x64cm-19x25in) Helsinki 89 .... FF66 100 - £6 759 - **$10,627**
MÜNSTERHJELM Hjalmar 1840-1905 [49]
A Wintery Walk - Oil/canvas (34x66cm-13x26in) New-York 94 .... FF58 500 - £6 760 - **$10,000**
Kärr i morgondis - Oil/canvas (45x75cm-18x30in) Helsinki 93 .... FF127 000 - £14 520 - **$21,630**
Vinterlandskap - Oil/canvas (88x128cm-35x50in) Helsinki 93 .... FF960 000 - £110 300 - **$165,000**
MUNTER David Heinrich 1816-1879 [1]
Cottage on the waterfront - Oil/canvas (30x40cm-12x16in) Amsterdam 90 .... FF12 600 - £1 358 - **$2,222**
MÜNTER Gabriele 1877-1962 [91]
Sunset over staffelsee - Öil (33x41cm-13x16in) New-York 97 .... FF1 - £153 150 - **$250,000**
Blumenbukett im Krug - Öl/Papier (28x33cm-11x13in) Stuttgart 93 .... FF41 800 - £4 790 - **$7,100**
Türkenmohn - Öl/Papier (59x41cm-23x16in) München 94 .... FF92 300 - £10 830 - **$16,440**
Haus im Park, Sèvres - Öl/Leinwand (16x25cm-6x10in) Berlin 97 .... FF147 636 - £15 679 - **$25,717**
Rosa Weg im Gebirge - Öl/Leinwand (50x61cm-20x24in) Köln 97 .... FF506 925 - £53 280 - **$86,790**
Frau und Mann mit Hund - Color lithograph (88x62cm-35x24in) Berlin 95 .... FF22 300 - £2 920 - **$4,530**
Stilleben mit Blumen - Watercolour (43x33cm-17x13in) London 94 .... FF50 200 - £6 000 - **$9,370**
Madonna mit Vogel - Tempera/paper (38x32cm-15x13in) Berlin 96 .... FF152 500 - £19 030 - **$29,500**
MUNTHE Gerhard Peter Frantz 1849-1929 [22]
Jettegryter vid Bövra - Oil/canvas (68x100cm-27x39in) Stockholm 96 .... FF53 800 - £6 710 - **$10,400**
Kunstnerens hjem, Lerveld - Oil/canvas (68x100cm-27x39in) Oslo 92 .... FF139 000 - £14 220 - **$24,460**
Kvarberg i Vaage - Akvarell (34x42cm-13x17in) Oslo 92 .... FF24 300 - £2 490 - **$4,280**
MUNTHE Ludwig 1841-1896 [34]
Waldrand, Winter - Öl/Leinwand (47x38cm-19x15in) Köln 94 .... FF11 900 - £1 390 - **$2,086**
Quay before a town - Oil/canvas (42x69cm-17x27in) London 95 .... FF27 650 - £3 600 - **$5,670**
Winter twilight - Oil/panel (66x56cm-26x22in) New-York 92 .... FF78 000 - £9 310 - **$15,000**
MUNTHE MORGONSTJERNE Gerhard Arij Ludwig 1875-1927 [31]
Bomschuit in the breakers - Oil/canvas/panel (41x28cm-16x11in) Amsterdam 95 .... FF8 650 - £1 044 - **$1,627**
Low tide - Oil/panel (41x56cm-16x22in) Amsterdam 97 .... FF33 550 - £3 894 - **$5,770**
Beached sailing Vessels - Oil/canvas (63x55cm-25x22in) Amsterdam 97 .... FF54 022 - £5 747 - **$9,400**
MUNTHE-NORSTEDT Anna 1854-1936 [17]
Blombukett - Oil/panel (26x23cm-10x9in) Stockholm 95 .... FF8 640 - £1 080 - **$1,694**
Fuchsia och äpplen - Oil/panel (24x33cm-9x13in) Stockholm 97 .... FF18 868 - £1 992 - **$3,260**
MUNTZ-LYALL Laura Adeline 1860-1930 [8]
In the park, 1891 - Oil/canvas (57x86cm-22x34in) Toronto 90 .... FF63 600 - £6 766 - **$11,377**
The little water carrier, Holland - Wash (61x44cm-24x17in) Toronto 89 .... FF4 400 - £450 - **$707**
MÜNZER Adolf 1870-1953 [6]
Still life - Oil/canvas (57x78cm-22x31in) Stuttgart 95 .... FF12 060 - £1 560 - **$2,454**
MUNZINGER Hans 1877-1953 [8]
Solothurn - Öl/Leinwand (50x65cm-20x26in) Zofingen 92 .... FF2 284 - £273 - **$440**
MURA de Francesco Francesch. 1696-1782 [21]
Saint-Joseph & the Christ - Oil/canvas (25x20cm-10x8in) New-York 91 .... FF35 892 - £4 056 - **$6,500**
Adoration of the shepherds - Oil/canvas (191x103cm-75x41in) London 97 .... FF756 856 - £80 000 - **$130,480**
MURA della Angelo 1867-1922 [5]
Bridge of Sighs, Venice - Oil/panel (37x21cm-15x8in) London 92 .... FF9 210 - £1 100 - **$1,772**
Italian Villa - Watercolour (38x46cm-15x18in) New Orleans, Louisiana 93 .... FF4 130 - £470 - **$700**
MURA Frank 1861-? [2]
On the downs, Sompting - Oil/canvas (38x73cm-15x29in) Mont-Royal Quebec 89 .... FF13 700 - £1 324 - **$2,079**
MURABITO Rosario 1907-1972 [2]
Sculpture - Bronze (38cm-15in) Mystic, Connecticut 96 .... FF2 590 - £320 - **$500**

MURALT von Eduard 1806-1862 [1]
🖼 Ziegenhirte im Berner Oberland - Öl/Leinwand (50x63cm-20x25in) Zofingen 93........................... FF2 814 - £339 - **$515**

MURANT Emanuel 1622-c.1700 [13]
🖼 Boors flirting in a village street - Oil/canvas (58x49cm-23x19in) Amsterdam 94.......................... FF21 350 - £1 985 - **$3,640**
🖼 Hirtenszene in einem Dorf - Oil/panel (35x53cm-14x21in) Wien 93.......................... FF77 000 - £9 200 - **$14,800**

MURAT Jean Gilbert 1807-1863 [2]
🖼 Mère et enfant - Huile/toile (132x92cm-52x36in) Grenoble 95.......................... FF5 000 - £659 - **$1,014**
🖼 Daydreaming/The Butterfly - Oil/canvas (92x71cm-36x28in) New-York 95.......................... FF59 000 - £7 240 - **$11,500**

MURATON Alphonse Frédéric 1824-1911 [6]
✏ The brothers - Pastel/canvas (150x93cm-59x37in) London 91.......................... FF55 400 - £5 515 - **$9,527**

MURATON Euphémie,née Duhanot 1836-1914 [8]
🖼 Pink roses and peaches - Oil/canvas (32x51cm-13x20in) Amsterdam 97.......................... FF22 454 - £2 373 - **$3,852**
🖼 Bouquet de fleurs des champs - Huile/toile (72x49cm-28x19in) Auxerre 90.......................... FF30 000 - £3 053 - **$6,000**
🖼 Les petits amis - Oil/canvas (79x115cm-31x45in) London 94.......................... FF86 100 - £10 000 - **$14,900**

MURATON Louis XIX-XX [7]
🖼 Abbey in Brittany - Oil/canvas (43x53cm-17x21in) New-York 90.......................... FF14 900 - £1 595 - **$2,591**
✏ Jeune fille au ruban rouge - Pastel (45x36cm-18x14in) Senlis 94.......................... FF4 000 - £460 - **$685**

MURATORE Jean 1896-1990 [2]
✏ Paysage de la Sainte-Baume - Aquarelle/papier (46x55cm-18x22in) Aubagne 93.......................... FF2 000 - £241 - **$364**

MURAVIEV Vladimir Leonidovich 1861-c.1915 [3]
✏ Bunny rabbits in a moonlit night - Tempera/paper (33x48cm-13x19in) London 96.......................... FF7 410 - £950 - **$1,470**

MURAY Nickolas 1892-1965 [19]
📷 Claude Monet in Giverny - Gelatin silver print (23x18cm-9x7in) New-York 95.......................... FF9 920 - £1 265 - **$2,000**

MURCH Walter Tandy 1907-1967 [11]
🖼 A studio still life - Oil/canvas (35x35cm-14x14in) New-York 90.......................... FF97 200 - £10 407 - **$16,904**
🖼 Bread and cloth - Oil/masonite (72x56cm-28x22in) New-York 90.......................... FF274 600 - £29 213 - **$49,123**
✏ Chemical still life - Pencil (20x25cm-8x10in) New-York 91.......................... FF19 380 - £1 967 - **$3,500**

MURDFIELD Carl 1868-? [2]
🖼 Woman sewing in an interior - Oil/canvas (73x63cm-29x25in) Amsterdam 94.......................... FF11 600 - £1 346 - **$1,995**

MURER Augusto 1922-1985 [13]
🗿 Cristiana - Bronze (44cm-17in) Venezia 96.......................... FF20 040 - £2 520 - **$3,840**
Amanti, 1987 - Bronze (67x21x37cm-26x8x15in) Roma 90.......................... FF91 500 - £9 860 - **$16,138**
✏ Uomini amma macchia/Fauno - Matita Milano 93.......................... FF5 490 - £616 - **$983**

MURER Eugène Meunier, dit 1846-1906 [5]
🖼 Pivoines - Huile/toile (55x46cm-22x18in) Paris 89.......................... FF7 500 - £767 - **$1,206**

MURER Heinrich 1774-1822 [1]
🖼 Blick auf Zürich - Öl/Leinwand (57x72cm-22x28in) Zürich 94.......................... FF105 200 - £12 480 - **$19,440**

MURILLO Bartolomé Esteban 1617-1682 [12]
🖼 Madonna and Child - Oil/canvas (103x83cm-41x33in) London 92.......................... FF6 - £700 000 - **$1**
✏ Madonna in Adoration - Black chalk (17x13cm-7x5in) London 97.......................... FF146 770 - £15 000 - **$24,981**

MURILLO RAMS Tomas 1890-1934 [1]
🖼 Niña con su padre en la playa - Oleo/lienzo (55x70cm-22x28in) Madrid 95.......................... FF5 250 - £671 - **$1,054**

MURILLO Salvador 1841-? [1]
🖼 Valley of Mexico - Oil/canvas (27x46cm-11x18in) London 95.......................... FF62 100 - £8 000 - **$12,730**

MURILLO Y BRACHO José María 1827-1882 [10]
🖼 Florero - Oleo/lienzo (82x61cm-32x24in) Madrid 95.......................... FF23 600 - £2 950 - **$5,590**

MURILLO Y BRAVO DE VELA Josefa c.1810-c.1870 [1]
🖼 Antonio de Orleans - Oleo/lienzo (77x63cm-30x25in) Madrid 96.......................... FF17 070 - £2 130 - **$3,300**

MURNOT Félix 1924 [237]
🖼 Marine - Huile/papier (19x24cm-7x9in) Morlaix 97.......................... FF2 000 - £215 - **$351**
🖼 Plage - Huile/carton (14x28cm-6x11in) Cherbourg 93.......................... FF4 600 - £526 - **$780**
✏ Plage - Aquarelle (9x36cm-4x14in) Paris 94.......................... FF3 400 - £396 - **$589**

MURPHY Ada Clifford XIX-XX [2]
🖼 September - Oil/panel (17x23cm-7x9in) Helsinki 89.......................... FF17 300 - £1 769 - **$2,781**

MURPHY Christopher P.H. Jr. 1902-1969 [2]
🖼 Fish bait - Oil/canvas/board (33x38cm-13x15in) New Orleans, Louisiana 95.......................... FF4 890 - £624 - **$1,000**

MURPHY Frank XX [2]
✏ Near Gortahork, Co. Donegal - Watercolour (36x51cm-14x20in) Belfast 92.......................... FF3 010 - £350 - **$615**

MURPHY Gladys Wilkins 1907 [5]
🖼 Rain - Linocut in colors (20x15cm-8x6in) Cambridge, Mass. 92.......................... FF2 220 - £233 - **$400**

MURPHY Hermann Dudley 1867-1945 [28]
🖼 In Puerto Rico - Oil/canvas (63x76cm-25x30in) New-York 96.......................... FF21 800 - £2 780 - **$4,200**
🖼 Zinnias - Oil/canvas (76x64cm-30x25in) New-York 95.......................... FF55 200 - £6 910 - **$11,000**
🖼 The Beaver Hat - Oil/canvas (76x64cm-30x25in) New-York 94.......................... FF102 800 - £12 180 - **$19,000**

MURPHY John Francis 1853-1921 [44]
🖼 Autumn Landscape - Oil/canvas (35x48cm-14x19in) San Francisco-Los Angeles 96.......... FF10 440 - £1 210 - **$2,000**
🖼 Gray afternoon - Oil/canvas (40x56cm-16x22in) New-York 95.......................... FF31 200 - £3 310 - **$6,000**
🖼 Autumn landscape - Oil/canvas (61x84cm-24x33in) San Francisco-Los Angeles 94.......... FF153 000 - £18 100 - **$27,500**

MURPHY Lawrence 1872-1948 [1]
🖼 Georgia O'Keefe - Oil/canvas (86x86cm-34x34in) Mystic, Connecticut 96.......................... FF3 280 - £427 - **$650**

M

MURPHY Nellie Littlehale 1867-? [1]
Peonies in a Chinese bowl - Watercolour/board (54x36cm-21x14in) New-York 91 .... FF3 396 - £342 - **$589**
MURPHY Robbin 1956 [2]
Henry David Thoreau - Mixed media/canvas (127x127cm-50x50in) New-York 97 .... FF5 223 - £549 - **$900**
MURPHY Susan 1967 [2]
Three windows, 1989 - Oil/canvas (61x61cm-24x24in) London 90 .... FF4 400 - £474 - **$776**
MURRAY Alexander H. Hallam 1854-1934 [3]
Ponte Vecchio, Firenze - Watercolour (19x35cm-7x14in) Billinghurst, West Sussex 93 .... FF4 215 - £480 - **$715**
MURRAY Amelia Jane Oswald 1800-1896 [20]
Fairy across a stormy sea - Watercolour (10x11cm-4x4in) London 94 .... FF8 520 - £1 000 - **$1,517**
MURRAY Charles 1894-1954 [6]
A Porpoise - Oil/board (39x60cm-15x24in) Billinghurst, West Sussex 96 .... FF2 810 - £360 - **$554**
The village church - Watercolour (44x29cm-17x11in) London 92 .... FF2 345 - £280 - **$452**
MURRAY Charles Fairfax 1849-1919 [9]
At the Spring/Three Graces - Oil/panel (24x24cm-9x9in) Hadspen 96 .... FF12 620 - £1 600 - **$2,420**
MURRAY David 1849-1933 [30]
Boat on the banks of a river - Oil/canvas (32x46cm-13x18in) London 97 .... FF2 878 - £320 - **$540**
Overlooking the stour, Milborough - Oil/canvas (45x61cm-18x24in) London 94 .... FF25 560 - £3 000 - **$4,550**
The ferry crossing - Watercolour (61x91cm-24x36in) London 92 .... FF5 670 - £580 - **$1,111**
MURRAY Elisabeth Heaphy 1815-1882 [1]
Lady seated with her dog - Watercolour (56x43cm-22x17in) New-York 93 .... FF6 490 - £739 - **$1,100**
MURRAY Elizabeth 1940 [42]
Madame Cézanne - Oil/canvas (90x91cm-35x36in) New-York 95 .... FF35 940 - £4 410 - **$7,000**
With - Acrylic/canvas (128x149cm-50x59in) New-York 97 .... FF145 350 - £15 263 - **$25,000**
Small town - Oil/canvas (335x330cm-132x130in) New-York 91 .... FF427 500 - £43 387 - **$77,211**
Walk - Coloured chalks/paper (59x76cm-23x30in) New-York 92 .... FF98 800 - £11 800 - **$19,000**
MURRAY Ellen 1908-1989 [1]
Pan - Bronze (73cm-29in) New-York 95 .... FF3 264 - £409 - **$650**
MURRAY Frank Stuart 1848-1915 [1]
Old Courtyard - Watercolour (45x27cm-18x11in) London 94 .... FF7 560 - £900 - **$1,440**
MURRAY John XIX [14]
Agra - Salt print (36x46cm-14x18in) London 96 .... FF60 100 - £7 500 - **$11,610**
MURRAY Samuel 1870-1941 [2]
Stewart Cullin - Bronze (45cm-18in) New-York 91 .... FF2 830 - £287 - **$511**
MURRAY Thomas 1663-1734 [6]
Henrietta Auverquerque - Oil/canvas (226x134cm-89x53in) London 93 .... FF45 650 - £5 500 - **$7,970**
MURRAY William Grant 1877-1950 [2]
Scottish chair of State - Watercolour (47x64cm-19x25in) London 92 .... FF2 730 - £280 - **$524**
Portsoy - Watercolour (28x38cm-11x15in) Glasgow 96 .... FF9 640 - £1 250 - **$1,890**
MURRY Richard 1902-1984 [1]
Chrysanthemums displayed in a jug - Oil/canvas (76x63cm-30x25in) London 94 .... FF2 204 - £260 - **$393**
MURTRIE Martha Darley 1824-1885 [2]
Flowers in a glass vase - Oil/panel (25x19cm-10x7in) Wien 96 .... FF14 450 - £1 802 - **$2,790**
An Evening Stroll - Watercolour (20x30cm-8x12in) Penzance, Cornwall 92 .... FF2 443 - £250 - **$479**
MURUA Mario 1952 [5]
Femme au miroir - Technique mixte/panneau (60x73cm-24x29in) Poitiers 91 .... FF4 300 - £433 - **$746**
MUS Italo 1892-1967 [5]
Natura morta con zucche - Olio/tela (66x91cm-26x36in) Milano 95 .... FF41 700 - £5 530 - **$8,500**
MUSATOV Grigorij 1889-1941 [2]
Der Akkordeonspieler - Oil/canvas (75x67cm-30x26in) Düsseldorf 90 .... FF40 500 - £4 336 - **$7,043**
Ser Schneidermeister - Aquarell/Papier (14x17cm-6x7in) Wien 94 .... FF3 880 - £459 - **$698**
MUSCHAMP Francis Sydney ?-1929 [27]
Romeo and Juliet - Oil/canvas (61x87cm-24x34in) London 97 .... FF11 938 - £1 300 - **$2,076**
The merchant of Venice - Oil/canvas (61x91cm-24x36in) London 93 .... FF19 600 - £2 200 - **$3,280**
The music lesson - Oil/canvas (41x61cm-16x24in) New-York 94 .... FF67 400 - £7 950 - **$12,000**
MUSELIER A. 1877-1949 [2]
Le mont Pharaon - Huile/panneau (38x55cm-15x22in) Paris 90 .... FF5 500 - £560 - **$1,100**
MUSIC Zoran Antonio 1909 [370]
Terre dalmate - Tempera (49x64cm-19x25in) Milano 94 .... FF28 800 - £3 400 - **$5,440**
Molino Stuchi, Venezia - Öl/Leinwand (45x65cm-18x26in) Wien 96 .... FF67 600 - £7 700 - **$12,940**
Enclos primitif - Huile/toile (89x116cm-35x46in) Versailles 94 .... FF110 000 - £13 030 - **$20,320**
Composizione - Oil/canvas (50x100cm-20x39in) New-York 95 .... FF151 500 - £19 100 - **$30,000**
Pierres et Boissons - Olio/tela (115x165cm-45x65in) Milano 94 .... FF212 000 - £25 200 - **$37,800**
Cavallini - Olio/tela (46x60cm-18x24in) Milano 95 .... FF362 400 - £46 800 - **$74,400**
Motivo dalmata - Olio/tela (60x73cm-24x29in) Prato 97 .... FF646 000 - £76 000 - **$114,000**
Motivo dalmate - Olio/tela (60x73cm-24x29in) Milano 92 .... FF1 41e +06 - £106 600 - **$183,400**
Ida - Lithographie (43x33cm-17x13in) Paris 96 .... FF5 000 - £647 - **$981**
Donne con asinelli - Etching (16x22cm-6x9in) Hamburg 95 .... FF52 600 - £6 660 - **$10,570**
Pomédes - Crayons couleurs/papier (24x34cm-9x13in) Paris 97 .... FF7 500 - £1 250 - **$1,278**
Fiori a Cortina - Pastelli/carta (38x56cm-15x22in) Prato 97 .... FF28 900 - £3 400 - **$5,100**
Paesaggio senese - Tempera/carta (50x71cm-20x28in) Prato 95 .... FF78 200 - £9 200 - **$13,800**
Chiatte - Acquarello (20x27cm-8x11in) Milano 94 .... FF102 300 - £12 180 - **$18,270**
MUSIN Auguste 1852-1923 [41]
Fishing boats moored - Oil/panel (11x19cm-4x7in) London 97 .... FF9 991 - £1 100 - **$1,753**

Marine - Huile/panneau (29x57cm-11x22in) Bruxelles 95 .... FF**18 600** - £2 380 - **$3,740**
Bateaux sur la rivière - Huile/panneau (42x75cm-17x30in) Antwerpen 94 .... FF**50 000** - £6 000 - **$9,710**

MUSIN François 1820-1888 [78]
🐦 *Marine et pêcheur* - Huile/toile (58x78cm-23x31in) Paris 94 .... FF**28 000** - £3 290 - **$4,950**
Bataille navale - Huile/panneau (42x73cm-17x29in) Lyon 97 .... FF**60 000** - £6 474 - **$10,602**
Fishing boats,Rotterdam - Oil/canvas (117x180cm-46x71in) London 96 .... FF**96 200** - £12 000 - **$18,600**
Naufrage - Huile/toile (115x175cm-45x69in) Bruxelles 94 .... FF**174 300** - £20 560 - **$31,000**

MUSIN Maurice 1939 [27]
🐦 *Tête au col rose* - Huile/panneau (41x50cm-16x20in) Liège 96 .... FF**4 930** - £619 - **$954**
Nu - Huile/panneau (47x47cm-19x19in) Liège 94 .... FF**11 680** - £1 384 - **$2,160**

MUSLER Jay 1949 [2]
🏺 *Untitled* - Slumped, cut, sand-blasted, oil painted glass (35cm-14in) New-York 94 .... FF**27 600** - £3 190 - **$4,750**

MUSLIN Joseph 1911 [20]
🐦 *Paris, la Seine* - Huile/toile (65x81cm-26x32in) Le Touquet 94 .... FF**13 000** - £1 516 - **$2,280**

MUSS-ARNOLDT Gustav 1858-1927 [6]
🐦 *Champion Bracket and Freedom* - Oil/canvas (48x60cm-19x24in) New-York 97 .... FF**80 924** - £8 627 - **$14,000**

MUSSAIYASSUL Halil Bey 1896 [2]
🐦 *Portrait of a lady* - Oil/board (71x56cm-28x22in) London 92 .... FF**17 600** - £1 800 - **$3,096**

MUSSIL William c.1810-c.1860 [3]
✏ *A bird of paradise* - Watercolour (62x47cm-24x19in) London 92 .... FF**7 800** - £800 - **$1,496**

MUSSINI Luigi 1813-1888 [3]
🐦 *Figures in a Classical courtyard* - Oil/canvas (64x80cm-25x31in) New-York 92 .... FF**36 900** - £3 780 - **$6,500**

MUSSO Carlo 1907-1968 [1]
🐦 *In alta Val d'Ayas* - Olio/tavola (30x40cm-12x16in) Milano 95 .... FF**6 180** - £820 - **$1,260**

MUSTACCHI Raymond 1923 [2]
🐦 *Un rêve sur la ville* - Huile/toile (60x73cm-24x29in) Provins 90 .... FF**6 000** - £647 - **$1,058**

MUSUMECI Giuseppe 1902-? [1]
🐦 *Mercatino/Viale con carrozzella* - Olio/tela (28x19cm-11x7in) Roma 92 .... FF**9 300** - £1 106 - **$1,790**

MUSZKA Adam Aron 1915-1985 [1]
🐦 *Zwei Schulbuben* - Oil/canvas (52x39cm-20x15in) Wien 90 .... FF**12 500** - £1 330 - **$2,236**

MUTER Mela, née Klingsland 1886-1967 [32]
🐦 *Südfranzösisches Dorf* - Oil/Leinwand (55x46cm-22x18in) Köln 97 .... FF**18 925** - £1 989 - **$3,240**
Maternité - Huile/toile (115x89cm-45x35in) Paris 97 .... FF**40 000** - £4 200 - **$6,880**
Vase of sunflowers - Oil/panel (67x53cm-26x21in) Warszawa 96 .... FF**46 500** - £5 880 - **$8,950**

MUTH Ida 1897-? [1]
✏ *Kompositionen* - Collage (14x19cm-6x7in) München 96 .... FF**2 380** - £271 - **$455**

MUTHSPIEL Agnes 1914-1968 [1]
🐦 *Die Spanische Treppe in Rom* - Oil/canvas (59x37cm-23x15in) Wien 92 .... FF**9 620** - £1 150 - **$1,850**

MUTRIE Annie Feray 1826-1893 [5]
🐦 *Still life of orchids and roses* - Oil/panel (28x22cm-11x9in) London 91 .... FF**16 460** - £1 650 - **$2,717**

MUTRIE Martha Darlay 1824-1885 [6]
🐦 *Pink and white Azaleas* - Oil/canvas (82x63cm-32x25in) New-York 97 .... FF**159 180** - £17 144 - **$28,000**

MUTTICH Kamil Vlasdislav 1873-1924 [3]
🐦 *La sentinelle* - Huile/métal (98x65cm-39x26in) Paris 94 .... FF**11 000** - £1 303 - **$2,033**
🖼 *Dr. May: Dobrodruzne-Cesty* - Poster (104x76cm-41x30in) New-York 94 .... FF**3 250** - £389 - **$600**
✏ *Portraits of young girls* - Pastel (41x29cm-16x11in) New-York 94 .... FF**15 200** - £1 745 - **$2,600**

MUTTONI Pietro della Vecchia 1603-1678 [9]
🐦 *Soldiers gambling with dice* - Oil/canvas (102x127cm-40x50in) New-York 95 .... FF**51 000** - £6 370 - **$10,000**

MUUKKA Elias 1853-1938 [19]
🐦 *Skylar* - Oil/canvas (28x39cm-11x15in) Helsinki 93 .... FF**8 740** - £1 000 - **$1,490**
Sommardag - Oil/canvas (70x85cm-28x33in) Helsinki 95 .... FF**42 800** - £5 350 - **$8,650**

MUXEL Johann Nepomuk 1790-1870 [1]
✏ *Malers Ludwig Grimm* - Pencil/paper (19x17cm-7x7in) Köln 96 .... FF**4 740** - £556 - **$931**

MUYBRIDGE Eadweard 1830-1904 [40]
📷 *Animal Locomotion, Pl. 289* - Paris 95 .... FF**4 600** - £554 - **$870**
Valley of Yosemite - Albumen print (41x53cm-16x21in) New-York 96 .... FF**17 540** - £2 250 - **$3,400**

MUYDEN van Ewert Louis 1853-1922 [8]
🐦 *Tiger im Interholz* - Öl/Leinwand (32x47cm-13x19in) Bern 95 .... FF**6 050** - £756 - **$1,221**
Fillette à la poupée - Oil/canvas (48x36cm-19x14in) New-York 95 .... FF**29 100** - £3 500 - **$5,500**
✏ *Gewitterlandschaft mit Stute* - Ink (34x46cm-13x18in) Bern 93 .... FF**5 530** - £616 - **$940**

MUYDEN van Henri 1860-1936 [3]
✏ *Enfants des rues de Genève* - Aquarelle (12x10cm-5x4in) Château d'Arare 92 .... FF**4 090** - £418 - **$721**

MUYDEN van Jacques Alfred 1818-1898 [11]
🐦 *Eselsgespann mit Kapuziner* - Oil/panel (43x37cm-17x15in) Bern 92 .... FF**28 540** - £3 410 - **$5,490**
✏ *Frau mit Tambourin* - Aquarell (22x14cm-9x6in) Bern 92 .... FF**3 534** - £361 - **$623**

MUYS Robert 1742-1825 [1]
🖼 *Het gevecht op de Doggersbank* - Etching (41x60cm-16x24in) Amsterdam 96 .... FF**3 020** - £373 - **$583**

MUYS Willem 1712-1763 [1]
🐦 *The Flight into Egypt* - Oil/canvas (98x140cm-39x55in) London 94 .... FF**11 820** - £1 400 - **$2,184**

MUYSENBERG van den Toon 1901-1967 [3]
✏ *A view in a village street* - Gouache/paper (47x66cm-19x26in) Amsterdam 94 .... FF**3 680** - £473 - **$726**

M

MUZII Alfonso 1856-? [2]
🐦 Sur la plage - Huile/toile (52x95cm-20x37in) Monaco 90 .... FF25 000 - £2 694 - **$4,409**
MUZIKA Frantisek 1900-1974 [3]
✏️ Figure surréaliste - Crayon/papier (60x43cm-24x17in) Paris 94 .... FF4 000 - £470 - **$708**
Gedichten von M.V. Martialis - Ink (25x19cm-10x7in) München 91 .... FF13 520 - £1 346 - **$2,325**
MUZIS Roberts 1944 [4]
🐦 Fleurs blanches - Huile/toile (100x73cm-39x29in) Lyon 90 .... FF2 200 - £225 - **$434**
MUZZI Antonio 1894-? [1]
🐦 Trauben und Melone (50x100cm-20x39in) Wien 90 .... FF5 800 - £610 - **$1,009**
MUZZIOLI Giovanni 1854-1894 [8]
🐦 A picked rose - Oil/canvas (68x48cm-27x19in) New-York 91 .... FF64 700 - £6 536 - **$12,844**
Danseuse païenne devant l'autel - Huile/toile (99x163cm-39x64in) Monaco 90 .... FF550 000 - £59 267 - **$97,002**
MY-AHN XX [2]
🗿 Nu se coiffant - Bronze (20x16x20cm-8x6x8in) Paris 93 .... FF8 000 - £964 - **$1,455**
MYDANS Carl 1907 [2]
📷 6:25 from Grand Central to Stamford
Gelatin silver print (20x28cm-8x11in) New-York 96 .... FF14 620 - £1 692 - **$2,800**
MYERS Frank Harmon 1899-1956 [11]
🐦 Pacific Surf - Oil/canvas (63x76cm-25x30in) San Francisco-Los Angeles 92 .... FF6 480 - £663 - **$1,200**
Afternoon bathers - Oil/board (44x54cm-17x21in) San Francisco-Los Angeles 92 .... FF33 300 - £3 486 - **$6,000**
MYERS Jerome 1867-1940 [13]
🐦 Children at Play - Oil/canvas (35x45cm-14x18in) New-York 96 .... FF41 800 - £4 830 - **$8,000**
✏️ The orange box - Watercolour (27x22cm-11x9in) New-York 93 .... FF6 600 - £828 - **$1,200**
MYGATT Robertson K. ?-1919 [3]
🐦 The Hill Path - Oil/canvas (31x41cm-12x16in) New-York 94 .... FF4 210 - £498 - **$750**
MYGIND Samuel 1784-1817 [2]
🐦 Spijck, Holland - Oil/canvas (93x140cm-37x55in) Köbenhavn 96 .... FF15 960 - £1 820 - **$3,056**
MYLIUS Karl Jonas 1839-1883 [1]
✏️ Dreikönigskirche, Löhergasse - Aquarell (15x21cm-6x8in) Frankfurt 94 .... FF2 380 - £273 - **$407**
MYN van der George 1723-1763 [1]
🐦 Cocker & ducks/Greyhounds - Oil/canvas (156x114cm-61x45in) New-York 95 .... FF483 000 - £57 900 - **$90,000**
MYN van der Gerard 1706-? [1]
🐦 Miss Pert - Oil/canvas (56x48cm-22x19in) New-York 93 .... FF15 080 - £1 734 - **$2,600**
MYNOTT Derek 1926-1994 [3]
🐦 Allotments, Willesden - Oil/board (41x49cm-16x19in) London 94 .... FF3 336 - £400 - **$648**
MYNTTI Eemu 1890-1943 [2]
🐦 Nature morte - Oil/canvas (50x60cm-20x24in) Helsinki 95 .... FF12 150 - £1 520 - **$2,455**
MYRBACH-REINFELD von Felician 1853-1940 [8]
🐦 Napoleons Besuch im Feldlazarett - Öl/Leinwand (68x46cm-27x19in) Lindau 96 .... FF10 800 - £1 303 - **$2,074**
✏️ Tovaros vor Franz Josephs I Ankunft - Pencil/paper (38x54cm-15x21in) Wien 95 ...... FF2 000 - £252 - **$399**
MYRÉN Paul 1884-1951 [2]
🐦 Adam och Eva - Oil/canvas (111x75cm-44x30in) Stockholm 95 .... FF5 870 - £734 - **$1,152**
MYRTHIL Eddy 1946 [5]
🐦 Le village - Huile/toile (61x51cm-24x20in) Paris 92 .... FF2 800 - £334 - **$539**
MYSLBEK Josef Vaclav 1848-1922 [1]
🗿 St Wenzelsdenkmal in Prag - Bronze (17cm-7in) Düsseldorf 90 .... FF6 800 - £728 - **$1,183**
MYSTKOWSKI Czeslaw 1898-1938 [7]
🐦 Javanese woman - Oil/panel (46x35cm-18x14in) Amsterdam 95 .... FF14 170 - £1 836 - **$2,903**
Mountainous landscape, Sumatra - Oil/canvas (86x56cm-34x22in) Singapore 95 ...... FF77 100 - £9 840 - **$15,830**
✏️ A temple - Watercolour/paper (75x50cm-30x20in) Amsterdam 93 .... FF14 410 - £1 730 - **$2,636**
MYTTHEIS Viktor 1874-1936 [7]
🐦 Landschaft - Öl/Leinwand (63x79cm-25x31in) Wien 93 .... FF12 370 - £1 453 - **$2,060**
✏️ View of Graz - Mixed media/paper (49x37cm-19x15in) Wien 95 .... FF14 930 - £1 894 - **$3,010**
MYZNIKOV Guennady 1933 [2]
🐦 Maternité - Huile/panneau (70x50cm-28x20in) Douarnenez 94 .... FF2 000 - £240 - **$373**

N

N'GUYEN TAT DU Jeanie 1944 [2]
🐦 Composition - Huile/toile (65x50cm-26x20in) Capian 95 .... FF13 200 - £1 753 - **$2,720**
✏️ Les deux amies - Pastel (51x65cm-20x26in) Neuville-de-Poitou 95 .... FF10 400 - £1 245 - **$1,980**
NAAGER Franz 1870-1942 [5]
🐦 Er malt eine Flora - Öl/Leinwand (66x59cm-26x23in) München 94 .... FF5 130 - £602 - **$914**
NABERT August 1830-1904 [2]
🐦 Der Walensee - Öl/Leinwand (62x108cm-24x43in) München 94 .... FF20 530 - £2 433 - **$3,750**
NACCIARONE Gustavo 1833-1929 [1]
🐦 The death of Pergolesi - Oil/canvas (63x105cm-25x41in) London 91 .... FF4 960 - £503 - **$896**
NACHT-SAMBORSKI Artur 1898-1974 [6]
🐦 Reclining nude in sofa - Oil/canvas (48x56cm-19x22in) Warszawa 94 .... FF15 670 - £1 860 - **$2,875**

Reclining nude - Pastel (31x46cm-12x18in) Warszawa 95 .... FF2 870 - £363 - **$573**
NACHTMANN Franz Xaver 1799-1846 [2]
The elegant music room - Watercolour, gouache (22x29cm-9x11in) New-York 91 ...... FF48 450 - £4 882 - **$8,407**
NACHTRIEB Michael Strieby 1835-1916 [1]
🖼 *Apples/Apples and grapes* - Oil/canvas (27x45cm-11x18in) New-York 94 .... FF7 030 - £833 - **$1,300**
NACKAERTS Frans 1884-? [3]
🖼 *Canal de Louvain sous la neige* - Huile/panneau (59x69cm-23x27in) Bruxelles 95 ...... FF2 540 - £329 - **$529**
NACKE Karl 1876-? [1]
🏺 *Europa auf dem Stier* - Porcelain (32cm-13in) Wien 94 .... FF4 390 - £523 - **$836**
NAD Milan 1945 [5]
🖼 *Kornernte* - Oil/panel (28x23cm-11x9in) Wien 90 .... FF2 400 - £259 - **$423**
NADAL Carlos 1917 [32]
🖼 *Vases de fleurs et raisins* - Oil/board (91x65cm-36x26in) London 96 ...... FF36 860 - £4 200 - **$7,050**
La Grande plage - Oil/canvas (66x81cm-26x32in) London 95 ...... FF51 500 - £6 500 - **$10,320**
Au jardin - Aquarelle/papier (72x100cm-28x39in) Bruxelles 96 ...... FF12 550 - £1 620 - **$2,457**
NADAR Félix Tournachon,dit 1820-1910 [24]
📷 *Sarah Bernhardt* - Albumen print (13x10cm-5x4in) New-York 94 ...... FF77 300 - £9 930 - **$15,000**
Maxime Du Camp - Fusain (23x15cm-9x6in) Paris 94 ...... FF7 000 - £830 - **$1,294**
NADAR Paul 1856-1939 [2]
📷 *Paul Debussy* - Photo (22x16cm-9x6in) Paris 92 .... FF23 000 - £2 745 - **$4,420**
NADAUD Auguste Bonnetaud 1835-1889 [1]
🏺 *Faune aux cymbales* - Terracotta (124cm-49in) Paris 93 .... FF55 000 - £6 630 - **$10,000**
NADELMAN Elie 1882-1946 [39]
🏺 *Gymnast* - Bronze (41cm-16in) New-York 96 .... FF72 700 - £9 260 - **$14,000**
Duck - Marble New-York 97 .... FF245 183 - £25 792 - **$42,000**
Standing female nude - Ink/paper (31x22cm-12x9in) New-York 96 ...... FF13 500 - £1 720 - **$2,600**
NADERA Ida Bagus Made 1915 [2]
🖼 *Balinese boys bathing* - Tempera/canvas (105x70cm-41x28in) Amsterdam 96 ...... FF45 150 - £5 480 - **$8,770**
NADIN Peter 1954 [6]
🖼 *Still life* - Oil/canvas (91x122cm-36x48in) Stockholm 94 ...... FF7 500 - £880 - **$1,336**
Harbour island Bahamas - Watercolour (35x50cm-14x20in) New-York 92 ...... FF5 530 - £560 - **$1,000**
NADLER Istvan 1938 [2]
🖼 *L'étalon* - Huile/panneau (40x50cm-16x20in) L'Isle-Adam 92 ...... FF6 000 - £615 - **$1,080**
NADLER Robert 1858-? [1]
🖼 *Fruit still life on a draped table* - Oil/canvas (61x75cm-24x30in) London 96 ...... FF7 690 - £950 - **$1,485**
NADORP Franz Joh. Heinr. 1794-1876 [4]
Reisende in der Via Mala - Ink (27x19cm-11x7in) Köln 91 .... FF6 150 - £632 - **$1,145**
NAEF Hermann 1892-1964 [1]
🖼 *Auf der Alp* - Oil (28x37cm-11x15in) Zürich 92 .... FF19 030 - £2 273 - **$3,660**
NAEGELE Charles Frederick 1857-1944 [3]
🖼 *Augusta Wood* - Oil/canvas (107x81cm-42x32in) New Orleans, Louisiana 93 ...... FF44 250 - £5 030 - **$7,500**
NAEGELE Otto Ludwig 1880-1952 [2]
🖼 *Geschirr, Zitronen und Rosen* - Oil/Leinwand (58x61cm-23x24in) München 94 ...... FF2 744 - £326 - **$508**
🗞 *Zechbauer* - Poster (117x87cm-46x34in) New-York 96 ...... FF14 300 - £1 793 - **$2,600**
NAEGELI Alfred 1884-? [2]
🖼 *An der Seine* - Öl/Karton (29x35cm-11x14in) Düsseldorf 96 ...... FF4 060 - £515 - **$780**
NAEGELI Harald 1939 [3]
Collage - Collage (15x22cm-6x9in) Luzern 90 .... FF15 740 - £1 602 - **$3,148**
NAEKE Gustav Heinrich 1786-1835 [4]
Friedhofskapelle - Watercolour (27x37cm-11x15in) Köln 96 ...... FF6 090 - £715 - **$1,197**
NAELTWIJCK van J. 1957 [2]
🖼 *Nature morte* - Acrylique/toile (75x100cm-30x39in) Avignon 89 ...... FF7 000 - £738 - **$1,178**
NAEYER de C. XIX-XX [5]
🖼 *Chrysanthemums & violin* - Oil/canvas (99x74cm-39x29in) Billinghurst, West Sussex 92 .... FF12 210 - £1 250 - **$2,150**
NAFTEL Maud 1859-1890 [3]
Poppies - Watercolour (19x14cm-7x6in) Billinghurst, West Sussex 92 ...... FF30 300 - £3 100 - **$5,330**
NAFTEL Paul Jacob 1817-1891 [18]
A rocky stream - Watercolour (53x76cm-21x30in) Hadspen 96 ...... FF30 000 - £3 800 - **$5,750**
NAGAOKA Kunito 1940 [3]
🗞 *Nobel* - Etching in colors (49x39cm-19x15in) Hamburg 96 ...... FF9 510 - £1 084 - **$1,820**
NAGARE Masayuki 1923 [10]
🏺 *Tryst* - Sculpture (89x46x38cm-35x18x15in) New-York 94 ...... FF127 700 - £14 820 - **$22,000**
NAGASAWA Hidetoshi 1940 [3]
Nodi - Technique mixte/papier (30x40cm-12x16in) Milano 90 ...... FF5 420 - £552 - **$1,084**
NAGATANI Patrick 1945 [1]
📷 *34th and Chambers* - Polaroïd New-York 95 .... FF39 700 - £5 060 - **$8,000**
NAGEL Andrés 1947 [4]
🖼 *Mercury* - Mixed media/panel (190x20x131cm-75x8x52in) New-York 93 ...... FF60 500 - £7 580 - **$11,000**
NAGEL Bill 1888-1967 [6]
🖼 *Stilleben mit grosser Vase* - Öl/Karton (51x70cm-20x28in) München 93 ...... FF12 110 - £1 365 - **$2,044**
Mann mit weiblichem Akt - Watercolour (38x25cm-15x10in) München 95 ...... FF2 750 - £362 - **$552**

N

NAGEL Hanna 1907-1975 [28]
Böse Kritik - Lithographie (25x31cm-10x12in) Heidelberg 94 .... FF2 230 - £267 - **$433**
Der Vogel - Ink (22x19cm-9x7in) Heidelberg 93 .... FF2 645 - £316 - **$509**
NAGEL Johan Friedrich 1765-1825 [1]
Riverlandscape with cattle (42x58cm-17x23in) Amsterdam 91 .... FF21 140 - £2 099 - **$3,671**
NAGEL Otto 1894-1967 [7]
Spreewaldlandschaft - Huile/panneau (56x73cm-22x29in) Berlin 93 .... FF90 500 - £10 340 - **$15,400**
Kleine Strasse im Morgenlicht - Pastell/Papier (29x39cm-11x15in) Köln 97 .... FF9 463 - £994 - **$162,0 8**
NAGEL Peter 1941 [6]
Spanische Wand - Tempera (175x134cm-69x53in) Köln 92 .... FF28 900 - £2 960 - **$5,090**
Rückenansicht - Aquatint (49x40cm-19x16in) München 94 .... FF1 876 - £224 - **$353**
NAGEL Wilhelm 1866-1944 [33]
Kopfweiden am Altrhein - Tempera/board (39x52cm-15x20in) Heidelberg 94 .... FF6 170 - £740 - **$1,200**
Bachlauf - Öl/Leinwand (62x79cm-24x31in) Staufen 95 .... FF12 280 - £1 575 - **$2,475**
Zoo in Karlsruhe - Gouache (50x65cm-20x26in) München 92 .... FF3 740 - £383 - **$659**
NÄGELE Alfons XIX-XX [2]
Stilleben mit Weintrauben - Oil/canvas (66x100cm-26x39in) Stuttgart 92 .... FF3 740 - £383 - **$659**
NÄGELE Reinhold 1884-1972 [97]
Türkenbundzweig (Lilie) in einer weissen Vase
  Oil/glass (61x29cm-24x11in) Stuttgart 94 .... FF23 900 - £2 795 - **$4,215**
Lebensbaum - Tempera/board (48x38cm-19x15in) Stuttgart 96 .... FF54 000 - £6 540 - **$10,500**
Das Haus in Montevideo - Tempera/board (37x27cm-15x11in) Stuttgart 92 .... FF162 500 - £18 900 - **$33,160**
Bootshaus Lake Saranac - Aquarell/Papier (29x40cm-11x16in) Stuttgart 95 .... FF25 900 - £3 320 - **$5,340**
NÄGELE Reinhold, Snr. 1848-1940 [1]
Strauss aus bunten Stiefmütterchen - Öl/Karton (35x48cm-14x19in) Stuttgart 94 .... FF6 830 - £799 - **$1,205**
NÄGELI Berta 1854-? [1]
Weitläufige Flusslandschaft - Öl/Leinwand (95x50cm-37x20in) Frankfurt 93 .... FF7 120 - £851 - **$1,370**
NAGELL-ERICHSEN Eyolf 1908-1979 [1]
Landskap med bygninger - Oil/canvas (70x90cm-28x35in) Tönsberg 90 .... FF7 500 - £789 - **$1,304**
NAGER Franz Xaver 1790-1866 [3]
Josefa Nager... alt 35 Jahr - Öl/Leinwand (57x44cm-22x17in) Wien 94 .... FF4 395 - £500 - **$745**
NAGER Helmut 1950 [2]
Nacht zur Nacht - Mixed media/paper (48x37cm-19x15in) Wien 95 .... FF10 110 - £1 263 - **$2,044**
NAGL Karl XIX [2]
Knabenbildnis mit Spielzeug - Oil/canvas (83x67cm-33x26in) Wien 92 .... FF19 240 - £2 237 - **$3,930**
NAGLER Edith 1892-1975 [1]
Pastoral moment - Oil/board (28x36cm-11x14in) Mystic, Connecticut 95 .... FF2 200 - £281 - **$450**
NAGTEGAAL Hans Peter 1944 [1]
Cockatoos among classical ruins - Oil/board (53x65cm-21x26in) Amsterdam 97 .... FF4 508 - £487 - **$786**
NAGY Attila 1928 [6]
Paris, l'hiver - Huile/panneau (40x50cm-16x20in) Toulouse 93 .... FF4 000 - £482 - **$728**
NAGY Ernö 1886-? [1]
Giardino fiorito - Olio/tela (95x90cm-37x35in) Trieste 93 .... FF5 430 - £618 - **$920**
NAGY István 1873-1937 [3]
Tanya - Pastel/paper (32x42cm-13x17in) Budapest 89 .... FF6 900 - £727 - **$1,162**
NAGY Peter 1959 [6]
Glioblastoma - Acrylic/canvas (91x91cm-36x36in) New-York 92 .... FF6 630 - £672 - **$1,200**
NAGY Vilmos 1874-1953 [9]
Lady in an interior - Oil/canvas (70x63cm-28x25in) London 94 .... FF3 860 - £450 - **$677**
By the river side - Oil/panel (234x196cm-92x77in) London 92 .... FF11 700 - £1 200 - **$2,244**
NAGY Zsigmond 1872-1932 [3]
Interieur - Oil/canvas (57x70cm-22x28in) Frankfurt 91 .... FF4 730 - £475 - **$818**
NÄHER Christa 1947 [3]
Ohne Titel (Pferde) - Tempera (64x76cm-25x30in) Köln 95 .... FF10 980 - £1 437 - **$2,230**
NAHL Carl, Charles Chr. 1818-1878 [8]
The chase - Oil/canvas (56x71cm-22x28in) San Francisco-Los Angeles 92 .... FF44 100 - £5 120 - **$9,000**
The Vaquero - Oil/canvas (45x61cm-18x24in) San Francisco-Los Angeles 96 .... FF470 000 - £54 400 - **$90,000**
NAHL Hugo Arthur 1833-1889 [1]
Hereford Cow - Oil/canvas (31x36cm-12x14in) San Francisco-Los Angeles 93 .... FF11 820 - £1 343 - **$2,000**
NAHL Johann August II 1752-1825 [1]
Feldherr betritt das Flussufer - Öl/Leinwand (53x73cm-21x29in) Göttingen 94 .... FF32 560 - £3 910 - **$6,330**
NAHL Perham Wilhelm 1869-1935 [1]
Dunes by the sea - Oil/canvas (50x63cm-20x25in) San Francisco-Los Angeles 92 .... FF30 500 - £3 196 - **$5,500**
NAHON Serge 1948 [5]
Féérie - Acrylique/toile (130x97cm-51x38in) Paris 94 .... FF2 800 - £326 - **$485**
NAIDITCH Vladimir 1903-1980 [25]
Jeune femme accoudée - Huile (65x81cm-26x32in) Paris 95 .... FF6 000 - £772 - **$1,240**
Nu au fauteuil - Huile/toile (74x60cm-29x24in) Le Touquet 92 .... FF14 000 - £1 433 - **$2,465**
Peintre dans sa propriété - Huile/carton (73x92cm-29x36in) Paris 91 .... FF48 000 - £4 812 - **$8,792**
NAIGEON Jean Guillaume Els. 1797-1867 [2]
Jeune fille d'ischia - Huile/toile (80x64cm-31x25in) Paris 92 .... FF37 000 - £3 790 - **$6,660**
NAIGEON Jean-Claude 1753-1832 [3]
Famille de Rosanbo - Huile/toile (98x133cm-39x52in) Paris 90 .... FF130 000 - £13 430 - **$22,968**

L'atelier du peintre - Huile/toile (50x66cm-20x26in) Paris 91 .... FF530 000 - £54 400 - **$98,600**

NAILLOD Charles 1876-? [2]
🦆 *Le Pont des Arts à Paris* - Huile/toile (46x55cm-18x22in) Bruxelles 94 .... FF2 500 - £290 - **$430**

NAILOR Gerald Lloyde 1917-1952 [2]
🖉 *Navajo horsemen* - Gouache (38x36cm-15x14in) Portland, Maine 94 .... FF6 500 - £778 - **$1,200**

NAIMO Nicola 1951 [2]
🦆 *Attore* - Olio/tela (113x160cm-44x63in) Milano 91 .... FF3 620 - £372 - **$674**

NAIRN George 1799-1850 [2]
🦆 *Charger in an officer's saddle* - Oil/canvas (53x71cm-21x28in) London 93 .... FF21 600 - £2 600 - **$3,770**

NAISH John George 1824-1905 [3]
🦆 *Home again, Clovelly* - Oil/canvas (61x91cm-24x36in) New-York 94 .... FF117 000 - £13 530 - **$20,000**

NAISH William ?-1800 [2]
🖉 *Lieutenant John Henry Bates* - Miniature (7cm-3in) London 96 .... FF14 720 - £1 900 - **$2,843**

NAIWINCX Herman c.1624-c.1655 [3]
🦆 *Paysage montagneux* - Huile (75x104cm-30x41in) Warszawa 91 .... FF54 200 - £5 530 - **$9,670**
🗀 *Trees on a river bank* - Etching London 92 .... FF1 954 - £200 - **$345**
🖉 *Wooded river landscape* - Black & white chalks (23x36cm-9x14in) Amsterdam 96 .... FF13 560 - £1 598 - **$2,664**

NAJDORF Liba XX [4]
🦆 *Le repos* - Huile/toile (27x22cm-11x9in) Strasbourg 93 .... FF3 500 - £394 - **$594**
🖉 *Le vase bleu* - Gouache (24x18cm-9x7in) Strasbourg 93 .... FF2 800 - £315 - **$475**

NAJEAN Aristide XX [9]
🏛 *Reine de Saba* - Sculpture Paris 97 .... FF6 000 - £645 - **$1,053**
🖉 *Le totem magique* - Pastel gras/papier (84x55cm-33x22in) Saint-Germain-en-Laye 94 .... FF3 000 - £358 - **$563**

NAKACHE Armand 1894-1976 [30]
🦆 *Paysage d'hiver* - Huile/toile (50x61cm-20x24in) Paris 96 .... FF8 500 - £1 102 - **$1,680**
Le Poète et l'Amour - Huile/toile (38x55cm-15x22in) Saint-Dié 94 .... FF24 500 - £2 895 - **$4,520**
🖉 *Le Clown* - Aquarelle (25x18cm-10x7in) Paris 94 .... FF1 500 - £180 - **$294**

NAKAJIMA Kiyoyuki 1899-1989 [3]
🖉 *Kyoto store* - Watercolour/paper (87x109cm-34x43in) New-York 92 .... FF39 000 - £4 660 - **$7,500**

NAKAMURA Katzuo 1926 [11]
🦆 *Solitude* - Oil/canvas (70x99cm-28x39in) Toronto 95 .... FF13 900 - £1 817 - **$2,786**
🖉 *Trees, Early Spring* - Ink (36x51cm-14x20in) Toronto 93 .... FF2 230 - £253 - **$377**

NAKAZAWA Hiromitsu 1874-1964 [1]
🦆 *Enjoying the Evening, Kyoto* - Oil/canvas (61x37cm-24x15in) London 96 .... FF56 100 - £7 000 - **$10,840**

NAKIAN Reuben 1897-1986 [24]
🏛 *Fantail* - Alabaster (25cm-10in) New-York 95 .... FF6 350 - £811 - **$1,300**
Salome & St. John's Head - Terracotta (25x12x31cm-10x5x12in) New-York 97 .... FF15 958 - £1 678 - **$2,749**
Europa and the Bull - Bronze (31cm-12in) New-York 95 .... FF26 960 - £3 310 - **$5,250**

NAKKEN William Carel 1835-1926 [35]
🦆 *Farmstead* - Oil/canvas (36x53cm-14x21in) Billinghurst, West Sussex 93 .... FF14 100 - £1 700 - **$2,635**
Beuzeville - Huile/toile (54x84cm-21x33in) Paris 96 .... FF29 000 - £3 616 - **$5,600**
Repairing the plough - Oil/canvas (48x74cm-19x29in) Amsterdam 93 .... FF99 500 - £11 420 - **$17,000**
🖉 *A farmyard* - Watercolour/paper (39x56cm-15x22in) Amsterdam 95 .... FF28 600 - £3 570 - **$5,780**

NALECZ Wlodzimierz 1865-1946 [2]
🦆 *On the beach* - Oil/canvas (51x61cm-20x24in) Warszawa 95 .... FF4 000 - £505 - **$798**

NALLARD Louis 1918 [5]
🦆 *Composition* - Huile/panneau (50x65cm-20x26in) Antwerpen 92 .... FF4 285 - £512 - **$824**

NALY Robert 1900-1983 [3]
🖉 *Plages* - Aquarelle/papier (22x32cm-9x13in) Morlaix 95 .... FF2 600 - £337 - **$533**

NAM Jacques Lehmann, dit 1881-1974 [15]
🦆 *Trois panthères* - Huile/panneau (93x117cm-37x46in) Paris 94 .... FF32 000 - £3 780 - **$5,730**
🖉 *Tête de chat* - Aquarelle/papier (28x23cm-11x9in) Paris 97 .... FF1 900 - £206 - **$333**

NAMATJIRA Gabriel 1941-1969 [2]
🖉 *Central australian landscape* - Pencil (25x36cm-10x14in) London 90 .... FF1 952 - £200 - **$385**

NAMEKI Masayoshi 1909 [2]
🦆 *OEuvre, 1959* - Huile/toile (73x92cm-29x36in) Paris 90 .... FF27 500 - £2 944 - **$4,783**

NAMUR Émile Jean Fr. 1852-1908 [1]
🏛 *Vide-poche décoré d'une sirène* - Bronze (25x40x51cm-10x16x20in) Bruxelles 97 .... FF13 088 - £1 392 - **$2,280**

NAMUR Franz 1877-1958 [2]
🦆 *Atelier d'artiste* - Huile/panneau (36x26cm-14x10in) Paris 93 .... FF10 000 - £1 151 - **$1,713**

NAMUTH Hans 1915-1990 [3]
📷 *Jackson Pollock, 1950s*
Gelatin silver print (48x46cm-19x18in) San Francisco-Los Angeles 93 .... FF4 425 - £505 - **$750**

NANCY Auguste Gabriel 1810-1857 [1]
🦆 *Moine dans un couvent, Italie* - Huile/toile (27x22cm-11x9in) Troyes 96 .... FF3 500 - £413 - **$687**

NANGERONI Carlo 1922 [9]
🦆 *Variazioni luce I* - Acrilico/tela (63x64cm-25x25in) Milano 93 .... FF6 150 - £701 - **$1,042**

NANI Giacomo 1701-1770 [1]
🦆 *Composizione di fiori* - Oil/copper (25x29cm-10x11in) Palazzo Farattini, Amelia 90 .... FF29 800 - £3 170 - **$5,331**

NANI Napoleone 1841-1899 [2]
🦆 *Contadina sull'aia* - Olio/tela (38x47cm-15x19in) Milano 95 .... FF44 700 - £5 700 - **$9,150**

NANKIWEL John Frederick, Fred 1876-1950 [2]
🐦 *At the beach* - Oil/canvas (30x61cm-12x24in) Boston, Mass. 94 .... FF9 780 - £1 173 - **$1,900**
NANNEY Chuck 1958 [2]
🐦 *Riot, 1989* - Collage/canvas (80x80cm-31x31in) Paris 90 .... FF20 000 - £2 066 - **$3,534**
✏ *Mudhoney* - Collage (80x80cm-31x31in) Paris 92 .... FF10 000 - £1 027 - **$1,923**
NANNI Mario 1922 [2]
🐦 *Nuceli* - Tecnica mista (60x75cm-24x30in) Milano 92 .... FF8 600 - £881 - **$1,516**
NANNIN Raph. XIX-XX [2]
🗿 *Promenade en gondole* - Bronze (30cm-12in) Paris 93 .... FF7 500 - £938 - **$1,364**
NANNINGA Dirk Berend 1868-1954 [3]
🐦 *Bloemen en nachtstad* - Oil/canvas (45x55cm-18x22in) Amsterdam 96 .... FF5 520 - £710 - **$1,090**
NANNINGA Jaap 1904-1962 [29]
🐦 *Composition* - Oil/canvas (49x60cm-19x24in) Amsterdam 97 .... FF68 589 - £7 193 - **$11,770**
Composition with bows - Oil/canvas (50x60cm-20x24in) Amsterdam 90 .... FF113 800 - £12 106 - **$20,358**
✏ *Ovale compositie* - Gouache/paper (32x39cm-13x15in) Amsterdam 94 .... FF70 000 - £8 250 - **$12,440**
NANNINI Raffaello XIX-XX [4]
🗿 *Bust of a woman* - Marble (59cm-23in) New-York 93 .... FF17 870 - £2 240 - **$3,250**
Hussard chargeant, sabre au clair - Sculpture (32cm-13in) Bayeux 91 .... FF25 000 - £2 499 - **$4,117**
NANSKY XX [13]
🐦 *Rave Party* - Huile/toile (65x81cm-26x32in) Paris 96 .... FF13 000 - £1 670 - **$2,520**
NANTEUIL Célestin François 1813-1873 [9]
✏ *Jeune femme* - Fusain (26x20cm-10x8in) Paris 89 .... FF2 800 - £279 - **$442**
NANTEUIL Charles Gaugiran 1811-? [4]
🐦 *Returning from the market* - Oil/canvas (33x43cm-13x17in) New-York 91 .... FF17 930 - £1 811 - **$3,559**
NANTEUIL Robert 1623-1678 [8]
✏ *Young man* - Black chalk (25x20cm-10x8in) New-York 97 .... FF200 221 - £22 284 - **$36,000**
NANTKE Kurt 1900-1979 [1]
🐦 *Bildnis einer Mannes* - Öl/Karton (50x38cm-20x15in) Köln 92 .... FF2 544 - £304 - **$490**
NAOUMOV Oleg 1946 [3]
🐦 *Hombres y niños pescando* - Oleo/lienzo (30x46cm-12x18in) Madrid 97 .... FF6 368 - £688 - **$1,104**
NAPIER William Henry Edward 1830-1894 [2]
✏ *Habitant* - Wash (14x14cm-6x6in) Québec 90 .... FF6 400 - £685 - **$1,113**
NAPO XX [28]
✏ *Tango* - Aquarelle (29x21cm-11x8in) Paris 92 .... FF1 500 - £154 - **$289**
NAPPER John 1916 [6]
🐦 *The moon in Gemini* - Oil/canvas (80x100cm-31x39in) London 90 .... FF12 470 - £1 256 - **$2,443**
NAPPI Rudy XX [2]
🐦 *Wompan in green at the subway stop* - Oil/board (43x30cm-17x12in) New-York 94 ..... FF5 420 - £637 - **$950**
NARAHA Tajashi 1930 [7]
🗿 *Structure 78-2* - Sculpture (16cm-6in) New-York 94 .... FF10 520 - £1 208 - **$1,800**
NARANJO Eduardo 1944 [19]
🐦 *Perro dormido* - Oleo (82x101cm-32x40in) Madrid 89 .... FF216 000 - £22 761 - **$36,364**
🖼 *La Creación* - Grabado (53x38cm-21x15in) Madrid 92 .... FF3 870 - £462 - **$744**
✏ *Mujer romántica* - Acuarela (23x18cm-9x7in) Madrid 92 .... FF59 400 - £6 050 - **$10,450**
NARAY Aurel 1883-1948 [10]
🐦 *Lustige Runde* - Oil/canvas (56x67cm-22x26in) Frankfurt 92 .... FF3 740 - £383 - **$659**
NARBONA BELTRAN Francisco 1860-1926 [1]
🐦 *Gustavo Adolfo Becquer* - Oil/panel (28x19cm-11x7in) Madrid 91 .... FF4 920 - £493 - **$812**
NARBONNE Eugène 1892-1966 [2]
🐦 *Nus sur la plage a Menton* - Huile/toile (130x195cm-51x77in) Paris 96 .... FF53 000 - £6 610 - **$10,230**
NARDI Enrico 1864-? [8]
✏ *Schäferin inmitten Ihrer Herde* - Aquarell (64x102cm-25x40in) München 93 .... FF15 480 - £1 755 - **$2,617**
NARDI François 1861-1936 [20]
🐦 *Baie de Toulon* - Huile/toile (51x58cm-20x23in) Paris 94 .... FF13 200 - £1 582 - **$2,500**
Boats in the Lagoon, Venice - Oil/canvas (50x74cm-20x29in) New-York 94 ..... FF46 800 - £5 410 - **$8,000**
NARES Patrice Narès 1960 [2]
✏ *Night-clubbing* - Encres couleurs/papier (37x36cm-15x14in) Paris 91 .... FF2 200 - £218 - **$382**
NARJOT Ernest 1826-1898 [1]
🐦 *The Ambush* - Oil/canvas (68x112cm-27x44in) San Francisco-Los Angeles 95 ...... FF84 700 - £11 130 - **$17,000**
NARVAEZ Francisco 1905-1982 [4]
🗿 *Gato* - Bronze (43cm-17in) New-York 90 .... FF137 300 - £14 606 - **$24,562**
Mujer reclinada - Sculpture (26x14x33cm-10x6x13in) New-York 97 .... FF801 836 - £85 470 - **$140,000**
NASCHBERGER Gerhard 1955 [3]
🐦 *Untitled* - Dispersion/canvas (200x160cm-79x63in) London 96 .... FF14 850 - £1 800 - **$2,890**
NASCIMBENE Yan 1949 [2]
✏ *Villa Rémiro no.20* - Encres couleurs (15x38cm-6x15in) Paris 91 .... FF4 500 - £447 - **$781**
NASH David 1945 [6]
🗿 *Leaving Sheaf* - Wood (228x57x105cm-90x22x41in) London 95 .... FF19 600 - £2 500 - **$4,020**
✏ *Elemental Environment Of The Tree* - Charcoal/paper (218x135cm-86x53in) New-York 95 .... FF4 620 - £568 - **$900**
NASH Edward 1778-1821 [2]
✏ *Officer* - Miniature (7cm-3in) London 92 .... FF21 500 - £2 200 - **$3,784**
NASH Frederick 1782-1856 [16]
✏ *Windsor castle from the Deer Park* - Watercolour (26x36cm-10x14in) London 97 .... FF15 992 - £1 700 - **$2,756**

NASH John 1889-1924 [22]
- Cottage gardens - Oil/canvas (61x76cm-24x30in) London 96 .... FF30 960 - £4 000 - **$6,110**
- Ruins of Dunwich Priory, Suffolk - Watercolour (50x38cm-20x15in) London 95 .... FF3 134 - £400 - **$642**
- Dowland landscape - Pastel (24x37cm-9x15in) London 91 .... FF11 970 - £1 200 - **$1,976**

NASH John Northcote 1893-1977 [36]
- Still Life, spring Flowers - Oil/canvas (76x51cm-30x20in) London 97 .... FF28 736 - £3 000 - **$4,917**
- Floodgates - Oil/canvas (61x76cm-24x30in) London 96 .... FF65 800 - £7 500 - **$12,600**
- Yarmouth docks - Oil/canvas (91x63cm-36x25in) London 92 .... FF263 000 - £27 000 - **$50,500**
- Landscape - Watercolour (31x42cm-12x17in) London 97 .... FF105 465 - £11 000 - **$18,034**

NASH Jørgen 1919 [10]
- Et drömmhus - Oil/canvas (55x46cm-22x18in) Köbenhavn 91 .... FF4 660 - £464 - **$801**
- Komposition - Wash (40x48cm-16x19in) Köbenhavn 91 .... FF1 584 - £159 - **$274**

NASH Joseph 1808-1878 [26]
- The arrival of the Master - Watercolour (45x28cm-18x11in) London 97 .... FF2 930 - £380 - **$580**
- Elegant figures - Watercolour (33x49cm-13x19in) London 97 .... FF20 696 - £2 200 - **$3,566**

NASH Paul 1889-1946 [72]
- The Quiet Garden - Oil/canvas (51x41cm-20x16in) London 93 .... FF62 200 - £7 500 - **$10,870**
- Autumn Landscape (51x75cm-20x30in) London 97 .... FF402 297 - £42 000 - **$68,834**
- Clay Pits - Watercolour (43x56cm-17x22in) London 97 .... FF17 241 - £1 800 - **$2,950**
- Cotswold landscape - Watercolour, gouache (37x33cm-15x13in) London 96 .... FF54 200 - £7 000 - **$10,700**
- Summer landscape - Watercolour (51x39cm-20x15in) London 96 .... FF119 700 - £15 000 - **$23,100**

NASH Tom 1891-1968 [9]
- The Betrayal - Oil/paper (35x44cm-14x17in) London 97 .... FF14 006 - £1 500 - **$2,420**

NASH Willard 1898-1943 [3]
- Pentitente Procession
  Oil/canvas (61x77cm-24x30in) San Francisco-Los Angeles 90 .... FF157 300 - £16 250 - **$27,792**

NASINI Giuseppe Nicola 1657-1736 [11]
- Christ & St. Stanislaus Kostka - Ink (36x22cm-14x9in) New-York 96 .... FF14 800 - £1 940 - **$3,000**

NASKE Edith 1901-1963 [1]
- Roter Berg in Hietzing - Watercolour, gouache/paper (49x63cm-19x25in) Wien 92 .... FF3 610 - £420 - **$736**

NASKE Frantisek 1884-1959 [3]
- Dame in hell - Aquarell/Papier (35x22cm-14x9in) Rudolstadt-Thüringen 96 .... FF5 100 - £581 - **$975**

NASMYTH Alexander 1758-1840 [35]
- Figures in a lake landscape - Oil/canvas (30x40cm-12x16in) London 96 .... FF12 650 - £1 500 - **$2,470**
- River Landscape with a man - Oil/canvas (69x89cm-27x35in) London 97 .... FF33 771 - £3 600 - **$5,842**
- Near Ellen's Isle
  Oil/panel (44x61cm-17x24in) Hopetoun House, South Queensferry 90 .... FF155 000 - £16 489 - **$27,728**

NASMYTH Barbara 1790-? [2]
- Invernesshire - Oil/canvas (46x61cm-18x24in) Hopetoun House, South Queensferry 91 .... FF19 150 - £1 902 - **$3,325**

NASMYTH Charlotte 1804-1866 [4]
- North Wales - Oil/canvas (46x61cm-18x24in) Edinburgh 92 .... FF12 700 - £1 300 - **$2,236**

NASMYTH James 1808-1890 [3]
- Fisherman on the banks of a river - Oil/canvas (24x32cm-9x13in) London 95 .... FF3 280 - £420 - **$646**

NASMYTH Jane 1778-1866 [7]
- Furness Abbey, Lancashire - Oil/canvas (46x61cm-18x24in) Edinburgh 94 .... FF30 700 - £3 500 - **$5,220**
- Loch Lomond, with figures - Oil/canvas (45x60cm-18x24in) London 94 .... FF105 100 - £12 500 - **$19,220**

NASMYTH Patrick, Peter 1787-1831 [23]
- Figures on a track in a wood - Oil/canvas (35x45cm-14x18in) London 96 .... FF29 700 - £3 500 - **$5,830**
- Godstone, Surrey - Oil/panel (25x37cm-10x15in) London 97 .... FF88 702 - £9 500 - **$15,417**

NASON Gertrude 1890-1968 [7]
- Still life - Oil/canvas Cambridge, Mass. 89 .... FF5 700 - £583 - **$916**

NASON Peter 1612-1690 [15]
- Lady seated on a terrace - Oil/canvas (175x157cm-69x62in) London 95 .... FF4 - £613 000 - **$963,000**
- W. H. von Brandeburg - Oil/canvas (120x80cm-47x31in) Köbenhavn 95 .... FF22 670 - £2 820 - **$4,420**
- Member of the Hohenzollern family - Oil/canvas (228x150cm-90x59in) London 95 .... FF108 800 - £14 000 - **$22,470**

NASON Thomas Willoughby 1889-1971 [4]
- Shore/Summer/Evening mist - Engraving San Francisco-Los Angeles 93 .... FF1 925 - £242 - **$350**

NASS Christian 1888-1931 [2]
- See unter Gewitterwolken - Oil/canvas (82x74cm-32x29in) Stuttgart 91 .... FF6 760 - £678 - **$1,128**

NAST Gustave L. 1826-? [1]
- Combat de chevaux - Bronze (35cm-14in) Paris 95 .... FF35 000 - £4 540 - **$7,170**

NAST Thomas 1840-1902 [7]
- Capture, Petersburg/Gen. Thomas - Oil/paper (36x49cm-14x19in) New-York 91 .... FF18 240 - £1 831 - **$3,156**
- Boss tweed - Ink (44x32cm-17x13in) New-York 91 .... FF9 620 - £970 - **$1,875**

NÄSVALL Emil 1908-1965 [1]
- Per Albin Hansson, huvud - Bronze (47cm-19in) Stockholm 89 .... FF3 900 - £388 - **$616**

NAT van der Willem Hendrik 1864-1929 [27]
- Feeding the chicken - Oil/board (16x24cm-6x9in) Amsterdam 95 .... FF6 830 - £887 - **$1,424**
- Bomschuiten moored - Watercolour/paper (28x48cm-11x19in) Amsterdam 97 .... FF4 159 - £45 0 2 - **$725**

NATALI Renato 1883-1979 [18]
- Vecchia Livorno - Olio/tela (50x70cm-20x28in) Firenze 97 .... FF12 920 - £1 520 - **$2,280**
- Caccia in pineta - Olio/tela (70x100cm-28x39in) Roma 92 .... FF31 700 - £3 245 - **$5,580**

N

NATH Friedrich 1859-? [3]
🦢 Heidegehögt in Sachsen - Öl/Leinwand (92x136cm-36x54in) Bern 94 .... FF12 380 - £1 485 - **$2,406**

NATHAN Arturo 1891-1944 [7]
🦢 L'Isola misteriosa - Olio/tavola (65x90cm-26x35in) Trieste 93 .... FF173 000 - £20 030 - **$29,750**
✏ Maschera - Disegno (45x35cm-17x14in) Trieste 93 .... FF6 920 - £802 - **$1,190**

NATHAN-GARAMOND Jacques 1910-? [6]
🖼 11e Salon des Arts Ménagers - Poster (116x77cm-46x30in) New-York 95 .... FF7 570 - £954 - **$1,500**

NATHE Christoph 1753-1808 [1]
✏ Bolzenschloss bei Janowitz - Ink (20x27cm-8x11in) Hamburg 96 .... FF12 900 - £1 470 - **$2,470**

NATINGUERRA Amerigo Bartoli 1890-1971 [2]
🦢 Lo sposalizio - Olio/tela (80x59cm-31x23in) Roma 92 .... FF14 720 - £1 750 - **$2,830**

NATIVI Gualtiero 1921 [13]
🦢 L'annuncio, 1983 - Acrilico/tavola (155x172cm-61x68in) Prato 97 .... FF22 100 - £2 600 - **$3,900**
✏ Piccola porta - Tempera/papier (50x70cm-20x28in) Milano 90 .... FF13 300 - £1 339 - **$2,605**

NATKIN Robert 1930 [75]
🦢 Ascent - Oil/canvas (44x36cm-17x14in) New-York 94 .... FF7 920 - £951 - **$1,500**
🦢 Time of Grace - Acrylic/canvas (218x152cm-86x60in) New-York 97 .... FF37 725 - £3 968 - **$6,500**
🦢 Napolian's Tryst - Acrylic/canvas (193x218cm-76x86in) New-York 96 .... FF67 300 - £8 690 - **$13,000**

NATOIRE Charles-Joseph 1700-1777 [59]
🦢 Union: Cupid & Psyché - Oil/canvas (211x166cm-83x65in) London 91 .... FF4 - £468 892 - **$772,411**
🦢 Bacchus & Ariane/Flore & Zéphyr - Huile/toile (119x174cm-47x69in) Genève 95 .... FF216 000 - £27 700 - **$44,400**
✏ River God - Black chalk (26x37cm-10x15in) New-York 96 .... FF88 800 - £11 630 - **$18,000**
✏ Ruines: Villa Sacchetti - Aquarelle, gouache (32x47cm-13x19in) Paris 95 .... FF240 000 - £29 450 - **$46,700**

NATON Avraham 1906-1959 [9]
🦢 A couple - Oil/canvas (73x54cm-29x21in) Tel Aviv 92 .... FF7 770 - £814 - **$1,400**
🦢 Paris - Oil/canvas (74x93cm-29x37in) Tel Aviv 92 .... FF41 600 - £4 360 - **$7,500**
✏ Composition - Pastel (43x32cm-17x13in) Tel Aviv 93 .... FF2 544 - £306 - **$465**

NATORP Gustave XIX-XX [1]
🗿 Study for Hercules - Bronze (75cm-30in) New-York 94 .... FF61 800 - £7 300 - **$11,000**

NATTERO Louis XIX-XX [38]
🦢 L'Huveaune à Marseille - Huile/toile (61x38cm-24x15in) Marseille 94 .... FF6 000 - £710 - **$1,078**
🦢 Méditerranée - Huile/toile (42x63cm-17x25in) Bayeux 96 .... FF16 000 - £1 897 - **$3,120**
🦢 Pêche au filet - Huile/toile (97x146cm-38x57in) Bayeux 96 .... FF66 000 - £7 820 - **$12,880**

NATTES John Claude c.1765-1822 [6]
✏ North Parade, Bath - Ink (26x36cm-10x14in) London 92 .... FF7 540 - £900 - **$1,450**

NATTIER Jean-Baptiste 1678-1726 [1]
🦢 Homme costumé en Bacchus - Huile/toile (102x182cm-40x72in) Calais 92 .... FF15 000 - £1 536 - **$2,940**

NATTIER Jean-Marc 1685-1766 [13]
🦢 Lady holding a Mask - Oil/canvas (101x79cm-40x31in) New-York 97 .... FF215 907 - £23 017 - **$37,913**
🦢 Lord Brooke - Huile/toile (134x109cm-53x43in) Monaco 92 .... FF800 000 - £95 400 - **$154,000**
✏ Madame Royer - Pastel/paper (80x64cm-31x25in) New-York 92 .... FF1 - £157 000 - **$270,000**

NATTINO Girolamo XIX [2]
🦢 Le Lido - Huile/toile (39x63cm-15x25in) Paris 90 .... FF30 000 - £3 099 - **$5,300**

NAU DE CHAMPLOUIS Victor XIX [1]
📷 Baalbeck - Tirage albuminé (25x19cm-10x7in) Paris 93 .... FF2 600 - £296 - **$441**

NAUDET Françoise 1928 [9]
🗿 Nathalie - Bronze (62cm-24in) Rennes 96 .... FF32 000 - £4 140 - **$6,340**
🗿 Clématite - Bronze (67cm-26in) Soissons 96 .... FF37 500 - £4 550 - **$7,290**

NAUDET Thomas Charles 1778-1810 [3]
✏ Chevet d'une église en Italie - Gouache (39x47cm-15x19in) Paris 93 .... FF26 500 - £3 193 - **$4,820**

NAUDIN Bernard 1876-1946 [6]
🖼 Le Cri de Paris (18) - Gravure bois Paris 93 .... FF1 800 - £217 - **$328**
✏ Portrait d'homme - Encre Chine (46x26cm-18x10in) Paris 93 .... FF1 600 - £184 - **$274**

NAUDIN Jules A. 1817-1876 [4]
🦢 Baigneuse - Huile/panneau (15x9cm-6x4in) Wien 96 .... FF10 960 - £1 423 - **$2,170**
✏ Le port de La Rochelle - Aquarelle (36x50cm-14x20in) Paris 96 .... FF14 800 - £1 740 - **$2,910**

NAUE Julius Erdmann Aug. 1833-1907 [1]
✏ Madonna - Pencil (37x29cm-15x11in) Lindau 95 .... FF1 897 - £242 - **$383**

NAUEN Heinrich 1880-1941 [39]
🦢 Blühende Sonnenblumen - Tempera (57x78cm-22x31in) Köln 96 .... FF78 100 - £8 900 - **$14,950**
🦢 Die Musik - Oil/canvas (179x210cm-70x83in) Köln 90 .... FF354 800 - £37 745 - **$63,470**
✏ Weiblicher Akt - Aquarelle (44x22cm-17x9in) Köln 90 .... FF10 814 - £1 136 - **$1,851**
✏ Dillborn - Watercolour (100x60cm-39x24in) Konstanz 92 .... FF115 600 - £11 830 - **$24,100**

NAUEN Paul 1859-? [3]
🦢 Young girl with her doll - Oil/canvas (84x61cm-33x24in) San Francisco-Los Angeles 95 .... FF17 120 - £2 215 - **$3,500**

NAUER Adolf [3]
🦢 Herrenrunde - Oil/canvas (51x61cm-20x24in) München 91 .... FF5 470 - £562 - **$1,018**

NAUER Ludwig 1888-? [3]
🦢 Gathering in a tavern - Oil/canvas (50x61cm-20x24in) New-York 93 .... FF13 750 - £1 724 - **$2,500**

NAUJOK Gustav 1861-? [1]
🦢 Fischer mit ihren Booten - Oil/canvas (78x120cm-31x47in) München 92 .... FF3 060 - £314 - **$539**

NAUJOKS Heino 1937 [3]
🦢 Fataler Einblick - Öl (125x140cm-49x55in) München 94 .... FF13 680 - £1 606 - **$2,436**

NAULEAU André-Charles [2]
- Bourrine de St Jean de Monts - Huile/toile (60x92cm-24x36in) La Roche-sur-Yon 97 .... FF2 500 - £273 - **$443**

NAUMAN Bruce 1941 [103]
- Fever, chills dryness... - Acrylic/paper (170x223cm-67x88in) New-York 90 .... FF2 - £225 149 - **$378,605**
- Pay Attention - Lithograph (97x72cm-38x28in) New-York 94 .... FF54 300 - £6 370 - **$9,500**
- Untitled - Sculpture (274cm-108in) New-York 96 .... FF1 - £212 600 - **$350,000**
- Untitle - Iron New-York 97 .... FF104 652 - £10 989 - **$18,000**
- Double Poke in the Eye II - Sculpture (61x28x91cm-24x11x36in) New-York 96 .... FF191 600 - £24 730 - **$37,000**
- Eating My Words - Color photograph/foamcore (49x59cm-19x23in) New-York 94 .... FF99 800 - £11 880 - **$19,000**
- Imperfections Becoming Inconspicuous
  Pencil/paper (66x102cm-26x40in) New-York 95 .... FF48 400 - £6 420 - **$10,000**
- Welcome - Watercolour, gouache (188x127cm-74x50in) New-York 94 .... FF208 400 - £24 460 - **$36,500**
- South America Square - Charcoal (152x213cm-60x84in) New-York 94 .... FF473 000 - £56 300 - **$90,000**

NAUMAN Ivar 1851-1906 [3]
- Insjölandskap - Oil/canvas (40x66cm-16x26in) Uppsala 92 .... FF2 830 - £290 - **$498**

NAUMANN Hermann 1930 [11]
- Ohne Titel - Öl/Leinwand (55x35cm-22x14in) Berlin 96 .... FF8 470 - £1 058 - **$1,638**
- Landschaftsimpression - Aquarell/Karton (76x54cm-30x21in) München 96 .... FF3 764 - £489 - **$745**

NAUMANN Karl Friedrich 1813-1859 [2]
- King Johann I of Saxony - Miniature (4cm-2in) Genève 95 .... FF11 060 - £1 380 - **$2,170**

NAUMBERG Otto Günther 1856-1941 [1]
- Summer landscape - Oil/canvas (49x66cm-19x26in) Wien 95 .... FF12 240 - £1 586 - **$2,490**

NAUR Albert 1889-1973 [59]
- Fra en have - Oil/canvas (41x55cm-16x22in) Köbenhavn 96 .... FF2 300 - £299 - **$456**
- Middagshvile - Oil/canvas (123x142cm-48x56in) Vejle 94 .... FF6 520 - £749 - **$1,115**

NAUTET Jean 1920 [4]
- Nostalgie - Huile/panneau (65x80cm-26x31in) Bruxelles 96 .... FF3 606 - £428 - **$704**

NAUWELAERTS Georges 1873-1939 [5]
- Femme à la cigarette - Huile/toile (29x46cm-11x18in) Antwerpen 95 .... FF5 880 - £735 - **$1,188**

NAUWENS Josephus 1830-1886 [2]
- Chien espiègle - Huile/toile (25x34cm-10x13in) Bruxelles 95 .... FF7 170 - £908 - **$1,443**

NAVA Hector 1875-1940 [1]
- On the quayside - Oil/canvas (123x139cm-48x55in) London 91 .... FF65 500 - £6 521 - **$11,264**

NAVA John 1947 [2]
- D.A.K. Arms Overhaed
  Acrylic/paper (152x121cm-60x48in) San Francisco-Los Angeles 93 .... FF13 270 - £1 510 - **$2,250**
- Jane Sherriff with chair studies
  Mixed media/paper (134x152cm-53x60in) San Francisco-Los Angeles 94 ...... FF7 720 - £1 007 - **$1,500**

NAVAL André 1949 [6]
- Fleurs et papillons - Huile/isorel (61x61cm-24x24in) Paris 96 .... FF3 800 - £492 - **$746**

NAVARA Frank 1898-1986 [6]
- Riis Park - Gelatin silver print (33x25cm-13x10in) New-York 96 .... FF7 310 - £846 - **$1,400**

NAVARRO GARCIA Román 1854-1928 [1]
- Campesina gallega con cántaro - Oleo/lienzo (63x47cm-25x19in) Madrid 94 ...... FF45 600 - £5 380 - **$8,120**

NAVARRA Pietro XVII-XVIII [5]
- Fruit on a segment of a column - Oil/canvas (74x59cm-29x23in) London 93 .... FF139 000 - £16 000 - **$24,000**

NAVARRE Henri 1885-1971 [3]
- Une Chimère - Verre, cire perdue (carreau) Angers 91 .... FF125 000 - £12 840 - **$23,260**

NAVARRE Jean 1914 [3]
- Orée du bois - Huile/toile (55x65cm-22x26in) Grenoble 96 .... FF4 000 - £510 - **$771**

NAVARRO BALDEWEG Juan 1939 [3]
- Sín título - Oleo/lienzo (81x100cm-32x39in) Madrid 91 .... FF29 800 - £2 959 - **$5,174**

NAVARRO CENTELLES Miguel 1923 [3]
- Jovenes en el bano - Oleo/lienzo (51x61cm-20x24in) Madrid 90 .... FF5 400 - £560 - **$949**
- Cab X - Sculpture (60x25x31cm-24x10x12in) Madrid 93 .... FF35 600 - £4 240 - **$6,440**
- Paterna nocturn - Collage (107x77cm-42x30in) Madrid 91 .... FF19 000 - £1 928 - **$3,432**

NAVARRO LLORENS José 1867-1923 [48]
- Naufragio - Oleo/cartón (40x68cm-16x27in) Madrid 97 .... FF52 000 - £5 590 - **$9,100**
- Marchand d'esclaves - Huile/toile (56x73cm-22x29in) Paris 97 .... FF140 000 - £14 882 - **$24,122**
- Children on a beach - Oil/canvas (28x41cm-11x16in) London 89 .... FF406 800 - £41 595 - **$65,402**
- Baño en la playa - Acuarela (40x48cm-16x19in) Madrid 95 .... FF64 500 - £8 250 - **$12,970**

NAVARRO Miguel 1934 [3]
- Sín título - Wash (106x77cm-42x30in) Madrid 91 .... FF22 750 - £2 259 - **$3,950**

NAVARRO VIVES Josep 1931 [2]
- Paisaje con árboles - Oleo/lienzo (40x80cm-16x31in) Madrid 97 .... FF6 368 - £688 - **$1,104**

NAVAS LINARES Francisco 1879-? [4]
- Romeria del Rocio - Oleo/cartón (22x30cm-9x12in) Madrid 92 .... FF16 930 - £2 020 - **$3,255**

NAVELLIER Edouard 1865-1944 [5]
- Éléphant et éléphanteau - Bronze (30cm-12in) Bruxelles 92 .... FF26 360 - £3 150 - **$5,070**
- Sangliers se disputant un fruit - Bronze (19x47cm-7x19in) Paris 90 .... FF50 000 - £5 319 - **$8,945**

NAVEZ Arthur 1881-1931 [15]
- Fleurs - Huile/toile (65x50cm-26x20in) Lokeren 95 .... FF7 590 - £948 - **$1,488**

N

Femme entourée de fleurs - Huile/panneau (35x29cm-14x11in) Antwerpen 96 .... FF26 300 - £3 390 - **$5,080**

NAVEZ François Joseph 1787-1869 [25]
- *A shipwreck* - Oil/panel (57x45cm-22x18in) Amsterdam 94 .... FF14 720 - £1 752 - **$2,800**
- *Musiciens* - Oil/panel (69x54cm-27x21in) London 97 .... FF95 238 - £10 000 - **$16,381**
- *Massacre des Innocents* - Oil/canvas (117x134cm-46x53in) London 94 .... FF965 000 - £114 000 - **$173,300**
- *Famille* - Crayon/papier (25x32cm-10x13in) Bruxelles 94 .... FF10 710 - £1 250 - **$1,880**

NAVEZ Georges, Géo XIX-XX [2]
- *Étang au Rouge-Cloître* - Huile/toile (38x46cm-15x18in) Bruxelles 97 .... FF2 618 - £277 - **$453**
- *Auderghem* - Huile/toile (60x100cm-24x39in) Bruxelles 92 .... FF33 200 - £3 400 - **$5,840**

NAVEZ Léon 1900-1967 [26]
- *Vue de Eze* - Huile/carton (49x58cm-19x23in) Bruxelles 93 .... FF4 940 - £591 - **$1,010**
- *Homme à la fenêtre* - Oil/panneau (64x49cm-25x19in) Liège 96 .... FF19 700 - £2 280 - **$3,774**
- *Laissez venir à moi les petits enfants* - Huile/toile (107x106cm-42x42in) Bruxelles 96 .... FF59 200 - £7 530 - **$11,400**

NAVIASKY Philip 1894-1982 [44]
- *Portrait of a young Girl* - Oil/canvas (46x43cm-18x17in) London 97 .... FF4 524 - £480 - **$779**
- *Mille Naviasky* - Charcoal (53x36cm-21x14in) Ilkley, West Yorkshire 93 .... FF2 324 - £280 - **$406**

NAVLET Joseph 1821-1889 [10]
- *Napoléon: the Last Supper* - Oil/canvas (71x80cm-28x31in) New-York 94 .... FF40 940 - £4 740 - **$7,000**
- *Scène de bataille* - Aquarelle (21x42cm-8x17in) Paris 97 .... FF13 500 - £1 440 - **$2,337**

NAVONE Edoardo XIX [3]
- *The swing* - Pencil (48x23cm-19x9in) London 92 .... FF9 770 - £1 000 - **$1,724**

NAVRATIL Josef 1798-1865 [3]
- *Stelldichein auf der Alm* - Oil/panel (24x34cm-9x13in) Wien 93 .... FF14 380 - £1 724 - **$2,475**

NAVRATIL Walter 1950 [8]
- *Rotes Kreuz* - Acrylic/canvas (240x180cm-94x71in) Wien 96 .... FF17 050 - £2 213 - **$3,370**
- *Sechs Uhr morgens* - Öl/Leinwand (95x80cm-26x31in) Wien 94 .... FF43 900 - £5 260 - **$8,510**
- *Charakterdarsteller* - Drawing (65x50cm-26x20in) Wien 93 .... FF10 580 - £1 264 - **$2,035**

NAWASOFF Wassilij Ivanowitch 1862-1919 [2]
- *Outside the monastery gates* - Oil/canvas (48x41cm-19x16in) London 95 .... FF20 520 - £2 600 - **$4,130**

NAY Ernst Wilhelm 1902-1968 [170]
- *Vulkanchor* - Öl/Leinwand (162x130cm-64x51in) Köln 96 .... FF1 - £139 300 - **$234,000**
- *Freie Rhythmen* - Oil/canvas (120x160cm-47x63in) Berlin 91 .... FF2 - £286 007 - **$494,050**
- *Dünenlandschaft* - Öl/Leinwand (61x81cm-24x32in) Berlin 96 .... FF170 000 - £19 350 - **$32,500**
- *Lilas* - Öl/Leinwand (117x89cm-46x35in) Berlin 96 .... FF621 626 - £66 019 - **$108,284**
- *Farblitho 1961* - Color lithograph (42x61cm-17x24in) Berlin 97 .... FF15 541 - £1 650 - **$2,707**
- *Oberon* - Color lithograph (53x33cm-21x13in) München 95 .... FF62 900 - £8 220 - **$12,600**
- *Prometheus* - Pencil/paper (51x57cm-20x22in) Berlin 94 .... FF20 340 - £2 540 - **$3,930**
- *Ohne Titel* - Watercolour (41x60cm-16x24in) Berlin 97 .... FF104 899 - £11 140 - **$18,272**
- *Ohne Titel* - Oil/canvas (41x95cm-16x37in) Berlin 97 .... FF330 239 - £35 072 - **$57,525**

NAYA Carlo 1816-1882 [4]
- *Palazzo Vendramino, Venezia* - Albumen print (43x53cm-17x21in) London 96 .... FF5 810 - £750 - **$1,122**

NAZARETH van Herman 1936 [4]
- *Twee vormen* - Bronze (31cm-12in) Lokeren 95 .... FF4 450 - £556 - **$900**

NAZERIAN Ali 1944 [2]
- *Hommage à Van Gogh* - Acrylique/panneau (110x90cm-43x35in) Lille 91 .... FF6 000 - £617 - **$1,117**

NEAGLE John 1796-1865 [2]
- *Marshall S. Pike, music composer* - Oil/canvas (86x69cm-34x27in) Philadelphia 95 .... FF17 550 - £2 214 - **$3,500**

NEAGU Paul 1938 [2]
- *Wake* - Sculpture (114cm-45in) London 91 .... FF17 780 - £1 783 - **$3,257**

NEAL Charles XX [7]
- *Field of Poppies* - Oil/canvas (92x107cm-36x42in) London 95 .... FF12 820 - £1 600 - **$2,590**

NEAL David Dalhoff 1837-1915 [1]
- *Nun at prayer* - Oil/canvas (38x31cm-15x12in) Toronto 96 .... FF2 850 - £361 - **$546**

NEAL James 1918 [4]
- *Red chair and flower pot* - Oil/board (30x20cm-12x8in) London 91 .... FF7 980 - £800 - **$1,317**
- *Still life with teapot* - Oil (36x61cm-14x24in) London 96 .... FF18 570 - £2 400 - **$3,670**

NEALE Edward XIX-XX [2]
- *Tiger stepping out of a River* - Oil/canvas (46x66cm-18x26in) London 97 .... FF13 220 - £1 400 - **$2,289**

NEALE John Preston 1771/80-1847 [2]
- *The Grandstand, Doncaster* - Pencil (9x14cm-4x6in) London 93 .... FF8 300 - £1 000 - **$1,450**

NEATBY William James 1860-1910 [4]
- *Dolcibella* - Watercolour (23x15cm-9x6in) London 96 .... FF27 670 - £3 600 - **$5,480**

NEBEL Berthold 1889-1964 [1]
- *Running moose* - Bronze (37cm-15in) New-York 92 .... FF5 400 - £552 - **$950**

NEBEL Carl, Carlos 1805-1855 [4]
- *Plan de la ruinas de la Quemada* - Lithograph (18x37cm-7x15in) México 92 .... FF9 360 - £961 - **$1,678**

NEBEL Kay Heinrich 1888-1953 [3]
- *Frauen im Garten* - Oil/canvas/board (50x38cm-20x15in) Bremen 92 .... FF10 200 - £1 044 - **$1,796**

NEBEL Otto 1892-1973 [91]
- *Komposition* - Acrylic/paper (60x40cm-24x16in) Hamburg 96 .... FF10 200 - £1 161 - **$1,950**
- *Morgenlied* - Huile/toile/panneau (52x70cm-20x28in) Bern 96 .... FF53 000 - £6 420 - **$10,300**
- *Gestaffeltes Gefüge* - Oil/canvas (60x64cm-24x25in) Zürich 91 .... FF112 800 - £11 311 - **$18,620**
- *Vielgestaltig* - Watercolour/paper (44x30cm-17x12in) Amsterdam 95 .... FF12 340 - £1 616 - **$2,472**
- *Vielgestaltig No. 514* - Gouache (42x27cm-17x11in) Zürich 96 .... FF30 800 - £3 860 - **$5,950**

Auf das Höchste gerichtet - Tempera/paper (63x48cm-25x19in) Bern 92............................ FF53 300 - £6 360 - **$10,240**

NEBOT Balthasar c.1700-c.1770 [3]
🖼 *A fishmonger's stall by an estuary* - Oil/canvas (62x84cm-24x33in) New-York 97 ...... FF86 705 - £9 243 - **$15,000**

NECHIPORENKO Elena G. 1953 [2]
🖼 *Still life of wild fruit and flowers* - Oil/canvas (60x55cm-24x22in) London 94............... FF3 590 - £420 - **$630**

NECHVATAL Joseph 1953 [14]
🖼 *Illuminati* - Acrylic (152x234cm-60x92in) Stockholm 94....................................... FF3 570 - £419 - **$636**
✏ *The Church of Confusion* - Pencil/paper (28x35cm-11x14in) Stockholm 94 .... FF3 214 - £377 - **$573**

NECK van Jan 1635-1714 [7]
🖼 *Gentleman standing by a stone ledge* - Oil/panel (39x34cm-15x13in) London 94.............. FF75 000 - £9 000 - **$14,260**

NEDER Johann Michael 1807-1882 [22]
🖼 *Das ungleiche Paar* - Oil/panel (21x16cm-8x6in) Wien 92 .... FF38 500 - £4 475 - **$7,850**
Wirtshausszene - Oil/canvas (43x53cm-17x21in) München 89.............................. FF155 400 - £15 890 - **$24,984**
✏ *Beim Herzelwirth* - Watercolour (25x20cm-10x8in) Wien 95 .... FF17 480 - £2 205 - **$3,490**

NEDJAR Michel 1947 [2]
🖼 *Untitled* - Mixed media/board (106x76cm-42x30in) London 96.............................. FF8 250 - £1 000 - **$1,604**
✏ *Untitled* - Charcoal (100x70cm-39x28in) London 96... FF10 720 - £1 300 - **$2,085**

NEEBE Louis Alexander 1873-? [2]
🖼 *On the beach* - Oil/canvas (91x102cm-36x40in) Chicago 93 .... FF25 300 - £3 170 - **$4,600**

NEEDHAM Joseph c.1810-c.1880 [3]
🖼 *Dat at the park* - Oil/canvas/board (58x79cm-23x31in) New-York 93 .... FF26 550 - £3 020 - **$4,500**

NEEFFS Frater Lodowyk 1617-c.1655 [2]
🖼 *Interior of a gothic cathedral* - Oil/panel (29x39cm-11x15in) New-York 94 .... FF88 000 - £10 170 - **$15,000**

NEEFS Pieter I 1578-1656/61 [27]
🖼 *Église gothique* - Huile/panneau (25x41cm-10x16in) Paris 95 .... FF47 000 - £6 180 - **$9,430**
Gothic cathedral - Oil/panel (42x65cm-17x26in) Amsterdam 96.................... FF126 500 - £14 900 - **$24,860**
Church at night - Oil/panel (37x32cm-15x13in) New-York 94 .... FF420 500 - £50 000 - **$80,000**

NEEFS Pieter II 1620-1675 [14]
🖼 *Interno di cattedrale* - Olio/tela (108x175cm-43x69in) Fossano (Cuneo) 96 .... FF73 900 - £9 240 - **$14,520**
Messe dans une église gothique - Huile/cuivre (34x43cm-13x17in) Paris 97 .... FF235 000 - £26 179 - **$41,595**

NEEL Alice 1900-1984 [5]
🖼 *Edward Weiss* - Oil/canvas (86x114cm-34x45in) New-York 92 .... FF72 800 - £7 730 - **$14,000**

NEELMEYER Ludwig 1814-1870 [2]
🖼 *Burg in Südtirol* - Oil/canvas (52x47cm-20x19in) München 92............................. FF5 100 - £522 - **$1,000**
Schloß Sigmundskron in Südtirol - Oil/canvas (29x39cm-11x15in) München 92.......... FF20 400 - £2 090 - **$4,000**

NEER van der Aert I c.1603-1677 [20]
🖼 *Kolf players & skaters* - Oil/panel (57x83cm-22x33in) London 90 .... FF4 - £487 664 - **$880,455**
Eisvergnügen - Oil/wood (19x34cm-7x13in) Wien 97 .... FF335 720 - £36 260 - **$58,590**

NEERGARD Hermania Sigvardine 1799-1874 [10]
🖼 *Flowers in a glass vase* - Oil/canvas (36x28cm-14x11in) London 96 .... FF35 900 - £4 500 - **$6,930**
A lily pond - Oil/canvas (67x62cm-26x24in) New-York 92 .... FF260 000 - £31 030 - **$50,000**

NEERLAND Oliver 1881-1960 [1]
🖼 *Motiv fra Peter Gynt* - Oil/canvas (80x90cm-31x35in) Oslo 93 .... FF10 400 - £1 210 - **$1,786**

NEERVOORT Jan C. 1863-1940 [5]
🖼 *Faisan et canard* - Huile/toile (60x100cm-24x39in) Bruxelles 90 .... FF15 400 - £1 659 - **$2,716**

NEES VON ESENBECK Elise 1842-1921 [1]
🖼 *Still life of roses* - Oil/canvas (44x66cm-17x26in) London 93 .... FF10 800 - £1 300 - **$1,885**

NEFKENS Martinus Jacobus 1866-1941 [13]
🖼 *Peasant woman* - Oil/canvas (60x81cm-24x32in) Amsterdam 93 .... FF4 220 - £504 - **$812**

NEGRE Charles 1820-1880 [9]
📷 *Imperial Asylum, Vincennes* - Albumen print (33x43cm-13x17in) London 93 .... FF2 107 - £240 - **$358**
Roman Ramparts, Arles - Salt print (23x30cm-9x12in) New-York 95 .... FF67 800 - £8 720 - **$14,000**

NÉGRÉANU Matei 1942 [2]
🗿 *Vague* - Sculpture (53cm-21in) Paris 94... FF21 000 - £2 490 - **$3,880**

NEGRET Edgar 1920 [5]
🗿 *Metamorfosis* - Construction (71cm-28in) New-York 91 .... FF22 800 - £2 297 - **$3,956**

NEGRETE Ezequiel 1902-1961 [2]
🖼 *La casita* - Oleo/lienzo (69x79cm-27x31in) México 92....................................... FF32 400 - £3 330 - **$5,910**

NEGRI Mario 1916 [10]
🗿 *Figur* - Bronze (20cm-8in) Wien 94 .... FF14 620 - £1 753 - **$2,840**
Bozzetto per lo stendaro di Chiavenna - Bronze (66x18x13cm-26x7x5in) München 94 .... FF34 200 - £4 010 - **$6,090**

NEGRI Nina 1909-1981 [1]
🖼 *Femme noire* - Huile/toile (55x46cm-22x18in) Verrières-Le-Buisson 90 .... FF4 000 - £428 - **$696**

NEGUS Caroline 1814-1867 [1]
✏ *Young mother & small children* - Wash (16x22cm-6x9in) New-York 90 .... FF11 600 - £1 168 - **$2,272**

NEHER Caspar 1897-1962 [4]
✏ *Kostümenwürfe zu Macbeth* - Ink (28x18cm-11x7in) München 94.......................... FF6 150 - £723 - **$1,096**

NEHER Michael 1798-1876 [5]
🖼 *Une rue à Munich* - Huile/panneau (34x29cm-13x11in) Nantes 93 .... FF40 000 - £5 000 - **$7,270**

NEHLICH Jean-Louis XX [8]
🖼 *Paysage* - Huile/toile (60x73cm-24x29in) Paris 91 .... FF2 200 - £225 - **$411**

NEHLIG Victor 1830-1910 [5]
- *Night After a Battle* - Oil/canvas (183x274cm-72x108in) New Orleans, Louisiana 94 .... FF52 800 - £6 340 - **$10,000**
- *Six projets de décoration coloniale* - Encre Chine (31x43cm-12x17in) Senlis 93 .... FF5 700 - £648 - **$966**

NEHRING Maciej 1901-1977 [1]
- *W lesie* - Aquarelle/papier (48x39cm-19x15in) Warszawa 91 .... FF2 920 - £298 - **$521**

NEHRLICH Gustav 1807-1840 [1]
- *A nobleman* - Miniature (4cm-2in) London 92 .... FF6 020 - £700 - **$1,230**

NEHRMAN Britta 1901-1979 [3]
- *Staende flicka* - Bronze (26cm-10in) Göteborg 90 .... FF2 900 - £309 - **$519**

NEIDE Emil 1843-1908 [2]
- *Philosoph Immanuel Kant* - Öl/Leinwand (48cm-19in) Köln 95 .... FF10 350 - £1 347 - **$2,124**

NEIDHARDT Paul G. 1873-? [2]
- *Hilly landscape* - Oil/cardboard (60x77cm-24x30in) Amsterdam 91 .... FF4 510 - £454 - **$783**

NEILL John R. 1877-1943 [2]
- *The Patchwork God of Oz* - Ink/paper New-York 96 .... FF21 520 - £2 550 - **$4,200**

NEILL Shaune 1957 [2]
- *Maps and images* - Acrylique/papier (171x90cm-67x35in) Paris 89 .... FF16 000 - £1 636 - **$2,572**
- *Rocks and images, 1988* - Sculpture (150x23x30cm-59x9x12in) Paris 90 .... FF25 000 - £2 660 - **$4,472**

NEILLOT Louis 1898-1973 [67]
- *Le sous-bois* - Huile/toile (73x60cm-29x24in) Paris 97 .... FF4 000 - £433 - **$707**
- *Paysage à Contigny* - Huile/toile (49x61cm-19x24in) Paris 96 .... FF13 000 - £1 630 - **$2,510**
- *Lauzières, Charente-Maritime* - Huile/toile (60x73cm-24x29in) Versailles 91 .... FF25 000 - £2 506 - **$4,579**
- *Creuzier le neuf* - Huile/toile (60x73cm-24x29in) Paris 90 .... FF65 000 - £7 004 - **$11,464**
- *Paysage, 1941* - Aquarelle (48x32cm-19x13in) Honfleur 90 .... FF11 000 - £1 099 - **$2,087**

NEILSON Raymond P. Rodgers 1881-1964 [6]
- *Chelsea lady & sweetheart roses*
  Oil/canvas (76x64cm-30x25in) North Bethesda, MD. 92 .... FF6 240 - £663 - **$1,200**
- *Before the mirror* - Oil/canvas (92x74cm-36x29in) New-York 92 .... FF96 500 - £9 870 - **$17,000**

NEIMAN LeRoy 1926 [40]
- *18th Hole* - Oil/canvas (97x81cm-38x32in) Delray Beach, Florida 93 .... FF24 750 - £3 104 - **$4,500**
- *Jockey* - Serigraph (51x41cm-20x16in) Chicago 94 .... FF4 060 - £482 - **$750**
- *American Stock Exchange* - Serigraph (79x97cm-31x38in) Tarzana, CA 95 .... FF11 300 - £1 387 - **$2,200**

NEIZVESTNY Ernst 1926 [8]
- *Visage* - Technique mixte/papier (88x58cm-35x23in) Paris 92 .... FF1 900 - £195 - **$335**

NÉJAD Néjad Devrim 1923 [11]
- *Sans titre, 1er Juillet* - Huile/toile (27x35cm-11x14in) Paris 95 .... FF2 800 - £360 - **$575**
- *Composition/Abstract* - Oil/canvas London 95 .... FF22 700 - £3 000 - **$4,600**
- *Sans titre* - Aquarelle (42x52cm-17x20in) Paris 94 .... FF1 800 - £215 - **$336**

NEJEDLY Otakar 1883-1957 [2]
- *Südliche Landschaft* - Öl/Papier (23x29cm-9x11in) Wien 94 .... FF8 800 - £1 018 - **$1,512**

NEKRASSOV Vladimir 1924 [6]
- *Lilacs* - Oil/canvas (60x79cm-24x31in) London 94 .... FF12 180 - £1 450 - **$2,296**

NEL-DUMOUCHEL Jules XIX-XX [2]
- *Preparing for the fiesta* - Oil/panel (35x27cm-14x11in) London 90 .... FF33 900 - £3 513 - **$5,958**

NELIMARKKA Eero 1891-1977 [53]
- *Narcissen* - Oil/canvas (41x35cm-16x14in) Helsinki 94 .... FF7 240 - £865 - **$1,354**
- *Vinterdag* - Oil/canvas (55x65cm-22x26in) Helsinki 93 .... FF15 360 - £1 734 - **$2,530**
- *Snön smälter* - Oil/canvas (55x100cm-22x39in) Helsinki 91 .... FF35 850 - £3 569 - **$6,165**

NELLEMOSE Knud 1908 [2]
- *Den svangre* - Bronze (52cm-20in) København 94 .... FF9 200 - £1 104 - **$1,790**

NELLENS Roger 1937 [13]
- *Valet de pique* - Acrylic/canvas (84x40cm-33x16in) Amsterdam 95 .... FF5 360 - £684 - **$1,093**
- *Madame Butterfly* - Huile/toile (100x161cm-39x63in) Lokeren 92 .... FF16 480 - £1 967 - **$3,170**

NELLI Henri 1834-1903 [5]
- *Charles du Pouey* - Terracotta (33cm-13in) Tarbes 92 .... FF4 400 - £526 - **$846**

NELLI Pietro 1672-1740 [2]
- *Marchesina Margherita Malaspina* - Oil/canvas (91x72cm-36x28in) Luzern 90 .... FF85 800 - £9 128 - **$15,349**

NELSON Alphonse Henri 1854-? [4]
- *A child with drapery* - Marble (40cm-16in) London 95 .... FF46 900 - £6 000 - **$9,430**
- *La France maritime* - Bronze (180cm-71in) Lille 96 .... FF135 000 - £17 450 - **$26,600**

NELSON Bruce 1888-1952 [1]
- *Along the shore* - Oil/canvas (76x102cm-30x40in) San Francisco-Los Angeles 89 .... FF45 800 - £4 557 - **$7,235**

NELSON Carl Gustaf 1898-? [3]
- *Parade, New York* - Oil/canvas (46x51cm-18x20in) Cambridge, Mass. 93 .... FF4 950 - £621 - **$900**

NELSON Ernest Bruce 1888-1952 [1]
- *Monterey Coast* - Oil/canvas (61x76cm-24x30in) San Francisco-Los Angeles 95 .... FF17 440 - £2 292 - **$3,500**

NELSON George Laurence 1887-1978 [6]
- *Woodsmock* - Oil/canvas (61x76cm-24x30in) New-York 94 .... FF5 140 - £599 - **$900**

NELSON Joan 1958 [32]
- *Untitled* - Oil (30x15cm-12x6in) New-York 97 .... FF46 784 - £4 940 - **$8,000**
- *Untitled #168* - Oil/panel (30x51cm-12x20in) New-York 97 .... FF139 373 - £14 662 - **$24,000**
- *Untitled, 1985* - Mixed media/paper (110x75cm-43x30in) New-York 89 .... FF74 400 - £7 607 - **$11,961**

NELSON Roger Laux 1945 [2]
- *Divider* - Oil/canvas (204x152cm-80x60in) New-York 94 .... FF5 310 - £604 - **$900**

NELSON Walfrid 1849-1930 [9]
- *Islossning, 1911* - Oil/canvas (38x60cm-15x24in) Malmö 90 .... FF4 700 - £503 - **$817**

NEME Clarel 1926 [4]
- *Titi* - Oil/canvas (129x96cm-51x38in) New-York 90 .... FF37 200 - £3 957 - **$6,655**

NEMEJC Augustin 1861-1938 [2]
- *Festzug* - Oil/canvas (52x46cm-20x18in) München 91 .... FF5 070 - £505 - **$872**

NEMENOVA Gertha Mikhailovna 1905-1986 [3]
- *Femme devant un miroir* - Huile/toile (39x51cm-15x20in) Paris 90 .... FF24 000 - £2 553 - **$4,293**

NEMENSKI Boris 1922 [2]
- *Returning home* - Oil/paper (44x92cm-17x36in) London 95 .... FF12 440 - £1 600 - **$2,570**

NEMES Andrej 1909-1985 [40]
- *Sommarens insekter* - Oil/canvas (90x138cm-35x54in) Stockholm 96 .... FF13 820 - £1 624 - **$2,720**
- *Förvirring i byn* - Oil/canvas (48x85cm-19x33in) Stockholm 90 .... FF79 600 - £8 468 - **$14,240**
- *Från Påfågeln är du Kommen* - Collage (26x20cm-10x8in) Stockholm 93 ..... FF9 870 - £1 120 - **$1,670**

NEMES LAMPÉRTH Jozsef 1891-1924 [1]
- *Nu debout* - Encre/papier (29x23cm-11x9in) Paris 93 .... FF18 000 - £2 170 - **$3,270**

NEMETH Gyula Gyertyanyi 1892-1946 [5]
- *L'abat-jour* - Olio/tela (50x60cm-20x24in) Trieste 97 .... FF8 500 - £1 000 - **$1,500**

NEMIROVSKY Claudine 1928 [3]
- *Le pont de Scay* - Huile/toile (64x81cm-25x32in) Bruxelles 95 .... FF6 370 - £767 - **$1,206**

NEMOURS Aurélie 1910 [13]
- *Procyon* - Huile/toile (92x73cm-36x29in) Paris 94 .... FF40 000 - £4 760 - **$7,310**
- *Structure du Silence III* - Aquarell/Papier (100x100cm-39x39in) Luzern 93 ..... FF34 250 - £4 090 - **$6,590**

NEMUKHIN Vladimir 1925 [3]
- *Playing cards* - Mixed media/paper (50x52cm-20x20in) London 89 .... FF14 500 - £1 483 - **$2,331**

NEOGRADY Antal 1861-1942 [39]
- *Sommergarten* - Öl/Leinwand (61x76cm-24x30in) Wien 96 .... FF15 600 - £2 023 - **$3,083**
- *Ein Sommertag* - Öl/Leinwand (100x150cm-39x59in) Wien 95 .... FF24 500 - £3 226 - **$4,960**
- *Ein Sommertag* - Aquarell/Papier (38x49cm-15x19in) Wien 97 .... FF6 214 - £660 - **$1,071**

NEOGRADY László 1896-1962 [84]
- *A girl feeding chickens* - Oil/canvas (61x80cm-24x31in) London 97 .... FF5 216 - £580 - **$979**
- *Der Garten* - Öl/Leinwand (60x80cm-24x31in) Wien 96 .... FF13 440 - £1 630 - **$2,613**
- *Quiet moment in the woods* - Tempera/board (64x105cm-25x41in) New-York 95 ..... FF40 900 - £5 090 - **$8,000**

NEPO Ernst 1895-1971 [7]
- *Herbst-Stilleben* - Oil/panel (52x44cm-20x17in) Wien 90 .... FF38 400 - £4 085 - **$6,869**
- *Blumenstrauss und Apfel* - Öl/Leinwand (76x90cm-30x35in) Wien 95 ..... FF138 600 - £17 600 - **$27,600**

NEPPEL Heinrich 1874-1936 [11]
- *Partie bei Erding* - Öl/Karton (25x40cm-10x16in) München 92 .... FF7 140 - £731 - **$1,400**

NEPPEL Karl 1883-1935 [3]
- *Früchtestilleben mit Hummer* - Öl/Leinwand (71x100cm-28x39in) München 94 ..... FF3 060 - £352 - **$523**

NERDRUM Odd 1944 [13]
- *Avskjed med en avdød* - Oil/canvas (100x120cm-39x47in) Oslo 92 .... FF152 000 - £15 230 - **$29,200**
- *Den nyfødte* - Lithograph Tönsberg 93 .... FF9 200 - £1 100 - **$1,674**

NÉREE TOT BABBERICH Karel 1880-1909 [3]
- *Portrait of Madame S.* - Pencil/paper (56x32cm-22x13in) London 93 ..... FF7 470 - £900 - **$1,305**

NEREE-GAUTHIER Jane 1877-1948 [2]
- *Fleurs dans un vase* - Huile/toile (72x60cm-28x24in) Nice 91 .... FF10 500 - £1 059 - **$2,047**

NERENZ Wilhelm 1804-1871 [2]
- *Käthchen von Heilbronn* - Oil/panel (52x41cm-20x16in) Bremen 94 .... FF70 700 - £8 360 - **$13,040**

NERESHEIMER Paul 1885-? [1]
- *Austrian Mountainous Landscape* - Oil/canvas (45x60cm-18x24in) London 94 ..... FF2 620 - £300 - **$448**

NERI Manuel 1930 [6]
- *Untitled* - Bronze (162cm-64in) San Francisco-Los Angeles 92 .... FF84 000 - £9 930 - **$16,140**
- *Woman Emerging* - Plaster (198x142cm-78x56in) San Francisco-Los Angeles 93 ..... FF118 000 - £13 420 - **$20,000**

NÉRI Paul 1910-1965 [16]
- *Remorqueur, Rabat* - Huile/toile (50x65cm-20x26in) Paris 95 .... FF10 000 - £1 267 - **$2,010**
- *Souk Sammarrine, Marrakech* - Gouache (41x53cm-16x21in) Paris 94 ..... FF3 400 - £393 - **$587**

NERLICH Georg 1892-1982 [4]
- *Mit Ziegeln Haus im Grünen* - Öl/Leinwand (75x100cm-30x39in) Stuttgart 93 ..... FF17 400 - £1 995 - **$2,960**
- *Waldrand im Riesengebirge* - Watercolour (38x53cm-15x21in) Berlin 95 ..... FF3 203 - £399 - **$627**

NERLY Christ. Friederich I 1807-1878 [22]
- *Villa in Italy* - Öl/Leinwand (62x75cm-24x30in) München 93 .... FF61 000 - £7 290 - **$11,740**
- *Grand Canal (2)* - Oil/canvas (76x112cm-30x44in) London 93 .... FF224 000 - £27 000 - **$39,150**
- *Lago di Croce Friaul Venezia* - Aquarell/Papier (29x42cm-11x17in) Hamburg 96 ..... FF40 800 - £4 640 - **$7,800**

NERLY Friedrich Paul 1824-1919 [4]
- *Neapolitanische Fischer vor Capri* - Öl/Leinwand (51x91cm-20x36in) Bremen 94 ..... FF44 550 - £5 170 - **$7,670**
- *San salute, Venise* - Oil/canvas (152x106cm-60x42in) New-York 93 ..... FF251 000 - £28 500 - **$42,500**

NERMAN Einar 1888-1983 [22]
- *Skära blommor i terrin* - Oil/panel (33x44cm-13x17in) Stockholm 92 ..... FF4 430 - £454 - **$780**
- *Greta Garbo* - Lithograph (31x24cm-12x9in) Söderköping 90 .... FF3 200 - £345 - **$564**
- *Sagomotiv* - Akvarell (32x27cm-13x11in) Söderköping 92 .... FF2 546 - £261 - **$449**

N

N

Woman under blossom - Wash (49x33cm-19x13in) London 90..**FF25 200 - £2 549 - $4,793**
NETSCHER Caspar 1635/39-1684 [26]
● *Commander in armor* - Oil/canvas (48x39cm-19x15in) London 97..FF**189 214 - £20 000 - $32,620**
✐ *Sainte Marie -Madeleine* - Sanguine/papier (30x22cm-12x9in) Paris 97......................................**FF7 200 - £765 - $1,244**
NETSCHER Constantin c.1668-c.1723 [14]
● *Johan Francois van Hogendorp* - Oil/canvas (52x42cm-20x17in) New-York 97................................**FF39 864 - £4 250 - $7,000**
NETTER Benjamin 1811-1881 [2]
● *Bergers et troupeau* - Huile/toile (38x55cm-15x22in) Saint-Dié 94...**FF11 000 - £1 335 - $2,093**
NETTI Francesco 1832-1894 [1]
● *Studio per i Mietitori* - Olio/tela (22x32cm-9x13in) Milano 93..**FF8 050 - £906 - $1,350**
NETTLESHIP John Trivett 1841-1902 [9]
● *A herd of Indian Blackbuck* - Oil/canvas (61x112cm-24x44in) London 95.....................................**FF22 500 - £2 800 - $4,400**
✐ *A sleeping tiger* - Watercolour (20x33cm-8x13in) London 93...**FF5 640 - £680 - $986**
NETTLETON Walter 1861-1936 [2]
● *Sunlit river scene* - Oil/canvas (50x60cm-20x24in) London 96..**FF4 810 - £620 - $941**
NETTO Gontran 1933 [2]
● *Paysano Goiatins* - Acrylique/toile (72x50cm-28x20in) Boulogne 94..**FF3 800 - £447 - $666**
NEU Ludwig 1897-? [1]
● *Hafen mit Fischerbooten in Holland* - Öl/Leinwand (59x74cm-23x29in) Frankfurt 93........................**FF2 374 - £284 - $457**
NEU Paul 1881-1940 [1]
✐ *Karikaturistische Blätter* - Ink München 91..**FF2 197 - £223 - $397**
NEUBAUER Max 1890-1920 [30]
✐ *Dreilauferhaus am Kohlmarkt* - Watercolour, gouache (27x22cm-11x9in) Wien 96..........................**FF3 850 - £481 - $745**
Der Graben in Wien - Aquarell/Papier (24x36cm-9x14in) Wien 93..**FF12 020 - £1 437 - $2,313**
NEUBAUER Otto 1909-? [1]
● *Menschengruppe im Park* - Oil/panel (61x81cm-24x32in) Stuttgart 93..**FF5 520 - £624 - $930**
NEUBERGER Istvan 1953 [2]
● *Dans le parc* - Huile/panneau (68x108cm-27x43in) Paris 91..**FF7 600 - £766 - $1,319**
NEUBERT Ludwig, Louis 1846-1892 [16]
● *Elégante à l'ombrelle* - Huile/toile (64x50cm-25x20in) Le Touquet 93..**FF10 000 - £1 205 - $1,820**
Dachauer Moss am Föhntag - Öl/Leinwand (40x80cm-16x31in) Kempten 96.................................**FF30 830 - £4 040 - $6,250**
NEUBÖCK Maximilian 1893-1960 [8]
● *Im Süden* - Öl/Leinwand (54x66cm-21x26in) Wien 96...**FF10 750 - £1 397 - $2,106**
NEUBRAND Otto 1911-1975 [5]
● *Schwäbisch Gmünd* - Öl/Leinwand (80x70cm-31x28in) München 94...**FF6 800 - £794 - $1,192**
NEUBURGER Klara 1888-1942 [1]
● *Violetten Alpenveilchen* - Öl/Leinwand (55x42cm-22x17in) Stuttgart 94..**FF3 090 - £367 - $571**

NEUENSCHWANDER Albert 1902-1984 [22]
● *Sommerliche Feldlandschaft* - Öl/Leinwand (65x81cm-26x32in) Bern 93..**FF9 500 - £1 094 - $1,630**
NEUERBURG Gerhard 1878-1946 [1]
● *Bauer mit Pferd im Stall* - Öl/Leinwand (40x53cm-16x21in) Köln 94...**FF5 490 - £658 - $1,066**
NEUFELD Woldemar 1909 [2]
● *Abstract still life* - Oil/board (51x41cm-20x16in) Elgin, Illinois 92...**FF2 500 - £262 - $450**
NEUFFER Hans 1936-1973 [3]
✐ *Homo Televisionis* - Gouache (61x86cm-24x34in) Wien 95...**FF14 170 - £1 767 - $2,860**
NEUFVILLE Abraham Cornelis ?-1869 [1]
● *Odalisque playing a harp, Egypt* - Oil/canvas (60x74cm-24x29in) Amsterdam 97...........................**FF42 200 - £4 249 - $8,266**
NEUGEBAUER Georg L. 1889-? [1]
● *Amphoren, Blumentopf, Äpfeln* - Öl/Leinwand (75x65cm-30x26in) Bremen 93...............................**FF3 500 - £401 - $595**
NEUGEBAUER Hans 1892-1971 [1]
● *Stephansdom* - Öl/Leinwand (50x45cm-20x18in) Wien 96..**FF8 770 - £1 138 - $1,734**
NEUGEBAUER Josef 1810-1895 [5]
● *Stilleben mit Krebse & crayfish* - Oil/canvas (37x45cm-15x18in) Amsterdam 97.............................**FF5 895 - £637 - $1,028**
✐ *Pfingstrose* - Watercolour, gouache/paper (35x26cm-14x10in) Wien 92..**FF10 580 - £1 264 - $2,035**
NEUHAUS Fritz 1852-? [1]
● *Winterliche Straßenszene* - Oil/canvas (66x115cm-26x45in) Köln 91...**FF7 430 - £745 - $1,226**
NEUHAUS Hermann 1863-? [2]
● *Rastender Hirtenknabe* - Oil/canvas (100x75cm-39x30in) München 92..**FF3 400 - £348 - $667**
NEUHAUS Karl Eugen 1879-1963 [4]
● *Cerra Obispo* - Oil/canvas (89x96cm-35x38in) San Francisco-Los Angeles 93..............................**FF17 870 - £2 240 - $3,250**
NEUHAUS Werner 1897-1934 [12]
● *Garten der Eltern* - Huile/panneau (38x46cm-15x18in) Bern 96..**FF9 910 - £1 260 - $1,910**
✐ *Dorf in Südfrankreich* - Aquarell (20x25cm-8x10in) Bern 95..**FF3 870 - £504 - $795**
NEUHUYS Albert 1844-1914 [36]
● *Woman sewing near a Fire-Place* - Oil/canvas (50x60cm-20x24in) Amsterdam 97..........................**FF7 503 - £798 - $1,306**
Mother's pride - Oil/canvas (35x25cm-14x10in) Amsterdam 97...**FF38 013 - £4 018 - $6,522**
Sewing lesson - Oil/canvas (130x106cm-51x42in) New-York 92..**FF93 600 - £11 170 - $18,000**
✐ *Girl Sewing* - Aquarelle (34x23cm-13x9in) Montréal 96...**FF13 560 - £1 547 - $2,600**
NEUHUYS Jan Antoon 1832-1891 [3]
● *La Saint-Nicolas* - Huile/toile (69x55cm-27x22in) Bruxelles 93..**FF21 420 - £2 560 - $4,380**

NEUHUYS Joseph Hendrikus 1841-1890 [3]
An angler on a bridge - Watercolour (30x44cm-12x17in) Amsterdam 94 .... FF1 890 - £220 - $326
NEUJAHR Ulrich 1898-1977 [1]
Bar du Port, Calvi - Öl/Leinwand (49x67cm-19x26in) Hamburg 93 .... FF8 140 - £972 - $1,566
NEUJD Herman 1872-1931 [2]
Kvinna med barn på ryggen - Bronze (30cm-12in) Malmö 92 .... FF5 330 - £637 - $1,025
NEUKOMM Emil Alfred 1906-1948 [1]
PKZ - Poster (128x91cm-50x36in) New-York 93 .... FF9 440 - £1 074 - $1,600
NEUKOMM Fred 1905-1988 [3]
Josef Nigst & Sohn - Poster (15x93cm-6x37in) New-York 96 .... FF11 200 - £1 320 - $2,200
NEUKOMM Johann Heinrich 1756-1865 [1]
Dorf in der Nordostschweiz - Gouache (20x29cm-8x11in) Bern 92 .... FF4 570 - £546 - $879
NEUMAN A. 1851-1908 [1]
Quirijn Blaauw - Oil/canvas (61x41cm-24x16in) Laren 90 .... FF2 700 - £287 - $483
NEUMAN Abraham 1873-1942 [2]
Winter landscape, Zakopane, Poland - Oil/canvas (64x12cm-25x5in) London 90 .... FF38 700 - £3 998 - $6,837
NEUMAN Clasine Carolina F. 1851-1908 [2]
Rocky coastal landscape - Oil/canvas (89x143cm-35x56in) Stockholm 95 .... FF10 680 - £1 398 - $2,140
NEUMAN Emile Friedrich 1842-1903 [1]
Ostende la nuit/Bateau de pêche - Huile/toile (92x150cm-36x59in) Bruxelles 89 .... FF47 000 - £4 677 - $7,425
NEUMAN Jan Hendrick 1819-1893 [2]
Ernst Christiaan Büchner - Oil/canvas (94x73cm-37x29in) Amsterdam 90 .... FF6 030 - £610 - $1,147
NEUMAN Johan Heinrich 1819-1898 [1]
G. Hendrik Sesbrugger/His wife - Oil/canvas (71x58cm-28x23in) Amsterdam 94 .... FF9 150 - £1 062 - $1,575
NEUMANN Abraham 1873-1942 [1]
The Wall of Acre - Oil/canvas (53x65cm-21x26in) Tel Aviv 92 .... FF8 320 - £872 - $1,500
NEUMANN Alexander 1831-? [1]
Rachael and Jacob at the well
 Oil/canvas (95x111cm-37x44in) North Bethesda, MD. 91 .... FF32 540 - £3 279 - $5,646
NEUMANN Arnold 1836-1920 [2]
Quayside in Düsseldorf - Oil/panel (24x30cm-9x12in) Los Angeles 89 .... FF8 600 - £879 - $1,383
NEUMANN Carl Johan 1833-1891 [57]
En Entring - Oil/canvas (55x83cm-22x33in) København 95 .... FF29 900 - £3 720 - $5,830
American Ship, Copenhagen - Oil/canvas (74x99cm-29x39in) New-York 97 .... FF79 727 - £8 618 - $14,000
NEUMANN Emil 1842-1903 [1]
Same vid fjällfors, Norge - Oil/canvas (59x107cm-23x42in) Uppsala 91 .... FF14 600 - £1 471 - $2,533
NEUMANN Hans 1888-1960 [7]
Benger Ribana - Poster (118x84cm-46x33in) London 96 .... FF7 800 - £1 000 - $1,537
NEUMANN Johan 1860-1940 [77]
Marine med fiskere i rum sø - Oil/canvas (40x57cm-16x22in) Vejle 94 .... FF2 435 - £280 - $417
Marine, Kronborg - Oil/canvas (73x105cm-29x41in) København 92 .... FF6 160 - £616 - $1,185
Slaget i Køge Bugt - Oil/canvas (41x71cm-16x28in) København 96 .... FF17 730 - £2 022 - $3,396
NEUMANN Juul 1919 [2]
Former et colours II - Oil/board (122x102cm-48x40in) Amsterdam 89 .... FF9 600 - £1 012 - $1,616
NEUMANN Max 1949 [15]
Die Mildere Hälfte - Tempera (42x31cm-17x12in) Berlin 95 .... FF4 810 - £629 - $976
Tu's Gleich - Ink (137x129cm-54x51in) Köln 91 .... FF8 450 - £847 - $1,395
NEUMANN Siegfried 1886-? [1]
Hochlandjäger im Winter - Öl/Leinwand (75x100cm-30x39in) München 92 .... FF6 780 - £810 - $1,305
NEUMANN von Robert 1888-1976 [1]
Fisherman - Watercolour (33x51cm-13x20in) Elgin, Illinois 92 .... FF1 943 - £204 - $350
NEUMANNOVA Augusta 1817-1890 [1]
Partie zum heiligen Ivan - Öl/Leinwand (36x45cm-14x18in) Wien 90 .... FF4 395 - £500 - $745
NEUMONT Maurice 1868-1930 [6]
Guiet, Autos Électriques - Affiche (202x131cm-80x52in) Paris 92 .... FF5 300 - £543 - $933
NEUQUELMAN Lucien 1909-1988 [93]
Marine, les voiliers - Huile/toile (30x40cm-12x16in) Mont Saint-Michel 97 .... FF9 000 - £986 - $1,579
Vase fleuri - Huile/carton (55x46cm-22x18in) Montauban 94 .... FF25 000 - £3 284 - $5,130
Ile de Bréhat - Huile/carton (63x40cm-25x16in) Strasbourg 90 .... FF50 000 - £5 165 - $8,834
La Conciergerie - Huile/toile (65x100cm-26x39in) Paris 90 .... FF130 000 - £13 091 - $25,465
Baigneuses à l'Escalet - Gouache (36x32cm-14x13in) Lille 91 .... FF4 500 - £561 - $870
NEURAC de L. XIX-XX [2]
Luchon Superbagnères - Affiche (63x98cm-25x39in) Paris 92 .... FF3 200 - £382 - $616
NEURDENBURG Christoffel 1817-1906 [1]
A family in an interior - Oil/canvas (39x49cm-15x19in) Amsterdam 94 .... FF13 420 - £1 558 - $2,310
NEUREUTHER Eugen Napoleon 1806-1882 [13]
Roma presa dal monte Pelio - Ink (16x25cm-6x10in) München 94 .... FF4 290 - £508 - $793
Die verliebte Buab'n - Watercolour (24x14cm-9x6in) Heidelberg 93 .... FF23 800 - £2 776 - $3,910
46 Illustrationgrottesken - Watercolour (19x13cm-7x5in) München 93 .... FF105 000 - £12 000 - $17,760
NEUSCHUL Ernst 1895-1968 [4]
Junge und Mädchen - Öl/Leinwand (80x75cm-31x30in) Berlin 95 .... FF16 000 - £1 994 - $3,130
NEUSER William 1833-1902 [2]
Man with a tie pin & pocket watch

Oil/canvas (91x74cm-36x29in) New Orleans, Louisiana 92 .... FF4 900 - £570 - $1,000

NEUSS Karl 1888-1967 [2]
👁 Ansicht vom Emden - Öl/Leinwand (91x111cm-36x44in) Bremen 94 .... FF6 850 - £795 - $1,180

NEUSTÄDTL Otto 1878-1962 [1]
👁 Landschaft - Öl/Karton (31x45cm-12x18in) Wien 92 .... FF2 890 - £290 - $482

NEUSTÄTTER Ludwig, Louis 1829-1899 [4]
👁 Die fürsorgliche Mutter - Öl/Leinwand (57x42cm-22x17in) Wien 95 .... FF6 360 - £805 - $1,243
Überredungskünste - Oil/panel (35x26cm-14x10in) Köln 91 .... FF95 700 - £9 830 - $17,800

NEUSTEIN Joshua 1940 [3]
🖉 Landscape - Mixed media/paper (73x38cm-29x31in) Tel Aviv 96 .... FF3 110 - £390 - $600

NEUSTÜCK Johann Jakob 1800-1867 [5]
🖉 Birsigstadtmauern am Thorberg - Aquarell (27x41cm-11x16in) Zürich 93 .... FF14 000 - £1 728 - $2,630

NEUSTÜCK Maximillian 1756-1834 [5]
👁 Basler Landschaft - Öl/Leinwand (41x116cm-16x46in) Zürich 97 .... FF33 557 - £3 567 - $5,789

NEUVILLE de Alphonse Marie 1835-1885 [24]
👁 French artillery on manœuvre - Oil/canvas (49x40cm-19x16in) London 96 .... FF23 940 - £3 000 - $4,620
👁 Écossais, bataille de Tel El-Kébir - Huile/toile (85x122cm-33x48in) Paris 92 .... FF70 000 - £7 160 - $13,720
🖉 Le Zouave - Aquarelle (30x23cm-12x9in) Louviers 90 .... FF7 000 - £725 - $1,230

NEUWIRTH Arnulf 1912 [9]
👁 Daphne - Oil/board (68x55cm-27x22in) London 91 .... FF8 970 - £899 - $1,481
👁 Haus im Grünen - Aquarell/Papier (33x30cm-13x12in) Wien 96 .... FF2 886 - £362 - $564

NEUWIRTH Rosa 1883-? [3]
🏺 Vogel - Ceramic (8cm-3in) Wien 95 .... FF12 650 - £1 582 - $2,556

NEVE de Philippe Joseph 1784-1831 [1]
👁 Intérieur - Huile/panneau (25x21cm-10x8in) Bruxelles 93 .... FF4 615 - £552 - $943

NEVELSHTEIN Samouïl 1903-1983 [10]
🖉 Étude d'écoliers - Sanguine/papier (41x62cm-16x24in) Paris 93 .... FF11 600 - £1 322 - $1,966

NEVELSON Louise 1900-1987 [158]
👁 Composition - Technique mixte/panneau (89x89cm-35x35in) Paris 97 .... FF14 000 - £1 450 - $2,398
Volcanic Magic XXVIII - Mixed media/board (102x11x81cm-40x4x32in) New-York 97 .... FF32 164 - £3 396 - $5,500
Undermarine Scap - Mixed media (73x43cm-29x17in) New-York 93 .... FF165 000 - £20 700 - $30,000
🏺 Untitled - Bronze (20cm-8in) New-York 97 .... FF6 965 - £732 - $1,200
The Dark Ellipse - Wood (44x16x18cm-17x6x7in) New-York 94 .... FF25 740 - £3 016 - $4,500
Royal eclipse - Relief (93x192cm-37x76in) New-York 97 .... FF104 530 - £10 996 - $18,000
Dreamhouse VII - Wood (194x46x79cm-76x18x31in) New-York 95 .... FF366 400 - £45 800 - $74,000
Night presence - Construction (241x22x91cm-95x9x36in) New-York 93 .... FF826 000 - £94 000 - $140,000
🖉 Four Figures - Ink/paper (32x22cm-13x9in) San Francisco-Los Angeles 96 .... FF6 170 - £748 - $1,200
Untitled #4880 - Mixed media/paper (70x52cm-28x20in) New-York 95 .... FF23 000 - £3 050 - $4,750

NEVEN-DUMONT August 1866-1909 [2]
👁 Das Picknick - Oil/panel (29x38cm-11x15in) Düsseldorf 96 .... FF24 700 - £3 130 - $4,740

NEVEU Marcel 1935 [4]
👁 Sur la terrasse - Huile/toile (89x130cm-35x51in) Coutances 90 .... FF4 800 - £517 - $847

NEVILLE Caroline 1829-1887 [1]
📷 Maling Abbey, Kent - Albumen print London 94 .... FF2 726 - £320 - $478

NEVILLE Edgar XX [2]
🖉 Torso de torero - Coloured crayons (56x36cm-22x14in) Madrid 92 .... FF2 970 - £303 - $523

NEVINSON Christopher R. Wynne 1889-1946 [64]
👁 Buskers - Oil/canvas (61x46cm-24x18in) London 96 .... FF16 200 - £2 000 - $3,126
Landscape, Caterham - Oil/canvas (34x46cm-13x18in) London 96 .... FF42 100 - £4 800 - $8,060
Hampstead Heath - Oil/canvas (44x60cm-17x24in) London 97 .... FF95 785 - £10 000 - $16,389
The blue wave - Oil/canvas (41x51cm-16x20in) London 96 .... FF184 000 - £24 000 - $38,100
👁 Nerves of an Army - Drypoint (19x14cm-7x6in) London 91 .... FF10 910 - £1 099 - $1,893
🖉 Musique de Parnasse - Watercolour, gouache (35x25cm-14x10in) London 94 .... FF6 580 - £780 - $1,216
Charlady's Daughter - Pastel/papier (60x44cm-24x17in) London 97 .... FF24 904 - £2 600 - $4,261

NEWBERY William 1787-1838 [1]
🖉 Albums of drawings - Drawing London 91 .... FF97 200 - £9 865 - $17,555

NEWBOTT John c.1805-1867 [3]
👁 Ponte Rotto, Roma - Oil/canvas (49x72cm-19x28in) London 95 .... FF34 740 - £4 400 - $6,990

NEWBOULD Frank 1887-1951 [12]
📷 Lowestoft, LNER - Poster (102x127cm-40x50in) London 95 .... FF4 970 - £600 - $916

NEWCOMB Mary 1922 [18]
👁 Swans on their Nests - Oil/board (25x29cm-10x11in) London 97 .... FF18 674 - £2 000 - $3,226
Cows eating the trees - Oil/board (71x92cm-28x36in) London 90 .... FF75 500 - £8 084 - $13,130
🖉 Flowers in the Woods - Gouache (21x202cm-8x80in) London 97 .... FF2 801 - £300 - $48,4 2

NEWCOMBE Frederick Clive 1847-1894 [1]
🖉 Scottish Borders - Watercolour (20x49cm-8x19in) London 95 .... FF1 520 - £200 - $308

NEWCOMBE Warren 1894-? [1]
👁 Bunker - Oil/canvas (53x76cm-21x30in) Baton Rouge, Louisiana 94 .... FF6 310 - £758 - $1,200

NEWCOME Frederick Clive 1847-1894 [1]
🖉 Scarfel Pike, Cumbria - Watercolour (67x99cm-26x39in) London 96 .... FF6 920 - £900 - $1,370

NEWELL George Glenn 1870-1947 [3]
👁 Loading wood - Oil/canvas (51x61cm-20x24in) New-York 89 .... FF14 300 - £1 423 - $2,259

N

NEWELL Hugh 1830-1915 [10]
- *Young Gypsy street musician*
  Oil/canvas (43x36cm-17x14in) New Orleans, Louisiana 96 .... FF10 130 - £1 310 - **$2,000**
- *Soldier with a gun/Soldier* - Drawing New-York 90 .... FF15 940 - £1 645 - **$2,814**

NEWELL Peter 1862-1924 [3]
- *Couple in a buggy* - Gouache (23x20cm-9x8in) New-York 93 .... FF2 360 - £269 - **$400**

NEWEY Harry Foster 1858-1933 [6]
- *Faggot gatherers* - Oil/canvas (41x61cm-16x24in) London 93 .... FF5 400 - £650 - **$987**
- *Fallen Glory* - Watercolour (23x28cm-9x11in) Billinghurst, West Sussex 93 .... FF2 905 - £350 - **$508**

NEWHALL Beaumont 1908-1993 [2]
- *Charis Weston's typewriter* - Gelatin silver print (23x33cm-9x13in) New-York 92 .... FF3 124 - £320 - **$550**

NEWHALL Harriot B. 1870-1940 [3]
- *Park Street Church* - Oil/canvas (102x76cm-40x30in) North Berwick, Maine 93 .... FF11 800 - £1 343 - **$2,000**

NEWMAN Allen George 1875-1940 [2]
- *The Hiker, figure of a soldier* - Bronze (73cm-29in) New-York 90 .... FF34 300 - £3 649 - **$6,136**

NEWMAN Arnold 1918 [35]
- *Igor Stavinsky* - Gelatin silver print (18x33cm-7x13in) New-York 92 .... FF6 240 - £663 - **$1,200**
- *Piet Mondrian* - Silver print (32x19cm-13x7in) New-York 96 .... FF15 540 - £2 005 - **$3,000**

NEWMAN Barnett 1905-1970 [12]
- *World II* - Oil/canvas (230x179cm-91x70in) New-York 95 .... FF1 - £1 - **$2**
- *Untitled, 1948* - Oil/canvas (46x50cm-18x20in) New-York 90 .... FF2 - £225 244 - **$382,004**
- *Untitled, 1960* - Ink/paper (35x25cm-14x10in) New-York 90 .... FF1 - £182 553 - **$306,977**
- *Untitled, 1960* - Ink/paper (30x23cm-12x9in) New-York 90 .... FF1 5 82e +06 - £112 574 - **$189,302**

NEWMAN Benjamin Tupper 1859-1940 [1]
- *Campfire/Summer landscape* - Oil/board (40x50cm-16x20in) New-York 92 .... FF5 880 - £683 - **$1,200**

NEWMAN Elias 1903 [4]
- *Landscape* - Oil/canvas (50x65cm-20x26in) Tel Aviv 92 .... FF7 210 - £756 - **$1,300**
- *The Mosque in Jaffa* - Oil/canvas (73x55cm-29x22in) Tel Aviv 96 .... FF25 800 - £3 200 - **$5,000**

NEWMAN Henry Roderick 1843-1917 [12]
- *The Temple of Philae, Egypt* - Watercolour (64x42cm-25x17in) London 95 .... FF95 800 - £12 000 - **$19,100**

NEWMAN Howard 1943 [8]
- *Walking woman* - Bronze (59x22x26cm-23x9x10in) New-York 89 .... FF13 700 - £1 363 - **$2,164**

NEWMAN John 1952 [9]
- *Fold-out* - Lithograph (101x76cm-40x30in) New-York 92 .... FF4 900 - £570 - **$1,000**
- *Drawing for Tolled Belle* - Graphite (125x64cm-49x25in) New-York 92 .... FF26 000 - £2 760 - **$5,000**

NEWMAN Robert Loftin 1827-1912 [10]
- *Psyche* - Oil/canvas (26x36cm-10x14in) New-York 91 .... FF14 820 - £1 488 - **$2,564**

NEWMARCH Strafford XIX-XX [3]
- *Kingston Bridge* - Oil/canvas (51x61cm-20x24in) London 96 .... FF9 240 - £1 200 - **$1,830**

NEWMARK Marylin 1928 [2]
- *Double Time* - Bronze (22cm-9in) New-York 90 .... FF2 985 - £304 - **$597**

NEWSTEAD Keith XX [4]
- *Moon Goddess* - Stone (96cm-38in) London 96 .... FF10 760 - £1 400 - **$2,132**

NEWTON Alfred Pizzey 1830-1883 [1]
- *L'Acropole* - Pastel/papier (44x82cm-17x32in) Bruxelles 91 .... FF23 870 - £2 423 - **$4,311**

NEWTON Algernon 1880-1968 [16]
- *Kentish Town Canal, London* - Oil/panel (26x39cm-10x15in) London 96 .... FF4 980 - £650 - **$995**
- *Road to the Downs* - Oil/canvas (61x91cm-24x36in) London 97 .... FF21 073 - £2 200 - **$3,605**
- *Sunshine & cloudshadow* - Oil/canvas (68x92cm-27x36in) London 96 .... FF36 400 - £4 500 - **$7,030**

NEWTON Ann Mary, née Severn 1832-1866 [2]
- *Grand Harbour, Malta* - Pencil (38x64cm-15x25in) London 92 .... FF2 443 - £250 - **$430**

NEWTON Francis 1873-? [1]
- *Winter wooded river landscape* - Oil/canvas (76x127cm-30x50in) London 93 .... FF17 600 - £2 200 - **$3,190**

NEWTON Gilbert Stuart 1794-1835 [1]
- *The dull lecture* - Oil/panel (41x30cm-16x12in) London 89 .... FF15 500 - £1 498 - **$2,352**

NEWTON Helmut 1920 [56]
- *Charlotte Rampling* - Gelatin silver print (23x36cm-9x14in) New-York 96 .... FF7 220 - £927 - **$1,400**
- *Big Nude IV* - Gelatin silver print (56x46cm-22x18in) New-York 95 .... FF17 360 - £2 214 - **$3,500**

NEWTON Henry c.1820-c.1870 [1]
- *Mother and child amongst ruins* - Watercolour (70x54cm-28x21in) London 96 .... FF4 330 - £550 - **$832**

NEWTON John Edward c.1830-c.1910 [3]
- *Capetown & Table Bay from Signal Hill* - Watercolour (25x53cm-10x21in) London 95 ...... FF14 420 - £1 800 - **$2,826**

NEWTON Lilias Torrance 1896-1980 [2]
- *The Dreamer* - Oil/canvas (51x41cm-20x16in) Toronto 96 .... FF38 750 - £4 650 - **$7,420**

NEWTON William John 1785-1869 [9]
- *Mrs. Hale* - Miniature (15cm-6in) London 92 .... FF10 750 - £1 250 - **$2,194**

NEY Lancelot 1900-1965 [8]
- *Le Pont des Arts, Paris* - Huile/toile (131x97cm-52x38in) Paris 97 .... FF6 500 - £709 - **$1,136**

NEY Lloyd Raymond 1893-1964 [1]
- *Untitled* - Gouache (27x38cm-11x15in) New-York 92 .... FF10 400 - £1 104 - **$2,000**

NEYERS Kurt 1900-1969 [3]
- *Le feu, 1964* - Oil/canvas (73x100cm-29x39in) Köln 89 .... FF10 100 - £1 033 - **$1,624**

NEYLAND Harry 1877-1958 [2]
- Evening along the Seine - Oil/canvas/board (33x40cm-13x16in) Cambridge, Mass. 91 .... FF8 460 - £840 - **$1,469**

NEYMARK Gustave Mardoché 1850-? [5]
- Calèche, Moulin de Longchamp - Huile/panneau (27x21cm-11x8in) Le Touquet 92 .... FF8 000 - £955 - **$1,540**
- Cuirassiers, Premier Empire - Huile/toile (64x52cm-25x20in) Paris 92 .... FF160 000 - £16 380 - **$31,400**

NEYRAC de Guy XX [4]
- Moulin Rouge, Paris - Acuarela (44x59cm-17x23in) Madrid 97 .... FF4 000 - £450 - **$720**

NEYRAT Robert XX [2]
- Sans titre, c.1950 - Technique mixte/panneau (54x51cm-21x20in) Paris 90 .... FF16 000 - £1 713 - **$2,783**

NGANTUNG Henk 1921-1991 [1]
- Mrs. Meyneken - Oil/canvas/board (81x61cm-32x24in) Amsterdam 95 .... FF3 465 - £449 - **$710**

NGUYEN ANH 1914 [11]
- Marché de Gia-Dinh - Huile/toile (48x63cm-19x25in) Paris 96 .... FF9 000 - £1 033 - **$1,717**
- Passage du Gia-Dinh - Gouache/papier (49x68cm-19x27in) Paris 96 .... FF1 500 - £172 - **$286**

NGUYEN TIEN CHUNG 1916-1976 [2]
- Nature morte aux vases - Gouache/papier (48x29cm-19x11in) Paris 96 .... FF2 800 - £322 - **$535**

NGUYEN TU NGHIEM 1922 [2]
- Personnages - Encre Chine (34x68cm-13x27in) Paris 96 .... FF13 000 - £1 493 - **$2,480**

NIBBRIG Hart Ferdinand 1866-1915 [13]
- Girls from Zoutelande - Oil/canvas (37x59cm-15x23in) Amsterdam 97 .... FF77 914 - £8 190 - **$13,384**
- A tree-lined road - Chalks/paper (46x55cm-18x22in) Amsterdam 96 .... FF2 300 - £296 - **$454**

NIBBS Richard Henry c.1816-1893 [40]
- Greenwich in the evening - Oil/canvas (50x76cm-20x30in) London 97 .... FF23 452 - £2 500 - **$4,094**
- HMS Canopus, Spithead - Oil/canvas (71x104cm-28x41in) London 96 .... FF144 300 - £17 000 - **$28,340**
- A man of war at anchor - Watercolour (65x55cm-26x22in) London 96 .... FF8 680 - £1 100 - **$1,665**

NIBRIG Ferdinand Hart 1866-1915 [1]
- The plough team - Oil/canvas (51x72cm-20x28in) New-York 91 .... FF24 900 - £2 515 - **$4,943**

NICCOLINI Antonio 1772-1850 [1]
- Capriccio, classical ruins - Watercolour (23x29cm-9x11in) London 89 .... FF10 700 - £1 128 - **$1,801**

NICE Don 1932 [5]
- American Predella - Watercolour (95x226cm-37x89in) New-York 92 .... FF14 560 - £1 546 - **$2,800**

NICHANIAN Charles 1861-? [1]
- Femme orientale assise - Huile/panneau (21x16cm-8x6in) Avranches 90 .... FF2 100 - £226 - **$370**

NICHOL J.C. 1846-1918 [1]
- Coastal scene - Oil/board (25x36cm-10x14in) Mystic, Connecticut 94 .... FF2 034 - £235 - **$350**

NICHOLAS Frederick 1891-? [1]
- Bathers wading into the surf - Aquarelle (26x38cm-10x15in) Québec 89 .... FF1 800 - £190 - **$303**

NICHOLL Agnes Rose 1842-? [2]
- Orchids and daffodils in a vase - Watercolour/paper (33x17cm-13x7in) London 96 ... FF4 125 - £500 - **$802**

NICHOLL Andrew 1804-1886 [73]
- Rope Bridge, near Ballycastle - Watercolour (31x48cm-12x19in) London 96 .... FF14 160 - £1 800 - **$2,720**
- Verge with poppies, daisies - Watercolour (32x49cm-13x19in) Dublin 95 .... FF25 370 - £3 296 - **$5,220**
- Poppies, Northern Irish Coast - Watercolour (35x52cm-14x20in) London 95 .... FF50 300 - £6 500 - **$10,270**
- A verge Summer flowers - Watercolour (30x47cm-12x19in) London 97 .... FF79 738 - £8 500 - **$13,978**

NICHOLL William 1794-1840 [1]
- Ballymacarret near Belfast - Watercolour (34x51cm-13x20in) London 97 .... FF2 814 - £300 - **$493**

NICHOLLS Bertram 1883-? [5]
- County Hall - Oil/canvas (93x123cm-37x48in) London 95 .... FF6 320 - £800 - **$1,236**

NICHOLLS Burr H. 1848-1915 [4]
- Canal scene with green door
  Oil/canvas (50x38cm-20x15in) South Deerfield, Mass. 91 .... FF11 980 - £1 200 - **$2,020**

NICHOLLS Charles Wynne 1831-1903 [5]
- Elfin gambols - Oil/panel (27x19cm-11x7in) London 89 .... FF15 500 - £1 498 - **$2,352**

NICHOLLS John E. XX [9]
- Spring Flowers in a Bowl - Oil/canvas (48x58cm-19x23in) Billinghurst, West Sussex 94 ..... FF13 340 - £1 600 - **$2,590**

NICHOLLS Rhonda Holmes 1854-1938 [2]
- Young lady in woods - Oil/canvas (41x51cm-16x20in) South Deerfield, Mass. 93 ...... FF5 830 - £671 - **$1,000**
- Boats at dock - Watercolour (38x28cm-15x11in) North Berwick, Maine 92 .... FF5 760 - £590 - **$1,200**

NICHOLLS W.A. XIX [1]
- Richmond Road/Putney church - Watercolour/paper (32x47cm-13x19in) London 96 ... FF15 200 - £1 800 - **$2,963**

NICHOLS Audley Dean 1886-1941 [1]
- Desert landscape - Oil/canvas (51x71cm-20x28in) Mystic, Connecticut 96 .... FF9 080 - £1 182 - **$1,800**

NICHOLS Burr H. 1848-1915 [2]
- Merry Christmas 1896 - Oil/board (15x20cm-6x8in) North Berwick, Maine 91 .... FF6 780 - £673 - **$1,177**

NICHOLS Dale Nichols 1904-1989 [27]
- The Last Log - Oil/canvas (76x102cm-30x40in) New-York 93 .... FF16 500 - £2 070 - **$3,000**
- Lake Saranac - Oil/canvas (61x76cm-24x30in) Chicago 96 .... FF49 900 - £6 350 - **$9,600**
- Rural Federal Delivery #2 - Oil/canvas (76x102cm-30x40in) New-York 94 .... FF92 000 - £10 990 - **$17,000**
- Winter farm - Pastel (19x24cm-7x9in) Chicago 91 .... FF5 080 - £504 - **$882**

NICHOLS Edward W. 1819-1871 [4]
- Mounts Jefferson & Adams - Oil/canvas (36x56cm-14x22in) New-York 96 .... FF7 790 - £992 - **$1,500**

N

NICHOLS Harley DeWitt 1859-1939 [1]

Capri - Watercolour (53x41cm-21x16in) Chicago 94 .... FF1 670 - £198 - $300

NICHOLS Henry Hobart 1869-1962 [21]

Autumn Gold - Oil/canvas (63x76cm-25x30in) New-York 96 .... FF15 580 - £1 984 - $3,000
Kentish hills - Oil/canvas (97x122cm-38x48in) New-York 94 .... FF42 050 - £5 050 - $8,000
A Forest Clearing - Pastel/paper (49x34cm-19x13in) New-York 94 .... FF5 620 - £663 - $1,000

NICHOLSON Alice Hogarth XIX-XX [3]

Cumberland Landscape - Pencil/paper (35x51cm-14x20in) London 97 ...... FF22 599 - £2 400 - $3,936
Stripes and Red - Bodycolour (16x15cm-6x6in) London 97 .... FF32 957 - £3 500 - $574,1 5

NICHOLSON Ben 1894-1982 [200]

Balearic - Oil/canvas (109x120cm-43x47in) London 97 .... FF1 - £190 000 - $314,165
1933 (Bugatti 5 litres) - Mixed media/panel (46x51cm-18x20in) London 97 ... FF1 - £115 000 - $190,152
November, 1956 - Oil/canvas (122x214cm-48x84in) New-York 92 .... FF7 - £770 000 - $1
Autumn, Ticino - Oil/board (49x45cm-19x18in) London 95 .... FF261 700 - £34 000 - $53,900
Composition - Oil/canvas (68x56cm-27x22in) London 95 .... FF423 000 - £55 000 - $87,100
June 1961 - Oil (80x81cm-31x32in) London 97 .... FF574 710 - £60 000 - $98,334
Complicated forms - Etching (35x21cm-14x8in) London 97 .... FF29 923 - £3 100 - $5,125
Pica as Intented - Etching (32x42cm-13x17in) London 97 .... FF38 610 - £4 000 - $6,614
Painted relief - Relief (44x40cm-17x16in) London 90 .... FF2 - £271 347 - $444,109
White Relief - Relief (20x25cm-8x10in) London 93 .... FF456 500 - £55 000 - $79,700
Untitled - Watercolour (30x16cm-12x6in) London 96 .... FF39 260 - £5 000 - $7,560
Aug. 62 - Watercolour (32x44cm-13x17in) London 96 .... FF77 300 - £10 000 - $15,320
Project 1945-46 - Watercolour, gouache (23x30cm-9x12in) London 96 ..... FF127 700 - £16 000 - $24,640
Painting - Gouache (22x24cm-9x9in) London 95 .... FF272 500 - £36 000 - $55,200

NICHOLSON Edward H. 1901-1966 [3]

Along the road to Morro Bay
   Oil/canvas (61x76cm-24x30in) San Francisco-Los Angeles 91 .... FF34 200 - £3 446 - $5,935

NICHOLSON Ellen D. XIX-XX [2]

Interior - Oil/canvas (51x40cm-20x16in) London 90 .... FF4 400 - £443 - $800

NICHOLSON Francis 1753-1844 [35]

Willan's farm, Marylebone park - Watercolour (31x48cm-12x19in) London 97 .. FF6 585 - £700 - $1,135
Scarborough, Yorkshire - Watercolour (30x42cm-12x17in) London 95 ...... FF20 120 - £2 600 - $4,150

NICHOLSON George Washington 1832-1912 [40]

The approaching storm - Oil/panel (30x60cm-12x24in) New-York 94 ...... FF7 360 - £884 - $1,400
The hillside farm - Oil/canvas (51x76cm-20x30in) Dedham, Mass. 96 ...... FF11 500 - £1 483 - $2,250
Sorting the Catch, Normandy - Oil/canvas (71x127cm-28x50in) New-York 97 . FF25 627 - £2 770 - $4,500
After the Day's Toil - Oil/canvas (87x143cm-34x56in) London 93 .... FF56 000 - £6 370 - $9,500

NICHOLSON John Miller XIX [5]

Returning home - Oil/canvas (63x142cm-25x56in) London 94 .... FF14 480 - £1 700 - $2,537

NICHOLSON Kate 1928 [7]

April - Oil/board (48x61cm-19x24in) London 90 .... FF10 080 - £1 020 - $1,917
Spanish Island - Oil/canvas (63x53cm-25x21in) London 97 .... FF23 540 - £2 500 - $4,100

NICHOLSON Lillie May 1884-1964 [4]

Wildflowers in the Dunes Near the shore
   Oil/canvas (24x32cm-9x13in) San Francisco-Los Angeles 96 .... FF7 310 - £846 - $1,400

NICHOLSON William 1872-1949 [53]

John Frederick Jeune - Oil/canvas (127x101cm-50x40in) London 95 ...... FF37 850 - £5 000 - $7,670
Pewter jug and curtain - Oil/canvas/board (38x30cm-15x12in) London 96 .. FF183 500 - £23 000 - $35,400
Watches and freesias - Oil/board (28x33cm-11x13in) London 94 .... FF355 500 - £42 000 - $63,800
Female nude standing - Pencil (38x28cm-15x11in) London 91 .... FF8 470 - £849 - $1,398
Marsh Iris, Samos - Gouache (56x56cm-22x22in) London 93 .... FF26 700 - £3 000 - $4,470

NICHOLSON Winifred 1893-1981 [43]

Still life by a window - Oil/canvas (51x66cm-20x26in) London 95 .... FF55 400 - £7 000 - $11,110
St. Ives Harbour - Oil/panel (58x105cm-23x41in) London 94 .... FF131 700 - £15 000 - $22,350
Mycenae, Greece - Gouache (49x59cm-19x23in) London 93 .... FF15 130 - £1 700 - $2,533

NICHTINGALE R. 1815-1895 [1]

Jeune peintre dessinant - Huile/toile (63x53cm-25x21in) Bruxelles 90 ..... FF13 800 - £1 478 - $2,400

NICK Ludwig 1873-? [1]

Seated woman - Marble (48cm-19in) Malmö 96 .... FF7 740 - £917 - $1,510

NICKEL Hans 1916 [3]

Pferdegespann - Öl/Leinwand (70x100cm-28x39in) Lindau 96 .... FF23 700 - £2 744 - $4,540

NICKERSON Reginald Eugene 1915-? [7]

The Monitor - Oil/canvas (61x96cm-24x38in) San Francisco-Los Angeles 96 .. FF10 440 - £1 210 - $2,000

NICKERSON Robert E. 1915 [12]

Schooner Edith Farwell - Oil/canvas (66x91cm-26x36in) New Orleans, Louisiana 93 ... FF12 100 - £1 518 - $2,200

NICKISCH Alfred 1872-? [1]

Landschaft bei tauendem Schnee - Öl/Karton (59x80cm-23x31in) Bremen 95 . FF4 825 - £625 - $981

NICKLAS Josef 1895-1974 [1]

Am Bodensee - Aquarell (46x30cm-18x12in) Konstanz 93 .... FF1 696 - £203 - $326

NICLAUSSE Paul François 1879-1958 [1]

Standing female nude - Bronze (66cm-26in) New-York 93 .... FF20 650 - £2 350 - $3,500

NICOL Erskine 1825-1904 [32]

Waiting for the boat - Oil/panel (27x20cm-11x8in) Edinburgh 91 .... FF32 250 - £3 210 - $5,546
The Finishing Touch - Oil/canvas (102x81cm-40x32in) Dublin 93 .... FF151 600 - £18 100 - $29,150

Sixpence short
Watercolour (48x34cm-19x13in) Castle Upton, Templepatrick, Co. Antrim 93 .... FF15 800 - £1 800 - **$2,680**

NICOL Erskine II c.1850-1926 [1]
Willows on the Ouse - Watercolour (60x51cm-24x20in) London 94 .... FF2 614 - £300 - **$447**

NICOL John Watson 1856-1926 [2]
Fine feathers make free birds - Oil/canvas (80x58cm-31x23in) London 90 .... FF3 900 - £418 - **$678**
Preparing for Battle/A Fond Fairwell - Oil/canvas (62x47cm-24x19in) London 96 .... FF23 600 - £2 800 - **$4,610**

NICOLA de Francesco 1883-1958 [2]
Ritratto di Lidia - Olio/tela (165x84cm-65x33in) Roma 96 .... FF13 360 - £1 550 - **$2,600**

NICOLAI Carsten 1965 [2]
Die Gotik im Herzen - Woodcut (48x13cm-19x5in) Berlin 96 .... FF1 530 - £174 - **$293**

NICOLAI Nicolas XX [16]
Captaina & lightning - Acetate-mylar (115x90cm-45x35in) Paris 94 .... FF2 500 - £291 - **$433**

NICOLAI Paul 1876-1948 [1]
Le marché d'Aumale - Huile/toile (80x100cm-31x39in) Paris 91 .... FF16 000 - £1 624 - **$2,890**

NICOLAIDES Kimon 1892-1938 [1]
Abstract #21 - Oil/canvas (123x61cm-48x24in) San Francisco-Los Angeles 94 .... FF10 820 - £1 283 - **$2,000**

NICOLAS Richard 1890-? [1]
Alt Berlin, Stralauer Strasse 35 - Pastell (67x49cm-26x19in) Luzern 89 .... FF7 000 - £716 - **$1,125**

NICOLAU COTANDA Vicente 1852-1898 [7]
Malancolía - Oleo/lienzo (62x45cm-24x18in) Madrid 96 .... FF17 040 - £1 955 - **$3,250**
Amor y Fraternidad - Oleo/lienzo (43x63cm-17x25in) Madrid 92 .... FF58 000 - £6 740 - **$11,840**

NICOLAUS Martin 1870-1945 [10]
Alblandschaft im Hochsommer - Oil/panel (51x59cm-20x23in) Stuttgart 94 .... FF2 400 - £285 - **$444**
An afternoon reverie - Oil/canvas (71x92cm-28x36in) New-York 92 .... FF6 480 - £663 - **$1,200**

NICOLAYSEN Lyder Wenzel 1821-1898 [1]
Aftenstemmning ved kyst - Oil/canvas (78x122cm-31x48in) Oslo 94 .... FF13 900 - £1 422 - **$2,446**

NICOLET Gabriel Émile Ed. 1856-1921 [5]
Femme au poissons rouges - Aquarelle (55x44cm-22x17in) Troyes 90 .... FF7 800 - £841 - **$1,376**

NICOLI Y MANFREDI Carlo c.1850-? [2]
Le travail - Bronze (130cm-51in) London 97 .... FF71 428 - £7 500 - **$12,243**

NICOLIÉ Paul Émile 1828-1894 [1]
Le port du Havre sous la neige - Huile/toile (65x81cm-26x32in) Calais 89 .... FF52 000 - £5 479 - **$8,754**

NICOLINI Giovanni 1872-? [1]
Philosopher - Marble (58cm-23in) North Bethesda, MD. 92 .... FF3 640 - £387 - **$700**

NICOLL James Craig 1864-1918 [6]
Coastline scene - Oil/canvas (43x71cm-17x28in) Detroit, Michigan 95 .... FF8 100 - £1 074 - **$2,463**
Indian Head Rock, Narragansett - Watercolour/paper (32x50cm-13x20in) New-York 94 ...... FF12 100 - £1 452 - **$2,300**

NICOLLE Émile Frédéric 1830-1894 [1]
Angler in Boot - Oil/panel (19x27cm-7x11in) Zofingen 95 .... FF5 310 - £673 - **$1,068**

NICOLLE Victor Jean 1754-1826 [146]
Landscape with ruined Buildings - Ink (25x38cm-10x15in) London 97 .... FF6 157 - £650 - **$1,057**
St. Georges Majeur et de Venise - Aquarelle (9x15cm-4x6in) Paris 97 .... FF11 500 - £1 227 - **$1,991**
St. Jean de Latran/Monte Cavallo Rome - Aquarelle (6x9cm-2x4in) Paris 97 .... FF17 000 - £1 814 - **$2,943**
Place et Fontaine du Châtelet - Aquarelle (12x16cm-5x6in) Paris 97 .... FF30 000 - £3 201 - **$5,193**
Église du Rédempteur, Venise - Aquarelle (19x30cm-7x12in) Paris 97 .... FF102 000 - £11 240 - **$17,962**
Louvre et Hôtel de la Monnaie - Aquarelle (35x60cm-14x24in) Paris 97 .... FF470 000 - £50 149 - **$81,357**

NICOLLET Jean Michel 1944 [4]
Les mariés - Acrylique/carton (38x30cm-15x12in) Paris 89 .... FF17 000 - £1 692 - **$2,686**

NICOT Louis Henri 1878-1944 [4]
Projet d'un monument aux morts bretons 1914-1918
Granit, taille directe. Achat du Musée de Quimper (60cm-24in) Louviers 92 .... FF16 500 - £1 690 - **$2,905**

NICZKY Eduard 1850-1919 [6]
Edelfräulein in Frühlingslandschaft - Oil/panel (45x28cm-18x11in) Köln 94 .... FF25 700 - £3 020 - **$4,500**

NIDZGORSKI Adam XX [8]
Sans titre - Pastel/papier (25x18cm-10x7in) Paris 97 .... FF2 000 - £211 - **$343**

NIE de Eric 1944 [3]
The sketch - Acrylic/canvas (150x200cm-59x79in) Amsterdam 92 .... FF7 280 - £746 - **$1,282**

NIEDERBÜHL Roland 1896-1958 [6]
Alblandschaft unter Wolken - Öl/Leinwand (36x45cm-14x18in) Stuttgart 92 .... FF7 460 - £891 - **$1,435**

NIEDERER Gen 1881-1957 [1]
Die Rast - Oil/board (40x33cm-16x13in) Luzern 89 .... FF2 500 - £256 - **$402**

NIEDERHAUSERN de François Louis Fritz 1828-1888 [5]
Weites Bergtal - Oil/canvas (50x70cm-20x28in) Bern 92 .... FF7 610 - £910 - **$1,465**

NIEDERHÄUSERN de Sophie 1856-1926 [4]
Girls in a sunlit woodland glade - Oil/panel (34x26cm-13x10in) London 94 .... FF4 290 - £500 - **$752**

NIEDERHÄUSERN-RODO Auguste de, dit 1863-1913 [1]
L'Offrande à Bacchus - Plâtre (73x49x48cm-29x19x19in) Paris 97 .... FF23 000 - £2 354 - **$4,050**

NIEDERMANN Johann 1759-1833 [2]
J. Calas Abschied von seiner Familie - Oil/panel (42x48cm-17x19in) Köln 95 .... FF15 530 - £2 020 - **$3,186**

NIEDERREUTHER Thomas 1909-1990 [7]
- *Italienische Stadt mit Kathedrale* - Öl/Leinwand (80x100cm-31x39in) München 93 .... FF2 600 - £293 - $439

NIEDMANN August Heinrich 1826-1910 [2]
- *Die ertappten Apfeldiebe* - Öl/Leinwand (77x87cm-30x34in) Bremen 94 .... FF34 500 - £4 080 - $6,360

NIEHAUS Kasper 1889-1974 [19]
- *The painter's atelier* - Oil/canvas (73x88cm-29x35in) Amsterdam 89 .... FF18 000 - £1 897 - $3,030
- *An arcadic scene* - Oil/canvas (90x180cm-35x71in) Amsterdam 89 .... FF47 900 - £5 047 - $8,064

NIEKERK Maurits 1871-1940 [1]
- *Anemones in a Chinese vase* - Oil/canvas/board (47x34cm-19x13in) Amsterdam 93 .... FF3 680 - £423 - $632

NIEKERK van Carl 1897-? [1]
- *Landscape* - Oil/canvas (69x80cm-27x31in) Amsterdam 94 .... FF2 450 - £291 - $453

NIEL Robert XIX-XX [2]
- *Stallinterieur mit Schafen am Futtertrog* - Oil/panel (36x57cm-14x22in) Stuttgart 94 .... FF3 420 - £400 - $603

NIELSEN Amaldus Clarin 1838-1932 [9]
- *Kveldsstemning med båter* - Oil/canvas (30x31cm-12x12in) Tönsberg 93 .... FF20 800 - £2 420 - $3,570
- *Norsk fjellparti* - Oil/canvas (75x110cm-30x43in) Oslo 92 .... FF91 100 - £9 140 - $17,530

NIELSEN Arthur 1883-1946 [4]
- *Blumen und Früchten* - Oil/canvas (76x250cm-30x98in) Wien 92 .... FF19 250 - £1 970 - $3,390

NIELSEN Asta 1881-1972 [4]
- *Påskeliljer* - Oil/canvas (42x33cm-17x13in) Köbenhavn 96 .... FF4 010 - £520 - $802
- *Papegøje* - Collage (33x24cm-13x9in) Köbenhavn 95 .... FF2 216 - £283 - $436

NIELSEN Carl 1848-1904 [6]
- *Venabygden, Ringebu* - Oil/canvas/panel (36x49cm-14x19in) Oslo 93 .... FF9 200 - £1 090 - $1,655

NIELSEN Christian V. 1833-1910 [3]
- *Verona* - Watercolour (20x28cm-8x11in) London 96 .... FF7 460 - £850 - $1,428

NIELSEN Eivind 1864-1939 [5]
- *Vandrermann* - Oil/canvas (99x74cm-39x29in) Oslo 92 .... FF8 360 - £973 - $1,707

NIELSEN Ejnar 1872-1956 [7]
- *Landskab fra Gjern* - Oil/canvas (38x47cm-15x19in) Vejle 94 .... FF2 446 - £284 - $422

NIELSEN Helge 1893-1980 [3]
- *Morgenlys* - Oil/canvas (89x116cm-35x46in) Köbenhavn 93 .... FF3 470 - £398 - $593

NIELSEN Jens 1891-1978 [1]
- *Under lyset* - Oil/canvas (150x125cm-59x49in) Köbenhavn 90 .... FF4 200 - £435 - $738

NIELSEN Johan 1835-1912 [2]
- *Robåt på strand* - Oil/canvas (46x68cm-18x27in) Oslo 93 .... FF16 800 - £1 954 - $2,885

NIELSEN Kai 1882-1924 [62]
- *Leda med svanen* - Oil/panel (51x48cm-20x19in) Köbenhavn 95 .... FF7 540 - £977 - $1,535
- *Nina på kuglen* - Bronze (68cm-27in) Köbenhavn 94 .... FF13 150 - £1 510 - $2,555
- *Århus-pigen* - Bronze (178cm-70in) Köbenhavn 93 .... FF158 400 - £19 000 - $30,400

NIELSEN Kay 1886-1957 [17]
- *L'histoire de la tzarine violette* - Encre Chine (29x26cm-11x10in) Paris 92 .... FF17 000 - £1 740 - $2,993
- *You'll come to three Princesses* - Watercolour (36x25cm-14x10in) New-York 94 .... FF101 100 - £11 930 - $18,000

NIELSEN Kehnet 1947 [13]
- *Fisik II* - Oil/canvas (210x190cm-83x75in) Köbenhavn 95 .... FF12 420 - £1 610 - $2,530
- *Figurer i landskab* - Gouache (70x100cm-28x39in) Köbenhavn 95 .... FF3 550 - £460 - $722

NIELSEN Knud 1916 [47]
- *Blå figurer* - Oil/canvas (81x65cm-32x26in) Köbenhavn 95 .... FF7 460 - £931 - $1,508
- *Komposition* - Oil/panel (128x128cm-50x50in) Köbenhavn 93 .... FF24 400 - £2 770 - $4,130
- *Komposition* - Watercolour/paper (30x40cm-12x16in) Köbenhavn 92 .... FF3 170 - £324 - $558

NIELSEN Knud Reinholdt 1891-1984 [1]
- *Aftenstemning* - Oil/canvas (116x56cm-46x22in) Köbenhavn 94 .... FF8 760 - £1 051 - $1,703

NIELSEN Poul 1920 [15]
- *Near the window* - Oil/canvas (70x100cm-28x39in) Köbenhavn 95 .... FF4 260 - £552 - $867

NIELSEN Reinhold 1891-? [12]
- *Feldarbeit am stillen Sommertag* - Oil/canvas (36x49cm-14x19in) Ahlen 92 .... FF3 724 - £433 - $760

NIELSSEN Clementine XIX-XX [2]
- *Drei spielende Katzen* - Oil/Leinwand (48x43cm-19x17in) Bern 95 .... FF32 260 - £4 190 - $6,620

NIEMAN Leroy 1927 [7]
- *New York Marathon* - Color lithograph (66x109cm-26x43in) New Orleans, Louisiana 95 .... FF9 200 - £1 146 - $1,800
- *Tennis player* - Watercolour (46x61cm-18x24in) Chicago 94 .... FF2 470 - £286 - $425

NIEMANN Edmund John 1813-1876 [84]
- *Stokesay Castle, Shropshire* - Oil/canvas (41x81cm-16x32in) London 96 .... FF29 200 - £3 800 - $5,790
- *Richmond Bridge* - Oil/canvas (61x107cm-24x42in) New-York 94 .... FF111 100 - £12 850 - $19,000
- *Church scenes* - Watercolour (44x36cm-17x14in) New-York 94 .... FF25 740 - £3 115 - $4,750

NIEMANN Gottfried 1882-? [2]
- *Blick auf Altpartenkirchen* - Oil/canvas (60x80cm-24x31in) Stuttgart 89 .... FF4 400 - £464 - $741

NIEMANTSVERDRIET Jan Frank 1885-1945 [7]
- *Tropical shells* - Oil/panel (11x22cm-4x9in) Amsterdam 96 .... FF6 620 - £803 - $1,287
- *Blandogan* - Watercolour (71x98cm-28x39in) Amsterdam 96 .... FF114 500 - £14 700 - $22,200

NIEMEYER Albert 1951 [2]
- *Mirror of Love* - Acrylic/canvas (105x100cm-41x39in) Amsterdam 95 .... FF2 520 - £322 - $515

NIEMEYER-HOLSTEIN Otto 1896-1984 [13]
- *Blumentöpfe mit Blütenbaum* - Oil/cardboard (60x50cm-24x20in) Bremen 93 .... FF13 220 - £1 580 - $2,544

Sonnenstrand (Ostsee) - Watercolour (38x49cm-15x19in) Hamburg 92.................... FF4 410 - £527 - **$848**

NIEPER Ludwig 1826-1906 [1]
Maria beim Spinnen - Pencil (38x29cm-15x11in) Bielefeld 93.................... FF2 625 - £306 - **$432**

NIERMAN Leonardo 1932 [55]
Prismatic City - Acrylic/masonite (119x86cm-47x34in) Tarzana, CA 96............ FF5 160 - £640 - **$1,000**
Mountain Wind - Acrylic/panel (79x58cm-31x23in) Tarzana, CA 95.................... FF17 330 - £2 166 - **$3,500**
Intuition de l'Univers - Color lithograph (51x69cm-20x27in) Chicago 94............ FF4 330 - £514 - **$800**

NIERMEIJER Theo 1940 [4]
Abstract - Oil/canvas (6x50cm-2x20in) Amsterdam 95.................... FF2 780 - £364 - **$557**
Untitled - Sculpture (126cm-50in) Amsterdam 96.................... FF5 710 - £656 - **$1,091**

NIESIOLOWSKI Tymon 1882-1963 [6]
River bank landscape - Oil/canvas (53x50cm-21x20in) Warszawa 93.................... FF10 000 - £1 020 - **$1,510**
River landscape - Pastel/paper (31x46cm-12x18in) Warszawa 95.................... FF25 200 - £3 220 - **$5,170**

NIESSEN Johannes 1821-1910 [5]
Main beim un bâton - Crayon (23x21cm-9x8in) Paris 93.................... FF5 200 - £598 - **$891**

NIESSEN Wilhelm Joseph 1827-1903 [1]
Altarbild für die St. Annakirche - Oil/panel (95x63cm-37x25in) München 93.................... FF3 096 - £351 - **$524**

NIESTLÉ Henry 1876-1966 [3]
Morgensonne - Oil/canvas (76x89cm-30x35in) Wien 91.................... FF33 700 - £3 420 - **$6,087**

NIESTLÉ Jean Bloé 1884-1942 [1]
Gartenrotschwanzpaar, Weissdorn - Oil/Leinwand (75x90cm-30x35in) Bern 94............ FF227 300 - £26 900 - **$40,800**

NIETHAMMER Eduard 1884-1967 [3]
Bonifazius Amerbach - Oil/panel (31x30cm-12x12in) Zofingen 92.................... FF6 470 - £773 - **$1,245**

NIETO Anselmo Miguel 1881-1964 [5]
Modelo semidesnuda - Oleo/lienzo (90x106cm-35x42in) Madrid 94.................... FF22 800 - £2 690 - **$4,060**
Au café - Oil/canvas (50x81cm-20x32in) London 93.................... FF84 000 - £10 500 - **$15,230**

NIETO Rodolfo 1936-1988 [18]
Composition - Huile/toile (94x70cm-37x28in) Paris 96.................... FF13 500 - £1 683 - **$2,610**
Figura - Oil/canvas (160x123cm-63x48in) New-York 94.................... FF63 700 - £7 580 - **$12,000**
Perro - Gouache/paper (70x100cm-28x39in) New-York 94.................... FF45 100 - £5 370 - **$8,500**

NIETO URIBARRI Enrique 1890-1936 [1]
Paisaje - Oleo/lienzo (53x47cm-21x19in) Madrid 89.................... FF16 200 - £1 612 - **$2,559**

NIETSCHE Paul 1885-1950 [10]
Dahlias - Oil/canvas (61x51cm-24x20in) Dublin 95.................... FF11 100 - £1 442 - **$2,284**
Au café, 1912 - Aquarelle (24x39cm-9x15in) Avranches 90.................... FF13 500 - £1 455 - **$2,381**

NIEULANDT van Adriaen I 1587-1658 [7]
Pastoral scene - Oil/panel (52x67cm-20x26in) London 97.................... FF33 050 - £3 500 - **$5,688**

NIEULANDT van Will. II G.Terranova 1584-1635/36 [15]
Landscape with shepherds - Oil/copper (15x22cm-6x9in) London 94.................... FF138 400 - £16 000 - **$23,600**

NIEUWENHOVEN van Willem 1879-1973 [17]
Woman sewing in an interior - Oil/canvas (76x59cm-30x23in) London 95.................... FF9 580 - £1 200 - **$1,910**
At the spinning wheel - Watercolour (27x34cm-11x13in) Amsterdam 93.................... FF8 100 - £928 - **$1,380**

NIEUWENHUIZEN Adrianus Wilhelmus 1814-1859 [2]
Figures in a church-interior - Oil/canvas (64x51cm-25x20in) Amsterdam 96.................... FF3 904 - £491 - **$768**

NIEUWENHUIS Jan 1922 [2]
Living Machine - Oil/masonite (116x90cm-46x35in) Köbenhavn 93.................... FF33 130 - £3 760 - **$5,610**
Untitled - Watercolour, gouache (45x59cm-18x23in) Amsterdam 92.................... FF25 600 - £3 060 - **$4,930**

NIEUWENHUYSE van Jean W. 1900-1980 [3]
Bateaux sur le Bosphore - Huile/toile (70x91cm-28x36in) Paris 94.................... FF13 000 - £1 540 - **$2,402**

NIEUWENHUYSEN Henri Joseph Bernard 1756-1817 [1]
Anna E. Moons, with her children - Oil/canvas (86x103cm-34x41in) Amsterdam 94.................... FF30 500 - £2 836 - **$5,200**

NIEUWERKERKE de Alfred Emilien 1811-1892 [5]
Duke of Clarence & Garin de Fontaine - Bronze (26x29cm-10x11in) London 97.................... FF14 286 - £1 500 - **$2,448**
Duc de Clarence & Garin de Fontaine - Bronze (53x61cm-21x24in) London 96.................... FF40 400 - £4 600 - **$7,730**

NIEWEG Jaap 1877-1955 [24]
Stilleven met kop van rädeker - Oil/canvas (46x61cm-18x24in) Amsterdam 94.................... FF2 440 - £287 - **$435**
Winter - Oil/canvas (35x25cm-14x10in) Amsterdam 97.................... FF8 391 - £882 - **$1,441**
La maison, 1915 - Oil/canvas (61x81cm-24x32in) London 90.................... FF290 600 - £30 021 - **$51,343**

NIEWIADOMSKI Eligiusz 1869-1923 [1]
Trees in a landscape - Oil/cardboard (16x34cm-6x13in) Warszawa 95.................... FF5 120 - £647 - **$1,023**

NIGG Hermann 1849-1929 [1]
Madonna mit Kind - Oil/Leinwand (82x66cm-32x26in) München 92.................... FF14 240 - £1 700 - **$2,740**

NIGG Joseph 1782-1863 [4]
Bouquet - Lithographie (7x58cm-3x23in) Ourville-en-Caux 96.................... FF3 900 - £512 - **$794**

NIGGL Thomas 1939 [7]
Die Weintrinker - Mixed media/paper (35x46cm-14x18in) München 93.................... FF7 180 - £851 - **$1,297**

NIGHTINGALE Basil 1864-1940 [23]
The race is not always to the swift - Oil/canvas (43x58cm-17x23in) Leamington Spa 96............ FF3 670 - £460 - **$714**
Gentry's New Horsepower - Oil/canvas (91x152cm-36x60in) New-York 94.................... FF44 000 - £5 520 - **$8,000**
Huntsmen and hounds - Watercolour (23x30cm-9x12in) Leamington Spa 93.................... FF5 810 - £700 - **$1,085**

NIGHTINGALE Robert 1815-1895 [4]
The favorite hunters - Oil/canvas (61x89cm-24x35in) New-York 95.................... FF74 600 - £9 440 - **$15,000**

NIGNET Georges 1926 [12]
🖼 *Quais de Seine* - Oil/canvas (76x101cm-30x40in) New-York 91 .... FF14 720 - £1 494 - **$2,659**
NIGRO Adolfo 1942 [8]
🖼 *Formas de las islas* - Oil/canvas (90x100cm-35x39in) New-York 97 .... FF22 962 - £2 438 - **$4,000**
NIGRO Mario 1917-1992 [48]
🖼 *Spazio totale* - Olio/tela (46x33cm-18x13in) Milano 95 .... FF38 740 - £4 940 - **$7,930**
Spazio totale No. 18 - Olio/tela (100x65cm-39x26in) Milano 93 .... FF68 500 - £7 830 - **$11,640**
Progetto per panello - Tempera/carta (44x27cm-17x11in) Milano 95 .... FF33 200 - £4 290 - **$6,820**
NIIZUMA Minoru 1930 [2]
🗿 *Maquette for Castle of the Eye II* - Bronze (30cm-12in) New-York 95 .... FF9 740 - £1 266 - **$2,000**
Castle of the Eye II - Marble (284cm-112in) New-York 95 .... FF97 400 - £12 660 - **$20,000**
NIJINSKY Vaslav Fomich 1888-1950 [1]
Composition - Ink (20x24cm-8x9in) London 95 .... FF11 300 - £1 500 - **$2,330**
NIJLAND Dirk 1881-1955 [18]
🖼 *Tante* - Oil/canvas (57x42cm-22x17in) Amsterdam 97 .... FF3 468 - £375 - **$60,5 9**
Landscape with Willows at Dawn - Oil/canvas (47x91cm-19x36in) Amsterdam 97 .... FF46 872 - £491 6 9 - **$8,043**
🖋 *Riverlandscape* - Watercolour/paper (26x43cm-10x17in) Amsterdam 94 .... FF1 676 - £198 - **$301**
NIJMEGEN van Dionys 1705-1798 [3]
🖼 *P. Boogaert van Alblasserdam* - Oil/canvas (81x68cm-32x27in) Amsterdam 94 .... FF22 900 - £2 127 - **$3,900**
NIJMEGEN van Elias 1667-1755 [1]
🖋 *Allegory of Government* - Watercolour (27x12cm-11x5in) Amsterdam 92 .... FF3 034 - £311 - **$535**
NIJMEGEN van Gerard 1735-1808 [2]
🖋 *A wooded cowpasture* - Watercolour (15x19cm-6x7in) Amsterdam 92 .... FF3 316 - £396 - **$638**
NIKEL Lea 1918 [47]
🖼 *Untitled* - Oil/canvas (70x60cm-28x24in) Tel Aviv 97 .... FF22 460 - £2 497 - **$4,200**
Untitled - Oil/canvas (128x128cm-50x50in) Tel Aviv 97 .... FF32 086 - £3 568 - **$6,000**
Composition - Acrylic/canvas (162x202cm-64x80in) Tel Aviv 95 .... FF58 600 - £7 590 - **$12,000**
🖋 *Symphony in Blue* - Gouache (68x49cm-27x19in) Tel Aviv 95 .... FF6 780 - £849 - **$1,350**
NIKICH Anatol 1918 [2]
🖼 *The beloved face* - Oil/canvas (112x90cm-44x35in) New-York 90 .... FF7 400 - £787 - **$1,324**
NIKIFOR [7]
🖋 *Village polonais* - Gouache/papier (21x30cm-8x12in) Paris 97 .... FF1 600 - £174 - **$281**
NIKIFOR Krynicki 1895-1966 [18]
🖋 *La maison et les champs* - Aquarelle (21x15cm-8x6in) Paris 97 .... FF2 200 - £237 - **$391**
Church - Watercolour (23x16cm-9x6in) Warszawa 94 .... FF12 160 - £1 394 - **$2,060**
NIKITENKO Vladimir 1923 [2]
🖼 *Les faneuses* - Huile/toile (65x100cm-26x39in) Paris 91 .... FF2 400 - £240 - **$395**
NIKODEM Arthur 1870-1940 [7]
🖼 *Canazei im Trentino* - Öl/Leinwand (40x48cm-16x19in) Wien 93 .... FF63 700 - £7 200 - **$10,730**
NIKOLAOU Nikos 1909-1986 [1]
🖼 *Female figure* - Oil/paper/board (100x70cm-39x28in) Athens 95 .... FF41 900 - £5 420 - **$8,570**
NIKOLAUS Martin 1870-1945 [1]
🖼 *Ruderboote am Landungssteg* - Öl/Karton (27x36cm-11x14in) Stuttgart 93 .... FF2 610 - £300 - **$444**
NIKOLITCH Pikko 1907-1979 [4]
🗿 *La majeure* - Bronze (33x15x8cm-13x6x3in) Paris 90 .... FF10 000 - £1 064 - **$1,789**
NIKOS Kessanlis 1930 [6]
🖼 *Senza titolo* - Olio/tela (35x49cm-14x19in) Milano 93 .... FF5 730 - £655 - **$975**
🖋 *Composition* - Collage (49x37cm-19x15in) Paris 94 .... FF1 800 - £216 - **$353**
NIKUTOWSKI Arthur Johan Severin 1830-1888 [3]
🖼 *Blinde Passagiere* - Öl/Leinwand (39x60cm-15x24in) Stuttgart 96 .... FF84 600 - £9 800 - **$16,220**
NIKUTOWSKI Erich 1872-1921 [11]
🖼 *Das alte Zons am Rhein* - Öl/Leinwand (24x42cm-9x17in) Düsseldorf 96 .... FF9 640 - £1 250 - **$1,930**
NILOUSS Peter Alexandrovitch 1869-1943 [9]
🖼 *Élégante au clair de lune* - Huile/carton/toile (21x41cm-8x16in) Deauville 97 .... FF9 100 - £988 - **$1,612**
🖋 *Paysage romantique* - Aquarelle (28x42cm-11x17in) Deauville 97 .... FF4 300 - £466 - **$761**
NILSON Friedrich Christoph 1811-1879 [5]
🖋 *Herr mit Pelzmütze* - Pencil (25x20cm-10x8in) München 91 .... FF1 873 - £188 - **$343**
NILSON Johann Esaias 1721-1788 [7]
🖋 *Rokokokartusche für ein Porträt* - Ink (21x16cm-8x6in) Heidelberg 95 .... FF18 100 - £2 346 - **$3,765**
NILSON Karl Gustaf 1942 [17]
🖼 *Timglasen II* - Oil/canvas (82x100cm-32x39in) Stockholm 96 .... FF7 950 - £964 - **$1,547**
Två hus - Oil/canvas (112x193cm-44x76in) Stockholm 91 .... FF22 460 - £2 236 - **$3,862**
🖋 *Triangeltema* - Gouache (27x44cm-11x17in) Stockholm 93 .... FF3 330 - £409 - **$617**
NILSON Seth 1869-1918 [1]
🖼 *Vedskuta i mansken, skärgardsbild* - Oil/canvas (9x19cm-4x7in) Stockholm 89 .... FF6 100 - £607 - **$964**
NILSON Severin 1846-1918 [210]
🖼 *Insjölandskap med flicka i eka* - Oil/canvas (17x25cm-7x10in) Stockholm 97 .... FF14 339 - £1 514 - **$2,477**
Picking flowers - Oil/canvas (74x53cm-29x21in) Malmö 95 .... FF27 900 - £3 490 - **$5,640**
I Morfars Trädgård - Oil/canvas (83x65cm-33x26in) Stockholm 96 .... FF151 700 - £17 300 - **$29,030**
Björsgard - Oil/canvas (82x116cm-32x46in) Stockholm 89 .... FF449 300 - £45 941 - **$72,235**
NILSSON Arne 1925 [3]
🖼 *Motiv från Arild* - Oil/canvas (46x61cm-18x24in) Malmö 92 .... FF2 450 - £251 - **$432**
NILSSON Arvid 1881-1971 [13]
🖼 *Småstadsidyll* - Oil/canvas (51x61cm-20x24in) Stockholm 91 .... FF2 640 - £270 - **$493**

NILSSON Axel 1889-1981 [93]
- 🖼 Interiör från Skepparp - Oil(60x80cm-24x31in) Stockholm 91 .... FF32 050 - £3 283 - **$5,984**
- Convolvulus - Oil/panel (40x33cm-16x13in) Stockholm 96 .... FF119 000 - £13 980 - **$23,400**
- ✎ Industrigatan, Stockholm - Akvarell (30x46cm-12x18in) Stockholm 90 .... FF15 000 - £1 596 - **$2,683**

NILSSON Bert-Johnny 1934 [19]
- 🖼 Poeten - Oil/canvas (190x150cm-75x59in) Stockholm 95 .... FF17 240 - £2 150 - **$3,375**
- ✎ Drömmen, 1968 - Watercolour, gouache (15x27cm-6x11in) Stockholm 89 .... FF2 200 - £213 - **$334**

NILSSON Carin 1884-1973 [11]
- 🗿 Kneeling nude - Bronze (22cm-9in) Stockholm 95 .... FF4 950 - £627 - **$996**

NILSSON Ernst 1892-1937 [24]
- 🖼 Älvstrand - Oil/panel (61x92cm-24x36in) Stockholm 96 .... FF2 070 - £268 - **$414**
- 🗔 Lucia - Woodcut (19x26cm-7x10in) Uppsala 96 .... FF1 614 - £187 - **$309**

NILSSON Gunnar 1904-1995 [6]
- 🗿 Mor och barn - Bronze (22cm-9in) Stockholm 90 .... FF14 000 - £1 489 - **$2,504**

NILSSON Johan Alfred 1864-1942 [1]
- ✎ Köpenhamnsfärjan Malmö - Gouache (28x43cm-11x17in) Malmö 96 .... FF4 710 - £611 - **$923**

NILSSON Johan Robert 1842-? [2]
- 🖼 Drabantsalen å Gripsholms slott - Oil/canvas (44x34cm-17x13in) Stockholm 95 ..... FF5 130 - £658 - **$1,033**

NILSSON Karl-Gustaf 1942 [7]
- 🖼 Partitur - Oil/canvas (70x70cm-28x28in) Stockholm 91 .... FF9 900 - £992 - **$1,652**
- 🗔 Prisma, 1983 - Serigraph (48x80cm-19x31in) Stockholm 89 .... FF2 400 - £245 - **$386**

NILSSON Lars 1956 [5]
- 🖼 Kvinnoansikte - Mixed media/canvas (94x94cm-37x37in) Stockholm 91 .... FF11 310 - £1 148 - **$2,043**

NILSSON Nils 1901-1949 [39]
- 🖼 Barn - Oil/canvas (82x66cm-32x26in) Stockholm 94 .... FF18 400 - £2 133 - **$3,170**
- Brudparet - Oil/canvas (130x100cm-51x39in) Stockholm 92 .... FF63 200 - £6 460 - **$13,160**
- ✎ På landet - Mixed media/paper (48x59cm-19x23in) Stockholm 95 .... FF8 770 - £1 148 - **$1,757**

NILSSON Olof Walfrid 1868-1956 [36]
- 🖼 Vintersjö - Oil/canvas (68x103cm-27x41in) Stockholm 95 .... FF11 970 - £1 573 - **$2,400**
- Tidig höst - Oil/canvas (95x118cm-37x46in) Stockholm 93 .... FF31 100 - £3 820 - **$5,750**

NILSSON Ruben 1893-1971 [1]
- 🖼 Langholmen mot Reimersholme - Oil/canvas (51x66cm-20x26in) Stockholm 89 .... FF4 700 - £468 - **$743**

NILSSON SKUM Nils 1872-1951 [11]
- 🖼 River landscape at sunset - Oil/canvas (68x100cm-27x39in) Stockholm 96 ..... FF18 470 - £2 352 - **$3,560**
- ✎ Norrländskt höstmotiv - Pencil (25x35cm-10x14in) Göteborg 96 .... FF5 900 - £762 - **$1,140**

NILSSON Vera 1888-1979 [27]
- 🖼 Lillan på ängen - Oil/canvas (55x70cm-22x28in) Stockholm 94 .... FF46 000 - £5 510 - **$8,680**
- Lillan skriver - Oil/canvas (40x31cm-16x12in) Stockholm 92 .... FF80 100 - £8 200 - **$14,100**
- ✎ Parisergata - Mixed media/paper (41x32cm-16x13in) Stockholm 96 .... FF12 300 - £1 535 - **$2,376**

NILSSON Wiwen 1897-1974 [1]
- 🗿 Altarstake - Sculpture (20cm-8in) Malmö 96 .... FF8 660 - £1 027 - **$1,692**

NILUS P.A. 1869-1943 [1]
- 🖼 In the reading-room - Oil/panel (41x34cm-16x13in) Moscow 93 .... FF4 660 - £537 - **$800**

NIN Y TUDO José 1840-1908 [1]
- 🖼 Perfil de joven - Oleo/lienzo (37x27cm-15x11in) Madrid 92 .... FF10 940 - £1 096 - **$2,102**

NINAS Paul 1903-? [1]
- 🖼 Rosalie Town, Haiti - Oil/canvas (69x89cm-27x35in) New Orleans, Louisiana 93 ..... FF27 500 - £3 450 - **$5,000**

NING FUCHENG 1897-1966 [2]
- ✎ Prunus & rock - Coloured inks/paper (135x67cm-53x26in) New-York 92 ...... FF14 200 - £1 453 - **$2,500**

NINHAM Henry 1793-1874 [2]
- 🖼 Norwich backwater - Oil/canvas (25x20cm-10x8in) Aylsham, Norfolk 95 .... FF4 460 - £580 - **$931**

NINI Jean-Baptiste 1717-1786 [7]
- 🗿 Marie-Thérèse d'Autriche - Terracotta (11cm-4in) Paris 97 .... FF12 500 - £1 349 - **$2,209**

NINNES Bernard 1899-1971 [5]
- 🖼 St. Ives Harbour - Oil/canvas (51x61cm-20x24in) Birmingham 92 .... FF2 630 - £270 - **$505**

NINO Carmelo 1951 [4]
- 🖼 Bajo la luz - Oil/canvas (120x150cm-47x59in) New-York 97 .... FF42 956 - £4 578 - **$7,500**

NIOLLON Barthélémy 1849-1927 [2]
- 🖼 Village en Provence - Huile/panneau (33x43cm-13x17in) Paris 90 .... FF22 000 - £2 371 - **$3,880**

NIQUET Marcel 1889-1960 [13]
- 🖼 Neige à Poses - Huile/toile (19x24cm-7x9in) Paris 93 .... FF5 200 - £627 - **$946**

NISBET Noel Laura 1887-1956 [19]
- 🖼 Thye Laidly Worm - Huile/toile (46x29cm-18x11in) Lokeren 95 .... FF6 850 - £855 - **$1,384**
- The seven deadly sins - Oil/canvas (87x173cm-34x68in) London 91 .... FF47 600 - £4 796 - **$8,260**
- ✎ Pan and two Lovers - Watercolour (67x99cm-26x39in) London 95 .... FF17 000 - £2 200 - **$3,476**

NISBET Pollok Sinclair 1848-1922 [13]
- 🖼 Market place, Antwerp - Oil/canvas (57x41cm-22x16in) Glasgow 96 .... FF6 940 - £900 - **$1,360**
- ✎ Boy playing with his boat - Wash (36x28cm-14x11in) London 90 .... FF3 300 - £351 - **$590**

NISBET Robert Buchan 1857-1942 [10]
- 🖼 Macduff harbour - Oil/board (27x35cm-11x14in) Glasgow 96 .... FF11 570 - £1 500 - **$2,267**
- ✎ A Midlothian landscape - Watercolour (54x66cm-21x26in) London 96 .... FF7 180 - £900 - **$1,396**

N

NISBET Robert Hogg 1879-1961 [8]
🌿 *River landscape* - Oil/panel (30x41cm-12x16in) Mystic, Connecticut 96 .... FF4 660 - £584 - **$900**
NISEN Jean Mathieu 1819-1885 [1]
🌿 *Pensive lady* - Oil/panel (47x37cm-19x15in) Amsterdam 92.......................... FF3 640 - £373 - **$641**
NISHIMURA Ryusuke 1920 [2]
🌿 *San Giorgio Maggiore* - Oil/canvas (70x116cm-28x46in) New-York 92 .... FF218 400 - £26 070 - **$42,000**
NISHIZAWA Luis 1920 [5]
🌿 *Sábado de Gloria* - Oil/masonite (122x76cm-48x30in) New-York 94 .... FF276 000 - £32 850 - **$52,000**
✎ *Navado* - Encre/papier (47x87cm-19x34in) México 92 .... FF29 900 - £3 070 - **$5,460**
NISIUS Gustav Adolf 1836-1900 [1]
🌿 *Couple in a garden* - Oil/canvas (40x50cm-16x20in) Köbenhavn 94 .... FF34 800 - £3 990 - **$5,950**
NISS Thorvald 1842-1905 [53]
🌿 *Danish landscape* - Oil/canvas (54x126cm-21x50in) Malmö 96 .... FF10 260 - £1 330 - **$2,010**
🌿 *The artist's in Copenhagen* - Oil/canvas (79x125cm-31x49in) London 95 .... FF51 300 - £6 500 - **$10,320**
✎ *The skating race* - Watercolour/paper (20x28cm-8x11in) Baton Rouge, Louisiana 94 .... FF6 740 - £791 - **$1,200**
NISSL Rudolf 1870-1955 [15]
🌿 *Pandora* - Oil/canvas (45x35cm-18x14in) Wien 92 .... FF19 250 - £1 970 - **$3,390**
NISTRI Giuliano 1926 [2]
▭ *My Fair Lady* - Poster (140x99cm-55x39in) London 96 .... FF3 240 - £420 - **$640**
NISZNERNI Robert 1943 [5]
🌿 *Bouquet aux couleurs vives* - Huile/panneau (40x50cm-16x20in) Cholet 94 .... FF4 500 - £537 - **$866**
NITKOWSKI Stani 1949 [6]
🌿 *Sang d'hiver* - Huile/toile (100x81cm-39x32in) Paris 91 .... FF13 000 - £1 291 - **$2,257**
NITSCH Hermann 1938 [109]
🌿 *Ohne Titel* - Mischtechnik (30x22cm-12x9in) Wien 97 .... FF5 750 - £604 - **$987**
Schüttbild - Oil/canvas (105x80cm-41x31in) Wien 97 .... FF33 446 - £3 556 - **$5,768**
Schüttbild - Oil/canvas (100x80cm-39x31in) Wien 97 .... FF40 613 - £4 318 - **$7,004**
Aktionsrelikt - Mischtechnik (166x237cm-65x93in) Wien 96 .... FF97 400 - £12 640 - **$19,260**
Grosses Brustbild 1 - Mixed media/canvas (190x300cm-75x118in) Wien 96 .... FF220 000 - £24 930 - **$37,160**
▭ *Das letzte Abendmahl* - Screenprint (170x400cm-67x157in) Wien 96 .... FF31 660 - £4 110 - **$6,260**
📷 *Das Orgien Mysterien Theater* - Photograph (65x50cm-26x20in) Wien 97 .... FF14 855 - £1 562 - **$2,551**
✎ *Relikt, 3 Tage Fest* - Drawing (65x48cm-26x19in) Wien 96 .... FF16 800 - £2 036 - **$3,266**
Ohne Titel - Mischtechnik/Papier (97x120cm-38x47in) Wien 96 .... FF38 500 - £4 900 - **$7,410**
NITSCH Richard 1866-1945 [2]
🌿 *Return from the market* - Oil/panel (17x13cm-7x5in) Billinghurst, West Sussex 95 .... FF7 520 - £900 - **$1,431**
NITSCH Willim 1907-? [2]
🌿 *An elderly woman* - Oil/board (33x25cm-13x10in) Mystic, Connecticut 94 .... FF5 470 - £651 - **$1,000**
NITSCHKE Elli Maria 1913 [2]
🌿 *Hegaulandschaft an einem Spätherbsttag* - Öl/Karton (59x80cm-23x31in) Lindau 97 .... FF3 038 - £319 5 - **$522**
NITZSCHKE Ludwig 1822-? [1]
🌿 *Berchtesgaden* - Oil/canvas (58x85cm-23x33in) Köln 89 .... FF27 000 - £2 845 - **$4,545**
NIVARD André 1880-1969 [4]
✎ *Frégate mouillée aux Antilles* - Aquarelle Paris 92 .... FF7 000 - £720 - **$1,297**
NIVARD Charles François 1739-1821 [4]
🌿 *Caprice architectural, Nancy* - Huile/toile (62x82cm-24x32in) Monaco 91 .... FF120 000 - £12 032 - **$19,809**
NIVELLE Pierre 1934 [4]
🌿 *Métro* - Huile/toile (100x81cm-39x32in) Paris 91 .... FF2 800 - £284 - **$506**
NIVELT Roger R. 1899-1962 [6]
✎ *Féticheurs en côte d'Ivoire* - Pastel (42x53cm-17x21in) Paris 90 .... FF12 000 - £1 293 - **$2,116**
NIVERT Georgette XX [7]
🌿 *Mère et son enfant* - Huile/toile (65x54cm-26x21in) Arles 96 .... FF3 500 - £454 - **$692**
NIVERVILLE de Louis 1933 [3]
🌿 *Still Life* - Oil/canvas (43x111cm-17x44in) Toronto 94 .... FF11 250 - £1 315 - **$1,984**
NIVINSKY Ignaty Ignatievich 1881-1933 [1]
🌿 *A dance* - Oil/canvas (49x46cm-19x18in) Moscow 94 .... FF10 840 - £1 282 - **$2,000**
NIVOULIES de PIERREFORT Marie-Anne 1879-1968 [7]
🌿 *Maisons au bord du canal* - Huile/toile (65x81cm-26x32in) Arles 96 .... FF12 000 - £1 567 - **$2,400**
NIXON David Sinclair 1904-1967 [24]
✎ *Cagnes-sur-Mer* - Watercolour (13x18cm-5x7in) New Orleans, Louisiana 93 .... FF1 953 - £245 - **$355**
NIXON James 1741-1812 [7]
✎ *William Cavendish* - Miniature (6cm-2in) London 97 .... FF18 957 - £2 000 - **$3,253**
NIXON John 1760-1818 [13]
✎ *Mouser General to Mrs. Nixon* - Ink (12x16cm-5x6in) London 93 .... FF8 710 - £1 050 - **$1,523**
NIXON John Nixion c.1760-1818 [2]
✎ *Lovers at the water's edge* - Watercolour (11x16cm-4x6in) London 94 .... FF2 243 - £260 - **$386**
NIXON Kay 1895-1988 [13]
🌿 *Black panther near a stream* - Oil/canvas (67x48cm-26x19in) London 92 .... FF3 420 - £350 - **$602**
▭ *See the Calcutta Zoo* - Poster (99x61cm-39x24in) London 94 .... FF2 727 - £320 - **$486**
✎ *Dog with a kitten* - Watercolour (35x51cm-14x20in) London 92 .... FF2 736 - £280 - **$483**
NIXON Nicholas 1947 [13]
📷 *Boston Common* - Silver print (18x23cm-7x9in) New-York 95 .... FF4 360 - £561 - **$900**
NIXON Nils 1912 [3]
🌿 *Drömmen, 1947* - Oil/canvas (70x62cm-28x24in) Stockholm 90 .... FF24 300 - £2 585 - **$4,347**

NIZOVAIA Sofia 1918 [6]
🖼 Le soir - Huile/toile (73x85cm-29x33in) Paris 94 .... FF3 500 - £402 - **$600**
NIZZOLI Marcello 1887-1969 [3]
🖼 Fabrique Nationale - Poster (120x81cm-47x32in) New-York 92 .... FF31 200 - £3 725 - **$6,000**
NO Michel 1939 [3]
🖼 La montagne - Huile/toile (27x35cm-11x14in) Saint-Dié 92 .... FF3 200 - £328 - **$628**
NOACK Astrid 1888-1954 [1]
🖼 Stående pige - Plaster (57cm-22in) København 91 .... FF2 460 - £247 - **$451**
NOAILLES de Anna 1876-1933 [1]
🖼 Bouquet - Pastel (29x23cm-11x9in) Paris 92 .... FF1 800 - £184 - **$317**
NOAILLES de Marie-Laure 1902-1970 [8]
🖼 Visage - Huile/toile (24x33cm-9x13in) Paris 96 .... FF4 500 - £521 - **$862**
NOAILLY Francisque 1855-1942 [2]
🖼 Fille de Bou-Saâda - Pastel (21x16cm-8x6in) Paris 93 .... FF4 200 - £507 - **$764**
NOAKOWSKI Stanislaw 1867-1928 [2]
🖼 Santa Maria della Salute - Ink (31x24cm-12x9in) Warszawa 94 .... FF3 360 - £399 - **$616**
NOBAS Rosendo 1838-1891 [1]
🖼 Study of a Spanish peasant - Wash (35x25cm-14x10in) London 89 .... FF2 900 - £280 - **$440**
NØBBE Jacob 1850-1919 [3]
🖼 Bark ved ballastbroen - Oil/canvas (50x35cm-20x14in) Vejle 94 .... FF10 910 - £1 266 - **$1,880**
NOBLE Charles F. XX [2]
🖼 Beam, winning the Oaks - Oil/canvas (40x50cm-16x20in) Newmarket Tattersal 90 .... FF4 400 - £468 - **$787**
NOBLE James 1919 [13]
🖼 Roses in a vase - Oil/canvas (40x29cm-16x11in) Billinghurst, West Sussex 95 .... FF6 180 - £740 - **$1,177**
NOBLE James Campbell 1846-1913 [15]
🖼 Canal landscape - Oil/canvas (51x61cm-20x24in) London 94 .... FF7 350 - £850 - **$1,253**
NOBLE John 1874-1935 [1]
🖼 Coastal scene - Oil/canvas (15x38cm-6x15in) Mystic, Connecticut 94 .... FF2 324 - £277 - **$425**
NOBLE John Sargent 1848-1896 [15]
🖼 The Game Carrier - Oil/panel (32x51cm-13x20in) London 95 .... FF32 500 - £4 200 - **$6,630**
In the Lap of Luxury - Oil/canvas (102x154cm-40x61in) New-York 93 .... FF231 000 - £28 960 - **$42,000**
NOBLE Julien Laurent 1834-1878 [1]
🖼 Paysannes dans les champs - Huile/toile (65x51cm-26x20in) Köln 95 .... FF14 200 - £1 792 - **$2,844**
NOBLE Matthew 1818-1876 [5]
🖼 Viscount Palmerston - Sculpture (13cm-5in) London 94 .... FF9 430 - £1 100 - **$1,640**
Queen Victoria, crownded - Marble (70cm-28in) London 93 .... FF38 400 - £4 800 - **$6,960**
NOBLE Richard Pratchett c.1829-c.1861 [6]
🖼 Figure in a landscape with pond - Oil/canvas (88x165cm-35x65in) New-York 90 .... FF20 000 - £2 103 - **$3,478**
🖼 Birds on a pond by a cottage - Watercolour (25x36cm-10x14in) London 95 .... FF4 780 - £620 - **$980**
NOBLE Robert 1857-1917 [15]
🖼 On the Tyne - Oil/canvas (51x77cm-20x30in) Auchterarder, Perthshire 95 .... FF7 810 - £1 000 - **$1,540**
NOBLE Thomas Satterwhite 1835-1907 [3]
🖼 The escape - Oil/canvas (76x102cm-30x40in) New-York 93 .... FF118 400 - £13 550 - **$21,000**
NOBLE William Clark 1858-? [1]
🖼 Bloodhound on the scent - Bronze (12cm-5in) New-York 90 .... FF2 900 - £309 - **$519**
NOBLESSE François 1652-1730 [2]
🖼 Port of Algiers - Ink (9x16cm-4x6in) London 96 .... FF2 947 - £380 - **$577**
NOCI Arturo 1874-1923 [5]
🖼 Donna con cappello - Olio/tela (46x37cm-18x15in) Roma 94 .... FF53 000 - £6 300 - **$9,450**
NOCKEN Wilhelm Theodor 1830-1905 [17]
🖼 Almhütte, Kulisse des Watzmann - Oil/canvas/panel (65x95cm-26x37in) Stuttgart 95 .... FF8 610 - £1 115 - **$1,753**
Hallstatt am See, Österreich - Ol/Leinwand (76x94cm-30x37in) Lindau 95 .... FF17 800 - £2 225 - **$3,595**
NOCKOLDS Roy 1911-1979 [10]
🖼 Whitney Straight, Brooklands - Oil/canvas (51x76cm-20x30in) Hendon 92 .... FF25 400 - £2 600 - **$4,480**
🖼 B.E.A. - Poster (100x62cm-39x24in) London 96 .... FF2 120 - £270 - **$408**
🖼 Railway Straight at Brooklands - Watercolour, gouache (54x70cm-21x28in) Hendon 92 .... FF7 810 - £800 - **$1,380**
NOCRET Jean 1615-1672 [2]
🖼 Philippe d'Orléans - Oil/canvas (115x89cm-45x35in) Wien 92 .... FF96 200 - £11 500 - **$18,500**
NODE-VERAN Charles 1811-1886 [1]
🖼 Bouquet de fleurs - Aquarelle (32x24cm-13x9in) Calais 95 .... FF3 800 - £480 - **$762**
NOÉ Luis Felipe 1933 [12]
🖼 Paysage amazonien - Huile/toile (80x100cm-31x39in) Boulogne 94 .... FF7 000 - £822 - **$1,226**
Cuadro de la angustia - Oil/canvas (80x4x101cm-31x2x40in) New-York 97 .... FF37 228 - £3 968 - **$6,500**
NOEH Anna T. 1926 [22]
🖼 Preparing for winter camp - Mixed media/board (48x83cm-19x33in) Toronto 96 .... FF6 590 - £791 - **$1,262**
🖼 La chasse au phoque - Crayon (27x41cm-11x16in) Montréal 91 .... FF1 935 - £196 - **$389**
NOËL Alexandre Jean 1752-1834 [16]
🖼 Fishermen washing nets - Watercolour, gouache (33x48cm-13x19in) London 96 .... FF16 880 - £2 100 - **$3,274**
Vue de Gibraltar - Gouache (47x81cm-19x32in) Paris 96 .... FF50 000 - £6 480 - **$9,800**
Ships on a stormy sea - Gouache (40x56cm-16x22in) New-York 92 .... FF112 800 - £11 600 - **$21,000**
NOEL Alexis Nicolas 1792-1871 [1]
🖼 Ruines d'une abbaye - Encre (17x24cm-7x9in) Paris 93 .... FF1 550 - £187 - **$282**

N

NOEL Antony 1845-1909 [1]
Naken kvinna med ett lekande barn - Bronze (41cm-16in) Stockholm 89 .... FF3 400 - £358 - $572

NOEL Edmé Antony, Tony 1845-1909 [4]
Orpheus and Cerberus - Bronze (75cm-30in) London 92 .... FF14 620 - £1 700 - $2,984
Danseuse - Gilded bronze (75cm-30in) New-York 93 .... FF47 200 - £5 370 - $8,000

NOEL Georges N. Bedart 1924 [82]
Palimpète - Technique mixte (88x115cm-35x45in) Paris 97 .... FF25 000 - £2 715 - $4,385
Labyrinthe ocre - Mixed media/panel (101x153cm-40x60in) Berlin 97 .... FF89 359 - £9 490 - $15,565
Écrits sur l'ombre - Mixed media/canvas (116x89cm-46x35in) Berlin 97 .... FF139 866 - £14 854 - $24,363
Palimpseste - Technique mixte/papier (72x59cm-28x23in) Paris 96 .... FF11 000 - £1 423 - $2,160
Composition - Collage (69x86cm-27x34in) Versailles 89 .... FF39 000 - £4 110 - $6,566

NOEL Gustave 1823-1881 [4]
Village au bord de la rivière - Huile/toile (66x81cm-26x32in) Bruxelles 93 .... FF4 940 - £591 - $1,010
Maternité - Pastel (56x41cm-22x16in) Avignon 92 .... FF10 500 - £1 078 - $1,945

NOËL Guy-Gérard XX [3]
Le Cauchemar de Dracula - Affiche (160x120cm-63x47in) Argenteuil 91 .... FF3 600 - £475 - $730

NOEL John Bates XIX-XX [25]
Late Autumn - Oil/canvas (51x41cm-20x16in) London 96 .... FF7 560 - £950 - $1,487
The vinesend farm - Oil/canvas (59x90cm-23x35in) Billinghurst, West Sussex 93 .... FF14 940 - £1 800 - $2,790
Hay making in olden times - Watercolour (25x33cm-10x13in) Aylsham, Norfolk 96 .... FF2 204 - £280 - $435

NOEL Jules Achille 1815-1891 [142]
La corvette mixte : La Cassinni - Huile/toile/carton (36x33cm-14x13in) Paris 92 .... FF7 500 - £770 - $1,443
Ville médiévale - Huile/toile (54x38cm-21x15in) Calais 91 .... FF34 000 - £3 403 - $5,739
Bateaux échoués, Plougastel - Huile/toile (38x54cm-15x21in) Pontoise 95 .... FF63 000 - £7 980 - $12,670
L'Étienne échouée - Huile/toile (92x73cm-36x29in) Paris 92 .... FF150 000 - £17 900 - $28,840
Voiliers dans la rade - Aquarelle (27x38cm-11x15in) Calais 96 .... FF18 000 - £2 245 - $3,490

NOEL Peter Paul J. 1789-1822 [1]
The uninvited guest - Oil/panel (44x54cm-17x21in) New-York 93 .... FF60 500 - £7 580 - $11,000

NOELANDERS Gaston 1910 [7]
Cerises - Huile/toile (50x65cm-20x26in) Bruxelles 92 .... FF3 626 - £433 - $697

NOELLNER Emil 1847-? [1]
Breslau, Dom-Insel - Pastell/Papier (60x109cm-24x43in) Wien 91 .... FF1 920 - £194 - $381

NOERR Julius 1827-1897 [15]
Eine Bauernfamilie - Öl/Leinwand (24x31cm-9x12in) Stuttgart 96 .... FF54 200 - £6 270 - $10,380
The End of the Harvest - Oil/canvas/board (61x86cm-24x34in) London 93 .... FF210 700 - £24 000 - $35,760

NOEUD Léon Théo 1835-1910 [1]
La Pureté - Huile/toile (76x70cm-64x28in) Bruxelles 91 .... FF16 600 - £1 700 - $3,080

NOGALES SEVILLA José 1860-1939 [3]
Bodegón - Oleo/lienzo (54x65cm-21x26in) Madrid 92 .... FF27 000 - £2 750 - $4,750

NOGARET Henri 1927 [4]
Marée - Aline - Huile/toile (81x65cm-32x26in) Paris 94 .... FF4 000 - £462 - $682

NOGARI Giuseppe 1699-1763 [14]
Old Womann - Oil/canvas (61x49cm-24x19in) Wien 96 .... FF41 400 - £5 020 - $8,050
Ritratto di mucisista - Öl/Leinwand (80x40cm-31x16in) Wien 96 .... FF121 800 - £15 800 - $24,100

NOGGLE Anne 1922 [1]
Stellar by starlight - Gelatin silver print (45x33cm-18x13in) New-York 90 .... FF4 000 - £431 - $705

NOGUCHI Isamu 1904-1988 [34]
Sun - Marble (137x61x137cm-54x24x54in) New-York 95 .... FF2 - £309 400 - $500,000
Black and Blue - Sculpture (239x82x85cm-94x32x33in) New-York 96 .... FF112 000 - £13 200 - $22,000
Passage - Sculpture (226cm-89in) New-York 96 .... FF440 000 - £56 800 - $85,000

NOGUE MASSO José 1880-1973 [2]
Mujer con sombrero cordobés - Oleo/lienzo/tabla (45x32cm-18x13in) Madrid 96 .... FF3 665 - £476 - $725

NOGUES Jules 1809-? [1]
Portrait - Mine plomb (18x13cm-7x5in) Langres 94 .... FF2 500 - £296 - $449

NOGUSHI Isamu 1904-1989 [2]
The seed - Bronze (33x30x61cm-13x12x24in) New-York 89 .... FF1 - £116 973 - $183,923
Appalchian Spring: Rocking Chair - Bronze (102cm-40in) New-York 92 .... FF175 300 - £17 920 - $32,000

NOIR Robert Ernest 1864-1931 [5]
Fruits of the forest - Oil/panel (46x38cm-18x15in) London 96 .... FF5 770 - £750 - $1,131

NOIRÉ Maxime 1861-1927 [78]
Rocky landscape, South Algeria - Oil/canvas (43x61cm-17x24in) London 94 .... FF11 760 - £1 400 - $2,216
Aurore sur Bou-Sâada - Huile/toile (38x61cm-15x24in) Paris 95 .... FF20 000 - £2 630 - $4,014
Les Aurès - Huile/toile (400x700cm-157x276in) Granville 95 .... FF35 000 - £4 370 - $7,070

NOIROT Émile 1853-1924 [57]
Bord d'étang - Huile/papier (16x13cm-6x5in) Lyon 97 .... FF4 900 - £530 - $858
Moulin Chantay, Sainte Maxime - Huile/toile (40x65cm-16x26in) Lyon 97 .... FF10 000 - £1 079 - $1,767
Etang en sous-bois - Huile/toile (73x48cm-29x19in) Paris 96 .... FF24 000 - £2 910 - $4,670
Étoile des Mers, Saint-Malo - Huile/toile (73x100cm-29x39in) Lyon 95 .... FF68 000 - £8 900 - $13,620
Paysage - Aquarelle (33x51cm-13x20in) Lyon 94 .... FF5 000 - £585 - $877

NOIROT Louis 1820-1902 [3]
Bord de Loire - Huile/toile (27x46cm-11x18in) Reims 90 .... FF4 000 - £431 - $705

NOISEUX Marie-Madeleine 1952 [2]
Sprit es-tu là ? - Acrylique/toile (99x65cm-39x26in) Paris 90 .... FF6 000 - £620 - $1,060

NOISOT Claude Charles 1787-? [1]
Homme, sur fond de paysage - Miniature (9cm-4in) Paris 92 .... FF4 200 - £502 - **$808**

NOIZEUX Henri 1871-? [4]
Montmartre - Aquarelle (24x34cm-9x13in) Louviers 90.............................. FF3 500 - £372 - **$626**

NOLAN Sidney Robert 1917-1992 [145]
Elephants - Oil/board (152x122cm-60x48in) London 97 .... FF70 028 - £7 500 - **$12,276**
Robbed - Enamel/panel (91x122cm-36x48in) London 95 .... FF311 000 - £40 000 - **$63,700**
Ned Kelly, Sinner of Saint - Coloured chalks (51x74cm-20x29in) London 96 .... FF23 940 - £3 000 - **$4,620**

NOLAND Cady 1956 [6]
Patty Hearse - Silkscreen inks/aluminium (122x205cm-48x81in) New-York 94 .... FF42 800 - £5 030 - **$7,500**
Trashed Mailbox - Metal (51x41x61cm-20x16x24in) New-York 95 .... FF23 250 - £3 080 - **$4,800**

NOLAND Kenneth 1924 [119]
Pale - Acrylic/canvas (244x60cm-96x24in) New-York 97 .... FF31 921 - £3 358 - **$5,500**
Trans green - Acrylic/canvas (19x213cm-7x84in) New-York 97 .... FF61 047 - £6 410 - **$10,500**
Via Indigo - Acrylic/canvas (112x366cm-44x144in) New-York 95............. FF121 000 - £16 050 - **$25,000**
Inner dark outer light - Acrylic/canvas (114x114cm-45x45in) London 94 .... FF169 500 - £20 000 - **$30,200**
Spring light - Acrylic/canvas (119x119cm-47x47in) New-York 97 .... FF290 700 - £30 525 - **$50,000**
Spring Call - Oil/canvas (109x209cm-43x82in) New-York 95 .... FF817 000 - £102 100 - **$165,000**
Empyrean - Oil/canvas (207x20cm-81x8in) New-York 89 .... FF1 582e +07 - £1 820 04e +06 - **$1**
Echo - Aquatint in colors (36x39cm-14x15in) New-York 94 .... FF9 150 - £1 072 - **$1,600**
Winds 82-20 - Monotype (220x81cm-87x32in) New-York 94 .... FF31 530 - £3 750 - **$6,000**
Composition - Technique mixte/papier (62x50cm-24x20in) Versailles 92 .... FF30 000 - £3 070 - **$5,280**
Sans titre - Aquarelle (63x49cm-25x19in) Paris 90 .... FF130 000 - £13 472 - **$22,847**

NOLDE Emil Hansen 1867-1956 [392]
Heller Mohn - Oil/canvas (67x88cm-26x35in) London 96 .... FF2 - £260 000 - **$406,000**
Sonnenblumen - Oil/canvas (69x89cm-27x35in) London 94 .... FF3 - £400 000 - **$615,000**
Sonnenblumen - Öl/Leinwand (73x88cm-29x35in) Berlin 96 .... FF4 - £542 000 - **$910,000**
Meer und Abendwolken - Oil/canvas (67x88cm-26x35in) London 95 .... FF5 - £760 000 - **$1**
Schaf und Figuren - Oil/canvas (72x57cm-28x22in) London 96 .... FF647 000 - £80 000 - **$125,000**
Tänzerin - Color lithograph (53x69cm-21x27in) London 95................. FF1 - £250 000 - **$393,000**
Der Tod als Tänzerin - Etching, aquatint (20x26cm-8x10in) Berlin 97 .... FF27 196 - £2 888 - **$4,737**
Flug und Gang - Etching, aquatint (24x31cm-9x12in) Berlin 97............. FF36 909 - £3 919 - **$6,429**
Selbstbildnis - Lithograph (44x34cm-17x13in) Berlin 97.................. FF69 933 - £7 427 - **$12,181**
Kerzentänzerinnen - Woodcut (30x23cm-12x9in) Berlin 97 .... FF217 569 - £23 106 - **$37,899**
Wartende Sibirier - Ink (24x19cm-9x7in) Berlin 94 .... FF27 330 - £3 225 - **$4,860**
Frauenbildnis - Watercolour, gouache (19x16cm-7x6in) München 95........... FF71 900 - £9 400 - **$14,400**
Marschlandschaft - Watercolour (44x57cm-13x19in) Stuttgart 96............ FF185 600 - £22 500 - **$36,100**
Floral composition - Watercolour (45x35cm-18x14in) New-York 94........... FF342 500 - £44 300 - **$70,000**
Rote Malven - Aquarell (47x33cm-19x13in) Berlin 97 .... FF446 793 - £47 451 - **$77,829**
Feuerlilien und Mohn - Watercolour/paper (48x34cm-19x13in) London 94 ...... FF607 000 - £75 000 - **$117,200**
Marschlandschaft - Aquarell (33x45cm-13x18in) Berlin 97.............. FF815 884 - £86 650 - **$142,122**
Blumen im Dämmerlicht - Aquarell (34x46cm-13x18in) Berlin 97 ..... FF1 878 45e +06 - £115 533 - **$189,497**

NOLDUS Paul 1898-1992 [6]
Zomer te Tongeren - Oil/canvas (88x100cm-35x39in) Tongeren 91 .... FF9 720 - £968 - **$1,671**

NOLF John Thomas 1872-1955 [3]
Valley, San Diego - Oil/canvas (40x50cm-16x20in) Elgin, Illinois 91 .... FF3 113 - £314 - **$540**

NOLHAC de Henri Girault 1884-1948 [1]
Femme, assise dans un intérieur - Huile/toile (92x73cm-36x29in) Reims 90............ FF14 500 - £1 552 - **$2,522**

NÖLKEN Franz 1884-1918 [12]
Obstschale - Öl/Karton (28x37cm-11x15in) Stuttgart 93.................... FF41 800 - £4 790 - **$7,100**
Drei weibliche Akte - Öl/Leinwand (175x110cm-69x43in) Berlin 96 .... FF238 000 - £27 100 - **$45,500**
Mädchen beim ankleiden - Pastell (85x68cm-33x27in) Berlin 91........... FF406 000 - £40 417 - **$69,817**

NOLL Alexandre 1890-1970 [9]
Amours et folies - Sculpture (46x16x27cm-18x6x11in) Quimper 97 .... FF15 000 - £1 607 - **$2,630**
Tête - Sculpture (25x12x14cm-10x5x6in) Versailles 97.................... FF32 000 - £3 382 - **$5,491**
Étreinte - Sculpture (58cm-23in) Paris 96 .... FF52 000 - £6 520 - **$10,050**

NOLLEKENS Joseph 1737-1823 [2]
Princesse Charlotte Augusta - Marble (48cm-19in) London 95 .... FF57 300 - £7 500 - **$11,480**

NOLLENS Paule 1924 [2]
Paysage, Campine - Huile/toile (80x100cm-31x39in) Liège 89 .... FF4 500 - £435 - **$683**

NOLLET Paul 1911 [7]
La Conchita - Huile/panneau (67x55cm-26x22in) Liège 89 .... FF8 900 - £860 - **$1,351**

NOLLI Giovanni Battista 1692-1756 [2]
La Topographia di Roma - Copper engraving (45x66cm-18x26in) Bern 92 .... FF2 790 - £285 - **$492**

NOLTEE Cornelis, Cor 1903-1967 [19]
Rijnaken and other shipping - Oil/canvas (98x98cm-39x39in) Amsterdam 97 .... FF4 854 - £525 - **$84,7 2**

NOMA Seiroku 1902-1966 [1]
Haniwa - Ink/paper (36x30cm-14x12in) New-York 94 .... FF6 970 - £808 - **$1,200**

NOMELLINI Plinio 1866-1943 [16]
Donna seduta - Olio/cartone (96x83cm-38x33in) Prato 97 .... FF78 200 - £9 200 - **$13,800**
Gioia Tirrena - Olio/tela/tavola (49x60cm-19x24in) Roma 93 .... FF115 300 - £13 180 - **$19,600**
Ragazza dell'isola d'Elba - Acquarello/carta (99x68cm-39x27in) Prato 96........... FF35 200 - £4 410 - **$6,720**

NONAS Richard 1936 [6]
🔨 Untitled - Bronze (10x10x121cm-4x4x48in) New-York 92 .... FF20 800 - £2 210 - **$4,000**
NONCLERCQ Elie 1847-? [2]
🦋 Femme à l'ombrelle, dans l'herbe - Huile/toile (44x65cm-17x26in) Lokeren 95 .... FF18 970 - £2 370 - **$3,720**
NONELL Y MONTURIOL Isidro 1872-1911 [12]
🦋 La Gitana Roja - Oil/canvas (119x119cm-47x47in) London 94 .... FF1 - £175 000 - **$266,000**
Gitana con panolon - Oleo/lienzo (70x60cm-28x24in) Madrid 90 .... FF3 - £323 554 - **$553,357**
✏ Figura de perfil - Sanguine (32x24cm-13x9in) Madrid 92 .... FF54 700 - £5 480 - **$10,500**
NONN Carl 1876-1949 [5]
🦋 In Monschau in der Eifel - Oil/canvas (81x66cm-32x26in) Köln 92 .... FF14 960 - £1 532 - **$2,634**
NONNENBRUCH Max 1857-1922 [4]
🦋 Unterhaltung auf der Terasse - Oil/panel (58x38cm-23x15in) New-York 97 .... FF96 976 - £10 453 - **$17,000**
NONO Luigi 1850-1918 [5]
Mother and child in a field - Oil/canvas (45x79cm-18x31in) London 93 .... FF61 400 - £7 000 - **$10,430**
Mother with her baby - Oil/panel London 97 .... FF409 523 - £43 000 - **$70,438**
NONOTTE Donat, Donatien 1708-1785 [5]
🦋 Geoffroy Chasseing - Huile/toile (88x70cm-35x28in) Paris 95 .... FF65 000 - £8 420 - **$13,530**
NOORDIJK Willem 1887-? [12]
🦋 Langs de Eem bij Soest - Oil/canvas (40x80cm-16x31in) Amsterdam 97 .... FF4 854 - £525 - **$84,7 2**
NOORDT van Adam 1562-1641 [1]
🦋 Isaac blessing Jacob - Oil/panel (60x81cm-24x32in) Wien 95 .... FF32 900 - £4 100 - **$6,640**
NOORDT van Jan c.1620-1676 [10]
🦋 Child with a Basket of flowers - Oil/canvas (72x56cm-28x22in) New-York 97 .... FF54 101 - £5 767 - **$9,500**
Mère entourée de ses enfants - Huile/toile (105x82cm-41x34in) Paris 93 .... FF150 000 - £17 250 - **$25,800**
NOORT van Adrianus Cornelis 1914 [89]
🦋 Looiersgracht, Amsterdam - Oil/canvas (40x50cm-16x20in) Amsterdam 97 .... FF2 598 - £281 - **$453**
Scène de plage à Zandvoort - Huile/toile (48x68cm-19x27in) Liège 93 .... FF10 710 - £1 280 - **$2,190**
Plage de Zandvoort - Huile/panneau (30x40cm-12x16in) Liège 96 .... FF32 900 - £4 120 - **$6,360**
NOORTWYCK Franz Josef 1727-1788 [1]
✏ Junge Dame - Miniature (7cm-3in) Zürich 93 .... FF14 780 - £1 692 - **$2,520**
NOOTEBOOM Jacobus Hendricus J. 1811-1878 [8]
🦋 Sailingvessels on a river - Oil/panel (17x23cm-7x9in) Amsterdam 92 .... FF21 240 - £2 180 - **$4,085**
NOQUET Jean-Michel 1950 [96]
🦋 La Seine à Bougibal - Huile/toile (50x65cm-20x26in) Arles 94 .... FF2 500 - £284 - **$424**
Grand canal à Venise - Huile/carton (60x73cm-24x29in) La Varenne Saint-Hilaire 94 .... FF8 200 - £954 - **$1,420**
✏ Belle-Ile - Gouache (10x16cm-4x6in) Morlaix 94 .... FF1 800 - £216 - **$333**
NORAMIES Kai 1918-1976 [1]
🔨 Kvinna - Bronze (48cm-19in) Helsinki 92 .... FF3 650 - £437 - **$702**
NORBERG Hildegard 1844-1917 [1]
🦋 Porträttpar - Oil/canvas (40x29cm-24x19in) Helsinki 93 .... FF5 080 - £581 - **$866**
NORBERTO Proietti Norberto 1927 [5]
🦋 Case - Tecnica mista/tavola (62x30cm-24x12in) Prato 96 .... FF15 170 - £1 800 - **$2,970**
NORBLIN DE LA GOURDAINE Jean-Pierre 1745-1830 [28]
🦋 Jeux panhelléniques - Huile/toile (51x62cm-20x24in) Monaco 94 .... FF36 000 - £4 264 - **$6,650**
✏ Orateur dans une barrique - Encre (8x10cm-3x4in) Paris 95 .... FF5 000 - £614 - **$974**
Fête champêtre - Ink (32x27cm-13x11in) New-York 95 .... FF24 150 - £2 896 - **$4,500**
NORBLIN DE LA GOURDAINE Sébastien Louis Gui. 1796-1884 [2]
🦋 L'âge d'or - Oil/canvas (145x200cm-57x79in) New-York 97 .... FF270 964 - £29 208 - **$47,500**
✏ Histoire de Sapho - Lavis (28x22cm-11x9in) Paris 94 .... FF7 500 - £884 - **$1,340**
NORBLIN Stefan Juliusz 1892-1952 [2]
✏ Mgla - Gouache (33x50cm-13x20in) Warszawa 96 .... FF18 360 - £2 300 - **$3,580**
NORBURY Edwin Arthur 1849-1918 [2]
🦋 Kunstmaler og siddende kvinde - Oil/canvas (102x61cm-40x24in) Vejle 90 .... FF2 600 - £280 - **$459**
NORBURY Richard 1815-1886 [1]
🦋 Bringing in the catch - Oil/canvas (20x47cm-8x19in) London 95 .... FF2 507 - £300 - **$477**
NORDAHL Gustaf 1903 [2]
🔨 Flicka och pojke - Bronze (43cm-17in) Stockholm 90 .... FF10 300 - £1 096 - **$1,843**
NORDAHL-GROVE Fritz 1822-1885 [27]
🦋 Kastellet, vinter - Oil/canvas (58x80cm-23x31in) København 95 .... FF2 900 - £361 - **$566**
Coastal landscape - Oil/canvas (45x66cm-18x26in) København 95 .... FF6 910 - £905 - **$1,404**
Stort begetrae i Dyrehaven - Oil/canvas (109x95cm-43x37in) København 91 .... FF66 000 - £6 618 - **$10,895**
NORDALM Federico 1949 [10]
🦋 Naturaleza muerta con naranjas - Oil/canvas/board (85x91cm-33x36in) New-York 92 .... FF48 300 - £4 940 - **$8,500**
NORDAU Maxa 1899-? [3]
🦋 Landscape - Oil/canvas (49x61cm-19x24in) Tel Aviv 92 .... FF11 100 - £1 162 - **$2,000**
NORDBERG Olle 1905-1986 [120]
🦋 Hos jägaren - Oil/panel (35x27cm-14x11in) Stockholm 96 .... FF5 770 - £720 - **$1,114**
Små smulor - Oil/canvas (61x74cm-24x29in) Stockholm 96 .... FF18 460 - £2 330 - **$3,700**
Höstromantik - Oil/canvas (55x65cm-22x26in) Stockholm 91 .... FF84 200 - £8 382 - **$14,479**
NORDBLAD Gösta 1897-1940 [5]
🦋 Allé med popplar - Oil/canvas (91x72cm-36x28in) Stockholm 92 .... FF2 923 - £299 - **$515**
NORDBLOM Therese 1887-? [1]
✏ Coastal landscape - Watercolour (28x45cm-11x18in) Göteborg 95 .... FF2 210 - £276 - **$434**

NORDELL Eskil 1921 [5]
- *Stadsbild med människor* - Oil/panel (52x44cm-20x17in) Söderköping 91 .... FF2 357 - £239 - **$426**

NORDELL Polly 1876-1956 [1]
- *Semi-Double Peonies* - Watercolour (61x51cm-24x20in) North Berwick, Maine 93 .... FF2 950 - £336 - **$500**

NORDENBERG Bengt 1822-1902 [55]
- *Hämta vatten* - Oil/canvas (51x40cm-20x16in) Stockholm 96 .... FF24 900 - £2 840 - **$4,770**
- *Dräktstudier från Västra Vingåkers* - Oil/panel (32x128cm-13x50in) Stockholm 96 .... FF56 000 - £6 390 - **$10,720**
- *Engelbrekt mes sina Dalkarlar* - Oil/canvas (170x230cm-67x91in) Stockholm 96 .... FF99 800 - £11 720 - **$19,630**
- *Guldbröllop i Villands härad i Skåne*
  Oil/canvas (106x126cm-42x50in) Stockholm 96 .... FF292 000 - £34 300 - **$57,400**

NORDENBERG Henrik 1857-1928 [22]
- *Den unge studenten* - Oil/canvas (80x62cm-31x24in) Stockholm 94 .... FF10 040 - £1 200 - **$1,875**
- *Besöket* - Oil/canvas (87x69cm-34x27in) Stockholm 95. .... FF33 700 - £4 305 - **$6,870**
- *Game of checkers* - Oil/canvas (81x64cm-32x25in) New-York 93 .... FF99 000 - £12 410 - **$18,000**

NORDFELDT Bror Julius Olsson 1878-1955 [30]
- *Sunflowers pods* - Oil/canvas (86x106cm-34x42in) New-York 92 .... FF19 600 - £2 276 - **$4,000**
- *Paris* - Oil/canvas (65x81cm-26x32in) New-York 96 .... FF47 000 - £5 440 - **$9,000**
- *Fisherman, Northern California* - Oil/canvas (76x101cm-30x40in) New-York 96. .... FF141 000 - £16 300 - **$27,000**
- *Mountainside* - Watercolour/paper (34x49cm-13x19in) New-York 92 .... FF15 680 - £1 820 - **$3,200**

NORDGREN Anna 1847-1916 [11]
- *Flicka med sykorg* - Oil/canvas (73x58cm-29x23in) Stockholm 93 .... FF13 320 - £1 637 - **$2,466**
- *Young girl* - Oil/canvas (57x46cm-22x18in) London 96 .... FF31 900 - £4 000 - **$6,160**

NORDGREN Axel W. 1828-1888 [27]
- *Hunters stalking freindeer* - Oil/canvas (61x101cm-24x40in) London 92 .... FF7 810 - £800 - **$1,380**
- *Seenlandschaft bei Mondschein* - Öl/Leinwand (33x49cm-13x19in) Bremen 95. .... FF13 900 - £1 804 - **$2,896**
- *Stockholms inlopp frånsaltsjön* - Oil/canvas (82x112cm-32x44in) Stockholm 94 .... FF30 160 - £3 620 - **$5,700**

NORDHAGEN Johan 1856-1956 [2]
- *Bjerk i storm* - Etching Tönsberg 92. .... FF2 084 - £213 - **$435**

NORDHAUSEN August Henry 1901 [1]
- *Daydreaming* - Oil/canvas (50x40cm-20x16in) New-York 91 .... FF4 810 - £486 - **$850**

NORDHOFF Johannes 1803-1842 [1]
- *Sophie Dorothea Linneman* - Oil/canvas (56x46cm-22x18in) København 96 .... FF4 010 - £520 - **$802**

NORDHOLM Thage 1927-1990 [5]
- *Sommarkväll vid Nordingrå* - Oil/canvas (85x110cm-33x43in) Stockholm 96 .... FF21 340 - £2 753 - **$4,180**

NORDIN Alice 1871-1948 [6]
- *La Frileuse* - Bronze (49cm-19in) Stockholm 96 .... FF7 560 - £978 - **$1,450**
- *Jugend lampe: kvinde* - Sculpture (44cm-17in) København 93 .... FF26 400 - £3 165 - **$5,070**

NORDIN Anne-Marie 1955 [2]
- *Mansfigur* - Pastel (163x109cm-64x43in) Stockholm 93 .... FF2 960 - £364 - **$548**

NORDING William 1884-1956 [6]
- *Ölandsk strand* - Oil/panel (38x46cm-15x18in) Stockholm 95. .... FF4 225 - £537 - **$858**

NORDLIND Ernst 1877-1952 [11]
- *Hägerboat* - Oil/canvas (119x100cm-47x39in) Malmö 91 .... FF6 550 - £650 - **$1,137**
- *Gård i skymning* - Oil/panel (100x107cm-39x42in) Malmö 91 .... FF22 620 - £2 296 - **$4,085**

NORDLING Adolf 1840-1888 [5]
- *Marine* - Oil/canvas (80x112cm-31x44in) Stockholm 96 .... FF17 660 - £2 075 - **$3,473**

NORDLUND Hjalmar 1879-? [2]
- *Varvinter vid kusten* - Oil/canvas (36x56cm-14x22in) Stockholm 89 .... FF5 100 - £537 - **$859**

NORDMANN Germaine 1902 [2]
- *Mané-Katz dans son atelier* - Huile/toile (55x46cm-22x18in) Paris 94 .... FF4 500 - £527 - **$790**

NORDSTEDT Reinhold 1843-1911 [2]
- *Sommarkväll med kvinna vid damm* - Oil/canvas (24x33cm-9x13in) Stockholm 90 .... FF15 000 - £1 616 - **$2,646**
- *Bykyrka, kyrka i sommargrönska* - Akvarell (21x29cm-8x11in) Stockholm 92 .... FF1 603 - £164 - **$282**

NORDSTRÖM Bertel 1884-1967 [1]
- *Natt över Stockholm* - Oil/canvas (46x55cm-18x22in) Stockholm 95 .... FF2 256 - £277 - **$440**

NORDSTROM Carl Harold 1876-1934 [5]
- *Ships at Dock* - Oil/canvas (43x35cm-17x14in) Cambridge, Mass. 91 .... FF4 530 - £460 - **$818**

NORDSTRÖM Gerhard 1925 [10]
- *Verkeån* - Oil/panel (83x113cm-33x44in) Malmö 93 .... FF6 510 - £821 - **$1,233**

NORDSTRÖM Karl Fr. 1855-1923 [38]
- *Labndskap, åkrar* - Oil/canvas (85x115cm-33x45in) Stockholm 96 .... FF18 670 - £2 130 - **$3,574**
- *Grèz-sur-Loing* - Oil/canvas (45x54cm-18x21in) Stockholm 96 .... FF76 100 - £9 130 - **$14,400**
- *Trädgården på Butte Montmartre* - Oil/canvas (81x63cm-32x25in) Stockholm 94 .... FF218 500 - £25 770 - **$38,900**

NORDSTRÖM Lars Gunnar 1924 [4]
- *Blåa cirklar* - Oil/panel (108x160cm-43x63in) Helsinki 94. .... FF40 100 - £4 790 - **$7,500**

NORÉN Bertil 1889-1934 [4]
- *Vilande sällskap* - Oil/canvas (81x100cm-32x39in) Stockholm 94 .... FF22 000 - £2 584 - **$4,130**

NORFELDT Bror Julius Olsson 1878-1955 [2]
- *At the Swimming Hole* - Oil/board (66x81cm-26x32in) Mystic, Connecticut 92 .... FF24 960 - £2 980 - **$4,800**
- *Logs drifting, 1949* - Oil/canvas (101x132cm-40x52in) New-York 89 .... FF80 100 - £8 190 - **$12,878**

NORFINI Luigi 1825-1909 [1]
- *Battle scene* - Oil/canvas (145x107cm-57x42in) London 93 .... FF10 370 - £1 250 - **$1,813**

NØRGAARD Bjørn XX [3]
Komposition - Lithograph København 94 .... FF1 565 - £180 - $268

NØRGÅRD Lars 1956 [4]
Komposition - Oil/canvas (180x135cm-71x53in) København 94 .... FF13 180 - £1 570 - $2,484

NORIE Frank V. XIX-XX [4]
Shipping off the coast - Watercolour (9x13cm-4x5in) London 92 .... FF2 340 - £240 - $449

NORIE James 1684-1757 [1]
River landscape with ruin - Oil/canvas (58x126cm-23x50in) London 90 .... FF87 200 - £9 336 - $15,165

NORIE Orlando 1832-1901 [32]
Soldiers on horseback - Watercolour (23x34cm-9x13in) London 96 .... FF1 700 - £220 - $340
The 13th Hussars preparing to charge - Watercolour (43x71cm-17x28in) London 96 .... FF10 800 - £1 400 - $2,134
Crowded Road/Troops, Pakistan - Watercolour London 97 .... FF54 769 - £5 800 - $9,485

NORIERI August 1860-1898 [1]
Young woman - Oil/board (30x23cm-12x9in) New Orleans, Louisiana 92 .... FF2 940 - £342 - $600

NORLANDER Åke 1943 [4]
Skrivhörna - Oil/canvas/board (51x63cm-20x25in) Stockholm 91 .... FF5 150 - £513 - $886

NORLIND Ernst 1877-1952 [16]
Stork i kärr - Oil/canvas (47x56cm-19x22in) Malmö 96 .... FF4 180 - £542 - $820
Blomsterplockande flickor - Oil/canvas (70x80cm-28x31in) Malmö 93 .... FF21 150 - £2 494 - $3,720

NORMAN Dorothy 1905 [7]
Alfred Stieglitz - Photograph (10x7cm-4x3in) New-York 94 .... FF6 390 - £741 - $1,100

NORMAN George Parsons 1840-1914 [3]
Harvesters in a field - Watercolour (25x18cm-10x7in) Aylsham, Norfolk 92 .... FF2 494 - £290 - $509

NORMAN Knut 1896-1977 [3]
Västkustmotiv - Oil/panel (32x39cm-13x15in) Söderköping 89 .... FF2 800 - £286 - $450

NORMAN Philip c.1843-1931 [4]
Old inn by a castle
   Watercolour (37x28cm-15x11in) Marlborough Crescent, Newcastle upon Tyne 95 .... FF3 960 - £500 - $794

NORMAND Ernest 1857-1923 [5]
Still life or oleander - Oil/canvas (48x31cm-19x12in) London 90 .... FF9 700 - £1 039 - $1,687
Pandora - Oil/canvas (104x122cm-41x48in) London 97 .... FF275 481 - £30 000 - $47,907

NORMAND Henrietta 1859-1928 [1]
Girl in Spring garden - Oil/canvas (45x23cm-18x9in) Vejle 91 .... FF17 560 - £1 760 - $3,216

NORMANN Adelsteen 1848-1918 [94]
A Norwegian fjord - Oil/canvas (104x156cm-41x61in) New-York 95 .... FF31 660 - £4 114 - $6,500
A Fjord Scene - Oil/canvas (104x145cm-41x57in) London 96 .... FF72 440 - £8 500 - $14,070
A Norwegian fjord - Oil/canvas (113x176cm-44x69in) New-York 95 .... FF118 000 - £15 200 - $24,000

NORMANN Emil Wilhelm 1798-1881 [4]
Sejlskibe og figurer ved kaj - Oil/canvas (27x38cm-11x15in) Vejle 92 .... FF20 700 - £2 115 - $3,640

NORMANN Emma Pastor 1871-1954 [4]
Pike i bunad - Oil/canvas (80x119cm-31x47in) Oslo 91 .... FF13 020 - £1 306 - $2,149

NORMANN von Rudolf 1806-1882 [1]
Palmenhain mit Obeliskenmonument - Oil/panel (33x26cm-13x10in) Stuttgart 90 .... FF4 400 - £471 - $765

NORMIL André 1934 [9]
Paysage - Oil/masonite (55x71cm-22x28in) New-York 97 .... FF10 907 - £1 158 - $1,900

NORRBY Georg 1816-1898 [1]
Norskt fjordlandskap - Oil/canvas (80x117cm-31x46in) Stockholm 89 .... FF3 500 - £348 - $553

NØRREGAARD Aase 1869-1905 [1]
Frogner - Oil/canvas (43x58cm-17x23in) New-York 93 .... FF29 500 - £3 356 - $5,000

NØRREGAARD Asta Eline J. 1853-1933 [2]
Barn laerer blomsterbinding - Oil/canvas (55x68cm-22x27in) Oslo 92 .... FF85 000 - £8 710 - $14,980

NORRIS Thomas Bowler 1866-1927 [1]
Autumn colors - Oil/canvas (71x91cm-28x36in) North Berwick, Maine 92 .... FF4 420 - £528 - $850

NORRMAN Einar 1896-? [1]
Liten pojke i lang skjorta - Bronze (15cm-6in) Malmö 89 .... FF1 500 - £153 - $241

NORRMAN Gunnar 1912 [17]
Höstmorgon - Etching (15x20cm-6x8in) Uppsala 92 .... FF2 074 - £213 - $365

NORRMAN Herman 1864-1906 [3]
Landskap från Göteborgstrakten - Oil/canvas (46x55cm-18x22in) Stockholm 94 .... FF58 900 - £7 060 - $11,130

NORRMAN Lars 1915-1979 [29]
Nakna kvinnor - Oil/panel (62x95cm-24x37in) Söderköping 94 .... FF3 400 - £406 - $637
Marcos som Clown, Cirque Médrano - Oil/canvas (197x130cm-78x51in) Stockholm 95 ..... FF13 740 - £1 797 - $2,750
Tjurfäktarjacka och Capote - Gouache (53x66cm-21x26in) Stockholm 91 .... FF4 710 - £482 - $879

NORRSTRÖM Carl Hjalmar 1853-1923 [1]
Fiskarpar dragande nät - Bronze (54cm-21in) Göteborg 92 .... FF5 660 - £580 - $996

NORRYD Mats 1944-1989 [4]
Kärleksmötet - Gouache (38x50cm-15x20in) Stockholm 92 .... FF3 020 - £309 - $532

NORSBO Hans 1897-1955 [13]
Interiör fran Zorns hus - Engraving (19x21cm-7x8in) Uppsala 90 .... FF1 900 - £203 - $330
Interiör med två kvinnor - Wash (63x88cm-25x35in) Uppsala 91 .... FF2 995 - £300 - $549

NORSELIUS Eric 1874-1956 [10]
Salsinteriör - Oil/canvas (95x65cm-37x26in) Göteborg 95 .... FF4 290 - £570 - $883

NORSTEDT Reinhold 1843-1911 [7]
- *I trädgården* - Oil/panel (31x43cm-12x17in) Stockholm 97 .... FF4 528 - £478 - $782
- *Från Köpingsån* - Oil/canvas (33x45cm-13x18in) Stockholm 91 .... FF27 140 - £2 702 - $4,667

NORTH John William 1842-1924 [9]
- *Quiet home...* - Watercolour (30x44cm-12x17in) London 93 .... FF32 040 - £3 600 - $5,360
- *Sir Bevis & the Woodwoman* - Watercolour (66x94cm-26x37in) London 92 .... FF318 000 - £38 000 - $61,200

NORTHCOTE James 1746-1831 [26]
- *Obstverkäuferin mit Spaniel* - Oil/Leinwand (128x108cm-50x43in) Wien 97 .... FF28 776 - £3 108 - $5,022
- *Portrait of the artist* - Oil/canvas (90x74cm-35x29in) London 92 .... FF224 700 - £23 000 - $39,600

NORTON Alice E. 1865-1958 [1]
- *View near Sydney* - Wash (33x50cm-13x20in) London 89 .... FF2 900 - £297 - $466

NORTON Benjamin Cam 1835-1900 [9]
- *Strawberry Roan* - Oil/canvas (63x76cm-25x30in) New-York 96 .... FF25 500 - £3 310 - $5,000
- *Carriage horses harnessed in tandem* - Oil/canvas (76x106cm-30x42in) London 90 .... FF145 300 - £15 010 - $25,671

NORTON Charles F. 1826-1872 [1]
- *Album of watercolours of flowers* - Watercolour (21x16cm-8x6in) London 93 .... FF4 570 - £550 - $798

NORTON Elizabeth 1887-? [5]
- *Second Growth* - Print (21x16cm-8x6in) Cambridge, Mass. 91 .... FF2 990 - £297 - $519

NORTON Louis D. 1867-1940 [3]
- *East Hampton Street Scene* - Pastel/paper (30x43cm-12x17in) New Orleans, Louisiana 95 .... FF3 960 - £496 - $800

NORTON William Edward 1843-1916 [28]
- *Leaving the ship behind* - Oil/canvas (44x100cm-17x39in) New-York 93 .... FF6 600 - £828 - $1,200
- *Gathering seaweed at low tide* - Oil/canvas (57x75cm-22x30in) Bristol, Avon 94 .... FF22 650 - £2 600 - $3,874
- *Bon voyage !* - Oil/canvas (119x84cm-47x33in) London 93 .... FF108 000 - £13 000 - $18,850

NORWELL Graham Noble 1901-1967 [71]
- *Snow covered trees by a lake* - Oil/canvas (45x60cm-18x24in) Toronto 96 .... FF3 800 - £481 - $728
- *The Dead Trees* - Oil/canvas (86x102cm-34x40in) Toronto 96 .... FF28 500 - £3 630 - $5,480
- *Winter Laurentian Landscape* - Watercolour (45x54cm-18x21in) Toronto 96 .... FF1 840 - £210 - $353

NORWID Cyprian Kamil 1821-1883 [3]
- *Augusta Cieszkowskiego* - Ink (17x11cm-7x4in) Warszawa 94 .... FF10 300 - £1 222 - $1,890

NOSKE Hugo 1886-1960 [4]
- *Venedig* - Oil/canvas (100x150cm-39x59in) Wien 91 .... FF5 780 - £582 - $1,003

NOSKOWIAK Sonya 1900-1975 [10]
- *Martha Graham* - Silver print (20x15cm-8x6in) New-York 94 .... FF6 900 - £824 - $1,300

NOSTER Ludwig 1859-1910 [2]
- *Porträt des Alten Fritz* - Ol/Leinwand (80x58cm-31x23in) Stuttgart 95 .... FF11 580 - £1 485 - $2,333

NOSWORTHY Florence E. 1872-1936 [1]
- *Child with Christmas presents* - Watercolour (38x30cm-15x12in) New-York 98 .... FF4 100 - £487 - $800

NOTARI Romano 1933 [2]
- *Processo a tre* - Olio/tela (40x40cm-16x16in) Prato 93 .... FF3 244 - £371 - $552

NOTEBAERT Marcel 1924-1986 [4]
- *La porteuse d'eau* - Huile/panneau (68x78cm-27x31in) Bruxelles 92 .... FF18 260 - £1 870 - $3,210

NOTEBOOM Daniël 1877-1943 [4]
- *Picking brambles* - Oil/canvas (60x40cm-24x16in) Amsterdam 90 .... FF6 030 - £607 - $1,181

NOTEN van Jean 1903-1982 [1]
- *Tête de singe* - Technique mixte/papier (47x45cm-19x18in) Bruxelles 97 .... FF1 961 - £212 - $347

NOTENBLATT von Richard Strauss 1864-1949 [1]
- *Skizze zum zweiten Hornkonzert* - Drawing (12x28cm-5x11in) München 92 .... FF13 600 - £1 392 - $2,394

NOTER de David 1825-1912 [34]
- *Jacynthes* - Huile/toile (38x60cm-15x24in) Cannes 97 .... FF15 500 - £1 682 - $2,747
- *Bouquet de fleurs* - Huile/toile (49x64cm-19x25in) Cannes 97 .... FF25 000 - £2 713 - $4,430
- *Woman with a vase of flowers* - Oil/canvas (81x67cm-32x26in) New-York 95 .... FF78 600 - £10 140 - $16,000
- *La lecture* - Huile/toile (81x102cm-32x40in) Paris 95 .... FF460 000 - £58 300 - $92,500

NOTER de David Emile Joseph 1818-1892 [10]
- *Lady in a kitchen* - Oil/panel (22x27cm-9x11in) Amsterdam 97 .... FF7 603 - £803 - $1,304
- *The Meal* - Oil/panel (79x66cm-31x26in) London 97 .... FF177 920 - £19 500 - $31,225

NOTER de Pierre François 1779-1843 [8]
- *A Dutch town* - Oil/panel (42x56cm-17x22in) London 95 .... FF69 400 - £9 000 - $14,450

NOTERMAN Emanuel 1808-1863 [5]
- *Cuisson des crêpes* - Huile/papier/panneau (57x46cm-22x18in) Antwerpen 95 .... FF15 270 - £1 874 - $2,975

NOTERMAN Zacharie 1820-1890 [33]
- *Le lévrier fier* - Huile/panneau (24x28cm-9x11in) Antwerpen 97 .... FF4 259 - £449 - $738
- *Dogs and monkeys* - Oil/panel (38x49cm-15x19in) Amsterdam 97 .... FF17 640 - £1 929 - $3,094
- *Les deux chiens* - Oil/panel (60x80cm-24x31in) New-York 93 .... FF38 500 - £4 550 - $7,000

NOTHBERG Åke 1881-1973 [8]
- *Stilleben med blommor* - Oil/panel (41x33cm-16x13in) Stockholm 91 .... FF4 710 - £482 - $879

NOTINI Gunnar 1883-1952 [1]
- *Tupp* - Akvarell (70x48cm-28x19in) Malmö 92 .... FF2 830 - £290 - $498

NOTMAN William 1826-1891 [1]
- *Vues du Canada* - Tirage albuminé Montréal 95 .... FF37 460 - £4 740 - $7,320

NOTT Raymond 1888-1948 [4]
- *Snow scene landscape* - Oil/canvas (61x76cm-24x30in) St. Petersburg, Florida 94 .... FF4 570 - £533 - $800

Seaside town - Pastel/paper (47x61cm-19x24in) San Francisco-Los Angeles 92 .... **FF6 660** - £698 - **$1,200**

NOTTE Emilio 1891-1982 [14]
Fanciulla che scrive - Olio/tela (41x61cm-16x24in) Prato 97 .... **FF27 880** - £3 280 - **$4,920**
Processione - Olio/tela (118x117cm-46x46in) Firenze 89 .... **FF75 500** - £7 512 - **$11,927**

NOTZ Johannes 1802-1862 [2]
Lady seated/Gentleman seated - Charcoal (45x27cm-18x11in) New-York 92 .... **FF9 080** - £930 - **$1,600**

NOURRY Henri 1902-1978 [8]
Le port de Cannes - Huile/toile (50x65cm-20x26in) Versailles 90 .... **FF2 400** - £243 - **$456**
Honfleur, le marché aux fleurs - Aquarelle (50x66cm-20x26in) Paris 90 .... **FF2 000** - £207 - **$351**

NOURSE Elisabeth 1859-1938 [11]
Intérieur Breton à Penmarc'h - Oil/canvas (46x55cm-18x22in) New-York 94 .... **FF69 000** - £8 050 - **$12,000**
Les heures du soir - Oil/canvas (100x74cm-39x29in) New-York 89 .... **FF429 000** - £43 865 - **$68,971**

NOURY Gaston 1866-? [14]
Salon des Cent - Affiche (39x58cm-15x23in) Paris 96 .... **FF1 700** - £197 - **$326**
Pêcheur à la rivière - Pastel (31x49cm-12x19in) Paris 96 .... **FF2 800** - £364 - **$549**

NOURY Jacques Nourry 1747-1832 [1]
Chasse au renard - Huile/toile (138x173cm-54x68in) Paris 90 .... **FF35 000** - £3 627 - **$6,151**

NOUSVEAUX Edouard Auguste 1811-1867 [3]
Istanbul across the Bosphorus - Oil/canvas (53x73cm-21x29in) New-York 92 .... **FF13 000** - £1 552 - **$2,500**

NOUVEAU Germain 1851-1920 [2]
Monsieur, il y a une lettre… - Dessin Paris 93 .... **FF15 000** - £1 807 - **$2,730**

NOUVEAU Henri Neugeboren 1901-1959 [61]
Improvisation - Huile/papier (47x31cm-19x12in) Paris 96 .... **FF8 300** - £1 068 - **$1,645**
Composition - Huile/papier (31x43cm-12x17in) Saint-Germain-en-Laye 94 .... **FF3 580** - £3 580 - **$5,620**
Improvisation - Gouache (44x31cm-17x12in) Paris 96 .... **FF14 500** - £1 880 - **$2,840**
Jazz nègre - Encre/papier (34x25cm-13x10in) Saint-Germain-en-Laye 95 .... **FF31 000** - £3 920 - **$6,270**

NOVAK Ernst 1853-1919 [2]
Selene & the sleeping Endymion - Oil/canvas (129x179cm-51x70in) London 91 .... **FF59 500** - £6 039 - **$10,746**

NOVAK Ladislav 1925 [2]
Tu sais bien que... - Tecnica mista/carta (34x52cm-13x20in) Milano 92 .... **FF7 250** - £742 - **$1,276**

NOVAK Louis 1903-1983 [2]
Longfellow Bridge - Oil/canvas/board (49x60cm-19x24in) Cambridge, Mass. 91 .... **FF6 970** - £692 - **$1,210**

NOVAK Vaclav Vojtech 1901-1969 [4]
Hafen - Oil/canvas (65x82cm-26x32in) München 91 .... **FF12 840** - £1 278 - **$2,208**

NOVATI Marco 1895-1975 [5]
Calle rossa a S. Vio - Olio/tavola (50x35cm-20x14in) Milano 94 .... **FF9 000** - £1 042 - **$1,573**

NOVELLI Francesco 1767-1836 [1]
Réprimande/Récompense - Dessin (10x8cm-4x3in) Paris 95 .... **FF4 500** - £582 - **$920**

NOVELLI Gastone 1925-1968 [37]
Tender as a rose - Collage/papier (49x60cm-19x24in) Paris 91 .... **FF150 000** - £15 224 - **$27,091**
Un mondo multiforme - Tecnica mista/cartone (80x100cm-31x39in) Milano 90 .... **FF640 800** - £68 170 - **$114,633**
Il viaggio dell'aquilone - Matita (65x95cm-26x37in) Prato 97 .... **FF30 600** - £3 600 - **$5,400**
Radici 4, 1957 - Gouache/carta (51x34cm-20x13in) Prato 97 .... **FF47 600** - £5 600 - **$8,400**

NOVELLI IL MONREALESE Pietro 1603-1647 [11]
The Coronation of the Virgin - Ink (19cm-7in) London 96 .... **FF16 080** - £2 000 - **$3,120**

NOVELLI Pier Antonio 1729-1804 [35]
A young woman washing linen - Ink (38x29cm-15x11in) New-York 97 .... **FF38 932** - £4 333 - **$7,000**

NOVELLI Sebastiano 1853-1916 [1]
Othello - Oil/canvas (79x95cm-31x37in) New-York 94 .... **FF73 000** - £8 610 - **$13,000**

NOVELLO Giuseppe 1897-1988 [1]
Venezia - Olio/tela (20x30cm-8x12in) Trieste 96 .... **FF3 105** - £351 - **$594**

NOVO Stefano 1862-? [21]
Fruttivendola - Olio/tela (60x80cm-24x31in) Milano 95 .... **FF24 440** - £3 116 - **$5,000**
In Castigo - Oil/canvas (69x93cm-27x37in) London 95 .... **FF71 700** - £9 500 - **$14,800**

NOVOA Gustavo 1939 [4]
Remotes Places - Oil/masonite (79x99cm-31x39in) Delray Beach, Florida 94 .... **FF3 790** - £449 - **$700**

NOVOPACKY Johann 1821-1908 [4]
Herbstlandschaft - Ol/Karton (26x21cm-10x8in) Wien 92 .... **FF14 430** - £1 724 - **$2,775**
Herrenhaus im Salzkammergut - Aquarell/Papier (22x23cm-9x9in) Wien 92 .... **FF5 770** - £690 - **$1,110**

NOVOSKOLTSEV Alexander Nikanorov. 1853-1919 [1]
After the party - Oil/canvas (133x180cm-52x71in) London 96 .... **FF140 400** - £18 000 - **$27,840**

NOWACK Hans 1866-1918 [1]
Häuserzeile in Burghausen - Aquarell/Papier (18x21cm-7x8in) Wien 93 .... **FF5 290** - £632 - **$1,018**

NOWAK Anton 1865-1932 [9]
Volendam, Holland - Öl/Leinwand (59x78cm-23x31in) Wien 95 .... **FF10 980** - £1 386 - **$2,190**

NOWAK Ernst 1853-1919 [16]
Monk drinking a glass of wine - Oil/canvas/panel (47x38cm-19x15in) New-York 95 ...... **FF10 710** - £1 393 - **$2,200**
Die beiden Schwestern - Oil/panel (49x42cm-19x17in) Wien 96 .... **FF53 100** - £6 840 - **$10,380**

NOWAK Franz 1885-1973 [7]
Früchtestilleben - Oil/canvas (40x50cm-16x20in) Wien 90 .... **FF7 700** - £795 - **$1,360**

NOWAK Otto 1874-1945 [6]
Schubert i selskab udenfor et hus - Oil/canvas (65x65cm-26x26in) København 90 ...... **FF7 020** - £710 - **$1,335**
Ländliche Kirche mit alter Mauer - Aquarell/Papier (35x26cm-14x10in) Wien 93 .... **FF8 650** - £1 034 - **$1,665**

NOWAK Vilém, Willi 1886-1977 [3]
- *Freundinnen* - Öl/Leinwand (50x36cm-20x14in) München 93 .... FF3 390 - £405 - **$653**

NOWAKIWSKIJ Oleksa 1872-1935 [2]
- *Young boy* - Oil/panel (66x54cm-26x21in) Warszawa 96 .... FF11 120 - £1 405 - **$2,140**

NOWELL Arthur Trevethin 1862-1940 [2]
- *A sandy beach, 1892* - Oil/canvas (40x99cm-16x39in) London 89 .... FF11 600 - £1 121 - **$1,760**

NOWLAN Frank c.1835-1919 [2]
- *A Scottish lass* - Oil/canvas (152x96cm-60x38in) London 94 .... FF8 380 - £1 000 - **$1,580**
- *Faithful friends* - Watercolour (23x17cm-9x7in) London 92 .... FF5 370 - £550 - **$948**

NOWOSIELSKI Jerzy 1923 [12]
- *Molo* - Oil/canvas (65x45cm-26x18in) Warszawa 96 .... FF31 200 - £3 910 - **$6,080**
- *Half nude* - Ink/paper (70x50cm-28x20in) Warszawa 94 .... FF8 840 - £1 013 - **$1,500**

NOYELLE Pierre 1901 [2]
- *Bouquet de lilas* - Huile/toile (81x65cm-32x26in) Paris 93 .... FF3 900 - £446 - **$661**

NOYER Denis Paul 1940 [5]
- *Une rue de Paris* - Huile/toile (53x64cm-21x25in) Québec 90 .... FF3 930 - £402 - **$776**

NOYER Philippe H. 1917-1985 [37]
- *Ariel et Marina* - Oil/canvas (99x48cm-39x19in) Delray Beach, Florida 96 .... FF6 750 - £860 - **$1,300**
- *Le baiser* - Oil/canvas (58x74cm-23x29in) Chicago 94 .... FF17 260 - £2 040 - **$3,100**
- *Source Brault...* - Poster (157x119cm-62x47in) New-York 96 .... FF8 600 - £1 098 - **$1,700**

NOYES George Loftus 1864-1954 [42]
- *Segovia Spain, Street Scene* - Oil/canvas/panel (37x41cm-15x16in) New-York 96 .... FF26 100 - £3 020 - **$5,000**
- *Early Spring* - Oil/canvas (63x76cm-25x30in) New-York 97 .... FF140 023 - £14 702 - **$24,000**

NOYGUES Lucien 1957 [8]
- *La ferme aux platanes* - Huile/toile (50x61cm-20x24in) Reims 92 .... FF5 000 - £512 - **$880**

NOZAL Alexandre 1852-1929 [37]
- *St. Briac dunes* - Huile/toile (56x102cm-22x40in) Brest 97 .... FF23 500 - £2 545 - **$4,127**
- *Paysage au crépuscule* - Pastel (54x74cm-21x29in) Le Havre 92 .... FF9 500 - £972 - **$1,863**

NOZKOWSKI Thomas 1944 [3]
- *Untitled* - Oil/canvas/board (40x50cm-16x20in) New-York 92 .... FF8 300 - £840 - **$1,500**

NOZOLINO Paulo 1955 [2]
- *De la série Limbo* - Photo (30x24cm-12x9in) Paris 95 .... FF1 600 - £210 - **$321**

NUBLAT Marc 1948 [23]
- *Composition* - Huile/toile (54x37cm-21x15in) Paris 94 .... FF3 150 - £372 - **$565**

NÜCKEL Otto 1888-1956 [8]
- *Im Krankenzimmer* - Etching (9x12cm-4x5in) Heidelberg 96 .... FF1 660 - £205 - **$321**
- *Mutter und Kind an eine Haus gelehnt* - Watercolour/board (35x26cm-14x10in) Bielefeld 95 ...... FF4 550 - £585 - **$940**

NUDERSCHER Frank Bernard 1880-1959 [7]
- *Founding of Saint Louis* - Oil/canvas/board (15x23cm-6x9in) St. Louis, Miss. 93 .... FF10 450 - £1 310 - **$1,900**

NUIJEN Wijnandus J.J. 1813-1839 [1]
- *Figures on a path in a forest* - Oil/panel (35x29cm-14x11in) Amsterdam 89 .... FF15 000 - £1 534 - **$2,412**

NUMAN Hermanus 1744-1820 [1]
- *Johannes Nomsz and his wife* - Oil/canvas (69x83cm-27x33in) New-York 95 .... FF102 000 - £12 220 - **$19,000**

NUMANS Auguste 1823-? [4]
- *Roma da villa Medici* - Oil/canvas (35x47cm-14x19in) London 89 .... FF29 100 - £2 896 - **$4,597**

NUMANS Henriëtte Gesina 1877-1955 [2]
- *Sommerstrauss in brauner Vase* - Oil/canvas (70x60cm-28x24in) Lindau 92 .... FF12 860 - £1 496 - **$2,625**

NUNAMAKER Kenneth Rollin 1890-1957 [5]
- *The icy river* - Oil/canvas (56x61cm-22x24in) New-York 92 .... FF45 400 - £4 650 - **$8,000**
- *Winter hill, Center Bridge* - Oil/canvas (91x91cm-36x36in) New-York 90 .... FF200 200 - £21 298 - **$35,814**

NUNES VAIS Italo 1860-1932 [4]
- *Before dinner* - Oil/canvas (76x108cm-30x43in) New-York 96 .... FF77 100 - £9 350 - **$15,000**

NUNEZ Armando Garcia XIX [2]
- *Vista del Popocatepl* - Oil/canvas/board (25x35cm-10x14in) New-York 92 .... FF6 250 - £640 - **$1,100**

NUÑEZ DE CELIS Francisco 1919-1996 [8]
- *Atardecer en la montaña* - Oleo/tabla (60x81cm-24x32in) Madrid 92 .... FF7 250 - £843 - **$1,480**

NUÑEZ DEL PRADO Marina 1912 [3]
- *Venus negra* - Sculpture (56cm-22in) New-York 97 .... FF68 886 - £7 315 - **$12,000**

NUÑEZ LOSADA Francisco 1889-1973 [6]
- *Los Picos de Europa* - Oleo/lienzo (74x95cm-29x37in) Madrid 92 .... FF20 550 - £2 390 - **$4,195**

NUNNEY John ?-1966 [1]
- *Oil & Petrol, Perfect Power Pair* - Poster (76x114cm-30x45in) New-York 93 .... FF15 400 - £1 930 - **$2,800**

NUNZIO 1954 [5]
- *Armata* - Legno tinto nero, piombo (4 parti) (117x159cm-46x63in) Prato 93 .... FF43 250 - £4 940 - **$7,350**
- *Centauro* - Installation (129x14x54cm-51x6x21in) New-York .... FF23 220 - £2 352 - **$4,200**

NURSEY Claude Lorraine 1820-1873 [1]
- *Peeling vegetables in an interior* - Oil/board (49x44cm-19x17in) London 90 .... FF8 700 - £915 - **$1,513**

NUSS Fritz 1907 [10]
- *Raub der Europa* - Bronze (19cm-7in) Stuttgart 93 .... FF2 544 - £304 - **$490**

NUSS Karl Ulrich 1943 [4]
- *Zwei Frauen* - Bronze (10x10cm-4x4in) Stuttgart 94 .... FF3 740 - £437 - **$656**

N

NUSSBAUM Felix 1904-1944 [23]
- Portrait before a building - Oil/canvas (57x36cm-22x14in) Tel Aviv 95 .... FF193 000 - £24 130 - **$39,000**
- Self-portrait with a mask - Oil/canvas (62x51cm-24x20in) Tel Aviv 95 .... FF446 000 - £55 700 - **$90,000**
- Self-portrait with green cap - Gouache/paper (64x49cm-25x19in) Amsterdam 92 .... FF226 000 - £27 000 - **$43,500**

NUSSBAUM Jakob 1873-1941 [6]
- Winter im Taunus, Altglashütten - Oil/canvas (60x80cm-24x31in) Frankfurt 91 .... FF7 770 - £779 - **$1,283**

NUSSIO Oskar 1899-1976 [9]
- Maloya-Kulm - Huile/panneau (55x46cm-22x18in) Zofingen 96 .... FF4 550 - £567 - **$878**

NUTT Jim 1938 [11]
- Not One to Quibble - Acrylic/canvas (79x77cm-31x30in) New-York 93 .... FF88 000 - £10 080 - **$15,000**
- Stop Pointing - Pencil (76x69cm-30x27in) Chicago 94 .... FF27 400 - £3 196 - **$4,800**

NUTTER William Henry 1821-1872 [2]
- A house by the coast - Watercolour (15x20cm-6x8in) London 93 .... FF3 360 - £420 - **$610**

NUVOLONE Carlo Fr. il Panfilo 1608-1661/65 [11]
- Still life with peaches - Oil/copper (34x43cm-13x17in) New-York 94 .... FF645 000 - £74 600 - **$110,000**

NUVOLONE Giuseppe il Panfilo 1619-1703 [4]
- Allégorie de la vie - Huile/toile (154x154cm-61x61in) Monaco 91 .... FF310 000 - £31 084 - **$51,172**

NUYEN Wynard Jan Joseph 1813-1839 [18]
- Peasants in rowingboats - Oil/canvas (65x55cm-26x22in) Amsterdam 91 .... FF36 100 - £3 638 - **$6,264**
- Feeding the Ducks - Oil/panel (43x33cm-17x13in) Amsterdam 97 .... FF168 067 - £17 881 - **$29,243**
- Sportsmen conversing on a pond - Watercolour (21x26cm-8x10in) Amsterdam 96 .... FF7 980 - £1 024 - **$1,573**

NUYTTENS Josef Pierre 1885-1960 [5]
- The White Swan - Oil/canvas (76x102cm-30x40in) New-York 94 .... FF6 850 - £804 - **$1,200**

NUZZARELLO Gabriele 1955 [2]
- Donna con fiore - Olio/masonite (52x71cm-20x28in) Milano 93 .... FF8 320 - £948 - **$1,410**

NYBERG Frans 1882-1962 [9]
- Mallangatan, Borga - Etching (20x15cm-8x6in) Helsinki 90 .... FF2 600 - £280 - **$459**
- Church - Watercolour (26x20cm-10x8in) Helsinki 94 .... FF1 782 - £213 - **$333**

NYBERG Ivar 1855-1925 [3]
- Kvinna i folkdräkt - Oil/canvas (41x30cm-16x12in) Malmö 92 .... FF2 170 - £259 - **$417**

NYBERG Ragnar 1893-1966 [4]
- Gamla Stan, Stockholm - Oil/canvas (66x99cm-26x39in) Stockholm 95 .... FF2 783 - £358 - **$566**

NYBERG Tore 1911 [18]
- Geometrisk figur mot rött - Oil/canvas (99x80cm-39x31in) Stockholm 90 .... FF15 900 - £1 691 - **$2,844**

NYBLOM Lennart 1872-1947 [2]
- Gryning i skogen - Oil/canvas (58x68cm-23x27in) Uppsala 92 .... FF2 216 - £227 - **$390**
- Utsikt över Florens - Oil/panel (124x124cm-49x49in) Stockholm 92 .... FF22 620 - £2 316 - **$3,980**

NYBLOM Olga 1892-1955 [1]
- Gosse i skjorta med bla rosett - Pastell (90x67cm-35x26in) Stockholm 89 .... FF18 700 - £1 912 - **$3,006**

NYBO Poul Friis 1869-1929 [37]
- Braending, solen bryder frem - Oil/canvas (130x200cm-51x79in) København 92 .... FF2 640 - £265 - **$508**
- In the studio - Oil/canvas (152x200cm-60x79in) New-York 92 .... FF19 420 - £2 034 - **$3,500**

NYBORG Peter 1937 [50]
- Am Wasser zu Leben - Oil/canvas (170x119cm-67x47in) København 95 .... FF7 950 - £977 - **$1,550**
- Colours of Valhal - Oil/canvas (190x120cm-75x47in) København 96 .... FF20 330 - £2 645 - **$4,030**
- Komposition - Watercolour (144x102cm-57x40in) København 95 .... FF2 485 - £322 - **$506**

NYE Edgar Hewitt 1879-1943 [2]
- Port scene - Oil/canvas (41x51cm-16x20in) Cambridge, Mass. 92 .... FF3 920 - £456 - **$800**

NYEL Robert 1930 [19]
- Lavandes - Huile/toile (55x46cm-22x18in) Bulgnéville 91 .... FF4 000 - £403 - **$694**

NYFELER Albert 1883-1969 [32]
- Weitsicht - Öl/Leinwand (52x59cm-20x23in) Zofingen 95 .... FF5 530 - £723 - **$1,108**
- Panorama - Aquarell (25x34cm-10x13in) Bern 95 .... FF2 237 - £291 - **$460**

NYGAARD Axel 1877-1953 [1]
- Flyveugen - Poster (90x64cm-35x25in) New-York 93 .... FF4 950 - £621 - **$900**

NYHOLM Arvid Frederick 1866-1927 [3]
- Kvinna i folkdräkt - Watercolour (32x24cm-13x9in) Uppsala 96 .... FF2 460 - £285 - **$472**

NYILASY Sandor 1873-? [1]
- Jeunes filles au bord d'un lac - Huile/panneau (25x34cm-10x13in) Paris 90 .... FF32 000 - £3 426 - **$5,565**

NYKOP Börge 1881-1948 [1]
- Sonnentag im Überseehafen - Oil/canvas (50x70cm-20x28in) Ahlden 92 .... FF6 800 - £696 - **$1,197**

NYL-FROSCH Marie 1857-1914 [9]
- The Madonna in Glory - Oil/canvas (129x89cm-51x35in) London 95 .... FF14 200 - £1 800 - **$2,860**

NYLAND Calle 1907 [7]
- Laxbäcken, Kopparberg - Oil/canvas (48x59cm-19x23in) Stockholm 90 .... FF4 200 - £450 - **$730**

NYLEFER Albert 1883-1969 [2]
- Flusslandschaft - Aquarell (17x23cm-7x9in) Zofingen 92 .... FF1 903 - £227 - **$366**

NYMAN Björn 1927 [3]
- Uppställning II - Oil/panel (24x28cm-9x11in) Stockholm 92 .... FF9 900 - £1 013 - **$1,743**

NYMAN Hilding 1870-1937 [3]
- Skymning - Oil/canvas (111x95cm-44x37in) Stockholm 91 .... FF3 300 - £335 - **$596**

NYMAN Olle 1909 [40]
- Kvinna med glasbägare - Mixed media (50cm-20in) Stockholm 96 .... FF24 170 - £2 930 - **$4,700**

N

🗿 *Romersk hjälm* - Sculpture (60cm-24in) Stockholm 93 .... FF*14 800* - £*1 820* - **$2,740**
✎ *Vy över Gamla Stan* - Akvarell (47x54cm-19x21in) Stockholm 94 .... FF*7 330* - £*861* - **$1,378**
NYMAN Svea 1902   [2]
🖼 *Mormors hatt* - Oil/canvas (66x44cm-26x17in) Stockholm 90 .... FF*3 300* - £*351* - **$590**
NYOMAN BATUAN Dewa 1917   [2]
✎ *De boshaan laat de ondeugende* - Watercolour (60x45cm-24x18in) Amsterdam 95 ...... FF*18 900* - £*2 450* - **$3,870**
NYROP Børge C. 1881-1948   [11]
🖼 *On the beach* - Oil/canvas (80x88cm-31x35in) London 91 .... FF*20 160* - £*2 007* - **$3,467**
NYS Carl 1858-?   [5]
🖼 *Portrait de dame* - Huile/toile (66x54cm-26x21in) Antwerpen 93 .... FF*3 955* - £*473* - **$808**
NYSSEN Leo 1897-1945   [2]
🖼 *Kirmes in Zons* - Oil/canvas (50x60cm-20x24in) Köln 92 .... FF*5 090* - £*608* - **$978**
NYSTRÖM Helmtrud 1939   [5]
🖼 *Fredagsberättelse* - Mixed media (114x79cm-45x31in) Malmö 96 .... FF*3 096* - £*367* - **$604**
NYSTRÖM Jenny 1854-1946   [203]
🖼 *Nude of a boy* - Oil/canvas (73x92cm-29x36in) Stockholm 96 .... FF*13 840* - £*1 726* - **$2,673**
I ateljén - Oil/canvas (47x53cm-19x21in) Stockholm 97 .... FF*78 489* - £*8 288* - **$13,561**
Vallmo och blåklint - Oil/canvas (56x38cm-22x15in) Stockholm 91 .... FF*212 400* - £*21 144* - **$36,525**
✎ *Han är din! Han är din!* - Gouache (26x16cm-10x6in) Stockholm 97 .... FF*10 188* - £*1 075* - **$1,760**
Slädfärd till Julottan - Akvarell (31x24cm-12x9in) Stockholm 94 .... FF*25 940* - £*3 074* - **$4,790**
Flicka som matar svanar - Akvarell (38x27cm-15x11in) Stockholm 96 .... FF*43 100* - £*5 370* - **$8,310**
Sommardag - Akvarell (48x59cm-19x23in) Stockholm 95 .... FF*89 000* - £*11 360* - **$18,150**
NYSTRÖM Lennart 1944   [4]
🖼 *Komposition med bräder* - Oil/canvas (74x100cm-29x39in) Stockholm 96 .... FF*3 690* - £*445* - **$699**
✎ *Komposition* - Gouache (76x56cm-30x22in) Hamburg 96 .... FF*2 277* - £*260* - **$436**
Komposition i grisaille - Gouache (64x48cm-25x19in) Stockholm 89 .... FF*2 800* - £*295* - **$471**
NYSTRÖM Waldemar 1864-1924   [1]
🖼 *Kalmar slott* - Oil/canvas (91x135cm-36x53in) Stockholm 93 .... FF*5 800* - £*661* - **$980**

O

O'BRIEN Dermod William 1865-1945   [4]
🖼 *Irish landscape* - Oil/canvas (37x44cm-15x17in) London 96 .... FF*7 450* - £*920* - **$1,438**
O'BRIEN Fortuyn 1951-1988   [1]
🗿 *Black lily* - lace, painted wood Amsterdam 94 .... FF*18 380* - £*2 180* - **$3,396**
O'BRIEN Inman John 1828-1896   [1]
🖼 *Aux Folies-Bergères* - Huile/toile (81x60cm-32x24in) Paris 94 .... FF*31 500* - £*3 760* - **$5,900**
O'BRIEN Lucius Richard 1832-1899   [17]
✎ *River boats* - Watercolour (25x17cm-10x7in) Toronto 95 .... FF*14 930* - £*1 880* - **$2,956**
Portage, Chute au Diable - Watercolour (63x52cm-25x20in) Toronto 95 .... FF*60 800* - £*8 060* - **$12,540**
O'CALLAHAN Clinton 1890-?   [1]
✎ *Paysanne dans un paysage breton* - Fusain (25x37cm-10x15in) Soissons 96 .... FF*2 000* - £*250* - **$387**
O'CONNOR Andrew 1874-1941   [2]
🗿 *Victoire (monument à Liscum, Arlington)* - Bronze (60cm-24in) Pontoise 96 .... FF*40 000* - £*5 200* - **$7,920**
O'CONNOR Carlos, baron ?-1879   [1]
🖼 *Pommes et verre d'eau* - Huile/panneau (17x22cm-7x9in) Bayeux 94 .... FF*4 500* - £*524* - **$780**
O'CONNOR James Arthur 1792-1841   [34]
🖼 *Hunter in a wooded landscape* - Oil/canvas (48x61cm-19x24in) New-York 94 .... FF*14 300* - £*1 690* - **$2,600**
A seaside stroll - Oil/panel (25x29cm-10x11in) London 97 .... FF*35 647* - £*3 800* - **$6,249**
The Scalp, Co. Wicklow - Oil/canvas (51x76cm-20x30in) London 97 .... FF*131 333* - £*14 000* - **$23,023**
O'CONNOR John 1830-1889   [2]
🖼 *The Ducal Palace, Venice*
        Oil/canvas (46x36cm-18x14in) San Francisco-Los Angeles 93 .... FF*13 230* - £*1 510* - **$2,250**
✎ *October Water* - Watercolour (25x33cm-10x13in) London 94 .... FF*2 000* - £*240* - **$381**
O'CONOR Roderick 1860-1940   [36]
🖼 *Femme de petite vertu* - Huile/toile (80x65cm-31x26in) Paris 95 .... FF*57 000* - £*7 570* - **$11,740**
Nu allongé - Huile/toile (81x65cm-32x26in) Paris 97 .... FF*100 000* - £*10 500* - **$17,200**
Apples, bottles and jug - Oil/canvas (48x65cm-19x26in) London 96 .... FF*472 000* - £*60 000* - **$90,700**
Rushing Stream - Oil/canvas (50x61cm-20x24in) London 96 .... FF*983 000* - £*125 000* - **$189,000**
✎ *Bretonne assise* - Watercolour (22x28cm-9x11in) Bern 92 .... FF*13 400* - £*1 368* - **$2,360**
O'DONOGHUE Hughie 1953   [2]
🖼 *Meat II* - Oil/canvas (203x162cm-80x64in) London 95 .... FF*43 900* - £*5 500* - **$8,750**
✎ *Translation drawing* - Charcoal (211x157cm-83x62in) London 93 .... FF*10 530* - £*1 200* - **$1,790**
O'GALOP Marius Rossillon 1867-1946   [9]
▭ *Nuc Est Bibendum* - Poster (158x120cm-62x47in) London 95 .... FF*17 670* - £*2 000* - **$3,180**
O'GORMAN Cecil Crawford 1874-1943   [2]
✎ *Casa de Risco, San Angel* - Watercolour (47x35cm-19x14in) México 91 .... FF*14 400* - £*1 480* - **$2,630**

O'GORMAN Juan 1905-1982 [11]
🖼 Flores Imaginarias - Tempera (65x51cm-26x20in) New-York 94 .... FF1 67e +06 - £126 000 - **$190,000**
📷 Autorretrato - Lithograph (34x23cm-13x9in) New-York 92 .... FF16 900 - £2 017 - **$3,250**
✏ Cuahtemoc y Caupolican - Pencil/paper (28x18cm-11x7in) New-York 94 .... FF22 700 - £2 653 - **$4,000**

O'HARA Helen 1881-1919 [4]
✏ Sparrows - Watercolour (23x34cm-9x13in) Belfast 92 .... FF8 600 - £1 000 - **$1,755**

O'HIGGINS Pablo 1904-1983 [11]
🖼 Labrador - Oleo/lienzo (95x75cm-37x30in) México 92 .... FF108 000 - £11 100 - **$19,700**
📷 Derechos de la clase obrera - Linocut (22x21cm-9x8in) New-York 92 .... FF4 440 - £465 - **$800**
✏ Vendedor de molcajetes - Gouache/paper (47x26cm-19x10in) México 92 .... FF29 700 - £3 050 - **$5,420**

O'KEEFFE Georgia 1887-1986 [17]
🖼 White Birch-Lake George - Oil/canvas (91x76cm-36x30in) New-York 97 .... FF3 - £352 245 - **$575,000**
Ritz Tower, Night - Oil/canvas (101x35cm-40x14in) New-York 92 .... FF5 - £683 000 - **$1**
Pedernal from the Ranch #11
    Oil/canvas (73x101cm-29x40in) New-York 97 .... FF1 481 32e +06 - £110 258 - **$179,545**
✏ East River, N.Y., No. II - Pastel/paper (28x71cm-11x28in) New-York 94 .... FF1 - £172 300 - **$260,000**

O'KELLEY Mattie Lou 1908 [3]
🖼 The Upper Bridge - Oil/canvas (60x83cm-24x33in) New-York 93 .... FF46 750 - £5 520 - **$8,500**

O'KELLY Aloysius 1853-1892 [11]
🖼 Breton Figures in a Street - Oil/canvas (37x45cm-15x18in) London 96 .... FF58 100 - £7 500 - **$11,220**
The Harem Guard - Oil/canvas (71x92cm-28x36in) Dublin 95 .... FF190 200 - £24 700 - **$39,140**

O'LYNCH VAN TOWN Karl 1869-1942 [20]
🖼 Holländisches Städtchen - Ol/Leinwand (92x118cm-36x46in) Stuttgart 93 .... FF5 430 - £648 - **$1,044**
Abend am Meer - Ol/Leinwand (82x115cm-32x45in) Wien 97 .... FF14 388 - £1 518 - **$2,487**
✏ Aulandschaft - Pastel/board (50x65cm-20x26in) Wien 96 .... FF7 700 - £965 - **$1,504**

O'MALLEY Power 1870-? [2]
🖼 Cottages by the Mountains - Oil/canvas (61x76cm-24x30in) Mystic, Connecticut 92 .... FF6 810 - £698 - **$1,200**

O'MALLEY Tony 1913 [7]
🖼 Autumn painting - Oil/board (61x86cm-24x34in) Penzance, Cornwall 94 .... FF6 700 - £800 - **$1,263**
✏ The village road - Mixed media/paper (46x57cm-18x22in) Billinghurst, West Sussex 96 .... FF6 580 - £850 - **$1,300**

O'NEIL Henry Nelson 1817-1880 [6]
🖼 Soldier's Return - Oil/board (51x41cm-20x16in) London 95 .... FF34 740 - £4 400 - **$6,990**
The Trout Stream - Oil/canvas (91x71cm-36x28in) New-York 97 .... FF104 045 - £11 092 - **$18,000**

O'NEILL Daniel 1920-1974 [26]
🖼 Flowers - Oil/board (36x46cm-14x18in) Dublin 95 .... FF17 440 - £2 266 - **$3,590**
Mountains of Mourne, Co. Down - Oil/canvas (36x54cm-14x21in) London 96 .... FF39 300 - £5 000 - **$7,560**
My Country - Oil/board (68x102cm-27x40in) London 96 .... FF165 200 - £21 000 - **$31,750**

O'NEILL George Bernard 1828-1917 [19]
🖼 Kindliche List - Ol/Leinwand (73x60cm-29x24in) München 94 .... FF32 300 - £3 770 - **$5,660**
At the Forge - Oil/canvas (63x76cm-25x30in) New-York 94 .... FF63 700 - £7 600 - **$12,000**
The First Lesson - Oil/canvas (61x51cm-24x20in) London 95 .... FF122 300 - £15 500 - **$24,600**

O'NEILL Hugh 1784-1824 [1]
✏ Old house near a church - Watercolour (17x26cm-7x10in) London 92 .... FF14 240 - £1 700 - **$2,740**

O'NEILL LATHOM Rose Cecil 1875-1944 [8]
✏ Mother recuperating young child - Charcoal (38x56cm-15x22in) New-York 94 .... FF10 300 - £1 235 - **$2,000**

O'RYAN Fergus 1911-1989 [2]
🖼 Winter scene, Kilternan, Dublin - Oil/board (20x28cm-8x11in) London 93 .... FF6 850 - £780 - **$1,162**

O'SHEA John 1876-1956 [22]
🖼 Shadows - Oil/canvas (63x76cm-25x30in) San Francisco-Los Angeles 92 .... FF13 470 - £1 565 - **$2,750**
✏ Seascape
    Watercolour, gouache/paper (56x75cm-22x30in) San Francisco-Los Angeles 93 .... FF8 250 - £1 035 - **$1,500**

O'SULLIVAN Sean 1904-1964 [4]
🖼 Cottage interior, Kerry - Oil/board (30x38cm-12x15in) London 97 .... FF26 267 - £2 800 - **$4,605**

O'SULLIVAN Timothy 1840-1882 [17]
📷 Cañon de Chelle - Albumen print (20x25cm-8x10in) New-York 92 .... FF6 390 - £741 - **$1,100**

OAKES John Wright 1820-1887 [8]
🖼 Mouth of the River Alt - Oil/canvas (49x74cm-19x29in) Bristol, Avon 94 .... FF5 860 - £700 - **$1,094**
The Warren - Oil/canvas (49x65cm-19x26in) London 92 .... FF57 000 - £6 800 - **$10,950**

OAKLEY Charles 1925 [3]
🖼 Ballinderry graveyard - Acrylic/canvas (50x61cm-20x24in) Belfast 90 .... FF4 600 - £489 - **$823**

OAKLEY Harold XIX-XX [5]
✏ River scene, Maldon, Essex - Watercolour (20x33cm-8x13in) Aylsham, Norfolk 93 .... FF1 960 - £220 - **$328**

OAKLEY Octavius 1800-1867 [16]
✏ The midday rest - Pencil (47x34cm-19x13in) London 93 .... FF8 780 - £1 000 - **$1,490**

OAKLEY Thornton 1881-1953 [12]
🖼 News Vendor on Broadway - Oil/canvas (135x74cm-53x29in) New-York 92 .... FF165 300 - £19 740 - **$31,800**
✏ Petroleum, Billa Niva, Penn. - Watercolour, gouache (76x102cm-30x40in) New-York 94 .... FF16 240 - £1 923 - **$3,000**

OAKLEY Violet 1874-1960 [4]
✏ Country life - Pastel (46x33cm-18x13in) Philadelphia 92 .... FF3 124 - £320 - **$550**

OATES Bennett XX [3]
🖼 Petunias & berries - Oil/board (60x50cm-24x20in) Billinghurst, West Sussex 92 .... FF14 660 - £1 500 - **$2,580**

OBACH Caspar 1807-1868 [2]
✏ Partie bei Koengen - Watercolour (13x18cm-5x7in) München 92 .... FF4 420 - £453 - **$778**

OBÉNICHE Dominique XX [3]
- Faience de Delft aux framboises - Huile/toile (27x22cm-11x9in) Paris 94 .... FF**18 000** - £2 157 - **$3,410**

OBER Hermann 1920 [4]
- Figur mit Fahnen - Öl/Karton (69x49cm-27x19in) Salzburg 94 .... FF**4 870** - £577 - **$900**

OBERER Johann c.1790-c.1840 [1]
- Blumenstück - Aquarell/Papier (60x50cm-24x20in) Wien 93 .... FF**31 860** - £3 600 - **$5,370**

OBERHARDT William 1882-1958 [1]
- Portrait of a gentleman - Lithograph (23x20cm-9x8in) Chicago 92 .... FF**11 100** - £1 162 - **$2,000**

OBERHUBER Oswald 1931 [99]
- Ohne Titel - Öl/Leinwand (100x70cm-39x28in) Wien 97 .... FF**11 945** - £1 270 - **$2,060**
- Selbstporträt I - Öl/Leinwand (105x95cm-41x37in) Wien 97 .... FF**43 900** - £5 260 - **$8,510**
- Zahnbild vertikal - Oil/panel (180x80cm-71x31in) Wien 97 .... FF**71 670** - £7 620 - **$12,360**
- Ohne Titel - Aquarell (50x35cm-20x14in) Wien 94 .... FF**14 620** - £1 753 - **$2,840**

OBERLÄNDER Adolf 1845-1923 [13]
- Porträtstudien - Pencil (6x10cm-2x4in) Heidelberg 94 .... FF**1 850** - £215 - **$319**

OBERLÉ Jean 1900-1961 [9]
- Les dominos - Huile/toile (33x41cm-13x16in) Neuilly 91 .... FF**4 500** - £453 - **$781**
- Promenade au bois de Boulogne - Aquarelle (36x65cm-14x26in) Paris 93 .... FF**1 900** - £238 - **$346**

OBERMAN Adolf 1828-1899 [1]
- Forest and stream views - Oil/canvas (71x50cm-28x20in) Montréal 93 .... FF**13 380** - £1 516 - **$2,256**

OBERMAN Antonie 1781-1845 [13]
- Ferry's haltingplace - Oil/canvas (83x103cm-33x41in) Amsterdam 94 .... FF**36 600** - £4 250 - **$6,300**
- Flowers in a vase - Oil/canvas (61x52cm-24x20in) London 94 .... FF**150 000** - £17 500 - **$26,300**
- Nature morte aux fleurs - Crayons couleurs/papier (32x28cm-13x11in) Genève 89 .... FF**15 600** - £1 644 - **$2,626**

OBERMÜLLER Franz 1869-1917 [7]
- Woman with Red Kerchief - Oil/board (18x15cm-7x6in) North Berwick, Maine 93 .... FF**4 950** - £621 - **$900**

OBERMÜLLNER Adolf 1833-1898 [8]
- Gletschersee - Oil/canvas (36x48cm-14x19in) Wien 92 .... FF**9 620** - £965 - **$1,850**
- Extensive mountainous landscape - Oil/canvas (100x145cm-39x57in) København 95 .... FF**44 300** - £5 650 - **$8,720**

OBERTEUFFER George 1878-1937 [13]
- Paysage au canal - Huile/toile (60x73cm-24x29in) Paris 95 .... FF**10 000** - £1 300 - **$2,060**
- Notre-Dame, Paris - Oil/canvas (110x131cm-43x52in) New-York 92 .... FF**36 400** - £4 345 - **$7,000**

OBERTEUFFER Henriette Amiard 1878-? [1]
- Peonies in a Chinese vase - Oil/canvas (81x64cm-32x25in) Dedham, Mass. 96 .... FF**35 760** - £4 610 - **$7,000**

OBIN Antoine 1929 [2]
- Nature morte aux fruits tropicaux - Oil/masonite (40x50cm-16x20in) New-York 92 .... FF**6 810** - £698 - **$1,200**

OBIN Henri Claude XX [2]
- Visite du docteur - Huile/isorel (51x61cm-20x24in) Paris 96 .... FF**5 200** - £673 - **$1,020**

OBIN Philomé 1892-1986 [32]
- Carnavale de 1947 - Oil/masonite (61x76cm-24x30in) New-York 93 .... FF**70 800** - £8 050 - **$12,000**
- Quelques fruits d'Haïti - Tempera (50x61cm-20x24in) New-York 94 .... FF**131 300** - £15 420 - **$23,000**
- Naissance de Jésus - Oil/masonite (76x61cm-30x24in) New-York 90 .... FF**240 200** - £25 553 - **$42,970**

OBIN Sénèque 1893-1977 [10]
- La Chasse - Oil/board (60x51cm-24x20in) New-York 94 .... FF**13 700** - £1 610 - **$2,400**
- Country landscape - Oil/masonite (53x61cm-21x24in) New-York 92 .... FF**46 600** - £4 760 - **$8,200**

OBIOLS DELGADO Mariano 1860-? [6]
- An Arab Settlement - Oil/canvas (30x45cm-12x18in) New-York 97 .... FF**22 753** - £2 448 - **$4,000**

OBIOLS Gustave XIX-XX [4]
- La Belle jardinière - Bronze (54cm-21in) Paris 94 .... FF**3 500** - £408 - **$614**

OBLAK Amalie 1813-1860 [1]
- Blumenvase - Aquarell (17x11cm-7x4in) München 92 .... FF**4 070** - £487 - **$783**

OBREGON Alejandro 1920-1992 [36]
- Barracuda - Oil/panel (36x44cm-14x17in) New-York 97 .... FF**68 886** - £7 315 - **$12,000**
- Barracuda - Acrylic/canvas (70x80cm-28x31in) New-York 97 .... FF**148 912** - £15 873 - **$26,000**
- Icaro Y las Avispas - Oil/canvas (197x230cm-78x91in) New-York 96 .... FF**338 000** - £43 000 - **$65,000**
- Torocondor - Oil/canvas (186x207cm-73x81in) New-York 97 .... FF**917 952** - £98 224 - **$160,000**
- Barracuda, 1975 - Bronze (56cm-22in) New-York 90 .... FF**85 800** - £9 128 - **$15,349**

ØBRO Aage 1884-1978 [6]
- Vinterdag - Oil/canvas (58x75cm-23x30in) København 95 .... FF**3 100** - £406 - **$630**

OBROVSKY Jakub 1882-1949 [6]
- Das Frühstück wird serviert - Oil/canvas (124x158cm-49x62in) München 91 .... FF**35 500** - £3 603 - **$6,412**
- Badende Mädchen am Waldbach - Aquarell/Papier (28x33cm-11x13in) München 94 .... FF**2 920** - £348 - **$550**

OBST Adolf 1869-? [3]
- Winterlandschaft - Öl/Leinwand (100x175cm-39x69in) Wien 93 .... FF**29 700** - £3 450 - **$5,000**

OBTRESAL Robert 1880-1915 [1]
- Landschaft - Öl/Leinwand (51x58cm-20x23in) Wien 96 .... FF**4 820** - £601 - **$930**

OCALIA Hipolito 1916-1984 [1]
- Sereo Grandi - Oil/board (23x33cm-9x13in) Amsterdam 93 .... FF**6 740** - £774 - **$1,157**

OCAMPO Isidoro 1910-1983 [6]
- Caballitos - Grabado (21x18cm-8x7in) México 92 .... FF**1 620** - £166 - **$296**
- Figure with baskets
  Gouache/paper (51x36cm-20x14in) San Francisco-Los Angeles 93 .... FF**10 450** - £1 310 - **$1,900**

OCCHIPINTI Angela XX [2]
- *Tensione di un arco immobile* - Tecnica mista/cartone (60x80cm-24x31in) Milano 90 .... FF**9 310** - £952 - **$1,838**
- *D, coordinate* - Collage (40x40cm-16x16in) Milano 90 .... FF**5 000** - £535 - **$870**

OCHOA Enrique 1891-1978 [4]
- *El olivo del amor* - Oleo/lienzo (83x147cm-33x58in) Madrid 90 .... FF**59 400** - £6 319 - **$10,626**

OCHOA Y MADRAZO de Rafael 1858-? [4]
- *La lección de baile* - Oleo/tabla (47x38cm-19x15in) Madrid 94 .... FF**7 830** - £940 - **$1,520**
- *Rome-Express, Train de Luxe* - Affiche (107x77cm-42x30in) Paris 93 .... FF**1 700** - £205 - **$309**

OCHS Jacques 1883-1971 [9]
- *Au balcon* - Huile/toile (50x65cm-20x26in) Antwerpen 92 .... FF**5 600** - £669 - **$1,078**

OCHTERVELT Jacob c.1634-1708/10 [12]
- *The doctor's visit* - Oil/canvas (93x76cm-37x30in) New-York 95 .... FF**858 000** - £103 000 - **$160,000**

OCHTMAN Dorothy 1892-1971 [4]
- *Roses in Oriental bowl* - Oil/canvas (76x64cm-30x25in) Litchfield, CT 92 .... FF**3 025** - £358 - **$550**

OCHTMAN Leonard 1854-1935 [15]
- *Autumn Fields* - Oil/canvas (76x102cm-30x40in) Chicago 96 .... FF**25 960** - £3 310 - **$5,000**
- *Snowy landscape* (91x132cm-36x52in) New-York 89 .... FF**120 100** - £11 604 - **$18,225**

OCIEPKA Teofil 1891-1978 [1]
- *Niedzwiedz Saturna* - Öl/Leinwand (69x50cm-27x20in) Wien 97 .... FF**9 584** - £1 008 - **$1,646**

ØCKENHOLT Erik 1961 [3]
- *Neuf femmes dans un paysage* - Oil/canvas (138x150cm-54x59in) Köbenhavn 92 .... FF**7 040** - £706 - **$1,354**

OCKER Adriaen Jansz. 1621/22-c.1670 [1]
- *Cascade, paysage italianist* - Huile/toile (60x76cm-24x30in) Paris 95 .... FF**35 000** - £4 600 - **$7,020**

OCKERT Carl Friedrich 1825-1899 [11]
- *Fuchs auf der Jagd* - Oil/panel (13x26cm-5x10in) Zofingen 92 .... FF**2 790** - £285 - **$492**
- *Unter Felsvorsprung Gemse* - Watercolour (25x33cm-10x13in) Lindau 92 .... FF**3 324** - £397 - **$640**

OCON Y RIVAS Emilio 1848-1904 [3]
- *Marina* - Oleo/lienzo (76x56cm-30x22in) Madrid 94 .... FF**28 900** - £3 410 - **$5,190**

ODAINIK Vadim 1925-1984 [2]
- *La sieste au jardin* - Huile/toile (70x70cm-28x28in) Versailles 92 .... FF**2 500** - £256 - **$441**

ÖDBERG Bror Tycho 1865-1943 [1]
- *Vy över Bastad* - Oil/canvas (42x71cm-17x28in) Stockholm 89 .... FF**2 800** - £295 - **$471**

ODDIE Walter Mason 1808-1865 [1]
- *River landscape* - Oil/canvas (88x137cm-35x54in) New-York 94 .... FF**62 800** - £7 320 - **$11,000**

ODEFEY Ernst 1882-1964 [1]
- *Frauen auf einer Waldlichtung* - Öl/Leinwand (59x59cm-23x23in) Köln 94 .... FF**5 440** - £635 - **$954**

ODELL Thomas Jefferson ?-1849 [1]
- *President Zachary Taylor*
  Oil/canvas (76x61cm-30x24in) New Orleans, Louisiana 95 .... FF**138 600** - £17 000 - **$27,000**

ODELMARK Frans Wilhelm 1849-1937 [118]
- *Piazza San Marco* - Oil/canvas (54x60cm-21x24in) Stockholm 97 .... FF**9 434** - £996 - **$1,630**
- *In the Souk, Cairo* - Oil/canvas (66x90cm-26x35in) London 97 .... FF**36 331** - £4 000 - **$6,376**
- *A courtyard* - Oil/canvas (87x29cm-34x11in) London 97 .... FF**66 667** - £7 000 - **$11,466**
- *Kairo* - Akvarell (40x50cm-16x20in) Uppsala 95 .... FF**6 340** - £824 - **$1,301**
- *Snake charmers, Egypt* - Watercolour/paper (76x49cm-30x19in) New-York 95 .... FF**17 900** - £2 230 - **$3,500**

ODESCALCHI Victor 1833-1880 [5]
- *Feierliches Begräbnis* - Pencil/paper (23x30cm-9x12in) Wien 94 .... FF**2 443** - £283 - **$420**

ODEVAERE Joseph Denis 1778-1830 [2]
- *John William Polidori* - Oil/canvas (78x63cm-31x25in) Billinghurst, West Sussex 91 .... FF**12 960** - £1 290 - **$2,229**
- *Harpiste et son fils* - Huile/toile (207x164cm-81x65in) Paris 90 .... FF**350 000** - £35 244 - **$68,560**

ODIE Walter M. 1808-1865 [2]
- *Fishing on a gentle river* - Oil/canvas (62x76cm-24x30in) New-York 92 .... FF**11 360** - £1 162 - **$2,000**

ODIER Jacques 1853-1930 [3]
- *Chevaux* - Huile/toile (162x194cm-64x76in) Saint-Germain-en-Laye 93 .... FF**12 960** - £1 507 - **$2,273**

ODIERNA Guido 1913 [5]
- *Blue Grotto, Capri* - Oil/canvas Detroit, Michigan 92 .... FF**2 340** - £280 - **$450**

ODIN Blanche 1865-? [35]
- *Roses* - Huile/papier/panneau (21x27cm-8x11in) Provins 94 .... FF**6 050** - £722 - **$1,140**
- *Chardons et branches de pins* - Aquarelle Tarbes 96 .... FF**21 000** - £2 723 - **$4,114**
- *Lys blancs et jeté de roses* - Aquarelle/papier (93x69cm-37x27in) Tarbes 96 .... FF**50 000** - £6 480 - **$9,800**

ODIORNE William 1881-1978 [2]
- *Paris street scene, 1930s* - Gelatin silver print (28x15cm-11x6in) New-York 94 .... FF**3 520** - £417 - **$650**

ODIOT Jean-Baptiste Claude 1763-1850 [1]
- *Projet de lustre* - Crayon/papier (46x29cm-18x11in) Paris 90 .... FF**3 200** - £331 - **$565**

ODJIG Daphne 1928 [6]
- *Denizens of the Forest* - Acrylic/canvas (96x102cm-38x40in) Toronto 95 .... FF**14 400** - £1 824 - **$2,900**

ODLE Alan Elsden 1888-1948 [1]
- *Grotesque figures* - Pencil (15x20cm-6x8in) London 95 .... FF**2 210** - £280 - **$445**

OECHSLIN Arnold, Ary 1914-1994 [3]
- *Le Pin* - (28x17cm-11x7in) Bern 94 .... FF**7 300** - £871 - **$1,363**

OECONOMO Aristide 1821-1887 [7]
- *Friends of the artist* - Oil/canvas (50x64cm-20x25in) London 90 .... FF**38 700** - £4 010 - **$6,801**

OEDER Georg 1846-1931 [6]
🐦 *Ein Jäger im verschneiten Winterwald* - Oil/panel (29x22cm-11x9in) Köln 94 .... FF30 930 - £3 680 - **$5,820**
OEFFELE-PIEKARSKI Franz Ignaz 1721-1797 [1]
🐦 *Apollo and Marsias* - Oil/canvas (54x39cm-21x15in) Warszawa 93 .... FF19 500 - £2 215 - **$3,300**
OEHLEN Albert 1954 [20]
🐦 *Copacabana* - Oil/canvas (190x190cm-75x75in) New-York 93 .... FF38 500 - £4 830 - **$7,000**
Untitled - Oil/canvas (239x260cm-94x102in) London 93 .... FF112 000 - £14 000 - **$20,300**
OEHLEN Markus 1956 [7]
🐦 *Ohne Titel* - Mixed media/canvas (145x200cm-57x79in) München 96 .... FF19 650 - £2 465 - **$3,790**
∥ *Akt mit erhoeben Armen* - Mischtechnik/Papier (55x59cm-22x23in) Wien 94 .... FF9 740 - £1 168 - **$1,893**
OEHLER Christian 1909 [2]
🐦 *Gebirgstal mit Bach* - Oil/canvas (48x64cm-19x25in) Stuttgart 92 .... FF7 480 - £766 - **$1,317**
OEHLER Christoph 1881-1964 [3]
🐦 *Mittag am Greifen-See* - Oil/canvas (129x137cm-51x54in) Bern 94 .... FF20 550 - £2 455 - **$3,950**
OEHLER Max 1887-? [6]
🐦 *Blick auf ein Dorf bei Weinar* - Oil/panel (19x34cm-7x13in) Rudolstadt-Thüringen 96 .... FF4 070 - £510 - **$785**
OEHME Ernst Erwin 1831-1907 [5]
∥ *Holzfuhrwerk im Wald* - Aquarell/Papier (33x45cm-13x18in) München 94 .... FF4 790 - £568 - **$874**
OEHME Ernst Ferdinand 1797-1855 [4]
∥ *Italienisches Kloster* - Watercolour (27x21cm-11x8in) München 92 .... FF4 410 - £527 - **$848**
OEHMICHEN Hugo 1843-1933 [25]
🐦 *Die Gratulanten* - Oil/canvas (62x45cm-24x18in) Köln 92 .... FF50 900 - £6 070 - **$9,780**
Bei den Schulaufgaben - Oil/canvas (64x54cm-25x21in) Köln 92 .... FF98 600 - £10 100 - **$17,350**
Im Kindergarten - Oil/canvas (55x88cm-22x35in) London 94 .... FF167 600 - £20 000 - **$31,560**
OEHRING Hedwig 1855-? [9]
🐦 *Kätzchen und Zitronenfalter* - Oil/panel (24x20cm-9x8in) München 93 .... FF11 200 - £1 337 - **$2,153**
OELMAN Paul H. 1890-1975 [1]
📷 *Pinhole Photo-G.E.* - Gelatin silver print (30x23cm-12x9in) New-York 92 .... FF4 410 - £513 - **$900**
OELZE Richard 1900-1980 [5]
🐦 *Umgebener* - Oil/canvas (100x80cm-39x31in) Berlin 90 .... FF306 000 - £31 141 - **$61,195**
∥ *Landschaft Worpswede* - Pastel (38x53cm-15x21in) Berlin 97 .... FF213 684 - £22 694 - **$37,222**
OENICKE Clara Wilhelmine 1818-1899 [2]
🐦 *Fürstliche Dame* - Öl/Leinwand (74x61cm-29x24in) Bremen 93 .... FF2 526 - £305 - **$494**
Friedrich Wilhelm III von Preussen - Oil/canvas (76x65cm-30x26in) Köln 94 .... FF30 600 - £3 130 - **$5,390**
OENICKE Karl 1862-1924 [1]
🐦 *Palmenlichtung im Paraguay* - Oil/canvas (81x110cm-32x43in) London 89 .... FF38 700 - £3 957 - **$6,222**
OEPTS Willem, Wim 1904-1988 [32]
🐦 *Fruitbowl* - Oil/canvas (47x58cm-19x23in) Amsterdam 97 .... FF44 950 - £4 725 - **$7,722**
Zuid Frans Landschap - Oil/canvas (54x65cm-21x26in) Amsterdam 94 .... FF122 500 - £14 520 - **$22,640**
OER von Theobald Reinhold 1807-1885 [3]
∥ *Weinreben Teil einer Pergola* - Pencil (26x36cm-10x14in) Heidelberg 95 .... FF1 985 - £255 - **$401**
OERDER Frans David 1866-1944 [47]
🐦 *Bougainvillea in a green vase* - Oil/canvas (60x77cm-24x30in) Amsterdam 95 .... FF6 180 - £746 - **$1,162**
Clematis - Oil/canvas (56x66cm-22x26in) Amsterdam 97 .... FF13 821 - £146 18 - **$2,371**
Mounted trooper, South Africa - Oil/board (27x22cm-11x9in) London 97 .... FF37 348 - £4 000 - **$6,547**
OERI Hans Jakob 1782-1868 [1]
🐦 *Zürcher Stadtvogte Dr. Hirzel* - Oil/canvas (60x48cm-24x19in) Zürich 89 .... FF11 700 - £1 196 - **$1,881**
OERTEL Wilhelm 1870-? [1]
🐦 *Ducks and duckling* - Oil/panel (20x24cm-8x9in) Wien 96 .... FF10 640 - £1 332 - **$2,065**
OESCH Albert Sebastian 1893-1920 [3]
∥ *Im Schrebergarten* - Pastell (23x30cm-9x12in) Bern 92 .... FF4 840 - £494 - **$852**
Mädchen, auf dem Bett liegend - Pastel (39x32cm-15x13in) Bern 95 .... FF12 040 - £1 566 - **$2,473**
OESER Willy 1897-? [3]
∥ *Ducks by a pond* - Oil/panel (19x26cm-7x10in) New-York 95 .... FF5 110 - £637 - **$1,000**
OESTERLEY Carl August H. 1839-1930 [11]
🐦 *Norwegischer Fjord* - Öl/Karton (49x69cm-19x27in) Frankfurt 94 .... FF6 120 - £703 - **$1,046**
Hamburg-Uhlenhorst - Öl/Leinwand (30x48cm-12x19in) München 95 .... FF53 200 - £6 720 - **$10,660**
OEVER van den C. 1881-1952 [1]
🐦 *Paysage d'hiver* - Huile/toile (71x90cm-28x35in) Antwerpen 95 .... FF4 460 - £578 - **$913**
OFEK Avraham 1935-1990 [16]
🐦 *Gimnasia Herzlia* - Oil/board (61x73cm-24x29in) Tel Aviv 95 .... FF9 120 - £1 094 - **$1,700**
∥ *Painting* - Gouache (50x70cm-20x28in) Tel Aviv 97 .... FF3 102 - £344 - **$580**
OFFAND Dominique 1869-? [1]
🐦 *Mer agitée* - Huile/toile Marseille 90 .... FF18 000 - £1 865 - **$3,163**
OFFEL van Edmond 1871-1959 [11]
🐦 *Auxerre* - Huile/toile (43x54cm-17x21in) Bruxelles 91 .... FF2 106 - £211 - **$386**
∥ *Ballerine* - Aquarelle (35x27cm-14x11in) Antwerpen 95 .... FF1 673 - £220 - **$336**
OFFERMANS Anthony Jacobus 1796-1872 [8]
🐦 *Trabellers in an Italian valley* - Oil/canvas (52x66cm-20x26in) Amsterdam 94 .... FF9 408 - £1 029 - **$1,650**
Rotterdam - Oil/canvas (52x77cm-20x30in) London 94 .... FF76 190 - £8 000 - **$13,104**
OFFERMANS Tony Lodewijk George 1854-1911 [11]
🐦 *Mère et enfant* - Huile/toile (74x60cm-29x24in) Antwerpen 97 .... FF18 018 - £1 903 - **$3,124**

The clog makers - Watercolour/paper (35x44cm-14x17in) Amsterdam 95.............. FF**6 360** - £**794** - **$1,284**
OFFORD John James XIX-XX [2]
Young girl - Oil/canvas (31x25cm-12x10in) London 96................................. FF**4 710** - £**600** - **$907**
ÖFVERSTRÖM Hugo 1900-1973 [53]
Rosor - Oil/canvas (42x69cm-17x27in) Göteborg 93.................................. FF**4 330** - £**496** - **$741**
Blommor i vas - Oil/canvas (100x80cm-39x31in) Göteborg 93.................. FF**10 460** - £**1 200** - **$1,790**
OGDEN Frederick D. XIX-XX [3]
Lincoln Memorial - Oil/canvas (61x81cm-24x32in) Mystic, Connecticut 93........ FF**5 230** - £**656** - **$950**
OGDEN Henry Alexander 1856-1936 [1]
Sunday services/Gesture/Man - Watercolour/board (33x23cm-13x9in) Boston, Mass. 93........... FF**3 025** - £**380** - **$550**
OGÉ Eugène 1861-1936 [13]
Pastilles Géraudel, Si vous toussez... - Affiche (126x84cm-50x33in) Paris 97................ FF**2 800** - £**296** - **$483**
Quinquina des Princes - Poster (151x215cm-59x85in) New-York 95............... FF**14 630** - £**1 905** - **$3,000**
OGÉ Pierre Marie Fr. 1849-1812 [1]
Woodland Nymph - Bronze (86cm-34in) London 96.................................. FF**20 200** - £**2 300** - **$3,864**
OGER Ferdinand 1872-1929 [3]
Tête de tigre - Huile/panneau (18x27cm-7x11in) Paris 95.......................... FF**2 800** - £**363** - **$583**
OGIER Marie-Louise 1912 [3]
Le remorqueur - Huile/toile (24x35cm-9x14in) Paris 96............................ FF**3 200** - £**413** - **$623**
OGILVIE James Gordon 1901-1972 [1]
Liseleje beach - Oil/canvas (61x75cm-24x29in) København 95..................... FF**3 710** - £**456** - **$724**
OGILVIE John Clinton 1838-1900 [3]
Landscape with river - Oil/canvas (114x183cm-45x72in) New-York 93.............. FF**18 050** - £**2 065** - **$3,200**
OGILVIE William Abernathy 1901-1989 [11]
Pool in moonlight, Georgian Bay - Acrylic/cardboard (25x36cm-10x14in) Toronto 95...... FF**2 432** - £**308** - **$490**
Sicilian landscape - Watercolour (23x32cm-9x13in) Toronto 95.................... FF**2 865** - £**366** - **$585**
OGILVY Charles 1832-1890 [1]
Ship - Oil/canvas (51x76cm-20x30in) North Bethesda, MD. 92..................... FF**7 650** - £**784** - **$1,500**
OGIWARA MORIE Rokuzan 1879-1909 [1]
Ashtray - Bronze (11cm-4in) New-York 95.. FF**26 800** - £**3 480** - **$5,500**
OGUISS Takanari 1901-1986 [141]
Vue de Paris - Huile/panneau (58x80cm-23x31in) Paris 90................... FF**3 - £392 562** - £**671,378**
Vue de Rouen - Huile/panneau (27x35cm-11x14in) Paris 96.............. FF**62 000** - £**8 040** - **$12,260**
Cour de ferme - Huile/toile/carton (45x54cm-18x21in) Paris 96............ FF**152 000** - £**19 040** - **$29,330**
Passage de l'église - Huile/toile (73x60cm-29x24in) Lille 96............... FF**330 000** - £**41 140** - **$63,700**
Place Jussieu, Paris - Oil/canvas (65x81cm-26x32in) London 94.......... FF**572 000** - £**68 000** - **$104,500**
Rue St.-Médard, Paris - Oil/canvas (65x81cm-26x32in) New-York 94......... FF**642 000** - £**74 300** - **$109,500**
Chez Léo - Lithographie (57x76cm-22x30in) Paris 89...................... FF**19 000** - £**2 002** - **$3,199**
Impasse hautes formes - Aquarelle (24x31cm-9x12in) Paris 92............. FF**43 000** - £**4 400** - **$7,570**
OHL Frits 1904-1976 [10]
Harbour, Indonesia - Oil/canvas (121x90cm-48x35in) Amsterdam 94......... FF**12 800** - £**1 487** - **$2,205**
Indonesians - Oil/board (90x120cm-35x47in) Amsterdam 95................ FF**63 000** - £**8 160** - **$12,900**
OHLSEN Theodor 1855-? [4]
Weg am Rhein - Oil/board (51x78cm-20x31in) Düsseldorf 91.............. FF**6 420** - £**647** - **$1,114**
OHLSON Alfred 1868-1940 [2]
Pojke med boll - Bronze (15cm-6in) Göteborg 96........................ FF**1 634** - £**186** - **$313**
OHLSSON Karl Enock 1889-1958 [4]
Skutor i vinterläge - Oil/canvas (48x66cm-19x26in) Malmö 91............ FF**6 830** - £**678** - **$1,186**
OHLSSON Olof 1809-1872 [1]
Frederik Mannerstam - Oil/canvas (37x30cm-15x12in) Malmö 96.......... FF**2 477** - £**294** - **$484**
ÖHLUND Bertil 1923 [8]
Composition - Huile/toile (75x100cm-30x39in) Versailles 91.............. FF**3 500** - £**353** - **$619**
OHLWEIN Günter 1930 [2]
Zueinander - Öl/Leinwand (96x62cm-38x24in) Berlin 93................. FF**4 040** - £**487** - **$735**
Quaderplastik - Sculpture (15cm-6in) Berlin 96....................... FF**4 080** - £**465** - **$780**
OHM Wilhelm 1905-1965 [20]
Drei Kinder - Tempera/panel (51x71cm-20x28in) Amsterdam 89........... FF**19 500** - £**2 055** - **$3,283**
Expressionistisches Paar - Gouache/paper (70x95cm-28x37in) Stuttgart 91........ FF**10 140** - £**1 022** - **$1,760**
Tanzerin und Musiker - Tempera/paper (74x10cm-29x4in) Amsterdam 89..... FF**13 500** - £**1 423** - **$2,273**
OHMANN Friedrich 1858-1927 [1]
Vorschlag für die Ausgestaltung - Ink (38x72cm-15x28in) Wien 92......... FF**7 220** - £**740** - **$1,271**
OHMAYER Max 1903-? [1]
Reiter in mittelalterlichem Habit - Öl/Leinwand (74x92cm-29x36in) Lindau 95...... FF**3 790** - £**484** - **$765**
OHMERT Paul Hans 1890-1960 [3]
Kopfweiden - Öl/Leinwand (41x51cm-16x20in) München 93............... FF**3 096** - £**351** - **$524**
OHRINGER Frederick XX [1]
Untitled - Gelatin silver print (28x23cm-11x9in) New-York 93............. FF**7 090** - £**806** - **$1,200**
ÖHRSTRÖM Alma 1897-1980 [12]
Stora Hammars gamla kyrka - Oil/canvas (68x74cm-27x29in) Malmö 92..... FF**17 170** - £**2 050** - **$3,300**
ÖHRSTRÖM Edvin 1906-1994 [8]
Brottare - Bronze (39cm-15in) Stockholm 95.......................... FF**5 900** - £**767** - **$1,210**
ÖHVALL John 1883-1957 [5]
Åsögatan 16, Söder, Stockholm - Oil/canvas (26x36cm-10x14in) Stockholm 91........ FF**2 357** - £**238** - **$409**

OINONEN Mikko 1883-1956 [11]
- *Stadsvy* - Oil/canvas (38x51cm-15x20in) Helsinki 90 .... FF23 770 - £2 419 - **$4,754**
- *Grönskande Alandskap* - Oil/canvas (69x84cm-27x33in) Helsinki 89 .... FF86 300 - £8 824 - **$13,875**

OITTINEN Mauno 1896-1970 [4]
- *Herde* - Bronze (49cm-19in) Helsinki 94 .... FF5 500 - £638 - **$947**

OJA Onni 1909 [16]
- *Blomsterstilleben* - Oil/canvas (55x75cm-22x30in) Helsinki 92 .... FF16 100 - £1 925 - **$3,100**

OKADA Kenzo 1902-1982 [15]
- *Enigma* - Oil/canvas (135x109cm-53x43in) New-York 94 .... FF84 400 - £10 140 - **$16,000**
- *Untitled* - Oil/canvas (132x177cm-52x70in) New-York 94 .... FF174 420 - £18 315 - **$30,000**
- *Double landscape* - Oil/canvas (198x559cm-78x220in) New-York 90 .... FF875 000 - £88 110 - **$171,401**

OKADA Saburosuke 1869-1939 [1]
- *Promenade des Anglais: Nice* - Watercolour/paper (23x30cm-9x12in) New-York 95 .... FF68 200 - £8 860 - **$14,000**

OKAMURA Arthur 1932 [4]
- *Suspension of a night Bird* - Oil/canvas (51x51cm-20x20in) New-York 97 .... FF2 902 - £305 - **$500**

OKASHY Avshalom 1916-1980 [11]
- *Woman with a bird* - Oil/canvas (100x81cm-39x32in) Tel Aviv 96 .... FF24 860 - £3 070 - **$4,800**
- *Untitled* - Gouache (69x49cm-27x19in) Tel Aviv 94 .... FF3 830 - £456 - **$700**

OKNINSKI Ryszard 1848-1925 [1]
- *Street scene in winter* - Oil/canvas (63x105cm-25x41in) Warszawa 96 .... FF30 330 - £3 830 - **$5,840**

OKO Annette 1941 [2]
- *Lace Curtain, 1988* - Acrylique/toile (100x90cm-39x35in) Paris 90 .... FF32 100 - £3 326 - **$5,641**

OKULICK John 1947 [5]
- *Remains of Clytie* - Wood (145x170cm-57x67in) New-York 96 .... FF15 120 - £1 823 - **$2,900**

OKUN Edward, Edouard 1872-1945 [3]
- *Vue de Raguse* - Huile/toile (115x92cm-45x36in) Warszawa 95 .... FF37 800 - £4 830 - **$7,760**

OKX Kees XX [2]
- *Figuren* - Pastel/paper (36x56cm-14x22in) Amsterdam 94 .... FF1 685 - £200 - **$312**

OLAFSSON Sigurdson 1908-1982 [2]
- *Fótboltamenn* - Plaster (101cm-40in) København 96 .... FF304 000 - £37 700 - **$59,000**

OLAFSSON Tove 1909-1992 [11]
- *Tående pige* - Bronze (38cm-15in) København 96 .... FF8 150 - £1 020 - **$1,646**

OLAGNON Pierre Victor 1786-c.1850 [1]
- *Young lady in a blue dress* - Oil/panel (19x16cm-7x6in) London 94 .... FF5 840 - £700 - **$1,134**

OLARIA Federico 1849-1898 [2]
- *Perritos Juguetones* - Oleo/lienzo (61x50cm-24x20in) Madrid 90 .... FF23 000 - £2 478 - **$4,056**

OLASO VILLALBA José 1938 [3]
- *Paisaje del País Vasco* - Oleo/tabla (61x90cm-24x35in) Madrid 95 .... FF3 020 - £392 - **$621**

OLAVIDE Ramon ?-1877 [1]
- *The promenade* - Oil/canvas (64x41cm-25x16in) London 93 .... FF13 280 - £1 600 - **$2,430**

OLAVSON Gudmar 1936 [3]
- *Kyssen, omfammande par* - Bronze (25cm-10in) Göteborg 92 .... FF3 770 - £386 - **$664**

OLBRICHT Alexander 1876-1942 [6]
- *Pflanzenzeichnungen* - Woodcut (38x26cm-15x10in) Berlin 95 .... FF1 545 - £202 - **$314**

OLCHVANG Anton 1965 [2]
- *Monument No. 1* - Métal (96x77cm-38x30in) Paris 93 .... FF15 000 - £1 875 - **$2,730**

OLD TAYLOR John 1739-1838 [1]
- *Richard Roundell* - Pencil (14x11cm-6x4in) London 93 .... FF4 400 - £501 - **$747**

OLDE Hans, Joh. Wilhelm 1855-1917 [6]
- *Kranken Friedrich Nietzsche* - Öl/Leinwand (85x110cm-33x43in) Bremen 95 .... FF34 400 - £4 520 - **$6,900**
- *Saxons, Duché d'Altenbourg* - Watercolour/paper (49x38cm-19x15in) Heidelberg 93 .... FF11 200 - £1 306 - **$1,840**

OLDENBURG Acke 1923 [3]
- *Collioure, 1949* - Mixed media (44x34cm-17x13in) Stockholm 89 .... FF5 100 - £521 - **$820**

OLDENBURG Claes 1929 [221]
- *Mannikin with One Leg* - Enamel (219x43x70cm-86x17x28in) New-York 97 .... FF1 - £152 625 - **$250,000**
- *Untitled* - Enamel (45x30cm-18x12in) London 95 .... FF40 200 - £5 200 - **$8,220**
- *Fragments de Glace* - Mixed media (41x13x24cm-16x5x9in) New-York 92 .... FF272 600 - £27 900 - **$48,000**
- *Notes in Hand* - Color lithograph (5x20cm-2x8in) Amsterdam 97 .... FF11 716 - £1 228 - **$2,010**
- *Screw Arch Bridge* - Etching, aquatint (79x148cm-31x58in) New-York 97 .... FF68 572 - £7 351 - **$12,000**
- *Cracker* - Bronze (17x1x9cm-7x4in) Amsterdam 97 .... FF5 566 - £583 - **$955**
- *Gâteau sur une assiette* - Plâtre (23x15cm-9x6in) Paris 96 .... FF30 000 - £3 730 - **$5,820**
- *Fag End Study* - Sculpture (114x127x74cm-45x50x29in) New-York 97 .... FF872 100 - £91 575 - **$150,000**
- *Girls' Dresses Blowing* - Muslin soaked in plaster/wire frames, enamel (113x15x103cm-44x6x41in) New-York 94...........
  FF946 000 - £112 500 - **$180,000**
- *Hats* - Watercolour (13x22cm-5x9in) New-York 97 .... FF20 468 - £2 161 - **$3,500**
- *Soft inverted Q* - Watercolour (28x35cm-11x14in) New-York 97 .... FF46 784 - £4 940 - **$8,000**
- *Home Ray Guns* - Watercolour (60x45cm-24x18in) New-York 94 .... FF162 600 - £18 850 - **$28,000**

OLDENHAVE Arnoldus 1905-? [2]
- *In der Grossstadt* - Öl/Leinwand (76x57cm-30x22in) Köln 93 .... FF2 035 - £243 - **$392**

OLDEROCK Max 1895-1972 [2]
- *Abstrakte Komposition* - Gouache (33x19cm-13x7in) Hamburg 96 .... FF1 690 - £205 - **$328**

OLDEWELT Ferdinand Gustaaf W. 1857-1935 [5]
- Streetscene - Oil/canvas (62x50cm-24x20in) Amsterdam 92 .... FF10 620 - £1 090 - **$2,042**

OLDFIELD Otis 1890-1969 [7]
- Buff of telegraph hill - Oil/canvas (91x71cm-36x28in) New-York 90 .... FF114 400 - £12 248 - **$19,896**

OLEFFE Auguste 1867-1931 [28]
- Port d'Ostende - Huile/papier (63x79cm-25x31in) Lokeren 94 .... FF5 470 - £653 - **$1,031**
- Dame en intérieur - Huile/papier (58x40cm-23x16in) Lokeren 96 .... FF15 640 - £1 990 - **$3,010**
- Ladies in an Interior - Oil/canvas (91x91cm-36x36in) Amsterdam 97 .... FF52 730 - £5 530 - **$9,048**
- Port de Bruge - Aquarelle (49x59cm-19x23in) Cannes 94 .... FF3 000 - £341 - **$509**
- Femme dans un intérieur - Aquarelle, gouache (60x44cm-24x17in) Lokeren 94 .... FF46 500 - £5 480 - **$8,270**

OLGIATI Rodolfo 1887-1930 [2]
- La Valle di Poschiavo - Huile/toile (60x81cm-24x32in) Bern 95 .... FF15 500 - £2 012 - **$3,180**

OLGYAY Ferenc 1872-1939 [2]
- Fra le rose - Olio/tela (60x70cm-24x28in) Trieste 93 .... FF2 534 - £289 - **$430**

OLIN Jean 1894-1972 [5]
- Derrière le miroir - Huile/toile (63x50cm-25x20in) Paris 90 .... FF25 000 - £2 517 - **$4,897**
- La Cène - Gouache (26x40cm-10x16in) Paris 93 .... FF1 800 - £217 - **$328**

OLINDA de René Pierre 1893-? [1]
- Rêve de danse - Huile/toile (30x46cm-12x18in) Neuilly 89 .... FF3 900 - £411 - **$657**

OLINSKY Ivan Gregorevitch 1878-1962 [13]
- Woman in a blue dress - Oil/canvas (77x92cm-30x36in) New-York 94 .... FF26 300 - £3 160 - **$5,000**
- La Fete, San Marco - Oil/canvas (57x74cm-22x29in) New-York 96 .... FF181 700 - £23 150 - **$35,000**
- Seated nude with yellow cloth - Pastel (56x50cm-22x20in) New-York 93 .... FF3 575 - £449 - **$650**

OLITSKI Jules 1922 [56]
- Green Flip Out - Acrylic/canvas (79x234cm-31x92in) New-York 96 .... FF67 300 - £8 690 - **$13,000**
- Purple casanova - Acrylic/canvas (183x168cm-72x66in) New-York 97 .... FF174 420 - £18 315 - **$30,000**
- Princess yellow - Acrylic/canvas (215x288cm-85x113in) New-York 97 .... FF232 560 - £24 420 - **$40,000**
- Flaming passion - Acrylic/canvas (224x203cm-88x80in) New-York 92 .... FF367 500 - £42 700 - **$75,000**

OLIVA Antoine [1]
- Le cours Saleya - Huile/panneau (50x40cm-20x16in) Nice 91 .... FF2 000 - £200 - **$337**

OLIVA José XIX-XX [3]
- La Senorita del Abanico - Oil/canvas (100x50cm-39x20in) New-York 97 .... FF22 753 - £2 448 - **$4,000**

OLIVA Pedro Pablo 1949 [6]
- Gentes condenadas a vivir eternamente
  Acrylic/canvas (124x142cm-49x56in) New-York 97 .... FF57 274 - £6 105 - **$10,000**

OLIVA Victor 1861-1928 [3]
- Im Heilbad - Gouache/papier (30x28cm-12x11in) Wien 94 .... FF5 850 - £701 - **$1,136**

OLIVA Y RODRIGO Eugenio 1857-1925 [12]
- Marquesa de Villafranca - Oleo/lienzo (130x100cm-51x39in) Madrid 95 .... FF4 050 - £506 - **$960**
- La Vendimia - Oleo/lienzo (150x115cm-59x45in) Madrid 93 .... FF26 700 - £3 180 - **$4,830**

OLIVARI Eugenio 1863-1917 [1]
- Al Lido di Albaro - Olio/tela (19x25cm-7x10in) Genova 90 .... FF29 800 - £3 079 - **$5,265**

OLIVE Ceferino 1907 [12]
- Plaza de callao - Acuarela (60x73cm-24x29in) Madrid 95 .... FF9 070 - £1 193 - **$1,823**

OLIVE Jacint 1896-1967 [3]
- Rincon de patio - Oleo/lienzo (44x56cm-17x22in) Madrid 97 .... FF5 400 - £607 - **$972**
- Angulo portuario - Oil/canvas (73x92cm-29x36in) New-York 90 .... FF40 000 - £4 283 - **$6,957**

OLIVE Jean-Baptiste 1848-1936 [105]
- Côte rocheuse en Méditerranée - Huile/panneau (32x41cm-13x16in) Amiens 97 .... FF29 000 - £3 065 - **$4,976**
- Bord de mer - Huile/toile (33x41cm-13x16in) Marseille 95 .... FF40 500 - £5 250 - **$8,300**
- Pêches dans une coupe - Huile/toile (74x61cm-29x24in) Paris 92 .... FF55 000 - £5 630 - **$9,900**
- Coup de vent - Huile/toile (45x70cm-18x28in) Paris 94 .... FF90 000 - £10 520 - **$15,800**
- Corniche et Parc Talabot - Huile/toile (60x81cm-24x32in) Paris 97 .... FF151 000 - £16 519 - **$26,304**
- Marseille, le Port - Huile/toile (89x117cm-35x46in) Paris 96 .... FF300 000 - £38 000 - **$57,500**
- Bord de corniche - Encre Chine (7x18cm-3x7in) Marseille 90 .... FF34 000 - £3 640 - **$5,913**

OLIVE-TAMARI Henri 1898-1980 [22]
- La fuite - Huile/toile (65x81cm-26x32in) Deauville 92 .... FF9 000 - £921 - **$1,585**
- Le port de Toulon - Huile/toile (81x100cm-32x39in) Deauville 92 .... FF51 000 - £5 220 - **$8,980**

OLIVECRONA Eliza 1858-1902 [2]
- Ung kvinna i halmhatt, Paris - Oil/canvas (60x50cm-24x20in) Uppsala 90 .... FF6 200 - £664 - **$1,078**

OLIVEIRA Nathan 1928 [27]
- Ryan II - Oil/canvas (213x168cm-84x66in) San Francisco-Los Angeles 94 .... FF36 000 - £4 700 - **$7,000**
- Woman with Hand - Oil/paper/panel (65x55cm-26x22in) New-York 95 .... FF79 200 - £9 900 - **$16,000**
- Conversation at Bibo - Oil/masonite (44x48cm-17x19in) New-York 96 .... FF137 500 - £16 200 - **$27,000**
- Seated man - Oil/canvas (106x101cm-42x40in) New-York 97 .... FF337 500 - £34 500 - **$62,500**
- Woman Dancing - Gouache/paper (66x54cm-26x21in) San Francisco-Los Angeles 93 .... FF50 200 - £5 700 - **$8,500**
- Man and Falcon - Collage (109x84cm-43x33in) New-York 95 .... FF161 000 - £20 100 - **$32,500**

OLIVER Alfred XIX-XX [15]
- Autumn Glow - Oil/canvas (61x76cm-24x30in) London 97 .... FF2 814 - £300 - **$491**

OLIVER Archer James 1774-1842 [1]
- Miss Hardinge - Oil/canvas (76x63cm-30x25in) North Bethesda, MD. 91 .... FF11 880 - £1 197 - **$2,061**

OLIVER BOSCH Magí 1877-1964 [1]
- Paisaje con casa - Oleo/lienzo (61x50cm-24x20in) Madrid 93 .... FF4 700 - £565 - **$915**

O

OLIVER Emma Sophie 1819-1885 [4]
Doge's Palace, Venice - Watercolour (14x25cm-6x10in) London 92 .... FF5 370 - £550 - **$1,053**
OLIVER Madge 1875-1924 [2]
Bouteille et pot bleu - Oil/canvas (45x61cm-18x24in) Penzance, Cornwall 90 .... FF2 150 - £216 - **$391**
OLIVER Myron 1891-1967 [1]
Carmel farm scene - Oil/canvas (61x68cm-24x27in) San Francisco 91 .... FF16 200 - £1 637 - **$3,216**
OLIVER Peter c.1594-1647 [5]
Terraced Houses - Oil/board (32x56cm-13x22in) London 94 .... FF2 075 - £240 - **$355**
OLIVER T. Clarkson ?-1893 [2]
Beached boat off harbor - Oil/board (15x25cm-6x10in) New-York 94 .... FF4 470 - £537 - **$850**
Coming to the shore - Oil/canvas (30x46cm-12x18in) Cambridge, Mass. 92 .... FF11 270 - £1 310 - **$2,300**
OLIVER Thomas William 1877-? [1]
Teichlandschaft - Oil/panel (25x35cm-10x14in) Wien 91 .... FF8 660 - £869 - **$1,445**
OLIVER William XIX [6]
Classical beauty - Oil/canvas (35x103cm-14x41in) London 92 .... FF60 300 - £7 200 - **$11,600**
Confidences - Oil/canvas (105x72cm-41x28in) New-York 94 .... FF167 629 - £17 870 - **$29,000**
OLIVER William 1804-1853 [24]
Say yes or no - Oil/canvas (51x61cm-20x24in) London 92 .... FF13 680 - £1 400 - **$2,414**
Young girl wearing a dress - Oil/canvas (75x49cm-30x19in) London 90 .... FF53 300 - £5 506 - **$9,417**
OLIVIÉ Jean 1833-1901 [1]
Enfants et chien sous un parapluie - Huile/toile (146x111cm-57x44in) Paris 90 .... FF62 000 - £6 243 - **$12,145**
OLIVIÉ Léon 1863-1901 [1]
Dinner time - Oil/canvas (76x96cm-30x38in) London 90 .... FF97 600 - £9 933 - **$19,518**
OLIVIER Ferdinand 1873-1957 [22]
Le mas de Bel-Air - Huile/toile (50x65cm-20x26in) Paris 94 .... FF7 500 - £877 - **$1,316**
Étang de Berre - Huile/carton (83x105cm-33x41in) Neuilly 92 .... FF19 000 - £1 945 - **$3,420**
OLIVIER Heinrich 1783-1848 [1]
Gentleman seated at his desk - Watercolour (37x29cm-15x11in) London 96 .... FF23 840 - £2 800 - **$4,690**
OLIVIER Herbert Arnauld 1861-1952 [8]
Bond of friendship - Oil/canvas (61x50cm-24x20in) London 92 .... FF9 770 - £1 000 - **$1,724**
North African street market - Watercolour (48x30cm-19x12in) London 94 .... FF2 100 - £250 - **$400**
OLIVIER Olivier 1931 [9]
La dernière couleur - Huile/toile (41x33cm-16x13in) Paris 93 .... FF6 000 - £750 - **$1,091**
Paysage avec flaques - Pastel/papier (72x100cm-28x39in) Paris 97 .... FF4 500 - £476 - **$772**
OLIVIER Pierre 1928 [5]
Paysage évoluant - Acrylique (89x116cm-35x46in) Douai 92 .... FF7 000 - £717 - **$1,260**
OLIVIER von Ferdinand 1785-1841 [2]
Bergveste Salzburg - Lithographie (19x26cm-7x10in) München 93 .... FF16 950 - £2 025 - **$3,260**
The Kalvarienberg - Pencil (47x60cm-19x24in) Wien 96 .... FF165 600 - £20 060 - **$32,200**
OLIVIERI Camilla 1844-? [1]
Rio Albri, Venezia - Oil/canvas (63x46cm-25x18in) New-York 94 .... FF8 410 - £994 - **$1,500**
OLIVIERI Claudio 1934 [14]
Cromie rosse - Olio/tela (200x120cm-79x47in) Milano 93 .... FF13 540 - £1 520 - **$2,424**
OLLENDORF Julian XX [8]
Bailarina Egipcia - Lápiz (75x55cm-30x22in) Madrid 97 .... FF1 791 - £193 - **$310**
OLLEROS Y QUINTANA Blas 1851-1919 [3]
At the beach - Oil/panel (23x44cm-9x17in) New-York 92 .... FF37 360 - £3 780 - **$7,500**
OLLERS Edvin 1888-1959 [54]
Flowers in a vase - Oil/canvas (55x46cm-22x18in) Göteborg 95 .... FF2 834 - £354 - **$556**
Blomsterstilleben - Oil/canvas (100x73cm-39x29in) Stockholm 94 .... FF16 180 - £1 917 - **$2,990**
ØLLGAARD Hans 1911-1969 [32]
Kvinder siddende - Oil/canvas (100x118cm-39x46in) København 94 .... FF4 360 - £508 - **$764**
Badeliv - Oil/canvas (110x158cm-43x62in) København 94 .... FF40 200 - £4 660 - **$6,920**
OLLILA Yrjö 1887-1932 [5]
Bäcken - Oil/canvas (57x61cm-22x24in) Helsinki 94 .... FF19 030 - £2 207 - **$3,280**
OLLIVARY Annette 1926 [5]
Mort de Virginie - Oil/canvas (38x61cm-15x24in) London 95 .... FF4 234 - £550 - **$871**
OLLIVIER Michel Barthélémy 1712-1784 [7]
Fêtes galantes - Huile/toile (42x33cm-17x13in) Paris 96 .... FF320 000 - £37 040 - **$61,300**
Jeune femme à la palette - Sanguine (19x15cm-7x6in) Paris 92 .... FF42 000 - £4 300 - **$7,560**
OLMO PASCUAL del Gregorio 1921-1977 [5]
Niña cosiendo - Oleo/lienzo (100x81cm-39x32in) Madrid 92 .... FF70 200 - £7 150 - **$12,350**
OLMSTEAD Frederick Law 1822-1903 [1]
Park landscape - Watercolour/paper (10x15cm-4x6in) New Orleans, Louisiana 95 .... FF2 247 - £271 - **$425**
OLOFSSON Pierre 1921 [60]
Komposition - Tempera/panel (63x108cm-25x43in) Stockholm 94 .... FF8 650 - £1 025 - **$1,598**
Komposition - Mixed media (32x175cm-13x69in) Stockholm 93 .... FF22 940 - £2 820 - **$4,250**
Malning i luften - Sculpture (58x73cm-23x29in) Stockholm 90 .... FF76 800 - £8 170 - **$13,739**
Komposition - Gouache (90x24cm-35x9in) Stockholm 95 .... FF4 790 - £605 - **$960**
Kontrapunkt II-rundelltema II - Gouache/paper (10x137cm-4x54in) Stockholm 91 .... FF14 140 - £1 435 - **$2,554**
OLOVSON Per Gudmar 1936 [3]
L'Angoisse - Bronze (21cm-8in) Stockholm 94 .... FF9 280 - £1 090 - **$1,654**

OLPINSKI Jan Kazimierz 1875-1936 [2]
🦅 *Zakonnica (Au couvent)* - Huile/toile (75x58cm-30x23in) Warszawa 93 .... FF3 774 - £386 - $625

OLRIK Balder 1966 [4]
🦅 *Interior* - Oil/canvas (140x170cm-55x67in) København 96 .... FF15 470 - £2 013 - $3,066

OLRIK Henrik 1830-1890 [6]
🦅 *Hoved af ung italienrinde, Roma* - Oil/canvas (34x26cm-13x10in) København 91 .... FF3 510 - £352 - $643

OLSEN Alfred Theodor 1854-1932 [16]
🦅 *Copenhagen Harbour* - Oil/canvas (70x155cm-28x61in) Viby J, Århus 96 .... FF9 200 - £1 187 - $1,776

OLSEN Carl 1818-1878 [18]
🦅 *Marine med fiskerbåde* - Oil/canvas (41x68cm-16x27in) København 91 .... FF3 080 - £309 - $533
Charlotte hage af Kjøbenhavn - Oil/canvas (63x95cm-25x37in) København 96 .... FF17 540 - £2 186 - $3,390

OLSEN Christian Benjamin 1873-1935 [91]
🦅 *Marine* - Oil/canvas (80x100cm-31x39in) København 96 .... FF6 240 - £808 - $1,248
Marine - Ol/Leinwand (75x113cm-30x44in) Wien 95 .... FF17 130 - £2 167 - $3,346

OLSEN Einar 1876-1950 [1]
🦅 *Painter on the beach* - Oil/canvas (30x38cm-12x15in) København 95 .... FF4 860 - £597 - $947

OLSEN Ejnar Sigurd 1880-1922 [3]
✏️ *Skibsportraet/F Harald Haarfanger* - Gouache (18x24cm-7x9in) Viby J, Århus 93 .... FF2 277 - £272 - $438

OLSEN George Wallace 1876-1938 [1]
🦅 *The glacier, by pine* - Oil/canvas (76x61cm-30x24in) San Francisco-Los Angeles 90 .... FF9 700 - £1 020 - $1,687

OLSEN Gudmund 1913-1985 [25]
🦅 *Jesus vandrer på søen* - Oil/canvas (100x95cm-39x37in) Viby J, Århus 96 .... FF2 110 - £251 - $412
Nature morte, Opus V - Oil/canvas (100x81cm-39x32in) København 92 .... FF10 560 - £1 080 - $1,860

OLSEN Knud 1878-1951 [1]
🦅 *Bokskogsinteriör* - Oil/canvas (91x125cm-36x49in) Malmö 94 .... FF7 720 - £896 - $1,330

OLSEN Otto 1905-1966 [4]
🦅 *Udsigt over Gammel Strand* - Oil/canvas (80x95cm-31x37in) København 93 .... FF2 630 - £314 - $505

OLSEN Rudi 1937 [3]
🦅 *Blå komposition* - Oil/canvas (55x33cm-22x13in) København 96 .... FF2 927 - £380 - $579

OLSEN-VENTEGODT Ole Peter 1863-1937 [2]
🦅 *La Casa del fauno, Pompeii* - Oil/canvas (68x90cm-27x35in) London 90 .... FF29 340 - £3 029 - $5,179

OLSOMMER Charles Clos 1883-1966 [16]
✏️ *Sur le chemin de Miège* - Aquarell (22x30cm-9x12in) Bern 92 .... FF8 370 - £1 000 - $1,610
Françoise - Pastel (34x29cm-13x11in) Bern 93 .... FF37 600 - £4 330 - $6,450

OLSON Albert Byron 1885-1940 [3]
🦅 *Garden cut flowers* - Oil/canvas (91x68cm-36x27in) Denver, Colorado 95 .... FF3 580 - £700 - $454

OLSON Anders 1880-1955 [19]
🦅 *Triangeln, Malmö* - Oil/canvas (61x50cm-24x20in) Malmö 91 .... FF7 070 - £718 - $1,277

OLSON Axel 1899-1986 [141]
🦅 *Fågelburarna* - Oil/canvas (46x55cm-18x22in) Stockholm 97 .... FF15 849 - £1 673 - $2,738
Kvinna vid kamin - Oil/canvas (48x42cm-19x17in) Stockholm 95 .... FF57 500 - £7 470 - $11,800
Grå figur - Oil/canvas/panel (87x58cm-34x23in) Stockholm 94 .... FF154 500 - £17 920 - $26,600
Hamnbild - Akvarell (18x28cm-7x11in) Stockholm 96 .... FF4 600 - £598 - $902
Komposition - Akvarell (12x9cm-5x4in) Stockholm 96 .... FF14 600 - £1 714 - $2,870

OLSON Bengt 1930 [45]
🦅 *Quartier de vente* - Huile/toile (146x89cm-57x35in) Paris 97 .... FF5 000 - £534 - $866
Komposition - Oil/canvas (116x87cm-46x34in) Stockholm 96 .... FF8 380 - £1 081 - $1,643
Komposition, Paris - Oil/canvas (97x130cm-38x51in) Göteborg 92 .... FF24 500 - £2 510 - $4,320

OLSON Carl 1864-1940 [5]
🦅 *Vid vårbäcken* - Oil/canvas (90x113cm-35x44in) Göteborg 96 .... FF4 120 - £471 - $790

OLSON Erik 1901-1986 [110]
🦅 *A och O* - Oil/canvas (86x69cm-34x27in) Stockholm 94 .... FF11 900 - £1 410 - $2,197
De vita stenarna - Oil/canvas (63x98cm-25x39in) Stockholm 97 .... FF35 471 - £3 745 - $6,128
Tyngdlyftaren - Oil/panel (470x431cm-185x170in) Stockholm 95 .... FF88 400 - £11 500 - $18,150
✏️ *Still life* - Watercolour (12x17cm-5x7in) Stockholm 96 .... FF4 680 - £567 - $910
Familjen - Gouache (11x22cm-4x9in) Stockholm 95 .... FF15 900 - £1 985 - $3,120

OLSON Erik H. 1909-1995 [37]
🦅 *Röd kvadrat* - Oil/canvas (60x81cm-24x32in) Stockholm 91 .... FF26 400 - £2 628 - $4,540
🗿 *Optochromi R3 X* - Sculpture (35cm-14in) Stockholm 95 .... FF14 980 - £1 872 - $3,820
Optochromi OT-7 - Sculpture (48cm-19in) Stockholm 91 .... FF46 200 - £4 599 - $7,945

OLSON Joseph Olaf 1894-1979 [3]
🦅 *Gloucester Harbor fishing boats* - Oil/canvas (40x47cm-16x19in) New-York 92 .... FF9 360 - £1 117 - $1,800

OLSON Ove Nils 1903-1975 [14]
🦅 *Vue de Paris* - Oil/canvas (48x55cm-18x22in) Malmö 91 .... FF3 370 - £335 - $585

OLSSON Arne 1918 [4]
🦅 *Gyllene himmel och hav* - Oil/canvas (81x100cm-32x39in) Stockholm 91 .... FF4 680 - £466 - $805

OLSSON Axel 1919 [3]
🗿 *Handbollsspelande flickor* - Terracotta (97cm-38in) Malmö 93 .... FF3 880 - £458 - $682

OLSSON Emil 1890-1964 [11]
🦅 *Landskap med skördar åker* - Oil/panel (27x35cm-11x14in) Malmö 93 .... FF2 896 - £365 - $548
Stenbrottet - Oil/canvas (93x110cm-37x43in) Stockholm 90 .... FF23 400 - £2 489 - $4,186

OLSSON Gottfrid 1890-1979 [29]
🦅 *Beach in Danmark* - Oil/canvas (40x50cm-16x20in) Malmö 96 .... FF6 580 - £780 - $1,284
✏️ *Uppdragna båtar, Vik* - Watercolour (25x33cm-10x13in) Malmö 96 .... FF1 626 - £193 - $317

OLSSON HAGALUND Olle 1904-1972 [92]
- Sittande fiskargubbe - Oil/panel (50x36cm-20x14in) Göteborg 94 .... FF24 300 - £2 816 - **$4,180**
- Gata i Paris - Oil/canvas (49x57cm-19x22in) Stockholm 97 .... FF67 923 - £7 173 - **$11,736**
- Ruskväder - Oil/canvas (56x61cm-22x24in) Stockholm 96 .... FF138 400 - £17 260 - **$26,730**
- Morgon - Oil/canvas (73x81cm-29x32in) Stockholm 94 .... FF374 000 - £39 300 - **$69,100**
- Växthuset - Coloured crayons/paper (36x30cm-14x12in) Stockholm 96 .... FF11 070 - £1 342 - **$2,153**
- Flicka vid kyrkfönstret - Gouache (37x28cm-15x11in) Stockholm 96 .... FF38 400 - £4 510 - **$7,550**

OLSSON Johannes 1945 [8]
- Lekfulla laxar - Oil/canvas (73x73cm-29x29in) Stockholm 94 .... FF6 230 - £732 - **$1,170**

OLSSON Julius 1864-1942 [50]
- Red Sky over the Waves - Oil/canvas (46x61cm-18x24in) London 97 .... FF9 337 - £1 000 - **$1,613**
- Waves on Rocks - Oil/canvas (51x61cm-20x24in) London 97 .... FF22 409 - £2 400 - **$3,872**
- Dunluce Castle - Poster (122cm-39x48in) New-York 95 .... FF2 030 - £266 - **$425**

OLSSON Viktor 1898 [2]
- Landskap - Oil/canvas (58x65cm-23x26in) Göteborg 94 .... FF2 355 - £273 - **$406**

OLSSON Wilgot 1906-1991 [22]
- Vase of roses - Oil/canvas (55x44cm-22x17in) Göteborg 95 .... FF3 800 - £492 - **$777**
- Flaskstilleben - Oil/canvas (56x68cm-22x27in) Stockholm 91 .... FF19 650 - £1 956 - **$3,379**

ØLSTED Peter 1824-1887 [9]
- Landskab fra Nordsjaelland - Oil/canvas (63x90cm-25x35in) Viby J, Århus 94 .... FF4 350 - £514 - **$782**

OLSZEWSKI Karl Ewald 1884-1965 [4]
- Störche über der Meeresküste - Öl/Karton (95x124cm-37x49in) München 95 .... FF12 410 - £1 570 - **$2,490**

OLTEN van Justus XIX [3]
- Wierwaldstätter See - Öl/Leinwand (98x142cm-39x56in) Wien 94 .... FF21 760 - £2 500 - **$3,720**

OLTMANN Willi 1905-1979 [1]
- Blumenstilleben - Aquarell (69x84cm-27x33in) Bremen 93 .... FF10 170 - £1 215 - **$1,957**

OLZON Nils 1891-1953 [13]
- Norrländsk vinterbild - Oil/canvas (51x71cm-20x28in) Uppsala 92 .... FF9 480 - £1 103 - **$1,936**

OMAN Valentin 1935 [22]
- Figur I - Mischtechnik (205x70cm-81x28in) Wien 97 .... FF16 723 - £1 778 - **$2,884**
- Ohne Titel - Mischtechnik (200x130cm-79x51in) Wien 97 .... FF33 446 - £3 556 - **$5,768**
- Selbstporträt - Mischtechnik/Papier (63x48cm-25x19in) Wien 97 .... FF7 645 - £812 - **$1,318**

OMCIKOUS Pierre 1926 [2]
- La Nuit - Huile/toile (66x82cm-26x32in) Toulouse 96 .... FF2 500 - £324 - **$495**

OMERTH Georges XX-XX [22]
- Le chapeau clac - Ivory, bronze Paris 96 .... FF3 800 - £437 - **$725**
- Couple de pêcheurs - Ivory, bronze (27cm-11in) Paris 95 .... FF8 000 - £1 038 - **$1,640**
- Princesse arabe et janissaire - Ivory, bronze (35cm-14in) Paris 94 .... FF29 000 - £3 390 - **$5,090**

OMICCIOLI Giovanni 1901-1975 [62]
- Paesaggio - Olio/masonite (39x29cm-15x11in) Milano 95 .... FF9 660 - £1 248 - **$1,984**
- Erice - Olio/tela (50x68cm-20x27in) Roma 96 .... FF33 280 - £3 060 - **$4,930**
- Passoscuro No. 122 - Tempera/carta (35x50cm-14x20in) Milano 92 .... FF6 340 - £650 - **$1,117**

OMMEGANCK Balthazar Paul 1755-1826 [37]
- Moutons au bord de la mare - Huile/toile (62x77cm-24x30in) Paris 97 .... FF13 000 - £1 401 - **$2,311**
- Shepherdess and flock - Oil/canvas (71x92cm-28x36in) Amsterdam 97 .... FF34 558 - £3 653 - **$5,929**
- Peasants & their animals in a landscape - Watercolour (33x44cm-13x17in) Amsterdam 94 ..... FF5 520 - £657 - **$1,035**

OMMER Uwe XX [6]
- Narcisse - Photo (50x33cm-20x13in) Paris 96 .... FF1 600 - £207 - **$309**

ONAT Hikmet 1882-1977 [1]
- Natürmort - Oil/canvas (49x62cm-19x24in) Istanbul 92 .... FF22 370 - £2 237 - **$3,980**

ONDERDONK Robert Julian 1882-1922 [11]
- Autumn landscape - Oil/board (23x30cm-9x12in) Mystic, Connecticut 96 .... FF23 440 - £3 070 - **$4,750**
- Guadaloupe River, Texas
  Oil/canvas (64x76cm-25x30in) San Francisco-Los Angeles 93 .... FF137 500 - £17 240 - **$25,000**

ONDRUSEK Franz 1861-1932 [1]
- Mädchen mit Orange - Öl/Leinwand (40x32cm-16x13in) Wien 94 .... FF9 760 - £1 162 - **$1,840**

ONGANIA Umberto XIX [35]
- San Giorgio Maggiore, Venezia - Watercolour (32x14cm-13x6in) London 97 .... FF1 924 - £220 - **$367**
- The gondola ride at dusk - Watercolour (37x82cm-15x32in) London 95 .... FF4 110 - £520 - **$826**

ONGENAE Joseph 1921 [3]
- Zen - Oil/board (119x119cm-47x47in) Amsterdam 97 .... FF74 918 - £7 875 - **$12,870**

ONKEN Carl Eduard 1846-1934 [10]
- Weite Feldlandschaft - Öl/Leinwand (17x89cm-7x35in) Bremen 95 .... FF10 430 - £1 353 - **$2,172**

ONKEN-PALME Marie 1871-1951 [7]
- Der hohe Göll bei Salzburg - Öl/Papier (35x43cm-14x17in) Wien 96 .... FF15 900 - £1 982 - **$3,070**

ONKENHOUT Nico 1918-1989 [3]
- Dik Trom - Bronze (36cm-14in) Amsterdam 89 .... FF13 500 - £1 343 - **$2,133**

ONO Yoko 1933 [5]
- To Hammer a Nail In - Bronze (113x6x22cm-44x2x9in) New-York 94 .... FF14 160 - £1 610 - **$2,400**

ONOFRIO d' Crescenzio c.1632-1698 [7]
- Monks approaching a Village - Ink (22x33cm-9x13in) New-York 97 .... FF8 869 - £987 - **$1,600**

ONOSATO Toshinobu 1912-1986 [3]
🖼 *Untitled* - Oil/canvas (73x91cm-29x36in) New-York 94 .... *FF552 000 - £64 000 - **$95,000***

ONSAGER Søren 1878-1946 [7]
🖼 *Ung kvinde med blomst* - Oil/canvas (70x53cm-28x21in) København 93 .... *FF14 960 - £1 710 - **$2,550***

ONSBERG Ulf 1932 [5]
🖼 *Hus* - Oil/canvas (120x133cm-47x52in) Stockholm 90 .... *FF9 800 - £1 012 - **$1,731***

ONSLOW Edouard Amable 1843-? [3]
🖼 *Kvaksaler uden for byen* - Oil/canvas (60x80cm-24x31in) København 91 .... *FF18 480 - £1 862 - **$3,207***

ONSLOW-FORD Gordon 1912 [8]
✏ *The Heart of the Mountain* - Coloured chalks/paper (23x30cm-9x12in) New-York 95 .... *FF15 400 - £1 890 - **$3,000***

ONTANI Luigi 1943 [8]
✏ *Insetti prediletti* - Acquarello/cartone (120x52cm-47x20in) Milano 93 .... *FF18 300 - £2 054 - **$3,275***
   Fugando Egitto - Watercolour (150x150cm-59x59in) Milano 90 .... *FF146 500 - £15 134 - **$25,883***

ONWY John XIX-XX [3]
🖼 *Ricqulès, Alcool menthe...* - Affiche (42x33cm-17x13in) Boulogne 95 .... *FF1 600 - £207 - **$328***

OOMS Karel 1845-1900 [3]
🖼 *Amoureux* - Huile/toile (52x36cm-20x14in) Antwerpen 94 .... *FF13 280 - £1 560 - **$2,365***

OOMS Teunis 1906-? [1]
🖼 *Katwijk aan Zee (?)* - Oil/canvas (70x90cm-28x35in) Amsterdam 95 .... *FF2 510 - £320 - **$514***

OORSCHOT van Dorus 1910 [2]
🖼 *Roses in a vase* - Oil/panel (80x60cm-31x24in) Amsterdam 92 .... *FF6 620 - £770 - **$1,352***

OORT van Hendrik 1775-1847 [3]
🖼 *Herdsman standing beside his cattle* - Oil/panel (41x53cm-16x21in) London 92 .... *FF17 600 - £2 100 - **$3,383***

OOST van Jacob I 1601-1671 [4]
🖼 *Youth lighting his pipe* - Oil/canvas (114x151cm-45x59in) London 96 .... *FF1 - £160 000 - **$249,400***

OOSTEN van Izaack 1613-1661 [22]
🖼 *Wooded landscape with Travellers* - Oil/panel (20x21cm-8x8in) London 97 .... *FF18 921 - £2 000 - **$3,262***
   Frühlingslandschaft - Öl/Kupfer (51x66cm-20x26in) Wien 96 .... *FF134 700 - £16 880 - **$26,300***
   River Landscape with Figures - Oil/copper (19x28cm-7x11in) New-York 97 .... *FF579 789 - £65 520 - **$105,000***

OOSTERHOUDT van Dirk 1756-1830 [1]
✏ *Holländische Flusslandschaft* - Ink (19x25cm-7x10in) Hamburg 92 .... *FF1 526 - £182 - **$294***

OOSTERLYNCK Jean Émile 1915 [9]
🖼 *La fin du jour* - Huile/toile (40x50cm-16x20in) Antwerpen 96 .... *FF4 920 - £596 - **$948***

OOSTING Jeanne Bieruma. 1898 [4]
🖼 *L'Opéra à Paris* - Lithograph (63x45cm-25x18in) Amsterdam 97 .... *FF7 616 - £798 - **$1,306***

OOSTVRIES Catharyna 1636-1708 [1]
🖼 *Blumenstilleben* - Öl/Kupfer (8x13cm-3x5in) Bremen 94 .... *FF27 500 - £3 274 - **$5,230***

OP DE BEECK Hubert XIX-XX [3]
🖼 *Nu allongé* - Huile/toile (100x150cm-39x59in) Bruxelles 97 .... *FF3 272 - £346 - **$566***

OP DE BEECK Théodore 1901 [2]
🖼 *Sous-bois* - Huile/toile (60x80cm-24x31in) Bruxelles 90 .... *FF4 100 - £439 - **$713***

OPALKA Roman 1931 [8]
🖼 *65/1-oo: Detail - 3029180 - 3047372*
         Acrylic/canvas (197x135cm-78x53in) London 96 .... *FF279 000 - £35 000 - **$54,000***
✏ *Détail 132485 - 132769* - Encre/papier (33x23cm-13x9in) Paris 95 .... *FF49 000 - £6 130 - **$9,750***

OPAZO Rodolfo 1935 [3]
🖼 *Las Simulaciones del Viento* - Oil/canvas (135x160cm-53x63in) New-York 95 .... *FF61 200 - £7 640 - **$12,000***

OPDENHOFF George Wilhelm 1807-1873 [20]
🖼 *Marine au crépuscule* - Huile/toile (38x48cm-15x19in) Bruxelles 92 .... *FF12 360 - £1 476 - **$2,377***
   Unloading the catch - Oil/panel (61x80cm-24x31in) London 96 .... *FF23 670 - £3 000 - **$4,540***
   Sailing Vessels on a Choppy sea - Oil/canvas (71x97cm-28x38in) Amsterdam 97 ...... *FF84 034 - £8 940 - **$14,622***

OPERTI Albert 1852-1927 [1]
🖼 *Cape York, Greenland* - Oil/board (13x20cm-5x8in) North Berwick, Maine 93 .... *FF2 175 - £250 - **$375***

OPHEL LEVY Shmuel 1884-1966 [2]
🖼 *Landscape near Jerusalem* - Oil/canvas (45x61cm-18x24in) Tel Aviv 92 .... *FF23 900 - £2 856 - **$4,600***

OPHEMERT van Hendrick 1885-? [1]
🗿 *Stehender, weiblicher Akt* - Bronze (17cm-7in) Lindau 95 .... *FF3 920 - £490 - **$791***

OPHEY Walter 1882-1930 [21]
🖼 *Weide am Fluss* - Öl/Leinwand (65x57cm-26x22in) Köln 97 .... *FF54 072 - £5 683 - **$9,257***
✏ *Sonne über einem Dorf* - Pastell/Papier (41x25cm-16x10in) Köln 97 .... *FF8 787 - £923 - **$1,504***
   Stadtansicht am Fluss - Coloured chalks/paper (25x33cm-10x13in) Düsseldorf 96 .... *FF22 740 - £2 944 - **$4,550***

OPIE John 1761-1807 [26]
🖼 *Mr. Heron* - Oil/canvas (76x64cm-30x25in) Mere Hall, Knutsford, Cheshire 94 .... *FF6 360 - £750 - **$1,132***
   Miss Jesse Rolls - Oil/canvas (74x62cm-29x24in) London 95 .... *FF49 500 - £6 500 - **$9,920***
   Mary, Charlotte, Caroline & Eliza - Oil/canvas (127x102cm-50x40in) London 95 .... *FF237 000 - £30 000 - **$47,600***

OPIE Julian 1958 [21]
🖼 *Incident in the Library I* - Oil/metal (240x240cm-94x94in) New-York 93 .... *FF23 500 - £2 690 - **$4,000***
🗿 *The Source* - Sculpture (94cm-37in) London 97 .... *FF42 373 - £4 500 - **$7,381***

OPISSO Alfredo 1907-1980 [14]
🖼 *Maternidad* - Oleo/tablex (12x14cm-5x6in) Madrid 96 .... *FF2 810 - £331 - **$552***
✏ *Joven junto a acordeonista* - Acuarela (34x26cm-13x10in) Madrid 96 .... *FF11 750 - £1 494 - **$2,260***

OPISSO SALA Ricardo 1880-1960 [29]
✏ *En mitja gaeta* - Aguada/papel (18x20cm-7x8in) Madrid 96 .... *FF6 820 - £781 - **$1,300***

Reposo en el campo - Dibujo (29x41cm-11x16in) Madrid 93 .... FF15 400 - £1 750 - **$2,610**
Barcelona. Imágenes - Tinta Madrid 97 .... FF36 000 - £3 870 - **$6,300**
OPITZ Ferdinand 1885-? [2]
Der junge Held - Bronze (101cm-40in) Wien 93 .... FF2 970 - £351 - **$494**
Akt - Red chalk/paper (37x29cm-15x11in) Wien 92 .... FF5 300 - £542 - **$932**
OPITZ Franz Karl 1916 [5]
Bei Maur am Greiffensee - Öl/Leinwand (54x80cm-21x31in) Bern 96 ... FF4 890 - £593 - **$950**
Ohne Titel - Aquatinte (74x61cm-29x24in) Zofingen 97 .... FF1 848 - £217 - **$329**
OPITZ Georg Emanuel 1775-1841 [27]
Englisches Ale-Haus - Gouache (40x41cm-16x16in) München 94 ... FF7 860 - £923 - **$1,400**
Sensiblerie française - Aquarelle (35x27cm-14x11in) Paris 97 .... FF14 000 - £1 488 - **$2,419**
Turkish Slave Market - Wash (40x33cm-16x13in) London 91 .... FF44 450 - £4 490 - **$8,824**
OPITZ Johann Adolf 1763-1825 [1]
Quodlibet - Ink (38x50cm-15x20in) Heidelberg 92 .... FF19 720 - £2 020 - **$3,470**
OPITZ Kurt 1887-? [5]
Liegender weiblicher Akt - Öl/Karton (42x57cm-17x22in) Leipzig 93 ... FF2 035 - £243 - **$392**
OPPEL Liesel 1897-1960 [3]
Birken am Moorkanal - Öl/Karton (54x63cm-21x25in) Bremen 95 ... FF21 000 - £2 694 - **$4,330**
OPPENBERG August 1896-1971 [1]
Weidelandschaft bei Wesel - Öl/Leinwand (70x90cm-28x35in) Bielefeld 95 ... FF2 624 - £338 - **$542**
OPPENHEIM Alfred N. 1873-? [5]
Alte Mainbrucke, Frankfurt - Oil/canvas (46x65cm-18x26in) London 94 ... FF42 900 - £5 000 - **$7,510**
OPPENHEIM Dennis 1938 [63]
Study for Field Guards - Technique mixte (94x127cm-37x50in) Paris 94 ... FF26 000 - £3 080 - **$4,800**
Study for Rollin Explosion - Technique mixte/carton (96x127cm-38x50in) Paris 90 ... FF50 000 - £5 165 - **$8,834**
Study for launsching structure
    Technique mixte/carton (193x127cm-76x50in) Versailles 90 ... FF125 000 - £13 470 - **$22,046**
Badly Tuned Cow - Sculpture (183x254x254cm-72x100x100in) New-York 97 ... FF23 392 - £2 470 - **$4,000**
Rehearsal for five hour slum - Collage (100x149cm-39x59in) Paris 91 ... FF38 000 - £3 810 - **$6,960**
Study for rocking dancer - Mixed media drawing (126x194cm-50x76in) Paris 90 ... FF95 000 - £10 106 - **$16,995**
OPPENHEIM Méret 1913-1985 [32]
Souvenir du déjeuner en fourrure - Mixed media (17x20cm-7x8in) London 95 ... FF13 460 - £1 700 - **$2,700**
Pelzhandschuhe - Technique mixte (21x10cm-8x4in) Zürich 94 ... FF384 000 - £44 500 - **$66,100**
Lutteurs sous l'eau - Fusain (49x69cm-19x27in) Paris 97 .... FF15 000 - £1 586 - **$2,574**
Suite de 6 compositions - Aquarelle (65x50cm-26x20in) Paris 94 ... FF60 000 - £7 160 - **$11,240**
OPPENHEIM Moritz Daniel 1800-1882 [8]
Joseph and Potiphars Weib - Oil/panel (28x21cm-11x8in) Bremen 93 ... FF37 050 - £4 460 - **$7,240**
Tutor & his two pupils - Oil/canvas (113x145cm-44x57in) New-York 90 ... FF686 400 - £72 177 - **$119,374**
Young man - Pastel (42x32cm-17x13in) Tel Aviv 94 .... FF59 000 - £6 710 - **$10,000**
OPPENHEIMER Charles 1875-1961 [19]
Winter - Oil/canvas (51x61cm-20x24in) Glasgow 96 .... FF26 230 - £3 400 - **$5,140**
Piazzetta at dusk - Oil/canvas (69x81cm-27x32in) Billinghurst, West Sussex 93 ... FF99 600 - £12 000 - **$18,600**
The Old Bridge, Dumfries - Watercolour (22x28cm-9x11in) Glasgow 92 ... FF4 100 - £420 - **$723**
OPPENHEIMER Joseph 1876-1966 [21]
Vera des Salles - Oil/canvas (90x76cm-35x30in) London 93 .... FF21 600 - £2 600 - **$3,770**
Doge's Palace, Venice - Oil/canvas (70x95cm-28x37in) London 96 ... FF50 300 - £6 500 - **$9,950**
Dogenpalastes, Venedig - Watercolour, gouache (39x30cm-15x12in) München 96 ... FF11 900 - £1 355 - **$2,275**
OPPENHEIMER Max, Mopp 1885-1954 [40]
Blumenstrauss - Öl/Leinwand (52x44cm-20x17in) Berlin 93 .... FF127 000 - £16 600 - **$25,800**
A game of chess - Oil/canvas (50x65cm-20x26in) London 96 .... FF395 000 - £45 000 - **$75,600**
Musisches Stilleben - Color lithograph (75x65cm-30x26in) München 95 ... FF9 510 - £1 215 - **$1,952**
Selbstbildnis, Kopf - Chalks/paper (21x14cm-8x6in) Wien 97 .... FF13 418 - £1 411 - **$2,304**
The trio - Pastel (67x51cm-26x20in) London 96 .... FF281 000 - £32 000 - **$53,800**
OPPENOORTH Willem J. 1847-1905 [12]
Potatoe-lifters near Ruurlo - Oil/canvas (71x101cm-28x40in) Amsterdam 96 ... FF9 000 - £1 130 - **$1,770**
Het Eiland Marken - Watercolour/paper (23x34cm-9x13in) Amsterdam 92 ... FF5 160 - £528 - **$908**
OPPER Frederick Burr 1857-1937 [1]
Sunday comic strip - Ink (69x53cm-27x21in) New-York 96 .... FF14 860 - £1 762 - **$2,900**
OPPER John 1908-? [1]
Color series 9-72 - Oil/canvas (142x203cm-56x80in) New-York 93 ... FF7 080 - £806 - **$1,200**
OPPERMANN Willi 1889-? [2]
Etgermühle - Oil (60x75cm-24x30in) Lindau 92 .... FF6 770 - £787 - **$1,382**
OPPI Ubaldo 1889-1942 [7]
Le donne delle operai - Olio/cartone (98x71cm-39x28in) Milano 95 ... FF417 000 - £51 800 - **$84,000**
Gruppo di tre femmine - Gouache/cartone (78x58cm-31x23in) Milano 95 ... FF60 400 - £7 800 - **$12,400**
OPPLER Ernst 1867-1929 [10]
Herbstlicher Strand - Oil/canvas (38x61cm-15x24in) Leipzig 92 ... FF44 200 - £4 520 - **$7,780**
OPPO Cipriano Efisio 1891-1962 [5]
Ritratto di Lalletta - Olio/tavola (80x57cm-31x22in) Roma 95 .... FF52 900 - £6 660 - **$10,730**
Leda e il cigno, 1922 - Sanguine/papier (40x30cm-16x12in) Roma 89 ... FF10 100 - £1 033 - **$1,624**
OPRANDI Giorgio 1883-1962 [2]
An Algerian Market - Oil/canvas (91x99cm-36x39in) London 97 ...... FF77 203 - £8 500 - **$13,549**

O

OPSOMER Isidore 1878-1967 [27]
🖼 *Portrait d'un chasseur* - Huile/toile (100x80cm-39x31in) Antwerpen 96 .... FF2 630 - £304 - **$504**
Flowers in a jug - Oil/canvas (79x82cm-31x32in) Amsterdam 96 .... FF18 040 - £2 070 - **$3,444**
Le port - Huile/toile (46x65cm-18x26in) Bruxelles 96 .... FF49 400 - £6 280 - **$9,500**
OQUTAQ Sheokjuk 1920-1982 [2]
🗿 *Swimming bird* - marbled dark green serpentine (21cm-8in) Toronto 95 .... FF11 170 - £1 414 - **$2,250**
ÖQVIST Simon 1868-1955 [3]
🖼 *Skogslandskap med flicka* - Oil/canvas (76x56cm-30x22in) Söderköping 94 .... FF3 615 - £432 - **$678**
ORACKI-SERWIN Mieczyslaw 1912-1947 [1]
🖼 *Nu couché* - Oil/panel (50x70cm-20x28in) Warszawa 96 .... FF19 200 - £2 426 - **$3,700**
ORACZEWSKI Józef Krzysztof 1951 [2]
🖼 *Krokodyl na granicznym slupie*
        Mixed media/canvas (125x170cm-49x67in) Warszawa 92 .... FF10 410 - £1 063 - **$1,860**
ORANA Olga 1924 [2]
🖼 *Casino Monte-Carlo 86* - Huile/toile (61x50cm-24x20in) Montauban 91 .... FF4 000 - £404 - **$794**
ORANGE Jean XX [2]
🖼 *Moscou en liberté* - Huile/toile (80x60cm-31x24in) Honfleur 90 .... FF4 000 - £431 - **$705**
✏ *L'oiseau des moissons* - Pastel (31x23cm-12x9in) Pont-Audemer 91 .... FF1 500 - £151 - **$292**
ORANGE Maurice 1867-1916 [8]
🖼 *Femme cairote* - Huile/toile (37x27cm-15x11in) Paris 96 .... FF20 000 - £2 315 - **$3,830**
✏ *Grenadier on horseback* - Watercolour, gouache/paper New-York 96 .... FF8 600 - £904 - **$1,496**
ORANJE-NASSAU van Wilhelmina 1880-1962 [2]
🖼 *Log-cabin in an Alpine landscape* - Oil/cardboard (20x26cm-8x10in) Amsterdam 93 .... FF24 100 - £2 880 - **$4,640**
✏ *Beukenlaantje, Het Loo* - Pastel/paper (43x55cm-17x22in) Amsterdam 97 .... FF20 734 - £2 191 - **$3,557**
ORANT Marthe 1874-1957 [260]
🖼 *Etude de la liseuse* - Huile/carton (75x46cm-30x18in) Paris 89 .... FF4 200 - £429 - **$675**
Montagne vue de ma fenêtre - Huile/toile (60x37cm-24x15in) Paris 89 .... FF4 200 - £429 - **$675**
La charrette - Huile/panneau (54x73cm-21x29in) Paris 92 .... FF4 800 - £492 - **$864**
Jetée de roses - Huile/toile (25x42cm-10x17in) Pontoise 96 .... FF7 000 - £891 - **$1,350**
Banc sous l'ombrage - Oil/canvas (130x89cm-51x35in) San Francisco-Los Angeles 93 .... FF13 230 - £1 510 - **$2,250**
La porte ouverte - Huile/papier/panneau (90x68cm-25x20in) Paris 91 .... FF17 600 - £1 764 - **$3,224**
La parade au cirque - Oil/canvas (54x65cm-21x26in) London 89 .... FF32 900 - £3 364 - **$5,289**
Récolte des poils de lapins Angora - Tempera (80x100cm-31x39in) Paris 89 .... FF60 000 - £6 135 - **$9,646**
✏ *Marché aux bestiaux, Bretagne* - Gouache (45x38cm-18x15in) Douarnenez 96 .... FF3 800 - £486 - **$754**
Le village - Pastel (33x43cm-13x17in) Sceaux 96 .... FF6 500 - £661 - **$1,350**
ORAZI Manuel 1860-1934 [16]
📜 *Thaïs* - Poster (106x38cm-42x15in) London 95 .... FF5 630 - £680 - **$1,038**
Maison Moderne, rue de la Paix - Poster (81x116cm-32x46in) New-York 95 .... FF60 600 - £7 630 - **$12,000**
ÖRBO Karl 1890-1958 [7]
🖼 *Afton i skärgarden* - Oil/panel (38x46cm-15x18in) Uppsala 90 .... FF3 400 - £364 - **$591**
ORCAJO Angel 1934 [4]
🖼 *Serie nocturno, 1986* - Oleo/lienzo (102x102cm-40x40in) Madrid 90 .... FF10 800 - £1 156 - **$1,878**
ORCHARDSON William Quiller 1832-1910 [10]
🖼 *The Nun* - Oil/canvas (91x61cm-36x24in) London 96 .... FF30 740 - £4 000 - **$6,090**
Housekeeping in the Honeymoon - Oil/canvas (90x68cm-35x27in) London 96 .... FF160 300 - £19 000 - **$31,300**
ORCINO d' Toussaint Ambrogiani ?-1986 [4]
🖼 *Coupe des lavandes* - Huile/toile (50x65cm-20x26in) Aubagne 92 .... FF4 900 - £504 - **$942**
ORD Joseph Biyas 1805-1865 [3]
🖼 *Thus Do All Things Perish*
        Oil/canvas (157x134cm-62x53in) San Francisco-Los Angeles 96 .... FF77 700 - £9 740 - **$15,000**
ORDE Cuthbert Julian 1888-? [6]
🖼 *Portrait of Lady McAlpine* - Oil/canvas (92x71cm-36x28in) London 93 .... FF2 985 - £340 - **$507**
ORDE POWLETT Thomas, Lord Bolton 1746-1807 [1]
✏ *Voltaire* - Ink (33x28cm-13x11in) London 92 .... FF12 560 - £1 500 - **$2,417**
ORDNER Paul 1900-1969 [5]
📜 *Mont-Revard...* - Poster (100x62cm-39x24in) New-York 94 .... FF3 430 - £403 - **$600**
ORDOÑEZ Sylvia 1956 [3]
🖼 *Autorretrato* - Oil/canvas (60x50cm-24x20in) New-York 97 .... FF34 364 - £3 663 - **$6,000**
Frutero Blanco y Cielo - Oil/canvas (100x140cm-39x55in) New-York 94 .... FF95 500 - £11 260 - **$17,000**
ORDWAY Alfred 1819-1897 [4]
🖼 *Village church* - Oil/canvas (35x45cm-14x18in) North Berwick, Maine 91 .... FF3 110 - £309 - **$540**
ORDYNSKA-MORAWSKA Stefania 1882-1968 [1]
🖼 *Place à Paris* - Oil/canvas (50x65cm-20x26in) Warszawa 96 .... FF18 320 - £2 285 - **$3,540**
ORELL Argio 1884-1942 [4]
🖼 *Primavera in collina* - Olio/tavoletta (40x47cm-16x19in) Trieste 92 .... FF3 624 - £371 - **$638**
Linea marittima Trieste-Venezia - Olio/carta (139x98cm-55x39in) Trieste 95 .... FF67 700 - £8 580 - **$13,200**
ORGAN Bryan 1935 [9]
🖼 *Bees and Flowers* - Oil/canvas (127x101cm-50x40in) London 97 .... FF2 639 - £280 - **$454**
Ophelia - Oil/canvas (127x127cm-50x50in) London 96 .... FF13 600 - £1 650 - **$2,647**
✏ *Elton John* - Pencil (112x80cm-44x31in) London 94 .... FF8 340 - £1 000 - **$1,620**
ORGEIX d' Christian 1927 [17]
🖼 *Sans titre* - Huile/toile (33x41cm-13x16in) Paris 97 .... FF8 000 - £846 - **$1,373**
✏ *Composition surréalistes* - Encre Paris 97 .... FF5 000 - £534 - **$866**

O

ORI Luciano 1926 [5]
Pop 116, Monica Vitti - Collage/tela (70x100cm-28x39in) Prato 96 .... FF**28 500** - £3 570 - **$5,440**
Ricordo di un bacio - Collage (60x80cm-24x31in) Prato 94 .... FF**9 260** - £1 120 - **$1,736**

ORIANI Pippo 1909-1972 [15]
Chitarra e liquore - Olio/tela (50x65cm-20x26in) Firenze 91 .... FF**11 400** - £1 135 - **$1,960**
Conquista siderale IV - Olio/tela/tavola (47x69cm-19x27in) Milano 89 .... FF**45 800** - £4 683 - **$7,363**
Nature morte - Pastel (38x31cm-15x12in) Montauban 94 .... FF**1 500** - £177 - **$277**

ORIENT Joseph 1677-1747 [3]
Ideal Flusslandschaft - Oil/panel (58x80cm-23x31in) Zürich 93 .... FF**63 300** - £7 250 - **$10,760**

ORIGO Clement 1855-1921 [1]
Bull charging a picador - Bronze (43cm-17in) London 93 .... FF**26 070** - £3 000 - **$4,500**

ORKIN Ruth 1921-1985 [20]
American Girl in Italy - Gelatin silver print (20x30cm-8x12in) New-York 96 .... FF**23 200** - £2 980 - **$4,500**

ORLAND Arie 1887-1954 [2]
Alley in Jerusalem - Oil/canvas (41x57cm-16x22in) Tel Aviv 95 .... FF**3 163** - £396 - **$630**

ORLÉANS d' Marie, princesse 1813-1839 [1]
Jeanne d'Arc debout en prière - Bronze (35x13x13cm-14x5x5in) Paris 96 .... FF**1 600** - £190 - **$313**

ORLEY van Richard 1663-1732 [4]
Susanna and the elders - Black chalk (19x14cm-7x6in) New-York 92 .... FF**28 300** - £2 855 - **$5,000**

ORLIK Emil 1870-1932 [172]
Landscape - Oil/paper/canvas (22x28cm-9x11in) Tel Aviv 97 .... FF**7 487** - £832 - **$1,400**
Copenhagen 1917 - Öl/Leinwand (57x49cm-22x19in) Berlin 97 .... FF**27 196** - £2 888 - **$4,737**
Alte Dächer - Oil/cardboard (20x27cm-8x11in) Berlin 95 .... FF**78 300** - £9 740 - **$15,300**
Früchte und Rosen - Öl/Leinwand (60x80cm-24x31in) Berlin 95 .... FF**316 000** - £41 300 - **$64,100**
Kleine Holzschnitte - Gravure bois Montréal 97 .... FF**26 127** - £2 832 - **$4,592**
Schneider und Riese - Aquarell/Papier (21x21cm-8x8in) Wien 95 .... FF**8 770** - £1 138 - **$1,734**
Hildegard Meissner - Pastel (69x50cm-27x20in) Berlin 95 .... FF**21 350** - £2 660 - **$4,180**

ORLOFF Alexandre 1899-1979 [38]
Intérieur, femme assise - Huile/isorel (41x31cm-16x12in) Paris 95 .... FF**4 200** - £552 - **$862**
Composition bleue - Huile/toile (81x60cm-32x24in) Paris 90 .... FF**21 000** - £2 234 - **$3,757**

ORLOFF Chana 1888-1968 [75]
Seated dog - Bronze (54cm-21in) San Francisco-Los Angeles 96 .... FF**38 940** - £4 960 - **$7,500**
Poisson - Bronze (41cm-16in) Tel Aviv 97 .... FF**75 231** - £7 998 - **$13,000**
La Bretonne - Bronze (64cm-25in) Tel Aviv 97 .... FF**150 462** - £15 995 - **$26,000**
Oiseau 1914-18 - Bronze (100cm-39in) Tel Aviv 96 .... FF**256 000** - £33 150 - **$50,100**
Baigneuse accroupie - Bronze (115x60x70cm-45x24x28in) Paris 92 .... FF**862 000** - £88 648 - **$152,845**
David Ben Gourion - Stylo bille (29x20cm-11x8in) Paris 93 .... FF**5 500** - £663 - **$1,000**

ORLOVSKII Vladimir Donatovich 1842-1914 [5]
A spring day in Little Russia - Oil/canvas (82x172cm-32x68in) London 92 .... FF**15 080** - £1 800 - **$2,900**

ORLOVSKY Aleksandr Osipovich 1777-1832 [3]
Etude d'un cheval harnaché - Crayon (42x50cm-17x20in) Paris 97 .... FF**24 000** - £2 645 - **$4,226**

ORLOWSKY Alexander Ossipovich 1777-1832 [20]
Jezdziec Wschodni - Huile/panneau (66x54cm-26x21in) Warszawa 97 .... FF**83 300** - £8 500 - **$14,880**
Loup regardant de loin - Lithographie (30x38cm-12x15in) Bevaix 94 .... FF**7 340** - £882 - **$1,358**
Un noble du Caucase - Sanguine (43x46cm-17x18in) Montréal 96 .... FF**14 020** - £1 647 - **$2,757**

ORLOWSKY Hans 1894-1967 [3]
The picture-album, 1940 - Oil/panel (110x100cm-43x39in) Amsterdam 89 .... FF**16 500** - £1 739 - **$2,778**
Mädchen mit Katze - Wax Köln 91 .... FF**3 040** - £309 - **$549**

ORLOWSKY Kate XIX-XX [2]
Figurer på stranden - Oil/canvas (30x40cm-12x16in) København 91 .... FF**4 215** - £420 - **$725**

ORLOWSKY Wladimir Donatovitch 1842-1914 [7]
Rysk by - Oil/canvas (45x85cm-18x33in) Helsinki 95 .... FF**22 440** - £2 710 - **$4,224**

ORMISTON MacGregor 1899-1956 [3]
Nocturne - Oil/canvas Cambridge, Mass. 89 .... FF**5 400** - £552 - **$868**

ORMROD Frank 1896-1988 [3]
Regent's Park, London Underground - Poster (100x62cm-39x24in) London 96 .... FF**2 267** - £280 - **$438**

OROZCO José Clemente 1893-1949 [71]
Acordada, caballos - Oil/canvas (66x81cm-26x32in) New-York 92 .... FF**1** - £211 000 - **$340,000**
Portrait of a soldier - Oil/canvas (33x20cm-13x8in) San Francisco-Los Angeles 93 .... FF**88 500** - £10 060 - **$15,000**
El elevado - Oil/canvas (50x39cm-20x15in) New-York 92 .... FF**229 000** - £27 300 - **$44,000**
Cortés y la victoria - Oil/canvas (72x92cm-28x36in) New-York 97 .... FF**1 882 06e +06** - £115 995 - **$190,000**
The Franciscan - Lithograph (31x26cm-12x10in) New-York 93 .... FF**27 140** - £3 090 - **$4,600**
Cabeza de mujer - Watercolour (49x34cm-19x13in) New-York 97 .... FF**34 364** - £3 663 - **$6,600**
Rosario - Charcoal (62x48cm-24x19in) New-York 96 .... FF**62 700** - £7 140 - **$12,000**
Fighting Women - Watercolour/paper (28x48cm-11x19in) New-York 97 .... FF**315 007** - £33 577 - **$55,000**

OROZCO ROMERO Carlos 1898-1984 [22]
Las Lagunas - Oil/canvas (70x100cm-28x39in) New-York 95 .... FF**38 800** - £5 150 - **$8,000**
Valle de Mexico - Oil/canvas (46x54cm-18x24in) New-York 92 .... FF**124 800** - £14 900 - **$24,000**
Mujer - Watercolour/paper (28x25cm-11x10in) New-York 92 .... FF**28 600** - £3 414 - **$5,500**

ORPEN Bea 1913-1980 [2]
Howth Harbour - Gouache (34x50cm-13x20in) Dublin 95 .... FF**4 600** - £598 - **$946**

O

Calendar & auction results :   INTERNET : **www.artprice.com**   MINITEL : 3617 ARTPRICE

ORPEN Richard Caulfield 1863-1938 [4]
At the Fair - Watercolour (19x15cm-7x6in) London 97 .... FF4 198 - £449 - $725
ORPEN William 1878-1931 [90]
In Dublin bay - Oil/canvas (105x83cm-41x33in) London 92 .... FF1 - £125 000 - $233,700
Lottie of Paradise Walk - Oil/canvas (38x53cm-15x21in) London 97 .... FF159 475 - £17 000 - $27,957
Negro - Oil/canvas (76x56cm-30x22in) London 94.. FF457 000 - £54 000 - $82,000
The Bedroom - Pencil (24x30cm-9x12in) London 94 .... FF20 760 - £2 400 - $3,580
Lottie and her child - Black chalk (32x26cm-13x10in) London 95 .... FF114 800 - £13 000 - $20,700
ORR Alfred Everitt 1886-? [1]
Portrait d'Amundsen - Huile/toile (61x51cm-24x20in) Paris 94 .... FF4 000 - £470 - $708
ORR Eric 1939 [9]
Green Void - Oil (152x122cm-60x48in) San Francisco-Los Angeles 95 .... FF15 880 - £2 056 - $3,250
Blind Window - Gold leaf, blood, lead (40x28cm-16x11in) San Francisco-Los Angeles 94 .... FF4 360 - £506 - $750
ORR Jack XIX-XX [7]
Senior service - Oil/board (53x71cm-21x28in) London 89 .... FF7 600 - £756 - $1,201
ORR Louis 1879-1961 [1]
Quai d'Orsay, Paris - Watercolour (41x30cm-16x12in) North Berwick, Maine 94 .... FF1 755 - £203 - $300
ORROCK James 1829-1913 [36]
Small village - Oil/panel (30x46cm-12x18in) New-York 94 .... FF7 010 - £806 - $1,200
Cattle on a Hillside above a Village - Watercolour (48x74cm-19x29in) London 97 .... FF2 947 - £320 - $522
Fishermen, Northumberland - Watercolour (16x23cm-6x9in) London 97 .... FF10 300 - £1 100 - $1,791
ORRY Abel 1839-1886 [1]
Promenade en forêt - Huile/toile (25x32cm-10x13in) Paris 97 .... FF2 800 - £305 - $487
ORSAY d' Alfred Guillaume G. 1801-1852 [2]
Notable personages - Drawing (28x20cm-11x8in) London 90 .... FF6 300 - £653 - $1,107
ORSCHWILLER d' Hippolyte 1810-1868 [1]
Comte de Lupé chassant - Huile/toile (19x24cm-7x9in) Genève 91 .... FF6 950 - £714 - $1,294
ORSEL Victor 1795-1850 [8]
Prométhée - Encre (22x16cm-9x6in) Paris 93 .... FF10 000 - £1 205 - $1,820
ORSI 1889-1947 [8]
Les Rouges Ritz - Poster (157x117cm-62x46in) New-York 93 .... FF8 800 - £1 104 - $1,600
Ray. Delange - Poster (159x117cm-63x46in) New-York 93 .... FF56 000 - £6 370 - $9,500
ORSI d' Achille 1845-1929 [3]
Head of a sailor - Bronze (37cm-15in) London 93 .... FF9 600 - £1 200 - $1,740
ORSI Lelio c.1508/11-1587 [7]
Old Woman riding an ass... - Black chalk (19x25cm-7x10in) London 97 .... FF176 125 - £18 000 - $29,977
ORSINI Monique 1937 [2]
Sans titre - Acrylique/papier/toile (80x120cm-31x47in) Paris 90 .... FF5 000 - £539 - $882
ÖRSKOV Willy 1920 [7]
Komposition - Sculpture (15cm-6in) Köbenhavn 95 .... FF9 310 - £1 207 - $1,895
ORSZAG Lili 1926-1978 [1]
Metamorfozis - Monotype (26x37cm-10x15in) Budapest 89 .... FF3 100 - £327 - $522
ORTEGA Aurélien XX [3]
Pique-nique - Huile/toile (46x55cm-18x22in) Montauban 96 .... FF3 500 - £455 - $686
ORTEGA Charles 1925 [14]
Méditation - Huile/toile (73x92cm-29x36in) Versailles 89... FF35 000 - £3 579 - $5,627
ORTEGA José 1921-1991 [20]
Peras - Olio/tavola (164x60cm-65x24in) Roma 93 .... FF11 200 - £1 257 - $2,004
La siesta - Olio/tavola (112x177cm-44x70in) Milano 94... FF49 400 - £5 880 - $8,820
Personnage assis - Eau-forte, aquatinte (76x57cm-30x22in) Paris 94 .... FF2 100 - £245 - $371
Guerriero con il diablo y la muerte - Tempera/carta (73x69cm-29x27in) Prato 97 .... FF18 700 - £2 200 - $3,300
ORTEGA José Benito 1858-1941 [1]
Baie d'Alger vue du Jardin d'Essai - Huile/toile (47x68cm-19x27in) Paris 90 .... FF8 500 - £865 - $1,700
ORTEGA MUÑOZ Godofredo 1905-1982 [5]
Lago Maggiore, Italia - Oleo/lienzo (59x70cm-23x28in) Madrid 90 .... FF97 200 - £10 407 - $16,904
Paisaje de tierras rojas - Oleo/lienzo (73x93cm-29x37in) Madrid 92 .... FF297 000 - £30 250 - $52,200
ORTEGA Raphaël 1932 [4]
Paysage d'Andalousie - Huile/toile (73x92cm-29x36in) Paris 92 .... FF2 000 - £206 - $385
ORTEGO Y VEREDA Francisco Javier 1833-1881 [10]
Défi des cavaliers, Afrique du Nord - Huile/toile (40x32cm-16x13in) Paris 95 .... FF18 000 - £2 280 - $3,630
ORTELLI Gottardo 1938 [7]
Superfici di accertamento - Acrilico/tela (89x117cm-35x46in) Milano 92..................... FF5 420 - £645 - $1,043
ORTGIES Vida 1858-? [1]
Nature morte aux roses - Huile/toile/carton (31x41cm-12x16in) Bern 95 .... FF2 797 - £364 - $574
ORTH Benjamin 1803-1875 [2]
Elegante junge Dame - Oil/canvas (78x63cm-31x25in) Leipzig 92 .... FF6 800 - £696 - $1,197
ORTH Dietrich 1956 [2]
Gehen auf Atlantis - Acrylic (228x168cm-90x66in) London 96 .... FF8 250 - £1 000 - $1,604
ORTH Emil Cordius 1833-1919 [1]
Udsig fra vor bolig i Randers - Watercolour (31x33cm-12x13in) Köbenhavn 96 .... FF2 220 - £285 - $438
ORTH Karl 1869-? [1]
Hügellandschaft mit Wasserlauf - Oil/canvas (36x46cm-14x18in) Stuttgart 89 .... FF8 800 - £927 - $1,481

ORTH Willy, John William 1889-1976 [3]
🖼 *Blumenstück* - Oil/canvas (95x69cm-37x27in) München 91 .... FF14 870 - £1 498 - **$2,580**
ORTHMANN Theo 1902-1941 [1]
🖼 *Untitled* - Tempera/canvas (39x30cm-15x12in) Amsterdam 91 .... FF10 520 - £1 054 - **$1,754**
ORTI-VITALES Marcelino 1889-1943 [1]
🖼 *Spanish beauty* - Oil/canvas (200x110cm-79x43in) København 95 .... FF14 180 - £1 856 - **$2,880**
ORTIZ DE ZARATE Manuel 1886-1946 [79]
🖼 *Nu* - Huile/toile (92x65cm-36x26in) Limoges 92 .... FF10 500 - £1 075 - **$1,890**
  Cassis, Montagne Rouge - Huile/toile (60x80cm-24x31in) Paris 94 .... FF29 000 - £3 395 - **$5,110**
✎ *Baigneuse* - Aquarelle (40x53cm-16x21in) Douai 95 .... FF4 300 - £539 - **$857**
ORTIZ ECHAGÜE Antonio 1883-1942 [5]
🖼 *In the park* - Oil/canvas (94x82cm-37x32in) London 92 .... FF83 000 - £8 500 - **$14,620**
  Galgos rusos - Pastel (57x79cm-22x31in) Madrid 96 .... FF13 200 - £1 674 - **$2,530**
ORTIZ ECHAGÜE José 1886-1980 [1]
📷 *Castle, Segovia* - Fresson print (36x48cm-14x19in) New-York 96........................... FF19 700 - £2 430 - **$3,800**
ORTIZ Emilio 1936-1988 [1]
🖼 *Flutiste* - Oil/canvas (130x97cm-51x38in) New-York 89 .... FF8 600 - £879 - **$1,383**
ORTIZ Manuel Angeles 1895-1984 [13]
🖼 *Albaicín* - Oleo/tabla (45x54cm-18x21in) Madrid 92 .... FF22 950 - £2 340 - **$4,040**
✎ *Pescadores* - Tinta/papel (36x47cm-14x19in) Madrid 96 .... FF4 820 - £568 - **$946**
ORTLIEB Friedrich 1839-1909 [13]
🖼 *Im Wirthaus spielt ein Musikant auf* - Öl/Leinwand (55x65cm-22x26in) München 94............ FF27 300 - £3 226 - **$4,900**
  A family singing in a kitchen - Oil/canvas (76x97cm-30x38in) Chicago 95 .... FF63 100 - £8 100 - **$13,000**
ORTLIP Aimee E. 1888-? [1]
🖼 *Floral still life* - Oil/canvas (94x81cm-37x32in) North Bethesda, MD. 91 .... FF7 790 - £779 - **$1,283**
ORTLOFF Joseph 1891-1956 [3]
✎ *Leda und der Schwan* - Watercolour (29x43cm-11x17in) München 92 .... FF3 390 - £405 - **$653**
ORTMANS François Auguste 1827-1884 [10]
🖼 *Wooded Landscape with deer* - Oil/canvas (87x120cm-34x47in) London 97 .... FF13 624 - £1 500 - **$2,391**
  Fontainebleau - Huile/toile (70x100cm-28x39in) Zürich 96 .... FF61 400 - £7 940 - **$12,160**
✎ *La belle demeure* - Aquarelle (25x37cm-10x15in) Provins 96 .... FF2 800 - £366 - **$560**
ORTOLANI Giovanni Battista 1750-1812 [1]
🖼 *E. C. Alexandrovna Dolgorukaya* - Oil/canvas (40x34cm-16x13in) London 95 .... FF252 600 - £32 000 - **$50,800**
ORTUÑO Roberto 1953 [3]
🖼 *La vendimia* - Oleo/lienzo (65x80cm-26x31in) Madrid 89 .... FF16 200 - £1 612 - **$2,559**
ORTVAD Erik 1917 [22]
🖼 *Komposition* - Oil/canvas (49x60cm-19x24in) København 94 .... FF4 850 - £617 - **$938**
  Fuglekvidder - Oil/canvas (85x100cm-33x39in) København 96................................... FF44 300 - £5 750 - **$8,770**
✎ *Komposition* (29x39cm-11x15in) København 94 .... FF2 550 - £261 - **$450**
OS van Georgius Jacobus J. 1782-1861 [33]
🖼 *Game, Fruit and Roses in a vase* - Oil/panel (76x59cm-30x23in) London 97............ FF27 248 - £3 000 - **$4,782**
  Roses, Tulips in a Vase - Oil/panel (67x50cm-26x20in) New-York 97......................... FF88 349 - £9 984 - **$16,000**
  Assorted flowers - Oil/panel (86x66cm-34x26in) New-York 95 .... FF1 71e +06 - £133 700 - **$210,000**
✎ *Still life of flowers* - Watercolour (36x26cm-14x10in) Amsterdam 94 .... FF61 300 - £7 300 - **$11,500**
OS van Hendrik 1880-? [1]
🖼 *Voor de hoeve* - Huile/toile (51x61cm-20x24in) Tongeren 92 .... FF10 680 - £1 242 - **$2,180**
OS van Jacobus 1869-1944 [3]
🖼 *Spaziergang im Birkenwald* - Oil/panel (23x28cm-9x11in) München 91 .... FF3 040 - £309 - **$549**
OS van Johannès 1782-1861 [3]
🖼 *Roses, irises & other flowers in a vase*
  Oil/canvas (136x104cm-54x41in) London 94 .... FF508 000 - £60 000 - **$91,200**
OS van Maria 1780-1862 [2]
🖼 *Früchtestilleben* - Oil/panel (19x31cm-7x12in) München 91 .... FF6 760 - £686 - **$1,221**
✎ *Bouquet de fleurs au papillon* - Aquarelle (30x23cm-12x9in) Paris 89 .... FF5 500 - £562 - **$884**
OS van Pieter Frederick 1808-1860 [5]
🖼 *Horsemen and travellers* - Oil/canvas (66x87cm-26x34in) Amsterdam 97 .... FF31 100 - £3 287 - **$5,336**
OS van Pieter Gerardus 1776-1839 [22]
🖼 *Sommerabend auf dem Lande* - Oil/panel (41x53cm-16x21in) Köln 92 .... FF29 140 - £3 496 - **$5,660**
  Vieh auf der Weide - Öl/Leinwand (61x73cm-24x29in) Köln 93 .... FF74 600 - £8 910 - **$14,350**
✎ *Cattle by a pond* - Watercolour/paper (20x28cm-8x11in) Amsterdam 94 .... FF12 240 - £1 468 - **$2,376**
OS van Pim 1910-1954 [2]
📷 *Light study* - Gelatin silver print (23x18cm-9x7in) New-York 92 .... FF6 240 - £663 - **$1,200**
OS van Tony 1886-1945 [6]
🖼 *Petite église à Vlassenbroeck* - Huile/toile (50x70cm-20x28in) Antwerpen 95 ..... FF8 650 - £1 081 - **$1,747**
  L'Escaut à Saint-Amand - Huile/toile (100x150cm-39x59in) Bruxelles 91 .... FF23 240 - £2 380 - **$4,310**
OS-DELHEZ van Henri 1880-1976 [33]
🖼 *Peaches in a Chinese bowl* - Oil/canvas (33x25cm-13x10in) Amsterdam 97 .... FF2 078 - £224 - **$362**
  Blossom twig in a glass bowl - Oil/canvas (29x40cm-11x16in) Amsterdam 97 ...... FF4 854 - £525 - **$84,7 2**
  Kinder ? speelgoed - Oil/canvas (76x100cm-30x39in) Amsterdam 90 .... FF28 640 - £2 897 - **$5,448**
OSANNE 1934 [7]
🖼 *Enfant de Moïse* - Huile/toile (60x73cm-24x29in) La Varenne Saint-Hilaire 91 ...... FF3 000 - £301 - **$495**
✎ *Le pont de Moret* - Encre (32x47cm-13x19in) La Varenne Saint-Hilaire 91 .... FF2 500 - £249 - **$430**

OSBERT Alphonse 1857-1939 [35]
🖼 Muses sur le rivage au crépuscule - Huile/papier/toile (35x25cm-14x10in) Paris 91 .... FF4 500 - £463 - **$838**
Rêveuse dans un paysage - Huile/carton (31x22cm-12x9in) Paris 94 .... FF10 000 - £1 164 - **$1,753**
Dans le silence du soir - Huile/panneau (48x75cm-19x30in) Paris 97 .... FF100 000 - £10 940 - **$17,420**
Muse au lever du soleil - Oil/board (38x46cm-15x18in) London 89 .... FF755 400 - £79 600 - **$127,172**
✏ Vers l'avenir - Bodycolour (52x47cm-20x19in) London 89 .... FF33 900 - £3 572 - **$5,707**

OSBORN Emily Mary 1834-c.1908 [6]
🖼 Nameless and Friendless - Oil/panel (23x29cm-9x11in) New-York 95 .... FF56 200 - £7 000 - **$11,000**

OSBORNE James 1940-1992 [1]
🗿 Eclipse - Bronze (35cm-14in) London 96 .... FF52 600 - £6 200 - **$10,330**

OSBORNE Malcolm 1880-1963 [2]
✏ Portrait study of a sleeping child - Pencil (44x36cm-17x14in) London 91 .... FF2 173 - £220 - **$431**

OSBORNE Walter Frederick 1859-1903 [17]
🖼 Spoilt Pets - Oil/canvas (61x46cm-24x18in) London 95 .... FF2 - £245 000 - **$390,000**
Rue de l'Apport, Dinan - Oil/canvas (45x33cm-18x13in) London 96 .... FF193 700 - £25 000 - **$37,400**
The Intruder - Oil/canvas (37x28cm-15x11in) London 97 .... FF928 709 - £99 000 - **$162,806**

OSBORNE William 1823-1901 [6]
🖼 Thomas Conolly - Oil/canvas (112x132cm-44x52in) London 92 .... FF102 500 - £10 500 - **$18,060**

OSCARSSON Bernhard 1894-1971 [17]
🖼 Från Riddarholmen - Oil/panel (21x16cm-8x6in) Stockholm 96 .... FF11 670 - £1 330 - **$2,234**

OSEN Erwin Dominik 1891-1970 [4]
✏ Stehende Akt - Watercolour/paper (43x30cm-17x12in) New-York 89 .... FF45 800 - £4 557 - **$7,235**

OSIECK Betsy 1880-1968 [4]
✏ Fruit in a basket - Watercolour (24x28cm-9x11in) Amsterdam 92 .... FF7 280 - £746 - **$1,282**

OSIPOW Paul 1937 [5]
🖼 Karhun Elefantti - Oil/canvas (167x260cm-66x102in) København 91 .... FF26 400 - £2 650 - **$5,080**

OSKO Lajos 1865-1922 [1]
🖼 Femmes au bord d'un cours d'eau - Huile/carton (21x27cm-8x11in) Liège 91 .... FF2 470 - £248 - **$408**

OSLER Emanuel Victor 1860-? [1]
🖼 Blick auf Weißenbach am Attersee - Öl/Leinwand (68x115cm-27x45in) Wien 92 .... FF19 240 - £2 300 - **$3,700**

OSMERKIN Alexander Alexandrov 1892-1953 [1]
🖼 Galperina - Oil/canvas (123x97cm-48x38in) Moscow 93 .... FF40 800 - £4 700 - **$7,000**

OSNAGHI Josefine XIX-XX [2]
🖼 Candelabra, fan & flowers - Oil/panel (20x26cm-8x10in) New-York 93 .... FF6 600 - £780 - **$1,200**

OSOUF Jean 1898-1996 [7]
🗿 Buste de jeune homme - Bronze (31cm-12in) København 93 .... FF4 820 - £576 - **$926**
Colette - Bronze (36x25cm-14x10in) Stockholm 89 .... FF20 600 - £2 171 - **$3,468**

OSSANI Alessando XIX-XX [2]
🖼 Regal Lady wearing Coronet - Oil/canvas (76x91cm-30x36in) Sutton-in-Ashfield, Notts. 92 ..... FF5 860 - £600 - **$1,035**

OSSIAN-ANDERSSON Johan 1889-? [18]
🖼 Vinterlandskap med båthus - Oil/canvas (59x99cm-23x39in) Söderköping 92 .... FF5 660 - £580 - **$996**

OSSIPOV Alexandre 1892-1981 [1]
🖼 Barques sur la Mer Baltique - Huile/carton (32x47cm-13x19in) Paris 95 .... FF2 500 - £300 - **$476**

OSSLUND Helmer 1866-1938 [160]
🖼 Lapp från Suorva - Oil/canvas/panel (101x70cm-40x28in) Stockholm 93 .... FF9 620 - £1 182 - **$1,780**
Sommardag vid Ramsele - Oil/canvas (24x41cm-9x16in) Stockholm 97 .... FF27 169 - £2 869 - **$4,694**
Indalsälven - Oil/canvas (82x152cm-32x60in) Stockholm 96 .... FF89 400 - £10 200 - **$17,120**
Höststämning, Ångermanland - Oil/panel (68x74cm-27x29in) Stockholm 96 .... FF203 700 - £25 400 - **$39,350**
Suorva om hösten - Oil/canvas (147x53cm-58x21in) Stockholm 91 .... FF377 000 - £37 800 - **$62,900**
🖼 Lapporten vid Abiskojokk - Tempera/paper (43x66cm-17x26in) Stockholm 93 .... FF23 700 - £2 910 - **$4,380**

OSSOLA Giancarlo 1935 [10]
🖼 Interno, 1978 - Olio/tela (120x70cm-47x28in) Prato 97 .... FF6 120 - £720 - **$1,080**
Grande interno - Olio/tela (150x100cm-59x39in) Milano 92 .... FF68 000 - £6 950 - **$11,960**

OSSORIO Alfonso 1916-1990 [13]
🖼 Untitled - Mixed media/panel (53x41cm-21x16in) New-York 95 .... FF29 050 - £3 850 - **$6,000**
✏ Fragment women - Gouache (42x27cm-17x11in) New-York 95 .... FF15 500 - £2 054 - **$3,200**

OSSWALD Eugen 1879-1960 [19]
🖼 Trabrennen - Öl/Leinwand (40x52cm-16x20in) München 94 .... FF4 460 - £529 - **$824**
Auf der Pferderennbahn - Öl/Leinwand (83x97cm-33x38in) München 93 .... FF15 940 - £1 904 - **$3,066**

OSSWALD Fritz 1878-1966 [35]
🖼 An der Ostterseen - Öl/Karton (58x77cm-23x30in) München 95 .... FF3 900 - £493 - **$782**
Carnations in a glass vase - Oil/canvas (78x64cm-31x25in) Amsterdam 95 .... FF12 720 - £1 590 - **$2,570**

OSSWALD-TOPPI Margherita 1897-1971 [9]
🖼 Mädchenportrait - Huile/panneau (43x39cm-17x15in) Zürich 96 .... FF3 290 - £412 - **$635**
Portrait with children - Oil/board (101x74cm-40x29in) Amsterdam 94 .... FF15 200 - £1 795 - **$2,705**

OST Alfred 1884-1945 [61]
✏ Cathédrale d'Anvers - Aquarelle (61x46cm-24x18in) Antwerpen 95 .... FF3 810 - £476 - **$769**
Familiekring - Watercolour (53x68cm-21x27in) Lokeren 92 .... FF23 240 - £2 380 - **$4,090**

OST Oskar Petersen 1875-? [1]
🗐 Savoy - Poster (119x83cm-47x33in) New-York 92 .... FF5 110 - £523 - **$900**

OSTADE van Adriaen Jansz. 1610-1685 [145]
🖼 Peasant family - Oil/panel (35x31cm-14x12in) New-York 95 .... FF9 - £1 - **$1**
Genre scene - Oil/panel (20x24cm-8x9in) Stockholm 97 .... FF171 764 - £18 308 - **$29,992**
🗐 The Anglers - Etching (11x16cm-4x6in) London 96 .... FF107 500 - £13 480 - **$20,800**

Peasants in an interior - Ink (17x24cm-7x9in) Amsterdam 95 .... FF**108 000** - £**14 350** - **$22,260**

OSTADE van Isaac Jansz. 1621-1649 [10]
Woman conversing with peasants - Oil/panel (72x92cm-28x36in) London 93 .... FF**1** - £**130 000** - **$193,700**
Paysans près d'une auberge - Huile/panneau (87x115cm-34x45in) Paris 94 .... FF**220 000** - £**25 600** - **$38,100**

ÖSTERLIN Anders 1926 [32]
Komposition - Oil/canvas (50x50cm-20x20in) Malmö 96 .... FF**8 050** - £**1 044** - **$1,580**
Komposition - Oil/canvas (82x65cm-32x26in) Malmö 96 .... FF**17 020** - £**2 017** - **$3,320**
Grön komposition - Oil/canvas (73x60cm-29x24in) Stockholm 89 .... FF**41 200** - £**4 213** - **$6,624**

ÖSTERLIND Allan 1855-1938 [42]
Spanjorskor - Oil/canvas (53x31cm-21x12in) Stockholm 97 .... FF**6 038** - £**637** - **$1,043**
La Chaumière - Huile/toile (65x80cm-26x31in) Guéret 96 .... FF**15 500** - £**1 987** - **$3,074**
Village de St. Céréni - Huile/toile (100x100cm-39x39in) Paris 97 .... FF**60 000** - £**6 300** - **$10,320**
Spanjorska - Black chalk/paper (60x52cm-24x20in) Stockholm 96 .... FF**6 540** - £**833** - **$1,260**

OSTERLIND Anders 1887-1960 [100]
Village dans la vallée - Huile/toile (81x116cm-32x46in) Paris 95 .... FF**3 800** - £**505** - **$783**
Paysage de la Creuse - Huile/toile (60x73cm-24x29in) Louviers 91 .... FF**12 000** - £**1 192** - **$2,084**
Crozant - Huile/toile (60x73cm-24x29in) Guéret 94 .... FF**22 000** - £**2 530** - **$3,790**
Marine, Île de Bréhat, Bretagne - Huile/toile (65x81cm-26x32in) Paris 96 .... FF**50 000** - £**6 230** - **$9,650**

OSTERLIND Nanic 1909-1943 [1]
Paysage - Gouache/papier (50x65cm-20x26in) Paris 93 .... FF**3 000** - £**346** - **$518**

ÖSTERLUND Herman 1873-1964 [32]
Wooded landscape - Oil/canvas (49x59cm-19x23in) Malmö 95 .... FF**2 590** - £**324** - **$523**
Svandammen - Oil/canvas (65x86cm-26x34in) Stockholm 95 .... FF**8 670** - £**1 080** - **$1,692**
River landscape, morning - Oil/canvas (99x158cm-39x62in) Stockholm 95 .... FF**29 640** - £**3 790** - **$6,050**

ÖSTERLUND John 1875-1953 [9]
Skärgårdsmotiv - Oil/canvas (45x80cm-18x31in) Uppsala 91 .... FF**3 650** - £**366** - **$669**

ÖSTERMAN Bernhard 1870-1938 [2]
Mörkhårig flicka i vit klänning - Oil/canvas/panel (40x32cm-16x13in) Stockholm 91 .... FF**51 800** - £**5 257** - **$9,356**
Gustav IV Adolf, trol Prins Wilhelm - Drawing (125x75cm-49x30in) Söderköping 91 .... FF**5 190** - £**527** - **$937**

ÖSTERMAN Emil 1870-1927 [1]
Självporträtt - Oil/canvas (29x25cm-11x10in) Malmö 90 .... FF**5 240** - £**533** - **$1,048**

OSTERMAN Johanna Hilma 1863-1949 [1]
Interiör med mor och dotter - Oil/canvas (140x95cm-55x37in) Göteborg 90 .... FF**49 600** - £**5 277** - **$8,873**

OSTERMILLER Dan 1956 [2]
A scatching doe - Bronze (37cm-15in) London 96 .... FF**17 360** - £**2 200** - **$3,330**

OSTERROTH Gustav 1836-1875 [1]
Landscape - Oil/canvas (76x54cm-30x21in) Stuttgart 96 .... FF**5 420** - £**628** - **$1,038**

OSTERSETZER Carl 1865-1914 [28]
Kunstpause - Oil/panel (47x31cm-19x12in) Frankfurt 91 .... FF**7 430** - £**754** - **$1,342**
Débat théologique - Huile/panneau (26x32cm-10x13in) Bruxelles 95 .... FF**23 900** - £**3 030** - **$4,810**

OSTERWALD d' Rose 1795-1831 [2]
Flusstal mit Burg - Oil/Leinwand (46x55cm-18x22in) Bern 94 .... FF**6 400** - £**755** - **$1,140**

OSTERWALD Georg 1803-1884 [3]
Ansicht des Rathauses zu Köln - Öl/Leinwand (60x51cm-24x20in) Köln 94 .... FF**88 400** - £**10 310** - **$15,500**
Schloß Sayn-Wittgenstein - Watercolour (40x55cm-16x22in) Stuttgart 91 .... FF**2 535** - £**254** - **$423**

OSTHAUS Edmund Henry 1858-1928 [50]
On the Scent - Oil/canvas (61x81cm-24x32in) New-York 97 .... FF**99 183** - £**10 414** - **$17,000**
Pointer, Setter and Grouse - Oil/canvas (72x93cm-28x37in) New-York 94 .... FF**189 200** - £**22 730** - **$36,000**
Pointers in a landscape - Watercolour (30x21cm-12x8in) Chicago 96 .... FF**26 300** - £**3 410** - **$5,200**
Irish setter and a pointer
    Watercolour/paper (58x89cm-23x35in) Detroit, Michigan 96 .... FF**62 300** - £**7 930** - **$12,000**

OSTIER André 1906 [6]
Henri Matisse au Régina, Nice - Photo (30x24cm-12x9in) Paris 91 .... FF**3 000** - £**304** - **$542**

ÖSTLIHN Barbro 1930 [2]
Normandie II, le Ciel - Oil/canvas (107x81cm-42x32in) Stockholm 93 .... FF**6 340** - £**720** - **$1,074**

ÖSTLUND Egon 1889-1952 [1]
På 40-Årsdagen, Gästbok - Watercolour (24x20cm-9x8in) Stockholm 96 .... FF**19 820** - £**2 556** - **$3,880**

ÖSTLUND Staffan 1924 [3]
Landskap - Oil/canvas (54x65cm-21x26in) Uppsala 90 .... FF**2 100** - £**225** - **$365**

ÖSTMAR Tommy 1934 [5]
Dansös - Oil/canvas (158x180cm-62x71in) Stockholm 94 .... FF**11 720** - £**1 380** - **$2,204**
Komposition - Charcoal (98x69cm-39x27in) Uppsala 95 .... FF**1 505** - £**190** - **$302**

OSTOJA-CHROSTOVSKI Stanisla Ostoya 1897 [1]
Scène de rue en Russie - Gouache (30x186cm-12x73in) Paris 89 .... FF**8 500** - £**896** - **$1,431**

OSTREGEZ DE LYSNIEWSKI D'AFFREVILLE ?-1914 [1]
Les esclaves - Plâtre (146cm-57in) Paris 95 .... FF**12 000** - £**1 450** - **$2,260**

OSTRIHANSKY Otto 1895-1971 [1]
Gatter - Öl/Leinwand (115x115cm-45x45in) Wien 95 .... FF**7 370** - £**891** - **$1,388**

OSTROGOVICH Marcello 1888-? [4]
Veduta di porto - Olio/tavola (30x50cm-12x20in) Trieste 95 .... FF**4 004** - £**507** - **$780**

ÖSTRÖM Folke 1892-1974 [6]
Harbour - Oil/canvas (50x61cm-20x24in) Göteborg 95 .... FF**3 695** - £**491** - **$762**

O

OSTROUHOV Ilya Semenovich 1858-1929 [1]
🖼 *The rainbow after the storm* - Oil/canvas (103x160cm-41x63in) New-York 95 .... FF*43 650* - £*5 360* - **$8,500**

OSTROUMOVA-LEBEDEVA Anna Petrovna 1871-1955 [3]
✏ *Park near St. Petersburg* - Watercolour (30x41cm-12x16in) North Berwick, Maine 93 .... FF*3 850* - £*483* - **$700**

OSTROUNOW Viktor 1904-1955 [3]
🖼 *Blick in blühendes Gärtchen* - Öl/Karton (69x60cm-27x24in) Lindau 92 .... FF*8 460* - £*984* - **$1,727**

OSTROWSKY Sam 1886-? [2]
🖼 *Still life* - Oil/canvas (89x64cm-35x25in) Chicago 95 .... FF*2 430* - £*312* - **$500**

OSWALD Carlos 1882-1971 [1]
🖼 *Still life with coconuts* - Oil/canvas (46x65cm-18x26in) New-York 89 .... FF*8 600* - £*879* - **$1,383**

OSWALD Eugen 1879-? [8]
✏ *Erntewagen mit 2 Ochsen* - Gouache (27x36cm-11x14in) Lindau 94 .... FF*3 430* - £*398* - **$590**

OSWALD Wenzel 1883-? [3]
◻ *Marchenbuecher* - Color lithograph (30x20cm-12x8in) Cambridge, Mass. 92 .... FF*1 804* - £*189* - **$325**

OTA Nobu 1932-1987 [1]
🖼 *Fröken Julie med fågelhur* - Oil/canvas (180x150cm-71x59in) Malmö 91 .... FF*14 500* - £*1 440* - **$2,518**

OTAVA Hugo 1889-1967 [1]
🖼 *På stranden* - Oil/canvas (60x48cm-24x19in) Helsinki 91 .... FF*3 440* - £*342* - **$592**

OTÉMAR d' Edouard Modérat XIX-XX [2]
🖼 *Au jardin* - Huile/toile (38x55cm-15x22in) Soissons 90 .... FF*23 000* - £*2 352* - **$4,540**

OTERO Alejandro 1921-1990 [5]
🖼 *Coloritmo 8* - Mixed media (199x49cm-78x19in) New-York 93 .... FF*206 500* - £*23 500* - **$35,000**
🗿 *Sculptures en bronze formant boîtes* - Pièce unique (3) (4x4x4cm-2x2x2in) Paris 96 .... FF*1 500* - £*188* - **$291**

OTERO BESTEIRO Francisco 1933 [2]
✏ *Cabras* - Tinta (29x45cm-11x18in) Madrid 95 .... FF*6 050* - £*795* - **$1,215**

OTERO Camilo 1932 [1]
🗿 *Sérénité* - Bronze (29cm-11in) Paris 96 .... FF*25 000* - £*3 134* - **$4,860**

OTERO Jaime 1880-? [1]
🗿 *Jeune femme debout* - Bronze (48cm-19in) Paris 94 .... FF*20 000* - £*2 314* - **$3,430**

OTERO LAXEIRO José 1908 [9]
✏ *Composicion* - Gouache (36x52cm-14x20in) Madrid 89 .... FF*18 900* - £*1 881* - **$2,986**

OTHONEOS Nicholaos 1877-1950 [1]
🖼 *Collecting the tobacco* - Oil/hardboard (43x63cm-17x25in) Athens 96 .... FF*23 600* - £*2 730* - **$4,520**

OTHONIEL Jean-Michel 1964 [3]
🖼 *Sans titre* - Peinture (98x59cm-39x23in) Paris 92 .... FF*9 000* - £*921* - **$1,585**
🗿 *Les Fruits du grenadier* - Sculpture (17x20cm-7x8in) Paris 92 .... FF*12 000* - £*1 432* - **$2,310**
✏ *Soufre-jumeau* - Collage (45x48cm-18x19in) Paris 93 .... FF*2 100* - £*263* - **$382**

OTIS Bass 1784-1861 [3]
🖼 *William and Eliza Hillegas* - Oil/canvas (91x69cm-36x27in) Philadelphia 92 .... FF*18 620* - £*2 162* - **$3,800**

OTIS George Demont 1879-1962 [30]
🖼 *Eucalyptus trees* - Oil/canvas (66x81cm-26x32in) San Francisco-Los Angeles 95 .... FF*23 670* - £*3 110* - **$4,750**
🖼 *Cabin by the sea* - Oil/canvas (76x91cm-30x36in) San Francisco-Los Angeles 92 .... FF*68 600* - £*7 960* - **$14,000**

OTLEY Kate 1944 [3]
🖼 *Potala'Lhasa* - Oil/canvas (107x137cm-42x54in) London 90 .... FF*4 100* - £*442* - **$723**

OTT Fridolin 1775-1849 [1]
✏ *Ludwig XVI mit seiner Familie* - Aquarelle (35x45cm-14x18in) Zofingen 93 .... FF*2 176* - £*262* - **$398**

OTT Herbert 1915-1987 [2]
✏ *Winterlandschaft* - Watercolour (34x45cm-13x18in) München 95 .... FF*2 137* - £*267* - **$432**

OTT Jerry 1947 [5]
🖼 *Judy - Paradise bachdrop* - Acrylique/toile (195x243cm-77x96in) Paris 93 .... FF*28 000* - £*3 146* - **$4,750**

OTT Johann Georg 1781-1808 [1]
✏ *Militärischer Zug* - Ink (20x27cm-8x11in) Lindau 92 .... FF*2 540* - £*295* - **$519**

OTT Johann Nepomuk 1804-1870 [2]
🖼 *Süditalienische Landschaft* - Oil/canvas (48x67cm-19x26in) München 90 .... FF*47 300* - £*5 064* - **$8,226**

OTT Sabina 1955 [2]
🖼 *Illuminations #4* - Oil/paper (51x65cm-20x26in) San Francisco-Los Angeles 95 .... FF*6 930* - £*866* - **$1,400**

OTTAVIANO Jack 1924-1988 [2]
🖼 *Rue* - Huile/toile (46x38cm-18x15in) Paris 93 .... FF*4 800* - £*540* - **$814**

OTTE William Louis 1871-1957 [6]
🖼 *Coachella Valley* - Oil/board (66x91cm-26x36in) San Francisco-Los Angeles 92 .... FF*58 800* - £*6 830* - **$12,000**
✏ *Carmel Valley* - Watercolour/paper (43x33cm-17x13in) San Francisco-Los Angeles 95 ...... FF*19 170* - £*2 180* - **$3,250**

OTTEN-ROSIER Berthe 1885-1973 [1]
✏ *Jeune mère* - Encre Chine (26x18cm-10x7in) Liège 96 .... FF*1 832* - £*238* - **$362**

OTTENFELD von Rudolf Otto 1856-1913 [3]
🖼 *An Arab Horseman* - Oil/panel (18x13cm-7x5in) London 97 .... FF*41 058* - £*4 500* - **$7,206**

OTTENS Joseph XIX-XX [7]
🖼 *Personnages dans des ruines* - Huile/toile (56x66cm-22x26in) Bruxelles 95 .... FF*7 570* - £*915* - **$1,425**

OTTERNESS Tom 1952 [9]
🗿 *The Doors* - Sculpture (245x76x151cm-96x69x59in) New-York 95 .... FF*113 000* - £*13 860* - **$22,000**

OTTERSON Joel 1959 [7]
🗿 *He-Man, Master of the Universe* - Bronze (312cm-123in) New-York 96 .... FF*7 690* - £*911* - **$1,500**
Non-found, un-found - Installation (259x33x50cm-102x13x20in) New-York 93 .... FF*23 600* - £*2 685* - **$4,000**

OTTERSTEDT von Alexander Karl Fr. 1848-1909 [4]
- Päonienstrauß - Oil/canvas (82x65cm-32x26in) München 92 .... FF6 460 - £662 - $1,267

OTTESEN Otto Didrik 1816-1892 [62]
- Gardenia, Kamelia - Oil/panel (31x23cm-12x9in) Köbenhavn 94 .... FF36 500 - £4 190 - $6,240
- Fruit and Flowers under a Grape Vine - Oil/panel (81x51cm-32x20in) New-York 97........ FF74 158 - £7 993 - $13,000
- Wild roses, daisies, buttercup - Oil/panel (43x32cm-17x13in) London 91 .... FF100 800 - £10 035 - $17,334

OTTEVAERE Henri 1870-1940 [18]
- Abbaye de Grand-Pré - Huile/panneau (40x50cm-16x20in) Bruxelles 92 .... FF3 650 - £374 - $643
- Ferme de Faulx-les-Tombes, clair de lune
  Huile/toile (134x154cm-53x61in) Bruxelles 96... FF18 060 - £2 090 - $3,460

OTTEWELL Benjamin John ?-1937 [5]
- Woodland stream - Watercolour (39x56cm-15x22in) London 94... FF3 320 - £380 - $557

OTTH Aloïs 1880-1968 [1]
- Das Märchen vom Froschkönig - Oil/panel (40x49cm-16x19in) Bern 92 .... FF3 616 - £432 - $696

OTTIN Auguste L. 1811-1890 [1]
- Buste d'Ingres - Plâtre (52cm-20in) Paris 95.. FF3 000 - £375 - $606

OTTMANN Henri 1877-1927 [74]
- La lecture - Huile/toile (38x46cm-15x18in) Paris 97.. FF8 000 - £877 - $1,404
- Nu au bain - Huile/toile (132x97cm-52x38in) Paris 94 .... FF23 000 - £2 690 - $4,034
- Femmes sur la plage - Huile/toile (100x65cm-39x26in) Paris 95....................................... FF45 000 - £5 720 - $9,130
- La Touraine - Watercolour, gouache/paper (71x100cm-28x39in) New-York 97 .... FF19 932 - £2 155 - $3,500

OTTO Alfred 1873-1953 [2]
- Landschaft bei Bad Scuol Tarasp - Oil/canvas (121x160cm-48x63in) Luzern 89 .... FF39 000 - £3 988 - $6,270

OTTO Carl 1830-1902 [3]
- Assorted flowers & fruits - Oil/canvas (59x51cm-23x20in) New-York 93 .... FF55 000 - £6 900 - $10,000

OTTO Ernst 1866-1927 [1]
- Röhrender Hirsch - Öl/Leinwand (41x62cm-16x24in) Wien 96 .... FF7 200 - £873 - $1,400

OTTO Heinrich 1832-1902 [1]
- Der Grosse Wald - Öl/Leinwand (140x181cm-55x71in) Wien 97 .... FF38 368 - £4 144 - $6,696

OTTO Heinrich 1858-1923 [14]
- Der Tannenwald - Etching (44x35cm-17x14in) Heidelberg 95 .... FF1 533 - £197 - $310

OTTO Johanna 1839-1914 [1]
- Jagdstilleben - Oil/canvas (148x129cm-58x51in) Wien 92 .... FF14 440 - £1 448 - $2,777

OTTO Rudolf 1887-? [2]
- Badende Jungen mit Pferd - Öl/Leinwand (80x100cm-31x39in) Köln 95 .... FF3 550 - £448 - $711

OTTO Teo 1904-? [1]
- Sommerliche Piazza in Ascona - Aquarell (50x39cm-20x15in) Zofingen 94 .... FF1 687 - £198 - $301

OTTO Walt 1895-1963 [1]
- Smiling woman with ski poles - Oil/canvas (46x36cm-18x14in) New-York 96 .... FF16 660 - £1 975 - $3,250

OTTO Wilhelm 1871-? [1]
- Stehender Mädchenakt - Bronze (35cm-14in) Stuttgart 92 .... FF3 060 - £314 - $539

OU DAWEI 1947 [2]
- Landscape - Ink (70x138cm-28x54in) Hong Kong 94 .... FF22 540 - £2 614 - $3,880

OUAZZANI Abdallah 1957 [2]
- Scène de mariage à Fès - Dessin (41x29cm-16x11in) Paris 94 .... FF3 500 - £415 - $647

OUBORG Piet 1893-1956 [81]
- Zittend naakt - Oil/canvas (65x51cm-26x20in) Amsterdam 92 .... FF11 450 - £1 368 - $2,203
- Landschappelijk - Oil/canvas (51x65cm-20x26in) Amsterdam 95 .... FF220 500 - £28 140 - $45,000
- Jachtende Ster - Gouache (65x50cm-26x20in) Amsterdam 91 .... FF33 060 - £3 310 - $5,510

OUD Tames 1895-1953 [1]
- Kanaal van Willebroeck - Oil/canvas (27x40cm-11x16in) Amsterdam 92............................ FF3 620 - £432 - $696

OUDART Paul Louis 1796-1850 [4]
- Long-Billed Corella/Gallah - Watercolour, gouache (17x10cm-7x4in) London 96.............. FF7 340 - £850 - $1,407

OUDENHOVEN van Joseph c.1825-c.1900 [3]
- The Elopement - Oil/panel (49x58cm-19x23in) London 96.. FF13 870 - £1 800 - $2,743

OUDENJK Adriaen 1648-c.1710 [3]
- Paesaggio con animali - Olio/tela (53x44cm-21x17in) Milano 90 .... FF22 900 - £2 452 - $3,983

OUDERAA van der Piet 1841-1915 [11]
- Mount of Olives, Jerusalem - Oil/canvas (55x85cm-22x33in) London 91 .... FF25 800 - £2 618 - $4,660
- The wedding present - Oil/panel (95x73cm-37x29in) London 93 .... FF166 800 - £19 000 - $28,300

OUDES Jacob, Sen. 1858-1921 [1]
- Muiden, shipping entering a sluice - Oil/canvas (28x40cm-11x16in) Amsterdam 94 .... FF2 590 - £306 - $465

OUDIAKOV Alexis 1947 [2]
- Nature morte au poisson - Huile/toile (70x70cm-28x28in) Paris 90 .... FF2 500 - £256 - $493

OUDIN Paul 1851-1923 [1]
- Experimental X-ray photographs - Gelatin silver print London 96....................................... FF13 950 - £1 800 - $2,693

OUDINOT Achille François 1820-1891 [7]
- Paysage près de la mer - Oil/canvas (55x73cm-22x29in) New-York 93 .... FF8 700 - £1 000 - $1,500
- Nu debout en pied - Oil/canvas (38x28cm-15x11in) New-York 97 .... FF242 441 - £26 133 - $42,500

OUDOT Georges 1928 [30]
- La Source - Bronze (28cm-11in) Paris 95 .... FF7 000 - £907 - $1,457
- Femme debout - Bronze (42cm-17in) Saint-Dié 92.. FF15 000 - £1 536 - $2,640

Nu de dos - Pastel (50x35cm-20x14in) Saint-Dié 96 .... FF**3 800** - £488 - **$750**

OUDOT Roland 1897-1981 [243]
Les fenaisons - Huile/panneau (38x46cm-15x18in) Paris 97 .... FF**6 200** - £673 - **$1,087**
Morning in a Village - Oil/canvas (38x46cm-15x18in) New-York 97 .... FF**8 706** - £915 - **$1,500**
Scène d'intérieur - Huile/toile (46x55cm-18x22in) Calais 97 .... FF**12 000** - £1 285 - **$2,104**
Champ de blé en été - Huile/toile (60x81cm-24x32in) Paris 97 .... FF**18 000** - £1 964 - **$3,146**
Vase de fleurs - Huile/toile Cannes 95 .... FF**25 000** - £3 270 - **$5,110**
Hospice St. Paul à St. Rémy - Huile/toile (60x93cm-24x37in) Paris 97 .... FF**36 000** - £4 480 - **$7,040**
Gargonza - Oil/canvas (53x79cm-21x31in) New-York 97 .... FF**68 220** - £7 348 - **$12,000**
Repos - Sanguine/papier (65x90cm-26x35in) Mayenne 96 .... FF**14 000** - £1 752 - **$2,720**

OUDRY Jacques-Charles 1720-1778 [21]
Pêche, perdreaux gris et céleri - Huile/toile (62x80cm-24x31in) Paris 96 .... FF**90 000** - £10 410 - **$17,240**
Oranges, gam and a ham - Oil/canvas (48x71cm-19x28in) London 90 .... FF**358 000** - £37 130 - **$62,970**
Chien chassant une perdrix - Pierre noire (29x42cm-11x17in) Paris 97 .... FF**23 000** - £2 445 - **$3,974**

OUDRY Jean-Baptiste 1686-1755 [59]
Cerf et chiens, Fontainebleau - Huile/toile (46x96cm-18x38in) Paris 95 .... FF**1** - £249 790 - **$381,000**
Gentilhomme - Huile/toile (147x114cm-58x45in) Paris 92 .... FF**510 000** - £52 200 - **$89,700**
Figures playing - Black & white chalks (28x38cm-11x15in) New-York 97 .... FF**77 605** - £8 638 - **$14,000**
Combat: aigles et cygnes - Encre (31x53cm-12x21in) Paris 96 .... FF**210 000** - £27 170 - **$41,200**

OUDSHOORN Albert Jan 1877-1930 [3]
Farmer & cows in a meadow - Watercolour, gouache (36x25cm-14x10in) Amsterdam 91 .... FF**2 417** - £240 - **$420**

OUINE Lionel 1937 [19]
Côte des Authieux, Port-Saint-Ouen - Huile/toile (73x60cm-29x24in) Rouen 91 .... FF**7 500** - £747 - **$1,290**

OULESS Catherine XIX-XX [3]
Cottage at St. Ouen, Jersey - Oil/panel (35x22cm-14x9in) London 92 .... FF**9 210** - £1 100 - **$1,772**

OULESS Philip John 1817-1885 [24]
Shipping off Gibraltar - Oil/canvas (60x90cm-24x35in) London 96 .... FF**23 770** - £2 800 - **$4,670**
The Brig Cupid rounding Corbiere
    Oil/canvas (44x64cm-17x25in) St. Helier, Jersey 96 .... FF**64 300** - £8 000 - **$12,470**

OULESS Walter William 1848-1933 [4]
Roderick Donald Matheson
    Oil/canvas (249x170cm-98x67in) Gleneagles Hôtel - Pertshire 90 .... FF**130 700** - £13 057 - **$24,801**

OULINE A. XIX-XX [3]
Femme au dauphin - Bois (63cm-25in) Paris 97 .... FF**7 200** - £775 - **$1,263**

OULTON Therese 1953 [15]
Incognito No. VII - Oil/canvas (56x46cm-22x18in) London 95 .... FF**15 670** - £2 000 - **$3,214**
Spinner - Oil/canvas (234x213cm-92x84in) London 97 .... FF**47 081** - £5 000 - **$8,201**

OUREN Karl 1882-1934 [2]
Winter in Svolvoer harbor - Oil/canvas/board (80x108cm-31x43in) New-York 91 ..... FF**12 580** - £1 258 - **$2,072**

OURI Alphonse A. 1828-1891 [4]
Raisins et tambourin - Huile/toile (79x128cm-31x50in) Paris 92 .... FF**15 000** - £1 790 - **$2,885**

OURI Germaine 1889-? [1]
Jeune berger nu et ses moutons - Bronze (20cm-8in) Paris 95 .... FF**11 000** - £1 453 - **$2,230**

OURY Léon-Louis 1846-? [4]
Montauban, Expo. des Beaux-Arts - Poster (64x84cm-25x33in) London 94 .... FF**2 374** - £280 - **$423**

OURY Louis, sculpt. XIX-XX [2]
Fillette à la poupée - Bronze (28cm-11in) Bruxelles 97 .... FF**3 272** - £348 - **$570**
A reclining Nymph - Bronze (150cm-59in) London 96 .... FF**193 500** - £25 000 - **$38,200**

OUSELEY William Gore 1797-1866 [1]
Aqueduct & convent, Rio - Watercolour (15x21cm-6x8in) London 96 .... FF**60 100** - £7 500 - **$11,610**

OUSEY Buckley ?-1889 [1]
Loading the cart - Watercolour (24x40cm-9x16in) London 94 .... FF**2 614** - £300 - **$447**

OUSKO-OBERHOFFER Anton 1904-1982 [2]
Der Franziskanerplatz - Aquarell/Papier (37x28cm-15x11in) Wien 90 .... FF**4 300** - £457 - **$769**

OUSMANOV Makhmout 1918 [2]
Le printemps - Huile/toile (90x100cm-35x39in) Bruxelles 93 .... FF**4 285** - £513 - **$876**

OUTBORG Piet. 1893-1956 [1]
Listening in movement - Oil/canvas (60x90cm-24x35in) Amsterdam 94 .... FF**176 400** - £20 820 - **$31,400**

OUTCAULT Richard Felton 1863-1928 [2]
Buster Brown - Watercolour (53x46cm-21x18in) New-York 95 .... FF**13 580** - £1 804 - **$2,800**

OUTEHIN Boris 1918-1986 [4]
La maison verte - Huile/toile (50x71cm-20x28in) Paris 92 .... FF**2 800** - £287 - **$520**

OUTER Nestor 1865-1930 [5]
Verger en fleurs - Aquarelle (37x56cm-15x22in) Bruxelles 90 .... FF**5 500** - £568 - **$972**

OUTERBRIDGE Paul, Jnr. 1896-1958 [109]
Christmas Gifts - Platinum print (10x15cm-4x6in) New-York 96 .... FF**44 000** - £5 440 - **$8,500**
Nude - Platinum print (10x8cm-4x3in) New-York 96 .... FF**155 400** - £19 200 - **$30,000**
H.O. Box - Platinum print (10x8cm-4x3in) New-York 96 .... FF**828 000** - £102 300 - **$160,000**

OUTIN Pierre 1839-1899 [33]
Sneaking a treat - Oil/canvas (48x33cm-19x13in) New-York 90 .... FF**28 600** - £2 880 - **$5,200**
Voyage de noces - Huile/toile (65x92cm-26x36in) Deauville 91 .... FF**180 000** - £18 038 - **$30,352**

OUVRIÉ Justin P. 1806-1879 [33]
Personnages devant une fabrique - Huile/toile (45x64cm-18x25in) Paris 97 .... FF**22 000** - £2 400 - **$3,846**
Rheinufer bei St. Goar - Oil/panel (24x31cm-9x12in) Stuttgart 93 .... FF**34 500** - £3 900 - **$5,810**

Cours Saleya, Nice - Huile/toile (109x84cm-43x33in) Saint-Germain-en-Laye 94 .... FF**187 000** - £21 460 - **$32,000**

Ville rhénane - Aquarelle (20x30cm-8x12in) Paris 93.. FF**13 000** - £1 480 - **$2,204**

OUVRIÉ Pierre Justin 1842-1894 [1]
Amsterdam - Oil/panel (20x28cm-8x11in) London 94.. FF**10 920** - £1 300 - **$2,060**

OUWATER Isaak 1750-1793 [7]
A canal scene - Oil/panel (34x40cm-13x16in) London 91 .... FF**105 800** - £10 507 - **$18,370**

Mint Tower, Amsterdam - Oil/canvas (41x52cm-16x20in) London 94 .... FF**844 000** - £100 000 - **$156,000**

OUZANI Melik 1942 [2]
Tête et fruits, 1987 - Acrylique/toile (81x65cm-32x26in) Paris 90 .... FF**9 000** - £946 - **$1,565**

Tête et paysage avec auto, 1987 - Collage (100x100cm-39x39in) Paris 89 .... FF**4 500** - £435 - **$683**

OVADYAHU Samuel 1892-1963 [37]
Vase of flowers - Oil/canvas (57x52cm-22x20in) Tel Aviv 96.................................. FF**18 650** - £2 340 - **$3,600**

Landscape - Watercolour (17x25cm-7x10in) Tel Aviv 97....................................... FF**1 818** - £202 - **$340**

OVENDEN Graham 1943 [6]
Katy - Oil/board (32x25cm-13x10in) London 94... FF**16 670** - £2 000 - **$3,240**

Young girl reclining - Pencil (24x14cm-9x6in) London 90 .... FF**3 500** - £363 - **$615**

OVENS Jurgen 1623-1678 [5]
Quatre Enfants - Huile/toile (135x184cm-53x72in) Monaco 94................................ FF**100 000** - £11 800 - **$17,920**

OVERBECK Fritz 1869-1909 [35]
Birkenstamm - Oil/cardboard (60x44cm-24x17in) Berlin 95 .... FF**42 700** - £5 320 - **$8,350**

Moorlandschaft mit Bauernhaus - Oil/canvas (86x102cm-34x40in) Bremen 90 .... FF**125 800** - £12 864 - **$24,831**

Abseits von Wege - Etching (14x21cm-6x8in) Bremen 94 .... FF**3 084** - £358 - **$531**

OVERBECK Johann Friedrich 1789-1869 [5]
Abraham verstösst Hagar - Charcoal (85x10cm-33x4in) München 89 .... FF**141 900** - £14 509 - **$22,814**

OVERBECK SHENCK Gerta 1898-1979 [1]
Bambina che gioca - Olio/cartone (58x46cm-23x18in) Milano 93 .... FF**93 400** - £10 820 - **$16,060**

OVERBECK van Gijsbertus Johannes 1882-1947 [4]
Horse drawn cart, Rotterdam - Oil/canvas (60x80cm-24x31in) Amsterdam 92 .... FF**15 170** - £1 558 - **$2,920**

OVERBEEK Leendert 1752-1815 [3]
Village en lisière de forêt - Aquarelle, gouache (22x29cm-9x11in) Paris 95................ FF**22 000** - £2 813 - **$4,420**

OVERBEEK van Gijsbertus Johannes 1882-1947 [8]
Man on his horse-driven carriage - Oil/canvas (61x101cm-24x40in) Amsterdam 93 .... FF**5 430** - £648 - **$1,044**

OVERBEEKE van Michel 1942 [2]
Confrontatie - Oil/canvas (40x40cm-16x16in) Amsterdam 91 .... FF**2 124** - £218 - **$396**

Gen I. 25 - Aquatint in colors (49x69cm-19x27in) Amsterdam 95............................ FF**2 836** - £362 - **$579**

OVERBEEKE van Olav Cleofas 1946 [2]
Drie uien in het witte bakje - Oil/canvas (40x50cm-16x20in) Amsterdam 94 .... FF**3 034** - £311 - **$535**

Zoyafles en Groen Bakje - Oil/canvas (60x45cm-24x18in) Amsterdam 94 .... FF**20 820** - £2 470 - **$3,850**

OVERBERGHE Cel 1937 [2]
Composition jaune - Huile/toile (80x80cm-39x31in) Antwerpen 93 .... FF**3 970** - £485 - **$709**

OVERDAM Ab 1937 [3]
Hommage à B. Brecht - Oil/canvas (80x70cm-31x28in) Amsterdam 97 .... FF**7 630** - £825 - **$1,331**

OVERLAET Antoon 1720-1774 [2]
Two arcadian landscapes - Ink (20cm-8in) London 97 .... FF**5 189** - £549 - **$89,3 9**

OVERSCHIE van Pieter c.1620-c.1672 [5]
Homard et chat - Huile/panneau (62x92cm-24x36in) Paris 94 .... FF**73 000** - £8 650 - **$13,500**

OVERSTRAETEN van War 1891-1981 [22]
Fleurs - Huile/toile (60x45cm-24x18in) Antwerpen 94.. FF**2 167** - £260 - **$421**

Bretagne - Huile/toile (50x73cm-20x29in) Lokeren 96.. FF**8 000** - £1 033 - **$1,580**

OVIEDO Ramón 1927 [11]
Colombinos - Mixed media/canvas (101x127cm-40x50in) New-York 92 .... FF**33 300** - £3 486 - **$6,000**

Lucha - Oil/canvas (75x100cm-30x39in) New-York 90 .... FF**40 000** - £4 255 - **$7,156**

OVISSI Nasser 1934 [4]
Lady with parrot - Technique mixte/carton (76x56cm-30x22in) Montréal 91 .... FF**6 880** - £690 - **$1,260**

OVTCHINNIKOV Vladimir 1941 [2]
Cirque - Huile/toile (200x100cm-79x39in) Paris 94 .... FF**10 500** - £1 230 - **$1,850**

OWEN Albert Gallatin 1810-1888 [1]
The covered bridge, Orange, N.Y. - Oil/panel (42x58cm-17x23in) New-York 91.............. FF**12 660** - £1 277 - **$2,467**

OWEN Joel XIX-XX [13]
Torrents en Écosse - Huile/toile (50x76cm-20x30in) Morlaix 92 .... FF**4 400** - £451 - **$792**

OWEN Robert Emmett 1878-1964 [32]
Country cottage - Oil/canvas (81x76cm-32x30in) North Bethesda, MD. 91 .... FF**2 990** - £300 - **$548**

Fly Fishing - Oil/canvas (112x127cm-44x50in) Boston, Mass. 94 .... FF**8 560** - £1 005 - **$1,500**

Winter Country Road - Oil/canvas (81x102cm-32x40in) Detroit, Michigan 94............... FF**24 500** - £2 910 - **$4,500**

OWEN Samuel 1768/69-1857 [22]
Fisherfolk on the south coast - Watercolour (18x13cm-7x5in) London 93 .... FF**8 600** - £980 - **$1,460**

Breezy water/Shipping - Watercolour (3x20cm-1x8in) London 96............................ FF**27 140** - £3 500 - **$5,310**

OWEN Will 1869-1957 [1]
George Bernard Shaw lecturing - Pencil (28x41cm-11x16in) London 91 .... FF**2 435** - £250 - **$453**

OWEN William 1769-1825 [10]
Gentleman - Oil/canvas (76x63cm-30x25in) London 96 .... FF**8 260** - £980 - **$1,613**

Mrs. Shaw of Greens Norton - Oil/canvas (239x146cm-94x57in) London 93 .... FF**48 700** - £5 600 - **$8,340**

OWENS Robert Emmett 1878-1959 [1]
🖝 *Sugar Maples* - Oil/canvas (112x86cm-44x34in) St. Petersburg, Florida 94 .... FF9 130 - £1 065 - $1,600
OXHOLM Charlotte 1846-1922 [1]
🖝 *Interieur mit nähender Frau* - Oil/board (40x34cm-16x13in) Hamburg 91 .... FF11 150 - £1 120 - $1,860
OXLADE Roy 1929 [3]
🖝 *Artist and Curtain* - Oil/canvas (122x152cm-48x60in) London 92 .... FF3 130 - £320 - $551
OXMAN Katja [2]
🖾 *Passing through* - Aquatint in colors (81x58cm-32x23in) Boston, Mass. 92 .... FF3 980 - £407 - $700
OXTOBY David XX [6]
🖾 *Hooked Again* - Aquatint in colors (18x11cm-7x4in) London 93 .... FF1 782 - £220 - $319
OXTON Harris 1886-1930 [2]
✐ *Children resting beside a country path* - Watercolour (36x23cm-14x9in) Exeter, Devon 94 ... FF1 540 - £180 - $270
OYENS David 1824-1902 [10]
🖝 *In the painter's studio* - Oil/canvas (66x56cm-26x22in) Amsterdam 93 .... FF13 560 - £1 620 - $2,610
  Taferel in het Schildersatelier - Huile/panneau (40x29cm-16x11in) Lokeren 96 .... FF25 000 - £3 230 - $4,940
OYENS Pieter 1842-1894 [7]
🖝 *Bridge with fence over a ditch* - Oil/canvas/panel (28x37cm-11x15in) Amsterdam 93 .... FF2 713 - £324 - $522
  Maternité - Oil/canvas (50x35cm-20x14in) Amsterdam 97 .... FF48 379 - £5 114 - $8,301
✐ *Le peintre et son modèle* - Aquarelle, gouache/papier (45x30cm-18x12in) Bruxelles 94 .... FF2 664 - £309 - $459
OYSTON George XIX-XX [36]
✐ *Sheep in a watermeadow* - Watercolour (46x39cm-18x15in) Toronto 95 .... FF1 514 - £192 - $305
  On the Bourne, Surrey - Watercolour (33x51cm-13x20in) London 95 .... FF5 150 - £650 - $1,032
OZ d' Viviane XX [21]
🖝 *Nature morte aux pommes* - Huile/panneau (13x20cm-5x8in) Grenoble 96 .... FF3 500 - £446 - $675
  Pomme, poire, raisins - Huile/panneau (16x22cm-6x9in) Grenoble 92 .... FF8 500 - £870 - $1,497
OZANNE Nicolas Marie 1728-1811 [17]
✐ *Pêcheur et bateaux dans la rade* - Lavis (10x12cm-4x5in) Paris 97 .... FF5 600 - £598 - $969
  Baye de L'Orient - Encre (14x32cm-6x13in) Paris 95 .... FF21 000 - £2 647 - $4,190
  Vaisseau du Roy lancé à la mer - Encre (29x44cm-11x17in) Paris 94 .... FF92 000 - £11 000 - $18,020
OZANNE Pierre 1737-1813 [15]
✐ *Paysage* - Pierre noire (15x23cm-6x9in) Paris 97 .... FF3 000 - £320 - $519
  Vue du port de Dieppe - Encre (25x41cm-10x16in) Paris 92 .... FF31 000 - £3 700 - $5,960
OZENDA François XX [2]
🗎 *La poupée maléfique et son bébé* - Assemblage (55x37cm-22x15in) Paris 94 .... FF5 800 - £662 - $983
OZENFANT Amédée 1886-1966 [57]
🖝 *Orage sur la mer de nuages* - Huile/toile (60x73cm-24x29in) Paris 94 .... FF21 000 - £2 507 - $3,935
  Maternité - Huile/toile (98x56cm-39x22in) Paris 97 .... FF40 000 - £4 344 - $7,016
  Quatre Races - Huile/toile (65x81cm-26x32in) L'Isle-Adam 95 .... FF171 000 - £22 460 - $35,100
  Cuisine II - Oil/canvas (50x73cm-20x29in) Berlin 91 .... FF406 000 - £40 417 - $69,817
  Nombreux objets - Oil/canvas (81x65cm-32x26in) London 88 .... FF928 200 - £85 000 - $156,400
🗎 *Amour* - Bronze (79cm-31in) Paris 94 .... FF22 000 - £2 626 - $4,120
✐ *Nature morte puriste* - Mine plomb Paris 97 .... FF17 000 - £1 850 - $3,200
  Nature morte puriste - Pastel (27x35cm-11x14in) London 94 .... FF143 000 - £17 000 - $26,150
OZOLS Vilis 1929 [7]
🖝 *Les foins* - Huile/panneau (60x74cm-24x29in) Paris 90 .... FF5 500 - £554 - $1,000

P

P

PAAL Lászlo 1846-1879 [1]
🖝 *Dans la forêt* - Öl/Leinwand (92x120cm-36x47in) Bern 94 .... FF32 300 - £3 744 - $5,570
PAALEN Wolfgang 1905-1959 [18]
🖝 *Faucon No.5* - Huile/panneau (49x62cm-19x24in) Paris 97 .... FF55 000 - £5 814 - $9,438
  Starscape - Oil/board (32x23cm-13x9in) New-York 93 .... FF106 200 - £12 080 - $18,000
  Rêve interprété - vue gothique - Olio/tela (99x73cm-39x29in) Roma 92 .... FF190 200 - £19 470 - $33,500
PAAR Ernst 1906-1986 [2]
🖝 *Liegender weiblicher Akt* - Öl/Leinwand (96x121cm-38x48in) Wien 96 .... FF43 300 - £5 510 - $8,330
PAATELA Oskari 1888-1925 [6]
🖝 *Nude* - Oil/canvas (55x48cm-22x19in) Stockholm 95 .... FF5 300 - £701 - $1,075
PAB Pierre-A. Benoit 1921-1993 [3]
✐ *Collage* - Collage (12x20cm-5x8in) Paris 90 .... FF2 000 - £205 - $395
PABLO de Julio 1917 [2]
🖝 *Composicion* - Técnica mixta (60x78cm-24x31in) Madrid 90 .... FF4 100 - £442 - $723
PABLO de Máximo 1930 [3]
🖝 *Bodegon con tetera* - Acrylic/panel (100x80cm-39x31in) Madrid 90 .... FF11 300 - £1 138 - $2,055
PABLO SALINAS Juan 1871-1946 [1]
🖝 *La visita al vicario* - Oleo/tabla (24x40cm-9x16in) Madrid 89 .... FF297 000 - £31 296 - $50,000
PABST Camille Alfred 1821-1898 [6]
🖝 *Conversation dans un intérieur* - Huile/toile (72x61cm-28x24in) Paris 91 .... FF35 000 - £3 595 - $6,510

PABST Corrie 1866-1943 [1]
🕊 *A still life of cutweeds in a vase* - Oil/canvas (28x37cm-11x15in) Amsterdam 90 .... FF6 630 - £678 - **$1,309**
PABST Johan Cornelis 1853-? [2]
🕊 *The holly-hock* - Oil/canvas/panel (32x22cm-13x9in) Amsterdam 93 .... FF4 520 - £540 - **$870**
✏ *Junges Paar in einem Café* - Aquarell (34x23cm-13x9in) München 93 .... FF7 460 - £891 - **$1,435**
PACCARD Alexis 1813-1867 [3]
✏ *Bibliothèque Piccolomini, Sienne* - Pierre noire (36x26cm-14x10in) Paris 94 .... FF3 700 - £445 - **$697**
PACE Achille 1923 [2]
🕊 *Itinerario incontro* - Tecnica mista (90x120cm-35x47in) Milano 92 .... FF10 870 - £1 113 - **$1,914**
PACE DA CAMPIDOGLIO Michelangelo c.1610-1670 [8]
🕊 *Still life of fruits with a servant girl* - Oil/canvas (108x132cm-43x52in) London 96........ FF691 000 - £80 000 - **$132,400**
PACÉA Ion 1924 [18]
🕊 *Nature morte* - Huile/toile (81x65cm-32x26in) Paris 91 .... FF3 000 - £298 - **$521**
PACETTI Michelangelo 1793-1855 [2]
🕊 *Vue de Naples* - Huile/toile (40x52cm-16x20in) Bayeux 94 .... FF55 000 - £6 400 - **$9,530**
PACHECO ALTAMIRANO Arturo 1905 [12]
🕊 *Valparaiso* - Oil/canvas (75x65cm-30x26in) Stockholm 97 .... FF8 962 - £955 - **$1,564**
Escena de puerto - Oil/canvas (100x100cm-39x39in) New-York 92 .... FF20 800 - £2 483 - **$4,000**
PACHECO Ana María 1943 [3]
🕊 *You get too anxious...* - Oil/panel (182x122cm-72x48in) London 94 .... FF11 110 - £1 300 - **$1,950**
🖾 *Terra Ignota 1* - Drypoint (32x25cm-13x10in) London 96 .... FF1 930 - £220 - **$370**
🗿 *Head* - Wood (180cm-71in) London 93 .... FF36 000 - £4 500 - **$6,520**
PACHECO GADEA José Fernandez [2]
🕊 *Portada* - Oleo/lienzo (53x73cm-21x29in) Madrid 90 .... FF2 200 - £228 - **$387**
PACHECO Joaquín 1934 [3]
🕊 *Edificios de Nueva York* - Oleo/lienzo (114x162cm-45x64in) Madrid 95 .... FF4 830 - £627 - **$994**
PACHECO María Luisa 1919 [2]
🕊 *Cela Je* - Oil (101x122cm-40x48in) New-York 94 .... FF14 600 - £1 723 - **$2,600**
PACHER Ferdinand 1852-1911 [3]
🕊 *Der schöne geblümte Stoff !* - Oil/panel (29x38cm-11x15in) München 91 .... FF27 350 - £2 810 - **$5,090**
PACHOT D'ARZAC Alexis Paul 1844-1906 [2]
🕊 *Campagne dauphinoise* - Huile/toile (13x25cm-5x10in) Grenoble 94 .... FF2 000 - £237 - **$370**
PACHT Vilhelm 1843-1912 [14]
🕊 *Luxor, Egypt* - Oil/canvas (37x41cm-15x16in) København 95 .... FF3 630 - £452 - **$707**
🕊 *Syngepipe i Lorry* - Oil/canvas (85x135cm-33x53in) København 92 .... FF25 500 - £3 060 - **$4,900**
PACHTA Josef 1902 [3]
🕊 *Die Vernissage* - Oil/canvas (50x60cm-20x24in) Wien 91 .... FF3 840 - £387 - **$748**
PACIUREA Dimitru 1873/75-1932 [1]
🗿 *Buste d'homme* - Bronze (47cm-19in) Paris 93 .... FF17 000 - £1 954 - **$2,926**
PACOUIL Georges XX [2]
🕊 *Place du palais, Aveyron* - Huile/toile (54x65cm-21x26in) Versailles 91 .... FF15 000 - £1 511 - **$2,603**
PACTON Pierre, abbé 1856-1938 [3]
🗿 *Rascasse* - Céramique (18cm-7in) Paris 96 .... FF4 500 - £546 - **$875**
PACZKA Ferencz 1856-1925 [4]
🕊 *Mother and child* - Oil/canvas (91x75cm-36x30in) Stockholm 96 .... FF19 200 - £2 225 - **$3,680**
🕊 *Dinner party* - Oil/canvas (124x207cm-49x81in) London 90 .... FF232 400 - £24 008 - **$41,060**
PACZKA-WAGNER Cornelia 1864-? [3]
🕊 *Le Songe du peintre* - Oil/canvas (205x300cm-81x118in) Paris 95 .... FF220 000 - £28 800 - **$44,050**
PADAMSEE Akbar 1928 [2]
🕊 *Red landscape* - Oil/canvas (180x123cm-71x48in) London 96 .... FF85 000 - £10 500 - **$16,400**
PADDAY Charles Murray 1868-1954 [8]
🕊 *An Old Salt* - Oil/canvas (102x76cm-40x30in) London 94 .... FF12 300 - £1 400 - **$2,086**
✏ *Yacht Racing Rules No.43* - Watercolour (31x45cm-12x18in) London 97 .... FF8 908 - £949 - **$1,555**
PADDOCK Ethel Louis 1887-? [2]
✏ *Shady Street* - Pastel/paper (47x62cm-19x24in) New-York 90 .... FF4 900 - £515 - **$852**
PADDOCK Willard Dryden 1873-1956 [1]
🗿 *Woman playing with a child* - Bronze (74cm-29in) New-York 96 .... FF11 480 - £1 330 - **$2,200**
PADERNA Paolo Antonio 1649-1708 [1]
✏ *Landscape with travellers* - Ink (16x27cm-6x11in) London 95 .... FF1 932 - £250 - **$400**
PADOVANI Jacqueline 1929 [2]
🕊 *Composition* - Huile/toile (81x100cm-32x39in) Versailles 90 .... FF7 000 - £723 - **$1,237**
PADUA Paul Mathias 1903-1984 [27]
🕊 *Pfeiferauchender Bauer* - Oil/panel (37x27cm-15x11in) Bremen 94 .... FF5 850 - £769 - **$1,173**
Rote Tulpen mit weissen Lilien - Oil/cardboard (90x75cm-35x30in) Köln 96 .... FF37 400 - £4 260 - **$7,150**
In der Loge - Oil/panel (40x17cm-16x7in) Köln 94 .... FF61 500 - £7 220 - **$10,960**
✏ *Blumenstrauß* - Watercolour (34x27cm-13x11in) München 92 .... FF10 200 - £1 044 - **$1,796**
PADURA Miguel 1957 [3]
🕊 *Acorn squash* - Oil/canvas (58x81cm-23x32in) New-York 92 .... FF49 400 - £5 900 - **$9,500**
PADWICK Philip Hugh 1876-1958 [8]
🕊 *Cattle Grazing beside a river* - Oil/canvas/board (42x60cm-17x24in) London 94 .... FF2 000 - £240 - **$370**
PAEDE Paul 1868-1929 [26]
🕊 *Frauenakt* - Oil/canvas (43x35cm-17x14in) München 91 .... FF7 520 - £773 - **$1,400**

Weiblicher Rückenakt - Öl/Leinwand (137x91cm-54x36in) Bern 95 .... FF27 960 - £3 634 - **$5,740**

PAEFFGEN Carl Otto 1930 [11]
Paar mit Pelz - Acrylic/canvas (80x62cm-31x24in) Köln 94 .... FF72 000 - £8 530 - **$13,310**
Warhol & Beuys - Acrylic (109x150cm-43x59in) Berlin 94 .... FF133 200 - £15 720 - **$23,700**
Liegender Akt mit Telefon - Multiple (61x90cm-24x31in) Köln 92 .... FF12 920 - £1 323 - **$2,275**

PAELINCK Joseph 1781-1839 [7]
Amor - Oil/canvas (139x97cm-55x38in) København 91 .... FF219 500 - £21 799 - **$38,112**
Dance of the Muses - Oil/canvas (312x296cm-123x117in) New-York 94 .... FF614 000 - £71 000 - **$105,000**

PAEMEL van Jules 1896-1968 [3]
L'apothéose de James Ensor - Eau-forte Bruxelles 97 .... FF4 575 - £496 - **$809**

PAENDE Paul 1868-1929 [1]
Bacchantinnen - Öl/Leinwand (74x180cm-29x71in) Köln 94 .... FF11 940 - £1 412 - **$2,146**

PAEPE de Jules 1887-? [5]
Ferme brabançonne - Huile/panneau (37x52cm-15x20in) Bruxelles 90 .... FF4 200 - £450 - **$730**

PAERELS Willem 1878-1962 [89]
Anne-Pierre De Kat - Huile/toile (80x60cm-31x24in) Bruxelles 94 .... FF6 010 - £718 - **$1,127**
Naïade encornie - Huile/toile (80x100cm-31x39in) Bruxelles 97 .... FF13 906 - £1 453 - **$2,380**
Nature morte - Huile/toile (100x70cm-39x28in) Antwerpen 95 .... FF48 000 - £6 220 - **$9,820**
Sailing vessels in an estuary - Oil/canvas (72x75cm-28x30in) Amsterdam 94 .... FF76 000 - £8 970 - **$13,520**
Bateaux de pêche à quai - Fusain/papier (30x46cm-12x18in) Bruxelles 94 .... FF2 656 - £314 - **$473**
Femme à sa toilette - Pastel (63x48cm-25x19in) Antwerpen 93 .... FF10 510 - £1 203 - **$1,790**

PAESCHKE Paul 1875-1943 [12]
Tulpen in Vase - Oil/panel (70x60cm-28x24in) Luzern 90 .... FF58 500 - £6 223 - **$10,465**
Capri - Coloured chalks/paper (25x32cm-10x13in) Heidelberg 94 .... FF2 810 - £326 - **$484**

PAETS Burchard Theodoor 1872-1938 [1]
A heath - Oil/canvas (33x71cm-13x28in) Amsterdam 93 .... FF2 806 - £322 - **$478**

PAGAN Luigi 1907-? [1]
Vicolo a Chioggia - Olio/tavola (50x40cm-20x16in) Trieste 95 .... FF9 850 - £1 248 - **$1,920**

PAGANI Giovanni c.1820-1882 [1]
Pelagio Pelagi - Huile/toile (37x30cm-15x12in) Paris 93 .... FF5 200 - £627 - **$946**

PAGAVA Véra 1907-1988 [7]
Fleurs dans un vase - Huile/toile (38x29cm-15x11in) Paris 95 .... FF15 000 - £1 906 - **$3,074**
Paysage - Crayon (21x22cm-8x9in) Paris 95 .... FF1 800 - £229 - **$369**

PAGE Edward A. 1850-1928 [14]
Old Fence by the Sea - Oil/canvas (51x76cm-20x30in) Cambridge, Mass. 94 .... FF6 740 - £796 - **$1,200**

PAGE Henry Maurice XIX-XX [8]
Moulins près de la rivière - Huile/toile (46x82cm-18x32in) München 95 .... FF9 220 - £1 165 - **$1,850**

PAGE René M. 1940 [2]
Birmanie - Huile/toile (80x80cm-31x31in) Provins 90 .... FF6 200 - £641 - **$1,095**
Kaboul - Technique mixte/papier (97x130cm-38x51in) Troyes 90 .... FF8 000 - £826 - **$1,413**

PAGE Robin 1932 [2]
Survival principle - Oil/canvas (50x60cm-20x24in) Köln 90 .... FF15 000 - £1 527 - **$3,000**
Slashed Box - Silkscreen in colors (75x65cm-30x26in) Berlin 95 .... FF1 957 - £244 - **$383**

PAGE Walter Gilman 1863-1934 [2]
Hiller's Lane, Nantucket, Mass. - Oil/canvas/board Cambridge, Mass. 89 .... FF13 700 - £1 401 - **$2,203**

PAGE William 1811-1885 [1]
Cappricco of Grecian ruins - Watercolour (44x59cm-17x23in) London 97 .... FF7 505 - £800 - **$1,316**

PAGE William 1794-1872 [14]
Temple of Theseum, Athens - Watercolour (48x64cm-19x25in) London 94 .... FF35 300 - £4 200 - **$6,710**

PAGENKOPF Louise 1856-1922 [2]
Herbstlandschaft - Oil/canvas (63x47cm-25x19in) Köln 91 .... FF5 450 - £546 - **$998**

PAGES Alfred XIX-XX [4]
Vie de Bohême - Huile/toile (227x322cm-89x127in) Paris 96 .... FF260 000 - £31 500 - **$51,100**

PAGES Bernard 1940 [3]
Assemblages jumelés - Bois (28x60cm-11x24in) Paris 96 .... FF30 000 - £3 890 - **$5,930**

PAGES Irène XX [3]
Sur la plage, Monaco - Huile/toile (27x41cm-11x16in) Versailles 90 .... FF7 500 - £808 - **$1,323**

PAGES Jules [2]
Standing nude - Oil/canvas (56x30cm-22x12in) Litchfield, CT 92 .... FF10 540 - £1 104 - **$1,900**

PAGES Jules Eugène 1867-1946 [14]
Pont Neuf - Huile/toile (60x81cm-24x32in) Paris 96 .... FF10 500 - £1 266 - **$2,014**
Semur in Auxios, Burgundy - Oil/canvas (56x46cm-22x18in) San Francisco 91 .... FF32 400 - £3 273 - **$6,432**
Chinatown Street Scene
    Oil/canvas (46x38cm-18x15in) San Francisco-Los Angeles 96 .... FF57 000 - £7 140 - **$11,000**

PAGES Jules François 1833-1910 [3]
Chinatown, San Francisco
    Oil/canvas (47x34cm-19x13in) San Francisco-Los Angeles 93 .... FF41 400 - £4 700 - **$7,000**

PAGET Elise XIX-XX [2]
St. Paul's cathedral - Watercolour (23x15cm-9x6in) London 93 .... FF1 670 - £190 - **$283**

PAGET Sidney 1861-1908 [3]
Wooded landscape with figures - Oil/canvas (53x74cm-21x29in) Aylsham, Norfolk 95 ... FF9 130 - £1 200 - **$1,833**

PAGGI Giovanni Battista 1554-1627 [10]
The Death of Saint Onofrio - Ink (32x21cm-13x8in) New-York 97 .... FF11 086 - £1 234 - **$2,000**

Christ and the Woman of Samaria - Ink (31x21cm-12x8in) New-York 96 .... FF**37 500** - £4 910 - **$7,600**

PAGLIACCI Aldo 1913 [6]
🖼 *Donne nude* - Oil/canvas (56x43cm-22x17in) New-York 91 .... FF**9 120** - £926 - **$1,647**

PAGLIANO Eleuterio 1826-1903 [5]
🖼 *Profilo di ragazza* - Olio/tela (53x33cm-21x13in) Roma 89 .... FF**22 900** - £2 413 - **$3,855**
✏ *Figura maschile in costume* - Acquarello/carta (51x31cm-20x12in) Milano 95 .... FF**6 260** - £798 - **$1,281**

PAGLIEI Giocchino ?-1896 [1]
🖼 *Life study of standing male nude*
    Oil/canvas (99x66cm-39x26in) North Bethesda, MD. 92 .... FF**8 840** - £938 - **$1,700**

PAGNI Ferruccio 1866-1935 [1]
🖼 *Paesaggio lacustre* - Olio/cartone (24x34cm-9x13in) Prato 96 .... FF**37 100** - £4 400 - **$7,260**

PAGNON Christophe XX [2]
🖼 *Sans titre* - Huile/papier/toile (70x50cm-28x20in) Paris 97 .... FF**2 000** - £226 - **$362**

PAGON Katherine Dunn 1892-? [1]
🖼 *Little green house, Nantucket* - Oil/canvas (40x45cm-16x18in) New-York 89 .... FF**3 400** - £338 - **$537**

PAGUENAUD Jean-Louis 1876-1952 [12]
🖼 *Côte rocheuse, ciel bas* - Oil/panel (26x36cm-10x14in) Lindau 94 .... FF**8 570** - £1 018 - **$1,585**
✏ *Bâtiments de guerre* - Gouache/papier (32x24cm-13x9in) Paris 94 .... FF**2 000** - £240 - **$379**

PAHL Manfred 1900 [4]
✏ *Mann auf einer Bank im Wald* - Ink (24x18cm-9x7in) Stuttgart 94 .... FF**1 870** - £218 - **$328**

PAHNKE Serge 1875-1950 [1]
✏ *Nächtliche Seelandschaft* - Öl/Leinwand (65x92cm-26x36in) Zofingen 95 .... FF**4 250** - £538 - **$854**

PAICE George 1854-1925 [34]
🖼 *Sportsman shooting partridges in a field*
    Oil/canvas (61x91cm-24x36in) Aylsham, Norfolk 96 .... FF**2 986** - £360 - **$573**
  Trimmer, a Jack Russel - Oil/board (23x29cm-9x11in) London 97 .... FF**6 887** - £750 - **$1,198**
  Royal Scots greys steeplechase - Oil/canvas (33x43cm-13x17in) New-York 92 .... FF**15 260** - £1 598 - **$2,750**

PAIER Theo XIX-XX [3]
🖼 *Partie bei Wien* - Oil/panel (26x21cm-10x8in) Stuttgart 92 .... FF**3 050** - £355 - **$622**

PAIK Nam June 1932 [30]
🖼 *Piange nel mio cuore* - Tecnica mista (153x32x138cm-60x13x54in) Milano 93 .... FF**271 500** - £30 900 - **$46,000**
▨ *Hearts is in question* - Construction (49x8x48cm-19x3x19in) London 93 .... FF**38 600** - £4 400 - **$6,550**
  Budda game - Construction (147x59x92cm-58x23x36in) London 93 .... FF**175 600** - £20 000 - **$29,800**
  Family of robot - Installation (189x72x97cm-74x28x38in) New-York 93 .... FF**339 000** - £38 600 - **$57,500**
✒ *Sans titre* - Crayon/papier (51x62cm-20x24in) Paris 92 .... FF**7 000** - £717 - **$1,233**

PAÏL Edouard 1851-1916 [32]
🖼 *Lavandières* - Huile/panneau (30x53cm-12x21in) Saint-Dié 96 .... FF**8 000** - £1 003 - **$1,556**
  Shepherdess with her Flock - Oil/canvas (46x55cm-18x22in) Wien 96 .... FF**16 560** - £2 007 - **$3,220**
  A summer landscape - Oil/canvas (85x113cm-33x44in) New-York 89 .... FF**108 700** - £10 816 - **$17,172**

PAILES Isaac 1895-1978 [49]
🖼 *Vase de fleurs et fruits* - Huile/toile (74x60cm-29x24in) Paris 95 .... FF**4 100** - £545 - **$845**
  Road leading to town - Oil/canvas (50x65cm-20x26in) San Francisco-Los Angeles 94 .... FF**10 670** - £1 274 - **$2,000**
  Ma palette - Huile/toile (92x64cm-36x25in) Paris 91 .... FF**25 000** - £2 483 - **$4,341**
▨ *Tête de femme* - Bronze (40cm-16in) Paris 93 .... FF**8 000** - £964 - **$1,455**

PAILHES Fred 1902-1991 [130]
🖼 *Le bec de gaz* - Huile/isorel (100x65cm-39x26in) Le Havre 95 .... FF**5 000** - £654 - **$1,001**
  Le port du Havre - Huile/panneau (41x33cm-16x13in) Le Havre 91 .... FF**10 000** - £993 - **$1,736**
✏ *Port animé* - Aquarelle, gouache (47x60cm-19x24in) Aurillac 93 .... FF**3 300** - £398 - **$600**
  Le vagabond - Aquarelle (46x60cm-18x24in) Le Havre 93 .... FF**11 000** - £1 253 - **$1,865**
  Vue de Marseille - Aquarelle (61x47cm-24x19in) Le Havre 93 .... FF**22 000** - £2 506 - **$3,730**

PAILLER Henri 1876-1954 [17]
🖼 *Église de St. Mathieur, Morlaix* - Oil/canvas (49x38cm-19x15in) London 97 .... FF**7 505** - £807 - **$1,310**
  Ruines de Crozant - Huile/toile (46x65cm-18x26in) Paris 96 .... FF**12 000** - £1 504 - **$2,316**
  Bords du Clain, Poitiers - Huile/toile (48x65cm-19x26in) La Varenne Saint-Hilaire 94 .... FF**18 500** - £2 220 - **$3,590**

PAILLET Charles 1871-1937 [15]
▨ *Chienne et ses petits* - Bronze (71cm-28in) Rodez 92 .... FF**5 200** - £621 - **$1,000**
  Cerf et biche - Bronze (58cm-23in) Autun 94 .... FF**14 500** - £1 714 - **$2,674**

PAILLET Fernand 1850-1918 [2]
✏ *La Tour de Saint-Servan* - Aquarelle (18x26cm-7x10in) Paris 92 .... FF**2 600** - £267 - **$500**

PAILLOT DE MONTABERT Jacques Nicolas 1771-1849 [1]
🖼 *Lord Byron dans un paysage* - Huile/toile (140x103cm-55x41in) Paris 95 .... FF**200 000** - £25 600 - **$40,200**

PAILLOU Peter, Jnr. c.1757-c.1831 [2]
✏ *Officer* - Miniature (5cm-2in) London 92 .... FF**16 600** - £1 700 - **$2,924**

PAJAK Jacques 1930-1965 [2]
🖼 *Ohne Titel* - Acrylique/toile (81x100cm-32x39in) Bern 94 .... FF**2 200** - £260 - **$392**

PAJETTA Guido Paolo 1898-1987 [4]
🖼 *Donna che scrive* - Olio/tela (80x60cm-31x24in) Milano 93 .... FF**34 600** - £4 010 - **$5,950**

PAJETTA Pietro 1845-1911 [11]
🖼 *The Tryst* - Oil/canvas (145x80cm-57x31in) London 95 .... FF**113 200** - £15 000 - **$23,370**

PAJOT Gilbert 1902-1952 [14]
✏ *Enfant de Metz* - Aquarelle (26x44cm-10x17in) Nantes 97 .... FF**12 500** - £1 295 - **$2,141**
  Croix de Vie - Aquarelle (28x46cm-11x18in) Nantes 97 .... FF**16 000** - £1 657 - **$2,740**

Les sables d'Olonne - Aquarelle (40x54cm-16x21in) Nantes 97 .... FF**31 000** - £3 211 - **$5,310**

PAJOT Paul Émile 1870-1930 [21]
L'Étoile rentrant au port des Sables - Aquarelle, gouache (46x58cm-18x23in) Paris 97 ...... FF**3 000** - £330 - **$548**
Combat de la frégate - Aquarelle (41x60cm-16x24in) Nantes 97 .... FF**26 000** - £2 693 - **$4,453**
Mère Biron en pêche - Aquarelle, gouache/papier (45x60cm-18x24in) Paris 97 .... FF**42 000** - £4 439 - **$7,207**

PAJOU Augustin 1730-1809 [15]
Jeune femme - Marbre (48cm-19in) Paris 93 .... FF**500 000** - £62 500 - **$91,000**
Nathalie de Laborde - Terracotta (63cm-25in) Paris 91 .... FF**850 000** - £85 651 - **$147,495**
Leclerc de Buffon - Red chalk (39x25cm-15x10in) New-York 95 .... FF**171 700** - £20 600 - **$32,000**

PAJOU Jacques Augustin C. 1766-1828 [1]
La mort de Getta - Huile/toile (125x179cm-49x70in) Paris 92 .... FF**360 000** - £37 000 - **$69,200**

PAKCIARZ Jacob 1926 [1]
Femme - Marbre Carrare (25x30x38cm-10x12x15in) Paris 92 .... FF**15 500** - £1 592 - **$2,980**

PAKHOMKIN Viktor Pavlovich 1956 [1]
The courtyard - Oil/canvas (180x160cm-71x63in) London 90 .... FF**40 700** - £4 386 - **$7,178**

PAKOSTA Florentina 1933 [2]
Bub mit Trompete - Ink/paper (31x22cm-12x9in) Wien 97 .... FF**1 821** - £191 - **$312**

PAKOUN Filaret 1912 [68]
La robe blanche - Huile/toile (77x59cm-30x23in) Paris 92 .... FF**19 000** - £2 210 - **$3,880**
Sur la plage - Huile/toile (99x99cm-39x39in) Paris 91 .... FF**50 000** - £5 122 - **$9,335**

PAL B. 1939 [5]
Bouquet aux perruches - Huile/panneau (60x70cm-24x28in) Verrières-Le-Buisson 91 .... FF**6 800** - £682 - **$1,122**

PAL Fried 1914 [23]
Intermission - Oil/canvas (76x61cm-30x24in) New-York 93 .... FF**9 620** - £1 207 - **$1,750**
Portrait de jeune femme - Pastel (65x49cm-26x19in) Versailles 95 .... FF**3 200** - £387 - **$603**

PAL Jean de Paléologue 1855-1942 [70]
Nouveau Cirque - Affiche couleur (201x152cm-79x60in) Villeneuve la Garenne 97 .... FF**4 000** - £422 - **$686**
La Péoria, bicyclette américaine - Affiche (110x160cm-43x63in) Nice 96 .... FF**10 900** - £1 360 - **$2,105**

PALACIOS Alirio 1944 [10]
From the series Magical horses - Mixed media (182x188cm-72x74in) New-York 91 ... FF**102 600** - £10 413 - **$18,531**
Horse - Ink (152x165cm-60x65in) New-York 97 .... FF**74 456** - £7 936 - **$13,000**

PALADINI Vinicio 1902-1971 [4]
Corridore acefalo - Tempera (40x51cm-16x20in) Prato 97 .... FF**20 400** - £2 400 - **$3,600**

PALADINO Mimmo 1948 [171]
Pozzo di Eroi - Mixed media/canvas (205x114x307cm-81x45x121in) New-York 90 .... FF**1** - £136 915 - **$230,233**
Untitled - Oil (102x72cm-40x28in) London 97 .... FF**26 267** - £2 800 - **$4,586**
Figure in landscape - Oil/paper (58x78cm-23x31in) New-York 95 .... FF**41 200** - £5 460 - **$8,500**
Untitled - Acrylic/paper/canvas (99x151cm-39x59in) Amsterdam 96 .... FF**57 100** - £6 550 - **$10,900**
Untitled - Mixed media/canvas (140x15x270cm-55x6x106in) London 95 ..... FF**90 700** - £11 000 - **$17,640**
Glen Gould - Oil/board (74x91cm-29x36in) London 95 .... FF**169 600** - £22 000 - **$35,000**
Carro Di Guai - Mixed media/canvas (221x18x138cm-87x7x54in) New-York 97 ... FF**232 288** - £24 436 - **$40,000**
Red Horse - Oil/canvas (220x18x402cm-87x7x158in) New-York 92 .... FF**681 000** - £69 700 - **$120,000**
Essere portato in Carro - Etching (167x154cm-66x61in) London 96 .... FF**10 530** - £1 200 - **$2,016**
Senza titolo - Bronze (66x16x32cm-26x6x13in) Milano 94 .... FF**77 600** - £9 240 - **$13,860**
Giardino Chiuso - Bronze (200x185cm-79x73in) London 94 .... FF**463 000** - £55 000 - **$84,600**
Sirena - Acquarello (29x39cm-11x15in) Milano 94 .... FF**9 880** - £1 176 - **$1,764**
Senza titolo - Tecnica mista/carta (100x149cm-39x59in) Milano 95 .... FF**26 800** - £3 420 - **$5,490**
Untitled - Gouache/paper (80x120cm-31x47in) London 95 .... FF**46 300** - £6 000 - **$9,540**
Alla Sicilia - Mixed media/paper (80x178cm-31x70in) Berlin 95 .... FF**213 500** - £26 600 - **$41,800**

PALAGI Pelagio 1775-1860 [7]
Il trionfo di Apollo - Olio/tela (66x104cm-26x41in) Milano 90 .... FF**248 400** - £25 279 - **$49,676**
Nudo virile - Matita/carta (27x26cm-11x10in) Milano 90 .... FF**9 760** - £993 - **$1,952**

PALAMARCHYK Elena I. 1959 [2]
Still life with red cup - Oil/board (80x50cm-31x20in) London 90 .... FF**3 400** - £351 - **$601**

PALAMEDES Anthonie Stevers 1601-1673 [25]
Musical party - Oil/panel (51x74cm-20x29in) New-York 95 .... FF**48 500** - £5 820 - **$9,040**
Elegant company at table - Oil/panel (30x37cm-12x15in) London 91 ...... FF**798 000** - £79 782 - **$131,425**

PALAMEDES Palamedesz I 1607-1638 [12]
Reitergefecht - Oil/panel (49x69cm-19x27in) Köln 95 .... FF**25 900** - £3 370 - **$5,310**
Cavalry engagement by a river - Oil/panel (35x51cm-14x20in) London 92 ... FF**243 500** - £25 000 - **$46,750**

PALANTI Giuseppe 1881-1946 [5]
La toilette - Olio/tela (69x55cm-27x22in) Roma 93 .... FF**22 700** - £2 547 - **$4,060**

PALARDY Jean 1905-1991 [4]
A Gaspé - Oil/panel (20x25cm-8x10in) Montréal 93 .... FF**2 900** - £329 - **$489**

PALAU Janero 1868-1933 [2]
Jardín de Monforte - Oleo/lienzo (21x26cm-8x10in) Madrid 97 .... FF**2 800** - £301 - **$490**

PALAZUELO Pablo 1916 [8]
Forma vegetal - Lithograph (65x40cm-26x16in) Madrid 92 .... FF**2 460** - £247 - **$473**

PALAZZI Bernardino 1907 [5]
Ritratto d'Ilia con turbante - Olio/tela (50x40cm-20x16in) Milano 89 ..... FF**14 600** - £1 538 - **$2,458**

PALDI Israel 1892-1979 [18]
Birds - Oil/canvas (33x41cm-13x16in) Tel Aviv 97 .... FF**6 417** - £713 - **$1,200**
Landscape and Figures - Oil/board (70x50cm-28x20in) Tel Aviv 97 .... FF**19 251** - £2 140 - **$3,600**
Washerwoman - Mixed media/canvas (81x66cm-32x26in) Tel Aviv 96 ...... FF**46 600** - £5 840 - **$9,000**

P

PALEIN Charlotte 1930 [13]
- *Bretonnes* - Huile/toile (51x81cm-20x32in) Paris 94 .... FF**2 000** - £231 - **$341**

PALENCIA Benjamín 1894-1980 [142]
- *Las senales* - Oleo/lienzo (43x65cm-17x26in) Madrid 90 .... FF**105 300** - £11 274 - **$18,313**
- *Pastor con ovejas y carreta* - Oleo/lienzo (38x46cm-15x18in) Madrid 93 .... FF**105 700** - £12 710 - **$20,600**
- *Extremadura* - Oleo/lienzo (46x55cm-18x22in) Madrid 95 .... FF**105 800** - £13 360 - **$21,230**
- *Cuevas de Vallecas* - Tinta (32x46cm-13x18in) Madrid 96 .... FF**6 410** - £736 - **$1,224**
- *Desnudo* - Pastel/papier (46x63cm-18x25in) Madrid 94 .... FF**24 900** - £2 934 - **$4,430**
- *Los mulos* - Acuarela, gouache/papel (65x87cm-26x34in) Madrid 96 .... FF**150 700** - £17 700 - **$29,600**

PALENCIA Y UBANELL Gabriel 1869-? [2]
- *Familia con cabras* - Oleo/lienzo (98x149cm-39x59in) Madrid 93 .... FF**21 100** - £2 400 - **$3,580**

PALENSKE Reinhold H. 1884-1954 [3]
- *Two Cowboy Etchings* - Etching (25x36cm-10x14in) North Berwick, Maine 94 .... FF**2 787** - £323 - **$475**

PALERMO Blinky 1943-1977 [43]
- *Ohne titel* - (200x200cm-79x79in) London 94 .... FF**1** - £160 000 - **$246,000**
- *Stoffbild Nº 35* - Dyed cotton (150x70cm-59x28in) London 94 .... FF**377 000** - £45 000 - **$70,300**
- *Plan for mural* - Ink (30x33cm-12x13in) New-York 91 .... FF**62 200** - £6 313 - **$11,234**
- *Untitled* - Wash/paper (34x28cm-13x11in) New-York 91 .... FF**124 500** - £12 636 - **$22,486**

PALEZIEUX de Gérard 1919 [8]
- *Nature morte* - Öl/Leinwand (32x51cm-13x20in) Bern 93 .... FF**23 750** - £2 735 - **$4,070**
- *Landschaft bei Finges* - Aquarell (15x26cm-6x10in) Bern 96 .... FF**14 670** - £1 780 - **$2,850**

PALÉZIEUX-FALONNET Pierre Ch. 1886-? [1]
- *Collioure* - Huile/toile (55x75cm-22x30in) Zofingen 95 .... FF**3 400** - £431 - **$684**

PALFFY Peter 1899-1988 [2]
- *Stilleben* - Gouache/papier (34x24cm-13x9in) Wien 95 .... FF**8 320** - £1 078 - **$1,694**

PALIN William Mainwaring 1862-1947 [8]
- *Mother and child* - Oil/canvas (71x93cm-28x37in) Vejle 94 .... FF**10 860** - £1 248 - **$1,860**
- *Elderly couple in a garden* - Oil/canvas (123x152cm-48x60in) Köbenhavn 96 .... FF**26 730** - £3 460 - **$5,350**

PALING Johannes Jacobus 1844-1892 [6]
- *The latest news* - Oil/canvas (50x70cm-20x28in) Amsterdam 90 .... FF**19 600** - £1 995 - **$3,920**

PALING Richard 1901-1955 [1]
- *Pfeifenrauchter* - Oil/cardboard (52x79cm-20x31in) Köln 94 .... FF**5 500** - £655 - **$1,046**

PALIZZI Filippo 1818-1899 [40]
- *Le chevrier et son troupeau* - Huile/toile (29x51cm-11x20in) Barbizon 94 .... FF**52 000** - £6 160 - **$9,600**
- *Pastorella con animali* - Oil/canvas (37x53cm-15x21in) London 96 .... FF**213 000** - £25 000 - **$41,900**
- *Scavi di Pompei* - Olio/tela (118x85cm-46x33in) Milano 94 .... FF**626 000** - £73 800 - **$111,600**

PALIZZI Franco Paolo 1825-1871 [2]
- *Barcaiolo sul torrente* - Olio/tela (18x28cm-7x11in) Roma 94 .... FF**8 010** - £960 - **$1,488**

PALIZZI Giuseppe 1812-1888 [34]
- *Nature morte au gibier* - Huile/toile (65x81cm-26x32in) Paris 94 .... FF**24 000** - £2 820 - **$4,245**
- *Animali al pascolo* - Olio/tela (55x65cm-22x26in) Roma 96 .... FF**83 700** - £10 500 - **$16,000**
- *Bergère et ses moutons* - Huile/toile (48x71cm-19x28in) Barbizon 94 .... FF**161 000** - £19 070 - **$29,740**

PALIZZI Nicola 1820-1870 [11]
- *Paesaggio* - Olio/tela (52x76cm-20x30in) Milano 94 .... FF**41 800** - £4 920 - **$7,440**
- *Pastoral Scene* - Oil/canvas (92x119cm-36x47in) London 94 .... FF**403 000** - £48 000 - **$76,000**

PALKO Franz Xaver 1724-1767 [3]
- *Christus und di Jünger in Emmaus* - Öl/Leinwand (47x37cm-19x15in) Wien 94 .... FF**36 340** - £4 240 - **$6,370**

PALLADY Théodor 1871-1956 [2]
- *Nu assis* - Gouache (76x52cm-30x20in) Paris 93 .... FF**16 000** - £1 840 - **$2,760**

PALLANDT van Charlotte 1898-? [17]
- *De Zieke* - Bronze (10cm-4in) Amsterdam 97 .... FF**11 132** - £1 167 - **$1,910**
- *Carasso* - Sculpture (48cm-19in) Amsterdam 97 .... FF**107 881** - £11 340 - **$18,532**
- *Woman* - Pencil/paper (29x23cm-11x9in) Amsterdam 97 .... FF**6 593** - £693 - **$1,132**

PALLARES Y ALLUSTANTE Joaquín 1858-1935 [23]
- *Flower market* - Oil/canvas (67x54cm-26x21in) New-York 95 .... FF**30 660** - £3 820 - **$6,000**
- *Place de la Concorde, Paris* - Oil/canvas (55x67cm-22x26in) New-York 90 ...... FF**151 300** - £15 235 - **$29,638**

PALLAS Mickey XX [1]
- *Buicks and Their Owners*
  Gelatin silver print (36x37cm-14x15in) San Francisco-Los Angeles 96 .... FF**2 520** - £323 - **$500**

PALLENBERG Joseph Franz 1882-1945 [9]
- *Köln* - Bronze (62cm-24in) Stuttgart 92 .... FF**8 120** - £945 - **$1,660**

PALLEZ Lucien 1853-? [1]
- *Le Rêve* - Bronze (95cm-37in) Lyon 92 .... FF**13 000** - £1 330 - **$2,290**

PALLIER Raymond XIX-XX [2]
- *Cagnes, Cité des Peintres, près Nice* - Affiche (100x71cm-39x28in) Neuilly 96 .... FF**1 800** - £233 - **$354**

PALLIERE Jean Léon 1823-1887 [2]
- *China Descansando* - Oil/panel (26x39cm-10x15in) New-York 95 .... FF**122 400** - £15 300 - **$24,000**

PALLIK Bela 1845-1908 [1]
- *Schafe auf der Weide* - Oil/panel (17x31cm-7x12in) Salzburg 94 .... FF**6 810** - £807 - **$1,260**

PALLMANN Peter Götz 1908-1966 [11]
- *Piazza Navona, Roma* - Öl/Karton (45x70cm-18x28in) Bremen 94 .... FF**29 130** - £3 380 - **$5,020**

P

PALLUT Pierre 1918 [3]
🐟 *Poissons mécaniques* - Huile/toile (24x33cm-9x13in) Antwerpen 96 .... FF2 296 - £278 - $443
📖 *Album de 10 lithographies* - Print Provins 90 .... FF1 600 - £165 - $283

PALLYA Carolus 1875-1930 [5]
🐟 *Kuhweide im Abendrot* - Oil/panel (4x6cm-2x2in) Wien 94 .... FF3 395 - £402 - $610

PALLYA Celestine 1864-1931 [3]
🐟 *Still life of apples* - Oil/panel (16x27cm-6x11in) New-York 95 .... FF10 100 - £1 220 - $1,900

PALM DE ROSA Anna 1859-1924 [111]
✏ *Boulevards St.Michel et St.Germain*
Akvarell/papper (28x38cm-11x15in) Stockholm 97 .... FF17 358 - £1 833 - $2,999
Stockholms Slott - Akvarell (10x25cm-4x10in) Stockholm 95 .... FF25 570 - £3 193 - $5,010
Stockholm from the Royal Palace
Watercolour/paper (45x74cm-18x29in) Stockholm 97 .... FF72 440 - £7 721 - $12,648
Stockholms Slott - Watercolour (39x87cm-15x34in) Stockholm 89 .... FF196 600 - £20 717 - $33,098

PALM Gustaf Wilhelm 1810-1890 [38]
🐟 *Gatubild från Rom* - Oil/paper (40x29cm-16x11in) Stockholm 96 .... FF6 560 - £846 - $1,284
Villa Doria Pamphili - Oil/canvas (30x38cm-12x15in) Stockholm 94 .... FF28 700 - £3 430 - $5,360
Rome - Oil/canvas (36x46cm-14x18in) Stockholm 96 .... FF52 300 - £6 660 - $10,070
Terme di Caracalla - Olio/tela (77x106cm-30x42in) Roma 90 .... FF100 700 - £10 713 - $18,014

PALM Torsten 1885-1934 [14]
🐟 *Sydländskt trägårdsmotiv* - Oil/panel (22x27cm-9x11in) Stockholm 94 .... FF4 170 - £500 - $788
Landskap med kvarn, Oland - Oil/panel (20x29cm-8x11in) Stockholm 92 .... FF13 100 - £1 566 - $2,520

PALMA IL GIOVANNE Jacopo Negretti 1544-1628 [67]
🐟 *Bearded gentleman* - Oil/canvas (44x35cm-17x14in) London 97 .... FF35 951 - £3 800 - $6,198
Martyrdom of Saint Sixtus - Oil/canvas (223x168cm-88x66in) London 94 .... FF118 100 - £14 000 - $21,820
St Jerome in the Wilderness - Oil/paper (31x22cm-12x9in) New-York 97 .... FF232 814 - £25 914 - $42,000
✏ *Madonna and Child* - Ink (39x23cm-15x9in) London 96 .... FF88 400 - £11 000 - $17,150

PALMAROLI y GONZALEZ Vicente 1834-1896 [15]
🐟 *Vaya corte de pelo* - Oleo/lienzo (79x53cm-31x21in) Madrid 93 .... FF83 000 - £9 500 - $14,140
Summer's afternoon at the beach - Oil/panel (59x99cm-23x39in) New-York 92 .... FF388 500 - £40 700 - $70,000
✏ *Dama con mantilla y abanico* - Drawing (40x30cm-16x12in) Madrid 91 .... FF8 750 - £877 - $1,444

PALME Augustin 1808-1897 [3]
🐟 *Heilige Familie* - Oil/canvas (101x78cm-40x31in) München 92 .... FF18 700 - £1 914 - $3,290

PALME Carl 1879-1960 [4]
🐟 *Vid Medelhavet* - Oil/canvas (66x84cm-26x33in) Stockholm 91 .... FF7 070 - £724 - $1,320

PALME Einar 1901 [7]
🐟 *Från Thames vid ebbtid* - Oil/panel (38x46cm-15x18in) Göteborg 92 .... FF2 530 - £303 - $487

PALMEIRO José 1903-1984 [101]
🐟 *Vue du port de Rouen* - Huile/toile (54x73cm-21x29in) La Varenne Saint-Hilaire 97 .... FF5 500 - £593 - $966
La Seine à Bougival - Huile/toile (46x61cm-18x24in) Paris 90 .... FF12 000 - £1 277 - $2,147
Figuras, 1960 - Huile/toile (24x18cm-9x7in) Madrid 89 .... FF12 200 - £1 214 - $1,927
Pueblo - Oleo/lienzo (50x40cm-20x16in) Madrid 91 .... FF12 300 - £1 233 - $2,052
Camino y casas - Oleo/lienzo (53x65cm-21x26in) Madrid 97 .... FF22 000 - £2 365 - $3,850
Bodegón - Oleo/lienzo (100x72cm-39x28in) Madrid 92 .... FF60 200 - £6 030 - $11,560

PALMELLA de Maria, duchesse 1841-1909 [1]
🗿 *Buste de femme noire* - Bronze (27cm-11in) Paris 90 .... FF2 800 - £302 - $494

PALMENBERG von Emilie 1864-1931 [2]
🐟 *Die Ernte, Sommerlandschaft* - Öl/Karton (36x48cm-14x19in) Pforzheim 95 .... FF2 130 - £266 - $418
📖 *In einem Ausflugslokal im Grünen* - Woodcut in colors (36x46cm-14x18in) Köln 90 .... FF7 480 - £765 - $1,476

PALMER Adelaide XIX-XX [1]
🐟 *White Spring Blossom* - Oil/canvas (31x46cm-12x18in) New-York 93 .... FF20 300 - £2 323 - $3,600

PALMER Alfred 1877-1951 [3]
🐟 *The Reflection* - Oil/cardboard (63x43cm-25x17in) London 97 .... FF16 590 - £1 800 - $2,939

PALMER Edith 1770-1834 [1]
🐟 *Ruined Abbey, Glamorganshire* - Oil/panel (21x27cm-8x11in) London 89 .... FF5 300 - £542 - $852

PALMER Erastus Dow 1817-1904 [5]
🗿 *Infant Ceres* - Marble (37cm-15in) New-York 94 .... FF13 140 - £1 580 - $2,500
Little Peasant - Marble (119cm-47in) New-York 95 .... FF90 300 - £11 310 - $18,000

PALMER Frances Flora Bond 1812-1876 [2]
📖 *Midnight Race on the Missiqssippi* - Lithograph (46x71cm-18x28in) New-York 93 .... FF22 000 - £2 600 - $4,000

PALMER Harry Sutton 1854-1933 [76]
✏ *Romsdal Horn, Western Norway* - Watercolour (24x34cm-9x13in) London 96 .... FF2 775 - £360 - $549
Quiet Strech of the River - Watercolour (36x53cm-14x21in) London 95 .... FF11 050 - £1 400 - $2,223
Swale, Richmond, Yorkshire - Watercolour (35x52cm-14x20in) London 94 .... FF23 940 - £2 800 - $4,170

PALMER Herbert Sidney 1881-1970 [32]
🐟 *Lambton Road* - Oil/board (31x41cm-12x16in) Toronto 95 .... FF3 730 - £470 - $740
Woodland Pasture - Oil/canvas (51x74cm-20x29in) Toronto 96 .... FF10 450 - £1 331 - $2,010

PALMER James Lynwood 1868-1941 [13]
🐟 *Mares and foals* - Oil/canvas (96x150cm-38x59in) New-York 95 .... FF59 100 - £7 730 - $12,000
Duke of Portland's Stallion - Oil/canvas (168x274cm-66x108in) New-York 94 .... FF140 400 - £16 480 - $25,000

PALMER Lilli 1914-1986 [1]
🐟 *Fleurs* - Huile/toile (82x57cm-32x22in) Zofingen 93 .... FF12 000 - £1 447 - $2,195

PALMER Lynwood 1868-1941 [1]
🐟 *Hunting horse in landscape* - Oil/canvas (61x91cm-24x36in) Aylsham, Norfolk 93 .... FF3 735 - £450 - $698

PALMER Pauline Lennards 1867-1938 [13]
- Garden in Giverny - Oil/canvas (43x46cm-17x18in) New Orleans, Louisiana 95.................... FF9 970 - £1 260 - **$2,000**
- Village Street Scene - Oil/canvas (43x58cm-17x23in) Chicago 96.. FF77 100 - £9 350 - **$15,000**

PALMER Samuel 1805-1881 [45]
- The Rising Moon - Etching (15x21cm-6x8in) New-York 96.. FF19 470 - £2 310 - **$3,800**
- In Cusop Dingle, Wales - Wash (27x38cm-11x15in) London 96.................................. FF237 700 - £28 000 - **$46,700**
- Sunset - Watercolour (20x42cm-8x17in) London 94.. FF487 500 - £58 000 - **$92,700**

PALMER Walter Launt 1854-1932 [39]
- End of An October Day
  Oil/canvas (86x122cm-34x48in) San Francisco-Los Angeles 96............................ FF62 200 - £7 800 - **$12,000**
- Snowy Landscape - Oil/canvas (61x46cm-24x18in) New-York 97.......................... FF140 023 - £14 702 - **$24,000**
- Frozen Brook - Gouache/paper (63x51cm-25x20in) San Francisco-Los Angeles 96... FF77 700 - £9 740 - **$15,000**

PALMER William C. 1906-1987 [5]
- Clambake - Oil/canvas (61x84cm-24x33in) Cambridge, Mass. 94............................ FF10 510 - £1 263 - **$2,000**

PALMERO DE GREGORIO Alfredo 1901-1991 [13]
- De kathedraal San Isidro te Madrid - Huile/toile (89x116cm-35x46in) Lokeren 96...... FF10 000 - £1 292 - **$1,974**
- Vendedora de flores, paris - Oleo/lienzo (89x116cm-35x46in) Madrid 96................ FF32 100 - £3 890 - **$6,240**

PALMERO José 1898 [2]
- La Madeleine, Paris - Oleo/lienzo (50x61cm-20x24in) Madrid 89............................ FF27 000 - £2 845 - **$4,545**

PALMERO Maestro 1898-1991 [2]
- L'Opéra, Paris - Oleo/lienzo (89x116cm-35x46in) Madrid 95................................ FF13 100 - £1 723 - **$2,633**

PALMERTON Don F. 1899-1937 [2]
- Yachting off Los Angeles - Oil/canvas (31x41cm-12x16in) San Francisco-Los Angeles 93......... FF2 750 - £345 - **$500**

PALMIE Gisbert 1897-? [2]
- Bergseeufer - Oil/canvas (89x124cm-35x49in) Wien 91...................................... FF24 000 - £2 389 - **$4,127**
- Capri - Aquarell (46x33cm-18x13in) München 93.. FF2 786 - £319 - **$471**

PALMIER Charles Joh. 1862-1911 [13]
- Pfingstrosen in blauer Vase - Oil/Leinwand (72x91cm-28x36in) Köln 96.................. FF47 600 - £5 420 - **$9,100**
- Seelandschaft - Huile/toile (125x55cm-49x22in) München 96............................ FF65 100 - £8 160 - **$12,550**

PALMIER Reni XIX-XX [1]
- Stehender weibl. Akt - Bronze (30cm-12in) Stuttgart 92.................................... FF1 700 - £174 - **$300**

PALMIERI Georges 1922 [11]
- Lagnes, Fontaine de Vaucluse - Huile/toile (65x81cm-26x32in) Arles 93................ FF3 300 - £413 - **$600**

PALMIERI Giuseppe 1677-1740 [1]
- The Abduction of Rinaldo - Oil/canvas (137x99cm-54x39in) London 93.................. FF52 700 - £6 000 - **$8,940**

PALMIERI Pietro il Vecchio 1737-1804 [15]
- River Landscape with Shepherds - Ink (41x54cm-16x21in) London 97.................... FF12 322 - £1 300 - **$2,114**
- Chevaux et palefrenier/L'abreuvoir - Lavis (35x46cm-14x18in) Paris 97................ FF39 000 - £4 161 - **$6,751**

PALMIN Mariano 1894-1946 [1]
- La rossa - Olio/tela (66x48cm-26x19in) Trieste 93.. FF8 650 - £1 002 - **$1,488**

PALMORE Tom 1945 [2]
- Nate - Color lithograph (48x64cm-19x25in) Philadelphia 92.............................. FF2 160 - £221 - **$400**

PALMQVIST Sven 1906-1984 [1]
- Tva dansande flickor i relief - Sculpture (21cm-8in) Malmö 89.......................... FF2 300 - £235 - **$370**

PALMU Juhani 1944 [3]
- Smymningen - Oil/canvas (35x60cm-14x24in) Helsinki 94................................ FF9 870 - £1 134 - **$1,690**

PALOMINO DE CASTRO Y VELASCO Agiselo Antonio don 1653-1726 [4]
- Archangel casting Satan into Hell - Oil/canvas (126x90cm-50x35in) New-York 93......... FF220 000 - £26 000 - **$40,000**

PALS van der Gerrit 1742-1839 [1]
- Dutch sailing vessels in a sea - Pencil (26x38cm-10x15in) Amsterdam 93.................. FF2 150 - £244 - **$363**

PALSA Kalervo 1947-1987 [1]
- Madonna med Barn - Oil/panel (46x38cm-18x15in) Helsinki 93.......................... FF6 140 - £694 - **$1,012**

PALTA Josef 1886-? [1]
- Gebirgsdorf - Oil/board (27x39cm-11x15in) München 91.................................. FF3 080 - £316 - **$573**

PALTRINIERI Oreste 1873-? [1]
- Autunno - Olio/tavola (41x30cm-16x12in) Trieste 94...................................... FF2 076 - £241 - **$357**

PALUCHA Jacek 1966 [5]
- Les joueurs - Huile/toile (34x46cm-13x18in) Paris 96.................................... FF2 050 - £266 - **$402**

PALUDAN Hans Jacob 1797-1830 [3]
- En udsigt fra Kallehauge - Oil/canvas (48x63cm-19x25in) Köbenhavn 91.............. FF12 300 - £1 233 - **$2,253**

PALUE Pierre 1920 [9]
- Les Martigues - Huile/toile (50x73cm-20x29in) Calais 94................................ FF2 500 - £292 - **$438**
- Venise - Huile/toile (46x61cm-18x24in) Valence 95...................................... FF10 000 - £1 263 - **$2,006**

PALUMBO Alphonse 1890-1947 [6]
- Old ferry Boat, New Jersey - Oil/canvas (64x76cm-25x30in) New-York 96............ FF9 340 - £1 190 - **$1,800**

PALVADEAU Katia 1903-1960 [4]
- Femme nue aux animaux - Huile/toile (161x129cm-63x51in) Paris 96................ FF9 000 - £1 171 - **$1,783**

PALZER Victor R. XIX-XX [1]
- Mountainous terrain - Oil/canvas (82x120cm-32x47in) New-York 95.................. FF18 470 - £2 386 - **$3,800**

PAMBOUJIAN Gérard 1941 [133]
- Pêcheurs dans les Calanques - Huile/toile (60x81cm-24x32in) Les Baux-de-Provence 95 .... FF8 500 - £1 098 - **$1,752**
- Arlésienne dans le parc - Huile/toile (60x73cm-24x29in) Arles 96.................... FF13 500 - £1 750 - **$2,670**

P

Attelage à Compiègne - Huile/toile (60x73cm-24x29in) La Varenne Saint-Hilaire 93 .... FF25 000 - £2 810 - **$4,240**
Fête des Bravadiers, St. Tropez - Huile/toile (97x130cm-38x51in) Paris 93 .... FF45 000 - £5 060 - **$7,620**
Barques - Aquarelle (54x74cm-21x29in) Paris 93 .... FF4 500 - £524 - **$782**
PAN Abel 1883-1963 [1]
Jacob's Blessing - Oil/cardboard (32x24cm-13x9in) Tel Aviv 95 .... FF19 600 - £2 450 - **$3,900**
PANABAKER Frank Shirley 1904-1992 [14]
Cutting through the waves - Oil/canvas (77x64cm-30x25in) Toronto 96 .... FF6 460 - £823 - **$1,243**
Mount Aberdeen, Canadian Rockies - Oil/canvas (63x77cm-25x30in) Toronto 96 .... FF15 500 - £1 860 - **$2,970**
PANADES Roman 1956 [3]
Dance hall - Oil/canvas (130x80cm-51x31in) London 90 .... FF9 870 - £994 - **$1,933**
PANAGIOTOPULOS Homero 1919 [11]
Le vase de fleurs bleues - Huile/toile (65x46cm-26x18in) Montauban 91 .... FF5 800 - £576 - **$1,007**
PANAMARENKO 1940 [24]
Aeromodel - Lithographie (100x82cm-39x32in) Köln 92 .... FF8 140 - £972 - **$1,566**
Maganeudon
  object: wings, electric motor in plexiglass box (23x23x50cm-9x9x20in) Amsterdam 94. FF24 500 - £2 904 - **$4,530**
Rugzakmotor - Dessin (31x23cm-12x9in) Lokeren 95.. FF12 800 - £1 614 - **$2,553**
PANAT de A., Marquis 1807-? [1]
Place du Capitole - Pastel (51x66cm-20x26in) Toulouse 93 .... FF4 500 - £513 - **$763**
PANCANI Fausto 1851-1930 [1]
Capo Noli - Olio/tavola (30x50cm-12x20in) Torino 93 .... FF3 660 - £414 - **$616**
PANCETTI José 1902-1958 [2]
Lagoa de Abaeté - Oil/canvas (46x65cm-18x26in) New-York 95 .... FF255 000 - £31 840 - **$50,000**
PANCHERI Gino 1905-1943 [1]
Paesaggio con case rosse - Olio/tela (58x68cm-23x27in) Milano 93 .... FF69 500 - £7 800 - **$12,440**
PANCOAST Morris Hall 1877-1963 [13]
The Shore Line, Maine - Oil/board (36x46cm-14x18in) Cambridge, Mass. 93 .... FF7 370 - £840 - **$1,250**
When the Wind's Northwest - Oil/canvas (64x76cm-25x30in) Cambridge, Mass. 93 .... FF44 250 - £5 030 - **$7,500**
PANCORVO Alberto 1956 [2]
Palomas urbanas - Oil/canvas (130x97cm-51x38in) New-York 89 .... FF68 600 - £7 014 - **$11,029**
PANCRACE Bessa 1772-1846 [7]
Grand duc et sa proie - Aquarelle, gouache (63x70cm-25x28in) Paris 94 .... FF41 000 - £4 800 - **$7,200**
PANDIANI Antonio 1838-1928 [4]
Kejser Hadrian til hest - Bronze (54cm-21in) Vejle 90 .... FF13 200 - £1 319 - **$2,505**
PANDURO Henry Kostar 1863-1930 [2]
Torre dell'Orologio, Taormina - Oil/canvas (51x48cm-20x19in) København 90 .... FF2 300 - £242 - **$400**
PANE Gina 1939-1990 [2]
Le lait chaud1/2/3 Azione - Photograph (60x52cm-24x20in) Milano 90 .... FF20 320 - £2 068 - **$4,064**
Composition - Collage (64x50cm-25x20in) Paris 91 .... FF3 500 - £353 - **$607**
PANEBIANCO Michele 1806-1873 [1]
Scène de bataille - Huile/toile (40x55cm-16x22in) Liège 91 .... FF6 580 - £660 - **$1,086**
PANEK Jean-Luc 1958 [2]
Minos - Huile/toile (81x130cm-32x51in) Paris 91 .... FF6 000 - £605 - **$1,041**
PANEK Jerzy 1918 [2]
Autoportret - Print (24x18cm-9x7in) Warszawa 96 .... FF3 295 - £376 - **$632**
PANEL Louis XX [7]
Paysage de Valmont - Huile/toile (50x65cm-20x26in) Le Havre 91 .... FF2 500 - £250 - **$412**
Le Normandie - Gouache (35x55cm-14x22in) Le Havre 93 .... FF1 700 - £194 - **$288**
PANERAI Ruggero 1862-1923 [20]
Cavalli al pascolo - Olio/cartone (40x57cm-16x22in) Milano 95 .... FF18 120 - £2 340 - **$3,720**
Piazza della Signoria sotto la pioggia - Olio/tela (36x86cm-14x34in) Roma 95 .... FF68 600 - £9 020 - **$13,640**
Grandi manovre - Olio/tela (80x119cm-31x47in) Roma 94 .... FF207 000 - £24 800 - **$38,440**
PANESCH Hermine 1873-1967 [2]
Blumen- und Obstilleben - Öl/Leinwand (44x60cm-17x24in) Lindau 93 .... FF2 035 - £250 - **$366**
PANHUIS van Louise Konst. Vorden 1843-1931 [1]
Amsterdam (?) - Oil/panel (19x29cm-7x11in) Wien 94.. FF12 120 - £1 405 - **$2,297**
PANIER Yann 1963 [2]
Vers demain - Huile/toile (60x81cm-24x32in) Cannes 92 .... FF5 000 - £582 - **$1,020**
PANINI Francesco 1745-1812 [5]
Interno di San Pietro - Olio/tela (152x226cm-60x89in) Roma 95 .... FF136 300 - £17 100 - **$27,000**
PANINI Giovanni Paolo 1691-1765 [52]
Adoration: mages/bergers - Huile/toile (99x75cm-39x30in) Paris 97 .... FF1 - £156 900 - **$256,950**
Colisée, Rome - Huile/toile (61x100cm-24x39in) Paris 97 .... FF2 - £220 290 - **$360,570**
Roman Ruins - Oil/canvas (118x91cm-46x36in) New-York 96 .... FF416 000 - £52 900 - **$80,000**
Piazza Colonna, Rome - Black chalk (25x35cm-10x14in) London 97 .... FF215 263 - £22 000 - **$36,638**
PANISSE Jean-Louis 1750-1842 [1]
La Sibylle persique - Huile/toile (125x84cm-49x33in) Paris 95................................. FF35 000 - £4 620 - **$7,090**
PANITZSCH Robert 1879-1949 [57]
Interior with reading woman - Oil/canvas (50x62cm-20x24in) København 96 .... FF3 300 - £427 - **$660**
A Sinlit Interior - Oil/canvas (51x61cm-20x24in) London 96 .... FF8 510 - £1 000 - **$1,675**
A woman in an interior - Oil/canvas (60x50cm-24x20in) London 94 .... FF25 940 - £3 000 - **$4,434**
PANIZZA Wolf 1904 [1]
Kühe auf besonnter Wiese - Öl/Karton (70x49cm-28x19in) Lindau 95 .... FF3 560 - £445 - **$720**

PANKIEWICZ Józef 1866-1940   [19]

🖼 *Kwiaty na Lace* - Oil/canvas/panel (50x40cm-20x16in) Warszawa 92 .... FF**30 000** - £3 060 - **$4,530**

Pani Oderdeldowej - Oil/canvas (98x75cm-39x30in) Warszawa 96 .... FF**238 700** - £29 900 - **$46,500**

🖼 *Autoportret* - Etching (20x14cm-8x6in) Warszawa 94 .... FF**2 910** - £346 - **$534**

PANKOK Bernhard 1872-1943   [17]

🖼 *Sommertag im Schwarzwald* - Öl/Leinwand (45x35cm-18x14in) Köln 93 .... FF**12 880** - £1 540 - **$2,480**

Wald in Baiersbrunn - Oil/canvas (66x33cm-17x13in) Stuttgart 89 .... FF**47 300** - £4 570 - **$7,178**

🖊 *Stehender weiblicher Akt* - Charcoal/paper (50x31cm-20x12in) Heidelberg 94 .... FF**1 990** - £239 - **$387**

PANKOK Otto 1893-1966   [83]

🖼 *AddioPositano* - Etching (50x63cm-20x25in) Köln 96 .... FF**9 850** - £1 122 - **$1,885**

Kater - Woodcut (69x46cm-27x18in) Köln 97 .... FF**15 884** - £1 669 - **$2,719**

🖊 *Das Fest im Parkhotel* - Drawing (126x94cm-50x37in) Köln 93 .... FF**23 740** - £2 835 - **$4,570**

PANN Abel Pfeffermann 1883-1963   [23]

🖼 *Homeless* - Oil/board (31x30cm-12x12in) Tel Aviv 97 .... FF**37 433** - £4 162 - **$7,000**

Au Salon - Oil/canvas (47x56cm-19x22in) Tel Aviv 95 .... FF**215 000** - £27 830 - **$44,000**

🖊 *Boy Reading. The 30s* - Pastel (45x60cm-18x24in) Tel Aviv 97 .... FF**82 888** - £9 217 - **$15,500**

PANNAGGI Ivo 1901-1981   [3]

🖼 *I Prigionieri* - Olio/masonite (65x81cm-26x32in) Milano 94 .... FF**24 700** - £2 940 - **$4,410**

PANNART Mathias 1935   [4]

🖊 *Komposition* - Mixed media/paper (50x69cm-20x27in) Heidelberg 96 .... FF**6 780** - £876 - **$1,328**

PANNEMAKER Stéphane 1847-1930   [1]

🖼 *Rlieur Marius Michel* - Huile/toile (109x83cm-43x33in) Orléans 95 .... FF**2 800** - £368 - **$575**

PANNIER Willy 1952   [28]

🖊 *Promenade sur la plage* - Huile/panneau (19x27cm-7x11in) Toulouse 94 .... FF**2 000** - £239 - **$375**

Les élégantes - Huile/toile (22x27cm-9x11in) Uccle 95 .... FF**9 260** - £1 200 - **$1,896**

PANSING Fred 1844-1916   [3]

🖼 *Umbria on the East River, N. Y.* - Oil/canvas (81x152cm-32x60in) London 94 .... FF**102 200** - £12 000 - **$17,900**

PANT van der Theresia 1924   [5]

🗿 *Bison* - Bronze (15cm-6in) Amsterdam 97 .... FF**14 061** - £1 474 - **$2,412**

PANTAZIS Périclès 1849-1884   [25]

🖼 *Good Friends* - Oil/panel (70x53cm-28x21in) Athens 96 .... FF**169 600** - £21 900 - **$32,800**

Boy with a watermelon - Oil/canvas (152x93cm-60x37in) London 92 .... FF**459 000** - £47 000 - **$81,000**

🖊 *Portrait of an old man* - Watercolour/paper (39x29cm-15x11in) Athens 95 .... FF**67 100** - £8 670 - **$13,700**

PANTOJA DE LA CRUZ Juan 1551-1608   [2]

🖼 *Jeune femme* - Huile/toile (196x109cm-77x43in) Paris 89 .... FF**170 000** - £17 914 - **$28,620**

PANTON Lawrence Arthur C. 1894-1954   [9]

🖼 *East Coast Harbour* - Oil/canvas/board (33x41cm-13x16in) Toronto 95 .... FF**2 012** - £263 - **$404**

Cottage, Lake Rosseau - Oil/board (86x102cm-34x40in) Toronto 94 .... FF**28 650** - £3 350 - **$5,050**

🖊 *Qhiet Harbour & Boat Houses* - Watercolour (28x41cm-11x16in) Toronto 95 .... FF**2 060** - £263 - **$421**

PANTORBA de Bernardino 1896-1988   [4]

🖼 *Navas del Marqués* - Oleo/lienzo (51x61cm-20x24in) Madrid 96 .... FF**4 070** - £528 - **$805**

PANUNZI Sebastiano XIX-XX   [2]

🖼 *A sunday outing* - Oil/canvas (22x36cm-9x14in) New-York 92 .... FF**18 200** - £2 173 - **$3,500**

PANUSKA Jaroslav 1872-1958   [2]

🖼 *Küstenlandschaft, Jugoslawien* - Oil/canvas (65x90cm-26x35in) München 91 .... FF**10 140** - £1 009 - **$1,744**

PANZA Giovanni 1894-?   [25]

🖼 *Il ventaglio rosso* - Olio/tela (62x48cm-24x19in) Roma 94 .... FF**8 040** - £1 008 - **$1,536**

Piccolo violonista - Olio/tela (82x40cm-32x16in) Roma 95 .... FF**26 500** - £3 485 - **$5,270**

PANZENBERGER Kurt 1942   [6]

🖊 *Vorstadt* - Aquarell/Papier (24x32cm-9x13in) Wien 94 .... FF**1 552** - £184 - **$279**

PANZER Friedrich 1946   [2]

🖼 *Mauer* - Oil/canvas (192x165cm-76x65in) Wien 92 .... FF**13 470** - £1 610 - **$2,590**

PAOLETTI Antonio 1834-1912   [34]

🖼 *An Idle Moment* - Oil/panel (21x35cm-8x14in) London 97 .... FF**23 615** - £2 600 - **$4,144**

A captive audience - Oil/canvas (81x56cm-32x22in) New-York 97 .... FF**131 204** - £14 142 - **$23,000**

Venetian Ice Cream Seller - Oil/canvas (50x75cm-20x30in) London 96 .... FF**199 500** - £25 000 - **$38,500**

PAOLETTI Pietro 1801-1847   [2]

🖊 *Das müde Mädchen* - Pencil/paper (21x25cm-8x10in) Wien 92 .... FF**1 924** - £230 - **$370**

PAOLETTI Rodolfo 1866-1940   [5]

🖼 *Veduta del Duomo di Milano* - Olio/tela (142x269cm-56x106in) Milano 94 .... FF**90 400** - £10 660 - **$16,120**

🖊 *Venetian fishergirl on a pier* - Watercolour (27x14cm-11x6in) Penzance, Cornwall 91 .... FF**2 480** - £250 - **$430**

PAOLETTI Silvio 1864-1921   [7]

🖼 *A vegetable market, Venice* - Oil/canvas (81x56cm-32x22in) London 95 .... FF**37 700** - £5 000 - **$7,790**

PAOLI Bruno 1915   [3]

🖼 *Fiori* - Olio/tela (60x50cm-24x20in) Prato 96 .... FF**5 060** - £600 - **$990**

PAOLI Jean Dominique 1926   [2]

🖼 *Composition* - Huile/toile (61x50cm-24x20in) Paris 92 .... FF**2 000** - £206 - **$385**

PAOLINI Giulio 1940   [39]

🖼 *La Doublure* - Oil/canvas (39x59cm-15x23in) London 93 .... FF**105 300** - £12 000 - **$17,880**

Antologia
2 stretched canvases, invitations to art shows (140x200cm-55x79in) London 95 .. FF**154 000** - £20 000 - **$31,700**

La doublure - Acrylic (40x60cm-16x24in) Milano 90 .... FF**251 700** - £26 777 - **$45,027**

P

L'Altra Figura - Plaster (43cm-17in) New-York 95 .... FF**94 000** - £11 750 - **$19,000**
Untitled - Pencil (20x29cm-8x11in) London 94 .... FF**15 980** - £1 900 - **$2,920**
Fuori l'autore - Collage (44x33cm-17x13in) Milano 91 .... FF**52 000** - £5 340 - **$9,680**
PAOLINI Pietro 1603-1681 [7]
Salomè e Erode - Olio/tela (114x16cm-45x6in) Milano 89 .... FF**1** - £127 522 - **$202,464**
Concert - Oil/canvas (120x165cm-47x65in) London 92 .... FF**159 000** - £19 000 - **$30,600**
PAOLOZZI Eduardo 1924 [60]
69.Uberreste des Castel Fiorentino - Photomontage (15x21cm-6x8in) London 94 .... FF**10 840** - £1 300 - **$2,106**
Head - Bronze (14cm-6in) London 94 .... FF**8 970** - £1 050 - **$1,574**
Shattered Head - Bronze (38cm-15in) London 94 .... FF**30 000** - £3 600 - **$5,830**
Forms on a Bow - Bronze London 97 .... FF**94 162** - £10 000 - **$16,403**
Idea for sculpture - Pencil (54x22cm-21x9in) London 94 .... FF**7 700** - £900 - **$1,350**
PAOLUCCI Flavio 1934 [7]
Quattro Stagioni - Öl/Leinwand (100x65cm-39x26in) Luzern 93 .... FF**21 800** - £2 480 - **$3,694**
Ohne Titel - Technique mixte/papier (70x100cm-28x39in) Luzern 93 .... FF**9 910** - £1 126 - **$1,680**
PAP Emil 1884-? [16]
Fröhliches Bauermädchen - Öl/Leinwand (100x70cm-39x28in) Wien 93 .... FF**7 700** - £920 - **$1,480**
Young girl sewing - Oil/canvas (98x72cm-39x28in) London 94 .... FF**29 400** - £3 500 - **$5,540**
PAP Gyula 1899-1983 [4]
Landschaft - Pastell (48x61cm-19x24in) Köln 90 .... FF**15 200** - £1 638 - **$2,681**
PAPA Johann 1910-1988 [1]
Kornfeld im Priesental - Öl/Leinwand (60x80cm-24x31in) Freiburg 96 .... FF**6 440** - £808 - **$1,243**
PAPADIMITRIOU Euthimios 1895-1959 [1]
Commedia dell'Arte - Pastel/paper (37x51cm-15x20in) Athens 96 .... FF**5 300** - £685 - **$1,024**
PAPAGEORGE Aristide 1899-1983 [3]
Village in the Cycledes - Oil/canvas (60x73cm-24x29in) London 90 .... FF**12 600** - £1 340 - **$2,254**
PAPAGEORGE Tod 1940 [2]
Zuma Beach, Calif. - Gelatin silver print (40x50cm-16x20in) London 91 .... FF**3 430** - £341 - **$590**
PAPALOUCAS Spyros 1892-1957 [7]
A village scene - Oil/board (14x21cm-6x8in) Athens 93 .... FF**43 200** - £4 960 - **$7,420**
Conifers, Mount Parnassos - Oil/board (33x27cm-13x11in) Athens 93 .... FF**84 000** - £9 640 - **$14,420**
PAPALUCA Louis, Luca XIX-XX [11]
Flying Cloud, R.Y.S. - Gouache (39x68cm-15x27in) London 94 .... FF**5 010** - £600 - **$925**
PAPANAGIOUTOU Stavros 1885-1955 [1]
Monastery - Oil/panel (25x37cm-10x15in) Athens 96 .... FF**9 430** - £1 220 - **$1,930**
PAPANICOLAOU Spyros 1907-1967 [1]
Vase of dahlias - Oil/board (39x29cm-15x11in) Athens 93 .... FF**10 800** - £1 240 - **$1,855**
PAPART Max 1911-1994 [367]
Fleurs dans un vase - Huile/panneau (35x26cm-14x10in) Paris 96 .... FF**4 000** - £519 - **$791**
Nature morte aux figues - Huile/toile (65x54cm-26x21in) Paris 97 .... FF**8 000** - £871 - **$1,391**
Intérieur en Provence - Huile/toile (60x73cm-24x29in) Paris 97 .... FF**10 500** - £1 154 - **$1,916**
Souvenir d'amitié - Technique mixte (29x35cm-11x14in) Paris 92 .... FF**15 000** - £1 790 - **$2,885**
Transfer - Huile/toile (80x80cm-31x31in) Versailles 92 .... FF**44 000** - £4 500 - **$7,920**
Grand canal - Huile/toile (66x81cm-26x32in) Genève 89 .... FF**78 000** - £8 219 - **$13,131**
Baigneuses - Huile/toile (114x161cm-45x63in) Paris 95 .... FF**100 000** - £12 050 - **$18,200**
Red Harlequin - Carborundum in colors Tarzana, CA 95 .... FF**4 094** - £518 - **$800**
Hon-Han - Bronze (38cm-15in) Stockholm 93 .... FF**10 570** - £1 200 - **$1,790**
Jacques Prévert - Crayon (43x57cm-17x22in) La Varenne Saint-Hilaire 96 .... FF**3 200** - £388 - **$623**
Le villageois - Aquarelle, gouache (60x79cm-24x31in) Paris 95 .... FF**11 000** - £1 377 - **$2,190**
Sans titre - Collage (49x64cm-19x25in) London 96 .... FF**15 800** - £1 690 - **$3,024**
Composition 53 - Collage (58x78cm-23x31in) Fontainebleau 92 .... FF**40 000** - £4 094 - **$7,040**
PAPASSO Antonio 1932 [3]
Composizione - Papiers froissés (35x50cm-14x20in) Venezia 96 .... FF**8 970** - £1 014 - **$1,716**
PAPAZOFF Georges 1894-1972 [95]
Fish form - Oil/masonite (22x27cm-9x11in) New-York 93 .... FF**8 850** - £1 007 - **$1,500**
Paysage imaginaire - Huile/toile (33x41cm-13x16in) Saint-Dié 92 .... FF**16 000** - £1 638 - **$3,140**
Chiens de cirque - Huile/toile (54x73cm-21x29in) Paris 93 .... FF**22 000** - £2 650 - **$4,000**
Tombeau d'un éclaireur - Huile/toile (81x100cm-32x39in) Paris 93 .... FF**75 000** - £7 670 - **$14,700**
Composition surréaliste - Gouache/papier (21x26cm-8x10in) Paris 96 .... FF**10 200** - £1 278 - **$1,970**
PAPE Eduard 1817-1905 [4]
Genfer see von Clarens aus - Öl/Leinwand (87x128cm-34x50in) München 94 .... FF**85 500** - £10 130 - **$15,600**
PAPE Eric 1870-1938 [7]
Exotic Woman - Oil/canvas (86x68cm-34x27in) New-York 96 .... FF**13 570** - £1 570 - **$2,600**
Artist's home, Mass. - Oil/canvas (91x146cm-36x57in) New-York 92 .... FF**68 600** - £7 960 - **$14,000**
Old bearded man - Gouache (36x25cm-14x10in) New-York 93 .... FF**11 000** - £1 380 - **$2,000**
PAPÉ Frank Cheyne 1878-1972 [1]
The Legend of Siegfried - Watercolour (93x86cm-37x34in) London 95 .... FF**193 200** - £25 000 - **$39,500**
PAPE Jean Constant 1865-1920 [7]
Forêt de Meudon-Clamart - Huile/toile (65x81cm-26x32in) Paris 96 .... FF**12 500** - £1 435 - **$2,385**
PAPELEN de Victor 1810-1881 [3]
On the banks of the Seine, Paris - Oil/panel (15x23cm-6x9in) London 92 .... FF**10 880** - £1 300 - **$2,094**
PAPETY Dominique Louis 1815-1849 [11]
Romantique/Odalisque étendue - Huile/panneau (13x26cm-5x10in) Paris 97 .... FF**330 000** - £34 650 - **$56,760**
Le Tibre - Crayon (19x43cm-7x17in) Paris 94 .... FF**10 500** - £1 250 - **$1,980**

P

Greek family - Watercolour/paper (29x43cm-11x17in) London 97 .... **FF166 666** - £17 500 - **$28,666**

PAPILLAUD Marcelle 1880-? [4]
Côte méditerranéenne - Huile/toile (50x61cm-20x24in) Bruxelles 91 .... **FF3 950** - £405 - **$737**

PAPP Sandor 1868-1937 [1]
La pause - Huile/toile (120x97cm-47x38in) Bruxelles 90 .... **FF16 200** - £1 674 - **$2,862**

PAPPE Carl XX [2]
Stone Cutter/Conception/Tetetates - Woodcut San Francisco-Los Angeles 93 .... **FF1 650** - £207 - **$300**

PAPPERITZ Fritz Georg 1846-1918 [7]
Nereiden - Oil/canvas (53x66cm-21x26in) Heidelberg 92 .... **FF10 830** - £1 260 - **$2,210**

PAPPERITZ Gustav Friedrich 1813-1861 [5]
Ruhende Reisende in Sizilien - Öl/Leinwand (18x31cm-7x12in) Heidelberg 94 .... **FF14 050** - £1 685 - **$2,730**

PAPWORTH Edgar George I 1809-1866 [3]
Henry Newall - Marble (82cm-32in) London 94 .... **FF9 320** - £1 100 - **$1,660**

PAQUENAUD Jean-Louis XX [2]
La mer - Huile/toile (50x65cm-20x26in) Morlaix 97 .... **FF3 000** - £323 - **$526**

PAQUEREAU Paul 1871-1950 [2]
Gorges du Verdon - Aquarelle, gouache/papier (58x77cm-23x30in) Paris 90 .... **FF4 300** - £460 - **$748**

PAQUIGNON Didier XX [4]
Cuisine du théatre - Huile/papier (119x190cm-47x75in) Paris 97 .... **FF7 500** - £793 - **$1,287**

PAQUOT Maurice 1937-1993 [32]
Montreux - Huile/toile (55x38cm-22x15in) Le Havre 92 .... **FF2 700** - £277 - **$476**
La maison de Ravel - Huile/toile (61x81cm-24x32in) Paris 91 .... **FF4 800** - £484 - **$936**

PARADIES Herman Cornelis A. 1883-1966 [6]
Tiberlandschaft - Öl/Leinwand (41x50cm-16x20in) Stuttgart 95 .... **FF7 720** - £990 - **$1,556**
Oude Kom, Delfhaven, Rotterdam - Wash (49x70cm-19x28in) Amsterdam 91 .... **FF7 210** - £727 - **$1,251**

PARADIS Jérôme 1902 [10]
Composition - Huile/toile (91x66cm-36x26in) Montréal 96 .... **FF3 440** - £425 - **$665**

PARADIS Normand 1956 [2]
Figure - Huile/toile (200x58cm-79x23in) Paris 92 .... **FF10 000** - £1 024 - **$1,760**

PARADISE Phillip Herschel 1905 [4]
Morning in the village
   Watercolour/paper (46x71cm-18x28in) San Francisco-Los Angeles 92 .... **FF17 550** - £1 794 - **$3,250**

PARANT Jean-Luc 1944 [5]
Composition - Technique mixte/toile (110x61cm-43x24in) Paris 94 .... **FF4 500** - £532 - **$807**

PARANT Louis Bertin 1768-1851 [2]
Jason et la Toison d'Or - Lavis Paris 91 .... **FF14 500** - £1 465 - **$2,878**

PARASCANDOLO Alberto XIX-XX [2]
Küchenstilleben - Oil/Leinwand (51x63cm-20x25in) Wien 91 .... **FF12 000** - £1 192 - **$2,084**

PARAVANO Dino 1935 [10]
A bull elephant dusting - Oil/canvas (61x92cm-24x36in) London 95 .... **FF10 740** - £1 400 - **$2,223**
Cow elephant with her young - Pastel (71x107cm-28x42in) London 95 .... **FF32 400** - £3 800 - **$5,760**

PARAYRE Henry 1887-1970 [4]
Baigneuse assise, bras sur la tête - Pierre (39cm-15in) Paris 93 .... **FF15 000** - £1 807 - **$2,730**

PARDÉ Isabelle 1900-1993 [2]
Faubourgs de Buxereuilles - Huile/toile (33x41cm-13x16in) Chaumont 93 .... **FF2 000** - £228 - **$339**

PARDI Gianfranco 1933 [11]
Architettura - Technique mixte (150x150cm-59x59in) Milano 92 .... **FF14 040** - £1 438 - **$2,473**
Senza Titolo - Bronzo (30cm-12in) Milano 94 .... **FF6 350** - £756 - **$1,134**

PARDO Antonio [2]
Pájaros - Oleo/lienzo (67x45cm-26x18in) Madrid 92 .... **FF2 270** - £231 - **$399**

PARDO Gennaro 1865-1927 [3]
Marina palermitana - Olio/tavola (31x57cm-12x22in) Roma 92 .... **FF12 400** - £1 475 - **$2,384**

PARDON OF CANTERBURY James c.1800-1850 [4]
Preparing for the Hunt - Oil/canvas (92x100cm-36x39in) London 95 .... **FF43 100** - £5 500 - **$8,820**

PAREDES Mariano 1912-1979 [4]
Sandias - Oil/masonite (54x67cm-21x26in) México 92 .... **FF32 760** - £3 364 - **$5,980**

PAREDES Y JUAN de Vincente 1857-1903 [28]
La llegada an Nuevo Mundo - Oleo/lienzo (49x65cm-19x26in) Madrid 91 .... **FF8 200** - £822 - **$1,368**
An elegant company - Oil/canvas (66x98cm-26x39in) Amsterdam 94 .... **FF47 300** - £5 490 - **$8,130**
The hunting party - Oil/canvas (63x113cm-25x44in) New-York 91 .... **FF125 400** - £12 636 - **$21,760**

PAREDIS Gustave 1897-1963 [1]
Promenade au parc - Huile/panneau (60x58cm-24x23in) Liège 93 .... **FF3 296** - £394 - **$674**

PAREE Paul XX [2]
Op Art Mannequin - Gelatin silver print (12x9cm-5x4in) San Francisco-Los Angeles 95 .... **FF4 400** - £562 - **$900**

PAREKH Madhvi 1942 [2]
Village Opera II - Oil/canvas (122x152cm-48x60in) London 95 .... **FF8 600** - £1 100 - **$1,730**

PAREKH Manu 1939 [7]
The cat - Oil/canvas (86x136cm-34x54in) New Delhi 92 .... **FF8 480** - £984 - **$1,664**
Untitled - Mixed media/paper (98x74cm-39x29in) London 95 .... **FF6 260** - £800 - **$1,258**

PARENT Aubert Henri J. 1753-1835 [3]
Pont sur une rivière - Huile/panneau (31x43cm-12x17in) Paris 92 .... **FF8 500** - £1 014 - **$1,635**

P

A dead bird - Sculpture (58x36cm-23x14in) London 89 .... FF17 400 - £1 834 - **$2,929**
Memorial Arch for Louis XVIII - Watercolour/paper (52x32cm-20x13in) New-York 93 .... FF10 450 - £1 235 - **$1,900**
PARENT Léon 1869-1943 [3]
Madame Parent - Huile/toile (46x38cm-18x15in) Lille 97 .... FF6 000 - £621 - **$1,027**
The canal port - Oil/canvas (81x100cm-32x39in) New-York 93 .... FF26 550 - £3 020 - **$4,500**
PARENT Mimi Benoît 1924 [3]
La renaissance - Oil/wood (71x59cm-28x23in) London 89 .... FF43 600 - £4 458 - **$7,010**
PARENT Roger 1881-1986 [15]
Nature morte - Huile/panneau (88x68cm-35x27in) Bruxelles 95 .... FF26 040 - £3 390 - **$5,340**
La danse - Encre/papier (68x90cm-27x35in) Antwerpen 95.. FF5 150 - £666 - **$1,053**
PARENTE Francesco 1885-1969 [1]
Fanciullo con topolino - Bronze (13cm-5in) Milano 95 .... FF2 384 - £304 - **$488**
PARERA Josep 1816-1902 [1]
Caricatura de caballero - Acuarela (29x43cm-11x17in) Madrid 90 .... FF7 600 - £785 - **$1,343**
PARESCE Renato, René 1866-1937 [29]
I frati francescani - Oil/canvas (58x47cm-23x19in) London 92 .... FF35 200 - £4 200 - **$6,760**
Il porto - Olio/tela (54x65cm-21x26in) Milano 94 .... FF103 000 - £12 400 - **$19,220**
La fenêtre - Olio/tela (76x60cm-30x24in) Milano 95 .... FF195 000 - £22 600 - **$38,300**
Still life with glass and fruit - Watercolour/paper (26x40cm-10x16in) New-York 94 ...... FF35 100 - £4 030 - **$6,000**
PARESSANT Jules XX [3]
Vision XII - Huile/toile (73x60cm-29x24in) Brest 96 .... FF7 000 - £900 - **$1,358**
PARET Y ALCAZAR Luis 1746-1799 [5]
Reina María Luisa de Parma - Oleo/lienzo (250x180cm-98x71in) Madrid 91 .... FF104 000 - £10 555 - **$18,783**
Una cebra - Encre/papier (48x34cm-19x13in) Madrid 91 .... FF339 000 - £34 160 - **$58,825**
PAREY Léonce 1910-1980 [1]
Promenade au bois - Huile/carton (32x41cm-13x16in) Paris 90.. FF2 600 - £269 - **$459**
PARIGINI Novella 1930 [3]
Fiori - Olio/tela (120x60cm-47x24in) Vercelli 93 .... FF4 760 - £534 - **$852**
PARIJS van Antoon 1884-1968 [1]
Vertroosting - Sculpture (62cm-24in) Lokeren 93.. FF7 770 - £888 - **$1,344**
PARIN Gino F. 1876-1944 [11]
Ragazza allo specchio - Olio/tela (70x50cm-28x20in) Trieste 95 .... FF23 100 - £2 925 - **$4,500**
In lettura - Olio/tela (61x45cm-24x18in) Trieste 93 .... FF40 300 - £4 520 - **$7,200**
La dormiente - Matita/carta (26x43cm-10x17in) Trieste 93.. FF2 076 - £241 - **$357**
PARIS Alfred Jean Marie 1846-1908 [3]
The Return Home - Oil/canvas (108x81cm-43x32in) New-York 92 .... FF25 560 - £2 615 - **$4,500**
PARIS Amiral François Ed. 1806-1888 [1]
The Artémise at Papette, Tahiti - Watercolour (38x58cm-15x23in) London 96 .... FF22 340 - £2 800 - **$4,360**
PARIS Auguste 1850-1915 [3]
La Chanson - Bronze (77cm-30in) London 94 .... FF14 800 - £1 750 - **$2,660**
PARIS de George 1829-1911 [2]
Canterbury cathedral
    Watercolour/paper (69x114cm-27x45in) San Francisco-Los Angeles 90 .... FF14 300 - £1 521 - **$2,558**
PARIS Gaston XIX-XX [5]
Torero - Photo (21x18cm-8x7in) Paris 92 .... FF3 100 - £318 - **$558**
PARIS Harold 1925-1979 [2]
Votive Figure - Bronze (33cm-13in) San Francisco-Los Angeles 96 .... FF7 710 - £935 - **$1,500**
Et in arcadia ego - Collage (49x34cm-19x13in) San Francisco-Los Angeles 90 .... FF6 900 - £726 - **$1,200**
PARIS Joseph, Giuseppe 1784-1871 [4]
Troupeau de moutons - Huile/toile (55x67cm-22x26in) Paris 96 .... FF11 800 - £1 520 - **$2,296**
PARIS Maurice 1903-1969 [117]
L'église du village - Huile/toile (60x73cm-24x29in) Le Touquet 94 .... FF5 000 - £583 - **$877**
Les ramasseurs de goémons - Huile/toile (100x133cm-39x52in) Bayeux 93 .... FF16 500 - £2 063 - **$3,000**
PARIS Pierre Adrien 1745-1819 [4]
Loggia d'une villa italienne - Pierre noire/papier (18x24cm-7x9in) Paris 97 .... FF15 000 - £1 595 - **$2,592**
PARIS René 1881-1970 [7]
The Start - Bronze (21cm-8in) London 91 .... FF17 780 - £1 783 - **$3,257**
PARIS Roland 1894-? [6]
Pierrot - Ivory, bronze (36cm-14in) New-York 95 .... FF8 230 - £1 060 - **$1,700**
Mephistophiles - Bronze (67cm-26in) New-York 97 .... FF26 163 - £2 747 - **$4,500**
PARIS Walter 1842-1906 [4]
Adirondack Resort - Watercolour/paper (33x48cm-13x19in) New-York 96 .... FF3 546 - £459 - **$700**
PARISANI Napoleone 1854-1932 [2]
Costa laziale - Olio/tavola (34x93cm-13x37in) Roma 94 .... FF25 050 - £3 000 - **$4,650**
PARISOT Pierre Alexandre 1750-1820 [1]
Turk with women in a landscape - Wash (32x27cm-13x11in) London 90 .... FF6 300 - £634 - **$1,145**
PARISSE Raphaël 1964 [54]
Plage animée en Normandie - Huile/toile (24x33cm-9x13in) Le Havre 91 .... FF4 000 - £397 - **$695**
PARIZEAU Philippe Louis 1740-1801 [16]
Mother and her Child - Black chalk/paper (31x44cm-12x17in) London 97 .... FF11 374 - £1 200 - **$1,952**
The Life of Saint Gregory - Black & white chalks/paper (51x36cm-20x14in) London 97 ...... FF17 062 - £1 800 - **$2,928**
PARK Bertram 1883-1972 [5]
C.R.W. Nevinson - Silver print (28x22cm-11x9in) London 93 .... FF9 960 - £1 200 - **$1,740**

PARK David 1911-1960 [17]
- Two people in white
  Oil/canvas (60x81cm-24x32in) San Francisco-Los Angeles 90 .... FF572 000 - £61 638 - **$100,882**
- Female nude - Gouache (18x8cm-7x3in) Mystic, Connecticut 93 .... FF5 230 - £656 - **$950**
- Two figures - Pencil/paper (30x22cm-12x9in) San Francisco-Los Angeles 94 .... FF26 130 - £3 030 - **$4,500**

PARK Henry 1816-1871 [3]
- Cattle watering - Oil/canvas (60x91cm-24x36in) London 91 .... FF9 970 - £997 - **$1,642**

PARK Henry Morley c.1850-c.1895 [1]
- The Donkey Ride - Oil/canvas (61x66cm-24x26in) London 95 .... FF15 800 - £2 000 - **$3,176**

PARK James Stuart 1862-1933 [48]
- Still life with roses - Oil/canvas (49x30cm-19x12in) Glasgow 96 .... FF12 960 - £1 500 - **$2,483**
- Red and white dahlias - Oil/canvas (77x61cm-30x24in) Edinburgh 96 .... FF27 500 - £3 500 - **$5,290**
- White azaleas - Oil/canvas (39x48cm-15x19in) Glasgow 91 .... FF49 900 - £5 000 - **$8,414**

PARK John Anthony 1880-1962 [90]
- The Little Farm (41x33cm-16x13in) London 91 .... FF3 490 - £350 - **$604**
- Boatyard on the Creek - Oil/canvas/board (24x32cm-9x13in) London 97 .... FF7 186 - £769 - **$1,241**
- Chy-an-Chy, St. Ives - Oil/panel (33x41cm-13x16in) London 97 .... FF30 651 - £3 200 - **$5,244**
- St. Ives - Oil/panel (33x40cm-13x16in) London 97 .... FF47 892 - £5 000 - **$8,193**

PARK Madeleine F. 1891-1960 [1]
- Warcloud of Annadale - Bronze (25cm-10in) Chicago 92 .... FF2 940 - £342 - **$600**

PARK Patric 1811-1855 [1]
- Bust of a gentleman - Sculpture (59cm-23in) New-York 90 .... FF16 000 - £1 713 - **$2,783**

PARK Richard Hamilton 1832-? [1]
- Little Nell - Sculpture (50cm-20in) New-York 89 .... FF25 200 - £2 435 - **$3,824**

PARK Roswell 1807-1869 [1]
- Conflagration of the U.S. Armory - Watercolour (51x71cm-20x28in) New-York 87 .... FF109 260 - £10 975 - **$18,000**

PARK Stuart XIX-XX [4]
- Roses in a glass vase - Oil/canvas (28x36cm-11x14in) Leamington Spa 92 .... FF4 680 - £480 - **$898**

PARK SUNG-HWAN 1919 [2]
- Dance - Oil/panel (13x26cm-5x10in) New-York 93 .... FF9 350 - £1 173 - **$1,700**

PARKE Henry ?-1835 [1]
- Design for an entrance of a town - Watercolour (32x53cm-13x21in) London 96 .... FF5 190 - £650 - **$1,008**

PARKER Al 1906-1985 [3]
- Woman seated on pillow - Mixed media/paper (38x53cm-15x21in) New-York 96 .... FF8 710 - £1 033 - **$1,700**

PARKER Bill 1922 [122]
- Sans titre - Acrylique/toile (73x60cm-29x24in) Paris 97 .... FF2 500 - £272 - **$439**
- Sans titre - Acrylique/toile (100x81cm-39x32in) Paris 97 .... FF6 000 - £717 - **$1,160**
- Composition - Pastel/papier (65x50cm-26x20in) Douai 96 .... FF1 900 - £237 - **$367**

PARKER George Waller 1888-? [3]
- Rainbow over the hills - Oil/canvas (92x71cm-36x28in) North Bethesda, MD. 91 .... FF16 440 - £1 648 - **$3,011**

PARKER Gill 1957 [2]
- Arab Stallion - Sculpture (42cm-17in) London 93 .... FF13 440 - £1 600 - **$2,464**

PARKER Harold 1873-1962 [1]
- Spring awakening - Bronze (74x50x104cm-29x20x41in) London 89 .... FF251 800 - £25 746 - **$40,482**

PARKER Henry H. 1858-1930 [144]
- Near Goring on the Thames - Oil/canvas (40x69cm-16x27in) New-York 97 .... FF12 514 - £1 347 - **$2,200**
- Homeward Bound - Oil/canvas (61x107cm-24x42in) London 97 .... FF57 143 - £6 000 - **$9,794**
- Streatley, Berkshire - Oil/canvas (61x106cm-24x42in) London 97 .... FF133 333 - £14 000 - **$22,853**
- Ropley/ Abinger, Hammer, Surrey - Watercolour (35x54cm-14x21in) London 97 .... FF17 495 - £1 900 - **$3,100**

PARKER Henry Perlee 1795-1873 [18]
- Pitman at play - Oil/canvas (76x64cm-30x25in) London 95 .... FF27 830 - £3 600 - **$5,690**
- Old quayside, Newcastle - Oil/canvas (73x100cm-29x39in) London 93 .... FF130 300 - £15 000 - **$22,350**

PARKER John 1839-1915 [5]
- A quiet road - Watercolour (28x38cm-11x15in) London 93 .... FF11 200 - £1 400 - **$2,030**

PARKER John Adams 1827-1905 [2]
- Ice skating after dark - Oil/canvas (15x21cm-6x8in) Philadelphia 95 .... FF5 480 - £721 - **$1,100**

PARKER John F. 1884-? [1]
- Head of a great dane - Bronze (28cm-11in) New-York 92 .... FF5 550 - £581 - **$1,000**

PARKER Lawton Silas 1868-1954 [12]
- Landscape with trees - Oil/board (30x30cm-12x12in) New-York 96 .... FF15 450 - £1 920 - **$3,000**
- The Thicket, Giverny
  Oil/canvas (81x81cm-32x32in) San Francisco-Los Angeles 95 .... FF299 000 - £39 300 - **$60,000**

PARKER Olivia 1941 [12]
- Moonsnails - Gelatin silver print (25x20cm-10x8in) New-York 96 .... FF7 830 - £906 - **$1,500**

PARKER Raymond, Ray 1922-1990 [6]
- Untitled - Oil/canvas (185x178cm-73x70in) New-York 94 .... FF11 610 - £1 395 - **$2,200**

PARKES Michael 1944 [2]
- The practice Ring - Color lithograph (64x39cm-25x15in) Amsterdam 97 .... FF1 755 - £184 - **$301**

PARKHOMENKO Ivan 1875-1943 [2]
- Boyard au bonnet - Huile/toile/carton (65x49cm-26x19in) Paris 91 .... FF8 000 - £796 - **$1,376**

PARKHURST Thomas 1853-1923 [1]
- Summer sea - Oil/canvas (66x76cm-26x30in) San Francisco-Los Angeles 91 .... FF5 700 - £574 - **$989**

P

PARKINSON Norman 1913-1990 [23]
📷 *Country Picnic* - Printed later (48x38cm-19x15in) New-York 92 .... FF8 570 - £996 - **$1,750**
PARKINSON Richard 1844-1909 [1]
📷 *Solomon Islands, New Guinea* - Albumen print London 94 .... FF4 940 - £580 - **$865**
PARKMAN Alfred Edward 1852-c.1930 [8]
✎ *Temptation of Faust* - Watercolour (33x57cm-13x22in) London 93 .... FF3 380 - £380 - **$567**
PARKS Bob 1948 [2]
🗿 *Sioux Warrior-Buffalo Scout* - Bronze (38cm-15in) Chicago 94 .... FF6 740 - £796 - **$1,200**
PARLADÉ Y HEREDIA Andrés 1859-1933 [2]
🖼 *The barber* - Oil/panel (55x41cm-22x16in) London 96 .... FF42 400 - £5 500 - **$8,380**
PARLAGHY BROCHFELD von Vilma Elisabeth Lwow 1863-1924 [1]
🖼 *Young boy* - Oil/board (47x41cm-19x16in) London 96 .... FF9 360 - £1 100 - **$1,820**
PARLO Percy 1890-? [1]
🖼 *Seated nude* - Oil/board (38x36cm-15x14in) New-York 93 .... FF4 400 - £552 - **$800**
PARME de Jean Antoine Julien 1736-1799 [4]
🖼 *Personification of painting* - Oil/panel (26x35cm-10x14in) London 91 .... FF65 500 - £6 505 - **$11,373**
✎ *Jupiter and Callisto* - Ink (20x27cm-8x11in) London 97 .... FF6 635 - £700 - **$1,139**
PARMEGGIANI Romano 1930 [4]
🖼 *Ninfe* - Oil/canvas (35x57cm-14x22in) New-York 96 .... FF8 860 - £1 070 - **$1,700**
PARMEGGIANI Tancredi 1927-1964 [7]
🖼 *Fiori* - Olio/tela (40x60cm-16x24in) Venezia 96 .... FF63 400 - £7 980 - **$12,160**
✎ *Volto* - Carboncino/carta (24x20cm-9x8in) Venezia 96 .... FF6 680 - £840 - **$1,280**
PARMENTIER Félix Marie 1821-? [1]
🖼 *Le musicien* - Huile/toile (54x73cm-21x29in) Paris 89 .... FF95 000 - £9 714 - **$15,273**
PARMENTIER Jacques 1658-1730 [1]
🖼 *Catherine, wife of Joseph Wade* - Oil/canvas (92x68cm-36x27in) London 96 .... FF23 770 - £2 800 - **$4,670**
PARMENTIER Paul 1854-1902 [1]
🖼 *La véranda* - Huile/panneau (24x33cm-9x13in) Bruxelles 96 .... FF2 305 - £293 - **$444**
PAROBEK Alajos 1896-1947 [1]
🖼 *Ragazze alla fonte* - Olio/tela (87x64cm-34x25in) Trieste 93 .... FF10 130 - £1 154 - **$1,717**
PAROUBEC Jana XX [1]
🗿 *Female torso* - Bronze (152cm-60in) Amsterdam 92 .... FF15 070 - £1 800 - **$2,900**
PARPAN Ferdinand 1902 [7]
🗿 *Couple enlacé* - Bronze (26cm-10in) Versailles 97 .... FF10 000 - £1 096 - **$1,755**
PARPETTE Philippe 1730-1806 [1]
🖼 *Vase of assorted flowers* - Oil/canvas (81x80cm-32x31in) London 92 .... FF44 000 - £4 500 - **$7,740**
PARQUET Charles Gustave 1826-? [3]
🖼 *Preparing for a hunt* - Oil/canvas (38x55cm-15x22in) Amsterdam 92 .... FF4 520 - £540 - **$870**
PARR 1893-1969 [2]
✎ *Untitled/Four women* - Drawing Toronto 96 .... FF6 200 - £744 - **$1,187**
PARR Martin 1952 [4]
📷 *Eating Ice Cream, The Last Resort* - Type C color print (43x53cm-17x21in) London 94 .... FF3 410 - £400 - **$597**
PARRA Carmen 1944 [3]
🖼 *Angel* - Oil/canvas (100x80cm-39x31in) New-York 90 .... FF80 100 - £8 521 - **$14,329**
PARRA Ginés 1895-1960 [49]
🖼 *Personnage espagnol* - Huile/toile (33x41cm-13x16in) Paris 96 .... FF5 200 - £673 - **$1,020**
🖼 *Bois de Chantilly* - Huile/toile (46x55cm-18x22in) Paris 96 .... FF16 700 - £1 967 - **$3,280**
🖼 *Paisaje en verde* - Oleo/lienzo (60x73cm-24x29in) Madrid 93 .... FF35 600 - £4 240 - **$6,440**
PARRA José Felipe 1824-? [5]
🖼 *Strawberries, oranges and roses* - Oil/canvas (39x51cm-15x20in) London 89 .... FF15 500 - £1 585 - **$2,492**
PARRÉ Mathias 1811-1849 [4]
🖼 *Several skaters on a frozen waterway* - Oil/panel (22x29cm-9x11in) Amsterdam 96 .... FF9 200 - £1 182 - **$1,815**
PARREIRAS Antonio D. da Silva 1869-1937 [2]
🖼 *Storm on the Brazilian Coast* - Oil/canvas (13x27cm-5x11in) London 96 .... FF30 500 - £3 800 - **$5,890**
PARRENS Louis 1904 [9]
🖼 *Lesconil, pêcheurs sur le quai* - Huile/toile (45x61cm-18x24in) Versailles 91 .... FF6 000 - £605 - **$1,169**
✎ *Pêcheurs en Bretagne* - Aquarelle, gouache (45x61cm-18x24in) Paris 93 .... FF2 000 - £241 - **$364**
PARRINO Steven 1958 [5]
🖼 *Idol-Idiot* - Acrylic/canvas (183x244cm-72x96in) Stockholm 94 .... FF7 140 - £838 - **$1,272**
PARRIS Edmund Thomas 1793-1873 [12]
🖼 *Children Fishing, Salisbury*
   Oil/canvas (29x40cm-11x16in) Billinghurst, West Sussex 94 .... FF27 900 - £3 200 - **$4,770**
✎ *Queen Victoria* - Watercolour (18x13cm-7x5in) London 95 .... FF2 310 - £300 - **$482**
PARRISH Maxfield 1870-1966 [40]
🖼 *No Gentleman of France* - Oil (49x34cm-19x13in) New-York 96 .... FF233 700 - £29 760 - **$45,000**
🖼 *The pholosopher* - Oil/paper (42x32cm-17x13in) New-York 97 .... FF466 744 - £49 008 - **$80,000**
🖼 *Du Pont Mural* - Oil/board (60x101cm-24x40in) New-York 96 .... FF1 501 74e +06 - £110 268 - **$180,000**
🗐 *The Century, Midsummer* - Poster (51x34cm-20x13in) New-York 95 .... FF9 080 - £1 145 - **$1,800**
✎ *The blue Room* - Pencil (33x23cm-13x9in) New-York 96 .... FF114 800 - £13 300 - **$22,000**
PARRISH Stephen 1849-1932 [3]
🖼 *Mother and child* - Oil/canvas (25x43cm-10x17in) Mystic, Connecticut 95 .... FF19 540 - £2 494 - **$4,000**
PARROCEL Charles 1688-1752 [35]
🖼 *Halte des cavaliers* - Huile/toile (100x144cm-39x57in) Paris 97 .... FF120 000 - £13 056 - **$20,892**

Roman battle - Oil/canvas (92x200cm-36x79in) London 95 .... **FF229 400** - £30 000 - **$45,900**
Oriental Figure - Red chalk/paper (24x14cm-9x6in) New-York 97 .... **FF49 889** - £5 553 - **$9,000**

PARROCEL Étienne, le Romain 1696-1776 [21]
L'Apothéos - Huile/toile (47x98cm-19x39in) Paris 96 .... **FF40 000** - £5 010 - **$7,730**
Seated Nude/Priest - Black & white chalks (46x28cm-18x11in) New-York 97 .... **FF16 630** - £1 851 - **$3,000**
Marie-Madeleine en pénitence - Dessin (41x54cm-16x21in) Monaco 95 .... **FF50 000** - £6 480 - **$10,310**

PARROCEL Jean Joseph 1690-1774 [1]
Maréchal de France à cheval - Sanguine (43x28cm-17x11in) Paris 93 .... **FF9 000** - £1 125 - **$1,637**

PARROCEL Joseph des Batailles 1646-1704 [17]
Halte de la chasse - Huile/toile (53x65cm-21x26in) Nantes 96 .... **FF37 000** - £4 280 - **$7,090**
Attaque de la calèche - Huile/toile (79x95cm-31x37in) Paris 95 .... **FF100 000** - £12 660 - **$20,100**
Le siège d'une ville - Crayon (35x54cm-14x21in) Paris 93 .... **FF118 000** - £14 220 - **$21,450**

PARROCEL Joseph François 1704-1781 [31]
Étude de mains et d'un pied - Pierre noire (19x25cm-7x10in) Paris 96 .... **FF6 000** - £781 - **$1,190**
Head of a Putto - Black & white chalks (28x21cm-11x8in) New-York 95 .... **FF29 500** - £3 540 - **$5,500**

PARROCEL Pierre 1670-1739 [4]
Tobie et l'Ange - Dessin (39x24cm-15x9in) Monaco 95 .... **FF28 000** - £3 630 - **$5,780**

PARROT Philippe 1831-1894 [3]
The Letter - Oil/canvas (65x54cm-26x21in) New-York 94 .... **FF46 800** - £5 410 - **$8,000**

PARROT William 1813-1869 [5]
View of Naples with fisherfolk - Oil/canvas (73x122cm-29x48in) New-York 92 .... **FF93 600** - £11 170 - **$18,000**
Going to Barnet fair - Watercolour/paper (33x61cm-13x24in) London 90 .... **FF18 400** - £1 853 - **$3,345**

PARROT-LECOMTE Philippe XIX-XX [2]
Fête-foraine - Huile/toile (51x73cm-20x29in) Lyon 97 .... **FF10 000** - £1 083 - **$1,752**
Fête des Loges, St. Germain-en-Laye - Affiche (139x98cm-55x39in) Paris 90 .... **FF3 200** - £322 - **$627**

PARROTT William 1813-1869 [3]
Saint-Malo - Oil/canvas (48x113cm-19x44in) London 96 .... **FF34 060** - £4 000 - **$6,700**

PARROTT William Samuel 1844-1915 [3]
Mt. Shasta, California - Oil/canvas (91x122cm-36x48in) San Francisco-Los Angeles 93 ...... **FF32 500** - £3 690 - **$5,500**

PARROW Karin 1900-1984 [28]
Astrar i blå vas - Oil/canvas (62x43cm-24x17in) Göteborg 92 .... **FF5 420** - £648 - **$1,043**
Vid fönstret - Oil/canvas (61x80cm-24x31in) Stockholm 97 .... **FF12 830** - £1 354 - **$2,216**

PARROW William Samuel 1844-1915 [1]
Mount Hood - Oil/board (25x33cm-10x13in) New-York 90 .... **FF17 200** - £1 782 - **$3,023**

PARRY Roger 1905-1978 [18]
Photogram with Feather - Gelatin silver print (23x18cm-9x7in) New-York 93 .... **FF8 250** - £1 035 - **$1,500**

PARS William 1742-1782 [1]
St. Peter's, Rome - Watercolour (36x54cm-14x21in) London 96 .... **FF81 300** - £10 500 - **$15,700**

PARSHALL Dewitt 1854-1956 [4]
Moonlight Grand Cañyon - Oil/board (41x51cm-16x20in) San Francisco-Los Angeles 92 .... **FF6 480** - £663 - **$1,200**

PARSHALL Douglas E. 1899-? [4]
Santa Barbara landscape - Oil/panel (40x51cm-16x20in) New-York 96 .... **FF18 020** - £2 240 - **$3,500**

PARSLEV Einar 1891-1977 [1]
Steinhaus mit rotem Ziegeldach - Oil/canvas (57x47cm-22x19in) Stuttgart 89 .... **FF2 400** - £253 - **$404**

PARSONS Alfred William 1847-1920 [29]
Tithe Barn Bredon - Oil/board (11x32cm-4x13in) Nymans, Handcross, West Sussex 94 .... **FF8 880** - £1 050 - **$1,596**
Apple picking - Oil/canvas (142x182cm-56x72in) London 92 .... **FF60 600** - £6 200 - **$10,660**
The boathouse - Pencil (36x53cm-14x21in) London 93 .... **FF26 700** - £3 000 - **$4,470**

PARSONS Arthur Wilde 1854-1931 [36]
Newhaven - Oil/canvas (50x76cm-20x30in) London 97 .... **FF14 071** - £1 500 - **$2,456**
Pool of London - Oil/canvas (76x102cm-30x40in) London 91 .... **FF84 300** - £8 556 - **$15,255**
Suspension Bridge at Clifton - Watercolour (12x17cm-5x7in) London 96 .... **FF6 800** - £850 - **$1,320**
Autumn morning on the Avon - Watercolour (62x101cm-24x40in) London 92 .... **FF24 100** - £2 800 - **$4,910**

PARSONS Beatrice Emma 1870-1955 [61]
The Annunciation - Oil/canvas (183x114cm-72x45in) London 96 .... **FF144 000** - £18 000 - **$27,900**
Spring - Watercolour/paper (26x36cm-10x14in) London 97 .... **FF16 206** - £1 700 - **$2,781**
Thie Iris Walk, Gravetye Manor - Watercolour (27x37cm-11x15in) London 97 .... **FF41 322** - £4 500 - **$7,186**

PARSONS Betty 1900-1982 [6]
The Foot - Oil/wood (112x55cm-44x22in) New-York 94 .... **FF3 216** - £369 - **$550**
Pagosa Springs - Watercolour/paper (23x31cm-9x12in) New-York 95 .... **FF2 420** - £321 - **$500**

PARSONS Edith Baretta Stev. 1878-1956 [27]
Children Playing - Bronze New-York 96 .... **FF7 310** - £846 - **$1,400**
Duck Baby - Bronze (60cm-24in) New-York 96 .... **FF51 900** - £6 610 - **$10,000**

PARSONS Marion Randall 1878-1953 [4]
Building in a Surreal Landscape
   Oil/board (51x61cm-20x24in) San Francisco-Los Angeles 96 .... **FF15 660** - £1 813 - **$3,000**

PARSONS Max XIX-XX [2]
Coastal shipping - Oil/board (51x65cm-20x26in) London 96 .... **FF3 100** - £400 - **$608**

PARSONS Orrin Sheldon 1866-1943 [3]
Adobe Houses, New Mexico - Oil/board (41x51cm-16x20in) New-York 93 .... **FF19 800** - £2 483 - **$3,600**
Winter morning, Santa Fe
   Oil/canvas (96x102cm-38x50in) San Francisco-Los Angeles 90 .... **FF157 300** - £16 250 - **$27,792**

P

PARSONS Philip Brown 1896-1977 [1]
Hunter with a Gordon Setter - Watercolour/board (38x54cm-15x21in) Cambridge, Mass. 90 ...... FF1 990 - £203 - $398
PARSONS Sheldon 1866-1943 [2]
Adobe in Pojuaque, New Mexico
Oil/board (41x51cm-16x20in) San Francisco-Los Angeles 94 .... FF12 180 - £1 444 - $2,250
PARSUS Pierre XX [8]
Les Corps - Huile/toile (92x73cm-36x29in) Paris 97 .... FF2 300 - £250 - $403
Noël - Huile/toile (92x73cm-36x29in) Douai 90 .... FF15 200 - £1 531 - $2,764
PARTENHEIMER Jürgen 1947 [11]
Kompositionen - Woodcut in colors (61x42cm-24x17in) Hamburg 95 .... FF3 100 - £402 - $631
Tiny Balance - Mixed media/paper (37x27cm-15x11in) Köln 93 .... FF5 520 - £624 - $930
PARTHÉNIS Constantin 1878-1967 [9]
Spring - Oil/canvas (86x80cm-34x31in) Athens 96 .... FF643 000 - £74 400 - $123,200
Reclining woman - Charcoal/paper (32x49cm-13x19in) London 93 .... FF44 000 - £5 500 - $7,970
PARTIKEL Alfred 1888-1945 [4]
Dünenlandschaft - Oil/panel (43x71cm-17x28in) Hamburg 95 .... FF11 910 - £1 510 - $2,397
PARTINGTON John H.E. 1843-1899 [2]
Drawing water from a well - Gouache/paper (30x45cm-12x18in) New-York 93 .... FF5 020 - £571 - $850
PARTINGTON Richard Langtry 1868-1929 [4]
Sunset at Point Lobos - Oil/canvas (76x112cm-30x44in) San Francisco-Los Angeles 93 ... FF22 000 - £2 760 - $4,000
PARTON Arthur 1842-1914 [27]
Cows resting by a stream - Oil/canvas (40x62cm-16x24in) New-York 93 .... FF14 160 - £1 610 - $2,400
Passing Storm - Oil/canvas (46x76cm-18x30in) New-York 96 .... FF70 800 - £9 180 - $14,000
PARTON Ernest 1845-1933 [29]
Deep in the Woods - Oil/canvas (60x43cm-24x17in) New-York 96 .... FF7 830 - £906 - $1,500
The Lily Pond - Oil/canvas/board (26x36cm-10x14in) New-York 94 .... FF18 940 - £2 244 - $3,500
PARTRIDGE Frank H. XIX-XX [4]
Thornham Common - Watercolour (43x64cm-17x25in) Aylsham, Norfolk 92 .... FF2 150 - £220 - $379
PARTRIDGE John 1790-1872 [6]
Frances, Marchioness of Bute - Oil/canvas (107x77cm-42x30in) London 97 .... FF17 824 - £1 900 - $3,084
Nicholas Browne in uniform - Oil/canvas (77x64cm-30x25in) London 91 .... FF75 600 - £7 508 - $13,126
PARTRIDGE Lindon [1]
Breaking waves - Oil/canvas (50x81cm-20x32in) Torquay, Devon 91 .... FF2 594 - £258 - $446
PARTRIDGE Roi 1888-1984 [13]
Dancing Water - Etching (34x24cm-13x9in) San Francisco-Los Angeles 93 .... FF1 925 - £242 - $350
Two of a Kind, 1930s - Gelatin silver print (25x20cm-10x8in) New-York 96 .... FF7 740 - £960 - $1,500
PARTRIDGE William H. 1858-? [2]
Boats at the pier - Oil/board (33x41cm-13x16in) Mystic, Connecticut 96 .... FF5 180 - £640 - $1,000
PARTRIDGE William Ordway 1861-1930 [2]
Alfred, Lord Tennyson - Bronze (52cm-20in) New-York 92 .... FF28 600 - £3 414 - $5,500
PARTURIER Eugène XIX-XX [3]
On the Gallops - Oil/canvas (28x35cm-11x14in) London 97 .... FF5 086 - £542 - $88,8 2
PARTURIER Marcel 1901-1976 [66]
Verdière, St. Rémy-de-Provence - Huile/carton (28x41cm-11x16in) Paris 94 .... FF8 800 - £1 024 - $1,543
Honfleur - Oil/canvas (54x65cm-21x26in) New-York 93 .... FF13 750 - £1 724 - $2,926
Bateaux à sec, Le Hourdel - Huile/toile (65x81cm-26x32in) Versailles 93 .... FF50 000 - £6 020 - $9,100
PASCAL François-Michel 1810-1882 [2]
Trois Putti aux pampres de vignes - Bronze (44cm-17in) Stockholm 95 .... FF16 020 - £2 096 - $3,210
PASCAL Léopold 1900-? [13]
Le canal à Morlaix - Huile/toile (38x46cm-15x18in) Morlaix 97 .... FF2 100 - £226 - $368
Marine, grève à marée basse - Huile/panneau (57x94cm-22x37in) Brest 96 .... FF7 000 - £900 - $1,358
PASCAL Paul 1832-1903 [84]
Campement berbère - Gouache/papier (20x27cm-8x11in) Paris 97 .... FF4 000 - £432 - $707
Chameliers, ruines et marais - Gouache (25x60cm-10x24in) Paris 95 .... FF14 000 - £1 765 - $2,790
Campement dans l'oasis - Gouache (21x29cm-8x11in) Paris 94 .... FF25 000 - £2 960 - $4,620
PASCAL Yves XX [2]
Composition - Huile/toile (65x46cm-26x18in) Paris 91 .... FF12 000 - £1 233 - $2,233
PASCALI Pino 1935-1968 [3]
Plastica, liquidi profondità = colore - Inchiostro (50x70cm-20x28in) Milano 91 .... FF18 080 - £1 857 - $3,370
PASCALIS Louise 1893-1934 [1]
Mère et ses deux enfants - Oil/canvas (57x71cm-22x28in) San Francisco-Los Angeles 90 .... FF5 700 - £599 - $991
PASCAREL Charles 1936 [6]
Portrait d'Olivier Messiaen - Acrylique/toile (54x46cm-21x18in) Paris 92 .... FF2 800 - £334 - $539
PASCH Clemens 1910-1985 [2]
Stehender Knabenakt - Bronze (57cm-22in) Zürich 89 .... FF9 800 - £1 002 - $1,576
PASCH Ulrica 1735-1796 [4]
Kronprins Gustaf (III) och hertig Carl - Oil/panel (18x14cm-7x6in) Stockholm 96 .... FF39 340 - £5 090 - $7,530
PASCHKE Ed 1939 [25]
Nebulae - Oil/canvas (91x208cm-36x82in) New-York 95 .... FF48 400 - £6 420 - $10,000
Nuvo Retro - Oil/canvas (152x198cm-60x78in) New-York 96 .... FF102 500 - £12 150 - $20,000
Coupe-faim - Oil/canvas (106x203cm-42x80in) New-York 94 .... FF182 400 - £18 512 - $32,943
Paradisiac - Coloured chalks (101x151cm-40x59in) New-York 95 .... FF7 750 - £1 027 - $1,600
PASCHUKOWA Natascha 1950 [4]
Selbstporträt, 1989 - Oil/canvas (81x81cm-32x32in) Wien 90 .... FF8 600 - £921 - $1,496

PASCIN Jules Pincas, dit 1885-1930 [803]

- Deux femmes - Oil/canvas (100x81cm-39x31in) New-York 91 .... FF1 - £185 561 - **$320,539**
- Danseuse dans un fauteuil - Huile/carton/toile (64x53cm-25x21in) Paris 94 .... FF85 000 - £10 110 - **$16,000**
- Hermine assise - Oil/canvas (55x46cm-22x18in) Tel Aviv 96 .... FF186 500 - £23 400 - **$36,000**
- A la Marsa - Oil/canvas (54x65cm-21x26in) London 96 .... FF279 300 - £35 000 - **$53,900**
- Bobette - Oil/canvas (81x65cm-32x26in) London 93 .... FF614 000 - £74 000 - **$107,300**
- Le lever - Lithograph (25x19cm-10x7in) New-York 96 .... FF2 856 - £364 - **$550**
- Petite fille en bleu - Lithographie couleurs (70x58cm-28x23in) Lille 97 .... FF4 000 - £414 - **$685**
- Figures - Charcoal (16x20cm-6x8in) Tel Aviv 97 .... FF3 209 - £356 - **$600**
- Sur la plage - Crayon (22x23cm-9x11in) Paris 97 .... FF5 200 - £570 - **$913**
- Figures in the Kitchen - Drawing (16x19cm-6x7in) Tel Aviv 97 .... FF10 695 - £1 189 - **$2,000**
- Scène érotique - Dessin (20x24cm-8x9in) Paris 97 .... FF16 500 - £1 719 - **$2,811**
- La Présentation, Munich - Encre/papier (17x23cm-7x9in) Paris 94 .... FF91 000 - £10 680 - **$16,100**

PASCOE William XIX-XX [2]

- Loading wood/The haycart - Oil/canvas (16x24cm-6x9in) Groombridge, Kent 92 .... FF11 180 - £1 300 - **$2,280**
- A Newfoundland and a Spaniel - Wash (40x65cm-16x26in) London 91 .... FF1 995 - £200 - **$336**

PASCOET Luc XX [16]

- Vacances de Mr Hulot No 3 - Technique mixte (116x89cm-46x35in) Paris 94 .... FF3 000 - £349 - **$520**

PASCUAL DE LARA Carlos 1922-1958 [1]

- El tre de Mayo - Oleo/lienzo (144x97cm-57x38in) Madrid 96 .... FF20 270 - £2 575 - **$3,895**

PASCUAL RODES Ivo 1883-1949 [2]

- Camino a las afueras de la ciudad - Oleo/cartón (35x42cm-14x17in) Madrid 96 .... FF5 010 - £575 - **$956**

PASCUTTI Antonio 1832-1892 [6]

- The lacemakers - Oil/canvas (63x48cm-25x19in) San Francisco-Los Angeles 92 .... FF31 200 - £3 725 - **$6,000**

PASINELLI Lorenzo 1629-1700 [6]

- The Virgin of Sorrows - Oil/canvas (89x73cm-35x29in) New-York 97 .... FF62 643 - £6 678 - **$11,000**

PASINI Alberto 1826-1899 [88]

- Marchand sur les quais - Huile/toile (66x35cm-26x14in) Paris 97 .... FF54 000 - £5 740 - **$9,304**
- La Sentinelle - Oil/canvas (22x16cm-9x6in) New-York 97 .... FF142 125 - £15 308 - **$25,000**
- Soldiers in a courtyard - Oil/canvas (45x38cm-18x15in) New-York 97 .... FF513 405 - £55 341 - **$90,000**
- Caravane dans le désert - Crayon (22x35cm-9x14in) Paris 95 .... FF5 000 - £629 - **$1,000**
- Muscat - Pencil (26x40cm-10x16in) London 96 .... FF239 300 - £30 000 - **$46,700**

PASINI Lazzaro 1861-1949 [5]

- Busy street in an Italian town - Oil/canvas (44x29cm-17x11in) Amsterdam 95 .... FF6 830 - £887 - **$1,424**

PASINI R. XIX [2]

- Italienische Strassenansicht - Oil/canvas (35x24cm-14x9in) Luzern 92 .... FF3 810 - £455 - **$732**

PASKELL William Frederick 1866-1951 [27]

- Connecticut village - Oil/canvas (56x66cm-22x26in) Wolfeboro, NH 96 .... FF5 060 - £643 - **$1,000**
- Tidal riverscape - Watercolour (23x71cm-9x28in) Ossipee, NH 95 .... FF1 580 - £203 - **$325**

PASMORE Daniel 1829-1865 [4]

- The trinket box - Oil/canvas (53x65cm-21x26in) New-York 92 .... FF16 200 - £1 656 - **$3,000**

PASMORE Daniel, Jr XIX-XX [2]

- What the Eye Cannot See - Oil/canvas (43x57cm-17x22in) New-York 94 .... FF12 860 - £1 477 - **$2,200**

PASMORE John F. 1841-1866 [6]

- The Organ Grinder - Oil/canvas (61x51cm-24x20in) London 96 .... FF18 560 - £2 200 - **$3,620**

PASMORE Victor 1908 [50]

- Studio of Ingres - Oil/canvas (76x101cm-30x40in) London 97 .... FF1 - £200 000 - **$327,780**
- Brown Image - Oil/paper/board (51x51cm-20x20in) London 97 .... FF13 900 - £1 800 - **$2,846**
- Line & Space No.20 - Oil (80x70cm-31x28in) London 97 .... FF94 162 - £10 000 - **$16,403**
- Transparent Relief Construction - Wood (51x9x56cm-20x4x22in) London 97 .... FF47 081 - £5 000 - **$8,201**
- Senza titolo - Gouache/carta (26x20cm-10x8in) Milano 92 .... FF5 040 - £600 - **$969**

PASQUAROSA Marcelli Bertoletti 1896-1973 [4]

- Paesaggio del Tirolo - Olio/cartone (50x60cm-20x24in) Roma 90 .... FF11 900 - £1 282 - **$2,099**

PASQUE Aubin 1903-1981 [10]

- Mon atelier - Huile/panneau (70x60cm-28x24in) Bruxelles 92 .... FF4 940 - £591 - **$951**

PASQUIER Jacques 1932 [7]

- Femme et chien - Huile/toile (190x140cm-75x55in) Neuilly 90 .... FF13 000 - £1 383 - **$2,326**

PASQUIER Noël 1941 [4]

- Composition rouge et bleue - Technique mixte/panneau (50x50cm-20x20in) Entzheim 97 ...... FF8 000 - £845 - **$1,372**
- Cinquième Saison - Huile/toile (60x73cm-24x29in) Paris 95 .... FF35 000 - £4 650 - **$7,210**

PASQUIER Pierre 1731-1806 [3]

- Christian VII du Danemark - Miniature (11x9cm-4x4in) Paris 95 .... FF80 000 - £10 160 - **$16,400**

PASQUINELLI G.C. XIX-XX [1]

- Officer of the Raj and children - Marble (57cm-22in) London 96 .... FF67 500 - £8 000 - **$13,170**

PASS Herbert 1913 [2]

- Südliche Landschaft - Aquarell/Papier (46x65cm-18x26in) Wien 95 .... FF2 485 - £320 - **$513**

PASSARELLI Mario XX [10]

- Sanary - Huile/isorel (50x61cm-20x24in) Arles 93 .... FF2 000 - £250 - **$364**

PASSARO Pablo Emilio 1878-? [2]

- Benito Mussolini - Olio/tela (116x75cm-46x30in) Roma 95 .... FF12 360 - £1 640 - **$2,520**

PASSAROTTI Bartolommeo 1529-1592 [16]

- Two écorché Shoulders - Ink (43x28cm-17x11in) New-York 97 .... FF33 259 - £3 702 - **$6,000**

P

Head of the Virgin - Ink (46x36cm-18x14in) New-York 97 .... FF105 321 - £11 723 - **$19,000**

PASSAURO Edmondo 1893-1969 [4]
La Bellezza - Olio/tela (136x75cm-54x30in) Trieste 92 .... FF49 800 - £5 100 - **$8,770**
Pomeriggio al mare - Acquarello/carta (38x49cm-15x19in) Trieste 96 .... FF5 010 - £630 - **$960**

PASSAVANT Lucile 1910 [1]
Paysan oriental - Bronze (17cm-7in) London 93 .... FF7 900 - £900 - **$1,341**

PASSEBOSC Adrien Eugène Louis 1845-1911 [1]
Baigneuses - Huile/toile (38x52cm-15x20in) Antwerpen 97 .... FF3 604 - £380 - **$624**

PASSERI Giuseppe 1654-1714 [18]
The penitent Magdalen - Chalks (30x22cm-12x9in) London 93 .... FF7 334 - £749 - **$1,248**
Musicians around a table - Ink (14x21cm-6x8in) New-York 97 .... FF58 398 - £6 499 - **$10,500**

PASSEROTI Bartolomeo 1529-1592 [4]
Christ on the Cross - Ink (36x24cm-14x10in) New-York 97 .... FF16 685 - £1 857 - **$3,000**

PASSET Gérard 1936 [3]
Wooded landscape - Oil/canvas (91x71cm-36x28in) Delray Beach, Florida 95 .... FF3 914 - £507 - **$800**

PASSIGLI Carlo 1881-1953 [3]
Bäuerin bei der Ernte - Öl/Leinwand (68x93cm-27x37in) Bern 93 .... FF20 930 - £2 500 - **$4,030**

PASSINI Johann Nepomuk 1798-1874 [2]
Wanderer vor einer Stadt - Oil/panel (48x37cm-19x15in) Wien 90 .... FF24 050 - £2 873 - **$4,630**

PASSINI Ludwig Johann 1832-1903 [14]
A palace interior - Watercolour (49x61cm-19x24in) Amsterdam 95 .... FF15 900 - £1 985 - **$3,210**
Passeggio - Watercolour/paper (48x114cm-19x45in) London 93 .... FF184 000 - £23 000 - **$33,350**

PASSINI Paul Robert 1881-1956 [2]
Wien, Laaerberg - Aquarell/Papier (42x62cm-17x24in) Wien 92 .... FF3 850 - £394 - **$678**

PASSONI Mario 1937 [2]
Devant le Moulin-Rouge - Huile/toile (30x40cm-12x16in) Montauban 96 .... FF3 400 - £442 - **$666**

PASSOT Gabriel-Aristide 1797-1875 [1]
Dame - Aquarell/Papier (12x9cm-5x4in) Wien 90 .... FF8 600 - £904 - **$1,496**

PASSY Andreas 1810-? [1]
Mühle am Gebirgssee - Oil/canvas (22x28cm-9x11in) Wien 90 .... FF4 800 - £496 - **$848**

PASTEGA Luigi 1858-1927 [18]
Brocanterie - Huile/toile (70x96cm-28x38in) Antwerpen 94 .... FF26 400 - £3 075 - **$4,620**
Il Giovane fruttivendolo - Oil/canvas (50x65cm-20x26in) London 94 .... FF84 000 - £10 000 - **$15,830**

PASTERKAMP Bob 1952 [5]
Moto - Assemblage (34cm-13in) Antwerpen 93 .... FF4 615 - £552 - **$943**

PASTERNAK Leonid Ossipovich 1862-1945 [1]
Judith Spat - Pastel/paper (58x46cm-23x18in) New-York 91 .... FF16 980 - £1 723 - **$3,067**

PASTOR Hanns 1917 [4]
Materialbild - Mixed media (40x50cm-16x20in) Köln 91 .... FF9 460 - £949 - **$1,562**

PASTORE Jean 1941 [4]
Marchand de chapeaux - Huile/toile (73x60cm-29x24in) Montboucher-sur-Jabron 93 .... FF3 200 - £360 - **$543**

PASTORIS Federico 1837-1884 [1]
La merenda - Olio/cartone (47x59cm-19x23in) Milano 90 .... FF41 200 - £4 383 - **$7,370**

PASTOUKHOFF Boris 1894-1974 [9]
Portrait of a Woman - Oil/canvas (45x36cm-18x14in) London 97 .... FF2 428 - £260 - **$419**

PASTOUR Louis 1876-1948 [68]
Voiles rouges - Huile/toile (41x57cm-16x22in) Calais 93 .... FF8 800 - £1 000 - **$1,492**
Le port de Cannes - Huile/toile (65x54cm-26x21in) Aubagne 95 .... FF17 000 - £2 260 - **$3,504**

PATA Chérubin 1827-1899 [20]
Le manoir - Huile/toile (61x50cm-24x20in) Saint-Dié 96 .... FF12 000 - £1 504 - **$2,316**
Paysage aux deux moutons - Oil/canvas (50x61cm-20x24in) New-York 97 .... FF146 809 - £15 811 - **$26,000**
Paysage de Jura - Oil/canvas (179x140cm-70x55in) New-York 97 .... FF338 790 - £36 486 - **$60,000**

PATAKY Etelka Adele 1898-? [1]
Roses on a table - Oil/canvas (81x67cm-32x26in) London 96 .... FF5 360 - £650 - **$1,043**

PATAKY VON SOSPATAK László 1857-1912 [8]
Ufficiale e cavallo - Olio/tela (60x120cm-24x47in) Trieste 97 .... FF20 400 - £2 400 - **$3,600**

PATANIA Giuseppe 1780-1852 [1]
Vincenzo Bellini - Olio/tela (55x43cm-22x17in) Roma 95 .... FF57 600 - £7 220 - **$11,400**

PATCH Thomas 1720-1782 [6]
River Arno, Florence - Oil/canvas (77x133cm-30x52in) London 92 .... FF244 200 - £25 000 - **$43,100**

PATEK Carl XIX-XX [2]
Billarzimmer - Aquarell (62x46cm-24x18in) Lindau 96 .... FF5 200 - £672 - **$1,004**

PATEL Antoine Pierre II 1648-1707 [26]
Tobie et l'Ange - Huile/toile (101x85cm-40x33in) Paris 96 .... FF41 000 - £4 670 - **$7,850**
Capriccio of ruins - Oil/canvas (73x128cm-29x50in) London 94 .... FF160 400 - £19 000 - **$29,640**
Verkündigung der Geburt Christi - Gouache/papier (27x14cm-11x6in) Zürich 96 .... FF37 300 - £4 660 - **$7,230**

PATER Jean-Baptiste 1695-1736 [17]
Elegant figures - Oil/canvas (52x64cm-20x25in) New-York 92 .... FF2 - £305 000 - **$525,000**
Tentes de Vivandiers - Huile/toile (58x71cm-23x28in) Paris 93 .... FF950 000 - £99 750 - **$162,830**
Jeune femme assise de dos - Sanguine (13x16cm-5x6in) Paris 93 .... FF42 000 - £4 770 - **$7,120**

PATERNA Massimo 1957 [3]
Citta' - Olio/tela (90x180cm-35x71in) Vercelli 93 .... FF2 196 - £247 - **$393**

PATERNOSTRE Louis XIX-XX [2]
- Le départ des chevaux - Huile/toile (37x60cm-15x24in) Barbizon 93 .... FF*10 000* - £1 124 - **$1,695**

PATERSON Caroline XIX-XX [2]
- The Doctor - Watercolour, gouache/paper (35x30cm-14x12in) New-York 92 .... FF*22 400* - £2 270 - **$4,500**

PATERSON Emily Murray 1855-1934 [14]
- Spring flowers in a vase - Oil/canvas (61x51cm-24x20in) London 93 .... FF*12 030* - £1 450 - **$2,103**
- Alpine landscape with Skiers - Watercolour (27x39cm-11x15in) Glasgow 94 .... FF*2 195* - £260 - **$406**

PATERSON James 1854-1932 [30]
- Langdale - Huile/toile (61x74cm-24x29in) Montréal 92 .... FF*14 980* - £1 786 - **$2,880**
- Geralda - Oil/canvas (54x36cm-21x14in) Glasgow 91 .... FF*41 400* - £4 182 - **$8,219**
- St. Mary Stoke by Nayland, Suffolk
  Watercolour (37x53cm-15x21in) Auchterarder, Perthshire 95 .... FF*11 720* - £1 500 - **$2,307**

PATERSON Mary Viola 1899-? [2]
- In the paddock, Marsa, Malta - Oil/canvas (61x76cm-24x30in) London 93 .... FF*12 450* - £1 500 - **$2,175**

PATHE Moritz 1893-1956 [1]
- Eckstein Cigaretten - Poster (119x89cm-47x35in) New-York 92 .... FF*9 080* - £930 - **$1,600**

PATIGIAN Haig 1876-1950 [1]
- Female allegorical figure - Bronze (96cm-38in) New-York 89 .... FF*20 000* - £2 107 - **$3,367**

PATINI Teofilo 1840-1906 [9]
- L'erede - Olio/tela (50x68cm-20x27in) Roma 95 .... FF*37 100* - £4 750 - **$7,620**
- Lungo il corso del Sangro - Olio/tela (69x115cm-27x45in) Roma 92 .... FF*174 300* - £20 730 - **$33,500**

PATINO Virgilio 1947 [3]
- La Sabana - Oil/canvas (200x130cm-79x51in) New-York 92 .... FF*52 000* - £6 210 - **$10,000**

PATKIN Itzar 1955 [3]
- The buffet - Mixed media/canvas (167x152cm-66x60in) New-York 90 .... FF*70 000* - £7 124 - **$13,999**

PATKO Karoly, Karl 1895-1941 [5]
- Bay in Spetse - Oil/panel (60x70cm-24x28in) London 88 .... FF*45 640* - £4 000 - **$7,400**
- Nude, 1931 - Pastel/papier (53x37cm-21x15in) London 89 .... FF*4 400* - £450 - **$707**

PATOCCHI Aldo 1907-1986 [3]
- Frau mit Blumen - Woodcut (40x31cm-16x12in) Bern 93 .... FF*1 523* - £182 - **$293**

PATOCCHI Remo 1876-1953 [4]
- Jungfrau und Schwarzmönch - Öl/Karton (92x78cm-36x31in) Bern 92 .... FF*9 670* - £988 - **$1,703**

PATON David XVII [3]
- General Thomas Dalzell - Oil/canvas (64x53cm-25x21in) London 96 .... FF*13 910* - £1 800 - **$2,730**

PATON Frank 1856-1909 [35]
- Donald - Oil/canvas (51x61cm-20x24in) New Orleans, Louisiana 96 .... FF*6 070* - £775 - **$1,200**
- Affair of Honour - Oil/canvas (76x102cm-30x40in) London 97 .... FF*40 038* - £4 200 - **$6,930**
- Dangerous game - Oil/canvas (45x37cm-18x15in) London 94 .... FF*65 000* - £7 600 - **$11,320**
- Retriever and partridge
  Watercolour, gouache (23x32cm-9x13in) Billinghurst, West Sussex 92 .... FF*6 510* - £660 - **$1,254**
- Rabbits by a gorse bush - Watercolour (38x68cm-15x27in) London 94 .... FF*32 500* - £3 800 - **$5,660**

PATON Joseph Noel 1821-1901 [10]
- Christian at the Foot of the Cross - Oil/canvas (40x26cm-16x10in) London 96 .... FF*42 200* - £5 000 - **$8,230**
- Cymochles and Phaedria - Oil/canvas (28x39cm-11x15in) London 96 .... FF*135 000* - £16 000 - **$26,340**

PATON Richard 1717-1791 [6]
- First battle of Finisterre - Oil/canvas (62x113cm-24x44in) London 90 .... FF*156 200* - £15 896 - **$31,238**

PATON Walter Hugh 1828-1895 [28]
- Entrance to Quiraing, Isle of Skye - Oil/canvas (38x52cm-14x20in) London 91 .... FF*9 920* - £1 007 - **$1,792**
- Ben Vrotan - Oil/canvas (35x58cm-14x23in) Auchterarder, Perthshire 92 .... FF*34 300* - £3 600 - **$7,160**
- Ben Vorlich - Oil/canvas (91x142cm-36x56in) Edinburgh 91 .... FF*75 600* - £7 526 - **$13,000**
- Figure on a Hillside - Watercolour (19x25cm-7x10in) London 97 .... FF*2 634* - £280 - **$455**
- Carr bridge, Invernesshire - Wash (24x36cm-9x14in) Edinburgh 91 .... FF*8 560* - £852 - **$1,472**
- Hill of the Fairies, Straithyre - Watercolour (54x38cm-21x15in) Glasgow 96 .... FF*11 570* - £1 500 - **$2,267**

PATOUX Emile Joseph 1893-1965 [28]
- Cour de ferme sous la neige - Huile/toile (61x70cm-24x28in) Bruxelles 97 .... FF*2 127* - £221 - **$363**
- Femme assise sur un parapet - Huile/toile (70x50cm-28x20in) Bruxelles 91 .... FF*29 160* - £2 896 - **$5,063**
- The Outing - Drawing (56x47cm-22x19in) London 93 .... FF*2 490* - £300 - **$435**

PATRICK James 1911-1944 [1]
- The Sulphur Plant
  Watercolour/paper (37x56cm-15x22in) San Francisco-Los Angeles 96 .... FF*31 300* - £3 626 - **$6,000**

PATRICK James McIntosh 1907 [42]
- Knapp Road, Perthshire - Oil/canvas (63x76cm-25x30in) Edinburgh 96 .... FF*55 000* - £7 000 - **$10,580**
- Den of Fowlis - Oil/canvas (63x76cm-25x30in) Glasgow 91 .... FF*239 400* - £23 990 - **$40,368**
- Yorkshire/Farm buildings/Bridge - Watercolour Edinburgh 92 .... FF*17 600* - £1 800 - **$3,096**
- At Jeanfield - Wash (23x35cm-9x14in) Gleneagles Hôtel - Perthshire 90 .... FF*18 400* - £1 838 - **$3,491**
- Tay from Perth Yacht Club - Watercolour (53x76cm-21x30in) Edinburgh 96 .... FF*22 000* - £2 800 - **$4,230**

PATRICK John Rutherford XIX-XX [2]
- Lingering Light - Oil/board (91x96cm-36x38in) London 96 .... FF*3 140* - £400 - **$605**

PATRICOT Jean 1865-1928 [1]
- G. Grau - Huile/toile (99x80cm-39x31in) Paris 97 .... FF*5 200* - £566 - **$904**

PATRISSE Albert 1892-? [2]
- Jeune femme en papillon - Bronze (49cm-19in) Saint-Germain-en-Laye 91 .... FF*9 500* - £958 - **$1,852**

P

PATRIX Michel 1917-1973 [32]
🖼 Les violons - Huile/toile (88x116cm-35x46in) Calais 97 .... FF5 500 - £589 - **$964**
Nus dans l'atelier - Huile/toile (141x196cm-56x77in) Calais 97 .... FF13 500 - £1 446 - **$2,367**
PATROIS Isidore 1815-1884 [6]
🖼 The butterfly - Oil/panel (40x33cm-16x13in) London 96 .... FF14 640 - £1 900 - **$2,896**
PATRONE Giovanni 1904-1963 [2]
🖼 Italia - Poster (95x68cm-37x27in) New-York 96 .... FF4 585 - £540 - **$900**
PATRU Émile 1877-1940 [6]
🖼 Le Salève - Huile/toile (30x40cm-12x16in) Zürich 91 .... FF13 860 - £1 390 - **$2,288**
PATRU Louis 1871-1905 [2]
🖼 A Salvan, en Valais - Huile/toile (60x49cm-24x19in) Zürich 91 .... FF10 300 - £1 033 - **$1,700**
✎ Les coupeuses d'herbe - Dessin (52x45cm-20x18in) Bern 96 .... FF2 850 - £346 - **$555**
PATSOGLOU Aristide 1941 [8]
🗿 Le style - Sculpture (75x17x20cm-30x7x8in) Paris 90 .... FF19 000 - £2 021 - **$3,399**
PATTEIN César 1850-1931 [14]
🖼 Chasing Butterflies - Oil/canvas (58x81cm-23x32in) New-York 94 .... FF34 500 - £4 120 - **$6,500**
Playing by the River - Oil/canvas (61x87cm-24x34in) New-York 97 .... FF74 159 - £7 994 - **$13,000**
PATTEN Alfred Fowler 1829-1888 [8]
🖼 Nut gatherer - Oil/canvas (53x44cm-21x17in) London 96 .... FF37 000 - £4 800 - **$7,310**
PATTEN George 1801-1865 [1]
🖼 Perdita - Oil/canvas (26x21cm-10x8in) London 94 .... FF7 310 - £850 - **$1,263**
PATTEN van James XX [2]
🖼 Pond - Acrylic/canvas (122x163cm-48x64in) Detroit, Michigan 92 .... FF17 150 - £1 992 - **$3,500**
PATTERSON Charles Robert 1875-1958 [3]
🖼 Great Republic - Oil/canvas (76x122cm-30x48in) New-York 90 .... FF15 920 - £1 620 - **$3,184**
PATTERSON George Malcolm 1873-? [1]
🖼 St. Andrews from the Links - Drypoint (17x25cm-7x10in) London 93 .... FF2 560 - £320 - **$464**
PATTERSON Howard Ashman 1891-? [2]
🖼 Wet - Oil/canvas (51x41cm-20x16in) New-York 96 .... FF20 770 - £2 646 - **$4,000**
PATTERSON Margaret Jordan 1867-1950 [143]
🖼 Cape Cod Scrub Pines - Oil/canvas (30x38cm-12x15in) Cambridge, Mass. 93 .... FF2 510 - £286 - **$425**
The River walk - Oil/canvas (46x61cm-18x24in) Dedham, Mass. 96 .... FF11 230 - £1 450 - **$2,200**
🖼 Swans - Woodcut in colors (18x25cm-7x10in) Cambridge, Mass. 92 .... FF2 500 - £262 - **$450**
✎ Coastal town - Gouache (36x46cm-14x18in) Mystic, Connecticut 95 .... FF4 890 - £624 - **$1,000**
High Tide - Gouache/paper (38x46cm-15x18in) Cambridge, Mass. 93 .... FF13 570 - £1 544 - **$2,300**
PATTERSON Russell 1896-1977 [4]
✎ Ballyhoo/La Vie - Watercolour (25x57cm-10x22in) New-York 93 .... FF5 310 - £604 - **$900**
PATTERSON Viola M. 1899-? [1]
✎ Ladies descending steps - Watercolour/panel (32x24cm-13x9in) London 95 .... FF1 793 - £220 - **$349**
PATTI Tom XX [3]
🗿 Tubated Solar Rised - Sculpture (13cm-5in) New-York 96 .... FF36 540 - £4 230 - **$7,000**
PATTY William Arthur 1889-1961 [2]
🖼 Low tide, Booth Bay Harbor, Maine
    Oil/masonite (40x50cm-16x20in) North Bethesda, MD. 91 .... FF2 990 - £300 - **$548**
PATUREAU Pierre 1924 [2]
🖼 Le garçon qui astiquait les cuivres - Huile/toile (50x61cm-20x24in) Montauban 96 .... FF2 700 - £351 - **$529**
🗿 Le Chef Gaulois - Bronze (29cm-11in) La Varenne Saint-Hilaire 97 .... FF4 800 - £517 - **$843**
PATZELT Andreas 1896-1980 [2]
🖼 Mädchenbildnis - Öl/Leinwand (80x65cm-31x26in) Wien 95 .... FF2 465 - £318 - **$502**
PATZIG Otto 1822-1885 [1]
🖼 Bauernmädchen - Oil/canvas (23x28cm-9x11in) München 92 .... FF4 070 - £487 - **$783**
PATZSCH Renger 1897-1966 [7]
📷 Baltrum - Photo (22x16cm-9x6in) Paris 91 .... FF3 500 - £355 - **$632**
PAU DE SAINT-MARTIN Alexandre 1771-1850 [9]
🖼 Berger et son troupeau - Huile/panneau (32x41cm-13x16in) Paris 90 .... FF21 000 - £2 263 - **$3,704**
✎ Scène de chasse à courre - Gouache (21x34cm-8x13in) Paris 89 .... FF48 000 - £5 058 - **$8,081**
PAUELSEN Erik 1749-1790 [9]
🖼 J. A. Kirchhoff/E. M. Kirchhoff - Oil/canvas (76x62cm-30x24in) Köbenhavn 92 .... FF24 640 - £2 520 - **$5,130**
PAUL Ernst XIX-XX [2]
🖼 Cows crossing a ford - Oil/canvas (48x74cm-19x29in) London 90 .... FF16 560 - £1 685 - **$3,312**
PAUL Herbert 1880-1946 [1]
✎ Canoe scene - Watercolour (33x56cm-13x22in) Mystic, Connecticut 94 .... FF2 615 - £302 - **$450**
PAUL John XIX [29]
🖼 Monument, Fish Street Hill - Oil/canvas (51x76cm-20x30in) London 97 .... FF8 094 - £900 - **$1,519**
Whitehall & Banqueting House - Oil/canvas (43x76cm-17x30in) London 92 .... FF16 750 - £2 000 - **$3,220**
Lambeth Palace/Westminster, Abbey - Oil/canvas (52x90cm-20x35in) London 97 .... FF107 377 - £11 500 - **$18,662**
PAUL John Dean 1775-1852 [3]
🖼 Leicestershire - Aquatint (23x55cm-9x22in) London 93 .... FF1 992 - £240 - **$348**
PAUL Joseph 1804-1887 [15]
🖼 Busy Norwich river scene - Oil/canvas (43x66cm-17x26in) Aylsham, Norfolk 96 .... FF4 150 - £500 - **$796**
Les bulles de savon - Huile/toile Quimper 94 .... FF20 000 - £2 370 - **$3,695**
PAUL Louis 1854-1922 [2]
🖼 Chemin ombragé - Huile/toile (61x50cm-24x20in) Soissons 96 .... FF2 000 - £258 - **$397**

PAUL Robert Boyd c.1825-c.1885 [1]
J. Macbiaire of Broadmeadows - Coloured chalks (46x33cm-18x13in) London 95 .... FF**4 000** - £**500** - **$808**
PAULARD Eugène [3]
Navires en mer - Huile/panneau (19x24cm-7x9in) Toulon 95 .... FF**2 000** - £**253** - **$391**
PAULI Charles 1819-1880 [1]
A man on a path in a forest - Oil/canvas (46x70cm-18x28in) Amsterdam 90 .... FF**6 000** - £**620** - **$1,060**
PAULI Fritz 1891-1968 [46]
Irrenhausgarten - Silkscreen Bern 95 .... FF**4 230** - £**540** - **$866**
Feldelandscjaft mit Brückenbögen - Aquarell (37x50cm-15x20in) Bern 94 .... FF**2 424** - £**281** - **$418**
PAULI Georg 1855-1935 [61]
Nocturne - Oil/canvas (1x63cm-25in) Stockholm 97 .... FF**33 962** - £**3 586** - **$5,868**
Stockholm, vintermorgon - Oil/canvas (39x150cm-15x59in) Stockholm 96 .... FF**233 400** - £**26 600** - **$44,700**
Interiör med modell - Akvarell (34x24cm-13x9in) Stockholm 96 .... FF**8 700** - £**1 125** - **$1,667**
PAULI Hanna 1864-1940 [14]
Konstnärskollega - Oil/canvas (14x19cm-6x7in) Stockholm 93 .... FF**18 500** - £**2 273** - **$3,425**
Gerda, 1891 - Oil/canvas (105x66cm-41x26in) Stockholm 89 .... FF**561 600** - £**57 423** - **$90,289**
Stadsmotiv med kanal - Akvarell (29x21cm-11x8in) Söderköping 90 .... FF**6 500** - £**700** - **$1,146**
PAULIDES Hendrik 1892-1967 [3]
A flower still life - Oil/canvas (80x48cm-31x19in) Amsterdam 94 .... FF**78 300** - £**10 060** - **$15,180**
Three Indonesian beauties - Lithograph (55x47cm-22x19in) Amsterdam 95 .... FF**3 465** - £**449** - **$710**
Indonesian girl - Pencil (85x58cm-33x23in) Amsterdam 95 .... FF**110 200** - £**14 280** - **$22,570**
PAULIN Paul 1852-1937 [2]
Buste d'Edgar Degas - Bronze (51cm-20in) London 95 .... FF**26 500** - £**3 500** - **$5,370**
PAULSEN Erik 1749-1790 [2]
Carl Fr. B. Brun - Oil/canvas (80x61cm-31x24in) København 90 .... FF**47 400** - £**4 795** - **$9,016**
PAULSEN Ingwer 1883-1943 [8]
Dünen und Küste auf Sylt - Oil/panel (50x75cm-20x30in) Bad Vilbel 94 .... FF**10 970** - £**1 316** - **$2,130**
PAULSEN Julius 1860-1940 [99]
Andreas Collstrup - Oil/canvas (129x95cm-51x37in) København 92 .... FF**2 464** - £**247** - **$474**
Moder og barn - Oil/canvas (24x20cm-9x8in) København 94 .... FF**8 700** - £**998** - **$1,490**
Dame med parasol - Oil/canvas (72x60cm-28x24in) København 94 .... FF**33 850** - £**4 070** - **$6,270**
PAULSEN Sophus 1883-1935 [2]
Havneparti fra AEroskøbing - Oil/canvas (82x69cm-32x27in) København 91 .... FF**2 283** - £**227** - **$393**
PAULUCCI Enrico 1901 [51]
Natura morta - Olio/tela (30x40cm-12x16in) Vercelli 93 .... FF**10 980** - £**1 232** - **$1,965**
Paesaggio del Po - Olio/tela (75x111cm-30x44in) Roma 93 .... FF**91 500** - £**10 260** - **$16,370**
Il bicicletta sul molo - Gouache (32x40cm-13x16in) Roma 93 .... FF**21 360** - £**2 472** - **$3,630**
PAULUS DU CHATELET Pierre, baron 1881-1959 [49]
Côte rocheuse - Huile/toile (60x70cm-24x28in) Antwerpen 92 .... FF**8 300** - £**850** - **$1,460**
Les haleurs - Huile/toile (80x100cm-31x39in) Bruxelles 96 .... FF**60 300** - £**7 800** - **$12,060**
La Sambre - Huile/toile (65x81cm-26x32in) Bruxelles 91 .... FF**71 300** - £**7 203** - **$14,154**
Couple d'ouvriers - Huile/toile (150x100cm-59x39in) Paris 94 .... FF**122 000** - £**14 570** - **$22,800**
Portrait de femme - Dessin Liège 90 .... FF**2 916** - £**295** - **$555**
Hiercheuses - Encre Chine (74x77cm-21x30in) Bruxelles 94 .... FF**6 920** - £**807** - **$1,214**
PAULUS Francis Petrus 1862-1933 [2]
Robert Hopkin - Oil/panel Detroit, Michigan 92 .... FF**9 120** - £**934** - **$1,900**
PAULUS Josef 1877-? [2]
Winterabend in einem Kirchdorf - Öl/Leinwand (73x99cm-29x39in) Köln 93 .... FF**7 000** - £**801** - **$1,190**
PAULY 1929 [2]
Les martiniquaises - Huile/toile (100x81cm-39x32in) Strasbourg 94 .... FF**7 800** - £**903** - **$1,340**
PAULY Charlotte E. 1886-? [1]
Hommage à Charlotte E. Pauly - Aquatint (39x50cm-15x20in) Berlin 94 .... FF**2 050** - £**242** - **$365**
PAULY Erich Bogdanffy 1869-? [2]
Melone e uva - Olio/tela (55x68cm-22x27in) Trieste 97 .... FF**10 200** - £**1 200** - **$1,800**
PAULY Franz 1837-1913 [1]
Alken an der Mosel - Öl/Leinwand (74x105cm-29x41in) Köln 94 .... FF**30 850** - £**3 700** - **$6,000**
PAUNZEN Arthur 1890-? [1]
Schlafende - Aquarell/Papier (34x27cm-13x11in) Wien 96 .... FF**3 120** - £**378** - **$607**
PAUPIÉ Willy 1898-? [1]
Werdenberg im Kanton St. Gallen - Oil/panel (42x40cm-17x16in) Lindau 92 .... FF**6 780** - £**810** - **$1,305**
PAUS Herbert Andrew 1880-1946 [4]
In the opium den - Watercolour (20x53cm-8x21in) New-York 96 .... FF**3 590** - £**426** - **$700**
PAUSCHINGER Rudolf 1882 [1]
Schreitender Panther - Bronze (61cm-24in) Stuttgart 94 .... FF**6 860** - £**814** - **$1,268**
PAUSER Sergius 1896-1970 [19]
Frau des Künstlers - Öl/Leinwand (92x73cm-36x29in) Wien 95 .... FF**25 300** - £**3 156** - **$5,110**
Blumenstrauss mit Lilien - Öl/Leinwand (93x72cm-37x28in) Wien 94 .... FF**106 800** - £**12 530** - **$19,030**
In Südfrankreich - Watercolour, gouache/paper (39x51cm-15x20in) Wien 90 .... FF**21 600** - £**2 298** - **$3,864**
PAUSINGER von Clemens 1855-1938 [5]
Mutter und Kind - Öl/Leinwand (90x70cm-35x28in) Wien 94 .... FF**3 396** - £**394** - **$644**
Junge blonde Frau - Pastel (137x86cm-54x34in) Lindau 94 .... FF**11 320** - £**1 343** - **$2,092**

P

PAUSINGER von Franz 1839-1915 [14]
- Stag in a mountainous landscape - Oil/canvas (246x190cm-97x75in) London 96 .... FF**33 200** - £**4 000** - **$6,360**
- Stürmende Reiter - Charcoal/paper (67x121cm-26x48in) Wien 96 .... FF**16 800** - £**2 170** - **$3,244**

PAUSINGER von Helene Paula XIX [2]
- Stilleben mit geflochtenem Korb - Aquarell/Papier (42x56cm-17x22in) Wien 90 .... FF**5 800** - £**621** - **$1,009**

PAUTROT Ferdinand 1832-1874 [34]
- Figure of a Setter - Bronze (20cm-8in) Dedham, Mass. 96 .... FF**6 130** - £**791** - **$1,200**
- The Dispute - Bronze (58cm-23in) New-York 94 .... FF**14 620** - £**1 692** - **$2,500**
- Renard pris au piège - Bronze (65cm-26in) Chaumont 95 .... FF**26 500** - £**3 320** - **$5,280**

PAUTSCH Fryderyk 1877-1950 [5]
- Landscape, Karpatach - Oil/canvas/panel (62x86cm-24x34in) Warszawa 96 .... FF**9 250** - £**1 155** - **$1,790**
- Nature morte - Huile/toile (45x37cm-18x15in) Warszawa 91 .... FF**35 260** - £**3 630** - **$7,050**

PAUVERT D. XIX-XX [1]
- Derniers instants de Cléopatre - Oil/canvas (200x270cm-79x106in) New-York 96 .... FF**207 700** - £**26 450** - **$40,000**

PAUW de Gabriel, Gaby 1924 [27]
- Stilleven met koffiekan - Huile/toile (80x100cm-31x39in) Lokeren 92 .... FF**7 970** - £**816** - **$1,402**
- Mère et enfant - Huile/toile (70x60cm-28x24in) Tours 92 .... FF**79 000** - £**8 080** - **$13,900**

PAUW de Jef 1888-1930 [27]
- Ferme sous la neige - Huile/panneau (39x47cm-15x19in) Antwerpen 93 .... FF**4 970** - £**606** - **$886**
- Paysage d'hiver - Huile/toile (100x120cm-39x47in) Antwerpen 92 .... FF**26 560** - £**2 720** - **$4,670**

PAUW de Pierre François 1791-1836 [1]
- Les adieux de Tobie - Huile/toile (116x146cm-46x57in) Bruxelles 91 .... FF**16 200** - £**1 637** - **$3,216**

PAUW de René 1887-1946 [11]
- Couple de pêcheurs à table - Huile/panneau (51x54cm-20x21in) Bruxelles 94 .... FF**5 940** - £**683** - **$1,017**

PAUWAERT Marie-Louise 1884-1960 [1]
- Hoeve met boomgaard - Huile/toile (70x60cm-28x24in) Lokeren 94 .... FF**4 010** - £**475** - **$740**

PAUWAERT Maurits 1889-1965 [1]
- De Scheepvaart - Huile/panneau (60x75cm-24x30in) Lokeren 94 .... FF**2 490** - £**294** - **$444**

PAUWELS Henri Jozef 1903-1983 [32]
- Bateaux, Anvers - Huile/toile (66x96cm-26x38in) Antwerpen 96 .... FF**3 280** - £**398** - **$638**

PAUWELSEN Willem 1801-1873 [1]
- Partie auf dem Bauernhof - Watercolour/paper (23x31cm-9x12in) Ahlden 92 .... FF**2 880** - £**335** - **$588**

PAVAMANI 1941 [2]
- Visage dans le paysage - Gouache/papier (46x40cm-18x16in) Paris 91 .... FF**4 500** - £**453** - **$781**

PAVAN Angelo 1893-1945 [10]
- Bagnanti sulla spiaggia - Olio/tavola (19x27cm-7x11in) Roma 95 .... FF**17 160** - £**2 255** - **$3,410**

PAVARD Robert 1922 [5]
- Le Lez à Castelnau - Huile/toile (54x65cm-21x26in) Socx 94 .... FF**3 000** - £**359** - **$588**

PAVELIC Myfanwy Spencer 1916 [6]
- Nude - Pastel (39x33cm-15x13in) Toronto 92 .... FF**5 160** - £**528** - **$908**

PAVIL Élie Anatole 1873-1948 [106]
- La péniche - Huile/toile (54x73cm-21x29in) Bayeux 96 .... FF**5 500** - £**712** - **$1,080**
- Environs de Paris - Huile/toile (60x81cm-24x32in) Paris 94 .... FF**17 000** - £**1 962** - **$2,890**
- Street Scene, Montmartre - Oil/canvas (54x73cm-21x29in) New-York 94 .... FF**31 900** - £**3 800** - **$6,000**
- Les quais à PAris - Huile/toile Paris 92 .... FF**40 000** - £**4 094** - **$7,200**

PAVIOT Louis Claude XIX-XX [4]
- Avenue de l'Observatoire - Huile/panneau (46x62cm-18x24in) Lyon 96 .... FF**8 500** - £**1 065** - **$1,640**

PAVIS Georges A. 1886-1951 [2]
- Alcyon sillonne le monde - Affiche (39x50cm-15x20in) Neuilly 96 .... FF**1 600** - £**206** - **$313**
- Pierre et Camille - Watercolour (33x23cm-13x9in) Chicago 94 .... FF**1 855** - £**217** - **$325**

PAVLIK Václav 1901-? [1]
- Rosen in Vase - Ol/Karton (68x48cm-27x19in) Salzburg 94 .... FF**6 320** - £**750** - **$1,170**

PAVLOS P. Dionyssopoulos 1930 [24]
- Tree Trunks-Diptych - Mixed media/panel (251x107cm-99x42in) Athens 96 .... FF**64 300** - £**7 440** - **$12,320**
- Verre et bouteille - Multiple (11cm-4in) Köln 93 .... FF**2 204** - £**264** - **$424**
- Nature morte - Assemblage (44x13x33cm-17x5x13in) Antwerpen 96 .... FF**29 500** - £**3 575** - **$5,690**

PAVLOUK Galina 1901 [2]
- Sur la jetée - Huile/carton (47x41cm-19x16in) Paris 92 .... FF**3 000** - £**307** - **$540**

PAVLOV Mstislav 1967 [2]
- Bouquet au jardin - Huile/toile (54x69cm-21x27in) Paris 92 .... FF**2 500** - £**291** - **$511**

PAVLOWSKY J. Vladimir XX [2]
- Le mât rouge - Huile/toile (65x100cm-26x39in) Paris 90 .... FF**8 000** - £**829** - **$1,406**

PAVLOWSKY Jacqueline 1921-1971 [2]
- Dans le Noir - Huile/toile (81x116cm-32x46in) Paris 95 .... FF**2 300** - £**276** - **$438**
- Composition en orange et vert - Gouache (58x45cm-23x18in) Paris 89 .... FF**1 800** - £**184** - **$289**

PAVOT Vendémiaire 1883-1929 [4]
- Jeune fille et faunes - Bronze (65x78cm-26x31in) Bayeux 93 .... FF**20 000** - £**2 410** - **$3,640**

PAVY Eugene c.1850-c.1905 [11]
- The halt by the wayside - Oil/panel (37x45cm-15x18in) London 94 .... FF**69 400** - £**8 200** - **$12,460**
- The Snake Charmer - Oil/canvas (95x168cm-37x66in) New-York 93 .... FF**413 000** - £**47 000** - **$70,000**

PAVY Philippe c.1850-c.1900 [22]
- Horsemen in the Camargue - Oil/panel (30x63cm-12x25in) London 96 .... FF**110 010** - £**1 300** - **$1,980**
- The Amourers - Oil/panel (61x90cm-24x35in) London 96 .... FF**46 800** - £**5 500** - **$9,100**
- An Arab wrrior - Oil/panel (30x20cm-12x8in) London 97 .... FF**100 000** - £**10 500** - **$1,720,0 5**

PAWLA Frederick A. 1876-1964 [2]
- Sailboat, Santa Barbara - Oil/board (38x48cm-15x19in) New-York 96 .... FF**18 020** - £2 240 - **$3,500**

PAWLE John XX [2]
- Pavilion onto the Mediterranean - Oil/masonite (45x51cm-18x20in) London 92 .... FF**5 370** - £550 - **$946**

PAWLISZAK Waclaw 1866-1905 [8]
- Soldiers, Albania - Oil/cardboard (32x25cm-13x10in) Warszawa 96 .... FF**11 020** - £1 381 - **$2,150**
- Podarunek Kozacki - Huile/panneau (124x213cm-49x84in) Warszawa 92 .... FF**100 000** - £10 200 - **$17,850**

PAWLOWA Anna 1885-1931 [1]
- Tänzerin (Selbstbildnis) - Bronze (41cm-16in) München 93 .... FF**4 210** - £482 - **$712**

PAWLÜK Gregori 1925-1987 [1]
- Hochwasser - Oil/canvas/board (50x70cm-20x28in) Düsseldorf 92 .... FF**6 840** - £702 - **$1,316**

PAXSON Edgar Samuel 1852-1919 [13]
- Sunrise at Agency Creek - Oil/canvas (56x91cm-22x36in) Tarzana, CA 94 .... FF**85 600** - £9 980 - **$15,000**
- Indian
  Watercolour, gouache/paper (30x25cm-12x10in) San Francisco-Los Angeles 92 ...... FF**13 000** - £1 552 - **$2,500**
- Buffalo Hunt - Gouache/paper (40x50cm-16x20in) New-York 92 .... FF**68 600** - £7 960 - **$14,000**

PAXSON Ethel Easton 1885-1982 [4]
- Madison doorway - Oil/board (40x35cm-16x14in) Cambridge, Mass. 91 .... FF**4 730** - £470 - **$821**

PAXTON Elizabeth V. Okie 1877-1971 [4]
- Teapot of lemons - Oil/canvas/board (30x36cm-12x14in) Boston, Mass. 92 .... FF**41 600** - £4 970 - **$8,000**

PAXTON William MacGregor 1869-1941 [43]
- Frederick Redfield Weed - Oil/canvas (91x74cm-36x29in) New-York 96 .... FF**30 340** - £3 940 - **$6,000**
- Girl with a pink rose - Oil/canvas/board (46x38cm-18x15in) New-York 95 .... FF**122 600** - £15 280 - **$24,000**
- Elizabeth Blaney - Oil/canvas (76x64cm-30x25in) New-York 95 .... FF**971 000** - £121 000 - **$190,000**
- Contrapposto nude - Pencil/paper (31x18cm-12x7in) San Francisco-Los Angeles 95 .... FF**5 310** - £604 - **$900**

PAYEN Enrico XX [2]
- Portrait de Picasso - Acrylique/toile (47x58cm-19x23in) Paris 95 .... FF**5 550** - £687 - **$1,078**
- Flèches - Sculpture (30x50x50cm-12x20x20in) Paris 95 .... FF**4 800** - £600 - **$941**

PAYER Ernst 1862-1937 [5]
- Alte Hausmauer - Oil/canvas (75x51cm-30x20in) Wien 90 .... FF**13 400** - £1 409 - **$2,330**

PAYER Julius J.P. 1841-1915 [2]
- Eisbärjagd - Oil/canvas (67x100cm-26x39in) Luzern 92 .... FF**10 040** - £1 026 - **$1,770**

PAYNE Edgar Alwin 1882-1947 [161]
- Waves Crashing on the Rocks
  Oil/board (30x40cm-12x16in) San Francisco-Los Angeles 96 .... FF**28 500** - £3 570 - **$5,500**
- Peaked Sails - Oil/canvas (61x71cm-24x28in) San Francisco-Los Angeles 94 .... FF**54 100** - £6 410 - **$10,000**
- Big Pine, California - Oil/canvas (63x76cm-25x30in) New-York 97 .... FF**145 858** - £15 315 - **$25,000**
- Lake in the High Sierra - Oil/canvas (126x150cm-50x59in) New-York 96 .... FF**430 000** - £55 800 - **$85,000**

PAYNE Elsie Palmer 1884-1971 [46]
- White flowers - Oil/canvas (61x51cm-24x20in) San Francisco-Los Angeles 93 .... FF**9 350** - £1 173 - **$1,700**
- Canyon Landscape - Watercolour/paper (22x25cm-9x10in) San Francisco-Los Angeles 94 ... FF**5 950** - £706 - **$1,100**
- Hillside homes - Gouache/paper (47x53cm-19x21in) San Francisco-Los Angeles 92 .... FF**21 600** - £2 210 - **$4,000**

PAYNE Henry Albert 1868-1940 [6]
- The Enchanted Sea - Oil/canvas (89x63cm-35x25in) New-York 94 .... FF**842 000** - £99 400 - **$150,000**
- Portrait of Jospeh Southall - Red chalk (33x25cm-13x10in) London 92 .... FF**8 760** - £900 - **$1,683**

PAYNE William 1744/5-1833 [53]
- A coastal inlet - Watercolour (18x23cm-7x9in) London 93 .... FF**7 470** - £900 - **$1,305**
- Plymouth, Devon - Watercolour (37x31cm-15x12in) London 97 .... FF**22 472** - £2 400 - **$3,907**

PAYSANT Michel 1955 [1]
- Destare l'ingegno a varie invencioni - Mixed media (240x175cm-94x69in) Paris 90 .... FF**38 000** - £4 069 - **$6,609**

PAYZANT Charles 1898-1980 [4]
- After the storm - Watercolour/paper (49x75cm-19x30in) San Francisco-Los Angeles 89 .... FF**8 600** - £856 - **$1,359**

PAZZI Ruggero 1927 [1]
- Composition - Sculpture (29x17x15cm-11x7x6in) Paris 89 .... FF**10 500** - £1 045 - **$1,659**

PAZZINI Norberto 1856-1937 [3]
- Il viottolo e il cancello - Olio/tavola (44x46cm-17x18in) Roma 95 .... FF**12 470** - £1 596 - **$2,560**

PEACOCK George Edward 1806-c.1890 [8]
- Port Jackson NSW, Double Bay - Huile/carton (17x23cm-7x9in) Montréal 95 .... FF**36 000** - £4 560 - **$7,250**

PEACOCK Joseph c.1783-1837 [1]
- Festival of St. Kevin, Glendalough - Oil/canvas (104x127cm-41x50in) Castlecomer 92 ... FF**84 400** - £9 810 - **$17,230**

PEACOCK Ralph 1868-1946 [6]
- M.R. Aykroyd - Oil/canvas (140x71cm-55x28in) Nun Monkton, Yorkshire 95 .... FF**9 170** - £1 200 - **$1,837**

PEAKE Channing 1910-1989 [1]
- Untitled #11 - Watercolour (43x53cm-17x21in) Delray Beach, Florida 95 .... FF**1 952** - £252 - **$400**

PEAKE Mervyn Lawrence 1911-1968 [35]
- Young woman in profile - Oil/canvas/board (36x26cm-14x10in) London 95 .... FF**11 220** - £1 400 - **$2,267**
- Artist's wife - Pencil (28x23cm-11x9in) London 95 .... FF**4 350** - £550 - **$850**

PEALE Anna Claypoole 1791-1878 [2]
- Jacob Randolph - Miniature New-York 95 .... FF**21 260** - £2 144 - **$4,144**

PEALE Charles Willson 1741-1827 [10]
- Mary McIvaine - Oil/canvas (76x64cm-30x25in) New-York 95 .... FF**121 800** - £15 560 - **$25,000**

P

PEALE Harriet Cany 1800-1869 [1]
🖼 *Girl with bonnet* - Oil/canvas (76x63cm-30x25in) New-York 91 .... FF*18 240* - £*1 831* - **$3,156**

PEALE James 1749-1831 [6]
🖼 *George Washington* - Oil/canvas (75x63cm-30x25in) New-York 97 .... FF*758 459* - £*79 638* - **$130,000**

PEALE Margaretta Angelica 1795-1882 [2]
🖼 *Peaches, pear & grapes* - Oil/canvas (33x46cm-13x18in) New-York 89.................. FF*62 900* - £*6 077* - **$9,545**

PEALE Mary Jane 1826-1902 [5]
🖼 *Grapes and peaches* - Oil/canvas (34x49cm-13x19in) New-York 95 .... FF*53 600* - £*6 840* - **$11,000**

PEALE Raphaelle, Raphael 1774-1825 [1]
🖼 *Still life with raisin cake* - Oil/panel (20x28cm-8x11in) New-York 95 .... FF*1* - £*199 000* - **$320,000**

PEALE Rembrandt 1778-1860 [14]
🖼 *Captain Jonathan Allen* - Oil/canvas (62x50cm-24x20in) New-York 92 .... FF*19 600* - £*2 276* - **$4,000**
🖼 *Georges Washington* - Oil/canvas (94x76cm-37x30in) New-York 96 .... FF*410 000* - £*53 200* - **$80,000**
✎ *Portrait of a woman* - Pencil (28x28cm-11x11in) Litchfield, CT 92 .... FF*4 080* - £*418* - **$850**

PEALE Rubens 1784-1864 [1]
🖼 *Still life* - Oil/canvas (25x35cm-10x14in) New-York 91 .... FF*29 700* - £*3 000* - **$5,250**

PEALE Sarah Miriam 1800-1885 [4]
🖼 *Still Life with Peaches* - Oil/canvas (33x45cm-13x18in) New-York 96 .... FF*282 000* - £*32 600* - **$54,000**

PEALE Titian Ramsey 1800-1885 [1]
✎ *Canis Lupus* - Watercolour/paper (14x20cm-6x8in) New-York 89 .... FF*171 600* - £*17 075* - **$27,109**

PÉAN DU PAVILLON Isidore 1790-1856 [1]
🖼 *Portrait d'un officier* - Oil/canvas (91x73cm-36x29in) New-York 92 .... FF*10 540* - £*1 104* - **$1,900**

PÉAN Louis René 1875-1945 [9]
▱ *Aux Trois Quartiers* - Affiche (110x160cm-43x63in) Paris 94 .... FF*5 200* - £*597* - **$891**

PÉAN René 1875-1945 [37]
▱ *Châlet du Cycle* - Poster (122x87cm-48x34in) New-York 96 .... FF*11 400* - £*1 470* - **$2,200**
✎ *La Loïe Fuller* - Pastel (45x36cm-18x14in) Paris 95 .... FF*4 000* - £*500* - **$784**

PEARCE Bryan 1929 [14]
🖼 *Hayle Harbour* - Oil/board (28x53cm-11x21in) Penzance, Cornwall 95 .... FF*5 560* - £*680* - **$1,060**
✎ *Smeaton's Pier* - Watercolour (25x33cm-10x13in) Penzance, Cornwall 94 .... FF*1 550* - £*185* - **$292**

PEARCE Charles Sprague 1851-1914 [16]
🖼 *Women in the Fields* - Oil/canvas (79x67cm-31x26in) New-York 97 .... FF*1* - £*116 394* - **$190,000**
🖼 *A Lady of the Directoire* - Oil/panel (24x19cm-9x7in) New-York 96 .... FF*52 200* - £*6 040* - **$10,000**
🖼 *L'Italienne* - Oil/canvas (79x103cm-31x41in) New-York 96 .... FF*391 500* - £*45 300* - **$75,000**

PEARLSTEIN Philip 1924 [58]
🖼 *Model on chair* - Oil/canvas (122x100cm-48x39in) New-York 94 .... FF*89 300* - £*10 630* - **$17,000**
🖼 *Model & wooden mannequin* - Oil/canvas (152x183cm-60x72in) New-York 94 ..... FF*203 200* - £*23 570* - **$35,000**
✎ *Nudes on a sofa* - Graphite (76x101cm-30x40in) New-York 96 .... FF*10 250* - £*1 215* - **$2,000**
Superman & Kidde Car Tractor
Watercolour/paper (74x104cm-29x41in) New-York 96 .... FF*61 100* - £*7 200* - **$12,000**

PEARS Charles 1873-1958 [25]
🖼 *Grey Twilight* - Oil/canvas (71x91cm-28x36in) London 92 .... FF*11 200* - £*1 150* - **$2,082**
▱ *Brighton & Hove, Southern Railway* - Poster (102x127cm-40x50in) London 94 ... FF*3 330* - £*400* - **$634**

PEARS Dion XX [7]
✎ *Rolls-Royce Silver Ghost* - Watercolour (35x49cm-14x19in) Hendon 92 .... FF*2 094* - £*250* - **$403**

PEARSON Cornelius 1805-1891 [36]
✎ *Lake scene with figures & boats*
Watercolour (42x57cm-17x22in) Billinghurst, West Sussex 94 .... FF*6 100* - £*720* - **$1,087**

PEARSON Frank Loughborough c.1830-c.1915 [1]
✎ *Young farm girl in lane near ducks* - Watercolour (53x38cm-21x15in) Aylsham, Norfolk 92 .... FF*3 030* - £*310* - **$534**

PEARSON John 1777-1813 [1]
✎ *Crayke Castle, Yorkshire* - Watercolour (20x29cm-8x11in) London 95 .... FF*6 570* - £*850* - **$1,343**

PEARSON Marguerite Stuber 1898-1978 [37]
🖼 *After the Storm* - Oil/canvas/board (30x41cm-12x16in) Baton Rouge, Louisiana 94 .... FF*3 650* - £*429* - **$650**
Still life - Oil/canvas (51x61cm-20x24in) Detroit, Michigan 94 .... FF*13 350* - £*1 605* - **$2,500**
Landscape - Oil/canvas (76x91cm-30x36in) Detroit, Michigan 95 .... FF*33 160* - £*4 140* - **$6,500**

PEARSON William Henry XIX-XX [16]
✎ *A Fair Wind*
Watercolour (35x53cm-14x21in) Marlborough Crescent, Newcastle upon Tyne 92 .... FF*3 520* - £*360* - **$620**

PEARY Robert Ed., Admiral 1856-1920 [4]
▣ *Sailing on the Great Ice* - Printing-out paper prints (2) (8x10cm-3x4in) New-York 94 .... FF*7 970* - £*951* - **$1,500**

PEASE Ray 1908 [2]
🖼 *Sunday afternoon* - Oil/board (41x36cm-16x14in) Cleveland, Ohio 92 .... FF*5 270* - £*552* - **$950**

PEAT Thomas XVIII-XIX [4]
✎ *Young gentleman, facing left* - Miniature (4cm-2in) London 96 .... FF*4 260* - £*550* - **$823**

PEBBLES Frank Marion 1839-1928 [1]
🖼 *Chief Justice Melville Weston Fuller* - Oil/canvas (76x63cm-30x25in) Elgin, Illinois 91 ...... FF*20 940* - £*2 110* - **$3,634**

PECCATTE Charles M. 1870-1962 [33]
🖼 *Marché aux Puces* - Huile/toile (54x70cm-32x39in) Saint-Dié 96 .... FF*3 800* - £*471* - **$736**
Bouleaux - Huile/toile (100x81cm-39x32in) Saint-Dié 96 .... FF*15 000* - £*1 860* - **$2,905**

PECH Gabriel 1854-1930 [3]
🏺 *Le chat botté* - Bronze (57cm-22in) Paris 90 .... FF*20 000* - £*2 103* - **$3,478**

PECHAUBES Eugène 1890-1967 [102]
🖼 *Les courses* - Huile/toile (46x55cm-18x22in) Corbeil-Essonnes 96 .... FF*5 500* - £*686* - **$1,062**

Grand Prix de l'Arc de Triomphe - Huile/toile (32x53cm-13x21in) Cannes 93......................FF11 000 - £1 375 - **$2,000**
The Chippenham Stakes - Oil/canvas (32x88cm-13x35in) New-York 94......................FF36 500 - £4 285 - **$6,500**
Saut de la rivière - Pastel (73x30cm-29x12in) Deauville 93......................FF5 000 - £562 - **$848**

PECHE Dagobert 1887-1923 [5]
Liegender weiblicher Akt - Woodcut (9x19cm-4x7in) Wien 93......................FF4 810 - £575 - **$925**
Ranken - Pencil/paper (35x29cm-14x11in) Wien 95......................FF4 900 - £646 - **$993**

PECHE Ernst 1885-1945 [3]
Sommertag im Bregenzerwald - Oil/panel (150x150cm-59x59in) Wien 94......................FF12 200 - £1 453 - **$2,323**

PECHEUR Anne-Marie 1950 [4]
Sans titre - Technique mixte/papier (210x150cm-83x59in) Paris 96......................FF14 000 - £1 730 - **$2,710**

PÉCHEUX Laurent 1729-1821 [3]
Sadness of Achilles - Black chalk (26x35cm-10x14in) New-York 95......................FF40 250 - £4 830 - **$7,500**

PECHMANN von Heinrich C. Freiherr 1826-1905 [1]
Gebirgssee beim Gewitter - Oil/panel (19x29cm-7x11in) Stuttgart 95......................FF2 420 - £317 - **$485**

PECHSTEIN Hermann Max 1881-1955 [405]
Feld mit Wicken - Öl/Leinwand (50x70cm-20x28in) Berlin 97......................FF1 - £165 048 - **$270,710**
Das rote Tuch - Oil/canvas (100x75cm-39x30in) London 95......................FF2 - £360 000 - **$552,000**
Beerdigung der Revolutionsopfer - Oil/board (32x41cm-13x16in) London 96......................FF145 700 - £18 000 - **$28,130**
Verglühen - Öl/Leinwand (100x60cm-39x31in) Köln 97......................FF642 105 - £67 488 - **$109,934**
Weiblicher Kopf - Woodcut (20x16cm-8x6in) Köln 97......................FF5 069 - £532 - **$867**
Karneval V - Lithograph (27x37cm-11x15in) Berlin 97......................FF29 139 - £3 094 - **$5,075**
Akte vor einem Spiegel - Watercolour (27x35cm-11x14in) Berlin 97......................FF31 081 - £3 300 - **$5,414**
Blühender Obstbaum - Aquarelle (48x58cm-19x23in) Köln 97......................FF60 831 - £6 393 - **$10,414**
Kutter in der werft - Watercolour/paper (55x76cm-22x30in) New-York 97......................FF114 286 - £12 252 - **$20,000**
Grosse Mühlengraben - Aquarelle (48x62cm-19x24in) Köln 97......................FF152 078 - £15 984 - **$26,037**
Kutterhafen Leba - Watercolour (48x64cm-19x25in) Berlin 95......................FF292 000 - £36 300 - **$57,100**

PECHT August Friedrich 1814-1903 [1]
Allegorie der Vergänglichkeit - Oil/panel (44x32cm-17x13in) Stuttgart 89......................FF23 700 - £2 290 - **$3,596**

PECHTE Dagobert 1887-1923 [1]
Liegender weiblicher Akt - Wax Wien 90......................FF2 200 - £227 - **$389**

PECK Henry J. 1880-1964 [1]
Cruise of the Pollyannmariajane or
Manuscript illustrated with watercolors (19 pages) New-York 95......................FF5 110 - £637 - **$1,000**

PECK Sheldon 1797-1869 [2]
Young man in high white stock - Oil/panel (63x46cm-25x18in) New-York 90......................FF41 500 - £4 364 - **$7,217**

PECORARO Antonio 1938 [7]
Cogiendo flores - Oleo/lienzo (50x61cm-20x24in) Madrid 93......................FF3 760 - £452 - **$732**

PECQUEREAU Alphonse 1831-c.1910 [2]
Batterie en place - Aquarelle/papier (35x50cm-14x20in) Bruxelles 97......................FF1 555 - £170 - **$273**

PÉCRUS Charles 1826-1907 [81]
Paris, lavandières - Huile/toile (39x55cm-15x22in) Calais 95......................FF28 000 - £3 680 - **$5,720**
Lavandières, Touques - Huile/panneau (24x35cm-9x14in) Calais 97......................FF51 000 - £5 105 - **$8,608**
La plage de Trouville - Huile/toile (37x61cm-15x24in) Deauville 94......................FF150 000 - £18 320 - **$28,470**

PECSENKE Joe A. 1942-1989 [3]
Hungarian gipsy - Mixed media/paper (101x68cm-40x27in) Amsterdam 94......................FF64 000 - £7 520 - **$11,400**

PECSI-PILCH Dezsö 1888-1949 [1]
Husar mit Pferd - Öl/Leinwand (100x70cm-39x28in) Wien 96......................FF5 850 - £759 - **$1,156**

PECZ Henrik 1813-1868 [2]
Vor der Messe - Öl/Leinwand (72x56cm-28x22in) Wien 95......................FF10 760 - £1 362 - **$2,103**

PECZARSKI Feliks 1804-1862 [1]
Portret mezczyzny - Huile/panneau (24x19cm-9x7in) Warszawa 91......................FF7 500 - £766 - **$1,340**

PECZELY Antal 1891-? [6]
Marchands au Souk - Huile/toile (40x49cm-16x19in) Paris 96......................FF10 000 - £1 254 - **$1,933**

PEDDER John 1850-1929 [6]
Swans gliding across a river - Watercolour (24x33cm-9x13in) London 92......................FF2 730 - £280 - **$524**

PEDERSEN Carl-Henning 1913-1993 [138]
Maskebillede - Oil/panel (84x84cm-33x33in) Köbenhavn 94......................FF61 400 - £7 280 - **$11,350**
Phoenix - Oil/canvas (107x126cm-42x50in) Köbenhavn 95......................FF97 600 - £12 640 - **$19,850**
Brudeparet - Oil/canvas (123x102cm-48x40in) Köbenhavn 95......................FF319 500 - £41 400 - **$65,000**
Mand-Kvinde - Bronze (18cm-7in) Köbenhavn 95......................FF4 440 - £575 - **$903**
A Bird (recto-verso) - Ink (50x63cm-20x25in) Amsterdam 97......................FF3 953 - £414 - **$678**
Flying Figures - Watercolour/paper (39x51cm-15x20in) Amsterdam 97......................FF17 577 - £1 843 - **$3,016**

PEDERSEN Emanuel A. 1894-1948 [1]
Sommermotiv fra Grønland - Oil/canvas (44x56cm-17x22in) Aalborg 91......................FF2 283 - £229 - **$418**

PEDERSEN Finn 1944 [71]
Untitled - Oil/canvas (100x130cm-39x51in) Amsterdam 97......................FF4 687 - £491 - **$804**
Nocturne - Oil/canvas (92x73cm-36x29in) Amsterdam 97......................FF6 445 - £675 - **$1,105**
Untitled - Oil/canvas (100x135cm-39x53in) London 95......................FF53 000 - £7 000 - **$10,730**

PEDERSEN Hugo Vilfred 1870-1959 [36]
Mountainous landscape - Oil/canvas (89x125cm-35x49in) Amsterdam 94......................FF3 050 - £354 - **$525**
Amber fort at Sunrise - Oil/canvas (91x121cm-36x48in) London 97......................FF26 440 - £2 800 - **$4,579**
Taj Mahal with herdsmen - Oil/canvas (180x272cm-71x107in) London 96......................FF264 700 - £33 000 - **$51,100**

P

PEDERSEN Ole 1856-1898 [10]
- *Haymaking* - Oil/canvas (53x77cm-21x30in) London 92 .... FF12 560 - £1 500 - **$2,417**
- *Stående kvinde* - Wood (55cm-22in) København 95 .... FF2 220 - £288 - **$452**

PEDERSEN Thorolf 1858-1942 [4]
- *Knitting women* - Oil/canvas (46x54cm-18x21in) København 95 .... FF10 880 - £1 354 - **$2,120**

PEDERSEN Viggo C.F.V 1854-1926 [121]
- *Mountainous landscape in Italy* - Oil/canvas (65x110cm-26x43in) Vejle 94 .... FF10 000 - £1 148 - **$1,710**
- *Sommerdag i haven* - Oil/canvas (58x69cm-23x27in) Viby J, Århus 94 .... FF24 630 - £2 950 - **$4,600**
- *Lille vogterpige med fåreflok* - Gouache (60x95cm-24x37in) København 93 .... FF3 680 - £440 - **$707**

PEDERSEN Vilhelm 1812-1880 [4]
- *Sommerparti fra kysten* - Oil/canvas (57x83cm-22x33in) København 91 .... FF13 170 - £1 311 - **$2,265**

PEDRAZA OSTOS José 1880-1937 [2]
- *Pueblo castellano* - Oleo/lienzo/tabla (30x39cm-12x15in) Madrid 90 .... FF2 600 - £273 - **$452**

PEDRAZZA Martin Reo 1924 [2]
- *Kopf* - Oil/canvas (68x55cm-27x22in) Wien 91 .... FF13 440 - £1 347 - **$2,462**

PEDRETTI Turo 1896-1964 [9]
- *Geburtstagstisch* - Oil/canvas (75x75cm-30x30in) Zürich 92 .... FF59 500 - £6 080 - **$10,480**
- *Garten in Soglio, Bergell* - Watercolour (32x42cm-13x17in) Bern 92 .... FF7 230 - £864 - **$1,391**

PEDRINI Domenico 1728-1800 [2]
- *Saint Marc/Saint Luc* - Huile/toile (115x85cm-45x33in) Paris 96 .... FF80 000 - £10 350 - **$15,700**
- *The Entombment of Christ* - Ink/paper (20x29cm-8x11in) New-York 90 .... FF9 200 - £967 - **$1,600**

PEDRINI Filippo 1763-1856 [1]
- *The Apotheosis of Hercules* - Ink (23x21cm-9x8in) London 93 .... FF9 960 - £1 200 - **$1,740**

PEEL James 1811-1906 [36]
- *Anglers by a village* - Oil/canvas (51x77cm-20x30in) London 94 .... FF5 030 - £600 - **$947**
- *A farmstead* - Oil/canvas (25x36cm-10x14in) London 92 .... FF7 460 - £850 - **$1,267**
- *River Ribble, near Clitheroe* - Oil/canvas (61x91cm-24x36in) New-York 96 .... FF21 600 - £2 620 - **$4,200**

PEEL Paul 1860-1892 [6]
- *L'heure du bain* - Huile/toile (87x84cm-34x33in) Paris 97 .... FF95 000 - £10 289 - **$16,796**
- *The young biologist* - Oil/canvas (45x38cm-18x15in) Toronto 90 .... FF465 000 - £49 468 - **$83,184**

PEELE John Thomas 1822-1897 [9]
- *Afternoon of Homework* - Oil/canvas (76x63cm-30x25in) New-York 97 .... FF28 442 - £3 061 - **$5,000**
- *Jeune garçon à la flûte* - Huile/toile (91x70cm-36x28in) Calais 92 .... FF40 000 - £4 770 - **$7,700**

PEELOR Harold 1856-1940 [1]
- *Mission San Xavier del Bac, Arizona*
  Oil/board (71x101cm-28x40in) San Francisco-Los Angeles 92 .... FF10 800 - £1 104 - **$2,000**

PEERBOOM Alfons XIX-XX [2]
- *Interieur* - Oil/canvas (40x50cm-16x20in) Ahlden 91 .... FF13 520 - £1 372 - **$2,442**

PEERDT te Ernst Carl Friedrich 1852-1932 [2]
- *Niederrheinlandschaft* - Oil/panel (30x39cm-12x15in) Köln 92 .... FF12 240 - £1 253 - **$2,155**

PEERS Gordon Franklin 1909-? [1]
- *Still life fruit* - Oil/canvas (92x76cm-36x30in) New-York 93 .... FF29 600 - £3 390 - **$5,250**

PEET Constant Ed. 1888-1966 [1]
- *Tête de jeune femme* - Bronze (36cm-14in) Lokeren 96 .... FF2 800 - £357 - **$539**

PEETERS Bonaventura 1614-1652 [26]
- *Embarcadère* - Huile/panneau (41x72cm-16x28in) Paris 97 .... FF530 000 - £55 597 - **$91,001**

PEETERS Henk 1925 [2]
- *59-1, 1959* - Mixed media/canvas (99x79cm-39x31in) Amsterdam 89 .... FF15 600 - £1 552 - **$2,464**

PEETERS Jacobus 1637-1695 [4]
- *La Piazzetta* - Huile/toile (67x85cm-26x33in) Paris 95 .... FF85 000 - £10 800 - **$17,250**

PEETERS Jan 1912 [7]
- *Small craft* - Oil/panel (47x62cm-19x24in) London 91 .... FF74 400 - £7 621 - **$13,891**

PEETERS Jozef 1895-1960 [8]
- *Scheppingsomstandigheden* - Huile/toile (76x76cm-30x30in) Antwerpen 96 ...... FF106 600 - £12 910 - **$20,720**
- *Zonsopgang* - Pastel/papier (57x49cm-22x19in) Antwerpen 96 .... FF32 800 - £3 974 - **$6,380**

PEETERS-TOMBU Madeleine 1897 [2]
- *Fleurs et chatons* - Huile/panneau (49x58cm-19x23in) Bruxelles 91 .... FF5 270 - £531 - **$914**

PEETS Orville Houghton 1884-1968 [1]
- *The Open Trunk* - Oil/canvas (92x76cm-36x30in) New-York 95 .... FF19 700 - £2 580 - **$4,000**

PEGOT-BERNARD XIX [3]
- *Repos sous les ombrages* - Huile/toile (24x41cm-9x16in) Paris 93 .... FF4 800 - £579 - **$873**
- *Le bouquet aux pampres* - Huile/toile (81x65cm-32x26in) Soissons 91 .... FF38 000 - £3 810 - **$6,960**

PÉGOT-OGIER Jean-Bertrand 1877-1915 [64]
- *Homme de profil* - Huile/carton (24x41cm-9x16in) Brest 97 .... FF3 800 - £412 - **$667**
- *Rêverie au clair de lune* - Huile/toile (38x46cm-15x18in) Calais 97 .... FF14 000 - £1 499 - **$2,454**
- *Port de Douëlan* - Huile/toile (46x65cm-18x26in) Brest 96 .... FF52 500 - £6 750 - **$10,180**
- *Bretonne près des arbres* - Aquarelle (19x24cm-7x9in) Brest 97 .... FF15 000 - £1 625 - **$2,634**

PEGRAM A. Bertram 1873-1941 [2]
- *Head of a young man* - Bronze (23cm-9in) London 96 .... FF8 330 - £950 - **$1,596**

PEGRAM Frederick 1870-1937 [5]
- *Burnham beeches by motor-bus* - Poster (102x61cm-40x24in) London 94 .... FF2 713 - £320 - **$483**
- *The Casino, Café de Paris* - Gouache (28x18cm-11x7in) London 92 .... FF1 560 - £160 - **$299**

PEGURIER Auguste 1856-1936 [23]
- *La baie de Camara* - Huile/toile (29x28cm-11x11in) Neuilly 97 .... FF3 000 - £330 - **$527**

Petite ville de Provence - Huile/toile (48x65cm-19x26in) Calais 94... FF**10 000** - £1 190 - **$1,830**
Voiliers à l'entrée du port - Huile/toile (60x81cm-24x32in) Paris 90.................................. FF**35 000** - £3 562 - **$6,999**
Saint-Tropez - Pastel (31x24cm-12x9in) Paris 92... FF**7 600** - £781 - **$1,462**

PEHRSON Karl Axel 1921 [45]
Grönharpa - Oil/canvas (61x79cm-24x31in) Stockholm 94.. FF**6 620** - £768 - **$1,140**
Mefoittisk örnört - Acrylic/canvas (90x73cm-35x29in) Stockholm 96............................ FF**42 300** - £5 270 - **$8,160**
Strandformer vid mefoittofloden - Oil/canvas (63x51cm-25x20in) Stockholm 90 .... FF**173 200** - £18 426 - **$30,984**
Svällande kaktus - Akvarell (29x20cm-11x8in) Stockholm 92.................................... FF**6 780** - £810 - **$1,304**

PEIFFER Auguste Joseph 1832-1886 [6]
Cupid - Bronze (48cm-19in) London 97... FF**27 881** - £3 000 - **$4,901**

PEIFFER Engelbert Joseph 1830-1896 [1]
A young girl and a setter - Bronze (35cm-14in) Billinghurst, West Sussex 91 .... FF**7 810** - £809 - **$1,552**

PEIFFER-WATENPHUL Max 1896-1976 [86]
Venedig, riva di San Marco - Oil/Leinwand (77x61cm-30x24in) Köln 97............ FF**101 385** - £10 656 - **$17,358**
Frauenportrait - Red chalk/paper (55x39cm-22x15in) München 95............................. FF**6 350** - £812 - **$1,296**
Landschaft auf Korfu - Watercolour (32x43cm-13x17in) Berlin 93.......................... FF**48 700** - £5 570 - **$8,290**

PEIKERT Martin 1901-1975 [7]
Mürren, 1650m - Schweiz - Poster (99x64cm-39x25in) London 95............................. FF**4 240** - £480 - **$764**

PEILER Frans Xaver 1897-1952 [1]
Frukter och blommor - Oil/canvas (67x100cm-26x39in) Stockholm 89 .... FF**84 200** - £8 609 - **$13,537**

PEINADO Francisco 1941 [2]
Figura mágica con botones y labios - Oleo/lienzo (168x118cm-66x46in) Madrid 92... FF**24 200** - £2 885 - **$4,650**
Nubes de mosquitos - Tinta (80x85cm-31x33in) Madrid 96.................................... FF**1 530** - £190 - **$297**

PEINADO Joaquín 1898-1975 [43]
Still life with flowers - Oil/canvas (65x49cm-26x19in) Stockholm 96........................ FF**11 510** - £1 353 - **$2,265**
Bodegón con molinillo de café - Oleo/lienzo (50x61cm-20x24in) Madrid 97............. FF**28 000** - £3 010 - **$4,830**
Bodegón de cacharros - Oleo/lienzo (65x81cm-26x32in) Madrid 93............................ FF**66 700** - £7 950 - **$12,070**
Finca a las afueras - Acuarela, gouache (37x53cm-15x21in) Madrid 95....................... FF**7 060** - £928 - **$1,418**

PEINER Werner 1897-1984 [13]
Abendrot über einem Bergstädtchen - Mischtechnik (70x99cm-28x39in) Köln 92 .... FF**23 800** - £2 436 - **$4,190**
Venus - Watercolour (54x19cm-21x7in) Billinghurst, West Sussex 94 .... FF**3 485** - £400 - **$596**

PEINTE Henri 1845-1912 [7]
Sarpédon - Bronze (86cm-34in) Bordeaux 96.. FF**11 000** - £1 274 - **$2,107**

PEIPERS Friedrich Eugen 1805-1885 [3]
Am Oberfortsthaus - Aquarell (13x13cm-5x5in) Frankfurt 95.................................. FF**21 020** - £2 664 - **$4,230**

PEIRCE H. Winthrop 1850-1935/6 [1]
College Rally - Oil/canvas Cambridge, Mass. 89.. FF**8 000** - £818 - **$1,286**

PEIRCE Waldo 1884-1970 [6]
Olga Olinsky, Paris - Oil/canvas (51x41cm-20x16in) North Berwick, Maine 92 .... FF**2 556** - £262 - **$450**
Badminton - Watercolour/paper (38x54cm-15x21in) New-York 93............................ FF**3 384** - £387 - **$600**

PEIRE Luc 1916-1994 [43]
Graphie 1220 - Plexi (27x46cm-11x18in) Antwerpen 92....................................... FF**9 880** - £1 180 - **$1,900**
Don Ruiz - Huile/toile (73x50cm-29x20in) Lokeren 92.. FF**29 900** - £3 060 - **$5,250**
Adriatic - Huile/toile (162x97cm-64x38in) Paris 96... FF**49 000** - £5 770 - **$9,620**

PEISER Kurt 1887-1962 [79]
Au dock - Huile/toile (25x34cm-10x13in) Bruxelles 97.. FF**5 556** - £602 - **$983**
Gestrande boot - Huile/toile (103x151cm-41x59in) Lokeren 92................................ FF**23 240** - £2 380 - **$4,090**
Le buveur d'absinthe - Pastel (48x38cm-19x15in) Lokeren 95.................................. FF**5 180** - £647 - **$1,014**
Volksvrouw met kind - Pastel (92x69cm-36x27in) Lokeren 93................................. FF**19 770** - £2 364 - **$4,040**

PEITHNER VON LICHTENFELS Eduard 1833-1912 [20]
Bootsfahrt am Seeufer - Oil/panel (56x74cm-22x29in) Wien 96.............................. FF**28 940** - £3 730 - **$5,670**
Flusslandschaft mit Staffage - Mischtechnik/Papier (32x41cm-13x16in) Wien 97............ FF**7 645** - £812 - **$1,318**

PEIXOTTO Ernest Clifford 1869-1940 [1]
Lake Como, Italy - Oil/canvas (79x63cm-31x25in) San Francisco-Los Angeles 93.............. FF**11 000** - £1 380 - **$2,000**

PEIZEL Bart 1887-? [3]
The Montelbaanstoren, Amsterdam - Oil/canvas (80x60cm-31x24in) Amsterdam 96............ FF**9 820** - £1 261 - **$1,936**

PEKALSKI Leonard 1896-1944 [2]
Nature morte - Oil/canvas (66x82cm-26x32in) Warszawa 96.................................. FF**11 160** - £1 273 - **$2,140**

PELABON Auguste 1863-1932 [2]
Villa sur les rochers - Huile/panneau (18x24cm-7x9in) Paris 92.............................. FF**4 000** - £411 - **$770**

PELAEZ Amelia 1897-1968 [47]
Florero - Oil/canvas (68x39cm-27x15in) New-York 92.. FF**49 400** - £5 900 - **$9,500**
Vitral y Flores - Oil/canvas (98x72cm-39x28in) New-York 96............................ FF**114 400** - £14 550 - **$22,000**
Helechos - Oil/canvas (82x66cm-32x26in) New-York 97.................................... FF**240 551** - £25 641 - **$42,000**
Sin título - Gouache/paper (76x56cm-30x22in) New-York 97.............................. FF**25 832** - £2 743 - **$4,500**
La Costurera - Graphite (57x74cm-22x29in) New-York 97................................. FF**218 014** - £23 328 - **$38,000**

PELAEZ LEIRENA Juan 1882-1937 [1]
Paisaje Asturiano - Oleo/lienzo (51x81cm-20x32in) Madrid 94.............................. FF**11 340** - £1 353 - **$2,137**

PELAEZ Mariano 1920 [2]
Flora - Oleo/lienzo (60x50cm-24x20in) Madrid 94... FF**2 900** - £334 - **$497**

PELARDON Jean-Baptiste 1936 [2]
Geneviève en lionne - Huile/toile (73x60cm-29x24in) Bourg-en-Bresse 96.................. FF**15 000** - £1 877 - **$2,910**

PELAYO Orlando 1920-1990 [100]
- Composition - Huile/carton (72x100cm-28x39in) Boulogne 94 .... FF8 000 - £940 - **$1,401**
- Paisaje aéreo - Oleo/lienzo (46x61cm-18x24in) Madrid 96 .... FF22 400 - £2 904 - **$4,430**
- Felipe II - Huile/toile (137x133cm-54x52in) Paris 96 .... FF68 000 - £8 810 - **$13,320**
- Composición y seis fragmentos - Acuarela, gouache (65x50cm-26x20in) Madrid 96 .... FF11 030 - £1 337 - **$2,145**

PELEVIN Ivan Andreevich 1840-1917 [4]
- Haymaking - Oil/canvas (64x86cm-25x34in) Moscow 94 .... FF21 230 - £2 527 - **$4,000**

PELEZ Fernand 1843-1913 [4]
- Danseuses à l'habillage - Oil/canvas (38x46cm-15x18in) Stockholm 94 .... FF18 200 - £2 150 - **$3,240**

PELGROM Jacobus 1811-1861 [4]
- In front of the inn In de Kroon - Oil/canvas (63x74cm-25x29in) Amsterdam 91 .... FF23 450 - £2 363 - **$4,069**

PELHAM Thomas Kent XIX [19]
- The Gossip at the Well - Oil/canvas (71x96cm-28x38in) London 97 .... FF24 793 - £2 700 - **$4,312**

PELIKAN Julius 1887-? [1]
- Mutter und Sohn - Sculpture (42cm-17in) Düsseldorf 90 .... FF12 200 - £1 306 - **$2,122**

PELLAN Alfred 1906-1988 [73]
- A Quebec farmstead - Oil/canvas (43x58cm-17x23in) Toronto 95 .... FF23 240 - £3 080 - **$4,800**
- Femme à la perle - Oil/canvas (81x53cm-32x21in) Toronto 96 .... FF77 500 - £9 300 - **$14,840**
- Six femmes - Ink (28x21cm-11x8in) Toronto 96 .... FF3 800 - £481 - **$728**
- Le Canapé - Crayons couleurs (24x34cm-9x13in) Montréal 95 .... FF24 500 - £3 220 - **$4,910**

PELLAR Hanns 1886-1972 [8]
- Liebeslied - Oil/panel (63x56cm-25x22in) Frankfurt 92 .... FF15 300 - £1 566 - **$2,694**

PELLEGRIN Jacques 1944 [32]
- Intérieur paysan - Huile/toile (66x55cm-26x22in) Arles 96 .... FF3 500 - £444 - **$671**
- Bistrot à Paris - Huile/toile (54x65cm-21x26in) Aubagne 92 .... FF9 000 - £921 - **$1,585**

PELLEGRIN Joseph Honoré Maxime 1793-1849 [10]
- Brick goélette, Marseille - Aquarelle/papier (34x52cm-13x20in) Le Havre 96 .... FF27 000 - £3 360 - **$5,240**

PELLEGRIN Louis 1808-? [3]
- Gentleman seated on rocks - Watercolour (39x30cm-15x12in) London 93 .... FF1 760 - £220 - **$319**

PELLEGRINI Alfred Heinrich 1881-1958 [47]
- Fasan und Kaninchen - Huile/toile (67x52cm-26x20in) Zürich 96 .... FF39 740 - £4 600 - **$7,610**
- Die vier Weltteile: Asien - Oil/canvas (300x185cm-118x73in) Zürich 92 .... FF121 000 - £12 350 - **$21,300**
- Allegorie in Blau - Gouache (23x29cm-9x11in) Zürich 93 .... FF6 700 - £684 - **$1,180**

PELLEGRINI Carlo 1839-1889 [4]
- Sensender Bauer - Öl/Karton (49x29cm-19x11in) Bern 96 .... FF8 150 - £988 - **$1,584**
- The Earl of Desart - Watercolour (29x17cm-11x7in) London 97 .... FF2 656 - £320 - **$464**

PELLEGRINI Domenico 1759-1840 [2]
- Emma Hamilton - Oil/canvas (75x65cm-30x26in) London 96 .... FF237 700 - £28 000 - **$46,700**

PELLEGRINI Gian Antonio 1675-1741 [12]
- Venus and Cupid - Oil/canvas (103x126cm-41x50in) London 91 .... FF1 - £199 354 - **$328,398**
- Flora and Zephyr - Oil/Leinwald (95x81cm-37x32in) Wien 93 .... FF248 000 - £28 730 - **$41,150**

PELLEGRINI Riccardo 1863-1934 [39]
- Cirano - Olio/cartone (33x23cm-13x9in) Milano 95 .... FF11 440 - £1 440 - **$2,320**
- Il mercato di Tausch, Marocco - Olio/cartone (34x50cm-13x20in) Milano 95 .... FF24 300 - £3 060 - **$4,930**
- Sentinelles au repos - Huile/toile (46x81cm-18x32in) Paris 94 .... FF210 000 - £24 870 - **$38,800**

PELLENC Léon 1819-1894 [1]
- Rivière/Étang/Vieille poterne - Aquarelle Deauville 95 .... FF2 900 - £373 - **$604**

PELLERIER Maurice 1875-? [4]
- Retour de pêche - Huile/panneau (25x20cm-8x10in) Paris 90 .... FF4 500 - £466 - **$791**
- Péniches sur la rivière - Pastel (32x31cm-13x12in) Paris 90 .... FF2 600 - £267 - **$500**

PELLET Alphonse XIX [2]
- A Harem beauty - Oil/canvas (85x113cm-33x44in) New-York 96 .... FF155 800 - £19 840 - **$30,000**

PELLETIER Antoine Jules XIX-XX [3]
- Le moine caviste - Huile/panneau (25x19cm-10x7in) Calais 91 .... FF16 000 - £1 600 - **$2,635**

PELLETIER Auguste c.1780-c.1850 [12]
- White-Tailed Trogon - Watercolour, gouache (52x39cm-20x15in) London 96 .... FF22 460 - £2 600 - **$4,300**
- Green-Crested Turaco - Watercolour, gouache (52x38cm-20x15in) London 96 .... FF60 500 - £7 000 - **$11,580**

PELLETIER Jean c.1736-? [2]
- Scenes of children at play - Gouache (7x11cm-3x4in) London 96 .... FF16 080 - £2 000 - **$3,120**

PELLETIER Joseph Laurent 1811-1892 [4]
- Landschaft mit zwei Personen - Ink (10x14cm-4x6in) Köln 92 .... FF2 040 - £209 - **$359**

PELLETIER Pierre Jacques 1869-1931 [22]
- Fishing village at sunset - Oil/canvas/board (58x91cm-23x36in) New-York 94 .... FF11 310 - £1 372 - **$2,200**
- Place de la République - Pastel (70x50cm-28x20in) Calais 94 .... FF9 000 - £1 050 - **$1,577**

PELLEW John C. 1903-? [3]
- Saturday Night in Astoria, Queens
  Oil/canvas (86x69cm-34x27in) North Berwick, Maine 93 .... FF7 150 - £897 - **$1,300**

PELLICCIA Ferdinando 1808-1892 [2]
- Erminia inscribing the name of Tancredi - Marble (74cm-29in) London 93 .... FF27 800 - £3 200 - **$4,800**
- Victory - Marble (137cm-54in) New-York 94 .... FF154 000 - £18 370 - **$29,000**

PELLICCIOTTI Tito 1872-1950 [20]
- Tacchini nella campagna - Olio/tela (21x42cm-8x17in) Trieste 96 .... FF10 020 - £1 260 - **$1,920**
- Mercato arabo - Olio/tavola (17x39cm-7x15in) Roma 96 .... FF33 400 - £3 870 - **$6,500**

P

PELLICER Carlos 1948 [2]
🖌 Paisaje - Oil/masonite (52x66cm-20x26in) México 92 .... FF5 940 - £610 - **$1,085**

PELLICER Rafael 1906-1963 [2]
🖌 El moro - Oleo/lienzo (46x38cm-18x15in) Madrid 91 .... FF6 020 - £611 - **$1,087**
✏ Cordobes - Carbón/papel (46x30cm-16x12in) Madrid 96 .... FF2 437 - £309 - **$468**

PELLIZZA DA VOLPEDO Giuseppe 1868-1907 [8]
🖌 Paesaggio - Olio/tavola (12x17cm-5x7in) Milano 95 .... FF62 900 - £7 920 - **$12,760**
La piccola ambiziosa - Olio/tela (42x26cm-17x10in) Milano 90 .... FF621 000 - £63 501 - **$122,575**
✏ Profilo di testa maschile - Matita/carta (20x11cm-8x4in) Milano 95 ...... FF17 880 - £2 280 - **$3,660**

PELLON Gina 1926 [7]
🖌 Passager de la Nuit - Oil/canvas (161x113cm-63x44in) New-York 95 .... FF28 060 - £3 504 - **$5,500**

PELLOTIER Jean 1923-1967 [1]
🖌 Composition abstraite - Huile/toile (116x81cm-46x32in) Paris 90 .... FF40 000 - £4 283 - **$6,957**

PELLUS Michel 1945 [2]
🖌 Solitude - Huile/toile (91x61cm-36x24in) Montréal 91 .... FF3 225 - £323 - **$591**

PELOUSE Léon Germain 1838-1891 [55]
🖌 Bord de mer - Huile/toile (51x76cm-20x30in) Calais 97 .... FF12 500 - £1 339 - **$2,191**
Brook in the forest - Oil/canvas Stockholm 91 .... FF29 872 - £3 184 - **$5,216**
A thick forest - Oil/canvas (99x140cm-39x55in) New-York 95 .... FF332 000 - £41 400 - **$65,000**

PELS Albert 1910 [9]
🖌 Three black musicians - Oil/panel (48x68cm-19x27in) New-York 91 .... FF11 320 - £1 149 - **$2,045**

PELT van der Abraham 1815-1895 [1]
🖌 Religios scene - Oil/canvas/board (158x135cm-62x53in) Viby J, Århus 89 ..... FF19 300 - £1 920 - **$3,049**

PELT van Godfried 1873-1926 [3]
🖌 Sommerblumen in Vase - Öl/Karton (65x41cm-26x24in) Wien 93 .... FF9 580 - £1 150 - **$1,650**

PELTIER Marcel XX [13]
🖌 Terrasse à Dinard - Huile/toile (54x73cm-21x29in) Rouen 92 .... FF7 500 - £895 - **$1,443**

PELTIER Pierre 1900-1988 [66]
🖌 La porte de jardin - Huile (116x73cm-46x29in) Evreux 90 .... FF4 500 - £465 - **$795**

PELTON Agnes 1881-1961 [13]
🖌 Autumn Desert - Oil/canvas (51x76cm-20x30in) San Francisco-Los Angeles 96 .... FF20 900 - £2 417 - **$4,000**
✏ Iris - Watercolour/paper (51x36cm-20x14in) Cleveland, Ohio 92 .... FF7 770 - £814 - **$1,400**

PELTRIAUX Bernard 1921 [2]
🖌 Morceaux choisis - Huile/toile (61x50cm-24x20in) Sedan 95 .... FF13 000 - £1 643 - **$2,630**

PELUSO Francesco 1836-? [23]
🖌 Amorous couples - Oil/canvas (41x30cm-16x12in) New-York 93 .... FF13 050 - £1 500 - **$2,250**
Second thoughts - Oil/panel (47x31cm-19x12in) London 94 .... FF29 600 - £3 500 - **$5,320**

PELUZZI Eso 1894-1985 [5]
🖌 Varigotti - Olio/tavola (22x25cm-9x10in) Torino 93 .... FF8 290 - £950 - **$1,410**

PEMBERTON Muriel 1908-1944 [2]
✏ Design for Ruritania - Bodycolour (54x37cm-21x15in) London 97 .... FF2 801 - £300 - **$48,4 2**

PEMBERTON Sophie T. XIX-XX [2]
🖌 Brown Study - Oil/canvas (91x65cm-36x26in) London 90 .... FF9 270 - £943 - **$1,854**

PEN KOAT Pierre 1945 [88]
🖌 Clarinette - Huile/panneau (50x61cm-20x24in) Paris 97 .... FF4 400 - £480 - **$769**
Composition - Acrylique (106x75cm-42x30in) Paris 92 .... FF8 000 - £820 - **$1,440**
✏ Bouteille - Gouache (26x36cm-10x14in) Quimper 96 .... FF3 050 - £381 - **$591**

PEN Rudolph 1918-? [1]
✏ Landscape with flowers - Watercolour (74x53cm-29x21in) Chicago 94 .... FF1 624 - £193 - **$300**

PEÑA Alfonso X. 1903-? [2]
🖌 Combat de coqs - Huile/panneau (72x92cm-28x36in) Dieppe 95 .... FF4 000 - £518 - **$819**
Vendedora de alcatraces - Oil/masonite (40x50cm-16x20in) México 92 ...... FF54 000 - £5 540 - **$9,850**

PEÑA Feliciano 1915-1982 [2]
🖌 El Pastor - Oil/canvas/board (100x86cm-39x34in) New-York 95 .... FF43 700 - £5 800 - **$9,000**

PEÑA Y MUÑOZ Maximino 1863-1940 [27]
🖌 Fumador de pipa - Oleo/lienzo (67x52cm-26x20in) Madrid 89 .... FF25 700 - £2 557 - **$4,060**
✏ Mujer jóven con capa - Pastel (64x46cm-25x18in) Madrid 96 .... FF3 850 - £490 - **$740**

PENAGOS ZALABARDO Rafael 1889-1954 [6]
🖼 Chocolate Amatller, Marca, Luna - Poster (162x108cm-64x43in) New-York 95 ...... FF25 250 - £3 180 - **$5,000**
✏ Nuevo Mundo - Gouache (28x23cm-11x9in) Madrid 91 .... FF7 580 - £766 - **$1,505**

PENALBA Alicia Perez 1918-1982 [16]
🗿 Sans titre - Sculpture (13x31x55cm-5x12x22in) Paris 97 .... FF8 000 - £869 - **$1,403**
Oiseau lunaire - Bronze (105cm-41in) New-York 95 .... FF66 300 - £8 280 - **$13,000**
Le Signe - Bronze (80cm-31in) Paris 96 .... FF240 000 - £31 040 - **$47,100**

PEÑAS Y LEON Antonio XIX-XX [3]
🗿 Conversaciones - Relief (24x32cm-9x13in) Madrid 96 .... FF3 610 - £438 - **$702**

PENCK A.R. Ralf Winckler 1939 [246]
🖌 Spiel-Schwarz - Acrylic/canvas (50x40cm-20x16in) London 96 .... FF35 000 - £4 000 - **$6,670**
Emde im Osten - Dispersion/canvas (132x178cm-52x70in) New-York 95 ...... FF99 000 - £12 370 - **$20,000**
Senza titolo - Acrilico/cartone (150x200cm-59x79in) Prato 97 .... FF163 200 - £19 200 - **$28,800**
Standart 3 - Oil/canvas (150x150cm-59x59in) New-York 92 .... FF511 000 - £52 300 - **$90,000**
🖼 Ohne Titel - Eau-forte (64x93cm-25x37in) Luzern 94 .... FF10 840 - £1 272 - **$1,930**

P

- Denkmal für Great Britain - Bronze (18cm-7in) Berlin 97 .... FF31 081 - £3 300 - **$5,414**
- Zen-Trum - Bronze (114cm-45in) København 93 .... FF126 400 - £14 350 - **$21,400**
/ Ohne Titel - Gouache (50x83cm-20x33in) Köln 96 .... FF10 870 - £1 240 - **$2,080**
Untitled - Pencil (59x42cm-23x17in) New-York 97 .... FF26 163 - £2 747 - **$4,500**
Untitled IV - Gouache/paper (49x64cm-19x25in) New-York 94 .... FF69 700 - £8 050 - **$12,000**

PENDER Jack 1918 [57]
- Moorings 2 - Oil/board (61x61cm-24x24in) London 97 .... FF5 602 - £600 - **$96,8 4**

PENDINO Roland XX [4]
- Lever de nuit - Huile/toile (130x97cm-51x38in) Paris 90 .... FF3 500 - £362 - **$618**

PENDL Erwin 1875-1945 [31]
/ Oktober 1913 - Aquarell/Papier (23x30cm-9x12in) Wien 93 .... FF10 580 - £1 264 - **$2,035**
Feldsberg Castle, Liechtenstein - Watercolour/paper (27x35cm-11x14in) Wien 96 .... FF77 200 - £9 360 - **$15,020**

PENFIELD Edward 1866-1925 [20]
- Harper's November - Poster (28x46cm-11x18in) New-York 95 .... FF6 060 - £764 - **$1,200**
/ Revolutionary soldier walking - Ink (33x30cm-13x12in) New-York 96 .... FF3 370 - £435 - **$650**

PENFOLD Frank C. 1849-1920 [4]
- Boys Fishing - Oil/canvas (20x25cm-8x10in) North Berwick, Maine 94 .... FF6 410 - £770 - **$1,200**

PENLEY Aaron Edwin 1807-1870 [27]
/ A guide at Llanberis - Watercolour (16x24cm-6x9in) London 96 .... FF7 180 - £900 - **$1,396**

PENN Irving 1917 [242]
- Nude 59 - Gelatin silver print (38x38cm-15x15in) New-York 96 .... FF15 470 - £1 987 - **$3,000**

PENN William Charles 1877-1968 [7]
- Female Nudes - Oil/board (30x33cm-12x13in) London 97 .... FF2 801 - £300 - **$48,4 2**
- Young girl in white - Oil/canvas (81x64cm-32x25in) London 92 .... FF29 240 - £3 400 - **$5,970**

PENN Yehuda XIX-XX [1]
- Jewish porter - Oil/board (24x19cm-9x7in) Tel Aviv 95 .... FF44 000 - £5 690 - **$9,000**

PENNACHINI Domenico 1860-? [6]
- News from Afar - Oil/canvas (40x78cm-16x31in) New-York 92 .... FF41 600 - £4 970 - **$8,000**
/ Im Gespräch - Aquarell (52x75cm-20x30in) München 94 .... FF15 360 - £1 815 - **$2,760**

PENNAMEN Guy XX [5]
- Chargement du goëmon - Huile/toile (61x50cm-24x20in) Concarneau 93 .... FF4 600 - £555 - **$837**

PENNASILICO Giuseppe 1861-1940 [10]
/ A fond farewell - Oil/canvas (81x113cm-32x44in) London 95 .... FF30 860 - £4 000 - **$6,420**

PENNE de Charles Olivier 1831-1897 [72]
- Hounds at rest - Oil/panel (32x24cm-13x9in) New-York 93 .... FF24 750 - £3 104 - **$4,500**
- Les épagneuls - Huile/panneau (56x46cm-22x18in) Calais 97 .... FF39 000 - £4 274 - **$6,845**
Chasse, Duc d'Orléans, Chantilly - Huile/toile (80x122cm-31x48in) Calais 94 ..... FF153 000 - £18 130 - **$28,260**
/ Setters levant un canard - Aquarelle/papier (32x46cm-13x18in) Paris 96 .... FF23 500 - £2 690 - **$4,480**

PENNELL Harry XIX-XX [7]
/ River at Streetly-on-Thames - Watercolour (24x36cm-9x14in) London 93 .... FF2 434 - £280 - **$420**

PENNELL Joseph 1860-1926 [64]
- St. Pauls NYC - Etching (25x20cm-10x8in) Mystic, Connecticut 93 ...... FF1 513 - £190 - **$275**
/ Bridge at Le Puy - Ink/paper (36x48cm-14x19in) New-York 96 .... FF1 520 - £197 - **$300**
Governor's Island - Watercolour, gouache/paper (23x31cm-9x12in) New-York 95 ...... FF12 300 - £1 610 - **$2,500**

PENNINGTON Harper 1854-1920 [1]
- Baker's Assistant Mixing Dough - Pastel/paper (100x75cm-39x30in) New-York 96 ...... FF20 900 - £2 417 - **$4,000**

PENNOYER Albert Shelton 1888-1957 [7]
- From the Peaks Down - Oil/canvas (63x76cm-25x30in) New-York 93 .... FF23 100 - £2 897 - **$4,200**
- Monterey Picnic - Pastel (58x48cm-23x19in) Mystic, Connecticut 94 ...... FF8 740 - £1 040 - **$1,600**

PENNY Edward 1714-1791 [2]
- Gentleman holding a book in a park - Oil/canvas (91x71cm-36x28in) New-York 90 ... FF228 800 - £24 059 - **$39,791**

PENNY Edwin 1930 [16]
/ A hobby - Watercolour (35x50cm-14x20in) London 92 .... FF34 100 - £3 500 - **$6,540**

PENNY William Daniel 1834-1924 [2]
- The steam paddle tug May mulling - Oil/canvas (56x91cm-22x36in) London 89 ...... FF17 400 - £1 731 - **$2,749**

PENONE Giuseppe 1942 [9]
- Procedere in verticale - Technique mixte/carton (50x34cm-20x13in) Paris 90 ...... FF35 000 - £3 747 - **$6,087**
/ Il suo esser fino al 49. anno d'età - Graphit (78x21cm-31x8in) Düsseldorf 93 ...... FF22 040 - £2 633 - **$4,240**

PÉNOT Albert Joseph c.1870-? [18]
- Jeune femme à la mantille - Huile/toile (100x46cm-39x27in) Paris 93 ...... FF10 000 - £1 250 - **$1,820**
- Rousse nue - Huile/toile (47x80cm-19x31in) Orléans 96 .... FF37 500 - £4 880 - **$7,430**
/ Le Cardinal indiscret - Aquarelle (46x33cm-18x13in) Saint-Dié 95 ...... FF4 500 - £587 - **$934**

PENRAAT Maria 1949 [16]
- La balade - Huile/toile (50x61cm-20x24in) Arles 92 .... FF3 300 - £338 - **$581**
/ Le parasol - Pastel (50x36cm-20x14in) Toulouse 94 .... FF1 800 - £216 - **$341**

PENROSE Francis C. 1817-1903 [1]
/ Vue de Figueras - Aquarelle (11x21cm-4x8in) Paris 95 .... FF2 000 - £260 - **$413**

PENROSE James Doyle 1862-1932 [1]
- A Lady reading - Oil/canvas (76x64cm-30x25in) London 95 .... FF2 080 - £260 - **$421**

PENROSE Roland 1900-1984 [4]
/ Sans titre - Gouache (52x37cm-20x15in) Paris 95 .... FF8 000 - £1 016 - **$1,640**

PENSÉE Charles 1799-1871 [7]
/ Paysage à l'étang - Aquarelle (26x37cm-10x15in) Paris 95 .... FF2 800 - £354 - **$562**

PENSTONE Edward c.1830-1896 [2]
Rêverie - Watercolour (22x17cm-9x7in) London 92.. FF15 140 - £1 550 - **$2,673**

PENTHER Charles [2]
Bouquet de roses au vase bleu - Huile/panneau (60x45cm-24x18in) Brest 89.......................... FF3 200 - £337 - **$539**

PENTHER Daniel 1837-1887 [2]
Herrenporträt - Öl/Leinwand (96x74cm-38x29in) München 94............................. FF2 400 - £285 - **$439**
Jesuskind mit Johannes - Öl/panel (80x125cm-31x49in) Wien 93...................... FF57 700 - £6 900 - **$11,100**

PENZ Alois 1853-1910 [1]
Steirischer Junge auf Bank - Tempera/paper (42x31cm-17x12in) Lindau 96 .... FF5 570 - £720 - **$1,076**

PÉPIN Jean Paul 1897-1983 [4]
Maison en ville - Huile/toile (61x76cm-24x30in) Montréal 97.......................... FF2 073 - £219 - **$358**

PEPINO Anton Josef 1863-1921 [1]
Gemüsemarkt in Italien - Öl/panel (11x20cm-4x8in) Wien 92......................... FF4 810 - £493 - **$847**

PEPLOE Samuel John 1871-1935 [42]
On the beach at Royan - Oil/board (27x36cm-11x14in) Auchterarder, Perthshire 95 .... FF93 700 - £12 000 - **$18,450**
Tulips and Aspidistra - Oil/canvas (56x46cm-22x18in) Edinburgh 96................ FF196 300 - £25 000 - **$37,800**
The Black Bottle - Oil/canvas (51x51cm-20x20in) Edinburgh 96.................... FF667 000 - £85 000 - **$128,500**

PEPPER Beverly 1924 [17]
Asiatic black web - Sculpture (61x58x96cm-24x23x38in) New-York 92............. FF12 250 - £1 423 - **$2,500**
Harmonius Triad - Cast ductile iron (259x67x61cm-102x26x24in) New-York 93 .... FF143 000 - £17 930 - **$26,000**

PEPPER Charles Hovey 1864-1950 [7]
Old Jim McClellan/Edgar McKay
Gouache/board (51x30cm-20x12in) Cambridge, Mass. 93........................ FF7 080 - £806 - **$1,200**

PEPPER George Douglas 1903-1962 [9]
East end Houses, Bright Street - Oil/canvas (91x107cm-36x42in) Toronto 94 .... FF20 460 - £2 390 - **$3,610**
Blue Rocks, Nova Scotia - Oil/canvas (92x107cm-36x42in) Toronto 94 .... FF61 400 - £7 170 - **$10,820**

PEPPER Kathleen Daly 1898-1994 [6]
Village street - Oil/panel (53x68cm-21x27in) Toronto 95............................. FF26 800 - £3 555 - **$5,530**

PEPPERCORN Arthur Douglas 1847-1924 [6]
Open Water - Oil/canvas (41x61cm-16x24in) London 95.......................... FF3 260 - £420 - **$663**
A Rural Idyll - Watercolour (20x30cm-8x12in) London 95......................... FF1 720 - £200 - **$351**

PEPPINGHEGE Bernhard 1893-1966 [2]
Kompositionen - Gouache (46x65cm-18x26in) München 95........................ FF1 780 - £222 - **$360**

PEQUEUX Guy 1942 [42]
Montagnes rouges - Technique mixte/panneau (100x100cm-39x39in) Paris 91 .... FF6 500 - £660 - **$1,174**
Sans titre - Technique mixte/papier (65x75cm-26x30in) Paris 93.................... FF2 800 - £315 - **$475**

PEQUIN Charles E. 1879-1963 [1]
Melle N. - Huile/toile (111x94cm-44x37in) Genève 91.......................... FF4 250 - £437 - **$791**

PERADON Pierre Edmond 1893-1981 [8]
Clocher de village en Manche - Huile/toile Lille 91........................... FF4 500 - £542 - **$851**

PERAHIM Jules 1914 [10]
Composition - Huile/toile (81x116cm-32x46in) Paris 92......................... FF7 000 - £717 - **$1,233**

PERAIRE Paul E. 1829-1893 [20]
Personnages près du moulin à eau - Huile/toile (38x61cm-15x24in) Rennes 96 .... FF17 500 - £2 026 - **$3,350**
French river landscape - Oil/canvas (127x217cm-50x85in) New-York 96............ FF164 600 - £19 950 - **$32,000**

PERALTA DEL CAMPO Francisco ?-1897 [4]
The Cleric's Visit - Oil/panel (40x56cm-16x22in) New-York 94.................... FF79 700 - £9 500 - **$15,000**

PERAUX Lionel 1871-? [2]
Der Brief (La Lettre) - Aquarelle/papier (37x27cm-15x11in) Bremen 93 .... FF13 230 - £1 513 - **$2,234**

PERBANDT von Carl 1832-1911 [8]
Watching the Ships Set Sail
Oil/canvas (40x66cm-16x26in) San Francisco-Los Angeles 96................. FF18 130 - £2 273 - **$3,500**

PERBOYRE Paul Emile Léon 1851-1929 [40]
Scène d'assaut , Alsace - Huile/panneau (31x40cm-12x16in) Paris 97 .... FF4 100 - £463 - **$743**
Combat, Balschwiller - Oil/canvas (55x65cm-22x26in) New-York 92.............. FF10 260 - £1 050 - **$1,900**
The Meet - Oil/panel (38x46cm-15x18in) New-York 94.......................... FF39 300 - £4 615 - **$7,000**

PERCEVAL de Jesús 1916 [4]
Aguadoras - Oleo/tabla (48x34cm-19x13in) Madrid 93.......................... FF5 640 - £678 - **$1,098**

PERCIVAL Harold 1868-1914 [3]
Rothesay Bay - Watercolour (50x70cm-20x28in) London 94....................... FF5 790 - £680 - **$1,015**

PERCY Carl Arthur C:son 1886-1976 [69]
Trädgård med röda blommor - Oil/canvas (58x74cm-23x29in) Stockholm 96 .... FF15 270 - £1 980 - **$3,020**
Nature morte - Oil/canvas (92x65cm-36x26in) Stockholm 96.................... FF32 250 - £3 790 - **$6,340**
Gladiolus - Oil/canvas (75x60cm-30x24in) Stockholm 96....................... FF74 500 - £8 750 - **$14,650**

PERCY Herbert Sidney XIX [5]
The wood gatherer - Huile/toile (46x61cm-18x24in) Montréal 95.................. FF5 040 - £639 - **$1,015**

PERCY Sidney Richard 1821-1886 [68]
Snowdon, Flynnon - Oil/canvas (35x57cm-14x22in) London 97.................. FF85 714 - £9 000 - **$14,691**
Surrey - Oil/canvas (91x122cm-36x48in) New-York 97........................ FF231 212 - £24 648 - **$40,000**
Welsh landscape - Oil/canvas (61x96cm-24x38in) New-York 96................ FF500 000 - £64 700 - **$100,000**

PERDA Víctor 1955 [2]
Caseta azul - Oleo/lienzo (41x33cm-16x13in) Madrid 94....................... FF6 220 - £734 - **$1,107**

P

PERDRIAT Hélène 1894-1969 [4]
🖼 *Le bain* - Oil/canvas (61x46cm-24x18in) London 95 .... FF**6 330** - £800 - **$1,270**
PEREA Y ROJAS Alfredo 1839-1895 [2]
✏ *En el corral de caballos* - Lápiz (50x32cm-20x13in) Madrid 94 .... FF**1 738** - £203 - **$305**
PEREA Y ROJAS Daniel 1834-1909 [1]
📜 *Plaza de Toros de Zaragoza* - Affiche (260x100cm-102x39in) Boulogne 96 .... FF**2 000** - £251 - **$387**
PEREBOOM Frans 1897-1969 [1]
🖼 *Landschap te Polare* - Huile/panneau (23x30cm-9x12in) Lokeren 92 .... FF**4 980** - £510 - **$876**
PEREDA Raimondo 1840-1915 [1]
🗿 *Negro boy* - Bronze (54cm-21in) London 95 .... FF**39 150** - £5 200 - **$8,070**
PEREHUDOFF William 1919 [14]
🖼 *Okema #6* - Acrylic/canvas (81x229cm-32x90in) Toronto 92 .... FF**6 910** - £825 - **$1,330**
PEREIRA LEAL Irène 1920-1987 [54]
🖼 *Lever du jour* - Huile/toile (46x55cm-18x22in) Paris 91 .... FF**3 400** - £343 - **$663**
PÉRELLE Gabriel 1603-1677 [8]
🖼 *Paysage animé* - Huile/cuivre (26cm-10in) Paris 93 .... FF**38 000** - £4 750 - **$6,910**
PERELLI Achille 1822-1891 [9]
✏ *Redfish* - Pastel (71x51cm-28x20in) New Orleans, Louisiana 95 .... FF**19 540** - £2 494 - **$4,000**
PEREPLETCHIKOFF Wladimir Wassiliew. 1863-1918 [1]
🖼 *Landscape with a herds men* - Oil/canvas (37x59cm-15x23in) Moscow 93 .... FF**11 800** - £1 343 - **$2,000**
PERESS Pierre 1919 [2]
🖼 *L'église sur la colline* - Huile/toile (74x92cm-29x36in) Calais 97 .... FF**3 000** - £321 - **$526**
PERETTI Achille 1857/62-1923 [3]
🖼 *John L. Sullivan* - Oil/canvas (58x48cm-23x19in) New Orleans, Louisiana 92 .... FF**15 680** - £1 820 - **$3,200**
PERETTI Jean-Michel XX [3]
🖼 *Vase d'iris* - Huile/toile (73x80cm-29x31in) Lyon 92 .... FF**6 000** - £716 - **$1,154**
PEREZ AGUILERA Miguel 1924 [6]
🖼 *Paisaje costero/Paisaje fantastico* - Oleo/lienzo (42x53cm-17x21in) Madrid 91 .... FF**488 000** - £49 174 - **$84,680**
✏ *Canal en una aldea montañosa* - Drawing (39x29cm-15x11in) Madrid 91 .... FF**10 300** - £1 025 - **$1,771**
PÉREZ ALCALA Ricardo 1939 [4]
✏ *Rincón azul* - Acuarela/papel (56x38cm-22x15in) México 92 .... FF**21 600** - £2 220 - **$3,870**
PÉREZ Alfonso 1881-1914 [5]
🖼 *L'arrivée de la diligence* - Huile/panneau (80x100cm-31x39in) Paris 96 .... FF**53 000** - £6 220 - **$10,420**
PEREZ Alonso 1853-1929 [20]
🖼 *La chasse aux papillons* - Huile/toile (60x30cm-24x12in) Calais 97 .... FF**13 000** - £1 425 - **$2,282**
Halt on the Journey - Oil/panel (60x75cm-24x30in) New-York 97 .... FF**119 385** - £12 858 - **$21,000**
PEREZ Augusto 1929 [3]
🗿 *Sfinge* - Bronze (56x43x75cm-22x17x30in) Milano 93 .... FF**23 530** - £2 725 - **$4,050**
PEREZ BARRADAS Rafael 1890-1929 [7]
🖼 *Hombre en la taberna* - Oil/canvas (99x68cm-39x27in) New-York 93 .... FF**532 000** - £60 400 - **$90,000**
✏ *Comentaristas de Crimenes* - Tinta/papel (25x27cm-10x11in) Madrid 94 .... FF**15 640** - £1 866 - **$2,930**
PÉREZ Bartolomé 1634-1693 [9]
🖼 *Bouquets of Flower* - Oil/canvas (49x37cm-19x15in) New-York 94 .... FF**654 902** - £69 817 - **$115,000**
PÉREZ COMENDADOR Enrique 1900-1981 [1]
🗿 *Desnudo femenino* - Bronze (40cm-16in) Madrid 96 .... FF**6 420** - £735 - **$1,223**
PEREZ DE HOLGUIN Melchor 1665-1724 [1]
🖼 *St. Christopher & the Christ child* - Oil/canvas (122x104cm-48x41in) New-York 94 .... FF**17 600** - £2 130 - **$3,250**
PÉREZ HERRERO María Luisa 1898-1934 [1]
🖼 *Paisaje de El Escorial* - Oleo/lienzo (51x40cm-20x16in) Madrid 93 .... FF**7 050** - £848 - **$1,373**
PEREZ Mathias XX [2]
🖼 *Composition* - Mixed media (65x40cm-26x16in) Paris 89 .... FF**4 500** - £435 - **$683**
✏ *Composition* - Encre Chine (65x50cm-26x20in) Paris 89 .... FF**3 500** - £338 - **$531**
PEREZ RUBIO Antonio 1822-1888 [1]
🖼 *La gallina ciega* - Oleo/tabla (19x26cm-7x10in) Madrid 93 .... FF**12 100** - £1 375 - **$2,050**
PEREZ RUBIO Timoteo 1896-1977 [4]
🖼 *Paisaje, 1924* - Oil/cardboard (35x40cm-14x16in) Madrid 90 .... FF**27 000** - £2 872 - **$4,830**
PEREZ TORRES Julio 1901 [5]
🖼 *Toledo* - Oleo/lienzo (54x75cm-21x30in) Madrid 92 .... FF**4 380** - £439 - **$841**
PEREZ VILLAAMIL Genaro 1807-1854 [27]
🖼 *Albufera de Valencia* - Oleo/lienzo Madrid 97 .... FF**52 000** - £5 590 - **$8,970**
Bull flight/Casa del Rey D. Pedro - Oil/metal (22x30cm-9x12in) London 92 .... FF**127 000** - £13 000 - **$22,360**
✏ *Ruinas y figuras* - Gouache/carton (28x46cm-11x18in) Madrid 94 .... FF**9 530** - £1 095 - **$1,630**
PEREZ VILLALTA Guillermo 1948 [13]
🖼 *Paisaje de agosto* - Acrilico/lienzo (38x46cm-15x18in) Madrid 93 .... FF**37 400** - £4 290 - **$6,370**
✏ *Habitacion en Marrakech* - Tinta china/papel (30x38cm-12x15in) Madrid 93 .... FF**12 460** - £1 484 - **$2,254**
PEREZ-BECERRA Alejandro 1945 [2]
✏ *Bazar* - Gouache (98x68cm-39x27in) Genève 89 .... FF**10 100** - £1 064 - **$1,700**
PERFALL von Erich Freiherr 1882-1961 [9]
🖼 *Sonnenaufgang am Niederrhein* - Oil/canvas (41x50cm-16x20in) Köln 92 .... FF**8 160** - £835 - **$1,437**
PERFETTI Giorgio 1932-1961 [7]
🖼 *Solitude* - Oil/board (38x28cm-15x11in) Delray Beach, Florida 94 .... FF**4 205** - £501 - **$800**
PERGER Sigmund Ferdinand 1778-1841 [4]
🖼 *Die Kapitulation von Leipzig* - Oil/canvas (95x80cm-37x31in) Stuttgart 91 .... FF**12 840** - £1 289 - **$2,221**

Anna von Böhmen und Ungarn - Aquarell/Papier (33x24cm-13x9in) Wien 95 .... FF**4 980** - £*632* - **$1,002**

PERI Lucien 1880-1948 [9]
Environs d'Ajaccio - Huile/panneau (46x61cm-18x24in) Paris 96 .... FF**5 500** - £*708* - **$1,090**
Cannes, La Côte d'Azur - Affiche (98x62cm-39x24in) Neuilly 96 .... FF**1 700** - £*220* - **$334**
Rivage méditerranéen - Gouache/papier (27x21cm-11x8in) Calais 97 .... FF**2 000** - £*200* - **$337**

PERICAUD Jean-Pierre 1938 [10]
Sans titre - Acrylique/toile (103x67cm-41x26in) Versailles 96 .... FF**6 000** - £*689* - **$1,145**

PERICO 1937 [3]
Fleurs - Huile/toile (22x16cm-9x6in) Montélimar 94 .... FF**2 000** - £*232* - **$344**

PERICOLI Tullio 1936 [6]
Cosa c'è sulle pietre corrose ? - Tecnica mista (100x70cm-39x28in) Milano 92 .... FF**18 120** - £*1 855* - **$3,190**
Frammento - Acquarello/carta (57x75cm-22x30in) Milano 93 .... FF**8 420** - £*945* - **$1,507**

PERIES Ivan 1921-1988 [1]
Two figures walking by moonlight - Oil/canvas (79x69cm-31x27in) London 96 .... FF**28 330** - £*3 500* - **$5,470**

PERIGAL Arthur 1816-1889 [26]
Ben Eiach, Glen Torridon - Oil/canvas (71x160cm-28x63in) Glasgow 91 .... FF**19 200** - £*1 936* - **$3,390**
Loch Ranza Castle, Arran - Watercolour (28x46cm-11x18in) Glasgow 96 .... FF**4 630** - £*600* - **$915**

PERIGNON Alexis Joseph 1806-1882 [5]
Enfant assis un fouet à la main - Huile/toile (115x90cm-45x35in) Paris 92 .... FF**29 000** - £*3 460* - **$5,580**

PERIGNON Alexis Nicolas 1726-1782 [15]
Vue de la ville de Soleure - Gravure (26x50cm-10x14in) Bern 95 .... FF**2 894** - £*362* - **$585**
Moulin à Auxerre - Aquarelle (20x26cm-8x10in) Paris 96 .... FF**9 500** - £*1 152* - **$1,847**
Rotunda & triumphal arch - Black chalk (29x31cm-11x12in) New-York 93 .... FF**27 500** - £*3 250* - **$5,000**

PERIGOT Alexandre 1959 [1]
Gravitation - Sculpture (45x15cm-18x6in) Paris 89 .... FF**41 000** - £*4 080* - **$6,477**

PERILLI Achille 1927 [82]
Il futurizzato - Acrilico/tela (65x81cm-26x32in) Prato 97 .... FF**15 300** - £*1 800* - **$2,700**
Morbido sospeso irritante - Idropittura/tela (81x100cm-32x39in) Prato 94 .... FF**43 000** - £*5 200* - **$8,060**
Lo spirito mercuriale - Olio/tela (114x146cm-45x57in) Milano 92 .... FF**162 700** - £*19 350* - **$31,300**

PERILLI Achille, sculpt. 1822-1891 [1]
Bust of a gentleman - (25cm-10in) New Orleans, Louisiana 94 .... FF**1 760** - £*204* - **$300**

PERILLO Gregory 1929 [3]
Mangus coloradus - Oil/canvas (61x46cm-24x18in) New-York 90 .... FF**12 600** - £*1 306* - **$2,214**

PERIN Alphonse Henri 1798-1874 [7]
Jeune homme nu évanoui - Mine plomb (17x25cm-7x10in) Versailles 90 .... FF**2 400** - £*249* - **$422**

PERIN Yvonne 1905-1967 [2]
Paysage de Provence - Huile/toile (52x60cm-20x24in) Bruxelles 96 .... FF**3 290** - £*419* - **$633**

PÉRIN-SALBREUX Lié-Louis 1753-1817 [8]
Monsieur de Désaugiers - Miniature (7cm-3in) Genève 92 .... FF**63 200** - £*6 460* - **$11,130**

PERINDANI Carlo 1899-? [1]
Italienische Küstenlandschaft - Oil/Leinwand (40x50cm-16x20in) Zofingen 94 .... FF**3 213** - £*377* - **$572**

PERINI Antonio 1830-1879 [1]
Ricordo di Venezia - Albumen print (25x33cm-10x13in) London 93 .... FF**1 660** - £*200* - **$290**

PERIS BRELL Julio 1866-1944 [4]
Alquería - Oleo/lienzo (58x54cm-23x21in) Madrid 94 .... FF**24 700** - £*2 964* - **$4,800**

PERIS Vicente 1943 [6]
Alacena - Oleo/lienzo (73x54cm-29x21in) Madrid 90 .... FF**16 200** - £*1 679* - **$2,847**

PERIS-CARBONELL Antonio 1957 [3]
La corniche à Sète - Huile/toile (55x46cm-22x18in) Arles 91 .... FF**2 500** - £*250* - **$412**

PERITORE Alphonse XX [2]
Citadelle, 1987 - Huile/toile (81x65cm-32x26in) L'Isle-Adam 90 .... FF**3 000** - £*321* - **$522**

PERIZI Nino 1917-1994 [3]
Il sole - China (52x42cm-20x17in) Trieste 96 .... FF**3 280** - £*371* - **$627**

PERIZI Tiziano 1895-1975 [2]
Fiori - Olio/tavola (80x60cm-31x24in) Trieste 96 .... FF**6 680** - £*840* - **$1,280**

PERKINS Christopher 1891-1968 [1]
In the Fields - Oil/canvas/board (51x60cm-20x24in) London 94 .... FF**13 330** - £*1 600* - **$2,495**

PERKINS Granville 1830-1895 [21]
Coast, sunset - Oil/canvas (45x76cm-18x30in) North Bethesda, MD. 91 .... FF**8 960** - £*898* - **$1,641**
Stormy coast - Watercolour, gouache/board (27x70cm-11x28in) New-York 92 .... FF**4 830** - £*494* - **$850**

PERKINS Mary Smyth 1875-1931 [3]
Summer day, lake Solitude - Oil/canvas (76x91cm-30x36in) New-York 92 .... FF**45 400** - £*4 650* - **$8,000**
Boys bathing in the canal - Oil/canvas (76x91cm-30x36in) New-York 92 .... FF**79 500** - £*8 130* - **$14,000**

PERKINS Parker S. 1862-1949 [5]
Marine scene - Oil/canvas (61x71cm-24x28in) Cambridge, Mass. 92 .... FF**2 695** - £*313* - **$550**

PERKINS Walter Granville 1830-1895 [2]
Off Long Island - Oil/canvas (25x46cm-10x18in) New-York 89 .... FF**11 400** - £*1 101* - **$1,730**
New York harbor - Oil/canvas (25x35cm-10x14in) New-York 89 .... FF**34 300** - £*3 314* - **$5,205**

PERKO Anton 1833-1905 [5]
Gasse in Ragusa - Aquarell/Papier (27x12cm-11x5in) Wien 95 .... FF**7 890** - £*1 015* - **$1,605**

P

PERKOIS Jacobus 1752-1804 [5]
Redhanded Tamarin (Saguinus midas)
Watercolour (42x26cm-17x10in) Amsterdam 92 .... FF24 100 - £2 880 - **$4,640**
PERKUHN Edwin 1861-1943 [1]
Personnen beim Kirchgang - Öl/Leinwand (66x42cm-26x17in) Kempten 96 .... FF8 220 - £1 078 - **$1,666**
PERL Karl 1876-? [4]
Exotic dancer - Ivory, bronze (33cm-13in) London 95 .... FF17 620 - £2 200 - **$3,454**
PERLBERG Christian 1806-1884 [2]
Neapolitanisches Fischergenre - Oil/canvas (41x55cm-16x22in) Bremen 92 .... FF39 000 - £4 660 - **$7,500**
PERLBERG Friedrich 1848-1921 [14]
Jerusalem - Pencil (53x71cm-21x28in) London 91 .... FF9 420 - £956 - **$1,701**
PERLBERG Georg 1807-1884 [5]
Hunting dogs and falcons - Oil/canvas (41x33cm-16x13in) London 91 .... FF24 940 - £2 501 - **$4,117**
PERLBERGER Leo 1890-1935 [1]
Viadukt - Öl/Leinwand (55x69cm-22x27in) Wien 95 .... FF5 880 - £761 - **$1,196**
PERLE Edmund 1854-1935 [2]
Szames (street scene) - Watercolour/board (51x30cm-20x12in) Warszawa 96 .... FF9 640 - £1 203 - **$1,863**
PERLEY Myron 1883-1939 [1]
The Road to Wellville - Watercolour/board (56x44cm-22x17in) New-York 95 .... FF2 565 - £319 - **$500**
PERLIN Bernard 1918 [7]
Divorce - Tempera/board (62x45cm-24x18in) New-York 91 .... FF22 640 - £2 284 - **$4,000**
Autumn leaves - Tempera/board (101x76cm-40x30in) New-York 91 .... FF125 400 - £12 630 - **$22,000**
Gas station - Tempera/paper (33x55cm-13x22in) New-York 92 .... FF7 380 - £756 - **$1,300**
PERLROTT-CSABA Vilmos 1880-1955 [1]
Four nude studies - Wash (20x16cm-8x6in) Elgin, Illinois 91 .... FF3 396 - £342 - **$589**
PERMAN Louisa Ellen 1854-1921 [6]
Roses - Oil/canvas (61x51cm-24x20in) Edinburgh 92 .... FF15 630 - £1 600 - **$2,750**
PERMEKE Constant 1886-1952 [147]
Kleine Lichte Zee - Oil/canvas/panel (25x35cm-10x14in) Amsterdam 97 .... FF32 964 - £3 465 - **$5,662**
Cottage in a Landscape - Oil/canvas (60x75cm-24x30in) Amsterdam 97 .... FF62 931 - £6 615 - **$10,810**
Village - Oil/canvas (65x80cm-26x31in) Amsterdam 97 .... FF137 848 - £14 490 - **$23,680**
The Trial - Oil/canvas (93x113cm-37x44in) Amsterdam 96 .... FF664 000 - £76 800 - **$127,100**
Nu couché - Bronze (63cm-25in) Antwerpen 92 .... FF39 540 - £4 720 - **$7,600**
A standing Nude - Charcoal (114x45cm-45x18in) Amsterdam 97 .... FF64 448 - £6 759 - **$11,059**
Standing Nude - Charcoal/paper (150x95cm-59x37in) Amsterdam 97 .... FF87 886 - £9 217 - **$15,081**
PERMEKE Hendrick Lodewijk 1849-1912 [4]
Marine - Huile/toile (66x81cm-26x32in) Lokeren 93 .... FF21 420 - £2 560 - **$4,380**
PERMEKE John 1914-1993 [1]
Landschap - Huile/panneau (41x55cm-16x22in) Lokeren 93 .... FF7 770 - £888 - **$1,344**
PERMEKE Paul 1918-1990 [74]
Joueur de clarinette - Huile/panneau (63x48cm-25x19in) Bruxelles 97 .... FF3 926 - £410 - **$672**
Scène de rue - Huile/toile (60x80cm-24x31in) Bruxelles 96 .... FF7 700 - £997 - **$1,540**
Marine - Huile/toile (100x120cm-39x47in) Lokeren 95 .... FF18 400 - £2 420 - **$3,694**
PERNELLE Ernest 1870-? [2]
Rue de village - Huile/toile (61x46cm-24x18in) Morlaix 92 .... FF2 100 - £251 - **$404**
PERNES Léo ?-1960 [13]
Pardon de Penhors - Huile/toile (65x80cm-26x31in) Quimper 97 .... FF7 500 - £803 - **$1,315**
Village breton - Huile/toile (60x81cm-24x32in) Saint-Amand-Montrond 97 .... FF28 000 - £3 530 - **$5,550**
PERNET Alexandre J. Henry 1763-? [24]
Classical scenes with Figures - Watercolour (31x20cm-12x8in) New-York 97 .... FF9 423 - £1 049 - **$1,700**
Scènes de pêche (2) - Aquarelle (20x35cm-8x14in) Paris 97 .... FF22 000 - £2 449 - **$3,969**
Paysages de ruines de fantaisie - Aquarelle (43x60cm-17x24in) Monaco 93 .... FF140 000 - £16 100 - **$24,140**
PERNET Percival XX [2]
Championnat du monde - Poster (99x65cm-39x26in) London 94 .... FF2 713 - £320 - **$483**
PERNHART Marcus 1824-1871 [3]
Burgruine bei St. Veit an der Glan - Oil/canvas (54x68cm-21x27in) Wien 90 .... FF57 600 - £5 950 - **$10,177**
PERNOT François Alexandre 1793-1865 [10]
Paysage - Dessin (38x54cm-15x21in) Chaumont 92 .... FF3 300 - £338 - **$581**
PERNOT Henri 1859-1937 [3]
La Grande Soeur - Gilded bronze (37cm-15in) New-York 96 .... FF11 400 - £1 420 - **$2,200**
PERON Marie François 1810-1888 [1]
Album de 46 dessins - Aquarelle (49x34cm-19x13in) Paris 93 .... FF10 000 - £1 250 - **$1,820**
PÉRON Pierre ?-1988 [33]
Église St. Sauveur et les toits - Huile/toile (55x48cm-22x19in) Brest 97 .... FF3 800 - £412 - **$667**
L'ondée en Penfeld - Huile/toile (45x55cm-18x22in) Brest 93 .... FF10 000 - £1 150 - **$1,720**
Dunes près du Guilvinec - Gouache (44x59cm-17x23in) Brest 97 .... FF4 400 - £477 - **$773**
PÉRON René XX [6]
Les Grandes Manoeuvres - Affiche (160x120cm-63x47in) Paris 93 .... FF7 000 - £797 - **$1,187**
PERONNE Louis 1892-? [2]
Marin à la pipe - Huile/toile (100x80cm-39x31in) Neuilly 96 .... FF4 300 - £507 - **$844**
PEROT Luc 1922-1985 [6]
Le silence - Huile/toile (86x206cm-34x81in) Bruxelles 91 .... FF5 980 - £612 - **$1,110**
PÉROT P. 1851-? [1]
Marine, Cherbourg - Oil/canvas (58x100cm-23x39in) Köbenhavn 91 .... FF15 840 - £1 617 - **$2,873**

PEROT Robert 1931 [12]
L'Étreinte - Bronze (37x21x24cm-15x8x9in) Paris 93 .... FF**11 500** - £1 386 - **$2,090**
PEROT Roger 1908-1976 [11]
Delahaye - Poster (158x117cm-62x46in) London 96 .... FF**23 560** - £3 000 - **$4,530**
PÉROUSE J. Mario 1880-1958 [3]
Printemps aux Andelys - Huile/toile (47x55cm-19x22in) Clermont-Ferrand 95 .... FF**14 000** - £1 742 - **$2,730**
PEROUTKA Franz 1808-1857 [1]
Gruppenbildnis einer Familie - Aquarell (17x23cm-7x9in) Stuttgart 95 .... FF**2 074** - £271 - **$416**
PERRACHON André 1827-1909 [9]
Roses - Huile/carton (23x17cm-9x7in) Lyon 97 .... FF**4 500** - £475 - **$772**
Summer flowers in a vase - Oil/canvas (115x87cm-45x34in) Amsterdam 94 .... FF**61 000** - £7 080 - **$10,500**
PERRACHON Joseph XX [2]
Maison près du port - Huile/carton (61x73cm-24x29in) Lyon 95 .... FF**3 500** - £423 - **$659**
PERRACHON Robert 1937 [5]
Pêche à la lanterne - Huile (50x73cm-20x29in) Grenoble 92 .... FF**2 000** - £205 - **$352**
PERRASSIN Alexis XIX [2]
Nouvelle venue au harem - Huile/papier/panneau (15x20cm-6x8in) Paris 94 .... FF**15 000** - £1 777 - **$2,770**
PERRAUD Jean Joseph 1819-1876 [2]
Femme sortant du bain - Terracotta (11cm-4in) Paris 95 .... FF**10 000** - £1 260 - **$1,980**
PERRAUD William 1927 [2]
Orchidées Hyménée - Huile/toile (46x33cm-18x13in) Draguignan 93 .... FF**4 500** - £506 - **$763**
PERRAUDIN Paul 1907-1993 [1]
Orvillers-sur-Oise, le verger - Aquarelle, gouache/papier (36x50cm-14x20in) Versailles 90 .... FF**2 800** - £302 - **$494**
PERRAULT Edmond Léon 1828-1888 [1]
Saying her prayers, 1868 - Oil/canvas (44x36cm-17x14in) London 89 .... FF**43 600** - £4 458 - **$7,010**
PERRAULT Léon Jean Basile 1832-1908 [29]
Siège de Constantine - Huile/toile (78x81cm-31x32in) Monaco 96 .... FF**38 000** - £4 360 - **$7,250**
L'Hôtesse - Oil/canvas (112x87cm-44x34in) London 95 .... FF**120 700** - £16 000 - **$24,930**
Deux sœurs - Oil/canvas (114x79cm-45x31in) New-York 97 .... FF**484 882** - £52 266 - **$85,000**
PERRAULT-HARRY Émile 1878-1938 [4]
Singe fumant sur une citrouille - Bronze (13cm-5in) Paris 93 .... FF**2 200** - £275 - **$400**
Chiens de meute - Bronze (50cm-20in) Chambord 93 .... FF**90 000** - £10 840 - **$16,360**
PERRÉ Danièle 1924 [9]
Orage sur le port - Huile (81x100cm-32x39in) Paris 90 .... FF**10 000** - £1 007 - **$1,959**
PERRE Henri 1828-1890 [1]
York blockhouse - Oil/cardboard (14x22cm-6x9in) Toronto 95 .... FF**2 744** - £359 - **$550**
PERRELET Paul Auguste 1870-1965 [4]
Après-midi - Huile/toile (46x55cm-18x22in) Zofingen 95 .... FF**5 100** - £646 - **$1,025**
PERRET Aimé 1847-1927 [13]
Pêcheur en barque - Huile/toile (33x41cm-13x16in) Calais 97 .... FF**5 000** - £548 - **$878**
The harvesters - Oil/canvas (65x82cm-26x32in) New-York 90 .... FF**68 600** - £7 298 - **$12,272**
PERRET Henri François XIX-XX [3]
Paysage aux pêcheurs - Huile/panneau (60x73cm-24x29in) Le Touquet 91 .... FF**22 000** - £2 233 - **$3,973**
PERRET Julien A. 1871-? [1]
Café au Caire - Aquarelle (45x30cm-18x12in) Paris 95 .... FF**8 000** - £1 035 - **$1,635**
PERRET Marius 1853-1900 [1]
Piroguiers de Guet-N'Dar, Sénégal - Huile/toile (44x93cm-17x37in) Paris 96 .... FF**15 500** - £1 780 - **$2,960**
PERRET Roland 1955 [2]
La Madone des Neiges - Gouache/carton (80x60cm-31x24in) Saint-Dié 90 .... FF**3 300** - £332 - **$646**
PERRETT Galen Joseph 1875-1949 [1]
Blue and white - Oil/canvas/board (21x26cm-8x10in) Boston, Mass. 91 .... FF**9 580** - £954 - **$1,647**
PERREY Léon Auguste 1841-1900 [1]
Jeune fille sortant de la vague - Oil/canvas (97x162cm-38x64in) New-York 90 .... FF**40 350** - £4 063 - **$7,904**
PERREY Louis 1856-? [1]
The Favourite Pet - Oil/canvas (61x50cm-24x20in) London 95 .... FF**28 400** - £3 600 - **$5,720**
PERRIE Bertha E. ?-1921 [2]
Sailboats docked at Gloucester - Oil/board (33x40cm-13x16in) Cambridge, Mass. 89 .... FF**16 000** - £1 636 - **$2,572**
Gloucester Harbor - Watercolour/paper (32x40cm-13x16in) New-York 95 .... FF**7 750** - £997 - **$1,600**
PERRIER Alexandre 1862-1936 [7]
Lac de Roy/Mont-Blanc - Öl/Leinwand (46x65cm-18x26in) Zürich 95 .... FF**40 200** - £5 220 - **$8,370**
PERRIGARD Hal Ross 1891-1960 [16]
Grist Mill, near the Wayside Inn - Oil/board (46x61cm-18x24in) Toronto 94 .... FF**4 680** - £557 - **$881**
PERRIN Alphonse 1798-1874 [2]
Seize dessins - Mine plomb Paris 94 .... FF**3 800** - £450 - **$701**
PERRIN Charles [1]
Famille champenoise - Huile/toile (180x251cm-71x99in) Reims 89 .... FF**23 500** - £2 338 - **$3,712**
PERRIN Gabriel XIX-XX [2]
A basket of orange - Oil/canvas (81x116cm-32x46in) New-York 95 .... FF**133 000** - £16 550 - **$26,000**
PERRIN Jean Charles Nicaise 1754-1831 [1]
La Générosité de Scipion - Oil/canvas (81x99cm-32x39in) London 91 .... FF**99 200** - £10 068 - **$17,916**

PERRIN Léon 1860-1931 [1]
🖌 *Avant de sortir* - Huile/toile (55x46cm-22x18in) Paris 92 .... FF4 200 - £430 - $740
PERRIN Michel 1932 [10]
🖌 *Route de Lacolle* - Huile/toile (61x76cm-24x30in) Montréal 90 .... FF2 000 - £207 - $353
PERRIN Olivier Stanislas 1761-1832 [1]
🖌 *Cavalcade de noce/Partie de cartes* - Huile/toile (35x43cm-14x17in) Brest 96 .... FF64 000 - £7 710 - $12,270
PERRIN Paul Robert 1904-1954 [2]
🖌 *Nature morte* - Mischtechnik/Karton (44x60cm-17x24in) Zofingen 91 .... FF5 150 - £516 - $850
PERRIN Yvonne 1905-1967 [2]
🖌 *Ruelle et maisonnettes* - Oil/canvas (45x55cm-18x22in) Bern 92 .... FF3 720 - £380 - $655
PERRINE van Dearing 1868-1955 [1]
🖌 *Winter Cliffs* - Oil/canvas (89x66cm-35x26in) New-York 96 .... FF9 910 - £1 148 - $1,900
PERRODIN François 1956 [2]
🖌 *20-06, 1989* - Acrylique/bois (50x50cm-20x20in) Paris 96 .... FF3 000 - £376 - $580
PERRON Charles Clément 1893-1958 [30]
🖌 *Bourg en Bretagne* - Huile/toile (35x27cm-14x11in) Brest 94 .... FF2 800 - £329 - $496
Fenêtre éclairée - Huile/toile (41x33cm-16x13in) Morlaix 97 .... FF7 500 - £808 - $1,317
Intérieur guérandais - Huile/toile (46x55cm-18x22in) Nantes 95 .... FF12 000 - £1 578 - $2,453
PERRON Charles Théodore 1862-1934 [5]
🗿 *Napoléon à cheval* - Bronze (29cm-11in) Bruxelles 96 .... FF3 180 - £412 - $637
PERRON Louis Paul 1919 [26]
🖌 *Les Laurentides* - Huile/toile (51x61cm-20x24in) Montréal 90 .... FF7 800 - £841 - $1,376
✏ *Paysage avant l'orage* - Pastel (49x64cm-19x25in) Montréal 90 .... FF6 900 - £713 - $1,219
PERRONE Jeff 1953 [2]
🗿 *Untitled* - Glazed earthenware (30cm-12in) New-York 94 .... FF8 710 - £1 007 - $1,500
PERRONE Pietro 1956 [4]
🖌 *Senza titolo* - Olio/tela (200x60cm-79x24in) Milano 90 .... FF26 500 - £2 819 - $4,741
PERRONNEAU Jean-Baptiste 1715-1783 [11]
🖌 *Madame Miron* - Huile/toile (64x53cm-25x21in) Paris 91 .... FF550 000 - £55 820 - $99,335
✏ *Monsieur Perreau Duclos* - Pastel (66x54cm-26x21in) London 95 .... FF100 400 - £13 000 - $20,800
PERRONNET Maurice 1877-1950 [10]
🖌 *Marine* - Huile/toile (38x55cm-15x22in) Paris 89 .... FF3 500 - £348 - $553
✏ *Sarah Bernard dans Esther* - Pastel/papier (36x28cm-14x11in) Paris 97 .... FF8 000 - £845 - $1,382
PERROT Adolphe 1818-1887 [1]
🖌 *Paysages* - Huile/toile (37x49cm-15x19in) Nîmes 90 .... FF12 000 - £1 199 - $2,277
PERROT Ferdinand 1808-1841 [4]
🖌 *Baie de Naples* - Huile/toile (38x62cm-15x24in) Paris 94 .... FF24 000 - £2 864 - $4,500
PERROT Jean-Luc XX [4]
✏ *Premières vêpres de Noël* - Pastel (21x26cm-8x10in) Lille 96 .... FF1 600 - £200 - $309
PERROT Maurice F. 1892-? [8]
🖌 *Ramassage du goémon* - Huile/toile (60x73cm-24x29in) Lyon 94 .... FF6 500 - £773 - $1,190
PERROT Roberto 1931 [2]
🗿 *Excentrique, 1989* - Sculpture (8x5x8cm-3x2x3in) Paris 90 .... FF3 000 - £319 - $537
Floralie, 1989 - Bronze (14x15x15cm-6x6x6in) Paris 90 .... FF11 000 - £1 170 - $1,968
PERRY Alfred XIX-XX [3]
✏ *Common companions* - Watercolour/paper (35x53cm-14x21in) London 90 .... FF9 700 - £1 039 - $1,687
PERRY Enoch Wood 1831-1915 [16]
🖌 *Reading/Tending the fire* - Oil/canvas (18x22cm-7x9in) New-York 92 .... FF39 800 - £4 070 - $7,000
Clock Doctor - Oil/canvas (56x67cm-22x26in) New-York 96 .... FF156 600 - £18 120 - $30,000
PERRY John S. 1895-1980 [3]
✏ *Native portrait* - Pastel (41x33cm-16x13in) Victoria, B.C. 93 .... FF2 230 - £253 - $377
PERRY Lilla Cabot 1848-1933 [7]
🖌 *Scent of Roses* - Oil/canvas (100x76cm-39x30in) New-York 92 .... FF135 200 - £16 140 - $26,000
PERRY Roland Hinton 1870-1941 [2]
🗿 *Standing female nude* - Bronze (40cm-16in) New-York 96 .... FF3 100 - £384 - $600
PERSÉUS Edvard 1841-1890 [1]
🖌 *Två systrar* - Oil/canvas (115x82cm-45x32in) Stockholm 91 .... FF9 420 - £956 - $1,701
PERSOGLIA von Franz 1852-1912 [8]
🖌 *Ladies fishing in a stream* - Oil/panel (39x31cm-15x12in) New-York 89 .... FF25 700 - £2 557 - $4,060
Escena galante - Oleo/lienzo (78x63cm-31x25in) Madrid 91 .... FF65 000 - £6 566 - $12,903
PERSON Henri 1876-1926 [31]
🖌 *Les Tartanes, St. Tropez* - Huile/toile (43x56cm-17x22in) Paris 96 .... FF20 000 - £2 410 - $3,840
Bateaux à Constantinople - Huile/toile (82x120cm-32x47in) Paris 94 .... FF150 000 - £17 760 - $27,700
✏ *Hauteurs d'Antibes* - Aquarelle (32x40cm-13x16in) Paris 97 .... FF10 500 - £1 142 - $1,828
PERSON Oskar 1912-1980 [4]
🖌 *Fyrisån med Magdeburnskolan* - Oil/canvas (36x47cm-14x19in) Uppsala 91 .... FF2 434 - £244 - $446
PERSON Ragnar 1905-1992 [200]
🖌 *Tre gubbar till häst* - Oil/panel (25x17cm-10x7in) Stockholm 97 .... FF6 098 - £678 - $1,102
Dragspelaren - Oil/canvas (65x54cm-26x21in) Stockholm 95 .... FF33 000 - £4 180 - $6,640
Bruden - Oil/canvas (110x140cm-43x55in) Stockholm 96 .... FF127 000 - £15 820 - $24,500
PERSON Rune 1914-1990 [8]
🖌 *Tekanna, frukter och blomster* - Oil/canvas (47x60cm-19x24in) Stockholm 89 .... FF3 500 - £348 - $553

PERSSON Folke 1905-1964 [13]
Vid kajen - Oil/canvas (33x41cm-13x16in) Göteborg 94................................FF5 890 - £683 - $1,014

PERSSON Lasse 1937 [2]
Staplade ting - Acrylic/canvas (195x130cm-77x51in) Stockholm 96...............FF6 050 - £783 - $1,160

PERSSON Peter Adolf 1862-1914 [19]
Sommarlandskap - Oil/canvas (45x68cm-18x27in) Stockholm 94....................FF5 750 - £690 - $1,086
Vinterlandskap, Glumslöv - Oil/canvas (44x66cm-17x26in) Malmö 96 ....FF18 240 - £2 364 - $3,574

PERTEAGUDO Carlos 1937 [6]
Vendeuse de poissons - Huile/panneau (27x22cm-11x9in) Saint-Dié 93...............FF3 000 - £375 - $546

PERTGEN Karl Maria 1881-? [1]
Boulevard du Temple en 1862 - Oil/canvas (83x19cm-33x7in) New-York 90 ...... FF457 600 - £47 420 - $80,422

PERTUS Ferdinand 1883-1948 [5]
Le Troubadour - Gouache (22x35cm-9x14in) Paris 96................................FF2 800 - £355 - $537

PÉRUGIER Auguste 1856-1936 [9]
Vue de Saint-Tropez - Huile/toile (32x44cm-13x17in) Neuilly 96...................FF12 500 - £1 473 - $2,454
Les Martigues - Pastel (15x24cm-6x9in) Paris 90................................FF9 500 - £981 - $1,678

PERUGINI Charles Edward 1839-1918 [6]
Sketch for The Green Lizard - Oil (17x25cm-7x10in) London 97...................FF50 505 - £5 500 - $8,783
Portia - Oil/canvas (68x50cm-27x20in) London 95...............................FF154 600 - £20 000 - $31,600

PERVOLARAKIS Othon 1887-1974 [1]
Roses - Oil/canvas (48x31cm-19x12in) Athens 96................................FF17 150 - £1 985 - $3,290

PERVUHIN C.C. 1863-1915 [1]
Venezia - Oil/panel (31x22cm-12x9in) Moscow 93................................FF11 070 - £1 275 - $1,900

PESAN Josef 1899-? [1]
The flowers seller - Oil/canvas (80x71cm-31x28in) Wien 95......................FF6 860 - £888 - $1,395

PESCADOR SALDAÑA Félix 1836-? [1]
Mozo fumando junto a su mula - Oleo/tabla (21x16cm-8x6in) Madrid 96.............FF4 420 - £550 - $858

PESCARA Louis 1920 [42]
Paysage inachevé - Huile/toile (54x65cm-21x26in) Quimper 95...................FF3 000 - £374 - $585
Nature morte - Huile/toile (41x27cm-16x11in) Orange 92........................FF17 000 - £1 746 - $3,150

PESCE Jean 1926 [34]
Kiosque du marchand d'appâts - Huile/toile (38x46cm-15x18in) Aubagne 96..........FF2 100 - £270 - $408
Femme aux cartes à jouer - Huile/panneau (38x55cm-15x22in) Les Baux-de-Provence 95 .... FF3 500 - £453 - $721

PESCHEK Adolf 1884-1933 [1]
Die heilige Familie - Oil/panel (109x87cm-43x34in) Wien 90....................FF16 800 - £1 799 - $2,922

PESCHEL Carl Gottlieb 1798-1879 [3]
Eliezar und Rebekka - Black chalk (30x38cm-12x15in) Hamburg 96..................FF9 510 - £1 084 - $1,820

PESCHERET Leon R. 1892-1961 [2]
Chicago architecture - Wash (48x29cm-19x11in) Elgin, Illinois 91...............FF2 830 - £285 - $491

PESCHKA Anton Emanuel 1885-1940 [29]
Gelbe Blüten - Öl/Leinwand (79x79cm-31x31in) Wien 90..........................FF14 430 - £1 810 - $2,820
Bäuerlicher Innenhof - Aquarell/Papier (47x59cm-19x23in) Wien 97...............FF4 778 - £508 - $824
Wintertag in den Hohen Tauern - Aquarell/Papier (33x46cm-13x18in) Wien 96.......FF10 550 - £1 280 - $2,053

PESENTI Vindizio Nodari 1871-1961 [1]
Paesaggio con torrente - Olio/tela (60x75cm-24x30in) Roma 96..................FF5 010 - £581 - $975

PESICOVA Jaroslava 1935 [2]
Diptychon - Oil/panel (136x336cm-54x132in) München 91.........................FF40 600 - £4 042 - $6,982

PESIS G.A. 1928-1980 [1]
Les morses - Huile/toile (87x120cm-34x47in) Pont-Audemer 94....................FF4 800 - £552 - $822

PESKE Geza 1859-1934 [7]
Young boy carving his sword - Oil/canvas/board (81x91cm-32x36in) New-York 96 .... FF10 000 - £1 295 - $2,000

PESKÉ Jean 1870-1949 [180]
Maison dans les arbres - Huile/toile (46x55cm-18x22in) Calais 97..............FF7 500 - £803 - $1,315
Paysage fauve - Huile/carton (28x36cm-11x14in) Deauville 97...................FF18 000 - £1 954 - $3,189
Paysage de bord de mer - Huile/toile (179x251cm-70x99in) Paris 97..............FF110 000 - £12 034 - $19,162
L'Estampe et l'Affiche - Poster (91x128cm-36x50in) New-York 96.................FF38 200 - £4 500 - $7,500
Fermière à Bois-le-Roi - Pastel (47x31cm-19x12in) Versailles 95...............FF4 500 - £584 - $937
Paris, le pont Marie - Aquarelle (37x46cm-15x18in) Deauville 92................FF12 000 - £1 228 - $2,160

PESNE Antoine 1683-1757 [8]
Pique-nique dans un parc - Huile/toile (69x86cm-27x34in) Paris 90.............FF430 000 - £46 336 - $75,838

PESNELLE Charles Albert XIX-XX [2]
Potier au Caire - Huile/toile (80x54cm-31x21in) Paris 92......................FF69 000 - £8 230 - $13,270

PESSINA Angelo 1896-? [2]
Lago Maggiore - Olio/tela (70x100cm-28x39in) Milano 95........................FF9 150 - £1 152 - $1,856

PESSLER Ernst 1838-1900 [2]
Dornröschen Erwachen - Pencil/paper (62x48cm-24x19in) Wien 94.................FF6 840 - £792 - $1,176

PESTEL Vera Efimovna 1886-1952 [2]
Composition - Oil/cardboard (34x16cm-13x6in) London 90........................FF34 900 - £3 761 - $6,155
Mädchen mit einem Sessel sitzend - Watercolour/paper (20x14cm-8x6in) Wien 93....FF4 810 - £575 - $925

PÉSZELY Antal 1891-? [2]
Barockes Kirchen-Interieur - Oil/panel (35x25cm-14x10in) Lindau 95............FF3 384 - £423 - $683

PETER Axel 1863-1947 [17]
🖼 *Stockholm i vinter* - Oil/canvas (55x80cm-22x31in) Stockholm 95 .... FF**5 500** - £**697** - **$1,107**
PETER Emanuel Thomas 1799-1873 [16]
🖊 *Young Lady with crossed arms* - Miniature (9cm-4in) London 97 .... FF**20 696** - £**2 200** - **$3,570**
PETER Geni 1908-1969 [2]
🖼 *Still life* - Oil/canvas (60x70cm-24x28in) Amsterdam 93 .... FF**9 010** - £**1 080** - **$1,647**
PETER Johann Wenzel 1745-1829 [7]
🖼 *A grey and cows in a field* - Oil/canvas (98x136cm-39x54in) London 97 .... FF**104 068** - £**11 000** - **$17,941**
PETER Victor 1840-1918 [5]
🗿 *Deux amis* - Bronze (26cm-10in) London 92 .... FF**12 660** - £**1 300** - **$2,353**
PETER-REININGHAUS Maria 1883-? [1]
🖊 *Mädchen mit Mistelzweig* - Red chalk/paper (39x30cm-15x12in) Wien 97 .... FF**2 396** - £**252** - **$411**
PETERDI Gabor 1915 [6]
🗄 *Untitled* - Etching (30x18cm-12x7in) Chicago 93 .... FF**2 340** - £**293** - **$425**
PÉTERELLE Adolphe 1874-1947 [39]
🖼 *Dame en noir* - Huile/toile (61x38cm-24x15in) Paris 93 .... FF**3 000** - £**362** - **$546**
🖊 *Scène d'église* - Huile/toile (73x60cm-29x24in) Douai 96 .... FF**16 500** - £**2 057** - **$3,190**
🖊 *Nu* - Aquarelle (40x20cm-16x8in) Douai 96 .... FF**2 900** - £**362** - **$561**
PETERHANS Walter A. 1897-1960 [2]
📷 *Still Life Composition* - (26x21cm-10x8in) New-York 94 .... FF**58 400** - £**6 970** - **$11,000**
PETERICH Paul 1864-? [1]
🗿 *Angel, arms raised above his head* - Bronze (24cm-9in) Amsterdam 94 .... FF**1 676** - £**198** - **$301**
PETERS Anna 1843-1926 [56]
🖼 *Frühling* - Öl/Leinwand (38x38cm-15x15in) Stuttgart 96 .... FF**37 540** - £**4 880** - **$7,430**
Früchtstilleben in Landschaft - Öl/Leinwand (79x65cm-31x26in) Bremen 93 .... FF**84 700** - £**10 120** - **$16,300**
Mixed fruit still life - Öl/Leinwand (38x50cm-15x20in) Stuttgart 94 .... FF**222 000** - £**26 700** - **$42,300**
PETERS August 1837-1901 [1]
🖼 *Blick auf Egern am Tegernsee* - Oil/canvas (47x65cm-19x26in) Stuttgart 91 .... FF**2 554** - £**256** - **$468**
PETERS Carl C. 1822-1899 [6]
🖼 *Barn in Winter* - Oil/canvas (51x61cm-20x24in) Cambridge, Mass. 94 .... FF**10 830** - £**1 268** - **$1,900**
PETERS Carl William 1897-1980 [28]
🖼 *Gloucester Harbor* - Oil/canvas (51x61cm-20x24in) Cambridge, Mass. 92 .... FF**10 920** - £**1 304** - **$2,100**
Bright winter landscape - Oil/canvas (64x76cm-25x30in) Elgin, Illinois 95 .... FF**99 400** - £**12 420** - **$19,500**
PETERS Charles Rollo 1862-1928 [25]
🖼 *Watching at sunset*
Oil/canvas/board (76x101cm-30x40in) San Francisco-Los Angeles 91 .... FF**11 400** - £**1 149** - **$1,978**
Dusk - Oil/canvas (88x63cm-35x25in) New-York 92 .... FF**39 200** - £**4 550** - **$8,000**
PETERS Clinton Dewitt 1865-? [1]
🖼 *Portrait of a gentleman* - Oil/canvas (71x52cm-28x20in) London 93 .... FF**2 490** - £**300** - **$435**
PETERS Constance 1878-1935 [1]
🖼 *Tonalist sunset* - Oil/canvas (46x61cm-18x24in) San Francisco-Los Angeles 90 .... FF**7 400** - £**778** - **$1,287**
PETERS Hela 1885-? [2]
🖼 *Lesende* - Oil/canvas (84x96cm-33x38in) Bremen 92 .... FF**34 000** - £**3 480** - **$5,980**
PETERS Jean Antoine 1725-1795 [9]
🖊 *Autoportrait* - Pastel (4x35cm-2x14in) Paris 95 .... FF**38 000** - £**4 990** - **$7,620**
PETERS Manes 1906-1980 [1]
🖼 *Sommertag am Niederrhein* - Oil/cardboard (70x80cm-28x31in) Köln 95 .... FF**19 500** - £**2 464** - **$3,910**
PETERS Matthew William 1741/42-1814 [8]
🖼 *Kitty Fisher* - Oil/canvas (62x66cm-24x26in) London 96 .... FF**11 600** - £**1 500** - **$2,276**
PETERS Oda 1894-1987 [3]
🖼 *Interiør med laesende kvinde* - Oil/canvas (54x58cm-21x23in) Vejle 94 .... FF**2 437** - £**286** - **$434**
PETERS Otto 1882-? [1]
🖊 *Jungen Knaben im Matrosenanzug* - Pastel/paper (52x40cm-20x16in) München 91 .... FF**1 540** - £**158** - **$287**
PETERS Otto Seraphim 1858-1908 [3]
🖼 *Blick auf Puchberg* - Öl/Leinwand (31x46cm-12x18in) Wien 94 .... FF**17 150** - £**2 027** - **$3,163**
PETERS Pieter Francis 1818-1903 [30]
🖼 *Winterliche Flusslandschaft* - Öl/Leinwand (42x58cm-17x23in) Hamburg 97 .... FF**13 482** - £**1 442** - **$2,350**
Schloß Hohenloh in Neuenstein - Oil/canvas (89x138cm-35x54in) Stuttgart 92 .... FF**74 400** - £**8 660** - **$15,200**
🖊 *Landschaft bei Möhringen* - Aquarell (15x22cm-6x9in) Stuttgart 95 .... FF**14 470** - £**1 873** - **$2,944**
PETERS Pietronella 1848-1924 [8]
🖼 *Junges Mädchen im Sonntagskleid* - Öl/Karton (38x24cm-15x9in) Stuttgart 94 .... FF**17 150** - £**2 035** - **$3,170**
PETERS Udo 1884-1964 [8]
🖼 *Dorfstrasse mit Birken* - Oil/panel (52x64cm-20x25in) Bremen 95 .... FF**41 350** - £**5 350** - **$8,410**
PETERS Wilhelm Otto 1851-1935 [12]
🖼 *Drøbak kirke* - Oil/canvas (53x73cm-21x29in) Tønsberg 92 .... FF**11 700** - £**1 362** - **$2,390**
PETERSEN Albert 1875-1957 [1]
🖼 *Fiskere omkring en båd på stranden* - Oil/canvas (123x185cm-48x73in) Viby J, Århus 92 .... FF**2 816** - £**288** - **$496**
PETERSEN Anna Sofie 1845-1910 [2]
🖼 *Interior of St. Geneviève, Paris* - Oil/canvas (79x65cm-31x26in) London 92 .... FF**6 350** - £**650** - **$1,121**
PETERSEN Armand 1891-1969 [7]
🗿 *Le coureur indien* - Bronze (16cm-6in) Soissons 96 .... FF**19 500** - £**2 430** - **$3,770**
PETERSEN Carl Ludwig 1824-? [2]
🖼 *Udsigt mod Hekla, Island* - Oil/canvas Köbenhavn 93 .... FF**3 256** - £**391** - **$626**

PETERSEN Carl Olof 1880-1939 [1]
⬦ *Fischer und seine Frau* - Ink (40x35cm-16x14in) Hamburg 94.. FF2 247 - £267 - $416
PETERSEN Clara Wilhelmine 1854-1918 [2]
🐦 *Voksende hvude* - Oil/canvas (80x57cm-31x22in) København 92... FF6 130 - £733 - $1,178
PETERSEN Edvard Frederik 1841-1911 [23]
🐦 *A church interior* - Oil/canvas (64x47cm-25x19in) London 95... FF2 160 - £280 - $450
Lac animé de montagne - Huile/toile (52x77cm-20x30in) Lyon 92 .... FF15 000 - £1 536 - $2,700
PETERSEN Einar 1885-1986 [1]
🐦 *The View from the Garden*
    Oil/canvas (81x66cm-32x26in) San Francisco-Los Angeles 92.. FF8 820 - £1 024 - $1,800
PETERSEN Emanuel A. 1894-1948 [100]
🐦 *Parti fra Jacobshavn* - Oil/canvas (60x80cm-24x31in) København 96................................. FF2 280 - £289 - $437
Snow landscape, Groenland - Oil/canvas (67x97cm-26x38in) København 95 .... FF11 080 - £1 413 - $2,180
PETERSEN Fanny 1861-1934 [3]
🐦 *Parti fra Skagen* - Oil/canvas (20x35cm-8x14in) København 91.. FF3 520 - £353 - $609
PETERSEN Gyde 1862-1943 [3]
🐦 *Marine* - Oil/canvas (39x60cm-15x24in) Vejle 94.. FF17 400 - £1 996 - $2,974
PETERSEN Hans Meyer 1937 [4]
🐦 *Oiseaux nocturnes* - Oil/canvas (92x73cm-36x29in) København 91.................................... FF2 634 - £266 - $523
PETERSEN Heinrich 1806-1874 [1]
🐦 *Bjerglandskap* - Oil/canvas (35x51cm-14x20in) København 90... FF2 500 - £250 - $474
PETERSEN Heinrich And. Sophus 1834-1916 [4]
🐦 *Gitana off a Hanseatic port* - Oil/canvas (48x70cm-19x28in) London 93............................ FF37 350 - £4 500 - $6,520
PETERSEN Hugo V. 1870-1959 [8]
🐦 *Hvide og lyslilla syrener* - Oil/canvas (84x110cm-33x43in) København 90 .... FF7 000 - £754 - $1,235
PETERSEN Jacob 1774-1855 [12]
🐦 *British Naval Ship & other Vessels* - Oil/canvas (55x72cm-22x28in) London 97 .... FF42 214 - £4 500 - $7,370
✎ *Countess of Seafield of Inverness* - Watercolour (47x35cm-19x14in) London 97 .... FF24 390 - £2 600 - $4,258
PETERSEN Julius 1851-1911 [6]
🐦 *Udsigt over Århusd* - Oil/canvas (69x89cm-27x35in) Viby J, Århus 96 .... FF2 674 - £347 - $535
PETERSEN Lorenz 1803-1870 [3]
🐦 *Sejlskibet Mauricio* - Oil/canvas (46x65cm-18x26in) København 95.................................. FF26 300 - £3 280 - $5,150
PETERSEN Martin 1870-1943 [2]
🐦 *Flusslandschaft* - Öl/Karton (22x26cm-9x10in) München 95.. FF2 110 - £265 - $422
PETERSEN Nielsine Caroline 1851-1916 [3]
🗿 *Bertel Thorvaldsen* - Marble (71cm-28in) København 92... FF30 800 - £3 150 - $5,430
PETERSEN Perry 1908-1958 [1]
✎ *Man/Discovering the corpse* - Gouache New-York 96.. FF4 400 - £569 - $850
PETERSEN Roland 1926 [12]
🐦 *The Rider* - Oil/canvas (134x119cm-53x47in) San Francisco-Los Angeles 94 .... FF33 450 - £4 360 - $6,500
PETERSEN Sigmund 1904-1973 [2]
🐦 *Landskab med huse ved fjord* - Oil/canvas (65x95cm-26x37in) København 89 .... FF2 200 - £225 - $354
PETERSEN Sophus 1837-1904 [12]
🐦 *Stilleben med apelsiner* - Oil/canvas (20x30cm-8x12in) Stockholm 96 .... FF11 530 - £1 440 - $2,230
PETERSEN Tom 1861-1926 [13]
🐦 *Fra Caritasbronden på Nytorv* - Oil/canvas (43x31cm-17x12in) København 92................. FF10 560 - £1 080 - $1,860
PETERSEN Vilhelm 1812-1880 [15]
🐦 *Parti fra Humlebaek* - Oil/canvas (32x42cm-13x17in) København 91................................. FF4 390 - £436 - $762
On the beach - Oil/canvas (31x44cm-12x17in) København 96 .... FF23 100 - £2 960 - $4,550
PETERSEN Vilhelm 1851-1931 [5]
🐦 *Nordsjaellandsk kystparti* - Oil/canvas (17x27cm-7x11in) København 92........................ FF10 560 - £1 080 - $1,860
PETERSEN von Hans Ritter 1850-1914 [4]
🐦 *The Ship Gibraltar* - Oil/canvas (46x64cm-18x25in) New-York 97.................................... FF31 321 - £3 386 - $5,500
PETERSEN Walter 1862-1950 [3]
🐦 *Dame im modischen Abendkleid* - Oil/canvas (185x95cm-73x37in) Köln 91...................... FF10 140 - £1 017 - $1,674
PETERSEN Willem 1925 [2]
🐦 *Landscape with seated figure* - Oil/board (14x22cm-6x9in) Delray Beach, Florida 96 .... FF3 030 - £392 - $600
PETERSEN-ANGELN Heinrich 1850-1906 [4]
🐦 *Segelschiff mit Schlepper* - Öl/Leinwand (79x120cm-31x47in) Bremen 94 .... FF15 450 - £1 857 - $2,860
PETERSEN-FLENSBURG Heinrich 1861-1908 [11]
🐦 *Nordische Felsenküste* - Oil/wood (40x65cm-16x26in) Hamburg 97 .... FF4 719 - £504 - $822
Cuxhaven Alte Liebe - Öl/Leinwand (35x50cm-14x20in) Hamburg 97 .... FF14 156 - £1 514 - $2,467
✎ *Der Hafen von Ekensund* - Aquarell/Papier (26x36cm-10x14in) Hamburg 97 .... FF4 719 - £504 - $822
PETERSON Jane Philipp 1876-1968 [97]
🐦 *Zinnias* - Oil/canvas (102x76cm-40x30in) New-York 96.. FF51 900 - £6 610 - $10,000
Canal, Venice - Oil/board (46x46cm-18x18in) New-York 96 .... FF125 300 - £14 500 - $24,000
Canal in Venice - Oil/canvas (79x63cm-31x25in) New-York 96.. FF418 000 - £48 300 - $80,000
✎ *Little Church around the Corner, NY*
    Watercolour, gouache/paper (22x35cm-9x14in) New-York 94 .... FF15 150 - £1 795 - $2,800
San Giorgio, Venice - Gouache/papier (30x31cm-12x12in) New-York 94........................... FF15 770 - £1 894 - $3,000
Apple orchard in bloom - Gouache/paper (44x56cm-17x22in) New-York 95 .... FF16 070 - £2 010 - $3,200

P

PETERSSEN Eilif 1852-1928 [7]
Fra Sandø - Oil/canvas (50x61cm-20x24in) Oslo 92 .... FF**83 600** - £9 720 - **$17,070**

PETERSSON Axel Döderhultarn 1868-1925 [36]
Ottenbyare - Wood (17cm-7in) Stockholm 96 .... FF**10 000** - £1 274 - **$1,927**
Bröllop - Wood (25cm-10in) Stockholm 97 .... FF**49 056** - £5 180 - **$8,476**
Bröllop, 1919 - Sculpture (25cm-10in) Stockholm 89 .... FF**145 100** - £14 438 - **$22,923**

PETHER Abraham 1756-1812 [9]
Moonlit river landscape - Oil/canvas (63x76cm-25x30in) London 90 .... FF**21 300** - £2 207 - **$3,743**
Wooded river landscape - Oil/canvas (104x135cm-41x53in) London 95 .... FF**57 800** - £7 500 - **$11,840**

PETHER Henry 1828-1865 [18]
Chelsea Old Church, London - Oil/canvas (31x46cm-12x18in) London 93 .... FF**36 600** - £4 200 - **$6,220**
The Thames, Greenwich Reach - Oil/canvas (61x91cm-24x36in) London 97 .... FF**91 827** - £10 000 - **$15,969**
River Thames - Oil/canvas (61x91cm-24x36in) London 96 .... FF**168 700** - £20 000 - **$32,900**

PETHER Sebastian 1790-1844 [21]
Moonlit river landscape - Oil/canvas (36x44cm-14x17in) London 93 .... FF**9 600** - £1 100 - **$1,630**
Dutch canal scene - Oil/canvas (22x31cm-9x12in) London 93 .... FF**15 960** - £2 000 - **$3,080**
Moonlit coastal landscape seen - Oil/panel (17x22cm-7x9in) Crewkerne, Somerset 93 .... FF**72 200** - £8 700 - **$12,610**

PETHYBRIDGE John Ley 1865-? [1]
Nailer and Tramp - Oil/canvas/board (29x39cm-11x15in) London 93 .... FF**19 600** - £2 200 - **$3,280**

PETILLON Jules 1845-1899 [7]
Chemin animé - Huile/panneau (36x27cm-14x11in) Auxerre 89 .... FF**20 000** - £1 810 - **$3,175**
Place de l'Eglise en hiver - Huile/panneau (26x35cm-10x14in) Versailles 90 .... FF**61 000** - £6 302 - **$10,777**

PETION Françoise 1944 [8]
La fête des Irlandais - Pastel (40x50cm-16x20in) Brest 97 .... FF**2 000** - £217 - **$351**

PETIT Alfred ?-1895 [3]
Nature morte aux oranges - Huile/toile (55x33cm-22x13in) Louviers 91 .... FF**15 000** - £1 490 - **$2,604**

PETIT Charles c.1840-c.1896 [6]
The evening meal - Oil/board (56x45cm-22x18in) London 91 .... FF**34 700** - £3 522 - **$6,267**

PETIT Danielle XX [2]
Jonas - Gouache/papier (29x38cm-11x15in) Chaumont 97 .... FF**5 500** - £584 - **$958**

PETIT DE CHEMELLIER Georges ?-1908 [1]
Get up - Bronze (61cm-24in) Tonnerre 92 .... FF**18 500** - £1 894 - **$3,260**

PETIT DE VILLENEUVE Claude Fr. 1760-1824 [1]
Le jeune tambour - Pastel (45x37cm-18x15in) Paris 92 .... FF**18 000** - £2 150 - **$3,460**

PETIT Éliane La Villéon 1910-1969 [16]
Casbah de l'Atlas - Huile/toile (65x81cm-26x32in) Paris 93 .... FF**2 500** - £288 - **$431**
L'entrée du port - Aquarelle, gouache (54x74cm-21x29in) Le Touquet 93 .... FF**4 500** - £506 - **$763**

PETIT Eugène 1839-1886 [27]
Deux épagneuls - Huile/toile (54x65cm-21x26in) Brive-la-Gaillarde 97 .... FF**11 000** - £1 200 - **$1,923**
Épagneuls levant des faisans - Huile/toile (46x55cm-18x22in) Reims 96 .... FF**26 000** - £3 260 - **$5,030**

PETIT Eugène Joseph 1845-? [4]
Chasseur et son chien - Huile/toile (50x61cm-20x24in) Reims 95 .... FF**12 000** - £1 517 - **$2,427**

PETIT Georges 1879-1959 [1]
Buste de garçonnet Jean - Bronze (35cm-14in) Bruxelles 97 .... FF**1 636** - £174 - **$285**

PETIT Hervé 1953 [2]
Bécassine, 1984 - Huile/toile (106x89cm-42x35in) Paris 90 .... FF**21 000** - £2 176 - **$3,691**

PETIT Jacques 1925 [7]
Paysage de neige. Le Moucherotte - Huile/toile (35x27cm-14x11in) Grenoble 97 .... FF**4 800** - £518 - **$848**

PETIT Jean Louis 1795-1876 [1]
Vue d'un port de la Manche - Huile/toile (67x102cm-26x40in) Saint-Omer 92 ..... FF**24 000** - £2 864 - **$4,620**

PETIT Jean Robert 1743-1780 [1]
Nymphe à la source - Gravure (24x32cm-9x13in) Heidelberg 94 .... FF**8 560** - £993 - **$1,475**

PETIT John Louis 1801-1868 [16]
Landscapes in Ireland - Watercolour Billinghurst, West Sussex 95 .... FF**4 015** - £500 - **$786**

PETIT Louis 1864-1937 [3]
Le marché aux fleurs - Aquarelle, gouache (21x31cm-8x12in) Paris 90 .... FF**7 000** - £749 - **$1,217**

PETIT Nicholas Martin 1777-1804 [4]
Esclave, Timor - Watercolour (30x22cm-12x9in) London 96 .... FF**23 930** - £3 000 - **$4,670**

PETIT Paul 1877-1958 [29]
Le port de Chatou - Huile/toile (45x38cm-18x15in) Mâcon 91 .... FF**4 000** - £403 - **$694**

PETIT Paul 1885-1960 [7]
Fruits et pichet - Huile/toile (54x64cm-21x25in) Reims 97 .... FF**4 000** - £436 - **$699**

PETIT Philippe 1900-1945 [1]
Clotilde & Alexandre Sakharoff - Poster (67x44cm-26x17in) New-York 94 .... FF**17 160** - £2 013 - **$3,000**

PETIT Pierre 1832-1909 [8]
Portrait d'homme - Lithographie (69x56cm-27x22in) Grenoble 93 .... FF**1 500** - £188 - **$273**
Louis Pasteur - Photograph (36x28cm-14x11in) New-York 94 .... FF**19 660** - £2 320 - **$3,500**

PETIT Pierre-Joseph 1768-1825 [6]
Basilica ofMaxentius & Vesta's temple - Oil/panel (44x59cm-17x23in) London 92 ..... FF**48 850** - £5 000 - **$8,600**

PETIT Victor Jean Baptiste 1817-? [2]
The Dalmatian coast - Watercolour/paper (16x20cm-6x8in) London 96 .... FF**2 830** - £360 - **$545**

PETIT-GÉRARD Pierre 1852-? [6]
La cambuse - Huile/panneau (22x27cm-9x11in) Versailles 90 .... FF**10 500** - £1 124 - **$1,826**

PETIT-RADEL Louis François 1740-1818 [1]
Lavandières dans un temple en ruine - Encre (62x82cm-24x32in) Paris 92 .... FF16 500 - £1 690 - **$2,905**

PETIT-ROULET Philippe 1953 [4]
Le perroquet - Pastel (28x20cm-11x8in) Paris 92 .... FF1 600 - £164 - **$288**

PETIT-WERRY Georges 1845-1881 [3]
Bouquet de roses - Huile/toile (38x46cm-15x18in) Le Havre 93 .... FF6 000 - £723 - **$1,091**

PETITDIDIER Gérard 1952 [11]
Hiver avec glace - Acrylique/panneau (130x150cm-51x59in) Saint-Dié 94 .... FF4 500 - £511 - **$763**
Village de Moussey - Aquarelle (55x75cm-22x30in) Saint-Dié 96 .... FF2 000 - £241 - **$384**

PETITI Filiberto 1845-1924 [19]
Paesaggio lacustre con figure - Olio/tavola (38x22cm-15x9in) Roma 93 .... FF7 210 - £824 - **$1,226**
Figures boating on a river - Oil/canvas (57x100cm-22x39in) New-York 92 .... FF29 700 - £3 036 - **$5,500**
Campagna Romana - Acquarello/carta Roma 95 .... FF4 750 - £608 - **$976**

PETITJEAN Edmond 1844-1925 [155]
Village auprès de la rivière - Huile/panneau (32x49cm-13x19in) La Varenne Saint-Hilaire 97 ...... FF4 700 - £507 - **$825**
Talmont - Huile/toile (45x65cm-18x26in) Paris 93 .... FF20 000 - £2 300 - **$3,450**
Port de pêche - Huile/toile (47x65cm-19x26in) Barbizon 94 .... FF42 500 - £5 030 - **$7,850**
Port de Dordrecht - Huile/toile (40x66cm-16x26in) Lille 95 .... FF66 000 - £8 630 - **$13,400**
Port des Sables d'Olonnes - Huile/toile (46x65cm-18x26in) Versailles 91 .... FF80 000 - £8 022 - **$13,206**

PETITJEAN Hippolyte 1854-1929 [84]
Allégorie - Huile/panneau (19x26cm-7x10in) Paris 96 .... FF10 000 - £1 186 - **$1,950**
Baigneuse en sous-bois - Huile/toile (61x38cm-24x15in) Paris 96 .... FF25 000 - £3 234 - **$4,910**
Paysage - Oil/canvas (60x73cm-24x29in) New-York 94 .... FF84 100 - £10 000 - **$16,000**
Notre-Dame - Oil/canvas (54x73cm-21x29in) London 96 .... FF279 300 - £35 000 - **$53,900**
Bras de la Seine, Pont-Marie - Gouache (44x36cm-17x14in) Paris 95 .... FF31 000 - £4 080 - **$6,280**
Bord de la rivière - Watercolour/board (44x29cm-17x11in) New-York 94 .... FF168 200 - £20 000 - **$32,000**

PETITOT Ennemonde Alexandre 1727-1801 [1]
Projet pour le tombeau d'une reine - Sanguine (34x23cm-13x9in) Paris 95 .... FF14 000 - £1 720 - **$2,727**

PETITOT Jean 1607-1691 [8]
George Villiers - Miniature (5cm-2in) London 96 .... FF1 - £250 000 - **$374,000**
Conseiller au Parlement - Miniature (3cm-1in) London 96 .... FF17 040 - £2 200 - **$3,290**

PETITOT Louis Messidor Lebon 1794-1862 [1]
Statuette équestre du roi Louis XIV - Bronze (94cm-37in) Paris 93 .... FF125 000 - £15 060 - **$22,730**

PETITPIERRE Petra Frieda 1905-1959 [4]
Bateau cristallisé - Oil chalks (23x35cm-9x14in) Luzern 90 .... FF7 870 - £801 - **$1,574**

PETITT Joseph Paul 1882-? [1]
Berglandschaft im Herbst - Oil/canvas (38x61cm-15x24in) Wien 90 .... FF8 600 - £891 - **$1,511**

PETITVILLE Eugène 1855-1868 [1]
Faisans dans un paysage - Huile/toile (80x103cm-31x41in) Paris 92 .... FF7 800 - £931 - **$1,500**

PETLEY Roy 1951 [85]
Picnic in the shade - Oil/board (41x61cm-16x24in) London 95 .... FF8 810 - £1 100 - **$1,780**
Anglian Beach - Oil/board (61x92cm-24x36in) London 94 .... FF32 100 - £3 800 - **$5,920**
On the Orwell - Watercolour (36x53cm-14x21in) Richmond, North Yorkshire 92 .... FF3 130 - £320 - **$552**

PETLEY-JONES Llewellyn 1908-1986 [6]
Street Scene - Oil/canvas (39x33cm-15x13in) London 97 .... FF15 668 - £1 700 - **$2,776**

PETLIN Irving 1934 [3]
Hundred Fighting Men - Coloured chalks/paper (86x71cm-34x28in) New-York 96 .... FF36 000 - £4 660 - **$7,200**

PETO John Frederick 1854-1907 [23]
Rack picture - Oil/canvas (61x51cm-24x20in) New-York 97 .... FF2 - £307 050 - **$500,000**
Candlestick and Pipe - Oil/board (18x25cm-7x10in) New-York 97 .... FF99 183 - £10 414 - **$17,000**
Umbrella, hat & bag - Oil/canvas (41x25cm-16x10in) New-York 95 .... FF365 500 - £46 700 - **$75,000**

PETRELLA DA BOLOGNA Vittorio 1886-1951 [5]
Ballo di carnevale - Olio/tela (29x37cm-11x15in) Bologna 92 .... FF4 530 - £464 - **$798**

PETRES Janine XX [23]
Dent de Crolles sous la neige - Huile/toile (65x81cm-26x32in) Grenoble 95 .... FF7 500 - £988 - **$1,520**

PETRESCU Cezar 1924 [4]
Icône, 1969 - Oil/paper (51x42cm-20x17in) Laren 90 .... FF2 100 - £223 - **$376**

PETRI Erik 1880-? [1]
Norwegian coastal landscape - Oil/canvas (100x89cm-39x35in) Viby J, Århus 94 .... FF8 260 - £948 - **$1,413**

PETRI Heinrich 1834-1872 [1]
Selbstportrait - Öl/Leinwand (47x39cm-19x15in) Göttingen 94 .... FF5 830 - £700 - **$1,132**

PETRI Mette 1957 [1]
Arrival on another planet - Oil/canvas (173x132cm-68x52in) Stockholm 95 .... FF6 490 - £848 - **$1,300**

PETRIDES Konrad 1864-1943 [22]
Zeller See - Öl/Leinwand (80x80cm-31x31in) Wien 93 .... FF7 920 - £930 - **$1,317**
Blick auf das Semmering - Öl/Leinwand (51x77cm-20x30in) Wien 93 .... FF34 200 - £3 880 - **$5,780**
Der schwarze See - Mischtechnik/Papier (33x44cm-13x17in) Wien 92 .... FF3 850 - £386 - **$741**

PETRIE George 1790-1866 [1]
River Blackwater at Mallow Castle - Oil/canvas (61x75cm-24x30in) London 96 .... FF29 900 - £3 800 - **$5,750**

PETRIE Graham 1859-1940 [6]
Villa d'Este, Tivoli - Oil/board (35x53cm-14x21in) London 95 .... FF3 605 - £450 - **$707**
Sreet,Tetuan, Morocco - Wash (25x17cm-10x7in) London 90 .... FF3 900 - £397 - **$780**

P

PETRIE William Mac Whannel 1870-1937 [1]
Eva - Pastel/canvas (137x71cm-54x28in) Edinburgh 93 .... FF*36 900* - £*4 200* - **$6,260**
PETRIK Rudolf 1922-1992 [4]
Ohne Titel - Oil/panel (75x80cm-30x31in) Wien 93 .... FF*24 450* - £*2 770* - **$4,130**
PETROCELLI Achille 1861-? [3]
Lute player - Oil/canvas (31x24cm-12x9in) Banbury, Oxfordshire 91 .... FF*9 420* - £*949* - **$1,635**
PETROCELLI Arturo 1856-? [2]
Intermezzo musicale - Olio/tavola (19x11cm-7x4in) Roma 95 .... FF*4 455* - £*570* - **$915**
PETROCELLI Vincenzo Pasquale 1823-1896 [3]
Junge lachende Matrose - Oil/canvas (32x27cm-13x11in) Stuttgart 90 .... FF*8 100* - £*837* - **$1,431**
PETROFF André 1893-1975 [13]
A flower still life - Oil/board (69x91cm-27x36in) Amsterdam 97 .... FF*3 119* - £*337* - **$544**
PETROS 1928 [5]
Universo Pitagorico - Olio/tela (150x200cm-59x79in) Firenze 92 .... FF*56 200* - £*6 680* - **$10,800**
Genesis della Mousa - Tecnica mista/carta (35x25cm-14x10in) Milano 93 .... FF*8 050* - £*904* - **$1,441**
PETROV Guennady 1921 [2]
Paysage côtier - Huile/toile (70x60cm-28x24in) Bruxelles 92 .... FF*4 600* - £*535* - **$940**
PETROV Vladimir 1945 [5]
La baignade - Huile/toile Paris 92 .... FF*3 000* - £*306* - **$538**
PETROV VODKIN Kuzma Sergievitch 1878-1939 [8]
Samarkand - Oil/canvas (57x77cm-22x30in) London 96 .... FF*332 000* - £*38 000* - **$63,300**
A North African woman - Watercolour (29x10cm-11x4in) London 96 .... FF*31 200* - £*4 000* - **$6,190**
PÉTROVAN Bedrich 1908-? [1]
Nacht über der Stadt - Aquarell (26x34cm-10x13in) München 93 .... FF*1 696* - £*203* - **$326**
PETROVICHEV Piotr Ivanovich 1874-1947 [6]
View of the Rostov Kremlin - Oil/canvas (14x39cm-6x15in) Moscow 93 .... FF*11 800* - £*1 343* - **$2,000**
PETROVITS Ladislaus Eugen 1839-1907 [9]
Lottokollektur am Stephansplatz - Watercolour (21x34cm-8x13in) Wien 89 .... FF*9 600* - £*928* - **$1,457**
Das Burgtheater in Wien - Ink (10x15cm-4x6in) Wien 92 .... FF*21 640* - £*2 586* - **$4,160**
PETROVOV Vladimir Victor. 1946 [2]
Maisons au bord de l'eau - Huile/panneau (27x35cm-11x14in) Versailles 92 .... FF*2 000* - £*206* - **$355**
PETROW-WODKIN Kusma 1878-1939 [3]
Samarkhand scene - Oil/canvas (51x63cm-20x25in) London 92 .... FF*58 600* - £*6 000* - **$10,320**
PETRUOLO Salvatore 1857-1946 [22]
Scène de rue à Grenade - Huile/toile (48x38cm-19x15in) Paris 94 .... FF*50 000* - £*5 940* - **$9,140**
Capo d'Orso - Olio/tela (75x125cm-30x49in) Roma 94 .... FF*116 500* - £*13 860* - **$20,800**
Guardianella delle ocche - Acquarello/cartone (59x38cm-23x15in) Roma 93 ...... FF*27 030* - £*3 090* - **$4,600**
PETRUSOV Georgii 1903-1971 [5]
The Joy - Gelatin silver print (28x38cm-11x15in) New-York 95 .... FF*7 270* - £*935* - **$1,500**
PETTENKOFEN von August Xaver Ritter 1822-1889 [49]
Herrenporträt - Öl/Leinwand (66x63cm-26x25in) Wien 92 .... FF*24 050* - £*2 873* - **$4,630**
Market square - Oil/panel (8x16cm-3x6in) London 95 .... FF*60 700* - £*7 800* - **$12,260**
In der Bauernstube - Oil/panel (44x34cm-17x13in) Wien 94 .... FF*244 000* - £*28 270* - **$42,000**
Baüerin/Bauer am Feld - Aquarell/Papier (28x37cm-11x15in) Wien 97 .... FF*105 116* - £*11 176* - **$18,128**
PETTER Franz Xaver 1791-1866 [12]
Rasenstück - Öl/Karton (37x30cm-15x12in) Wien 92 .... FF*134 700* - £*16 100* - **$25,900**
PETTER Theodor 1822-1872 [2]
Edelweiss & other Alpine flowers - Oil/board (29x23cm-11x9in) London 93 .... FF*58 100* - £*7 000* - **$10,150**
Gemüsestudien - Aquarell/Papier (11x20cm-4x8in) Wien 96 .... FF*7 200* - £*873* - **$1,400**
PETTERSON Olle 1905-1991 [10]
Vårljus - Oil/canvas (47x73cm-19x29in) Göteborg 92 .... FF*2 980* - £*357* - **$574**
PETTERSSON Primus Mortimer 1895-1975 [9]
Kustlandskap i solnedgang - Oil/board (36x48cm-14x19in) Stockholm 89 .... FF*6 600* - £*695* - **$1,111**
Hus vid sjön - Akvarell (36x44cm-14x17in) Uppsala 92 .... FF*1 717* - £*200* - **$351**
PETTIBONE Raymond 1957 [3]
Streching out his finger Abbullah ... - Oil/panel (61x61cm-24x24in) Wien 97 ..... FF*14 388* - £*1 518* - **$2,487**
Use the Moon - Lithograph (62x37cm-24x15in) San Francisco-Los Angeles 95 .. FF*3 220* - £*403* - **$650**
If Tom's life../Universal/God is so.. - Ink/paper (35x28cm-14x11in) New-York 97 . FF*69 768* - £*7 326* - **$12,000**
PETTIBONE Richard 1938 [11]
Roy Lichenstein, Sock - Acrylic/canvas (21x15cm-8x6in) New-York 95 .... FF*7 260* - £*963* - **$1,500**
Andy Wahrol, Marlon
Synthetic polymer silkscreened/canvas (15x21cm-6x8in) New-York 95 .... FF*20 340* - £*2 696* - **$4,200**
PETTIE John 1839-1893 [10]
Bonnie Prince Charlie - Oil/canvas (23x16cm-9x6in) Glasgow 96 .... FF*16 040* - £*2 000* - **$3,100**
PETTIGREW Stanley XX [3]
East Coast Harbour - Oil/board (43x51cm-17x20in) Glasgow 92 .... FF*2 513* - £*300* - **$484**
PETTINGALE William E. [4]
Wayside gossip - Oil/board (25x30cm-10x12in) London 91 .... FF*3 490* - £*350* - **$576**
PETTITT Charles XIX [12]
Bowfell, Cumberland - Watercolour (30x48cm-12x19in) London 90 .... FF*4 600* - £*493* - **$800**
PETTITT Edwin Alfred 1840-1912 [5]
St. Ives - Oil/canvas (30x45cm-12x18in) Penzance, Cornwall 90 .... FF*2 934* - £*295* - **$533**

PETTITT George 1831-1863 [3]
🖌 *Haunts of the Kingfisher on the Dudden*
Oil/canvas (112x86cm-44x34in) Köbenhavn 92 .... FF13 140 - £1 570 - **$2,525**
PETTITT Joseph Paul ?-1882 [6]
🖌 *Orléans, France* - Oil/board (15x6cm-6x2in) Salisbury, Wiltshire 94 .... FF6 210 - £720 - **$1,070**
PETTITT Wilfred Stanley 1904 [3]
🖌 *Kühe auf der Weide* - Oil/panel (23x28cm-9x11in) Lindau 94 .... FF2 900 - £346 - **$546**
PETTORUTI Emilio 1892-1971 [26]
🖌 *Midi en Hiver* - Oil/canvas (33x22cm-13x9in) New-York 96 .... FF104 400 - £11 900 - **$20,000**
Naturaleza muerta - Oil/canvas/board (25x33cm-10x13in) New-York 92 .... FF277 500 - £29 050 - **$50,000**
El cantante - Oil/panel (104x70cm-41x28in) New-York 92 .... FF1 4e +06 - £124 100 - **$200,000**
PETTY George 1894-1975 [3]
✏ *Woman in bathing suite, August*
Watercolour, gouache (28x38cm-11x15in) New-York 96 .... FF51 200 - £6 070 - **$10,000**
PÉTUA Léon Jean 1846-1921 [2]
🖌 *Selbstbildnis* - Öl/Leinwand (40x32cm-16x13in) Zofingen 94 .... FF2 810 - £330 - **$501**
PETUEL Rudolf 1870-1937 [5]
🖌 *Voralpenlandschaft* - Öl/Leinwand (80x90cm-31x35in) München 93 .... FF7 460 - £891 - **$1,435**
PETZET Hermann 1860-1935 [5]
🖌 *Fischkutter* - Öl/Karton (41x60cm-16x24in) München 92 .... FF4 250 - £435 - **$748**
PETZHOLDT Frederik Ernst Ch. 1805-1838 [9]
🖌 *Les oliviers* - Oil/canvas (38x46cm-15x18in) Köbenhavn 95 .... FF24 800 - £3 250 - **$5,040**
PETZL Ferdinand 1819-1899 [3]
🖌 *Esslingen am Neckar* - Oil/canvas (28x35cm-11x14in) Stuttgart 92 .... FF47 600 - £4 870 - **$8,380**
PETZL Joseph 1803-1871 [3]
🖌 *King Otto of Greece on a Rock* - Oil/canvas (66x85cm-26x33in) London 97 .... FF23 615 - £2 600 - **$4,144**
PEUGNIEZ Pauline 1890-1987 [4]
🖌 *La chapelle dans les vergers* - Huile/toile (81x100cm-32x39in) Paris 91 .... FF18 000 - £1 850 - **$3,350**
PEURSE van Adan 1814-? [1]
🖌 *Paysage animé* - Huile/panneau (42x54cm-17x21in) Bruxelles 92 .... FF2 656 - £272 - **$468**
PEVERELLI Cesare 1922 [38]
🖌 *Les mouettes, #8* - Huile/toile (73x92cm-29x36in) Paris 97 .... FF3 600 - £407 - **$652**
Salomè - Olio/tela (100x80cm-39x31in) Milano 94 .... FF12 100 - £1 440 - **$2,304**
Crisalide su di un paesaggio - Olio/tela (114x83cm-45x33in) Milano 94 .... FF16 600 - £1 920 - **$2,830**
PEVERNAGIE Louis 1904-1970 [3]
🖌 *Graanoogst* - Huile/toile (67x80cm-26x31in) Lokeren 96 .... FF16 460 - £2 096 - **$3,170**
PEVETZ Georg 1893-1971 [8]
✏ *Weiblicher Akt/Männlicher Akt* - Charcoal/paper (62x44cm-24x17in) Wien 93 .... FF2 886 - £345 - **$555**
PEVSNER Antoine 1884-1962 [60]
🖌 *Abstract composition* - Oil/canvas/board (44x44cm-17x17in) London 96 .... FF415 000 - £52 000 - **$80,100**
Formes abstraites - Oil (82x61cm-32x24in) London 92 .... FF733 000 - £75 000 - **$129,300**
✏ *Figure de femme* - Pencil (39x30cm-15x12in) London 92 .... FF30 100 - £3 500 - **$6,140**
Étude pour Monde - Mine plomb (30x28cm-12x11in) Paris 95 .... FF52 000 - £6 490 - **$10,200**
PEYNET Raymond 1908 [20]
🗋 *Pays basque...* - Affiche (48x32cm-19x13in) Neuilly 96 .... FF3 300 - £427 - **$648**
✏ *Les amoureux* - Aquarelle (14x10cm-6x4in) Paris 94 .... FF5 300 - £605 - **$898**
PEYNOT Émile Ed. 1850-1932 [9]
🏛 *L'Angelus* - Bronze (57cm-22in) Saint-Dié 94 .... FF9 000 - £1 064 - **$1,660**
Marchand tunisien - Bronze (68cm-27in) Paris 95 .... FF60 000 - £7 880 - **$12,040**
PEYRAMAURE Georges XX [13]
🖌 *Martigues* - Huile/panneau (27x35cm-11x14in) Avignon 91 .... FF2 500 - £251 - **$433**
PEYRANNE Louis 1883-? [2]
🏛 *Lyre player* - Bronze (48cm-19in) New-York 96 .... FF51 900 - £6 610 - **$10,000**
Joueuse de harpe - Marbre (143cm-56in) Paris 94 .... FF200 000 - £23 700 - **$36,950**
PEYRAT Louis 1905 [83]
🖌 *Peintres des rues* - Huile/toile (60x90cm-24x35in) L'Isle-Adam 91 .... FF4 800 - £493 - **$893**
PEYRAUD Frank Charles 1858-1948 [9]
🖌 *A Summer landscape* - Oil/canvas (76x86cm-30x34in) Bloomfield Hills, Michigan 92 .... FF10 800 - £1 104 - **$2,000**
PEYRE Antoine François 1739-1823 [2]
🏛 *Profil présumé du Roi de Rome* - Sculpture (17cm-7in) Paris 91 .... FF40 000 - £4 060 - **$7,224**
PEYRE Gilbert 1947 [5]
🖌 *Ponts de Paris* - Huile/toile (60x73cm-24x29in) Neuilly 91 .... FF6 000 - £606 - **$1,191**
PEYRE Louise Marie 1897-1975 [3]
🖌 *Sidi-bou-Saïd* - Huile/panneau (23x32cm-9x13in) Paris 95 .... FF18 000 - £2 366 - **$3,610**
PEYRE Raphaël Charles 1872-1949 [4]
🏛 *Three Putti* - Bronze (56cm-22in) London 95 .... FF24 740 - £2 800 - **$4,455**
PEYRET Isidore Marie 1880-1962 [5]
🖌 *Femme sous les arbres* - Huile/toile (37x54cm-15x21in) Paris 97 .... FF2 400 - £259 - **$424**
PEYRISSAC Jean 1895-1974 [10]
🖌 *Le cri, 1922* - Huile/toile (73x60cm-29x24in) Paris 89 .... FF55 000 - £5 624 - **$8,842**
✏ *Composition surréaliste* - Gouache (18x20cm-7x8in) Paris 91 .... FF15 000 - £1 490 - **$2,604**

P

PEYROL Hippolyte 1856-1929 [3]
🗿 *Lionne à l'affût* - Bronze (21x46cm-8x18in) Paris 90.. FF**7 200** - £**771** - $**1,252**
PEYROL-BONHEUR Juliette 1830-1891 [6]
🌿 *Widder- und Schafsköpfe* - Öl/Leinwand (44x55cm-17x22in) Zofingen 95.............................. FF**10 610** - £**1 345** - $**2,135**
PEYROL-BONHEUR René ?-1900 [2]
🌿 *Tête de bélier* - Huile/toile La Varenne Saint-Hilaire 97 .... FF**2 400** - £**260** - $**421**
PEYRON Guido 1898-1960 [2]
🌿 *Fiori* - Olio/tela (65x45cm-26x18in) Prato 96 .... FF**9 430** - £**1 120** - $**1,850**
PEYRON Pierre 1744-1814 [3]
✏️ *Fulvie révèle la conjuration de Catilina* - Encre (25x19cm-10x7in) Paris 96 .... FF**28 000** - £**3 620** - $**5,500**
PEYRONNET Dominique 1872-1943 [4]
🌿 *Trois lapins au clair de lune* - Huile/toile (38x55cm-15x22in) Paris 95 .... FF**90 000** - £**11 640** - $**18,400**
La source - Oil/canvas (60x81cm-24x32in) London 92 .... FF**789 000** - £**81 000** - $**151,500**
PEYSACK Arye Leo 1894 [1]
🌿 *Jerusalem* - Öl/Leinwand (46x58cm-18x23in) Köln 93 .... FF**11 030** - £**1 248** - $**1,860**
PEYTON Bertha Menzler 1871-1950 [1]
✏️ *Fishermen moading ice*
    Watercolour, gouache/paper (48x58cm-19x23in) San Francisco-Los Angeles 92.......... FF**9 360** - £**1 117** - $**1,800**
PEYTRAL Monique 1926 [11]
🌿 *Le poisson raconte* - Huile/toile (130x97cm-51x38in) Paris 90 .... FF**10 000** - £**1 078** - $**1,764**
PEZANT Aymar 1846-1916 [17]
🌿 *Troupeau de vaches* - Huile/toile (54x66cm-21x26in) Le Puy 94 .... FF**3 000** - £**350** - $**526**
Vaches à l'entrée du village - Huile/toile (47x59cm-19x23in) Cherbourg 96 .... FF**10 000** - £**1 277** - $**1,980**
Vaches revenant du paturage - Oil/canvas (81x65cm-32x26in) New-York 93 .... FF**30 250** - £**3 790** - $**5,500**
PEZEUX Agnès 1965 [13]
🌿 *Equilibre* - Tempera/tavola (92x73cm-36x29in) Paris 91 .... FF**3 800** - £**386** - $**686**
✏️ *Remords* - Tempera/papier (145x92cm-57x36in) Tours 92 .... FF**5 000** - £**512** - $**880**
PEZILLA Mario XIX-XX [4]
🗂️ *P.L.M.: Expo., Marseille* - Affiche (104x76cm-41x30in) Paris 94 .... FF**2 500** - £**289** - $**432**
PEZOLD Georg 1865-? [1]
🌿 *Il giorno del battesimo* - Olio/tela (66x87cm-26x34in) Trieste 97 .... FF**7 820** - £**920** - $**1,380**
PEZOUS Jean 1815-1885 [3]
🌿 *Le cabaret* - Huile/panneau (26x40cm-10x16in) Paris 90 .... FF**16 500** - £**1 755** - $**2,952**
PEZZEI Anton 1895-1966 [1]
🌿 *Two academic nude young men* - Oil/canvas (178x84cm-70x33in) Wien 95 .... FF**24 900** - £**3 160** - $**5,010**
PEZZI Cesare 1821-1854 [1]
🌿 *Mendicante* - Olio/tela (97x80cm-38x31in) Milano 90 .... FF**18 300** - £**1 972** - $**3,228**
PFAFF Hans 1875-? [1]
🗂️ *Pianos Kaps* - Poster (68x98cm-27x39in) New-York 93 .... FF**20 060** - £**2 282** - $**3,400**
PFAFF Jean 1945 [4]
✏️ *Ohne Titel* - Collage (51x73cm-20x29in) Luzern 92 .... FF**8 000** - £**955** - $**1,538**
PFAFF Judy 1946 [11]
🗂️ *Six of One, Meloné* - Woodcut in colors (140x160cm-55x63in) New-York 93 .... FF**11 000** - £**1 380** - $**2,000**
✏️ *Hair of the Dog* - Mixed media/paper (183x122cm-72x48in) New-York 96 .... FF**56 000** - £**6 600** - $**11,000**
PFAHLER Georg Karl 1926 [37]
🌿 *Espan Nr. 15/1975* - Acryl/Leinwand (170x170cm-67x67in) Berlin 97 .... FF**69 933** - £**7 427** - $**12,181**
Blau/Blau - Oil/canvas (140x110cm-55x43in) Köln 91 .... FF**98 000** - £**9 827** - $**16,177**
🗂️ *Pigeon sur fond gris* - Lithographie (27x45cm-11x18in) Heidelberg 93 .... FF**33 900** - £**4 050** - $**6,520**
PFALZ Severin 1796-? [1]
✏️ *Junger Mann in Uniform* - Aquarell (10x9cm-4x4in) Wien 93 .... FF**3 465** - £**398** - $**577**
PFANHAUSER Franciszek 1796-c.1865 [1]
🌿 *General Jana Skrzyneckiego* - Oil/canvas (74x61cm-29x24in) Warszawa 96 .... FF**8 260** - £**1 036** - $**1,610**
PFANNSCHMIDT Ernst Christian 1868-1941 [1]
🌿 *Man med spädbarn i famnen* - Oil/panel (43x36cm-17x14in) Malmö 89 .... FF**3 700** - £**378** - $**595**
PFAU Konrad 1885-1954 [3]
🌿 *Mädchenakt von Hinten* - Öl/Leinwand (27x17cm-11x7in) München 94 .... FF**10 200** - £**1 190** - $**1,790**
PFEFFERLE Erwin 1880-1962 [1]
✏️ *Schwarzwaldstädtchen im Winter* - Aquarell/Papier (31x41cm-12x16in) Heidelberg 95 .... FF**3 135** - £**403** - $**633**
PFEIFFER Fritz Wilhelm 1889-1960 [5]
🌿 *Abstract* - Oil/paper (28x25cm-11x10in) Cambridge, Mass. 93 .... FF**2 063** - £**259** - $**375**
PFEIFFER Gordon Edward 1899-1983 [32]
🌿 *Le Four abandonné* - Huile/toile (76x91cm-30x36in) Montréal 96 .... FF**8 130** - £**928** - $**1,560**
PFEIFFER Henri Hans, Henry 1907-1952 [37]
🌿 *Impressions* - Huile/toile (55x77cm-22x30in) Paris 96 .... FF**5 000** - £**646** - $**965**
✏️ *Komposition* - Akvarell (45x32cm-18x13in) Malmö 96 .... FF**2 432** - £**316** - $**477**
Sans Titre - Watercolour (40x30cm-16x12in) London 94 .... FF**65 000** - £**7 800** - $**12,630**
PFEIFFER Isidore 1866-? [1]
🗿 *Les musiciens* - Bronze (56cm-22in) Paris 90 .... FF**40 000** - £**4 132** - $**7,067**
PFEIFFER Richard 1878-? [1]
🌿 *Spielende Kinder in der Gasse* - Öl/Leinwand (35x41cm-14x16in) Bremen 94 .... FF**9 610** - £**1 155** - $**1,780**
PFEIFFER Werner 1946 [2]
✏️ *Banana Coupé No. 5* - Drawing (99x73cm-39x29in) Stockholm 89 .... FF**3 800** - £**389** - $**611**

PFEIFFER Wilhelm 1822-1891 [7]
🖼 *Almauftrieb* - Oil/canvas (36x44cm-14x17in) Köln 91 .... FF**37 200** - £**3 730** - **$6,141**

PFEIFFER-KORTH Gertrude 1875-? [1]
🖼 *Der Schmetterling* - Öl/Leinwand (90x125cm-35x49in) Wien 93 .... FF**3 850** - £**460** - **$740**

PFENNIGER Matthias 1739-1813 [5]
📖 *Bonvivans du Canton de Berne* - Copper engraving (19x14cm-7x6in) Bern 92 .... FF**4 090** - £**418** - **$721**

PFERSCHY Karl 1888-1930 [4]
📖 *Flaaserinnen* - Woodcut in colors (46x34cm-18x13in) München 95 .... FF**5 500** - £**723** - **$1,104**

PFEUFFER Helmut 1933 [4]
✏ *Stier* - Pastell (34x32cm-13x13in) München 94 .... FF**2 394** - £**281** - **$427**

PFISTER Albert 1884-1978 [8]
🖼 *Malschule Wabel/Weiblicher Akt* - Oil/canvas (77x53cm-30x21in) Zürich 91 .... FF**19 800** - £**1 985** - **$3,268**

PFISTER Jean-Jacques 1878-1949 [1]
🖼 *Cypress Point* - Oil/canvas (76x96cm-30x38in) San Francisco-Los Angeles 95 .... FF**7 470** - £**982** - **$1,500**

PFLAUM Ludwig 1809-? [1]
✏ *Schitzen (!) im Figürlichen Fache* - Drawing (11x18cm-4x7in) Bielefeld 93 .... FF**2 800** - £**327** - **$460**

PFLUG Johann Baptist 1785-1865 [2]
🖼 *Der Besuch des Postillons* - Oil/panel (14x15cm-6x6in) Stuttgart 96 .... FF**37 200** - £**4 620** - **$7,210**

PFLÜGER Karl 1884-1974 [4]
🖼 *Selbstbildnis* - Huile/panneau (35x28cm-14x11in) Zofingen 94 .... FF**3 050** - £**362** - **$564**
🖼 *Mädchen im Schaukelstuhl* - Oil/canvas (38x46cm-15x18in) Zürich 91 .... FF**12 670** - £**1 270** - **$2,091**

PFLUGRADT Gustav 1829-1907 [4]
🖼 *Kapelle am Waldesrand* - Öl/Leinwand (70x58cm-28x23in) Bremen 93 .... FF**19 660** - £**2 350** - **$3,784**

PFORR Heinrich 1880-1970 [2]
🖼 *Hübsche Frau im roten Kleid* - Oil/canvas (136x108cm-54x43in) Lindau 92 .... FF**15 230** - £**1 770** - **$3,110**

PFORR Johann Georg 1745-1798 [10]
🖼 *Reiterlager* - Oil/panel (41x59cm-16x23in) Köln 89 .... FF**270 300** - £**28 483** - **$45,505**
✏ *Rinder in weitläufiger Landschaft* - Ink (20x26cm-8x10in) Frankfurt 94 .... FF**3 440** - £**409** - **$647**

PFRETZSCHNER Norbert 1850-1927 [1]
🗿 *Liegende Nymphe und Satyrknabe* - Bronze (73cm-29in) Stuttgart 89 .... FF**15 200** - £**1 469** - **$2,307**

PFRIEM Bernard 1926-1996 [2]
🖼 *Vous, au soleil* - Huile/panneau (68x48cm-27x19in) Douai 95 .... FF**11 500** - £**1 476** - **$2,370**

PFÜGL von Alfred Edler 1863-1929 [2]
🖼 *Piazza San Marco* - Oil/canvas (52x41cm-20x16in) Wien 95 .... FF**26 940** - £**3 550** - **$5,460**

PFULLER Minna 1824-1907 [1]
🖼 *Court painting* - Oil/board (13x8cm-5x3in) South Deerfield, Mass. 94 .... FF**2 170** - £**263** - **$400**

PFUND Alois 1876-1946 [1]
🖼 *Wildbach in den Alpen* - Öl/Leinwand (120x100cm-47x39in) Wien 95 .... FF**12 230** - £**1 548** - **$2,390**

PFÜND Roger 1943 [30]
🖼 *Composition* - Huile/toile (140x120cm-55x47in) Genève 89 .... FF**15 600** - £**1 644** - **$2,626**
✏ *Marcel Proust* - Mixed media drawing (105x72cm-41x28in) Luzern 92 .... FF**8 180** - £**836** - **$1,441**

PFYFFER Eduard 1836-1899 [1]
🖼 *Bäuerin mit Huhn* - Öl/Leinwand (77x56cm-30x22in) Bern 94 .... FF**24 340** - £**2 904** - **$4,540**

PFYFFER Niklaus 1836-1908 [3]
🖼 *Schloss Nyon* - Oil/canvas (35x56cm-14x22in) Luzern 92 .... FF**17 850** - £**1 824** - **$3,144**

PFYFFER VON ALTISHOFEN Vincenz 1824-1858 [1]
🖼 *Piaeea San Pietro, Roma* - Oil/canvas (58x79cm-23x31in) London 96 .... FF**55 300** - £**6 500** - **$10,750**

PHAFF Carel Hendrik 1792-1870 [1]
🖼 *Wooded landscape, Oosterbeek* - Oil/canvas (19x25cm-7x10in) Amsterdam 96 .... FF**5 220** - £**670** - **$1,030**

PHALIPON Adolphe XIX [2]
🖼 *Elégante au chapeau bleu* - Huile/panneau (40x27cm-16x11in) Bruxelles 91 .... FF**6 580** - £**663** - **$1,142**

PHARASYN Raoul 1908-1991 [1]
🖼 *Cuisine à la ferme* - Huile/toile (75x80cm-30x31in) Antwerpen 92 .... FF**2 656** - £**272** - **$468**

PHELAN Charles T. 1840-? [8]
🖼 *Summer in the country* - Oil/panel (25x36cm-10x14in) New-York 93 .... FF**5 360** - £**613** - **$950**

PHELAN Ellen 1943 [4]
🖼 *Untitled, double cross* - Oil/panel (123x244cm-48x96in) New-York 90 .... FF**34 300** - £**3 649** - **$6,136**
Presence & Absence - Oil/canvas (193x110cm-76x43in) Stockholm 89 .... FF**63 600** - £**6 702** - **$10,707**
✏ *Ballynahinch River Connemara* - Gouache/paper (28x24cm-11x9in) New-York 95 .... FF**3 220** - £**403** - **$650**

PHELPS Edith Catlin 1879-1961 [2]
🖼 *Landscape with carriage* - Oil/canvas (66x48cm-26x19in) Baton Rouge, Louisiana 93 ...... FF**6 560** - £**790** - **$1,200**

PHELPS William Preston 1848-1917 [4]
🖼 *Girls gathering firewood* - Oil/canvas (61x40cm-24x16in) North Berwick, Maine 91 .... FF**7 410** - £**744** - **$1,282**

PHILIP Robert 1895-1981 [2]
🖼 *Olympia* - Oil/canvas (94x127cm-37x50in) New-York 92 .... FF**39 200** - £**4 550** - **$8,000**

PHILIPAULT Julie 1780-1834 [1]
🖼 *Jeune femme dessinant* - Huile/toile (111x82cm-44x32in) Paris 96 .... FF**27 500** - £**3 485** - **$5,270**

PHILIPP Caesar 1859-? [3]
🖼 *Nymphe und Satyr* - Öl/Leinwand (230x97cm-91x38in) Zürich 95 .... FF**25 500** - £**3 230** - **$5,130**
Idle hours - Oil/canvas (95x162cm-37x64in) London 90 .... FF**83 100** - £**8 368** - **$16,278**

PHILIPP Karl 1872-1949 [2]
Ski-Wanderer - Bronze (40cm-16in) Frankfurt 93 .... FF2 094 - £235 - **$351**
Kaiser Franz Josephs I - Bronze (44cm-17in) Wien 92 .... FF6 730 - £805 - **$1,295**
PHILIPP Martin E. 1887-1978 [4]
Erotische Exlibris - Etching (14x9cm-6x4in) Hamburg 93 .... FF1 514 - £172 - **$256**
PHILIPP Robert 1895-1981 [46]
● *Seated half nude* - Oil/canvas (51x41cm-20x16in) Delray Beach, Florida 96 .... FF11 100 - £1 436 - **$2,200**
● *Taking Tobacco* - Oil/canvas (69x102cm-27x40in) New-York 95 .... FF51 100 - £6 360 - **$10,000**
Nightclub Interior - Watercolour (46x56cm-18x22in) North Berwick, Maine 94 .... FF8 800 - £1 018 - **$1,500**
PHILIPPE Abel R. XIX-XX [4]
A Polar bear - Stone (60cm-24in) New-York 93 .... FF76 400 - £9 210 - **$14,000**
PHILIPPE Auguste Thomas 1797-1876 [2]
● *Travellers in an extensive wood*
Oil/canvas (145x194cm-57x76in) Billinghurst, West Sussex 96 .... FF36 960 - £4 800 - **$7,240**
PHILIPPE Dominique 1947 [4]
● *Envolée* - Huile/toile (50x76cm-20x30in) Compiègne 90 .... FF3 500 - £368 - **$609**
PHILIPPE Paul XIX-XX [30]
Mischievous - Sculpture (23cm-9in) New-York 95 .... FF5 970 - £756 - **$1,200**
Danseuse - Bronze (57cm-22in) Bruxelles 97 .... FF22 876 - £2 478 - **$4,046**
A woman - Sculpture (56cm-22in) New-York 90 .... FF39 840 - £4 054 - **$7,967**
PHILIPPE Sculpt. XIX-XX [7]
Young woman in costume - Ivory, bronze (36cm-14in) London 95 .... FF32 040 - £4 000 - **$6,280**
PHILIPPE-AUGUSTE Salnave 1908 [4]
● *Jungle scene* - Oil/masonite (60x91cm-24x36in) New-York 91 .... FF15 820 - £1 575 - **$2,720**
PHILIPPEAU Karel Frans 1825-1897 [7]
● *Offering grapes* - Oil/panel (29x40cm-11x16in) New-York 91 .... FF39 900 - £4 021 - **$6,924**
A la campagna Romana - Watercolour/paper (32x42cm-13x17in) Amsterdam 94 ..... FF6 120 - £734 - **$1,188**
PHILIPPET Léon 1843-1906 [14]
● *Paysage italien* - Huile/toile (67x54cm-26x21in) Bruxelles 94 .... FF7 300 - £862 - **$1,310**
PHILIPPI Robert 1877-1959 [4]
● *Badende* - Öl/Leinwand (60x76cm-24x30in) Wien 96 .... FF13 480 - £1 682 - **$2,606**
PHILIPPON Augustine XIX-XX [2]
● *Sur la terrasse, Afrique du Nord* - Huile/toile (50x74cm-20x29in) Paris 95 .... FF50 000 - £6 330 - **$10,050**
PHILIPPOT Karl Ludwig 1801-1859 [3]
Gentleman in dark blue coat - Miniature (6cm-2in) London 96 .... FF1 858 - £240 - **$343**
PHILIPPOTEAUX Henri Félix Emmanuel 1815-1884 [13]
● *La mort du duc de Lorraine* - Huile/toile (39x62cm-15x24in) Paris 95 .... FF10 000 - £1 310 - **$2,030**
The Flight - Oil/canvas (46x38cm-18x15in) New-York 95 .... FF128 400 - £15 750 - **$25,000**
Illustration: les Trois Mousquetaires (27) - Crayon Paris 97 .... FF31 000 - £3 295 - **$5,357**
PHILIPPOTEAUX Paul Dominique 1846-1923 [8]
● *Battle scene* - Oil/canvas (73x100cm-29x39in) New-York 94 .... FF58 500 - £6 760 - **$10,000**
● *In the Souk* - Oil/canvas (69x51cm-27x20in) London 96 .... FF191 500 - £24 000 - **$36,960**
PHILIPPS Raymonde XX [2]
● *Parfaite harmonie* - Acrylique/toile (146x114cm-57x45in) Paris 90 .... FF4 200 - £453 - **$741**
PHILIPS Charles 1708-1747 [4]
● *Augusta of Saxe-Gotha* - Oil/canvas (58x38cm-23x15in) London 94 .... FF20 800 - £2 500 - **$3,850**
PHILIPS F.A. 1835-1903 [5]
● *Kamtoo* - Oil/canvas (96x58cm-38x23in) London 97 .... FF169 972 - £18 000 - **$29,439**
PHILIPS Hermann August 1844-1927 [4]
● *Susannah and the Elder* - Oil/canvas (84x53cm-33x21in) Amsterdam 95 .... FF5 720 - £715 - **$1,156**
The Troubadours - Oil/panel (58x150cm-23x59in) Toronto 95 .... FF35 800 - £4 570 - **$7,310**
PHILIPSBORN von Dorothea 1894-? [1]
Stehendes Mädchen mit Halskette - Bronze (41cm-16in) Köln 95 .... FF13 730 - £1 796 - **$2,790**
PHILIPSEN Theodore Esbern 1840-1920 [48]
● *Køer på Saltholm* - Oil/canvas (68x76cm-27x30in) København 94 .... FF8 700 - £998 - **$1,487**
● *Køerne drives hjem* - Oil/canvas (55x82cm-22x32in) København 92 .... FF30 800 - £3 150 - **$6,410**
To køer - Sculpture (38cm-15in) København 92 .... FF9 240 - £945 - **$1,628**
PHILIPSON Robin 1916-1993 [49]
● *Cockfight, Red: The Kill* - Oil/canvas (43x99cm-17x39in) London 97 .... FF14 939 - £1 600 - **$2,581**
● *Poppies* - Oil/canvas (122x122cm-48x48in) Edinburgh 96 .... FF141 300 - £18 000 - **$27,200**
Sunset - Watercolour (77x135cm-30x53in) London 94 .... FF33 350 - £4 000 - **$6,480**
PHILLIP John, Spanish 1817-1867 [16]
● *From the Fountain, Aldalusia* - Oil/canvas (42x28cm-17x11in) Glasgow 96 .... FF11 570 - £1 500 - **$2,267**
The Grandfather - Oil/canvas (63x76cm-25x30in) Glasgow 96 .... FF27 000 - £3 500 - **$5,290**
PHILLIP Robert 1895-1981 [3]
● *Fixing her hair* - Oil/canvas (91x76cm-36x30in) New-York 94 .... FF15 700 - £1 830 - **$2,750**
PHILLIP Werner 1897-1982 [3]
● *San Francisco rooftops* - Oil/canvas (51x61cm-20x24in) San Francisco-Los Angeles 94 .... FF7 240 - £855 - **$1,300**
PHILLIPS Ammi 1788-1865 [17]
● *Lady with muslin bonnet*
Oil/canvas (79x64cm-31x25in) Bloomfield Hills, Michigan 94 .... FF116 200 - £13 420 - **$20,000**
PHILLIPS Bert Greer 1868-1956 [11]
● *Indian on horse* - Oil/board (25x20cm-10x8in) San Francisco-Los Angeles 90 .... FF40 000 - £4 132 - **$7,067**
The scout - Oil/board (30x30cm-12x12in) New-York 92 .... FF96 500 - £9 870 - **$17,000**

P

PHILLIPS Charles Gustav Louis 1863-1944 [4]
Lady golfer at St. Andrews - Etching (10x15cm-4x6in) Chester 91 .... FF1 895 - £189 - **$312**

PHILLIPS Clifford Holmead 1889-1975 [1]
Altes Paar - Oil/canvas/panel (15x20cm-6x8in) München 95 .... FF5 640 - £722 - **$1,152**

PHILLIPS Gordon 1927 [7]
Sadies back in town - Oil/canvas (88x106cm-35x42in) New-York 92 .... FF31 850 - £3 700 - **$6,500**
Chores - Oil/canvas (61x106cm-24x42in) New-York 92 .... FF48 300 - £4 940 - **$8,500**

PHILLIPS John XIX [6]
The May Pole - Oil/canvas (25x36cm-10x14in) London 93 .... FF12 800 - £1 600 - **$2,320**
Zacatecas - Litografía (27x42cm-11x17in) México 92 .... FF4 320 - £444 - **$789**

PHILLIPS John Campbell 1873-1949 [3]
The Dance - Oil/canvas (22x27cm-9x11in) Philadelphia 95 .... FF4 240 - £557 - **$850**

PHILLIPS Marjorie Acker 1894-1985 [3]
New York skyline - Oil/canvas/board (27x31cm-11x12in) Cambridge, Mass. 91 .... FF5 090 - £510 - **$840**

PHILLIPS Peter 1939 [18]
Philip Morris - Huile/toile (55x36cm-22x14in) Paris 94 .... FF70 000 - £8 260 - **$12,540**
Automkustomotive - Oil/canvas (278x273cm-109x107in) London 93 .... FF105 300 - £12 000 - **$17,880**
M.B. 10 x 10/2500 sq - Pencil (53x53cm-21x21in) London 92 .... FF6 280 - £750 - **$1,208**

PHILLIPS Robert ?-1882 [1]
Bhooteas and natives of Nepal - Albumen print London 96 .... FF1 925 - £240 - **$372**

PHILLIPS Thomas 1770-1845 [10]
George Gordon - Oil/canvas (91x71cm-36x28in) London 95 .... FF67 100 - £8 500 - **$13,500**
Sir Walter scott - Oil/canvas (91x71cm-36x28in) New-York 97 .... FF296 130 - £32 011 - **$52,000**

PHILLIPS Tom 1937 [22]
Hotel de Dream - Oil/canvas (107x76cm-42x30in) London 94 .... FF25 100 - £3 000 - **$4,690**
Inferno - Silkscreen in colors London 94 .... FF4 030 - £480 - **$758**
Abstract Composition - Watercolour (28x39cm-11x15in) London 97 .... FF1 770 - £189 - **$305**

PHILLIPS Walter Joseph 1884-1963 [134]
Siwash house posts, British Columbia - Woodcut in colors (21x16cm-8x6in) Toronto 94 .... FF2 430 - £287 - **$433**

PHILLOTT Constance 1842-1931 [8]
Climbing rose - Watercolour (21x14cm-8x6in) London 96 .... FF6 020 - £750 - **$1,162**

PHILP James George 1816-1885 [5]
Fishing boats - Watercolour (43x73cm-17x29in) London 91 .... FF12 400 - £1 250 - **$2,190**

PHILPOT Glyn Warren 1884-1937 [31]
Portrait of Lady Benthall - Oil/canvas (91x77cm-36x30in) London 96 .... FF31 900 - £4 000 - **$6,160**
Negros as Harlequin - Oil/canvas (116x75cm-46x30in) London 96 .... FF131 700 - £16 500 - **$25,400**
Penelope - Oil/canvas (136x92cm-54x36in) London 91 .... FF912 000 - £92 560 - **$164,716**
Mask; The Dead Faun - Bronze (24cm-9in) London 97 .... FF38 314 - £4 000 - **$6,556**
Negro head - Pastel (28x26cm-11x10in) London 94 .... FF55 000 - £6 500 - **$9,880**

PHINNEY Emma XIX-XX [1]
Büste eines farbigen Knaben - Bronze (64cm-25in) Frankfurt 96 .... FF40 500 - £4 780 - **$7,950**

PHIPPEN George 1916-1966 [2]
Headed for the trap - Oil/canvas (61x91cm-24x36in) New-York 92 .... FF19 600 - £2 276 - **$4,000**
Apache on horseback - Bronze (38cm-15in) San Francisco-Los Angeles 95 .... FF7 670 - £873 - **$1,300**

PHIPPS Edmund XIX-XX [4]
On the Alt - Watercolour (38x76cm-15x30in) London 92 .... FF4 100 - £420 - **$723**

PHOENIX George 1863-1950 [2]
Seascape - Oil/panel (16x53cm-6x21in) London 96 .... FF3 340 - £2 925 - **$572**
Figures on a steep village street - Drawing (46x61cm-18x24in) Leeds 92 .... FF1 950 - £200 - **$374**

PHYSICK Edward Robert c.1836-c.1880 [1]
Topsy, a pug - Oil/canvas (61x50cm-24x20in) London 93 .... FF28 500 - £3 200 - **$4,770**

PHYSICK Thomas XIX [2]
A Castle on the Rhine - Oil/canvas (49x76cm-19x30in) Billinghurst, West Sussex 93 .... FF11 850 - £1 350 - **$2,010**

PIACENZA Carlo 1814-1887 [1]
Paesaggio di montagna, 1858 - Olio/tela (55x78cm-22x31in) Milano 90 .... FF27 500 - £2 926 - **$4,920**

PIANA Giuseppe Ferdinando 1865-1956 [4]
Sunlit street in a coastal town - Watercolour (31x23cm-12x9in) London 92 .... FF3 770 - £450 - **$725**

PIANCA Giuseppe Antonio 1703-c.1760 [3]
Contadina col figlio - Olio/tela (78x100cm-31x39in) Roma 96 .... FF33 500 - £4 200 - **$6,400**

PIANE dalle, il Mulinaretto Giovanni Maria 1660-1745 [1]
Philip V of Spain, wearing armour - Oil/canvas (7x6cm-3x2in) London 96 .... FF24 100 - £3 000 - **$4,680**

PIAT Frédéric Eugène 1827-1903 [1]
The vine cherub chariot - Bronze (40cm-16in) London 91 .... FF21 820 - £2 215 - **$3,941**

PIATKOWSKI Henryk 1853-1932 [2]
The river - Oil/cardboard (24x30cm-9x12in) Warszawa 95 .... FF4 200 - £537 - **$862**

PIATTI Antonio 1875-1962 [4]
Paesaggio - Olio/cartone (26x33cm-10x13in) Milano 95 .... FF2 980 - £380 - **$610**
Weiblicher Kopf in Rot - Linocut in colors (33x25cm-13x10in) Stuttgart 93 .... FF2 414 - £273 - **$407**

PIATTOLI Gaetano 1703-1774 [2]
Youg Lady holding a book - Oil/canvas (43x57cm-17x22in) London 97 .... FF104 068 - £11 000 - **$17,941**

PIATTOLI Giuseppe c.1740-c.1815 [6]
Doctor writing a prescription - Ink (32x22cm-13x9in) London 92 .... FF15 080 - £1 800 - **$2,900**

P

PIAUBERT Jean 1900 [172]
- 🌸 Thyrse 1 - Huile/toile (73x60cm-29x24in) Paris 97 .... FF3 000 - £323 - **$527**
- Composition - Huile/toile (60x73cm-24x29in) Paris 96 .... FF6 800 - £866 - **$1,311**
- Filles de Loth - Technique mixte/panneau (61x146cm-24x57in) Paris 96 .... FF20 500 - £2 610 - **$3,950**
- Origine - Huile/toile (195x130cm-77x51in) Paris 96 .... FF52 000 - £6 620 - **$10,020**
- ✏ Composition abstraite - Gouache/papier (103x73cm-41x29in) Paris 96 .... FF5 200 - £662 - **$1,003**

PIAZ Teddy XX [4]
- 🖼 Serge Lifar - Affiche (120x160cm-47x63in) Paris 93 .... FF2 800 - £338 - **$510**

PIAZZETTA Giovanni Battista 1682-1754 [20]
- 🌸 The Annunciation - Oil/canvas (53x71cm-21x28in) New-York 90 .... FF3 - £334 681 - **$562,791**
- ✏ Young girl - Black & white chalks (39x31cm-15x12in) New-York 96 .... FF148 000 - £19 400 - **$30,000**

PIAZZONI Gottardo 1872-1945 [9]
- 🌸 Gualala Bay - Oil/canvas/board (27x34cm-11x13in) San Francisco-Los Angeles 95 ..... FF18 700 - £2 456 - **$3,750**

PIC Roger 1920 [6]
- 📷 M. Duras et J. Moreau - Tirage argentique (30x40cm-12x16in) Paris 96 .... FF1 700 - £212 - **$329**

PICABIA Francis 1879-1953 [378]
- 🌸 Creuse - Huile/toile (73x93cm-29x37in) Paris 92 .... FF1 - £179 000 - **$288,400**
- Udnie - Huile/toile (197x197cm-78x78in) Paris 96 .... FF2 - £2 - **$4**
- Montmartre - Huile/carton (55x46cm-22x18in) Granville 92 .... FF35 000 - £3 595 - **$6,730**
- Les Martigues - Huile/toile (43x56cm-17x22in) Calais 95 .... FF65 000 - £8 300 - **$13,300**
- The Cliffs - Oil/panel (50x59cm-20x23in) New-York 96 .... FF82 800 - £10 230 - **$16,000**
- Loire, St. Julien sur Loire - Oil/canvas (33x41cm-13x16in) London 97 .... FF154 440 - £16 000 - **$26,456**
- Église de Ouistreham - Huile/toile (65x93cm-26x37in) Paris 97 .... FF200 000 - £20 920 - **$34,260**
- La pointe du port - Oil/canvas (73x92cm-29x36in) New-York 97 .... FF400 001 - £42 882 - **$70,000**
- Iodis - Oil/canvas (151x85cm-59x33in) London 97 .... FF868 725 - £90 000 - **$148,815**
- 🖼 Marina - Incisione a colori (45x61cm-18x24in) Milano 93 .... FF6 950 - £781 - **$1,245**
- ✏ Musique et Peinture - Aquarelle, gouache (122x66cm-48x26in) Paris 93 .... FF4 - £483 000 - **$721,000**
- Deux visages - Encre Chine (34x31cm-13x12in) Paris 97 .... FF22 000 - £2 391 - **$3,865**
- Lutteurs - Aquarelle, gouache (30x45cm-12x18in) Paris 96 .... FF65 000 - £7 520 - **$12,450**
- Femme de l'Amour - Watercolour (105x75cm-41x30in) London 96 .... FF271 300 - £34 000 - **$52,400**
- Uncana - Watercolour, gouache (107x76cm-42x30in) London 96 .... FF619 000 - £80 000 - **$122,500**

PICARD Biddy XX [2]
- 🌸 Rock Shapes, Winter Shore - Oil/board (89x58cm-35x23in) London 93 .... FF2 810 - £320 - **$477**

PICARD Étienne 1935 [13]
- 🌸 Hiver à Paris - Huile/toile (60x50cm-24x20in) Versailles 90 .... FF3 000 - £315 - **$522**

PICARD Fabrice XX [3]
- 📷 Taureaux - Photo (40x50cm-16x20in) Paris 95 .... FF2 500 - £329 - **$502**

PICARD Georges 1857-c.1945 [1]
- 🌸 Vive l'auto - Huile/toile (150x120cm-59x47in) Paris 97 .... FF155 000 - £16 554 - **$27,171**

PICARD Louis 1861-1940 [7]
- 🌸 Jeune fille assise - Huile/toile (80x65cm-31x26in) Paris 93 .... FF19 000 - £2 135 - **$3,220**
- Soir au bord de la mer - Oil/canvas (59x91cm-23x36in) London 91 .... FF39 700 - £4 029 - **$7,170**

PICARD Louis François 1820-1866 [1]
- 🌸 Rast im Weinberg - Ol/Leinwand (46x52cm-18x20in) Köln 93 .... FF29 740 - £3 400 - **$5,060**

PICART Bernard 1673-1733 [19]
- ✏ Rebecca and Eliezar at the well - Ink (21x15cm-8x6in) New-York 97 .... FF10 567 - £1 176 - **$1,900**

PICART Claude 1940 [3]
- ✏ Régis 10 ans - Huile/toile (146x115cm-57x45in) Paris 91 .... FF2 500 - £254 - **$452**

PICART LE DOUX Charles A. 1881-1959 [81]
- 🌸 Marins et filles au port - Huile/panneau (34x26cm-13x10in) Neuilly 96 ...... FF5 000 - £646 - **$965**
- Jeune fille peignant - Huile/toile (76x64cm-30x25in) Paris 96 .... FF13 200 - £1 700 - **$2,616**
- Nu assis sur le sofa - Huile/toile (55x45cm-22x18in) Paris 96 .... FF19 000 - £1 915 - **$3,297**
- La danseuse - Huile/papier/toile (116x89cm-46x35in) Versailles 91 .... FF50 000 - £5 051 - **$9,926**
- ✏ Nu assis - Aquarelle (28x22cm-11x9in) Calais 93 .... FF2 500 - £284 - **$424**

PICART LE DOUX Jean 1902-1982 [27]
- 🌸 Paysage - Huile/toile (50x65cm-20x26in) Paris 89 .... FF32 000 - £3 372 - **$5,387**

PICASSO Matteo 1794-1879 [2]
- ✏ Retrato del rey Luis Felipe - Acuarela (23x18cm-9x7in) Madrid 96 .... FF12 020 - £1 380 - **$2,295**

PICASSO Pablo 1881-1973 [2920]
- 🌸 Femme assise - Oil/canvas (130x97cm-51x38in) New-York 96 .... FF1 - £1 - **$2**
- Le Guerrier - Oil/canvas (73x60cm-29x24in) London 97 .... FF1 - £120 000 - **$198,420**
- Fernandez de Soto - Oil/canvas (69x55cm-27x22in) New-York 95 .... FF1 - £1 - **$2**
- Peintre et modèle - Oil/canvas (73x92cm-29x36in) New-York 93 .... FF1 - £200 000 - **$290,000**
- Sylvette - Oil/canvas (73x60cm-29x24in) New-York 96 .... FF2 - £301 000 - **$450,000**
- Buste de femme - Oil/canvas (65x54cm-26x21in) London 97 .... FF2 - £310 000 - **$512,585**
- Nu debout - Oil/canvas (41x33cm-16x13in) New-York 97 .... FF5 - £548 240 - **$890,000**
- Mère et enfant - Oil/canvas (100x81cm-39x32in) New-York 95 .... FF5 - £6 - $1, 9e,+07
- La pique - Oil/board (21x27cm-8x11in) New-York 97 .... FF685 716 - £73 512 - **$120,000**
- 🖼 Repas Frugal - Etching (46x37cm-18x15in) Tokyo 89 .... FF2 - £217 313 - **$345,024**
- Flûtiste et chèvre savante - Linogravure (27x17cm-11x7in) Köln 97 .... FF11 490 - £1 007 - **$1,967**
- Roi - Lithographie couleurs (53x43cm-21x17in) Paris 97 .... FF18 000 - £1 875 - **$3,067**
- La grande Corrida - Lithograph (54x65cm-21x26in) Berlin 97 .... FF25 254 - £268 2 3 - $439,9 3
- Femmes nues - Etching (59x49cm-23x19in) London 97 .... FF38 610 - £4 000 - **$6,614**
- Femme nue debout - Linogravure couleurs (64x53cm-25x21in) Paris 97 .... FF65 000 - £6 883 - **$11,258**
- Chef-d'oeuvre inconnu, Balzac - Eau-forte (20x28cm-8x11in) Paris 96 .... FF253 000 - £32 200 - **$48,700**

P

☒ Tête de fou - Bronze (40cm-16in) New-York 96	FF2 £316 000 - **$520,000**
Blind Singer - Bronze (13cm-5in) London 96	FF47 900 - £6 000 - **$9,240**
Poupée - Bronze (22cm-9in) London 95	FF77 200 - £10 200 - **$15,650**
Tête de taureau - Bronze (9cm-4in) New-York 96	FF207 000 - £26 740 - **$40,000**
Bras - Bronze (58cm-23in) New-York 93	FF944 000 - £107 300 - **$160,000**
✎ Garçon - Gouache/board (77x65cm-30x26in) New-York 95	FF5 - £6 - **$1**
Tête de femme - Watercolour/paper (60x47cm-24x19in) New-York 97	FF5 - £554 400 - **$900,000**
Caricature - Stylo bille (29x22cm-11x9in) Paris 97	FF19 000 - £2 082 - **$3,335**
Le bal - Crayon/papier (16x11cm-6x4in) Paris 97	FF85 000 - £8 865 - **$14,535**
Dora Maar - Mine plomb (32x22cm-13x9in) Paris 97	FF1 e +06 - £104 600 - **$171,300**
Femme au bain - Crayon/papier (19x10cm-7x4in) Paris 97	FF115 000 - £11 994 - **$19,665**
Figures de Barbarie - Coloured crayons/paper (50x65cm-20x26in) New-York 97	FF200 001 - £21 441 - **$35,000**
Tête de femme - Mixed media/paper (32x25cm-13x10in) New-York 97	FF200 001 - £32 162 - **$52,500**
As de trèfle - Crayon (23x21cm-9x8in) Paris 97	FF500 000 - £52 300 - **$85,650**
Homme à la pipe - Coloured crayons (52x30cm-20x12in) London 96	FF696 000 - £90 000 - **$138,000**

PICAULT Émile Louis 1833-1915 [98]
☒ Le Devoir - Bronze (58cm-23in) Chicago 95	FF5 020 - £629 - **$1,000**
Homo Deis Mentem Rapuit - Bronze (74cm-29in) Vinca 97	FF13 000 - £1 379 - **$2,241**
Napoléon Bonaparte - Marble (60cm-24in) London 97	FF37 175 - £4 000 - **$6,535**

PICCINI Antonio 1846-1929 [1]
✎ Neapolitan girl drinking - Watercolour/paper (99x65cm-39x26in) Warszawa 94	FF9 150 - £1 100 - **$1,742**

PICCIONI Gino 1873-1941 [1]
✎ Jeune fille arrangeant un bouquet - Pastel (98x99cm-39x39in) Monaco 90	FF150 000 - £16 164 - **$26,455**

PICCIOTO Simone XX [2]
● Sans titre - Technique mixte/panneau (32x23cm-13x9in) Paris 92	FF2 200 - £263 - **$423**
☒ Qui suis-je ? - Relief (60x62cm-24x24in) Paris 91	FF6 000 - £596 - **$1,042**

PICCIRILLI Attilio 1866-1945 [4]
☒ Spring Dream - Bronze (31cm-12in) New-York 93	FF14 100 - £1 613 - **$2,500**
Mother and Child - Marble (112cm-44in) New-York 94	FF186 000 - £22 200 - **$35,000**

PICCO-RÜCKERT Ria 1900 [7]
● Hochofen - Öl/Karton (60x47cm-24x19in) Pforzheim 93	FF4 070 - £487 - **$783**

PICCOLI Girolamo 1902-1971 [1]
☒ Reclining figure - Bronze (23cm-9in) Chicago 92	FF2 556 - £262 - **$450**

PICENARDI Mauro 1735-1809 [1]
● Venus/Juno - Oil/canvas (89x118cm-35x46in) New-York 97	FF358 917 - £40 560 - **$65,000**

PICHAT Olivier c.1825-1912 [5]
● Impératrice Eugénie - Oil/canvas (304x200cm-120x79in) Köbenhavn 91	FF24 600 - £2 443 - **$4,271**
✎ Jérusalem - Aquarelle, gouache (43x44cm-17x17in) Paris 94	FF5 000 - £588 - **$879**

PICHET Roland 1936 [12]
☐ Les cordes de bois - Sérigraphie (52x82cm-20x32in) Montréal 93	FF2 664 - £305 - **$455**

PICHETTE James 1920-1996 [151]
● Composition - Huile/toile (100x100cm-39x39in) Paris 97	FF5 000 - £529 - **$858**
Middle jazz - Huile/toile (100x81cm-39x32in) Paris 96	FF16 000 - £1 837 - **$3,050**
Écrit rouge sur écrit jaune - Huile/toile (46x38cm-18x15in) Paris 97	FF30 000 - £3 444 - **$5,720**
✎ Composition - Gouache (51x64cm-20x25in) Paris 96	FF8 500 - £976 - **$1,622**

PICHHAZDE Meir 1955 [4]
● Untitled - Mixed media/canvas (124x71cm-49x28in) Tel Aviv 94	FF9 840 - £1 170 - **$1,800**

PICHLER Adolf 1835-1905 [1]
● Chess board, fruit and tankard - Oil/canvas (88x114cm-35x45in) New-York 90	FF42 900 - £4 511 - **$7,461**

PICHLER Heinrich Georg 1960 [2]
● Ohne Titel - Öl/Leinwand (94x130cm-37x51in) Wien 94	FF12 180 - £1 460 - **$2,366**

PICHLER Rudolf 1874-1950 [14]
✎ Das Stadttor von Dürnstein - Aquarell/Papier (23x18cm-9x7in) Wien 96	FF6 240 - £805 - **$1,205**

PICHLER Walter 1936 [21]
✎ Grosse Frau - Pencil/paper (27x23cm-11x9in) Wien 97	FF8 146 - £856 - **$1,399**
Ohne Titel - Mischtechnik/Papier (30x43cm-12x17in) Wien 96	FF26 550 - £3 026 - **$5,090**
Ohne Titel - Mischtechnik/Papier (56x78cm-22x31in) Wien 96	FF41 400 - £5 370 - **$8,190**

PICHON Jean-Claude XX [2]
● Métamorphose - Huile/toile (61x50cm-24x20in) Concarneau 93	FF5 200 - £627 - **$946**

PICHON Louis 1926 [1]
☒ Terrain vague - Bronze (38cm-15in) Paris 89	FF10 000 - £995 - **$1,580**

PICHON Suzanne née Boutroux ?-1929 [1]
● Bretonische Küstenlandschaft - Öl/Leinwand (44x61cm-17x24in) Zofingen 94	FF4 020 - £471 - **$715**

PICHOT GIRONES Ramón Antonio 1872-1925 [16]
● Pêcheurs - Huile/carton (54x68cm-21x27in) Paris 95	FF9 500 - £1 187 - **$1,920**
Lady in her dressing room - Oil/board (40x32cm-16x13in) New-York 92	FF33 300 - £3 486 - **$6,000**
✎ Spanish figures in a street - Pastel (22x29cm-9x11in) London 95	FF11 840 - £1 500 - **$2,382**

PICHOT Ramón 1925 [9]
● Marcela de perfil - Oil/canvas (65x54cm-26x21in) London 93	FF35 600 - £4 000 - **$5,960**

PICK Anton 1840-c.1905 [12]
● Mountainous lake landscape - Oil/canvas (48x68cm-19x27in) London 92	FF3 180 - £380 - **$613**
Sommerlandskab - Oil/canvas (53x95cm-21x37in) Köbenhavn 96	FF15 800 - £1 967 - **$3,050**

P

Calendar & auction results : INTERNET : **www.artprice.com** MINITEL : 3617 ARTPRICE

PICK-MORINO Edmund 1877-1958 [6]
Kürbis und Früchte - Öl/Leinwand (60x70cm-24x28in) Wien 95 .... FF**18 970** - £2 395 - **$3,785**
Bildnis einer Frau - Pastell/Papier (61x46cm-24x18in) Wien 92 .... FF**3 610** - £370 - **$636**
PICKARD Louise 1865-1928 [3]
Painswick Beacon, Gloucestershire - Oil/canvas (51x61cm-20x24in) London 96 .... FF**8 510** - £1 100 - **$1,680**
PICKEN Andrew 1815-1845 [2]
Madeira Illustrated - Lithograph (37x54cm-15x21in) London 92 .... FF**19 260** - £2 300 - **$3,706**
PICKEN George 1898-? [1]
Voiture à chevaux - Huile/toile (70x50cm-28x20in) Castres 90 .... FF**10 000** - £1 023 - **$1,974**
PICKENS Lucien Alton 1917 [3]
Pastoral - Oil/canvas (75x109cm-30x43in) New-York 95 .... FF**31 500** - £4 050 - **$6,500**
PICKERING Joseph Langsdale 1845-1912 [3]
Mare and foal in a field - Oil/canvas (90x135cm-35x53in) London 91 .... FF**59 500** - £5 996 - **$10,325**
PICKERSGILL Frederick Richard 1820-1900 [16]
Happy Hours - Oil/board (63x77cm-25x30in) London 96 .... FF**49 700** - £6 200 - **$9,600**
Britomart unarming - Oil/canvas (125x105cm-49x41in) London 97 .... FF**371 783** - £39 000 - **$63,796**
PICKERSGILL Henry Hall, Jnr. 1812-1861 [1]
The ferry boat - Oil/canvas (96x155cm-38x61in) London 96 .... FF**19 200** - £2 500 - **$3,810**
PICKERSGILL Henry William 1782-1875 [5]
Sir John Conroy - Oil/canvas (137x110cm-54x43in) London 92 .... FF**62 800** - £7 500 - **$12,080**
PICKHARDT Carl E., Jr. 1908 [2]
Nightclub - Oil/canvas (81x34cm-32x21in) New-York 92 .... FF**12 250** - £1 423 - **$2,500**
Singer/Intermission/Laughmaker - Lithograph New-York 96 .... FF**1 558** - £199 - **$300**
PICKNELL William Lamb 1853-1897 [5]
Annisquam, Mass. - Oil/canvas (51x92cm-20x36in) New-York 94 .... FF**17 980** - £2 120 - **$3,200**
The watering through - Oil/canvas (91x76cm-36x30in) Boston, Mass. 91 .... FF**141 500** - £14 361 - **$25,556**
PICO Georges XX [2]
Le Moulin de la Galette - Huile/toile (38x46cm-15x18in) Versailles 90 .... FF**4 200** - £453 - **$741**
PICO MITJANS José 1904-1991 [5]
Balcones - Oleo/lienzo (100x81cm-39x32in) Madrid 92 .... FF**9 180** - £935 - **$1,615**
PICOLO Y LOPEZ Manuel 1855-1912 [9]
Carnaval en la taberna - Oleo/tabla (14x21cm-6x8in) Madrid 93 .... FF**18 800** - £2 260 - **$3,660**
La vanguardia del ejército - Acuarela (16x22cm-6x9in) Madrid 92 .... FF**4 860** - £495 - **$855**
PICON José 1921 [3]
Sans titre - Huile/panneau (70x37cm-28x15in) Liège 91 .... FF**4 980** - £510 - **$924**
PICOT Henri XIX-XX [2]
L'azalée, 1910 - Aquarelle (65x28cm-26x11in) Paris 89 .... FF**16 000** - £1 636 - **$2,572**
PICOT Hippolyte XVIII-XIX [4]
A la Villa Médicis… - Mine plomb (13x18cm-5x7in) Paris 94 .... FF**1 800** - £209 - **$310**
PICOT Jean-Claude [6]
Port de La Pallice - Oil/canvas (51x66cm-20x26in) Tarzana, CA 94 .... FF**3 280** - £391 - **$600**
PICOTTE Michel-François 1947 [3]
Peint en vert - Acrylique/toile (62x62cm-24x24in) Paris 92 .... FF**8 000** - £820 - **$1,410**
PICOU Eugène 1831-? [1]
Panier de fleurs - Aquarelle (71x49cm-28x19in) Monaco 94 .... FF**4 000** - £473 - **$719**
PICOU Henri Pierre 1824-1895 [37]
Amour plus léger que le papillon - Oil/canvas (81x32cm-32x13in) London 96 .... FF**32 100** - £4 000 - **$6,200**
Le bain - Huile/toile (90x120cm-35x47in) Paris 96 .... FF**140 000** - £18 050 - **$27,400**
Jeu d'échecs indien - Oil/canvas (191x282cm-75x111in) New-York 94 .... FF**770 000** - £91 800 - **$145,000**
PICOUET Michel 1949 [16]
Là où il n'y a plus de dieux… - Huile (73x60cm-29x24in) Paris 92 .... FF**2 100** - £244 - **$429**
Le Cordeville - Huile/toile (55x46cm-22x18in) Pontoise 95 .... FF**10 500** - £1 315 - **$2,160**
Mythologie I - Sculpture (112x15cm-44x6in) Paris 95 .... FF**2 200** - £225 - **$411**
PICQUEFEU Roger François XIX-XX [2]
Nature morte - Huile/toile (56x70cm-22x28in) Mont-Royal Quebec 89 .... FF**17 100** - £1 652 - **$2,595**
PICTOR Marius, M. de Maria 1852-1924 [1]
Canale a Venezia - Olio/tavola (48x40cm-19x16in) Roma 89 .... FF**43 500** - £4 584 - **$7,323**
PIDGEON Henry Clarke 1807-1880 [6]
Bringing in the harvest - Watercolour (35x53cm-14x21in) Billingshurst, West Sussex 92 ... FF**4 400** - £450 - **$774**
PIDOLL von Karl Quintenbach 1847-1901 [3]
Drei Reiter - Öl/Karton (48x34cm-19x13in) Zürich 96 .... FF**5 090** - £660 - **$1,007**
PIÉ Juan 1890-? [1]
Eve - Bronze (18cm-7in) Paris 90 .... FF**3 500** - £362 - **$618**
PIECK Anton 1895-1986 [17]
Moored boats, Amsterdam - Oil/canvas (76x140cm-30x55in) Amsterdam 94 .... FF**61 200** - £7 340 - **$11,880**
Man pushing a carrier-tricycle - Watercolour (32x51cm-13x20in) Amsterdam 93 .... FF**8 440** - £1 008 - **$1,624**
PIEK Anton 1840-? [1]
Figures near a fountain - Oil/canvas (73x92cm-29x36in) Amsterdam 89 .... FF**8 400** - £859 - **$1,350**
PIELER Frans Xaver 1876-1952 [55]
Blumenstilleben - Öl/Karton (78x52cm-31x20in) Wien 93 .... FF**17 320** - £2 010 - **$2,916**
Grosses Blumenstück - Öl/Leinwand (120x85cm-47x33in) Wien 96 .... FF**34 300** - £4 440 - **$6,860**
Flowers in a crystal vase - Oil/panel (52x41cm-20x16in) New-York 93 .... FF**183 000** - £20 800 - **$31,000**

PIELMANN Edmund Georg 1923-1985 [1]
🖾 Strasse in Grado - Öl/Leinwand (80x60cm-31x24in) München 93 .... FF3 390 - £405 - $653

PIENE Otto 1928 [75]
🖾 Heat Wave - Oil/cardboard (73x101cm-29x40in) Hamburg 96 .... FF13 600 - £1 550 - $2,600
Fackel - Öl/Leinwand (68x96cm-27x38in) München 95 .... FF45 700 - £5 750 - $9,140
Pink Fire Flower - Oil/canvas (120x169cm-47x67in) London 93 .... FF149 400 - £18 000 - $26,100
⚱ Lichtballet - Metal (52cm-20in) Köln 90 .... FF38 300 - £3 898 - $7,659
🖉 Ohne Titel - Gouache/board (51x73cm-20x29in) Köln 93 .... FF9 650 - £1 092 - $1,630
Scirocco - Gouache/paper (96x66cm-38x26in) Köln 92 .... FF18 700 - £1 914 - $3,290
Ohne Titel - Gouache/board (50x75cm-20x30in) Köln 93 .... FF44 800 - £5 070 - $7,560

PIENEMAN Nikolaas 1809/10-1860 [4]
🖾 Columbus Discovers America - Oil/canvas (112x146cm-44x57in) New-York 97 .... FF136 440 - £14 695 - $24,000

PIENG Cheong Soo 1917-1983 [4]
🖾 Figures & bird in a basket - Oil/canvas (61x51cm-24x20in) Singapore 95 .... FF56 100 - £7 160 - $11,500
🖉 Jungle scene - Watercolour/paper (66x58cm-26x23in) Singapore 95 .... FF24 540 - £3 134 - $5,040

PIENKOWSKI Ignacy 1877-1948 [6]
🖾 Büffelherde - Öl/Leinwand (85x101cm-33x40in) Wien 96 .... FF21 600 - £2 620 - $4,200

PIEPENHAGEN August 1791-1868 [4]
🖾 Rastende Wanderer - Oil/canvas (32x42cm-13x17in) Wien 89 .... FF12 000 - £1 264 - $2,020

PIEPENHAGEN Charlotte Mohr 1828-1902 [1]
🖾 Schloss Wallsee an der Donau - Öl/Papier (33x57cm-13x22in) Wien 95 .... FF9 100 - £1 136 - $1,840

PIEPER Albot 1872-1919 [3]
🖾 Frauenkirche in Esslingen - Öl/Leinwand (29x22cm-11x9in) Stuttgart 94 .... FF7 650 - £878 - $1,303

PIEPER Christian 1843-1934 [2]
🖾 Winter in Venedig - Oil/canvas/board (26x27cm-10x11in) Wien 92 .... FF5 300 - £531 - $1,018

PIEPER Hermann 1909-1964 [5]
🖾 Gemeinsamleit - Öl/Karton (34x27cm-13x11in) Zofingen 94 .... FF6 100 - £723 - $1,128

PIEPER Josef 1907-1977 [2]
🖾 Jünglinge mit Pferden am Strand - Öl/Leinwand (46x56cm-18x22in) Köln 94 .... FF2 230 - £268 - $433

PIEPHO Carl 1869-1920 [4]
🖾 Nach dem Bade - Oil/canvas (70x113cm-28x44in) Bremen 91 .... FF10 810 - £1 084 - $1,784

PIERA Pleun 1734-1799 [1]
🖉 Herdsmen/Travellers - Pencil (19x16cm-7x6in) Amsterdam 92 .... FF4 820 - £576 - $928

PIERA Willem c.1750-1800 [1]
🖾 Italianate river landscapes - Oil/canvas (301x204cm-119x80in) London 94 .... FF208 400 - £25 000 - $40,500

PIERCE Charles Franklin 1844-1920 [4]
🖾 Sheep end chickens in a barn - Oil/canvas (51x76cm-20x30in) Boston, Mass. 93 .... FF13 300 - £1 510 - $2,250

PIERCE Elijah 1892-1982 [2]
🖾 Two in One Bird - Technique mixte (15x25x8cm-6x10x3in) Bloomfield Hills, Michigan 93 .... FF6 600 - £828 - $1,200

PIERCE H. Winthrop 1850-? [2]
🖾 Hayfields, 1883 - Oil/canvas (41x53cm-16x21in) New-York 89 .... FF16 000 - £1 592 - $2,528

PIERCE Lucy Elizabeth 1887-1974 [2]
🖾 Ina Story seated - Oil/canvas (76x63cm-30x25in) San Francisco-Los Angeles 92 .... FF5 400 - £552 - $1,000

PIERCE W. XX [2]
🖾 Chez le calife - Huile/panneau (25x20cm-10x8in) Provins 96 .... FF2 950 - £374 - $566

PIERCE Waldo 1884-1970 [4]
🖾 Bathers in brook #2 - Oil/canvas (57x93cm-22x37in) New-York 93 .... FF11 000 - £1 380 - $2,000

PIERDON François 1821-1904 [4]
🖾 Bord de rivière - Huile/toile (40x32cm-16x13in) Paris 92 .... FF3 900 - £400 - $687

PIERMIAKOV Alexandre 1955 [2]
🖾 Nature morte au coq - Huile/toile (50x40cm-20x16in) Paris 89 .... FF2 100 - £215 - $338

PIERNEEF Jacob Hendrik 1886-1957 [111]
🖾 Transvaal Landscape - Oil/canvas (82x112cm-32x44in) London 97 .... FF485 529 - £52 000 - $85,114
🖉 Mountainous Landscape - Watercolour (47x57cm-19x22in) London 94 .... FF51 900 - £6 000 - $8,840

PIERON Gustave 1824-1864 [1]
🖾 Sarad soldat - Oil/canvas/board (60x48cm-24x19in) Göteborg 90 .... FF6 100 - £649 - $1,091

PIERON Henri XIX [5]
🖾 Prayon, Belgique - Oil/panel (83x59cm-33x23in) London 92 .... FF9 770 - £1 000 - $1,724

PIERRAKOS Alkis 1920 [7]
🖾 Paysage - Huile/toile (73x100cm-29x39in) Paris 92 .... FF5 200 - £534 - $967
🖉 Composition abstraite - Gouache (24x34cm-9x13in) Paris 91 .... FF2 000 - £203 - $361

PIERRAT Nicolas Constant 1829-1910 [3]
🖾 Vase de fleurs - Huile/toile (127x110cm-50x43in) Bruxelles 96 .... FF14 240 - £1 843 - $2,850

PIERRE & GILLES [3]
📷 Blanche Neige - Type C color print (71x78cm-28x31in) Köln 96 .... FF12 770 - £1 647 - $2,500
Portrait de Farida - Photo Paris 91 .... FF33 000 - £3 309 - $5,447

PIERRE André 1914 [10]
🖾 Erzulie yeux rouges - Huile/toile (41x61cm-16x24in) Paris 95 .... FF12 000 - £1 520 - $2,414

PIERRE Claude, Klaudius 1803-1854 [1]
🖉 Offiziers in grauem Uniformrock - Miniature (7x6cm-3x2in) Stuttgart 94 .... FF5 100 - £595 - $894

PIERRE Fernand XX [4]
🖾 The Pentagram - Oil/masonite (61x76cm-24x30in) New-York 91 .... FF2 825 - £281 - $486

P

PIGEON Michel 1937 [2]
- *Femme assise* - Bronze (18cm-7in) Saint-Germain-en-Laye 90 .... FF8 000 - £829 - $1,406
- *La coiffure* - Bronze (29cm-11in) Pontoise 96 .... FF21 000 - £2 595 - $4,060

PIGEOT Pierre XX [2]
- *Dranem, J'ai Le Noir, Cinélux* - Affiche (117x158cm-46x62in) Paris 97 .... FF1 700 - £182 - $294

PIGLHEIM Bruno 1848-1894 [3]
- *Mädchen auf rotem Sofa* - Oil/canvas (95x80cm-37x31in) Ahlden 91 .... FF13 520 - £1 372 - $2,442

PIGNATELI Ercole 1935 [18]
- *Notturno di Puglia* - Olio/tela (75x80cm-30x31in) Milano 94 .... FF9 880 - £1 176 - $1,764
- *Solarium* - Acrilico/tela (100x80cm-39x31in) Milano 94 .... FF42 000 - £5 000 - $8,000
- *Basamento* - Tempera/carta (64x51cm-25x20in) Milano 94 .... FF3 530 - £420 - $630

PIGNIOLLET Louis 1869-1946 [3]
- *Vue de Coussert, Vosges* - Huile/toile (60x81cm-24x32in) Paris 90 .... FF7 500 - £808 - $1,323

PIGNOLAT Pierre 1838-1913 [5]
- *Äpfeln, Birne und Becherglas* - Öl/Leinwand (14x21cm-6x8in) Bern 93 .... FF63 200 - £7 040 - $10,720

PIGNON Édouard 1905-1993 [382]
- *Combat de coqs* - Huile/toile (38x55cm-15x22in) Paris 97 .... FF14 000 - £1 474 - $2,407
- *Paysage de ferme* - Oil/canvas (60x73cm-24x29in) London 94 .... FF30 300 - £3 600 - $5,540
- *Bataille* - Huile/toile (50x65cm-20x26in) Lille 95 .... FF44 000 - £5 400 - $8,570
- *Haute tension à la colline* - Huile/toile (130x195cm-51x77in) Lille 97 .... FF71 000 - £7 355 - $12,162
- *Bataille multicolore* - Huile/toile (114x195cm-45x77in) Paris 94 .... FF110 000 - £13 140 - $20,530
- *Combat de coqs* - Huile/toile (95x130cm-37x51in) Le Touquet 91 .... FF255 000 - £25 385 - $43,851
- *Les vendanges* - Aquarelle (55x76cm-22x30in) Paris 96 .... FF12 000 - £1 552 - $2,380
- *Les Hommes de la Terre* - Aquarelle, gouache (58x78cm-23x31in) Paris 95 ..... FF16 500 - £2 144 - $3,395
- *Nu aux mains croisées* - Aquarelle/papier (58x78cm-23x31in) Paris 94 .... FF32 000 - £3 740 - $5,610
- *Homme et femmes* - Gouache (24x31cm-9x12in) Saint-Germain-en-Laye 92 .... FF48 000 - £4 910 - $8,450

PIGNON-ERNEST Ernest 1942 [6]
- *L'expulsée, 1979* - Sérigraphie (190x80cm-75x31in) Paris 90 .... FF3 000 - £310 - $530
- *Tête de guerrier* - Aquarelle (53x77cm-22x30in) Soissons 96 .... FF10 000 - £1 284 - $1,940

PIGNONE DEL CARRETTO Ettore 1900-1973 [1]
- *Personaggi della Costa Amalfinata* - Olio/tela Milano 92 .... FF10 070 - £1 198 - $1,937

PIGNONE Simone 1614-1698 [13]
- *Sainte Lucie* - Huile/toile (17x82cm-7x32in) Paris 96 .... FF110 000 - £12 620 - $21,000

PIGNOTTI Lamberto 1926 [4]
- *I bianchi e i neri* - Tempera/cartone (35x50cm-14x20in) Prato 95 .... FF18 540 - £2 400 - $3,780

PIGOTT Marjorie 1904-1990 [6]
- *Wildflowers* - Watercolour (60x45cm-24x18in) Toronto 92 .... FF2 150 - £220 - $379

PIGOTT Walter Henry c.1810-1901 [9]
- *Rural landscape* - Oil/canvas (64x140cm-25x55in) Aylsham, Norfolk 92 .... FF26 800 - £3 200 - $5,160
- *Trinity Church, Stratford-on-Avon* - Watercolour (18x26cm-7x10in) London 92 ... FF2 010 - £240 - $387

PIGOZNIS Jazeps 1934 [13]
- *Vija* - Huile/toile (50x40cm-20x16in) Montauban 94 .... FF2 600 - £299 - $445

PIGUET Rodolf 1840-1915 [7]
- *Flusslandschaft bei Genf* - Pastel (33x56cm-13x22in) Zürich 92 .... FF7 230 - £864 - $1,391

PIGULSKI Josef M. 1724-1817 [1]
- *L'Affaire Jean Callas* - Pastel (37x49cm-15x19in) Paris 96 .... FF4 000 - £519 - $784

PIJNENBURG Reinier 1884-1968 [1]
- *A water pump in a cottage interior* - Oil/cardboard (30x24cm-12x9in) Amsterdam 94 ...... FF2 575 - £296 - $441

PIJPERE de Michel 1923-1978 [2]
- *Winterlandschap* - Huile/toile (60x50cm-24x20in) Antwerpen 94 .... FF3 000 - £348 - $517

PIJPERS Rudy 1943 [2]
- *Composition au néon* - Pastel/papier (110x75cm-43x30in) Liège 91 .... FF3 240 - £325 - $593

PIJUAN Hernández 1931 [3]
- *Banda verde* - Litografia (75x56cm-30x22in) Madrid 92 .... FF1 620 - £165 - $285

PIKE John 1911-1979 [4]
- *Seminole Indian paddling canoe* - Oil/canvas (56x76cm-22x30in) New-York 94 .... FF4 850 - £570 - $850
- *Bahamas* - Watercolour (53x71cm-21x28in) Mystic, Connecticut 92 .... FF3 430 - £399 - $700

PIKE Sidney XIX-XX [16]
- *Bringing in the Stragglers* - Oil/canvas (31x46cm-12x18in) London 93 .... FF11 350 - £1 300 - $1,944

PIKE William Henry 1846-1908 [10]
- *Valley of Pol Gooth, Cornwall* - Oil/board (28x43cm-11x17in) Penzance, Cornwall 92 ..... FF3 510 - £360 - $674
- *St. Ives* - Watercolour (36x51cm-14x20in) Penzance, Cornwall 93 .... FF4 005 - £450 - $671

PIKELNY Robert 1904-1986 [7]
- *La forêt* - Huile/isorel (65x81cm-26x32in) Versailles 91 .... FF11 000 - £1 108 - $1,909

PILAR VON BAYERN Prinzessin Maria 1891-1987 [2]
- *Still life* - Öl/Karton (46x55cm-18x22in) Lindau 95 .... FF3 450 - £440 - $695
- *Blick zur Fischergasse* - Charcoal/paper (34x25cm-13x10in) Lindau 94 .... FF1 876 - £224 - $353

PILAT Marie 1893-1977 [2]
- *Tristachersee* - Öl/Leinwand (60x70cm-24x28in) Wien 92 .... FF8 650 - £1 034 - $1,665

PILCHER Cecil Westland 1870-? [8]
- *King's College Chapel, Cambridge* - Watercolour (22x27cm-9x11in) London 93 ... FF2 460 - £280 - $418

P

PILET Léon 1840-1916 [10]
The Victorious soldat - Bronze (84cm-33in) London 92 .... FF11 180 - £1 300 - **$2,280**
PILGRAM Wilhelm 1814-1889 [1]
Knabenbildnis, 1862 - Oil/canvas (108x79cm-43x31in) Wien 90 .... FF9 600 - £1 028 - **$1,670**
PILGRIM von Hubertus 1931 [3]
Sturm - Engraving (33x39cm-13x15in) Heidelberg 93 .... FF1 540 - £180 - **$253**
PILICHOWSKI Leopold 1869-1933 [1]
Figures in Mikve Israel - Oil/board (26x20cm-10x8in) Tel Aviv 95 .... FF6 440 - £772 - **$1,200**
PILLE Charles-Henri 1844-1897 [5]
Le confessionnal - Encre Chine/papier (30x22cm-12x9in) Ourville-en-Caux 97 .... FF1 600 - £173 - **$281**
PILLE Jacques 1926 [5]
Figure - Huile/panneau (47x37cm-19x15in) Antwerpen 90 .... FF10 500 - £1 131 - **$1,852**
PILLEAU Henry 1815-1899 [15]
Egyptian town square - Oil/canvas (30x44cm-12x17in) London 90 .... FF8 700 - £902 - **$1,529**
Minarets, Cairo - Watercolour (48x32cm-19x13in) London 97 .... FF3 752 - £400 - **$658**
PILLEMENT Jean-Baptiste 1728-1808 [105]
Paysage au troupeau - Huile/toile (22x32cm-9x13in) Paris 97 .... FF50 000 - £5 440 - **$8,705**
Bergers près d'un étang - Huile/toile (66x97cm-26x38in) Monaco 96 .... FF200 000 - £25 060 - **$38,600**
River Tagus with fishermen - Oil/canvas (55x79cm-22x31in) London 92 .... FF837 000 - £100 000 - **$161,000**
Elegant Figures - Black chalk (35x33cm-14x13in) London 97 .... FF146 770 - £15 000 - **$24,981**
PILLEN Rudi 1931 [2]
Blaffende hond - Huile/toile/panneau (30x40cm-12x16in) Lokeren 95 .... FF3 426 - £428 - **$692**
Drie vrouwen met een kind - Aquarelle (36x46cm-14x18in) Lokeren 95 .... FF1 884 - £235 - **$381**
PILLET Edgard 1912-1996 [48]
Valeriane - Huile/toile (76x122cm-30x48in) Paris 96 .... FF8 000 - £988 - **$1,545**
Interférence - Huile/toile (85x158cm-33x62in) Paris 95 .... FF36 000 - £4 540 - **$7,180**
Aquatique - Huile/toile (130x162cm-51x64in) Paris 92 .... FF58 000 - £5 940 - **$10,440**
PILLHOFER Joseph 1921 [10]
Portrait Maria Lassnig - Bronze (40cm-16in) Wien 95 .... FF29 400 - £3 870 - **$5,960**
Landschaft - Charcoal/paper (31x43cm-12x17in) Wien 95 .... FF5 880 - £774 - **$1,191**
PILLON Louis Jacques Pilon 1741-? [1]
Buste de jeune fille - Terracotta (67cm-26in) Rouen 92 .... FF15 000 - £1 536 - **$2,640**
PILLOT André Charles ?-1925 [1]
Ville en bord de rivière - Huile/toile (27x40cm-11x16in) Langres 93 .... FF5 600 - £675 - **$1,018**
PILLOT Lucien M. 1882-1973 [3]
Mouthier, Haute-Pierre - Huile/toile (54x126cm-21x50in) Besançon 97 .... FF5 000 - £530 - **$862**
PILLOUD Oswald 1873-1947 [1]
Paysage de la Broye - Öl/Leinwand (46x55cm-18x22in) Bern 94 .... FF2 020 - £234 - **$348**
PILNY Otto 1866-1936 [37]
Orientalin - Öl/Leinwand (91x51cm-36x20in) Köln 93 .... FF5 250 - £601 - **$893**
Le Caire - Huile/toile (82x63cm-32x25in) Paris 97 .... FF52 000 - £5 528 - **$8,960**
Danse dans le désert - Huile/toile (120x180cm-47x71in) Paris 95 .... FF300 000 - £38 800 - **$61,300**
PILOT Robert Wakeham 1898-1967 [80]
Lake Reflections - Huile/panneau (32x43cm-13x17in) Montréal 96 .... FF9 680 - £1 105 - **$1,855**
Sleigh on a wintry road - Oil/canvas (46x56cm-18x22in) Toronto 96 .... FF46 500 - £5 580 - **$8,900**
Northeast Corner Peel, Montreal - Oil/canvas (102x91cm-40x36in) Toronto 94 .... FF184 200 - £21 500 - **$32,500**
Ravine, Mount Royal - Drawing (24x35cm-9x14in) Toronto 94 .... FF4 680 - £557 - **$881**
PILOTY Ferdinand II 1828-1895 [3]
Blonde Frau - Öl/Karton (41x39cm-16x15in) Heidelberg 94 .... FF10 970 - £1 316 - **$2,130**
PILOTY von Carl Theodor 1826-1886 [9]
Call to the Crusade - Oil/canvas (31x58cm-12x23in) Moscow 93 .... FF17 700 - £2 015 - **$3,000**
A mother's Love - Oil/canvas (43x58cm-17x23in) Wien 96 .... FF127 000 - £15 400 - **$24,700**
Duell - Ink (24x38cm-9x15in) München 93 .... FF8 810 - £1 053 - **$1,696**
PILS François 1785-1867 [3]
Campagne napoléonienne en Hollande - Aquarelle (30x51cm-12x20in) Paris 96 .... FF3 500 - £401 - **$668**
PILS Isidore 1813-1875 [32]
Zouave Infantry fighting in Crimea - Oil/canvas (19x36cm-7x14in) London 95 .... FF7 450 - £900 - **$1,375**
St Sébastien et Sainte Irène - Huile/toile (25x30cm-10x12in) Paris 91 .... FF20 000 - £2 017 - **$3,898**
Chefs arabes reçus Napoléon III
   Huile/toile (61x45cm-24x18in) Nogent-sur-Marne 96 .... FF55 000 - £6 860 - **$10,620**
Attelage militaire - Aquarelle/papier (19x40cm-7x16in) Reims 95 .... FF7 500 - £898 - **$1,428**
PILSBURY Harry Clifford 1870-? [1]
Portrait of a lady - Oil/canvas (49x39cm-19x15in) London 94 .... FF2 030 - £240 - **$365**
PILSBURY Wilmot Clifford 1840-1908 [25]
Ricks and leafless trees - Watercolour (19x26cm-7x10in) London 96 .... FF6 380 - £800 - **$1,241**
Evington brook - Watercolour (26x37cm-10x15in) London 92 .... FF14 660 - £1 500 - **$2,587**
PILTERS Joseph 1877-1957 [1]
The Lily Pond - Oil/canvas (45x59cm-18x23in) New-York 93 .... FF71 500 - £8 960 - **$13,000**
PILTZ Otto 1846-1910 [10]
Mother and child sewing - Oil/board (34x41cm-13x16in) Amsterdam 93 .... FF48 200 - £5 760 - **$9,270**
The schoolmaster - Oil/panel (59x48cm-23x19in) London 93 .... FF96 500 - £11 000 - **$16,400**
PILZ Otto 1876-1934 [3]
Maiden riding a leaping gazelle - Bronze (35cm-14in) New-York 91 .... FF4 195 - £421 - **$692**

PIMENTEL Rodrigo Ramirez 1945 [3]
Del Mar (diptych) - Oil/canvas (100x100cm-39x39in) New-York 93 .... FF66 000 - £8 270 - **$12,000**

PIMENTEL Vincente 1948 [8]
Composition - Oil/paper/canvas (180x150cm-71x59in) København 93 .... FF13 200 - £1 583 - **$2,535**

PIMONENKO Nikolai K. 1862-1912 [1]
Spådom gennem skyggespil - Oil/paper/canvas (56x36cm-22x14in) København 93 .... FF7 420 - £844 - **$1,267**

PIMONT Nicolas 1644-1709 [3]
Anglers by a waterfall in Italy - Oil/canvas (101x82cm-40x32in) London 92 .... FF117 200 - £12 000 - **$20,640**

PINA Alfredo 1883-1966 [56]
Bust of Beethoven - Terracotta (54cm-21in) London 95 .... FF18 070 - £2 400 - **$3,725**
The Archer - Bronze (48cm-19in) New-York 94 .... FF30 900 - £3 650 - **$5,500**
Thaïs et Alexandre - Bronze (29cm-11in) Paris 93 .... FF80 000 - £9 630 - **$14,550**

PINACCI Giuseppe 1642-1718 [2]
Cavalry battle - Oil/canvas (72x134cm-28x53in) London 95 .... FF84 900 - £11 000 - **$17,540**

PINAL Fernand 1881-1958 [46]
Paysage d'hiver - Huile/toile (55x39cm-22x15in) Le Havre 92 .... FF4 050 - £484 - **$780**
Fille et petit-fils de l'artiste - Huile/toile (54x65cm-21x26in) Arles 96 .... FF21 000 - £2 723 - **$4,150**
Autoportrait au chapeau - Aquarelle (27x21cm-11x8in) Soissons 90 .... FF8 000 - £857 - **$1,391**

PINARD René XIX-XX [6]
Saint-Nazaire, le port - Aquarelle/papier Quimper 97 .... FF3 700 - £396 - **$649**

PINART Hippolyte Alexandre 1808-1871 [3]
French peasant family - Oil/panel (29x37cm-11x15in) San Francisco-Los Angeles 95 .... FF17 120 - £2 215 - **$3,500**

PINAZO MARTINEZ José Ignacio 1879-1933 [2]
The bull fighter - Oil/panel (20x13cm-8x5in) New-York 90 .... FF40 000 - £4 283 - **$6,957**

PINAZO Y CAMARLENCH Ignacio 1849-1916 [8]
Scène de plage - Huile/panneau (26x29cm-10x11in) Paris 95 .... FF31 000 - £3 950 - **$6,230**
Mi calle. Godella - Oleo/lienzo (39x53cm-15x21in) Madrid 97 .... FF110 000 - £11 825 - **$18,975**
Ignacito en brazos de Teresa - Lápiz (16x10cm-6x4in) Madrid 94 .... FF2 490 - £294 - **$443**

PINCAS-MORENO Moreno Pincas, dit 1936 [11]
Panier de fruits - Huile/toile (92x73cm-36x29in) Paris 95 .... FF2 800 - £354 - **$562**
Les couturières - Huile/toile (130x162cm-51x64in) Paris 92 .... FF35 000 - £3 595 - **$6,730**
Paysage - Gouache (48x63cm-19x25in) Paris 94 .... FF1 500 - £179 - **$281**

PINCEMIN Jean-Pierre 1944 [85]
Sans titre - Huile (49x65cm-19x26in) Paris 97 .... FF6 500 - £706 - **$1,140**
Peinture - Huile/toile (110x152cm-43x60in) Paris 96 .... FF28 500 - £3 546 - **$5,530**
Carrés collés - Acrylique/toile (150x190cm-59x75in) Paris 97 .... FF40 000 - £4 300 - **$7,020**
Sans titre - Huile/toile (250x200cm-98x79in) Paris 96 .... FF65 000 - £8 140 - **$12,540**
Sans titre - Huile/toile (269x199cm-106x78in) Verrières-Le-Buisson 97 .... FF110 000 - £11 300 - **$21,150**
Sans titre - Huile/toile (172x220cm-68x87in) Paris 92 .... FF225 000 - £23 030 - **$40,500**
Sans Titre - Gouache/papier (151x71cm-59x28in) Paris 94 .... FF12 000 - £1 440 - **$2,330**

PINCHART Auguste Émile 1842-1924 [20]
Jeune femme assise - Huile/toile (24x19cm-9x7in) Paris 95 .... FF10 500 - £1 327 - **$2,106**
Temptation of Saint Anthony - Oil/canvas (144x117cm-57x46in) London 96 ...... FF40 100 - £5 200 - **$7,920**
The Toast - Oil/canvas (74x93cm-29x37in) New-York 94 .... FF115 500 - £14 180 - **$22,500**

PINCHON Jean Antoine 1772-1850 [2]
Portrait of a young lady - Drawing (24x18cm-9x7in) New-York 90 .... FF12 600 - £1 269 - **$2,468**

PINCHON Joseph Porphyre 1871-1953 [8]
Les chats - Huile/panneau (66x61cm-26x24in) La Varenne Saint-Hilaire 90 ...... FF16 500 - £1 755 - **$2,952**
Départ de la chasse - Aquarelle, gouache/papier (25x20cm-10x8in) Calais 97 .... FF3 300 - £330 - **$55,7 4**

PINCHON Robert Antoine 1886-1943 [254]
Paysage de neige, Rouen - Huile/toile (65x50cm-26x20in) Neuilly 96 .... FF32 000 - £3 670 - **$6,100**
Soleil sur la Seine - Huile/toile (54x73cm-21x29in) Paris 96 .... FF75 000 - £9 040 - **$14,400**
Innondation, St. Martin de Boscherville - Huile/toile (54x73cm-21x29in) Paris 97 ... FF130 000 - £13 832 - **$22,620**
Rue de l'épicerie, Rouen - Huile/toile (192x150cm-76x59in) Paris 92 .... FF335 000 - £40 000 - **$64,800**
Petit train, côte St. Catherine - Huile/toile (54x73cm-21x29in) Deauville 92 ..... FF600 000 - £61 400 - **$105,600**
Le Pré-aux-Loups - Gouache (19x25cm-7x10in) Paris 95 .... FF11 000 - £1 460 - **$2,267**
Pont transbordeu, Rouen - Aquarelle, gouache (22x33cm-9x13in) Rouen 92 .... FF55 000 - £5 630 - **$9,680**

PINCHON Robert Henri 1889-? [21]
Bateaux au port - Huile/papier/toile (46x65cm-18x26in) Calais 93 .... FF14 000 - £1 750 - **$2,546**
Port de Bretagne - Huile/panneau (48x64cm-19x25in) Paris 92 .... FF43 000 - £4 400 - **$7,740**
Vue de Barfleur - Pastel/papier (25x36cm-10x14in) Paris 94 .... FF2 600 - £303 - **$456**

PINCKERNELLE Anneke 1928 [2]
Blick aus dem Atelierfenster - Coloured chalks (24x34cm-9x13in) Hamburg 95 ... FF1 507 - £191 - **$303**

PINÇON Georges XX [4]
Maisons sous la neige - Huile (13x17cm-5x7in) Grenoble 90 .... FF2 000 - £214 - **$348**

PINCZEHELYI Sandor 1946 [2]
Raisin rouge blanc vert - Sérigraphie (95x95cm-37x37in) Paris 91 .... FF6 000 - £605 - **$1,041**

PINDER Douglas Houzen 1886-1949 [10]
Tavy-Cleave, Dartmoor - Watercolour (35x63cm-14x25in) London 93 .... FF1 756 - £200 - **$298**

PINE Robert Edge 1742-1788 [6]
Sarah Hallowell - Oil/canvas (125x100cm-49x39in) London 90 .... FF145 300 - £14 632 - **$26,418**

P

PINE Théodore E. 1828-1905 [1]
🖼 *The missing* - Oil/panel (29x40cm-11x16in) New-York 92 .... FF4 160 - £436 - **$750**
PINEDA-BUENO José Antonio 1950 [6]
🖼 *Femme au bouquet* - Huile/toile (65x54cm-26x21in) Paris 90 .... FF12 000 - £1 221 - **$2,400**
PINEDO Émile 1840-1916 [20]
🏛 *La Répétition* - Bronze (35cm-14in) London 93 .... FF4 780 - £550 - **$825**
Si Tu Savais ! - Bronze (45cm-18in) New-York 89 .... FF10 000 - £1 054 - **$1,684**
A lady before a mirror - Bronze (34cm-13in) New-York 91 .... FF18 100 - £1 827 - **$3,200**
PINEL Anna, née Guersant c.1830-c.1890 [1]
🖼 *Weintrauben* - Ol/Leinwand (31x37cm-12x15in) Wien 96 .... FF7 200 - £873 - **$1,400**
PINEL DE GRANDCHAMP Louis Émile 1831-1894 [12]
🖼 *Le mendiant turc* - Huile/toile (62x45cm-24x18in) Paris 97 .... FF14 000 - £1 458 - **$2,385**
Idle Moment - Oil/canvas (80x65cm-31x26in) London 94 .... FF155 000 - £18 000 - **$26,800**
✏ *Négociants juifs à Tunis* - Dessin (17x25cm-7x10in) Paris 94 .... FF4 800 - £566 - **$830**
PINEL Édouard 1804-1884 [3]
🖼 *Seinelandschaft* - Oil/canvas (27x41cm-11x16in) Köln 91 .... FF7 490 - £751 - **$1,372**
PINEL Gustave N. 1842-1896 [7]
🖼 *Le moulin* - Huile/panneau (18x24cm-7x9in) Paris 96 .... FF5 500 - £690 - **$1,063**
Campement à Gabès - Huile/toile (34x55cm-13x22in) Paris 96 .... FF20 000 - £2 580 - **$3,916**
PINELLI Achille 1809-1841 [2]
✏ *Karneval in Rom* - Aquarell (25x37cm-10x15in) Köln 94 .... FF6 170 - £725 - **$1,080**
PINELLI Bartolomeo 1781-1835 [54]
✏ *Peasants in the Italian Campagnia* - Watercolour (17x21cm-7x8in) London 97 .... FF3 951 - £420 - **$683**
Processione del Corpus Domini - Acquarello (30x40cm-12x16in) Roma 95 .... FF36 500 - £4 680 - **$7,320**
PINELLI de Auguste 1823-1892 [2]
🖼 *En suivant l'Oued* - Huile/toile (60x92cm-24x36in) Paris 89 .... FF21 000 - £2 147 - **$3,376**
PINELLI Pino 1938 [2]
Pittura, 1989 - Technique mixte (30x51cm-12x20in) Milano 89 .... FF24 700 - £2 603 - **$4,158**
PINELO LLULL José 1861-1922 [8]
Alcala - Oil/panel (45x55cm-18x22in) New-York 92 .... FF28 600 - £3 414 - **$5,500**
PINERA Y PEREZ Juan ?-1878 [1]
🖼 *A Spanish beauty* - Oil/canvas (60x45cm-24x18in) London 96 .... FF6 160 - £800 - **$1,220**
PINETTI Mario [3]
🖼 *Marais d'Oléron* - Huile/toile (46x55cm-18x22in) Provins 90 .... FF3 000 - £311 - **$527**
PINGERON Jean-Claude 1733-1793 [1]
✏ *Dessins techniques: machines* - Dessin Paris 95 .... FF2 500 - £331 - **$507**
PINGGERA Heinz XIX-XX [7]
🖼 *Galilée à la Cour d'Espagne* - Huile/toile (120x127cm-47x50in) Paris 95 .... FF59 000 - £7 630 - **$12,200**
✏ *Cima d'Asta vom Sadolepass* - Gouache/papier (27x42cm-11x17in) Wien 93 .... FF1 924 - £230 - **$370**
PINGGERA Otto Ander 1893-? [1]
🖼 *Herr mit Hut in einer Landschaft* - Ol/Karton (60x43cm-24x17in) Wien 92 .... FF2 407 - £242 - **$463**
PINGRET Édouard 1788-1875 [21]
🖼 *Chez le notaire* - Huile/toile (73x59cm-29x23in) Chaumont 93 .... FF22 000 - £2 650 - **$4,000**
Bains de mer au Havre - Huile/toile (77x103cm-30x41in) Deauville 95 .... FF54 500 - £7 000 - **$10,840**
Madame de Maintenon, St Cyr - Huile/toile (79x123cm-31x48in) Paris 94 .... FF125 000 - £14 570 - **$21,900**
Cocina poblana - Oil/canvas (58x42cm-23x17in) New-York 94 .... FF880 000 - £101 700 - **$150,000**
PINGRET Joseph A. 1798-1862 [1]
🏛 *Napoléon III entouré de feuillages* - Sculpture (4cm-2in) Morlaix 91 .... FF2 500 - £254 - **$452**
PINGUENET Henri 1889-? [1]
🖼 *Female nudes* - Oil/canvas (73x100cm-29x39in) Amsterdam 93 .... FF11 410 - £1 368 - **$2,086**
PINK Edmund XIX [5]
✏ *View of Saint Pauls* - Watercolour (26x44cm-10x17in) London 94 .... FF70 800 - £8 500 - **$13,250**
PINK Lutka 1916 [5]
🖼 *Composition* - Huile/toile (65x50cm-26x20in) Paris 95 .... FF2 000 - £251 - **$402**
PINKAS Ignacy 1888-1935 [3]
🖼 *Young woman, seated* - Oil/canvas (79x89cm-31x35in) Warszawa 96 .... FF8 200 - £1 035 - **$1,637**
PINKAS von Hippolyt 1827-1901 [1]
🖼 *Jaguar, lions and tigers hunting* - Oil/canvas (151x108cm-59x43in) London 92 .... FF25 400 - £2 600 - **$4,480**
PINKHASSOV Giorgui 1952 [2]
📷 *Earthquake in America* - Gelatin silver print (25x38cm-10x15in) London 94 .... FF2 130 - £250 - **$373**
PINNEY John Charles 1860-1912 [1]
🖼 *Portrait of a woman* - Oil/canvas (36x31cm-14x12in) Toronto 95 .... FF2 703 - £342 - **$544**
PIÑOLE Y RODRIGUEZ Nicanor 1878-1978 [28]
🖼 *Punta de Liquerique* - Oleo/lienzo (36x55cm-14x22in) Madrid 94 .... FF45 600 - £5 380 - **$8,120**
Abrazando la bola del mundo - Oleo/lienzo (104x68cm-41x27in) Madrid 91 .... FF122 000 - £12 145 - **$20,980**
✏ *Autorretrato* - Pastel (33x22cm-13x9in) Madrid 93 .... FF8 930 - £1 074 - **$1,740**
PINOS Juan 1862-1910 [1]
🖼 *Granja* - Oleo/lienzo (58x48cm-23x19in) Madrid 94 .... FF13 400 - £1 583 - **$2,410**
PINOT Albert 1875-1962 [25]
🖼 *Vase fleuri de roses* - Huile/toile (46x55cm-18x22in) Bruxelles 94 .... FF6 300 - £752 - **$1,187**
Cruche de fleurs - Huile/toile (65x54cm-26x21in) Bruxelles 92 .... FF15 770 - £1 615 - **$3,285**
✏ *La Chinoise* - Aquarelle (47x30cm-19x12in) Bruxelles 94 .... FF3 000 - £348 - **$517**

PINS Yaacov 1917 [3]
Wood gatherer - Woodcut (25x31cm-10x12in) Tel Aviv 94.. FF1 540 - £182 - **$280**
PINSON Charles Emile 1906-1963 [23]
Le tub - Gravure cuivre (43x31cm-17x12in) Deauville 92................................... FF3 500 - £359 - **$617**
Groupe de prisonniers - Aquarelle (20x15cm-8x6in) Deauville 92............................. FF4 800 - £492 - **$845**
PINTA Amable Louis 1820-1888 [1]
Jeunes filles près d'un bateau - Oil/canvas (41x92cm-16x36in) Uppsala 95.................... FF3 420 - £432 - **$686**
PINTI Enedina 1884-? [1]
Fattori nello studio - Olio/tavola (25x40cm-10x16in) Roma 96.............................. FF11 720 - £1 470 - **$2,240**
PINTO Silvio 1918-? [1]
Harbour - Oil/canvas (81x130cm-32x51in) London 94....................................... FF6 660 - £800 - **$1,247**
PINTORI Giovanni 1912-? [3]
Three posters for Olivetti - Poster New-York 95.. FF17 160 - £2 163 - **$3,400**
PINWELL George John 1842-1875 [3]
Hop Pickers - Gouache (3x30cm-1x12in) Sevenoaks, Kent 92................................. FF6 880 - £800 - **$1,404**
PINYOL SARDA Miguel 1959 [6]
Marché au village - Huile/toile (54x65cm-21x26in) Montélimar 92......................... FF2 000 - £233 - **$409**
PIOLA Domenico I 1627-1703 [40]
Madonna and Child - Black chalk (43x29cm-17x11in) London 97......................... FF12 720 - £1 300 - **$216,5 2**
Rest on the Flight into Egypt - Ink (39x28cm-15x11in) New-York 97.................. FF36 031 - £4 011 - **$6,500**
PIOLA Paolo Gerolamo 1666-1724 [5]
Giaele e Sisara - Matita/carta (40x26cm-16x10in) Roma 89............................. FF6 900 - £706 - **$1,109**
PION Louis 1851-1934 [1]
Stoet te Doornik - Huile/panneau (33x52cm-13x20in) Lokeren 94...................... FF2 504 - £297 - **$463**
PIOT Adolphe Étienne 1850-1910 [25]
Rêverie - Huile/toile (46x55cm-18x22in) Louviers 91................................. FF16 000 - £1 616 - **$3,176**
Portrait of a lady in love - Oil/canvas (66x51cm-26x20in) Elgin, Illinois 92......... FF47 200 - £4 940 - **$8,500**
First love letter - Oil/canvas (55x46cm-22x18in) New-York 93....................... FF135 700 - £15 440 - **$23,000**
PIOT René 1869-1934 [5]
Façade du château de Versailles - Lavis (17x27cm-7x11in) Paris 94................... FF1 600 - £186 - **$276**
PIOTROWSKI Antoni 1853-1924 [5]
Matinée sur le Danube - Oil/canvas (41x88cm-16x35in) London 91................... FF16 860 - £1 711 - **$3,045**
PIOTROWSKI Maksymilian Antoni 1813-1875 [1]
Le marchand ambulant - Oil/canvas (34x38cm-13x15in) Warszawa 94................. FF13 550 - £1 552 - **$2,296**
PIOTROWSKI Mieczyslaw Korwin 1869-1930 [3]
Blue flowers - Oil/canvas (33x51cm-13x20in) Warszawa 94......................... FF4 800 - £578 - **$915**
PIOUS Robert S. 1908-1983 [2]
American Negro Exposition, Chicago - Poster (53x33cm-21x13in) New-York 96...... FF4 045 - £517 - **$800**
PIOVANO Ferruccio 1890-? [1]
Rose con vaso - Olio/cartone (58x44cm-23x17in) Torino 93......................... FF2 380 - £269 - **$400**
PIP Pierre Paillassoux 1889-1976 [3]
Verrière, le village - Huile/carton (33x24cm-13x9in) Clermont-Ferrand 95.......... FF3 100 - £386 - **$605**
PIPAL Viktor 1887-1971 [26]
Beethoven-Haus in Wien - Oil/panel (37x47cm-15x19in) Wien 96.................... FF10 710 - £1 391 - **$2,120**
Im Stadtpark - Oil/panel (44x58cm-17x23in) Wien 96............................. FF24 040 - £3 060 - **$4,630**
Theater in der Josefstadt - Mischtechnik/Papier (32x40cm-13x16in) Wien 96........ FF13 440 - £1 630 - **$2,613**
PIPARD Daniel 1914-1978 [2]
Femme allongée - Bronze (16cm-6in) Chaumont 95............................... FF3 000 - £376 - **$598**
PIPER Edward 1938-1990 [6]
Female nude - Watercolour (50x38cm-20x15in) London 94........................ FF2 980 - £350 - **$522**
PIPER Herbert William XIX-XX [3]
Litlington, Sussex - Watercolour (51x76cm-20x30in) Torquay, Devon 92........... FF2 540 - £260 - **$530**
PIPER John 1903-1992 [273]
Blue Abstract - Oil/canvas/board (92x71cm-36x28in) London 97.................. FF29 879 - £3 200 - **$5,162**
Autumn flowers - Oil/canvas (122x152cm-48x60in) London 97.................. FF105 465 - £11 000 - **$18,034**
George at Hafod - Oil (62x75cm-24x30in) London 97......................... FF297 219 - £31 000 - **$50,824**
Sunflowers at Marignac - Lithograph (43x56cm-17x22in) London 96............ FF5 600 - £700 - **$1,086**
Composition, XII/71 - Terracotta (39cm-15in) London 89.................... FF14 500 - £1 443 - **$2,291**
Blackpool Illuminations - Ink (24x35cm-9x14in) London 97................. FF6 536 - £700 - **$1,129**
Sealyham - Watercolour (80x59cm-31x23in) London 97...................... FF30 681 - £3 200 - **$5,246**
Fawley IX - Watercolour (56x76cm-22x30in) London 97.................... FF47 938 - £5 000 - **$8,197**
The overhanging tree - Wash/paper (53x67cm-21x26in) London 91.......... FF89 700 - £8 968 - **$14,773**
PIPPAL Hans Robert 1915 [51]
Früchten and Flasche - Oil/canvas (57x46cm-22x26in) Wien 93............... FF7 210 - £862 - **$1,388**
Wien, Graben - Oil/panel (46x53cm-18x21in) Wien 94..................... FF26 860 - £3 053 - **$4,550**
Leopoldsberg - Coloured chalks/paper (45x64cm-18x25in) Wien 96.......... FF10 750 - £1 397 - **$2,106**
Piazza San Marco - Aquarell/Papier (34x41cm-13x16in) Wien 94........... FF19 520 - £2 324 - **$3,720**
PIPPEL Otto Eduard 1878-1960 [173]
Die Alpspitze - Öl/Karton-24x31in) Bielefeld 94...................... FF15 000 - £1 790 - **$2,825**
Ausritt zur Jagd - Öl/Leinwand (61x50cm-24x20in) München 96............ FF24 400 - £3 060 - **$4,710**
Angler vor Notre-Dame de Paris - Öl/Leinwand (60x50cm-24x20in) Düsseldorf 95.... FF66 300 - £8 430 - **$13,470**
Albertbrunnen in Dresden - Öl/Leinwand (85x96cm-33x38in) Berlin 97....... FF97 129 - £10 315 - **$16,919**

P

Wirtsgarten, Starnberger See - Öl/Leinwand (70x8cm-28x3in) Bremen 95 .... FF**327 000** - £*42 900* - **$65,500**
PIPPERT Wilhelm 1878-? [1]
Sommerlicher Landschaft - Öl/Leinwand (96x109cm-38x43in) Frankfurt 95 .... FF**8 540** - £*1 066* - **$1,726**
PIPPICH Carl 1862-1932 [23]
Kinder unter Apfelbaum - Aquarell/Papier (39x56cm-15x22in) Frankfurt 97 ...... FF**5 063** - £*546* - **$889**
Blick über Grinzing - Aquarell/Papier (26x36cm-10x14in) Wien 96 .... FF**14 700** - £*1 903* - **$2,940**
PIQUEMAL François Alphonse XIX-XX [4]
Dama medieval - Ivory, bronze (27cm-11in) Madrid 91 .... FF**6 020** - £*603* - **$1,003**
PIQUER Y DUART José 1806-1871 [1]
Rey Francisco de Asís - Bronze (73cm-29in) Madrid 92 .... FF**19 340** - £*2 250* - **$3,950**
PIQUEUX M.G. [1]
Une place à Paris - Huile/toile (65x81cm-26x32in) Paris 89 .... FF**5 000** - £*498* - **$790**
PIR Sophie 1858-1936 [3]
Nature morte aux fruits - Huile/toile (65x86cm-26x34in) Bruxelles 92 .... FF**4 610** - £*551* - **$887**
PIRANDELLO Fausto 1899-1975 [46]
Seated woman - Oil/board (71x51cm-28x20in) New-York 96 .... FF**62 100** - £*8 020* - **$12,000**
Bubbole di carnevale - Olio/tavola (60x72cm-24x28in) Milano 92 .... FF**147 200** - £*17 500* - **$28,300**
Risveglio - Olio/tavola (61x92cm-24x36in) Venezia 96 .... FF**200 000** - £*22 600* - **$38,300**
PIRANESI Giovanni Battista 1720-1778 [228]
Carceri d'Invenzione - Etching (55x41cm-22x16in) London 96 .... FF**352 000** - £*44 100* - **$68,000**
Studies of twelve Men - Ink (11x18cm-4x7in) New-York 97 .... FF**83 148** - £*9 255* - **$15,000**
PIRCHAN Emil II 1884-1957 [1]
Stilleben - Öl/Leinwand (78x47cm-31x19in) Wien 93 .... FF**7 210** - £*862* - **$1,388**
PIRE Ferdinand 1943 [7]
La roulette - Huile/panneau (59x49cm-23x19in) Lokeren 94 .... FF**15 860** - £*1 880* - **$2,930**
PIRE Marcel 1913-1981 [22]
Ville d'Afrique - Huile/panneau (60x80cm-24x31in) Bruxelles 93 .... FF**3 440** - £*396* - **$592**
Le Moulin-Rouge - Oil/canvas (66x82cm-26x32in) Stockholm 94 .... FF**11 360** - £*1 335* - **$2,135**
PIRENNE Maurice 1872-1968 [3]
Paysage méditerranéen - Pastel (27x34cm-11x13in) Liège 93 .... FF**12 520** - £*1 498* - **$2,560**
PIRIE George 1863-1946 [4]
Fox hound puppies & an Imari dush
Oil/canvas (39x60cm-15x24in) Retford, Nottinghamshire 93 .... FF**9 200** - £*1 150* - **$1,668**
PIRKHERT Alfred 1887-1971 [4]
Waldnymphe - Oil/canvas (104x82cm-41x32in) Wien 92 .... FF**9 620** - £*965* - **$1,850**
PIRKNER Jos 1927 [2]
A clown - Bronze (31cm-12in) Amsterdam 97 .... FF**3 814** - £*412* - **$665**
PIRL Richard XIX-XX [4]
Kirche Bedigliora im Tessin - Oil/canvas (46x39cm-18x15in) Zofingen 91 ...... FF**2 180** - £*219* - **$360**
PIRLET Octave 1914-1979 [1]
Nettenverstellers - Huile/toile (115x89cm-45x35in) Lokeren 93 .... FF**3 240** - £*370* - **$560**
PIRNER Maximilian 1854-1924 [3]
Maria Verkündigung - Tempera/Karton (78x106cm-31x42in) Düsseldorf 90 ...... FF**18 600** - £*1 991* - **$3,235**
PIRON Eugène D. 1875-1928 [4]
Danseur à la grenouille - Bronze (32cm-13in) Paris 96 .... FF**12 000** - £*1 378* - **$2,290**
PIRON Leo 1899-1962 [7]
Lente - Huile/toile (40x50cm-16x20in) Lokeren 92 .... FF**18 080** - £*2 100* - **$3,690**
Paysage à Nukerke - Huile/toile (80x100cm-31x39in) Antwerpen 96 .... FF**73 800** - £*8 930* - **$14,220**
PIRONNEAU Eleonor 1961 [2]
Chaise à bascule III - Huile/toile (100x100cm-39x39in) Neuilly 91 .... FF**4 500** - £*451* - **$824**
Sans titre - Technique mixte/papier (152x152cm-60x60in) Paris 94 .... FF**9 000** - £*1 067* - **$1,663**
PIRSCH Adolf 1858-1929 [5]
The Proposal - Oil/panel (40x31cm-16x12in) London 91 .... FF**37 500** - £*3 788* - **$7,444**
PIRSCHER Karl Dietrich 1791-1857 [1]
Serie von 5 Jaddgarstellungen - Lithographie (26x36cm-10x14in) Stuttgart 96 ...... FF**5 070** - £*630* - **$984**
PIRYNS D. 1874-1942 [3]
Tournez manège - Technique mixte/papier (27x38cm-11x15in) Bruxelles 96 ...... FF**1 557** - £*185* - **$304**
PISA Alberto 1864-1930 [21]
Passeggiata alle cascine - Olio/tela (22x38cm-9x15in) Bologna 92 .... FF**20 400** - £*2 086* - **$3,590**
Villa d'Este, Tivoli - Watercolour (36x26cm-14x10in) London 92 .... FF**6 840** - £*700* - **$1,207**
The flower cart - Watercolour/paper (33x48cm-13x19in) Philadelphia 92 ...... FF**16 660** - £*1 935* - **$3,400**
PISAN Héliodore-Joseph 1822-1890 [1]
Paysage du Sud - Aquarelle (28x39cm-11x15in) Genève 91 .... FF**2 125** - £*218* - **$396**
PISANI Ettore 1870-1947 [1]
Estancias Argentinas - Watercolour (34x31cm-14x12in) New-York 97 .... FF**38 800** - £*5 150* - **$8,000**
PISANI Gustavo 1877-? [5]
Mercatino - Olio/tavola (29x50cm-11x20in) Roma 93 .... FF**11 530** - £*1 320* - **$1,962**
PISANI Vettor 1938 [5]
Senza titolo - Tecnica mista (70x100cm-28x39in) Milano 91 .... FF**12 760** - £*1 281* - **$2,208**
La Maria allo scorrevole - Collage (78x119cm-31x47in) Prato 97 .... FF**47 600** - £*5 600* - **$8,400**
PISANO Eduardo 1912 [25]
La corrida - Huile/toile (56x46cm-22x18in) Brest 92 .... FF**3 800** - £*389* - **$684**
Toreros - Oleo/lienzo (65x100cm-26x39in) Madrid 95 .... FF**13 100** - £*1 723* - **$2,633**

P

Nu - Gouache (34x26cm-13x10in) Montauban 96 .... FF3 000 - £389 - **$594**

PISCARO Maria Adela 1924-1983   [4]
● *Abstrakt kompositie* - Technique mixte (56x72cm-22x28in) Lokeren 92 .... FF2 324 - £238 - **$409**

PISCHINGER Carl 1823-1886   [5]
● *Abendliche Begegnung* - Öl/Karton (34x27cm-13x11in) Bremen 94 .... FF12 680 - £1 470 - **$2,183**

PISCHON Marie 1856-?   [1]
● *Jungen Dame in weissem Kleid* - Öl/Leinwand (100x130cm-39x51in) Köln 94 .... FF5 120 - £605 - **$920**

PISIS de Filippo 1896-1956   [224]
● *Marina con grande foglia* - Olio/tavola (51x71cm-20x28in) Milano 96 .... FF154 000 - £15 760 - **$27,100**
Strada di Ferrara - Olio/tela (52x45cm-20x18in) Milano 92 .... FF154 000 - £15 760 - **$27,100**
Vaso di fiori - Olio/tela (58x52cm-23x20in) Milano 95 .... FF155 000 - £19 240 - **$31,200**
Candeliere - Olio/tavola (73x55cm-29x22in) Prato 93 .... FF487 000 - £55 600 - **$82,700**
Londra - Olio/tela (75x60cm-30x24in) Roma 93 .... FF604 000 - £67 700 - **$108,000**
Tavola apparecchiata - Olio/tela (65x92cm-26x36in) Lugano 91 .... FF720 000 - £72 551 - **$124,937**
🖾 *Tartaruga antica* - Litografia (28x20cm-11x8in) Venezia 96 .... FF22 420 - £2 535 - **$4,290**
∅ *Occhi azzurri* - Acquarello/carta (32x24cm-13x9in) Trieste 93 .... FF17 570 - £1 970 - **$3,144**
Giovane sulla spiaggia - Acquarello/carta (33x43cm-13x17in) Prato 93 .... FF36 000 - £4 120 - **$6,130**

PISSARRO Camille 1830-1903   [599]
● *Prairie de Moret* - Oil/canvas (53x64cm-21x25in) London 96 .... FF1 - £215 000 - **$331,000**
Clos à Varengeville - Oil/canvas (47x56cm-19x22in) New-York 94 .... FF1 - £162 800 - **$240,000**
Pommier à Eragny - Oil/canvas (47x56cm-19x22in) New-York 96 .... FF2 - £347 600 - **$520,000**
Marché, Dieppe - Oil/canvas (91x73cm-36x29in) New-York 93 .... FF2 - £2 - **$3**
Hermitage, Pontoise - Oil/canvas (60x73cm-24x29in) New-York 97 .... FF7 - £800 800 - **$1**
Chemin de campagne - Huile/panneau (21x35cm-8x14in) Paris 96 .... FF385 000 - £48 200 - **$74,300**
Soleil couchant - Oil/canvas (40x41cm-16x19in) London 97 .... FF870 000 - £115 000 - **$176,400**
Paysanne assise - Huile/toile (73x60cm-29x24in) Paris 96 .... FF1 2e +07 - £1 - **$2, 2e,+06**
🖾 *Marché à Pontoise* - Lithograph (30x22cm-12x9in) Berlin 97 .... FF27 196 - £2 888 - **$4,737**
Femme sur la route - Aquatint (15x20cm-6x8in) New-York 96 .... FF62 100 - £8 020 - **$12,000**
∅ *Petit vénézuelien* - Crayon (28x21cm-11x8in) Calais 94 .... FF14 000 - £1 633 - **$2,454**
La leçon - Pencil/paper (18x22cm-7x9in) Tel Aviv 97 .... FF34 722 - £3 691 - **$6,000**
Pontoise - Watercolour (21x17cm-8x7in) New-York 97 .... FF62 857 - £6 739 - **$11,000**
Retour au village, Éragny - Gouache (19x63cm-7x25in) Paris 97 .... FF132 000 - £14 150 - **$23,100**
Berger et moutons - Pencil (55x27cm-22x11in) London 97 .... FF656 370 - £68 000 - **$112,438**
Jeune paysanne - Pastel/paper (63x47cm-25x19in) London 97 .... FF965 250 - £100 000 - **$165,350**
Récolte des pois - Gouache/paper (53x64cm-21x25in) New-York 95 .... FF4 4e +06 - £509 000 - **$800,000**

PISSARRO Hugues Claude 1935   [202]
● *Le petit pont* - Oil/canvas (33x41cm-13x16in) New-York 95 .... FF14 380 - £1 765 - **$2,800**
Dans le parc - Oil/canvas (73x92cm-29x36in) New-York 95 .... FF32 800 - £4 135 - **$6,500**
Promenade à Nice - Oil/canvas (48x54cm-18x20in) New-York 92 .... FF49 800 - £5 040 - **$9,000**
∅ *Grands Boulevards, Paris* - Pastel/paper (37x50cm-15x20in) New-York 95 .... FF15 150 - £1 910 - **$3,000**
Boulevard Saint-Germain - Pastel/paper (28x36cm-11x14in) New-York 92 .... FF28 400 - £2 905 - **$5,000**

PISSARRO Katia 1937   [3]
● *Bouquet de fleurs* - Huile/toile (33x24cm-13x9in) Deauville 94 .... FF5 000 - £590 - **$876**

PISSARRO Lelia 1963   [2]
● *Village de Raymonde sous la neige* - Oil/canvas (28x36cm-11x14in) London 96 .... FF18 430 - £2 100 - **$3,530**
Mère Olivier, Chemin du Pain sucre
Huile/toile (54x65cm-21x26in) Saint-Germain-en-Laye 96 .... FF25 100 - £3 145 - **$4,840**

PISSARRO Lucien 1863-1944   [64]
● *Gisors* - Oil/canvas/board (32x40cm-13x16in) London 96 .... FF69 600 - £9 000 - **$13,800**
Foggy Morning, Mortlake - Oil/canvas (46x55cm-18x22in) London 95 .... FF211 000 - £28 000 - **$43,450**
Georges Pissarro - Oil/canvas (64x80cm-25x31in) London 95 .... FF2 3e +06 - £269 500 - **$418,000**
∅ *Road from the hill, Fishpond* - Ink (13x21cm-5x8in) London 96 .... FF11 080 - £1 400 - **$2,223**
Afternoon rest - Watercolour (9x16cm-4x6in) London 95 .... FF19 000 - £2 400 - **$3,810**

PISSARRO Ludovic Rodo 1878-1952   [131]
● *Steam sailer* - Oil/canvas (39x39cm-9x13in) New-York 96 .... FF4 170 - £503 - **$800**
Présentation - Huile/toile (38x46cm-15x18in) München 96 .... FF16 600 - £2 083 - **$3,205**
∅ *Nu allongé* - Aquarelle (21x27cm-8x11in) Paris 96 .... FF20 000 - £2 280 - **$3,830**
Le Colibri - Aquarelle (24x32cm-9x13in) Paris 96 .... FF165 000 - £18 800 - **$31,600**

PISSARRO Orovida 1893-1968   [19]
● *Stable lantern* - Oil/canvas (127x102cm-50x40in) London 91 .... FF18 020 - £1 850 - **$3,350**
🖾 *The Kill* - Etching (20x25cm-8x10in) London 96 .... FF2 040 - £260 - **$394**
∅ *Four cats* - Pencil/paper (19x33cm-7x13in) London 92 .... FF2 345 - £240 - **$460**

PISSARRO Paul Émile 1884-1972   [151]
● *L'église* - Huile/toile (73x60cm-29x24in) Brest 97 .... FF5 500 - £596 - **$966**
Moisson, Corbeaux - Oil/canvas (46x58cm-18x23in) New-York 95 .... FF12 320 - £1 513 - **$2,400**
Sous-bois - Oil/canvas (65x92cm-26x36in) New-York 97 .... FF20 313 - £2 137 - **$3,500**
View from my window - Oil/canvas (47x55cm-19x22in) Tel Aviv 93 .... FF29 500 - £3 356 - **$5,000**
∅ *Chaumière* - Aquarelle (24x31cm-9x12in) Neuilly 92 .... FF5 000 - £514 - **$962**
Cottage - Pastel/paper (20x28cm-8x11in) New-York 93 .... FF12 100 - £1 518 - **$2,200**

PISSIS Amaro, Noel Aimé c.1810-1850   [4]
∅ *Saint-Paul depuis le chemin de Santos* - Watercolour (16x26cm-6x10in) London 96 .... FF39 900 - £5 000 - **$7,790**

PISTILLI Enrico 1854-?   [2]
● *Natura morta di frutta* - Olio/tela (75x99cm-30x39in) Roma 92 .... FF6 800 - £696 - **$1,196**

P

PISTOLETTO Michelangelo 1933 [50]
🐦 *Vasso rosso* - Oil/paper (50x75cm-20x30in) New-York 95 .... FF*69 300* - £*8 660* - **$14,000**
   Il muro
📱 Velina dipinta, acciaio inox lucidato a specchio (230x120cm-91x47in) Prato 94 ... FF*248 200* - £*30 000* - **$46,500**
Ragazza che disegna - Serigrafia (125x70cm-49x28in) Milano 96 .... FF*50 400* - £*5 850* - **$9,900**
Turista verde - Serigrafia (215x135cm-85x53in) Milano 93 .... FF*146 000* - £*16 770* - **$25,100**
PISTORIUS Eduard Karl 1796-1862 [2]
🐦 *Lesen lernen* - Öl/Leinwand (58x50cm-23x20in) Köln 96 .... FF*132 000* - £*15 480* - **$25,930**
PISTORIUS Maximilian, Max 1894-1960 [18]
🐦 *Im Hochgebirge* - Öl/Leinwand (100x120cm-39x47in) Wien 96 .... FF*3 910* - £*508* - **$766**
Cobenzl auf Wien - Öl/Leinwand (55x68cm-22x27in) Wien 97 .... FF*13 378* - £*1 422* - **$2,307**
PITATI de' Bonifacio Veronese 1487-1553 [3]
🐦 *Holy Family with Saints* - Oil/canvas (116x163cm-46x64in) New-York 92 .... FF*103 000* - £*11 950* - **$21,000**
PITCHER William John Charles 1858-1925 [1]
✎ *The young angler* - Watercolour (32x19cm-13x7in) London 93 .... FF*7 040* - £*880* - **$1,276**
PITCHFORTH Roland Vivian 1895-1982 [148]
🐦 *Rooftops* - Oil/canvas (55x65cm-22x26in) London 97 .... FF*3 264* - £*349* - **$563**
Bainbridge - Oil/canvas (63x76cm-25x30in) London 96 .... FF*9 220* - £*1 200* - **$1,828**
✎ *Redmire* - Watercolour (50x70cm-20x28in) London 97 .... FF*6 349* - £*680* - **$1,097**
Dieppe Harbor - Watercolour (46x58cm-18x23in) London 93 .... FF*13 820* - £*1 700* - **$2,570**
PITLOO Antonio Sminck 1791-1837 [11]
🐦 *Vesuvius/Monte Nuovo, Napoli* - Oil/panel (19x27cm-7x11in) London 92 .... FF*107 400* - £*11 000* - **$18,960**
✎ *Paysan italien* - Crayon/papier (29x27cm-11x11in) Paris 97 .... FF*1 700* - £*181* - **$295**
PITNER Franz 1826-1892 [2]
✎ *Santuario di Loreto* - Wash (76x111cm-30x44in) London 90 .... FF*31 200* - £*3 142* - **$6,112**
PITOT Nicolas 1890-? [6]
🐦 *Comblain-au-Pont* - Huile/toile (65x54cm-26x21in) Bruxelles 94 .... FF*6 310* - £*758* - **$1,195**
PITSCHEIDER Alwin 1877-? [1]
✎ *Heiliger mit Jesukind* - Waterpaint (12cm-5in) Wien 91 .... FF*2 400* - £*242* - **$468**
PITT Charles Peter XIX-XX [2]
🐦 *Old Houses, Brittany* - Oil/canvas/board (38x31cm-15x12in) London 91 .... FF*6 900* - £*696* - **$1,345**
PITT Douglas Fox 1864-1922 [1]
✎ *An irish port* - Watercolour (30x38cm-12x15in) London 89 .... FF*6 800* - £*657* - **$1,032**
PITT William c.1830-c.1890 [19]
🐦 *Roadside, Brecon, S. Wales* - Oil/board (21x31cm-8x12in) London 93 .... FF*10 530* - £*1 200* - **$1,790**
PITTARA Carlo 1836-1890 [8]
🐦 *The hunting party* - Oil/canvas (35x60cm-14x24in) London 95 .... FF*99 800* - £*12 500* - **$19,900**
✎ *Bord de rivière animé* - Aquarelle, gouache (31x45cm-12x18in) Paris 92 .... FF*13 000* - £*1 552* - **$2,500**
PITTERI Giovanni Marco, Al. 1702-1786 [2]
📱 *Portrait of a man* - Etching (45x35cm-18x14in) London 91 .... FF*15 870* - £*1 611* - **$2,866**
PITTERS Josef 1877-1957 [1]
🐦 *Stilleben mit Sonnenblumen* - Öl/Karton (79x60cm-31x24in) Köln 94 .... FF*2 570* - £*309* - **$500**
PITTHAHN Wilhelm Otto 1896-? [1]
🐦 *Die Schnitterinnen* - Öl/Leinwand (136x91cm-54x36in) Frankfurt 94 .... FF*5 860* - £*807* - **$1,226**
PITTINO Fred 1906-? [1]
🐦 *Natura morta* - Olio/tela (50x60cm-20x24in) Trieste 95 .... FF*15 400* - £*1 950* - **$3,000**
PITTMAN Hobson 1899-1972 [10]
✎ *Charleston interior* - Pastel/paper (37x48cm-15x19in) New-York 94 .... FF*7 880* - £*947* - **$1,500**
PITTMAN Lari 1952 [2]
🐦 *Anthem* - Mixed media/panel (81x206cm-32x81in) New-York 96 .... FF*48 400* - £*5 700* - **$9,500**
PITTMAN Osmund 1874-1958 [2]
🐦 *Sheep grazing in a break* - Oil/canvas (81x92cm-32x36in) London 93 .... FF*5 220* - £*600* - **$897**
✎ *Gothic urn/Doves/The yew arch* - Watercolour London 90 .... FF*7 700* - £*810* - **$1,339**
PITTO Giuseppe 1823-1916 [9]
🐦 *Children by a shed* - Oil/panel (25x41cm-10x16in) Amsterdam 94 .... FF*9 150* - £*1 062* - **$1,575**
PITTONI Giovanni Battista II 1687-1767 [16]
🐦 *Sacrifice of Polyxena* - Oil/canvas (51x100cm-20x39in) New-York 96 .... FF*1 86e +06* - £*142 200* - **$220,000**
PITTS Elizabeth McCord 1880-1963 [1]
🐦 *Maida in our Paris studio* - Oil/canvas (100x73cm-39x29in) New-York 93 .... FF*5 080* - £*581* - **$900**
PITZ Henry Clarence 1895-1976 [3]
✎ *The Ravine* - Watercolour (51x76cm-20x30in) North Berwick, Maine 93 .... FF*1 925* - £*242* - **$350**
PITZ Karl Kaspar 1756-1795 [2]
🐦 *Aufziehendes Gewitter* - Öl/Leinwand (81x101cm-32x40in) Heidelberg 96 .... FF*74 500* - £*9 200* - **$14,400**
PITZNER Max Joseph 1855-1912 [1]
🐦 *Jäger mit Mädchen und Gänsen* - Oil/panel (13x9cm-5x4in) München 91 .... FF*7 520* - £*773* - **$1,400**
PIVAND Henri 1862-1925 [2]
🐦 *Paysage, 1922* - Huile/panneau (29x39cm-11x15in) Paris 90 .... FF*2 500* - £*252* - **$455**
PIVETTA Osvaldo 1922-1993 [2]
🐦 *In tre* - Olio/tela (60x70cm-24x28in) Milano 96 .... FF*6 700* - £*860* - **$1,280**
PIVIDOR Giovanni ?-1872 [2]
✎ *Lagoon, entrance of the Grand Canal* - Watercolour (25x34cm-10x13in) London 96 ... FF*11 200* - £*1 400* - **$2,170**
PIXIS Theodor 1831-1907 [4]
🐦 *Szene aus der Gudrunsage* - Oil/canvas (117x78cm-46x31in) Köln 91 .... FF*47 900* - £*4 920* - **$8,900**

PIZA Arthur Luis 1928 [15]

🖾 Komposition N° 104 - Materialbild/leinwand (61x50cm-24x20in) München 94 .... *FF11 280 - £1 325 - $2,010*

🖾 Hommage à Doris - Etching, aquatint in colors (50x39cm-20x15in) München 96 .... *FF1 677 - £218 - $332*

PIZARRE Jean-Pierre 1940 [3]

🖾 L'élégante au grand chapeau - Huile/toile (73x60cm-29x24in) Versailles 91 .... *FF10 000 - £1 003 - $1,832*

PIZARRO Cecilio ?-1886 [5]

🖾 La Giralda - Oil/metal (34x24cm-13x9in) Madrid 89 .... *FF24 300 - £2 418 - $3,839*

PIZZANELLI Leonardo 1920 [2]

🖾 Femme au buste découvert - Huile/toile (80x65cm-31x26in) Paris 91 .... *FF4 300 - £431 - $788*

PIZZELLA Edmund 1868-? [2]

🖾 Portrait of a young woman - Pastel (49x33cm-19x13in) Stockholm 96 .... *FF10 000 - £1 247 - $1,930*

PIZZI Angelo 1775-1819 [1]

🖾 Napoléon et Marie-Louise - Marbre (81cm-32in) Zürich 95 .... *FF1 65e +06 - £137 300 - $217,000*

PIZZICANNELLA Piero 1955 [3]

🖾 Senza titolo - Tecnica mista (71x102cm-28x40in) Milano 90 .... *FF29 800 - £3 079 - $5,265*

PIZZINATO Armando 1910 [4]

🖾 Fiori, 1942 - Olio/tela (41x28cm-16x11in) Prato 97 .... *FF21 080 - £2 480 - $3,720*

🖾 Emilio Vedova - Gouache/carta (34x47cm-13x19in) Roma 89 .... *FF3 200 - £327 - $514*

PIZZINI Luigi 1884-? [1]

🖾 Riva del Garda, Trento - Olio/tela (50x61cm-20x24in) Milano 89 .... *FF9 200 - £969 - $1,549*

PIZZIRANI Guglieomo 1886-1971 [1]

🖾 Mattina di Marzo - Olio/cartone (10x16cm-4x6in) Milano 89 .... *FF7 300 - £769 - $1,229*

PIZZOTTI Ernest 1905-1984 [3]

🖾 Ouvriers à la grande Dixence - Huile/toile (50x61cm-20x24in) Château d'Arare 92 .... *FF2 790 - £285 - $492*

PLA DOMENEC Jordi 1917 [2]

🖾 Paseando, campo de amapolas - Oleo/lienzo (38x49cm-15x19in) Madrid 91 .... *FF54 700 - £5 485 - $9,029*

PLA GALLARDO Cecilio 1860-1934 [74]

🖾 Marqués de Foronda - Oleo/lienzo (46x44cm-18x17in) Madrid 97 .... *FF7 363 - £795 - $1,276*

Vista de Nazaret, Lisboa - Oleo/lienzo (55x46cm-22x18in) Madrid 94 .... *FF24 900 - £2 934 - $4,430*

Figures on a beach - Oil/canvas/board (23x28cm-9x11in) London 92 .... *FF136 900 - £14 000 - $24,100*

🖾 Pensativa dama - Gouache (48x32cm-19x13in) Madrid 97 .... *FF17 910 - £1 935 - $3,105*

PLA Y GARCIA Alberto 1897 [2]

🖾 Fishermen at Dawn - Oil/canvas (61x76cm-24x30in) London 94 .... *FF33 860 - £4 000 - $6,080*

PLA Y RUBIO Alberto 1867-1929 [6]

🖾 La huertana - Oleo/lienzo (75x60cm-30x24in) Madrid 92 .... *FF43 500 - £5 060 - $8,880*

PLACE Francis 1647-1728 [3]

🖾 Ruins of a Norman apse - Ink (21x18cm-8x7in) London 95 .... *FF7 710 - £1 000 - $1,580*

PLACE George 1755-c.1809 [4]

🖾 A gentleman in blue coat - Miniature (4cm-2in) London 95 .... *FF4 655 - £600 - $947*

PLAES Pieter 1810-1853 [1]

🖾 Bétail à l'abreuvoir - Huile/toile (63x82cm-25x32in) Bruxelles 91 .... *FF31 300 - £3 177 - $5,653*

PLAGEMANN Anna Augusta 1799-1888 [6]

🖾 Young girl of Sicily - Oil/canvas (105x88cm-41x35in) Stockholm 94 .... *FF43 100 - £5 170 - $8,140*

PLAGEMANN Arnold Abraham 1826-1862 [3]

🖾 Marin med segelbatar - Oil/canvas (42x58cm-17x23in) Stockholm 89 .... *FF23 400 - £2 393 - $3,762*

PLAGEMANN Carl Gustaf 1805-1868 [3]

🖾 Italiensk med vindruvsklasar - Oil/canvas (74x58cm-29x23in) Stockholm 93 .... *FF20 440 - £2 320 - $3,460*

PLAMENITSKY Anatoliy 1920-1982 [1]

🖾 La banlieue de Souzdal - Huile/toile (50x60cm-20x24in) Versailles 92 .... *FF2 500 - £256 - $441*

PLANCKH Viktor 1904-1941 [1]

🖾 Kniender Akt mit weissem Tuch - Öl/Leinwand (118x94cm-46x37in) Wien 96 .... *FF77 000 - £9 800 - $14,820*

PLÄNCKNER von Lonny 1863-1889 [7]

🖾 Dalsaenkning, tidligt forår - Oil/canvas (63x88cm-25x35in) København 91 .... *FF2 810 - £280 - $483*

PLANELLS CRUANYES Angel 1904 [2]

🖾 Bodegón de libros - Oleo/lienzo (50x73cm-20x29in) Madrid 93 .... *FF5 340 - £636 - $966*

PLANES Georges 1897-1977 [4]

🖾 Bords de Marne - Huile/panneau (40x90cm-16x35in) Tourcoing 92 .... *FF8 500 - £1 014 - $1,635*

PLANES Y ESPINARDO José 1893-1947 [3]

🖾 Pareja de enamorados - Sculpture (70cm-28in) Madrid 93 .... *FF29 100 - £3 353 - $5,000*

PLANGG Warner 1934 [3]

🖾 The day of the bull - Bronze (30x40cm-12x16in) London 96 .... *FF12 620 - £1 600 - $2,420*

PLANK Josef 1900 [3]

🖾 Liegender weiblicher Akt - Öl/Leinwand (60x100cm-24x39in) Wien 93 .... *FF3 850 - £460 - $740*

Weiblicher Akt am Strand - Oil/canvas (104x80cm-41x31in) Wien 92 .... *FF12 030 - £1 207 - $2,007*

PLANQUETTE Félix 1873-1964 [3]

🖾 Cows and sheep - Oil/canvas (65x92cm-26x36in) New-York 93 .... *FF6 960 - £800 - $1,200*

Vaches à l'étable - Huile/panneau (90x151cm-35x59in) Pontoise 95 .... *FF24 000 - £3 040 - $4,830*

🖾 Ambiance bleue à l'étang de Giverny - Pastel (46x55cm-18x22in) Paris 96 .... *FF11 800 - £1 520 - $2,340*

PLANSON André 1898-1981 [157]

🖾 Repos au bois de Boulogne - Huile/panneau (3x41cm-1x16in) Paris 97 .... *FF9 500 - £1 032 - $1,666*

Carriole sur la route - Huile/toile (59x73cm-23x29in) Calais 97 .... *FF19 000 - £2 082 - $3,335*

Marne à la Ferté-sous-Jouarre - Huile/toile (64x90cm-25x35in) Cannes 94 .... *FF32 000 - £3 630 - $5,420*

Automne en Ile-de-France - Huile/toile (310x190cm-122x75in) Paris 95 .... FF**51 000** - £6 440 - **\$10,220**
La loge - Huile/toile (116x95cm-46x37in) Arles 91 .... FF**135 000** - £13 534 - **\$24,726**
✐ *Saint-Jean* - Aquarelle/papier (46x62cm-18x24in) Paris 97 .... FF**9 000** - £977 - **\$1,579**
Nu au chapeau de paille - Aquarelle (46x60cm-18x24in) Paris 93 .... FF**15 500** - £1 868 - **\$2,820**
PLANSON Joseph Alphonse 1799-? [2]
☛ *Rabbits in a landscape* - Oil/paper/canvas (81x64cm-32x25in) London 94 .... FF**34 300** - £4 000 - **\$6,010**
PLANTEY Madeleine XX [9]
☛ *Nu et danseuse* - Huile/toile (55x46cm-22x18in) Lyon 96 .... FF**4 800** - £599 - **\$927**
PLAS Laurens 1828-1893 [3]
☛ *Schaf mit Lamm* (23x18cm-9x7in) Bremen 93 .... FF**6 300** - £721 - **\$1,071**
PLAS Pieter 1810-1853 [4]
☛ *Sheep and chickens* - Oil/panel (11x15cm-4x6in) Amsterdam 97 .... FF**6 218** - £657 - **\$1,066**
PLAS van der Adrianus Marie 1899-? [2]
☛ *Possession* - Huile/toile (150x114cm-59x45in) Bruxelles 91 .... FF**15 770** - £1 615 - **\$2,926**
PLAS van der Nicholas 1954 [17]
☛ *Carousel* - Oil/panel (46x58cm-18x23in) Delray Beach, Florida 94 .... FF**11 700** - £1 343 - **\$2,000**
PLAS van der Willem 1913 [3]
☛ *Strandleben bei Scheveningen* - Oil/panel (29x35cm-11x14in) Stuttgart 93 ..... FF**8 620** - £975 - **\$1,454**
PLÄSCHKE Moritz 1818-1888 [1]
☛ *Children playing in a field* - Oil/canvas (24x34cm-9x13in) New-York 93 .... FF**11 550** - £1 365 - **\$2,100**
PLASENCIA Casto 1846-1890 [1]
☛ *La ajorca de oro: leyenda de Becquer* - Oleo/lienzo (33x47cm-13x19in) Madrid 91 .... FF**9 840** - £986 - **\$1,642**
PLASKETT Joseph Francis 1918 [34]
✐ *Ancient Archway* - Pastel (61x46cm-24x18in) Toronto 96 .... FF**3 420** - £436 - **\$658**
PLASKY Eugène 1851-1905 [3]
☛ *Bord d'étang* - Huile/toile (90x122cm-35x48in) Bruxelles 92 .... FF**8 300** - £850 - **\$1,460**
PLASS Ernst Ludwig 1855-1917 [1]
☛ *Fischerboot, Lagune vor Venedig* - Öl/Leinwand (50x36cm-20x14in) München 94 .... FF**13 600** - £1 587 - **\$2,384**
PLASSAN Antoine E. 1817-1903 [19]
☛ *Jeune femme a sa toilette* - Huile/panneau (19x16cm-7x6in) Le Touquet 95 ..... FF**11 500** - £1 498 - **\$2,360**
☛ *Young girl with roses* - Oil/panel (69x53cm-27x21in) Boston, Mass. 95 .... FF**24 220** - £3 115 - **\$5,000**
PLASSCHAERT Albert 1866-1941 [5]
☛ *Gij zult niet begeeren* - Stained, leaded-glass panel (41x32cm-16x13in) Amsterdam 95 .... FF**6 180** - £746 - **\$1,162**
✐ *Opus 1921/2012* - Black chalk/paper (75x55cm-30x22in) Amsterdam 95 .... FF**3 710** - £448 - **\$698**
PLASSE Georges 1878-? [1]
☛ *The drawing room at Mitry* - Oil/canvas (40x31cm-16x12in) London 94 .... FF**6 300** - £750 - **\$1,187**
PLATE Anna 1871-1941 [1]
☛ *Stilleben* - Öl/Karton (49x59cm-19x23in) Konstanz 94 .... FF**2 730** - £328 - **\$517**
PLATERO Mario 1942 [19]
☛ *Les Larmes* - Huile/carton (56x65cm-22x26in) Saint-Dié 93 .... FF**3 000** - £346 - **\$518**
PLATHNER Hermann 1831-1902 [8]
☛ *Das Verkaufte Kälbchen* - Öl/Leinwand (68x71cm-27x28in) München 94 .... FF**34 200** - £4 050 - **\$6,240**
PLATONIDIS Pindaros 1914-1988 [1]
☛ *Aeginas* - Oil/canvas (60x80cm-24x31in) Athens 96 .... FF**12 720** - £1 643 - **\$2,460**
PLATONOFF Chariton 1842-1907 [1]
☛ *Sonnenuntergang am Meer* - Oil/cardboard (39x19cm-15x7in) Bremen 93 .... FF**3 050** - £365 - **\$587**
PLATSCHEK Hans 1923 [12]
☛ *Maler nach El Greco* - Öl/Leinwand (116x89cm-46x35in) München 94 .... FF**85 400** - £10 030 - **\$15,230**
▱ *Komposition* - Aquatint (18x23cm-7x9in) Berlin 94 .... FF**2 734** - £323 - **\$487**
✐ *Zoologico, No.25* - Watercolour (33x47cm-13x19in) San Francisco-Los Angeles 96 .... FF**3 635** - £463 - **\$700**
PLATT Althea Hill 1861-1932 [1]
☛ *Cottage garden* - Oil/canvas (30x40cm-12x16in) New-York 90 .... FF**4 680** - £479 - **\$924**
PLATT Charles Adams 1861-1933 [4]
☛ *Dutch river* - Oil/canvas (50x62cm-20x24in) New-York 93 .... FF**44 000** - £5 520 - **\$8,000**
PLATT George W. ?-1899 [1]
☛ *Bananas, grapes and mug* - Oil/canvas (31x26cm-12x10in) New-York 95 .... FF**26 800** - £3 420 - **\$5,500**
PLATTE Ewald 1894-1985 [1]
✐ *Rote Tulpen* - Pastel/paper (54x37cm-21x15in) Köln 94 .... FF**16 450** - £1 974 - **\$3,200**
PLATTEEL Jean 1839-1867 [2]
☛ *The misshap* - Oil/canvas (76x97cm-30x38in) Amsterdam 90 .... FF**78 400** - £7 979 - **\$15,679**
PLATTEMONTAGNE de Nicolas 1631-1706 [4]
✐ *Saint Augustine (3)* - Red chalk (12x8cm-5x3in) New-York 97 .... FF**22 173** - £2 468 - **\$4,000**
PLATTENBERG van Matthieu c.1608-1660 [6]
☛ *Vessels in choppy seas* - Oil/canvas (81x112cm-32x44in) New-York 95 .... FF**56 100** - £7 000 - **\$11,000**
PLATTENSTEINER von Christian 1806-1858 [2]
☛ *Im Garten von Schloß Strebersdorf* - Oil/canvas (55x69cm-22x27in) Wien 89 .... FF**21 600** - £2 087 - **\$3,278**
PLATTNER Hermann Georg 1909-? [4]
☛ *Dorf* - Öl/Leinwand (63x58cm-25x23in) Bern 96 .... FF**3 870** - £470 - **\$753**
✐ *Strand* - Mischtechnik/Papier (15x22cm-6x9in) Bern 96 .... FF**2 120** - £257 - **\$412**
PLATTNER Karl 1919-1987 [29]
☛ *Stier* - Oil/cardboard (76x77cm-30x30in) München 96 .... FF**132 500** - £15 100 - **\$25,350**
▱ *Weisser Büstenhalter* - Color lithograph (50x70cm-20x28in) München 95 .... FF**2 386** - £312 - **\$478**
✐ *Frauenbildnis* - Mischtechnik/Papier (41x18cm-16x7in) Bern 94 .... FF**14 860** - £1 782 - **\$2,890**

PLATTNER Otto 1886-1951 [2]
Schweizer Soldat - Gouache (21x49cm-8x19in) Zofingen 95 .... FF2 127 - £278 - **$426**

PLATTNER Walter 1893-1922 [1]
Lüscherz am Bielersee - Oil/canvas/board (63x78cm-25x31in) Bern 92 .... FF19 340 - £1 976 - **$3,406**

PLATZ Ernst 1867-1940 [2]
Guglia di Brenta - Oil/canvas (80x60cm-31x24in) München 91 .... FF3 760 - £387 - **$700**
St. Oswald bei Bozen - Aquarell (33x20cm-13x8in) München 93 .... FF1 865 - £223 - **$359**

PLATZER Johann Georg 1704-1761 [23]
Alexandre et le prêtre - Huile/cuivre (67x94cm-26x37in) Paris 91 .... FF1 - £151 607 - **$276,326**

PLATZER Josef 1752-1806 [1]
Die Anbetung der Hirten - Öl/Leinwand (134x91cm-53x36in) München 93 .... FF10 170 - £1 215 - **$1,957**

PLATZÖDER Ludwig 1898-1987 [7]
Äpfeln, Messingschüssel und Tonkrug - Oil/canvas (41x50cm-16x20in) München 91 .... FF8 900 - £913 - **$1,655**

PLAUEN E.O., Ernst Ohser 1903-1944 [4]
Selbsbildnis - Pencil/paper (52x36cm-20x14in) Heidelberg 94 .... FF2 740 - £318 - **$472**

PLAUZEAU Alfred 1875-1918 [3]
Poète et Muses - Huile/toile (93x142cm-37x56in) Paris 96 .... FF14 000 - £1 742 - **$2,700**

PLAVINSKY Dimitri 1937 [2]
Nature morte à la bougie - Huile/bois (50x36cm-20x14in) Paris 90 .... FF10 000 - £1 064 - **$1,789**

PLAZA-FERRAND Marcial 1876-1948 [14]
A young beauty - Oil/canvas (61x49cm-24x19in) London 95 .... FF3 145 - £380 - **$592**

PLAZEAU Alfred 1875-1918 [2]
La Résurrection - Huile/toile (33x41cm-13x16in) Paris 91 .... FF3 000 - £301 - **$495**

PLAZZOTTA Enzo 1921-1981 [47]
Ballet Dancer - Bronze (56cm-22in) Delray Beach, Florida 96 .... FF5 550 - £710 - **$1,100**
Dancer undressing - Bronze (63cm-25in) London 96 .... FF55 900 - £7 000 - **$10,780**

PLÉ Henri Honoré 1853-1922 [15]
Maternité - Bronze (74cm-29in) Lyon 97 .... FF24 000 - £2 536 - **$4,118**
Guerrier arabe à l'étendard - Bronze (140cm-55in) Paris 95 .... FF130 000 - £16 500 - **$26,200**

PLEBAN Rudolf 1913-1965 [1]
Weinkelten - Oil/canvas (135x150cm-53x59in) Wien 93 .... FF8 650 - £1 034 - **$1,665**

PLEDGER Morris J. 1955 [3]
Barbel, roach & bullhead - Watercolour (39x27cm-15x11in) London 96 .... FF6 310 - £800 - **$1,210**

PLEIEF Norbert 1933 [3]
Psychose - Collage (50x65cm-20x26in) Paris 93 .... FF12 000 - £1 446 - **$2,182**

PLEISSNER Ogden Minton 1905-1983 [76]
Wind River, Wyoming - Oil/canvas (61x92cm-24x36in) New-York 96 .... FF33 900 - £3 930 - **$6,500**
Pont Royal - Oil/canvas (55x91cm-22x36in) New-York 94 .... FF59 000 - £6 960 - **$10,500**
On the river - Oil/canvas (57x61cm-22x24in) New-York 93 .... FF198 000 - £24 830 - **$36,000**
Perkins Homestead #17 - Watercolour (39x57cm-15x22in) New-York 95 .... FF12 110 - £1 558 - **$2,500**
Salmon Fishing - Watercolour/paper (40x58cm-16x23in) New-York 96 .... FF93 400 - £11 900 - **$18,000**
Evening Fishing - Watercolour/paper (46x72cm-18x28in) New-York 97 .... FF169 195 - £17 765 - **$29,000**

PLENSA Jaume 1955 [36]
Interior XIX, le singe - Technique mixte/panneau (110x100cm-43x39in) Paris 97 .... FF27 000 - £2 843 - **$4,641**
Lau III - Technique mixte/carton (193x10cm-76x4in) Versailles 90 .... FF138 000 - £13 896 - **$27,032**
Suite Del Silenci No. V - Bronze (48x30x50cm-19x12x20in) Paris 96 .... FF22 000 - £2 507 - **$4,210**
Satroc - Bronze (50x17x124cm-20x7x49in) London 96 .... FF42 900 - £5 200 - **$8,340**
Mur - Technique mixte/papier (191x228cm-75x90in) Paris 96 .... FF35 000 - £3 990 - **$6,700**

PLESNIVY Vincent 1879-1944 [1]
Junge Frau in einer Winterlandschaft - Aquarell/Papier (32x46cm-13x18in) Wien 94 .... FF5 860 - £679 - **$1,008**

PLESSEN Hans Wilhelm XIX-XX [3]
Winter in Germany - Poster (102x64cm-40x25in) London 96 .... FF2 030 - £260 - **$400**

PLESSEN von Victor 1900-1988 [6]
A Colonial garden - Oil/cardboard (50x60cm-20x24in) Amsterdam 96 .... FF14 450 - £1 752 - **$2,810**

PLESSEN von Willy 1868-? [2]
Hochgebirgeslandschaft - Oil/Leinwand (157x227cm-62x89in) München 94 .... FF8 880 - £1 067 - **$1,690**
Tor in Sulzfeld am Main - Ink/paper (47x35cm-19x14in) Rudolstadt-Thüringen 96 .... FF2 723 - £341 - **$529**

PLESSI Fabrizio 1940 [9]
Una strana doccia - Acrilico/tela (115x80cm-45x31in) Milano 93 .... FF7 680 - £863 - **$1,376**

PLETSCH Oskar 1830-1888 [6]
Zweiter Weihnachstag - Ink (17x24cm-7x9in) München 94 .... FF7 890 - £935 - **$1,460**

PLETSER George, Jürgen 1871-1942 [10]
Copper dish & coffe-urn - Oil/canvas (62x97cm-24x38in) Amsterdam 94 .... FF2 120 - £244 - **$363**

PLEUER Hermann 1863-1911 [8]
Stuttgart - Oil/canvas/board (42x53cm-17x21in) Stuttgart 92 .... FF30 100 - £3 090 - **$5,790**
Alte Stuttgarter Bahnhof - Oil/canvas/board (41x53cm-16x21in) Stuttgart 92 .... FF82 000 - £8 420 - **$15,780**

PLEUTHNER Walter 1885-? [1]
New York in winter - Watercolour (46x33cm-18x13in) Philadelphia 95 .... FF1 755 - £222 - **$350**

PLEWINSKA Zofia 1888-1944 [1]
Woman with hat - Oil/canvas (44x52cm-17x20in) Warszawa 95 .... FF4 410 - £564 - **$905**

PLEYSER Ary 1809-1879 [7]
Sailors in a rowing-boat - Oil/panel (31x40cm-12x16in) Amsterdam 97 .... FF47 041 - £5 145 - **$8,251**

P

PLIMER Andrew 1763-1837 [13]
Miss Mary Jane Ormsby - Miniature (7cm-3in) London 97 .... FF19 905 - £2 100 - **$3,416**
PLIMER Nathaniel 1752-1822 [6]
A young gentleman, facing left - Miniature (7cm-3in) London 95 .... FF10 160 - £1 300 - **$2,044**
PLISSON Henri 1908 [12]
Seaside puppet show - Oil/canvas (92x122cm-36x48in) London 95 .... FF15 660 - £2 000 - **$3,196**
Grande jetée - Oil/canvas (76x101cm-30x40in) New-York 92 .... FF98 800 - £11 800 - **$19,000**
Lumière chassant l'ombre - Gouache (15x65cm-6x26in) Saint-Dié 96 .... FF2 000 - £257 - **$395**
PLOCHINSKI B.A. 1902-1983 [1]
Lo studio del pittore - Olio/cartone (34x46cm-13x18in) Milano 92 .... FF2 710 - £323 - **$522**
PLOEG Maarten 1958 [4]
Untitled - Acrylic/canvas (31x25cm-12x10in) Amsterdam 94 .... FF2 745 - £323 - **$489**
PLOMMER Anna 1836-1890 [1]
Städtchen am Seeufer - Oil/canvas (33x53cm-13x21in) Wien 91 .... FF12 000 - £1 192 - **$2,084**
PLOMTEUX Léopold 1920 [36]
Composition - Huile/panneau (41x61cm-16x24in) Liège 93 .... FF4 920 - £567 - **$844**
Composition abstraite - Huile/toile (60x70cm-24x28in) Liège 91 .... FF16 200 - £1 624 - **$2,967**
PLOSSU Bernard 1945 [7]
Les Alpes - Gelatino bromure (29x20cm-11x8in) Paris 92 .... FF3 000 - £349 - **$613**
PLOTNIKOV Vladimir Alexandrov. 1853-1919 [1]
In the bath house - Oil/canvas (115x148cm-45x58in) London 97 .... FF114 286 - £12 000 - **$19,657**
PLOWMAN Frederik Prussia ?-1820 [1]
Margaret Logan Henderson - Oil/canvas (31x25cm-12x10in) København 95 .... FF2 480 - £325 - **$504**
PLUBEL Louis Émile, Georges 1867-? [3]
La ferme - Huile/panneau (27x35cm-11x14in) Morlaix 91 .... FF5 000 - £501 - **$916**
PLÜCKEBAUM Karl 1880-1952 [9]
Flötspielender Putto - Oil/panel (41x32cm-16x13in) Köln 93 .... FF6 650 - £761 - **$1,130**
PLÜCKEBAUM Meta 1876-1945 [9]
Mädchenbildnis - Oil/canvas (73x60cm-29x24in) Köln 91 .... FF13 520 - £1 356 - **$2,232**
Junge Kätzchen - Etching (24x26cm-9x10in) Zofingen 93 .... FF1 500 - £181 - **$275**
PLÜGGER Jacob 1795-1871 [2]
Selling the catch/Shipping in a calm - Oil/panel (15x18cm-6x7in) Amsterdam 95 .... FF10 660 - £1 360 - **$2,183**
PLÜHR Heinrich 1859-1943 [4]
Nackte am Brunnen - Öl/Leinwand (48x42cm-19x17in) Rudolstadt-Thüringen 96 .... FF2 053 - £267 - **$407**
PLUIM MENTZ Jos 1906-1985 [1]
Indonesian jungle road - Oil/canvas (50x40cm-20x16in) Amsterdam 96 .... FF2 710 - £329 - **$527**
PLUM Poul August 1815-1878 [3]
Tilskuere ved en hanekamp - Oil/canvas (38x45cm-15x18in) Viby J, Århus 94 .... FF6 950 - £799 - **$1,190**
PLUMB John 1927 [4]
Untitled - Oil/board (68x52cm-27x20in) London 91 .... FF2 594 - £258 - **$446**
Untitled no.4 - Gouache (28x28cm-11x11in) London 91 .... FF1 796 - £180 - **$296**
PLUMBE John, Jr. 1809-1857 [1]
Two girls with floral wreath - Daguerreotype New-York 96 .... FF38 300 - £4 940 - **$7,500**
PLUMMER Willis Henry 1839-? [1]
Woodland road with bridge - Watercolour (36x48cm-14x19in) North Berwick, Maine 94 .... FF1 602 - £193 - **$300**
PLUMOT André 1829-1906 [18]
Schaapherder met kudde - Huile/panneau (38x51cm-15x20in) Lokeren 93 .... FF5 440 - £650 - **$990**
Le chien savant - Huile/panneau (60x46cm-24x18in) Paris 96 .... FF52 500 - £6 790 - **$10,400**
PLÜSCHOW Guglielmo, Guglielmo XIX-XX [17]
Nus de garçon et jeunes filles - Tirage albuminé (22x17cm-9x7in) Paris 96 .... FF2 500 - £323 - **$483**
PLUTZAR Ernst 1905 [2]
Badende - Öl/Leinwand (39x53cm-15x21in) Wien 96 .... FF4 340 - £560 - **$850**
PLUYETTE Auguste Victor 1820-1871 [1]
La Lutte de Frère Jean - Huile/toile (100x160cm-39x63in) Moulins 95 .... FF16 500 - £2 140 - **$3,380**
PLUZANSKI Stefan 1906-1970 [1]
Wedding, the bride has fainted - Huile/toile (77x61cm-30x24in) Warszawa 93 .... FF13 330 - £1 360 - **$2,013**
PO del Giacomo 1652-1726 [7]
Repos, Fuite en Égypte - Huile/toile (129x152cm-51x60in) Nancy 95 .... FF180 000 - £22 540 - **$35,850**
POBBIATI Mario 1887-1956 [5]
Viso di giovane donna sorriente - Olio/tavola (60x49cm-24x19in) Milano 95 .... FF17 880 - £2 280 - **$3,660**
POBOZENSKI Vjatseslav 1942 [6]
Föreställer Peter den stores jaktslott - Oil/board (36x48cm-14x19in) Söderköping 90 .... FF9 400 - £1 013 - **$1,658**
POCCI von Franz Graf 1807-1876 [8]
Potichomanie - Aquarell (19x14cm-7x6in) München 92 .... FF4 070 - £487 - **$783**
POCCI von Maria Gräfin 1835-1913 [1]
Blick auf Tivoli - Oil/panel (32x16cm-13x6in) Stuttgart 93 .... FF2 610 - £300 - **$444**
POCH Léon 1949 [2]
Opéra juif - Gouache (68x50cm-27x20in) Bruxelles 89 .... FF3 200 - £318 - **$506**
POCHITONOFF Iwan Pawlowich 1850-1923 [2]
Bauern vor Bauernhaus - Oil/panel (15x20cm-6x8in) Pforzheim 91 .... FF5 410 - £542 - **$893**
POCHON Adolph 1869-1931 [3]
Régiment d'Erlach - Aquarelle (18x35cm-7x14in) Bern 92 .... FF5 330 - £637 - **$1,025**

P

POCHON Louis Henri Adolphe 1836-1899 [1]
Schützenbecher - Ink (32x23cm-13x9in) Bern 92 .... FF1 827 - £218 - **\$352**

POCHWALSKI Kasper 1899-1971 [3]
Spring beneath Wawel - Oil/canvas (48x55cm-19x22in) Warszawa 95 .... FF6 720 - £859 - **\$1,380**

POCHWALSKI Kazimierz 1855-1940 [5]
Young woman - Oil/panel (32x25cm-13x10in) Warszawa 96 .... FF8 300 - £1 047 - **\$1,596**
Kaninchen im Stall - Öl/Leinwand (52x91cm-20x36in) Bremen 94 .... FF21 660 - £2 580 - **\$4,120**

POCK Alexander 1871-1950 [12]
Porträt eines Zouave - Öl/Karton (32x22cm-13x9in) Wien 95 .... FF9 940 - £1 220 - **\$1,937**
Blick auf Berchtesgaden - Aquarell/Papier (24x34cm-9x13in) Wien 95 .... FF5 990 - £756 - **\$1,195**

POCOCK Henry Childe 1854-1934 [2]
Street scene - Oil/canvas (43x119cm-17x47in) London 96 .... FF4 390 - £3 850 - **\$752**

POCOCK Isaac 1782-1835 [1]
Nicholas Pocock, the artist - Oil/canvas (74x62cm-29x24in) London 92 .... FF15 630 - £1 600 - **\$2,760**

POCOCK Nicholas 1740-1821 [46]
Wooded landscape - Oil/canvas (79x109cm-31x43in) London 97 .... FF70 357 - £7 500 - **\$12,172**
Defeat of the dutch fleet off Egerö - Oil/canvas (81x13cm-32x5in) London 89 ...... FF213 100 - £21 789 - **\$34,260**
Cliffton Hills from Sea Bank - Aquatint (24x37cm-9x15in) Bristol, Avon 93 .... FF9 340 - £1 050 - **\$1,565**
Figures, Caenarvon, Wales - Watercolour (25x39cm-10x15in) London 96 .... FF6 830 - £850 - **\$1,325**
Shipping in the West Indies - Watercolour (20x31cm-8x12in) London 96 .... FF16 980 - £2 000 - **\$3,334**

POCOCK William Innes 1783-1836 [1]
Dutch shipping moored off the coas - Watercolour/paper (10x17cm-4x7in) London 90 .... FF3 400 - £364 - **\$591**

POCOCKE Edward 1843-1901 [3]
Ancient building - Watercolour (30x48cm-12x19in) Aylsham, Norfolk 96 .... FF4 560 - £550 - **\$875**

PODCHERNIKOFF Alexis M. 1886-1933 [37]
Moonlight in the Pacific, Sta. Barbara
    Oil/canvas (66x107cm-26x42in) San Francisco-Los Angeles 93 .... FF5 910 - £671 - **\$1,000**
Poppies and Lupine - Oil/canvas (41x61cm-16x24in) San Francisco-Los Angeles 95 .... FF27 400 - £3 600 - **\$5,500**

PODESTA August 1813-1858 [2]
Tiroler Berglandschaft mit Burganlage - Öl/Leinwand (26x36cm-10x14in) Kempten 96 .... FF10 270 - £1 347 - **\$2,082**

PODEVIN Jean-Emile 1925 [3]
Phoëbus III, 1989 - Huile/toile (65x50cm-26x20in) Paris 90 .... FF7 000 - £725 - **\$1,230**

PODGORSKI Stanislaw 1882-1964 [1]
Cottage with flowers - Oil/cardboard (16x24cm-6x9in) Warszawa 95 .... FF2 255 - £285 - **\$450**

PODKOWINSKI Wladyslaw 1866-1895 [6]
Miraze - Oil/canvas (64x78cm-25x31in) Warszawa 96 .... FF74 400 - £9 320 - **\$14,500**
The procession - Gouache (34x52cm-13x20in) Warszawa 94 .... FF23 300 - £2 760 - **\$4,270**

PODLASHUC Marianne 1932 [2]
Little Tailor - Oil/board Cape Town 91 .... FF3 075 - £310 - **\$534**

PODOSKI Janusz 1898-1971 [1]
Self-portrait - Oil/canvas (60x56cm-24x22in) Warszawa 96 .... FF6 610 - £829 - **\$1,290**

PODSADECKI Kazimierz 1904-1970 [1]
Nature morte - Oil/panel (44x61cm-17x24in) Warszawa 96 .... FF5 060 - £639 - **\$973**

POELENBURGH van Cornelis c.1586-1667 [45]
Repos des bergers - Huile/panneau (16x21cm-6x8in) Lyon 97 .... FF75 000 - £7 927 - **\$12,870**
Diana et her Nymphs bathing - Oil/copper (16x21cm-6x8in) London 95 .... FF155 500 - £20 000 - **\$32,100**
Adoration of the shepherds - Red chalk (18x30cm-7x12in) Amsterdam 89 .... FF53 900 - £5 511 - **\$8,666**

POELL Alfred 1867-1929 [2]
Winterlandschaft - Öl/Leinwand (91x91cm-36x36in) Wien 96 .... FF72 400 - £8 250 - **\$13,870**
Winter Abend - Woodcut in colors (46x57cm-18x22in) Wien 91 .... FF26 400 - £2 662 - **\$5,145**

POELS Albert 1903-1984 [17]
Als de vos de passie preekt - Bronze (28cm-11in) Antwerpen 94 .... FF6 600 - £758 - **\$1,130**
Tijl Uilenspiegel - Bois (73cm-29in) Antwerpen 95 .... FF15 230 - £1 950 - **\$3,060**

POEPPEL Rudolf 1823-1889 [2]
Weidelandschaft - Oil/canvas (51x90cm-20x35in) München 92 .... FF20 400 - £2 090 - **\$4,000**

POERCK de André 1920-1983 [3]
Bouquet aux plumes de paon - Huile/toile (120x80cm-47x31in) Bruxelles 94 ..... FF3 960 - £462 - **\$694**

POERSON Charles François 1653-1725 [1]
The Judgement of Paris - Oil/canvas (55x74cm-22x29in) London 90 .... FF19 400 - £1 954 - **\$3,527**

POERTZEL Otto 1876-? [17]
Jeune femme - Bronze (17cm-7in) Bruxelles 97 .... FF10 621 - £1 151 - **\$1,879**
Columbine and Pierrot - Ivory, bronze (35cm-14in) New-York 94 .... FF73 800 - £8 620 - **\$13,000**

POESCHMANN Rudolf 1878-1954 [7]
Dresdner Zwinger - Öl/Leinwand (60x50cm-24x20in) Hamburg 94 .... FF5 610 - £657 - **\$990**
Dreiröhrenbrunnen in Würzburg - Gouache (51x38cm-20x15in) München 94 .... FF9 500 - £1 134 - **\$1,827**

POETOU Émile François 1885-1975 [4]
Amfibie - Plâtre (46cm-18in) Lokeren 92 .... FF14 800 - £1 720 - **\$3,020**
Torso - Bronze (118cm-46in) Antwerpen 95 .... FF96 000 - £12 430 - **\$19,650**

POETSCH Gustave 1870-? [1]
Voiliers sur l'Odet - Huile/toile (60x73cm-24x29in) La Varenne Saint-Hilaire 92 .... FF8 000 - £955 - **\$1,540**

POETZEL Otto 1876-? [1]
Bergmann - Bronze (27cm-11in) Frankfurt 94 .... FF2 040 - £234 - **\$349**

P

POETZELBERGER Oswald 1893-? [6]
🖼 *Dorfzirkus* - Oil/canvas (100x70cm-39x28in) München 93 .... FF**10 800** - £1 234 - **$1,823**

POETZELBERGER Robert 1856-1930 [3]
🖼 *Morgen am See* - Öl/Leinwand (67x103cm-26x41in) Stuttgart 94 .... FF**9 520** - £1 111 - **$1,670**

POETZSCH Paul 1852-1936 [1]
🖼 *Mutter mit Kind beim Äpfel schälen* - Oil/canvas (67x46cm-26x18in) München 91 .... FF**17 570** - £1 783 - **$3,173**

POFFÉ André 1911-1990 [4]
🖼 *Place Sainte-Catherine* - Huile/toile (60x80cm-24x31in) Bruxelles 93 .... FF**2 472** - £296 - **$506**

POGANY Ferencz 1888-1930 [1]
🖼 *Bauer mit Sense vor einem Gehöft* - Oil/cardboard (71x58cm-28x23in) Hamburg 96 .... FF**6 120** - £697 - **$1,170**

POGEDAIEFF de Georges A. 1897-1971 [12]
🖼 *Rue de village, Nivernais* - Huile/panneau (33x24cm-13x9in) Paris 89 .... FF**3 000** - £316 - **$505**
✏ *Theater, Kostuementwurf* - Gouache/paper (45x40cm-18x16in) Luzern 92 .... FF**4 380** - £523 - **$842**

POGGENBEEK Geo, Jan Hendrick 1853-1903 [44]
🖼 *Cows in the Shade of tree* - Oil/canvas/panel (29x47cm-11x19in) Amsterdam 95 .... FF**9 004** - £958 - **$1,567**
A sunny afternoon - Oil/canvas/panel (29x51cm-11x20in) Amsterdam 93 .... FF**135 600** - £16 200 - **$26,100**
✏ *Ducks in a river landscape*
     Watercolour, gouache/paper (39x49cm-15x19in) Amsterdam 95 .... FF**9 540** - £1 191 - **$1,926**

POGGIALI Giampietro 1936 [2]
🖼 *Impronte di memorie* - Acrilico/tela (80x100cm-31x39in) Firenze 89 .... FF**6 400** - £637 - **$1,011**

POGGIOLI Marcel Dominique 1882-? [1]
🖼 *Printemps* - Oil/canvas (65x100cm-26x39in) New-York 91 .... FF**29 900** - £3 021 - **$5,936**

POGNA Giuseppe 1845-1907 [6]
🖼 *Pesca in laguna* - Olio/tela (28x64cm-11x25in) Trieste 93 .... FF**21 960** - £2 465 - **$3,930**

POGOLOTTI Marcelo 1902-1988 [1]
🖼 *Dos Mujeres* - Oil/canvas (103x78cm-41x31in) New-York 94 .... FF**186 000** - £22 100 - **$35,000**

POGREBINSKY Alexandre 1951 [2]
🖼 *Que le soleil brille toujours* - Huile/toile (130x145cm-51x57in) Versailles 92 .... FF**7 000** - £717 - **$1,233**

PÖHACKER Leopold 1782-1844 [2]
🖼 *Hektors Abschied von Andromache* - Oil/panel (76x58cm-30x23in) Wien 95 .... FF**14 700** - £1 936 - **$2,980**
✏ *F. von Schiller und die Musen* - Watercolour (41x36cm-16x14in) Wien 95 .... FF**3 500** - £441 - **$698**

POHITONOV Ivan Pavlovich 1850-1923 [1]
🖼 *Environs de Besançon* - Oil/canvas (18x25cm-7x10in) Moscow 94 .... FF**6 900** - £821 - **$1,300**

POHL Adolf Josef 1872-? [2]
🗿 *Kauernder weiblicher Akt* - Bronze (14cm-6in) Wien 92 .... FF**9 620** - £985 - **$1,695**

POHL van den Louis 1896-1930 [2]
🖼 *Im Kaffee-Garten* - Oil/panel (30x24cm-12x9in) Stuttgart 93 .... FF**4 480** - £507 - **$756**

POHLE Friedrich Leon 1841-1908 [1]
🖼 *La famille à table* - Oil/canvas (100x160cm-39x63in) København 91 .... FF**132 000** - £13 397 - **$23,840**

POHLE Hermann 1863-1914 [2]
🖼 *Badende* - Oil/canvas (64x50cm-25x20in) Wien 92 .... FF**7 220** - £724 - **$1,390**

POHLE Hermann 1831-1901 [10]
🖼 *Landscape with figures* - Oil/canvas (75x101cm-30x40in) New-York 94 .... FF**19 000** - £2 200 - **$3,250**

POHLENZ-MOSTAR Elizabeth 1904-1986 [3]
🖼 *Abstrakte Komposition* - Öl/Papier (49x36cm-19x14in) Düsseldorf 96 .... FF**6 890** - £892 - **$1,378**

POHRIBNY Jan 1961 [2]
📷 *Gate, 1988-1990* - Photo Paris 90 .... FF**2 900** - £300 - **$512**

POIGNANT Lucien XIX-XX [6]
🖼 *Pont sur la rivière* - Huile/panneau (40x55cm-16x22in) Paris 97 .... FF**2 800** - £297 - **$487**

POIGNANT Nancy [3]
🖼 *Le Lac de l'Eychauda* - Huile/toile (50x61cm-20x24in) Grenoble 96 .... FF**2 200** - £285 - **$436**

POILLEUX-SAINT-ANGE Georges L. XIX-XX [2]
🖼 *Danseuse au tambourin* - Huile/toile (73x92cm-29x36in) Paris 93 .... FF**30 000** - £3 615 - **$5,450**

POILPOT XIX-XX [4]
📄 *Chemin de Fer d'Orléans* - Affiche (107x74cm-42x29in) Paris 96 .... FF**1 600** - £205 - **$316**

POILPOT Théophile, fils 1848-1915 [3]
✏ *Jeune femme debout* - Gouache (19x13cm-7x5in) Saint-Dié 95 .... FF**2 000** - £257 - **$413**

POINGDESTRE Charles Henry ?-1905 [8]
🖼 *Marble Quarries, Carrara* - Oil/canvas (50x79cm-20x31in) London 97 .... FF**38 567** - £4 200 - **$6,707**

POINT Armand 1860-1932 [54]
🖼 *La Charité en Kabylie* - Huile/toile (73x100cm-29x39in) Cannes 97 .... FF**40 000** - £4 340 - **$7,088**
At rest in the desert - Oil/canvas (73x100cm-29x39in) New-York 93 .... FF**177 000** - £20 130 - **$30,000**
✏ *Vénus au miroir* - Charcoal (97x73cm-38x29in) New-York 94 .... FF**46 800** - £5 410 - **$8,000**

POINTELIN Auguste 1839-1933 [23]
🖼 *Paysage au crépuscule* - Huile/toile (21x27cm-8x11in) Lyon 97 .... FF**7 100** - £768 - **$1,243**
Combe jurassienne - Huile/toile Besançon 93 .... FF**15 500** - £1 766 - **$2,630**
✏ *Paysage* - Fusain (49x67cm-19x26in) Paris 92 .... FF**2 200** - £225 - **$396**

POINTIN Edmond 1836-1903 [1]
🖼 *Vues de la Somme*
    4 albums: lavis, aquarelles (46 chaque album) (25x34cm-10x13in) Rennes 91 ...... FF**6 400** - £658 - **$1,191**

POIRET Paul 1879-1944 [2]
🖼 *Chez Simpson* - Oil/canvas (60x73cm-24x29in) Amsterdam 96 .... FF**11 460** - £1 327 - **$2,197**

POIRIER Anne & Patrick 1941/1942 [7]
 L'Oeil - Marbre (73x38x38cm-29x15x15in) Versailles 92 .... FF*19 000* - £*1 945* - **$3,345**
 Etude pour le jardin - Collage (21x15cm-8x6in) Paris 89 .... FF*3 800* - £*389* - **$611**
POIRIER Narcisse 1883-1983 [75]
 Petit déjeuner - Oil/canvas (41x56cm-16x22in) Toronto 95 .... FF*5 360* - £*711* - **$1,107**
 St. Laurent, Août - Coloured crayons (36x43cm-14x17in) Delray Beach, Florida 96 .... FF*1 558* - £*199* - **$300**
POIRIER Paul Théodore c.1830-1895 [1]
 Bouquet de pivoines - Huile/toile (72x54cm-28x21in) Reims 89 .... FF*25 500* - £*2 687* - **$4,293**
POIRIER Ray 1938 [3]
 Port grimaud - Huile/toile (55x73cm-22x29in) L'Isle-Adam 92 .... FF*3 000* - £*308* - **$556**
POIROT Pierre Achille 1797-c.1860 [5]
 Caprice architectural - Huile/toile (83x66cm-33x26in) Monaco 95 .... FF*18 000* - £*2 335* - **$3,714**
POIRSON Maurice 1850-1882 [1]
 Élégante au Bois de Boulogne - Oil/canvas (81x65cm-32x26in) New-York 95 .... FF*184 000* - £*22 900* - **$36,000**
POISSON Louverture 1914-1985 [6]
 Femme qui fait la cuisine - Oil/board (49x68cm-19x27in) New-York 92 .... FF*20 800* - £*2 483* - **$4,000**
POISSON Pierre Marie 1876-1953 [6]
 Baigneuse - Bronze (78cm-31in) Soissons 94 .... FF*26 000* - £*3 120* - **$5,050**
 Jeune fille Ouled-Naïl - Bronze (49cm-19in) Paris 92 .... FF*100 000* - £*11 930* - **$19,230**
POITEVIN Louis Alphonse 1819-1882 [1]
 Maison dans l'Est de la France - Photo (11x14cm-4x6in) Chartres 89 .... FF*1 500* - £*158* - **$253**
POIVRET Jean-Luc 1957 [5]
 Machine pour décoller vite - Technique mixte (200x134cm-79x53in) Paris 94 .... FF*13 500* - £*1 594* - **$2,420**
POKITONOV Ivan Ivanovich 1851-1924 [7]
 Horses at water - Oil/board (21x28cm-8x11in) London 96 .... FF*36 700* - £*4 200* - **$7,000**
POKORNY Richard 1907-? [10]
 Blick auf die Karlskirche - Gouache/paper (22x33cm-9x13in) Wien 92 .... FF*10 580* - £*1 230* - **$2,160**
POL van Christiaen 1752-1813 [9]
 Bouquet de fleurs - Huile/toile (62x52cm-24x20in) Versailles 96 .... FF*290 000* - £*34 060* - **$57,000**
POL van de Arend 1886-1956 [8]
 Horse-drawn cart and a peasant - Oil/canvas (43x59cm-17x23in) Amsterdam 97 .... FF*2 947* - £*318* - **$514**
POL van der Louis 1896-1982 [130]
 Relaxing on the beach - Oil/panel (18x23cm-7x9in) Delray Beach, Florida 93 .... FF*3 835* - £*437* - **$650**
 Morning promenade - Huile/panneau (30x40cm-12x16in) Québec 90 .... FF*3 930* - £*402* - **$776**
POL Willem Jilts 1905-1988 [1]
 Balinese women - Oil/canvas (81x65cm-32x26in) Singapore 96 .... FF*43 000* - £*5 590* - **$8,520**
POLA Heindrick 1676-1748 [1]
 Vanitas - Oil/canvas (118x10cm-46x4in) Amsterdam 89 .... FF*15 000* - £*1 449* - **$2,276**
POLACK Rémi 1954 [4]
 Le ballon - Bronze (28x17x29cm-11x7x11in) Paris 92 .... FF*5 200* - £*535* - **$1,000**
POLACK Solomon 1757-1839 [1]
 Henry Watkins - Miniature (7cm-3in) London 95 .... FF*2 330* - £*300* - **$474**
POLAKOWSKI Waclaw 1908-1985 [1]
 Red houses along a river - Oil/canvas (60x50cm-24x20in) Amsterdam 94 .... FF*3 030* - £*348* - **$518**
POLANSKY Rudolf 1951 [8]
 Ohne Titel - Mixed media/canvas (143x74cm-56x29in) Wien 95 .... FF*7 500* - £*947* - **$1,504**
POLANZANI Francesco, Felice 1700-c.1785 [1]
 Giovanni Battista Piranesi - Etching (38x28cm-15x11in) London 94 .... FF*2 595* - £*300* - **$443**
POLASEK Albin 1879-1965 [6]
 Reclining maiden holding a horn - Bronze (41x33cm-16x13in) Chicago 93 .... FF*10 450* - £*1 310* - **$1,900**
 Forest idyl - Bronze (64cm-25in) New-York 95 .... FF*46 050* - £*5 820* - **$9,000**
POLASEK Martin 1924 [2]
 Familie - Öl/Leinwand (50x62cm-20x24in) Wien 95 .... FF*4 990* - £*630* - **$996**
 Stilleben - Mixed media/paper (58x40cm-23x16in) Wien 93 .... FF*2 646* - £*316* - **$509**
POLEDNE Franz 1873-1932 [19]
 Alt-Wiener Hinterhof - Aquarell/Papier (23x17cm-9x7in) Wien 96 .... FF*7 680* - £*931* - **$1,493**
 Das Klosterneuburg - Watercolour, gouache/paper (35x48cm-14x19in) Wien 96 .... FF*36 200* - £*4 130* - **$6,930**
POLENOV Vasili Dimitrevich 1844-1927 [9]
 Jesus and the Sinner - Oil/canvas (83x153cm-33x60in) New-York 93 .... FF*50 200* - £*5 700* - **$8,500**
POLENOVA Elena Dmitrievna 1850-1898 [1]
 At the Caucasus - Oil/cardboard (24x17cm-9x7in) Moscow 93 .... FF*4 425* - £*504* - **$750**
POLENZ-MOSTAR Elisabeth 1904-? [1]
 Interieur mit Berliner Kachelofen - Oil/paper (48x36cm-19x14in) Stuttgart 93 .... FF*2 760* - £*312* - **$466**
POLEO Héctor 1918-1989 [15]
 Paisaje con Casas - Oil/canvas (45x66cm-18x26in) New-York 97 .... FF*137 458* - £*14 652* - **$24,000**
 Dust to Dust - Oil/canvas (60x69cm-24x27in) New-York 97 .... FF*344 232* - £*36 834* - **$60,000**
 Memorias de Juventus - Pencil (34x28cm-13x11in) New-York 93 .... FF*16 500* - £*2 070* - **$3,000**
POLESE Tobia 1855-? [1]
 Mediterranean coastal scene - Wash (60x77cm-24x30in) London 91 .... FF*12 900* - £*1 309* - **$2,330**
POLET Johan 1894-? [1]
 Reclining nude - Bronze (86cm-34in) Amsterdam 92 .... FF*25 800* - £*2 640* - **$4,540**

P

POLHAMUS Melissa 1957 [3]
Woman at window - Gouache/paper (36x28cm-14x11in) Litchfield, CT 92 .... FF**2 470** - £**295** - $**475**

POLI Giuseppe 1700-1767 [3]
Vedute di fantasia - Olio/tela (71x124cm-28x49in) Prato 96 .... FF**468 000** - £**58 800** - $**89,600**

POLI Jacques 1938 [10]
Waldorf Astoria II - Acrylique/papier/panneau (245x120cm-96x47in) Paris 93 .... FF**14 000** - £**1 687** - $**2,546**
Schanin B.M. vert marron - Gouache/papier (91x70cm-36x28in) Paris 89 .... FF**8 000** - £**796** - $**1,264**

POLIAKOFF Konstantin 1885-? [1]
Kaukasische Stadt - Oil/canvas (44x48cm-17x19in) Köln 91 .... FF**13 520** - £**1 356** - $**2,232**

POLIAKOFF Nicolas 1899-1976 [31]
Composition cubiste - Huile/toile (92x66cm-36x26in) Paris 93 .... FF**4 000** - £**456** - $**678**
Le modèle au livre - Sanguine (33x24cm-13x9in) Paris 92 .... FF**2 000** - £**205** - $**352**

POLIAKOFF Serge 1900-1969 [447]
Composition - Oil/canvas (88x116cm-35x46in) London 90 .... FF**4** - £**521 821** - $**854,056**
Composition - Huile/carton (26x21cm-10x8in) Paris 95 .... FF**40 000** - £**6 980** - $**8,240**
Composition kz 18 - Huile/toile (55x38cm-22x15in) Paris 93 .... FF**100 000** - £**11 020** - $**17,610**
Composition - Oil/board (72x54cm-28x21in) London 97 .... FF**206 380** - £**22 000** - $**36,033**
Composition - Oil/panel (89x116cm-35x46in) London 94 .... FF**490 000** - £**58 000** - $**90,400**
Composition abstraite - Oil/canvas (130x97cm-51x38in) London 94 .... FF**999 000** - £**120 000** - $**184,800**
Composition - Etching, aquatint (32x24cm-13x9in) Amsterdam 97 .... FF**29 295** - £**3 072** - $**5,027**
Composition - Gouache (47x61cm-19x24in) Köln 91 .... FF**37 174** - £**3 907** - $**6,364**
Composition - Tempera/paper (61x46cm-24x18in) London 97 .... FF**70 357** - £**7 500** - $**12,284**
Composition - Gouache (47x62cm-19x24in) Paris 97 .... FF**100 000** - £**10 660** - $**17,300**
Composition - Gouache/papier (64x48cm-25x19in) München 94 .... FF**181 200** - £**21 260** - $**32,300**

POLIMENO Paul 1919 [4]
Le port, 1981 - Huile/toile (54x73cm-21x29in) Paris 90 .... FF**6 000** - £**620** - $**1,060**

POLITI Odorico 1765-1846 [1]
Bianca Cappello - Watercolour (14x17cm-6x7in) Roma 89 .... FF**1 500** - £**153** - $**241**

POLJENOFF Wassilij Dimitrijew. 1844-1927 [2]
Tarusa bei Moskau - Oil/panel (36x140cm-14x55in) Köln 92 .... FF**6 780** - £**810** - $**1,305**

POLKE Sigmar 1941 [145]
Revenge of the Kanakas
    Lacquer, dispersion/Nigersunan fabric (225x302cm-89x119in) London 96 .... FF**1** - £**190 000** - $**293,000**
Untitled - Mixed media/canvas (300x600cm-118x236in) New-York 94 .... FF**2** - £**275 000** - $**440,000**
Untitled - Acrylic/paper (64x84cm-25x33in) New-York 93 .... FF**151 000** - £**18 960** - $**27,500**
Russians in Mexico - Acrylic (201x180cm-79x71in) New-York 97 .... FF**930 240** - £**97 680** - $**160,000**
Sans titre - Photo (23x29cm-9x11in) Paris 92 .... FF**4 000** - £**478** - $**770**
Untitled - Watercolour (100x70cm-39x28in) London 97 .... FF**40 338** - £**4 300** - $**7,042**
Schreibtish mit Art - Mixed media/canvas (98x69cm-39x27in) New-York 94 .... FF**121 000** - £**14 380** - $**23,000**
Köpfe - Watercolour, gouache/paper (61x86cm-24x34in) Köln 92 .... FF**186 500** - £**22 270** - $**35,900**

POLL Hermann 1902-1990 [1]
S. Angelo, Ischia - Aquarell (24x27cm-9x11in) München 93 .... FF**1 865** - £**223** - $**359**

POLL Hugo 1867-1931 [3]
Hafenszene - Pastel (71x91cm-28x36in) Bern 93 .... FF**8 640** - £**1 080** - $**1,578**

POLL van de Marinus Cornelis 1840-1865 [2]
Bachufer am Waldrand - Ink (36x34cm-14x13in) Stuttgart 92 .... FF**2 736** - £**281** - $**527**

POLL van der Daniel Herbert 1877-1963 [4]
Spielende Katzen - Öl/Leinwand (50x70cm-20x28in) Köln 93 .... FF**8 140** - £**972** - $**1,566**
Tigers at a waterhole - Oil/canvas (104x151cm-41x59in) London 91 .... FF**44 900** - £**4 489** - $**7,395**

POLL van der Herbert 1877-1963 [4]
Katzenidyll - Öl/Leinwand (50x71cm-20x28in) Lindau 94 .... FF**30 700** - £**3 660** - $**5,780**

POLLACI Charles 1907-1989 [6]
Honfleur - Huile/toile (46x55cm-18x22in) Paris 94 .... FF**6 500** - £**776** - $**1,218**

POLLAK Julius 1854-? [1]
The little goose herdress - Oil/canvas (28x21cm-11x8in) Amsterdam 95 .... FF**15 900** - £**1 985** - $**3,210**

POLLAK Leopold 1806-1880 [2]
Young maiden with a tambourine - Oil/canvas (144x91cm-57x36in) London 90 .... FF**48 400** - £**5 182** - $**8,417**

POLLAK Max 1886-1950 [5]
California Street - Aquatint in colors (44x36cm-17x14in) San Francisco-Los Angeles 95 .... FF**2 724** - £**341** - $**550**

POLLAK Theresa 1899-? [1]
Cabin scene - Oil/canvas (64x81cm-25x32in) Mystic, Connecticut 96 .... FF**2 020** - £**263** - $**400**

POLLAK Wilhelm 1802-1860 [2]
Altausseersee mit der Tresslwand - Oil/panel (30x38cm-12x15in) München 93 .... FF**20 650** - £**2 340** - $**3,490**
Auf dem Lande - Aquarell/Papier (10x16cm-4x6in) Wien 95 .... FF**2 960** - £**381** - $**602**

POLLAK Zsigmond, Siegmund 1837-1912 [1]
Beim Studium der Morgenzeitung - Oil/panel (49x36cm-19x14in) Wien 94 .... FF**12 000** - £**1 455** - $**2,333**

POLLARD James 1792-1867 [23]
Last mail leaving Newcastle - Oil/panel (22x30cm-9x12in) New-York 97 .... FF**31 792** - £**3 389** - $**5,500**
Trafargar Square - Oil/canvas (54x77cm-21x30in) New-York 96 .... FF**470 000** - £**54 400** - $**90,000**
New General Post Office London - Aquatint (36x64cm-14x25in) Bern 93 .... FF**3 005** - £**376** - $**549**

POLLENTINE Alfred XIX [85]
Grand Canal, Venice - Oil/canvas (75x127cm-30x50in) London 97 .... FF**25 712** - £**2 800** - $**4,471**

POLLET Claude 1820-1858 [3]
Retour du troupeau, Voreppe - Huile/toile (40x55cm-16x22in) Grenoble 94 .... FF**30 000** - £**3 555** - $**5,540**

POLLET Jean 1929 [7]
- Grive - Huile/toile (56x33cm-22x13in) Paris 93.. FF4 800 - £546 - **$814**
- Baigneuse - Huile/toile (196x97cm-77x38in) Paris 96.. FF21 000 - £2 630 - **$4,075**

POLLET Joseph 1897-1979 [1]
- The Sleepers - Oil/canvas (125x58cm-49x23in) New-York 95............................ FF20 700 - £2 706 - **$4,200**

POLLET Joseph Michel-Ange 1814-1870 [4]
- Star of Evening - Bronze (99cm-39in) New-York 95.. FF20 440 - £2 547 - **$4,000**
- Une Heure de la Nuit - Marble (198cm-78in) New-York 94............................... FF702 000 - £82 900 - **$125,000**

POLLET Jules 1870-1941 [1]
- Pont des Arts, Paris, 1894 - Huile/toile (39x54cm-15x21in) Bruxelles 89............ FF13 000 - £1 370 - **$2,189**

POLLET Victor 1811-1882 [1]
- Repos - Watercolour, gouache/paper (26x33cm-10x13in) New-York 92.............. FF14 040 - £1 436 - **$2,600**

POLLEY Frederick 1875-1958 [1]
- Hurricane Mountain, Adirondacks
  Oil/canvas (58x79cm-23x31in) Bloomfield Hills, Michigan 93........................... FF2 950 - £336 - **$500**

POLLI Felice 1793-1859 [1]
- Brig Rio, Packet of Guernsey - Watercolour (43x58cm-17x23in) London 95......... FF4 760 - £600 - **$943**

POLLINGER Felix 1817-1877 [4]
- Blumenstilleben - Öl/Leinwand (90x70cm-35x28in) München 93....................... FF10 320 - £1 170 - **$1,744**

POLLITT Albert XIX-XX [29]
- River Clwyd, North Wales - Watercolour (32x47cm-13x19in) London 96............. FF3 070 - £420 - **$700**

POLLOCK Jackson 1912-1956 [39]
- The Past - Oil/canvas (142x96cm-56x38in) New-York 96................................... FF1 - £1 - **$2**
- Conflict - Oil/canvas (30x39cm-12x15in) New-York 94.................................... FF1 - £200 000 - **$320,000**
- Silver and black - Oil (22x31cm-9x12in) New-York 91.................................... FF855 000 - £86 775 - **$154,421**
- Untitled - Ink (48x63cm-19x25in) New-York 91.. FF1 - £173 549 - **$308,843**
- Untitled - Ink (14x8cm-6x3in) New-York 96... FF86 600 - £10 200 - **$17,000**
- Untitled - Gouache (36x49cm-14x19in) New-York 95..................................... FF421 000 - £52 600 - **$85,000**

POLLONERA Carlo 1849-1923 [2]
- Contadina con mucche al pascolo - Olio/tela (100x130cm-39x51in) Milano 95 .... FF51 500 - £6 480 - **$10,440**

POLLONES Jean Albert 1882-? [1]
- Young lady in a hat - Oil/canvas (81x60cm-32x24in) Amsterdam 92.................. FF6 020 - £700 - **$1,230**

POLLONI Silvio 1888-1972 [2]
- Casolare nella campagna toscana - Olio/tavola (62x52cm-24x20in) Milano 90...... FF5 000 - £539 - **$882**

POLOVTSOFF Hélène XX [1]
- Busy garden square - Oil/canvas (60x72cm-24x28in) London 92...................... FF6 350 - £650 - **$1,118**

POLSTERER Hilde 1903 [1]
- Stilleben mit Dreieck - Oil/panel (76x56cm-30x22in) Wien 92........................ FF7 220 - £740 - **$1,271**

POLUS Otto 1889-? [1]
- Hafenansicht von Rostock - Öl/Karton (86x62cm-34x24in) Bremen 94............... FF5 480 - £636 - **$944**

POLVERINI Luigi 1903-1960 [1]
- Nudo di donna, 1941 - Olio/cartone (30x40cm-12x16in) Roma 89.................... FF7 800 - £822 - **$1,313**

POLYA Tibor 1886-1937 [1]
- Modella in posa - Olio/tela (50x44cm-20x17in) Trieste 93............................. FF3 620 - £412 - **$613**

POLYCARPE XX [2]
- Jungle - Huile/isorel (30x40cm-12x16in) Paris 96.. FF4 200 - £544 - **$824**

POLYKANDRIOTIS Antonios 1904-1988 [1]
- Kifissia - Watercolour/paper (31x46cm-12x18in) Athens 96........................... FF8 480 - £1 095 - **$1,640**

POLZER-HODITZ Arthur Graf 1870-? [1]
- Hirschbrunft, ein Oktobermorgen - Öl/Leinwand (85x70cm-33x28in) Wien 96...... FF26 550 - £3 026 - **$5,090**

POMA Silvio 1841-1932 [19]
- Mucche al pascolo - Olio/tela (60x100cm-24x39in) Milano 95......................... FF12 870 - £1 620 - **$2,610**
- Paesaggio lacustre al tramonto - Olio/tela (101x166cm-40x65in) Roma 94 .... FF183 500 - £21 840 - **$32,760**

POMARDI Simone 1760-1830 [5]
- Roman Campagna - Watercolour (64x102cm-25x40in) London 92..................... FF50 300 - £6 000 - **$9,660**
- Rome & the Tiber - Watercolour (64x102cm-25x40in) London 92.................... FF125 600 - £15 000 - **$24,160**

POMASSL Franz 1903-1982 [6]
- Ein Zug durch die Landschaft - Öl/Karton (44x60cm-17x24in) Wien 92............. FF5 780 - £580 - **$963**

POMENTALE Tomaso 1932 [5]
- Composition - Huile/toile (40x50cm-16x20in) Douai 92................................. FF11 000 - £1 126 - **$1,980**

POMERENCKE Heinrich 1821-1873 [5]
- Awaiting the Suitor - Oil/canvas (80x65cm-31x26in) New-York 97................... FF14 790 - £1 591 - **$2,600**

POMEROY Florence W. 1890-1881 [2]
- Four girls - Oil/board (46x61cm-18x24in) North Berwick, Maine 93.................. FF2 213 - £252 - **$375**

POMEROY Frederick William 1856-1924 [6]
- Perseus with the Head of Medusa - Bronze (49cm-19in) London 93................. FF83 400 - £9 500 - **$14,150**

POMEY Louis Edmond 1831-1891 [1]
- La leçon de piano - Huile/panneau (91x61cm-36x24in) Compiègne 90.............. FF29 000 - £2 935 - **$5,524**

POMI Alessandro 1890-? [2]
- Marinaio che guarda il mare - Olio/tavola (33x23cm-13x9in) Roma 91.............. FF5 470 - £555 - **$988**

POMMAYRAC de Pierre Paul 1807-1880 [5]
- Jeune fille en robe blanche - Miniature (10cm-4in) Paris 93.......................... FF7 700 - £928 - **$1,400**

P

POMMEREULE Daniel 1938 [9]
🖼 *Composition* - Huile/toile (69x99cm-27x39in) Paris 93 .... FF30 000 - £3 370 - **$5,090**
Sans titre - Bois (150cm-59in) Paris 93 .... FF18 000 - £2 046 - **$3,050**
✎ *Sans titre* - Pastel (75x105cm-30x41in) Paris 92 .... FF6 000 - £615 - **$1,177**
POMMOT Joël 1953 [5]
🖼 *Le feu* - Huile/toile (73x92cm-29x36in) Paris 94 .... FF2 500 - £299 - **$469**
POMODORO Arnaldo 1926 [75]
🗿 *Composizione* - Bronze (10cm-4in) Zürich 96 .... FF7 810 - £979 - **$1,507**
Scatola - Bronze (76cm-30in) Milano 95 .... FF88 000 - £11 480 - **$17,640**
Sfera No. 5 - Bronze (79cm-31in) London 95 .... FF409 400 - £51 000 - **$80,100**
POMODORO Gio' 1930 [52]
🖼 *Coesistenza* - Olio/tela (100x70cm-39x28in) Milano 94 .... FF8 470 - £1 000 - **$1,600**
🗿 *Porta et gli insetti* - Relief (23x14cm-9x6in) Paris 97 .... FF9 000 - £951 - **$1,544**
Espansione - Bronze (17cm-7in) Köln 96 .... FF27 200 - £3 096 - **$5,200**
✎ *Crescita* - Acquarello, gouache (34x24cm-13x9in) Milano 94 .... FF6 230 - £720 - **$1,062**
POMPA Gaetano 1933 [5]
🖼 *Battaglia nel deserto* - Olio/tela (80x145cm-31x57in) Roma 94 .... FF21 840 - £2 660 - **$4,160**
POMPIGNOLI Luigi XIX-XX [2]
🖼 *Madonna della Sedia* - Oil/canvas (73x73cm-29x29in) München 92 .... FF21 270 - £2 180 - **$3,746**
POMPON François 1855-1933 [90]
🗿 *Paon couronné* - Bronze (9cm-4in) Paris 94 .... FF47 000 - £5 470 - **$8,130**
Foulque - Bronze (29cm-11in) Paris 94 .... FF55 000 - £6 400 - **$9,520**
Pintade marchant - Bronze (20cm-8in) Calais 97 .... FF85 000 - £8 508 - **$14,348**
Grand Duc - Marbre (54cm-21in) Paris 91 .... FF277 000 - £27 900 - **$48,900**
PONÇ Joan 1927-1984 [13]
🖼 *Autorretrato* - Oleo/papel (31x21cm-12x8in) Madrid 97 .... FF11 000 - £1 182 - **$1,925**
✎ *Sin título* - Tinta (49x74cm-19x29in) Madrid 93 .... FF31 150 - £3 710 - **$5,630**
PONCE Antonio 1608-c.1665 [9]
🖼 *Guirnalda de flores* - Oleo/lienzo (201x143cm-79x56in) Madrid 93 .... FF712 000 - £84 800 - **$128,000**
PONCE de LÉON Fidelio 1896-1957 [23]
🖼 *Paisaje con Rio* - Oil/canvas (45x36cm-18x14in) New-York 97 .... FF45 819 - £4 884 - **$8,000**
Después del Ensayo - Oil/canvas (101x95cm-40x37in) New-York 92 .... FF390 000 - £46 600 - **$75,000**
PONCELET Maurice Georges 1897-1978 [25]
🖼 *La Marne à Chelles* - Oil/canvas (56x66cm-22x26in) London 94 .... FF5 440 - £650 - **$1,016**
✎ *Deux baigneuses sur la plage* - Aquarelle (45x38cm-18x15in) Deauville 96 .... FF2 800 - £322 - **$535**
PONCELET Thierry XIX-XX [4]
🖼 *Fifi brin d'acier* - Huile/toile (70x58cm-28x23in) Bruxelles 96 .... FF6 230 - £752 - **$1,195**
The General - Oil/canvas (65x55cm-26x22in) London 96 .... FF21 550 - £2 800 - **$4,210**
PONCET Antoine 1928 [25]
🗿 *Sans titre* - Marbre Paris 97 .... FF8 000 - £873 - **$1,398**
Composition - Marbre (31x43cm-12x17in) Paris 93 .... FF23 000 - £2 614 - **$3,900**
PONCET Jacques XX [5]
🖼 *Composition bleue* - Huile/toile (81x60cm-32x24in) Lyon 93 .... FF9 500 - £1 145 - **$1,728**
PONCHIN Antoine 1872-1934 [7]
🖼 *Bord de mer* - Huile/toile (53x64cm-21x25in) Neuilly 90 .... FF12 000 - £1 208 - **$2,351**
✎ *Venise, la lagune* - Aquarelle (37x54cm-15x21in) Paris 90 .... FF6 000 - £642 - **$1,043**
PONCHIN Jos Henri 1897-? [1]
🖼 *Barques aux Martigues* - Huile/panneau (54x54cm-21x21in) Arles 94 .... FF4 500 - £524 - **$780**
PONCHON Antonin 1885-1965 [3]
🖼 *Fisherman's pulling in their nets* - Oil/canvas (61x84cm-24x33in) New-York 93 .... FF3 540 - £403 - **$600**
POND Dana 1880-1962 [3]
🖼 *Industrial landscape* - Oil/canvas (63x76cm-25x30in) North Berwick, Maine 91 .... FF7 360 - £747 - **$1,329**
PONDEL Friedrich 1830-? [3]
🖼 *Lachender ungarischer Bauer* - Oil/canvas (27x22cm-11x9in) Stuttgart 90 .... FF4 420 - £452 - **$872**
PONGRACZ Siefried 1872-1929 [1]
🗿 *Stehender weiblicher Akt* - Bronze (33cm-13in) Lindau 93 .... FF5 680 - £644 - **$960**
PONGRATZ Peter 1940 [20]
🖼 *Ayers Rock II* - Tempera/canvas Wien 93 .... FF17 100 - £1 940 - **$2,890**
✎ *Ohne Titel* - Coloured pencils (41x34cm-16x13in) Wien 94 .... FF4 880 - £581 - **$920**
PONKKONEN Maila 1943 [3]
🖼 *Björkar* - Oil/canvas (21x25cm-8x10in) Helsinki 91 .... FF4 015 - £400 - **$690**
PÖNNINGER Caroline 1845-1920 [1]
✎ *Feldblumen* - Aquarell/Papier (41x31cm-16x12in) Wien 96 .... FF4 320 - £524 - **$840**
PONOMARENKO Oleg 1948 [5]
🖼 *Le bain du soir* - Huile/isorel Paris 92 .... FF2 500 - £253 - **$459**
PONOMAREW Serge 1911-1996 [31]
🖼 *Le verger* - Huile/toile (48x55cm-19x22in) Versailles 91 .... FF4 800 - £484 - **$936**
🗿 *Athlète* - Sculpture (92cm-36in) Paris 90 .... FF16 000 - £1 653 - **$2,827**
PONS ARNAU Francisco 1886-1965 [7]
🖼 *A ripe apple* - Oil/canvas (74x61cm-29x24in) London 94 .... FF18 870 - £2 200 - **$3,310**
Confidencias - Oil/canvas (100x80cm-39x31in) New-York 92 .... FF130 000 - £15 520 - **$25,000**
PONS Daniel XX [2]
📷 *Dauphin, 1980* - Photo (40x50cm-16x20in) Paris 90 .... FF1 700 - £171 - **$309**

PONS Jacques 1936 [12]
- Paysage au pin parasol - Huile/toile (130x89cm-51x35in) La Flèche 94 .... FF5 200 - £602 - **$893**
PONS Jean 1913 [58]
- Composition - Huile/toile (61x50cm-24x20in) Paris 93 .... FF4 000 - £482 - **$728**
- Village du Midi - Huile/toile (73x54cm-29x21in) Le Havre 91 .... FF7 800 - £775 - **$1,354**
- Composition abstraite - Aquarelle/papier (29x39cm-11x15in) Saint-Germain-en-Laye 94 .... FF2 500 - £292 - **$438**
PONS Louis 1927 [32]
- Sans titre, 1951 - Huile/toile (150x180cm-59x71in) Marseille 89 .... FF6 000 - £614 - **$965**
- Racines du Doute - Assemblage (80x44cm-31x17in) Paris 93 .... FF10 000 - £1 124 - **$1,695**
- Ça continue - Encre Chine (65x49cm-26x19in) Paris 92 .... FF4 400 - £451 - **$863**
PONSART Paul 1882-1915 [1]
- Jeune fille au collier - Bronze (26cm-10in) Paris 95 .... FF8 200 - £1 061 - **$1,697**
PONSEN Tunis 1891-1968 [9]
- Summer Landscape - Oil/canvas (51x64cm-20x25in) North Berwick, Maine 94 .... FF4 110 - £475 - **$700**
PONSIOEN Johan 1900-? [1]
- Still life - Oil/paper/panel (26x34cm-10x13in) Amsterdam 93 .... FF23 000 - £2 640 - **$3,945**
PONSON Aimé 1850-? [4]
- Still life of copper pots - Oil/canvas (59x80cm-23x31in) New-York 94 .... FF28 100 - £3 314 - **$5,000**
PONSON Raphaël L. 1835-1904 [17]
- Le port de Marseille - Huile/toile/panneau (27x35cm-11x14in) Paris 97 .... FF10 000 - £1 088 - **$1,741**
- Retour de pêche sur la plage - Huile/toile (174x100cm-69x39in) Cassis 93 .... FF52 000 - £6 500 - **$9,450**
PONSON Tunis 1891-1968 [1]
- Lamplit interior studio - Oil/canvas (76x61cm-30x24in) Chicago 93 .... FF7 670 - £873 - **$1,300**
PONT Charles Ernest 1898-? [1]
- Hall's Poiunt, Connecticut - Watercolour (51x66cm-20x26in) North Berwick, Maine 92 .... FF1 562 - £160 - **$275**
PONTECORVO Raffaele 1913-1983 [1]
- I guanti verdi - Olio/tela (45x38cm-18x15in) Torino 93 .... FF2 883 - £331 - **$491**
PONTHUS-CINIER Antoine 1812-1885 [23]
- Saône au pont d'Ainay - Huile/papier/toile (20x31cm-8x12in) Lyon 94 .... FF7 000 - £877 - **$1,350**
- Privas ou Aubenas - Huile/toile (54x81cm-21x32in) Lyon 92 .... FF31 500 - £3 224 - **$5,550**
- Village au pied d'un chateau - Lavis/papier (25x40cm-10x16in) Paris 97 .... FF6 500 - £690 - **$1,132**
PONTI Carlo 1822/24-1893 [4]
- Palazzo Al Trachetto Dei Santi Apostoli - Albumen print (27x36cm-11x14in) London 94 .... FF1 874 - £220 - **$329**
PONTI Giò 1897-1979 [5]
- Caccia al cervo - Ink (28x20cm-11x8in) Roma 91 .... FF3 154 - £313 - **$548**
PONTI Pino 1905 [5]
- Ritratto di giovane studioso - Olio/cartone (36x28cm-14x11in) Roma 95 .... FF27 170 - £3 420 - **$5,510**
PONTICELLI Giovanni 1855-1877 [3]
- In lettura - Olio/tela (31x42cm-12x17in) Roma 95 .... FF13 100 - £1 722 - **$2,604**
PONTING Herbert George 1871-1935 [36]
- Cavern in an Iceberg - Carbon print (46x30cm-18x12in) London 96 .... FF17 030 - £2 000 - **$3,350**
PONTIUS Paulus 1603-1658 [3]
- G. de Guzman, Count Olivares - Etching (61x43cm-24x17in) Warszawa 95 .... FF2 120 - £241 - **$359**
PONTOY Henri 1888-1968 [67]
- Vallée de l'Ourika - Huile/toile (55x46cm-22x18in) Paris 94 .... FF8 000 - £924 - **$1,382**
- Femme puisant de l'eau - Huile/toile (47x62cm-19x24in) Aubagne 96 .... FF17 000 - £2 120 - **$3,283**
- L'odalisque - Huile/toile (53x73cm-21x29in) Paris 94 .... FF30 000 - £3 465 - **$5,180**
- Bateau, Port de Mazagan, Maroc - Huile/toile (190x341cm-75x134in) Paris 95 .... FF130 000 - £16 470 - **$26,150**
- Ksour et oued, Sud Marocain - Gouache (42x52cm-17x20in) Paris 95 .... FF22 000 - £2 786 - **$4,440**
PONTREMOLI Enrico 1914-1968 [10]
- Cestino di fiori - Oil/canvas (73x92cm-29x36in) New-York 92 .... FF8 330 - £967 - **$1,700**
PONTY Max 1904-1972 [6]
- Navigation Paquet - Poster (98x64cm-39x25in) New-York 93 .... FF8 800 - £1 104 - **$1,600**
POOKE-DUITS Marion 1883-1975 [5]
- Portrait de Charles - Huile/toile (66x50cm-26x20in) Bruxelles 89 .... FF9 700 - £965 - **$1,532**
- The Profile, or Listening - Oil/canvas (91x76cm-36x30in) Boston, Mass. 91 .... FF119 800 - £11 926 - **$20,601**
POOL Juriaen 1665-1745 [7]
- Autoportrait avec son épouse - Huile/panneau (22x35cm-9x14in) Bruxelles 95 ...... FF72 300 - £9 340 - **$14,780**
POOLE Eugene Alonzo 1841-1912 [2]
- Still life with peonies - Oil/canvas (76x63cm-30x25in) New-York 91 .... FF27 400 - £2 721 - **$4,757**
POOLE Horatio Nelson 1884-1949 [6]
- Oaks and cattle - Oil/canvas (91x107cm-36x42in) San Francisco-Los Angeles 89 ...... FF14 300 - £1 423 - **$2,259**
POOLE James 1804-1886 [11]
- Highland river landscape - Oil/canvas (56x81cm-22x32in) London 93 .... FF16 000 - £2 000 - **$2,900**
POOLE Paul Falconer 1807-1879 [20]
- The Banquet - Oil/canvas (126x178cm-50x70in) London 95 .... FF14 200 - £1 800 - **$2,860**
- Scottish goat girl - Watercolour (23x30cm-9x12in) Penzance, Cornwall 96 .... FF3 900 - £500 - **$769**
POOLE Samuel 1870-? [1]
- Expectation - Oil/canvas (38x19cm-15x7in) London 95 .... FF5 200 - £650 - **$1,050**
POOLEY Thomas Pooly 1646-1723 [2]
- Robert Percival - Oil/canvas (76x63cm-30x25in) London 91 .... FF18 840 - £1 912 - **$3,403**

P

POONS Larry 1937 [31]
- *72nd Street Dead* - Acrylic/canvas (193x254cm-76x100in) New-York 92 .... FF62 500 - £6 390 - **$11,000**
- *Jessica's Hartford* - Acrylic/canvas (325x203cm-128x80in) New-York 95 .... FF247 600 - £30 940 - **$50,000**
- *Richmond Ruckus*
  Synthetic polymer silkscreened/canvas (153x122cm-60x48in) New-York 94 .... FF319 400 - £37 040 - **$55,000**

POOR Henry Varnum 1888-1970 [13]
- *Self-portrait with family* - Oil/canvas (88x94cm-35x37in) San Francisco-Los Angeles 93 .... FF6 600 - £828 - **$1,200**

POORE Henry Rankin 1859-1940 [11]
- *Gleaners, Old Lyme, Connecticut* - Oil/canvas (58x78cm-23x31in) New-York 94 .... FF25 700 - £2 994 - **$4,500**

POORTEN van der Hendrik Josef Fr. 1789-1874 [2]
- *Landscape with cows & sheep* - Oil/canvas (106x83cm-42x33in) New-York 91 .... FF25 470 - £2 546 - **$4,195**

POORTEN van Jacobus Johannes 1841-1914 [10]
- *Waldinneres* (86x140cm-34x55in) Köln 94 .... FF13 700 - £1 645 - **$2,665**

POORTENAAR Jan Christian 1886-1958 [31]
- *Serimpi dancer, Yogyakarta* - Oil/canvas (41x34cm-16x13in) Amsterdam 94 .... FF15 250 - £1 770 - **$2,625**
- *Resting Serimpi dancer, Java* - Oil/canvas (90x70cm-35x28in) Amsterdam 94 .... FF52 000 - £6 240 - **$10,100**
- *Gatoetkatja* - Watercolour/paper (18x15cm-7x6in) Amsterdam 94 .... FF1 990 - £239 - **$386**

POORTER de Bastiaan 1813-1880 [1]
- *Allegory of Autumn* - Oil/panel (31x23cm-12x9in) Amsterdam 95 .... FF8 650 - £1 044 - **$1,627**

POORTER de Willem 1608-c.1660 [6]
- *Artist sketching a vanitas* - Oil/panel (36x31cm-14x12in) London 92 .... FF54 400 - £6 500 - **$10,470**

POORTVLIET Rien 1932 [7]
- *Ducks in a landscape* - Oil/canvas (48x58cm-19x23in) Amsterdam 89 .... FF15 600 - £1 595 - **$2,508**
- *Avonturen van een meisje* - Wash Gravenhage 91 .... FF3 020 - £300 - **$524**

POOSCH von Max 1872-1968 [4]
- *In den Voralpen* - Oil/panel (83x67cm-33x26in) Wien 96 .... FF9 620 - £1 206 - **$1,880**

POOT Rik 1924 [9]
- *Vrouw* - Bronze (36cm-14in) Lokeren 93 .... FF11 530 - £1 380 - **$2,100**

POOTER de Bernard 1883-? [5]
- *Moutons le long du canal* - Huile/panneau (40x50cm-16x20in) Antwerpen 90 .... FF2 400 - £255 - **$429**

POPE Alexander 1849-1924 [4]
- *Portrait of four Setters* - Oil/canvas (41x91cm-16x36in) New-York 96 .... FF69 800 - £9 040 - **$13,670**

POPE Alexander 1763-1835 [7]
- *Hunting dog with pheasant* - Oil/canvas (61x50cm-24x20in) Cambridge, Mass. 91 ...... FF25 650 - £2 575 - **$4,438**
- *Mrs. Annesley Oakley* - Graphite (28x21cm-11x8in) New-York 91 .... FF9 580 - £958 - **$1,578**

POPE Arthur Wybrow 1877-? [1]
- *In the Garden with the Cat* - Oil/canvas (94x122cm-37x48in) Portland, Maine 94 .... FF41 100 - £4 930 - **$7,600**

POPE Henry Martin 1843-1908 [3]
- *Shepherd with his dog* - Wash (34x52cm-13x20in) London 91 .... FF2 183 - £220 - **$379**

POPE John 1821-1881 [1]
- *Portrait* - Oil/canvas (30x24cm-12x9in) Philadelphia 95 .... FF2 243 - £295 - **$450**

POPE Nicholas XX [3]
- *Untitled* - Alabaster (102cm-40in) Amsterdam 96 .... FF13 530 - £1 553 - **$2,583**

POPE Thomas ?-1775 [1]
- *Lady Travers* - Oil/canvas (75x61cm-30x24in) London 95 .... FF30 960 - £3 800 - **$6,030**

POPE Thomas Benjamin ?-1891 [1]
- *Hanging cherries* - Oil/canvas (35x25cm-14x10in) New-York 90 .... FF4 230 - £430 - **$846**

POPELIN Gustave 1859-? [3]
- *Terpsichore* - Huile/toile (220x107cm-87x42in) Paris 95 .... FF38 000 - £4 830 - **$7,710**

POPELKA Vojtech Hynek 1888-? [2]
- *Ducks* - Oil/canvas (95x113cm-37x44in) Wien 95 .... FF19 970 - £2 520 - **$3,984**

POPHILLAT Jean-Pierre 1937 [7]
- *Fleurs sur un paysage méditerranéen*
  Huile/toile (38x46cm-15x18in) La Varenne Saint-Hilaire 92 .... FF7 600 - £781 - **$1,462**

POPIEL Thaddeus Sulima 1862-1913 [2]
- *After the storm* - Oil/canvas (125x170cm-49x67in) London 89 .... FF27 100 - £2 697 - **$4,281**

POPKOV Viktor Y. 1932-1974 [2]
- *The worker* - Oil/board (71x49cm-28x19in) London 97 .... FF3 295 - £350 - **$568**
- *Paesaggio* - Acquarello/carta (36x35cm-14x14in) Milano 92 .... FF1 937 - £231 - **$373**

PÖPL Rudolf 1861-? [1]
- *In den Dolomiten* - Öl/Leinwand (74x100cm-29x39in) Wien 94 .... FF9 710 - £1 141 - **$1,730**

POPLAVSKI Ludwig L. 1852-1895 [1]
- *Returning Home* - Oil/canvas (30x54cm-12x21in) New-York 94 .... FF21 240 - £2 535 - **$4,000**

POPOFF Constantin 1897-? [1]
- *Rue Saint-Dominique etTour Eiffel* - Huile/toile/panneau (35x24cm-14x9in) Paris 90 ...... FF4 000 - £409 - **$790**

POPOFF Lukijan 1873-1914 [1]
- *Man som bär kvistar* - Oil/paper/canvas (20x15cm-8x6in) Helsinki 94 .... FF5 290 - £613 - **$911**

POPOV I.N. 1905-1987 [1]
- *Peredelkino* - Oil/canvas (74x60cm-29x24in) Moscow 94 .... FF8 180 - £940 - **$1,400**

POPOV Vladimir 1926 [2]
- *Les luges* - Huile/toile (49x60cm-19x24in) Grenoble 93 .... FF3 500 - £422 - **$637**

POPOVA Liubov Sergeevna 1889-1929 [19]
- *Composition with guitar* - Oil/canvas (67x50cm-26x20in) London 89 .... FF1 - £188 160 - **$295,852**

Cubist cityscape - Oil/canvas (104x86cm-41x34in) New-York 90 .... FF**9** - £973 617 - **$1**
🖉 *Untitled* - Watercolour, gouache (32x24cm-13x9in) London 90 .... FF**348 700** - £37 334 - **$60,643**
POPOVIC Miomir 1929 [1]
🖼 *Le bouquet de tulipes* - Huile/toile (65x54cm-26x21in) Paris 90 .... FF**5 000** - £509 - **$1,000**
POPOWSKI Stefan 1870-1937 [1]
🖼 *Paysage* - Huile/panneau (36x70cm-14x28in) Warszawa 92 .... FF**18 330** - £1 870 - **$3,274**
POPP Johann Baptist 1812-? [2]
🖼 *Bergbauernhof* - Öl/Leinwand (45x54cm-18x21in) München 96 .... FF**9 760** - £1 224 - **$1,884**
POPP Jon 1862-1953 [3]
🖼 *Um ein Feuer sitzende Orientalen* - Öl/Karton (38x49cm-15x19in) Köln 95 .... FF**12 400** - £1 544 - **$2,420**
POPPE Fedor 1850-? [1]
🖼 *The interuption* - Oil/panel (17x21cm-7x8in) London 94 .... FF**16 800** - £2 000 - **$3,166**
POPPE Georg 1883-1963 [2]
🖼 *Stadtansicht in Mitteldeutschland* - Öl/Karton (75x100cm-30x39in) Frankfurt 96 .... FF**2 365** - £279 - **$465**
POPPEL Johann Gabriel 1807-1882 [4]
🖎 *Cologne* - (24x94cm-9x37in) Köln 94 .... FF**2 050** - £242 - **$368**
PÖPPEL Rudolf 1823-1889 [1]
🖼 *Figures & cows in Alpine landscape*
   Oil/canvas (63x88cm-25x35in) North Bethesda, MD. 91 .... FF**5 480** - £549 - **$1,004**
POPPEL van Peter 1945 [2]
🖼 *Klassiek portret* - Oil/panel (17x14cm-7x6in) Amsterdam 95 .... FF**13 230** - £1 690 - **$2,700**
POPPELREUTHER Hans O. 1885-1965 [1]
🖉 *Paisaje de Deia* - Acuarela/papel (24x17cm-9x7in) Madrid 96 .... FF**3 610** - £414 - **$688**
POR Bertalan Pór 1880-1964 [2]
🖼 *Erdö, 1914* - Oil/canvas (41x49cm-16x19in) Budapest 89 .... FF**4 600** - £485 - **$774**
PORACCIA Piero 1893-? [2]
🖼 *Les baigneuses* - Huile/toile (185x115cm-73x45in) Marseille 89 .... FF**45 000** - £4 478 - **$7,109**
PORAY Stanislaus, Stan 1888-1948 [6]
🖼 *Fram scene* - Oil/canvas (57x70cm-22x28in) San Francisco-Los Angeles 91 .... FF**10 260** - £1 034 - **$1,780**
PORCAR RIPOLLÉS Juan Bautista 1888-1974 [8]
🖼 *Maceta con flores* - Oleo/lienzo (92x65cm-36x26in) Madrid 97 .... FF**48 000** - £5 160 - **$8,400**
🖉 *Niños como figuras mitológicas* - Acuarela (232x48cm-91x19in) Madrid 96 .... FF**12 030** - £1 458 - **$2,340**
PORCHER Charles Albert 1834-1895 [3]
🖉 *Promeneurs, Méditerranée* - Aquarelle/papier (38x28cm-15x11in) Paris 96 .... FF**2 000** - £230 - **$382**
PORCHERON Louis 1876-1957 [8]
🖼 *Saint-Tropez* - Huile/toile (44x55cm-17x22in) Paris 92 .... FF**6 500** - £666 - **$1,170**
POREAU Oswald 1877-1955 [53]
🖼 *Vase de fleurs* - Huile/panneau (50x60cm-20x24in) Bruxelles 92 .... FF**4 320** - £442 - **$830**
   Arche de Port-Blanc, Quiberon - Huile/toile (87x120cm-34x47in) Liège 96 .... FF**18 070** - £2 233 - **$3,490**
🖎 *Stadsgezicht in Frankrijk* - Monotype (57x42cm-22x17in) Lokeren 92 .... FF**2 990** - £306 - **$526**
PORET de Xavier 1894-1975 [18]
🖉 *Anes* - Sanguine (48x63cm-19x25in) Paris 95 .... FF**22 000** - £2 810 - **$4,500**
PORGES Clara 1879-1963 [16]
🖼 *Lago Bianco am Berninapass* - Öl/Leinwand (82x110cm-32x43in) Zofingen 93 .... FF**17 800** - £2 027 - **$3,020**
🖉 *Carlocciosee bei Maloja* - Aquarell (68x55cm-27x22in) Bern 94 .... FF**8 880** - £1 030 - **$1,532**
PORION Charles L.E. 1814-c.1870 [2]
🖼 *Arab men on horseback* - Oil/canvas (125x88cm-49x35in) London 93 .... FF**83 400** - £9 500 - **$14,150**
PÖRNER Erich 1907-? [1]
🖼 *Nürnberger Hauptmarktes* - Öl/Leinwand (70x80cm-28x31in) Bremen 95 .... FF**5 500** - £723 - **$1,104**
PORPORA Paolo 1617-1673 [2]
🖼 *Fish in a landscape* - Oil/canvas (51x87cm-20x34in) New-York 91 .... FF**169 800** - £17 110 - **$29,464**
PORTA Enric 1898 [2]
🖼 *Bodegòn con carezas* - Oleo/lienzo (38x56cm-15x22in) Madrid 97 .... FF**4 776** - £516 - **$828**
PORTA Tommaso 1689-1768 [1]
🖼 *Eremita* - Olio/tela (4838cm-1905in) Milano 95 .... FF**15 500** - £2 000 - **$3,100**
PORTAELS Jean-François 1818-1895 [25]
🖼 *Oriental Beauty* - Oil/canvas (62x51cm-24x20in) London 97 .... FF**22 707** - £2 500 - **$3,985**
   Jeune fille à la rose - Huile/toile (102x67cm-40x26in) Paris 93 .... FF**65 000** - £7 830 - **$11,820**
🖉 *Fillette tenant une orange* - Pastel (55x46cm-22x18in) Paris 91 .... FF**44 000** - £4 520 - **$8,190**
PORTAIL Jacques-André 1691-1759 [9]
🖉 *Jeune fille à sa toilette* - Aquarelle (27x22cm-11x9in) Paris 96 .... FF**75 000** - £8 800 - **$14,750**
PORTAL Henry 1890-1982 [16]
🖼 *Vase de fleurs* - Huile/toile (61x73cm-24x29in) Chaumont 95 .... FF**5 000** - £657 - **$1,022**
PORTCHMOUTH Roland John XX [2]
🖼 *Tar on the Isis* - Oil/canvas (50x66cm-20x26in) London 90 .... FF**37 000** - £3 934 - **$6,609**
PORTE Jean 1938 [2]
🖼 *Les bords du Gard* - Huile/toile (73x60cm-29x24in) Paris 91 .... FF**4 000** - £403 - **$694**
PORTENART Jeanne 1911-1992 [13]
🖼 *Les baigneuses* - Huile/toile (65x55cm-26x22in) Bruxelles 97 .... FF**2 945** - £311 - **$509**
   Le Chevalier - Huile/panneau (122x95cm-48x37in) Lokeren 95 .... FF**25 700** - £3 206 - **$5,190**

PORTEOUS William XIX-XX [2]
- Riding on the beach
  Oil/canvas (41x76cm-16x30in) Hopetoun House, South Queensferry 90 .... FF11 600 - £1 234 - **$2,075**

PORTER C. Ethen ?-1923 [1]
- Fruit, nuts and a vessel - Oil/canvas (51x61cm-20x24in) New-York 92 .... FF15 200 - £1 764 - **$3,100**

PORTER Daniel XIX-XX [2]
- Close examination - Oil/board (24x31cm-9x12in) London 93 .... FF3 740 - £420 - **$626**

PORTER Eliot 1901-1990 [17]
- Spruce Trees in Fog - Dye-transfer print (25x20cm-10x8in) New-York 95 .... FF19 380 - £2 493 - **$4,000**

PORTER Fairfield 1907-1975 [35]
- Midsummer - Oil/board (76x56cm-30x22in) New-York 96 .... FF167 000 - £19 330 - **$32,000**
- July - Oil/canvas (152x122cm-60x48in) Portland, Maine 93 .... FF418 000 - £52 400 - **$76,000**
- Peak Island - Watercolour (30x41cm-12x16in) Portland, Maine 93 .... FF20 650 - £2 350 - **$3,500**
  Garden on spruce head island - Watercolour/paper (27x77cm-11x30in) New-York 97 ..... FF93 024 - £9 768 - **$16,000**

PORTER Frederick J. XIX-XX [3]
- Fishing boats - Oil/canvas (41x56cm-16x22in) London 95 .... FF11 850 - £1 500 - **$2,320**

PORTER John J. XIX [3]
- The steamboat Wyandotte - Oil/canvas (76x117cm-30x46in) New-York 92 .... FF96 500 - £9 870 - **$17,000**

PORTER John Young, Captain 1780-1812 [1]
- Holy Men outside SirThomas House - Watercolour (58x82cm-23x32in) London 95 ...... FF30 500 - £3 800 - **$5,970**

PORTER Katherine 1941 [11]
- Southern persia II - Oil/canvas (162x241cm-64x95in) New-York 89 .... FF57 200 - £5 849 - **$9,196**
- Untitled - Gouache (41x48cm-16x19in) New-York 92 .... FF7 210 - £756 - **$1,300**

PORTER Rufus 1792-1884 [2]
- Profile of a gentleman - Watercolour/paper (10x7cm-4x3in) New-York 93 .... FF33 000 - £3 900 - **$6,000**

PORTERFIELD Wilbur H. 1873-1958 [3]
- Night's Curtain - Gum print (25x33cm-10x13in) New-York 93 .... FF3 575 - £449 - **$650**

PORTIELJE Edward Antoon 1861-1949 [55]
- Les fiancés - Huile/panneau (24x19cm-9x7in) Monaco 93 .... FF14 000 - £1 610 - **$2,414**
- Femme assise et enfant - Huile/toile (24x19cm-9x7in) Antwerpen 97 .... FF45 696 - £4 900 - **$8,008**
- Reading the letter - Oil/canvas (45x37cm-18x15in) London 97 .... FF80 952 - £8 500 - **$13,923**

PORTIELJE Gerard 1856-1929 [42]
- Le bon verre - Huile/panneau (22x15cm-9x6in) Antwerpen 94 .... FF18 160 - £2 085 - **$3,110**
- Galanterie - Huile/panneau (26x20cm-10x8in) Antwerpen 97 .... FF65 520 - £6 920 - **$11,360**
- The Prank - Oil/canvas (58x78cm-23x31in) New-York 94 .... FF252 300 - £30 100 - **$47,500**

PORTIELJE Jan Frederik Pieter 1829-1908 [25]
- An Oriental Beauty - Oil/panel (59x49cm-23x19in) London 97 .... FF43 597 - £4 800 - **$7,651**
- Before the ball - Oil/canvas (103x71cm-41x28in) New-York 95 .... FF133 500 - £16 380 - **$26,000**

PORTIER Alain 1954 [10]
- Sans titre - Technique mixte/papier (75x60cm-30x24in) Paris 97 .... FF3 800 - £429 - **$688**

PORTIER DE BEAULIEU Adolphe Louis 1820-? [1]
- Paysage aux amandiers en fleurs - Huile/toile (46x38cm-18x15in) Paris 89 .... FF4 200 - £429 - **$675**

PORTIER Francis 1876-1961 [6]
- Walliser Bergdorf - Huile/toile (61x46cm-24x18in) Bern 96 .... FF11 000 - £1 334 - **$2,140**
- St Gimier, Sierre - Aquarelle (33x24cm-13x9in) Bern 92 .... FF2 046 - £209 - **$361**

PORTIN Charles, Karl 1889-? [3]
- Komposition - Oil/paper (30x23cm-12x9in) Stockholm 91 .... FF3 276 - £326 - **$563**

PORTINARI Cándido 1903-1962 [26]
- Transfiguracao - Oil/canvas (41x48cm-16x19in) New-York 96 .... FF267 000 - £30 400 - **$51,100**
- Morro - Oil/canvas (73x60cm-29x24in) New-York 97 .... FF803 208 - £85 946 - **$140,000**
- Borracha - Gouache (40x41cm-16x16in) New-York 96 .... FF135 800 - £15 480 - **$26,000**

PORTO Carlo 1809-1890 [2]
- Interiör med kvinna och barn - Oil/canvas/board (74x62cm-29x24in) Stockholm 90 ..... FF20 600 - £2 191 - **$3,685**

PORTOCARRERO José 1945 [2]
- Vase with flowers - Oil/paper (51x36cm-20x14in) Delray Beach, Florida 95 .... FF12 780 - £1 592 - **$2,500**
- Interior del cerro - Oil/canvas (64x46cm-25x19in) New-York 95 .... FF148 000 - £18 470 - **$29,000**

PORTOCARRERO René 1912-1986 [106]
- Florero - Oil/canvas (51x41cm-20x16in) Miami, Florida 95 .... FF59 000 - £7 080 - **$11,000**
- Figura danzante - Oil/canvas/board (55x42cm-22x17in) New-York 97 .... FF126 003 - £13 431 - **$22,000**
- La Pomarrosa - Oil/panel (61x51cm-24x20in) New-York 97 .... FF275 386 - £29 467 - **$48,000**
- Sin título - Watercolour/paper (46x30cm-18x12in) New-York 97 .... FF22 910 - £2 442 - **$4,000**
- Virgen y niño - Watercolour (55x40cm-22x16in) New-York 97 .... FF85 911 - £9 157 - **$15,000**

PORTTMANN Carl ?-1894 [3]
- Winterlandschaft im Mondschein - Oil/canvas (31x44cm-12x17in) Wien 95 .... FF19 800 - £2 515 - **$3,940**

PORTTMANN Wilhelm 1819-1893 [2]
- Mondaufgang - Oil/canvas (90x117cm-35x46in) Ahlden 92 .... FF45 900 - £4 700 - **$8,080**

PORTWAY Douglas 1922 [7]
- Female nude reclining - Gouache (66x50cm-26x20in) London 91 .... FF2 630 - £270 - **$489**

PORZANO Giacomo 1925 [3]
- Figura - Oil/canvas (24x20cm-9x8in) Chicago 96 .... FF3 540 - £459 - **$700**

POSADA José Guadalupe 1852-1913 [7]
- Cavalera Catrina - Etching (23x23cm-9x9in) New-York 95 .... FF11 480 - £1 434 - **$2,250**

POSCH Leonhard 1750-1831 [1]
- Apostel Petrus und Paulus - Bronze (15cm-6in) Stuttgart 95 .... FF5 340 - £666 - **$1,080**

POSCHER-KARESCH Wilhelmine 1895-1972 [2]
- Gelben Blumen und blauem Tuch - Oil/canvas (35x50cm-14x20in) Wien 91 .... FF3 840 - £388 - **$762**
- Veilchen und Orangen - Woodcut in colors (38x39cm-15x15in) Wien 91 .... FF4 800 - £485 - **$953**

POSCHINGER von Richard 1839-1915 [7]
- Fischerkahn am Starnberger See - Oil/paper/board (25x34cm-10x13in) München 91 .... FF14 530 - £1 475 - **$2,624**

POSE Eduard Wilhelm 1812-1878 [5]
- Partie an der unteren Donau - Aquarell/Papier (27x44cm-11x17in) Köln 95 .... FF7 100 - £896 - **$1,422**

POSE Friedrich Wilhelm 1793-1870 [1]
- Die Ruine im Walde - Öl/Leinwand (23x30cm-9x12in) Heidelberg 96 .... FF8 460 - £1 045 - **$1,635**

POSEN Steven 1939 [2]
- Untitled, 1973 - Acrylic/canvas (101x81cm-40x32in) New-York 89 .... FF20 000 - £2 045 - **$3,215**
- Secrodia, 1972 - Acrylic/canvas (177x137cm-70x54in) New-York 90 .... FF214 500 - £22 819 - **$38,372**

POSENAER Joseph 1876-1935 [14]
- Près de l'Amstel - Huile/panneau (20x30cm-8x12in) Antwerpen 95 .... FF2 415 - £302 - **$474**
- Les paons - Pastel/papier (69x85cm-27x33in) Bruxelles 97 .... FF8 185 - £895 - **$1,430**

POSPISIL Jan 1898-? [6]
- Kryssaren Tre Kronor - Oil/canvas (36x54cm-14x21in) Söderköping 91 .... FF2 500 - £254 - **$452**

POSPUL Egidio 1675-1731 [1]
- Blumenstilleben in einer Nische - Öl/Leinwand (79x61cm-31x24in) Köln 94 .... FF102 800 - £12 070 - **$18,000**

POSSART Felix 1837-1928 [7]
- Flight from Egypt - Oil/canvas (123x174cm-48x69in) New-York 91 .... FF15 580 - £1 558 - **$2,566**

PÖSSENBACHER Matthäus 1854-? [1]
- Dame mit Tüllschleier - Öl/Leinwand (86x66cm-34x26in) München 93 .... FF4 070 - £487 - **$783**

POSSENTI Antonio 1933 [36]
- Storia di Esopo - Olio/masonite (40x60cm-16x24in) Milano 94 .... FF6 350 - £756 - **$1,134**
- Tre pittori a Carnac - Acrilico/tavola (40x150cm-16x59in) Prato 94 .... FF31 440 - £3 800 - **$5,890**
- Serenata - Pastelli (24x20cm-9x8in) Milano 94 .... FF1 680 - £200 - **$320**

POSSIN Rudolf 1861-1922 [8]
- Dörfliche Idylle - Öl/Leinwand (50x69cm-20x27in) Bremen 94 .... FF10 280 - £1 192 - **$1,770**

POSSON de Karel 1889-1960 [3]
- Fleurs - Huile/toile (97x122cm-38x48in) Antwerpen 94 .... FF5 500 - £638 - **$946**

POSSOZ Mily XIX-XX [3]
- Petite fille/Enfants/Femmes - Pointe sèche couleurs Paris 97 .... FF4 000 - £423 - **$686**

POST George 1906 [2]
- Shipyard - Watercolour/paper (35x43cm-14x17in) San Francisco-Los Angeles 90 .... FF3 100 - £326 - **$539**

POST Gerardus 1826-1882 [1]
- Romantische Landschaft - Oil/panel (21x29cm-8x11in) München 92 .... FF11 900 - £1 218 - **$2,095**

POST William B. 1857-1925 [15]
- Girl with stroller - Platinum print (18x23cm-7x9in) New-York 92 .... FF4 540 - £465 - **$800**

POST William Merritt 1856-1935 [19]
- Trail in fall landscape - Oil/canvas (56x69cm-22x27in) Delray Beach, Florida 96 .... FF11 480 - £1 330 - **$2,200**

POST-WOLCOTT Marion 1910 [3]
- Picknicking on the beach - Gelatin silver print (20x30cm-8x12in) New-York 94 .... FF7 040 - £834 - **$1,300**

POSTEL Jules 1867-1955 [35]
- Bord d'étang - Huile/toile (60x80cm-24x31in) Bruxelles 93 .... FF4 450 - £532 - **$910**
- Étang à Boisfort - Huile/toile (58x75cm-23x30in) Bruxelles 96 .... FF26 400 - £3 410 - **$5,170**

POSTHUMA Simon 1939 [2]
- Landscape by night - Acrylic/canvas (170x200cm-67x79in) Amsterdam 94 .... FF4 560 - £539 - **$812**
- Flowers in a vase - Gouache/paper (43x69cm-17x27in) Amsterdam 94 .... FF4 260 - £503 - **$758**

POSTIGLIONE Luca 1876-1936 [16]
- In the garden - Oil/canvas (80x60cm-31x24in) London 94 .... FF11 000 - £1 300 - **$1,976**
- La Sorpresa - Oil/canvas (103x63cm-41x25in) London 94 .... FF50 200 - £5 800 - **$8,570**

POSTIGLIONE Luigi 1812-1881 [1]
- Signora in bianco - Olio/tavola (47x33cm-19x13in) Roma 94 .... FF14 120 - £1 680 - **$2,520**

POSTIGLIONE Salvatore 1862-1906 [9]
- L'Incontro - Oil/canvas (100x60cm-39x24in) London 95 .... FF21 130 - £2 800 - **$4,360**

POSTMA Cornelius, Kor 1903-1977 [5]
- Composition surréaliste - Huile/panneau (23x33cm-9x13in) Paris 97 .... FF2 500 - £283 - **$453**
- Vue d'un village - Oil/board (38x45cm-15x18in) Amsterdam 89 .... FF14 400 - £1 517 - **$2,424**
- Surealistic landscape - Gouache/paper (34x43cm-13x17in) Amsterdam 94 .... FF8 570 - £1 016 - **$1,585**

POSTMA Derk Jacobs 1787-1866 [1]
- Travellers passing an inn - Oil/canvas (160x172cm-63x68in) Amsterdam 91 .... FF27 200 - £2 701 - **$4,723**

POSTMA Gerrit 1819-1894 [2]
- In the bulb-fields - Oil/canvas (95x123cm-37x48in) Amsterdam 90 .... FF32 900 - £3 545 - **$5,802**
- Las dos cordobesas - Acuarela (18x13cm-7x5in) Madrid 89 .... FF4 600 - £458 - **$727**

POSTMA Hendrik 1873-1945 [1]
- Stallinterieur mit einer Bäuerin - Oil/canvas (21x26cm-8x10in) Stuttgart 89 .... FF2 700 - £261 - **$410**

POTAGE Michel 1949 [9]
- Soleil engoncé - Acrylique/toile (130x162cm-51x64in) Paris 92 .... FF18 500 - £1 894 - **$3,330**

POTAMIANOS Haralambos 1909-1958 [3]
- The Greek fiddler - Oil/canvas (105x84cm-41x33in) London 93 .... FF62 200 - £7 500 - **$10,870**

P

POTEMONT Adolphe Théodore J. 1828-1883 [8]
- Lavandières en bord de Seine - Oil/panel (16x25cm-6x10in) Stockholm 96 .... FF9 980 - £1 173 - **$1,963**
- La promenade - Oil/panneau (37x56cm-15x22in) Versailles 96 .... FF24 000 - £2 990 - **$4,640**

POTERFIELD Wilbur H. 1873-1958 [1]
- September landscape - Silver print New-York 90 .... FF4 600 - £496 - **$811**

POTERLET Pierre Saint-Ange 1804-1881 [3]
- L'atelier du peintre - Huile/toile (46x61cm-18x24in) Paris 90 .... FF45 000 - £4 649 - **$7,951**

POTET Louis, Loys 1866-? [3]
- Aigle sur un rocher - Bronze (40cm-16in) Paris 91 .... FF2 000 - £201 - **$366**
- La chasse au léopard - Bronze (56cm-22in) Besançon 96 .... FF5 200 - £627 - **$998**

POTGIETER Adam 1899-? [2]
- Still life with summer flowers - Oil/canvas (88x75cm-35x30in) Amsterdam 96 .... FF4 200 - £528 - **$827**

POTHAIN Marie-Thérèse [1]
- Femme et écureuil - Bronze (46cm-18in) Paris 96 .... FF2 300 - £286 - **$447**

POTHAST Bernard 1882-1966 [57]
- The Swan - Oil/canvas (61x76cm-24x30in) New-York 94 .... FF1 - £179 500 - **$280,000**
- Sunshine and innocence - Oil/canvas (50x61cm-20x24in) Edinburgh 94 .... FF75 600 - £7 526 - **$13,000**
- Two Fold Blessing - Oil/canvas (76x63cm-30x25in) New-York 94 .... FF111 500 - £13 300 - **$21,000**

POTIER Georges 1929 [2]
- Paysage de Provence - Huile/toile (38x46cm-15x18in) Socx 94 .... FF2 900 - £347 - **$568**

POTIER Hubert 1803-? [2]
- Personnages dans un parc - Dessin (11x14cm-4x6in) Paris 91 .... FF2 500 - £251 - **$458**

POTIER Michel 1941 [2]
- Attaque à main armée - Technique mixte/carton (150x125cm-59x49in) Paris 91 .... FF17 000 - £1 688 - **$2,952**
- Sans titre - Aquarelle, gouache/papier (75x55cm-30x22in) Paris 92 .... FF2 200 - £263 - **$423**

POTIN Jacques 1920 [2]
- La padock à Clairefontaine - Huile/toile (73x60cm-29x24in) Paris 94 .... FF3 000 - £350 - **$526**

POTRONAT Lucien 1889-? [13]
- Villa, Côte d'Azur - Oil/canvas (46x55cm-18x22in) London 95 .... FF6 330 - £800 - **$1,270**

POTRZEBOWSKI Jerzy 1921-1974 [2]
- Powrót a Polowania - Oil/canvas (60x87cm-24x34in) Warszawa 94 .... FF8 840 - £1 013 - **$1,500**

PÖTSCH Igo 1884-1943 [12]
- Die Donau bei Spitz - Oil/panel (61x60cm-24x24in) Wien 94 .... FF13 600 - £1 596 - **$2,423**
- Winter - Tempera/paper (65x76cm-26x30in) Wien 95 .... FF13 710 - £1 807 - **$2,780**

POTT Constance Mary 1862-c.1930 [2]
- The Royal Exchange, London - Watercolour (42x57cm-17x22in) London 93 .... FF9 130 - £1 100 - **$1,595**

POTT Laslett John 1837-1898 [9]
- Discovered - Oil/canvas (123x71cm-48x28in) London 92 .... FF23 450 - £2 800 - **$4,510**

POTTEAU Philippe Jacques 1807-1876 [2]
- Siamese officials - Albumen print London 96 .... FF12 400 - £1 600 - **$2,394**

POTTER Adolphe 1835-1911 [2]
- Vaches au bord d'un étang - Huile/toile (86x150cm-34x59in) Genève 95 .... FF7 640 - £968 - **$1,538**

POTTER Agnes 1892-? [1]
- Potted plant - Oil/canvas (61x61cm-24x24in) Mystic, Connecticut 94 .... FF3 830 - £456 - **$700**

POTTER Charles 1878-? [1]
- Shepherd on a path at dusk - Oil/canvas (62x92cm-24x36in) London 94 .... FF6 580 - £750 - **$1,118**

POTTER Ernest XIX-XX [4]
- Worcestershire/Warickshire
  Watercolour (28x43cm-11x17in) Richmond, North Yorkshire 94 .... FF2 590 - £300 - **$446**

POTTER Louis McLellan 1873-1912 [6]
- The backpacker - Bronze (38cm-15in) New-York 91 .... FF14 150 - £1 428 - **$2,500**

POTTER Mary 1900-1981 [33]
- Storm - Oil/canvas (102x122cm-40x48in) London 97 .... FF24 276 - £2 600 - **$4,194**
- The Fish - Oil/canvas (35x43cm-14x17in) London 96 .... FF74 600 - £9 500 - **$14,360**
- Shadow - Pastel (10x10cm-4x4in) London 96 .... FF2 045 - £260 - **$394**

POTTER Maurice 1865-1898 [2]
- Fête de nuit à Laghouat - Huile/toile (51x64cm-20x25in) Paris 95 .... FF20 000 - £2 520 - **$3,990**
- Gamins arabes jouant à la koura - Huile/toile (98x14cm-39x6in) Paris 90 .... FF600 000 - £64 655 - **$105,820**

POTTER Paulus 1625-1654 [11]
- God appearing to Abraham - Oil/canvas (100x131cm-39x52in) New-York 97 .... FF773 052 - £87 360 - **$140,000**
- Vaches et taureaux - Gravure (10x13cm-4x5in) Paris 93 .... FF1 900 - £238 - **$346**

POTTER William J. 1883-1964 [1]
- Village scene - Oil/canvas (76x64cm-30x25in) Baton Rouge, Louisiana 94 .... FF2 630 - £316 - **$500**

POTTHAST Edward Henry 1857-1927 [65]
- Summer - Oil/canvas (40x30cm-16x12in) New-York 97 .... FF175 131 - £18 423 - **$30,000**
- Happy Group - Oil/panel (30x40cm-12x16in) New-York 97 .... FF583 430 - £61 260 - **$100,000**
- Ring around the Rosy - Oil/canvas (62x76cm-24x30in) New-York 94 .... FF955 000 - £112 600 - **$170,000**
- Playing in the surf - Watercolour/paper (12x18cm-5x7in) New-York 95 .... FF37 660 - £4 710 - **$7,500**

POTTHAST von MINDEN Ottilie XIX-XX [2]
- Baumgruppe am Weiher - Öl/Leinwand (81x110cm-32x43in) Bremen 95 .... FF3 480 - £451 - **$724**

POTTHOF Hans 1911 [12]
- Sängerin - Öl/Leinwand (40x30cm-16x12in) Zürich 96 .... FF19 100 - £2 475 - **$3,776**
- Meerstrand mit Paar - Lithographie couleurs (38x62cm-15x24in) Bern 94 .... FF1 947 - £233 - **$364**

POTTIER Gaston XIX-XX [16]
🖌 *La mer* - Huile/toile (100x73cm-39x29in) Provins 91 .... FF3 500 - £354 - **$695**
POTTIN Henri 1820-1864 [3]
🖌 *Marie Stuart et ses serviteurs* - Huile/toile (95x120cm-37x47in) Paris 97 .... FF17 000 - £1 863 - **$2,984**
PÖTTING von Adrienne Gräfin 1856-1909 [1]
🖌 *Weg an der Küste* - Öl/Leinwand (31x50cm-12x20in) Wien 93 .... FF2 930 - £333 - **$499**
POTTS John Joseph XIX-XX [2]
🖊 *River landscape with a boy fishing*
      Watercolour (33x51cm-13x20in) Richmond, North Yorkshire 93 .... FF2 324 - £280 - **$406**
POTUYL Hendrik 1630-1660 [1]
🖌 *Peasant Woman peeling Turnips* - Oil/panel (68x116cm-27x46in) Amsterdam 96 .... FF39 240 - £5 070 - **$7,580**
POTUZNIK Heribert 1910-1984 [13]
🖊 *Stilleben* - Mischtechnik/Papier (74x53cm-29x21in) Wien 96 .... FF8 200 - £935 - **$1,572**
POUDEROIJEN Cornelis 1868-1948 [2]
🖌 *Gehöftblick mit Hühnern* - Oil/canvas (43x49cm-17x19in) Ahlden 92 .... FF2 540 - £295 - **$519**
POUDEROUX Charles 1952 [2]
🖌 *Dandelion Three Mile Island* - Acrylique/toile (90x65cm-35x26in) Paris 90 .... FF3 000 - £321 - **$522**
POUGET Didier W. 1864-1959 [1]
🖌 *Le soir sur la Dordogne* - Huile/toile (56x140cm-22x55in) Saint-Omer 95 .... FF9 000 - £1 165 - **$1,842**
POUGET Marcel 1923-1985 [10]
🖌 *Concentration* - Oil/canvas (90x116cm-35x46in) Amsterdam 96 .... FF4 540 - £569 - **$876**
POUGHÉON Robert 1886-1955 [10]
🖌 *Madame Culot* - Huile/toile (153x108cm-60x43in) Paris 90 .... FF70 000 - £7 124 - **$13,999**
🖊 *13 études pour Les Captives* - Aquarelle Paris 96 .... FF3 500 - £437 - **$676**
POUGIALIS Constantine 1894-? [11]
🖌 *Watermelon* - Oil/canvas (71x91cm-28x36in) Chicago 93 .... FF2 950 - £336 - **$500**
🖌 *Seated woman with apple* - Oil/canvas (89x69cm-35x27in) Chicago 93 .... FF16 320 - £1 880 - **$2,800**
POUGNY Jean 1894-1956 [112]
🖌 *7 de pique* - Huile/toile (20x14cm-8x6in) Paris 97 .... FF13 500 - £1 455 - **$2,400**
🖌 *Le Seine* - Huile/toile (46x61cm-18x24in) Verrières-Le-Buisson 95 .... FF30 000 - £3 626 - **$5,650**
🖌 *Plage animée* - Huile/toile/panneau (19x27cm-7x11in) Calais 96 .... FF69 000 - £8 600 - **$13,370**
🖊 *Sans titre* - Aquarelle, gouache/papier (7x6cm-3x2in) Paris 97 .... FF3 800 - £410 - **$676**
🖌 *Paysage urbain* - Aquarelle, gouache/papier (33x43cm-13x17in) Paris 97 .... FF16 000 - £1 738 - **$2,806**
🖌 *Nature morte au citron* - Aquarelle/papier (45x31cm-18x12in) Paris 95 .... FF50 000 - £6 540 - **$10,010**
POULAIN Michel-Marie 1906-1991 [30]
🖌 *Cannes, le port* - Huile/toile (54x65cm-21x26in) Cannes 93 .... FF5 000 - £603 - **$910**
🖌 *Remorqueur, Canal Saint-Martin* - Huile/panneau (65x81cm-26x32in) Cannes 94 .... FF15 000 - £1 778 - **$2,770**
POULAIN Pierre 1927 [2]
🖊 *Etang près de Sens* - Pastel/papier (33x48cm-13x19in) Paris 91 .... FF1 800 - £179 - **$313**
POULBOT Francisque 1879-1946 [42]
🖌 *Mât de Cocagne* - Huile/toile (55x38cm-22x15in) Versailles 90 .... FF13 500 - £1 359 - **$2,644**
🖼 *Ca aussi, c'est Paris !* - Affiche (115x151cm-45x59in) Paris 97 .... FF3 500 - £375 - **$605**
🖊 *La victime* - Aquarelle (26x35cm-10x14in) Versailles 92 .... FF2 800 - £334 - **$539**
POULET Jean 1926 [25]
🖌 *L'Ile de la Cité* - Huile/toile (38x46cm-15x18in) Dijon 91 .... FF3 000 - £301 - **$495**
POULIANOS Dimitris 1899-1972 [1]
🖌 *Monastery, Agion Oros* - Oil/panel (41x30cm-16x12in) Athens 93 .... FF18 000 - £2 070 - **$3,090**
POULLAIN Edmond Marie XIX-XX [2]
🖌 *Paysanne dans son intérieur* - Huile/toile (54x43cm-21x17in) Paris 93 .... FF4 500 - £543 - **$818**
POULSEN Georg 1911 [3]
🖌 *Nasse Vorstadtstrasse* - Öl/Leinwand (95x121cm-37x48in) Köln 92 .... FF4 750 - £567 - **$913**
POULSEN Margrethe Svenn 1877-? [2]
🖌 *Direktor Westenholz og hans bulldog* - Oil/canvas (128x112cm-50x44in) Vejle 90 ...... FF5 300 - £549 - **$931**
POULTON James XIX [3]
🖌 *Still life of fruit* - Oil/canvas (30x36cm-12x14in) New Orleans, Louisiana 94 .... FF13 500 - £1 560 - **$2,300**
POUMEYROL Jean-Marie 1945 [6]
🖊 *Faust* - Aquarelle (58x43cm-23x17in) L'Isle-Adam 92 .... FF1 500 - £154 - **$270**
POUNCEY Benjamin Thomas ?-1799 [1]
🖊 *Sail barges moored below a bridge* - Watercolour (23x33cm-9x13in) London 93 .... FF18 250 - £2 100 - **$3,150**
POUNCY Benjamin Thomas ?-1799 [1]
🖾 *Ryndal* - Engraving (25x34cm-10x13in) London 95 .... FF1 860 - £240 - **$383**
POUPELET Jeanne 1878-1932 [3]
🗿 *Torse de femme assise* - Bronze (57cm-22in) New-York 92 .... FF18 370 - £2 134 - **$3,750**
POURTALES DE PURY Edouard 1802-1885 [1]
🖌 *Sonnenuntergang am Neuenburgersee* - Oil/canvas (12x17cm-5x7in) Bern 90 .... FF3 900 - £415 - **$698**
POURTALES-CASTELANE von Frédéric 1779-1861 [1]
🖊 *Umgebung von Baveno* - Pencil (12x17cm-5x7in) Bern 92 .... FF1 674 - £171 - **$295**
POURTAU Léon 1868-1897 [4]
🖌 *Quais de la Saône* - Huile/panneau (21x33cm-8x14in) Paris 93 .... FF40 000 - £4 820 - **$7,270**
🖌 *Soleil couchant* - Oil/canvas (38x46cm-15x18in) London 90 .... FF242 100 - £25 755 - **$43,309**
POUSETTE-DART Richard 1916-1992 [15]
🖌 *Myth of the Calyx* - Oil (107x84cm-42x33in) New-York 97 .... FF261 324 - £27 491 - **$45,000**

🔹 *Three brass sculptures* - Bronze (11cm-4in) New-York 96 .... FF**10 940** - £**1 320** - **$2,100**
✏️ *Composition #3* - Watercolour (45x29cm-18x11in) New-York 92 .... FF**72 600** - £**8 770** - **$15,000**
POUSSIN Charles 1819-1904 [2]
🔹 *Le meunier, son fils et l'âne* - Huile/toile (45x59cm-18x23in) Vannes 93 .... FF**26 000** - £**3 130** - **$4,730**
🔹 *Marché aux bêtes en Bretagne* - Huile/toile (81x100cm-32x39in) Vannes 92 .... FF**76 000** - £**7 780** - **$13,380**
POUSSIN Nicolas 1594-1665 [3]
✏️ *Wounded soldier* - Ink (25x21cm-10x8in) New-York 90 .... FF**471 900** - £**49 621** - **$82,070**
POUSTOCHKINE Basile 1893-1973 [4]
🔹 *Village au bord de l'eau* - Huile/toile/panneau (21x28cm-8x11in) Paris 91 .... FF**5 000** - £**504** - **$868**
POUSTYNNIKOFF Alexandre 1942 [25]
🔹 *Paris, Montmartre, rue Norvins* - Huile/toile (55x46cm-22x18in) Versailles 90 .... FF**5 000** - £**511** - **$987**
POUWELSEN Martinus 1806-1891 [2]
🔹 *Traveller conversing with peasants* - Oil/canvas (57x71cm-22x28in) Amsterdam 92 .... FF**27 100** - £**3 240** - **$5,220**
POUWELSEN Willem 1801-1873 [2]
🔹 *On the Markt, Middelburg* - Oil/canvas (62x80cm-24x31in) Amsterdam 91 .... FF**69 100** - £**7 013** - **$12,480**
POUZADOUX B. XX [2]
🔹 *13ème Fête Fédérale, Vichy* - Affiche (98x63cm-39x25in) Paris 92 .... FF**2 600** - £**311** - **$500**
POVEDA Y JUAN Vicente 1857-? [2]
✏️ *Italian peasant woman at work* - Watercolour (36x27cm-14x11in) London 96 .... FF**4 400** - £**550** - **$853**
POVORINA Alexandra 1885-1963 [2]
🔹 *Dorfstrasse* - Ol/Leinwand (59x69cm-23x27in) Berlin 95 .... FF**30 250** - £**3 766** - **$5,920**
POWELL Alfred XIX-XX [2]
✏️ *Lake landscape* - Watercolour (51x74cm-20x29in) London 93 .... FF**5 710** - £**650** - **$969**
POWELL Arthur James Emery 1864-1956 [5]
🔹 *Church Brook, Northrops* - Oil/canvas (51x61cm-20x24in) New-York 96 .... FF**12 980** - £**1 654** - **$2,500**
POWELL Baden Henry 1841-c.1900 [1]
✏️ *Album of views of India* - Watercolour London 95 .... FF**8 030** - £**1 000** - **$1,570**
POWELL Charles Martin 1775-1824 [19]
🔹 *Shipping in a Calm off Weymouth* - Oil/canvas (62x74cm-24x29in) London 97 .... FF**33 771** - £**3 600** - **$5,896**
Dutch Man of War - Oil/panel (25x33cm-10x13in) London 97 .... FF**84 428** - £**9 000** - **$14,741**
Man-o'-War & sailing Ships off Shore
Oil/canvas (81x147cm-32x58in) New-York 97 .... FF**148 065** - £**16 006** - **$26,000**
POWELL Ella Folliot XIX-XX [1]
🔹 *Shading My Dolly* - Oil/canvas (31x32cm-12x13in) London 96 .... FF**12 330** - £**1 600** - **$2,440**
POWELL Joseph 1780-1834 [9]
✏️ *Ivy Cottage, Brockton, Devon* - Watercolour (11x16cm-4x6in) London 94 .... FF**4 310** - £**500** - **$743**
POWELL Joseph Rubens c.1810-c.1875 [1]
🔹 *Cupid disarmed* - Oil/panel (28x27cm-11x11in) London 95 .... FF**17 370** - £**2 200** - **$3,494**
POWELL Lucien Whiting 1846-1930 [11]
🔹 *St. Marks* - Oil/canvas (61x86cm-24x34in) Chicago 96 .... FF**12 340** - £**1 497** - **$2,400**
POWELL Wiliam Henry 1823-1879 [1]
🔹 *The Trysting Place* - Oil/canvas (70x55cm-28x22in) New-York 94 .... FF**21 050** - £**2 436** - **$3,600**
POWELL William E. 1878-c.1955 [19]
✏️ *Dragonflies* - Watercolour (33x26cm-13x10in) London 92 .... FF**10 050** - £**1 200** - **$1,933**
POWER Cyril Edward 1874-1951 [38]
🔹 *Folk Dance* - Linocut in colors (26x29cm-10x11in) London 96 .... FF**9 010** - £**1 130** - **$1,743**
POWER Harold Septimus 1878-1951 [22]
✏️ *Polo* - Watercolour (26x38cm-10x15in) London 92 .... FF**24 300** - £**2 900** - **$4,670**
POWER John Wardell 1881-? [2]
🔹 *Composition animée* - Huile/toile (66x51cm-26x20in) Paris 92 .... FF**55 000** - £**5 630** - **$9,680**
POWERS Hiram 1805-1873 [18]
🔹 *Proserpine* - Marble (64cm-25in) San Francisco-Los Angeles 94 .... FF**140 700** - £**16 680** - **$26,000**
Proserpine - Marble (62cm-24in) London 96 .... FF**236 000** - £**28 000** - **$46,100**
POWERS Marilyn 1925-1976 [1]
🔹 *Boston public garden* - Oil/canvas Cambridge, Mass. 89 .... FF**7 400** - £**757** - **$1,190**
POWERS Mary [2]
✏️ *Untitled, pond lilies* - Wash (65x57cm-26x22in) South Deerfield, Mass. 91 .... FF**1 500** - £**150** - **$248**
POWIS Paul XX [3]
🔹 *Violin & letter* - Oil/canvas (76x51cm-30x20in) Mystic, Connecticut 96 .... FF**9 130** - £**1 196** - **$1,850**
POWNALL George Hyde 1876-1932 [10]
🔹 *Piccadilly circus* - Oil/board (15x23cm-6x9in) London 91 .... FF**11 400** - £**1 157** - **$2,059**
POWOLNY Michael 1871-1954 [54]
🔹 *Christusputto* - Ceramic (18cm-7in) Wien 97 .... FF**4 782** - £**510** - **$827**
Amor - Ceramic (18cm-7in) Wien 93 .... FF**12 020** - £**1 437** - **$2,313**
Winter - Ceramic (39cm-15in) Wien 96 .... FF**153 600** - £**18 600** - **$29,850**
POY DALMAU Emilio 1876-1933 [22]
🔹 *Mujer sacando la verdura* - Oleo/lienzo (57x77cm-22x30in) Madrid 93 .... FF**8 320** - £**958** - **$1,428**
Corrida de toros - Oleo/lienzo (40x50cm-16x20in) Madrid 97 .... FF**26 000** - £**2 795** - **$4,550**
✏️ *Antonio Pérez* - Gouache (26x35cm-10x14in) Madrid 90 .... FF**3 500** - £**375** - **$609**
POYNTER Edward John, Bt. 1836-1919 [78]
🔹 *The Orange Seller* - Oil/board (18x11cm-7x4in) London 96 .... FF**5 480** - £**650** - **$1,070**
Nymph of the Stream - Oil/canvas (82x56cm-32x22in) London 96 .... FF**176 400** - £**22 000** - **$34,100**
Feeding the Ibis, Karnac - Oil/canvas (96x75cm-38x30in) London 93 .... FF**332 000** - £**40 000** - **$58,000**

Atalanta's Race/Seated Male Spectator - Pencil (41x28cm-16x11in) London 97 .... FF12 856 - £1 400 - **$2,236**
The Dancer - Watercolour (28x23cm-11x9in) London 94 .... FF77 300 - £9 200 - **$14,700**
POZIER Jacinthe 1844-1915 [12]
Pont-Aven, le Bois d'Amour - Huile/toile (60x80cm-24x31in) Brest 93 .... FF14 500 - £1 670 - **$2,490**
POZZATI Concetto 1935 [23]
Da e per Giorgio Morandi - Olio/tela (100x120cm-39x47in) Milano 95 .... FF10 570 - £1 365 - **$2,170**
Seconda porta della ritmo - Collage (100x70cm-39x28in) Prato 97 .... FF20 400 - £2 400 - **$3,600**
POZZATTI Émile 1953 [2]
Bougainvillée - Huile/toile (92x73cm-36x29in) Bordeaux 94 .... FF10 000 - £1 163 - **$1,730**
POZZI Ennio 1893-1972 [1]
Scacciata di casa - Olio/tela (130x110cm-51x43in) Firenze 89 .... FF29 800 - £2 965 - **$4,708**
POZZI Francesco 1779-1844 [1]
Cyparissus - Marble (116cm-46in) New-York 90 .... FF457 600 - £48 681 - **$81,860**
POZZI Walter 1911-1989 [10]
Il carro dei trapassati - Olio/tela (30x40cm-12x16in) Milano 94 .... FF5 540 - £640 - **$944**
POZZO Andrea 1642-1709 [4]
Madonna & Child - Oil/canvas (52x40cm-20x16in) London 96 .... FF49 800 - £6 200 - **$9,660**
POZZO Ignazio 1766-1842 [1]
Altarentwurf - Pencil (43x30cm-17x12in) München 91 .... FF1 533 - £154 - **$281**
POZZO Ugo 1900-1981 [22]
Gruppo - Olio/tela (60x50cm-27x20in) Milano 94 .... FF14 120 - £1 680 - **$2,520**
Natura morta - Collage (34x48cm-13x19in) Milano 91 .... FF18 230 - £1 828 - **$3,009**
POZZOSERRATO Lodewijk Toeput, dit 1550-1605 [3]
Sommerlandschaft - Öl/Leinwand (84x134cm-33x53in) Wien 97 .... FF34 582 - £3 664 - **$5,990**
PRAAG van Alexander Salomon 1812-1865 [1]
Figures on a quay - Oil/canvas (18x22cm-7x9in) Amsterdam 91 .... FF12 620 - £1 281 - **$2,279**
PRACHENSKY Markus 1932 [25]
Etruria meridionale IV - Oil/canvas/panel Wien 93 .... FF31 800 - £3 600 - **$5,370**
Etruria orizontale 6 - Acrylic/canvas (130x175cm-51x69in) Wien 96 .... FF63 300 - £8 220 - **$12,520**
Urbino - Ink/paper (76x56cm-30x22in) Wien 94 .... FF31 700 - £3 800 - **$6,150**
PRACHENSKY Wilhelm Nikolaus 1898-1956 [16]
Almhütte - Tempera/paper (61x86cm-24x34in) Wien 97 .... FF21 501 - £2 286 - **$3,708**
Snowy mountainous landscape - Tempera/paper (61x86cm-24x34in) Wien 95 .... FF122 400 - £16 130 - **$24,800**
PRACHINETTI Jean 1962 [3]
Des sorciers à l'envers - Öl/Metall (177x166cm-70x65in) Paris 90 .... FF16 000 - £1 636 - **$3,158**
PRADA Carlo 1884-1960 [4]
Case di S. Margherita - Olio/tela (60x50cm-24x20in) Milano 91 .... FF4 970 - £511 - **$926**
PRADELLES Hippolyte 1824-1913 [1]
Le hameau dans la forêt - Huile/toile (140x98cm-55x39in) Versailles 90 .... FF10 000 - £1 018 - **$2,000**
PRADES de Alfred F. c.1820-c.1890 [16]
Gentlemen driving a pony - Oil/board (27x40cm-11x16in) New-York 92 .... FF44 400 - £4 650 - **$8,000**
Chevaux et cavaliers - Gouache (17x30cm-7x12in) Paris 95 .... FF1 800 - £230 - **$369**
PRADIER James 1792-1852 [67]
Flora - Bronze (46cm-18in) New-York 95 .... FF13 300 - £1 655 - **$2,600**
Phryné - Bronze (66cm-26in) Paris 96 .... FF20 500 - £2 650 - **$4,020**
Standing sappho - Bronze (54cm-21in) London 97 .... FF80 952 - £8 500 - **$13,875**
PRADIER John 1845-1912 [1]
Portrait de femme - Huile/toile (46x33cm-18x13in) Le Touquet 92 .... FF3 500 - £359 - **$617**
PRADILLA GONZALEZ Miguel 1884-1965 [3]
Embarcadero a la luz de la luna - Oleo/lienzo (30x50cm-12x20in) Madrid 94 ...... FF12 450 - £1 497 - **$2,304**
PRADILLA Y ORTIZ Francisco 1848-1921 [44]
A matador - Oil/panel (34x26cm-13x10in) Billinghurst, West Sussex 93 .... FF31 600 - £3 600 - **$5,360**
Un Paseo poe Pueblo - Oil/canvas (59x45cm-23x18in) New-York 97 .... FF54 039 - £5 815 - **$9,500**
Un rapto, Venezia - Oil/canvas (45x61cm-18x24in) New-York 91 .... FF119 700 - £12 062 - **$20,771**
Pescadores de Vigo - Acuarela (25x35cm-10x14in) Madrid 93 .... FF46 200 - £5 300 - **$7,870**
PRAGER Heinz-Günter 1944 [5]
Torso - Bronze (24cm-9in) Köln 96 .... FF22 100 - £2 516 - **$4,225**
PRAHAR Renée 1880-1962 [1]
Andirons of Monkeys Biting Nuts - Bronze (53cm-21in) New-York 95 .... FF13 800 - £1 804 - **$2,800**
PRAHL Georg Wedel 1789-1889 [3]
Fra Surdanal, Bergen - Color lithograph Tönsberg 90 .... FF2 800 - £282 - **$509**
PRAMPOLINI Enrico 1894-1956 [47]
Composizione - Olio/tavola (77x72cm-30x28in) Milano 94 .... FF36 960 - £4 400 - **$7,040**
Cassandra - Olio/tavola (65x49cm-26x19in) Prato 97 .... FF102 000 - £12 000 - **$18,000**
Marinetti - Oil/panel (71x80cm-28x31in) New-York 97 .... FF342 858 - £36 756 - **$60,000**
Novissima Film, Thaïs Galizky - Poster (185x136cm-73x54in) New-York 94 ...... FF24 200 - £3 035 - **$4,400**
Armonie libere - Pastelli (33x47cm-13x19in) Prato 97 .... FF27 200 - £3 200 - **$4,800**
PRANDJAYA Rudy 1948 [2]
Two dancers - Acrylic/canvas (116x79cm-46x31in) Singapore 96 .... FF28 650 - £3 730 - **$5,680**
PRANGENBERG Norbert 1949 [5]
Untitled - Mixed media/canvas (190x150cm-75x59in) London 93 .... FF32 000 - £4 000 - **$5,800**
Ohne Titel - Watercolour (29x20cm-11x8in) Köln 93 .... FF4 410 - £527 - **$848**

P

Ohne Titel - Ink/paper (54x68cm-21x27in) Düsseldorf 93 .... FF**8 470** - £*1 013* - **$1,630**

PRANTL Karl 1923 [5]
Stein zur Meditation - Sculpture (10x16x58cm-4x6x23in) Wien 97 .... FF**38 224** - £*4 064* - **$6,592**

PRASCHL Stefan 1910-1994 [6]
Tigerkopf - Öl/Papier (31x44cm-12x17in) Wien 95 .... FF**8 810** - £*1 162* - **$1,787**
Der Leopard - Mischtechnik/Papier (61x48cm-24x19in) Wien 95 .... FF**6 860** - £*888* - **$1,395**

PRASSINOS Mario 1916-1985 [85]
Paysage Turc - Huile/toile (73x91cm-29x36in) Paris 97 .... FF**18 000** - £*1 877* - **$3,078**
Cyprès noirs et blancs - Huile/toile (73x92cm-29x36in) Toulouse 95 .... FF**31 000** - £*4 095* - **$6,280**
Les roches blanches - Huile/toile (88x115cm-35x45in) Douai 92 .... FF**60 000** - £*6 140* - **$10,800**
L'Enchanteur - Encre (24x18cm-9x7in) Paris 95 .... FF**6 000** - £*756* - **$1,190**
Jusqu'à la honte de l'amour... - Encre Chine/papier (21x20cm-8x8in) Paris 95 .... FF**6 000** - £*756* - **$1,190**
Composition - Encre/papier (65x105cm-26x41in) Paris 96 .... FF**12 000** - £*1 483* - **$2,320**
Composition - Encre/papier (53x76cm-21x30in) Versailles 96 .... FF**32 000** - £*3 670* - **$6,100**

PRATELLA Attilio 1856-1949 [150]
The quay at Naples - Oil/panel (21x34cm-8x13in) London 95 .... FF**35 500** - £*4 500* - **$7,140**
Fishing Boats, Venice - Oil/canvas (49x28cm-19x11in) New-York 97 .... FF**79 590** - £*8 552* - **$14,000**
Mercato a Napoli - Olio/tela (25x43cm-10x17in) Roma 96 .... FF**100 100** - £*11 600* - **$19,500**
Figures on a beach, Napoli - Oil/canvas (52x104cm-20x41in) New-York 95 .... FF**221 000** - £*28 500* - **$45,000**
Pressi di Porta Capuana, Napoli - Acquarello/cartone (17x13cm-7x5in) Roma 95 .... FF**15 600** - £*2 050* - **$3,100**

PRATELLA Fausto 1888-1964 [25]
Pescatori a Mergellina - Olio/tela (40x60cm-16x24in) Roma 96 .... FF**23 450** - £*2 940* - **$4,480**
Pescatori nel golfo - Olio/tela (65x100cm-26x39in) Roma 95 .... FF**53 500** - £*6 840* - **$10,980**

PRATELLA Paolo 1892-? [2]
Rocky coast - Oil/canvas (94x99cm-37x39in) New-York 90 .... FF**30 260** - £*3 047* - **$5,928**

PRATER de Jules Praetere 1879-1947 [1]
Stilleven mit fruit - Huile/toile (65x81cm-26x32in) Lokeren 94 .... FF**13 270** - £*1 584* - **$2,500**

PRATERE de Edmond 1826-1888 [5]
Chiens courant - Huile/toile (175x122cm-69x48in) Coutances 95 .... FF**20 000** - £*2 630* - **$4,014**

PRATERE de Henri 1815-1890 [4]
Paysage au moulin - Huile/panneau (24x30cm-9x12in) Paris 96 .... FF**10 000** - £*1 178* - **$1,963**

PRATI Eugenio 1842-1907 [1]
Seated child - Watercolour/paper (32x23cm-13x9in) Laren 90 .... FF**4 800** - £*511* - **$859**

PRATT Bela Lyon 1867-1917 [5]
Youth - Bronze (78cm-31in) New-York 93 .... FF**34 400** - £*4 310* - **$6,250**
Nathan Hale - Bronze (90cm-35in) New-York 92 .... FF**90 800** - £*9 300* - **$16,000**

PRATT George Dupont 1869-1935 [2]
Mountain Goat - Bronze (20cm-8in) Mystic, Connecticut 92 .... FF**2 730** - £*326* - **$525**

PRATT Jonathan 1835-1911 [5]
A wayside rest - Oil/canvas (34x44cm-13x17in) London 96 .... FF**16 300** - £*2 100* - **$3,190**

PRATT William 1855-? [18]
The little gardener - Oil/canvas (26x25cm-10x10in) New-York 92 .... FF**22 200** - £*2 324* - **$4,000**

PRAX Valentine 1899-1981 [112]
L'Enlèvement d'Europe - Huile/toile (61x74cm-24x29in) Paris 96 .... FF**5 500** - £*709* - **$1,077**
Panier fleuri, cruche et vase - Huile/toile (45x65cm-18x26in) Paris 94 .... FF**15 000** - £*1 736* - **$2,575**
Homme à la bêche - Huile/toile (48x74cm-19x29in) Lokeren 95 .... FF**31 050** - £*3 880* - **$6,090**
La partie de cartes - Huile/toile (89x116cm-35x46in) Paris 97 .... FF**75 000** - £*7 875* - **$12,900**
Les fiançailles - Huile/toile (115x81cm-45x32in) Paris 92 .... FF**155 000** - £*15 860* - **$27,900**
Nu au miroir - Gouache Arcachon 94 .... FF**11 500** - £*1 378* - **$2,125**
Fugitive inspiration - Encre/papier (51x61cm-20x24in) Rambouillet 91 .... FF**25 500** - £*2 556* - **$4,671**

PRAYER Franco 1924 [2]
Fiori e bottiglia - Olio/tela (45x30cm-18x12in) Milano 96 .... FF**4 370** - £*507* - **$858**

PRAYER Mario 1887-? [1]
Abendkonzert am See - Öl/Karton (26x36cm-10x14in) Bern 94 .... FF**14 860** - £*1 782* - **$2,890**

PRAZAK Anton 1893-1953 [2]
Schnitter - Öl/Leinwand (60x80cm-24x31in) Wien 96 .... FF**8 680** - £*1 120* - **$1,700**

PREAUX Edmond XIX [10]
Totem au masque bleu - Collage (23x10cm-9x4in) La Varenne Saint-Hilaire 91 .... FF**1 600** - £*161* - **$278**

PRÉAUX L'AGENT Raymond 1916 [44]
Nature morte - Huile/toile (35x22cm-14x9in) Provins 92 .... FF**14 500** - £*1 485* - **$2,553**

PREBER Asbjørn 1901-1970 [2]
Mars-sol - Oil/canvas (78x81cm-31x32in) Oslo 91 .... FF**3 910** - £*392* - **$645**

PRECHTL Michael Mathias 1926 [3]
Geldmarkt - Lithographie couleurs (40x36cm-16x14in) München 93 .... FF**2 424** - £*273* - **$409**

PRECIADO DE LA VEGA Francisco 1713-1789 [1]
Aparicion de la Virgen - Oleo/cobre (29x21cm-11x8in) Madrid 90 .... FF**27 000** - £*2 719* - **$4,909**

PREDA Ambrogio 1839-1906 [9]
Isola Bella, Lago Maggiore - Oil/canvas (56x90cm-22x35in) London 95 .... FF**57 500** - £*7 200* - **$11,450**

PREDAIR Bernadette 1948 [3]
Visage masqué - Huile/toile (80x80cm-31x31in) Paris 90 .... FF**4 800** - £*497* - **$844**

PREDIGER Hermann 1886-1970 [4]
Siegesfeier - Oil/canvas (54x78cm-21x31in) Frankfurt 91 .... FF**6 760** - £*686* - **$1,221**

PREECE Patricia 1900-? [4]
- Still life with fruit and bottles - Oil/canvas (40x51cm-16x20in) London 97 .... FF21 093 - £2 200 - **$3,606**

PREEN von Hugo 1854-? [24]
- Ranshofner Weiher im Spätherbst - Tempera/Karton (39x45cm-15x18in) Wien 93 .... FF8 800 - £997 - **$1,496**
- Landschaft bei Osternberg - Gouache/papier (18x36cm-7x14in) Wien 94 .... FF4 875 - £585 - **$946**
- Hauswand und Esche - Pastell/Papier (39x26cm-15x10in) Wien 92 .... FF13 470 - £1 610 - **$2,590**

PREETORIUS Emil 1883-1973 [1]
- Gestalten des Märchens - Ink (45x52cm-18x20in) Heidelberg 95 .... FF2 435 - £316 - **$507**

PREETORIUS Willy 1882-1964 [2]
- Sewittersonne, Ammersee - Oil/canvas (45x61cm-18x24in) Billinghurst, West Sussex 91 .... FF5 980 - £595 - **$1,028**

PREETZMANN Marie 1864-1924 [3]
- Marsklandskab med molle - Oil/canvas (45x55cm-18x22in) København 90 .... FF4 000 - £431 - **$705**

PREGARTBAUER Lois 1899-1971 [17]
- Landschaft - Öl/Leinwand (47x71cm-19x28in) Wien 95 .... FF27 330 - £3 516 - **$5,640**
- Entwurf für ein Bühnenbild - Mischtechnik/Papier (26x44cm-10x17in) Wien 96 .... FF5 360 - £696 - **$1,060**

PREGNO Enzo 1898-1972 [3]
- Ponte Vecchio - Olio/tela (50x70cm-20x28in) Firenze 89 .... FF6 400 - £637 - **$1,011**

PREGO DE OLIVER Manuel 1915-1986 [2]
- Párajo muerto - Oleo/tabla (40x50cm-16x20in) Madrid 94 .... FF10 340 - £1 205 - **$1,813**
- Cabeza de vieja - Acuarela (38x27cm-15x11in) Madrid 96 .... FF3 410 - £391 - **$650**

PREHN Elise 1848-? [2]
- Rosen und Kirschblütenzweigen - Öl/Leinwand (54x28cm-21x11in) Düsseldorf 96 .... FF13 780 - £1 784 - **$2,756**

PREISLER Jan 1872-1918 [1]
- Reiter im Fluss - Huile/toile/panneau (35x35cm-14x14in) Bern 92 .... FF22 200 - £2 574 - **$3,830**

PREISLER Johann Daniel 1666-1737 [1]
- A Sacrifice - Ink (15x19cm-6x7in) London 93 .... FF7 380 - £850 - **$1,275**

PREISS Fritz Ferdinand 1882-1943 [126]
- Con brio - Ivory, bronze (29cm-11in) New-York 96 .... FF28 500 - £3 550 - **$5,500**
- Salome dancing - Ivory, bronze (33cm-13in) New-York 94 .... FF46 600 - £5 810 - **$9,000**
- The Flame Leaper - Ivory, bronze (36cm-14in) New-York 95 .... FF159 000 - £20 150 - **$32,000**

PREISS Helmut 1941 [3]
- Kap Hoorn - Mixed media/panel (53x72cm-21x28in) Wien 92 .... FF9 620 - £965 - **$1,850**
- Ohne Titel - Oil/board (60x60cm-24x24in) Wien 91 .... FF28 800 - £2 909 - **$5,717**

PREISSLER Georg Martin 1700-1754 [2]
- Sigmund Holzschuher - Pastel (26x18cm-10x7in) Heidelberg 92 .... FF3 570 - £366 - **$629**

PREISSLER Johan Georg II 1757-1831 [1]
- Femme de qualité - Dessin (22x26cm-9x10in) Lyon 90 .... FF4 200 - £427 - **$840**

PREISWERK Theophil 1846-1919 [6]
- Sehnsucht - Oil/canvas (7x10cm-3x4in) Bern 92 .... FF3 350 - £342 - **$590**

PRÉJELAN René 1907-1992 [2]
- Sous-vêtements du Docteur Rasurel - Poster (117x157cm-46x62in) New-York 96 .... FF6 620 - £780 - **$1,300**

PRELL Hermann 1854-1922 [2]
- Die letzte Jagd - Oil/canvas (178x107cm-70x42in) Wien 91 .... FF28 800 - £2 867 - **$4,953**
- Jupiter, projet de plafond - Aquarelle, gouache (96x42cm-38x17in) Paris 92 .... FF2 200 - £226 - **$423**

PRELL Walter 1857-? [5]
- Horses in a pasture - Oil/canvas (130x193cm-51x76in) North Bethesda, MD. 92 .... FF23 600 - £2 470 - **$4,250**

PRELLER Friedrich I 1804-1878 [19]
- Szene aus der Antike - Öl/Leinwand (62x99cm-24x39in) Köln 94 .... FF27 400 - £3 220 - **$4,800**
- Civitella - Pencil/paper (30x43cm-12x17in) Wien 95 .... FF6 470 - £821 - **$1,303**

PRELLER Friedrich II 1838-1901 [4]
- Berghang - Pencil/paper (30x45cm-12x18in) Hamburg 96 .... FF2 720 - £310 - **$520**

PRELLWITZ Henry 1865-1940 [1]
- The frozen pond - Oil/board (22x33cm-9x13in) New-York 95 .... FF5 520 - £692 - **$1,100**

PRELOG Drago 1939 [4]
- Vierlichon - Acryl/Leinwand (160x180cm-63x71in) Wien 97 .... FF47 780 - £5 080 - **$8,240**

PREM Heimrad 1934-1978 [54]
- O.T - Öl/Leinwand (36x46cm-14x18in) Berlin 97 .... FF25 254 - £268 2 3 - **$439,9 3**
- Jüngste Jugend - Oil/panel (79x98cm-31x39in) München 93 .... FF57 100 - £6 430 - **$9,630**
- Frühlingsspaziergang - Oil/canvas (150x150cm-59x59in) Köln 93 .... FF162 000 - £18 320 - **$27,300**
- Autobild - Watercolour (28x30cm-11x12in) München 94 .... FF4 420 - £504 - **$845**
- Sitzende Frau - Aquarell/Papier (61x42cm-24x17in) München 96 .... FF15 600 - £1 955 - **$3,010**

PREMAZZI Luigi Ossipovitch 1814-1891 [7]
- Street scene, Milano - Watercolour (26x21cm-10x8in) London 95 .... FF5 530 - £720 - **$1,134**

PRENCIPE Umberto 1879-? [2]
- Orvieto - Olio/cartone (18x28cm-7x11in) Roma 93 .... FF2 523 - £289 - **$430**

PRENDERGAST Charles 1863-1948 [1]
- Screen - Tempera/panel (142x51cm-56x20in) New-York 94 .... FF2 - £301 000 - **$470,000**

PRENDERGAST Maurice Brazil 1859-1924 [39]
- On the Shore - Oil/canvas (56x86cm-22x34in) New-York 95 .... FF6 - £809 000 - **$1**
- Buck's Harbor - Oil/panel (25x34cm-10x13in) New-York 94 .... FF1 82e +06 - £128 200 - **$200,000**
- Primrose Hill - Monotype (25x20cm-10x8in) New-York 95 .... FF342 500 - £44 300 - **$70,000**
- Franklin Park, Boston - Watercolour/paper (29x49cm-11x19in) New-York 91 .... FF4 - £436 000 - **$760,000**

P

Naples - Watercolour (31x48cm-12x19in) New-York 97 .... FF408 401 - £42 882 - **$70,000**

PRENDONI Attilio 1874-1942 [1]
🏛 *Arab swordsman on horseback* - Bronze (54cm-21in) London 94 .... FF11 000 - £1 300 - **$1,976**

PRENNER von Anton Joseph 1683-1761 [2]
🖼 *Junge Dame in blauem Kleid* - Öl/Leinwand (80x65cm-31x26in) Wien 96 .... FF24 100 - £3 003 - **$4,650**

PRENNER von Georg Caspar 1720-1766 [1]
🖼 *Portrait of a lady* - Oil/canvas (80x65cm-31x26in) New-York 93 .... FF17 400 - £2 000 - **$3,000**

PRENNSTEINER Aurelia 1896-? [1]
🖊 *Blumen* - Mischtechnik/Papier (67x47cm-26x19in) Wien 92 .... FF2 407 - £247 - **$424**

PRENTICE Levi Wells 1851-1935 [43]
🖼 *Tabletop still life* - Oil/canvas (43x36cm-17x14in) New-York 94 .... FF84 200 - £9 940 - **$15,000**
Raspberries - Oil/canvas (23x38cm-9x15in) New-York 97 .... FF210 157 - £22 107 - **$36,000**
Basket of apples - Oil/canvas (41x32cm-16x13in) New-York 97 .... FF437 828 - £46 057 - **$75,000**

PRENTIS Edward 1797-1854 [1]
🖼 *The Old Fire Burns Still* - Oil/canvas (52x43cm-20x17in) Billinghurst, West Sussex 93 .... FF10 530 - £1 200 - **$1,790**

PRENTZEL Hans 1880-? [3]
🖼 *Sommerpracht* - Oil/canvas (51x61cm-20x24in) New-York 92 .... FF32 400 - £3 276 - **$6,500**

PREOBARAJENSKI Valentin 1923 [2]
🖼 *L'église de Uglich* - Huile/toile (82x72cm-32x28in) Paris 91 .... FF4 000 - £398 - **$688**

PRESAS Leopoldo 1915 [4]
🖼 *Composition* - Huile/panneau (74x57cm-29x22in) Boulogne 94 .... FF2 500 - £294 - **$438**

PRESCOTT-DAVIES Norman 1862-1915 [12]
🖼 *Daydreaming* - Oil/canvas (30x63cm-12x25in) New-York 94 .... FF16 260 - £1 967 - **$3,000**
The Soloist - Oil/canvas (30x25cm-12x10in) London 95 .... FF26 300 - £3 400 - **$5,370**
Reflection, 1902 - Oil/canvas (107x61cm-42x24in) London 89 .... FF116 200 - £12 244 - **$19,562**

PRESENCE PANCHOUNETTE Groupe anonyme Formé en 1969 [1]
🏛 *Lieux de l'état, état des lieux* - Sculpture (140x58x70cm-55x23x28in) Paris 90 .... FF31 000 - £3 122 - **$5,636**

PRESMAN Mili XX [2]
🖊 *A travers la fenêtre no.2* - Technique mixte/papier (38x55cm-15x22in) Paris 92 .... FF2 000 - £206 - **$385**

PRESNOV Andréi 1935 [3]
🖼 *La prise du Reichstag* - Huile/toile (114x152cm-45x60in) Paris 91 .... FF5 000 - £512 - **$934**

PRESSMANE Joseph 1904-1967 [81]
🖼 *Landscape in the Snow* - Mixed media (54x38cm-21x15in) Tel Aviv 97 .... FF8 021 - £89 2 5 - **$1,500**
Village de Villier - Oil/canvas (55x33cm-22x13in) Tel Aviv 97 .... FF16 043 - £1 784 - **$3,000**
Mountain Landscape - Oil/canvas (55x46cm-22x18in) Tel Aviv 97 .... FF24 599 - £2 735 - **$4,600**
Synagogue - Oil/canvas (66x50cm-26x20in) Tel Aviv 93 .... FF50 200 - £5 850 - **$9,000**

PRESTELE Karl 1839-? [1]
🖼 *Lago di garda* - Olio/tela (48x66cm-19x26in) Roma 89 .... FF22 900 - £2 413 - **$3,855**

PRESTON Alice Bolam 1889-1958 [6]
🖊 *More Surprising Stil...* - Gouache (28x18cm-11x7in) Boston, Mass. 92 .... FF5 200 - £621 - **$1,000**

PRESTON James M. 1874-1962 [1]
🖼 *Industrial landscape/Town* - Oil/canvas (46x61cm-18x24in) New-York 93 .... FF4 950 - £621 - **$900**

PRESTON Jessie Goodwin 1880-? [2]
🖼 *White House, Provincetown* - Oil/canvas (51x61cm-20x24in) Portland, Maine 93 .... FF5 900 - £671 - **$1,000**

PRESTON May Wilson Watkins 1873-1949 [4]
🖼 *Mother and Child* - Oil/canvas (44x34cm-17x13in) New-York 94 .... FF11 230 - £1 326 - **$2,000**

PRESTOPINO Gregorio 1907-1984 [7]
🖼 *Scrub woman* - Oil/canvas (92x64cm-36x25in) New-York 93 .... FF16 500 - £2 070 - **$3,000**

PRETI Cletofonte 1843-1880 [1]
🖼 *Junge Frau ein Kind fütternd* - Oil/panel (23x13cm-9x5in) Köln 95 .... FF7 440 - £926 - **$1,452**

PRETI IL CAVALIERE CALABRESE Mattia 1613-1699 [19]
🖼 *Boethius and Philosophy* - Oil/canvas (185x254cm-73x100in) New-York 92 .... FF2 - £267 000 - **$460,000**
🖊 *A Saint in glory* - Black chalk (25x19cm-10x7in) London 97 .... FF21 719 - £2 300 - **$3,738**

PRêTRE Jean Gabriel c.1780-c.1845 [10]
🖊 *Chouette Calong* - Aquarelle (38x24cm-15x9in) Paris 93 .... FF7 000 - £805 - **$1,197**

PREUDHOMME Jean Prudhomme 1732-1795 [4]
🖼 *The eighth Duke of Hamilton* - Oil/canvas (97x74cm-38x29in) London 91 .... FF564 000 - £56 011 - **$97,927**
🖊 *Paysage animé* - Sanguine (24x34cm-9x13in) Paris 90 .... FF4 500 - £485 - **$794**

PREUSCHEN von Hermione 1854-1898 [1]
🖼 *Dreiteiliger Paravent Stilleben* - Oil/canvas (140x51cm-55x20in) München 89 .... FF54 100 - £5 532 - **$8,698**

PREUSS Rudolf 1879-1961 [12]
🖊 *Dächer von Wien* - Watercolour/paper (28x17cm-11x7in) Wien 92 .... FF12 030 - £1 232 - **$2,120**

PREUSSE August 1908-1942 [1]
🖼 *Ohne Titel* - Oil/canvas/panel (85x74cm-33x29in) Köln 96 .... FF14 270 - £1 626 - **$2,730**

PREUSSER Nelly 1843-? [1]
🏛 *Mutter übt mit ihrem Kind das Laufen* - Sculpture (22cm-9in) Lindau 94 .... FF2 230 - £259 - **$384**

PREUSSER Robert Ormerod 1919 [4]
🖼 *Circular & angular equivalence* - Oil/canvas (86x121cm-34x48in) New-York 92 .... FF39 200 - £4 550 - **$8,000**

PREUX Pierre 1935 [12]
🖼 *Plage de Ponthièvre* - Huile/toile (33x41cm-13x16in) Dieppe 92 .... FF2 500 - £256 - **$521**

PRÉVAL de Christiane 1876-? [2]
🖼 *Salon, Château de Fontainebleau* - Oil/canvas (65x54cm-26x21in) New-York 93 .... FF9 440 - £1 074 - **$1,600**

PRÉVAL Jules XIX-XX [3]
- A Vendre - Oil/panel (17x13cm-7x5in) London 96 .... FF15 400 - £2 000 - **$3,006**

PRÉVERT Jacques 1900-1977 [19]
- Portrait de famille - Collage (46x32cm-18x13in) Paris 96 .... FF27 000 - £3 125 - **$5,170**

PREVIATI Gaetano 1852-1920 [9]
- L'Autunno - Olio/tela (81x151cm-32x59in) Milano 90 .... FF213 000 - £21 781 - **$42,043**
- Portrait de jeune fille - Dessin (60x47cm-24x19in) Paris 90 .... FF7 000 - £723 - **$1,237**
- Le tre Marie ai piedi della croce - Drawing (54x33cm-21x13in) Milano 90 .... FF44 400 - £4 540 - **$8,764**

PREVOST Alexandre XIX [2]
- Scène de harem - Pastel (39x99cm-15x39in) Lokeren 92 .... FF10 800 - £1 105 - **$1,900**

PREVOST Andrey 1890-1961 [3]
- Bouquet - Huile/toile (81x60cm-32x24in) Paris 94 .... FF4 500 - £538 - **$840**

PRÉVOST Antoine 1930 [4]
- Fleurs devant un paysage - Huile/panneau (55x46cm-22x18in) Antwerpen 94 .... FF3 280 - £398 - **$638**

PREVOST Jean 1934 [8]
- Le sang - Huile/toile (162x97cm-64x38in) Paris 91 .... FF30 000 - £2 979 - **$5,209**
- Profil - Gouache (20x15cm-8x6in) Rambouillet 91 .... FF3 500 - £350 - **$576**

PRÉVOST Jean Louis, le Jeune c.1740-1815 [8]
- Flowers in a basket - Oil/canvas (41x32cm-16x13in) New-York 93 .... FF275 000 - £32 500 - **$50,000**
- Gooseberries and Strawberries - Watercolour (44x29cm-17x11in) London 97 .... FF23 483 - £2 400 - **$3,996**

PREVOST Joseph Léon XIX-XX [2]
- Moorish Baths - Oil/canvas (79x114cm-31x45in) London 96 .... FF157 500 - £18 500 - **$30,600**

PRÉVOT-VALERI André 1890-1959 [84]
- Bateaux à quai - Huile/panneau (24x35cm-9x14in) Cherbourg 97 .... FF3 000 - £320 - **$522**
- Canotage sur l'Orne - Huile/toile (55x65cm-22x26in) Coutances 95 .... FF9 600 - £1 244 - **$2,000**
- Retour de la récolte du Varech - Huile/toile (91x140cm-36x55in) Cherbourg 96 ..... FF20 000 - £2 280 - **$3,830**

PRÉVOT-VALERI Auguste 1857-1930 [19]
- Shepherd & his flock - Oil/canvas (36x53cm-14x21in) London 96 .... FF4 830 - £550 - **$924**
- Rentrée au hameau - Oil/canvas/board (60x81cm-24x32in) New-York 94 .... FF15 200 - £1 760 - **$2,600**

PREWETT William XVIII [2]
- Gentleman in mole-coloured coat - Miniature (3cm-1in) London 92 .... FF12 700 - £1 300 - **$2,236**

PREY Johannes Zacharias S 1749-1822 [2]
- Diogenes - Oil/canvas (124x86cm-49x34in) Amsterdam 93 .... FF67 500 - £7 650 - **$11,400**
- Family by a table in an interior - Watercolour (36x50cm-14x20in) Amsterdam 96 ..... FF15 070 - £1 775 - **$2,960**

PREYER Emilie 1849-1930 [22]
- Pflaumen und Pfirsich - Oil/panel (16x20cm-6x8in) New-York 97 .... FF68 454 - £7 379 - **$12,000**
- Peaches & hazelnuts - Oil/canvas (16x21cm-6x8in) London 91 .... FF138 300 - £13 865 - **$25,331**
- Still life with peaches - Oil/canvas (25x32cm-10x13in) New-York 96 .... FF233 700 - £29 760 - **$45,000**

PREYER Johann Wilhelm 1803-1889 [12]
- Weisse Wicken - Öl/Leinwand (31x15cm-12x6in) München 96 .... FF28 460 - £3 570 - **$5,490**
- Sektkelch, Aprikosen, Haselnüssen - Öl/Leinwand (34x45cm-13x18in) München 93 ..... FF475 000 - £56 700 - **$91,300**
- Stilleben mit Früchten - Ink/paper (11x17cm-4x7in) Düsseldorf 96 .... FF3 384 - £429 - **$650**

PREYER Paul 1847-1931 [2]
- Täßchen Milch - Oil/canvas (27x24cm-11x9in) Wien 91 .... FF24 060 - £2 442 - **$4,345**

PREZIOSI Amadeo, 5th Count 1816-1882 [42]
- The Bosphorus - Pencil (26x36cm-10x14in) London 94 .... FF20 300 - £2 400 - **$3,650**
- Constantinople - Watercolour (35x48cm-14x19in) London 97 .... FF33 771 - £3 600 - **$5,920**
- Landscape near Constantinople - Watercolour (29x82cm-11x32in) London 96 .... FF90 700 - £11 500 - **$17,400**

PRIANISHNIKOV Ivan Petrovich 1841-1909 [3]
- Cossack transport - Oil/canvas (37x65cm-15x26in) London 96 .... FF56 800 - £6 500 - **$10,830**

PRICE Arthur Donald 1918 [1]
- Totemic Wall Carving - Red cedar, hammered copper (124cm-49in) Toronto 95 .... FF8 040 - £1 067 - **$1,660**

PRICE Clayton S. 1874-1950 [4]
- Two birds - Oil/canvas (63x76cm-25x30in) Cambridge, Mass. 91 .... FF19 950 - £2 003 - **$3,452**
- Abstraction IV - Oil/panel (66x76cm-26x30in) New-York 95 .... FF64 400 - £8 040 - **$13,000**

PRICE Frank Corbyn 1862-? [6]
- Wooded Hamlets in a Valley Landscape - Watercolour (38x68cm-15x27in) London 97 .... FF4 420 - £480 - **$783**

PRICE George 1901 [2]
- Gag cartoon - Watercolour (33x36cm-13x14in) New-York 93 .... FF3 540 - £403 - **$600**

PRICE James XIX [4]
- Rocky Coastline - Watercolour (45x67cm-18x26in) London 97 .... FF2 634 - £280 - **$455**

PRICE Kenneth, Ken 1935 [14]
- Coffe Shop, Chicago Art Institute - Screenprint in colors (102x170cm-40x67in) New-York 96 ..... FF1 538 - £182 - **$300**
- Astronauts in the ocean - Sculpture (27x10x14cm-11x4x6in) New-York 90 .... FF41 200 - £4 149 - **$8,071**
- Slate cup, 1972 - Sculpture (10x10x14cm-4x4x6in) New-York 90 .... FF108 700 - £11 264 - **$19,104**

PRICE Nick XX [3]
- Camel Filters - Poster (171x117cm-67x46in) New-York 94 .... FF7 430 - £873 - **$1,300**

PRICE William Henry 1864-1940 [1]
- Crashing waves - Oil/canvas (76x92cm-30x36in) San Francisco-Los Angeles 93 ..... FF5 500 - £690 - **$1,000**

PRICE William Lake 1810-1896 [7]
- Doge's palace and Piazzettta - Pencil (31x46cm-12x18in) London 91 .... FF11 850 - £1 197 - **$2,352**

PRICOUPENKO Anna 1958 [2]
- Sans titre, 1987 - Acrylic/canvas (50x50cm-20x20in) Paris 89 .... FF4 500 - £448 - $711

PRIEBE Karl 1914-1976 [1]
- Berto - Mixed media/board (23x28cm-9x11in) New-York 94 .... FF2 030 - £241 - $375

PRIEBE Rudolf 1889-? [6]
- Fischerboote am Strand - Öl/Leinwand (70x102cm-28x40in) Bremen 93 .... FF2 374 - £284 - $457

PRIECHENFRIED Alois Heinrich 1867-1953 [28]
- Klosterbibliothek - Oil/canvas (79x64cm-31x25in) Lindau 91 .... FF54 100 - £5 451 - $9,388
- Rabbi in his study - Oil/panel (41x33cm-16x13in) New-York 94 .... FF116 800 - £13 940 - $22,000

PRIEM Carl 1866-? [1]
- The dream - Oil/canvas (90x70cm-35x28in) London 89 .... FF29 100 - £3 066 - $4,899

PRIEM Paul 1868-? [1]
- Herbstlandschaft - Öl/Leinwand (106x169cm-42x67in) Bremen 95 .... FF9 630 - £1 266 - $1,932

PRIEST Alfred 1874-1929 [3]
- Woman embroidering - Oil/canvas (54x42cm-21x17in) London 90 .... FF8 760 - £931 - $1,565

PRIESTLEY Edward XIX [3]
- Country Inn/Cottage in Woodland - Oil/canvas (60x91cm-24x36in) London 94 .... FF5 080 - £600 - $912

PRIESTMAN Arnold 1854-1925 [2]
- Windmill, church & houses on the Coast - Oil/canvas (35x53cm-14x21in) London 94 .... FF2 165 - £260 - $412

PRIESTMAN Bertram 1868-1951 [36]
- Farmer with horse - Oil/canvas (41x51cm-16x20in) Detroit, Michigan 93 .... FF7 150 - £897 - $1,300
- Extensive rolling landscape - Oil/canvas (162x142cm-64x56in) London 94 .... FF25 560 - £3 000 - $4,470
- Near Axemouth - Watercolour (21x36cm-8x14in) London 94 .... FF2 052 - £240 - $360

PRIETO Gregorio 1897-1992 [14]
- El Castillo de la Mota - Oleo/lienzo (100x85cm-39x33in) Madrid 93 .... FF38 700 - £4 620 - $7,440

PRIETO NESPEIRA Julio 1897-? [5]
- Ría gallega - Grabado (23x22cm-9x9in) Madrid 92 .... FF1 935 - £231 - $372

PRIEUR Barthélémy ?-1611 [4]
- King Henry IV - Bronze (20cm-8in) New-York 90 .... FF572 000 - £60 147 - $99,478

PRIEUR Romain Etienne G. 1806-1879 [1]
- Campagne romaine - Huile/papier/toile (19x28cm-7x11in) Pontoise 97 .... FF7 000 - £764 - $1,224

PRIEUR-BARDIN François Léon 1870-1939 [8]
- Retour au Vieux-Port - Huile/toile (62x92cm-24x36in) Marseille 94 .... FF38 000 - £4 490 - $6,820

PRIHODA Vaclav 1883-1941 [1]
- Paris - Öl/Karton (46x57cm-18x22in) Wien 94 .... FF3 396 - £394 - $644

PRIKING Franz 1927-1979 [324]
- La table bleue - Huile/toile (46x55cm-18x22in) Paris 95 .... FF9 500 - £1 211 - $1,915
- Navire trois-mâts - Huile/toile (65x50cm-26x20in) Paris 97 .... FF15 000 - £1 644 - $2,633
- Le bouquet - Huile/toile (64x52cm-25x20in) Pontoise 92 .... FF21 500 - £2 318 - $3,775
- Poires et pomme - Huile/toile (97x135cm-38x53in) Calais 97 .... FF38 000 - £4 070 - $6,661
- La chute - Huile/toile (190x170cm-75x67in) Versailles 91 .... FF175 000 - £17 547 - $28,887
- Les voiliers - Aquarelle (32x50cm-13x20in) Saint-Dié 92 .... FF16 000 - £1 638 - $3,140

PRIMATICCIO Francesco 1504-1570 [3]
- Minerva - Black chalk (23x24cm-9x8in) London 97 .... FF450 096 - £46 000 - $76,608

PRIMAVESI Joh. Georg 1774-1855 [2]
- Wildbach in Felsenlandschaft - Öl/panel (13x18cm-5x7in) Hamburg 91 .... FF11 830 - £1 186 - $1,974

PRIMROSE James M. XVIII-XIX [1]
- Rock of Cashel, County Tipperary - Watercolour (23x31cm-9x12in) London 96 .... FF2 830 - £360 - $545

PRIN René 1905-1985 [14]
- Route pluvieuse - Huile/toile (50x61cm-20x24in) Paris 92 .... FF2 400 - £287 - $462
- Neige le soir en Bretagne - Huile/toile (81x100cm-32x39in) Versailles 91 .... FF28 000 - £2 808 - $4,622

PRINA André Julien 1887-1941 [15]
- Paysage valaisan - Huile/papier (56x44cm-22x17in) Zürich 94 .... FF20 440 - £2 430 - $3,850
- Rade de Genève - Öl/Leinwand (55x46cm-22x18in) Zürich 94 .... FF60 600 - £7 020 - $10,440
- L'Étang - Pastel/papier (44x58cm-17x23in) Zürich 94 .... FF16 350 - £1 944 - $3,080

PRINA Stephen 1954 [4]
- The Complete Paintings of Manet - Oil/panel New-York 94 .... FF3 840 - £437 - $651
- Manet Series No. 52 - Mixed media/paper (188x248cm-74x98in) Stockholm 94 .... FF7 500 - £880 - $1,336

PRINCE Richard 1949 [42]
- Live Free or Die #3 - Ektacolor photomontage (216x117cm-85x46in) New-York 94 .... FF37 740 - £4 380 - $6,500
- Two Leopard Joke - Acrylic/canvas (244x190cm-96x75in) New-York 93 .... FF126 500 - £15 860 - $23,000
- Untitled (SB Hood #1) - Wood (81x134x124cm-32x53x49in) New-York 95 .... FF37 140 - £4 640 - $7,500
- Palms and Decals - Color coupler print (216x114cm-85x45in) New-York 94 .... FF24 800 - £3 160 - $5,000
- Untitled - Photograph in colour (154x118cm-61x46in) New-York 96 .... FF178 300 - £21 000 - $35,000

PRINCEE Gerard 1908-? [2]
- Study of a horse - Watercolour/paper (46x61cm-18x24in) Amsterdam 96 .... FF1 535 - £197 - $303

PRINCELLE Jean-Marie 1945 [10]
- Maison aux hortensias - Huile/toile (40x50cm-16x20in) Pontivy 92 .... FF2 800 - £287 - $550

PRINCETEAU René Pierre 1844-1914 [21]
- Hiver, tombereau de bois - Huile/toile (209x160cm-82x63in) Paris 93 .... FF36 000 - £4 500 - $6,540
- Cavaliers, Dieppe - Huile/toile (36x59cm-14x23in) Paris 96 .... FF220 000 - £27 560 - $42,450

PRINET René Xavier 1861-1946 [14]
- Le Cirque ambulant - Huile/toile (73x100cm-29x39in) Compiègne 96 .... FF36 000 - £4 170 - $6,900
- Blanche et noire - Oil/canvas (100x81cm-39x32in) New-York 97 .... FF171 135 - £18 447 - $30,000

Scène d'intérieur - Dessin (45x30cm-18x12in) Chaumont 97... FF**2 500** - £**265** - **$435**

PRINGLE James Fulton 1788-1847 [1]
Landscape with figures on a road - Oil/canvas (63x76cm-25x30in) London 91........................ FF**47 600** - £**4 831** - **$8,597**
PRINGLE John Quinton 1864-1925 [2]
Spring in the meadow - Oil/canvas (23x28cm-9x11in) Auchterarder, Perthshire 95 .... FF**48 500** - £**6 200** - **$9,530**
Field workers - Wash (11x14cm-4x6in) Glasgow 91... FF**16 760** - £**1 693** - **$3,327**
PRINGLE William J. c.1834-1858 [1]
Dark bay hunter with a dog - Oil/paper (51x68cm-20x27in) London 89....................... FF**22 300** - £**2 219** - **$3,523**
PRINI Giovanni 1878-? [1]
Bambine che giocano - Bronze (14x24cm-6x9in) Roma 92.. FF**16 270** - £**1 935** - **$3,130**
PRINNER Anton 1902-1983 [21]
Jeune femme à la tresse - Bronze (31x10x8cm-12x4x3in) Paris 93........................... FF**10 000** - £**1 124** - **$1,695**
La Sphinge - Bronze (83cm-33in) Toulouse 95.. FF**27 000** - £**3 570** - **$5,470**
Nu assis - Crayon/papier (39x29cm-15x11in) Paris 93.. FF**2 000** - £**241** - **$364**
PRINS Benjamin 1860-1934 [9]
Ijdel - Oil/canvas (100x79cm-39x31in) Amsterdam 91... FF**22 540** - £**2 288** - **$4,071**
PRINS de Ferdinand 1859-1908 [5]
Moulin dans un paysage - Huile/toile (46x39cm-18x15in) Antwerpen 97 .... FF**4 586** - £**484** - **$795**
PRINS Johannes Huibert 1757-1806 [25]
Houde Schans, Amsterdam - Oil/canvas (46x54cm-18x21in) New-York 94...................... FF**42 050** - £**5 000** - **$8,000**
A townscape - Ink (29x33cm-11x13in) Amsterdam 94.. FF**22 700** - £**2 700** - **$4,255**
PRINS Pierre 1898-1981 [2]
Eglise de village - Huile/toile (58x74cm-23x29in) Paris 92.................................... FF**13 000** - £**1 330** - **$2,340**
La fenaison - Pastel (25x63cm-10x25in) Paris 90.. FF**20 000** - £**2 155** - **$3,527**
PRINS Pierre Ernest 1838-1913 [70]
Le Pont Marie - Huile/toile (55x46cm-22x18in) Paris 96....................................... FF**7 200** - £**821** - **$1,380**
La cueillette matinale - Huile/toile (60x81cm-24x32in) Paris 97............................. FF**26 000** - £**2 815** - **$4,596**
Arbres au bord d'un étang - Pastel/papier (36x51cm-14x20in) Paris 97...................... FF**14 000** - £**1 516** - **$2,475**
Ciel d'orage - Pastel (82x123cm-32x48in) Paris 92.. FF**35 000** - £**4 180** - **$6,730**
PRINSEP Edward Augustus 1828-1900 [1]
A Venetian Canal - Watercolour/paper (22x30cm-9x12in) London 90............................ FF**3 900** - £**403** - **$689**
PRINSEP Emily 1798-1860 [3]
Calcutta - Watercolour (18x26cm-7x10in) London 93... FF**28 100** - £**3 200** - **$4,770**
PRINSEP James 1799-1840 [12]
Mân Mundil of Hindoo Observatory - Pencil (17x26cm-7x10in) London 93...................... FF**35 100** - £**4 000** - **$5,960**
PRINSEP Lilian XIX-XX [2]
Summer flowers in a basket - Oil/canvas (32x42cm-13x17in) New-York 92..................... FF**7 020** - £**718** - **$1,300**
Dahlias and Chrysanthemums
    Watercolour (60x81cm-24x32in) Billinghurst, West Sussex 94............................... FF**3 900** - £**460** - **$694**
PRINSEP Valentine Cameron 1836-1904 [12]
Lady Tennison, Isle of Wight - Oil/canvas (88x66cm-35x26in) London 95...................... FF**158 000** - £**20 000** - **$31,760**
PRINSEP William 1794-1874 [13]
Native Boats, Calcutta - Watercolour (15x29cm-6x11in) London 97............................ FF**12 276** - £**1 300** - **$2,126**
Great Bathing Ghat, Mirzapur, Ganges - Watercolour (34x50cm-13x20in) London 97........ FF**26 440** - £**2 800** - **$4,579**
PRINTEMPS Léon 1871-? [2]
La nymphe dans la forêt - Huile/toile (55x38cm-22x15in) La Varenne Saint-Hilaire 91 .... FF**2 100** - £**212** - **$417**
Excursions aux Îles de l'Océan - Affiche (104x75cm-41x30in) Neuilly 96...................... FF**2 100** - £**271** - **$411**
PRINTZ Christian August 1819-1867 [5]
Stilleben - Oil/canvas (43x60cm-17x24in) Tönsberg 92... FF**31 800** - £**3 800** - **$6,110**
PRINTZ Hans 1865-1925 [2]
Elegante Reiterin - Ink/paper (37x27cm-15x11in) Wien 96...................................... FF**4 800** - £**620** - **$927**
PRINTZ Lars 1889-1968 [1]
Hus i landskap - Oil/canvas (69x96cm-27x38in) Oslo 93.. FF**2 000** - £**237** - **$360**
PRINZ Karl Ludwig 1875-1944 [24]
In den Dolomiten - Oil/panel (78x118cm-31x46in) Wien 95...................................... FF**10 000** - £**1 263** - **$2,005**
Heiligenblut - Mixed media/paper (44x36cm-17x14in) Wien 93................................. FF**6 730** - £**805** - **$1,295**
PRINZ'IVALLI Michel 1956 [4]
Et zou coco ! - Sculpture (160x66cm-63x26in) Paris 92.. FF**7 000** - £**814** - **$1,430**
PRINZHOFER August 1817-1885 [4]
Bildnis Mathilde Wildauer - Aquarell/Papier (29x22cm-11x9in) Wien 94....................... FF**3 905** - £**465** - **$736**
PRIOR Scott XX [2]
Armory Building, Northampton - Oil/panel (48x48cm-19x19in) Cambridge, Mass. 90.......... FF**3 234** - £**329** - **$647**
PRIOR William Matthew 1803-1873 [13]
Henry Sweet - Oil/board (45x34cm-18x13in) New-York 91...................................... FF**77 900** - £**7 811** - **$12,859**
PRIOU Louis 1845-? [6]
Premier soupir - Huile/toile (82x47cm-32x19in) Pau 97.. FF**24 500** - £**2 661** - **$4,297**
PRISSE D'AVENNES Émile 1807-1879 [1]
Halte/Cheval/Fumeur de narghilé - Lithographie Paris 96...................................... FF**3 500** - £**439** - **$677**
PRITCHARD Edward F.D. 1809-1905 [4]
Piazza san Marco - Oil/canvas (49x39cm-19x15in) New-York 94................................ FF**10 620** - £**1 268** - **$2,000**

P

PRITCHARD George Thompson 1878-1962 [16]

- *Quiet stream* - Oil/canvas (53x63cm-21x25in) San Francisco-Los Angeles 93 .... FF4 125 - £518 - **$750**
- *Rainy day along the shore* - Oil/canvas (63x76cm-25x30in) Boston, Mass. 91 .... FF10 180 - £1 013 - **$1,751**
- *Lake Below* - Oil/canvas (63x76cm-25x30in) San Francisco-Los Angeles 96 .... FF10 440 - £1 210 - **$2,000**
- *Charette sur une plage* - Pastel/papier (47x68cm-19x27in) Montréal 96 .... FF2 530 - £241 - **$367**

PRITCHARD J. Ambrose 1858-1905 [1]

- *La coquette, 1887* - Oil/canvas (81x65cm-32x26in) New-York 89 .... FF4 300 - £428 - **$679**

PRITCHETT Edward XIX [52]

- *Piazza san Marco, Venice* - Oil/canvas (54x44cm-21x17in) London 97 .... FF85 714 - £9 000 - **$14,691**

PRITCHETT Robert Taylor 1823-1907 [9]

- *Queen Victoria at Windsor* - Watercolour (35x73cm-14x29in) London 93 .... FF5 710 - £650 - **$969**

PRITTIE Edward 1851-1882 [1]

- *Legion of Roman soldiers* - Oil/canvas (76x51cm-30x20in) New Orleans, Louisiana 95 .... FF2 493 - £315 - **$500**

PRIVAT Gilbert Auguste 1892-1969 [23]

- *Pégase* - Plâtre (4305x10x14cm-1695x4x6in) Paris 94 .... FF5 100 - £597 - **$900**
- *Janus* - Pierre (33x15x22cm-13x6x9in) Paris 94 .... FF11 500 - £1 347 - **$2,030**

PRIVAT Gonzague 1843-? [1]

- *Paysage, 1895* - Huile/panneau (20x36cm-8x14in) Morlaix 90 .... FF5 800 - £579 - **$1,101**

PRIVAT LIVEMONT Henri 1852/61?-1936 [39]

- *Salomé* - Oil/canvas (35x49cm-14x19in) London 95 .... FF18 940 - £2 400 - **$3,810**
- *Absinthe Robette* - Poster (109x79cm-43x31in) New-York 96 .... FF11 120 - £1 420 - **$2,200**
- *Nu assis* - Pastel/papier (45x31cm-18x12in) Bruxelles 95 .... FF6 770 - £877 - **$1,410**

PRIVATO Cosimo 1889-1971 [12]

- *Ballo in campagna* - Olio/faesite (29x39cm-11x15in) Trieste 96 .... FF6 680 - £840 - **$1,280**
- *L'atelier* - Olio/tela (100x62cm-39x24in) Milano 92 .... FF85 200 - £10 130 - **$16,400**

PRIVER Aharon 1902-1979 [4]

- *Nude* - Sculpture (38cm-15in) Tel Aviv 93 .... FF10 900 - £1 316 - **$2,000**

PRJANISCHNIKOW Illarion Michailow. 1840-1894 [1]

- *Kosakenreiter in einem Flusses* - Öl/Leinwand (22x32cm-9x13in) München 92 .... FF17 600 - £2 047 - **$3,590**

PROBST Alfred 1919 [2]

- *Vulkanausbruch* - Mixed media (40x62cm-16x24in) Luzern 89 .... FF7 800 - £798 - **$1,254**

PROBST Carl, Karl 1854-1924 [9]

- *Der gute Tropfen* - Oil/panel (33x50cm-13x20in) Wien 94 .... FF21 760 - £2 500 - **$3,720**

PROBST Jakob 1880-1966 [9]

- *Portraitbüste Valerie G.* - Bronze (39cm-15in) Zofingen 95 .... FF5 520 - £700 - **$1,110**

PROBST Johann Balthasar 1673-1748 [2]

- *Der Kreutelmarkt in München* - Engraving (36x46cm-14x18in) München 93 .... FF4 900 - £561 - **$830**

PROBST Karl 1854-1924 [4]

- *Anna Demels* - Oil/canvas (142x111cm-56x44in) Wien 91 .... FF9 600 - £962 - **$1,758**

PROBST Rudolf 1883-1960 [2]

- *Jardin du Luxembourg, Paris* - Öl/Karton (29x25cm-11x10in) Heidelberg 94 .... FF3 085 - £370 - **$600**

PROBST Thorwald 1886-1948 [3]

- *Grand Cañyon* - Oil/canvas (76x101cm-30x40in) San Francisco-Los Angeles 92 .... FF29 400 - £3 414 - **$6,000**

PROBSTHAYN Carl 1770-1818 [2]

- *Mytologisk scene med tre kvinder* - Oil/canvas (85x64cm-33x25in) Köbenhavn 96 .... FF17 730 - £2 022 - **$3,396**

PROCACCINI Camillo 1551-1629 [16]

- *Figure lying on the ground* - Black & white chalks/paper (18x19cm-7x7in) New-York 97 .... FF50 055 - £5 571 - **$9,000**

PROCACCINI Giulio Cesare 1570-1625 [17]

- *The Annunciation* - Oil/canvas (123x95cm-48x37in) London 92 .... FF770 000 - £92 000 - **$148,200**
- *Seated Figure & Putto* - Black & white chalks (22x30cm-9x12in) London 97 .... FF567 513 - £58 000 - **$96,593**

PROCAJLOWICZ Antoni Stanislaw 1876-1949 [1]

- *W Parku* - Oil/canvas (34x40cm-13x16in) Kraków 93 .... FF2 290 - £234 - **$410**

PROCHAZKA Antonín 1882-1945 [7]

- *Ohne Titel* - Öl/Leinwand (65x80cm-26x31in) Köln 94 .... FF78 900 - £9 340 - **$14,580**
- *Salomé* - Pastell (38x30cm-15x12in) München 91 .... FF6 760 - £673 - **$1,162**

PROCHAZKA Emil 1874-1948 [2]

- *Nature morte* - Huile/panneau (42x36cm-17x14in) Zofingen 94 .... FF3 660 - £434 - **$677**

PROCHAZKA Jaro 1886-1949 [5]

- *Nikoslauskirche in Prag* - Öl/Leinwand (28x33cm-11x13in) Wien 94 .... FF2 670 - £316 - **$480**

PROCKTOR Patrick 1936 [28]

- *Figures in a landscape* - Oil/board (102x127cm-40x50in) London 94 .... FF7 700 - £900 - **$1,350**
- *Portrait of a man* - Etching (14x7cm-6x3in) London 92 .... FF1 760 - £180 - **$311**
- *Seated boy* - Watercolour (51x34cm-20x13in) London 94 .... FF6 580 - £750 - **$1,118**

PROCOPIO Pino 1954 [3]

- *Gita in barca* - Olio/tela (36x50cm-14x20in) Roma 94 .... FF6 960 - £820 - **$1,240**

PROCTER Albert XIX-XX [4]

- *Figure on a townpath* - Watercolour (25x38cm-10x15in) London 92 .... FF2 180 - £260 - **$419**

PROCTER Burt 1901-1980 [2]

- *New Mexico* - Oil/board (51x61cm-20x24in) San Francisco-Los Angeles 93 .... FF22 160 - £2 517 - **$3,750**

PROCTER Dod, née Shaw 1892-1972 [30]

- *Venetian Mirror* - Oil/canvas (61x51cm-24x20in) London 97 .... FF26 820 - £2 800 - **$4,588**
- *Girl in a chair* - Oil/canvas (89x127cm-35x50in) London 95 .... FF165 600 - £22 000 - **$34,140**
- *Female nude* - Pencil (61x41cm-24x16in) London 95 .... FF10 420 - £1 300 - **$2,105**

PROCTER Ernest 1886-1935 [15]
- *Dancers Resting* - Oil/panel (51x61cm-20x24in) London 93 .... FF**16 800** - £**2 000** - **$3,080**
- *The Carousel* - Ink (19x23cm-7x9in) London 94 .... FF**3 410** - £**400** - **$597**

PROCTOR Adam Edwin 1864-1913 [11]
- *Waiting for the Boat* - Oil/canvas (44x29cm-17x11in) Billinghurst, West Sussex 94 .... FF**5 840** - £**700** - **$1,134**
- *Street market, the Hague* - Oil/canvas (89x61cm-35x24in) London 93 .... FF**15 120** - £**1 800** - **$2,770**

PROCTOR Alexander Phimister 1862-1950 [19]
- *Hounds eating* - Bronze (20cm-8in) New-York 95 .... FF**24 860** - £**3 150** - **$5,000**
- *Trumpeting Elephant* - Bronze (28cm-11in) New-York 95 .... FF**46 000** - £**5 730** - **$9,000**
- *The Indian Warrior* - Bronze (102cm-40in) Chicago 94 .... FF**247 000** - £**29 200** - **$44,000**

PROCTOR Ernest 1886-1935 [6]
- *Enter Venus* - Oil/board (59x27cm-23x11in) London 92 .... FF**23 450** - £**2 800** - **$4,510**

PROFOHS Lotte 1934 [2]
- *Schwörende* - Ink/paper (60x47cm-24x19in) Wien 91 .... FF**1 920** - £**194** - **$374**

PROIETTI Norberto 1927 [2]
- *I sacchi* - Olio/tavola (18x38cm-7x15in) Vercelli 93 .... FF**10 240** - £**1 150** - **$1,834**

PROKASKY Paul 1915 [2]
- *Frankfurt am Main* - Öl/Leinwand (20x27cm-8x11in) Frankfurt 93 .... FF**2 790** - £**313** - **$468**

PROKOFJEV Dimitrij ?-1944 [6]
- *Rehe im Birkenwald* - Oil/canvas (67x54cm-26x21in) München 92 .... FF**13 600** - £**1 392** - **$2,394**

PROL Rick XX [2]
- *Quantos anos* - Oil/canvas (127x106cm-50x42in) New-York 92 .... FF**6 760** - £**718** - **$1,300**

PRÖLLS Friedrich Anton Otto 1855-1934 [5]
- *Mädchen am Fenster* - Oil/canvas (62x76cm-24x30in) Köln 93 .... FF**28 800** - £**3 440** - **$5,540**

PROMMEL Julius 1805-1844 [1]
- *Marine med skibe, Neapel* - Oil/canvas (57x78cm-22x31in) Köbenhavn 90 .... FF**219 500** - £**23 653** - **$38,713**

PRON Hector 1817-1905 [3]
- *A River Landscape* - Oil/canvas (113x225cm-44x89in) London 96 .... FF**68 100** - £**8 000** - **$13,240**

PRONASZKO Zbigniew 1885-1958 [6]
- *Fruits still life* - Oil/canvas (47x68cm-19x27in) Warszawa 96 .... FF**39 440** - £**4 980** - **$7,590**
- *Nature morte* - Aquarelle/papier (19x34cm-7x13in) Warszawa 96 .... FF**3 074** - £**389** - **$614**

PROOIJEN van Albert Jurardus 1834-1898 [12]
- *Rast der Pferde* - Oil/panel (13x27cm-5x11in) Wien 96 .... FF**13 720** - £**1 776** - **$2,743**

PROOST Alfons 1880-1957 [12]
- *Automne* - Huile/panneau (27x38cm-11x15in) Antwerpen 90 .... FF**42 100** - £**4 537** - **$7,425**

PROOYEN van Albert Jurardus 1834-1898 [16]
- *Sailingvessel off the coast* - Oil/canvas (16x24cm-6x9in) Amsterdam 97 .... FF**5 402** - £**575** - **$940**
- *Holländisches Flussufer* - Huile/panneau (20x40cm-8x16in) Bern 96 .... FF**12 220** - £**1 482** - **$2,376**

PROPER Ida Sedgwick 1876-1957 [2]
- *Paris at Night* - Oil/canvas (60x72cm-24x28in) New-York 97 .... FF**218 786** - £**22 972** - **$37,500**

PROPHETER Otto 1875-1927 [1]
- *Die Geschwister* - Öl/Leinwand (110x82cm-43x32in) Wien 92 .... FF**9 620** - £**1 150** - **$1,850**

PROSALENTIS Emilios 1859-1926 [29]
- *Moonlight scene* - Oil/canvas (41x44cm-16x17in) New-York 96 .... FF**45 000** - £**5 820** - **$9,000**
- *The Battle at Hellispondos* - Oil/canvas (65x110cm-26x43in) Athens 95 .... FF**88 000** - £**11 400** - **$18,000**
- *Fishing-boat at quay* - Watercolour/paper (47x35cm-19x14in) Athens 95 .... FF**25 570** - £**3 030** - **$4,730**

PROSALENTIS Pavlo 1857-1894 [2]
- *Arab coffee house* - Oil/canvas (92x73cm-36x29in) Athens 94 .... FF**300 000** - £**35 600** - **$55,500**

PROSALENTIS Spyros 1830-1895 [3]
- *Sailing Boat Kali Elpis* - Watercolour/paper (42x57cm-17x22in) Athens 96 .... FF**29 700** - £**3 830** - **$5,730**

PROSDOCINI Alberto 1852-? [30]
- *The Lion of San Marco, Venice* - Watercolour (59x23cm-23x9in) London 94 .... FF**2 090** - £**240** - **$358**
- *Fishing boats at moor* - Watercolour (18x30cm-7x12in) Chicago 94 .... FF**5 410** - £**642** - **$1,000**
- *Venice at dusk* - Watercolour (53x82cm-21x32in) London 92 .... FF**19 540** - £**2 000** - **$3,450**

PROSSER George Frederick c.1800-c.1880 [11]
- *Windsor Castle from the Meadows* - Watercolour (26x37cm-10x15in) London 96 .... FF**7 170** - £**850** - **$1,400**

PROST Gaston 1881-? [4]
- *Paysage* - Huile/toile (91x72cm-36x28in) Lyon 91 .... FF**6 500** - £**652** - **$1,191**

PROST Henri 1936 [4]
- *Séries Obliques* - Collage (120x80cm-47x31in) Stockholm 92 .... FF**6 600** - £**676** - **$1,162**

PROST Léon Henri 1874-1959 [1]
- *Esquisse: hippodrome, Constantinople* - Watercolour, gouache London 96 .... FF**44 500** - £**5 500** - **$8,600**

PROST Maurice 1894-? [22]
- *Tigre couché* - Huile/papier (66x99cm-26x39in) Paris 94 .... FF**35 000** - £**4 150** - **$6,470**
- *Canards* - Bronze Toulouse 95 .... FF**5 300** - £**700** - **$1,074**
- *A walking panther* - Sculpture (51cm-20in) London 91 .... FF**44 450** - £**4 490** - **$8,824**
- *Panthère noire* - Aquarelle, gouache (100x66cm-39x26in) Paris 94 .... FF**35 000** - £**4 150** - **$6,470**

PROTEAU Etienne XX [2]
- *Le clown* - Huile/toile (55x46cm-22x18in) Provins 92 .... FF**3 000** - £**308** - **$577**

PROTTI Alfredo 1882-1949 [1]
- *Donna con cappellino* - Olio/tela (37x28cm-15x11in) Prato 93 .... FF**28 830** - £**3 296** - **$4,900**

P

PROUDFOOT James 1908-1971 [3]
🖼 *Peter Perhaps Ustinov* - Oil/canvas (76x101cm-30x40in) London 91 .... FF2 793 - £280 - $461
PROUSE Rod 1945 [2]
🖼 *Landscape views (2)* - Oil/board (29x35cm-11x14in) Toronto 89 .... FF6 400 - £654 - $1,029
PROUST Maurice 1867-1944 [2]
🖼 *Sous-bois à Fontainebleau* - Huile/toile (22x25cm-9x10in) Paris 90 .... FF3 100 - £317 - $612
PROUT John Skinner 1806-1876 [24]
✏ *Saint-Wolfram, Abbeville* - Watercolour (46x33cm-18x13in) London 96 .... FF1 732 - £220 - $342
PROUT Margaret Fisher 1875-1963 [18]
🖼 *Flower Arranging* - Oil/board (106x75cm-42x30in) London 95 .... FF15 450 - £2 000 - $3,160
✏ *Farmyard* - Wash (30x40cm-12x16in) London 91 .... FF3 830 - £380 - $665
PROUT Samuel 1783-1852 [87]
✏ *The Grand Canal, Venice* - Watercolour (28x21cm-11x8in) London 95 .... FF6 400 - £800 - $1,293
Figure and Cattle, Norfolk - Watercolour (20x29cm-8x11in) London 97 .... FF17 790 - £1 900 - $3,093
The Rialto, Venice - Watercolour/paper (72x112cm-28x44in) New-York 94 .... FF64 300 - £7 440 - $11,000
PROUT Samuel Gillespie 1822-1911 [19]
✏ *Figures before a Cathedral* - Watercolour (34x24cm-13x9in) London 97 .... FF3 039 - £330 - $538
Figures in the Shadows of the Cathedral
   Watercolour/paper (55x38cm-22x15in) New-York 97 .... FF21 616 - £2 326 - $3,800
PROUVÉ Victor 1858-1943 [35]
🖼 *La conversation* - Huile/toile (73x52cm-29x20in) Paris 94 .... FF8 000 - £931 - $1,403
🖼 *Femmes et l'ange* - Huile/toile (92x65cm-36x26in) Paris 95 .... FF20 000 - £2 616 - $4,005
✏ *Bacchanale* - Gouache (33x100cm-13x39in) Paris 95 .... FF3 800 - £475 - $745
Le déjeuner dans les bois - Gouache (81x112cm-32x44in) Paris 95 .... FF12 000 - £1 500 - $2,352
PROUYEN van Anna 1858-1933 [2]
🖼 *Die Pferde spannen auf der Strasse aus* - Oil/panel (13x24cm-5x9in) Stuttgart 94 .... FF10 600 - £1 238 - $1,867
PROVEUR Jean-Marc XX [2]
📷 *War Memorial* - Photograph New-York 89 .... FF12 600 - £1 254 - $1,991
PROVINO Salvatore 1943 [3]
🖼 *Segni del corpo* - Olio/tela (70x50cm-28x20in) Vercelli 93 .... FF5 860 - £657 - $1,048
PROVIS Alfred 1843-1886 [16]
🖼 *News from Abroad* - Oil/panel (18x25cm-7x10in) London 95 .... FF4 330 - £550 - $878
🖼 *Minding baby* - Oil/canvas (34x30cm-13x12in) London 95 .... FF15 670 - £2 000 - $3,210
PROVIS Zoe 1884-1976 [1]
🖼 *Up for the Ball, Norwich City* - Oil/canvas (92x61cm-36x24in) London 97 .... FF6 065 - £649 - $1,048
PROWSE Ruth 1883-1967 [4]
🖼 *Union Celebrations, Cape Town* - Oil/canvas/board Cape Town 91 .... FF19 470 - £1 962 - $3,379
PRUCHA Gustav 1875-1934 [17]
🖼 *Troika scene* - Oil/canvas (53x79cm-21x31in) Detroit, Michigan 93 .... FF14 750 - £1 680 - $2,500
PRUD'HON Pierre-Paul 1758-1823 [28]
🖼 S*La Glorification du Prince de Condé* - Oil/canvas (136x84cm-54x33in) New-York 95 .... FF1 - £180 200 - $280,000
✏ *Tête d'enfant endormi* - Crayon (18x22cm-7x9in) Paris 92 .... FF68 000 - £6 960 - $12,240
Joseph et la femme de Putiphar - Pierre noire (23x28cm-9x11in) Paris 95 .... FF950 000 - £121 500 - $191,000
PRUIM Derk Jan 1816-1866 [1]
🖼 *Landscape with travellers on a track* - Oil/panel (30x39cm-12x15in) Amsterdam 90 .... FF16 600 - £1 672 - $3,252
PRUITT & EARLY 1964/1963 [6]
📿 *Painting for Teenage Boys*
   Embroidered patches/fabric (with shrinck wrap) (6) (20x20cm-8x8in) New-York 94 .... FF5 620 - £663 - $1,000
📷 *Poster for Teenage Boys* - Photograph in colour (48x73cm-19x29in) New-York 95 .... FF3 714 - £465 - $750
PRUNA Pedro 1904-1977 [56]
🖼 *Mujer pensativa* - Oleo/lienzo (81x64cm-32x25in) Madrid 96 .... FF36 650 - £4 750 - $7,240
🖼 *Femme à la mantille rouge* - Huile/toile (116x73cm-46x29in) Paris 95 .... FF92 000 - £12 150 - $18,640
Bañistas - Oleo/lienzo (92x73cm-36x29in) Madrid 91 .... FF460 500 - £46 520 - $91,416
✏ *Mère et enfant* - Gouache (60x42cm-24x17in) Paris 92 .... FF45 000 - £5 230 - $9,180
PRUNETTI Pierre XX [38]
🖼 *Toits de Saint-Tropez* - Huile/toile (50x61cm-20x24in) Cannes 93 .... FF4 800 - £579 - $873
PRUNIER Gaston 1863-1927 [4]
🖼 *Chaumière en Bretagne* - Huile/panneau (24x33cm-9x13in) Brest 96 .... FF3 200 - £412 - $621
PRUNIER Marcel XX [6]
✏ *French Cancan* - Crayon (52x39cm-20x15in) Paris 91 .... FF1 500 - £152 - $298
PRUNIER Pierre 1875-? [1]
🖼 *Portrait de Jorda* - Huile/toile (27x22cm-11x9in) Madrid 96 .... FF2 036 - £264 - $403
PRUNIN Simon 1930 [10]
🖼 *Belle élégante* - Technique mixte/carton (110x71cm-43x28in) Poitiers 91 .... FF2 800 - £282 - $486
✏ *Devant le téléviseur* - Pastel (79x74cm-31x29in) Les Andelys 90 .... FF4 300 - £440 - $849
PRUSHECK Harvey Gregory 1887-? [1]
🖼 *Slovenian village* - Oil/masonite (71x76cm-28x30in) New-York 89 .... FF13 700 - £1 363 - $2,164
PRUSZKOWSKI Witold 1846-1896 [2]
🖼 *Portrait de jeune femme* - Huile/toile/panneau (40x30cm-16x12in) Warszawa 93 .... FF18 530 - £1 960 - $3,000
✏ *Young peasant boy sleeping* - Ink (28x25cm-11x10in) Warszawa 94 .... FF2 210 - £254 - $375
PRUTSCHER Otto 1880-1949 [2]
✏ *Samowar* - Pencil (49x38cm-19x15in) Wien 92 .... FF6 250 - £747 - $1,203
PRY Lamont Old Ironsides 1921-1987 [3]
🖼 *Clyde Beatty/Cole brothers circus* - Painting (83x182cm-33x72in) New-York 92 .... FF5 400 - £552 - $1,000

PRYCE George Willis XIX-XX [8]
- *River landscape* - Oil/canvas Leamington Spa 94 .... FF3 750 - £450 - **$713**

PRYDE James 1869-1941 [9]
- *Archway, Venice* - Oil/canvas (32x25cm-13x10in) London 92 .... FF31 000 - £3 700 - **$5,960**
- *Ruined house* - Watercolour (16x14cm-6x6in) London 95 .... FF5 640 - £720 - **$1,155**

PRYDS BECK Henrik 1946 [6]
- *Komposition* - Oil/canvas (135x60cm-53x24in) København 91 .... FF2 290 - £230 - **$396**

PRYN Harald 1891-1968 [121]
- *Vinterdag i Kajerod* - Oil/canvas (70x100cm-28x39in) København 96 .... FF3 565 - £462 - **$713**
- *Quais de la Seine, Paris* - Huile/toile (66x97cm-26x38in) Wien 95 .... FF8 940 - £1 150 - **$1,846**
- *Wooded winter landscape* - Oil/canvas (98x132cm-39x52in) London 95 .... FF34 760 - £4 200 - **$6,410**

PRYNNE Edward A. Fellowes 1854-1921 [2]
- *Laborare Est Orare* - Oil/canvas (124x99cm-49x39in) New Orleans, Louisiana 95 .... FF8 300 - £1 060 - **$1,700**

PRYSE Gerald Spencer 1882-1956 [2]
- *A Day at the Races* - Oil/canvas (76x64cm-30x25in) London 95 .... FF63 300 - £8 000 - **$12,700**
- *Niger Steamers Loading Groundnuts* - Poster (102x152cm-40x60in) London 96 ...... FF17 150 - £2 200 - **$3,380**

PSCHELNIKOWA Olga XIX-XX [2]
- *Abstrakte Komposition* - Watercolour (22x32cm-9x13in) München 94 .... FF1 544 - £183 - **$286**
- *Abstrakte Kompositionen* - Watercolour (31x20cm-12x8in) München 94 .... FF2 745 - £325 - **$508**

PTJELIN V. 1869-1941 [1]
- *Vintermotiv, 1917* - Oil/canvas (71x44cm-28x17in) Uppsala 89 .... FF6 300 - £627 - **$995**

PTSCHELNIKOWA Olga XIX-XX [2]
- *Konstruktivische weibl. Figur* - Coloured chalks/paper (41x28cm-16x11in) Bielefeld 95 ...... FF2 070 - £268 - **$421**

PUCCINELLI Antonio 1822-1897 [2]
- *Strage degli Innocenti* - Olio/tela (66x48cm-26x19in) Roma 92 .... FF100 700 - £11 980 - **$19,370**
- *Il poeta Tommaseo* - Olio/tela (27x19cm-11x7in) Milano 90 .... FF133 000 - £13 393 - **$26,053**

PUCCINI Mario 1869-1920 [20]
- *Effetto di pioggia* - Olio/tavola (33x42cm-13x17in) Milano 95 .... FF84 500 - £10 920 - **$17,360**
- *Contadinella al pozzo* - Olio/tavola (63x60cm-25x24in) Milano 95 .... FF362 400 - £46 800 - **$74,400**

PUCHINGER Erwin 1876-1944 [8]
- *Auf der Hausbank* - Ol/Leinwand (90x111cm-35x44in) Wien 97 .... FF7 667 - £806 - **$1,316**
- *Allegorie der Kunst* - Aquarell/Papier (75x30cm-30x12in) Wien 94 .... FF3 410 - £409 - **$663**

PUDLICH Robert 1905-1962 [11]
- *Haus unter Bäumen* - Oil/panel (47x66cm-19x26in) Köln 96 .... FF13 600 - £1 550 - **$2,600**
- *Weiblicher Akt* - Pencil/paper (59x43cm-23x17in) Köln 97 .... FF3 978 - £41 8 7 - **$68,1 1**

PUDLOO Nowdlak XX [2]
- *Caribou* - Sculpture (24cm-9in) Montréal 91 .... FF1 720 - £171 - **$299**

PUEBLO André 1911 [2]
- *Bords de rivière* - Huile/toile (38x55cm-15x22in) Versailles 92 .... FF9 500 - £1 134 - **$1,827**

PUECH Denys 1854-1942 [10]
- *Tête de jeune garçon* - Bronze Saint-Germain-en-Laye 95 .... FF5 900 - £753 - **$1,190**
- *La Sirène* - Bronze (80cm-31in) London 97 .... FF60 409 - £6 500 - **$10,620**

PUECHMAGRE Frédéric ?-1914 [2]
- *Fra Montmartre* - Oil/panel (22x27cm-9x11in) København 91 .... FF6 580 - £655 - **$1,132**
- *Attelage* - Aquarelle (31x47cm-12x19in) Paris 93 .... FF2 000 - £241 - **$364**

PUENTE Rogelio 1936 [3]
- *Invernadero con nenúfares* - Oleo/tabla (16x12cm-6x5in) Madrid 95 .... FF3 430 - £451 - **$689**

PUGET Pierre 1620-1694 [6]
- *Famille de Darius et Alexandre* - Terracotta (31x64cm-12x25in) Paris 96 .... FF55 000 - £6 890 - **$10,610**

PUGGAARD Bolette Cathrine 1798-1847 [2]
- *Roman Campagna* - Oil/canvas (54x109cm-21x43in) København 95 .... FF13 260 - £1 628 - **$2,583**

PUGI G. XIX-XX [9]
- *Apolo y Venus* - Alabaster (65cm-26in) Madrid 97 .... FF8 000 - £900 - **$1,440**

PUGIN Augustus Charles 1769-1832 [3]
- *Queen Elizabeth receiving the Bishops* - Watercolour (27x33cm-11x13in) London 97 ...... FF7 051 - £750 - **$1,215**

PUGIN Augustus Welby North 1812-1852 [3]
- *Street scene, London* - Watercolour (16x11cm-6x4in) London 95 .... FF5 030 - £650 - **$1,027**

PUGLIESE Albert 1949 [6]
- *Automne en Provence* - Aquarelle (45x59cm-18x23in) Calais 90 .... FF3 200 - £343 - **$557**

PUGLIESE LEVI Clemente 1855-1936 [4]
- *Verdi primaverili* - Olio/tela (59x82cm-23x32in) Milano 95 .... FF24 100 - £3 200 - **$4,910**

PUHONNY Ivo 1876-? [1]
- *Stuttgartansicht mit Galeriegebäude* - Öl/Karton (57x106cm-22x42in) Stuttgart 92 ...... FF21 760 - £2 227 - **$3,830**

PUHONNY Victor 1838-1909 [6]
- *Pêcheur en forêt noire* - Huile/toile (47x70cm-19x28in) Rennes 97 .... FF17 000 - £1 787 - **$2,921**

PUIFORCAT Jean 1897-1945 [2]
- *Tête d'expression* - Bronze (18cm-7in) Paris 95 .... FF2 800 - £354 - **$567**

PUIG August 1929 [6]
- *Komposition* - Mixed media/canvas (81x113cm-32x44in) Stockholm 94 .... FF15 860 - £1 880 - **$2,930**

PUIG José Manuel Puchyn 1910 [1]
- *Oiseau ascensionnel* - Bois (108x38x60cm-43x15x24in) Paris 94 .... FF17 500 - £2 090 - **$3,280**

P

PUIG RODA Gabriel 1865-1919 [16]
- *Plantas silvestres* - Oleo/tabla (19x29cm-7x11in) Madrid 97 .... FF14 000 - £1 505 - **$2,450**
- *The interval* - Oil/canvas (30x50cm-12x20in) London 94 .... FF144 000 - £17 000 - **$25,840**
- *A proposition* - Watercolour/paper (51x76cm-20x30in) New-York 92 .... FF75 000 - £7 840 - **$13,500**

PUIG Y PERUCHO Bonaventura 1886-1977 [3]
- *Arrabal de Barcelona* - Oleo/lienzo (81x99cm-32x39in) Madrid 94 .... FF12 430 - £1 428 - **$2,127**

PUIGAUDEAU du Ferdinand Loyen 1864-1930 [121]
- *Le petit train, Nantes* - Huile/carton (14x18cm-6x7in) Provins 97 .... FF19 000 - £2 043 - **$3,335**
- *Pommiers* - Huile/toile (60x73cm-24x29in) Paris 96 .... FF67 000 - £8 710 - **$13,270**
- *Venise* - Oil/canvas (47x56cm-19x22in) New-York 97 .... FF108 572 - £11 639 - **$19,000**
- *Le pommier en fleur* - Oil/canvas (60x73cm-24x29in) London 97 .... FF183 398 - £19 000 - **$31,416**
- *Fête foraine de nuit* - Huile/toile (60x81cm-24x32in) Brest 97 .... FF230 000 - £24 909 - **$40,388**
- *Bretonnes avant la procession* - Aquarelle, gouache (23x31cm-9x12in) Paris 92 .... FF52 000 - £5 320 - **$9,150**

PUIGDENGOLAS BARELLA Josep 1906-1987 [6]
- *La Foradada, Mallorca* - Oleo/lienzo (60x75cm-24x30in) Madrid 96 .... FF24 430 - £3 170 - **$4,830**
- *Flores* - Gouache (40x32cm-16x13in) Madrid 93 .... FF7 490 - £862 - **$1,285**

PUISSANT Alfred 1893-? [1]
- *In the studio* - Oil/canvas (89x130cm-35x51in) London 96 .... FF12 770 - £1 600 - **$2,464**

PUJOL de Abel 1797-1861 [8]
- *Mirabeau devant Dreux-Brézé* - Huile (70x110cm-28x43in) Monaco 90 .... FF110 000 - £11 248 - **$21,712**
- *Autoportrait* - Dessin (23x18cm-9x7in) Chaumont 91 .... FF16 000 - £1 600 - **$2,635**

PUJOL de Abel Alexandre, fils XIX [2]
- *Gorges du Rummel, Constantine* - Huile/toile (61x80cm-24x31in) Paris 94 .... FF3 700 - £428 - **$639**

PUJOL DE GUASTAVINO Clément 1850-1905 [12]
- *Reading the order of the Day* - Oil/panel (61x49cm-24x19in) New-York 94 .... FF122 800 - £14 200 - **$21,000**
- *Hookah smoker* - Watercolour (69x51cm-27x20in) New-York 95 .... FF61 600 - £7 560 - **$12,000**

PUJOL Paul, Casimir-Paul 1848-? [5]
- *Charrette des condamnés* - Oil/canvas (188x137cm-74x54in) New-York 92 .... FF59 400 - £6 070 - **$11,000**
- *Terrasse de St. Marc, Venise* - Aquarelle (55x38cm-22x15in) Le Touquet 93 .... FF3 000 - £362 - **$546**
- *Paris, sortie de l'atelier; rue de la Paix* - Gouache (37x48cm-15x19in) New-York 97 .... FF45 480 - £4 898 - **$8,000**

PUKO Piotr 1915 [3]
- *Nadia* - Huile/toile (37x47cm-15x19in) Paris 90 .... FF5 300 - £539 - **$1,060**

PULGA Bruno 1922 [7]
- *Figura* - Olio/tela (75x65cm-30x26in) Milano 91 .... FF16 860 - £1 691 - **$2,783**

PULHAM Peter Rose 1910-1956 [5]
- *Eugene Berman* - Silver print (21x21cm-8x8in) London 95 .... FF3 480 - £450 - **$712**

PULIAN Gottfried Johann 1809-1875 [2]
- *The church of St. Nicholas, Ghent* - Oil/canvas (54x42cm-21x17in) London 90 .... FF77 500 - £8 031 - **$13,620**

PULICANI Jean 1930 [4]
- *Zonza* - Huile/toile (54x65cm-21x26in) Blois 94 .... FF4 500 - £538 - **$852**

PULINCKX Louis 1843-1910 [4]
- *Reading by the shore, Naples* - Oil/canvas (117x147cm-46x58in) London 94 .... FF24 000 - £2 800 - **$4,210**

PULLEE Margaret 1910 [2]
- *Street in Antalya* - Oil/board (61x61cm-24x24in) London 94 .... FF6 490 - £750 - **$1,118**

PULSFORD Charles Denise 1912-1989 [7]
- *Hugh Mac Diarmid* - Oil/canvas (56x61cm-22x24in) Glasgow 96 .... FF4 240 - £550 - **$831**

PULVIRENTI Giuseppe 1956 [2]
- *The dance* - Oil/canvas (96x129cm-38x51in) London 91 .... FF2 760 - £278 - **$538**

PUMPHREY William c.1810-c.1865 [1]
- *Old Wharf, Skeldergate* - Salt print (15x20cm-6x8in) London 96 .... FF3 874 - £500 - **$748**

PÜMPIN Fritz 1901-1972 [4]
- *Schneeballschlacht in Gelterkinden* - Öl/Leinwand (60x73cm-24x29in) Zofingen 95 .... FF34 000 - £4 450 - **$6,810**

PUNT Johannes 1711-1779 [1]
- *Mercury & a Muse attended by Cupids* - Ink/paper (9x13cm-4x5in) New-York 91 .... FF3 800 - £383 - **$741**

PÜNTENER Eugen 1904-1952 [3]
- *Frierender* - Bois (27cm-11in) Zofingen 94 .... FF4 420 - £519 - **$787**

PUNZO Ciro 1850-1925 [1]
- *Figura nel paesaggio* - Olio/tavola (11x18cm-4x7in) Roma 95 .... FF3 744 - £492 - **$744**

PURDY Albert J. 1835-1909 [1]
- *The Little Sailor* - Oil/canvas (107x80cm-42x31in) New-York 95 .... FF8 370 - £1 095 - **$1,700**

PURDY Donald 1924 [3]
- *Young girls by the beach* - Oil/board (41x51cm-16x20in) Litchfield, CT 92 .... FF11 520 - £1 180 - **$2,400**

PURICELLI GUERRA Giuseppe 1832-1894 [2]
- *Lady with a lute* - Oil/canvas (43x34cm-17x13in) Chicago 96 .... FF5 560 - £722 - **$1,100**
- *Young Italian boy, seated* - Watercolour/paper (23x15cm-9x6in) Wien 96 .... FF3 840 - £466 - **$747**

PURIFICATO Domenico 1915-1984 [38]
- *Marina* - Olio/carta (50x73cm-20x29in) Roma 92 .... FF29 050 - £3 456 - **$5,590**
- *Paesaggio con contadini* - Olio/tela (50x70cm-20x28in) Roma 91 .... FF60 800 - £6 038 - **$10,557**
- *Ragazzo con gabbiani* - Acquarello (51x36cm-20x14in) Roma 93 .... FF10 980 - £1 232 - **$1,965**

PURO Weikko 1884-1959 [3]
- *Åbo om vintern* - Oil/canvas (56x45cm-22x18in) Helsinki 92 .... FF11 470 - £1 174 - **$2,020**

PURRMANN Hans 1880-1966 [101]
- *Flowers in a vase* - Oil/canvas (73x60cm-29x24in) London 95 .... FF204 400 - £27 000 - **$41,400**
- *Langenargen am Bodensee* - Öl/Leinwand (65x81cm-26x32in) Berlin 97 .... FF485 645 - £51 577 - **$84,596**

Aus Ischia - Öl/Leinwand (46x55cm-18x22in) Köln 97 .... FF743 490 - £78 144 - **$127,292**
Collioure - Aquarell (49x59cm-19x23in) Pforzheim 95 .... FF21 360 - £2 664 - **$4,314**

PURRMANN Paul 1873-? [1]
Baumbestandener Fahrweg - Öl/Leinwand (52x73cm-20x29in) Stuttgart 95 .... FF3 850 - £494 - **$793**

PURRMANN-HAUFLER Karl 1877-1966 [12]
Stadt Neuffen - Oil/panel (45x50cm-18x20in) Pforzheim 93 .... FF5 430 - £648 - **$1,044**

PURSELL Weimer 1906-1974 [3]
Chicago World's Fair - Poster (104x69cm-41x27in) New-York 96 .... FF8 090 - £1 033 - **$1,600**

PURSER Sarah Henrietta 1848-1943 [3]
Landscape with tree - Oil/canvas (43x54cm-17x21in) Glasgow 92 .... FF5 860 - £700 - **$1,125**

PURSER William c.1790-c.1852 [8]
The Bay of Constantinople - Watercolour (30x46cm-12x18in) Aylsham, Norfolk 94 .... FF37 500 - £4 400 - **$6,670**

PURTSCHER Alfons 1885-1962 [6]
Pferde in Landschaft - Öl/Leinwand (76x92cm-30x36in) Wien 95 .... FF12 370 - £1 572 - **$2,464**
Hyde-Park/Im Hafen/Gemüsefeld/... - Mischtechnik/Papier (28x28cm-11x11in) Wien 96 .... FF3 370 - £421 - **$652**

PURTSCHER-WYDENBRUCK Nora, Countess 1894-1957 [2]
Vase of Roses - Oil/canvas (72x61cm-28x24in) London 96 .... FF5 220 - £680 - **$1,080**

PURVIS John Milne, Tom 1888-1957 [8]
Robin Hood's Bay, LNER - Poster (99x64cm-39x25in) London 95 .... FF5 790 - £700 - **$1,070**

PURVIS Tom 1888-1957 [10]
Visit India - Poster (101x127cm-40x50in) New-York 95 .... FF7 800 - £1 016 - **$1,600**
East Coast Resorts - Poster (100x128cm-39x50in) New-York 96 .... FF21 400 - £2 520 - **$4,200**

PURVITIS Wilhelm C. 1872-1945 [2]
Karelia, sunset - Oil/canvas (40x60cm-16x24in) Moscow 93 .... FF35 400 - £4 030 - **$6,000**

PURY de Edmond Jean 1845-1911 [9]
La Valaisanne - Öl/Leinwand (176x86cm-69x34in) Zürich 94 .... FF48 600 - £5 760 - **$8,970**

PURYEAR Martin 1941 [7]
Own - Painted basswood (120x5x120cm-47x2x47in) New-York 96 .... FF662 000 - £78 000 - **$130,000**

PURYGIN Leonid 1951 [6]
Le naufrage du Titanic - Huile/toile (81x100cm-32x39in) Paris 90 .... FF45 000 - £4 787 - **$8,050**

PUSA Unto 1913-1973 [4]
Svetsaren - Oil/canvas (61x50cm-24x20in) Helsinki 93 .... FF12 300 - £1 388 - **$2,024**

PUSAK Rudolf 1908-? [2]
Cottage - Oil/panel (66x61cm-26x24in) Wien 93 .... FF3 710 - £439 - **$618**

PUSCHKIN Josef 1827-? [1]
Kap Arcona auf Rügen - Aquarell (23x35cm-9x14in) Hamburg 95 .... FF4 810 - £636 - **$974**

PUSHMAN Hovsep T. 1877-1966 [17]
Oriental still life - Oil/canvas (73x62cm-29x24in) New-York 95 .... FF112 000 - £14 300 - **$23,000**

PUSOLE Pierluigi 1963 [3]
Paesaggi, trittico - Acrilico/tela (60x180cm-24x71in) Prato 97 .... FF17 680 - £2 080 - **$3,120**

PUTEANI von Friedrich 1849-1917 [8]
Historisk byscen - Oil/canvas (23x57cm-9x22in) Stockholm 96 .... FF13 840 - £1 726 - **$2,673**

PUTHUFF Hanson Duvall 1875-1972 [29]
California seascape - Oil/canvas (66x77cm-26x30in) New-York 96 .... FF30 900 - £3 840 - **$6,000**
San Gabriel Wash
Oil/canvas (137x168cm-54x66in) San Francisco-Los Angeles 96 .... FF168 400 - £21 100 - **$32,500**

PUTINATI Francesco 1775-1848 [1]
Antonio Canova - Metal (7cm-3in) Wien 96 .... FF4 320 - £524 - **$840**

PUTMAN Brenda 1890-1975 [4]
The Spear Dance - Bronze (62cm-24in) New-York 93 .... FF16 920 - £1 936 - **$3,000**
Midsummer - Marble (135cm-53in) New-York 95 .... FF40 900 - £5 180 - **$8,000**

PUTNAM Arthur 1873-1930 [8]
Standing leopard - Bronze (11x7x18cm-4x3x7in) San Francisco-Los Angeles 91 .... FF13 480 - £1 348 - **$2,220**

PUTNAM Stephen Greely 1852-? [1]
Natarnie - Oil/canvas (107x86cm-42x34in) New-York 94 .... FF38 500 - £4 490 - **$6,750**

PUTOIS Paul 1912-1990 [3]
Les deux clowns - Huile/panneau (53x45cm-21x18in) Paris 90 .... FF2 500 - £252 - **$490**

PUTOT Michel 1948 [34]
Nature morte à la bouteille noire - Huile/toile (27x19cm-11x7in) Saint-Dié 94 .... FF2 700 - £313 - **$464**
Petit orchestre - Huile/toile (46x33cm-18x13in) Versailles 93 .... FF8 000 - £900 - **$1,356**
L'orchestre - Huile/toile (73x54cm-29x21in) Versailles 92 .... FF12 000 - £1 228 - **$2,160**

PUTSAGE Marguerite 1868-1946 [3]
Nu blotti - Huile/toile (80x60cm-31x24in) Bruxelles 96 .... FF4 600 - £532 - **$881**

PUTTAERT Emile 1829-1901 [1]
Sous-bois, 1876 - Huile/toile/panneau (39x57cm-15x22in) Bruxelles 90 .... FF4 100 - £439 - **$713**

PUTTE van de Jan 1828-1872 [2]
Paysage à Damme - Huile/toile (40x65cm-16x26in) Bruxelles 96 .... FF5 860 - £760 - **$1,173**

PUTTI Massimiliano 1809-1890 [1]
Bust of a gentleman - Marble (67cm-26in) London 96 .... FF11 780 - £1 500 - **$2,270**

PÜTTNER Josef Carl Berthold 1821-1881 [8]
Fischerhafen in Holland - Öl/Leinwand (50x65cm-20x26in) Wien 95 .... FF34 800 - £4 270 - **$6,780**

Mending the nets at Low Tide - Pencil (30x23cm-12x9in) London 92 .... FF3 710 - £380 - **$656**

PÜTTNER Walter 1872-1953 [4]
The Seamstress - Oil/canvas (130x150cm-51x59in) New-York 94 .... FF24 550 - £2 820 - **$4,200**

PUTZ Leo 1869-1940 [59]
Im Garten - Öl/Leinwand (126x161cm-50x63in) München 94 .... FF1 - £180 500 - **$274,000**
Kätherl - Öl/Leinwand (46x38cm-18x15in) Berlin 96 .... FF98 300 - £12 260 - **$19,000**
Frau Lilli Moll - Öl/Leinwand (204x150cm-80x59in) Köln 95 .... FF240 200 - £31 400 - **$48,800**
Dame im Kahn - Öl/Leinwand (124x119cm-49x47in) München 94 .... FF515 000 - £61 000 - **$95,100**

PUTZ Ludwig 1866-? [2]
Tankabwehr - Oil/board (48x69cm-19x27in) München 92 .... FF4 080 - £418 - **$718**

PUVIS DE CHAVANNES Pierre C. 1824-1898 [143]
Bresse Bourguignonne - Huile/toile (40x75cm-16x30in) Paris 97 .... FF19 000 - £1 979 - **$3,237**
L'Été - Peinture (57x81cm-22x32in) Paris 95 .... FF72 000 - £9 050 - **$14,400**
Le repos - Oil/canvas (63x93cm-25x37in) New-York 97 .... FF284 250 - £30 615 - **$50,000**
Sainte Geneviève en prière - Oil/paper (136x76cm-54x30in) New-York 93 .... FF2 9e+06 - £262 000 - **$380,000**
Normandie - Lithographie (45x38cm-18x15in) Paris 93 .... FF5 000 - £603 - **$910**
Bouleau - Watercolour (23x16cm-9x6in) London 97 .... FF40 000 - £4 200 - **$688,0 2**
Reclining Nymph - Black & white chalks (32x46cm-13x18in) London 96 .... FF80 900 - £9 500 - **$15,900**

PUVIS Gérard 1950 [2]
Débordememnt - Huile/carton (81x54cm-32x21in) La Varenne Saint-Hilaire 90 .... FF4 000 - £413 - **$707**

PUVREZ Henri 1893-1971 [12]
Fauconnier - Stone (103cm-41in) Amsterdam 94 .... FF33 450 - £3 950 - **$5,950**
Nu - Pastel (71x53cm-28x21in) Antwerpen 90 .... FF5 500 - £593 - **$970**

PUY Jean 1876-1960 [175]
Bouquet de fleurs - Huile/toile (49x61cm-19x24in) Paris 97 .... FF8 000 - £866 - **$1,414**
Gros temps à St Tropez - Huile/toile (50x65cm-20x26in) Paris 97 .... FF32 000 - £3 334 - **$5,452**
Barques, St Tropez - Huile/papier (53x72cm-21x28in) Paris 97 .... FF50 000 - £5 210 - **$8,520**
Nu devant le miroir - Oil/canvas (82x60cm-32x24in) London 94 .... FF71 500 - £8 500 - **$13,070**
Femme au violoncelle - Huile/toile (81x116cm-32x46in) Paris 97 .... FF143 000 - £15 644 - **$24,911**
Monts et ciel - Pastel/papier (23x30cm-9x12in) Lyon 97 .... FF9 000 - £974 - **$1,576**

PUYENBROECK van Gregoor 1906-1982 [1]
Nature morte aux fruits - Huile/toile (50x60cm-20x24in) Antwerpen 92 .... FF6 590 - £787 - **$1,268**

PUYENBROECK van Jan 1887-1972 [6]
Madame Singer de Grauw - Huile/toile (97x82cm-38x32in) Antwerpen 90 .... FF3 200 - £343 - **$557**

PUYET José 1926 [9]
Joven - Oleo/lienzo (81x66cm-32x26in) Madrid 93 .... FF12 920 - £1 554 - **$2,517**

PUYL van der Gérard, Louis Fr. 1750-1824 [5]
Portrait de famille - Huile/toile (86x76cm-34x30in) Paris 95 .... FF25 000 - £3 240 - **$5,200**

PUYO Constant Emile Joac. 1857-1933 [8]
Les papillons blancs - Platinum print (16x23cm-6x9in) New-York 96 .... FF9 300 - £1 152 - **$1,800**

PUYROCHE-WAGNER Elise 1828-1895 [3]
Jetée de fleurs - Huile/toile (51x63cm-20x25in) Lyon 93 .... FF32 000 - £3 640 - **$5,420**

PY Jan 1921 [15]
Rêve à Nice - Huile/toile (65x81cm-26x32in) Compiègne 90 .... FF33 000 - £3 409 - **$5,830**

PYCKE François 1890-1970 [14]
Monsieur et Madame Bonnel - Oil/canvas (60x50cm-24x20in) London 96 .... FF17 560 - £2 200 - **$3,390**

PYCKE Octave 1904-1968 [4]
Chaumière brabançonne - Huile/panneau (18x40cm-7x16in) Antwerpen 96 .... FF2 950 - £358 - **$574**

PYE William 1938 [4]
Portally Cove, Co. Waterford - Oil/canvas/board (76x122cm-30x48in) London 96 .... FF11 620 - £1 500 - **$2,244**

PYK Madeleine 1934 [192]
Vid cafébordet - Oil/canvas (46x40cm-18x16in) Stockholm 96 .... FF3 080 - £392 - **$593**
Komposition - Oil/canvas (134x99cm-53x39in) Stockholm 95 .... FF11 550 - £1 470 - **$2,345**
Stranbild - Oil/canvas (72x92cm-28x36in) Stockholm 96 .... FF35 400 - £4 410 - **$6,830**

PYLE Howard 1853-1911 [7]
Couple walking along Colonial street - Oil/board (25x13cm-10x5in) New-York 94 .... FF85 600 - £10 050 - **$15,000**

PYLES Virgil E. 1891-? [1]
Two soldiers hiding in shed - Oil/canvas (81x81cm-32x32in) New-York 96 .... FF4 920 - £635 - **$950**

PYM Jessie XIX-XX [2]
Working horses - Watercolour (25x38cm-10x15in) Penzance, Cornwall 94 .... FF1 510 - £180 - **$284**

PYNACKER Adam 1622-1673 [10]
Italianate landscape with figures - Oil/panel (39x50cm-15x20in) London 96 .... FF612 000 - £76 200 - **$118,800**

PYNAS Jan Symonsz 1583/84-1631 [7]
The flagellation of Christ - Oil/panel (46x33cm-18x13in) London 97 .... FF45 326 - £4 800 - **$7,800**

PYNE Ganesh 1937 [14]
The Encounter - Tempera/canvas (41x55cm-16x22in) London 96 .... FF113 300 - £14 000 - **$21,900**
Pranam Pryadarshini - Ink/paper (19x12cm-7x5in) London 96 .... FF17 800 - £2 200 - **$3,440**
Still life - Tempera/paper (22x26cm-9x10in) London 96 .... FF48 600 - £6 000 - **$9,370**

PYNE George 1800-1884 [30]
The Wall, Eton College - Watercolour (18x32cm-7x13in) London 96 .... FF5 040 - £650 - **$972**
Eton College - Watercolour (15x20cm-6x8in) London 96 .... FF17 000 - £2 200 - **$3,340**

PYNE James Baker 1800-1870 [57]
Peep at the Metropolis - Oil/panel (31x46cm-12x18in) London 96 .... FF42 300 - £5 500 - **$8,370**
Sunrise, Windsor Castle - Oil/canvas (87x138cm-34x54in) New-York 96 .... FF175 000 - £21 200 - **$34,000**

Woman washing clothes - Watercolour (26x43cm-10x17in) London 97 .... FF*17 874* - £*1 900* - **$3,080**
   PYNE Thomas 1843-1935 [28]
Figures harvesting wheat - Oil/canvas (69x97cm-27x38in) Bletchingley, Surrey 92.......... FF*16 600* - £*1 700* - **$2,924**
   PYNE William Henry 1769-1843 [7]
A sheep fair - Watercolour (30x40cm-12x16in) Crewkerne, Somerset 92 .... FF*7 600* - £*780* - **$1,460**
   PYYSIÄINEN Valdemar 1902-1978 [3]
Church interior - Oil/canvas (60x70cm-24x28in) Göteborg 94 .... FF*2 576* - £*299* - **$444**

Q

   QOTBI Medhi XX [2]
Rencontre avec Claude Mauriac - Gouache (65x50cm-26x20in) Paris 89................................ FF*3 500* - £*338* - **$531**
   QUACKENBUSH Ralph 1933 [4]
Spring on Grass Mountain
   Oil/canvas/board (30x40cm-12x16in) San Francisco-Los Angeles 96 .... FF*11 740* - £*1 360* - **$2,250**
Atomic bomb explosion - Chromagenic print (30x38cm-12x15in) New-York 94 .... FF*1 992* - £*238* - **$375**
   QUADAL Martin Ferdinand 1736-1808 [6]
A tea service on a tray - Oil/canvas (39x49cm-15x19in) London 91 .... FF*104 100* - £*10 664* - **$19,436**
   QUADRELLI Emilio 1863-1925 [1]
Castelli di Cannero, Lago Maggiore - Olio/tavola (32x48cm-13x19in) Milano 90................ FF*5 320* - £*541* - **$1,064**
   QUADRONE Giovanni Battista 1844-1898 [7]
Il filosofo - Oil/panel (21x15cm-8x6in) New-York 92 .... FF*67 600* - £*8 070* - **$13,000**
   QUAEDVLIEG Carel Max Gerlach 1823-1874 [11]
Raccogliendo fascine - Olio/tela (60x50cm-24x20in) Roma 96 .... FF*20 100* - £*2 520* - **$3,840**
   Carnival, Piazza Colonna, Rome
   Oil/canvas (74x100cm-29x39in) San Francisco-Los Angeles 94 .... FF*160 000* - £*19 100* - **$30,000**
   QUAGLIA Carlo 1903-1970 [22]
Panorama romano - Öl/Metall (50x70cm-20x28in) Roma 91 .... FF*6 380* - £*654* - **$1,191**
A military encampment - Oil/canvas (16x24cm-6x9in) London 93 .... FF*21 600* - £*2 600* - **$3,770**
   QUAGLIA Ferdinando 1780-1853 [1]
Prince Lucien Murat - Miniature (6cm-2in) Cannes 92 .... FF*136 000* - £*13 920* - **$26,670**
   QUAGLINO Massimo 1899-1982 [3]
Fiori secchi - Olio/tela (52x45cm-20x18in) Torino 93 .... FF*9 370* - £*1 074* - **$1,595**
   QUAGLIO Angelo I 1778-1815 [1]
Intérieur d'un palais, Italie du Nord - Aquarelle (36x51cm-14x20in) Monaco 92 .... FF*20 000* - £*2 387* - **$3,850**
   QUAGLIO Angelo II 1829-1890 [2]
Nürnberg - Watercolour/paper (24x29cm-9x11in) London 93 .... FF*22 400* - £*2 700* - **$3,915**
   QUAGLIO Domenico 1787-1837 [15]
Burgruine Falkenstein - Oil/panel (50x45cm-20x18in) München 94 .... FF*109 800* - £*13 000* - **$20,300**
Kapelle an der Würm - Pencil (33x45cm-13x18in) Heidelberg 91 ...... FF*2 844* - £*351* - **$550**
   Burg Trausnitz Oberhalb - Pencil/paper (21x29cm-8x11in) München 92 .... FF*14 920* - £*1 782* - **$2,870**
   QUAGLIO Franz 1844-1920 [27]
Berittene Soldaten - Öl/Leinwand (36x44cm-14x17in) Köln 95 .... FF*8 280* - £*1 078* - **$1,700**
Zigeunerlager - Öl/Leinwand (27x20cm-11x8in) München 96 .... FF*18 300* - £*2 295* - **$3,530**
The Circus - Oil/panel (26x46cm-10x18in) London 95 .... FF*48 000* - £*5 800* - **$8,850**
   QUAGLIO Lorenzo 1793-1869 [13]
Der Blumenkavalier - Oil/canvas (25x31cm-10x12in) München 92 .... FF*68 000* - £*6 960* - **$13,330**
Jäger Hilft Sennerin am Schliersee - Öl/Leinwand (47x38cm-19x15in) München 93 ...... FF*196 600* - £*23 500* - **$37,800**
Tyrolean Village/Tyrolean Procession - Watercolour (20x28cm-8x11in) London 97 .... FF*127 737* - £*14 000* - **$22,418**
   QUAGLIO Simon 1795-1878 [3]
The Schrannemplatz, Munich - Wash (20x26cm-8x10in) London 91 .... FF*59 500* - £*6 039* - **$10,746**
   QUANCHI Leo 1892-? [1]
Flight - Oil/canvas (76x121cm-30x50in) San Francisco-Los Angeles 95 .... FF*2 930* - £*380* - **$600**
   QUANTE Otto 1875-1947 [1]
Wegweiser nach Freudenstadt - Öl/Karton (17x13cm-7x5in) Frankfurt 94 .... FF*3 780* - £*450* - **$712**
   QUANTIN Ernestine Schwind 1820-? [1]
Portrait de femme - Huile/toile/carton (28x25cm-11x10in) Paris 93 .... FF*4 600* - £*526* - **$780**
   QUANTIN Henry 1865-? [8]
Dans le parc - Huile/toile (57x64cm-22x25in) Antwerpen 96.. FF*16 430* - £*2 120* - **$3,170**
   QUARCK Karl 1869-1950 [2]
Rheintal an einem Herbsttag - Oil/canvas (68x105cm-27x41in) Stuttgart 91 .... FF*2 197* - £*221* - **$380**
   QUAREZ Michel 1938 [2]
Salon International de l'Architecture - Poster (149x203cm-59x80in) New-York 92 .... FF*3 410* - £*349* - **$600**
   QUARRIE Miss J. McG. XIX-XX [2]
Cottage in a landscape - Watercolour (32x28cm-13x11in) London 92 .... FF*1 675* - £*200* - **$323**
   QUARTI MARCHIO Ernesto 1907 [4]
Giovane donna - Olio/cartone/tela (50x35cm-20x14in) Milano 90.................................... FF*8 200* - £*884* - **$1,446**

Pastore - Olio/cartone (170x95cm-67x37in) Milano 90 .... FF**57 200** - £**6 164** - **$10,088**
  QUARTLEY Arthur 1839-1886 [15]
🖼 *Morning, Raritan Bay* - Oil/canvas (66x51cm-26x20in) New-York 93 .... FF**23 650** - £**2 966** - **$4,300**
  QUARTREMAINE William W. XIX-XX [1]
✎ *Summer landscape/Winter* - Watercolour (12x20cm-5x8in) London 90 .... FF**15 500** - £**1 630** - **$2,696**
  QUAST Johann Zacharias 1814-1891 [2]
🖼 *Biedermeier-Herr, Edler von Stark* - Painting (14x19cm-6x7in) Wien 92 .... FF**12 020** - £**1 400** - **$2,454**
  QUAST Pieter Jansz 1606-1647 [30]
🖼 *Médecin de village* - Huile/panneau (29x44cm-11x17in) Paris 94 .... FF**140 000** - £**16 600** - **$25,860**
✎ *Four Men in a Tavern* - Drawing (21x19cm-8x7in) New-York 97 .... FF**9 978** - £**1 111** - **$1,800**
  QUATREMAIN William Wells XIX-XX [2]
✎ *Figures in a Street* - Watercolour (24x18cm-9x7in) Billinghurst, West Sussex 94 .... FF**3 170** - £**380** - **$616**
  QUATTROCIOCCHI Domenico 1874-1941 [3]
🖼 *Veduta del Tevere* - Olio (17x25cm-7x10in) Roma 91 .... FF**11 710** - £**1 163** - **$2,033**
  QUAYLE E. Christian XIX-XX [2]
✎ *Castletown from Scarlett* - Wash (35x63cm-14x25in) Ramsey, Isle of Man 91 .... FF**4 030** - £**401** - **$693**
  QUAYTMAN Harvey 1937 [8]
🖼 *Moon Fancy* - Acrylic (91x277cm-36x109in) New-York 97 .... FF**18 860** - £**1 984** - **$3,249**
✎ *Untitled, 1969* - Mixed media/paper (49x60cm-19x24in) New-York 89 .... FF**18 300** - £**1 871** - **$2,942**
  QUEBORNE van den Crispyn c.1604-1652 [1]
▭ *Accadémie de l'Espée de G.Thibault* - Engraving (48x69cm-19x27in) New-York 95 .... FF**9 400** - £**1 176** - **$1,900**
  QUELLIER André XX [4]
🖼 *Panier de fruits* - Huile/panneau (65x55cm-26x22in) Grenoble 91 .... FF**18 000** - £**1 844** - **$3,361**
  QUELLINUS Erasmus II 1607-1678 [20]
🖼 *Allegory of th Four Elements* - Oil/copper (40x56cm-16x22in) London 96 .... FF**964 000** - £**120 000** - **$187,000**
  QUELVÉE François 1884-1967 [15]
🖼 *Nu* - Huile/toile (146x114cm-57x45in) Paris 95 .... FF**3 500** - £**465** - **$722**
  Odalisque au divan vert - Huile/toile (65x81cm-26x32in) Lille 96 .... FF**14 000** - £**1 810** - **$2,757**
✎ *Venise, carnaval* - Aquarelle (43x53cm-17x21in) Saint-Dié 94 .... FF**2 000** - £**227** - **$339**
  QUEMÉRÉ Albert 1923 [4]
🖼 *Eure en hiver* - Huile/toile (38x55cm-15x22in) Rouen 90 .... FF**4 000** - £**428** - **$696**
  QUEMERE Jean XX [2]
🖼 *Rouen, le port de plaisance* - Huile/toile (46x55cm-18x22in) Provins 92 .... FF**3 000** - £**307** - **$529**
  QUENCE Raymond 1932 [9]
🖼 *Neige en Picardie* - Huile/toile (55x46cm-22x18in) Dieppe 92 .... FF**8 200** - £**840** - **$1,710**
  QUENTEL Holt XX [2]
🖼 *Blue 4 (selvedge)* - Mixed media (279x259cm-110x102in) New-York 92 .... FF**14 520** - £**1 755** - **$3,000**
  Black cross, ruber edge - Oil/canvas (233x243cm-92x96in) New-York 90 .... FF**85 840** - £**9 128** - **$15,349**
  QUENTELO Claude 1957 [1]
🗿 *Dryade* - Bronze (13x36cm-5x14in) La Varenne Saint-Hilaire 95 .... FF**9 500** - £**1 166** - **$1,850**
  QUENTIN Bernard 1923 [234]
🖼 *Océan* - Technique mixte/toile (76x106cm-30x42in) Versailles 93 .... FF**4 000** - £**500** - **$728**
  Ecriture - Technique mixte/toile (152x230cm-60x91in) Paris 92 .... FF**17 000** - £**1 740** - **$3,060**
  L'Explosion - Huile/papier (48x64cm-19x25in) Rambouillet 92 .... FF**53 500** - £**5 500** - **$9,900**
🗿 *Totem* - Bronze (215x40x40cm-85x16x16in) Versailles 94 .... FF**10 500** - £**1 245** - **$1,997**
✎ *Sans titre* - Technique mixte/papier (65x100cm-26x39in) Paris 95 .... FF**9 700** - £**1 260** - **$1,990**
  QUENTIN DE LA TOUR Maurice 1704-1788 [14]
✎ *Maréchal de Belle-Isle* - Pastel (69x49cm-27x19in) Monaco 92 .... FF**2 e +06** - £**204 700** - **$360,000**
✎ *Abbé F. E. Pommyer* - Pastel (55x45cm-22x18in) New-York 97 .... FF**221 728** - £**24 680** - **$40,000**
  QUERCI Dario 1831-? [1]
🖼 *Garibaldi entra in Palermo* - Olio/tela (130x190cm-51x75in) Roma 89 .... FF**164 800** - £**17 366** - **$27,744**
  QUÉRÉ René [6]
🖼 *Locronan* - Huile/toile (56x46cm-22x18in) Brest 96 .... FF**8 200** - £**941** - **$1,565**
✎ *Les cirés jaunes* - Gouache (48x63cm-19x25in) Paris 96 .... FF**4 500** - £**584** - **$890**
  QUERENA Luigi 1820-1887 [7]
🖼 *Bacino di San Marco* - Oil/canvas (65x94cm-26x37in) London 96 .... FF**102 100** - £**12 000** - **$20,100**
  QUERFURT August 1696-1761 [37]
🖼 *A hunting party* - Oil/canvas (45x58cm-18x23in) New-York 95 .... FF**35 700** - £**4 460** - **$7,000**
  Group in the doorway on an inn - Oil/panel (33x46cm-13x18in) London 95 .... FF**89 400** - £**11 500** - **$18,450**
  QUERNER Curt 1904-1976 [14]
🖼 *Bäurin* - Oil/canvas (60x48cm-24x31in) Bremen 90 .... FF**15 300** - £**1 565** - **$3,020**
✎ *Weiblicher Halbakt* - Aquarell (76x50cm-30x20in) Leipzig 93 .... FF**10 170** - £**1 215** - **$1,957**
  QUERRIEN Guilaine XX [10]
🖼 *L'Africain* - Technique mixte/carton (120x80cm-47x31in) Paris 91 .... FF**6 800** - £**675** - **$1,181**
✎ *L'oiseau en cage* - Pastel (106x75cm-42x30in) Paris 89 .... FF**5 000** - £**498** - **$790**
  QUERRIERE de la Gaston 1896-1987 [2]
🖼 *L'Archevéché à Rouen* - Huile/toile (61x50cm-24x20in) Deauville 91 .... FF**11 000** - £**1 102** - **$1,855**
  QUERVAIN de Daniel 1937 [3]
▭ *Défilé* - Eau-forte (78x60cm-31x24in) Bern 94 .... FF**1 652** - £**198** - **$321**
  QUESADA Jaime 1940 [7]
🖼 *Pareja de jóvenes en un plato* - Oleo/lienzo (115x88cm-45x35in) Madrid 92 .... FF**17 550** - £**1 788** - **$3,090**
✎ *Joven de cabellos rojos de espaldas* - Pastel (74x53cm-29x21in) Madrid 92 .... FF**10 880** - £**1 300** - **$2,093**

QUESNEL Baptiste 1803-1866 [1]
🖼 *Portraits d'enfants, les deux soeurs* - Huile/toile (150x105cm-59x41in) Saint-Brieuc 90 ..... FF**65 000** - £6 710 - **$11,475**
QUESNET Eugène 1816-1899 [2]
🖼 *Femme aux camélias blancs* - Huile/toile (120x90cm-47x35in) Chartres 89 .... FF**14 500** - £1 443 - **$2,291**
QUESNIAUX Bernard 1953 [2]
🖼 *Cercle rouge* - Öl/Leinwand (187x258cm-74x102in) Hamburg 96 .... FF**12 970** - £1 688 - **$2,570**
QUIBEL Raymond 1883-1978 [71]
🖼 *Chaumière normande* - Huile/toile (46x61cm-18x24in) Rouen 92 .... FF**2 900** - £297 - **$511**
🖼 *Paysage de neige* - Huile/toile (72x98cm-28x39in) Rouen 92 .... FF**13 000** - £1 330 - **$2,290**
QUICRAY Roger 1897-1975 [2]
🖼 *Le Moulin Rouge* - Huile/toile (54x65cm-21x26in) Paris 90 .... FF**9 500** - £984 - **$1,670**
QUIDOR John 1801-1881 [1]
🖼 *The Headless Horseman* - Oil/canvas (68x86cm-27x34in) New-York 94 .... FF**1** - £231 000 - **$360,000**
QUIDORT Willy 1898-1978 [1]
✏ *Häuser am Wasser* - Aquarell (26x33cm-10x13in) Zürich 94 .... FF**1 825** - £218 - **$341**
QUIESSE Claude 1938 [30]
🖼 *Le fauteuil rouge* - Technique mixte (50x30cm-20x12in) Bayeux 95 .... FF**3 000** - £386 - **$625**
Marchande des quatre-saisons - Huile/toile (54x65cm-21x26in) Bayeux 95 .... FF**5 500** - £711 - **$1,133**
La table rouge - Huile/toile (78x62cm-31x24in) Bayeux 93 .... FF**11 000** - £1 257 - **$1,865**
QUIGLEY Edward W. 1898-1977 [39]
📷 *Photogram* - Gelatin silver print (33x25cm-13x10in) New-York 94 .... FF**10 450** - £1 212 - **$1,800**
QUIGNON Fernand 1854-1941 [16]
🖼 *Champ d'avoines, Nesles* - Huile/toile (33x46cm-13x18in) L'Isle-Adam 92 .... FF**4 000** - £407 - **$755**
Champ fleuri - Huile/toile (50x80cm-20x31in) Pontoise 95 .... FF**12 500** - £1 660 - **$2,577**
QUILICI Jean-Claude 1920 [5]
🖼 *Taos Pueblo, New Mexico* - Huile/toile (50x61cm-20x24in) Arles 96 .... FF**8 800** - £1 132 - **$1,744**
QUILLIVIC Raymond Louis 1942 [6]
🖼 *Personnages animés* - Huile/toile (73x50cm-29x20in) Marseille 95 .... FF**3 500** - £460 - **$702**
✏ *Portrait d'Yves Tanguy* - Gouache (39x29cm-15x11in) Brest 96 .... FF**1 900** - £245 - **$374**
QUILLIVIC René 1879-1969 [8]
🗿 *Bretonne* - Bronze (53cm-21in) Paris 93 .... FF**31 000** - £3 735 - **$5,640**
QUINART Charles Louis Fr. 1788-1848/51 [1]
🖼 *Paysage animé* - Oil/canvas (75x94cm-30x37in) København 91 .... FF**5 270** - £523 - **$915**
QUINAUX Joseph 1822-1895 [13]
🖼 *Lavandières* - Huile/toile (65x95cm-26x37in) Bruxelles 94 .... FF**12 440** - £1 485 - **$2,343**
Wooded hilly landscape - Oil/canvas (55x75cm-22x30in) Amsterdam 94 .... FF**51 800** - £6 020 - **$8,920**
QUINET Charles H. 1830-1912 [3]
🖼 *Bord de rivière ombragé* - Huile/toile (41x27cm-16x11in) Barbizon 93 .... FF**3 000** - £337 - **$509**
Paysage à l'étang - Huile/toile (58x76cm-23x30in) Fontainebleau 91 .... FF**19 000** - £1 887 - **$3,299**
QUINET Mig 1906 [10]
🖼 *Les poissons* - Huile/toile (40x70cm-16x28in) Bruxelles 97 .... FF**6 536** - £708 - **$1,156**
Composition - Huile/toile (81x60cm-32x24in) Bruxelles 91 .... FF**23 040** - £2 338 - **$4,161**
QUINETTE Jean-Claude XX [15]
🖼 *Paysage de la Manche* - Huile/toile (60x73cm-24x29in) Honfleur 90 .... FF**2 500** - £252 - **$455**
✏ *Pêche à marée-basse* - Aquarelle (16x53cm-6x21in) Le Havre 95 .... FF**1 800** - £236 - **$361**
QUINLAN William J. 1877-? [1]
🖼 *Snowscene* - Oil/canvas (61x51cm-24x20in) Mystic, Connecticut 93 .... FF**2 475** - £311 - **$450**
QUINN Anthony 1915 [4]
🖼 *Le prophète, 1986* - Sérigraphie Paris 89 .... FF**2 500** - £263 - **$421**
🗿 *L'Oeil du Grand Sorcier* - Bronze (46x36cm-18x14in) Calais 95 .... FF**21 000** - £2 760 - **$4,290**
Indian Charms - Bronze (70x60cm-28x24in) Paris 96 .... FF**51 000** - £6 390 - **$9,910**
QUINN Edmund Thomas 1867-1929 [2]
🗿 *Jeune Apollon tenant un arc* - Bronze (97cm-38in) Paris 96 .... FF**21 500** - £2 470 - **$4,100**
QUINN Edward [2]
📷 *Picasso en costume espagnol* - Orotone (59x49cm-23x19in) München 96 .... FF**5 420** - £680 - **$1,046**
QUINN James Peter 1870-1951 [13]
🖼 *Autumn landscape* - Oil/board (26x53cm-10x21in) London 89 .... FF**12 600** - £1 288 - **$2,026**
QUINN Noel 1915-1993 [2]
✏ *Down the stretch* - Watercolour/paper (51x62cm-20x24in) San Francisco-Los Angeles 89 .... FF**4 300** - £428 - **$679**
QUINNEL Cecil Watson ?-1932 [2]
🖼 *Elegant Lady holding a parasol* - Mixed media (38x28cm-15x11in) London 95 .... FF**3 850** - £500 - **$803**
QUINONES Lee 1960 [5]
🖼 *The ways of man* - Mixed media (125x84cm-49x33in) Amsterdam 92 .... FF**11 450** - £1 368 - **$2,203**
QUINQUAND Anna 1890-1984 [5]
🗿 *Jeune femme éthiopienne* - Terre cuite (39cm-15in) Soissons 95 .... FF**19 000** - £2 364 - **$3,705**
QUINQUELA MARTIN Benito 1890-1977 [19]
🖼 *Crepúsculo* - Oil/board (51x70cm-20x28in) New-York 96 .... FF**88 400** - £11 240 - **$17,000**
QUINSAC Paul-François 1858-1932 [9]
🖼 *Jeune femme dans un jardin* - Huile/toile (33x41cm-13x16in) Paris 94 .... FF**51 000** - £6 010 - **$9,070**
Moulin de la Galette - Oil/canvas (73x100cm-29x39in) New-York 95 .... FF**358 000** - £44 600 - **$70,000**
QUINTAINE Roger 1921 [38]
🖼 *Saint Geniez d'Olt* - Huile/toile (46x61cm-18x24in) Calais 97 .... FF**4 000** - £400 - **$675**

Q

Les Alpilles - Huile/toile (60x92cm-24x36in) Versailles 93 .... **FF7 000** - £844 - **$1,273**

QUINTANILLA ISASI Luis 1893-1978 [2]
🦋 *Mujer con pañuelo* - Oleo/lienzo (68x53cm-27x21in) Madrid 96 .... **FF6 490** - £824 - **$1,247**
✏ *Figuras en una abadía* - Tinta/papel (41x33cm-16x13in) Madrid 97 .... **FF2 200** - £236 - **$385**

QUINTE Lothar 1923 [6]
🦋 *Komposition mit Kreisform* - Öl/Leinwand (69x69cm-27x27in) Berlin 94 .... **FF18 200** - £2 176 - **$3,400**

QUINTERO Daniel 1949 [2]
🦋 *El plato amarillo* - Oleo/lienzo (23x36cm-9x14in) Madrid 89 .... **FF34 000** - £3 583 - **$5,724**

QUINTIN Irma XX [2]
🦋 *Jeune femme au parasol* - Huile/toile (74x69cm-29x27in) Bruxelles 92 .... **FF2 137** - £249 - **$436**

QUINTIN Marcel XX [3]
✏ *L'estuaire de l'Odet* - Aquarelle/papier (63x47cm-25x19in) Concarneau 93 .... **FF3 000** - £362 - **$546**

QUINTON Alfred Robert 1853-? [6]
✏ *Vale of Evesham, Worcestershire*
   Watercolour/paper (560x100cm-220x39in) New-York 92 .... **FF16 740** - £1 710 - **$3,100**

QUINTON Charles, Clément 1851-1879 [41]
🦋 *Bergère et son troupeau* - Huile/panneau (28x46cm-11x18in) Paris 97 .... **FF2 000** - £219 - **$351**
Encampement of infanterists - Oil/canvas (62x106cm-24x42in) Amsterdam 97 ...... **FF5 549** - £600 - **$968**
Le pâturage - Huile/toile (66x92cm-26x36in) Barbizon 92 .... **FF25 000** - £2 560 - **$4,400**

QUIROS Antonio 1912-1984 [6]
🦋 *Personaje semidesnudo sentado* - Oleo/lienzo (116x73cm-46x29in) Madrid 97 ... **FF56 000** - £6 020 - **$9,800**

QUIROS de Cesareo Bernaldo 1881-1968 [1]
🦋 *En el Jardin* - Oil/board (76x71cm-30x28in) New-York 93 .... **FF82 500** - £10 340 - **$15,000**

QUIRT Walter 1902-1968 [3]
🦋 *Surreal landscape* - Oil/canvas (61x76cm-24x30in) New-York 95 .... **FF33 900** - £4 360 - **$7,000**

QUISPEL Matthijs 1805-1858 [3]
🦋 *Milkmaid with cattle* - Oil/panel (34x45cm-13x18in) Amsterdam 97 .... **FF11 172** - £1 222 - **$1,959**

QUISTORFF Viggo 1883-1953 [6]
🦋 *Et strandet skib* - Oil/canvas (27x36cm-11x14in) Vejle 94 .... **FF2 350** - £270 - **$402**

QUITTELLIER Henry 1884-1980 [2]
🦋 *Maisons de la rue Basse* - Huile/toile/panneau (18x24cm-7x9in) Bruxelles 90 ... **FF3 080** - £315 - **$608**

QUITTNER Rudolf 1872-1910 [2]
🦋 *Paris, Square d'Anvers et Sacré-Cœur* - Huile/toile (73x54cm-29x21in) Calais 97 ... **FF18 000** - £1 801 - **$3,038**
Am Flusse - Öl/Leinwand (95x120cm-37x47in) Wien 97 .... **FF71 880** - £7 560 - **$12,345**

QUITTON Edward 1842-? [8]
🦋 *Sleep* - Oil/panel (56x41cm-22x16in) London 95 .... **FF14 340** - £1 900 - **$2,960**

QUIZET Alphonse 1885-1955 [213]
🦋 *Champ de blé* - Huile/toile (52x64cm-20x25in) Provins 96 .... **FF4 510** - £582 - **$883**
Canal à Paris - Huile/panneau (27x33cm-11x13in) Calais 96 .... **FF13 200** - £1 516 - **$2,520**
Maisons à Saint-Maure - Oil/canvas (65x54cm-26x21in) London 94 .... **FF26 700** - £3 200 - **$5,180**
Parc de Saint-Cloud - Huile/panneau (46x55cm-18x22in) Calais 96 .... **FF42 000** - £5 450 - **$8,300**
Neige sur le Moulin de la Galette
   Huile/panneau (50x61cm-20x24in) La Varenne Saint-Hilaire 92 .... **FF70 000** - £8 140 - **$14,300**
Maison, Pré Saint-Gervais - Huile/toile (59x93cm-23x37in) Genève 93 .... **FF130 000** - £15 600 - **$24,000**
✏ *Inondations, Champigny* - Aquarelle (28x42cm-11x17in) Paris 89 .... **FF4 500** - £448 - **$711**

QUOST Ernest 1844-1931 [32]
🦋 *Dans le jardin fleuri* - Huile/toile (92x110cm-36x43in) Pontoise 97 .... **FF10 000** - £1 078 - **$1,756**
fête au jardin du Luxembourg - Huile/toile (114x87cm-45x34in) Pontoise 96 ...... **FF68 500** - £8 720 - **$13,200**
Bouquet de fleurs au vase chinois - Huile/toile (147x114cm-58x45in) Angers 94 ... **FF96 000** - £11 370 - **$17,730**
✏ *Le pique-nique* - Aquarelle (30x24cm-12x9in) Pontoise 97 .... **FF5 000** - £539 - **$878**

QUOST Suzanne XX [7]
🦋 *Géraniums* - Pastel (14x14cm-6x6in) Paris 90 .... **FF3 100** - £317 - **$612**

QVIST Carl Gustaf 1787-1822 [1]
🦋 *Döda fåglar* - Oil/panel (21x13cm-8x5in) Stockholm 95 .... **FF7 600** - £950 - **$1,490**

QVISTORFF Victor H.W. 1883-1953 [22]
🦋 *Marine med damperen Storebjørn* - Oil/canvas Vejle 94 .... **FF2 090** - £245 - **$372**

R

RAAB George 1866-1943 [1]
🦋 *Cottage by the Lake* - Oil/board (43x56cm-17x22in) Chicago 95 .... **FF3 013** - £377 - **$600**

RAAB Wilhelm 1907-1989 [3]
✏ *Hochwasser, Frankfurt am Main* - Aquarell (44x58cm-17x23in) Frankfurt 93 ...... **FF4 070** - £487 - **$783**

RAADSIG Peter Johann 1806-1882 [42]
🦋 *Parti fra Carvarra, Italien* - Oil/canvas (42x56cm-17x22in) Viby J, Århus 91 ...... **FF2 464** - £247 - **$415**
Coastal landscape - Oil/canvas (27x44cm-11x17in) København 96 .... **FF8 860** - £1 011 - **$1,700**
Folkelivscene - Oil/canvas (74x104cm-29x41in) København 96 .... **FF56 100** - £7 000 - **$10,840**

RAALTE van Marinus 1872-1944 [1]
🦋 *The playground* - Oil/canvas (60x90cm-24x35in) Amsterdam 94 .... **FF18 360** - £2 202 - **$3,564**

RAAPHORST Cornelis 1875-1954 [59]

🖼 *Kittens playing with a Box* - Oil/canvas/panel (24x30cm-9x12in) Amsterdam 97 .... FF**13 505** - £**1 437** - **$2,350**
Curious kittens - Oil/canvas (24x30cm-9x12in) Amsterdam 97 .... FF**16 647** - £**180 1 8** - **$2,904**
A playfull brood - Oil/canvas (50x70cm-20x28in) Amsterdam 97 .... FF**27 976** - £**3 026** - **$4,881**

RAAPHORST Willem 1870-1963 [3]

🖼 *Dei Jagdhunde im Waldestrüpp* - Oil/panel (20x25cm-8x10in) Köln 94 .... FF**3 770** - £**453** - **$733**

RAASCHOU-NIELSEN Knud 1915-1980 [1]

🖼 *Lille dreng der sidder og maler* - Oil/masonite (95x72cm-37x28in) Köbenhavn 95 .... FF**2 485** - £**322** - **$506**

RABAN Zeev 1890-1970 [8]

✏ *Illustration* - Watercolour (23x18cm-9x7in) Tel Aviv 95 .... FF**3 840** - £**486** - **$750**

RABAS Václav 1885-1954 [4]

🖼 *Landschaft* - Oil/canvas (62x93cm-24x37in) München 91 .... FF**23 000** - £**2 290** - **$3,955**

RABBE Otto 1841-? [1]

🖼 *Romantische Landschaft mit Kühen* - Oil/canvas (56x80cm-22x31in) Düsseldorf 92 .... FF**17 100** - £**1 756** - **$3,290**

RABE Alida Christina 1825-1870 [2]

🖼 *Kvinna och den blinde mannen* - Oil/canvas (117x89cm-46x35in) Söderköping 92 .... FF**18 070** - £**2 160** - **$3,476**

RABE Edmund Friedrich 1815-1902 [1]

🖼 *Der richtige Weg* - Öl/Leinwand (34x40cm-13x16in) Stuttgart 93 .... FF**44 100** - £**5 270** - **$8,480**

RABEL Gustave XIX-XX [2]

🖼 *Spitzbergen* - Oil/canvas (40x60cm-16x24in) London 96 .... FF**28 700** - £**3 600** - **$5,610**
✏ *Sidi-Okba* - Aquarelle (16x23cm-6x9in) Paris 95 .... FF**3 500** - £**442** - **$698**

RABELL Ludvig 1853-1902 [1]

🖼 *Windmühle in den Dünen* - Oil/cardboard (42x72cm-17x28in) Wien 90 .... FF**5 800** - £**601** - **$1,019**

RABENDING Fritz 1862-1929 [8]

🖼 *Felsige Gebirgslandschaft* - Öl/Leinwand (94x121cm-37x48in) München 93 .... FF**8 470** - £**1 013** - **$1,630**
✏ *Weiher bei Dachau* - Aquarell (27x54cm-11x21in) München 94 .... FF**1 530** - £**176** - **$262**

RABENSTEINER Hans 1849-1930 [1]

🖼 *Mädchenhalbakt* - Öl/Leinwand (88x63cm-35x25in) München 94 .... FF**2 600** - £**318** - **$472**

RABES Max Friedrich 1868-1944 [16]

🖼 *Residenzplatz in Salzburg* - Öl/Leinwand (80x100cm-31x39in) München 93 .... FF**22 040** - £**2 633** - **$4,240**
✏ *New York Strasse* - Gouache (49x33cm-19x13in) München 93 .... FF**10 260** - £**1 215** - **$1,852**

RABIER Benjamin 1864-1939 [13]

🖼 *L'Ane Nourrice* - Affiche (120x160cm-47x63in) Nice 93 .... FF**4 500** - £**543** - **$818**
✏ *Journée d'aventure...* - Encre (30x40cm-12x16in) Bern 95 .... FF**2 366** - £**308** - **$486**

RABIER Narcisse XIX-XX [2]

🖼 *La Nivelle* - Huile/panneau (31x39cm-12x15in) Deauville 95 .... FF**4 200** - £**541** - **$874**

RABIGOT Jean-Louis 1753-1834 [2]

🖼 *Portrait de femme* - Huile/panneau (27x21cm-11x8in) La Varenne Saint-Hilaire 93 .... FF**4 000** - £**482** - **$728**

RABINE Oskar 1928 [20]

🖼 *Noël à Montmartre* - Huile/toile (65x92cm-26x36in) Neuilly 91 .... FF**21 000** - £**2 086** - **$3,646**

RABINO Saul 1892-? [1]

🖼 *Jeremiah* - Lithograph Tel Aviv 96 .... FF**2 042** - £**265** - **$400**

RABINOVITCH Ben Magid 1884-1964 [1]

📷 *Torso* - Silver print (33x25cm-13x10in) New-York 93 .... FF**5 310** - £**604** - **$900**

RABINOWITCH David 1943 [3]

🗿 *Triangular plane* - Installation (11x64x80cm-4x25x31in) New-York 93 .... FF**44 000** - £**5 520** - **$8,000**
Sculptural plane of 4 masses - Metal (12x6x55cm-5x2x22in) New-York 91 .... FF**84 600** - £**8 546** - **$16,794**

RABITCHEV Féodor 1956 [1]

🖼 *Composition* - Huile/toile (47x44cm-19x17in) Paris 94 .... FF**6 500** - £**761** - **$1,146**

RABOY Emmanuel, Mac 1914-1967 [1]

✏ *Flash Gordon abducted on Marsh* - Ink (33x46cm-13x18in) New-York 96 .... FF**10 870** - £**1 404** - **$2,100**

RABUS Carl 1898-1983 [8]

🖼 *Eingeschlafen* - Oil/canvas (79x59cm-31x23in) München 92 .... FF**19 040** - £**1 950** - **$3,350**
✏ *Landschaft* - Gouache/paper (45x67cm-18x26in) Wien 94 .... FF**3 420** - £**389** - **$580**

RABUZIN Ivan 1919 [10]

🖼 *Landschaft* - Öl/Leinwand (34x42cm-13x17in) Zürich 95 .... FF**19 100** - £**2 420** - **$3,850**
Le soleil - Huile/toile (70x102cm-28x40in) Paris 97 .... FF**46 000** - £**4 996** - **$8,068**

RACAMIER Jean XX [12]

🗿 *Girafe tardive* - Sculpture (170cm-67in) Paris 91 .... FF**2 800** - £**287** - **$523**

RACHKOV Nikolay Efimovich 1825-1895 [1]

🖼 *Grandmother with grand-daughter* - Oil/canvas (63x50cm-25x20in) Moscow 93 .... FF**9 440** - £**1 074** - **$1,600**

RACHMIEL Jean 1871-? [1]

🖼 *Man holding a rifle* - Oil/panel (34x26cm-13x10in) North Bethesda, MD. 91 .... FF**8 960** - £**898** - **$1,641**

RACIM Mohammed 1896-1975 [1]

✏ *Le sultan et sa compagne* - Miniature (15x10cm-6x4in) Paris 97 .... FF**41 000** - £**4 358** - **$7,064**

RACINE Walter 1866-? [1]

🖼 *Hafen von Gandria* - Huile/panneau (14x44cm-6x17in) Zofingen 93 .... FF**2 770** - £**316** - **$471**

RACITI Mario 1934 [16]

🖼 *Tunnel* - Olio (70x50cm-28x20in) Milano 91 .... FF**14 580** - £**1 480** - **$2,633**

RACKETT Thomas 1757-1841 [2]

✏ *The Old Dee Bridge, Chester* - Watercolour (25x42cm-10x17in) London 92 .... FF**5 030** - £**600** - **$967**

RACKHAM Arthur 1867-1939 [23]
◊ *Assisi* - Watercolour/paper (25x17cm-10x7in) London 97 .... FF7 526 - £800 - **$1,297**
◊ *Red Riding Hood* - Watercolour (21x19cm-8x7in) London 96 .... FF63 800 - £7 500 - **$12,560**
RACKHAM W. Leslie 1864-1944 [48]
◊ *Wherries on the Wensum, Norwich* - Watercolour (25x38cm-10x15in) Aylsham, Norfolk 96 .... FF3 980 - £480 - **$764**
RACKI Mirko 1879-? [1]
🗿 *Standing woman* - Wood (108cm-43in) London 96 .... FF21 940 - £2 500 - **$4,200**
RACLÉ Paul 1932 [3]
🖼 *Surreale Komposition* - Technique mixte/toile (81x65cm-32x26in) Bern 95 .... FF3 456 - £432 - **$698**
RACOFF Rastilaw 1904 [10]
🖼 *Les Tulipes, Jeudi 3 Août* - Oil/canvas (34x26cm-13x10in) København 93 .... FF9 240 - £1 108 - **$1,775**
RADA Vlastimil 1895-1962 [2]
🖼 *Hütte im Gebirge* - Öl/Leinwand (80x65cm-31x26in) Praha 95 .... FF6 520 - £844 - **$1,333**
RADAKOV Alekseij A. 1877-1942 [2]
▱ *Der Analphabet ist wie ein Blinder* - Lithographie (63x45cm-25x18in) München 94 .... FF2 735 - £321 - **$488**
◊ *La Fiera Sovietica* - China (31x25cm-12x10in) Milano 93 .... FF2 076 - £241 - **$357**
RÅDAL Erik 1905-1941 [8]
🖼 *Fra torvet i Silkeborg* - Oil/canvas (76x100cm-30x39in) København 93 .... FF10 400 - £1 194 - **$1,780**
RADCLYFFE Charles Walter 1817-1903 [2]
◊ *Field at Edgebaston* - Watercolour (27x49cm-11x19in) Salisbury, Wiltshire 92 .... FF4 300 - £440 - **$757**
RADCLYFFE William II 1813-1846 [1]
◊ *Still life on a ledge* - Watercolour (63x76cm-25x30in) London 89 .... FF18 400 - £1 881 - **$2,958**
RADDA Madame 1891-1967 [8]
🖼 *A Sitting Nude* - Oil/canvas (81x60cm-32x24in) Amsterdam 97 .... FF7 324 - £768 - **$1,256**
RÄDECKER Anton 1887-1960 [2]
🗿 *Mask* - Stone (27cm-11in) Amsterdam 92 .... FF19 720 - £2 020 - **$3,470**
RÄDECKER John 1885-1956 [15]
🖼 *Mantavaan* - Oil/canvas (70x60cm-28x24in) Amsterdam 96 .... FF8 440 - £977 - **$1,620**
🖼 *Een steigerend paard* - Oil/canvas (62x71cm-24x28in) Amsterdam 93 .... FF39 840 - £4 575 - **$6,840**
🗿 *Woman standing* - Bronze (29cm-11in) Amsterdam 92 .... FF11 530 - £1 180 - **$2,030**
🗿 *Man with hand on right hip* - Bronze (35cm-14in) Amsterdam 93 .... FF67 400 - £7 740 - **$11,570**
RÄDECKER Willem 1883-? [2]
🗿 *Mask* - Wood (29cm-11in) Amsterdam 92 .... FF12 660 - £1 512 - **$2,435**
RADEMACHER Niels Grønbek 1812-1885 [6]
🖼 *Landscape* - Oil/canvas (38x53cm-15x21in) Vejle 94 .... FF5 220 - £613 - **$930**
RADEMAKER Abraham 1675-1735 [23]
◊ *Bridges and castle* - Pencil (13x24cm-5x9in) Amsterdam 92 .... FF12 050 - £1 440 - **$2,320**
◊ *Riverside town* - Gouache (17x27cm-7x11in) Amsterdam 96 .... FF45 200 - £5 330 - **$8,880**
RADEMAKER Hermanus Everhardus 1820-1885 [1]
🖼 *Landscape with travellers on a path* - Oil/panel (36x50cm-14x20in) Amsterdam 92 .... FF18 200 - £1 864 - **$3,205**
RADEN van Marinus 1832-1879 [4]
🖼 *Town with boats by windmills* - Oil/canvas (75x100cm-30x39in) Amsterdam 94 .... FF128 500 - £15 400 - **$24,950**
RADER-SOULEK Margarethe 1920 [2]
🖼 *Rot* - Oil/panel (53x44cm-21x17in) Wien 94 .... FF18 430 - £2 135 - **$3,490**
RÄDERSCHEIDT Anton 1892-1970 [65]
🖼 *Opernhaus Köln* - Oil/cardboard (65x100cm-26x39in) Köln 95 .... FF15 760 - £1 828 - **$2,714**
🖼 *Madame Récamier* - Öl/Leinwand (100x81cm-39x32in) Köln 96 .... FF122 300 - £13 930 - **$23,400**
◊ *Ansicht von Köln* - Aquarelle (10x29cm-4x11in) Köln 97 .... FF11 490 - £1 207 - **$1,967**
RÄDERSCHEIDT Martha 1884-? [2]
🖼 *Wiesenblumen in Steinzeugtopf* - Oil/panel (60x40cm-24x16in) Zofingen 96 .... FF3 310 - £412 - **$639**
RADETZKY Tage 1878-1954 [2]
🖼 *Blomsterstilleben* - Oil/canvas (102x75cm-40x30in) Malmö 91 .... FF6 080 - £604 - **$1,056**
RADFORD Edward 1831-1920 [2]
◊ *Draped female figure* - Watercolour/paper (23x14cm-9x6in) London 96 .... FF2 194 - £250 - **$420**
RADICE Mario 1898-1987 [16]
🖼 *Composizione astratta* - Olio/tela (33x24cm-13x9in) Milano 95 .... FF22 650 - £2 925 - **$4,650**
🖼 *Composizione* - Olio/tela (100x100cm-39x39in) Milano 91 .... FF90 400 - £9 280 - **$16,830**
◊ *Composizione C.A.N.P.* - Pastelli (19x22cm-7x9in) Milano 92 .... FF20 830 - £2 133 - **$3,670**
RADICHOV Vejdu 1951 [5]
🗿 *Le totem* - Bronze (62cm-24in) Le Havre 89 .... FF9 000 - £920 - **$1,447**
RADIMSKY Václav 1867-1946 [5]
🖼 *Landschaft* - Oil/canvas (64x91cm-25x36in) München 91 .... FF20 300 - £2 021 - **$3,491**
RADL Anton 1774-1852 [5]
◊ *Landschaft mit Bäumen* - Gouache/paper (50x65cm-20x26in) Wien 92 .... FF9 620 - £1 150 - **$1,850**
RADLER Max 1904-1971 [4]
◊ *Halle 24 Eisenbahn-Ausbesserung-Werk*
    Charcoal/paper (42x59cm-17x23in) München 95 .... FF7 570 - £994 - **$1,520**
RADLER von Friedrich Edler 1876-1942 [1]
🖼 *Blumen* - Oil/panel (64x50cm-25x20in) Wien 90 .... FF14 400 - £1 552 - **$2,540**
RADLOV Nikolaj E. 1889-1942 [2]
◊ *Begemot* - Collage (31x27cm-12x11in) Milano 93 .... FF2 076 - £241 - **$357**
RADMACHER Marcel 1945 [9]
🖼 *Plaisir des sens* - Huile/toile (74x60cm-29x24in) Bern 94 .... FF3 230 - £375 - **$557**

RADNAY Miklos 1900-? [1]
Natuta morta con fiori - Olio/tela (80x60cm-31x24in) Trieste 93 .... FF5 070 - £577 - **$858**

RADOS Luigi 1773-1840 [1]
Dark interior with figures - Aquatint (38x47cm-15x19in) New-York 95 .... FF4 025 - £483 - **$750**

RADOUX-CUSTRIERES Marguerite 1873-1943 [3]
Baunbestandene Landschaft - Öl/Leinwand (46x63cm-18x25in) Pforzheim 92 .... FF5 090 - £608 - **$978**

RADTKE Eduard 1825-? [1]
Dame in blauem Kleid - Aquarell (21x16cm-8x6in) Hamburg 93 .... FF2 374 - £284 - **$457**

RADZIWILL Franz 1895-1983 [76]
Bockhorner Kirche - Oil/canvas/panel (63x89cm-25x35in) Berlin 95 .... FF1 - £157 000 - **$244,000**
Kirche - Oil/canvas/board (63x88cm-25x35in) London 95 .... FF166 500 - £22 000 - **$33,750**
Aus dem Lande der Deutschen - Öl/Leinwand (92x105cm-36x41in) Berlin 97 .... FF699 329 - £74 271 - **$121,819**
Windmühle beim Dorf - Coloured chalks (19x32cm-7x13in) Köln 97 .... FF16 222 - £1 704 - **$2,777**
Windmühle beim Dorf - Aquarelle (22x37cm-9x15in) Köln 97 .... FF57 452 - £6 038 - **$9,836**

RAE Astley [2]
The young woodcutter - Wash (43x29cm-17x11in) London 91 .... FF1 915 - £190 - **$332**

RAE Henrietta 1859-1928 [5]
Spring - Oil/canvas (184x96cm-72x38in) London 93 .... FF108 000 - £13 000 - **$18,850**

RAEBURN Agnes ?-1955 [3]
Pink roses - Wash (58x45cm-23x18in) Glasgow 91 .... FF7 480 - £750 - **$1,261**

RAEBURN Henry 1756-1823 [44]
Governor Henry Hamilton - Oil/canvas (148x123cm-58x48in) London 95 .... FF69 600 - £9 000 - **$14,220**
Portrait of a lady - Oil/canvas (75x61cm-30x24in) London 96 .... FF220 700 - £26 000 - **$43,300**

RAEBURN Henry Mac Beth 1860-1947 [5]
The suitor - Oil/canvas (61x45cm-24x18in) London 91 .... FF22 170 - £2 202 - **$3,849**

RAEDECKER John 1885-1956 [6]
Ballerina - Crayon (35x23cm-14x9in) Amsterdam 97 .... FF2 342 - £245 - **$401**

RAEDECKER Max 1914-1987 [1]
Composition bleue - Gouache (64x79cm-25x31in) Provins 89 .... FF10 000 - £995 - **$1,580**

RAEDEL Georg Christian 1808-1870 [1]
Heste på Graes, Falster - Oil/canvas (27x36cm-11x14in) København 90 .... FF4 390 - £444 - **$835**

RAEDERSCHEIDT Anton 1892-1970 [10]
Stockhornkette mit Belpberg - Öl/Leinwand (70x100cm-28x39in) Bern 93 .... FF38 060 - £4 550 - **$7,320**
Zwei Pferde - Gouache (65x50cm-26x20in) München 92 .... FF15 300 - £1 566 - **$2,694**

RAEMAEKERS Louis 1869-1970 [7]
L'Hécatombe, La Syphilis - Poster (118x76cm-46x30in) New-York 92 .... FF12 500 - £1 278 - **$2,200**
La fête - Crayon (46x30cm-18x12in) Paris 93 .... FF1 600 - £193 - **$291**

RAEMDONCK van Dis 1901-1971 [4]
Portrait de femme - Huile/toile (80x110cm-31x43in) Antwerpen 95 .... FF2 247 - £281 - **$448**

RAETZ Markus 1941 [13]
Ohne Titel - Aquatint (24x29cm-9x11in) Luzern 92 .... FF1 675 - £200 - **$322**
Ohne Titel - Encre/papier (62x78cm-24x31in) Zürich 96 .... FF22 060 - £2 860 - **$4,360**

RAETZER Hellmuth 1838-1909 [1]
Ziegenhirte am Bergseeufer - Oil/canvas (108x180cm-43x71in) Wien 91 .... FF24 060 - £2 442 - **$4,345**

RAFFAEL Joseph 1933 [11]
Pink Lily with Dragonfly
  Oil/canvas (183x122cm-72x48in) San Francisco-Los Angeles 95 .... FF88 000 - £11 380 - **$18,000**
Celebration-Koi fish - Color lithograph (76x60cm-30x24in) San Francisco-Los Angeles 92 ...... FF7 800 - £931 - **$1,500**
Reclining Lily - Watercolour/paper (62x84cm-24x33in) New-York 97 .... FF6 250 - £754 - **$1,200**

RAFFAELLE Ambrogio 1860-? [1]
Classical athletes - Oil/canvas (74x94cm-29x37in) Chicago 94 .... FF6 500 - £770 - **$1,200**

RAFFAELLI Jean-François 1850-1924 [126]
Marchand de peaux de lapin - Huile/panneau (21x8cm-8x3in) Paris 97 .... FF24 000 - £2 500 - **$4,089**
Bouquinistes, Paris - Huile/toile (65x81cm-26x32in) Paris 91 .... FF60 000 - £6 516 - **$10,632**
Portrait pour la pêche - Oil/canvas (51x61cm-20x24in) New-York 97 .... FF136 440 - £14 695 - **$24,000**
In the garden - Oil/canvas (32x25cm-13x10in) London 94 .... FF245 500 - £29 000 - **$44,100**
La Seine, Bas-Meudon - Encre (16x24cm-6x9in) Paris 97 .... FF4 200 - £489 - **$727**
Paris, quais - Crayon/papier (95x127cm-37x50in) Paris 96 .... FF135 000 - £16 920 - **$26,100**

RAFFALT Ignaz 1800-1857 [20]
Landscape at sunset - Oil/panel (48x62cm-19x24in) Wien 95 .... FF68 600 - £9 030 - **$13,900**
River landscape at sunset - Oil/panel (53x73cm-21x29in) Wien 96 .... FF112 000 - £14 540 - **$22,160**
Weite Landschaft - Aquarell/Papier (15x20cm-6x8in) Wien 95 .... FF5 990 - £756 - **$1,195**

RAFFALT Johann Gualbert 1836-1865 [2]
Die Andacht - Öl/Leinwand (20x14cm-8x6in) Wien 96 .... FF6 260 - £781 - **$1,210**

RAFFET Auguste 1804-1860 [38]
Le retour du soldat - Huile/toile (33x41cm-13x16in) Saint-Dié 94 .... FF75 000 - £8 720 - **$13,150**
Portrait d'officier - Aquarelle (15x11cm-6x4in) Paris 90 .... FF2 500 - £258 - **$442**
Arabe de Constantine - Aquarelle (32x24cm-13x9in) Paris 94 .... FF11 000 - £1 280 - **$1,905**

RAFFIN André 1927 [46]
Le méditatif - Huile/toile (50x61cm-20x24in) Le Havre 96 .... FF4 000 - £470 - **$787**
Les soleils - Huile/toile (100x81cm-39x32in) Vernon 90 .... FF10 000 - £1 078 - **$1,764**
Les voiliers, Honfleur - Huile/toile (60x92cm-24x36in) Neuilly 92 .... FF18 000 - £1 843 - **$3,240**

R

RAFFLER Max 1902-1988 [9]
Bunter Strauss auf blauem Grund - Watercolour (40x30cm-16x12in) München 92 .... FF**2 035** - £243 - **$392**

RAFFY LE PERSAN Jean 1920 [89]
Chevaux dans un pré - Huile/panneau (13x35cm-5x14in) Paris 97 .... FF**2 200** - £237 - **$391**
Paysage d'hiver - Huile/panneau (18x23cm-7x9in) Paris 97 .... FF**5 500** - £600 - **$961**
Village dans la brume - Huile/toile (40x80cm-16x31in) Le Touquet 96 .... FF**10 200** - £1 210 - **$1,990**
Gitans près du village - Huile/toile (22x88cm-9x35in) Arles 94 .... FF**25 000** - £2 910 - **$4,330**
Coucher de soleil en hiver - Huile/toile (60x90cm-24x35in) L'Isle-Adam 89 .... FF**200 000** - £21 072 - **$33,639**

RAFOLS CASAMADA Alberto 1923 [13]
Oreig - Oleo/lienzo (35x27cm-14x11in) Madrid 97 .... FF**6 368** - £688 - **$1,104**
Mar Vinos - Oleo/lienzo (100x100cm-39x39in) Madrid 95 .... FF**32 030** - £4 000 - **$6,460**

RAGAN Leslie 1897-? [3]
Rockefeller Center, New York - Poster (104x69cm-41x27in) New-York 96 .... FF**21 400** - £2 520 - **$4,200**

RAGEADE André 1890-1978 [109]
Le livre d'images - Huile/toile (38x46cm-15x18in) Rambouillet 91 .... FF**6 500** - £657 - **$1,290**
Autoportrait - Aquarelle (44x31cm-17x12in) Paris 94 .... FF**3 100** - £370 - **$584**

RAGER Ron XX [2]
Cyclone - Huile/toile (80x80cm-31x31in) Saint-Dié 90 .... FF**3 200** - £322 - **$627**

RAGGI Giovanni 1712-1792/4 [4]
Two Men seen from behind - Ink (34x25cm-13x10in) New-York 97 .... FF**16 630** - £1 851 - **$3,000**

RAGGI Mario 1821-1907 [1]
Disraeli - Terracotta (35cm-14in) London 96 .... FF**8 660** - £1 050 - **$1,685**

RAGGIO Giuseppe 1823-1916 [12]
Rentrée du troupeau - Huile/toile (130x79cm-51x31in) Montréal 96 .... FF**19 720** - £2 470 - **$3,810**
A pull-cart on a country road - Oil/canvas (68x144cm-27x57in) New-York 94 .... FF**70 200** - £8 120 - **$12,000**
Mandria e butteri, Campagna Romana
Acquarello/cartone (43x76cm-17x30in) Roma 95 .... FF**13 100** - £1 722 - **$2,604**

RAGIONE Raffaele 1851-1919 [36]
L'Italienne à la mandoline - Huile/toile (46x33cm-18x13in) Paris 96 .... FF**25 000** - £3 014 - **$4,800**
Bimbi e governanti al Parc Monceau - Olio/tela (22x36cm-9x14in) Roma 95 .... FF**65 300** - £8 360 - **$13,420**
Women Knitting in the Park - Oil/canvas/board (22x36cm-9x14in) New-York 95 .... FF**108 386** - £11 683 - **$19,000**

RAGMEY Eugène 1892-1961 [6]
Petite chapelle, Malines - Huile/toile (54x45cm-21x18in) Bruxelles 93 .... FF**2 637** - £316 - **$539**

RAGN-JENSEN Leif 1911-1993 [4]
Fugle lander ved vandet - Oil/canvas (65x95cm-26x37in) Viby J, Århus 96 .... FF**2 110** - £251 - **$412**

RAGON Adolphe ?-1924 [1]
Sea reach Thames - Watercolour (35x68cm-14x27in) Billinghurst, West Sussex 93 .... FF**1 660** - £200 - **$290**

RAGONNEAU François 1883-1974 [1]
Ciboure, Pays-basque - Huile/panneau (33x45cm-13x18in) Besançon 96 .... FF**3 500** - £451 - **$694**

RAGOT Frédéric 1872-? [1]
Tree landscape with nude lady - Oil/canvas (61x48cm-24x19in) Elgin, Illinois 93 .... FF**2 475** - £311 - **$450**

RAGOT Jules Félix 1835-1912 [18]
Rivière aux lavandières - Huile/toile (39x24cm-15x9in) Paris 95 .... FF**11 800** - £1 555 - **$2,392**
Flowers in a vase and fruit - Oil/canvas (71x100cm-28x39in) London 96 .... FF**43 300** - £5 400 - **$8,360**

RAGUENET Nicolas Jean-Bapt. 1715-1793 [1]
Ile Saint-Louis, Paris - Oil/canvas (46x84cm-18x33in) London 91 .... FF**377 000** - £38 619 - **$70,388**

RAHL Carl 1812-1865 [9]
Allegorie der Malerei - Grisaille (66x30cm-26x12in) Wien 91 .... FF**5 760** - £572 - **$1,000**

RAHM Hugo 1857-1926 [1]
Gustaf IIIs opera/Operasalongen/Operan - Watercolour (11x15cm-4x6in) Stockholm 90 .... FF**8 900** - £959 - **$1,570**

RAHN Eduard 1801-1851 [2]
Drover with Cattle & Goats - Oil/canvas (55x76cm-22x30in) Wien 96 .... FF**99 300** - £12 040 - **$19,300**

RAHON Alice 1914-1987 [6]
Le dernier troupeau - Oil/canvas (45x54cm-18x21in) New-York 94 .... FF**51 400** - £6 030 - **$9,000**
Scène de chasse - Oil/canvas (65x65cm-26x26in) New-York 91 .... FF**220 700** - £22 399 - **$39,861**

RAHOULT Diodore Charles 1819-1874 [8]
Commères, Grenoble - Huile/toile (41x33cm-16x13in) Grenoble 94 .... FF**50 000** - £5 920 - **$9,230**
Le père et sa fille - Crayon (22x16cm-9x6in) Grenoble 91 .... FF**4 800** - £481 - **$792**

RAI Ida Bagus Nyoman 1933 [2]
Wedding ceremony - Tempera (131x101cm-52x40in) Amsterdam 96 .... FF**27 100** - £3 483 - **$5,260**
Nji Sri and Ardjuna - Ink (86x40cm-34x16in) Amsterdam 96 .... FF**22 570** - £2 740 - **$4,390**

RAIEV Vassili Iegorovich 1807-1871 [2]
Figures on a hilltop in the Caucasus - Oil/canvas (63x80cm-25x31in) London 97 .... FF**47 619** - £5 000 - **$8,190**

RAILLARD Theophil 1819-1894 [1]
Teplitz in Böhmen - Aquarell/Papier (16x25cm-6x10in) Köln 92 .... FF**6 120** - £627 - **$1,077**

RAIMONDI Aldo 1902-? [12]
Due cani - Acquarello/carta (52x37cm-20x15in) Firenze 97 .... FF**10 200** - £1 200 - **$1,800**

RAIMONDI Elviro 1867-? [1]
Fischer aus Capri - Oil/canvas (60x40cm-24x16in) Wien 91 .... FF**14 400** - £1 430 - **$2,500**

RAIMONDI John 1948 [2]
Spirit Ascending - Bronze (104cm-41in) New-York 96 .... FF**16 400** - £1 944 - **$3,200**

RAIMONDI Roberto 1877-? [2]
The Roman antiquarian - Oil/canvas (84x54cm-33x21in) San Francisco-Los Angeles 92 .... FF**26 000** - £3 104 - **$5,000**
Striking a Bargain - Watercolour (54x37cm-21x15in) London 97 .... FF**36 496** - £4 000 - **$6,405**

RAINBIRD Victor Noble 1888-1936 [51]
Impression, Durham City
    Watercolour (23x33cm-9x13in) Marlborough Crescent, Newcastle upon Tyne 93 .... FF2 670 – £300 – **$447**
RAINE Jean 1927-1986 [5]
Profil pour Cigarette - Huile/papier Lyon 93 .... FF20 000 – £2 247 – **$3,390**
Deux têtes - Lavis (48x61cm-19x24in) Paris 95 .... FF2 500 – £330 – **$507**
RAINER Arnulf 1929 [268]
Der Geigenspieler - Mixed media/board (24x16cm-9x6in) Wien 94 .... FF14 500 – £1 666 – **$2,480**
Rembrandt-Serie - Oil/paper (58x86cm-23x34in) Berlin 95 .... FF21 350 – £2 660 – **$4,180**
Christus - Oil/paper (59x48cm-23x19in) Berlin 94 .... FF44 700 – £5 340 – **$8,340**
Spanischer Kopf - Oil/canvas/panel (55x46cm-22x18in) Wien 95 .... FF111 300 – £13 880 – **$22,500**
Untitled - Oil/canvas (54x73cm-21x29in) London 96 .... FF196 700 – £22 500 – **$37,500**
Zensur - Öl/Leinwand (70x50cm-28x20in) Wien 95 .... FF283 300 – £35 340 – **$57,200**
Schwarze Übermalung - Mixed media (138x70cm-54x28in) Wien 96 .... FF633 000 – £82 200 – **$125,200**
Ohne Titel - Etching (25x33cm-10x13in) Wien 96 .... FF6 330 – £822 – **$1,253**
Untitled - Photograph (78x58cm-31x23in) London 97 .... FF54 409 – £5 800 – **$9,499**
Pappkamerad - Mixed media/paper (45x61cm-18x24in) Wien 95 .... FF22 040 – £2 854 – **$4,480**
Der Samurai und die Fliegen - Mixed media/paper (61x46cm-24x18in) Wien 96 .... FF40 900 – £5 100 – **$7,910**
Kopfprofil - Chalks/paper (44x31cm-17x12in) Wien 96 .... FF73 100 – £9 480 – **$14,450**
Vertikalgestaltung - Ink/paper (70x100cm-28x39in) Wien 95 .... FF294 000 – £38 050 – **$59,800**
RAINERI Carlo Antonio 1765-1826 [1]
Ucello su roccia/Uccello su roccia - Tempera/tela (38x52cm-15x20in) Milano 94 .... FF53 400 – £6 840 – **$11,020**
RAINEY William 1852-1936 [7]
Preparing coronation day, Chichester - Oil/canvas (61x91cm-24x36in) London 94 .... FF23 860 – £2 800 – **$4,250**
Game of cards, Dutch lodging house
    Watercolour, gouache (69x55cm-27x22in) London 91 .... FF13 900 – £1 400 – **$2,450**
RAINGO-PELOUSE Germain 1893-1963 [4]
Rue de village - Huile/toile (65x81cm-26x32in) Paris 96 .... FF2 500 – £295 – **$491**
RAINIMAHAROSOA F. ?-1926 [1]
Chair Carriers in a Madagascar - Watercolour (42x28cm-17x11in) London 95 .... FF1 650 – £200 – **$321**
RAITTILA Tapani 1921 [7]
På isen - Oil/canvas (29x37cm-11x15in) Helsinki 94 .... FF8 460 – £981 – **$1,457**
Park - Akvarell (29x42cm-11x17in) Helsinki 94 .... FF2 010 – £233 – **$346**
RAJADELL Jorge Eduardo 1952 [3]
Bengal tiger - Watercolour (60x70cm-24x28in) London 95 .... FF15 350 – £2 000 – **$3,176**
RAJLICH Thomas 1940 [5]
Untitled - Acrylic/board (50x50cm-20x20in) Amsterdam 94 .... FF8 570 – £1 016 – **$1,585**
RAJON Paul A. 1842/43-1888 [3]
Jeune bretonne - Oil/canvas (56x47cm-22x19in) Amsterdam 95 .... FF5 720 – £715 – **$1,156**
RAKES Sarah 1955 [3]
Feeding Birds - Oil/canvas (81x71cm-32x28in) Litchfield, CT 92 .... FF3 380 – £404 – **$650**
RAKOCZY Basil 1908-1979 [5]
Two fish - Oil/paper (49x70cm-19x28in) London 92 .... FF3 420 – £350 – **$602**
Figure with sunflower - Gouache (66x51cm-26x20in) London 92 .... FF4 690 – £480 – **$826**
RAKOWSKY de Mecislas 1887-1947 [14]
Les meules - Huile/toile (54x65cm-21x26in) Bruxelles 97 .... FF7 203 – £788 – **$1,258**
RAKSSANYI Dezsö, Desiderius 1879-? [2]
Spring personified - Oil/canvas (158x158cm-62x62in) London 92 .... FF24 420 – £2 500 – **$4,310**
RALEIGH Henry P. 1880-1944 [5]
Standing woman - Watercolour (33x28cm-13x11in) New-York 96 .... FF6 210 – £802 – **$1,200**
RALL George F. 1885-1951 [2]
Blick über Salzburg - Öl/Leinwand (70x90cm-28x35in) Wien 95 .... FF8 100 – £1 010 – **$1,635**
RALLA Lola XX [3]
Sans titre II - Technique mixte/toile (116x81cm-46x32in) Paris 97 .... FF3 500 – £395 – **$633**
RALLI Théodore Scaramanga 1852-1909 [20]
A Grecian Beauty - Oil/canvas (21x16cm-8x6in) London 94 .... FF76 200 – £9 000 – **$13,680**
Concubine endormie - Oil/canvas (47x49cm-19x19in) New-York 97 .... FF182 544 – £19 677 – **$32,000**
Marchande de cierges - Huile/toile (64x100cm-25x39in) Pau 96 .... FF600 000 – £70 400 – **$118,000**
RAMA Olga Carol 1918 [3]
Senza titolo - Olio/tela (60x50cm-24x20in) Torino 93 .... FF17 300 – £1 982 – **$2,943**
RAMAGE John 1748-1802 [1]
Nicholas Gilman - Miniature (3x3cm-1x1in) New-York 95 .... FF73 500 – £8 800 – **$14,000**
RAMAH Henri Raemacker 1887-1947 [26]
Cortège - Huile/panneau (50x70cm-20x28in) Antwerpen 95 .... FF30 900 – £4 000 – **$6,320**
Femme assise - Huile/papier (40x30cm-16x12in) Antwerpen 93 .... FF121 200 – £13 870 – **$20,630**
Jeune femme - Aquarelle (32x25cm-13x10in) Bruxelles 94 .... FF6 270 – £720 – **$1,073**
RAMAMANKAMONGJY Joseph 1898 [2]
Vieux malgache - Aquarelle (28x20cm-11x8in) Paris 90 .... FF3 800 – £393 – **$671**
RAMBELLI Amilcare 1935 [2]
Senza titolo - Tecnica mista/carta (44x64cm-17x25in) Milano 94 .... FF1 765 – £210 – **$315**
Corruttore, 1966 - Mixed media drawing (100x80cm-39x31in) Milano 90 .... FF8 700 – £931 – **$1,513**

R

RAMBERG Carl Gustaf 1865-1916 [2]
🖼 *Nattlig utsikt mot Helsingör* - Oil/canvas (35x56cm-14x22in) Malmö 90 .... FF4 200 - £450 - **$730**
RAMBERG Johann Heinrich 1763-1840 [20]
📖 *Jument du compère Pierre* - Etching (28x35cm-11x14in) Heidelberg 95 .... FF4 530 - £582 - **$914**
✏ *Marchand ambulant et fileuse* - Dessin (19x32cm-7x13in) Paris 93 .... FF2 000 - £241 - **$364**
Two Oriental scenes - Ink (44x57cm-17x22in) New-York 96 .... FF29 600 - £3 880 - **$6,000**
RAMBERG Ulf 1935 [2]
📖 *Moder jord* - Etching (62x93cm-24x37in) Stockholm 91 .... FF1 697 - £172 - **$306**
✏ *Pornografiska motiv* - Wash Stockholm 91 .... FF5 660 - £574 - **$1,022**
RAMBERG von Arthur Georges 1819-1875 [2]
🖼 *Hermann und Dorothea* - Oil/canvas (102x80cm-40x31in) London 93 .... FF124 500 - £15 000 - **$21,750**
RAMBERG von August 1866-1947 [1]
🖼 *Seegefecht im Mittelmeer* - Ol/Leinwand (49x78cm-19x31in) Hamburg 94 .... FF2 060 - £244 - **$381**
RAMBERT Charles 1867-1932 [6]
📖 *Semaine d'Aviation, Rouen* - Poster (126x90cm-50x35in) New-York 93 .... FF9 350 - £1 173 - **$1,700**
RAMBERT René XIX-XX [3]
🖼 *Scène de bains dans l'Antiquité* - Huile/panneau (40x30cm-16x12in) Lindau 95 .... FF4 830 - £616 - **$973**
Notre-Dame, Paris - Huile/toile (41x61cm-16x24in) Soissons 90 .... FF10 300 - £1 096 - **$1,843**
RAMBIÉ Paul 1919 [10]
🖼 *Emotivité orthodoxe* - Huile/panneau (54x73cm-21x29in) Paris 94 .... FF12 000 - £1 440 - **$2,273**
RAMBO Jules XIX-XX [29]
🖼 *Bouquet de fleurs* - Huile/toile (67x54cm-26x21in) Bruxelles 95 .... FF2 520 - £326 - **$516**
RAMBOUSEK Jan 1895-1976 [1]
🖼 *The picnic* - Oil/canvas (59x79cm-23x31in) London 92 .... FF2 736 - £280 - **$483**
RAME Jules Louis 1855-1927 [13]
🖼 *Le troupeau de moutons* - Huile/toile (33x46cm-13x18in) Bayeux 92 .... FF7 250 - £742 - **$1,305**
Paysage aux moutons - Huile/toile (113x145cm-44x57in) Paris 94 .... FF19 000 - £2 270 - **$3,596**
RAMEAU Claude 1876-1955 [3]
🖼 *Paysage de bord de Loire* - Huile/toile (65x81cm-26x32in) Calais 92 .... FF8 000 - £820 - **$1,570**
RAMEL J. XX [5]
📖 *Monaco, Grand Prix Automobile* - Affiche (119x79cm-47x31in) Boulogne 96 .... FF5 800 - £727 - **$1,121**
RAMENGHI IL BAGNACAVALLO Giovanni Battista II 1521-1601 [1]
🖼 *Holy Family with Saint Catherine* - Oil/panel (83x67cm-33x26in) London 90 .... FF193 700 - £20 873 - **$34,162**
RAMET Jules 1842-1915 [2]
🖼 *Moutons dans la bergerie* - Huile/toile (65x91cm-26x36in) Bern 96 .... FF14 670 - £1 780 - **$2,850**
RAMEY Claude 1754-1838 [1]
🗿 *Profil de femme* - Sculpture (37cm-15in) Paris 90 .... FF57 000 - £6 103 - **$9,913**
RAMHÖJ Nils 1953 [2]
🖼 *Manlig näck* - Oil/canvas (160x125cm-63x49in) Stockholm 93 .... FF4 810 - £591 - **$891**
RAMIREZ Antonio 1951 [2]
🖼 *Arbol* - Oleo/lienzo (65x81cm-26x32in) Madrid 91 .... FF8 670 - £869 - **$1,588**
📖 *Mujeres/Henequenera/Mujer* - Grabado México 92 .... FF3 600 - £370 - **$658**
RAMIREZ IBAÑEZ Manuel 1856-1925 [5]
🖼 *Rincón de Cuenca* - Oleo/lienzo (95x83cm-37x33in) Madrid 92 .... FF12 100 - £1 405 - **$2,470**
Feeding the doves - Oil/canvas (43x32cm-17x13in) New-York 91 .... FF39 900 - £4 021 - **$6,924**
RAMIREZ Joaquin XIX-XX [2]
🖼 *Funeral in Mexico* - Oil/canvas (46x66cm-18x26in) London 91 .... FF64 500 - £6 499 - **$11,192**
RAMIS Julio 1909-1990 [13]
🖼 *El arbol de la vida* - Oleo/lienzo (57x47cm-22x19in) Madrid 90 .... FF205 200 - £22 112 - **$36,190**
✏ *Dauza de guerreros con toros* - Watercolour/paper (24x31cm-9x12in) London 93 .... FF13 170 - £1 500 - **$2,235**
RAMMELT-BÜRGER Käte 1877-? [1]
🖼 *Fachwerkbauernhäuser am Wehr* - Oil/canvas (66x100cm-26x39in) Stuttgart 91 .... FF2 770 - £278 - **$479**
RAMO Joaquín 1928 [2]
🖼 *Sans titre* - Technique mixte/panneau (97x130cm-38x51in) Paris 91 .... FF5 200 - £524 - **$902**
RAMON Ramon Grimalt, dit 1937 [3]
🖼 *Sans titre* - Acrylique/toile (72x99cm-28x39in) Paris 97 .... FF7 000 - £740 - **$1,201**
RAMON Y CAJAL Santiago 1852-1934 [11]
✏ *Corte transversal...* - Dibujo (32x22cm-13x9in) Madrid 96 .... FF5 620 - £681 - **$1,092**
RAMOS ARTAL Manuel 1855-1900 [21]
🖼 *Desprendimiento de arena* - Oleo/lienzo (47x88cm-19x35in) Madrid 91 .... FF17 780 - £1 783 - **$2,935**
RAMOS Domingo E. 1894-1967 [18]
🖼 *Paisaje cubano* - Oil/canvas (38x50cm-15x20in) New-York 97 .... FF40 184 - £4 267 - **$7,000**
Infiesto - Oil/canvas (113x136cm-44x54in) New-York 94 .... FF79 600 - £9 470 - **$15,000**
RAMOS Francisco XIX-XX [2]
🖼 *Niña dando de comer a las gallinas* - Oleo/lienzo (45x20cm-18x8in) Madrid 96 .... FF6 110 - £792 - **$1,208**
RAMOS Julio 1868-? [1]
🖼 *Promenade in the countryside* - Oil/canvas (45x64cm-18x25in) London 94 .... FF38 660 - £4 600 - **$7,280**
RAMOS MARTINEZ Alfredo 1872-1946 [42]
🖼 *Magnolias* - Mixed media (60x49cm-24x19in) New-York 97 .... FF86 108 - £9 144 - **$15,000**
Las floreras - Oil/canvas (91x76cm-36x30in) New-York 90 .... FF200 200 - £21 298 - **$35,814**
India de la floripondias - Oil/canvas (76x61cm-30x24in) New-York 92 .... FF369 000 - £37 800 - **$65,000**
📖 *La india de las floripondias* - Screenprint in colors (82x66cm-32x26in) New-York 92 .... FF27 260 - £2 790 - **$4,800**
✏ *Gardenias* - Gouache/board (70x55cm-28x22in) New-York 94 .... FF22 470 - £2 650 - **$4,000**

Sin título - Gouache (55x71cm-22x28in) New-York 97 .... FF80 184 - £8 547 - **$14,000**
Tres mujeres - Gouache/paper (33x42cm-13x17in) New-York 97 .... FF160 367 - £17 094 - **$28,000**
RAMOS Máximo 1880-1944 [2]
Bello sueño - Acuarela (30x46cm-12x18in) Madrid 91 .... FF8 750 - £877 - **$1,460**
RAMOS Mel 1935 [67]
Fantomah - Oil/canvas (102x90cm-40x35in) New-York 96 .... FF103 500 - £13 370 - **$20,000**
The Phantom #2 - Oil/canvas (80x64cm-31x19in) New-York 96 .... FF196 800 - £25 400 - **$38,000**
Life savers - Oil/canvas (177x155cm-70x61in) New-York 91 .... FF427 500 - £43 387 - **$77,211**
Tomato Catsup - Offset (78x64cm-31x25in) München 96 .... FF8 150 - £930 - **$1,560**
Chiquita - Collage (66x52cm-26x20in) New-York 95 .... FF12 600 - £1 670 - **$2,600**
RAMPAZO Luciano 1936 [6]
Départ des voiliers - Huile/toile (50x61cm-20x24in) Doullens 92 .... FF12 000 - £1 233 - **$2,310**
RAMSAY Allan 1713-1784 [33]
Sir Edward and Lady Turner - Oil/canvas (108x108cm-43x43in) London 93 .... FF4 - £500 000 - **$725,000**
Anne Warburton - Oil/canvas (76x63cm-30x25in) London 96 .... FF47 900 - £6 000 - **$9,240**
Ralph Sneyd of Keele - Oil/canvas (75x62cm-30x24in) London 97 .... FF298 787 - £32 000 - **$51,930**
RAMSAY Allan XIX-XX [3]
At waterhead (Lethnot) - Oil/canvas (30x46cm-12x18in) Glasgow 96 .... FF7 330 - £950 - **$1,436**
RAMSAY David XX [2]
Piazzetta, Venice - Oil/canvas/board (17x22cm-7x9in) Glasgow 90 .... FF11 600 - £1 202 - **$2,039**
RAMSAY Milne 1847-1915 [2]
Still life with violin - Oil/canvas (53x73cm-21x29in) New-York 90 .... FF9 200 - £979 - **$1,646**
Herring, pot, jug & measure, 1908 - Oil/canvas (46x61cm-18x24in) New-York 90 .... FF37 200 - £3 983 - **$6,470**
RAMSAY Patricia 1886-1974 [1]
Temple of the Tooth, Kandy
    Oil/board (57x61cm-22x24in) Pennington, Lymington, Hampshire 92 .... FF7 300 - £750 - **$1,403**
RAMSDELL Frederick Winthrop 1865-1915 [4]
Gull, Rock, Monhegan - Oil/panel (14x20cm-6x8in) New-York 95 .... FF4 020 - £503 - **$800**
American Crescent Cycles - Poster (154x105cm-61x41in) New-York 96 .... FF9 840 - £1 270 - **$1,900**
RAMSEY Lewis A. 1873-? [1]
Utah landscape - Oil/canvas (132x91cm-52x36in) Mystic, Connecticut 96 .... FF11 100 - £1 445 - **$2,200**
RAMSEY Milne 1847-1915 [9]
Still life with tankard - Oil/canvas (74x58cm-29x23in) Mystic, Connecticut 96 .... FF13 450 - £1 686 - **$2,600**
The Anatomy Lesson - Oil/panel (66x117cm-26x46in) New-York 95 .... FF71 500 - £8 910 - **$14,000**
RAMUS Aubrey XIX-XX [2]
Picking roses/The milkmaid - Watercolour (43x33cm-17x13in) London 95 .... FF3 070 - £400 - **$630**
RAMUS Marius 1805-1888 [1]
Bacchic children playing with a goat - Bronze (29cm-11in) Amsterdam 93 .... FF6 930 - £828 - **$1,334**
RANC Jean 1674-1735 [6]
Philip V, King of Spain - Oil/canvas (137x112cm-54x44in) New-York 90 .... FF211 600 - £21 860 - **$37,385**
RANCHICOURT D'AMIENS Philibert 1781-1825 [6]
Etude d'homme - Crayon (58x45cm-23x18in) Paris 97 .... FF8 000 - £850 - **$1,382**
RANCILLAC Bernard 1931 [75]
Bouteille et pinceaux - Huile/toile (65x54cm-26x21in) Paris 95 .... FF8 000 - £1 021 - **$1,638**
Série Cinémonde No. 22 - Acrylique/toile (162x130cm-64x51in) Paris 96 .... FF30 000 - £3 534 - **$5,890**
Géométral d'une Idole - Acrylique/toile (88x115cm-35x45in) Paris 94 .... FF57 000 - £6 630 - **$9,860**
La parole - Huile/toile (130x162cm-51x64in) Paris 92 .... FF80 000 - £9 540 - **$15,400**
Eddie Lockjaw Davis - Crayons couleurs (50x65cm-20x26in) Paris 96 .... FF6 500 - £766 - **$1,276**
RANCOULET Ernest XIX-XX [24]
A Trouville - Bronze (57cm-22in) Paris 92 .... FF9 000 - £924 - **$1,730**
Proserpine enlevée par Pluton - Bronze (87cm-34in) Bruxelles 94 .... FF30 000 - £3 476 - **$5,160**
RANDALL Maurice XIX-XX [9]
The Maiden's Isle, Zanzibar - Oil/canvas (75x102cm-30x40in) London 94 .... FF26 660 - £3 200 - **$4,990**
Blue Star Line - Poster (101x64cm-40x25in) London 96 .... FF1 950 - £250 - **$385**
A beauty - Pastel (58x38cm-23x15in) Billingshurst, West Sussex 96 .... FF2 184 - £280 - **$431**
RANDAVEL Louis 1869-1947 [7]
Aux abords de l'Oued fleuri - Huile/toile (33x45cm-13x18in) Paris 94 .... FF3 800 - £453 - **$723**
Baie d'Alger - Gouache (31x47cm-12x19in) Paris 92 .... FF4 000 - £410 - **$705**
RANDEL Friedrich 1808-1886 [3]
Gentlemen et chevaux - Huile/toile (22x26cm-9x10in) Saint-Germain-en-Laye 90 ...... FF27 000 - £2 761 - **$5,329**
RANDHARTINGER Benedict 1802-1893 [1]
Junger Hern - Öl/Leinwand (47x38cm-19x15in) Wien 94 .... FF6 310 - £742 - **$1,125**
RANDOLPH Lee F. 1880-1956 [1]
The Lighthouse Point - Oil/canvas/board (14x18cm-6x7in) San Francisco-Los Angeles 92 ...... FF9 180 - £938 - **$1,700**
RANFT Richard 1862-1931 [22]
Lavandières - Oil/canvas (60x81cm-24x32in) New-York 96 .... FF51 900 - £6 610 - **$10,000**
Trottins - Eau-forte, aquatinte (40x25cm-16x10in) Paris 97 .... FF5 000 - £529 - **$866**
RANFTL Mathias Johann 1805-1854 [20]
Warm hearth - Oil/panel (34x42cm-13x17in) New-York 95 .... FF25 700 - £3 150 - **$5,000**
Die Begrüssung - Oil/panel (34x44cm-14x17in) Wien 95 .... FF148 500 - £18 970 - **$30,760**
Junge Frau am Fenster - Aquarell/Papier (22x16cm-9x6in) Wien 96 .... FF16 800 - £2 036 - **$3,266**

R

RANG Karl 1886-? [1]
🐦 *Schwarzwaldhaus am Sommertag* - Öl/Leinwand (48x69cm-19x27in) Lindau 95 .... FF2 **743** - £*343* - **$554**
RANGEL Mario 1938 [4]
🐦 *Horseman* - Oil/canvas (38x36cm-15x14in) Delray Beach, Florida 96 .... FF2 **500** - £*324* - **$500**
✏ *Horse with monkey inside* - Watercolour (25x36cm-10x14in) Delray Beach, Florida 96 .... FF2 **500** - £*324* - **$500**
RANGER Henry Ward 1858-1916 [26]
🐦 *Lake in View of the Town* - Huile/toile (45x65cm-18x26in) Montréal 96 .... FF17 **440** - £*1 990* - **$3,340**
🐦 *The El* - Oil/canvas (71x86cm-28x34in) New-York 97 .... FF116 **686** - £*12 252* - **$20,000**
✏ *Ships at Sea* - Pastel/paper (37x28cm-15x11in) New-York 96 .... FF10 **440** - £*1 210* - **$2,000**
RANIERI de Aristide [3]
🗿 *Vénus anadyomène* - Bronze (81cm-32in) Saint-Etienne 92 .... FF16 **200** - £*1 660* - **$2,850**
RANITZ de Sebastiaan Mattheus 1847-1917 [2]
✏ *Artist in a woodland glade* - Wash (34x34cm-9x13in) London 89 .... FF1 **700** - £*164* - **$258**
RANK Georg 1855-1938 [5]
✏ *Badende* - Mixed media/paper (40x60cm-16x24in) Wien 94 .... FF5 **860** - £*679* - **$1,008**
RANKEN William Bruce Ellis 1881-1941 [16]
🐦 *Pygmalion* - Oil/canvas (110x85cm-43x33in) London 91 .... FF37 **000** - £*3 800* - **$6,880**
✏ *First State Room, Blenheim Palace* - Watercolour (78x55cm-31x22in) London 92 .... FF3 **350** - £*400* - **$645**
RANKIN Andrew Scott 1868-? [2]
🐦 *Les gardiens fidèles* - Huile/panneau (57x75cm-22x30in) Antwerpen 96 .... FF4 **280** - £*537* - **$826**
RANKIN George XIX-XX [6]
🐦 *The hunt* - Oil/canvas (40x56cm-16x22in) London 96 .... FF3 **350** - £*420* - **$647**
✏ *The huntsman* - Bodycolour (48x36cm-19x14in) Penzance, Cornwall 92 .... FF2 **930** - £*300* - **$518**
RANKLEY Alfred 1819-1872 [2]
🐦 *Evening Hymn* - Oil/canvas (90x130cm-35x51in) Stockholm 96 .... FF27 **700** - £*3 530* - **$5,340**
✏ *The village church* - Watercolour (53x71cm-21x28in) London 95 .... FF6 **960** - £*900* - **$1,422**
RANN Vollian Burr 1897-1956 [3]
🐦 *Provincetown Cottages* - Oil/canvas (76x92cm-30x36in) New-York 96 .... FF15 **580** - £*1 984* - **$3,000**
RANNING Jette L. 1954 [3]
🐦 *Med Blå Engel no. I* - Oil/canvas (100x130cm-39x51in) Stockholm 91 .... FF7 **540** - £*751* - **$1,297**
RANSON Caroline L. Ormes 1838-1910 [1]
🐦 *Niagara Falls with rainbow* - Oil/canvas (41x53cm-16x21in) Bloomfield Hills, Michigan 92 ...... FF5 **200** - £*621* - **$1,000**
RANSON Paul Élie 1864-1909 [15]
🐦 *Champ encadré de peupliers* - Huile/toile (71x90cm-28x35in) Paris 97 .... FF55 **000** - £*5 731* - **$9,372**
🐦 *Les deux Grâces* - Oil/canvas (85x71cm-33x28in) London 96 .... FF140 **400** - £*16 000* - **$26,900**
🖼 *Végétaux* - Burin (36x28cm-14x11in) Paris 95 .... FF28 **000** - £*3 505* - **$5,580**
RANSONNET-VILLEZ von Eugen 1838-? [1]
✏ *Küstenlandschaft* - Oil/panel (30x50cm-12x20in) Lindau 94 .... FF2 **060** - £*244* - **$381**
RANSY Jean 1910-1991 [15]
🐦 *Jeune femme au jardin* - Huile/panneau (37x21cm-15x8in) Bruxelles 93 .... FF7 **580** - £*906* - **$1,550**
🐦 *La licorne* - Huile/toile (80x145cm-31x57in) Bruxelles 93 .... FF31 **300** - £*3 740* - **$6,400**
RANSY-PUTZEYS Félicie 1853-1929 [2]
🐦 *Allée sous les arbres* - Huile/toile (73x54cm-29x21in) Liège 89 .... FF9 **700** - £*937* - **$1,472**
RANTTILA Martti 1897-1964 [1]
🐦 *Fruktstilleben* - Oil/canvas (37x41cm-15x16in) Helsinki 94 .... FF2 **160** - £*259* - **$410**
RANUCCI Lucio 1934 [11]
🐦 *Le wagon-lit* - Huile/toile (60x90cm-24x35in) Montauban 96 .... FF18 **000** - £*2 340* - **$3,526**
RANVIER Joseph Victor 1832-1896 [2]
🐦 *La source* - Huile/toile (67x41cm-26x16in) Paris 93 .... FF65 **000** - £*8 120* - **$11,820**
RANVIER-CHARTIER Lucie 1867-1932 [3]
🐦 *Roses* - Huile/toile (65x49cm-26x19in) Paris 97 .... FF2 **500** - £*272* - **$443**
🐦 *Sidi bou Saïd* - Huile/toile (61x47cm-24x19in) Paris 95 .... FF17 **000** - £*2 153* - **$3,420**
RANZONI Daniele 1843-1889 [7]
🐦 *Vacche all'abbeverata* - Olio/cartone (20x28cm-8x11in) Prato 96 .... FF57 **300** - £*6 800* - **$11,220**
✏ *A Pensive Moment* - Watercolour (36x24cm-14x10in) London 95 .... FF38 **600** - £*5 000* - **$8,030**
RANZONI Gustav 1826-1900 [14]
🐦 *Schafherde* - Öl/Leinwand (21x47cm-8x19in) Wien 93 .... FF17 **320** - £*2 010* - **$2,916**
RANZONI Hans 1868-1956 [12]
🐦 *Römische Ruine in Schönbrunn* - Öl/Leinwand (71x60cm-28x24in) Wien 95 .... FF14 **700** - £*1 936* - **$2,980**
🐦 *Die Pfarrkirche* - Öl/Karton (30x24cm-12x9in) Wien 94 .... FF48 **800** - £*5 650* - **$8,400**
✏ *Loibner Tor in Dürnstein* - Aquarell/Papier (32x25cm-13x10in) Wien 97 .... FF11 **945** - £*1 270* - **$2,060**
RAOUX Albert XIX [4]
🐦 *Still life withy roses* - Oil/panel (30x40cm-12x16in) Amsterdam 93 .... FF19 **600** - £*2 340* - **$3,770**
RAOUX Jean 1677-1734 [5]
🐦 *Ruhe, Flucht nach Ägypten* - Öl/Leinwand (56x73cm-22x29in) Wien 97 .... FF86 **454** - £*9 162* - **$14,976**
RAPACKI Józef 1871-1929 [6]
🐦 *Lake landscape* - Oil/canvas (39x59cm-15x23in) Warszawa 96 .... FF13 **500** - £*1 684* - **$2,610**
RAPENO Armand 1858-? [3]
🖼 *Léon Laisnes Automobiles* - Poster (78x118cm-31x46in) New-York 96 .... FF4 **585** - £*540* - **$900**
RAPHAEL France 1877-1962 [3]
🗿 *Nu assis au miroir* - Sculpture (24x20x42cm-9x8x17in) Paris 89 .... FF7 **000** - £*697* - **$1,106**
RAPHAEL Joseph 1872-1950 [26]
🐦 *Houses on a hill* - Oil/canvas (76x66cm-30x26in) San Francisco-Los Angeles 94 .... FF13 **920** - £*1 645* - **$2,500**

Hilly landscape with houses - Oil/canvas (80x100cm-31x39in) New-York 95.................... FF**98 700** - £*13 040* - **$20,000**
Summer gardening - Oil/canvas (70x76cm-28x30in) New-York 94 .... FF**388 000** - £*45 300* - **$67,500**
RAPHAEL William 1833-1914   [14]
🕊 *Heading Towards Home* - Huile/toile (48x60cm-19x24in) Montréal 94 .... FF**11 830** - £*1 401* - **$2,187**
RAPHAEL-SCHWARTZ 1884-?   [2]
🔲 *Jeune élégante* - Bronze (52cm-20in) Paris 96 .... FF**3 500** - £*402* - **$668**
Seated female figure - Bronze (48cm-19in) New-York 94 .... FF**40 900** - £*4 700* - **$7,000**
RAPIN Aimée 1869-?   [6]
✏ *Junge Hirtin* - Pastell/Karton (40x53cm-16x21in) Luzern 92 .... FF**14 880** - £*1 520* - **$2,620**
RAPIN Alexandre 1839-1889   [2]
🕊 *Remise des chevreuils au puits noir* - Huile/toile (82x149cm-32x59in) Versailles 93 .... FF**9 000** - £*1 084* - **$1,637**
RAPIN Henri 1873-?   [2]
🕊 *Baigneuses* - Huile/toile (237x202cm-93x80in) Reims 97 .... FF**45 500** - £*4 809* - **$7,808**
RAPOPORT Alek 1933   [5]
🕊 *Samson & the Philistines's house* - Mixed media/panel (183x18cm-72x7in) London 90 .... FF**58 100** - £*6 261* - **$10,247**
RAPOUS Michele Antonio 1733-1819   [6]
🕊 *Fruits et lapins* - Huile/toile (73x99cm-29x39in) Paris 92 .... FF**88 000** - £*9 000* - **$15,840**
RAPP Alex 1869-1927   [5]
🕊 *Winter landscape* - Oil/canvas (39x65cm-15x26in) København 95 .... FF**3 630** - £*452* - **$707**
RAPP Ginette 1928   [4]
🕊 *Montmartre* - Oil/canvas (54x26cm-21x10in) London 95 .... FF**3 030** - £*400* - **$614**
RAPP Johann Rudolf 1827-1903   [7]
🕊 *Wintertag in den Alpen* - Öl/Leinwand (56x68cm-22x27in) Lindau 93 .... FF**25 430** - £*3 040* - **$4,890**
RAPPA Séverin 1866-?   [1]
✏ *Madame Florence Barthome* - Mine plomb (36x37cm-14x15in) Paris 97 .... FF**1 500** - £*156* - **$255**
RAPPAPORT Max 1884-1924   [2]
🕊 *Schlafende junge Frau* - Öl/Leinwand (76x76cm-30x30in) Bielefeld 94 .... FF**5 100** - £*595* - **$894**
RAPPARD Jhr Josias Cornelis 1824-1898   [4]
✏ *Ruine, Batavia* - Watercolour (14x21cm-6x8in) Amsterdam 93 .... FF**5 920** - £*679* - **$1,010**
RAPPINI Vittorio XIX-XX   [7]
✏ *A Turkish dancer* - Gouache (33x23cm-13x9in) Paris 96.................................... FF**12 000** - £*1 497* - **$2,320**
RAQUIN Iris Michelle 1933   [24]
🕊 *Bouquet de fleurs* - Huile/toile (81x60cm-32x24in) Paris 96.................................... FF**20 000** - £*2 573* - **$3,964**
RÄSÄNEN Eino 1902-1970   [2]
🔲 *Flickhuvud* - Sculpture (34cm-13in) Helsinki 91 .... FF**3 585** - £*357* - **$616**
RASBOURG van Antoine J. 1831-1902   [1]
🔲 *Le Printemps/L'Automne* - Plâtre (43cm-17in) Paris 92 .... FF**130 000** - £*15 500* - **$25,000**
RASCH Heinrich 1840-1913   [9]
🕊 *Elegant figures on a terrace* - Oil/canvas (38x65cm-15x26in) London 94 .... FF**15 130** - £*1 800* - **$2,850**
RASCH-NÄGELE Lilo 1914-1978   [9]
🕊 *Rückenansicht einer jungen Frau* - Oil/panel (96x42cm-38x17in) Stuttgart 93 .... FF**6 550** - £*741* - **$1,105**
RASCHEN Henry 1854-1937   [3]
🕊 *Indian Scout* - Oil/board (66x117cm-26x46in) San Francisco-Los Angeles 96.................... FF**44 400** - £*5 140* - **$8,500**
RASCHKA Robert 1847-?   [1]
✏ *Die Karlskirche in Wien* - Aquarell/Papier (25x21cm-10x8in) Wien 94 .... FF**9 670** - £*1 110* - **$1,655**
RASCHKE Georg Friedrich 1772-1849   [1]
🕊 *Amalie Strahl* - Oil/canvas (76x61cm-30x24in) Dresden 95 .... FF**5 880** - £*769* - **$1,177**
RASENBERGER Alfred 1885-1949   [11]
🕊 *Kirchdorf am Niederrhein* - Öl/Leinwand (50x60cm-20x24in) Köln 94 .... FF**12 240** - £*1 428* - **$2,146**
RASENBERGER Gernot 1943   [5]
🕊 *Berliner Boulevard* - Oil/canvas (50x40cm-20x16in) Ahlden 92.................................... FF**8 460** - £*984* - **$1,727**
RASER J. Heyl 1824-1901   [1]
🕊 *Connecticut valley, Massachusetts* - Oil/canvas (76x127cm-30x50in) New-York 91 .... FF**47 300** - £*4 742* - **$8,663**
RASETTI Georges I 1851-1931   [4]
🕊 *Cueillette des fraises a Plougastel* - Huile/carton (46x54cm-18x21in) Douarnenez 94 .... FF**19 300** - £*2 340* - **$3,670**
RASETTI Georges II 1889-1957   [6]
🕊 *Sous-bois* - Huile/toile/panneau (60x35cm-24x14in) Douarnenez 90........................... FF**6 000** - £*620* - **$1,060**
RASKIN Joseph 1897-1981   [10]
🕊 *Mt. Bethel Farm* - Oil/canvas (61x76cm-24x30in) New-York 90 .... FF**7 800** - £*798* - **$1,540**
The dancers - Oil/canvas (76x102cm-30x40in) New-York 96 .... FF**20 600** - £*2 650* - **$4,250**
RASKY de Marie Madeleine 1897-1982   [5]
🕊 *Roses* - Oil/canvas (58x18cm-23x7in) Delray Beach, Florida 96................................ FF**3 095** - £*398* - **$600**
RASMUSSEN Aage 1913-1975   [2]
▱ *DSB, The Danish State Railway* - Poster (100x61cm-39x24in) New-York 96 .... FF**5 600** - £*660* - **$1,100**
RASMUSSEN Carl I.E.C. 1841-1893   [30]
🕊 *Dampbark udfor Grønlands kyst* - Oil/canvas (100x156cm-39x61in) København 93 .... FF**20 140** - £*2 407* - **$3,870**
Marine, sailing ship, Godthaab - Oil/canvas (60x97cm-24x38in) Viby J, Århus 96 .... FF**62 000** - £*7 880* - **$12,260**
RASMUSSEN Christian XIX-XX   [2]
🕊 *Segelschiffe im Sund vor Helsingör* - Öl/Leinwand (43x72cm-17x28in) Hamburg 93 .... FF**2 750** - £*312* - **$466**
RASMUSSEN Erik 1943   [11]
🕊 *Forudanelse* - Oil/canvas (158x240cm-62x94in) København 93... FF**4 840** - £*581* - **$930**

R

RASMUSSEN Georg Anton 1842-1914 [36]
- Fjordlandskap med fiskeby - Oil/canvas (47x74cm-19x29in) Stockholm 96 .... FF19 240 - £2 450 - **$3,705**
- Crossing a fjord in a boat - Oil/canvas (75x124cm-30x49in) London 92 .... FF53 700 - £5 500 - **$9,480**
- Gebirgsschlucht - Aquarell (76x60cm-30x24in) Bern 93 .... FF2 474 - £296 - **$476**

RASMUSSEN Niels Peter 1847-1918 [30]
- Roses - Oil/canvas (42x31cm-17x12in) København 95 .... FF7 510 - £922 - **$1,464**

RASMUSSEN Otto 1845-? [4]
- The horse Shibellin - Bronze (21cm-8in) Billinghurst, West Sussex 91 .... FF3 810 - £395 - **$757**

RASMUSSEN Thorvald 1850-1919 [2]
- Kälkåkning på kullarna, Köpenhamn - Ink (17x21cm-7x8in) Stockholm 91 .... FF4 210 - £418 - **$731**

RASMUSSEN Tonning 1936 [14]
- Hollandsk dobbeltportraet - Oil/canvas (92x73cm-36x29in) København 94 .... FF7 470 - £890 - **$1,408**

RASMUSSEN-EILERSEN Eiler 1827-1912 [28]
- Kystlandskap, Øresund - Oil/canvas (100x140cm-39x55in) Oslo 93 .... FF7 200 - £853 - **$1,295**
- Forum Romanum - Oil/canvas (58x93cm-23x37in) København 95 .... FF26 300 - £3 270 - **$5,130**
- Capri with Vesuvius beyond - Oil/canvas (56x75cm-22x30in) London 96 .... FF61 600 - £8 000 - **$12,200**

RASP Carl Gottlieb 1752-1807 [1]
- Junge Dame - Öl/Leinwand (63x50cm-25x20in) Bern 94 .... FF6 600 - £792 - **$1,283**

RASPAIL Benjamin fils 1823-1899 [1]
- Étude de feuilles de chêne - Aquarelle (24x18cm-9x7in) Paris 93 .... FF3 000 - £362 - **$546**

RASPAUD Eric 1955 [8]
- Au café de la marine - Acrylique (158x154cm-62x61in) Paris 92 .... FF4 000 - £478 - **$770**

RASSENFOSSE Armand 1862-1934 [171]
- Petite Servante à sa toilette - Huile/panneau (68x42cm-27x17in) Bruxelles 91 .... FF23 300 - £2 704 - **$4,014**
- Maternité - Huile/toile (65x53cm-26x21in) Liège 96 .... FF42 700 - £4 940 - **$8,170**
- Scène de taverne - Huile/panneau (77x62cm-30x24in) Liège 95 .... FF70 400 - £8 980 - **$14,200**
- Femme à sa toilette - Aquarelle (34x24cm-13x9in) Liège 97 .... FF4 905 - £507 - **$840**
- A posing nude - Crayon (47x31cm-19x12in) Amsterdam 94 .... FF12 160 - £1 436 - **$2,164**
- Sorcière (destin) - Pastel (43x34cm-17x13in) Bruxelles 95 .... FF22 700 - £2 954 - **$4,650**

RASTELLINI Giovanni Maria 1869-1927 [1]
- With the baby in the garden - Oil/canvas (39x26cm-15x10in) Vejle 94 .... FF24 460 - £2 836 - **$4,210**

RASTOUX Jules Gaspard XIX-XX [2]
- Avant le bal - Huile/toile (107x125cm-42x49in) Paris 95 .... FF37 000 - £4 870 - **$7,500**
- Les Oliviers - Gouache (40x52cm-16x20in) Paris 96 .... FF1 600 - £203 - **$307**

RASTRUP Lars 1862-1949 [6]
- In the school - Oil/canvas (58x59cm-23x23in) København 95 .... FF7 950 - £977 - **$1,550**

RATAITZ Peter 1945 [2]
- Ohne Titel - Acrylic/canvas (174x145cm-69x57in) Wien 95 .... FF3 944 - £473 - **$751**
- Ohne Titel - Gouache (71x58cm-28x23in) Wien 96 .... FF2 444 - £318 - **$479**

RATCLIFFE William Whitehead 1870-1955 [4]
- Still life on a kitchen table - Oil/canvas (46x35cm-18x14in) London 91 .... FF181 400 - £18 058 - **$31,194**

RATH Henriette 1773-1856 [1]
- Portrait d'un officier - Miniature (8x6cm-3x2in) Paris 89 .... FF11 000 - £1 125 - **$1,768**

RATHBONE Augusta 1897-? [1]
- Glen Alpine, High Sierra
  Etching, aquatint in colors (25x32cm-10x13in) Denver, Colorado 95 .... FF1 536 - £300 - **$194**

RATHBONE Harold S. 1858-? [2]
- Mathilde Blind - Pastel (183x84cm-72x33in) London 96 .... FF5 580 - £700 - **$1,086**

RATHBONE John 1750-1807 [29]
- Riverlandscape with figures - Oil/canvas (44x60cm-17x24in) London 92 .... FF8 980 - £920 - **$1,587**
- Drovers & milkmaid fording a stream - Oil/canvas (51x66cm-20x26in) New-York 96 ... FF23 300 - £2 880 - **$4,500**
- Figures/Wooded river landscape - Oil/canvas (98x129cm-39x51in) London 96 .... FF135 800 - £16 000 - **$26,670**

RATHSMAN Siri 1895-1974 [40]
- Laponia - Oil/canvas (54x72cm-21x28in) Göteborg 95 .... FF3 456 - £432 - **$678**
- Kvinna med måsar vid strand - Oil/canvas (110x80cm-43x31in) Stockholm 92 .... FF12 250 - £1 255 - **$2,160**

RATOVA Henri 1881-1929 [1]
- Fileuse malgache - Huile/toile (80x67cm-31x26in) Paris 92 .... FF12 000 - £1 228 - **$2,113**

RATTNER Abraham 1895-1978 [12]
- Temptation of St. Anthony - Oil/canvas (100x81cm-39x32in) New-York 93 .... FF44 000 - £5 520 - **$8,000**

RATTRAY Alexander Wellwood 1849-1902 [5]
- Cattle on a drove road - Oil/canvas (61x91cm-24x36in) Edinburgh 91 .... FF16 130 - £1 606 - **$2,774**

RATY Albert 1889-1970 [86]
- Graide - Huile/toile (54x65cm-21x26in) Bruxelles 95 .... FF21 850 - £2 826 - **$4,470**
- Village en montagne - Huile/toile (70x59cm-28x23in) Liège 95 .... FF33 460 - £4 400 - **$6,710**
- La procession - Huile/toile (90x77cm-35x30in) Liège 96 .... FF69 000 - £8 520 - **$13,320**

RAU Adolf 1867-1908 [1]
- Flußlandschaft mit Inseln - Oil/canvas (66x95cm-26x37in) Stuttgart 91 .... FF4 060 - £408 - **$702**

RAU Emil 1858-1937 [46]
- Gutgelaunt - Oil/canvas (81x63cm-32x25in) Stuttgart 92 .... FF18 460 - £1 896 - **$3,550**
- Zwei Jäger in der Stube - Öl/Leinwand (100x76cm-39x30in) München 93 .... FF52 500 - £6 000 - **$8,880**
- In Wirtshaus - Öl/Leinwand (100x133cm-39x52in) Köln 93 .... FF128 800 - £15 400 - **$24,800**

RAU Otto 1856-? [1]
- Schäfer im Murnauer Moos - Oil/canvas (67x100cm-26x39in) München 92 .... FF2 550 - £261 - **$449**

RAU William 1874-? [2]
- *Winter, Central Park, N. Y. City* - Oil/canvas (45x30cm-18x12in) New-York 92 .... FF4 160 - £436 - **$750**

RAU William H. 1855-1920 [5]
- *Railroad car, Pennsylvania line* - Platinum print (19x24cm-7x9in) New-York 96 .... FF28 100 - £3 624 - **$5,500**

RAUB Charles Francisque XIX-XX [6]
- *Fermes bretonnes* - Huile/toile (54x73cm-21x29in) Lyon 97 .... FF2 400 - £259 - **$420**

RÄUBER Wilhelm Carl 1849-1926 [8]
- *Schnitter* - Ol/Karton (55x77cm-22x30in) Göttingen 95 .... FF8 610 - £1 115 - **$1,753**
- *Spielendes Kind mit Mutter* - Oil/canvas (47x38cm-19x15in) Nürnberg 92 .... FF25 500 - £2 610 - **$4,490**

RAUCH Charles 1791-1857 [3]
- *Charles François Dumouriez* - Huile/toile (66x54cm-26x21in) Paris 97 .... FF15 000 - £1 644 - **$2,633**

RAUCH Christian Daniel 1777-1857 [6]
- *A. von Humboldt* - Marbre (62cm-24in) Zürich 95 .... FF279 000 - £36 000 - **$56,800**

RAUCH DE MILAN Johann Nepomuk 1804-1847 [2]
- *Horse, cows, goats near a well* - Oil/panel (34x45cm-13x18in) New-York 91 .... FF31 350 - £3 159 - **$5,440**
- *Empress Maria Feodorovna* - Gouache (33x47cm-13x19in) London 96 .... FF17 160 - £2 200 - **$3,404**

RAUCH Ernst Andreas 1901 [20]
- *Hl. Georg und Drachen* - Oil/canvas (60x40cm-24x16in) München 89 .... FF5 400 - £552 - **$868**
- *Knäblein* - Bronze (17cm-7in) München 89 .... FF1 500 - £153 - **$241**

RAUCH Josef 1868-1921 [1]
- *August Borsig* - Bronze (20cm-8in) New Orleans, Louisiana 92 .... FF2 940 - £342 - **$600**

RAUCHINGER Heinrich 1858-1942 [5]
- *Aufblühende rote Rosen* - Oil/canvas (65x77cm-26x30in) Ahlden 92 .... FF10 200 - £1 044 - **$1,796**

RAUCHWERGER Jan 1942 [2]
- *Still life* - Oil/canvas (53x74cm-21x29in) Tel Aviv 93 .... FF6 140 - £715 - **$1,100**
- *Head* - Watercolour (27x20cm-11x8in) Tel Aviv 93 .... FF5 580 - £650 - **$1,000**

RAUDNER Robert 1854-? [4]
- *Voralpenlandschaft mit Dorf* - Öl/Leinwand (28x38cm-11x15in) München 93 .... FF8 470 - £1 013 - **$1,630**

RAUDNITZ Albert 1814-1899 [5]
- *Woman seated by a window* - Oil/canvas (97x71cm-38x28in) Boston, Mass. 91 .... FF41 950 - £4 176 - **$7,214**
- *The Flirtation* - Oil/canvas (81x100cm-32x39in) New-York 94 .... FF190 000 - £22 000 - **$32,500**

RAUECKER Theodor 1854-1940 [1]
- *Frauenakt mit Personenstaffage* - Öl/Leinwand (50x90cm-20x35in) Kempten 96 .... FF4 070 - £528 - **$798**

RAUGHT John Willard 1857-1931 [3]
- *Meadow Braught* - Oil/canvas (51x76cm-20x30in) Cambridge, Mass. 93 .... FF5 900 - £671 - **$1,000**
- *Hauteurs de Pont-Aven* - Huile/panneau (30x43cm-12x17in) Vannes 92 .... FF80 000 - £8 190 - **$14,080**

RAUGT Richard 1862-1931 [1]
- *Le bal costumé* - Huile/toile (54x66cm-21x26in) Paris 95 .... FF5 200 - £684 - **$1,044**

RAUH Caspar Walter 1912-1983 [29]
- *Freundliche Nacht II* - Aquarelle, gouache (24x31cm-9x12in) München 95 .... FF3 740 - £467 - **$755**

RAUL 1933 [2]
- *Nature morte aux cerises* - Huile/toile (33x41cm-13x16in) Briançon 94 .... FF3 400 - £403 - **$600**

RAULIN Alexandre XIX [4]
- *Grand Canal, Venise* - Huile/toile (67x117cm-26x46in) Monaco 92 .... FF140 000 - £16 700 - **$26,900**

RAULINO Tobias Dyonis 1787-1838 [2]
- *Das Dommayer-Kasino* - Aquarell/Papier (21x30cm-8x12in) Wien 92 .... FF31 260 - £3 735 - **$6,010**

RAUMANN Joseph 1908 [32]
- *Baigneurs à Trouville* - Huile/toile (65x50cm-26x20in) Le Havre 96 .... FF6 500 - £764 - **$1,280**
- *Neige à Lauzerte* - Aquarelle, gouache (35x50cm-14x20in) Montauban 95 .... FF2 200 - £279 - **$443**

RAUNACHER Johann-Baptist 1701-1757 [1]
- *Junges Paar/Bauernpaar* - Oil/canvas (67x48cm-26x19in) Luzern 92 .... FF30 440 - £3 640 - **$5,860**

RAUPP Friedrich, Fritz 1871-1949 [2]
- *Strandmotiv von St. Ives, Cornwall* - Öl/Leinwand (70x100cm-28x39in) Pforzheim 95 .... FF2 130 - £266 - **$418**

RAUPP Karl 1837-1918 [24]
- *Heuboot auf dem Chiemsee* - Öl/Leinwand (47x65cm-19x26in) München 94 .... FF47 900 - £5 750 - **$9,100**
- *Morgen am See* - Öl/Leinwand (80x165cm-31x65in) München 92 .... FF128 600 - £14 960 - **$26,250**
- *Mädchen mit Giesskanne am Bach* - Aquarell/Papier (42x21cm-17x8in) Köln 95 .... FF15 880 - £2 065 - **$3,260**

RAURICH Nicolau 1871-1945 [1]
- *Cabaña en la montaña al atardecer* - Oleo/lienzo/tabla (22x32cm-9x13in) Madrid 97 .... FF7 400 - £832 - **$1,332**

RAUSCH Leonhard 1813-1895 [1]
- *Berglandschaft mit Mönch* - Öl/Leinwand (63x88cm-25x35in) Köln 94 .... FF37 700 - £4 430 - **$6,600**

RAUSCH von Bernhard Peter 1793-1865 [3]
- *Mönch beim Kirchgang* - Oil/canvas (100x74cm-39x29in) Ahlden 92 .... FF16 320 - £1 670 - **$2,873**

RAUSCHENBERG Robert 1925 [353]
- *Glider* - Oil/canvas (244x152cm-96x60in) New-York 95 .... FF3 - £481 000 - **$750,000**
- *Hoarfrost* - Mixed media (169x103cm-67x41in) New-York 97 .... FF46 784 - £4 340 - **$8,000**
- *Onyx Rise* - Mixed media/panel (122x307cm-48x121in) New-York 94 .... FF165 200 - £18 800 - **$28,000**
- *Musical Mollusk, Scale*
  Mixed media/panel (215x81x280cm-85x32x110in) New-York 97 .... FF290 360 - £30 545 - **$50,000**
- *Stunt* - Oil (101x76cm-40x30in) New-York 96 .... FF1 18e +06 - £120 000 - **$200,000**
- *From the Seat of Authority* - Lithographie couleurs (77x58cm-30x23in) New-York 97 .... FF7 429 - £796 - **$1,300**
- *Kitty Hawk* - Color lithograph (200x102cm-79x40in) New-York 94 .... FF187 700 - £21 700 - **$32,000**

R

Tibetan Garden Song - Metal (109cm-43in) New-York 96 .... FF**30 750** - £3 646 - **$6,000**
Jockey Cheer Glut - Assemblage (90x240cm-35x94in) Paris 97 .... FF**95 000** - £10 004 - **$16,331**
The Chinese Tree - Polaroid (63x44cm-25x17in) New-York 95 .... FF**21 800** - £2 804 - **$4,500**
Individual - Collage (101x67cm-40x26in) New-York 96 .... FF**20 700** - £2 674 - **$4,000**
Composition - Collage/paper (77x58cm-30x23in) New-York 96 .... FF**93 024** - £9 768 - **$16,000**
Cage - Watercolour, gouache (50x63cm-20x25in) New-York 93 .... FF**620 000** - £70 400 - **$105,000**

RAUSCHER August Friedrich 1754-1808 [2]
Peasants & cattle by ruins at a river - Ink/paper (49x64cm-19x25in) London 89 .... FF**7 700** - £811 - **$1,296**

RAUSCHER Ludwig, Lajos 1845-1914 [2]
San Antonio, Padua - Watercolour (63x51cm-25x20in) London 96 .... FF**15 400** - £2 000 - **$3,050**

RAUSCHERT Jules Karl 1896-1975 [1]
The Saw Mill, Asuza - Watercolour/paper (39x52cm-15x20in) San Francisco-Los Angeles 96 .... FF**4 960** - £574 - **$950**

RAUSNITZ Josef 1895-1949 [1]
Klosterneuburg - Aquarell/Papier (14x18cm-6x7in) Wien 90 .... FF**2 400** - £248 - **$424**

RAUTH Otto XX [2]
Vor dem Spiegel - Oil/canvas (80x100cm-31x39in) Wien 89 .... FF**12 000** - £1 264 - **$2,020**

RAUTIAINEN Hjalmar 1879-1961 [1]
Två män - Oil/panel (40x43cm-16x17in) Helsinki 90 .... FF**2 796** - £286 - **$552**

RAVAISOU Joseph 1865-1925 [2]
Paysage - Huile/toile (73x92cm-29x36in) Paris 92 .... FF**4 000** - £410 - **$705**
Bastidon près d'Aix - Aquarelle Marseille 89 .... FF**3 400** - £358 - **$572**

RAVALLEC Adrien XX [8]
Concarneau - Huile/toile (38x46cm-15x18in) Quimper 94 .... FF**5 000** - £601 - **$931**
Thoniers à marée basse - Aquarelle (38x42cm-15x17in) Brest 94 .... FF**1 800** - £211 - **$319**

RAVALLEC Cécile 1907-1989 [3]
Joueur de flûte - Huile/toile (81x65cm-32x26in) Morlaix 90 .... FF**5 500** - £549 - **$1,044**

RAVANAT Théodore 1812-1883 [26]
Maison à Proveysieux - Huile/toile (46x55cm-18x22in) Grenoble 89 .... FF**15 000** - £1 581 - **$2,525**
Dauphiné - Crayon (16x24cm-6x9in) Grenoble 91 .... FF**2 300** - £231 - **$380**

RAVANNE Léon Gustave 1854-1904 [2]
Sur le quai, St Valéry en Cau - Huile/toile (38x55cm-15x22in) Arles 91 .... FF**8 000** - £803 - **$1,384**

RAVE Christopher 1881-1933 [1]
Sjöslag - Oil/canvas (90x135cm-35x53in) Göteborg 94 .... FF**2 944** - £342 - **$507**

RAVEEL Roger 1921 [40]
Boompje in schilderij-venster - Oil/canvas (100x100cm-39x39in) Amsterdam 94 .... FF**42 600** - £5 030 - **$7,570**
Tuinman - Oil/board (61x71cm-24x28in) Amsterdam 97 .... FF**245 729** - £25 830 - **$42,213**
Schilderijenoptocht van 1978 - Color lithograph (76x56cm-30x22in) Amsterdam 97 .... FF**8 787** - £921 - **$1,507**
Muurtje, boompje in een rechthoek - Pastel (50x72cm-20x28in) Lokeren 95 .... FF**18 970** - £2 370 - **$3,720**

RAVEL Daniel 1915 [39]
Bouteilles et pommes - Huile/toile (46x65cm-18x26in) Paris 95 .... FF**10 500** - £1 327 - **$2,106**
Composition - Aquarelle (30x38cm-12x15in) Versailles 92 .... FF**3 600** - £430 - **$693**

RAVEL Edouard John E. 1847-1920 [13]
Mutter mit Kind - Öl/Papier (26x16cm-10x6in) Zürich 97 .... FF**4 737** - £504 - **$817**
Mutter mit Kind - Öl/Karton (57x44cm-22x17in) Zürich 96 .... FF**140 000** - £18 150 - **$27,700**
Walliserin - Aquarell/Papier (25x17cm-10x7in) Zürich 97 .... FF**9 870** - £1 049 - **$1,703**

RAVEL Jules Hippolyte 1826-1898 [2]
La gardeuse et la servante - Huile/toile (112x82cm-44x32in) Paris 90 .... FF**10 500** - £1 069 - **$2,100**
Mariage en Pays chouan - Huile/toile (87x130cm-34x51in) Nantes 96 .... FF**75 000** - £9 750 - **$14,860**

RAVEN John Samuel 1829-1877 [1]
Hampshire Homested - Oil/canvas (119x148cm-47x58in) London 97 .... FF**142 994** - £15 000 - **$24,537**

RAVEN Samuel 1775-1847 [4]
Staffordshire Bull Terriers - Oil/panel (17x22cm-7x9in) London 92 .... FF**5 860** - £600 - **$1,032**

RAVEN von Ernst 1816-1890 [4]
Schweizer Hochgebirgslandschaft - Öl/Leinwand (34x51cm-13x20in) Lindau 94 .... FF**13 380** - £1 588 - **$2,473**

RAVEN-HILL Leonard 1867-1942 [1]
La belle époque - Oil/canvas (33x43cm-13x17in) London 92 .... FF**134 000** - £16 000 - **$25,800**

RAVENAT Vincent Nicolas 1801-1865 [1]
L'Espérance - Huile/toile (121x96cm-48x38in) Paris 93 .... FF**38 000** - £4 580 - **$6,910**

RAVENNA Juti 1897-1972 [1]
Pieve di Cadore - Gouache/carta (35x50cm-14x20in) Milano 94 .... FF**2 373** - £280 - **$448**

RAVENSBERG Ludvig Orning 1871-1958 [2]
Høstens gubbe, Ladegaarden - Oil/canvas (54x69cm-21x27in) Oslo 92 .... FF**14 640** - £1 750 - **$2,815**

RAVENSTEIN von Paul 1854-1938 [4]
Sonnenbeschiene Flusslandschaft - Oil/panel (33x28cm-13x11in) Pforzheim 93 .... FF**11 870** - £1 418 - **$2,283**

RAVENSWAAY van Adriana 1816-1872 [4]
Vasque de fleurs - Huile/toile (34x27cm-13x11in) Lyon 94 .... FF**47 000** - £5 640 - **$9,120**

RAVENSWAAY van Jan 1789-1869 [12]
Blowing Bubbles - Oil/panel (18x13cm-7x5in) Amsterdam 97 .... FF**8 403** - £894 - **$1,462**
Idyllische Landschaft - Öl/Holz (110x93cm-43x37in) Wien 96 .... FF**96 400** - £12 440 - **$18,900**
Horses and cows - Ink/paper (21x26cm-8x10in) Amsterdam 96 .... FF**1 815** - £228 - **$351**

RAVENSWAAY van Johannes Gijsb. 1815-1849 [1]
Summer landscape with a watermill - Oil/panel (76x100cm-30x39in) Amsterdam 95 .... FF**21 940** - £2 800 - **$4,494**

RAVERAT Gwen, née Darwin 1885-1957 [1]
Hunting in the woods - Woodcut in colors (21x54cm-8x21in) London 95 .... FF**1 822** - £240 - **$370**
RAVERAT Vincent Nicolas 1801-1865 [1]
Baigneuses/Baigneurs - Huile/toile (100x127cm-39x50in) Montauban 94 .... FF**35 000** - £4 050 - **$6,010**
RAVESTEYN van Hubert 1638-c.1690 [3]
Barn interior - Oil/canvas (55x72cm-22x28in) London 97 .... FF**94 429** - £10 000 - **$16,251**
RAVESTEYN van Jan Anthonisz c.1570-1657 [11]
Man in Armour - Oil/panel (101x79cm-40x31in) New-York 97 .... FF**51 253** - £5 464 - **$9,000**
Johannes de Ruyter - Oil/panel (120x78cm-47x31in) New-York 92 .... FF**883 000** - £89 000 - **$155,000**
RAVET Victor 1840-? [2]
Game of cards - Oil/panel (34x29cm-13x11in) Billinghurst, West Sussex 91 .... FF**19 940** - £1 985 - **$3,429**
RAVI VARMA Raja XIX-XX [8]
Ravana as a Holy Man - Oil/canvas (73x51cm-29x20in) London 96 .... FF**170 000** - £21 000 - **$32,800**
RAVIER François-Auguste 1814-1895 [152]
Chemin de campagne - Huile/toile (31x24cm-12x9in) Lyon 97 .... FF**21 500** - £2 328 - **$3,766**
Paysage aux arbres nus - Huile/toile (32x26cm-13x10in) Lyon 92 .... FF**41 000** - £4 200 - **$7,380**
Paysage d'Automne - Aquarelle/papier (24x17cm-9x7in) Lyon 97 .... FF**12 500** - £1 321 - **$2,145**
Crépuscule - Aquarelle/papier (20x28cm-8x11in) Lyon 97 .... FF**28 500** - £3 086 - **$4,993**
Coucher de soleil sur l'étang - Aquarelle (23x18cm-9x7in) Lyon 96 .... FF**44 000** - £5 510 - **$8,490**
RAVILIOUS Eric 1903-1942 [5]
The Cement Pit - Watercolour (45x56cm-18x22in) London 96 .... FF**116 000** - £15 000 - **$23,000**
RAVN Christian [1]
Fjordparti med hus - Oil/canvas (30x47cm-12x19in) Tönsberg 90 .... FF**14 900** - £1 595 - **$2,591**
RAVN Johannes 1922-1991 [25]
Berguv - Oil/canvas (101x80cm-40x31in) Stockholm 95 .... FF**5 470** - £691 - **$1,097**
RAVN Lars 1959 [11]
Min Mona Lisa No. 15 - Acrylic/paper (100x70cm-39x28in) Köbenhavn 92 .... FF**3 700** - £378 - **$651**
RAVN-HANSEN Louise 1849-1909 [4]
Skovparti - Oil/canvas (61x47cm-24x38in) Vejle 94 .... FF**2 176** - £256 - **$388**
RAVOTTI Berto XX [2]
Le ombre - tavola rivelata, dipinta (48x68cm-19x27in) Milano 95 .... FF**2 384** - £304 - **$488**
RAVRIO Antoine André 1759-1814 [1]
Marie-Antoinette, captive, sur le vif - Mine plomb (9x9cm-4x4in) Paris 93 .... FF**11 000** - £1 326 - **$2,000**
RAWLINS Thomas J. c.1800-c.1850 [3]
The Great Cave, Bombay - Watercolour (46x63cm-18x25in) London 95 .... FF**36 100** - £4 500 - **$7,070**
RAWLINSON James [2]
Lancaster Castle - Watercolour (18x25cm-7x10in) London 93 .... FF**3 320** - £400 - **$580**
RAWORTH William Henry 1820-1905 [4]
Lake Wakatipu, Otago - Watercolour (37x63cm-15x25in) London 96 .... FF**5 610** - £700 - **$1,084**
RAY Charles 1871-1918 [1]
Moored boats in the Seine, Paris - Oil/panel (16x22cm-6x9in) Amsterdam 91 .... FF**6 610** - £666 - **$1,147**
RAY Jacob XX [2]
Enten an einem Flussufer - Oil/board (30x40cm-12x16in) Bern 90 .... FF**3 100** - £330 - **$555**
RAY Karen 1928 [3]
Beach Scene - Oil/board (25x20cm-10x8in) London 97 .... FF**41 475** - £4 500 - **$7,349**
RAY-JONES Tony 1941-1972 [6]
Man Peering Through Windows
  Gelatin silver print (16x25cm-6x10in) San Francisco-Los Angeles 95 .... FF**1 993** - £260 - **$400**
RAYA-SORKINE Alain de Bouvier,dit 1936 [133]
Les oiseaux - Huile/toile (76x101cm-30x40in) Calais 96 .... FF**8 200** - £941 - **$1,565**
Couple d'amour - Huile/toile (60x73cm-24x29in) Paris 96 .... FF**18 000** - £1 964 - **$3,146**
La mariée du Dimanche - Huile/toile (73x60cm-29x24in) Arles 96 .... FF**30 000** - £3 920 - **$6,000**
Le Vagabond - Huile/toile (92x73cm-36x29in) L'Isle-Adam 95 .... FF**79 000** - £10 370 - **$16,200**
Allégorie bretonne - Aquarelle (47x63cm-19x25in) Rennes 96 .... FF**2 500** - £324 - **$496**
Mariage au clair de lune - Watercolour, gouache (61x48cm-24x19in) London 97 .... FF**24 479** - £2 700 - **$4,294**
RAYMOND Alex 1909-1956 [2]
Tim Tyler's Luck - Ink/paper (13x64cm-5x25in) New-York 95 .... FF**4 610** - £613 - **$950**
RAYMOND Alexandre XIX [3]
Basilique d'Ayia Sophia - Watercolour, gouache (77x155cm-30x61in) London 96 .... FF**64 700** - £8 000 - **$12,500**
RAYMOND Casimir 1870-1965 [15]
Paysan au chapeau noir - Huile/toile (55x46cm-22x18in) Bern 93 .... FF**4 355** - £502 - **$747**
Les péniches au Pont Neuf - Aquarelle (37x55cm-15x22in) Soissons 92 .... FF**4 000** - £410 - **$705**
RAYMOND Marie 1908-1988 [43]
Composition - Huile/toile (73x92cm-29x36in) Paris 97 .... FF**12 000** - £1 264 - **$2,063**
Vers le soleil - Huile/toile (130x162cm-51x64in) Paris 94 .... FF**80 000** - £9 350 - **$14,050**
Composition - Gouache/papier (65x50cm-26x20in) Paris 97 .... FF**6 000** - £632 - **$1,031**
RAYMOR Barry 1950 [2]
Grey wagtails - Oil/canvas (86x57cm-34x22in) London 96 .... FF**4 340** - £550 - **$832**
RAYNAUD Auguste 1855-? [7]
Tending the garden - Oil/canvas (76x54cm-30x21in) London 93 .... FF**79 000** - £9 000 - **$13,400**
RAYNAUD Aurélien 1970 [4]
A Spotted Panther - Oil/canvas (128x160cm-50x63in) London 96 .... FF**51 300** - £6 500 - **$9,830**

R

Rhinoceros of Africa - Pastel (110x192cm-43x76in) London 96 .... FF**19 720** - £2 500 - **$3,780**

RAYNAUD Jean-Pierre 1939 [55]
Mur 700 - Huile/panneau (100x75cm-39x30in) Versailles 96 .... FF**53 000** - £6 080 - **$10,110**
Psycho-objet - Technique mixte/panneau (80x110cm-31x43in) Paris 96 .... FF**310 000** - £38 600 - **$60,100**
Stèle - Sculpture (93x30x30cm-37x12x12in) Paris 97 .... FF**62 000** - £6 466 - **$10,602**
Centimètre 85 - Technique mixte/papier (100x65cm-39x26in) Paris 96 .... FF**14 000** - £1 815 - **$2,770**

RAYNAUD Patrick 1946 [5]
Art Flight Case - Moussen flight case (82x27x82cm-32x11x32in) Paris 95 .... FF**9 500** - £1 660 - **$1,960**

RAYNER Louise J. 1829-1924 [50]
Horse Guards Parade - Watercolour (21x16cm-8x6in) London 97 .... FF**32 381** - £3 400 - **$5,550**
St. Werburgh Street, Chester - Watercolour (28x46cm-11x18in) London 97 .... FF**128 694** - £13 500 - **$22,083**

RAYNER Margaret XIX-XX [6]
The monks retreat - Watercolour (33x47cm-13x19in) Hadspen 96 .... FF**4 100** - £520 - **$787**

RAYNER Nancy XIX [2]
A young milkmaid - Watercolour (36x25cm-14x10in) London 95 .... FF**1 846** - £240 - **$386**

RAYNER Samuel A. ?-1874 [7]
Church interior - Watercolour (61x53cm-24x21in) London 95 .... FF**2 053** - £260 - **$413**

RAYO Omar 1928 [2]
Cilindrome 4, 1985 - Acrylic/canvas (101x101cm-40x40in) New-York 90 .... FF**45 800** - £4 872 - **$8,193**

RAYPER Ernesto 1840-1873 [1]
Landscape with shepherdess - Oil/canvas (21x25cm-8x10in) Amsterdam 94 .... FF**4 880** - £567 - **$840**

RAYSKI von Ferdinand 1806-1890 [8]
König Johann von Sachsen - Oil/canvas (132x99cm-52x39in) München 91 .... FF**40 600** - £4 071 - **$6,702**
Wald bei Pulsnitz - Pencil (31x23cm-12x9in) München 94 .... FF**5 470** - £642 - **$974**

RAYSSE Martial 1936 [52]
Venise-Venise - Acrylique (34x46cm-13x18in) Paris 97 .... FF**58 000** - £6 131 - **$9,953**
Seventeen - Acrylic (182x130cm-72x51in) London 94 .... FF**631 000** - £75 000 - **$115,300**
Visage de femme - Collage (24x24cm-9x9in) Paris 87 .... FF**26 000** - £2 652 - **$4,220**
Sylvie Vartan - Technique mixte/papier (32x26cm-13x10in) Paris 95 .... FF**105 000** - £13 270 - **$21,230**

RAZA Sayed Haider 1922 [12]
Chepelle bleue - Oil/canvas (61x81cm-24x32in) London 96 .... FF**17 800** - £2 200 - **$3,440**

RAZGOUR XX [2]
Rue d'Israël - Huile/toile (81x66cm-32x26in) Paris 96 .... FF**2 000** - £251 - **$386**

REA Cecil 1860-1935 [2]
Nymphs in a woodland - Oil/canvas (128x90cm-50x35in) London 94 .... FF**8 440** - £1 000 - **$1,560**

REA Louis Edward 1868-1927 [1]
Upper Richardson's Bay, California
　　Oil/canvas (41x66cm-16x26in) San Francisco-Los Angeles 96 .... FF**9 910** - £1 148 - **$1,900**

READ Catherine 1723-1778 [4]
Lady Elizabeth Harcourt - Pastel (56x56cm-28x22in) London 93 .... FF**56 500** - £6 500 - **$9,750**
Lady Elizabeth Harcourt - Pastel (74x56cm-29x22in) London 90 .... FF**112 200** - £11 418 - **$22,438**

READ Edward Harry Handley 1870-? [3]
Misty morning with a postmill - Wash Aylsham, Norfolk 90 .... FF**3 500** - £377 - **$617**

READ Elmer Joseph 1862-? [1]
Nassau, New Providence, Bahamas - Gouache (21x27cm-8x11in) London 93 .... FF**1 660** - £200 - **$290**

READ Jane 1773-1857 [1]
Gentleman in profile to left - Silhouette (8cm-3in) London 95 .... FF**2 716** - £350 - **$553**

READ Samuel 1815-1883 [2]
Figures in Amiens Cathedral - Watercolour (53x40cm-21x16in) London 97 .... FF**3 223** - £350 - **$571**

READE Albert Vincent 1864-? [1]
Peel Castle, Isle of Man - Oil/board (23x28cm-9x11in) London 90 .... FF**2 300** - £248 - **$406**

READY William James Durant 1823-1873 [7]
View of Gorleston, Suffolk - Oil/panel (12x22cm-5x9in) Bath 92 .... FF**5 670** - £580 - **$998**

REAL del Rafael 1932 [2]
Madrid - Oleo/lienzo (73x100cm-29x39in) Madrid 90 .... FF**18 620** - £1 875 - **$3,647**

REAL DEL SARTE Maxime 1888-1954 [3]
Faunesse - Terracotta (40cm-16in) Paris 92 .... FF**1 800** - £185 - **$346**

REALIER-DUMAS Maurice 1860-1928 [8]
Polichinelle - Poster (175x59cm-69x23in) London 96 .... FF**2 340** - £300 - **$462**

REAM Carduc. Plantagenet 1837-1917 [15]
Bunches of Grapes - Oil/canvas (30x45cm-12x18in) San Francisco-Los Angeles 96 .... FF**11 660** - £1 462 - **$2,250**
Still life with pears - Oil/canvas (46x61cm-18x24in) Chicago 96 .... FF**24 930** - £3 175 - **$4,800**

REAM Morston Constantine 1840-1898 [11]
Stilleben - Oil/canvas (44x60cm-17x24in) Wien 91 .... FF**16 840** - £1 697 - **$2,922**

REASER Wilbur Aaron 1860-1942 [2]
Oakland Harbor - Oil/board (58x70cm-23x28in) San Francisco-Los Angeles 92 .... FF**22 050** - £2 560 - **$4,500**
Butternut Valley, N.W.N.Y. State - Pastel/paper (95x169cm-37x67in) New-York 93 .... FF**16 440** - £2 062 - **$2,990**

REASON Florence XIX-XX [2]
In full Bloom - Watercolour (25x35cm-10x14in) London 97 .... FF**18 365** - £2 000 - **$3,194**

REAULT Patrick XX [10]
La Provence - Huile/toile (73x60cm-29x24in) Provins 94 .... FF**3 400** - £404 - **$628**

REAY John 1947 [3]
Sunbathers - Oil/canvas (91x91cm-36x36in) London 90 .... FF**7 800** - £829 - **$1,393**

REB Henry XX [4]
Chamonix, Mont-Blanc - Poster (99x63cm-39x25in) New-York 93 .... FF7 700 - £966 - **$1,400**

REBAY Hilla 1890-1967 [22]
Lyricism - Oil/canvas (127x99cm-50x39in) New-York 94 .... FF17 540 - £2 013 - **$3,000**
Cosmic center - Watercolour (24x36cm-9x14in) New-York 92 .... FF8 330 - £967 - **$1,700**

REBECQUE Jan D.C. de Constant 1841-1893 [3]
Les êtres probes - Technique mixte/carton (65x50cm-26x20in) Paris 97 .... FF2 200 - £248 - **$398**

REBELL Josef 1787-1828 [9]
Ansicht von Neapel - Oil/copper (52x66cm-20x26in) München 93 .... FF230 600 - £27 540 - **$44,400**
Wasserfälle von Tivoli - Watercolour (46x33cm-18x13in) München 92 .... FF13 560 - £1 620 - **$2,610**

REBER Josef 1864-1925 [1]
Torf-Stich bei Bünzen - Huile/panneau (21x28cm-8x11in) Zofingen 93 .... FF3 750 - £452 - **$686**

REBER Martin H. [2]
Compositions abstraites - Crayon Paris 92 .... FF10 000 - £1 027 - **$1,923**

REBEYROLLE Paul 1926 [81]
Nature morte à l'agneau - Huile/toile (106x52cm-42x20in) Cannes 95 .... FF9 000 - £1 132 - **$1,800**
Les souliers - Acrylique/papier (48x67cm-19x26in) Versailles 96 .... FF22 000 - £2 526 - **$4,200**
Une grenouille - Huile/toile (116x89cm-46x35in) Paris 97 .... FF43 000 - £4 545 - **$7,379**
Série des suicides - Huile/toile (120x80cm-47x31in) Paris 93 .... FF58 000 - £7 250 - **$10,540**
L'atelier de la Ruche - Huile/toile (260x200cm-102x79in) Paris 91 .... FF245 000 - £24 688 - **$42,513**
Couple - Gouache (48x64cm-19x25in) Versailles 97 .... FF3 500 - £384 - **$614**
Composition - Gouache (65x50cm-26x20in) Paris 97 .... FF11 000 - £1 147 - **$1,881**

REBIERRE Marc 1934 [14]
Jeune femme et jeté de roses - Huile/toile (46x55cm-18x22in) Provins 92 .... FF3 000 - £308 - **$577**
Nature morte et fillette - Huile/toile (46x55cm-18x22in) Provins 92 .... FF23 000 - £2 362 - **$4,420**

REBMANN Otto 1900-1977 [7]
Komposition - Gouache (34x28cm-13x11in) Pforzheim 93 .... FF1 865 - £223 - **$359**

REBOLLEDO CORREA Benito 1880-1964 [8]
Nude boys at the beach - Oil/canvas (46x56cm-18x22in) New-York 96 .... FF16 000 - £2 070 - **$3,200**

REBOLLO Marc 1955 [4]
Sans titre - Huile (40x50cm-16x20in) Paris 92 .... FF2 500 - £256 - **$450**

REBOUR Francisque XIX [2]
Saut d'obstacle/Le trotteur monté - Gravure cuivre (53x70cm-21x28in) Paris 90 .... FF1 650 - £169 - **$326**
Le saut d'obstacle - Gouache/papier (37x45cm-15x18in) Deauville 92 .... FF1 500 - £154 - **$270**

REBOUSSIN Roger 1881-1965 [9]
Le vieux solitaire - Huile/toile (38x26cm-15x10in) Paris 96 .... FF14 000 - £1 807 - **$2,704**
Le Grand Duc - Aquarelle, gouache/papier (27x21cm-11x8in) Calais 97 .... FF1 700 - £170 - **$286**

REBOUT Christiane 1950 [5]
Paris sous la pluie - Huile/panneau (41x33cm-16x13in) Corbeil-Essonnes 93 .... FF3 200 - £400 - **$582**

RECALCATI Antonio 1938 [40]
Malincolia di una bella giornata - Huile/toile (81x100cm-32x39in) Versailles 96 .... FF5 500 - £705 - **$1,091**
España - Huile/toile (160x180cm-63x71in) Paris 97 .... FF20 200 - £2 114 - **$3,432**
I remeber New York - Olio/tela (200x200cm-79x79in) Milano 94 .... FF44 100 - £5 250 - **$7,870**

RECCO Giacomo 1603-c.1650 [4]
Flowers in a porcelain Vase - Oil/canvas (63x48cm-25x19in) New-York 97 .... FF193 263 - £21 840 - **$35,000**

RECCO Giuseppe 1634-1695 [7]
Pesci e molluschi con bacile di rame - Olio/tela (61x75cm-24x30in) Milano 95 .... FF176 300 - £22 600 - **$35,400**

RECHEDKO Vladimir 1937 [2]
Au bord de l'eau - Huile/toile (84x102cm-33x40in) Paris 92 .... FF4 600 - £471 - **$810**

RECHIN Jean Pierre 1956 [2]
Femme blottie - Bronze (35cm-14in) Paris 90 .... FF23 000 - £2 447 - **$4,114**
Prométhée, 1988 - Bronze (43cm-17in) Paris 89 .... FF50 000 - £5 269 - **$8,418**

RECHLIN Karl 1804-1882 [4]
Dragoons and Cuirassiers at an Encampment
    Oil/canvas (59x77cm-23x30in) Wien 96 .... FF143 500 - £17 400 - **$27,900**

RECIPON Georges 1860-1920 [4]
Maréchal Ney chargeant - Bronze (55cm-22in) Troyes 94 .... FF9 500 - £1 123 - **$1,752**

RECKARD Gardner Arnold 1858-1908 [1]
Waterfall - Oil/canvas (51x64cm-20x25in) San Francisco-Los Angeles 94 .... FF3 915 - £454 - **$750**

RECKELBUS Louis 1864-1958 [8]
A kitchen interior - Watercolour (58x68cm-23x27in) London 94 .... FF9 430 - £1 100 - **$1,654**

RECKEWITZ Wilfried 1925 [2]
Malerei - Oil/canvas (80x100cm-31x39in) Düsseldorf 91 .... FF5 070 - £511 - **$880**

RECKNAGEL John H., Jnr. 1870-1940 [10]
Portrait de femme - Huile/panneau (33x24cm-13x9in) Concarneau 92 .... FF5 000 - £512 - **$880**
Calme plat - Fusain (31x39cm-12x15in) Quimper 97 .... FF3 500 - £375 - **$614**

RECKNAGEL Otto 1845-1926 [10]
Rehbock mit Geiss am Waldesrand - Oil/panel (34x24cm-13x9in) Wien 94 .... FF9 700 - £1 124 - **$1,838**

RECKZIEGEL Anton 1865-1936 [23]
Bei Adelboden - Huile/toile/panneau (48x74cm-19x28in) Bern 94 .... FF6 460 - £750 - **$1,114**
Wengernalp- & Jungfraubahn - Poster (112x71cm-44x28in) London 96 .... FF4 050 - £500 - **$782**
Schneelandschaft - Pastel (35x59cm-14x23in) Zofingen 94 .... FF3 213 - £377 - **$572**

R

RECONDO Félix 1932 [3]
Deux personnages en expansion - Technique mixte/papier (76x105cm-30x41in) Paris 94 .... FF4 800 - £548 - **$814**

RECORDON Suzanne 1881-1962 [1]
Gutshof im Herbst - Oil/canvas (50x60cm-20x24in) Zofingen 91 .... FF3 366 - £338 - **$556**

REDDY Krishna 1925 [2]
Sea Forms - Etching in colors (43x33cm-17x13in) Chicago 93 .... FF2 200 - £276 - **$400**

REDER Alfred 1901-1944 [2]
Porträt einer Frau - Oil/canvas (69x40cm-27x16in) Stuttgart 90 .... FF7 800 - £806 - **$1,378**

REDER Bernhard 1897-1963 [6]
A Sculpture and a Drawing - Plaster (35cm-14in) New-York 94 .... FF68 500 - £8 040 - **$12,000**
Nudes - Pencil (48x30cm-19x12in) Tel Aviv 95 .... FF4 290 - £515 - **$800**

REDER Heinrich Richard 1862-1942 [5]
Alpenlandschaft mit Bach - Oil/wood (26x49cm-10x19in) Hamburg 97 .... FF4 550 - £486 - **$793**
Jäger auf der Entenjagd - Öl/Leinwand (36x30cm-14x12in) Lindau 93 .... FF5 090 - £608 - **$978**

REDER-BROILY Franz 1854-1918 [8]
Duck shooting - Oil/canvas (61x92cm-24x36in) New-York 93 .... FF5 500 - £690 - **$1,000**
Am Golf von Neapel - Oil/canvas (70x122cm-28x48in) München 92 .... FF22 100 - £2 262 - **$3,890**

REDFERN June XX [11]
Feeling Good - Oil/canvas (183x152cm-72x60in) London 92 .... FF4 690 - £480 - **$826**
Barn at Clayponds - Etching in colors (28x38cm-11x15in) London 92 .... FF3 130 - £320 - **$551**

REDFIELD Edward Willis 1869-1965 [37]
Off Manana - Oil/canvas (55x64cm-22x25in) New-York 95 .... FF112 500 - £14 240 - **$22,000**
The Breaking of Winter - Oil/canvas (143x128cm-56x50in) New-York 95 .... FF353 400 - £45 100 - **$72,500**
The Old Homestead - Oil/canvas (101x127cm-40x50in) New-York 97 .... FF758 459 - £79 638 - **$130,000**

REDGATE Arthur XIX-XX [10]
A lochside cottage - Oil/canvas (51x76cm-20x30in) London 93 .... FF12 460 - £1 400 - **$2,086**

REDGATE Arthur William 1860-1906 [21]
Milking Time, Leicestershire - Oil/canvas (71x91cm-28x36in) Exeter, Devon 94 .... FF3 420 - £400 - **$600**
The farmyard - Oil/canvas (49x75cm-19x30in) Billinghurst, West Sussex 94 .... FF14 940 - £1 800 - **$2,610**
Harvest - Oil/canvas (51x76cm-20x30in) London 96 .... FF46 400 - £5 500 - **$9,050**

REDGRAVE Richard 1804-1888 [4]
The Return to the Hall - Oil/canvas London 97 .... FF59 688 - £6 500 - **$10,380**

REDI Tommaso 1665-1726 [2]
Watermill & fisherman on the riverbank - Ink (29x42cm-11x17in) New-York 97 .... FF6 674 - £742 - **$1,200**

REDIG Laurent Herman 1822-1861 [6]
Vue de village animé - Huile/panneau (44x56cm-17x22in) Bruxelles 93 .... FF 400 - £4 240 - **$7,240**

REDIN Carl 1892-1944 [1]
New Mexico landscape - Oil/canvas/board (30x41cm-12x16in) New-York 90 .... FF5 880 - £683 - **$1,200**

REDKO Kliment Nikolaevich 1897-1956 [6]
Suprematistische Komposition - Öl/Leinwand (33x36cm-13x14in) München 96 .... FF64 500 - £7 350 - **$12,350**

REDLICH Carl F. 1828-1897 [1]
Hirtenidylle am Fluss - Aquarell (24x33cm-9x13in) Zofingen 96 .... FF1 654 - £206 - **$320**

REDMOND Granville S. 1871-1935 [47]
Sunrise - Oil/canvas (23x30cm-9x12in) San Francisco-Los Angeles 92 .... FF23 270 - £2 703 - **$4,750**
An afternoon cloudburst
    Oil/canvas (56x91cm-22x36in) San Francisco-Los Angeles 95 .... FF59 800 - £7 860 - **$12,000**
Morning at San Mateo
    Oil/canvas (66x96cm-26x38in) San Francisco-Los Angeles 96 .... FF389 000 - £48 700 - **$75,000**

REDMOND Thomas c.1740-1785 [2]
Lady in lace-bordered pink dress - Miniature (3cm-1in) London 96 .... FF2 360 - £300 - **$454**

REDMORE Edward King 1860-1941 [20]
Marine - Oil/canvas (50x76cm-20x30in) Vejle 91 .... FF5 460 - £547 - **$901**

REDMORE Henry 1820-1887 [44]
Shipwreck, rocky coastal landscape - Oil/canvas (75x125cm-30x49in) Köbenhavn 96 .... FF23 170 - £3 000 - **$4,630**
Two-master running ashore - Oil/canvas (60x100cm-24x39in) London 96 .... FF50 900 - £6 000 - **$10,000**
A Calm on the Elbe - Oil/canvas (58x96cm-23x38in) London 97 .... FF104 762 - £11 000 - **$17,956**

REDON Gaston 1853-1921 [1]
Pot de géraniums - Oil/canvas (65x50cm-26x20in) New-York 89 .... FF5 - £512 239 - **$813,270**

REDON Georges 1869-1943 [21]
Rêverie du soir dans la forêt - Huile/toile (130x97cm-51x38in) Paris 95 .... FF24 000 - £3 140 - **$4,810**
Le Journal publie - Affiche (152x114cm-60x45in) Boulogne 96 .... FF2 300 - £301 - **$460**

REDON Odilon 1840-1916 [223]
Vase de fleurs - Oil/canvas (55x47cm-22x19in) New-York 94 .... FF1 - £224 000 - **$363,000**
Le Pavot noir - Oil/canvas (73x54cm-29x21in) London 95 .... FF3 - £500 000 - **$792,000**
Windmill and village - Oil/canvas (23x32cm-9x13in) New-York 97 .... FF114 286 - £12 252 - **$20,000**
La Mort d'Ophélie - Oil/canvas (30x40cm-12x16in) London 96 .... FF598 000 - £75 000 - **$115,500**
Princesse Madeleine - Etching (36x27cm-14x11in) Amsterdam 97 .... FF19 040 - £1 996 - **$3,267**
Araignée - Lithograph (28x21cm-11x8in) London 96 .... FF149 200 - £17 000 - **$28,560**
J. Roberte de Domecy - Pastel (50x37cm-20x15in) London 95 .... FF1 - £150 000 - **$237,600**
Bouquet de fleurs - Pastel/paper (56x45cm-22x18in) New-York 96 .... FF2 - £348 000 - **$550,000**
Fleurs - Pastel (63x50cm-25x20in) Biarritz 90 .... FF4 - £422 961 - **$763,636**
Mort et Ange déchu - Pencil/paper (32x22cm-13x9in) New-York 96 .... FF46 600 - £5 760 - **$9,000**
Léda et le Cygne - Watercolour, gouache (16x24cm-6x9in) London 95 .... FF200 000 - £26 000 - **$41,200**

R

REDONDELA Agustín González A. 1922 [42]
- Paisaje con castillo - Oleo/lienzo (46x55cm-18x22in) Madrid 97 .... FF22 000 - £2 365 - **$3,795**
- Arboles - Oleo/lienzo (65x81cm-26x32in) Madrid 94 .... FF41 500 - £4 890 - **$7,380**
- Paisaje de Guadalajara - Oleo/lienzo (81x100cm-32x39in) Madrid 96 .... FF80 300 - £9 440 - **$15,800**
- Illustraciò: Caminos, A. Machado - Litografía Madrid 97 .... FF3 200 - £344 - **$560**
- Vista de pueblo montañés - Gouache (50x60cm-20x24in) Madrid 93 .... FF15 400 - £1 750 - **$2,610**

REDOUTÉ Pierre-Joseph 1759-1840 [34]
- Flowers in a Vase - Oil/canvas (99x80cm-39x31in) New-York 96 .... FF7 2e +06 - £892 000 - **$1**
- Vier colorierte Kupferstiche - Copper engraving (20x13cm-8x5in) München 92 .... FF1 700 - £174 - **$300**
- A violet Pansy - Watercolour (17x13cm-7x5in) New-York 97 .... FF72 302 - £8 047 - **$13,000**

REDPATH Anne 1895-1965 [53]
- White plox zinnias - Oil/canvas (71x92cm-28x36in) Glasgow 96 .... FF51 800 - £6 000 - **$9,930**
- Sospel, Alpes-Maritimes - Oil/panel (51x76cm-20x30in) Edinburgh 93 .... FF158 000 - £18 000 - **$26,800**
- Pink Goblet - Watercolour (56x77cm-22x30in) London 94 .... FF41 700 - £5 000 - **$8,100**

REDWOOD Allen Carter 1844-1922 [3]
- Battle of Fredericksburg - Watercolour (29x41cm-11x16in) New-York 90 .... FF17 430 - £1 799 - **$3,077**

REDWORTH William Josiah 1873-1947 [3]
- Prince of Wales in visit to Eton College - Wash (27x35cm-11x14in) London 95 .... FF1 957 - £250 - **$400**

RÉE Anita 1885-1933 [6]
- Italienischer Ort - Watercolour (63x49cm-25x19in) Hamburg 92 .... FF7 480 - £766 - **$1,317**

REEB David 1952 [9]
- Landscape - Acrylic/board/canvas (75x117cm-30x46in) Tel Aviv 97 .... FF10 695 - £1 189 - **$2,000**
- Houses in Tel Aviv - Pastel (50x69cm-20x27in) Tel Aviv 96 .... FF4 150 - £520 - **$800**

REECE Jane 1869-1961 [2]
- Lorado taft, 1918 - Silver print (20x15cm-8x6in) New-York 90 .... FF4 600 - £496 - **$811**

REED Bryan 1934 [2]
- A barn owl - Watercolour (59x48cm-23x19in) London 96 .... FF5 520 - £700 - **$1,060**

REED David 1946 [6]
- Untitled - Acrylic/canvas (76x304cm-30x120in) New-York 97 .... FF46 512 - £4 884 - **$8,000**

REED Doel 1894-1985 [5]
- Reclining nude - Etching (25x38cm-10x15in) New-York 92 .... FF3 610 - £378 - **$650**

REED Ethel 1876-? [4]
- Folly of Saintliness - Poster (50x36cm-20x14in) New-York 96 .... FF4 075 - £480 - **$800**

REED Joseph Charles 1822-1877 [2]
- The Harvesters - Watercolour (38x76cm-15x30in) London 96 .... FF12 830 - £1 600 - **$2,480**

REED Marjorie 1915 [3]
- The Arozona Kid - Oil/canvas (127x102cm-50x40in) Delray Beach, Florida 96 .... FF23 040 - £2 994 - **$4,500**

REED Roland W. 1864-1934 [9]
- At the Spring, Ojibway - Gelatin silver print (48x38cm-19x15in) New-York 96 .... FF7 830 - £906 - **$1,500**

REED William Thomas ?-1881 [4]
- Farmhouse, Derbyshire - Oil/canvas (46x76cm-18x30in) London 93 .... FF3 040 - £380 - **$551**

REEDER Martinus Franciscus 1802-1879 [1]
- Summerflowers/Roses and fruit - Watercolour (31x24cm-12x9in) Amsterdam 94 .... FF7 950 - £954 - **$1,545**

REEDY Leonard Howard 1899-1956 [16]
- Buffalo Hunt - Watercolour/paper (20x25cm-8x10in) New Orleans, Louisiana 94 .... FF3 430 - £412 - **$650**

REEKERS Hendrik 1815-1854 [3]
- Fruits sur un entablement - Huile/panneau (58x44cm-23x17in) Paris 96 .... FF285 000 - £32 600 - **$54,300**

REEKERS Johannes I 1790-1858 [2]
- Stilleben - Oil/panel (54x43cm-21x17in) Zürich 93 .... FF66 600 - £8 180 - **$12,460**

REEKERS Johannes II 1824-1895 [2]
- Still life with pears - Oil/panel (19x15cm-7x6in) Amsterdam 90 .... FF7 800 - £808 - **$1,371**

REEMER Arnold 1925-1981 [2]
- Untitled - Gouache/paper (48x64cm-19x25in) Amsterdam 93 .... FF2 754 - £317 - **$474**

REES Darren 1961 [3]
- A group of teal - Watercolour (28x53cm-11x21in) London 94 .... FF5 540 - £650 - **$986**

REES Gladys Mary 1898-? [1]
- Shop between - Poster (102x59cm-40x23in) London 94 .... FF1 696 - £200 - **$302**

REES John XIX [3]
- Four seasons - Oil/board (13x17cm-5x7in) London 90 .... FF19 400 - £2 004 - **$3,428**

REES van Etie 1890-1973 [1]
- Lion - Ceramic (19cm-7in) Amsterdam 95 .... FF1 954 - £249 - **$399**

REES van Otto 1884-1957 [20]
- Ascona - Oil/canvas (73x61cm-29x24in) Amsterdam 92 .... FF9 040 - £1 080 - **$1,740**
- A Still Life - Oil/canvas (60x50cm-24x20in) Amsterdam 97 .... FF43 943 - £4 608 - **$7,540**

REESE Marx Chr. E. 1881-1960 [4]
- Marine - Oil/canvas (58x83cm-23x33in) Viby J, Arhus 95 .... FF4 320 - £561 - **$888**

REEVES George M. 1864-1930 [1]
- Spring landscape - Oil/board (15x20cm-6x8in) New-York 95 .... FF3 013 - £377 - **$600**

REEVES Richard Stone XX [8]
- Bold Ruler - Oil/canvas (51x76cm-20x30in) New-York 94 .... FF36 500 - £4 285 - **$6,500**

REEVES Walter XIX-XX [6]
- The grub parade - Oil/canvas (45x61cm-18x24in) London 91 .... FF5 360 - £550 - **$996**

R

REFSUM Tor 1894-1981 [1]
Sommerkveld - Oil/panel (33x41cm-13x16in) Oslo 92 .... FF3 040 - £311 - **$535**

REGAGNON Albert 1874-1961 [15]
🖌 *Parc de Bagent, Saint-Lizier* - Huile/panneau (80x60cm-31x24in) Montauban 96 .... FF8 000 - £1 030 - **$1,586**

REGAGNON André 1902-1976 [9]
🖌 *Port de Marseille* - Huile/toile (54x65cm-21x25in) Neuilly 91 .... FF6 000 - £606 - **$1,191**

REGAMEY Félix-Elie 1844-1907 [2]
🖌 *Rencontre de deux amies* - Huile/toile (28x23cm-11x9in) Paris 93 .... FF3 500 - £394 - **$594**
✎ *Le cortège royal* - Fusain (21x41cm-8x16in) Paris 91 .... FF2 800 - £284 - **$506**

REGAMEY Frédéric 1849-1925 [3]
✎ *Cavaliers, grenadiers, sentinelles...* - Dessin Paris 96 .... FF1 800 - £205 - **$345**

REGAZZONI Domenico 1953 [3]
✎ *Mediterraneo* - Tecnica mista/carta (65x95cm-26x37in) Milano 94 .... FF4 980 - £600 - **$930**

REGEMORTER Ignatius Josephus 1785-1873 [5]
🖌 *La visite du Médecin* - Huile/panneau (55x46cm-22x18in) Bruxelles 94 .... FF28 200 - £3 365 - **$5,310**

REGEMORTER van Petrus Johann 1755-1830 [3]
🖌 *Father is a toper* - Oil/canvas (35x28cm-14x11in) Amsterdam 92 .... FF21 100 - £2 520 - **$4,060**

REGESTER Eustace [2]
✎ *The Golf at Hunstanton* - Watercolour (20x38cm-8x15in) Aylsham, Norfolk 93 .... FF2 820 - £340 - **$493**

REGGIANI Mauro 1897-1980 [55]
🖌 *Composizione n.18, 1974* - Olio/tela (37x41cm-15x16in) Prato 93 .... FF25 500 - £3 000 - **$4,500**
  Composizione No. 2 - Olio/tela (100x81cm-39x32in) Milano 94 .... FF49 800 - £6 000 - **$9,300**
  Composizione No. 2 - Olio/tela (65x81cm-26x32in) Milano 93 .... FF106 100 - £11 900 - **$19,000**
✎ *Composizione* - Tempera/carta (33x55cm-13x22in) Prato 93 .... FF38 600 - £4 410 - **$6,560**

REGGIANINI Vittorio 1858-1938 [35]
🖌 *Mother playing with her baby* - Oil/canvas (45x34cm-18x13in) New-York 94 .... FF35 100 - £4 060 - **$6,000**
  Declaration of love - Oil/canvas (75x101cm-30x40in) New-York 97 .... FF159 726 - £17 217 - **$28,000**
  Il Miracolo - Oil/canvas (75x104cm-30x41in) San Francisco-Los Angeles 94 .... FF560 000 - £66 900 - **$105,000**

REGILD Carsten 1941 [25]
🖌 *The Opening of the Coconuts* - Oil/canvas (205x309cm-81x122in) København 92 .... FF11 440 - £1 170 - **$2,015**
✎ *Komposition med torso* - Collage/paper (65x92cm-26x36in) Stockholm 95 .... FF4 090 - £511 - **$1,041**

REGIS Augustin 1813-1880 [2]
🖌 *Les berges du Nil* - Huile/toile (145x196cm-57x77in) Avignon 90 .... FF60 000 - £6 198 - **$10,601**

REGIS Emma 1854-? [2]
✎ *Gentiluomo e gentildonna* - Gouache (6cm-2in) Firenze 89 .... FF4 600 - £470 - **$740**

REGNAULT DE MAULMAIN Émile 1836-1897 [1]
🖌 *Arab horsemen outside a mosque* - Oil/canvas (55x36cm-22x14in) London 95 .... FF41 400 - £5 000 - **$7,630**

REGNAULT Georges 1898-? [3]
🖌 *Carnaval de Nice* - Huile/toile Montargis 94 .... FF2 000 - £234 - **$347**

REGNAULT Henri 1843-1871 [33]
🖌 *Cavalier* - Huile/panneau (50x40cm-20x16in) Paris 92 .... FF12 500 - £1 492 - **$2,404**
  Mosquée - Huile/toile (117x73cm-46x29in) Paris 97 .... FF78 000 - £8 190 - **$13,416**
  Exécution sommaire, Grenade - Oil/canvas (100x48cm-39x19in) London 95 .... FF336 000 - £42 000 - **$67,900**
✎ *Homme du peuple à Grenade* - Aquarelle (45x31cm-18x12in) Senlis 93 .... FF38 500 - £4 640 - **$7,000**
  Hassan et Namouna - Aquarelle, gouache (56x79cm-22x31in) Paris 94 .... FF1 35e +06 - £120 500 - **$182,600**

REGNAULT Henri Victor 1810-1878 [1]
📷 *Still life with vegetables* - Salt print (21x16cm-8x6in) London 96 .... FF13 950 - £1 800 - **$2,693**

REGNAULT Jean-Baptiste, baron 1754-1829 [15]
🖌 *Les trois grâces* - Huile/panneau (29x23cm-11x9in) Monaco 90 .... FF420 000 - £43 388 - **$74,205**
✎ *Pygmalion priant Vénus/Diputade* - Encre (17x21cm-7x8in) Monaco 91 .... FF80 000 - £8 060 - **$14,030**

REGNIER Anthony 1835-1909 [2]
🖌 *Chapelle en bord de mer* - Huile/toile (25x32cm-10x13in) Paris 91 .... FF4 000 - £406 - **$722**

REGNIER Charles 1811-1862 [1]
🗐 *Carrera de obstáculos* - Litografía (44x32cm-17x13in) Madrid 92 .... FF1 548 - £185 - **$298**

REGNIER Ludovic 1851-1930 [2]
🖌 *Mixed fruit on a stone ledge* - Oil/canvas (74x98cm-29x39in) London 95 .... FF13 580 - £1 800 - **$2,805**

RÉGNIER Nicolas Renieri 1590-1667 [9]
🖌 *The Mocking of Christ* - Oil/canvas (123x156cm-48x61in) London 96 .... FF257 000 - £32 000 - **$49,900**

REGNY de Alphee 1799-1881 [2]
🖌 *Rivage près de Naples* - Huile/toile (32x49cm-13x19in) Grenoble 92 .... FF10 000 - £1 163 - **$2,040**

REGO MONTEIRO de Vincente 1899-1970 [1]
✎ *Tres Reis* - Watercolour, gouache (46x53cm-18x21in) New-York 93 .... FF88 000 - £11 030 - **$16,000**

REGO Paula 1955 [7]
🗐 *Good morning 1988* - Etching (21x32cm-8x13in) London 92 .... FF4 090 - £418 - **$742**
✎ *Untitled* - Watercolour (68x101cm-27x40in) London 96 .... FF102 000 - £13 000 - **$19,650**

REGOS Polykleitos 1903-1984 [4]
🖌 *Varlaam Monastery, Meteora* - Oil/cardboard (71x52cm-28x20in) Athens 95 .... FF46 100 - £5 970 - **$9,420**

REGOYOS Y VALDES de Dario 1857-1913 [14]
🖌 *Frauen im Blühendem Feld* - Öl/Leinwand (34x52cm-13x20in) Köln 97 .... FF118 282 - £12 432 - **$20,251**
  En allant aux courses de taureaux - Huile/toile (35x46cm-14x18in) Bruxelles 93 .... FF152 400 - £18 220 - **$31,140**
✎ *Portrait de femme* - Encre (12x16cm-5x6in) Paris 97 .... FF7 000 - £734 - **$1,201**

REGSCHEK Kurt 1923 [6]
🖌 *Die Gekreuzigten* - Oil/panel (54x76cm-21x30in) Wien 96 .... FF19 240 - £2 410 - **$3,760**
✎ *Weiblicher Halbakt* - Mischtechnik/Papier (62x44cm-24x17in) Wien 91 .... FF5 760 - £581 - **$1,123**

REGSTERS Tibaut 1710-1768 [1]
- *Mujer con nino* - Oleo/tabla (33x31cm-13x12in) Madrid 90 .... FF*16 700* - £*1 682* - **$3,036**

REGT de Pieter 1877-1960 [7]
- *Polderlandscape with peasantwoman* - Oil/canvas (51x83cm-20x33in) Amsterdam 92 .... FF*3 010* - £*350* - **$615**

REGTEREN ALTENA van Marie Engelina 1868-1958 [12]
- *Coffeepot & Japanese fan on table* - Oil/cardboard (40x50cm-16x20in) Amsterdam 97 ...... FF*20 734* - £*2 191* - **$3,557**

REHBENITZ Theodor 1791-1861 [1]
- *Selbstbildnis* - Pencil (28x21cm-11x8in) München 94 .... FF*13 680* - £*1 606* - **$2,436**

REHBERGHER Gustave 1910 [1]
- *Ketchel was a wild man* - Oil/masonite (55x58cm-22x23in) New-York 95 .... FF*13 330* - £*1 660* - **$2,600**

REHDER Julius Christian 1861-1955 [10]
- *Norddeutscher Wald* - Öl/Leinwand (44x30cm-17x12in) Stuttgart 94 .... FF*10 300* - £*1 221* - **$1,902**

REHFOUS Alfred, Albert 1860-1912 [5]
- *Paysage du buache* - Huile/toile (46x55cm-18x22in) Bern 95 .... FF*4 100* - £*513* - **$829**

REHFUES Philipp Rudolf 1820-1866 [1]
- *Zunftpokal* - Ink (53x32cm-21x13in) Bern 92 .... FF*1 523* - £*182* - **$293**

REHN Frank Knox Morton 1848-1914 [16]
- *Long Beach, New York* - Oil/canvas (41x71cm-16x28in) New-York 93 .... FF*11 000* - £*1 380* - **$2,000**
- *Along the shore, East Gloucester, Mass.*
  Watercolour/paper (35x50cm-14x20in) New-York 90 .... FF*4 900* - £*508* - **$861**

REHNBERG Håkan 1953 [3]
- *Utan titel* - Mixed media/canvas (82x118cm-32x46in) Stockholm 92 .... FF*12 650* - £*1 512* - **$2,433**

REIBMAYR Albert 1881-1941 [1]
- *Bäuerin mit einer Kuh* - Öl/Leinwand (51x66cm-20x26in) München 92 .... FF*4 750* - £*567* - **$913**

REIBNER Albert 1927 [2]
- *La chambre des enfants* - Huile/carton/toile (19x26cm-7x10in) Paris 94 .... FF*3 000* - £*352* - **$529**

REICH Adolf 1887-1963 [8]
- *Beim Notar* - Oil/panel (35x50cm-15x20in) Wien 93 .... FF*24 450* - £*2 770* - **$4,130**
- *Die Erstürmung von Kolomea* - Gouache/papier (40x54cm-16x21in) Wien 96 .... FF*3 130* - £*392* - **$611**

REICH Albert 1881-? [2]
- *Peasant drinking* - Oil/panel (33x24cm-13x9in) London 96 .... FF*2 030* - £*260* - **$403**

REICH AN DER STOLPE Siegfried 1912 [4]
- *Vision* - Acryl/Karton (90x80cm-35x31in) Heidelberg 94 .... FF*10 150* - £*1 254* - **$1,962**

REICH-MÜNSTERBERG Eugen 1866-1942 [5]
- *Ruderboote am Strand* - Öl/Leinwand (51x70cm-20x28in) Bremen 93 .... FF*5 950* - £*681* - **$1,012**

REICH-STAFFELSTEIN Alexander 1878-? [2]
- *Stadt am Meer* - Oil/canvas (80x120cm-31x47in) Wien 91 .... FF*13 440* - £*1 338* - **$2,311**

REICHARDT Ferdinand 1819-1895 [1]
- *Niagara Falls* - Oil/canvas (32x92cm-13x36in) New-York 91 .... FF*79 800* - £*8 030* - **$14,000**

REICHEL Hans 1892-1958 [37]
- *Still Born Twins* - Oil/board (20x27cm-8x11in) New-York 95 .... FF*35 940* - £*4 410* - **$7,000**
- *Paysage nocturne* - Huile/carton (25x36cm-10x14in) Cannes 94 .... FF*52 000* - £*6 160* - **$9,600**
- *Sans titre* - Aquarelle, gouache/papier (15x13cm-6x7in) Paris 95 .... FF*41 000* - £*5 330* - **$8,430**

REICHEL Karl Anton 1874-1944 [2]
- *Häuser am Bach* - Huile (12x9cm-5x4in) Wien 91 .... FF*2 166* - £*217* - **$358**
- *Weiblicher Akt* - Drawing (20x31cm-8x12in) Wien 91 .... FF*1 680* - £*170* - **$334**

REICHELT Augusta Wilhelmine 1840-1907 [1]
- *Marble plinth with vase* - Oil/canvas (67x52cm-26x20in) Elgin, Illinois 91 ...... FF*19 800* - £*1 995* - **$3,436**

REICHENBACH Eugen 1840-1926 [2]
- *A street near Munich* - Oil/canvas/panel (35x49cm-14x19in) Stockholm 95 .... FF*9 710* - £*1 210* - **$1,894**

REICHENSTEIN Robert [3]
- *L'alouette* - Pastel (29x46cm-11x18in) Douai 90 .... FF*1 900* - £*193* - **$380**

REICHER Albrecht 1858-1930 [1]
- *Stadtansicht einer holländischen Stadt* - Mischtechnik (20x26cm-8x10in) Stuttgart 90 ...... FF*5 710* - £*578* - **$1,086**

REICHERT Carl 1836-1918 [51]
- *Hundeporträt* - Öl/Leinwand (39x31cm-15x12in) Wien 97 .... FF*7 170* - £*762* - **$1,236**
- *Portrait of dogs* - Oil/panel (26x34cm-10x13in) London 95 .... FF*44 500* - £*5 800* - **$9,130**
- *Cats at Play* - Oil/panel (32x26cm-13x10in) New-York 94 .... FF*105 200* - £*12 180* - **$18,000**

REICHERT Josua 1937 [4]
- *Komposition* - Woodcut in colors (74x49cm-29x19in) München 96 .... FF*1 530* - £*174* - **$293**

REICHET Victor 1922 [2]
- *Barn i snö* - Oil/panel (49x69cm-19x27in) Stockholm 94 .... FF*6 070* - £*713* - **$1,081**

REICHLE Paul 1900-1981 [3]
- *Komposition* - Oil/panel (36x52cm-14x20in) Stuttgart 92 .... FF*8 500* - £*870* - **$1,497**

REICHLEN Jean-Joseph 1846-1913 [4]
- *L'église de Charmey* - Öl/Leinwand (34x43cm-13x17in) Bern 96 .... FF*91 000* - £*11 550* - **$17,500**

REICHMANN Franz 1868-? [3]
- *Les trotteurs* - Aquarelle (87x56cm-34x22in) Deauville 92 .... FF*14 000* - £*1 433* - **$2,465**

REICHMANN George Friedrich 1798-1853 [1]
- *Young lady* - Oil/canvas (69x58cm-27x23in) New Orleans, Louisiana 94 .... FF*6 330* - £*761* - **$1,200**

R

REID Archibald David 1844-1908 [2]
◇ A country lane - Watercolour (51x35cm-20x14in) London 93 .... FF4 320 - £520 - $754
REID Flora MacDonald c.1879-1929 [3]
☞ The street market
   Oil/canvas (103x127cm-41x50in) Hopetoun House, South Queensferry 91 .... FF35 300 - £3 506 - $6,129
REID George 1841-1913 [7]
☞ Edith Mary Field, aetatis 15 - Oil/canvas (88x48cm-35x19in) Edinburgh 93 .... FF26 340 - £3 000 - $4,470
REID George Agnew 1860-1947 [9]
☞ Twilight, Alcoma - Oil/canvas (46x61cm-18x24in) Toronto 94 .... FF9 350 - £1 114 - $1,762
REID George Davison 1871-1933 [1]
▦ The Cities & London & Westminster
   Gelatin silver print (25x20cm-10x8in) London 96 .... FF93 000 - £12 000 - $17,950
REID George Ogilvy 1851-1928 [9]
☞ The News of the morning - Oil/canvas (45x61cm-18x24in) Edinburgh 92 .... FF14 240 - £1 700 - $2,740
REID James Eadie XIX-XX [2]
☞ Village and bridge by a river - Oil/canvas (56x46cm-22x18in) London 95 .... FF2 245 - £280 - $454
REID John Robertson 1851-1926 [25]
☞ When the boats come in - Oil/canvas (64x76cm-25x30in) London 95 .... FF8 370 - £1 100 - $1,680
   Balletdansös och musikanter - Oil/canvas (79x123cm-31x48in) Stockholm 94 .... FF34 600 - £4 100 - $6,390
REID Robert 1924 [17]
☞ Daylilies - Oil/canvas (76x68cm-30x27in) New-York 91 .... FF99 600 - £9 985 - $18,242
REID Robert Lewis 1862-1929 [15]
☞ White Lilacs - Oil/canvas (107x112cm-42x44in) Chicago 93 .... FF53 100 - £6 040 - $9,000
   The Brook - Oil/canvas (67x78cm-26x31in) New-York 92 .... FF208 000 - £24 830 - $40,000
◇ Art Deco Lady Electric - Gouache/board (46x30cm-18x12in) New Orleans, Louisiana 96 ..... FF8 280 - £1 024 - $1,600
REID Robert Payton 1859-1945 [6]
☞ Echo - Oil/canvas (45x61cm-18x24in) Glasgow 90 .... FF37 900 - £3 800 - $6,256
   In the flower garden - Oil/canvas (76x51cm-30x20in) New-York 92 .... FF100 000 - £10 450 - $18,000
REID Samuel 1854-1919 [3]
☞ Boating, Kelsey manor lake - Oil/canvas (45x61cm-18x24in) Glasgow 91 .... FF24 800 - £2 500 - $4,350
REID Stephen 1873-1940 [9]
☞ Ophelia - Oil/canvas (125x177cm-49x70in) London 91 .... FF49 600 - £5 034 - $8,958
   Appeal for Mercy - Oil/canvas (123x181cm-48x71in) London 95 .... FF139 100 - £18 000 - $28,440
REID-DICK William 1879-1961 [2]
▣ The slingboy - Bronze (67cm-26in) London 92 .... FF68 200 - £7 000 - $12,670
   Sir Winston Churchill - Bronze (32cm-13in) London 96 .... FF95 700 - £12 000 - $18,480
REIDER Marcel 1852-? [2]
☞ Reflections on a wintry night - Oil/canvas (35x27cm-14x11in) New-York 92 .... FF11 340 - £1 160 - $2,100
REIDER Robert 1862-1929 [1]
☞ Lady in white - Oil/canvas (91x61cm-36x24in) Mystic, Connecticut 91 .... FF15 450 - £1 568 - $2,790
REIFFEL Charles 1862-1942 [21]
☞ Desert Near Palm Springs
   Oil/canvas (63x76cm-25x30in) San Francisco-Los Angeles 96 .... FF49 200 - £6 170 - $9,500
◇ Houses near Julian - Pastel (25x25cm-10x10in) San Francisco-Los Angeles 96 .... FF8 870 - £1 027 - $1,700
REIFFENSTEIN Karl Theodor 1820-1893 [5]
☞ Venedig - Oil/panel (12x18cm-5x7in) München 96 .... FF44 100 - £5 520 - $8,500
◇ Inneres einer Burg - Aquarell/Papier (16x12cm-6x5in) Frankfurt 97 .... FF18 563 - £2 001 - $3,259
REIFFENSTEIN Leo 1856-? [1]
☞ Blühender Garten - Öl/Leinwand (54x69cm-21x27in) Wien 97 .... FF9 560 - £1 016 - $1,648
REIFFENSTEIN Paul 1858-1897 [3]
☞ Quellen von Pamukkale, Türkei - Öl/Leinwand (62x82cm-24x32in) Wien 96 .... FF13 480 - £1 682 - $2,606
REIFFERSCHEID Hans 1902 [1]
☞ Der Rhein bei Rolandseck - Öl/Leinwand (28x32cm-11x13in) Köln 95 .... FF2 130 - £269 - $427
REIFFERSCHEID Heinrich 1872-1945 [1]
☞ In der schwäbischen Alb - Öl/Leinwand (34x55cm-13x22in) München 96 .... FF6 780 - £850 - $1,308
REIGNER Léopold 1897-1981 [11]
☞ Composition à l'atelier - Huile/carton (70x61cm-28x24in) Toulouse 91 .... FF15 000 - £1 504 - $2,476
◇ Pichet au guéridon - Gouache/papier (60x40cm-24x16in) Toulouse 91 .... FF5 500 - £551 - $908
REIGNIER Claude 1870-1954 [3]
☞ Paysage du Dauphiné - Huile/papier (21x33cm-8x13in) Lyon 90 .... FF7 500 - £755 - $1,469
REIGNIER Jean Marie 1815-1886 [2]
☞ Pivoines, insectes et papillons - Huile/panneau (34x26cm-13x10in) Lyon 96 .... FF40 000 - £4 820 - $7,670
REIGNIER Léo 1897-1981 [4]
◇ Visage - Gouache (31x25cm-12x10in) Paris 90 .... FF5 500 - £585 - $984
REIHAL Carl, Christian Ph. 1788-1856/57 [1]
☞ Lady wearing a blue dress - Oil/canvas (57x71cm-22x28in) Moscow 94 .... FF4 470 - £537 - $850
REIJERS Willem 1910-1958 [2]
▣ Verchijning - Sculpture (43cm-17in) Amsterdam 95 .... FF29 930 - £3 820 - $6,110
REIJNTJENS Henricus Engelbertus 1817-1900 [15]
☞ La nouvelle - Oil/panel (19x15cm-7x6in) Amsterdam 93 .... FF16 580 - £1 980 - $3,190
   Uninvited guests - Oil/canvas (75x109cm-30x43in) London 94 .... FF46 550 - £5 500 - $8,360
REIL Gottfried 1872-? [1]
☞ Gebirgssee mit Fischerboot - Oil/canvas (70x96cm-28x38in) Frankfurt 92 .... FF2 380 - £244 - $419

REILLE Karl 1886-1974 [82]

🖾 *Rallye Chapeau* - Huile/isorel (19x24cm-7x9in) Paris 97 .... FF24 000 - £2 590 - **$4,241**

◊ *Départ avant la course* - Aquarelle, gouache/papier (31x43cm-12x17in) Paris 97 .... FF17 000 - £1 833 - **$3,023**

🖾 *Goyescas, écurie avant la course* - Gouache/papier (22x28cm-9x11in) Paris 96 .... FF47 600 - £5 440 - **$9,070**

REILLY Michael 1898-? [2]

◊ *The Frozen River* - Watercolour (25x34cm-10x13in) London 97 .... FF6 906 - £750 - **$1,224**

REIMANS Richard 1882-? [2]

🖾 *Carriole sur le chemin* - Huile/toile (60x91cm-24x36in) Versailles 93 .... FF31 500 - £3 540 - **$5,340**

REIMPRÉ de Thibault 1949 [2]

🖾 *Composition* - Acrylique/toile (65x81cm-26x32in) Paris 95 .... FF3 200 - £401 - **$643**

Composition, 1985 - Huile/toile (65x50cm-26x20in) Paris 90 .... FF7 000 - £745 - **$1,252**

REIN Johan Eimrich 1827-1891 [1]

🖾 *Kystlandskap ved Hellesund* - Oil/canvas (34x61cm-13x24in) Tönsberg 92 .... FF9 550 - £977 - **$1,873**

REINAGLE George Philip 1802-1835 [2]

🖾 *Dutch Pinks & Merchantmen* - Oil/panel (48x74cm-19x29in) London 91 .... FF59 800 - £5 992 - **$10,084**

◊ *Constantine, Istambul, Turkey* - Watercolour (43x33cm-17x13in) London 97 .... FF29 026 - £3 100 - **$5,047**

REINAGLE Philip 1749-1833 [17]

🖾 *C. Mordaunt's grey hunter Piccolo* - Oil/canvas (64x76cm-25x30in) New-York 95 .... FF149 200 - £18 900 - **$30,000**

REINAGLE Ramsay Richard 1775-1862 [27]

🖾 *Cattle watering* - Oil/paper/canvas (87x109cm-34x43in) London 95 .... FF24 670 - £3 200 - **$5,050**

Views of the Thames (2) - Oil/canvas (53x91cm-21x36in) New-York 96 .... FF63 800 - £8 270 - **$12,500**

◊ *Shepherd playing pipes* - Watercolour (22x28cm-9x11in) London 96 .... FF4 670 - £550 - **$917**

REINBLATT Moe 1917-1979 [7]

🖾 *Flowers on blue ground* - Huile/toile (91x68cm-36x27in) Montréal 91 .... FF2 580 - £256 - **$448**

REINBOLD Anton 1881-? [8]

🖾 *Watzmann im Winter* - Öl/Leinwand (78x99cm-31x39in) München 92 .... FF4 750 - £567 - **$913**

REINDEL Edna 1900-1990 [5]

🖾 *Pommegranite on a table* - Oil/canvas (66x55cm-26x22in) New-York 92 .... FF19 420 - £2 034 - **$3,500**

REINECK Elisa 1872-? [1]

◊ *Mädchen mit Puppe* - Pastel (39x28cm-15x11in) Zofingen 96 .... FF2 690 - £335 - **$519**

REINEKING James 1937 [2]

🖾 *Ohne Titel* - Etching, aquatint (39x52cm-15x20in) München 95....................... FF2 144 - £271 - **$428**

◊ *Ohne Titel* - Aquarell (45x35cm-18x14in) Bremen 94 .... FF2 404 - £289 - **$445**

REINER Imre 1900-1987 [3]

🖾 *Irish top* - Oil/canvas (50x60cm-20x24in) Luzern 90 .... FF39 350 - £4 005 - **$7,869**

REINER Joseph 1863-? [1]

🖾 *Kartnerstrasse, Wien* - Oil/canvas (28x39cm-11x15in) Toronto 89 .... FF2 200 - £225 - **$354**

REINER Wenzel Lorenz 1689-1743 [1]

◊ *Design for a ceiling* - Watercolour (33x50cm-13x20in) New-York 90 .... FF17 200 - £1 809 - **$2,991**

REINERMANN Friedrich Chr. 1764-1835 [4]

◊ *Burg Hohenstein im Taunus* - Pencil (46x63cm-18x25in) Köln 96 .... FF13 870 - £1 628 - **$2,727**

REINERS Jakob 1828-1907 [1]

🖾 *Singenden Wandergesellen* - Oil/canvas (36x12cm-14x5in) Pforzheim 90 .... FF3 740 - £382 - **$738**

REINFUSS Ede Lengyel 1873-1942 [2]

🖾 *Cavalier & horses* - Oil/canvas (61x81cm-24x32in) London 90 .... FF3 900 - £397 - **$780**

REINGANUM Victor 1907-1976 [7]

◊ *Chapel in Guernsey* - Wash (39x45cm-15x18in) London 91 .... FF6 980 - £703 - **$1,211**

REINHARDT Ad 1913-1967 [39]

🖾 *Abstract painting* - Oil/canvas (203x101cm-80x40in) New-York 92 .... FF2 - £261 400 - **$450,000**

Abstract Painting - Oil/canvas (76x76cm-30x30in) New-York 94 .... FF628 000 - £73 700 - **$110,000**

◊ *Untitled* - Gouache/paper (57x77cm-22x30in) New-York 95 .... FF237 700 - £29 700 - **$48,000**

REINHARDT Johann Jakob 1835-? [1]

◊ *Jagdstück* - Öl/Leinwand (77x100cm-30x39in) Köln 93 .... FF9 500 - £1 134 - **$1,827**

REINHARDT Lea 1877-1970 [8]

🖾 *Clock, vase and porcelain figure* - Oil/panel (32x26cm-13x10in) London 91 .... FF7 980 - £800 - **$1,317**

REINHARDT Louis, Ludwig 1849-1870 [18]

🖾 *Cows & a goat grazing* - Oil/canvas (88x117cm-35x46in) New-York 95 .... FF15 940 - £1 927 - **$3,000**

REINHARDT Siegfried 1925-1984 [5]

🖾 *Self-portrait* - Acrylic/board (91x61cm-36x24in) St. Louis, Miss. 93 .... FF6 050 - £759 - **$1,100**

REINHARDT Wilhelm 1815-1881 [4]

🖾 *Winterliche Entenjagd* - Öl/Leinwand (40x56cm-16x22in) München 92 .... FF40 700 - £4 860 - **$7,830**

REINHAREZ Magdalena XX [2]

🖾 *Hommage à Géricault* - Bronze (49x17x40cm-19x7x16in) Paris 92 .... FF8 500 - £870 - **$1,530**

La corrida - Bronze (29x26x47cm-11x10x19in) Paris 91 .... FF16 000 - £1 612 - **$2,776**

REINHART Anna Emilia 1809-1884 [5]

◊ *Cyclamen* - Watercolour (19x15cm-7x6in) London 92 .... FF5 860 - £700 - **$1,128**

REINHART Johann Christian 1761-1847 [20]

🖾 *Prophet Elias* - Etching München 94 .... FF1 505 - £177 - **$268**

◊ *Vom Hunde gehetzter Hirsch* - Chalks (56x77cm-22x30in) München 95 .... FF98 300 - £12 370 - **$19,700**

REINHART Joseph 1749-1829 [4]

🖾 *Familienbildnis Reinbold* - Oil/panel (72x62cm-28x24in) Bern 93 .... FF27 660 - £3 080 - **$4,690**

R

REINHART Leo 1877-1970 [2]
🖼 *Stilleben mit Porzellanfigurine* - Oil/panel (50x40cm-20x16in) Lindau 94 .... FF4 460 - £530 - **$824**
REINHART Rudolf 1897-? [1]
🗿 *Le Coq* - Sculpture Paris 92 .... FF15 000 - £1 543 - **$2,660**
REINHERZ Conrad 1835-1892 [6]
🖼 *Autumn/Winter* - Oil/panel (20x28cm-8x11in) New-York 93 .... FF20 650 - £2 350 - **$3,500**
REINHOLD Bernhard 1824-1892 [1]
🖼 *Dopo la tarantella* - Olio/tela (97x80cm-38x31in) Milano 89 .... FF45 800 - £4 826 - **$7,710**
REINHOLD Eleonore 1905-1984 [6]
🖼 *Nature morte à la mandoline* - Huile/carton (26x21cm-10x8in) Paris 93 .... FF2 000 - £250 - **$364**
REINHOLD Franz 1816-1893 [17]
🖼 *Viehmarkt am Dorfplatz* - Oil/Karton (20x33cm-8x13in) Wien 96 .... FF28 960 - £3 300 - **$5,550**
Riva on Lake Garda - Oil/canvas (52x66cm-20x26in) Wien 96 .... FF165 600 - £20 060 - **$32,200**
Italienische Küste bei Amalfi - Aquarell/Papier (16x32cm-6x13in) Wien 94 .... FF4 875 - £585 - **$946**
REINHOLD Friedrich II 1814-1881 [7]
🖼 *View of Lauffen* - Oil/panel (31x42cm-12x17in) Wien 96 .... FF24 140 - £2 750 - **$4,620**
REINHOLD Friedrich Philip 1779-1840 [3]
🖼 *Wandernder Handwerksgeselle* - Öl/Leinwand (79x64cm-31x25in) Wien 94 .... FF8 730 - £1 011 - **$1,654**
Altaussee mit dem Dachsteinmassiv - Oil (19x29cm-7x11in) Wien 90 .... FF33 600 - £3 482 - **$5,905**
REINHOLD Heinrich 1788-1825 [3]
Cocumella - Pencil/paper (22x28cm-9x11in) Heidelberg 93 .... FF6 650 - £776 - **$1,093**
REINHOLD Johann Friedrich L. 1744-1807 [1]
Knabe - Aquarell (32x24cm-13x9in) Köln 89 .... FF9 500 - £1 001 - **$1,599**
REINHOLD Karl 1820-1887 [1]
Rast vor dem Wirtshaus - Watercolour (19x23cm-7x9in) Wien 93 .... FF1 924 - £230 - **$370**
REINHOLD Klaus 1881-1963 [1]
Blumenstrauß am Fensterbrett - Watercolour/board (49x39cm-19x15in) Wien 90 .... FF2 600 - £280 - **$459**
REINHOLD Thomas 1953 [9]
🖼 *Ohne Titel* - Öl/Leinwand (90x111cm-35x44in) Wien 96 .... FF10 710 - £1 391 - **$2,120**
REINHOUD Reinhoud D'Haese 1928 [13]
🗿 *Nose Dive* - Sculpture (47cm-19in) Amsterdam 94 .... FF26 030 - £3 086 - **$4,810**
REINICKE René 1860-1926 [8]
🖼 *Blumenstilleben in Gebirgslandschaft* - Öl/Leinwand (112x72cm-44x28in) Frankfurt 96... FF8 230 - £1 034 - **$1,620**
The lesson - Watercolour (29x25cm-11x10in) London 92 .... FF3 910 - £400 - **$690**
REINIGER Ernst Otto 1841-1873 [3]
🖼 *Dorf in der Mitagshitze* - Oil/canvas (86x140cm-34x55in) Stuttgart 92 .... FF37 300 - £4 460 - **$7,170**
REINIGER Otto 1863-1909 [31]
🖼 *Wald im Spätherbst* - Öl/Karton (41x51cm-16x20in) Stuttgart 95 .... FF7 000 - £898 - **$1,442**
Feuerbacher Tal im Spätherbst - Öl/Leinwand (25x42cm-10x17in) Stuttgart 95... FF14 700 - £1 886 - **$3,030**
In the Appines - Oil/canvas (87x141cm-34x56in) London 92 .... FF34 400 - £4 000 - **$7,020**
REINIKE Charles 1907-? [2]
Shrimp Boats - Watercolour (53x71cm-21x28in) New Orleans, Louisiana 94 .... FF2 470 - £286 - **$425**
REINITZ Maximilian 1872-1935 [6]
🖼 *Weibliche Akte* - Öl/Leinwand (81x54cm-32x21in) Wien 94 .... FF29 300 - £3 486 - **$5,570**
REINOLD Margarete 1901-? [1]
🗿 *Frau im blauen Kleid* - Ceramic (32cm-13in) Wien 94 .... FF3 886 - £457 - **$693**
REINPRECHT J.K. XIX-XX [2]
🖼 *Fruit by a sunlight window* - Oil/panel (17x22cm-7x9in) London 96 .... FF2 947 - £380 - **$577**
REINTJENS Henricus Engelbertus 1817-1900 [1]
🖼 *Bettelmusikanten und vornehme Dame*
Oil/canvas/panel (36x45cm-14x18in) München 91 .... FF11 830 - £1 186 - **$1,953**
REIPOLSKY Alexander 1945 [4]
🖼 *La répétition* - Huile/toile (68x100cm-27x39in) Paris 91 .... FF4 000 - £398 - **$688**
REIPOLSKY Alexandre 1952 [2]
🖼 *Nu au réveil* - Huile/toile (55x45cm-22x18in) Saint-Germain-en-Laye 92 .... FF2 250 - £231 - **$417**
REIPOLSKY Anatoli 1945 [2]
🖼 *Nevsky prospekt* - Huile/toile (82x132cm-32x52in) Paris 92 .... FF3 800 - £442 - **$776**
REISER Carl 1877-1950 [12]
🖼 *Alpenlandschaft mit Gebirgsfluß* - Oil/canvas (80x98cm-31x39in) München 92 .... FF18 700 - £1 914 - **$3,290**
Hirsch im verschneiten Wald - Mixed media/paper (37x46cm-15x18in) München 93... FF4 790 - £567 - **$864**
REISER Jean-Marc 1941-1983 [61]
Fais moi crier... - Aquarelle (28x22cm-11x9in) Paris 95 .... FF7 000 - £908 - **$1,434**
Impôt sur les grosses bites - Aquarelle (27x21cm-11x8in) Paris 95 .... FF34 400 - £4 410 - **$6,960**
REISER Leopold 1921 [2]
Meersalziges Land - Gouache (70x100cm-28x39in) München 91 .... FF11 830 - £1 201 - **$2,137**
REISMAN Ori 1924-1991 [22]
🖼 *Landscape* - Oil/paper/canvas (17x25cm-7x10in) Tel Aviv 97 .... FF11 230 - £1 248 - **$2,100**
🖼 *Woman* - Oil/canvas (130x97cm-51x38in) Tel Aviv 96 .... FF137 400 - £11 630 - **$18,000**
Self portrait - Charcoal (47x32cm-19x13in) Tel Aviv 95 .... FF6 980 - £837 - **$1,300**
REISMAN Philip 1904 [8]
🖼 *Ship skeleton* - Oil/masonite (45x61cm-18x24in) New-York 91 .... FF15 280 - £1 542 - **$2,700**
The shoe peddlar - Gouache (45x35cm-18x14in) New-York 91 .... FF9 050 - £914 - **$1,600**

REISNER Martin Andreas 1798-1862 [1]
- Gathering of Indians - Oil/canvas (91x119cm-36x47in) New-York 93 .... FF*66 000* - £8 270 - **$12,000**

REISS Albert, Ali 1909-1989 [29]
- Ailleurs - Huile/panneau (50x61cm-20x24in) Paris 96 .... FF*2 100* - £272 - **$414**

REISS Fritz 1857-1916 [5]
- Schwarzwaldmühle mit Bachlauf - Öl/Karton (42x28cm-17x11in) Staufen 95 .... FF*10 520* - £1 350 - **$2,120**

REISS Winold 1886-1953 [3]
- Church on the Hill - Tempera/board (79x52cm-31x20in) New-York 95 .... FF*12 300* - £1 610 - **$2,500**

REISSMANN Karoly Miksa, Karl M 1856-1917 [3]
- Vue de Jérusalem - Huile/toile (81x121cm-32x48in) Paris 94 .... FF*80 000* - £9 470 - **$14,780**

REISZ Hermann 1865-? [13]
- Marktszene - Öl (21x31cm-8x12in) Wien 97 .... FF*19 120* - £2 032 - **$3,296**

REITER Erwin 1933 [3]
- Struwelpeter - Drawing (65x50cm-26x20in) Wien 95 .... FF*14 700* - £1 936 - **$2,980**

REITER Johann Baptist 1813-1890 [11]
- Mädchen vor dem Spiegel - Öl/Leinwand (53x42cm-21x17in) Wien 95 .... FF*58 800* - £7 740 - **$11,910**

REITER Joseph 1803-1875 [1]
- Paul und Virginie - Oil/canvas (128x100cm-50x39in) Wien 96 .... FF*286 500* - £34 700 - **$55,700**

REITHMANN Max 1943 [2]
- Emanatio, 1989 - Aquarelle (70x49cm-28x19in) Paris 89 .... FF*10 000* - £995 - **$1,580**

REITZEL Marques 1896-1963 [2]
- Icy River - Oil/canvas (97x82cm-38x32in) New-York 93 .... FF*17 700* - £2 013 - **$3,000**

REJLANDER Oscar Gustave 1813-1875 [11]
- Poor Jo - Albumen print (18x15cm-7x6in) London 93 .... FF*8 780* - £1 000 - **$1,490**

RELANGE Jean-Maxime 1938 [3]
- Rue Mouffetard - Huile/toile (55x46cm-22x18in) Paris 95 .... FF*4 000* - £511 - **$817**

RELRIZIN Yvan XX [3]
- Paysage aux sept collines - Huile/toile (59x89cm-23x35in) Paris 96 .... FF*13 000* - £1 627 - **$2,523**

RELYEA Charles M. 1863-1932 [2]
- Molly pitcher on the battlefield - Oil/board (67x45cm-26x18in) New-York 92 .... FF*3 980* - £407 - **$700**

REMBAUVILLE Dominique 1950 [6]
- Sans titre - Acrylique/toile (130x97cm-51x38in) Paris 90 .... FF*4 200* - £435 - **$738**

REMBRANDT Harmensz van Rijn 1606-1669 [680]
- Johannes Uyttenbogaert - Oil/canvas (132x102cm-52x40in) London 92 .... FF*3* - £3 - **$6**
- Entombment - Etching (21x16cm-8x6in) New-York 97 .... FF*183 696* - £19 712 - **$32,000**
- The three trees - Etching (22x25cm-9x10in) New-York 97 .... FF*688 860* - £73 920 - **$120,000**
- Seated Beggar Woman - Ink (8x11cm-3x4in) London 97 .... FF*704 498* - £72 000 - **$119,908**
- Boats by a river - Ink (10x19cm-4x7in) New-York 97 .... FF*889 872* - £99 040 - **$160,000**

REMDE Friedrich 1801-1878 [6]
- Mädchen mit Korb - Öl/Karton (34x26cm-13x10in) Rudolstadt-Thüringen 96 .... FF*8 210* - £1 066 - **$1,625**

REMÉ Jörg 1941 [2]
- Untitled - Oil/board (45x35cm-18x14in) Amsterdam 95 .... FF*3 135* - £400 - **$642**

REMENICK Seymour 1923 [2]
- Tabletop still life - Oil/canvas (24x30cm-9x12in) Philadelphia 95 .... FF*4 240* - £557 - **$850**

REMIëMS Adrianus 1890-? [1]
- A mask: stylized head with curly hair - Terracotta (30cm-12in) Amsterdam 95 .... FF*7 500* - £965 - **$1,550**

REMILLIEUX Pierre Etienne 1811-1856 [2]
- Enfant tenant un arc - Huile/toile (131x90cm-52x35in) Paris 95 .... FF*23 000* - £3 030 - **$4,660**
- Portrait de femme - Dessin Lyon 96 .... FF*1 500* - £193 - **$298**

REMINGTON Frederic Sackrider 1861-1909 [87]
- Town Marshall - Oil/canvas (69x102cm-27x40in) New-York 94 .... FF*4* - £513 000 - **$800,000**
- Bronco Buster - Bronze (61cm-24in) San Francisco-Los Angeles 94 .... FF*1* - £135 000 - **$205,000**
- Wounded Bunckie - Bronze (53cm-21in) New-York 93 .... FF*9* - £1 - **$1**
- Rattlesnacke - Bronze (60cm-24in) New-York 94 .... FF*406 000* - £48 100 - **$75,000**
- Crossing a dangerous place - Wash/paper (58x53cm-23x21in) New-York 97 .... FF*137 059* - £14 418 - **$23,478**
- Loading Battery, transport for Cuba
  Watercolour/paper (49x66cm-19x26in) New-York 94 .... FF*315 300* - £37 900 - **$60,000**

REMISZEWICZ Andrze 1951 [3]
- Bateaux au port - Huile/panneau (24x33cm-9x13in) Antwerpen 95 .... FF*2 555* - £322 - **$506**

RÉMOND Jean 1872-1913 [10]
- Paysage au crépuscule - Huile/carton (60x73cm-24x29in) Wien 95 .... FF*5 880* - £774 - **$1,191**

REMOND Jean Charles Joseph 1795-1875 [20]
- Château de Chillon , Léman - Huile/toile (65x87cm-26x34in) Paris 92 .... FF*28 000* - £3 340 - **$5,380**
- Baie de Naples - Huile/papier/toile (26x55cm-10x22in) Monaco 92 .... FF*60 000* - £6 140 - **$10,800**
- Monastère méditerranéen - Lavis (14x19cm-6x7in) Paris 95 .... FF*1 800* - £179 - **$284**

REMOY Georges XIX-XX [2]
- Chambre de la Duchesse d'Alençon - Aquarelle/papier (30x40cm-12x16in) Paris 90 .... FF*30 000* - £3 212 - **$5,217**

REMP Ferdinand 1870-1945 [1]
- Almlandschaft mit Alpenblumen - Aquarell/Papier (47x41cm-19x16in) Wien 92 .... FF*9 620* - £1 150 - **$1,850**

REMSEN Ira Rem 1876-1928 [1]
- Pop Ernest, 1926 - Oil/canvas (82x107cm-32x42in) Los Angeles 90 .... FF*228 800* - £23 710 - **$40,211**

R

REMY Gaston 1933 [14]
- *Le vieux lavoir* - Huile/toile (33x41cm-13x16in) La Varenne Saint-Hilaire 93 ...... FF2 500 - £302 - $455
RÉMY Jean 1893-? [1]
- *Paris scene* - Oil/canvas (61x91cm-24x36in) Chicago 94 ...... FF4 330 - £514 - $800
REMY Paul XX [2]
- *Nu allongé aux poissons rouges* - Huile/toile (81x100cm-32x39in) Troyes 96 ...... FF2 000 - £251 - $386
REN Henri 1930 [16]
- *Nu vert* - Huile/toile (73x92cm-29x36in) Douai 96 ...... FF3 900 - £502 - $770
RENAN Cornelis Ary 1857-1900 [2]
- *Marin et poulpe* - Crayon/papier (18x32cm-7x13in) Paris 89 ...... FF1 800 - £190 - $303
RENARD Camille 1832-1921 [1]
- *Nature morte* - Huile/toile (80x64cm-31x25in) Antwerpen 94 ...... FF4 000 - £464 - $688
RENARD Emile 1850-1930 [2]
- *Woman in a garden* - Oil/panel (23x32cm-9x13in) San Francisco-Los Angeles 90 ...... FF10 300 - £1 096 - $1,843
- *Le Repos* - Oil/canvas (182x140cm-72x55in) New-York 94 ...... FF322 000 - £37 200 - $55,000
RENARD Marcel C. 1893-1974 [1]
- *Woman, stilized nude female figure* - Relief (78cm-31in) Paris 91 ...... FF11 320 - £1 149 - $2,045
RENARD Paul 1871-1920 [13]
- *Boulevard des Italiens* - Huile/carton (20x27cm-8x11in) Verrières-Le-Buisson 93 ...... FF3 600 - £450 - $655
- *Vue du Louvre* - Huile/toile (49x75cm-19x30in) Paris 92 ...... FF10 000 - £1 194 - $1,923
- *In Paris* - Aquarell/Papier (18x23cm-7x9in) Köln 90 ...... FF4 700 - £486 - $830
RENARD Stephen J. 1947 [26]
- *Rounding the buoy* - Oil/canvas (51x76cm-20x30in) London 94 ...... FF16 800 - £2 000 - $3,200
- *Vigilant and Britannia* - Oil/canvas (76x101cm-30x40in) London 97 ...... FF75 047 - £8 000 - $13,103
- *Power & Splendour, Britannia, ...* - Oil/canvas (76x101cm-30x40in) London 97 ...... FF126 642 - £13 500 - $22,111
RENAU MONTORO Josep 1907-1982 [1]
- *Las Arenas, Valencia* - Poster (100x69cm-39x27in) New-York 95 ...... FF16 580 - £2 160 - $3,400
RENAUD Francis 1887-1973 [1]
- *Butterfly, naked young butterfly girl* - Bronze (25cm-10in) London 92 ...... FF10 250 - £1 050 - $2,010
RENAUD Jean-Charles 1891-? [1]
- *Chien de chasse en sous-bois* - Huile/toile (92x73cm-36x29in) München 96 ...... FF6 030 - £762 - $1,210
RENAUD Madeleine XX [10]
- *Bouquet dans un vase* - Aquarelle/papier (43x73cm-17x29in) Besançon 97 ...... FF4 100 - £445 - $719
RENAUD Ulysse 1946 [7]
- *Magdalenien* - Sculpture (70x50x90cm-28x20x35in) Paris 90 ...... FF5 200 - £560 - $917
RENAUDIN Alfred 1866-1944 [28]
- *La rue de l'Abreuvoir* - Huile/toile (50x73cm-20x29in) Paris 93 ...... FF18 000 - £2 250 - $3,270
- *Les lavandières* - Huile/toile (50x73cm-20x29in) Saint-Dié 93 ...... FF45 000 - £5 620 - $8,180
RENAUDOT Paul 1871-1920 [1]
- *Portrait de femme* - Huile/toile (54x50cm-21x20in) Paris 90 ...... FF22 000 - £2 273 - $3,887
RENAULT Abel 1903-1991 [9]
- *Bords de Sarthe* - Aquarelle (21x30cm-8x12in) Saint-Germain-en-Laye 90 ...... FF2 100 - £225 - $365
RENAULT Charles Edmond 1829-1905 [4]
- *Chaumière au bord de la rivière* - Huile/toile (48x73cm-19x29in) Barbizon 96 ...... FF13 500 - £1 586 - $2,656
RENAULT Fernande 1921 [3]
- *Le Maine* - Huile/isorel (89x130cm-35x51in) Versailles 92 ...... FF7 500 - £768 - $1,350
RENAULT Gaston XIX-XX [3]
- *Intérieur à Biskra* - Huile/toile (73x92cm-29x36in) Paris 97 ...... FF72 000 - £7 654 - $12,406
RENAULT Jean-Marie XX [4]
- *Caresse ensoleillée* - Acrylique/toile (80x80cm-31x31in) Paris 94 ...... FF3 500 - £418 - $656
RENAULT OF LEGHORN Luigi P. 1845-c.1910 [3]
- *John William Dart Commander* - Oil/canvas (43x69cm-17x27in) London 97 ...... FF5 155 - £549 - $900
RENAZZI von Eugen 1863-1914 [3]
- *Badende Frauen im Schilf* - Oil/canvas (79x79cm-31x31in) München 91 ...... FF4 394 - £441 - $725
RENDA Giuseppe 1862-1939 [4]
- *Busto di giovane donna* - Bronze (26cm-10in) Milano 95 ...... FF20 560 - £2 620 - $4,210
RENDELL Joseph Fred. Percy 1872-1955 [3]
- *The Boat Yard* - Oil/board (41x56cm-16x22in) London 94 ...... FF2 075 - £240 - $355
RENDERS Maurice 1877-? [8]
- *Jeune femme* - Huile/toile (22x33cm-9x13in) Paris 96 ...... FF8 000 - £1 030 - $1,586
- *Butterblumen im Glas* - Aquarell/Papier (9x8cm-4x3in) Wien 94 ...... FF6 350 - £735 - $1,092
RENDON Manuel 1894-1980 [9]
- *Desencanto* - Oil/canvas (99x71cm-39x28in) San Francisco-Los Angeles 95 ...... FF12 210 - £1 582 - $2,500
- *Paysans* - Oil/canvas (81x60cm-32x24in) New-York 97 ...... FF149 253 - £15 849 - $26,000
- *Untitled (7)* - Graphite (27x21cm-11x8in) New-York 97 ...... FF28 702 - £3 048 - $5,000
RENÉ Émile 1950 [29]
- *Bords de Seine* - Huile/panneau (24x35cm-9x14in) Paris 93 ...... FF3 800 - £437 - $654
RENÉ Jean-Jacques 1943 [85]
- *Trouville* - Huile/toile (54x73cm-21x29in) Mont Saint-Michel 97 ...... FF13 000 - £1 424 - $2,281
- *L'été à Blonville* - Huile/toile (60x73cm-24x29in) Saint-Dié 94 ...... FF25 000 - £2 840 - $4,220
- *Ostende* - Huile/toile (65x81cm-26x32in) Neuilly 94 ...... FF62 000 - £7 210 - $10,730
- *Fenêtre ouverte à Quiberon* - Huile/toile (61x46cm-24x18in) Saint-Dié 92 ...... FF131 000 - £13 400 - $25,700

R

RENÉ-JACQUES René Giton 1908 [31]
Cirque Médrano - Tirage 1946 (29x23cm-11x9in) Paris 95 .... FF4 600 - £579 - $920
RENÉ-JUST René Camille Juste 1868-1954 [9]
Refuge - Huile/toile (54x65cm-21x26in) Lindau 96 .... FF7 780 - £902 - $1,493
RENEE Jean Emile 1835-1910 [1]
An artist painting outdoors - Oil/panel (29x21cm-11x8in) New-York 92 .... FF13 000 - £1 552 - $2,500
RENEFER Raymond 1879-1957 [50]
La Seine à Asnières - Huile/toile (73x92cm-29x36in) Morlaix 92 .... FF2 400 - £246 - $423
Bord de Seine à la péniche - Huile/panneau (27x41cm-11x16in) Bayeux 91 .... FF17 000 - £1 688 - $2,952
Rue de Paris - Aquarelle (20x25cm-8x10in) Saint-Dié 92 .... FF2 800 - £287 - $504
RENER Arthur Maria 1912-1991 [2]
Rapide nocturne - Huile/panneau (100x90cm-39x35in) Antwerpen 95 .... FF2 074 - £260 - $413
RENEVIER Julien 1847-1907 [2]
Klosterbibliothek mit Kapuzinern - Öl/Karton (36x43cm-14x17in) Bern 91 .... FF4 464 - £456 - $786
Portrait de jeune fille - Pastel/papier (69x53cm-27x21in) Saint-Dié 97 .... FF6 500 - £734 - $1,177
RENGER-PATZSCH Albert 1897-1966 [67]
Architectural study - Gelatin silver print (15x20cm-6x8in) New-York 96 .... FF15 540 - £1 920 - $3,000
RENGGLI Eduard, Jnr. 1888-1954 [1]
Eidgenössisches Turnfest in Basel - Lithographie (99x72cm-39x28in) Zürich 91 ...... FF11 880 - £1 191 - $1,961
RENGGLI Jean 1846-1898 [1]
Emmenwald bei Rathausen - Oil/canvas (82x103cm-32x41in) Zofingen 91 .... FF5 940 - £596 - $981
RENI Guido 1575-1642 [15]
Fortune with a crown - Oil/canvas (164x131cm-65x52in) London 91 .... FF3 - £398 908 - $657,125
Head of a woman - Chalks/paper (32x24cm-13x9in) New-York 97 .... FF133 481 - £14 856 - $24,000
RENICA Giovanni 1808-1884 [3]
Paesaggio marino - Olio/tela (59x81cm-23x32in) Milano 95 .... FF32 800 - £4 180 - $6,710
RENIÉ Émile Jean 1835-1910 [3]
Vue de la Salute - Huile/panneau (31x44cm-12x17in) Paris 97 .... FF20 000 - £2 140 - $3,460
RENIE Nicolas 1808-? [2]
Landschaft bei Fontainebleau - Oil/panel (25x46cm-10x18in) Bern 92 .... FF14 880 - £1 520 - $2,620
RENKEWITZ Theodor 1833-1913 [1]
Le Château de Chillon - Aquarelle (39x51cm-15x20in) Bern 95 .... FF1 987 - £249 - $402
RENNER Paul Friedrich 1878-1956 [1]
Tonhalte Zürich, Maskenball - Poster (112x90cm-44x35in) New-York 96 .... FF7 250 - £936 - $1,400
RENNERALL Louis XIX [1]
Caught ! - Oil/canvas (106x89cm-42x35in) London 96 .... FF59 600 - £7 000 - $11,720
RENNERTZ Karl Manfred 1952 [2]
Figur mit Eiwas auf der Kopf - Bois (265x45x45cm-104x18x18in) Paris 96 .... FF26 000 - £2 963 - $4,980
RENNIE George Melvin 1874-1953 [20]
Glen Affric, Invernesshire - Oil/canvas (51x76cm-20x30in) Auchterarder, Perthshire 95 ... FF7 420 - £950 - $1,462
Autumn, near Braemar - Oil/canvas (61x46cm-24x18in) Auchterarder, Perthshire 95 ...... FF15 630 - £2 000 - $3,076
RENOIR Jean 1894-1979 [2]
La fille de l'eau, 1922 - Silver print (7x10cm-3x4in) New-York 90 .... FF17 200 - £1 853 - $3,034
RENOIR Pierre-Auguste 1841-1919 [901]
Têtes d'enfants - Oil/canvas (54x37cm-21x15in) New-York 97 .... FF1 - £189 906 - $310,000
Baigneuse debout - Oil/canvas (81x50cm-32x20in) New-York 97 .... FF2 - £2 - $3
Madame Maurice Denis - Oil/canvas (54x45cm-21x18in) London 97 .... FF2 - £300 000 - $496,050
Jeunes filles sur un chemin - Oil/canvas (24x17cm-9x7in) London 97 .... FF241 312 - £25 000 - $41,337
Jardin des Collettes - Oil/canvas (31x39cm-12x15in) London 97 .... FF386 100 - £40 000 - $66,140
Hauts de Cagnes - Huile/toile (23x34cm-9x13in) Paris 97 .... FF550 000 - £57 310 - $93,720
Nu allongé de dos - Huile/toile (27x35cm-11x14in) Paris 97 .... FF900 000 - £94 140 - $154,170
Moulin de la Galette - Oil/canvas (78x114cm-31x45in) New-York 90 .... FF4 612e +08 - £4 - $7
Le chapeau épingle - Lithographie couleurs (60x49cm-24x19in) London 97 ...... FF82 046 - £8 500 - $14,054
La Mère et l'enfant - Bronze (53cm-21in) Paris 97 .... FF70 000 - £7 693 - $12,775
Le joueur de flûte - Bronze (60x43cm-24x17in) London 97 .... FF106 178 - £11 000 - $18,188
Grande laveuse - Bronze (123cm-48in) London 96 .... FF519 000 - £65 000 - $100,100
Femme au chapeau - Pastel/paper (60x48cm-24x19in) London 96 .... FF8 - £1 - $1
Lavandières - Sanguine/paper (34x46cm-13x18in) Paris 96 .... FF78 000 - £9 700 - $15,130
Jeune femme de face - Pastel/paper (47x38cm-19x15in) London 95 .... FF742 000 - £98 000 - $150,300
RENOLEAU Alfred 1854-1930 [1]
Homard, Girelle, Grenouille - Céramique Paris 97 .... FF8 000 - £873 - $1,398
RENOUARD Paul 1845-1924 [10]
Ballerine lançant son chausson - Pastel (63x90cm-25x35in) Paris 92 .... FF22 000 - £2 252 - $4,310
Danseuses ajustant leurs chaussons
   Pastel/papier (61x89cm-24x35in) New-York 97 .... FF131 204 - £14 142 - $23,000
RENOUF Edda 1943 [5]
One-two... - Oil/canvas (33x33cm-13x13in) Paris 92 .... FF5 000 - £512 - $880
Density Drawing IV - Coloured chalks/paper (145x48cm-57x19in) New-York 95 ... FF7 430 - £928 - $1,500
RENOUF Émile 1845-1894 [6]
Un coup de main - Oil/canvas (152x226cm-60x89in) New-York 97 .... FF5 - £612 300 - $1 e,+06
Échouage aux Sables - Huile/toile (90x137cm-35x54in) Paris 95 .... FF13 000 - £1 700 - $2,604

RENOUF Georges 1948 [2]
🖼 Le chemisier à fleurs - Huile/toile (55x46cm-22x18in) Autun 90 .... FF13 500 - £1 395 - **$2,385**
RENOUT-MARGUERITE L. 1852-1910 [1]
🖼 The nymphs - Oil/canvas (247x297cm-97x117in) London 90 .... FF92 000 - £9 850 - **$16,000**
RENOUX André 1939 [10]
🖼 Place Furstenberg, Paris - Huile/toile (38x46cm-15x18in) Paris 96 .... FF7 000 - £878 - **$1,354**
RENOUX Charles 1795-1846 [6]
🖼 Personnages dans un cloître - Huile/toile (35x27cm-14x11in) Paris 92 .... FF18 000 - £1 850 - **$3,460**
RENOUX Jules Ernest 1863-1932 [24]
🖼 Champs-Elysées - Oil/panel (26x35cm-10x14in) London 93 .... FF10 400 - £1 300 - **$1,885**
Paris, près de la Seine - Huile/toile (81x105cm-32x41in) Cannes 94 .... FF47 000 - £5 630 - **$8,680**
✏ Village d'Auvergne - Watercolour/board (16x15cm-6x6in) London 91 .... FF1 995 - £200 - **$329**
RENQVIST Torsten 1924 [68]
🖼 Kvinna i badkaret - Oil/canvas (48x66cm-19x26in) Stockholm 96 .... FF13 070 - £1 630 - **$2,525**
Gren, 1962 - Oil/canvas (71x80cm-28x31in) Stockholm 90 .... FF37 400 - £3 809 - **$7,480**
🗿 Måshuvud - Bronze (12cm-5in) Stockholm 96 .... FF3 660 - £472 - **$717**
Fågel Fenix - Bronze (28cm-11in) Stockholm 93 .... FF22 200 - £2 730 - **$4,110**
✏ Dyrehaven, 1947 - Gouache (20x28cm-8x11in) Stockholm 90 .... FF3 700 - £394 - **$662**
RENS Roland 1952 [23]
🗿 Hoorndrager - Bronze (44cm-17in) Lokeren 92 .... FF9 040 - £1 050 - **$1,844**
✏ Gehoornde nar - Pastel (48x38cm-19x15in) Lokeren 92 .... FF2 490 - £255 - **$438**
RENSBURG Eugène 1872-1956 [1]
🖼 Girl leaning against a chair - Oil/canvas (125x92cm-49x36in) Amsterdam 90 .... FF21 600 - £2 328 - **$3,810**
RENSHAW Alice c.1850-c.1895 [4]
🖼 Young beauty - Oil/canvas (35x30cm-14x12in) London 92 .... FF5 650 - £580 - **$1,085**
✏ Portrait of a girl - Watercolour (55x42cm-22x17in) London 92 .... FF5 160 - £600 - **$1,053**
RENTERN von Gerhardt Wilhelm 1794-1865 [1]
✏ Bad Ems - Encre (21x17cm-8x7in) Paris 94 .... FF3 500 - £413 - **$625**
RENTSCH Fritz Ernst 1867-? [1]
🖼 Nude seated on a couch - Oil/canvas (138x153cm-54x60in) London 90 .... FF25 400 - £2 585 - **$5,080**
RENTZELL von August 1810-1891 [3]
🖼 At the pawnbroker's - Oil/canvas (63x80cm-25x31in) Amsterdam 89 .... FF254 600 - £26 828 - **$42,862**
RENUCCI Renuccio 1880-1947 [7]
🖼 Barga - Olio/tavola (40x58cm-16x23in) Firenze 97 .... FF6 460 - £760 - **$1,140**
RENWART Eugen Franz 1885-? [2]
🖼 Blühender Obstgarten mit Häuschen - Öl/Leinwand (60x80cm-24x31in) Köln 95 .... FF2 840 - £359 - **$569**
RENWICK Lionel Hamilton 1919 [1]
🖼 Mill Reef, Newmarket - Oil/board (35x46cm-14x18in) London 96 .... FF16 980 - £2 000 - **$3,334**
RENY NAES Eugène 1849-1931 [1]
🖼 Poules dans la basse-cour - Huile/panneau (29x44cm-11x17in) Paris 89 .... FF27 000 - £2 687 - **$4,265**
RENZ Alfred 1877-1930 [7]
🖼 Fleets von Hamburg - Öl/Leinwand (136x100cm-54x39in) Lindau 94 .... FF8 520 - £1 018 - **$1,605**
RENZONI Louis 1952 [2]
🖼 Nurse - Oil/canvas (127x91cm-50x36in) Stockholm 94 .... FF6 780 - £796 - **$1,210**
✏ Untitled - Mixed media/paper (65x56cm-26x22in) Stockholm 95 .... FF10 700 - £1 332 - **$2,093**
RENZULLI Franco 1924 [2]
🖼 Galjleo - Oil/panel (80x60cm-31x24in) København 94 .... FF3 336 - £396 - **$617**
RÉOL Marie Marguerite 1880-1960 [16]
🖼 Vase de fleurs - Huile/toile (46x38cm-18x15in) Lille 96 .... FF6 100 - £761 - **$1,178**
Goûter sur la terrasse - Huile/toile (81x101cm-32x40in) Nantes 95 .... FF16 600 - £2 097 - **$3,330**
REPENTIGNY de Rodolphe 1926-1959 [6]
🖼 No.88 - Huile/papier (39x29cm-15x11in) Montréal 92 .... FF14 600 - £1 740 - **$2,805**
Composition - Huile/masonite (64x48cm-25x19in) Montréal 89 .... FF83 200 - £8 279 - **$13,144**
✏ Conglomérat, 1954 - Gouache (36x28cm-14x11in) Montréal 89 .... FF10 800 - £1 043 - **$1,639**
REPIN Il'ia Efimovich 1844-1930 [61]
🖼 Cossacks of the Black Sea - Oil/canvas (360x254cm-142x100in) London 90 .... FF3 - £400 000 - **$667,000**
Skrattande kosack - Oil/canvas (75x50cm-30x20in) Stockholm 95 .... FF45 400 - £5 700 - **$9,050**
Man's best friend - Oil/canvas (96x126cm-38x50in) London 97 .... FF142 857 - £15 000 - **$24,571**
✏ A. Sakharov - Watercolour (40x33cm-16x13in) London 97 .... FF28 571 - £3 000 - **$4,914**
REPINE Slava 1960 [3]
🖼 Composition en dyptique - Technique mixte/panneau (77x119cm-30x47in) Argenteuil 90 .... FF8 000 - £857 - **$1,391**
REPTON George Stanley 1786-1858 [1]
✏ View of a design for Rockinghan - Watercolour (47x66cm-19x26in) London 93 .... FF29 540 - £3 400 - **$5,100**
REPTON John Adey 1775-1860 [1]
✏ East Barsham manor, Norfolk (2) - Pencil (26x43cm-10x17in) London 91 .... FF39 700 - £4 029 - **$7,170**
RÉQUICHOT Bernard 1929-1961 [29]
🖼 Sans titre - (92x73cm-36x29in) Paris 96 .... FF14 500 - £1 880 - **$2,870**
Iris bizarre - Huile/toile (80x20x32cm-31x8x13in) Paris 97 .... FF60 000 - £6 318 - **$10,314**
Mythologie - Huile/toile (116x81cm-46x32in) Paris 90 .... FF130 000 - £13 430 - **$22,968**
✏ Composition abstraite - Aquarelle, gouache (55x75cm-22x30in) Paris 95 .... FF6 500 - £856 - **$1,318**
Sans titre - Encre/papier (65x61cm-26x24in) Paris 95 .... FF12 000 - £1 577 - **$2,464**
Sans titre, 1961 - Encre/papier (110x75cm-43x30in) Versailles 89 .... FF110 000 - £11 591 - **$18,519**
REQUILLART Bruno 1947 [1]
📷 Versailles/Mer Adriatique

Gelatin silver print (18x27cm-7x11in) San Francisco-Los Angeles 95 .... FF**2 443** - £312 - **$500**

RERBERG Fedor Ivanovich 1865-1938 [2]
◊ *Alexei von Jawlensky* - Pencil/paper (36x26cm-14x10in) London 89 .... FF**9 700** - £992 - **$1,559**

RERIKH Nicolay Konstantinov 1874-1947 [3]
☞ *Easter night* - Tempera/Karton (87x137cm-34x54in) London 91 .... FF**40 300** - £4 002 - **$6,997**

RESANI Arcangelo 1670-c.1740 [1]
☞ *Dead turkey, doves & cockerel* - Oil/canvas (97x133cm-38x52in) London 89 .... FF**116 200** - £12 244 - **$19,562**

RESCALLI Don Angelo 1884-1956 [5]
☞ *Il vicolo di San Francesco a Susa* - Olio/tela (51x66cm-20x26in) Milano 90 .... FF**19 960** - £2 031 - **$3,992**

RESCH Ernst 1808-1864 [1]
◊ *Heilige Mutter mit Kind* - Pencil (51x36cm-20x14in) Bielefeld 89 .... FF**1 700** - £164 - **$258**

RESCH Ralph XX [5]
☞ *Zoulous* - Huile/toile (92x73cm-36x29in) Paris 97 .... FF**3 500** - £370 - **$601**

RESCHREITER Robert 1868-? [8]
◊ *Die blaue Gumpe im Raintal* - Gouache (34x49cm-13x19in) Heidelberg 95 .... FF**4 880** - £626 - **$984**

RESEN-STEENSTRUP Johannes 1868-1921 [12]
☞ *Graessende heste og køer* - Oil/canvas (62x95cm-24x37in) København 95 .... FF**2 463** - £298 - **$464**

RESIO Piro c.1840-? [2]
☞ *Italienisches Paar* - Oil/canvas (46x26cm-18x10in) Wien 92 .... FF**7 210** - £840 - **$1,473**

RESIO Raffaello 1855-1927 [2]
◊ *Cardinal* - Watercolour/paper (56x38cm-22x15in) New-York 92 .... FF**2 840** - £291 - **$500**

RESNICK Milton 1917 [16]
☞ *Storage* - Oil/canvas (198x183cm-78x72in) New-York 96 .... FF**72 500** - £9 350 - **$14,000**
☞ *Untitled* - Oil/canvas (122x261cm-48x103in) New-York 95 .... FF**322 000** - £40 200 - **$65,000**

RESTIEU Jean-Jacques 1754-1842 [1]
☞ *Etudes de céramiques* - Huile/papier/toile (190x57cm-75x22in) Monaco 90 ...... FF**180 000** - £18 595 - **$31,802**

RESTORFF Theodor Ludwig Adam 1825-1896 [1]
☞ *Norwegian landscape with fjord* - Oil/canvas (65x105cm-26x41in) København 96 ...... FF**2 193** - £274 - **$424**

RESTOUT Jean Bernard 1732-1797 [16]
☞ *Hector et Andromaque* - Huile/toile (129x192cm-51x76in) Paris 90 .... FF**2 e +06** - £204 514 - **$394,765**

RESTOUT Jean, le Jeune 1692-1768 [8]
☞ *Rest on the Flight into Egypt* - Oil/canvas (54x49cm-21x19in) London 93 .... FF**69 500** - £8 000 - **$12,000**
◊ *Pèlerins d'Émmaüs* - Grisaille (45x32cm-18x13in) Paris 94 .... FF**13 000** - £1 545 - **$2,400**

RESTOUT Thomas 1671-1754 [1]
☞ *Marquise de Saint-Cloud* - Huile/toile (73x58cm-29x23in) Paris 96 .... FF**19 000** - £2 380 - **$3,670**

RETH Alfred 1884-1966 [164]
☞ *Paysage* - Huile (32x40cm-13x16in) Provins 97 .... FF**4 600** - £489 - **$797**
☞ *Personnages* - Huile (73x58cm-29x23in) Paris 97 .... FF**11 000** - £1 191 - **$1,944**
☞ *Composition* - Huile/panneau (181x152cm-71x60in) Paris 96 .... FF**48 000** - £6 210 - **$9,500**
☞ *Komposition* - Öl/Leinwand (65x46cm-26x18in) Köln 92 .... FF**98 300** - £11 740 - **$18,900**
◊ *Cheval près du pont* - Dessin (66x94cm-26x37in) Paris 95 .... FF**22 000** - £2 754 - **$4,380**

RETH von Caspar 1858-1913 [3]
☞ *Barnyard Friends* - Oil/canvas (59x75cm-23x30in) London 97 .... FF**36 496** - £4 000 - **$6,405**

RETHAAN MACARÉ Florentine J.M. 1812-1887 [1]
☞ *Tulips in a vase* - Oil/canvas/board (35x23cm-14x9in) Amsterdam 95 .... FF**2 413** - £244 - **$459**

RETHEL Alfred 1816-1859 [2]
▭ *Todentanz aus dem Jahre 1848* - Woodcut (28x41cm-11x16in) New-York 94 .... FF**4 450** - £520 - **$784**

RETHEL Otto 1822-1892 [2]
☞ *Boas findet Ruth ährenlesend* - Öl/Leinwand (96x98cm-38x39in) Köln 93 .... FF**11 200** - £1 337 - **$2,153**

RETHI Lili 1894 [2]
▭ *Post Office Motor Transport Depot* - Poster (100x127cm-39x50in) London 95 .... FF**2 980** - £360 - **$550**

RETI Ilona 1949 [6]
☞ *Iris épanoui* - Huile/panneau (30x24cm-12x9in) Montauban 94 .... FF**2 500** - £287 - **$428**

RETIVAT Annie 1945 [4]
◊ *Elégante* - Pastel (40x30cm-16x12in) Paris 94 .... FF**2 100** - £245 - **$371**

RETS Jean 1910 [30]
☞ *Composition* - Technique mixte (34x24cm-13x9in) Liège 97 .... FF**4 905** - £507 - **$840**
☞ *Maternité* - Oil/masonite (48x30cm-19x12in) London 97 .... FF**34 452** - £3 800 - **$6,043**
◊ *Composition* - Gouache (45x28cm-18x11in) Bruxelles 95 .... FF**2 514** - £326 - **$512**

RETTBERG Hermann 1900-? [1]
☞ *Teekanne und roten Äpfeln* - Öl/Leinwand (48x71cm-19x28in) Kempten 96 .... FF**6 760** - £802 - **$1,318**

RETTICH Karl Lorenz 1841-1904 [5]
☞ *Palermo* - Oil/canvas (119x176cm-47x69in) London 93 .... FF**12 800** - £1 600 - **$2,320**

RETTIG Heinrich 1859-1921 [2]
☞ *Femme dans son salon* - Huile/toile (40x30cm-16x12in) Morlaix 93 .... FF**6 200** - £747 - **$1,127**

RETTIG John 1860-1932 [3]
☞ *Yannetje, The little Dutch Maid*
Oil/board (40x30cm-16x12in) San Francisco-Los Angeles 96 .... FF**10 440** - £1 210 - **$2,000**

RETZLAFF E.C.W. 1898-1976 [7]
☞ *Stubaital mit Seller* - Öl/Leinwand (71x100cm-28x39in) Wien 95 .... FF**9 800** - £1 270 - **$1,992**

R

RETZSCH Moritz 1779-1857 [1]
✎ *Paar zur Zeit des Spätmittelalters* - Pencil/paper (16x14cm-6x6in) Köln 96 .... FF1 522 - £179 - **$300**
REUCHLIN-LUCARDIE Henrietta Juliana 1877-? [1]
🍎 *Apples on a pewter plate* - Oil/canvas (60x70cm-24x28in) Amsterdam 96 .... FF2 150 - £276 - **$424**
REUE Willy 1893-? [1]
🍃 *Am Chiemsee* - Öl/Karton (34x46cm-13x18in) München 93 .... FF2 750 - £312 - **$466**
REUMANN Armin 1889-1952 [1]
🍃 *In der Manege* - Öl/Leinwand (41x51cm-16x20in) Stuttgart 94 .... FF15 440 - £1 832 - **$2,853**
REUMERT Niels 1949 [25]
🍃 *Komposition* - Oil/canvas (150x120cm-59x47in) Köbenhavn 93 .... FF6 070 - £697 - **$1,037**
REUSCH Erich 1925 [3]
🍃 *Elektrostatisches Objekt* - Mixed media (61x7x61cm-24x3x24in) Berlin 93 .... FF14 620 - £1 672 - **$2,490**
REUSCH Friedrich Johann 1843-1906 [1]
🗿 *Eisenarbeiter* - Bronze (50cm-20in) Köln 93 .... FF3 850 - £441 - **$655**
REUSCH Helga Ring 1865-1944 [1]
🍃 *Kveld* - Oil/canvas (95x185cm-37x73in) Oslo 92 .... FF52 100 - £5 330 - **$9,170**
REUSING Fritz 1874-? [2]
✎ *Dame im Stuhl* - Pastel (110x81cm-43x32in) München 93 .... FF1 567 - £179 - **$265**
REUSSNER Charles 1886-1961 [1]
🗿 *Fasan* - Bronze (21cm-8in) Zofingen 93 .... FF1 500 - £181 - **$275**
REUSSNER Jean-Claude 1929 [3]
🖼 *Hommage à Joseph Albers IV* - Multiple (47x51cm-19x18in) Zürich 91 .... FF4 750 - £476 - **$784**
REUSSWIG William 1902-1978 [6]
🍃 *Usher cleaning up* - Oil/canvas (86x66cm-34x26in) New-York 94 .... FF10 300 - £1 235 - **$2,000**
REUTER Elisabeth 1853-1903 [3]
🍃 *Ansicht von Lübeck* - Öl/Leinwand (65x47cm-26x19in) Hamburg 97 .... FF6 741 - £721 - **$1,175**
REUTER Erich Fritz 1911 [3]
🖼 *Stehender Männlicher Akt* - Lithographie (51x24cm-20x9in) Berlin 95 .... FF2 314 - £288 - **$453**
🗿 *Radiation* - Bronze (48cm-19in) Berlin 95 .... FF17 800 - £2 215 - **$3,480**
✎ *Weiblicher Akt* - Chalks (54x44cm-21x17in) Berlin 92 .... FF2 720 - £279 - **$479**
REUTER Fritz 1895-? [3]
🍃 *Blumenstilleben* - Oil/panel (71x64cm-28x25in) Köln 93 .... FF8 400 - £961 - **$1,428**
REUTER Fritz 1810-1874 [2]
🖼 *Rhododendron* - Woodcut in colors (50x40cm-20x16in) Wien 91 .... FF24 060 - £2 442 - **$4,345**
✎ *Damen und Herrenportrait* - Pastell (33x25cm-13x10in) Frankfurt 92 .... FF18 700 - £1 914 - **$3,290**
REUTER Helmut 1913-1985 [9]
🍃 *Winter am Niederrhein* - Öl/Leinwand (24x50cm-9x20in) Köln 93 .... FF4 070 - £487 - **$783**
REUTER Wilhelm 1859-? [2]
🍃 *Weißer Turm* - Oil/panel (46x37cm-18x15in) Nürnberg 92 .... FF15 300 - £1 566 - **$2,694**
REUTERDAHL Henry 1871-1925 [4]
✎ *Hailing a passing ship, Gibraltar* - Gouache (38x51cm-15x20in) New-York 90 .... FF6 470 - £668 - **$1,142**
REUTERSWÄRD Carl Fredrik 1934 [88]
🍃 *Parrot outside Ellipse* - Tempera/canvas (106x92cm-42x36in) Stockholm 96 .... FF7 690 - £960 - **$1,485**
🍃 *Groucho Marx cigar* - Oil/canvas (100x100cm-39x39in) Stockholm 95 .... FF19 900 - £2 587 - **$4,085**
🍃 *Kik över Vesuvius* - Oil/canvas (113x71cm-44x28in) Stockholm 90 .... FF84 200 - £8 569 - **$16,839**
🗿 *Non-violence* - Bronze (26cm-10in) Stockholm 95 .... FF24 600 - £3 110 - **$4,940**
REUTERSWÄRD Oscar 1915 [21]
🍃 *Djävulsgaffeln* - Oil/canvas (170x38cm-67x15in) Stockholm 91 .... FF6 320 - £634 - **$1,054**
🗿 *Expanderande stång* - Wood (114cm-45in) Stockholm 92 .... FF3 525 - £421 - **$678**
✎ *Perspective japonaise no.293* - Akvarell (42x34cm-17x13in) Stockholm 91 .... FF4 100 - £436 - **$733**
REUTERSWÄRD Patrik 1886-1971 [7]
🍃 *Paysage des Pyrénées* - Oil/canvas (65x81cm-26x32in) Stockholm 95 .... FF6 810 - £851 - **$1,735**
REUTLINGER Jakob Heinrich 1802-1868 [1]
🖼 *Bristenstock von einer Maiensäss aus* - Woodcut in colors (36x50cm-14x20in) Zofingen 91 ...... FF5 150 - £523 - **$930**
REUTLINGER Léopold Émile 1863-1937 [1]
📷 *Early fashion study* - Silver print (25x18cm-10x7in) New-York 95 .... FF4 600 - £592 - **$950**
REUVER de Theodore 1762-1808 [1]
🍃 *Peasants near a cottage* - Oil/canvas (49x59cm-19x23in) London 90 .... FF77 500 - £8 245 - **$13,864**
REVEIL Étienne Achille 1800-1851 [2]
✎ *Illustrations pour L'Iliade et l'Odyssée* - Dessin Paris 96 .... FF3 300 - £428 - **$660**
REVEL Gabriel 1642-1712 [1]
🍃 *Gentleman/Gentleman* - Oil/canvas (72x60cm-28x24in) New-York 94 .... FF24 000 - £2 586 - **$4,233**
REVEL Paul 1922-1982 [3]
🍃 *Composition* - Huile/toile (60x73cm-24x29in) Paris 92 .... FF9 000 - £1 047 - **$1,837**
REVELLIO Paul 1957 [5]
🍃 *Drei grosse Maler* - Öl/Leinwand (200x156cm-79x61in) Hamburg 96 .... FF4 440 - £578 - **$880**
REVERCHON André 1808-? [1]
🍃 *Nature morte* - Huile/toile Aubagne 93 .... FF5 000 - £625 - **$910**
REVERON Armando 1889-1956 [25]
🍃 *La Maja* - Oil/canvas (79x96cm-31x38in) New-York 95 .... FF199 000 - £24 840 - **$39,000**
🍃 *Paisaje de la guaira* - Oil (70x83cm-28x33in) New-York 97 .... FF544 103 - £57 997 - **$95,000**
✎ *Autorretrato con Munecas* - Charcoal (63x83cm-25x33in) New-York 94 .... FF253 000 - £29 800 - **$45,000**

R

REVES-BIRO Emery P. 1895-1975 [16]
📷 *Gypsy* - Gelatin silver print (33x28cm-13x11in) New-York 95........................... FF6 300 - £810 - **$1,300**

REVESZ Imre 1859-1945 [2]
🖼 *Time to Go Home* - Oil/canvas (90x130cm-35x51in) New-York 96 .... FF33 400 - £4 050 - **$6,500**
✏ *Eine Kunstjüngerin* - Charcoal (35x33cm-14x13in) Wien 93 .... FF4 810 - £575 - **$925**

REVILLA Carlos 1940 [7]
🖼 *Hommage à la première femme volante* - Huile/toile (114x147cm-45x58in) Liège 96 .... FF18 300 - £2 375 - **$3,620**

REVILLA Justo 1940 [7]
🖼 *Puesto de mercado de verduras* - Oleo/lienzo (55x38cm-22x15in) Madrid 95...................... FF10 120 - £1 263 - **$2,397**

REVOIL Pierre Henri 1776-1842 [6]
✏ *Jeune femme au clavecin* - Encre (33x24cm-13x9in) Monaco 92 .... FF8 000 - £800 - **$1,334**

REVOL Claude Louis Marie 1825-? [1]
🖼 *Roses, dahlias & mufliers* - Huile/toile (78x63cm-31x25in) Paris 89 .... FF260 000 - £27 397 - **$43,771**

REVOL Guy-Charles 1912 [3]
🗿 *La Sirène* - Bronze (26cm-10in) Paris 95... FF4 500 - £598 - **$928**

REVOL Jean 1922 [3]
🖼 *Sans titre* - Huile/toile (73x91cm-29x36in) Paris 95 .... FF3 500 - £445 - **$717**

REVOLD Axel 1887-1962 [14]
🖼 *Havneparti* - Oil/canvas (46x81cm-26x32in) Oslo 92 .... FF16 500 - £1 690 - **$2,904**

REVY Heinrich 1883-1949 [1]
🖼 *König Drosselbart in Mödling* - Öl/Karton (31x47cm-12x19in) Wien 96 .... FF9 650 - £1 100 - **$1,850**

REXHÄUSER Karl 1869-? [2]
🖼 *Früchstilleben* - Öl/Karton (51x70cm-20x28in) Wien 93 .... FF12 020 - £1 437 - **$2,313**

REY Alphonse 1865-1938 [12]
✏ *Vues de campagne* - Aquarelle/papier (20x48cm-8x19in) Arles 92 .... FF2 500 - £256 - **$441**

REY Augustin A. 1864-? [1]
🖼 *Cavaliers à la fontaine* - Huile/panneau (16x22cm-6x9in) Paris 93 .... FF7 300 - £880 - **$1,328**

REYCEND Enrico 1855-1928 [6]
🖼 *Figure in un interno* - Olio/tavola (34x23cm-13x9in) Milano 95 .... FF71 000 - £9 430 - **$14,500**

REYES FERREIRA Jesús 1882-1977 [9]
🖼 *Caballo* - Oil/paper/board (72x47cm-28x19in) New-York 94 .... FF8 420 - £994 - **$1,500**
✏ *Gallo, rosa y blanco* - Tempera/papier (49x74cm-19x29in) México 92 .... FF22 300 - £2 290 - **$4,075**

REYES TORRENT Rafael 1924-1984 [2]
🖼 *Tienda de comestibles, Roma* - Oleo/lienzo (100x85cm-39x33in) Madrid 95....... FF6 450 - £848 - **$1,296**

REYL-HANISCH Herbert 1898-1937 [4]
🖼 *Frühlingstadt auf dem Pfänder* - Oil/board (60x69cm-24x27in) Lindau 92 .... FF22 100 - £2 262 - **$3,890**

REYLAENDER-BÖHME Ottilie 1882-1965 [4]
🖼 *Mexilanische Dorfstrasse* - Öl/Karton (34x44cm-13x17in) Bremen 94 .... FF12 000 - £1 390 - **$2,065**

REYMEN Nestor 1872-1952 [1]
🖼 *Cour de ferme* - Huile/toile (66x92cm-26x36in) Bruxelles 93 .... FF2 143 - £256 - **$438**

REYMOND Casimir 1893-1969 [6]
🖼 *Die Schnitter* - Oil/board (102x74cm-40x29in) Bern 90 .... FF8 600 - £915 - **$1,538**

REYNA MANESCAU de Antonio María 1859-1937 [85]
🖼 *Pescatori a Capri* - Olio/tela (28x54cm-11x21in) Roma 95 .... FF26 500 - £3 485 - **$5,270**
   Giudecca, Venezia - Oil/canvas (31x61cm-12x24in) New-York 96.......... FF83 100 - £10 580 - **$16,000**
   A venetian canal - Oil/canvas (33x73cm-13x29in) New-York 97 .... FF131 204 - £14 142 - **$23,000**

REYNAL Kay Bell 1910-1977 [5]
📷 *Mode, Vogue, Nassau* - Gelatin silver print (25x28cm-10x11in) London 93 .... FF2 634 - £300 - **$447**

REYNARD Grant 1887-1968 [1]
✏ *Asian man standing with opium pipe* - Charcoal (69x43cm-27x17in) New-York 96 .... FF4 660 - £602 - **$900**

REYNART Sylvie 1951 [11]
🖼 *Le quadrille* - Huile/toile (35x27cm-14x11in) Rouen 91 .... FF3 200 - £321 - **$586**

REYNAUD François 1825-1909 [13]
🖼 *Une halte* - Huile/toile (33x46cm-13x18in) Saint-Dié 96 .... FF14 000 - £1 607 - **$2,670**
   Fisherwomen on a beach - Oil/canvas (112x147cm-44x58in) London 94 .... FF84 600 - £10 000 - **$15,200**

REYNAUD Marcel XX [2]
🖼 *Le violon* - Huile/panneau (45x70cm-18x28in) Saint-Dié 92 .... FF2 200 - £225 - **$432**

REYNAUD Marius 1860-1935 [6]
🖼 *L'Amirauté, baie d'Alger* - Huile/toile (46x92cm-18x36in) Paris 92 .... FF17 000 - £1 977 - **$3,470**

REYNE Charles XIX-XX [2]
🖼 *La Meute après le sanglier* - Huile/toile Fontenay-Le-Comte 95 .... FF4 000 - £509 - **$820**
✏ *Village au bord du ruisseau* - Gouache (17x24cm-7x9in) Versailles 89 .... FF2 000 - £205 - **$322**

REYNES José Maria 1850-1926 [1]
🗿 *Wolfgang Amadeus Mozart* - Marble (152cm-60in) London 95 .... FF256 000 - £34 000 - **$52,800**

REYNI av Ingálvur 1920 [9]
🖼 *Parti fra Faerøerne* - Oil/canvas (55x75cm-22x30in) København 95 .... FF15 100 - £1 953 - **$3,070**

REYNIER Gustave 1885-1955 [3]
🖼 *Femme à son chevalet* - Huile/toile (65x50cm-26x20in) Versailles 89 .... FF9 500 - £945 - **$1,501**

REYNIER Yves 1946 [3]
🗿 *Le seigneur des anneaux* - Assemblage (30x18x13cm-12x7x5in) Avignon 89 .... FF10 500 - £1 106 - **$1,768**

R

REYNOLDS Alan 1926 [60]
🖼 *In spring* - Oil/board (30x38cm-12x15in) London 96 .... FF12 370 - £1 500 - **$2,406**
✏ *Village, October* - Oil/board (76x107cm-30x42in) London 97 .... FF45 198 - £4 800 - **$7,873**
✏ *Late afternoon, October* - Watercolour (50x61cm-20x24in) London 97 .... FF22 599 - £2 400 - **$3,937**
REYNOLDS Frank 1876-1953 [13]
✏ *The Message that Mattered* - Watercolour (27x37cm-11x15in) London 95 .... FF2 150 - £260 - **$405**
REYNOLDS Frederick George 1828-1921 [1]
✏ *A woodland glade* - Wash (13x29cm-5x11in) London 91 .... FF5 560 - £564 - **$1,004**
REYNOLDS Joshua 1723-1792 [69]
🖼 *George Townshend* - Oil/canvas (239x143cm-94x56in) New-York 95 .... FF3 - £450 500 - **$700,000**
🖼 *Miss Mathew* - Oil/canvas (74x63cm-29x25in) New-York 97 .... FF93 871 - £10 608 - **$17,000**
🖼 *Lady Mary Coke* - Oil/canvas (77x64cm-30x25in) London 97 .... FF281 427 - £30 000 - **$48,687**
REYNOLDS Samuel William I 1773-1835 [5]
🗔 *The Sportman's Dog* - Engraving (28x36cm-11x14in) Aylsham, Norfolk 95 .... FF2 100 - £270 - **$434**
REYNOLDS Wade 1929 [6]
🖼 *The Room* - Acrylic/board (56x74cm-22x29in) Tarzana, CA 94 .... FF5 420 - £632 - **$950**
✏ *Seated woman* - Charcoal/paper (81x53cm-32x21in) Tarzana, CA 94 .... FF1 640 - £195 - **$300**
REYNTJENS Henrich Engelbert 1817-1900 [7]
🖼 *Rich and poor* - Oil/panel (38x34cm-15x13in) Amsterdam 94 .... FF9 800 - £1 175 - **$1,900**
REYSS René 1902-1991 [4]
✏ *Nature morte au pot d'étain* - Huile/toile (60x72cm-24x28in) Paris 91 .... FF2 400 - £240 - **$395**
REYSSCHOOT van Petrus Norbertus 1738-1795 [1]
✏ *Design for a wall decoration* - Ink (32x12cm-12x8in) Amsterdam 92 .... FF11 450 - £1 368 - **$2,203**
REYZNER Miecislaw 1861-? [3]
🖼 *Jeune femme en buste* - Huile/toile (55x46cm-22x18in) Versailles 89 .... FF12 000 - £1 227 - **$1,929**
REZELMAN Piet 1887-1967 [6]
🖼 *Reclining nude* - Oil/panel (91x114cm-36x45in) Amsterdam 96 .... FF3 010 - £345 - **$574**
REZIA Felice A. XIX-XX [37]
🖼 *Santa Maria Salute, Vendig* - Öl/Karton (15x30cm-6x12in) Wien 97 .... FF7 170 - £762 - **$1,236**
Abbeville - Oil/canvas (55x31cm-22x12in) London 93 .... FF16 020 - £1 800 - **$2,680**
✏ *Chambéry* - Acuarela (31x16cm-12x6in) Madrid 93 .... FF2 010 - £230 - **$343**
REZNICEK Ferdinand 1868-1909 [5]
✏ *Straßenszene* - Ink München 91 .... FF4 730 - £480 - **$854**
REZNIK Mikael 1887-1958 [1]
🖼 *Sous la tonnelle* - Huile/carton (34x67cm-13x26in) Paris 91 .... FF4 000 - £397 - **$695**
REZSÖ MIHALY Rudolf 1889-1972 [1]
🖼 *Meeting, May 11* - Wash (28x15cm-11x6in) Amsterdam 90 .... FF2 050 - £210 - **$405**
REZVANI Serge 1928 [17]
🖼 *Abstract* - Oil/canvas (101x66cm-40x26in) London 95 .... FF4 810 - £600 - **$971**
Matinée médiévale - Huile/toile (73x116cm-29x46in) Lokeren 95 .... FF29 300 - £3 660 - **$5,750**
RHAYÉ Yves 1936 [48]
🖼 *La Guerre du Golfe* - Huile/toile (110x100cm-43x39in) Bruxelles 94 .... FF3 960 - £455 - **$678**
🏺 *Formes* - Terracotta (38cm-15in) Bruxelles 93 .... FF6 260 - £749 - **$1,280**
RHEAD George Woolliscroft 1855-1920 [2]
🗔 *O Salutaris Hostia* - Oil/canvas (91x201cm-36x79in) New-York 95 .... FF255 500 - £31 800 - **$50,000**
RHEAD Louis J. 1857-1926 [11]
🗔 *Salon des Cent* - Poster (59x40cm-23x16in) New-York 96 .... FF5 090 - £600 - **$1,000**
✏ *Flamingo frieze* - Gouache (51x94cm-20x37in) London 91 .... FF14 880 - £1 499 - **$2,582**
RHEAM Henry Meynell 1859-1920 [15]
✏ *Hauling the net* - Watercolour (57x39cm-22x15in) London 95 .... FF10 380 - £1 300 - **$2,070**
Fairy Woods - Watercolour (72x77cm-28x30in) London 95 .... FF464 000 - £55 000 - **$90,500**
RHÉAUME Jeanne Leblanc 1915 [18]
✏ *Piazza Santo spirito, Florence* - Huile/toile (35x27cm-14x11in) Montréal 94 .... FF7 200 - £850 - **$1,293**
✏ *Paysage* - Aquarelle/papier (50x66cm-20x26in) Montréal 97 .... FF3 371 - £365 - **$592**
RHEE Henk XX [2]
✏ *Nature morte aux oignons* - Huile/toile (60x60cm-24x24in) Verrières-Le-Buisson 91 .. FF6 600 - £662 - **$1,089**
RHEE Seund Ja 1918 [18]
🖼 *Superposition* - Huile/toile (73x60cm-29x24in) Paris 94 .... FF32 000 - £3 740 - **$5,610**
Cité d'Octobre No II - Huile/toile (163x130cm-64x51in) Paris 94 .... FF55 000 - £6 540 - **$10,060**
RHEIMS Bettina 1952 [11]
📷 *Josie II, Paris, September* - Gelatin silver print (53x43cm-21x17in) London 94 .... FF5 110 - £600 - **$895**
RHEIN Fritz 1873-1948 [5]
🖼 *Die Promenade* - Öl/Leinwand (61x81cm-24x32in) Köln 94 .... FF24 060 - £2 863 - **$4,530**
RHEINER Edouard 1865-? [1]
🖼 *En Algérie* - Öl/Leinwand (30x20cm-12x8in) Zofingen 92 .... FF3 045 - £364 - **$586**
RHEINER Louis 1863-1924 [21]
🖼 *Printemps triste, Provence* - Öl/Leinwand (43x53cm-17x21in) Bern 96 .... FF5 700 - £692 - **$1,110**
Ile Ste-Marguerite, Cannes - Oil/canvas (38x45cm-15x18in) Luzern 89 .... FF50 700 - £5 184 - **$8,151**
✏ *Le Cap Roux* - Pastel/papier (75x86cm-30x34in) Zürich 93 .... FF15 830 - £1 802 - **$2,687**
RHEINERT Adolf 1880-1958 [10]
🖼 *Norwegische Fjordlandschaft* - Oil/canvas (80x130cm-31x51in) Nürnberg 92 .... FF3 740 - £383 - **$659**
RHIJNEN van Jan 1859-1927 [9]
✏ *Off the scent* - Watercolour/board (35x52cm-14x20in) Amsterdam 91 .... FF3 020 - £300 - **$524**

RHIND John Massey 1868-1936 [1]
🏛 *The Lookout* - Bronze (61cm-24in) Chicago 94 .... FF33 700 - £3 980 - **$6,000**
RHIND William Birnie 1853-1933 [3]
🏛 *The Black Watch War Memorial* - Bronze (45cm-18in) Auchterarder, Perthshire 95 .... FF16 400 - £2 100 - **$3,230**
RHO Manlio 1901-1957 [2]
🖼 *Composizione* - Olio/cartone (50x40cm-20x16in) Milano 89 .... FF274 600 - £28 936 - **$46,229**
RHODE Frederik 1816-1886 [1]
✒ *Der Palatin in Rom* - Aquarell/Papier (23x31cm-9x12in) Wien 95 .... FF4 950 - £629 - **$985**
RHODES Charles Ward ?-1905 [1]
🖼 *Souvenir d'été* - Oil/board (51x25cm-20x10in) North Berwick, Maine 93 .... FF6 050 - £759 - **$1,100**
RHODES Joseph 1782-1855 [3]
🖼 *Summer flower* - Oil/canvas (78x65cm-31x26in) London 89 .... FF24 200 - £2 408 - **$3,823**
RHODIN Jan 1938 [2]
🖼 *Sommarbukket i tillbringare* - Oil/panel (79x59cm-31x23in) Stockholm 92 .... FF3 960 - £406 - **$697**
RHOMBERG Hanno 1820-1869 [2]
🖼 *The first smoke* - Oil/board (66x56cm-26x22in) New-York 91 .... FF51 300 - £5 169 - **$8,902**
RHOMBERG Joseph Anton 1786-1855 [5]
🖼 *Gemsenjäger und Sennerin* - Ol/Leinwand (58x46cm-23x18in) München 96 .... FF38 600 - £4 850 - **$7,450**
✒ *Verschiedene Darstellungen* - Wash München 91 .... FF3 235 - £324 - **$593**
RHÖNNSTAD Erik A:son 1909 [6]
🖼 *Snötyngda granar* - Oil/board (79x90cm-31x35in) Stockholm 90 .... FF14 000 - £1 499 - **$2,435**
RHYNNEN van Johannes 1859-1929 [1]
🖼 *Sommerlandschaft* - Oil/panel (15x21cm-6x8in) Bielefeld 96 .... FF2 220 - £289 - **$440**
RHYS Oliver c.1850-c.1900 [16]
🖼 *Wistful* - Oil/canvas (71x91cm-28x36in) London 96 .... FF32 300 - £4 200 - **$6,400**
🖼 *Allegory of Spring* - Oil/canvas (71x91cm-28x36in) New-York 96 .... FF68 220 - £7 348 - **$12,000**
RIABUSHKIN Andrey Petrovich 1861-1904 [2]
✒ *Coronation of 1896* - Gouache (31x45cm-12x18in) London 95 .... FF26 840 - £3 400 - **$5,400**
RIAN Johannes 1891-1981 [34]
🖼 *Kvinne ved pianoet* - Oil/canvas (100x65cm-39x32in) Oslo 92 .... FF5 850 - £700 - **$1,126**
🖼 *Gul komposisjon* - Oil/canvas (100x85cm-39x33in) Oslo 92 .... FF34 700 - £3 555 - **$6,110**
✒ *Komposisjon* - Watercolour (27x30cm-11x12in) Oslo 92 .... FF2 260 - £231 - **$398**
RIANCHO Y MORA Agustín 1841-1929 [19]
🖼 *Casa del autor, Valle de Toranzo* - Oleo/tabla (25x36cm-10x14in) Madrid 95 .... FF73 100 - £9 230 - **$14,670**
RIARD Fernand 1896-1959 [1]
🖼 *Nach dem Regen* - Huile/panneau (40x50cm-16x20in) Bern 95 .... FF4 730 - £615 - **$971**
RIBA-ROVIRA Francisco 1913 [11]
🖼 *Mnémosyne* - Huile/isorel (182x122cm-72x48in) Paris 96 .... FF19 000 - £2 460 - **$3,730**
RIBARZ Rudolf 1848-1904 [26]
🖼 *Landschaft mit Wanderern* - Ol/Leinwand (35x62cm-14x24in) Wien 97 .... FF16 730 - £1 778 - **$2,884**
🖼 *In Holland* - Oil/panel (28x17cm-11x7in) Wien 95 .... FF39 800 - £5 050 - **$8,020**
🖼 *Kichturm, Champagne* - Oil/panel (55x45cm-22x18in) Wien 95 .... FF269 300 - £34 900 - **$54,800**
RIBAS OLIVIER Antonio 1845-1911 [2]
🖼 *Masía de Mallorca* - Oleo/tabla (14x22cm-6x9in) Madrid 93 .... FF24 030 - £2 750 - **$4,090**
RIBAS PRAT Antonio 1883-1931 [2]
🖼 *Palma de Mallorca* - Oleo/tabla (23x38cm-9x15in) Madrid 93 .... FF25 850 - £3 110 - **$5,030**
RIBAS RIUS Ramón 1903-1983 [3]
✒ *Dancer en repose* - Pastel/paper (41x30cm-16x12in) Baton Rouge, Louisiana 94 .... FF3 090 - £363 - **$550**
RIBAULT Julie 1789-? [1]
🖼 *Madame Voisin* - Oil/canvas (33x24cm-13x9in) Boston, Mass. 91 .... FF2 123 - £215 - **$383**
RIBAUPIERRE de François 1886-1981 [4]
🖼 *Walliser Dorfwinkel* - Ol/Leinwand (36x40cm-14x16in) Zürich 96 .... FF11 120 - £1 288 - **$2,130**
✒ *Mädchen in grünen Kleid* - Pastel (37x34cm-15x13in) Bern 95 .... FF4 320 - £540 - **$872**
Tête d'Évolenarde - Pastel/papier (38x31cm-15x12in) Zürich 96 .... FF29 800 - £3 450 - **$5,710**
RIBAUT Théodule Augustin 1823-1891 [1]
🖼 *La recette des rognons flambés* - Huile/toile (46x37cm-18x15in) Genève 89 .... FF11 700 - £1 233 - **$1,970**
RIBBANS Albert Charles 1903-? [1]
🖼 *Summer flowers in a bowl* - Oil/canvas (60x50cm-24x20in) Billinghurst, West Sussex 91 .... FF5 980 - £595 - **$1,028**
RIBCOWSKY de Dey 1880-1936 [11]
🖼 *Sailboat, Marin County* - Oil/canvas (46x72cm-18x28in) San Francisco-Los Angeles 91 .... FF8 550 - £862 - **$1,484**
RIBEAUCOURT Jules 1866-1932 [8]
🖼 *Bord de mer* - Huile/toile (60x73cm-24x29in) Cherbourg 97 .... FF6 000 - £641 - **$1,043**
🖼 *Péniche sur le canal* - Huile/toile (97x130cm-38x51in) Saint-Dié 94 .... FF16 500 - £2 002 - **$3,140**
RIBEAUPIERRE de François 1886-1981 [6]
🖼 *Forclaz. Val d'Herens* - Ol/Leinwand (35x60cm-14x24in) Bern 96 .... FF12 220 - £1 482 - **$2,376**
✒ *Jeune valaisanne* - Pastel/papier (30x28cm-12x11in) Zürich 94 .... FF16 200 - £1 920 - **$2,990**
RIBELLES Y HELIP José 1778-1835 [1]
✒ *Boudoir with a bed in an alcove* - Watercolour (29x37cm-11x15in) London 94 .... FF79 800 - £9 500 - **$15,040**
RIBEMONT-DESSAIGNES Georges 1884-1974 [6]
✒ *Opportune* - Huile/toile (100x73cm-39x29in) Paris 97 .... FF40 000 - £4 348 - **$7,028**
RIBERA CICERA Francisco 1907 [4]
🖼 *La bella huertana* - Oleo/lienzo (100x81cm-39x32in) Madrid 97 .... FF15 130 - £1 935 - **$3,040**

R

RIBERA CICERA Román 1849-1935 [11]
🖼 Le Café Ambulant - Oil/canvas (49x88cm-19x35in) New-York 94 .... FF146 000 - £17 430 - **$27,500**

RIBERA de Jusepe lo Spagnoleto 1588-1656 [35]
🖼 Martyrdom of St. Bartholomew - Oil/canvas (104x113cm-41x44in) London 90 .... FF2 - £2 - **$4**

RIBERA Pierre 1867-1932 [29]
🖼 Maja con mantón y abanico - Oleo/lienzo (65x50cm-26x20in) Madrid 97 .... FF6 000 - £675 - **$1,080**
Peking - Oil/panel (37x100cm-15x39in) London 97 .... FF46 686 - £5 000 - **$8,184**
Marché, San Gabriel, Mexique - Oil/canvas (59x14cm-23x49in) New-York 92 .... FF145 600 - £17 380 - **$28,000**

RIBERHOLT Hilmar 1883-1936 [1]
🖼 Personer ved en båd på Ribe å - Oil/canvas (105x122cm-41x48in) Viby J, Århus 96 .... FF6 240 - £808 - **$1,248**

RIBES Guy XX [8]
🖼 Bord de mer - Huile/toile (73x60cm-29x24in) Saint-Dié 92 .... FF2 000 - £205 - **$352**

RIBOLA Mario 1908-1948 [2]
🖼 Paesaggio - Öl/Karton (43x50cm-17x20in) Zofingen 95 .... FF6 800 - £890 - **$1,364**

RIBON Hubert 1796-? [2]
🖌 Homme en habit bleu - Miniature (14x11cm-6x4in) Paris 92 .... FF3 300 - £338 - **$594**

RIBOSSI Angelo 1822-1886 [1]
🖼 The young musicians - Oil/canvas (60x50cm-24x20in) London 90 .... FF64 400 - £6 485 - **$12,615**

RIBOT Germain Th. 1830-1893 [36]
🖼 Paniers de giroflées - Huile/toile (54x73cm-21x29in) Saint-Dié 97 .... FF17 000 - £1 921 - **$3,078**
The young cook - Oil/canvas (46x38cm-18x15in) New-York 93 .... FF153 400 - £17 450 - **$26,000**

RIBOT Théodule Augustin 1823-1891 [40]
🖼 Livre et à la poire - Oil/canvas (38x46cm-15x18in) New-York 97 .... FF102 681 - £11 068 - **$18,000**
Les musiciens - Oil/canvas (103x89cm-41x35in) New-York 97 .... FF285 225 - £30 745 - **$50,000**
Les marmitons - Oil/canvas (92x98cm-36x39in) New-York 97 .... FF827 153 - £89 161 - **$145,000**
🖌 Dans la cuisine - Ink (57x88cm-22x35in) New-York 97 .... FF51 341 - £5 534 - **$9,000**

RIBOUD Marc 1923 [27]
📷 The Painter of the Eiffel Tower - Gelatin silver print (46x30cm-18x12in) New-York 93 .... FF11 000 - £1 380 - **$2,000**

RICA Y ORTEGA Martin 1833-1908 [1]
🖼 Floating pots - Oil/canvas (51x73cm-20x29in) New-York 91 .... FF113 000 - £11 249 - **$19,432**

RICARD Edmond XIX-XX [2]
🖌 Mairie du Vlème arrondissement - Aquarelle/papier (68x97cm-27x38in) Paris 92 .... FF3 000 - £307 - **$589**

RICARD Gustave 1823-1873 [4]
🖼 Amélie de Bourbon - Huile/toile Arles 95 .... FF13 000 - £1 642 - **$2,610**

RICARD-CORDINGLEY Georges 1873-1939 [35]
🖼 Boulogne - Huile/toile (32x40cm-13x16in) Calais 92 .... FF10 500 - £1 075 - **$1,850**
Voilier sous le vent - Huile/toile (130x80cm-51x31in) Le Touquet 94 .... FF26 000 - £3 093 - **$4,950**
🖌 Le port de la Rochelle - Dessin (33x46cm-13x18in) Calais 96 .... FF1 800 - £225 - **$349**

RICCARDI Fabrizio [2]
🖼 Bindolo per un becchiere di latte - Oil/panneau (46x37cm-18x15in) Paris 90 .... FF2 000 - £201 - **$392**

RICCARDI Paolo 1826-1873 [1]
🖌 Auszug/Kriegsheld/Ernte/Picknick - Aquarell (8x14cm-3x6in) Zürich 96 .... FF3 290 - £412 - **$635**

RICCHIARDI Giovanni ?-1820 [1]
🖼 Duke and Duchess of Aosta - Oil/canvas (87x69cm-34x27in) New-York 92 .... FF28 400 - £2 905 - **$5,000**

RICCI Alfredo 1864-1889 [1]
🖌 Villa Medici Fountain at sunset - Watercolour (23x56cm-9x22in) Chicago 93 .... FF4 950 - £621 - **$900**

RICCI Arturo 1854-1919 [12]
🖼 The Artist's studio - Oil/canvas (105x79cm-41x31in) New-York 95 .... FF108 100 - £13 940 - **$22,000**

RICCI Dante 1899-1957 [14]
🖼 Le rose bianche - Olio/tela (56x37cm-22x15in) Roma 94 .... FF6 010 - £720 - **$1,116**
🖌 Villa nella Campagna Romana - Acquarello (35x54cm-14x21in) Roma 94 .... FF6 010 - £720 - **$1,116**

RICCI Dante 1879-1921 [4]
🖌 Paesaggio del Tevere - Acquarello/cartone (39x56cm-15x22in) Roma 96 .... FF4 680 - £542 - **$910**

RICCI Filippo 1679-1764 [1]
🖼 Madonna and Child - Oil/copper (33x26cm-13x10in) London 92 .... FF125 600 - £15 000 - **$24,160**

RICCI Giuseppe 1774-1804 [1]
🖼 En visite - Huile/toile (73x50cm-29x20in) Avignon 90 .... FF7 000 - £723 - **$1,237**

RICCI Marco 1676-1729 [32]
🖼 Gentlemen in a carriage - Oil/canvas (81x112cm-32x44in) New-York 97 .... FF1 - £193 440 - **$310,000**

RICCI Pio 1850-1919 [12]
🖼 The bouquet - Oil/canvas (66x44cm-26x17in) New-York 93 .... FF53 100 - £6 040 - **$9,000**

RICCI Sebastiano 1659-1734 [20]
🖼 Last Communion of St Mary - Oil/canvas (218x141cm-86x56in) London 91 .... FF3 - £359 774 - **$621,475**

RICCI Ulysses Anthony 1888-1960 [2]
🖼 Morning at the Wharf - Oil/canvas (56x76cm-22x30in) Delray Beach, Florida 96 ...... FF6 140 - £799 - **$1,200**

RICCIARDI Bernardino 1814-1854 [1]
🖼 Dame mit Kleinkind - Oil/canvas (140x100cm-55x39in) Wien 89 .... FF26 400 - £2 782 - **$4,444**

RICCIARDI Oscar 1864-1935 [127]
🖼 Mercato a Porta Nolana, Napoli - Olio/tela (57x32cm-22x13in) Roma 95 .... FF14 040 - £1 845 - **$2,790**
Street Scene, Island of Capri - Oil/canvas (61x41cm-24x16in) London 97 .... FF19 982 - £2 200 - **$3,507**
Street scenes in Naples - Oil/canvas (20x10cm-8x4in) London 92 .... FF46 750 - £4 800 - **$8,970**

RICCIOLINI Michelangelo da Todi 1654-1715 [1]
🖌 Two male academies - Red chalk (52x39cm-20x15in) London 90 .... FF19 400 - £2 091 - **$3,422**

RICCOBALDI Giuseppe 1887-? [3]
🖼 *Salone dell'Automobile, Roma* - Poster (70x99cm-28x39in) New-York 92 .... FF13 520 - £1 614 - **$2,600**
RICE Anne Estelle 1879-1959 [12]
🖼 *Auray* - Oil/canvas (51x61cm-20x24in) London 96 .... FF30 760 - £3 800 - **$5,940**
✏ *Trees* - Coloured chalks (31x23cm-12x9in) Glasgow 96 .... FF4 240 - £550 - **$831**
RICE Henry W. 1853-1934 [3]
✏ *St. Johns Hill-Spanish Point* - Watercolour (33x20cm-13x8in) Cambridge, Mass. 94 .... FF8 550 - £1 001 - **$1,500**
RICE William Seltzer 1873-1963 [8]
🖼 *Evening, San Juan* - Woodcut in colors (25x33cm-10x13in) Cambridge, Mass. 92 .... FF2 637 - £276 - **$475**
RICE-PEREIRA Irene 1901-1971 [16]
🖼 *The Rose Red Heart* - Oil/canvas (127x91cm-50x36in) New-York 95 .... FF24 200 - £3 210 - **$5,000**
✏ *Untitled* - Gouache/board (56x36cm-22x14in) New-York 95 .... FF19 380 - £2 493 - **$4,000**
RICH Alfred William 1856-1921 [13]
🖼 *Coastal town* - Oil/canvas (51x76cm-20x30in) London 96 .... FF2 800 - £350 - **$543**
✏ *Canal view, Berkhamsted* - Watercolour (27x37cm-11x15in) London 95 .... FF2 640 - £340 - **$537**
RICH John Hubbard 1876-1955 [5]
🖼 *Ann Hardenburgh* - Oil/canvas (51x41cm-20x16in) San Francisco-Los Angeles 91 .... FF19 470 - £1 947 - **$3,207**
RICH William Georg 1881-1889 [1]
🖼 *Sitzende Frau mit Kind* - Oil/panel (34x26cm-13x10in) Wien 96 .... FF6 350 - £825 - **$1,245**
RICHARD Alfred Pierre ?-1884 [1]
🗿 *Marchand d'oranges* - Bronze (29cm-11in) Paris 92 .... FF2 000 - £239 - **$385**
RICHARD Antoine 1817-1891 [1]
🖼 *Promenade au crépuscule* - Huile/panneau (35x55cm-14x22in) Saint-Dié 96 .... FF4 000 - £460 - **$763**
RICHARD Bernard 1932 [6]
🗿 *Modèle agenouillé* - Bronze (22cm-9in) La Varenne Saint-Hilaire 91 .... FF12 000 - £1 203 - **$2,198**
RICHARD Durando Togo 1910 [11]
🖼 *Marché provençal* - Huile/toile (80x60cm-31x24in) Bruxelles 91 .... FF5 980 - £612 - **$1,051**
RICHARD Edna Vergon 1890-1985 [3]
🖼 *Doud's Hill, Big Sur*
   Oil/canvas/board (46x61cm-18x24in) San Francisco-Los Angeles 91 .... FF11 380 - £1 138 - **$1,874**
RICHARD Ernst Heinrich 1819-1899 [3]
🖼 *Weideidyll am See* - Oil/canvas (49x68cm-19x27in) Wien 90 .... FF48 000 - £4 885 - **$9,599**
RICHARD Fleury François 1777-1852 [2]
🖼 *Presentazione di una novizia* - Olio/tela (86x76cm-34x30in) Milano 89 .... FF54 900 - £5 463 - **$8,673**
✏ *Renaud et Armide* - Dessin (18x14cm-7x6in) Monaco 92 .... FF10 000 - £1 000 - **$1,667**
RICHARD Hervé XX [6]
✏ *Qquatre-mâts barque en Seine* - Aquarelle (38x55cm-15x22in) Sens 94 .... FF14 850 - £1 755 - **$2,740**
RICHARD James C. XIX-XX [10]
🖼 *Menton, la Perle de la France* - Poster (99x62cm-39x24in) London 95 .... FF1 944 - £220 - **$350**
RICHARD René Jean 1895-1982 [105]
🖼 *Cap aux Oies* - Huile/isorel (46x61cm-18x24in) Montréal 97 .... FF5 478 - £593 - **$96,3 4**
   La cabane en bois - Huile/isorel (76x87cm-30x34in) Montréal 96 .... FF14 160 - £1 347 - **$2,052**
   Nord-Ouest, Manitoba - Huile/isorel (104x122cm-41x48in) Montréal 95 .... FF45 100 - £5 630 - **$8,840**
RICHARD Ruth 1937 [6]
🗿 *L'extase* - Bronze poli (42cm-17in) Paris 94 .... FF22 000 - £2 500 - **$3,740**
RICHARD Théodore Alex. L.M. 1782-1859 [5]
🖼 *Torrent au pied d'une montagne* - Huile/papier/toile (47x34cm-19x13in) Pontoise 94 .... FF9 000 - £982 - **$1,573**
🖼 *Paysage boisé animé* - Huile/toile (150x200cm-59x79in) Toulouse 96 .... FF59 000 - £7 000 - **$11,510**
RICHARD-BOUTET Mariette XIX-XX [3]
✏ *La Koutoubia, Marrakech* - Aquarelle Paris 94 .... FF3 900 - £462 - **$721**
RICHARD-PUTZ Michel 1868-? [1]
🖼 *Le Moulin Rouge* - Huile/toile Jouy-en-Josas 92 .... FF350 000 - £35 800 - **$61,600**
RICHARDÉ Ludvig 1862-1929 [42]
🖼 *Hemkomst från storjöfisket* - Oil/canvas (58x85cm-23x33in) Stockholm 97 .... FF6 415 - £677 - **$1,108**
🖼 *Marin med ångkorvetten Saga* - Oil/canvas (67x110cm-26x43in) Stockholm 97 .... FF20 377 - £2 151 - **$3,520**
RICHARDS Anna Brewster 1870-1952 [1]
🖼 *House in Taormina* - Oil/board Cambridge, Mass. 90 .... FF2 700 - £287 - **$483**
RICHARDS Ceri Garaldus 1907-1971 [50]
🖼 *Leaves of Grass* - Oil/canvas (25x35cm-10x14in) London 97 .... FF10 271 - £1 100 - **$1,774**
🖼 *Camouflage soldiers* - Oil/canvas (64x77cm-25x30in) London 97 .... FF71 908 - £7 500 - **$12,296**
✏ *Study for Mural* - Pencil (56x53cm-22x21in) London 97 .... FF18 832 - £2 000 - **$3,281**
RICHARDS Charles 1906-1992 [20]
🖼 *Self portrait* - Oil/canvas (36x28cm-14x11in) New Orleans, Louisiana 94 .... FF3 790 - £449 - **$700**
RICHARDS DE BOURG Frederick 1822-1903 [1]
📷 *Henry Clay* - Daguerreotype New-York 90 .... FF91 500 - £9 860 - **$16,138**
RICHARDS Eben 1897-1984 [1]
📷 *Selected autochromes* - (10x12cm-4x5in) New-York 95 .... FF7 750 - £997 - **$1,600**
RICHARDS Eugene 1944 [3]
📷 *Exploding into Life* - Photo Paris 95 .... FF2 050 - £270 - **$412**
RICHARDS Frederick Charles 1879-1932 [1]
🖼 *The City of Dreams* - Etching, aquatint (19x24cm-7x9in) London 90 .... FF1 700 - £179 - **$296**

R

RICHARDS Frederick de Bourg 1822-1903 [3]
Cut-glass still life - Daguerreotype New-York 96 .... FF10 320 - £1 280 - **$2,000**

RICHARDS Harriet Roosevelt ?-1932 [2]
Nellie's Secret Mine - Oil/canvas (56x38cm-22x15in) Cambridge, Mass. 93 .... FF8 520 - £1 008 - **$1,550**

RICHARDS John Inigo 1731-1810 [8]
West end of Rocheste - Oil/canvas (40x50cm-16x20in) London 91 .... FF59 500 - £6 039 - **$10,746**
Okehampton castle, River Okement - Ink (22x32cm-9x13in) London 91 .... FF7 480 - £748 - **$1,232**

RICHARDS Richard Peter 1840-1877 [6]
Snowball fight - Watercolour (15x23cm-6x9in) London 92 .... FF5 030 - £600 - **$967**

RICHARDS Thomas Addison 1820-1900 [4]
Woodland stream - Oil/canvas (31x51cm-12x20in) New-York 94 .... FF11 230 - £1 326 - **$2,000**

RICHARDS William Trost 1833-1905 [127]
Cliffs of Cornwall - Oil/canvas/panel (71x112cm-28x44in) New-York 92 .... FF52 000 - £5 520 - **$10,000**
Breaking waves - Oil/canvas (51x81cm-20x32in) New-York 97 .... FF151 780 - £15 966 - **$26,000**
On the Shore - Oil/canvas (35x67cm-14x26in) New-York 97 .... FF700 116 - £73 512 - **$120,000**
Seascape - Gouache/board (46x80cm-18x31in) New-York 97 .... FF35 006 - £3 675 - **$6,000**
Sailboat, Newport - Watercolour/paper (56x90cm-22x35in) New-York 96 .... FF235 000 - £27 200 - **$45,000**

RICHARDS Wynn 1888-1960 [1]
Woman with cigarette - Silver print (23x18cm-9x7in) New-York 95 .... FF5 810 - £748 - **$1,200**

RICHARDSON Edward 1810-1874 [20]
Lucerne - Watercolour (31x46cm-12x18in) Billinghurst, West Sussex 96 .... FF2 464 - £320 - **$483**
Boppart on the Rhine, Germany - Watercolour (36x88cm-14x35in) London 97 .... FF56 444 - £6 000 - **$9,725**

RICHARDSON Francis Henry 1859-1934 [3]
French haystacks - Oil/canvas (55x45cm-22x18in) Mass. 91 .... FF3 490 - £347 - **$606**

RICHARDSON Frederick Stuart 1855-1934 [7]
Fishing vessels in harbour - Watercolour (24x29cm-9x11in) London 94 .... FF2 900 - £340 - **$516**

RICHARDSON Henry Burdon [2]
Streets in Heidelberg & Frankfurt - Wash (50x34cm-20x13in) London 91 .... FF4 740 - £479 - **$941**

RICHARDSON John Isaac 1836-1913 [1]
Swans on the river, Bolton Abbey
  Oil/board (17x24cm-7x9in) Marlborough Crescent, Newcastle upon Tyne 94 .... FF2 540 - £300 - **$456**

RICHARDSON Jonathan I 1665-1745 [13]
Lord Chancellor Somers - Oil/canvas (124x100cm-49x39in) London 96 .... FF55 800 - £7 000 - **$10,850**

RICHARDSON Louis H. 1853-1923 [3]
Marsh scene - Oil/canvas/board (101x127cm-40x50in) Mystic, Connecticut 91 .... FF7 790 - £781 - **$1,314**

RICHARDSON Margaret Foster 1881-? [2]
A young girl - Oil/canvas (102x61cm-40x24in) Boston, Mass. 93 .... FF18 320 - £2 080 - **$3,100**

RICHARDSON Mary Curtis 1843-1931 [2]
Young girl - Oil/canvas (42x35cm-17x14in) Mystic, Connecticut 91 .... FF4 195 - £418 - **$721**
Mother and child - Oil/canvas (96x67cm-38x26in) San Francisco-Los Angeles 93 .... FF27 500 - £3 450 - **$5,000**

RICHARDSON Thomas Miles I 1784-1848 [23]
Figures playing - Oil/canvas (112x171cm-44x67in) London 93 .... FF62 200 - £7 500 - **$10,870**
Unloading barrels near Holy Island - Watercolour (25x38cm-10x15in) London 96 .... FF20 370 - £2 400 - **$4,000**

RICHARDSON Thomas Miles II 1813-1890 [110]
Returning from labour - Oil/panel (31x44cm-12x17in) London 92 .... FF8 800 - £900 - **$1,552**
River Lahn, Germany - Watercolour (32x48cm-13x19in) London 96 .... FF29 540 - £3 502 - **$5,760**
Head of Loch Etive - Watercolour (74x124cm-29x49in) Auchterarder, Perthshire 95 ..... FF101 600 - £13 000 - **$20,000**

RICHARDSON Volnay Allan 1880-? [5]
Daisies - Oil/canvas (63x76cm-25x30in) New-York 94 .... FF11 900 - £1 410 - **$2,200**

RICHARDSON William c.1830-c.1880 [4]
York Minster seen from the river - Watercolour Bury St. Edmunds, Suffolk 92 .... FF8 170 - £950 - **$1,668**

RICHARDT Ferdinand Joachim 1819-1895 [24]
Overgård - Oil/canvas (58x80cm-23x31in) Viby J, Århus 96 .... FF10 510 - £1 356 - **$2,030**
Still life with fruit - Oil/canvas (69x51cm-27x20in) Mass. 91 .... FF119 200 - £14 430 - **$22,000**

RICHART MONTESINOS Fernando 1858-? [1]
Burro festivo - Oleo/lienzo (61x37cm-24x15in) Madrid 92 .... FF3 144 - £366 - **$642**

RICHAUD Jules XIX [3]
Mosquée en Perse - Aquarelle (48x35cm-19x14in) Paris 96 .... FF6 500 - £838 - **$1,273**

RICHE Adèle 1791-1887 [9]
Assorted flowers in a vase - Oil/canvas (136x76cm-54x30in) New-York 94 .... FF61 600 - £7 560 - **$12,000**
Étude de roses - Gouache/vélin (31x24cm-12x9in) Paris 96 .... FF8 000 - £1 036 - **$1,600**
Fleurs sur un entablement - Aquarelle/vélin (73x59cm-29x23in) Paris 90 .... FF120 000 - £12 397 - **$21,201**

RICHE Louis 1877-1949 [27]
Diana - Bronze (46cm-18in) Toronto 95 .... FF5 370 - £686 - **$1,097**
A duck - Bronze (14cm-6in) Auchterarder, Perthshire 95 .... FF6 640 - £850 - **$1,308**
Chat assis - Bronze (24cm-9in) Paris 95 .... FF14 000 - £1 676 - **$2,664**

RICHEBÉ Horace 1871-1964 [17]
Personnages sur le chemin - Huile/panneau (21x12cm-8x5in) Provins 97 .... FF2 500 - £270 - **$439**
Quai de Rive-Neuve à Marseille - Huile/panneau (37x46cm-15x18in) Marseille 94 .... FF25 000 - £2 924 - **$4,390**

RICHEE Eugene XX [2]
Marlene Dietrich, autographed portrait - Gelatin silver print (33x25cm-13x10in) London 92 .... FF2 094 - £250 - **$403**

RICHEFEU Charles Ed. 1868-? [3]
Vive l'empereur - Bronze (101cm-40in) Paris 97 .... FF22 000 - £2 486 - **$3,984**

RICHEMONT de Alfred Panon Desba. 1857-1911 [22]
- Fontaine à Louannec - Huile/toile (61x46cm-24x18in) Limoges 92 .... FF4 500 - £461 - **$810**
- Vues de Bretagne - Huile/panneau (14x23cm-6x9in) Limoges 92 .... FF12 000 - £1 228 - **$2,160**

RICHET Léon 1847-1907 [144]
- Village stream at sunset - Oil/canvas (51x73cm-20x29in) New-York 96 .... FF11 360 - £1 408 - **$2,200**
- Gathering Faggots - Oil/canvas (46x55cm-18x22in) New-York 97 .... FF29 579 - £3 183 - **$5,200**
- Shepherdess by a Wooded Pond - Oil/canvas (34x58cm-13x23in) New-York 97 .... FF56 883 - £6 121 - **$10,000**
- Étang au coucher du soleil/Le matin - Huile/toile (64x92cm-25x36in) Brest 94 .... FF114 000 - £13 470 - **$20,470**
- Les laveuses - Oil/panel (77x106cm-30x42in) New-York 94 .... FF533 000 - £63 000 - **$95,000**

RICHIE Robert Yarnall XIX-XX [4]
- Aerial view of N.Y. - Silver print (23x33cm-9x13in) New-York 93 .... FF3 245 - £369 - **$550**

RICHIER Germaine 1904-1959 [54]
- Don Quichotte - Bronze (206cm-81in) London 95 .... FF2 - £350 000 - **$537,000**
- L'Homme de la Nuit - Bronze (16x7x17cm-6x3x7in) London 97 .... FF178 237 - £19 000 - **$31,120**
- Le Cheval à six têtes - Bronze (34cm-13in) London 95 .... FF285 300 - £37 000 - **$58,900**

RICHIR Herman 1866-1942 [23]
- Jeune femme de dos - Huile/toile (80x60cm-31x24in) Le Mans 94 .... FF32 000 - £3 810 - **$6,090**
- Femme au voile - Huile (157x109cm-62x43in) New-York 92 .... FF88 800 - £9 300 - **$16,000**
- L'essayage - Pastel/carton (78x58cm-31x23in) Bruxelles 96 .... FF5 330 - £699 - **$1,081**

RICHLY Rudolf 1886-1975 [12]
- Stilleben mit Gitarre - Oil/canvas (56x67cm-22x26in) Wien 92 .... FF10 580 - £1 084 - **$1,864**
- Schneerosen und Palmkatzerl - Gouache/papier (48x39cm-19x15in) Wien 95 .... FF3 196 - £387 - **$602**

RICHMOND Agnes Millen 1870-1964 [2]
- Before the screen - Oil/canvas (68x56cm-27x22in) New-York 90 .... FF74 400 - £7 915 - **$13,309**

RICHMOND George 1809-1896 [33]
- Contemplation - Oil/panel (30x35cm-12x14in) London 97 .... FF51 354 - £5 500 - **$8,925**
- Sir Robert Peel - Watercolour (37x30cm-15x12in) London 93 .... FF6 800 - £820 - **$1,190**
- Two little synnotts - Coloured chalks/paper (56x46cm-22x18in) London 97 .... FF15 052 - £1 600 - **$2,593**
- In the First Garden - Watercolour (21x14cm-8x6in) London 96 .... FF424 000 - £55 000 - **$83,800**

RICHMOND Leonard 1889-1965 [32]
- Rolling landscape - Oil/canvas (76x102cm-30x40in) London 95 .... FF2 214 - £280 - **$433**
- St. Ives Harbour - Oil/board (51x61cm-20x24in) London 93 .... FF8 820 - £1 050 - **$1,617**
- Indian scenes - Pastel (38x51cm-15x20in) Bletchingley, Surrey 92 .... FF2 930 - £300 - **$516**

RICHMOND Oliffe 1919-1977 [2]
- Fallen warrior, 1962 - Bronze (33cm-13in) London 89 .... FF6 800 - £695 - **$1,093**

RICHMOND Thomas 1771-1837 [5]
- Mis Lacont in white dress - Miniature (7cm-3in) London 97 .... FF5 209 - £550 - **$894**

RICHMOND Thomas, Jnr. 1802-1874 [4]
- White Nose, darkl bay hunter - Oil/canvas (61x76cm-24x30in) New-York 92 .... FF30 500 - £3 196 - **$5,500**

RICHMOND William Blake 1842-1921 [19]
- Dawn, Umbria - Oil/panel (12x38cm-5x15in) London 96 .... FF13 630 - £1 700 - **$2,634**
- Plain of Umbria, Assisi - Oil/panel (53x91cm-21x36in) London 97 .... FF41 905 - £4 400 - **$7,182**
- Sarpedon - Red chalk (33x23cm-13x9in) London 91 .... FF7 440 - £755 - **$1,344**

RICHTER Adrian Ludwig 1803-1868 [8]
- Spielende Kinder - Watercolour (12x16cm-5x6in) München 94 .... FF48 000 - £5 690 - **$8,870**

RICHTER Albert 1845-1898 [1]
- Vinter - Gouache (26x39cm-10x15in) Köbenhavn 94 .... FF2 260 - £260 - **$387**

RICHTER Anton 1900-? [3]
- Ländliche Motive - Watercolour (37x47cm-15x19in) Hamburg 94 .... FF3 224 - £382 - **$596**

RICHTER Aurel 1870-1925 [59]
- Saxophoniste - Technique mixte (52x42cm-20x17in) Paris 95 .... FF6 200 - £776 - **$1,235**
- Paris - Öl/Leinwand (60x72cm-24x28in) Luzern 95 .... FF11 910 - £1 487 - **$2,336**
- Woman with parrots - Gouache/paper (27x32cm-11x13in) New-York 93 .... FF8 800 - £1 053 - **$1,600**

RICHTER Bruno 1872-? [2]
- Tunis - Watercolour (38x52cm-15x20in) London 96 .... FF4 030 - £520 - **$790**

RICHTER Christian II 1678-1732 [3]
- Lady holding a mask - Miniature (11cm-4in) Genève 92 .... FF24 740 - £2 955 - **$4,760**

RICHTER Edouard Frederic W. 1844-1913 [20]
- La toilette - Huile/toile (74x50cm-29x20in) Paris 94 .... FF35 000 - £4 040 - **$6,040**
- In the Harem - Oil/canvas (116x74cm-46x29in) London 96 .... FF138 700 - £18 000 - **$27,430**

RICHTER Franz 1774-1863 [3]
- Brünn mit dem Obelisken - Gouache (47x62cm-19x24in) München 94 .... FF16 330 - £1 904 - **$2,860**

RICHTER Gerhard 1932 [277]
- Neger (Nuba) - Oil/canvas (145x200cm-57x79in) London 93 .... FF2 - £290 000 - **$420,500**
- Frau Niepenberg - Oil/canvas (140x100cm-55x39in) London 96 .... FF4 - £510 000 - **$850,000**
- Untitled - Oil (20x29cm-8x11in) New-York 97 .... FF26 117 - £2 747 - **$4,500**
- Untitled - Oil/paper (29x42cm-11x17in) London 97 .... FF42 214 - £4 500 - **$7,370**
- 684-1A - Öl/Leinwand (52x71cm-20x28in) Berlin 97 .... FF349 664 - £37 135 - **$60,909**
- Abstraktes Bild - Oil/canvas (200x160cm-79x63in) London 96 .... FF973 000 - £118 000 - **$189,200**
- Kerze I - Offset (90x90cm-35x35in) New-York 94 .... FF39 800 - £4 740 - **$7,500**
- Abstraktes Foto - Gelatin silver print (48x69cm-19x27in) New-York 95 .... FF13 900 - £1 770 - **$2,800**
- Untitled - Mixed media/paper (29x42cm-11x17in) Toronto 93 .... FF42 400 - £4 800 - **$7,150**
- Landschaft 2 - Mixed media/paper (32x24cm-13x9in) London 96 .... FF157 000 - £20 000 - **$30,240**

R

RICHTER Gottfried 1904 [2]
🖼 *Vorstadtstrasse* - Öl/Leinwand (38x54cm-15x18in) Frankfurt 96.............................. FF9 600 - £1 240 - **$1,893**

RICHTER Gustav Fr. W. 1847-1915 [1]
🖼 *Malte Fürst z. Putbus* - Öl/Leinwand (46x32cm-18x13in) Bremen 93.............................. FF15 670 - £1 790 - **$2,646**

RICHTER Gustav Karl 1823-1884 [10]
🖼 *Lady in the Park* - Oil/canvas (223x116cm-88x46in) Warszawa 95.............................. FF37 800 - £4 830 - **$7,760**

RICHTER Hans 1920 [3]
🖼 *Postbote vor der Galerie Otto Wien* - Öl/Leinwand (40x30cm-16x12in) Lindau 96.............................. FF8 800 - £1 020 - **$1,688**
🗐 *Composition* - Etching in colors (26x40cm-10x16in) Amsterdam 94.............................. FF2 135 - £251 - **$380**
📷 *Rhythms* - Silver print (239x18cm-94x7in) New-York 94.............................. FF3 984 - £476 - **$750**

RICHTER Hans 1888-1975 [42]
🖼 *Vertikale Komposition* - Öl/Leinwand (130x29cm-51x11in) Berlin 92.............................. FF17 630 - £2 106 - **$3,390**
Mutter und Kind - Oil/canvas (92x63cm-36x25in) London 96.............................. FF34 800 - £4 500 - **$6,900**
📷 *Abstraction* - Gelatin silver print (8x10cm-3x4in) New-York 92.............................. FF23 400 - £2 484 - **$4,500**
✎ *Musik, 1916* - Indian ink (26x17cm-10x7in) London 90.............................. FF27 100 - £2 808 - **$4,763**

RICHTER Hans Theo 1902-1969 [16]
🗐 *Uta Jähnigen* - Lithographie (28x22cm-11x9in) München 92.............................. FF2 040 - £209 - **$359**
✎ *Musizierende Mädchen* - Ink (28x34cm-11x13in) Hamburg 94.............................. FF5 660 - £679 - **$1,100**

RICHTER Helene XIX [3]
🖼 *Musical Interlude* - Oil/canvas (72x100cm-28x39in) London 96.............................. FF46 800 - £5 500 - **$9,210**

RICHTER Henry Constantine 1821-1902 [36]
✎ *Purple-winged Roller* - Watercolour (53x35cm-21x14in) London 95.............................. FF27 330 - £3 600 - **$5,540**
✎ *Lady Amherst's Pheasant* - Watercolour (36x54cm-14x21in) London 95.............................. FF91 100 - £12 000 - **$18,470**

RICHTER Henry James 1772-1857 [2]
✎ *The Tight Shoe* - Watercolour (30x46cm-12x18in) London 93.............................. FF23 240 - £2 800 - **$4,060**

RICHTER Herbert Davis 1874-1955 [44]
🖼 *Summer Flowers & Figures* - Oil/canvas (63x84cm-25x33in) London 97.............................. FF24 904 - £2 600 - **$4,261**
🖼 *Sunlit Glow, Buckingham Palace* - Oil/canvas (49x59cm-19x23in) London 94.............................. FF117 600 - £14 000 - **$22,160**
✎ *Tower of London* - Pastel (108x276cm-43x109in) London 94.............................. FF23 700 - £2 800 - **$4,260**

RICHTER Johann Heinrich 1803-1845 [1]
🖼 *Bacino Di San Marco, Venice* - Oil/canvas (113x162cm-44x64in) New-York 96.............................. FF780 000 - £99 200 - **$150,000**

RICHTER Klaus 1887-1948 [4]
🖼 *Landscape* - Oil/canvas (69x99cm-27x39in) Delray Beach, Florida 93.............................. FF12 100 - £1 518 - **$2,200**

RICHTER Leopoldo 1896 [2]
🖼 *La conversacion* - Oil/canvas (98x74cm-39x29in) New-York 89.............................. FF22 900 - £2 342 - **$3,682**
✎ *Madre y nina, 1957* - Watercolour, gouache/paper (54x35cm-21x14in) New-York 89.............................. FF11 400 - £1 166 - **$1,833**

RICHTER Ludwig Adrian 1803-1884 [26]
✎ *Mutter mit Kind in der Wiege* - Pencil (9x15cm-4x6in) Zürich 96.............................. FF3 494 - £438 - **$674**
✎ *Zur Erinnerung an L. Richter…* - Aquarell (8x12cm-3x5in) München 93.............................. FF16 950 - £2 025 - **$3,260**
Geh aus, mein Herz u. suche Freud'… - Ink (23x13cm-9x5in) München 97.............................. FF81 300 - £9 160 - **$13,730**

RICHTER Otto 1867-? [2]
🗿 *Pferdepaar auf erdigem Untergrund* - Bronze (43cm-17in) Stuttgart 95.............................. FF3 110 - £407 - **$623**
Reiter - Bronze (85cm-33in) Köln 92.............................. FF12 540 - £1 500 - **$2,414**

RICHTER Théodore 1801-1871 [2]
🖼 *Schloß Tyrol im Etschthal* - Oil/canvas (49x60cm-19x24in) München 92.............................. FF20 400 - £2 090 - **$3,590**

RICHTER Wilhelm 1824-1892 [4]
🖼 *Brauner vor dem Stall* - Öl/Leinwand (30x45cm-12x18in) Wien 92.............................. FF7 210 - £840 - **$1,473**

RICHTER-BERLIN Heinrich 1884-1981 [2]
🗐 *Chansonette 2* - Woodcut in colors (37x33cm-15x13in) Berlin 95.............................. FF1 780 - £222 - **$348**

RICHTER-REICH F.M. 1896-? [6]
🖼 *The Singel, Amsterdam* - Oil/canvas (60x120cm-24x47in) Amsterdam 91.............................. FF10 570 - £1 050 - **$1,835**

RICHTERICH Marco 1929 [3]
🖼 *Ohne Titel* - Huile/toile/panneau (80x114cm-31x45in) Zürich 96.............................. FF9 330 - £1 210 - **$1,846**

RICHTERS Marius J. 1878-1955 [2]
🖼 *The port of Rotterdam* - Oil/canvas (50x87cm-20x34in) Amsterdam 94.............................. FF4 570 - £540 - **$821**

RICKATSON Octavius XIX-XX [5]
🖼 *Sheep grazing by a windmill* - Oil/canvas (120x160cm-47x63in) New-York 94.............................. FF24 550 - £2 820 - **$4,200**
✎ *A shady path* - Watercolour (43x28cm-17x11in) Torquay, Devon 92.............................. FF1 850 - £190 - **$356**

RICKETTS Charles 1866-1931 [5]
✎ *Marine* - Aquarell (30x44cm-12x17in) Bern 92.............................. FF4 090 - £418 - **$721**

RICKETTS William 1899-? [2]
🗿 *Aborigine man and girl* - Plaster (24cm-9in) London 92.............................. FF2 540 - £260 - **$448**

RICKEY George 1907 [77]
🗿 *Zig Zag* - Mobile (50cm-20in) Amsterdam 95.............................. FF50 400 - £6 430 - **$10,280**
One Plane vertical, diagonal - Sculpture (132x86cm-52x34in) New-York 97.............................. FF81 301 - £8 553 - **$14,000**
Two lines vertical - Bronze (90x9x61cm-35x4x24in) New-York 97.............................. FF104 652 - £10 989 - **$18,000**
One Up, One Down, Eccentric
    Sculpture (325x348x334cm-128x137x131in) New-York 94.............................. FF248 000 - £28 200 - **$42,000**
One up one down oblique gyratory II - Sculpture London 97.............................. FF487 807 - £52 000 - **$85,170**

RICKLUND Folke 1900-1986 [26]
🖼 *Stora Fallet* - Oil/panel (81x65cm-32x26in) Stockholm 95.............................. FF4 770 - £596 - **$1,215**
Norrländskt sjölandskap - Oil/board (46x55cm-18x22in) Stockholm 90.............................. FF21 500 - £2 221 - **$3,799**

RICKMAN Philip 1891-1982 [137]
✎ *Woodcock at the edge of a pool* - Watercolour (25x36cm-10x14in) London 93.............................. FF7 200 - £900 - **$1,305**

Adult lapwing on the sandflats - Wash/paper (19x14cm-7x6in) London 91 .... FF**7 410** - £**749** - $**1,471**
Red grouse by a loch - Watercolour (35x56cm-14x22in) London 95 .... FF**7 610** - £**950** - $**1,492**
Downland pastures - Watercolour (78x57cm-31x22in) London 94 .... FF**51 500** - £**6 000** - $**9,010**
Pheasants in a wooded glade - Wash London 90 .... FF**53 300** - £**5 707** - $**9,270**

RICKMAN Thomas 1776-1841   [2]
Design for St. Pancras church - Watercolour (47x64cm-19x25in) New-York 92 .... FF**5 550** - £**581** - $**1,000**

RICO Y CEDUJO José 1864-1939   [2]
Pareja de paisanos - Oleo/lienzo (67x48cm-26x19in) Madrid 93 .... FF**13 200** - £**1 500** - $**2,235**

RICO Y ORTEGA Martín 1833-1908   [57]
On a Venetian Canal - Oil/canvas (69x44cm-27x17in) New-York 97 .... FF**119 794** - £**12 912** - $**21,000**
Santa Maria della Salute - Oil/canvas (80x125cm-31x49in) New-York 97 ...... FF**399 315** - £**43 043** - $**70,000**
Venecia - Acuarela (35x53cm-14x21in) Madrid 93 .... FF**61 200** - £**7 000** - $**10,410**

RICOEUR Nicolas c.1750-c.1800   [2]
Bouquet de fleurs sur un entablement - Huile/toile (7x6cm-3x2in) Paris 96 .... FF**82 000** - £**10 660** - $**16,250**

RICOIS François-Edmé 1795-1881   [9]
Château du duc de Montmorency - Huile/toile (98x146cm-39x57in) Paris 94 .... FF**48 000** - £**5 580** - $**8,400**
Bercy, 1861 - Aquarelle/papier (30x47cm-12x19in) Monaco 90 .... FF**13 000** - £**1 343** - $**2,297**

RICOUX André-Marie 1956   [3]
Femme à l'éventail - Huile/toile (92x73cm-36x29in) Saint-Dié 95 .... FF**3 800** - £**460** - $**716**

RICQUIER Louis 1792-1884   [5]
Figures on the shore, Bay of Naples - Oil/canvas (65x98cm-26x39in) London 95 .... FF**67 900** - £**9 000** - $**14,020**

RIDDEL James Alick 1857-1928   [8]
The mill stream - Oil/canvas (39x50cm-15x20in) Billinghurst, West Sussex 92 .... FF**17 250** - £**1 750** - $**3,325**

RIDDELL James 1857-1928   [1]
By a barn - Oil/canvas (46x61cm-18x24in) Glasgow 96 .... FF**6 910** - £**800** - $**1,324**

RIDDELL William Hutton 1880-1947   [1]
Cheetah stalking a Thomson's gazelle - Watercolour (43x60cm-17x24in) London 96 .... FF**3 550** - £**450** - $**681**

RIDDERSTÅHLE Fredrica Sophie 1780-1804   [1]
Lantlig Idyll - Pastel (66x61cm-26x24in) Helsinki 93 .... FF**11 260** - £**1 272** - $**1,855**

RIDDLE John XIX-XX   [3]
French street scene - Oil/canvas (68x51cm-27x20in) London 91 .... FF**2 976** - £**299** - $**515**

RIDEL Louis 1866-1937   [3]
Ex voto barque, Concarneau - Huile/toile (45x36cm-18x14in) Nantes 97 .... FF**3 500** - £**362** - $**599**
Feuilles d'automne - Oil/canvas (172x209cm-68x82in) New-York 97 .... FF**108 015** - £**11 634** - $**19,000**

RIDEL Rudolf 1828-1893   [2]
Knorrige Eichengruppe - Öl/Leinwand (95x135cm-37x53in) München 93 .... FF**8 810** - £**1 053** - $**1,696**

RIDEOUT Phillip Henry c.1860-c.1920   [26]
Over the brook - Oil/canvas (50x76cm-20x30in) London 97 .... FF**6 115** - £**680** - $**1,148**

RIDER Arthur Grover 1885-1975   [13]
Sailing Ships on the Shore
   Oil/canvas/board (30x30cm-12x12in) San Francisco-Los Angeles 96 .... FF**26 100** - £**3 020** - $**5,000**
Bringing home the catch
   Oil/canvas (91x116cm-36x46in) San Francisco-Los Angeles 91 .... FF**182 400** - £**18 380** - $**31,651**
Hauling in the boat
   Watercolour/paper (26x33cm-10x13in) San Francisco-Los Angeles 93 .... FF**8 270** - £**940** - $**1,400**

RIDER Henry Orne 1860-?   [3]
Landscape with grove
   Oil/canvas/board (41x51cm-16x20in) San Francisco-Los Angeles 89 .... FF**4 600** - £**458** - $**727**

RIDGE Hugh E. XX   [2]
The Island, summer day, St. Ives - Oil/canvas (41x56cm-16x22in) Penzance, Cornwall 92 ..... FF**3 130** - £**320** - $**613**

RIDINGER Johann Elias 1698-1767   [32]
Rotwild - Print (63x45cm-25x18in) München 93 .... FF**2 374** - £**284** - $**457**
Sechs Adler - Ink (29x26cm-11x10in) Berlin 93 .... FF**8 420** - £**1 013** - $**1,530**
Leopardenfamilie - Ink (33x25cm-13x10in) Berlin 96 .... FF**28 800** - £**3 596** - $**5,570**

RIDINGER Martin Elias 1730-1781   [1]
Valet de faucon/Valet de faucon - Eau-forte (30x23cm-12x9in) Paris 96 .... FF**1 500** - £**187** - $**290**

RIDLEY Matthew White 1837-1888   [1]
On the Thames, Limehouse Reach - Oil/canvas (76x122cm-30x48in) London 95 .... FF**61 800** - £**8 000** - $**12,640**

RIDLEY Philip 1960   [1]
The dreaming - Olio/tela (111x172cm-44x68in) Prato 90 .... FF**45 800** - £**4 731** - $**8,092**

RIECK Emil 1852-?   [2]
Hütten am Seeufer - Öl/Leinwand (32x46cm-13x18in) Wien 93 .... FF**6 730** - £**805** - $**1,295**

RIECKE George 1848-1924   [4]
Landscape near New Orleans
   Oil/canvas (46x61cm-18x24in) New Orleans, Louisiana 96 .... FF**15 600** - £**1 984** - $**3,000**

RIEDEL Arthur 1888-1953   [3]
Winter im Basler Neubad - Oil/panel (50x65cm-20x26in) Zofingen 92 .... FF**9 670** - £**988** - $**1,703**

RIEDEL August 1799-1883   [8]
Die Loreley - Oil/canvas (70x51cm-28x20in) München 93 .... FF**42 500** - £**4 350** - $**8,330**
Femmes et enfants - Huile/toile (104x84cm-41x33in) Paris 92 .... FF**200 000** - £**20 470** - $**39,200**

RIEDEL Felix 1878-1950   [3]
Die Musikverein, Wien - Aquarell/Papier (26x35cm-10x14in) Wien 96 .... FF**3 840** - £**466** - $**747**

R

RIEDER Marcel 1852-? [18]
Before dinner - Oil/canvas (67x56cm-26x22in) London 94 .... FF10 260 - £1 200 - **$1,800**
Seamstress by lamplight - Oil/canvas (60x73cm-24x29in) New-York 92 .... FF29 900 - £3 024 - **$6,000**
RIEDIGER Reimer 1942 [9]
Sandkasten - Mixed media/paper (34x25cm-13x10in) Berlin 96.............................. FF2 373 - £296 - **$459**
RIEDINGER Johann Elias 1698-1767 [5]
Le Roy à la Chasse - Engraving (33x49cm-13x19in) Schloss Osterberg 95 .... FF4 160 - £536 - **$846**
RIEDL Alois 1935 [16]
Ohne Titel - Mixed media drawing (48x65cm-19x26in) Wien 92 .... FF2 650 - £271 - **$466**
RIEDMÜLLER von Franz Xaver 1829-1901 [3]
Flußlandschaft mit Kähnen - Oil/canvas (44x39cm-17x15in) München 91 .... FF6 150 - £632 - **$1,145**
RIEFEL Carlos 1903 [3]
Rosen - Watercolour/paper (31x52cm-12x20in) Wien 91 .... FF3 370 - £338 - **$562**
RIEFESELL Johannes Theobald 1836-1895 [1]
Ansichten Hamn und Billwerder - Pencil/paper (19x13cm-7x5in) Hamburg 93 ..... FF1 514 - £172 - **$256**
RIEFSTAHL Wilhelm Ludwig Fr. 1827-1888 [5]
Vor dem Pantheon im Rom - Öl/Leinwand (33x46cm-13x18in) München 94.......... FF8 900 - £1 054 - **$1,624**
RIEGEN Nicolaas 1827-1889 [41]
Shipping on an estuary - Oil/canvas (45x68cm-18x27in) Amsterdam 95............... FF21 120 - £2 740 - **$4,400**
Moored shipping in the harbour - Oil/canvas (31x47cm-12x19in) Amsterdam 97 .... FF51 837 - £5 480 - **$8,894**
RIEGER Albert 1834-1905 [41]
Verlassenen Waldmühle - Öl/Leinwand (100x74cm-39x29in) Köln 94.................. FF10 230 - £1 210 - **$1,840**
Kriegsschiff vor Triest - Oil/canvas (63x110cm-25x43in) Bremen 91 .... FF84 500 - £8 515 - **$14,663**
RIEGER August 1886-1942 [6]
Sommer an der Donau - Öl/Karton (41x48cm-16x19in) Wien 96 .... FF15 450 - £1 760 - **$2,960**
Wiener Strassenszene bei Regen - Mischtechnik/Papier (47x35cm-19x14in) Wien 96 .... FF3 360 - £434 - **$649**
RIEGER Helmut 1931 [8]
Feuerball - Collage (48x58cm-19x23in) München 93... FF2 394 - £284 - **$433**
RIEGER Jakob 1754-1811 [4]
Kreuznach - Engraving (23x38cm-9x15in) Bern 93 .... FF3 005 - £376 - **$549**
RIEKE Johan G. Lodewijk 1817-1898 [1]
The 1st. Pile for the Amsterdam Paleis - Ink (11x19cm-4x7in) Amsterdam 95 ..... FF5 550 - £738 - **$1,145**
RIELLAND Christophe 1932 [176]
Promenade en Provence - Huile/toile (38x55cm-15x22in) La Varenne Saint-Hilaire 93 ...... FF2 200 - £265 - **$400**
Fleurs - Huile/toile (65x54cm-26x21in) L'Isle-Adam 96 .... FF10 000 - £1 212 - **$1,944**
Hameau provençal - Aquarelle (31x39cm-12x15in) La Varenne Saint-Hilaire 93.......... FF1 500 - £181 - **$273**
RIEMERSCHMID Richard 1868-1957 [2]
Nude wading in a forest stream - Oil/panel (50x44cm-20x17in) New-York 92 .... FF6 480 - £663 - **$1,200**
RIEMERSCHMID Rudolph 1873-1953 [3]
Kleines Mädchen - Oil/panel (31x39cm-12x15in) Stuttgart 89 .... FF13 500 - £1 423 - **$2,273**
RIEMSDIJK van Josje 1915 [4]
Man on a horse - Bronze (39cm-15in) Amsterdam 95... FF37 800 - £4 820 - **$7,710**
RIENÄCKER Gustav 1861-? [7]
Dobermann - Öl/Karton (32x41cm-13x16in) München 93...................................... FF2 263 - £259 - **$382**
RIEPER August 1865-? [2]
The lesson - Oil/canvas (117x132cm-46x52in) London 95 .... FF59 900 - £7 500 - **$11,930**
RIERA Albert XX [6]
Place animée - Huile/panneau (50x65cm-20x26in) Paris 90................................. FF11 000 - £1 178 - **$1,913**
La plage - Aquarelle (23x30cm-9x12in) Paris 90.. FF2 500 - £268 - **$435**
RIERA Y ARAGO José María 1954 [2]
La Barca dels 7 Savis, 1987 - Bronze (34x158cm-13x62in) Madrid 90 .... FF37 800 - £3 807 - **$6,873**
RIESENBURG Sidney H. 1885-1962 [2]
The fight - Oil/canvas (81x55cm-32x22in) New-York 92 .... FF4 900 - £570 - **$1,000**
RIESENER Léon Louis 1808-1878 [10]
Femme en costume d'amazone - Pastel (196x117cm-77x46in) Deauville 93................ FF160 000 - £17 980 - **$27,100**
RIESS Paul 1857-1933 [1]
Schäfer mit Herde - Oil/canvas (27x37cm-11x15in) Frankfurt 91 .... FF6 760 - £679 - **$1,170**
RIESTER Rudolf 1904-? [2]
Felsküste in bleu-grün Tönen - Aquarell (37x55cm-15x22in) Freiburg 96............. FF4 745 - £595 - **$916**
RIET van Jan 1948 [10]
Namiddag droeg de dulturelle - Huile/toile (130x178cm-51x70in) Antwerpen 93 .... FF9 880 - £1 182 - **$2,020**
Mondriaan - Aquarelle/papier (30x56cm-12x22in) Antwerpen 93......................... FF3 296 - £394 - **$674**
RIETER Heinrich 1751-1818 [6]
Blick auf Iseltwald - Eau-forte (36x57cm-14x22in) Bern 95 .... FF6 480 - £810 - **$1,308**
RIETER Julius 1830-1887 [2]
Parthie am Wallenstädtersee - Öl/Karton (32x47cm-13x19in) Zürich 94 .... FF9 350 - £1 100 - **$1,788**
RIETH Paul 1871-1925 [3]
Kassnachtspaar im Schlosssaal - Technique mixte/carton (44x38cm-17x15in) Lindau 93 .... FF4 900 - £572 - **$805**
RIETSCHOTEN van Hermann 1883-1962 [2]
Hamburger Hafen - Öl/Leinwand (56x75cm-22x30in) Frankfurt 92 .... FF5 090 - £608 - **$978**
Flusslandschaft - Öl/Leinwand (49x59cm-19x23in) Frankfurt 94 .... FF13 480 - £1 855 - **$2,820**
RIETTI Arturo 1863-1943 [13]
Imbarazzo - Olio/tela (103x75cm-41x30in) Trieste 93... FF34 800 - £3 900 - **$6,220**

R

Ritratto di giovane - Pastelli/carta (80x60cm-31x24in) Trieste 96 .... FF11 730 - £1 326 - **$2,244**

RIETVELD Antonie 1789-1868 [4]
Still life of assorted flowers, grapes, peaches and a conch shell
  Oil/canvas (76x65cm-30x26in) New-York 95 .... FF30 660 - £3 820 - **$6,000**

RIETVELD Gerrit Thomas 1888-1964 [1]
Bent wood and steel Beugelfauteuil - (90x71x60cm-35x28x24in) New-York 91 .... FF43 750 - £4 410 - **$7,730**

RIETZ Astrid 1915 [2]
Bkekingbruden - Bronze (66cm-26in) Göteborg 94 .... FF4 780 - £555 - **$824**

RIEU Michaël XX [2]
Sans titre, 1986 - Technique mixte/carton (32x24cm-13x9in) Paris 90 .... FF2 800 - £289 - **$495**

RIFKA Judy 1945 [4]
Senza titolo - Acrilico/cartone (152x102cm-60x40in) Prato 96 .... FF15 520 - £1 755 - **$2,970**

RIGAL Louis P. 1889-1955 [3]
Sommeil de Vénus - Huile/panneau (33x43cm-13x17in) Paris 90 .... FF19 000 - £1 934 - **$3,800**

RIGALT Y FARGAS Pablo 1778-1845 [1]
Paris y Helena - Oleo/lienzo (183x126cm-72x50in) Madrid 96 .... FF24 100 - £2 830 - **$4,740**

RIGALT Y FARRIOLS Luis 1814-1894 [1]
Torelló/Valle/Paseando bajo la arboleda - Drawing Madrid 92 .... FF1 970 - £197 - **$379**

RIGAUD Élisa 1947 [10]
Le bistrot - Huile/toile (38x46cm-15x18in) Bédarieux 94 .... FF3 000 - £345 - **$514**

RIGAUD Hyacinthe 1659-1743 [13]
Pierre-Vincent Bertin - Huile/toile (140x120cm-55x47in) Monaco 92 .... FF2 - £276 300 - **$486,000**

RIGAUD Jean 1912 [38]
Bateau au mouillage - Huile/toile (65x54cm-26x21in) Quimper 97 .... FF5 900 - £632 - **$1,034**
Venise, le Grand Canal - Huile/toile (50x72cm-20x28in) Nantes 97 .... FF14 000 - £1 450 - **$2,398**

RIGAUD Jean-Baptiste c.1700-c.1754 [3]
Grand Trianon, Versailles - Black chalk (22x47cm-9x19in) London 92 .... FF244 200 - £25 000 - **$43,000**

RIGAUD John Francis 1742-1810 [3]
Captain William locker & family - Oil/canvas (100x100cm-39x39in) London 96 .... FF71 800 - £9 000 - **$13,960**

RIGAUD Pierre Gaston 1874-? [6]
Paysage maritime - Huile/carton (33x46cm-13x18in) Paris 97 .... FF2 800 - £304 - **$492**
La clarté - Pastel (18x25cm-7x10in) Brest 95 .... FF1 500 - £197 - **$307**

RIGBY Cuthbert 1850-1935 [3]
Rocky landscape - Watercolour (0x50cm-20in) Billinghurst, West Sussex 96 .... FF3 520 - £460 - **$705**

RIGEL Michel 1950 [17]
Promenade en forêt - Huile/toile (70x70cm-28x28in) Paris 94 .... FF8 000 - £924 - **$1,361**
Etreinte - Bronze (25x14x14cm-10x6x6in) Paris 97 .... FF13 000 - £1 374 - **$2,241**

RIGET Karl Åge 1933 [14]
Komposition - Oil/canvas (100x71cm-39x28in) København 93 .... FF3 344 - £401 - **$643**

RIGGS Robert 1896-1972 [17]
Catcher on the line - Oil/panel (57x75cm-22x30in) New-York 89 .... FF125 800 - £12 155 - **$19,090**
Pool - Lithograph (36x48cm-14x19in) New-York 93 .... FF8 800 - £1 104 - **$1,600**

RIGHETTI Edouard 1924 [4]
La Mariposa, Madrid - Huile/toile (27x41cm-11x16in) Paris 94 .... FF7 500 - £890 - **$1,386**

RIGHETTI Guido 1875-1958 [1]
Two maribou storks - Bronze (27cm-11in) London 90 .... FF21 300 - £2 281 - **$3,704**

RIGHI Federico 1908-1986 [5]
Bottega del fornaio - Olio/tela (115x160cm-45x63in) Trieste 95 .... FF10 160 - £1 287 - **$1,980**

RIGHINI Sigismund 1870-1937 [6]
Gemüsebrücke, Zürich - Oil/canvas (16x23cm-6x9in) Zürich 92 .... FF16 000 - £1 910 - **$3,075**

RIGNANO Vittorio 1860-1916 [1]
Le bolle di sapone - Olio/tela (67x52cm-26x20in) Milano 89 .... FF43 500 - £4 328 - **$6,872**

RIGOLOT Albert-Gabriel 1862-1932 [49]
Vallée de la Somme - Oil/canvas (54x81cm-21x32in) New-York 96 .... FF36 350 - £4 630 - **$7,000**
Autumn plowing - Oil/canvas (146x98cm-57x39in) New-York 97 .... FF142 125 - £15 308 - **$25,000**
Vista de Venecia - Pastel (54x75cm-21x30in) Madrid 97 .... FF17 000 - £1 827 - **$2,975**

RIGON Auguste Maillet ?-1884 [7]
Paysage orientaliste animé - Huile/papier (29x41cm-11x16in) Reims 93 .... FF5 100 - £615 - **$927**

RIGOTARD Alexandre 1871-1944 [4]
Les Martigues - Huile/toile (38x46cm-15x18in) Neuilly 91 .... FF6 000 - £602 - **$990**

RIIS Bendik 1911-1988 [3]
Kirke bak traer - Oil/panel (61x39cm-24x15in) Oslo 96 .... FF21 070 - £2 440 - **$4,040**

RIIS CARSTENSEN Andreas Ch. 1844-1906 [24]
Dampbarken Fox II - Oil/canvas (70x104cm-28x41in) København 92 .... FF3 330 - £398 - **$640**
Kajakker og konebåd - Oil/canvas (79x108cm-31x43in) København 94 .... FF6 520 - £749 - **$1,116**

RIJ-ROUSSEAU Jeanne 1870-1956 [8]
Le Château - Oil/canvas (46x61cm-18x24in) New-York 96 .... FF46 900 - £5 660 - **$9,000**
Cavaliers au Bois - Fusain (20x16cm-8x6in) Paris 96 .... FF1 500 - £194 - **$295**

RIJK de Jacobus Augustinus 1831-1897 [1]
Riverlandscape with castle & trave - Oil/panel (40x51cm-16x20in) Amsterdam 97 .... FF8 440 - £854 - **$1,605**

R

RIJK de James 1806-1882 [2]
🖼 *Slope with herdsmen & flock* - Oil/canvas (67x87cm-26x34in) Amsterdam 97 .... FF**10 366** - £**1 095** - **$1,778**
RIJKELIJKHUIJSEN Hermanus Jan Hendrik 1813-1883 [16]
🖼 *Figures in a landscape* - Oil/canvas (60x76cm-24x30in) Amsterdam 93 .... FF**4 370** - £**500** - **$744**
RIJLAARSDAM Jan 1911 [20]
🖼 *Snowy square, Paris* - Oil/canvas (45x65cm-18x26in) Amsterdam 92 .... FF**8 440** - £**1 008** - **$1,624**
✏ *Victoria Hotel, Amsterdam* - Watercolour (28x19cm-11x7in) Amsterdam 97 .... FF**2 253** - £**243** - **$39,3 7**
RIJN van Nico 1887-1962 [9]
🖼 *Zinnia's in a vase* - Oil/canvas (30x24cm-12x9in) Amsterdam 90 .... FF**5 100** - £**527** - **$901**
RIJNENBURG Nicolaas 1716-1776 [2]
🖼 *Couple sorting eggs in an interior* - Oil/panel (20x15cm-8x6in) Boston, Mass. 93 .... FF**22 160** - £**2 517** - **$3,750**
RIJSWIJCK van Edward 1871-? [9]
🖼 *Nature morte au homard* - Huile/toile (46x56cm-18x22in) Antwerpen 93 .... FF**3 296** - £**394** - **$674**
Roses, Dahlias, lilies and Fruit - Oil/canvas (102x71cm-40x28in) New-York 97 .... FF**51 165** - £**5 511** - **$9,000**
RIJVERS Wim 1927 [2]
🗿 *Untitled* - Bronze (46cm-18in) Amsterdam 96 .... FF**13 830** - £**1 587** - **$2,640**
RIKELME Claudio 1933 [2]
🖼 *En medio de la pampa* - Acrylic/canvas (89x130cm-35x51in) New-York 89 .... FF**48 600** - £**4 969** - **$7,814**
RIKET Léon 1876-1938 [18]
🖼 *Maison sous la neige* - Huile/toile (50x72cm-20x28in) Antwerpen 94 .... FF**7 970** - £**936** - **$1,420**
🖼 *Les premiers pas* - Oil/canvas (105x150cm-41x59in) Amsterdam 97 .... FF**51 837** - £**5 480** - **$8,894**
RILEY Bridget 1931 [40]
🖼 *Shêng-Tung* - Acrylic (96x229cm-38x90in) London 97 .... FF**187 618** - £**20 000** - **$32,758**
Close by - Oil (166x277cm-65x109in) London 97 .... FF**300 189** - £**32 000** - **$52,412**
✏ *R836 Turquoise and Red Drawing* - Gouache (67x47cm-26x19in) London 95 .... FF**11 060** - £**1 400** - **$2,163**
Colours participating magenta - Gouache/paper (78x71cm-31x28in) London 96 .... FF**27 840** - £**3 600** - **$5,520**
RILEY Harold XX [2]
✏ *Eccles New Road* - Mixed media/paper (25x22cm-10x9in) Billinghurst, West Sussex 96 .... FF**1 550** - £**200** - **$306**
RILEY Harry 1895-? [3]
🖼 *Holidays in Belgium* - Poster (102x126cm-40x50in) New-York 94 .... FF**21 020** - £**2 566** - **$4,000**
RILEY John 1646-1691 [8]
🖼 *Martha Baker* - Oil/canvas (77x64cm-30x25in) New-York 93 .... FF**27 500** - £**3 250** - **$5,000**
RILEY Kenneth 1919 [3]
🖼 *Soldiers* - Oil/board (33x38cm-13x15in) New-York 93 .... FF**14 160** - £**1 610** - **$2,400**
Red flannel, 1985 - Oil/board New-York 90 .... FF**154 400** - £**16 000** - **$27,135**
RILEY Nicholas 1900-1944 [1]
✏ *Minister besieged* - Gouache (51x41cm-20x16in) New-York 95 .... FF**2 447** - £**317** - **$500**
RILEY William Edward 1852-1937 [3]
✏ *Shipping in Portsmouth Harbour* - Watercolour (18x13cm-7x5in) London 93 .... FF**1 826** - £**220** - **$319**
RILKE-HARTLIEB Hans 1891-? [1]
🖼 *Variastilleben* - Oil/board (66x51cm-26x20in) Köln 90 .... FF**2 900** - £**310** - **$504**
RILKE-WESTHOFF Clara 1878-1954 [2]
🖼 *Vorfrühling* - Öl/Leinwand (54x81cm-21x32in) Bremen 95 .... FF**6 610** - £**857** - **$1,376**
RILOV A.A. 1870-1939 [1]
✏ *In the distance behind the river* - Tempera/paper (16x42cm-6x17in) Moscow 94 .... FF**5 460** - £**632** - **$931**
RIMBEZ Zacharie XIX-XX [1]
🗿 *Arab girl wearing elaborate costume* - Bronze (38cm-15in) London 96 .... FF**8 510** - £**1 100** - **$1,680**
RIMBOECK Max 1890-? [2]
🖼 *Blomster i vase* - Oil/canvas (44x43cm-17x17in) København 92 .... FF**2 112** - £**216** - **$440**
RIMBOUT Germaine 1894-1973 [4]
✏ *Chemin/Paysage de Provence* - Aquarelle (26x20cm-10x8in) Bruxelles 90 .... FF**3 200** - £**343** - **$557**
RIMINGTON Alexander Wallace 1854-1918 [12]
✏ *Beached workboat at low tide* - Wash (15x31cm-6x12in) London 91 .... FF**3 155** - £**318** - **$615**
RIMINGTON Evelyn Jane XIX-XX [7]
✏ *Church Tower under construction* - Watercolour (41x28cm-16x11in) London 94 .... FF**2 690** - £**320** - **$507**
RIN Nicolas 1919 [11]
🖼 *Rue San Miguel* - Huile/toile (38x55cm-15x22in) Beaune 94 .... FF**9 000** - £**1 038** - **$1,530**
RINA André Julien 1886-1941 [1]
🖼 *Détente dans les bois* - Huile/toile (41x32cm-16x13in) Bern 94 .... FF**12 380** - £**1 485** - **$2,406**
RINALDI Rinaldo 1793-1873 [2]
🗿 *Figures of Agriculture & Sea-faring* - Marble (100cm-39in) London 96 .... FF**118 000** - £**14 000** - **$23,040**
RINCK Adolphe D. c.1810-c.1871 [4]
🖼 *Woman with fan* - Oil/canvas (107x76cm-42x30in) New Orleans, Louisiana 93 .... FF**12 650** - £**1 587** - **$2,300**
RINCON Vicente 1892-1958 [1]
🖼 *Paisaje de Tarragona* - Oleo/lienzo (65x81cm-26x32in) Madrid 96 .... FF**2 850** - £**370** - **$564**
RINDISBACHER Peter 1806-1834 [2]
✏ *Buffalo hunt* - Watercolour (21x41cm-8x16in) New-York 92 .... FF**255 600** - £**26 140** - **$45,000**
RINEHART Frank A. 1861-1928 [42]
📷 *Chief Wolf Robe* - Platinum print (23x18cm-9x7in) New-York 96 .... FF**8 250** - £**1 060** - **$1,600**
RINEHART William Henry 1825-1874 [1]
🗿 *Penserosa* - Marble (61cm-24in) New-York 92 .... FF**41 600** - £**4 420** - **$8,000**
RINES Frank M. 1892-? [1]
🖼 *Autum day* - Oil/board (30x41cm-12x16in) North Berwick, Maine 93 .... FF**2 340** - £**293** - **$425**

RING Lauritz Andersen 1854-1933 [57]
- *Landskab* - Oil/canvas (75x100cm-30x39in) Viby J, Århus 91 .... FF7 040 - £709 - **$1,222**
- *Landscape* - Oil/panel (22x27cm-9x11in) København 94 .... FF28 130 - £3 350 - **$5,300**
- *I Høst, Tehusene* - Oil/canvas (35x30cm-14x12in) London 94 .... FF142 000 - £16 500 - **$24,600**

RING Ole 1902-1972 [80]
- *Gammel Strand, Copenhagen* - Oil/canvas (52x60cm-20x24in) London 95 .... FF19 970 - £2 500 - **$3,980**
- *Udsigt fra Charlottenborg mod Nyhavn*
  Oil/canvas (45x66cm-18x26in) København 89 .... FF96 600 - £9 612 - **$15,261**

RINGDAHL Johan Julius 1813-1882 [3]
- *Achilles et Patroclus* - Oil/canvas (87x129cm-34x51in) New-York 94 .... FF134 500 - £15 560 - **$23,000**

RINGEL Franz 1940 [82]
- *Rosa Porträt* - Öl/Leinwand (100x80cm-39x31in) Wien 93 .... FF28 860 - £3 450 - **$5,550**
- *Der Täter* - Mischtechnik/Karton (195x130cm-77x51in) Wien 95 .... FF196 000 - £25 370 - **$39,840**
- *Scheussliche Ostern* - Mischtechnik/Papier (61x74cm-24x29in) Wien 97 .... FF23 890 - £2 540 - **$4,120**
- *Die Aussenseit der Fernsehsprecherin*
  Mixed media/paper (150x130cm-59x51in) Wien 96 .... FF107 100 - £13 900 - **$21,200**

RINGELING Hendrik 1812-1874 [2]
- *Gentleman reading to a lady* - Oil/canvas (48x38cm-19x15in) Amsterdam 97 .... FF13 132 - £1 388 - **$2,253**

RINGELNATZ Joachim, H.Böttcher 1883-1934 [4]
- *Kleiderstudien* - Ink (29x39cm-11x15in) Lindau 95 .... FF9 650 - £1 232 - **$1,946**

RINGQVIST Bernt 1912-1966 [14]
- *Birgit Cullberg* - Oil/panel (56x40cm-22x16in) Stockholm 92 .... FF11 780 - £1 206 - **$2,075**

RINGSTRÖM Algot Viktor 1876-1956 [4]
- *Kvastmakartrapporna, varbild fran Söder, Stockholm,1939H*
  Oil/canvas (48x60cm-19x24in) Stockholm 89 .... FF4 100 - £408 - **$648**

RINK Paul, Paulus Philip. 1861-1903 [8]
- *Campo dei Fiori, Roma* - Oil/canvas (45x65cm-18x26in) Gravenhage 91 .... FF12 700 - £1 261 - **$2,205**
- *Pêcheurs assis sur le quai* - Aquarelle (36x55cm-14x22in) Bruxelles 94 .... FF9 000 - £1 043 - **$1,550**

RINKE Klaus 1939 [3]
- *Kemo Park, Japan* - Photograph (83x117cm-33x46in) New-York 91 .... FF6 790 - £689 - **$1,226**

RINKEL Friedrich 1885-? [2]
- *Nature morte* - Öl/Leinwand (72x58cm-28x23in) München 95 .... FF14 200 - £1 792 - **$2,844**

RINSEMA Thijs 1877-1947 [7]
- *Flower still life* - Oil/canvas/board (36x30cm-14x12in) Amsterdam 96 .... FF7 240 - £838 - **$1,388**

RIOCREUX Alfred 1820-1912 [2]
- *Hydrangea Paniculata (Grandiflora)* - Aquarelle/papier (28x21cm-11x8in) Pontoise 95 .... FF6 300 - £828 - **$1,293**

RIOPELLE Jean-Paul 1923 [413]
- *Abstraction orange* - Oil/canvas (97x195cm-38x77in) London 95 .... FF1 - £255 000 - **$391,000**
- *Bonne Bise* - Huile/toile (81x100cm-32x39in) Paris 94 .... FF1 - £128 200 - **$192,700**
- *Nouvelles Impressions No.113* - Huile/toile (22x16cm-9x6in) Montréal 97 .... FF33 713 - £3 654 - **$5,926**
- *Sur les Graviers* - Huile/toile (55x48cm-22x19in) Paris 93 .... FF80 000 - £9 100 - **$13,560**
- *Untitled* - Oil/canvas (65x54cm-26x21in) New-York 95 .... FF164 300 - £20 160 - **$32,000**
- *Grand Duc* - Oil/canvas (242x163cm-95x64in) London 97 .... FF243 903 - £26 000 - **$42,585**
- *Jute V* - Lithographie (66x94cm-26x37in) Montréal 91 .... FF7 310 - £726 - **$1,269**
- *Gauches sur bois martelé* - Watercolour/paper (41x28cm-16x11in) New-York 96 .... FF19 540 - £2 357 - **$3,750**
- *Untitled* - Gouache/paper (108x75cm-43x30in) New-York 91 .... FF108 300 - £10 991 - **$19,560**

RIORDAN John Eric Benson 1906-1948 [6]
- *Laurentian winter scene* - Oil/board (23x40cm-9x16in) Toronto 92 .... FF3 010 - £308 - **$530**

RIORDON Eric 1906-1943 [9]
- *Winter, Sainte-Adèle* - Huile/toile (30x40cm-12x16in) Québec 90 .... FF3 496 - £357 - **$690**

RIOS Miguel Angel 1943 [4]
- *Sin título* - Mixed media (115x128cm-45x50in) New-York 93 .... FF70 900 - £8 050 - **$12,000**

RIOTTOT Adolphe XIX-XX [3]
- *Verre de fleurs* - Huile/toile (24x14cm-9x6in) Cherbourg 96 .... FF2 100 - £268 - **$416**

RIOU Édouard 1833-1900 [5]
- *L'entrée du port du Havre* - Lavis (11x17cm-4x7in) Le Havre 96 .... FF2 200 - £259 - **$433**

RIOU Max XIX-XX [1]
- *Bab el-Khemiss/Marché à Fès* - Huile/carton (14x17cm-6x7in) Paris 95 .... FF13 000 - £1 710 - **$2,610**

RIOULT Louis Édouard 1790-1855 [6]
- *Jeune femme au bouquet de roses* - Huile/toile (41x32cm-16x13in) Paris 91 .... FF15 000 - £1 540 - **$2,790**
- *Chactas, tombeau d'Atala* - Oil/canvas (136x184cm-54x72in) New-York 96 .... FF519 000 - £66 100 - **$100,000**

RIP Willem Cornelis 1856-1922 [41]
- *Molen bij Elshout* - Oil/canvas (51x71cm-20x28in) Amsterdam 97 .... FF6 935 - £750 - **$1,210**
- *Herfstavond* - Oil/canvas (31x48cm-12x19in) Amsterdam 97 .... FF12 095 - £1 278 - **$2,075**
- *Plas of Najaar* - Oil/canvas (75x121cm-30x48in) Amsterdam 93 .... FF30 030 - £3 600 - **$5,490**
- *Village in a polder with fisherman*
  Watercolour/paper (52x74cm-20x29in) Amsterdam 97 .... FF15 550 - £1 643 - **$2,668**

RIPA DE ROVEREDO Yvonne 1882-? [1]
- *L'arbre mort* - Huile/panneau (46x60cm-18x24in) Paris 96 .... FF3 500 - £446 - **$674**

RIPAMONTI Riccardo 1849-1930 [2]
- *L'acqua per il pane* - Bronze (58cm-23in) London 95 .... FF18 820 - £2 500 - **$3,880**

R

RIPARI Virgilio 1843-1902 [3]
🖼 *Gondole in laguna* - Olio/tela (19x24cm-7x9in) Roma 90 .... FF*13 700* - £*1 457* - **$2,451**
RIPART Georges 1871-? [2]
📄 *Bière Einville* - Affiche (65x50cm-26x20in) Paris 96 .... FF*1 900* - £*224* - **$373**
RIPLEY Aiden Lassell 1896-1969 [33]
🖼 *After Woodcock* - Oil/canvas (69x102cm-27x40in) New-York 95 .... FF*147 700* - £*19 330* - **$30,000**
✏ *Plowing the field* - Watercolour (36x53cm-14x21in) Mystic, Connecticut 95 .... FF*7 510* - £*901* - **$1,400**
Grouse Shooting - Watercolour/paper (44x65cm-17x26in) New-York 97 .... FF*64 177* - £*6 738* - **$11,000**
A Good Covey - Watercolour/paper (51x76cm-20x30in) New-York 97 .... FF*163 360* - £*17 152* - **$28,000**
RIPOLLES Juan G. 1932 [27]
🖼 *Jeu de ballon sur la plage* - Huile/toile (38x46cm-15x18in) Paris 96 .... FF*2 200* - £*276* - **$425**
RIPPEL Wilhelm 1905-1962 [7]
🖼 *Landschaft* - Öl/Leinwand (98x128cm-39x50in) Wien 96 .... FF*43 300* - £*5 510* - **$8,330**
RIPPERT Paul 1866-? [1]
✏ *Mittagsschläfchen in der offenen Chaise* - Drawing (18x28cm-7x11in) Stuttgart 93 .... FF*1 696* - £*203* - **$326**
RIPPINGILLE Edward Villiers 1798-1859 [4]
✏ *Settling the account* - Oil/panel (38x30cm-15x12in) London 92 .... FF*13 680* - £*1 400* - **$2,414**
RIPPL-RONAI József 1861-1927 [24]
🖼 *Femme élégante, Lac Balaton* - Oil/board (49x68cm-19x27in) London 94 .... FF*252 300* - £*30 000* - **$46,100**
📄 *Femme et lampe* - Lithographie couleurs (19x14cm-7x6in) Paris 96 .... FF*3 000* - £*345* - **$573**
✏ *Religieuse priant* - Pastel/carton Paris 94 .... FF*50 000* - £*5 970* - **$9,360**
RIPPS Rodney 1950 [4]
🖼 *V.O.X* - Technique mixte/panneau (47x15x75cm-19x6x30in) Paris 96 .... FF*6 000* - £*747* - **$1,164**
🗿 *Untitled* - Relief (127x10x127cm-50x4x50in) New-York 88 .... FF*29 850* - £*2 760* - **$5,000**
RIQUER de Alejandro, Alexandre 1856-1920 [9]
📄 *Eureka, Biscuit Badalona* - Poster (79x43cm-31x17in) London 96 .... FF*6 240* - £*800* - **$1,230**
RIS Günther Ferdinand 1928 [11]
🗿 *Jan van Weert* - Bronze (13cm-5in) Köln 95 .... FF*4 120* - £*539* - **$837**
Denkmal für einen Dichter - Bronze (107cm-42in) Köln 92 .... FF*33 900* - £*4 050* - **$6,520**
RISAMBOURG van Fabien ?-1866 [1]
🖼 *La couronne de fleurs* - Huile/toile (48x40cm-19x16in) Lyon 92 .... FF*40 000* - £*4 094* - **$7,040**
RISCHGITZ Edouard 1828-1909 [12]
🖼 *A Bluebell Wood* - Oil/board (37x56cm-15x22in) London 96 .... FF*7 220* - £*900* - **$1,394**
RISE Bjarne 1904-1984 [1]
🖼 *Utsikt over Taormina, Sicilia* - Oil/canvas (85x109cm-33x43in) Oslo 91 .... FF*6 940* - £*697* - **$1,160**
RISHER Anna Priscilla 1875-1946 [2]
🖼 *Back Country* - Oil/board (41x51cm-16x20in) San Francisco-Los Angeles 91 .... FF*7 790* - £*779* - **$1,283**
RISING John XVIII-XIX [2]
🖼 *William Wilberforce* - Oil/canvas (76x63cm-30x25in) New-York 94 .... FF*8 130* - £*984* - **$1,500**
RISOS Jean-Pierre 1934-1992 [27]
🖼 *Café nocturne* - Huile/toile (89x116cm-35x46in) Paris 96 .... FF*2 200* - £*285* - **$432**
RISS Thomas 1871-1959 [12]
🖼 *Andreas Hofer* - Oil/panel (200x127cm-79x50in) München 94 .... FF*32 400* - £*3 830* - **$5,820**
RISSALA Kaapo 1900-1971 [3]
🖼 *Metallstilleben* - Oil/panel (73x84cm-29x33in) Helsinki 90 .... FF*10 480* - £*1 072* - **$2,069**
RISSANEN Juho 1873-1950 [14]
🖼 *Kvinnor på stranden* - Oil/paper (65x92cm-26x36in) Helsinki 94 .... FF*30 660* - £*3 556* - **$5,280**
✏ *Lakeland landscape* - Oil/canvas (27x37cm-11x15in) Helsinki 94 .... FF*4 890* - £*561* - **$830**
RISSE Roland 1835-? [1]
🖼 *Schneewittchen und die Zwerge* - Öl/Leinwand (68x104cm-27x41in) Bern 93 .... FF*20 600* - £*2 370* - **$3,530**
RIST Alix 1922-1980 [2]
🖼 *Sans titre, 1979* - Collage/carton (22x17cm-9x7in) Paris 90 .... FF*7 000* - £*754* - **$1,235**
✏ *Sans titre, les Lignes* - Collage/papier (60x30cm-24x12in) Paris 95 .... FF*18 000* - £*2 275* - **$3,640**
RITCHIE Jane [2]
🖼 *Charles bridge* - Acrylic/canvas (97x213cm-38x84in) Boston, Mass. 92 .... FF*3 124* - £*320* - **$550**
RITCHIE John L. c.1820-c.1890 [9]
🖼 *Father and daughter* - Oil/canvas (127x102cm-50x40in) New Orleans, Louisiana 92 .... FF*29 900* - £*3 570* - **$5,750**
RITMAN Louis 1889-1963 [40]
🖼 *Nude Standing* - Oil/canvas (90x90cm-35x35in) New-York 97 .... FF*1* - £*177 654* - **$290,000**
Peaches - Oil/canvas (38x46cm-15x18in) Chicago 96 .... FF*23 900* - £*3 040* - **$4,600**
Garden in Giverny - Oil/canvas (81x66cm-32x26in) New-York 92 .... FF*520 000* - £*62 100* - **$100,000**
RITSCHEL William P. 1864-1949 [26]
🖼 *Watching Fleet Depart* - Oil/canvas (50x60cm-20x24in) San Francisco-Los Angeles 96 .... FF*24 800* - £*2 870* - **$4,750**
Outward bound - Oil/canvas (91x121cm-36x48in) San Francisco-Los Angeles 92 .... FF*162 000* - £*16 560* - **$30,000**
✏ *Ships on the Canal*
Watercolour, gouache/paper (53x70cm-21x28in) San Francisco-Los Angeles 94 .... FF*10 580* - £*1 250* - **$1,900**
RITSCHL Otto 1885-1976 [19]
🖼 *Komposition* - Oil/panel (38x46cm-15x18in) München 95 .... FF*26 440* - £*3 375* - **$5,420**
Komposition - Öl/Leinwand (70x130cm-28x51in) Köln 94 .... FF*144 000* - £*17 060* - **$26,630**
✏ *Abstrakte Komposition* - Watercolour/paper (52x37cm-20x15in) Köln 92 .... FF*8 160* - £*835* - **$1,437**
RITSEMA Coba 1876-1961 [10]
🖼 *Amaryllis in a vase* - Oil/canvas (80x61cm-31x24in) Amsterdam 93 .... FF*45 200* - £*5 400* - **$8,700**
✏ *Porcelain, Gun & peacock's feather*
Watercolour, gouache/paper (58x48cm-23x19in) Amsterdam 97 .... FF*18 007* - £*1 916* - **$3,133**

RITSEMA Jacob 1869-1943 [5]
🖋 Gladiolen - Oil/canvas (61x71cm-24x28in) Amsterdam 97 .... FF6 935 - £750 - $1,210
RITSONI A.A. 1836-1902 [1]
🖋 A woman's head - Oil/canvas (23x17cm-9x7in) Moscow 93 .... FF12 820 - £1 476 - $2,200
RITT Augustin Christian 1765-1799 [5]
✏ Alexandra Pavlovna of Russia - Miniature (8cm-3in) Wien 96 .... FF154 500 - £18 730 - $30,040
RITTASE William M. 1894-1968 [6]
📷 Train Yard - Silver print (19x23cm-7x9in) New-York 94 .... FF10 320 - £1 280 - $2,000
RITTENBERG Henry R. 1879-1969 [3]
🖋 Still life - Oil/canvas (88x114cm-35x45in) Boston, Mass. 91 .... FF7 920 - £804 - $1,430
RITTER Caspar 1861-1923 [6]
🖋 Junge Frau in der Küchenstube - Oil/panel (33x25cm-13x10in) Stuttgart 94 .... FF17 100 - £2 054 - $3,250
RITTER Eduard 1808-1853 [13]
🖋 Der kleine Fliegenfänger - Öl/Leinwand (38x46cm-15x18in) Wien 97 .... FF38 224 - £4 064 - $6,592
✏ Parklandschaft - Aquarell/Papier (27x22cm-11x9in) Wien 94 .... FF3 920 - £464 - $723
RITTER George Nikolaus 1748-1809 [2]
✏ A young Lady, facing right - Miniature (8cm-3in) London 96 .... FF10 070 - £1 300 - $1,945
RITTER Henry 1816-1853 [2]
🖋 Im Atelier - Oil/canvas (26x32cm-10x13in) Bremen 91 .... FF33 800 - £3 406 - $5,865
RITTER Hermann 1879-1927 [1]
🖋 Fisch- und Blumenmarkt in Holland - Oil/panel (36x26cm-14x10in) Bremen 93 .... FF2 360 - £284 - $461
RITTER Lorenz 1832-1921 [1]
✏ Kircheninterieur - Technique mixte/papier (67x46cm-26x18in) Bremen 92 .... FF12 180 - £1 417 - $2,487
RITTER Louis 1854-1892 [3]
🖋 Newcastel, New Hampshire - Oil/canvas (51x69cm-20x27in) New-York 95 .... FF82 800 - £10 570 - $17,000
RITTER Louis Fernand 1871-? [2]
🖋 Baby - Oil/panel (20x15cm-8x6in) Boston, Mass. 95 .... FF10 660 - £1 370 - $2,200
✏ Amalfi 1889 - Watercolour (25x36cm-10x14in) Cambridge, Mass. 92 .... FF9 800 - £1 138 - $2,000
RITTER Maria 1899-1976 [1]
🖋 Nature morte - Oil/canvas (54x66cm-21x26in) Warszawa 95 .... FF10 450 - £1 320 - $2,086
RITTER Paul I 1829-1907 [2]
🖋 Near the Green Mountain, Vermont - Oil/canvas (76x127cm-30x50in) New-York 94 .... FF8 660 - £1 026 - $1,600
RITTER Rudolf 1881-1915 [2]
🖋 Bogenschiessendes Paar - Öl/Karton (30x41cm-12x16in) Lindau 95 .... FF2 137 - £267 - $432
RITTER Wilhelm 1860-? [2]
✏ A Wedding, Nuremberg - Watercolour (52x42cm-20x17in) London 94 .... FF15 500 - £1 800 - $2,680
RITTER Wilhelm George 1850-1926 [4]
🖋 Herbstliche Pappeln in Flachlandschaft - Oil/board (42x28cm-17x11in) München 91 .... FF13 680 - £1 405 - $2,546
RITTS Herb 1951 [77]
📷 Male Nude, Detail - Silver print (25x25cm-10x10in) New-York 93 .... FF7 900 - £903 - $1,400
📷 Madonna I, San Pedro - Gelatin silver print (58x43cm-23x17in) New-York 94 .... FF20 320 - £2 357 - $3,500
RITTUN Thorsten 1929 [5]
🖋 Familien - Oil/canvas (81x100cm-32x39in) Oslo 92 .... FF11 280 - £1 155 - $1,987
RITZ Rafael 1829-1894 [5]
🖋 Archäologe, Kirche von Valeria - Öl/Leinwand (54x43cm-21x17in) Bern 95 .... FF129 000 - £16 770 - $26,500
RITZAU Hermann 1866-? [2]
🖋 Gravhundehvalpe (dogs) - Oil/canvas (26x35cm-10x14in) København 96 .... FF4 390 - £547 - $847
RITZBERGER Albert 1853-1911 [5]
🖋 Salome - Oil/canvas (112x180cm-44x71in) Lindau 91 .... FF37 200 - £3 748 - $6,455
RITZENHOFEN Hubert 1879-1961 [1]
🖋 Fisherfolk on the beach of Katwijk - Oil/canvas (62x81cm-24x32in) Amsterdam 94 .... FF9 200 - £1 095 - $1,750
RITZERT Diether 1927 [2]
🖋 Der Schwerhörige - Linocut (40x58cm-16x23in) Heidelberg 95 .... FF2 020 - £260 - $408
RITZHOFEN Hubert 1879-? [2]
🖋 Düsseldorfer Hofgarten - Öl/Leinwand (96x120cm-38x47in) Köln 93 .... FF11 200 - £1 337 - $2,153
RITZMANN Jakob 1894-? [1]
🖋 Knabenportrait en face - Oil/canvas (26x34cm-10x13in) Bern 92 .... FF2 046 - £209 - $361
RIVA Giuseppe 1834-1916 [2]
🖋 Grandma's favourite - Oil/canvas (56x38cm-22x15in) London 97 .... FF4 043 - £449 - $759
RIVABOREN Riva Borensztejn ?-1995 [1]
✏ Trois péruviennes - Pastel/papier (142x118cm-56x46in) Paris 94 .... FF10 000 - £1 163 - $1,730
RIVAL Denis 1935 [10]
✏ Amour sorcier - Pastel/carton (80x80cm-31x31in) Paris 91 .... FF5 000 - £497 - $868
RIVAL Freddy 1921 [2]
✏ Marée - Pastel (36x50cm-14x20in) Paris 94 .... FF4 000 - £466 - $702
RIVALTA Augusto 1838-1925 [2]
🗿 Hercules overcoming the Centaur - Bronze (30cm-12in) London 96 .... FF13 350 - £1 700 - $2,570
RIVALZ Antoine 1667-1735 [6]
🖋 Samson et Dalila - Huile/toile (122x99cm-48x39in) Paris 97 .... FF100 000 - £10 620 - $17,420
RIVAROLI Giuseppe 1865-1943 [12]
🖋 Butteri e cavalli all'abbeverata - Olio/tela (66x100cm-26x39in) Roma 92 .... FF13 560 - £1 613 - $2,610

R

RIVAS Francisco Paolo 1854-? [1]
- *Danseuse et musiciens au harem* - Huile/panneau (26x58cm-10x23in) Paris 96 .... FF**50 000** - £6 460 - **$9,900**

RIVAULON Antoine 1816-1864 [1]
- *LesTrois Parques piégant les Amours* - Huile/toile (99x131cm-39x52in) Le Puy 94 .... FF**16 000** - £1 896 - **$2,956**

RIVE de la Pierre Louis 1735-1815 [2]
- *Die Rast der Hirten* - Oil/canvas (49x55cm-19x22in) Zürich 89 .... FF**292 500** - £29 908 - **$47,026**

RIVERA de José 1904-1985 [12]
- *Untitled* - Bronze (158cm-62in) New-York 93 .... FF**66 000** - £8 270 - **$12,000**

RIVERA Diego 1886-1957 [254]
- *Maternidad* - Tempera (80x60cm-31x24in) New-York 95 .... FF**1 242 000** - **$380,000**
- *Baile en Tehuantepec* - Oil/canvas (201x164cm-79x65in) New-York 95 .... FF**1** - £1 - **$2**
- *Paysage de toledo* - Oil/canvas (73x92cm-29x36in) New-York 97 .... FF**3** - £351 037 - **$575,000**
- *Jovencita con Alcatraces* - Oil/masonite (91x73cm-36x29in) New-York 97 .... FF**688 464** - £73 668 - **$120,000**
- *Los Frutos de la Tierra* - Lithograph (42x29cm-17x11in) New-York 96 .... FF**44 000** - £5 680 - **$8,500**
- *Mujer sentada* - Graphite (63x48cm-25x19in) New-York 97 .... FF**80 184** - £8 547 - **$14,000**
- *Vendedora de Flores* - Watercolour/paper (38x27cm-15x11in) New-York 96 .... FF**197 600** - £25 130 - **$38,000**
- *Mujer con Túnica* - Pastel (121x152cm-48x60in) New-York 97 .... FF**516 348** - £55 251 - **$90,000**

RIVERA HERNANDEZ Manuel 1927-1995 [11]
- *Espejo Herido V* - Técnica mixta/lienzo (162x114cm-64x45in) Madrid 95 .... FF**88 100** - £11 000 - **$17,770**
- *Metamorfosis* - Mixed media (102x81cm-40x32in) London 91 .... FF**148 200** - £14 858 - **$27,144**

RIVERON Enrique 1902 [5]
- *Je me Souviens/Abstract* - Drawing New-York 95 .... FF**5 100** - £637 - **$1,000**

RIVERS A. Montague XIX-XX [4]
- *Folkington in Sussex* - Watercolour (25x35cm-10x14in) Salisbury, Wiltshire 92 .... FF**3 320** - £340 - **$585**

RIVERS Larry 1923 [143]
- *Untitled* - Oil (51x38cm-20x15in) New-York 97 .... FF**14 035** - £1 482 - **$2,400**
- *Caporal* - Oil/canvas (33x33cm-13x13in) London 96 .... FF**58 900** - £7 500 - **$11,340**
- *Here Lies Shakespeare* - Mixed media/board (152x101cm-60x40in) New-York 95 .... FF**257 500** - £32 200 - **$52,000**
- *Drugstore* - Oil/canvas (213x166cm-84x65in) New-York 95 .... FF**484 000** - £64 200 - **$100,000**
- *Parts of the body* - Huile/toile (183x122cm-72x48in) Versailles 92 .... FF**820 000** - £84 000 - **$147,600**
- *Double French Money* - Screenprint in colors (76x81cm-30x32in) New-York 97 .... FF**10 003** - £1 072 - **$1,750**
- *French Money* - Color lithograph (57x79cm-22x31in) New-York 94 .... FF**47 300** - £5 630 - **$9,000**
- *King and Queen* - Bronze (36cm-14in) Tarzana, CA 96 .... FF**20 900** - £2 417 - **$4,000**
- *Model sipping Coffee* - Pencil (67x103cm-26x41in) New-York 97 .... FF**46 430** - £4 884 - **$8,000**
- *Untitled* - Graphite (63x48cm-25x19in) New-York 91 .... FF**249 000** - £24 788 - **$42,819**

RIVERS Leopold 1852-1905 [36]
- *Rinder im Hochland* - Öl/Leinwand (66x123cm-26x48in) Wien 94 .... FF**9 700** - £1 124 - **$1,838**
- *By the farm pond* - Watercolour (52x77cm-20x30in) London 96 .... FF**5 010** - £650 - **$991**

RIVES Frances E. 1890-1968 [1]
- *Old Spanish garden, Monterey*
  Oil/canvas (76x91cm-30x36in) San Francisco-Los Angeles 90 .... FF**24 300** - £2 585 - **$4,347**

RIVES Leida 1915-1989 [1]
- *Jycklare, 1973* - Oil/canvas (100x85cm-39x33in) Stockholm 89 .... FF**8 400** - £885 - **$1,414**

RIVET Adolphe 1855-? [1]
- *Japonaise à l'éventail* - Bronze (40cm-16in) Paris 93 .... FF**3 300** - £371 - **$560**

RIVEY Arsène Hippolyte 1838-1903 [1]
- *Mousquetaire porte-drapeau* - Huile/toile (50x38cm-20x15in) Bayeux 94 .... FF**10 000** - £1 163 - **$1,733**

RIVIER Louis 1885-1963 [3]
- *Le Prophète Ezechiel* - Crayons couleurs/papier (90x140cm-35x55in) Bevaix 94 .... FF**40 800** - £4 900 - **$7,540**

RIVIERE Alain 1958 [3]
- *Sans titre* - Peinture (180x130cm-71x51in) Paris 91 .... FF**9 500** - £943 - **$1,649**

RIVIERE Briton 1840-1920 [14]
- *After the Day's Sport* - Oil/canvas (71x92cm-28x36in) Malmö 93 .... FF**40 900** - £4 820 - **$7,190**
- *King Libations* - Oil/canvas (177x232cm-70x91in) New-York 94 .... FF**379 000** - £44 700 - **$67,500**
- *Studies of Lions* - Charcoal (53x74cm-21x29in) London 97 .... FF**7 366** - £800 - **$1,305**

RIVIERE Charles 1848-1920 [3]
- *Le sabotier en forêt* - Huile/toile (73x60cm-29x24in) Brest 93 .... FF**4 300** - £495 - **$740**

RIVIERE Denis 1945 [3]
- *Sans titre* - Huile (100x100cm-39x39in) Paris 91 .... FF**18 500** - £1 837 - **$3,212**

RIVIERE Hélène 1896-1977 [24]
- *Le vieil ormeau* - Huile/toile (65x81cm-26x32in) Toulouse 90 .... FF**10 000** - £1 078 - **$1,764**
- *Les quatre poules* - Encre (48x61cm-19x24in) Castres 90 .... FF**2 000** - £205 - **$395**

RIVIERE Henri 1864-1951 [160]
- *Embouchure du Trieux, Loguivy* - Estampe Paris 89 .... FF**25 000** - £2 556 - **$4,019**
- *Paysage, Hyères* - Watercolour (25x41cm-10x16in) New-York 95 .... FF**6 060** - £764 - **$1,200**
- *Paysage à Morgat* - Aquarelle (26x41cm-10x16in) Quimper 95 .... FF**16 000** - £2 070 - **$3,270**

RIVIERE Henry Parsons 1811-1888 [4]
- *Religious procession, Spanish town*
  Wash (38x27cm-15x11in) Retford, Nottinghamshire 91 .... FF**2 793** - £280 - **$461**

RIVIERE Joseph 1912 [3]
- *Nude athlete* - Bronze (36cm-14in) New-York 94 .... FF**12 270** - £1 410 - **$2,100**

RIVIERE Théodore 1857-1912 [18]
- *L'aveugle* - Bronze (26cm-10in) Paris 94 .... FF**7 000** - £833 - **$1,332**
- *Carthage* - Bronze (41cm-16in) Bayeux 96 .... FF**24 000** - £2 845 - **$4,680**

R

Salammbô, Carthage - Ivory, bronze (37cm-15in) Nîmes 96.. FF**50 000** - £**6 060** - **$9,720**
RIVIERE William 1806-1876 [1]
🖛 *Riding out the storm* - Oil/canvas (106x168cm-42x66in) New-York 93................................ FF**38 500** - £**4 830** - **$7,000**
RIVOIRE Auguste 1878-? [3]
✐ *Jetée de roses* - Gouache/papier (34x49cm-13x19in) Lons-Le-Saunier 92.......................... FF**8 500** - £**870** - **$1,497**
RIVOIRE François 1842-1919 [16]
✐ *Roses* - Watercolour/paper (58x48cm-23x19in) New-York 92.. FF**14 040** - £**1 436** - **$2,600**
Bouquets/Fleurs - Aquarelle/papier (79x58cm-31x23in) Paris 97.................................... FF**105 000** - £**11 162** - **$18,144**
RIVOIRE Raymond L. 1884-1966 [5]
🗿 *Jeune faunesse* - Bronze (68cm-27in) Biarritz 93.. FF**11 500** - £**1 292** - **$1,950**
Femme au drapé - Bronze (55cm-22in) Paris 94.. FF**28 000** - £**3 260** - **$4,940**
RIX Julian Walbridge 1851-1903 [31]
🖛 *By the pond* - Oil/canvas (101x76cm-40x30in) San Francisco-Los Angeles 95 .... FF**14 950** - £**1 965** - **$3,000**
A mountain lake - Oil/canvas (74x152cm-29x60in) Philadelphia 92................................ FF**44 100** - £**5 120** - **$9,000**
✐ *Cottages in a landscape*
    Watercolour/paper (36x64cm-14x25in) San Francisco-Los Angeles 94 .... FF**4 455** - £**527** - **$800**
RIX Kitty 1901-? [2]
🗿 *Nilpferd* - Ceramic (8cm-3in) Wien 96... FF**3 120** - £**378** - **$607**
RIXEN Willi 1909-1968 [1]
✐ *Ohne Titel* - Tempera (55x68cm-22x27in) Köln 94... FF**2 236** - £**266** - **$426**
RIXENS Jean André 1846-1924 [5]
🖛 *Bal du Moulin Rouge* - Oil/canvas (65x81cm-26x32in) New-York 97............ FF**102 681** - £**11 068** - **$18,000**
RIXON William Augustus XIX-XX [2]
✐ *Houses by a river* - Watercolour (70x47cm-28x19in) London 93.................................... FF**2 780** - £**320** - **$480**
RIZEK Emil 1901-1985 [14]
🖛 *Indonesian streetscene* - Oil/cardboard (30x40cm-12x16in) Singapore 96................... FF**39 400** - £**5 130** - **$7,810**
A Pasar - Oil/canvas (76x66cm-30x26in) Singapore 95.. FF**147 200** - £**18 800** - **$30,200**
✐ *A parrot* - Gouache (52x40cm-20x16in) Singapore 96.. FF**21 500** - £**2 796** - **$4,260**
RIZENHOFEN Hubert 1879-1961 [1]
🖛 *Fischer im Gespräch auf der Mole* - Öl/Leinwand (110x135cm-43x53in) Konstanz 93.............. FF**3 500** - £**401** - **$595**
RIZZI Antonio 1932 [2]
🖛 *El Gran Canal, Venecia* - Oleo/lienzo (38x55cm-15x22in) Madrid 96................................ FF**7 730** - £**1 003** - **$1,530**
RIZZI Antonio 1869-1940 [5]
🖛 *Dottori della scienza* - Olio/tela (80x101cm-31x40in) Milano 95.................................. FF**4 640** - £**615** - **$945**
RIZZI Emilio 1881-1952 [1]
🖛 *Mattino di vento su Monte Carlo* - Olio/tela (22x33cm-9x13in) Milano 89........................ FF**10 500** - £**1 106** - **$1,768**
RIZZONI Alexandre 1836-1902 [5]
🖛 *A young beauty* - Oil/canvas (38x31cm-15x12in) London 96.. FF**10 010** - £**1 300** - **$1,980**
RJASHSSKIJ Georgij Georgiew. 1895-1952 [1]
✐ *Sitzende in schwarzer Unterwäsche* - Watercolour/paper (32x24cm-13x9in) Wien 92.......... FF**1 925** - £**197** - **$339**
ROASSAL Clément 1781-1850 [1]
✐ *Album de 61 vues de Nice* - Aquarelle (26x39cm-10x15in) Nice 92.......................... FF**400 000** - £**50 500** - **$80,200**
ROBAUDI Alcide Théophile 1850-1928 [4]
🖛 *Classical beauty* - Oil/canvas (220x120cm-87x47in) London 93.................................. FF**298 500** - £**34 000** - **$50,700**
ROBAUT Alfred 1830-1909 [2]
✐ *Fête dans la Ville de Douai* - Graphite (28x23cm-11x9in) New Orleans, Louisiana 93 .... FF**1 925** - £**242** - **$350**
ROBB Elizabeth B. XIX-XX [3]
🖛 *The Busy Harbor* - Oil/canvas (76x64cm-30x25in) New-York 96.................................... FF**19 730** - £**2 514** - **$3,800**
ROBB William George 1872-1940 [18]
🖛 *Thegarden party* - Oil/canvas (46x137cm-18x54in) Billinghurst, West Sussex 96.............. FF**11 550** - £**1 500** - **$2,262**
✐ *Figures strolling by a lake* - Wash (21x21cm-8x8in) London 91.................................... FF**2 760** - £**278** - **$538**
ROBBE Henri 1807-1899 [12]
🖛 *Nature morte de fruits* - Huile/toile (42x56cm-17x22in) Bruxelles 97............................ FF**12 745** - £**1 381** - **$2,254**
Roses in a vase - Oil/canvas (81x66cm-32x26in) London 95..................................... FF**124 500** - £**16 500** - **$25,700**
ROBBE Louis 1806-1887 [78]
🖛 *Vache au pré* - Huile/toile (33x52cm-13x20in) Bruxelles 95...................................... FF**4 780** - £**606** - **$962**
A goat and sheep in a pasture - Oil/canvas (82x100cm-32x39in) Amsterdam 97........... FF**20 734** - £**2 191** - **$3,557**
Moutons et chèvres - Huile/panneau (81x103cm-32x41in) Bruxelles 94 .... FF**66 000** - £**7 580** - **$11,300**
ROBBE Manuel 1872-1936 [74]
🖾 *Marché à Montmartre* - Eau-forte, aquatinte couleurs (32x39cm-13x15in) Paris 95........... FF**8 000** - £**1 024** - **$1,610**
Le Divan, ou Intimité - Etching, aquatint in colors (32x34cm-13x13in) New-York 95........... FF**17 670** - £**2 227** - **$3,500**
✐ *Dans l'atelier* - Pastel (40x32cm-16x13in) Paris 94.. FF**32 000** - £**3 790** - **$5,910**
RÖBBECKE Moritz Friedrich 1857-1916 [3]
🖛 *Christmas Lore* - Oil/canvas (85x117cm-33x46in) New-York 92.................................. FF**26 000** - £**3 104** - **$5,000**
ROBBI Adolf 1868-? [1]
🖛 *Dame mit Hut* - Öl/Leinwand (50x40cm-20x16in) Wien 93.. FF**5 770** - £**690** - **$1,110**
ROBBINS Ellen 1828-1905 [3]
✐ *Floral Still Live* - Watercolour (41x58cm-16x23in) Cambridge, Mass. 94...................... FF**3 990** - £**467** - **$700**
ROBBINS Horace Walcott 1842-1904 [3]
🖛 *Morning, Meacham Lake, NY* - Oil/canvas (36x56cm-14x22in) New-York 96.................... FF**28 560** - £**3 640** - **$5,500**

R

ROBBINS Lucy Lee 1865-? [3]
🖼 *Femme au chapeau à plume* - Huile/toile (46x28cm-18x11in) Paris 97 .... FF8 200 - £901 - **$1,497**

ROBELLAZ Émile 1844-1882 [6]
La lecture - Huile/panneau (48x39cm-19x15in) Paris 91 .... FF30 500 - £3 073 - **$5,292**

RÖBER Fritz 1851-1924 [2]
🖼 *Balthazar's Feat (Gastmahl)* - Oil/canvas (61x106cm-24x42in) London 96 .... FF35 760 - £4 200 - **$7,030**

ROBERT Alexandre 1817-1890 [2]
🖼 *Starsse in Frascati bei Rom* - Öl/Leinwand (22x29cm-9x11in) Köln 96 .... FF8 800 - £1 032 - **$1,730**

ROBERT Aurèle 1805-1871 [2]
✎ *St. Paul-Hors-les-Murs* - Dessin (17x14cm-7x6in) Paris 92 .... FF3 000 - £358 - **$577**

ROBERT Charles 1923-1960 [2]
Trachtenmädchen - Öl/Leinwand (49x40cm-19x16in) Zofingen 95 .... FF7 220 - £915 - **$1,452**

ROBERT Émile 1880-1948 [2]
🗿 *Femme de chef Manbutu* - Sculpture (44cm-17in) Paris 94 .... FF35 000 - £4 160 - **$6,460**

ROBERT Eugène 1831-1912 [2]
🗿 *Mignon* - Bronze (48x16x13cm-19x6x5in) Paris 93 .... FF2 000 - £225 - **$339**

ROBERT Henri M. 1881-1961 [13]
🖼 *Pieds d'alouette* - Tempera/toile (81x65cm-32x26in) Bern 94 .... FF36 360 - £4 210 - **$6,260**

ROBERT Hubert 1733-1808 [255]
🖼 *Personnages au bord de l'eau* - Oil/canvas (35x24cm-14x9in) London 95 .... FF121 700 - £16 000 - **$24,430**
Les lavandières - Oil/canvas (66x49cm-26x19in) London 96 .... FF289 300 - £36 000 - **$56,100**
Pontifical Procession - Oil/canvas (77x63cm-30x25in) London 96 .... FF643 000 - £80 000 - **$124,700**
Peasants near Roman ruins - Oil/canvas (99x147cm-39x58in) New-York 92 ... FF2 5e +06 - £206 600 - **$360,000**
✎ *Chien vue de profil* - Sanguine (8x11cm-3x4in) Paris 97 .... FF4 800 - £510 - **$832**
River Landscape with Figures - Red chalk/paper (25x27cm-10x11in) New-York 97 ... FF27 716 - £3 085 - **$5,000**
Le coup de vent - Sanguine (33x44cm-13x17in) Paris 97 .... FF60 000 - £6 528 - **$10,446**
Capricci with antique ruins - Watercolour (25x17cm-10x7in) New-York 97 ... FF122 357 - £13 618 - **$22,000**
Courtyard of an Italian Villa - Red chalk/paper (33x45cm-13x18in) London 97 ... FF254 402 - £26 000 - **$43,300**

ROBERT Jacques 1944 [4]
🖼 *Quais à Paris* - Huile/toile (22x16cm-9x6in) Provins 94 .... FF2 000 - £230 - **$342**

ROBERT Léo Paul Samuel 1851-1923 [4]
🖼 *Vallée d'Orvin* - Öl/Leinwand (60x80cm-24x31in) Zürich 94 .... FF11 970 - £1 408 - **$2,290**
✎ *Vögel im Gebirge* - Aquarell (43x29cm-17x11in) Bern 96 .... FF9 770 - £1 186 - **$1,900**

ROBERT Léopold 1794-1835 [13]
🖼 *Homme tenant un livre* - Huile/toile (60x49cm-24x19in) Paris 91 .... FF16 000 - £1 589 - **$2,778**
Hirte und seine Tochter - Öl/Leinwand (61x49cm-24x19in) Zürich 97 .... FF118 437 - £12 591 - **$20,430**
✎ *Diseuse de bonne aventure* - Crayon (19x16cm-7x6in) Paris 92 .... FF2 200 - £263 - **$423**

ROBERT Louis Rémy 1811-1882 [4]
📷 *Nature morte* - Photo (26x18cm-10x7in) Paris 91 .... FF59 000 - £5 988 - **$10,656**

ROBERT Marius Henry XIX-XX [9]
🖼 *Châteauneuf-de-Grasse* - Huile/toile (46x55cm-18x22in) Calais 92 .... FF5 000 - £512 - **$880**

ROBERT Maurice 1909-1990 [5]
🖼 *Abstrakte Komposition* - Öl/Leinwand (61x46cm-24x18in) Bern 95 .... FF7 310 - £950 - **$1,502**

ROBERT Nicolas 1614-1685 [71]
✎ *Wood Ducks* - Watercolour, gouache/vellum (28x25cm-11x10in) London 96 ... FF39 740 - £4 600 - **$7,610**
Bignone - Aquarelle/vélin (40x29cm-16x11in) Paris 97 .... FF90 000 - £9 603 - **$15,579**
Ostrich - Watercolour, gouache/vellum (46x36cm-18x14in) London 96 .... FF484 000 - £56 000 - **$92,600**

ROBERT Paul 1857-? [1]
🖼 *Henri d'Orléans, un fusil à la main* - Huile/toile (130x89cm-51x35in) Monaco 96 ... FF5 200 - £597 - **$992**

ROBERT Paul André 1901-1977 [8]
🖼 *Nature morte* - Öl/Leinwand (28x45cm-11x18in) Zürich 94 .... FF4 490 - £528 - **$858**

ROBERT Philippe 1881-1930 [6]
🖼 *Das Kirchgerherhaus in Schafis* - Öl (36x40cm-14x16in) Bern 94 .... FF6 400 - £755 - **$1,140**
✎ *Baumallee* - Pastel (28x28cm-11x11in) Bern 94 .... FF3 230 - £375 - **$557**

ROBERT Roberto 1786-1837 [1]
🖼 *Kaiser Franz I. in Venedig* - Öl/Leinwand (65x92cm-26x36in) Wien 94 .... FF242 000 - £27 750 - **$41,400**

ROBERT Théophile Paul 1879-1954 [32]
🖼 *Jeune femme au sein nu* - Huile/toile (72x60cm-28x24in) Saint-Dié 96 .... FF13 000 - £1 527 - **$2,560**
Idyll - Öl/Leinwand (120x170cm-47x67in) Zürich 96 .... FF44 500 - £5 760 - **$9,250**
✎ *L'Adoration des Mages* - Gouache/papier (56x63cm-22x25in) Genève 89 .... FF3 500 - £369 - **$589**

ROBERT-FLEURY Joseph-Nicolas 1797-1890 [3]
🖼 *Moines dans un paysage* - Huile/toile (33x44cm-13x16in) Paris 94 .... FF4 500 - £522 - **$775**

ROBERT-FLEURY Tony 1837-1912 [7]
🖼 *The prisoner* - Oil/canvas (70x46cm-28x18in) New-York 92 .... FF9 430 - £988 - **$1,700**
Seated woman - Oil/canvas (93x67cm-37x26in) New-York 94 .... FF85 800 - £8 537 - **$13,555**

ROBERTH Minna Elisabeth 1851-1920 [1]
🖼 *Die Küchenmagd* - Oil/panel (24x18cm-9x7in) Wien 89 .... FF10 600 - £1 055 - **$1,675**

ROBERTI Albert P. 1811-1864 [3]
✎ *The Tease* - Watercolour/paper (23x33cm-9x13in) San Francisco-Los Angeles 94 ... FF8 000 - £955 - **$1,500**

ROBERTO OF LEGHORN Luigi 1845-1910 [7]
🖼 *The Castlehow signalling for a pilot* - Oil/canvas (48x75cm-19x30in) London 96 .... FF6 040 - £780 - **$1,167**
✎ *Yacht Isa off Napoli* - Watercolour (41x63cm-16x25in) London 92 .... FF8 760 - £900 - **$1,683**

ROBERTO ROBERTI di Fernando 1786-1837 [1]
✎ *Villa reale/Real Casino de S. Leucio* - Gouache/papier (32x45cm-13x18in) New-York 93 ... FF38 500 - £4 830 - **$7,000**

ROBERTS Arthur Spencer 1920 [2]
Pronghorn antelope - Watercolour (38x61cm-15x24in) London 95 .... FF5 750 - £750 - **$1,191**
ROBERTS Bruce 1918 [3]
Paddle wheel steamer - Oil/canvas (38x58cm-15x23in) New-York 90 .... FF8 600 - £891 - **$1,511**
ROBERTS David 1796-1864 [127]
Island of Philae, Nubia - Oil/canvas (77x153cm-30x60in) London 93 .... FF1 - £160 000 - **$232,000**
Cathédrale - Huile/toile (61x46cm-24x18in) Montréal 94 .... FF15 740 - £1 812 - **$2,710**
Saint Peters - Oil/canvas (31x76cm-12x30in) London 96 .... FF202 400 - £24 000 - **$39,500**
Shrine of the holy nativity, Bethlehem - Watercolour (20x31cm-8x12in) London 97 .... FF35 748 - £3 800 - **$6,159**
Fountain of Cana - Watercolour (23x33cm-9x13in) Toronto 96 .... FF139 500 - £15 900 - **$26,700**
Jerusalem leading to Bethany - Watercolour (32x48cm-13x19in) London 96 .... FF543 000 - £70 200 - **$106,500**
ROBERTS Edwin Thomas 1840-1917 [28]
Luxuries - Oil/canvas (61x51cm-24x20in) London 96 .... FF15 370 - £2 000 - **$3,046**
A Summer Expedition - Oil/canvas (91x71cm-36x28in) London 96 .... FF52 600 - £6 800 - **$10,400**
ROBERTS Elizabeth Wentworth 1871-1927 [1]
Trough the Archway - Oil/canvas (71x58cm-28x23in) Cambridge, Mass. 94 .... FF3 940 - £474 - **$750**
ROBERTS Ellis W. 1860-1930 [1]
Cows in a landscape at dusk - Oil/canvas (51x61cm-20x24in) London 96 .... FF3 540 - £450 - **$698**
ROBERTS Henry Benjamin 1832-1915 [7]
Letter to the Teacher - Oil/canvas (53x43cm-21x17in) Bloomfield Hills, Michigan 96 .... FF10 110 - £1 286 - **$2,000**
The old gardener - Pastel (23x15cm-9x6in) Aylsham, Norfolk 93 .... FF2 075 - £250 - **$388**
ROBERTS Priscilla Warren 1916 [3]
Doll and Daguerreotype - Oil/masonite (41x46cm-16x18in) New-York 94 .... FF8 660 - £1 026 - **$1,600**
ROBERTS Ray 1954 [3]
Batiquitos Lagoon, Carlsbad
    Oil/canvas/board (31x41cm-12x16in) San Francisco-Los Angeles 95 .... FF9 440 - £1 074 - **$1,600**
ROBERTS Thomas c.1749-1778 [5]
Rathfarnham Castle - Oil/canvas (88x127cm-35x50in) London 97 .... FF581 616 - £62 000 - **$101,959**
ROBERTS Thomas Edward 1820-1901 [1]
The bashful suitor - Oil/canvas (61x50cm-24x20in) London 92 .... FF27 350 - £2 800 - **$4,830**
ROBERTS Thomas Keith, Tom 1909 [27]
Black Barns - Oil/board (20x30cm-8x12in) London 97 .... FF3 299 - £350 - **$750**
Skating in the moonlight - Oil/board (60x91cm-24x36in) Toronto 89 .... FF22 000 - £2 249 - **$3,537**
ROBERTS Thomas William, Tom 1856-1931 [16]
La lettre - Aquarelle (27x19cm-11x7in) Paris 89 .... FF18 500 - £1 949 - **$3,114**
ROBERTS William 1895-1980 [73]
Parson's Pleasure, Oxford - Oil/canvas (41x51cm-16x20in) London 96 .... FF48 600 - £6 000 - **$9,370**
The Birth of Venus - Oil/canvas (127x86cm-50x34in) London 96 .... FF271 300 - £34 000 - **$52,400**
Lela and the Swan - Watercolour (34x50cm-13x20in) London 94 .... FF62 500 - £7 500 - **$12,150**
ROBERTS William Goodridge 1904-1974 [62]
Pommes - Huile/isorel (41x30cm-16x12in) Montréal 97 .... FF13 485 - £1 461 - **$2,370**
Asters in a blue bowl - Oil/board (51x61cm-20x24in) Toronto 94 .... FF74 000 - £8 810 - **$13,950**
Fruit and flowers - Oil/board (41x51cm-16x20in) Toronto 94 .... FF100 700 - £12 100 - **$19,300**
ROBERTSON Andrew 1771-1845 [9]
G. E. Russell of the East Company - Watercolour (36x25cm-14x10in) London 93 .... FF3 154 - £380 - **$551**
Mary Brightwell, née Wilkin - Miniature (8cm-3in) London 92 .... FF14 660 - £1 500 - **$2,580**
ROBERTSON Arthur 1850-? [1]
An Interesting Lesson - Oil/canvas (77x62cm-30x24in) London 94 .... FF11 760 - £1 400 - **$2,240**
ROBERTSON Charles 1759-1821 [9]
Miss C. Hervey - Miniature (6cm-2in) London 97 .... FF8 531 - £900 - **$1,464**
ROBERTSON Charles 1844-1891 [7]
Picnic party by a windmill with a storm - Oil/canvas (23x31cm-9x12in) Hadspen 96 .... FF11 830 - £1 500 - **$2,270**
The Wall of Wailing, Jerusalem - Oil/canvas (81x56cm-32x22in) London 97 .... FF333 652 - £35 000 - **$57,253**
Plymouth Sound/Chatahm - Watercolour (18x26cm-7x10in) London 95 .... FF18 550 - £2 400 - **$3,790**
ROBERTSON Christina 1796-1854 [4]
Empress Alexandra Feodorovna - Miniature (34cm-13in) London 97 .... FF66 540 - £7 000 - **$11,398**
ROBERTSON David Thomas 1879-1952 [22]
Horse-driven reaper
    Oil/board (24x35cm-9x14in) Marlborough Crescent, Newcastle upon Tyne 92 .... FF5 860 - £700 - **$1,128**
Shepherd driving a flock/Horsecart
    Watercolour (52x74cm-20x29in) Marlborough Crescent, Newcastle upon Tyne 93 .... FF4 000 - £500 - **$725**
ROBERTSON Eric Forbes 1865-1935 [2]
Portrait d'enfants, Pont-Aven - Huile/toile (35x25cm-14x10in) Paris 89 .... FF44 000 - £4 378 - **$6,951**
ROBERTSON Eric H. Mac Beth 1887-1941 [1]
Odalisque - Oil/canvas (75x68cm-30x27in) London 89 .... FF155 000 - £16 333 - **$26,094**
ROBERTSON George 1748-1788 [1]
Island of Jamaica - Black chalk (38x55cm-15x22in) London 96 .... FF37 900 - £4 800 - **$7,260**
ROBERTSON George Edward 1864-? [3]
The Bake House - Oil/canvas (64x51cm-25x20in) Chicago 94 .... FF8 990 - £1 060 - **$1,600**
ROBERTSON Graham 1867-? [1]
Sarah Bernhardt - Ink (15x11cm-6x4in) London 96 .... FF15 160 - £1 900 - **$2,926**

R

ROBERTSON Henry Robert 1839-1921 [1]
Small Town on the Banks of River - Watercolour/paper (17x24cm-7x9in) London 96 .... FF1 668 - £190 - **$320**
ROBERTSON James c.1831-c.1885 [15]
Fontain of Ahmed III, Istanbul - Albumen print (25x28cm-10x11in) London 94 .... FF3 410 - £400 - **$597**
ROBERTSON Percy 1869-1934 [9]
Roebuck Ferry, Tilehurst - Watercolour (19x20cm-7x8in) London 92 .... FF3 015 - £360 - **$580**
ROBERTSON Sarah Margaret A. 1891-1948 [5]
Feeding Time - Oil/panel (23x31cm-9x12in) Toronto 95.. FF26 100 - £3 290 - **$5,170**
ROBERTSON Tom 1850-1947 [10]
Towards Sundown - Oil/board (30x38cm-12x15in) London 97 .... FF7 932 - £849 - **$1,370**
ROBERTSON Walford Graham 1866-1948 [2]
Young woman seated at a table - Oil/canvas (81x99cm-32x39in) London 91 .... FF11 900 - £1 195 - **$2,059**
ROBERTY André 1877-1963 [36]
Les Martigues - Huile/toile (60x73cm-24x29in) Versailles 92 .... FF8 500 - £870 - **$1,530**
Nude at her toilette - Oil/canvas (190x94cm-75x37in) New-York 94 .... FF26 300 - £3 045 - **$4,500**
ROBI Michèle XX [7]
Composition - Technique mixte/panneau (88x121cm-35x48in) Paris 91 .... FF2 600 - £264 - **$470**
ROBICHON Jules Paul Victor XIX-XX [2]
Falaise au bord de la mer - Huile/toile (37x60cm-15x24in) Rennes 90 .... FF5 100 - £527 - **$901**
ROBICZEK Carl 1839-1918 [1]
Beim Schuster - Oil/panel (13x9cm-5x4in) Bremen 91 .... FF5 110 - £507 - **$887**
ROBIDA Albert 1848-1926 [8]
Chemin de Fer du Nor et d'Orléans - Affiche (105x75cm-41x30in) Saumur 93 .... FF2 300 - £265 - **$392**
Josselin - Aquarelle (25x20cm-10x8in) Paris 92.. FF1 800 - £185 - **$346**
ROBIE Jean-Baptiste 1821-1910 [31]
Nature morte de fruits - Huile/toile (120x90cm-47x35in) Bruxelles 97............................ FF27 778 - £3 009 - **$4,913**
Bouquet de roses - Oil/panel (55x67cm-22x26in) New-York 94 .... FF205 362 - £22 136 - **$36,000**
Flowers on a compote - Oil/canvas (100x81cm-39x32in) New-York 94.......................... FF468 000 - £54 100 - **$80,000**
ROBIN Gabriel 1902-? [2]
Nature morte au bol - Huile/toile (46x54cm-18x21in) Paris 94 .... FF3 000 - £356 - **$571**
ROBIN Georges XX [2]
Sommerliche Flusslandschaft - Öl/Leinwand (60x73cm-24x29in) Köln 93 .... FF6 440 - £770 - **$1,240**
ROBINET Gustave Paul, fils 1877-? [1]
A Coastal Landscape - Oil/panel (24x32cm-9x13in) Amsterdam 94 .... FF3 370 - £402 - **$642**
ROBINET Gustave Paul, père 1845-1932 [2]
Printemps, Bonevoit, Berne - Huile/toile (43x60cm-17x24in) Paris 92 .... FF15 500 - £1 587 - **$2,730**
La plage au clair de lune - Gouache/papier (32x46cm-13x18in) Paris 92 .... FF3 000 - £308 - **$577**
ROBINS Thomas Sewell 1814-1880 [41]
Fishing boats - Watercolour (23x33cm-9x13in) London 93 .... FF2 314 - £260 - **$388**
Barques marchandes - Aquarelle, gouache (29x40cm-11x16in) Douarnenez 96................ FF11 000 - £1 407 - **$2,180**
Fisherfolk and barges - Watercolour (40x59cm-16x23in) London 93.......................... FF36 000 - £4 500 - **$6,520**
ROBINS Thomas, Jun. 1745-1806 [1]
Botanical study - Watercolour (34x23cm-13x9in) London 95 .... FF23 200 - £3 000 - **$4,740**
ROBINSON Albert Henry 1881-1956 [15]
Quebec Harbour - Oil/panel (29x33cm-11x13in) Toronto 96.................................... FF19 000 - £2 420 - **$3,655**
Quebec village - Oil/canvas (55x64cm-22x25in) Toronto 90.................................. FF235 000 - £25 000 - **$42,039**
ROBINSON Alexander Charles 1867-1952 [6]
Lac Lugano - Huile/toile (38x56cm-15x22in) Paris 96 .... FF8 500 - £998 - **$1,672**
October Haze - Mixed media drawing New-York 90 .... FF4 000 - £421 - **$696**
ROBINSON Barbara 1928 [5]
Le Rialto, Venise - Huile/toile (50x73cm-20x29in) Arles 92 .... FF6 500 - £666 - **$1,170**
ROBINSON Boardman 1876-1952 [2]
Mnt. Yale - Oil/masonite (52x68cm-20x27in) New-York 90 .... FF2 490 - £253 - **$498**
Zilpha Marsh/Caught in the Line - Gouache New-York 93 .... FF4 510 - £517 - **$800**
ROBINSON Charles 1870-1937 [5]
Two children in a landscape - Watercolour (20x33cm-8x13in) London 95...................... FF3 550 - £450 - **$715**
ROBINSON Charles Dorman 1847-1933 [22]
Cabin among the redwoods - Oil/canvas (61x45cm-24x18in) San Francisco-Los Angeles 92..... FF5 000 - £523 - **$900**
Ships off Alcatraz - Oil/canvas (40x55cm-16x22in) San Francisco-Los Angeles 92 .... FF47 200 - £4 940 - **$8,500**
ROBINSON Florence Vincent 1874-1937 [5]
Venise/Paysage italien - Aquarelle (23x14cm-9x6in) L'Isle-Adam 90 .... FF2 800 - £290 - **$492**
ROBINSON Frederick Cayley 1862-1927 [9]
Drifting - Oil/canvas (76x90cm-30x35in) London 95 .... FF38 650 - £5 000 - **$7,900**
A Winter Evening - Oil/canvas (61x76cm-24x30in) London 95................................ FF205 200 - £26 000 - **$41,300**
Castle by the Sea - Oil/canvas (29x39cm-11x15in) London 97 .... FF57 197 - £6 000 - **$9,815**
ROBINSON George Crosland 1858-1930 [3]
Floral adornment - Oil/canvas (102x127cm-40x50in) New-York 95 .... FF23 400 - £3 040 - **$4,800**
ROBINSON George Gidley 1854-? [1]
Southwold beach - Oil/board (28x37cm-11x15in) London 96 .... FF9 650 - £1 100 - **$1,850**
ROBINSON Gregory 1876-1967 [4]
Light Airs - Watercolour (19x27cm-7x11in) London 96 .... FF2 623 - £340 - **$514**
ROBINSON Hal 1875-1933 [12]
New England stream - Oil/canvas (76x91cm-30x36in) Cambridge, Mass. 92 .... FF6 240 - £745 - **$1,200**

ROBINSON Henry Peach 1830-1901 [6]
📷 *Here They Are!* - Albumen print (27x37cm-11x15in) New-York 93 .... FF*10 150* - £*1 161* - **$1,800**

ROBINSON Irene 1891-1973 [1]
🖼 *Floral still life* - Oil/canvas (61x51cm-24x20in) San Francisco-Los Angeles 94 .... FF*5 290* - £*625* - **$950**

ROBINSON John Markey 1918 [9]
🖼 *Figures on a village street*
  Oil/board (421x74cm-166x29in) Castle Upton, Templepatrick, Co. Antrim 93 .... FF*4 830* - £*550* - **$820**
✐ *Tall Ships in a Bay* - Watercolour (36x54cm-14x21in) Dublin 95 .... FF*4 360* - £*567* - **$897**

ROBINSON Markey 1918 [4]
🖼 *Harvest Thanksgiving* - Oil/board (43x66cm-17x26in) London 97 .... FF*23 452* - £*2 500* - **$4,111**

ROBINSON Peter Frederick 1776-1858 [1]
✐ *Projects for the Ailsbury's house* - Watercolour (50x71cm-20x28in) London 92 .... FF*39 100* - £*4 000* - **$6,880**

ROBINSON Theodore 1852-1896 [23]
🖼 *The Gossips* - Oil/canvas (46x58cm-18x23in) New-York 94 .... FF*5* - £*663 000* - **$1 e,+06**
  Girl sewing - Oil/canvas (55x46cm-22x18in) New-York 93 .... FF*495 000* - £*62 100* - **$90,000**
✐ *Figure in a landscape* - Pastel/paper (64x38cm-25x15in) New-York 94 .... FF*297 600* - £*35 260* - **$55,000**

ROBINSON Walter 1950 [3]
🖼 *Rapture, remorse* - Enamel/canvas (91x91cm-36x36in) New-York 92 .... FF*2 600* - £*311* - **$500**
✐ *Untitled* - Tempera/paper (39x29cm-15x11in) Stockholm 94 .... FF*3 604* - £*427* - **$666**

ROBINSON William 1835-1895 [1]
✐ *The old bridge* - Watercolour (31x50cm-12x20in) New-York 93 .... FF*3 850* - £*455* - **$700**

ROBINSON William Heath 1872-1944 [63]
✐ *Lift comfort* - Ink/paper (38x27cm-15x11in) London 89 .... FF*9 200* - £*941* - **$1,479**
  Family celebration - Watercolour (42x66cm-17x26in) London 92 .... FF*67 000* - £*8 000* - **$12,900**

ROBINSON William R. XIX [2]
🖼 *A horse and hound* - Oil/canvas (91x74cm-36x29in) London 96 .... FF*7 880* - £*950* - **$1,512**

ROBINSON William S. 1861-1945 [8]
🖼 *Hamburg, Connecticut* - Oil/board (19x24cm-7x9in) New-York 95 .... FF*3 264* - £*409* - **$650**

ROBINSON William T. 1852-? [6]
🖼 *House by the river* - Oil/canvas (30x41cm-12x16in) Boston, Mass. 92 .... FF*2 556* - £*262* - **$450**

ROBIQUET Marie Anne 1864-? [1]
🖼 *Le chapeau rose* - Oil/canvas (89x71cm-35x28in) London 93 .... FF*70 400* - £*8 800* - **$12,760**

ROBJENT Richard 1937 [35]
✐ *Teal and snipe by a stream* - Watercolour (29x54cm-11x21in) London 96 .... FF*7 860* - £*1 000* - **$1,512**
✐ *Woodcock in the snow* - Watercolour (30x37cm-11x14in) London 93 .... FF*15 200* - £*1 900* - **$2,755**

ROBLIN Jules Joseph Marie 1888-? [3]
✐ *Rammassage des fagots* - Pastel (58x44cm-23x17in) Quimper 95 .... FF*3 200* - £*414* - **$654**

ROBLIN Richard 1940 [2]
✐ *Sans titre* - Technique mixte/papier (97x64cm-38x25in) Montréal 94 .... FF*1 720* - £*198* - **$295**

ROBLOT-LHOTE Henriette L. XIX-XX [1]
🖼 *Européen déguisé en oriental* - Huile/panneau (38x27cm-15x11in) Paris 94 .... FF*8 000* - £*930* - **$1,386**

ROBSON George Fennel 1788-1833 [12]
🖼 *Richmond hill* - Oil/canvas (23x35cm-9x14in) London 91 .... FF*11 970* - £*1 197* - **$1,971**
✐ *Cattle by a lake* - Watercolour (22x38cm-9x15in) London 92 .... FF*6 060* - £*620* - **$1,187**

ROBUCHON Jules XIX [2]
📷 *Paysages et monuments du Poitou* - Tirages photoglyptiques Paris 95 .... FF*2 400* - £*316* - **$482**

ROBUS Hugo 1885-1964 [10]
🗿 *Woman Combing Her Hair* - Bronze poli (40cm-16in) New-York 96 .... FF*26 100* - £*3 020* - **$5,000**

ROBYS XIX-XX [6]
🖾 *Bitter Secretat...* - Affiche (126x196cm-50x77in) Boulogne 96 .... FF*3 400* - £*443* - **$674**

ROCA SASTRE José 1928 [4]
🖼 *El portal* - Oleo/lienzo (73x92cm-29x36in) Madrid 96 .... FF*16 850* - £*1 987* - **$3,310**

ROCAGEL Guy XX [2]
🖼 *Librairie du Marais* - Huile/toile (33x55cm-13x22in) Montauban 94 .... FF*3 800* - £*437* - **$650**

ROCCA BRITO Luis 1964 [2]
🖼 *El estanque* - Oil/canvas (160x200cm-63x79in) New-York 92 .... FF*41 600* - £*4 970* - **$8,000**

ROCCA IL PARMIGIANINO Michele da Parma 1675-c.1751 [12]
🖼 *Bacchus and Ariadne* - Oil/paper/canvas (25x48cm-10x19in) New-York 97 .... FF*45 558* - £*4 857* - **$8,000**

ROCCA-HUMPOLETZ Fritz 1894-1971 [2]
🖼 *Südtiroler in malerischer Tracht* - Öl/Leinwand (96x68cm-38x27in) Lindau 96 .... FF*7 090* - £*916* - **$1,370**
✐ *Erker in Hall in Tirol, 1924* - Aquarell/Papier (36x26cm-14x10in) Wien 90 .... FF*2 400* - £*257* - **$417**

ROCCHI Fortunato 1822-1909 [3]
🖼 *La mietitura, 1885* - Olio/tela (88x173cm-35x68in) Roma 89 .... FF*128 200* - £*13 509* - **$21,582**

ROCCO Sophie XX [2]
🖼 *L'accordéoniste* - Huile/toile (60x73cm-24x29in) Versailles 90 .... FF*3 200* - £*345* - **$564**
  Ecuyer au cirque - Huile/toile (81x65cm-32x26in) Versailles 90 .... FF*15 400* - £*1 619* - **$2,678**

ROCH Georg 1881-? [1]
🗿 *A seal* - Bronze (37cm-15in) New-York 93 .... FF*4 950* - £*593* - **$900**

ROCH Sampson Towgood. 1759-1847 [4]
✐ *Officer in scarlet uniform* - Miniature (7x6cm-3x2in) London 95 .... FF*11 730* - £*1 500* - **$2,360**

ROCHARD DE NANTES Simon Jacques 1788-1872 [2]
✐ *Young Lady in black dress* - Miniature (9x7cm-4x3in) London 96 .... FF*15 500* - £*2 000* - **$2,990**

R

ROCHARD François Théodore 1798-1858 [5]
Boy in tartan dress - Watercolour (38x25cm-15x10in) London 95 .... FF**7 500** - £*950* - **$1,510**

ROCHARD Irénée 1906-1984 [20]
Moineau sur une branche - Bronze (40cm-16in) Paris 95 .... FF**3 000** - £*389* - **$625**
Panthères - Bronze (115cm-45in) Auxerre 96 .... FF**10 500** - £*1 317* - **$2,030**
Grand Orang-outang - Bronze Soissons 93 .... FF**72 200** - £*8 300* - **$12,420**

ROCHAT Alexandre 1895-1981 [7]
Genf, Place Neuve - Öl/Leinwand (60x74cm-24x29in) Bern 94 .... FF**14 140** - £*1 640* - **$2,436**
Nature morte - Mischtechnik/Papier (78x53cm-31x21in) Bern 95 .... FF**3 670** - £*459* - **$741**

ROCHAT Willy James 1920 [58]
Place du Tertre sous la neige - Huile/toile (65x80cm-26x31in) Paris 96 .... FF**13 000** - £*1 532* - **$2,550**
Le 14 juillet à Belleville - Huile/toile (65x110cm-26x43in) Paris 97 .... FF**35 000** - £*3 675* - **$6,020**
Patineurs sur un fleuve gelé - Pastel (65x75cm-26x30in) Zürich 93 .... FF**29 700** - £*3 400* - **$5,060**

ROCHE Alexander Ignatius 1863-1921 [4]
A Newhaven gishwive
     Oil/canvas (127x114cm-50x45in) Auchterarder, Perthshire 95 .... FF**129 000** - £*16 500* - **$25,400**

ROCHE Alexis Louis 1891-1961 [3]
Nature morte - Huile/toile (50x65cm-20x26in) Genève 89 .... FF**3 500** - £*369* - **$589**

ROCHE Denis XX [2]
St. Benoît-sur-Loire, hôtel du Labrador - Photo (30x40cm-12x16in) Paris 90 .... FF**2 800** - £*300* - **$487**

ROCHE Marcel 1890-1959 [25]
Compotier et vase de fleurs - Huile/toile (54x64cm-21x25in) Arles 94 .... FF**3 500** - £*425* - **$666**
Le bal du 14-Juillet - Huile/toile (80x65cm-31x26in) Paris 94 .... FF**42 500** - £*5 070* - **$7,960**
Nature morte aux pommes - Pastel (36x30cm-14x12in) Paris 96 .... FF**3 000** - £*386* - **$595**

ROCHE Odilon 1868-1947 [33]
Nu agenouillé de dos - Aquarelle (27x35cm-11x14in) Castres 89 .... FF**20 000** - £*1 860* - **$3,165**

ROCHE Pierre F. Massignon 1855-1922 [8]
La Salamandre - Lithographie couleurs (34x19cm-13x7in) Paris 95 .... FF**3 000** - £*397* - **$608**

ROCHE RABELL Arnaldo 1955 [2]
The Tease - Oil/canvas (211x305cm-83x120in) New-York 97 .... FF**160 367** - £*17 094* - **$28,000**

ROCHE Sampson Towgood 1759-1847 [5]
Portrait of a lady - Miniature (6cm-2in) London 91 .... FF**6 180** - £*618* - **$1,018**

ROCHEGROSSE Georges 1859-1938 [188]
Chanson Louis XIII - Huile/toile (92x65cm-36x26in) Paris 96 .... FF**4 000** - £*470* - **$787**
A toi ma bien aimée Marie... - Huile/toile (58x71cm-23x28in) Paris 93 .... FF**17 500** - £*2 110* - **$3,180**
Le miroir - Oil/canvas (100x81cm-39x32in) London 97 .... FF**164 234** - £*18 000* - **$28,823**
La nouvelle esclave, 1910 - Huile/toile (151x114cm-59x45in) Paris 90 .... FF**300 000** - £*32 328* - **$52,910**
Auto-portrait, au travail - Fusain (32x23cm-13x9in) Paris 93 .... FF**10 000** - £*1 205* - **$1,820**
La tente - Aquarelle, gouache (42x26cm-17x10in) Paris 96 .... FF**34 000** - £*4 260* - **$6,570**

ROCHER Alexandre 1729-? [2]
Dame de qualité assise - Miniature (6cm-2in) Paris 92 .... FF**21 500** - £*2 210* - **$3,980**

ROCHER Camy 1959-1981 [3]
Le mariage - Huile/toile (60x50cm-24x20in) Paris 93 .... FF**8 000** - £*964* - **$1,455**

ROCHER Charles 1890-1962 [9]
Bouquet of roses and tea service - Oil/board (61x46cm-24x18in) Chicago 92 .... FF**8 520** - £*872* - **$1,500**

ROCHER Ernest 1871-1938 [11]
Après une bonne soirée - Huile/toile (46x55cm-18x22in) Bruxelles 94 .... FF**12 380** - £*1 422* - **$2,120**

ROCHER Maurice 1918-1995 [79]
La femme fardée - Huile/toile (46x38cm-18x15in) Douai 96 .... FF**4 000** - £*499* - **$773**
Visage - Huile/toile (72x60cm-28x24in) Orléans 93 .... FF**12 000** - £*1 356* - **$2,034**
Femme au collier - Huile/toile (100x81cm-39x32in) Saint-Germain-en-Laye 92 .... FF**36 000** - £*3 685* - **$6,340**
Le Général, 1977 - Gouache (17x23cm-7x9in) Douai 90 .... FF**5 000** - £*504* - **$909**

ROCHET Louis 1813-1877 [1]
Bonaparte à l'École de Brienne - Bronze (43cm-17in) Paris 95 .... FF**7 200** - £*910* - **$1,444**

RÖCHLING Carl 1855-1920 [1]
Military Cadets preparing for Parade - Oil/canvas (101x78cm-40x31in) Wien 96 .... FF**110 300** - £*13 380* - **$21,460**

ROCHOLL Theodor Rudolf 1854-1933 [9]
Befreiungskriegen auf dem Balkan - Oil/canvas (85x120cm-33x47in) Köln 91 .... FF**15 320** - £*1 536* - **$2,806**

ROCHUSSEN Charles 1824-1894 [32]
An elegant beauty in an orchard - Oil/panel (17x11cm-7x4in) Amsterdam 97 .... FF**12 347** - £*1 350* - **$2,165**
Falconry on the estate of Het Loo - Oil/panel (31x47cm-12x19in) Amsterdam 95 .... FF**89 000** - £*11 110* - **$17,970**
The Kaasmarkt, Alkmaar - Watercolour (26x36cm-10x14in) Amsterdam 93 .... FF**9 610** - £*1 152* - **$1,757**

ROCKBURNE Dorothea 1934 [13]
Combination Series #15
     Vellum, colorec pencil, varnish, glue/ragboard (109x84cm-43x33in) New-York 95. FF**101 700** - £*13 480* - **$21,000**
Capernaum Gate - Coloured crayons/paper (61x46cm-24x18in) New-York 97 .... FF**32 164** - £*3 396* - **$5,500**

ROCKENSCHAUB Gerwald 1952 [17]
Ohne Titel - Öl/Leinwand (50x50cm-20x20in) Wien 94 .... FF**17 060** - £*2 045* - **$3,310**
Ohne Titel - Gouache/papier (20x14cm-8x6in) Wien 96 .... FF**2 645** - £*337* - **$510**

ROCKLINE Véra 1896-1938 [7]
Femme au collier de perles - Huile/toile (46x38cm-18x15in) Paris 97 .... FF**17 000** - £*1 855* - **$2,972**
Paysage à Tiflis - Pastel (34x24cm-13x9in) Paris 96 .... FF**16 000** - £*1 880* - **$3,150**

ROCKMAN Alexis 1962 [4]
The Foul and the Fragrant - Acrylic/canvas (284x152cm-112x60in) New-York 96 .... FF**24 600** - £*2 916* - **$4,800**

ROCKMORE Noel 1928-1995 [12]
🖝 *Self-portrait* - Oil/canvas New Orleans, Louisiana 96 .... FF7 580 - £968 - **$1,500**
ROCKSETH Arne 1890-12964 [1]
🖝 *Øvre Vasli, Storlidalen* - Oil/canvas (52x65cm-20x26in) Oslo 92 .... FF2 175 - £260 - **$419**
ROCKSTRÖM Rune 1898-1983 [4]
✎ *Vinter motiv från Stockholm* - Akvarell (43x33cm-17x13in) Stockholm 92 .... FF1 886 - £193 - **$332**
ROCKSTUHL Alois Gustav 1798-1877 [5]
✎ *Alexander II/Maria Alexandrovna* - Miniature (4cm-2in) London 95 .... FF24 350 - £3 200 - **$4,890**
ROCKSTUHL Peter Ernest 1764-1824 [2]
✎ *Russian officer in blue uniform* - Miniature (6cm-2in) London 93 .... FF7 200 - £900 - **$1,305**
ROCKWELL Augustus 1822-1882 [1]
🖝 *Whiteface Mountains, Lake Placid* - Oil/canvas (51x87cm-20x34in) New-York 94 .... FF37 900 - £4 490 - **$7,000**
ROCKWELL Cleveland 1837-1907 [3]
🖝 *Mount Hood* - Oil/canvas (30x51cm-12x20in) San Francisco-Los Angeles 94 .... FF36 200 - £4 280 - **$6,500**
ROCKWELL Mary Chauplin XIX-XX [2]
🖝 *In Her Riding habit* - Oil/canvas (94x74cm-37x29in) Portland, Maine 93 .... FF6 600 - £828 - **$1,200**
ROCKWELL Norman Perceval 1894-1978 [136]
🖝 *Year after Year only Fine Beer* - Oil/canvas (70x86cm-28x34in) New-York 97 .... FF1 - £196 032 - **$320,000**
🖝 *After the Prom* - Oil/canvas (79x74cm-31x29in) New-York 95 .... FF3 - £451 000 - **$725,000**
Tim Holt - Oil/board (41x31cm-16x12in) New-York 94 .... FF48 500 - £5 660 - **$8,500**
It's a Best-Ever Suit - Oil/masonite (72x48cm-28x19in) New-York 95 .... FF204 400 - £25 460 - **$40,000**
Young Love, Sledding - Oil/board (38x37cm-15x15in) New-York 97 .... FF700 116 - £73 512 - **$120,000**
✎ *Horse and automobiles* - Ink (10x61cm-4x24in) New-York 95 .... FF27 770 - £3 500 - **$5,500**
You've got to be kidding - Charcoal/paper (99x120cm-39x47in) New-York 94 .... FF75 700 - £8 970 - **$14,000**
Doc Mellhorn and the Pearly Gates
     Charcoal/paper (67x53cm-26x21in) New-York 95 .... FF353 400 - £45 100 - **$72,500**
RODA Juan Antonio 1921-1970 [1]
🖝 *Flores no.16* - Oil/canvas (130x195cm-51x77in) New-York 92 .... FF62 400 - £7 450 - **$12,000**
RODA Leonardo 1868-1933 [15]
🖝 *Eichenwald und Hirtin* - Öl/Leinwand (118x168cm-46x66in) Bern 95 .... FF17 270 - £2 160 - **$3,490**
RODAKOWSKI Henryk 1823-1894 [1]
🖝 *Portrait de femme* - Huile/toile/carton (35x30cm-14x12in) Montréal 92 .... FF6 020 - £616 - **$1,180**
RODCHENKO Aleksandr Mikhailov. 1891-1956 [98]
🖝 *Composition* - Oil/panel (58x25cm-23x10in) London 92 .... FF389 600 - £40 000 - **$74,800**
📷 *Na balkone* - Gelatin silver print (15x10cm-6x4in) London 92 .... FF134 000 - £16 000 - **$25,800**
✎ *Composition* - Watercolour, gouache (43x29cm-17x11in) London 90 .... FF484 300 - £51 521 - **$86,637**
RODDA Melvyn 1960 [5]
🖝 *Imitation of nature no.1* - Mixed media (61x51cm-24x20in) London 94 .... FF6 300 - £679 - **$1,111**
RODDE Carl Gustav 1830-1906 [7]
🖝 *Ansicht von Siegburg* - Oil/canvas (50x70cm-20x28in) Düsseldorf 92 .... FF22 230 - £2 282 - **$4,275**
RODDE Michel 1913 [31]
🖝 *Vers Rémoulins* - Huile/toile (46x27cm-18x11in) Paris 96 .... FF2 200 - £259 - **$433**
🖝 *Près de l'Arsenal, Venise* - Huile/toile (38x61cm-15x24in) La Varenne Saint-Hilaire 94 .... FF11 000 - £1 304 - **$2,032**
✎ *Nature morte au pichet* - Aquarelle (55x50cm-22x20in) Le Havre 96 .... FF2 800 - £329 - **$551**
RODE Christian Bernhard 1725-1797 [4]
✎ *Die Zeit* - Wash (18x30cm-7x12in) Hamburg 94 .... FF2 950 - £350 - **$546**
RODE Gottfried Hendrik 1752-c.1795 [1]
✎ *Portrait of an actor* - Miniature (5cm-2in) London 96 .... FF3 490 - £450 - **$674**
RODE Ingeborg M. 1865-1932 [6]
🖝 *Stueinterior med lille pige* - Oil/canvas (62x41cm-24x16in) Vejle 90 .... FF4 100 - £442 - **$723**
RODECK Karl 1841-1909 [5]
🖝 *Abend* - Oil/canvas (38x55cm-15x22in) Bremen 92 .... FF10 540 - £1 080 - **$1,855**
RÖDEL Karl 1907-1982 [1]
🖝 *Komposition* - Acrylic/panel (60x60cm-24x24in) Frankfurt 96 .... FF8 220 - £1 063 - **$1,623**
RODEMEIER Max 1858-? [1]
🖝 *Der Gratulant* - Öl/Leinwand (49x32cm-19x13in) München 92 .... FF5 090 - £608 - **$978**
RÖDER Elselina A. Cornelia 1820-1900 [5]
🖝 *Stilleben mit Hasen* - Öl/Leinwand (87x115cm-34x45in) Wien 95 .... FF17 320 - £2 200 - **$3,450**
RÖDER Georg 1867-? [1]
🖝 *Werkhalle der Maschinenfabrik* - Oil/cardboard (60x80cm-24x31in) Köln 94 .... FF3 584 - £424 - **$644**
RÖDER Paul 1897-1962 [1]
🖝 *Chiemsee mit Fraueninsel* - Oil/panel (60x80cm-24x31in) Kempten 96 .... FF2 710 - £340 - **$528**
RODERO Cristina Garcia XX [4]
📷 *La Franqueira, Espagne* - Photo (50x40cm-20x16in) Paris 95 .... FF2 700 - £355 - **$542**
RODES Y ARIES Vicente 1791-1858 [1]
🖝 *Militaire espagnol* - Huile/toile (94x72cm-37x28in) Paris 91 .... FF15 000 - £1 504 - **$2,476**
RODGER George 1908-1995 [10]
📷 *Young Basuto boy* - Gelatin silver print (18x18cm-7x7in) London 96 .... FF3 406 - £400 - **$670**
RODHE Lennart 1916 [52]
🖝 *Komposition* - Oil/canvas (32x25cm-13x10in) Stockholm 94 .... FF12 200 - £1 465 - **$2,310**
Trädgården - Tempera/panel (57x117cm-22x46in) Stockholm 92 .... FF113 100 - £11 580 - **$19,900**
🖾 *Blomsterridå* - Serigraph (95x81cm-37x32in) Stockholm 95 .... FF3 104 - £387 - **$608**

R

Sisyphos - Watercolour (76x57cm-30x22in) Stockholm 95 .... FF15 180 - £1 890 - **$2,970**

RODILLON Suzanne 1916-1988 [30]
🦋 *Sans titre* - Huile/toile (73x92cm-29x36in) Paris 91 .... FF4 000 - £403 - **$694**
La vie souterraine - Gouache/papier (50x65cm-20x26in) Paris 91 .... FF2 100 - £212 - **$364**

RODIN Auguste 1840-1917 [688]
Henri Becque - Pointe sèche (14x15cm-6x6in) Paris 95 .... FF4 800 - £607 - **$963**
La ronde - Pointe sèche (23x17cm-9x7in) Paris 97 .... FF31 000 - £3 282 - **$5,369**
L'homme qui marche - Bronze (85cm-33in) New-York 97 .... FF2 - £234 080 - **$380,000**
Le Sommeil - Marble (60x46x60cm-24x18x24in) London 97 .... FF4 - £500 000 - **$826,750**
Psyché et l'Amour - Marble (76cm-30in) New-York 95 .... FF8 - £1 - **$1**
Main - Bronze (14cm-6in) Nice 95 .... FF28 000 - £3 575 - **$5,740**
Le succube - Bronze (23cm-9in) Paris 95 .... FF72 000 - £9 010 - **$14,340**
L'Homme au nez cassé - Bronze (25cm-10in) Paris 96 .... FF85 000 - £9 830 - **$16,300**
Suzon, a Bust - Bronze (40cm-16in) London 97 .... FF104 762 - £11 000 - **$17,956**
Pierre de Wiessant - Bronze (45x23x21cm-18x9x8in) Köln 97 .... FF148 698 - £15 628 - **$25,458**
La Jeunesse triomphante - Bronze (52cm-20in) Stockholm 97 .... FF261 380 - £27 860 - **$45,640**
L'éternel printemps - Bronze (39cm-15in) London 97 .... FF337 838 - £35 000 - **$57,872**
Méditation sans bras - Bronze (146cm-57in) New-York 97 .... FF742 859 - £79 638 - **$130,000**
Femme au rideau - Pencil/paper (31x20cm-12x8in) New-York 96 .... FF25 900 - £3 200 - **$5,000**
Enfant Prodigue - Indian ink (18x13cm-7x5in) New-York 94 .... FF252 300 - £30 000 - **$48,000**
Claude Monet - Pencil/paper (51x40cm-20x16in) London 96 .... FF798 000 - £100 000 - **$154,000**

RODIONOV Piotr Sergueevitch 1914-1981 [1]
Cattedrale di San Basilio a Mosca - Olio/cartone (70x49cm-28x19in) Milano 92 .... FF2 130 - £254 - **$410**

RÖDLER Jacob 1803-c.1862 [1]
Huntsman & his wife before a chalet - Oil/canvas (95x124cm-37x49in) London 96 .... FF15 400 - £2 000 - **$3,050**

RÖDLER Joseph c.1800-1865 [2]
Sommernachmittag am Mühlbach - Öl/Leinwand (41x52cm-16x20in) Wien 94 .... FF18 560 - £2 150 - **$3,190**

RODMELL Harry Hudson 1896-1984 [7]
The South of Ireland - Oil/paper (46x53cm-18x21in) Leeds 92 .... FF3 434 - £410 - **$661**
Norddeutscher Lloyd - Poster (93x60cm-37x24in) New-York 95 .... FF5 050 - £636 - **$1,000**
Victoria Pier - Watercolour (64x111cm-25x44in) Leeds 92 .... FF16 750 - £2 000 - **$3,220**

RODO BOULANGER Garcia 1935 [11]
Acrobate II - Oil/canvas (79x79cm-31x31in) Tarzana, CA 95 .... FF34 660 - £4 330 - **$7,000**
Pas de trois - Aquatint in colors (46x48cm-25x19in) Tarzana, CA 95 .... FF2 105 - £263 - **$425**

RODO-BOULANGER Graciela 1935 [17]
Vol d'oiseau - Oil/paper (27x22cm-11x9in) London 92 .... FF8 800 - £900 - **$1,552**
Sarabande - Oil/canvas (65x54cm-26x21in) Toronto 95 .... FF51 200 - £6 690 - **$10,260**
Child on a bicycle - Ink (36x28cm-14x11in) Tarzana, CA 94 .... FF5 420 - £632 - **$950**

RODON Francisco 1934 [5]
Retrato de Joven - Oil/paper/board (125x89cm-49x35in) New-York 97 ...... FF109 007 - £11 664 - **$19,000**
Partir antes del Dia - Oil/masonite (147x107cm-58x42in) New-York 94 ..... FF365 000 - £43 100 - **$65,000**

RODRIGUEZ ACOSTA José Maria 1878-? [2]
Jardin, 1895 - Oleo/lienzo (18x26cm-7x10in) Madrid 89 .... FF20 000 - £2 107 - **$3,367**

RODRIGUEZ Arturo 1946 [7]
Exiliados - Oil/canvas (95x70cm-39x31in) New-York 95 .... FF51 000 - £6 370 - **$10,000**

RODRIGUEZ BAEZ Juan Guillermo 1916-1968 [2]
Niño pescador - Oleo/lienzo (81x54cm-32x21in) Madrid 94 .... FF8 250 - £974 - **$1,482**
La Terraza - Acuarela (34x24cm-13x19in) Madrid 93 .... FF2 670 - £318 - **$483**

RODRIGUEZ BARCAZA Ramón c.1827-1885 [1]
The musician - Oil/panel (46x32cm-18x13in) London 90 .... FF14 500 - £1 503 - **$2,548**

RODRIGUEZ BRONCHU Salvador XX [8]
Paisaje de Chinchón - Oleo/lienzo (73x100cm-29x39in) Madrid 92 .... FF10 880 - £1 300 - **$2,093**

RODRIGUEZ CASTELAO Alfonso 1887-1950 [2]
Dama con abanico - Gouache (54x40cm-21x16in) Madrid 96 .... FF21 930 - £2 780 - **$4,210**

RODRIGUEZ DE GUZMAN Manuel 1818-1867 [3]
Aquelarre y magia - Oleo/lienzo (47x59cm-19x23in) Madrid 93 .... FF17 860 - £2 147 - **$3,480**

RODRIGUEZ DE LOSADA José Maria 1826-1896 [11]
La primera misa - Oleo/lienzo (250x220cm-98x87in) Madrid 94 .... FF62 200 - £7 330 - **$11,070**

RODRIGUEZ JALDON Juan 1890-1967 [2]
En la verbena - Oleo/tabla (50x43cm-20x17in) Madrid 94 .... FF14 420 - £1 730 - **$2,800**

RODRIGUEZ LOZANO Manuel 1896-1971 [10]
El Encuentro - Oil/canvas (95x70cm-37x28in) New-York 96 .... FF130 000 - £14 770 - **$22,000**

RODRIGUEZ LUNA Antonio 1910-1985 [3]
Estudio de pintor - Oleo/lienzo (85x140cm-33x55in) México 92 .... FF117 000 - £12 010 - **$21,360**

RODRIGUEZ M. 1872-1935 [1]
Vue d'un rio près de Séville - Huile/toile (63x79cm-25x31in) Genève 89 ... FF21 500 - £2 266 - **$3,620**

RODRIGUEZ Mariano 1912-1990 [44]
Figura abstracta - Oil/masonite (108x79cm-43x31in) New-York 96 .... FF33 960 - £3 870 - **$6,500**
Cristo y los ladrones - Oil/panel (125x160cm-49x63in) New-York 97 .... FF154 994 - £16 459 - **$27,000**
Mujer en una hamaca - Oil/canvas (74x96cm-29x38in) New-York 97 ...... FF687 288 - £73 260 - **$120,000**
Banistas - Graphite (36x29cm-14x11in) New-York 93 .... FF59 000 - £6 710 - **$10,000**

RODRIGUEZ MOREY Antonio 1874-1930 [1]
Paisaje Cubano - Oil/canvas (41x56cm-16x22in) New-York 93 .... FF17 730 - £2 013 - **$3,000**

RODRIGUEZ SAN CLEMENT Francisco 1861-1956 [68]
- Bueyes tirando de la barca - Oleo/lienzo (26x34cm-10x13in) Madrid 97 .... FF3 980 - £430 - **$690**
- Gitana en el campamento - Oleo/lienzo (65x80cm-26x31in) Madrid 97 .... FF11 000 - £1 182 - **$1,925**
- En la corrida - Oleo/lienzo (100x81cm-39x32in) Madrid 92 .... FF53 200 - £6 180 - **$10,850**

RODRIGUEZ VARES Antonio XX [2]
- Madrid, Paseo del Prado - Oleo/lienzo (60x81cm-24x32in) Madrid 91 .... FF3 250 - £328 - **$645**

RODRIK Paul 1915-1983 [2]
- Blue Shadows in Winter - Oil/board (61x102cm-24x40in) Toronto 96 .... FF9 500 - £1 210 - **$1,828**

RODT Christoph c.1575-1634 [1]
- Apostel - Wood (77cm-30in) München 94 .... FF13 650 - £1 613 - **$2,452**

ROE Clarence H. ?-1909 [33]
- Peaceful stretch of the river - Oil/canvas (61x91cm-24x36in) London 97 .... FF2 158 - £240 - **$405**
- Near the Eagle's Eyrie - Oil/canvas (76x127cm-30x50in) London 94 .... FF14 800 - £1 700 - **$2,533**

ROE Fred 1865-1947 [7]
- Sunlight in the East - Oil/canvas (92x112cm-36x44in) London 95 .... FF5 430 - £650 - **$1,034**

ROE Robert Ernest XIX [9]
- Off Whitby - Watercolour (14x25cm-6x10in) London 96 .... FF3 946 - £500 - **$757**

ROE Robert Henry 1793-1880 [6]
- Racehorse Douglas with jockey up - Oil/canvas (92x122cm-36x48in) London 91 .... FF15 960 - £1 596 - **$2,629**

ROECK de Lucien 1915 [2]
- Antwerpen - Poster (100x62cm-39x24in) New-York 95 .... FF4 880 - £635 - **$1,000**

ROECKER Henry Leon 1865-1941 [2]
- Autumnal landscape with cows
  Oil/canvas (63x76cm-25x30in) Bloomfield Hills, Michigan 91 .... FF4 560 - £458 - **$789**

ROED Holger 1846-1874 [1]
- Selvportraet - Red chalk København 94 .... FF3 220 - £370 - **$551**

ROED Jørgen 1808-1888 [16]
- Dreng i grø bluse stående - Oil/canvas København 94 .... FF18 230 - £2 193 - **$3,380**

ROëDE Jan 1914 [8]
- Stillevend meisje - Oil/board (68x55cm-27x22in) Amsterdam 95 .... FF12 600 - £1 610 - **$2,570**

ROEDEL 1859-1900 [4]
- Moulin de la Galette - Poster (124x90cm-49x35in) New-York 94 .... FF5 720 - £671 - **$1,000**

ROEDER Emy 1890-1971 [14]
- Campanische Bergziegen - Bronze (15cm-6in) Köln 96 .... FF32 200 - £4 020 - **$6,220**
- Einsame Ziege - Drawing (21x29cm-8x11in) Heidelberg 93 .... FF4 375 - £511 - **$719**

ROEDER Max 1866-1947 [4]
- Herbstliche Landschaft mit Teich - Öl/Leinwand (85x120cm-33x47in) Stuttgart 94 .... FF6 120 - £714 - **$1,073**
- Acropolis, Athens - Oil/canvas (115x181cm-45x71in) London 97 .... FF109 489 - £12 000 - **$19,216**

ROEDERSTEIN Ottilie Wilhelmine 1859-1937 [9]
- Erste Frühlingsblumen - Oil/canvas (47x36cm-19x14in) Zofingen 92 .... FF10 410 - £1 064 - **$1,834**

ROEDIG Johannes Christian 1750-1802 [3]
- Mixed flowers - Oil/canvas (91x75cm-36x30in) New-York 92 .... FF144 300 - £15 100 - **$26,000**

ROEDLER Jakob 1806-1862 [1]
- Der erlegte Hirsch - Öl/Kupfer (12x15cm-5x6in) Wien 94 .... FF5 830 - £685 - **$1,038**

ROEGGE Wilhelm 1870-c.1934 [5]
- Rosen - Öl/Leinwand (58x48cm-23x19in) München 94 .... FF14 400 - £1 707 - **$2,663**

ROEHN Adolphe 1780-1867 [4]
- Le charlatan - Huile/toile (34x45cm-13x18in) Paris 89 .... FF27 000 - £2 845 - **$4,545**

ROEHN Jean-Alphonse 1799-1864 [6]
- La chute du chat - Huile/toile (54x67cm-21x26in) Monaco 94 .... FF48 000 - £5 670 - **$8,620**

ROEHR Peter 1944-1968 [3]
- FO-62 - Photomontage/paper/hardboard (29x29cm-11x11in) Düsseldorf 93 .... FF33 900 - £4 050 - **$6,520**

ROEKENS van Paulette 1896-? [2]
- Newport street scene - Oil/canvas (38x51cm-15x20in) Mystic, Connecticut 92 .... FF9 940 - £1 017 - **$1,750**

ROELAND Jannes 1935 [2]
- Two figures - Oil/canvas (60x70cm-24x28in) Amsterdam 95 .... FF2 510 - £320 - **$514**

ROELANDSE Joannes Cornelis 1888-? [4]
- Enkhuizen - Oil/canvas/panel (49x69cm-19x27in) Amsterdam 96 .... FF2 723 - £341 - **$526**

ROELOFS Albert 1877-1920 [8]
- In the studio - Oil/board (24x19cm-9x7in) Amsterdam 93 .... FF33 150 - £3 960 - **$6,380**

ROELOFS Willem 1822-1897 [89]
- Angler in a rowingboat - Oil/panel (35x50cm-14x20in) Amsterdam 97 .... FF24 277 - £2 626 - **$4,236**
- Canal de Hollande - Oil/canvas/panel (25x42cm-10x17in) Amsterdam 97 .... FF96 760 - £10 229 - **$16,603**
- Riverlandscape with a rainbow - Oil/canvas (47x74cm-19x29in) Amsterdam 94 .... FF177 000 - £20 530 - **$30,450**
- Occupation dominicale - Aquarelle/papier (45x54cm-18x21in) Antwerpen 93 .... FF32 960 - £3 940 - **$6,730**

ROELOFS Willem Elisa 1874-1940 [23]
- Flowers in a Vase - Oil/canvas/board (33x23cm-13x9in) Amsterdam 97 .... FF6 002 - £639 - **$1,044**
- Summerflowers in a vase - Oil/canvas (99x70cm-39x28in) Amsterdam 93 .... FF19 860 - £2 340 - **$3,770**
- Shell and flowers in a copper vase - Gouache/paper (70x53cm-28x21in) Amsterdam 92 .... FF2 276 - £234 - **$438**

ROELOFSEN Jacobus Jan 1873-1951 [1]
- Grapes, apples, chestnuts - Oil/canvas (76x106cm-30x42in) Amsterdam 91 .... FF3 626 - £360 - **$630**

R

ROELOFSZ Charles 1897-1962 [6]
🖼 *Guard house* - Oil/canvas (63x54cm-25x21in) Amsterdam 90 .... FF11 440 - £1 170 - **$2,258**
✎ *Woman combing her hair* - Crayon (63x62cm-25x24in) Amsterdam 90 .... FF22 600 - £2 311 - **$4,461**
ROEPEL Coenraet 1678-1748 [8]
🖼 *Flowers in a glass vase* - Oil/canvas (40x32cm-16x13in) New-York 92 .... FF193 400 - £19 870 - **$36,000**
ROERICH Nicolaj Konstantinov 1874-1947 [19]
🖼 *Pemaionchi* - Tempera/panel (30x40cm-12x16in) London 96 .... FF23 400 - £3 000 - **$4,640**
🖼 *Tmutarakan* - Tempera/canvas (61x92cm-24x36in) London 96 .... FF210 600 - £27 000 - **$41,800**
🖼 *Old man and old woman* - Gouache (38x38cm-15x15in) Moscow 94 .... FF29 100 - £3 365 - **$4,960**
ROERMEESTER Gerardus Johannes 1844-1936 [10]
🖼 *River landscape* - Oil/canvas (50x70cm-20x28in) Amsterdam 95 .... FF3 135 - £400 - **$642**
✎ *Ships on a lake* - Watercolour (24x34cm-9x13in) Amsterdam 96 .... FF1 507 - £178 - **$296**
ROESCH Carl 1884-1979 [14]
🖼 *Kartoffelernte* - Öl/Karton (17x23cm-7x9in) Bern 94 .... FF26 260 - £3 040 - **$4,520**
✎ *Arbeit auf dem Felde* - Aquarell (20x24cm-8x9in) Zürich 96 .... FF6 360 - £825 - **$1,260**
ROESCH Kurt 1905-? [1]
🖼 *Insects* - Oil/canvas (61x85cm-24x33in) San Francisco-Los Angeles 93 .... FF4 950 - £621 - **$900**
ROESCH Peter 1950 [2]
✎ *Ohne Titel* - Mischtechnik/Papier (28x40cm-11x16in) Luzern 92 .... FF3 235 - £387 - **$623**
ROESELER August 1866-1934 [2]
🖼 *Der fröhliche Weintrinker* - Öl/Leinwand (43x38cm-17x15in) Frankfurt 95 .... FF9 970 - £1 243 - **$2,013**
ROESEN Severin 1810-1871 [24]
🖼 *Bird's Nest* - Oil/canvas (91x74cm-36x29in) New-York 97 .... FF1 - £180 717 - **$295,000**
Basket and fruit - Oil/canvas (40x50cm-16x20in) New-York 97 .... FF110 916 - £11 667 - **$19,000**
Bountiful Nature - Oil/canvas/board (43x70cm-30x40in) New-York 96 .... FF219 200 - £25 400 - **$42,000**
ROESSING Henry de Buys 1899-? [3]
🖼 *L'arbre dans le parc* - Oil/panel (77x104cm-30x41in) London 96 .... FF12 470 - £1 600 - **$2,460**
ROESSINGH Louis Albert 1873-1951 [17]
🖼 *Landscape at sundown* - Oil/panel (12x16cm-5x6in) Amsterdam 97 .... FF2 427 - £262 - **$423**
Er was eens een koning... - Huile/toile (76x102cm-30x40in) Antwerpen 93 .... FF26 500 - £3 230 - **$4,720**
ROESSLER Georg 1861-1925 [19]
🖼 *Weintrinkender Mönch* - Oil/panel (23x18cm-9x7in) Frankfurt 93 .... FF5 430 - £648 - **$1,044**
Tiroler Bauer - Oil/panel (24x18cm-9x7in) Stuttgart 93 .... FF13 920 - £1 597 - **$2,370**
ROESSLER Jaroslav 1902-1990 [9]
📷 *Beads* - Gelatin silver print (20x15cm-8x6in) New-York 93 .... FF8 850 - £1 007 - **$1,500**
ROESSLER Walter 1882-1916 [17]
🖼 *Bauer mit Pfeife* - Oil/panel (18x14cm-7x6in) Wien 92 .... FF7 220 - £724 - **$1,204**
ROESTRATEN van Pieter Gerritsz 1630-1700 [13]
🖼 *Glass of Wine, Oyster* - Oil/canvas (23x29cm-9x11in) New-York 97 .... FF91 117 - £9 714 - **$16,000**
Frukt och silverföremal - Canvas (62x64cm-24x25in) Stockholm 90 .... FF187 200 - £20 172 - **$33,016**
ROETERINK Reinier Evert 1831-1913 [1]
🖼 *Rosenstrauss in Delfter Vase* - Oil/panel (49x29cm-19x11in) Lindau 94 .... FF13 030 - £1 547 - **$2,410**
ROETTIERS François II 1702-1770 [1]
✎ *Bacchanale* - Encre (18x16cm-7x6in) Paris 92 .... FF4 500 - £461 - **$810**
ROETTIERS François Roettier 1685-1742 [1]
🖼 *Cain and Abel* - Oil/canvas (80x64cm-31x25in) London 96 .... FF23 260 - £3 000 - **$4,550**
ROFFE William John c.1820-c.1890 [3]
🖼 *Coastal village view at low tide* - Oil/canvas (51x76cm-20x30in) Montréal 91 .... FF6 020 - £611 - **$1,087**
ROFFIAEN Jean François Xavier 1820-1898 [25]
🖼 *Mountainous Lake Landscape* - Oil/canvas (53x86cm-21x34in) London 97 .... FF10 899 - £1 200 - **$1,913**
Le lac Wallenstadt - Oil/canvas (71x120cm-28x47in) London 92 .... FF88 000 - £9 000 - **$15,520**
ROFFIGNAC de Martial 1845-1904 [1]
🗿 *Deux chiens de chasse* - Bronze (28cm-11in) Paris 90 .... FF9 200 - £950 - **$1,624**
ROFFLER Mario 1940 [2]
🖼 *Le mur ensoleillé* - Huile/panneau (60x47cm-24x19in) Zofingen 95 .... FF3 820 - £485 - **$769**
ROFFO Sergio XX [2]
✎ *Beacon hill* - Watercolour/paper (71x97cm-28x38in) Boston, Mass. 92 .... FF4 830 - £494 - **$850**
ROGANEAU François Maurice 1883-1974 [6]
🖼 *Saint-Étienne-de-Baïgorry* - Huile/panneau (46x41cm-18x16in) Bordeaux 96 .... FF15 500 - £1 943 - **$2,996**
ROGER Adolphe 1800-1880 [3]
🖼 *Duc d'Orléans, Citadelle d'Anvers, 1832* - Huile/toile (52x62cm-20x24in) Monaco 96 .... FF24 000 - £2 755 - **$4,580**
ROGER Eugène 1807-1840 [3]
✎ *Cathédrale de Sienne* - Aquarelle (15x23cm-6x9in) Paris 94 .... FF5 500 - £655 - **$1,036**
ROGER François 1843-1898 [2]
🗿 *Joueur de bilboquet* - Bronze (64cm-25in) Paris 90 .... FF15 000 - £1 554 - **$2,636**
ROGER Guillaume G. 1867-1943 [7]
🖼 *Moulin en Hollande* - Huile/toile (55x74cm-22x29in) Paris 96 .... FF6 000 - £772 - **$1,190**
Campo Santa Maria Formosa, Venise
Huile/toile (54x73cm-21x29in) Verrières-Le-Buisson 90 .... FF30 000 - £3 191 - **$5,367**
✎ *Jeune bretonne près du berceau* - Pastel (48x72cm-19x28in) Brest 89 .... FF7 500 - £790 - **$1,263**
ROGER Suzanne 1899-1986 [67]
🖼 *Roses* - Huile/toile (27x35cm-11x14in) Versailles 94 .... FF5 800 - £686 - **$1,042**
✎ *Maison en banlieue* - Huile/toile (73x60cm-29x24in) Paris 91 .... FF30 000 - £3 023 - **$5,206**
✎ *La ronde des enfants* - Aquarelle (63x48cm-25x19in) Paris 97 .... FF4 500 - £489 - **$791**

R

ROGER-BLOCHE Paul Roger 1865-1943 [2]
🏛 *L'Enfant* - Bronze (29cm-11in) La Varenne Saint-Hilaire 96.. FF**3 500** - £451 - **$694**
Le Froid - Bronze (56cm-22in) Montréal 92.. FF**12 040** - £1 218 - **$2,313**
ROGER-HAB Simonne 1906-1974 [1]
🖾 *La joueuse en rouge* - Huile/toile (55x33cm-22x13in) Paris 89.. FF**16 000** - £1 636 - **$2,572**
ROGERS Annette 1841-1920 [1]
🖾 *Spring landscape* - Oil/canvas (61x76cm-24x30in) Mystic, Connecticut 96.. FF**2 220** - £291 - **$450**
ROGERS Art 1948 [1]
📷 *Puppies/Miss Burrill's Science Class* - Gelatin silver print (33x43cm-13x17in) New-York 92....... FF**4 410** - £513 - **$900**
ROGERS Charles A. 1840-1913 [1]
🖾 *Fishmonger's Shop, San Francisco*
    Oil/canvas/board (46x30cm-18x12in) New Orleans, Louisiana 93.. FF**5 310** - £604 - **$900**
ROGERS Charles B. 1911 [3]
🖉 *Southwest Ridge* - Watercolour/paper (30x46cm-12x18in) Baton Rouge, Louisiana 94............... FF**2 570** - £300 - **$450**
ROGERS Claude 1907-1979 [12]
🖾 *Vauxhall* - Oil/canvas (46x61cm-18x24in) London 93.. FF**25 600** - £3 200 - **$4,640**
Hannibal's - Oil/board (61x51cm-24x20in) London 92.. FF**50 300** - £6 000 - **$9,660**
ROGERS Florence M. XIX-XX [1]
🖾 *Sculling race along the lakeshore* - Oil/canvas (38x76cm-15x30in) Toronto 96.......................... FF**7 600** - £968 - **$1,462**
ROGERS John 1829-1904 [5]
🏛 *The Favored Scholar* - Plaster (53cm-21in) North Bethesda, MD. 91.. FF**3 296** - £330 - **$543**
The Shaughraun and Tatters - Marble (49cm-19in) New-York 96.......................... FF**125 300** - £14 500 - **$24,000**
ROGERS Nathaniel 1788-1844 [1]
🖉 *Portrait of a lady/...of a gentleman* - Miniature (7cm-3in) New-York 92.. FF**17 550** - £1 794 - **$3,250**
ROGERS Phillip Hutchins 1796-1853 [6]
🖾 *Oyster boys discussing, Devon* - Oil/canvas (49x49cm-19x19in) London 95.. FF**24 000** - £3 100 - **$4,945**
ROGERS Randolph John 1825-1892 [7]
🏛 *The Sacrifice of Isaac* - Marble (110cm-43in) New-York 96.. FF**28 340** - £3 550 - **$5,500**
ROGERS William Allen 1854-1931 [2]
🖾 *Gold Mining, Cripple Creek*
    Oil/panel (42x32cm-17x13in) San Francisco-Los Angeles 96.. FF**11 660** - £1 462 - **$2,250**
📷 *Hands/Instruments/Peach/Coins* - Photograph (33x25cm-13x10in) New-York 90................. FF**32 900** - £3 545 - **$5,802**
ROGERS William P. XIX [9]
🖾 *Heading out to sea/Fishermen* - Oil/canvas (41x61cm-16x24in) London 94.......................... FF**8 100** - £950 - **$1,418**
🖉 *Children shrimping* - Watercolour (71x104cm-28x41in) Bath 92.. FF**7 740** - £900 - **$1,580**
ROGGE Cornelius Johannes [3]
🖾 *Stille Nacht* - Etching (19x24cm-7x9in) Bremen 92.. FF**1 862** - £217 - **$380**
ROGGE Emy 1866-? [3]
🖾 *Frühlingslandschaft bei Worpswede* - Öl/Leinwand (59x80cm-23x31in) Hamburg 97.......... FF**3 370** - £360 - **$587**
ROGGEMAN Fons 1939 [5]
🖾 *La cuisine* - Huile/toile (100cm-39x39in) Bruxelles 97.. FF**5 882** - £637 - **$1,040**
🖉 *Zelfportret* - Dessin (47x37cm-19x15in) Lokeren 91.. FF**3 950** - £398 - **$685**
ROGGEVEEN Jan Hendrik 1888-1955 [1]
🖉 *Laren in winter* - Pencil (100x75cm-39x30in) Amsterdam 93.. FF**2 863** - £342 - **$551**
ROGHMAN Roeland 1597-1686 [8]
🖉 *Castle of Wijnestein, Utrecht* - Black chalk (35x45cm-14x18in) Amsterdam 93.......... FF**153 500** - £17 400 - **$25,930**
ROGI ANDRÉ Rosa Klein 1905-1970 [6]
📷 *Pablo Picasso* - Gelatin silver print (38x28cm-15x11in) New-York 92.......................... FF**14 700** - £1 707 - **$3,000**
ROGIER Camille 1810-1896 [38]
🖾 *Jeunes femmes au puits* - Huile/panneau (35x11cm-14x4in) Paris 90.......................... FF**40 000** - £4 310 - **$7,055**
🖉 *Dame debout, Syrie* - Encre (28x18cm-11x7in) Paris 95.. FF**4 500** - £570 - **$905**
🖉 *Ecole coranique au Liban* - Encre (16x23cm-6x9in) Paris 95.. FF**11 500** - £1 457 - **$2,313**
ROGISTER von Marie-Louise 1899-1991 [3]
🖾 *Ohne Titel* - Oil/panel (38x46cm-15x18in) Köln 96.. FF**9 510** - £1 084 - **$1,820**
ROGNONI Franco 1913 [38]
🖾 *Personaggi* - Olio/carta (30x20cm-12x8in) Milano 93.. FF**9 960** - £1 020 - **$1,755**
Città - Olio/tela (100x81cm-39x32in) Milano 94.. FF**33 200** - £3 920 - **$6,270**
🖉 *Donna con cappellino* - Tecnica mista/carta (28x22cm-11x9in) Milano 92.......................... FF**7 750** - £921 - **$1,490**
ROGUIER Henri Victor 1758-? [1]
🏛 *Duc de La Rochefoucault* - Plâtre (64cm-25in) Paris 92.. FF**14 000** - £1 437 - **$2,602**
ROGY Eugène XIX-XX [1]
🖉 *Jeune fille aux bulles de savon* - Aquarelle (31x22cm-12x9in) Paris 90.......................... FF**1 800** - £194 - **$317**
ROGY Georges 1897-1981 [8]
🖾 *Thé au salon* - Huile/toile (74x100cm-29x39in) Lokeren 95.. FF**13 380** - £1 760 - **$2,687**
ROH Franz 1890-1965 [13]
📷 *Architecture* - Gelatin silver print (13x20cm-5x8in) New-York 95.. FF**9 700** - £1 246 - **$2,000**
ROHACS Hermine 1897-? [2]
🖾 *Aus Dürnstein, Wachau* - Öl/Leinwand (89x69cm-35x27in) Wien 93.......................... FF**8 170** - £977 - **$1,573**
🖉 *Dürnstein an der Donau* - Aquarell/Papier (20x25cm-8x10in) Wien 95.......................... FF**4 990** - £630 - **$996**
ROHAN Josef Prinz 1854-1926 [1]
🖾 *Blumentopf auf rotem Tisch* - Oil/cardboard (69x70cm-27x28in) Wien 90.......................... FF**7 700** - £819 - **$1,377**

R

ROHAN-CHABOT de Joy [2]
🖼 *Dans un miroir* - Huile/toile (73x60cm-29x24in) Paris 90 .... FF**3 800** - £407 - **$661**
ROHDE Carl 1806-1873 [1]
🖼 *G. Wilh. Anton de Goutton* - Oil/canvas (27x22cm-11x9in) København 90 .... FF**13 200** - £1 368 - **$2,320**
ROHDE Frederik N. 1816-1886 [36]
🖼 *Amalfi* - Oil/canvas (22x27cm-9x11in) København 95 .... FF**4 254** - £543 - **$837**
A barn in a snowy landscape - Oil/canvas (36x44cm-14x17in) Warszawa 96 .... FF**11 020** - £1 381 - **$2,150**
Market square, Lago di Garda - Oil/canvas (37x51cm-15x20in) London 96 .... FF**34 060** - £4 000 - **$6,700**
ROHDE Johan 1856-1935 [32]
🖼 *Kanparti, København* - Oil/canvas (97x128cm-38x50in) København 96 .... FF**5 500** - £706 - **$1,085**
ROHDE Viggo 1900-1976 [1]
🖼 *Brolaegger* - Oil/canvas (110x120cm-43x47in) København 95 .... FF**2 485** - £322 - **$506**
ROHDE Werner 1906-1990 [11]
📷 *Riverbank, Paris* - Gelatin silver print (15x10cm-6x4in) New-York 92 .... FF**5 680** - £581 - **$1,000**
✏ *Weiblicher Akt* - Gouache/papier (63x48cm-25x19in) Bremen 93 .... FF**8 420** - £1 014 - **$1,645**
ROHDEN von Franz 1817-1903 [2]
🖼 *The Nativity* - Oil/canvas (265x189cm-104x74in) London 91 .... FF**31 740** - £3 221 - **$5,733**
✏ *Verstossung der Hagar* - Pencil/paper (32x41cm-13x16in) Heidelberg 95 .... FF**1 810** - £235 - **$377**
ROHDEN von Johann Martin 1778-1868 [1]
🖼 *Umgebung von Rom* - Öl/Leinwand (11x161cm-4x63in) Köln 96 .... FF**44 000** - £5 160 - **$8,640**
ROHEN Adolphe Eug. G. 1780-1867 [1]
🖼 *Portrait de trois enfants* - Huile/toile (80x65cm-31x26in) Paris 95 .... FF**35 000** - £4 600 - **$7,020**
RÖHL Maria Roehl 1801-1875 [2]
✏ *Damporträtt* - Charcoal/paper (19x16cm-7x6in) Stockholm 95 .... FF**2 410** - £316 - **$490**
RÖHL Peter Karl 1890-1975 [31]
🖼 *Kleines Dorf bei Weimar* - Öl/Leinwand (56x82cm-22x32in) Heidelberg 93 .... FF**7 800** - £932 - **$1,500**
✏ *Weiblicher Akt (3)/Männlicher Kopf* - Ink (43x33cm-17x13in) Köln 97 .... FF**5 407** - £568 - **$925**
Komposition - Gouache (26x19cm-10x7in) München 96 .... FF**18 640** - £2 340 - **$3,600**
RÖHL-KIERRMAN Maria Cristina 1801-1875 [1]
✏ *Large urn of assorted flowers* - Akvarell (54x42cm-21x17in) Stockholm 96 .... FF**6 140** - £722 - **$1,208**
ROHLFS Christian 1849-1938 [255]
🖼 *Alte frau vor Heugarbe* - Öl/Leinwand (41x31cm-16x12in) Köln 97 .... FF**54 072** - £5 683 - **$9,257**
Park an der Ilm - Öl/Leinwand (50x77cm-20x30in) Berlin 97 .... FF**104 899** - £11 140 - **$18,272**
Thüringische Landschaft - Öl/Leinwand (48x61cm-19x24in) Berlin 97 .... FF**217 569** - £23 106 - **$37,899**
Friedhofsmauer in Weimar - Öl/Leinwand (41x51cm-16x20in) Berlin 97 .... FF**341 894** - £36 310 - **$59,556**
Dinkelsbühl - Tempera/canvas (101x75cm-40x30in) Berlin 97 .... FF**1 878 45e +06** - £115 533 - **$189,497**
📷 *Drei Frauen* - Linocut (20x20cm-8x8in) Berlin 97 .... FF**29 139** - £3 094 - **$5,075**
📷 *Die Heiligen Drei Könige* - Wood (39x26cm-15x10in) München 92 .... FF**32 200** - £3 850 - **$6,200**
✏ *Beeren* - Chalks/paper (37x28cm-15x11in) Köln 96 .... FF**13 600** - £1 550 - **$2,600**
Puppe - Aquarelle (27x37cm-11x15in) Köln 97 .... FF**23 656** - £2 486 - **$4,050**
Das Ahrenmännchen - Aquarelle (62x46cm-24x18in) Köln 97 .... FF**77 728** - £8 169 - **$13,307**
Der Gelbe Berg - Tempera/paper (57x79cm-22x31in) Berlin 94 .... FF**515 000** - £61 600 - **$96,300**
RÖHLING Carl 1849-1922 [3]
📷 *Bernicht Hebt.* - Etching (69x152cm-27x60in) Detroit, Michigan 93 .... FF**2 200** - £260 - **$400**
RÖHLING Ernst August 1845-1887 [1]
🖼 *Der Schlafende Troubadur* - Oil/canvas (113x91cm-44x36in) Köln 92 .... FF**9 500** - £1 134 - **$1,827**
RÖHM Hans 1877-? [2]
🖼 *Der fahrende Mann* - Oil/panel (40x40cm-16x16in) Lindau 93 .... FF**9 320** - £1 114 - **$1,794**
ROHMAN Eric 1891-1949 [1]
📷 *Natten Tillhör Oss.* - Poster (100x70cm-39x28in) New-York 96 .... FF**11 400** - £1 470 - **$2,200**
ROHMEYER Wilhelm Heinrich 1882-1936 [1]
🖼 *Blumenstrauss auf Karotischdecke* - Oil/cardboard (72x91cm-28x36in) Bremen 92 .... FF**2 204** - £264 - **$424**
ROHNER Georges 1913 [91]
🖼 *L'Entrée du port* - Huile/toile (46x65cm-18x26in) Paris 97 .... FF**11 000** - £1 206 - **$1,931**
Nature morte aux livres - Huile/toile (46x55cm-18x22in) Arles 93 .... FF**41 000** - £4 940 - **$7,450**
Bateaux au port - Huile/toile (60x91cm-24x36in) Fontainebleau 92 .... FF**74 000** - £7 570 - **$13,030**
✏ *Barques au port* - Aquarelle (37x54cm-15x21in) Paris 92 .... FF**7 200** - £740 - **$1,385**
ROHNER Hans 1898-1972 [1]
✏ *Davoser Landschaft* - Aquarell (63x48cm-25x19in) Luzern 89 .... FF**7 800** - £798 - **$1,254**
ROHRHIRSCH Karl 1875-1954 [22]
🖼 *Postkutsche vor einem Gasthof* - Oil/panel (18x14cm-7x6in) Köln 94 .... FF**5 490** - £658 - **$1,066**
RÖHRICHT Wolf, Walter 1886-1953 [23]
🖼 *Nordafrikanisches Dorf* - Öl/Leinwand (81x60cm-32x24in) München 95 .... FF**10 570** - £1 350 - **$2,170**
✏ *Dorfstrasse* - Watercolour (49x39cm-19x15in) Berlin 96 .... FF**3 400** - £387 - **$650**
RÖHRIG Walter XIX-XX [4]
🖼 *Verschneite Stadtansicht* - Öl/Leinwand (44x52cm-17x20in) Düsseldorf 96 .... FF**3 446** - £446 - **$690**
ROHWEDDER Heinrich 1936 [2]
Katze - Bronze (18x50cm-7x20in) München 91 .... FF**8 550** - £878 - **$1,590**
ROIDOT Henri 1877-1960 [39]
🖼 *Retour à la ferme* - Huile/toile (40x50cm-16x20in) Bruxelles 97 .... FF**5 238** - £573 - **$915**
Mare Saint-Eloi à Linkebeek - Huile/toile (80x120cm-31x47in) Bruxelles 96 .... FF**15 970** - £1 990 - **$3,084**
Vieille ferme à Linkebeek - Huile/toile (59x88cm-23x35in) Bruxelles 95 .... FF**42 000** - £5 470 - **$8,610**
ROIG I SOLER Joan 1852-1909 [5]
🖼 *La cacharrería* - Oleo/tabla (42x31cm-17x12in) Madrid 91 .... FF**70 400** - £7 112 - **$13,975**

Calle de las Muñecas - Oil/canvas (80x60cm-31x24in) New-York 96.............................. FF**259 600** - £33 100 - **$50,000**

ROIG Pablo 1879-1955 [5]
Vase de fleurs - Huile/panneau (31x37cm-12x15in) Bruxelles 96 .... FF**5 930** - £754 - **$1,140**
Femme vue de dos - Aquarelle, gouache (29x23cm-11x9in) Bruxelles 96.................. FF**2 470** - £314 - **$475**

ROILOS George 1867-1928 [4]
The Farm - Oil/canvas (160x110cm-31x43in) Athens 96.. FF**42 400** - £5 470 - **$8,200**

ROJAC Roger XX [3]
Fric-frac - Poster (160x119cm-63x47in) London 96.. FF**4 240** - £550 - **$838**

ROJAS Elmar 1937 [13]
El paseo - Acrylic (107x98cm-42x39in) New-York 97 .... FF**126 291** - £13 411 - **$22,000**
Galería de los Espantapájaros - Oil/canvas (146x130cm-57x51in) New-York 95 .... FF**127 500** - £15 920 - **$25,000**
Grato amanecer - Acrylic (150x129cm-59x51in) New-York 97 .... FF**160 367** - £17 094 - **$28,000**

ROJAS Josep 1897-? [1]
Exposicion International, Barcelona - Poster (98x70cm-39x28in) London 96 .... FF**4 710** - £600 - **$906**

ROJKA Friedrich, Fritz 1878-1939 [15]
Grünem Krug - Oil/canvas (18x15cm-7x6in) Wien 95 .... FF**14 900** - £1 830 - **$2,906**

ROKA Charlies 1912 [2]
Mor och dotter - Oil/canvas (80x64cm-31x25in) Söderköping 92.............................. FF**5 190** - £531 - **$1,017**

ROL Cornelis 1877-1963 [1]
Extensive river landscape - Oil/canvas (30x50cm-12x20in) Amsterdam 95 .... FF**5 560** - £672 - **$1,046**

ROLAND DE LA PORTE Henri Horace 1724-1793 [5]
Eggs, half a loaf of bread... - Oil/canvas (38x47cm-15x19in) London 96 .... FF**605 000** - £70 000 - **$115,800**

ROLAND Fernand 1920 [2]
Composition jaune - Mixed media/panel (72x72cm-28x28in) La Varenne Saint-Hilaire 90 .... FF**5 500** - £585 - **$984**
Composition au sable bleu - Collage (65x70cm-26x28in) La Varenne Saint-Hilaire 90 .... FF**4 400** - £471 - **$765**

ROLAND Flory 1905-1982 [6]
Printemps - Huile/carton (60x49cm-24x19in) Bruxelles 93 .... FF**4 940** - £591 - **$1,010**

ROLAND HOLST-DE MEESTER Annie 1893 [2]
P.C. Boutens - Pencil/paper (11x10cm-4x4in) Amsterdam 92.................................. FF**4 820** - £576 - **$928**

ROLAND Philippe Laurent 1746-1816 [3]
Le Serment d'Amour - Marbre (71x50x23cm-28x20x9in) Paris 91 .... FF**385 000** - £38 491 - **$63,407**

ROLAND François Laurent 1842-1912 [2]
Monnaie de Singe - Bronze (89cm-35in) New-York 96... FF**33 750** - £4 300 - **$6,500**

ROLDAN Enrique XIX-XX [16]
Patio à l'Alhambra - Huile/panneau (31x23cm-12x9in) Paris 94 .... FF**15 000** - £1 745 - **$2,600**
Patio granadino - Acuarela (72x49cm-28x19in) Madrid 94.................................... FF**8 240** - £988 - **$1,600**

ROLDAN Ignacio 1946 [8]
La balanza - Oleo/lienzo (65x81cm-26x32in) Madrid 93 .... FF**4 230** - £504 - **$765**

ROLDIN Y MARTINEZ José 1808-1871 [1]
Scene in Seville - Oil/canvas (102x79cm-40x31in) Mystic, Connecticut 93 .... FF**9 350** - £1 173 - **$1,700**

ROLET Christian 1945 [20]
Composition - Huile/toile (162x130cm-64x51in) Antwerpen 91 .... FF**4 320** - £442 - **$830**
Figure couchée - Gouache (40x44cm-16x17in) Antwerpen 91 .... FF**1 660** - £170 - **$319**

ROLF Lars 1923 [4]
Konkret komposition - Oil/canvas (64x88cm-25x35in) Stockholm 90 .... FF**7 000** - £723 - **$1,237**

ROLFE Alexander F. 1815-1907 [3]
Family of partridges - Oil/canvas (58x84cm-23x33in) Tring, Hertfordshire 92 .... FF**39 100** - £4 000 - **$6,880**

ROLFE Henry Leonidas c.1820-c.1890 [29]
The day's catch - Oil/canvas (30x45cm-12x18in) London 96 .... FF**16 200** - £1 900 - **$2,880**
Salmon on the riverbank - Oil/canvas (65x85cm-26x33in) Glasgow 96 .... FF**62 200** - £7 200 - **$11,910**

ROLFSEN Alf 1895-1979 [5]
Landskap med elveparti - Oil/canvas (54x65cm-21x26in) Oslo 93 .... FF**7 200** - £837 - **$1,237**

RÖLING Gérard, Gé 1904-1954 [5]
Landschap met vissers in Taormina - Oil/board (44x67cm-17x26in) Amsterdam 97 .... FF**7 492** - £787 - **$1,287**
Still life - Oil/panel (30x40cm-12x16in) Amsterdam 96 .... FF**45 300** - £5 240 - **$8,670**

RÖLING Marte 1940 [7]
A Table - Wood (74x145cm-29x57in) Amsterdam 97 .... FF**14 061** - £1 474 - **$2,412**

RÖLING Matthijs 1943 [2]
Interieur bij lamplicht - Oil/canvas (71x70cm-28x28in) Amsterdam 95 .... FF**50 400** - £6 430 - **$10,280**

ROLL Alfred 1846-1919 [16]
Nu sur un banc - Huile/toile (38x46cm-15x18in) Paris 95....................................... FF**3 300** - £416 - **$654**
A summer's Day - Oil/panel (80x100cm-31x39in) New-York 96 .... FF**62 750** - £6 763 - **$11,000**
Etude de femme - Sanguine (42x31cm-17x12in) Pontoise 97 .... FF**2 000** - £218 - **$350**

ROLL Jean 1921 [4]
Nature morte - Huile/toile (81x100cm-32x39in) Genève 96 .... FF**5 170** - £598 - **$990**

ROLLA Adolfo Giuseppe 1899-1967 [3]
Paesaggio invernale - Olio/tela (69x59cm-27x23in) Milano 92 .... FF**7 750** - £921 - **$1,490**

ROLLAN Jordi 1940 [5]
Desnudo femenino - Oleo/lienzo (100x81cm-39x32in) Madrid 97 .... FF**9 000** - £967 - **$1,575**

ROLLAND Auguste 1797-1859 [6]
La clairière, 1844 - Pastel (38x46cm-15x18in) Barbizon 90 .... FF**16 000** - £1 653 - **$2,827**

R

ROLLAND Henri Paul 1891-1923 [4]
Au parc - Huile/panneau (30x27cm-12x11in) Arles 96 .... FF5 100 - £662 - **$1,008**
ROLLE August H.O. 1875-1941 [2]
Autumn Rock Creek - Oil/masonite (48x58cm-19x23in) North Bethesda, MD. 91 .... FF49 400 - £4 918 - **$8,495**
ROLLER Alfred 1864-1935 [3]
XIV. Ausstellung - Poster (204x79cm-80x31in) New-York 95 .... FF303 000 - £38 200 - **$60,000**
ROLLET Louis Marcel Ed. 1895-1988 [5]
Yokohama, Japon - Oil/panel (61x49cm-24x19in) Paris 92 .... FF6 200 - £635 - **$1,092**
ROLLIER Charles 1912-1968 [15]
Carbha I - Öl/Leinwand (96x90cm-38x35in) Zürich 94 .... FF26 640 - £3 180 - **$5,120**
Modèle assis à la jupe noire - Encre Chine (66x48cm-26x19in) Genève 89 .... FF2 000 - £211 - **$337**
ROLLINS & K.O.S. Tim 1955 [20]
Red badge of Courage XIII - Mixed media (61x91cm-24x36in) New-York 92 .... FF38 360 - £3 923 - **$7,000**
Study for Amerika VIII - Watercolour (152x122cm-60x48in) New-York 93 .... FF61 500 - £7 290 - **$12,000**
ROLLINS Warren Eliphalet 1861-1962 [12]
Desert Dawn - Oil/canvas (51x86cm-20x34in) San Francisco-Los Angeles 94 .... FF13 300 - £1 510 - **$2,250**
Standing indian - Oil/canvas (91x61cm-36x24in) San Francisco-Los Angeles 90 .... FF97 200 - £10 041 - **$17,173**
ROLLINSON Sunderland 1872-? [2]
Robin Hood Bay - Watercolour (11x9cm-4x4in) Penzance, Cornwall 93 .... FF2 324 - £280 - **$406**
ROLLMANN Julius 1827-1865 [1]
An alpine landscape - Oil/canvas (106x137cm-42x54in) London 90 .... FF36 800 - £3 802 - **$6,502**
ROLLOF Alfred 1879-? [1]
Pferde, die sich zusammendrängen - Öl/Leinwand (97x121cm-38x48in) München 94 .... FF13 600 - £1 587 - **$2,384**
ROLPH Joseph Thomas 1831-1916 [4]
The boathouse - Watercolour (36x47cm-14x19in) Montréal 95 .... FF2 162 - £274 - **$435**
ROLSHOVEN Julius C. 1858-1930 [15]
Church interior, Assisi - Oil/canvas (93x84cm-37x33in) London 93 .... FF3 320 - £400 - **$580**
A Florentine interior - Oil/panel (81x64cm-32x25in) New-York 93 .... FF20 650 - £2 350 - **$3,500**
Coming of the Spanish - Gouache/papier (94x71cm-37x28in) New-York 89 .... FF31 500 - £3 043 - **$4,780**
ROLT Vivian 1874-1933 [2]
The Sussex Downs - Watercolour (46x30cm-18x12in) Driffield, East Yorkshire 92 .... FF1 760 - £180 - **$345**
ROM Per 1903-1985 [5]
Komposisjon - Oil/panel (46x55cm-18x22in) Oslo 92 .... FF2 605 - £267 - **$459**
ROMAGNESI Joseph Antoine 1776-c.1835 [1]
Buste du Roi Louis XVIII - Plâtre (82cm-32in) Paris 93 .... FF2 500 - £302 - **$455**
ROMAGNOLI Giovanni 1893-1976 [2]
Girl eating fruit - Oil/canvas (79x66cm-31x26in) Chicago 93 .... FF71 500 - £8 960 - **$13,000**
ROMAGNOLI Maria 1944 [2]
Chat assis - Bronze (40cm-16in) La Varenne Saint-Hilaire 94 .... FF10 000 - £1 185 - **$1,848**
ROMAGNONI Bepi 1930-1964 [17]
Paesaggio - Olio/tela (80x100cm-31x39in) Milano 94 .... FF21 960 - £2 465 - **$3,930**
Racconto - Olio/tela (150x150cm-59x59in) Milano 94 .... FF55 400 - £6 410 - **$9,680**
London Story - Tecnica mista/carta (120x100cm-47x39in) Milano 94 .... FF45 200 - £5 340 - **$8,060**
ROMAIN Hippolyte 1947 [9]
Le Mabillon - Huile/toile (72x92cm-28x36in) Paris 89 .... FF16 000 - £1 686 - **$2,694**
Les Elégantes au Pic-Nic - Aquarelle (43x29cm-17x11in) Douai 94 .... FF2 500 - £298 - **$471**
ROMAKO Anton 1832-1899 [23]
Près de la source - Huile/toile (63x50cm-25x20in) Antwerpen 95 .... FF30 100 - £3 960 - **$6,040**
Tochter des Künstlers - Öl/Leinwand (130x100cm-51x39in) Wien 96 .... FF338 000 - £43 550 - **$66,100**
Italienerin - Aquarell Zofingen 93 .... FF19 800 - £2 253 - **$3,360**
ROMAN Max 1849-1910 [2]
Alte Yorkstrasse - Öl/Karton (26x42cm-10x17in) Heidelberg 94 .... FF3 770 - £453 - **$733**
ROMAN Victor 1937 [3]
Table haute - Bronze poli (71x127x229cm-28x50x90in) Paris 97 .... FF21 000 - £2 281 - **$3,683**
ROMAN Viktor 1841-1916 [1]
Kloster Maulbronn - Öl/Leinwand (30x25cm-12x10in) Pforzheim 94 .... FF4 120 - £488 - **$761**
ROMAÑACH Leopoldo 1862-1951 [12]
Cruzando el río - Oil/canvas (34x67cm-13x26in) New-York 92 .... FF88 800 - £9 300 - **$16,000**
ROMANELLI IL VITERBESE Giovanni Francesco 1610-1662 [12]
Jason & Golden Fleece - Black chalk (31x24cm-12x9in) London 97 .... FF234 833 - £24 000 - **$39,969**
ROMANELLI Pasquale 1812-1887 [8]
Rebecca - Marble (79cm-31in) London 97 .... FF46 469 - £5 000 - **$8,169**
Andromeda - Marble (143cm-56in) London 93 .... FF208 500 - £24 000 - **$36,000**
ROMANELLI Raffaelo 1856-1928 [4]
The Water Carrier - Sculpture (127cm-50in) New-York 97 .... FF213 188 - £22 961 - **$37,500**
ROMANELLI Romano 1882-1968 [2]
Shepherd boy with flute - Marble (99cm-39in) Detroit, Michigan 92 .... FF25 560 - £2 615 - **$4,500**
ROMANET Antoine Louis 1742-c.1815 [1]
Les joueurs - Eau-forte (32x38cm-13x15in) Paris 95 .... FF1 600 - £194 - **$301**
ROMANI Juana 1869-1924 [3]
Self-portrait - Oil/panel (128x95cm-50x37in) London 92 .... FF127 000 - £13 000 - **$22,400**
ROMANIDIS Constantinos 1884-1972 [12]
On the waves - Oil/canvas/board (66x108cm-26x43in) Athens 96 .... FF60 000 - £6 950 - **$11,500**

Setting on Fire - Oil/canvas (73x115cm-29x45in) Athens 93 .... FF408 000 - £46 900 - **$70,000**

ROMANITCHEV Alexandre 1919-1989 [43]
Venise, 1967 - Aquarelle/papier (26x28cm-10x11in) Paris 90 .... FF3 000 - £310 - **$530**

ROMANO Daniela 1947 [5]
Signora con barboncino - Olio/tela (70x50cm-28x20in) Vercelli 93 .... FF4 030 - £452 - **$721**

ROMANO Georges XX [2]
Honfleur - Huile/toile (46x55cm-18x22in) Genève 91 .... FF3 090 - £318 - **$576**

ROMANO Giuseppe 1905-? [2]
Fiat - Poster (185x132cm-73x52in) London 96 .... FF5 670 - £700 - **$1,094**

ROMANO Jean-Pierre XX [4]
L'homme à la tête rouge - Acrylique/toile (73x92cm-29x36in) Paris 92 .... FF2 200 - £263 - **$423**

ROMANO Umberto 1905-1984 [4]
Hunter - Oil/canvas (182x101cm-72x40in) Cambridge, Mass. 91 .... FF45 600 - £4 578 - **$7,889**

ROMANY Adèle Romanée 1769-1846 [4]
Demoiselles P. - Huile/toile (118x90cm-46x35in) Paris 94 .... FF210 000 - £24 800 - **$38,700**

ROMANY François Antoine 1756-1839 [1]
A gentleman in blue coat - Miniature (6cm-2in) London 93 .... FF2 800 - £350 - **$508**

ROMATHIER Georges 1927 [20]
Composition - Huile/toile (100x81cm-39x32in) Paris 93 .... FF5 000 - £603 - **$910**

ROMBAUER Janos, Johann, Job 1782-1849 [2]
Russian girl wearing a red sarafan - Oil/canvas (69x51cm-27x20in) London 96 .... FF35 100 - £4 500 - **$6,960**

ROMBAUX Egide 1865-1942 [2]
Églantine - Marbre (60cm-24in) Liège 92 .... FF8 630 - £884 - **$1,520**

ROMBAY Stefan 1888-? [1]
Ungarischer Markt mit regem Treiben - Oil/canvas (67x98cm-26x39in) Stuttgart 89 .... FF13 500 - £1 304 - **$2,049**

ROMBERG DE VAUCORBEIL Maurice 1862-1943 [25]
Caravane à Biskra - Huile/toile (24x78cm-9x31in) Senlis 97 .... FF13 000 - £1 478 - **$2,204**
Porte de Marrakech - Huile/carton (24x32cm-9x13in) Nice 91 .... FF43 000 - £4 299 - **$7,082**
Arrivée d'un Chérif à Meknès - Gouache/papier (39x27cm-15x11in) Paris 97 .... FF10 000 - £1 063 - **$1,723**

ROMBERG Osvaldo 1938 [2]
Composition - Acrylic/canvas (130x130cm-51x51in) Tel Aviv 95 .... FF13 370 - £1 670 - **$2,700**

ROMBOUTS Gillis 1630-c.1672 [3]
Paysage de rivière - Huile/panneau (31x39cm-12x15in) Genève 91 .... FF10 810 - £1 110 - **$2,013**
La foire au village - Huile/panneau (41x35cm-16x14in) Paris 97 .... FF52 000 - £5 454 - **$8,928**

ROMEIN Bernard XX [4]
Untitled - Oil/board (40x40cm-16x16in) Amsterdam 91 .... FF4 060 - £407 - **$677**

ROMEK Arpad 1883-1960 [5]
Limone e porcellena - Olio/tela (64x50cm-25x20in) Trieste 97 .... FF5 440 - £640 - **$960**

RÖMER Oswald 1938 [2]
Auffliegende Enten - Oil/panel (40x30cm-16x12in) Köln 91 .... FF3 040 - £305 - **$502**

ROMER-SHAWHAN Ada 1865-1947 [1]
By the window - Oil/canvas (30x35cm-12x14in) San Francisco-Los Angeles 92 .... FF7 210 - £756 - **$1,300**

ROMERO ARRES Antonio 1923-1990 [1]
Añoranza - Oleo/lienzo (136x132cm-54x52in) Madrid 93 .... FF6 600 - £758 - **$1,125**

ROMERO Danilo XX [3]
Nous, civilisations - Huile/papier (100x70cm-39x28in) Rambouillet 90 .... FF30 000 - £3 021 - **$5,455**

ROMERO DE TORRES Julio 1880-1930 [12]
En la Noche - Oil/canvas (65x42cm-26x17in) New-York 94 .... FF84 200 - £9 940 - **$15,000**
La Buenaventura - Oleo/lienzo (106x163cm-42x64in) Madrid 94 .... FF622 000 - £73 300 - **$110,700**

ROMERO Frank XX [5]
Closing of Whittier Boulevard
  Silkscreen in colors (86x140cm-34x55in) San Francisco-Los Angeles 95 .... FF7 430 - £928 - **$1,500**

ROMERO Manuel 1943 [3]
Gitanos en la fuente - Oleo/tabla (41x98cm-16x39in) Madrid 90 .... FF7 600 - £799 - **$1,322**

ROMERO OROZCO Honorio 1867-1920 [2]
Taller de costura - Huile/toile (200x140cm-79x55in) Madrid 97 .... FF65 600 - £6 570 - **$10,940**

ROMERO RESSENDI Baldomero 1924-1977 [32]
Párajos y mariposas sobre una rama - Oleo/lienzo (61x50cm-24x20in) Madrid 95 .... FF20 240 - £2 526 - **$4,790**
Cabezas de joven - Carbón/papel (32x22cm-13x9in) Madrid 96 .... FF3 210 - £368 - **$612**

ROMERO Vincent 1956 [15]
Aurélie près du bassin - Pastel/papier (46x55cm-18x22in) Béziers 94 .... FF11 000 - £1 300 - **$1,970**

ROMERO Y BARROS Rafael 1833-1895 [2]
Sevilla - Oil/canvas (62x82cm-24x32in) London 93 .... FF24 900 - £3 000 - **$4,350**

ROMERO Y LOPES José María c.1815-1880 [1]
Baños públicos - Oleo/lienzo (57x42cm-22x17in) Madrid 95 .... FF21 930 - £2 737 - **$5,190**

ROMIJN Gust 1922 [8]
Spaans landschap - Oil/canvas (60x70cm-24x28in) Amsterdam 94 .... FF6 080 - £718 - **$1,082**

ROMIJN Herman Anthony 1892-1959 [1]
A gypsy camp - Oil/canvas (37x49cm-15x19in) Amsterdam 91 .... FF2 856 - £290 - **$516**

ROMITI Gino 1881-1967 [36]
Marina toscana - Olio/tela (50x60cm-20x24in) Milano 95 .... FF9 270 - £1 230 - **$1,890**

R

Ritorno della campagna - Olio/tela (102x140cm-40x55in) Bologna 92 .... FF**49 800** - £5 100 - **$8,770**

ROMITI Romano 1906-1951 [1]
Il concerto - Oil/board (151x101cm-59x40in) New-York 91 .... FF**15 820** - £1 575 - **$2,720**

ROMITI Sergio 1928 [24]
Composizione - Olio/tela (55x75cm-22x30in) Milano 94 .... FF**40 100** - £4 800 - **$7,440**
Composizione - Olio/tela (70x80cm-28x31in) Milano 91 .... FF**104 000** - £10 670 - **$19,360**
Composizione - Tempera/carta (35x50cm-14x20in) Milano 95 .... FF**5 700** - £703 - **$1,160**

ROMMELAERE Em. 1873-1961 [2]
Un coin paisible - Huile/carton (59x49cm-23x19in) Bruxelles 92 .... FF**6 570** - £764 - **$1,342**

ROMNEY George 1734-1802 [94]
D. Stables & her daughters - Oil/canvas (127x108cm-50x43in) London 96 .... FF**1** - £220 000 - **$367,000**
Charles Wilson - Oil/canvas (89x69cm-35x27in) New-York 94 .... FF**32 200** - £3 720 - **$5,500**
Thomas Robinson - Oil/canvas (75x61cm-30x24in) New-York 97 .... FF**56 948** - £6 071 - **$10,000**
Antiope and Jupiter - Ink (28x43cm-11x17in) London 92 .... FF**167 500** - £20 000 - **$32,200**

ROMNEY John 1786-1863 [1]
Napoléon/Prince Regent/... - Etching in colors (21x31cm-8x12in) London 96 .... FF**3 370** - £420 - **$651**

ROMO Antonio Martin 1928 [3]
Les clochards - Huile/toile (100x80cm-39x31in) La Varenne Saint-Hilaire 95 .... FF**9 800** - £1 260 - **$2,023**

ROMULO Teódulo 1943 [4]
Astronauta con Pollo - Micrograph in colors (97x78cm-38x31in) Los Angeles 94 .... FF**9 120** - £1 067 - **$1,600**

RON de Eduard 1811-1858 [1]
Prince Karl of Bavaria - Miniature (17x15cm-7x6in) London 95 .... FF**3 754** - £480 - **$755**

RONAI József Rippl 1861-1927 [2]
Femmes à Riga - Oil/canvas (59x72cm-23x28in) New-York 96 .... FF**160 500** - £20 720 - **$31,000**
Famille d'artisans - Lithographie couleurs (49x38cm-19x15in) Paris 96 .... FF**24 000** - £2 735 - **$4,595**

RONALD Alan Ian 1899-? [1]
A busy harbour - Oil/canvas (40x46cm-16x18in) London 92 .... FF**2 345** - £280 - **$452**

RONALD William 1927 [9]
Abstract composition - Oil/canvas (91x84cm-36x33in) Toronto 95 .... FF**5 970** - £752 - **$1,183**

RONALD William Smith 1926 [11]
The Day Depoe Died - Oil/canvas (81x81cm-32x32in) Toronto 95 .... FF**3 940** - £503 - **$804**

RONALDSON Thomas Martine 1881-1942 [1]
Sir Alfred Chester Beatty - Charcoal (43x27cm-17x11in) London 97 .... FF**1 770** - £189 - **$305**

RONAT Jean-Pierre 1947 [2]
Doute - Bronze (33x24x35cm-13x9x14in) Paris 93 .... FF**7 500** - £904 - **$1,364**
Vanité - Bronze (40x28x30cm-16x11x12in) Paris 92 .... FF**10 000** - £1 163 - **$2,040**

RONDA Omar Aprile XX [2]
Fusioni genetiche - Plastica (57x62cm-22x24in) Milano 93 .... FF**15 370** - £1 725 - **$2,750**

RONDAS Willi 1907-1975 [1]
Sirenes - Oil/board (69x79cm-27x31in) München 90 .... FF**6 800** - £728 - **$1,183**

RONDÉ Philippe 1815-1883 [1]
Procession, cathédrale de Trèves - Huile/toile (81x100cm-32x39in) Monaco 94 .... FF**35 000** - £4 135 - **$6,290**

RONDEL Frederick 1826-1892 [13]
Break from work - Oil/canvas (46x61cm-18x24in) New-York 93 .... FF**14 160** - £1 610 - **$2,400**
Late Afternoon - Oil/canvas (41x66cm-16x26in) New-York 94 .... FF**47 300** - £5 680 - **$9,000**
Fishing by a stream - Watercolour/board (54x42cm-21x17in) New-York 91 .... FF**4 530** - £460 - **$818**

RONDEL Henri 1857-1919 [15]
Young woman in diaphanous gown
   Oil/canvas (66x55cm-26x22in) San Francisco-Los Angeles 93 .... FF**16 500** - £2 070 - **$3,000**
The morning ride - Oil/panel (65x54cm-26x21in) London 91 .... FF**30 240** - £3 010 - **$5,200**

RONEL Christophe 1964 [2]
Boreno Bel embrocheur - Huile/toile (40x40cm-16x16in) Paris 96 .... FF**2 000** - £232 - **$384**

RONGET Elisabeth 1893-1972 [9]
Vase de fleurs - Huile/toile (73x54cm-29x21in) Versailles 91 .... FF**6 000** - £605 - **$1,169**

RONGIER Jeanne 1867-1900 [2]
Barockes junges Paar - Oil/paper/panel (27x21cm-11x8in) Rudolstadt-Thüringen 96 .... FF**3 060** - £349 - **$585**

RONIG Ludwig Ernst 1885-1960 [1]
Engelständchen - Aquarell/Papier (44x56cm-17x22in) Köln 89 .... FF**2 500** - £256 - **$402**

RONIS Willy 1910 [16]
Paris, boulevard Garibaldi - Gelatino bromure (30x40cm-12x16in) Paris 92 .... FF**4 200** - £489 - **$857**

RONMY Guillaume Frédéric 1786-1854 [5]
A farm on a river - Oil/canvas (89x11cm-35x4in) New-York 90 .... FF**40 000** - £4 283 - **$6,957**

RÖNNBERG Hanna 1862-1946 [2]
Barn pa stranden - Oil/paper/panel (38x43cm-15x17in) Helsinki 89 .... FF**38 800** - £3 967 - **$6,238**
Vinterhamn - Gouache (21x16cm-8x6in) Helsinki 91 .... FF**2 725** - £271 - **$469**

RÖNNE von Alexander, baron 1854-1896 [1]
Mixed flowers - Oil/canvas (73x98cm-29x39in) Söderköping 94 .... FF**18 800** - £2 244 - **$3,520**

RONNEBECK Arnold H. 1885-1947 [4]
Brooklyn Bridge - Lithograph (32x17cm-13x7in) New-York 96 .... FF**16 620** - £2 117 - **$3,200**

RONNER Alice 1857-1906 [5]
Geraniums in a vase - Oil/canvas (45x93cm-18x37in) Amsterdam 97 .... FF**31 100** - £3 287 - **$5,336**

RONNER-KNIP Henriette 1821-1909 [183]
Loulou de Poméranie - Huile/panneau (25x21cm-10x8in) Saint-Dié 97 .... FF**14 000** - £1 582 - **$2,535**

R

Stable mates - Oil/panel (14x11cm-6x4in) Amsterdam 97 .... **FF24 189** - **£2 557** - **$4,150**
Sleeping cat - Oil/canvas (53x77cm-21x30in) Amsterdam 97 .... **FF44 924** - **£4 749** - **$7,708**
Hide and Seek - Oil/panel (33x45cm-13x18in) London 97 .... **FF216 000** - **£28 000** - **$42,700**
Jeux dangereux - Huile/toile (127x100cm-50x39in) Bruxelles 95 .... **FF974 000** - **£127 000** - **$200,000**
Etude de chats - Fusain/papier (45x57cm-18x22in) Bruxelles 96 .... **FF10 830** - **£1 420** - **$2,195**
RÖNQUIST Lotten 1864-1912   [12]
Hos pantlånaren - Oil/canvas (77x110cm-30x43in) Stockholm 94 .... **FF12 900** - **£1 543** - **$2,410**
RONSIN Jean 1905   [4]
Bretonne à la lecture - Huile/toile (81x45cm-32x18in) Brest 94 .... **FF11 000** - **£1 291** - **$1,945**
RONSIN Jules XIX-XX   [2]
Vision - Huile/toile (32x40cm-13x16in) Soissons 91 .... **FF5 100** - **£511** - **$934**
RONSIN Victor 1812-?   [1]
Fillette au panier - Huile/panneau (33x24cm-13x9in) Morlaix 93 .... **FF4 400** - **£531** - **$800**
RONTINI Ferruccio 1893-1964   [12]
La Ginestra - Olio/tavola (32x58cm-13x23in) Firenze 97 .... **FF10 880** - **£1 280** - **$1,920**
RONZONI Pietro 1780-1862   [1]
Augusteo a Roma - Olio/tela (67x53cm-26x21in) Roma 89 .... **FF68 700** - **£7 239** - **$11,566**
ROODENBURG Johannes Carolus 1852-1928   [1]
Cows & goats resting in a meadow - Oil/canvas (29x42cm-11x17in) Amsterdam 93 .... **FF2 713** - **£324** - **$522**
ROOFTHOOFT Frans 1888-1957   [1]
Stilleven met bloemen - Huile/toile (70x70cm-28x28in) Lokeren 92 .... **FF9 960** - **£1 020** - **$1,752**
ROOKE Herbert Kerr 1872-?   [5]
No. 1 Strand on the Green - Oil/canvas (85x106cm-33x42in) London 91 .... **FF8 890** - **£891** - **$1,628**
ROOKE Thomas Matthew 1842-1942   [17]
A London Garden - Oil/canvas (48x67cm-19x26in) London 95 .... **FF110 500** - **£14 000** - **$22,230**
Place du marché, Noyon - Aquarelle (55x34cm-22x13in) La Varenne Saint-Hilaire 96........... **FF5 400** - **£697** - **$1,057**
A Lych Gate - Gouache/papier (30x52cm-12x20in) New-York 94 .... **FF34 500** - **£4 120** - **$6,500**
ROONEY Anne XX   [2]
A veiled woman - Bronze (61cm-24in) New-York 93 .... **FF18 880** - **£2 150** - **$3,200**
ROONEY Mick 1944   [8]
Blue fisherman - Oil/canvas/board (48x63cm-19x25in) London 97 .... **FF10 271** - **£1 100** - **$1,774**
Cafe, Dawn, Hastings - Oil/canvas (80x87cm-31x34in) London 96 .... **FF43 900** - **£5 500** - **$8,470**
Fisherman - Charcoal (82x48cm-32x19in) London 97 .... **FF5 131** - **£549** - **$886**
ROOS AF HJELMSÄTER Leonard Henrik 1787-1827   [1]
Self portrait - Oil/canvas (60x57cm-24x22in) Stockholm 95 .... **FF10 780** - **£1 378** - **$2,200**
ROOS Alexander 1895-1973   [5]
Långholmen, Stockholm - Oil/paper/panel (26x36cm-10x14in) Stockholm 96 .... **FF6 150** - **£725** - **$1,208**
ROOS Cornelis François 1802-1884   [2]
Peasantwomen conversing - Oil/canvas (51x72cm-20x28in) Amsterdam 97 .... **FF17 279** - **£1 826** - **$2,964**
ROOS Eva 1872-?   [1]
An impromptu Ball - Oil/canvas (81x66cm-32x26in) London 97 .... **FF138 095** - **£14 500** - **$23,669**
ROOS Johan Heinrich 1631-1685   [20]
Sabinerbergen - Öl/Leinwand (52x68cm-20x27in) Stuttgart 96 .... **FF61 400** - **£8 000** - **$12,170**
Figur und Tieren - Öl/Leinwand (40x60cm-16x24in) Frankfurt 92 .... **FF152 600** - **£18 220** - **$29,350**
Etude de charette - Crayon (15x26cm-6x10in) Paris 93 .... **FF11 000** - **£1 326** - **$2,000**
ROOS Johan Melchior 1659-1731   [11]
Cattle & goats - Oil/canvas (94x131cm-37x52in) London 95 .... **FF46 300** - **£6 000** - **$9,570**
Bears playing in a pine forest - Oil/canvas (80x102cm-31x40in) London 92.................... **FF167 500** - **£20 000** - **$32,200**
ROOS Joseph Rosa 1726-1805   [6]
Shepherd with his flock at a pool - Oil/canvas (63x84cm-25x33in) London 97 .... **FF47 215** - **£5 000** - **$8,126**
ROOS Peter Rosa da Tivoli 1655/57-1706   [69]
Goatherd resting beneath a tree - Oil/canvas (114x165cm-45x65in) London 94 .... **FF52 100** - **£6 200** - **$9,530**
ROOS William 1808-1878   [3]
Gentleman in a stable yard - Oil/canvas (57x66cm-22x26in) Toronto 92 .... **FF10 750** - **£1 100** - **$1,893**
ROOSDORP Frederik 1839-1865   [3]
Ville de Hollande - Huile/panneau (40x33cm-16x13in) Paris 90....................................... **FF7 000** - **£749** - **$1,217**
ROOSE van Charles 1883-1960   [19]
Nu voilé - Huile/toile (70x55cm-28x22in) Bruxelles 95 .... **FF4 350** - **£572** - **$873**
Nu couché - Huile/toile (60x80cm-24x31in) Bruxelles 89 .... **FF20 300** - **£2 139** - **$3,418**
La sortie du bain - Gouache/papier (46x30cm-18x12in) Bruxelles 97 .... **FF2 619** - **£286** - **$458**
ROOSE Wanda Reikchmann 1882-?   [1]
Still life - Oil/canvas (56x71cm-22x28in) Viby J, Århus 95 .... **FF2 640** - **£319** - **$497**
ROOSEN Gérard 1869-1935   [9]
Strohblumen - Öl/Leinwand (100x79cm-39x31in) Wien 94 .... **FF9 760** - **£1 110** - **$1,656**
ROOSENBOOM Albert 1845-1875   [19]
Two women on a sofa - Oil/canvas (68x55cm-27x22in) Stockholm 96 .... **FF10 760** - **£1 343** - **$2,080**
Children in an interior - Oil/canvas (34x26cm-13x10in) Amsterdam 97 .... **FF55 292** - **£5 845** - **$9,487**
ROOSENBOOM Margaretha 1843-1896   [16]
Swag of pink roses - Oil/canvas (69x48cm-27x19in) Amsterdam 92 .... **FF121 300** - **£12 420** - **$21,360**
Yellow roses on a ledge - Watercolour (11x23cm-4x9in) Amsterdam 97 .... **FF48 379** - **£5 114** - **$8,301**
A swag of flowers - Watercolour (46x29cm-18x11in) Amsterdam 97 .... **FF91 500** - **£10 620** - **$15,750**

R·

ROOSENBOOM Nicolaas Johannes 1805-1880 [53]
- Figures skating on a Frozen River - Oil/canvas (60x79cm-24x31in) Amsterdam 97 .... FF**21 609** - £2 299 - **$3,760**
- Figures skating on a Frozen river - Oil/panel (34x45cm-13x18in) Amsterdam 97 .... FF**114 046** - £12 133 - **$19,844**

ROOSKENS Anton 1906-1976 [159]
- Le Canard - Oil/canvas (66x53cm-26x21in) København 96 .... FF**37 100** - £4 830 - **$7,360**
- Untiteld - Oil/canvas (80x100cm-31x39in) Amsterdam 97 .... FF**105 462** - £11 061 - **$18,097**
- Peinture - Oil/canvas (50x60cm-20x24in) Amsterdam 95 .... FF**195 300** - £24 900 - **$39,900**
- Attaque - Oil/canvas (200x186cm-79x73in) Amsterdam 94 .... FF**456 000** - £53 800 - **$81,100**
- Nairobi - Gouache (38x49cm-15x19in) Amsterdam 97 .... FF**11 987** - £1 260 - **$2,059**
- Abstract Composition - Gouache/paper (24x32cm-9x13in) Amsterdam 97 .... FF**23 435** - £2 457 - **$4,021**

ROOSMAELEN van Frans 1943 [10]
- Flamenco - Huile/panneau (96x105cm-38x41in) Antwerpen 91 .... FF**5 830** - £579 - **$1,012**
- Olifant - Sculpture (43cm-17in) Lokeren 91 .... FF**4 940** - £506 - **$922**

ROOSVAL-KALLSTENIUS Gerda 1864-1939 [1]
- Mother's love - Oil/panel (38x33cm-15x13in) London 90 .... FF**174 300** - £18 662 - **$30,313**

ROOT Marcus A. 1811-1888 [1]
- Portrait of a young man - Daguerreotype New-York 96 .... FF**1 805** - £232 - **$350**

ROOT Nikolai Feodorowitch 1871-? [1]
- Parti fra Vasiljev, Petersborg - Oil/canvas (33x64cm-13x25in) København 90 .... FF**7 000** - £754 - **$1,235**

ROOT Robert Marshall 1863-? [1]
- Shelbyville Park - Oil/board (71x122cm-28x48in) Chicago 92 .... FF**4 420** - £528 - **$850**

ROOT Samuel 1819-1889 [1]
- Portrait of a woman - Daguerreotype New-York 95 .... FF**3 260** - £412 - **$650**

ROOVER de Albert 1892 [2]
- Nature morte - Huile/toile (60x72cm-24x28in) Antwerpen 94 .... FF**4 000** - £480 - **$777**

ROOVER de Carlo 1900-1986 [1]
- Nature morte - Huile/panneau (89x83cm-35x33in) Bruxelles 93 .... FF**3 296** - £394 - **$674**

ROOWY Yves XIX-XX [2]
- Aquila Italiana au Tour de France - Lithographie (37x75cm-15x30in) Paris 93 .... FF**1 600** - £193 - **$291**

ROOYEN van Carel 1945 [3]
- People at lake - Oil/canvas (51x61cm-20x24in) Detroit, Michigan 93 .... FF**14 750** - £1 680 - **$2,500**

ROPE Ellen Mary 1855-1934 [1]
- Lancelot kneeling of the Holy Grail - Plaster (69x99cm-27x39in) London 94 .... FF**6 300** - £750 - **$1,200**

ROPE George Thomas 1846-1929 [6]
- River scene - Oil/canvas (38x53cm-15x21in) Aylsham, Norfolk 92 .... FF**8 760** - £900 - **$1,683**

ROPÉLÉ Walter 1934 [9]
- Gartenlandschaft - Oil/canvas (110x120cm-43x47in) Luzern 89 .... FF**23 400** - £2 393 - **$3,762**

ROPER Edward 1857-1891 [4]
- Being all gathered at camp for dinner - Watercolour (16x22cm-6x9in) Toronto 92 .... FF**2 365** - £242 - **$417**

ROPER Matilda 1886-1958 [1]
- Mrs. Lendall - Oil/canvas (196x97cm-77x38in) New-York 93 .... FF**6 770** - £774 - **$1,2C0**

ROPP Roy M. 1888-? [1]
- California landscape - Oil/canvas (46x89cm-18x35in) Baton Rouge, Louisiana 93 .... FF**4 920** - £593 - **$900**

ROPS Félicien 1833-1898 [249]
- A Marine - Oil/canvas (22x40cm-9x16in) Amsterdam 97 .... FF**29 295** - £3 072 - **$5,027**
- Guadalquivir et la ville - Huile/toile (25x39cm-10x15in) Antwerpen 96 .... FF**98 400** - £11 920 - **$19,120**
- L'Entrée du bal - Oil/canvas/panel (29x21cm-11x8in) London 94 .... FF**305 000** - £36 300 - **$57,500**
- Agonie au mors - Vernis mou couleurs Bruxelles 97 .... FF**11 438** - £1 239 - **$2,023**
- Allégorie musicale - Crayon (16x22cm-6x9in) Saint-Dié 92 .... FF**7 100** - £752 - **$1,450**
- Modernité - Pencil (21x15cm-8x6in) London 93 .... FF**28 200** - £3 400 - **$4,930**
- Polichinel et jambe - Encre (32x24cm-13x9in) Bruxelles 94 .... FF**107 300** - £12 320 - **$18,350**
- Le Grand Sphynx - Crayons couleurs (29x20cm-11x8in) Paris 96 .... FF**232 000** - £29 840 - **$46,000**

ROQUE Jean-Jacques 1880-1926 [4]
- Retour de pêche - Huile/toile (174x286cm-69x113in) Marseille 95 .... FF**16 600** - £2 074 - **$3,350**

ROQUEPLAN Camille 1803-1855 [25]
- La femme en rose - Huile/panneau (65x54cm-26x21in) Saint-Dié 95 .... FF**11 000** - £1 330 - **$2,070**
- Les Gorges du Verdon - Huile/toile (64x80cm-25x31in) Entzheim 96 .... FF**51 000** - £6 390 - **$9,840**
- Peasants of Béarn - Watercolour/paper (47x34cm-19x13in) London 97 .... FF**38 095** - £4 000 - **$6,552**

RØRBYE Martinus 1803-1848 [27]
- Flugten til Egypten - Oil/panel (92x75cm-36x30in) København 96 .... FF**43 850** - £5 470 - **$8,470**
- Citadelsvolden i Maaneskin - Oil/canvas (28x23cm-11x9in) København 96 .... FF**526 000** - £66 600 - **$100,800**
- Kneeling figures, Subiaco - Watercolour (29x33cm-11x13in) København 96 .... FF**55 150** - £660 - **$1,015**

RORHIRSCH Karl 1875-1954 [1]
- Heuernte im Dachauer Moos - Oil/panel (14x18cm-6x7in) Stuttgart 90 .... FF**3 400** - £351 - **$601**

RORKE Edward A. 1856-1905 [1]
- The mandolin player - Oil/canvas (25x20cm-10x8in) New-York 94 .... FF**9 200** - £1 090 - **$1,700**

ROS Frans 1883-1968 [1]
- Intérieur d'église - Huile/panneau (60x45cm-24x18in) Antwerpen 92 .... FF**4 650** - £476 - **$818**

ROSA Ercole 1846-1893 [2]
- Teresina - Bronze (30cm-12in) Roma 95 .... FF**21 840** - £2 870 - **$4,340**
- Female Satyr & Putto - Marble (97cm-38in) London 97 .... FF**130 112** - £14 000 - **$22,873**

ROSA Salvator 1615-1673 [55]
- Artist wearing a doublet - Oil/canvas (115x94cm-45x37in) London 92 .... FF**3 £400 000** - **$748,000**

ROSAI Ottone 1895-1957 [166]
- *Partita a briscola* - Olio/tela (70x50cm-28x20in) Prato 97 .... FF1 - £132 000 - **$198,000**
  Ulivi e cipressi - Olio/cartone/tela (21x16cm-8x6in) Prato 97 .... FF34 000 - £4 000 - **$6,000**
  Periferia - Olio/tavola (50x70cm-20x28in) Prato 97 .... FF78 200 - £9 200 - **$13,800**
  Caffé - Olio/tela (26x31cm-10x12in) Milano 95 .... FF167 700 - £22 000 - **$34,650**
  Uomo con chitarra - Olio (136x100cm-54x39in) Roma 91 .... FF496 000 - £49 377 - **$85,294**
- *Chiesa del Castello* - Acquarello/carta (31x43cm-12x17in) Milano 95 .... FF20 530 - £2 650 - **$4,220**
  Dalla finestra - Tecnica mista/carta (39x39cm-15x15in) Milano 97 .... FF353 000 - £42 000 - **$63,000**
ROSAIRE Arthur Dominique 1879-1922 [4]
- *Route du village au soleil couchant* - Huile/panneau (21x28cm-8x11in) Montréal 92 .... FF2 150 - £220 - **$379**
ROSALES de Emanuele Ordono 1873-? [1]
- *Sibilla* - Bronze (37cm-15in) Milano 89 .... FF9 200 - £969 - **$1,549**
ROSALES MARTINEZ Eduardo 1836-1873 [5]
- *Pareja bajando las escaleras* - Acuarela (20x13cm-8x5in) Madrid 94 .... FF7 580 - £900 - **$1,400**
ROSAM Walter Alfred 1883-1916 [3]
- *Aeneas and Dido* - Oil/canvas (119x149cm-47x59in) New-York 91 .... FF28 300 - £2 872 - **$5,111**
ROSAS Ignacio 1880-1950 [1]
- *Florero con rosas* - Oleo/tela (60x48cm-24x19in) México 92 .... FF14 400 - £1 480 - **$2,630**
ROSASPINA Antonio 1830-1871 [1]
- *Boy with violin* - Oil/canvas (48x36cm-19x14in) North Bethesda, MD. 92 .... FF19 420 - £2 034 - **$3,500**
ROSATI Giulio 1858-1917 [17]
- *Estudio del pintor* - Oleo/lienzo (40x65cm-16x26in) Madrid 92 .... FF108 000 - £11 000 - **$19,000**
- *In the market* - Watercolour (52x36cm-20x14in) New-York 95 .... FF51 100 - £6 360 - **$10,000**
  Arab Warriors - Watercolour (73x52cm-29x20in) London 96 .... FF138 700 - £18 000 - **$27,430**
ROSATI James 1912-1988 [3]
- *Untitled* - Sculpture (127cm-50in) New-York 91 .... FF18 520 - £1 866 - **$3,214**
ROSBERG Carlo 1902 [2]
- *Havnen i Pareaus* - Oil/canvas (60x80cm-24x31in) Vejle 92 .... FF2 200 - £225 - **$388**
RÖSCH Ludwig 1865-1936 [25]
- *Bach, unleserliche Bezeichnung* - Watercolour, gouache/paper (46x63cm-18x25in) Wien 93 .... FF4 810 - £575 - **$925**
  Mondstimmung in der Au - Watercolour, gouache/paper (52x70cm-20x28in) Wien 96 ... FF14 400 - £1 745 - **$2,800**
ROSCOE S.G. William 1852-c.1922 [5]
- *Estuary at low tide* - Watercolour (23x46cm-9x18in) London 92 .... FF2 736 - £280 - **$483**
ROSE Aaron 1937 [2]
- *Three rabbis* - Oil/masonite (45x61cm-18x24in) New-York 90 .... FF8 840 - £904 - **$1,745**
- *Nude, 1990s* - Gelatin silver print (25x30cm-10x12in) New-York 96 .... FF9 280 - £1 192 - **$1,800**
ROSE Antonio 1848-1918 [1]
- *Natura morta con uva* - Olio/tela (30x49cm-12x19in) Trieste 96 .... FF7 590 - £858 - **$1,452**
ROSE Ben ?-1980 [1]
- *Human Kaleidoscope* - Gelatin silver print (33x25cm-13x10in) New-York 93 .... FF10 620 - £1 208 - **$1,800**
ROSE Chris 1959 [2]
- *A peregrine on a branch* - Oil/board (68x100cm-27x39in) London 96 .... FF17 360 - £2 200 - **$3,330**
ROSE David 1871-1964 [6]
- *Mosquée bab Souika, Tunis* - Aquarelle (24x35cm-9x14in) Paris 95 .... FF10 000 - £1 315 - **$2,007**
ROSE de Gérard XX [2]
- *Rue animée sous la neige* - Huile/toile (41x60cm-16x24in) Saint-Brieuc 89 .... FF2 700 - £276 - **$434**
ROSE Francis 1909-1979 [5]
- *Cecil Beaton at Ashcombe* - Oil/board (36x61cm-14x24in) London 95 .... FF28 600 - £3 700 - **$5,850**
- *Sailor's heads* - Indian ink/paper (41x27cm-16x11in) London 95 .... FF2 010 - £260 - **$411**
ROSE Fred 1864-1947 [1]
- *Town Hall & Library, Kensington* - Oil/board (46x31cm-18x12in) London 93 .... FF3 300 - £380 - **$570**
ROSE Georges 1895-? [38]
- *Rouen, la place du marché* - Huile/toile (55x46cm-22x18in) Deauville 91 .... FF10 000 - £1 002 - **$1,686**
- *Place du Châtelet, Paris* - Aquarelle (27x35cm-11x14in) Paris 95 .... FF2 500 - £322 - **$513**
  Port de Rouen sous la neige - Aquarelle (26x34cm-10x13in) Soissons 96 .... FF7 000 - £873 - **$1,352**
ROSÉ Giovanni Luigi XIX [5]
- *Baruffa in osteria* - Olio/tela (47x63cm-19x25in) Trieste 95 .... FF23 100 - £2 925 - **$4,500**
ROSE Guy 1867-1925 [11]
- *Girl in a Garden* - Oil/canvas (53x61cm-21x24in) New-York 97 .... FF1 - £153 150 - **$250,000**
  July Afternoon - Oil/canvas (60x73cm-24x29in) New-York 95 .... FF414 000 - £52 900 - **$85,000**
ROSE Herman 1909 [2]
- *Canarsie flats, Brooklyn* - Oil/canvas (50x127cm-20x50in) New-York 90 .... FF25 700 - £2 734 - **$4,598**
ROSE Ivor 1899-1972 [8]
- *Standing clown* - Oil/masonite (91x61cm-36x24in) Chicago 92 .... FF3 885 - £407 - **$700**
ROSE Karl Julius 1828-1911 [18]
- *Elegant figures before the Wetterhorn* - Oil/canvas (90x120cm-35x47in) London 96 .... FF22 340 - £2 800 - **$4,310**
ROSE Knut 1936 [1]
- *Komposisjon* - Oil/canvas (55x61cm-22x24in) Oslo 92 .... FF20 830 - £2 133 - **$3,670**
ROSÉ Manuel 1887-1961 [4]
- *Desnudo en el paisaje* - Oil/canvas (92x74cm-36x29in) New-York 91 .... FF70 800 - £8 050 - **$12,000**
ROSE William S. 1810-1873 [2]
- *A woodland stream* - Oil/canvas (53x37cm-21x15in) London 93 .... FF3 204 - £360 - **$537**

R

RÖSEL Johann Gottlob Sam. 1768-1843 [1]
Roma, Landschaften - Ink/paper (8cm-3in) München 96 .... FF2 873 - £341 - $561
ROSELAND Harry Herman 1867-1950 [46]
Kitchen interior - Oil/canvas (31x46cm-12x18in) New-York 93 .... FF9 020 - £1 032 - $1,600
The Fortune Teller - Oil/canvas (41x61cm-16x24in) New Orleans, Louisiana 94 .... FF29 500 - £3 356 - $5,000
The writing lesson - Oil/canvas (45x61cm-18x24in) New-York 91 .... FF359 600 - £36 100 - $62,216
ROSELL Alexander 1859-1922 [22]
The Elopement - Oil/canvas (76x61cm-30x24in) London 95 .... FF5 820 - £700 - $1,100
The Huntsman's Family - Oil/canvas (76x56cm-30x22in) London 95 .... FF14 200 - £1 800 - $2,860
ROSELLI Carlo 1939 [2]
Piano bar - Olio/tela (70x100cm-28x39in) Vercelli 93 .... FF10 980 - £1 232 - $1,965
ROSELLI Frans Johan 1833-1868 [2]
Eldar i månsken - Oil/canvas/panel (48x70cm-19x28in) Stockholm 95 .... FF4 230 - £520 - $824
ROSEMEIER Alex 1888-? [4]
Moored boats on a lake - Oil/canvas (30x50cm-12x20in) Amsterdam 94 .... FF4 570 - £540 - $821
ROSEN Charles 1878-1950 [7]
Winter/Tugs-rondout, N.Y. - Oil/canvas (61x76cm-24x30in) New-York 90 .... FF51 500 - £5 337 - $9,051
ROSEN Ernest T. 1877-1926 [3]
Woman holding cigarette - Oil/canvas (99x69cm-39x27in) New-York 92 .... FF14 770 - £1 510 - $2,600
The Rose - Oil/canvas (185x90cm-73x35in) London 97 .... FF123 966 - £13 500 - $21,558
ROSEN Jan 1854-1936 [7]
Kavallerister i Gryningen - Oil/canvas (33x65cm-13x26in) Stockholm 92 .... FF32 500 - £3 890 - $6,250
Soldier on horseback at night
    Watercolour, gouache/paper (24x19cm-9x7in) Warszawa 96 .... FF6 070 - £766 - $1,168
ROSÉN Sven Olof 1908-1982 [7]
Interiör från konstnärens ateljé - Oil/canvas (83x68cm-33x27in) Stockholm 92 .... FF3 865 - £396 - $681
ROSEN von Georg 1843-1923 [8]
A portrait of a Woman - Oil/canvas (127x82cm-50x32in) London 94 .... FF84 600 - £10 000 - $15,200
Radhust i. Wernigerode - Mischtechnik/Papier (34x51cm-13x20in) Bremen 94 .... FF6 170 - £715 - $1,062
ROSENBACH Ulrike 1949 [1]
Art is a criminal action - Photo (54x47cm-21x19in) Köln 89 .... FF2 000 - £205 - $322
ROSENBAUER William Wallace 1900 [6]
Female nude - Sculpture (40cm-16in) New-York 92 .... FF4 160 - £436 - $750
Wrestlers - Wood (177cm-70in) New-York 92 .... FF10 540 - £1 104 - $1,900
ROSENBAUM Julius 1848-1929 [1]
Kristus i Emmaus - Oil/board (21x27cm-8x11in) Viby J, Århus 91 .... FF2 024 - £203 - $341
ROSENBAUM Richard 1864-? [4]
The Metropolitan Handicap - Watercolour (56x79cm-22x31in) New-York 96 .... FF11 480 - £1 330 - $2,200
ROSENBERG Charles 1745-1844 [3]
A gentleman cleaning his gun - Mine plomb (27cm-11in) London 95 .... FF4 270 - £550 - $868
ROSENBERG Edvard Axel 1858-1934 [14]
Skymning - Oil/canvas (59x95cm-23x37in) Stockholm 97 .... FF9 811 - £1 036 - $1,695
Solbelyst vinterlandskap - Oil/canvas (57x93cm-22x37in) Söderköping 93 .... FF22 500 - £2 550 - $3,800
ROSENBERG Friedrich 1758-1833 [3]
Leopold II Austriaco - Gravure (29x38cm-11x15in) Bern 94 .... FF4 040 - £468 - $696
ROSENBERG Henry M. 1858-1947 [1]
Summer sunset - Oil/panel (20x25cm-8x10in) New-York 90 .... FF3 400 - £362 - $608
ROSENBERG Johann 1739-1808 [1]
Marché neuf et église St. Marie, Berlin - Huile/toile (56x83cm-22x33in) Monaco 92 ...... FF370 000 - £44 150 - $71,100
ROSENBERG Louis 1890-? [2]
Italian scenes - Etching Mystic, Connecticut 95 .... FF1 610 - £193 - $300
ROSENBERG OF BATH Charles, Carl 1745-1844 [2]
Mrs. Jane Maxwell - Silhouette (8x6cm-3x2in) London 92 .... FF8 010 - £820 - $1,570
ROSENBERG William 1887-1952 [1]
Järnvägstorget om vintern - Oil/canvas (38x46cm-15x18in) Helsinki 94 .... FF3 060 - £350 - $519
ROSENBOOM Nicolaas Johannes 1805-1880 [1]
Schlittschuhläufer - Huile/bois Düsseldorf 91 .... FF20 300 - £2 046 - $3,523
ROSENBORG Ralph 1913 [4]
Hills and river/Flowering Weed - Oil/canvas New-York 97 .... FF5 223 - £549 - $900
ROSENDO Fernandez 1863-? [1]
Femme en robe longue - Huile/toile (42x23cm-17x9in) Paris 93 .... FF8 200 - £988 - $1,490
ROSENFALCK Flemming 1927-1972 [3]
Komposition - Oil/canvas (118x54cm-46x21in) København 92 .... FF2 640 - £270 - $465
ROSENFELD Eugen 1870-1940 [2]
Blidnis eines Mädchens - Woodcut in colors (50x36cm-20x14in) Wien 91 .... FF4 810 - £485 - $835
ROSENFELDER Ludwig 1813-1881 [1]
Medicina - Oil/canvas (55x66cm-22x26in) Bremen 91 .... FF46 000 - £4 568 - $7,987
ROSENGREN Jean 1894-1965 [43]
Skånegård med pickande höns - Oil/canvas (66x102cm-26x40in) Malmö 96 .... FF4 640 - £601 - $908
ROSENKRANTZ Arild 1870-1964 [9]
Skt. George og dragen - Oil/canvas (47x66cm-19x26in) Viby J, Århus 96 .... FF7 130 - £923 - $1,426
Religios scene - Pastel/paper (89x109cm-35x43in) Viby J, Århus 94 .... FF3 480 - £400 - $595

R

ROSENKRANZ Johann Heinrich 1801-1851 [2]
- Motiv bei Geilnau an der Lahn - Öl/Leinwand (71x93cm-28x37in) Wien 94 .... FF**43 700** - £5 130 - **$7,790**

ROSENMAYER Franz 1864-1912 [2]
- Bauern bei ihren Wagen - Oil/panel (8x12cm-3x5in) München 93 .... FF**2 800** - £321 - **$474**

ROSENQUIST James 1933 [189]
- Study for Expo'67, 1967 - Oil/canvas (188x96cm-74x38in) New-York 90 .... FF**1** - £160 041 - **$271,424**
- Brand X - Oil/canvas (47x68cm-19x27in) New-York 95 .... FF**145 300** - £19 250 - **$30,000**
- The Kabuki Blushes - Oil/canvas (171x183cm-67x72in) New-York 95 .... FF**678 000** - £89 800 - **$140,000**
- Hey! Let's Go for a Ride - Lithographie couleurs (80x76cm-31x30in) New-York 97 .... FF**16 000** - £1 715 - **$2,800**
- Off the Continental Divide - Color lithograph (200x108cm-79x43in) New-York 93 .... FF**82 600** - £9 400 - **$14,000**
- Where the Water Goes... - Collage (61x147cm-24x58in) New-York 97 .... FF**34 286** - £3 676 - **$6,000**
- While the Earth Revolves at Night - Pastel (88x176cm-35x69in) New-York 95 .... FF**158 500** - £19 800 - **$32,000**

ROSENSOHN Lennart 1918-1994 [28]
- Rabbin - Oil/canvas (51x64cm-20x25in) Malmö 94 .... FF**11 400** - £1 323 - **$1,964**

ROSENSTAND Emil Christian 1859-1932 [4]
- Ballszene - Gouache (55x36cm-22x14in) Hamburg 94 .... FF**3 945** - £468 - **$730**

ROSENSTAND Vilhelm J. 1838-1915 [18]
- Pige med sit haekletøj foran en låge - Oil/canvas (85x59cm-33x23in) København 92 .... FF**19 360** - £1 980 - **$4,030**
- L'oil éclairé - Oil/canvas (100x75cm-39x30in) New-York 96 .... FF**415 400** - £52 900 - **$80,000**

ROSENSTOCK Isidore 1880-1956 [41]
- Roses rouges - Aquarelle (32x40cm-13x16in) Paris 94 .... FF**1 800** - £215 - **$336**
- Bouquet de fleurs - Aquarelle (77x55cm-30x22in) Paris 94 .... FF**6 000** - £705 - **$1,061**

ROSENTALIS Moshe 1922 [7]
- Flowers - Oil/canvas (25x33cm-10x13in) Tel Aviv 94 .... FF**4 370** - £521 - **$800**
- Artist and Model - Gouache (33x48cm-13x19in) Tel Aviv 97 .... FF**1 925** - £214 9 - **$360**

ROSENTHAL Albert 1863-1939 [4]
- Woman in hat & veil - Oil/canvas (76x63cm-30x25in) New-York 90 .... FF**10 400** - £1 063 - **$2,053**
- Mrs. H. B. Owsley, Philadelphia - Oil/canvas (26x89cm-10x35in) New-York 92 .... FF**72 800** - £8 690 - **$14,000**

ROSENTHAL Bernard XX [1]
- The Bird who Came to visit - Bronze (94cm-37in) New-York 97 .... FF**13 056** - £1 373 - **$2,249**

ROSENTHAL Doris 1895-1971 [2]
- Mexican Indian Child - Oil/canvas (71x53cm-28x21in) North Berwick, Maine 94 .... FF**4 690** - £543 - **$800**

ROSENTHAL Fritz 1870-1939 [9]
- Vintermotiv från Åreskutan - Oil/canvas (89x129cm-35x51in) Söderköping 94 .... FF**2 530** - £302 - **$475**

ROSENTHAL Joe 1921 [9]
- Flag Raising on Iwo Jima - Silver print (33x25cm-13x10in) New-York 94 .... FF**8 500** - £1 014 - **$1,600**

ROSENTHAL Toby Edward 1848-1917 [2]
- Seminary Alarmed, Mills College
  Oil/canvas (113x183cm-44x72in) San Francisco-Los Angeles 92 .... FF**156 000** - £18 620 - **$30,000**

ROSENTHAL-HATSCHEK Marie 1871-? [2]
- Erherzogin Maria Josefa - Öl/Leinwand (180x112cm-71x44in) Wien 96 .... FF**15 600** - £2 023 - **$3,083**

ROSENTHALIS Moshe 1922 [2]
- In the studio - Oil/canvas (73x81cm-29x32in) New-York 90 .... FF**30 260** - £3 047 - **$5,928**

ROSENVINGE Odin XIX-XX [9]
- Cunard Line - Poster (99x64cm-39x25in) London 95 .... FF**6 620** - £800 - **$1,222**
- Off Gibraltar - Wash (27x57cm-11x22in) London 90 .... FF**5 600** - £596 - **$1,002**

ROSES Gerard 1944 [2]
- Staßenverkehr, 1987 - Collage/Karton (67x48cm-26x19in) Düsseldorf 90 .... FF**6 800** - £728 - **$1,183**

ROSETTI Andreoni 1819-? [1]
- The shy nymph - Marble (124cm-49in) London 92 .... FF**121 700** - £12 500 - **$22,620**

ROSHARDT Walter 1897-1966 [5]
- La République Espagnole - Crayon (56x48cm-22x19in) Bern 93 .... FF**4 950** - £591 - **$952**

ROSIER Amédée 1831-1898 [43]
- Venise, quai animé - Huile/panneau (23x15cm-9x6in) Calais 97 .... FF**9 000** - £986 - **$1,580**
- Vue de Venise - Huile/panneau (28x38cm-11x15in) Amiens 96 .... FF**22 000** - £2 526 - **$4,200**
- Le Grand Canal à Venise - Oil/canvas/panel (73x99cm-29x39in) New-York 94 .... FF**91 400** - £10 400 - **$15,500**

ROSIER Jean Guillaume 1858-1931 [4]
- Femme et enfant - Huile/panneau (67x45cm-26x18in) Bruxelles 95 .... FF**27 700** - £3 460 - **$5,590**

ROSIERSE Johannes 1818-1901 [18]
- Young girl in a niche - Oil/panel (25x23cm-10x9in) Amsterdam 96 .... FF**16 640** - £2 085 - **$3,210**
- A good book - Oil/panel (64x80cm-25x31in) Amsterdam 94 .... FF**88 400** - £10 260 - **$15,230**

ROSIGNANO Livio 1924 [4]
- All'osteria - Olio/tela (80x60cm-31x24in) Trieste 93 .... FF**6 920** - £802 - **$1,190**

ROSIN Harry 1897-1973 [4]
- Torso of a Woman - Sculpture (63cm-25in) New-York 96 .... FF**7 830** - £906 - **$1,500**

ROSING Svend Peter Christ. 1892-1965 [3]
- Telegrafstationen i Angmagssalik - Watercolour (44x64cm-17x25in) København 93 .... FF**3 960** - £475 - **$761**

ROSKIN Vladimir O. 1896-1984 [1]
- Van Gogh is painting a sketch - Oil/canvas (103x84cm-41x33in) London 89 .... FF**46 500** - £4 755 - **$7,476**

ROSLIN Alexander 1718-1793 [34]
- Christian VII - Oil/canvas (115x87cm-45x34in) København 92 .... FF**1** - £141 200 - **$271,000**
- Martin Pierre Foache - Oil/canvas (65x54cm-26x21in) London 95 .... FF**101 000** - £13 000 - **$20,860**

R

Portrait of a Lady - Oil/canvas (63x52cm-25x20in) New-York 97 .... FF**267 656** - £28 534 - **$47,000**
ROSLIN Marie Suz. Giroust 1734-1772   [2]
⬦ *Adélaïde Hall, fodd Gobin* - Pastel (64x54cm-25x21in) Stockholm 95 .... FF**134 700** - £16 830 - **$26,400**
ROSOFSKY Seymour 1924-1981   [8]
⬦ *Man with bandaged foot* - Pastel (46x64cm-18x25in) Chicago 92 .... FF**2 940** - £342 - **$600**
ROSOMAN Leonard H. 1913-?   [17]
⬤ *The Wave, Amagansett* - Oil/canvas (122x122cm-48x48in) London 97 .... FF**18 832** - £2 000 - **$3,281**
⬦ *The Arcade, Design for Ballet* - Watercolour (21x33cm-8x13in) London 97 .... FF**2 054** - £220 - **$354**
ROSS Alexander, Alex 1909-1990   [1]
⬦ *Girl trying to emulate flowers* - Gouache (46x36cm-18x14in) New-York 95 .... FF**4 040** - £509 - **$800**
ROSS Charles 1816-1858   [1]
⬤ *Portrait of a gentleman* - Oil/canvas (30x25cm-12x10in) Vejle 94 .... FF**3 494** - £406 - **$602**
ROSS Christian Meyer 1843-1904   [3]
⬤ *Was nun ?* - Oil/panel (23x18cm-9x7in) Wien 96 .... FF**18 280** - £2 290 - **$3,570**
Standing woman - Oil/canvas Detroit, Michigan 94 .... FF**105 600** - £12 500 - **$19,000**
ROSS Christina Paterson 1843-1906   [2]
⬦ *Feeding chickens in a barn* - Watercolour (31x45cm-12x18in) Toronto 94 .... FF**2 336** - £279 - **$437**
ROSS Cyril XX   [11]
⬤ *Britannia & Lulworth* - Oil/canvas (61x92cm-24x36in) London 96 .... FF**14 430** - £1 700 - **$2,834**
ROSS Harry Leith 1886-1975   [2]
⬤ *Boats in a Harbor* - Oil/canvas (81x86cm-32x34in) San Francisco-Los Angeles 96 .... FF**73 100** - £8 460 - **$14,000**
ROSS Horatio 1801-1886   [13]
▦ *Tree in leaf* - Waxed paper negative (27x34cm-11x13in) London 96 .... FF**20 140** - £2 600 - **$3,890**
ROSS John 1777-1856   [3]
⬦ *Iceberg* - Watercolour (12x20cm-5x8in) London 96 .... FF**7 980** - £1 000 - **$1,560**
ROSS John Mac Pherson 1850-1924   [2]
⬤ *Alexander Muir's home, Maple Cottage* - Oil/canvas (41x51cm-16x20in) Toronto 94 .... FF**5 450** - £651 - **$1,018**
ROSS Joseph Halford 1866-?   [15]
⬦ *The cottage garden* - Watercolour (37x26cm-15x10in) London 94 .... FF**2 544** - £300 - **$453**
ROSS Joseph Thorburn 1849-1903   [1]
⬤ *Children in a interior* - Oil/canvas (61x41cm-24x16in) Amsterdam 90 .... FF**9 040** - £910 - **$1,771**
ROSS Judith Joy 1946   [1]
▦ *Untitled* - Printing-out-paper. Printed 1989 (18x23cm-7x9in) New-York 92 .... FF**5 390** - £626 - **$1,100**
ROSS Robert XIX-XX   [1]
⬤ *Sunset over the Highlands* - Oil/panel (46x25cm-18x10in) Montréal 96 .... FF**3 100** - £354 - **$594**
ROSS Robert Thorburn 1816-1876   [5]
⬤ *Courtship* - Oil/board (62x46cm-24x18in) Auchterarder, Perthshire 95 .... FF**15 240** - £1 950 - **$3,000**
ROSS William Charles 1794-1860   [11]
⬦ *Gentleman in black coat* - Miniature (12cm-5in) London 96 .... FF**3 250** - £420 - **$600**
ROSSANDER Armand 1914-1976   [18]
⬤ *Vy över Slussen, Stockholm* - Oil/canvas (49x70cm-19x28in) Stockholm 92 .... FF**5 660** - £580 - **$996**
⬦ *Strandstenar, Öland* - Drawing (42x52cm-17x20in) Stockholm 91 .... FF**1 886** - £190 - **$327**
ROSSANO Federico 1835-1912   [11]
⬤ *Nel Parco* - Olio/tela (20x30cm-8x12in) Roma 94 .... FF**36 740** - £4 400 - **$6,820**
⬦ *Bords de la Seine* - Pastel (70x104cm-28x41in) Lyon 97 .... FF**28 000** - £3 021 - **$4,948**
ROSSBACH Max 1871-?   [1]
⬤ *Weite Feldlandschaft im Frühsommer* - Öl/Karton (22x31cm-9x12in) Heidelberg 94 ...... FF**2 090** - £243 - **$360**
ROSSE Franz 1858-1900   [2]
🗿 *Elfe* - Bronze (31cm-12in) Zofingen 93 .... FF**2 177** - £248 - **$370**
Flötespielende Orientalin - Bronze (48cm-19in) Stuttgart 92 .... FF**13 560** - £1 620 - **$2,610**
ROSSE Susan P., née Gibson 1652-1700   [1]
⬦ *Hamet Ben Hamet Ben Hadii* - Bodycolour (22x17cm-9x7in) London 96 .... FF**144 700** - £18 000 - **$28,060**
ROSSEAU Percival Leonard 1859-1937   [17]
⬤ *Two Setters pointing* - Oil/board (81x100cm-32x39in) New-York 95 .... FF**63 400** - £7 630 - **$12,000**
Portrait of Mo - Oil/canvas (83x65cm-33x26in) New-York 97 .... FF**184 970** - £19 718 - **$32,000**
ROSSEELS Jacques 1828-1912   [12]
⬤ *Devant la ferme* - huile/toile (52x93cm-20x37in) Antwerpen 95 .... FF**17 150** - £2 220 - **$3,510**
ROSSEL DE CERCY Auguste Louis 1736-1804   [1]
⬦ *Personnages sur un chemin* - Gouache (16x21cm-6x8in) Paris 95 .... FF**6 500** - £798 - **$1,266**
ROSSELLI Rina 1908   [2]
⬤ *Natura morta con sedia e edera* - Oil/canvas (61x46cm-24x18in) London 96 ...... FF**10 820** - £1 400 - **$2,145**
ROSSELLO Mario 1927   [5]
⬤ *Uomo e due gatti* - Olio/tela (120cm-41x47in) Milano 93 .... FF**6 880** - £783 - **$1,165**
ROSSEM van Ru 1925   [4]
▦ *Corrida* - Etching (58x95cm-23x37in) Amsterdam 93 .... FF**2 553** - £306 - **$467**
ROSSER Albert   [3]
⬦ *Mist-covered highland loch* - Pencil (25x36cm-10x14in) London 92 .... FF**3 420** - £350 - **$671**
ROSSERT Paul 1841-1910   [8]
⬤ *Scène parisienne, Pont-Neuf* - Huile/toile (38x46cm-15x18in) Brive-la-Gaillarde 97 .... FF**45 000** - £4 910 - **$7,866**
⬦ *The vigil* - Watercolour (23x36cm-9x14in) Chicago 92 .... FF**3 430** - £399 - **$700**
ROSSET Claude Antoine 1749-1818   [1]
🗿 *Voltaire et Diderot* - Marbre (24cm-9in) Paris 92 .... FF**19 000** - £1 950 - **$3,654**

ROSSET François Marie 1752-1824 [1]
🗿 Buste de Jean-Jacques Rousseau - Marbre (18cm-7in) Paris 95 .... FF3 **300** - £422 - **$674**

ROSSET Joseph du Pont 1703/06-1786 [1]
🗿 Bustes d'Henri IV et Sully - Marbre (14cm-6in) Paris 95 .... FF22 **000** - £2 **795** - **$4,510**

ROSSETTI Antonio G. 1819-? [4]
🗿 Amor Secreto - Marble (93cm-37in) London 97 .... FF92 **937** - £10 **000** - **$16,338**
  Esmeraida and the Goat - Marble (96cm-38in) London 95 .... FF46S **000** - £60 **000** - **$94,300**

ROSSETTI Dante Gabriel 1828-1882 [30]
🖼 Miss Burton - Oil/canvas (16x22cm-6x9in) London 96 .... FF216 **500** - £27 **000** - **$41,800**
✏ Veronica Veronese - Coloured chalks/paper (40x31cm-16x12in) London 96 .... FF1 - £140 **000** - **$230,400**
  La Ghirlandata - Coloured chalks (91x76cm-36x30in) London 93 .... FF3 - £420 **000** - **$609,000**
  Mrs. William Morris - Ink (23x17cm-9x7in) London 95 .... FF217 **500** - £28 **000** - **$44,600**

ROSSETTI Maria da Angelo 1865-? [1]
🖼 Warriors in a market square - Oil/board (33x45cm-13x18in) London 94 .... FF35 **550** - £4 **200** - **$6,380**

ROSSI Alberto 1858-1936 [11]
🖼 Doge's Palace in Venice (44x69cm-17x27in) Toronto 96 .... FF20 **500** - £2 **600** - **$3,930**
  Arab chess players - Oil/canvas (42x33cm-17x13in) London 95 .... FF53 **700** - £6 **800** - **$10,800**

ROSSI Alexander M. XIX-XX [28]
🖼 Sunday Afternoon - Oil/board (36x26cm-14x10in) London 95 .... FF22 **100** - £2 **800** - **$4,450**
  The Little Anglers - Oil/panel (37x24cm-15x9in) London 97 .... FF119 **375** - £13 **000** - **$20,760**
✏ The Fisherman's Admirer - Watercolour (49x62cm-19x24in) London 96 .... FF42 **200** - £5 **000** - **$8,230**

ROSSI Christian 1954 [2]
✏ Blues - Gouache/papier (20x28cm-8x11in) Paris 91 .... FF1 **500** - £149 - **$260**

ROSSI de Pietro 1761-1831 [3]
✏ Prince A. I. Lobanov-Rostovsky - Miniature (5cm-2in) Genève 89 .... FF101 **400** - £10 **368** - **$16,302**

ROSSI Egisto [2]
🗿 Faust and Margherita - Sculpture (77cm-30in) New-York 89 .... FF45 **800** - £4 **826** - **$7,710**

ROSSI Enrico 1856-1916 [3]
🖼 Young lady with a black bowed hat - Oil/panel (46x37cm-18x15in) New-York 93 .... FF15 **400** - £1 **930** - **$2,800**

ROSSI Giacomo 1748-1817 [2]
✏ Nymphs bathing by a River God - Black chalk (26x20cm-10x8in) New-York 95 .... FF8 **050** - £965 - **$1,500**

ROSSI Gino 1884-1947 [14]
🖼 Villa nel Veneto - Olio/tela (44x51cm-17x20in) Milano 91 .... FF136 **700** - £13 **608** - **$23,507**
  Colline - Olio/cartone (41x32cm-16x13in) Milano 93 .... FF421 **000** - £47 **200** - **$75,300**
  Natura morta con brocca - Olio/cartone (65x83cm-26x33in) Milano 93 .... FF988 **000** - £111 **000** - **$177,000**

ROSSI Giuseppe 1876-? [2]
🖼 Seine au Pont des Arts - Oil/panel (28x45cm-11x18in) London 94 .... FF34 **300** - £4 **000** - **$6,010**

ROSSI Joseph 1892-1930 [5]
🖼 Rue de village - Huile/toile (55x46cm-22x18in) Troyes 91 .... FF17 **000** - £1 **705** - **$2,806**
✏ Les chèvres - Pastel (40x54cm-16x21in) Paris 96 .... FF1 **600** - £193 - **$307**

ROSSI Lucius 1846-1913 [19]
🖼 Les curieuses - Oil/panel (39x31cm-15x12in) London 94 .... FF52 **100** - £6 **200** - **$9,810**
  Daydreaming - Oil/panel (29x37cm-11x15in) New-York 97 .... FF205 **362** - £22 **136** - **$36,000**
✏ Elegants sur la plage - Watercolour/paper (34x26cm-13x10in) New-York 94 .... FF8 **130** - £984 - **$1,500**

ROSSI Luigi 1853-1923 [22]
🖼 Young gurl collecting apples - Oil/board (35x27cm-14x11in) London 95 .... FF53 **800** - £7 **000** - **$11,020**
  Figures and animals in a barn - Oil/canvas (107x170cm-42x67in) New-York 93 .... FF302 **500** - £37 **900** - **$55,000**
✏ Woman seated in landscape - Watercolour (30x20cm-12x8in) Detroit, Michigan 92 .... FF11 **100** - £1 **162** - **$2,000**

ROSSI Mariano 1731-1807 [3]
🖼 Apotheose eines Papstes - Oil/canvas (70x99cm-28x39in) Luzern 92 .... FF40 **900** - £4 **180** - **$7,200**

ROSSI Remo 1909-1982 [1]
🗿 Cavallo - Bronze (40x40x70cm-16x16x28in) Luzern 95 .... FF17 **020** - £2 **124** - **$3,336**

ROSSI-MELOCCHI Cosimo 1758-1820 [1]
✏ Chapelle à Florence - Gouache (45x55cm-18x22in) Compiègne 92 .... FF10 **400** - £1 **210** - **$2,123**

ROSSIGNON Louis 1781-1862 [3]
🖼 Mort de Pie VI - Huile/toile (73x92cm-29x36in) Paris 96 .... FF7 **000** - £873 - **$1,352**

ROSSINE Solomon 1937 [22]
🖼 La fête Tzigane - Huile/toile (65x80cm-26x31in) Paris 96 .... FF4 **500** - £579 - **$873**

RÖSSING Karl 1897-1987 [13]
🖨 Catulli Carmina - Woodcut in colors (69x51cm-27x20in) Wien 96 .... FF2 **200** - £286 - **$431**

ROSSINI Luigi 1790-1857 [2]
🖨 Veduta di Ponte Fabrizio - Etching (37x55cm-15x22in) Fingask Castle, Rait 93 .... FF7 **880** - £950 - **$1,378**

ROSSINI Nicolas [1]
🗿 Les cabanes de pêcheurs - Bronze (30x36x75cm-12x14x30in) Versailles 90 .... FF33 **000** - £3 **409** - **$5,830**

ROSSINI Romano 1886-1951 [4]
🖼 Barcola, piccola regata - Olio/tavola (47x56cm-19x22in) Trieste 96 .... FF26 **700** - £3 **360** - **$5,120**

ROSSITER Charles 1827-1890 [6]
🖼 The Harpsichord - Oil/panel (26x20cm-10x8in) London 95 .... FF15 **460** - £2 **000** - **$3,160**
  Sad Memories - Oil/canvas (63x51cm-25x20in) London 96 .... FF104 **200** - £13 **000** - **$20,130**

ROSSITER Louis 1837-1901 [1]
🖼 Wooly Rams - Oil/canvas (30x41cm-12x16in) New Orleans, Louisiana 93 .... FF3 **575** - £449 - **$650**

R

ROSSITER Thomas Pritchard 1818-1871 [2]
- *Muses and Graces* - Oil/canvas (43x71cm-17x28in) New-York 92 .... FF23 500 - £2 730 - **$4,800**
- *The Rural Post Office* - Oil/canvas (50x70cm-20x28in) New-York 95 .... FF341 000 - £43 600 - **$70,000**

RÖSSLER Rudolf 1864-1934 [4]
- *Children singing* - Oil/canvas (53x122cm-21x48in) New-York 91 .... FF14 250 - £1 436 - **$2,473**

RÖSSLER von Adalbert 1853-1922 [1]
- *Palastszene mit Haremsdamen* - Oil/canvas (130x74cm-51x29in) Ahlden 91 .... FF38 900 - £3 948 - **$7,026**

RÖSSLER von Ludwig C.F.W. 1842-1910 [1]
- *Mütterliche Ermahnung* - Oil/panel (46x53cm-18x21in) Bremen 94 .... FF6 180 - £743 - **$1,143**

ROSSMANN Augusta 1863-1945 [5]
- *Grosses Interieur* - Oil/canvas (67x100cm-26x39in) Zürich 92 .... FF24 200 - £2 470 - **$4,260**

ROSSMANN G. 1901-1993 [2]
- *Paesaggio* - Olio/cartone (50x60cm-20x24in) Trieste 93 .... FF2 380 - £267 - **$426**

ROSSMANN Maximilian Georg 1861-? [1]
- *Siegfried an der Quelle* - Öl/Leinwand (38x47cm-15x19in) München 94 .... FF2 570 - £306 - **$470**

ROSSMANNOVA Marie 1909-1985 [1]
- *Jaromir Funke with cigarette* - Gelatin silver print (8x8cm-3x3in) New-York 94 .... FF10 620 - £1 268 - **$2,000**

ROSSO Eliane 1928 [13]
- *Le port* - Huile/toile (50x60cm-20x24in) Douai 92 .... FF3 500 - £359 - **$617**
- *Composition abstraite* - Huile/toile (130x162cm-51x64in) Paris 94 .... FF12 000 - £1 384 - **$2,044**
- *Composition abstraite* - Gouache/papier (48x34cm-19x13in) Paris 94 .... FF2 200 - £254 - **$375**

ROSSO Enrico Colombotto. 1925 [4]
- *Ritratto* - Olio/tela (30x25cm-12x10in) Milano 93 .... FF3 475 - £400 - **$597**

ROSSO Menardo 1858-1928 [21]
- *Il Biricchino* - Bronze (30cm-12in) New-York 96 .... FF23 460 - £2 830 - **$4,500**
- *Il cantante a spasso* - Bronze (26cm-10in) Milano 95 .... FF58 500 - £7 210 - **$11,900**
- *Bambino ebreo* - Sculpture (21cm-8in) New-York 95 .... FF379 000 - £47 700 - **$75,000**

ROSSOTTI Matteola Angelo 1865-1934 [1]
- *Chemins de Fer de l'Etat belge* - Poster (56x70cm-39x28in) London 96 .... FF2 513 - £320 - **$484**

ROSSUM DU CHATTEL van Fredericus Jacobus 1856-1917 [19]
- *Dordrecht* - Oil/canvas (57x83cm-22x33in) Edinburgh 92 .... FF31 800 - £3 800 - **$6,120**

ROSSUM van Jacob 1881-1963 [2]
- *A horse in a stable* - Oil/canvas (31x41cm-12x16in) Amsterdam 94 .... FF3 330 - £383 - **$570**

ROST Otto 1887-? [2]
- *Ung nogen kvinde* - Bronze (69cm-27in) Vejle 90 .... FF5 900 - £636 - **$1,041**

ROSTE Paul 1910-? [1]
- *Jahrmarktrummel* - Watercolour (40x50cm-16x20in) Heidelberg 95 .... FF2 365 - £307 - **$493**

ROSTRUP BØYESEN Peter 1882-1952 [11]
- *Figurer ved Fjordbred* - Oil/canvas (61x82cm-24x32in) København 96 .... FF2 210 - £288 - **$438**

ROSZAK Theodore 1907-1981 [6]
- *Photogram* - Gelatin silver print (23x20cm-9x8in) New-York 96 .... FF31 100 - £3 840 - **$6,000**

ROSZEZEWSKI Henri Dominique XIX-XX [4]
- *Aiguière d'agathe* - Oil/panel (35x27cm-14x11in) New-York 93 .... FF13 750 - £1 724 - **$2,500**

ROSZKOWSKA Teresa 1904-1992 [3]
- *Kury* - Tempera/canvas (75x65cm-30x26in) Warszawa 95 .... FF11 760 - £1 503 - **$2,415**

ROTACH Johannes 1892-1981 [3]
- *Grosse Alpweide* - Öl/Karton (41x51cm-16x20in) Zürich 96 .... FF11 920 - £1 380 - **$2,283**

ROTAN Thurman 1903-1991 [5]
- *Skyscrapers* - Silver print (21x41cm-8x16in) New-York 96 .... FF16 780 - £2 080 - **$3,250**

ROTARI Pietro Antonio 1707-1762 [16]
- *Young girl* - Oil/canvas (46x35cm-18x14in) New-York 94 .... FF146 000 - £17 230 - **$26,000**

ROTELLA Mimmo 1918 [178]
- *Paysage, 1990* - Decollage (50x35cm-20x14in) Prato 97 .... FF8 500 - £1 000 - **$1,500**
- *Senza titolo* - Decollage (31x25cm-12x10in) Prato 97 .... FF17 000 - £2 000 - **$3,000**
- *Senza titolo, 1956* - Decollage (14x10cm-6x4in) Milano 90 .... FF26 500 - £2 819 - **$4,741**
- *Senza titolo* - Decollage (15x22cm-6x9in) Milano 89 .... FF26 500 - £2 792 - **$4,461**
- *Macchie* - Decollage (141x176cm-56x69in) Milano 95 .... FF78 500 - £10 140 - **$16,120**
- *Come un Poema Suono* - Decollage (93x118cm-37x46in) London 93 .... FF157 700 - £19 000 - **$27,550**
- *Theatre* - Silkscreen (32x44cm-13x17in) London 93 .... FF8 780 - £1 000 - **$1,490**
- *Rotella Gigantea* - Bronze (21cm-8in) Luzern 94 .... FF8 920 - £1 065 - **$1,666**
- *Le olive* - Photo (116x118cm-46x46in) Milano 91 .... FF20 500 - £2 081 - **$3,702**
- *Saloon* - Collage/papier (41x68cm-16x27in) Zürich 95 .... FF23 470 - £3 113 - **$4,850**
- *Dino De Laurentiis* - Collage (92x86cm-36x34in) Milano 91 .... FF136 700 - £13 608 - **$23,507**

ROTEN-CALPINI Berthe 1873-1962 [7]
- *Alplandschaft mit Dents-Blanches* - Öl/Leinwand (64x81cm-25x32in) Bern 94 .... FF6 060 - £702 - **$1,044**

ROTENBERG Harold 1905 [3]
- *Gloucester* - Oil/canvas/board (23x30cm-9x12in) Cambridge, Mass. 93 .... FF2 065 - £235 - **$350**

ROTH Alois 1869-1930 [3]
- *Kopf eines Jägers* - Oil/panel (19x14cm-7x6in) München 91 .... FF3 720 - £378 - **$672**

ROTH André 1924 [2]
- *Grande allée aux feuilles mortes* - Huile/toile (120x120cm-47x47in) Paris 91 .... FF6 500 - £646 - **$1,129**

ROTH August 1864-1952 [2]
- *Mutter mit Kind* - Oil/panel (46x63cm-18x25in) Wien 96 .... FF3 850 - £481 - **$745**

ROTH Christoph 1840-1907 [1]
🏛 A Faun - Bronze (40cm-16in) Amsterdam 94 .... FF3 030 - £351 - $519

ROTH Dieter 1930 [117]
🔴 Objekt - Fingerringe - wood box, bronze (31x12cm-12x5in) Luzern 92 .... FF13 700 - £1 637 - $2,636
Ohne Titel - Mischtechnik/Karton (81x113cm-32x44in) Wien 94 .... FF52 900 - £6 320 - $10,170
🏛 Südliches Vergnügen - Installation (200x100x120cm-79x39x47in) Wien 94 .... FF290 000 - £33 300 - $49,600
✎ Cats - Pencil/paper (28x57cm-11x22in) Hamburg 96 .... FF4 050 - £491 - $787
Little Richard... - Collage (52x67cm-20x26in) Wien 93 .... FF34 200 - £3 880 - $5,780

ROTH Ernest David 1879-1964 [8]
🔴 From a Florentine window - Oil/canvas (40x40cm-16x16in) Cambridge, Mass. 91 .... FF4 730 - £470 - $821

ROTH Fredrick George R. 1872-1944 [4]
🏛 Reclining dog - Bronze (19cm-7in) New-York 92 .... FF15 540 - £1 627 - $2,800

ROTH George Andries 1809-1887 [6]
🔴 Spätsommerliche Waldlandschaft - Oil/panel (24x30cm-9x12in) Lindau 94 .... FF18 600 - £1 874 - $3,228

ROTH Ida Helene 1887-1966 [1]
🔴 Der junge Ziegenhirte - Öl/Leinwand (46x38cm-18x15in) Bern 93 .... FF4 740 - £528 - $805

ROTH Leo 1914 [4]
🔴 Purim Parade - Oil/canvas (73x54cm-29x21in) Tel Aviv 97 .... FF5 882 - £654 - $1,100

RÖTH Philipp 1841-1921 [52]
🔴 Wooded hilly landscape - Oil/canvas (60x79cm-24x31in) Amsterdam 94 .... FF11 600 - £1 346 - $1,995
Gern bei München - Öl/Karton (29x39cm-11x15in) München 93 .... FF22 040 - £2 633 - $4,240
An Angler by a River - Oil/canvas (71x59cm-28x23in) Wien 92 .... FF60 700 - £7 360 - $11,800
✎ Bauernhäuser bei Gern - Watercolour/paper (24x39cm-9x15in) Luzern 92 .... FF29 760 - £3 040 - $5,240

ROTH Tony 1899-1971 [5]
🔴 Zinnien in einer Vase - Oil/board (63x54cm-25x21in) München 91 .... FF9 570 - £983 - $1,782

ROTH Willy 1908-1952 [8]
🔴 Sommerlandschaft im Leimenthal - Oil/canvas (54x68cm-21x27in) Zofingen 91 ...... FF4 360 - £437 - $720
✎ Nächtliche Impression, Rheinufer - Coloured crayons (25x20cm-10x8in) Zofingen 91 .... FF5 150 - £523 - $930

ROTHAUG Alexander 1870-1946 [30]
🔴 Am Schwanenteich - Öl/Leinwand (35x45cm-14x18in) Wien 94 .... FF12 120 - £1 405 - $2,297
Sappho - Oil/canvas (48x88cm-19x35in) London 97 .... FF85 714 - £9 000 - $14,742
✎ Die träumende Wald - Aquarell/Papier (23x30cm-9x12in) Wien 95 .... FF18 970 - £2 395 - $3,785

ROTHAUG Leopold 1870-1959 [23]
🔴 Der alte Turm - Öl/Karton (35x28cm-14x11in) Wien 96 .... FF7 700 - £961 - $1,490
Pfauenpaar auf Parkweg - Öl/Karton (58x43cm-23x17in) Ahlden 92 .... FF16 320 - £1 670 - $2,873
Roman Temple - Oil/canvas (83x119cm-33x47in) London 96 .... FF132 000 - £15 500 - $25,650

ROTHBART Ferdinand 1823-1899 [4]
🔴 Italienische Landschaft - Öl/Karton (27x36cm-11x14in) Heidelberg 96 .... FF4 060 - £502 - $785

ROTHBERGER Moritz XIX-XX [2]
🏛 Le chasseur progressant - Bronze Soissons 96 .... FF12 000 - £1 410 - $2,360

ROTHBORT Samuel 1882-1971 [13]
🔴 Sunday in prospect park - Oil/canvas (56x76cm-22x30in) New-York 89 .... FF8 600 - £856 - $1,359

ROTHENBERG Susan 1945 [71]
🔴 Red Blush - Oil/canvas (244x185cm-96x73in) New-York 97 .... FF1 - £183 150 - $300,000
Untitled - Oil crayon, lithograph/paper (30x39cm-12x15in) New-York 94 .... FF98 700 - £11 440 - $17,000
ING-Spray - Oil/canvas (223x241cm-88x95in) New-York 96 .... FF611 000 - £72 000 - $120,000
🖼 Stumblebum - Color lithograph (220x108cm-87x43in) New-York 93 .... FF49 500 - £6 210 - $9,000
✎ Untitled - Charcoal/paper (57x39cm-22x15in) London 93 .... FF18 400 - £2 300 - $3,335
Untitled - Graphite (56x76cm-22x30in) New-York 93 .... FF66 000 - £8 270 - $12,000

ROTHENSTEIN Michael 1908 [25]
🔴 Abstract with house - Oil/canvas (51x61cm-20x24in) London 96 .... FF3 450 - £450 - $715
✎ Flowers and Cottages - Pencil (37x53cm-15x21in) London 97 .... FF2 451 - £260 - $422
Hen-run and barn - Watercolour (36x50cm-14x20in) London 95 .... FF6 470 - £850 - $1,298

ROTHENSTEIN William 1872-1945 [30]
🔴 Portrait of a Lady - Oil/canvas (43x53cm-17x21in) London 97 .... FF13 825 - £1 500 - $2,449
A farm in Burgundy - Oil/canvas (54x75cm-21x30in) London 96 .... FF81 000 - £10 000 - $15,630
✎ Charles Ricketts - Black chalk (37x25cm-15x10in) London 96 .... FF51 900 - £6 500 - $10,010

ROTHERMEL Peter Frederick 1817-1895 [4]
🔴 Showing Him the Way - Oil/canvas (91x74cm-36x29in) New Orleans, Louisiana 95 .... FF9 400 - £1 176 - $1,900
Beggar girl - Oil/canvas (61x51cm-24x20in) New-York 93 .... FF16 500 - £2 070 - $3,000

ROTHKO Mark 1903-1970 [51]
🔴 Untitled - Oil/paper (83x63cm-33x25in) New-York 97 .... FF1 - £134 310 - $220,000
Green, Blue... - Acrylic/paper/canvas (103x66cm-41x26in) London 96 .... FF1 - £210 000 - $350,000
Untitled - Acrylic/canvas (173x152cm-68x60in) New-York 96 .... FF4 75e +06 - £480 000 - $800,000
Yellow, Red & Blue - Oil/canvas (187x155cm-74x61in) New-York 97 .... FF1 46 52e +07 - £1 9 89e +06 - $1
✎ White, Orange & Yellow - Tempera/paper (101x67cm-40x26in) New-York 97 .... FF1 - £187 600 - $300,000
Omen - Watercolour (99x64cm-39x25in) New-York 97 .... FF523 260 - £54 945 - $90,000

ROTHKY von Hanna 1861-1934 [1]
🔴 Interior with courting couple - Oil/panel (26x21cm-10x8in) Wien 96 .... FF4 870 - £633 - $963

RÖTHLISBERGER William 1862-1943 [9]
🔴 Abendstimmung, Neuenburgersee - Öl/Leinwand (28x45cm-11x18in) Bern 95 .... FF3 230 - £420 - $663

Calendar & auction results :   INTERNET : **www.artprice.com**   MINITEL : 3617 ARTPRICE

ROTHMAN Jerry 1933 [2]
Ritual Tureen - Glazed stoneware (55cm-22in) New-York 94 .... FF5 810 - £671 - **$1,000**

ROTHPLETZ Johann Julius 1833-1898 [1]
Kleine Waldlandschaft am Flussufer - Öl/Leinwand (19x26cm-7x10in) Bern 94 .... FF2 064 - £248 - **$401**

ROTHSCHILD Henri XX [1]
Havbillede - Oil/canvas (81x130cm-32x51in) København 94 .... FF3 660 - £427 - **$642**

ROTHSTEIN Alain XX [4]
Escalator Beaubourg - Technique mixte/toile (60x55cm-24x22in) Paris 92 .... FF2 800 - £334 - **$539**

ROTHSTEIN Arthur 1915-1985 [17]
Dust Storm, Oklahoma - Silver print (28x28cm-11x11in) New-York 92 .... FF16 660 - £1 935 - **$3,400**

ROTHSTEIN Charlotte 1912-? [1]
Harvest - Tempera/board (51x36cm-20x14in) Chicago 94 .... FF2 247 - £265 - **$400**

ROTHSTÉN Carl Abraham 1826-1877 [30]
Sommarlandskap - Oil/canvas (58x73cm-23x29in) Söderköping 91 .... FF5 190 - £527 - **$937**
Riddarholmen - Oil/panel (35x45cm-14x18in) Stockholm 92 .... FF15 800 - £1 890 - **$3,040**
Södra Varvet sett, Stockholm - Oil/canvas (65x87cm-26x34in) Stockholm 94 .... FF48 800 - £5 760 - **$8,680**

ROTHWELL Richard 1800-1868 [2]
Novitiate mendicants - Oil/canvas (89x69cm-35x27in) London 90 .... FF50 400 - £5 362 - **$9,016**

ROTHWELL Selim 1815-1881 [2]
Figures outside a Milanese Palace - Watercolour (55x77cm-22x30in) London 92 .... FF7 300 - £750 - **$1,403**

RÖTIG Georges Frédéric 1873-1961 [312]
Bouquetins - Huile/toile (70x48cm-28x19in) Paris 96 .... FF9 000 - £1 122 - **$1,740**
Harde de sangliers - Huile/toile (48x64cm-19x25in) Orléans 96 .... FF24 300 - £2 860 - **$4,770**
Fighting stags - Oil/canvas (125x161cm-49x63in) New-York 97 .... FF40 462 - £4 313 - **$7,000**
Chiens et sanglier - Huile/toile (81x143cm-32x56in) Barbizon 94 .... FF71 000 - £8 370 - **$12,630**
Lion et lionne - Gouache/papier (11x14cm-4x6in) Paris 96 .... FF3 800 - £435 - **$725**
Sangliers dans la neige - Gouache/papier (22x31cm-9x12in) Paris 92 .... FF18 000 - £2 150 - **$3,460**

ROTKIRCH Mathilda 1813-1842 [1]
Helgeninde - Pastel (21x17cm-8x7in) København 91 .... FF3 520 - £353 - **$594**

ROTSAERT Octaaf 1885-1964 [1]
Sous-bois - Huile/panneau (49x39cm-19x15in) Bruxelles 93 .... FF3 955 - £473 - **$808**

ROTTA Antonio 1828-1903 [7]
Venetian water fête
  Oil/canvas (142x185cm-56x73in) San Francisco-Los Angeles 93 .... FF206 200 - £25 860 - **$37,500**

ROTTA Silvio Giulio 1853-1913 [2]
Chiacchiere - Olio/tavola (1217cm-479in) Roma 96 .... FF7 370 - £924 - **$1,408**
Studies of beggars & urchins - Ink (20x28cm-8x11in) London 96 .... FF5 460 - £700 - **$1,076**

ROTTE Carl 1862-1910 [2]
Markttag in Lübeck - Oil/panel (20x14cm-8x6in) Ahlden 92 .... FF12 920 - £1 323 - **$2,275**

ROTTENBERG Armand 1903 [6]
La plume - Huile/isorel (100x80cm-39x31in) Paris 89 .... FF6 000 - £597 - **$948**

ROTTENBERG Ena 1893-1952 [1]
Nude - Terracotta (32cm-13in) Wien 96 .... FF12 180 - £1 580 - **$2,410**

ROTTERDAM Paul 1939 [5]
Ohne Titel - Technique mixte/papier (101x65cm-40x26in) Luzern 93 .... FF4 570 - £546 - **$879**

RÖTTGER Karl Heinz 1889-1938 [1]
Dünen auf den Strand, Ostseeküste - Oil/cardboard (44x55cm-17x22in) Köln 95 .... FF7 800 - £986 - **$1,565**

ROTTIE Pieter 1895-1946 [1]
Autoportrait - Huile/toile/panneau (38x29cm-15x11in) Antwerpen 95 .... FF2 200 - £282 - **$443**

ROTTINI Gabriele 1797-1858 [1]
Pittore Gabbriello Rottini di Brescia - Oil/canvas (72x58cm-28x23in) London 94 .... FF27 550 - £3 200 - **$4,770**

ROTTMANN Albert XX [2]
Krickenten vor einem Seeufer - Oil/panel (20x40cm-8x16in) Stuttgart 91 .... FF3 235 - £321 - **$562**

ROTTMANN Carl 1798-1850 [7]
Ammersee-Schloß Greifenberg - Oil/canvas (37x47cm-15x19in) München 91 .... FF321 000 - £32 187 - **$52,988**
Wandgemälde Epidauros - Pencil/paper (28x36cm-11x14in) München 92 .... FF9 500 - £1 134 - **$1,827**

ROTTMANN Leopold 1812-1881 [5]
Gebirgslandschaft - Oil/canvas (34x46cm-13x18in) München 91 .... FF10 140 - £1 017 - **$1,674**
Schliersee - Aquarell/Papier (33x51cm-13x20in) München 96 .... FF15 630 - £1 780 - **$2,990**

ROTTMANN Mozart 1874-? [19]
Familienglück. Junge - Öl/Leinwand (60x79cm-24x31in) Lindau 92 .... FF6 780 - £810 - **$1,305**
Allegroy of Music - Oil/canvas (125x96cm-49x38in) New-York 94 .... FF29 240 - £3 383 - **$5,000**

ROTTMAYR Johann Michael 1654-1730 [3]
Italienische Landschaft - Öl/Leinwand (80x103cm-31x41in) Wien 94 .... FF156 000 - £18 700 - **$30,300**

ROTTONARA Franz Angelo 1848-1938 [2]
Kirchen Interieur - Pastel/papier (62x88cm-24x35in) Wien 95 .... FF6 070 - £760 - **$1,226**

ROUAN François 1943 [18]
La lampe à pétrole - Huile/toile (65x50cm-26x20in) Paris 92 .... FF21 000 - £2 150 - **$3,700**
Buste II - Peinture (122x85cm-48x33in) Versailles 95 .... FF75 000 - £9 800 - **$15,020**
Le Jardin et la Ville IV - Lithographie (60x42cm-24x17in) Paris 92 .... FF2 500 - £299 - **$481**

ROUART Ernest 1874-1942 [4]
Boulevard de Paris, le soir - Oil/canvas (61x74cm-24x29in) New-York 94 .... FF128 700 - £14 900 - **$22,000**

ROUART Henri S. 1833-1912 [5]
- Vase de fleurs - Huile/panneau (35x27cm-14x11in) Paris 95 .... FF4 800 - £631 - **$963**

ROUART Madeleine 1896-1986 [19]
- Fleurs et statuette - Huile/panneau (57x37cm-22x15in) Paris 95. .... FF3 000 - £380 - **$587**

ROUAULT Georges 1871-1958 [476]
- L'Arlequin - Oil/paper/canvas (63x45cm-25x18in) London 97 .... FF2 - £220 000 - **$363,770**
- L'aristocrate - Oil/paper/canvas (40x32cm-16x13in) New-York 89 .... FF5 - £555 624 - **$873,633**
- Nu debout de face - Huile/papier/toile (38x17cm-15x7in) Paris 96........................ FF130 000 - £16 200 - **$25,100**
- Pierrot - Oil/paper/canvas (32x24cm-13x9in) New-York 97 .... FF342 858 - £36 756 - **$60,000**
- Clown - Oil/paper/canvas (45x28cm-18x11in) New-York 95 .... FF656 000 - £82 700 - **$130,000**
- Pierrot - Huile/papier/toile (89x51cm-35x20in) Paris 96.. FF4 5e +06 - £524 000 - **$802,000**
- La Baie des Trépassés - Aquatint in colors (60x45cm-24x18in) New-York 96 .... FF12 430 - £1 605 - **$2,400**
- La chevauchée - Lithographie couleurs (33x44cm-13x17in) Paris 97 .... FF62 000 - £6 714 - **$10,961**
- Cirque de l'Étoile filante - Eau-forte Paris 92. .... FF290 000 - £30 711 - **$50,228**
- Tête de profil - Céramique (17cm-7in) Paris 92 .... FF35 000 - £3 580 - **$6,300**
- Acrobat XIII - Gouache/paper (104x73cm-41x29in) New-York 92 .... FF1 - £192 500 - **$350,000**
- Pour Ubu - Ink (42x32cm-17x13in) London 95 .... FF46 350 - £6 000 - **$9,480**
- Nu assis - Watercolour, gouache (29x19cm-11x7in) London 97 .... FF164 092 - £17 000 - **$28,109**
- L'amateur de tableaux - Watercolour (32x20cm-13x8in) London 97 .... FF250 965 - £26 000 - **$42,991**
- L'Olympia - Aquarelle, gouache/papier (27x43cm-11x17in) Paris 97 .... FF650 000 - £67 990 - **$111,345**

ROUAULT Georges-Dominique 1904 [103]
- Baie de Florence - Huile/toile (51x100cm-20x39in) Saint-Dié 94 .... FF4 000 - £466 - **$702**
- Conciergerie sous la neige - Huile/toile (55x38cm-22x15in) Calais 93 .... FF11 000 - £1 250 - **$1,865**
- Quai de Seine - Aquarelle (48x64cm-19x25in) Paris 97... FF4 000 - £438 - **$702**
- La Lieutenance, Honfleur - Aquarelle, gouache (52x52cm-20x20in) Calais 93 .... FF10 000 - £1 151 - **$1,724**

ROUBAL Franz 1889-1967 [3]
- Auerhahn - Oil/board (62x47cm-24x19in) Wien 91 .... FF16 800 - £1 697 - **$3,335**

ROUBAN Alexandra 1956 [6]
- Lecia Oukrainka - Bronze (64cm-25in) Versailles 92 .... FF4 800 - £492 - **$845**

ROUBAN Nicolaï 1926 [2]
- Sur la plage - Huile/toile (60x91cm-24x36in) Paris 92 .... FF4 200 - £430 - **$756**

ROUBAUD Benjamin, Benjaim 1811-1847 [4]
- Militaires français - Huile/toile (65x82cm-26x32in) Paris 95 .... FF24 000 - £3 040 - **$4,840**
- Algéroise allongée - Huile/toile (33x41cm-13x16in) Paris 95 .... FF110 000 - £14 600 - **$22,670**

ROUBAUD Félix François 1825-1876 [2]
- Chèvre supportant deux Amours - Bronze (53cm-21in) Fontainebleau 92 .... FF15 000 - £1 536 - **$2,640**

ROUBAUD Franz, François 1856-1928 [36]
- Groupe de Cosaques - Huile/panneau (42x53cm-17x21in) Bern 96 .... FF24 440 - £2 964 - **$4,750**
- Warriors on horseback - Oil/canvas (59x84cm-23x33in) New-York 97 .... FF48 900 - £5 920 - **$9,500**
- Tscherkessenreiter - Öl/Leinwand (102x160cm-40x63in) München 92.................... FF77 800 - £9 050 - **$15,900**

ROUBAUD Jean-Baptiste 1871-? [1]
- Les Martigues - Huile/panneau (50x100cm-20x39in) Paris 90 .... FF3 000 - £310 - **$530**

ROUBICHON Alphonse 1867-? [1]
- Paysage - Huile/toile (33x42cm-13x17in) Saint-Dié 96 .... FF2 200 - £273 - **$427**

ROUBIER Jean 1896-1967 [1]
- Cocteau avec autoportrait - Tirage argentique (20x23cm-8x9in) Paris 96 .... FF2 800 - £362 - **$541**

ROUBILLE Auguste 1872-1955 [9]
- Tête de jeune femme - Crayons couleurs (21x26cm-8x10in) Paris 92 .... FF1 700 - £175 - **$315**

ROUBTZOFF Alexandre 1884-1949 [35]
- Ras-Tabia, Tunis - Huile/toile (21x29cm-8x11in) Paris 97...................................... FF22 000 - £2 339 - **$3,791**
- Sidi-bou Saïd - Huile/toile (57x82cm-22x32in) Paris 96 .... FF42 000 - £4 980 - **$8,200**
- Deux femmes tunisiennes - Huile/toile (65x75cm-26x30in) Sciez-sur-Léman 96............ FF145 000 - £17 030 - **$28,500**

ROUBY Alfred 1849-? [16]
- Fleurs dans le vase de porcelaine
  Huile/toile (88x74cm-35x29in) La Varenne Saint-Hilaire 97 .... FF6 000 - £650 - **$1,054**
- Aiguière de Vermeil - Huile/toile (118x91cm-46x36in) Paris 97 .... FF50 000 - £5 245 - **$8,585**

ROUDEIX Bernard Thomas XX [2]
- Portrait au carrelage - Technique mixte/papier (92x73cm-36x29in) Les Andelys 89 ...... FF3 000 - £307 - **$482**

ROUDNIEV Vladimir 1920 [2]
- Cadeaux d'automne - Huile/toile (170x196cm-67x77in) Brest 92.......................... FF3 000 - £305 - **$566**

ROUDNITSKAYA Maria 1916-1983 [2]
- Bouquet - Huile/carton (26x24cm-10x9in) Paris 94.. FF2 500 - £299 - **$471**

ROUFFET Jules 1862-1931 [3]
- Charge de cavalerie - Huile/toile (210x320cm-83x126in) Paris 93 .... FF20 000 - £2 410 - **$3,640**

ROUGE Frédéric 1867-1950 [1]
- Les vendanges - Huile/toile (32x30cm-13x12in) Bern 93 .... FF51 500 - £5 920 - **$8,820**

ROUGELET Benedict Benoît 1834-1894 [7]
- Cupid - Marble (56cm-22in) London 97 .... FF27 881 - £3 000 - **$4,901**
- Three frolicking children - Marble (61cm-24in) New-York 96 .... FF46 400 - £5 800 - **$9,000**

ROUGEMONT de Guy 1935 [10]
- Vid cirkusen - Oil/canvas (61x50cm-24x20in) Stockholm 96.................................. FF4 960 - £640 - **$970**
- Composition - Encres couleurs/papier (76x57cm-30x22in) Versailles 96 .... FF3 600 - £411 - **$690**

R

ROUGEMONT de Philippe 1891-1965 [21]
🖼 *Danseuses* - Oil/canvas (60x46cm-24x18in) Söderköping 92 .... FF6 790 - £695 - $1,195
ROUGERON Jules James 1841-1880 [7]
🖼 *Woman with an umbrella*
Oil/canvas (81x39cm-32x15in) San Francisco-Los Angeles 93 .... FF41 250 - £5 170 - $7,500
ROUGERON Marcel Jules 1875-? [1]
🖼 *L'Écrivain public* - Huile/toile (92x73cm-36x29in) Lille 95 .... FF26 000 - £3 400 - $5,280
ROUGET Georges 1784-1869 [3]
🖼 *J.B. Gaspard Roux de La Rochelle* - Oil/canvas (59x49cm-23x19in) London 95 .... FF69 400 - £9 000 - $14,450
ROUGIE Joël 1957 [3]
🖼 *Le défilé de mode* - Huile/toile (73x61cm-29x24in) Le Touquet 95 .... FF6 500 - £810 - $1,268
ROUGIER Vincent XX [3]
🖼 *Poisson fou* - Technique mixte/panneau (130x81cm-51x32in) Paris 90 .... FF4 000 - £431 - $705
ROUILLARD Jean-Sébastien 1789-1852 [3]
🖼 *Femme du général Pauchez* - Huile/toile (127x95cm-50x37in) Paris 92 .... FF98 000 - £11 700 - $18,840
ROUILLARD Pierre Louis 1820-1881 [3]
🗿 *Cerf en fonte, Val d'Osne* - Sculpture Houdan 91 .... FF620 000 - £62 475 - $107,585
ROUILLÉ Jean [2]
🖼 *Simca, Un appétit d'oiseau...* - Affiche (77x115cm-30x45in) Neuilly 95 .... FF1 600 - £193 - $303
ROUILLER Albert 1938 [1]
🗿 *Reliefartige Komposition* - Bronze (29cm-11in) Zürich 93 .... FF4 500 - £543 - $823
ROUJEYNIKOVA Tatiana 1947 [2]
🖼 *Fleurs des champs* - Huile/toile (63x76cm-25x30in) Bruxelles 93 .... FF3 626 - £434 - $741
ROUKHIN Evgeny 1943-1976 [1]
🖼 *Composition* - Mixed media/canvas (69x65cm-27x26in) London 89 .... FF19 400 - £1 984 - $3,119
ROULAUD Claude 1945 [5]
🗿 *Ventadour* - Métal (156x46x62cm-61x18x24in) Paris 91 .... FF7 500 - £758 - $1,489
ROULET Henry 1915 [6]
🗿 *Intimité* - Oil/canvas (50x61cm-20x24in) Zofingen 92 .... FF16 740 - £1 710 - $2,950
ROULIN Félix 1931 [5]
🗿 *Visage* - Sculpture (31cm-12in) Antwerpen 95 .... FF4 800 - £622 - $983
ROULIN François Désiré 1796-1874 [1]
✏ *Carnival scene, Bogota, Colombia* - Watercolour (20x27cm-8x11in) London 96 .... FF52 100 - £6 500 - $10,060
ROULLAND Jean 1931 [18]
🗿 *Masque* - Bronze (28cm-11in) Calais 92 .... FF15 000 - £1 790 - $2,885
Tête d'homme - Bronze (58cm-23in) Calais 92 .... FF50 000 - £5 970 - $9,610
✏ *Portrait de femme* - Aquarelle (55x74cm-22x29in) Calais 93 .... FF2 800 - £350 - $510
ROULLET Gaston 1847-1925 [68]
🖼 *Château de Bruyères* - Huile/panneau (35x26cm-14x10in) Saint-Dié 91 .... FF7 000 - £705 - $1,215
Volendam, Holland - Öl/Leinwand (102x82cm-40x32in) Wien 96 .... FF12 180 - £1 580 - $2,410
Port de Hollande - Huile/toile (35x100cm-14x39in) Barbizon 92 .... FF28 000 - £2 866 - $4,930
✏ *Hortensias* - Aquarelle (54x37cm-21x15in) Versailles 92 .... FF9 000 - £924 - $1,730
ROULLET Jacques Armand 1903-1995 [1]
🖼 *Le village au clocher* - Huile/panneau (35x27cm-14x11in) Pontoise 95 .... FF5 500 - £697 - $1,106
ROULLIER Alain 1946 [5]
🖼 *Généalogies* - Huile/toile (97x130cm-38x51in) Grasse 91 .... FF25 000 - £2 510 - $4,325
ROUMEGOUS Auguste François XIX [2]
🖼 *Crossing the desert* - Oil/canvas (43x73cm-17x29in) New-York 90 .... FF10 300 - £1 103 - $1,791
ROUNTREE Harry 1878-1950 [11]
✏ *The toff* - Black chalk (30x25cm-12x10in) London 92 .... FF3 310 - £340 - $636
ROURA JUANOLA Lluis 1943 [2]
🖼 *Paisaje* - Oleo/lienzo (54x65cm-21x26in) Madrid 96 .... FF7 100 - £901 - $1,364
ROURE Auguste Louis 1878-1936 [7]
🖼 *Avignon, la Barthelasse* - Huile/toile (33x55cm-13x22in) Aubagne 90 .... FF4 000 - £415 - $703
ROUSAUD Aristide XIX-XX [1]
🗿 *Fillette endormie* - Sculpture (23cm-9in) Morlaix 90 .... FF1 900 - £191 - $372
ROUSE Robert W. Arthur XIX-XX [2]
🖼 *Fishing in the Mill Stream* - Oil/canvas (101x153cm-40x60in) London 94 .... FF32 400 - £3 800 - $5,760
ROUSSAUX Franz Jakob 1757-1826 [1]
✏ *Elegant company by two tables* - Ink (19x55cm-7x22in) Amsterdam 96 .... FF11 450 - £1 350 - $2,250
ROUSSE Adolphe Marie E. 1844-1887 [1]
✏ *Arrivée d'un paquebot à Rio* - Aquarelle (44x61cm-17x24in) Monaco 93 .... FF9 000 - £1 036 - $1,552
ROUSSE Frank XIX-XX [26]
✏ *A coastal scene with figures*
Watercolour (25x43cm-10x17in) Richmond, North Yorkshire 94 .... FF4 310 - £500 - $743
ROUSSE Georges 1947 [20]
📷 *Embrasure VII* - Cibachrome print (124x150cm-49x59in) Paris 97 .... FF17 000 - £1 773 - $2,907
ROUSSEAU Adrien 1908-1982 [7]
🖼 *Bord de rivière* - Huile/toile (49x65cm-19x26in) Troyes 91 .... FF9 500 - £943 - $1,649
ROUSSEAU Alain 1926 [2]
🖼 *Fleurs au jardin* - Oil/canvas (46x38cm-18x15in) Detroit, Michigan 93 .... FF12 980 - £1 477 - $2,200
ROUSSEAU Albert 1908-1982 [81]
🖼 *Barques* - Huile/isorel (51x61cm-20x24in) Montréal 93 .... FF3 115 - £354 - $528

Maison rose - Huile/carton (40x51cm-16x20in) Montréal 96 .... FF**6 570** - £626 - **$953**
Rue Crémazie - Huile/toile (76x122cm-30x48in) Montréal 94 .... FF**15 200** - £1 824 - **$2,950**
ROUSSEAU Edme 1815-1868 [1]
🌿 *Jeune fille sur la terrasse* - Huile/toile (73x59cm-29x23in) Paris 92 .... FF**13 000** - £1 552 - **$2,500**
ROUSSEAU Helen Hoffman 1898-1992 [12]
🌿 *Campground* - Oil/board (76x86cm-30x34in) San Francisco-Los Angeles 92 .... FF**20 820** - £2 420 - **$4,250**
ROUSSEAU Henri Émilien 1875-1933 [105]
🌿 *Cavalier arabe et cheval blanc* - Huile/panneau (20x16cm-8x6in) Paris 96 .... FF**14 000** - £1 690 - **$2,686**
Cavaliers, Mausolée - Huile/panneau (45x55cm-18x22in) Paris 97 .... FF**78 000** - £8 291 - **$13,439**
Chasse, Afrique du Nord - Huile/toile (62x73cm-24x29in) Paris 96 .... FF**105 000** - £12 730 - **$20,400**
Chasse, lac de Tunis - Huile/toile (81x116cm-32x46in) Paris 95 .... FF**235 000** - £30 900 - **$47,200**
🖊 *Cavaliers arabes* - Gouache (62x47cm-24x19in) Orléans 96 .... FF**33 000** - £4 271 - **$6,500**
Campement en Algérie - Aquarelle, gouache (48x62cm-19x24in) Paris 96 .... FF**64 000** - £7 410 - **$12,260**
ROUSSEAU Henri, le Douanier 1844-1910 [23]
🌿 *Joseph Brummer* - Oil/canvas (116x88cm-46x35in) London 93 .... FF**2** - £2 - **$4, 2e,+06**
Kenty, port de Paimpol - Huile/toile (99x99cm-39x39in) Deauville 96 .... FF**2** - £360 000 - **$558,000**
Vue d'un château - Huile/bois (36x49cm-14x19in) Paris 96 .... FF**130 000** - £16 300 - **$25,100**
Le Singe peintre - Oil/canvas (46x38cm-18x15in) Stuttgart 92 .... FF**746 000** - £89 100 - **$143,500**
🖊 *Fleurs* - Encre/papier (15x10cm-6x4in) Paris 97 .... FF**30 000** - £3 258 - **$5,262**
Famille Brunet - Drawing (24x40cm-9x16in) New-York 94 .... FF**63 100** - £7 500 - **$12,000**
ROUSSEAU Jacques 1630-1693 [2]
🖊 *River landscape/Wooded landscape* - Red chalk (16x19cm-6x7in) London 90 .... FF**31 000** - £3 122 - **$5,636**
ROUSSEAU Jean Jacques 1861-1911 [6]
🌿 *Taureau et vache* - Huile/toile (76x92cm-30x36in) Paris 91 .... FF**15 500** - £1 554 - **$2,839**
ROUSSEAU Léon 1829-1881 [2]
🌿 *Bouquet de fleurs* - Huile/toile (115x90cm-45x35in) Aubagne 95 .... FF**52 500** - £6 900 - **$10,530**
Vase de fleurs - Oil/canvas (115x90cm-45x35in) New-York 96 .... FF**168 800** - £21 500 - **$32,500**
ROUSSEAU Louis 1788-1868 [1]
📷 *Atchi* - Albumen print (10x8cm-4x3in) London 96 .... FF**6 200** - £800 - **$1,197**
ROUSSEAU Margarita 1888-1948 [5]
🌿 *Hortensias azules* - Oleo/tabla (51x63cm-20x25in) México 92 .... FF**27 000** - £2 770 - **$4,840**
ROUSSEAU Mic 1941 [2]
🌿 *Lavandes en Ubéron, vers Apt* - Huile/toile (33x46cm-13x18in) Barcelonnette 94 .... FF**3 000** - £361 - **$559**
ROUSSEAU Percival Léonard 1869-1937 [2]
🌿 *Two Setters at point* - Oil/canvas (66x81cm-26x32in) Bloomfield Hills, Michigan 96 ...... FF**111 200** - £14 140 - **$22,000**
ROUSSEAU Philippe 1816-1887 [28]
🌿 *Poissons* - Huile/toile (46x61cm-18x24in) Calais 92 .... FF**7 000** - £717 - **$1,233**
Flowers in a straw hat - Oil/canvas (54x64cm-21x25in) London 94 .... FF**38 100** - £4 500 - **$6,840**
Bouquet de fleurs et glace - Huile/toile (130x88cm-51x35in) Paris 93 .... FF**105 000** - £11 800 - **$17,800**
ROUSSEAU Robert XX [2]
🌿 *Valencia* - Huile/toile (46x55cm-18x22in) Paris 93 .... FF**4 000** - £500 - **$728**
ROUSSEAU Théodore 1812-1867 [163]
🌿 *La fin de l'automne* - Huile/panneau (54x65cm-21x26in) Barbizon 91 .... FF**1** - £119 172 - **$208,355**
Peuplier, plaine de Barbizon - Huile/panneau (29x59cm-11x23in) Paris 97 .... FF**30 000** - £3 273 - **$5,244**
La vallée de la Seine - Huile/papier/panneau (22x31cm-9x12in) Barbizon 95 .... FF**61 500** - £8 040 - **$12,310**
Paysage, crépuscule - Oil/panel (19x30cm-7x12in) New-York 97 .... FF**102 330** - £11 021 - **$18,000**
Lisière d'un bois - Oil/canvas (48x72cm-19x28in) New-York 97 .... FF**342 270** - £36 894 - **$60,000**
🗌 *Chênes de roche* - Eau-forte (13x20cm-5x8in) Paris 97 .... FF**7 000** - £741 - **$1,212**
🖊 *Lisière de forêt* - Crayon (18x26cm-7x10in) Paris 97 .... FF**15 500** - £1 708 - **$2,730**
Woman and child - Watercolour/paper (21x33cm-8x13in) London 97 .... FF**133 333** - £14 000 - **$22,933**
Rochers en lisière de forêt - Lavis (64x94cm-25x37in) Paris 94 .... FF**380 000** - £44 200 - **$66,600**
ROUSSEAU Victor 1865-1954 [35]
🏛 *Le bonheur familial* - Bas-relief (89x273cm-35x107in) Bruxelles 97 .... FF**13 072** - £1 416 - **$2,312**
Couple de danseurs - Bronze Bruxelles 94 .... FF**39 600** - £4 550 - **$6,780**
🖊 *Paysage de rêve* - Gouache (14x18cm-6x7in) Bruxelles 96 .... FF**3 350** - £434 - **$670**
ROUSSEAU-DECELLE René 1881-1964 [9]
🌿 *Bord de mer à Biarritz* - Huile/panneau (27x35cm-11x14in) Nantes 92 .... FF**6 000** - £615 - **$1,080**
The swans - Huile/toile (46x81cm-18x32in) New-York 93 .... FF**53 100** - £6 040 - **$9,000**
ROUSSEAUX Fernand 1892-1971 [15]
🌿 *Vue du lac de Côme* - Huile/panneau (80x100cm-31x39in) Bruxelles 91 .... FF**13 770** - £1 367 - **$2,391**
ROUSSEL Charles 1861-1936 [22]
🌿 *Sailing barges on a river* - Oil/panel (24x34cm-9x13in) Amsterdam 97 .... FF**9 673** - £1 022 - **$1,659**
Préparation des filets - Huile/toile (33x46cm-13x18in) Calais 92 .... FF**34 000** - £3 480 - **$5,990**
Ramasseuses de crevettes - Huile/toile (122x166cm-48x65in) Le Touquet 96 ...... FF**60 000** - £7 110 - **$11,700**
ROUSSEL DE PRÉVILLE Roger 1870-? [1]
🏛 *A wave girl* - Sculpture (43x101cm-17x40in) London 90 .... FF**116 200** - £12 441 - **$20,209**
ROUSSEL J.T. [1]
🌿 *Landskab med store traeer ved en sø* - Oil/canvas (90x112cm-35x44in) København 91 .... FF**4 400** - £449 - **$798**
ROUSSEL Ker Xavier 1867-1944 [89]
🌿 *Danse des Faunes* - Oil/canvas (94x73cm-37x29in) London 95 .... FF**10 600** - £1 400 - **$2,150**
Paysage printanier - Huile/toile (51x67cm-20x26in) Paris 96 .... FF**55 000** - £6 272 - **$10,520**
Femmes au parc - Huile/toile (36x75cm-14x30in) Saint-Etienne 91 .... FF**950 000** - £96 416 - **$171,579**

R

Femme en robe à rayures - Lithographie couleurs (21x32cm-8x13in) Paris 95 ...... FF7 200 - £910 - **$1,444**
Paysage - Pastel/board (56x78cm-22x31in) London 94 ...... FF10 000 - £1 200 - **$1,944**
Les Digitales - Pastel (54x52cm-21x20in) Lyon 96 ...... FF40 000 - £4 560 - **$7,650**
La couturière - Ink (19x12cm-7x5in) New-York 94 ...... FF171 300 - £20 100 - **$30,000**

ROUSSEL Marius 1874-? [1]
Woman lying naked on a rock - Bronze (31cm-12in) London 90 ...... FF9 200 - £950 - **$1,625**

ROUSSEL Paul Marie 1804-1877 [1]
Christ with Sisters Mary and Martha - Oil/canvas (33x25cm-13x10in) London 95 ...... FF3 196 - £400 - **$637**

ROUSSEL Pierre 1927-1995 [5]
Les toits - Huile/carton (57x55cm-22x22in) Paris 96 ...... FF2 500 - £302 - **$480**
Lande bretonne - Pastel (31x24cm-12x9in) Paris 93 ...... FF3 800 - £458 - **$691**

ROUSSEL Théodore 1847-1926 [13]
Chiaroscuro, The Golden Scarf - Oil/canvas (61x47cm-24x19in) London 94 ...... FF11 670 - £1 350 - **$2,010**
Boats near Falmouth - Watercolour (18x26cm-7x10in) London 94 ...... FF4 050 - £480 - **$749**

ROUSSEL-MASURE 1863-1919 [3]
Rivière, Bourgogne - Huile/toile (58x72cm-24x29in) Calais 92 ...... FF10 000 - £1 027 - **$1,923**

ROUSSELET Gilles 1686-? [1]
Les Douze Sibylles - Burin Paris 93 ...... FF1 800 - £217 - **$328**

ROUSSELLE Georges XX [6]
Campagne haut-marnaise - Huile/panneau (40x60cm-16x24in) Langres 95 ...... FF3 000 - £376 - **$598**

ROUSSELOT Lucien 1900-1992 [48]
Scène de tournoi - Huile/toile (88x115cm-35x45in) Paris 92 ...... FF2 700 - £323 - **$520**
Cuirassier du 4ème Régiment - Huile/carton (21x14cm-8x6in) Paris 92 ...... FF5 300 - £633 - **$1,020**
Choc de cavalerie - Huile/toile (87x115cm-34x45in) Paris 92 ...... FF13 500 - £1 610 - **$2,597**
Soldat de l'Artillerie de marine - Aquarelle/papier (47x30cm-19x12in) Paris 97 ...... FF6 800 - £742 - **$1,189**

ROUSSEV Svetlin 1933 [2]
Expectation - Oil/canvas (191x185cm-75x73in) London 89 ...... FF58 100 - £5 781 - **$9,179**

ROUSSIL Robert 1925 [13]
Femme - Bois (136cm-54in) Montréal 94 ...... FF7 200 - £912 - **$1,450**

ROUSSIN Georges 1854-? [3]
The Festival - Pastel/canvas (81x60cm-32x24in) New-York 94 ...... FF21 240 - £2 535 - **$4,000**

ROUSSIN Victor Marie 1812-1903 [2]
Church of St. Germain, Bretagne - Oil/panel (13x19cm-5x7in) London 92 ...... FF2 920 - £300 - **$561**

ROUSSOFF Alexandre Nicolaiev. 1844-1928 [4]
A Street Scene in Cairo - Watercolour/paper (31x58cm-12x23in) London 97 ...... FF14 071 - £1 500 - **$2,467**
Rejected - Watercolour (67x40cm-26x16in) Leeds 92 ...... FF32 240 - £3 300 - **$5,690**

ROUSSY Toussaint 1847-1931 [2]
Le nain au plateau à déjeuner - Huile/toile (60x49cm-24x19in) Lyon 89 ...... FF7 500 - £767 - **$1,206**

ROUVEYRE André 1896-1962 [2]
Album: dessins et gravures - Dessin Paris 95 ...... FF2 800 - £350 - **$549**

ROUVIER Pierre 1742-? [2]
Young Lady in low-cut black dress - Miniature (7cm-3in) London 97 ...... FF15 166 - £1 600 - **$2,602**

ROUVIERE Charles XIX-XX [2]
La plage de Cannes - Huile/toile (51x73cm-20x29in) Marseille 89 ...... FF14 000 - £1 393 - **$2,212**

ROUX Antoine Joseph Ange 1765-1835 [47]
H.M.S Bellerophon - Oil/canvas (37x59cm-15x23in) London 89 ...... FF96 900 - £9 908 - **$15,579**
L'Aventurier - Watercolour (41x53cm-16x21in) London 96 ...... FF38 740 - £5 000 - **$7,480**
Le Borée - Aquarelle/papier (43x65cm-17x26in) Paris 97 ...... FF75 000 - £8 003 - **$12,983**
Bataille de Navarin - Aquarelle (52x73cm-20x29in) Paris 94 ...... FF120 000 - £14 050 - **$21,150**

ROUX Antoine, fils aîné 1799-1872 [11]
Trois-mâts Les Saints Anges - Aquarelle/papier (41x55cm-16x22in) Paris 96 ...... FF37 000 - £4 570 - **$7,150**
Camille, Capne Finaud - Dessin (43x59cm-17x23in) Paris 91 ...... FF47 000 - £4 712 - **$8,608**
La Bataille de Navarin - Watercolour, gouache (54x75cm-21x30in) Athens 95 ...... FF125 800 - £16 270 - **$25,700**

ROUX Carl 1826-1894 [3]
Hirtin mit Kälbern am Gatter - Oil/canvas (39x68cm-15x27in) München 91 ...... FF32 100 - £3 219 - **$5,299**

ROUX Constant 1865-1929 [8]
La France - Bronze (53cm-21in) Detroit, Michigan 92 ...... FF12 500 - £1 308 - **$2,250**
Mercury - Bronze (46cm-18in) New-York 92 ...... FF36 100 - £3 780 - **$6,500**

ROUX DE ROYAT Antoine 1821-1887 [6]
Trois mâts au mouillage - Aquarelle (32x49cm-13x19in) Bordeaux 97 ...... FF15 000 - £1 575 - **$2,580**

ROUX Émile D. 1822-1915 [8]
Hauling in the nets - Oil/canvas (52x92cm-20x36in) London 94 ...... FF7 620 - £900 - **$1,368**
Gallipoli - Aquarelle/papier (17x25cm-7x10in) Paris 97 ...... FF5 000 - £528 - **$858**

ROUX Fernand 1906-1994 [2]
Picador - Feutre/papier (64x95cm-25x37in) Montauban 95 ...... FF1 500 - £197 - **$308**

ROUX François 1811-1882 [19]
Liberté du Commerce, Marseille - Aquarelle (44x56cm-17x22in) Aubagne 95 ...... FF18 000 - £2 390 - **$3,710**
Brig Eliza in full sail - Watercolour (48x46cm-19x26in) London 96 ...... FF50 400 - £6 500 - **$9,720**
The Louis-Napoléon, Marseille - Watercolour (51x68cm-20x27in) London 93 ...... FF91 300 - £11 000 - **$15,950**

ROUX Frédéric 1805-1874 [27]
Vue du Havre - Aquarelle (27x36cm-11x14in) Paris 95 ...... FF12 000 - £1 578 - **$2,453**
Sephora, Frédéric Herpin - Watercolour (17x30cm-7x12in) London 96 ...... FF21 220 - £2 500 - **$4,170**
L'Indépendant naviguant babord - Aquarelle (41x54cm-16x21in) Paris 94 ...... FF76 000 - £9 000 - **$14,040**

ROUX Gaston Louis 1904-1988 [23]
- Nature morte surréaliste - Oil/canvas (22x26cm-9x10in) London 92 .... FF4 690 - £480 - **$828**
  Femme - Oil/canvas (27x19cm-11x7in) London 97 .... FF14 506 - £1 600 - **$2,544**
- Château surréaliste - Gouache/paper (31x24cm-12x9in) London 92 .... FF3 520 - £360 - **$621**

ROUX Gérard 1946 [5]
- Quimper, les Quais - Huile/panneau (21x37cm-8x15in) Brest 97 .... FF4 000 - £433 - **$702**

ROUX Johann 1806-1880 [2]
- Bildnisse eines Ehepaares - Pastel/papier (37x29cm-15x11in) Köln 95 .... FF15 530 - £2 020 - **$3,186**

ROUX Louis François Fr. 1817-1903 [6]
- Le trois-mâts Marguerite (46x62cm-18x24in) Paris 96 .... FF22 000 - £2 584 - **$4,330**

ROUX Mathieu Antoine XVIII-XIX [3]
- St. Esprit buffetted by wind - Watercolour (32x43cm-13x17in) London 92 .... FF8 300 - £850 - **$1,466**

ROUX Oswald 1880-1960 [10]
- Zirkuspferd in der Manege - Öl/Leinwand (63x78cm-25x31in) Wien 96 .... FF8 770 - £1 138 - **$1,734**
- Landschaft im Gebirge - Mixed media/paper (26x36cm-10x14in) Wien 94 .... FF3 886 - £457 - **$694**

ROUX Paul c.1845-1918 [9]
- Eole with figure by a stream - Oil/canvas (89x147cm-35x58in) New-York 92 .... FF24 300 - £2 484 - **$4,500**
- Environs de Dinard - Aquarelle (26x37cm-10x15in) Paris 96 .... FF3 000 - £389 - **$600**

ROUX Pierre 1920 [2]
- Paysage à Rognes - Huile/toile (96x130cm-38x51in) Paris 90 .... FF6 000 - £638 - **$1,073**
- Paysage de la Nièvre - Gouache (24x32cm-9x13in) Versailles 90 .... FF1 800 - £181 - **$327**

ROUX Tony Georges 1894-1928 [3]
- Parc en fleurs - Aquarelle/papier (71x57cm-28x22in) Lille 97 .... FF4 000 - £414 - **$685**

ROUX Vincent 1928-1991 [5]
- Chapelle Sainte-Anne, St Tropez - Huile/toile (54x81cm-21x32in) Aubagne 90 .... FF29 000 - £3 125 - **$5,115**
- La Bravade à Saint-Tropez - Gouache (59x73cm-23x29in) Aubagne 90 .... FF4 300 - £463 - **$758**

ROUX-CHAMPION Joseph-Victor 1871-1953 [36]
- Pardon à Saint-Philibert - Aquarelle (14x22cm-6x9in) Brest 96 .... FF2 200 - £253 - **$420**
  Notre-Dame de Paris - Watercolour (25x32cm-10x13in) New-York 95 .... FF8 210 - £1 008 - **$1,600**

ROUX-RENARD Antonin 1870-1936 [2]
- Comtadine - Huile/toile (55x46cm-22x18in) Carpentras 94 .... FF5 000 - £593 - **$924**
  Villeneuve-lez-Avignon- les moissons - Huile/toile (190x114cm-75x45in) Avignon 89 .... FF60 000 - £6 322 - **$10,101**

ROVEL Henri 1862-1926 [6]
- Orientale près d'un campement - Huile/toile (80x110cm-31x43in) Paris 94 .... FF21 000 - £2 440 - **$3,680**

ROVERE della Giovanni Batista 1575-1640 [7]
- Prophet - Ink (25x20cm-10x8in) New-York 97 .... FF13 904 - £1 547 - **$2,500**

ROVERS Joseph, Jos 1893-1970 [3]
- Stone portrait, bottles & other objects - Oil/canvas (70x98cm-28x39in) Amsterdam 96 ..... FF2 394 - £301 - **$471**
- Chemins de Fer Néerlandais - Poster (99x61cm-39x24in) London 96 .... FF2 184 - £280 - **$431**

ROVERSI Paolo 1947 [5]
- Juliet - Photo Paris 91 .... FF4 000 - £401 - **$660**

ROW David 1949 [7]
- Skylla - Oil/canvas (153x122cm-60x48in) Stockholm 94 .... FF23 570 - £2 766 - **$4,200**

ROWAN Marian Ellis 1858-1922 [25]
- Twenty-two butterflies - Watercolour (56x34cm-22x13in) London 95 .... FF112 100 - £14 000 - **$22,000**

ROWBOTHAM Charles 1877-? [2]
- Abbissola - Watercolour (17x31cm-7x12in) London 95 .... FF6 210 - £800 - **$1,263**

ROWBOTHAM Charles 1858-1921 [34]
- Savona on the Coast of Genoa - Watercolour (27x41cm-11x16in) London 95 .... FF5 530 - £700 - **$1,112**
- Beside an Italian lake - Watercolour (30x60cm-12x24in) London 92 .... FF16 120 - £1 650 - **$3,160**

ROWBOTHAM Claude Hamilton 1864-1949 [3]
- Iffley, Winter - Watercolour (18x46cm-7x18in) London 93 .... FF3 735 - £450 - **$653**

ROWBOTHAM Leopold Charles 1889-1977 [1]
- At Porthcurno, Cornwall, 1936 - Watercolour (22x37cm-9x15in) London 90 .... FF2 700 - £280 - **$475**

ROWBOTHAM Thomas Charles Lees. 1823-1875 [57]
- Lago di Garda - Watercolour (20x47cm-8x19in) London 96 .... FF6 550 - £850 - **$1,296**
  In the Bay of Naples - Watercolour (40x72cm-16x28in) London 97 .... FF14 111 - £1 500 - **$2,438**

ROWBOTHAM Thomas Leeson 1783-1853 [16]
- Irish packet entering Holyhead - Watercolour (25x38cm-10x15in) London 92 .... FF5 860 - £600 - **$1,221**

RØWDE Teddy 1912 [1]
- Sámannen - Oil/canvas/panel (20x25cm-8x10in) Oslo 96 .... FF5 270 - £610 - **$1,010**

ROWDEN Thomas 1842-1926 [43]
- The Watering Place - Watercolour (47x76cm-19x30in) Billinghurst, West Sussex 94 .... FF5 050 - £580 - **$864**

ROWE Algernon XIX-XX [3]
- The rehearsal - Oil/canvas (127x76cm-50x30in) London 92 .... FF19 540 - £2 000 - **$3,450**

ROWE Clarence Henry XIX-XX [2]
- Expansive landscape - Oil/canvas (51x74cm-20x29in) Elgin, Illinois 92 .... FF3 380 - £404 - **$650**

ROWE Ernest Arthur c.1860-1922 [58]
- Crimson Rambler, Marlowe - Watercolour (17x12cm-7x5in) Billinghurst, West Sussex 96 ..... FF7 700 - £1 000 - **$1,510**
  Garden path - Wash (17x25cm-7x10in) London 91 .... FF17 300 - £1 748 - **$3,434**

ROWE Sidney Grant 1861-1928 [8]
- At the edge of the river - Oil/canvas (49x74cm-19x29in) Billinghurst, West Sussex 96 .... FF2 300 - £300 - **$460**

R

✎ *Lady carrying bucket* - Watercolour (33x23cm-13x9in) Aylsham, Norfolk 92 .... **FF3 700** - *£380* - **$711**
ROWE Tom Trythall 1856-? [1]
🖐 *The end of the day* - Oil/canvas (19x29cm-7x11in) London 96 .... **FF4 650** - *£600* - **$911**
ROWELL Kenneth 1920 [3]
✎ *Townspeople* - Watercolour, gouache (40x52cm-16x20in) London 92 .... **FF1 634** - *£190* - **$334**
ROWLANDSON George Derville 1861-1928 [26]
🖐 *The Kill* - Oil/canvas (41x61cm-16x24in) San Francisco-Los Angeles 95 .... **FF30 300** - *£3 820* - **$6,000**
Over the Fence - Oil/canvas (81x122cm-32x48in) London 97 .... **FF119 375** - *£13 000* - **$20,760**
✎ *Over the Fence* - Watercolour (19x27cm-7x11in) London 94 .... **FF3 306** - *£400* - **$610**
ROWLANDSON Thomas 1756-1827 [263]
✎ *Soldiers fencing* - Watercolour (14x23cm-6x9in) London 97 .... **FF7 022** - *£750* - **$1,221**
Labourers putting down a Pavement - Watercolour (14x23cm-6x9in) London 97 .... **FF29 963** - *£3 200* - **$5,210**
At the Club - Watercolour (11x18cm-4x7in) London 97 .... **FF74 906** - *£8 000* - **$13,026**
Place Victoire à Paris - Pencil (38x54cm-15x21in) London 94 .... **FF218 000** - *£25 900* - **$39,800**
ROWLETT George 1941 [3]
🖐 *Bluebelis at Harrietsham* - Oil/canvas (61x106cm-24x42in) London 95 .... **FF3 480** - *£450* - **$712**
ROWLEY Reuben XIX [2]
🖐 *Portrait of a young man* - Oil/canvas (67x56cm-26x22in) New-York 93 .... **FF7 700** - *£910* - **$1,400**
ROWNEY Carolyn 1963 [2]
🖐 *Carbon with white* - Acrylique (71x122cm-28x48in) Paris 92 .... **FF2 500** - *£256* - **$441**
ROWNEY Lilian Harley XIX-XX [2]
✎ *The Crying Angel* - Watercolour (38x25cm-15x10in) London 95 .... **FF2 006** - *£260* - **$418**
ROWNTREE Harry 1878-1950 [2]
✎ *The Camp Fire* - Watercolour (27x23cm-11x9in) London 95 .... **FF1 895** - *£240* - **$382**
ROWNTREE Kenneth 1915 [7]
🖐 *Cavendish road, Clare* - Oil/canvas (39x65cm-15x26in) London 90 .... **FF7 260** - *£734* - **$1,381**
✎ *Rochester, evening* - Watercolour (33x48cm-13x19in) London 96 .... **FF4 560** - *£580* - **$877**
ROY Abel XIX-XX [2]
✎ *Les fauconniers* - Aquarelle (21x29cm-8x11in) Paris 92 .... **FF4 000** - *£478* - **$770**
ROY Alix XX [2]
🖐 *Fruits and vegetables* - Oil/masonite (60x38cm-24x15in) New-York 92 .... **FF20 440** - *£2 092* - **$3,600**
ROY de J.B. 1784-1862 [1]
🖐 *Resting cattle in a landscape* - Oil/panel (38x51cm-15x20in) Laren 90 .... **FF27 000** - *£2 872* - **$4,830**
ROY de Jean-Baptiste 1759-1839 [10]
🖐 *Kühe auf einer begrünten Anhöhe* - Oil/panel (59x85cm-23x33in) Stuttgart 96 .... **FF47 800** - *£6 220* - **$9,460**
ROY Jamini 1887-1972 [11]
✎ *Woman in white* - Gouache (71x38cm-28x15in) London 96 .... **FF60 700** - *£7 500* - **$11,720**
ROY Jean-Baptiste 1759-1839 [1]
🖐 *Troupeau à la mare* - Oil/panneau (38x48cm-15x19in) Bruxelles 96 .... **FF30 900** - *£3 965* - **$6,100**
ROY Louis 1862-1907 [14]
🖐 *Labour, champs roses* - Huile/toile (38x45cm-15x18in) Douarnenez 95 .... **FF47 000** - *£6 120* - **$9,750**
Jeune homme, Bretagne - Huile/toile (55x46cm-22x18in) Brest 91 .... **FF150 000** - *£14 933* - **$25,794**
✎ *Ferme aux toits bleus* - Aquarelle (39x47cm-15x19in) Paris 94 .... **FF45 000** - *£5 370* - **$8,430**
ROY Lucien 1850-? [1]
🖐 *Paysage à l'étang* - Huile/toile (65x49cm-26x19in) Paris 96 .... **FF3 200** - *£371* - **$613**
ROY Marius 1833-? [6]
🖐 *La popote* - Oil/panel (33x45cm-13x18in) New-York 93 .... **FF24 750** - *£3 104* - **$4,500**
Au Quartier - Oil/canvas (150x200cm-59x79in) London 96 .... **FF308 000** - *£40 000* - **$61,000**
ROY Pierre 1880-1950 [34]
🖐 *Nature morte* - Oil/canvas (35x27cm-14x11in) New-York 94 .... **FF80 000** - *£9 380* - **$14,000**
Poids et mesures - Oil/canvas (92x60cm-36x24in) London 92 .... **FF273 500** - *£28 000* - **$48,300**
✎ *Le pot de pastel* - Pastel/papier (27x20cm-11x8in) Paris 94 .... **FF9 000** - *£1 033* - **$1,540**
ROY Rob 1909 [3]
🖼 *Guiller Frères, Motos* - Affiche (116x80cm-46x31in) Boulogne 96 .... **FF3 800** - *£477* - **$735**
ROY van Dolf 1858-1943 [4]
🖐 *L'heure du thé* - Huile/toile (67x52cm-26x20in) Bruxelles 96 .... **FF4 920** - *£594* - **$944**
ROYAARDS Hans 1902-? [1]
🖐 *Leidsegracht, Amsterdam, winter* - Oil/canvas (189x153cm-74x60in) Amsterdam 95 .... **FF22 050** - *£2 814* - **$4,500**
ROYBET Ferdinand 1840-1920 [79]
🖐 *Le fou du roi* - Huile/toile (41x33cm-16x13in) Troyes 96 .... **FF7 700** - *£907* - **$1,512**
Inspecting the box - Oil/panel (62x79cm-24x31in) London 96 .... **FF23 700** - *£2 470* - **$4,760**
Gentilhomme au mousqueton - Huile/panneau (100x79cm-39x31in) Paris 96 .... **FF68 000** - *£8 520* - **$13,140**
An Odalisque - Oil/canvas (76x173cm-30x68in) London 97 .... **FF228 103** - *£25 000* - **$40,033**
ROYDS Mabel A. Lumsden 1874-1941 [1]
✎ *Marjorie* - Watercolour (15x9cm-6x4in) Glasgow 96 .... **FF3 283** - *£380* - **$630**
ROYE van de Jef, Jozef 1861-1941 [4]
🖐 *Still life with flowers* - Oil/canvas (51x63cm-20x25in) New-York 91 .... **FF11 380** - *£1 138* - **$1,874**
ROYEN Peter 1923 [5]
🖐 *Abstrakte Komposition* - Oil/canvas (100x121cm-39x48in) Köln 91 .... **FF5 070** - *£515* - **$916**
ROYEN van Willem c.1695-1738/42 [2]
🖐 *Birds in a park landscape* - Oil/canvas (91x72cm-36x28in) New-York 96 .... **FF21 750** - *£2 690* - **$4,200**
ROYER Charles XIX-XX [3]
🖐 *Jeune fille aux fleurs* - Huile/toile (64x49cm-25x19in) Lyon 90 .... **FF6 000** - *£614* - **$1,184**

L'heure du thé - Huile/toile (70x92cm-28x36in) Paris 90 .... FF**33 000** - £**3 533** - **$5,739**

ROYER Henri 1869-1938 [8]
● *Jeunes bretonnes en prière* - Huile/toile (61x50cm-24x20in) Brest 94 .... FF**20 000** - £**2 364** - **$3,690**
✎ *Jour de Pardon* - Crayon (40x32cm-16x13in) Paris 93 .... FF**4 100** - £**513** - **$746**

ROYER Lionel N. 1852-1926 [8]
● *Marchande de fleurs, Paris* - Huile/panneau (52x65cm-20x26in) Calais 93 .... FF**28 000** - £**3 500** - **$5,090**
Cupid and Psyche - Oil/canvas (155x108cm-61x43in) New-York 97 .... FF**508 185** - £**54 729** - **$90,000**
✎ *The serenade* - Pastel/paper (77x72cm-30x28in) New-York 93 .... FF**8 850** - £**1 007** - **$1,500**

ROYER Louis 1793-1868 [1]
▨ *Eines nobelen Herren* - Bronze (48cm-19in) Frankfurt 95 .... FF**4 145** - £**551** - **$855**

ROYET Henri XIX-XX [2]
● *Scène de rue à Paris, la nuit* - Huile/toile (37x54cm-15x21in) Paris 96 .... FF**14 500** - £**1 758** - **$2,820**

ROYLE Herbert 1870-1958 [47]
● *Sheep grazing* - Oil/canvas (101x136cm-40x54in) New-York 91 .... FF**9 960** - £**1 006** - **$1,977**
Springtime Bolton Abbey - Oil/canvas (89x69cm-35x27in) Ilkley, West Yorkshire 93 .... FF**24 900** - £**3 000** - **$4,350**
Haytime in the Dale, West Yorkshire
Oil/canvas (48x58cm-19x23in) Cheadle Hulme-Cheshire 97 .... FF**50 896** - £**5 400** - **$8,774**

ROYLE Stanley 1888-1961 [20]
● *Return from the Fields* - Oil/canvas/board (64x76cm-25x30in) London 94 .... FF**25 140** - £**3 000** - **$4,710**
Mrs. Royle in the Bluebell Wood - Oil/canvas (64x76cm-25x30in) London 95 .... FF**116 400** - £**14 500** - **$23,430**
✎ *Geese before the cottages* - Gouache (25x36cm-10x14in) London 96 .... FF**3 930** - £**500** - **$756**

ROYON Louis 1882-1968 [15]
● *Mer du Nord* - Huile/panneau (30x50cm-12x20in) Bruxelles 95 .... FF**4 710** - £**570** - **$886**

ROZ André 1897-1946 [17]
● *Venise* - Huile/toile (60x49cm-24x19in) Paris 97 .... FF**12 200** - £**1 297** - **$2,108**
Mouthier à la Loue - Huile/toile (32x46cm-13x18in) Besançon 96 .... FF**33 000** - £**4 080** - **$6,370**

ROZANOVA Olga Vladimirovna 1886-1918 [2]
▨ *A. Kruchenykh & Aliagrov* - Linocut in colors (22x20cm-9x8in) London 91 .... FF**119 000** - £**12 077** - **$21,493**
✎ *Composition, c.1918* - Collage (44x25cm-17x10in) London 90 .... FF**87 200** - £**9 277** - **$15,599**

ROZEN Félix 1938 [1]
● *Tendre nuit catalane* - Huile/toile (162x130cm-64x51in) Paris 97 .... FF**5 000** - £**534** - **$866**

ROZEN George XX [2]
● *Fainted woman with rifle* - Oil/canvas (58x41cm-23x16in) New-York 93 .... FF**15 930** - £**1 812** - **$2,700**

ROZENTAL Roman 1897-1942/43 [1]
✎ *Village street* - Pastel (23x27cm-9x11in) Warszawa 95 .... FF**2 100** - £**269** - **$432**

ROZENTALE Ira 1959 [10]
● *Milieu d'été* - Huile/toile (82x70cm-32x28in) Paris 90 .... FF**3 800** - £**383** - **$691**

ROZET Fany 1881-? [1]
▨ *Danseuse à l'éventail* - Bronze (47cm-19in) Paris 93 .... FF**5 000** - £**603** - **$910**

ROZHDESTVENSKY Alexander Illariono. 1901 [3]
● *The chariot* - Tecnica mista/tela (35x49cm-14x19in) London 90 .... FF**15 500** - £**1 670** - **$2,734**

ROZIER Dominique 1840-1901 [11]
● *Oysters, a lemon & prawns* - Oil/panel (46x61cm-18x24in) London 94 .... FF**15 440** - £**1 800** - **$2,706**
Nature morte aux gibiers - Huile/toile (140x230cm-55x91in) Paris 94 .... FF**37 000** - £**4 385** - **$6,830**

ROZIER Engel XX [2]
✎ *Sans titre* - Crayons couleurs (52x63cm-20x25in) Douai 90 .... FF**3 000** - £**302** - **$545**

ROZIER Jules 1821-1882 [33]
● *Bergère et moutons* - Huile/panneau (17x14cm-7x6in) Provins 97 .... FF**9 000** - £**970** - **$1,580**
Berger dans un paysage - Huile/panneau (34x57cm-13x22in) Paris 94 .... FF**21 000** - £**2 450** - **$3,680**
Lavandières près de la ferme - Huile/panneau (32x58cm-13x23in) Barbizon 94 .... FF**41 000** - £**4 860** - **$7,570**

ROZMAINSKI Vladimir 1885-1943 [4]
● *Nu allongé* - Huile/carton (25x34cm-10x13in) Paris 96 .... FF**2 300** - £**287** - **$445**

ROZWADOWSKI Zygmunt 1870-1936 [11]
● *A patrol* - Oil/canvas (70x100cm-28x39in) Warszawa 96 .... FF**15 430** - £**1 924** - **$2,980**

ROZYNSKI von Kurt 1864-? [5]
● *Antikes Paar auf der Terrasse* - Öl/Leinwand (139x105cm-55x41in) München 95 .... FF**7 100** - £**896** - **$1,422**

RUAIS Stéphane 1945 [2]
● *Le jardin du Luxembourg* - Huile/toile (54x65cm-21x26in) Paris 92 .... FF**13 000** - £**1 330** - **$2,340**

RUANO LLOPIS Carlos 1879-1950 [11]
● *Deux femmes espagnoles* - Huile/toile (56x70cm-22x28in) Paris 94 .... FF**9 000** - £**1 067** - **$1,706**
✎ *El Picador/Pase de muleta* - Tinta (15x12cm-6x5in) Madrid 96 .... FF**2 406** - £**276** - **$459**

RUAZ de Georges 1871-? [1]
● *Les toits de Paris* - Huile/toile (45x71cm-18x28in) Clermont-Ferrand 90 .... FF**12 500** - £**1 291** - **$2,208**

RUBBIANI Felice 1677-1752 [4]
● *Flowers & Antique frieze* - Oil/canvas (83x143cm-33x56in) New-York 92 .... FF**193 000** - £**19 750** - **$34,000**

RUBCZAK Jan 1884-1949 [16]
● *Floriánska street* - Oil/board (36x50cm-14x20in) Warszawa 95 .... FF**11 130** - £**1 422** - **$2,285**
Coastal landscape - Oil/canvas (65x81cm-26x32in) Warszawa 95 .... FF**30 330** - £**3 830** - **$5,840**
✎ *Snowy winter landscape* - Watercolour/board (37x50cm-15x20in) Warszawa 96 ...... FF**11 120** - £**1 405** - **$2,140**

RUBÉ Auguste Alfred 1815-1899 [1]
✎ *Bord de rivière/La ferme* - Mine plomb (19x26cm-7x10in) Paris 94 .... FF**2 200** - £**264** - **$415**

R

RUBELLI da Egidio XIX [3]
🖼 *Village d'Afrique du Nord* - Huile/toile (63x130cm-25x51in) Bordeaux 97 .... FF*58 000* - £*6 241* - **$10,196**
RUBELLI VON STURMFEST Ludwig 1841-1905 [4]
🖼 *Evening on the Grand Canal*
    Oil/canvas (38x51cm-15x20in) New Orleans, Louisiana 94.......... FF*15 250* - £*1 764* - **$2,600**
RUBEN Christian 1805-1875 [1]
🖼 *Das Ave Maria* - Öl/Leinwand (48x60cm-19x24in) Wien 93 .... FF*16 830* - £*2 010* - **$3,240**
RUBEN Franz Leo 1842-1920 [12]
🖼 *Weidelandschaft* - Öl/Leinwand (40x75cm-16x30in) Wien 97 .... FF*33 460* - £*3 556* - **$5,768**
RUBENS Peter Paul 1577-1640 [34]
🖼 *Forest at daw* - Oil/panel (61x90cm-24x35in) London 89 .... FF*2* - £*3 616 44e +06* - **$4**
✏ *Jeremiah & Baruch* - Red chalk (34x28cm-13x11in) London 95.......... FF*850 000* - £*110 000* - **$176,000**
RUBENSTEIN KAPLAN Rochelle XX [2]
🗂 *Sans titre* - Woodcut in colors (89x64cm-35x25in) Paris 92 .... FF*3 000* - £*307* - **$529**
✏ *Nurse-baby* - Fusain/papier (128x91cm-50x36in) Paris 92 .... FF*3 800* - £*389* - **$670**
RUBIN Efim 1919 [3]
🖼 *Skiers on the slope* - Oil/canvas (98x72cm-39x28in) London 97 .... FF*6 122* - £*650* - **$1,055**
RUBIN Frank 1919 [8]
🖼 *Komposition* - Oil/masonite (59x56cm-23x22in) Köbenhavn 91 .... FF*3 080* - £*309* - **$514**
RUBIN L. XIX-XX [2]
🖼 *La Prière* - Huile/toile (34x50cm-13x20in) Paris 92 .... FF*4 000* - £*411* - **$770**
RUBIN Reuven 1893-1974 [220]
🖼 *Anemones in a pitcher*
    Acrylic/canvas (46x38cm-18x15in) San Francisco-Los Angeles 95 .... FF*73 300* - £*9 480* - **$15,000**
The Olive Tree - Oil/canvas (61x81cm-24x32in) Tel Aviv 97 .... FF*196 758* - £*20 917* - **$34,000**
The Road to rosh Pinah - Oil/canvas (60x73cm-24x29in) Tel Aviv 97.......... FF*288 770* - £*32 113* - **$54,000**
Safed in Galilee - Oil/canvas (97x159cm-38x63in) Tel Aviv 96 .... FF*551 000* - £*71 500* - **$108,000**
Vase of flowers - Oil/canvas (159x97cm-63x38in) Tel Aviv 94 .... FF*1 26e +06* - £*120 000* - **$180,000**
✏ *Family and Kid* - Pencil/paper (23x30cm-9x12in) Tel Aviv 97 .... FF*22 460* - £*2 497* - **$4,200**
The Gildfish Vendor - Watercolour, gouache (43x36cm-17x14in) Tel Aviv 97 .... FF*52 083* - £*5 537* - **$9,000**
Vase of flowers - Watercolour (39x28cm-15x11in) Tel Aviv 94 .... FF*182 400* - £*21 340* - **$32,000**
RUBINACCI Pompeo 1893-1972 [1]
🖼 *Libri con trompe l'œil* - Olio/tela (80x100cm-31x39in) Roma 90 .... FF*13 700* - £*1 457* - **$2,451**
RUBINCAM Harry C. 1871-1940 [8]
🖼 *Harry Jr.* - Platinum print (23x18cm-9x7in) New-York 94 .... FF*2 180* - £*253* - **$375**
RUBINO Edoardo 1871-1954 [1]
🗿 *Anna Maria* - Bronze (30x12x25cm-12x5x10in) Roma 94 .... FF*5 010* - £*588* - **$868**
RUBINSHTEIN David 1902 [15]
🖼 *Nature morte* - Huile/carton (38x46cm-15x18in) L'Isle-Adam 92 .... FF*3 000* - £*308* - **$556**
Melocotones, peras y jarra - Oleo/lienzo (61x86cm-24x34in) Madrid 91 .... FF*7 580* - £*755* - **$1,303**
RUBINSKY Igor Pavlovich 1919-1995 [2]
🖼 *Enfants devant la datcha* - Huile/toile (80x121cm-31x48in) Paris 92 .... FF*9 500* - £*972* - **$1,710**
RUBIO Rosa Maria 1961 [1]
🖼 *Sans titre, 1989* - Technique mixte/panneau (162x130cm-64x51in) Paris 90 .... FF*10 000* - £*1 033* - **$1,767**
RUBO F.A. 1856-1928 [1]
🖼 *Cossack with a lance* - Oil/panel (40x32cm-16x13in) Moscow 94 .... FF*11 730* - £*1 357* - **$2,000**
RUBSZAK de Jan 1884-? [1]
🖼 *Concarneau* - Huile/toile Châlons-sur-Marne 91 .... FF*8 500* - £*873* - **$1,582**
RUBY René 1908-1983 [36]
🖼 *Femme au chevalet* - Huile/toile (61x50cm-24x20in) Grenoble 95 .... FF*4 000* - £*514* - **$824**
RUCH Jakob 1868-1914 [1]
🖼 *Portrait d'homme/Portrait de femme* - Huile/toile (65x54cm-26x21in) Paris 92 .... FF*2 900* - £*346* - **$558**
RUCKER Franz 1807-1866 [1]
🖼 *Trauben, Pfirsichen, Pflaumen, Nüsse* - Oil/canvas (32x26cm-13x10in) München 91 .... FF*10 140* - £*1 017* - **$1,674**
RUCKER Robert M. 1932 [3]
✏ *The Natchez* - Watercolour/paper (58x53cm-23x21in) New Orleans, Louisiana 92 .... FF*4 260* - £*436* - **$750**
RUCKI Mara XX [199]
🖼 *Les cinq comédiens* - Huile/carton/toile (61x45cm-24x18in) Versailles 90 .... FF*10 000* - £*1 018* - **$2,000**
RÜCKRIEM Ulrich 1938 [10]
🗿 *Schiefer* - Installation (99x200cm-39x79in) Köln 93 .... FF*42 400* - £*5 060* - **$8,150**
Granit bleu de la Normandie - Sculpture (100x90x100cm-39x4x39in) Berlin 93 .... FF*108 500* - £*12 960* - **$20,870**
✏ *Untitled* - Felt pen/paper (157x1x1cm-62in) New-York 91 .... FF*11 320* - £*1 149* - **$2,045**
RUCKTESCHELL von Walter 1882-1941 [1]
🖼 *Waldarbeiter* - Öl/Leinwand (59x61cm-23x24in) Bremen 95.......... FF*3 500* - £*449* - **$721**
RUD-PETERSEN Rudolf 1871-1961 [3]
🖼 *Mother and children* - Oil/canvas (63x58cm-25x23in) Köbenhavn 95.......... FF*4 430* - £*580* - **$900**
RUDA Gunnar 1887-1973 [2]
🖼 *Vy av herrgård* - Oil/canvas (93x115cm-37x45in) Uppsala 91 .... FF*2 810* - £*282* - **$515**
RUDAKOV Konstantin Ivanovich 1891-1949 [9]
✏ *Danseuse au chapeau* - Ink (28x21cm-11x8in) London 97 .... FF*5 258* - £*580* - **$922**
RUDANAY Gyula 1878-1957 [1]
🖼 *Asztalnál ülö társaság* - Oil/canvas (30x34cm-12x13in) Budapest 89 .... FF*6 900* - £*727* - **$1,162**

RUDAUX Edmond A. 1840-1908 [1]
- L'attente de la marée haute - Huile/panneau (24x35cm-9x14in) Paris 89.................... FF9 500 - £971 - **$1,527**

RUDAUX Henri 1870-1927 [3]
- Messageries Maritimes, Extrême-Orient - Poster (107x76cm-42x30in) London 96.................... FF2 830 - £360 - **$544**

RUDAUX Thérèse XIX [2]
- Summer flowers in a vase - Oil/canvas (73x63cm-29x25in) London 90.................... FF15 600 - £1 571 - **$3,056**

RUDBÄCK Märta 1882-1933 [2]
- Blasippor - Oil/canvas (29x32cm-11x13in) Söderköping 90.................... FF6 400 - £690 - **$1,129**

RUDBECK Alexander 1829-1908 [1]
- Flicka i folkdräkt matande höns - Oil/canvas (58x45cm-23x18in) Stockholm 90.................... FF12 600 - £1 340 - **$2,254**

RUDBERG Gustav 1915-1994 [101]
- Nämndemansvägen, Hven - Oil/canvas (68x83cm-27x33in) Stockholm 96.................... FF14 200 - £1 670 - **$2,794**
  Kvällsstämning, Hven - Oil/canvas (102x133cm-40x52in) Stockholm 96.................... FF28 100 - £3 400 - **$5,460**
  Den Västra Fyren, Hven - Oil/canvas (72x100cm-28x39in) Stockholm 96.................... FF56 100 - £6 800 - **$10,910**

RUDDER de Isidoor 1855-1943 [9]
- Carolinas/Green-winged teal - Oil/canvas (59x155cm-23x61in) London 95.................... FF64 100 - £8 000 - **$12,560**
  Jeune fille à la vipère - Bronze (57cm-22in) Bruxelles 92.................... FF13 180 - £1 574 - **$2,536**

RUDE François 1784-1855 [11]
- Enfant à la tortue - Bronze (16cm-6in) Valenciennes 92.................... FF12 800 - £1 528 - **$2,460**
  Hebe & Jupiter's Eagle - Bronze (77cm-30in) London 94.................... FF103 000 - £12 000 - **$17,880**

RÜDE Matthias 1742-1789 [1]
- Gammel borg - Oil/canvas (93x80cm-37x31in) Vejle 90.................... FF11 000 - £1 140 - **$1,933**

RUDE Olaf 1886-1957 [124]
- Pålandsstorm, Bornholm - Oil/canvas (65x100cm-26x39in) København 94.................... FF13 150 - £1 577 - **$2,555**
  Still life - Oil/canvas (80x100cm-31x39in) København 95.................... FF44 400 - £5 740 - **$9,020**
  Kubistisk komposition - Oil/canvas (100x126cm-39x50in) København 93.................... FF282 000 - £32 340 - **$48,150**

RUDE Sophie, née Frémiet 1797-1867 [2]
- La Sainte-Famille - Oil/canvas (68x85cm-27x33in) New-York 97.................... FF62 535 - £6 735 - **$11,000**
  The Death of Cenchirias - Oil/canvas (206x255cm-81x100in) New-York 94.................... FF786 000 - £92 700 - **$140,000**

RUDEL J.A. XX [26]
- Après-midi à la plage - Huile/carton (35x27cm-14x11in) Vendôme 97.................... FF7 500 - £818 - **$1,327**

RÜDELL Carl 1855-1939 [27]
- Sommertag in der Eifel - Aquarell (24x33cm-9x13in) Köln 94.................... FF11 900 - £1 390 - **$2,086**
  St. Martin - Aquarell (34x25cm-13x10in) Köln 93.................... FF49 000 - £5 600 - **$8,330**
  Karnevalstreiben - Aquarell/Papier (47x37cm-19x15in) Köln 95.................... FF106 200 - £13 230 - **$20,730**

RUDELL Peter Edward 1854-1899 [1]
- Marsh Scene - Oil/board (41x30cm-16x12in) Mystic, Connecticut 96.................... FF4 400 - £544 - **$850**

RUDGE Bradford 1805-1885 [3]
- The Avenue at Ampthill - Bodycolour (55x42cm-22x17in) London 95.................... FF23 200 - £3 000 - **$4,740**

RUDHART Claude Charles 1829-1895 [1]
- Colonne Pompée/Près du vieux puits - Huile/toile (53x44cm-21x17in) Paris 93.................... FF35 000 - £4 220 - **$6,360**

RUDIN Nelly 1928 [3]
- Ohne Titel - Öl/Leinwand (21x41cm-8x16in) Luzern 95.................... FF3 830 - £478 - **$751**

RÜDINGER Albert 1838-1925 [3]
- Jysk fjordlandskab - Oil/canvas (60x90cm-24x35in) København 95.................... FF2 836 - £372 - **$576**

RÜDISÜHLI Eduard 1875-1938 [8]
- Herbst - Oil/cardboard (31x54cm-12x21in) Bern 90.................... FF4 700 - £500 - **$841**

RÜDISÜHLI Hermann Traugott 1864-1945 [12]
- Gischtende Brandung - Oil/panel (53x66cm-21x26in) München 93.................... FF8 750 - £1 020 - **$1,438**

RÜDISÜHLI Jakob Lorenz 1835-1918 [8]
- Burg an der Küste - Oil/canvas (78x119cm-31x47in) Luzern 92.................... FF48 400 - £4 940 - **$8,510**

RÜDISÜHLI Louise 1867-? [2]
- Mädchen beim Lesen - Öl/Leinwand (45x37cm-18x15in) Zofingen 94.................... FF2 010 - £236 - **$358**
  Mädchenpaar, 1890 - Sanguine (43x58cm-17x23in) Zofingen 90.................... FF2 000 - £213 - **$358**

RUDLING Ewa 1936 [17]
- Portrait d'Andy Warhol - Photo (25x40cm-10x16in) Paris 95.................... FF2 800 - £337 - **$530**

RUDNAY Jules 1878-1957 [1]
- Französischen Königs, Paris - Oil/panel (31x43cm-12x17in) Stuttgart 90.................... FF6 800 - £728 - **$1,183**

RUDNICKI Marek 1927 [21]
- L'étude de la Thora - Huile/toile (73x60cm-29x24in) Paris 97.................... FF3 800 - £415 - **$664**
  Le Schtetl - Huile/toile (73x60cm-29x24in) Paris 91.................... FF22 000 - £2 185 - **$3,820**
  Le shetetl - Pastel (55x65cm-22x26in) Paris 93.................... FF17 000 - £2 050 - **$3,090**

RUDOLPH Harold 1850-1884 [1]
- Fishermen, Lake Pontchartrain - Oil/canvas (25x41cm-10x16in) New Orleans, Louisiana 92....... FF3 185 - £370 - **$650**

RUDOLPH Paul [4]
- Manhattan Expressway - Ink (101x127cm-40x50in) New-York 92.................... FF19 420 - £2 034 - **$3,500**

RUDOLPH Wilhelm 1889-1982 [19]
- Meerretich-Mann - Woodcut (47x23cm-19x9in) Hamburg 95.................... FF1 526 - £193 - **$306**
- Strandlandschaft an der Ostsee - Watercolour/board (32x42cm-13x17in) Köln 94.................... FF5 140 - £596 - **$885**

RUDOLPHI Johannes 1877-? [1]
- Baumbestandene Landschaft - Öl/Leinwand (56x84cm-22x33in) Pforzheim 94.................... FF3 260 - £387 - **$603**

R

RUDOMINE Albert 1892-1975 [12]
Nude torso - Silver print (29x19cm-11x7in) London 91 .... FF16 130 - £1 606 - **$2,774**

RUDOW Ludwig 1850-1907 [1]
Rauschendes Fest - Öil/canvas/panel (45x33cm-18x13in) Bremen 91 .... FF2 910 - £299 - **$541**

RÜDT von August XIX-XX [7]
Partie am Chiemsee - Oil/canvas (26x40cm-10x16in) München 91 .... FF2 554 - £256 - **$468**

RUDYERD Reginald, Captain 1848-c.1900 [3]
Happy Valley, Hong Kong - Watercolour (22x26cm-9x10in) London 97 .... FF15 009 - £1 600 - **$2,631**

RUDZKA-CYBISOWA Hanna 1897-1988 [4]
Nature morte - Oil/canvas (37x45cm-15x18in) Warszawa 96 .... FF16 530 - £2 070 - **$3,220**
Wooded landscap - Gouache/papier (33x46cm-13x18in) Warszawa 96 .... FF10 110 - £1 277 - **$1,946**

RUEDA Gerardo 1926 [8]
Sobre gris - Collage (40x30cm-16x12in) Madrid 97 .... FF14 000 - £1 505 - **$2,450**

RÜEGG Albert 1902-1986 [3]
Meerfahrt - Oil/canvas (60x80cm-24x31in) Bern 92 .... FF5 580 - £570 - **$983**

RÜEGG Eduard 1838-1903 [3]
Thunersee bei Interlaken - Oil/canvas (52x75cm-20x30in) Zofingen 92 .... FF11 160 - £1 140 - **$1,965**

RUEL Pierre Léon H. XIX-XX [3]
La fête villageoise - Huile/toile (74x59cm-29x23in) Calais 96 .... FF22 000 - £2 526 - **$4,200**

RUELAS Julio 1870-1907 [4]
La esfinge - Etching (13x19cm-5x7in) New-York 91 .... FF4 245 - £431 - **$767**

RUELLAN Andrée 1905-? [3]
Docks at Roundout - Oil/canvas (61x86cm-24x34in) New-York 90 .... FF18 300 - £1 947 - **$3,274**

RUELLAN Joseph Alexandre 1864-? [4]
Clair de lune en Bretagne - Huile/toile (32x40cm-13x16in) Brest 92 .... FF2 350 - £241 - **$423**

RUELLAND Ludger 1827-1896 [2]
Cardinal A. Alexandre Taschereau - Huile/toile (60x80cm-24x31in) Montréal 93 .... FF3 010 - £329 - **$553**

RUETER Georg 1875-1966 [15]
Roses in a bowl - Oil/canvas (28x30cm-11x15in) Amsterdam 97 .... FF6 589 - £712 - **$1,149**
Flowers in a vase - Oil/canvas (73x63cm-29x25in) Amsterdam 90 .... FF47 900 - £5 162 - **$8,448**

RUF Hermann 1882-1970 [4]
Sonniger Morgen - Oil/canvas (47x58cm-19x23in) Pforzheim 91 .... FF2 052 - £211 - **$382**

RUFF Andreas XIX-XX [1]
Parsifal - Bronze (27cm-11in) London 95 .... FF3 505 - £450 - **$708**

RUFF Emma 1884-? [1]
Nature morte aux pommes - Huile/toile (72x92cm-28x36in) Reims 95 .... FF5 500 - £695 - **$1,112**

RUFF Thomas 1958 [27]
Untitled - Photograph in colour (211x165cm-83x65in) New-York 93 .... FF55 000 - £6 900 - **$10,000**

RUFFÉ Léon Henri 1864-? [1]
Femme au noeud rouge - Huile/panneau (41x28cm-16x11in) Rennes 93 .... FF2 400 - £289 - **$437**

RUFFINI Joseph ?-1749 [1]
Tulipes et églantines - Huile/cuivre (43x53cm-17x21in) Lyon 93 .... FF11 000 - £1 250 - **$1,865**

RUFFNER Ginny Martin 1952 [2]
Seing Arizona - Sculpture (51x28x33cm-20x11x13in) New-York 93 .... FF29 100 - £3 356 - **$5,000**

RUGENDAS Johann Moritz 1802-1858 [18]
Rau der Frauen - Oil/canvas (36x44cm-14x17in) London 97 .... FF319 848 - £34 000 - **$55,111**
Fiesta a San Miguel Arcangel - Watercolour/paper (20x30cm-8x12in) New-York 92 ...... FF195 000 - £23 300 - **$37,500**

RUGENDAS Johannes Christian 1708-1781 [1]
Überfall - Etching in colors (11x24cm-4x9in) Bern 92 .... FF1 675 - £200 - **$322**

RÜGER Curt 1867-1930 [1]
Interieur mit gedecktem Tisch - Oil/canvas (72x61cm-28x24in) Stuttgart 90 .... FF12 800 - £1 370 - **$2,226**

RUGGERI Ferdinando 1831-? [1]
Dispetto/Scherzo amoroso - Oil/board (40x54cm-16x21in) London 96 .... FF59 800 - £7 500 - **$11,550**

RUGGERI Piero 1930 [12]
Finestra all'alba - Olio/tela (120x100cm-47x39in) Milano 93 .... FF18 300 - £2 054 - **$3,275**

RUGGIERO Pasquale 1851-1916 [4]
Die kleine Puppenmutter - Öl/Leinwand (47x32cm-19x13in) Köln 94 .... FF18 700 - £2 180 - **$3,280**

RUH Johannes Hans 1893-1960 [2]
Industriehafen - Öl/Leinwand (58x68cm-23x27in) Frankfurt 93 .... FF2 270 - £254 - **$381**

RÜHLE Clara 1885-1947 [13]
Sitzender weiblicher Halbakt - Oil/canvas/board (23x20cm-9x8in) Stuttgart 92 .... FF6 460 - £662 - **$1,137**

RÜHM Gerhard 1930 [14]
Toter Schmetterling - Mischtechnik/Papier (32x44cm-13x17in) Wien 96 .... FF4 830 - £551 - **$925**

RUIJS Daniël Rudolph 1853-1913 [1]
Winterlicher Dorfweg - Öl/Leinwand (39x32cm-15x11in) Bielefeld 94 .... FF8 840 - £1 031 - **$1,550**

RUILLÉ de Geoffroy 1842-1922 [22]
Amazone - Plâtre (59cm-23in) Paris 95 .... FF26 000 - £3 320 - **$5,320**
Figures équestres - Bronze (57cm-22in) Paris 91 .... FF140 000 - £14 118 - **$27,287**
Passage du talus - Encre Chine (30x48cm-12x19in) Deauville 93 .... FF2 000 - £225 - **$339**

RUIN Ingrid 1881-1956 [8]
Ung dam - Oil/canvas (80x65cm-31x26in) Helsinki 92 .... FF20 800 - £2 127 - **$3,660**

RUIPEREZ Luis 1832-1867 [2]
Mediterranean port - Oil/canvas (65x92cm-26x36in) London 91 .... FF14 960 - £1 496 - **$2,464**

R

The Perfect Fit - Oil/panel (36x44cm-14x17in) New-York 95 .... FF**35 800** - £*4 460* - **$7,000**

RUISDAEL van Jacob Isaakszoon 1628/29-1682 [34]
🍂 *Peasant and his dog* - Oil/panel (69x91cm-27x36in) London 95 .... FF**2** - £*380 000* - **$580,000**

RUISDAEL van Jacob Salomonsz c.1630-1681 [6]
🍂 *Herders and cattle* - Oil/panel (44x68cm-17x27in) London 92 .... FF**117 200** - £*14 000* - **$22,550**

RUITER DE WITT de Maria 1947 [2]
✏ *Market scene* - Pastel (100x196cm-39x77in) Singapore 95 .... FF**22 800** - £*2 910* - **$4,680**

RUITH van Horace 1839-1923 [12]
🍂 *Eastern market scene* - Oil/canvas (129x92cm-51x36in) London 95 .... FF**78 300** - £*10 000* - **$16,040**
Procession, Mysore - Oil/canvas (94x74cm-37x29in) London 91 .... FF**119 000** - £*11 991* - **$20,649**
✏ *Figures in the Park, Greenwich* - Watercolour (23x46cm-9x18in) London 94 .... FF**5 720** - £*680* - **$1,087**

RUIZ Antonio 1897-1964 [5]
✏ *Anteproyecto de la estacion…* - Graphite (24x30cm-9x12in) New-York 97 .... FF**27 265** - £*2 895* - **$4,749**

RUIZ BLASCO José 1841-1913 [5]
🍂 *Mirando un cuadro* - Oleo/tabla (42x30cm-17x12in) Madrid 93 .... FF**16 500** - £*1 875* - **$2,794**

RUIZ Cristobal 1881-1962 [1]
🍂 *Figures/Boy with mules* - Oil/canvas London 94 .... FF**12 860** - £*1 500* - **$2,255**

RUIZ Graciela XX [2]
🍂 *Camille Claudel* - Huile/toile (81x65cm-32x26in) Neuilly 90 .... FF**5 000** - £*503* - **$909**

RUIZ LUNA Justo 1860-1926 [3]
🍂 *An arab Guard* - Oil/canvas (69x46cm-27x18in) New-York 97 .... FF**31 286** - £*3 367* - **$5,500**

RUIZ MORALES Manuel 1853-1922 [6]
✏ *Casa del pueblo* - Acuarela (56x34cm-22x13in) Madrid 92 .... FF**12 150** - £*1 238* - **$2,140**

RUIZ PIPO Manolo 1929 [118]
🍂 *Conversation à la fontaine* - Huile/toile (56x46cm-22x18in) Calais 96 .... FF**12 500** - £*1 560* - **$2,420**
Pulcinella Ubriaco - Huile/toile (81x65cm-32x26in) Paris 96 .... FF**23 000** - £*2 990* - **$4,505**
Trois amies - Huile/toile (97x130cm-38x51in) Paris 96 .... FF**58 000** - £*7 160* - **$11,210**
✏ *Couple andalou* - Gouache/papier (35x24cm-14x9in) Paris 96 .... FF**8 000** - £*988* - **$1,548**
✏ *Femme devant la mer* - Gouache/papier (106x75cm-42x30in) Paris 96 .... FF**23 000** - £*2 840* - **$4,450**

RUIZ SANCHEZ MORALES Manuel Bernardino 1857-1922 [2]
🍂 *Boabdil llorando por Granada* - Oleo/lienzo (81x112cm-32x44in) Madrid 93 .... FF**22 250** - £*2 650* - **$4,025**
✏ *Rincón granadino* - Acuarela (53x31cm-21x12in) Madrid 94 .... FF**4 530** - £*544* - **$880**

RUL Henry 1862-1942 [29]
🍂 *A negress seated* - Oil/canvas (66x42cm-26x17in) Amsterdam 97 .... FF**5 874** - £*620* - **$1,007**
Ruisseau dans la campagne - Huile/toile (76x96cm-30x38in) Antwerpen 94 .... FF**33 200** - £*3 900* - **$5,910**

RULAND Johannes 1744-1830 [1]
✏ *Oppenheim* - Watercolour (29x44cm-11x17in) Wien 95 .... FF**8 100** - £*1 010* - **$1,635**

RULE Nicolas 1956 [2]
🍂 *Imbreed Blue & You Breed True* - Oil/canvas (274x183cm-108x72in) New-York 93 .... FF**11 740** - £*1 345* - **$2,000**
✏ *Summer Squall* - Ink (200x101cm-79x40in) New-York 94 .... FF**5 340** - £*630* - **$950**

RULLMAN Ludwig 1765-1822 [4]
✏ *Enfant assis à son bureau* - Aquarelle (17x13cm-7x5in) Lille 95 .... FF**140 000** - £*17 180* - **$27,260**

RUMFELA Antoine 1839-1917 [3]
🍂 *Childebert et Clotaire* - Huile/toile (101x187cm-40x74in) Bruxelles 94 .... FF**3 660** - £*425* - **$631**

RUMLER-SIUCHNINSKI Friedrich 1884-? [1]
🍂 *Birkenallee* - Oil/paper/panel (30x36cm-12x14in) München 96 .... FF**8 500** - £*968* - **$1,625**

RUMM August 1888-1950 [2]
🍂 *Mann betrachtend den Gugelhupf* - Öl/Leinwand (75x64cm-30x25in) Lindau 95 .... FF**6 410** - £*801* - **$1,294**

RUMMEL Adolf 1872-? [1]
🗋 *Riesen-Wellen-Bad und Restaurant* - Poster (115x91cm-45x36in) New-York 94 .... FF**5 720** - £*671* - **$1,000**

RUMMELL Richard 1848-1924 [2]
🗋 *S.S. France, French Line* - Poster (67x105cm-26x41in) New-York 96 .... FF**7 690** - £*911* - **$1,500**

RUMMELSPACHER Joseph 1852-1921 [6]
🍂 *Sennhütte Tirol* - Oil/canvas (66x95cm-26x37in) Wien 92 .... FF**7 220** - £*724* - **$1,390**
✏ *Dom zu Limburg an der Lahn*
  Aquarell/Papier (37x29cm-15x11in) Rudolstadt-Thüringen 96 .... FF**3 740** - £*426* - **$715**

RUMNEV Aleksandr 1895-1968 [1]
✏ *Danzatore* - Tecnica mista/carta (34x30cm-13x12in) Milano 93 .... FF**6 920** - £*802* - **$1,190**

RUMNEY Ralph XX [2]
✏ *City figure* - Oil/board (123x92cm-48x36in) London 91 .... FF**17 950** - £*1 800* - **$2,963**

RUMOHR Knut 1916 [7]
🍂 *Komposisjon med rodt* - Oil/canvas (80x100cm-31x39in) Oslo 92 .... FF**6 940** - £*711* - **$1,223**

RUMOHR von Carl Friedrich 1785-1843 [2]
✏ *Italienische Berglandschaft* - Ink/paper (25x34cm-10x13in) München 92 .... FF**16 950** - £*2 025* - **$3,260**

RUMOROSO Enrique XIX-XX [2]
🍂 *Bodegón* - Oleo/tabla (15x27cm-6x11in) Madrid 94 .... FF**3 730** - £*441* - **$665**

RUMP Charles Frederick XIX-XX [5]
🍂 *Cromer from the beach* - Oil/canvas (33x58cm-13x23in) Aylsham, Norfolk 92 .... FF**2 443** - £*250* - **$430**
✏ *Nr. High Fenn Dyke/Stalham* - Watercolour (15x28cm-6x11in) Aylsham, Norfolk 94 .... FF**1 503** - £*180* - **$278**

RUMP Godfred Ch. 1816-1880 [12]
🍂 *Vinterlandskab, solskin* - Oil/canvas (45x57cm-18x22in) København 92 .... FF**6 160** - £*618* - **$1,185**

R

RUMPF Emil 1860-1948 [4]

Waldeinsamkeit - Öl/Leinwand (32x25cm-13x10in) Köln 95

The arrival - Oil/canvas (114x178cm-45x70in) London 93 .... FF68 300 - £7 780 - $11,600

Deutsch-Französischer Krieg 1870/71 - Aquarell (26x47cm-10x19in) Stuttgart 94 .... FF5 130 - £617 - $976

RUMPF Fritz C. 1888-? [2]

Et par strandpartier med både - Oil/canvas (50x70cm-20x28in) Vejle 94 .... FF4 530 - £531 - $806

Restaurant Huguenin - Poster (89x99cm-35x39in) New-York 96 .... FF7 770 - £1 003 - $1,500

RUMPF Peter Philip 1821-1896 [9]

Mädchen beim Wasserschöpfen - Öl/Leinwand (61x40cm-24x16in) München 94 .... FF27 340 - £3 284 - $5,200

Blondes Mädchen - Watercolour (17x12cm-7x5in) München 93 .... FF20 770 - £2 340 - $3,505

RUMPLER Franz 1848-1922 [19]

Dame in Schwarz - Öl/Leinwand (21x14cm-8x6in) Wien 96 .... FF14 700 - £1 903 - $2,940

Klosterkirche in Tachau - Öl/Leinwand (29x40cm-11x16in) Wien 94 .... FF53 700 - £6 220 - $9,230

RÜMPLER Johann Wilhelm 1824-1903 [2]

Knabenportraits - Oil/canvas (71x60cm-28x24in) Frankfurt 91 .... FF6 760 - £678 - $1,116

RUMSEY Charles Cary 1879-1922 [2]

Dancing female nude - Bronze (25cm-10in) Toronto 95 .... FF2 330 - £297 - $476

Eleanora Sears (Equestrian portrait) - Bronze (50cm-20in) New-York 89 .... FF27 500 - £2 657 - $4,173

RUMSEY Daniel Loockwood 1900-1956 [1]

A fountain figure of a Water Sprite - Bronze (189cm-74in) New-York 90 .... FF54 700 - £5 567 - $10,939

RUNACRES Frank 1904-1974 [1]

View over the rooftops - Oil/board (50x40cm-20x16in) London 91 .... FF2 920 - £300 - $543

RUNCIMAN Alexander 1736-1785 [5]

A warrior preparing for battle - Ink (22x29cm-9x11in) London 91 .... FF5 040 - £501 - $875

RUNDELL Philip ?-1827 [1]

George IV as a Roman Emperor
Ormulu/moulded plinth and square base (85cm-33in) London 92 .... FF921 000 - £110 000 - $177,200

RUNDT Carl Ludwig 1802-1868 [1]

Historische Szenerie, Palermo - Öl/Leinwand (78x62cm-31x24in) Stuttgart 95 ...... FF13 140 - £1 718 - $2,630

RUNDU I Gusti Made 1916 [2]

Tijger met jongen - Watercolour (60x74cm-24x29in) Amsterdam 96 .... FF42 200 - £5 420 - $8,170

RUNEBERG Walter 1838-1920 [1]

Konstens genius - Bronze (66cm-26in) Helsinki 92 .... FF4 300 - £514 - $826

RUNER John, Johan 1861-1945 [3]

Head of a young girl - Marble (40cm-16in) Stockholm 97 .... FF10 566 - £1 115 - $1,825

RUNGALDIER Ignaz 1799-1876 [2]

Dame in weissem Kleid - Aquarell/Papier (19x14cm-7x6in) Wien 93 .... FF5 940 - £682 - $988

RUNGE Louis Rudolff 1882-1955 [1]

Landschaft im Emmental - Oil/panel (48x69cm-19x27in) Zofingen 92 .... FF3 534 - £361 - $623

RUNGE Ludwig Julius 1843-1922 [3]

Küstenlandschaft - Öl/Leinwand (35x56cm-14x22in) Bern 95 .... FF11 660 - £1 458 - $2,355

RUNGE Philipp Otto 1777-1810 [2]

Schlafendes Kind im Korbwagen - Ink (28x24cm-11x9in) Heidelberg 93 .... FF98 300 - £11 740 - $18,900

RUNGIUS Carl Clemens Moritz 1869-1959 [42]

Bear in the Mountains - Oil/canvas (61x81cm-24x32in) New-York 93 .... FF66 000 - £8 270 - $12,000

RUNZE Wilhelm 1887-1973 [12]

Königssee - Öl/Leinwand (69x89cm-27x35in) Frankfurt 93 .... FF5 090 - £608 - $978

RUOFF Fritz 1906-1988 [8]

Schnurcollage - (100x75cm-39x30in) Köln 95 .... FF13 730 - £1 796 - $2,790

RUOKOKOSKI Jalmari 1886-1936 [35]

Landskap - Oil/canvas (52x67cm-20x26in) Helsinki 94 .... FF10 570 - £1 226 - $1,820

Elviira - Oil/canvas (50x45cm-20x18in) Helsinki 94 .... FF25 400 - £2 940 - $4,370

Circus - Oil/canvas (55x52cm-22x20in) Helsinki 94 .... FF56 800 - £6 790 - $10,610

RUOLLE Lucien 1925 [4]

Idylle à la guitare - Huile/toile (65x81cm-26x32in) Paris 92 .... FF4 200 - £430 - $740

RUOPPOLO Giovan Battista 1629-1693 [8]

Autumn - Oil/canvas (244x348cm-96x137in) London 93 .... FF2 - £250 000 - $375,000

RUPERT Bonny 1864-1947 [1]

Paysage d'Ile-de-France - Huile/toile (65x54cm-26x21in) Paris 95 .... FF30 000 - £3 680 - $5,840

RUPERTI Madja 1903-1981 [2]

Ohne Titel - Acrylique/toile (62x51cm-24x20in) Luzern 93 .... FF2 665 - £318 - $513

Plymouth - Collage (119x81cm-47x32in) New-York 92 .... FF4 160 - £442 - $800

RUPP Rudolf 1866-? [1]

Eisvergnügen auf einem See - Gouache (19x31cm-7x12in) Stuttgart 91 .... FF16 340 - £1 638 - $2,993

RUPP Walter 1902 [1]

Frauenakt - Bronze (22cm-9in) Zofingen 95 .... FF4 670 - £592 - $940

RUPPERSBERG Allen 1944 [4]

Installation Drawing - Pencil/paper (74x58cm-29x23in) New-York 94 .... FF9 500 - £1 141 - $1,800

Untitled - Pencil/paper (58x381cm-23x150in) New-York 96 .... FF81 500 - £9 600 - $16,000

RUPPERT Friedrich 1878-1939 [2]

Gattin des Künstlers - Öl/Leinwand (110x94cm-43x37in) Zofingen 93 .... FF5 250 - £633 - $960

RUPPERT Sybille 1942 [4]

Le talon aiguille - Crayon (51x27cm-20x11in) Paris 89 .... FF30 000 - £2 985 - $4,739

RUPPERT von Otto 1841-? [6]
🐚 *Bauerngehöft beschlägend sein Pferd* - Öl/Karton (16x21cm-6x8in) München 93................ FF*16 500* - £*1 870* - **$2,790**

RUPPRECHT Tini 1867-1956 [3]
✏ *Rückenporträt einer jungen Frau* - Pastell (76x56cm-30x22in) Stuttgart 90................ FF*5 370* - £*543* - **$1,021**

RUPPRECHT Wilhelm 1881-1970 [3]
🐚 *Niederrheinlandschaft mit Kirchdorf* - Oil/canvas (20x30cm-8x12in) Stuttgart 91 .... FF*3 310* - £*332* - **$573**

RUPRECHT Ernst 1891-1954 [2]
📋 *Grand Prix Bern* - Poster (67x50cm-26x20in) London 96................ FF*4 290* - £*550* - **$846**

RUSCH Dietrich 1863-? [1]
🐚 *To brushaner i strandkant* - Oil/canvas (33x53cm-13x21in) Aalborg 96................ FF*2 214* - £*282* - **$438**

RUSCHA Edward 1937 [183]
🐚 *So So* - Acrylic/paper (76x102cm-30x40in) New-York 96................ FF*35 660* - £*4 200* - **$7,000**
Increasing activity - Mixed media (58x73cm-23x29in) New-York 93................ FF*59 000* - £*6 710* - **$10,000**
Baby cakes - Mixed media (91x101cm-36x40in) New-York 92................ FF*87 100* - £*10 520* - **$18,000**
Senorita - Acrylic/paper (152x102cm-60x40in) New-York 97................ FF*319 396* - £*33 600* - **$55,000**
Not a bad world, is it ? - Oil/canvas (251x202cm-99x80in) New-York 91................ FF*684 000* - £*69 420* - **$123,537**
📋 *Hollywood* - Silkscreen in colors (32x104cm-13x41in) New-York 94................ FF*78 800* - £*9 380* - **$15,000**
✏ *Untitled* - Coloured chalks/paper (58x102cm-23x40in) New-York 97................ FF*32 164* - £*3 396* - **$5,500**
City - Graphite (30x75cm-12x30in) New-York 95................ FF*157 400* - £*20 860* - **$32,500**
Little White Girl - Mixed media/paper (147x96cm-58x38in) New-York 97................ FF*360 046* - £*37 876* - **$62,000**

RUSCHÉ Moritz 1888-1969 [3]
🐚 *Musical instruments* - Oil/canvas (55x78cm-22x31in) Köbenhavn 96................ FF*21 050* - £*2 624* - **$4,070**

RUSCHEWEYH Ferdinand 1785-1846 [1]
✏ *An einem Pflock angebundenes Pferd* - Pencil (20x32cm-8x13in) Heidelberg 95................ FF*1 672* - £*215* - **$338**

RUSHBURY Henry George 1889-1968 [21]
📋 *Durham* - Etching (24x29cm-9x11in) London 92................ FF*1 856* - £*190* - **$327**
✏ *King's Lynn* - Watercolour (27x43cm-11x17in) London 95................ FF*3 390* - £*440* - **$697**

RUSHTON Alfred Josiah 1864-? [4]
🐚 *Fairy asleep amongst roses* - Oil/panel (21x29cm-8x11in) Groombridge, Kent 92................ FF*18 920* - £*2 200* - **$3,860**

RUSHTON George R. XIX-XX [2]
✏ *Village viewed through a wood* - Watercolour (32x50cm-13x20in) London 96................ FF*2 760* - £*360* - **$552**

RUSHTON William Charles 1860-1921 [4]
🐚 *The shore, Cramond* - Oil/canvas (31x46cm-12x18in) Glasgow 96................ FF*5 010* - £*650* - **$982**

RUSIÑOL Y PRATS Santiago 1861-1931 [4]
🐚 *El patio de la Alberca, Granada* - Oleo/lienzo (74x96cm-29x38in) Madrid 91................ FF*656 000* - £*65 305* - **$112,808**

RUSKIEWICZ F. 1819-1883 [1]
🐚 *Paysage* - Huile/panneau (43x55cm-17x22in) Warszawa 91................ FF*4 170* - £*426* - **$744**

RUSKIN John 1819-1900 [34]
✏ *Rheinfelden*
Ink/paper (16x32cm-6x13in) Marlborough Crescent, Newcastle upon Tyne 94 .... FF*31 600* - £*3 800* - **$5,850**
Gondolas, Venice - Watercolour (9x26cm-4x10in) London 96................ FF*118 800* - £*14 000* - **$23,340**
Lucerne - Watercolour (14x22cm-6x9in) London 96................ FF*291 000* - £*37 650* - **$57,100**

RUSPOLI DE CHARBONNIERES Nancy, princesse XX [8]
✏ *Andy Warhol* - Gouache/papier (28x11cm-11x4in) Paris 94................ FF*5 000* - £*590* - **$890**

RUSS Franz, Jnr. 1844-1906 [7]
🐚 *Jjunge Frau in Gewändern* - Öl/Leinwand (68x54cm-27x21in) Stuttgart 95................ FF*16 100* - £*2 065* - **$3,320**

RUSS Karl 1779-1843 [2]
🐚 *Leopold von Österreich* - Oil/panel (56x73cm-22x29in) Wien 93................ FF*14 430* - £*1 724* - **$2,775**

RUSS Leander 1809-1864 [5]
🐚 *Im Hospizdienst* - Oil/canvas (55x75cm-22x30in) Wien 91................ FF*12 000* - £*1 195* - **$2,064**
✏ *Ein verliebter Jäger* - Aquarell/Papier (20x15cm-8x6in) Wien 96................ FF*16 800* - £*2 036* - **$3,266**

RUSS Robert 1847-1922 [36]
🐚 *Spaziergang am Stadtrand* - Öl/Leinwand (25x37cm-10x15in) Wien 94................ FF*14 400* - £*1 745* - **$2,800**
Sirmione am Gardasee - Öl/Leinwand (101x75cm-40x30in) Wien 96................ FF*241 000* - £*31 100* - **$47,200**
Lago di Garda - Öl/Leinwand (104x76cm-41x30in) Wien 95................ FF*367 000* - £*48 400* - **$74,400**
✏ *Sonniger Waldweg* - Aquarell/Papier (39x28cm-15x11in) München 96................ FF*30 500* - £*3 825* - **$5,890**

RUSSELL Andrew Joseph 1830-1902 [17]
📷 *Monument Rock, Echo Canyon* - Albumen print (30x23cm-12x9in) New-York 97................ FF*5 230* - £*554* - **$900**

RUSSELL Charles 1852-1910 [3]
🐚 *Paysage* - Huile/toile (112x86cm-44x34in) Montréal 97................ FF*4 636* - £*502* - **$814**

RUSSELL Charles Marion 1864-1926 [49]
🐚 *Buffalo hunt* - Oil/canvas (58x139cm-23x55in) New-York 89................ FF*2* - £*289 315* - **$462,222**
✏ *Indian Horce Race No. 4* - Watercolour (49x64cm-19x25in) New-York 94................ FF*142 000* - £*17 040* - **$27,000**
Indian war party - Mixed media drawing (36x61cm-14x24in) New-York 89................ FF*715 000* - £*73 108* - **$114,952**
When the Red Man talks War
Watercolour, gouache/paper (37x54cm-15x21in) New-York 96................ FF*2 9e +06* - £*241 700* - **$400,000**

RUSSELL George Horne 1861-1933 [21]
🐚 *Woman clam digging, New Brunswick* - Oil/canvas (76x102cm-30x40in) Toronto 91................ FF*17 200* - £*1 762* - **$3,211**

RUSSELL George William, A.E. 1867-1935 [15]
🐚 *Beach, Marble Hill, Co. Donegal* - Oil/canvas/board (24x35cm-9x14in) London 97................ FF*15 948* - £*1 700* - **$2,796**
Lordly Ones Appearing to a Turf Cutter - Oil/canvas (53x81cm-21x32in) London 97................ FF*84 428* - £*9 000* - **$14,801**

R

RUSSELL Gyrth 1892-1970 [36]
- Old Quay, Newlyn - Oil/canvas (38x53cm-15x21in) London 96 .... FF20 240 - £2 400 - **$3,950**
- Glorious Devon - Poster (102x127cm-40x50in) London 94 .... FF4 660 - £550 - **$830**
- Mevagissey Harbour, Cornwall - Watercolour (30x46cm-12x18in) Penzance, Cornwall 92 .... FF4 400 - £450 - **$862**

RUSSELL John 1745-1806 [47]
- Lady seated - Oil/canvas (13x99cm-5x39in) New-York 95 .... FF163 300 - £20 400 - **$32,000**
- Captain Matthews - Pastel/paper (60x42cm-24x17in) London 97 .... FF22 472 - £2 400 - **$3,907**
- Persian Sibyl - Pastel/paper (60x72cm-24x28in) London 97 .... FF79 588 - £8 500 - **$13,840**

RUSSELL John XIX [16]
- Salmon on the bank - Oil/canvas (44x89cm-17x35in) Auchterarder, Perthshire 95 .... FF21 100 - £2 700 - **$4,150**

RUSSELL John Bucknell 1819-1893 [3]
- Basket of Clyde Trout - Oil/canvas (51x76cm-20x30in) Auchterarder, Perthshire 92 .... FF14 280 - £1 500 - **$2,985**

RUSSELL John Peter 1858-1930 [18]
- Pointe de Goulphar, Belle-Ile - Huile/toile (54x65cm-21x26in) Angers 95 .... FF310 000 - £40 740 - **$62,200**

RUSSELL John Wentworth 1879-1959 [9]
- Still life - Oil/canvas (46x55cm-18x22in) Toronto 95 .... FF5 970 - £752 - **$1,183**

RUSSELL Lilian 1884-1898 [3]
- Children by beached boats - Oil/canvas (39x50cm-15x20in) London 95 .... FF4 420 - £550 - **$890**

RUSSELL Mary Burr 1898-1977 [1]
- From My Studio Window - Woodcut in colors (28x23cm-11x9in) Cambridge, Mass. 93 .... FF4 130 - £470 - **$700**

RUSSELL Morgan 1886-1953 [13]
- Paysage - Oil/canvas (58x73cm-23x29in) New-York 93 .... FF15 340 - £1 745 - **$2,600**
- Synchromy - Oil/canvas (81x26cm-32x10in) New-York 93 .... FF159 300 - £18 120 - **$27,000**
- Three bathers - Pencil/paper (34x32cm-13x13in) New-York 92 .... FF5 390 - £626 - **$1,100**

RUSSELL Robert 1902-? [1]
- Tea at Pigotts, Eric Gili & his circle - Oil/board (40x56cm-16x22in) London 93 .... FF8 710 - £1 050 - **$1,523**

RUSSELL Shirley 1886-? [2]
- Hawaiian beach scene - Oil/board (23x30cm-9x12in) Mystic, Connecticut 95 .... FF2 687 - £343 - **$550**

RUSSELL Theodore 1614-1689 [4]
- Lady Carlsisle - Oil/panel (39x31cm-15x12in) London 95 .... FF30 830 - £4 000 - **$6,320**

RUSSELL Walter 1871-1963 [4]
- At the seashore - Oil/canvas (72x92cm-28x36in) New-York 92 .... FF364 000 - £43 450 - **$70,000**

RUSSELL Walter Westley 1867-1949 [6]
- Yacht Race, Shoreham - Oil/canvas (40x61cm-16x24in) London 97 .... FF40 230 - £4 200 - **$6,883**

RUSSO Mario 1925 [3]
- Il carro sulla neve - Olio/tela (62x100cm-24x39in) Milano 91 .... FF5 420 - £557 - **$1,010**

RUSSOLO Luigi 1885-1947 [6]
- Profumo - Oil/canvas (66x64cm-26x25in) New-York 90 .... FF2 - £255 574 - **$429,767**
- Studio per La Rivolta - Matita/carta (25x32cm-10x13in) Roma 95 .... FF20 970 - £2 690 - **$4,210**

RUST Graham XX [2]
- Sandwich Partk, Wilshire - Oil/board (101x137cm-40x54in) London 91 .... FF18 500 - £1 900 - **$3,440**

RUST Johan Adolph 1828-1915 [17]
- Figures on a Path - Oil/canvas (40x58cm-16x23in) Amsterdam 97 .... FF18 007 - £1 916 - **$3,133**
- Dutch sailing ships at anchor - Oil/canvas (44x60cm-17x24in) London 97 .... FF100 800 - £12 000 - **$19,000**

RUSTIGE von Heinrich Gaudenz 1810-1900 [7]
- Wirtshausszene - Öl/Leinwand (67x87cm-26x34in) Freiburg 96 .... FF37 300 - £4 680 - **$7,200**

RUSTIN Jean 1928 [14]
- Personnages - Huile/toile (65x81cm-26x32in) Paris 95 .... FF12 000 - £1 578 - **$2,410**
- Nu couché - Huile/toile (38x46cm-15x18in) Paris 92 .... FF42 000 - £4 310 - **$8,070**
- Apparition - Acrylique/papier (73x100cm-29x39in) Paris 94 .... FF56 000 - £6 360 - **$9,500**

RUSZCZYC Ferdynand 1870-1936 [9]
- Landscape with trees - Oil/canvas/panel (27x34cm-11x13in) Warszawa 95 .... FF33 400 - £4 220 - **$6,670**

RUSZKOWSKI Zdzislaw 1907-1990 [43]
- Orgon, No. 2 - Oil/canvas (46x78cm-18x31in) London 96 .... FF8 800 - £1 100 - **$1,706**
- Figures drinking, Venice - Watercolour (33x49cm-13x19in) London 95 .... FF2 285 - £285 - **$462**

RÜTER Heinrich 1877-? [2]
- Journey through the Mountains - Oil/canvas (111x157cm-44x62in) London 92 .... FF3 420 - £350 - **$602**

RUTHART Carl Borromäus A. 1630-1703 [17]
- Die Hirschhatz - Öl/Leinwand (68x85cm-27x33in) Köln 95 .... FF34 500 - £4 490 - **$7,080**
- Deer, elk & rabbit on a bank - Oil/canvas (82x101cm-32x40in) London 97 .... FF189 214 - £20 000 - **$32,620**

RUTHENBECK Reiner 1937 [8]
- Verspanntes Deckenquadrat - Sculpture Düsseldorf 92 .... FF67 800 - £8 100 - **$13,040**
- Ohne Titel - Drawing (21x30cm-8x12in) Köln 91 .... FF6 080 - £617 - **$1,098**

RUTHERSTON Albert 1881-1953 [9]
- Saint-Seine l'Abbaye - Oil/canvas (64x76cm-25x30in) London 96 .... FF35 100 - £4 000 - **$6,720**
- Children's party - Pencil (38x43cm-15x17in) London 92 .... FF1 856 - £190 - **$327**

RUTHS Amelie 1871-1956 [5]
- Stilleben mit Tulpenstrauss - Öl/Leinwand (52x70cm-20x28in) Bremen 94 .... FF4 110 - £477 - **$708**

RUTHS Johann G. Valentin 1825-1905 [7]
- Ansicht von Fritzlar - Oil/canvas (50x72cm-20x28in) Hamburg 91 .... FF16 900 - £1 695 - **$2,820**

RUTHS Valentin 1826-1905 [4]
- Aus den Sabinerbergen - Watercolour (44x48cm-17x19in) Hamburg 93 .... FF5 760 - £689 - **$1,110**

RUTTEN Anne 1898-1981 [2]
Enfants à la plage - Huile/toile (55x70cm-22x28in) Bruxelles 94 .... FF8 480 - £1 020 - **$1,572**
RUTTEN Johannes, Jan 1809-1884 [5]
Wijnstraat, Dordrecht - Oil/panel (56x46cm-22x18in) Amsterdam 97 .... FF65 658 - £694 1 8 - **$11,266**
RUTTER Anne 1899-1981 [1]
Nature morte aux hortensias - Huile/toile (66x85cm-26x33in) Liège 90 .... FF5 200 - £537 - **$919**
RÜTTIMANN Hans 1940 [20]
Katze in Grün - Eau-forte (20x24cm-8x9in) Bern 96 .... FF3 056 - £371 - **$594**
Schildpatt-Persekatze - Gouache (30x38cm-12x15in) Bern 94 .... FF2 626 - £305 - **$453**
RUUD Gunnar Scott 1897-1953 [1]
Interiør med stilleben - Oil/canvas (60x90cm-24x35in) Tönsberg 91 .... FF13 020 - £1 312 - **$2,259**
RÜXLEBEN von Bruno XIX [2]
Greyhound/Fox - Oil/canvas (67x83cm-26x33in) Amsterdam 92 .... FF28 800 - £2 950 - **$5,080**
RUXTHIEL Henri Joseph 1775-1837 [3]
Buste du duc de Berry - Bronze (71cm-28in) Paris 97 .... FF72 000 - £7 747 - **$12,658**
RUY Alphonse 1853-? [2]
Relevé de la fresque de Rosso - Aquarelle (65x90cm-26x35in) Paris 91 .... FF30 000 - £3 008 - **$4,952**
RUYSCH Rachel 1664-1750 [10]
Carnation on a stone ledge - Oil/panel (34x27cm-13x11in) London 92 .... FF1 - £140 000 - **$225,500**
Assorted flowers - Oil/canvas (62x53cm-24x21in) London 95 .... FF2 - £310 000 - **$473,000**
RUYSDAEL van Jacob Salomonsz. c.1628-1682 [6]
Peasants and shepherds - Oil/panel (74x109cm-29x43in) Amsterdam 94 .... FF1 - £129 000 - **$192,500**
RUYSDAEL van Salomon 1600/03-1670 [32]
Vessels, River Waal - Oil/canvas (42x37cm-17x15in) London 95 .... FF1 8e +07 - £1 - **$2**
RUYSSCHER de J. XIX-XX [2]
Nature morte au gibier - Huile/toile (73x60cm-29x24in) Paris 90 .... FF6 500 - £696 - **$1,130**
RUYSSEVELT van Jozef 1941-1985 [4]
De fruitschaal - Huile/toile (33x41cm-13x16in) Lokeren 93 .... FF3 626 - £434 - **$660**
En Forêt de Fontainebleau - Huile/toile (130x186cm-51x73in) Paris 93 .... FF75 000 - £9 030 - **$13,640**
RUYTEN Jan Michiel 1813-1881 [13]
Holländisches Stadtpanorama - Oil/panel (64x52cm-25x20in) Stuttgart 93 .... FF14 480 - £1 638 - **$2,440**
Townsfolk near Antwerp - Oil/panel (68x55cm-27x22in) Amsterdam 94 .... FF64 000 - £7 430 - **$11,020**
Markttag - Aquarell/Papier (25x28cm-10x11in) Stuttgart 96 .... FF6 430 - £745 - **$1,233**
RUYTER de Victor XIX-XX [3]
Canal in winter - Oil/canvas (76x127cm-30x50in) London 92 .... FF2 143 - £220 - **$412**
RUYTINX Alfred 1871-? [11]
A kitchen still life - Oil/canvas (99x138cm-39x54in) Château de Beloeil 92 .... FF9 130 - £935 - **$1,606**
Intérieur de ferme - Huile/toile (190x434cm-75x171in) Paris 94 .... FF38 000 - £4 500 - **$7,020**
RUZICKA Drahomir Josef 1870-1960 [11]
The park gate - Silver print (25x33cm-10x13in) New-York 90 .... FF5 100 - £550 - **$899**
RUZICKA Othmar 1877-1962 [7]
Am Bauernhof - Oil/panel (32x26cm-13x10in) Wien 94 .... FF7 770 - £913 - **$1,385**
RUZICKA Rudolph 1883-? [1]
Fountains of Rome - Engraving New-York 96 .... FF3 376 - £430 - **$650**
RUZICKA-LAUTENSCHLÄGER Hans 1862-1933 [9]
Gässchen in Trient - Öl/Leinwand (52x42cm-20x17in) Wien 96 .... FF4 335 - £541 - **$838**
Ein Festtag auf dem Land - Öl/Karton (28x39cm-11x15in) Wien 97 .... FF13 418 - £1 411 - **$2,304**
RUZICSKAY György 1896-? [1]
Enten am Teich - Öl/Leinwand (45x55cm-18x22in) Lindau 96 .... FF4 400 - £510 - **$844**
RYAN Adrian 1920 [12]
Motor racing - Oil/canvas (38x48cm-15x19in) Penzance, Cornwall 92 .... FF4 870 - £500 - **$935**
RYAN Anne 1899-1954 [8]
Untitled - Collage/board (34x29cm-13x11in) New-York 95 .... FF12 840 - £1 576 - **$2,500**
Gray and White Collage - Mixed media (42x35cm-17x14in) New-York 93 .... FF35 750 - £4 480 - **$6,500**
Untitled - Collage/paper (18x13cm-7x5in) New-York 95 .... FF31 100 - £4 010 - **$6,000**
RYAN Lewis Carleton 1894-1987 [1]
Puget sound, Washington - Wood (20x30cm-8x12in) Cambridge, Mass. 91 .... FF1 710 - £172 - **$296**
RYAN Thomas 1929 [2]
An Saol Boct - Oil/board (52x63cm-20x25in) Dublin 90 .... FF11 600 - £1 198 - **$2,049**
I never liked that wallpaper... - Watercolour (19x13cm-7x5in) Glasgow 92 .... FF3 180 - £380 - **$613**
RYAN Thomas Darby 1864-1927 [1]
Lake Wakatipu with Mount Earnshaw - Wash (32x49cm-13x19in) London 90 .... FF2 733 - £278 - **$547**
RYBACK Issachar 1897-1935 [60]
Männer beim Thorastudium - Oil/cardboard (51x74cm-20x29in) Köln 96 .... FF37 300 - £4 650 - **$7,200**
Milking the cows at evening - Oil/board (47x67cm-19x26in) Tel Aviv 93 .... FF92 000 - £10 720 - **$16,500**
Matchmaker - Plaster (32cm-13in) London 96 .... FF21 550 - £2 700 - **$4,160**
A House by the River - Watercolour (64x40cm-25x16in) Tel Aviv 94 .... FF29 550 - £3 356 - **$5,000**
Cubist composition - Gouache (70x49cm-28x19in) Tel Aviv 96 .... FF316 500 - £41 000 - **$62,000**
RYBAK Zaccharai 1910 [1]
Sodom and Gomorrah - Oil/canvas (116x90cm-46x35in) London 88 .... FF196 560 - £18 000 - **$33,120**
RYBERG Elis 1913 [5]
Bromstenshöst - Oil/canvas (37x45cm-15x18in) Stockholm 89 .... FF10 800 - £1 075 - **$1,706**

R

RYBKOVSKI Tadeusz 1848-1926 [14]
- Rast nach getaner Arbeit - Oil/panel (10x14cm-4x6in) Wien 96 .... FF12 000 - £1 455 - **$2,333**
- The fair - Oil/panel (22x48cm-9x19in) Warszawa 94 .... FF40 100 - £4 590 - **$6,800**
- A Gypsy encampment - Watercolour/paper (19x26cm-7x10in) Warszawa 96 .... FF5 060 - £639 - **$973**

RYCHTER-JANOWSKA Bronislawa 1868-1953 [8]
- Landscape, autumn - Oil/panel (37x53cm-15x21in) Warszawa 95 .... FF8 600 - £1 087 - **$1,720**

RYCKAERT David II 1586-1642 [2]
- Cups, tazza & over-turned dish - Oil/canvas (103x136cm-41x54in) London 95 .... FF951 000 - £125 000 - **$191,000**

RYCKAERT David III 1612-1661 [12]
- Spukgestalten und Hexe - Öl/Leinwand (50x64cm-20x25in) Wien 94 .... FF97 400 - £11 680 - **$18,920**

RYCKAERT Maerten 1587-1631 [22]
- Pedlar and dog on a track - Oil/panel (10x21cm-4x8in) London 97 .... FF141 911 - £15 000 - **$24,465**
- Halte de chasseurs (2) - Huile/panneau (76x108cm-30x43in) Cannes 91 .... FF500 000 - £50 104 - **$84,311**

RYD Carl 1883-1958 [16]
- Blädinge, söder om Alvesta - Oil/panel (38x45cm-15x18in) Göteborg 96 .... FF4 280 - £488 - **$820**
- Flowers - Oil/canvas (62x47cm-24x19in) Göteborg 96 .... FF14 000 - £1 597 - **$2,680**

RYDBERG Gustaf 1835-1933 [40]
- Sommarlandskap - Oil/canvas (53x84cm-21x33in) Stockholm 95 .... FF22 230 - £2 840 - **$4,540**
- Hvellinge in Sweden - Oil/canvas (53x85cm-21x33in) Stockholm 97 .... FF43 314 - £4 616 - **$7,563**
- Kvarnen vid an - Oil/canvas (70x104cm-28x41in) Stockholm 90 .... FF271 000 - £29 246 - **$47,866**

RYDENG Leif 1913-1975 [2]
- Landscape - Oil/canvas (51x64cm-20x25in) København 96 .... FF4 244 - £552 - **$841**
- Edderfugle, Vrøj - Watercolour, gouache (36x50cm-14x20in) København 95 .... FF5 770 - £747 - **$1,173**

RYDER Chauncey Foster 1868-1949 [42]
- Barn in Landscape - Oil/masonite (30x40cm-12x16in) New-York 96 .... FF15 660 - £1 813 - **$3,000**
- Spring landscape, Connecticut - Oil/canvas (64x76cm-25x30in) New-York 93 .... FF100 300 - £11 400 - **$17,000**
- The Farm - Watercolour (36x46cm-14x18in) Portland, Maine 93 .... FF14 300 - £1 793 - **$2,600**

RYDER James F. 1826-1904 [1]
- Atlantic & Great Western Ry
  (2 albums: 129 photographs) (18x23cm-7x9in) New-York 95 .... FF203 400 - £26 170 - **$42,000**

RYDER Platt Powell 1821-1896 [4]
- Femme lisant sur une chaise - Huile/toile (66x49cm-26x19in) Paris 96 .... FF22 000 - £2 830 - **$4,360**

RYDER Sophie 1963 [3]
- Dog Pack - Bronze London 97 .... FF122 411 - £13 000 - **$21,323**

RYDER Susan XIX-XX [2]
- Blue Poppies, Duninald - Oil/canvas (74x70cm-29x28in) London 95 .... FF3 870 - £500 - **$798**

RYDER van Jack 1898-1968 [2]
- Near Casa Grande, Arizona - Oil/masonite (38x30cm-15x12in) Baton Rouge, Louisiana .... FF2 050 - £247 - **$375**

RYDINGSVARD von Ursula XX [1]
- Untitled - Wood (189x11x23cm-74x4x9in) New-York 94 .... FF15 770 - £1 876 - **$3,000**

RYERSON Mary M. 1886-? [3]
- Children's orchestra - Etching Mystic, Connecticut 94 .... FF2 920 - £349 - **$550**

RYGAARD Thorvald 1872-1939 [5]
- Norrländsk gard i ävlandeskap - Oil/canvas (47x72cm-19x28in) Stockholm 90 .... FF4 700 - £503 - **$817**

RYGGEN Hans 1894-1956 [5]
- Blomster i vaser - Oil/panel (50x60cm-20x24in) Oslo 92 .... FF4 180 - £487 - **$854**

RYLAND Henry 1856-1924 [29]
- Reaper/Annunciation/Shepherd - Oil/board (104x141cm-41x56in) London 97 .... FF27 548 - £3 000 - **$4,791**
- Reflections - Watercolour (51x37cm-20x15in) London 97 .... FF52 381 - £5 500 - **$8,978**
- Idle Moments - Watercolour (37x78cm-15x31in) London 97 .... FF137 741 - £15 000 - **$23,954**

RYLAND Robert Knight 1873-1951 [2]
- Seated woman with pears - Oil/canvas (91x69cm-36x27in) Boston, Mass. 92 .... FF18 030 - £1 890 - **$3,250**

RYLANDER Hans Christian 1939 [8]
- Gudsforgøende kroppe - Oil/canvas (111x121cm-44x48in) København 91 .... FF9 240 - £928 - **$1,599**

RYLE Arthur Johnston 1857-1915 [3]
- Castle of a hill above a lake
  Oil/canvas (28x38cm-11x15in) Nymans, Handcross, West Sussex 94 .... FF3 386 - £400 - **$608**

RYLOFF Arkadi Alexandrovich 1870-1939 [10]
- Pine forest - Oil/canvas (61x76cm-24x30in) Moscow 94 .... FF10 510 - £1 263 - **$2,000**
- The seashore - Gouache (26x34cm-10x13in) London 95 .... FF11 050 - £1 400 - **$2,223**

RYLSKY François 1901 [2]
- Jeune femme dans son jardin - Huile/toile (55x46cm-22x18in) Lyon 90 .... FF3 000 - £321 - **$522**

RYMAN Robert 1930 [30]
- Untitled - Oil/canvas (150x150cm-59x59in) New-York 97 .... FF2 - £256 410 - **$420,000**
- Untitled - Acrylic (64x64cm-25x25in) New-York 94 .... FF205 500 - £24 130 - **$36,000**
- Untitled - Polymer/vinyl/fiberglass (10 panels) (53x53cm-21x21in) New-York 96 .... FF611 000 - £72 000 - **$120,000**
- Spectrum - Ink (21x21cm-8x8in) New-York 95 .... FF145 300 - £19 250 - **$30,000**

RYNDIN Wadim Fjodorowitsch 1902-1974 [3]
- Landscape - Watercolour/paper (37x46cm-15x18in) Moscow 94 .... FF7 960 - £948 - **$1,500**

RYNECKI Moses 1885-1943 [1]
- Café scene/The accordianist - Watercolour/paper (37x51cm-15x20in) New-York 93 .... FF9 350 - £1 173 - **$1,700**

RYSBRACK Gerard 1696-1773 [2]
- Chien à l'arrêt devant un lièvre - Huile/toile (88x126cm-35x50in) Paris 95 .... FF72 000 - £9 150 - **$14,600**

RYSBRACK Pieter 1655-1729 [7]
- *Offrande à Diane* - Huile/toile (158x232cm-62x91in) Monaco 90 .... FF170 000 - £17 384 - **$33,555**

RYSER Fritz 1910-1990 [4]
- *Kastanien und Tonpfeife* - Öl/Leinwand (28x40cm-11x16in) Zofingen 96 .... FF3 515 - £438 - **$679**

RYSSEL van Louis Paul Gachet 1873-1962 [40]
- *La Mère Bazot* - Huile/toile (43x55cm-17x22in) Compiègne 90 .... FF4 200 - £442 - **$730**
- *Pierre Pilon* - Fusain (45x32cm-18x13in) Paris 93 .... FF3 500 - £422 - **$637**
- *Tournesols* - Aquarelle (50x32cm-20x13in) Paris 93 .... FF7 000 - £844 - **$1,273**

RYSSEL van Paul Gachet 1828-1909 [16]
- *Plaine d'Auvers-sur-Oise* - Huile/panneau (19x26cm-7x10in) Paris 97 .... FF3 000 - £324 - **$530**
- *Bouquet des champs* - Huile/toile (51x61cm-20x24in) Pontoise 96 .... FF7 100 - £904 - **$1,370**
- *Bords de Seine* - Eau-forte (19x28cm-7x11in) Pontoise 95 .... FF1 700 - £226 - **$351**

RYSSELBERGHE van Théo 1862-1926 [120]
- *Paysage d'Italie* - Huile/panneau (18x24cm-7x9in) Paris 96 .... FF21 000 - £2 630 - **$4,050**
- *Femme nue* - Oil/canvas (63x48cm-25x19in) New-York 95 .... FF48 900 - £6 330 - **$10,000**
- *Pointe de St.-Pierre, St.-Tropez* - Huile/toile (35x46cm-14x18in) Antwerpen 94 ..... FF156 600 - £18 260 - **$27,450**
- *Het Toilet* - Oil/canvas (73x60cm-29x24in) Amsterdam 97 .... FF380 837 - £39 943 - **$65,353**
- *Femmes à la vasque* - Huile/toile (148x115cm-58x45in) Lokeren 94 .... FF945 000 - £112 800 - **$178,000**
- *Rivage méditerranéen* - Aquarelle/papier (14x23cm-6x9in) Calais 97 .... FF9 000 - £986 - **$1,580**
- *Jeune femme nue* - Pastel/papier (59x30cm-23x12in) Paris 97 .... FF31 000 - £3 342 - **$5,512**
- *Femme nue* - Pastel/paper (58x71cm-23x28in) London 92 .... FF146 500 - £15 000 - **$25,860**

RYSWYCK van Jan XIX-XX [3]
- *Weiße Hortensien* - Oil/canvas (105x92cm-41x36in) Stuttgart 91 .... FF7 430 - £746 - **$1,285**

RYSWYCK van Theodor 1811-1849 [3]
- *Antilope* - Bronze (35cm-14in) Bruxelles 91 .... FF12 340 - £1 264 - **$2,304**

RYSZKIEWICZ Józef 1856-1925 [1]
- *Kavalleristen vor einem Haus* - Öl/Leinwand (121x67cm-48x26in) Bremen 95 .... FF9 100 - £1 168 - **$1,875**

RYUSUKE Nishimura 1920 [2]
- *Old Castle* - Oil/canvas (24x31cm-9x12in) New-York 92 .... FF33 800 - £4 035 - **$6,500**

RYUZABURO Umehara 1888-1986 [1]
- *Tiger and nude* - Oil/panel (33x48cm-13x19in) New-York 92 .... FF156 000 - £18 620 - **$30,000**

RZEPINSKI Czeslaw 1905-1995 [2]
- *Composition en rose* - Huile/toile (81x65cm-32x26in) Paris 94 .... FF4 000 - £478 - **$750**
- *Stilleben mit Blumenvase* - Watercolour/board (50x35cm-20x14in) Düsseldorf 96 ...... FF4 740 - £601 - **$910**

S

SAABYE Carl Anton 1807-1878 [5]
- *Norsk fjordparti* - Oil/canvas (53x63cm-21x25in) Köbenhavn 90 .... FF12 300 - £1 244 - **$2,340**

SAAL Georg-Eduard Otto 1818-1870 [6]
- *The approaching storm* - Oil/canvas/board (94x127cm-37x50in) New-York 90 ...... FF42 900 - £4 320 - **$8,404**

SAALBORN Louis 1890-1957 [24]
- *A cow in front of farms* - Oil/canvas (70x81cm-28x32in) Amsterdam 93 .... FF5 710 - £684 - **$1,043**
- *Town view* - Oil/canvas (60x60cm-24x24in) Amsterdam 92 .... FF36 200 - £4 320 - **$6,960**
- *Ballade* - Lithograph (31x24cm-12x9in) Amsterdam 91 .... FF1 654 - £165 - **$284**

SAAR von Karl 1797-1853 [8]
- *Dame in weißem Kleid* - Miniature (8x6cm-3x2in) Wien 91 .... FF14 400 - £1 430 - **$2,500**

SAARINEN Eliel 1873-1950 [1]
- *Fasad mot sjön med rosengården* - Akvarell (13x25cm-5x10in) Helsinki 95 .... FF4 710 - £570 - **$887**

SAARINEN Yrjö 1899-1958 [12]
- *Landskap från Joutsa* - Oil/canvas (46x55cm-18x22in) Helsinki 95 .... FF24 300 - £3 040 - **$4,910**
- *Liggande modell* - Oil/canvas (65x81cm-26x32in) Helsinki 90 .... FF67 100 - £6 829 - **$13,419**

SABAN Odet 1953 [3]
- *Le trousseau* - Technique mixte/carton (74x56cm-29x22in) Paris 91 .... FF2 200 - £223 - **$397**

SABAS Christian 1953 [3]
- *Personnage* - Technique mixte/toile (51x60cm-20x24in) Verrières-Le-Buisson 93 ...... FF4 200 - £507 - **$764**

SABATELLI Francesco 1803-1829 [2]
- *Étude d'homme* - Encre (16x16cm-6x6in) Paris 94 .... FF2 500 - £295 - **$447**

SABATELLI Gaetano ?-c.1893 [1]
- *Doppio ritratto* - Olio/tela (29x24cm-11x9in) Roma 90 .... FF15 530 - £1 588 - **$3,065**

SABATELLI Giuseppe 1813-1843 [2]
- *Uberti e Cecè de Buondelmonti* - Olio/tela (62x77cm-24x30in) Milano 92 .... FF18 120 - £1 855 - **$3,190**

SABATELLI Luigi I 1772-1850 [11]
- *The Crucifixion* - ink (52x36cm-20x14in) London 96 .... FF22 500 - £2 800 - **$4,370**

SABATER Antonio 1928 [10]
- *La sociedad de naciones* - Huile/carton (56x57cm-22x22in) Versailles 91 .... FF17 000 - £1 704 - **$3,114**

SABATER Y SALABERT Daniel 1888-1951 [22]
- *Paseo royal* - Oil/canvas (44x57cm-17x22in) London 96 .... FF3 190 - £400 - **$616**

El baño - Oleo/lienzo (100x81cm-39x32in) Madrid 94 .... **FF11 330** - *£1 360* - **$2,200**
SABATIER Anne-Marie XX [7]
L'Académie de billard - Acrylique/toile (24x19cm-9x7in) Provins 92 .... **FF2 350** - *£241* - **$414**
SABATIER François Victor 1823-? [3]
Conciergerie à Paris - Lavis (35x55cm-14x22in) Monaco 91 .... **FF5 500** - *£551* - **$908**
SABATIER Léon Jean-Bapt. ?-1887 [3]
Le pont des Saints-Pères - Encre/papier (31x37cm-12x15in) Paris 95 .... **FF2 000** - *£240* - **$381**
SABATIER Louis A. XIX-XX [2]
Jour de pluie place de la Concorde - Oil/canvas (22x15cm-9x6in) Helsinki 94 .... **FF32 800** - *£3 800* - **$5,640**
SABATIER Roland 1942 [13]
Hypergraphie - Acrylique/toile (60x70cm-24x28in) Paris 89 .... **FF31 000** - *£3 085* - **$4,897**
Hypergraphie aux gestes silencieux - Lavis/papier (65x50cm-26x20in) Paris 94 .... **FF6 000** - *£702* - **$1,054**
SABATINI Luigi XIX [2]
The Book of Poetry - Oil/canvas (66x43cm-26x17in) New-York 95 .... **FF35 940** - *£4 410* - **$7,000**
SABAVALA Jehangir 1922 [4]
Kumaon Hills - Oil/canvas (152x112cm-60x44in) London 95 .... **FF31 300** - *£4 000* - **$6,290**
SABBAGH Georges-Hanna 1887-1951 [46]
Femme devant un paysage - Huile/toile (81x65cm-32x26in) Paris 96 .... **FF5 500** - *£708* - **$1,090**
Pont de la Creuse, Crozant - Huile/toile (97x130cm-38x51in) Paris 96 .... **FF18 000** - *£2 316* - **$3,570**
Temps à Crozant - Huile/toile (60x73cm-24x29in) Paris 96 .... **FF25 000** - *£3 120* - **$4,830**
Nu allongé - Pastel (46x61cm-18x24in) Calais 92 .... **FF13 000** - *£1 330* - **$2,290**
SABBIDES Simeon 1859-1927 [2]
A landscape with palm trees - Oil/canvas (33x25cm-13x10in) London 89 .... **FF14 500** - *£1 443* - **$2,291**
SABILLON Gregorio 1945 [2]
Bodegón sobre nevera - Oleo/tablex (78x60cm-31x24in) Madrid 96 .... **FF3 210** - *£368* - **$612**
SABLET Jacob, Jacques, père 1720-1798 [3]
Enfant aux boucles d'oreilles - Huile/toile (24x20cm-9x8in) Paris 91 .... **FF28 000** - *£2 781* - **$4,862**
SABLET LE ROMAIN Jean François 1745-1819 [4]
Charles Gruy holding a hoop - Oil/panel (24x18cm-9x7in) New-York 95 .... **FF59 000** - *£7 080* - **$11,000**
SABON Laurent 1852-? [2]
Wanderin in Waldlandschaft - Öl/Karton (22x30cm-9x12in) Bern 93 .... **FF2 855** - *£341* - **$550**
Près de la rivière - Aquarelle (30x40cm-12x16in) Bern 95 .... **FF1 944** - *£243* - **$393**
SABOURAUD Émile 1900-1996 [110]
L'élégante aux fleurs - Huile/toile (24x16cm-9x6in) Paris 97 .... **FF2 500** - *£270* - **$445**
Paquebot à quai - Huile/toile (60x74cm-24x29in) Neuilly 96 .... **FF9 000** - *£1 162* - **$1,740**
Élégante au chapeau - Huile/toile (92x60cm-36x24in) Bayeux 91 .... **FF23 000** - *£2 299* - **$3,788**
SABY Bernard 1925-1975 [29]
Composition - Huile/toile (81x100cm-32x39in) Paris 95 .... **FF9 000** - *£1 195* - **$1,855**
Composition - Huile/toile (130x162cm-51x64in) Paris 93 .... **FF25 000** - *£3 125* - **$4,550**
Composition - Huile/toile (130x162cm-51x64in) Paris 93 .... **FF36 000** - *£4 500* - **$6,540**
Sans titre, VI-64 - Pastel/carton (96x130cm-38x51in) Paris 92 .... **FF25 000** - *£2 983* - **$4,810**
SACCAGI Cesare 1868-1934 [5]
Cascata in Val di Susa - Olio/tavola (27x40cm-11x16in) Roma 92 .... **FF17 200** - *£1 762* - **$3,030**
Giovinetto - Acquarello/carta (49x36cm-19x14in) Milano 92 .... **FF8 150** - *£835* - **$1,436**
SACCARO John 1913-1981 [5]
Composition #21 - Oil/canvas (116x147cm-46x58in) San Francisco-Los Angeles 92 .... **FF25 650** - *£2 620* - **$4,750**
SACCHETTI Enrico 1877-1967 [3]
Veduta di piazza di mercato - Tempera/cartone (89x65cm-35x26in) Firenze 97 .... **FF5 100** - *£600* - **$900**
Eleganza Novita, Mele, Napoli - Poster (207x146cm-81x57in) New-York 93 .... **FF18 880** - *£2 150* - **$3,200**
SACCHETTI Giotto 1887-1950 [1]
Milano che scompare, Verziere - Olio/tavola (67x51cm-26x20in) Prato 96 .... **FF5 390** - *£640* - **$1,056**
SACCHI Ettore 1913-1982 [23]
Corrida - Gouache (55x50cm-22x20in) La Varenne Saint-Hilaire 91 .... **FF1 900** - *£189* - **$327**
SACCORETTI Oscar 1898-1989 [1]
Villa d'Albaro - Olio/tela Genova 90 .... **FF82 400** - *£8 512* - **$14,558**
SACHAROFF Olga 1889-1969 [3]
El jardin de mi casa - Óleo/lienzo (60x73cm-24x29in) Madrid 92 .... **FF40 500** - *£4 125* - **$7,120**
SACHERI Giuseppe 1863-1950 [10]
La sera - Olio/cartone (29x39cm-11x15in) Roma 94 .... **FF10 400** - *£1 330* - **$2,135**
SACHS Richard 1825-c.1910 [4]
Burg Kriebstein - Öl/Leinwand (75x65cm-30x26in) Rudolstadt-Thüringen 94 .... **FF3 390** - *£425* - **$654**
SACHY de Henri Emile XIX [2]
Vue de Paris - Pastel (81x60cm-32x24in) Le Touquet 90 .... **FF20 000** - *£2 035* - **$4,000**
SACK Alexander 1807-1885 [1]
Petit cabinet a Schönbrunn - Aquarelle/papier (30x26cm-12x10in) Monaco 96 .... **FF72 000** - *£8 260* - **$13,730**
SACKENHEIM Rolf 1921 [14]
Ohne Titel - Ink (32x24cm-13x9in) Köln 91 .... **FF5 410** - *£549* - **$977**
SACKS Joseph 1887-1974 [10]
Figure by the Shakty - Oil/canvas (64x76cm-25x30in) Mystic, Connecticut 96 .... **FF3 884** - *£480* - **$750**
City fire escape - Oil/board (42x39cm-17x15in) San Francisco-Los Angeles 91 .... **FF19 470** - *£1 947* - **$3,207**
SACRÉ Émile 1844-1882 [2]
Élégante à l'ombrelle et au lévrier - Huile/toile (115x72cm-45x28in) Bruxelles 95 .... **FF58 500** - *£7 400* - **$11,440**

SACRE Joseph 1837-? [1]
Feeding the nestlings - Oil/panel (34x25cm-13x10in) London 96 .... FF**10 210** - £1 200 - **$2,010**
SACRISTAN ARRIETA Ricardo 1921-1981 [7]
Paisaje con casas - Acuarela/papel (45x61cm-18x24in) Madrid 97 .... FF**1 800** - £193 - **$315**
SADALI Ahmad 1924-1987 [5]
Scrawls & scratches - Mixed media/canvas (100x100cm-39x39in) Singapore 95 .... FF**157 800** - £20 140 - **$32,400**
Abstract II - Mixed media/paper (39x43cm-15x17in) Singapore 96 .... FF**28 650** - £3 730 - **$5,680**
SADÉE Philippe L.J.F. 1837-1904 [31]
Return of the fleet - Oil (20cm-8in) Amsterdam 97 .... FF**13 179** - £1 425 - **$2,299**
Waiting for the boats - Oil/canvas (71x55cm-28x22in) London 97 .... FF**76 300** - £9 200 - **$13,340**
Waiting for the catchj - Oil/canvas (60x100cm-24x39in) Amsterdam 97 .... FF**120 953** - £12 786 - **$20,754**
SADELER Raphael I 1560/61-1628/32 [1]
The Annunciation with Prophets - Engraving (30x45cm-12x18in) London 92 .... FF**15 080** - £1 800 - **$2,900**
SADKOWSKY Alex 1934 [15]
Mutter mit Kind - Huile/papier (69x49cm-27x19in) Zürich 96 .... FF**6 410** - £804 - **$1,237**
Tanzender Knabe - Acrylique/papier (100x69cm-39x27in) Zürich 96 .... FF**11 500** - £1 442 - **$2,220**
SADLER Walter Dendy 1854-1923 [16]
The Cup that Cheers - Oil/canvas (56x40cm-22x16in) New-York 97 .... FF**17 065** - £1 836 - **$3,000**
Meeting of Creditors - Oil/canvas (98x128cm-39x50in) London 97 .... FF**228 571** - £24 000 - **$39,177**
SADLER William I ?-1788 [7]
Mounted figures - Oil/panel (4x61cm-2x24in) London 96 .... FF**10 220** - £1 300 - **$1,966**
SADLER William II c.1782-1839 [10]
River landscape - Oil/panel (23x34cm-9x13in) London 95 .... FF**30 900** - £3 500 - **$5,570**
SADOUX Eugène 1841-1906 [1]
Champrans - Oil/panel (30x42cm-12x17in) Toronto 89 .... FF**3 200** - £327 - **$514**
SADRAN-FRIGOLI Marlène 1942 [1]
Partie de pêche à l'eau ! - Huile/toile (22x27cm-9x11in) Aubagne 91 .... FF**6 000** - £606 - **$1,191**
SADUN Piero 1919-1974 [7]
Spazio plastico - Olio/tela (117x101cm-46x40in) Roma 92 .... FF**21 740** - £2 226 - **$3,830**
SAEDELEER de Valerius 1867-1942 [31]
Fin de journée à Rhyd-Y-Gelin - Huile/toile (53x61cm-21x24in) Antwerpen 93 .... FF**52 300** - £5 930 - **$8,840**
Paysage d'hiver - Oil/canvas (38x49cm-15x19in) London 97 .... FF**386 100** - £40 000 - **$66,140**
Arbres en hiver - Huile/toile (147x157cm-58x62in) Antwerpen 92 .... FF**1 95e +06** - £112 200 - **$192,700**
SAEGER de Anne 1947 [13]
Dimanche de fête - Huile/panneau (50x65cm-20x26in) Saint-Dié 92 .... FF**19 000** - £1 950 - **$3,654**
SAEGHER de Rodolphe 1871-1941 [4]
Lys en hiver - Pastel (63x91cm-25x36in) Bruxelles 91 .... FF**36 200** - £3 630 - **$5,976**
SAEGHER de Romain 1907-1986 [18]
Kalvarie - Gouache (36x27cm-14x11in) Lokeren 94 .... FF**4 310** - £515 - **$812**
SAENE van Mauritz 1919 [5]
Nu debout - Huile/papier (64x47cm-25x19in) Antwerpen 94 .... FF**2 167** - £260 - **$421**
SAENZ DE TEJADA Carlos 1897-1957 [3]
Con el lápiz y el fusil - Acuarela (30x25cm-12x10in) Madrid 94 .... FF**22 800** - £2 690 - **$4,060**
SAETTI Bruno 1902-1984 [50]
Natura morta - Affresco rip./tela (55x34cm-22x13in) Prato 93 .... FF**18 020** - £2 060 - **$3,065**
Fruttiera rosa - Olio/tela (49x69cm-19x27in) Prato 97 .... FF**45 900** - £5 400 - **$8,100**
Natura morta - Affresco/tela (80x100cm-31x39in) Milano 95 .... FF**109 800** - £14 400 - **$22,700**
SAEYS Isidore XX [2]
Ville ardenaise - Huile/toile (50x60cm-20x24in) Bruxelles 93 .... FF**2 310** - £276 - **$472**
SAEZ Fernando 1921 [3]
Torero sentado - Técnica mixta (65x50cm-26x20in) Madrid 90 .... FF**3 000** - £315 - **$522**
SAFFER Hans Konrad 1860-1940 [1]
Die Dorfpolitiker - Oil/canvas (37x49cm-15x19in) Wien 91 .... FF**9 620** - £969 - **$1,669**
SAFI Ibrahim 1898-1983 [3]
Burgaz Adasindan, peyzaj - Oil/canvas (50x65cm-20x26in) Istanbul 92 .... FF**9 860** - £987 - **$1,757**
SAFIR Liliane 1935 [5]
La faille - Technique mixte/panneau (100x100cm-39x39in) Les Andelys 90 .... FF**3 700** - £378 - **$730**
SÄFLUND Martin 1894-1976 [16]
Uppsala - Oil/canvas (42x52cm-17x20in) Uppsala 96 .... FF**2 690** - £312 - **$516**
Vy över Uppsala - Akvarell (24x34cm-9x13in) Uppsala 93 .... FF**1 590** - £181 - **$269**
SAFTLEVEN Cornelius 1607-1681 [30]
Huntsman feeding his dog - Oil/panel (39x56cm-15x22in) New-York 95 .... FF**279 000** - £33 460 - **$52,000**
SAFTLEVEN Herman 1609-1685 [66]
Extensive Rhenish - Oil/copper (36x47cm-14x19in) London 94 .... FF**692 000** - £82 000 - **$127,800**
Cleves with travellers - Black chalk (20x37cm-8x15in) Amsterdam 97 .... FF**36 840** - £4 174 - **$6,220**
Moored boat - Black chalk (16x25cm-6x10in) London 97 .... FF**44 000** - £4 500 - **$8,610**
SÄFVE Adolf 1860-1922 [3]
Insjölandskap i aftonsol - Oil/canvas (42x76cm-17x30in) Stockholm 90 .... FF**8 600** - £921 - **$1,496**
SAGASTA XX [2]
Jeunes femmes en promenade
Huile/panneau (50x60cm-20x24in) Verrières-Le-Buisson 91 .... FF**7 200** - £722 - **$1,189**

S

SAGE Cornelia Bentley 1876-1936 [1]
🖼 *Autumn scene* - Oil/canvas (36x25cm-14x10in) Mystic, Connecticut 93 .... FF2 200 - £276 - **$400**
SAGE Kay, Mme Yves Tanguy 1898-1961 [1]
🖼 *3000 Miles to the Beginning* - Oil/canvas (91x71cm-36x28in) New-York 97 .... FF232 152 - £24 424 - **$40,000**
SAGER de Anne XX [2]
🖼 *Enfants au bord de la mer* - Huile/panneau (38x55cm-15x22in) Paris 95 .... FF2 800 - £351 - **$558**
SAGER-NELSON Olof 1868-1896 [5]
🖼 *Motiv fran Marstrand* - Oil/board (41x25cm-16x10in) Stockholm 90 .... FF140 400 - £15 129 - **$24,762**
▱ *Paysage de France* - Watercolour (29x24cm-11x9in) Stockholm 96 .... FF34 600 - £4 320 - **$6,680**
SAGEWKA Ernst 1883-1959 [1]
🖼 *In der Schmiede* - Öl/Karton (66x80cm-26x31in) Bielefeld 96 .... FF5 120 - £666 - **$1,014**
SAGLIANO Francesco 1826-1890 [2]
🖼 *Pompeian games* - Oil/canvas (82x135cm-32x53in) London 93 .... FF49 800 - £6 000 - **$8,700**
SAGMEISTER Rudolf Reinhold XIX-XX [2]
▱ *Das Obere Belvedere in Wiem* - Aquarell/Papier (7x11cm-3x4in) München 93 .... FF10 330 - £1 170 - **$1,744**
SAGOUK Towatuga 1934 [2]
🗿 *Walrus sitting back on its haunches* - Marble (28cm-11in) Toronto 92 .... FF2 473 - £253 - **$436**
SAHIB 1847-1919 [2]
▱ *Rixe entre matelots* - Crayon (8x13cm-3x5in) Paris 91 .... FF1 800 - £180 - **$330**
SAHLIN Harry 1905-1987 [3]
🖼 *Fjällandskap med fors* - Oil/panel (120x91cm-47x36in) Uppsala 91 .... FF3 560 - £357 - **$652**
SAHLSTEN Anna 1859-1931 [1]
🖼 *Lake landscape* - Oil/canvas (42x67cm-17x26in) Helsinki 94 .... FF13 370 - £1 597 - **$2,500**
SAHUT Marcel 1906-1990 [18]
🖼 *Paysage de Provence* - Huile/toile (54x73cm-21x29in) Grenoble 95 .... FF5 000 - £659 - **$1,014**
SAIETZ Gunnar 1936 [13]
🖼 *Psykedelisk landskab* - Oil/canvas (185x139cm-73x55in) København 96 .... FF6 190 - £805 - **$1,227**
SAILA Pauta 1916 [2]
🗿 *A Polar bear* - Carved ivory figure (14cm-6in) Toronto 92 .... FF10 320 - £1 056 - **$1,817**
SAILER Anton 1903-1987 [7]
🖼 *Dame* - Öl/Leinwand (27x19cm-11x7in) Hamburg 95 .... FF4 080 - £516 - **$818**
SAILER Josef Andreas 1869-? [1]
▱ *Tambour* - Mischtechnik/Papier (32x23cm-13x9in) Wien 94 .... FF1 716 - £203 - **$317**
SAILO Jyrki 1913-1980 [1]
🗿 *Häst, 1946* - Bronze (23cm-9in) Helsinki 90 .... FF17 300 - £1 864 - **$3,051**
SAIN Edouard Alexandre 1830-1910 [13]
🖼 *Kiarella, Capri* - Oil/canvas (86x66cm-34x26in) North Bethesda, MD. 92 .... FF20 800 - £2 210 - **$4,000**
Dressing up the doll - Oil/canvas (50x61cm-20x24in) New-York 95 .... FF88 500 - £11 400 - **$18,000**
SAIN Marius Joseph 1877-1961 [1]
🗿 *Bergère et son chien* - Bronze (56cm-22in) Bruxelles 93 .... FF5 600 - £670 - **$1,145**
SAIN Paul 1853-1908 [23]
🖼 *Jeune femme au bord de la rivière* - Huile/toile (46x60cm-18x24in) Paris 92 .... FF7 900 - £809 - **$1,422**
Paysage méditerranéen - Huile/toile (46x61cm-18x24in) Lyon 90 .... FF17 500 - £1 874 - **$3,043**
Nénuphars sur l'étang - Huile/toile (130x200cm-51x79in) Paris 97 .... FF108 000 - £11 837 - **$18,954**
SAINIO Paavo 1899-1982 [1]
🖼 *Gamla Åbo* - Oil/canvas (15x14cm-6x6in) Helsinki 95 .... FF2 547 - £319 - **$515**
SAINSBURY Jonathan 1951 [6]
🖼 *A hare in Winter* - Oil/board (58x66cm-23x26in) London 95 .... FF7 670 - £1 000 - **$1,590**
▱ *Homage to the Dodo* - Watercolour (53x73cm-21x29in) London 96 .... FF5 520 - £700 - **$1,060**
SAINT Daniel 1778-1847 [5]
▱ *Monsieur Blay* - Miniature (11cm-4in) London 97 .... FF23 518 - £2 500 - **$4,057**
SAINT-ALBAN de Michel XX [2]
🖼 *Bord d'étang* - Huile/toile (58x46cm-23x18in) Paris 95 .... FF3 300 - £399 - **$621**
SAINT-AUBIN de Augustin 1736-1807 [19]
▱ *Man in profile* - Black chalk (12cm-5in) London 92 .... FF21 500 - £2 200 - **$4,210**
SAINT-AUBIN de Gabriel 1724-1780 [20]
▱ *Interior of the Royal Mint* - Black chalk/paper (13x21cm-5x8in) New-York 97 .... FF99 778 - £11 106 - **$18,000**
Studies of a reclining youth - Drawing (13x20cm-5x8in) New-York 91 .... FF709 000 - £71 500 - **$138,188**
SAINT-AUBIN de Germain 1721-1786 [3]
▱ *Pailloneries* - Watercolour (25x16cm-10x6in) New-York 97 .... FF19 466 - £2 166 - **$3,500**
SAINT-BEAUSSANT de Alphonse 1842-? [1]
▱ *Vosges* - Pastel (51x67cm-20x26in) Saint-Dié 97 .... FF15 000 - £1 873 - **$2,940**
SAINT-BRICE Robert 1893-1973 [13]
🖼 *Jacques le mangeur* - Huile/toile (76x158cm-30x62in) Montréal 97 .... FF4 425 - £479 - **$777**
Twin loas - Oil/canvas (172x88cm-68x35in) New-York 92 .... FF47 200 - £4 940 - **$8,500**
SAINT-CHARLES Camille 1947 [6]
🖼 *Débarcadère* - Huile/toile (56x76cm-22x30in) Paris 93 .... FF2 200 - £265 - **$400**
SAINT-CLAIR Gordon 1885-1966 [6]
🖼 *Artist's Son* - Oil/canvas (107x81cm-42x32in) Chicago 94 .... FF3 370 - £398 - **$600**
SAINT-CLAIR Henry 1899-1990 [21]
🖼 *Gondole à Venise* - Huile/isorel (16x22cm-6x9in) Montauban 94 .... FF2 300 - £272 - **$413**
SAINT-CYR GIRIER Jean Aimé 1837-1911 [13]
🖼 *Saint-Paul de Varax* - Huile/toile (72x92cm-28x36in) Paris 97 .... FF11 000 - £1 168 - **$1,916**

S

SAINT-DELIS de Henri Liénard 1878-1949 [109]
- *Le jardin d'Arcadie* - Huile/carton (76x130cm-30x51in) Paris 96 .... FF8 000 - £912 - **$1,532**
- *Port de Honfleur* - Huile/carton (38x46cm-15x18in) Paris 96 .... FF52 000 - £5 460 - **$8,944**
- *Port du Havre* - Huile/toile (60x81cm-24x32in) Paris 97 .... FF122 000 - £12 810 - **$20,984**
- *Honfleur, bateaux à marée basse* - Aquarelle (26x49cm-10x19in) Paris 97 .... FF12 500 - £1 370 - **$2,194**
- *Port de Honfleur* - Aquarelle (29x46cm-11x18in) Paris 97 .... FF21 000 - £2 302 - **$3,686**

SAINT-DELIS de René Liénard 1877-1958 [43]
- *Verseuse en argent* - Huile/panneau (34x43cm-13x19in) Quimper 97 .... FF3 000 - £321 - **$526**
- *Baigneurs sur la plage* - Huile/toile (30x43cm-12x17in) Le Havre 91 .... FF17 000 - £1 725 - **$3,070**
- *Paysage aux grands arbres* - Aquarelle (46x30cm-18x12in) Paris 92 .... FF7 000 - £835 - **$1,347**

SAINT-EDME de Ludovic A. 1820-? [1]
- *Femme et enfant sur la plage* - Huile/panneau (12x8cm-5x3in) Saint-Dié 95 .... FF3 100 - £404 - **$644**

SAINT-ELME Gautier [2]
- *Musicienne* - Huile/toile (33x23cm-13x9in) Paris 93 .... FF6 000 - £723 - **$1,091**

SAINT-EVRE Gillot 1791-1858 [1]
- *Juana d'Arco en prisión* - Oleo/lienzo (47x43cm-19x17in) Madrid 96 .... FF18 070 - £2 255 - **$3,490**

SAINT-FLEURANT Louisianne 1924 [2]
- *Femme embryonnaire* - Huile/toile (61x61cm-24x24in) Paris 96 .... FF4 500 - £583 - **$883**
- *Les Enfants du Péristyle* - Huile/toile (61x61cm-24x24in) Paris 93 .... FF39 000 - £4 700 - **$7,090**

SAINT-GAUDENS Augustus 1848-1907 [30]
- *Jules Bastien-Lepage, 1880* - Bronze (36cm-14in) New-York 96 .... FF38 600 - £4 800 - **$7,500**
- *Sarah Redwood Lee* - Relief (64cm-25in) New-York 92 .... FF135 200 - £16 140 - **$26,000**
- *Diana of the Tower* - Bronze (100cm-39in) New-York 96 .... FF678 000 - £78 500 - **$130,000**

SAINT-GERMIER Joseph 1860-1925 [9]
- *Nu allongé* - Huile/toile (38x60cm-15x24in) Paris 97 .... FF13 000 - £1 418 - **$2,272**
- *Jeune mère et fillette* - Huile/toile (85x110cm-33x43in) Paris 95 .... FF37 000 - £4 540 - **$7,200**

SAINT-JEAN Paul 1842-1875 [1]
- *A Spanish beauty* - Oil/canvas (100x81cm-39x32in) London 96 .... FF119 400 - £15 500 - **$23,600**

SAINT-JEAN Simon 1808-1860 [12]
- *Fleurs et fruits* - Huile/toile (78x62cm-31x24in) Paris 94 .... FF250 000 - £29 540 - **$46,100**

SAINT-JOHN Terry N. 1934 [6]
- *Benecia from Martinez* - Oil/masonite (28x36cm-11x14in) San Francisco-Los Angeles 93 ...... FF5 500 - £690 - **$1,000**

SAINT-MARC André Meaux 1885-1941 [3]
- *Nu sur un fauteuil* - Pastel (29x22cm-11x9in) Saint-Germain-en-Laye 91 .... FF2 500 - £257 - **$466**

SAINT-MARCEAUX René Charles 1845-1915 [14]
- *Harlequin* - Bronze (88cm-35in) New-York 96 .... FF28 340 - £3 550 - **$5,500**

SAINT-MARCEL Émile Normand 1840-? [4]
- *Éleveurs irlandais et leur cheveaux* - Huile/toile (117x75cm-46x30in) Deauville 93 ...... FF80 000 - £8 990 - **$13,560**

SAINT-MARTIN Marcel 1922 [3]
- *Ovale Komposition* - Collage (65x95cm-26x37in) München 92 .... FF2 550 - £261 - **$449**

SAINT-OGAND Alain 1895-1974 [1]
- *Monsieur Poche a une fausse joie* - Öl/Papier (30x44cm-12x17in) Genève 91 .... FF2 196 - £222 - **$436**

SAINT-OURS Jean-Pierre P. 1752-1809 [13]
- *Villa Negroni, Rome* - Dessin (38x45cm-15x18in) Zürich 91 .... FF5 940 - £596 - **$981**

SAINT-PHALLE de Niki 1930 [237]
- *Untitled* - Mixed media (46x54x42cm-18x21x17in) New-York 97 .... FF55 233 - £5 800 - **$9,500**
- *Le petit coeur* - Technique mixte/toile (62x53cm-24x21in) Paris 94 .... FF180 000 - £21 240 - **$32,250**
- *L'arbre de vie* - Sérigraphie (70x30x37cm-28x12x15in) Paris 97 .... FF21 000 - £2 211 - **$3,610**
- *Le Poète et sa Muse* - Sculpture (240cm-94in) London 96 .... FF1 - £150 000 - **$231,000**
- *Nana* - Sculpture (27x29x34cm-11x11x13in) Versailles 97 .... FF41 500 - £4 387 - **$7,121**
- *Tir aux Bigoudis* - Plâtre (122x20x44cm-48x8x17in) Paris 96 .... FF95 000 - £10 820 - **$18,200**
- *Clarice Chaise/Charley Chaise* - Sculpture London 97 .... FF300 189 - £32 000 - **$52,412**
- *Lettre de Chelsea* - Pastel (24x45cm-9x18in) Paris 96 .... FF22 000 - £2 740 - **$4,270**
- *Nana à la robe rose* - Gouache (64x50cm-25x20in) Paris 96 .... FF32 000 - £3 980 - **$6,210**
- *Nana dansant* - Gouache (67x48cm-26x19in) Paris 95 .... FF44 000 - £5 620 - **$9,000**

SAINT-PIERRE Gaston-Casimir 1833-1916 [4]
- *Chanson du laurier rose* - Huile/toile (85x53cm-33x21in) Paris 91 .... FF230 000 - £22 897 - **$39,552**

SAINT-QUENTIN Jacques Ph. Joseph 1738-? [1]
- *Nymphe* - Crayon (28x39cm-11x15in) Paris 94 .... FF2 500 - £292 - **$438**

SAINT-SAENS Marc 1903 [5]
- *Composition abstraite* - Huile/toile (128x173cm-50x68in) Toulouse 90 .... FF9 000 - £970 - **$1,587**
- *Harmonie* - Gouache/papier (129x173cm-51x68in) Paris 89 .... FF5 500 - £562 - **$884**

SAINT-SENOCH de Edgar Haincque 1839-1904 [2]
- *Espagne* - Tirage albuminé (18x22cm-7x9in) Paris 96 .... FF2 000 - £228 - **$383**

SAINT-SURIN Adrien 1961 [6]
- *Notable* - Huile/toile (61x51cm-24x20in) Paris 93 .... FF3 500 - £422 - **$637**

SAINT-VIDAL de Francis 1840-1900 [1]
- *La Nuit* - Marble (124cm-49in) New-York 94 .... FF345 000 - £41 200 - **$65,000**

SAINT-VIL Murat 1955 [12]
- *Ile marine* - Huile/toile (21x51cm-8x20in) Paris 96 .... FF6 200 - £802 - **$1,217**

SAINTE-BEUVE Michel XX [4]
- *Hold up* - Huile (61x50cm-24x20in) Versailles 91 .... FF3 000 - £303 - **$585**

S

SAINTHILL Loudon 1918-1969 [15]
- Cubist bust - Oil/board (128x77cm-50x30in) London 95 .... FF**3 750** - £**460** - $**730**

SAINTIN Henri 1846-1899 [15]
- Peintre sur le motif - Huile/toile (54x73cm-21x29in) Pontoise 95 .... FF**14 500** - £**1 926** - $**2,990**
- Bateaux à quai - Huile/toile (27x46cm-11x18in) Rouen 92 .... FF**358 000** - £**36 640** - $**63,000**

SAINTIN Jules Émile 1829-1894 [8]
- Young chinese boy - Oil/canvas New-York 90 .... FF**25 700** - £**2 588** - $**4,673**
- La ménagère - Oil/canvas (45x35cm-18x14in) New-York 93 .... FF**165 200** - £**18 800** - $**28,000**
- Femme en costume russe - Lavis (26x20cm-10x8in) Paris 93 .... FF**3 500** - £**422** - $**637**

SAINTON Charles Prosper 1861-1914 [4]
- Contemplation - Wash (39x20cm-15x8in) London 90 .... FF**2 440** - £**248** - $**488**
- Female nude on a riverbank - Watercolour (15x11cm-6x4in) London 96 .... FF**4 290** - £**550** - $**846**

SAINZ Casimiro 1853-1898 [6]
- El puente - Oleo/tabla (23x16cm-9x6in) Madrid 92 .... FF**18 380** - £**2 136** - $**3,750**

SAINZ Francisco 1823-1853 [1]
- Retrato de dama - Miniature (6x5cm-2x2in) Madrid 94 .... FF**3 110** - £**367** - $**554**

SAITER Johann Gottfried 1717-1800 [1]
- Venus reclining - Bronze (11x18cm-4x7in) New-York 90 .... FF**4 600** - £**484** - $**800**

SAITO Kiyoshi 1907 [27]
- Nara (D) - Woodcut in colors (38x52cm-15x20in) Bloomfield Hills, Michigan 93 .... FF**4 720** - £**537** - $**800**

SAITO Makato 1952 [2]
- Alpha Cubic - Poster (103x145cm-41x57in) New-York 94 .... FF**31 530** - £**3 850** - $**6,000**

SAITO Yoshishige 1905 [2]
- Untitled (red) - Oil/panel (182x121cm-72x48in) New-York 94 .... FF**1** - £**229 000** - $**340,000**
- Oeuvre 6 - Oil/panel (164x133cm-65x52in) New-York 94 .... FF**871 000** - £**101 000** - $**150,000**

SAJA Pietro 1779-1833 [1]
- Andromache mourning Hector's dead
  Black & white chalks (49x65cm-19x26in) London 94 .... FF**10 000** - £**1 200** - $**1,850**

SAKAI Kazuya 1927/31 [2]
- No. 4 - Oil/canvas (63x63cm-25x25in) San Francisco-Los Angeles 96 .... FF**2 467** - £**314** - $**475**
- De la serie blanco y negro - Oil/canvas (109x100cm-43x39in) New-York 92 .... FF**28 400** - £**2 905** - $**5,000**

SAKAROUKIK Anatoli 1938 [2]
- Cerises - Huile/toile (69x80cm-27x31in) Brest 93 .... FF**3 500** - £**422** - $**637**

SAKATCHEV I.S.I. 1926-1985 [1]
- Requiem pour les militants communistes
  Huile/toile (186x220cm-73x87in) Pont-Audemer 94 .... FF**40 000** - £**4 590** - $**6,850**

SAKHANOV Alexandre 1914-1989 [2]
- La Mer Noire - Huile/carton (26x36cm-10x14in) Paris 93 .... FF**2 200** - £**265** - $**400**
- Collines sous le givre - Huile/toile (95x67cm-37x26in) Paris 93 .... FF**5 000** - £**603** - $**910**

SAKURADA Haruyoshi 1945 [3]
- Muneca - Oleo/lienzo (61x50cm-24x20in) Madrid 89 .... FF**5 400** - £**569** - $**909**

SALA de Eugène 1899-1987 [29]
- Nature morte - Oil/panel (61x44cm-24x17in) Kobenhavn 95 .... FF**2 750** - £**357** - $**560**
- Komposition - Oil/canvas (85x102cm-33x40in) Kobenhavn 92 .... FF**16 640** - £**1 934** - $**3,396**

SALA Eliseo 1813-1879 [1]
- Girl wearing red beads - Oil/canvas (81x66cm-32x26in) Baton Rouge, Louisiana 94 .... FF**21 060** - £**2 472** - $**3,750**

SALA Jean 1867-1918 [12]
- Grenade - Huile/toile (92x65cm-36x26in) Provins 92 .... FF**24 000** - £**2 457** - $**4,230**
- Flirtation - Oil/canvas (130x181cm-51x71in) New-York 95 .... FF**154 000** - £**18 900** - $**30,000**
- Elégante au chapeau bleu - Pastel (130x88cm-51x35in) Paris 92 .... FF**13 500** - £**1 382** - $**2,377**

SALA Paolo 1859-1929 [70]
- Thames embankment, London - Oil/panel (20x30cm-8x12in) London 92 .... FF**58 600** - £**7 000** - $**11,270**
- Sanctuary, Westminster - Oil/canvas (55x75cm-22x30in) London 94 .... FF**201 600** - £**24 000** - $**38,000**
- Venezia - Watercolour/paper (35x52cm-14x20in) New-York 92 .... FF**22 700** - £**2 320** - $**4,200**
- Ritratto di donna seduta - Acquarello/carta (68x10cm-27x4in) Milano 89 .... FF**22 900** - £**2 413** - $**3,855**
- Riding in the park - Watercolour/paper (27x46cm-11x18in) New-York 94 .... FF**23 100** - £**2 897** - $**4,200**

SALA Y FRANCÉS Emilio 1850-1910 [35]
- Querubín - Oleo/lienzo (61x50cm-24x20in) Madrid 95 .... FF**6 050** - £**774** - $**1,217**
- Escena mitológica - Oleo/lienzo (20x45cm-8x18in) Madrid 95 .... FF**14 170** - £**1 770** - $**3,356**
- Suzanne Caillet - Oil/canvas (72x47cm-28x19in) New-York 91 .... FF**64 700** - £**6 536** - $**12,844**

SALABERT Firmin 1802-1862 [4]
- Portrait d'homme assis - Huile/toile (92x73cm-36x29in) Paris 93 .... FF**20 000** - £**2 300** - $**3,450**

SALAMAN Michael 1911-1991 [4]
- The Football Match - Oil/board (50x68cm-20x27in) London 95 .... FF**3 046** - £**380** - $**616**

SALANSON Eugénie Marie XIX-XX [4]
- The lobster catch - Oil/canvas (134x86cm-53x34in) New-York 94 .... FF**58 300** - £**6 100** - $**10,500**

SALAS Osvaldo 1914-1992 [3]
- Che with his cigar - Silver print (41x30cm-16x12in) New-York 96 .... FF**4 390** - £**544** - $**850**

SALAS Tito 1887-? [1]
- Roses & wildflowers in a basket - Oil/canvas (74x40cm-29x16in) New-York 90 .... FF**17 200** - £**1 830** - $**3,077**

SALATHÉ Friedrich 1793-1858 [3]
- Hagar und Ismael - Ink (31x42cm-12x17in) Hamburg 93 .... FF**16 950** - £**2 025** - $**3,260**

SALAÜN Philippe 1943 [2]
- Domecy-sur-Vault - Gelatino bromure (19x20cm-7x8in) Paris 92 .... FF**1 600** - £**186** - $**327**

S

SALAVERRIA INCHAURRANDIETA Elías 1883-1952 [1]
- De arribada - Oleo/lienzo (92x114cm-36x45in) Madrid 92 .... FF121 000 - £14 420 - **$23,250**

SALAZAR Carlos 1956 [3]
- Amor y Psique - Oil/canvas (178x169cm-70x67in) New-York 91 .... FF18 070 - £1 799 - **$3,107**

SALBERG Frederik 1876-1909 [2]
- Nelkenstrauss - Oil/panel (39x28cm-15x11in) Bielefeld 95 .... FF4 370 - £563 - **$903**

SALBREUX Louis Perrin 1753-1817 [3]
- Rosalie Duthé nue - Huile/toile (170x116cm-67x46in) Paris 95 .... FF500 000 - £63 500 - **$102,400**

SALCES Y GUTIERREZ Manuel 1861-1932 [21]
- Corralada en Pasquera - Oleo/cartón (20x25cm-8x10in) Madrid 93 .... FF15 500 - £1 865 - **$3,020**

SALCI Gabriello XVII-XVIII [2]
- Cavoli, vedure, cesto di frutta - Olio/tela (96x132cm-38x52in) Bologna 92 .... FF108 700 - £11 120 - **$19,140**

SALDAÑA Mateo A. 1875-1951 [1]
- Iglesia de Cholula - Oleo/cartón (23x33cm-9x13in) México 93 .... FF28 600 - £3 244 - **$4,840**

SALEH Raden S. Bastaman 1807-1880 [9]
- The Lions Hunt - Oil/canvas (41x56cm-16x22in) Amsterdam 94 .... FF473 000 - £54 900 - **$81,300**
- The Deer Hunt - Oil/canvas (183x91cm-72x36in) Singapore 96 .... FF1 2e +07 - £1 - **$1**

SALEM Mourad 1956 [2]
- A couteaux tirés - Technique mixte/panneau (97x130cm-38x51in) Paris 94 .... FF2 500 - £258 - **$442**

SALEM Rosita Hadfy-Kovacs 1926-1977 [1]
- Ohne Titel - Oil/panel (59x65cm-23x26in) Wien 93 .... FF2 970 - £349 - **$494**

SALEMBIER Henri 1753-1820 [2]
- Landscape with a Traveller - Red chalk (92x15cm-36x6in) London 97 .... FF7 583 - £800 - **$1,301**

SALEMME Antonio 1892-1982 [1]
- Ginger - Bronze (89cm-35in) New-York 95 .... FF9 770 - £1 247 - **$2,000**

SALEMME Attilio 1911-1955 [13]
- Vintage of Uncertainties - Oil/canvas (40x107cm-16x42in) New-York 92 .... FF57 200 - £6 070 - **$11,000**

SALENTIN Hans 1925 [3]
- Hand - Sculpture (43cm-17in) Köln 91 .... FF5 750 - £577 - **$949**

SALENTIN Hubert 1822-1910 [10]
- Die kleine Verführerin - Öl/Leinwand (84x60cm-33x24in) Wien 96 .... FF86 300 - £10 470 - **$16,800**
- The founding - Oil/canvas (86x104cm-34x41in) London 97 .... FF209 524 - £22 000 - **$36,038**

SALES Francesco 1904-1977 [11]
- Uvas - Oleo/lienzo (65x50cm-26x20in) Madrid 93 .... FF19 970 - £2 400 - **$3,890**

SALES Pierre [2]
- Nature morte aux raisins - Huile/toile (33x41cm-13x16in) Cannes 93 .... FF5 200 - £627 - **$946**

SALES Vincent XX [6]
- Pommes - Huile/toile (33x41cm-13x16in) Provins 93 .... FF4 000 - £482 - **$728**

SALES von Carl 1791-1870 [4]
- Elisabeth von Bayern - Öl/Leinwand (72x60cm-28x24in) Wien 95 .... FF137 000 - £18 060 - **$27,800**

SALGADO Hervé 1962 [7]
- Souvenirs d'anges humains - Bronze (58cm-23in) Paris 94 .... FF8 000 - £951 - **$1,477**
- Souvenir d'une famille... - Bronze (70cm-28in) Soissons 93 .... FF15 000 - £1 686 - **$2,543**

SALGADO Sebastiao 1944 [42]
- Brasil - Gelatin silver print (43x28cm-17x11in) New-York 96 .... FF9 910 - £1 148 - **$1,900**

SALICATH Ørnulf 1888-1962 [9]
- Interiør - Oil/canvas (82x72cm-32x28in) Oslo 93 .... FF5 200 - £605 - **$893**

SALICETI Jeanne 1873-1950 [5]
- Soldat de 1914-18 et un mendiant - Huile/toile (95x80cm-37x31in) Besançon 96 ...... FF5 000 - £644 - **$991**

SALIETTI Alberto 1892-1961 [12]
- Paesaggio di Andora - Olio/tela (120x80cm-47x31in) Milano 92 .... FF56 600 - £5 800 - **$9,960**

SALIGER Ivo 1894-1987 [16]
- Sitzende Madonna mit Kind - Öl/Karton (100x80cm-39x31in) Lindau 97 .... FF6 752 - £709 - **$1,161**
- Artz ringt mit dem Tod - Etching (70x52cm-28x20in) Stuttgart 95 .... FF3 650 - £444 - **$720**

SALIGO Charles Louis 1804-? [2]
- Cour de ferme - Huile/toile (24x33cm-9x13in) Bern 96 .... FF10 600 - £1 285 - **$2,060**
- Marquis de Pont-Carré - Huile/toile (172x128cm-68x50in) Monaco 90 .... FF135 000 - £13 946 - **$23,852**

SALIMBENI BEVILACQUA Ventura di Arcangelo 1568-1613 [13]
- The Madonna and Child - Oil/panel (66cm-26in) New-York 97 .... FF441 744 - £49 920 - **$80,000**
- St Bernardino of Siena healing a Boy
  Black & white chalks (43x75cm-17x30in) London 97 .... FF48 924 - £5 000 - **$8,327**

SALINAS Baruj 1935 [3]
- Tepetl - Acrylic/canvas (137x137cm-54x54in) New-York 93 .... FF44 000 - £5 520 - **$8,000**

SALINAS Marcel Charles L. 1913 [2]
- Statue dans un parc - Huile/toile (100x80cm-39x31in) Paris 89 .... FF7 000 - £697 - **$1,106**

SALINAS Pablo 1871-1946 [8]
- The Toast - Oil/canvas (24x40cm-9x16in) New-York 97 .... FF91 013 - £9 794 - **$16,000**
- In the Artist's Atelier - Oil/panel (37x58cm-15x23in) New-York 94 .... FF146 200 - £16 900 - **$25,000**

SALINAS Porfirio 1910 [2]
- Bluebonnets - Oil/canvas (41x51cm-16x20in) Baton Rouge, Louisiana 93 .... FF8 260 - £940 - **$1,400**

S

SALINAS Y TERUEL Agustín 1862-1915 [14]
- *Giovane donna con cappellino* - Olio/tela (100x60cm-39x24in) Roma 92 .... FF17 200 - £1 762 - **$3,030**
- *Junto a la fuente* - Oleo/tabla (14x23cm-6x9in) Madrid 92 .... FF60 200 - £6 030 - **$11,560**

SALINAS Y TERUEL Pablo 1871-1946 [27]
- *The wedding party* - Oil/canvas (39x67cm-15x26in) New-York 92 .... FF54 800 - £5 540 - **$11,000**
- *Valuation of jewels* - Oil/canvas (39x66cm-15x26in) New-York 93 .... FF231 000 - £28 960 - **$42,000**

SALING Paul 1876-1936 [2]
- *Congregational Church, Saybrook* - Oil/canvas (86x102cm-34x40in) Mystic, Connecticut 92 ...... FF2 220 - £233 - **$400**

SALINGRE Eugène Edouard 1829-1892 [2]
- *Perdrix et grive dans l'office* - Huile/toile (55x46cm-22x18in) Soissons 96 .... FF8 500 - £1 094 - **$1,685**

SALINI Lino 1889-1944 [2]
- *Orientalische Kaufleute* - Öl/Leinwand (41x58cm-16x23in) Frankfurt 92 .... FF3 390 - £405 - **$653**

SALIOLA Antonio 1939 [2]
- *Lezione d'amore fra le rose* - Olio/tela (150x200cm-59x79in) Milano 94 .... FF29 600 - £3 490 - **$5,270**

SALIS de Pierre XIX-XX [2]
- *Venise* - Huile/toile (21x27cm-8x11in) Nîmes 90 .... FF15 000 - £1 534 - **$2,961**

SALISBURY Frank Owen 1874-1962 [17]
- *Miss Lily Brayton as Althea* - Oil/canvas (96x81cm-38x32in) London 97 .... FF7 069 - £750 - **$1,218**
- *The Sen Sisters* - Oil/canvas (152cm-60in) London 96 .... FF149 200 - £17 000 - **$28,560**
- *The Sen Sisters* - Oil/canvas (152cm-60in) London 95 .... FF602 000 - £80 000 - **$124,100**

SALKELD Cecil French 1908-1968 [1]
- *Audition* - Oil/board (40x50cm-16x20in) London 90 .... FF24 200 - £2 574 - **$4,329**

SALKIN Émile 1900-1977 [9]
- *Bacchanale* - Huile/toile (60x80cm-24x31in) Bruxelles 90 .... FF17 800 - £1 906 - **$3,096**
- *Cavalières dans la circulation* - Encre/papier (26x35cm-10x14in) Bruxelles 91 .... FF19 440 - £1 949 - **$3,561**

SALKIN Fernand 1862-? [6]
- *Chartreux, Villeneuve lès Avignon* - Huile/panneau (26x35cm-10x14in) Versailles 97 .... FF2 500 - £274 - **$439**

SALLAN Serge 1951 [5]
- *Ino* - Marbre (56x21x22cm-22x8x9in) Paris 92 .... FF8 500 - £988 - **$1,735**

SALLBERG Harald 1895-1963 [16]
- *Langholmen, Stockholm* - Oil/canvas (37x45cm-15x18in) Stockholm 90 .... FF5 800 - £621 - **$1,009**
- *Pa verandan* - Ink (26x33cm-10x13in) Stockholm 90 .... FF1 600 - £165 - **$283**

SALLE Adelin 1884-? [2]
- *Tête d'homme* - Pierre (50cm-20in) Liège 90 .... FF2 106 - £213 - **$401**

SALLÉ André Aug. 1891-1961 [1]
- *Eléphant et Singe* - Bronze (14cm-6in) Paris 96 .... FF4 200 - £533 - **$806**

SALLE David 1952 [70]
- *Shirts and Pants* - Collage/canvas (137x195cm-54x77in) New-York 97 .... FF145 180 - £15 273 - **$25,000**
- *Saltimbanques* - Mixed media/canvas (152x254cm-60x100in) New-York 92 .... FF290 360 - £30 545 - **$50,000**
- *Poverty is no disgrace* - Acrylic (248x520cm-98x205in) New-York 92 .... FF465 500 - £54 100 - **$95,000**
- *Aerialist* - Acrylic/canvas (198x487cm-78x192in) New-York 96 .... FF866 000 - £102 000 - **$170,000**
- *Canfield Hatfield 9* - Soft ground (77x111cm-30x44in) New-York 96 .... FF8 330 - £967 - **$1,700**
- *Untitled* - Ink (75x107cm-30x42in) New-York 97 .... FF28 070 - £2 964 - **$4,800**
- *Untitled* - Watercolour (45x61cm-18x24in) New-York 92 .... FF90 800 - £9 300 - **$16,000**

SALLE de Modeste Joseph 1826-1877 [2]
- *Damenportrait* - Oil/canvas (142x107cm-56x42in) Frankfurt 91 .... FF32 100 - £3 223 - **$5,554**

SALLE Pierre 1835-1900 [1]
- *Nature morte au gibier* - Huile/toile (102x78cm-40x31in) Morlaix 90 .... FF6 600 - £707 - **$1,148**

SALLES André Pierre 1860-? [1]
- *Femme algérienne* - Huile/toile (39x25cm-15x10in) Sceaux 90 .... FF19 000 - £2 034 - **$3,304**

SALLES Francis 1924 [22]
- *Personnage* - Huile/toile (116x89cm-46x35in) Versailles 96 .... FF4 500 - £577 - **$892**
- *Nature morte à la cafetière* - Gouache (60x45cm-24x18in) Paris 92 .... FF2 800 - £287 - **$493**

SALLES Robert 1871-1929 [3]
- *Homme assis* - Huile/toile/panneau (46x37cm-18x15in) Paris 93 .... FF4 800 - £579 - **$873**
- *Haveparti med familie, Linas* - Oil/canvas (45x80cm-18x31in) Köbenhavn 89 .... FF403 900 - £41 299 - **$64,936**

SALLES-WAGNER Adelaïde c.1824-1890 [3]
- *Le baiser* - Huile/toile (73x92cm-29x36in) Paris 96 .... FF49 500 - £6 160 - **$9,600**

SALLES-WAGNER Jules 1814-1898 [4]
- *Roméo et Juliette de Shakespeare* - Huile/toile (135x106cm-53x42in) Paris 97 .... FF65 000 - £7 111 - **$11,323**

SALLIETH de Mattheus 1749-1791 [1]
- *Het Gouvernement, Batavia/De Markt* - Etching (8x19cm-3x7in) Amsterdam 96 .... FF1 507 - £194 - **$292**

SALLINEN Tycho 1879-1955 [26]
- *Tekanna och kopp* - Oil/canvas (29x38cm-11x15in) Stockholm 95 .... FF14 500 - £1 804 - **$2,835**
- *Gudstjänst* - Oil/canvas (65x54cm-26x21in) Helsinki 94 .... FF33 400 - £3 990 - **$6,250**
- *Höstdag, Iittala* - Akvarell (32x41cm-13x16in) Stockholm 92 .... FF8 130 - £972 - **$1,564**

SALM Abram 1801-1876 [1]
- *Het Buitenzorgsche, Java* - Oil/panel (41x31cm-16x12in) Amsterdam 96 .... FF217 000 - £27 860 - **$42,050**

SALM van der Wilhelmus 1918-1985 [3]
- *Figures on beach* - Oil/board (38x58cm-15x23in) Detroit, Michigan 93 .... FF6 050 - £759 - **$1,100**

SALMAN Ghassan XX [9]
- *Le silence* - Huile/toile (73x100cm-29x39in) Paris 91 .... FF2 300 - £228 - **$399**

SALMI Max 1931 [12]
- *Målarens Rock* - Oil/canvas (98x68cm-39x27in) Stockholm 92 .... FF7 540 - £772 - **$1,328**

Kvinna i rött - Oil/canvas (60x91cm-24x36in) Helsinki 94 .... **FF23 260** - *£2 700* - **$4,010**
SALMON François XIX [1]
🍃 *Boeuf dans un pré* - Huile/panneau (17x24cm-7x9in) Paris 96 .... **FF15 000** - *£1 737* - **$2,874**
SALMON John Cuthbert 1844-1917 [15]
✏ *Boats in a harbour* - Watercolour (34x48cm-13x19in) London 95 .... **FF6 190** - *£800* - **$1,276**
SALMON John Francis 1808-1886 [5]
✏ *Return of the fishing fleet* - Watercolour (35x66cm-14x26in) London 92 .... **FF10 710** - *£1 100* - **$2,057**
SALMON Michèle 1946 [3]
🍃 *Femme au bouquet* - Huile/toile (54x65cm-21x26in) Saint-Dié 96 .... **FF3 500** - *£454* - **$686**
SALMON Robert 1775-1842 [25]
🍃 *Evening* - Oil/panel (14x21cm-6x8in) London 97 .... **FF51 354** - *£5 500* - **$9,002**
Boston light - Oil/canvas (38x46cm-15x18in) New-York 94 .... **FF132 200** - *£15 440* - **$23,000**
Armed brig shown in two positions - Oil/canvas (52x78cm-20x31in) London 92 .... **FF244 200** - *£25 000* - **$43,100**
SALMON Théodore Frédéric 1811-1876 [1]
🍃 *Gardeuse de dindons* - Oil/panel (41x32cm-16x13in) Amsterdam 93 .... **FF4 820** - *£576* - **$928**
SALMONES Victor 1937 [1]
🗿 *Dancer* - Bronze (33cm-13in) Delray Beach, Florida 95 .... **FF1 917** - *£239* - **$375**
SALMSON Hugo 1843-1894 [22]
🍃 *A Parisian girl* - Oil/panel (61x48cm-24x19in) Stockholm 95 .... **FF14 640** - *£1 880* - **$2,950**
Elegant dining in a Garden - Oil/panel (34x46cm-13x18in) New-York 94 .... **FF63 700** - *£7 600* - **$12,000**
Försök till kurtis - Oil/canvas/panel (90x134cm-35x53in) Stockholm 96 .... **FF218 000** - *£24 840* - **$41,700**
SALMSON Jean Jules B. 1823-1902 [18]
🗿 *Pandore* - Bronze (55cm-22in) New-York 94 .... **FF8 670** - *£1 050* - **$1,600**
Cupid and Psyche - Bronze (41cm-16in) London 93 .... **FF14 400** - *£1 800* - **$2,610**
SALOKIVI Santeri 1886-1940 [38]
🍃 *Från Paris* - Oil/canvas (42x26cm-17x10in) Helsinki 94 .... **FF13 750** - *£1 594* - **$2,367**
Strandlandskap - Oil/canvas (45x54cm-18x21in) Helsinki 93 .... **FF34 700** - *£3 990* - **$5,960**
Skärgårdslandskap från Pellinge - Oil/canvas (58x75cm-23x30in) Helsinki 94 .... **FF105 800** - *£12 640* - **$19,780**
✏ *Forum Romanum* - Gouache (35x25cm-14x10in) Helsinki 95 .... **FF3 470** - *£434* - **$702**
SALOM Germain B. XIX-XX [1]
🗿 *Allegorical figure of Rosee* - Bronze (77cm-30in) New-York 90 .... **FF8 820** - *£892* - **$1,678**
SALOMAN Geskel 1821-1902 [2]
🍃 *Nättjäring pa Seland, strandparti* - Oil/canvas (37x31cm-15x12in) Stockholm 89 .... **FF5 100** - *£521* - **$820**
SALOMÉ Wolfgang L. Cihlarz 1954 [29]
🍃 *Lust zu Lust* - Mixed media/canvas (160x140cm-63x55in) München 94 .... **FF24 000** - *£2 845* - **$4,440**
Dieter - Oil/canvas (160x140cm-63x55in) Berlin 95 .... **FF44 500** - *£5 540* - **$8,700**
Nina VII - Oil/canvas (200x240cm-79x94in) Berlin 95 .... **FF73 000** - *£9 080* - **$14,270**
✏ *In the Sun* - Gouache (77x116cm-30x46in) Köln 92 .... **FF11 530** - *£1 377* - **$2,220**
SALOMON Erich 1886-1944 [5]
📷 *President Hoover* - Silver print (20x25cm-8x10in) New-York 93 .... **FF3 300** - *£414* - **$600**
SALOMON Gérard XX [3]
🍃 *La terrasse* - Acrylic/panel (54x74cm-21x29in) Versailles 90 .... **FF7 000** - *£754* - **$1,235**
SALOMON LE TROPÉZIEN A. XX [11]
🍃 *Barques à voile, Saint-Tropez* - Huile/toile (73x92cm-29x36in) Arles 96 .... **FF6 500** - *£835* - **$1,260**
SALOMON Raynald 1957 [2]
🍃 *Couple de aras* - Huile/toile (61x51cm-24x20in) Paris 93 .... **FF4 800** - *£579* - **$873**
SALOMONE Paul 1952 [23]
✏ *Tempête du désert* - Technique mixte, dessin (71x80cm-28x31in) Morlaix 91 .... **FF1 600** - *£159* - **$278**
SALONEN Wille XX [3]
🍃 *Sommarlandskap* - Oil/canvas (95x137cm-37x54in) Helsinki 94 .... **FF9 170** - *£1 050* - **$1,555**
SALOUN Ladislav 1870-1946 [3]
🗿 *Tanzende* - Bronze (74cm-29in) Frankfurt 92 .... **FF5 100** - *£522* - **$898**
SALT John 1937 [6]
🍃 *Skylark* - Oil/canvas (136x175cm-54x69in) New-York 97 .... **FF17 411** - *£1 831* - **$3,000**
Catskill pastoral - Oil/canvas (116x147cm-46x58in) New-York 91 .... **FF102 600** - *£10 339* - **$17,804**
SALTER William 1804-1875 [5]
🍃 *Dagen, Madonnann* - Oil/canvas (195x145cm-77x57in) Stockholm 92 .... **FF18 850** - *£1 930* - **$3,320**
SALTFLEET Frank c.1860-1937 [9]
✏ *Rural scene* - Watercolour (34x51cm-13x20in) Retford, Nottinghamshire 93 .... **FF3 740** - *£420* - **$626**
SALTINI Pietro 1839-1908 [5]
🍃 *Il giornale umoristico* - Oil/canvas (84x70cm-33x28in) London 94 .... **FF103 000** - *£12 000* - **$18,030**
SALTO Axel 1889-1960 [15]
🍃 *Christian 4. I slaget* - Oil/canvas (189x252cm-74x99in) København 93 .... **FF16 720** - *£2 005* - **$3,210**
🗿 *Krukke* - (32cm-13in) København 93 .... **FF4 224** - *£507* - **$811**
SALTOFT Edvard Anders 1883-1939 [8]
✏ *En siddende ruharet foxterrier* - Pastel (64x51cm-25x20in) København 89 .... **FF2 200** - *£225* - **$354**
SALTZMANN Carl 1847-1923 [1]
🍃 *Segelboote im Norwegischen Fjord* - Tempera (32x47cm-13x19in) Hamburg 95 .... **FF2 750** - *£364* - **$557**
SALTZMANN Gustave 1811-1872 [1]
🍃 *Römische Campagna* - Oil/panel (13x28cm-5x11in) Zofingen 96 .... **FF6 200** - *£773* - **$1,197**

S

SALVADO Jacinto 1892-? [9]
Composition - Huile/papier/toile (131x82cm-52x32in) Douai 95 .... FF2 000 - £251 - $399
Fleur et coquillage - Huile/toile (41x33cm-16x13in) Paris 90 .... FF6 500 - £671 - $1,148
SALVADOR CARMONA Manuel 1734-1820/30 [2]
Europa/América - Engraving (42x48cm-17x19in) Madrid 92 .... FF5 400 - £550 - $950
Cabeza de dama - Carboncillo (10x10cm-4x4in) Madrid 90 .... FF6 500 - £671 - $1,148
SALVADOR MAELLA Mariano 1739-1819 [1]
La Sagrada Familia - Oleo/lienzo (154x123cm-61x48in) Madrid 90 .... FF37 800 - £3 807 - $6,873
SALVADOR Y GOMEZ Vicente 1637-1680 [1]
The Madonna of the Rosary - Ink (32x24cm-13x9in) New-York 95 .... FF18 800 - £2 253 - $3,500
SALVAGGIO José 1953 [3]
Sur le chemin - Huile/toile (33x41cm-13x16in) Allaman 94 .... FF3 715 - £446 - $722
SALVANA John 1873-1956 [20]
Woodland scene - Oil/canvas (84x61cm-33x24in) London 95 .... FF2 460 - £320 - $504
SALVAT François 1892-1976 [12]
Pont des Arts et l'Institut - Huile/panneau (33x46cm-13x18in) Paris 94 .... FF4 000 - £463 - $687
SALVATORE Anna 1923-1978 [4]
Ragazzi in campagna - Olio/tela (156x260cm-61x102in) Milano 91 .... FF45 200 - £4 640 - $8,410
SALVENDY Frieda 1887-1968 [2]
Die Friedensbrücke, Donaukanal - Öl/Karton (50x70cm-20x28in) Wien 95 .... FF22 500 - £2 840 - $4,510
SALVETTI Antonio 1854-1931 [1]
San Gimignano - Olio/cartone (36x18cm-14x7in) Milano 89 .... FF4 600 - £485 - $774
SALVI IL SASSOFERRATO Giovanni Battista 1609-1685 [26]
Madonna at Prayer - Oil/canvas (65x47cm-26x19in) New-York 97 .... FF579 789 - £65 520 - $105,000
SALVIATI Giovanni 1881-1951 [3]
Laguna veneta - Olio/cartone (25x46cm-10x18in) Roma 95 .... FF9 120 - £1 170 - $1,830
SALVIN M. XIX-XX [1]
Gorge de Saint-Hugon, vers Allevard - Huile/toile (38x27cm-15x11in) Grenoble 96 .... FF4 500 - £580 - $881
SALVINI Carlo 1824-1899 [1]
The Holy Knight - Oil/canvas/board (76x60cm-30x24in) London 94 .... FF2 940 - £340 - $503
SALVO Salvatore Mangione 1947 [50]
Untitled - Oil/canvas (82x62cm-32x24in) New-York 96 .... FF17 940 - £2 126 - $3,500
Paesaggio - Oil/masonite (57x140cm-22x55in) London 95 .... FF88 600 - £11 500 - $18,300
Fruttiera - Biro (20x16cm-8x6in) Roma 94 .... FF2 436 - £287 - $434
SALWOWSKI Mark XX [8]
Girl & young man in moonlit ruins - Oil/canvas (52x70cm-20x28in) London 92 .... FF8 800 - £900 - $1,552
The Bosphorus - Coloured inks (52x73cm-20x29in) London 96 .... FF3 406 - £400 - $670
SALZER Friedrich 1827-1876 [2]
Schloß und Stadt Neuenstein - Oil/canvas (41x66cm-16x26in) Heilbronn 91 .... FF60 800 - £6 127 - $10,550
SALZMANN Auguste 1824-1872 [11]
Jérusalem, Porte de Damas - Tirage papier salé (22x32cm-9x13in) Paris 94 .... FF11 000 - £1 303 - $2,033
SALZMANN Gottfried 1943 [21]
Les Poses, Normandie - Aquarell/Papier (23x24cm-9x9in) Wien 95 .... FF4 900 - £646 - $993
Haus von Bäumen umgeben - Aquarell/Papier (30x49cm-12x19in) Wien 89 .... FF19 200 - £2 023 - $3,232
SALZMANN Louis Henry 1887-1955 [2]
Dorfidylle - Oil/canvas (58x78cm-23x31in) Bern 95 .... FF4 464 - £456 - $786
Winterlicher Jahrmarkt mit Karusell - Öl/Karton (55x72cm-22x28in) Bern 95 .... FF30 100 - £3 910 - $6,180
SALZMANN Michel 1948 [2]
Sans titre - Huile/carton (125x145cm-49x57in) Paris 90 .... FF18 000 - £1 813 - $3,526
SAMAIN Louis 1834-1901 [1]
Italienne à la cruche avec son enfant - Tempera/tela (140cm-55in) Bruxelles 91 .... FF14 800 - £1 516 - $2,763
SAMAKAEV Ilgizar 1954 [2]
La baigneuse - Huile/toile (100x90cm-39x35in) Grenoble 94 .... FF2 500 - £301 - $476
SAMARA Helga 1941 [4]
Still life - Oil/board (20x25cm-8x10in) Detroit, Michigan 92 .... FF2 450 - £285 - $500
SAMARAS Lucas 1936 [74]
Box #73 - Acrylic/wood (33x15x86cm-13x6x34in) New-York 96 .... FF25 000 - £3 236 - $5,000
Box #71 - Acrylic (35x19x37cm-14x7x15in) New-York 93 .... FF82 500 - £10 340 - $15,000
Self-portrait box - Construction (9x11x15cm-4x4x6in) New-York 92 .... FF153 400 - £15 700 - $27,000
Sculpture table - Sculpture (106x89x132cm-42x35x52in) New-York 92 .... FF241 400 - £24 700 - $42,500
Phototransformation - SX 70 Polaroid (7x7cm-3x3in) New-York 93 .... FF22 000 - £2 760 - $4,000
Embracing couple - Pastel/paper (22x30cm-9x12in) New-York 92 .... FF12 500 - £1 308 - $2,250
Untitled - Coloured chalks/paper (30x21cm-12x8in) New-York 94 .... FF34 260 - £4 020 - $6,000
Untitled - Pastel (31x23cm-12x9in) New-York 94 .... FF93 000 - £10 730 - $16,000
SAMBACH Christian 1761-1797 [1]
Nymphe debout - Aquarelle/papier (23x18cm-9x7in) Zürich 95 .... FF6 900 - £890 - $1,405
SAMBACH Franz Caspar 1715-1795 [2]
The Triumph of Apollo - Oil/canvas (67x43cm-26x17in) London 94 .... FF19 400 - £2 010 - $3,409
Allegorie auf die Musik - Ink (25x35cm-10x14in) Heidelberg 94 .... FF14 400 - £1 726 - $2,800
SAMBERGER Leo 1861-1949 [6]
Matthäus Schiestl - Oil/panel (76x54cm-30x21in) München 94 .... FF22 100 - £2 580 - $3,874
SAMBO Edgardo 1882-1966 [5]
Fiori alla finestra - Olio/tavola (76x62cm-30x24in) Trieste 93 .... FF21 960 - £2 465 - $3,930

SAMBOURNE Edward Linley 1844-1910 [2]
The Interesting Invalid - Drawing (20x27cm-8x11in) London 90 .... FF1 952 - £200 - **$385**

SAMIOS Paulos 1948 [3]
Figures - Oil/canvas (66x51cm-26x20in) Athens 96 .... FF9 540 - £1 232 - **$1,843**

SAMLICKI Marcin 1878-1945 [2]
In the farm - Oil/canvas (45x37cm-18x15in) Warszawa 96 .... FF5 120 - £647 - **$1,023**

SAMMONS Carl 1853-1917 [4]
Smoke trees San Gregoria
    Oil/canvas/board (30x41cm-12x16in) San Francisco-Los Angeles 90 .... FF6 900 - £726 - **$1,200**

SAMMONS Carl 1886-1968 [17]
San Jacinto - Oil/canvas (51x61cm-20x24in) San Francisco-Los Angeles 93 .... FF11 000 - £1 380 - **$2,000**

SAMOGIT Adam 1936 [2]
Femme surréale - Bronze (26cm-10in) Luzern 92 .... FF3 810 - £455 - **$732**

SAMOKISH Nikolai Semenovich 1860-1944 [8]
Military encampment in the Causasus - Oil/canvas (40x69cm-16x27in) London 96 .... FF35 100 - £4 500 - **$6,960**
Horses - Ink/paper (16x18cm-6x7in) London 96 .... FF3 900 - £500 - **$774**

SAMPLE Paul Starrett 1896-1974 [28]
Community of Newark, Vermont - Acrylic/canvas (50x78cm-20x31in) New-York 93 .... FF22 000 - £2 760 - **$4,000**
Harbor - Oil/canvas (51x61cm-20x24in) San Francisco-Los Angeles 96 .... FF62 600 - £7 250 - **$12,000**
Family outing, New Hampshire
    Watercolour (34x36cm-13x10in) San Francisco-Los Angeles 93 .... FF12 370 - £1 552 - **$2,250**

SAMPSON Joseph Ernest 1887-1946 [1]
A North African - Oil/canvas/board (39x27cm-15x11in) Toronto 95 .... FF2 503 - £332 - **$517**

SAMSON Jeanne XIX [2]
Overheard ! - Oil/canvas (81x58cm-32x23in) London 95 .... FF38 400 - £5 000 - **$7,870**

SAMUEL Charles 1862-1939 [2]
Tête de garçonnet - Marbre (36cm-14in) Bruxelles 94 .... FF1 665 - £193 - **$287**
Tête de fillette - Marbre (32cm-13in) Bruxelles 94 .... FF2 330 - £271 - **$402**

SAMUEL George ?-1823 [3]
The Burle, Dulverton, Somerset - Oil/canvas (89x120cm-35x47in) London 90 .... FF53 700 - £5 465 - **$10,739**

SAMUELS Daniel 1917-? [1]
Siesta - Oil/masonite (38x61cm-15x24in) Portland, Maine 93 .... FF3 100 - £353 - **$525**

SAMUELSON Ulrik 1935 [6]
Homeostasis I - Oil/canvas (130x130cm-51x51in) Stockholm 95 .... FF17 240 - £2 150 - **$3,375**
Panzar Dubbla - Wood (64cm-25in) Stockholm 96 .... FF5 800 - £747 - **$1,135**

SAN ANGELO Mary 1915-? [1]
Petrouchka/Ballerina/The Moment - Oil/masonite Baton Rouge, Louisiana 94 .... FF3 154 - £379 - **$600**

SAN JOSÉ Francisco 1919-1981 [21]
Cueva de Bayona - Oleo/lienzo (46x61cm-18x24in) Madrid 94 .... FF15 500 - £1 808 - **$2,720**
Toros pastando - Acuarela (44x31cm-17x12in) Madrid 96 .... FF3 210 - £389 - **$624**

SAN JOSÉ Francisco 1922-1981 [1]
Casa - Aquarelle (21x27cm-8x11in) Madrid 91 .... FF5 200 - £521 - **$867**

SAN PIETRO di Cagnaccio 1897-1946 [16]
Astice e ravanelli - Olio/tavola (30x40cm-12x16in) Roma 95 .... FF54 300 - £6 840 - **$11,020**
Ragazzo povero - Matita/carta (55x41cm-22x16in) Milano 93 .... FF25 230 - £2 884 - **$4,290**

SAN QUIRICO Alessandro 1777-1849 [1]
Vue d'un temple égyptien - Aquarelle (50x34cm-20x13in) Paris 94 .... FF11 000 - £1 416 - **$2,180**

SAN VITALE Giovanni 1935 [12]
Rabbits - Oil/board (30x41cm-12x16in) Detroit, Michigan 93 .... FF9 860 - £1 133 - **$1,700**

SAN YU 1900-1966 [16]
Bouquet de roses - Huile/toile (73x50cm-29x20in) Paris 97 .... FF380 000 - £40 166 - **$65,208**
Grande Chaumière - Aquarelle (39x26cm-15x10in) Paris 96 .... FF14 000 - £1 645 - **$2,754**

SANCHA Francisco 1874-1936 [1]
Piedralaves - Acuarela (38x27cm-15x11in) Madrid 93 .... FF4 005 - £477 - **$725**

SANCHEZ Alberto 1895-1962 [2]
Torero - Gouache/papier (13x11cm-5x4in) Madrid 95 .... FF2 500 - £316 - **$502**

SANCHEZ BARBUDO Salvador 1857-1917 [19]
The Concert - Oil/panel (25x40cm-10x16in) New-York 96 .... FF22 500 - £2 913 - **$4,500**
Visit to grandfather's - Oil/canvas (51x75cm-20x30in) New-York 95 .... FF133 000 - £16 550 - **$26,000**
The afternoon tea - Oil/canvas (56x85cm-22x33in) London 96 .... FF441 000 - £55 000 - **$85,200**

SANCHEZ CARRALERO José 1942 [1]
Hacia Chinchón - Oleo/lienzo (90x100cm-35x39in) Madrid 92 .... FF4 100 - £411 - **$788**

SANCHEZ Edgar 1940 [6]
Rostro, imagen 3003 - Acrylic/canvas (120x120cm-47x47in) New-York 92 .... FF49 400 - £5 900 - **$9,500**

SANCHEZ Emilio 1921 [5]
La casa grande - Oil/canvas (182x182cm-72x72in) New-York 94 .... FF62 800 - £7 370 - **$11,000**
The House in Trinidad - Watercolour/paper (29x21cm-11x8in) Chicago 96 .... FF1 518 - £197 - **$300**

SANCHEZ Enrique 1938 [2]
Valle de Mexico - Acrylic/canvas (65x125cm-26x49in) New-York 89 .... FF45 800 - £4 683 - **$7,363**

SANCHEZ José Luis 1926 [7]
Untitled - Bronze (29cm-11in) San Francisco-Los Angeles 95 .... FF7 330 - £950 - **$1,500**

S

SANCHEZ MORALES Manuel Luis 1853-1922 [1]
- Figures in a landscape - Oil/canvas (81x112cm-32x44in) Boston, Mass. 92.............. FF4 420 - £528 - **$850**

SANCHEZ Pepi 1930 [10]
- Maja con mantilla - Oleo/tabla (41x33cm-16x13in) Madrid 94 .... FF3 300 - £390 - **$593**

SANCHEZ PERRIER Emilio 1855-1907 [42]
- Men fishing on a river - Oil/panel (41x27cm-16x11in) New-York 93 .... FF66 000 - £8 270 - **$12,000**
- Feeding the chickens (56x39cm-22x15in) New-York 95 .... FF102 200 - £12 730 - **$20,000**
- El rialaje, Alcalá - Oil/panel (35x55cm-14x22in) New-York 91 .... FF154 000 - £15 518 - **$26,723**

SANCHEZ SOLA Eduardo 1869-1949 [7]
- Schadenfreude - Oil/Leinwand (88x130cm-35x51in) Wien 93 .... FF19 240 - £2 300 - **$3,700**
- Patio andaluz - Acuarela (55x43cm-22x17in) Madrid 94 .... FF7 060 - £848 - **$1,306**

SANCHEZ SOLA Emilio 1875-1925 [2]
- La Caida - Oleo/lienzo (68x98cm-27x39in) Madrid 94 .... FF10 770 - £1 238 - **$1,844**

SANCHEZ Tomás 1948 [61]
- Meditacion - Acrylic/canvas (30x23cm-12x9in) New-York 97 .... FF132 032 - £14 020 - **$23,000**
- Caída de las Aguas (80x50cm-31x20in) New-York 97 .... FF229 488 - £24 556 - **$40,000**
- Eligiendo la luz de la luna - Acrylic/canvas (76x101cm-30x40in) New-York 97.............. FF343 644 - £36 630 - **$60,000**
- Orilla - Acrylic/canvas (200x250cm-79x98in) New-York 97 .... FF836 000 - £95 200 - **$160,000**
- Meditatiòn a contraluz de luna - Tempera/paper (77x57cm-30x22in) New-York 97....... FF148 912 - £15 873 - **$26,000**

SANCHO Salvador XIX-XX [2]
- Aguador moro - Acuarela (31x21cm-12x8in) Madrid 93 .... FF3 540 - £408 - **$607**

SANCTIS de Giuseppe 1858-1924 [5]
- Il te a letto - Olio/tela (61x50cm-24x20in) Annicco, Casa Bassani 92 .... FF12 800 - £1 490 - **$2,613**
- Profil de jeune femme - Pastel (57x46cm-22x18in) Monaco 95 .... FF25 000 - £3 240 - **$5,160**

SAND Carl Ludwig 1859-? [1]
- Nackter Jüngling mit einer Leier - Bronze (42cm-17in) Stuttgart 93 .... FF3 740 - £447 - **$674**

SAND de Paul XIX-XX [2]
- Pferseknecht in Livrée - Öl/Leinwand (74x91cm-29x36in) Stuttgart 94 .... FF10 200 - £1 190 - **$1,790**

SAND Lennart 1946 [16]
- Rovfågel och korpar - Oil/canvas (102x150cm-40x59in) Stockholm 95 .... FF21 360 - £2 795 - **$4,280**

SAND Theo 1908 [2]
- Baumbestandene Landschaft - Pastel (35x45cm-14x18in) Pforzheim 94 .... FF2 400 - £289 - **$451**

SANDBACK Fred, Frederick Lane 1943 [12]
- Untitled - Acrylic/paper (93x122cm-36x48in) New-York 95 .... FF5 000 - £648 - **$1,000**
- Untitled - Installation (182x5x15cm-72x2x6in) New-York 92 .... FF39 000 - £4 660 - **$7,500**
- Shadowroom - Drawing (70x100cm-28x39in) Hamburg 93 .... FF13 560 - £1 620 - **$2,610**

SANDBERG Armid 1876-1927 [3]
- Soligt landskap - Oil/canvas (28x28cm-11x11in) Helsinki 91 .... FF3 155 - £314 - **$543**

SÅNDBERG Börje 1908 [2]
- Vanatten - Oil/canvas (90x64cm-35x25in) Stockholm 90 .... FF20 600 - £2 098 - **$4,120**

SANDBERG Helen 1961 [3]
- Häst - Oil/canvas (176x53cm-69x21in) Stockholm 90 .... FF28 100 - £2 860 - **$5,620**

SANDBERG Johan Gustav 1782-1854 [4]
- Vanitasstilleben - Oil/canvas/panel (43x32cm-17x13in) Stockholm 93 .... FF17 760 - £2 182 - **$3,290**

SANDBERG Ragnar 1902-1972 [177]
- Stilleben med vinglas - Oil/canvas (27x35cm-11x14in) Stockholm 97 .... FF35 471 - £3 745 - **$6,128**
- Badande - Oil/canvas (32x55cm-13x22in) Stockholm 97 .... FF94 338 - £9 962 - **$16,300**
- Man och måsar - Oil/canvas (86x86cm-34x34in) Stockholm 96 .... FF381 000 - £49 150 - **$74,600**

SANDBY Paul 1725-1809 [72]
- Guineas Entrance & Guinea a Lesson - Aquatint (36x32cm-14x13in) London 96 .... FF2 394 - £300 - **$468**
- Gentlemen at Luton - Bodycolour (62x95cm-24x37in) London 96 .... FF2 - £340 000 - **$530,000**
- River/Ferry - Watercolour (8x11cm-3x4in) London 97 .... FF10 300 - £1 100 - **$1,791**
- Bridge, North Wales - Watercolour (23x30cm-9x12in) London 97 .... FF35 581 - £3 800 - **$6,681**
- Cattles at Luton - Watercolour (45x101cm-18x40in) London 96 .... FF643 000 - £80 000 - **$124,700**

SANDE van de René 1889-1946 [7]
- Koeien aan de waterkant - Huile/toile (65x81cm-26x32in) Lokeren 94 .... FF9 180 - £1 087 - **$1,696**

SANDELIN Börje 1526-1970 [9]
- Målaren - Oil/canvas (57x48cm-22x19in) Stockholm 96 .... FF13 260 - £1 607 - **$2,580**
- Pierrot och två figurer - Etching (19x14cm-7x6in) Stockholm 92 .... FF1 886 - £193 - **$332**

SANDELS Gösta 1887-1919 [33]
- Maria Magdalena - Oil/canvas (55x46crn-22x18in) Stockholm 94 .... FF23 800 - £2 820 - **$4,390**
- Sydeuropeiskt landskap - Oil/canvas (81x90cm-32x35in) Stockholm 90 .... FF98 200 - £9 994 - **$19,638**
- Kvinna vid vattenfall - Mixed media/paper (28x22cm-11x9in) Stockholm 96 .... FF7 690 - £960 - **$1,485**

SANDER A.H. 1892 [1]
- Seal - Bronze (11cm-4in) New-York 92 .... FF4 160 - £436 - **$750**

SANDER August 1876-1964 [41]
- St. Gereon, Cologne - Gelatin silver print (28x20cm-11x8in) London 93 .... FF12 450 - £1 500 - **$2,175**
- Hamburger Schauerleute - Gelatin silver print (23x18cm-9x7in) New-York 91 .... FF67 800 - £6 733 - **$11,772**

SANDER Ernemann 1925 [2]
- Susanne - Bronze (42cm-17in) Köln 95 .... FF4 610 - £583 - **$924**

SANDER Ludwig 1906-1975 [4]
- Huron I - Acrylic/canvas (152x167cm-60x66in) New-York 93 .... FF20 650 - £2 350 - **$3,500**

SANDER-PLUMP Agnes 1888-1980 [1]
- Kinder im Zwiegespräch - Öl/Leinwand (69x80cm-27x31in) Bremen 93 .... FF20 900 - £2 390 - **$3,530**

SANDERS Alexandre 1624-1684 [1]
- *Dame de qualité* - Huile/toile (75x65cm-30x26in) Bruxelles 90 .... FF16 200 - £1 723 - **$2,898**

SANDERS Christopher 1905-1991 [11]
- *Grau du Roi, South of France* - Oil/canvas (50x60cm-20x24in) London 92 .... FF11 720 - £1 200 - **$2,064**

SANDERS Edmond 1898-1961 [3]
- *Mimosa* - Huile/toile (86x100cm-34x39in) Antwerpen 93 .... FF4 204 - £481 - **$716**

SANDERS George. 1774-1846 [1]
- *Portrait of a lady*
  Oil/canvas (224x137cm-88x54in) Mere Hall, Knutsford, Cheshire 94 ..... FF135 600 - £16 000 - **$24,140**

SANDERS Gerard 1702/07-1767 [2]
- *The Sacrifice of Isaac* - Oil/canvas (132x89cm-52x35in) Amsterdam 93 .... FF12 050 - £1 440 - **$2,320**

SANDERS Joop 1922 [3]
- *Tenth Street* - Huile/toile (74x57cm-29x22in) Paris 95 .... FF3 500 - £445 - **$717**
- *Untitled* - Oil/canvas (55x46cm-22x18in) Amsterdam 94 .... FF11 640 - £1 380 - **$2,150**

SANDERS Michael J. XX [2]
- *Deckchairs by the sea* - Watercolour (18x25cm-7x10in) Aylsham, Norfolk 95 .... FF2 590 - £330 - **$522**

SANDERSON Charles Wesley 1835-1905 [1]
- *Florence* - Watercolour/paper (53x76cm-21x30in) Mystic, Connecticut 96 .... FF3 456 - £453 - **$700**

SANDERSON-WELLS John 1872-1955 [14]
- *Outside the Bell inn* - Oil/canvas (33x54cm-13x21in) London 93 .... FF18 260 - £2 200 - **$3,410**

SANDFORD Matt XIX-XX [1]
- *Caricature of snuff taker* - Watercolour (28x21cm-11x8in) London 95 .... FF1 883 - £240 - **$380**

SANDHAM John Henry 1841-1910 [10]
- *The still of life* - Huile/toile (56x87cm-22x34in) Montréal 94 .... FF16 840 - £1 952 - **$2,900**
- *Ferns in Autumnb* - Watercolour (21x34cm-8x13in) Toronto 94 .... FF5 460 - £650 - **$1,028**

SANDICK van Anna 1818-1904 [1]
- *Wooded landscape with travellers* - Oil/canvas (120x145cm-47x57in) Amsterdam 93 ..... FF15 620 - £1 872 - **$2,855**

SANDIG Armin 1929 [9]
- *Abstrakte Komposition* - Gouache (33x51cm-13x20in) München 91 .... FF2 197 - £219 - **$378**

SANDKUHL Hermann 1872-1936 [1]
- *Frühlingslandschaft* - Oil/canvas (74x67cm-29x26in) Luzern 89 .... FF7 800 - £798 - **$1,254**

SANDLE Michael 1936 [4]
- *Sea-forms* - Vernis mou couleurs (47x58cm-19x23in) London 91 .... FF8 970 - £897 - **$1,477**

SANDMANN Franz Josef 1805-1852 [1]
- *Motiv von der Nordseeküste* - Gouache/papier (26x38cm-10x15in) Wien 94 .... FF2 430 - £285 - **$434**

SANDOR Antal 1884-? [1]
- *Natura morta di fiori* - Olio/tela (80x60cm-31x24in) Trieste 97 .... FF5 780 - £680 - **$1,020**

SANDOR-DUSHNITZ Max 1897-1942 [3]
- *Forest landcape* - Oil/panel (41x51cm-16x20in) Moscow 94 .... FF5 310 - £632 - **$1,000**

SANDORFI Istvan 1948 [34]
- *Autoportrait en St. Etienne* - Oil/canvas (241x170cm-95x67in) Amsterdam 97 .... FF3 293 - £574 - **$574**
- *Photo portrait No.II* - Huile/toile (195x114cm-77x45in) Paris 97 .... FF14 500 - £1 533 - **$2,488**
- *La souillure des chromosomes* - Huile/toile (195x270cm-77x106in) Paris 96 ..... FF115 000 - £13 300 - **$22,030**

SANDOZ Adolf Karol 1845/48-? [1]
- *At the oasis* - Oil/canvas (41x62cm-16x24in) London 93 .... FF72 000 - £8 200 - **$12,220**

SANDOZ Auguste 1901-1964 [7]
- *Transparence* - Huile/panneau (65x48cm-26x19in) Zürich 96 .... FF24 660 - £3 090 - **$4,760**
- *Composition* - Gouache (33x25cm-13x10in) Zürich 90 .... FF12 480 - £1 327 - **$2,229**

SANDOZ Édouard Marcel 1881-1971 [93]
- *Fennec assis* - Ceramic (31x31cm-12x12in) Paris 97 .... FF3 900 - £406 - **$664**
- *Le lapin* - Bronze (8cm-3in) Paris 97 .... FF13 000 - £1 447 - **$2,349**
- *Le Grand Duc* - Bronze (41cm-16in) Paris 91 .... FF81 000 - £8 098 - **$13,340**

SANDOZ Hélène XX [2]
- *La table d'été* - Huile/toile (100x81cm-39x32in) Paris 95 .... FF7 500 - £970 - **$1,533**

SANDOZ Hermann XX [4]
- *Cachot, Kanton Neuenburg* - Öl/Leinwand (35x45cm-14x18in) Bern 94 .... FF4 060 - £484 - **$757**

SANDOZ-ROLLIN de David Alphonse 1740-1809 [1]
- *Two Peasants & a Dog in a Forest* - Wash (28x18cm-11x7in) London 97 .... FF2 366 - £250 - **$406**

SANDRART von Johann Jacob 1655-1698 [2]
- *The Olympian Gods* - Ink (17x13cm-7x5in) London 90 .... FF4 880 - £499 - **$963**

SANDREUTER Hans 1850-1901 [7]
- *An Arcadian Idyll* - Oil/canvas (71x115cm-28x45in) London 96 .... FF32 860 - £3 870 - **$6,450**
- *Barken am Lago Maggiore* - Watercolour (17x26cm-7x10in) Zürich 92 .... FF4 464 - £456 - **$786**

SANDROCK Leonhard 1867-1945 [7]
- *Ships in harbour* - Oil/canvas (33x49cm-13x19in) Bremen 95 .... FF18 950 - £2 453 - **$3,856**

SANDS Ethel 1873-1962 [3]
- *Interior with still life and Madonna* - Oil/canvas (5x47cm-2x19in) London 95 .... FF10 300 - £1 300 - **$2,064**

SANDS Harry H. XIX-XX [3]
- *Horses pulling carriage* - Oil/board (61x74cm-24x29in) Birmingham 92 .... FF4 300 - £440 - **$759**

SANDSTRÖM Theresia 1893-? [12]
- *By med stockhus* - Oil/panel (38x49cm-15x19in) Söderköping 92 .... FF2 734 - £280 - **$482**

S

SANDY Thomas 1721-1798 [1]
Nunney Castle, near Frome - Watercolour (23x33cm-9x13in) Leominster, Herefordshire 92 .... FF3 870 - £450 - **$790**
SANDY-HOOK Georges Taboureau 1879-1960 [20]
Messageries Maritimes... - Poster (84x61cm-33x24in) London 96 .... FF3 740 - £480 - **$738**
Arrivée d'un quatre-mâts - Gouache/papier (30x32cm-12x13in) Paris 97 .... FF6 000 - £634 - **$1,029**
SANDYS Anthony Frederick A. 1829-1904 [9]
Robert Browning - Pencil (69x51cm-27x20in) London 93 .... FF115 700 - £13 000 - **$19,370**
SANDYS Emma 1834-1877 [5]
Medieval beauty - Oil/panel (30x25cm-12x10in) London 92 .... FF19 540 - £2 000 - **$3,440**
SANDYS Frederick Anthony A. 1832-1904 [5]
The gypsy girl - Coloured chalks (37x31cm-15x12in) London 92 .... FF31 260 - £3 200 - **$5,500**
SANDYS-LUMSDAINE Leese XX [2]
Royal Ascot - Oil/canvas (41x56cm-16x22in) London 96 .... FF2 630 - £340 - **$520**
Major Rose - Wash (31x45cm-12x18in) Leyburn, North Yorkshire 90 .... FF2 930 - £298 - **$586**
SANDZEN Sven Birger 1871-1954 [11]
Zinnias and Chinese woodflowers
    Oil/canvas (61x46cm-24x18in) San Francisco-Los Angeles 94 .... FF51 400 - £6 100 - **$9,500**
Creek/The Great Red Rock - Lithograph London-New-York 94 .... FF5 040 - £589 - **$888**
Rocky coast - Akvarell (21x29cm-8x11in) Malmö 92 .... FF2 923 - £299 - **$515**
SANEJOUAND Jean-Michel 1934 [6]
Paysage - Acrylique/toile (88x116cm-35x46in) Paris 95 .... FF6 800 - £896 - **$1,380**
SANFILIPPO Antonio 1923-1980 [19]
Senza titolo - Acrilico/tela (65x50cm-26x20in) Prato 97 .... FF18 700 - £2 200 - **$3,300**
Composizione - Tempera/tela (88x45cm-35x18in) Milano 93 .... FF45 750 - £5 130 - **$8,180**
Senza titolo - Tempera/carta (38x47cm-15x19in) Prato 97 .... FF12 240 - £1 440 - **$2,160**
SANFORD Marion 1904-1988 [2]
Diana - Bronze (56cm-22in) New-York 92 .... FF17 150 - £1 992 - **$3,500**
SANFOURCHE Jean Joseph 1929 [5]
Composition - Gouache (65x50cm-26x20in) Paris 94 .... FF3 200 - £383 - **$598**
SANGER Grace H.C. 1881-? [2]
Seated woman under umbrella - Oil/board (41x31cm-16x12in) Mystic, Connecticut 91 .... FF5 660 - £574 - **$1,022**
SANGREGORIO Giancarlo 1925 [2]
Tre figure - Bronze (13cm-5in) Milano 90 .... FF4 600 - £489 - **$823**
SANGUINO XX [2]
Two matadores in traditional costume - Bronze (69cm-27in) Amsterdam 92 .... FF9 640 - £1 152 - **$1,855**
SANI Alessandro XIX-XX [23]
The New Vintage - Oil/canvas (44x52cm-17x20in) London 97 .... FF10 319 - £1 100 - **$1,801**
The Happy family - Oil/canvas (69x91cm-27x36in) New-York 97 .... FF73 905 - £7 960 - **$13,000**
SANNOM Charlotte 1846-1923 [2]
A winter Landscape - Oil/canvas (28x48cm-11x19in) London 97 .... FF7 266 - £800 - **$1,275**
SANOVA José Sanchez 1942 [2]
Impresión y depresión - Collage (43x32cm-17x13in) Madrid 91 .... FF3 250 - £326 - **$595**
SANQUIRICO Pio 1847-1900 [2]
Personnage à la coiffe noire - Huile/toile (35x50cm-14x20in) Paris 92 .... FF9 000 - £1 074 - **$1,730**
SANS HUGUET Francisco XX [2]
Paris - Oleo/lienzo (50x83cm-20x33in) Madrid 94 .... FF4 144 - £476 - **$710**
SANS Y CABOT Francisco 1828-1881 [1]
Escena de la Batalla de Tetuán - Oleo/lienzo (35x55cm-14x22in) Madrid 94 .... FF18 660 - £2 200 - **$3,320**
SANSALVADORE Pietro 1892-1955 [7]
The Pool of London - Oil/board (36x46cm-14x18in) London 93 .... FF6 950 - £800 - **$1,200**
SANSON José XX [2]
Primavera en Paris - Oleo/lienzo (55x46cm-22x18in) Madrid 92 .... FF2 735 - £274 - **$526**
SANSON Justin Chrysostome 1833-1910 [4]
Joueur de tambourin - Sculpture (61cm-24in) Paris 96 .... FF13 000 - £1 680 - **$2,576**
SANT James 1820-1916 [21]
Young boy - Oil/canvas (61x50cm-24x20in) London 96 .... FF4 284 - £550 - **$831**
Music - Oil/canvas (91cm-36in) London 94 .... FF47 000 - £5 500 - **$8,200**
SANTA COLOMA de Emmanuel 1829-1886 [5]
Cheval au repos - Bronze (23cm-9in) Paris 95 .... FF26 500 - £3 440 - **$5,430**
SANTA MARIA SEDANO Marceliano 1866-1952 [6]
Paisaje de Burgos - Oleo/lienzo (60x64cm-24x25in) Madrid 94 .... FF74 600 - £8 560 - **$12,760**
SANTAGATA A.G. 1889-1985 [1]
Cristo lavoratore - Olio/tavola (30x25cm-12x10in) Trieste 92 .... FF3 624 - £371 - **$638**
SANTAMARIA Marceliano 1866-1952 [3]
Arroyuelo - Oleo/lienzo (60x54cm-24x21in) Madrid 96 .... FF72 400 - £9 000 - **$14,040**
SANTAMARINA José María 1889-1963 [1]
Gitana en el camino - Oleo/lienzo (81x100cm-32x39in) Madrid 96 .... FF8 120 - £1 030 - **$1,560**
SANTAOLARIA Vicente 1886-1956? [7]
Danseuses espagnoles - Huile/toile (100x80cm-39x31in) Paris 92 .... FF20 000 - £2 047 - **$3,600**
Buque de guerra - Acuarela (26x35cm-10x14in) Madrid 92 .... FF2 484 - £253 - **$487**
SANTARELLI Emilio 1801-1886 [2]
Marquis Gonzague de Cianelli - Marbre (52cm-20in) Rouen 92 .... FF11 500 - £1 177 - **$2,025**

SANTASUSAGNA Ernest 1900-1964 [2]
🖼 *Dama goyesca con abanico* - Oleo/lienzo (60x73cm-24x29in) Madrid 95 .... FF**5 040** - £**663** - **$1,013**
SANTERNE Robert 1903-1983 [2]
🖼 *Animation sur la place du village* - Huile/isorel (51x66cm-20x26in) Versailles 90 .... FF**4 500** - £**460** - **$888**
SANTHO de Nikalas 1869-? [2]
🖼 *Nu masqué* - Oil/canvas (136x86cm-54x34in) Amsterdam 91 .... FF**19 630** - £**1 949** - **$3,408**
✏ *Odalisque, 1922* - Gouache/papier (33x47cm-13x19in) Liège 90 .... FF**6 500** - £**696** - **$1,130**
SANTI Archimede 1876-1947 [1]
🖼 *Nature morte* - Olio/tela (42x59cm-17x23in) Roma 90 .... FF**32 000** - £**3 404** - **$5,725**
SANTINI Francesco 1763-1840 [1]
✏ *Design for a temple/... for a pedestal* - Ink (29x20cm-11x8in) London 97 .... FF**3 777** - £**400** - **$65,0 4**
SANTINI Giuseppe [2]
✏ *Shepherds in a landscape* - Ink (14x21cm-6x8in) London 97 .... FF**2 644** - £**280** - **$45,5 2**
SANTINI Pio 1908-1986 [7]
🖼 *Le presdigitateur* - Huile/toile (65x54cm-26x21in) Paris 94 .... FF**15 000** - £**1 703** - **$2,543**
SANTOMASO Giuseppe 1907-1990 [137]
🖼 *Senza Titolo* - Olio (41x33cm-16x13in) Milano 94 .... FF**24 700** - £**2 940** - **$4,410**
 La Cavria - Olio/tela (111x76cm-44x30in) Milano 94 .... FF**93 000** - £**11 200** - **$17,360**
 Aspetto del Suol - Oil/canvas (162x81cm-64x32in) London 92 .... FF**234 500** - £**28 000** - **$45,100**
✏ *Cicale et cattedrali* - Tempera/carta (41x31cm-16x12in) Prato 97 .... FF**25 500** - £**3 000** - **$4,500**
SANTORO Francesco Raffaello 1844-1927 [3]
🖼 *The flirtation* - Oil/canvas (63x96cm-25x38in) New-York 92 .... FF**18 900** - £**1 932** - **$3,500**
SANTORO Rubens 1859-1942 [63]
🖼 *Gondole a Venezia* - Olio/tela (50x37cm-20x15in) Roma 94 .... FF**73 500** - £**8 800** - **$13,640**
 Venetian canal - Oil/canvas (33x24cm-13x9in) New-York 97 .... FF**188 248** - £**20 291** - **$33,000**
 A sunlit doorway - Oil/panel (24x18cm-9x7in) London 96 .... FF**555 000** - £**72 000** - **$109,700**
SANTOS Antonio 1955 [7]
🗿 *Ecuyère au cirque* - Bronze (25x20cm-10x8in) Paris 92 .... FF**4 200** - £**432** - **$808**
SANTOS Fermín 1915 [8]
🖼 *Escena del Papa Luna* - Oleo/lienzo (27x35cm-11x14in) Madrid 94 .... FF**11 410** - £**1 373** - **$2,112**
SANTOS NEVES dos Rita Eliana 1936 [1]
🖼 *Flug in die Freiheit III* - Oil/canvas (100x130cm-39x51in) Wien 90 .... FF**3 400** - £**366** - **$600**
SANTOS VIANA Antonio 1942 [3]
🖼 *Campesino* - Oleo/lienzo (100x85cm-39x33in) Madrid 91 .... FF**3 556** - £**357** - **$587**
SANTRY Daniel 1867-1951 [4]
🖼 *Field in summer* - Oil/canvas/board (41x51cm-16x20in) Cambridge, Mass. 92 .... FF**6 860** - £**797** - **$1,400**
SANTWOORT Pieter Dircksz. c.1604-1635 [2]
🖼 *Ein Dorf im Winter* - Oil/panel (36x67cm-14x26in) Wien 93 .... FF**91 300** - £**10 910** - **$17,570**
✏ *Landscape/Landscape* - Wash/paper (17x27cm-7x11in) Amsterdam 91 .... FF**33 060** - £**3 355** - **$5,971**
SANVISENS MERFULL Ramón 1917-1987 [5]
🖼 *Recogiendo flores en el campo* - Oleo/lienzo (65x81cm-26x32in) Madrid 96 .... FF**30 400** - £**3 860** - **$5,840**
SANYU Yu 1901-1966 [61]
🖼 *Two Nudes in Pink* - Oil/canvas (90x58cm-35x23in) Taipei, Taiwan 97 .... FF**1 -** £**129 340** - **$210,540**
 Flowers in a jar - Oil/panel (33x27cm-13x11in) Taipei, Taiwan 97 .... FF**96 784** - £**10 258** - **$16,698**
✏ *Femme agenouillée* - Encre Chine (42x26cm-17x10in) Paris 93 .... FF**16 000** - £**1 930** - **$2,910**
 Coquette - Ink (56x38cm-22x15in) Taipei, Taiwan 96 .... FF**45 300** - £**5 490** - **$8,720**
SANZ CARTA Valentín 1850-1898 [1]
🖼 *Paisaje cubano* - Oil/canvas (76x51cm-30x20in) New-York 94 .... FF**25 200** - £**3 000** - **$4,750**
SANZ FRAILE Eduardo 1928 [2]
🗿 *Esferas doradas* - Scultura Madrid 97 .... FF**1 906** - £**206** - **$331**
SANZ MAGALLON José Luis XX [2]
🖼 *Desnudo femenino* - Oleo/tablex (66x46cm-26x18in) Madrid 90 .... FF**8 100** - £**852** - **$1,409**
SANZEL Félix 1829-1883 [2]
🗿 *Little girl on a rock* - Bronze (50cm-20in) London 93 .... FF**4 520** - £**520** - **$780**
 Captured Love - Bronze (74cm-29in) London 90 .... FF**16 500** - £**1 767** - **$2,870**
SAPATCH Victor 1950 [2]
🖼 *Le Roi des eaux* - Huile/carton (101x104cm-40x41in) Paris 93 .... FF**5 000** - £**562** - **$848**
SAPERE Horacio 1951 [1]
✏ *Ohne Titel* - Mixed media/paper (65x50cm-26x20in) Wien 94 .... FF**1 693** - £**194** - **$290**
SAPIA Mariano 1964 [3]
🖼 *Frontera* - Oil/canvas New-York 97 .... FF**22 962** - £**2 438** - **$4,000**
SAPORETTI Adolfo 1910-? [1]
🖼 *Fiori* - Mixed media (40x30cm-16x12in) München 97 .... FF**3 980** - £**520** - **$796**
SAPORETTI Edgardo 1865-1909 [2]
✏ *Lady wearing pearl ear-pendants*
   Watercolour/paper (61x45cm-24x18in) Amsterdam 97 .... FF**20 734** - £**2 191** - **$3,557**
SAPP Allen 1920 [42]
🖼 *Stopping for Tea* - Acrylic/canvas (61x91cm-24x36in) Tarzana, CA 95 .... FF**5 120** - £**665** - **$1,050**
SAPPEL Martha 1914-1988 [1]
🖼 *Hafen von Ostende* - Oil/panel (50x65cm-20x26in) München 96 .... FF**2 203** - £**277** - **$426**
SARABIA NAVARETTE de Andrés 1653-1738 [1]
🖼 *Imposicion de la Casull, S. Ildefonso* - Oleo/lienzo (265x203cm-104x80in) Madrid 94 .... FF**87 100** - £**10 260** - **$15,500**

S

SARACENI Carlo 1579-1620 [1]
🖼 Die Flucht der Heiligen Familie - Öl/Leinwand (95x132cm-37x52in) Köln 94 ...... FF51 400 - £6 040 - **$9,000**
SARAFIANOS Panagiotis 1919-1968 [1]
🖼 Field workers - Oil/paper/canvas (69x100cm-27x39in) Athens 96 ...... FF11 660 - £1 506 - **$2,253**
SARAILLON Benjamin 1902-1989 [2]
🖼 Portrait de Berbère - Huile/carton (15x9cm-6x4in) Paris 90 ...... FF2 000 - £204 - **$400**
🖼 Chemins de fer algériens - Affiche (100x61cm-39x24in) Paris 94 ...... FF2 000 - £227 - **$340**
SARAKTSIANOS Christos 1937 [2]
🖼 Composition in black - Acrylic/canvas (155x134cm-61x53in) Athens 95 ...... FF35 640 - £4 610 - **$7,280**
SARASOV Alexei Kondratievich 1830-1897 [1]
🖼 Abendstimmung - Öl/Leinwand (49x74cm-19x29in) Wien 93 ...... FF38 500 - £4 600 - **$7,400**
SARAUW Laura O.A. 1853-1912 [1]
✎ Portrett av ung malerinne - Pastel (81x65cm-32x26in) Oslo 93 ...... FF3 200 - £372 - **$550**
SARAZIN DE BELMONT Louise Joséphine 1790-1870 [2]
🖼 Bagnères-de-Luchon - Huile/toile (29x48cm-11x19in) Paris 95 ...... FF12 000 - £1 585 - **$2,430**
Le concours de flûte - Huile/toile (102x120cm-40x47in) Paris 89 ...... FF170 000 - £17 382 - **$27,331**
SARCUS de Charles Marie 1821-? [1]
🖼 Scène orientaliste, femmes et enfants - Huile/toile (22x16cm-9x6in) Grenoble 96 ...... FF2 800 - £338 - **$538**
SARDA LADICO Francisco 1877-1912 [1]
✎ Lector - Dibujo (73x53cm-29x21in) Madrid 93 ...... FF5 170 - £622 - **$1,007**
SARDI Jean 1947 [60]
🖼 Baux de Provence - Huile/toile (65x54cm-26x21in) Paris 97 ...... FF4 500 - £491 - **$787**
La vieille bastide - Huile/toile (54x65cm-21x26in) Paris 97 ...... FF10 000 - £1 091 - **$1,748**
SARENCO Isaia Mabellini 1945 [4]
▨ Poeta scrive per avere a leggere - Assemblage (40cm-16in) Prato 95 ...... FF10 200 - £1 320 - **$2,080**
SÄRESTÖNIEMI Reidar 1925-1981 [12]
🖼 Himmelsgetens andra liv - Oil/canvas (140x140cm-55x55in) Helsinki 94 ...... FF84 600 - £9 800 - **$14,570**
🖼 Tre män - Woodcut (66x80cm-26x31in) Helsinki 93 ...... FF6 010 - £722 - **$1,093**
✎ Renar - Pastel (48x62cm-19x24in) Helsinki 93 ...... FF14 230 - £1 626 - **$2,424**
SARET Alan 1944 [18]
🖼 Project for Central park - Mixed media (75x71cm-30x28in) New-York 94 ...... FF99 800 - £11 880 - **$19,000**
▨ Eight Cube Going - Copper wire (122x95cm-48x14x38in) New-York 94 ...... FF10 510 - £1 251 - **$2,000**
✎ Three drawings - Watercolour (35x50cm-14x20in) New-York 89 ...... FF11 400 - £1 134 - **$1,801**
SARFATI Claude 1944 [3]
🖼 L'homme et l'amour - Acrylique/toile (146x114cm-57x45in) Paris 90 ...... FF3 500 - £375 - **$609**
SARFATI Patrick XX [2]
📷 Hommage au Music-Hall - Silver print (20x14cm-8x6in) London 95 ...... FF1 930 - £250 - **$396**
SARG Tony 1882-1942 [1]
✎ Boy with musket and dog - Watercolour/board (16x27cm-6x11in) Cambridge, Mass. 91 ...... FF1 870 - £186 - **$325**
SARGEANT Geneve Rixford 1868-1957 [2]
🖼 Bowl and jug - Oil/canvas (46x36cm-18x14in) San Francisco-Los Angeles 94 ...... FF9 460 - £1 120 - **$1,700**
SARGENT Dick 1911-1978 [1]
✎ Injection tinme, pediatrician's office - Gouache (53x51cm-21x20in) New-York 95 ...... FF40 400 - £5 090 - **$8,000**
SARGENT John Singer 1856-1925 [68]
🖼 Fountain, Aranjuez, Spain - Oil/canvas (56x71cm-22x28in) New-York 94 ...... FF1 - £198 700 - **$310,000**
Spanish Dancer - Oil/canvas (223x151cm-88x59in) New-York 94 ...... FF3 - £4 - **$6**
Young Man - Oil/canvas (46x25cm-18x10in) New-York 94 ...... FF247 958 - £26 035 - **$42,500**
A waterfall - Oil/canvas (113x72cm-44x28in) New-York 95 ...... FF901 000 - £115 100 - **$185,000**
✎ Green Parasol - Watercolour (47x35cm-19x14in) London 92 ...... FF2 - £260 000 - **$447,000**
Lady Elsie Meyer - Charcoal (61x48cm-24x19in) London 96 ...... FF191 500 - £24 000 - **$36,960**
SARGENT Louis XIX-XX [5]
🖼 Rocky coastline - Oil/panel (46x55cm-18x22in) London 91 ...... FF6 900 - £696 - **$1,345**
SARGENT Louis Augustus 1881-? [2]
🖼 Packing Herrings, St. Ives - Oil/panel (20x29cm-8x11in) London 94 ...... FF5 960 - £700 - **$1,043**
SARGENT Margaret W. 1892-? [1]
🖼 Young girl seated - Oil/canvas (66x64cm-26x25in) Mystic, Connecticut 95 ...... FF2 443 - £312 - **$500**
SARI Arsène 1895-1995 [4]
🖼 Gemenos sous l'orage - Huile/toile (90x116cm-35x46in) Neuilly 93 ...... FF14 500 - £1 648 - **$2,460**
SARIAN Martiros Sergeevich 1880-1972 [7]
🖼 Les Femmes - Huile/toile (50x40cm-20x16in) Paris 95 ...... FF50 000 - £5 980 - **$9,510**
SARKA Charles Nicolas 1879-1960 [2]
✎ Egyptian maiden playing lyre - Watercolour (46x36cm-18x14in) New-York 94 ...... FF2 855 - £335 - **$500**
SARKISIAN Paul 1928 [5]
🖼 Morning sun - Oil/canvas (117x127cm-46x50in) San Francisco-Los Angeles 96 ...... FF5 190 - £662 - **$1,000**
✎ Flowers and fruit - Watercolour/paper (36x53cm-14x21in) Baton Rouge, Louisiana 94 ...... FF10 510 - £1 263 - **$2,000**
SARKISIAN Sarkis 1909-1977 [1]
🖼 Female with carnation - Oil/canvas (41x51cm-16x20in) Detroit, Michigan 93 ...... FF6 380 - £734 - **$1,100**
SARKISSOFF Maurice 1882-1946 [1]
▨ Stehender Frauenakt - Bronze (48cm-19in) Luzern 93 ...... FF9 900 - £1 182 - **$1,903**
SARLUIS Léonard 1874-1949 [19]
🖼 Vénus et l'Amour - Huile/toile (222x294cm-87x116in) Le Touquet 92 ...... FF69 500 - £7 110 - **$12,230**
✎ Femme panthère - Crayon (59x28cm-23x11in) Paris 97 ...... FF2 700 - £305 - **$489**

SARMENTO Juliao 1948 [8]
- *No. 408* - Huile/toile (180x135cm-71x53in) Paris 96 .... FF*30 000* - £*3 890* - **$5,930**
- *Untitled #560* - Mixed media/paper (99x70cm-39x28in) Stockholm 94 .... FF*3 000* - £*352* - **$535**

SARNARI Franco 1933 [4]
- *Frammento 64* - Olio/tela (100x95cm-39x37in) Roma 94 .... FF*10 440* - £*1 230* - **$1,860**

SARNOFF Arthur 1912-? [3]
- *Cannes* - Oil/canvas (51x61cm-20x24in) St. Petersburg, Florida 92 .... FF*3 410* - £*349* - **$600**

SARNOWICZ Aleksander 1878-1938 [1]
- *Landscape* - Oil/canvas (35x30cm-14x12in) Warszawa 95 .... FF*2 100* - £*269* - **$432**

SARONI Sergio 1935-1991 [3]
- *Figura ferita* - Olio/tela (150x120cm-59x47in) Milano 92 .... FF*52 100* - £*5 330* - **$9,170**

SARONY Napoléon 1821-1896 [3]
- *Oscar Wilde* - Photo (33x19cm-13x7in) Paris 93 .... FF*8 200* - £*988* - **$1,490**

SARP Gerda Ploug 1881-1968 [1]
- *Portrait of Wilhelm* - Pastel/canvas (60x71cm-24x28in) København 96 .... FF*1 604* - £*208* - **$321**

SARRABEZOLLES Carlo 1888-1971 [3]
- *Allégorie de la Victoire* - Bronze (86cm-34in) Paris 96 .... FF*5 000* - £*572* - **$953**

SARRI Egisto 1837-1901 [5]
- *Appeasing the tears* - Oil/canvas (48x59cm-19x23in) New-York 97 .... FF*56 883* - £*6 121* - **$10,000**

SARRI Sergio 1938 [6]
- *Persona e oggetto* - Acrilico/tela (80x80cm-31x31in) Milano 93 .... FF*4 500* - £*521* - **$774**

SARRUT Paul XIX-XX [9]
- *Paysage de rizière* - Huile/toile/carton (18x30cm-7x12in) Paris 95 .... FF*2 500* - £*302* - **$471**
- *Jeune femme* - Pastel (71x58cm-28x23in) Saint-Dié 93 .... FF*2 500* - £*281* - **$424**

SARSANEDAS Benet 1942 [5]
- *Toledo* - Oleo/lienzo (50x61cm-20x24in) Madrid 97 .... FF*3 600* - £*405* - **$648**

SARTAIN John 1808-1897 [1]
- *The Country Election* - Engraving (56x77cm-22x30in) San Francisco-Los Angeles 93 .... FF*5 500* - £*690* - **$1,000**

SARTAIN William 1843-1924 [4]
- *Meditation* - Oil/canvas Cambridge, Mass. 89 .... FF*4 300* - £*440* - **$691**

SARTEEL Leon 1882-1942 [11]
- *Liefkozing* - Bronze (48cm-19in) Lokeren 92 .... FF*11 620* - £*1 190* - **$2,044**

SARTELLE Herbert 1885-1955 [2]
- *Spring valley* - Oil/canvas (71x91cm-28x36in) San Francisco-Los Angeles 92 .... FF*7 770* - £*814* - **$1,400**

SARTER Armin 1837-? [1]
- *Still life, articles on a table* - Oil/canvas (76x61cm-30x24in) Delray Beach, Florida 93 .... FF*4 400* - £*552* - **$800**

SARTHOU Maurice Élie 1911 [18]
- *Manade bleue* - Huile/toile (65x81cm-26x32in) Neuilly 91 .... FF*9 000* - £*909* - **$1,787**

SARTORE Hugo 1934 [2]
- *Nous* - Oil/canvas (92x76cm-36x30in) New-York 94 .... FF*26 540* - £*3 160* - **$5,000**

SARTORELLI Francesco 1856-1939 [5]
- *Studio di Bosco/In laguna* - Olio/cartone (19x24cm-7x9in) Trieste 92 .... FF*11 780* - £*1 206* - **$2,074**

SARTORI Enrico 1831-1889 [1]
- *Accampamento di cavalleria* - Olio/tela (39x69cm-15x27in) Milano 95 .... FF*54 400* - £*7 020* - **$11,160**

SARTORI Federico 1865-1938 [1]
- *Allegoria del mare* - Tempera/cartone (66x102cm-26x40in) Trieste 92 .... FF*12 680* - £*1 298* - **$2,233**

SARTORI Giuseppe Antonio 1712-1792 [1]
- *Reclining Putto* - Marble (12cm-5in) London 95 .... FF*26 000* - £*3 400* - **$5,210**

SARTORIO Antoine 1885-1988 [4]
- *La Méditerranée* - Plâtre (65x140cm-26x55in) Paris 93 .... FF*5 000* - £*596* - **$935**

SARTORIO Giulio Aristide 1860-1932 [37]
- *Paesaggio del Tevere* - Olio/tela (64x75cm-25x30in) Roma 93 .... FF*25 230* - £*2 884* - **$4,290**
- *Cavalli all'abbeveratoio* - Olio/tela (77x145cm-30x57in) Milano 94 .... FF*83 500* - £*9 840* - **$14,880**
- *Royal palace, Ostia* - Pastel (24x59cm-9x23in) New-York 93 .... FF*30 250* - £*3 790* - **$5,500**

SARTORIUS de Virginie 1828-? [2]
- *Flowers and fruit and a sculpture* - Oil/canvas (119x102cm-47x40in) Amsterdam 93 .... FF*51 100* - £*6 120* - **$9,330**

SARTORIUS John Nost 1759-1828 [63]
- *Breaking Cover* - Oil/canvas (60x100cm-24x39in) London 95 .... FF*39 500* - £*5 000* - **$7,940**
- *Bay hunter in a landscape* - Oil/canvas (63x76cm-25x30in) New-York 97 .... FF*98 265* - £*10 475* - **$17,000**
- *Rockingham & Clayhall* - Oil/canvas (123x190cm-48x75in) London 92 .... FF*301 500* - £*36 000* - **$58,000**

SARTORIUS Sara 1836-1913 [1]
- *Peasant woman knitting* - Oil/canvas (60x46cm-24x18in) Amsterdam 96 .... FF*4 540* - £*569* - **$876**

SARVIG Edvard 1894-1968 [1]
- *Kartoffeloptagere* - Oil/canvas (24x30cm-9x12in) København 94 .... FF*2 620* - £*304* - **$452**

SARYAN Martiros Sergeevich 1880-1972 [3]
- *Still life with fruit* - Gouache (48x59cm-19x23in) London 92 .... FF*48 850* - £*5 000* - **$8,620**

SASSE Richard 1774-1849 [1]
- *Holy Island, Lamlask, Forth Clyde*
  Oil/panel (18x23cm-7x9in) Billinghurst, West Sussex 95 .... FF*33 400* - £*4 000* - **$6,360**

SASSENBROUCK van Achille 1886-1979 [46]
- *Kaggevinne* - Huile/panneau (38x44cm-15x17in) Antwerpen 97 .... FF*4 914* - £*519* - **$852**

S

Winter te Sint-Martens-Latem - Huile/toile (105x120cm-41x47in) Lokeren 96 .... FF23 000 - £2 840 - **$4,440**
◇ *Stadsgracht* - Pastel (78x67cm-31x26in) Lokeren 95 .... FF3 770 - £471 - **$761**

SASSI Pietro 1834-1905 [8]
🖼 *Nella Villa Borghese, Roma* - Oil/canvas (44x61cm-17x24in) London 96 .... FF11 560 - £1 500 - **$2,286**
Basket of grapes and peaches - Oil/canvas (52x63cm-20x25in) Taipei, Taiwan 93 .... FF39 950 - £4 540 - **$7,950**
◇ *Roman Forum, Roma* - Wash (39x52cm-15x20in) London 90 .... FF7 300 - £743 - **$1,460**

SASSOON THORNEYCROFT Theresa Georgina XIX [2]
🖼 *Flower maidens* - Oil/canvas (140x340cm-55x134in) London 91 .... FF33 700 - £3 420 - **$6,087**

SASSU Agili 1912 [112]
🖼 *Cavallo in riva al mare* - Acrilico/tavola (18x9cm-7x4in) Prato 97 .... FF25 500 - £3 000 - **$4,500**
Clara - Olio/cartone (47x31cm-19x12in) Prato 97 .... FF85 000 - £10 000 - **$15,000**
Battaglia di cavalieri - Olio/tela (81x100cm-32x39in) Prato 97 .... FF258 400 - £30 400 - **$45,600**
🗿 *Cavallo rosso impennato* - Terracotta (52cm-20in) Prato 97 .... FF61 200 - £7 200 - **$10,800**
◇ *Cavallo sulla spiaggia* - Tempera/carta (33x48cm-13x19in) Milano 93 .... FF31 830 - £3 690 - **$5,470**

SASSY Attila 1880-1957 [1]
🖼 *Opiurnos álom- Aiglon* - Oil/canvas (98x129cm-39x51in) Budapest 89 .... FF4 600 - £485 - **$774**

SATCHWELL Robert William XVIII-XIX [2]
◇ *Mr. Beck in blue coat* - Miniature (7cm-3in) London 92 .... FF2 345 - £240 - **$413**

SATIE Alain 1944 [12]
🖼 *Sans titre* - Technique mixte/toile (73x60cm-29x24in) Toulouse 96 .... FF4 000 - £519 - **$791**
◇ *Composition lettriste* - Technique mixte/papier (57x77cm-22x30in) Douai 95 .... FF9 800 - £1 258 - **$2,017**

SATLER Anton 1903-1987 [1]
🖼 *Ménilmontant* - Öl/Leinwand (40x50cm-16x20in) Pforzheim 93 .... FF2 713 - £324 - **$522**

SATO Key 1906-1978 [40]
🖼 *Mujer* - Oleo/lienzo (91x59cm-36x23in) Madrid 97 .... FF15 920 - £1 720 - **$2,760**
History of Space (black) - Oil/canvas (162x130cm-64x51in) New-York 94 .... FF174 200 - £20 200 - **$30,000**
◇ *Composition sur fond blanc* - Gouache/papier (24x31cm-9x12in) Paris 94 .... FF3 000 - £349 - **$526**

SATO Tadashi 1923 [2]
🖼 *Raindrops on Lake* - Oil/canvas (76x106cm-30x42in) New-York 97 .... FF4 063 - £427 - **$700**

SATOMI Munetsugu 1900-? [5]
🗐 *Côte d'Azur, PLM* - Poster (9x2cm-4x1in) London 94 .... FF5 190 - £600 - **$894**

SATTLER Herrmann 1892-1955 [6]
🖼 *Einspänner* - Öl/Leinwand (30x41cm-12x16in) München 92 .... FF5 430 - £648 - **$1,044**

SATTLER Hubert 1817-1904 [119]
🖼 *Breganz mit Gebhartsberg* - Oil/panel (20x14cm-8x6in) Wien 93 .... FF9 580 - £1 150 - **$1,650**
St-Bernhard-Massiv - Oil/canvas (35x47cm-14x19in) Wien 90 .... FF9 600 - £992 - **$1,696**
Friedrichshafen - Öl/Leinwand (26x40cm-10x16in) Lindau 96 .... FF12 830 - £1 547 - **$2,463**
On the Nile, Abou-Simbel - Oil/canvas (103x133cm-41x52in) London 95 .... FF84 400 - £11 000 - **$17,320**

SATTLER Johann Michael 1786-1847 [2]
🖼 *Fürsterzbischof Augustin J.J. Gruber* - Oil/panel (30x24cm-12x9in) Wien 90 .... FF21 600 - £2 231 - **$3,816**
◇ *Bildnis eine jungen Mädchens* - Miniature (6x5cm-2x2in) Wien 92 .... FF9 620 - £1 150 - **$1,850**

SATTLER Josef 1867-1931 [2]
🗐 *Pan* - Poster (36x27cm-14x11in) New-York 95 .... FF8 580 - £1 082 - **$1,700**

SATTLER Julius Wilhelm 1796-1866 [1]
🖼 *Abschied der Offiziere der Garde* - Öl/Leinwand (52x64cm-20x25in) Köln 94 .... FF6 170 - £740 - **$1,200**

SATTLER-SEIGERSCHMIED Anna 1873-1962 [2]
🖼 *Biedermeierliches Blumenstilleben* - Öl/Leinwand (51x62cm-20x24in) Lindau 96 .... FF8 100 - £977 - **$1,556**

SAUB Armin 1939 [3]
🖼 *Widerstände I* - Öl/Leinwand (138x120cm-54x47in) München 95 .... FF14 100 - £1 853 - **$2,830**

SAUBER Robert 1868-1936 [2]
🖼 *Marie Sauber, the artist's wife* - Oil/canvas (243x130cm-96x51in) London 92 .... FF53 700 - £5 500 - **$9,460**

SAUBES Daniel Léon 1855-1922 [2]
🖼 *Madame de Castex et son fils Léon* - Huile/toile (215x125cm-85x49in) Paris 92 .... FF14 500 - £1 485 - **$2,843**

SAUCE Jean-Louis 1760-1788 [1]
◇ *Sacrifice/Bacchanal near a temple* - Ink (29x47cm-11x19in) New-York 96 .... FF33 560 - £4 400 - **$6,800**

SAUDEK Jan 1935 [61]
📷 *Olga Again* - Photo (29x23cm-11x9in) Amsterdam 97 .... FF5 094 - £535 - **$875**
Story of Flowers I
  A sequence of 6 hand-colored gelatin silver prints (15x10cm-6x4in) New-York 94 .... FF10 620 - £1 268 - **$2,000**

SAUDEMONT Émile 1898-? [3]
🖼 *Le Moulin Rouge* - Huile/toile (46x55cm-18x22in) Calais 93 .... FF7 000 - £795 - **$1,187**

SAUER Walter 1889-1927 [40]
🖼 *Vase de felurs* - Huile/toile (90x80cm-35x31in) Bruxelles 91 .... FF46 100 - £4 679 - **$8,326**
◇ *Le foulard rouge* - Aquarelle (41x34cm-16x13in) Bruxelles 94 .... FF21 600 - £2 546 - **$3,840**
Le chant de la mer - Technique mixte/papier (84x48cm-33x19in) Bruxelles 97 .... FF75 164 - £8 142 - **$13,294**

SAUER Wilhelm 1888-1955 [2]
🗿 *A Greyhound* - Bronze (33cm-13in) London 96 .... FF16 600 - £2 000 - **$3,180**

SAUERBRUCH Hans 1910-? [1]
◇ *Fastnachtsreiben* - Aquarell (25x23cm-10x9in) Konstanz 93 .... FF2 204 - £264 - **$424**

SAUERLAND Philipp 1677-1762 [1]
🖼 *Vanitas* - Öl/Leinwand (73x60cm-29x24in) Zürich 95 .... FF22 440 - £2 890 - **$4,570**

SAUERWEID Alexandre Ivanovitch 1783-1844 [3]
◇ *Promenade de Krasnow-Kabak* - Ink (59x93cm-23x37in) New-York 93 .... FF70 800 - £8 050 - **$12,000**

SAUERWEIN C.D. 1839-1918 [1]
🖼 *Still life with fruit* - Oil/canvas (41x25cm-16x10in) Cambridge, Mass. 92................ FF2 450 - £285 - **$500**

SAUERWEIN Frank Peters 1871-1910 [2]
🖼 *The blizzard* - Oil/canvas (30x46cm-12x18in) San Francisco-Los Angeles 92............ FF18 200 - £2 173 - **$3,500**

SAUGER Amélie ?-1951 [14]
✏ *Départ des trois-mâts, Venise* - Pastel (55x46cm-22x18in) Soissons 94.................... FF3 200 - £371 - **$550**

SAUGUET Henri 1901-1989 [10]
✏ *Autoportrait* - Dessin (30x21cm-12x8in) Paris 92.. FF4 000 - £478 - **$770**

SAÜL Charles 1943 [2]
🖼 *Le Bal des Canards* - Huile/toile (61x51cm-24x20in) Paris 93............................. FF15 000 - £1 807 - **$2,730**

SAUL Peter 1934 [12]
🖼 *Ice Box 6* - Oil/canvas (190x160cm-75x63in) New-York 93................................. FF70 400 - £8 070 - **$12,000**
🖼 *Personnage* - Technique mixte/papier (75x55cm-30x22in) Saint-Germain-en-Laye 96.... FF13 500 - £1 692 - **$2,606**

SAULNIER Pierre 1952 [7]
✏ *Composition verte et ocre* - Pastel/papier (78x60cm-31x24in) Arles 91................... FF2 600 - £261 - **$476**

SAULO George Ernest 1865-? [4]
🗿 *Atalante* - Bronze (122cm-48in) London 92.. FF21 500 - £2 200 - **$3,784**

SAULO Maurice 1901-? [1]
🗿 *Venetia* - Bronze (106cm-42in) Paris 93... FF120 000 - £13 670 - **$20,330**

SAUNDERS Charles L. ?-1915 [2]
🖼 *Twilight on a canal, Devonshire* - Oil/canvas (60x96cm-24x38in) New-York 91.......... FF8 550 - £862 - **$1,484**

SAUNDERS George Lethbridge 1774-1846 [1]
✏ *Sketch for Lord Duncan's Coach* - Watercolour (30x30cm-12x12in) London 90............ FF3 400 - £364 - **$591**

SAUNDERS Helen 1885-1969 [1]
✏ *Study for Island of Laputa* - Ink/paper (13x11cm-5x4in) London 90........................ FF9 200 - £979 - **$1,646**

SAUNDERS Norman 1906-1988 [2]
🖼 *Scientist turning ugly women beautiful* - Oil/canvas (46x48cm-18x19in) New-York 94.... FF46 300 - £5 560 - **$9,000**

SAUNDERS Raymond 1934 [2]
🖼 *Valentine* - Mixed media/board (122x112cm-48x44in) San Francisco-Los Angeles 92........ FF25 100 - £2 970 - **$4,820**
✏ *Untitled* - Mixed media/paper (81x101cm-32x40in) San Francisco-Los Angeles 95......... FF14 660 - £1 898 - **$3,000**

SAUNIER Noël 1847-1890 [8]
🖼 *Offering for the dance* - Oil/canvas (65x92cm-26x36in) New-York 93...................... FF47 200 - £5 370 - **$8,000**

SAURA Antonio 1930 [153]
🖼 *A Face* - Acrylic/cardboard (28x22cm-11x9in) Amsterdam 97............................... FF14 648 - £1 536 - **$2,513**
   Retrato 5 G - Oil/canvas (60x73cm-24x29in) London 97...................................... FF103 190 - £11 000 - **$18,016**
   Nicolasa - Oil/canvas (162x130cm-64x51in) London 97....................................... FF347 093 - £37 000 - **$60,602**
   Faca - Oil/canvas (162x130cm-64x51in) London 91.. FF632 000 - £63 361 - **$115,755**
✏ *Christ* - Ink (50x70cm-20x28in) Amsterdam 97... FF24 900 - £2 611 - **$4,273**
   Crucifixion - Gouache/paper (79x92cm-31x36in) Amsterdam 97............................ FF73 238 - £7 681 - **$12,567**

SAURFELT Léonard c.1840-? [14]
🖼 *Fête champêtre au Petit Trianon*
   Oil/canvas (53x64cm-21x25in) Delray Beach, Florida 93..................................... FF22 000 - £2 760 - **$4,000**

SAUSSE Honoré 1891-1936 [2]
🗿 *Couple à dos de chameau* - Bronze (38cm-15in) Paris 92................................... FF15 000 - £1 536 - **$2,640**

SAUSSY Hattie 1890-1978 [2]
🖼 *View from a window, 1928* - Oil/board (35x25cm-14x10in) New-York 89.................. FF15 400 - £1 488 - **$2,337**
✏ *Young black girl* - Graphite (28x20cm-11x8in) New Orleans, Louisiana 95.............. FF4 110 - £505 - **$800**

SAUTAI Paul Émile 1842-1901 [1]
🖼 *Femme priant dans un église* - Huile/toile (51x43cm-20x17in) Paris 95................. FF11 000 - £1 386 - **$2,180**

SAUTER Erich 1905-? [1]
🖼 *Früchstilleben* - Öl/Leinwand (52x61cm-20x24in) Frankfurt 96........................... FF4 110 - £532 - **$811**

SAUTER Félix [2]
🖼 *Vaches au pâturage* - Huile/toile (35x53cm-14x21in) Antwerpen 97...................... FF2 293 - £242 - **$397**

SAUTER Georg 1866-1937 [2]
🖼 *Resurrection* - Oil/canvas (163x136cm-64x54in) London 91................................ FF24 800 - £2 499 - **$4,303**

SAUTER Rudolph Helmut 1895-? [10]
✏ *The Reflection* - Pastel (42x56cm-17x22in) London 97....................................... FF11 060 - £1 200 - **$1,959**

SAUTER William J. 1912-? [1]
🖼 *Autumn landscape* - Oil/canvas (69x84cm-27x33in) New Orleans, Louisiana 95.......... FF2 476 - £310 - **$500**

SAUTERE Albert Sauter, dit 1885-1962 [1]
🖼 *Vue de Saint-Tropez* - Huile/toile (46x55cm-18x22in) Genève 89.......................... FF14 000 - £1 475 - **$2,357**

SAUTIN René 1881-1968 [65]
🖼 *La Roque* - Huile/carton (35x54cm-14x21in) Soissons 95................................... FF7 200 - £927 - **$1,464**
   Lieutenance, Honfleur - Huile/carton (26x40cm-10x16in) Bayeux 94..................... FF20 000 - £2 387 - **$3,750**
✏ *Bord de rivière* - Aquarelle (27x43cm-11x17in) Paris 94................................... FF4 000 - £466 - **$695**

SAUTNER Franz 1872-1945 [3]
🗿 *Ganymede and the Eagle* - Bronze (40cm-16in) New-York 94............................... FF14 050 - £1 658 - **$2,500**

SAUTS Dirk c.1635-1707 [2]
🖼 *Fruits sur un entablement* - Huile/toile (41x34cm-16x13in) Paris 92..................... FF60 000 - £6 140 - **$10,560**

SAUTTER Walter 1911-1991 [2]
🖼 *Lesendes Mädchen* - Huile/panneau (61x50cm-24x20in) Zürich 96........................ FF4 770 - £552 - **$913**

S

SAUVADET Yves XX [4]
- *Sans titre* - Huile/toile (90x65cm-35x26in) Paris 90 .... FF3 000 - £323 - **$529**

SAUVAGE Georges XIX-XX [2]
- *Arab Guard smoking a Pipe* - Oil/canvas (46x34cm-18x13in) London 97 .... FF346 716 - £38 000 - **$60,849**

SAUVAGE Piat-Joseph 1744-1818 [13]
- *Trompe l'oeil* - Oil/panel (47x82cm-19x32in) London 93 .... FF219 500 - £25 000 - **$37,250**
- *Madame Elisabeth* - Miniature (6cm-2in) London 95 .... FF14 080 - £1 800 - **$2,830**

SAUVAGE Pierre sculp. 1821-1883 [1]
- *Chien rapportant un oiseau* - Bronze (38cm-15in) Toulouse 92 .... FF5 000 - £512 - **$880**

SAUVAGE Serge [3]
- *Place de l'Opéra* - Huile/toile (54x65cm-21x26in) Paris 90 .... FF5 800 - £617 - **$1,038**

SAUVAGEOT Charles 1826-1883 [8]
- *Composition florale* - Huile/toile (54x65cm-21x26in) Barbizon 94 .... FF12 500 - £1 474 - **$2,224**
- *Chêne de Roland, Fontainebleau* - Mine plomb (33x24cm-13x9in) Barbizon 92 .... FF2 300 - £236 - **$405**

SAUVAGE Marcel Louis ?-1927 [3]
- *Marine* - Huile/toile (56x77cm-22x30in) Morvillars 95 .... FF6 500 - £835 - **$1,312**

SAUVAIGO Charles Martin XIX-XX [2]
- *Port de Nice* - Huile/panneau (54x38cm-21x15in) Nice 91 .... FF5 200 - £525 - **$1,032**

SAUVAIRE Henry Joseph 1831-1896 [2]
- *Jerusalem* - Albumen print (23x18cm-9x7in) New-York 92 .... FF3 410 - £349 - **$600**

SAUVAN Pierre 1722-c.1800 [1]
- *Saint adorant la Vierge* - Huile/toile (35x23cm-14x9in) Paris 91 .... FF8 500 - £852 - **$1,403**

SAUVARD Jacques 1947 [3]
- *L'Examen* - Huile/toile (61x50cm-24x20in) Arles 92 .... FF3 800 - £391 - **$731**

SAUVÉ Théodore Jean-J. 1792-1869 [1]
- *Louis XVIII* - Gravure (58x54cm-23x21in) Paris 92 .... FF3 000 - £358 - **$577**

SAUZAY Adrien 1841-1928 [38]
- *Marée-basse à Morsalines* - Huile/panneau (22x36cm-9x14in) Morlaix 95 .... FF11 500 - £1 496 - **$2,400**
- *Bord de rivière* - Huile/panneau (34x62cm-13x24in) Pontoise 96 .... FF32 500 - £4 140 - **$6,260**

SAUZET Claude XX [5]
- *Les Arlésiennes* - Huile/toile (73x61cm-29x24in) La Varenne Saint-Hilaire 97 .... FF6 500 - £701 - **$1,141**

SAVAGE Anne Douglas 1896-1971 [7]
- *Laurentian cottage in winter* - Oil/panel (29x34cm-11x13in) Montréal 96 .... FF13 270 - £1 663 - **$2,560**

SAVAGE Cedric 1901-1969 [1]
- *Mountain taverna, Central Greece* - Oil/canvas/board (52x64cm-20x25in) London 90 .... FF8 200 - £872 - **$1,467**

SAVAGE Edward 1761-1817 [1]
- *George Washington Esqr.* - Mezzotint (52x38cm-20x15in) New-York 93 .... FF4 400 - £520 - **$800**

SAVAGE Eugene Francis 1883-1978 [4]
- *Mid-Westchester* - Oil/canvas (74x87cm-29x34in) New-York 91 .... FF19 920 - £1 978 - **$3,459**
- *Pastoral* - Tecnica mista/tela (71x71cm-28x28in) New-York 91 .... FF239 700 - £24 063 - **$41,471**

SAVAIN Pétion 1906-1973 [4]
- *Mère et enfant* - Oil/canvas (50x41cm-20x16in) New-York 92 .... FF4 540 - £465 - **$800**

SAVARY Robert 1920 [61]
- *Cannes, la Croisette* - Huile/panneau (60x75cm-24x30in) Paris 97 .... FF6 000 - £650 - **$1,061**
- *Maison aux colombages* - Huile/toile (73x62cm-29x24in) Fontainebleau 93 .... FF10 000 - £1 140 - **$1,695**
- *Barque près du rivage* - Gouache (49x64cm-19x25in) Le Touquet 94 .... FF2 000 - £238 - **$381**

SAVE Gaston Gilbert Dan. 1844-1901 [2]
- *The tavern* - Oil/canvas (284x160cm-112x63in) New-York 92 .... FF72 800 - £8 690 - **$14,000**

SAVELLI Angelo 1911-1995 [4]
- *Irregular shape* - Liquitex/tela sagomata (50x59cm-20x23in) Milano 96 .... FF9 380 - £1 204 - **$1,792**
- *Il Tevere all'Isola Tiberina* - China/carta (26x35cm-10x14in) Roma 93 .... FF2 136 - £247 - **$363**

SAVERYS Albert 1886-1964 [103]
- *Vase de tulipes* - Huile/toile (100x80cm-39x31in) Bruxelles 97 .... FF40 900 - £4 275 - **$7,000**
- *The river Leie* - Huile/toile (60x87cm-24x34in) Amsterdam 97 .... FF74 918 - £7 875 - **$12,870**
- *Au pays de la Lys* - Huile/toile (140x166cm-55x65in) Antwerpen 95 .... FF135 000 - £16 860 - **$27,240**

SAVERYS Jan 1924 [3]
- *Kompositie* - Pastel (48x38cm-19x15in) Lokeren 90 .... FF3 200 - £343 - **$557**

SAVIGNAC Raymond 1886-1951 [2]
- *Fleurs dans un vase* - Oil/canvas (92x72cm-36x28in) Köbenhavn 91 .... FF30 800 - £3 086 - **$5,194**

SAVIGNAC Raymond 1907 [39]
- *Vérigoud, C'est si bon...* - Poster (156x116cm-61x46in) New-York 96 .... FF4 075 - £480 - **$800**
- *Roquefort Maria Grimal* - Poster (314x234cm-124x92in) New-York 96 .... FF103 500 - £13 370 - **$20,000**
- *Olivetti* - Gouache (37x25cm-15x10in) Paris 94 .... FF4 200 - £496 - **$753**

SAVIGNY Jean Paul 1933 [9]
- *Barques au mouillage, Glénan* - Huile/toile (46x55cm-18x22in) Brest 96 .... FF3 900 - £448 - **$744**

SAVIKURKI Viljo 1905-1975 [1]
- *A girl* - Bronze (44cm-17in) Helsinki 94 .... FF3 120 - £373 - **$583**

SAVIN Maurice 1894-1973 [82]
- *Scène paysanne* - Huile/toile (46x55cm-18x22in) Paris 94 .... FF17 000 - £2 036 - **$3,220**
- *Ronde champêtre* - Huile/toile (74x60cm-29x24in) Calais 97 .... FF35 000 - £3 749 - **$6,136**
- *Les boeufs rouges* - Huile/toile (140x190cm-55x75in) Paris 94 .... FF125 000 - £14 800 - **$23,100**
- *Nu au tub* - Pastel (60x45cm-24x18in) Saint-Dié 93 .... FF2 200 - £265 - **$400**

S

SAVINE Léopold P. 1861-? [4]
🔨 *Femme arabe assise* - Bronze (17cm-7in) Paris 96 .... FF2 800 - £355 - $537
SAVINI Alfonso 1836-1908 [5]
🖼 *Steeling a kiss* - Oil/panel (33x43cm-13x17in) Amsterdam 91 .... FF30 060 - £3 029 - $5,216
Awaiting a Decision
Oil/canvas/board (81x61cm-32x24in) San Francisco-Los Angeles 94 .... FF80 000 - £9 550 - $15,000
SAVINI Giacomo 1767/68-1842 [1]
🖼 *Paesaggio/..con fiume/..con tempio/...*
Olio/tavola (36x48cm-14x19in) Palazzo Farattini, Amelia 90 .... FF128 200 - £13 638 - $22,934
SAVINIO Alberto 1891-1952 [40]
🖼 *Collégiens* - Oil/canvas (65x54cm-26x21in) New-York 92 .... FF1 - £137 500 - $250,000
Ascension - Huile/toile (100x81cm-39x32in) Paris 93 .... FF2 - £306 000 - $445,500
Roger Lacombe - Olio/tela (73x60cm-29x24in) Prato 97 .... FF612 000 - £72 000 - $108,000
✏ *Il ciclope suonatore di flauto* - Matita (33x24cm-13x9in) Milano 93 .... FF51 200 - £5 750 - $9,170
SAVINIO Ruggero 1934 [14]
🖼 *L'età dell'oro* - Olio/tela (124x148cm-49x58in) Milano 93 .... FF21 000 - £2 390 - $3,556
SAVINSKY Vassili Jerménévitch 1859-1937 [1]
🖼 *Couple walking/The encounter* - Oil/board (56x44cm-22x17in) Amsterdam 89 .... FF11 400 - £1 166 - $1,833
SAVIO John 1902-1938 [4]
🖼 *Etter ulvene* - Etching (20x26cm-8x10in) Tönsberg 91 .... FF3 470 - £347 - $571
SAVITRY Émile XX [2]
🖼 *Le Clair du jour* - Huile/toile (73x60cm-29x24in) Paris 96 .... FF27 000 - £3 490 - $5,300
SAVITSKY Georgy Konstantinov. 1887-1949 [1]
🖼 *At the window* - Oil/canvas/panel (36x42cm-14x17in) Moscow 93 .... FF9 410 - £1 073 - $1,600
SAVITSKY John, Jack 1910-1991 [3]
✏ *Adam and Eve* - Pencil/paper (23x30cm-9x12in) Litchfield, CT 92 .... FF3 380 - £404 - $650
SAVITSKY Konstantin Apollonov 1844-1905 [1]
🖼 *Paysage d'Auvergne* - Oil/board (22x34cm-9x13in) London 96 .... FF21 840 - £2 800 - $4,330
SAVOIE Robert 1939 [3]
✏ *Yumi* - Aquarelle/papier (126x96cm-50x38in) Montréal 94 .... FF2 106 - £244 - $363
SAVRASOV Alexeï Kondratievich 1830-1897 [5]
🖼 *Rooks have just come* - Oil/canvas (30x20cm-12x8in) Moscow 94 .... FF67 700 - £7 830 - $11,550
SAVREUX Maurice 1884-1971 [17]
🖼 *Bouquet de fleurs* - Huile/isorel (33x24cm-13x9in) Paris 96 .... FF4 500 - £521 - $862
Vase de roses - Huile/toile (81x65cm-32x26in) Paris 96 .... FF15 000 - £1 737 - $2,874
SAVRY Hendrick 1823-1907 [11]
🖼 *Prachtvoller Sommertag* - Öl/Leinwand (60x107cm-24x42in) Lindau 93 .... FF19 320 - £2 310 - $3,720
SAVRY Henri M. 1871-1942 [4]
🖼 *Vaches dans un paysage* - Huile/toile (60x80cm-24x31in) Antwerpen 94 .... FF25 000 - £3 000 - $4,860
SAVY Max 1918 [13]
🖼 *L'étang de Valras* - Huile/toile (61x73cm-24x29in) Montauban 96 .... FF4 800 - £602 - $926
Les felouques sur le Nil - Huile/toile (73x92cm-29x36in) Monaco 93 .... FF12 000 - £1 500 - $2,182
SAWYER Amy XIX-XX [3]
🖼 *Down in the valley* - Oil/panel (19x25cm-7x10in) Billinghurst, West Sussex 92 .... FF15 780 - £1 600 - $3,040
✏ *The Old Balloon Seller* - Watercolour (51x34cm-20x13in) London 93 .... FF4 980 - £600 - $870
SAWYER Clifton Howard 1896-1966 [1]
🖼 *Verbena* - Oil/canvas (45x55cm-18x22in) San Francisco-Los Angeles 92 .... FF7 770 - £814 - $1,400
SAWYER Helen Alton 1900-? [1]
🖼 *Apples, onion & green bottle* - Oil/canvas (63x63cm-25x25in) North Berwick, Maine 91 ...... FF5 650 - £561 - $981
SAWYER Lydell 1856-? [1]
📷 *The Castle Garth, Newcastle* - Platinum print (36x28cm-14x11in) London 93 .... FF5 810 - £700 - $1,015
SAWYER Wells M. 1863-1961 [4]
🖼 *Seascape* - Oil/canvas (33x92cm-13x36in) Cambridge, Mass. 91 .... FF4 275 - £429 - $740
SAWYIER Paul 1865-1917 [6]
🖼 *Old Homestead* - Oil/canvas (36x43cm-14x17in) Detroit, Michigan 95 .... FF31 760 - £4 110 - $6,500
✏ *Children on a country road* - Watercolour/paper (33x51cm-13x20in) New-York 93 .... FF38 350 - £4 360 - $6,500
SAWYIER Warren F. 1904-1977 [10]
🖼 *Boatyard painter* - Oil/board (35x30cm-14x12in) Cambridge, Mass. 91 .... FF2 550 - £259 - $461
✏ *Hans Hofmann at work* - Watercolour (27x38cm-11x15in) Cambridge, Mass. 90 .... FF18 300 - £1 947 - $3,274
SAX Jaap 1899-1977 [5]
🖼 *Spoor bij Bergen* - Oil/panel (28x29cm-11x11in) Amsterdam 96 .... FF4 235 - £531 - $818
SAX Sarah 1896-1931 [1]
🔨 *Peacock feathers* - Sculpture (22cm-9in) Mystic, Connecticut 91 .... FF3 596 - £358 - $618
SAXON Lulu King, Lyle 1855-1927 [1]
🖼 *Tree Shaded Lane* - Oil/canvas (61x46cm-24x18in) New Orleans, Louisiana 96 .... FF10 350 - £1 280 - $2,000
SAY Frederick Richard c.1827-1860 [5]
🖼 *Mrs. Langston & her Daughter* - Oil/canvas (140x109cm-55x43in) London 97 .... FF56 023 - £6 000 - $9,737
SAY William 1768-1834 [1]
📷 *Benjamin West* - Mezzotint (51x36cm-20x14in) New-York 95 .... FF1 585 - £198 - $320
SAYER James 1748-1823 [1]
📷 *A collection of caricatures* - Etching London 94 .... FF5 450 - £650 - $1,026

S

SAYER Reuben T.W. 1815-1888 [2]
🖼 Young girl & white rabbit - Oil/canvas (91x71cm-36x28in) London 91 .... FF*13 830* - £1 387 - **$2,533**
SAYERS Reuben T.W. 1815-1888 [2]
🖼 Madonna and Child - Oil/canvas (140x102cm-55x40in) London 94 .... FF*10 370* - £1 200 - **$1,774**
SAYRE Fred Grayson 1879-1938 [8]
🖼 Dancing girl - Oil/canvas (51x61cm-20x24in) San Francisco-Los Angeles 94 .... FF*12 530* - £1 480 - **$2,250**
SBISA Carlo 1899-1964 [8]
🖼 Ragazza sul divano - Olio/tela (65x60cm-26x24in) Trieste 92 .... FF*31 700* - £3 245 - **$5,580**
✏ Volto di ragazza - Carboncino/carta (51x35cm-20x14in) Trieste 92 .... FF*4 080* - £418 - **$718**
SCACCIATI Pietro Nieri ?-1749 [2]
🖼 Cassowary by a fruit tree with a parrot
     Oil/canvas (214x172cm-84x68in) New-York 96... FF*82 000* - £9 720 - **$16,000**
SCACHERI Mario XIX-XX [2]
🖼 Fruit still life - Imbibition print (18x20cm-7x8in) New-York 92 .... FF*4 260* - £436 - **$750**
SCAFFAI Luigi 1837-? [4]
🖼 The bashful maid - Oil/panel (43x30cm-17x12in) Cleveland, Ohio 92 .... FF*21 640* - £2 266 - **$3,900**
SCALA Vincenzo XIX [6]
🖼 Al parco - Olio/tela (48x38cm-19x15in) Roma 95 .... FF*22 270* - £2 850 - **$4,580**
SCALBERT Jules 1851-? [7]
🖼 Baigneurs à la barque - Oil/canvas (72x100cm-28x39in) New-York 92 .... FF*83 200* - £8 710 - **$15,000**
SCALCO Giorgio 1929 [2]
🖼 Ritrattino di Gimmy - Olio/tavola (32x30cm-13x12in) Prato 97 .... FF*9 520* - £1 120 - **$1,680**
SCALELLA Jules 1895-? [2]
🖼 New Hope canal - Oil/canvas (76x91cm-30x36in) Philadelphia 92 .... FF*11 760* - £1 366 - **$2,400**
SCALI Vincent 1956 [26]
🗿 Sculpture murale - Bronze (165x78cm-65x31in) Paris 95 .... FF*6 800* - £860 - **$1,330**
SCALINI Giuditta 1912 [2]
🗿 Acrobati - Bronze (59cm-23in) Milano 95 .... FF*8 910* - £1 140 - **$1,830**
SCANAVINO Emilio 1922-1986 [117]
🖼 Senza titolo - Acrilico/cartone (44x45cm-17x18in) Prato 97 .... FF*10 200* - £1 200 - **$1,800**
  Gioco - Tecnica mista/cartone (73x120cm-29x47in) Milano 94 .... FF*30 000* - £3 570 - **$5,360**
  Tramatura - Olio/tela (100x100cm-39x39in) Milano 92 .... FF*81 500* - £8 340 - **$14,350**
🗿 Senza titolo - Ceramic (33x44cm-13x17in) Milano 95 .... FF*18 840* - £2 460 - **$3,780**
SCANDELLARI Pietro 1711-1789 [1]
✏ Paesaggio lacustre/con monaci - Drawing (30x40cm-12x16in) Roma 90...................... FF*73 200* - £7 837 - **$12,730**
SCANDRETT Thomas 1797-1870 [2]
✏ Intérieur d'église à Winchester - Aquarelle (47x37cm-19x15in) Paris 96 .... FF*2 800* - £363 - **$560**
SCANGA Italo 1932 [10]
🖼 Untitled, 1983 - Oil/wood (272x59x152cm-107x23x60in) New-York 90........................ FF*57 200* - £6 085 - **$10,233**
🗿 Disintegrazione of the Circle - Wood (264cm-104in) New-York 94 .... FF*24 970* - £2 970 - **$4,750**
SCANLAN Robert Richard c.1810-c.1880 [13]
🖼 Winter traveler - Oil/canvas (41x58cm-16x23in) Mystic, Connecticut 96..................... FF*3 370* - £416 - **$650**
  Donney Brooke Fair - Oil/canvas (103x142cm-41x56in) New-York 92 .... FF*47 300* - £4 790 - **$9,500**
🖼 Horse Dealing No. 1 & No. 2 - Aquatint (28x39cm-11x15in) London 93 .... FF*2 820* - £340 - **$493**
SCANNELL Edith M.S. XIX-XX [3]
🖼 Member of the band - Oil/paper (16x11cm-6x4in) London 91 .... FF*10 470* - £1 050 - **$1,728**
SCARBROUGH Frank William XIX-XX [32]
✏ Sunset, pool of London - Watercolour (17x24cm-7x9in) London 92 .... FF*11 180* - £1 300 - **$2,280**
SCARLETT Rolph 1889-1984 [15]
🖼 Largo - Oil/canvas (121x142cm-48x56in) New-York 92 .... FF*39 200* - £4 550 - **$8,000**
🖼 Devided - Oil/canvas (92x122cm-36x48in) New-York 92 .... FF*166 500* - £17 430 - **$30,000**
✏ Geometric Abstractions - Gouache (58x43cm-23x17in) New-York 95 .... FF*15 760* - £2 062 - **$3,200**
SCARPA Gino 1924 [11]
🖼 Arbejdere holder hvil - Oil/panel (51x72cm-20x28in) Viby J, Århus 94 .... FF*6 600* - £790 - **$1,232**
🗿 Danzatrice - Bronze (45cm-18in) Milano 94 .... FF*2 422* - £281 - **$424**
SCARPITTA G. Salvator Cartland 1887-? [3]
🗿 Dispair - Bronze (31cm-12in) London 91 .... FF*7 900* - £792 - **$1,447**
SCARPITTA Salvatore 1919 [9]
🖼 Matrimonio Segreto - Tela (162x130cm-64x51in) Milano 96 .... FF*120 600* - £15 480 - **$23,040**
SCARSELLI Adolfo 1866-1945 [4]
🖼 Mercato arabo - Olio/tavoletta (31x17cm-12x7in) Firenze 97 .... FF*3 400* - £400 - **$600**
✏ Egyptien de profil - Gouache (47x35cm-19x14in) Paris 93.................................. FF*4 000* - £460 - **$689**
SCARVELLI Spyridon 1868-1942 [36]
✏ North African street - Watercolour (40x26cm-16x10in) London 96.......................... FF*6 020* - £750 - **$1,162**
✏ Corfù - Watercolour (26x44cm-10x17in) London 96 .... FF*13 570* - £1 700 - **$2,620**
  Fishermen on the beach, Corfú - Watercolour (28x61cm-11x24in) London 93 .... FF*45 700* - £5 200 - **$7,750**
SCATIZZI Sergio 1918 [28]
✏ Fiori - Olio/tela (80x60cm-31x24in) Milano 94 .... FF*12 700* - £1 512 - **$2,270**
✏ Composizione floreale - Tecnica mista/carta (34x25cm-13x10in) Roma 93 .... FF*3 110* - £349 - **$557**
SCATTOLA Ferruccio 1873-1950 [9]
✏ Venezia - Olio/cartone (38x29cm-15x11in) Roma 95 .... FF*9 500* - £1 216 - **$1,952**
SCAUFLAIRE Edgar 1893-1960 [138]
🖼 Vue de village - Huile/panneau (50x70cm-20x28in) Liège 97 .... FF*6 213* - £642 - **$1,064**
  Vrouw met bloementuil - Technique mixte (57x44cm-22x17in) Lokeren 93................... FF*30 700* - £3 515 - **$5,230**

S

🏛 *Artistes Vivants* - Poster (100x60cm-39x24in) New-York 93 .... **FF12 100** - **£1 518** - **$2,200**
✏ *Les amies* - Mine plomb (50x36cm-20x14in) Liège 97 .... **FF9 156** - **£946** - **$1,568**
Au cabaret - Pastel (55x70cm-22x28in) Bruxelles 96 .... **FF19 750** - **£2 510** - **$3,800**
Autoportrait avec cigarette - Pastel (57x44cm-22x17in) Antwerpen 95 .... **FF103 800** - **£12 970** - **$20,950**
SCAVULLO Francesco XX [8]
📷 *Mariel Hemingway* - Silver print (36x36cm-14x14in) New-York 93 .... **FF3 384** - **£387** - **$600**
SCHAAD Hans 1890-? [1]
✏ *Johann Peter Hebbel* - Fusain/papier (49x44cm-19x17in) Zofingen 93 .... **FF2 627** - **£317** - **$481**
SCHAAF Albert E. 1866-1950 [7]
🏛 *Rainy day, Washington* - Print (30x20cm-12x8in) New-York 90 .... **FF5 700** - **£614** - **$1,005**
📷 *Winter, Geauga County* - Photograph (22x28cm-9x11in) New-York 90................ **FF3 530** - **£355** - **$691**
SCHAAL Solange 1899-? [1]
🖼 *Village de Douelle* - Huile/toile (60x74cm-24x29in) Paris 91 .... **FF3 000** - **£303** - **$585**
SCHAAN Paul XIX-XX [10]
🖼 *The cardinal's portrait* - Oil/canvas (64x81cm-25x32in) Toronto 94 .... **FF9 110** - **£1 076** - **$1,623**
La bonne bouteille - Oil/canvas (55x66cm-22x26in) New-York 95 .... **FF34 360** - **£4 135** - **$6,500**
SCHAAP Egbert Rubertus Derk 1862-1939 [9]
🖼 *Spting, Lenteweelde* - Oil/canvas (58x92cm-23x36in) Amsterdam 93 .... **FF3 620** - **£432** - **$696**
SCHAAP Hendrik 1878-1955 [1]
✏ *View in a busy street, Rotterdam* - Pastel/paper (63x47cm-25x19in) Amsterdam 92 .... **FF2 430** - **£249** - **$467**
SCHAAR Pinchas XX [4]
🖼 *Le château* - Huile/toile (72x53cm-28x21in) Paris 94... **FF6 200** - **£725** - **$1,087**
SCHAAR van der Sipke 1879-1961 [2]
🖼 *Figures in an oasis* - Oil/canvas (94x140cm-37x55in) Amsterdam 91 .... **FF9 010** - **£914** - **$1,627**
SCHABELITZ R.F. 1884-1959 [1]
🖼 *Seated woman looking away* - Oil/canvas (61x61cm-24x24in) New-York 96........ **FF20 700** - **£2 674** - **$4,000**
SCHABRACQ Alexander 1957 [2]
📿 *Untitled* - Construction (80x20x60cm-31x8x24in) Amsterdam 92.......................... **FF5 430** - **£648** - **$1,044**
SCHABRATZKY Josef c.1890-1919 [3]
✏ *Michaelerplatz* - Aquarell/Papier (18x25cm-7x10in) Wien 92 .... **FF10 580** - **£1 264** - **$2,035**
SCHACHENNANN Arthur 1893-1978 [2]
🖼 *Corbeille de fruits et de fleurs* - Huile/toile (54x73cm-21x29in) Belfort 96 .... **FF9 500** - **£1 236** - **$1,882**
SCHACHINGER Gabriel 1850-1912 [4]
🖼 *Liebesmüh* - Oil/canvas (71x101cm-28x40in) Amsterdam 94 .... **FF106 700** - **£12 400** - **$18,370**
SCHACHINGER Hans 1888-1952 [3]
🖼 *Die zwei Schwestern* - Öl/Leinwand (105x100cm-41x39in) Wien 96...................... **FF2 900** - **£330** - **$555**
SCHACHNER Therese 1869-1950 [8]
🖼 *Schwarzenbergplatz, Wien* - Öl/Leinwand (90x126cm-35x50in) Wien 96............ **FF24 050** - **£3 015** - **$4,700**
SCHACHT Rudolf 1900-1974 [5]
🖼 *Landsknechte mit Hund* - Oil/canvas (90x115cm-35x45in) Frankfurt 96 .... **FF9 600** - **£1 207** - **$1,890**
SCHACHT Wilhelm 1872-? [5]
🖼 *Frühlingstag bei Rothenburg* - Oil/canvas (40x50cm-16x20in) Köln 90 .... **FF15 200** - **£1 627** - **$2,643**
SCHACK Sophus 1811-1864 [3]
🖼 *Kunstneren med sin kaereste* - Oil/canvas (100x75cm-39x30in) Köbenhavn 91 ...... **FF30 800** - **£3 086** - **$5,194**
SCHAD Christian 1894-1982 [40]
🖼 *Wiesenstück* - Oil/cardboard (37x27cm-15x11in) Köln 96 .... **FF30 600** - **£3 483** - **$5,850**
Hermine Lisa Benkö - Oil/canvas (100x70cm-39x28in) London 89 .... **FF823 200** - **£84 172** - **$132,347**
🏛 *Bobino* - Etching (13x9cm-5x4in) Hamburg 96 .... **FF5 060** - **£614** - **$984**
✏ *Dora* - Pastel (85x57cm-33x22in) Berlin 96 .... **FF68 000** - **£7 740** - **$13,000**
SCHAD Robert 1953 [2]
📿 *Figur* - Metal (13cm-5in) Heidelberg 96 .... **FF6 110** - **£789** - **$1,195**
SCHAD-ROSSA Paul 1862-1916 [3]
🖼 *Kinder eine Katze streichelnd* - Öl/Leinwand (51x42cm-20x17in) Hamburg 97............ **FF26 963** - **£2 884** - **$4,700**
SCHADE Karl Martin 1862-1954 [8]
🖼 *Bahnübergang im Winter* - Oil/canvas (64x81cm-25x32in) Wien 91 .... **FF7 200** - **£726** - **$1,403**
SCHADOW Felix 1819-1861 [1]
🖼 *Junge Italienerin* - Öl/Leinwand (63x53cm-25x21in) München 96 .... **FF26 430** - **£3 315** - **$5,100**
SCHADOW Hans 1862-1924 [1]
🖼 *Henrik Ibsen* - Oil/canvas (60x47cm-24x19in) Tönsberg 91 .... **FF3 910** - **£394** - **$762**
SCHADOW Johan Gottfried 1764-1850 [5]
✏ *Selbstbildnis als Karikatur* - Watercolour (14x12cm-6x5in) Bremen 93............... **FF70 000** - **£8 000** - **$11,900**
SCHADOW von Wilhelm Friedrich 1788-1862 [3]
🖼 *Paul und Max von Mila* - Öl/Leinwand (66x62cm-26x24in) München 93 .... **FF310 000** - **£35 100** - **$52,300**
SCHAECK Ferdinand 1809-1877 [1]
🖼 *Mönche vor einer Bergklause* - Öl/Leinwand (78x98cm-31x39in) München 93 ...... **FF10 500** - **£1 201** - **$1,777**
SCHAEDL Ludwig 1920-? [2]
✏ *Wien, der Graben* - Aquarell/Papier (34x54cm-13x21in) Wien 90 .... **FF2 600** - **£273** - **$452**
SCHAEFELS Hendrick Franz 1827-1904 [6]
🖼 *Le Vengeur du Peuple* - Oil/canvas (129x197cm-51x78in) London 94 .... **FF72 400** - **£8 500** - **$12,680**
SCHAEFELS Hendrik Raphael 1785-1857 [7]
🏛 *Hélène Fourment à la Maison Rubens* - Gravure bois (30x25cm-12x10in) Antwerpen 96........ **FF8 200** - **£993** - **$1,580**

S

SCHAEFELS Lucas 1824-1885 [5]
🖼 *Fruit and dead hare* - Oil/canvas (124x85cm-49x33in) New-York 91 .... FF19 950 - £2 010 - **$3,462**
Flowers in a Vase - Oil/canvas (90x120cm-35x47in) London 97 .... FF182 482 - £20 000 - **$32,026**
SCHAEFER Carl Fellman 1903-1995 [11]
🖼 *Kennisis River, Haliburton* - Watercolour (28x38cm-11x15in) Toronto 92 .... FF6 020 - £616 - **$1,060**
SCHAEFER Hans 1875-? [1]
🖼 *Naked riding piggy back* - Bronze (57cm-22in) London 93 .... FF11 410 - £1 300 - **$1,937**
SCHAEFFER Gertrud 1892-? [2]
🖼 *Kompositionen* - Watercolour Heidelberg 93 .... FF3 730 - £446 - **$718**
SCHAEFFER Henri 1900-1975 [18]
🖼 *Port en Bretagne* - Huile/toile (46x61cm-18x24in) Brest 92 .... FF5 000 - £512 - **$900**
🖼 *Porte du village* - Aquarelle (31x45cm-12x18in) Grenoble 94 .... FF2 000 - £237 - **$370**
SCHAEFFER Mead 1898-1980 [11]
🖼 *Robin Hood & the Beggar Lady* - Oil/canvas (96x86cm-38x34in) New-York 94 .... FF18 940 - £2 244 - **$3,500**
SCHAEFFER VON WIENWALD August 1833-1916 [3]
🖼 *Dorflandschaft im regen* - Öl/Leinwand (19x31cm-7x12in) Wien 96 .... FF4 385 - £570 - **$867**
🖼 *Meereslicht* - Oil/canvas (81x63cm-32x25in) Amsterdam 91 .... FF5 440 - £540 - **$945**
🖼 *Poplars by the coast* - Watercolour (25x50cm-10x20in) New-York 94 .... FF2 125 - £254 - **$400**
SCHAEP Henri Adolphe 1826-1870 [10]
🖼 *Sailinvessel in Choppy water* - Oil/canvas (94x119cm-37x47in) Amsterdam 97 .... FF16 507 - £1 756 - **$2,872**
Vue portuaire - Huile/panneau (50x73cm-20x29in) Bruxelles 91 .... FF61 800 - £7 370 - **$11,880**
SCHAEPKENS Alexander 1815-1899 [2]
🖼 *Elegant Figures, near Maastricht*
Oil/canvas (81x66cm-32x26in) Richmond, North Yorkshire 94 .... FF7 760 - £900 - **$1,337**
SCHAERER Hans 1927 [7]
🖼 *Ohne Titel* - Engraving (36x26cm-14x10in) Luzern 92 .... FF1 903 - £227 - **$366**
🖼 *Ohne Titel, 1979* - Mixed media/paper (50x70cm-20x28in) Luzern 90 .... FF20 300 - £2 160 - **$3,631**
SCHAETZEL Johann Baptist 1763-? [1]
🖼 *Bauernfest in der Scheune* - Ink (29x39cm-11x15in) Bielefeld 91 .... FF5 790 - £580 - **$1,060**
SCHÄFER Dirk 1864-1941 [1]
🖼 *Red and white roses* - Oil/canvas (60x74cm-24x29in) Amsterdam 95 .... FF2 610 - £331 - **$510**
SCHÄFER Eugen Eduard 1802-1871 [1]
🖼 *Bildnis Maisonneuf* - Engraving Heidelberg 93 .... FF1 526 - £182 - **$294**
SCHAFER Frederick 1839-1927 [17]
🖼 *Coast, Monterey, California*
Oil/canvas (51x91cm-20x36in) San Francisco-Los Angeles 92 .... FF14 700 - £1 707 - **$3,000**
Indian Encampment, Yosemite Valley
Oil/canvas (81x117cm-32x46in) San Francisco-Los Angeles 96 .... FF47 000 - £5 440 - **$9,000**
SCHAFER Frederick Ferdinand 1841-1917 [10]
🖼 *Emerald Bay, Lake Tahoe*
Oil/canvas (61x107cm-24x42in) San Francisco-Los Angeles 94 .... FF16 240 - £1 924 - **$3,000**
SCHÄFER Henri 1815-? [5]
🖼 *Lisieux, Normandy* - Watercolour (25x20cm-10x8in) London 94 .... FF2 934 - £350 - **$553**
SCHÄFER Henry c.1833-1916 [42]
🖼 *A cathedral* - Oil/canvas (81x65cm-32x26in) New-York 95 .... FF13 640 - £1 772 - **$2,800**
Doge's Palace - Oil/canvas (77x127cm-30x50in) New-York 94 .... FF79 700 - £9 500 - **$15,000**
🖼 *Anvers* - Aquarelle/papier (62x44cm-24x17in) Bruxelles 94 .... FF9 000 - £1 180 - **$1,824**
SCHÄFER Henry Thomas 1854-? [18]
🖼 *A Tribute to Flora* - Oil/canvas (80x42cm-31x17in) London 93 .... FF15 700 - £1 920 - **$2,690**
Divinely fair - Oil/canvas (89x160cm-35x63in) London 93 .... FF78 300 - £8 800 - **$13,100**
🖼 *Toledo cathedral, North Transept* - Watercolour (110x75cm-43x30in) New-York 93 .... FF16 500 - £2 070 - **$3,000**
SCHÄFER Rudolf Siegfried O. 1878-? [1]
🖼 *Christophorus* - Öl/Leinwand (90x75cm-35x30in) Bern 93 .... FF2 855 - £341 - **$550**
SCHÄFER-SIMMERN Henry 1896-? [1]
🖼 *Kleinstadt im Hunsrück* - Öl/Leinwand (90x70cm-35x28in) Berlin 93 .... FF13 230 - £1 513 - **$2,250**
SCHAFFAR Paul [3]
🖼 *Moulin Rouge* - Huile/toile (60x73cm-24x29in) Versailles 92 .... FF5 000 - £514 - **$962**
SCHÄFFER Adalbert, Bela 1815-1871 [4]
🖼 *Jagdstilleben* - Oil/panel (125x93cm-49x37in) Düsseldorf 92 .... FF27 350 - £2 810 - **$5,260**
SCHÄFFER VON WIENWALD August 1833-1916 [8]
🖼 *Gebirgssee* - Öl/Leinwand (103x158cm-41x62in) München 95 .... FF65 600 - £8 290 - **$13,150**
SCHAFFGOTSCH Franz Graf 1902-? [1]
🖼 *Ausserer Stein (Salzburg)* - Aquarelle/papier (29x43cm-11x17in) Wien 96 .... FF2 890 - £361 - **$559**
SCHAFFNER Marcel 1931 [4]
🖼 *Zeichnung* - Gouache (70x100cm-28x39in) Luzern 92 .... FF14 880 - £1 520 - **$2,620**
SCHAFFRAN Emerich 1873-1961 [1]
🖼 *Landscape* - Oil/cardboard (73x100cm-29x39in) Viby J, Århus 94 .... FF2 430 - £293 - **$451**
🖼 *Wien, Riemergasse, Ring* - Gouache/paper (20x13cm-8x5in) Wien 92 .... FF4 330 - £518 - **$833**
SCHAFFROTH Johannes Stanislaus 1765/66-1851 [1]
🖼 *Brücke in der Gernsbacher Strasse* - Ink (20x33cm-8x13in) Heidelberg 96 .... FF2 710 - £335 - **$524**
SCHAGEN van Gerbrand Frederik 1880-1968 [19]
🖼 *Volop zomer, Ankeveen* - Oil/canvas (63x103cm-25x41in) Amsterdam 95 .... FF5 560 - £672 - **$1,046**
SCHAGEN van Gillis 1616-1668 [1]
🖼 *Singes et perroquets* - Huile/toile (110x15cm-43x6in) Paris 89 .... FF39 000 - £4 110 - **$6,566**

SCHAGERL Josef 1923 [2]
Mastaba, ou La Mecque - Bronze (36cm-14in) Paris 96 .... FF7 200 - £931 - **$1,427**

SCHAICK van Hugo 1872-1946 [5]
Heidelandschaft - Oil/canvas (26x38cm-10x15in) Köln 92 .... FF5 440 - £557 - **$958**

SCHAICK van Willem Henri 1876-1938 [4]
Extensive winter landscape - Oil/canvas (60x84cm-24x33in) London 90 .... FF6 300 - £651 - **$1,113**

SCHAIK-RUSSEL van Maud 1876-1965 [1]
Blumenstilleben - Oil/canvas/panel (90x82cm-35x32in) Bielefeld 96 .... FF3 380 - £420 - **$656**

SCHÄKEL Theodor Wilhelm 1870-? [1]
Sommertag im Mittelgebirge - Öl/Karton (48x67cm-19x26in) Köln 93 .... FF5 950 - £681 - **$1,012**

SCHAKEWITS Joseph 1848-1913 [12]
Stilleven met eend - Huile/toile (51x90cm-20x35in) Lokeren 93 .... FF9 060 - £1 084 - **$1,852**

SCHÄLCHLI Walter 1907-1984 [2]
Interieur mit Akt und Hund - Gravure bois couleurs (45x64cm-18x25in) Bern 96 .... FF1 590 - £193 - **$309**

SCHALCK Heinrich 1825-1846 [2]
Porträt einer jungen Dame - Öl/Leinwand (89x73cm-35x29in) Leipzig 93 .... FF11 200 - £1 337 - **$2,153**
Junge Frau in weissem Kleid - Aquarell (7x5cm-3x2in) Wien 94 .... FF4 390 - £526 - **$852**

SCHALCKE van der Cornelis Symonsz. 1611-1671 [3]
Fishermen selling their catch - Oil/panel (23x32cm-9x13in) Amsterdam 93 .... FF118 000 - £13 570 - **$20,170**

SCHALCKEN Godfried 1643-1706 [19]
Young girl with her spaniel - Oil/panel (21x16cm-8x6in) London 92 .... FF102 500 - £10 500 - **$18,100**
Lady feeding a parrot - Oil/canvas (79x64cm-31x25in) London 97 ... FF1 879 81e +06 - £115 000 - **$187,565**

SCHALIN Greta 1897-1993 [4]
Sommarblommor - Oil/canvas (50x40cm-20x16in) Helsinki 93 .... FF7 620 - £871 - **$1,300**
Blomsterstilleben - Oil/canvas (46x55cm-18x22in) Helsinki 90 .... FF20 970 - £2 144 - **$4,139**

SCHALKEN Godfried 1643-1706 [5]
Bildnis einer alten Frau - Öl/Leinwand (81x70cm-32x28in) Wien 95 .... FF139 800 - £17 640 - **$27,900**

SCHALL Jean-Frédéric 1752-1825 [20]
La promenade - Huile/panneau (32x24cm-13x9in) Paris 97 .... FF60 000 - £6 294 - **$10,302**
Louis XIV & Loise de la Vallière - Oil/canvas (35x49cm-14x19in) London 97 .... FF264 900 - £28 000 - **$45,668**
Amants trahis par leurs Ombres - Pointe sèche (44x48cm-17x19in) Heidelberg 93 ... FF2 450 - £286 - **$403**

SCHALL Lothar 1924 [6]
Imaginäre Landschaft - Oil/board (112x48cm-44x19in) Stuttgart 89 .... FF23 700 - £2 290 - **$3,596**

SCHALL Roger 1904 [13]
Coco Chanel - Silver print (32x30cm-13x12in) Paris 90 .... FF5 200 - £560 - **$917**

SCHALLER Anton 1900-1974 [1]
Albert Einstein, Pasadena - (11x17cm-4x7in) New-York 94 .... FF18 600 - £2 220 - **$3,500**

SCHALTEGGER Emanuel 1857-1909 [1]
Toggenburger Trachtenmädchen - Huile/panneau (45x31cm-18x12in) Zofingen 95 .... FF11 040 - £1 400 - **$2,220**

SCHAMBERG Morton Livingston 1881-1918 [3]
Landscape with Bridge - Oil/canvas (66x81cm-26x32in) New-York 90 .... FF1 - £170 383 - **$286,512**
Abstract landscape - Oil/panel (19x24cm-7x9in) New-York 90 .... FF171 600 - £17 546 - **$27,588**

SCHAMPHELEER de Edmond 1824-1899 [14]
Tussen Leuven en Genk - Huile/papier/panneau (24x35cm-9x14in) Lokeren 96 .... FF2 963 - £378 - **$571**
Cattle in a water meadow - Oil/canvas (61x99cm-24x39in) London 95 .... FF14 800 - £1 900 - **$2,990**

SCHAMS Franz 1823-1883 [1]
The thief - Oil/panel (40x30cm-16x12in) London 93 .... FF29 050 - £3 500 - **$5,080**

SCHAMSHULA Erich 1925 [2]
Pyramide - Sculpture (27cm-11in) Arles 92 .... FF5 000 - £512 - **$980**
Stèle - Sculpture (32cm-13in) Paris 94 .... FF8 000 - £948 - **$1,478**

SCHANKER Louis 1903-1981 [11]
Two men, 1936 - Oil/canvas (136x74cm-54x29in) New-York 90 .... FF42 900 - £4 564 - **$7,674**
Beggars - Woodcut (25x17cm-10x7in) San Francisco-Los Angeles 92 .... FF4 160 - £497 - **$800**
North Wall - Gouache (23x51cm-9x20in) New-York 90 .... FF12 650 - £1 587 - **$2,300**

SCHANTZ von Philip 1928 [76]
Himmelslucka - Oil/canvas (55x38cm-22x15in) Stockholm 96 .... FF6 810 - £880 - **$1,304**
Urnor och Kärl - Oil/canvas (85x65cm-33x26in) Stockholm 95 .... FF22 850 - £2 970 - **$4,690**
Svarta vinbär - Oil/canvas (89x117cm-35x46in) Stockholm 95 .... FF83 400 - £10 110 - **$16,220**
Melon - Akvarell (37x45cm-15x18in) Söderköping 94 .... FF18 070 - £2 157 - **$3,390**

SCHANZ Heinz 1927 [11]
Kopf - Tempera/canvas (90x89cm-35x35in) München 92 .... FF71 400 - £7 310 - **$12,570**
Ohne Titel (Kopf) - Tempera/paper (64x50cm-25x20in) Köln 92 .... FF37 400 - £3 830 - **$6,580**

SCHAPER Friedrich 1869-1956 [7]
Landschaft bei Rellingen - Oil/cardboard (37x47cm-15x19in) Hamburg 95 .... FF10 160 - £1 288 - **$2,045**
Dünen auf Sylt - Pastell (31x41cm-12x16in) Hamburg 91 .... FF1 825 - £183 - **$305**

SCHÄPERKOTTER Gerard 1914 [4]
A head - Oil/canvas (33x28cm-13x11in) Amsterdam 89 .... FF6 600 - £695 - **$1,111**

SCHAPOWALOW Boris 1917-? [7]
Spanisches Fischerdorf - Öl/Karton (43x67cm-17x26in) Zofingen 92 .... FF4 570 - £546 - **$879**

SCHÄRER Hans 1927 [24]
Rote Säule - Technique mixte/toile (90x70cm-35x28in) Luzern 95 .... FF20 420 - £2 550 - **$4,000**
Atelierfest - Gravure bois (42x54cm-17x21in) Bern 96 .... FF1 833 - £223 - **$357**

S

Ohne Titel - Aquarell (37x52cm-15x20in) Luzern 94 .... FF**7 300** - £*871* - **$1,363**

SCHARF George 1788-1860 [2]
The blowing up of H.M.S. Amphion - Oil/canvas (48x63cm-19x25in) London 96 .... FF**14 430** - £*1 700* - **$2,834**
A fish and vegetable seller at dsuk - Watercolour (18x20cm-7x8in) London 92 .... FF**2 010** - £*240* - **$387**

SCHARF Kenny 1958 [45]
Bali Roma - Mixed media/canvas (256x320cm-101x126in) New-York 96 .... FF**67 500** - £*8 730* - **$13,500**
Days of our lives - Acrylic/canvas (292x261cm-115x103in) New-York 93 .... FF**212 400** - £*24 160* - **$36,000**
Untitled - Ink (58x74cm-23x29in) New-York 95 .... FF**44 600** - £*5 570* - **$9,000**

SCHARF Viktor 1872-1943 [2]
An interior - Oil/canvas (73x60cm-29x24in) New-York 95 .... FF**21 900** - £*2 850* - **$4,500**

SCHARFF Edwin 1887-1955 [12]
Reiter/Stehender/Paar/Liebespaar - Etching (54x37cm-21x15in) München 96 .... FF**1 780** - £*231* - **$352**
Maske - Terracotta (28cm-11in) Köln 93 .... FF**7 580** - £*858* - **$1,280**
Reiter - Aquarell/Papier (36x47cm-14x19in) Berlin 95 .... FF**3 560** - £*443* - **$696**

SCHARFF William 1886-1959 [60]
En gammel kone - Oil/canvas (100x64cm-39x25in) Köbenhavn 90 .... FF**5 300** - £*564* - **$948**
Gront landskab - Oil/canvas (65x80cm-26x31in) Köbenhavn 90 .... FF**5 300** - £*549* - **$931**
Aender på loen - Oil/canvas (90x160cm-35x63in) Köbenhavn 92 .... FF**6 130** - £*713* - **$1,251**
Granskov - Oil/canvas (80x100cm-31x39in) Köbenhavn 94 .... FF**10 480** - £*1 216* - **$1,805**
Höns mellem braendenaelder - Oil/canvas (98x174cm-39x69in) Köbenhavn 94 .... FF**30 700** - £*3 680* - **$5,960**
Udkast til udstillingsplakat - Watercolour, gouache (65x50cm-26x20in) Köbenhavn 92 ...... FF**26 400** - £*2 700* - **$4,650**

SCHARL Josef 1896-1954 [45]
The Rhône, Genève - Tempera (29x41cm-11x16in) München 95 .... FF**17 200** - £*2 260* - **$3,450**
Drei Korporierte - Ol/Leinwand (51x65cm-20x26in) München 95 .... FF**86 000** - £*11 300* - **$17,250**
Dunes at Cape Cod - Coloured chalks (23x48cm-9x19in) Hamburg 96 .... FF**7 000** - £*910* - **$1,386**
Vor der Parkmauer - Tempera/paper (32x44cm-13x17in) Köln 96 .... FF**25 430** - £*3 170* - **$4,910**

SCHÄRLIG Max André 1940-1979 [2]
Ohne Titel - Acrylique/toile (55x55cm-22x22in) Bern 94 .... FF**6 190** - £*743* - **$1,203**
Die Pfingstäpfel - Aquarelle (30x25cm-12x10in) Bern 94 .... FF**2 890** - £*347* - **$562**

SCHARNAGEL Franz Sebastian 1791-1837 [1]
Ritterschlacht vor einer Burg - Ink (25x29cm-10x11in) Heidelberg 93 .... FF**3 150** - £*368* - **$518**

SCHAROLD Carl 1811-1865 [2]
Parthie von Lindau am Bodensee - Aquarell/Papier (19x25cm-7x10in) Wien 96 .... FF**9 600** - £*1 240* - **$1,854**

SCHARY Saul 1904-1978 [9]
Arno, Florence - Oil/canvas (46x68cm-18x27in) New-York 94 .... FF**2 810** - £*332* - **$500**
Pierrot - Oil/canvas (146x114cm-57x45in) New-York 92 .... FF**102 200** - £*10 450* - **$18,000**

SCHARZ Rudolf 1878-? [1]
Kinderbüste Karl Hermann Eckrich - Bronze (40cm-16in) München 92 .... FF**2 720** - £*279* - **$479**

SCHASCHL Reni 1895-1979 [2]
Mädchenfigur Wasser - Ceramic (43cm-17in) Wien 95 .... FF**11 130** - £*1 390* - **$2,250**

SCHATT Roy XX [17]
James Dean in window - Silver print (25x33cm-10x13in) New-York 93 .... FF**4 425** - £*504* - **$750**

SCHATTENSTEIN Nicolaus 1877-1954 [5]
Madame Rosenfeld - Oil/canvas (159x130cm-63x51in) London 96 .... FF**16 040** - £*2 000* - **$3,100**

SCHATZ Boris 1866-1932 [1]
Jeremiah - Bronze (58x73cm-23x29in) Tel Aviv 96 .... FF**51 800** - £*6 500* - **$10,000**

SCHATZ Manfred 1925 [7]
Auffliegende Schwäne - Öl/Leinwand (60x100cm-24x39in) Köln 93 .... FF**11 870** - £*1 418* - **$2,283**

SCHATZ Otto Rudolf 1900-1961 [82]
Damenporträt - Öl/Leinwand (106x75cm-42x30in) Wien 94 .... FF**19 530** - £*2 260* - **$3,360**
In der Lobau - Oil/panel (63x82cm-25x32in) Wien 94 .... FF**43 700** - £*5 130* - **$7,790**
Liebespaar - Monotype (18x22cm-7x9in) Wien 94 .... FF**2 923** - £*380* - **$578**
Erotische Szene - Pencil/paper (18x17cm-7x7in) Wien 97 .... FF**7 188** - £*756* - **$1,234**
Stadionbad Prater - Mischtechnik/Papier (43x61cm-17x24in) Wien 97 .... FF**21 501** - £*2 286* - **$3,708**

SCHAUB J. Friedrich Wilhelm c.1750-c.1800 [1]
Shepherd with flock - Bodycolour (19x26cm-7x10in) London 96 .... FF**6 220** - £*800* - **$1,284**

SCHAUENBERG Walter 1884-1924 [21]
Herbstlicher Landschaft - Huile/panneau (25x34cm-10x13in) Zofingen 93 .... FF**4 130** - £*498* - **$755**

SCHAUENSTEIN-INDRA Hedwig 1896-1988 [4]
Semmering auf den Schneeberg - Öl/Karton (42x33cm-17x13in) Wien 97 .... FF**2 398** - £*253* - **$415**

SCHAUER Otto 1923 [3]
Le Coeur de Linas - Huile/toile (46x55cm-18x22in) Paris 96 .... FF**18 000** - £*2 330* - **$3,600**

SCHAUMACHER Harald 1836-1912 [1]
Italiensk kvinde ved en pergola - Oil/canvas (51x68cm-20x27in) Vejle 91 .... FF**2 195** - £*220* - **$402**

SCHAUMAN Sigrid 1877-1979 [12]
I parken - Oil/canvas (35x48cm-14x19in) Helsinki 95 .... FF**30 100** - £*3 760* - **$6,080**

SCHAUMANN Peter XX [2]
Markplatz in Nürnberg - Oil/canvas (50x60cm-20x24in) Bremen 94 .... FF**5 420** - £*630* - **$1,105**

SCHAUMANN Wilhelm Heinrich 1841-1893 [3]
Paul von Maurer - Oil/canvas/panel (47x34cm-19x13in) Stuttgart 96 .... FF**6 090** - £*706* - **$1,168**

SCHAUMBURG Julius XIX [2]
A marine - Oil/canvas (52x66cm-20x26in) Amsterdam 90 .... FF**21 000** - £*2 263* - **$3,704**

S

SCHAUSS Ferdinand 1832-1916 [5]
🖼 *Méditation* - Huile/toile (35x25cm-14x10in) Paris 97 .... FF32 000 - £3 334 - **$5,452**
SCHAUSS Martin 1867-1927 [1]
🗿 *Nude Poser* - Bronze (53cm-21in) New-York 96 .... FF7 760 - £968 - **$1,500**
SCHAWINSKY Xanti Alexander 1904-1979 [32]
🖼 *Finney family* - Oil/masonite (120x121cm-47x48in) New-York 93 .... FF12 400 - £1 410 - **$2,100**
🖼 *Reclining nude* - Oil/canvas (111x223cm-44x88in) New-York 92 .... FF47 800 - £5 550 - **$9,750**
📷 *6 Puppen* - Silver print (30x27cm-12x11in) Köln 89 .... FF7 100 - £726 - **$1,141**
SCHEBEK Ferdinand 1875-1949 [6]
🖼 *Berliner See* - Oil/canvas (79x119cm-31x47in) Lindau 92 .... FF15 640 - £1 600 - **$2,753**
SCHEDLBAUER Anni 1889-1945 [1]
⬦ *Österreichischer Soldat beim Tanz* - Watercolour (38x24cm-15x9in) Wien 90 .... FF2 200 - £234 - **$394**
SCHEDRIN Silvestro Feodo. 1791-1830 [2]
🖼 *The bay of Naples* - Oil/canvas (50x61cm-20x24in) London 91 .... FF218 200 - £22 145 - **$39,409**
SCHEEL Ernst 1861-? [1]
🖼 *Weltverloven* - Oil/canvas (57x67cm-22x26in) London 94 .... FF62 000 - £7 200 - **$10,720**
SCHEEL Lili 1898-? [1]
🗿 *Kvinne og mann* - Sculpture (45cm-18in) Oslo 92 .... FF5 900 - £605 - **$1,040**
SCHEEL Signe 1860-1942 [1]
🖼 *Ung pike* - Oil/canvas (66x54cm-26x21in) Oslo 92 .... FF23 400 - £2 800 - **$4,500**
SCHEELE Kurt 1905-1944 [8]
🖼 *Die Tiere* - Oil/panel (31x27cm-12x11in) Düsseldorf 91 .... FF16 900 - £1 703 - **$2,933**
⬦ *Sonnenblumen* - Drawing (21x29cm-8x11in) Köln 92 .... FF5 430 - £648 - **$1,044**
SCHEEN Pieter 1874-1952 [2]
🖼 *Peasant in a rowing-boat at dusk* - Oil/canvas (81x61cm-32x24in) Amsterdam 96 .... FF3 025 - £379 - **$584**
SCHEER Otto XIX-XX [1]
🗿 *Selene* - Bronze (41cm-16in) Bern 94 .... FF2 064 - £248 - **$401**
SCHEERBOOM Andries 1832-c.1885 [8]
🖼 *Courtly Kiss* - Oil/canvas (71x89cm-28x35in) Chicago 94 .... FF16 850 - £1 990 - **$3,000**
SCHEERES Hendricus Johannes 1829-1864 [6]
🖼 *Dame beim Schmuckkauf* - Oil/panel (21x17cm-8x7in) Luzern 94 .... FF13 400 - £1 368 - **$2,360**
SCHEFFEL Johan Henrik 1690-1781 [13]
🖼 *Lady wearing a pink cloak* - Oil/canvas (65x51cm-26x20in) London 95 .... FF23 330 - £3 000 - **$4,820**
SCHEFFER Arnold 1839-1873 [2]
🖼 *Portrait de jeune homme* - Huile/toile (55x47cm-22x19in) Paris 95 .... FF5 000 - £655 - **$1,015**
SCHEFFER Ary 1795-1858 [26]
🖼 *Mgr. le duc d'Orléans* - Huile/toile (128x83cm-50x33in) Monaco 96 .... FF38 000 - £4 360 - **$7,250**
🖼 *Le Dante et Virgile…* - Oil/canvas (25x33cm-10x13in) New-York 97 .... FF369 525 - £39 800 - **$65,000**
⬦ *Duc de Morny à cheval* - Aquarelle, gouache/papier (23x29cm-9x11in) Zürich 96 .... FF4 970 - £622 - **$965**
SCHEFFER Henry 1798-1862 [10]
🖼 *Jeune femme se mirant* - Huile/toile (57x48cm-22x19in) Bruxelles 94 .... FF10 800 - £1 300 - **$2,003**
🖼 *Visite à la jeune mère* - Huile/toile (58x97cm-23x38in) Paris 93 .... FF98 000 - £11 800 - **$17,820**
⬦ *Poverty* - Watercolour (37x29cm-15x11in) London 97 .... FF19 048 - £2 000 - **$3,276**
SCHEFFER Jean-Baptiste 1765/73?-1809 [2]
🖼 *Surprise* - Huile/panneau (35x28cm-14x11in) Bruxelles 91 .... FF5 180 - £522 - **$1,010**
SCHEFFER Margarete 1871-? [1]
🖼 *Mimosa & lemons on a table* - Oil/canvas (50x80cm-20x31in) Amsterdam 90 .... FF5 400 - £558 - **$954**
SCHEFFER Paul 1877-1916 [1]
⬦ *Frühlingslandschaft* - Aquarell (29x22cm-11x9in) Rudolstadt-Thüringen 96 .... FF2 373 - £298 - **$458**
SCHEFFER Robert 1859-1934 [30]
🖼 *Motiv aus Pürgg* - Öl/Karton (24x30cm-9x12in) Wien 94 .... FF7 250 - £833 - **$1,241**
🖼 *Contemplation* - Oil/canvas (79x56cm-31x22in) London 94 .... FF28 800 - £3 400 - **$5,170**
⬦ *Heimkehr* - Aquarell/Papier (42x53cm-17x21in) Wien 92 .... FF12 030 - £1 232 - **$2,120**
SCHEFFER VON LEONHARDSHOFF Johann Baptist 1795-1822 [4]
⬦ *Beweinung eines Heiligen* - Ink (22x30cm-9x12in) München 92 .... FF12 240 - £1 253 - **$2,400**
SCHEFFLER Rudolph 1884-1973 [3]
⬦ *Artist with his model* - Chalks/paper (71x57cm-28x22in) New-York 90 .... FF6 900 - £726 - **$1,200**
SCHEGGI Paolo 1940-1971 [6]
🖼 *Intersuperficie* - Tele sovrapposte (100x80cm-39x31in) Milano 93 .... FF15 740 - £1 766 - **$2,817**
SCHEIBE Richard 1879-1964 [10]
🗿 *Sitzender Orang-Utan* - Bronze (20cm-8in) München 92 .... FF16 950 - £2 025 - **$3,260**
⬦ *Fortuna, Charlottenburger Schloss* - Pencil (47x31cm-19x12in) Berlin 96 .... FF2 373 - £296 - **$459**
SCHEIBER Hugo 1873-1950 [185]
🖼 *Ragazza che legge* - Tecnica mista/tela (40x60cm-16x24in) Trieste 93 .... FF9 050 - £1 030 - **$1,533**
🖼 *Townscape* - Oil/cardboard (48x66cm-19x26in) Tel Aviv 95 .... FF19 800 - £2 476 - **$4,000**
🖼 *Figure con bicchiere* - Olio/tela (60x40cm-24x16in) Roma 91 .... FF153 200 - £15 251 - **$26,345**
⬦ *Le bateau* - Watercolour (68x50cm-27x20in) London 91 .... FF15 900 - £1 900 - **$2,970**
⬦ *Tänzerin* - Mischtechnik/Papier (70x50cm-28x20in) Luzern 91 .... FF35 900 - £3 574 - **$6,173**
SCHEIBL Hubert 1951 [26]
🖼 *W.A.M.* - Oil/canvas (130x115cm-51x45in) Wien 91 .... FF19 200 - £1 911 - **$3,302**
🖼 *Ohne Titel* - Öl/Leinwand (200x175cm-79x69in) Wien 96 .... FF43 850 - £5 690 - **$8,670**
⬦ *Ohne Titel* - Mischtechnik/Papier (27x40cm-11x16in) Wien 94 .... FF5 360 - £643 - **$1,041**

S

SCHEID Lore 1889-1946 [3]
🖼 *Hallstättersee* - Öl/Leinwand (95x120cm-37x47in) München 93 .... FF24 100 - £2 730 - **$4,070**

SCHEIDEGGER Johann 1777-1858 [1]
✏ *Steinerne Brücke über bei Wimmis* - Aquarell (39x54cm-15x21in) Bern 93 .... FF13 520 - £1 690 - **$2,470**

SCHEIDEL von Franz Anton 1731-1801 [13]
✏ *A lion* - Watercolour (33x51cm-13x20in) London 97.................... FF16 053 - £1 700 - **$2,762**

SCHEIDER Fritz 1846-1907 [1]
🖼 *Sommerliche Gartenszene* - Öl/Leinwand (50x37cm-20x15in) Köln 94............... FF2 057 - £247 - **$400**

SCHEIDL Roman 1949 [31]
🖼 *Tempel im Ohr* - Öl/Leinwand (45x59cm-18x23in) Wien 97.................... FF10 512 - £1 117 - **$1,812**
Moon over Manhattan - Öl/Leinwand (70x100cm-28x39in) Wien 95 .... FF22 400 - £2 840 - **$4,510**
Komm in das gelbe Zimmer - Watercolour, gouache (35x27cm-14x11in) Wien 89 ...... FF6 700 - £706 - **$1,128**

SCHEIDLIN von Carl 1822-? [1]
🖼 *Die tote Schnepfe* - Öl/Leinwand (74x58cm-29x23in) Wien 95 .... FF14 850 - £1 886 - **$2,956**

SCHEIKEVITCH Marie 1882-1964 [1]
✏ *Robert Dreyfus* - Crayon/papier (29x20cm-11x8in) Paris 96.................... FF2 700 - £313 - **$518**

SCHEIL Hans 1896-1949 [2]
🖼 *Paar* - Öl/Karton (60x40cm-24x16in) Frankfurt 92 .... FF3 400 - £348 - **$599**
✏ *Blumenstilleben* - Aquarell (35x46cm-14x18in) Bad Vilbel 95 .... FF5 680 - £717 - **$1,138**

SCHEINHAMMER Otto 1897-1982 [2]
🖼 *Grosser Sommerblumenstrauss* - Öl/Leinwand (90x80cm-35x31in) München 93 ...... FF16 950 - £2 025 - **$3,260**
✏ *Arabische Stadtansicht* - Aquarell/Papier (32x42cm-13x17in) München 92............ FF10 850 - £1 296 - **$2,087**

SCHEINS Ludwig 1808-1879 [4]
🖼 *Bewaldeten Landschaft* - Oil/canvas (55x78cm-22x31in) London 94 .... FF18 600 - £2 220 - **$3,504**

SCHEIRING Leopold 1884-1927 [3]
🖼 *Gebirgslandschaft* (58x88cm-23x35in) Wien 95 .... FF17 500 - £2 210 - **$3,510**

SCHEIWE Walter 1892-? [1]
🖼 *Hausboot am verschneiten Ufer* - Öl/Leinwand (55x75cm-22x30in) München 94 ...... FF2 110 - £259 - **$384**

SCHELCK Maurice 1906-1978 [35]
🖼 *Still Life with Apples* - Oil/board (50x70cm-20x28in) Amsterdam 97 .... FF8 787 - £921 - **$1,507**
Nature morte de fleurs - Huile/panneau (100x69cm-39x27in) Lokeren 96............ FF28 340 - £3 660 - **$5,590**
Landschap met hoeve - Huile/panneau (90x120cm-35x47in) Lokeren 95 .... FF41 400 - £5 170 - **$8,110**

SCHELFHOUT Andreas 1787-1870 [106]
🖼 *Figures in a rowing-boat* - Oil/panel (14x18cm-6x7in) Amsterdam 97 .... FF48 379 - £5 114 - **$8,301**
Peasantwoman on a sandy path - Oil/canvas (75x94cm-30x37in) Amsterdam 97 ... FF96 760 - £10 229 - **$16,603**
Frozen Highway - Oil/panel (46x66cm-18x26in) New-York 97.................... FF770 108 - £83 012 - **$135,000**
✏ *Peasantwoman with a sledge* - Watercolour (21x27cm-8x11in) Amsterdam 97 ...... FF89 850 - £9 498 - **$15,417**

SCHELFHOUT Lodewijk 1881-1943 [10]
🖼 *Still life with pike-perches* - Oil/canvas (40x60cm-16x24in) Amsterdam 93 .... FF3 680 - £423 - **$632**
Flowers and fruit - Oil/board (74x61cm-29x24in) Amsterdam 90 .... FF36 100 - £3 691 - **$7,126**
🖼 *View on the Isle Marken* - Etching (14x20cm-6x8in) Amsterdam 97.................... FF1 611 - £168 - **$276**

SCHELL Sherill 1877-1967 [1]
📷 *Rupert Brooke* - Silver print (18x15cm-7x6in) New-York 96 .... FF11 340 - £1 457 - **$2,200**

SCHELLBACK Karl Hermann 1850-1921 [1]
🖼 *Beim Entenrupfen* - Oil/panel (34x44cm-13x17in) Wien 89 .... FF38 400 - £4 046 - **$6,465**

SCHELLENBERG Jakob Rudolf 1895-1962 [2]
🖼 *Bernina Gebirgslandschaft* - Woodcut in colors (34x41cm-13x16in) Zofingen 91 ...... FF2 770 - £278 - **$457**

SCHELLENBERG Johann Rudolf 1740-1806 [2]
✏ *Anton Graff* - Watercolour (18x15cm-7x6in) Zofingen 95.................... FF6 370 - £807 - **$1,281**

SCHELLENBERGER Arthur 1888-? [2]
🖼 *Drei Sonnenblumen* - Oil/canvas (47x54cm-19x21in) München 91 .... FF2 736 - £281 - **$510**
✏ *Parkansicht mit Brücke* - Pastel (49x62cm-19x24in) München 94.................... FF1 700 - £199 - **$298**

SCHELLER Hans Walter 1896-1964 [4]
🖼 *Adam und Eva im Paradies* - Öl/Karton (60x40cm-24x16in) Bern 94 .... FF2 830 - £328 - **$488**

SCHELLER Rudolf 1889-1984 [1]
🖼 *Die Brotzeit* - Tempera/board (44x26cm-17x10in) Kempten 96 .... FF2 740 - £360 - **$556**

SCHELLERER von Max 1892-? [2]
🖼 *Erleuchtung eines Mönches* - Öl/Leinwand (86x69cm-34x27in) Kempten 96 ...... FF6 080 - £722 - **$1,186**

SCHELLHAMMER Carl 1894-1956 [3]
🖼 *Verladestation mit Schiffen* - Öl/toile (65x81cm-26x32in) Bern 94 .... FF2 222 - £258 - **$383**

SCHELLINK Sam 1887-1958 [1]
✏ *Milking time* - Watercolour/paper (26x35cm-10x14in) Amsterdam 92.................... FF1 820 - £187 - **$350**

SCHELVER Franz August 1805-1844 [3]
🖼 *Heidelandschaft* - Oil/panel (42x32cm-17x13in) Köln 91 .... FF20 500 - £2 107 - **$3,820**

SCHENAU Johann Eleazar 1737-1807 [12]
✏ *L'Atelier du peintre* - Crayon (35x38cm-14x15in) Paris 97 .... FF9 000 - £957 - **$1,555**
Le bonheur conjugal/La dispute - Aquarelle (32x25cm-13x10in) Paris 94 .... FF42 000 - £4 960 - **$7,650**

SCHENCK Agnes c.1850-c.1895 [1]
🖼 *Troupeau de moutons* - Huile/panneau (34x57cm-13x22in) Paris 93 .... FF5 500 - £663 - **$1,000**

SCHENCK August Friedrich 1828-1901 [24]
🖼 *Moutons dans la neige* - Huile/toile (35x50cm-14x20in) Paris 93 .... FF10 000 - £1 024 - **$1,760**
Sheep in from the cold - Oil/canvas (150x253cm-59x100in) New-York 96.................... FF55 000 - £7 120 - **$11,000**

SCHENCK Martinus Christian 1833-1911   [1]
🖼 A. J. Schenck/Christina E. Schenck - Oil/canvas (119x83cm-47x33in) Amsterdam 94 .... FF4 850 - £561 - $830
SCHENDEL van Petrus 1807-1870   [68]
🖼 Poultry seller - Oil/panel (54x40cm-21x16in) Amsterdam 97 .... FF62 202 - £6 575 - $10,673
   A moonlit market - Oil/panel (65x50cm-26x20in) London 94 .... FF127 000 - £15 000 - $22,800
   Evening Market Scene - Oil/panel (75x58cm-30x23in) London 94 .... FF546 000 - £65 000 - $102,800
SCHENK Karl 1905-1973   [20]
🖼 Bauernmädchen im Schaftstall - Huile/panneau (135x198cm-53x78in) Bern 95 .... FF23 660 - £3 075 - $4,860
   Neugierige Spitzbuben - Huile/panneau (104x75cm-41x30in) Bern 93 .... FF47 500 - £5 470 - $8,140
SCHENKEL Jan Jacob 1829-1900   [3]
🖼 Interior of the Oude Kerk - Oil/panel (68x50cm-27x20in) Amsterdam 91 .... FF19 530 - £1 968 - $3,389
SCHENKER Jacques Matthias 1854-1927   [15]
🖼 Schweizer Bergen - Oil/canvas (100x75cm-39x30in) Wien 91 .... FF16 800 - £1 672 - $2,889
SCHENNIS van Hans Fred. Emanuel 1852-1918   [3]
🖼 Prachtvoller Parkbrunnen im Licht - Öl/Leinwand (78x95cm-31x37in) Lindau 96.......... FF15 200 - £1 832 - $2,916
SCHENSON Hulda Maria 1847-1940   [1]
🖼 Gammal köksinterior med familj - Oil/canvas (72x56cm-28x22in) Uppsala 95 .... FF2 210 - £288 - $454
SCHENSTRÖM Christian Vilhelm 1828-1876   [1]
🖼 Carl Vilhelm Lange/His wife - Oil/canvas (35x28cm-14x11in) Köbenhavn 95 .... FF2 836 - £362 - $559
SCHEONONE PUIG Dolcey 1896-1952   [1]
🖼 Glicina de la Quinta de Canto - Oil/canvas (59x59cm-23x23in) New-York 95.................. FF48 500 - £6 440 - $10,000
SCHEPENS J. c.1750-c.1790   [2]
🖼 Leydsche Poort, Amsterdam - Oil/panel (37x48cm-15x19in) Amsterdam 97 .... FF32 340 - £3 537 - $5,672
SCHEPENS Louis 1816-1884   [4]
🖼 Paysage avec charette de foin - Huile/toile (48x64cm-19x25in) Bruxelles 89 .... FF11 700 - £1 233 - $1,970
SCHEPP Auguste 1846-1905   [2]
🖼 Früchtestilleben auf einem Holztisch - Oil/panel (55x93cm-22x37in) Stuttgart 89 .... FF16 200 - £1 707 - $2,727
SCHERBAUM Fritz 1893-?   [1]
🖼 Zwei Sensenmäher - Öl/Leinwand (114x80cm-45x31in) München 93................................ FF5 220 - £597 - $882
SCHERBRING Carl 1859-1899   [2]
🖼 Haus am stillen Weiher - Öl/Leinwand (45x52cm-18x20in) München 93 .... FF14 240 - £1 700 - $2,740
SCHERER Fritz 1877-1929   [1]
🖼 Kloster Weltenburg der Donau - Oil/cardboard (34x42cm-13x17in) München 93 .... FF2 610 - £299 - $441
SCHERER Hermann 1893-1927   [29]
🖼 Landschaft - Öl/Karton (55x61cm-22x24in) Zürich 95.. FF36 700 - £4 730 - $7,460
🖼 Liebespaar - Wood (112cm-44in) Berlin 94 .... FF1 - £131 300 - $205,400
   Pieta - Plaster (110x71x61cm-43x28x24in) Zürich 92 .... FF24 200 - £2 470 - $4,260
🖼 Waldweg im Sertig - Charcoal/paper (46x35cm-18x14in) Luzern 95 .... FF11 500 - £1 434 - $2,252
   Tessiner-Landschaft - Gouache (45x45cm-18x18in) Luzern 95 .... FF123 400 - £15 400 - $24,200
SCHERER Josef 1814-1891   [2]
🖼 Young greek boy - Oil/paper (28x20cm-11x8in) London 93 .... FF33 360 - £3 800 - $5,660
SCHERFIG Hans 1905-1979   [46]
🖼 Flodheste familie - Oil/canvas (56x62cm-22x24in) Köbenhavn 95 .... FF8 840 - £1 085 - $1,722
🖼 Lions and flute player - Oil/canvas (100x104cm-39x41in) Köbenhavn 95 .... FF23 570 - £30 500 - $4,820
🖼 Helhesten - Watercolour (40x35cm-16x14in) Köbenhavn 94 .... FF2 184 - £254 - $376
SCHERMAN Tony 1950   [6]
🖼 Rape of Callisto: Jupiter - Oil/canvas (152x137cm-60x54in) New-York 97 .... FF46 784 - £4 940 - $8,000
SCHERMER Cornelis Albertus J. 1824-1915   [9]
🖼 Trekpaarden in het Rijndal - Oil/panel (27x19cm-11x7in) Gravenhage 91 .... FF5 440 - £540 - $945
   The horse fair - Oil/canvas (44x80cm-17x31in) London 90 .... FF29 100 - £2 930 - $5,700
🖼 Hay cart with horses on a path - Watercolour (49x70cm-19x28in) Amsterdam 94........ FF2 135 - £248 - $368
SCHERRES Carl 1833-1923   [2]
🖼 After the storm - Oil/canvas (75x123cm-30x48in) London 95.. FF18 430 - £2 400 - $3,780
SCHERREWITZ Johan Frederik Corn. 1868-1951   [69]
🖼 Woodgatherers with horses - Oil/canvas (50x64cm-20x25in) Amsterdam 94 .... FF26 840 - £3 115 - $4,620
   Fisherfolk on a Beach - Oil/panel (30x40cm-12x16in) London 97 .... FF68 120 - £7 500 - $11,955
🖼 Vaches près d'une mare - Aquarelle, gouache/papier (29x43cm-11x17in) Bruxelles 96 .... FF1 970 - £232 - $387
SCHERTEL Josef 1810-1869   [1]
🖼 Bayrische Aulandschaft - Öl/Leinwand (76x116cm-30x46in) Wien 96................................ FF19 300 - £2 200 - $3,700
SCHERZER Alexander 1835-1871   [1]
🖼 Der Burggraben in Nürnberg - Öl/Leinwand (76x61cm-30x24in) München 94 .... FF23 330 - £2 763 - $4,310
SCHETKY John Christian 1778-1874   [16]
🖼 Mars and La Hercule off Brest - Oil/canvas (54x77cm-21x30in) London 96 .... FF33 960 - £4 000 - $6,670
🖼 H.M.S. Excellent, Portsmouth Harbour - Watercolour (18x42cm-7x17in) London 94 .... FF5 460 - £650 - $1,040
SCHEU Leo 1886-1958   [3]
🖼 Flieder und Orangen - Oil/panel (87x68cm-34x27in) München 96.................................. FF11 700 - £1 467 - $2,257
SCHEUCHZER Caspar Johann 1808-1874   [1]
🖼 Ehepar Caspar Labhart - Craies (27x23cm-11x9in) Zofingen 95.................................... FF1 914 - £250 - $384
SCHEUCHZER Wilhelm Rudolf 1803-1866   [4]
🖼 Sommerliche Hochgebirgslandschaft - Oil/canvas (47x57cm-19x22in) Zürich 89 .... FF25 400 - £2 454 - $3,854
🖼 Der St. Petersfriedhof in Salzburg - Aquarell/Papier (25x32cm-10x13in) Köln 96.......... FF8 800 - £1 032 - $1,730

S

SCHEUERER Julius 1859-1913 [42]
- Hühnerhof mit Taubenschlag - Oil/panel (18x24cm-7x9in) Lindau 97 .... FF10 128 - £1 063 - **$1,742**
- Truthahn, Hahn, Hühner und Küken - Oil/panel (15x21cm-6x8in) München 93 .... FF22 360 - £2 535 - **$3,780**
- Poultry & ducks/Turkey & peacock - Oil/panel (10x13cm-4x5in) New-York 95 .... FF42 500 - £5 140 - **$8,000**

SCHEUERER Otto 1862-1934 [37]
- Jäger mit Hund - Öl/Leinwand (61x81cm-24x32in) Zofingen 94 .... FF4 880 - £579 - **$902**
- Fuchs ist in die Falle gegangen... - Öl/Leinwand (41x61cm-16x24in) München 95 .... FF14 200 - £1 792 - **$2,844**

SCHEUERMANN Ludwig 1859-1911 [1]
- Jäger in herbstlicher Wiesenlandschaft - Oil/panel (48x32cm-19x13in) Stuttgart 90 .... FF3 060 - £313 - **$604**

SCHEUREN Caspar 1781-1841 [1]
- Heimkehrender Soldat im Winter - Oil/canvas (33x40cm-13x16in) München 92 .... FF7 480 - £766 - **$1,317**

SCHEUREN Caspar Johan Nepomuk 1810-1887 [24]
- Paysage animé - Huile/toile (42x57cm-17x22in) Bruxelles 90 .... FF13 000 - £1 392 - **$2,261**
- Romantische Landschaft mit See - Öl/Leinwand (29x38cm-11x15in) Düsseldorf 96 .... FF47 400 - £6 010 - **$9,080**
- Nachtwächter Runde - Aquarell (29x44cm-11x17in) Köln 95 .... FF6 030 - £762 - **$1,210**

SCHEURENBERG Joseph 1846-1914 [1]
- Pige med hvidt hovedlin - Oil/panel (36x25cm-14x10in) København 90 .... FF13 200 - £1 422 - **$2,328**

SCHEURER Julius 1859-1913 [1]
- Ducks by the water's edge - Oil/panel (40x32cm-16x13in) New-York 95 .... FF40 900 - £5 090 - **$8,000**

SCHEURER Otto 1862-1934 [2]
- Hühnerhof - Öl/Karton (19x32cm-7x13in) Köln 94 .... FF8 570 - £1 006 - **$1,500**

SCHEURICH Paul 1883-1945 [8]
- Dame mit kleinem Mohr - Porcelain (28cm-11in) Wien 94 .... FF10 740 - £1 278 - **$2,044**

SCHEURLEER Gerrit Jan 1820-1899 [1]
- Teaparty on the countryside - Oil/panel (16x23cm-6x9in) Amsterdam 90 .... FF7 200 - £776 - **$1,270**

SCHEVCHENKO Alexander 1883-1945 [1]
- Nature morte - Oil/masonite (42x47cm-17x19in) København 93 .... FF10 560 - £1 266 - **$2,030**

SCHEX Joseph 1819-1894 [2]
- Damenporträt (109x90cm-43x35in) München 93 .... FF22 360 - £2 535 - **$3,780**

SCHEYERER Franz 1770-1839 [3]
- Mountainous landscape - Oil/canvas (59x77cm-23x30in) New-York 93 .... FF32 450 - £3 690 - **$5,500**

SCHEYRER Hugo 1876-1965 [1]
- Mädchen mit Strohhut sitzend - Aquarell/Papier (32x37cm-13x15in) Wien 94 .... FF5 340 - £628 - **$952**

SCHGOER Julius 1847-1885 [5]
- Parforcejagd - Öl/Leinwand (33x46cm-13x18in) Stuttgart 96 .... FF11 170 - £1 294 - **$2,142**

SCHIAFFINO Antonio 1879-1968 [1]
- Il velo bianco - Pastelli/carta (42x28cm-17x11in) Roma 95 .... FF8 310 - £1 064 - **$1,710**

SCHIANCHI Federico 1858-1919 [7]
- Tomb of Cecilia Metella, Rome - Gouache (25x36cm-10x14in) London 93 .... FF4 215 - £480 - **$715**

SCHIAVONI Felice 1803-1883 [2]
- After the carnival - Oil/canvas (47x38cm-19x15in) Amsterdam 90 .... FF11 400 - £1 213 - **$2,039**
- Venere e Cupido - Olio/tela (198x150cm-78x59in) Milano 95 .... FF282 000 - £36 400 - **$56,400**

SCHIAVONI Giovanni 1804-1848 [2]
- Amor und Psyche - Öl/Leinwand (79x66cm-31x26in) Wien 94 .... FF58 100 - £6 780 - **$10,180**

SCHIAVONI Natale 1777-1858 [3]
- Visita de' Pastori al Bambino Gesù
  Oil/canvas (381x281cm-150x111in) New-York 92 .... FF135 200 - £16 140 - **$26,000**

SCHIBIG Philippe 1940 [6]
- Ohne Titel - Ballpoint pen (24x20cm-9x8in) Luzern 89 .... FF9 800 - £1 002 - **$1,576**

SCHICK Carl 1854-? [2]
- Italienisches Anwesen - Öl/Leinwand (52x34cm-20x13in) Bremen 94 .... FF3 084 - £358 - **$531**

SCHICK Rudolf 1787-1840 [1]
- La Porta S. Paolo, Roma - Öl/Leinwand (29x38cm-11x15in) Köln 96 .... FF5 410 - £636 - **$1,064**

SCHICK Rudolph 1840-1887 [2]
- Italienin mit Korallenkette - Öl/Leinwand (52x34cm-20x13in) München 94 .... FF4 800 - £569 - **$888**

SCHICKHARDT Karl 1866-1933 [22]
- Donautal am sonnigen Herbsttag - Oil/canvas (127x168cm-50x66in) Stuttgart 90 .... FF8 160 - £834 - **$1,611**

SCHIDER Fritz 1846-1907 [7]
- Laubengang aus dichtem Unterholz - Oil/panel (44x58cm-17x23in) München 93 .... FF8 600 - £975 - **$1,805**
- Dame mit Kätzchen in Interieur - Oil/canvas (88x69cm-35x27in) Zofingen 92 .... FF61 400 - £6 270 - **$10,800**
- Pfirsiche - Aquarell/Papier (20x28cm-8x11in) Zürich 92 .... FF4 464 - £456 - **$786**

SCHIEDELBERGER Johann Nepomuk 1779-1853 [1]
- A la fontaine - Huile/toile (95x75cm-37x30in) Zürich 95 .... FF116 500 - £15 000 - **$23,700**

SCHIEDGES Petrus Paulus 1813-1876 [26]
- Dutch shipping vessels off a coast - Oil/canvas (50x73cm-20x29in) London 94 .... FF24 200 - £2 800 - **$4,140**

SCHIEDGES Petrus Paulus II 1860-1922 [10]
- Am See - Oil/canvas (47x63cm-19x25in) Köln 92 .... FF13 560 - £1 620 - **$2,610**
- Gathering wood - Watercolour (35x50cm-14x20in) Amsterdam 96 .... FF3 290 - £414 - **$648**

SCHIELE Egon 1890-1918 [216]
- Bekehrung - Oil/canvas (71x81cm-28x32in) New-York 97 .... FF1 - £1 - **$3**
- Wiese, Krumau - Öl/Leinwand (30x21cm-12x8in) Wien 94 .... FF342 000 - £39 600 - **$58,800**
- Akstudie - Oil/board (24x18cm-9x7in) New-York 95 .... FF908 000 - £114 500 - **$180,000**
- Kauernde - Etching (48x32cm-19x13in) Hamburg 93 .... FF105 100 - £12 550 - **$20,220**

🔥 Totenmaske - Plaster (19cm-7in) Wien 96 .... FF72 400 - £8 250 - **$13,870**
✎ Dr. V. Ritter Von Bauer - Watercolour, gouache (45x29cm-18x11in) New-York 97 ..... FF2 - £289 520 - **$470,000**
🖼 Herabgebeugter Mann - Gouache (46x31cm-18x12in) New-York 96 .... FF4 - £555 000 - **$830,000**
Selbst portrait - Gouache (48x31cm-19x12in) New-York 95 .... FF8 - £1 76e +06 - **$1**
Liegende frau - Crayon (22x43cm-9x17in) New-York 97 .... FF257 144 - £27 567 - **$45,000**
Weibliche, akte - Crayon (30x46cm-12x18in) New-York 97 .... FF514 287 - £55 134 - **$90,000**
Halbnackter torso - Watercolour, gouache (47x32cm-19x13in) New-York 97 .... FF971 431 - £104 142 - **$170,000**

SCHIELIN Robert 1860-1942 [2]
✎ Inselstadt Lindau - Aquarell/Papier (30x56cm-12x22in) Lindau 96 .... FF8 800 - £1 020 - **$1,688**

SCHIER Franz 1852-1922 [2]
🐦 The romantic suitor - Oil/canvas (11x95cm-4x37in) New-York 91 .... FF19 950 - £2 010 - **$3,462**

SCHIERMANN J. 1875-1950 [1]
🐦 The Good Samaritan - Oil/canvas (62x84cm-24x33in) Amsterdam 90 .... FF2 400 - £248 - **$424**

SCHIERTZ August Ferdinand 1804-1878 [1]
🐦 Sentries halting travellers - Oil/panel (34x47cm-13x19in) New-York 92 .... FF16 650 - £1 743 - **$3,000**

SCHIERTZ Franz Wilhelm 1813-1887 [5]
🐦 landskap - Oil/canvas (44x67cm-17x26in) Oslo 93 .... FF24 800 - £2 884 - **$4,260**
✎ Fischerbooten am Strand - Aquarell (25x38cm-10x15in) Heidelberg 92 .... FF1 693 - £197 - **$346**

SCHIESL Ferdinand 1775-1820 [1]
🐦 Aumühle zu Wasentegernbach - Oil/canvas (56x45cm-22x18in) München 90 .... FF10 200 - £1 043 - **$2,013**

SCHIESS Ernst Traugott 1872-1919 [13]
🐦 Botanikstudium - Öl/Karton (32x46cm-13x18in) Bern 94 .... FF6 060 - £702 - **$1,044**

SCHIESS Hans Rudolf 1904-1978 [6]
🐦 Das Auge - Oil/board (30x25cm-12x10in) Luzern 92 .... FF12 650 - £1 292 - **$2,227**

SCHIESS Tobias, Gustav 1925 [7]
✎ Le port - Technique mixte/papier (48x66cm-19x26in) Zofingen 94 .... FF4 880 - £579 - **$902**

SCHIESS Traugott 1834-1869 [9]
🐦 Alpenrosen - Öl/Papier (28x41cm-11x16in) Zürich 97 .... FF12 633 - £1 343 - **$2,179**
✎ Rheintall-Genfersee - Aquarell/Papier (23x30cm-9x12in) Zürich 95 .... FF5 100 - £646 - **$1,025**

SCHIESTL Karl 1899-1966 [3]
✎ Auf der Landstrasse - Mixed media/paper (30x40cm-12x16in) Wien 93 .... FF2 886 - £345 - **$555**

SCHIESTL Matthäus 1869-1939 [8]
🐦 St Wolfgang - Oil/panel (43x39cm-17x15in) Köln 91 .... FF23 150 - £2 321 - **$4,240**
🖼 Die heilige Familie - Lithograph (50x62cm-20x24in) München 92 .... FF1 530 - £157 - **$270**

SCHIESTL-ARDING Albert 1883-1937 [10]
✎ Kleines Dorf in Wäldchen - Öl/Leinwand (59x70cm-23x28in) Bremen 93 .... FF7 460 - £891 - **$1,435**
Blumenstilleben mit Tulpen - Öl/Leinwand (60x50cm-24x20in) Bremen 94 .... FF14 500 - £1 714 - **$2,670**
Frühlingsblumenstrauss und Büchern - Oil/panel (71x61cm-28x24in) Bremen 95 ...... FF22 750 - £2 920 - **$4,690**

SCHIESTL-HOLLAENDER Annemarie 1871-1942 [1]
🐦 Glockenblumen und Geranien - Oil/panel (98x72cm-39x28in) Bremen 95 .... FF2 435 - £316 - **$507**

SCHIETZOLD Robert August Rudolf 1842-1908 [4]
🐦 Heuernte - Öl/Leinwand (53x80cm-21x31in) Stuttgart 92 .... FF28 800 - £3 440 - **$5,540**

SCHIFANO Mario 1934 [296]
🐦 La finestra - Acrilico/tela (80x60cm-31x24in) Vercelli 93 .... FF9 150 - £1 027 - **$1,638**
Ballerino alla sbarra - Smalto/tela (142x208cm-56x82in) Roma 95 .... FF14 300 - £1 800 - **$2,900**
Notturno - Smalto (189x160cm-74x63in) Prato 97 .... FF20 440 - £2 400 - **$3,600**
Piazza Navona - Smalto (99x119cm-39x47in) Prato 97 .... FF64 600 - £7 600 - **$11,400**
Qualcos'altro - Smalto (160x160cm-63x63in) Milano 91 .... FF187 000 - £18 616 - **$32,157**
✎ Particolare di paesaggio - Collage/carta (151x99cm-59x39in) Milano 92 .... FF23 560 - £2 410 - **$4,150**

SCHIFF Robert 1869-1935 [2]
🐦 Bei der Toilette - Öl/Leinwand (121x76cm-48x30in) Wien 95 .... FF173 200 - £22 000 - **$34,500**

SCHIFFER Anton 1811-1876 [15]
🐦 Pfarrkirche in der Ramsau - Oil/panel (26x32cm-10x13in) Wien 92 .... FF43 300 - £5 170 - **$8,320**
🐦 Berchtesgaden - Oil/canvas (96x126cm-38x50in) Wien 96 .... FF160 000 - £19 400 - **$31,100**

SCHIFFER Franz 1885-1963 [3]
🐦 Blumenstilleben - Öl/Leinwand (63x50cm-25x20in) Lindau 93 .... FF2 713 - £334 - **$488**

SCHIFFERDECKER Heinz 1889-1924 [1]
🐦 Grosser Sommerblumenstrauss - Öl/Leinwand (98x74cm-39x29in) München 95 .... FF5 970 - £752 - **$1,195**

SCHIFFERLE Klaudia 1955 [4]
✎ Clown mit Koalabär - Aquarell (41x58cm-16x23in) Bern 93 .... FF5 520 - £660 - **$1,062**

SCHIFFMANN Joseph Niklaus 1822-1883 [2]
🐦 Der nächtliche musikant - Öl (58x38cm-23x15in) Zürich 94 .... FF24 300 - £2 860 - **$4,650**

SCHIFFMANN Jost Joseph Nikolaus 1822-1883 [4]
🐦 Nachtansicht eines städtischen Platzes - Oil/panel (45x32cm-18x13in) Zürich 93 ...... FF23 750 - £2 703 - **$4,030**

SCHIFFNER Gottlieb 1755-1795 [1]
🐦 Young girl - Oil/canvas (38x51cm-15x20in) Köbenhavn 96 .... FF8 910 - £1 154 - **$1,782**

SCHIKANEDER Jacob 1855-1924 [4]
🐦 Christmas market in Prague - Oil/canvas (59x43cm-23x17in) London 90 .... FF17 400 - £1 798 - **$3,074**

SCHILBACH Johann Heinrich 1798-1851 [2]
🐦 Mittelgebirgslandschaft - Oil/canvas (40x54cm-16x21in) Köln 90 .... FF310 900 - £32 118 - **$54,929**
🖼 Maison de paysan, canton de Berne - Aquatint (20x29cm-8x11in) Bern 92 .... FF4 090 - £418 - **$721**

S

SCHILCHER Friedrich 1811-1881 [3]
- The young shepherd - Oil/canvas (108x90cm-43x35in) London 93 .... FF12 000 - £1 500 - **$2,175**

SCHILD Carl 1831-1906 [1]
- Früchtestilleben - Oil/canvas (55x69cm-22x27in) Wien 90 .... FF9 600 - £1 028 - **$1,670**

SCHILDKNECHT Georg 1850-1939 [1]
- Die Zeitungslektüre - Öl/Karton (25x19cm-10x7in) Stuttgart 92 .... FF2 040 - £209 - **$359**

SCHILDT Carl 1851-1920 [1]
- Die neuen Hafen, Cuxhaven - Lithographie (41x60cm-16x24in) Hamburg 95 .... FF2 750 - £364 - **$557**

SCHILDT Martin 1867-1921 [2]
- Peeling potatoes - Oil/canvas (50x40cm-20x16in) Amsterdam 96 .... FF6 750 - £867 - **$1,331**

SCHILKING Heinrich 1815-1895 [2]
- Vinterlandskab - Oil/canvas (42x51cm-17x20in) København 92 .... FF5 690 - £680 - **$1,094**

SCHILL Adolf 1848-1911 [2]
- The restorer - Oil/panel (56x45cm-22x18in) London 95 .... FF43 900 - £5 500 - **$8,750**

SCHILL Emil 1870-1958 [10]
- Urnersee-Landschaft - Oil/canvas (79x99cm-31x39in) Bern 92 .... FF9 900 - £1 182 - **$1,903**

SCHILLE Alice 1869-1955 [4]
- Evening, Étaples - Watercolour (53x63cm-21x25in) New-York 96 .... FF15 580 - £1 984 - **$3,000**

SCHILLER Lawrence XX [5]
- M. Monroe in swimming pool - Silver print (26x33cm-10x13in) London 91 .... FF5 040 - £502 - **$867**

SCHILLING Alfons 1934 [2]
- Ohne Titel - Acrylic/canvas (300x212cm-118x83in) Wien 94 .... FF58 600 - £6 970 - **$11,140**
- Ohne Titel - Öl/Leinwand (309x310cm-122x122in) Wien 94 .... FF145 000 - £16 650 - **$24,800**

SCHILLING Bertha 1870-? [2]
- Wümmelandschaft bei Fischerhude - Öl/Leinwand (73x70cm-29x28in) Bremen 93 .... FF18 860 - £2 272 - **$3,685**

SCHILLING Erich 1885-1945 [1]
- Der Spalier der Nullköpfe - Ink (38x29cm-15x11in) Hamburg 94 .... FF2 470 - £293 - **$457**

SCHILLING Frede 1928 [6]
- Komposition - Oil/canvas (149x370cm-59x146in) Viby J, Århus 93 .... FF26 300 - £3 140 - **$5,050**
- Komposition - Watercolour (42x56cm-17x22in) Viby J, Århus 95 .... FF2 475 - £324 - **$506**

SCHILLMARK Nils 1745-1804 [1]
- A.M. Stenius/A. Stenius - Oil/canvas (60x49cm-24x19in) Helsinki 90 .... FF81 100 - £8 253 - **$16,219**

SCHILTER Hans 1918 [5]
- Feierstunde - Tecnica mista/tela (35x28cm-14x11in) Luzern 91 .... FF15 050 - £1 527 - **$2,718**

SCHIMA Elisabeth 1892-? [2]
- Interieur - Öl/Leinwand (55x45cm-22x18in) Wien 94 .... FF14 650 - £1 666 - **$2,484**

SCHIMA Rudolf XIX-XX [7]
- Alt-Wiener Ladenstrasse - Aquarell/Papier (12x19cm-5x7in) Wien 94 .... FF5 370 - £622 - **$924**

SCHIMMEL Jan 1948 [18]
- Composition - Huile/toile (105x78cm-41x31in) Verrières-Le-Buisson 91 .... FF3 600 - £360 - **$593**

SCHIMMELPENNIG Oswald XIX-XX [1]
- Minerva - Bronze (57cm-22in) Frankfurt 93 .... FF9 770 - £1 094 - **$1,640**

SCHIMMELPENNINCK Gerrit 1759-1818 [2]
- Woman selling Vegetables at the market
  Oil/canvas (97x123cm-38x48in) Amsterdam 97 .... FF30 012 - £3 193 - **$5,222**

SCHIMMELPENNING Jochen 1948 [2]
- Lot's weib - Acrylic/panel (55x38cm-22x15in) München 96 .... FF6 100 - £765 - **$1,177**

SCHINAGEL Emil 1899-1934 [6]
- Ulica w Malym Miescie - Huile/toile (38x55cm-15x22in) Warszawa 93 .... FF20 750 - £2 124 - **$3,440**

SCHINDLER Albert 1805-1861 [5]
- Portrait of a young boy - Watercolour/paper (23x19cm-9x7in) Wien 96 .... FF3 675 - £476 - **$735**

SCHINDLER Carl 1821-1842 [6]
- Der firerende Wachposten - Watercolour (19x13cm-7x5in) Wien 95 .... FF7 830 - £1 015 - **$1,594**

SCHINDLER Jakob Emil 1842-1892 [27]
- Bord de fleuve - Huile/panneau (21x32cm-8x13in) Paris 97 .... FF75 000 - £8 183 - **$13,110**
- An der Tulln, Plankenberg - Oil/panel (77x103cm-30x41in) Wien 92 .... FF625 000 - £74 700 - **$120,200**
- Bauerngehöft - Pencil/paper (21x30cm-8x12in) Wien 93 .... FF24 750 - £2 840 - **$4,115**

SCHINDLER Osmar 1869-1927 [1]
- Im Lampenschein - Oil/canvas (62x96cm-24x38in) Stockholm 95 .... FF12 120 - £1 602 - **$2,456**

SCHINDLER Rudolf Emil 1914-? [1]
- Lötschental - Öl/Leinwand (60x85cm-24x33in) Bern 93 .... FF2 770 - £319 - **$476**

SCHINDLER Theodor 1870-? [3]
- Schnauzbärtiger Arbeiter - Oil/canvas (91x73cm-36x29in) Stuttgart 90 .... FF3 400 - £364 - **$591**
- Niederbayrische Landschaft - Oil/panel (36x52cm-14x20in) Frankfurt 93 .... FF25 430 - £3 040 - **$4,890**

SCHINDLER Thomas 1870-1950 [5]
- Strassen Szene - Huile/toile (210x250cm-83x98in) Versailles 91 .... FF48 000 - £4 813 - **$7,923**

SCHINDLER Thomas 1959 [4]
- Engel I - Huile/toile (183x220cm-72x87in) Paris 95 .... FF35 000 - £4 540 - **$7,220**

SCHINKEL Karl Friedrich 1781-1841 [16]
- Die Pulverturm in Meran - Pencil/paper (25x33cm-10x13in) London 95 .... FF42 800 - £5 500 - **$8,640**
- Eine gotische Kathedrale - Watercolour (24x22cm-9x9in) London 95 .... FF662 000 - £85 000 - **$133,600**

SCHINKEL Theodor 1871-? [1]
- Flusslandschaft - Öl/Karton (25x39cm-10x15in) Bremen 93 .... FF2 035 - £243 - **$392**

SCHINNAGL Maximilian 1697-1762 [5]
- Landschaft mit Äpfel - Oil/panel (14x21cm-6x8in) Wien 94 .... FF19 530 - £2 260 - **$3,360**

SCHINZEL Erwin A. 1919 [2]
- Nach dem Bade - Bronze (58cm-23in) München 96 .... FF7 120 - £893 - **$1,374**

SCHINZEL Reinhart 1879-1954 [2]
- Gesäuse im Ennstal mit dem Ödstein - Öl/Karton (45x33cm-18x13in) Salzburg 94 .... FF4 870 - £577 - **$900**

SCHIÖDTE Harald Valdemar I. 1852-1924 [3]
- La visite du fiancé - Huile/toile (68x77cm-27x30in) Paris 89 .... FF115 000 - £12 118 - **$19,360**

SCHIÖLER Inge 1908-1971 [219]
- Vinterlandskap - Oil/canvas (37x41cm-15x16in) Stockholm 94 .... FF19 800 - £2 326 - **$3,720**
- Solig sommardag - Oil/canvas (54x65cm-21x26in) Stockholm 94 .... FF41 200 - £4 780 - **$7,100**
- Sommarang, Koster - Oil/canvas (74x83cm-29x33in) Stockholm 96 .... FF91 400 - £11 800 - **$17,900**
- Strömstad - Oil/canvas (73x92cm-29x36in) Stockholm 94 .... FF251 700 - £29 800 - **$46,500**
- Måskär - Lithograph (52x64cm-20x25in) Göteborg 92 .... FF3 705 - £443 - **$713**
- Flowers - Gouache (43x37cm-17x15in) Stockholm 95 .... FF12 970 - £1 697 - **$2,600**
- Pingstliljor - Gouache (60x41cm-24x16in) Stockholm 95 .... FF41 700 - £5 270 - **$8,360**

SCHIØTT August 1823-1895 [17]
- Nude boy on the beach - Oil/canvas (80x57cm-31x22in) Köbenhavn 95 .... FF6 190 - £760 - **$1,206**
- Baignade, Aalsgarde - Huile/toile (176x225cm-69x89in) Calais 94 .... FF79 000 - £9 210 - **$13,840**

SCHIØTT Elisabeth 1856-1938 [2]
- Landscape - Oil/canvas (83x108cm-33x43in) Köbenhavn 95 .... FF3 546 - £452 - **$698**

SCHIØTTZ-JENSEN Niels Frederik 1855-1941 [50]
- Water carrier, Italy - Oil/canvas (65x44cm-26x17in) Viby J, Århus 94 .... FF3 520 - £422 - **$657**
- Arabs in a street, Tunis - Oil/canvas (69x54cm-27x21in) London 95 .... FF10 320 - £1 200 - **$2,106**
- Young woman seated - Oil/canvas (78x56cm-31x22in) Köbenhavn 95 .... FF59 000 - £7 330 - **$11,500**

SCHIPPERS Joseph 1868-1950 [18]
- Le vieux politique - Huile/panneau (27x20cm-11x8in) Bruxelles 94 .... FF8 630 - £1 013 - **$1,538**
- Monkeys making music - Oil/canvas (62x83cm-24x33in) Amsterdam 96 .... FF54 000 - £6 780 - **$10,610**

SCHIPPERS Wim T. 1942 [4]
- Hier is hulp - Collage/paper (55x41cm-22x16in) Amsterdam 92 .... FF3 640 - £373 - **$641**

SCHIPPERUS Pieter Adriaan C. 1840-1929 [21]
- Shipping on an estuary,Rotterdam - Oil/canvas (56x84cm-22x33in) London 96 .... FF11 780 - £1 500 - **$2,270**
- Figure on the waterfront - Watercolour (12x19cm-5x7in) Amsterdam 94 .... FF3 965 - £461 - **$683**

SCHIRM Carl Cowen 1852-1928 [5]
- Winter landscape - Oil/canvas (71x91cm-28x36in) New Orleans, Louisiana 94 .... FF10 450 - £1 208 - **$1,800**

SCHIRMER Johann Wilhelm 1807-1863 [52]
- Römischen Campagna - Öl/Leinwand (60x120cm-24x47in) Köln 94 .... FF57 800 - £6 740 - **$10,130**
- Felsental in Deutschland - Aquarell (55x68cm-22x27in) Hamburg 92 .... FF5 780 - £592 - **$1,017**
- Arcadian landscape - Pencil (20x28cm-8x15in) London 93 .... FF24 600 - £2 800 - **$4,170**

SCHIRMER Paul XIX-XX [2]
- Portraits - Aquarell/Papier (27x17cm-11x7in) Zofingen 93 .... FF3 380 - £407 - **$618**

SCHIRMER Wilhelm August 1802-1866 [3]
- Olevano - Öl/Papier (30x45cm-12x18in) Bremen 93 .... FF6 780 - £810 - **$1,305**

SCHIRREN Ferdinand 1872-1944 [46]
- Paysage - Technique mixte (67x76cm-26x30in) Antwerpen 93 .... FF42 040 - £4 810 - **$7,150**
- Vase de fleurs - Aquarelle (52x39cm-20x15in) Bruxelles 96 .... FF9 050 - £1 151 - **$1,740**
- Fleurs et statuette - Aquarelle (67x83cm-26x33in) Bruxelles 95 .... FF31 000 - £4 015 - **$6,310**

SCHISCHKIN Ivan Hanovitch 1831-1898 [3]
- Skogsinteriör - Oil/canvas (28x36cm-11x14in) Stockholm 92 .... FF7 410 - £885 - **$1,425**
- Flicka på vårvinterpromenad - Oil/canvas (54x40cm-21x16in) Stockholm 90 .... FF46 800 - £4 763 - **$9,359**

SCHITZ Jules Nicolas 1817-1871 [2]
- Saint-André, le matin, près de Troyes - Huile/toile (34x61cm-13x24in) Troyes 94 .... FF15 000 - £1 773 - **$2,766**

SCHIVERT Viktor 1863-? [9]
- Wein, weib und Gesang - Oil/canvas (93x76cm-37x30in) Stockholm 96 .... FF5 980 - £773 - **$1,145**

SCHIWETZ Berthold Tex 1909-1971 [4]
- Jonah in the Whale - Bronze (46cm-18in) Bloomfield Hills, Michigan 93 .... FF30 250 - £3 790 - **$5,500**

SCHJELDERUP Lejs, Georgia Elise 1856-1933 [5]
- Fischerkinder am Strand - Öl/Leinwand (103x153cm-41x60in) München 92 .... FF40 600 - £4 720 - **$8,290**

SCHJERFBECK Helene 1862-1946 [81]
- Fragment - Oil/canvas (32x24cm-13x9in) Stockholm 96 .... FF1 e +06 - £124 600 - **$193,000**
- Fäktaren - Oil/canvas (34x23cm-13x9in) Stockholm 94 .... FF115 600 - £13 820 - **$22,240**
- Cirkusflickan - Oil/canvas (43x36cm-17x14in) Helsinki 93 .... FF543 000 - £61 300 - **$89,300**
- Kostymbild - Color lithograph (45x27cm-18x11in) Stockholm 94 .... FF17 850 - £2 095 - **$3,180**
- Girl with flowing hair - Watercolour (67x36cm-26x14in) London 95 .... FF118 400 - £15 000 - **$23,800**
- Flickan vid staketet - Akvarell (45x35cm-18x14in) Stockholm 92 .... FF471 000 - £48 250 - **$33,000**

SCHLABITZ Adolf Gustav 1854-1943 [3]
- Kapelle bei Rappoldsweiler - Oil/panel (50x25cm-20x10in) München 93 .... FF18 920 - £2 144 - **$3,200**
- Bauernhaus in Tirol - Woodcut in colors (57x61cm-22x24in) Frankfurt 91 .... FF5 070 - £515 - **$916**
- Haus in Brixlegg - Gouache/board (95x69cm-37x27in) Köln 92 .... FF5 430 - £648 - **$1,044**

SCHLAGETER Karl 1894-1978 [28]
- Frauenakt mit Amaryllis - Oil/canvas (90x65cm-35x26in) München 92 .... FF8 500 - £870 - **$1,497**
- Gemüsegarten - Mischtechnik/Papier (20x24cm-8x9in) Bern 94 .... FF4 130 - £495 - **$802**

S

SCHLAIKJER Jes William 1897-1982 [2]
🔲 *South Dakota Evening*
    Oil/canvas (101x132cm-40x52in) San Francisco-Los Angeles 95............ FF37 400 - £4 910 - **$7,500**
SCHLAPAK J. 1929 [2]
🔲 *Roses - Huile/toile (57x57cm-22x22in) Bruxelles 92*............ FF4 270 - £497 - **$872**
SCHLATER Alexander Georg 1834-1879 [2]
🔲 *Die Fabel von Reinecke Fuchs - Öl/Leinwand (84x122cm-33x48in) Lindau 93*............ FF27 130 - £3 240 - **$5,220**
SCHLATTER Ernst Emil 1883-1954 [14]
🔲 *Extensive alpine landscape - Oil/canvas (79x122cm-31x48in) London 93*............ FF7 460 - £850 - **$1,267**
🔲 *Rhatische Bahn - Poster (104x69cm-41x27in) London 96*............ FF4 450 - £550 - **$860**
SCHLEGEL August Friedrich 1828-1895 [6]
🔲 *Still life with mask and artifacts - Oil/canvas (52x45cm-20x18in) New-York 96*............ FF21 000 - £2 720 - **$4,200**
🔲 *Krautinsel, Chiemsee - Watercolour (16x23cm-6x9in) München 96*............ FF1 630 - £186 - **$312**
SCHLEGEL Eva 1960 [2]
🔲 *Ohne Titel - Enamel/panel (27x27cm-11x11in) Köln 94*............ FF6 840 - £803 - **$1,218**
🔲 *Pelzchen - Screenprint (71x44cm-28x17in) Wien 96*............ FF1 924 - £245 - **$371**
SCHLEGEL Friedrich 1865-1935 [4]
🔲 *Drei Odalisken im Harem - Oil/canvas (90x123cm-35x48in) München 91*............ FF23 660 - £2 372 - **$3,906**
SCHLEGEL Grete 1897-1987 [1]
🔲 *Die freundliche Stadt - Aquarell (75x54cm-30x21in) Köln 89*............ FF8 800 - £900 - **$1,415**
SCHLEGEL Herbert Rolf 1889-1972 [8]
🔲 *Blumenstilleben - Öl/Leinwand (60x50cm-24x20in) Köln 96*............ FF6 800 - £774 - **$1,300**
🔲 *Liegende - Aquarell (17x28cm-7x11in) Hamburg 94*............ FF1 527 - £181 - **$282**
SCHLEGEL Julius c.1830-c.1880 [3]
🔲 *Wooded landscape near Rome - Oil/canvas (54x97cm-21x38in) Köbenhavn 95*............ FF47 200 - £5 870 - **$9,200**
SCHLEGELL von G. William 1877-1950 [1]
🔲 *Bright Interior - Oil/canvas (61x46cm-24x18in) New-York 93*............ FF3 384 - £387 - **$600**
SCHLEICH August 1814-1865 [4]
🔲 *Gebirgslandschaft mit Gamswild - Öl/Leinwand (58x46cm-23x18in) Pforzheim 93*............ FF6 100 - £730 - **$1,174**
SCHLEICH Eduard I 1812-1874 [32]
🔲 *Seeufer bei Mondlicht - Öl/Leinwand (39x28cm-15x11in) München 93*............ FF13 560 - £1 620 - **$2,610**
🔲 *Dachauer Moor - Öl/Leinwand (57x108cm-22x43in) Stuttgart 96*............ FF65 900 - £8 190 - **$12,800**
🔲 *Morgenstimmung - Oil/panel (31x85cm-12x33in) München 92*............ FF203 400 - £24 300 - **$39,100**
SCHLEICH Eduard II 1853-1893 [10]
🔲 *Entenjagd in Moorlandschaft - Öl/Leinwand (60x119cm-24x47in) München 93*............ FF23 740 - £2 835 - **$4,570**
🔲 *An Angler by Moonlight (35x84cm-14x33in) Wien 96*............ FF110 300 - £13 380 - **$21,460**
SCHLEICH Franz Xaver 1869-1911 [2]
🔲 *Nordturm der Stephanskirche, Wien - Aquarell/Papier (28x19cm-11x7in) Wien 93*............ FF2 886 - £345 - **$555**
🔲 *Der Michaelerplatz in Wien - Aquarell/Papier (26x36cm-10x14in) Wien 92*............ FF26 450 - £3 160 - **$5,090**
SCHLEICH Hans 1834-1912 [1]
🔲 *River landscape with hay cart - Oil/canvas (41x66cm-16x26in) Warszawa 93*............ FF14 670 - £1 600 - **$2,460**
SCHLEICH Robert 1845-1934 [31]
🔲 *Feldlager und Bauern - Oil/panel (16x20cm-6x8in) Köln 94*............ FF22 340 - £2 660 - **$4,210**
🔲 *Bailing hay - Oil/board (12x10cm-5x4in) New-York 95*............ FF39 900 - £4 820 - **$7,500**
🔲 *Bayerische Voralpenlandschaft - Öl/Leinwand (54x90cm-21x35in) Köln 94*............ FF102 800 - £12 070 - **$18,000**
SCHLEICHER Hans 1887-? [1]
🔲 *Scène de taverne - Huile/toile (32x27cm-13x11in) Paris 94*............ FF5 500 - £641 - **$971**
SCHLEIDEN Eduard 1809-c.1883 [2]
🔲 *Die Rast - Oil/canvas (34x39cm-13x15in) Bremen 92*............ FF13 260 - £1 358 - **$2,334**
SCHLEISNER Christian Andreas 1810-1882 [34]
🔲 *Hanging mallards - Oil/canvas (25x20cm-10x8in) Vejle 94*............ FF4 870 - £572 - **$868**
🔲 *Pulling a tooth - Oil/canvas (62x49cm-24x19in) San Francisco-Los Angeles 93*............ FF10 450 - £1 310 - **$1,900**
🔲 *Knabe auf der Schulter - Öl/Leinwand (27x19cm-11x7in) Wien 93*............ FF29 300 - £3 324 - **$4,980**
SCHLEISS Emilie 1880-1962 [1]
🔲 *Flötsspielender Faun - Ceramic (66cm-26in) Wien 93*............ FF9 780 - £1 108 - **$1,653**
SCHLEISS Franz 1884-1968 [1]
🔲 *Eisopgel - Ceramic (11cm-4in) Wien 96*............ FF5 310 - £685 - **$1,040**
SCHLEISS-SIMANDL Emilie 1880-1962 [7]
🔲 *Aufsatz - Ceramic (19cm-7in) Wien 95*............ FF9 110 - £1 140 - **$1,840**
SCHLEMMER Oskar 1888-1943 [37]
🔲 *Stuttgarter Kirche in Weinbergen - Oil/canvas (58x43cm-23x17in) Berlin 91*............ FF186 000 - £18 516 - **$31,985**
🔲 *Geneigter Kopf nach links - Oil/canvas/panel (20x32cm-8x13in) London 94*............ FF629 000 - £75 000 - **$118,300**
🔲 *HK - Wash (55x40cm-22x16in) London 91*............ FF1 - £132 144 - **$240,851**
🔲 *Drama und Lustspiel I - Ink (20x28cm-8x11in) München 94*............ FF116 600 - £13 810 - **$21,550**
SCHLESINGER Adam Johann 1759-1829 [1]
🔲 *Still lives - Oil/panel (25x19cm-10x7in) London 93*............ FF87 100 - £10 500 - **$15,230**
SCHLESINGER Carl 1825-1893 [3]
🔲 *Badende Kinder - Öl/Leinwand (38x46cm-15x18in) München 94*............ FF33 600 - £3 980 - **$6,210**
SCHLESINGER Felix 1833-1910 [29]
🔲 *Visit from grandfather - Oil/canvas (40x48cm-16x19in) New-York 92*............ FF50 000 - £5 230 - **$9,000**
🔲 *Over the fence - Oil/canvas (42x32cm-17x11in) New-York 96*............ FF130 000 - £16 830 - **$26,000**
🔲 *Alt und Jung - Oil/panel (51x68cm-20x27in) New-York 97*............ FF228 180 - £24 596 - **$40,000**
SCHLESINGER Henry Guillaume 1814-1893 [10]
🔲 *Jeune femme et son enfant - Oil/canvas (81x66cm-32x26in) New-York 95*............ FF66 400 - £8 270 - **$13,000**

Blind Man's Buff - Oil/canvas (71x90cm-28x35in) London 94 .... FF*240 000* - £*28 000* - **$42,100**
SCHLESINGER Johann Jacob 1792-1855 [1]
Älteren Herrn im schwarzem Frack - Öl/Metall (32x26cm-13x10in) Heidelberg 96 .... FF*13 540* - £*1 672* - **$2,616**
SCHLESINGER Samuel 1876-1986 [2]
🖼 *The Way to the Mount Zion* - Oil/canvas (73x55cm-29x22in) Tel Aviv 95 .... FF*12 280* - £*1 554* - **$2,400**
SCHLETTE Engelina Helena 1875-1954 [1]
🖼 *Portrait of a lady* - Oil/panel (17x13cm-7x5in) Amsterdam 90 .... FF*9 000* - £*957* - **$1,610**
SCHLEY van der Jakob 1715-1779 [2]
✐ *Illustrations to Classical texts (4)* - Ink (6x13cm-2x5in) London 96 .... FF*1 550* - £*200* - **$304**
SCHLICHTER Rudolf 1890-1955 [61]
🖼 *Speedy Schlichter* - Oil/canvas (115x100cm-45x39in) München 91 .... FF*84 500* - £*8 412* - **$14,531**
🖼 *Schwebendes Liebespaar* - Etching, aquatint (24x20cm-9x8in) Heidelberg 96 .... FF*4 670* - £*577* - **$903**
✐ *Junger Manne* - Watercolour (56x46cm-22x18in) Stuttgart 96 .... FF*20 250* - £*2 454* - **$3,940**
Freundinnen - Watercolour, gouache (52x40cm-20x16in) Berlin 94 .... FF*89 300* - £*10 670* - **$16,700**
SCHLICHTING Max 1866-1937 [4]
🖼 *Saganer Schlosspark mit Schloss* - Öl/Leinwand (61x50cm-24x20in) Bremen 95 .... FF*6 260* - £*812* - **$1,304**
SCHLICHTING-CARLSEN Carl 1852-1903 [10]
🖼 *Landscape, Hellebaek* - Oil/canvas (52x78cm-20x31in) København 95 .... FF*13 260* - £*1 628* - **$2,583**
SCHLICTER Rudolf 1890-1955 [2]
🖼 *Frauenporträt in Mondslandschaft* - Oil/board (52x53cm-20x21in) London 89 .... FF*32 900* - £*3 274* - **$5,197**
✐ *Speedy, 1937* - Acquarello/carta (76x56cm-30x22in) Roma 89 .... FF*114 400* - £*12 055* - **$19,259**
SCHLIECKER August Eduard 1833-1911 [2]
🖼 *Motiv från Belgien* - Oil/canvas (71x47cm-28x19in) Stockholm 96 .... FF*17 600* - £*2 240* - **$3,470**
Sommer im Alpendorf - Öl/Leinwand (51x41cm-20x16in) Bremen 94 .... FF*41 400* - £*4 900* - **$7,630**
SCHLIEPSTEIN Gerhard 1886-1963 [4]
🗿 *Sitzender, weiblicher Akt* - Bronze (22cm-9in) Bremen 93 .... FF*2 374* - £*284* - **$457**
SCHLIER Michael 1744-1807 [2]
🖼 *Baroque church interior* - Oil/panel (45x57cm-18x22in) London 93 .... FF*34 760* - £*4 000* - **$6,000**
SCHLIESSER Thomas 1955 [3]
🖼 *Farbentresser* - Oil/canvas (38x152cm-15x60in) London 96 .... FF*2 310* - £*280* - **$450**
SCHLIESSMANN Hans 1852-1920 [1]
✐ *Comme il faut* - Aquarelle/papier (12x21cm-5x8in) Bruxelles 92 .... FF*2 160* - £*221* - **$415**
SCHLIMARSKI Hans 1859-1913 [2]
🖼 *Baile de Salomé* - Oleo/lienzo (80x120cm-31x47in) Madrid 92 .... FF*16 930* - £*1 967* - **$3,455**
✐ *Traum I* - Chalks (60x94cm-24x37in) Wien 92 .... FF*10 580* - £*1 230* - **$2,160**
SCHLIPF Eugen 1869-? [1]
🗿 *Nude girl with trumpets* - Copper electrotype/marble base (83cm-33in) London 92 .... FF*5 370* - £*550* - **$946**
SCHLIPPENBACH von Paul Freiherr 1869-1933 [1]
🖼 *Santa Maria della Salute* - Öl/Leinwand (67x82cm-26x32in) München 93 .... FF*8 470* - £*1 013* - **$1,630**
SCHLITT Heinrich 1849-1923 [8]
🖼 *Sitting for a portrait* - Oil/panel (32x44cm-13x17in) New-York 94 .... FF*27 800* - £*3 214* - **$4,750**
SCHLITTGEN Hermann 1859-1930 [2]
✐ *Damenplauderei auf dem Rennplatz* - Ink (49x39cm-19x15in) München 96 .... FF*2 500* - £*324* - **$495**
SCHLOBACH Willy 1865-1951 [6]
🖼 *Paysage sablonneux* - Huile/toile (32x52cm-13x20in) Bruxelles 97 .... FF*14 706* - £*1 593* - **$2,601**
SCHLOEMANN Eduard 1888-1940 [4]
🖼 *Hafenansicht* - Öl/Leinwand (60x100cm-24x39in) Bremen 92 .... FF*4 750* - £*567* - **$913**
SCHLOESSER Carl 1832-1914 [2]
🖼 *Bazarszene* - Oil/canvas (62x47cm-24x19in) Stuttgart 91 .... FF*27 240* - £*2 731* - **$4,989**
✐ *La Répétition générale* - Mine plomb (22x29cm-9x11in) Paris 93 .... FF*2 300* - £*277* - **$419**
SCHLÖGL von Josef 1851-? [3]
🖼 *Am Gletscher* - Oil/panel (32x43cm-13x17in) München 94 .... FF*27 400* - £*3 243* - **$5,000**
SCHLÖSSER Bernardt 1802-1859 [1]
🖼 *Praying for the sick child* - Oil/canvas (52x48cm-20x19in) London 92 .... FF*29 300* - £*3 000* - **$5,170**
SCHLÖSSER Carl 1832-c.1915 [1]
🖼 *Kleiner Junge* - Oil/panel (30x20cm-12x8in) Stuttgart 95 .... FF*21 000* - £*2 694* - **$4,330**
SCHLÖSSER Gérard 1931 [48]
🖼 *Palmier* - Acrylique/toile (131x195cm-52x77in) Paris 96 .... FF*13 500* - £*1 680* - **$2,620**
C'était bien à 17h23 - Acrylique/toile (130x97cm-51x38in) Versailles 97 .... FF*31 000* - £*3 277* - **$5,320**
Sans titre - Acrylique/toile (178x285cm-70x112in) Versailles 96 .... FF*59 000* - £*7 650* - **$11,550**
SCHLÖSSER Hermann Julius 1832-1894 [1]
🖼 *La Naissance de Vénus* - Huile/toile (259x202cm-102x80in) Paris 95 .... FF*300 000* - £*38 400* - **$60,300**
SCHLOSSMACHER Gertrud 1917-1996 [18]
🖼 *Ruine* - Öl/Karton (38x46cm-15x18in) Frankfurt 97 .... FF*2 025* - £*218* - **$356**
SCHLÖTH Lukas Ferdinand 1818-1891 [1]
🗿 *Leda and the Swan* - Marble (32cm-13in) London 96 .... FF*110 000* - £*14 000* - **$21,160**
SCHLOTTER Eberhard 1921 [19]
🖼 *Watt und Alte Wände II* - Oil/canvas (50x70cm-20x28in) Köln 92 .... FF*20 340* - £*2 430* - **$3,914**
🖼 *Stilleben mit Krug* - Monotype (50x29cm-20x11in) Heidelberg 94 .... FF*1 714* - £*206* - **$333**
✐ *Paar beim Liebespiel* - Pencil (67x49cm-26x19in) Heidelberg 96 .... FF*5 090* - £*657* - **$996**

S

SCHLUBECK Arthur 1875-? [1]
Ostseestrand - Öl/Leinwand (60x75cm-24x30in) Berlin 95 .... FF26 700 - £3 320 - **$5,220**

SCHLUMBERGER Eugène J. 1875-1960 [2]
Le Sacré-Coeur - Huile/papier (55x44cm-22x17in) Neuilly 89 .... FF6 000 - £632 - **$1,010**

SCHLUMBERGER Joele XX [5]
Sans titre - Construction (24x24cm-9x9in) Paris 91 .... FF2 100 - £215 - **$392**

SCHLÜTER Adolf 1890-? [2]
Heiligenblut in der Schweiz - Oil/canvas (51x70cm-20x28in) München 92 .... FF4 070 - £487 - **$783**

SCHLÜTER August 1858-1928 [14]
Garmisch-Partenkirchen - Oil/canvas (40x53cm-16x21in) Wien 97 .... FF4 810 - £485 - **$835**
Villen und Gärten am Ufer eines Sees - Aquarell (42x39cm-17x15in) Köln 92 .... FF3 230 - £331 - **$569**

SCHMAEDEL von Max 1856-? [2]
The grapes of Wrath - Oil/canvas (85x159cm-33x63in) London 93 .... FF52 000 - £6 500 - **$9,420**

SCHMALIX Hubert 1952 [101]
Ohne Titel - Acryl/Leinwand (65x65cm-26x26in) Wien 97 .... FF11 990 - £1 265 - **$2,073**
Ohne Titel - Acryl/Leinwand (90x120cm-35x47in) Wien 97 .... FF21 564 - £2 268 - **$3,703**
Der Ball - Öl/Leinwand (200x180cm-79x71in) Wien 97 .... FF52 558 - £5 588 - **$9,064**
Cypress Park-Jesus Christ I - Öl/Leinwand (176x134cm-69x53in) Wien 96 .... FF134 600 - £17 150 - **$25,930**
Der Zeichner - Watercolour, gouache (49x64cm-19x25in) Wien 97 .... FF8 146 - £856 - **$1,399**
Köpfe - Gouache/paper (38x50cm-15x20in) Wien 97 .... FF13 418 - £1 411 - **$2,304**

SCHMALZ Herbert Gustave 1857-1935 [7]
Iphigenia - Oil/panel (35x23cm-14x9in) London 91 .... FF15 870 - £1 599 - **$2,754**
The perfect model - Engraving (68x34cm-27x13in) London 96 .... FF3 900 - £500 - **$769**

SCHMALZIGAUG Jules 1882-1917 [28]
Composition - Huile/toile (96x105cm-38x41in) Bruxelles 93 .... FF511 000 - £61 100 - **$104,300**
Vue de Delft - Pastel (39x24cm-15x9in) Lokeren 95 .... FF44 850 - £5 600 - **$8,790**

SCHMAUSER Karl 1883-? [1]
Löningen - Oil/canvas (46x62cm-18x24in) Bremen 92 .... FF3 230 - £331 - **$569**

SCHMEIDLER Carl Gottlob 1772-1838 [2]
A young Lady/Flora Paterson - Miniature (6cm-2in) London 96 .... FF6 970 - £900 - **$1,347**

SCHMELZER Johann Bernhard 1833-? [6]
Bühlau bei Dresden - Aquarell (19x26cm-7x10in) Heidelberg 92 .... FF2 380 - £244 - **$419**

SCHMETTERLING Christiana Josepha 1796-1840 [1]
Flowers in an urn on a stone ledge - Watercolour (46x36cm-18x14in) London 93 .... FF58 100 - £7 000 - **$10,150**

SCHMETTERLING Josef Adolf c.1751-1828 [2]
J.A. Wildenstein und Anna Cath. - Ink/paper (21x13cm-8x5in) Stuttgart 93 .... FF2 544 - £304 - **$490**

SCHMETZ Wilhelm 1890-? [2]
Canal with Figure, Amsterdam - Oil/board (69x89cm-27x35in) Amsterdam 97 .... FF6 002 - £639 - **$1,044**

SCHMID Adolf 1867-? [1]
Enfant aux chats - Bronze (29cm-11in) Montréal 95 .... FF4 350 - £573 - **$874**

SCHMID David Alois 1791-1861 [9]
Thoun, Niesen et Stokhorn - Aquatint (15x24cm-6x9in) Bern 92 .... FF2 976 - £304 - **$524**
Brunnen gegen die drei Mythen - Watercolour (28x40cm-11x16in) Zürich 92 .... FF95 100 - £11 360 - **$18,300**

SCHMID Erich 1908 [2]
La rue - Huile/toile (75x54cm-30x21in) Paris 96 .... FF6 500 - £838 - **$1,273**

SCHMID Franz 1796-1851 [2]
Chaîne des Alpes depuis Berne - Etching in colors (15x90cm-6x35in) Zürich 91 .... FF12 670 - £1 270 - **$2,091**
Bauernhaus im kanton obwalden - Aquarell/Papier (19x28cm-7x11in) Zürich 94 .... FF14 200 - £1 672 - **$2,720**

SCHMID Georg 1866-? [1]
In der Au in München - Oil/canvas (30x40cm-12x16in) München 91 .... FF2 052 - £211 - **$382**

SCHMID Henri 1924 [5]
Mailandschaft im Thurtal - Öl/Leinwand (73x110cm-29x43in) Zürich 95 .... FF21 230 - £2 690 - **$4,270**

SCHMID Hermann 1870-? [2]
Die Rotenturmstrasse - Aquarell/Papier (53x37cm-21x15in) Wien 96 .... FF8 820 - £1 142 - **$1,764**

SCHMID Julius 1854-1935 [1]
Krankenlager mit Mutter - Öl/Leinwand (42x58cm-17x23in) Lindau 96 .... FF6 080 - £785 - **$1,174**

SCHMID Konrad 1899-1958 [4]
Zürcher Künstlermaskenball - Oil/canvas (65x81cm-26x32in) Luzern 90 .... FF9 400 - £971 - **$1,661**

SCHMID Mathias 1835-1923 [9]
Die kleine Tierärztin - Oil/canvas (93x76cm-37x30in) München 92 .... FF136 000 - £13 920 - **$23,940**

SCHMID Richard XX [4]
Manhattan - Oil/canvas (61x92cm-24x36in) New-York 92 .... FF15 920 - £1 850 - **$3,250**

SCHMID Wilhelm 1892-1971 [24]
Stadt in Südfrankreich - Öl/Leinwand (50x65cm-20x26in) Luzern 94 .... FF22 500 - £2 640 - **$4,004**
Ansicht von Siena - Huile/panneau (101x126cm-40x50in) Zürich 96 .... FF135 800 - £17 600 - **$26,850**

SCHMID-BREITENBACH Franz Xaver 1857-1927 [1]
Die hohe Zeche - Oil/panel (50x40cm-20x16in) München 94 .... FF6 160 - £730 - **$1,124**

SCHMID-FICHTELBERG Josef Anton 1877-? [2]
Princetie - Oil/canvas (53x40cm-21x16in) Wien 92 .... FF3 850 - £394 - **$678**

SCHMIDBAUER Karl 1921-? [2]
Le pêcheur à la mare - Huile/toile Provins 92 .... FF2 600 - £266 - **$458**

SCHMIDBAUER Ludwig Gottfried 1890-1974 [6]
Haus in Positano - Öl/Leinwand (59x69cm-23x27in) Düsseldorf 96 .... FF3 890 - £494 - **$747**

SCHMIDHAMMER Arpad 1857-1921 [3]
Illustrationen für Jugend - Drawing Berlin 91 .... FF1 860 - £189 - **$336**

SCHMIDIGER Alfred 1892-1977 [2]
Selbstporträt, 1947 - Oil/canvas (26x24cm-10x9in) Luzern 90 .... FF3 700 - £394 - **$662**

SCHMIDL-WAEHNER Trude 1900-1979 [1]
Olivenhain - Gouache (38x48cm-15x19in) Zofingen 95 .... FF1 910 - £242 - **$385**

SCHMIDLIN Adolf 1868-? [1]
Young boy in an interior - Oil/canvas (56x48cm-22x19in) New-York 95 .... FF2 660 - £321 - **$500**

SCHMIDT Adolf 1827-1880 [2]
Bäuerliches Pferderennen - Oil/cardboard (26x37cm-10x15in) München 94 .... FF44 200 - £5 160 - **$7,750**

SCHMIDT Albert 1883-1970 [33]
Bergwiese mit Steinen - Öl/Leinwand (33x41cm-13x16in) Zürich 95 .... FF5 930 - £769 - **$1,234**
Frau mit Last - Öl/Karton (41x31cm-16x12in) Zürich 94 .... FF10 900 - £1 264 - **$1,880**

SCHMIDT Alfred 1867-? [2]
Chiemseelandschaft - Oil/canvas (46x54cm-18x21in) Stuttgart 90 .... FF13 500 - £1 445 - **$2,348**

SCHMIDT Allan 1923-1989 [18]
Komposition - Oil/canvas (65x54cm-26x21in) København 95 .... FF2 650 - £326 - **$517**

SCHMIDT Anton Konrad 1887-1974 [4]
Blick ins Tal - Öl/Karton (39x33cm-15x13in) Wien 92 .... FF3 850 - £448 - **$785**
Südliche Hausmauer mit Pelatgonien - Aquarell/Papier (23x26cm-9x10in) Wien 94 ..... FF1 943 - £228 - **$346**

SCHMIDT Carl 1890-1962 [1]
Mother and child - Pastel (38x30cm-15x12in) Mystic, Connecticut 95 .... FF1 954 - £250 - **$400**

SCHMIDT Carl 1858-1923 [4]
California coast in the morning - Oil/board (18x23cm-7x9in) San Francisco-Los Angeles 89 ...... FF3 700 - £368 - **$585**

SCHMIDT Carl 1885-1969 [7]
Mammoth Lake - Oil/canvas (96x123cm-38x48in) San Francisco-Los Angeles 92 .... FF13 000 - £1 552 - **$2,500**

SCHMIDT Christian 1835-? [2]
Küstenlandschaft - Öl/Leinwand (23x34cm-9x13in) Göttingen 95 .... FF3 830 - £497 - **$797**

SCHMIDT Christian C. Alex. 1842-1903 [1]
Landscape - Oil/canvas (55x79cm-22x31in) Viby J, Århus 94 .... FF4 134 - £495 - **$772**

SCHMIDT Eduard 1806-1862 [8]
Partie iml Berner Oberland - Öl/Leinwand (67x96cm-26x38in) München 95 .... FF23 050 - £2 910 - **$4,620**

SCHMIDT Franz Xaver 1750-1822 [2]
Porträt einer jungen Frau - Miniature (7x6cm-3x2in) Wien 91 .... FF9 600 - £953 - **$1,667**

SCHMIDT Gustav 1888-? [1]
Marschalandschaft im Hochsommer - Öl/Leinwand (58x89cm-23x35in) Bremen 95 .... FF4 200 - £539 - **$865**

SCHMIDT Hans 1877-? [5]
Steinadler im Hochgebirge - Öl/Leinwand (81x60cm-32x24in) Köln 94 .... FF4 420 - £516 - **$775**

SCHMIDT Hans W. 1859-1950 [11]
Ploughing the Fields - Oil/board (54x74cm-21x29in) Amsterdam 97 .... FF10 504 - £1 118 - **$1,828**
The Kill - Oil/canvas (121x165cm-48x65in) New-York 93 .... FF85 200 - £10 700 - **$15,500**

SCHMIDT Heinrich 1740-1821 [1]
Gentleman, Venice - Oil/panel (87x78cm-34x31in) New-York 94 .... FF118 000 - £13 520 - **$20,000**

SCHMIDT Hermann 1870-? [1]
Steinbalustrade in Schönbrunn - Aquarell/Papier (29x22cm-11x9in) Wien 95 .... FF2 940 - £388 - **$596**

SCHMIDT Hermann 1819-1903 [3]
Gebirgssee im Salzkammergut - Öl/Leinwand (71x97cm-28x38in) Köln 95 .... FF14 170 - £1 764 - **$2,764**

SCHMIDT Izaak 1740-1818 [2]
Otto Georg Veltman - Pastel (24x19cm-9x7in) Amsterdam 96 .... FF1 960 - £231 - **$385**

SCHMIDT Joost 1893-1948 [6]
Geometric still life - Gelatin silver print (8x5cm-3x2in) London 96 .... FF19 370 - £2 500 - **$3,740**

SCHMIDT Karl 1890-1962 [4]
*Sea cliff/Through the trees
    Watercolour, gouache (24x30cm-9x12in) San Francisco-Los Angeles 91* .... FF7 790 - £779 - **$1,283**

SCHMIDT Katherine Kuniyoshi 1898-1978 [3]
Lilacs/Country road - Watercolour New-York 95 .... FF1 910 - £239 - **$380**

SCHMIDT Kurt 1901-1991 [3]
Mechanischen Ballet III - Gouache/papier (23x38cm-9x15in) Bremen 95 .... FF6 260 - £812 - **$1,304**

SCHMIDT Leonard 1892-1978 [6]
Kapelle auf dem Rotenberg - Öl/Leinwand (67x66cm-26x26in) Stuttgart 93 .... FF15 300 - £1 756 - **$2,605**
Brustbild einer jungen Frau - Charcoal (32x39cm-13x15in) Stuttgart 94 .... FF2 000 - £211 - **$337**

SCHMIDT Max 1818-1901 [10]
Kuhhirtin am Fluss - Öl/Leinwand (94x126cm-37x50in) München 96 .... FF65 100 - £8 160 - **$12,550**
Roick's Dome, Jerusalem - Watercolour (29x44cm-11x17in) London 94 .... FF65 500 - £7 800 - **$12,350**

SCHMIDT Paul 1912-1983 [7]
Sitzende Frau am Pier - Öl/Leinwand (76x60cm-30x24in) Bern 94 .... FF6 460 - £750 - **$1,114**

SCHMIDT Peter 1829-1866 [1]
A lady in blue dress - Oil/canvas (91x71cm-36x28in) New Orleans, Louisiana 93 .... FF4 950 - £621 - **$900**

SCHMIDT Reinhold 1861-? [1]
Herbstliche Moorlandschaft - Öl/Karton (27x39cm-11x15in) Stuttgart 95 .... FF7 000 - £898 - **$1,442**

S

SCHMIDT Robert G. 1923 [28]
🖼 *Le Pont-Neuf, Paris* - Huile/toile (54x65cm-21x26in) Le Touquet 95 .... FF5 500 - £685 - **$1,072**
Café des Marches - Huile/toile (54x73cm-21x29in) Les Andelys 94 .... FF24 500 - £2 895 - **$4,520**
SCHMIDT Rolf Dietrich 1929-1989 [2]
🖼 *Sitzende* - Öl/Leinwand (89x70cm-35x28in) Hamburg 94 .... FF26 600 - £3 096 - **$4,610**
SCHMIDT Rosa 1880-? [5]
🖼 *Fiori* - Olio/tela (75x77cm-30x30in) Trieste 93 .... FF4 840 - £561 - **$833**
SCHMIDT Rudolf 1873-1963 [10]
✏ *Das Grinzinger Platzel* - Aquarell/Papier (25x35cm-10x14in) Wien 96 .... FF10 550 - £1 280 - **$2,053**
SCHMIDT Theodor 1855-1937 [9]
🖼 *Strickerin* - Oil/panel (19x13cm-7x5in) Bremen 94 .... FF13 760 - £1 637 - **$2,616**
SCHMIDT von Harold 1893-1982 [20]
🖼 *Ghost Column* - Oil/canvas (76x76cm-30x30in) New-York 92 .... FF42 600 - £4 360 - **$7,500**
Double hold-up - Oil/canvas (76x101cm-30x40in) New-York 91 .... FF49 800 - £4 946 - **$8,647**
SCHMIDT Werner Paul 1888-1964 [5]
🖼 *Cafe im Freien* - Oil/panel München 91 .... FF15 200 - £1 543 - **$2,745**
✏ *Monte Cimon della Paza, Rolle-Pass* - Gouache/paper (38x25cm-15x10in) Wien 92 .... FF5 780 - £592 - **$1,017**
SCHMIDT Willem H. 1809-1849 [4]
🖼 *Shipping off the Coast* - Oil/canvas (69x96cm-27x38in) New-York 97 .... FF22 779 - £2 462 - **$4,000**
SCHMIDT-BONN Henriette 1873-? [1]
🖼 *Bäuerliche Idylle* - Oil/canvas (50x61cm-20x24in) Bremen 91 .... FF4 450 - £457 - **$827**
SCHMIDT-CASELLA Otto 1876-1954 [1]
🖼 *Segelboote auf dem Wannsee* - Öl/Papier (35x32cm-14x13in) Berlin 94 .... FF2 786 - £319 - **$474**
SCHMIDT-CASSEL Gustav 1867-? [3]
🗿 *Tanzlegende* - Ivory, bronze (22cm-9in) Paris 92 .... FF11 500 - £1 373 - **$2,210**
SCHMIDT-HAMBURG Robert 1885-1963 [2]
🖼 *Dreimaster auf bewegter See* - Öl/Leinwand (60x80cm-24x31in) Bremen 93 .... FF5 250 - £601 - **$893**
SCHMIDT-HELMBRECHTS Carl 1872-1936 [1]
🖼 *Am Schönen Brunnen zu Nürnberg* - Oil/Karton (61x45cm-24x18in) München 94 .... FF15 440 - £1 830 - **$2,853**
SCHMIDT-HERBOTH Eugen 1864-? [1]
🖼 *Abendstimmung* - Oil/cardboard (37x49cm-15x19in) Bremen 94 .... FF5 160 - £614 - **$981**
SCHMIDT-HOFER Otto 1873-? [8]
🗿 *Eisengiesser mit Pfanne* - Bronze (34cm-13in) Bad Vilbel 94 .... FF3 430 - £412 - **$666**
SCHMIDT-KESTNER Erich 1877-? [8]
🗿 *Amazone mit Pferd* - Bronze (33cm-13in) Köln 95 .... FF8 510 - £1 075 - **$1,707**
SCHMIDT-KIRSTEIN Helmut 1909-1985 [9]
▨ *Herbstliche Gartenszene am Abend* - Woodcut (36x51cm-14x20in) Bielefeld 95 .... FF2 760 - £357 - **$561**
✏ *Mädchen mit Lupinen* - Gouache (38x50cm-15x20in) Berlin 96 .... FF4 420 - £504 - **$845**
SCHMIDT-PHISELDECK von Carl 1853-1917 [4]
🖼 *En vandmølle ved en sø* - Oil/canvas (49x70cm-19x28in) Viby J, Arhus 96 .... FF2 674 - £347 - **$535**
SCHMIDT-ROTTLUFF Karl 1884-1976 [343]
🖼 *Einfahrt* - Oil/canvas (77x85cm-30x33in) London 94 .... FF7 - £870 000 - **$1**
Norwegian landscape - Oil/canvas (65x60cm-26x24in) London 95 .... FF146 300 - £19 000 - **$30,100**
Grosse Maske - Öl/Papier (77x90cm-30x35in) Köln 93 .... FF327 500 - £37 040 - **$55,200**
Lilien - Öl/Leinwand (73x65cm-29x26in) Berlin 97 .... FF990 716 - £105 218 - **$172,577**
▨ *Trauernde am Strand* - Woodcut (39x50cm-15x20in) Berlin 96 .... FF67 800 - £8 460 - **$13,100**
Frau mit Aufgelöstem Haar - Woodcut (35x29cm-14x11in) Berlin 95 .... FF121 000 - £15 060 - **$23,660**
✏ *Landscape* - Watercolour/paper (50x68cm-20x27in) New-York 96 .... FF75 600 - £9 110 - **$14,500**
Blumenvase und Obstschale - Coloured chalks (54x40cm-21x16in) Köln 96 .... FF128 800 - £16 070 - **$24,900**
Felsige Landschaft - Watercolour (49x68cm-19x27in) Berlin 96 .... FF271 000 - £33 840 - **$52,400**
Häuser am Weg - Watercolour/paper (46x58cm-18x23in) London 94 .... FF469 000 - £56 000 - **$88,300**
Stickendes Mädchen - Watercolour (66x47cm-26x19in) Berlin 96 .... FF850 000 - £96 700 - **$162,500**
SCHMIDTBAUER G.L. 1890-? [1]
🖼 *Landschaft bei Positano* - Öl/Leinwand (55x67cm-22x26in) Düsseldorf 96 .... FF3 100 - £402 - **$620**
SCHMIDTMANN Hermann 1869-1936 [3]
🖼 *Südländische Marktszene* - Oil/canvas (70x60cm-28x24in) Köln 91 .... FF5 110 - £512 - **$936**
SCHMIECHEN Hermann 1855-? [1]
🖼 *Portrait de femme* - Huile/panneau (57x43cm-22x17in) Paris 95 .... FF11 000 - £1 330 - **$2,070**
SCHMIED François-Louis 1873-1941 [7]
✏ *Vallée au pied de l'Atlas* - Gouache (100x67cm-39x26in) Paris 93 .... FF35 000 - £4 220 - **$6,360**
SCHMIEDL Hedwig 1889-? [1]
🗿 *Kopf* - Ceramic (40cm-16in) Wien 95 .... FF40 500 - £5 050 - **$8,170**
SCHMIEGELOW Pedro Ernst 1863-? [2]
🖼 *Segelboote, Goldenen Horn, Istanbul* - Öl/Leinwand (119x158cm-47x62in) Bremen 94 ...... FF25 900 - £3 060 - **$4,770**
✏ *Schwarzwaldlandschaft* - Gouache (31x47cm-12x19in) Stuttgart 90 .... FF2 110 - £216 - **$416**
SCHMIT Thomas 1943 [2]
🖼 *SCH/8* - Mixed media (23x33cm-9x13in) Köln 92 .... FF6 440 - £770 - **$1,240**
SCHMITGEN Georg 1856-1903 [2]
🖼 *Norwegische Küstenlandschaft* - Öl/Leinwand (33x45cm-13x18in) Hamburg 93 .... FF2 924 - £332 - **$495**
SCHMITSON Teutward 1830-1863 [3]
🖼 *An Artillery Manoeuvre* - Oil/canvas (56x97cm-22x38in) Wien 96 .... FF23 200 - £2 810 - **$4,510**
SCHMITT August Ludwig 1882-1936 [3]
🖼 *Gloxinie, Tonkrug und Muschel* - Öl/canvas (60x80cm-24x31in) Stuttgart 89 .... FF6 800 - £717 - **$1,145**

SCHMITT Franz 1816-1891 [2]
- *Früchtestilleben* - Oil/panel (16x21cm-6x8in) Heidelberg 96 .... FF**20 300** - £2 510 - **$3,924**
- *Selbstbildnis des Künstlers* - Pencil/paper (28x22cm-11x9in) Heidelberg 96 .... FF**4 060** - £502 - **$785**

SCHMITT Georg Philipp 1808-1873 [2]
- *Junge Mannes mit schütterem Haar* - Öl/Leinwand (31x25cm-12x10in) Köln 94 .... FF**8 910** - £1 046 - **$1,560**
- *Kleines Mädchens mit Buch* - Pencil/paper (35x23cm-14x9in) Heidelberg 96 .... FF**3 050** - £377 - **$589**

SCHMITT Guido 1834-1922 [4]
- *Young girl with her doll* - Oil/canvas (46x36cm-18x14in) London 96 .... FF**12 830** - £1 600 - **$2,480**
- *Kleines Mädchen am Tisch* - Pencil/paper (9x15cm-4x6in) Heidelberg 96 .... FF**5 420** - £669 - **$1,046**

SCHMITT Nathanael 1847-1918 [3]
- *Ludwigskirche in Saarbrücken* - Oil/canvas (82x64cm-32x25in) Stuttgart 92 .... FF**40 800** - £4 180 - **$7,180**

SCHMITT Paul 1824-1885 [1]
- *Le village* - Huile/toile (65x80cm-26x31in) Versailles 90 .... FF**8 000** - £806 - **$1,455**

SCHMITT Paul Léon Félix 1856-1902 [5]
- *Passerelle de Créteil* - Oil/canvas (99x119cm-39x47in) London 94 .... FF**8 410** - £1 000 - **$1,540**

SCHMITT Robert 1924-1990 [8]
- *Hockende* - Aquarell/Papier (39x56cm-15x22in) Wien 95 .... FF**5 570** - £695 - **$1,124**

SCHMITT Willem 1831-1891 [4]
- *Bodensee* - Öl/Leinwand (70x110cm-28x43in) Stuttgart 93 .... FF**20 900** - £2 395 - **$3,550**

SCHMITZ Antoine Guillaume 1788-? [3]
- *Général P. Constant de Suzannet* - Huile/toile (230x150cm-91x59in) Paris 93 .... FF**38 000** - £4 580 - **$6,910**

SCHMITZ Carl Ludwig 1900-1967 [2]
- *Gebirgssee mit Booten und Staffagen* - Öl/Leinwand (62x96cm-24x38in) Frankfurt 95 .... FF**9 970** - £1 243 - **$2,013**

SCHMITZ Elisabeth 1886-? [1]
- *Jungen Mutter mit Kind* - Drawing (46x25cm-18x10in) Stuttgart 92 .... FF**2 374** - £284 - **$457**

SCHMITZ Ernst 1859-1917 [5]
- *In der Werkstätte* - Oil/canvas (69x95cm-27x37in) New-York 92 .... FF**84 600** - £8 560 - **$17,000**

SCHMITZ George 1851-? [7]
- *Auf dem Mühlenteich* - Oil/canvas (48x64cm-19x25in) Bremen 91 .... FF**10 550** - £1 048 - **$1,832**

SCHMITZ-IMHOFF Käthe 1893-1984 [2]
- *Mädchen mit Distelblume* - Tempera (102x46cm-40x18in) Köln 89 .... FF**10 100** - £1 033 - **$1,624**
- *Mädchen mit Spielzeugpuppe* - Aquarell (48x31cm-19x12in) Köln 89 .... FF**5 100** - £521 - **$820**

SCHMITZ-PLEIS Carl 1877-1943 [3]
- *Ortschaft am Kanal* - Öl/Leinwand (61x76cm-24x30in) Bielefeld 94 .... FF**4 080** - £476 - **$715**

SCHMITZBERGER Josef 1851-? [15]
- *Fasanenjagd* - Öl/Leinwand (103x85cm-41x33in) Stuttgart 93 .... FF**9 740** - £1 117 - **$1,658**
- *Brunftzeit* - Öl/Leinwand (108x130cm-43x51in) Köln 95 .... FF**17 730** - £2 240 - **$3,555**
- *Retrieving a mallard* - Oil/canvas (63x88cm-25x35in) New-York 94 .... FF**40 940** - £4 740 - **$7,000**

SCHMÖGNER Theobald 1911-1978 [1]
- *Ein Gedanke* - Ink/paper (36x26cm-14x10in) Wien 94 .... FF**2 914** - £343 - **$520**

SCHMÖGNER Walter 1943 [14]
- *Sonne Mond und...* - Mixed media/panel (360x130cm-142x51in) Wien 93 .... FF**16 830** - £2 010 - **$3,240**
- *Zwiegespräch* - Ink/paper (35x50cm-14x20in) Wien 94 .... FF**4 860** - £571 - **$867**

SCHMOLL VON EISENWERTH Karl 1879-1948 [7]
- *Knabenportrait für Frühlingslandschaft* - Öl/Leinwand (59x44cm-23x17in) Lindau 96 .... FF**16 900** - £2 035 - **$3,240**
- *Flora* - Algraphie (28x21cm-11x8in) München 93 .... FF**1 558** - £176 - **$263**

SCHMÜRR Wilhelm 1878-1959 [7]
- *Mädchenporträt* - Öl/Leinwand (120x66cm-47x26in) Düsseldorf 95 .... FF**31 600** - £4 104 - **$6,500**

SCHMUTZ Werner 1910 [4]
- *Landschaft bei Kaltacker* - Tempera/panneau (50x70cm-20x28in) Bern 95 .... FF**3 230** - £420 - **$663**

SCHMUTZER Ferdinand 1870-1928 [9]
- *Mann/Genreszenen* - Etching (11x9cm-4x4in) München 92 .... FF**1 830** - £219 - **$353**
- *Sonnenblume* - Aquarell/Papier (39x28cm-15x11in) Wien 94 .... FF**10 740** - £1 244 - **$1,848**

SCHMUTZER Jakob Matthias II 1733-1811 [2]
- *Joseph Haydn* - Black chalk (24x20cm-9x8in) New-York 96 .... FF**9 870** - £1 293 - **$2,000**

SCHMUTZLER Leopold 1864-1941 [36]
- *Dame mit Lyra* - Oil/canvas/panel (106x75cm-42x30in) Köln 95 .... FF**15 960** - £2 016 - **$3,200**
- *La visite* - Oil/canvas (73x92cm-29x36in) New-York 94 .... FF**45 636** - £4 919 - **$8,000**
- *The flamenco dancer* - Oil/canvas (179x107cm-70x42in) London 97 .... FF**95 238** - £10 000 - **$16,381**

SCHMUZ-BAUDISS Theodor 1859-1942 [1]
- *Winged beauty* - Oil/canvas (139cm-55in) London 90 .... FF**21 470** - £2 185 - **$4,294**

SCHMUZER Jakob Mathias 1733-1811 [2]
- *Woodland owned by the artist's family* - Wash (42x57cm-17x22in) New-York 90 .... FF**9 200** - £967 - **$1,600**

SCHNAARS Alfred 1875-1926 [1]
- *Reclining nude* - Oil/canvas (37x70cm-15x28in) Amsterdam 93 .... FF**5 430** - £648 - **$1,044**

SCHNAARS Heinrich Wilhelm 1820-1914 [1]
- *Ship on stormy seas* - Oil/canvas (22x33cm-9x13in) New-York 94 .... FF**3 410** - £443 - **$700**

SCHNABEL Julian 1951 [89]
- *Maria Callas no.4* - Oil (274x309cm-108x122in) New-York 92 .... FF**1** - £168 500 - **$290,000**
- *Surfboard* - Oil/canvas (233x45cm-92x18in) New-York 93 .... FF**44 000** - £5 040 - **$7,500**
- *Malabaristas* - Oil (221x180cm-87x71in) New-York 97 .... FF**261 630** - £27 473 - **$45,000**
- *Untitled* - Oil/canvas (274x213cm-108x84in) London 92 .... FF**419 000** - £50 000 - **$80,500**

S

Calendar & auction results :   INTERNET : **www.artprice.com**   MINITEL : 3617 ARTPRICE

School, California - Oil (305x274cm-120x108in) New-York 94 .... FF**920 000** - £*109 400* - **$175,000**
Stephen Janson - Relief (181x8x152cm-71x3x60in) New-York 92 .... FF**483 000** - £*49 400* - **$85,000**
Untitled - Ink (96x125cm-38x49in) New-York 97 .... FF**22 222** - £*2 347* - **$3,800**
Untitled - Collage (250x154cm-98x61in) New-York 96 .... FF**127 300** - £*15 000* - **$25,000**
La Banana Buona - Collage (222x173cm-87x68in) New-York 95 .... FF**257 500** - £*32 200* - **$52,000**

SCHNACKENBERG Henry Ernest 1892-1970 [5]
A place to swim - Oil/canvas (114x168cm-45x66in) New-York 93 .... FF**5 500** - £*690* - **$1,000**

SCHNACKENBERG Walter 1880-1961 [10]
Erry & Merry - Poster (125x95cm-49x37in) New-York 95 .... FF**80 800** - £*10 170* - **$16,000**
Frau mit Geiger - Aquarell/Papier (75x57cm-30x22in) Bremen 95 .... FF**10 320** - £*1 356* - **$2,070**

SCHNARBACH Sylwester Antoni 1854-1924 [1]
Femme jouant du piano - Oil/panel (18x14cm-7x6in) Warszawa 93 .... FF**14 720** - £*1 506* - **$2,440**

SCHNARRENBERGER Wilhelm 1892-1966 [17]
Weingläser auf dem Tisch - Oil/canvas (47x37cm-19x15in) Berlin 92 .... FF**47 600** - £*4 870* - **$8,380**
Die Freunde - Oil/canvas (120x91cm-47x36in) Berlin 90 .... FF**918 000** - £*93 423* - **$183,585**
Es brennt! - Woodcut in colors (34x28cm-13x11in) Heidelberg 93 .... FF**2 880** - £*345* - **$555**

SCHNARS-ALQUIST Hugo 1855-1939 [3]
Die vier Evangelisten - Oil/canvas (60x90cm-24x35in) Köln 92 .... FF**44 200** - £*4 520* - **$7,780**
The Carawel of Colombus - Oil/canvas (104x155cm-41x61in) New-York 97 .... FF**284 740** - £*30 780* - **$50,000**

SCHNAUDER Reinhard 1856-1923 [4]
Standing male nude - Bronze (94cm-37in) New-York 94 .... FF**23 230** - £*2 694* - **$4,000**

SCHNEBBELIE Robert Blemmell ?-c.1849 [2]
School or Almshouse - Watercolour (18x44cm-7x17in) London 92 .... FF**3 850** - £*460* - **$741**

SCHNECK Ferdinand 1809-1877 [1]
Im Klostergarten - Oil/Leinwand (79x100cm-31x39in) Heidelberg 94 .... FF**19 540** - £*2 343* - **$3,800**

SCHNEE Hermann 1840-1926 [3]
Mittelalterliche fränkische Strasse - Öl/Leinwand (76x112cm-30x44in) Lindau 94 .... FF**10 620** - £*1 232* - **$1,830**

SCHNEEBERGER Adolf 1897-1977 [2]
Film spools - Silver print (22x22cm-9x9in) New-York 90 .... FF**12 900** - £*1 390* - **$2,275**

SCHNEIDAU von Christian 1893-1976 [29]
Signe, the artist's wife - Oil/canvas (122x101cm-48x40in) San Francisco-Los Angeles 92 .... FF**7 770** - £*814* - **$1,400**
Summertime - Oil/canvas (117x102cm-46x40in) San Francisco-Los Angeles 93 .... FF**30 250** - £*3 790* - **$5,500**

SCHNEIDER Alexander 1870-1927 [1]
Das Urteil des Pâris - Oil/canvas (125x178cm-49x70in) München 90 .... FF**51 000** - £*5 215* - **$10,067**

SCHNEIDER Caspar 1753-1839 [1]
Mainmündung bei Hochheim - Öl/Leinwand (75x172cm-30x68in) Köln 93 .... FF**210 200** - £*25 100* - **$40,440**

SCHNEIDER Emile 1873-? [2]
Ville enneigée - Huile/toile (54x73cm-21x29in) Saint-Dié 92 .... FF**11 500** - £*1 177* - **$2,025**
Les musiciens, 1898 - Aquarelle, gouache/papier (18x27cm-7x11in) Strasbourg 89 .... FF**8 000** - £*818* - **$1,286**

SCHNEIDER Félicie 1831-1888 [1]
Jeune garçon endormi - Oil/canvas (43cm-17in) New-York 95 .... FF**25 700** - £*3 150* - **$5,000**

SCHNEIDER Gérard 1896-1986 [364]
Composition - Acrylique/papier (24x32cm-9x13in) Paris 96 .... FF**4 800** - £*570* - **$937**
Composition - Huile/toile (25x33cm-10x13in) Verrières-Le-Buisson 95 .... FF**19 000** - £*2 394* - **$3,760**
Composition - Acrylique/papier (149x105cm-59x41in) Paris 96 .... FF**38 000** - £*4 920* - **$7,450**
Composition 93C - Huile/toile (97x130cm-38x51in) Paris 95 .... FF**110 000** - £*14 400* - **$22,340**
Opus 40B - Olio/tela (97x130cm-38x51in) Milano 92 .... FF**368 000** - £*43 800* - **$70,800**
Opus 40 D - Olio/tela (114x146cm-45x57in) Milano 90 .... FF**549 200** - £*56 736* - **$97,032**
Composition - Pastel (20x26cm-8x10in) Paris 96 .... FF**3 000** - £*374* - **$582**
Composition - Pastel (28x38cm-11x15in) Paris 92 .... FF**3 500** - £*359* - **$617**
Composition - Gouache (24x32cm-9x13in) Paris 94 .... FF**3 500** - £*415* - **$647**
Composition - Aquarelle/papier (20x26cm-8x10in) Paris 96 .... FF**18 000** - £*1 915* - **$3,220**
Composizione - Tempera/carta (49x69cm-19x27in) Milano 94 .... FF**18 700** - £*2 160* - **$3,186**
Composition - Gouache (37x56cm-15x22in) Paris 94 .... FF**19 000** - £*2 157* - **$3,220**
Composition - Pastel (53x75cm-21x30in) Paris 90 .... FF**190 000** - £*20 213* - **$33,989**
M 2, 1954 - Tempera/paper (52x75cm-20x30in) Paris 90 .... FF**210 000** - £*21 762* - **$36,907**

SCHNEIDER Herbert 1924-1983 [9]
I bin i, 1965 - Oil/canvas (120x100cm-47x39in) München 89 .... FF**16 900** - £*1 781* - **$2,845**

SCHNEIDER Hermann 1847-1918 [1]
Van Dyck painting Charles of Wales - Oil/canvas (81x114cm-32x45in) New-York 95 .... FF**39 900** - £*4 820* - **$7,500**

SCHNEIDER Jean 1926 [9]
La pause-café - Huile/toile (55x46cm-22x18in) Nantes 89 .... FF**5 100** - £*507* - **$806**

SCHNEIDER Johan Ludvig 1809-1870 [1]
Landskab med bondegård og køer - Oil/canvas (40x50cm-16x20in) Köbenhavn 92 .... FF**3 520** - £*360* - **$733**

SCHNEIDER Johann Jakob 1822-1889 [2]
Fröschengasse in Basel - Aquarell (23x37cm-9x15in) Bern 93 .... FF**5 140** - £*572* - **$872**

SCHNEIDER Jose 1848-1893 [1]
Studying the Talmud - Oil/canvas (104x141cm-41x56in) Los Angeles 89 .... FF**17 200** - £*1 759* - **$2,765**

SCHNEIDER Julius 1824-1870 [2]
Der alte Geigenvirtuose - Oil/canvas (94x75cm-37x30in) Wien 91 .... FF**16 800** - £*1 697* - **$3,335**

SCHNEIDER Otto Ludwig 1858-? [3]
Berchtesgaden - Oil/canvas (80x121cm-31x48in) Stuttgart 92 .... FF**10 200** - £*1 044* - **$1,796**

SCHNEIDER Sasha 1870-1927 [2]
Gefühl der Abhängigkeit - Oil/canvas (251x166cm-99x65in) London 93 .... FF**124 500** - £*15 000* - **$21,750**

⌀ *Männlichen Halbakte* - Pencil Berlin 91 .... FF**1 860** - £**189** - $**336**
SCHNEIDER Walter 1903-1968 [5]
● *La Seine, Paris* - Öl/Leinwand (54x81cm-21x32in) Bern 93 .... FF**4 750** - £**547** - $**815**
SCHNEIDER Wilhelm 1896-? [2]
● *Winterlandschaft* - Oil/canvas (43x64cm-17x25in) Köln 91 .... FF**16 900** - £**1 703** - $**2,933**
SCHNEIDER-BLUMBERG Bernhard 1881-? [2]
● *Vor der Ernte* - Öl/Karton (54x44cm-21x17in) Lindau 94 .... FF**6 170** - £**733** - $**1,141**
⌀ *Stürmischer Abend am Untersee* - Aquarell/Papier (32x42cm-13x17in) Wien 90 .... FF**3 400** - £**352** - $**598**
SCHNEIDER-MANZELL Toni 1911 [1]
▨ *Sinnende* - Bronze (46x14x13cm-18x6x5in) Köln 97 .... FF**18 925** - £**1 989** - $**3,240**
SCHNEIDER-SEENUSS Leo 1868-? [1]
● *Landschaft* - Oil/canvas (50x64cm-20x25in) Wien 92 .... FF**6 740** - £**676** - $**1,124**
SCHNEIDERS Carl 1905-? [1]
● *Wasserburg gut Heitschen, Aachen* - Öl/Karton (44x32cm-17x13in) Köln 94 .... FF**6 840** - £**803** - $**1,218**
SCHNEIDT Max 1858-1937 [3]
● *The Suitor* - Oil/panel (29x21cm-11x8in) London 95 .... FF**15 180** - £**1 900** - $**3,023**
SCHNEIR Jacques 1898-1988 [1]
⌀ *Woman with feline* - Graphite (27x43cm-11x17in) San Francisco-Los Angeles 93 .... FF**4 680** - £**587** - $**850**
SCHNETZ Victor 1787-1870 [1]
⌀ *Sleeping figure* - Drawing (21x24cm-8x9in) New-York 90 .... FF**20 170** - £**2 031** - $**3,951**
SCHNEUER David 1905 [4]
▭ *Paar* - Etching (25x16cm-10x6in) Köln 97 .... FF**8 787** - £**923** - $**1,504**
SCHNITZER Theodor 1869-1939 [1]
● *Sommerliches Getreidefeld* - Oil/canvas (27x26cm-11x10in) Stuttgart 90 .... FF**2 700** - £**289** - $**470**
SCHNITZLER Fritz 1851-1920 [2]
● *Im Trödelladen* - Oil/canvas (78x92cm-31x36in) London 95 .... FF**15 980** - £**2 000** - $**3,180**
⌀ *Alte Frau in Tracht* - Aquarell, Gouache/Papier (65x49cm-26x19in) Hamburg 97 .... FF**4 044** - £**432** - $**705**
SCHNITZLER Michael 1782-1861 [1]
● *Drei erlegte Vögel* - Oil/panel (25x21cm-10x8in) München 91 .... FF**17 100** - £**1 756** - $**3,180**
SCHNITZLER von Christa 1922 [2]
▨ *Wasserbüffel* - Bronze (19x13x41cm-7x5x16in) Köln 97 .... FF**9 801** - £**103 0 8** - $**1,677**
SCHNORR VON CAROLSFELD Carl 1819-1874 [1]
⌀ *The Artist in in Study* - Watercolour/paper (26x23cm-10x9in) London 94 .... FF**69 200** - £**8 000** - $**11,820**
SCHNORR VON CAROLSFELD Hans Veit Friedrich 1764-1841 [4]
⌀ *Respice finem* - Watercolour (57x45cm-22x18in) Bremen 94 .... FF**41 200** - £**4 950** - $**7,620**
SCHNORR VON CAROLSFELD Julius 1794-1872 [17]
⌀ *Liegender männlicher Akt* - Pencil/paper (27x43cm-11x17in) Heidelberg 94 .... FF**23 300** - £**2 700** - $**4,010**
SCHNORR VON CAROLSFELD Ottilie 1792-1879 [1]
⌀ *Jünglingskopf* - Red chalk (19x15cm-7x6in) Köln 91 .... FF**2 052** - £**211** - $**382**
SCHNUG Leo 1878-1933 [2]
⌀ *Le bouffon* - Aquarelle (29x44cm-11x17in) Saint-Dié 95 .... FF**6 800** - £**860** - $**1,364**
⌀ *Un lansquenet* - Aquarelle/papier Entzheim 96 .... FF**14 000** - £**1 810** - $**2,750**
SCHNÜGE Hugo 1875-1960 [1]
● *Föhrer Niederung mit Priel* - Oil/canvas (49x53cm-19x21in) Hamburg 91 .... FF**2 603** - £**261** - $**435**
SCHNYDER Albert 1898-1989 [36]
● *Genesende Frau* - Öl/Leinwand (73x60cm-29x24in) Bern 95 .... FF**19 360** - £**2 516** - $**3,974**
● *Clos du Doubs* - Huile/toile (65x100cm-26x39in) Zürich 93 .... FF**106 500** - £**12 730** - $**20,500**
● *Route et ferme* - Oil/canvas (50x73cm-20x29in) Zürich 94 .... FF**145 000** - £**14 820** - $**25,540**
⌀ *Interieur mit Frau* - Aquarelle (53x35cm-21x14in) Bern 92 .... FF**13 700** - £**1 637** - $**2,636**
SCHNYDER VON WARTENSEE Jost 1822-1894 [1]
● *Naturstudie* - Oil/canvas/board (21x30cm-8x12in) Luzern 89 .... FF**2 500** - £**256** - $**402**
SCHÖBEL Georg 1860-? [2]
● *Väntan* - Oil/canvas (86x66cm-34x26in) Stockholm 96 .... FF**10 700** - £**1 387** - $**2,142**
● *Christmas market scene* - Oil/canvas (71x54cm-28x21in) London 90 .... FF**25 400** - £**2 585** - $**5,080**
SCHOBER Peter Jakob 1897-1983 [14]
⌀ *Schwäbische Landschaft* - Oil/canvas (65x80cm-26x31in) Stuttgart 89 .... FF**12 800** - £**1 349** - $**2,155**
▭ *Rue St Paul* - Lithographie (37x27cm-15x11in) Heilbronn 91 .... FF**2 030** - £**205** - $**352**
SCHOBINGER Karl Friedrich 1879-1951 [8]
● *Bachstudie bei Würzenbach* - Oil/canvas (78x57cm-31x22in) Luzern 94 .... FF**23 760** - £**2 411** - $**4,291**
⌀ *Luzerner Bannerträger* - Gouache (45x31cm-18x12in) Zofingen 94 .... FF**3 866** - £**458** - $**715**
SCHOBINGER Leo 1897-1985 [11]
● *Rosefarbene Chrysanthemen* - Oil/panel (65x50cm-26x20in) Stuttgart 91 .... FF**7 490** - £**751** - $**1,372**
SCHOCH Karl 1848-1903 [1]
● *Berghang mit Wildwasser* - Öl/Leinwand (84x69cm-33x27in) Köln 94 .... FF**5 440** - £**635** - $**954**
SCHÖDL Max 1834-1921 [21]
● *Antiquitätenstilleben* - Öl (19x10cm-7x4in) Wien 97 .... FF**10 516** - £**1 118** - $**1,813**
⌀ *Still life* - Oil/panel (34x25cm-13x10in) New-York 95 .... FF**26 600** - £**3 210** - $**5,000**
SCHÖDLBERGER Johann Nepomuk 1779-1853 [6]
● *Peasants on a Track with a temple* - Oil/canvas (68x94cm-27x37in) Wien 96 .... FF**93 800** - £**11 370** - $**18,240**
⌀ *Gebirgslandschaft* - Wash (21x32cm-8x13in) München 96 .... FF**4 060** - £**482** - $**791**

S

SCHOELLER Johann Christian 1782-1851 [5]
🖉 Junge Frau in weißem Kleid - Aquarell/Papier (22x17cm-9x7in) Wien 90 .... FF2 900 - £309 - $519
Gentleman with dark brown hair - Miniature (9cm-4in) Genève 92 .... FF4 464 - £456 - $786
SCHOELLHORN Hans 1892-1982 [11]
🖼 Sitzender Frauenakt - Öl/Leinwand (65x80cm-26x31in) Bern 93 .... FF11 080 - £1 276 - $1,900
SCHOEMAKER Egbert Henricus 1837-1917 [1]
🖼 Summer/Winter - Oil/panel (23x17cm-9x7in) Amsterdam 94 .... FF7 570 - £870 - $1,295
SCHOENBAUER Henry 1895-? [1]
🗿 Reclining male nude - Bronze (61cm-24in) New-York 93 .... FF11 280 - £1 290 - $2,000
SCHOENBECK Richard 1840-1919 [1]
🖼 Bismarck hoch zu Ross, Berlin - Öl/Leinwand (90x78cm-35x31in) Lindau 95 .... FF12 820 - £1 602 - $2,590
SCHOENDORFF Max 1934 [3]
🖼 L'Absence de Fingel - Huile/toile (161x130cm-63x51in) Lyon 96 .... FF18 000 - £2 316 - $3,570
SCHOENEWERK Pierre Alexandre 1820-1885 [5]
🗿 Jeune fille à la fontaine - Bronze (42cm-17in) Lille 96 .... FF10 700 - £1 384 - $2,107
SCHOENHOLTZ Michael 1937 [5]
🗿 Mann mit Landschaft - Bronze (79cm-31in) Berlin 92 .... FF12 920 - £1 323 - $2,275
SCHOFF Otto 1888-1938 [10]
🖼 Liegender weiblicher Akt - Öl/Leinwand (47x70cm-19x28in) München 93 .... FF2 600 - £293 - $439
🖉 Liebespaar - Pastell (47x62cm-19x24in) München 93 .... FF1 562 - £176 - $264
SCHÖFFER Nicolas 1912-1992 [9]
🖼 Composition abstraite - Huile/toile (32x20cm-13x8in) Paris 89 .... FF6 500 - £628 - $986
🗿 Relief serial no.24 - Relief (43x29cm-17x11in) London 91 .... FF6 980 - £700 - $1,152
SCHOFIELD John William ?-1944 [2]
🖼 Hill Top, Saddleworth/Castleshaw - Oil/panel (26x35cm-10x14in) London 90 .... FF4 390 - £447 - $878
SCHOFIELD Kershaw c.1880-c.1940 [13]
🖼 Windmills, Dordrecht - Oil/canvas (79x129cm-31x51in) London 97 .... FF8 264 - £900 - $1,437
SCHOFIELD Walter Elmer 1867-1944 [30]
🖼 White Sand Harbour - Oil/canvas/board (31x35cm-12x14in) New-York 94 .... FF21 400 - £2 496 - $3,750
🖼 Seascape - Oil/canvas (76x91cm-30x36in) New-York 97 .... FF105 017 - £11 026 - $18,000
🖼 Autumn in Cornwall - Oil/canvas (102x122cm-40x48in) New-York 95 .... FF194 200 - £24 200 - $38,000
SCHOLANDER Fredrik Wilhelm 1816-1881 [5]
🖉 Church interior - Watercolour/paper (60x44cm-24x17in) Stockholm 96 .... FF3 890 - £444 - $745
SCHOLBACH Willy 1865-1951 [2]
🖼 Village en Brabant - Huile/panneau (25x38cm-10x15in) Bruxelles 93 .... FF11 530 - £1 380 - $2,357
SCHOLDER Fritz 1937 [27]
🖼 Woman with Mirror - Acrylic/canvas (102x76cm-40x30in) New-York 95 .... FF38 500 - £4 730 - $7,500
🖼 Woman with hood #4 - Monotype (102x79cm-40x31in) Tarzana, CA 94 .... FF2 724 - £324 - $500
SCHOLDERER Otto 1834-1902 [10]
🖼 The Flower Arrangement - Oil/canvas (115x94cm-45x37in) Wien 96 .... FF1 - £161 400 - $259,000
🖼 Die Nymphe - Öl/Leinwand (114x86cm-45x34in) Wien 95 .... FF34 300 - £4 440 - $6,970
SCHOLEUS Hieronymus XVI [2]
🖼 Berga Noorwegia - Engraving Tönsberg 92 .... FF6 940 - £711 - $1,362
SCHOLFIELD Flora 1873-1960 [1]
🖼 Winter Gardening - Oil/canvas (127x81cm-50x32in) Chicago 96 .... FF3 116 - £397 - $600
SCHÖLLHORN Hans 1892-1982 [8]
🖼 Blick vom Ufer - Oil/canvas (50x65cm-20x26in) München 92 .... FF3 400 - £348 - $599
SCHOLTE Rob 1958 [20]
🖼 De Gulden Snede - Oil/canvas (200x200cm-79x79in) Amsterdam 97 .... FF58 590 - £6 145 - $10,054
🖼 Overspel - Oil/canvas (200x155cm-79x61in) Amsterdam 97 .... FF190 419 - £19 971 - $32,676
🖉 Untitled - Gouache/paper (16x64cm-6x25in) Amsterdam 92 .... FF1 972 - £202 - $348
SCHOLTEN Hendrik Jacobus 1824-1907 [9]
🖼 Some good advice - Oil/panel (38x49cm-15x19in) London 94 .... FF46 550 - £5 500 - $8,360
SCHOLTZ Julius 1825-1893 [5]
🖉 Junge Frau im Profil - Chalks (25x26cm-10x10in) Hamburg 97 .... FF1 753 - £187 - $305
SCHOLZ Georg 1890-1945 [6]
🖼 Zeitungsträger - Lithographie (20x22cm-8x9in) Hamburg 96 .... FF8 980 - £1 121 - $1,736
SCHOLZ Heinrich Karl 1880-? [2]
🗿 Mädchenakt mit Reh - Bronze (37cm-15in) Wien 95 .... FF6 370 - £840 - $1,290
SCHOLZ Julius 1825-1893 [1]
🖼 Der Alpenjäger - Öl/Leinwand (74x54cm-29x21in) Wien 95 .... FF9 950 - £1 263 - $2,005
SCHOLZ Max 1855-1906 [11]
🖼 Monks & Clergyman - Oil/canvas (74x87cm-29x34in) New-York 97 .... FF18 203 - £1 959 - $3,200
SCHOLZ Paul 1859-1940 [5]
🖼 Blick auf ein Kloster - Öl/Leinwand (53x42cm-21x17in) Wien 95 .... FF4 970 - £640 - $1,026
🖉 Weiblicher Akt - Pastell/Karton (36x60cm-14x24in) Wien 90 .... FF2 900 - £305 - $504
SCHOLZ Richard 1860-? [3]
🖼 High Summer in Monfatoy - Oil/canvas (112x168cm-44x66in) London 93 .... FF30 700 - £3 500 - $5,220
SCHOLZ Werner 1898-1982 [37]
🖼 Les Patres - Öl/Karton (98x73cm-39x29in) Berlin 97 .... FF69 933 - £7 427 - $12,181
🖼 Trauernde - Öl/Karton (74x74cm-29x29in) Berlin 93 .... FF166 000 - £19 840 - $31,960
🖉 Zwei Frauenköpfe - Pastel/paper (41x29cm-16x11in) München 95 .... FF12 440 - £1 628 - $2,490

SCHOMMER François 1850-1935 [4]
● Coin de parc animé - Huile/toile (34x25cm-13x10in) Le Touquet 90 .... FF25 000 - £2 544 - **$5,000**
SCHOMPER Johan Joseph 1776-1859 [1]
● House Dilkveld with peasants - Oil/panel (43x55cm-17x22in) Amsterdam 90 .... FF6 600 - £694 - **$1,148**
SCHÖN Andreas 1955 [4]
● Dover - Oil/canvas (199x250cm-78x98in) New-York 93 .... FF55 000 - £6 900 - **$10,000**
SCHÖN Otto 1893-? [2]
● Das Kakteen-Fenster - Öl/Leinwand (71x53cm-28x21in) Zofingen 93 .... FF9 750 - £1 175 - **$1,784**
SCHÖNAU Alfred 1856-1936 [1]
● Drei Hunde und ein Igel - Oil/panel (16x21cm-6x8in) Wien 91 .... FF10 560 - £1 065 - **$2,058**
SCHONBAUER Henry 1895 [1]
▣ Sitzende - Bronze (62cm-24in) Ahlden 92 .... FF28 250 - £2 890 - **$4,970**
SCHONBERG Torsten 1882-1970 [1]
● Anders Trulson - Oil/panel (40x31cm-16x12in) Stockholm 91 .... FF4 710 - £478 - **$851**
SCHÖNBERGER Armand 1885-1974 [12]
● Pferdefuhrwerk - Oil/canvas (55x65cm-22x26in) Wien 91 .... FF72 000 - £7 168 - **$12,381**
/ Joueurs de cartes - Watercolour (51x35cm-20x14in) London 94 .... FF5 020 - £600 - **$938**
SCHÖNBERGER Martin 1864-? [3]
● Kleines Mädchen - Öl/Leinwand (94x49cm-37x19in) Bern 93 .... FF3 560 - £396 - **$604**
SCHÖNBERGER von Alfred Karl 1845-? [8]
● Südländisches Fischerdorf - Oil/cardboard (23x31cm-9x12in) Stuttgart 89 .... FF15 200 - £1 602 - **$2,559**
SCHONBORN Anton 1871-? [2]
/ Fort Fetterman/...Sedgwick/Black hills - Wash (10x19cm-4x7in) New-York 91 .... FF74 700 - £7 418 - **$12,970**
SCHONBORN John Lewis 1852-? [1]
● Halte des chameliers - Huile/toile (33x55cm-13x22in) Calais 95 .... FF11 000 - £1 446 - **$2,250**
SCHÖNBRUNNER Ignaz 1813-1921 [6]
● Stilleben mit Zyklamen - Öl/Leinwand (66x98cm-26x39in) Wien 93 .... FF10 900 - £1 278 - **$1,810**
SCHÖNCHEN Leopold 1855-1935 [8]
● Voralpenlandschaft - Öl/Leinwand (30x45cm-12x18in) München 94 .... FF7 540 - £894 - **$1,395**
SCHONDEL Otto 1837-1905 [5]
● Flowers - Oil/canvas (39x55cm-15x22in) Köln 95 .... FF6 380 - £807 - **$1,280**
SCHONEBERG Sheldon C. 1926 [10]
/ Ballerina - Pastel (91x66cm-36x26in) Tarzana, CA 94 .... FF1 997 - £233 - **$350**
SCHÖNFELD Eduard 1839-1885 [4]
● Weinlese an der Mosel - Oil/panel (30x42cm-12x17in) Wien 93 .... FF14 430 - £1 724 - **$2,775**
SCHÖNFELD Johann Heinrich 1609-1682 [7]
● Opfer an Diana - Öl/Leinwand (84x146cm-33x57in) Wien 94 .... FF145 400 - £16 950 - **$25,470**
SCHÖNHEYDER-MØLLER Valdemar 1864-1905 [2]
● Soleil en Forêt, Fontainebleau - Oil/canvas (35x29cm-14x11in) Köbenhavn 91 .... FF22 830 - £2 267 - **$3,964**
SCHÖNIAN Alfred 1856-1936 [21]
● Hahn, Hühner und Enten - Huile/panneau (13x16cm-5x6in) Bern 96 .... FF5 700 - £692 - **$1,110**
● Hühner und Enten - Oil/canvas (15x25cm-6x10in) Wien 92 .... FF13 480 - £1 351 - **$2,590**
SCHÖNIAN Alfred I 1809-1845 [2]
● Märchenszene - Oil/panel (12x16cm-5x6in) Köln 91 .... FF17 020 - £1 706 - **$3,117**
SCHONINGER Leo 1811-1879 [1]
● Eating Easter eggs - Oil/canvas (49x39cm-19x15in) London 96 .... FF10 010 - £1 300 - **$1,980**
SCHÖNLEBER Gustav 1851-1917 [53]
● Windmühle - Öl/Leinwand (50x40cm-20x16in) Stuttgart 96 .... FF20 300 - £2 352 - **$3,894**
● Dutch Canal - Oil/canvas/board (41x46cm-16x18in) Wien 96 .... FF55 200 - £6 690 - **$10,730**
● Stiff Breezes - Oil/canvas (180x261cm-71x103in) New-York 97 .... FF244 455 - £26 329 - **$43,000**
/ Häuser, Kanal von Nieuwekerk - Pencil (19x26cm-7x10in) Heidelberg 94 .... FF2 125 - £247 - **$366**
SCHÖNMANN Joseph 1799-1879 [2]
● David and Abigail - Oil/canvas (133x170cm-52x67in) London 93 .... FF123 000 - £14 000 - **$20,860**
SCHÖNN Aloïs 1826-1897 [9]
● The Masked Ball - Oil/canvas (170x132cm-67x52in) London 94 .... FF385 000 - £45 500 - **$69,100**
SCHÖNPFLUG Fritz 1873-1951 [24]
● Bockiges Pferd - Ink (34x24cm-13x9in) Wien 94 .... FF5 370 - £611 - **$910**
SCHÖNREITHER Georg ?-1883 [3]
● Corfù/Boats builders - Oil/canvas (45x68cm-17x27in) London 96 .... FF12 950 - £1 600 - **$2,500**
SCHÖNROCK Julius 1835-? [2]
● Der Weggruss - Öl/Leinwand (42x68cm-17x27in) Bremen 92 .... FF10 170 - £1 215 - **$1,957**
SCHÖNWALD Rudolf 1928 [4]
▨ Meine Tiere - Etching (56x42cm-22x17in) Wien 96 .... FF3 900 - £506 - **$771**
/ Ohne Titel - Ink/paper (65x48cm-26x19in) Salzburg 94 .... FF2 433 - £288 - **$450**
SCHOOFS Henri 1815-1862 [2]
● The Road to the Village - Oil/canvas (37x45cm-15x18in) Billinghurst, West Sussex 94 .... FF5 670 - £680 - **$1,102**
SCHOOFS Rudolf 1932 [6]
▣ Stehender männlicher Akt - Bronze (55cm-22in) München 96 .... FF15 300 - £1 742 - **$2,925**
/ Männlicher Akt - Pencil (27x16cm-11x6in) München 93 .... FF2 786 - £319 - **$471**
SCHOONBOOM C. 1879-1943 [1]
● Still life with flowers - Oil/board (45x32cm-18x13in) Laren 90 .... FF2 400 - £255 - **$429**

S

SCHOONEBEECK Adriaan 1657/58-1705 [2]
✐ *Nadab & Abihu slain by Jehovah* - Ink (17x29cm-7x11in) Amsterdam 94 .... **FF12 160** - £1 436 - **$2,164**
SCHOONHOVEN Johannes, Jan 1914-1994 [66]
● *R 81-9* - Mixed media (39x29cm-15x11in) Amsterdam 97 .... **FF59 934** - £6 300 - **$10,296**
🏛 *R 72-33* - Oil/canvas (43x43cm-17x17in) Amsterdam 97 .... **FF155 828** - £16 380 - **$26,769**
🏛 *R 80-1* - Relief (55x40cm-22x16in) Amsterdam 95 .... **FF33 100** - £4 220 - **$6,750**
● *R 69-23* - Relief (124x80cm-49x31in) Köln 94 .... **FF171 500** - £20 300 - **$31,700**
✐ *T85-100* - Ink (42x26cm-17x10in) Amsterdam 97 .... **FF7 029** - £737 - **$1,206**
✐ *T79-112* - Ink/paper (39x63cm-39x25in) Amsterdam 96 .... **FF12 630** - £1 450 - **$2,410**
SCHOONHOVEN VAN BEURDEN van Willy 1883-1963 [5]
● *Washing-woman by a river* - Oil/canvas (75x125cm-30x49in) Amsterdam 90 .... **FF2 700** - £279 - **$477**
SCHOONOVER Frank Earl 1877-1972 [19]
● *Man with torch discovering treasure vault, for The Crimson Cutlass*
    Oil/canvas (76x53cm-30x21in) New-York 96 .... **FF44 000** - £5 680 - **$8,500**
The Deerstalker - Oil/canvas (100x76cm-39x30in) New-York 96 .... **FF197 300** - £25 130 - **$38,000**
SCHOPF Gustav Georg 1899-? [5]
● *Rangiergleise* - Öl/Leinwand (75x99cm-30x39in) Stuttgart 92 .... **FF16 950** - £2 025 - **$3,260**
✐ *Abschied am Bahnhof* - Aquarell (32x24cm-13x9in) Stuttgart 94 .... **FF2 050** - £240 - **$362**
SCHÖPF Josef 1745-1822 [1]
● *Landschaftsstudie* - Öl/Leinwand (42x63cm-17x25in) Wien 93 .... **FF3 130** - £374 - **$602**
SCHÖPFER Franziska 1763-1836 [1]
✐ *Herr in blauer Seemansuniform* - Miniature (5x4cm-2x2in) Wien 94 .... **FF3 170** - £380 - **$615**
SCHOPIN Henri 1804-1880 [10]
● *Méléagre reprenant les armes* - Huile/toile (112x145cm-44x57in) Paris 92 .... **FF90 000** - £9 210 - **$16,200**
Le Bûcher de Sardanapale - Huile/toile (60x91cm-24x36in) Paris 96 .... **FF500 000** - £57 900 - **$95,700**
SCHOPPE Julius I 1795-1868 [1]
● *The Fortune Teller* - Oil/canvas (79cm-31in) Chicago 92 .... **FF19 600** - £2 276 - **$4,000**
SCHOR Giovanni Paolo 1615-1674 [4]
✐ *An Allegory of Time* - Ink (22x25cm-9x10in) New-York 97 .... **FF19 466** - £2 166 - **$3,500**
SCHORLING Adolf 1895-1973 [1]
● *Am Ufer des Staffelsees* - Gouache (39x58cm-15x23in) München 94 .... **FF3 160** - £374 - **$584**
SCHORNBÖCK Alois 1863-1926 [1]
✐ *Erzherzogin Henriette von Habsburg* - Pastell (108x75cm-43x30in) Lindau 96 .... **FF11 140** - £1 440 - **$2,150**
SCHORP-PFLUMM Hanne 1921 [2]
🏛 *Sich kämmender weiblicher Akt* - Bronze (51cm-20in) Stuttgart 92 .... **FF7 460** - £891 - **$1,435**
SCHOTANUS Petrus 1601-c.1675 [3]
● *Vanitas-stilleben* - Oil/panel (83x59cm-33x23in) Köln 92 .... **FF142 800** - £14 620 - **$25,140**
SCHOTEL Anthonie Pieter 1890-1958 [27]
● *Akkerlandschap in het Gooi* - Oil/canvas/panel (41x31cm-16x12in) Amsterdam 97 .... **FF7 192** - £756 - **$1,235**
Fishermen in the harbour of Volendam - Oil/canvas (61x70cm-24x28in) Amsterdam 97 ...... **FF26 012** - £2 814 - **$4,538**
✐ *Haven - Volendam* - Gouache/paper (29x39cm-11x15in) Amsterdam 97 .... **FF7 192** - £756 - **$1,235**
SCHOTEL Jan Christianus 1787-1838 [26]
● *Fischerboote und Segelschiffe auf bewegter See*
    Oil/panel (37x52cm-15x20in) Köln 96 .... **FF74 400** - £8 730 - **$14,630**
Shipping in an estuary in rough weather
    Oil/panel (65x84cm-26x33in) Amsterdam 97 .... **FF224 627** - £23 746 - **$38,543**
✐ *A naval battle between English and Dutch Men-O'-War*
    Ink (44x63cm-17x25in) New-York 96 .... **FF11 840** - £1 552 - **$2,400**
SCHOTEL Petrus Johannes 1808-1865 [11]
● *Brandung an den Felsklippen* - Öl/Leinwand (79x100cm-31x39in) Göttingen 95 .... **FF27 800** - £3 610 - **$5,790**
✐ *The famous return of Admiral de Ruyter on 5 August 1666*
    Ink (23x37cm-9x15in) Amsterdam 92 .... **FF7 890** - £808 - **$1,390**
SCHOTH A. 1859-1906 [1]
● *Pulling in the cargo* - Oil/canvas (23x47cm-9x19in) London 96 .... **FF3 854** - £500 - **$762**
SCHOTH Anton XIX [2]
● *Constantinople* - Oil/canvas (24x45cm-9x18in) London 93 .... **FF18 260** - £2 200 - **$3,190**
SCHOTT August L. 1811-1843 [1]
● *A Cairo street scene* - Oil/canvas (85x122cm-33x48in) London 96 .... **FF78 600** - £9 800 - **$15,180**
SCHOTT Ferdinand 1887-1964 [2]
▭ *Hunde-Ausstellung, Basel* - Poster (128x90cm-50x35in) New-York 96 .... **FF5 180** - £669 - **$1,000**
SCHOTT von Karl Albert 1840-1911 [4]
● *Die alte Linde bei Degerloch* - Öl/Leinwand (64x46cm-25x18in) Stuttgart 93 .... **FF5 920** - £679 - **$1,006**
✐ *Blick über den Neckar auf Stuttgart Berg* - Aquarell (22x15cm-9x6in) Stuttgart 95 .... **FF1 750** - £225 - **$361**
SCHOTT Walter 1861-1938 [8]
🏛 *Mädchenbrünnen* - Bronze (53cm-21in) St. Louis, Miss. 92 .... **FF26 950** - £3 130 - **$5,500**
SCHOTZ Benno 1891-1984 [4]
🏛 *Two dancers* - Sculpture (28cm-11in) Glasgow 93 .... **FF4 400** - £550 - **$798**
SCHOU Karl 1870-1938 [20]
● *Tulipaner og lupiner i vase* - Oil/canvas (69x97cm-27x38in) København 94 .... **FF3 510** - £421 - **$682**
SCHOU Ludvig Abelin 1838-1867 [4]
● *Staende model set fra ryggen* - Oil/canvas (95x62cm-37x24in) København 90 .... **FF36 900** - £3 824 - **$6,485**
SCHOU Peter Alfred 1844-1914 [13]
● *Enken* - Oil/canvas (83x63cm-33x25in) København 92 .... **FF3 960** - £405 - **$698**

SCHOU Peter Johan 1863-1934 [6]
🖼 *Strandparti med figurer* - Oil/canvas (39x55cm-15x22in) Vejle 91 .... FF7 900 - £792 - $1,447
SCHOU Sigurd Sølver 1875-1944 [7]
🖼 *Summer idyll, 1916* - Oil/canvas (84x56cm-33x22in) London 90 .... FF38 700 - £4 143 - $6,730
SCHOU Sven 1877-1949 [1]
🖼 *Heste og traeer, Egholtet, Havno* - Oil/canvas (66x95cm-26x37in) Vejle 90 .... FF2 800 - £290 - $492
SCHOUBOE Henrik 1876-1949 [9]
🖼 *Interiør med to unge kvinder* - Oil/canvas (50x60cm-20x24in) Viby J, Århus 91 .... FF4 580 - £459 - $756
SCHOUBOE Pablo 1874-1941 [2]
🖼 *The garden path, Chile* - Oil/canvas (101x127cm-40x50in) London 90 .... FF36 800 - £3 940 - $6,400
SCHOULTZ Johan Tietrich 1754-1807 [3]
🖼 *Sjöstrid mellan Svenska* - Oil/canvas (42x58cm-17x23in) Stockholm 94 .... FF20 100 - £2 400 - $3,750
Utgången från Björkö - Oil/canvas (43x67cm-17x26in) Stockholm 90 .... FF74 900 - £7 659 - $14,784
SCHOUMAN Izaak 1801-1878 [3]
🖼 *Lady standing* - Oil/canvas/board (106x84cm-42x33in) Amsterdam 91 .... FF9 010 - £905 - $1,559
SCHOUMANN Martinus 1770-1848 [16]
🖼 *Seestück mit Segelfregatten* - Oil/panel (79x96cm-31x38in) Zürich 92 .... FF74 400 - £7 600 - $13,100
✏ *Dutch shipping scenes* - Watercolour (47x67cm-19x26in) London 96 .... FF6 200 - £800 - $1,215
SCHOUTEN Gerrit Jan 1815-? [6]
🖼 *Shepherds in a valley* - Oil/canvas (56x82cm-22x32in) Amsterdam 97 .... FF51 837 - £5 480 - $8,894
SCHOUTEN Henri 1864-1927 [193]
🖼 *Stalinterieur met schapen* - Huile/toile (65x55cm-26x22in) Lokeren 96 .... FF10 680 - £1 320 - $2,062
Portrait of three Setters - Oil/canvas (80x60cm-31x24in) New-York 94 .... FF24 277 - £2 588 - $4,200
A group of Arab horsemen - Oil/canvas (69x99cm-27x39in) London 92 .... FF67 000 - £8 000 - $12,900
SCHOUTEN Hermanus Petrus 1747-1822 [3]
✏ *Nieuwezijds Voorburgwal, Amsterdam* - Ink (18x28cm-7x11in) Amsterdam 92 .... FF19 600 - £2 340 - $3,770
SCHOUTEN Johannes 1716-1792 [1]
✏ *Oude Luthersche Kerk, Amsterdam* - Pencil (22x34cm-9x13in) Amsterdam 93 .... FF18 420 - £2 087 - $3,110
SCHOUTEN Paul 1869-1930 [12]
🖼 *Combat de coqs* - Huile/toile (80x100cm-31x39in) Bruxelles 92 .... FF8 300 - £850 - $1,460
SCHOUTEN Paul Henri 1860-1922 [21]
🖼 *Fier chasseur* - Huile/toile (37x48cm-15x19in) Bruxelles 97 .... FF5 559 - £612 - $976
SCHOUW van der Adrianus 1873-1946 [2]
🖼 *Segelboot* - Oil/canvas (40x60cm-16x24in) Luzern 89 .... FF9 400 - £961 - $1,511
SCHOVAERTS Mathys c.1665-? [7]
🖼 *Scène orientale en bord de mer* - Huile/cuivre (23x33cm-9x13in) Paris 97 .... FF113 000 - £12 023 - $19,662
SCHOVELIN Axel Thorsen 1827-1893 [37]
🖼 *Cattle watering at a river* - Oil/canvas (63x95cm-25x37in) London 96 .... FF4 450 - £550 - $860
Heidelberg castle and Gardens - Oil/canvas (80x119cm-31x47in) London 97 .... FF18 165 - £2 000 - $3,188
SCHOYERER Joseph 1844-1923 [27]
🖼 *Bei Bad Schachen Bodensee* - Öl/Karton (28x37cm-11x15in) Lindau 97 .... FF16 880 - £1 772 - $2,903
SCHRADER Frantz XX [2]
🖼 *Sommets alpins* - Oil/canvas (46x61cm-18x24in) Paris 94 .... FF13 000 - £1 546 - $2,380
SCHRADER Julius Friedrich A. 1815-1900 [4]
🖼 *A condemned Man's Farewell* - Oil/canvas (212x158cm-83x62in) Wien 96 .... FF66 200 - £8 020 - $12,880
SCHRADER Otto 1890-? [2]
🖼 *Fliederstilleben in Glasvase* - Oil/canvas (80x60cm-31x24in) Pforzheim 90 .... FF3 230 - £330 - $638
SCHRADER-VELGEN Carl Hans 1876-1945 [6]
🖼 *Dame in einem Park* - Oil/Leinwand (49x60cm-19x24in) München 94 .... FF47 900 - £5 620 - $8,520
SCHRAEGLE Gustav 1867-? [2]
🖼 *Portrait of the artist* - Oil/canvas (98x65cm-39x26in) London 93 .... FF12 450 - £1 500 - $2,280
SCHRAG Julius 1864-1948 [6]
🖼 *Am häuslichen Herd* - Öl/Leinwand (38x54cm-15x21in) München 96 .... FF9 150 - £1 148 - $1,766
SCHRAG Karl 1912 [1]
🖼 *Views into trees* - Etching, aquatint (64x48cm-25x19in) San Francisco-Los Angeles 95 .... FF1 610 - £201 - $325
SCHRAIVOGEL Ralph 1960 [1]
🖼 *Cinema Africa, Filpodium* - Poster (128x90cm-50x35in) New-York 96 .... FF7 770 - £1 003 - $1,500
SCHRAM Alois Hans 1864-1919 [20]
🖼 *Nächtliche Rast am Brunnen* - Öl/Leinwand (65x60cm-26x24in) Wien 96 .... FF5 850 - £759 - $1,156
Scène champêtre - Oil/canvas (108x125cm-43x49in) London 97 .... FF83 809 - £8 800 - $14,415
🖼 *50jährig. Regierungsjulibäum F.Joseph* - Poster (125x95cm-49x37in) Wien 97 .... FF7 677 - £811 - $1,317
SCHRAM DE JONG Synco 1910 [2]
✏ *Djanoko, son of Pandoe Mgondjuk* - Charcoal (76x55cm-30x22in) Amsterdam 96 .... FF105 400 - £13 540 - $20,440
SCHRAM Viktor 1865-1929 [1]
🖼 *Interior with an elegant lady* - Oil/canvas (70x93cm-28x37in) Laren 90 .... FF9 000 - £957 - $1,610
SCHRAMM Werner 1898-? [1]
🖼 *Begegnunden* - Lithographie München 92 .... FF2 374 - £284 - $457
SCHRAMM-ZITTAU Rudolf 1874-1950 [19]
🖼 *Hahnenkampf* - Öl/Leinwand (60x100cm-24x39in) München 92 .... FF10 170 - £1 215 - $1,957
Alte Ope, Frankfurt - Öl/Leinwand (60x80cm-24x31in) Frankfurt 95 .... FF49 900 - £6 220 - $10,060

S

SCHRAMMEN Eberhard 1886-? [2]
Konstruktivische Komposition - Aquarell/Papier (34x25cm-13x10in) München 94 .... FF6 500 - £763 - $1,157
SCHRANZ Anton 1769-1839 [11]
Grand harbour, Valetta, Malta - Oil/canvas (29x45cm-11x18in) London 91 .... FF79 300 - £8 048 - $14,322
The Citadel, Corfù - Watercolour (19x34cm-7x13in) London 93 .... FF10 800 - £1 300 - $1,885
SCHRÄNZ Franz 1747-1835 [1]
Corfu - Watercolour (16x27cm-6x11in) London 92 .... FF8 370 - £1 000 - $1,610
SCHRANZ Johan, Giovanni 1794-1882 [4]
H.M.S. Howe in Grand Harbour, Malta - Oil/canvas (46x72cm-18x28in) London 96....... FF177 200 - £23 000 - $35,050
SCHRANZ Joseph 1803-c.1865 [16]
A frigate entering Valetta Harbour, Malta
  Oil/canvas (42x64cm-17x25in) London 89 .... FF135 600 - £13 865 - $21,801
The Bosphorus - Lithograph (45x57cm-18x22in) London 96 .... FF11 040 - £1 400 - $2,120
View of Zante - Watercolour/paper (18x28cm-7x11in) London 90 .... FF18 400 - £1 907 - $3,234
SCHRAUDOLPH Robert 1887-? [10]
Winterabend im Allgäu - Öl/Leinwand (70x90cm-28x35in) Lindau 97 .... FF7 427 - £779 - $1,277
SCHRAUDOLPH von Johann 1808-1879 [1]
Jomfru Maria kroning - Oil/canvas (120x72cm-47x28in) Kobenhavn 96 .... FF28 400 - £3 235 - $5,430
SCHRECKHAASE Paul XIX-XX [58]
Kerzenleuchter, Schale und Kupfertopf - Öl/Leinwand (49x65cm-19x26in) Lindau 94 ...... FF3 070 - £367 - $578
Malerisches Hirchdorf - Öl/Leinwand (26x36cm-10x14in) Lindau 93 .... FF29 750 - £3 470 - $4,890
SCHREGEL Bernard 1870-1956 [4]
Wooden shoes at an open farm-door - Oil/canvas (45x60cm-18x24in) Amsterdam 90 ...... FF3 300 - £341 - $583
SCHREIB Werner 1925-1969 [3]
Paysage astronautique VII - Mixed media/panel (74x90cm-29x35in) Düsseldorf 93 ...... FF13 560 - £1 620 - $2,610
SCHREIBER Charles Bapt. 1845-1903 [12]
Mädchen mit Krug - Öl/Leinwand (72x53cm-28x21in) Wien 94 .... FF29 400 - £3 476 - $5,420
SCHREIBER George L. 1904-1977 [13]
Village landscape - Oil/canvas (65x78cm-26x31in) New-York 91 .... FF10 180 - £1 028 - $1,800
Jazz, 1958 - Watercolour/paper (71x50cm-28x20in) New-York 90 .... FF13 700 - £1 457 - $2,451
SCHREIBER Georges 1866-1943 [5]
Sommertag auf dem Land - Öl/Leinwand (46x61cm-18x24in) Lindau 94 .... FF5 140 - £596 - $885
SCHREIBER Gustav Adolf 1889-1958 [1]
Parklandschaft - Gouache (55x60cm-22x24in) Bremen 95 .... FF5 170 - £670 - $1,052
SCHREIBER Hermann 1864-? [1]
Sommertag am Seeufer - Öl/Leinwand (44x60cm-17x24in) Rudolstadt-Thüringen 96 ...... FF2 203 - £277 - $426
SCHREIBER Hugo 1873-1950 [4]
Dame mit großem, rotem Hut - Mischtechnik/Papier (59x45cm-23x18in) Wien 92 ...... FF8 650 - £1 007 - $1,767
SCHREIBER Martin Hugo Max. XX [2]
Madonna as a Sphinx, N. Y. - Tirage argentique (50x45cm-20x18in) Paris 96 .... FF3 500 - £437 - $676
SCHREIBER Peter Conrad 1816-1894 [5]
Fisherboy on the beach, Capri - Oil/canvas (65x144cm-26x57in) London 96 .... FF21 600 - £2 800 - $4,270
SCHREIBER Richard 1904 [2]
Kreuzgang des Bonner Münsters - Oil/canvas (52x65cm-20x26in) Köln 89 .... FF3 000 - £316 - $505
Altes Tor - Tempera/paper (30x38cm-12x15in) Köln 95 .... FF2 100 - £270 - $434
SCHREINER Friedrich Wilhelm 1836-? [4]
Fischerknaben - Oil/canvas (128x105cm-50x41in) München 92 .... FF11 560 - £1 183 - $2,035
SCHREINER Hans 1930 [3]
Ohne Titel - Aquarell (23x31cm-9x12in) Stuttgart 92 .... FF4 060 - £473 - $830
SCHREINER Karl Moritz 1889-1948 [2]
Bildnis Hildegard - Bronze (20cm-8in) München 94 .... FF2 050 - £241 - $366
Stehende junge Frau - Bronze (58cm-23in) Köln 94 .... FF41 200 - £4 880 - $7,610
SCHREITNER VON SCHWARZENFELD Adolf 1854-1923 [3]
Resisting temptation - Oil/canvas (68x56cm-27x22in) London 90 .... FF29 100 - £3 096 - $5,206
SCHRETTER Josef 1856-1909 [2]
Vornehme Dame in Seidenkleid - Oil/canvas (113x138cm-44x54in) München 92 ...... FF23 800 - £2 436 - $4,190
SCHRETTER Zygmunt Szreter 1896-1977 [10]
Paysage - Huile/toile (50x65cm-20x26in) Paris 92 .... FF5 000 - £512 - $900
SCHREUDER VAN DE COOLWIJK Jan 1868-1962 [2]
The connoisseur - Oil/panel (47x31cm-19x12in) London 90 .... FF18 700 - £1 883 - $3,663
SCHREUER Wilhelm 1866-1933 [60]
Hauskonzert - Öl/Papier (50x40cm-20x16in) Düsseldorf 96 .... FF27 100 - £3 344 - $5,230
Einzug der Russen in Düsseldorf - Öl/Papier (139x85cm-55x33in) Düsseldorf 95.......... FF91 200 - £11 850 - $18,770
Beim Schiffskalfaterer - Mischtechnik/Papier (62x82cm-24x32in) Köln 95 .... FF13 800 - £1 796 - $2,830
Kaffeegesellschaft im Freien - Mischtechnik/Papier (64x86cm-25x34in) Köln 95 .... FF58 700 - £7 630 - $12,030
SCHREURS Clemens Prosper 1820-1911 [1]
Pastoral love - Oil/canvas (42x55cm-17x22in) Amsterdam 94 .... FF27 540 - £3 303 - $5,350
SCHREY Hermann 1893-? [1]
Marienplatz mit Rathaus - Öl/Karton (45x35cm-18x14in) Lindau 94 .... FF3 410 - £407 - $642
SCHREYER Adolf 1828-1899 [74]
Hungarian Peasants - Oil/canvas (82x129cm-32x51in) Wien 96 .... FF82 800 - £10 030 - $16,100
At the well, North Africa - Oil/canvas (64x100cm-25x39in) London 94 .... FF269 000 - £32 000 - $50,700
Bedouins on route - Oil/canvas (80x127cm-31x50in) New-York 93 .... FF708 000 - £80 500 - $120,000

Arab cavalry - Watercolour (30x39cm-12x15in) London 96 .... FF**23 100** - £3 000 - **$4,570**
SCHREYER Claudius W. 1864-1902 [3]
Musical still life - Oil/canvas (56x86cm-22x34in) Philadelphia 92 .... FF**14 560** - £1 740 - **$2,800**
SCHREYER Franz 1858-? [6]
Posilippo bei Neapel - Oil/canvas (31x51cm-12x20in) Bremen 91 .... FF**14 360** - £1 475 - **$2,673**
SCHREYER Lothar 1886-1966 [26]
Meerfrau - Oil/canvas (79x50cm-31x20in) London 93 .... FF**54 000** - £6 500 - **$9,420**
Farbform I - Color lithograph (29x26cm-11x10in) Berlin 97 .... FF**14 764** - £1 567 - **$2,571**
Figurenkomposition - Gouache (23x13cm-9x5in) München 94 .... FF**18 120** - £2 127 - **$3,230**
SCHREYERER Franz 1770-1839 [1]
Gebirgsbach - Öl/Leinwand (73x58cm-29x23in) Wien 95 .... FF**27 900** - £3 530 - **$5,450**
SCHREYVOGEL Charles 1861-1912 [10]
The Messenger - Oil/canvas (86x61cm-34x24in) New-York 93 .... FF**1** - £154 400 - **$230,000**
The Duel - Oil/canvas (51x41cm-20x16in) New-York 94 .... FF**786 000** - £92 700 - **$140,000**
The Last Drop - Bronze (30cm-12in) New-York 95 .... FF**177 600** - £23 470 - **$36,000**
SCHRIEBER Ludwig Gabriel 1907-1973 [6]
Pflaumenbaumhain - Aquarell/Papier (58x43cm-23x17in) Berlin 93 .... FF**16 020** - £1 830 - **$2,724**
SCHRIJNDER Jo 1894-1968 [19]
Hare in a birch-forest - Oil/canvas (70x60cm-28x24in) Amsterdam 97 .... FF**10 403** - £1 125 - **$1,815**
Ducks at dawn - Watercolour/paper (37x27cm-15x11in) Amsterdam 93 .... FF**1 960** - £234 - **$377**
Ducks flying up - Watercolour/board (20x27cm-8x11in) Amsterdam 90 .... FF**5 100** - £527 - **$901**
SCHRIKKEL Louis 1902-1978 [7]
De autodieven van Parijs - Oil/canvas (60x70cm-24x28in) Amsterdam 90 .... FF**25 600** - £2 618 - **$5,053**
Der Verleiding - Coloured pencils (26x45cm-10x18in) Amsterdam 93 .... FF**5 200** - £599 - **$894**
SCHRIKKER Kees 1898-? [1]
Young woman - Terracotta (44cm-17in) Amsterdam 95 .... FF**1 854** - £224 - **$349**
SCHRIMPF Georg 1889-1938 [73]
Moorlandschaft - Öl/Leinwand (45x61cm-18x24in) Berlin 96 .... FF**231 000** - £26 300 - **$44,200**
Zwei Krüge - Ink (14x9cm-6x4in) Berlin 94 .... FF**8 930** - £1 067 - **$1,670**
Zwei Frauen auf einem Balkon - Watercolour (49x32cm-19x13in) Berlin 97 .... FF**58 277** - £6 189 - **$10,151**
SCHROBILTGEN Paul 1923-1980 [1]
Compositions Nos. 61 & 62 - Technique mixte/papier (38x30cm-15x12in) Antwerpen 93 .... FF**2 472** - £296 - **$506**
SCHRÖDER Albert Friedrich 1854-1939 [15]
Man with a pipe - Oil/panel (24x32cm-9x13in) New-York 93 .... FF**16 500** - £1 950 - **$3,000**
Relating his Adventures - Oil/panel (46x53cm-18x21in) London 96 .... FF**47 800** - £6 200 - **$9,440**
SCHRÖDER Carl Julius Hermann 1802-1867 [3]
Junges Liebespaar - Oil/canvas (32x28cm-13x11in) Luzern 92 .... FF**41 900** - £5 000 - **$8,050**
SCHRÖDER Georg Engelhard 1684-1750 [4]
Apelles och Kampasbe - Oil/canvas (61x93cm-24x37in) Stockholm 95 .... FF**30 300** - £3 875 - **$6,190**
SCHRÖDER Heinrich 1881-1941 [8]
Sonnenblumenstrauss - Öl/Leinwand (78x63cm-31x25in) Wien 96 .... FF**7 330** - £952 - **$1,436**
Gloucestershire - Gouache (34x52cm-13x20in) Hamburg 95 .... FF**4 380** - £555 - **$881**
SCHRÖDER Julius Carl H. 1802-1867 [1]
Sydtysk landskab ved vandfald - Oil/canvas (54x44cm-21x17in) København 94 .... FF**9 160** - £1 080 - **$1,630**
SCHRÖDER Max 1858-c.1871 [1]
Marine - Oil/canvas (87x141cm-34x56in) München 92 .... FF**13 600** - £1 392 - **$2,394**
SCHRODER Povl 1894-1957 [24]
Kvinde med rodt torklaede - Oil/canvas (73x54cm-29x21in) København 90 .... FF**2 600** - £278 - **$452**
Opstilling med blomster - Oil/canvas (96x66cm-38x26in) København 92 .... FF**10 560** - £1 080 - **$1,860**
SCHRÖDER Sierk 1903 [8]
Young woman - Watercolour/paper (50x40cm-20x16in) Amsterdam 97 .... FF**12 138** - £1 313 - **$211,8 9**
SCHRÖDER Wolfgang 1943 [2]
Hyperion, Endymion (2 Pendants) - Acrylic/canvas/panel (85x55cm-33x22in) Hamburg 96 .... FF**2 870** - £348 - **$558**
Heroische Landschaft I - Gouache (98x69cm-39x27in) Hamburg 96 .... FF**2 127** - £258 - **$414**
SCHRÖDER-SONNENSTERN Emil Friedrich 1892-1982 [60]
Der drollige Walfisch - Coloured pencils/paper (51x81cm-20x32in) Köln 91 .... FF**13 520** - £1 356 - **$2,232**
Das Stadtszirkusnaarenschiff - Dessin (51x72cm-20x28in) Bern 95 .... FF**34 550** - £4 320 - **$6,970**
SCHRÖDER-TAPIAU Karl 1870-1945 [2]
Sonnenblumenstrauss - Öl/Leinwand (85x75cm-33x30in) München 92 .... FF**11 870** - £1 418 - **$2,283**
SCHRÖDL Anton 1823-1906 [33]
Küchenstilleben - Öl/Karton (34x30cm-13x12in) Wien 94 .... FF**9 710** - £1 141 - **$1,730**
Im Stall - Öl/Leinwand (50x64cm-20x25in) Wien 97 .... FF**21 510** - £2 286 - **$3,708**
Bringing in the harvest - Oil/canvas (76x147cm-30x58in) New-York 94 .... FF**42 500** - £5 500 - **$8,500**
SCHRÖDL Leopold 1841-1908 [1]
Statesman, standing by a tree-stump - Sculpture (21cm-8in) London 96 .... FF**10 960** - £1 300 - **$2,140**
SCHRÖDL Norbert 1842-1912 [2]
Elegante junge Dame - Oil/canvas (48x60cm-19x24in) Stuttgart 90 .... FF**37 200** - £3 983 - **$6,470**
Capri mit dem Monte Solaro - Aquarell (22x30cm-9x12in) Heidelberg 94 .... FF**1 990** - £231 - **$343**
SCHRÖDL Norbert Michael 1816-1890 [1]
Erzherzog Ferdinand Maximilian - Stuck, oval (10x8cm-4x3in) Wien 93 .... FF**5 290** - £632 - **$1,018**
SCHRÖDTER Adolf 1805-1875 [2]
Falstaff - Öl/Leinwand (36x30cm-14x12in) Köln 94 .... FF**12 880** - £1 540 - **$2,480**

SCHROEDTER Adolph 1805-1875 [2]
Bilder zum Don Quichote - Etching (25x19cm-10x7in) Heidelberg 93 .... FF2 204 - £264 - **$424**
Falstaff mit Korkenzieher - Woodcut in colors (70x61cm-28x24in) Wien 91 .... FF14 440 - £1 450 - **$2,498**

SCHROETER Richard 1873-? [2]
Sonnendurchbruch - Öl/Leinwand (40x55cm-16x22in) Pforzheim 93 .... FF4 750 - £567 - **$913**

SCHROETER von Gottlieb 1802-1866 [1]
Judith returning - Oil/canvas (80x63cm-31x25in) London 90 .... FF25 200 - £2 611 - **$4,429**

SCHROEVENS Cesar 1884-c.1940 [1]
Omhelzing - Plâtre (42cm-17in) Lokeren 92 .... FF5 480 - £561 - **$964**

SCHROFF Alfred Hermann 1863-1939 [1]
Carmel Valley - Oil/canvas (51x66cm-20x26in) San Francisco-Los Angeles 91 ..... FF10 780 - £1 078 - **$1,775**

SCHROM Ernst 1902-1969 [12]
Still life with apples - Oil/panel (53x37cm-21x15in) Wien 96 .... FF13 470 - £1 690 - **$2,630**
Reiter im Walde - Oil/panel (56x68cm-22x27in) Wien 96 .... FF43 300 - £5 510 - **$8,330**
Wien, Sievering - Aquarell/Papier (38x28cm-11x15in) Wien 96 .... FF4 810 - £603 - **$940**

SCHRÖTER Bernhard 1848-1911 [1]
Elblandschaft - Öl/Leinwand (66x51cm-26x20in) München 95 .... FF2 250 - £272 - **$424**

SCHRÖTER Paul 1866-1946 [1]
Willingshäuser Bäuerin - Pencil (37x29cm-15x11in) Frankfurt 91 .... FF2 030 - £206 - **$367**

SCHRÖTTER von Alfred 1856-1935 [5]
Im Pferdestall - Öl/Leinwand (51x61cm-20x24in) Wien 92 .... FF19 240 - £2 300 - **$3,700**

SCHROTZBERG Franz 1811-1889 [9]
Knabe im Sonntagsstaat - Öl/Leinwand (81x64cm-32x25in) Wien 94 .... FF48 800 - £5 810 - **$9,200**
Franz Joseph I. - Öl/Leinwand (14x111cm-6x44in) Wien 96 .... FF121 800 - £15 800 - **$24,100**

SCHRUTECK Kurt 1925 [2]
Stadtansicht - Öl/Leinwand (24x30cm-9x12in) Kempten 96 .... FF2 873 - £341 - **$561**

SCHRUTEK von Franz 1800-1861 [1]
Marine mit Linienschiff - Oil/canvas (47x70cm-19x28in) Stuttgart 89 .... FF11 500 - £1 111 - **$1,745**

SCHRYVER de Louis 1863-1942 [21]
Flower seller on the Rue de Rivoli - Oil/canvas/board (73x92cm-29x36in) New-York 96 ...... FF1 - £161 800 - **$250,000**
The flower seller, Paris - Oil/canvas (51x61cm-20x24in) New-York 96 .... FF200 000 - £25 900 - **$40,000**
L'avenue du bois de Boulogne, matinée de printemps
Oil/canvas (70x102cm-28x40in) New-York 92 .... FF624 000 - £74 500 - **$120,000**

SCHTEJNBERG Eduard 1937 [1]
Komposition - Mixed media/paper (49x78cm-19x31in) Zürich 92 .... FF22 300 - £2 280 - **$3,930**

SCHUBERT August 1833-? [1]
Waldmotiv bei Mödling - Aquarell (34x43cm-13x17in) Wien 93 .... FF2 443 - £277 - **$416**

SCHUBERT Carl 1795-1855 [1]
Sommerliche Lichtung mit Waldteich - Öl/Leinwand (47x60cm-19x24in) Lindau 96 ..... FF20 250 - £2 616 - **$3,910**

SCHUBERT Ernö, Ernst 1903-1960 [1]
Composition - Fusain/papier (29x23cm-11x9in) Paris 93 .... FF1 600 - £193 - **$291**

SCHUBERT Heinrich Carl 1827-1897 [7]
Thebener Kogel mit der Ruine - Oil/canvas (56x79cm-22x31in) Lindau 92 .... FF30 600 - £3 130 - **$5,390**
Alpinum mit Himmelschlüsseln - Aquarell/Papier (33x71cm-13x28in) Wien 94 ..... FF10 740 - £1 244 - **$1,848**

SCHUBERT Hugo 1874-1913 [6]
Allegorie des Sommers - Aquarell/Papier (18x27cm-7x11in) Wien 96 .... FF4 820 - £601 - **$930**

SCHUBERT Otto 1892-1970 [2]
Die Grille Hanne - Ink (35x25cm-14x10in) Heidelberg 93 .... FF4 025 - £470 - **$662**

SCHUCH Carl 1846-1903 [3]
A sunlit Forest - Oil/paper/board (32x40cm-13x16in) Wien 96 .... FF104 800 - £12 700 - **$20,400**

SCHUCH Werner Wilhelm 1843-1918 [4]
General Zieten bei Katholisch-Hennersdorf - Oil/canvas (77x51cm-30x20in) Ahlden 91 ...... FF40 600 - £4 121 - **$7,333**

SCHUERCH Johann Robert 1895-1941 [3]
Weiblicher Akt - Pencil/paper (25x33cm-10x13in) Luzern 92 .... FF5 950 - £608 - **$1,048**

SCHUFFENECKER Claude Émile 1851-1934 [82]
Enfants Schuffenecker à la pêche - Huile/toile (65x46cm-26x18in) Quimper 95 ... FF80 000 - £9 950 - **$15,600**
Jeune femme assise - Fusain (24x17cm-9x7in) Brest 97 .... FF5 000 - £542 - **$878**
En sous bois, vers la mer - Pastel (21x30cm-8x12in) Brest 97 .... FF18 000 - £1 949 - **$3,161**

SCHUFRIED Dominik 1810-? [4]
Romantische Landschaft - Oil/panel (27x40cm-11x16in) Wien 90 .... FF13 400 - £1 389 - **$2,355**

SCHUGG Josef 1921-1994 [1]
Am Kanal bei Redon - Tempera/board (61x56cm-24x22in) Kempten 96 .... FF2 036 - £264 - **$399**

SCHUH Gotthard 1897-1969 [1]
Untitled - Gelatin silver print (28x20cm-11x8in) New-York 93 .... FF4 400 - £552 - **$800**

SCHUHFRIED Dominik 1810-c.1888 [8]
Am alten Wachtturm - Öl/Leinwand (75x100cm-30x39in) Wien 92 .... FF19 240 - £2 237 - **$3,930**

SCHUHKNECHT Adolf 1889-? [2]
Am Rhein bei Bacharach - Oil/canvas (80x112cm-31x44in) Köln 92 .... FF9 520 - £974 - **$1,676**

SCHUHMACHER Hugo 1939 [2]
Industrie oder Muster ohne Wert - Technique mixte/papier (49x69cm-19x27in) Zürich 96 ..... FF3 290 - £412 - **$635**

SCHUHMACHER Wim 1894-1986 [26]
Bottle and a fruit dish - Oil/canvas (60x47cm-24x19in) Amsterdam 92 .... FF28 630 - £3 420 - **$5,510**
Notre-Dame, Paris - Oil/canvas (59x72cm-23x28in) Amsterdam 94 .... FF106 400 - £12 560 - **$18,930**

Trappans en End - Oil/canvas (81x100cm-32x39in) Amsterdam 97 .... FF**820 265** - £86 032 - **$140,760**

SCHUKO Vladimir A. 1878-1939 [1]
Costume design for musicians - Watercolour (37x25cm-15x10in) London 90 .... FF**3 100** - £334 - **$547**

SCHÜLDT Fritiof Johannes 1891-1978 [4]
Ung norska - Oil/canvas (79x64cm-31x25in) Stockholm 92 .... FF**11 310** - £1 158 - **$1,992**

SCHULEIN Julius Wolfgang 1881-1959 [5]
Gebirgsdorf mit Holzfällern - Öl/Karton (61x66cm-24x26in) Stuttgart 94 .... FF**2 550** - £298 - **$447**

SCHÜLER Max 1854-? [1]
Junge Dame - Pastel (79x57cm-31x22in) Frankfurt 95 .... FF**2 103** - £267 - **$423**

SCHÜLER Paul [1]
Verschneites Gebirgsdorf - Oil/canvas (80x120cm-31x47in) München 91 .... FF**5 070** - £515 - **$916**

SCHULKE Flip 1930 [3]
Joe Rosenthal - Silver print (33x25cm-13x10in) New-York 93 .... FF**3 245** - £369 - **$550**

SCHULLER Joseph Carl Paul XIX-XX [3]
Le jardin fleuri - Huile/panneau (40x28cm-16x11in) Versailles 89 .... FF**4 200** - £429 - **$675**
Cour fleurie - Oil/canvas (50x32cm-20x13in) London 89 .... FF**87 200** - £8 916 - **$14,019**

SCHULMAN David 1881-1966 [61]
Wintermiddag - Oil/canvas (60x98cm-24x39in) Amsterdam 95 .... FF**14 900** - £1 934 - **$3,106**
Muurhuizen in Amersfoort - Oil/canvas (75x91cm-30x36in) Amsterdam 97 .... FF**32 829** - £3 470 - **$563,3 6**
A village in winter - Black chalk (73x99cm-29x39in) Amsterdam 96 .... FF**7 820** - £950 - **$1,520**

SCHULMAN Léon 1851-1943 [12]
Op weg naar Oosterbeek - Oil/canvas (81x110cm-32x43in) Amsterdam 94 .... FF**9 760** - £1 133 - **$1,680**
Cattle on river benches - Watercolour/board (64x45cm-25x18in) Amsterdam 90 .... FF**3 620** - £365 - **$709**

SCHULTE IM HOFE Rudolf 1865-1928 [1]
Obstmarkt - Öl/Leinwand (34x25cm-13x10in) Bern 93 .... FF**7 120** - £821 - **$1,222**

SCHULTHEISS Karl 1852-1944 [3]
Im Garten - Öl/Leinwand/Karton (20x28cm-8x11in) Hamburg 97 .... FF**4 044** - £432 - **$705**

SCHULTHEISS Karl Max 1885-? [3]
Elderly woman - Oil/canvas (107x81cm-42x32in) New-York 94 .... FF**23 400** - £2 685 - **$4,000**

SCHULTHEISS Natali 1865-1952 [3]
Grapes and pomegranates - Oil/canvas (61x81cm-24x32in) New-York 93 .... FF**23 600** - £2 685 - **$4,000**

SCHULTHESS Jörg Anton, Shimon 1941-1992 [5]
Die Elefantenvermählung - Oil/panel (49x93cm-19x37in) Zofingen 95 .... FF**6 800** - £861 - **$1,367**

SCHULTZ Albert B. ?-1913 [1]
Rescue at sea - Oil/panel (27x44cm-11x17in) Toronto 95 .... FF**2 883** - £365 - **$580**

SCHULTZ Alexander 1901-1981 [17]
Landskap - Oil/canvas (50x61cm-20x24in) Oslo 92 .... FF**11 700** - £1 400 - **$2,252**

SCHULTZ Carl Frederick 1796-1866 [3]
Im Forst - Oil/canvas (23x20cm-9x8in) Köln 92 .... FF**7 460** - £891 - **$1,435**

SCHULTZ Elisabeth 1817-1898 [1]
Still life - Öl/Karton (52x73cm-20x29in) Frankfurt 95 .... FF**7 250** - £964 - **$1,496**

SCHULTZ Erdmann 1610-? [2]
Mixed flowers & fruits - Oil/canvas (35x45cm-14x18in) New-York 92 .... FF**41 600** - £4 970 - **$8,000**

SCHULTZ George F. 1879-? [4]
Garden bridge - Watercolour (51x74cm-20x29in) Chicago 94 .... FF**1 742** - £202 - **$300**
Sailing off the Rocky Coast
    Watercolour, gouache/board (48x71cm-19x28in) New-York 94 .... FF**16 850** - £1 990 - **$3,000**

SCHULTZ George M. 1869-? [9]
Raodside house & wagon - Oil/canvas (76x101cm-30x40in) Elgin, Illinois 91 .... FF**5 660** - £570 - **$982**
Woodland landscape - Pastel/paper (48x73cm-19x29in) New-York 90 .... FF**10 000** - £1 036 - **$1,757**

SCHULTZ Gottfried 1842-? [2]
Grapes, peaches, plums, nuts... - Oil/canvas (35x45cm-14x18in) London 93 .... FF**64 000** - £8 000 - **$11,600**

SCHULTZ Harry 1974-? [3]
Danziger Hafenansicht - Öl/Karton (35x48cm-14x19in) Bremen 94 .... FF**4 800** - £557 - **$826**

SCHULTZ Johannes Adrianus 1820-1863 [1]
In einem Gasthaus des 17. Jh. - Oil/panel (19x22cm-7x9in) Stuttgart 90 .... FF**10 200** - £1 043 - **$2,013**

SCHULTZ-MOBERGER Elsa 1879-? [1]
Insjölandskap med näckrosor - Oil/canvas (65x93cm-26x37in) Stockholm 89 .... FF**20 600** - £2 171 - **$3,468**

SCHULTZ-RIGA Emil 1872-? [1]
Bauernhaus in der Eifel - Öl/Leinwand (70x100cm-28x39in) Düsseldorf 96 .... FF**18 620** - £2 300 - **$3,600**

SCHULTZ-STRATHMANN Otto 1892-1960 [1]
Der Eisbach im Englischen Garten - Öl/Leinwand (50x80cm-20x31in) München 93 .... FF**5 430** - £648 - **$1,044**

SCHULTZBERG Anshelm 1862-1945 [159]
Vinterlandskap - Oil/canvas (88x110cm-35x43in) Stockholm 95 .... FF**36 600** - £4 700 - **$7,380**
Vinterdag i Filipstads Bergslag - Oil/canvas (120x148cm-47x58in) Stockholm 91 .... FF**67 400** - £6 710 - **$11,590**
Vår - Oil/canvas (90x149cm-35x59in) Stockholm 96 .... FF**250 000** - £31 160 - **$48,300**

SCHULTZE Andreas 1955 [23]
Untitled - Acrylic/canvas (274x290cm-108x114in) New-York 94 .... FF**23 240** - £2 685 - **$4,000**

SCHULTZE Bernhard 1915 [95]
Buntbauch- Migof und die Metro - Mixed media (155x6x115cm-61x2x45in) London 97 .... FF**30 019** - £3 200 - **$5,241**
Komposition 7/52 - Öl/Karton (74x97cm-29x38in) Köln 93 .... FF**151 700** - £17 150 - **$25,600**

S

Tabuskri - Oil/canvas (120x60cm-47x24in) Köln 90 .... FF**153 200** - £15 591 - **$30,638**
Siet Alter's - Öl/Karton (72x97cm-28x38in) Berlin 97 .... FF**217 569** - £23 106 - **$37,899**
Blauer Stelz-Migof - Plaster (75x24x50cm-30x9x20in) Köln 93 .... FF**33 900** - £4 050 - **$6,520**
Migof-Profil - Gouache (65x46cm-26x18in) Köln 95 .... FF**9 610** - £1 257 - **$1,952**
Landschaft auf 2 Füssen - Ink (73x101cm-29x40in) Berlin 91 .... FF**23 660** - £2 401 - **$4,273**
Ohne Titel - Gouache (60x40cm-24x16in) Berlin 97 .... FF**31 081** - £3 300 - **$5,414**
2.1.59 - Gouache (211x128cm-83x50in) Köln 96 .... FF**142 700** - £16 250 - **$27,300**

SCHULTZE Carl 1856-1935 [13]
Sauen im Winterwald - Öl/Leinwand (64x75cm-25x30in) Köln 93 .... FF**15 260** - £1 823 - **$2,935**

SCHULTZE Karl 1856-1935 [1]
Sonniger Tag am Königssee - Öl/Leinwand (62x97cm-24x38in) Wien 95 .... FF**15 660** - £1 980 - **$3,060**

SCHULTZE Marie 1852-? [2]
Mädchen mit Krone - Öl/Leinwand (60x48cm-24x19in) Frankfurt 95 .... FF**3 504** - £444 - **$705**

SCHULTZE Robert 1828-1910 [8]
Lago Maggiore bei Locarno - Oil/canvas (66x100cm-26x39in) New-York 93 .... FF**16 500** - £1 950 - **$3,000**

SCHULZ Ada Walter 1870-1928 [2]
Washing - Oil/canvas (61x69cm-24x27in) Chicago 93 .... FF**88 000** - £11 030 - **$16,000**

SCHULZ Adrien 1851-1931 [17]
Le loup et l'agneau/Le héron - Huile/toile (55x38cm-22x15in) Fontainebleau 93 .... FF**5 000** - £603 - **$910**
Montigny-sur-Loing au printemps - Huile/toile (40x66cm-16x26in) Barbizon 95 .... FF**20 000** - £2 616 - **$4,005**

SCHULZ Bruno 1892-1942 [1]
Self-portrait - Pencil/paper (19x21cm-7x8in) Warszawa 96 .... FF**11 940** - £1 496 - **$2,327**

SCHULZ Carl Friedrich 1796-1866 [4]
Slowakischer Drahtbinder - Oil/panel (53x50cm-21x20in) München 92 .... FF**32 160** - £3 740 - **$6,560**

SCHULZ Georg 1896-1956 [1]
Bergnacht - Aquarell (58x71cm-23x28in) Konstanz 93 .... FF**3 830** - £440 - **$644**

SCHULZ Joannes Frederick 1817-1888 [1]
Becalmed - Oil/panel (33x51cm-13x20in) London 92 .... FF**16 600** - £1 700 - **$3,460**

SCHULZ Moritz 1825-1904 [1]
Bust of Psyche - Marble (57cm-22in) London 92 .... FF**29 300** - £3 000 - **$5,170**

SCHULZ Robert E. 1928-1978 [3]
Standing men, horses and riders - Acrylic/panel (51x71cm-20x28in) New-York 96 .... FF**10 350** - £1 337 - **$2,000**

SCHULZ Toni, Antonie 1858-1918 [1]
Blick durch einen Torbogen, Torbole - Oil/canvas (104x61cm-41x24in) München 92 .... FF**13 600** - £1 392 - **$2,394**

SCHULZ Wilhelm 1865-1952 [3]
Ein Held der Nation - Mischtechnik/Karton (40x16cm-16x6in) München 96 .... FF**2 040** - £232 - **$390**
II. Austellung, Berliner Secession - Affiche (67x91cm-26x36in) Paris 93 .... FF**2 900** - £326 - **$492**

SCHULZ-MATHAM Walter 1889-1965 [1]
Stilleben mit Topfplanze - Öl/Leinwand (80x70cm-31x28in) Hamburg 96 .... FF**28 900** - £3 290 - **$5,520**

SCHULZ-RIGA Emil 1872-? [1]
Herbstlandschaft - Oil/canvas (34x50cm-13x20in) Wien 90 .... FF**3 400** - £352 - **$598**

SCHULZ-RUMPOLD Volkmar 1956 [6]
Der Kugelkäfer - Mixed media/canvas (120x150cm-47x59in) London 96 .... FF**31 350** - £3 800 - **$6,100**

SCHULZ-STRATHMANN Otto 1892-1960 [16]
Uferlandschaft im Frühling - Oil/canvas (60x80cm-24x31in) München 91 .... FF**5 470** - £562 - **$1,018**
Schloss Blutenburg - Öl/Leinwand (71x97cm-28x38in) München 95 .... FF**12 410** - £1 570 - **$2,490**

SCHULZE Andreas 1955 [3]
Untitled - Acrylic/canvas (200x400cm-79x157in) New-York 92 .... FF**30 140** - £3 080 - **$5,500**

SCHULZE Bernard 1915 [7]
Untitled - Watercolour (49x62cm-19x24in) Amsterdam 92 .... FF**19 720** - £2 020 - **$3,470**

SCHULZE Emil 1863-1930 [6]
Anemones - Oil/cardboard (45x45cm-18x18in) Düsseldorf 96 .... FF**5 170** - £670 - **$1,034**

SCHULZENHEIM de Ida Eleonora 1859-1940 [4]
Vilande hund på soffa - Oil/panel (21x25cm-8x10in) Göteborg 93 .... FF**11 470** - £1 410 - **$2,123**

SCHUMACHER Bernhard 1872-? [2]
Miss Voight - Oil/canvas (128x86cm-50x34in) London 90 .... FF**96 900** - £10 375 - **$16,852**

SCHUMACHER Emil 1912 [219]
Flattervogel - Öl/Leinwand (30x40cm-12x16in) Berlin 97 .... FF**124 325** - £13 203 - **$21,656**
Rot - Öl/Leinwand (39x48cm-15x19in) Berlin 97 .... FF**186 488** - £19 805 - **$32,485**
Red & Black Composition - Mixed media/canvas (50x70cm-20x28in) London 96 .... FF**345 560** - £44 000 - **$66,500**
Mines - Acrylic/paper (138x222cm-54x87in) Berlin 97 .... FF**932 438** - £99 028 - **$162,426**
Komposition - Etching, aquatint in colors (32x50cm-13x20in) München 95 .... FF**13 830** - £1 810 - **$2,770**
Untitled - G.85 - Gouache (49x70cm-19x28in) London 96 .... FF**39 260** - £5 000 - **$7,560**
Ohne Titel - Mischtechnik/Papier (57x84cm-22x33in) Berlin 97 .... FF**151 521** - £16 092 - **$26,394**
Bergnabel - Pastel/board (170x125cm-67x49in) Berlin 96 .... FF**442 000** - £50 300 - **$84,500**

SCHUMACHER Harald Peter W. 1836-1912 [15]
Costal landscape, Sønderstrand - Oil/canvas (38x58cm-15x23in) Köbenhavn 95 .... FF**3 546** - £452 - **$698**

SCHUMACHER-SALIG Ernst 1905-1963 [7]
Notre-Dame, Paris - Öl/Leinwand (80x85cm-31x33in) Berlin 93 .... FF**8 700** - £995 - **$1,480**
Parksee - Oil/canvas (80x85cm-31x33in) Berlin 97 .... FF**17 000** - £1 730 - **$3,400**
Brücke bei Avignon - Aquarell/Papier (39x49cm-15x19in) Köln 94 .... FF**5 130** - £602 - **$914**

SCHUMANN Heiner 1917-? [1]
Garten des Dr. Steigelmann, Rhodt - Watercolour (35x49cm-14x19in) Heidelberg 93 .... FF**1 696** - £203 - **$326**

S

SCHUMTZER Jakob Mathias 1733-1811 [1]
/ *Etude d'un jeune homme endormi* - Sanguine (43x56cm-17x22in) Paris 90 .... FF*30 000* - £*3 068* - **$5,921**
SCHUPPANTSCHITSCH Max 1865-1953 [1]
/ *Südlicher Garten mit Palmen* - Aquarell/Papier (45x25cm-18x10in) Wien 94 .... FF*8 330* - £*985* - **$1,537**
SCHUPPEN van Jacob van Souppen 1670-1751 [2]
🖝 *Enfants jouant, Fontaine de Neptune* - Huile/panneau (59x44cm-23x17in) Paris 96 .... FF*60 000* - £*7 800* - **$11,900**
SCHUPPNER Robert 1896-1966 [14]
🖝 *Birnenstilleben/Mädchenkopf* - Oil/wood (44x49cm-17x19in) Köln 97 .... FF*6 759* - £*710* - **$1,157**
SCHÜRCH Johann Robert 1895-1941 [67]
🖝 *Zwei Freunde* - Öl/Karton (43x34cm-17x13in) Zürich 95 .... FF*8 100* - £*1 058* - **$1,644**
   Portrait von Ferdinand Hodler - Painting (33x50cm-13x20in) Zürich 91 .... FF*29 700* - £*2 978* - **$4,903**
/ *Stilleben mit Flasche und Früchten* - Watercolour (21x27cm-8x11in) Bern 96 .... FF*10 570* - £*1 350* - **$2,165**
   Selbsporträt - Encre/papier (26x20cm-10x8in) Zürich 93 .... FF*19 800* - £*2 364* - **$3,810**
SCHÜRCH Paul 1886-1939 [12]
🖝 *Sommertag in den Alpen* - Öl/Leinwand (87x61cm-34x24in) Zofingen 94 .... FF*4 480* - £*531* - **$827**
SCHURDER Henri 1936 [6]
🖝 *Pompier de l'art...* - Technique mixte/panneau (50x52cm-20x20in) Semur-en-Auxois 90 .... FF*5 000* - £*532* - **$894**
SCHURICK Sylvia Gloria 1914-1991 [2]
🖝 *Dancers in a tropical forest* - Oil/board (122x91cm-48x36in) Toronto 92 .... FF*2 580* - £*264* - **$455**
SCHURIG Felix 1852-1907 [1]
🖝 *Andacht* - Oil/canvas (89x66cm-35x26in) Ahlden 92 .... FF*9 520* - £*974* - **$1,676**
SCHURJIN Raúl 1907-1983 [1]
🖝 *Paisaje costero* - Oil/masonite (20x27cm-8x11in) New-York 95 .... FF*3 340* - £*410* - **$650**
SCHURR Claude 1921 [49]
🖝 *Le Palais-Royal* - Huile/toile (55x46cm-22x18in) Paris 96 .... FF*6 500* - £*841* - **$1,276**
   Le Pardon de Saint-Guénolé - Huile/toile (81x100cm-32x39in) Le Touquet 93 .... FF*17 000* - £*2 050* - **$3,090**
/ *La Turbie* - Aquarelle (49x64cm-19x25in) Bern 96 .... FF*2 850* - £*346* - **$555**
SCHURR Erich 1906-? [2]
🖝 *Finale* - Öl/Karton (75x44cm-30x17in) Stuttgart 95 .... FF*7 720* - £*990* - **$1,556**
SCHURTENBERGER Ernst 1931 [6]
🖝 *Baumgruppen* - Öl/Leinwand (39x48cm-15x19in) Luzern 95 .... FF*6 380* - £*797* - **$1,251**
SCHUSTER Donna 1883-1953 [16]
🖝 *Anemones* - Oil/canvas (76x63cm-30x25in) San Francisco-Los Angeles 92 .... FF*14 700* - £*1 707* - **$3,000**
/ *Mexico* - Watercolour (53x37cm-21x15in) San Francisco-Los Angeles 93 .... FF*3 300* - £*414* - **$600**
SCHUSTER Franz 1870-1903 [2]
🖝 *Despertar de la Primavera* - Huile/toile (77x120cm-30x47in) Madrid 91 .... FF*16 400* - £*1 644* - **$2,736**
SCHUSTER Josef 1812-1890 [13]
🖝 *Früchestilleben mit Ziergegenständen* - Öl/Leinwand (38x48cm-15x19in) Wien 96 .... FF*24 500* - £*3 170* - **$4,900**
   Blumen in einer Parklandschaft - Öl/Leinwand (30x37cm-12x15in) Wien 95 .... FF*44 550* - £*5 660* - **$8,870**
SCHUSTER Josef II 1873-1945 [3]
🖝 *Tea cup, blue vase and book* - Oil/canvas (42x32cm-17x13in) New-York 91 .... FF*15 940* - £*1 610* - **$3,164**
SCHUSTER Karl Friedrich H. 1854-1925 [2]
🖝 *Young Italian girl* - Oil/canvas (67x55cm-26x22in) Köbenhavn 95 .... FF*14 140* - £*1 736* - **$2,755**
SCHUSTER Karl Maria 1871-1953 [21]
🖝 *Wörthersee* - Öl/Leinwand (38x54cm-15x21in) Wien 94 .... FF*3 886* - £*457* - **$694**
   Wörthersee - Öl/Leinwand (70x80cm-28x31in) Wien 96 .... FF*12 040* - £*1 502* - **$2,326**
   Dürnstein bei Sonnenuntergang - Öl/Leinwand (100x130cm-39x51in) Wien 95 .... FF*49 500* - £*6 290* - **$9,850**
SCHUSTER Otto 1924 [3]
🖝 *Bei der Morgenarbeit* - Oil/panel (24x30cm-9x12in) Stuttgart 90 .... FF*6 800* - £*702* - **$1,201**
SCHUSTER Rudolf Heinrich 1848-1902 [5]
🖝 *Gipsy wagon in a rocky landscape* - Oil/canvas (51x78cm-20x31in) New-York 94 .... FF*14 620* - £*1 680* - **$2,500**
/ *Dorfstraße von Waldenbuch* - Pencil (23x37cm-11x15in) Stuttgart 91 .... FF*8 450* - £*848* - **$1,462**
SCHUSTER-WOLDAN Raffael 1870-1951 [5]
🖝 *Junge Frau* - Oil/canvas (66x58cm-26x23in) Köln 92 .... FF*15 300* - £*1 566* - **$2,694**
SCHUT Cornelis III 1629-1685 [2]
/ *Damenbildnis* - Miniature (5cm-2in) Köln 93 .... FF*4 070* - £*487* - **$783**
SCHÜTT Gustav 1890-1968 [11]
🖝 *Häuser im Tal* - Öl/Leinwand (60x88cm-24x35in) Wien 97 .... FF*15 334* - £*1 612* - **$2,633**
/ *Zwei Frauen* - Mischtechnik/Papier (30x41cm-12x16in) Wien 92 .... FF*1 925* - £*197* - **$339**
SCHÜTTE Oscar 1837-1913 [1]
🖝 *Pige i faerd med at klaede sig pa* - Oil/canvas (57x49cm-22x19in) Köbenhavn 89 .... FF*8 300* - £*826* - **$1,311**
SCHÜTTE Paul 1901-1968 [1]
🖝 *Stilleben mit Calla* - Oil/panel (62x35cm-24x14in) Bremen 93 .... FF*4 380* - £*528* - **$856**
SCHÜTTE Thomas 1954 [9]
🖝 *Frauenporträt in Grün* - Acrylic/paper (142x109cm-56x43in) München 96 .... FF*28 460* - £*3 570* - **$5,490**
/ *Untitled (Melon)* - Watercolour, gouache (143x109cm-56x43in) London 93 .... FF*11 200* - £*1 400* - **$2,030**
SCHUTTER de Jan 1910-1986 [2]
/ *Clown* - Pastel (80x60cm-31x24in) Antwerpen 96 .... FF*6 570* - £*848* - **$1,270**
SCHUTZ E. 1835-1892 [1]
/ *Ville allemande et son église* - Huile/toile (76x58cm-30x23in) Genève 89 .... FF*16 400* - £*1 728* - **$2,761**
SCHÜTZ Franz 1855-1945 [1]
🖝 *Blick gegen St. Peter* - Öl/Karton (50x40cm-20x16in) Wien 95 .... FF*2 500* - £*316* - **$502**

S

SCHÜTZ Friedrich 1874-1954 [3]
- 🖼 *Südländischer Hafen* - Öl/Karton (61x81cm-24x32in) München 92 .... FF5 100 - £522 - **$898**

SCHÜTZ Herbert 1903-1964 [4]
- 🖼 *Farbkomposition* - Oil/panel (115x145cm-45x57in) Wien 94............................ FF4 860 - £571 - **$865**
- ✎ *Tiermarkt in Tunis* - Mischtechnik/Papier (76x96cm-30x38in) Wien 96 .... FF3 420 - £445 - **$670**

SCHUTZ Jan Frederik 1817-1888 [9]
- 🖼 *Fishing vessel at full sail* - Oil/canvas (69x104cm-27x41in) Amsterdam 95 ...... FF22 260 - £2 780 - **$4,494**

SCHÜTZ Johann Georg 1755-1813 [8]
- 🖼 *Paysage de bord de rivière* - Huile/toile (40x54cm-16x21in) Monaco 94 .... FF25 000 - £2 954 - **$4,490**

SCHÜTZ Johannes 1886-? [3]
- 🖼 *St Moritzsee* - Oil/canvas (60x80cm-24x31in) Luzern 92 .... FF13 400 - £1 368 - **$2,360**

SCHÜTZ Karl 1745-1800 [2]
- 📖 *Vienna and its environs* - Etching in colors (43x55cm-17x22in) Wien 96 .... FF77 200 - £9 360 - **$15,020**

SCHÜTZ Tilly XIX-XX [2]
- 🖼 *Lilac & yellow roses* - Oil/canvas (27x32cm-11x13in) London 90 .... FF2 900 - £313 - **$511**

SCHÜTZ Willem Jan 1854-1933 [3]
- 🖼 *Bewegte See* - Oil/panel (13x18cm-5x7in) Bremen 93 .... FF9 400 - £1 074 - **$1,588**

SCHÜTZ Willem Johannes 1854-1933 [4]
- 🖼 *Sailing barges off the coast* - Oil/canvas (30x51cm-12x20in) Amsterdam 94 ...... FF5 480 - £648 - **$985**

SCHÜTZE August 1805-1847 [1]
- 🖼 *Feeding the bunny/Squirrel* - Oil/canvas (24x21cm-9x8in) New-York 93 .... FF70 800 - £8 050 - **$12,000**

SCHÜTZE Kurt 1902-1971 [3]
- 🖼 *Gaststätteninterieur* - Oil/panel (43x58cm-17x23in) Dresden 95 .... FF2 247 - £294 - **$450**

SCHÜTZE Ludwig 1806-1872 [12]
- ✎ *St. Lucia auf den Vesuv* - Aquarell (27x37cm-11x15in) München 93 .... FF2 436 - £280 - **$415**

SCHÜTZE Wilhelm 1840-1898 [5]
- 🖼 *Pink roses* - Oil/board (57x47cm-22x19in) London 93............................ FF24 600 - £2 800 - **$4,170**
- 🖼 *Adorable kittens* - Oil/canvas (74x60cm-29x24in) London 91 .... FF129 000 - £13 092 - **$23,299**

SCHÜTZE Wilhelm Johann 1814-1878 [2]
- 🖼 *Liebevolle Erste Hilfe* - Öl/Leinwand (41x33cm-16x13in) Wien 93 .... FF192 400 - £23 000 - **$37,000**

SCHÜTZENBERGER Louis Frédéric 1825-1903 [2]
- 🖼 *Jeune femme* - Huile/toile (133x80cm-52x31in) Saint-Dié 93 .... FF10 500 - £1 265 - **$1,910**

SCHÜTZERCRANTZ Adolf Ulric 1802-1855 [2]
- 🖼 *Bazaren i Konstantinople* - Oil/canvas (54x44cm-21x17in) Söderköping 93 ...... FF11 600 - £1 315 - **$1,960**

SCHUYFF Peter 1956 [43]
- 🖼 *Untitled* - Acrylic/canvas (190x63cm-75x25in) New-York 96............ FF13 030 - £1 572 - **$2,500**
- 🖼 *Untitled* - Oil/canvas (190x190cm-75x75in) New-York 93 .... FF32 450 - £3 690 - **$5,500**
- ✎ *Quatre dessins* - Aquarelle (36x26cm-14x10in) Paris 94 .... FF8 000 - £932 - **$1,412**

SCHUYLENBERGH van André 1952 [6]
- 🖼 *Beweging* - Acrylic/canvas (90x70cm-35x28in) Luzern 93 .... FF15 220 - £1 820 - **$2,930**

SCHUYLER Remington 1884-1955 [1]
- 🖼 *Fending off the enemy* - Oil/canvas (77x63cm-30x25in) New-York 93 .... FF10 450 - £1 310 - **$1,900**

SCHÜZ Christian Georg I 1718-1791 [66]
- 🖼 *Bewaldete Flusslandschaft mit Kahnfahrern und einer Reiterin*
  Öl/Leinwand (42x57cm-17x22in) Wien 97 .... FF57 636 - £6 108 - **$9,984**
- *Village allemand du bord du Rhin* - Huile/toile (115x144cm-45x57in) Paris 96 .... FF115 000 - £14 900 - **$22,730**
- *Ideale Flusslandschaft* - Oil/copper (47x61cm-19x24in) Stuttgart 95.................. FF310 300 - £37 740 - **$61,100**

SCHÜZ Christian Georg II 1758-1823 [17]
- 🖼 *A Rhenish landscape* - Oil/panel (24x30cm-9x12in) London 96 .... FF23 930 - £3 000 - **$4,670**
- *Flusslandschaft mit Blick auf ein Dorf* - Öl/Leinwand (30x40cm-12x16in) Wien 94 ...... FF87 400 - £10 260 - **$15,570**

SCHÜZ Friedrich 1874-1954 [4]
- 🖼 *Tiberbrücke zu Rom* - Öl/Karton (63x84cm-25x33in) Lindau 95 .... FF5 880 - £735 - **$1,187**

SCHÜZ Theodor Christoph 1830-1900 [9]
- 🖼 *Übers Johr, übers Johr...* - Öl/Leinwand (86x68cm-34x27in) Köln 95 .... FF159 600 - £20 160 - **$32,000**

SCHWAB Charles 1933 [3]
- 🖼 *Les Préalpes vaudoises* - Huile/toile/carton (30x39cm-12x15in) Genève 96 ...... FF3 974 - £460 - **$761**

SCHWAB Eigil 1882-1952 [7]
- 🖼 *Ringblommor och astrar i kanna* - Oil/panel (54x45cm-21x18in) Stockholm 89 ...... FF3 300 - £328 - **$521**
- ✎ *Kvarn vid fors* - Gouache (62x80cm-24x31in) Malmö 91 .... FF2 620 - £260 - **$455**

SCHWAB Maximilian XIX-XX [2]
- 🖼 *Hirsche am Ufer einer Flußbiegung* - Oil/canvas (27x45cm-11x18in) München 92 ...... FF5 100 - £522 - **$898**

SCHWABE Aleksandr Petrovich 1818-1872 [3]
- 🖼 *Cossak soldiers in discussion* - Oil/canvas (57x46cm-22x18in) London 92 .... FF33 500 - £4 000 - **$6,440**
- *Life-Guard Cossack soldiers* - Oil/canvas (58x46cm-23x18in) London 90 ...... FF83 100 - £8 368 - **$16,278**

SCHWABE Carlos, Charles 1866-1926 [24]
- 🖼 *La mort intimidée* - Peinture (17x10cm-7x4in) Genève 91............................ FF71 500 - £7 340 - **$13,300**
- ✎ *Childhood* - Watercolour (67x44cm-26x17in) London 95 .... FF23 150 - £3 000 - **$4,820**
- *Le Destin, 1894* - Aquarelle, gouache/papier (44x67cm-17x26in) Monaco 89 ...... FF800 000 - £84 299 - **$134,680**

SCHWABE Randolph 1885-1945 [10]
- 🖼 *Nymphs collecting apples* - Oil/canvas (122x244cm-48x96in) London 91 ...... FF20 160 - £2 007 - **$3,450**
- ✎ *Waltham Abbey* - Watercolour (27x44cm-11x17in) London 97 .... FF6 999 - £749 - **$1,209**

SCHWACHA George 1908-? [2]
- 🖼 *Lumber Mill* - Oil/canvas (64x76cm-25x30in) Mystic, Connecticut 96................ FF3 370 - £416 - **$650**

S

SCHWAGER Johann Richard 1822-1880 [3]
Junge Frau in weissem Kleid - Miniature (7x6cm-3x2in) Wien 95 .... FF8 990 - £1 134 - **$1,793**

SCHWAIGER Fritz 1878-1953 [1]
Rechbergstrasse in Oberstdorf - Öl/Karton (39x49cm-15x19in) Kempten 96 .... FF3 040 - £361 - **$594**

SCHWAIGER Hans 1854-1912 [1]
Betrunkener Gänseverkäufer - Aquarelle (25x15cm-10x6in) Bern 94 .... FF2 477 - £297 - **$482**

SCHWAIGER Rudolf 1924-1979 [15]
Elisabeth aus der Küche - Bronze (19cm-7in) Wien 92 .... FF5 300 - £531 - **$1,018**
Kauernde - Bronze (28cm-11in) Wien 95 .... FF10 980 - £1 386 - **$2,190**

SCHWALBACH Carl 1885-1983 [3]
Århus I - Oil/canvas (73x66cm-29x26in) København 93 .... FF8 720 - £990 - **$1,476**

SCHWALBE Ole 1929-1990 [27]
Komposition - Oil/board (25x52cm-10x20in) Amsterdam 97 .... FF2 253 - £243 - **$39,3 7**
Tegn - Oil/canvas (92x73cm-36x29in) København 95 .... FF11 050 - £1 357 - **$2,153**

SCHWANFELDER Charles Henry 1773-1837 [15]
Bay hunter - Oil/canvas (58x76cm-23x30in) New-York 92 .... FF22 200 - £2 324 - **$4,000**
Springer spaniels and a Pointer in the Grounds of a Country House
Oil/canvas (45x60cm-18x24in) London 97 .... FF159 475 - £17 000 - **$27,589**

SCHWANITZ Anmarie 1897-1991 [1]
Inferno - Öl/Leinwand (93x94cm-37x37in) Stuttgart 93 .... FF3 130 - £359 - **$533**

SCHWANTHALER Franz Jakob 1760-1820 [2]
Christus an der Geisselsäule - Sculpture (140cm-55in) München 91 .... FF17 100 - £1 756 - **$3,180**

SCHWANTHALER Ludwig Michael 1802-1848 [2]
Weiblicher Frauenakt - Pencil (25x34cm-10x13in) München 92 .... FF3 230 - £331 - **$569**

SCHWAR Wilhelm 1860-1943 [3]
Katzenmutter - Öl/Leinwand (25x33cm-10x13in) Wien 95 .... FF39 200 - £5 070 - **$7,970**

SCHWARTZ Albert Gustav 1833-? [4]
Lake landscape - Oil/canvas (109x158cm-43x62in) London 95 .... FF31 600 - £4 000 - **$6,350**
German Colony of' Bluemenau, Brazil
Watercolour/paper (27x38cm-11x15in) London 97 .... FF22 409 - £2 400 - **$3,923**

SCHWARTZ Alvin Howard 1916 [1]
Artist's model - Oil/canvas (117x66cm-46x26in) New Orleans, Louisiana 94 .... FF3 790 - £449 - **$700**

SCHWARTZ Andrew Thomas 1867-1942 [8]
The River - Oil/canvas (76x101cm-30x40in) New-York 94 .... FF29 760 - £3 526 - **$5,500**
Landscape with houses - Oil/hardboard (101x131cm-40x52in) New-York 93 .... FF93 500 - £11 720 - **$17,000**

SCHWARTZ Chr. Carl A. 1777-1845 [1]
Johann Gabe/Seine Frau - Pastel/paper (42x33cm-17x13in) Hamburg 96 .... FF10 200 - £1 161 - **$1,950**

SCHWARTZ David 1879-1969 [1]
California landscape - Oil/canvas (81x102cm-32x40in) Mystic, Connecticut 93 .... FF4 680 - £587 - **$850**

SCHWARTZ Frans 1850-1917 [15]
Portrait de jeune bretonne - Oil/canvas (72x55cm-28x22in) København 95 .... FF2 267 - £282 - **$442**
Hélas! Hélas! Ce beau printemps ne revient plus pour les am
Oil/canvas (60x50cm-24x20in) København 91 .... FF65 800 - £6 535 - **$11,425**
Laesende pige ved vinduet - Watercolour (17x19cm-7x7in) København 93 .... FF1 672 - £201 - **$321**

SCHWARTZ Manfred 1909-1970 [2]
Still life with Flowers - Oil/canvas (76x91cm-30x36in) North Berwick, Maine 94 .... FF4 680 - £542 - **$800**

SCHWARTZ Theresa 1851-1918 [1]
Peasant woman in a blue cap - Oil/canvas (56x45cm-22x18in) New-York 94 .... FF14 030 - £1 610 - **$2,400**

SCHWARTZ William Samuel 1896-1977 [40]
Symphonic Forms #67 - Oil/canvas (76x101cm-30x40in) New-York 94 .... FF11 900 - £1 412 - **$2,200**
Storm - Oil/canvas (71x86cm-28x34in) San Francisco-Los Angeles 96 .... FF38 900 - £4 870 - **$7,500**
Utopia - Oil/canvas (114x193cm-45x76in) New-York 93 .... FF185 600 - £22 400 - **$34,000**

SCHWARTZE VAN DUYL Theresa 1852-1918 [10]
A Woman with a red Haed-Shawl and a Jug
Oil/panel (75x50cm-30x20in) Amsterdam 97 .... FF13 205 - £1 405 - **$2,298**
Lady - Charcoal (70x59cm-28x23in) Amsterdam 94 .... FF13 770 - £1 652 - **$2,673**

SCHWARTZKOPF Earl 1888-? [1]
Landscape with cabin - Oil/canvas (91x76cm-36x30in) Baton Rouge, Louisiana 93 .... FF4 920 - £593 - **$900**

SCHWARTZKOPF Johann 1886-? [1]
Weiblicher Akt - Alabaster (60cm-24in) Frankfurt 94 .... FF10 250 - £1 412 - **$2,146**

SCHWARZ Adolf 1869-1926 [7]
Moorlanschaft - Öl/Leinwand (47x69cm-19x27in) Wien 95 .... FF9 800 - £1 290 - **$1,986**

SCHWARZ Franz Wenzel 1842-1919 [2]
Christ among the Doctors - Oil/canvas (153x206cm-60x81in) New-York 97 .... FF23 891 - £2 571 - **$4,200**
Wien I, Schönlaterngasse - Watercolour/paper (14x10cm-6x4in) Wien 91 .... FF8 660 - £869 - **$1,445**

SCHWARZ Heinz 1920 [2]
Suzanne - Bronze (20cm-8in) Genève 91 .... FF6 950 - £714 - **$1,294**

SCHWARZ Mommie 1876-1942 [14]
Village - Oil/canvas (59x72cm-23x28in) Amsterdam 93 .... FF12 660 - £1 512 - **$2,435**
Still life - Oil/canvas (45x55cm-18x22in) Amsterdam 92 .... FF39 440 - £4 040 - **$6,940**
Seraing - Ink (42x49cm-17x19in) Amsterdam 97 .... FF2 697 - £283 - **$463**

S

SCHWARZ S. 1876-1942 [1]
🖼 *A train, Valence* - Oil/canvas (73x72cm-29x28in) Laren 90 .... FF41 900 - £4 457 - **$7,496**
SCHWARZ Sigrid Katharina 1914-1992 [1]
🖼 *Cypripedium* - Öl/Karton (45x37cm-18x15in) Zürich 92 .... FF2 604 - £266 - **$459**
SCHWARZ Walther 1889-1958 [1]
🖼 *Grenen, Skagen* - Oil/canvas (93x147cm-37x58in) Viby J, Århus 95 .... FF2 650 - £347 - **$542**
SCHWARZ Willi Hans XX [2]
🖼 *Hochgebirgslandschaft* - Oil/canvas (76x99cm-30x39in) Stuttgart 92 .... FF8 460 - £984 - **$1,727**
SCHWARZ-MARKWART Will 1899-1964 [1]
🖼 *Blumenstilleben in Porzellanvase* - Öl/Leinwand (40x50cm-16x20in) Pforzheim 93 .... FF15 260 - £1 823 - **$2,935**
SCHWARZ-WALDEGG Fritz 1889-1942 [5]
✒ *Insel in Dalmatien* - Mixed media/paper (31x42cm-12x17in) Wien 94 .... FF3 910 - £445 - **$662**
SCHWARZBECK Fritz 1902-1989 [2]
🗿 *Torsorelief* - Alabaster (22cm-9in) Frankfurt 94 .... FF1 760 - £242 - **$368**
SCHWARZE Michael 1939 [2]
🗿 *Atlant* - Bronze (18cm-7in) Köln 95 .... FF2 100 - £270 - **$434**
SCHWARZENBACH Armin 1914 [8]
🖼 *Winter im Simmental* - Öl/Leinwand (77x59cm-30x23in) Bern 94 .... FF6 060 - £702 - **$1,044**
SCHWARZENBACH Hans Rudolph 1911-1983 [5]
🖼 *Der Tümpel* - Tempera/carton (61x50cm-24x20in) Bern 96 .... FF10 600 - £1 285 - **$2,060**
SCHWARZENFELD von Adolf Ritter 1854-1923 [9]
🖼 *Refreshment for the soldiers* - Oil/panel (26x41cm-10x16in) London 93 .... FF9 960 - £1 200 - **$1,740**
SCHWARZER Bernd 1954 [2]
🖼 *Frauenakt* - Oil/canvas (110x80cm-43x31in) Düsseldorf 90 .... FF30 400 - £3 255 - **$5,287**
✒ *Kopf* - Watercolour, gouache/paper (31x28cm-12x11in) Hamburg 96 .... FF5 400 - £655 - **$1,050**
SCHWARZER Ludwig 1912-1989 [6]
🖼 *Flora* - Oil/panel (38x30cm-15x12in) Wien 96 .... FF24 140 - £2 750 - **$4,620**
SCHWARZER Max 1882-1955 [1]
🖾 *Das Gas* - Poster (87x65cm-34x26in) New-York 92 .... FF6 250 - £640 - **$1,100**
SCHWARZMAIER Georg 1879-? [1]
🖼 *Mädelegabel im Allgäu, Oberstdorf* - Öl/Karton (49x40cm-19x16in) Lindau 93 .... FF2 450 - £286 - **$403**
SCHWARZSCHILD Alfred 1874-1948 [5]
🖼 *Kinder und Hunde* - Oil/canvas (74x153cm-29x60in) München 92 .... FF16 280 - £1 944 - **$3,130**
The Centre of Attention - Oil/canvas (74x152cm-29x60in) London 94 .... FF68 900 - £8 000 - **$11,920**
SCHWEBEL Ivan 1932 [12]
🖼 *Jerusalem* - Oil/canvas (61x61cm-24x24in) Tel Aviv 95 .... FF10 730 - £1 287 - **$2,000**
✒ *Dragon Slayer of Tel Aviv* - Gouache (33x33cm-13x13in) Tel Aviv 97 .... FF2 944 - £327 - **$550**
SCHWEGLER Xaver 1832-1902 [1]
🖼 *Stilleben mit totem Vogel* - Huile/toile/panneau (12x10cm-5x4in) Bern 94 .... FF2 270 - £273 - **$442**
SCHWEICH Carl 1823-1898 [3]
🖼 *Erntezeit mit Bäuerinnen* - Öl/Leinwand (21x31cm-8x12in) Köln 93 .... FF18 540 - £2 122 - **$3,154**
SCHWEICKARDT Hendrik Willem 1746-1797 [26]
🖼 *Dutch landscape* - Oil/panel (40x53cm-16x21in) Amsterdam 93 .... FF19 330 - £2 214 - **$3,290**
Children playing (2) - Oil/canvas (93x105cm-37x41in) Amsterdam 94 .... FF153 200 - £18 250 - **$28,850**
✒ *Skaters on the ice* - Pencil (25x40cm-10x16in) Amsterdam 92 .... FF3 310 - £385 - **$676**
SCHWEIGART Johann Joseph 1789-? [1]
🖼 *Halbportrait des Freiherrn* - Oil/canvas (62x46cm-24x18in) Pforzheim 91 .... FF5 750 - £577 - **$949**
SCHWEIGER Rudolf 1924-1979 [1]
🗿 *Eva* - Bronze (11cm-4in) Wien 95 .... FF3 750 - £474 - **$752**
SCHWEIKART Karl Gottlieb 1772-1855 [2]
🖼 *Kind in weissem Kleid* - Öl/Leinwand (62x48cm-24x19in) Lindau 95 .... FF55 200 - £7 040 - **$11,120**
SCHWEINFURT Ernst 1818-1877 [4]
🖼 *Reiter in bewaldeter Landschaft* - Oil/canvas (50x61cm-20x24in) Ahlden 92 .... FF15 230 - £1 770 - **$3,110**
In the roman campagna - Oil/canvas (81x119cm-32x47in) London 91 .... FF84 300 - £8 495 - **$14,628**
SCHWEINITZ Rudolf 1839-1896 [1]
🗿 *Danseuse orientale* - Marbre (125cm-49in) Paris 94 .... FF35 100 - £4 050 - **$6,060**
SCHWEITZER Adolf 1847-1914 [2]
🖼 *Gebirgssee bei Abendstimmung* - Öl/Leinwand (67x102cm-26x40in) München 93 .... FF8 250 - £936 - **$1,396**
🖾 *Waldbach mit Felsen* - Woodcut in colors (91x78cm-36x31in) Stuttgart 91 .... FF2 724 - £273 - **$499**
SCHWEITZER Alfred 1882-? [1]
🖼 *Postkutsche vor einem Gasthof* - Öl/Leinwand (40x31cm-16x12in) Dresden 95 .... FF2 420 - £317 - **$485**
SCHWEITZER Erwin 1887-1968 [2]
🖼 *Gladiolen in a Vase* - Oil/canvas (59x49cm-23x19in) Stuttgart 90 .... FF3 400 - £348 - **$671**
SCHWEIZER Albert 1886-1948 [20]
🖼 *Baselbieter Jura-Landschaft* - Oil/canvas (43x65cm-17x26in) Zofingen 92 .... FF5 950 - £608 - **$1,048**
SCHWEIZER Ernst 1874-1928 [3]
🖼 *Meerbad in Italien* - Oil/cardboard (66x85cm-26x33in) Düsseldorf 96 .... FF10 830 - £1 373 - **$2,077**
SCHWEIZER J. Otto 1863-1955 [1]
🗿 *American Eagle* - Bronze (33cm-13in) New Orleans, Louisiana 94 .... FF59 900 - £6 980 - **$10,500**
SCHWEIZER Paul 1877-? [1]
🖼 *Stilleben* - Öl/Leinwand (70x63cm-28x25in) Düsseldorf 96 .... FF5 510 - £714 - **$1,103**
SCHWEMMINGER Heinrich 1803-1884 [1]
🖼 *Madonna mit Kind* - Oil/canvas (84x62cm-33x24in) Ahlden 92 .... FF25 500 - £2 610 - **$4,490**

SCHWEMMINGER Josef 1804-1895 [4]

● Am Waldweg - Oil/panel (42x34cm-17x13in) Wien 95 .... FF27 340 - £3 356 - **$5,330**

SCHWENDY Albert 1820-1902 [2]

● Auf dem Kirchhof - Huile/panneau (32x38cm-13x15in) Bern 94 .... FF7 670 - £890 - **$1,323**

Auf dem Schlossplatz zu Dessau - Öl/Leinwand (30x43cm-12x17in) Bremen 94.......... FF96 100 - £11 550 - **$17,780**

SCHWENINGER Carl I 1818-1887 [23]

● Alpine lake landscape - Oil/canvas (95x126cm-37x50in) Vejle 94 .... FF28 700 - £3 370 - **$5,110**

Sylvia - Oil/canvas (48x60cm-19x24in) Vejle 94 .... FF117 200 - £12 000 - **$20,700**

SCHWENINGER Carl II 1854-1903 [13]

● Charades, 1885 - Oil/panel (46x60cm-18x24in) London 89 .... FF36 800 - £3 763 - **$5,916**

An afternoon on the terrace - Oil/canvas (75x101cm-30x40in) London 96 .... FF264 000 - £31 000 - **$51,900**

SCHWENINGER Rosa 1849-1918 [5]

● Man matande sin burfåglar - Oil/canvas (62x49cm-24x19in) Stockholm 95 .... FF44 000 - £5 300 - **$8,330**

SCHWERIN Ludwig 1897-1983 [2]

● Girl with red scarf - Oil/canvas (55x45cm-22x18in) Tel Aviv 92 .... FF8 320 - £872 - **$1,500**

SCHWERIN von Amelia Ulrika 1819-1897 [10]

● Sommarlandskap - Oil/canvas (73x121cm-29x48in) Göteborg 94............................ FF18 400 - £2 133 - **$3,170**

Motiv vom Starnberger See - Öl/Leinwand (83x121cm-33x48in) München 93 .... FF34 400 - £3 900 - **$5,810**

SCHWERT Victor 1883-? [1]

● Badenixe am Meeresufer - Öl/Leinwand (61x53cm-24x21in) Zürich 94 .... FF17 860 - £2 112 - **$3,210**

SCHWESIG Karl 1898-1955 [5]

⟋ Flusslandschaft - Aquarell/Papier (36x44cm-14x17in) München 96 .... FF3 390 - £425 - **$654**

SCHWETZ Karl 1888-1965 [3]

● Stilleben mit weiblicher Torso - Oil/panel (53x38cm-21x15in) Wien 95 .... FF2 450 - £323 - **$497**

SCHWICHTENBERG Martel 1896-1945 [11]

● Bildnis eines Richters - Oil/canvas (99x82cm-39x32in) München 92 .... FF10 200 - £1 044 - **$1,796**

▭ Bäuerinnen beim Pflanzen - Etching (24x19cm-9x7in) Berlin 94 .... FF2 050 - £242 - **$365**

▨ Frau im Profil - Relief (23x11x13cm-9x5in) Köln 91 .... FF8 780 - £880 - **$1,449**

SCHWIERING Heinrich 1880-? [2]

⟋ Frau im Winterpelz mit Hut - Pastel/board (51x41cm-20x16in) Bielefeld 96 .... FF1 877 - £244 - **$372**

SCHWIMMER Max 1895-1960 [40]

● Rosenstilleben - Oil/cardboard (45x38cm-18x15in) Bremen 92 .... FF6 780 - £810 - **$1,305**

Die Umarmung (Im Garten) - Öl/Leinwand (54x65cm-21x26in) Stuttgart 94 .... FF15 770 - £1 892 - **$3,064**

⟋ Im Bordel - Gouache (30x36cm-12x14in) Hamburg 96 .... FF5 800 - £755 - **$1,150**

SCHWIND Edouard XIX [2]

⟋ Elegant lady in black dress - Oil/canvas (101x81cm-40x32in) New-York 89 .... FF14 300 - £1 423 - **$2,259**

⟋ Portrait de jeune femme - Pastel/papier (35x88cm-14x35in) Paris 97 .... FF3 500 - £372 - **$605**

SCHWIND von Moritz 1804-1871 [22]

● Romeo and Juliet - Oil/canvas/panel (48x40cm-19x16in) Pforzheim 95 .... FF14 200 - £1 772 - **$2,784**

⟋ Rübezahl - Oil/metal (23x13cm-9x5in) München 94 .... FF43 900 - £5 520 - **$8,780**

⟋ Im Walde (des Knaben Wunderhorn) - Pencil (29x23cm-11x9in) Hamburg 94 .... FF267 500 - £31 700 - **$49,500**

SCHWINGE Friedrich Wilhelm 1852-1913 [9]

● Le Printemps - Huile/toile (42x61cm-17x24in) Bruxelles 91 .... FF11 520 - £1 161 - **$1,999**

⟋ Küstenlandschaft bei Mondlicht - Watercolour (26x35cm-10x14in) Hamburg 91 ... FF2 030 - £204 - **$339**

SCHWINN Barbara 1907 [1]

⟋ Red headed woman - Gouache (36x30cm-14x12in) New-York 95 .... FF1 515 - £191 - **$300**

SCHWIPPERT Kurt 1903-1983 [4]

▨ Frierende - Bronze (18x9cm-7x4in) Köln 92 .... FF4 410 - £527 - **$848**

SCHWITTERS Kurt 1887-1948 [115]

⟋ Das schuhsohlenbild - Oil (54x45cm-21x18in) New-York 94 .... FF1 - £147 500 - **$220,000**

Red Spots - Collage/board (17x13cm-7x5in) Stockholm 96 .... FF96 100 - £11 980 - **$18,560**

Assemblage (Ans) - Mixed media/panel (24x19cm-9x7in) Berlin 94 .... FF324 600 - £38 300 - **$57,800**

▭ Merz Mappe 3 - Lithographie (55x45cm-22x18in) Bern 94 .... FF60 900 - £7 200 - **$10,930**

⟋ Merzbild mit Kerze - Assemblage (27x27cm-11x11in) London 93 .... FF1 - £220 000 - **$319,000**

⟋ Merzbild 9A - Collage (16x19cm-6x7in) New-York 91 .... FF1 - £127 270 - **$226,485**

Ohne Titel - Über Fehldruck der Merzmappe - Collage (21x16cm-8x6in) London 95...... FF92 300 - £12 000 - **$19,000**

Anna Blume collage - Collage (18x25cm-7x10in) London 96 .... FF291 400 - £36 000 - **$56,300**

MZ 345 ein Erdbeben - Collage (17x14cm-7x6in) Berlin 92 .... FF407 000 - £48 600 - **$78,200**

SCHWOB Lucien 1895-? [3]

● Altstadt von Fribourg - Öl/Leinwand (69x92cm-27x36in) Bern 95 .... FF5 590 - £727 - **$1,148**

SCHWOB Susanne Madeleine 1888-1967 [3]

● Berner Ansicht - Oil/canvas (81x100cm-32x39in) Bern 92 .... FF4 464 - £456 - **$786**

SCHWOISER Eduard 1826-1902 [1]

● Mann in der Tracht des XVII. - Öl/Leinwand (88x75cm-35x30in) Leipzig 93 .... FF3 730 - £446 - **$718**

SCHYL Jules 1893-1977 [81]

● Stilleben med snittblommor - Oil/canvas (75x61cm-30x24in) Stockholm 92 .... FF7 540 - £772 - **$1,328**

● Kubistisk stad - Oil/canvas (58x44cm-23x17in) Stockholm 91 .... FF14 980 - £1 491 - **$2,576**

⟋ Modeller - Pastel (53x37cm-21x15in) Malmö 92 .... FF2 357 - £241 - **$415**

SCIALOJA Toti 1914 [53]

● Sorpreso - Olio/tela (54x75cm-21x30in) Milano 94 .... FF20 340 - £2 400 - **$3,840**

Per il Novembre No. 2 - Olio/tela (144x169cm-57x67in) Prato 94........................... FF48 000 - £5 800 - **$8,990**

⟋ Senza titolo, 1990 - Tecnica mista/carta (99x70cm-39x28in) Prato 97 .... FF12 920 - £1 520 - **$2,280**

S

SCIANNA Ferdinando XX [2]
Marferra, Bogheria (Sicilia) - Gelatin silver print (36x23cm-14x9in) London 94 .... FF2 386 – £280 – $418
SCIARA di Ketty XX [2]
Paysage au coucher du soleil - Huile/toile (90x120cm-35x47in) Paris 92 .... FF2 900 – £348 – $576
SCILLA Agostino 1629-1700 [1]
Dead hare, oysters and lemons - Oil/canvas (69x96cm-27x38in) London 91 .... FF47 600 – £4 831 – $8,597
SCILTIAN Gregorio 1900-1985 [27]
Il Bibliofilo - Olio/tela (49x41cm-19x16in) Milano 96 .... FF40 300 – £4 680 – $7,920
Little Italy - Olio/tela (85x70cm-33x28in) Milano 94 .... FF113 000 – £13 440 – $20,160
Libreria magica - Olio/tela (105x115cm-41x45in) Milano 92 .... FF368 000 – £43 800 – $70,800
SCIORA Daniel 1945 [2]
Le silence et la mouette, Deauville - Huile/toile (73x54cm-29x21in) Deauville 95 .... FF13 000 – £1 670 – $2,580
Jument et son poulain, Deauville - Encre (22x31cm-9x12in) Deauville 95 .... FF2 200 – £283 – $437
SCIORTINO Antonio 1883-? [1]
Young lady - Marble (43cm-17in) Delray Beach, Florida 96 .... FF4 360 – £517 – $850
SCIPIONE Gino Bonichi 1904-1933 [8]
Diana e Atteone - Olio/tavola (23x32cm-9x13in) Roma 89 .... FF329 500 – £33 691 – $52,974
La predica - Olio/tela (17x14cm-7x6in) Prato 90 .... FF366 200 – £37 831 – $64,700
Autoritratto, 1927 - Pastelli/carta (20x15cm-8x6in) Roma 89 .... FF128 200 – £13 108 – $20,611
SCIUTI Giuseppe 1834-1911 [5]
Il Tempio di Venere - Olio/tela (54x74cm-21x29in) Roma 91 .... FF159 500 – £16 188 – $28,807
SCKELL Ludwig 1869-1950 [12]
Hirschbrunft bei Oberstdorf - Öl/Leinwand (100x80cm-39x31in) Kempten 96 .... FF20 320 – £2 550 – $3,954
SCKELL von Ludwig, Louis 1833-1912 [29]
Alte Mühle am Gebirgsbach - Oil/panel (26x20cm-10x8in) München 93 .... FF35 000 – £4 000 – $5,920
Blick von erhöhter Warte auf die Fraueninsel im Chiemsee
   Öl/Leinwand (53x73cm-21x29in) Stuttgart 93 .... FF110 300 – £12 470 – $18,600
Jäger und Quellnymphe - Ink (40x26cm-16x10in) München 96 .... FF5 780 – £658 – $1,105
SCLURPF Magrit XX [2]
Sans titre - Assemblage (36x5x28cm-14x2x11in) Paris 89 .... FF2 500 – £242 – $379
SCOGNAMIGLIO E. XIX [2]
Gypsy musicians in an interior - Oil/canvas (74x48cm-29x19in) New-York 92 .... FF16 650 – £1 743 – $3,000
SCOLARO Agostino [2]
Grand Port of Malta - Ink (40x60cm-16x24in) London 92 .... FF13 400 – £1 600 – $2,580
SCOMPARINI Eugenio 1845-1913 [3]
Grande allegoria - Olio/tela (136x84cm-54x33in) Trieste 92 .... FF40 800 – £4 170 – $7,180
SCOPPA Raimondo 1820-? [3]
Pescatori del Golfo - Olio/tela (50x67cm-20x26in) Roma 94 .... FF18 370 – £2 200 – $3,410
SCOPPETTA Pietro 1863-1920 [34]
Fishermen at Amalfi - Oil/canvas (45x35cm-18x14in) London 96 .... FF41 700 – £5 200 – $8,050
Signora elegante in interna - Olio/tela (63x34cm-25x13in) Roma 96 .... FF85 500 – £9 900 – $16,640
La joie de vivre - Watercolour (46x38cm-18x15in) London 96 .... FF39 900 – £5 000 – $7,700
Signora elegante in interno - Pastelli/cartone (68x48cm-27x19in) Roma 96 .... FF100 100 – £11 600 – $19,500
SCORDIA Antonio 1918 [15]
Arabesco - Olio/tela (60x73cm-24x29in) Prato 97 .... FF9 520 – £1 120 – $1,680
Estate - Olio/tela (130x105cm-51x41in) Roma 90 .... FF34 300 – £3 696 – $6,049
Valentina in poltrona - Charcoal/paper (66x48cm-26x19in) New-York 96 .... FF4 690 – £566 – $900
SCORIEL Jean-Baptiste 1883-1956 [22]
Printemps - Huile/panneau (26x34cm-10x13in) Bruxelles 96 .... FF3 685 – £477 – $737
Vue portuaire - Huile/toile (80x110cm-31x43in) Bruxelles 96 .... FF23 450 – £3 035 – $4,690
SCORTESCO Paul 1895-1976 [4]
Terrasse à Capri - Huile/toile (41x33cm-16x13in) Versailles 93 .... FF2 800 – £338 – $510
SCORZELLI Eugenio 1890-1958 [10]
Piazza Saint Denis, Parigi - Olio/tela (44x61cm-17x24in) Milano 92 .... FF38 500 – £3 940 – $6,780
SCOSSA Ferdinand XIX-XX [6]
Ombrage auprès du pont - Huile/toile (66x89cm-26x35in) La Varenne Saint-Hilaire 92 .... FF3 500 – £407 – $715
SCOTT Adam Sherriff 1887-1980 [16]
Bouquet de roses sauvages - Huile/toile (71x94cm-28x37in) Montréal 96 .... FF13 150 – £1 250 – $1,906
Old time sugaring party - Oil/canvas (102x163cm-40x64in) Toronto 94 .... FF122 800 – £14 350 – $21,640
SCOTT Alexander ?-c.1932 [3]
Western gate of the Purana Qila, Delhi - Oil/board (30x44cm-12x17in) London 97 .... FF15 109 – £1 600 – $2,616
SCOTT Campbell 1924 [2]
Loch Ness - Oil/canvas (61x91cm-24x36in) Elgin, Illinois 93 .... FF2 475 – £311 – $450
SCOTT Caroline Lucy 1784-1857 [2]
Views of Italy - Watercolour (17x25cm-7x10in) London 94 .... FF16 400 – £1 900 – $2,820
SCOTT Clyde 1884-1959 [1]
Shimmering Sands, Laguna Baech
   Oil/canvas (76x101cm-30x40in) San Francisco-Los Angeles 92 .... FF12 150 – £1 242 – $2,250
SCOTT David 1806-1849 [1]
Sir William Wallace/King Edward
   Drawing (112x91cm-44x36in) Penkill Castle, Girvan, Ayrshire 92 .... FF4 020 – £480 – $774
SCOTT DE PLAGNOLLES Georges Bertin 1873-1942 [47]
Napoléon Ier et son état-major - Huile/toile (100x71cm-39x28in) Paris 94 .... FF22 500 – £2 600 – $3,850
Charging Arab warriors - Oil/canvas (120x201cm-47x79in) New-York 96 .... FF128 600 – £15 600 – $25,000

Volendam fishermen - Watercolour (37x27cm-15x11in) Amsterdam 97 .... FF*13 821* - £*146 1 8* - **$2,371**

SCOTT Edwin Frank 1864-1929 [5]
Stadsgezicht te Parijs - Huile/panneau (21x27cm-8x11in) Lokeren 91 .... FF*5 830* - £*584* - **$1,068**

SCOTT Emily Mary Spafard 1832-1915 [4]
Young girls - Wash (32x24cm-13x9in) Castletown House, Co. Kilkenny 91 .... FF*3 450* - £*348* - **$599**

SCOTT Henri Louis 1846-1884 [3]
The Fanny forrester - Oil/board (38x47cm-15x19in) London 93 .... FF*13 280* - £*1 600* - **$2,480**

SCOTT James Fraser 1878-1932 [1]
Australia Pavilion, Wembley - Oil/canvas (41x61cm-16x24in) London 93 .... FF*4 830* - £*550* - **$820**

SCOTT Johan 1953 [6]
Utan titel - Oil/canvas (100x100cm-39x39in) Stockholm 96 .... FF*11 430* - £*1 475* - **$2,240**

SCOTT John 1907-? [2]
Painter interrupted by dog - Oil/board (61x46cm-24x18in) New-York 95 .... FF*9 080* - £*1 145* - **$1,800**
Retired/Telling War Stories
     Watercolour/paper (46x36cm-18x14in) Baton Rouge, Louisiana 94 .... FF*4 570* - £*533* - **$800**

SCOTT John 1802-1885 [3]
Three-masted ship Concordia - Oil/canvas (66x107cm-26x42in) London 95 .... FF*42 700* - £*5 500* - **$8,680**

SCOTT John 1850-1919 [3]
After the tennis match - Watercolour (30x51cm-12x20in) London 94 .... FF*55 600* - £*6 500* - **$9,680**

SCOTT John Henderson 1829-1886 [2]
Harvesters resting in a field - Watercolour (66x99cm-26x39in) London 96 .... FF*5 010* - £*650* - **$982**

SCOTT John White Allen 1815-1907 [2]
Mt. Israel, New Hampshire - Oil/canvas (30x51cm-12x20in) Boston, Mass. 93 .... FF*6 050* - £*759* - **$1,100**

SCOTT Julian 1846-1901 [5]
A Welcome Pause - Oil/canvas (47x64cm-19x25in) New-York 94 .... FF*16 850* - £*1 990* - **$3,000**

SCOTT Lindsay B. XX [4]
A Pride of Lions - Acrylic/board (36x74cm-14x29in) London 94 .... FF*29 800* - £*3 500* - **$5,310**

SCOTT Louise 1936 [9]
Variations autour d'une tapisserie - Huile/toile (152x201cm-60x79in) Montréal 89 .... FF*58 700* - £*6 185* - **$9,882**
A Gentle Hug - Pastel (47x31cm-19x12in) Montréal 93 .... FF*3 120* - £*354* - **$527**

SCOTT Nellie E. Burrell 1856-1913 [1]
Floral still life with fallen leaves
     Oil/canvas (35x51cm-14x20in) San Francisco-Los Angeles 89 .... FF*3 700* - £*368* - **$585**

SCOTT Nigel 1956 [1]
Gaultier umbrella, Paris - Gelatin silver print (36x36cm-14x14in) London 96 .... FF*6 580* - £*850* - **$1,272**

SCOTT OF BRIGHTON William H. Stothard 1783-1850 [1]
Figures outside a cottage - Watercolour (25x36cm-10x14in) London 94 .... FF*4 630* - £*550* - **$846**

SCOTT Peter Markham 1909-1989 [60]
Antartic petrel over the Southern Ocean - Oil/canvas (44x36cm-17x14in) London 96 .... FF*11 010* - £*1 400* - **$2,117**
Snow Geese in Flight - Oil/canvas (70x90cm-28x35in) London 97 .... FF*33 058* - £*3 600* - **$5,749**
Red-breasted geese, at Tulcea, Romania - Oil/canvas (50x60cm-20x24in) London 94 .... FF*55 700* - £*6 500* - **$9,770**
Greylags rouding up to Settle - Watercolour (51x76cm-20x30in) London 96 .... FF*23 260* - £*3 000* - **$4,550**

SCOTT Robert Bagge XIX-XX [4]
Fishing Box - Watercolour (43x53cm-17x21in) Aylsham, Norfolk 96 .... FF*5 850* - £*750* - **$1,153**

SCOTT Septimus Edwin 1879-1962 [10]
Bridlington - Poster (101x126cm-40x50in) New-York 96 .... FF*11 400* - £*1 470* - **$2,200**
Lords, Eton and Harrow - Watercolour (23x39cm-9x15in) London 92 .... FF*53 600* - £*5 500* - **$10,280**

SCOTT Thomas, Tom 1854-1927 [27]
Leuchar bridge, Jarrow - Watercolour (25x35cm-10x14in) London 93 .... FF*7 470* - £*900* - **$1,395**
Ruberslaw, 6th May - Watercolour (27x37cm-11x15in) St. Boswells 93 .... FF*24 000* - £*3 000* - **$4,374**

SCOTT Tim 1937 [5]
Counterpoint VI - Sculpture (122x80x153cm-48x31x60in) London 91 .... FF*27 800* - £*2 821* - **$5,021**

SCOTT William 1884-? [20]
Jug and two plates - Oil/canvas (76x76cm-30x30in) London 91 .... FF*179 500* - £*17 946* - **$29,562**
Angles Equal - Print (58x77cm-23x30in) Dublin 91 .... FF*4 540* - £*455* - **$832**
Abstract composition - Pastel (34x36cm-13x14in) London 91 .... FF*31 600* - £*3 168* - **$5,788**

SCOTT William 1913-1989 [50]
Brown, Black and White 25x25 - Oil/canvas (63x63cm-25x25in) London 93 .... FF*56 000* - £*7 000* - **$10,150**
Composition - Oil/canvas (86x112cm-34x44in) London 97 .... FF*150 659* - £*16 000* - **$26,244**
Gaelic Landscape - Oil/canvas (160x174cm-63x69in) London 97 .... FF*489 642* - £*52 000* - **$85,295**
Still life - Oil/canvas (115x153cm-45x60in) London 97 .... FF*1 67 08e +06* - £*105 000* - **$172,147**
Abstract composition - Charcoal (63x77cm-25x30in) London 94 .... FF*15 000* - £*1 800* - **$2,916**
Still Life with Fish IV - Pencil (56x76cm-22x30in) London 97 .... FF*45 198* - £*4 800* - **$7,873**
Standing Nude - Gouache (166x101cm-65x40in) London 95 .... FF*219 300* - £*28 000* - **$44,900**

SCOTT William Bell 1811-1890 [26]
The Norns watering the Tree of Life
     Oil/canvas (174x114cm-69x45in) Penkill Castle, Girvan, Ayrshire 92 .... FF*35 200* - £*4 200* - **$6,760**
Figure picking flowers/Man walking in a landscape
     Watercolour (122x61cm-48x24in) Penkill Castle, Girvan, Ayrshire 92 .... FF*4 610* - £*550* - **$886**
The Sea King's Wooing: Thou shalt see then how truly, noble Maid
     Pencil (26x33cm-10x13in) London 97 .... FF*25 560* - £*3 000* - **$4,550**

S

SCOTTI Jean-Marc XX [2]
🖼 *Femme endormie* - Huile/toile (61x91cm-24x36in) Versailles 90 .... FF4 500 - £485 - $794
SCOULER James Scoular 1741-1787 [7]
✎ *William Ormsby* - Miniature (3cm-1in) London 97 .... FF8 531 - £900 - $1,464
SCOUPREMAN Pierre 1873-1960 [5]
🖼 *Effet de neige* - Huile/toile (40x50cm-16x20in) Lokeren 94 .... FF3 960 - £462 - $694
SCOVOLO di Mario 1840-1884 [1]
🖼 *The cavalry of General Villary* - Oil/canvas (39x90cm-15x35in) London 91 .... FF15 870 - £1 611 - $2,866
SCROSATI Luigi 1814-1869 [4]
🖼 *Fiori* - Olio/tela (40x30cm-16x12in) Milano 95 .... FF31 460 - £3 960 - $6,380
✎ *Veditore ambulante* - Acquarello/carta (46x28cm-18x11in) Milano 95 .... FF2 980 - £380 - $610
SCUDDER Janet 1873-1940 [6]
🗿 *Frog Baby* - Bronze (32cm-13in) New-York 91 .... FF68 400 - £6 890 - $12,000
SCULLY Harry, Harold ?-1935 [3]
✎ *Boy drinking from a jug* - Watercolour (38x25cm-15x10in) Glasgow 92 .... FF10 880 - £1 300 - $2,094
SCULLY Sean 1945 [85]
🖼 *Red Diptych* - Oil/canvas (61x122cm-24x48in) New-York 95 .... FF43 600 - £5 780 - $9,000
   Black ridge - Oil/canvas (213x213cm-84x84in) New-York 97 .... FF360 468 - £37 851 - $62,000
   Darkness and Heat - Oil/canvas (20x274cm-8x108in) New-York 96 .... FF461 000 - £54 700 - $90,000
   Manus II - Oil/canvas (152x131cm-60x52in) New-York 91 .... FF912 000 - £92 560 - $164,716
🗿 *Mirror* - Construction (244x14x183cm-96x6x72in) New-York 96 .... FF560 000 - £66 000 - $110,000
✎ *Untitled* - Watercolour (58x79cm-23x31in) New-York 96 .... FF20 500 - £2 430 - $4,000
   Untitled - Watercolour (57x76cm-22x30in) New-York 97 .... FF116 280 - £12 210 - $20,000
   Untitled - Coloured chalks/paper (74x104cm-29x41in) New-York 92 .... FF156 000 - £18 620 - $30,000
SCURI Enrico 1805-1884 [1]
🖼 *Simone Mayr* - Olio/carta/tela (34x26cm-13x10in) Milano 95 .... FF11 780 - £1 520 - $2,356
SDRUSCIA Achille ?-1994 [11]
🖼 *Campo dé Fiori* - Olio/tela (70x100cm-28x39in) Roma 94 .... FF8 600 - £1 008 - $1,488
SEABROOKE Elliott 1886-1950 [21]
✎ *Boats on a river* - Pencil (30x48cm-12x19in) London 91 .... FF3 900 - £400 - $724
   The Bridge - Watercolour (26x30cm-10x12in) London 97 .... FF8 756 - £950 - $1,551
SEABY Allen William 1867-1953 [18]
🗔 *Shelduck* - Woodcut in colors (21x33cm-8x13in) London 93 .... FF2 086 - £240 - $360
✎ *A pair of linnets* - Watercolour (22x20cm-9x8in) London 93 .... FF6 000 - £750 - $1,088
SEAFORTH Charles Henry 1801-c.1855 [2]
🖼 *Admiral's barge returning to shore* - Oil/canvas (75x105cm-30x41in) London 92 .... FF83 000 - £8 500 - $14,620
SEAGER Edward 1809-1886 [8]
✎ *The Morro Castle, Havana* - Graphite (19x22cm-7x9in) New-York 95 .... FF5 100 - £637 - $1,000
SEAGO Edward Brian 1910-1974 [358]
🖼 *The Dyke at Ludham* - Oil/board (67x91cm-26x36in) London 97 .... FF18 674 - £2 000 - $3,226
   The outskirts of the City of Norwich - Oil/board (30x41cm-12x16in) London 97 .... FF36 398 - £3 800 - $6,227
   Peniche, Portugal - Oil/canvas (46x61cm-18x24in) London 96 .... FF77 400 - £10 000 - $15,280
   East Coast Surf - Oil/board (51x76cm-20x30in) London 97 .... FF100 574 - £10 500 - $17,208
   Snow in Wiltshire - Oil/canvas (78x102cm-31x40in) London 96 .... FF245 790 - £28 000 - $47,000
   Place de la Concorde, Paris - Oil/canvas (76x102cm-30x40in) London 93 .... FF456 500 - £55 000 - $79,700
✎ *Brancaster (No.2)* - Watercolour (23x33cm-9x13in) London 97 .... FF10 271 - £1 100 - $1,774
   Rime Frost, Norfolk - Watercolour (26x36cm-10x14in) London 96 .... FF39 900 - £4 500 - $7,560
   In the Tuilleries gardens - Wash (31x49cm-12x19in) London 91 .... FF69 000 - £6 958 - $13,448
SEALE Barney 1896-1957 [2]
🗿 *Head of a Scots terrier* - Bronze (17cm-7in) Auchterarder, Perthshire 95 .... FF6 250 - £800 - $1,230
SEALY Allen Culpepper 1850-1927 [7]
🖼 *Racehorse* - Oil/canvas (53x65cm-21x26in) New-York 95 .... FF39 900 - £5 000 - $7,250
SEALY Colin 1891-1964 [12]
✎ *Boat moored in a dock* - Oil/board (38x49cm-15x19in) London 92 .... FF3 520 - £360 - $621
✎ *Cornish fishing village* - Watercolour (24x39cm-9x15in) London 94 .... FF2 665 - £320 - $507
SEARLE Ronald W. Fordham 1920 [34]
✎ *Great Moment in Music: Madonna's body is boring...*
   Watercolour (38x30cm-15x12in) London 95 .... FF3 550 - £450 - $715
   Molesworth: Whizz for Atomms - Ink (38x36cm-11x14in) London 95 .... FF10 260 - £1 300 - $2,064
   Scrooge and Marley's ghost, for A Christmas Carol (Ch. Dickens)
   Gouache (30x61cm-12x24in) New-York 96 .... FF17 940 - £2 126 - $3,500
SEARS Benjamin Willard 1846-1905 [1]
🖼 *Sentinel Rock, Yosemite* - Oil/canvas (66x46cm-26x18in) San Francisco-Los Angeles 92 .... FF8 640 - £883 - $1,600
SEARS Francis 1873-? [2]
🖼 *Pilot boat in stormy seas* - Oil/panel (23x46cm-9x18in) Chicago 93 .... FF4 130 - £470 - $700
✎ *Estuary view, the Teign* - Watercolour (12x32cm-5x13in) London 91 .... FF1 656 - £170 - $308
SEARS Olga Itasca 1906-1990 [8]
🖼 *Monhegan* - Oil/canvas/board (20x25cm-8x10in) Cambridge, Mass. 93 .... FF2 200 - £260 - $400
SEARS Sarah Choate 1858-1935 [5]
✎ *Blue and White* - Watercolour/paper (25x43cm-10x17in) Boston, Mass. 94 .... FF4 600 - £546 - $850
SEARS Taber 1870-? [1]
✎ *North Water Street Cottage, Maine*
   Watercolour (33x38cm-13x15in) North Berwick, Maine 94 .... FF1 614 - £187 - $275

SEAVEY George W. 1841-1916 [2]
🖼 *Yellow Roses* - Oil/canvas (20x25cm-8x10in) North Berwick, Maine 94 .... FF2 347 - £272 - **$400**

SEBAH J. Pascal ?-1890 [1]
📷 *Constantinople* - Photo Paris 95 .... FF5 000 - £634 - **$1,006**

SEBBA Siegfried Shalom 1897-1975 [2]
🖼 *Still life* - Mixed media (11x14cm-4x6in) Tel Aviv 92 .... FF8 320 - £872 - **$1,500**
✏ *Nudes* - Pencil (20x14cm-8x6in) Tel Aviv 95 .... FF2 147 - £258 - **$400**

SEBEN van Henri 1825-1913 [29]
🖼 *La mare aux canards* - Huile/panneau (16x23cm-6x9in) Bruxelles 97 .... FF3 926 - £408 - **$670**
🖼 *Promenade romantique hivernale* - Huile/toile (76x112cm-30x44in) Paris 97 .... FF60 000 - £6 408 - **$10,518**
🖼 *Figures on a Frozen River* - Watercolour (31x44cm-12x17in) Amsterdam 94 .... FF7 360 - £876 - **$1,400**

SEBES Pieter Willem 1827-1906 [4]
🖼 *The piano lesson* - Oil/canvas (83x66cm-33x26in) Amsterdam 95 .... FF18 530 - £2 240 - **$3,486**

SÉBILLE Albert 1874-1954 [34]
🖼 *Paquebot Paris, Le Havre-New York* - Poster (105x74cm-41x29in) New-York 96 .... FF9 840 - £1 270 - **$1,900**
✏ *View of the S.S. Normandie underway* - Pencil (18x31cm-7x12in) New-York 96 .... FF16 400 - £1 944 - **$3,200**
Le paquebot France quittant le quai de Southampton au Havre
    Gouache (66x100cm-26x39in) Paris 92 .... FF102 000 - £12 170 - **$19,600**

SEBILLEAU Paul 1847-1907 [5]
🖼 *Weiher* - Oil/cardboard (30x39cm-12x15in) Wien 91 .... FF4 800 - £481 - **$879**

SEBIRE Gaston 1920 [133]
🖼 *Village en bord de mer* - Huile/toile (81x100cm-32x39in) Paris 96 .... FF11 000 - £1 274 - **$2,107**
Paysage en Provence - Huile/toile (92x73cm-36x29in) Rouen 96 .... FF24 000 - £2 990 - **$4,640**
Les quais à Notre-Dame - Huile/toile (82x73cm-32x29in) Rouen 97 .... FF34 500 - £4 120 - **$6,630**

SEBOROVSKI Carole XX [2]
✏ *Untitled* - Charcoal (96x49cm-38x19in) New-York 97 .... FF14 535 - £1 526 - **$2,500**

SEBOTH Josef 1814-1883 [1]
🖼 *Song bird and fruit* - Oil/canvas (61x81cm-24x32in) New-York 89 .... FF177 300 - £17 642 - **$28,009**

SEBREGHTS Lode 1906 [5]
🖼 *Rade d'Anvers le soir* - Huile/panneau (51x60cm-20x24in) Bruxelles 90 .... FF6 000 - £647 - **$1,058**
✏ *Nu dans un fauteuil* - Pastel/papier (100x70cm-39x28in) Antwerpen 94 .... FF1 665 - £193 - **$287**

SEBRIGHT George XIX [2]
🖼 *A prize pig in a stable* - Oil/canvas (32x37cm-13x15in) London 95 .... FF24 770 - £3 200 - **$5,100**

SEBRON Hippolyte 1801-1879 [4]
🖼 *Harbour town by moonlight* - Oil/canvas (70x106cm-28x42in) London 92 .... FF29 300 - £3 000 - **$5,170**

SECCHI Luigi XIX-XX [1]
🗿 *Odalisque* - Bronze (43cm-17in) Paris 95 .... FF6 000 - £785 - **$1,202**

SÉCHAUD Paul 1906-1982 [8]
🖼 *Vase de roses blanches* - Huile/toile (73x60cm-29x24in) Bern 95 .... FF12 040 - £1 566 - **$2,473**

SECHERET Jean-Baptiste 1957 [4]
🖼 *Entonnoirs* - Huile/carton (42x58cm-17x23in) Paris 92 .... FF3 500 - £418 - **$673**

SECKEL Josef 1881-1945 [2]
🖼 *Blauem Deckeltopf und weisser Kanne* - Oil/panel (32x24cm-13x9in) Bielefeld 94 .... FF5 460 - £652 - **$1,027**

SECKENDORF von Götz 1889-1914 [1]
🖼 *Pegli* - Oil/panel (49x64cm-19x25in) Wien 96 .... FF41 400 - £5 020 - **$8,050**

SECKY Franz 1895-1950 [1]
🖼 *Mutter mit Kind* - Öl/Leinwand (94x84cm-37x33in) Wien 96 .... FF8 640 - £1 047 - **$1,680**

SECQUEVILLE Maxime 1935 [23]
🖼 *Le champ de colza* - Huile/toile (54x65cm-21x26in) Versailles 90 .... FF3 800 - £400 - **$661**
Bord de Marne en automne - Huile/toile (54x65cm-21x26in) La Varenne Saint-Hilaire 92 .... FF6 500 - £668 - **$1,250**

SEDGLEY Peter 1930 [5]
🖼 *Nucleus* - Öl/Metall (50x50cm-20x20in) London 91 .... FF6 980 - £703 - **$1,211**

SEDLACEK Franz 1891-1944 [17]
🖼 *Drei Seen* - Mischtechnik (90x122cm-35x48in) Wien 92 .... FF154 000 - £18 400 - **$29,600**
✏ *Karger Gebirgssee* - Black chalk/paper (29x23cm-11x9in) Wien 95 .... FF6 860 - £903 - **$1,390**
Enttäuschte Liebe - Mischtechnik/Papier (59x42cm-23x17in) Wien 95 .... FF36 700 - £4 760 - **$7,470**

SEDLACEK Stephan XIX-XX [14]
🖼 *In the harem* - Oil/panel (23x33cm-9x13in) Amsterdam 90 .... FF18 600 - £2 004 - **$3,280**

SEDLACEK Vojtech 1892-1973 [1]
✏ *Landschaft* - Mischtechnik/Papier (33x50cm-13x20in) Düsseldorf 90 .... FF8 100 - £867 - **$1,409**

SEDLAK Günter Silva 1941 [2]
🖼 *Mädchen an der Bar* - Acrylic/paper (72x63cm-28x25in) Wien 94 .... FF4 390 - £526 - **$852**

SEDLMAYR Joseph Anton 1797-? [1]
🖼 *Rosenheim (Gesamansicht)* - Lithographie (20x29cm-8x11in) München 94 .... FF3 770 - £443 - **$663**

SEDRAC Alain XX [2]
🖼 *L'Arc de Triomphe et les fleuristes* - Huile/toile (27x35cm-11x14in) Saint-Dié 90 .... FF6 300 - £679 - **$1,111**

SEDRAC Marina 1919 [14]
🖼 *Les bouquinistes* - Huile/toile (46x55cm-18x22in) Paris 97 .... FF2 300 - £238 - **$393**
Déjeuner dans le parc - Huile/toile (41x33cm-16x13in) Montauban 90 .... FF5 100 - £546 - **$887**

SEDRAC Serge 1878-1974 [6]
🖼 *Vieux pontn Sisteron* - Huile/toile (60x73cm-24x29in) Toulouse 91 .... FF7 500 - £752 - **$1,238**

S

SEDRAKIAN Mkrtitch 1922 [2]
🖼 *Au matin* - Huile/toile (55x60cm-22x24in) Paris 94... FF2 **800** - £331 - **$502**

SEEBACH von Lothar 1853-1930 [16]
🖼 *Weiblicher Akt* - Öl/Leinwand (60x105cm-24x41in) Pforzheim 93 .... FF10 **170** - £1 215 - **$1,957**
✏ *Vase de fleurs* - Aquarelle (90x66cm-35x26in) Strasbourg 90.......................... FF5 **500** - £568 - **$972**

SEEBER Karl Andreas 1855-? [1]
🖼 *Open-air life in Rome* - Oil/canvas (80x62cm-31x24in) Amsterdam 90 .... FF17 **400** - £1 851 - **$3,113**

SEEBOLD Marie Madeleine 1866-1948 [1]
Still life with flowers and letter
   Oil/canvas (33x43cm-13x17in) New Orleans, Louisiana 94................................. FF17 **950** - £2 155 - **$3,400**

SEEFISCH Hermann Ludwig 1816-1879 [2]
🖼 *Isola Bella* - Öl/Leinwand (43x59cm-17x23in) Zürich 93................................. FF14 **260** - £1 718 - **$2,607**

SEEGER Herman 1857-1920 [18]
🖼 *In the dunes* - Oil/canvas (85x108cm-33x43in) London 95 .... FF38 **900** - £5 000 - **$7,860**
Sommerlust - Oil/canvas (90x70cm-35x28in) London 92 .... FF166 **000** - £17 000 - **$29,300**

SEEGER Karl Ludwig 1808-1866 [4]
🖼 *Wolkenstimmung* - Oil/board (18x34cm-7x13in) München 91 .... FF15 **320** - £1 536 - **$2,806**

SEEHAS Christian Ludwig 1753-1802 [2]
🖼 *Damenporträt* - Öl/Leinwand (61x44cm-24x17in) München 92 .... FF8 **810** - £1 053 - **$1,696**

SEEHAUS Paul Adolf 1891-1919 [4]
🖼 *Stadt am Fluss* - Etching (15x23cm-6x9in) München 94................................. FF2 **050** - £241 - **$366**

SEEKAMP Hermann 1881-1936 [1]
🖼 *Feld mit Heugarben* - Öl/Leinwand (48x58cm-19x23in) Bremen 94 .... FF3 **430** - £398 - **$590**

SEEKATZ Georg Christian I 1683-1750 [1]
🖼 *Jakstilleben med hare, fåglar och gevär* - Oil/canvas (98x72cm-39x28in) Stockholm 96 ... FF15 **380** - £1 920 - **$2,970**

SEEKATZ Johann Konrad 1719-1768 [25]
🖼 *Christ and the Woman of Samaria at the Well* - Oil/panel (22x29cm-9x11in) London 92 ..... FF36 **700** - £3 800 - **$7,140**
Children at a Well - Oil/canvas (37x32cm-15x13in) Wien 96 .... FF276 **000** - £33 450 - **$53,600**

SEEL Adolf 1829-1907 [3]
🖼 *Nacht Wache* - Oil/canvas (108x80cm-43x31in) New-York 96 .... FF389 **400** - £49 600 - **$75,000**

SEEL Johann Richard 1819-1875 [1]
🖼 *Überfall auf eine Bergsiedlung* - Öl/Leinwand (82x117cm-32x46in) Köln 94 ...... FF10 **280** - £1 234 - **$2,000**

SEEL Louis 1881-1958 [2]
🖼 *Strasse in Sevilla mit Lastesel* - Öl/Leinwand (41x33cm-16x13in) Frankfurt 96 .... FF15 **760** - £2 040 - **$3,110**

SEELE Johann Baptist 1774-1814 [5]
🖼 *Archduke Karl* - Oil/canvas (208x136cm-82x54in) London 89 .... FF87 **200** - £8 916 - **$14,019**
✏ *La Retirade des François* - Gouache (32x47cm-13x19in) Stuttgart 95 .... FF8 **980** - £1 175 - **$1,800**

SEELEY George H. 1880-1955 [23]
📷 *Still life* - Autochrome (8x10cm-3x4in) New-York 96 .... FF4 **900** - £630 - **$950**

SEELOS Gottfried 1829-1900 [13]
🖼 *Abendliche Seelandschaft* - Oil/panel (17x27cm-7x11in) Lindau 95 .... FF14 **960** - £1 870 - **$3,020**
✏ *Jugoslawischen Küste* - Aquarell/Papier (26x43cm-10x17in) Wien 90 .... FF5 **800** - £617 - **$1,038**

SEELOS Gustav 1831-1911 [5]
🖼 *Partie aus Südtirol* - Oil/canvas (36x55cm-14x22in) Wien 91 .... FF43 **300** - £4 395 - **$7,820**

SEELOS Ignaz 1827-1902 [3]
🖼 *Eine Orchidee* - Öl/Karton (42x33cm-17x13in) Wien 96 .... FF19 **260** - £2 403 - **$3,720**

SEEMAN Enoch c.1694-1745 [14]
🖼 *Mary (1716-1769), wife of Henry, 7th Lord Arundell of Wardour*
   Oil/canvas (156x105cm-61x41in) London 95 .... FF27 **630** - £3 500 - **$5,560**
Portrait of a Lady in a blue dress... - Oil/canvas (30x21cm-12x8in) London 97 ...... FF131 **333** - £14 000 - **$22,721**

SEEREY-LESTER John Vernon 1945 [18]
🖼 *A Mountain Gorilla* - Oil/board (28x36cm-11x14in) London 94 .... FF34 **100** - £4 000 - **$6,070**
✏ *Cheetah in the bush* - Pastel (53x39cm-21x15in) London 96 .... FF18 **930** - £2 400 - **$3,630**

SEERY John 1941 [6]
🖼 *Cliffs* - Acrylic/canvas (101x198cm-40x78in) New-York 92 .... FF5 **200** - £552 - **$1,000**

SEETH Frederick 1845-1929 [2]
🖼 *Sailing off the coast* - Oil/canvas (45x61cm-18x24in) New-York 95 .... FF16 **960** - £2 180 - **$3,500**

SEEVAGEN Lucien 1887-1959 [130]
🖼 *Canal de Bourgogne* - Huile/toile (64x80cm-25x31in) Paris 96 .... FF2 **400** - £311 - **$476**
Tourelle en mer aux abords de l'île de Bréhat
   Huile/carton (27x35cm-11x14in) Quimper 97 .... FF5 **000** - £536 - **$877**
Moulin à mer - Huile/toile (54x64cm-21x25in) Paris 96 .... FF11 **500** - £1 488 - **$2,280**

SEEWALD Richard 1889-1976 [63]
🖼 *Aegina* - Öl/Leinwand (50x80cm-20x31in) München 95 .... FF105 **300** - £13 260 - **$21,100**
🖼 *Tempeltor auf Naxos* - Linocut in colors (34x46cm-13x18in) München 95 .... FF2 **986** - £376 - **$598**
✏ *Bootswerft auf Korfu* - Gouache (48x66cm-19x26in) München 95 .... FF12 **820** - £1 602 - **$2,590**

SEGAAR Abraham 1888-1962 [3]
🖼 *Flowers in a copper pot* - Oil/panel (32x39cm-13x15in) Amsterdam 92 .... FF2 **410** - £280 - **$492**

SEGAL Arthur 1875-1944 [40]
🖼 *Blumen in einer Vase* - Öl/Leinwand (54x41cm-21x16in) Berlin 95 .... FF49 **800** - £6 200 - **$9,740**
Composition Helgoland - Huile/toile (74x92cm-29x36in) Paris 96 .... FF170 **000** - £19 670 - **$32,600**
Segelboote im Hafen - Öl/Leinwand (62x81cm-24x32in) Berlin 95 .... FF356 **000** - £44 300 - **$69,600**
✏ *Composition* - Gouache (35x32cm-14x13in) Tel Aviv 91 .... FF19 **950** - £2 003 - **$3,452**

SEGAL Gavril M. 1889-1956 [1]
- Paesaggio invernale - Olio/tela (39x49cm-15x19in) Milano 92 .... FF9 680 - £1 152 - **$1,863**

SEGAL George 1925 [68]
- Girl on a chair - Bois (91x37x61cm-36x15x24in) Paris 95 .... FF14 000 - £1 676 - **$2,664**
- Girl with Clock - Plaster (89x59x61cm-35x23x24in) London 95 .... FF278 000 - £36 000 - **$56,900**
- Street Meeting - Wood (244x132x241cm-96x52x95in) New-York 95 .... FF775 000 - £102 600 - **$160,000**
- Composition au pied - Pastel (62x47cm-24x19in) Lokeren 92 .... FF31 540 - £3 230 - **$5,550**

SEGAL Hyman 1914 [3]
- Cat washing - Crayon (35x44cm-14x17in) Penzance, Cornwall 91 .... FF1 588 - £160 - **$276**

SEGAL Jacques 1938 [1]
- Marchands d'huîtres à Cancale - Huile/toile (60x73cm-24x29in) Saint-Dié 96 .... FF2 800 - £365 - **$555**

SEGAL Simon 1898-1969 [20]
- Le phare - Huile/toile (46x55cm-18x22in) Paris 97 .... FF4 500 - £491 - **$787**
- La rue - Gouache (59x44cm-23x17in) Paris 95 .... FF2 500 - £316 - **$499**

SEGALA Giovanni 1663-1720 [1]
- Jacob stealing Esau's birthright - Oil/canvas (95x130cm-37x51in) London 91 .... FF50 400 - £5 005 - **$8,751**

SEGALL Lasar 1891-1957 [16]
- Femmes et enfants - Huile/toile (73x92cm-29x36in) Paris 96 .... FF440 000 - £55 100 - **$84,900**
- Irrende Frauen II - Woodcut (23x28cm-9x11in) Heidelberg 95 .... FF2 370 - £304 - **$479**

SEGANTINI Giovanni 1858-1899 [20]
- Traubenstilleben - Öl/Leinwand (76x61cm-30x24in) Zürich 94 .... FF143 000 - £17 000 - **$26,950**
- Frau mit Schirm - Öl/Leinwand (28x16cm-11x6in) Zürich 93 .... FF455 000 - £51 800 - **$77,200**
- Vacca bianca all'Abbeveratoio - Mixed media/paper (35x48cm-14x19in) Bern 93 ...... FF265 500 - £32 100 - **$48,700**

SEGANTINI Gottardo Guido 1882-1974 [33]
- Cresta bei Majola mit Piz Corvatsch - Huile/canvas (67x101cm-26x40in) Zürich 95 .... FF76 400 - £9 680 - **$15,400**
- Monte Forno, la sera - Oil/paper/canvas (60x72cm-24x28in) Berlin 95 .... FF124 500 - £15 500 - **$24,360**
- Lago di Cavaloccio la mattina - Huile/toile (81x115cm-32x45in) Zürich 96 .... FF437 000 - £50 600 - **$83,700**

SEGANTINI Mario 1885-1958 [6]
- Alpenlandschaft mit Kirche - Öl/Leinwand (50x65cm-20x26in) Hamburg 95 .... FF8 060 - £1 021 - **$1,622**
- Bündner Berglandschaft - Öl/Leinwand (93x131cm-37x52in) Bern 93 .... FF21 770 - £2 507 - **$3,734**
- Due donne in pelliccia - Etching (27x17cm-11x7in) Zofingen 91 .... FF3 170 - £322 - **$573**

SÉGAUD Armand J.-B. 1875-1956 [2]
- Porte à Nefta - Huile/toile (61x43cm-24x17in) Paris 92 .... FF7 000 - £717 - **$1,233**
- Le Solitaire maintient la santé - Affiche (94x120cm-37x47in) Paris 94 .... FF3 600 - £414 - **$617**

SÉGÉ Alexandre 1818-1885 [7]
- Küstenlandschaft, Normandie - Oil/canvas (31x45cm-12x18in) Luzern 92 .... FF13 020 - £1 330 - **$2,293**

SEGELCKE Severin 1867-1940 [3]
- Fra Treidene Tjøme - Oil/canvas (65x84cm-26x33in) Tönsberg 92 .... FF5 850 - £681 - **$1,195**

SEGER Ernst 1868-1939 [11]
- Tänzerin - Bronze (14cm-6in) Köln 92 .... FF7 460 - £891 - **$1,435**
- Tanzende - Bronze (28cm-11in) Wien 94 .... FF13 680 - £1 584 - **$2,350**

SEGERS Adrien 1876-1950 [29]
- Pêcheur sur la Seine à Giverny - Huile/toile (65x54cm-26x21in) Paris 95 .... FF5 000 - £664 - **$1,030**
- L'Ile Lacroix - Huile/toile (20x26cm-8x10in) Rouen 92 .... FF17 500 - £2 090 - **$3,366**

SEGERSTRÅLE Lennart 1892-1975 [54]
- Osams - Oil/canvas (79x64cm-31x25in) Helsinki 94 .... FF11 630 - £1 350 - **$2,003**
- Örnar - Oil/canvas (76x115cm-30x45in) Helsinki 92 .... FF54 500 - £5 570 - **$9,600**
- A fisherman - Watercolour (38x50cm-15x20in) Helsinki 95 .... FF11 570 - £1 447 - **$2,340**

SEGEWITZ Karl Eugen 1886-1952 [1]
- Wangen am Bodensee - Öl/Karton (38x48cm-15x19in) Heidelberg 94 .... FF5 830 - £699 - **$1,132**

SEGHERS Cornelius Johannes A 1814-1875 [1]
- Portrait d'une dame - Huile/toile (78x63cm-31x25in) Bruxelles 93 .... FF2 800 - £335 - **$573**

SEGHERS Gérard 1591-1651 [4]
- Ecstasy of Saint-Francis - Oil/canvas (183x137cm-72x54in) New-York 97 .... FF414 135 - £46 800 - **$75,000**

SEGHERS Henri 1823-1905 [3]
- Charette dans l'allée - Aquarelle (53x36cm-21x14in) Antwerpen 90 .... FF4 500 - £482 - **$783**

SEGHERS Maurice 1883-1959 [3]
- Haven met vissersboten - Huile/papier (49x59cm-19x23in) Lokeren 95 .... FF4 110 - £513 - **$831**

SEGIETH Paul 1884-? [2]
- Buschrosen im Sonnenlicht - Öl/Leinwand (67x97cm-26x38in) Bremen 94 .... FF2 750 - £328 - **$524**
- In der Reitschule - Gouache (49x47cm-19x19in) München 92 .... FF5 100 - £522 - **$898**

SEGISSER Paul 1866-1934 [2]
- Biedermeierinterieur - Öl/Leinwand (60x52cm-24x20in) Pforzheim 94 .... FF3 774 - £454 - **$708**

SÉGOFFIN Victor Jean Ambroise 1867-1925 [15]
- La Chaîne - Plâtre (48cm-19in) Paris 93 .... FF4 400 - £531 - **$800**
- Danse Guerrière - Marble (121cm-48in) London 94 .... FF103 000 - £12 000 - **$17,880**

SEGOGNE Pierre XX [2]
- Voyeurisme - Gouache (22x16cm-9x6in) Saumur 90 .... FF1 600 - £161 - **$291**

SEGONI Alcide 1847-1894 [3]
- The connoisseur - Oil/canvas (92x62cm-36x24in) London 92 .... FF25 130 - £3 000 - **$4,830**

SEGOVIA Andrès 1929 [20]
- Les trois arbres - Huile/toile (115x147cm-45x58in) Calais 97 .... FF3 000 - £321 - **$526**

S

La bicyclette - Huile/toile (236x175cm-93x69in) Calais 97 .... **FF12 000** - *£1 285* - **$2,104**
Le grand arbre - Encre Chine (145x88cm-57x35in) Calais 97 .... **FF1 800** - *£193* - **$316**

SEGRÉ Sergio 1932 [2]
Portrait of a woman - Oil/canvas (92x73cm-36x29in) Tel Aviv 94 .... **FF10 260** - *£1 201* - **$1,800**

SEGRELLES ALBERT José 1886-1969 [8]
Autodromo Nacional - Poster (54x67cm-21x26in) New-York 96 .... **FF9 840** - *£1 270* - **$1,900**
La caída del leñador - Gouache (31x26cm-12x10in) Madrid 95 .... **FF7 590** - *£947* - **$1,800**

SEGRELLES Eustaquio 1936 [41]
Rústica (Galicia) - Oleo/lienzo (46x61cm-18x24in) Madrid 94 .... **FF10 310** - *£1 230* - **$1,943**
Playa de Valencia - Oleo/lienzo (60x100cm-24x39in) Madrid 95 .... **FF26 230** - *£3 354* - **$5,270**

SEGUI Antonio 1934 [122]
Untitled - Acrylic/canvas (78x57cm-31x22in) London 96 .... **FF14 130** - *£1 800* - **$2,720**
Texture - Acrylique (50x100cm-20x39in) Paris 97 .... **FF30 000** - *£3 258* - **$5,262**
Idas y vuetas - Huile/toile (100x81cm-39x32in) Paris 94 .... **FF56 000** - *£6 550* - **$9,870**
Les toits de Paris - Oleo (50x149cm-20x59in) New-York 97 .... **FF91 638** - *£9 768* - **$16,000**
Sin Titulo - Mixed media (100x100cm-39x39in) New-York 94 .... **FF224 700** - *£26 500* - **$40,000**
Sans titre - Relief (58x10x64cm-23x4x25in) Paris 92 .... **FF31 000** - *£3 605* - **$6,330**
tête d'homme au chapeau - Pastel (62x48cm-24x19in) Paris 96 .... **FF10 000** - *£1 178* - **$1,953**
Paisaje de Bell-Ville (sic) - Charcoal (54x73cm-21x29in) New-York 95 .... **FF30 600** - *£3 820* - **$6,000**
Paseando al Perro - Pastel/paper (58x81cm-23x32in) New-York 94 .... **FF106 100** - *£12 630* - **$20,000**

SEGUIER John 1785-1856 [1]
Alpha cottages, near Paddington - Oil/canvas (50x64cm-20x25in) London 91 .... **FF45 400** - *£4 509* - **$7,883**

SEGUIN Adrien 1926 [8]
Bouquet de fleurs - Huile/carton (99x70cm-39x28in) Arles 96 .... **FF2 800** - *£360* - **$543**

SÉGUIN Armand 1869-1903 [19]
Gardienne d'oies à Pont-Aven - Oil/canvas (119x60cm-47x24in) New-York 96 .... **FF440 000** - *£56 800* - **$85,000**
The Waterside - Etching (8x15cm-3x6in) London 96 .... **FF10 410** - *£1 305* - **$2,012**

SEGUIN-BERTAULT Paul 1869-1964 [10]
L'Hommage aux masques, Luxembourg - Huile/toile (82x116cm-32x46in) Paris 95 .... **FF19 000** - *£2 400* - **$3,834**
La fontaine du Luxembourg - Pastel (51x35cm-20x14in) Paris 91 .... **FF4 500** - *£455* - **$893**

SEGUINEAU Robert 1937 [8]
Europe et Liberté nº III - Bronze (25cm-10in) Paris 94 .... **FF20 000** - *£2 400* - **$3,790**

SEGURA Agustín 1900 [5]
Bodegón - Oleo/lienzo (81x92cm-32x36in) Madrid 91 .... **FF12 300** - *£1 233* - **$2,030**

SEGURA Enrique 1874-1951 [6]
Bodegón con centollo - Oleo/lienzo (81x100cm-32x39in) Madrid 96 .... **FF11 400** - *£1 480* - **$2,254**

SEGURA Juan José 1901-1964 [1]
Florero - Oleo/lienzo (77x64cm-30x25in) México 92 .... **FF9 900** - *£1 016* - **$1,808**

SEGURA MONFORTE Fernando Rafael 1875-? [3]
Saliendo de los toros - Oleo/cartón (28x24cm-11x9in) Madrid 94 .... **FF2 475** - *£295* - **$467**

SEIB Wilhelm 1854-1923 [1]
A dancing Centaur - Oil/canvas (27x35cm-11x14in) Billinghurst, West Sussex 91 .... **FF2 793** - *£278* - **$480**

SEIBELS Carl 1844-1877 [2]
Cows watering - Oil/canvas (29x42cm-11x17in) New-York 92 .... **FF12 480** - *£1 490* - **$2,400**

SEIBEZZI Fioravante 1906 [3]
Venezia - Olio/tela (35x45cm-14x18in) Prato 96 .... **FF13 400** - *£1 680* - **$2,560**

SEIDE Jean Adrien XX [2]
Paysage en bleu - Huile/toile (75x100cm-30x39in) Paris 96 .... **FF6 800** - *£880* - **$1,335**

SEIDEL August 1820-1904 [28]
Winterlandschaft - Öl/Karton (23x31cm-9x12in) Heidelberg 95 .... **FF12 870** - *£1 670* - **$2,680**
Ein Gewittersturm zieht über der bayrischen Voralpenlandschaft auf
   Öl/Leinwand (53x74cm-21x29in) Stuttgart 95 .... **FF23 160** - *£3 030* - **$4,640**
Heukutsche am See - Öl/Leinwand (55x75cm-22x30in) Göttingen 95 .... **FF89 600** - *£11 600* - **$18,220**

SEIDEL Emory P. 1881-? [6]
Figural flower frog and basin - Bronze (43cm-17in) New-York 95 .... **FF9 350** - *£1 224* - **$1,900**
Atlisa - Bronze (46cm-18in) New-York 90 .... **FF10 940** - *£1 113* - **$2,188**

SEIDEL Franz 1818-1903 [3]
Romantic landscape - Öl/Leinwand (51x65cm-20x26in) Stuttgart 94 .... **FF47 900** - *£5 750* - **$9,100**

SEIDELIN Ingeborg 1872-1914 [1]
Interior med en dame der broderer - Oil/canvas (39x47cm-15x19in) København 89 .... **FF6 600** - *£657* - **$1,043**

SEIDEMANN Bob XX [2]
Janis Joplin - Silver print (45x30cm-18x12in) New-York 91 .... **FF6 840** - *£689* - **$1,187**

SEIDEN Regina 1897 [2]
Les skieuses - Huile/panneau (19x19cm-7x7in) Montréal 89 .... **FF2 000** - *£211* - **$337**

SEIDENBEUTLOWIE Efraim 1902-1945 [3]
A young girl reading - Charcoal/paper (45x33cm-18x13in) Warszawa 96 .... **FF8 090** - *£1 022* - **$1,557**

SEIDENECK George Joseph 1885-1972 [2]
Coastal scene - Oil/board (25x33cm-10x13in) Mystic, Connecticut 92 .... **FF2 840** - *£291* - **$500**

SEIDENSTÜCKER Friedrich 1882-1962 [3]
Oiseau mort - Photo (13x18cm-5x7in) Paris 92 .... **FF2 000** - *£239* - **$385**

SEIDL Alois 1897-? [1]
Alte Gelände des Zirkus Krone - Öl/Leinwand (66x80cm-26x31in) München 95 .... **FF2 820** - *£360* - **$579**

SEIDL-SEITZ Josef 1908-1988 [1]
- Partie in Florenz - Oil/canvas (85x110cm-33x43in) München 91 .... FF7 430 - £754 - **$1,342**

SEIDNER David 1957 [4]
- Homme nu - Photo (24x5cm-9x2in) Paris 96 .... FF3 200 - £399 - **$618**

SEIFERT Alfred 1850-1901 [16]
- Mailuft - Öl/Leinwand (125x88cm-49x35in) Wien 96 .... FF36 200 - £4 670 - **$7,080**
- Belle au Bois Dormant - Huile/toile (87x134cm-34x53in) Monaco 89 ... FF150 000 - £15 806 - **$25,253**

SEIFERT Franz 1866-1951 [3]
- Boxkampf - Bronze (43cm-17in) Stuttgart 94 .... FF7 170 - £838 - **$1,265**

SEIFERT Paul 1840-1921 [1]
- Residence of Mr Foster, Wyoming
  Watercolour, gouache/paper (56x71cm-22x28in) New-York 90 .... FF131 600 - £13 838 - **$22,887**

SEIFERT Victor Heinrich 1870-1953 [29]
- Standing nude girl - Bronze (28cm-11in) Stockholm 94 .... FF4 320 - £512 - **$798**
- Lesende Mädchen - Bronze (47cm-19in) Frankfurt 95 .... FF11 400 - £1 420 - **$2,300**

SEIFFERT Carl Friedrich 1809-1891 [8]
- Schliersee - Öl/Leinwand (36x64cm-14x25in) München 93 .... FF11 870 - £1 418 - **$2,283**

SEIFFERT-WATTENBERG Richard 1874-1945 [1]
- Stilleben mit Blumenvase - Öl/Papier (44x30cm-17x12in) Bremen 95 ... FF3 304 - £429 - **$688**

SEIGEN Auguste XIX-XX [3]
- Sienna - Oil/panel (52x40cm-20x16in) London 92 .... FF18 500 - £1 900 - **$3,550**

SEIGLE Henri Julien 1911 [22]
- Nu aux carreaux - Huile/toile (145x88cm-57x35in) Paris 94 .... FF8 500 - £1 008 - **$1,612**

SEIGNAC Guillaume 1870-1924 [53]
- Jeune femme à l'antique assise sur un banc de pierre
  Huile/toile (33x24cm-13x9in) Paris 97 .... FF22 000 - £2 396 - **$3,826**
- La vague - Oil/canvas (33x56cm-13x22in) New-York 97 .... FF74 158 - £7 993 - **$13,000**
- The awakening of Psyche - Oil/canvas (183x91cm-72x36in) New-York 96 ... FF257 000 - £31 200 - **$50,000**
- Psychée - Oil/canvas (176x96cm-69x38in) New-York 96 .... FF555 000 - £58 100 - **$100,000**
- Pierrot et Colombine - Aquarelle, gouache (36x27cm-14x11in) Paris 89 ... FF30 000 - £3 161 - **$5,051**

SEIGNAC Paul 1826-1904 [20]
- Cherries for the children - Oil/canvas (74x60cm-29x24in) New-York 94 ... FF26 560 - £3 170 - **$5,000**
- The New Dress - Oil/board (35x27cm-14x11in) London 97 .... FF79 928 - £8 800 - **$14,027**
- The young merchant - Oil/panel (35x25cm-14x10in) New-York 96 ... FF145 400 - £18 520 - **$28,000**

SEIGNEMARTIN Jean 1848-1875 [4]
- Couple dans un parc - Huile/toile (38x47cm-15x19in) Lyon 97 .... FF12 500 - £1 353 - **$2,190**

SEIGNEURGENS Ernest Louis A. c.1820-1904 [1]
- Bord de mer au crépuscule - Huile/panneau (20x27cm-8x11in) Lyon 90 ... FF5 500 - £589 - **$957**

SEIJO RUBIO José 1881-1970 [1]
- El Crucero - Oleo/lienzo (87x114cm-34x45in) Madrid 96 .... FF90 300 - £10 640 - **$17,730**

SEILER Carl Wilhelm Anton 1846-1921 [39]
- Barocker Hochaltar mit sonnigem Einfall - Öl/Leinwand (66x44cm-26x17in) Lindau 97 ... FF7 427 - £779 - **$1,277**
- Besuch in der Klosterkirche Ettal - Oil/panel (31x23cm-12x9in) München 95 ... FF28 400 - £3 584 - **$5,690**

SEILER Hans 1907-1986 [26]
- Port breton - Huile/carton (26x68cm-10x27in) Saint-Germain-en-Laye 93 ... FF9 000 - £1 084 - **$1,637**
- Fenêtre ouverte - Huile/toile (42x37cm-17x15in) Saint-Germain-en-Laye 92 ... FF22 000 - £2 626 - **$4,230**
- Paysage de Hollande - Gouache (25x34cm-10x13in) Saint-Germain-en-Laye 91 ... FF13 500 - £1 387 - **$2,513**

SEILER Julius 1873-1958 [1]
- Abgeerntetes Feld - Oil/panel (43x59cm-17x23in) Lindau 95 .... FF7 120 - £890 - **$1,438**

SEILLIERES Frédéric XIX-XX [1]
- Diane chasseresse et les chiens - Aquarelle/papier (40x28cm-16x11in) Soissons 96 ... FF7 500 - £881 - **$1,476**

SEIQUER Alejandro 1850-1921 [4]
- Estudios de conejos - Dessin (25x32cm-10x13in) Madrid 91 .... FF4 650 - £466 - **$775**

SEITGOFF Per Sikstovitch 1852-? [2]
- Auf der Parkbank - Öl/Leinwand (33x18cm-13x7in) Wien 94 .... FF7 840 - £927 - **$1,446**
- Les docks, Saint-Pétersbourg - Aquarelle, gouache/papier (21x31cm-8x12in) Paris 92 ... FF18 000 - £1 843 - **$3,170**

SEITZ Alexander 1811-1888 [3]
- Joseph being sold into Slavery - Oil/canvas (125x177cm-49x70in) Wien 96 ... FF540 000 - £65 400 - **$105,000**

SEITZ Anton 1829-1900 [10]
- Der Liebesbrief - Oil/panel (12x9cm-5x4in) München 92 .... FF51 000 - £5 220 - **$8,970**
- Fröhliches Beisammendein in einer Bauernstube
  Oil/panel (29x45cm-11x18in) München 94 .... FF137 200 - £16 250 - **$25,360**

SEITZ Gustav 1906-1969 [41]
- Umarmung - Bronze (58cm-23in) Berlin 97 .... FF23 311 - £2 475 - **$4,060**
- Kniende Negerin - Bronze (54cm-21in) Köln 96 .... FF57 600 - £7 190 - **$11,130**
- Stehender weiblicher Akt am Vorhang - Ink (24x11cm-9x4in) Berlin 94 ... FF6 530 - £780 - **$1,220**

SEITZ Johann Georg 1810-1870 [22]
- Blumenstilleben - Öl/Leinwand (55x68cm-22x27in) Wien 96 .... FF14 450 - £1 802 - **$2,790**
- Früchstilleben - Öl/Leinwand (55x67cm-22x26in) Wien 96 .... FF38 600 - £4 400 - **$7,400**
- Still life of flowers and a bird's nest - Oil/canvas (77x62cm-30x24in) London 92 ... FF88 000 - £9 000 - **$15,520**

SEITZ Otto 1846-1912 [4]
- Der Tabakschnupfer - Oil/panel (12x8cm-5x3in) Köln 91 .... FF5 470 - £562 - **$1,018**

S

SEITZ von Rudolf 1842-1910 [1]
The Sultan - Watercolour (38x15cm-15x6in) London 95 .... FF1 846 - £240 - $386
SEIWERT Franz Wilhelm 1894-1933 [16]
Stilleben - Oil/canvas (60x50cm-24x20in) Köln 91 .... FF128 400 - £13 031 - $23,190
Pietà I - Sculpture (28x18x14cm-11x7x6in) Köln 90 .... FF21 970 - £2 203 - $3,627
Gruppe - Coloured crayons/paper (30x22cm-12x9in) Köln 90 .... FF57 400 - £6 106 - $10,268
SEJOURNE Bernard 1945-1994 [3]
Warrior - Oil/masonite (122x122cm-48x48in) Miami, Florida 95 .... FF107 300 - £12 870 - $20,000
SEKALSKI Jozef 1904-1972 [3]
Papers on the table
Oil/canvas (76x91cm-30x36in) Hopetoun House, South Queensferry 91 .... FF7 050 - £700 - $1,224
SEKIN Sergej Jakolewitsch 1894-1963 [1]
Suprematistische Composition - Huile/panneau (21x41cm-8x16in) Hamburg 93 .... FF108 500 - £12 960 - $20,870
SEKINE Nubuo 1942 [2]
Phases of Nathingness No. 8-9 - Technique mixte (130x60x60cm-51x24x24in) Luzern 93 .... FF3 964 - £451 - $672
SEKINE Yoshio 1922-1985 [5]
Untitled (#2) - Oil/canvas (130x193cm-51x76in) New-York 93 .... FF17 600 - £2 020 - $3,000
SEKINO Junichiro 1914-1988 [2]
Mount Fuji reflections - Woodcut in colors (30x46cm-12x18in) Mystic, Connecticut 95 .... FF3 760 - £451 - $700
SEKULA Sonja 1918-1963 [13]
Nr. 37 - Öl/Leinwand (50x34cm-20x13in) Luzern 94 .... FF13 800 - £1 646 - $2,574
Ohne Titel - Encre (30x46cm-12x18in) Luzern 94 .... FF3 245 - £388 - $606
SEKULIC Sava 1902-1989 [5]
Untitled - Housepaint/primed burlap (91x96cm-36x38in) London 96 .... FF16 500 - £2 000 - $3,210
Fox - Gouache (36x51cm-14x20in) London 96 .... FF7 420 - £900 - $1,444
SEL Jean-Baptiste c.1780/90-1832 [1]
Elegant lady of New Orleans - Oil/canvas (64x51cm-25x20in) New Orleans, Louisiana 92 ...... FF8 330 - £967 - $1,700
SELAND Alfred 1903-1060 [1]
Fole - Bronze (16cm-6in) Oslo 92 .... FF4 340 - £445 - $764
SELASSIE Mickaël 1951 [4]
Le Génie de la Forêt: totem - Sculpture (145x30cm-57x12in) Paris 90 .... FF10 600 - £1 079 - $2,120
SELBY Joe 1893-1960 [3]
Yachting - Watercolour, gouache/paper (29x44cm-11x17in) New-York 97 .... FF5 125 - £554 - $900
SELDER Björne 1940 [2]
Fröet - Bronze (16cm-6in) Stockholm 90 .... FF14 000 - £1 489 - $2,504
SELDRON Elisabeth c.1670-c.1740 [2]
Kermesse villageoise - Huile/toile (86x100cm-34x39in) Paris 94 .... FF270 000 - £31 000 - $46,200
SELIGER Charles 1926 [2]
Persian night - Acrylic (28x20cm-11x8in) New-York 94 .... FF7 600 - £873 - $1,300
Island in the Moon - Gouache Mystic, Connecticut 91 .... FF6 590 - £656 - $1,133
SELIGER Max 1865-1920 [2]
Die Bogenschützen - Gouache (28x34cm-11x13in) Frankfurt 92 .... FF4 760 - £488 - $992
SELIGMANN Adalbert Franz 1862-1945 [1]
Sommerliche Tallandschaft - Oil/cardboard (56x66cm-22x26in) Luzern 90 .... FF7 800 - £806 - $1,378
SELIGMANN Georg Sophus 1866-1924 [3]
A Lady in a black dress - Oil/board (41x33cm-16x13in) London 96 .... FF6 380 - £800 - $1,232
SELIGMANN Kurt 1900-1962 [64]
Sugar Loaf - Huile/toile (82x61cm-32x24in) Zürich 93 .... FF39 600 - £4 530 - $6,750
Ne vous en déplaise - Oil/panel (92x72cm-36x28in) New-York 93 .... FF204 500 - £23 500 - $35,000
Game of Chance No. 2 - Oil/canvas (109x104cm-43x41in) New-York 93 .... FF468 000 - £53 700 - $80,000
L'Écrivain - Drawing (74x58cm-29x23in) New-York 94 .... FF5 550 - £638 - $950
Danse - Watercolour, gouache (68x101cm-27x40in) New-York 94 .... FF26 300 - £3 020 - $4,500
SELIM Turan 1915 [3]
Composition - Huile/toile (195x130cm-77x51in) Paris 96 .... FF5 000 - £649 - $990
SELINGER Emily H. McGary 1848-1927 [1]
Composition florale - Huile/toile (90x75crn-35x30in) Bruxelles 97 .... FF6 548 - £716 - $1,148
SELINGER Jean Paul 1850-1909 [1]
Venetian courtyard - Oil/canvas (36x25cm-14x10in) Cambridge, Mass. 91 .... FF2 740 - £272 - $476
SELL Christian 1831-1883 [26]
Schlachtenszene - Ol/Leinwand (46x69cm-18x27in) Düsseldorf 96 .... FF12 530 - £1 547 - $2,420
En route to battle - Oil/canvas (29x40cm-11x16in) London 91 .... FF27 800 - £2 821 - $5,021
SELL Christian II 1854-1925 [6]
Reitergefecht im Jahre 1870 - Ol/Leinwand (21x30cm-8x12in) Köln 94 .... FF4 780 - £565 - $858
SELLARS David R. XIX-XX [2]
Wemyss Castle - Watercolour (38x61cm-15x24in) New Orleans, Louisiana 93 .... FF2 613 - £328 - $475
SELLENY Josef 1824-1875 [10]
Schiffbar vor der Küste - Oil/canvas (62x88cm-24x35in) Wien 92 .... FF16 840 - £1 724 - $2,966
Rasenstück mit Gräsern - Aquarell (24x31cm-9x12in) Stuttgart 94 .... FF6 120 - £714 - $1,073
SELLES Pierre Nicolas 1751-1831 [1]
Eastern lady with white dress - Oil/canvas (61x46cm-24x18in) London 90 .... FF2 930 - £300 - $578
SELLIER Charles Fr. 1830-1882 [4]
Femme alanguie - Huile/toile (21x39cm-8x15in) Paris 94 .... FF42 000 - £4 980 - $7,760

SELLMAYR Ludwig 1834-1901 [10]
🖼 *Magd mit Viehherde* - Oil/panel (13x26cm-5x10in) München 92.............................. FF14 280 - £1 462 - **$2,800**
SELM van Arie XX [2]
🖼 *Musician at the Carnival* - Oil/canvas (110x121cm-43x48in) Toronto 94 .... FF4 460 - £526 - **$793**
SELMERSHEIM-DESGRANGE Jeanne 1877-1958 [9]
🖼 *Bouquet de fleurs* - Oil/canvas (66x54cm-26x21in) London 90 .... FF67 800 - £7 026 - **$11,916**
✎ *Notre-Dame et le pont Sully* - Aquarelle/papier (20x30cm-8x12in) Paris 96 .... FF4 200 - £527 - **$811**
SELMY Eugène Benjamin 1874-? [2]
🖼 *Vieille paysanne de Provence* - Huile/toile (61x50cm-24x20in) Paris 96 .... FF2 400 - £304 - **$461**
SELMYHR Conrad 1877-1944 [15]
🖼 *Marina. Fiordos noruegos* - Oleo/lienzo (60x100cm-24x39in) Madrid 97 .... FF7 800 - £838 - **$1,365**
SELOUS Henry Courtney 1811-1890 [7]
🖼 *Flower market, Venice* - Oil/canvas (66x46cm-26x18in) London 96.................. FF18 600 - £2 400 - **$3,644**
✎ *Quiet strech of the river* - Pencil (30x46cm-12x18in) London 94 .... FF2 150 - £220 - **$380**
SELTZER Olaf Carl 1877-1957 [30]
🖼 *Medicine Man* - Oil/board (30x22cm-12x9in) New-York 96 .... FF72 100 - £8 950 - **$14,000**
Warriors leaving camp - Oil/canvas (51x76cm-20x30in) New-York 94 .... FF224 700 - £26 500 - **$40,000**
✎ *Overlooking the Missouri River*
     Watercolour/paper (28x41cm-11x16in) New-York 94 .... FF173 200 - £20 500 - **$32,000**
SELVA Marc XX [2]
🖼 *Plage et voiliers* - Huile/toile (33x41cm-13x16in) Paris 90 .... FF4 200 - £442 - **$730**
SELVAR della Pino 1904 [16]
🖼 *Paris en 2000* - Huile/toile (54x81cm-21x32in) Paris 91 .... FF2 000 - £199 - **$347**
✎ *Femme voilée* - Pastel (33x46cm-13x18in) Paris 91 .... FF1 900 - £189 - **$330**
SELZAM Eduard 1859-? [1]
✎ *Head of an old woman* - Pencil/paper (20x15cm-8x6in) London 93 .... FF1 826 - £220 - **$319**
SEM Georges Goursat 1863-1934 [20]
🖼 *Étude de chien au noeud rose* - Huile/carton (31x23cm-12x9in) Paris 93 .... FF12 500 - £1 507 - **$2,273**
🖾 *Son ami Teddy* - Affiche (100x260cm-39x102in) Nice 96 .... FF4 000 - £499 - **$773**
✎ *Portrait charge de Jean Cocteau en lévrier* - Gouache (28x21cm-11x8in) Paris 92 ..... FF30 000 - £3 070 - **$5,400**
SEMEGHINI Pio 1878-1964 [54]
🖼 *Fanciulla* - Olio/tavola (28x18cm-11x7in) Prato 97 .... FF13 600 - £1 600 - **$2,400**
Ritratto di gianna - Olio/tavola (38x29cm-15x11in) Prato 97 .... FF25 500 - £3 000 - **$4,500**
Casette di Burano - Olio/tavola (20x25cm-8x10in) Milano 90 .... FF48 100 - £5 117 - **$8,605**
Burano - Olio/tavola (52x67cm-20x26in) Milano 93 .... FF84 100 - £9 440 - **$15,070**
✎ *A scuola di cucito* - Tecnica mista/carta (44x33cm-17x13in) Roma 94 .... FF19 500 - £2 373 - **$3,710**
SEMENOFF Anna 1888-1977 [2]
🖼 *Dame mit Kalla* - Oil (100x100cm-39x39in) Wien 90 .... FF13 440 - £1 374 - **$2,653**
SEMENOFF Boris 1939 [16]
🖼 *Personnages en jaune* - Oil/canvas (65x81cm-26x32in) Bruxelles 90.............. FF13 180 - £1 348 - **$2,602**
✎ *Grisaille* - Watercolour/board (70x50cm-28x20in) Bruxelles 90 .... FF3 954 - £404 - **$780**
SEMENOV Viktor 1933 [3]
✎ *Composition* - Gouache/papier (30x38cm-12x15in) Paris 89 .... FF4 500 - £460 - **$723**
SEMENTZEFF Michel 1933 [2]
🖼 *Paysage aux deux arbres* - Huile/toile (45x55cm-18x22in) La Varenne Saint-Hilaire 97 ..... FF5 000 - £539 - **$878**
SEMERNEV Victor 1942 [2]
🖼 *Les voiliers* - Huile/toile (39x50cm-15x20in) Paris 92 .... FF4 800 - £573 - **$923**
SEMERTZIDES Valias 1911-1983 [3]
🖼 *Agapi Evangelidis* - Oil/board (150x66cm-59x26in) Athens 95 .... FF23 060 - £2 983 - **$4,710**
SEMPAN Maekawa 1888-1960 [2]
🖾 *Girls of the fields* - Print in colors (42x33cm-17x13in) London 92 .... FF3 910 - £400 - **$690**
SEMPERE JUAN Eusebio 1923-1985 [14]
🖼 *Rompimiento del ovalo* - Oleo/tabla (41x32cm-16x13in) Madrid 94 .... FF58 000 - £6 660 - **$9,920**
🖾 *Composicion* - Serigrafia (49x34cm-19x13in) Madrid 89 .... FF4 300 - £453 - **$724**
✎ *Del Cuadrado al Circulo No. 3* - Gouache (49x32cm-19x13in) Madrid 92 .... FF102 600 - £10 450 - **$18,050**
SEN Sarbani XX [2]
🖼 *Les Couleurs* - Oil/canvas (102x75cm-40x30in) San Francisco-Los Angeles 90.......... FF20 000 - £2 155 - **$3,527**
SEN Yong Mun 1896-1962 [2]
🖼 *Hilly coastal scene* - Oil/canvas (55x66cm-22x26in) Singapore 95 .... FF42 100 - £5 370 - **$8,630**
SENABRE Ramon XIX-XX [3]
🖼 *Harengs et artichauts* - Huile/toile (55x65cm-22x26in) Paris 97 .... FF2 000 - £217 - **$351**
SENACQ Henri XX [2]
🖼 *Repos, Algérie/Avant l'embarquement* - Huile/panneau (24x33cm-9x13in) Paris 95 .... FF10 000 - £1 260 - **$1,994**
SENAPE Antonio ?-1842 [29]
✎ *A view of sorrento* - Ink (15x50cm-6x20in) London 97 .... FF4 721 - £500 - **$812**
✎ *Panoramic view of Naples from the Bay* - Ink (24x211cm-9x83in) London 95 .... FF23 330 - £3 000 - **$4,820**
SENARD Henri 1823-1881 [2]
🖼 *Jardinière de fleurs* - Huile/toile (45x63cm-18x25in) Lyon 95 .... FF6 000 - £758 - **$1,203**
SENAT Prosper Louis 1852-1925 [11]
🖼 *Purgatory Rock* - Oil/panel (66x36cm-26x14in) Cambridge, Mass. 91 .... FF19 170 - £1 922 - **$3,164**
✎ *Entrance to the Alhambra* - Watercolour (61x41cm-24x16in) Chicago 94 .... FF5 620 - £663 - **$1,000**

S

SENATUS Jean-Louis 1949 [6]
Silhouette dans l'île - Huile/toile (40x30cm-16x12in) Paris 94 .... FF6 500 - £758 - **$1,140**
SENAVE Jacques Albert 1758-1823 [14]
Zwei Mädchen verfolgen neugierig zwei schnäbelnde Tauben...
Oil/wood (29x5x22cm-11x2x9in) Wien 97 .... FF23 980 - £2 590 - **$4,185**
Le charlatan - Huile/panneau (27x36cm-11x14in) Lille 97 .... FF110 000 - £11 396 - **$18,843**
SENÉ Henry Ch. 1889-1961 [3]
Fantasia - Huile/toile (60x81cm-24x32in) Paris 95 .... FF35 000 - £4 600 - **$7,020**
SENÉ Louis 1747-? [3]
Marquise de Beaufort - Miniature (6cm-2in) Genève 95 .... FF72 300 - £9 020 - **$14,180**
SENECAL Guy 1956 [40]
Promenade en ville - Huile/toile (65x54cm-26x21in) Strasbourg 94 .... FF3 900 - £468 - **$757**
SÉNÉCHAL Adrien 1895-1974 [10]
La cathédrale, Reims - Huile/carton (15x21cm-6x8in) Reims 91 .... FF2 600 - £258 - **$451**
Venise - Pastel (37x27cm-15x11in) Reims 91 .... FF2 600 - £258 - **$451**
SENET Y PÉREZ Rafael 1856-1926 [29]
Italian fisherwoman - Oil/canvas (40x25cm-16x10in) Toronto 95 .... FF32 200 - £4 110 - **$6,580**
Doge's Palace - Oil/canvas (37x58cm-15x23in) New-York 94 .... FF69 000 - £8 240 - **$13,000**
The Flamenco Dancer - Oil/canvas (45x76cm-18x30in) New-York 94 .... FF219 300 - £25 370 - **$37,500**
SENEX John ?-1740 [1]
Europe - Engraving (65x100cm-26x39in) Tönsberg 92 .... FF4 340 - £445 - **$851**
SENEZCOURT de Aline 1818-1866 [1]
Elegant lady sealing a letter - Oil/canvas (65x48cm-26x19in) Amsterdam 93 .... FF12 050 - £1 440 - **$2,320**
SENG Jakob Christian 1727-1796 [1]
Chasseur auprès d'un cerf abattu - Gouache (17x22cm-7x9in) Paris 92 .... FF7 500 - £895 - **$1,443**
SENGER von Ludwig 1873-1973 [8]
Partie aus Kitzbühel - Öl/Karton (50x70cm-20x28in) München 92 .... FF7 450 - £866 - **$1,520**
SENGL Peter 1945 [24]
Masersche Maserung Drei - Acrylic/canvas (119x130cm-47x51in) Wien 92 .... FF14 430 - £1 724 - **$2,775**
Der kleine Anpumperer - Mischtechnik/Papier (64x50cm-25x20in) Wien 95 .... FF4 930 - £590 - **$938**
SENGTHALER Hans 1892-? [3]
Voralpenland - Oil/panel (19x18cm-7x7in) München 92 .... FF4 760 - £488 - **$933**
SENIOR Mark 1864-1927 [8]
Gathering the Flock - Oil/canvas (71x91cm-28x36in) London 97 .... FF10 271 - £1 100 - **$1,774**
Woman in blue dress, June - Oil/canvas (60x49cm-24x19in) Leeds 92 .... FF68 400 - £7 000 - **$12,040**
SENISE Daniel 1955 [2]
Untitled - Oil/canvas (143x219cm-56x86in) New-York 97 .... FF45 924 - £4 876 - **$8,000**
SENKIN Sergej Yakovlevich 1894-1963 [3]
Abstraktion - Oil/panel (30x42cm-12x17in) München 96 .... FF101 600 - £12 750 - **$19,620**
SENN Jakob 1790-1881 [1]
Einzug Rudolfs von Habsburg - Ink/paper (53x43cm-21x17in) Zürich 89 .... FF8 600 - £831 - **$1,305**
SENN Johannes 1780-1861 [3]
Lektielaesende dreng - Gouache (34x23cm-13x9in) Köbenhavn 91 .... FF4 830 - £480 - **$839**
SENN Traugott 1877-1955 [13]
Das Schlösschen Thielle - Öl/Leinwand (32x40cm-13x16in) Bern 96 .... FF2 037 - £247 - **$396**
SENNA Pietro 1831-1904 [1]
Levar del sole, Frejus - Oil/canvas (102x140cm-40x55in) Boston, Mass. 91 .... FF15 580 - £1 551 - **$2,679**
SENNHAUSER John 1907-1978 [4]
Study in Red - Oil/canvas (101x63cm-40x25in) San Francisco-Los Angeles 95 ...... FF3 665 - £475 - **$750**
Abstracts forms - Watercolour (46x61cm-18x24in) Mystic, Connecticut 95 .... FF4 830 - £580 - **$900**
SENNO Pietro 1831-1904 [1]
Paesaggio con carro e contadini - Olio/tela (56x74cm-22x29in) Roma 91 .... FF81 100 - £8 054 - **$14,081**
SENSER Andreas 1942-1989 [1]
Autobiographique - Aquatinte couleurs (24x30cm-9x12in) Bern 94 .... FF2 270 - £273 - **$442**
SEOANE Luis 1910-1979 [28]
De Espaldas al Mar - Oil/canvas (74x92cm-29x36in) New-York 93 .... FF49 500 - £6 210 - **$9,000**
Trabajando en el campo - Tinta (36x24cm-14x9in) Madrid 94 .... FF6 600 - £780 - **$1,186**
SÉON Alexandre 1855-1917 [7]
Les baigneuses - Huile/toile (30x46cm-12x18in) Paris 91 .... FF30 000 - £2 999 - **$4,941**
Buste de femme nue - Mine plomb (34x24cm-13x9in) Paris 91 .... FF32 000 - £3 199 - **$5,270**
SEPESHY Zoltan 1898-1974 [14]
Wake of a Steamer - Tempera/board (58x69cm-23x27in) Detroit, Michigan 93 ...... FF12 370 - £1 552 - **$2,250**
Indians at water - Watercolour (33x51cm-13x20in) Detroit, Michigan 93 .... FF3 850 - £483 - **$700**
SEPHTON George Harcourt XIX-XX [4]
Jeune femme et petits moutons - Huile/toile (63x76cm-25x30in) Calais 92 .... FF10 000 - £1 027 - **$1,923**
SEPO Severo Pozzatti 1895-1983 [10]
Bozon-Verduraz - Poster (160x120cm-63x47in) New-York 95 .... FF11 100 - £1 400 - **$2,200**
SEPP Frank 1889-1970 [2]
Ragusa - Oil/panel (90x120cm-35x47in) München 92 .... FF40 700 - £4 860 - **$7,830**
Meine spanische Reise - Etching (48x30cm-19x12in) Heidelberg 96 .... FF1 660 - £205 - **$321**
SÉRADOUR Guy 1922 [67]
La petite Duchesse - Huile/toile (60x30cm-24x12in) Paris 96 .... FF7 200 - £898 - **$1,390**
Jeune fille en rouge - Huile/toile (33x19cm-13x7in) La Varenne Saint-Hilaire 97 ...... FF17 000 - £1 833 - **$2,985**

Le foulard bleu - Huile/toile (33x24cm-13x9in) Provins 94 .... FF31 000 - £3 626 - **$5,440**
Portrait de jeune fille - Pastel (31x22cm-12x9in) Le Touquet 96 .... FF5 000 - £593 - **$976**

SERANGELI Gioachin Giuseppe 1768-1852 [1]
Die drei Grazien krönen Venus - Oil/canvas (100x75cm-39x30in) Wien 91 .... FF240 600 - £24 419 - **$43,455**

SERANNO Andres 1950 [3]
Ecce Homo - Cibachrome print (101x77cm-40x30in) Paris 94 .... FF16 500 - £1 980 - **$3,203**

SÉRAPHINE DE SENLIS Séraphine Louis,dite 1864-1942 [8]
Feuilles, fleurs et fruits - Huile/toile (92x60cm-36x24in) Paris 90 .... FF235 000 - £25 161 - **$40,870**

SEREBRIAKOV Aleksandr 1907-1994 [24]
State bedroom of Mr. A. Lopez - Watercolour (41x53cm-16x21in) London 94 .... FF26 900 - £3 200 - **$5,070**
Madeleine Castang's stand - Watercolour (31x43cm-12x17in) London 94 .... FF109 200 - £13 000 - **$20,600**

SEREBRIAKOVA Zinaida Yevgenievna 1884-1967 [11]
Wicker basket - Oil/canvas (60x73cm-24x29in) London 96 .... FF39 000 - £5 000 - **$7,730**
Portrait of Ekaterina N. Geidenreikh (1897-1981), ballerina
    Charcoal (61x46cm-24x18in) London 96 .... FF50 700 - £6 500 - **$10,050**

SERENA Luigi 1855-1911 [1]
Giovane lavandaia - Acquarello/cartone (44x29cm-17x11in) Roma 93 .... FF7 320 - £822 - **$1,310**

SERENDAT DE BELZIM Louis 1834-1933 [1]
Pudeur - Huile/toile (56x38cm-22x15in) Lyon 92 .... FF15 000 - £1 536 - **$2,640**

SERENO Constantino 1829-1893 [1]
Family group - Oil/canvas (76x62cm-30x24in) London 89 .... FF23 200 - £2 372 - **$3,730**

SERGEEV Léonid 1948 [2]
Le rêve - Huile/toile (47x75cm-19x30in) Bruxelles 92 .... FF7 230 - £841 - **$1,476**

SERGEL Johan Tobias 1740-1814 [18]
Gustav III - Plaster (65cm-26in) Stockholm 91 .... FF42 400 - £4 221 - **$7,291**
Mon Maître de langue italienne - Pencil/paper (22x18cm-9x7in) Stockholm 93 .... FF23 700 - £2 910 - **$4,380**
Il Matrimonio Divino - Ink/paper Stockholm 96 .... FF52 900 - £6 030 - **$10,120**

SERGENT Lucien Pierre 1849-1904 [4]
Battle of Marengo - Oil/canvas (99x140cm-39x55in) New Orleans, Louisiana 94 .... FF26 700 - £3 090 - **$4,600**

SERGENT René XIX-XX [1]
Arras und Watron darstellend - Oil/board (10x15cm-4x6in) Bern 90 .... FF7 800 - £830 - **$1,395**

SERGENT-MARCEAU Antoine Louis Fr. 1751-1847 [3]
Femme de profil - Sanguine (15x11cm-6x4in) Paris 96 .... FF3 500 - £446 - **$674**
Marchande de fleurs - Aquarelle, gouache (21x16cm-8x6in) Paris 95 .... FF11 500 - £1 412 - **$2,240**

SERIENT Hermann 1935 [3]
Blaue Dame mit rotem Hahn - Oil/panel (17x27cm-7x11in) Wien 97 .... FF4 316 - £455 - **$746**

SERISAWA Sueo 1910 [5]
Jeannie - Oil/masonite (28x22cm-11x9in) New-York 93 .... FF5 500 - £690 - **$1,000**

SERLA Roman [6]
Le café Bois - Huile/toile (70x50cm-28x20in) Dieppe 92 .... FF3 000 - £358 - **$577**

SERNÉ Adrianus 1773-1847 [4]
Paysage animé - Huile/panneau (42x58cm-17x23in) Versailles 91 .... FF22 500 - £2 256 - **$4,121**

SERNEELS Antoine 1909 [11]
Représentation de Jeanne d'Arc - Huile/toile (70x60cm-28x24in) Bruxelles 96 .... FF3 280 - £389 - **$640**

SERNEELS Clement 1912-1991 [17]
L'artiste et son épouse - Huile/toile (90x70cm-35x28in) Bruxelles 97 .... FF4 908 - £510 - **$837**
Les Tutsi du Rwanda - Huile/panneau (80x202cm-31x80in) Paris 93 .... FF142 000 - £17 100 - **$25,800**

SERNER Otto 1875-? [3]
Griechischen Gebirgsdorfes - Öl/Leinwand (30x40cm-12x16in) Frankfurt 94 .... FF7 820 - £915 - **$1,380**

SERNY Ricardo S. Ysern 1908 [3]
Dama en un sillón rojo - Gouache (36x27cm-14x11in) Madrid 93 .... FF2 670 - £318 - **$483**

SEROV Alexey 1963 [12]
Mand med fjerhat spiller instrument - Oil/canvas (117x85cm-46x33in) Viby J, Århus 91 .... FF3 510 - £355 - **$697**

SEROV Iaroslav 1932 [2]
Bord de l'eau - Huile/toile (78x47cm-31x19in) Paris 91 .... FF4 500 - £455 - **$893**

SEROV Valentin Alexandrov. 1865-1911 [15]
Horses at the trough - Oil/canvas (34x51cm-13x20in) London 97 .... FF76 190 - £8 000 - **$13,104**
Village landscape - Oil/canvas (50x65cm-20x26in) London 96 .... FF203 000 - £26 000 - **$40,200**

SERPAN Iaroslav Sossountzov 1922-1976 [20]
Sans titre - Technique mixte (65x50cm-26x20in) Paris 95 .... FF4 600 - £585 - **$943**
Jbarha - Huile/toile (111x94cm-44x37in) Paris 91 .... FF36 000 - £3 575 - **$6,251**
Composition CLK 55 - Gouache (50x65cm-20x26in) Heidelberg 94 .... FF5 830 - £699 - **$1,132**

SERRA Antoine 1908 [10]
Paysage près des Angles (Gard) - Huile/toile (32x46cm-13x18in) Paris 97 .... FF2 200 - £235 - **$381**
Venise - Huile/toile (50x65cm-20x26in) Aubagne 95 .... FF12 500 - £1 660 - **$2,577**
Les oliviers - Gouache/papier (50x65cm-20x26in) Arles 96 .... FF2 200 - £283 - **$427**

SERRA Ernesto 1860-? [2]
A Beauty - Oil/canvas (61x40cm-24x16in) London 97 .... FF3 752 - £400 - **$655**

SERRA FARNES Pedro 1890-1974 [6]
Paisaje con casas - Oleo/lienzo (80x98cm-31x39in) Madrid 89 .... FF10 300 - £1 025 - **$1,627**

S

SERRA Francesc 1912-1976 [4]
- Retrato de joven - Oleo/lienzo (44x36cm-17x14in) Madrid 93 .... FF10 920 - £1 250 - **$1,860**

SERRA Francisco 1909 [2]
- En la playa - Oleo/tabla (33x41cm-13x16in) Madrid 91 .... FF2 407 - £241 - **$402**
- Dama con pañoleta roja - Drawing (45x32cm-18x13in) Madrid 91 .... FF4 335 - £432 - **$745**

SERRA Luigi 1898-1970 [2]
- Veduta di città - Olio/tela (53x68cm-21x27in) Milano 92 .... FF10 840 - £1 290 - **$2,086**

SERRA Richard 1939 [54]
- Clara, Clara II - Öllkreide/Sieddruck (92x183cm-36x72in) Hamburg 93 .... FF33 900 - £4 050 - **$6,520**
- Untitled - Black oilstick/paper (127x96cm-50x38in) New-York 96 .... FF76 400 - £9 000 - **$15,000**
- Untitled - Painting (115x205cm-45x81in) New-York 91 .... FF228 000 - £23 140 - **$41,179**
- Olson - Silkscreen (92x183cm-36x72in) New-York 94 .... FF28 600 - £3 350 - **$5,000**
- Model for three plate piece - Iron (76x57x57cm-30x22x22in) London 93 .... FF228 300 - £26 000 - **$38,740**
- Flats - Installation New-York 93 .... FF590 000 - £67 100 - **$100,000**
- The madness of the day - Crayon gras/papier (96x127cm-38x50in) Paris 94 .... FF80 000 - £9 600 - **$15,530**

SERRA Rosa 1944 [6]
- Tors - Bronze (56cm-22in) Amsterdam 95 .... FF24 700 - £3 230 - **$4,940**

SERRA SANTA Josep 1916 [6]
- Village d'Espagne - Huile/toile (65x100cm-26x39in) Douai 91 .... FF21 000 - £2 151 - **$3,921**

SERRA Y AUQUÉ Enrique 1859-1918 [38]
- In den pontinischen Sümpfen - Öl/Leinwand (44x96cm-17x38in) Wien 96 .... FF16 800 - £2 036 - **$3,266**
- A marshy landscape at sunset - Oil/canvas (112x299cm-44x118in) New-York 93 .... FF41 300 - £4 700 - **$7,000**

SERRA Y AUQUÉ Enrique. 1859-1918 [5]
- Lagunas pontinas - Oleo/lienzo (60x100cm-24x39in) Madrid 93 .... FF15 300 - £1 750 - **$2,604**

SERRA Y PORSON José 1828-1910 [6]
- Pintor en su estudio - Oleo/tabla (31x23cm-12x9in) Madrid 92 .... FF27 350 - £2 740 - **$5,260**

SERRALUNGA Luigi 1880-1940 [3]
- Natura morta - Olio/tela (56x78cm-22x31in) Torino 93 .... FF14 640 - £1 653 - **$2,460**

SERRANO Andrès 1950 [27]
- Black Jesus - Cibachrome print (102x76cm-40x30in) San Francisco-Los Angeles 95 .... FF26 870 - £3 430 - **$5,500**

SERRANO Manuel 1814-1883 [1]
- Coleando en Campo Abierto - Oil/canvas (42x51cm-17x20in) New-York 94 .... FF411 000 - £47 500 - **$70,000**

SERRANO Pablo 1910-1985 [4]
- Ecos y étasis - Litografía Madrid 95 .... FF2 530 - £316 - **$600**
- Monumiento a Benito Pérez Galdós - Bronze (43cm-17in) Madrid 96 .... FF56 100 - £6 440 - **$10,700**

SERRANTA Josep Serra Santa 1916 [3]
- Barcas en el Sena (Paris) - Oleo/tabla (81x100cm-32x39in) Madrid 95 .... FF24 130 - £3 130 - **$4,970**

SERRE Claude Marcel Louis 1938 [2]
- L'homme par la fenêtre - Huile/toile (39x36cm-15x14in) Paris 93 .... FF2 000 - £241 - **$364**
- Un vrai faux Serre - Feutre Paris 93 .... FF2 500 - £263 - **$435**

SERRE Georges ?-1956 [1]
- Femme nue pensive, assise - Grès (54cm-21in) Paris 93 .... FF16 000 - £2 000 - **$2,910**

SERRE Robert Antoine 1890-1963 [8]
- Nature morte - Huile/toile (72x55cm-28x22in) Provins 90 .... FF7 000 - £723 - **$1,237**
- Eglise de campagne - Aquarelle (31x47cm-12x19in) Provins 90 .... FF1 500 - £162 - **$265**

SERRES Alexandre XIX-XX [2]
- Les enfants dans la neige - Huile/toile (37x83cm-15x33in) Paris 90 .... FF3 000 - £321 - **$522**

SERRES Antony 1828-1898 [3]
- Elegant company in an interior - Oil/canvas (35x53cm-14x21in) London 96 .... FF17 800 - £2 200 - **$3,440**

SERRES Dominic M. I 1722-1793 [20]
- A Shipwreck off a Coast with Survivors and Rescuers on a Beach
  Oil/canvas (63x102cm-25x40in) New-York 96 .... FF64 200 - £8 400 - **$13,000**
- The Flora Captures the Nymphe off Ushant
  Oil/canvas (63x112cm-25x44in) New-York 97 .... FF216 402 - £23 393 - **$38,000**
- British Man-o'-War, Returning to the Fleet - Watercolour (17x23cm-7x9in) New-York 97 ...... FF15 945 - £1 724 - **$2,800**

SERRES John Thomas 1759-1825 [28]
- The Coast at Genoa, with the lighthouse
  Oil/canvas (49x86cm-19x34in) London 96 .... FF108 500 - £14 000 - **$21,250**
- A squadron passing Drake Island, off Plymouth hoe, on its way to sea
  Oil/canvas (81x123cm-32x48in) London 97 .... FF459 664 - £49 000 - **$79,522**
- Figures on Windermere Lake, Lancashire - Watercolour (35x48cm-14x19in) London 97 ..... FF13 109 - £1 400 - **$2,279**

SERRI Alfredo 1897-1972 [3]
- Mandolin - Oil/canvas (61x51cm-24x20in) New-York 96 .... FF31 300 - £3 770 - **$6,000**

SERRIER Georges c.1850-? [2]
- Farmer on a country track - Oil/canvas (35x54cm-14x21in) London 91 .... FF10 860 - £1 097 - **$2,156**

SERRITELLI Giovanni 1810-1860 [5]
- Neapel und Vesuv - Oil/canvas (55x81cm-22x32in) Luzern 92 .... FF70 700 - £7 220 - **$12,440**

SERRUR Auguste Henry 1794-1865 [6]
- Charles-Ignace de Peyronnet - Oil/canvas (91x71cm-36x28in) New-York 97 .... FF56 850 - £6 123 - **$10,000**

SERRURE Auguste 1825-1903 [15]
- La lettre - Huile/toile (70x56cm-28x22in) Liège 97 .... FF8 992 - £929 - **$1,540**
- En maraude - Huile/toile (70x55cm-28x22in) Antwerpen 97 .... FF22 848 - £2 450 - **$4,004**
- La Charmante adversaire - Oil/panel (58x85cm-23x33in) New-York 96 .... FF82 300 - £9 970 - **$16,000**

SERRURE Berthe 1891-1985 [5]

Fruits et fleurs - Pastel/toile (78x78cm-31x31in) Bruxelles 97 .... FF2 945 - £306 - **$502**
Partition et violon - Pastel/paper (58x73cm-23x29in) New-York 94 .... FF11 700 - £1 354 - **$2,000**

SERRURE Paul XIX-XX [2]

Venise, 15 Octobre - Huile/panneau (26x34cm-10x13in) Bruxelles 96 .... FF6 020 - £772 - **$1,186**

SERRUYS Yvonne, Mme Mille 1874-1953 [7]

Eve - Bronze (32cm-13in) Paris 96 .... FF12 500 - £1 560 - **$2,414**

SERT Henri 1938-1964 [15]

Visage - Oil/canvas (38x46cm-15x18in) København 92 .... FF7 000 - £837 - **$1,346**

SERT José Maria 1874-1945 [2]

Nude study, 1940's - Silver print New-York 90 .... FF4 600 - £468 - **$920**
Proyecto para un mural - Gouache (50x100cm-20x39in) Madrid 91 .... FF27 100 - £2 698 - **$4,660**

SERT Y BADIA José Maria 1876-1945 [7]

Panneau décoratif - Oil/paper/canvas (40x18cm-16x7in) London 95 .... FF19 300 - £2 500 - **$3,950**

SERULLAZ Maurice 1914 [3]

Place de la Concorde - Huile/toile (37x48cm-15x19in) Paris 94 .... FF3 300 - £390 - **$609**

SÉRUSIER Marguerite Gabrielle 1879-1950 [123]

Paysages aux arbres et aux ajoncs - Tempera/carton (67x52cm-26x20in) Auxerre 94 .... FF8 500 - £1 007 - **$1,570**
L'éléphant blanc - Gouache (15x11cm-6x4in) Brest 93 .... FF1 700 - £205 - **$309**
Paysage de Pont-Aven - Aquarelle (30x23cm-12x9in) Quimper 94 .... FF11 000 - £1 273 - **$1,890**

SÉRUSIER Paul 1863-1927 [168]

Vaches au pâturage au Pouldu - Huile/toile (60x73cm-24x29in) Paris 96 .... FF1 - £234 000 - **$358,500**
La Légende de Saint Christophe, d'après Dürer
    Huile/toile (91x64cm-36x25in) Brest 95 .... FF40 000 - £4 990 - **$7,840**
Nature morte à la cafetière et aux trois pommes
    Huile/toile (51x73cm-20x29in) Paris 97 .... FF100 000 - £10 420 - **$17,040**
Portrait de Mai Chaipp - Huile/toile (55x46cm-22x18in) Paris 97 .... FF185 000 - £19 277 - **$31,524**
Jeunes bretonnes assises dans la forêt - Huile/toile (54x65cm-21x26in) Brest 95 ... FF520 000 - £64 900 - **$102,000**
La terre bretonne - Lithographie (23x21cm-9x8in) Paris 94 .... FF4 000 - £467 - **$701**
Paysage de Bretagne - Coloured chalks (24x36cm-9x14in) Bern 92 .... FF23 060 - £2 356 - **$4,060**
La fileuse - Gouache (50x32cm-20x13in) Paris 97 .... FF60 000 - £6 252 - **$10,224**
Paysage breton, La Petite Anse - Aquarelle (24x34cm-9x13in) Paris 94 .... FF250 000 - £29 070 - **$43,300**

SERVAES Albert 1883-1966 [45]

Paysage au crépuscule - Huile/toile (59x69cm-23x27in) Lokeren 95 .... FF61 700 - £7 700 - **$12,450**
The potato harvest - Oil/canvas (118x173cm-46x68in) Amsterdam 94 .... FF147 000 - £17 420 - **$27,170**
Devotie - Dessin (70x55cm-28x22in) Lokeren 94 .... FF18 260 - £2 154 - **$3,250**

SERVAIS Franz 1904 [9]

Bord de mer - Huile/toile (40x60cm-16x24in) Bruxelles 90 .... FF4 860 - £489 - **$952**

SERVIERES Eugénie, née Charen 1786-? [2]

Prayer for the sailors - Oil/canvas (69x56cm-27x22in) London 91 .... FF4 190 - £419 - **$690**
The Sleeping Poet - Oil/canvas (98x75cm-39x30in) San Francisco-Los Angeles 93 .... FF77 000 - £9 650 - **$14,000**

SERVIN Amédée Elie 1829-1885/86 [2]

Moulin, Villiers-sur-Morin - Oil/panel (43x74cm-17x29in) London 94 .... FF25 400 - £3 000 - **$4,560**

SERVIN José Maria XX [2]

Young woman - Bronze (23cm-9in) Bloomfield Hills, Michigan 94 .... FF3 194 - £371 - **$550**

SERVRANCKX Victor 1897-1965 [26]

Komposition - Oil/canvas/board (54x46cm-21x18in) Köln 90 .... FF169 000 - £17 979 - **$30,233**
Composition abstraite - Dessin (24x31cm-9x12in) Antwerpen 96 .... FF3 286 - £424 - **$635**
Projet de papier peint M5335M1 - Gouache (59x50cm-23x20in) Antwerpen 92 .... FF14 830 - £1 770 - **$2,850**

SERVULO Esmeraldo 1929 [1]

Sin título - Sculpture (120x19cm-47x7in) New-York 92 .... FF6 240 - £745 - **$1,200**

SESBOUE Suzanne 1894-1927 [1]

Jeune femme - Pastel (71x58cm-28x23in) Nice 90 .... FF3 000 - £321 - **$522**

SESEMANN Elga 1922 [1]

Sittande modell - Oil/panel (69x90cm-27x35in) Helsinki 90 .... FF6 990 - £715 - **$1,380**

SESSIONS James Milton 1882-1962 [17]

Walking on the beach - Watercolour (33x46cm-13x18in) Chicago 93 .... FF5 500 - £690 - **$1,000**

SETELIK Jaroslav 1881-1955 [4]

Hradschin - Öl/Leinwand (65x75cm-26x30in) Praha 95 .... FF22 360 - £2 893 - **$4,570**
Parlament, Rathaus und Burgtheater - Aquarell/Papier (24x38cm-9x15in) Wien 96 .... FF4 400 - £572 - **$862**

SETHER Gulbrand 1869-1910 [7]

Mountain scene - Oil/canvas (51x89cm-20x35in) Elgin, Illinois 92 .... FF5 200 - £621 - **$1,000**
Log Cabin's Welcoming Light - Gouache/board (38x53cm-15x21in) Elgin, Illinois 93 .... FF1 650 - £207 - **$300**

SETKOWICZ Adam 1875-1946 [2]

Couple en traîneau, paysage de neige - Oil/canvas (49x72cm-19x28in) Warszawa 96 .... FF22 040 - £2 760 - **$4,295**

SETON John Thomas c.1740-c.1810 [7]

Portrait of Christopher Fawcett, his wife Winifred and son, John
    Oil/canvas (95x116cm-37x46in) London 96 .... FF55 800 - £7 000 - **$10,850**

SETTALA Giorgio 1895-1960 [1]

Casa in colliba - Olio/tela (60x60cm-24x24in) Trieste 92 .... FF4 530 - £464 - **$798**

SETTEI Tsukioka Masanobu 1710-1786 [1]

Asazuma and an attendant - Ink (89x30cm-35x12in) New-York 90 .... FF10 300 - £1 067 - **$1,810**

S

Calendar & auction results :   INTERNET : **www.artprice.com**   MINITEL : 3617 ARTPRICE

SETTLE William Frederick 1821-1897 [13]
● *Shipping in a calm offshore* - Oil/panel (16x24cm-6x9in) London 93 .... FF*13 100* - £*1 500* - **$2,243**
✐ *Evolution of the Royal Navy* - Watercolour (31x23cm-12x9in) London 96 .... FF*13 580* - £*1 600* - **$2,670**
SETTON Laurence XX [8]
● *Trois personnages* - Technique mixte/panneau (150x154cm-59x61in) Versailles 97 .... FF*2 500* - £*274* - **$439**
SEUFERT Arthur 1882-1973 [3]
● *Halbfigur einer Frau* - Öl/Karton (67x51cm-26x20in) Bern 93 .... FF*10 510* - £*1 315* - **$1,920**
SEUPHOR Michel F.Berckelaers 1901 [19]
▱ *Les 64 hexagrammes du Yi-King* - Sérigraphie Bruxelles 93 .... FF*3 130* - £*375* - **$640**
▦ *Rooftops, Paris* - Silver print (15x23cm-6x9in) New-York 96 .... FF*6 700* - £*861* - **$1,300**
✐ *La droite et la courbe* - Encre Chine (67x51cm-26x20in) Paris 92 .... FF*5 200* - £*533* - **$916**
SEURAT Georges Pierre 1859-1891 [33]
● *Le chenal de Gravelines, Petit Port Philippe* - Oil/panel (16x25cm-6x10in) New-York 96 .... FF*1* - £*1* - **$2**
Femmes au bord de l'eau - Oil/panel (15x25cm-6x10in) New-York 97 .... FF*7* - £*863 380* - **$1**
Figure massive dans un paysage à Barbizon
   Oil/panel (15x25cm-6x10in) London 96 .... FF*877 000* - £*100 000* - **$168,000**
✐ *Les deux charrettes* - Crayon (24x31cm-9x12in) New-York 97 .... FF*1* - £*172 480* - **$280,000**
Le moissonneur - Dessin (29x23cm-11x9in) Paris 91 .... FF*4* - £*451 635* - **$803,713**
SEURAT Jean-Pierre 1952 [4]
▣ *Embrouille Mimie* - Sculpture (56cm-22in) Paris 94 .... FF*7 000* - £*830* - **$1,293**
SEVCENKO Aleksandr V. 1883-1948 [1]
✐ *Muratore* - Matita (22x17cm-9x7in) Milano 93 .... FF*1 730* - £*201* - **$298**
SÉVELLEC Jim E. 1897-1971 [33]
● *Pardon à Sainte-Anne la Palud* - Huile/toile (45x97cm-18x38in) Quimper 94 .... FF*6 000* - £*712* - **$1,110**
La plage des pois - Huile/toile (81x101cm-32x40in) Brest 94 .... FF*13 000* - £*1 536* - **$2,335**
✐ *Vieille maison, Le Faou* - Aquarelle (40x25cm-16x10in) Brest 95 .... FF*4 000* - £*500* - **$784**
SEVERAC de Gilbert Alexandre 1834-1897 [2]
✐ *Jeune garçon* - Fusain (20x18cm-8x7in) Paris 93 .... FF*3 500* - £*438* - **$637**
SEVERDONCK van Franz 1809-1889 [79]
● *Kuh, Stier, Schaf und Ziege vorn* - Oil/panel (59x79cm-23x31in) München 93 .... FF*10 170* - £*1 215* - **$1,957**
Sheep, goat and ducks resting on a hill - Oil/panel (18x26cm-7x10in) New-York 95 .... FF*21 460* - £*2 674* - **$4,200**
Poultry with ducks and rabbits in an extensive landscape
   Oil/panel (54x75cm-21x30in) London 94 .... FF*38 600* - £*4 500* - **$6,760**
SEVERDONCK van Joseph 1819-1905 [6]
● *Driving the team* - Oil/canvas (36x58cm-14x23in) Boston, Mass. 92 .... FF*7 840* - £*910* - **$1,600**
SEVEREN van Dan 1927 [14]
● *Composition* - Huile/toile (130x90cm-51x35in) Lokeren 96 .... FF*36 200* - £*4 610* - **$6,970**
▱ *Kunstmap omvat 5 etsen* - Estampe Lokeren 92 .... FF*7 970* - £*816* - **$1,402**
✐ *Composition* - Dessin (120x94cm-47x37in) Antwerpen 92 .... FF*19 920* - £*2 040* - **$3,504**
SEVERIN Juliaan 1888-1975 [1]
● *Paysage pointilliste* - Huile/toile (65x80cm-26x31in) Bruxelles 90 .... FF*16 200* - £*1 734* - **$2,817**
SEVERIN Louis XX [3]
● *Le pot en grès* - Huile/toile (24x19cm-9x7in) Blois 93 .... FF*2 800* - £*338* - **$510**
SEVERIN Marc Fernand XX [4]
▱ *Why home so soon ?* - Poster (102x64cm-40x25in) London 94 .... FF*4 660* - £*550* - **$830**
SEVERIN Peter XX [2]
● *Min sort ven* - Oil/masonite (90x60cm-35x24in) København 93 .... FF*2 006* - £*228* - **$340**
SEVERINI Gino 1883-1966 [240]
● *Simultanéité de groupes centrifuges & centripètes-Donna alla finestra*
   Oil/canvas (106x88cm-42x35in) London 96 .... FF*1* - £*1* - **$2**
Portrait de Monsieur Roux - Olio/tela (81x60cm-32x24in) Milano 96 .... FF*80 400* - £*10 320* - **$15,360**
Natura morta con ucelli - Oil/board (30x40cm-12x16in) New-York 96 .... FF*103 500* - £*12 800* - **$20,000**
Poissons et crustacés - Oil/canvas (50x61cm-20x24in) Amsterdam 94 .... FF*304 000* - £*35 900* - **$54,100**
Il Paradiso Terrestre - Olio/tela (165x260cm-65x102in) Milano 94 .... FF*635 000* - £*75 600* - **$113,400**
Balcone a Rocca di Papa - Oil/canvas (115x89cm-45x35in) London 97 .... FF*798 000* - £*100 000* - **$154,000**
▱ *Musiciens* - Farblithographie (69x53cm-27x21in) Köln 97 .... FF*15 546* - £*1 633* - **$2,661**
▣ *Composition futuriste* - Ceramic (36cm-14in) Paris 93 .... FF*28 000* - £*3 374* - **$5,090**
Sculpture polychrome no.1 - Plâtre (35x12x15cm-14x5x6in) Paris 92 .... FF*52 000* - £*5 320* - **$9,150**
✐ *Pulcinella & Arlecchino* - Matita/carta (27x21cm-11x8in) Prato 97 .... FF*15 300* - £*1 800* - **$2,700**
Pulcinella - Arlecchino - Indian ink (29x23cm-11x9in) London 97 .... FF*37 524* - £*4 000* - **$6,551**
Nature morte avec compotier et verre - Gouache (17x27cm-7x11in) London 96 .... FF*239 400* - £*30 000* - **$46,200**
Ballerina al tabarin - Sanguina (54x46cm-21x18in) Milano 95 .... FF*775 000* - £*96 200* - **$156,000**
SEVERN Arthur 1842-1931 [9]
✐ *Sunset, Notre-Dame and Ile de la Cité from the Left bank*
   Watercolour (58x86cm-23x34in) London 92 .... FF*7 620* - £*780* - **$1,345**
SEVERN Joseph 1793-1872 [1]
● *Portia with the Casket* - Oil/canvas (62x49cm-24x19in) London 94 .... FF*33 600* - £*4 000* - **$6,400**
SEVERN Walter 1830-1904 [2]
✐ *Troupeau se désaltérant dans un lac* - Aquarelle/carton (62x98cm-24x39in) Paris 97 .... FF*6 000* - £*647* - **$1,054**
SEVILLA Ferràn Garcia 1949 [3]
● *Poligono 35* - Technique mixte/toile (250x250cm-98x98in) Paris 96 .... FF*35 000* - £*4 390* - **$6,750**
SEVILLANO ESTREMERA Angel 1942 [12]
● *Peixeiras* - Oleo/lienzo (92x73cm-36x29in) Madrid 94 .... FF*12 440* - £*1 467* - **$2,214**
✐ *Pareja posando* - Pastel (55x45cm-22x18in) Madrid 95 .... FF*10 080* - £*1 325* - **$2,025**

SEVIN Constant 1821-1888 [1]
- Maquette de la Coupe Hope - Aquarelle, gouache (92x70cm-36x28in) Monaco 89 .... FF*80 000* - £8 430 - **$13,468**

SEWELL Amos 1901-1983 [8]
- Steamboat pulling barge - Casein (38x97cm-15x38in) New-York 96 .... FF*25 900* - £3 340 - **$5,000**
- Kids playing cowboys - Gouache (84x66cm-33x26in) New-York 95 .... FF*83 100* - £10 760 - **$17,000**

SEWELL Robert van Vorst 1860-1924 [2]
- L'Hiver (Winter) - Oil/canvas (100x80cm-39x31in) New-York 97 .... FF*45 172* - £4 865 - **$8,000**

SEWOHL Waldemar 1887-1967 [6]
- View of Frankfurt - Oil/canvas (60x71cm-24x28in) London 95 .... FF*6 260* - £800 - **$1,280**

SEXTON Frederick Lester 1889-? [11]
- Winter in New England - Oil/canvas (61x91cm-24x36in) New-York 94 .... FF*6 850* - £799 - **$1,200**
- Moulins en Hollande - Huile/toile (33x57cm-13x22in) Pontoise 96 .... FF*18 500* - £2 355 - **$3,570**

SEXTON John 1953 [3]
- Yosemite Valley/China
  Gelatin silver print (25x34cm-10x13in) San Francisco-Los Angeles 93 .... FF*5 900* - £673 - **$1,000**

SEYBEL Lyne XX [3]
- Venise, la mariée - Huile/toile (73x100cm-29x39in) Versailles 92 .... FF*12 000* - £1 228 - **$2,160**

SEYDEL Eduard Gustav 1822-1881 [6]
- Kirchgang am Lande - Oil/canvas (37x55cm-15x22in) Wien 90 .... FF*24 000* - £2 553 - **$4,293**

SEYDENMANN Dorota 1900-1942 [1]
- River landscape - Oil/canvas (49x64cm-19x25in) Warszawa 94 .... FF*8 950* - £1 062 - **$1,643**

SEYDEWITZ von Carl Christian 1777-1857 [1]
- Die Seydewitzsche Familie - Oil/canvas (148x119cm-58x47in) München 89 .... FF*84 500* - £8 640 - **$13,585**

SEYFFERT Leopold Gould 1887-1956 [2]
- Dutch Girl Sewing - Oil/canvas (97x91cm-38x36in) New-York 96 .... FF*73 100* - £8 460 - **$14,000**

SEYLBERGH van den Jaak 1884-1960 [16]
- Ferme dans un paysage - Huile/toile (80x120cm-31x47in) Antwerpen 94 .... FF*4 950* - £569 - **$847**
- Vase de fleurs - Pastel/papier (85x100cm-33x39in) Antwerpen 96 .... FF*7 540* - £914 - **$1,467**

SEYLER Julius 1873-1955 [138]
- Gebirgssee - Oil/Karton (35x50cm-14x20in) München 94 .... FF*11 320* - £1 342 - **$2,092**
  Vlackfoot-Häuptling vor den Rocky Mountains
  Öl/Karton (68x48cm-27x19in) Düsseldorf 96 .... FF*37 240* - £4 600 - **$7,200**
  Landstrasse am Ammersee - Öl/Papier (75x59cm-30x23in) Düsseldorf 96 .... FF*137 800* - £17 840 - **$27,560**
- Häuser am Meer - Aquarell, Gouache (29x42cm-11x17in) Hamburg 94 .... FF*7 480* - £876 - **$1,320**
  Fischerboote im Hafen - Aquarell/Papier (19x27cm-7x11in) Düsseldorf 95 .... FF*26 300* - £3 420 - **$5,420**

SEYMOUR David Szymin Chim 1911-1956 [2]
- R. Avedon & F. Astaire in Funny Face
  Gelatin silver print (46x33cm-18x13in) London 96 .... FF*10 840* - £1 400 - **$2,094**

SEYMOUR Hariette A. XIX-XX [2]
- Mist rising from the Yorkshire Moors - Watercolour (40x52cm-16x20in) London 96 .... FF*1 872* - £240 - **$369**

SEYMOUR James c.1702-1752 [28]
- Flying Childers, a bay racehorse held by a groom on newmarket heath
  Oil/canvas (98x124cm-39x49in) London 96 .... FF*2* - £360 000 - **$546,000**
  A Grey Racehorse - Oil/canvas (50x62cm-20x24in) London 97 .... FF*242 765* - £26 000 - **$42,193**
- Horse passing between two posts - Ink/paper (13x13cm-5x5in) London 96 .... FF*21 220* - £2 500 - **$4,170**

SEYMOUR Munsey 1837-1912 [2]
- Old windmill/Autumn landscape - Oil/canvas (44x62cm-17x24in) Toronto 89 .... FF*4 900* - £501 - **$788**
- River landscape - Watercolour (20x34cm-8x13in) Toronto 94 .... FF*3 510* - £418 - **$661**

SEYMOUR Samuel 1797-1882 [1]
- Two Indian braves - Wash (13x16cm-5x6in) New-York 91 .... FF*67 900* - £6 891 - **$12,263**

SEYMOUR-HADEN Francis 1818-1910 [3]
- Egham Lock - Eau-forte (15x22cm-6x9in) Paris 95 .... FF*2 800* - £339 - **$527**

SEYPPEL Carl Maria 1847-1913 [4]
- Mädchen vor dem Forsthaus in Rhens - Oil/canvas (56x40cm-22x16in) München 91 .... FF*8 450* - £858 - **$1,526**

SEYPPEL Hans 1886-? [1]
- Winterliche Niederrheinlandschaft - Öl/Leinwand (80x65cm-31x26in) Köln 94 .... FF*6 190* - £736 - **$1,165**

SEYSSAUD René 1867-1952 [102]
- Le côteau des peupliers - Huile/carton (38x60cm-15x24in) Paris 97 .... FF*12 000* - £1 315 - **$2,106**
  Champ de lavande en Provence - Huile/toile (50x61cm-20x24in) Calais 97 .... FF*40 000* - £4 384 - **$7,020**
  Faucheurs aux coquelicots - Huile/toile (55x46cm-22x18in) Paris 97 .... FF*85 000* - £9 299 - **$14,807**
  Châtaigniers à Villes-sur-Auzon - Huile/toile (89x130cm-35x51in) Paris 96 .... FF*165 000* - £20 000 - **$32,450**
- La plaine en automne - Aquarelle, gouache (38x60cm-15x24in) Paris 94 .... FF*21 500* - £2 503 - **$3,740**

SEYSSES Auguste 1862-? [3]
- Jeune ourson - Bronze (20cm-8in) Paris 97 .... FF*12 600* - £1 312 - **$214,7 4**
  Éléphant d'Afrique - Bronze (29cm-11in) Mayenne 93 .... FF*14 500* - £1 652 - **$2,460**

SEZANNE Augusto 1856-1935 [1]
- Interno di San Marco - Olio/tela (80x91cm-31x36in) Trieste 96 .... FF*20 700* - £2 604 - **$3,970**

SEZILLE DES ESSARTS Auguste Fred Pierre 1867-? [2]
- La Favorite du Sultan - Huile/toile/panneau (81x65cm-32x26in) Paris 97 .... FF*70 000* - £7 441 - **$12,061**

SHAAR Pinchas 1923 [9]
- Formes humaines - Huile/toile (41x52cm-16x20in) Paris 96 .... FF*3 000* - £389 - **$594**

S

SHACKLETON Keith 1923 [12]
● *The Seekers* - Oil/board (60x13cm-24x5in) London 96 .... FF13 370 - £1 700 - **$2,570**
SHACKLETON William 1872-1933 [6]
● *Pendle Hill* - Oil (21x54cm-8x21in) Billinghurst, West Sussex 93 .... FF2 656 - £320 - **$496**
✎ *Lanterns* - Bodycolour (24x34cm-17x13in) London 96 .... FF29 500 - £3 500 - **$5,760**
SHADBOLT Jack Leonard 1909 [17]
✎ *Wild berries* - Watercolour (64x48cm-25x19in) Victoria, B.C. 94 .... FF16 660 - £1 998 - **$3,080**
SHADE William Auguste 1848-1890 [3]
● *Die Gute-Nacht-Geschichte* - Oil/panel (38x27cm-15x11in) Düsseldorf 95 .... FF6 280 - £800 - **$1,276**
SHAFER L.E. Gus 1907 [3]
🗿 *Trouble* - Bronze Chicago 94 .... FF17 980 - £2 122 - **$3,200**
SHAGIN Ivan Mikhailovich 1904-1982 [7]
📷 *Ice skaters* - Gelatin silver print (30x20cm-12x8in) New-York 93 .... FF12 980 - £1 477 - **$2,200**
SHAHABUDDIN Ahmed 1950 [5]
● *Le Samouraï* - Huile/toile (114x146cm-45x57in) Paris 95 .... FF6 800 - £867 - **$1,366**
SHAHADAT Hussein XX [4]
● *Poésie de printemps* - Huile/toile (116x89cm-46x35in) Paris 90 .... FF3 000 - £311 - **$527**
SHAHN Ben 1898-1969 [61]
● *A Gliph for Charles-Summer* - Tempera (97x66cm-38x26in) New Orleans, Louisiana 94 ..... FF17 430 - £2 013 - **$3,000**
Television #2 - Tempera (51x41cm-20x16in) New-York 97 .... FF81 680 - £8 576 - **$14,000**
The physicist - Tempera/canvas (132x79cm-52x31in) New-York 97 .... FF583 770 - £61 410 - **$100,000**
📷 *Smithland, Kentucky* - Gelatin silver print (15x20cm-6x8in) New-York 96 .... FF15 470 - £1 987 - **$3,000**
✎ *Eyes and nose* - Ink/paper (10x14cm-4x6in) New-York 92 .... FF6 810 - £698 - **$1,200**
Blind Botanist - Gouache (66x52cm-26x20in) New-York 97 .... FF32 089 - £3 369 - **$5,500**
Portrait of Sigmund Freud
Watercolour, gouache/paper (48x36cm-19x14in) New-York 97 .... FF408 639 - £42 987 - **$70,000**
SHAIKHET Arkady 1898-1959 [9]
📷 *Stairwell* - Gelatin silver print (20x15cm-8x6in) New-York 96 .... FF9 320 - £1 152 - **$1,800**
SHAKESPEARE Percy 1906 [2]
● *Morning exercise* - Oil/canvas (76x62cm-30x24in) London 90 .... FF19 150 - £1 937 - **$3,642**
SHALDERS George 1826-1873 [34]
● *Returning Home at Dusk* - Oil/canvas (61x94cm-24x37in) London 97 .... FF16 529 - £1 800 - **$2,874**
Loch scene with figures and cattle by water's edge, 1857
Oil/canvas (61x10cm-24x4in) London 90 .... FF34 900 - £3 737 - **$6,070**
✎ *An Evening Landscape with Sheep and Lovers*
Watercolour (34x60cm-13x24in) Billinghurst, West Sussex 94 .... FF14 170 - £1 700 - **$2,754**
Wensleydale - Watercolour (46x79cm-18x31in) London 92 .... FF80 100 - £8 200 - **$14,100**
SHALOM DE SAFED Shalom Moskowitz 1892-1980 [5]
✎ *Coming down to Egypt* - Gouache (49x33cm-19x13in) Tel Aviv 94 .... FF13 670 - £1 626 - **$2,500**
SHALOM Itzik Ben 1945 [3]
🗿 *Reverie* - Bronze (19cm-7in) London 95 .... FF2 530 - £320 - **$495**
SHAN Ben 1898-1969 [1]
● *Mutter mit Kind* - Öl/Leinwand (50x60cm-20x24in) Frankfurt 92 .... FF16 950 - £2 025 - **$3,260**
SHANE Frederick 1906-1992 [1]
✎ *Study for musicians/The builders*
Pencil/paper (29x38cm-11x15in) San Francisco-Los Angeles 92 .... FF4 680 - £559 - **$900**
SHANKS William Somerville 1864-1951 [7]
● *Making butter* - Oil/canvas (61x91cm-24x36in) Edinburgh 92 .... FF13 680 - £1 400 - **$2,410**
Still life with a lobster on a plate and a brown crock on a ledge
Oil/canvas (50x61cm-20x24in) Edinburgh 92 .... FF31 260 - £3 200 - **$5,500**
SHANNON Charles Haslewood 1863-1937 [22]
● *Wounded Amazon* - Oil/canvas (102x82cm-40x32in) London 95 .... FF25 260 - £3 200 - **$5,080**
The Mermaid, illustration for Wilde's The House of Pomegranates
Oil/canvas (59x53cm-23x21in) London 92 .... FF83 700 - £10 000 - **$16,100**
✎ *Seated woman* - Coloured chalks (28x20cm-11x8in) London 95 .... FF4 820 - £620 - **$987**
SHANNON James Jebusa 1862-1923 [12]
● *Portrait of Bridget, Daughter of Harold Nickols Esq.*
Oil/canvas (185x92cm-73x36in) New-York 94 .... FF148 700 - £17 740 - **$28,000**
Molly, Tim, and Dorothy: the children of James Younger
Oil/canvas (1983x147cm-781x58in) New-York 94 .... FF590 000 - £69 600 - **$105,000**
SHAPIRO David 1916 [1]
● *For Edgar Evers: when?* - Oil/board (127x122cm-50x48in) Mystic, Connecticut 95 ..... FF3 910 - £499 - **$800**
SHAPIRO Joel 1941 [74]
● *Untitled, 1972* - Acrylic/canvas (21x71cm-8x28in) New-York 90 .... FF40 000 - £4 145 - **$7,030**
🗿 *Untitled* - Sculpture New-York 97 .... FF3 - £335 775 - **$550,000**
Untitled - Bronze (15x8cm-6x3in) New-York 97 .... FF81 396 - £8 547 - **$14,000**
Untitled - Bronze (39cm-15in) New-York 96 .... FF191 000 - £22 500 - **$37,500**
Untitled - Bronze (165x127x200cm-65x50x79in) New-York 95 .... FF871 000 - £115 500 - **$180,000**
✎ *Untitled* - Charcoal (76x56cm-30x22in) New-York 94 .... FF63 954 - £6 716 - **$11,000**
Untitled - Charcoal (152x101cm-60x40in) New-York 92 .... FF245 000 - £25 030 - **$44,700**
SHAPIRO Shmuel 1924-1983 [11]
● *Winter morning* - Oil/canvas (50x60cm-20x24in) Luzern 90 .... FF17 700 - £1 801 - **$3,540**
▱ *Jardin d'Amour* - Lithographie (76x56cm-30x22in) Lindau 94 .... FF3 070 - £367 - **$578**
✎ *Ohne Titel* - Mixed media/paper (84x56cm-33x22in) Bern 92 .... FF3 616 - £432 - **$696**

SHAPLAND John 1865-1929   [34]
- Scottish Highland landscape - Watercolour (50x76cm-20x30in) London 95 .... FF2 304 - £300 - **\$473**

SHAPLEIGH Frank Henry 1842-1906   [21]
- St. Sulpice, Lake Geneva - Oil/canvas (28x64cm-11x25in) North Berwick, Maine 93 .... FF8 120 - £933 - **\$1,400**
- The Old Red Schoolhouse - Oil/canvas (56x92cm-22x36in) New-York 95 .... FF32 630 - £4 090 - **\$6,500**
- Camp in the White Mountains - Gouache/papier (32x53cm-13x21in) New-York 94 .... FF8 410 - £1 010 - **\$1,600**

SHARE H. Pruett 1853-1905   [1]
- Dumb-Bell Wagon on Broadway - Drawing (29x34cm-11x13in) New-York 90 .... FF2 490 - £257 - **\$440**

SHARLAND Charles XIX-XX   [2]
- Chigwell by Motor-Bus - Poster (76x51cm-30x20in) London 95 .... FF2 650 - £300 - **\$478**

SHARON Mary Bruce 1878-1961   [4]
- Matinee performance, Romany Rye - Watercolour/board (52x76cm-20x30in) New-York 91 ..... FF7 600 - £766 - **\$1,481**

SHARP Arthur William   [3]
- Still life - Oil/canvas (63x99cm-25x39in) London 96 .... FF6 290 - £800 - **\$1,245**

SHARP Dorothea 1874-1955   [122]
- Children in a rocky Cove - Oil/panel (30x40cm-12x16in) London 97 .... FF26 144 - £2 800 - **\$4,517**
- Still life with sunflowers, stocks, chrysantheums and arum lilies
  Oil/board (61x51cm-24x20in) London 97 .... FF43 145 - £4 500 - **\$7,377**
- At the Water's Edge - Oil/panel (30x40cm-12x16in) London 97 .... FF65 134 - £6 800 - **\$11,144**
- The young Goatherders - Oil/canvas (64x77cm-25x30in) London 97 .... FF143 678 - £15 000 - **\$24,583**
- An Afternoon Walk - Oil/canvas (99x81cm-39x32in) London 96 .... FF351 000 - £40 000 - **\$67,200**

SHARP Joseph Henry 1859-1934   [57]
- Landscape in winter - Oil/canvas (41x61cm-16x24in) New-York 94 .... FF57 800 - £6 940 - **\$11,000**
- Chief Little Horse, Cheyenne - Oil/canvas (37x27cm-15x11in) New-York 97 .... FF163 360 - £17 152 - **\$28,000**
- Hunting son in his teepee - Oil/canvas (63x76cm-25x30in) New-York 94 .... FF421 000 - £49 700 - **\$75,000**

SHARP Louis Hovey 1875-1946   [2]
- Desert beauty - Oil/canvas (63x76cm-25x30in) San Francisco 91 .... FF22 400 - £2 263 - **\$4,447**

SHARP Michael William ?-1840   [2]
- Group examining a bust of Antinous - Oil/canvas (124x101cm-49x40in) London 95 ...... FF152 000 - £19 000 - **\$30,700**

SHARP William 1749-1824   [2]
- Newspaper guild strike - Ink/paper (35x27cm-14x11in) San Francisco-Los Angeles 90 ...... FF12 900 - £1 372 - **\$2,308**

SHARP William 1900-1961   [4]
- Musical instruments - Oil/canvas (72x42cm-28x17in) New-York 92 .... FF3 185 - £370 - **\$650**

SHARPE Charles Kirkpatrick 1781-1851   [2]
- Queen Elizabeth dancing - Ink (23x18cm-9x7in) London 93 .... FF2 283 - £260 - **\$388**

SHARPE Charles William ?-1955   [4]
- Coastal estuary - Watercolour (27x38cm-11x15in) London 96 .... FF1 847 - £240 - **\$361**

SHARPLES James 1825-1893   [3]
- Gentleman seated in a chair - Pastel (23x21cm-9x8in) London 92 .... FF9 770 - £1 000 - **\$1,720**

SHARRER Madeleine XIX-XX   [1]
- Hat maker - Oil/canvas (102x91cm-40x36in) Mystic, Connecticut 96 .... FF5 700 - £704 - **\$1,100**

SHARROCK John 1946   [3]
- Sand Jewel - Oil/canvas (20x25cm-8x10in) London 95 .... FF9 200 - £1 200 - **\$1,906**

SHATTER Susan 1943   [2]
- Canyon Rose - Oil/canvas (135x287cm-53x113in) New-York 95 .... FF19 370 - £2 570 - **\$4,000**
- Untitled (Shadow of the Land) - Watercolour (88x297cm-35x117in) New-York 96 .... FF12 000 - £1 554 - **\$2,400**

SHATTUCK Aaron Draper 1832-1928   [14]
- Cattle in Landscape - Oil/canvas-panel (18x24cm-7x9in) New-York 94 .... FF12 100 - £1 452 - **\$2,300**
- Androscoggin/Granite rocks - Drawing New-York 90 .... FF12 950 - £1 337 - **\$2,286**

SHAVER Nancy 1946   [3]
- Handiwork - Installation (170x46x62cm-67x18x24in) Stockholm 94 .... FF2 286 - £268 - **\$407**

SHAW Annie Cornelia 1852-1887   [2]
- Haystacks - Oil/canvas (46x76cm-18x30in) Mystic, Connecticut 96 .... FF9 000 - £1 362 - **\$2,100**

SHAW Arthur Winter 1869-1948   [12]
- Moonrise, Amberley - Oil/canvas (56x75cm-22x30in) Billinghurst, West Sussex 95 .... FF15 040 - £1 800 - **\$2,860**

SHAW Austin   [2]
- Portrait of a woman - Oil/canvas (48x61cm-19x24in) Detroit, Michigan 93 .... FF4 400 - £552 - **\$800**

SHAW Byam 1872-1919   [2]
- The Regatta - Oil/canvas (68x55cm-27x22in) Köbenhavn 93 .... FF28 000 - £3 350 - **\$5,380**

SHAW Charles Green 1892-1974   [30]
- Bathers on the beach - Oil/canvas/board (23x31cm-9x12in) New-York 93 .... FF8 250 - £1 035 - **\$1,500**
- Abstract composition - Oil/canvas/board (40x50cm-16x20in) New-York 92 .... FF42 600 - £4 360 - **\$7,500**

SHAW Charles L. XIX   [2]
- Landscape with a girl walking - Oil/canvas (49x75cm-19x30in) Retford, Nottinghamshire 92 ...... FF3 900 - £400 - **\$748**
- Sitting on a log - Oil/canvas (51x76cm-20x30in) London 89 .... FF32 900 - £3 179 - **\$4,992**

SHAW David 1952-1988   [11]
- Terminal Street - Oil/canvas (89x89cm-35x35in) London 94 .... FF2 363 - £280 - **\$437**

SHAW Jim 1952   [6]
- Bon Idée - Oil/canvas (43x36cm-17x14in) New-York 93 .... FF16 440 - £1 883 - **\$2,800**
- Billy Goes to a Love-In - Gouache (43x36cm-17x14in) New-York 96 .... FF12 810 - £1 520 - **\$2,500**

SHAW John Byam Liston 1872-1919   [12]
- This is a heart the queen leant on - Oil/canvas (76x51cm-30x20in) London 94 .... FF68 200 - £8 000 - **\$12,130**

S

SHAW Richard 1941 [2]
Glue Bottle - Ceramic (28x20cm-11x8in) San Francisco-Los Angeles 93 .... FF10 030 - £1 141 - **$1,700**
SHAW Sidney Dale 1879-1946 [3]
Ships and bridge - Oil/canvas New-York 92 .... FF4 540 - £465 - **$800**
SHAW Walter 1851-1933 [3]
Running up for Salcombe - Oil/canvas (67x150cm-26x59in) Bristol, Avon 94 .... FF5 020 - £600 - **$938**
SHAW William ?-1773 [2]
Matchem, a bay racehorse - Oil/canvas (102x127cm-40x50in) London 93 .... FF91 300 - £11 000 - **$15,950**
SHAYER Charles Waller 1826-1914 [11]
The Plough Inn - Oil/canvas (51x76cm-20x30in) Salisbury, Wiltshire 92 .... FF29 300 - £3 500 - **$5,640**
Cattle wading in a River - Oil/canvas (76x64cm-30x25in) London 97 .... FF80 808 - £8 800 - **$14,053**
SHAYER Henry Thring 1825-1894 [8]
Cattle watering - Oil/canvas (45x61cm-18x24in) London 97 .... FF40 038 - £4 200 - **$6,870**
Cattle wading in a River - Oil/canvas (76x64cm-30x25in) London 97 .... FF80 808 - £8 800 - **$14,053**
SHAYER William XIX [65]
Cattle resting at a Pool - Oil/canvas (61x51cm-24x20in) London 97 .... FF42 214 - £4 500 - **$7,370**
SHAYER William Joseph 1829-1885 [17]
Boys in a river landscape - Oil/canvas (74x61cm-29x24in) London 91 .... FF37 900 - £3 789 - **$6,242**
SHAYER William, Jnr. 1811-1892 [19]
Farmyard scene beside the sea - Oil/canvas (23x32cm-9x13in) London 92 .... FF17 600 - £1 800 - **$3,104**
Waiting for the master - Oil/canvas (46x61cm-18x24in) New-York 95 .... FF99 400 - £12 600 - **$20,000**
The fruit sellers - Oil/canvas (72x91cm-28x36in) New-York 91 .... FF285 000 - £28 718 - **$49,454**
SHAYER William, Snr. 1788-1879 [64]
Harvest - Oil/canvas (45x61cm-18x24in) London 97 .... FF47 665 - £5 000 - **$8,179**
The fern Gatherers - Oil/panel (35x45cm-14x18in) London 96 .... FF109 600 - £13 000 - **$21,400**
Outskirts of a fair - Oil/canvas (75x100cm-30x39in) London 93 .... FF217 200 - £25 000 - **$37,250**
SHCHUKIN Stepan Semionovich 1758/62-1828 [1]
Emperor Paul Petrovich - Oil/canvas (58x41cm-23x16in) New-York 95 .... FF191 300 - £23 900 - **$37,500**
SHEARER Christopher H. 1840-1926 [7]
Deer by a stream - Oil/canvas (56x91cm-22x36in) Philadelphia 92 .... FF5 880 - £683 - **$1,200**
SHECKELL Thomas O. XIX-XX [1]
Rainy day, New York - Photograph (22x17cm-9x7in) New-York 89 .... FF4 900 - £488 - **$774**
SHED Charles Dyer 1818-1893 [4]
Yachting off the Golden Gate Bridge
Oil/canvas (46x91cm-18x36in) San Francisco-Los Angeles 95 .... FF13 270 - £1 510 - **$2,250**
SHEDD Maryin Kingsley 1906-1982 [3]
New York - Oil/canvas (101x84cm-40x33in) Wien 92 .... FF4 810 - £483 - **$803**
SHEE Martin Archer 1769-1850 [16]
Anne wife of Alexander Ellice - Oil/canvas (127x101cm-50x40in) Glasgow 91 .... FF8 970 - £899 - **$1,481**
The Rabbi - Oil/canvas (91x70cm-36x28in) London 95 .... FF50 300 - £6 500 - **$10,270**
The upset cart - Oil/canvas (125x99cm-49x39in) London 96 .... FF170 000 - £22 000 - **$33,400**
SHEEHAN Robert F. II 1922-1969 [2]
Rolls Royce hood with self-portrait - Photograph in colour (19x23cm-7x9in) New-York 90 .... FF2 520 - £254 - **$494**
SHEELER Charles 1883-1965 [20]
California Industrial - Oil/canvas (63x84cm-25x33in) New-York 92 .... FF1 4e +06 - £124 100 - **$200,000**
Delmonico Building - Lithograph (24x17cm-9x7in) New-York 92 .... FF62 400 - £6 620 - **$12,000**
Baldwin Locomotive Plant - Gelatin silver print (16x23cm-6x9in) New-York 94 .... FF104 500 - £12 120 - **$18,000**
Summer Flowers - Watercolour (58x35cm-23x14in) New-York 97 .... FF175 029 - £18 378 - **$30,000**
SHEETS Millard Oward 1907-1989 [54]
Verdant Hills - Oil/canvas (40x51cm-16x20in) San Francisco-Los Angeles 96 .... FF39 150 - £4 500 - **$7,500**
Tony's Ranch - Oil/canvas (76x91cm-30x36in) San Francisco-Los Angeles 96 .... FF88 100 - £11 040 - **$17,000**
The River Canyon - Watercolour, gouache/paper (56x71cm-22x28in) New-York 96 .... FF72 700 - £9 260 - **$14,000**
SHEETS Nan Jane 1899-1976 [3]
Boats in harbor - Oil/canvas (30x41cm-12x16in) Chicago 94 .... FF4 870 - £578 - **$900**
SHEFFIELD George 1839-1892 [12]
December, figures on a road - Wash (27x37cm-11x15in) London 90 .... FF7 810 - £795 - **$1,562**
SHEIKH Gulam Mohammed 1937 [2]
How Can You Sleep Tonight - Oil/canvas (213x213cm-84x84in) London 95 .... FF39 100 - £5 000 - **$7,860**
Untitled - Charcoal (118x180cm-46x71in) London 95 .... FF12 500 - £1 600 - **$2,516**
SHELDON-WILLIAMS Inglis 1870-1940 [3]
No. 1 Beehive Cottage - Oil/canvas (137x128cm-54x50in) London 95 .... FF25 300 - £3 200 - **$4,940**
SHELLEY Samuel 1750/56-1808 [16]
Young Lady in blue dress - Miniature (4cm-2in) London 97 .... FF12 322 - £1 300 - **$2,114**
SHELTON Alphonse 1905-? [1]
Crashing surf - Oil/canvas (76x102cm-30x40in) Mystic, Connecticut 94 .... FF2 125 - £254 - **$400**
SHELTON Peter T. 1951 [2]
Redshirt - Sculpture (89x9x110cm-35x4x43in) New-York 97 .... FF104 530 - £10 996 - **$18,000**
SHEMI Menachem 1896-1951 [15]
Village in Italy - Oil/canvas (51x40cm-20x16in) Tel Aviv 97 .... FF69 519 - £7 731 - **$13,000**
Safed - Oil/canvas (52x58cm-20x23in) Tel Aviv 93 .... FF130 800 - £15 800 - **$24,000**
Safed, river in a lane - Watercolour (33x33cm-13x13in) Tel Aviv 93 .... FF13 620 - £1 645 - **$2,500**
SHEMI Yehiel 1922 [10]
Sculpture - Iron (78cm-31in) Tel Aviv 93 .... FF21 800 - £2 630 - **$4,000**
Bird - Iron (85cm-33in) Tel Aviv 96 .... FF129 500 - £16 000 - **$25,000**

SHEN ZHEZAI 1924 [2]
🖼 *Lady in blue* - Oil/canvas (73x53cm-29x21in) Taipei, Taiwan 92 .... FF*130 600* - £*13 300* - **$27,200**

SHEP Charles Shepherd 1892-? [4]
🖼 *South and East Africa* - Poster (102x64cm-40x25in) London 96 .... FF*2 750* - £*350* - **$529**

SHEPARD Ernest Howard 1879-1976 [28]
✎ *Illustrations to Tom Browne's School Days* - Ink (20x13cm-8x5in) London 95 .... FF*5 920* - £*750* - **$1,191**
What's inside it ? - Watercolour (23x18cm-9x7in) London 91 .... FF*87 600* - £*9 000* - **$16,300**

SHEPHERD David 1931 [68]
🖼 *Three Rhinos* - Oil/canvas (71x112cm-28x44in) New-York 97 .... FF*60 693* - £*6 470* - **$10,500**
Love under the Baobab - Oil/canvas (81x112cm-32x44in) New-York 95 .... FF*223 700* - £*28 330* - **$45,000**
African Children - Oil/canvas (69x124cm-27x49in) London 94 .... FF*852 000* - £*100 000* - **$151,700**

SHEPHERD Ernest Howard 1879-? [1]
✎ *Miss Angelina removes her shoes* - Watercolour (17x28cm-7x11in) London 97 .... FF*6 999* - £*749* - **$1,209**

SHEPHERD George 1784-1862 [6]
✎ *London Bridge an Fishmongers'Hall* - Watercolour (45x52cm-18x20in) London 96 .... FF*11 230* - £*1 400* - **$2,170**
The gardens at Battlesden House, Bedfordshire
   Wash (90x54cm-35x21in) London 91 .... FF*259 300* - £*25 924* - **$42,705**

SHEPHERD George Sidney 1784-1862 [23]
✎ *Westminster Bridge* - Watercolour (5x9cm-2x4in) London 97 .... FF*2 446* - £*260* - **$423**
Figures above a town - Watercolour (27x36cm-11x14in) London 94 .... FF*10 080* - £*1 200* - **$1,920**
Aldersgate Street, London - Watercolour (43x61cm-17x24in) London 93 .... FF*36 000* - £*4 500* - **$6,520**

SHEPHERD James Affleck 1867-1946 [3]
✎ *Widower & Parrot* - Watercolour London 93 .... FF*1 992* - £*240* - **$348**

SHEPHERD Joy Clinton 1888-? [2]
🖼 *Woman & men riding away* - Oil/canvas (91x61cm-36x24in) New-York 96 .... FF*15 380* - £*1 823* - **$3,000**
🗿 *The Bulldogger* - Bronze (30cm-12in) New-York 94 .... FF*24 250* - £*2 830* - **$4,250**

SHEPHERD S. Horne 1909 [3]
🖼 *Nude* - Oil/board (61x51cm-24x20in) London 89 .... FF*8 200* - £*816* - **$1,295**

SHEPPARD Clive 1930 [4]
🗿 *The Rain Makers* - Bronze London 97 .... FF*18 832* - £*2 000* - **$3,280**

SHEPPARD Maurice R. XX [2]
🖼 *The Atlantic Edge* - Oil/board (92x122cm-36x48in) London 96 .... FF*2 240* - £*280* - **$435**

SHEPPARD Peter Chapman 1882-1965 [7]
🖼 *Springtime near Fairbank* - Oil/board (21x26cm-8x10in) Toronto 93 .... FF*2 900* - £*329* - **$490**

SHEPPARD Warren W. 1858-1937 [32]
🖼 *Seascape at sunset* - Oil/canvas (51x76cm-20x30in) New-York 96 .... FF*8 820* - £*1 124* - **$1,700**
Sunset - Oil/canvas (77x51cm-30x20in) New-York 94 .... FF*36 800* - £*4 420* - **$7,000**

SHER-GIL Amrita 1913-1941 [1]
🖼 *Village group* - Oil/canvas (63x94cm-25x37in) New Delhi 92 .... FF*176 700* - £*20 500* - **$34,650**

SHERBORN Charles William XIX-XX [2]
🖼 *Children by the edge of a harvest field*
   Oil/canvas (48x74cm-19x29in) Aylsham, Norfolk 96 .... FF*8 370* - £*1 100* - **$1,680**

SHERENBERG David Petrovich 1881-1948 [1]
✎ *Still life* - Watercolour (37x49cm-15x19in) London 89 .... FF*65 900* - £*6 738* - **$10,595**

SHERIDAN Henrique c.1835/8-1860 [1]
🖼 *Montevideo* - Oil/board (27x38cm-11x15in) London 92 .... FF*17 600* - £*1 800* - **$3,096**

SHERINGHAM George 1884-1937 [10]
🖼 *Kenwood, London Underground* - Poster (102x61cm-40x24in) London 94 .... FF*3 220* - £*380* - **$574**
✎ *Delphiniums, Hollyhocks and Dahlias* - Gouache (63x51cm-25x20in) London 97 .... FF*3 735* - £*400* - **$645**

SHERLOCK Marjorie 1897-1973 [2]
🖼 *Sunbathers* - Oil/canvas (46x36cm-18x14in) London 94 .... FF*6 390* - £*750* - **$1,118**

SHERLOCK William P. 1780-? [1]
🖼 *Hay barges on the Thames* - Oil/canvas (53x92cm-21x36in) London 91 .... FF*19 150* - £*1 902* - **$3,325**

SHERMAN Cindy 1954 [157]
📷 *Untitled, No. 160* - Photograph in colour (131x86cm-52x34in) London 96 .... FF*20 620* - £*2 500* - **$4,010**
Untitled #95 - Color coupler print (43x89cm-17x35in) New-York 95 .... FF*99 200* - £*12 650* - **$20,000**
Untitled Film Still, #10 - Silver print (20x25cm-8x10in) New-York 96 .... FF*173 200* - £*20 400* - **$34,000**

SHERMAN Gail 1871-1952 [1]
🖼 *World's Fair/Ferris Wheel* - Oil/canvas (61x51cm-24x20in) New-York 92 .... FF*31 200* - £*3 725* - **$6,000**

SHERRIFF-SCOTT Adam 1887-1980 [19]
🖼 *Contemplation* - Huile/panneau (51x66cm-20x26in) Montréal 94 .... FF*5 600* - £*661* - **$1,005**
L'Arrivée de Jacques Cartier - Huile/toile (150x101cm-59x40in) Montréal 95 .... FF*27 850* - £*3 570* - **$5,620**

SHERRIN Daniel, Dan 1868-1940 [75]
🖼 *On the High Seas* - Oil/canvas/board (61x91cm-24x36in) New-York 97 .... FF*12 529* - £*1 354* - **$2,200**
Children in an extensive landscape - Oil/canvas (76x127cm-30x50in) London 92 .... FF*23 450* - £*2 400* - **$4,140**
✎ *Still life of dead pigeon* - Watercolour (26x32cm-10x13in) Billinghurst, West Sussex 96 .... FF*4 840* - £*620* - **$953**

SHERRIN John 1819-1896 [22]
✎ *A Still Life with a Pear, Cherries and Grapes/with an Apple and Plums*
   Watercolour (19x24cm-7x9in) London 97 .... FF*5 985* - £*650* - **$1,061**
Fruits on a mossy bank - Watercolour (31x41cm-12x16in) London 95 .... FF*15 800* - £*2 000* - **$3,176**

SHERWOOD Mary Clare 1868-1943 [1]
🖼 *Harvest Time* - Oil/canvas (34x29cm-13x11in) San Francisco-Los Angeles 92 .... FF*5 720* - £*683* - **$1,100**

SHERWOOD Rosina Emmett 1854-1948 [2]
- *Playing amongst the hay* - Oil/canvas (67x48cm-26x19in) Edinburgh 89 .... FF67 800 - £6 933 - **$10,900**

SHERWOOD Walter 1865-? [1]
- *Northrup's Farm, Anthony, R.I.* - Oil/canvas (36x51cm-14x20in) North Berwick, Maine 94 ...... FF5 070 - £610 - **$950**

SHERWOOD William Albert 1875-1951 [3]
- *Through the trees* - Oil/canvas (61x76cm-24x30in) San Francisco-Los Angeles 95 .... FF7 970 - £1 048 - **$1,600**

SHEVCHENKO Aleksander V. 1883-1943 [5]
- *Girl on a staircase* - Mixed media (43x32cm-17x13in) London 90 .... FF11 600 - £1 250 - **$2,046**

SHIELDS Alan 1944 [3]
- *Untitled* - Acrylic (183x274cm-72x108in) New-York 94 .... FF27 600 - £3 200 - **$4,750**

SHIELDS Emma Barber 1863-1912 [1]
- *Hunting with Dad* - Oil/canvas (50x40cm-20x16in) Elgin, Illinois 91 .... FF3 113 - £314 - **$540**

SHIELDS William Gordon 1883-1947 [2]
- *Fulton Street, New York* - Gelatin silver print (23x18cm-9x7in) New-York 96 .... FF6 190 - £795 - **$1,200**

SHIELLS W. Thornton XIX-XX [2]
- *Estuary, Barmouth/Fort, Lyne Regis* - Watercolour (33x48cm-13x19in) London 92 .... FF1 560 - £160 - **$299**

SHIELS William 1785-1857 [3]
- *Dead game* - Oil/canvas (85x105cm-33x41in) New-York 95 .... FF15 330 - £1 910 - **$3,000**

SHIFFNER Eleanor Barbara 1896-? [1]
- *At the Meet* - Oil/canvas (41x51cm-16x20in) London 93 .... FF3 204 - £360 - **$537**

SHIGEHARU Ryusai 1803-1853 [3]
- *Okubi-e of Ichikawa Hakuen* - Print (37x25cm-15x10in) London 93 .... FF5 810 - £700 - **$1,063**

SHIGENOBU Yanagawa 1787-1832 [3]
- *Way to the Imamiya shrine* - Print in colors (21x18cm-8x7in) New-York 92 .... FF10 400 - £1 242 - **$2,000**

SHIJALIEV Rajman 1957 [2]
- *Cazadores* - Oleo/lienzo (100x120cm-39x47in) Madrid 91 .... FF8 670 - £863 - **$1,491**

SHIKLER Aaron 1922 [3]
- *Boy and his dog* - Oil/panel (25x30cm-10x12in) New-York 96 .... FF24 270 - £3 150 - **$4,800**

SHILDER Andreij Nikolaevitch 1861-1919 [1]
- *The woodland stream* - Oil/board (94x63cm-37x25in) London 89 .... FF53 300 - £5 303 - **$8,420**

SHILES William 1785-1857 [1]
- *Kitchen interior* - Oil/panel (54x70cm-21x28in) København 96 .... FF33 700 - £4 325 - **$6,650**

SHILLING Arthur 1941-1986 [28]
- *Bridget in the Woods* - Oil/canvas (56x68cm-22x27in) Toronto 96 .... FF5 430 - £619 - **$1,040**
- *Triple self* - Oil/masonite (72x100cm-28x39in) Toronto 94 .... FF18 230 - £2 150 - **$3,245**
- *Profile of a young girl* - Charcoal (39x34cm-15x13in) Toronto 95 .... FF3 360 - £423 - **$665**

SHILLINGOVSKY Pavel Alexandrovich 1881-1942 [1]
- *Badende* - Watercolour (17x28cm-7x11in) Wien 94 .... FF8 670 - £1 081 - **$1,675**

SHINN Everett 1876-1953 [81]
- *Winter Night, Paris* - Oil/canvas/board (25x29cm-10x11in) New-York 97 .... FF55 426 - £5 819 - **$9,500**
- *He's the man for me* - Oil/canvas (76x61cm-30x24in) New-York 95 .... FF182 700 - £23 330 - **$37,500**
- *The Singer* - Oil/canvas (67x44cm-26x17in) New-York 92 .... FF908 000 - £93 000 - **$160,000**
- *Night Life, the Accident* - Watercolour, gouache (33x44cm-13x17in) New-York 97 ...... FF189 615 - £19 909 - **$32,500**
- *Paris Stage* - Pastel/board (38x44cm-15x17in) New-York 97 .... FF495 916 - £52 071 - **$85,000**

SHINSUI Ito 1898-1972 [6]
- *Elegant beauty* - Painting (46x48cm-18x19in) New-York 92 .... FF83 200 - £9 930 - **$16,000**
- *Ōkivinna* - Woodcut in colors (41x24cm-16x9in) Stockholm 96 .... FF10 380 - £1 295 - **$2,005**

SHIPMAN Benjamin 1806-1872 [1]
- *The River Crossing* - Oil/canvas (45x65cm-18x26in) London 95 .... FF11 220 - £1 400 - **$2,267**

SHIPSIDES Frank 1908 [2]
- *All in Sweet Harmony* - Watercolour (25x33cm-10x13in) Aylsham, Norfolk 92 .... FF1 564 - £160 - **$275**

SHIRLEY Henry XIX-XX [2]
- *Sorting fish* - Oil/canvas (36x59cm-14x23in) London 92 .... FF8 800 - £900 - **$1,550**

SHIRREFF Charles c.1750-c.1831 [3]
- *Portrait of an officer* - Miniature (6cm-2in) London 92 .... FF21 500 - £2 200 - **$3,784**

SHIRREFFS John XIX-XX [2]
- *Music of the Hills* - Watercolour/paper (53x42cm-21x17in) Glasgow 96 .... FF5 620 - £650 - **$1,076**

SHISHKIN Ivan Ivanovitch 1832-1898 [32]
- *River landscape* - Oil/canvas (48x55cm-19x22in) London 95 .... FF15 980 - £2 000 - **$3,180**
- *Molnig sommardag* - Oil/canvas (56x71cm-22x28in) Helsinki 94 .... FF93 700 - £10 730 - **$15,900**
- *The gate* - Oil/canvas (196x121cm-77x48in) New-York 94 .... FF337 000 - £39 800 - **$60,000**

SHMAROV Petr Dmitrievich 1874-1955 [1]
- *Baptismal procession* - Watercolour (48x62cm-19x24in) Moscow 94 .... FF10 610 - £1 264 - **$2,000**

SHMIT Alexandre 1911-1987 [5]
- *Au bord de la mer noire* - Huile/carton (50x70cm-20x28in) Paris 90 .... FF3 500 - £362 - **$618**

SHOEN Uemura 1875-1949 [2]
- *Shunko* - Ink (23x64cm-9x25in) New-York 97 .... FF138 648 - £14 794 - **$24,000**

SHOESMITH Kenneth Denton 1890-1939 [16]
- *Royal Mail Line* - Poster (101x63cm-40x25in) New-York 96 .... FF4 660 - £602 - **$900**
- *Sailing ship in a heavy swell* - Watercolour (67x100cm-26x39in) Salisbury, Wiltshire 94 .... FF6 730 - £780 - **$1,158**

SHOKIN Leonid 1896-1962 [1]
- *Rue sous la neige* - Tirage charbon (20x15cm-8x6in) Paris 95 .... FF4 000 - £504 - **$792**

SHOKLER Harry 1896-1978 [5]
- Lobster fishermen - Lithograph (51x61cm-20x24in) New-York 94 .... FF12 610 - £1 516 - **$2,400**

SHONBORN John-Lewis 1852-1931 [14]
- Canal près d'Amiens - Huile/toile (26x37cm-10x15in) Le Touquet 96 .... FF4 800 - £570 - **$937**
- Portrait de femme au collier - Huile/toile (65x54cm-26x21in) Paris 94 .... FF16 000 - £1 848 - **$2,763**

SHONNARD Eugenie F. 1886-1978 [2]
- Buste de femme - Pierre (54cm-21in) Soissons 95 .... FF28 500 - £3 550 - **$5,560**
- Chat assis - Bronze (50cm-20in) New-York 95 .... FF35 150 - £4 400 - **$7,000**

SHOR Zvi 1898-1979 [28]
- Interior - Oil/canvas (65x50cm-26x20in) Tel Aviv 97 .... FF9 626 - £1 070 - **$1,800**
- A yard in the village - Oil/canvas (61x50cm-24x20in) Tel Aviv 95 .... FF16 070 - £2 010 - **$3,200**

SHORE Henrietta 1880-1963 [3]
- Women of Oaxaca - Lithograph (49x61cm-19x24in) Cambridge, Mass. 91 .... FF4 275 - £429 - **$740**

SHORE Stephen 1947 [3]
- Giverny/Giverny, France - Photo (20x25cm-8x10in) Paris 94 .... FF1 500 - £178 - **$277**

SHORT Frederick Golden XIX-XX [35]
- In the New Forest - Oil/canvas (34x52cm-13x20in) Torquay, Devon 91 .... FF7 780 - £774 - **$1,338**

SHORT George Anderson 1856-1945 [7]
- A pair of Jack Snipe - Oil/canvas (25x30cm-10x12in) London 94 .... FF5 150 - £600 - **$902**

SHORT Richard 1841-1916 [5]
- Penarth, Cardiff roads - Oil/canvas (68x120cm-27x47in) London 92 .... FF21 500 - £2 200 - **$4,480**

SHOWELL William 1903-1984 [11]
- Woman with a cup of tea - Huile/toile (51x61cm-20x24in) Montréal 93 .... FF3 115 - £354 - **$528**

SHPONKO Grigoryi Andryiev. 1926 [25]
- Sur la rivière - Gouache/papier (22x35cm-9x14in) Paris 91 .... FF3 200 - £321 - **$528**

SHRADER E. Roscoe 1878-1960 [1]
- A ravine in bloom - Oil/canvas (37x38cm-15x15in) San Francisco-Los Angeles 91 .... FF5 390 - £539 - **$888**

SHRADY Henry Merwin 1871-1922 [8]
- Saving the Colors - Bronze (40cm-16in) New-York 95 .... FF64 100 - £8 470 - **$13,000**
- Bull Moose - Bronze (52cm-20in) New-York 96 .... FF103 800 - £13 230 - **$20,000**

SHRAPNEL Edward Scrope 1847-1920 [4]
- Wilderness partridge - Huile/toile (43x68cm-17x27in) Québec 89 .... FF9 800 - £1 033 - **$1,650**
- Hunter/Return from the day's hunt - Watercolour (16x23cm-6x9in) Toronto 92 .... FF2 795 - £286 - **$493**

SHREIBER Martin Hugo Max. XX [1]
- Madonna reclining/Madonna - Silver print (28x43cm-11x17in) New-York 94 .... FF9 030 - £1 077 - **$1,700**

SHRIMPTON Ada M. c.1930-c.1930 [2]
- Female nude, study - Black chalk (64x40cm-25x16in) London 90 .... FF3 700 - £394 - **$662**

SHTERENBERG Abram 1894-1979 [2]
- Vladimir Maiakowski - Gelatin silver print (15x13cm-6x5in) New-York 94 .... FF1 624 - £193 - **$300**

SHUCKARD Frederick P. 1868-1901 [2]
- Arab soldiers on a ledge - Watercolour/paper (56x44cm-22x17in) London 93 .... FF50 200 - £5 700 - **$8,500**

SHUGRIN Anatoly 1906 [6]
- Still life - Oil/canvas/board (88x67cm-35x26in) New-York 93 .... FF88 500 - £10 060 - **$15,000**
- The artist and his model - Pencil (21x24cm-8x9in) New-York 93 .... FF9 440 - £1 074 - **$1,600**

SHUHAEV Vassily I. 1887-1973 [4]
- Svanetian towers - Oil/canvas (69x65cm-27x26in) Moscow 94 .... FF17 420 - £2 015 - **$2,970**
- A library: plan of a room's design - Mixed media/paper (22x45cm-9x18in) Moscow 93 .... FF1 652 - £188 - **$280**

SHUKOWSKIJ Stanislaw J. 1873-1944 [1]
- Zigeunerlager - Oil/canvas (33x45cm-13x18in) Bremen 92 .... FF18 700 - £1 914 - **$3,290**

SHULMAN Morris 1912-1978 [1]
- View of Yonkers - Oil/canvas (74x91cm-29x36in) New-York 94 .... FF10 510 - £1 263 - **$2,000**

SHULTZ Adrien 1851-1931 [1]
- Le Lac aux Fées, Fontainebleau - Huile/toile (65x75cm-26x30in) Antwerpen 94 .... FF2 640 - £304 - **$452**

SHULZ Adolph Robert 1869-1963 [5]
- Houses in a landscape - Oil/board (41x46cm-16x18in) Mystic, Connecticut 93 .... FF8 800 - £1 104 - **$1,600**

SHUNSHO Hishida 1874-1911 [5]
- Meeting the dawn - Coloured inks/paper (85x50cm-33x20in) Tokyo 92 .... FF774 000 - £79 200 - **$136,200**

SHUR Aharon Shaul 1864-1945 [1]
- Wanderer - Gouache/board (11x8cm-4x3in) Tel Aviv 92 .... FF2 220 - £233 - **$400**

SHURTLEFF Roswell Morse 1838-1915 [6]
- Autumn - Oil/canvas (30x41cm-12x16in) San Francisco-Los Angeles 92 .... FF10 400 - £1 242 - **$2,000**
- Figures Crossing a Bridge - Watercolour (20x30cm-8x12in) North Berwick, Maine 94 .... FF1 614 - £187 - **$275**

SHURUPOV Konstantin A. 1910-1985 [2]
- On the Azov Sea - Oil/canvas (80x114cm-31x45in) London 94 .... FF58 800 - £7 000 - **$11,080**

SHUSTER Franz 1870-1903 [1]
- El despertar de la Primavera - Oleo/lienzo (77x120cm-30x47in) Madrid 93 .... FF9 360 - £1 078 - **$1,607**

SHUSTER Joe, Joseph 1914-1992 [1]
- Superman Daily Strip - Ink (48x14cm-19x6in) New-York 91 .... FF7 920 - £811 - **$1,479**

SHUSTER William Howard 1893-1969 [2]
- Sifting Wheat, Ildefonso, New Mexico - Oil/canvas (51x61cm-20x24in) New-York 95 .... FF50 200 - £6 280 - **$10,000**

S

SIBBONS Gudrun [3]
- *Dutch riverside at dusk* - Oil/canvas (38x48cm-15x19in) Torquay, Devon 92 .... FF3 900 - £400 - **$748**

SIBERDT Eugène 1851-1931 [8]
- *Fillette et chien dans un champ* - Huile/panneau (60x49cm-24x19in) Antwerpen 93 .... FF29 100 - £3 330 - **$4,950**

SIBIRSKY Viamine 1936 [2]
- *Cathédrale, Soudzal* - Huile/toile (80x100cm-31x39in) Paris 92 .... FF2 500 - £256 - **$450**

SIBUET Claude 1834-1879 [2]
- *Marcheur dans un paysage* - Huile/toile (49x73cm-19x29in) Saint-Dié 95 .... FF9 000 - £1 173 - **$1,870**

SICARD François Léon 1862-1934 [9]
- *Oedipius and the Sphinx Apollo* - Bronze (69cm-27in) London 96 .... FF47 300 - £6 000 - **$9,070**

SICARD Jean Pierre Ant. XVIII [1]
- *Vicomte Jacques J. Félix de Vogüe*
  Huile/toile (93x80cm-37x31in) Saint-Germain-en-Laye 96 .... FF11 000 - £1 380 - **$2,127**

SICARD Pierre 1900-1980 [15]
- *Charleston Revue Negre* - Oil/canvas (71x51cm-28x20in) New-York 97 .... FF17 442 - £1 831 - **$3,000**

SICARDI Louis-M., Luc Sicard 1746-1825 [13]
- *King Louis XVI of France* - Miniature (5cm-2in) London 96 .... FF69 700 - £9 000 - **$13,460**

SICHEL Ernest Leopold 1862-1941 [2]
- *The Blue Decanter* - Oil/canvas (48x33cm-19x13in) London 96 .... FF2 990 - £380 - **$592**
- *The Final Journey* - Pastel (76x127cm-30x50in) London 92 .... FF4 610 - £550 - **$886**

SICHEL Harold M. 1881-1948 [2]
- *California hills* - Oil/canvas (46x61cm-18x24in) San Francisco-Los Angeles 93 .... FF17 870 - £2 240 - **$3,250**

SICHEL Nathaniel 1843-1907 [8]
- *The Odalisque* - Oil/canvas (84x48cm-33x19in) London 95 .... FF33 100 - £4 000 - **$6,110**
- *Arab women on a rooftop* - Oil/canvas (96x192cm-38x76in) London 94 .... FF168 000 - £20 000 - **$31,660**

SICHULSKI Kazimierz 1879-1942 [13]
- *Kwitnace Drzewa* - Huile/carton (99x70cm-39x28in) Warszawa 93 .... FF18 340 - £2 000 - **$3,073**
- *Portrait of a man* - Pastel (62x48cm-24x19in) Warszawa 96 .... FF22 040 - £2 760 - **$4,295**

SICILIA José María 1954 [40]
- *Black Frame Flower* - Acrylic/canvas (81x80cm-32x31in) New-York 97 .... FF43 860 - £4 631 - **$7,500**
- *Place de la Bastille TV 2* - Acrylic/canvas (258x298cm-102x117in) New-York 96 .... FF122 200 - £14 400 - **$24,000**
- *Tulip 6* - Oil/canvas (260x249cm-102x98in) New-York 94 .... FF284 000 - £29 050 - **$50,000**
- *Tulipan 10* - Mixed media/paper (170x221cm-67x87in) London 96 .... FF175 000 - £20 000 - **$33,340**

SICILIANO Marie Dominique 1879-? [2]
- *La cueillette des cerises* - Huile/toile (95x106cm-37x42in) Marseille 95 .... FF28 500 - £3 560 - **$5,750**

SICKERT Bernhard 1862-1932 [6]
- *Evening, horse and cart* - Oil/canvas (58x58cm-23x23in) London 93 .... FF9 240 - £1 100 - **$1,694**

SICKERT Walter Richard 1860-1942 [155]
- *Brighton Pierrots* - Oil/canvas (63x76cm-25x30in) London 93 .... FF1 - £192 600 - **$279,000**
- *Old Heffel, of Rowton House* - Oil/panel (28x21cm-11x8in) London 96 .... FF56 300 - £7 000 - **$10,910**
- *Statue of Duquesne, Dieppe* - Oil/canvas (33x9cm-13x4in) London 92 .... FF78 100 - £8 000 - **$13,760**
- *La Rue Notre Dame* - Oil/canvas (41x33cm-16x13in) London 97 .... FF162 834 - £17 000 - **$27,861**
- *Jack and Jill* - Oil/canvas (62x75cm-24x30in) London 94 .... FF436 000 - £52 000 - **$81,600**
- *Audience at the Old Middlesex* - Mixed media/paper (23x32cm-9x13in) London 97 .... FF7 663 - £800 - **$1,311**
- *Study for 'Off to the Pub'* - Charcoal (45x31cm-18x12in) London 97 .... FF17 241 - £1 800 - **$295,0 2**
- *Soldiers of Albert the Ready* - Pencil (28x27cm-11x11in) London 94 .... FF83 200 - £10 000 - **$15,840**

SIDDAL Elizabeth Eleanor 1834-1862 [2]
- *At the milliner's* - Pencil (17x16cm-7x6in) London 90 .... FF8 700 - £915 - **$1,513**

SIDERIUS Hermanus 1819-1892 [2]
- *Winterlandscape with skaters* - Oil/panel (23x33cm-9x13in) Amsterdam 91 .... FF5 440 - £545 - **$996**

SIDLER Alfred 1905-1992 [13]
- *Stilleben mit Zitrone* - Öl/Leinwand (34x47cm-13x19in) Luzern 92 .... FF5 710 - £682 - **$1,098**

SIDLEY Samuel 1829-1896 [4]
- *Girl in a wood* - Oil/canvas (132x76cm-52x30in) London 92 .... FF19 540 - £2 000 - **$3,440**

SIDNEY Herbert ?-1923 [4]
- *Mrs. Bacher* - Oil/canvas (96x50cm-38x20in) London 97 .... FF55 291 - £5 800 - **$9,488**

SIDNEY Thomas XIX-XX [11]
- *Bisham Abbey* - Watercolour (16x23cm-6x9in) London 96 .... FF2 460 - £280 - **$471**

SIDOROWICZ Zygmunt 1846-1881 [3]
- *Tranquil Stretch of the River* - Oil/board (42x56cm-17x22in) London 97 .... FF9 381 - £1 000 - **$1,637**

SIDWALL Amanda 1844-1892 [3]
- *Blomsterflicka* - Oil/canvas (37x30cm-15x12in) Stockholm 97 .... FF16 603 - £1 753 - **$2,868**
- *La Première leçon* - Oil/canvas (108x140cm-43x55in) Stockholm 95 .... FF45 200 - £5 920 - **$9,180**

SIEBELIST Arthur 1870-1945 [2]
- *Hiddensee* - Pastel (27x34cm-11x13in) Hamburg 94 .... FF8 230 - £976 - **$1,522**

SIEBEN Gottfried 1856-1918 [2]
- *Die Champagnerkanonen* - Drawing (54x36cm-21x14in) Wien 95 .... FF5 420 - £698 - **$1,103**

SIEBENTHAL de Adolphe 1895-1958 [3]
- *Landschaft mit Baumgruppe* - Huile/panneau (21x30cm-8x12in) Bern 93 .... FF2 093 - £250 - **$403**

SIEBERT Edward Seimar 1856-1944 [3]
- *House in a landscape* - Oil/canvas (61x76cm-24x30in) Mystic, Connecticut 94 .... FF5 520 - £638 - **$950**

SIEBERT Franz 1845-1906 [1]
- *Orpheus und Eurydike* - Oil/canvas (205x145cm-81x57in) München 92 .... FF9 860 - £1 010 - **$1,736**

SIEBERT Fritz Anton 1878-? [1]
- *Küstenandschaft, Blick auf das Meer* - Öl/Leinwand (29x40cm-11x16in) Hamburg 96.............. FF**3 230** - £368 - **$618**

SIEBERT H. c.1847-1879 [2]
- *Ernestine van de Velde* - Pastel/paper (44x35cm-17x14in) Amsterdam 97 .... FF**7 643** - £836 - **$1,340**

SIEBNER Herbert Johannes J. 1925 [3]
- *Two figures* - Mixed media/panel (122x61cm-48x24in) Victoria, B.C. 94 .... FF**8 600** - £988 - **$1,472**

SIECK Rudolf 1877-1957 [14]
- *Landschaft mit Birnbaum* - Öl/Papier (39x51cm-15x20in) Köln 93 .... FF**7 000** - £801 - **$1,190**
- *Donaulandschaft* - Watercolour (38x29cm-15x11in) Köln 96 .... FF**4 070** - £508 - **$786**

SIEFERT Alfred 1850-1901 [1]
- *Young lady playing a lyre* - Oil/canvas (80x53cm-31x21in) New-York 94 .... FF**40 940** - £4 740 - **$7,000**

SIEFERT August Friedrich 1820-1883 [1]
- *Homeward bound, 1878* - Oil/canvas (47x65cm-19x26in) New-York 89 .... FF**7 400** - £736 - **$1,169**

SIEFF Jeanloup 1933 [38]
- *Nu* - Photo (25x35cm-10x14in) Paris 96 .... FF**3 600** - £467 - **$712**
- *Jude, New York* - Gelatin silver print (28x18cm-11x7in) New-York 95 .... FF**8 720** - £1 122 - **$1,800**

SIEFFERT Paul 1874-1957 [34]
- *Reclining female nude* - Oil/canvas (54x81cm-21x32in) London 96 .... FF**16 040** - £2 000 - **$3,100**
- *Female nude from behind* - Oil/canvas (55x97cm-22x38in) London 96 .... FF**54 600** - £7 000 - **$10,760**
- *Nu assis* - Pastel (60x45cm-24x18in) Paris 90 .... FF**6 000** - £642 - **$1,043**
- *N. Bennett farm & Bennet's model*
  Watercolour/paper (48x58cm-19x23in) New-York 92 .... FF**81 000** - £8 280 - **$15,000**

SIEGÅRD Pär 1877-1961 [28]
- *Blommor i kruka* - Oil/canvas (47x61cm-19x24in) Malmö 94 .... FF**3 620** - £431 - **$689**
- *Jesus välsignar barnen* - Oil/canvas/panel (45x71cm-18x28in) Malmö 93 .... FF**14 120** - £1 778 - **$2,670**
- *Landskap från Hallandsåsen* - Oil/canvas (48x64cm-19x25in) Stockholm 95 .... FF**36 600** - £4 700 - **$7,380**

SIEGEL Adrian 1898-? [1]
- *Art Lovers* - Oil/canvas (41x30cm-16x12in) Mystic, Connecticut 96............................. FF**2 460** - £308 - **$475**

SIEGEL Arthur Sidney 1913-1978 [6]
- *Photogram* - (35x28cm-14x11in) New-York 96 .... FF**10 210** - £1 318 - **$2,000**

SIEGELE Franz 1885-1955 [1]
- *Am Oberrhein, 1926* - Oil/panel (78x71cm-31x28in) Stuttgart 96 .... FF**8 400** - £899 - **$1,461**

SIEGER Frederik, Fred 1912 [13]
- *Composition* - Oil/canvas (50x60cm-20x24in) Amsterdam 91 .... FF**8 410** - £843 - **$1,403**

SIEGER Frits 1893-1990 [3]
- *Mountains in the South of France* - Oil/canvas (54x65cm-21x26in) Amsterdam 89 .... FF**2 700** - £285 - **$455**

SIEGER Rudolf 1867-1925 [1]
- *Peonies in an oriental vase* - Oil/panel (73x47cm-29x19in) New-York 92........................ FF**41 600** - £4 970 - **$8,000**

SIEGERT August 1786-1869 [2]
- *Piazza del Campo a Siena* - Olio/tavola (53x42cm-21x17in) Roma 89 .... FF**32 000** - £3 372 - **$5,387**

SIEGERT August Friedrich 1820-1883 [9]
- *En lille kunstkender* - Oil/canvas (46x36cm-18x14in) København 92........................... FF**45 500** - £5 440 - **$8,750**
- *Game of Dice* - Oil/canvas (51x63cm-20x25in) Wien 96 .... FF**154 500** - £18 730 - **$30,040**

SIEGERT Eugen c.1858-1906 [2]
- *The young shepherd* - Oil/canvas (79x105cm-31x41in) London 94 .... FF**29 400** - £3 500 - **$5,540**

SIEGFRIED Arne 1893-1985 [3]
- *Mädchenakt* - Öl/Karton (46x37cm-18x15in) Bern 93 .... FF**3 365** - £388 - **$577**

SIEGFRIED Edwin C. 1889-1955 [4]
- *Stinson's Beach* - Pastel/paper (63x94cm-25x37in) San Francisco-Los Angeles 93 .... FF**12 370** - £1 552 - **$2,250**

SIEGFRIED Heinrich 1814-1889 [3]
- *Hôtel Bellevue* - Aquatinte (26x41cm-10x16in) Zürich 96 .... FF**9 530** - £1 104 - **$1,827**

SIEGRIEST Louis 1899-1989 [5]
- *Virginia city* - Oil/board (51x68cm-20x27in) San Francisco 91 .... FF**7 970** - £805 - **$1,582**
- *Indian Court, Federal Building* - Poster (91x63cm-36x25in) New-York 96 .... FF**7 800** - £931 - **$1,500**

SIEGRIEST Lundy 1925-1985 [14]
- *The River* - Oil/canvas (139x127cm-55x50in) San Francisco-Los Angeles 96 .... FF**16 880** - £2 150 - **$3,250**

SIEGUMFELDT Hermann Carl 1833-1912 [5]
- *Lovers* - Oil/canvas (53x47cm-21x19in) København 95 .... FF**8 420** - £1 074 - **$1,657**

SIEGWART Hugo 1865-1938 [3]
- *Diana mit Hund* - Bronze (41cm-16in) Zofingen 93 .... FF**15 000** - £1 810 - **$2,744**

SIEHL-FREYSTETT Georg 1868-1919 [5]
- *Birke mit Gehöft* - Öl/Karton (53x42cm-21x17in) Bremen 94................................... FF**6 510** - £755 - **$1,121**

SIEMERING Fritz ?-1883 [1]
- *Im Atelier* - Oil/canvas (53x41cm-21x16in) Bremen 92 .... FF**7 480** - £766 - **$1,317**

SIEMERS Gertrud 1896-? [1]
- *Segelhafen mit zahlreichen Booten* - Öl/Leinwand (70x90cm-28x35in) Lindau 95 .... FF**2 494** - £312 - **$504**

SIEMIANOWSKI Roman 1915 [6]
- *Industrial tubing* - Gelatin silver print (33x25cm-13x10in) New-York 90 .... FF**6 050** - £609 - **$1,185**

SIEMINSKI Mieczyslaw 1891-1965 [1]
- *Snowy wooded landscape* - Oil/cardboard (57x73cm-22x29in) Warszawa 94 .... FF**2 210** - £254 - **$375**

SIEMIRADZKI Henryk 1841-1929 [12]
- *Young maiden at the well* - Oil/canvas (30x21cm-12x8in) Warszawa 96 .... FF**55 000** - £6 850 - **$10,610**

S

The Connoisseurs - Oil/canvas (93x154cm-37x61in) London 95 .... FF271 600 - £34 000 - **$54,100**
Classical Greek maidens - Charcoal (26x37cm-10x15in) San Francisco-Los Angeles 94 ...... FF8 800 - £1 018 - **$1,500**
SIEPMANN Heinrich 1904   [6]
Komposition B-19 - Ol/Leinwand (100x75cm-39x30in) Köln 95 .... FF44 600 - £5 840 - **$9,060**
Untitled - Gouache/paper (73x50cm-29x20in) Amsterdam 94 .... FF3 676 - £436 - **$680**
SIERHUIS Jan 1928   [49]
Untitled - Oil/canvas (68x48cm-27x19in) Amsterdam 97 .... FF7 492 - £787 - **$1,287**
Zomer in Alicante - Oil/canvas/panel (69x89cm-27x35in) Amsterdam 96 ...... FF20 440 - £2 346 - **$3,900**
Untitled - Crayon (63x48cm-25x19in) Amsterdam 97 .... FF4 495 - £472 - **$772**
SIERICH Louis Ludwig Casimir 1834-1919   [7]
Figures on a frozen river by an inn - Oil/panel (30x40cm-12x16in) Amsterdam 90 ...... FF15 600 - £1 681 - **$2,751**
SIÉRON Maurice XIX-XX   [2]
Jeux d'hiver - Huile/toile (90x75cm-35x30in) Bruxelles 96 .... FF10 020 - £1 286 - **$1,976**
SIESSER Helmut 1926   [3]
Plaza de pueblo - Oleo/tabla (43x74cm-17x29in) Madrid 89 .... FF4 600 - £485 - **$774**
SIEURAC François Joseph J. 1781-c.1835   [5]
The Duke of Berry in uniform - Miniature (3cm-1in) London 97 .... FF12 229 - £1 300 - **$2,110**
SIEURAC Henri 1823-1863   [3]
Repas sous la Renaissance - Huile/toile (67x86cm-26x34in) Charleville-Mezières 90 ...... FF23 000 - £2 342 - **$4,600**
SIEURIN Jean 1931   [22]
Neige en forêt - Huile/toile (54x65cm-21x26in) La Varenne Saint-Hilaire 92 ...... FF3 000 - £308 - **$577**
Marée basse animée - Huile/toile (54x65cm-21x26in) Bayeux 91 .... FF8 000 - £800 - **$1,318**
SIEVERDING Katharina 1944   [3]
Pyramide IV - Photo (124x167x150cm-49x66x59in) Köln 89 .... FF67 600 - £6 912 - **$10,868**
SIEVERT Erik 1897-1961   [2]
Opstilling pa et bord - Oil/canvas (76x102cm-30x40in) Vejle 90 .... FF6 300 - £670 - **$1,127**
SIEVIER Robert William 1794-1865   [1]
Bust of Field Marshal Earl Harcourt - Marble (69cm-27in) London 93 ...... FF24 900 - £3 000 - **$4,350**
SIF Serghei G. 1897-1967   [3]
Studio per vignetta - Collage (32x24cm-13x9in) Milano 92 .... FF5 040 - £600 - **$969**
SIGALON Xavier 1787-1837   [5]
La Belle de Nice - Huile/toile (106x84cm-42x33in) Nîmes 91 .... FF70 000 - £6 952 - **$12,154**
Étude de bas-relief antique - Encre (18x27cm-7x11in) Paris 93 .... FF1 800 - £217 - **$328**
SIGARD Eliahu 1901-1975   [5]
Figures in a street - Watercolour (50x70cm-20x28in) Tel Aviv 95 .... FF1 740 - £220 - **$340**
SIGG Hermann Alfred 1924   [2]
Bauer mit Pferd - Aquarelle (31x19cm-12x7in) Zofingen 94 .... FF1 930 - £226 - **$344**
SIGLER Hollis 1948   [3]
Taking leave f my senses - Acrylic/canvas (115x149cm-45x59in) New-York 90 ...... FF40 000 - £4 255 - **$7,156**
SIGMUND Benjamin D. c.1879-1903   [28]
Cattle watering by a river - Watercolour (28x45cm-11x18in) London 93 .... FF4 215 - £480 - **$715**
The Young Brood - Watercolour (30x40cm-12x16in) London 94 .... FF15 130 - £1 800 - **$2,880**
SIGNAC Paul 1863-1935   [464]
Les Andelys, côte d'aval - Huile/toile (60x92cm-24x36in) Paris 93 .... FF1 - £1 - **$2, 2e,+06**
Juan-les-Pins - Oil/canvas (73x92cm-29x36in) New-York 95 .... FF1 - £253 000 - **$400,000**
Notre-Dame - Huile/toile (50x79cm-20x31in) Paris 94 .... FF3 - £413 500 - **$638,000**
Fécamp, soleil - Oil/canvas (46x55cm-18x22in) New-York 96 .... FF544 000 - £70 200 - **$105,000**
Saint-Tropez - Oil/canvas (65x81cm-26x32in) New-York 93 .... FF9 7e +06 - £1 - **$1**
Le dimanche parisien - Lithographie (17x13cm-7x5in) London 97 .... FF53 089 - £5 500 - **$9,094**
Saint-Valéry - Aquarelle (10x17cm-4x7in) Paris 97 .... FF17 000 - £1 863 - **$2,984**
Escadre - Watercolour (10x20cm-4x8in) Tel Aviv 97 .... FF26 738 - £2 973 - **$5,000**
Paysage de Bretagne - Aquarelle (22x28cm-9x11in) Paris 97 .... FF62 000 - £6 739 - **$10,893**
View of the Notre Dame, Paris - Watercolour (26x39cm-10x15in) Amsterdam 97 ...... FF89 901 - £9 450 - **$15,444**
Le port de saint Malo - Aquarelle/papier (27x43cm-11x17in) Paris 97 ...... FF112 000 - £11 670 - **$19,084**
La Régate - Watercolour (26x42cm-10x17in) London 96 .... FF165 000 - £18 820 - **$31,600**
Vue du port de Paimpol - Wash (30x77cm-12x30in) London 91 .... FF218 200 - £22 352 - **$40,739**
SIGNORET Charles 1867-1932   [6]
A fishing boat at sunset - Oil/canvas (55x81cm-22x32in) New-York 93 ..... FF12 100 - £1 518 - **$2,200**
SIGNORET-LEDIEU Lucie 1858-1904   [6]
Nymphe de Diane - Bronze (62cm-24in) London 92 .... FF11 700 - £1 200 - **$2,172**
SIGNORI Carlo Sergio 1906   [6]
Senza titolo - Marbre (60x22x38cm-24x9x15in) Milano 94 .... FF26 100 - £3 080 - **$4,930**
SIGNORINI Giovanni 1808-1864   [1]
A peasant family resting on a track - Oil/canvas (35x41cm-14x16in) London 96 ...... FF28 330 - £3 500 - **$5,470**
SIGNORINI Giuseppe 1857-1932   [27]
The water carriers, Cairo - Watercolour (94x67cm-37x26in) New-York 95 ... FF23 000 - £2 865 - **$4,500**
The arab orchestra - Pencil (59x85cm-23x33in) London 93 .... FF80 000 - £10 000 - **$14,500**
The Meeting of the Cardinals - Watercolour (76x117cm-30x46in) New-York 94 ...... FF113 700 - £12 246 - **$20,000**
SIGNORINI Telemaco 1835-1901   [29]
Una Via di Ravenna - Oil/canvas (47x75cm-19x30in) New-York 97 .... FF1 - £152 025 - **$250,000**
Cimitero di Solferino - Olio/cartone (12x18cm-5x7in) Firenze 97 .... FF68 000 - £8 000 - **$12,000**
Il Ponte d'Affrico in Piagentina - Oil/canvas (73x57cm-29x22in) New-York 96 ...... FF283 000 - £34 300 - **$55,000**
Il banco degli imputati - Matita/carta (16x37cm-6x15in) Prato 96 .... FF13 140 - £1 560 - **$2,574**

SIGNOVERT Jean 1919-1981   [128]
- *Composition aux vingt-cinq figures* - Huile/toile Béziers 92 .... FF23 000 - £2 354 - **$4,050**
- *Les parures* - Fusain/papier (32x37cm-13x15in) Paris 97 .... FF1 500 - £161 - **$263**
- *Composition géométrique* - Gouache/papier (48x63cm-19x25in) Paris 92 .... FF5 000 - £512 - **$900**

SIGON Giuseppe 1864-1922   [1]
- *La quiete dell'harem* - Acquarello/carta (29x38cm-11x15in) Trieste 95 .... FF6 160 - £780 - **$1,200**

SIGON Pollione 1895-1971   [2]
- *Paesaggio al Cacciatore* - Olio/tavola (49x36cm-19x14in) Trieste 96 .... FF2 340 - £294 - **$448**

SIGOV Alexandre 1955   [2]
- *La princesse chat* - Huile/toile (70x60cm-28x24in) Paris 90 .... FF4 000 - £409 - **$790**

SIGRAD Eliahu 1901-1975   [1]
- *A family* - Oil/canvas (38x55cm-15x22in) Tel Aviv 95 .... FF4 570 - £572 - **$910**

SIGRIST Edmond 1882-1947   [5]
- *Printemps à Châtillon* - Huile/toile (38x46cm-15x18in) Versailles 91 .... FF5 500 - £555 - **$972**

SIGRIST Franz I, François 1727-1803   [2]
- *Caritas Romana* - Oil/canvas (16x13cm-6x5in) Wien 92 .... FF12 020 - £1 437 - **$2,313**

SIGRISTE Guido 1864-1915   [9]
- *Napoléon en campagne* - Huile/toile (51x74cm-20x29in) Paris 94 .... FF25 000 - £2 935 - **$4,420**

SIGUENZA Joaquin 1825-1902   [1]
- *Bodegones de pajaros, 1899* - Oil/canvas (27x34cm-11x13in) Madrid 90 .... FF49 100 - £5 088 - **$8,629**

SIGURD Rolf 1893-1943   [2]
- *Segelboote* - Ol/Leinwand (42x37cm-17x15in) Wien 94 .... FF2 930 - £333 - **$497**

SIGVARD Rune 1907-1943   [5]
- *Självporträtt* - Oil/canvas (61x46cm-24x18in) Stockholm 94 .... FF5 890 - £683 - **$1,014**

SIHLALI Durant 1935   [2]
- *Figures outside a farm building* - Wash Cape Town 91 .... FF2 050 - £207 - **$356**

SIHVONEN Oli 1921   [2]
- *Horizontal Three* - Oil/canvas (244x71cm-96x28in) Cambridge, Mass. 94 .... FF2 810 - £332 - **$500**

SIJS Maurice 1880-1972   [32]
- *Vue de Martigues, Provence* - Huile/toile (50x60cm-20x24in) Lokeren 91 .... FF39 500 - £3 932 - **$6,793**
- *Gezicht op de Haven van Veere* - Oil/canvas (52x62cm-20x24in) Amsterdam 97 .... FF80 911 - £8 505 - **$13,899**
- *The ferryman* - Gouache (58x68cm-23x27in) London 97 .... FF74 286 - £7 800 - **$12,777**

SIJTHOFF Gijsbertus Jan 1867-1949   [15]
- *A mother feeding her child* - Oil/canvas (60x50cm-24x20in) Amsterdam 97 .... FF8 671 - £938 - **$1,512**

SIKA Lauma XX   [2]
- *Dalila* - Huile/toile (100x100cm-39x39in) Lyon 90 .... FF3 000 - £307 - **$592**

SIKELIOTIS Giorgos 1917-1984   [1]
- *A Couple* - Tempera/paper (70x40cm-28x16in) Athens 96 .... FF40 700 - £4 720 - **$7,800**

SIKKER-HANSEN Aage 1897-1955   [2]
- *Cirkel Kaffe* - Poster (62x85cm-24x33in) New-York 96 .... FF5 090 - £600 - **$1,000**
- *Child* - Watercolour (41x47cm-16x19in) Köbenhavn 95 .... FF2 130 - £276 - **$434**

SILAS Ellis Luciano 1883-1972   [5]
- *Southport for the Family Holiday* - Poster (99x122cm-39x48in) New-York 95 .... FF2 863 - £376 - **$600**

SILAS Louis XIX   [2]
- *Chrysanthemums & tulips* - Oil/canvas (105x150cm-41x59in) London 92 .... FF29 300 - £3 000 - **$5,170**

SILAS Louis XX   [2]
- *Vase of summers flowers* - Oil/panel (70x88cm-28x35in) London 92 .... FF15 080 - £1 800 - **$2,900**

SILBERMAN Jean Claude 1935   [5]
- *Un jeu éducatif* - Acrylique/toile (146x114cm-57x45in) Paris 93 .... FF4 800 - £579 - **$873**

SILBERMAN Malvina 1955   [2]
- *Lézard* - Technique mixte/carton (14x47cm-6x19in) Paris 91 .... FF3 500 - £353 - **$607**

SILBERSTEIN Bernard G. XX   [2]
- *Frida Kahlo painting a self-portrait* - (24x20cm-9x8in) New-York 93 .... FF8 460 - £968 - **$1,500**

SILBERSTEIN-GARRIGUES Fany 1944   [2]
- *Esther debout* - Bronze (50cm-20in) Paris 92 .... FF15 000 - £1 540 - **$2,885**

SILBERT José 1862-1939   [5]
- *Prière du matin au Maroc* - Huile/toile (92x71cm-36x28in) Paris 95 .... FF14 500 - £1 876 - **$2,963**

SILBERT Max 1871-?   [17]
- *Family seated for dinner* - Oil/canvas (26x35cm-10x14in) San Francisco-Los Angeles 93 .... FF7 700 - £966 - **$1,400**
- *Lacemakers* - Oil/canvas (53x46cm-21x18in) New-York 92 .... FF17 040 - £1 743 - **$3,000**

SILINS Herberts 1926   [13]
- *Le printemps* - Huile/toile (100x100cm-39x39in) Paris 90 .... FF2 600 - £265 - **$520**

SILINS Karlis 1959   [12]
- *Le cri* - Huile/toile (130x120cm-51x47in) Paris 90 .... FF3 000 - £305 - **$600**

SILIO José Eugenio XX   [2]
- *Cafeteria* - Oleo/tablex (65x54cm-26x21in) Madrid 92 .... FF3 386 - £404 - **$651**

SILK Oliver XIX-XX   [2]
- *The Forbidden Drink* - Watercolour (34x24cm-13x9in) Billinghurst, West Sussex 92 .... FF2 340 - £240 - **$449**

SILLÉN af Herman 1857-1908   [29]
- *Man över bord, marine* - Oil/canvas (85x130cm-33x51in) Stockholm 96 .... FF38 450 - £4 800 - **$7,420**
- *Söder från Kastellholmen* - Oil/canvas (70x100cm-28x39in) Stockholm 95 .... FF124 300 - £16 270 - **$25,260**

S

Stockholm - Akvarell (20x42cm-8x17in) Stockholm 92... FF**26 400** - £**2 700** - **$4,650**

SILLENY Josef 1824-1875 [1]
The Seven Pagodas, Madras - Pencil (15x30cm-6x12in) Hadspen 96.. FF**1 894** - £**240** - **$363**

SILLETT James 1764-1840 [8]
Exotic Fowl in a Landscape - Oil/canvas (45x60cm-18x24in) London 97......................... FF**33 614** - £**3 600** - **$5,842**
Study of an auricula - Oil/panel (35x26cm-14x10in) London 96................................ FF**237 700** - £**28 000** - **$46,700**
Norwich cathedral - Wash (24x18cm-9x7in) London 96... FF**11 170** - £**1 400** - **$2,170**

SILSBY Wilson 1883-1952 [3]
Indian Houses, San Diego
    Oil/canvas (41x51cm-16x20in) San Francisco-Los Angeles 94.......................... FF**15 300** - £**1 810** - **$2,750**

SILVA Benjamin 1927 [3]
Painter's studio - Oil/canvas (100x100cm-39x39in) New-York 92 .... FF**34 100** - £**3 486** - **$6,000**

SILVA da Jao XX [3]
Caneton et escargot - Bronze (10cm-4in) Paris 96.. FF**4 200** - £**523** - **$810**

SILVA Francis Augustus 1835-1886 [39]
New England Coast - Oil/canvas (107x147cm-42x58in) New-York 92............... FF**166 400** - £**19 860** - **$32,000**
Late afternoon, Haverstraw Bay - Oil/canvas (50x91cm-20x36in) New-York 94 .... FF**998 000** - £**120 000** - **$190,000**
Point Judith, Rhode Island - Watercolour/paper (27x51cm-11x20in) New-York 97 ...... FF**99 183** - £**10 414** - **$17,000**

SILVA SANTAMARIA Guillermo 1921 [1]
Vendedor de Judas - Etching in colors (46x33cm-18x13in) Delray Beach, Florida 96 .... FF**2 500** - £**324** - **$500**

SILVA VANDEIRA Mariano ?-1928 [1]
Cascada - Oil/cardboard (30x48cm-12x19in) México 92 .... FF**11 160** - £**1 146** - **$2,040**

SILVA William Posey 1859-1948 [14]
Little Village in France - Oil/canvas (51x61cm-20x24in) San Francisco-Los Angeles 94 ...... FF**23 000** - £**2 726** - **$4,250**

SILVA-BRUHNS Ivan da 1880-1980 [4]
Projet de tapis - Aquarelle (27x36cm-11x14in) Paris 92 .... FF**2 800** - £**287** - **$493**

SILVAIN Christian 1950 [17]
Maison qui brûle - Technique mixte/toile (70x80cm-28x31in) Lokeren 92....................... FF**6 310** - £**646** - **$1,110**
La Nuit étoilée - Multiple (75x56cm-30x22in) Lokeren 95.. FF**3 010** - £**396** - **$605**
Torso - Bronze (36cm-14in) Antwerpen 92.. FF**3 650** - £**374** - **$643**

SILVÉN Jacob Johan 1851-1924 [19]
Insjölandskap i månsken - Oil/canvas (64x99cm-25x39in) Stockholm 97....................... FF**7 547** - £**797** - **$1,304**
Strandäng med kvinnor och barn
    Oil/canvas/panel (86x129cm-34x51in) Stockholm 94................................. FF**23 300** - £**2 750** - **$4,150**
Friluftsmålarna på stranden - Oil/canvas (29x32cm-11x13in) Stockholm 97 ..... FF**128 299** - £**13 549** - **$22,168**

SILVERMAN Martin 1950 [3]
Bag man, 1981 - Sculpture (27x12x40cm-11x5x16in) New-York 89 .... FF**21 200** - £**2 109** - **$3,349**

SILVERTHORNE Jeanne 1950 [2]
DNA I - Sculpture (124x61x61cm-49x24x24in) New-York 96 .... FF**11 270** - £**1 337** - **$2,200**

SILVESTRE Albert 1869-1954 [10]
Flusslandschaft - Oil/canvas (37x45cm-15x18in) Zofingen 91 .... FF**4 360** - £**437** - **$720**

SILVESTRE Israël 1621-1691 [10]
Cour du Cheval blanc, Fontainebleau - Etching New-York 95.................................... FF**4 030** - £**484** - **$751**
Château en bord de mer - Encre (11x17cm-4x7in) Monaco 92 .... FF**12 000** - £**1 432** - **$2,310**

SILVESTRE Louis II 1675-1760 [5]
Maria Josepha, Queen of Poland - Oil/canvas (146x111cm-57x44in) New-York 92 ... FF**225 700** - £**23 200** - **$42,000**
St. Paul guérissant le Paralytique - Craies/papier (35x27cm-14x11in) Monaco 92.......... FF**62 000** - £**6 350** - **$11,160**

SILVESTRE Paul 1884-? [6]
Jeune femme - Ivory, bronze (10cm-4in) Paris 96.. FF**7 000** - £**871** - **$1,350**
Leda and the Swan - Bronze (34cm-13in) New-York 92... FF**23 400** - £**2 406** - **$4,149**

SILVESTRE Victor XIX-XX [1]
A girl and a goat - Bronze (30x82cm-12x32in) London 90....................................... FF**12 600** - £**1 349** - **$2,191**

SILVESTRI Gino 1928 [2]
Sans titre - Huile/toile (82x70cm-32x28in) Verrières-Le-Buisson 91 .... FF**5 800** - £**586** - **$1,151**

SILVESTRI Tullio 1880-1963 [4]
Buranella in preghiera - Monotipo/carta (63x48cm-25x19in) Trieste 92......................... FF**6 340** - £**650** - **$1,117**
Piazza di mercato - Monotipo/carta (60x48cm-24x19in) Trieste 92 .... FF**40 800** - £**4 170** - **$7,180**

SILVIN Silvin Bronckart 1915-1970 [2]
Composition abstraite - Gouache (65x50cm-26x20in) Liège 96................................... FF**9 150** - £**1 188** - **$1,810**

SIMA Josef 1891-1971 [50]
La Putain de Barcelone - Huile/toile (46x38cm-18x15in) Paris 95............................. FF**38 000** - £**4 930** - **$7,780**
Tache violette - Huile/toile (40x65cm-16x26in) Paris 95.. FF**50 000** - £**6 640** - **$10,300**
Impasse II - Huile/toile (60x81cm-24x32in) Paris 95 .... FF**93 000** - £**11 870** - **$19,030**
Terres - Huile/toile (130x81cm-51x32in) Paris 93... FF**150 000** - £**18 750** - **$27,300**
Composition - Aquarelle, gouache/papier (28x37cm-11x15in) Paris 97 .... FF**25 000** - £**2 643** - **$4,290**

SIMA Ladislav 1885-1956 [1]
Akt in Landschaft - Ink (44x32cm-17x13in) Wien 91 .... FF**1 824** - £**184** - **$356**

SIMA Michel 1912-1987 [1]
Tête de femme - Sculpture (15cm-6in) Saint-Germain-en-Laye 96............................. FF**4 000** - £**456** - **$766**

SIMA Miron 1902-? [2]
Orchard nearby Jesuralem - Oil/canvas (41x53cm-16x21in) Tel Aviv 94...................... FF**5 230** - £**618** - **$950**

SIMAK Lev 1896-1987 [7]
Drei Männer in der Berghütte - Oil/canvas (77x97cm-30x38in) München 92...................... FF**20 400** - £**2 090** - **$3,590**

S

Zirkus Fratelini - Pastell (45x53cm-18x21in) München 91 .... FF**17 570** - £*1 749* - **$3,021**

SIMAS Eugène Martial XIX-XX [1]
Liqueur de l'Abbaye de Poissy - Affiche (135x99cm-53x39in) Paris 93 .... FF**1 700** - £*191* - **$288**

SIMBARI Nicola 1927 [118]
Red and orange - Oil/canvas (46x27cm-18x11in) New-York 97 .... FF**4 350** - £*457* - **$749**
By the Sea - Oil/canvas New-York 97 .... FF**14 510** - £*1 526* - **$2,500**
The wind - Oil/canvas (97x130cm-38x51in) New-York 94 .... FF**35 100** - £*4 030* - **$6,000**
Woman and flowers - Oil/canvas (61x89cm-24x35in) Chicago 94 .... FF**54 200** - £*6 320* - **$9,500**
Pulcinella - Gouache/paper (25x16cm-10x6in) Chicago 96 .... FF**7 580** - £*984* - **$1,500**

SIMBERG Hugo 1873-1917 [43]
Flowers and fruit - Oil/canvas (53x53cm-21x21in) Helsinki 95 .... FF**18 520** - £*2 315* - **$3,740**
Vinterdag i Antrea - Oil/canvas (57x90cm-22x35in) Helsinki 92 .... FF**459 000** - £*46 900* - **$80,700**
Landscape - Watercolour (27x24cm-11x9in) Helsinki 94 .... FF**11 140** - £*1 330* - **$2,082**

SIMBOLI Raymond 1894-1964 [1]
Factories, Pittsburgh - Oil/canvas (76x91cm-30x36in) New-York 92 .... FF**26 000** - £*2 760* - **$5,000**

SIMCOCK Jack 1929 [5]
Stone cottages - Oil/masonite (60x96cm-24x38in) New-York 95 .... FF**2 930** - £*374* - **$600**

SIME Sidney Herbert 1867-1941 [4]
Fantasia - Watercolour, gouache (38x27cm-15x11in) New-York 90 .... FF**7 470** - £*771* - **$1,319**

SIMENSEN Sigvard ?-1920 [6]
Vinterdag i en bygd - Oil/canvas (46x63cm-18x25in) København 96 .... FF**4 460** - £*577* - **$891**

SIMEON Dominique William 1951 [1]
Ursa-Minor - Bronze (35x38cm-14x15in) La Varenne Saint-Hilaire 95 .... FF**23 000** - £*2 823* - **$4,480**

SIMETI Turi 1929 [8]
Senza titolo - Tela sagomata (60x60cm-24x24in) Milano 92 .... FF**13 560** - £*1 613* - **$2,610**

SIMI Filadelfo 1849-1923 [1]
Strada nella campagna fiorentina - Olio/tavola (36x22cm-14x9in) Roma 90 .... FF**2 500** - £*266* - **$447**

SIMIL Émilcar 1947 [3]
Femme bijoux et fleurs - Huile/isorel (91x77cm-36x30in) Paris 96 .... FF**29 000** - £*3 750* - **$5,690**

SIMKHOVITCH Simka 1893-1949 [3]
The Russian Dance - Oil/canvas (94x119cm-37x47in) Tel Aviv 96 .... FF**67 300** - £*8 310* - **$13,000**
The picnic - Oil/canvas (111x126cm-44x50in) New-York 92 .... FF**159 000** - £*16 270* - **$23,000**

SIMKIN Richard 1840-1926 [33]
1st Battalion Gordon Highlanders - Watercolour (45x31cm-18x12in) London 93 .... FF**4 980** - £*600* - **$870**
Coldstream Guards - Watercolour (38x70cm-15x28in) London 91 .... FF**9 410** - £*1 200* - **$1,897**

SIMKINS Edith A. XIX-XX [2]
A bay hunter - Oil/canvas (40x51cm-16x20in) London 96 .... FF**3 465** - £*420* - **$674**

SIMKINS Howard 1948 [3]
The Zen Of It - Oil/canvas (123x207cm-48x81in) Toronto 92 .... FF**2 150** - £*220* - **$379**

SIMKINS Martha XX [2]
Bay view in Summer - Oil/board (51x51cm-20x20in) Cambridge, Mass. 93 .... FF**3 850** - £*455* - **$700**

SIMM Franz Xaver 1853-1918 [6]
I en orientalsk Bazar - Oil/canvas (170x130cm-67x51in) København 96 .... FF**42 800** - £*5 540* - **$8,550**

SIMMELHAG Kay 1899-1988 [1]
Opstilling med frugter, 1927 - Oil/canvas (82x100cm-32x39in) København 90 .... FF**4 400** - £*468* - **$787**

SIMMERL Hans 1897-1965 [1]
Der einsame Mensch - Oil/canvas (186x143cm-73x56in) Wien 92 .... FF**9 620** - £*1 120* - **$1,963**

SIMMLER Józef 1823-1868 [3]
Ein Jagd-Tag - Ink/paper (57x48cm-22x19in) München 94 .... FF**10 260** - £*1 216* - **$1,873**

SIMMLER Wilhelm 1840-1914 [3]
Die Frühlingsmelodie - Öl/Karton (44x34cm-17x13in) München 94 .... FF**6 150** - £*740* - **$1,170**
Frühlingsmusik - Oil/canvas (77x198cm-30x78in) München 91 .... FF**16 900** - £*1 695* - **$2,790**
Flötenspielender Pan mit Ziegen - Mixed media/paper (70x90cm-28x35in) Wien 92 ..... FF**16 830** - £*1 960* - **$3,436**

SIMMONDS Julius 1843-1924 [3]
Artist's Studio - Pencil/paper (32x25cm-13x10in) New-York 94 .... FF**11 380** - £*1 377* - **$2,100**
Hermia and Lysander - Watercolour (91x77cm-36x30in) New-York 94 .... FF**210 600** - £*24 850* - **$37,500**

SIMMONDS William George 1876-1968 [1]
Old English Rabbit - Sculpture (37cm-15in) London 92 .... FF**46 750** - £*4 773* - **$8,481**

SIMMONS Edward Emerson 1852-1931 [9]
Nude playing the violin - Oil/canvas (50x60cm-20x24in) London 92 .... FF**23 450** - £*2 800* - **$4,510**
Autumn landscape, Concord - Watercolour/paper (25x41cm-10x16in) Boston, Mass. 94 ..... FF**5 410** - £*642* - **$1,000**

SIMMONS Franklin 1839-1913 [1]
Abraham Lincoln - Marble (80cm-31in) New-York 89 .... FF**22 900** - £*2 213* - **$3,475**

SIMMONS Laurie 1949 [15]
Talking Baseball Bat - Photograph in colour (162x117cm-64x46in) New-York 97 ..... FF**16 374** - £*1 729* - **$2,800**

SIMMONS William Henry 1811-1882 [4]
The Bedale Hunt - Engraving (53x79cm-21x31in) Litchfield, CT 92 .... FF**1 530** - £*157* - **$300**

SIMOES DE FONSECA Gaston 1874-? [6]
Salon de l'Automobile et du Cycle - Poster (73x103cm-29x41in) New-York 95 .... FF**7 570** - £*954* - **$1,500**

SIMON Armand 1906-1981 [20]
Sans titre - Encre Chine (34x26cm-13x10in) Bruxelles 95 .... FF**3 585** - £*454* - **$721**

S

SIMON Émile Joseph Jules 1890-1976 [56]

☞ *Marine* - Huile/panneau (33x41cm-13x16in) Quimper 97 .... FF5 500 - £589 - **$964**
   L'heure de la messe à Audierne - Huile/panneau (61x55cm-24x22in) Paris 97 .... FF8 600 - £934 - **$1,524**
   Bal du 14-Juillet au Pays Bigouden - Huile/toile (61x83cm-24x33in) Brest 93 .... FF39 000 - £4 700 - **$7,090**

SIMON Erich M. 1892-? [1]

🖼 *Das Werkhaus* - Poster (71x95cm-28x37in) New-York 96 .... FF8 150 - £960 - **$1,600**

SIMON Ernest ?-1895 [5]

☞ *Paris, l'aqueduc d'Auteuil* - Oil/canvas (88x148cm-35x58in) New-York 93 .... FF41 300 - £4 700 - **$7,000**
  ∅ *Château de Kerbastic, Morbihan* - Aquarelle (34x54cm-13x21in) Le Puy 95 .... FF10 000 - £1 300 - **$2,060**

SIMON François 1606-1671 [2]

☞ *Le berger et son troupeau* - Huile/panneau (43x70cm-17x28in) Versailles 89 .... FF11 500 - £1 176 - **$1,849**

SIMON François 1818-1896 [3]

☞ *Gardien de moutons* - Huile/panneau (43x75cm-17x30in) Molay-Littry 95 .... FF8 600 - £1 115 - **$1,775**

SIMON Frantisek Franz 1877-1942 [4]

☞ *Ahrenleser unter Sommerhimmel* - Oil/canvas (61x71cm-24x28in) Stuttgart 90 .... FF43 900 - £4 535 - **$7,756**

SIMON Friedrich 1809-1857 [2]

☞ *Junge Münchnerin mit Riegelhaube* - Öl/Leinwand (36x31cm-14x12in) München 95 .... FF12 410 - £1 570 - **$2,490**

SIMON Henry XX [13]

∅ *Port Saint-Gilles* - Aquarelle (40x30cm-16x12in) La Roche-sur-Yon 93 .... FF4 600 - £555 - **$837**

SIMON Henry 1910-1987 [2]

☞ *Composition* - Huile/toile (61x46cm-24x18in) Cannes 91 .... FF2 500 - £257 - **$466**
  ∅ *Maraichin* - Encre/papier (49x32cm-19x13in) Nantes 90 .... FF2 500 - £268 - **$435**

SIMON Hermann Gustave 1846-1895 [1]

∅ *A Pointer on point* - Watercolour/paper (30x45cm-12x18in) New-York 93 .... FF7 150 - £897 - **$1,300**

SIMON Hervé 1888-? [2]

☞ *Enfants sur la plage* - Huile/panneau (27x34cm-11x13in) Bruxelles 93 .... FF4 940 - £591 - **$1,010**

SIMON Hervé 1877-1946 [2]

☞ *Nature morte au vase de fleurs* - Huile/toile (72x51cm-28x20in) Bruxelles 89 .... FF7 500 - £767 - **$1,206**

SIMON Howard 1902-1979 [1]

∅ *Bleeker street* - Watercolour/board (38x48cm-15x19in) Cambridge, Mass. 91 .... FF2 280 - £229 - **$394**

SIMON Jacques 1875-1965 [35]

☞ *Les fruits exotiques* - Huile/toile (54x65cm-21x26in) Granville 92 .... FF6 500 - £667 - **$1,208**
   L'oie - Huile/toile (46x61cm-18x24in) Granville 92 .... FF11 000 - £1 129 - **$2,045**
  ∅ *Au marché* - Gouache (20x32cm-8x13in) Paris 96 .... FF8 000 - £1 032 - **$1,567**

SIMON Kati 1952 [5]

☞ *Bouquet sur une table* - Huile/panneau (50x60cm-20x24in) Brides-les-Bains 94 .... FF6 000 - £728 - **$1,141**

SIMON Léon 1836-1910 [1]

∅ *L'étang en sous-bois* - Fusain (35x52cm-14x20in) Paris 94 .... FF1 800 - £215 - **$336**

SIMON Lucien 1861-1945 [84]

☞ *Champ de course en Bretagne* - Huile/toile Rennes 95 .... FF15 000 - £1 878 - **$2,990**
   La leçon de violon - Huile/toile (38x46cm-15x18in) Lyon 97 .... FF35 000 - £3 650 - **$5,985**
   Jeus élégantes dans l'escalier - Huile/toile (82x107cm-32x42in) Douarnenez 96 .... FF75 000 - £9 600 - **$14,880**
  ∅ *Paysage maritime du Midi* - Aquarelle (31x48cm-12x19in) Brest 96 .... FF4 000 - £460 - **$763**
   Noce bretonne - Aquarelle (42x55cm-17x22in) Brest 97 .... FF29 000 - £3 141 - **$5,092**

SIMON Stella F. 1878-1973 [11]

📷 *Lab Glas Abstraction* - Gelatin silver print (23x13cm-9x5in) New-York 93 .... FF3 850 - £483 - **$700**

SIMON Tavik Franktisék 1877-1942 [15]

☞ *Weinflasche und Früchten* - Öl/Leinwand (65x81cm-26x32in) Praha 95 .... FF11 180 - £1 447 - **$2,285**
   Beach scene on the Dutch coast - Oil/canvas (53x65cm-21x26in) New-York 95 .... FF38 300 - £4 770 - **$7,500**
🖼 *Der Hradschin, Prag* - Etching in colors (16x14cm-6x6in) Wien 96 .... FF2 410 - £301 - **$466**

SIMON Yochanan 1905-1976 [73]

☞ *Vegetation in the Deserd* - Mixed media/canvas (38x46cm-15x18in) Tel Aviv 97 .... FF17 112 - £190 3 4 - **$3,200**
   In the Kibbutz - Oil/canvas (38x46cm-15x18in) Tel Aviv 95 .... FF72 400 - £8 680 - **$13,500**
   Evening in the Kibbutz - Oil/canvas (60x81cm-24x32in) Tel Aviv 94 .... FF159 300 - £18 120 - **$27,000**
  ∅ *Figures in the Kibbutz* - Gouache (27x34cm-11x13in) Tel Aviv 97 .... FF32 086 - £3 568 - **$6,000**

SIMON-AUGUSTE Simon 1909 [47]

☞ *La partie de dames* - Huile/isorel (38x92cm-15x36in) Lyon 96 .... FF9 000 - £1 171 - **$1,783**
   Nu aux coussins bleus - Huile/toile (113x147cm-44x58in) Fontainebleau 92 .... FF25 000 - £2 560 - **$4,400**
  ∅ *Nu allongé* - Encre Chine (34x63cm-14x25in) Calais 92 .... FF3 500 - £359 - **$687**

SIMONAU Gustave Adolphe 1810-1870 [5]

∅ *Figures on a street* - Watercolour (66x49cm-26x19in) New-York 89 .... FF5 700 - £567 - **$900**

SIMONDS George 1843-? [2]

🗿 *Bust of a gentleman* - Marble (64cm-25in) Leyburn, North Yorkshire 92 .... FF6 840 - £700 - **$1,207**

SIMONE de Antonio c.1840-c.1915 [37]

☞ *British iron-clad, Bay of Naples* - Oil/canvas (53x71cm-21x28in) London 92 .... FF25 400 - £2 600 - **$4,480**
  ∅ *S.Y. Maria* - Bodycolour (58x89cm-23x35in) London 93 .... FF5 400 - £650 - **$943**
   S.Y. Rosabelle - Bodycolour (41x64cm-16x25in) London 96 .... FF18 600 - £2 400 - **$3,590**

SIMONE de Michele 1893-1955 [3]

☞ *Bimbo tra i fiori* - Olio/tavola (24x24cm-9x9in) Roma 95 .... FF4 160 - £532 - **$854**

SIMONE de Tomaso XIX-XX [36]

☞ *H.M.S. Revenge off Naples* - Oil/canvas (46x66cm-18x26in) New-York 93 .... FF38 500 - £4 830 - **$7,000**
  ∅ *Steam Yacht Valhalla, Naples* - Gouache (44x64cm-17x25in) London 96 .... FF4 580 - £600 - **$928**
   Yacht mixte Vanessa, Naples - Gouache/papier (43x64cm-17x25in) Paris 92 .... FF21 000 - £2 157 - **$3,890**

SIMONET John Pierre 1860-1915 [1]
- *Auf der Alp* - Oil/canvas (60x73cm-24x29in) Bern 90 .... FF7 000 - £745 - **$1,252**

SIMONET LOMBARDO Enrique 1864-1927 [6]
- *A Roman beauty* - Oil/panel (37x23cm-15x9in) London 94 .... FF5 880 - £700 - **$1,108**
- *La llegada de la pesca* - Oleo/tabla (20x40cm-8x16in) Madrid 96 .... FF19 040 - £2 180 - **$3,630**

SIMONETTI Amadeo 1874-1922 [4]
- *The letter writter* - Watercolour (55x38cm-22x15in) New-York 95 .... FF61 300 - £7 640 - **$12,000**
- *Sultan's favorite* - Watercolour (51x38cm-20x15in) New-York 93 .... FF124 000 - £14 100 - **$21,000**

SIMONETTI Attillio 1843-1925 [8]
- *The Harem Guard* - Watercolour (69x70cm-27x28in) New-York 97 .... FF45 480 - £4 898 - **$8,000**

SIMONETTI Ettore XIX [11]
- *The music party* - Oil/canvas (46x64cm-18x25in) London 94 .... FF51 500 - £6 000 - **$9,010**

SIMONI de Alfredo XIX [2]
- *Shepherds with their flocks* - Oil/canvas (138x100cm-54x39in) Los Angeles 89 .... FF31 500 - £3 221 - **$5,064**
- *Oxen and Sheep* - Watercolour, gouache (23x53cm-9x21in) North Berwick, Maine 94 .... FF4 270 - £513 - **$800**

SIMONI Gustavo 1845-1926 [28]
- *Arab village scenes* - Oil/panel (33x36cm-9x14in) New-York 96 .... FF114 090 - £12 298 - **$20,000**
- *The Courtship* - Watercolour (92x66cm-36x26in) London 97 .... FF68 431 - £7 500 - **$12,010**
- *Arab musicians* - Watercolour (62x97cm-24x38in) London 96 .... FF138 700 - £18 000 - **$27,430**

SIMONI Paolo A. 1882-1960 [4]
- *Les Gnaoua, chanteurs des rues* - Aquarelle (35x52cm-14x20in) Paris 93 .... FF17 500 - £2 110 - **$3,180**

SIMONI Scipione 1853-1918 [9]
- *Women conversing* - Watercolour/paper (85x53cm-33x21in) New-York 92 .... FF21 600 - £2 210 - **$4,000**

SIMONI Stefan 1860-1950 [3]
- *Flachsernte im Pustertal* - Oil/cardboard (41x55cm-16x22in) Wien 93 .... FF16 830 - £2 010 - **$3,240**

SIMONIDY Michel 1870-1933 [13]
- *La belle Vénitienne* - Huile/toile (55x46cm-22x18in) Paris 96 .... FF12 000 - £1 553 - **$2,355**
- *Sarah Bernhardt* - Color lithograph (58x46cm-23x18in) Tarzana, CA 95 .... FF3 080 - £378 - **$600**
- *Odalisque au narghilé* - Aquarelle, gouache/carton (31x23cm-12x9in) Paris 94 .... FF6 500 - £774 - **$1,237**

SIMONIN Francine 1936 [10]
- *Les africaines* - Lithographie (65x48cm-26x19in) Montréal 94 .... FF1 720 - £198 - **$295**
- *Sans titre* - Encre Chine/papier (27x19cm-11x7in) Montréal 91 .... FF3 010 - £304 - **$598**

SIMONIN Victor 1877-1946 [61]
- *Vase fleuri* - Huile/panneau (57x62cm-22x24in) Bruxelles 97 .... FF2 453 - £270 - **$431**
- *Nature morte* - Huile/panneau (73x103cm-29x41in) Bruxelles 92 .... FF6 590 - £787 - **$1,268**
- *Fleurs et fruits* - Huile/carton (33x29cm-13x11in) Wien 95 .... FF14 900 - £1 917 - **$3,080**

SIMONNEAU Charles Louis 1645-1728 [2]
- *Paysage de montagne* - Encre (17x31cm-7x12in) Monaco 93 .... FF15 000 - £1 807 - **$2,730**

SIMONNET Lucien 1849-1926 [4]
- *Partie de campagne* - Huile/toile (49x61cm-19x24in) Paris 96 .... FF7 500 - £967 - **$1,468**

SIMONS Amory Coffin 1869-1959 [3]
- *A horse* - Bronze (55cm-22in) New-York 95 .... FF25 600 - £3 350 - **$5,200**

SIMONS Frans 1855-1919 [11]
- *Bateaux au crépuscule* - Huile/toile (50x71cm-20x28in) Antwerpen 96 .... FF7 400 - £954 - **$1,428**
- *Le fossé* - Huile/panneau (25x56cm-10x22in) Bruxelles 96 .... FF18 420 - £2 385 - **$3,685**

SIMONS Jan Frans 1855-1919 [4]
- *Scène de bataille* - Huile/toile (70x123cm-28x48in) Bruxelles 90 .... FF21 100 - £2 245 - **$3,775**

SIMONS Léopold 1901-1979 [71]
- *Nus au vélo* - Huile/toile (61x50cm-24x20in) Lille 97 .... FF33 000 - £3 418 - **$5,652**
- *Vierge à l'Enfant* - Terracotta (25cm-10in) Lille 97 .... FF2 400 - £248 - **$411**
- *L'Annonciation* - Gouache/carton (48x65cm-19x26in) Lille 97 .... FF2 000 - £207 - **$342**
- *Sur la plage* - Gouache (33x33cm-13x13in) Lille 97 .... FF2 100 - £217 - **$359**
- *Nature morte aux poires* - Gouache/carton (27x35cm-11x14in) Lille 97 .... FF2 100 - £217 - **$359**

SIMONS Tilla 1888-? [1]
- *Nature morte* - Huile/toile (71x90cm-28x35in) Tongeren 91 .... FF2 754 - £278 - **$547**

SIMONSEN Johanne 1800-1864 [1]
- *Summer flowers in a basket* - Oil/canvas (42x56cm-17x22in) London 92 .... FF31 260 - £3 200 - **$5,520**

SIMONSEN Niels 1807-1885 [32]
- *En armener* - Oil/canvas (60x51cm-24x20in) København 96 .... FF3 110 - £399 - **$613**
- *Farewell to the lover* - Oil/canvas (62x50cm-24x20in) London 93 .... FF29 050 - £3 500 - **$5,080**
- *The corsair* - Oil/canvas (93x70cm-37x28in) London 97 .... FF85 714 - £9 000 - **$14,742**

SIMONSEN Simon 1841-1928 [61]
- *Sydlandsk bjergparti* - Oil/canvas (61x48cm-24x19in) Vejle 91 .... FF5 090 - £510 - **$932**
- *Head of a Saint Bernard* - Oil/canvas (53x40cm-21x16in) London 96 .... FF13 270 - £1 600 - **$2,546**
- *A watchful Eye* - Oil/canvas (25x37cm-10x15in) London 97 .... FF52 920 - £5 800 - **$9,288**

SIMONSON David 1831-1896 [1]
- *Lady wearing a pearl necklace* - Oil/canvas (61x41cm-24x16in) London 93 .... FF7 050 - £850 - **$1,233**

SIMONSON-CASTELLI Ernst Oskar 1831-1896 [1]
- *Young girl with flowers* - Oil/canvas (80x62cm-31x24in) New-York 92 .... FF5 550 - £581 - **$1,000**

SIMONSSON Birger 1883-1938 [30]
- *Sommar* - Oil/panel (33x41cm-13x16in) Stockholm 97 .... FF5 283 - £557 - **$912**
- *Flickor på strand* - Oil/canvas (120x128cm-47x50in) Stockholm 94 .... FF30 900 - £3 584 - **$5,320**

S

SIMONSSON Karl Konrad 1843-1901 [22]
- *Slätprick vid fiskefyr* - Oil/panel (21x28cm-8x11in) Stockholm 92 .... FF2 830 - £290 - $498
- *Landscapes* - Oil/panel (32x24cm-13x9in) Stockholm 95 .... FF13 470 - £1 722 - $2,750

SIMONY Stefan 1860-1950 [14]
- *Motiv aus dem Gurgltal* - Oil/panel (35x48cm-14x19in) München 89 .... FF8 100 - £854 - $1,364
- *Dächer und Türme von Wien* - Öl/Karton (52x41cm-20x16in) Wien 97 .... FF28 752 - £3 024 - $4,938
- *Figures by a pond, Schonbrunn* - Oil/canvas (62x84cm-24x33in) London 97 ... FF104 762 - £11 000 - $18,019

SIMPKINS Ronald 1942 [34]
- *Colline sous la neige* - Huile/masonite (61x91cm-24x36in) Montréal 97 .... FF2 400 - £248 - $424

SIMPSON Anna Frances Connor 1880-1930 [1]
- *Moonlight through the pines* - Pastel (33x25cm-13x10in) New Orleans, Louisiana 94 .... FF4 110 - £475 - $700

SIMPSON Charles 1885-1938 [19]
- *Sandwich Winning the St. Leger* - Oil/canvas (76x97cm-30x38in) London 95 .... FF43 100 - £5 500 - $8,820
- *The white boat* - Gouache/board (49x61cm-19x24in) London 93 .... FF22 830 - £2 600 - $3,874

SIMPSON Charles Walter 1885-1971 [31]
- *White german shepherd dog* - Oil/canvas (40x51cm-16x20in) London 96 .... FF4 150 - £500 - $796
- *The Flight of the Duck* - Oil/canvas (152x183cm-60x72in) Honiton, Devon 95 .... FF43 600 - £5 600 - $8,800
- *Penzance fishing boat at anchor* - Bodycolour (36x51cm-14x20in) Penzance, Cornwall 94 ...... FF5 270 - £600 - $894

SIMPSON Henry 1853-1921 [25]
- *Higland Landscape* - Oil/canvas (24x31cm-9x12in) London 94 .... FF2 330 - £280 - $432
- *The Flower Market* - Watercolour (12x31cm-5x12in) London 97 .... FF2 578 - £280 - $457

SIMPSON John 1782-1847 [1]
- *Sarah Simpson* - Miniature (3cm-1in) London 91 .... FF2 520 - £250 - $438

SIMPSON Joseph 1879-1939 [2]
- *The Upper Reaches of the Forth* - Oil/canvas (40x51cm-16x20in) London 95 .... FF5 330 - £700 - $1,070

SIMPSON Lorna 1960 [8]
- *Time Piece* - Polaroid prints in plastic plaque (124x244cm-49x96in) New-York 96 ...... FF50 900 - £6 000 - $10,000

SIMPSON Maria E., née Burt XIX-XX [2]
- *Mixed flowers in a ewer* - Watercolour (36x25cm-14x10in) London 95 .... FF2 770 - £350 - $556

SIMPSON Mary Goudie ?-1934 [1]
- *A young girl playing in a barn* - Watercolour (28x36cm-11x14in) London 95 .... FF2 923 - £380 - $610

SIMPSON Ruth 1889-1964 [1]
- *Californian artist Charles R* - Oil/canvas (76x91cm-30x36in) Penzance, Cornwall 90 .... FF5 090 - £512 - $925

SIMPSON Thomas W. 1887-1926 [2]
- *In the Orchard* - Watercolour (24x34cm-9x13in) London 94 .... FF3 980 - £460 - $680

SIMPSON W.H. 1866-1886 [2]
- *Beech wood winter* - Oil/canvas (110x139cm-43x55in) New-York 93 .... FF20 620 - £2 440 - $3,750
- *Shire horses, End of the Day* - Watercolour (18x25cm-7x10in) Aylsham, Norfolk 94 ...... FF1 730 - £200 - $295

SIMPSON William Crimean 1823-1899 [23]
- *The Crimean War* - Watercolour (26x42cm-10x17in) London 97 .... FF35 581 - £3 800 - $6,187
- *The Prince of Wales* - Watercolour (42x57cm-17x22in) London 96 .... FF329 000 - £41 000 - $63,500

SIMROCK-MICHAEL Margarethe 1870-? [5]
- *Junges Mädchen* - Aquarell (27x18cm-11x7in) Stuttgart 95 .... FF3 790 - £491 - $771

SIMS Agnes 1910-? [1]
- *Premonition and Memory* - Pastel (36x43cm-14x17in) Bloomfield Hills, Michigan 94 .... FF3 680 - £438 - $700

SIMS Bernice 1926 [3]
- *My Hometown* - Acrylic/masonite (74x107cm-29x42in) Litchfield, CT 92 .... FF2 340 - £280 - $450

SIMS Charles 1873-1926 [29]
- *The bathers* - Oil/canvas (63x76cm-25x30in) London 94 .... FF18 430 - £2 200 - $3,454
- *Titiana's awakening* - Oil/canvas (69x35cm-27x14in) London 92 .... FF121 400 - £14 500 - $23,360
- *Young boy fishing* - Gouache (39x55cm-15x22in) London 90 .... FF24 200 - £2 500 - $4,276

SIMS William S. XIX-XX [1]
- *The farmstead at sunset* - Wash (35x52cm-14x20in) London 91 .... FF1 512 - £150 - $263

SIMSON Hugo 1910-1970 [3]
- *Bretagne, hamnbild* - Oil/canvas (46x61cm-18x24in) Göteborg 94 .... FF3 680 - £427 - $634

SIMSON William 1800-1847 [6]
- *Grand Canal* - Huile/panneau (84x117cm-33x46in) Neuilly 91 .... FF80 000 - £8 210 - $14,900

SINCLAIR Alexander Garden 1859-1930 [1]
- *Old Road, Loch Achray/Loch Achray* - Oil/canvas/board (64x69cm-25x27in) Glasgow 96 .... FF6 910 - £800 - $1,324

SINCLAIR Alfred 1866-? [1]
- *Scenes on the Fijian Coast* - Watercolour (33x49cm-13x19in) London 93 .... FF3 984 - £480 - $696

SINCLAIR Folke 1877-1956 [7]
- *Vårdag* - Oil/canvas (45x52cm-18x20in) Malmö 96 .... FF2 890 - £375 - $566

SINCLAIR Frances XX [2]
- *Table in a window* - Oil/board (220x25cm-87x10in) London 89 .... FF4 800 - £478 - $758

SINCLAIR George S. XIX-XX [2]
- *Amberley village, Sussex* - Watercolour (26x35cm-10x14in) Retford, Nottinghamshire 92 .... FF2 150 - £220 - $379

SINCLAIR Gerrit V. 1890-1955 [2]
- *Milwaukee street scene* - Oil/masonite (76x61cm-30x24in) Chicago 93 .... FF3 540 - £403 - $600

SINCLAIR Irving 1895-1969 [2]
- *Farm scene* - Oil/canvas (76x102cm-30x40in) San Francisco-Los Angeles 94 .... FF7 240 - £855 - $1,300
- *The poker game* - Oil/canvas (137x198cm-54x78in) New-York 92 .... FF34 300 - £3 980 - $7,000

SINCLAIR John 1872-1922 [3]
Figures by a lake - Oil/canvas (56x92cm-22x36in) London 96 .... FF9 360 - £1 100 - **$1,843**
SINCLAIR Max XIX-XX [16]
The Diana in River - Oil/canvas (51x40cm-20x16in) New-York 97 .... FF5 695 - £616 - **$1,000**
Steamship & yacht on the seas - Oil/canvas (30x50cm-12x20in) London 91 .... FF9 970 - £999 - **$1,681**
SINDING Elisabeth 1846-1930 [2]
Three dogs - Oil/canvas (92x115cm-36x45in) London 96 .... FF80 200 - £10 000 - **$15,500**
SINDING Knud 1875-1946 [22]
Italienrinde med kvaeg - Oil/canvas (80x100cm-31x39in) København 90 .... FF4 000 - £431 - **$705**
SINDING Otto 1875-1936 [5]
Fiskevaer i Lofoten - Oil/canvas (85x125cm-33x49in) Tönsberg 90 .... FF74 700 - £7 998 - **$12,991**
SINDING Otto Ludvig 1842-1909 [23]
Norsk bjerglandskab - Oil/canvas (71x111cm-28x44in) København 96 .... FF11 540 - £1 480 - **$2,275**
Fisher families on the beach - Oil/canvas (120x225cm-47x89in) København 96 .... FF42 800 - £5 540 - **$8,550**
SINDING Stephen Abel 1846-1922 [14]
To Mennesker - Bronze (48cm-19in) New-York 91 .... FF23 660 - £2 390 - **$4,697**
SINDING-LARSEN Kristofer 1873-1948 [2]
Sommernatt i Nevlunghavn - Oil/canvas (68x80cm-27x31in) Oslo 92 .... FF5 640 - £578 - **$994**
SINEZOUBOFF Nicolas 1891-1956 [4]
Pommes et citrons - Huile/toile (46x32cm-18x13in) Paris 92 .... FF2 600 - £267 - **$482**
SINGDAHLSEN Andreas 1855-1947 [11]
Vinterelv - Oil/canvas (46x73cm-18x29in) Oslo 91 .... FF9 550 - £962 - **$1,657**
SINGER Albert 1869-1922 [1]
Gamsrudel im Hochgebirge - Öl/Leinwand (120x90cm-47x35in) Wien 94 .... FF4 850 - £574 - **$872**
SINGER Burr 1912 [2]
At the Symphony - Wash/paper (46x59cm-18x23in) New-York 90 .... FF7 460 - £759 - **$1,492**
SINGER Clyde J. 1908 [2]
44 St. Night - Oil/board (55x70cm-22x28in) New-York 91 .... FF9 050 - £914 - **$1,600**
Girl on a windy day - Watercolour/paper (23x15cm-9x6in) Cleveland, Ohio 92 .... FF1 527 - £160 - **$275**
SINGER Franz 1896-1953 [1]
Entwurf für ein Studio - Gouache (28x25cm-11x10in) München 96 .... FF5 950 - £678 - **$1,138**
SINGER Gail 1924 [2]
Conférence animale - Technique mixte/papier (37x30cm-15x12in) Paris 92 .... FF1 800 - £184 - **$324**
SINGER Gérard 1924 [2]
Etude: Canioneautostrate de Bercy - Dessin (21x29cm-8x11in) Paris 89 .... FF3 000 - £290 - **$455**
SINGER Michael XX [2]
7 moon ritual series - Charcoal (124x96cm-49x38in) New-York 93 .... FF15 340 - £1 745 - **$2,600**
SINGER Susi, Selma 1891-1965 [12]
Mann mit zwei Hunden - Ceramic (33cm-13in) Wien 97 .... FF13 390 - £1 428 - **$2,316**
SINGER William Henry, Jnr. 1868-1943 [15]
A view on the dunes - Oil/board (33x41cm-13x16in) Amsterdam 97 .... FF11 098 - £1 200 - **$1,936**
Wild Flowers - Pastel/paper (45x54cm-18x21in) Amsterdam 97 .... FF11 132 - £1 167 - **$1,910**
SINGH Arpita 1937 [5]
My Mother - Oil/canvas (137x183cm-54x72in) London 95 .... FF29 700 - £3 800 - **$5,970**
SINGH Paramjit 1935 [4]
Thunder Storm - Oil/canvas (135x113cm-53x44in) London 96 .... FF34 000 - £4 200 - **$6,560**
SINGIER Gustave 1909-1984 [188]
Pathmos-Evasion - Huile/toile (55x38cm-22x15in) Versailles 97 .... FF18 500 - £2 028 - **$3,247**
Gorgones II - Oil/canvas (80x50cm-31x20in) London 95 .... FF51 900 - £6 500 - **$10,340**
Hommage à Mallarmé - Huile/toile (130x195cm-51x77in) Toulouse 96 .... FF96 000 - £11 630 - **$18,600**
La passerelle - Huile/toile (71x53cm-28x21in) Saint-Germain-en-Laye 91 .... FF191 000 - £19 600 - **$35,550**
Intérieur flamand - Oil/canvas (143x165cm-56x65in) London 95 .... FF324 000 - £42 000 - **$66,800**
Composition abstraite - Technique mixte/papier (35x55cm-14x22in) Toulouse 96 .... FF3 400 - £441 - **$673**
Méridienne I, Saint-Tropez - Aquarelle (45x56cm-18x22in) Paris 96 .... FF12 000 - £1 553 - **$2,355**
Baigneur à minuit - Aquarelle, gouache (26x33cm-10x13in) Saint-Germain-en-Laye 94 .... FF32 500 - £3 790 - **$5,700**
SINGLETON Henry 1766-1839 [9]
Arviragus, Belarius in the forest - Oil/canvas (62x74cm-24x29in) London 96 .... FF28 700 - £3 600 - **$5,580**
SINGLETON William ?-1793 [2]
William Gore in red coat & green collar - Miniature (4cm-2in) London 97 .... FF5 209 - £550 - **$894**
SINGRY Jean-Baptiste 1782-1824 [3]
Young Lady - Miniature (11cm-4in) London 97 .... FF63 970 - £6 800 - **$11,035**
SINIA Johan Gerard 1875-1948 [2]
A temple gate - Pastel (45x34cm-18x13in) Amsterdam 96 .... FF2 560 - £311 - **$498**
SINIBALDI Paul Jean 1857-1909 [12]
On the Terrace, Capri - Oil/canvas (48x32cm-19x13in) New-York 94 .... FF26 560 - £3 170 - **$5,000**
Wildflowers and butterflies - Oil/canvas (73x92cm-29x36in) New-York 96 .... FF205 700 - £24 940 - **$40,000**
SINIBALDO Toroi XIX [2]
The flirtation - Oil/panel (35x25cm-14x10in) New-York 92 .... FF9 880 - £1 180 - **$1,900**
SINICKI René XX [11]
Marchand d'oranges - Huile/toile (24x16cm-9x6in) Paris 93 .... FF3 000 - £362 - **$546**
SINNOTT Kevin 1947 [7]
Mother and child - Oil/canvas (90x125cm-35x49in) London 95 .... FF10 960 - £1 400 - **$2,250**

S

SINOVAS Luis 1956 [10]
🖼 *Dimanche à Almeria* - Huile/panneau (33x41cm-13x16in) Toulouse 93 .... FF3 200 - £366 - $543
SINSABAUGH Art 1924-1983 [12]
📷 *Chi. La #31* - Gelatin silver print (8x48cm-3x19in) New-York 94 .... FF27 900 - £3 230 - $4,800
SINTENIS Renée 1888-1965 [132]
🗿 *Shetlandpony in Wind* - Bronze (7cm-3in) Berlin 97 .... FF31 081 - £3 300 - $5,414
Stehendes Fohlen - Bronze (10x3x10cm-4x1x4in) Köln 97 .... FF50 692 - £5 328 - $8,679
Bär - Bronze (18cm-7in) Berlin 97 .... FF104 899 - £11 140 - $18,272
🖊 *Junge Männer* - Ink (37x25cm-15x10in) Köln 97 .... FF10 814 - £1 136 - $1,851
SINTES Joseph 1829-1913 [4]
🖼 *Mosquée Sidi Abdelrahmane* - Huile/carton (25x19cm-10x7in) Paris 93 .... FF6 500 - £741 - $1,102
SINTZENICH Heinrich 1752-1812 [1]
🖼 *Allegorien: Musik/Mahlerey* - Engraving Heidelberg 96 .... FF3 660 - £452 - $707
SINUNG Diany Asmina 1959 [2]
🖼 *My Model among fellow Dancers* - Oil/canvas (50x70cm-20x28in) Singapore 95 .... FF6 920 - £883 - $1,396
SIONAC de Henri 1832-1904 [1]
🖼 *Schäfer in Flusslandschaft* - Öl/Leinwand (65x54cm-26x21in) Bern 93 .... FF5 540 - £638 - $950
SIPILÄ Sulho 1895-1949 [1]
🖼 *Namnsdagsbord* - Oil/canvas (76x76cm-30x30in) Helsinki 93 .... FF50 100 - £6 020 - $9,100
SIPKES Joseph 1787-1852 [3]
🖊 *A calm: haybarges by a jetty* - Watercolour (28x38cm-11x15in) Amsterdam 95 .... FF2 162 - £261 - $407
SIPMANN Gerhard 1790-1886 [1]
🖊 *Muttergottes mit Jesus* - Pencil (33x30cm-13x12in) München 92 .... FF2 306 - £276 - $444
SIPPREL Clara XIX-XX [2]
📷 *Portrait of Alfred Stietglitz* - Silver print New-York 94 .... FF4 650 - £539 - $800
SIQUEIROS David Alfaro 1896-1974 [117]
🖼 *Erupcion* - Pyroxiline/panel (122x61cm-48x24in) New-York 96 .... FF119 600 - £15 200 - $23,000
Ocaso - Oil/panel (91x122cm-36x48in) New-York 97 .... FF275 386 - £29 467 - $48,000
El Machete - Pyroxylin/composition board (122x115cm-48x45in) New-York 94 .... FF938 000 - £108 500 - $160,000
🖼 *La huida; Erupcion; Paisaje* - Lithographie couleurs New-York 94 .... FF6 850 - £804 - $1,200
🗿 *Don Quixotte* - Sculpture (20x15cm-8x6in) Toronto 92 .... FF9 980 - £1 191 - $1,920
🖊 *Bailador* - Gouache (34x26cm-13x10in) New-York 95 .... FF15 300 - £1 910 - $3,000
Sin título - Mixed media/paper (45x29cm-18x11in) New-York 97 .... FF57 405 - £6 096 - $10,000
SIRANI Elisabetta 1638-1665 [12]
🖼 *Cleopatra* - Oil/canvas (88x74cm-35x29in) New-York 93 .... FF220 000 - £27 600 - $40,000
SIRAT Joseph 1869-? [1]
🖼 *Caricature de Jean Jaurès* - Huile/toile (228x78cm-90x31in) Dieppe 91 .... FF15 000 - £1 504 - $2,747
SIRIES Violante Beatrice 1709-1783 [1]
🖼 *Ladies, head and shoulders* - Oil/canvas (34x25cm-13x10in) London 92 .... FF22 600 - £2 700 - $4,350
SIROMBO Giovanni 1885-1954 [7]
🖼 *Isola di San Giorgio* - Olio/tavola (46x60cm-18x24in) Milano 95 .... FF3 090 - £410 - $630
SIRONI Mario 1885-1961 [327]
🖼 *L'antiquario* - Olio/carta/tela (50x32cm-20x13in) Prato 97 .... FF27 200 - £3 200 - $4,800
Periferia - Tempera (65x48cm-26x19in) Prato 97 .... FF68 000 - £8 000 - $12,000
Paesaggio arcaico e periferia - Olio/tela (60x80cm-24x31in) Prato 97 ...... FF408 000 - £48 000 - $72,000
🖊 *Woman and Fish* - Gouache/paper (25x26cm-10x14in) New-York 97 ...... FF13 056 - £1 373 - $2,249
Due scomparti - Tempera/carta (29x46cm-11x18in) Milano 96 .... FF26 900 - £3 120 - $5,280
Il treno - Tempera (72x53cm-28x21in) Prato 97 .... FF64 600 - £7 600 - $11,400
Composizione metafisica - Tecnica mista/carta (142x123cm-56x48in) Milano 95 ...... FF521 000 - £64 700 - $105,000
SIROTENKO Alexander 1897-1975 [2]
🖼 *Jeune femme* - Huile/toile (144x94cm-57x37in) L'Isle-Adam 91 .... FF3 800 - £381 - $627
SIROTKIN Vladimir 1950 [2]
🖼 *Paysanne et ses dindons* - Huile/toile/carton (30x20cm-12x8in) Grenoble 93 .... FF4 000 - £450 - $678
SIROUY Achille Louis Joseph 1834-1904 [1]
🖼 *Conferreatio* - Oleo/lienzo/tabla (31x77cm-12x30in) Madrid 89 .... FF4 100 - £408 - $648
SIRTAINE Albert 1869-1959 [30]
🖼 *Marine* - Huile/toile (60x75cm-24x30in) Liège 96 .... FF2 960 - £371 - $573
Vue à Olne - Huile/toile (60x100cm-24x39in) Liège 95 .... FF11 610 - £1 483 - $2,380
SISKIND Aaron 1903-1991 [79]
📷 *Jerome, Arizona* - Gelatin silver print (43x33cm-17x13in) New-York 94 .... FF14 540 - £1 870 - $3,000
SISLEY Alfred 1839-1899 [112]
🖼 *Lady's Cove* - Oil/canvas (65x81cm-26x32in) New-York 94 .... FF1 -£140 500 - $227,700
Le Canal du Loing - Oil/canvas (37x54cm-15x21in) London 96 .... FF2 -£360 000 - $554,000
Les bords du Loing - Oil/canvas (53x71cm-21x28in) New-York 93 ...... FF4 -£523 000 - $780,000
Effet de neige à Argenteuil - Oil/canvas (54x65cm-21x26in) New-York 94 .... FF8 -£1 - $1
Le pont de Moret en été - Oil/canvas (54x73cm-21x29in) New-York 95 ...... FF7 7e +06 - £890 000 - $1
🖊 *Saint-Mammès* - Pastel/papier (29x38cm-11x15in) New-York 95 .... FF107 600 - £13 920 - $22,000
Bords de canal - Pastel/papier (27x38cm-11x15in) Paris 97 .... FF425 000 - £44 285 - $72,420
Les Jardins sous la neige - Pastel/paper (37x45cm-15x18in) London 96 .... FF543 000 - £68 000 - $104,700
SISSON Frederick Rhodes 1893-1962 [2]
🖼 *City Street* - Oil/board (52x61cm-20x24in) San Francisco-Los Angeles 95 .... FF5 310 - £604 - $900
SISSON Lawrence P. 1928 [3]
🖼 *Silver Cove* - Oil/masonite (107x183cm-42x72in) Portland, Maine 94 .... FF27 060 - £3 240 - $5,000

SISSON Richard ?-1767 [1]
🖼 *John and Cornelia King* - Oil/canvas (76x64cm-30x25in) Chicago 93 .... FF5 500 - £690 - **$1,000**

SITJE Joronn 1897-1982 [8]
🖼 *Negerkvinne* - Oil/canvas (44x36cm-17x14in) Tönsberg 90 .... FF6 200 - £664 - **$1,078**

SITNIKOV Vassili 1915-1987 [1]
🖼 *Liberté de la femme* - Huile/toile (60x105cm-24x41in) Paris 90 .... FF13 500 - £1 436 - **$2,415**

SITTE Julie 1881-1959 [1]
🏺 *Tafeldekoration (birds)* - Ceramic (26cm-10in) Wien 95 .... FF8 810 - £1 162 - **$1,787**

SITTE Willi 1921 [5]
✒ *Unsere Jugend (Studie)* - Ink (54x86cm-21x34in) Berlin 96 .... FF5 100 - £581 - **$975**

SITTER Inger S. 1929 [2]
🖼 *Selvportrett* - Oil/panel (54x46cm-21x18in) Oslo 92 .... FF6 080 - £622 - **$1,070**

SITTIG Georg H. 1863-? [4]
✒ *Am Zürichsee* - Pastel/paper (49x60cm-19x24in) Düsseldorf 96 .... FF2 370 - £301 - **$455**

SIVERS von Clara 1854-1924 [10]
🖼 *Tulipes dans un vase* - Huile/toile (75x90cm-30x35in) Chaumont 96 .... FF58 000 - £7 480 - **$11,350**

SIVERTSEN Jan 1979-1951 [9]
🖼 *Night Blue* - Oil/canvas (100x81cm-39x32in) Köbenhavn 96 .... FF7 480 - £930 - **$1,453**

SIX Michael 1874-1938 [1]
🏺 *Eagle sitting on a rock* - Bronze (19cm-7in) Amsterdam 94 .... FF1 828 - £216 - **$329**

SIXE de Louis Antoine 1704-1780 [2]
🖼 *Louis XV* - Huile/toile (116x92cm-46x36in) Louviers 92 .... FF19 000 - £1 945 - **$3,345**

SIXTUS Isabelle XX [2]
🖼 *sans titre* - Technique mixte/toile (46x55cm-18x22in) Paris 95 .... FF4 300 - £571 - **$886**

SJAMAAR Pieter Gerardus 1819-1876 [26]
🖼 *A recal by candle-light* - Oil/panel (23x31cm-9x12in) Amsterdam 97 .... FF17 640 - £1 929 - **$3,094**
A candlelit tavern interior - Oil/panel (49x63cm-19x25in) London 94 .... FF33 600 - £4 000 - **$6,330**

SJÖBERG Axel 1866-1950 [26]
🖼 *Morgonstämning, solstrålar* - Oil/canvas (93x145cm-37x57in) Stockholm 96 .... FF18 450 - £2 300 - **$3,564**
Iskallar, 1921 - Oil/canvas (75x110cm-30x43in) Stockholm 90 .... FF63 600 - £6 853 - **$11,217**
✒ *Ejdrar i morgonljus* - Akvarell/papper (36x54cm-14x21in) Stockholm 97 .... FF5 283 - £557 - **$912**

SJÖBERG Bertil 1914 [7]
✒ *Mytologisk stad* - Wash (39x57cm-15x22in) Malmö 91 .... FF2 074 - £210 - **$375**

SJÖGREN Nils 1894-1952 [2]
🏺 *Två systrar* - Bronze (44cm-17in) Stockholm 93 .... FF4 230 - £480 - **$715**

SJÖHOLM Charles 1933 [28]
🖼 *Södermannagatan, Stockholm* - Oil/canvas (54x45cm-21x18in) Stockholm 91 .... FF6 600 - £665 - **$1,145**
✒ *Före avgång* - Drawing (44x53cm-17x21in) Stockholm 92 .... FF2 357 - £241 - **$415**

SJÖHOLM Johan Henric 1804-1842 [1]
🖼 *Mountainous landscapes* - Oil/canvas (17x24cm-7x9in) Malmö 96 .... FF2 786 - £330 - **$544**

SJÖLANDER Waldemar 1906-1989 [35]
🖼 *Styrsö* - Oil/canvas (65x82cm-26x32in) Stockholm 96 .... FF7 190 - £930 - **$1,377**
Frukost på altanen - Oil/canvas (69x79cm-27x31in) Stockholm 95 .... FF28 030 - £3 704 - **$5,680**
✒ *Kaffestunden* - Gouache (55x47cm-22x19in) Uppsala 93 .... FF2 893 - £328 - **$488**

SJOLLEMA Johan Sybo 1900-1991 [1]
🖼 *Martinus Nijhoff* - Oil/canvas (40x30cm-16x12in) Amsterdam 92 .... FF22 600 - £2 700 - **$4,350**

SJÖLUND Stig 1955 [2]
🖼 *Husfasad och mur* - Oil/canvas (91x80cm-36x31in) Stockholm 94 .... FF2 944 - £342 - **$507**

SJÖÖ Gustaf 1902-1969 [3]
🖼 *Vid bakbordet* - Oil/panel (40x32cm-16x13in) Malmö 92 .... FF2 620 - £313 - **$504**

SJÖSTRAND Carl Eneas 1828-1906 [2]
🖼 *Reclining nude* - Eau-forte, aquatinte couleurs (26cm-10in) Helsinki 93 .... FF4 070 - £465 - **$693**
🏺 *Kyllikki* - Sculpture (25cm-10in) Helsinki 94 .... FF5 400 - £648 - **$1,023**

SJÖSTRAND Helmi 1864-1957 [5]
🖼 *Sydländskt stadsmotiv* - Oil/canvas (46x63cm-18x25in) Stockholm 96 .... FF3 080 - £392 - **$593**

SJÖSTRÖM Ina [2]
🖼 *Snöigt landskap* - Oil/canvas (33x48cm-13x19in) Helsinki 94 .... FF3 810 - £442 - **$656**
Hemstranden - Oil/canvas (30x47cm-12x19in) Helsinki 91 .... FF4 590 - £457 - **$789**

SJÖSTRÖM Lars Petter 1820-1896 [7]
✒ *St. Christopher från Landskrona* - Gouache (47x67cm-19x26in) Malmö 92 .... FF13 100 - £1 566 - **$2,520**

SJÖSTRÖM Tyra 1875-1928 [1]
🖼 *Läsande flicka* - Oil/canvas (37x50cm-15x20in) Helsinki 90 .... FF46 000 - £4 957 - **$8,113**

SJÖSTRÖM Wilho 1873-1944 [13]
🖼 *Bäck* - Oil/canvas (74x60cm-29x24in) Helsinki 93 .... FF15 300 - £1 760 - **$2,630**

SJÖSVÄRD John 1890-1958 [2]
🖼 *XVI Olympiadens Ryttartävlingar* - Poster (100x64cm-39x25in) London 96 .... FF10 910 - £1 400 - **$2,152**

SKADE Friedrich 1898-? [1]
✒ *Rosen in Glasvase* - Aquarell/Papier (49x36cm-19x14in) Heidelberg 95 .... FF10 440 - £1 341 - **$2,110**

SKAGA Anker 1858-1911 [1]
🖼 *Kinder beim Reigentanz* - Öl/Karton (32x40cm-13x16in) Kempten 96 .... FF57 500 - £6 820 - **$11,200**

S

SKAGERFORS Olie 1920 [27]
- *Uppställning med kanna och kopp* - Oil/canvas (46x60cm-18x24in) Göteborg 92 .... FF14 140 - £1 448 - **$2,490**
- *Självporträtt* - Lithograph (41x30cm-16x12in) Göteborg 92 .... FF2 620 - £313 - **$504**
- *Liggande modell* - Drawing (22x35cm-9x14in) Göteborg 92 .... FF1 990 - £238 - **$383**

SKÅNBERG Carl 1850-1883 [25]
- *Boats in Venice Harbour* - Oil/canvas (39x66cm-15x26in) Stockholm 96 .... FF40 000 - £4 990 - **$7,720**
- *Kustmotiv, Dordrecht, Holland* - Oil/canvas (64x104cm-25x41in) Stockholm 94 .... FF48 900 - £5 790 - **$9,030**

SKARBINA Franz 1849-1910 [33]
- *Strassenszene mit Figurenstaffage* - Öl/Leinwand (64x80cm-25x31in) München 94 .... FF54 700 - £6 420 - **$9,740**
- *Nach dem Ball* - Öl/Leinwand (52x85cm-20x33in) Berlin 95 .... FF157 200 - £18 540 - **$27,970**
- *Pariser Strassenszene* - Watercolour, gouache (18x26cm-7x10in) Berlin 95 .... FF82 300 - £10 770 - **$16,730**

SKARBINA Helmut 1888-? [1]
- *Halbporträt des Herrn Slaby* - Oil/board (39x34cm-15x13in) München 91 .... FF4 450 - £457 - **$827**

SKARI Edvard 1839-1903 [16]
- *Shipping vessels, Denmark* - Oil/canvas (52x78cm-20x31in) London 94 .... FF13 830 - £1 600 - **$2,365**

SKEAPING John Rattenbury 1901-1980 [66]
- *The Winner* - Oil/canvas (65x81cm-26x32in) London 96 .... FF20 370 - £2 400 - **$4,000**
- *Gazelle* - Marble (41cm-16in) London 96 .... FF29 400 - £3 800 - **$5,820**
- *Five race horses* - Bronze (30cm-12in) London 96 .... FF123 000 - £14 500 - **$24,170**
- *At the Finish* - Watercolour, gouache (53x74cm-21x29in) London 96 .... FF46 700 - £5 500 - **$9,160**

SKEATS Leonard Frank 1874-1943 [1]
- *An elegant lady* - Watercolour (36x26cm-14x10in) Billinghurst, West Sussex 93 .... FF1 577 - £190 - **$276**

SKELL Fritz 1886-1961 [6]
- *Voralpenlandschaft* - Oil/canvas (78x95cm-31x37in) München 90 .... FF11 800 - £1 255 - **$2,111**
- *Nachtclubtänzerinnen* - Mixed media/paper (41x37cm-16x15in) Zofingen 92 .... FF2 855 - £341 - **$550**

SKELTON John 1735-1759 [1]
- *Croydon church and town* - Wash (14x21cm-6x8in) London 90 .... FF14 640 - £1 490 - **$2,928**

SKELTON Joseph c.1785-c.1855 [1]
- *Field Marshall* - Lithograph (52x88cm-20x35in) London 93 .... FF3 154 - £380 - **$551**

SKELTON Leslie James 1848-1929 [4]
- *Figures on a meadow path* - Oil/canvas (53x81cm-21x32in) London 96 .... FF5 750 - £720 - **$1,110**

SKEMP Robert Oliver 1907-1979 [1]
- *Sailboat at sea* - Oil/canvas (91x122cm-36x48in) Chicago 94 .... FF2 980 - £353 - **$550**

SKENE Cathy 1964 [3]
- *Atelierstilleben* - Öl/Leinwand (183x151cm-72x59in) Hamburg 96 .... FF3 755 - £489 - **$744**

SKENE Harold Vincent 1883-? [1]
- *Hillside Adobe* - Oil/canvas/board (61x76cm-24x30in) Denver, Colorado 95 .... FF2 815 - £550 - **$356**

SKENE Louis 1851-? [1]
- *Jungenr bärtige Manne im Profil* - Huile/panneau (28x21cm-11x8in) Bern 94 .... FF4 040 - £468 - **$696**

SKIPPE John 1742-1796 [1]
- *Chiroscuro woodcuts* - Woodcut (37x23cm-15x9in) London 94 .... FF10 040 - £1 200 - **$1,876**

SKIPWORTH Frank Markham 1854-1929 [8]
- *Yoletta* - Oil/panel (50x29cm-20x11in) London 92 .... FF28 500 - £3 400 - **$5,480**

SKIRVING Archibald 1749-1819 [1]
- *A lady/A lady* - Miniature (8cm-3in) Fingask Castle, Rait 93 .... FF2 160 - £260 - **$377**

SKJELBORG Axel 1895-1970 [2]
- *Kalve foran en gard* - Oil/canvas (125x165cm-49x65in) København 89 .... FF2 200 - £219 - **$348**

SKJÖLDEBRAND Anders Fredrik 1757-1834 [4]
- *Utsikt över Lilla Sickla* - Akvarell (29x42cm-11x17in) Stockholm 96 .... FF6 220 - £710 - **$1,191**

SKLAVOS Yerassimos 1927-1967 [2]
- *Hirondelle* - Bronze (16x12x16cm-6x5x6in) Paris 92 .... FF7 000 - £720 - **$1,347**
- *L'oeil* - Stylo bille (21x28cm-8x11in) Paris 91 .... FF3 000 - £303 - **$531**

SKOGLUND Sandy 1946 [18]
- *Typewriter #1* - Bronze (39x39x71cm-15x15x28in) New-York 94 .... FF15 980 - £1 846 - **$2,750**
- *Germs Are Everywhere* - Cibachrome print (66x80cm-26x31in) New-York 94 .... FF11 950 - £1 426 - **$2,250**
- *A Breeze at Work* - Cibachrome print (97x135cm-38x53in) New-York 94 .... FF37 740 - £4 380 - **$6,500**

SKOGSBERG Harald 1889-1980 [6]
- *Skuptören* - Gouache (29x23cm-11x9in) Göteborg 94 .... FF1 604 - £187 - **$281**

SKÖLD Otte 1894-1958 [29]
- *Porträtt av liten flicka* - Oil/board (22x15cm-9x6in) Stockholm 90 .... FF20 600 - £2 191 - **$3,685**
- *Baren* - Oil/panel (75x111cm-30x44in) Stockholm 97 .... FF649 042 - £68 542 - **$112,144**
- *Motiv från Antwerpen* - Akvarell (15x10cm-6x4in) Stockholm 96 .... FF5 680 - £734 - **$1,087**

SKOPTSOV Semyon Sergeevich 1917 [3]
- *Burning leaves* - Oil/canvas (52x81cm-20x32in) London 94 .... FF26 050 - £3 100 - **$4,910**

SKORTSOV Aleksei Ivanovich 1916 [2]
- *Handing over the party card* - Oil/canvas (70x64cm-28x25in) London 89 .... FF7 900 - £808 - **$1,270**

SKOTTE OLSEN William 1945 [104]
- *Figurkomposition* - Oil/canvas (98x137cm-39x54in) København 95 .... FF3 730 - £483 - **$758**
- *Komposition* - Drawing (69x84cm-27x33in) København 92 .... FF2 376 - £243 - **$419**

SKOU Sigurd 1878-1929 [3]
- *Still life with fishbowl* - Oil/canvas (91x91cm-36x36in) New-York 93 .... FF44 250 - £5 030 - **$7,500**

SKOVGAARD Joachim 1856-1933 [24]
- *Den nyskabte Eva* - Oil/canvas (110x67cm-43x26in) Viby J, Århus 93 .... FF3 930 - £452 - **$674**
- *Hjemkomst fra jagten* - Oil/canvas (84x126cm-33x50in) Viby J, Århus 93 .... FF56 700 - £6 520 - **$9,730**

S

SKOVGAARD Johan Thomas 1888-1977 [2]
- *Palm trees, Java* - Oil/canvas (61x65cm-24x26in) New-York 91 .... FF11 380 - £1 138 - **$1,874**

SKOVGAARD Niels 1858-1938 [22]
- *Megara, Graekenland* - Oil/canvas (38x69cm-15x27in) København 92 .... FF4 380 - £524 - **$842**
- *Udsigt mod skovbryn* - Watercolour (9x29cm-4x11in) København 94 .... FF3 300 - £397 - **$611**

SKOVGAARD Peter Christian T. 1817-1875 [50]
- *Italiensk bjerglandskab med huse* - Oil/canvas (39x60cm-15x24in) Vejle 90 .... FF16 000 - £1 658 - **$2,812**
- *Sommerdag, 2. August* - Oil/canvas (20x25cm-8x10in) København 94 .... FF40 400 - £4 810 - **$7,620**

SKRAMLIK Jan 1860-? [2]
- *The First Toast* - Oil/canvas (88x110cm-35x43in) London 96 .... FF18 620 - £2 300 - **$3,595**

SKRAMSTAD Ludvig 1855-1912 [37]
- *Bergsee* - Ol/Leinwand (81x135cm-32x53in) Stuttgart 95 .... FF11 370 - £1 472 - **$2,314**
- *A Lake in a forest Clearing* - Oil/canvas (81x135cm-32x53in) Wien 96 .... FF35 900 - £4 350 - **$6,970**

SKREBNESKI Victor XX [2]
- *#44 Sugar Rautbord*
  Gelatin silver print (41x30cm-16x12in) San Francisco-Los Angeles 95 .... FF2 740 - £358 - **$550**

SKREDSVIG Christian Eriksen 1854-1924 [21]
- *Fjordparti* - Oil/canvas (58x89cm-23x35in) Viby J, Århus 96 .... FF34 300 - £4 070 - **$6,690**
- *Place Clichy, Paris* - Oil/canvas (100x160cm-39x63in) Oslo 92 .... FF217 000 - £22 200 - **$38,200**

SKRIABIN Vladimir 1927-1989 [13]
- *Rendez-vous* - Gouache (53x67cm-21x26in) Paris 90 .... FF5 500 - £560 - **$1,100**

SKRIWANEK Johann 1927 [2]
- *Sitzender weiblicher Akt* - Aquarell/Papier (38x56cm-15x22in) Wien 94 .... FF1 953 - £222 - **$331**

SKULASON Thorvaldur 1906-1984 [5]
- *Komposition No. 1* - Oil/canvas (130x100cm-51x39in) København 90 .... FF35 100 - £3 734 - **$6,279**

SKULME Dzemma 1925 [3]
- *Jeune fille en bleu* - Huile/toile (80x100cm-31x39in) Lyon 90 .... FF6 000 - £614 - **$1,184**

SKUM Nils Nilsson 1872-1951 [37]
- *Samefamilj med ren* - Wood Stockholm 94 .... FF15 820 - £1 874 - **$2,923**
- *Renar på fjället* - Black chalk (26x35cm-10x14in) Malmö 96 .... FF5 190 - £615 - **$1,012**
- *Fjällandskap med renhjord* - Coloured crayons (25x34cm-10x13in) Stockholm 89 .... FF11 700 - £1 233 - **$1,970**

SKUTEZKY Dominic, Döme, Dan. 1850-1921 [7]
- *Pretty in pink* - Oil/panel (27x21cm-11x8in) London 96 .... FF8 900 - £1 100 - **$1,720**

SLABBINCK Rik 1914-1991 [71]
- *Zittende vrouw* - Huile/toile (46x38cm-18x15in) Lokeren 96 .... FF9 030 - £1 117 - **$1,745**
- *A Polder Landscape* - Oil/canvas (74x92cm-29x36in) Amsterdam 97 .... FF21 971 - £2 304 - **$3,770**
- *Landschap* - Huile/toile (97x130cm-38x51in) Lokeren 96 .... FF50 100 - £5 930 - **$9,250**

SLACIK Anne 1959 [2]
- *Naxos 2* - Huile/toile (130x130cm-51x51in) Paris 91 .... FF12 000 - £1 192 - **$2,084**
- *Triptyque* - Technique mixte/papier (20x20cm-8x8in) Paris 96 .... FF2 500 - £322 - **$490**

SLADE Cora ?-1938 [5]
- *Plums* - Oil/canvas (10x20cm-4x8in) Mystic, Connecticut 92 .... FF5 680 - £581 - **$1,000**

SLAGER Frans 1876-1953 [1]
- *The catch* - Oil/canvas (84x104cm-33x41in) Amsterdam 92 .... FF3 160 - £368 - **$645**

SLAGER Jeannette 1881-1945 [2]
- *A still life with flowers* - Oil/canvas (70x86cm-28x34in) Amsterdam 96 .... FF7 980 - £1 024 - **$1,573**

SLAGER Piet, Snr. 1841-1912 [2]
- *Two young girls by the fire* - Oil/panel (23x17cm-9x7in) Amsterdam 91 .... FF10 220 - £1 037 - **$1,846**
- *A summerbouquet* - Pencil (46x35cm-18x14in) Amsterdam 94 .... FF2 437 - £288 - **$438**

SLAMA Victor T. 1890-1973 [6]
- *Flora* - Mischtechnik/Papier (34x48cm-13x19in) Wien 96 .... FF1 850 - £240 - **$366**

SLATER John Falconar 1857-1937 [94]
- *Autumn afternoon* - Oil/board (61x91cm-24x36in) Toronto 95 .... FF4 390 - £574 - **$880**
- *North Shields Fish Quay*
  Oil/canvas (86x117cm-34x46in) Marlborough Crescent, Newcastle upon Tyne 95 ...... FF16 620 - £2 100 - **$3,335**
- *Waves breaking against the rocks*
  Gouache (17x26cm-7x10in) Marlborough Crescent, Newcastle upon Tyne 93 .... FF1 690 - £190 - **$283**

SLATER John Frederick XIX [2]
- *River Tyne, Hexham* - Oil/board (89x125cm-35x49in) London 91 .... FF22 700 - £2 293 - **$4,506**

SLATER Joseph, Isaac Wane ?-1847 [2]
- *Lady in black dress* - Miniature (7cm-3in) London 96 .... FF1 573 - £200 - **$303**

SLAVICEK Jan 1900-1970 [2]
- *Weisses Viadukt* - Ol/Leinwand (54x73cm-21x29in) Wien 95 .... FF7 490 - £945 - **$1,495**
- *Blumen in einer Vase* - Woodcut in colors (33x17cm-13x7in) München 91 .... FF6 760 - £673 - **$1,162**

SLAVIN Neal 1941 [2]
- *Groups in America* - 15 color coupler prints (25x25cm-10x10in) New-York 96 .... FF6 080 - £786 - **$1,200**

SLEATOR James Sinton 1889-1950 [3]
- *Dressing Table Mirror* - Oil/panel (46x30cm-18x12in) Dublin 95 .... FF27 750 - £3 605 - **$5,710**

SLEESWIJK A.C. 1870-1945 [2]
- *Peasants women in an interior* - Oil/canvas (70x92cm-28x36in) Laren 90 .... FF7 800 - £830 - **$1,395**

SLEIGH Bernard 1872-1954 [1]
- *The Annunciation* - Tempera/panel (23x23cm-9x9in) London 96 .... FF27 670 - £3 600 - **$5,480**

S

Calendar & auction results :   INTERNET : www.artprice.com   MINITEL : 3617 ARTPRICE

SLENDZINSKI Ludomir 1889-1980 [2]
🖼 *Seated nude in a landscape* - Oil/canvas (151x81cm-59x32in) Warszawa 93......................... FF9 470 - £1 007 - **$1,637**
SLESCHINSKIE Orest 1930 [2]
🖼 *Oranges & a bottle of wine* - Oil/canvas (74x84cm-29x33in) London 97...................... FF3 582 - £380 - **$617**
Stilleben mit Geige - Oil/canvas/board (48x64cm-19x25in) Düsseldorf 92.................. FF15 730 - £1 615 - **$3,025**
SLEVOGT Max 1868-1932 [144]
🖼 *Zoologischen Garten, Frankfurt* - Oil/canvas (65x78cm-26x31in) London 96............ FF1 - £170 000 - **$265,700**
Wacholderbüsche mit Jäger - Öl/Leinwand (50x60cm-20x24in) Berlin 95.................... FF82 300 - £10 770 - **$16,730**
In der Hängematte - Öl/Leinwand (40x50cm-16x20in) Berlin 97.......................... FF407 942 - £43 325 - **$71,061**
🖼 *Studienblatt mit Jaguaren* - Ink (14x22cm-6x9in) Köln 96.......................... FF42 500 - £4 840 - **$8,120**
Caliph's digger/Basket dealers/Luxor
Watercolour, gouache (13x20cm-5x8in) Berlin 92.......................... FF193 800 - £19 830 - **$34,100**
SLEWINSKI Ladislas, Wladyslaw 1854-1918 [8]
🖼 *Kaziemierz, Domki* - Huile/panneau (44x63cm-17x25in) Warszawa 92.......................... FF108 300 - £11 050 - **$19,340**
✎ *Dunes in Brittany* - Pastel (32x25cm-13x10in) Warszawa 96.......................... FF31 200 - £3 910 - **$6,080**
SLICHTER Rudolf 1890-1955 [1]
✎ *Seated woman* - Watercolour/paper (77x56cm-30x22in) Amsterdam 93.......................... FF33 660 - £3 870 - **$5,790**
SLINGENEYER Ernest 1820-1894 [4]
🖼 *Bédouine* - Huile/toile (110x80cm-43x31in) Paris 95.......................... FF125 000 - £15 830 - **$25,140**
SLIWICKI Walenty 1765-1857 [1]
✎ *Prince Czartoryski in blue coat* - Miniature (7cm-3in) London 93.......................... FF20 800 - £2 600 - **$3,770**
SLIWINSKI Robert 1840-1902 [1]
🖼 *Baby and geese* - Oil/panel (21x17cm-8x7in) Warszawa 94.......................... FF5 260 - £633 - **$1,002**
SLOAN Helen Farr 1911 [2]
🖼 *Landscape* - Oil/board (36x46cm-14x18in) Mystic, Connecticut 96.......................... FF2 270 - £296 - **$450**
SLOAN John 1871-1951 [150]
🖼 *Bleecker Street* - Oil/canvas (67x81cm-26x32in) New-York 95.......................... FF3 - £482 000 - **$775,000**
Summer landscape - Oil/canvas (22x27cm-9x11in) New-York 91.......................... FF59 900 - £6 013 - **$10,364**
Miss Shoemaker - Oil/canvas (69x58cm-27x23in) New-York 97.......................... FF122 520 - £12 864 - **$21,000**
🗐 *Connoisseurs of prints* - Etching (12x17cm-5x7in) San Francisco-Los Angeles 96.......................... FF9 860 - £1 257 - **$1,900**
Snowstorm in the Village - Etching (17x12cm-7x5in) New-York 96.......................... FF33 660 - £4 345 - **$6,500**
✎ *Wellington Held Forth a Wedge* - Drawing (38x48cm-15x19in) New-York 94.......................... FF14 370 - £1 680 - **$2,500**
SLOAN Junius R. 1827-1900 [3]
🖼 *Cattle grazing at an autumn pond*
Oil/canvas (25x35cm-10x14in) San Francisco-Los Angeles 90.......................... FF12 900 - £1 356 - **$2,243**
SLOAN Marianna 1875-1954 [1]
🖼 *Beach, St. Ives* - Oil/board (25x35cm-10x14in) North Berwick, Maine 91.......................... FF5 650 - £561 - **$981**
✎ *Afternoon, Chelsea Engalnd* - Pastel (25x33cm-10x13in) Philadelphia 93.......................... FF5 230 - £618 - **$950**
SLOANE Eric 1910-1985 [58]
🖼 *Sailing* - Oil/canvas/board (61x76cm-24x30in) Boston, Mass. 93.......................... FF15 130 - £1 897 - **$2,750**
Davos Slopes - Oil/masonite (120x91cm-47x36in) New-York 96.......................... FF41 800 - £4 830 - **$8,000**
Hudson Valley Farm, New York - Oil/board (61x107cm-24x42in) New-York 97.......................... FF93 349 - £9 801 - **$16,000**
SLOANE Thomas O'Conor II 1879-1963 [5]
📷 *Tree study* - Blue-toned gum bichromate print (18x15cm-7x6in) New-York 92.......................... FF3 124 - £320 - **$550**
SLOBODKINA Esphyr 1914 [2]
🖼 *Abstract forms in space* - Oil (33x20cm-13x8in) New-York 92.......................... FF36 400 - £3 864 - **$7,000**
SLOBODZINSKY Georges 1896-1967 [6]
✎ *Place Furstenberg, Paris* - Pastel (27x22cm-11x9in) Paris 95.......................... FF1 500 - £190 - **$301**
SLOCOMBE Shirley Charles Lle. XIX-XX [3]
✎ *Lacquer cabinet* - Watercolour (37x26cm-15x10in) London 92.......................... FF4 870 - £500 - **$935**
SLODTZ René, Michel-Ange 1705-1764 [2]
✎ *Monsieur Heurtault de Lienay* - Dessin (43x34cm-17x13in) Monaco 95.......................... FF100 000 - £12 970 - **$20,630**
SLOM André 1844-1909 [1]
✎ *Le Retour des hirondelles* - Gouache (41x29cm-16x11in) Saint-Dié 94.......................... FF1 500 - £177 - **$277**
SLOMAN Joseph 1883-? [1]
🖼 *Veranda in Rittenhouse* - Oil/canvas (51x66cm-20x26in) Philadelphia 92.......................... FF5 110 - £523 - **$900**
SLOOVERE de Georges 1873-1970 [7]
🖼 *Sous-bois* - Huile/toile (59x50cm-23x20in) Lokeren 91.......................... FF5 430 - £541 - **$934**
SLOTHOUWER Hermanus 1817-1882 [2]
✎ *Woman wearing blue dress* - Pastel/paper (39x24cm-15x9in) Amsterdam 91.......................... FF3 310 - £332 - **$573**
SLOTT-MØLLER Agnes Ranbusch 1862-1937 [17]
🖼 *Coastal landscape* - Oil/canvas (42x80cm-17x31in) København 94.......................... FF3 304 - £380 - **$565**
The artist's family - Oil/canvas (77x92cm-30x36in) London 95.......................... FF30 700 - £4 000 - **$6,300**
SLOTT-MØLLER Georg Harald 1864-1937 [27]
🖼 *The artist's wife, Agnes* - Oil/canvas (84x80cm-33x27in) København 96.......................... FF6 240 - £808 - **$1,248**
Bedroom interior - Oil/canvas (82x92cm-32x36in) København 95.......................... FF30 050 - £3 690 - **$5,850**
Bathers - Oil/canvas (150x210cm-59x83in) København 95.......................... FF371 000 - £45 600 - **$72,300**
SLOUN van Frank J. 1878-1938 [4]
🖼 *In the park* - Oil/canvas (51x41cm-20x16in) San Francisco-Los Angeles 93.......................... FF20 620 - £2 587 - **$3,750**
SLOVAK Milos 1885-1951 [1]
🖼 *The Oriental model* - Oil/canvas (141x61cm-56x24in) London 96.......................... FF32 400 - £4 000 - **$6,250**
SLUIJTERS Jan Schilder 1881-1957 [229]
🖼 *Naaktfiguur* - Oil/canvas (91x62cm-36x24in) Amsterdam 97.......................... FF1 - £155 925 - **$254,826**
A portrait of Mr Galema - Oil/canvas (101x80cm-40x31in) Amsterdam 97.......................... FF24 900 - £2 611 - **$4,273**

Pietà - Oil/canvas (95x78cm-37x31in) Amsterdam 97 .... **FF43 943** - £4 608 - **$7,540**
A Flower Still Life - Oil/canvas (110x95cm-43x37in) Amsterdam 97 .... **FF351 542** - £36 871 - **$6,032,6 4**
Zegepraal - Poster (115x66cm-45x26in) New-York 95 .... **FF11 100** - £1 400 - **$2,200**
Staphorst - Watercolour/paper (41x56cm-16x22in) Amsterdam 97 .... **FF12 586** - £1 323 - **$2,162**
A young Girl sitting at a Table - Pastel (82x62cm-32x24in) Amsterdam 97 .... **FF99 602** - £10 446 - **$1,709,2 3**

SLUIJTERS Jan, Jnr. 1914 [5]
Busy street, Paris - Oil/canvas (50x60cm-20x24in) Amsterdam 95 .... **FF25 100** - £3 200 - **$5,140**

SLUPSKI Cyprian 1864-1918 [1]
Landscape with farm - Oil/canvas (27x44cm-11x17in) Warszawa 93 .... **FF4 210** - £448 - **$728**

SLUYS van Theo XIX-XX [2]
Sheep in a manger with chickens
  Oil/canvas (56x51cm-22x20in) Bloomfield Hills, Michigan 94 .... **FF15 680** - £1 835 - **$2,750**

SLUYTERMANN VON LANGEWEYDE Georg 1903-? [2]
Sonnenblumen in einer Vase - Öl/canvas (60x50cm-24x20in) Köln 94 .... **FF27 400** - £3 290 - **$5,330**

SLUYTERS Willy 1873-1949 [56]
The clown Buziau - Oil/canvas/panel (60x50cm-24x20in) Amsterdam 97 .... **FF13 179** - £1 425 - **$2,299**
Zondagmorgen Katwijk aan Zee - Oil/canvas (60x45cm-24x18in) Amsterdam 97 .... **FF38 013** - £4 018 - **$6,522**
Elegant figures, Monte Pincio, Roma - Pencil (36x52cm-14x20in) Amsterdam 97 ...... **FF15 606** - £1 688 - **$2,723**

SMADJA Alex 1897-1977 [25]
Composition - Huile/toile (55x38cm-22x15in) Saint-Germain-en-Laye 91 .... **FF5 000** - £514 - **$931**
Sans titre - Huile/toile (130x97cm-51x38in) Paris 95 .... **FF16 000** - £1 915 - **$3,045**

SMADJA Hubert XX [3]
Vase de fleurs - Huile/toile (60x50cm-24x20in) Versailles 91 .... **FF2 400** - £242 - **$468**

SMALL David 1846-1927 [3]
Inverkeithing - Watercolour (44x30cm-17x12in) Auchterarder, Perthshire 95 .... **FF4 300** - £550 - **$846**

SMALL William 1843-1929 [4]
The kitchen garden - Watercolour/paper (27x41cm-11x16in) London 96 .... **FF18 730** - £2 200 - **$3,685**

SMALLFIELD Frederick 1829-1915 [6]
Tartini - Aquarelle, gouache/papier (41x67cm-16x26in) New-York 94 .... **FF31 160** - £3 770 - **$5,750**

SMARGIASSI Gabriele 1798-1882 [6]
Paesaggio con pastore e armenti - Olio/cartone (33x62cm-13x24in) Roma 92 .... **FF18 600** - £2 210 - **$3,580**

SMART Edgar Rowley 1887-1934 [1]
Moret-sur-Loing, France - Oil/canvas (62x50cm-24x20in) London 95 .... **FF7 060** - £900 - **$1,423**

SMART John I 1741/43-1811 [26]
A young gentleman, facing right - Miniature (3cm-1in) London 96 .... **FF77 500** - £10 000 - **$14,960**

SMART John II 1776-1809 [2]
Captain Robert Woolf - Miniature (13cm-5in) London 91 .... **FF23 940** - £2 393 - **$3,943**

SMART John IV 1838-1899 [9]
Golf course at Kings Park, Stirling - Watercolour (46x74cm-18x29in) Lewes 92 ...... **FF8 370** - £1 000 - **$1,610**
The Gully, Montrose - Wash (47x74cm-19x29in) Chester 91 .... **FF114 700** - £11 467 - **$18,890**

SMART R. Borlase 1881-1947 [7]
Sailing off the Cornish Coast - Oil/canvas (51x73cm-20x29in) London 97 .... **FF8 866** - £949 - **$153,2 2**

SMEDLEY William Thomas 1858-1920 [4]
A street in St. Augustine - Drawing (25x33cm-10x13in) New-York 90 .... **FF4 230** - £437 - **$747**

SMEDT de Joseph, Jos 1894-? [4]
Repos des chasseurs - Huile/toile (100x120cm-39x47in) Paris 95 .... **FF6 500** - £843 - **$1,332**

SMEERDIJK Anton 1885-1965 [5]
Sunny day at the beach - Oil/canvas (96x157cm-38x62in) Amsterdam 95 .... **FF105 000** - £13 740 - **$21,000**

SMEERS Frans 1873-1960 [65]
Le modèle assis - Huile/toile (58x45cm-23x18in) Bruxelles 97 .... **FF4 902** - £531 - **$867**
Mending nets on the Quais - Oil/canvas (55x65cm-22x26in) Amsterdam 97 .... **FF50 944** - £5 355 - **$8,751**
Le repos - Fusain (23x38cm-9x15in) Bruxelles 93 .... **FF4 940** - £591 - **$1,010**

SMEETS Richard 1955 [3]
Abstract composition - Acrylic/canvas (120x100cm-47x39in) Amsterdam 95 .... **FF14 180** - £1 810 - **$2,894**

SMELLIE John ?-1925 [2]
The flowersellers, Glasgow - Oil/canvas/board (34x39cm-13x15in) Edinburgh 89 ..... **FF67 800** - £6 933 - **$10,900**

SMERAGLIA Mario XX [8]
Hameau Monte-Carlo - Huile/toile (33x41cm-13x16in) Le Mans 92 .... **FF2 700** - £278 - **$520**

SMET de Gustave 1877-1943 [80]
Village - Huile/papier (34x46cm-13x18in) Bruxelles 96 .... **FF44 300** - £5 210 - **$8,700**
Pêcheur d'anguilles - Huile/toile (122x180cm-48x71in) Bruxelles 94 .... **FF112 400** - £13 030 - **$19,350**
Portrait of a girl - Oil/canvas (61x53cm-24x21in) Amsterdam 95 .... **FF195 300** - £24 900 - **$39,900**
De Dorpsschoonene - Oil/cardboard (88x62cm-35x24in) Amsterdam 93 .... **FF750 000** - £86 200 - **$129,000**
De Foorreizigers - Crayon (40x31cm-16x12in) Lokeren 93 .... **FF42 850** - £5 120 - **$7,800**

SMET de Léon 1881-1966 [93]
Maison de campagne de l'artiste - Huile/toile (95x123cm-37x48in) Antwerpen 96 ... **FF52 500** - £6 360 - **$10,200**
Garçon en tenue de tennis - Huile/toile Bruxelles 94 .... **FF108 500** - £12 950 - **$20,330**
Foire à Gand - Huile/toile (146x170cm-57x67in) Bruxelles 93 .... **FF1 5e +06** - £120 100 - **$205,300**

SMETANA Jan 1918 [5]
Dämmerung - Oil/canvas (90x130cm-35x51in) München 91 .... **FF14 200** - £1 414 - **$2,442**

SMETH de Hendrick 1865-1940 [5]
The visit - Oil/canvas (48x37cm-19x15in) Amsterdam 92 .... **FF9 100** - £935 - **$1,750**

SMETHAM James 1821-1889 [16]
- *Piping down the Valleys* - Oil/board (11x30cm-4x12in) London 97 .... FF**20 952** - £2 200 - **$3,591**
- *Ladies promenading* - Watercolour (25x31cm-10x12in) London 95 .... FF**8 680** - £1 100 - **$1,747**

SMIDT Georges 1916-1964 [2]
- *Nu aux coquillages* - Huile/toile (80x120cm-31x47in) Bruxelles 92 .... FF**6 640** - £680 - **$1,168**

SMIDTH Hans Ludvig 1839-1917 [95]
- *Hedelandskab* - Oil/canvas (40x60cm-16x24in) København 93 .... FF**7 800** - £896 - **$1,334**
- *Stormklokken* - Oil/canvas (69x115cm-27x45in) København 91 .... FF**77 400** - £7 903 - **$14,041**
- *Et kreaturmarked* - Ink (23x42cm-9x17in) Viby J, Århus 96 .... FF**2 674** - £347 - **$535**

SMIES Jacob 1764-1833 [1]
- *Divertissement de villageois* - Encre Chine (7x14cm-3x6in) Paris 91 .... FF**3 800** - £386 - **$686**

SMILER Isa 1851-1986 [1]
- *Kneeling mother with child* - Dark green soapstone/wood base (27cm-11in) Toronto 95 ...... FF**9 830** - £1 304 - **$2,030**

SMILLIE George Henry 1840-1921 [20]
- *Young girl in a landscape* - Oil/canvas/board (25x33cm-10x13in) Boston, Mass. 93 .... FF**5 230** - £656 - **$950**
- *Florida Swamp* - Oil/canvas (46x55cm-18x22in) London 97 .... FF**16 807** - £1 800 - **$2,946**

SMILLIE James 1807-1885 [2]
- *Madison Square Garden* - Oil/canvas (101x61cm-40x24in) New-York 89 .... FF**108 700** - £10 502 - **$16,495**

SMILLIE James David 1833-1909 [5]
- *Home of W. Smillie, Hudson River* - Watercolour (38x55cm-15x22in) New-York 96 .... FF**22 750** - £2 953 - **$4,500**

SMIRA Shaoul 1939 [2]
- *Spring on my door* - Technique mixte/toile (127x96cm-50x38in) Antwerpen 94 .... FF**13 200** - £1 538 - **$2,312**

SMIRKE Robert 1752-1845 [6]
- *Scene from twelfth night* - Oil/canvas (50x47cm-20x19in) London 91 .... FF**40 300** - £4 002 - **$6,997**
- *The library at Hempstead* - Watercolour London 90 .... FF**5 300** - £534 - **$964**

SMIRKE Robert, Jr. 1781-1867 [2]
- *The Lady of the Glass Case* - Oil/panel (4x32cm-2x13in) London 96 .... FF**19 140** - £2 400 - **$3,720**

SMIRNOFF Boris 1926-1982 [9]
- *Les baigneuses* - Huile/toile (23x19cm-9x7in) Deauville 91 .... FF**11 000** - £1 102 - **$1,855**
- *Joséphine* - Crayons couleurs (53x44cm-21x17in) Paris 95 .... FF**3 200** - £416 - **$656**

SMIRNOFF Fedor 1896-1979 [1]
- *Nordseeküste mit Staffagen* - Gouache (40x60cm-16x24in) Frankfurt 92 .... FF**2 720** - £279 - **$479**

SMIRNOV Nikolaï 1938 [2]
- *In memory of th year 1812* - Tempera/canvas (175x140cm-69x55in) New-York 90 .... FF**20 000** - £2 128 - **$3,578**
- *Books* - Tempera/canvas (75x100cm-30x39in) New-York 90 .... FF**194 500** - £20 691 - **$34,794**

SMISSAERT Frans 1862-1944 [4]
- *Net-menders in the dunes* - Oil/canvas (48x64cm-19x25in) Amsterdam 92 .... FF**3 610** - £420 - **$737**

SMISSEN van der Léo 1900 [4]
- *Herfst aan de Dyver te Brugge* - Huile/toile (200x240cm-79x94in) Lokeren 95 .... FF**31 050** - £3 880 - **$6,090**

SMIT Arie 1916 [12]
- *Market women* - Oil/canvas (34x44cm-13x17in) Singapore 96 .... FF**25 070** - £3 260 - **$4,970**
- *Figure in front of a temple, Bali* - Watercolour/paper (52x52cm-20x20in) Singapore 95 ...... FF**22 800** - £2 910 - **$4,680**

SMIT Jan c.1700-c.1750 [1]
- *Gesigt van de gragt/Middel-laan*
  Etched and engraved copperplates (2) (27x25cm-11x10in) Amsterdam 94 .... FF**3 030** - £348 - **$518**

SMIT Philippe 1887-1948 [4]
- *Still life* - Oil/cardboard (76x46cm-30x18in) Amsterdam 97 .... FF**8 990** - £945 - **$1,544**

SMIT-BOL Elizabeth 1904 [1]
- *Irises in a field* - Oil/canvas (64x62cm-25x24in) Amsterdam 90 .... FF**4 520** - £457 - **$860**

SMITH Albert E. 1862-1940 [5]
- *Sunset in Cos Cob* - Oil/board (21x31cm-8x12in) Mystic, Connecticut 91 .... FF**4 530** - £460 - **$818**

SMITH Alexis 1949 [2]
- *Living Well is the Best Revenge*
  Mixed media/canvas (42x31cm-17x12in) San Francisco-Los Angeles 94 .... FF**46 300** - £6 040 - **$9,000**

SMITH Alfred 1853-? [9]
- *Porte de Courcelles, Paris* - Oil/canvas (33x46cm-13x18in) New Orleans, Louisiana 96 .... FF**6 580** - £851 - **$1,300**
- *Chevet de Notre-Dame* - Huile/toile (72x91cm-28x36in) Paris 95 .... FF**60 000** - £7 840 - **$12,010**

SMITH Alice Ravenel Huger 1876-1945 [9]
- *Portrait of a child* - Watercolour/paper (43x30cm-17x12in) New Orleans, Louisiana 95 .... FF**26 200** - £3 306 - **$5,250**
- *Early Spring* - Watercolour/paper (79x53cm-31x21in) New Orleans, Louisiana 95 .... FF**148 000** - £17 800 - **$28,000**

SMITH Arthur Reginald 1871-1934 [8]
- *A bend on a river* - Watercolour (18x36cm-7x14in) Leeds 92 .... FF**5 030** - £600 - **$967**

SMITH Benjamin F., Jr. 1830-1927 [1]
- *New Orleans from St. Patrick's Church*
  Lithograph (58x102cm-23x40in) New Orleans, Louisiana 93 .... FF**11 800** - £1 343 - **$2,000**

SMITH Carlo Frithjol 1859-1917 [2]
- *Starndlandskap, Ringerike* - Oil/canvas (67x98cm-26x39in) Stockholm 89 .... FF**32 800** - £3 354 - **$5,273**

SMITH Carlton Alfred 1853-1946 [58]
- *Dolly's portrait* - Oil/canvas (42x62cm-17x24in) New-York 96 .... FF**102 800** - £12 470 - **$20,000**
- *In the olden days* - Watercolour (53x36cm-21x14in) London 93 .... FF**30 400** - £3 800 - **$5,510**
- *When the Work is Down* - Watercolour (79x122cm-31x48in) London 95 .... FF**108 200** - £14 000 - **$22,100**

SMITH Cary 1955 [3]
- *Fragment Painting* - Oil (76x76cm-30x30in) New-York 97 .... FF**2 924** - £309 - **$500**
- *Look at Me, Black Cross* - Oil/canvas (124x124cm-49x49in) New-York 96 .... FF**15 000** - £1 942 - **$3,000**

SMITH Charles 1749-1824 [1]
🖼 *Morning scene/Evening scene* - Oil/canvas (41x51cm-16x20in) London 90 .... FF11 600 - £1 242 - **$2,017**
SMITH Charles c.1857-1908 [3]
🖼 *Worcester* - Oil/canvas (51x76cm-20x30in) London 96 .... FF13 870 - £1 800 - **$2,743**
SMITH Charles Alexander 1864-1915 [1]
🖼 *Man working in the field* - Oil/canvas (46x32cm-18x13in) Toronto 94 .... FF10 230 - £1 196 - **$1,804**
SMITH Charles L.A. 1871-1937 [5]
🖼 *Autumn trees* - Oil/canvas (56x69cm-22x27in) San Francisco-Los Angeles 92 .... FF7 020 - £718 - **$1,300**
SMITH Collingwood 1815-1887 [1]
✎ *Italian landscape* - Watercolour (34x50cm-13x20in) Vejle 94 .... FF4 000 - £470 - **$713**
SMITH Colvin 1795-1875 [2]
🖼 *Archibald Campbell of Blythswood* - Oil/canvas (246x148cm-97x58in) London 91 .... FF11 900 - £1 195 - **$2,059**
SMITH Dan 1864-1934 [2]
▱ *Sesquicentennial Expo., Philadelphia* - Poster (89x44cm-35x17in) New-York 95 .... FF5 550 - £700 - **$1,100**
✎ *Woman playing piano* - Watercolour, gouache (64x43cm-25x17in) New-York 96 .... FF7 690 - £911 - **$1,500**
SMITH David 1906-1965 [106]
✎ *Untitled* - Oil/canvas (183x44cm-72x17in) New-York 96 .... FF180 000 - £23 300 - **$36,000**
▱ *Fishdocks* - Lithograph (22x56cm-9x22in) New-York 91 .... FF45 600 - £4 628 - **$8,236**
🗿 *Family Totem* - Sculpture (81x15x56cm-32x6x22in) New-York 97 .... FF2 - £225 885 - **$370,000**
Circles and Planes - Stainless steel (286x44x105cm-113x17x41in) New-York 95 .... FF8 - £1 - **$1**
Concaves II - Sculpture (55x24x57cm-22x9x22in) New-York 97 .... FF523 260 - £54 945 - **$90,000**
✎ *Untitled* - Ink/paper (57x46cm-22x18in) New-York 97 .... FF81 253 - £8 548 - **$14,000**
SMITH David Murray 1865-1952 [2]
🖼 *Hampshire Hills* - Oil/canvas (86x112cm-34x44in) London 95 .... FF17 420 - £2 200 - **$3,494**
SMITH De Cost 1864-1939 [2]
🖼 *A Battle Cry* - Oil/canvas (114x86cm-45x34in) New-York 92 .... FF16 640 - £1 986 - **$3,200**
✎ *Indian smoking pipe* - Watercolour (10x15cm-4x6in) Litchfield, CT 92 .... FF4 160 - £436 - **$750**
SMITH Dee 1939 [3]
🖼 *Preening Ibis* - Oil/canvas (61x92cm-24x36in) London 95 .... FF30 700 - £4 000 - **$6,350**
SMITH Denzil XX [9]
🖼 *American Whalers* - Oil/canvas (40x61cm-16x24in) London 97 .... FF8 443 - £900 - **$1,474**
SMITH E. Boyd 1860-1943 [18]
✎ *A Game of Tag* - Watercolour (24x32cm-9x13in) New-York 94 .... FF6 970 - £808 - **$1,200**
SMITH Edward 1796-1879 [4]
🖼 *Llanstephan, Carmarthenshire*
    Oil/canvas (61x84cm-24x33in) Penpont House, Brecon, Powys, Wales 91 .... FF31 740 - £3 198 - **$5,508**
✎ *Hartlebury, Worcestershire* - Watercolour (19x25cm-7x10in) London 96 .... FF4 790 - £600 - **$931**
SMITH Edwin Dalton 1800-? [5]
✎ *Boys with violin & cello* - Wash (37x31cm-15x12in) London 91 .... FF4 170 - £420 - **$724**
SMITH Elmer Boyd 1860-1943 [3]
🖼 *Bartering for a calf outside Dedit Inn* - Oil/canvas (131x94cm-52x37in) Toronto 93 .... FF42 400 - £4 800 - **$7,150**
SMITH Ernest Browning 1886-1952 [3]
🖼 *Sage glade desert valley*
    Oil/canvas (81x102cm-32x40in) San Francisco-Los Angeles 90 .... FF34 300 - £3 543 - **$6,060**
SMITH Ernest G. [2]
🖼 *Henry, 8th Lord Arundell of Wardour* - Oil/canvas (250x148cm-98x58in) London 95 .... FF22 100 - £2 800 - **$4,450**
SMITH Ernst 1868-1945 [2]
🖼 *Marin i solnedgång* - Oil/canvas/panel (17x35cm-7x14in) Malmö 92 .... FF3 960 - £406 - **$697**
SMITH Firthjof 1859-1917 [2]
🖼 *Norwegisches Fischerdorf am Abend* - Öl/Leinwand (70x100cm-28x39in) Bremen 92 .... FF11 550 - £1 482 - **$2,380**
SMITH Francis 1881-1961 [59]
🖼 *Cour de ferme* - Huile/panneau (19x24cm-7x9in) Paris 97 .... FF21 000 - £2 283 - **$3,690**
Femmes et voiliers - Huile/panneau (70x56cm-28x22in) Paris 96 .... FF52 000 - £6 470 - **$10,120**
Sous-bois ensoleillé - Huile/toile (83x50cm-33x20in) Calais 97 .... FF73 000 - £7 818 - **$12,797**
✎ *Jean Cocteau à l'Académie Française* - Gouache/papier (35x16cm-14x6in) Calais 97 .... FF34 000 - £3 641 - **$5,960**
SMITH Francis Hopkinson 1838-1915 [34]
✎ *Venetian canal scene* - Gouache (30x58cm-12x23in) Delray Beach, Florida 96 .... FF8 580 - £1 110 - **$1,700**
An open air market - Gouache/papier (37x62cm-15x24in) New-York 94 .... FF26 300 - £3 160 - **$5,000**
Porta Della Carta - Gouache/paper (67x46cm-26x18in) New-York 94 .... FF74 700 - £8 720 - **$13,000**
SMITH Frank Vining 1879-1967 [11]
🖼 *Ship on the high seas* - Oil/canvas (71x92cm-28x36in) New-York 93 .... FF15 950 - £2 000 - **$2,900**
✎ *The Glutton on the Great Snow* - Drawing (58x38cm-23x15in) North Berwick, Maine 92 .... FF1 920 - £197 - **$400**
SMITH Frederick Carl 1868-1955 [7]
🖼 *San Pedro Harbor* - Oil/canvas (63x76cm-25x30in) San Francisco-Los Angeles 95 .... FF6 480 - £851 - **$1,300**
SMITH Gean 1851-1928 [1]
🖼 *Artful and his trainer* - Oil/canvas (41x61cm-16x24in) New-York 93 .... FF13 750 - £1 724 - **$2,500**
SMITH George 1829-1901 [12]
🖼 *Gathering the Grapes* - Oil/panel (51x39cm-20x15in) London 96 .... FF61 500 - £8 000 - **$12,180**
The First Fancy Dress - Oil/panel (76x62cm-30x24in) London 95 .... FF166 000 - £22 000 - **$34,300**
SMITH George 1870-1934 [5]
🖼 *On Cowden farm* - Oil/board (31x41cm-12x16in) Auchterarder, Perthshire 95 .... FF12 500 - £1 600 - **$2,460**

S

SMITH George 1802-1838 [18]
🖼 *Last scene in the gambler's house* - Oil/canvas (51x76cm-20x30in) London 91 .... FF*29 760* - £*3 020* - **$5,375**
By the fireside - Oil/canvas (50x76cm-20x30in) London 90 .... FF*77 500* - £*8 031* - **$13,620**
SMITH George Melville 1879-? [1]
🖼 *The land yields her increase* - Tempera/panel (61x109cm-24x43in) New-York 92 .... FF*14 700* - £*1 707* - **$3,000**
SMITH George Washington 1879-1930 [1]
Sainte-Sophie, Constantinople - Huile/toile (81x100cm-32x39in) Paris 95 .... FF*9 000* - £*1 140* - **$1,810**
SMITH Germaine 1904 [3]
🖼 *Bouquet d'oeillets* - Huile/toile (46x38cm-18x15in) Chartres 91 .... FF*3 800* - £*381* - **$696**
SMITH Gordon Appelby 1919 [8]
✏ *West Coast #1* - Watercolour (44x62cm-17x24in) Toronto 96 .... FF*3 420* - £*436* - **$658**
SMITH Graham 1870-? [6]
✏ *Valentine's Brook, Grand National* - Watercolour, gouache (36x54cm-14x21in) London 92 .... FF*3 910* - £*400* - **$766**
SMITH Grainger 1892-? [1]
✏ *Bamburgh Castle*
Watercolour (25x35cm-10x14in) Marlborough Crescent, Newcastle upon Tyne 93 .... FF*1 513* - £*170* - **$254**
SMITH Hassel 1915 [2]
🖼 *Landscape with Figures, Columbia*
Oil/canvas (71x86cm-28x34in) San Francisco-Los Angeles 96 .... FF*7 710* - £*935* - **$1,500**
SMITH Helen Donald 1880-1930 [2]
🖼 *Lady, seated in a garden* - Oil/canvas (122x90cm-48x35in) Billinghurst, West Sussex 93 ...... FF*4 810* - £*580* - **$841**
✏ *A corner of the garden* - Wash (34x47cm-13x19in) London 91 .... FF*1 578* - £*159* - **$308**
SMITH Hely Augustus M. 1862-1941 [16]
🖼 *Falmouth for Orders* - Oil/canvas (24x36cm-9x14in) Penzance, Cornwall 93 .... FF*7 050* - £*850* - **$1,233**
SMITH Henry Pember 1854-1907 [45]
🖼 *Old Homestead* - Oil/canvas (36x51cm-14x20in) New-York 94 .... FF*11 230* - £*1 326* - **$2,000**
Venice - Oil/canvas (20x28cm-8x11in) Chicago 96 .... FF*17 200* - £*2 230* - **$3,400**
Springtime in Venice - Oil/canvas (71x51cm-28x20in) New-York 96 .... FF*46 700* - £*5 950* - **$9,000**
SMITH Herbert Luther 1811-1870 [3]
✏ *Major Smyth* - Watercolour (53x38cm-21x15in) London 92 .... FF*5 030* - £*600* - **$967**
SMITH Herbert Tyson 1883-? [1]
🗿 *Bronze bust of a Young Woman* - Bronze (40cm-16in) Richmond, North Yorkshire 94 .... FF*7 760* - £*900* - **$1,337**
SMITH Hobbe 1862-1942 [29]
🖼 *River landscape* - Oil/canvas/panel (18x26cm-7x10in) Amsterdam 95 .... FF*5 900* - £*766* - **$1,230**
Moored sailing Vessels - Oil/canvas (61x120cm-24x47in) Amsterdam 97 .... FF*12 605* - £*1 341* - **$2,193**
Moored sailing vessels - Oil/canvas (80x115cm-31x45in) Amsterdam 96 .... FF*48 200* - £*5 840* - **$9,360**
SMITH Hope 1879-? [3]
🖼 *The Red Coat* - Oil/canvas/board (30x41cm-12x16in) Cambridge, Mass. 94 .... FF*17 080* - £*2 052* - **$3,250**
SMITH Howard Everett 1885-? [3]
🖼 *Cowboy in the Sierras* - Oil/canvas (63x76cm-25x30in) San Francisco-Los Angeles 95 .... FF*7 970* - £*1 048* - **$1,600**
SMITH Hugh Bellingham 1866-1922 [2]
🖼 *Girl in a brown dress* - Oil/canvas (120x71cm-47x28in) London 96 .... FF*8 430* - £*1 000* - **$1,646**
SMITH Hughie Lee 1915 [9]
🖼 *Landscape with a man* - Oil/canvas (66x91cm-26x36in) Detroit, Michigan 93 .... FF*29 500* - £*3 356* - **$5,000**
SMITH Ian 1950 [3]
🖼 *Peintre au mouchoir rouge* - Huile/panneau (75x78cm-30x31in) Antwerpen 93 .... FF*5 930* - £*710* - **$1,212**
SMITH Jack 1928 [5]
🖼 *Within Blue, Outside Yellow* - Oil/board (89x119cm-35x47in) London 97 .... FF*14 124* - £*1 500* - **$2,460**
SMITH Jack Wilkinson 1873-1949 [16]
🖼 *Gathering Clouds* - Oil/canvas (76x117cm-30x46in) San Francisco-Los Angeles 94 ..... FF*100 200* - £*11 840* - **$18,000**
SMITH James Burrell 1822-1897 [42]
🖼 *On the Ouse* - Oil/canvas (24x39cm-9x15in) Chicago 96 .... FF*9 610* - £*1 246* - **$1,900**
✏ *Peasants resting on rocks* - Oil/watercolour/paper (18x34cm-7x13in) London 96 ...... FF*3 060* - £*350* - **$584**
On the Brann, Perthshire - Watercolour (46x67cm-18x26in) London 96 .... FF*12 000* - £*1 500* - **$2,327**
SMITH Jeremy 1946 [2]
🖼 *Young woman in doorway* - Tempera (173x79cm-68x31in) Toronto 92 .... FF*4 300* - £*440* - **$757**
SMITH Jessie Willcox 1863-1935 [5]
✏ *Jack and Jill* - Gouache (48x67cm-19x26in) New-York 93 .... FF*88 000* - £*11 030* - **$16,000**
SMITH John Brandon 1848-1884 [40]
🖼 *Rocky river landscape* - Oil/board (46x34cm-18x13in) London 93 .... FF*9 960* - £*1 200* - **$1,740**
On the Iledr, North Wales - Oil/canvas (35x46cm-14x18in) London 97 .... FF*26 692* - £*2 800* - **$4,580**
SMITH John Christopher 1891-1943 [5]
🖼 *Landscape, Salinas* - Oil/canvas (61x76cm-24x30in) San Francisco-Los Angeles 92 .... FF*7 350* - £*854* - **$1,500**
SMITH John Guthrie Spence 1880-1951 [6]
🖼 *Glencoe* - Oil/board (51x61cm-20x24in) Auchterarder, Perthshire 92 .... FF*9 520* - £*1 000* - **$1,990**
SMITH John Raphael 1752-1812 [25]
🖼 *What You Will* - Engraving (42x29cm-17x11in) London 91 .... FF*3 900* - £*400* - **$724**
✏ *Sir Francis Burdett, Bt.* - Pastel (62x46cm-24x18in) London 95 .... FF*50 300* - £*6 500* - **$10,270**
SMITH John Thomas 1766-1833 [2]
✏ *Figures approaching a house* - Ink (12x18cm-5x7in) London 91 .... FF*2 793* - £*279* - **$460**
SMITH John Warwick 1749-1831 [35]
✏ *Porto Ferrajo on the Island of Elba* - Wash (15x22cm-6x9in) London 91 .... FF*4 990* - £*500* - **$824**
A fishing lodge in Pembrokeshire - Watercolour (15x24cm-6x9in) London 96 .... FF*13 580* - £*1 600* - **$2,670**

St. Pierre de Rome et Vatican - Aquarelle (30x40cm-12x16in) Toulon 96 .... FF**70 000** - £**8 480** - **$13,600**
SMITH Jori 1907 [19]
● *Marthe* - Huile/toile (61x81cm-24x32in) Montréal 92 .... FF**8 600** - £**870** - **$1,652**
SMITH Joseph Lindon 1863-1950 [13]
● *Amenhotep II, Luxor Temple* - Oil/canvas (193x98cm-76x39in) New-York 95 .... FF**40 200** - £**5 030** - **$8,000**
SMITH Judson De Jonge 1880-1962 [2]
⬗ *Along Old Saginaw Turnpike* - Tempera/paper (47x112cm-19x44in) New-York 96 .... FF**18 270** - £**2 115** - **$3,500**
SMITH Kiki 1954 [8]
● *Untitled* - Oil/panel (3x51cm-1x20in) New-York 96 .... FF**28 500** - £**3 680** - **$5,500**
⬔ *Banshee Pearls* - Lithograph (58x79cm-23x31in) New-York 96 .... FF**29 700** - £**3 524** - **$5,800**
⬗ *Untitled* - Mixed media/paper (76x50cm-30x20in) New-York 95 .... FF**33 900** - £**4 490** - **$7,000**
SMITH Kimber 1922-1981 [2]
● *The Piano Player* - Acrylique/toile (228x81cm-90x32in) Luzern 94 .... FF**24 100** - £**2 826** - **$4,290**
⬔ *J.F.K.* - Color lithograph (64x49cm-25x19in) Berlin 94 .... FF**1 880** - £**222** - **$335**
SMITH Lance 1950 [4]
● *Eclipse on the Beach* - Mixed media (83x58cm-33x23in) London 97 .... FF**13 825** - £**1 500** - **$2,449**
SMITH Lawrence Beall 1909 [5]
● *For His Future, Buy War Bond* - Oil/board New-York 90 .... FF**20 000** - £**2 128** - **$3,578**
Corner in Carolina - Oil/masonite (50x73cm-20x29in) New-York 91 .... FF**191 700** - £**19 245** - **$33,167**
SMITH Leon Polk 1906 [11]
● *Constellation - Yellow Arch* - Oil/canvas (208x229cm-82x90in) New-York 94 .... FF**94 600** - £**11 250** - **$18,000**
⬔ *Abstrakte Kreiskomposition* - Sérigraphie couleurs (47cm-19in) München 95 .... FF**1 603** - £**200** - **$324**
⬗ *Untitled* - Collage/paper (81x118cm-32x46in) New-York 94 .... FF**29 030** - £**3 370** - **$5,000**
SMITH Leonard John 1885-? [1]
⬔ *Model/Reverie/Morning/High Tide/...* - Etching (32x23cm-13x9in) London 96 .... FF**3 510** - £**450** - **$692**
SMITH Lorne Kidd 1880-? [1]
● *The tow path, Old Welland Canal* - Oil/board (52x66cm-20x26in) Toronto 96 .... FF**4 560** - £**581** - **$877**
SMITH Ludwig August 1820-1906 [2]
● *Childhood, 1845* - Oil/canvas (34x31cm-13x12in) London 90 .... FF**27 100** - £**2 800** - **$4,788**
SMITH Marcella Cl. Heber 1887-1963 [7]
● *The Quayside, St. Ives* - Oil/canvas (64x76cm-25x30in) Penzance, Cornwall 93 .... FF**4 900** - £**550** - **$820**
⬗ *Vase of summer flowers* - Watercolour (46x53cm-18x21in) Penzance, Cornwall 92 .... FF**2 540** - £**260** - **$498**
SMITH Marshall Joseph, Jr. 1854-1923 [4]
● *Lake Ponchartrain* - Oil/canvas (43x91cm-17x36in) New Orleans, Louisiana 94 .... FF**146 600** - £**16 960** - **$25,000**
SMITH Mary 1842-1878 [1]
● *The Stump Orator* - Oil/board (23x30cm-9x12in) St. Petersburg, Florida 94 .... FF**7 420** - £**865** - **$1,300**
SMITH Mary T. 1904 [2]
● *Six figures* - Paint/plywood (140x56cm-55x22in) Litchfield, CT 92 .... FF**4 680** - £**559** - **$900**
SMITH Matthew 1879-1959 [59]
● *Jug, China dog and apples* - Oil/canvas (41x61cm-16x24in) London 94 .... FF**38 100** - £**4 500** - **$6,840**
Reclining nude - Oil/canvas (51x68cm-20x27in) London 97 .... FF**112 571** - £**12 000** - **$19,654**
Flowers in a brown jug - Oil/canvas (61x51cm-24x20in) London 95 .... FF**196 000** - £**25 000** - **$40,100**
⬗ *Statue and fruits on a table* - Watercolour/paper (51x75cm-20x30in) London 97 .... FF**16 886** - £**1 800** - **$2,948**
SMITH Miriam Tindall XX [2]
● *Self-portrait with model* - Oil/canvas (114x92cm-45x36in) New-York 94 .... FF**5 620** - £**663** - **$1,000**
SMITH Mortimer L. 1840-1896 [2]
● *Smugglers Cove* - Oil/canvas (46x66cm-18x26in) Chicago 92 .... FF**44 100** - £**5 120** - **$9,000**
SMITH Noel XIX-XX [2]
⬗ *Old thatched cottage by the sea* - Watercolour (25x34cm-10x13in) Toronto 95 .... FF**1 802** - £**228** - **$363**
At the cottage gate - Pencil (23x33cm-9x13in) London 92 .... FF**3 420** - £**350** - **$604**
SMITH OF CHICHESTER George 1714-1776 [16]
● *The Chimney Fire* - Oil/canvas (40x61cm-16x24in) London 97 .... FF**29 879** - £**3 200** - **$5,193**
Landscape with figures by a fallen tree - Oil/canvas (75x100cm-30x39in) London 91 .... FF**94 200** - £**9 560** - **$17,013**
SMITH OF CHICHESTER William 1707-1764 [3]
● *Fruit still life on a mossy bank* - Oil/canvas (63x76cm-25x30in) London 94 .... FF**38 900** - £**4 600** - **$6,990**
SMITH Patti XX [2]
⬗ *Air fire, 1969* - Mixed media/paper (45x61cm-18x24in) New-York 90 .... FF**4 600** - £**489** - **$823**
SMITH Ray 1959 [16]
● *Diego* - Oil/canvas (152x103cm-60x41in) New-York 96 .... FF**25 600** - £**3 040** - **$5,000**
El Monkey-Man - Oil New-York 97 .... FF**103 329** - £**10 972** - **$18,000**
SMITH Reginald 1870-1925 [4]
● *Calm seas at dusk* - Oil/canvas (49x107cm-19x42in) London 95 .... FF**8 840** - £**1 150** - **$1,846**
⬗ *Waves crashing on a coastline* - Watercolour (66x69cm-26x27in) London 93 .... FF**2 634** - £**300** - **$447**
SMITH Richard 1931 [23]
● *MM* - Oil/canvas (91x91cm-36x36in) New-York 90 .... FF**39 800** - £**4 050** - **$7,959**
⬔ *Circular composition in red* - Lithograph (71x76cm-28x30in) London 93 .... FF**2 490** - £**300** - **$435**
⬗ *Untitled* - Pastel (55x76cm-22x30in) London 95 .... FF**2 925** - £**380** - **$602**
SMITH Richard J. 1955 [2]
● *A Kingfisher* - Acrylic/board (89x58cm-35x23in) London 94 .... FF**9 370** - £**1 100** - **$1,670**
⬗ *Flushing a pheasnt* - Bodycolour (31x25cm-12x10in) London 94 .... FF**1 920** - £**220** - **$323**
SMITH Robert 1944 [5]
● *The Qutb Mosque, Delhi* - Oil/canvas (89x122cm-35x48in) London 91 .... FF**64 500** - £**6 499** - **$11,192**

S

SMITH Robert, Colonel 1787-1873 [1]
🖼 *Procession, Fort at Bharatpur* - Oil/canvas (66x107cm-26x42in) London 96 .... **FF144 400** - *£18 000* - **$27,900**
SMITH Russel 1812-1896 [8]
🖼 *Silver lake, 1869* - Oil/canvas New-York 90 .... **FF45 800** - *£4 746* - **$8,049**
SMITH Sarah Katharine c.1877-? [1]
✏ *Woman artist at a loom* - Watercolour (58x36cm-23x14in) New-York 94 .... **FF24 270** - *£2 850* - **$4,250**
SMITH Stephen Catterson I 1806-1872 [6]
🖼 *Mrs. Penrose Fitzgerald* - Oil/panel (53x38cm-21x15in) Leyburn, North Yorkshire 92 .... **FF13 680** - *£1 400* - **$2,414**
SMITH Thomas Lochlan 1835-1884 [2]
🖼 *Landscape with fisherman* - Oil/canvas (61x51cm-24x20in) New-York 92 .... **FF12 740** - *£1 480* - **$2,600**
SMITH Tony 1912-1980 [20]
🗿 *Spit Ball* - Marble (29x37x31cm-11x15x12in) New-York 91 .... **FF104 600** - *£10 413* - **$17,987**
Marriage - Bronze (51x51x61cm-20x20x24in) New-York 97 .... **FF151 164** - *£15 873* - **$26,000**
Gracehoper - Bronze (85x109x162cm-33x43x64in) New-York 97 .... **FF435 540** - *£45 818* - **$75,000**
SMITH Walter Granville 1870-1938 [25]
🖼 *Willow Trees, Bellport, New York* - Oil/canvas (40x56cm-16x22in) New-York 96 .... **FF15 450** - *£1 920* - **$3,000**
✏ *Carriage ride* - Watercolour, gouache (48x36cm-19x14in) Mystic, Connecticut 94 .... **FF5 840** - *£697* - **$1,100**
SMITH William XX [2]
🖼 *Jeunes filles cueillant des fleurs* - Huile/toile (33x41cm-13x16in) Le Mans 92 .... **FF3 400** - *£350* - **$654**
SMITH William A. 1918-1989 [1]
✏ *Man speaking on telephone* - Watercolour (48x56cm-19x22in) New-York 93 .... **FF3 835** - *£437* - **$650**
SMITH William Collingwood 1815-1887 [25]
✏ *Conway Castle* - Watercolour (33x43cm-13x17in) London 93 .... **FF3 073** - *£350* - **$522**
SMITH William Eugene 1918-1978 [65]
📷 *Juanita, 1953* - Silver print (22x30cm-9x12in) New-York 89 .... **FF10 900** - *£1 085* - **$1,722**
Guardia Civil - Gelatin silver print (25x32cm-10x13in) San Francisco-Los Angeles 95 .... **FF14 950** - *£1 950* - **$3,000**
Spanish wake, 1951 - Silver print (12x17cm-5x7in) New-York 90 .... **FF20 000** - *£2 155* - **$3,527**
SMITH William Harding 1848-1922 [5]
🖼 *Grape still life* - Oil/canvas (35x30cm-14x12in) Chicago 91 .... **FF5 420** - *£546* - **$940**
✏ *The Colosseum, Rome* - Watercolour (38x56cm-15x22in) London 96 .... **FF3 546** - *£460* - **$701**
SMITH William Russell 1812-1896 [2]
🖼 *Italian coastal scene* - Oil/canvas (30x46cm-12x18in) North Berwick, Maine 93 .... **FF7 540** - *£867* - **$1,300**
✏ *Open Ocean* - Watercolour (33x48cm-13x19in) North Berwick, Maine 93 .... **FF1 925** - *£242* - **$350**
SMITH William St. Thomas 1862-1947 [13]
✏ *House at river's edege* - Watercolour (31x45cm-12x18in) Toronto 95 .... **FF2 072** - *£262* - **$417**
SMITH Wuanita 1866-1959 [4]
🖼 *The New Boat* - Oil/canvas (76x61cm-30x24in) Philadelphia 95 .... **FF3 760** - *£475* - **$750**
SMITH Xanthus Russell 1838-1929 [20]
🖼 *Maine Coast* - Oil/canvas (28x36cm-11x14in) North Bethesda, MD. 91 .... **FF3 596** - *£360* - **$592**
Old Man Basin, Franconia Notch - Oil/canvas (31x46cm-12x18in) New-York 93 .... **FF28 300** - *£3 220* - **$4,800**
✏ *Fren Man of War Tatinat, Carolina*
    Watercolour (13x20cm-5x8in) New Orleans, Louisiana 94 .... **FF15 030** - *£1 790* - **$2,750**
SMITH-HALD Björn 1883-1964 [12]
🖼 *Les Pêcheurs* - Oil/canvas (98x149cm-39x59in) London 94 .... **FF75 600** - *£9 000* - **$14,250**
SMITH-HALD Frithjof 1846-1903 [18]
🖼 *Fjordparti med fidkere, 1888* - Oil/canvas (80x115cm-31x45in) Tönsberg 90 .... **FF52 700** - *£5 542* - **$9,165**
✏ *Mor og barn på strand* - Watercolour/paper (34x48cm-13x19in) Oslo 96 .... **FF6 890** - *£798* - **$1,320**
SMITHSON Robert 1938-1973 [32]
🖼 *Bingham Copper Mining Pit*
    wax pencil, tape/plastic overlay/map (51x76cm-20x30in) New-York 94 .... **FF47 300** - *£5 630* - **$9,000**
🗿 *Untitled* - Construction (89x79x80cm-35x31x31in) New-York 91 .... **FF481 000** - *£48 817* - **$86,873**
✏ *#4 Rock Coral Mirror* - Pencil (59x46cm-23x18in) New-York 94 .... **FF72 600** - *£8 410* - **$12,500**
SMITS Alexandre XIX [2]
🖼 *Scène d'intérieur* - Huile/panneau (60x50cm-24x20in) Liège 90 .... **FF12 200** - *£1 306* - **$2,122**
SMITS Eugène 1826-1912 [10]
🖼 *La lectrice* - Huile/panneau (34x26cm-13x10in) Bruxelles 94 .... **FF10 000** - *£1 160* - **$1,720**
SMITS Jakob 1856-1928 [109]
🖼 *Zomerlandschap met Hooiwagen* - Huile/panneau (20x28cm-8x11in) Lokeren 96 .... **FF26 340** - *£3 354* - **$5,070**
Portrait d'homme - Oil/canvas (48x32cm-19x13in) Lokeren 96 .... **FF80 000** - *£10 330* - **$15,800**
Les deux Arbres - Oil/board (53x58cm-21x23in) Amsterdam 97 .... **FF175 771** - *£18 435* - **$3,016,3 2**
✏ *Jeune paysan devant l'âtre* - Pastel (35x50cm-14x20in) Antwerpen 93 .... **FF72 700** - *£8 320* - **$12,380**
SMITS Johan Gerard 1823-1910 [16]
🖼 *Groenburgwal, Amsterdam* - Oil/canvas (55x85cm-22x33in) Amsterdam 92 .... **FF7 580** - *£780* - **$1,460**
✏ *Aklmaar by night* - Watercolour/paper (31x49cm-12x19in) Amsterdam 96 .... **FF8 600** - *£1 103* - **$1,694**
SMODICS Erich 1941 [2]
◫ *Italienisches Skizzenblatt* - Etching in colors (77x50cm-30x20in) Lindau 96 .... **FF2 480** - *£321* - **$497**
SMOLDERS Paul 1921 [19]
🖼 *Jeune garçon au chapeau de paille* - Huile/toile (40x35cm-16x14in) Lokeren 95 .... **FF14 560** - *£1 817* - **$2,940**
✏ *Fillette assise* - Pastel (70x54cm-28x21in) Antwerpen 93 .... **FF3 234** - *£370* - **$551**
SMONT Lucas 1671-1713 [2]
🖼 *Combat naval* - Huile/toile (40x59cm-16x23in) Bruxelles 97 .... **FF21 281** - *£2 327* - **$3,718**
SMORENBERG Dirk 1883-1960 [43]
🖼 *A winter landscape* - Oil/canvas (40x50cm-16x20in) Amsterdam 97 .... **FF9 016** - *£975* - **$1,573**
Waterlilies - Oil/canvas (59x60cm-23x24in) Amsterdam 94 .... **FF21 320** - *£2 520* - **$3,830**

SMYTH Clementina [2]
Catapulter/Young girl in a pinafore - Pencil (28x20cm-11x8in) London 92 .... FF1 954 - £200 - $344
SMYTH John Richard Coke 1808-1882 [2]
Cape Diamond & Wolfe's Cove - Wash (25x35cm-10x14in) London 91 .... FF3 970 - £400 - $689
SMYTH Ned 1948 [4]
Palm tree - Sculpture (173cm-68in) London 93 .... FF11 620 - £1 400 - $2,030
SMYTH Olive Carleton 1882-? [1]
An Eastern Goddess - Watercolour (31x17cm-12x7in) Glasgow 94 .... FF10 970 - £1 300 - $2,030
SMYTHE Edward Robert 1810-1899 [43]
A punch and Judy show - Oil/canvas (30x41cm-12x16in) London 95 .... FF12 930 - £1 700 - $2,596
Numerous figures with horses - Oil/canvas (58x71cm-23x28in) Aylsham, Norfolk 96 .... FF33 500 - £4 400 - $6,720
The Young Keeper - Pastel (28x43cm-11x17in) London 95 .... FF6 970 - £900 - $1,436
SMYTHE Eugene Leslie 1857-1932 [3]
Morning at the shore - Oil/canvas (61x76cm-24x30in) Elgin, Illinois 91 .... FF4 530 - £456 - $786
SMYTHE Lionel Percy 1839-1913 [22]
Gathering flowers - Oil/canvas (35x25cm-14x10in) London 96 .... FF38 400 - £5 000 - $7,610
Laura - Watercolour (24x15cm-9x6in) London 96 .... FF12 650 - £1 500 - $2,470
SMYTHE Minnie 1839-1913 [2]
Houlouve Farm, Wimille - Oil/canvas (34x24cm-13x9in) Billinghurst, West Sussex 95 .... FF6 520 - £780 - $1,240
Amongst the daffodils - Watercolour/board (74x50cm-29x20in) New-York 90 .... FF21 200 - £2 135 - $4,153
SMYTHE Thomas 1825-1907 [56]
Shepherd with dogs - Oil/canvas (38cm-15in) Aylsham, Norfolk 94 .... FF25 330 - £3 000 - $4,680
Farmer's Rest/From the Market - Oil/canvas (46x61cm-18x24in) London 97 .... FF71 625 - £7 800 - $12,455
SNAFFLES Charles J. Payne 1884-1967 [47]
Cavalree - Watercolour (34x26cm-13x10in) London 93 .... FF5 760 - £720 - $1,044
The Grand Military Gold Cup - Watercolour, gouache (45x63cm-18x25in) New-York 97 ..... FF46 242 - £4 930 - $8,000
SNAYERS Pieter 1592-1667 [19]
Bataille de Condé sur l'Escaut - Huile/toile (125x130cm-49x51in) Paris 95 .... FF200 000 - £25 700 - $41,300
SNEL Han 1925 [7]
Njoman Losim - Oil/canvas (50x40cm-20x16in) Amsterdam 96 .... FF12 050 - £1 550 - $2,336
SNELGROVE Walter 1924 [2]
Skyline - Öl/Leinwand (139x194cm-55x76in) Wien 94 .... FF5 860 - £666 - $993
Landscape - Oil/canvas (54x80cm-21x31in) San Francisco-Los Angeles 92 .... FF12 540 - £1 485 - $2,410
SNELL Henry Bayley 1858-1943 [13]
Italian coast - Oil/canvas (46x61cm-18x24in) Los Angeles 89 .... FF17 200 - £1 759 - $2,765
Low tide - Oil/canvas (86x111cm-34x44in) New-York 92 .... FF182 000 - £19 320 - $35,000
SNELL James Herbert 1861-1935 [27]
Pollarded willows, winter - Oil/canvas (56x76cm-22x30in) London 94 .... FF6 840 - £800 - $1,192
Derbyshire Meadows - Watercolour (28x43cm-11x17in) London 97 .... FF3 223 - £350 - $571
SNELL Rudolf 1823-1898 [1]
Landschaft im Berner Oberland - Öl/Leinwand (45x63cm-18x25in) Bern 93 .... FF13 430 - £1 496 - $2,280
SNELLEN VAN VOLLENHOVEN Samuel Constant 1816-1880 [1]
Collie standing/A trompe l'œil - Watercolour/board Amsterdam 90 .... FF2 260 - £228 - $443
SNELLINCK Andries 1587-1653 [1]
Réunion galante - Huile/cuivre (67x93cm-26x37in) Paris 96 .... FF60 000 - £7 520 - $11,600
SNELLMAN Anita 1924 [3]
Appelblom - Oil/canvas (99x50cm-39x20in) Helsinki 92 .... FF17 200 - £1 760 - $3,030
SNELLMAN Anna 1884-1962 [10]
Gula blommor i kruka - Pastel (41x33cm-16x13in) Helsinki 95 .... FF5 790 - £724 - $1,170
SNELLMAN Eero Juhani 1890-1951 [3]
Franskt flodlandskap, Moset-sur-Seine - Oil/canvas (45x55cm-18x22in) Helsinki 90 ..... FF20 970 - £2 134 - $4,194
SNELSON Kenneth 1927 [11]
Construction - Sculpture (33cm-13in) Amsterdam 97 .... FF19 040 - £1 996 - $3,267
SNEZANA Dermendziera 1941 [2]
El conquistador - Bronze (35x10x15cm-14x4x6in) Paris 92 .... FF4 100 - £420 - $738
SNIJDERS Ben 1943 [2]
Reclining nude - Oil/paper (28x45cm-11x18in) Amsterdam 94 .... FF24 330 - £2 870 - $4,330
SNIJDERS Christian Pieter 1881-1943 [4]
Delfshaven, Rotterdam - Oil/canvas (58x86cm-23x34in) Amsterdam 95 .... FF4 630 - £560 - $872
SNISCHEK Max 1891-1968 [2]
2 Mädchen mit Blütenkranz - Collage (33x24cm-13x9in) Wien 96 .... FF2 894 - £374 - $567
SNOECK Jacob Cornelis 1881-1921 [5]
Watching over baby - Oil/canvas (49x61cm-19x24in) London 94 .... FF11 760 - £1 400 - $2,216
SNOECK Paul 1934-1981 [2]
Hommage à G. Archimbald - Huile/panneau (34x25cm-13x10in) Bruxelles 93 .... FF5 930 - £710 - $1,212
SNOW Edward Taylor 1844-1913 [1]
Table grouping - Oil/canvas (56x69cm-22x27in) Mystic, Connecticut 96 .... FF2 524 - £329 - $500
SNOW Graham XX [2]
Indira - Collage (38x30cm-15x12in) London 96 .... FF2 150 - £280 - $445
SNOWDON 1st Earl of Ant. Armstrong-Jones 1930 [3]
Igor Stravinsky's hands - Silver print (23x25cm-9x10in) New-York 94 .... FF5 160 - £640 - $1,000

S

SNOWDON Douglas XIX-XX [3]
🏛 *London to Paris* - Poster (100x66cm-39x26in) London 95 .... FF8 *400* - £*950* - **$1,512**
SNOWDON Margaret Kemplay XIX-XX [2]
Lady, small full length - Oil/canvas (91x70cm-36x28in) London 96 .... FF5 *450* - £*700* - **$1,057**
SNOWMAN Isaac 1874-? [9]
🖤 *The children's hour* - Oil/canvas (87x131cm-34x52in) New Delhi 92 .... FF106 *000* - £*12 300* - **$20,800**
SNYDER Joan 1940 [4]
🖤 *Poems past, 1971* - Oil/canvas (79x16cm-31x6in) New-York 89 .... FF68 *600* - £*6 826* - **$10,837**
SNYDER Peter Etril 1944 [7]
🖤 *Gaggle of geese* - Oil/masonite (46x61cm-18x24in) Toronto 95 .... FF6 *950* - £*908* - **$1,393**
SOALHAT Olivier 1962 [2]
🏛 *Tenorino* - Pierre (90cm-35in) Paris 92 .... FF15 *500* - £*1 587* - **$2,790**
SOBLE John J. 1893-? [1]
🖤 *Interior Scene* - Oil/canvas (51x41cm-20x16in) Delray Beach, Florida 96 .... FF2 *250* - £*292* - **$450**
SÖBORG Paul 1852-? [1]
🖤 *Abend am Seeufer* - Öl/Leinwand (72x119cm-28x47in) Wien 93 .... FF19 *240* - £*2 300* - **$3,700**
SOBRADO Pedro 1936 [55]
🖤 *El billar* - Oleo/lienzo (116x89cm-46x35in) Madrid 94 .... FF10 *520* - £*1 220* - **$1,813**
Tríptico de labradores - Oleo/lienzo (114x116cm-45x46in) Madrid 94 .... FF22 *750* - £*2 650* - **$3,990**
✐ *En el mercado* - Acuarela (50x65cm-20x26in) Madrid 94 .... FF2 *664* - £*315* - **$491**
SOBRAT Anak Agung Gde 1911-1992 [5]
🖤 *Gamelan Orchestra* - Oil/canvas (100x108cm-39x43in) Singapore 94 .... FF122 *200* - £*14 700* - **$22,100**
SOBRE Jean Nicolas 1755/60-c.1810 [1]
✐ *Cross-section of a mausoleum/Façade* - Black chalk London 93 .... FF4 *830* - £*550* - **$820**
SOBRERO Emilio 1890-1964 [14]
🖤 *Donna bionda* - Olio/tavola (49x44cm-19x17in) Prato 97 .... FF15 *640* - £*1 840* - **$2,760**
✐ *Rete mediterranea* - Pastelli (70x23cm-28x9in) Milano 90 .... FF12 *640* - £*1 286* - **$2,528**
SOBRILE Giuseppe 1879-1956 [2]
🖤 *Betulla, inverno in montagna* - Olio/cartone (52x40cm-20x16in) Milano 95 .... FF15 *450* - £*2 050* - **$3,150**
SOBRINO BUHIGAS Carlos 1885-1978 [6]
✐ *Betanzos* - Acuarela (50x40cm-20x16in) Madrid 94 .... FF18 *700* - £*2 246* - **$3,456**
SOCHUREK Howard J. 1924 [2]
📷 *Smoke Ring Blower* - (33x25cm-13x10in) New-York 92 .... FF5 *880* - £*683* - **$1,200**
SOCRATE Carlo 1889-1967 [14]
🖤 *Ritratto di donna* - Olio/tela (40x30cm-16x12in) Prato 94 .... FF10 *920* - £*1 320* - **$2,046**
Santa Maria della Salute - Olio/tela (52x40cm-20x16in) Milano 93 .... FF65 *800* - £*7 830* - **$12,660**
SODAR André 1830-1903 [1]
🖤 *Vue champêtre* - Huile/toile (90x126cm-35x50in) Liège 89 .... FF4 *100* - £*396* - **$622**
SÖDERBERG Hjalmar 1889-1933 [1]
🖤 *Bordsuppställning* - Oil/canvas (65x75cm-26x30in) Uppsala 93 .... FF3 *616* - £*410* - **$610**
SÖDERGREN Sophia Johanna 1847-1923 [1]
🖤 *Stilleben med vårblommor* - Oil/canvas (45x60cm-18x24in) Stockholm 94 .... FF8 *620* - £*1 034* - **$1,630**
SÖDERHOLM David 1883-1961 [2]
✐ *Stadsmotiv med kanal* - Akvarell (53x75cm-21x30in) Stockholm 97 .... FF3 *963* - £*441* - **$716**
SÖDERMARK Olof 1790-1848 [2]
🖤 *Ung Romarinna med fruktskål* - Oil/canvas (63x48cm-25x19in) Stockholm 93 .... FF26 *640* - £*3 270* - **$4,930**
SÖDERMARK Per 1822-1899 [2]
🖤 *Portrait* - Oil/canvas/panel (20x16cm-8x6in) Stockholm 96 .... FF4 *750* - £*604* - **$936**
SÖDERSTEN Herman 1862-1926 [1]
🖤 *Sommar vid herrgården* - Oil/canvas (28x41cm-11x16in) Uppsala 91 .... FF4 *025* - £*404* - **$737**
SÖDERSTEN Stig 1906-1979 [2]
🖤 *Trädgardsparti med tax* - Oil/canvas (60x73cm-24x29in) Stockholm 90 .... FF3 *300* - £*341* - **$583**
SODOMA Camilla 1874-1953 [1]
🖤 *Der Fressnitzgraben in Krieglach* - Oil/canvas (86x55cm-34x22in) Wien 94 .... FF10 *740* - £*1 244* - **$1,848**
SÖDÖÖ Brita von Sydow 1844-? [1]
🖤 *Stilleben mit Sonnenblumen* - Öl/Leinwand (80x60cm-31x24in) Bremen 92 .... FF2 *713* - £*324* - **$522**
SØDRING Frederik 1809-1862 [16]
🖤 *Brahehus Ruiner* - Oil/canvas (38x60cm-15x24in) København 95 .... FF20 *150* - £*2 556* - **$3,864**
SOELEN van Theodore 1890-1964 [3]
🖤 *New Mexico landscape* - Oil/board (25x25cm-10x10in) Mystic, Connecticut 96 .... FF9 *590* - £*1 248* - **$1,900**
SOER Chris 1882-1962 [14]
🖤 *A flower market* - Oil/canvas (40x50cm-16x20in) Amsterdam 96 .... FF3 *930* - £*493* - **$760**
SOEST van Louis Willem 1867-1948 [10]
🖤 *Draught-horses at rest* - Oil/canvas (75x120cm-30x47in) Amsterdam 97 .... FF6 *935* - £*750* - **$1,210**
A village along a river in winter - Oil/canvas (66x77cm-26x30in) Amsterdam 93 ...... FF18 *100* - £*2 160* - **$3,480**
SOEST van Peter Cornelisz. 1640-1667 [2]
🖤 *The Four Day Flight in 1666* - Oil/panel (48x65cm-19x26in) London 96 .... FF123 *700* - £*15 000* - **$24,060**
SOEST van Pierre 1930 [4]
🖤 *Untitled* - Oil/canvas (90x100cm-35x39in) Amsterdam 96 .... FF18 *040* - £*2 070* - **$3,444**
SOETE de Pierre 1886-1948 [4]
🏛 *Qui s'y frotte, S'y pique* - Bronze (17cm-7in) Bruxelles 92 .... FF3 *320* - £*340* - **$584**
Challenge du Conservatoire Africain - Bronze (46cm-18in) Bruxelles 95 .... FF15 *060* - £*1 980* - **$3,020**

SOETERIK Theodor 1810-1883 [8]
🐦 *A wooded landscape with figures* - Oil/panel (24x33cm-9x13in) Amsterdam 97 .... FF**5 879** - £*643* - **$1,031**
SOFER Undine 1923-1991 [1]
✏ *Briefe* - Collage (37x56cm-15x22in) Zürich 92 .... FF**4 570** - £*546* - **$879**
SOFFICI Ardengo 1879-1964 [51]
📷 *Natura Morta con Anguria* - Olio/cartone (44x49cm-17x19in) Milano 94 .... FF**116 500** - £*13 860* - **$20,800**
Spiaggia - Olio/cartone (45x65cm-18x26in) Prato 97 .... FF**306 000** - £*36 000* - **$54,000**
✏ *Fiori* - Tecnica mista/carta (62x44cm-24x17in) Prato 97 .... FF**81 600** - £*9 600* - **$14,400**
SOFIANOPULO Cesare 1889-1968 [2]
📷 *Nudo a Venezia* - Olio/tavola (34x25cm-13x10in) Trieste 93 .... FF**21 450** - £*2 485* - **$3,690**
📷 *Autoritratto* - Matita/carta (27x21cm-11x8in) Trieste 93 .... FF**11 760** - £*1 363* - **$2,023**
SOFRONOVA Antonina F. 1892-1966 [5]
✏ *Composizione* - Tempera/carta (29x20cm-11x8in) Milano 92 .... FF**17 430** - £*2 073* - **$3,350**
SOHIE Albert 1873-1927 [5]
🐦 *Dunes fleuries* - Huile/toile (75x100cm-30x39in) Bruxelles 92 .... FF**5 980** - £*612* - **$1,051**
SOHIER Alice Ruggles 1880-? [1]
🐦 *The pewter plate* - Oil/canvas (64x64cm-25x25in) Boston, Mass. 92 .... FF**35 100** - £*4 190* - **$6,750**
SOHL Willy 1906-1969 [16]
✏ *Mädchen im Garten* - Watercolour (50x72cm-20x28in) Heidelberg 94 .... FF**8 570** - £*1 028* - **$1,665**
SOHLBERG Harald 1869-1935 [9]
🐦 *Naersnesbukta* - Oil/canvas (40x60cm-16x24in) Tönsberg 91 .... FF**208 300** - £*20 990* - **$36,145**
✏ *Jonasgaarden, Röros* - Pastel (25x31cm-10x12in) Köbenhavn 91 .... FF**13 200** - £*1 325* - **$2,284**
SOHLER Ludwig 1907 [2]
🐦 *Venedig* - Öl/Leinwand (50x60cm-20x24in) München 94 .... FF**2 380** - £*278* - **$418**
SOHN Carl Ferdinand 1805-1867 [2]
🐦 *Die beiden Leonoren* - Oil/canvas (174x133cm-69x52in) London 95 .... FF**392 400** - £*52 000* - **$81,000**
SOHN Carl Rudolph 1845-1908 [2]
🐦 *Junges Mädchen mit Blumen im Park* - Öl/Leinwand (77x56cm-30x22in) Stuttgart 94 .... FF**30 760** - £*3 700* - **$5,850**
SOHN Eric 1905/10-1985 [1]
🐦 *Hunter with dogs* - Oil/canvas (43x58cm-17x23in) Chicago 94 .... FF**2 165** - £*257* - **$400**
SOHN Hermann 1895-1971 [8]
🐦 *Badende* - Oil/canvas (66x85cm-26x33in) Stuttgart 91 .... FF**5 070** - £*509* - **$877**
✏ *Badendes Mädchen* - Drawing (38x28cm-15x11in) Stuttgart 96 .... FF**2 700** - £*328* - **$525**
SOHN Wilhelm 1830-1899 [1]
🐦 *Vorlauter Zeitgenosse* - Öl/Leinwand (34x2cm-13x1in) Heidelberg 94 .... FF**4 110** - £*494* - **$800**
SOHN-RETHEL Alfred 1875-? [1]
🐦 *Kleinen Jungen mit Blumenstrauss* - Öl/Leinwand (106x58cm-42x23in) Köln 95 .... FF**12 080** - £*1 572* - **$2,480**
SOHN-RETHEL Karl 1882-1966 [4]
🐦 *Brustporträt einer jungen Frau* - Oil/panel (28x24cm-11x9in) München 93 .... FF**15 260** - £*1 823* - **$2,935**
SOHON Gustavus 1825-1903 [1]
🐦 *Prospectors on a track, Colorado* - Oil/canvas (103x85cm-41x33in) London 94 .... FF**8 330** - £*1 000* - **$1,560**
SOHR Heinrich 1876-1939 [1]
🐦 *Ship wreck on the coast* - Oil/panel (38x50cm-15x20in) Malmö 96 .... FF**2 280** - £*296* - **$447**
SOIRON Jean François 1756-1813 [3]
✏ *Offrande à l'autel de l'Amour* - Miniature (18x14cm-7x6in) Paris 96 .... FF**80 000** - £*10 180* - **$15,420**
SOISALA Juha 1941 [2]
🐦 *VIII Sinfony* - Oil/canvas (97x116cm-38x46in) Helsinki 95 .... FF**11 570** - £*1 447* - **$2,340**
SOJA Liliana 1954 [3]
🐦 *Sans titre* - Technique mixte/panneau (130x85cm-51x33in) Paris 91 .... FF**2 800** - £*278* - **$486**
SOKOLOFF Anatolio 1891-1971 [3]
🐦 *The first day of spring* - Oil/canvas (71x101cm-28x40in) New-York 93 .... FF**29 500** - £*3 356* - **$5,000**
SOKOLOV Ivan 1914 [2]
🐦 *Bouquet sur fond drapé* - Huile/toile (60x78cm-24x31in) Paris 92 .... FF**3 800** - £*389* - **$670**
SOKOLOV Mikhail Ksenofontov. 1885-1947 [1]
✏ *Lady in hat* - Watercolour (29x20cm-11x8in) Moscow 93 .... FF**2 360** - £*269* - **$400**
SOKOLOV Pavel Petrovich 1826-1905 [1]
✏ *Horseplay* - Gouache (29x38cm-11x15in) London 95 .... FF**7 900** - £*1 000* - **$1,590**
SOKOLOV Petr Efimovich 1882-1964 [2]
✏ *Suprematische Komposition* - Mischtechnik/Papier (49x33cm-19x13in) Lindau 96 .... FF**13 500** - £*1 630* - **$2,590**
SOKOLOV Petr Petrovich 1821-1899 [5]
🐦 *Mounted huntsmen with Borzois* - Oil/canvas (67x54cm-26x21in) London 96 .... FF**30 600** - £*3 500* - **$5,830**
✏ *Hor and Kalinych* - Watercolour/paper (30x41cm-12x16in) Moscow 94 .... FF**6 390** - £*741* - **$1,100**
SOKOLOV Piotr Fedorovich 1791-1848 [5]
✏ *A young Officer* - Watercolour/paper (22x17cm-9x7in) London 95 .... FF**15 220** - £*2 000* - **$3,054**
Aleksandr Sergeevich Pushkin - Watercolour (21x17cm-8x7in) London 89 .... FF**387 400** - £*38 547* - **$61,201**
SOKOLOV-SKALA Victor 1923-1985 [1]
🐦 *Un futur champion* - Huile/carton (54x49cm-21x19in) Paris 90 .... FF**3 000** - £*319* - **$537**
SOLANA José Gutiérrez-S. 1886-1945 [22]
🐦 *Mascaras, 1938* - Huile/toile (140x114cm-55x45in) Romans-sur-Isère 90 .... FF**1** - £*191 339* - **$345,455**
Bodegon de la coliflor - Oil/canvas (63x73cm-25x29in) Madrid 92 .... FF**684 000** - £*68 500* - **$131,400**
✏ *Mascara (Cocinera)* - Pencil/paper (45x28cm-18x11in) Madrid 92 .... FF**57 400** - £*5 750* - **$11,030**

S

SOLANO Susana 1946 [10]
- *Diposit d'Ombra* - Sculpture (51x102x150cm-20x40x59in) New-York 97 .... FF**49 361** - £5 193 - **$8,500**
- *No Te Pases #1* - Iron, glass (68x99x170cm-27x39x67in) New-York 94 .... FF**74 200** - £8 710 - **$13,000**
- *Sans titre* - Fusain (69x48cm-27x19in) Paris 93 .... FF**3 500** - £438 - **$637**

SOLARI Achille 1835-? [4]
- *Sorrento* - Oil/panel (18x32cm-7x13in) London 96 .... FF**30 800** - £4 000 - **$6,100**

SOLBRIG Gottlob 1765-1842 [2]
- *Scène de sérail* - Huile/panneau (39x26cm-15x10in) Montréal 91 .... FF**2 580** - £261 - **$518**

SOLDAN Uuno 1883-1954 [11]
- *Röd stuga* - Oil/canvas (40x55cm-16x22in) Helsinki 94 .... FF**3 470** - £397 - **$588**

SOLDAN-BROFELT Venny 1863-1945 [17]
- *Coastal landscape* - Oil/panel (20x28cm-8x11in) Helsinki 95 .... FF**6 940** - £868 - **$1,403**
- *Silnä Saaressa* - Oil/canvas (70x100cm-28x39in) Helsinki 95 .... FF**44 000** - £5 500 - **$8,880**

SOLDATI Agostino 1792-1831 [2]
- *Natura morta, 1945* - Technique mixte/toile (11x15cm-4x6in) Milano 89 .... FF**16 500** - £1 687 - **$2,653**
- *Paesaggio* - Pastelli/carta (10x18cm-4x7in) Milano 95 .... FF**9 060** - £1 170 - **$1,860**

SOLDATI Atanasio 1896-1953 [51]
- *Pessimismo* - Olio/tavola (30x35cm-12x14in) Milano 96 .... FF**77 300** - £8 970 - **$15,180**
- *Composizione* - Olio/tela (46x33cm-18x13in) Milano 95 .... FF**120 000** - £14 800 - **$24,400**
- *Paesaggio* - Olio/tela (72x102cm-28x40in) Prato 93 .... FF**223 400** - £25 540 - **$38,000**

SOLDATI Giuseppe 1902-1955 [1]
- *Paesaggio invernale* - Ol/Karton (33x51cm-13x20in) Bern 96 .... FF**4 480** - £544 - **$871**

SOLDÉ Alexandre 1822-1893 [7]
- *La pêche à la ligne* - Huile/panneau (26x18cm-10x7in) Compiègne 93 .... FF**8 000** - £964 - **$1,455**
- *Oiseaux et gibiers* - Aquarelle, gouache (22x29cm-9x11in) Paris 92 .... FF**3 500** - £418 - **$673**

SOLDENHOFF von Alexander 1849-1902 [6]
- *Drei badende Frauen* - Oil/canvas (200x170cm-79x67in) Luzern 94 .... FF**37 600** - £3 816 - **$6,791**

SOLDENHOFF von Alexander Leo 1882-1951 [19]
- *Nackte Frau mit Katze* - Öl/Leinwand (140x105cm-55x41in) Zürich 96 .... FF**11 880** - £1 540 - **$2,350**

SOLDI Antenore 1844-1877 [1]
- *The falconer* - Oil/canvas (54x40cm-21x16in) New-York 91 .... FF**19 470** - £1 947 - **$3,207**

SOLDI Raul 1903-? [4]
- *Arlequines* - Pastel (102x69cm-40x27in) New-York 94 .... FF**79 600** - £9 470 - **$15,000**

SOLDI-COLBERT Emile Arthur 1846-1906 [1]
- *Gallia* - Bronze (75cm-30in) New-York 94 .... FF**5 850** - £677 - **$1,000**

SOLDINI Arnoldo 1862-1936 [2]
- *Assis devant la maison, Brescia* - Huile/toile (72x46cm-28x18in) Monaco 90 .... FF**30 000** - £3 233 - **$5,291**
- *Vecchia Brescia* - Olio/tela (98x65cm-39x26in) Roma 91 .... FF**157 700** - £15 661 - **$27,381**

SOLDWEDEL Frederic A. 1886-? [1]
- *Fishermen in boat* - Watercolour (56x74cm-22x29in) North Berwick, Maine 93 .... FF**1 595** - £184 - **$275**

SOLÉ Stelio 1932 [2]
- *Calligraphia IV* - Huile/toile (125x85cm-49x33in) Montréal 91 .... FF**4 730** - £478 - **$939**
- *Porta dorata confinestra no.2* - Technique mixte (140x78cm-55x31in) Paris 92 .... FF**25 000** - £2 560 - **$4,400**

SOLENGHI Giuseppe 1879-1944 [14]
- *Vita veneziana* - Olio/tavola (50x72cm-20x28in) Roma 96 .... FF**10 010** - £1 161 - **$1,950**

SOLER Domingo XX [4]
- *Almendro en flor* - Oleo/lienzo (50x41cm-20x16in) Madrid 97 .... FF**3 400** - £365 - **$595**

SOLER G. XX [2]
- *Marchande de fleurs* - Huile/toile (33x41cm-13x16in) La Varenne Saint-Hilaire 92 .... FF**4 000** - £410 - **$705**

SOLER PEREZ Rigoberto 1896-1968 [6]
- *Sol de invierno* - Oleo/lienzo (50x60cm-20x24in) Madrid 95 .... FF**46 200** - £5 830 - **$9,260**

SOLER Y LLOPIS Eduardo 1829-1928 [1]
- *Studies* - Oil/canvas/board (81x63cm-32x25in) New-York 90 .... FF**17 200** - £1 809 - **$2,991**

SOLERES Louis XX [3]
- *Elan* - Technique mixte/panneau (88x89cm-35x35in) Versailles 90 .... FF**15 500** - £1 601 - **$2,739**

SOLERO Pio 1881-? [1]
- *Paesaggio innevato* - Olio/tavola (38x48cm-15x19in) Roma 95 .... FF**4 160** - £532 - **$854**

SOLIMENA Angelo 1629-1716 [1]
- *Maddalena penitente* - Olio/tela (125x101cm-49x40in) Roma 95 .... FF**45 750** - £6 000 - **$9,450**

SOLIMENA Francesco Ciccio 1657-1747 [27]
- *An allegorical composition* - Ink (31x25cm-12x10in) London 97 .... FF**6 610** - £700 - **$1,137**

SOLLIER Henri 1886-1966 [21]
- *Lavoir breton au Camaret* - Huile/toile (33x46cm-13x18in) Brest 96 .... FF**4 200** - £483 - **$801**
- *Bigoudène nue de dos* - Sanguine (19x15cm-7x6in) Douarnenez 96 .... FF**1 800** - £230 - **$357**

SOLLMANN Paul 1886-? [3]
- *Rothenburg* - Aquarell (53x66cm-21x26in) Lindau 92 .... FF**4 080** - £418 - **$718**

SOLMAN Joseph 1909 [5]
- *Seated man/Nude woman* - Oil/board (61x41cm-24x16in) New-York 94 .... FF**6 310** - £758 - **$1,200**

SOLMI Valentino 1810-1866 [1]
- *Amalfi* - Oil/panel (18x29cm-7x11in) Stuttgart 96 .... FF**7 450** - £863 - **$1,428**

SOLNECK Franz XIX-XX [1]
- *Flowers and canary* - Gouache/paper (56x39cm-22x15in) New-York 91 .... FF**32 960** - £3 295 - **$5,428**

SOLOGUB Leonid 1884-1956 [2]
⊘ *Winter landscape* - Pastel/canvas (64x99cm-25x39in) Amsterdam 96 .... FF1 504 - £173 - **$287**
SOLOMAN Abraham 1824-1862 [7]
● *The Vicar of Wakefield* - Oil/canvas (79x104cm-31x41in) London 96 .... FF22 270 - £2 800 - **$4,380**
SOLOMATKIN Leonid Ivanovich 1837-1883 [2]
● *Welcoming the official* - Oil/canvas (20x28cm-8x11in) London 96 .... FF70 000 - £8 000 - **$13,330**
SOLOMBRE Jean 1948 [10]
● *Les générations* - Acrylique/toile (146x114cm-57x45in) Paris 92 .... FF8 000 - £955 - **$1,540**
▱ *L'apprentissage de la nuit* - Aquatinte (54x46cm-21x18in) Paris 89 .... FF1 700 - £169 - **$269**
SOLOMKO Sergey Sergeyevich 1867-1928 [4]
▱ *Illustrations: Prière sur l'Acropole* - Estampe Paris 96 .... FF1 700 - £220 - **$336**
⊘ *Satyre et Nymphe* - Aquarelle (35x26cm-14x10in) Saint-Valéry-en-Caux 95 .... FF1 700 - £221 - **$349**
SOLOMON Abraham. 1824-1862 [4]
● *Anne Hardcastle* - Oil/canvas (45x34cm-18x13in) Crewkerne, Somerset 93 .... FF36 900 - £4 200 - **$6,260**
SOLOMON Rebecca 1832-1886 [1]
● *The Friend in Need* - Oil/canvas (97x79cm-38x31in) London 97 .... FF62 442 - £6 800 - **$10,859**
SOLOMON Rosalind 1930 [2]
▤ *Hoobed child, Sicily* - Tirage d'exposition (38x38cm-15x15in) Paris 95 .... FF1 800 - £227 - **$360**
SOLOMON Simeon 1840-1905 [48]
● *Marguerite* - Oil/canvas (40x35cm-16x14in) London 96 .... FF88 500 - £10 500 - **$17,300**
⊘ *Quia Multum Amavit* - Red chalk/paper (36x41cm-14x16in) London 97 .... FF36 190 - £3 800 - **$6,203**
  In the Sumer Twilight - Watercolour (52x73cm-20x29in) London 97 .... FF285 987 - £30 000 - **$49,074**
SOLOMON Solomon Joseph 1860-1927 [7]
● *Love's First Lesson* - Oil/canvas (118x91cm-46x36in) London 92 .... FF67 000 - £8 000 - **$12,900**
SOLOMON Stan 1946 [2]
● *Midnight City* - Acrylic/canvas (102x152cm-40x60in) Tarzana, CA 95 .... FF4 370 - £562 - **$900**
SOLOMON William E. Gladstone 1880-? [3]
● *Spring blossoms in a vase* - Oil/canvas (58x48cm-23x19in) Penzance, Cornwall 92 .... FF3 700 - £380 - **$711**
SOLOMOUKHA Anton 1945 [17]
● *Sans titre* - Acrylique/toile (153x121cm-60x48in) Versailles 92 .... FF10 000 - £1 024 - **$1,960**
⊘ *Composition* - Collage (138x112cm-54x44in) Paris 97 .... FF2 500 - £275 - **$456**
SOLON Albert 1897-1973 [3]
▭ *Baltic Air Express, Farman-Sabena* - Poster (96x58cm-38x23in) New-York 93 .... FF5 500 - £690 - **$1,000**
SOLOVIOV Sergueï 1903-1963 [1]
⊘ *Modèle nu de dos* - Aquarelle/papier (24x17cm-9x7in) Paris 93 .... FF3 500 - £399 - **$594**
SOLTAU Hermann Wilhelm 1812-1861 [1]
● *A little Distraction* - Oil/canvas (136x181cm-54x71in) Wien 96 .... FF82 800 - £10 030 - **$16,100**
SOLTAU Pauline Suhrlandt 1833-1902 [1]
● *The mother's favorite* - Oil/canvas (116x89cm-46x35in) New-York 92 .... FF44 400 - £4 650 - **$8,000**
SOLVYNS Balthazar 1760-1824 [7]
▭ *Manners & Customs of the Hindoos* - Etching (49x35cm-19x14in) London 95 .... FF11 240 - £1 400 - **$2,200**
SOMAINI Francesco 1926 [3]
§ *Senza titolo* - Acciaiaio (20x16x43cm-8x6x17in) Milano 93 .... FF10 810 - £1 236 - **$1,840**
SOMARÉ Sandro XX [3]
● *Corpo* - Huile/toile/carton (20x21cm-8x8in) Paris 95 .... FF4 000 - £509 - **$820**
SOMELLI Guido 1881-? [3]
● *On the banks of a river* - Oil/panel (50x70cm-20x28in) San Francisco-Los Angeles 90 ...... FF14 300 - £1 521 - **$2,558**
SOMERBY Frederic Thomas 1814-c.1870 [1]
● *The fisherman* - Oil/canvas (28x43cm-11x17in) Boston, Mass. 93 .... FF53 600 - £6 720 - **$9,750**
SOMERS Louis 1813-1880 [3]
● *La lettre* - Huile/panneau (40x36cm-16x14in) Antwerpen 93 .... FF14 700 - £1 670 - **$2,487**
SOMERSALO Jaakko 1916-1966 [3]
● *Ángel* - Tempera/canvas (98x54cm-39x21in) Helsinki 94 .... FF22 930 - £2 674 - **$4,030**
SOMERSCALES Thomas Jacques 1842-1927 [23]
● *Alpine town* - Oil/canvas (25x33cm-10x13in) London 93 .... FF11 620 - £1 400 - **$2,030**
  Shipping cargo at Valparaiso - Oil/canvas (31x46cm-12x18in) London 95 .... FF111 500 - £14 500 - **$23,270**
  Squally Water off Teneriffe - Oil/canvas (81x122cm-32x48in) London 97 .... FF412 760 - £44 000 - **$72,067**
SOMERSET Richard Gay 1848-1928 [6]
● *Temple of Tarmal* - Oil/canvas/board (33x25cm-13x10in) London 95 .... FF3 805 - £500 - **$764**
SOMERVILLE Edith 1858-1949 [2]
● *Corn stooks above a sunlit bay* - Oil/panel (33x40cm-13x16in) Belfast 90 .... FF9 700 - £1 032 - **$1,735**
SOMERVILLE Stuart Scott 1908-1983 [20]
● *Summer flowers in a vase* - Oil/board (36x25cm-14x10in) London 93 .... FF7 470 - £900 - **$1,305**
SOMM Henry 1844-1907 [56]
⊘ *Jeune femme dans un parc* - Encre (26x20cm-10x8in) Paris 97 .... FF5 000 - £532 - **$864**
  A l'atelier - Aquarelle (20x27cm-8x11in) Paris 92 .... FF8 200 - £840 - **$1,444**
  Buste de jeune femme - Watercolour (16x23cm-6x9in) London 93 .... FF14 100 - £1 700 - **$2,465**
SOMMARIN Paul 1881-1963 [2]
● *Utsikt över by med stor gård* - Oil/canvas (66x60cm-26x24in) Malmö 93 .... FF3 260 - £411 - **$617**
SOMMAVILLA E. XX [2]
● *Mädchen mit Früchtekorb* - Öl/Leinwand (44x35cm-17x14in) Wien 94 .... FF4 364 - £517 - **$785**

S

SØMME Jacob 1862-1940 [4]
🖼 *Mann og hester* - Oil/canvas (38x48cm-15x19in) Oslo 96... FF11 340 - £1 314 - **$2,174**
SOMME Théophile François 1871-? [14]
🎨 *Bust of Julia* - Bronze (15cm-6in) New-York 95 .... FF4 920 - £645 - **$1,000**
An Eastern dancer - Ivory, bronze (27cm-11in) London 95 .... FF11 210 - £1 400 - **$2,200**
SOMMER Albert Oscar 1903-1978 [1]
🖼 *Flugplatz Magadino* - Huile/toile/carton (33x57cm-13x22in) Bern 94 .... FF2 477 - £297 - **$482**
SOMMER August 1839-1921 [1]
🎨 *In der Not frißt der Teufel Fliegen* - Bronze (125cm-49in) Stuttgart 89 .... FF43 900 - £4 626 - **$7,391**
SOMMER Ferdinand 1822-1901 [20]
🖼 *Chillon am Genfer See* - Öl/Leinwand (32x40cm-13x16in) Lindau 96 .... FF9 290 - £1 120 - **$1,782**
SOMMER Frederick 1905 [11]
📷 *Arizona Landscape* - Gelatin silver print (18x23cm-7x9in) New-York 96 .... FF41 400 - £5 120 - **$8,000**
SOMMER Jörg 1881-? [5]
🖼 *Topers in Conversation* - Oil/canvas (68x89cm-27x35in) London 95 .... FF2 064 - £260 - **$409**
SOMMER William 1867-1949 [3]
✏ *Figural composition* - Watercolour/paper (25x33cm-10x13in) Cleveland, Ohio 92....................... FF4 160 - £436 - **$750**
SOMMERVILLE Edith OEnone 1858-1949 [1]
🖼 *Upper Lake, Killarney*
    Oil/canvas (41x51cm-16x20in) Castle Upton, Templepatrick, Co. Antrim 93 .... FF5 710 - £650 - **$969**
SOMOS DE TALBOR Arpad 1891-? [1]
🖼 *Nu aux lévriers* - Huile/toile (41x27cm-16x11in) Provins 91 .... FF4 000 - £404 - **$794**
SOMOV Constantin Andrevich 1869-1939 [25]
🖼 *Open door on a garden* - Oil/canvas (64x54cm-25x21in) London 91 .... FF65 500 - £6 505 - **$11,373**
✏ *Nymph and Shepherd* - Watercolour (21x27cm-8x11in) London 97 .... FF23 810 - £2 500 - **$4,095**
SOMOZA Fernando 1927 [2]
🖼 *Paisaje* - Oleo/lienzo (61x50cm-24x20in) Madrid 91 .... FF4 335 - £431 - **$753**
✏ *Desnudo femenino* - Trois crayons/papier (47x33cm-19x13in) Madrid 91 .... FF1 896 - £188 - **$329**
SOMVILLE Roger 1923 [82]
🖼 *Tête d'homme* - Huile/toile (113x119cm-44x47in) Antwerpen 94 .... FF19 170 - £2 300 - **$3,724**
Fumeur - Huile/toile (80x100cm-31x39in) Lokeren 95 .... FF39 700 - £4 950 - **$7,770**
Baigneuse - Huile/toile (200x200cm-79x79in) Lokeren 94 .... FF96 200 - £11 350 - **$17,140**
✏ *Tête de femme* - Pastel (72x54cm-28x21in) Bruxelles 97 .... FF5 562 - £581 - **$952**
Tête d'homme - Pastel (71x53cm-28x21in) Bruxelles 96 .... FF12 300 - £1 450 - **$2,415**
SON Joannès 1859-1942 [9]
🖼 *Port de Cassis le matin* - Huile/toile (38x55cm-15x22in) Paris 97 .... FF13 000 - £1 380 - **$2,264**
✏ *Village & ruines au bord du lac* - Aquarelle (36x52cm-14x20in) Lyon 90 .... FF5 000 - £535 - **$870**
SONDERBORG Kurt R. Hoffmann 1923 [83]
🖼 *Komposition* - Mischtechnik/Karton (65x45cm-26x18in) Berlin 92 .... FF129 200 - £13 220 - **$22,740**
✏ *New York* - Encre Chine/papier (31x29cm-12x11in) Paris 96 .... FF10 000 - £1 244 - **$1,940**
Komposition 8 VIII 53 - Ink (29x41cm-11x16in) Berlin 92 .... FF25 500 - £2 610 - **$4,490**
Komposition - Coloured inks (51x67cm-20x26in) Köln 91 .... FF175 700 - £17 618 - **$29,003**
SØNDERGAARD Jens 1895-1957 [103]
🖼 *Måneskin, Lynaes* - Oil/canvas (80x100cm-31x39in) København 96 .... FF14 070 - £1 815 - **$2,755**
Vinterlandskab med kirke - Oil/canvas (135x152cm-53x60in) København 95 .... FF46 150 - £5 970 - **$9,038**
✏ *Udsigt over havet* - Watercolour (34x50cm-13x20in) København 93 .... FF2 112 - £241 - **$360**
SONDERLAND Fritz 1836-1896 [5]
🖼 *A family feast* - Oil/canvas (72x94cm-28x37in) London 89 .... FF60 000 - £6 135 - **$9,646**
SONDERLAND Johann Baptist W.A. 1805-1878 [1]
✏ *Häusliche Idylle* - Ink (19x22cm-7x9in) Köln 94 .... FF4 810 - £573 - **$906**
SONDERMANN Hermann 1832-1901 [5]
🖼 *Rückkehr vom Backhaus* - Oil/canvas (78x100cm-31x39in) Stuttgart 91 .... FF61 300 - £6 088 - **$10,643**
SONNE Jørgen Valentin 1801-1890 [24]
🖼 *Folkeliv i en landsby* - Oil/canvas (21x29cm-8x11in) København 96 .... FF3 550 - £405 - **$680**
St. Hans Nat. - Oil/canvas (47x65cm-19x26in) Viby J, Århus 95 .... FF45 300 - £5 660 - **$9,140**
SONNEGA Auke Cornelis 1910-1963 [10]
🖼 *Bali girl* - Oil/canvas (30x24cm-12x9in) Amsterdam 96 .... FF84 400 - £10 830 - **$16,350**
Gamelan - Oil/canvas (85x100cm-33x39in) Singapore 95 .... FF456 000 - £58 200 - **$93,500**
✏ *Bali dancers* - Coloured chalks (46x35cm-18x14in) Amsterdam 96 .... FF21 070 - £2 555 - **$4,095**
SONNENFELD Gotthard 1874-? [1]
🎨 *The warrior's kiss* - Bronze (63cm-25in) London 92 .... FF13 760 - £1 600 - **$2,810**
SONNER Karl 1889-1970 [3]
🖼 *Heuerente in den Voralpen* - Öl/Karton (43x58cm-17x23in) Heidelberg 94 .... FF2 500 - £290 - **$431**
SONNIER Keith 1941 [3]
✏ *Untitled* - Pencil (33x24cm-13x9in) New-York 91 .... FF2 830 - £287 - **$511**
Sans titre - Crayons couleurs (57x51cm-22x20in) Paris 91 .... FF10 000 - £1 008 - **$1,735**
SONNLEITNER Rudolf 1924 [5]
🖼 *Herbstlicher Waldsee* - Oil/canvas (40x50cm-16x20in) Stuttgart 91 .... FF5 750 - £577 - **$960**
SONNTAG William Louis I 1822-1900 [39]
🖼 *Adirondak landscape* - Oil/canvas (51x91cm-20x36in) New-York 93 .... FF30 250 - £3 790 - **$5,500**
Mountain Landscape
    Oil/canvas (76x112cm-30x44in) San Francisco-Los Angeles 96 .... FF62 200 - £7 800 - **$12,000**
Mountain stream, New Hampshire - Oil/canvas (102x140cm-40x55in) New-York 92...... FF159 000 - £16 270 - **$28,000**

SONNTAG William Louis II 1869-1898 [9]
- *Low Tide* - Watercolour, gouache/paper (23x20cm-9x8in) New-York 93 .... FF14 160 – £1 610 – **$2,400**

SONREL Elisabeth 1874-1953 [26]
- *Fillette en rose* - Oil/panel (50x15cm-20x6in) New-York 96 .... FF57 100 – £7 270 – **$11,000**
- *Le Jardin des Vierges* - Aquarelle (30x44cm-12x17in) Paris 95 .... FF15 500 – £2 006 – **$3,210**
- *Our Lady of the Cow Parsley* - Watercolour (47x39cm-19x15in) London 95 .... FF46 400 – £6 000 – **$9,480**

SONTAG William Louis I 1822-1900 [2]
- *Tangled Wood, New Hampshire* - Oil/canvas (25x31cm-10x12in) New-York 94 .... FF33 700 – £3 980 – **$6,000**

SOONIUS Louis 1883-1956 [24]
- *Zaltbommel in the snow* - Oil/canvas (60x80cm-24x31in) Amsterdam 97 .... FF4 508 – £487 – **$786**
- *Beauties on the beach* - Black chalk (44x52cm-17x20in) Amsterdam 97 .... FF12 138 – £1 313 – **$211,8 9**

SOOS Joska 1921 [4]
- *Abstrait lyrique* - Aquarelle (36x54cm-14x21in) Antwerpen 92 .... FF3 296 – £394 – **$634**

SOOT Eyolf 1859-1928 [1]
- *Torleif Fisker, Hardanger* - Oil/canvas (88x65cm-35x26in) Oslo 93 .... FF6 000 – £698 – **$1,030**

SOPER Eileen Alice 1905-1990 [61]
- *Tea table under a pergola* - Oil/board (56x68cm-22x27in) London 92 .... FF3 224 – £330 – **$568**
- *Playing Catch on the Seashore* - Etching (13x18cm-5x7in) London 96 .... FF2 080 – £260 – **$404**
- *Pine martens* - Watercolour (38x54cm-15x21in) London 92 .... FF4 400 – £450 – **$774**

SOPER George 1870-1942 [34]
- *Horses pulling a hay cart* - Oil/canvas (72x50cm-28x20in) London 92 .... FF6 350 – £650 – **$1,118**
- *Polo match* - Etching (18x27cm-7x11in) London 92 .... FF1 564 – £160 – **$275**
- *On the boards* - Watercolour (36x26cm-14x10in) London 92 .... FF4 400 – £450 – **$916**

SOPER Thomes James 1836-1890 [9]
- *Wye at Tintern* - Watercolour (44x73cm-17x29in) London 95 .... FF2 700 – £350 – **$563**

SORBI Giulio 1883-1975 [3]
- *Cavalli* - Olio/tavola (23x33cm-9x13in) Milano 90 .... FF8 200 – £872 – **$1,467**

SORBI Raffaello 1844-1931 [41]
- *Torrente moscia* - Olio/tavola (6x12cm-2x5in) Milano 93 .... FF15 980 – £1 837 – **$2,747**
- *The Departure of the hunting party* - Oil/canvas (60x101cm-24x40in) New-York 93 ...... FF522 000 – £65 500 – **$95,000**
- *Pascolo* - Inchiostro/carta (12x15cm-5x6in) Prato 96 .... FF2 360 – £280 – **$462**

SORDET Eugène Etienne 1836-1915 [6]
- *Rigi-Schild* - Öl/Papier (37x51cm-15x20in) Bern 96 .... FF6 110 – £741 – **$1,188**

SOREAU Isaak 1604-c.1640 [5]
- *Fraises des bois et fleurs* - Huile/panneau (18x39cm-7x15in) Clermont-Ferrand 93 .... FF1 – £162 600 – **$245,500**

SOREL Gustave 1905-1981 [3]
- *Les troubadours* - Gouache (66x46cm-26x18in) Lokeren 95 .... FF2 390 – £302 – **$477**

SOREL Pierre XX [4]
- *Bouquet aux lilas* - Huile/toile (55x46cm-22x18in) Le Mans 92 .... FF5 000 – £514 – **$962**

SORELLA Thérèsia Ansingh 1883-1968 [4]
- *Man selling flowers* - Oil/canvas (50x41cm-20x16in) Amsterdam 96 .... FF9 820 – £1 261 – **$1,936**

SØRENSEN Carl Frederick 1818-1879 [78]
- *Marine, Capri* - Oil/canvas (40x107cm-16x42in) Viby J, Århus 96 .... FF15 150 – £1 962 – **$3,030**
- *Coastal landscape* - Oil/canvas (58x85cm-23x33in) København 96 .... FF31 030 – £3 540 – **$5,940**
- *Fregatten Jylland, Øresund* - Oil/canvas (102x145cm-40x57in) Vejle 94 .... FF106 100 – £12 450 – **$18,900**

SORENSEN David 1937 [11]
- *Basho's jump* - Huile/papier/toile (163x96cm-64x38in) Montréal 90 .... FF12 230 – £1 245 – **$2,446**

SØRENSEN Eiler Carl 1869-1963 [11]
- *Firenze* - Oil/canvas (34x42cm-13x17in) København 96 .... FF3 714 – £483 – **$736**

SÖRENSEN Henrik 1882-1962 [25]
- *Sommer, Norge* - Oil/canvas (50x60cm-20x24in) København 94 .... FF13 970 – £1 620 – **$2,407**
- *Hjemover* - Oil/canvas (130x96cm-51x38in) Oslo 93 .... FF72 000 – £8 530 – **$12,950**
- *Mann i skogslandskap* - Lithograph (58x75cm-23x30in) Oslo 92 .... FF1 737 – £178 – **$306**

SÖRENSEN Jacobus Lorenz 1812-1857 [5]
- *Romantische Flusslandschaft* - Öl/Leinwand (67x99cm-26x39in) Köln 94 .... FF22 300 – £2 673 – **$4,330**

SØRENSEN Jens 1887-1953 [25]
- *Rytterske i manegen* - Oil/canvas (37x48cm-15x19in) København 96 .... FF2 905 – £361 – **$564**

SØRENSEN Jens-Flemming 1933 [19]
- *Kvindetorso* - Bronze (77cm-30in) København 93 .... FF17 500 – £2 093 – **$3,366**

SØRENSEN Jørgen 1861-1894 [7]
- *Hus ved Christiania* - Oil/panel (13x18cm-5x7in) Tönsberg 93 .... FF11 200 – £1 303 – **$1,923**
- *Fra Vestre Aker* - Akvarell (18x26cm-7x10in) Oslo 93 .... FF6 400 – £744 – **$1,100**

SØRENSEN Jørgen Haugen 1934 [22]
- *Den blå kravler over den røde* - Sculpture (36cm-14in) København 92 .... FF10 560 – £1 080 – **$1,860**
- *Figure* - Sculpture (200cm-79in) København 96 .... FF53 200 – £6 900 – **$10,830**
- *Komposition* - Watercolour (145x75cm-57x30in) København 96 .... FF7 100 – £921 – **$1,404**

SÖRENSEN-RINGI Harald 1872-1912 [2]
- *Läsande barn, 1906* - Bronze (17cm-7in) Stockholm 90 .... FF6 300 – £651 – **$1,113**

SÖRENSEN-RINGI Kjell 1939 [6]
- *Three towers* - Acrylic/canvas (120x70cm-47x28in) Göteborg 93 .... FF2 890 – £331 – **$494**

SORESSI Alfredo 1897-? [2]
- *Renaioli sull'argine* - Olio/cartone (39x100cm-15x39in) Roma 95 .... FF23 760 – £3 040 – **$4,880**

SORG Arnold 1921 [2]
- *Goldene Schnittspirale* - Huile/panneau (50x29cm-20x11in) Zürich 94 .... FF**7 630** - £**895** - **$1,360**

SORG Caroline 1833-1923 [1]
- *Le Christ portant sa croix* - Huile/toile (119x89cm-47x35in) Versailles 91 .... FF**4 200** - £**421** - **$769**

SORIA AEDO Francisco 1898-1965 [7]
- *Damas* - Oil/canvas (100x91cm-39x36in) London 90 .... FF**29 100** - £**3 016** - **$5,114**

SORIA Eduardo 1890-1945 [6]
- *Mercado de frutas* - Oleo/tabla (31x40cm-12x16in) Madrid 94 .... FF**11 370** - £**1 326** - **$1,994**
- *Portrait of an elegant woman* - Oil/canvas (90x132cm-35x52in) New-York 96 .... FF**128 600** - £**15 600** - **$25,000**

SORIANO Juan 1920 [31]
- *Los Patos* - Oil/canvas (120x85cm-47x33in) New-York 95 .... FF**76 500** - £**9 550** - **$15,000**
- *Niña con naturaleza muerta* - Oil/canvas (81x65cm-32x26in) New-York 97 .... FF**177 549** - £**18 925** - **$31,000**
- *Juegos del Mar* - Oil/canvas (57x47cm-22x19in) New-York 94 .... FF**372 000** - £**44 200** - **$70,000**

SORIANO Rafael 1920 [8]
- *Viajando hacia el silencio* - Oil/canvas (127x127cm-50x50in) New-York 94 .... FF**80 000** - £**9 380** - **$14,000**

SORIEUL Jean 1824-1871 [2]
- *Scènes historiques: Russie ou Pologne* - Lavis (32x49cm-13x19in) Lyon 96 .... FF**3 000** - £**391** - **$595**

SORIN Robert 1949 [34]
- *Ferme sur la Vézère* - Huile/toile (50x61cm-20x24in) La Varenne Saint-Hilaire 94 .... FF**6 500** - £**770** - **$1,201**

SORIN Savely 1878-1953 [1]
- *Ballerina Eugenia Leontovich*
  Watercolour, gouache (110x106cm-43x42in) London 89 .... FF**72 600** - £**7 423** - **$11,672**

SORIO AEDO Francisco 1898-? [1]
- *Niños* - Oil/canvas (94x74cm-37x29in) London 94 .... FF**35 300** - £**4 200** - **$6,650**

SORKAU Albert 1874-? [13]
- *Le café à l'office* - Huile/toile (60x73cm-24x29in) Lyon 90 .... FF**7 000** - £**705** - **$1,371**
- *La bonne goutte* - Huile/toile (51x62cm-20x24in) Troyes 89 .... FF**22 000** - £**2 249** - **$3,537**

SORLAIN Jean, Paul Denarié 1859-1942 [7]
- *Vieux marché en Normandie* - Huile/panneau (21x41cm-8x16in) Lyon 95 .... FF**8 500** - £**1 074** - **$1,704**
- *Grande fête dans le parc* - Huile/toile (47x80cm-19x31in) Düsseldorf 96 .... FF**25 400** - £**3 135** - **$4,910**

SORLIER Charles XX [4]
- *Nice: femme au bouquet* - Color lithograph (74x52cm-29x20in) London 94 .... FF**29 600** - £**3 500** - **$5,320**

SORMAN Steven 1948 [9]
- *Still standing still* - Etching (168x108cm-66x43in) New-York 92 .... FF**7 350** - £**854** - **$1,500**

SORMANI Gian Luciano 1867-? [4]
- *Riva degli Schiavoni, Venezia* - Wash (44x25cm-17x10in) London 91 .... FF**3 950** - £**399** - **$784**

SORMANI Marino 1926-1996 [1]
- *Squero* - Olio/tela (17x29cm-7x11in) Trieste 96 .... FF**5 180** - £**585** - **$990**

SORNUM Børge 1920 [3]
- *Landscape* - Oil/canvas (76x94cm-30x37in) London 91 .... FF**4 490** - £**447** - **$772**

SOROGAS Sotiris 1936 [2]
- *The Charioteer* - Acrylic/canvas (130x163cm-51x64in) Athens 95 .... FF**52 400** - £**6 780** - **$10,710**

SOROKINA Natalia 1918-1991 [2]
- *Basse-cour* - Huile/carton (49x68cm-19x27in) Paris 94 .... FF**3 900** - £**351** - **$527**

SOROKINE Guennadï 1935 [2]
- *Troïka un soir d'hiver* - Huile/toile (44x126cm-17x50in) Grenoble 95 .... FF**3 300** - £**425** - **$671**

SOROLLA Y BASTIDA Joaquín 1863-1923 [103]
- *Gitana* - Oil/canvas (110x63cm-43x25in) New-York 93 .... FF**1** - £**194 600** - **$290,000**
- *Don Diego de Alvear* - Oil/canvas (137x102cm-54x40in) New-York 93 .... FF**3** - £**497 000** - **$720,000**
- *Almendros en flor* - Oleo/lienzo (31x42cm-12x17in) Madrid 96 .... FF**36 650** - £**4 750** - **$7,240**
- *Gertrude Norton* - Oil/canvas (102x64cm-40x25in) Boston, Mass. 93 .... FF**99 000** - £**12 410** - **$18,000**
- *The bath* - Oil/canvas (37x40cm-15x16in) London 97 .... FF**742 856** - £**78 000** - **$127,771**
- *Guitar-player warming his hands* - Watercolour (30x20cm-12x8in) Amsterdam 92 .... FF**75 300** - £**9 000** - **$14,500**
- *La muerte del Quijote* - Gouache/carton (51x35cm-20x14in) Madrid 95 .... FF**100 800** - £**12 900** - **$20,270**

SORRELL Alan 1904-1974 [4]
- *Londinium Romanum* - Oil/canvas/board (259x366cm-102x144in) London 93 .... FF**8 400** - £**1 000** - **$1,540**
- *Borganesse, Iceland* - Drawing (32x45cm-13x18in) London 97 .... FF**3 205** - £**340** - **$552**

SØRVIG Frederik 1823-1892 [3]
- *S.S. Dagmar* - Bodycolour (51x78cm-20x31in) London 96 .... FF**42 450** - £**5 000** - **$8,330**

SOSEN Mori Shusho, dit 1747-1821 [2]
- *Deer* - Ink (112x93cm-44x37in) New-York 94 .... FF**23 160** - £**4 890** - **$4,500**

SOSHANA Afroyim 1927 [2]
- *Mountainous landscape* - Oil/canvas (38x45cm-15x18in) Amsterdam 94 .... FF**7 900** - £**933** - **$1,407**

SOSNO Sacha XX [5]
- *Vénus oblitérée* - Bronze (30cm-12in) Zürich 92 .... FF**3 810** - £**455** - **$732**

SOSSON Louis XIX-XX [8]
- *Danseuse demi-nue* - Ivory, bronze (25cm-10in) Paris 96 .... FF**8 800** - £**1 138** - **$1,744**

SOTERAS Georges 1917-1990 [49]
- *Mas provençal* - Huile/toile (73x54cm-29x21in) Provins 94 .... FF**10 000** - £**1 193** - **$1,883**
- *La ferme provençale* - Huile/toile (92x60cm-36x24in) Versailles 91 .... FF**29 000** - £**2 930** - **$5,757**

SOTO ACEBAL María 1876-1903 [1]
- *Album de autógrafos y acuarelas* - Dibujo Madrid 96 .... FF**60 100** - £**6 900** - **$11,470**

SOTO Jesús Rafael 1923 [80]
- *Le Trou noir* - Mixed media (103x102cm-41x40in) Paris 96 .... FF62 000 - £7 280 - **$12,200**
- *Untitled* - Mixed media (88x76x63cm-35x30x25in) New-York 97 .... FF143 185 - £15 262 - **$25,000**
- *Sin título* - Mixed media (57x60cm-22x24in) New-York 97 .... FF343 644 - £36 630 - **$60,000**
- *Plata vib* - Wood (152x52cm-60x20in) New-York 96 .... FF67 600 - £8 600 - **$13,000**
- *Carrés, tôle et acier* - Construction (106x106cm-42x42in) New-York 97 .... FF140 517 - £14 921 - **$24,478**
- *Construccion en blanco* - Wood (201x214cm-79x84in) New-York 92 .... FF198 800 - £20 330 - **$35,000**
- *Ohne Titel* - Gouache (46x29cm-18x11in) Köln 96 .... FF10 200 - £1 161 - **$1,950**
- *Sin título* - Gouache (46x29cm-18x11in) New-York 97 .... FF21 524 - £2 285 - **$3,749**

SOTO Rosendo 1912 [3]
- *Ranchería Veracruzana* - Oleo/lienzo (60x80cm-24x31in) México 92 .... FF18 000 - £1 850 - **$3,226**

SOTOMAYOR Antonio 1904-? [1]
- *Indian women washing* - Watercolour (13x20cm-5x8in) North Berwick, Maine 93 .... FF2 200 - £276 - **$400**

SOTOMAYOR Y ZARAGOZA Fernando Alvarez 1875-1960 [23]
- *El Paular* - Oleo/lienzo (56x69cm-22x27in) Madrid 95 .... FF60 700 - £7 580 - **$14,380**
- *La tabernera de Buño* - Oleo/lienzo (140x90cm-55x35in) Madrid 94 .... FF186 600 - £22 000 - **$33,200**
- *Ninfas sorprendidas* - Oleo/lienzo (160x220cm-63x87in) Madrid 94 .... FF830 000 - £97 800 - **$147,600**

SOTTER George William 1879-1953 [3]
- *Cloud formations* - Oil/canvas/board (25x30cm-10x12in) New-York 91 .... FF24 900 - £2 496 - **$4,561**

SOTTOCORNOLA Giovanni 1855-1917 [6]
- *The young fruit seller, 1893* - Oil/canvas (130x72cm-51x28in) New-York 89 .... FF183 000 - £18 209 - **$28,910**

SOUANIN Danielle 1934 [3]
- *Les Pélerins* - Bronze (36cm-14in) Arles 92 .... FF14 000 - £1 433 - **$2,465**

SOUBIE Roger 1898-1984 [21]
- *Belle de Moscou, Rouben Mamoulian* - Affiche (120x160cm-47x63in) Argenteuil 97 .... FF1 600 - £176 - **$294**
- *Planète Interdite* - Affiche (120x160cm-47x63in) Nice 93 .... FF10 000 - £1 205 - **$1,820**

SOUBIRAN Eugène XIX-XX [1]
- *Danée recevant la pluie d'or* - Huile/toile (130x192cm-51x76in) Paris 96 .... FF62 000 - £7 850 - **$11,900**

SOUBRE Charles 1821-1895 [13]
- *The Flax Harvest* - Oil/canvas (74x10cm-29x4in) New-York 93 .... FF27 500 - £3 450 - **$5,000**
- *Scène de genre* - Aquarelle (34x22cm-13x9in) Bruxelles 94 .... FF2 490 - £299 - **$472**

SOUCEK Karel 1915-1982 [7]
- *Spiegelungen* - Öl/Leinwand (63x80cm-25x31in) München 94 .... FF13 380 - £1 585 - **$2,473**
- *The Nude* - Wash/paper (69x49cm-27x19in) North Bethesda, MD. 91 .... FF4 480 - £449 - **$821**

SOUCHON Augustin 1841-1915 [1]
- *Arènes de Nîmes/Arènes romaines* - Aquarelle (63x100cm-25x39in) Paris 95 .... FF48 000 - £6 280 - **$9,610**

SOUCHON Wilhelm Ferdinand 1825-1876 [1]
- *Imogen, Shakespeare's Cymbeline* - Oil/canvas (83x113cm-33x44in) London 95 .... FF39 940 - £5 000 - **$7,950**

SOUCI Alfred 1879-1963 [1]
- *Junges Mädchen in weissem Kleid* - Öl/Leinwand (125x90cm-49x35in) Stuttgart 93 .... FF12 180 - £1 397 - **$2,072**

SOUDAN Maurice 1878-1948 [9]
- *Paysage aux reflets* - Huile/toile (35x27cm-14x11in) Saumur 90 .... FF4 100 - £442 - **$723**

SOUDAN Octaaf 1872-1948 [5]
- *Paysage* - Huile/toile (50x60cm-20x24in) Lokeren 95 .... FF4 140 - £517 - **$812**

SOUDEIKINE Serge Iurevich 1883-1946 [7]
- *Interior with dancing couples* - Oil/board (23x40cm-9x16in) New-York 90 .... FF21 140 - £2 151 - **$4,228**
- *Le Rossignol* - Watercolour (40x64cm-16x25in) London 89 .... FF24 200 - £2 408 - **$3,823**

SOUFFLOT Jacques Germain 1713-1780 [1]
- *Arch of Septimius Severus* - Ink (33x55cm-13x22in) London 95 .... FF7 000 - £900 - **$1,445**

SOUGEZ Emmanuel 1889-1972 [11]
- *Régime d'ananas* - Tirage d'époque (37x28cm-15x11in) Paris 94 .... FF2 400 - £285 - **$444**

SOUID Lauré XX [3]
- *La délivrance* - Huile/toile (92x60cm-36x24in) Neuilly 91 .... FF5 500 - £551 - **$1,007**

SOUILLET Georges 1861-1957 [22]
- *Le Parc de Saint-Cloud* - Huile/carton (41x33cm-16x13in) Paris 91 .... FF3 500 - £355 - **$632**
- *Rivière à Loctudy* - Huile/toile (54x45cm-21x18in) Quimper 96 .... FF8 300 - £1 036 - **$1,610**

SOUKOP Willi 1907 [15]
- *Head of a donkey* - Bronze (29cm-11in) London 96 .... FF4 610 - £600 - **$914**
- *Seated Figure* - Watercolour (27x20cm-11x8in) London 97 .... FF2 801 - £300 - **$48,4 2**

SOULACROIX Joseph Frédéric Ch. 1825-1879 [37]
- *An amorous advance* - Oil/canvas (56x40cm-22x16in) London 94 .... FF101 500 - £12 000 - **$18,240**
- *Between friends* - Oil/canvas (83x67cm-33x26in) New-York 96 .... FF308 500 - £37 400 - **$60,000**
- *Teatime tales* - Oil/canvas (99x76cm-39x30in) New-York 96 .... FF720 000 - £87 200 - **$140,000**

SOULAGES Pierre 1919 [220]
- *Peinture, 1er décembre* - Oil/canvas (162x114cm-64x45in) London 96 .... FF1 - £140 000 - **$233,400**
- *Untitled* - Oil/paper/canvas (63x50cm-25x20in) London 96 .... FF123 700 - £16 000 - **$24,500**
- *Peinture: 9 Décembre* - Oil/canvas (81x130cm-32x51in) London 96 .... FF350 000 - £40 000 - **$66,700**
- *Peinture* - Oil/canvas (130x89cm-51x35in) London 96 .... FF787 000 - £90 000 - **$150,000**
- *Sans titre* - Eau-forte Paris 96 .... FF9 000 - £951 - **$1,544**
- *Composition* - Ink/paper (65x51cm-26x20in) Köbenhavn 96 .... FF55 900 - £7 250 - **$11,050**
- *Composition* - Gouache/papier (64x49cm-25x19in) Paris 96 .... FF120 000 - £15 520 - **$23,550**

S

SOULAN Jean 1911-1972 [4]
🖼 *Paysage médidional* - Huile/toile (48x65cm-19x26in) Bordeaux 94 .... FF4 500 - £518 - **$776**
✎ *Vieux quartiers* - Gouache/papier (48x63cm-19x25in) Bordeaux 94 .... FF5 000 - £575 - **$862**
SOULANGE-TEISSIER Louis Emmanuel 1814-1898 [2]
✎ *Fleurs sur un entablement* - Gouache/vélin (63x52cm-25x20in) Reims 97 .... FF19 000 - £2 008 - **$3,260**
SOULARY Claude, Claudius 1792-1870 [1]
🖼 *Paysage animé* - Huile/toile (61x50cm-24x20in) Saint-Germain-en-Laye 93 .... FF4 000 - £500 - **$728**
SOULEIL Yannick [5]
🖼 *L'Éclosion soudaine* - Huile/toile (55x35cm-22x14in) Toulouse 92 .... FF4 300 - £441 - **$757**
SOULEN Henry James 1888-1965 [10]
🖼 *Soldier & townschildren* - Oil/canvas (76x56cm-30x22in) New-York 94 .... FF20 000 - £2 346 - **$3,500**
SOULES Eugène Edouard 1811-1876 [6]
✎ *L'île de la Cité: le Vieux Châtelet* - Aquarelle/papier (17x31cm-7x12in) Paris 97 .... FF21 000 - £2 291 - **$3,671**
SOULIE Léon 1807-1862 [6]
🖼 *Conversation d'enfants* - Huile/toile (35x42cm-14x17in) Toulouse 95 .... FF3 800 - £502 - **$770**
Intimité familiale - Huile/toile (37x46cm-15x18in) Paris 93 .... FF6 000 - £685 - **$1,017**
✎ *Saint-Sulpice* - Aquarelle (26x21cm-10x8in) Paris 93 .... FF2 200 - £275 - **$400**
SOULIÉ Tony 1955 [12]
🖼 *Toros* - Acrylique (68x97cm-27x38in) Paris 92 .... FF6 000 - £615 - **$1,080**
✎ *Sans titre* - Technique mixte/papier (100x70cm-39x28in) Verrières-Le-Buisson 92 .... FF3 200 - £329 - **$616**
SOULIER Charles c.1815-c.1880 [3]
📷 *Rome et le Mont Janicule* - Albumen print London 89 .... FF4 800 - £491 - **$772**
SOULIKIAS Paul 1926 [37]
🖼 *Saint-Faustin* - Huile/toile (71x91cm-28x36in) Montréal 94 .... FF3 550 - £421 - **$656**
SOULLARD Louis 1859-? [1]
🖼 *Péniche sur la Seine* - Huile/panneau (16x23cm-6x9in) Pontoise 96 .... FF2 200 - £280 - **$425**
SOUN Tazaki 1815-1898 [1]
✎ *Snow landscape* - Coloured inks/paper (66x30cm-26x12in) New-York 92 .... FF21 600 - £2 210 - **$3,800**
SOUPLET Louis Ulysse 1819-1878 [1]
🖼 *Crossing the stream* - Oil/canvas New-York 90 .... FF40 000 - £4 206 - **$6,957**
SOURDILLON Berthe 1895-1976 [79]
🖼 *Nature morte aux fruits* - Huile/toile (81x100cm-32x39in) La Varenne Saint-Hilaire 95 .... FF5 000 - £657 - **$1,026**
SOUTER Camille 1929 [2]
🖼 *Matasha's Marrows* - Oil/board (20x76cm-8x30in) London 97 .... FF9 337 - £1 000 - **$1,613**
SOUTER John Bullock 1890-1972 [23]
🖼 *Daisies in a vase* - Oil/board (34x44cm-13x17in) Billinghurst, West Sussex 94 .... FF4 750 - £560 - **$845**
Studio still life - Oil/board (51x61cm-20x24in) Auchterarder, Perthshire 95 .... FF10 940 - £1 400 - **$2,153**
Diana - Oil/board (53x40cm-21x16in) New-York 94 .... FF36 100 - £3 780 - **$6,500**
SOUTEYRAND Francine XX [11]
🖼 *Fête à Saint-Tropez* - Huile/toile (46x38cm-18x15in) Blois 95 .... FF4 000 - £518 - **$814**
SOUTHALL Joseph Edward 1861-1944 [43]
🖼 *The daughter of Herodias* - Tempera (102x91cm-40x36in) New-York 97 .... FF1 - £171 444 - **$280,000**
Flora - Tempera/canvas (51x39cm-20x15in) London 94 .... FF77 000 - £9 000 - **$13,400**
The nut brown maid - Tempera (99x65cm-39x26in) New-York 97 .... FF484 883 - £52 267 - **$85,000**
✎ *Study for Ariadne of Naxos* - Drawing (14x9cm-6x4in) London 93 .... FF13 280 - £1 600 - **$2,320**
A lady in Classical dress - Watercolour (11x11cm-4x4in) London 94 .... FF34 600 - £4 000 - **$5,960**
SOUTHEY Rubens A.J.N. 1881-1933 [8]
✎ *Waves crashing on the rocks* - Watercolour (8x11cm-3x4in) London 94 .... FF2 143 - £250 - **$373**
SOUTHGATE Frank 1872-1916 [60]
🖼 *AHen Pheasant in the snow* - Oil/board (60x90cm-24x35in) London 94 .... FF32 600 - £3 800 - **$5,710**
✎ *Lapwing in flight* - Watercolour (37x58cm-15x23in) London 94 .... FF8 570 - £1 000 - **$1,503**
Mallard in flight over Marshland - Watercolour (38x58cm-15x23in) London 96 .... FF27 530 - £3 500 - **$5,290**
SOUTHWICK Alfred 1875-? [1]
🖼 *Place St. Marie Formose, Venise* - Huile/toile (73x100cm-29x39in) Morlaix 92 .... FF2 000 - £239 - **$385**
SOUTINE Chaïm 1894-1943 [68]
🖼 *Escaliers à Chartres* - Oil/canvas (61x44cm-24x17in) New-York 95 .... FF1 - £140 000 - **$220,000**
Paysage à Cagnes - Oil/canvas (74x92cm-29x36in) New-York 95 .... FF1 - £235 400 - **$370,000**
Paysage du Midi - Oil/canvas (60x81cm-24x32in) New-York 95 .... FF2 - £331 000 - **$520,000**
La Fille en rose - Oil/canvas (87x63cm-34x25in) New-York 96 .... FF3 - £434 500 - **$650,000**
Homme assis - Oil/canvas (60x52cm-24x20in) London 97 .... FF434 362 - £45 000 - **$74,407**
Paysage de Champigny - Huile/toile (36x52cm-14x20in) Paris 97 .... FF580 000 - £60 436 - **$98,832**
SOUTO CUERO Alfredo 1862-1940 [3]
🖼 *Visita de la aldea* - Oleo/tabla (27x36cm-11x14in) Madrid 93 .... FF28 200 - £3 390 - **$5,490**
SOUTO FEIJOO Arturo 1901-1964 [24]
🖼 *Bodegón con pescados* - Oleo/lienzo (89x74cm-35x29in) México 92 .... FF54 000 - £5 540 - **$9,670**
✎ *Globos aerostáticos* - Pastel (64x48cm-25x19in) Madrid 95 .... FF11 540 - £1 458 - **$2,316**
Plaza frente a la taberna - Acuarela (30x49cm-12x19in) Madrid 94 .... FF24 800 - £2 890 - **$4,350**
SOUTTER Louis 1871-1942 [41]
🖼 *Matin* - Oil/paper (50x64cm-20x25in) Bern 95 .... FF271 000 - £34 560 - **$55,400**
✎ *Frauenkopf* - Encre Chine (32x24cm-13x9in) Zürich 97 .... FF31 583 - £3 358 - **$5,448**
Zwei kämpfende Gestalten - Encre Chine/papier (44x58cm-17x23in) Zürich 97 .... FF197 395 - £20 985 - **$34,050**
SOUVERBIE Jean 1891-1981 [108]
🖼 *Femme dans un sous-bois* - Huile/carton (36x28cm-14x11in) Deauville 93 .... FF12 000 - £1 350 - **$2,034**
Pégasus et poète - Oil/canvas (46x56cm-18x22in) London 96 .... FF45 400 - £5 500 - **$8,820**

Les dresseurs de chevaux - Huile/toile (81x100cm-32x39in) Calais 97 .... FF72 000 - £7 711 - **$12,622**
La Terre - Huile/toile (210x350cm-83x138in) Paris 96 .... FF420 000 - £49 500 - **$82,400**
◊ Femme auprès d'une colonne - Lavis (32x19cm-13x7in) La Varenne Saint-Hilaire 96 .... FF4 600 - £592 - **$912**

SOUVERBIE Jeanne 1920 [10]
◊ Queste - Technique mixte (97x130cm-38x51in) Paris 92 .... FF3 100 - £361 - **$633**
Nu assis - Huile/toile (32x24cm-13x9in) Paris 93 .... FF16 000 - £1 840 - **$2,760**

SOUZA de Alberto Augusto 1866-1962 [1]
◊ Mercado en Vila Franca de Xira - Acuarela (34x28cm-13x11in) Madrid 92 .... FF8 200 - £822 - **$1,577**

SOUZA Francis Newton 1924 [31]
☛ Table still life - Oil/canvas (81x96cm-32x38in) London 96 .... FF17 000 - £2 100 - **$3,280**
Town scene - Oil/board (122x61cm-48x24in) London 96 .... FF55 000 - £6 800 - **$10,620**
◊ Trees - Watercolour (47x36cm-19x14in) London 96 .... FF16 200 - £2 000 - **$3,126**

SOUZA-PINTO José Júlio de 1856-1939 [7]
☛ La fermière près du cours d'eau - Huile/toile (90x71cm-35x28in) Toulouse 90 .... FF122 000 - £12 416 - **$24,398**

SOUZY de Bernard XX [2]
▨ Serpents enroulés - Bronze (178cm-70in) Paris 95 .... FF31 000 - £3 880 - **$6,170**

SOVAK Pravoslav 1926 [2]
◊ Montezuma Creek - Gouache (38x52cm-15x20in) Bern 93 .... FF11 970 - £1 447 - **$2,224**

SØVIG F. 1840-1892 [1]
☛ Marine med sejskibe - Oil/canvas (50x72cm-20x28in) Köbenhavn 93 .... FF5 720 - £686 - **$1,100**

SOWDEN John 1838-1936 [7]
◊ Ely cathedral - Watercolour (18x12cm-7x5in) London 93 .... FF2 670 - £300 - **$447**

SOWERBY John George XIX-XX [9]
☛ The Amber Vale - Oil/canvas (81x151cm-32x59in) London 92 .... FF58 600 - £7 000 - **$11,270**
◊ Thistles - Watercolour (24x32cm-9x13in) Billinghurst, West Sussex 95 .... FF5 940 - £740 - **$1,163**

SOWERBY Millicent XIX-XX [3]
◊ Princess & frog - Ink (18x15cm-7x6in) London 92 .... FF6 350 - £650 - **$1,245**

SOYA-JENSEN Carl Martin 1860-1912 [20]
☛ Fiskande pojke vid Åbro - Oil/canvas (27x46cm-11x18in) Stockholm 95 .... FF3 970 - £519 - **$795**
Fredensborg - Oil/canvas (43x78cm-17x31in) Köbenhavn 96 .... FF16 850 - £1 920 - **$3,226**

SOYER Isaac 1907-1981 [11]
☛ After the Class - Oil/canvas (106x91cm-42x36in) New-York 94 .... FF84 100 - £10 100 - **$16,000**

SOYER Jean-Baptiste 1752-1828 [4]
◊ Young lady seated - Miniature (7cm-3in) Genève 92 .... FF40 600 - £4 180 - **$7,590**

SOYER Moses 1899-1974 [77]
☛ Woman in green - Oil/canvas (51x61cm-20x24in) Tel Aviv 92 .... FF16 650 - £1 743 - **$3,000**
Ida as model - Oil/canvas (76x91cm-30x36in) New-York 94 .... FF31 530 - £3 790 - **$6,000**
The costume maker - Oil/canvas (63x76cm-25x30in) New-York 94 .... FF67 400 - £7 950 - **$12,000**
◊ Reclining nude - Drawing (30x41cm-12x16in) North Bethesda, MD. 92 .... FF7 140 - £731 - **$1,400**

SOYER Paul C. 1823-1903 [4]
☛ Enfants au petit oiseau - Huile/toile (54x45cm-21x18in) Saint-Germain-en-Laye 91 .... FF29 000 - £2 925 - **$5,652**
A child addressing her grandmother - Oil/canvas (100x79cm-39x31in) London 95 .... FF51 300 - £6 500 - **$10,320**

SOYER Raphael 1899-1987 [171]
☛ Seated woman - Oil/canvas (46x40cm-18x16in) New-York 94 .... FF11 900 - £1 410 - **$2,200**
Three dancers - Oil/canvas (76x63cm-30x25in) San Francisco-Los Angeles 96 .... FF36 300 - £4 550 - **$7,000**
Seated Nude - Oil/canvas (101x76cm-40x30in) New-York 95 .... FF81 680 - £8 576 - **$14,000**
Couple on Cot - Oil/canvas (102x81cm-40x32in) New-York 97 .... FF122 520 - £12 864 - **$21,000**
▱ Bowery nocturne - Lithograph (32x45cm-13x18in) New-York 92 .... FF73 800 - £7 550 - **$13,000**
◊ Reclining nude - Pencil/paper (20x33cm-8x13in) Baton Rouge, Louisiana 94 .... FF4 210 - £495 - **$750**
Female nude - Charcoal/paper (46x31cm-18x12in) New-York 95 .... FF8 230 - £1 060 - **$1,700**

SOZANSKI Michal A. 1853-1923 [5]
◊ Wasking clothes in ther Prut River - Watercolour (19x29cm-7x11in) Warszawa 94 .... FF2 210 - £254 - **$375**

SP 38 Sylvain Perier, dit 1960 [2]
☛ BB's dog remix - Acrylique/toile (111x150cm-44x59in) Paris 90 .... FF4 200 - £434 - **$742**

SPACIC Jan 1892-? [1]
☛ Alte Kaiserstadt Prag - Oil/canvas (97x144cm-38x57in) Lindau 92 .... FF16 320 - £1 670 - **$2,873**

SPACKMAN Cyril Saunders 1887-1963 [3]
☛ Town Wall Lane Pembrokeshire - Oil/board (60x49cm-24x19in) London 91 .... FF3 160 - £319 - **$627**

SPADARI Giangiacomo Giov. 1938 [8]
◊ Per un personaggio - Olio/tela (80x80cm-31x31in) Milano 92 .... FF5 440 - £557 - **$957**

SPADER William 1875-? [1]
◊ Woman in a red hat - Watercolour, gouache (25x33cm-10x13in) Boston, Mass. 94 .... FF3 140 - £369 - **$550**

SPADINI Andrea 1912-1983 [1]
▨ Tre figure intorno ad un albero - Plaster (22cm-9in) Roma 95 .... FF7 430 - £936 - **$1,510**

SPADINI Armando 1883-1925 [9]
☛ Paesaggio - Olio/tela (70x81cm-28x32in) Milano 95 .... FF59 600 - £7 600 - **$12,200**
Amore materno - Olio/tela (62x50cm-24x20in) Roma 91 .... FF296 000 - £30 041 - **$53,460**

SPAENDONCK van Cornelis 1756-1840 [6]
☛ Panier de fleurs sur un entablement - Huile/toile (46x38cm-18x15in) Monaco 92 .... FF500 000 - £59 700 - **$96,100**

SPAENDONCK van Gerardus 1746-1822 [10]
◊ Fleurs et nid sur un entablement - Aquarelle, gouache (21x16cm-8x6in) Paris 95 .... FF33 000 - £4 320 - **$6,700**

S

SPAGNULO Giuseppe 1936 [4]
Guerriero, 1985 - Bronzo (53x107x63cm-21x42x25in) Prato 97 .... FF**30 600** - £3 600 - **$5,400**
SPAHN Victor 1949 [24]
Allée cavalière - Huile/toile (61x50cm-24x20in) Le Touquet 95 .... FF**8 500** - £1 058 - **$1,658**
Le voilier - Huile/toile (61x50cm-24x20in) Cannes 91 .... FF**17 000** - £1 704 - **$2,867**
SPALA Václav 1885-1946 [16]
Flußlandschaft - Oil/canvas (74x92cm-29x36in) München 91 .... FF**43 900** - £4 455 - **$7,929**
Rote Figur - Aquarell (44x29cm-17x11in) München 94 .... FF**10 250** - £1 204 - **$1,827**
SPALDING Elisabeth 1868-1954 [1]
Garden flowers/Ranch/John Sharpie
    Watercolour/paper (51x61cm-20x24in) Denver, Colorado 95 .... FF**5 120** - £1 000 - **$648**
SPALLART von Lydia 1898-1961 [1]
Das Jahr am Teich III - Öl/Leinwand (52x58cm-20x23in) Wien 95 .... FF**19 600** - £2 537 - **$3,985**
SPALLETTI Ettore 1946 [2]
A.6 - Huile/panneau (160x120cm-63x47in) Paris 94 .... FF**68 000** - £7 950 - **$11,940**
SPAMPINATO Clemente 1912 [3]
You Crazy Bay - Bronze (71cm-28in) Chicago 94 .... FF**10 670** - £1 260 - **$1,900**
SPANDINI Armando 1883-1925 [1]
Figure nel parco - Olio/tela (100x60cm-39x24in) Roma 93 .... FF**34 800** - £3 900 - **$6,220**
SPÅNGBERG Johan Theodor 1831-1904 [1]
Köksinteriör med åtande barn - Oil/canvas (32x27cm-13x11in) Göteborg 90 .... FF**3 700** - £394 - **$662**
SPANGENBERG Herbert 1907-1984 [1]
Badezelt an der Nordsee - Aquarell/Papier (58x76cm-23x30in) Hamburg 96 .... FF**5 060** - £614 - **$984**
SPANGENBERG Louis 1825-1893 [3]
Vesuvius from Pompei - Oil/canvas (66x95cm-26x37in) London 95 .... FF**75 400** - £10 000 - **$15,580**
SPANGENBURG George 1907-1964 [3]
Hells Half Acre - Oil/canvas/board (40x51cm-16x20in) San Francisco-Los Angeles 91 .... FF**9 120** - £919 - **$1,583**
SPANNRING Luise 1894-? [1]
Eva - Ceramic (36cm-14in) Wien 97 .... FF**4 304** - £459 - **$744**
SPANO Michael 1949 [7]
Untitled (Nude) - Gelatin silver print (89x69cm-35x27in) New-York 92 .... FF**6 860** - £797 - **$1,400**
SPANOGHE Léo 1874-1955 [5]
Le retour - Huile/panneau (59x58cm-23x23in) Bruxelles 94 .... FF**4 480** - £535 - **$844**
Vissershaven te Zeebrugge - Gouache (23x33cm-9x13in) Lokeren 94 .... FF**1 650** - £192 - **$289**
SPANYI von Bela 1852-1914 [20]
Waldlandschaft - Oil/panel (100x72cm-39x28in) Wien 94 .... FF**8 740** - £1 027 - **$1,558**
Viehherde am Dorfrand - Oil/panel (55x90cm-22x35in) Wien 94 .... FF**27 340** - £3 356 - **$5,330**
SPANYIK Cornel M. 1858-1943 [3]
Gentlemanly conduct - Oil/canvas (119x95cm-47x37in) London 90 .... FF**33 250** - £3 348 - **$6,513**
SPARAPANE DA NORCIA Antonio XV-XVI [1]
Crocifissione - Öl/Metall (150x150cm-59x59in) Bologna 91 .... FF**100 200** - £10 047 - **$16,540**
SPARE Austin Osman 1888-1956 [115]
Delphic - Tempera/panel (28x19cm-11x7in) London 95 .... FF**7 630** - £950 - **$1,536**
Recycling female Nude - Coloured pencils (19x27cm-7x11in) London 97 .... FF**6 999** - £749 - **$1,209**
Portrait of the Artist ,His Wife - Ink (36x28cm-14x11in) New-York 97 .... FF**17 411** - £1 831 - **$3,000**
SPARER Max 1886-? [6]
Schloss Sigmundskron - Woodcut in colors (24x35cm-9x14in) Wien 96 .... FF**4 330** - £543 - **$846**
SPARKE Edward Bowyer 1832-1910 [10]
Evening on the Broads - Oil/paper (36x55cm-14x22in) London 95 .... FF**3 456** - £450 - **$709**
Melrose Abbey - Watercolour (20x33cm-8x13in) London 95 .... FF**2 920** - £380 - **$599**
SPARKS Nathaniel 1880-1957 [1]
Near Kings Lynn, Norfolk - Watercolour/paper (25x35cm-10x14in) London 90 .... FF**1 900** - £191 - **$345**
SPARKS William 1862-1937 [22]
La Purisima Concepcion
    Oil/canvas (41x57cm-16x22in) San Francisco-Los Angeles 94 .... FF**15 980** - £1 890 - **$2,870**
Pueblo - Oil/canvas (61x92cm-24x36in) San Francisco-Los Angeles 93 .... FF**70 900** - £8 050 - **$12,000**
SPARKUHL Rudy 1952 [2]
Light Lunch - Acrylic/canvas (56x81cm-22x32in) Toronto 94 .... FF**2 730** - £325 - **$514**
SPARNAAY Tjalf 1954 [2]
Op de drempel van de vrijheid - Acrylic/canvas (120x160cm-47x63in) Amsterdam 95 .... FF**15 430** - £2 020 - **$3,090**
SPARRE Carl 1648-1716 [2]
Flußlandschaft mit einem Lastschiff - Oil/panel (17x23cm-7x9in) Wien 92 .... FF**26 450** - £3 160 - **$5,090**
Finspong Slot, Wegeholm - Ink (16x19cm-6x7in) København 96 .... FF**2 663** - £342 - **$525**
SPARRE Emma 1851-1913 [3]
At the piano, Paris, 1891 - Oil/canvas (146x114cm-57x45in) London 90 .... FF**116 200** - £12 441 - **$20,209**
SPARRE Louis 1863-1964 [26]
Ljugarns fyr, Gotland - Oil/canvas/panel (32x42cm-13x17in) Stockholm 97 .... FF**4 116** - £458 - **$744**
Atlantvågor - Oil/canvas (59x80cm-23x31in) Helsinki 92 .... FF**51 600** - £5 280 - **$9,080**
SPARRE Victor 1919 [3]
Landskap fra Assisi - Oil/panel (46x55cm-18x22in) Oslo 92 .... FF**11 700** - £1 400 - **$2,252**
SPARROW Jack 1893-? [2]
Blumenstilleben - Oil/canvas (73x51cm-29x20in) Ahlden 95 .... FF**18 600** - £2 165 - **$3,800**
Italian and French landscapes - Watercolour (38x56cm-15x22in) New-York 93 .... FF**1 513** - £190 - **$275**

SPAT Gabriel 1890-1967 [26]
- *Longchamp autrefois* - Huile/carton (18x26cm-7x10in) München 95 .... FF3 440 - £452 - **$690**
- *Soir de Gala* - Oil/canvas/board (15x36cm-6x14in) New-York 94 .... FF10 510 - £1 263 - **$2,000**

SPATHARIS Eugenios 1924 [2]
- *Koutalianos* - Oil/paper (50x70cm-20x28in) Athens 96 .... FF17 150 - £1 985 - **$3,290**

SPAULDING Henry Plymton 1868-? [2]
- *Mediterranean terrace* - Watercolour/paper (48x33cm-19x13in) New-York 92 .... FF3 610 - £378 - **$650**

SPAVENTA George 1918-1978 [1]
- *Figure #15* - Bronze (48cm-19in) New-York 94 .... FF5 900 - £671 - **$1,000**

SPAZZALI Luciano XX [2]
- *Cheval en main* - Huile/papier (61x40cm-24x16in) Monaco 93 .... FF2 500 - £313 - **$455**

SPAZZAPAN Luigi 1889-1958 [21]
- *Composizione astratta* - Tempera/board (51x66cm-20x26in) Roma 91 .... FF54 100 - £5 373 - **$9,393**
- *Figure* - Acquarello (49x37cm-19x15in) Torino 93 .... FF23 800 - £2 725 - **$4,050**

SPEAR Ruskin 1911-1990 [65]
- *Road to the river* - Oil/board (81x59cm-32x23in) London 93 .... FF7 470 - £900 - **$1,305**
- *Great Coddam, Essex* - Oil/canvas (38x51cm-15x20in) London 97 .... FF21 073 - £2 200 - **$3,606**
- *Marriage à la mode* - Oil/board (101x81cm-40x32in) London 97 .... FF105 364 - £11 000 - **$18,027**

SPECHT August 1849-1923 [4]
- *Verschneite Dorfstrasse* - Öl/Leinwand (66x97cm-26x38in) Stuttgart 96 .... FF6 080 - £756 - **$1,181**

SPECHT Emile 1843-? [1]
- *Rue animée à Paris* - Huile/panneau (17x30cm-7x12in) Saint-Dié 93 .... FF9 000 - £1 084 - **$1,637**

SPECHT Friedrich 1839-1909 [3]
- *Entenjagd* - Drawing (25x19cm-10x7in) Wien 94 .... FF3 910 - £453 - **$672**

SPECK August 1898-1977 [5]
- *Vorfrühlingsabend bei Ober-Rüti* - Acryl/Papier (30x43cm-12x17in) Bern 94 .... FF8 080 - £936 - **$1,392**

SPECKTER Otto 1807-1871 [2]
- *Die junge Witwe* - Pencil (6x6cm-2x2in) Bielefeld 91 .... FF2 043 - £205 - **$374**

SPEED Harold 1872-1957 [12]
- *Young woman in a blue dress* - Oil/canvas (76x63cm-30x25in) London 93 .... FF6 320 - £720 - **$1,073**
- *Seated female nude in a landscape* - Pastel (59x47cm-23x19in) London 91 .... FF7 480 - £745 - **$1,286**

SPEED Ulysses Grant 1930 [2]
- *Twisters and Outlaws* - Bronze (72cm-28in) New-York 90 .... FF11 400 - £1 213 - **$2,039**

SPEEDY GRAPHITO 1961 [7]
- *L'Art, moi j'aime ça* - Acrylique/toile (67x62cm-26x24in) Paris 96 .... FF4 500 - £580 - **$881**

SPEICHER Eugene E. 1883-1962 [32]
- *Mixed bouquet* - Oil/canvas (56x41cm-22x16in) New-York 96 .... FF8 310 - £1 058 - **$1,600**
- *Passing storm* - Oil/canvas (53x91cm-21x36in) New-York 94 .... FF18 400 - £2 210 - **$3,500**

SPEIER Peter Albert XX [4]
- *Zu einer Runde verdonnert* - Oil/panel (24x18cm-9x7in) Lindau 96 .... FF2 370 - £275 - **$455**

SPEIGHT Francis 1896-1989 [3]
- *Factories near Manayunk* - Oil/canvas (64x76cm-25x30in) Philadelphia 92 .... FF15 200 - £1 764 - **$3,100**

SPELCE Fannie Lou 1908 [2]
- *Baptism in the church* - Oil/canvas (71x81cm-28x32in) New-York 92 .... FF27 000 - £2 760 - **$5,000**

SPELMAN John A. 1880-? [9]
- *Canoeing in Autumn* - Oil/canvas (71x81cm-28x32in) Boston, Mass. 94 .... FF10 300 - £1 235 - **$2,000**

SPELTER Jakob 1820-1856 [2]
- *Bildnis einer jungen Frau* - Miniature (12x10cm-5x4in) Wien 93 .... FF3 370 - £403 - **$648**

SPENCE Andrew 1947 [5]
- *#109* - Oil/canvas (75x330cm-30x130in) New-York 95 .... FF12 380 - £1 547 - **$2,500**

SPENCE Benjamin Edward 1822-1866 [5]
- *Bust of a Gentleman* - Marble (71cm-28in) London 97 .... FF11 152 - £1 200 - **$1,961**
- *Angel's Whisper* - Marble (71cm-28in) London 93 .... FF200 000 - £23 000 - **$34,500**

SPENCE Ernest XIX-XX [2]
- *Miss Betty Neville* - Oil/canvas (142x58cm-56x23in) London 96 .... FF39 200 - £4 600 - **$7,700**

SPENCE Percy Fred. Seaton 1868-1933 [12]
- *Riding the Rebel* - Oil/canvas (92x61cm-36x24in) London 93 .... FF191 000 - £23 000 - **$33,350**
- *H.M.S. Carmania* - Watercolour (29x52cm-11x20in) London 94 .... FF16 200 - £1 900 - **$2,835**

SPENCE Thomas Ralph 1855-1916 [4]
- *Idle moments* - Oil/canvas (51x84cm-20x33in) New-York 92 .... FF22 100 - £2 640 - **$4,250**
- *First invasion of Rome* - Oil/canvas (68x206cm-27x81in) London 97 .... FF138 227 - £14 500 - **$23,719**

SPENCELAYH Charles 1865-1958 [69]
- *The Income Tax* - Oil/canvas (23x18cm-9x7in) London 97 .... FF229 568 - £25 000 - **$39,923**
- *The Promised Land* - Oil/canvas (62x51cm-24x20in) London 92 .... FF762 000 - £91 000 - **$146,600**
- *Much noise little music* - Watercolour (26x37cm-10x15in) London 92 .... FF88 000 - £9 000 - **$15,480**

SPENCELAYH Vernon 1891-? [1]
- *Cape Gooseberries* - Oil/board (28x38cm-11x15in) London 96 .... FF2 090 - £260 - **$406**

SPENCER Augustus 1860-1924 [1]
- *Landscape with village* - Oil/canvas (61x91cm-24x36in) New Orleans, Louisiana 92 .... FF2 600 - £311 - **$500**

SPENCER Ema 1857-1941 [6]
- *Little girl at table* - Platinum print (15x18cm-6x7in) New-York 93 .... FF5 600 - £638 - **$950**

S

SPENCER Frederick Randolph 1806-1875 [5]
- *Portrait de jeune femme* - Huile/toile (85x68cm-33x27in) La Rochelle 96 .... FF16 000 - £1 940 - $3,110
- *Roses* - Watercolour/paper (31x24cm-12x9in) London 89 .... FF10 700 - £1 094 - $1,720

SPENCER Frederick, Fred XIX-XX [2]
- *Old Books to Read* - Watercolour (33x21cm-13x8in) London 95 .... FF29 200 - £3 800 - $5,980

SPENCER Gervase Jarvis ?-1763 [7]
- *Young Gentleman* - Miniature (4cm-2in) London 97 .... FF15 166 - £1 600 - $2,602

SPENCER Gilbert 1892-1979 [43]
- *Four children by a farm gate* - Oil/canvas (26x36cm-10x14in) London 96 .... FF19 350 - £2 500 - $3,820
- *Tube shelter* - Oil/board (31x41cm-12x16in) London 97 .... FF52 732 - £5 500 - $9,017
- *T.Bagnall* - Pencil (35x25cm-14x10in) London 97 .... FF3 264 - £349 - $563

SPENCER Howard Bonnell 1871-1967 [1]
- *Mediterranean port scene* - Oil/canvas (63x76cm-25x30in) North Bethesda, MD. 91 .... FF3 800 - £384 - $754

SPENCER Lilly Martin 1822-1902 [6]
- *Patty-Cake* - Oil/canvas (61x51cm-24x20in) New-York 95 .... FF75 300 - £9 420 - $15,000

SPENCER Niles 1893-1952 [5]
- *Trees and Farmhouse* - Oil/board (46x56cm-18x22in) New-York 97 .... FF93 349 - £9 801 - $16,000

SPENCER Robert 1879-1931 [13]
- *Concrete Bridge* - Oil/canvas (64x76cm-25x30in) San Francisco-Los Angeles 94 .... FF135 300 - £16 040 - $25,000

SPENCER Stanley 1891-1959 [103]
- *The baptism* - Oil/canvas (76x127cm-30x50in) London 91 .... FF4 - £421 097 - $727,404
- *oultry Market, Petersfield* - Oil/canvas (49x65cm-19x26in) London 94 .... FF82 100 - £9 500 - $14,150
- *Christ and the Doctors* - Mixed media/paper (61x88cm-24x35in) London 97 .... FF18 674 - £1 949 - $3,195
- *Private Peacock* - Pencil (18x13cm-7x5in) London 97 .... FF54 155 - £5 800 - $9,357

SPENCER Thomas 1700-1763 [7]
- *Lord Carbery riding* - Oil/canvas (80x100cm-31x39in) New-York 97 .... FF317 917 - £33 891 - $55,000

SPENCER Véra 1926 [2]
- *Leviathan* - Oil/board (47x54cm-19x21in) London 92 .... FF9 740 - £1 000 - $1,870
- *Blue blue* - Oil/canvas (88x177cm-35x70in) London 91 .... FF54 900 - £5 489 - $9,042

SPENCER-STANHOPE John Roddam 1829-1908 [3]
- *The Song of Solomon* - Gouache (107x260cm-42x102in) London 91 .... FF248 000 - £25 170 - $44,791

SPENDER Humphrey 1910 [9]
- *Seaside nasturtiums* - Mixed media (30x45cm-12x18in) London 91 .... FF7 050 - £722 - $1,316

SPENGLER Clemens 1905-? [2]
- *Maria mit Kind* - Mischtechnik/Papier (53x42cm-21x17in) Zofingen 96 .... FF2 070 - £258 - $399

SPENLOVE Frank Spenlove 1864-1933 [13]
- *Morning effect, Chelsea* - Oil/canvas (48x58cm-19x23in) Billinghurst, West Sussex 94 .... FF10 740 - £1 300 - $1,983
- *Nocturn, a Dutch study* - Watercolour (35x51cm-14x20in) Billinghurst, West Sussex 92 .... FF2 340 - £240 - $449

SPERGER Hugo 1922 [4]
- *Shadrach & Abednego* - Acrylic/board (61x76cm-24x30in) Litchfield, CT 92 .... FF3 640 - £435 - $700

SPERL Johann 1840-1914 [10]
- *Drei spielende Kinder* - Oil/canvas (62x51cm-24x20in) München 91 .... FF136 200 - £13 655 - $24,946

SPERLAETEN Ernest XIX-XX [1]
- *Bust of a young woman* - Spelter (60cm-24in) London 93 .... FF2 324 - £280 - $406

SPERLI Johann Jakob 1770-1841 [6]
- *Oensingen, canton Solothurn* - Aquatint (6x10cm-2x4in) Bern 92 .... FF2 046 - £209 - $361

SPERLICH Josef XIX-XX [2]
- *Wer darf zuerst* - Oil/canvas (16x32cm-6x13in) Ahlden 91 .... FF21 970 - £2 230 - $3,968

SPERLICH Sophie 1880-? [6]
- *Trois chats* - Huile/panneau (23x31cm-9x12in) Bruxelles 90 .... FF13 770 - £1 401 - $2,754

SPERLING Diana 1791-1862 [9]
- *View through a window* - Watercolour (19x15cm-7x6in) London 96 .... FF20 230 - £2 398 - $3,950

SPERLING Heinrich 1844-1924 [8]
- *Saint-Bernard on the edge of a wood* - Oil/canvas (58x69cm-23x27in) London 91 .... FF22 700 - £2 289 - $4,424
- *Drei Freunde* - Pastel (47x34cm-19x13in) Köln 95 .... FF7 100 - £896 - $1,422

SPERLING Hieronymus 1695-1777 [1]
- *A woman, one arm outstretched* - Black chalk (58x42cm-23x17in) London 93 .... FF7 460 - £850 - $1,267

SPERMOZ-X XX [6]
- *Le paf* - Acrylique/bois (156x77cm-61x30in) Paris 96 .... FF3 200 - £413 - $627

SPERO Claude XIX-XX [3]
- *An Italian Villa overlooking the coast* - Watercolour (37x26cm-15x10in) London 97 .... FF2 822 - £300 - $488

SPERO Nancy 1926 [2]
- *Mother and child* - Collage (63x48cm-25x19in) New-York 90 .... FF4 790 - £482 - $938
- *Sky Goddess & Greek Figure Totem*
  Collage/paper (279x51cm-110x20in) New-York 94 .... FF19 800 - £2 377 - $3,750

SPERRY Reginald T. 1845-? [1]
- *River landscape* - Oil/canvas (50x35cm-20x14in) North Bethesda, MD. 91 .... FF2 565 - £257 - $444

SPERSCHNEIDER Hans 1928-1995 [2]
- *Landschaft: Bornholm* - Oil/paper (33x33cm-13x13in) Hamburg 95 .... FF3 190 - £404 - $640

SPETHMANN Albert 1894-1986 [4]
- *Blick auf einen Gebirgssee* - Oil/panel (60x50cm-24x20in) Kempten 96 .... FF4 740 - £595 - $923

SPEY Martinus 1777-? [2]
- *Fruit, blossoms and butterflies* - Oil/canvas (67x54cm-26x21in) New-York 92 .... FF148 200 - £14 920 - $26,000

SPEYBROEK Joseph 1891-1956 [1]
Meiavond/Avondzoen - Huile/panneau (51x71cm-20x28in) Bruxelles 95 .... FF**6 720** - £*870* - **$1,375**
SPEYER Christian 1855-1929 [4]
Reitergefecht in Hügellandschaft - Öl/Leinwand (98x110cm-39x43in) Stuttgart 96 .... FF**6 250** - £*777* - **$1,214**
SPICER Henry 1743-1804 [4]
Edward Brown - Miniature (8cm-3in) London 93 .... FF**4 400** - £*550* - **$798**
SPIEGEL Cäsar 1918-? [2]
Clown - Technique mixte/papier (57x43cm-22x17in) Zofingen 94 .... FF**7 120** - £*844* - **$1,316**
SPIEGEL Ferdinand 1879-? [3]
Schlern in Südtirol - Oil/canvas (79x100cm-31x39in) München 92 .... FF**8 840** - £*905* - **$1,557**
SPIEGELEIR de Marthe 1897-? [2]
De Wachtzaal - Huile/toile (80x110cm-31x43in) Lokeren 94 .... FF**8 340** - £*989* - **$1,542**
SPIELMANN Max 1906-? [1]
Bub mit schwarzer Katze - Mischtechnik/Papier (55x31cm-22x12in) Wien 96 .... FF**2 444** - £*318* - **$479**
SPIELMANN Oscar 1902-1974 [13]
Jeune fille de Bou-Saâda - Huile/carton (45x38cm-18x15in) Paris 95 .... FF**2 300** - £*299* - **$474**
Nu - Aquarelle (49x63cm-19x25in) Paris 97 .... FF**3 200** - £*345* - **$569**
SPIELMANN Vicktor 1769-1848 [1]
Midday on the Piazza San Marco - Watercolour/paper (24x32cm-9x13in) New-York 93 .... FF**3 300** - £*414* - **$600**
SPIELTER Carl Johann 1851-1922 [6]
Kunstsamleren pa besog - Oil/canvas (54x69cm-21x27in) Vejle 90 .... FF**36 900** - £*3 976* - **$6,508**
SPIERS Benjamin Walter c.1860-c.1920 [8]
Corner of a Study - Watercolour (25x32cm-10x13in) London 94 .... FF**100 800** - £*12 000* - **$19,000**
SPIERS Harry 1869-1934 [15]
Farmer ploughing - Watercolour/paper (75x53cm-30x21in) Toronto 94 .... FF**2 530** - £*303* - **$473**
SPIERS Richard Phene 1838-1916 [1]
Figures outside a walled city - Watercolour (36x25cm-14x10in) London 92 .... FF**1 843** - £*220* - **$355**
SPIES Walter 1895-1942 [3]
Die Landschaft und ihre Kinder - Oil/board (62x91cm-24x36in) Singapore 95 .... FF**3** - £*397 000* - **$628,000**
SPILHACZEK Max 1876-1961 [11]
Bin ich schön? - Oil/panel (38x32cm-15x13in) Wien 95 .... FF**12 230** - £*1 548* - **$2,390**
Blick auf Klosterneuburg - Chalks/paper (25x18cm-10x7in) Wien 95 .... FF**3 250** - £*410* - **$648**
SPILIMBERGO Adriano 1908-1975 [12]
Veduta di Lecco - Olio/tela (60x80cm-24x31in) Milano 91 .... FF**41 000** - £*4 161* - **$7,405**
SPILIMBERGO Lino Eneas 1896-1964 [1]
Noche de Luna en el Bosque - Oil/panel (110x56cm-43x22in) New-York 93 .. FF**709 000** - £*80 500* - **$120,000**
SPILLAR Jaroslav 1869-1917 [1]
Die Brandung - Öl/Karton (18x28cm-7x11in) Wien 95 .... FF**2 940** - £*388* - **$596**
SPILLAR Karel 1871-1939 [8]
Stadt Litomysl - Oil/canvas (49x59cm-19x23in) München 91 .... FF**13 520** - £*1 346* - **$2,325**
SPILLIAERT Léon 1881-1946 [216]
Baigneuse - Oil/cardboard (86x70cm-34x28in) Amsterdam 95 .... FF**200 500** - £*26 260* - **$40,200**
Jeune fille - Lithographie Antwerpen 96 .... FF**6 560** - £*795* - **$1,275**
Ferme et moulin - Aquarelle/papier (28x39cm-11x15in) Antwerpen 97 .... FF**29 376** - £*3 150* - **$5,148**
La danse - Aquarelle (36x25cm-14x10in) Bruxelles 94 .... FF**49 800** - £*5 940* - **$9,370**
Dirigeable de Robert Goldschmidt - Pastel (64x49cm-25x19in) Paris 95 .... FF**110 000** - £*13 500* - **$21,420**
L'Envol de la Dame chapeautée - Aquarelle (65x50cm-26x20in) Antwerpen 93 .... FF**420 400** - £*48 100* - **$71,500**
SPILMAN Hendrik 1721-1784 [5]
Charmille près d'une maison - Lavis (8x17cm-3x7in) Paris 95 .... FF**9 500** - £*1 137* - **$1,810**
SPILSBURY Maria 1777-1820 [3]
Children reading - Oil/canvas (38x51cm-15x20in) London 93 .... FF**27 900** - £*3 200* - **$4,740**
SPIN Jacob 1806-1875 [8]
Doctrina et Amicitia - Watercolour (45x59cm-18x23in) Köbenhavn 94 .... FF**9 560** - £*1 098* - **$1,637**
SPINAZZI Innocenzo 1718-1798 [1]
The Venus de' Medici - Marble (163cm-64in) Mere Hall, Knutsford, Cheshire 94 .... FF**195 000** - £*23 000* - **$34,700**
SPINDEL Ferdinand 1914 [4]
Relief - Relief (45x10x45cm-18x4x18in) Köln 92 .... FF**5 100** - £*522* - **$898**
SPINDLER Charles 1865-1938 [10]
Kaysersberg - Marqueterie Saint-Dié 95 .... FF**4 500** - £*593* - **$912**
SPINDLER Erwin 1860-1926 [2]
Bauernhäuser im Alpental - Öl/Karton (22x29cm-9x11in) München 93 .... FF**6 880** - £*780* - **$1,163**
SPINDLER Louis Pierre 1800-1889 [1]
Junge Dame - Öl/Leinwand (36x37cm-14x15in) Stuttgart 96 .... FF**33 850** - £*3 920* - **$6,490**
SPINDLER Walter E. XIX-XX [2]
Sarah Bernhardt - Aquarelle/papier (23x18cm-9x7in) Paris 97 .... FF**26 000** - £*2 746* - **$4,493**
SPINELLI Giovan B. (Attrib.) c.1630-c.1660 [3]
Personification of the Love of Virtue - Oil/canvas (98x81cm-39x32in) London 91 .... FF**60 500** - £*6 008* - **$10,505**
SPINETTI Mario XIX-XX [3]
A glimpse in the mirror - Oil/canvas (62x50cm-24x20in) New-York 95 .... FF**31 900** - £*3 854* - **$6,000**
SPINNLER Rolf 1927 [4]
Früchtestilleben mit Lauch - Oil/canvas (70x100cm-28x39in) Bern 92 .... FF**8 370** - £*1 000* - **$1,610**

S

SPIRIDON Ignace XIX-XX [9]
- Temptation - Oil/canvas (84x60cm-33x24in) London 95 .... FF**50 600** - £**6 500** - **$10,210**

SPIRIDON-MITIC François XX [2]
- L'Oiseau Phénix - Acrylique/toile (46x38cm-18x15in) Paris 93 .... FF**14 000** - £**1 750** - **$2,546**

SPIRO Eugen 1874-1972 [34]
- Portrait Liese-Lotte - Huile/toile (50x41cm-20x16in) München 95 .... FF**21 100** - £**2 760** - **$4,220**
- Landscape bordered by a lake - Oil/canvas (65x81cm-26x32in) New-York 95 .... FF**47 800** - £**5 780** - **$9,000**
- Albert Einstein - Pencil/paper (55x48cm-22x19in) New-York 94 .... FF**5 280** - £**634** - **$1,000**

SPIRO Georges 1909-1994 [56]
- Composition surréaliste - Huile/toile (52x60cm-20x24in) Neuilly 97 .... FF**2 000** - £**220** - **$351**
- Magie noire - Huile/panneau (33x41cm-13x16in) Zürich 96 .... FF**9 330** - £**1 210** - **$1,846**
- Le Soleil et ses symboles - Huile/panneau (81x100cm-32x39in) Düsseldorf 95 ..... FF**24 440** - £**3 110** - **$4,960**

SPITTA Gertrud 1881-? [1]
- Saftig Wiesen und dichten Wald - Oil/canvas (50x70cm-20x28in) Bern 90 .... FF**2 900** - £**309** - **$519**

SPITTLE William M. 1858-1917 [3]
- Offering - Oil/canvas (91x55cm-36x22in) London 93 .... FF**62 300** - £**7 000** - **$10,430**

SPITZ Karl 1853-? [7]
- Bauernhaus - Oil/canvas (37x32cm-15x13in) Heidelberg 92 .... FF**2 167** - £**252** - **$443**

SPITZER Emanuel 1844-1919 [4]
- Spielendes Mädchen - Oil/panel (22x17cm-9x7in) München 93 .... FF**22 740** - £**2 600** - **$3,850**

SPITZER Marthe 1877-1956 [19]
- Claude Debussy - Bronze (38cm-15in) Ourville-en-Caux 96 .... FF**4 000** - £**507** - **$767**

SPITZER Walter 1927 [98]
- Jeune rabbin d'Amsterdam - Huile/toile (41x33cm-16x13in) Paris 97 .... FF**7 000** - £**764** - **$1,224**
- L'aubade aux amoureux - Huile/toile (38x46cm-15x18in) La Varenne Saint-Hilaire 97 ..... FF**11 500** - £**1 240** - **$2,019**
- Tu seras mon épouse - Huile/toile (81x100cm-32x39in) L'Isle-Adam 95 .... FF**50 000** - £**6 570** - **$10,260**
- Violoniste - Bronze (18cm-7in) Paris 95 .... FF**14 000** - £**1 773** - **$2,813**
- Le messager - Gouache (64x47cm-25x19in) Paris 92 .... FF**21 000** - £**2 150** - **$4,120**

SPITZNAGEL Heinrich 1872-? [3]
- Bodensee - Oil/canvas (40x51cm-16x20in) Stuttgart 90 .... FF**6 400** - £**685** - **$1,113**

SPITZWEG Carl 1808-1885 [145]
- Der Jäger im Wald - Oil/panel (21x12cm-8x5in) Berlin 97 .... FF**124 325** - £**13 203** - **$21,656**
- Die Stadtwache - Öl/Leinwand (33x27cm-13x11in) München 94 .... FF**640 000** - £**75 800** - **$116,700**
- Nachhilfestunde - Oil/panel (26x34cm-10x13in) Köln 96 .... FF**2 3e +06** - £**238 000** - **$399,000**
- Sitzendes Mädchen - Pencil/paper (21x16cm-8x6in) München 94 .... FF**28 130** - £**3 330** - **$5,200**

SPLIETH Heinrich 1877-1929 [1]
- Rytter og hest i galop - Bronze (43cm-17in) København 89 .... FF**7 000** - £**697** - **$1,106**

SPLITGERBER August Karl Martin 1844-1918 [29]
- Landschaft - Oil/panel (11x52cm-4x20in) München 93 .... FF**9 500** - £**1 134** - **$1,827**
- Schäfer und seiner Herde vorn - Öl/Leinwand (23x31cm-9x12in) München 92 ...... FF**18 650** - £**2 230** - **$3,590**

SPLITGERBER Fritz 1876-1914 [5]
- Winterlandchaft mit Bauernhaus - Aquarell/Papier (7x16cm-3x6in) München 95 .... FF**2 924** - £**385** - **$587**

SPODE Samuel 1825-1858 [22]
- Charger of Prince Albert at Chobham
  Oil/canvas (51x61cm-20x24in) Billinghurst, West Sussex 94 .... FF**5 370** - £**650** - **$991**
- Chestnut horse & greyhounds - Oil/canvas (64x76cm-25x30in) New-York 95 .... FF**27 340** - £**3 464** - **$5,500**
- Harkaway - Oil/canvas (76x129cm-30x51in) New-York 94 .... FF**56 200** - £**6 590** - **$10,000**

SPOERER Eduard 1841-1898 [6]
- Flodlandskap med tvättande kvinnor - Oil/canvas (90x130cm-35x51in) Stockholm 92 ...... FF**37 050** - £**4 430** - **$7,120**

SPOERRI Daniel 1930 [80]
- Détrompe-l'œil - Technique mixte (120x100x172cm-47x39x68in) Paris 95 .... FF**240 000** - £**30 330** - **$48,500**
- Krieger der Nacht - Bronze (95x40x24cm-37x16x9in) München 94 .... FF**15 730** - £**1 846** - **$2,800**
- Tableau piège - Assemblage (70x40x70cm-28x16x28in) Amsterdam 97 .... FF**35 960** - £**3 780** - **$6,177**
- Tableau piège - Assemblage (70x70cm-28x28in) London 92 .... FF**56 500** - £**5 800** - **$10,840**
- Déjeuner avec Robert Filliou - Collage (80x80cm-31x31in) Paris 95 .... FF**45 000** - £**5 230** - **$9,180**

SPOHLER Jacob Jan Coenraad 1837-1923 [68]
- Windmills on a dutch canal - Oil/canvas (65x92cm-26x36in) New-York 93 .... FF**16 500** - £**2 070** - **$3,000**
- Windmills along a river - Oil/canvas (46x65cm-18x26in) Amsterdam 97 .... FF**31 100** - £**3 287** - **$5,336**
- Figures on a track along a river - Oil/canvas (43x67cm-17x26in) Amsterdam 97 .... FF**76 441** - £**8 362** - **$13,408**

SPOHLER Jan Jacob 1811-1879 [43]
- Sailing vessels in an estuary - Oil/canvas (38x48cm-15x19in) London 95 .... FF**41 500** - £**5 500** - **$8,570**
- Skaters in a winter landscape - Oil/panel (42x62cm-17x24in) New-York 96 .... FF**113 100** - £**13 710** - **$22,000**
- Skaters on a frozen river - Oil/canvas (61x81cm-24x32in) London 96 .... FF**238 400** - £**28 000** - **$46,900**

SPOHLER Johannes Franciscus 1853-1894 [37]
- A dutch street scene - Oil/canvas (15x8cm-6x3in) New-York 91 .... FF**23 900** - £**2 414** - **$4,745**
- View of Delft with figures - Oil/panel (21x16cm-8x6in) Amsterdam 95 .... FF**85 800** - £**10 720** - **$17,330**

SPOHN Clay Edgar 1898-1977 [3]
- Untitled, 1962 - Oil/canvas (131x111cm-52x44in) New-York 90 .... FF**12 000** - £**1 244** - **$2,109**

SPOLDI Aldo 1949 [4]
- Il giro del mondo in 80 giorni - Pastelli/carta (140x270cm-55x106in) Milano 94 ... FF**27 700** - £**3 206** - **$4,840**

SPONZA Nicolà 1914-1996 [5]
- Piazza Unità, Trieste - Olio/faesite (30x40cm-12x16in) Trieste 95 .... FF**4 310** - £**546** - **$840**

SPOONER Arthur c.1900-c.1960 [16]
- A Clipper in Stormy Seas - Oil/canvas (51x76cm-20x30in) London 97 .... FF**3 134** - £**340** - **$555**

S

Summer - Oil/canvas (96x122cm-38x48in) London 96 .... FF87 800 - £11 000 - **$16,940**
SPOONER Charles Sydney 1862-1938 [1]
🖼 *Porchester castle* - Oil/canvas (66x92cm-26x36in) London 92 .... FF6 840 - £700 - **$1,204**
SPORI Pierre 1923-1989 [1]
📐 *Drei Geschwister* - Dessin (55x41cm-22x16in) Bern 93 .... FF3 616 - £432 - **$696**
SPORRER Philipp 1829-1899 [2]
🖼 *Auf dem Balkan* - Oil/cardboard (45x60cm-18x24in) Stuttgart 90 .... FF3 200 - £343 - **$557**
Friede 1871 - Öl/Leinwand (58x48cm-23x19in) München 94 .... FF35 700 - £4 165 - **$6,260**
SPÖRRI Eduard 1901-1995 [7]
🗿 *Sitzender Mädchenakt mit Tuch* - Bronze (37cm-15in) Bern 93 .... FF5 330 - £637 - **$1,025**
Schreitende - Bronze (47cm-19in) Zofingen 93 .... FF30 000 - £3 620 - **$5,490**
📐 *Mädchen am Tisch* - Ink (32x27cm-13x11in) Zofingen 92 .... FF1 860 - £190 - **$328**
SPÖTL Maria 1898-1953 [1]
🖼 *Engerl am Tor* - Oil/panel (27x19cm-11x7in) Wien 93 .... FF5 940 - £698 - **$988**
SPRADBERY Walter Ernest 1889-1969 [3]
🖼 *Thames Valley, GWR, SR* - Color lithograph (102x127cm-40x50in) London 92 .... FF3 710 - £380 - **$656**
SPRAGUE Howard Freeman 1871-1899 [1]
🖼 *Great lakes ore carier, Glasdtone*
   Oil/canvas (43x76cm-17x30in) Bloomfield Hills, Michigan 96 .... FF25 700 - £3 120 - **$5,000**
SPRAGUE-PEARCE Charles 1851-1914 [2]
🖼 *Façade à Menton* - Huile/toile (30x45cm-12x18in) Bayeux 91 .... FF13 000 - £1 300 - **$2,141**
📐 *Reines de coeur* - Encre Chine (31x24cm-12x9in) Pontoise 97 .... FF1 500 - £162 - **$263**
SPRANCK Marcel Henri 1896-1978 [1]
📐 *Deux femmes à la plage* - Pastel (15x22cm-6x9in) Lyon 90 .... FF1 800 - £187 - **$316**
SPRANGER Bartholomeus 1546-1611 [3]
📐 *The Triumph of Wisdom* - Ink (32x21cm-13x8in) London 87 .... FF117 600 - £12 000 - **$19,080**
SPREAFICO Eugenio 1856-1919 [4]
🖼 *Gardienne de dindons* - Huile/toile (80x129cm-31x51in) Zürich 95 .... FF85 300 - £11 060 - **$17,360**
SPREAFICO Leonardo 1907-1974 [3]
🖼 *Composizione* - Olio/tela (70x50cm-28x20in) Milano 94 .... FF4 750 - £560 - **$896**
SPREAGUE Howard Freeman 1871-1899 [1]
📐 *Croiseur russe et torpilleur américain* - Lavis (64x90cm-25x35in) Paris 90 .... FF9 000 - £920 - **$1,776**
SPRENG Otto 1877-1960 [2]
🖼 *Vase mit Rosen* - Woodcut in colors (75x53cm-30x21in) Zofingen 91 .... FF2 574 - £258 - **$425**
SPRETER Roy 1899-1967 [1]
🖼 *Girl snoozing* - Oil/canvas (61x61cm-24x24in) New-York 95 .... FF9 600 - £1 210 - **$1,900**
SPRICK Richard 1901-1968 [2]
🖼 *Nächtliche Altstadtgasse* - Öl/Leinwand (72x48cm-28x19in) Bielefeld 93 .... FF17 500 - £2 040 - **$2,875**
📐 *Moorlandschaft* - Aquarell (49x68cm-19x27in) Bremen 95 .... FF1 575 - £202 - **$325**
SPRINCHORN Carl 1887-1971 [9]
🖼 *Trail Mark* - Oil/canvas (76x64cm-30x25in) North Berwick, Maine 93 .... FF17 400 - £2 000 - **$3,000**
📐 *Logging Camp* - Watercolour (34x43cm-13x17in) New-York 93 .... FF6 200 - £710 - **$1,100**
SPRING Alphons 1843-1908 [16]
🖼 *The Letter* - Oil/panel (56x75cm-22x30in) New-York 94 .... FF49 700 - £5 750 - **$8,500**
SPRINGER Cornelis 1817-1891 [47]
🖼 *Herengracht by the Amstel, Amsterdam* - Oil/panel (46x65cm-18x26in) London 95 ...... FF355 000 - £46 000 - **$73,900**
Moored boats, Amsterdam - Oil/panel (44x62cm-17x24in) Amsterdam 92 .... FF693 000 - £82 700 - **$133,300**
House of Admiral van Rossum - Oil/canvas (75x97cm-30x38in) London 92 .... FF857 000 - £88 000 - **$164,500**
📐 *Market in a Germain Town* - Watercolour/paper (21x26cm-8x10in) Amsterdam 97 .... FF33 013 - £3 512 - **$5,744**
SPRINGER Ferdinand 1907 [11]
🖼 *Palio* - Huile/toile (125x42cm-49x17in) Paris 97 .... FF4 000 - £440 - **$730**
Contre-jour - Öl/Leinwand (74x50cm-29x20in) Stuttgart 93 .... FF20 900 - £2 395 - **$3,550**
Ville du Nord - Gouache/papier (55x74cm-22x29in) Heidelberg 96 .... FF12 870 - £1 590 - **$2,486**
SPRINGER L. Jr. 1831-1894 [1]
🖼 *King Charles* - Oil/board (19x26cm-7x10in) Laren 90 .... FF3 900 - £415 - **$698**
SPRINGER Leendert, Jnr. 1789-1871 [2]
🖼 *Townsfolk on a village square* - Oil/canvas/panel (37x47cm-15x19in) Amsterdam 95 .... FF13 350 - £1 668 - **$2,697**
SPRINGER Sidonie 1878-? [1]
📐 *Dorfidylle* - Gouache/papier (51x66cm-20x26in) Wien 94 .... FF19 340 - £2 220 - **$3,310**
SPRINGOLO Nino 1886-? [1]
🖼 *Case d'autunno* - Olio/tavola (67x82cm-26x32in) Milano 91 .... FF49 700 - £5 110 - **$9,250**
SPRONCKEN Arthur 1930 [4]
🗿 *Horse* - Bronze (20cm-8in) Amsterdam 92 .... FF30 130 - £3 600 - **$5,800**
SPROTTE Siegward 1913 [17]
🖼 *Impression von Wattenmeer* - Oil/cardboard (35x49cm-14x19in) Köln 95 .... FF14 000 - £1 800 - **$2,890**
📐 *Blick aufs Meer* - Wash (48x65cm-19x26in) Düsseldorf 91 .... FF8 450 - £851 - **$1,466**
SPRUANCE Benton Murdoch 1904-1967 [50]
🖼 *City in the Rain* - Color lithograph (28x20cm-11x8in) New-York 94 .... FF7 030 - £833 - **$1,300**
The People Work - Lithograph (34x48cm-13x19in) New-York 93 .... FF35 700 - £4 080 - **$6,000**
📐 *Touch-down play* - Charcoal (33x51cm-13x20in) Philadelphia 92 .... FF7 800 - £931 - **$1,500**
SPRUCE Everett 1907-? [2]
🖼 *Little Canyon* - Oil/board (41x51cm-16x20in) Baton Rouge, Louisiana 93 .... FF7 380 - £890 - **$1,350**

S

SPRUNG Hanns 1884-1948 [1]
🖼 *Am Bahndamm* - Öl/Leinwand (54x47cm-21x19in) Köln 93 .... FF25 430 - £3 040 - **$4,890**

SPRÜNGLIN Niklaus 1725-1802 [8]
▱ *Neuchâtel* - Etching (28x46cm-11x18in) Bern 92 .... FF26 640 - £3 180 - **$5,120**
✎ *Vue de la Vallée d'Urselen* - Aquarelle (47x63cm-19x25in) Bern 96 .... FF35 100 - £4 460 - **$6,760**

SPURLING Jack 1871-1933 [3]
✎ *The ship Samuel Plimsoll* - Watercolour (43x66cm-17x26in) London 92 .... FF19 540 - £2 000 - **$3,450**

SPURRIER Steven 1878-1961 [6]
🖼 *Dressing Room* - Oil/panel (54x63cm-21x25in) London 97 .... FF22 988 - £2 400 - **$3,933**
✎ *Wire Walker* - Gouache (30x35cm-12x14in) London 96 .... FF2 995 - £355 - **$585**

SPY Leslie Matthew Ward 1851-1922 [10]
✎ *J.M. Paulton* - Watercolour/paper (35x25cm-14x10in) London 96 .... FF9 800 - £1 150 - **$1,926**

SPYROPOULOS Yannis 1912-1990 [11]
🖼 *Landscape* - Oil/canvas (45x55cm-18x22in) Athens 95 .... FF58 700 - £7 600 - **$12,000**
🖼 *Diotima No.3* - Oil/canvas (113x146cm-44x57in) Athens 96 .... FF127 200 - £16 420 - **$24,600**
✎ *Composition* - Gouache/paper (31x46cm-12x18in) Athens 95 .... FF35 640 - £4 610 - **$7,280**

SQUATRITI Fausta 1941 [2]
🖼 *Progetto per un cubo* - Technique mixte (200x105cm-79x41in) Milano 91 .... FF4 970 - £511 - **$926**

SQUILLANTINI Remo 1920-1996 [14]
🖼 *Sulla spiaggia* - Olio/tavola (80x80cm-31x31in) Prato 93 .... FF28 830 - £3 296 - **$4,900**
▱ *Al caffe'* - Litografia (70x50cm-28x20in) Vercelli 93 .... FF2 013 - £226 - **$361**

SQUIRE Alice 1840-1936 [2]
✎ *Spring Time* - Watercolour (29x21cm-11x8in) London 96 .... FF7 020 - £800 - **$1,344**

SQUIRE Helen XIX-XX [2]
🖼 *Girl reading by a window* - Oil/panel (24x33cm-9x13in) London 92 .... FF6 350 - £650 - **$1,121**
✎ *A quiet read* - Watercolour (29x45cm-11x18in) London 92 .... FF7 030 - £720 - **$1,242**

SQUIRE John XIX-XX [2]
✎ *Angler landing his catch* - Watercolour (33x28cm-13x11in) London 95 .... FF2 154 - £280 - **$450**

SQUIRES C. Clyde 1883-1970 [1]
🖼 *Embracing couple* - Oil/board (61x51cm-24x20in) New-York 94 .... FF8 000 - £938 - **$1,400**

SQUIRRELL Leonard Russel 1893-1979 [19]
🖼 *Berwick* - Oil/canvas (81x71cm-32x28in) London 94 .... FF2 770 - £320 - **$472**
✎ *Golden Evening, Dove dale*
  Watercolour (30x49cm-12x19in) Marlborough Crescent, Newcastle upon Tyne 93 .. FF3 520 - £440 - **$638**

SRAMEK Jano 1886-? [1]
✎ *Stehender weiblicher Akt* - Aquarell (45x17cm-18x7in) Stuttgart 93 .... FF2 090 - £240 - **$356**

SRAMKIEWICZ Kazimierz 1914 [3]
🖼 *Concert pour pianos et percussions* - Huile/toile (100x150cm-39x59in) Paris 91 .. FF3 700 - £368 - **$636**

SREDIN Alexander Valentinov 1872-1934 [1]
✎ *Interior* - Gouache/paper (31x40cm-12x16in) Moscow 94 .... FF2 170 - £257 - **$400**

SRP Frantisek 1895-1943 [1]
🖼 *Liegender Frauenakt in Landschaft* - Oil/panel (48x63cm-19x25in) Salzburg 94 .... FF4 870 - £577 - **$900**

STAACKMANN Heinz Maria 1852-1940 [3]
🖼 *Arabs at prayer* - Oil/canvas (96x63cm-38x25in) London 90 .... FF31 200 - £3 142 - **$6,112**

STAAF Carl Theodor 1816-1880 [1]
🖼 *Vinterlandskab* - Oil/canvas (54x76cm-21x30in) København 92 .... FF6 160 - £630 - **$1,283**

STAAL Pierre Gustave 1817-1882 [1]
✎ *Hommes en costumes XVIe et XVIIe* - Mine plomb (15x11cm-6x4in) Orléans 96 .... FF1 900 - £247 - **$377**

STAATEN van Louis XIX-XX [59]
✎ *Leyden/Haarlem* - Watercolour (41x54cm-16x21in) London 96 .... FF5 030 - £650 - **$993**

STAATS Gertrud 1859-1938 [7]
🖼 *Abend am Weiher* - Öl/Leinwand (96x141cm-38x56in) Bremen 95 .... FF31 500 - £4 040 - **$6,490**

STABENAU Friedrich 1900-1980 [1]
✎ *Der Garten* - Aquarell/Papier (53x77cm-21x30in) Berlin 94 .... FF2 050 - £242 - **$365**

STABLER Phoebe ?-1955 [1]
🗿 *Head of a maiden* - Plaster (31cm-12in) London 92 .... FF3 900 - £398 - **$707**

STÄBLI Adolf 1842-1901 [14]
🖼 *Oberbayrische Landschaft* - Öl/Leinwand (62x92cm-24x36in) Stuttgart 95 .... FF29 400 - £3 840 - **$5,880**
✎ *Partie an der Aareschlucht* - Aquarell (48x31cm-19x12in) Zofingen 94 .... FF6 420 - £754 - **$1,144**

STABROWSKI Kazimierz 1869-1929 [2]
✎ *Ships in harbour* - Pastel (49x67cm-19x26in) Warszawa 96 .... FF6 800 - £852 - **$1,325**

STACEY Anna Lee 1865-1943 [7]
🖼 *River Through the Trees* - Oil/board (66x60cm-26x24in) San Francisco-Los Angeles 96 .... FF12 950 - £1 624 - **$2,500**

STACEY John F. 1859-1941 [5]
🖼 *Spring meadow* - Oil/canvas (63x76cm-25x30in) San Francisco-Los Angeles 92 .... FF12 250 - £1 423 - **$2,500**

STACEY Walter Sydney 1846-1929 [6]
✎ *Sheep in a yard* - Drawing (37x52cm-15x20in) Leeds 91 .... FF2 083 - £210 - **$361**

STACHE Adolphe 1823-1862 [4]
🖼 *Company listening to music* - Oil/canvas (70x84cm-28x33in) Amsterdam 91 ...... FF8 460 - £840 - **$1,469**
🖼 *Place de Valenciennes* - Huile/toile (78x118cm-31x46in) Valenciennes 96 .... FF50 000 - £5 790 - **$9,570**

STACHIEWICZ Piotr 1858-1938 [7]
✎ *Piekna Zoska* - Pastel/carton (45x60cm-18x24in) Warszawa 92 .... FF8 750 - £893 - **$1,563**

STACHOWICZ Michal 1768-1825 [1]

Sypanie Kopca Kosciuszki - Ink (27x44cm-11x17in) Warszawa 96 .... FF2 122 - £265 - **$410**

STACHOWSKI Wladyslaw 1852-1932 [3]

Fregatte mit geblähten Segeln - Oil/canvas (75x116cm-30x46in) Lindau 92 .... FF9 520 - £974 - **$1,676**

STACK Josef Magnus 1812-1868 [32]

Marine - Oil/canvas (36x50cm-14x20in) Stockholm 97 .... FF11 320 - £1 195 - **$1,956**

Marina Grande, Capri - Oil/canvas (63x94cm-25x37in) København 91 .... FF52 700 - £5 234 - **$9,150**

Borg i vinter - Akvarell (27x39cm-11x15in) Uppsala 92 .... FF1 807 - £210 - **$369**

STACKE Milko XX [2]

Tension - Bronze (37cm-15in) Paris 96 .... FF3 500 - £411 - **$689**

STACKHOUSE Emily 1811-1870 [1]

Schwertlilie - Aquarell/Papier (41x30cm-16x12in) Wien 92 .... FF4 330 - £435 - **$833**

STACKHOUSE Robert 1942 [4]

Ruby Birth - Mixed media/paper (227x365cm-89x144in) New-York 96 .... FF31 100 - £4 010 - **$6,000**

STACKPOLE Peter 1913 [1]

Workers on Cable - Gelatin silver print (25x33cm-10x13in) San Francisco-Los Angeles 95 .... FF2 930 - £374 - **$600**

STACKPOLE Ralph W. 1885-1973 [1]

Vineyard at Lilienthal Ranch

Watercolour/paper (34x50cm-13x20in) San Francisco-Los Angeles 93 .... FF5 910 - £671 - **$1,000**

STACPOOLE Frederick 1813-1907 [1]

Drawing Room at St. James's Palace - Engraving (58x60cm-23x24in) London 93 .... FF5 640 - £680 - **$986**

STACQUET Henri 1838-1906 [10]

Ruiter in de sneuuw - Huile/carton (35x28cm-14x11in) Lokeren 95 .... FF4 450 - £556 - **$900**

Canal en Hollande - Aquarelle/papier (14x23cm-6x9in) Bruxelles 95 .... FF2 370 - £307 - **$493**

STADELHOFER Hans 1876-? [4]

Bodensee - Öl/Leinwand (59x90cm-23x35in) Wien 96 .... FF8 280 - £1 075 - **$1,638**

STADELMANN Hans 1876-? [2]

Im Garten Gottes - Oil/panel (101x80cm-40x31in) München 94 .... FF3 770 - £449 - **$690**

STADEMANN Adolf 1824-1895 [90]

Verschneite Landschaft - Oil/canvas/panel (33x46cm-13x18in) Stuttgart 96 .... FF15 230 - £1 764 - **$2,920**

Winter am Schluss - Oil/panel (33x47cm-13x19in) Wien 93 .... FF37 100 - £4 310 - **$6,250**

Skaters on a frozen Lake - Oil/canvas (91x152cm-36x60in) Wien 96 .... FF88 300 - £10 700 - **$17,170**

STADLBERGER Hans 1892-? [2]

Frühling im Neckartal bei Horb - Oil/panel (30x42cm-12x17in) Bielefeld 91 .... FF3 746 - £376 - **$686**

STADLER Arthur 1892-1937 [2]

Pierrot - Pastel/canvas (54x44cm-21x17in) Wien 91 .... FF4 800 - £481 - **$879**

STADLER Johann Jakob 1819-1855 [1]

Seeufer mit Fischerbooten - Woodcut in colors (23x32cm-9x13in) Frankfurt 91 ...... FF12 170 - £1 222 - **$2,106**

STADLER Joseph Constantine XVIII-XIX [6]

New Custom House - Aquatint in colors (36x50cm-14x20in) London 92 .... FF3 770 - £450 - **$725**

STADLER Toni 1888-1982 [11]

Weiblicher Torso - Lithographie (30x50cm-12x20in) München 94 .... FF1 510 - £179 - **$279**

Liegender weiblicher Akt - Bronze (15x22x40cm-6x9x16in) München 92 .... FF37 400 - £3 830 - **$6,580**

Knieender weiblicher Akt - Watercolour/paper (42x28cm-17x11in) Köln 92 .... FF6 780 - £810 - **$1,305**

STADLER von Toni Anton 1850-1917 [4]

Seelandschaft - Öl/Leinwand (37x44cm-15x17in) München 96 .... FF68 400 - £8 020 - **$12,180**

STAEBLER de Stephen 1933 [2]

Figura - Bronze (211x65x52cm-83x26x20in) New-York 96 .... FF75 500 - £10 020 - **$15,000**

STAEBLI Adolf 1842-1901 [1]

Landschaft bei Gewitterstimmung - Oil/canvas (76x10cm-30x4in) Luzern 90 ...... FF58 500 - £6 223 - **$10,465**

STAEGER Ferdinand 1880-1976 [13]

Weibliche Akte - Öl/Karton (39x50cm-15x20in) München 94 .... FF12 230 - £1 405 - **$2,092**

Der Sonntagsausflug - Mixed media/paper (33x39cm-13x15in) München 94 .... FF2 110 - £259 - **$384**

STAEHR-NIELSEN Erik 1890-1921 [22]

Krigsdans med tre indfødte - Oil/panel (24x34cm-9x13in) København 95 .... FF2 720 - £3 520 - **$557**

STAEHR-OLSEN Fritz 1858-1922 [15]

Partie bei Helsingør - Öl/Leinwand (49x135cm-19x53in) Wien 97 .... FF9 560 - £1 016 - **$1,648**

The beach near Kronborg - Watercolour (56x115cm-22x45in) København 95 .... FF15 030 - £1 845 - **$2,930**

STAëL de Nicolas 1914-1955 [98]

La Route d'Uzès - Oil/canvas (65x81cm-26x32in) London 96 .... FF2 - £285 000 - **$439,500**

Bouteille bleue - Huile/toile (60x81cm-24x32in) Paris 92 .... FF3 - £453 500 - **$731,000**

Composition - Huile/toile (65x50cm-26x20in) Paris 93 .... FF252 000 - £31 500 - **$45,800**

Composition - Huile/toile (100x65cm-39x26in) Paris 97 .... FF830 000 - £87 731 - **$142,428**

Composition - Gouache (48x31cm-19x12in) Paris 95 .... FF37 000 - £4 670 - **$7,380**

Le Picador - Collage/paper (29x22cm-11x9in) London 96 .... FF211 000 - £25 000 - **$39,000**

STÄGER Balthasar, Balz 1861-1937 [10]

Am Walensee gegen churfirsten - Öl/Leinwand (55x46cm-22x18in) Zürich 94 ...... FF11 220 - £1 320 - **$2,145**

STAGG H.W. XIX-XX [2]

Poole harbour - Watercolour (24x35cm-9x14in) London 92 .... FF1 564 - £160 - **$326**

STAGLIANO Arturo 1870-1936 [2]

Testa di ragazza - Olio/tavola (64x51cm-25x20in) Roma 92 .... FF31 700 - £3 245 - **$5,580**

S

STAGURA Albert 1866-1947 [35]
- Diessen am Ammersee - Öl/Leinwand (70x60cm-28x24in) Köln 93 .... FF18 650 - £2 230 - **$3,590**
- Berglandschaft - Pastel (59x64cm-23x25in) Stuttgart 93 .... FF8 700 - £998 - **$1,480**
- Der Pfarrhof in Beuerberg - Pastel (58x73cm-23x29in) München 93 .... FF25 430 - £3 040 - **$4,890**

STÄHELIN Johann Ullrich 1802-? [1]
- Klein Mädchen mit Katze - Oil/cardboard (43x36cm-17x14in) Bad Vilbel 95 .... FF6 380 - £807 - **$1,280**

STAHL Ben 1910-1987 [3]
- Seated nude in a landscape - Oil/board (38x33cm-15x13in) New-York 95 .... FF8 580 - £1 082 - **$1,700**

STAHL Émile 1847-1938 [7]
- Nature morte - Öl/Leinwand (30x42cm-12x17in) Heidelberg 96 .... FF6 770 - £836 - **$1,308**

STAHL Franz Xaver 1901-1977 [5]
- Stute mit ihrem Fohlen - Öl/Karton (27x38cm-11x15in) München 92 .... FF39 000 - £4 660 - **$7,500**
- Hühnerhof - Watercolour (14x22cm-6x9in) München 91 .... FF6 840 - £702 - **$1,273**

STAHL Friedrich 1863-1940 [25]
- Portrait of Diana Silvarum - Oil/panel (33x24cm-13x9in) New-York 92 .... FF10 400 - £1 104 - **$2,000**
- Blumen in Vase - Oil/panel (51x45cm-20x18in) Wien 94 .... FF43 900 - £5 230 - **$8,270**
- Im Café - Gouache/papier (20x28cm-8x11in) Wien 95 .... FF17 400 - £2 135 - **$3,390**

STÄHLI Hans 1910 [2]
- Stilleben mit Brot und Kirschen - Huile/panneau (33x63cm-13x25in) Bern 93 .... FF3 960 - £456 - **$680**

STÄHLI Johann 1778-1861 [1]
- Wasserfall im Hochgebirge - Oil/panel (19x14cm-7x6in) München 92 .... FF4 420 - £453 - **$778**

STAHLSCHMIDT Max 1854-? [2]
- An der Pferdeschwemme - Oil/canvas (72x106cm-28x42in) Stuttgart 91 .... FF14 870 - £1 492 - **$2,480**

STAHLY François 1911 [7]
- Vénus paysanne - Bronze (44x16x19cm-17x6x7in) Paris 91 .... FF19 000 - £1 915 - **$3,297**

STAIGER Otto 1894-1967 [4]
- Badende - Eau-forte (26x28cm-10x11in) Zürich 95 .... FF4 260 - £557 - **$865**
- Tessiner Frühlingslandschaft I - Pastel (16x24cm-6x9in) Zofingen 94 .... FF3 615 - £424 - **$644**

STAIGG Richard Morrell 1817-1881 [1]
- A Gentleman/A Lady - Miniature (11x8cm-4x3in) London 97 .... FF19 755 - £2 100 - **$3,408**

STAINER-KNITTEL Anna 1841-1915 [1]
- Alpenblumen - Oil (35cm-14in) Wien 95 .... FF7 420 - £943 - **$1,480**

STÅLBERG Sven 1893-1976 [3]
- Västgötaspången, Uppsala - Oil/canvas (51x67cm-20x26in) Uppsala 92 .... FF3 770 - £386 - **$664**

STÅLBOM Johan 1712-1777 [2]
- Charlotta Regina Horn af Aminne - Oil/canvas (76x62cm-30x24in) Stockholm 95 .... FF15 260 - £1 996 - **$3,056**

STALDER Anselm 1956 [4]
- Anatomischer Versuch - Aquarell/Papier (35x100cm-14x39in) Zürich 97 .... FF6 317 - £672 - **$1,090**

STALLAERT Joseph 1823-1903 [5]
- Figures in an interior - Oil/canvas (93x74cm-37x29in) London 94 .... FF59 200 - £7 000 - **$10,640**

STALLARD Michael 1944 [1]
- Sidestep II - Marble (40x61cm-16x24in) London 90 .... FF16 600 - £1 689 - **$3,320**

STALLARHOLM Uno 1894-1974 [6]
- Timmerkörning/Timmerlass - Drawing Stockholm 89 .... FF2 600 - £251 - **$395**

STALLER Gerard Johan 1880-1956 [15]
- Fête foraine - Huile/toile (60x55cm-24x22in) Bruxelles 96 .... FF5 570 - £661 - **$1,088**
- Women, Nieuwmarkt, Amsterdam
  Watercolour/paper (34x44cm-13x17in) Amsterdam 97 .... FF20 734 - £2 191 - **$3,557**

STALZER Hans 1878-1940 [2]
- Winterliches Dorf - Öl/Leinwand (54x42cm-21x17in) Wien 95 .... FF4 410 - £581 - **$894**

STAMBOULIAN Joseph 1937 [7]
- Fleurs et fruits - Huile/toile/carton (70x56cm-28x22in) La Varenne Saint-Hilaire 94 .... FF4 000 - £466 - **$706**

STAMKART Frans XX [3]
- The Dance - Black chalk/paper (93x50cm-37x20in) Amsterdam 96 .... FF1 957 - £237 - **$381**

STAMMBACH Eugen 1875-1966 [35]
- Hochwald im Vorfrühling - Oil/canvas (67x81cm-26x32in) Stuttgart 92 .... FF10 150 - £1 181 - **$2,072**

STAMMEL Eberhard 1833-1906 [4]
- Nobleman enjoying his oysters - Oil/canvas (35x29cm-14x11in) Amsterdam 91 .... FF9 010 - £908 - **$1,563**

STAMMHAMMER Ferdinand 1901-1973 [16]
- Äpfel, Orangen und Bananen - Öl/Karton (30x44cm-12x17in) Lindau 93 .... FF3 050 - £375 - **$550**

STAMOS Theodoros 1922 [101]
- Infinity Field lefkada Series #1 - Acrylic/canvas (180x152cm-71x60in) New-York 97 .... FF14 510 - £1 526 - **$2,500**
- Infinity field Torino Series #5 - Oil/canvas (167x152cm-66x60in) New-York 97 .... FF24 664 - £2 594 - **$4,249**
- Infinity Field, Lefkada Series - Acrylic/canvas (127x76cm-50x30in) New-York 93 .... FF46 750 - £5 860 - **$8,500**
- High Snow Low Sun #3 - Oil/canvas (144x144cm-57x57in) New-York 95 .... FF218 000 - £28 900 - **$45,000**
- Untitled I - Gouache/paper (76x56cm-30x22in) New-York 95 .... FF9 240 - £1 134 - **$1,800**

STAMPA George Lorraine 1875-1951 [2]
- Christmas goose - Wash (21x26cm-8x10in) London 90 .... FF3 123 - £319 - **$616**

STAMPE Solwei 1936 [3]
- Landscape - Oil/canvas (125x147cm-49x58in) Göteborg 91 .... FF3 744 - £372 - **$650**

STAMPER James William 1873-? [2]
- Rocky river scene - Watercolour (36x46cm-14x18in) Birmingham 92 .... FF2 247 - £230 - **$396**

S

STÄMPFLI Peter 1937 [13]
- *Coronado* - Acrylique/toile (200x154cm-79x61in) Paris 92 .... FF**25 000** - £2 560 - **$4,500**
- *Cisa* - Pastel/papier (135x115cm-53x45in) Paris 95 .... FF**18 000** - £2 366 - **$3,680**

STÄMPFLI Pierre 1916-1975 [6]
- *Mahlzeit* - Oil/canvas (60x73cm-24x29in) Bern 92 .... FF**6 090** - £728 - **$1,171**

STANCLIFF J.W. 1814-1891 [3]
- *Coney Island* - Oil/panel (28x48cm-11x19in) New-York 92 .... FF**17 150** - £1 992 - **$3,500**

STANCZAK Julian 1928 [2]
- *Concurrent Colours* - Acrylic/canvas (113x117cm-44x46in) New-York 95 .... FF**23 200** - £2 960 - **$4,750**

STANEK Emmanuel 1862-1920 [3]
- *Lotty* - Affiche (128x91cm-50x36in) Paris 92 .... FF**4 800** - £492 - **$864**

STANESBY Alexander XIX-XX [2]
- *Still life study of basket of fruit*
  Watercolour (33x43cm-13x17in) Billinghurst, West Sussex 93 .... FF**1 660** - £200 - **$310**

STANFIELD George Clarkson 1828-1878 [32]
- *Lake Maggiore, Italy* - Oil/panel (30x22cm-12x9in) London 97 .... FF**17 447** - £1 900 - **$3,034**
- *Continental riverside town*
  Oil/canvas (51x76cm-20x30in) Billinghurst, West Sussex 95 .... FF**57 800** - £7 200 - **$11,310**
- *View of Ramsgate* - Watercolour (22x31cm-9x12in) Salisbury, Wiltshire 95 .... FF**6 170** - £800 - **$1,285**

STANFIELD William Clarkson 1793-1867 [41]
- *Texel Island, North Holland* - Oil/canvas (41x61cm-16x24in) London 97 .... FF**24 390** - £2 600 - **$4,258**
- *Fishermen in the Day's Catch* - Oil/canvas (66x112cm-26x44in) London 97 .... FF**103 190** - £11 000 - **$18,016**
- *Northern European landscape* - Watercolour (37x42cm-15x17in) London 96 .... FF**16 080** - £2 000 - **$3,120**

STANGE Bernhard 1807-1880 [5]
- *Motiv aus dem Formazzotal* - Oil/canvas (138x102cm-54x40in) Lindau 91 .... FF**20 300** - £2 046 - **$3,523**

STANGL Heinz 1942 [29]
- *Die Stürzenden* - Oil/canvas (71x55cm-28x22in) Wien 90 .... FF**15 360** - £1 571 - **$3,032**
- *Stürmischer Nachmittag* - Pencil (35x25cm-14x10in) Wien 97 .... FF**2 875** - £302 - **$493**
- *Frauenakt* - Mixed media/paper (62x49cm-24x19in) Wien 94 .... FF**10 670** - £1 236 - **$2,020**

STANHOPE John Roddam Spencer 1829-1908 [4]
- *Love and the Maiden* - Tempera (138x202cm-54x80in) London 97 .... FF**6 - £660 000** - **$1,773,84e,+06**
- *Flora* - Oil/panel (129x53cm-51x21in) London 96 .... FF**521 000** - £65 000 - **$100,600**

STANIER Henry 1844-1920 [8]
- *Still Lives of Fruit* - Oil/board (19x22cm-7x9in) Billinghurst, West Sussex 94 .... FF**12 500** - £1 500 - **$2,430**
- *A view of Granada* - Watercolour (61x91cm-24x36in) New-York 92 .... FF**6 480** - £663 - **$1,200**

STANILAND Charles Joseph 1838-1916 [2]
- *Dutch & Henry III of France* - Oil/canvas (106x183cm-42x72in) London 96 .... FF**74 200** - £8 800 - **$14,480**
- *At the back of the church* - Watercolour (51x91cm-20x36in) London 93 .... FF**56 000** - £7 000 - **$10,150**

STANISLAWSKI Jan 1860-1907 [17]
- *Cyprès, San Miniato* - Huile/toile/panneau (47x36cm-19x14in) Warszawa 93 .... FF**23 940** - £2 530 - **$3,875**

STANKIEWICZ Richard 1922 [11]
- *The Kid* - Sculpture (27cm-11in) New-York 97 .... FF**23 215** - £2 442 - **$4,000**
- *Untitled* - Welded steel (79x48x80cm-31x19x31in) New-York 94 .... FF**98 700** - £11 440 - **$17,000**

STANKO Kristik XX [3]
- *Parure* - Marbre (63cm-25in) Paris 92 .... FF**4 200** - £502 - **$808**

STANKOWSKI Anton 1906-1980 [10]
- *Nudogramm* - Gelatin silver print (3x23cm-1x9in) New-York 95 .... FF**14 880** - £1 898 - **$3,000**

STANLAWS Penrhyn 1877-1957 [2]
- *Nude seated in interior* - Oil/canvas (76x64cm-30x25in) New-York 96 .... FF**10 870** - £1 404 - **$2,100**
- *Women commenting from balcony* - Ink (53x41cm-21x16in) New-York 93 .... FF**4 130** - £470 - **$700**

STANLEY Caleb Robert 1795-1868 [10]
- *Street scene in Rouen* - Oil/canvas (91x73cm-36x29in) Leominster, Herefordshire 91 .... FF**24 650** - £2 486 - **$4,804**
- *Study of woodland* - Watercolour/paper (28x46cm-11x18in) Bristol 97 .... FF**1 605** - £170 - **$276**

STANLEY Harold John 1817-1867 [2]
- *Young lady holding a fan* - Oil/canvas (53x44cm-21x17in) London 92 .... FF**10 740** - £1 100 - **$1,897**

STANLEY John 1914-? [1]
- *Daily comic strip* - Ink (15x48cm-6x19in) New-York 93 .... FF**2 063** - £259 - **$375**

STANLEY John Mix 1814-1872 [6]
- *Passing on Obstruction* - Oil/board (25x32cm-10x13in) New-York 96 .... FF**135 700** - £15 700 - **$26,000**
- *Wai-E-Cat* - Gouache/paper (23x16cm-9x6in) New-York 93 .... FF**195 000** - £22 150 - **$33,000**

STANLEY Robert XX [2]
- *Man seated on horse* - Oil/board (46x30cm-18x12in) New-York 96 .... FF**7 170** - £851 - **$1,400**

STANLEY Sidney Walter 1890-1956 [2]
- *Diplodocus swamp* - Oil/canvas (71x56cm-28x22in) London 92 .... FF**2 150** - £220 - **$379**

STANNARD Alexander Molyneux 1885-1975 [25]
- *Drover with Cattle and Sheep* - Watercolour (18x25cm-7x10in) London 97 .... FF**2 634** - £280 - **$455**

STANNARD Alfred 1806-1889 [4]
- *Gorleston Harbour* - Oil/canvas (58x75cm-23x30in) London 97 .... FF**56 285** - £6 000 - **$9,827**

STANNARD Alfred George 1828-1885 [4]
- *Fishing boats on Yarmouth beach* - Oil/canvas (23x30cm-9x12in) Aylsham, Norfolk 93 .... FF**4 150** - £500 - **$775**
- *The Jetty* - Oil/canvas (71x93cm-28x37in) London 96 .... FF**28 950** - £3 400 - **$5,700**

S

STANNARD Eloise Harriet 1828-1915 [69]
- Cherries in a Wicker Basket - Oil/canvas (30x25cm-12x10in) London 97 .... FF41 322 - £4 500 - **$718,6 5**
- *Grapes and Plums* - Oil/canvas (31x38cm-12x15in) London 97 .... FF58 769 - £6 400 - **$10,220**
- *The Four Seasons* - Oil/canvas (43x38cm-17x15in) London 97 .... FF661 154 - £72 000 - **$114,976**

STANNARD Emily, née Coppin 1803-1885 [13]
- Salmon, Mackerel, Plate, Basket - Oil/canvas (64x76cm-25x30in) London 97 .... FF49 587 - £5 400 - **$8,623**

STANNARD Henry 1844-1920 [25]
- Ducks resting by a stream - Watercolour, gouache (24x33cm-9x13in) London 90 .... FF5 600 - £589 - **$974**

STANNARD Henry J. Sylvester 1870-1951 [187]
- The duck pond - Oil/canvas (34x52cm-13x20in) Billinghurst, West Sussex 95 .... FF29 240 - £3 500 - **$5,560**
- A primrose glade - Wash (38x99cm-15x39in) London 90 .... FF16 500 - £1 778 - **$2,910**
- Feeding ducks/The little Helpers - Watercolour/paper (25x35cm-10x14in) London 97 .... FF45 758 - £4 800 - **$7,852**

STANNARD Ivy 1881-1968 [3]
- Rustic thatched cottage - Watercolour (25x33cm-10x13in) Aylsham, Norfolk 95 .... FF2 955 - £380 - **$610**

STANNARD Joan Molyneux 1903-1942 [1]
- Corn stooks/Road through a wood - Watercolour (27x38cm-11x15in) London 96 .... FF5 510 - £700 - **$1,086**

STANNARD John 1794-1882 [2]
- Priors Hill, Sussex/Guestling Green
  Watercolour (24x34cm-9x13in) Billinghurst, West Sussex 94 .... FF5 000 - £600 - **$972**

STANNARD Joseph 1797-1830 [6]
- Man-o'-war & barges off a jetty - Oil/canvas (53x76cm-21x30in) London 92 .... FF14 660 - £1 500 - **$2,873**
- Fisherman with his nets and dogs - Oil/panel (28x37cm-11x15in) London 96 .... FF103 700 - £13 000 - **$20,160**

STANNARD Lilian 1884-1944 [36]
- A sunny corner - Watercolour (34x24cm-13x9in) Billinghurst, West Sussex 94 .... FF12 300 - £1 450 - **$2,190**
- The Lily Pond - Watercolour (25x36cm-10x14in) London 94 .... FF34 200 - £4 000 - **$5,960**

STANNARD Theresa Sylvester 1898-1947 [28]
- Thatched Cottages - Oil/canvas (51x76cm-20x30in) Glasgow 94 .... FF16 900 - £2 000 - **$3,120**
- Garden at Haseley, Oxfordshire - Watercolour (24x34cm-9x13in) London 97 .... FF16 575 - £1 800 - **$2,937**

STANO Tono 1960 [3]
- Nu - Photo (50x60cm-20x24in) Paris 95 .... FF1 900 - £250 - **$382**

STANTON George Clark 1832-1894 [6]
- The Love Letter - Watercolour (54x37cm-21x15in) Billinghurst, West Sussex 94 .... FF5 260 - £620 - **$936**

STANTON Gideon Townsend 1885-1964 [1]
- Cast in a Louisiana landscape - Oil/canvas (46x53cm-18x21in) New Orleans, Louisiana 93 .... FF2 065 - £235 - **$350**

STANTON Herbert Hughes 1870-1937 [8]
- Landscvape with shepherdess - Oil/canvas (60x73cm-24x29in) London 92 .... FF6 840 - £700 - **$1,207**
- Figures on a path - Watercolour (23x34cm-9x13in) London 94 .... FF1 875 - £220 - **$334**

STANTON John 1857-1962 [2]
- Rocky coast line - Oil/canvas (52x76cm-20x30in) San Francisco-Los Angeles 89 .... FF5 700 - £567 - **$900**

STANWOOD Franklin 1856-1888 [3]
- On the Ossipee at Limerick, Maine - Oil/board (23x43cm-9x17in) Portland, Maine 94 .... FF11 360 - £1 362 - **$2,100**

STANZANI Emilio 1906-1977 [7]
- Ohne Titel - Bronze (34cm-13in) Luzern 94 .... FF11 760 - £1 404 - **$2,195**

STAPLEAUX Louiza Schavije ?-1840 [1]
- A Lady in crimson dress - Miniature (22cm-9in) London 97 .... FF1 833 - £200 - **$320**

STAPLES Robert Ponsonby 1853-1943 [66]
- Jeune fille à la rose - Huile/panneau (47x37cm-19x15in) Rennes 93 .... FF7 000 - £844 - **$1,273**
- Picking Berries - Oil/canvas (116x91cm-46x36in) Dublin 95 .... FF87 200 - £11 330 - **$17,940**
- Broad Walk, London - Watercolour (25x42cm-10x17in) London 94 .... FF10 050 - £1 200 - **$1,933**

STAPPEN van der Charles Pierre 1843-1910 [1]
- Saint Michael spearing Lucifer - Bronze (94cm-37in) Detroit, Michigan 92 .... FF11 470 - £1 175 - **$2,250**

STAPPERS Julien 1875-1960 [23]
- Port méditerranéen - Huile/toile (41x32cm-16x13in) Bruxelles 96 .... FF4 000 - £524 - **$811**
- Sur les escaliers de la Kasbah - Huile/panneau (60x40cm-24x16in) Paris 95 .... FF16 500 - £2 090 - **$3,330**
- Bouquets of Flowers - Oil/canvas (80x60cm-31x24in) New-York 97 .... FF62 750 - £6 763 - **$11,000**

STAQUET Henri 1830-1906 [4]
- Une ferme à Ronquières - Aquarelle/papier (31x35cm-12x14in) Bruxelles 92 .... FF2 820 - £289 - **$588**

STARCK Gaspard Joseph Jules 1814-1888 [4]
- Turkish cafe scene - Oil/canvas (44x54cm-17x21in) London 96 .... FF275 000 - £34 000 - **$53,100**

STARCK Jean 1948 [14]
- Portrait aux deux ors - Technique mixte/toile (130x114cm-51x45in) Paris 92 .... FF7 000 - £835 - **$1,347**

STARCKE Richard 1864-? [1]
- Bauer mit Pfeife und Rucksack - Öl/Leinwand (84x59cm-33x23in) München 92 .... FF3 385 - £394 - **$691**

STARCKENBORGH van Tsarda 1822-1895 [2]
- Vaches près du fleuve - Huile/toile (84x58cm-14x46in) Bruxelles 89 .... FF113 400 - £11 284 - **$17,915**

STARING Willem Constantijn 1847-1916 [2]
- Grenadiers in the colonel's office - Wash (28x23cm-11x9in) Amsterdam 91 .... FF3 930 - £390 - **$682**

STARITSKY Anna 1908-1981 [6]
- Sans titre - Huile/panneau (20x42cm-8x17in) Paris 95 .... FF4 300 - £547 - **$881**
- Composition - Gouache (34x27cm-13x11in) Paris 96 .... FF1 500 - £176 - **$295**

STARK Arthur James 1831-1902 [12]
- Bay hunter - Oil/canvas (64x76cm-25x30in) New-York 95 .... FF11 930 - £1 512 - **$2,400**
- Farm scenes - Watercolour (15x23cm-6x9in) Aylsham, Norfolk 95 .... FF2 566 - £310 - **$474**

STÄRK Bruno 1894-1979 [3]
Häuser am Hang - Pastel (18x24cm-7x9in) Stuttgart 96 .... FF**7 430** - £900 - **$1,444**

STARK Elias 1849-1933 [1]
Indonesian landscape with a girl - Oil/panel (27x48cm-11x19in) Amsterdam 96 .... FF**6 030** - £774 - **$1,168**

STARK Jack Gage 1882-1950 [1]
Pomegranates and limes - Oil/board (50x64cm-20x25in) San Francisco-Los Angeles 94 .... FF**6 120** - £724 - **$1,100**

STARK James 1794-1859 [44]
Fritton Decoy, Norfolk - Oil/panel (27x38cm-11x15in) London 97 .... FF**33 614** - £3 600 - **$5,842**
Marham, Norfolk - Oil/panel (26x36cm-10x14in) London 96 .... FF**58 000** - £7 500 - **$11,370**
Trowse, Norwich - Oil/panel (54x77cm-21x30in) London 93 .... FF**148 200** - £17 000 - **$25,160**
On the Gipping, Suffolk - Oil/canvas (90x131cm-35x52in) London 94 .... FF**319 000** - £37 000 - **$54,400**

STARK James Arthur 1831-1902 [2]
A swan - Oil/board (23x20cm-9x8in) London 90 .... FF**5 000** - £535 - **$870**

STARK Josef August 1782-1838 [2]
Selbstbildnis - Oil/canvas (71x58cm-28x23in) Wien 92 .... FF**19 250** - £1 930 - **$3,700**

STARK Karl 1921 [25]
Grinzinger Spätherbst - Oil/canvas (74x55cm-29x22in) Wien 95 .... FF**17 140** - £2 260 - **$3,475**
Hinterhof in Heiligenstadt - Öl/Leinwand (76x50cm-30x20in) Wien 96 .... FF**43 300** - £5 510 - **$8,330**
Flowers - Aquarelle, gouache/papier (45x40cm-18x16in) Wien 96 .... FF**21 720** - £2 476 - **$4,160**

STARK Otto 1859-1926 [1]
Sous-bois - Huile/panneau (30x41cm-12x16in) Morlaix 94 .... FF**2 300** - £269 - **$404**

STARKER Erwin 1872-1938 [67]
Erhöhter Warte auf dem Bodensee - Öl/Karton (41x68cm-16x27in) Stuttgart 95 .... FF**7 700** - £988 - **$1,587**
Stuttgart vom Stafflenberg - Öl/Karton (78x103cm-31x41in) Stuttgart 95 .... FF**55 300** - £7 230 - **$11,070**
Septemberabend - Pastel/canvas (76x102cm-30x40in) Stuttgart 95 .... FF**6 220** - £814 - **$1,246**

STARKWEATHER William Howard BL. 1879-1969 [4]
Old Henri and his grandson - Oil/canvas (73x91cm-29x36in) New-York 94 .... FF**29 400** - £3 414 - **$6,000**

STARN Mike & Doug 1961/1961 [40]
Your Hydrogen Filled Lungs - Gelatin silver print (41cm-16in) New-York 96 .... FF**14 500** - £1 792 - **$2,800**
Titled portrait - Silver print (165x121cm-65x48in) New-York 92 .... FF**56 800** - £5 810 - **$10,000**

STASIO di Stefano 1948 [3]
Assenza del giorno, 1980 - Olio/tela (150x110cm-59x43in) Prato 97 .... FF**57 800** - £6 800 - **$10,200**

STASSEN Franz 1869-? [5]
Parsifal - Lithograph (48x32cm-19x13in) London 95 .... FF**6 230** - £800 - **$1,258**
Siegfried asleep - Charcoal (63x46cm-25x18in) London 95 .... FF**7 780** - £1 000 - **$1,572**

STAUB Josef 1931 [2]
Ohne Titel - Huile/toile (61x50cm-24x20in) Luzern 94 .... FF**5 620** - £660 - **$1,001**
Aro II - Sculpture (70x35x30cm-28x14x12in) Luzern 95 .... FF**25 540** - £3 186 - **$5,000**

STAUBMANN Maria 1856-? [1]
Reisfinken - Öl/Leinwand (23x19cm-9x7in) Wien 94 .... FF**5 340** - £628 - **$952**

STAUDACHER Hans 1923 [156]
Ohne Titel - Öl/Leinwand (70x100cm-28x39in) Wien 97 .... FF**21 564** - £2 268 - **$3,703**
Rosa Weihnacht, Wien - Paris - Mischtechnik (100x120cm-39x47in) Wien 94 .... FF**39 000** - £4 670 - **$7,570**
Seelenraum - Oil/canvas (145x110cm-57x43in) München 96 .... FF**74 700** - £8 510 - **$14,300**
Landschaft - Watercolour (44x63cm-17x25in) Wien 96 .... FF**5 380** - £698 - **$1,053**
Ohne Titel - Mischtechnik/Papier (64x47cm-25x19in) Wien 97 .... FF**10 512** - £1 117 - **$1,812**
Ohne Titel - Mischtechnik/Papier (64x76cm-25x30in) Wien 94 .... FF**20 500** - £2 440 - **$3,860**

STAUDACHER Vitus 1850-1925 [4]
Blick auf ein kleines Städtchen - Öl/Leinwand (22x35cm-9x14in) Stuttgart 96 .... FF**10 230** - £1 332 - **$2,030**

STAUDER Jacob Carl 1694-1756 [2]
Demoiselle représentant la passion - Huile/toile (85x67cm-33x26in) Château d'Arare 92 .... FF**2 046** - £209 - **$361**

STAUDT Klaus 1932 [4]
Schatten - Wood (50x9x50cm-20x4x20in) Stockholm 94 .... FF**7 360** - £853 - **$1,267**

STAUFFACHER Johannes 1850-1916 [1]
Alpaufzug - Aquarelle (13x256cm-5x101in) Zürich 96 .... FF**103 300** - £11 960 - **$19,800**

STAUFFER Bodo 1942-1993 [1]
Provencelandschaft - Öl/Leinwand (20x100cm-8x39in) Zofingen 92 .... FF**4 950** - £591 - **$952**

STAUFFER Fred 1892-1980 [86]
Berner Landschaft - Huile/panneau (50x61cm-20x24in) Bern 96 .... FF**11 570** - £1 470 - **$2,226**
Selbstportrait - Öl/Karton (52x45cm-20x18in) Zürich 97 .... FF**25 661** - £2 728 - **$4,427**
Emmentaler Dorf - Lithographie (36x75cm-22x30in) Zofingen 92 .... FF**2 665** - £318 - **$513**
Berner Landschaft mit Chalets - Gouache (42x54cm-17x21in) Bern 96 .... FF**6 200** - £788 - **$1,193**

STAUFFER-BERN Karl 1857-1891 [33]
Schlafendes Mädchen - Oil/canvas (136x96cm-54x38in) Zürich 92 .... FF**37 200** - £3 800 - **$6,550**
Alte Frau - Charcoal (61x49cm-24x19in) Bern 93 .... FF**6 320** - £704 - **$1,073**

STAWINSKI Boleslaw 1908-1983 [1]
Kompozycja z Pierrotem - Oil/canvas (79x63cm-31x25in) Warszawa 96 .... FF**4 820** - £602 - **$932**

STAZEWSKI Henryk 1894-1988 [14]
Relief - Acrylic (57x57cm-22x22in) Warszawa 94 .... FF**14 770** - £1 753 - **$2,710**
Naïades - Pastel (32x27cm-13x11in) Saint-Dié 95 .... FF**4 800** - £622 - **$982**

STEA Cesare 1893-1960 [1]
Self-portrait - Gouache/paper (12x8cm-5x3in) New-York 92 .... FF**6 240** - £663 - **$1,200**

S

STEACY Ken XX [3]
- *Darth Vader* - Acrylic/paper (48x35cm-19x14in) New-York 93 .... FF15 300 - £1 854 - **$2,800**

STEAD Frederick 1863-1940 [10]
- *Oriental poppies* - Oil/canvas (60x50cm-24x20in) Retford, Nottinghamshire 91 .... FF21 440 - £2 150 - **$3,539**

STEADMAN J.T. XIX-XX [2]
- *Queen of the Earth* - Oil/canvas (77x64cm-30x25in) London 95 .... FF25 070 - £3 000 - **$4,770**

STEADMAN Ralph XX [2]
- *Jack Rabbit (Speed King)* - Watercolour (53x68cm-21x27in) London 92 .... FF5 280 - £630 - **$1,015**

STEARNS Junius Brutus 1810-1885 [2]
- *A branch of cherries* - Oil/canvas (46x31cm-18x12in) New-York 94 .... FF39 300 - £4 640 - **$7,000**

STEBBINS Roland 1883-1974 [1]
- *Family on a porch* - Oil/canvas (51x61cm-20x24in) Chicago 93 .... FF3 575 - £449 - **$650**

STECHOW Gertrud 1858-1941 [2]
- *Märkische Landschaft, 1894* - Oil/canvas (39x52cm-15x20in) Stuttgart 90 .... FF10 100 - £1 081 - **$1,757**

STECK Leo 1883-1960 [9]
- *Lied aus der Ferne* - Öl/Leinwand (100x84cm-39x33in) Bern 94 .... FF4 130 - £495 - **$802**

STECK Paul ?-1924 [2]
- *La Déclaration d'Amour, 1890* - Oil/canvas (45x30cm-18x12in) London 90 .... FF2 700 - £289 - **$470**
- *Chemin de Fer du Nord* - Affiche (128x94cm-50x37in) Paris 93 .... FF2 800 - £338 - **$510**

STEDMAN Wilfred 1892-1950 [1]
- *Mission Church* - Oil/canvas/board (51x61cm-20x24in) Denver, Colorado 95 .... FF3 840 - £750 - **$486**

STEEL George Hammond 1900-1960 [4]
- *Mousehole* - Oil/board (26x36cm-10x14in) London 93 .... FF10 920 - £1 300 - **$2,002**

STEEL Georges 1923 [4]
- *Portrait d'enfant* - Huile/toile (50x40cm-20x16in) Lokeren 96 .... FF4 000 - £517 - **$790**

STEEL John Sidney 1863-1932 [6]
- *Disturbance in the Sanctuary* - Oil/canvas (51x66cm-20x26in) London 94 .... FF15 100 - £1 800 - **$2,840**

STEEL Kenneth 1906-? [2]
- *Ullswater, LNER* - Poster (99x64cm-39x25in) London 95 .... FF1 655 - £200 - **$306**

STEELE Christopher 1733-1767 [2]
- *Young boy* - Oil/canvas (133x100cm-52x39in) London 92 .... FF56 700 - £5 800 - **$10,000**

STEELE E. XIX-XX [2]
- *Flowers in a vase on a ledge* - Oil/canvas (89x69cm-35x27in) Torquay, Devon 92 .... FF7 600 - £780 - **$1,460**

STEELE Edwin 1850-? [28]
- *Mixed flowers* - Oil/canvas (51x40cm-20x16in) London 96 .... FF2 640 - £320 - **$514**
- *Roses in an urn on a table* - Oil/canvas (86x63cm-34x25in) London 92 .... FF11 720 - £1 200 - **$2,070**

STEELE Jeremiah XVIII-XIX [2]
- *Noblewoman with brown hair* - Miniature Torquay, Devon 92 .... FF2 240 - £230 - **$431**

STEELE Juliette 1908-1980 [1]
- *Powerline* - Tempera/panel (51x61cm-20x24in) San Francisco-Los Angeles 92 .... FF14 850 - £1 520 - **$2,750**

STEELE Theodore Clement 1847-1926 [5]
- *Haying* - Oil/board (34x67cm-13x26in) San Francisco-Los Angeles 95 .... FF59 800 - £7 860 - **$12,000**

STEELE Thomas Sedgwick 1845-1903 [3]
- *Tomatoes & cucumbers on a ledge* - Oil/canvas (26x41cm-10x16in) New-York 94 .... FF12 360 - £1 458 - **$2,200**

STEELE Zulma Parker 1881-1979 [4]
- *Abstract* - Oil/board (61x56cm-24x22in) Litchfield, CT 92 .... FF2 160 - £221 - **$450**

STEELE-PERKINS Chris 1947 [3]
- *Russian prisoners in cell* - Gelatin silver print (28x43cm-11x17in) London 94 .... FF1 704 - £200 - **$299**

STEELINK Willem 1826-1913 [9]
- *A shepherd with flock* - Oil/canvas (31x47cm-12x19in) Amsterdam 90 .... FF9 000 - £970 - **$1,587**
- *Shepherd and flock* - Watercolour (42x60cm-17x24in) Toronto 95 .... FF7 200 - £912 - **$1,450**

STEELINK Willem II 1856-1926 [15]
- *Driving the flock to water* - Oil/canvas (52x67cm-20x26in) New-York 95 .... FF20 200 - £2 440 - **$3,800**
- *A shepherd with his flock* - Watercolour (37x64cm-15x25in) Amsterdam 93 .... FF13 100 - £1 500 - **$2,230**

STEELL David George 1856-1930 [8]
- *By the day's bag* - Oil/board (55x71cm-22x28in) London 92 .... FF21 420 - £2 200 - **$3,980**

STEELL Gourlay 1819-1894 [12]
- *The master's best friend* - Oil/canvas (135x160cm-53x63in) New-York 97 .... FF187 860 - £20 027 - **$32,500**
- *Coming down from the hills* - Charcoal (202x171cm-80x67in) London 96 .... FF41 500 - £5 400 - **$8,220**

STEELL John 1804-1891 [2]
- *Bust of William Small* - Sculpture (74cm-29in) London 89 .... FF25 200 - £2 435 - **$3,824**

STEEN Erling XX [3]
- *Komposition* - Oil/panel (41x32cm-16x13in) Köbenhavn 93 .... FF3 314 - £376 - **$561**

STEEN Henri 1913 [4]
- *Rue de village* - Huile/toile (46x55cm-18x22in) Versailles 89 .... FF6 000 - £597 - **$948**
- *Montmartre* - Huile/toile (46x55cm-18x22in) Genève 95 .... FF25 400 - £3 260 - **$5,230**

STEENACKER van Auguste J.H. 1890-1965 [8]
- *Petite Eglise à Ranst* - Huile/toile (90x110cm-35x43in) Antwerpen 94 .... FF3 300 - £379 - **$565**

STEENBERGEN Albertus 1814-1900 [3]
- *Assorted flowers in a vase* - Oil/canvas (77x64cm-30x25in) Amsterdam 95 .... FF190 800 - £23 800 - **$38,500**

STEENE William 1888-1965 [1]
- *Biloxi Lugger Shrimpboat* - Oil/canvas (102x81cm-40x32in) New Orleans, Louisiana 96 ..... FF17 700 - £2 250 - **$3,400**

S

STEENHOUWER P.C. ?-1972 [2]
🖼 *Horse nad cart on a frozen river* - Oil/panel (51x61cm-20x24in) London 96 .... FF6 020 - £750 - **$1,162**
STEENKS Gerard L. 1847-1926 [5]
🖼 *Onions & Chili Peppers* - Oil/canvas (30x38cm-12x15in) Mystic, Connecticut 94............ FF21 800 - £2 517 - **$3,750**
STEENWIJK van Hendrik 1864-1937 [8]
🖼 *Sacrifice à Jupiter* - Huile/toile (52x66cm-20x26in) Paris 91 .... FF6 000 - £602 - **$990**
Church interior - Oil/panel (34x46cm-13x18in) New-York 90 .... FF274 600 - £28 875 - **$47,757**
STEEPLE John 1823-1887 [11]
✎ *The first snow on Carnedd Dyfydd* - Watercolour (58x88cm-23x35in) London 96 .... FF5 120 - £650 - **$1,008**
STEER Henry Reynolds 1858-1928 [7]
✎ *The rest* - Watercolour/paper (52x37cm-20x15in) Amsterdam 94 .... FF5 790 - £684 - **$1,040**
STEER Philip Wilson 1860-1942 [78]
🖼 *Woman on the beach, Walberswick* - Oil/canvas/board (31x36cm-12x14in) Toronto 95 ...... FF14 320 - £1 830 - **$2,924**
Skirt dancers - Oil/panel (37x30cm-15x12in) London 93 .... FF54 000 - £6 500 - **$9,420**
The Sands at Cromer - Oil/canvas (27x41cm-11x16in) London 97 .... FF153 256 - £16 000 - **$26,222**
✎ *The Burnt House* - Watercolour (24x34cm-9x13in) London 97 .... FF10 271 - £1 100 - **$1,774**
STEFAN Ross 1934 [3]
🖼 *At My Leisure* - Oil/canvas (71x92cm-28x36in) San Francisco-Los Angeles 93.................. FF13 300 - £1 510 - **$2,250**
STEFANEK Ivan 1942 [4]
🖼 *Am Teich* - Oil (34x44cm-13x17in) Wien 94 .... FF7 320 - £833 - **$1,242**
STEFANI Pierre 1938 [44]
🖼 *Marée-basse* - Huile/panneau (19x27cm-7x11in) Dijon 94 .... FF3 400 - £409 - **$647**
STEFANN Johnny 1955 [6]
🖼 *New Life Wood* - Acrilico/legno (80x80cm-31x31in) Milano 92 .... FF4 980 - £510 - **$877**
STEFANO de Armando 1926 [3]
🖼 *Odette* - Olio/tela (65x81cm-26x32in) Milano 92 .... FF43 000 - £4 405 - **$7,570**
STEFANO de Vincenzo 1861-? [1]
🖼 *Marina napoletana* - Olio/tela (42x30cm-17x8in) Milano 89 .... FF6 900 - £727 - **$1,162**
STEFANOFF Christof 1898-1966 [2]
✎ *Le vieil arbre, 1949* - Pastel/papier (97x72cm-38x28in) Montréal 90 .... FF1 900 - £203 - **$330**
STEFANONI Tino 1937 [20]
🖼 *Bandiera* - Acrilico/tela (30x40cm-12x16in) Milano 92 .... FF8 150 - £835 - **$1,436**
STEFANOVITCH Konstantin 1930 [15]
🖼 *Le ressac des jours* - Huile/toile (101x152cm-40x60in) Paris 94 .... FF2 500 - £289 - **$425**
✎ *Composition II* - Pastel (62x48cm-24x19in) Paris 91 .... FF3 000 - £302 - **$521**
STEFANSSON Jón 1881-1962 [12]
🖼 *Still life with apples and jug* - Oil/canvas (54x67cm-21x26in) Köbenhavn 95.......... FF53 000 - £6 510 - **$10,330**
STEFFAN Arnold 1848-1882 [1]
🖼 *Blick ins Isar-Tal und aufklcking* - Oil/Leinwand (45x83cm-18x33in) München 93.......... FF47 500 - £5 670 - **$9,130**
STEFFAN Johann Gottfried 1815-1905 [42]
🖼 *Gischtender Gebirgsbach* - Oil/canvas (85x117cm-33x46in) München 91 .... FF17 100 - £1 756 - **$3,180**
Bucht am Mittelmeer - Oil/Leinwand (94x130cm-37x51in) Zürich 96........................ FF74 000 - £9 270 - **$14,270**
A Waterfall in the Bavarian Alps - Oil/canvas (121x100cm-48x39in) Wien 96 .... FF209 700 - £25 400 - **$40,800**
STEFFANI Luigi 1827-1898 [10]
🖼 *Spaziergänger im Gebirge* - Öl/Leinwand (74x59cm-29x23in) Zürich 94 .... FF18 180 - £2 106 - **$3,130**
Ploughing a field - Oil/canvas (68x108cm-27x43in) London 92 .... FF60 600 - £6 200 - **$10,700**
STEFFE Gerald 1939 [3]
✎ *Smetterlingfresser* - Pencil (60x80cm-24x31in) Köbenhavn 93 .... FF1 584 - £190 - **$305**
STEFFECK Carl Constantin 1818-1890 [7]
🖼 *Braunes Pferd und Schimmel* - Öl/Leinwand (50x58cm-20x23in) München 92 .... FF20 300 - £2 360 - **$4,145**
✎ *Das schlechte Gewissen* - Aquarell (12x16cm-5x6in) Bremen 93 .... FF7 000 - £801 - **$1,190**
STEFFEK Norbert 1938 [3]
🖼 *Geschichte vom Feuervogel* - Oil/wood (23x39cm-9x15in) Wien 92 .... FF5 780 - £580 - **$963**
STEFFEN Eduard XIX-XX [2]
🖼 *Der Blick aus dem Fenster* - Öl/Leinwand (84x69cm-33x27in) Wien 96 .... FF36 000 - £4 360 - **$7,000**
STEFFEN Walter Arnold 1924-1982 [9]
🖼 *Sonnenblumen* - Oil/canvas (60x81cm-24x32in) Bern 92 .... FF5 580 - £570 - **$983**
STEFFENINI Ottavio 1889-1971 [3]
🖼 *Nudo* - Olio/tela (90x60cm-35x24in) Milano 90 .... FF27 500 - £2 926 - **$4,920**
STEFFENS Franz Wilhelm 1818-1910 [1]
🖼 *Am Golf von Sorrent* - Oil/canvas (27x37cm-11x15in) Luzern 91 .... FF51 900 - £5 167 - **$8,925**
STEFFENS Hans Hermann 1911 [6]
✎ *Composition* - Tempera/papier (24x19cm-9x7in) Paris 97 .... FF3 200 - £349 - **$559**
STEFFENS Louise Eugenie 1841-1865 [1]
🖼 *Priorinde med sine novicer* - Oil/canvas (64x100cm-25x39in) Köbenhavn 91.............. FF8 360 - £848 - **$1,510**
STEFFENSEN Poul 1866-1923 [36]
🖼 *En dreng tøjrer køer* - Oil/canvas (51x81cm-20x32in) Viby J, Århus 95................ FF8 600 - £1 075 - **$1,738**
STEFFENSEN Vilhelm XIX [2]
🖼 *Pige ved bondegaard* - Oil/canvas (50x70cm-20x28in) Viby J, Århus 90 .... FF3 500 - £377 - **$617**
STEFFERL Bartholomäus II 1890-1966 [8]
🖼 *Blick vom Belvedere auf Wien* - Oil/canvas (72x100cm-28x39in) Wien 90 .... FF19 200 - £1 963 - **$3,790**
✎ *Südliche Stadt* - Gouache/paper (32x47cm-13x19in) Wien 94 .... FF1 856 - £211 - **$315**

S

STEGEMAN Gerrit 1858-1940 [3]
🖾 *Korenoogst* - Oil/board (45x55cm-18x22in) Amsterdam 95 .... FF2 317 - £280 - **$436**
STEGEMANN Heinrich 1888-1945 [7]
🖾 *Stadtlandschaft* - Oil/cardboard (19x26cm-7x10in) Hamburg 94........................ FF9 260 - £1 098 - **$1,712**
🖾 *S. Silvestre, Florenz* - Watercolour (35x47cm-14x19in) Hamburg 91 .... FF4 060 - £407 - **$677**
STEGEMEYER Elfriede 1908-? [1]
📷 *Tennisbëlle im Raum* - Gelatin silver print (5x18cm-2x7in) New-York 96.............. FF16 500 - £2 120 - **$3,200**
STEGER Milly 1881-1948 [2]
🖾 *Verklärung* - Lithographie Köln 91 .... FF1 690 - £172 - **$305**
STEGMANN Franz 1831-1892 [4]
🖾 *Motiv aus der Kathedrale in Metz* - Oil/panel (34x28cm-13x11in) Bremen 92 .... FF14 240 - £1 700 - **$2,740**
🖾 *A town in winter* - Oil/canvas (47x63cm-19x25in) London 95 .... FF24 600 - £3 200 - **$5,040**
STEHLI Jean-Claude 1923 [3]
🖾 *Nu* - Öl/Leinwand (89x130cm-35x51in) Bern 93 .... FF20 600 - £2 370 - **$3,530**
STEHLIN Caroline 1879-1954 [2]
🖾 *Reading* - Oil/canvas (38x28cm-15x11in) New-York 93 .... FF12 980 - £1 477 - **$2,200**
🖾 *The Flowered Kimono* - Oil/canvas (76x41cm-30x16in) New-York 93 .... FF38 500 - £4 830 - **$7,000**
STEHR Hermann 1887-? [1]
🖾 *Frauenakt auf einem Diwan* - Oil/canvas (31x42cm-12x17in) München 91.............. FF9 570 - £983 - **$1,782**
STEIB Josef 1898-1957 [11]
🖾 *Eifellandschaft* - Öl/Leinwand (61x71cm-24x28in) Stuttgart 94 .... FF8 570 - £1 028 - **$1,665**
🖾 *Eifellandschaft, 1928* - Watercolour (53x37cm-21x15in) Köln 89 .... FF6 100 - £624 - **$981**
STEICHEN Edward 1879-1973 [96]
📷 *Mary Steichen* - Warm-toned matte gelatin-silver print (24x19cm-9x7in) New-York 94....... FF20 320 - £2 357 - **$3,500**
📷 *George Washington Bridge* - Gelatin silver print (117x89cm-46x35in) New-York 95 .... FF63 000 - £8 100 - **$13,000**
STEIGER Dominik 1940 [9]
🖾 *Ohne Titel* - Mischtechnik/Papier (30x20cm-12x8in) Wien 94 .... FF4 875 - £585 - **$946**
STEIGER von Dora Elisabeth 1915 [3]
🖾 *Schriftstellerporträts* - Ink Berlin 91 .... FF2 366 - £240 - **$427**
STEIL-MARCHAL Danielle 1940 [3]
🖾 *Rue à Schiltigheim* - Huile/toile (65x81cm-26x32in) Saint-Dié 91 .... FF4 300 - £431 - **$788**
STEIN Anna 1936 [4]
🖾 *Frères* - Huile/toile (61x46cm-24x18in) Les Andelys 94 .... FF3 000 - £350 - **$526**
STEIN Chris XX [1]
📷 *Hell's last Gig W/Max's K.C./Bangkok* - Photograph New-York 89.................... FF1 700 - £169 - **$269**
STEIN Claudia XX [4]
🖾 *L'amphore inachevée* - Acrylique/papier (77x57cm-30x22in) Paris 90 .... FF2 400 - £248 - **$424**
🖾 *Der Kuss* - Pastel (77x57cm-30x22in) Paris 90 .... FF3 800 - £393 - **$671**
STEIN Fred XX [7]
📷 *Portrait of Robert Frank* - Silver print (23x20cm-9x8in) New-York 93 .... FF3 540 - £403 - **$600**
STEIN Georges c.1870-? [101]
🖾 *Jardin animé d'enfants* - Huile/toile (38x61cm-15x24in) Calais 96 .... FF21 000 - £2 620 - **$4,070**
🖾 *Champs Elysées, Paris* - Oil/canvas (38x55cm-15x22in) Wien 96..................... FF71 700 - £8 700 - **$13,950**
🖾 *Bois de Boulogne, Paris* - Watercolour, gouache (35x54cm-14x21in) New-York 96 .... FF25 960 - £3 310 - **$5,000**
STEIN Peter 1922 [14]
🖾 *Drei Spuren* - Öl/Leinwand (80x100cm-31x39in) Luzern 94 .... FF22 100 - £2 590 - **$3,930**
🖾 *Hellblauer Raster* - Collage (66x88cm-26x35in) Bern 92 .... FF8 370 - £1 000 - **$1,610**
STEIN von Wilhelmine 1825-c.1890 [1]
🖾 *Ein Stadt im Orient* - Öl/Leinwand (41x33cm-16x13in) Wien 95 .... FF7 420 - £943 - **$1,480**
STEIN-WIESE Ida 1910-1966 [7]
🖾 *Magd mit weißer Haube* - Oil/canvas (80x60cm-31x24in) Köln 92 .... FF8 840 - £905 - **$1,557**
🖾 *Vor dem Kirchgang* - Oil/canvas (142x157cm-56x62in) Köln 92 .... FF20 400 - £2 090 - **$3,590**
STEINACKER Alfred 1838-1914 [31]
🖾 *Called by horn* - Oil/panel (13x26cm-5x10in) Wien 92 .... FF7 700 - £788 - **$1,356**
🖾 *Die Frage nach dem Weg* - Öl/Karton (13x26cm-5x10in) Wien 95.................... FF27 400 - £3 470 - **$5,510**
STEINBACH Eduard 1878-? [1]
🖾 *Jagdstück* - Öl/Leinwand (80x120cm-31x47in) Köln 94 .... FF3 740 - £437 - **$656**
STEINBACH Gertrud 1871-? [2]
🖾 *Motiv aus dem Schwarzwalde* - Öl/Leinwand (71x45cm-28x18in) München 92 .... FF5 090 - £608 - **$978**
STEINBACH Haim 1944 [14]
🖾 *Together naturally (v4, e1)*
       Mixed media/panel (61x36x69cm-24x14x27in) New-York 90 .... FF137 300 - £14 228 - **$24,130**
📷 *Dramatic yet neutral* - Installation (96x44x118cm-38x17x46in) New-York 93 .... FF47 200 - £5 370 - **$8,000**
No wires no power cord - Construction (142x61x142cm-56x24x56in) New-York 91 ...... FF73 600 - £7 470 - **$13,293**
STEINBERG Edward 1937 [3]
🖾 *Geometrisk komposition* - Oil/canvas (97x66cm-38x26in) Stockholm 93 .... FF18 330 - £2 080 - **$3,103**
STEINBERG Irina Valerianovna 1905-1985 [4]
🖾 *Three tourists* - Watercolour/paper (32x21cm-13x8in) London 90 .... FF9 500 - £1 024 - **$1,675**
STEINBERG Saül 1914 [114]
🖾 *The Vicksburg Table* - Acrylic (71x58cm-28x23in) New-York 94 .... FF91 300 - £10 720 - **$16,000**
🖾 *North African table* - Mixed media (78x4x106cm-31x2x42in) New-York 97 .... FF247 095 - £25 946 - **$42,500**
📷 *The Egypt notebook* - Relief (50x3x65cm-20x1x26in) New-York 92 .... FF88 200 - £10 240 - **$18,000**
🖾 *Untitled, bird study* - Watercolour (40x30cm-16x12in) New-York 97 .... FF27 566 - £290 0 8 - **$4,749**
🖾 *Passage to fiction* - Watercolour (73x58cm-29x23in) New-York 97 .... FF145 350 - £15 263 - **$25,000**

STEINBRÜCK Edouard 1802-1882 [1]
🖼 *Gosse hjälpande flicka över bäck* - Oil/canvas (73x53cm-29x21in) Stockholm 96 .... FF**24 600** - £**3 070** - **$4,750**

STEINE Claudia XX [7]
🖼 *Baiser tombé* - Technique mixte/panneau (77x57cm-30x22in) Paris 91 .... FF**3 000** - £**303** - **$596**

STEINEL Johann Paul 1878-? [1]
🗿 *Flora* - Bronze (24cm-9in) Heidelberg 94 .... FF**4 800** - £**557** - **$826**

STEINER Albert 1877-1956 [3]
📷 *Berninagebiet bei Boval* - Platinum print (17x22cm-7x9in) Zürich 97 .... FF**3 158** - £**336** - **$545**

STEINER André 1901-1978 [1]
📷 *Portrait de femme* - Silver print (24x18cm-9x7in) Paris 90 .... FF**4 200** - £**453** - **$741**

STEINER Bernd 1884-1933 [2]
📄 *Sierrea, nach Süd-Amerika* - Poster (98x70cm-39x28in) New-York 95 .... FF**7 070** - £**891** - **$1,400**

STEINER Clément Léopold 1853-1899 [7]
🗿 *Caught in the vine* - Bronze (64cm-25in) Elgin, Illinois 95 .... FF**18 360** - £**2 293** - **$3,600**

STEINER Emmanuel 1778-1831 [1]
🖼 *Bouquets de fleurs* - Huile/toile (41x31cm-16x12in) Paris 95 .... FF**50 000** - £**6 480** - **$10,240**

STEINER Ernst 1864-1934 [5]
🗿 *Tyrolean Tavern Scene* - Relief London 97 .... FF**26 667** - £**2 800** - **$4,570**

STEINER Erwin 1893-1953 [2]
🖼 *Sommerliche Voralpenlandschaft* - Öl/Leinwand (51x56cm-20x22in) Hamburg 95 .. FF**5 670** - £**750** - **$1,150**

STEINER Heinz 1905-1974 [3]
✏ *Frau mit Gans* - Mischtechnik/Papier (63x45cm-25x18in) Wien 96 .... FF**8 650** - £**1 085** - **$1,690**

STEINER Hermann 1878-? [1]
🗿 *Old man and woman* - Wood (18cm-7in) London 96 .... FF**13 600** - £**1 550** - **$2,604**

STEINER Johann Conrad 1757-1818 [1]
✏ *Waldlandschaft* - Wash (44x59cm-17x23in) Bern 92 .... FF**3 235** - £**387** - **$623**

STEINER Johann Nepomuk 1725-1793 [1]
🖼 *Johan Wenzina* - Oil/canvas (46x37cm-18x15in) New-York 91 .... FF**22 640** - £**2 281** - **$3,929**

STEINER Josef 1877-? [1]
🖼 *Großes Blumenstück* - Oil/canvas (63x76cm-25x30in) Bern 92 .... FF**14 880** - £**1 520** - **$2,620**

STEINER Josef Kamenitzky 1910-1981 [19]
🖼 *Grosses Blumstilleben* - Oil/panel (59x50cm-23x20in) Wien 96 .... FF**12 180** - £**1 580** - **$2,410**

STEINER Leonhard 1836-1920 [6]
✏ *Bei Palermo* - Aquarell/Papier (40x28cm-16x11in) Wien 94 .... FF**3 664** - £**424** - **$630**

STEINER Michael 1945 [8]
🖼 *Untitled, 1967* - Mixed media/canvas (104x201cm-41x79in) New-York 90 .... FF**4 000** - £**426** - **$716**
🗿 *Untitled, 1976* - Bronze New-York 89 .... FF**11 400** - £**1 166** - **$1,833**
Untitled, 1980 - Bronze (58cm-23in) New-York 90 .... FF**51 500** - £**5 479** - **$9,213**

STEINER Ralph 1899-1986 [46]
📷 *Jellyroll Advertisement* - Gelatin silver print (18x23cm-7x9in) New-York 93 .... FF**11 800** - £**1 343** - **$2,000**

STEINER Rudolf 1861-1925 [1]
🖼 *Trees on a river bank* - Oil/canvas (100x81cm-39x32in) London 89 .... FF**7 700** - £**787** - **$1,238**

STEINERT Otto 1915-1978 [6]
📷 *Grand Palais* - Gelatin silver print (38x28cm-15x11in) New-York 94 .... FF**10 450** - £**1 212** - **$1,800**

STEINFELD Franz II 1787-1868 [14]
🖼 *Wasserfall im Gebirge* - Oil/canvas (87x59cm-34x23in) München 89 .... FF**18 600** - £**1 960** - **$3,131**
Aufziehendes Gewitter - Öl/Leinwand (38x47cm-15x19in) Wien 96 .... FF**68 600** - £**8 880** - **$13,710**

STEINFELD Wilhelm 1816-1854 [13]
🖼 *Kitzsteinhorn* - Oil/panel (42x33cm-17x13in) Wien 96 .... FF**26 550** - £**3 026** - **$5,090**

STEINFEST Heinrich 1961 [2]
🖼 *Alles sehnen sich nach Liebe* - Acrylic/canvas (200x150cm-79x59in) Lindau 96 . FF**12 060** - £**1 560** - **$2,410**

STEINFURTH Hermann 1823-1880 [1]
🖼 *Gentleman in profile* - Oil/canvas (39x47cm-15x19in) New-York 93 .... FF**5 220** - £**600** - **$900**

STEINHAGEN Heinrich 1880-1948 [3]
📄 *Rettungsboot/Fischer* - Etching (43x58cm-17x23in) Hamburg 94 .... FF**1 702** - £**199** - **$300**

STEINHARDT Friedrich Karl 1844-? [1]
🖼 *Anbetung der Heiligen Drei Könige* - Oil/canvas (79x53cm-31x21in) Köln 92 .... FF**9 520** - £**974** - **$1,676**

STEINHARDT Jakob 1887-1968 [94]
🖼 *Drei Kinder im Wald* - Öl/Leinwand (60x80cm-24x31in) Berlin 96 .... FF**16 950** - £**2 115** - **$3,275**
Boys Playing in the Woods - Oil/canvas (60x80cm-24x31in) Tel Aviv 97 .... FF**58 824** - £**6 541** - **$11,000**
Jerusalem, Temple Mount - Oil/canvas (100x125cm-39x49in) Tel Aviv 95 .... FF**156 750** - £**12 470** - **$20,000**
Job/Mountainscape - Oil/canvas (149x105cm-59x41in) Tel Aviv 91 .... FF**159 600** - £**16 022** - **$27,613**
✏ *Figures at the Table* - Watercolour (12x20cm-5x8in) Tel Aviv 97 .... FF**5 036** - £**56 0 5** - **$941**

STEINHARDT Therese 1896-1948 [1]
🖼 *Lest We Forget* - Oil/canvas (128x95cm-50x37in) New-York 93 .... FF**9 020** - £**1 032** - **$1,600**

STEINHART Anton 1889-1964 [8]
🖼 *Landschaft* - Öl/Leinwand (50x65cm-20x26in) Wien 96 .... FF**26 550** - £**3 026** - **$5,090**
✏ *Salzburg* - Ink/paper (25x21cm-10x8in) Wien 92 .... FF**3 370** - £**345** - **$594**

STEINHAUSEN von Wilhelm Aug. 1846-1924 [6]
🖼 *Blick von Rochusberg* - Öl/Karton (54x77cm-21x30in) Frankfurt 92 .... FF**18 700** - £**1 914** - **$3,290**

S

STEINHÄUSER Carl Johan 1813-1879 [2]
Fisherboy crouching on a tree-stump - Marble (99cm-39in) London 96 .... FF67 500 - £8 000 - **$13,170**
STEINHEIL Adolphe 1850-1908 [1]
Fleurs et écheveaux de laine - Huile/panneau (33x24cm-13x9in) Saint-Dié 96 .... FF13 000 - £1 655 - **$2,507**
STEINIKE Heinrich 1825-1909 [2]
Paysage des Alpes - Huile/toile (92x126cm-36x50in) Antwerpen 90 .... FF72 900 - £7 805 - **$12,678**
STEININGER Hermann 1915 [2]
Weingarten in der Wachau - Oil/panel (74x85cm-29x33in) Wien 92 .... FF3 370 - £403 - **$648**
STEINKOPF Johann Friedrich 1737-1825 [1]
Mountain lake in Bavaria
 Oil/canvas (29x41cm-11x16in) San Francisco-Los Angeles 93 .... FF13 230 - £1 510 - **$2,250**
STEINLA Moritz 1791-1859 [1]
Wilhelmine Maria Sophia Braun - Ink (21x16cm-8x6in) Bielefeld 94 .... FF1 530 - £179 - **$268**
STEINLE von Eduard Jakob 1810-1886 [8]
Adam and Eve after the Fall - Oil/canvas (130x107cm-51x42in) Wien 96 .... FF209 700 - £25 400 - **$40,800**
STEINLEN Aimé Daniel 1923 [3]
Dernière neige - Huile/toile (61x50cm-24x20in) Versailles 90 .... FF5 500 - £578 - **$957**
STEINLEN Théo. Christian Got. 1779-1847 [3]
Fête donnée par le Prince, Jungfraublick
 Watercolour (23x32cm-9x13in) New-York 95 .... FF11 270 - £1 352 - **$2,100**
STEINLEN Théophile-Alexandre 1859-1923 [552]
La panthère - Huile/papier/toile (47x119cm-19x47in) Paris 97 .... FF14 000 - £1 458 - **$2,385**
Couple sur les quais aux usines - Huile/toile (50x61cm-20x24in) Toulouse 95 .... FF37 000 - £4 670 - **$7,420**
Une rue à Paris - Huile/toile (50x61cm-20x24in) Bern 95 .... FF279 600 - £36 300 - **$57,400**
Yvette Guilbert - Poster (186x78cm-73x31in) New-York 95 .... FF31 700 - £4 130 - **$6,500**
Chat s'étirant - Bronze (16cm-6in) Paris 93 .... FF10 000 - £1 205 - **$1,820**
Chat - Bronze (12cm-5in) Paris 97 .... FF32 000 - £3 360 - **$5,504**
Masseida lisant - Fusain (30x23cm-12x9in) Paris 96 .... FF4 500 - £559 - **$874**
Hommage à Willette - Fusain (36x44cm-14x17in) Paris 95 .... FF11 000 - £1 330 - **$2,070**
Femme au chapeau vert - Crayon (45x53cm-18x21in) Paris 97 .... FF27 000 - £2 873 - **$4,698**
Retour du soldat - Fusain (50x39cm-20x15in) Paris 95 .... FF65 000 - £7 850 - **$12,230**
STEINLING Joseph 1846-1915 [1]
Nude in the artist's studio - Oil/canvas (47x35cm-19x14in) Moscow 94 .... FF9 550 - £1 137 - **$1,800**
STEINMETZ Antonie Johan Mar. 1867-1950 [4]
Vaches au pâturage - Huile/carton (22x36cm-9x14in) Paris 94 .... FF2 800 - £326 - **$487**
Moored rowingboat, polder landscape
 Watercolour/paper (25x35cm-10x14in) Amsterdam 95 .... FF1 854 - £224 - **$349**
STEINMETZ-NORIS Fritz 1860-1937 [3]
Contemplating the Next Sentance - Oil/panel (21x16cm-8x6in) New-York 96 .... FF10 280 - £1 247 - **$2,000**
STEINRUCKER Leopold 1801-1879 [9]
Blick auf Hallstatt - Öl/Leinwand (21x27cm-8x11in) Wien 94 .... FF8 730 - £1 011 - **$1,654**
Tabak-Trafic-Schild - Drawing (25x28cm-10x11in) Wien 94 .... FF3 420 - £396 - **$588**
STEINTHAL Traute Tomine 1868-1906 [1]
The Actress - Oil/canvas (72x50cm-28x20in) Chicago 96 .... FF22 250 - £2 885 - **$4,400**
STEINWAY Charles G. 1829-1865 [1]
Portrait, 1850s - Stereoscopic ambrotype New-York 92 .... FF2 450 - £285 - **$500**
STEINWAY William 1835-1896 [1]
W. Steinway in front of Niagara Fall - Whole-plate ambrotype New-York 92 .... FF3 430 - £399 - **$700**
STEIR Pat 1938 [21]
Cellar door - Oil (182x274cm-72x108in) New-York 92 .... FF49 400 - £5 900 - **$9,500**
Waterfall - Etching, aquatint (134x104cm-53x41in) New-York 95 .... FF13 200 - £1 710 - **$2,700**
STEKENLENBURG Jan 1922-1977 [3]
Op de foto - Oil/canvas (69x115cm-27x45in) Amsterdam 95 .... FF4 410 - £563 - **$900**
STEKKER Martin 1878-1962 [1]
Interieur mit lesender Frau - Watercolour (18x27cm-7x11in) Berlin 95 .... FF2 136 - £266 - **$418**
STELLA Andrea 1950 [2]
Sculture in dialogo - Tecnica mista/tavola (60x45cm-24x18in) Prato 93 .... FF8 290 - £948 - **$1,410**
STELLA Eduard 1884-1955 [5]
Leda mit dem Schwan - Öl/Leinwand (200x106cm-79x42in) Wien 97 .... FF8 600 - £914 - **$1,483**
STELLA Étienne Alexandre XIX [1]
Spring - Bronze (24cm-37in) Billinghurst, West Sussex 94 .... FF28 960 - £3 400 - **$5,070**
STELLA Frank 1936 [346]
Scramble - Acrylic/canvas (175x175cm-69x69in) New-York 94 .... FF1 - £143 800 - **$230,000**
Abajo
 Metallic powder in polymer emulsion/canvas (244x279cm-96x110in) New-York 96 ...... FF3 - £501 000 - **$750,000**
Rayy II - Huile/papier (51x200cm-20x79in) Paris 94 .... FF80 000 - £9 310 - **$14,120**
Stubb's Supper (3x) - Enamel (221x80x305cm-87x31x120in) New-York 97 .... FF406 504 - £42 763 - **$70,000**
New Caledonian Lorikeet
 Mixed media/canvas (305x61x396cm-120x24x156in) New-York 96 .... FF743 000 - £88 100 - **$145,000**
Black Series I - Lithographie (38x56cm-15x22in) New-York 98 .... FF20 000 - £2 144 - **$3,500**
Polar Co-ordinates VII - Screenprint in colors (96x98cm-38x39in) New-York 97 .... FF45 714 - £4 901 - **$8,000**
Referendum '70, 1970 - Silkscreen (81x81cm-32x32in) San Francisco-Los Angeles 90 .... FF45 800 - £4 935 - **$8,078**
Talladega Five I - Woodcut in colors (168x132cm-66x52in) New-York 97 .... FF110 300 - £13 130 - **$21,000**
Talladega Three II

Relief etching in colors/TGL handmade (168x132cm-66x52in) New-York 94 .... FF**274 500** - £32 200 - **$48,000**
🔲 *Shards II* - Relief (101x15x114cm-40x6x45in) New-York 96 .... FF**375 000** - £48 500 - **$75,000**
🖋 *Effingham* - Watercolour (43x56cm-17x22in) New-York 97 .... FF**35 088** - £3 705 - **$6,000**
Polar Coordinate - Gouache (97x97cm-38x38in) New-York 94 .... FF**81 300** - £9 400 - **$14,000**
Double black - Ink/paper (43x56cm-17x22in) New-York 97 .... FF**188 955** - £19 841 - **$32,500**

STELLA Guglielmo 1828-1888 [2]
⬤ *Boats by cliffs in southern Italy* - Oil/panel (48x73cm-19x29in) London 90 ...... FF**25 200** - £2 603 - **$4,452**

STELLA Joseph 1879-1946 [71]
⬤ *Putto and figurines* - Oil/canvas (52x42cm-20x17in) New-York 96 .... FF**23 170** - £2 880 - **$4,500**
Blue Lily - Oil/canvas (33x40cm-13x16in) New-York 97 .... FF**134 189** - £14 089 - **$23,000**
Nocturne - Oil/canvas (86x72cm-34x28in) New-York 97 .... FF**350 058** - £36 756 - **$60,000**
🖋 *Gardenia* - Coloured pencils (26x34cm-10x13in) New-York 96 .... FF**41 800** - £4 830 - **$8,000**

STELLETSKY Dimitri Semenovich 1875-1947 [3]
⬤ *Vsevolod Meierhold* - Oil/board (27x22cm-11x9in) London 90 .... FF**14 500** - £1 543 - **$2,594**

STELLMACHER Edouard 1868-? [1]
🗿 *Esclave* - Terracotta (44cm-17in) Paris 97 .... FF**10 000** - £996 - **$1,720**

STELZIG Fred 1923 [2]
⬤ *Inselstadt Lindau* - Oil/panel (60x74cm-24x29in) Lindau 92 .... FF**3 400** - £348 - **$599**

STELZNER Heinrich 1833-1910 [3]
⬤ *Günstige Gelegenheit* - Öl/Leinwand (74x58cm-29x23in) Stuttgart 93 .... FF**34 500** - £3 900 - **$5,810**

STEMATSKY Avigdor 1908-1989 [98]
⬤ *Composition* - Oil/canvas (73x54cm-29x21in) Tel Aviv 94 .... FF**33 100** - £3 870 - **$5,800**
⬤ *Figures in landscape* - Oil/canvas (81x100cm-32x39in) Tel Aviv 92 .... FF**83 200** - £8 710 - **$15,000**
🖋 *Untitled* - Watercolour (67x97cm-26x38in) Tel Aviv 94 .... FF**16 400** - £1 950 - **$3,000**
Painting - Mixed media/paper (91x67cm-36x26in) Tel Aviv 93 .... FF**36 300** - £4 290 - **$6,600**

STEMBERGER Elisabeth 1906-? [1]
🗂 *Antlitz* - Woodcut (59x46cm-23x18in) Wien 96 .... FF**2 923** - £380 - **$578**

STEN Helge 1923-1965 [1]
⬤ *Trädstammar* - Oil/canvas (74x40cm-29x16in) Helsinki 91 .... FF**3 155** - £314 - **$543**

STEN John 1879-1922 [33]
⬤ *Hudiksvall, Postgränd* - Oil/canvas (55x70cm-22x28in) Stockholm 96 .... FF**9 330** - £1 064 - **$1,787**
Solbad - Oil/canvas (162x125cm-64x49in) Stockholm 95 .... FF**70 200** - £9 180 - **$14,060**
🖋 *Kompositioner* - Watercolour (22x21cm-9x8in) Stockholm 92 .... FF**14 900** - £1 780 - **$2,870**

STEN-KNUDSEN Nina 1957 [6]
🖋 *Komposition* - Gouache (4x58cm-2x23in) København 95 .... FF**1 580** - £197 - **$319**

STENBERG Carl 1864-1934 [1]
⬤ *Nakenmodell vid fönster* - Oil/canvas (65x55cm-26x22in) Stockholm 89 ...... FF**3 900** - £388 - **$616**

STENBERG Georgii Avgusto. 1900-1933 [8]
🗂 *Musketeers* - Poster (100x75cm-39x30in) New-York 94 .... FF**80 100** - £9 400 - **$14,000**

STENBERG Vladimir Avgusto. 1899-1982 [7]
🗂 *My Love* - Poster (87x60cm-34x24in) New-York 96 .... FF**15 540** - £2 005 - **$3,000**

STENERSEN Gudmund 1863-1934 [13]
⬤ *Pojkar sittande i uppdragen båt* - Oil/canvas (36x26cm-14x10in) Stockholm 92 .... FF**9 030** - £1 080 - **$1,738**
Fra Stortorvet - Oil/canvas (149x125cm-59x49in) Oslo 91 .... FF**71 200** - £7 139 - **$11,753**

STENGEL George J. 1872-1937 [1]
⬤ *The Voice of Spring* - Oil/canvas (51x61cm-20x24in) New-York 96 .... FF**16 700** - £1 934 - **$3,200**

STENGELIN Alphonse 1852-1938 [13]
⬤ *Vase de fleurs* - Huile/toile (47x44cm-19x17in) Calais 96 .... FF**7 000** - £873 - **$1,356**

STENHOUSE Charles 1878-? [2]
⬤ *At the quayside* - Oil/canvas (51x66cm-20x26in) London 94 .... FF**15 330** - £1 800 - **$2,686**

STENIUS Per 1922 [13]
⬤ *Segling* - Oil/canvas (54x71cm-21x28in) Helsinki 94 .... FF**13 030** - £1 520 - **$2,290**

STENN Henri 1903-1993 [45]
⬤ *La Seine et Notre-Dame* - Huile/toile (50x61cm-20x24in) La Flèche 94 ...... FF**5 600** - £648 - **$961**
Bord de marne - Huile/toile (50x61cm-20x24in) Provins 97 .... FF**12 800** - £1 376 - **$2,246**
Bord de Marne - Huile/toile (46x55cm-18x22in) Allaman 94 .... FF**32 200** - £3 860 - **$6,250**

STENNER Hermann 1891-1914 [3]
🖋 *Garbenbinderinnen bei der Arbeit* - Watercolour (24x28cm-9x11in) Bielefeld 95 ...... FF**12 750** - £1 650 - **$2,594**

STENQVIST Nils 1934 [4]
⬤ *Växthus* - Oil/canvas (63x78cm-25x31in) Stockholm 94 .... FF**4 560** - £530 - **$786**

STENSTADVOLD Håkon 1912-1977 [4]
⬤ *Lampen taendes* - Oil/canvas (68x94cm-27x37in) København 94 .... FF**13 100** - £1 520 - **$2,256**
🖋 *Landscape, Holmsbu* - Watercolour (33x41cm-13x16in) Viby J, Århus 96 ..... FF**2 214** - £282 - **$438**

STENVALL Oscar Frans 1856-1916 [7]
⬤ *Brügge* - Oil/canvas (42x82cm-17x32in) Stockholm 96 .... FF**6 050** - £783 - **$1,160**

STENVERT Curt 1920 [11]
⬤ *You come first* - Technique mixte (32x32cm-13x13in) Paris 96 .... FF**3 200** - £371 - **$613**
🗿 *Die Zaubergeige* - Assemblage (70x40cm-28x16in) Wien 97 .... FF**15 347** - £1 619 - **$2,653**
🖋 *Helfen sie Bitte mit !* - Collage (27x28cm-11x11in) Köln 96 .... FF**3 400** - £387 - **$650**

STENVINKEL Jan 1933-1989 [13]
⬤ *Intill Andarnas Väg* - Oil/canvas (124x91cm-49x36in) Stockholm 94 .... FF**13 240** - £1 536 - **$2,280**
🖋 *Träder är utsparat ljus* - Tempera/paper (81x100cm-32x39in) Stockholm 95 .... FF**3 450** - £430 - **$675**

STEPANOV Alexey Stepanovich 1858-1923 [5]
🖼 *Flodpråmens avgång* - Oil/canvas (75x133cm-30x52in) Helsinki 95 .... FF43 800 - £5 290 - **$8,230**
STEPANOV Vladimir 1914 [2]
🖼 *Scène dans le parc* - Huile/carton (55x79cm-22x31in) Arcachon 92 .... FF2 000 - £205 - **$393**
STEPANOVA Varvara Fiodorovna 1894-1958 [4]
🖌 *Gaust tschaba, Moscow* - Collage (27x17cm-11x7in) London 92 .... FF75 400 - £9 000 - **$14,500**
STEPHAN August 1868-1936 [1]
🖼 *Vergnügungen im Harem* - Öl/Leinwand (80x58cm-31x23in) Bremen 94 .... FF12 340 - £1 430 - **$2,124**
STEPHAN Gary 1942 [12]
🖼 *Binding knowledge* - Acrylic/canvas (228x121cm-90x48in) New-York 92 .... FF18 200 - £1 932 - **$3,500**
🖌 *Untitled* - Watercolour (95x75cm-37x30in) New-York 95 .... FF4 840 - £642 - **$1,000**
STEPHAN Joseph 1709-1786 [3]
🖼 *Bethlehem* - Oil/canvas (86x121cm-34x48in) London 93 .... FF158 200 - £18 000 - **$26,800**
STEPHANE Micius 1912 [7]
🖼 *Pêche au filet* - Oil/masonite (40x60cm-16x24in) New-York 92 .... FF6 810 - £698 - **$1,200**
STEPHANOFF Francis Phillip 1790-1860 [2]
🖼 *An unexpected advance, 1826* - Oil/panel (77x62cm-30x24in) London 89 .... FF17 500 - £1 789 - **$2,814**
🖌 *James the First Scotland, Windsor 1827* - Watercolour/paper (22x17cm-9x7in) London 89 .... FF5 800 - £593 - **$932**
STEPHANOFF James 1788-1874 [7]
🖌 *The connoisseur* - Watercolour (26x37cm-10x15in) London 97 .... FF61 147 - £6 500 - **$10,536**
The Ascent of the Arts - Watercolour (74x62cm-29x24in) London 94 .... FF546 000 - £65 000 - **$104,000**
STEPHANY Louis F. 1873-1952 [1]
📷 *Flower still life* - Photograph (15x10cm-6x4in) New-York 90 .... FF12 600 - £1 358 - **$2,222**
STEPHENS Alice Barber 1858-1932 [1]
🖌 *Three men by hearth* - Watercolour (30x41cm-12x16in) New-York 96 .... FF3 590 - £426 - **$700**
STEPHENS Edward Bowring 1815-1882 [1]
🖼 *Jane Harris Stephens, on a terrace* - Oil/canvas (91x71cm-36x28in) London 90 .... FF33 900 - £3 502 - **$5,989**
STEPHENS Frederick George 1828-1907 [1]
🖌 *Portrait of a girl* - Watercolour (39x34cm-15x13in) London 95 .... FF8 500 - £1 100 - **$1,740**
STEPHENS James 1961 [2]
🖼 *Tyrone (The Spagetthi Eater)*
  Oil/canvas (142x142cm-56x56in) Bloomfield Hills, Michigan 93 .... FF6 050 - £759 - **$1,100**
STEPHENSON Desmond 1922-1964 [1]
🖼 *Wheat Fields, Co. Wicklow* - Oil/panel (30x50cm-12x20in) Belfast 92 .... FF4 730 - £550 - **$965**
STEPHENSON John Cecil 1889-1965 [3]
🖼 *Abstraction* - Oil/canvas/panel (23x47cm-9x19in) London 93 .... FF24 000 - £3 000 - **$4,350**
STEPHENSON Lionel MacDonald 1854-1907 [9]
🖼 *View of Fort Garry* - Oil/board (25x48cm-10x19in) Toronto 96 .... FF7 980 - £1 016 - **$1,536**
STEPHENSON Peter 1823-c.1860 [1]
🗿 *Portrait bust of a man* - Marble (61x47cm-24in) New-York 91 .... FF8 490 - £862 - **$1,533**
STEPHENSON Philippa Anna Fred. XIX-XX [4]
🖌 *Via Dolorosa, Jerusalem* - Watercolour (24x36cm-9x14in) London 96 .... FF2 760 - £350 - **$530**
STEPHENSON Quinton J., Q.J. 1920 [3]
🖼 *Fish* - Mixed media Litchfield, CT 92 .... FF4 420 - £528 - **$850**
STEPPE Romain 1859-1927 [103]
🖼 *Nocturne, bords de l'Escaut, Anvers* - Oil/canvas (49x70cm-19x28in) Amsterdam 97 .... FF3 468 - £375 - **$60,5 9**
Le début des temps modernes - Huile/toile (70x100cm-28x39in) Bruxelles 96 .... FF10 740 - £1 345 - **$2,086**
STEPPES Edmund 1873-? [7]
🖼 *Wanderlied 11* - Oil/panel (31x49cm-12x19in) München 94 .... FF4 080 - £476 - **$715**
🖌 *Erlebnis* - Gouache München 91 .... FF5 070 - £515 - **$916**
STERCK Maurice XX [2]
🖼 *Landschap met hoeve/Landschap* - Huile/toile (60x70cm-24x28in) Lokeren 93 .... FF2 430 - £278 - **$420**
STERIS Gerasimos 1895-1985 [1]
🖼 *The Poet's Dream* - Oil/canvas/board (61x47cm-24x19in) Athens 96 .... FF37 100 - £4 790 - **$7,170**
STERL Robert Hermann 1867-1932 [18]
🖼 *Mother and children in the garden* - Oil/canvas (55x78cm-22x31in) Warszawa 96 .... FF31 800 - £3 970 - **$6,150**
🖌 *Schäferskizzen* - Pencil (24x32cm-9x13in) Bielefeld 95 .... FF3 446 - £446 - **$701**
STERLING Marc 1895-1976 [12]
🖼 *Children in fancy-dress* - Oil/canvas (60x50cm-24x20in) Tel Aviv 92 .... FF10 000 - £1 046 - **$1,800**
STERN Armin 1883-? [3]
🖼 *Selbstbildnis im Malerkittel* - Oil/panel (24x18cm-9x7in) München 95 .... FF8 460 - £1 082 - **$1,730**
STERN Bernard 1920 [7]
🖼 *Fruit Crates* - Oil/canvas (183x183cm-72x72in) New-York 93 .... FF38 500 - £4 830 - **$7,000**
STERN Bert 1930 [31]
📷 *Marilyn Monroe* - Color coupler print. Printed 1992 (46x46cm-18x18in) New-York 96 .... FF22 700 - £2 914 - **$4,400**
STERN Emma 1878-1970 [7]
🖼 *Yacarandabaum* - Painting (45x54cm-18x21in) München 91 .... FF7 770 - £789 - **$1,403**
STERN Irma 1894-1966 [47]
🖌 *Arab woman, Zanzibar* - Gouache (31x23cm-12x9in) London 95 .... FF12 410 - £1 550 - **$2,434**
Seated Nude - Watercolour (62x49cm-24x19in) London 97 .... FF26 144 - £2 800 - **$4,583**
STERN Jonasz 1904-1987 [2]
🖼 *Composition abstraite* - Technique mixte Warszawa 91 .... FF5 000 - £511 - **$893**
🖌 *Composition of a form* - Collage (70x50cm-28x20in) Warszawa 94 .... FF13 820 - £1 584 - **$2,343**

STERN Ludovico 1709-1778 [3]
🖼 *Bouquet de fleurs* - Huile/toile (73x62cm-29x24in) Paris 96.................................... FF**60 000** - £7 520 - **$11,600**
STERN Max 1872-1940 [18]
🖼 *Bäuerin mit Kuh* - Öl/Leinwand (40x47cm-16x19in) Köln 97 .... FF**13 518** - £1 420 - **$2,314**
Pariser Strasse - Öl/Leinwand (71x60cm-28x24in) Köln 93 .... FF**79 300** - £8 960 - **$13,370**
✏ *Konzert im Dunensand* - Watercolour (35x29cm-14x11in) Tel Aviv 94................ FF**26 400** - £3 170 - **$5,000**
STERN Phil 1919 [1]
📷 *Louis Armstrong and Billie Holliday* - Gelatin silver print (36x46cm-14x18in) New-York 96....... FF**6 190** - £795 - **$1,200**
STERN Veronica Telli 1717-1801 [2]
✏ *Prince James Francis Edward* - Miniature (7cm-3in) Glasgow 96............................. FF**11 230** - £1 400 - **$2,170**
STERNAD Rudolf 1880-1944 [1]
✏ *Blonde Dame mit langer Perlenkette* - Aquarell (9x6cm-4x2in) Wien 93 .... FF**3 960** - £455 - **$659**
STERNBERG Harry 1904 [9]
🗔 *Under Colombus Circle* - Etching (18x10cm-7x4in) Mystic, Connecticut 96 .... FF**2 400** - £312 - **$475**
STERNBERG Nicolas 1901 [8]
✏ *Portrait de femme* - Fusain/papier (49x31cm-19x12in) Paris 95............................. FF**3 000** - £379 - **$602**
STERNE Maurice 1878-1957 [24]
🖼 *By the sea* - Oil/panel (61x81cm-24x32in) New-York 92...................................... FF**4 165** - £484 - **$850**
Taos Indian - Oil/paper (34x27cm-13x11in) New-York 93.................................. FF**35 750** - £4 480 - **$6,500**
✏ *Balinese woman* - Watercolour (36x26cm-14x10in) London 95............................ FF**4 620** - £600 - **$950**
STERNER Albert Edward 1863-1946 [21]
🖼 *Harold reading* - Oil/canvas (70x60cm-28x24in) New-York 93.............................. FF**11 000** - £1 380 - **$2,000**
🗔 *Over There* - Poster (148x103cm-58x41in) New-York 95..................................... FF**4 040** - £509 - **$800**
✏ *Knight bowing to women* - Ink (66x36cm-26x14in) New-York 94............................ FF**12 560** - £1 475 - **$2,200**
STERNER Harold 1895-? [4]
🖼 *Icarus II* - Oil/masonite (55x67cm-22x26in) New-York 95................................... FF**19 700** - £2 580 - **$4,000**
✏ *Atist at an easel* - Gouache/board (38x28cm-15x11in) New-York 93 .... FF**3 850** - £483 - **$700**
STERNFELD Joel 1944 [6]
📷 *Mc Lean, Virginia* - Dye-transfer print (37x48cm-15x19in) New-York 94................ FF**13 280** - £1 585 - **$2,500**
STERPIN Paul 1873-? [1]
🖼 *Paysage* - Huile/toile (59x116cm-23x46in) Bruxelles 91 .... FF**2 305** - £232 - **$400**
STERRE DE JONG Jacobus Frederik 1866-1920 [8]
🖼 *An Afternoon of Sewing* - Oil/canvas (49x38cm-19x15in) New-York 96.................... FF**20 570** - £2 494 - **$4,000**
✏ *A peasant girl feeding goats* - Watercolour (42x37cm-17x15in) Amsterdam 94.......... FF**6 120** - £734 - **$1,188**
STERRE Jakobus Frederic 1866-1920 [1]
✏ *Junge Holländerin am Holzgatter* - Öl/Karton (40x32cm-16x13in) Stuttgart 95.......... FF**3 650** - £444 - **$720**
STERRER Franz 1818-1901 [2]
🖼 *Hirngespint* - Oil/panel (68x102cm-27x41in) Wien 95...................................... FF**12 650** - £1 578 - **$2,555**
STERRER Karl 1885-1960 [12]
🖼 *The bather* - Oil/canvas (90x129cm-35x51in) New-York 93................................. FF**44 250** - £5 030 - **$7,500**
✏ *Bildnis einer Dame in grauem Kleid* - Aquarell/Papier (42x27cm-17x11in) Wien 95 .... FF**2 000** - £253 - **$401**
STERRY Carl 1861-? [3]
🖼 *Odalisque* - Oil/canvas (175x97cm-69x38in) London 92 .... FF**76 000** - £7 800 - **$14,600**
STERUP-HANSEN Dan 1918-1995 [4]
🖼 *Atrium gård med springvand* - Oil/canvas (37x47cm-15x19in) Köbenhavn 95 .... FF**8 870** - £1 150 - **$1,805**
STETKA Guyla 1855-1925 [1]
🖼 *General Bandholtz* - Oil/canvas (109x86cm-43x34in) Bloomfield Hills, Michigan 94............ FF**2 150** - £260 - **$400**
STETSON Charles Walter 1858-1911 [9]
🖼 *Moonlight in the Pineta, Viareggio* - Oil/canvas (36x41cm-14x16in) Boston, Mass. 93....... FF**9 450** - £1 074 - **$1,600**
STETTEN von Karl 1857-? [5]
🖼 *Flower seller* - Oil/canvas (73x58cm-29x23in) London 90 .... FF**48 800** - £4 966 - **$9,759**
STETTHEIMER Florine 1871-1944 [5]
🖼 *Delphiniums and Columbine* - Oil/canvas (91x76cm-36x30in) New-York 96 .... FF**496 000** - £57 400 - **$95,000**
Fourth of July, No. 2 - Oil/canvas (71x46cm-28x18in) New-York 97 .... FF**758 459** - £79 638 - **$130,000**
STETTLER Adelheid Fanny M. 1870-1945 [5]
🖼 *Mutter mit Kindern im Park* - Oil/canvas (81x100cm-32x39in) Luzern 91 .... FF**39 600** - £4 019 - **$7,152**
✏ *Bei Lauenen (?)* - Aquarell (10x14cm-4x6in) Bern 93 .... FF**1 503** - £188 - **$275**
STETTNER Louis 1922 [16]
📷 *New York* - Gelatin silver print (30x43cm-12x17in) New-York 95 .... FF**7 440** - £950 - **$1,500**
STEUBEN de Alexandre Joseph 1814-1862 [2]
🖼 *Fille du général Davout* - Huile/toile (81x65cm-32x26in) Bayeux 94 .... FF**26 200** - £3 150 - **$4,880**
STEUBEN von Carl August 1788-1856 [4]
🖼 *Mother and child* - Oil/canvas (72x58cm-28x23in) London 89 .... FF**67 800** - £6 933 - **$10,900**
STEUDEL Max 1873-? [7]
🖼 *Dahlien in blauer Vase* - Oil/canvas (60x50cm-24x20in) Köln 92 .... FF**3 060** - £314 - **$539**
STEUERWALDT Willem 1815-1871 [2]
🖼 *Ein Sommermorgen* - Oil/panel (21x26cm-8x10in) Köln 90 .... FF**10 880** - £1 113 - **$2,148**
STEVEN Fernand 1895-1955 [6]
🖼 *Boxeurs* - Huile/toile (70x60cm-28x24in) Liège 92 .... FF**4 320** - £442 - **$760**
STEVEN Jean 1896-1962 [18]
🖼 *Pommier en fleurs* - Huile/panneau (70x80cm-28x31in) Bruxelles 96....................... FF**4 105** - £475 - **$786**

S

STEVENS Agapit 1849-1917 [20]
- Lady with her Dog at a Window - Oil/canvas (98x65cm-39x26in) London 97 .... FF29 065 - £3 200 - **$5,101**
- Danseuse turque - Huile/toile (115x70cm-45x28in) Antwerpen 93.................... FF72 700 - £8 320 - **$12,380**
- Nu allongé à l'éventail - Pastel/papier (88x106cm-35x42in) Antwerpen 97 .... FF13 104 - £1 384 - **$2,272**

STEVENS Aimé 1879-? [5]
- A beauty in the dunes - Oil/canvas (50x40cm-20x16in) Amsterdam 96 .... FF6 620 - £803 - **$1,287**

STEVENS Albert G. XIX-XX [6]
- Calves in a byre - Watercolour (31x38cm-12x15in) Toronto 95 .... FF2 342 - £297 - **$472**

STEVENS Alfred 1823-1906 [133]
- L'Eté - Oil/canvas (116x57cm-46x22in) New-York 94 .... FF1 - £152 000 - **$240,000**
- Le Tréport - Huile/toile (32x22cm-13x9in) Paris 95 .... FF17 000 - £2 234 - **$3,410**
- A Seascape - Oil/canvas (49x69cm-19x27in) Amsterdam 97 .... FF34 514 - £3 672 - **$6,005**
- Jeune femme au livre - Huile/panneau (35x27cm-14x11in) Paris 94 .... FF82 000 - £9 680 - **$14,940**
- Lady at a window feeding birds
  Oil/canvas/panel (45x38cm-18x15in) New-York 94 .... FF152 000 - £17 600 - **$26,000**
- Jeune femme sur un fauteuil - Lavis (39x27cm-15x11in) Paris 96 .... FF20 000 - £2 356 - **$3,930**

STEVENS Alfred Georges 1817-1873 [6]
- A seated lion - Bronze (33cm-13in) London 95 .... FF24 850 - £3 300 - **$5,120**

STEVENS Charles XIX-XX [1]
- The Casino, Monte Carlo - Oil/canvas (65x100cm-26x39in) London 96 .... FF61 300 - £7 200 - **$12,060**

STEVENS Colleen Newport 1951 [2]
- Days End - Watercolour/paper (56x33cm-22x13in) London 96 .... FF3 160 - £400 - **$606**

STEVENS Dalton 1878-1939 [2]
- Masquerade ball - Oil/canvas (81x122cm-32x48in) New-York 95 .... FF10 100 - £1 273 - **$2,000**

STEVENS Dorothy Austin 1888-1966 [7]
- Nude bathers by a lake - Oil/panel (32x39cm-13x15in) Toronto 92 .... FF6 880 - £704 - **$1,211**
- Mrs. Eileen Hayes wearing white - Pastel (58x81cm-23x32in) Toronto 92 .... FF2 304 - £275 - **$443**

STEVENS George c.1790-c.1865 [6]
- Hare, crouching - Oil/canvas (64x84cm-25x33in) London 91 .... FF37 500 - £3 760 - **$6,868**

STEVENS Gustave Max 1871-1946 [11]
- L'artiste, 1896 - Huile/toile (67x100cm-26x39in) Antwerpen 90 .... FF32 400 - £3 469 - **$5,635**
- La Casbah à Alger - Gouache (35x24cm-14x9in) Bruxelles 97 .... FF1 800 - £188 - **$308**

STEVENS J.D. XIX [2]
- Flemish interior with a lady - Oil/panel (60x46cm-24x18in) Retford, Nottinghamshire 92 ..... FF27 270 - £2 800 - **$5,240**

STEVENS John Calvin 1855-1940 [3]
- Delano Park - Oil/canvas (36x46cm-14x18in) Portland, Maine 94 .... FF3 250 - £389 - **$600**

STEVENS Joseph Edouard 1816-1892 [6]
- Chien savant - Huile/panneau (20x14cm-8x6in) Bruxelles 94 .... FF10 710 - £1 250 - **$1,880**

STEVENS Léopold 1866-1935 [6]
- Marée basse - Huile/panneau (22x41cm-9x16in) Paris 92 .... FF5 800 - £692 - **$1,116**

STEVENS Mary XIX-XX [2]
- Palm trees and irises - Watercolour (65x107cm-26x42in) London 96 .... FF15 960 - £2 000 - **$3,100**

STEVENS Norman 1937-1988 [1]
- Classical Landscape - Oil/canvas (150x211cm-59x83in) London 94 .... FF7 920 - £950 - **$1,540**

STEVENS René 1858-1937 [12]
- La Vallée - Huile/toile (56x75cm-22x30in) Bruxelles 94 .... FF8 320 - £966 - **$1,434**

STEVENS Will Henry 1881-? [3]
- Landscape with tall trees - Pastel (28x23cm-11x9in) New Orleans, Louisiana 93 .... FF4 425 - £504 - **$750**

STEVENS William Dodge 1870-? [2]
- The Kingdon round the corner - Oil/canvas (66x101cm-26x40in) Elgin, Illinois 91 .... FF28 300 - £2 852 - **$4,911**
- Teamwork Build Ships - Poster (92x126cm-36x50in) New-York 95 .... FF6 560 - £827 - **$1,300**

STEVENS William Lester 1888-1969 [56]
- Winter landscape with stream - Oil/canvas (71x89cm-28x35in) Philadelphia 95 .... FF5 020 - £633 - **$1,000**
- An Old Barn in Snow - Oil/canvas (91x102cm-36x40in) North Berwick, Maine 94 .... FF10 520 - £1 218 - **$1,800**
- Midday, Gloucester Harbour - Oil/canvas/board (30x38cm-12x15in) New-York 95 .... FF35 800 - £4 460 - **$7,000**

STEVENSON Gordon 1898-? [1]
- Young woman - Oil/canvas (36x28cm-14x11in) Chicago 96 .... FF2 150 - £279 - **$425**

STEVENSON Robert Macaulay 1854-1952 [4]
- Fairy Pool, Bardowie, Renfrewshire
  Oil/canvas (76x63cm-30x25in) Billinghurst, West Sussex 94 .... FF8 340 - £1 000 - **$1,620**

STEVENSON William Grant 1849-1919 [6]
- Feeding a pet lamb - Oil/canvas (46x61cm-18x24in) Glasgow 91 .... FF6 940 - £700 - **$1,218**

STEVER Gustav Curt 1823-1877 [1]
- Höllandische Familienszene - Öl/Leinwand (96x82cm-38x32in) Köln 94 .... FF27 300 - £3 226 - **$4,900**

STEVER Jorge B. 1940 [12]
- Ohne Titel - Oil/panel (100x80cm-39x31in) Köln 94 .... FF10 300 - £1 220 - **$1,902**

STEVO Jean 1914-1974 [1]
- Le Serpent à plumes - Huile/panneau (100x70cm-39x28in) Bruxelles 93 .... FF8 240 - £985 - **$1,684**

STEWARDSON Thomas 1781-1859 [3]
- Boys playing at backgammon - Oil/canvas (126x97cm-50x38in) London 96 .... FF23 200 - £3 000 - **$4,550**
- Sir W. Robert Clayton - Oil/canvas (127x102cm-50x40in) New-York 96 .... FF233 000 - £28 800 - **$45,000**

STEWART Allan 1865-1951 [12]
- William Penn receiving the Charter - Oil/canvas (122x183cm-48x72in) London 91 .... FF25 800 - £2 600 - **$4,477**

STEWART Anthony 1773-1846 [1]
Major E. Fanshaw in scarlet uniform - Miniature (5cm-2in) London 95 .... FF3 103 - £400 - **$632**
STEWART Charles Edward XIX-XX [5]
A mare and foal - Oil/canvas (54x44cm-21x17in) London 96 .... FF3 590 - £450 - **$693**
STEWART Frank Algernon 1877-1945 [8]
The Blankney, near Coleby - Watercolour (28x41cm-11x16in) London 96 .... FF10 020 - £1 300 - **$1,964**
STEWART George XIX-XX [2]
Bouquet de fleurs - Huile/panneau (50x40cm-20x16in) Bruxelles 94 .... FF5 970 - £713 - **$1,125**
STEWART James 1791-1863 [2]
The Nipaul sun-bird - Wash (16x11cm-6x4in) London 91 .... FF2 963 - £299 - **$588**
STEWART John XIX-XX [4]
The Leviathan last voyage - Bodycolour (44x62cm-17x24in) London 96 .... FF3 490 - £450 - **$674**
STEWART John 1941 [3]
Queen Mary in Manhattan - Bodycolour (81x113cm-32x44in) London 96 .... FF30 560 - £3 600 - **$6,000**
STEWART John c.1810-1887 [1]
Gorge des Eaux-Chaudes - Tirage papier salé (35x26cm-14x10in) Paris 94 .... FF1 500 - £178 - **$277**
STEWART John 1919 [12]
Rusty Pot and Lichen - Fresson print (58x48cm-23x19in) New-York 94 .... FF10 450 - £1 212 - **$1,800**
STEWART Julius LeBlanc 1855-1919 [18]
Élégante au sofa - Huile/toile (91x74cm-36x29in) Paris 92 .... FF48 000 - £4 910 - **$8,450**
Venezia - Oil/canvas (37x70cm-15x28in) New-York 97 .... FF221 833 - £23 335 - **$38,000**
STEYAERT Antoon Pieter 1786-1863 [1]
Paysage animé - Huile/toile (60x80cm-24x31in) Bruxelles 91 .... FF16 460 - £1 650 - **$2,717**
STEYN Stella 1907 [6]
Flowers and Apples - Oil/canvas (61x9135cm-24x3596in) London 97 .... FF10 368 - £1 100 - **$1,787**
STEYN Wim 1914 [3]
Flower still life - Oil/canvas (47x45cm-19x18in) Amsterdam 93 .... FF2 253 - £270 - **$412**
STEZAKER John XX [2]
Please Take One - Photographs mounted on board and masonite New-York 93 .... FF11 000 - £1 380 - **$2,000**
STIBBE Eugen 1868-1921 [1]
Le Pont de Mor, flodlandskap - Oil/canvas (38x46cm-15x18in) Stockholm 90 .... FF7 500 - £798 - **$1,342**
STICHART Alexander Otto 1838-1896 [1]
Museumsbesuch - Aquarell/Papier (26x18cm-10x7in) Köln 96 .... FF4 740 - £556 - **$931**
STICKS George Blackie 1843-1938 [24]
Dunstonburgh castle - Oil/canvas (76x102cm-30x40in) London 92 .... FF11 200 - £1 150 - **$2,150**
STICKS Harry James 1867-1938 [20]
The duck pond - Oil/canvas (45x60cm-18x24in) Billinghurst, West Sussex 93 .... FF6 260 - £720 - **$1,080**
Pine trees by a woodland track
  Watercolour (37x55cm-15x22in) Marlborough Crescent, Newcastle upon Tyne 92 .... FF1 954 - £200 - **$344**
STIEBORSKY Georg Willy 1881-1966 [4]
Die Stadtpfarrkirche von Bozen - Aquarell/Papier (40x24cm-16x9in) Wien 96 .... FF3 370 - £422 - **$658**
STIEF Sebastian 1811-1889 [1]
Ehepaares als Pendants (2) - Öl/Leinwand (60x49cm-24x19in) Lindau 94 .... FF15 000 - £1 790 - **$2,790**
STIEFEL Edward 1875-1968 [6]
Gefilde der Seeligen - Öl/Leinwand (65x60cm-26x24in) Zürich 96 .... FF5 520 - £715 - **$1,091**
STIEFEL Ernst 1892-? [1]
Dorf am oberitalienischen See - Öl/Leinwand (38x54cm-15x21in) Bern 93 .... FF3 560 - £396 - **$604**
STIEGEL Eduard Elias 1818-1879 [6]
Hess. Waldlandschaft mit Architektur - Aquarell (36x27cm-14x11in) Bremen 92 .... FF5 440 - £557 - **$958**
STIEGER Oswald 1857-1924 [1]
Landschaft mit enem Fluß - Aquarell/Papier (29x42cm-11x17in) Wien 90 .... FF2 400 - £257 - **$417**
STIEGLITZ Alfred 1864-1946 [74]
Reflections, Night - Photogravure (21x27cm-8x11in) New-York 96 .... FF31 000 - £3 840 - **$6,000**
Miss Thompson - Platinum print (23x18cm-9x7in) New-York 95 .... FF436 000 - £56 100 - **$90,000**
STIELER Josef Karl 1781-1858 [4]
Ludwig I. König von Bayern - Öl/Leinwand (69x57cm-27x22in) Lindau 94 .... FF24 000 - £2 850 - **$4,440**
STIELER Maximilian 1825-1897 [1]
Glockengestühl und Landschaft - Oil/canvas (49x33cm-19x13in) München 91 .... FF6 470 - £649 - **$1,185**
STIELER Robert Friedrich 1847-1908 [6]
Schwäbisches Städtchen - Aquarell (36x26cm-14x10in) Heidelberg 95 .... FF3 830 - £492 - **$774**
STIENON DU PRÉ Caroline 1883-1979 [3]
Square La Fayette, Toulouse - Huile/panneau (17x25cm-7x10in) Bruxelles 93 .... FF17 470 - £2 090 - **$3,570**
STIENTJES Staf 1883-1974 [5]
Winter in Vlaanderen - Huile/toile (96x110cm-38x43in) Antwerpen 92 .... FF7 410 - £885 - **$1,426**
STIEPEVICH Vincent G. 1841-1910 [16]
Girl spinning - Oil/canvas (76x50cm-30x20in) North Bethesda, MD. 91 .... FF18 520 - £1 859 - **$3,204**
La jeune femme aux pigeons - Huile/toile (76x51cm-30x20in) Paris 97 .... FF101 000 - £10 736 - **$17,402**
Lute player - Watercolour (45x27cm-18x11in) Cambridge, Mass. 89 .... FF3 700 - £378 - **$595**
STIERHOF Ernst 1918 [9]
Uriger Bayer - Oil/panel (52x40cm-20x16in) Lindau 97 .... FF20 257 - £2 127 - **$3,484**

S

STIERHOUT Joseph Anthon., Joop 1911 [3]
- *The Damrak in summer* - Oil/canvas (40x50cm-16x20in) Amsterdam 93 .... FF9 640 - £1 152 - **$1,855**

STIERSCHNEIDER Edmund 1911-1968 [2]
- *Die Büsser* - Mixed media/paper (117x90cm-46x35in) Wien 94 .... FF21 850 - £2 564 - **$3,894**

STIEVENART Clément 1851-1924 [1]
- *Attelage* - Huile/panneau (44x32cm-17x13in) Bruxelles 89 .... FF4 500 - £448 - **$711**

STIFTER Ferdinand XIX-XX [2]
- *18th Viennese music room* - Oil/canvas (86x140cm-34x55in) Detroit, Michigan 92 .... FF22 050 - £2 560 - **$4,500**

STIFTER Moritz 1857-1905 [17]
- *Ung kvinna i Renässansdräkt* - Oil/panel (26x20cm-10x8in) Stockholm 94 .... FF7 890 - £943 - **$1,474**
- *Orientalischer Basar* - Oil/panel (39x29cm-15x11in) Wien 92 .... FF52 900 - £5 310 - **$10,180**

STIGLMAYER Johann Baptist 1791-1844 [2]
- *Bauernhaus an einem Waldsee* - Öl/Leinwand (57x96cm-22x38in) München 93 .... FF16 950 - £2 025 - **$3,260**

STIHA Vladan 1910 [2]
- *Navajo Journey* - Oil/canvas (61x76cm-24x30in) San Francisco-Los Angeles 93 .... FF14 780 - £1 680 - **$2,500**

STILIANUDI Alexander Michajlow. 1868-1924 [2]
- *Daisies, cowslips & other wild flowers* - Oil/canvas (33x22cm-13x9in) London 96 .... FF12 140 - £1 500 - **$2,345**

STILKE Hermann Anton 1803-1860 [1]
- *Joan of arc in prayer* - Oil/canvas (104x83cm-41x33in) New-York 90 .... FF114 400 - £12 170 - **$20,465**

STILL Clyfford 1904-1980 [9]
- *1955-D* - Oil/canvas (296x282cm-117x111in) New-York 95 .... FF3 e +06 - £398 000 - **$620,000**

STILLER Ludwig 1872-? [3]
- *Fahrendes Volk* - Oil/panel (26x29cm-10x11in) München 92 .... FF8 470 - £1 013 - **$1,630**

STILLFRIED UND RATHENITZ von Raimund 1839-1911 [1]
- *Flusslandschaft mit Angler* - Mischtechnik (36x43cm-14x17in) Lindau 96 .... FF4 730 - £611 - **$913**

STILLFRIED von Baron 1839-1911 [4]
- *Japan: Album of 54 studies* - Albumen print (25x20cm-10x8in) London 92 .... FF41 000 - £4 200 - **$7,220**

STILLING Carl Conrad 1874-1938 [1]
- *Interior with seated girl* - Oil/canvas (42x33cm-17x13in) Viby J, Århus 95 .... FF2 720 - £340 - **$549**

STILLING Kenn André 1945 [6]
- *Vandringsmand* - Oil/canvas (35x27cm-14x11in) København 94 .... FF2 200 - £262 - **$414**

STILLMAN Marie, née Spartali 1844-1927 [5]
- *Pharmaceutria* - Watercolour, gouache (52x47cm-20x19in) London 91 .... FF148 800 - £14 994 - **$25,820**

STILWELL-WEBER Sarah S. 1878-1939 [1]
- *Chlidren playing in Central Park* - Oil/canvas/board (25x28cm-10x11in) New-York 93 .... FF23 000 - £2 620 - **$3,900**

STIMM Thomas 1948 [13]
- *Spaziergang* - Ceramic (32x15x28cm-13x6x11in) Wien 94 .... FF5 800 - £666 - **$993**

STINDEL Thomas 1887-1971 [1]
- *Werden, Sein und Vergehen* - Oil/canvas (105x59cm-41x23in) London 95 .... FF23 700 - £3 000 - **$4,760**

STINGEL Rudolf 1956 [2]
- *Untitled* - Oil/canvas (280x120cm-110x47in) Stockholm 94 .... FF8 210 - £964 - **$1,463**

STINTON James 1870-1961 [13]
- *Pheasants/Mallards* - Pencil (13x23cm-5x9in) London 92 .... FF3 910 - £400 - **$688**

STIRLING Dave 1889-1971 [4]
- *Estes Park* - Oil/canvas/board (46x58cm-18x23in) Baton Rouge, Louisiana 94 .... FF2 103 - £253 - **$400**

STIRNBRAND Franz Seraph 1788-1882 [5]
- *C. Mathilde von Württemberg* - Oil/copper (28x23cm-11x9in) Stuttgart 92 .... FF50 800 - £5 900 - **$10,360**

STIRNER Karl 1882-1943 [17]
- *Biskra/Wüste/Florenz Sta. Ma. Novella* - Tempera (7x23cm-3x9in) Köln 97 .... FF8 787 - £923 - **$1,504**
- *Küstenlandschaft mit Bootssteg* - Oil/panel (26x31cm-10x12in) Stuttgart 94 .... FF37 600 - £4 390 - **$6,620**
- *Die Wallfahrt* - Watercolour (27x22cm-11x9in) Stuttgart 92 .... FF10 150 - £1 181 - **$2,072**

STIRNIMANN Friedrich 1841-1901 [1]
- *Heimgekehrter Schweizer Soldat* - Öl/Leinwand (62x50cm-24x20in) Zofingen 95 .... FF18 260 - £2 314 - **$3,670**

STITT Hobart D. 1880-? [1]
- *Fishing shacks with artist painting*
  Oil/canvas (56x61cm-22x24in) Cambridge, Mass. 93 .... FF9 350 - £1 105 - **$1,700**

STIXRUD Christoffer 1900-1968 [18]
- *Kvinne i skog* - Oil/panel (60x91cm-24x36in) Oslo 92 .... FF4 180 - £500 - **$804**
- *Musikanter* - Pastel (65x91cm-26x36in) Oslo 93 .... FF3 360 - £391 - **$577**

STOBART John XX [2]
- *Loading Sugar, Jamaica* - Oil/canvas (41x51cm-16x20in) London 94 .... FF7 350 - £850 - **$1,253**

STOBBAERTS Jan 1838-1914 [16]
- *Village blacksmith* - Oil/panel (48x61cm-19x24in) Mystic, Connecticut 96 .... FF18 750 - £2 457 - **$3,800**

STOBBAERTS Marcel 1889-1979 [9]
- *De ma fenêtre* - Huile/toile (80x60cm-31x24in) Antwerpen 91 .... FF12 960 - £1 287 - **$2,250**
- *Luxembourg* - Aquarelle/papier (50x31cm-20x12in) Bruxelles 94 .... FF3 154 - £371 - **$562**

STOBBAERTS Pieter 1865-1948 [39]
- *Intérieur* - Huile/toile (67x57cm-26x22in) Bruxelles 97 .... FF2 289 - £252 - **$402**
- *Wagenmaker in zijn Werkplaats* - Huile/toile/panneau (73x92cm-29x36in) Lokeren 95 .... FF6 900 - £862 - **$1,353**

STOBBE Max 1883-1963 [2]
- *Wedel in Schnee* - Oil/cardboard (25x37cm-10x15in) Bremen 94 .... FF2 060 - £248 - **$381**

STÖBER Joseph 1768-1852 [1]
- *Zerrbilder Menschlicher Thorheiten*

30 coloured engraved plates after Loder (23x15cm-9x6in) London 93.................................. FF6 220 - £750 - $1,088
STOBWASSER Gustav 1816-1898 [2]
Mutter mit Kindern beim Spielen - Watercolour (16x18cm-6x7in) München 96.......................... FF1 700 - £194 - $325
STOBWASSER Johann Heinrich 1740-1829 [1]
Werkstatt Genreszene - Oil/panel (7cm-3in) Köln 94... FF2 374 - £284 - $457
STOCK Cicely W. 1882-1956 [1]
Views - Watercolour London 93... FF2 460 - £280 - $418
STOCK Dennis 1928 [4]
James Dean, Times Square - Gelatin silver print (33x25cm-13x10in) New-York 96.............. FF9 910 - £1 148 - $1,900
STOCK Edith A. XIX-XX [3]
Brother's Water - Watercolour (35x53cm-14x21in) London 96.. FF3 464 - £440 - $683
STOCK Edward Peche, Rev. 1826-1904 [1]
Wales, Thames Valley, Lake District - Watercolour London 93.. FF4 570 - £520 - $775
STOCK Francis R. c.1850-c.1900 [2]
Sisters - Oil/canvas (26x20cm-10x8in) London 93... FF3 770 - £450 - $710
A watched pot never boils - Wash (17x25cm-7x10in) London 89... FF5 000 - £527 - $842
STOCK Henry John 1853-1931 [13]
The Kiss - Oil/canvas (43x36cm-17x14in) London 94... FF25 200 - £3 000 - $4,800
Pain bringing Wings to a Soul - Watercolour (36x23cm-14x9in) London 94.......................... FF26 900 - £3 200 - $5,120
STOCK Henry W. 1825-1909 [2]
Motti Stone, Isle of Wight - Watercolour (18x26cm-7x10in) London 93.................................. FF15 800 - £1 800 - $2,680
STOCK John, Rev. 1793-1869 [1]
St. Leonards on Sea - Watercolour (17x25cm-7x10in) London 93... FF2 283 - £260 - $388
STOCK Joseph Whiting 1815-1855 [6]
A young boy - Oil/canvas (91x71cm-36x28in) New-York 91... FF124 500 - £12 545 - $21,604
STOCK van der Jacobus 1794-1864 [1]
Paysage de neige - Huile/panneau (21x29cm-8x11in) Saint-Germain-en-Laye 92............... FF16 500 - £1 690 - $2,905
STOCKER Carlotta, Charlotte 1921-1972 [2]
Stilleben mit Muschel - Acrylique/toile (70x70cm-28x28in) Zürich 93................................... FF19 800 - £2 253 - $3,360
Nature morte - Lithographie couleurs (68x50cm-27x20in) Zürich 96..................................... FF2 120 - £275 - $420
STOCKER Daniel 1865-1957 [5]
Weiblicher Akt - Bronze (41cm-16in) Stuttgart 95.. FF4 495 - £588 - $900
Grazie auf Steinsockel sitzend - Marble (79cm-31in) Köln 95.. FF14 200 - £1 792 - $2,844
STOCKER Franz Xaver 1835-1887 [1]
4 Allegorien, 1868 - Watercolour/paper (48cm-19in) Wien 90.. FF12 000 - £1 285 - $2,087
STOCKER Hans 1896-1983 [8]
Départ pour l'école - Huile/toile (40x60cm-16x24in) Saint-Dié 93.. FF2 800 - £315 - $475
Grosses Segelschiffe - Gravure bois (52x41cm-20x16in) Bern 96.. FF3 056 - £371 - $594
STOCKHAUSEN Hans Gottfried 1920 [2]
Cafegarten-Szene - Öl/Papier (32x40cm-13x16in) Leipzig 94... FF2 056 - £239 - $354
STOCKHAUSEN von Friedemann 1945 [2]
Kopf - Gouache (60x86cm-24x34in) Hamburg 93.. FF9 150 - £1 094 - $1,760
STOCKHOLDER Jessica 1958 [2]
Untitled - Oil/paper (51x67cm-20x26in) New-York 96.. FF7 940 - £942 - $1,550
Pink Chair - Metal (86cm-34in) New-York 96... FF51 200 - £6 070 - $10,000
STÖCKL Rupert 1923 [5]
Alte Stadt - Mischtechnik (55x80cm-22x31in) München 94... FF5 130 - £602 - $914
Lustige Schritte - Gouache München 91.. FF7 430 - £754 - $1,342
STOCKLASSA Puck 1922 [3]
Panzas åsna och figurer - Bronze (15cm-6in) Göteborg 92.. FF4 710 - £483 - $830
STÖCKLER von Emanuel Ritter 1819-1893 [3]
La chambre du roi à Versailles - Watercolour/paper (45x59cm-18x23in) London 97 .... FF52 381 - £5 500 - $9,009
STÖCKLI Paul 1906-1992 [26]
Komposition - Technique mixte/toile (70x72cm-28x28in) Luzern 93...................................... FF9 910 - £1 126 - $1,680
Komposition - Huile/panneau (89x117cm-35x46in) Luzern 95... FF42 600 - £5 310 - $8,340
Komposition - Ink/paper (41x40cm-16x16in) Luzern 92... FF6 090 - £728 - $1,171
STÖCKLIN Christian 1741-1795 [14]
Intérieur d'église - Huile/panneau (18x16cm-7x6in) Paris 94.. FF18 000 - £2 150 - $3,370
Church interior - Oil/panel (25x27cm-10x11in) Wien 96.. FF57 700 - £7 230 - $11,270
STÖCKLIN Niklaus. 1896-1983 [1]
Bains, Badanstalt - Oil/panel (52x68cm-20x27in) Zürich 93... FF266 400 - £31 800 - $51,200
STOCKMAN Billy [2]
Untitled - Oil/canvas (101x76cm-40x30in) London 96.. FF2 894 - £360 - $562
STOCKMANN Hermann 1867-1938 [8]
Dachau - Öl/Leinwand (43x48cm-17x19in) Köln 93... FF33 900 - £4 050 - $6,520
Mei Schbaziergang - Drawing (41x29cm-16x11in) München 89.. FF3 400 - £358 - $572
STOCKS Arthur 1846-1889 [4]
Waking up baby - Oil/panel (51x62cm-20x24in) London 95.. FF22 830 - £3 000 - $4,580
STOCKS Walter Fryer 1842-1915 [28]
The Bluebell Glade - Watercolour (23x33cm-9x13in) London 93... FF3 690 - £420 - $626

S

STOCQUART Ildephonse 1819-1899 [13]
- *Après l'orage* - Huile/panneau (28x43cm-11x17in) Antwerpen 97 .... FF5 222 - £560 - $915
- *Berger et son troupeau* - Huile/panneau (80x124cm-31x49in) Bruxelles 95 .... FF21 860 - £2 643 - $4,115

STODDARD Alice Kent 1885/93-1976 [3]
- *Child Reading a Book* - Oil/board (41x58cm-16x23in) North Berwick, Maine 94 .... FF11 140 - £1 290 - $1,900

STOёBEL Edgar 1909 [27]
- *La musique* - Huile/isorel (42x68cm-17x27in) Saumur 95 .... FF2 100 - £275 - $421
- *Le violoniste* - Encre (34x48cm-13x19in) Paris 92 .... FF1 800 - £184 - $324

STOECKLI Paul 1906-1992 [24]
- *Schnittzeichnung* - Collage (27x32cm-11x13in) Luzern 93 .... FF9 900 - £1 182 - $1,903
- *Tagebuchblatt* - Ink (100x70cm-39x28in) Luzern 92 .... FF17 100 - £1 750 - $3,013

STOECKLIN Niklaus 1896-1982 [89]
- *Blutorange* - Huile/panneau (17x22cm-7x9in) Zürich 96 .... FF25 830 - £2 990 - $4,950
- *Streichholzschachtel* - Huile/panneau (14x18cm-6x7in) Zürich 96 .... FF72 100 - £9 350 - $14,260
- *Nelly* - Öl/Karton (34x54cm-13x21in) Zürich 97 .... FF217 135 - £23 084 - $37,455
- *PKZ* - Poster (127x90cm-50x35in) London 96 .... FF42 900 - £5 300 - $8,280
- *Der Turmbau zu Babel* - Gouache (29x20cm-11x8in) Zürich 96 .... FF13 970 - £1 750 - $2,697
- *Base!* - Gouache/papier (120x90cm-47x35in) Zürich 94 .... FF68 700 - £7 950 - $11,830

STOEGMANN-BOHRN Irene 1864-? [2]
- *Stilleben mit Wiesenblumen* - Öl/Leinwand (96x70cm-38x28in) Wien 92 .... FF31 260 - £3 636 - $6,380

STOEL Christina 1859-1908 [1]
- *Still life with a basket* - Watercolour (21x32cm-8x13in) Amsterdam 93 .... FF3 430 - £393 - $585

STOENESCO Eustache Grégoire 1885-1956 [2]
- *A Lapwing* - Oil/canvas (65x50cm-26x20in) New-York 93 .... FF8 850 - £1 007 - $1,500

STOESSEL Oskar 1879-1964 [2]
- *Beata Ambrosi* - Öl/Leinwand (75x70cm-30x28in) Wien 94 .... FF7 320 - £871 - $1,394

STOFF Alois 1846-1902 [4]
- *Mädchen in einer Wiese* - Oil/panel (31x22cm-12x9in) Wien 94 .... FF19 250 - £1 930 - $3,700

STOFFERS Elizabeth 1881-1971 [3]
- *Untitled* - Pastel/paper (35x30cm-14x12in) Amsterdam 96 .... FF2 406 - £276 - $460

STOHL Michael 1813-1881 [2]
- *Young man, left hand on his hip* - Miniature (13cm-5in) Genève 92 .... FF6 090 - £728 - $1,171

STOHNER Karl 1894-1957 [8]
- *Arranging the Lillies* - Oil/canvas (91x68cm-36x27in) London 92 .... FF10 710 - £1 100 - $2,057

STÖHR Ernst 1860-1917 [17]
- *Dorflandschaft* - Oil/panel (16x26cm-6x10in) Wien 97 .... FF14 334 - £1 524 - $2,472
- *Mythologische Szene* - Gouache/papier (23x45cm-9x18in) Wien 97 .... FF5 830 - £685 - $1,040

STÖHRER Walter 1937 [88]
- *Keep smiling* - Mixed media/board (54x70cm-21x28in) Berlin 97 .... FF23 311 - £2 475 - $4,060
- *Schattenfresser No. III* - Mixed media/canvas (200x250cm-79x98in) Berlin 97 .... FF155 406 - £16 504 - $27,071
- *Komposition* - Mixed media/paper (53x38cm-21x15in) Hamburg 93 .... FF15 600 - £1 863 - $3,000
- *Halluzinose und Signal* - Gouache/papier (61x88cm-24x35in) London 97 .... FF50 300 - £6 000 - $9,460

STOITZNER Egon 1903-1977 [7]
- *Blumenstrauss* - Öl/Leinwand (73x56cm-29x22in) Wien 95 .... FF6 860 - £903 - $1,390

STOITZNER Josef 1884-1951 [39]
- *Stilleben mit Dahlien* - Öl/Karton (49x52cm-19x20in) Wien 94 .... FF19 400 - £2 247 - $3,675
- *Vase mit Blumen* - Öl/Leinwand (52x41cm-20x16in) Wien 97 .... FF57 504 - £6 048 - $9,876
- *Sonne in der Bauernstube* - Öl/Leinwand (90x100cm-35x39in) Wien 97 .... FF134 176 - £14 112 - $23,044
- *Bauernhaus* - Watercolour/paper (36x25cm-14x10in) Wien 92 .... FF7 700 - £788 - $1,356

STOITZNER Konstantin 1863-1934 [44]
- *Grosses Blumenstilleben* - Öl/Leinwand (79x100cm-31x39in) Wien 94 .... FF9 760 - £1 162 - $1,860
- *Beim Fischverkäufer* - Oil/canvas (56x78cm-22x31in) Wien 91 .... FF18 240 - £1 816 - $3,137
- *Unterer Ortlergletscher* - Öl/Leinwand (98x142cm-39x56in) Wien 95 .... FF24 500 - £3 226 - $4,960
- *Bergbauernhof im Pinzgau* - Öl/Leinwand (77x110cm-30x43in) Wien 91 .... FF72 200 - £7 328 - $13,040

STOITZNER Otto 1889-1963 [4]
- *Abendstimmung* - Oil/canvas (52x79cm-20x31in) Wien 90 .... FF9 600 - £982 - $1,895
- *Bauernhof und Gemüsegarten* - Aquarell/Papier (31x23cm-12x9in) Wien 96 .... FF1 924 - £241 - $376

STOITZNER Rudolf 1887-1933 [3]
- *Früchtstilleben* - Öl/Leinwand (60x111cm-24x44in) Wien 95 .... FF10 810 - £1 308 - $2,036

STOITZNER Siegfried 1892-1976 [11]
- *Grinzing* - Oil/panel (57x60cm-22x24in) Wien 94 .... FF13 600 - £1 596 - $2,423

STOITZNER Walter 1889-1921 [4]
- *Uva e melagrani* - Olio/tela (73x100cm-29x39in) Trieste 97 .... FF25 160 - £2 960 - $4,440

STOITZNER-MILLINGER Josef 1911-1982 [3]
- *Ohne Titel* - Mischtechnik/Karton (64x47cm-25x19in) Wien 94 .... FF7 320 - £871 - $1,380

STOJANOW C. Pjotr 1887-? [5]
- *Fröhliche Hochzeitsgesellschaft* - Öl/Leinwand (89x124cm-35x49in) Köln 93 .... FF13 560 - £1 620 - $2,610

STOK van der Jacobus 1794-1864 [8]
- *View of Utrecht* - Oil/panel (49x40cm-19x16in) New-York 97 .... FF102 330 - £11 021 - $18,000

STOKBROECKX Jos 1898-1968 [1]
- *Paysage de bruyères* - Huile/toile (80x100cm-31x39in) Antwerpen 96 .... FF2 296 - £278 - $447

STOKELD James 1827-1877 [2]
- *Barnard Castle on the Tees*
  Oil/canvas (29x44cm-11x17in) Marlborough Crescent, Newcastle upon Tyne 93 .... FF15 600 - £1 950 - $2,830

STOKES Adrian 1902-1972 [8]
🖼 *Pyrennean landscape* - Oil/canvas (65x85cm-26x33in) London 91 .... FF11 820 - £1 192 - **$2,304**

STOKES Adrian Scott 1854-1935 [7]
🖼 *Autumn in the moutains* - Oil/canvas (78x10cm-31x4in) New-York 90 .... FF80 100 - £8 301 - **$14,077**
📄 *Two children* - Watercolour/board (57x47cm-22x19in) London 91 .... FF7 930 - £796 - **$1,372**

STOKES George Vernon 1873-1954 [12]
🖼 *A sheepdog in a sunlit landscape* - Oil/board (38x48cm-15x19in) London 92 .... FF8 960 - £920 - **$1,666**
🖼 *Rollers* - Drypoint (23x28cm-9x11in) London 92 .... FF1 760 - £180 - **$367**
📄 *A Terrier Puppy* - Watercolour (25x30cm-10x12in) London 94 .... FF3 770 - £450 - **$710**

STOKES Margaret 1916 [5]
🖼 *Tulips by an art book* - Oil/board (40x55cm-16x22in) Dublin 90 .... FF7 600 - £785 - **$1,343**

STOKES Marianne 1855-1927 [5]
🖼 *Tristam's death, 1902* - Oil/canvas (78x90cm-31x35in) London 89 .... FF82 300 - £8 672 - **$13,855**
🖼 *Aucassin and Nicolette* - Oil/canvas (124x81cm-49x32in) New-York 94 .... FF702 000 - £82 800 - **$125,000**

STOKES Rhoda B. ?-1988 [3]
🖼 *Cotton Plantation, Missippi*
     Oil/masonite (51x61cm-20x24in) New Orleans, Louisiana 94 .... FF9 300 - £1 074 - **$1,600**

STOKVISH Hendrik 1768-1820 [2]
📄 *Traveller resting in the shade of a tree* - Black chalk (27x22cm-11x9in) Amsterdam 94 .... FF1 533 - £183 - **$288**

STOLBOV Alexandre S. 1929 [16]
🖼 *Nature morte aux fleurs* - Huile/toile (70x60cm-28x24in) Grenoble 93 .... FF2 500 - £302 - **$455**

STOLIZA Ewgenij Iwanowitsch 1870-1929 [2]
🖼 *On the beach* - Oil/canvas/panel (32x49cm-13x19in) Warszawa 96 .... FF28 300 - £3 576 - **$5,450**

STOLK Reyer Johan 1896-1945 [3]
📄 *Female nude, seated* - Watercolour/paper (34x21cm-13x8in) Amsterdam 96 .... FF1 842 - £237 - **$363**

STOLK van Alida Elisabeth 1830-c.1884 [1]
🖼 *Flowers in a vase, hat & a lute* - Oil/panel (51x42cm-20x17in) Amsterdam 95 .... FF12 720 - £1 590 - **$2,570**

STOLKER Pieter 1755-1786 [1]
📄 *A man at a desk writing* - Ink (39x30cm-15x12in) Amsterdam 92 .... FF3 920 - £468 - **$754**

STOLL Fredy B. XIX-XX [2]
🗿 *Le rapt* - Bronze (100cm-39in) Paris 96 .... FF52 000 - £5 920 - **$9,950**

STOLL Rolf 1892-? [2]
🖼 *Monastery and ruins* - Oil/canvas (68x99cm-27x39in) North Bethesda, MD. 91 .... FF4 195 - £418 - **$721**
📄 *North Truto, Cape Cod* - Watercolour/board (38x56cm-15x22in) St. Petersburg, Florida 94 .... FF1 855 - £216 - **$325**

STOLL van Leopold c.1810-1874 [10]
🖼 *Fruits, glass and bottle* - Ol/Leinwand (38x47cm-15x19in) Wien 95 .... FF19 600 - £2 580 - **$3,970**
📄 *Blumentondo* - Gouache/carton (33cm-13in) Wien 96 .... FF5 780 - £721 - **$1,117**

STOLTENBERG Hans John 1880-1963 [2]
🖼 *Loge Cabin* - Oil/masonite (61x71cm-24x28in) New-York 93 .... FF8 460 - £968 - **$1,500**

STOLTENBERG Mathias 1799-1871 [2]
🖼 *Interior med Engel Stoltenberg* - Oil/canvas (25x22cm-10x9in) Tönsberg 91 .... FF69 400 - £6 993 - **$12,043**

STOLTENBERG-LERCHE Hans 1867-1920 [1]
🗿 *Figurenvase* - Bronze (14cm-6in) Wien 92 .... FF3 850 - £460 - **$740**

STOLTENBERG-LERCHE Vincent 1837-1892 [2]
🖼 *Aftenmåltidet i klosteret* - Oil/canvas (35x28cm-14x11in) Tönsberg 91 .... FF2 430 - £244 - **$406**
📄 *Pater Faßmaler in der Kirche* - Ink/paper (22x13cm-9x5in) Köln 90 .... FF1 500 - £161 - **$261**

STOLTZ David 1943 [3]
🗿 *Walkie Talkie* - Sculpture (305cm-120in) New-York 95 .... FF16 430 - £2 016 - **$3,200**

STOLTZ Heinrich [3]
📄 *A Chinchilla* - Pastel/paper (27x20cm-11x8in) London 96 .... FF4 230 - £550 - **$838**

STOLTZ Jette Birgitta 1923 [5]
🖼 *July 1983* - Oil/canvas (35x27cm-14x11in) Malmö 93 .... FF2 390 - £301 - **$453**

STOLTZE Peter XX [2]
🖼 *Kristfigur med TV* - Oil (175x125cm-69x49in) Köbenhavn 93 .... FF2 200 - £264 - **$423**

STOLZ Albert 1875-? [5]
📄 *Castell, Trient* - Aquarell/Papier (42x69cm-17x27in) Wien 93 .... FF8 800 - £997 - **$1,496**

STOLZ Carl 1894-? [1]
📄 *Sommerlandschaft* - Öl/Leinwand (48x66cm-19x26in) Frankfurt 95 .... FF2 803 - £356 - **$564**

STOLZ Erwin 1896-1987 [19]
🖼 *Besuch der Hl. 3 Könige* - Tempera (38x42cm-15x17in) Lindau 93 .... FF6 300 - £735 - **$1,035**
📄 *Der Denker* - Mixed media/paper (62x44cm-24x17in) Wien 94 .... FF8 730 - £1 011 - **$1,654**

STOLZ Gerhard 1948 [2]
🖼 *Flau vind* - Acrylic/canvas (50x65cm-20x26in) Oslo 92 .... FF2 170 - £222 - **$383**

STOLZ Rudolf 1874-1960 [1]
📄 *Preparativi per il combattimento* - Tempera/carta (50x78cm-20x31in) Trieste 96 .... FF2 670 - £336 - **$512**

STOLZ VICIANO Ramón 1903-1958 [6]
📄 *Personaje dieciochesco* - Carboncillo (31x20cm-12x8in) Madrid 90 .... FF2 700 - £287 - **$483**

STÖLZEL Christian Ernst 1792-1837 [1]
📄 *Vue d'Otricoli* - Encre (20x26cm-8x10in) Zürich 95 .... FF3 020 - £390 - **$615**

STOMER Mathäus I c.1600-c.1660 [13]
🖼 *Christ Captured* - Oil/canvas (72x84cm-28x33in) London 97 .... FF349 387 - £37 000 - **$60,129**

S

STOMPS Louise 1900-1988 [2]
Sitzende - Marble (31cm-12in) Berlin 92 .... FF10 850 - £1 296 - **$2,087**
STONE Cami XIX-XX [2]
Albert Einstein - Gelatin silver print (22x17cm-9x7in) New-York 90 .... FF10 080 - £1 015 - **$1,975**
STONE Horatio 1808-1875 [1]
Bust of a distinguished gentleman - Marble (79cm-31in) New Orleans, Louisiana 95 .... FF12 380 - £1 547 - **$2,500**
STONE Marcus C. 1840-1921 [26]
Flirting in the courtyar - Oil/panel (51x58cm-20x23in) Chicago 96 .... FF24 930 - £3 175 - **$4,800**
Edward II and his Favorite - Oil/canvas (122x213cm-48x84in) New-York 97 .... FF113 700 - £12 246 - **$20,000**
A girl sleeping - Mixed media/paper (15x13cm-6x7in) London 93 .... FF10 800 - £1 300 - **$1,885**
STONE Reynold 1909-1979 [1]
The Old Rectory - Woodcut (18x13cm-7x5in) London 93 .... FF1 602 - £180 - **$268**
STONE Sasha XX [5]
Reverho - Silver print (15x10cm-6x4in) New-York 94 .... FF5 050 - £602 - **$950**
STONE Thomas Albert, Tom 1894-1978 [12]
Autumn Lane, Lake Joseph - Oil/board (46x61cm-18x24in) Toronto 94 .... FF3 684 - £431 - **$650**
STONE William 1903-1980 [2]
Feeding time - Oil/canvas (41x62cm-16x24in) London 90 .... FF6 300 - £679 - **$1,111**
Returning from the fields - Oil/canvas (76x12cm-30x5in) New-York 90 .... FF33 200 - £3 555 - **$5,774**
STONEMAN Walter XX [1]
Sir Winston Churchill - Photograph (12x10cm-5x4in) London 92 .... FF5 190 - £620 - **$1,000**
STOOF Willem Benedictus 1816-1900 [3]
The surrender - Oil/canvas (150x180cm-59x71in) Amsterdam 96 .... FF10 500 - £1 320 - **$2,064**
STOOPENDAAL Georg 1866-1953 [15]
Timmerkörning i vinterskog - Oil/canvas (80x132cm-31x52in) Malmö 96 .... FF8 200 - £972 - **$1,600**
Landskap - Akvarell (23x31cm-9x12in) Göteborg 90 .... FF1 500 - £161 - **$261**
STOOPENDAAL Mosse 1901-1948 [286]
Ekorre på gren - Oil/canvas (50x68cm-20x27in) Stockholm 95 .... FF11 440 - £1 430 - **$2,915**
Lyftande gräsand - Oil/canvas (30x40cm-12x16in) Stockholm 97 .... FF27 169 - £2 869 - **$4,694**
Goldfinch in a tree - Oil/canvas (78x61cm-31x24in) New-York 91 .... FF74 700 - £7 546 - **$14,829**
Gräsängsar i vinterlandskap - Oil/canvas (70x100cm-28x39in) Stockholm 89 .... FF145 100 - £14 438 - **$22,923**
Räv och lyftande änder - Oil/canvas (85x126cm-33x50in) Stockholm 90 .... FF271 400 - £29 246 - **$47,366**
Skabbiga Laban - Ink (14x12cm-6x5in) Söderköping 89 .... FF4 600 - £470 - **$740**
Räv - Akvarell (14x17cm-6x7in) Malmö 89 .... FF5 600 - £573 - **$900**
STOOPENDAEL Daniel 1672-1726 [2]
Afbeeldinge, Amsterdam - Etching in colors (57x93cm-22x37in) Amsterdam 92 .... FF7 520 - £875 - **$1,536**
STOOPS Herbert Morton 1887-1948 [20]
Seated man - Oil/canvas (61x61cm-24x24in) New-York 93 .... FF10 030 - £1 141 - **$1,700**
Armed Indians on a Ridge
Oil/canvas (53x43cm-21x17in) San Francisco-Los Angeles 96 .... FF23 500 - £2 720 - **$4,500**
STOPPOLONI Augusto Guglielmo 1855-1936 [5]
Allegoria della Pace e della Guerra - Olio/tela (50x90cm-20x35in) Roma 90 .... FF14 200 - £1 511 - **$2,540**
STORCH Anton 1892-1979 [5]
Am Gardasee - Öl/Leinwand (54x73cm-21x29in) Wien 96 .... FF10 620 - £1 210 - **$2,034**
STORCH Frederik Ludwig 1805-1883 [22]
Sofie Margrethe Henriette Skibsted - Oil/canvas (66x51cm-26x20in) København 92 .... FF6 600 - £675 - **$1,163**
Indian landscape - Oil/canvas (126x95cm-50x37in) Vejle 94 .... FF60 800 - £6 980 - **$10,400**
STORCK Adolf Eduard 1854-? [2]
Forest interior with fox - Oil/canvas (103x75cm-41x30in) New-York 93 .... FF6 600 - £780 - **$1,200**
STOREL Sergio 1926 [5]
Nucléisme 1972-1978 - Sculpture (51cm-20in) Paris 92 .... FF15 500 - £1 592 - **$2,980**
STORELLI Felice, Félix 1778-1854 [2]
Passo alpino - Olio/tela (128x161cm-50x63in) Milano 90 .... FF88 700 - £9 070 - **$17,508**
Paysage avec le Vésuve - Aquarelle (62x90cm-24x35in) Paris 95 .... FF34 000 - £4 370 - **$7,020**
STORER Charles 1817-1907 [2]
Choice Orchids - Oil/canvas (76x58cm-30x23in) Detroit, Michigan 93 .... FF6 050 - £715 - **$1,100**
Iris Blossom - Watercolour (25x20cm-10x8in) North Berwick, Maine 94 .... FF1 760 - £204 - **$300**
STOREY George Adolphus 1834-1919 [4]
A Fine Gesture - Oil/panel (44x54cm-17x21in) London 93 .... FF14 050 - £1 600 - **$2,384**
STOREY John XIX [2]
Newcastle-upon-Tyne - Lithograph Marlborough Crescent, Newcastle upon Tyne 92 .... FF3 224 - £330 - **$570**
STOREY T.G. XIX-XX [1]
Summer landscape - Oil/canvas (25x36cm-10x14in) London 96 .... FF3 230 - £420 - **$640**
STORIE Andrew XIX-XX [2]
Cottages by a weir - Wash (27x48cm-11x19in) London 90 .... FF1 500 - £151 - **$273**
STORIE José 1899-1961 [7]
La traîne d'émeraude - Huile/toile/panneau (220x148cm-87x58in) Bruxelles 96 .... FF18 200 - £2 276 - **$3,530**
STORK Jan XIX [2]
Winterszene am Kanal - Oil/panel (18x24cm-7x9in) Wien 92 .... FF8 660 - £869 - **$1,445**
STORKHOLM Tommy 1925 [7]
Billeddigt III-68 - Oil/canvas (190x230cm-75x91in) København 96 .... FF3 960 - £492 - **$770**
STORM Alfreda Anna 1896-? [1]
Side keelers - Oil/canvas (24x36cm-9x14in) Philadelphia 95 .... FF10 460 - £1 376 - **$2,100**

S

STORM Juan 1927 [2]
🖼 *La Estancia de mis Recuerdos* - Oil/canvas (100x120cm-39x47in) New-York 93 .... FF*56 100* - £6 370 - **$9,500**

STORM Per Palle 1910 [2]
🗿 *Torso* - Bronze (30cm-12in) Oslo 92 .... FF*7 940* - £*950* - **$1,530**

STORM PETERSEN Robert 1882-1949 [53]
🖼 *Sommer* - Oil/canvas (69x89cm-27x35in) København 94 .... FF*24 220* - £*3 084* - **$4,690**
✏ *Barnet og døden* - Watercolour (27x38cm-11x15in) København 94 .... FF*5 240* - £*608* - **$902**
✏ *Gullasch* - Watercolour (24x20cm-9x8in) København 94 .... FF*31 550* - £*3 784* - **$6,130**

STORM VAN S'GRAVENSANDE Charles 1841-1924 [1]
✏ *Vue d'un canal en Hollande* - Aquarelle (16x28cm-6x11in) Paris 90 .... FF*1 500* - £*155* - **$265**

STORMS Jules 1817-? [1]
✏ *Paysanne Napolitaine à la fontaine* - Crayon (25x19cm-10x7in) Liège 90 .... FF*1 648* - £*169* - **$325**

STORRS John Henry Bradley 1885-1956 [6]
🖼 *Embracing couple* - Woodcut (28x19cm-11x7in) New-York 92 .... FF*8 320* - £*872* - **$1,500**
🗿 *Horses Heads* - Bronze (41cm-16in) New-York 96 .... FF*649 000* - £*82 600* - **$125,000**

STORSTEIN Aage 1900-1983 [15]
🖼 *Blå hagebenker* - Oil/panel (38x55cm-15x22in) Oslo 92 .... FF*15 060* - £*1 800* - **$2,895**
✏ *Sittende mann* - Drawing (24x18cm-9x7in) Oslo 92 .... FF*2 605* - £*261* - **$435**

STORTENBEKER Pieter 1828-1898 [11]
🖼 *Cows resting on a river bank* - Oil/panel (29x21cm-11x8in) Amsterdam 93 .... FF*11 410* - £*1 368* - **$2,086**
✏ *Ochsen am Schilfufer im Wasser* - Aquarell (30x44cm-12x17in) München 91 .... FF*3 420* - £*351* - **$637**

STORY George Henry 1835-1923 [3]
🖼 *Man pouring a drink* - Oil/board (46x23cm-18x9in) New-York 91 .... FF*28 460* - £*2 857* - **$4,924**

STORY Waldo 1855-1915 [2]
🗿 *Bust of a lady* - Marble (83cm-33in) London 93 .... FF*14 050* - £*1 600* - **$2,384**
The Fallen Angel - Marble (76x188cm-30x74in) London 97 .... FF*1 952 37e +06* - £*115 000* - **$187,726**

STORY William Wetmore 1819-1895 [2]
🗿 *Orpheus with his Lyre* - Marble (211cm-83in) London 97 .... FF*780 952* - £*82 000* - **$133,856**

STOSKOPF Gustave Jacques 1869-1944 [4]
🖼 *Paysan dans un intérieur* - Huile/panneau (79x59cm-31x23in) Entzheim 96 .... FF*82 000* - £*10 270* - **$15,820**

STOTHARD Charles Alfred 1786-1821 [1]
✏ *Albums: nature & other subjects* - Pencil (33x21cm-13x8in) London 94 .... FF*5 890* - £*700* - **$1,077**

STOTHARD Thomas 1755-1834 [20]
🖼 *Procession at Dunmow, Essex* - Olio/tela/cartone (30x77cm-12x30in) London 96 ...... FF*20 100* - £*2 500* - **$3,900**
✏ *Neptune in his Chariot* - Watercolour (14x17cm-6x7in) London 97 .... FF*2 809* - £*300* - **$488**

STOTT Edward William 1859-1918 [27]
🖼 *In the fields* - Oil/canvas (165x104cm-65x41in) New-York 96 .... FF*181 700* - £*23 150* - **$35,000**
✏ *Madame Simone et Angélique*
   Coloured chalks (16x14cm-6x6in) Billinghurst, West Sussex 96 .... FF*2 080* - £*270* - **$408**
The Good Samaritan - Coloured chalks (36x27cm-14x11in) London 96 .... FF*11 230* - £*1 400* - **$2,170**

STOTT OF OLDHAM William 1857-1900 [1]
🖼 *Quiet pool* - Oil/canvas (49x72cm-19x28in) London 92 .... FF*15 900* - £*1 900* - **$3,060**

STOTZ Otto 1805-1873 [4]
🖼 *Rassige Araber* - Öl/Leinwand (26x21cm-10x8in) Lindau 96 .... FF*10 130* - £*1 221* - **$1,944**

STOTZ Paul 1850-1897 [1]
🗿 *Allegorie des Herbstes* - Bronze (34cm-13in) Stuttgart 93 .... FF*6 900* - £*780* - **$1,163**

STOUF Jean-Baptiste 1742-1826 [1]
🗿 *Femme surprise par l'orage* - Terracotta (55cm-22in) Monaco 92 .... FF*800 000* - £*81 683* - **$145,125**

STOUMEN Lou 1917-1991 [12]
📷 *Tour Guide* - Gelatin silver print (23x18cm-9x7in) New-York 92 .... FF*9 800* - £*1 138* - **$2,000**

STOUPE Seamus 1872-? [1]
🖼 *Thoniers au mouillage dans le port* - Oil/board (25x35cm-10x14in) Glasgow 92 ...... FF*11 720* - £*1 400* - **$2,256**

STOUT Ida McClelland ?-1927 [1]
🗿 *Female figure* - Bronze (39cm-15in) New-York 96 .... FF*10 960* - £*1 270* - **$2,100**

STOUT Myron 1908-1987 [4]
🖼 *Untitled* - Oil/canvas (91x76cm-36x30in) New-York 96 .... FF*122 200* - £*14 400* - **$24,000**
Hierophant - Oil/canvas (96x76cm-38x30in) New-York 91 .... FF*387 600* - £*39 338* - **$70,004**
✏ *Untitled* - Charcoal/paper (63x48cm-25x19in) New-York 95 .... FF*77 000* - £*9 450* - **$15,000**

STOUTZ de Elisabeth 1854-1917 [1]
🖼 *Madame Gillet* - Oil/canvas (37x30cm-15x12in) Bern 92 .... FF*6 090* - £*728* - **$1,171**

STOVER Allan James 1887-? [1]
🖼 *Footbridge, Ouchita River, Louisiana*
   Oil/canvas (71x112cm-28x44in) New Orleans, Louisiana 94 .... FF*14 210* - £*1 690* - **$2,600**

STÖVER Dieter 1922-1984 [2]
✏ *Schneefeld 2* - Pencil (62x46cm-24x18in) München 90 .... FF*1 700* - £*173* - **$340**

STÖWER Willy 1864-1931 [12]
🖼 *Schulschiff Prinz Eitel Friedrich/Rügen* - Öl/Leinwand (59x79cm-23x31in) Hamburg 94 .. FF*44 600* - £*5 280* - **$8,240**
✏ *Scapa-flow* - Aquarell/Papier (28x39cm-11x15in) Hamburg 97 .... FF*6 067* - £*64 9 8* - **$1,057**

STRÅÅT Hjalmar 1885-1971 [8]
🖼 *Rumsinteriör med läsande kvinnor* - Oil/panel (34x49cm-13x19in) Söderköping 91 ..... FF*3 020* - £*307* - **$545**

STRAATEN van Bruno I 1786-1870 [2]
🖼 *Italainate landscape* - Oil/panel (28x34cm-11x13in) Amsterdam 94 .... FF*9 130* - £*1 080* - **$1,640**

S

STRAATEN van Bruno II 1812-1887 [3]
🖼 *Wooded hilly landscape* - Oil/panel (35x45cm-14x18in) Amsterdam 93 .... FF5 120 - £612 - **$986**
STRACCA Guglielmo 1889-1979 [6]
🖼 *Tramonto* - Olio/tavola (31x70cm-12x28in) Trieste 95 .... FF4 620 - £585 - **$900**
STRACHAN Arthur Claude 1865-1929 [53]
✎ *Cattle at Pasture* - Watercolour (28x45cm-11x18in) London 97 .... FF3 575 - £380 - **$618**
Cottage by a river - Watercolour (28x45cm-11x18in) London 93 .... FF11 620 - £1 400 - **$2,030**
Cottage garden, Evesham - Watercolour (37x52cm-15x20in) London 95 .... FF41 050 - £5 200 - **$8,250**
STRACK Ludwig Philipp 1761-1836 [3]
🖼 *Paysage animé de bergers* - Huile/toile (86x121cm-34x48in) Paris 95 .... FF280 000 - £35 400 - **$56,600**
STRACKE Louis 1886-1934 [1]
🖼 *Two nude children playing*
          Oil/canvas/board (88x180cm-35x71in) Bloomfield Hills, Michigan 91 .... FF31 350 - £3 147 - **$5,424**
STRACKLECKY Wandalin 1855-1917 [1]
🖼 *Jagdgesellschaft mit Hunden* - Oil/canvas (25x48cm-10x19in) Wien 91 .... FF14 440 - £1 455 - **$2,506**
STRADONE Giovanni 1911-1981 [38]
🖼 *Vaso di ginestre* - Olio/tela (48x29cm-19x11in) Roma 95 .... FF6 690 - £858 - **$1,342**
🖼 *Torre romana* - Olio/tela (45x56cm-18x22in) Milano 94 .... FF29 400 - £3 400 - **$5,020**
🖼 *Colosseo* - Olio/tela (80x70cm-31x28in) Roma 93 .... FF64 000 - £7 190 - **$11,460**
STRAETEN van der Frits XIX-XX [1]
🗿 *Bust of a girl* - Bronze (23cm-9in) Amsterdam 92 .... FF2 580 - £264 - **$506**
STRAETEN van der Georges 1856-1928 [32]
🗿 *A girl playing mandolin* - Bronze (57cm-22in) London 94 .... FF5 880 - £700 - **$1,120**
Gentleman rider - Bronze (39cm-15in) London 96 .... FF16 980 - £2 000 - **$3,334**
STRAETEN van Henri 1892-1944 [5]
🖼 *Nu au soutien-gorge* - Huile/toile (100x80cm-39x31in) Antwerpen 96 .... FF9 850 - £1 272 - **$1,903**
STRAHAN Geoffrey ?-1916 [2]
✎ *Birwan Wood, Gurais Valley, India*
          Watercolour (86x57cm-34x22in) Billinghurst, West Sussex 92 .... FF1 753 - £180 - **$337**
STRAHN Peter Josef, Jo 1904-? [3]
🖼 *Bauer vor einer Bauernhof* - Öl/Leinwand (60x50cm-24x20in) Köln 95 .... FF9 930 - £1 255 - **$1,990**
STRAKA Josef 1864-1946 [4]
🖼 *Landungssteg am Traunsee* - Oil/canvas (40x50cm-16x20in) Wien 91 .... FF15 400 - £1 552 - **$2,672**
STRALENDORFF-EILERS von Friderun XX [4]
🗿 *Stehendes Fohlen* - Bronze (20cm-8in) München 95 .... FF4 054 - £518 - **$832**
STRAND Paul 1890-1976 [47]
📷 *The Steerage*
          Photogravure/Japan vellum, large-format (33x26cm-13x10in) New-York 96 .... FF35 760 - £4 610 - **$7,000**
Driftwood #3, Maine - Platinum print (18x23cm-7x9in) New-York 96 .... FF123 800 - £15 900 - **$24,000**
STRANDBERG Frithiof 1906-1988 [2]
🖼 *Mjölkbilen har kommit* - Oil/canvas (54x57cm-21x22in) Göteborg 90 .... FF3 200 - £340 - **$572**
STRANDBERG Gabriel 1885-1966 [2]
🖼 *Forsen* - Oil/board (54x45cm-21x18in) Stockholm 89 .... FF6 100 - £643 - **$1,027**
STRANDBERG Hedvig 1842-1931 [2]
🖼 *Träd samt uppdragna batar* - Öil/canvas (51x64cm-20x25in) Stockholm 90 .... FF9 800 - £1 043 - **$1,753**
STRANDMAN Otto 1871-1960 [3]
🗿 *Tre dansande gracer* - Bronze (26cm-10in) Stockholm 92 .... FF6 130 - £628 - **$1,080**
STRANDQVIST Kjell 1944 [2]
✎ *Svart-Orange-Vitt* - Gouache (80x122cm-31x48in) Stockholm 92 .... FF5 780 - £691 - **$1,112**
STRANDSKY Ferdinand 1904-1982 [1]
✎ *Dächer, Aussicht vom Rennerhof* - Charcoal/paper (24x33cm-9x13in) Wien 92 .... FF4 330 - £444 - **$763**
STRANG Johan Johachim 1703-1763 [1]
🖼 *Gustaf Adolph Macklien* - Oil/canvas (70x56cm-28x22in) Stockholm 95 .... FF9 510 - £1 220 - **$1,920**
STRANG Michael J. 1942 [3]
🖼 *Poppy Field, Cockwells* - Oil/board (61x79cm-24x31in) Penzance, Cornwall 94 .... FF5 540 - £650 - **$986**
STRANG Ray C. 1893-1957 [4]
🖼 *Girl bring cake to farmer* - Oil/canvas (81x71cm-32x28in) New-York 94 .... FF14 270 - £1 676 - **$2,500**
STRANG William 1859-1921 [30]
🖼 *Self Portrait* - Oil/canvas/board (58x43cm-23x17in) London 97 .... FF9 337 - £1 000 - **$1,613**
🖼 *A woman feeding her baby* - Etching (58x43cm-23x17in) London 94 .... FF2 000 - £240 - **$381**
✎ *Nude study* - Black chalk (37x25cm-15x10in) London 95 .... FF12 550 - £1 600 - **$2,530**
STRANGE Albert G. XIX-XX [2]
✎ *Cranborne Manor House* - Watercolour (36x51cm-14x20in) London 95 .... FF3 560 - £450 - **$715**
STRANGE Robert 1721-1792 [1]
✎ *Prince Edward Stuart in armour* - Miniature (5cm-2in) Fingask Castle, Rait 93 .... FF24 900 - £3 000 - **$4,350**
STRANKMüLLER Franz Karl [6]
🗿 *Weiblicher Akt* - Sculpture (13cm-5in) Wien 91 .... FF7 191 - £825 - **$1,373**
STRANSKY Ferdinand 1904-1982 [38]
🖼 *Grauer Kopf* - Oil/panel (63x47cm-25x19in) Wien 96 .... FF17 050 - £2 213 - **$3,370**
🖼 *Prost* - Oil/panel (55x71cm-22x28in) Wien 97 .... FF43 128 - £4 536 - **$7,407**
✎ *Wartende* - Aquarell/Papier (28x40cm-11x16in) Wien 96 .... FF7 200 - £873 - **$1,400**
STRASSBERGER Richard 1868-1938 [2]
🖼 *Alter und stattlicher Hernn* - Öl/Leinwand (130x75cm-51x30in) Leipzig 93 .... FF2 880 - £345 - **$555**

STRASSBERGER Walther 1879-? [1]
🐦 Hesssiches (?) Dorf an einem Fluss - Öl/Leinwand (45x34cm-18x13in) Hamburg 95 .... FF3 160 - £418 - **$641**

STRASSER Arthur 1854-1927 [8]
🗿 Charmeur de serpent - Bronze (47cm-19in) Paris 92 .... FF17 000 - £2 030 - **$3,270**
Young Arab musician - Bronze (61cm-24in) New-York 93 .... FF41 300 - £4 700 - **$7,000**

STRASSER Benjamin 1888-1955 [1]
🐦 Dr. Carl Esser - Oil/canvas/panel (90x73cm-35x29in) Stuttgart 96 .... FF5 060 - £614 - **$984**

STRASSER Jakob 1896-1978 [3]
🐦 Wildflowers in a jug - Oil/canvas (62x49cm-24x19in) New-York 94 .... FF10 100 - £1 193 - **$1,800**

STRASSER Margarethe 1885-1979 [2]
🐦 Azaleenstock und Ringelblumen - Oil/canvas (66x56cm-26x22in) Wien 91 .... FF9 620 - £969 - **$1,669**

STRASSER Roland 1895-1974 [68]
🐦 Temple dancer, Bali - Oil/canvas (99x60cm-39x24in) Toronto 92 .... FF43 000 - £4 400 - **$7,570**
Balinese man holding a rooster - Oil/canvas (100x80cm-39x31in) Singapore 95 .... FF259 700 - £33 100 - **$52,300**
🗿 Balinese beauty - Terracotta (28cm-11in) Singapore 95 .... FF25 970 - £3 310 - **$5,230**
✏ Geisha girl - Gouache (87x41cm-34x16in) London 93 .... FF14 100 - £1 700 - **$2,465**

STRASSGSCHWANDTNER Josef Anton, Tony 1826-1881 [5]
🐦 Franz Josef awarding his generals - Oil/canvas (73x102cm-29x40in) London 92 .... FF402 000 - £48 000 - **$77,300**
✏ Kosaken - Pencil/paper (20x25cm-8x10in) Wien 95 .... FF3 900 - £506 - **$771**

STRATEN van Henri 1892-1944 [9]
🐦 Musique barbare - Huile/toile (63x96cm-25x38in) Lokeren 94 .... FF9 900 - £1 153 - **$1,734**
✏ Trois femmes - Aquarelle (32x21cm-13x8in) Lokeren 95 .... FF2 740 - £342 - **$554**

STRATHMANN Carl 1866-1939 [5]
🐦 Frühling - Öl/Leinwand (84x106cm-33x42in) München 93 .... FF75 200 - £8 910 - **$13,580**

STRATIGOS Georgios 1880-1944 [1]
🐦 A Good Story - Oil/board (36x29cm-14x11in) Athens 94 .... FF10 220 - £1 212 - **$1,890**

STRATMANN Robert 1877-1950 [1]
🐦 Moorgraben bei Worpswede - Öl/Leinwand (80x100cm-31x39in) Bremen 93 .... FF6 100 - £730 - **$1,174**

STRAUB Georg 1805-1877 [1]
🖼 Berne - Aquatinte (45x46cm-18x18in) Bern 96 .... FF8 960 - £1 087 - **$1,743**

STRAUB Karl 1900-? [1]
📷 Self-portrait with my Wife - Gelatin silver print (20x15cm-8x6in) New-York 94 ...... FF17 420 - £2 020 - **$3,000**

STRAUBE William 1871-1954 [10]
🐦 Das Kupferstichkabinett - Öl/Leinwand (56x46cm-22x18in) Köln 95 .... FF8 580 - £1 123 - **$1,743**
✏ Reich der Schatten - Tempera/paper (72x103cm-28x41in) Stuttgart 94 .... FF3 090 - £367 - **$571**

STRAUBINGER Klaus 1839-? [1]
✏ Buntes Blumenbild - Gouache (42x44cm-17x17in) Bremen 93 .... FF3 134 - £358 - **$530**

STRAUCH Ludwig Karl 1875-1959 [8]
🐦 Blumenstrauß und Äpfeln - Oil/canvas (62x53cm-24x21in) Wien 90 .... FF16 800 - £1 718 - **$3,316**

STRAUS Meyer 1831-1905 [4]
🐦 Morning, Swamp Bayou - Oil/board (25x20cm-10x8in) New Orleans, Louisiana 94 .... FF28 700 - £3 414 - **$5,250**

STRAUSFELD Peter 1910-1980 [7]
🖼 Zéro de Conduite... - Poster (76x51cm-30x20in) London 96 .... FF5 780 - £750 - **$1,143**

STRAUSS André 1885-1971 [22]
🐦 Barques dans le port de Douarnenez - Huile/panneau (37x45cm-15x18in) Quimper 97 .... FF2 500 - £268 - **$438**
Automne dans le Tarn - Huile/toile (80x80cm-31x31in) Paris 95 .... FF4 000 - £484 - **$753**
Le port de Douarnenez - Huile/toile (80x100cm-31x39in) Monaco 93 .... FF14 000 - £1 750 - **$2,546**

STRAUSS Carl 1873-1957 [1]
🖼 Vues d'Italie - Eau-forte Zofingen 95 .... FF2 760 - £350 - **$556**

STRAUSS Dirk 1884-1963 [1]
🐦 Poppies in a jug on a chair - Oil/canvas (60x50cm-24x20in) Amsterdam 92 .... FF2 260 - £263 - **$461**

STRAUSS Libor 1911-1978 [1]
🐦 Bergsee mit Matterhorn - Öl/Karton (54x69cm-21x27in) Kempten 96 .... FF2 030 - £241 - **$396**

STRAUSS Malcolm A. 1883-1936 [3]
🖼 Automobile Club, New Armory - Poster (105x71cm-41x28in) New-York 95 .... FF11 700 - £1 524 - **$2,400**

STRAUTIN Wally 1898-? [1]
🐦 Abstraction - Oil/canvas/board (74x66cm-29x26in) Chicago 94 .... FF2 283 - £267 - **$400**

STRAWALDE 1931 [4]
🐦 Schwarze Collage - Mixed media/panel (80x60cm-31x24in) Berlin 95 .... FF75 500 - £9 870 - **$15,330**
✏ Ohne Titel - Mixed media/paper (52x67cm-20x26in) Berlin 95 .... FF24 900 - £3 100 - **$4,870**

STRAWINSKY Théodore 1907-1989 [1]
✏ Trauben, Kelch und Tasse - Pastel (26x34cm-10x13in) Bern 95 .... FF7 310 - £950 - **$1,502**

STRAYER Paul 1885-1981 [1]
🐦 Battle at covered wagons - Oil/canvas (71x91cm-28x36in) New-York 93 .... FF7 150 - £897 - **$1,300**

STRAZNICKY Frantisek 1913-1985 [2]
🐦 Weiblicher Akt - Coloured chalks (67x52cm-26x20in) Lindau 95 .... FF2 010 - £271 - **$416**

STRCHINE von Stefanie 1858-? [1]
🐦 Sommerlandschaft - Öl/Karton (23x31cm-9x12in) München 94 .... FF6 150 - £740 - **$1,170**

STREBEL Fritz 1920 [9]
🐦 Figurengruppe - Oil/canvas (83x101cm-33x40in) Zofingen 92 .... FF10 410 - £1 064 - **$1,834**
✏ Lesendes Mädchen - Aquarell (65x42cm-26x17in) Zofingen 93 .... FF4 130 - £498 - **$755**

STREBEL Richard 1861-? [1]
- *Burg Kufstein im Abendlicht* - Öl/Karton (25x40cm-10x16in) München 92 ..... FF2 035 - £243 - $392

STREBELLE Jean-Marie 1916-1989 [3]
- *Carnaval d'Ostende* - Huile/toile (115x160cm-45x63in) Bruxelles 97 ..... FF13 915 - £1 522 - $2,431

STREBELLE Olivier 1927 [7]
- *Comme une prière* - Bronze (30cm-12in) Antwerpen 92 ..... FF11 530 - £1 377 - $2,220

STREBELLE Rodolphe 1880-1959 [11]
- *Femme enceinte* - Huile/toile (85x70cm-33x28in) Lokeren 93 ..... FF26 370 - £3 150 - $4,800
- *Crédit communal* - Gouache (55x38cm-22x15in) Lokeren 93 ..... FF3 234 - £370 - $551

STRECHINE von Stephanie 1858-? [5]
- *Reichenau am Bodensee* - Öl/Karton (33x24cm-13x9in) Lindau 94 ..... FF7 500 - £896 - $1,413

STRECKENBACH Max Theodor 1865-1936 [10]
- *Flowers in vase* - Oil/canvas (50x71cm-20x28in) San Francisco-Los Angeles 93 ..... FF16 500 - £2 070 - $3,000

STRECKER Emil 1841-1925 [2]
- *Hansl will nicht mehr stehen* - Öl/Leinwand (57x74cm-22x29in) Wien 97 ..... FF18 164 - £1 930 - $3,131
- *Wiegenlied* - Öl/Leinwand (72x57cm-28x22in) Bremen 94 ..... FF55 000 - £6 550 - $10,460

STRECKER Johann Ludwig 1721-1799 [1]
- *Ehepaare Brandt* - Öl/Leinwand (91x76cm-36x30in) Heidelberg 96 ..... FF22 000 - £2 720 - $4,250

STRECKER Paul 1900-1950 [6]
- *Printemps au Luxembourg* - Öl/Leinwand (61x81cm-24x32in) Berlin 94 ..... FF37 600 - £4 430 - $6,690

STRECKFUSS Wilhelm 1817-1896 [4]
- *Gestürmte Burg* - Aquarell (15x23cm-6x9in) Berlin 93 ..... FF4 180 - £478 - $711

STREECK van Juriaen 1632-1687 [6]
- *Fruits and a chinese silver jug* - Oil/canvas/panel (46x39cm-18x15in) London 90 ..... FF106 500 - £11 476 - $18,783

STREEFKERK Carl August 1884-1968 [5]
- *Jewish quarter, Amsterdam* - Oil/canvas (40x30cm-16x12in) Amsterdam 95 ..... FF6 180 - £746 - $1,162

STREET Frank 1893-1944 [3]
- *Woman seated in garden* - Oil/panel (41x30cm-16x12in) New-York 94 ..... FF3 710 - £436 - $650

STREET Robert 1796-1865 [8]
- *Girl with a sheep* - Oil/canvas (76x61cm-30x24in) New Orleans, Louisiana 92 ..... FF8 670 - £888 - $1,700
- *Portrait of two young boys*
  Oil/canvas (152x104cm-60x41in) San Francisco-Los Angeles 92 ..... FF31 200 - £3 725 - $6,000

STREET Rubens Corregio 1826-? [1]
- *George Hinchman a child in gown* - Oil/canvas (75x61cm-30x24in) New-York 90 ..... FF27 200 - £2 810 - $4,806

STREHBLOW Heinrich 1862-? [1]
- *Ladies embroidering* - Oil/canvas (85x125cm-33x49in) London 91 ..... FF178 500 - £18 116 - $32,239

STREHL Johann ?-1862 [2]
- *Still life with fruit and a squirrel* - Oil/canvas (76x61cm-30x24in) London 95 ..... FF24 700 - £3 200 - $5,140

STREIBL Michael 1817-c.1859 [1]
- *Vipa och duva* - Oil/canvas (58x46cm-23x18in) Stockholm 90 ..... FF52 400 - £5 647 - $9,242

STREICHER Franz Nikolaus 1738-1811 [1]
- *Maria Magdalena* - Öl/Leinwand (71x46cm-28x18in) Wien 95 ..... FF3 500 - £442 - $702

STREICHMAN Yehezkel 1906-1993 [58]
- *Vase of flowers* - Oil/canvas/board (61x46cm-24x18in) Tel Aviv 96 ..... FF41 300 - £5 120 - $8,000
- *The Artist's Wife* - Oil/canvas (130x97cm-51x38in) Tel Aviv 97 ..... FF229 947 - £25 572 - $43,000
- *Landscape* - Watercolour (32x40cm-13x16in) Tel Aviv 97 ..... FF14 439 - £1 605 - $2,700
- *Composition* - Watercolour, gouache (91x106cm-36x42in) Tel Aviv 96 ..... FF41 400 - £5 120 - $8,000

STREIT Carl 1852-? [6]
- *Blick über die Nidda* - Öl/Karton (28x37cm-11x15in) Frankfurt 95 ..... FF5 180 - £689 - $1,068

STREIT Robert 1885-1957 [3]
- *Ruhende Diana* - Öl/Leinwand (66x166cm-26x65in) Wien 94 ..... FF14 650 - £1 743 - $2,790

STREITENFELD Ludwig 1849-1930 [1]
- *Stilleben* - Öl/Leinwand (63x39cm-25x15in) Köln 95 ..... FF5 310 - £662 - $1,037

STREITSCHEK Johann 1834-1893 [2]
- *Der Traunsee* - Öl/Leinwand (63x79cm-25x31in) Wien 96 ..... FF5 770 - £724 - $1,127

STREITT Franciszek 1839-1890 [9]
- *Orchstra* - Oil/panel (20x41cm-8x16in) Boston, Mass. 94 ..... FF32 830 - £3 854 - $5,750

STREMINSKI Wladislas 1892-1952 [2]
- *Composition* - Pencil/paper (27x21cm-11x8in) Amsterdam 94 ..... FF6 080 - £718 - $1,082

STREMPEL Horst 1904-1975 [3]
- *Die Begegnung* - Öl/Leinwand (82x60cm-32x24in) Köln 89 ..... FF4 400 - £450 - $707

STRETTI Victor 1878-1957 [1]
- *Schiffe auf der Moldau* - Oil/cardboard (59x73cm-23x29in) München 89 ..... FF5 100 - £537 - $859

STRETTON Philip Eustace c.1870-c.1920 [28]
- *Resting on the bank* - Oil/canvas (125x101cm-49x40in) Glasgow 96 ..... FF13 880 - £1 800 - $2,720
- *In the Master's Chair* - Oil/canvas (40x50cm-16x20in) London 96 ..... FF49 300 - £6 400 - $9,620
- *On the South devon, Brighton* - Bodycolour (24x34cm-9x13in) London 95 ..... FF1 930 - £240 - $388

STREUBEL Alfred 1861-? [4]
- *Obst und Championpflanzen* - Öl/Leinwand (55x48cm-22x19in) Köln 94 ..... FF2 713 - £324 - $522
- *Reflection* - Oil/canvas/board (63x53cm-25x21in) London 91 ..... FF10 840 - £1 093 - $2,113

STREVENS John 1902 [39]
- *La Parisienne* - Oil/canvas (46x35cm-18x14in) London 97 ..... FF5 184 - £550 - $893
- *La Petite Poodle* - Oil/canvas (45x35cm-18x14in) London 91 ..... FF14 960 - £1 496 - $2,464

STRICH-CHAPELL Walter 1877-1960 [34]
- Schneeschmelze - Oil/panel (34x44cm-13x17in) Stuttgart 92 .... FF6 770 - £787 - **$1,382**
- Herbstliche Wiesenlandschaft - Oil/panel (81x102cm-32x40in) Stuttgart 94 .... FF15 650 - £1 825 - **$2,740**
- Blühende Kastanien - Lithographie (42x30cm-17x12in) Stuttgart 90 .... FF2 000 - £214 - **$348**

STRICKLAND George, Bt. 1729-1808 [1]
- Inhabitants, North part of America - Ink (24x37cm-9x15in) London 89 .... FF5 800 - £593 - **$932**

STRID Hardy 1921 [14]
- Bubblan - Oil/canvas (61x91cm-24x36in) København 91 .... FF3 520 - £350 - **$605**
- Vindarnas säckpippa - Gouache (32x40cm-13x16in) Göteborg 95 .... FF2 627 - £328 - **$515**

STRIEFFLER Heinrich 1872-1949 [4]
- Limburg - Lithographie (25x36cm-10x14in) Heidelberg 95 .... FF2 120 - £275 - **$442**

STRIEFFLER Marie 1917-1987 [2]
- Sommerblumenstrauß - Oil/canvas (76x59cm-30x23in) Heidelberg 92 .... FF14 280 - £1 462 - **$2,514**

STRIEGLER Andreas Curt 1887-1956 [1]
- Vornehme Jagdgesellschaft - Öl/Karton (49x35cm-19x14in) Wien 95 .... FF12 730 - £1 650 - **$2,590**

STRIENING Jan 1827-1903 [1]
- Inspection of an icon - Oil/panel (21x16cm-8x6in) Amsterdam 93 .... FF3 920 - £468 - **$754**

STRINDBERG August 1849-1912 [15]
- Underlandet, 1894 - Oil/cardboard (75x53cm-30x21in) Stockholm 90 .... FF2 - £2 - **$3**
- Inferno - Oil (100x70cm-39x28in) London 92 .... FF4 - £430 000 - **$741,000**
- Waves - Oil/board (47x39cm-19x15in) London 92 .... FF670 000 - £80 000 - **$129,000**

STRINDBERG Tore 1882-1968 [12]
- Yngling - Bronze (51cm-20in) Stockholm 97 .... FF9 056 - £956 - **$1,564**
- Diana - Bronze (40cm-16in) Stockholm 92 .... FF31 600 - £3 780 - **$6,080**

STRINGA Alberto 1881-1931 [2]
- Ragazza in un interno - Olio/tela (160x97cm-63x38in) Roma 92 .... FF31 000 - £3 686 - **$5,960**

STRINGER Daniel 1754-? [1]
- Peter Brooke - Oil/canvas (123x93cm-48x37in) Mere Hall, Knutsford, Cheshire 94 .... FF161 000 - £19 000 - **$28,700**

STRINGER Thomas 1722-1790 [2]
- Huntsman & horses at Rostherne
  Oil/canvas (89x157cm-35x62in) Mere Hall, Knutsford, Cheshire 94 .... FF271 000 - £32 000 - **$48,300**

STRISIK Paul 1918 [5]
- Lane's Cove - Oil/board (25x51cm-10x20in) North Berwick, Maine 94 .... FF10 510 - £1 263 - **$2,000**
- Winter Patterns - Watercolour/paper (25x36cm-10x14in) Mystic, Connecticut 96 .... FF3 210 - £421 - **$650**

STRIXNER Johanna Nepomuk 1782-1855 [1]
- Le Mariage de la Vierge - Watercolour (43x55cm-17x22in) Sevenoaks, Kent 90 .... FF5 000 - £518 - **$879**

STROBENZ von Fritz, Frigyes 1856-1929 [2]
- An evening promenade - Oil/canvas (102x125cm-40x49in) London 96 .... FF59 600 - £7 000 - **$11,580**

STROBL Hans 1913-1974 [2]
- Winterlandschaft in Vorarlberg - Aquarell (38x59cm-15x23in) Lindau 94 .... FF9 600 - £1 113 - **$1,652**

STROBL Ingeborg 1949 [2]
- Ohne Titel - Aquarell/Papier (44x46cm-17x18in) Wien 94 .... FF3 410 - £409 - **$663**

STROBL Zsofia 1866-? [1]
- Flirting - Oil/canvas (74x56cm-29x22in) Delray Beach, Florida 95 .... FF9 760 - £1 257 - **$2,000**

STROEBEL Johannes Anthonie B. 1821-1905 [39]
- Rembrandt's auction - Oil/canvas (58x48cm-23x19in) London 96 .... FF23 840 - £2 800 - **$4,630**
- Eaves Dropping - Oil/panel (31x23cm-12x9in) Amsterdam 94 .... FF53 700 - £6 390 - **$10,200**
- An elegant couple going out - Watercolour/paper (27x19cm-11x7in) Amsterdam 97 .... FF5 181 - £547 - **$88,9 5**

STROELY Peter Eduard 1768-1826 [3]
- Lady in the guise of Diana the Huntress - Miniature (10cm-4in) Genève 92 .... FF33 200 - £3 420 - **$6,210**

STROGANOV Arcadia 1919-1978 [1]
- Paysage d'hiver en ville - Huile/carton (48x68cm-19x27in) Liège 92 .... FF14 940 - £1 530 - **$2,630**

STRÖHER Friedrich Karl 1876-1911 [1]
- Schmied Jakobs am Schraubstock - Oil/canvas (77x63cm-30x25in) Stuttgart 91 .... FF50 700 - £5 090 - **$8,772**

STROHHÄCKER Reinhold 1900-1975 [1]
- Glasfensterentwurf - Pastell (49x61cm-19x24in) Stuttgart 92 .... FF4 400 - £512 - **$898**

STRÖHLING Peter Eduard 1768-1826 [8]
- Young Lady standing - Oil/copper (48x38cm-19x15in) New-York 96 .... FF74 000 - £9 700 - **$15,000**

STROHMAYER Maté 1825-1890 [1]
- Bärtiger Mann mit Turban - Aquarell (75x48cm-30x19in) Bern 92 .... FF2 093 - £250 - **$403**

STROHOFER Hans 1885-1961 [2]
- Stehender weiblicher Akt - Oil/canvas/board (40x28cm-16x11in) Wien 92 .... FF16 840 - £1 690 - **$3,240**
- Das Kahlenbergerdorf bei Wien - Aquarell/Papier (17x16cm-7x6in) Wien 92 .... FF2 407 - £247 - **$424**

STRØM Charles W. 1886-1967 [5]
- Interiør med skatoll - Oil/canvas (68x55cm-27x22in) Oslo 91 .... FF4 780 - £479 - **$797**

STRØM Halfdan 1863-1949 [5]
- Coastal landscape - Oil/canvas (110x165cm-43x65in) København 95 .... FF14 180 - £1 810 - **$2,790**

STRÖM Israel 1742-1821 [1]
- Djurgården wid Stockholm - Watercolour (41x22cm-16x9in) Stockholm 96 .... FF3 050 - £394 - **$598**

STRÖMBERG Julia 1851-1920 [11]
- Stockholms inlopp i skymning - Oil/canvas (25x33cm-10x13in) Stockholm 97 .... FF7 547 - £797 - **$1,304**
- River landscape - Oil/canvas (98x160cm-39x63in) Stockholm 95 .... FF19 840 - £2 595 - **$3,970**

STRØMDAL Georg Fred. Nielsen 1856-1914 [1]
🌸 *Fastelavnsmorgen* - Oil/canvas (42x34cm-17x13in) Oslo 91 .... FF4 515 - £453 - **$754**
STROMEYER Helene Marie 1834-1924 [3]
🌸 *Roses in a glass vase* - Oil/panel (56x42cm-22x17in) London 95 .... FF4 690 - £600 - **$923**
STRØMME Olav 1909-1978 [23]
🌸 *Fra Ørsta* - Oil/panel (50x70cm-20x28in) Oslo 92 .... FF10 030 - £1 200 - **$1,930**
STRONG Elizabeth 1855-1941 [7]
🌸 *English setter with roses*
    Oil/canvas (152x104cm-60x41in) San Francisco-Los Angeles 93 .... FF9 350 - £1 173 - **$1,700**
STRONG Joseph D. 1852-1900 [1]
🌸 *Palm Grove, Hawaii* - Oil/canvas (61x51cm-24x20in) San Francisco-Los Angeles 96 .... FF8 290 - £1 040 - **$1,600**
STRONG Ray 1905 [7]
🌸 *A bend in the river* - Oil/board (46x122cm-18x48in) San Francisco-Los Angeles 94 .... FF13 920 - £1 645 - **$2,500**
STRONKHORST Barend Johan. 1876-1953 [1]
🌸 *Blumenstrauss in Holzzuber* - Öl/Leinwand (60x80cm-24x31in) Lindau 93 .... FF6 100 - £750 - **$1,098**
STROOBANT François 1819-1916 [11]
🌸 *Vue de Bruges* - Huile/toile (79x59cm-31x23in) Bordeaux 96 .... FF19 000 - £2 230 - **$3,740**
✏ *Le pont de Prague a la Hradschine*
    Aquarelle, gouache/papier (19x25cm-7x10in) Bruxelles 97 .... FF1 797 - £195 - **$318**
STROPPA Leonardo 1900-1991 [2]
🌸 *Rose* - Olio/masonite (70x50cm-28x20in) Torino 93 .... FF5 120 - £579 - **$862**
STROTHMANN Fred 1879-1958 [1]
✏ *Couple drinking tea* - Watercolour (25x41cm-10x16in) New-York 96 .... FF2 563 - £304 - **$500**
STROUDLEY James 1906-1988 [9]
🌸 *Nude upon a pebbled beach* - Oil/canvas (71x92cm-28x36in) London 93 .... FF22 600 - £2 600 - **$3,900**
STROYNOWSKI Leonard 1858-1935 [2]
🌸 *Filisacy* - Oil/canvas (57x83cm-22x33in) Warszawa 93 .... FF8 110 - £857 - **$1,313**
STRUBEL René 1943 [4]
🌸 *Enfant dans les nuages* - Technique mixte/panneau (150x170cm-59x67in) Paris 90 .... FF5 500 - £570 - **$967**
STRÜBIN Robert 1897-1965 [5]
✏ *Musikbild J. Brahms* - Gouache (61x66cm-24x26in) Zürich 96 .... FF33 940 - £4 400 - **$6,710**
STRUCK Hermann 1876-1944 [37]
🌸 *Salmon Boats* - Oil/canvas (71x81cm-28x32in) San Francisco-Los Angeles 94 .... FF8 120 - £962 - **$1,500**
🖼 *Studying the Torah* - Aquatint (32x49cm-13x19in) Tel Aviv 97 .... FF4 013 - £446 - **$750**
✏ *Haifa, House and Palm Trees* - Watercolour (19x35cm-7x11in) Tel Aviv 94 .... FF3 850 - £455 - **$700**
STRUDWICK John Melhuish 1849-1937 [6]
🌸 *Isabella and the Pot of Basil* - Oil/panel (25x17cm-10x7in) New-York 94 .... FF702 000 - £81 200 - **$120,000**
STRUNKE Laris 1931 [2]
🌸 *Bryggan* - Oil/canvas (98x72cm-39x28in) Stockholm 93 .... FF4 940 - £560 - **$835**
STRUPLER Hans Rudolf 1935 [7]
✏ *Versunkene Kultur* - Gouache (25x40cm-10x16in) Zürich 96 .... FF4 670 - £605 - **$923**
STRUSCHKA Ella 1871-1960 [1]
🌸 *Wald* - Öl/Leinwand (47x63cm-19x25in) Wien 93 .... FF2 475 - £293 - **$412**
STRUSS Karl 1886-1981 [44]
📷 *Near City College, New York* - Platinum print (10x8cm-4x3in) New-York 96 .... FF8 800 - £1 088 - **$1,700**
STRUTH Thomas 1954 [11]
📷 *Via Sanita* - Photograph (43x86cm-17x34in) New-York 97 .... FF10 526 - £1 112 - **$1,800**
STRUTT Alfred William 1856-1924 [14]
🌸 *Attack/Defeat* - Oil/canvas (46x62cm-18x24in) New-York 93 .... FF48 100 - £6 030 - **$8,750**
✏ *I Hope I Don't Intrude*
    Watercolour, gouache (28x42cm-11x17in) Billinghurst, West Sussex 93 .... FF32 150 - £3 700 - **$5,550**
STRUTT Arthur John 1819-1888 [9]
🌸 *Ruins in the Campagna* - Oil/canvas (148x51cm-58x20in) London 96 .... FF59 000 - £7 000 - **$11,520**
STRUTT Jacob George 1790-1864 [12]
🌸 *Cattle watering by a bridge* - Oil/canvas (46x60cm-18x24in) Billinghurst, West Sussex 91 ...... FF7 980 - £794 - **$1,372**
🌸 *Palazzo del Podesta, Rome* - Oil/canvas (30x46cm-12x18in) London 91 .... FF59 300 - £5 991 - **$11,772**
✏ *Forêt de chênes* - Sanguine (29x23cm-11x9in) Genève 96 .... FF1 987 - £230 - **$381**
STRUTT William 1826-1915 [21]
✏ *Molodetz and Moscow* - Watercolour (21x24cm-8x9in) London 96 .... FF2 770 - £360 - **$542**
STRÜTZEL Otto 1855-1930 [48]
🌸 *Sonnenuntergangsstimmung* - Öl/Leinwand (75x100cm-30x39in) München 93 .... FF12 880 - £1 540 - **$2,480**
🌸 *Bauer mit Rinderherde* - Oil/canvas (100x76cm-39x30in) München 94 .... FF40 600 - £4 071 - **$6,702**
🌸 *Gothland, Schweden* - Öl/Leinwand (100x150cm-39x59in) Pforzheim 94 .... FF112 600 - £13 520 - **$21,300**
STRÜWER Ardy 1939 [25]
✏ *Uppenbarelse vid Wannsee* - Acrylic/canvas (50x70cm-20x28in) Göteborg 94 .... FF4 700 - £561 - **$881**
🖼 *Komposition med påfågelsskrud* - Lithograph (58x74cm-23x29in) Göteborg 92 .... FF2 214 - £265 - **$426**
STRUYCKEN Peter 1939 [16]
🌸 *Structuur XVI-67* - Celluloid pant/perpex (100x100cm-39x39in) Amsterdam 95 .... FF30 860 - £4 040 - **$6,180**
✏ *Verfienste voorstudie structuur III* - Gouache/paper (51x49cm-20x19in) Amsterdam 97 .... FF7 324 - £768 - **$1,256**
STRUYS Alexandre 1852-1941 [2]
🌸 *The parrot-lady* - Oil/canvas (84x65cm-33x26in) Amsterdam 94 .... FF8 540 - £991 - **$1,470**
STRYDONCK van Guillaume 1861-1937 [31]
🌸 *Le verger* - Huile/toile (60x75cm-24x30in) Bruxelles 97 .... FF8 998 - £940 - **$1,540**

Coucher de soleil à Weert - Huile/toile (99x150cm-39x59in) Lokeren 96 .... FF28 000 - £3 564 - **$5,390**
Fillette jouant avec des cubes - Pastel (62x48cm-24x19in) New-York 96 .... FF25 960 - £3 310 - **$5,000**
STRYJENSKA Zofia, née Lubanska 1894-1976 [8]
Landscape - Oil/canvas/panel Detroit, Michigan 94 .... FF13 160 - £1 523 - **$2,250**
Wianki - Tempera/paper (47x59cm-19x23in) Warszawa 96 .... FF18 320 - £2 285 - **$3,540**
STRYZENSKI Edmée 1848-? [2]
L'Espagnole - Aquarelle (19x14cm-7x6in) Saint-Dié 95 .... FF1 500 - £197 - **$308**
STRZALECKI Janusz 1902-1983 [4]
Nature morte - Huile/carton (32x33cm-13x13in) Warszawa 96 .... FF4 100 - £518 - **$818**
STRZALECKI Wandalin 1855-1917 [1]
Przed Palacem - Oil/canvas (66x41cm-26x16in) Warszawa 93 .... FF43 350 - £4 720 - **$7,260**
STRZEMINSKI Wladyslaw 1893-1952 [3]
Niwiarki - Gouache (65x33cm-26x13in) Warszawa 96 .... FF11 020 - £1 381 - **$2,150**
STUART Alexander Charles 1831-1898 [3]
USS Octorara - Watercolour/paper (33x48cm-13x19in) Mystic, Connecticut 96 .... FF6 720 - £843 - **$1,300**
STUART Charles XIX-XX [24]
Sumptuous display of fruit - Oil/canvas (53x91cm-21x36in) London 93 .... FF14 940 - £1 800 - **$2,610**
Grosses Früchtstilleben - Öl/Leinwand (68x99cm-27x39in) Wien 96 .... FF38 400 - £4 650 - **$7,460**
STUART Gilbert 1755-1828 [21]
Portrait of Doctor James LLoyd
Oil/canvas/panel (84x67cm-33x26in) New-York 97 .... FF140 105 - £14 738 - **$24,000**
STUART James 1779-1849 [1]
Views of Italy and Switzerland - Watercolour (17x26cm-7x10in) London 96 .... FF11 620 - £1 500 - **$2,244**
STUART James Everett 1852-1941 [9]
Cloudy Day, Yosemite Valley
Oil/canvas (91x132cm-36x52in) San Francisco-Los Angeles 92 .... FF7 350 - £854 - **$1,500**
STUART James Reeve 1834-1915 [1]
Fred Barndollar seated in uniform
Oil/canvas (61x51cm-24x20in) New Orleans, Louisiana 95 .... FF38 500 - £4 730 - **$7,500**
STUART Jane c.1816-1888 [2]
George Washington - Oil/canvas (76x64cm-30x25in) Denver, Colorado 95 .... FF12 280 - £2 400 - **$1,554**
STUART Jane E. 1812-1888 [1]
Queen of the Harem - Oil/canvas (71x64cm-28x25in) New Orleans, Louisiana 96 .... FF14 500 - £1 792 - **$2,800**
STUART William XIX [2]
Howe's action, Glorious 1st of June - Oil/canvas (69x90cm-27x35in) London 96 .... FF59 400 - £7 000 - **$11,670**
STUBBS George 1724-1806 [26]
Mr. Ogilvy's bay racehorse - Oil/canvas (101x132cm-40x52in) New-York 92 .... FF1 - £203 300 - **$350,000**
STUBBS George Townley 1756-1815 [3]
Eclipse - Engraving (30x35cm-12x14in) London 96 .... FF5 520 - £650 - **$1,084**
STUBBS James H. Phillipson 1810-1864 [1]
Artiste peignant, plaine de la Mitidja - Huile/toile (33x49cm-13x19in) Paris 94 .... FF13 000 - £1 555 - **$2,546**
STUBBS Kenneth 1907-? [2]
Abstract Forms - Tempera/panel (41x27cm-16x11in) New-York 95 .... FF5 910 - £773 - **$1,200**
STUBBS William Pierce 1842-1909 [6]
Three-Masted Schooner A.B. Sherman - Oil/canvas (56x91cm-22x36in) New-York 97 .... FF19 932 - £2 155 - **$3,500**
STÜBCHEN-KIRCHNER Robert 1852-? [1]
Alte Frau in Festtagstracht - Aquarell/Papier (47x29cm-19x11in) Wien 94 .... FF7 810 - £905 - **$1,344**
STUBENRAUCH Hans 1875-1941 [7]
Es war einmal - Oil/board (51x119cm-20x47in) Wien 92 .... FF3 610 - £362 - **$694**
Der Fischdiebstahl - Pencil (34x44cm-13x17in) München 93 .... FF2 204 - £264 - **$424**
STUBER Dedrick Brandes 1878-1954 [20]
Field and clouds - Oil/canvas/board (41x51cm-16x20in) San Francisco-Los Angeles 93 .... FF8 250 - £1 035 - **$1,500**
Desert Clouds - Oil/canvas (76x91cm-30x36in) San Francisco-Los Angeles 93 .... FF47 300 - £5 370 - **$8,000**
STUBER Michael Joseph 1873-1954 [2]
Last port - Oil/board (51x61cm-20x24in) Los Angeles 90 .... FF22 900 - £2 373 - **$4,025**
STUBER Nikolaus Gottfried 1688-1749 [1]
Potentat upon a sun throne - Ink (34x50cm-13x20in) London 93 .... FF3 650 - £420 - **$630**
STÜBNER Hans 1900 [2]
Pont sur la Seine, Paris - Oil/canvas (48x58cm-19x23in) London 90 .... FF34 900 - £3 617 - **$6,134**
STÜBNER Robert Emil 1874-1931 [8]
Vor dem Spiegel - Oil/canvas (103x87cm-41x34in) Köln 91 .... FF64 700 - £6 486 - **$11,850**
STUCHLITZ Camill 1863-1940 [1]
Kvinna i folkdräkt - Pastel (105x80cm-41x31in) Malmö 93 .... FF19 030 - £2 245 - **$3,346**
STUCK von Franz 1863-1928 [118]
Maria Vassiliou - Oil/panel (65x54cm-26x21in) Athens 93 .... FF28 800 - £3 310 - **$4,950**
Mary im Velazquez-Kostüm - Oil/panel (53x45cm-21x18in) Köln 95 .... FF134 800 - £17 020 - **$27,000**
Phantastische Jagd - Oil/canvas (74x183cm-29x72in) London 96 .... FF469 500 - £58 000 - **$90,600**
Innocence - Huile/toile (68x60cm-27x24in) Paris 93 .... FF730 000 - £83 900 - **$125,400**
Athlet - Bronze (66cm-26in) Zürich 93 .... FF35 600 - £4 080 - **$6,070**
Feinde Ringsum - Bronze (70cm-28in) London 95 .... FF62 300 - £8 000 - **$12,570**
Richard Müller - Pastell/Karton (53x46cm-21x18in) München 92 .... FF5 100 - £522 - **$1,000**
Die Tochter der Herodias - Charcoal/paper (47x42cm-19x17in) Heidelberg 93 .... FF36 750 - £4 290 - **$6,040**

Lady in Profile - Pastel (53x45cm-21x18in) Wien 96.. FF302 300 - £36 650 - **$58,800**
STÜCKELBERG Ernst 1831-1903 [12]
An der Quelle - Oil/canvas (66x39cm-26x15in) Zürich 91 .... FF15 840 - £1 588 - **$2,615**
STÜCKELBERGER Wilhelm 1867-1926 [2]
General Herzog zu Pferd - Aquarell/Papier (30x20cm-12x8in) Zofingen 96 .... FF2 070 - £258 - **$399**
STUCKENBERG Fritz 1881-1944 [2]
Abstraktion mit schwarzem Linien - Aquarell/Papier (38x27cm-15x11in) Berlin 95 ... FF24 900 - £3 100 - **$4,870**
STÜCKGOLD Stanislaw 1868-1933 [3]
Weiblicher sitzender Rückenakt - Oil/canvas (46x32cm-18x13in) München 94 .... FF5 130 - £602 - **$914**
STUDD Arthur Haythorne 1863-1919 [5]
Vue de Venise - Huile/panneau (40x24cm-16x9in) Paris 89 .... FF3 300 - £319 - **$501**
STUDDY George XIX-XX [2]
War time studies - Ink (48x32cm-19x13in) London 92 .... FF1 954 - £200 - **$383**
STUDDY George Ernest 1878-1925 [10]
Sequential drawing - Watercolour (36x28cm-14x11in) New-York 96 .... FF11 780 - £1 398 - **$2,300**
STUEMPFIG Walter 1914-1970 [16]
Boys bathing - Oil/canvas (46x36cm-18x14in) New-York 94 .... FF19 700 - £2 370 - **$3,750**
STUERS de L.H. 1830-1869 [1]
Marines - Aquarelle/papier (15x23cm-6x9in) Bruxelles 93 .... FF4 940 - £591 - **$1,010**
STUERS de Victor E.L. 1843-1916 [1]
January's flowers - Oil/canvas (38x47cm-15x19in) Tel Aviv 95 .... FF8 530 - £1 070 - **$1,700**
STUHLMÜLLER Karl 1859-1930 [37]
Viehmarkt im Dachauer Land - Öl/Leinwand (14x31cm-6x12in) München 95 .... FF63 800 - £8 060 - **$12,800**
Winter market scene - Oil/canvas (35x57cm-14x22in) London 94 .... FF173 500 - £20 500 - **$31,160**
STUHR William 1882-1958 [8]
Hudson River - Oil/canvas (70x90cm-28x35in) København 95 .... FF3 980 - £489 - **$775**
STULL Henry 1852-1913 [22]
A Racehorse with Jockey up - Oil/canvas (58x71cm-23x28in) New-York 96 .... FF21 700 - £2 813 - **$4,250**
Heads Apart - Oil/canvas (30x43cm-12x17in) New-York 94 .... FF101 100 - £11 860 - **$18,000**
STULL Jean Deforest 1910-1972 [2]
Returning from work at dusk - Oil/canvas (73x91cm-29x36in) North Bethesda, MD. 91 ...... FF13 450 - £1 348 - **$2,463**
STULTUS Dyalma 1901-1977 [11]
Intimità - Olio/faesite (76x68cm-30x27in) Trieste 95 .... FF17 940 - £2 030 - **$3,430**
Dopo la pioggia - Acquarello/carta (48x34cm-19x13in) Trieste 95 .... FF2 464 - £312 - **$480**
STUMP Samuel John 1785-1863 [6]
A lady, facing right in white dress - Miniature (5cm-2in) London 94 .... FF5 930 - £700 - **$1,056**
STUMPF Wilhelm 1873-1928 [1]
Wiesenblumenstrauß liegend - Oil/canvas (80x60cm-31x24in) Stuttgart 90 .... FF6 380 - £645 - **$1,214**
STUNDL Theodor 1875-1934 [2]
Posierender Frauenakt - Bronze (26cm-10in) Wien 97 .... FF7 651 - £816 - **$1,323**
STUNTZ Johann Baptist 1753-1836 [1]
Vue sur le lac de Brienne - Gravure (28x42cm-11x17in) Paris 96 .... FF8 000 - £1 035 - **$1,570**
STUPAR Marko 1936 [10]
Le Jardin du Luxembourg - Huile/toile (27x46cm-11x18in) Paris 92 .... FF8 500 - £1 014 - **$1,635**
Jardin d'enfants - Huile/toile (60x73cm-24x29in) Grenoble 92 .... FF25 000 - £2 560 - **$4,400**
Femme assise dans un intérieur - Gouache/carton (47x36cm-19x14in) Bruxelles 94 ... FF3 164 - £367 - **$545**
STUPPIN Jack 1933 [2]
Point Reyes, Drakes Bay
    Acrylic/canvas (76x101cm-30x40in) San Francisco-Los Angeles 95 .... FF8 800 - £1 140 - **$1,800**
STURANI Mario 1906-1978 [1]
Due teste - Olio/tavola (28x35cm-11x14in) Milano 94 .... FF2 784 - £329 - **$496**
STURDEE Percy XIX-XX [2]
Portrait of a lady, seated - Oil/canvas (92x71cm-36x28in) London 93 .... FF3 600 - £450 - **$653**
STURGEON Josiah John XX [10]
On a trawler in Brixham - Watercolour (25x33cm-10x13in) Aylsham, Norfolk 92 ..... FF1 954 - £200 - **$407**
STURGES Jock 1947 [23]
Last day of Summer #2, France - Gelatin silver print (43x36cm-17x14in) New-York 95 ...... FF15 500 - £1 994 - **$3,200**
STURGIS Louise 1962 [2]
Angels on horseback - Oil/canvas (38x38cm-15x15in) London 90 .... FF3 100 - £334 - **$547**
STURLA Michel XIX-XX [3]
La Villa Suzini, Alger - Huile/toile (19x26cm-7x10in) Paris 96 .... FF10 000 - £1 158 - **$1,916**
STURM Fritz Ludwig Ch. 1834-1906 [2]
Segelschiffe und Boote im Öresund - Öl/Leinwand (37x62cm-15x24in) Hamburg 96 ... FF34 000 - £3 870 - **$6,500**
STURM George 1855-1923 [1]
The wedding of Peleus and Thetis
    Oil/canvas (333x493cm-131x194in) Amsterdam 92 .... FF66 700 - £6 830 - **$11,750**
STURM Helmut 1932 [43]
Komposition - Mixed media/panel (34x27cm-13x11in) München 95 .... FF14 750 - £1 857 - **$2,953**
Vi finder melodien - Oil/canvas (120x100cm-47x39in) København 95 .... FF114 100 - £14 230 - **$23,050**
Kopf mit Rot - Watercolour (35x26cm-14x10in) München 96 .... FF18 640 - £2 340 - **$3,600**
STURM Josef 1858-? [2]
Le colporteur - Huile/toile (42x34cm-17x13in) Paris 90 .... FF4 000 - £409 - **$790**

STURM Pierre Henri 1785-1869 [2]
- *Scène de harem* - Huile/panneau (62x39cm-24x15in) Paris 94 .... FF*56 000* - £*6 630* - **$10,340**
- *Portrait of a young lady* - Miniature (5cm-2in) Genève 95 .... FF*5 110* - £*638* - **$1,001**

STURM-SCHWERIN Maria 1854-? [1]
- *Federvieh* - Öl/Karton (15x29cm-6x11in) Wien 93 .... FF*8 650* - £*1 034* - **$1,665**

STURM-SKRALA Egge, Eugen 1894-1943 [5]
- *Selbstbildnis mit Frau* - Öl/Karton (35x45cm-14x18in) Wien 97 .... FF*7 167* - £*762* - **$1,236**

STURROCK Alick Riddell 1885-1953 [2]
- *Winding river* - Oil/canvas (40x61cm-16x24in) Hopetoun House, South Queensferry 91 .. FF*6 550* - £*650* - **$1,137**

STURSA Jan 1880-1925 [13]
- *Der Verwunde* - Bronze (47cm-19in) München 95 .... FF*16 860* - £*2 120* - **$3,375**

STURTEVANT Elaine 1926 [6]
- *Lichtenstein's Happy Tears* - Oil/canvas (137x132cm-54x52in) New-York 95 .... FF*48 400* - £*6 420* - **$10,000**

STURTZKOPF Franz 1852-1927 [1]
- *Die Weissnäherinnen* - Oil/panel (53x66cm-21x26in) München 94 .... FF*27 400* - £*3 243* - **$5,000**

STURZENEGGER Hans 1875-1943 [6]
- *Gattin des Künstlers beim Nähen* - Öl/Leinwand (30x24cm-12x9in) Bern 94 .... FF*23 540* - £*2 784* - **$4,230**

STUTTERHEIM Louis, Lodewijk Ph. 1873-1943 [18]
- *River landscape/Landscape* - Oil/canvas (27x36cm-11x14in) Amsterdam 93 .... FF*4 520* - £*540* - **$870**
- *River landscape with an angler* - Oil/canvas (46x61cm-18x24in) Amsterdam 93 ...... FF*12 660* - £*1 512* - **$2,435**

STÜTZER Alwin 1889-? [2]
- *Gehöft in Bayern* - Oil/hardboard (35x49cm-14x19in) München 96 .... FF*5 760* - £*723* - **$1,112**

STUYVAERT Victor 1897-1974 [3]
- *Projets d'illustration: Amphytrion, Molière* - Aquarelle (26x19cm-10x7in) Bruxelles 95 .. FF*3 426* - £*428* - **$692**

STYKA Adam 1890-1959 [45]
- *Desert Bride* - Oil/canvas (65x54cm-26x21in) New-York 96 .... FF*45 000* - £*5 820* - **$9,000**
- *Porteur d'eau près de l'Île de Philae* - Huile/toile (73x92cm-29x36in) Paris 96 ...... FF*250 000* - £*32 300* - **$49,500**
- *Amoureux* - Gouache (55x40cm-22x16in) Paris 94 .... FF*30 000* - £*3 570* - **$5,710**

STYKA Jan 1858-1925 [7]
- *La charge des Prussiens* - Huile/toile (200x85cm-79x33in) Paris 90 .... FF*28 000* - £*2 979* - **$5,009**

STYKA Tadé 1889-1954 [14]
- *Woman with her dog* - Huile/toile (81x61cm-32x24in) New-York 95 .... FF*8 980* - £*1 082* - **$1,700**
- *Löwin auf der Lauer* - Oil/canvas (100x125cm-39x49in) Luzern 92 .... FF*22 300* - £*2 280* - **$3,930**

STYLES William B. X!X-XX [1]
- *Still life with eskimo artifacts*
  Oil/canvas (651x76cm-256x30in) San Francisco-Los Angeles 96.................... FF*15 960* - £*1 964* - **$3,250**

SUAREZ Antonio Martínez 1923 [16]
- *Bodegón* - Técnica mixta (65x49cm-26x19in) Madrid 94 .... FF*7 000* - £*840* - **$1,360**
- *Composicion, 1959* - Oleo/lienzo (33x46cm-13x18in) Madrid 89.................... FF*45 400* - £*4 784* - **$7,643**
- *Composición abstracta* - Técnica mixta/papel (63x45cm-25x18in) Madrid 96 .... FF*4 870* - £*618* - **$935**

SUAREZ PEREGRIN José 1908-? [1]
- *La Visitación* - Oleo/lienzo (136x182cm-54x72in) Madrid 95 .... FF*13 100* - £*1 723* - **$2,633**

SUAU Jean 1758-1856 [2]
- *La Crucifixion* - Huile/toile (72x94cm-28x37in) Paris 92 .... FF*16 000* - £*1 910* - **$3,080**
- *La France libérant l'Amérique* - Huile/toile (135x186cm-53x73in) Paris 93 ...... FF*120 000* - £*13 800* - **$20,650**

SUBIAS Patrick 1951 [3]
- *Les quatre chênes* - Huile/toile (46x55cm-18x22in) Dijon 94 .... FF*3 000* - £*361* - **$571**

SUBIRACHS Josep Maria 1927 [5]
- *Proyección de cariátide* - Tinta/papel (45x67cm-18x26in) Madrid 97 .... FF*3 582* - £*387* - **$621**

SUBLEYRAS Pierre Hubert 1699-1749 [11]
- *Académie d'homme* - Huile/toile (101x73cm-40x29in) Paris 94 .... FF*500 000* - £*58 100* - **$86,500**

SUBUIRA PUIG José 1926 [2]
- *Memina Majeure, décembre* - Bois (111cm-44in) Paris 95 .... FF*19 000* - £*2 274* - **$3,616**

SUCASAS Alfonso 1910 [7]
- *Transidos* - Oleo/lienzo (66x81cm-26x32in) Madrid 96.......................... FF*13 230* - £*1 716* - **$2,617**

SUCH William Thomas 1820-1893 [1]
- *The woodcock's haunt* - Oil/canvas (91x122cm-36x48in) London 91 .... FF*37 700* - £*3 826* - **$6,809**

SUCHARDA Stanislav 1866-1916 [1]
- *Boy looking up/Girl looking over* - Relief (60x83cm-24x33in) London 93 .... FF*8 340* - £*950* - **$1,416**

SUCHET Joseph 1824-1896 [7]
- *Voiliers près du rivage* - Huile/toile (45x64cm-18x25in) Cassis 93 .... FF*20 000* - £*2 500* - **$3,640**

SUCHETET Auguste Edmé 1854-1932 [1]
- *Faune assis* - Bronze (30cm-12in) Lokeren 95 .... FF*3 426* - £*428* - **$692**

SUCHODOLSKI January 1797-1875 [7]
- *Wyjazd na polowanie z sokołem* - Huile/toile (48x57cm-19x22in) Warszawa 92 ...... FF*10 620* - £*1 084* - **$1,897**
- *Napoleon i Józef Poniatowski* - Oil/canvas (46x55cm-18x22in) Warszawa 96 ...... FF*55 000* - £*6 850* - **$10,610**

SUCHODOLSKI Ldzislaw 1835-1908 [1]
- *Vid Lägerelden på Åkern* - Oil/canvas (29x48cm-11x19in) Helsinki 95 .... FF*15 700* - £*1 900* - **$2,960**

SUCHY Adalbert c.1773-1849 [3]
- *Junger Herr in römischem Kostüm* - Watercolour (8x6cm-3x2in) Wien 95 .... FF*4 330* - £*444* - **$763**

SUCKOW von Alexander 1855-? [1]
- *On the beach after the storm* - Oil/board (53x83cm-21x33in) London 89 .... FF*24 200* - £*2 408* - **$3,823**

S

SUCRE DE GRAU José María 1886-1969 [1]
🖼 *Personaje* - Técnica mixta (65x50cm-26x20in) Madrid 96 .... FF3 655 - £464 - **$701**
SUCRY Armand 1879-1943 [1]
🖼 *Sunday at Argenteuil* - Oil/canvas (76x127cm-30x50in) Mystic, Connecticut 92 .... FF8 330 - £967 - **$1,700**
SUDA Kunitaro 1891-1961 [2]
🖼 *Smiling portrait bust with owl* - Oil/board (31x21cm-12x8in) New-York 92 .... FF208 000 - £24 830 - **$40,000**
Nude - Oil/canvas (89x59cm-35x23in) New-York 92 .... FF884 000 - £105 500 - **$170,000**
SUDDABY Rowland 1912-1973 [61]
🖼 *Plants in window* - Oil/canvas (51x61cm-20x24in) London 94 .... FF3 950 - £450 - **$671**
Cornish fishing boats - Oil/canvas (49x66cm-19x26in) London 95 .... FF22 170 - £2 800 - **$4,450**
✏ *Flowers in a Window* - Gouache (48x63cm-19x25in) London 97 .... FF14 006 - £1 500 - **$2,420**
SUDDARDS Frank 1864-1938 [1]
✏ *Thistles in a coastal Landscape* - Watercolour (33x24cm-13x9in) London 97 .... FF2 302 - £250 - **$408**
SUDDUTH Jimmy Lee 1910 [6]
🖼 *George Washington* - Mixed media/board (84x56cm-33x22in) Litchfield, CT 92 .... FF3 510 - £419 - **$675**
SUDEIKIN Sergei Iurevich 1882-1946 [17]
🖼 *Le Mariage de Figaro* - Mixed media/board (61x100cm-24x39in) Moscow 94 .... FF148 700 - £17 700 - **$28,000**
✏ *The walk in the garden* - Gouache (72x98cm-28x39in) London 96 .... FF35 100 - £4 500 - **$6,960**
SUDEK Josef 1896-1978 [128]
📷 *Glass composition* - Gelatin silver print (28x23cm-11x9in) New-York 96 .... FF13 050 - £1 510 - **$2,500**
Seated nude, 1930s - Bromoil print (23x15cm-9x6in) New-York 93 .... FF52 200 - £6 550 - **$9,500**
SUDKOVSKI Rufin Gavrilovich 1850-1885 [1]
🖼 *Golden light* - Oil/canvas (121x170cm-48x67in) New-York 93 .... FF82 600 - £9 400 - **$14,000**
SUDRE Raymond 1870-1962 [7]
🗿 *Mercure* - Bronze (67cm-26in) Lyon 97 .... FF8 000 - £834 - **$1,368**
Mercury - Bronze (202cm-80in) London 96 .... FF65 800 - £8 500 - **$13,000**
SÜE Louis 1875-1968 [10]
🖼 *Bouquet de violettes* - Huile/panneau (35x26cm-14x10in) Argenteuil 95 .... FF3 000 - £389 - **$614**
Intérieur japonisant - Huile/toile (65x81cm-26x32in) Paris 92 .... FF29 000 - £3 460 - **$5,580**
SUES Jean-Jacques 1726-1802 [1]
✏ *Herkules am Scheideweg* - Aquarell (11x17cm-4x7in) Heidelberg 94 .... FF8 220 - £954 - **$1,416**
SUETIN Nikolai 1897-1954 [14]
🖼 *Suprematistische Komposition* - Oil/panel (18x27cm-7x11in) Zürich 94 .... FF73 000 - £8 640 - **$13,120**
✏ *Composizione suprematista* - Tempera/carta (25x18cm-10x7in) Milano 92 .... FF38 740 - £4 610 - **$7,450**
SÜFFERT Eduard Karl 1818-1876 [3]
✏ *Brodlaube am Marktplatz* - Aquarell (35x27cm-14x11in) Zürich 93 .... FF8 110 - £1 000 - **$1,523**
SÜFFERT Hans 1868-? [1]
✏ *Rigi mit Gaisboden vom Zugerberg* - Aquarell (24x34cm-9x13in) Zofingen 92 .... FF1 860 - £190 - **$328**
SUGAÏ Kumi 1919 [98]
🖼 *Soleil Lac* - Acrylic/canvas (73x54cm-29x21in) München 96 .... FF20 670 - £2 593 - **$3,990**
7 Seconds avant - Oil/canvas (147x114cm-58x45in) Amsterdam 97 .... FF82 025 - £8 603 - **$14,075**
Lune Noire - Oil/canvas (161x130cm-63x51in) New-York 94 .... FF186 000 - £21 550 - **$32,000**
Kagura - Oil/canvas (138x114cm-54x45in) London 92 .... FF653 000 - £78 000 - **$125,600**
🗿 *Rouge - Noir* - Sculpture (14cm-6in) Amsterdam 97 .... FF11 132 - £1 167 - **$1,910**
✏ *The Pixie* - Watercolour, gouache (52x39cm-20x15in) London 95 .... FF55 900 - £7 000 - **$11,130**
SUGAR Kata 1910-1943 [4]
📷 *Train* - Photo (24x18cm-9x7in) Paris 94 .... FF1 800 - £213 - **$323**
SUGARMAN George 1912 [2]
🗿 *Untitled* - Sculpture (47x36x56cm-19x14x22in) New-York 96 .... FF2 850 - £368 - **$550**
✏ *Untitled* - Collage (44x30cm-17x12in) New-York 89 .... FF5 700 - £583 - **$916**
SUGER Zsuzsanna 1923 [2]
🖼 *Interior scene* - Oil/board (13x18cm-5x7in) Detroit, Michigan 93 .... FF2 475 - £311 - **$450**
SUGHI Alberto 1928 [37]
🖼 *Conversazione* - Olio/tela (50x70cm-20x28in) Venezia 96 .... FF34 500 - £3 900 - **$6,600**
Maria Luisa - Olio/tela (100x120cm-39x47in) Roma 94 .... FF53 800 - £6 540 - **$10,240**
✏ *Ragazza sul divano rosso* - Tecnica mista/carta (70x50cm-28x20in) Roma 93 .... FF17 800 - £2 060 - **$3,025**
SUGIMOTO Hiroshi 1948 [11]
📷 *Red Sea* - Photograph (42x54cm-17x21in) London 96 .... FF17 500 - £2 000 - **$3,334**
SUHONEN Jorma 1911-? [1]
🖼 *Visit Finland* - Poster (101x62cm-40x24in) New-York 96 .... FF6 110 - £720 - **$1,200**
SUHR Christoph 1771-1842 [1]
🖼 *Maria Elisabeth Schröder* - Öl/Leinwand (73x59cm-29x23in) Hamburg 96 .... FF27 200 - £3 096 - **$5,200**
SUHR Peter 1788-1857 [2]
✏ *Das Neue Hafenthor in Hamburg* - Watercolour (22x34cm-9x13in) Amsterdam 93 .... FF4 810 - £576 - **$879**
SUHRLANDT Carl 1828-1919 [5]
🖼 *In the kennel* - Oil/canvas (49x67cm-19x26in) New-York 92 .... FF38 850 - £4 070 - **$7,000**
SUIJ W. 1861-? [2]
✏ *Roses* - Watercolour/paper (30x22cm-12x9in) Laren 90 .... FF2 500 - £266 - **$447**
SUIRE Louis 1899-1987 [9]
🖼 *Paysage à Mareuil-sur-Lay* - Huile/panneau La Rochelle 96 .... FF4 800 - £611 - **$925**
✏ *La lecture* - Encre Chine (30x22cm-11x9in) Paris 95 .... FF1 500 - £198 - **$304**
SUIRE-VERLEY Olivier 1951 [4]
🖼 *Le puits fleuri à la rivière* - Huile/toile (97x130cm-38x51in) Bayeux 92 .... FF8 800 - £1 050 - **$1,693**

S

SUISSE Gaston 1896-1988 [67]
- *Moyen-Duc* - Fusain (62x47cm-24x19in) Paris 92 .... FF2 800 - £287 - **$504**
- *Aigle sur une branche d'arbre* - Encre Chine (64x45cm-25x18in) Paris 97 .... FF7 500 - £848 - **$1,358**
- *Héron pêchant une grenouille* - Pastel (85x148cm-33x58in) Paris 95 .... FF16 500 - £2 097 - **$3,350**

SUKER Arthur 1857-? [35]
- *The cornish coast* - Watercolour (43x71cm-17x28in) Penzance, Cornwall 93 .... FF2 000 - £250 - **$363**
- *Dartmoor/ Hamildon Tor/Dartmoor* - Watercolour (29x48cm-11x19in) London 97 ...... FF4 144 - £450 - **$734**

SUKKERT Adolf c.1830-c.1870 [2]
- *The Rialto Bridge* - Oil/canvas (54x91cm-21x36in) New-York 95 .... FF54 600 - £6 960 - **$11,000**

SULJAGIN Wladimir Sergewitsch 1942 [2]
- *Ohne Titel, 1983* - Oil/panel (31x31cm-12x12in) Wien 90 .... FF2 400 - £257 - **$417**

SULLIVAN Luke 1705-1771 [4]
- *Lady in white dress* - Miniature (4cm-2in) London 94 .... FF16 950 - £2 000 - **$3,020**

SULLIVAN William Holmes ?-1908 [8]
- *Rosalind* - Oil/canvas (41x31cm-16x12in) San Francisco-Los Angeles 95 .... FF23 240 - £3 006 - **$4,750**
- *The Fairy Dance* - Watercolour (53x68cm-20x27in) Bath 92 .... FF68 400 - £7 000 - **$12,040**

SULLIVANT Thomas Starling 1854-1926 [5]
- *Darling, something tells me...* - Ink (36x53cm-14x21in) New-York 93 .... FF12 980 - £1 477 - **$2,200**

SULLY Alfred, General 1820-1879 [1]
- *Raised Cottage, Tampa, Florida* - Watercolour (15x18cm-6x7in) New Orleans, Louisiana 94 ...... FF3 196 - £369 - **$550**

SULLY Frank E. 1898-1992 [15]
- *Putney Bridge - Night* - Oil/board (23x33cm-9x13in) London 97 .... FF2 988 - £320 - **$516**

SULLY George Washington 1816-1890 [8]
- *I Wish My Neck Was Longer* - Watercolour (13x20cm-5x8in) New Orleans, Louisiana 95 .... FF2 054 - £252 - **$400**

SULLY Robert Matthew 1803-1855 [1]
- *Chief Justice John Marshall* - Ink (31x20cm-12x8in) New-York 91 .... FF22 070 - £2 240 - **$3,986**

SULLY Thomas 1783-1872 [28]
- *A seated woman* - Oil/canvas (91x71cm-36x28in) New Orleans, Louisiana 93 .... FF59 000 - £6 710 - **$10,000**
- *Mrs. James Robb an her children* - Oil/canvas (143x115cm-56x45in) New-York 94 ...... FF281 000 - £33 130 - **$50,000**
- *Colonel Jonathan Williams* - Watercolour (24x16cm-9x6in) New-York 96 .... FF28 300 - £3 520 - **$5,500**

SULPIS Emile 1856-1943 [1]
- *Avant le bain/Après le bain* - Pastel Paris 90 .... FF1 900 - £194 - **$375**

SULTAN Altoon 1948 [2]
- *Red farm & maple* - Oil/canvas (50x96cm-20x38in) New-York 89 .... FF17 200 - £1 759 - **$2,765**

SULTAN Donald 1951 [115]
- *Peach, apple, Pears, Lemon* - Mixed media (32x32cm-13x13in) New-York 97 .... FF75 494 - £7 942 - **$13,000**
- *Migs, June 18, 1984* - Mixed media (245x4x243cm-96x2x96in) New-York 93 .... FF165 000 - £20 700 - **$30,000**
- *Roses August 13*
   Oil spackle, tar/tile, over masonite (244x244cm-96x96in) New-York 94 .... FF465 000 - £53 900 - **$80,000**
- *Black Lemon April 16* - Aquatint (160x125cm-63x49in) New-York 92 .... FF24 960 - £2 980 - **$4,800**
- *Black Lemon and Egg* - Charcoal/paper (153x123cm-60x48in) New-York 96 .... FF49 200 - £6 350 - **$9,500**
- *Black lemons oct. 25* - Charcoal/paper (127x96cm-50x38in) New-York 92 .... FF397 600 - £40 700 - **$70,000**

SULZBACHNER Max 1904-1985 [4]
- *Badende* - Gravure bois couleurs (39x61cm-15x24in) Zürich 95 .... FF2 980 - £390 - **$606**

SULZER David 1784-1864 [1]
- *Mädchen in Luzerner Trachten* - Huile/toile (183x119cm-72x47in) Zürich 96 .... FF71 500 - £8 280 - **$13,700**

SÜMER Ayetullah 1905-1978 [1]
- *Natûrmort* - Oil/canvas (73x116cm-29x46in) Istanbul 92 .... FF3 620 - £362 - **$644**

SUMERE van Hilde 1932 [2]
- *Visage* - Bronze (14cm-6in) Antwerpen 96 .... FF3 610 - £438 - **$702**
- *Carré sur socle* - Marbre (36cm-14in) Antwerpen 95 .... FF7 780 - £973 - **$1,572**

SUMMERS Alick D. 1864-1938 [3]
- *In the stable* - Oil/panel (29x39cm-11x15in) North Bethesda, MD. 91 .... FF5 570 - £563 - **$1,106**

SUMMERS Carol 1925 [13]
- *Yuruk* - Woodcut in colors (23x16cm-9x6in) San Francisco-Los Angeles 93 .... FF2 200 - £276 - **$400**

SUMMERS Charles 1827-1878 [2]
- *The Floral Dancer* - Marbre (159cm-63in) New-York 95 .... FF148 200 - £18 460 - **$29,000**
- *Ruth seated pensively on a outcrop* - Marble (96cm-38in) London 92 .... FF371 000 - £38 000 - **$65,500**

SUMMERS Ivan F. 1886-1964 [1]
- *Autumn Catskills* - Oil/canvas/board (26x30cm-10x12in) New-York 95 .... FF3 013 - £377 - **$600**

SUMNER Maud Eyston 1902-1985 [39]
- *South African landscape* - Watercolour (46x61cm-18x24in) London 96 .... FF3 946 - £500 - **$757**

SUNDBERG Christine 1837-1892 [2]
- *Uppställning i vas samt äpplen* - Oil/panel (26x35cm-10x14in) Göteborg 93 .... FF5 270 - £598 - **$891**
- *Terrin* - Akvarell (42x59cm-17x23in) Stockholm 95 .... FF2 043 - £256 - **$521**

SUNDBERG Fanny 1861-1926 [1]
- *Coastal landscape with sailing boat* - Oil/canvas (80x149cm-31x59in) Stockholm 95 ... FF22 900 - £2 994 - **$4,580**

SUNDBERG Hans Walter 1922 [1]
- *Familjen ovanför* - Oil/canvas (65x94cm-26x37in) Stockholm 89 .... FF4 700 - £495 - **$791**

SUNDBERG Per 1887-1968 [15]
- *Vinterlandskap* - Oil/canvas (22x27cm-9x11in) Malmö 90 .... FF3 700 - £396 - **$643**

S

SUNDBLOM Haddon Hubbard 1899-1976 [7]
🖼 *Seated couple drinking sherry* - Oil/canvas (61x74cm-24x29in) New-York 94 .... FF36 000 - £4 320 - **$7,000**
✏ *Fisherman in a rocking chair*
    Watercolour, gouache/paper (46x33cm-18x13in) Baton Rouge, Louisiana 93 .... FF6 020 - £724 - **$1,100**
SUNDT-HANSEN Carl Frederik 1841-1907 [2]
🖼 *En ettertenksom mann* - Oil/canvas (56x46cm-22x18in) Oslo 93 .... FF84 000 - £9 760 - **$14,420**
SUNDT-OHLSEN Thoralv 1884-1948 [4]
🖼 *Ved kaninburet* - Oil/canvas (50x40cm-20x16in) Oslo 93 .... FF10 400 - £1 210 - **$1,786**
SUNDUKOW Alexej Alexejewitsch 1952 [3]
🖼 *Paa* - Öl/Leinwand (60x59cm-24x23in) Hamburg 94 .... FF2 554 - £297 - **$442**
SUÑER Francisco 1925 [2]
🖼 *Dos figuras femeninas* - Oleo/lienzo (73x60cm-29x24in) Madrid 96 .... FF6 020 - £710 - **$1,182**
SUNESSON Stina 1925 [5]
✏ *Våren, Dalarna* - Gouache (17x17cm-7x7in) Malmö 95 .... FF8 170 - £1 021 - **$1,650**
SÜNNEN Josef 1896-? [2]
🖼 *Wurmlinger Bergkapelle* - Öl/Leinwand (60x50cm-24x20in) Düsseldorf 96 .... FF4 400 - £558 - **$844**
SUÑOL MUÑOZ RAMOS Alvar 1935 [43]
🖼 *Femme à la fleur* - Huile/toile (63x48cm-25x19in) Lille 97 .... FF9 500 - £984 - **$1,627**
  Composition - Huile/toile (110x129cm-43x51in) Paris 96 .... FF14 000 - £1 810 - **$2,750**
  Taula Blava - Oil/canvas (130x97cm-51x38in) Tarzana, CA 95 .... FF40 850 - £5 110 - **$8,250**
🗿 *Jóvenes tocando violín* - Relief (78x57cm-31x22in) Madrid 96 .... FF9 020 - £1 094 - **$1,755**
SUNTACH Antonio 1744-1828 [1]
🖼 *The angler's repast/A party angling* - Engraving (30x38cm-12x15in) Dedham, Mass. 96 .... FF7 660 - £988 - **$1,500**
SUNYER DE MIRO Joaquín 1875-1956 [41]
🖼 *Fiacres, Samaritaine* - Huile/panneau (16x23cm-6x9in) Calais 95 .... FF10 000 - £1 263 - **$2,006**
🖼 *On the balcony* - Oil/canvas (46x38cm-18x15in) New-York 93 .... FF35 750 - £4 480 - **$6,500**
🖼 *Muchacha dormida* - Oleo/lienzo (60x72cm-24x28in) Madrid 95 .... FF82 700 - £10 860 - **$16,600**
✏ *Marchand de curiosités, Maroc* - Aquarelle (28x39cm-10x15in) Paris 92 .... FF16 200 - £1 660 - **$2,850**
SUPANCHICH-HABERKORN Konrad 1858-1935 [1]
🖼 *Südlicher Hafen* - Huile/toile (89x82cm-35x32in) Wien 92 .... FF8 660 - £887 - **$1,526**
SUPPANTSCHITSCH Max 1865-1953 [18]
🖼 *Hafen mit Liniendampfer* - Öl/Karton (15x21cm-6x8in) Wien 94 .... FF8 740 - £1 027 - **$1,558**
  Kärntner Landschaft - Öl/Leinwand (38x54cm-15x21in) Wien 94 .... FF38 800 - £4 495 - **$7,350**
✏ *Dürnstein* - Mischtechnik/Papier (15x24cm-6x9in) Wien 95 .... FF24 500 - £3 170 - **$4,980**
SURAND Gustave 1860-1937 [18]
🖼 *Caligula et le massacre des Chrétiens* - Huile/toile (73x99cm-29x39in) Calais 91 .... FF11 000 - £1 095 - **$1,892**
🖼 *Tigre de l'Annam, couché* - Oil/canvas (89x116cm-35x46in) New-York 95 .... FF163 500 - £20 370 - **$32,000**
✏ *L'éléphant* - Aquarelle/papier (30x47cm-12x19in) Paris 92 .... FF4 000 - £410 - **$705**
SURAUD Roger [3]
🖼 *La Vie Symphonique de Beethoven* - Huile/toile (73x60cm-29x24in) Paris 96 .... FF38 000 - £4 940 - **$7,440**
SURBEK Victor 1885-1975 [48]
🖼 *Elster auf einem Baum* - Huile/toile (32x16cm-13x6in) Bern 96 .... FF4 480 - £544 - **$871**
🖼 *Herbststimmung über Paris* - Öl/Leinwand (38x55cm-15x22in) Bern 96 .... FF15 400 - £1 925 - **$2,813**
🖼 *Les filles le dimanche* - Etching (29x49cm-11x19in) Zofingen 91 .... FF5 150 - £516 - **$850**
✏ *Sicht auf Brienzersee* - Aquarelle (48x62cm-19x24in) Zürich 93 .... FF15 040 - £1 722 - **$2,565**
SURDI Luigi 1897-1959 [17]
🖼 *Natura morta con frutti autunnali* - Olio/tela (29x39cm-11x15in) Roma 90 .... FF10 100 - £1 088 - **$1,781**
✏ *Veduta del foro romano* - Tempera/paper (18x27cm-7x11in) Roma 91 .... FF3 420 - £350 - **$639**
SURÉDA André 1872-1930 [60]
🖼 *Oriental à la rose* - Huile/carton (62x51cm-24x20in) Paris 92 .... FF7 500 - £895 - **$1,443**
🖼 *Mauresque au narghilé* - Huile/toile (73x92cm-29x36in) Paris 93 .... FF50 000 - £5 700 - **$8,470**
✏ *Mère et enfant au berceau* - Fusain (47x64cm-19x25in) Paris 97 .... FF11 000 - £1 169 - **$1,895**
SURENDORF Charles 1906-1979 [2]
🖼 *In the gold country, 1943* - Oil/board (51x61cm-20x24in) San Francisco-Los Angeles 89 ... FF5 700 - £567 - **$900**
SURGET François XX [2]
🖼 *Judith* - Huile/toile (35x27cm-14x11in) Arles 96 .... FF3 000 - £392 - **$600**
SURIE Jacoba 1879-1970 [15]
🖼 *Still life with paint tubes* - Oil/canvas (50x46cm-20x18in) Amsterdam 90 .... FF8 400 - £894 - **$1,503**
✏ *Japanese girl wearing a kimono* - Watercolour/paper (20x14cm-8x6in) Amsterdam 97 .... FF5 895 - £637 - **$1,028**
SURIKOV Vasilii Ivanovich 1848-1916 [8]
🖼 *The smoker, 1919* - Oil/canvas (44x37cm-17x15in) London 89 .... FF106 500 - £10 597 - **$16,825**
SURMONT of Ernest 1870-? [1]
🖼 *Le port, 1905* - Huile/panneau (23x32cm-9x13in) Tourcoing 89 .... FF9 500 - £1 001 - **$1,599**
SURREY Phillip Henry Howard 1910-1990 [19]
🖼 *Scène de ville* - Huile/panneau (41x51cm-16x20in) Montréal 96 .... FF11 460 - £1 416 - **$2,214**
✏ *Café de la Madeleine* - Watercolour Toronto 92 .... FF10 750 - £1 100 - **$1,893**
SURTEES John 1817-1915 [9]
🖼 *Girls gathering kindly*
    Oil/canvas (36x74cm-14x29in) Marlborough Crescent, Newcastle upon Tyne 91 .... FF5 840 - £600 - **$1,086**
✏ *On the Lido* - Watercolour (18x26cm-7x10in) London 95 .... FF2 040 - £260 - **$411**
SURTEL Paul 1893-1985 [40]
🖼 *Promenade dans les Alpilles* - Huile/carton (32x40cm-13x16in) Arles 96 .... FF8 200 - £1 055 - **$1,625**
  Paysage - Huile/isorel (46x55cm-18x22in) Versailles 92 .... FF18 000 - £1 843 - **$3,170**

SURUGUE de Pierre Louis 1710-1772 [3]
Amusements de la vie privée - Burin (37x27cm-15x11in) Paris 96 .... FF2 000 - £228 - **$383**
SURUGUE DE SURGIS de Louis 1686-1762 [2]
Le Jeu de l'Oye - Eau-forte (25x30cm-10x12in) Paris 95 .... FF4 200 - £530 - **$832**
SURVAGE Léopold 1879-1968 [368]
Deux personnages dans la nuit - Peinture (32x20cm-13x8in) Paris 97 .... FF10 500 - £1 140 - **$1,842**
L'homme et la ville - Huile/toile (46x33cm-18x13in) Paris 97 .... FF17 000 - £1 846 - **$2,982**
Femme dans la ville - Huile/toile (50x61cm-20x24in) Calais 97 .... FF40 000 - £4 384 - **$7,020**
L'Escargot - Oil/panneau (129x92cm-51x36in) Lyon 96 .... FF84 000 - £10 800 - **$16,650**
L'Homme dans la Ville - Huile/toile (81x100cm-32x39in) Paris 91 .... FF280 000 - £28 417 - **$50,571**
Personnages dans la ville - Fusain (26x17cm-10x7in) Paris 96 .... FF2 700 - £349 - **$534**
Paysage - Aquarelle/papier (47x64cm-19x25in) Calais 97 .... FF5 500 - £589 - **$964**
Nus - Aquarelle/papier (19x18cm-7x7in) Amiens 94 .... FF13 000 - £1 493 - **$2,480**
Rythme coloré - Gouache (47x44cm-19x17in) Paris 96 .... FF30 000 - £3 880 - **$5,890**
Le couple aux feuilles - Gouache/paper (24x19cm-9x7in) London 91 .... FF54 600 - £5 593 - **$10,194**
SÜS Gustav 1823-1881 [7]
Enten-Küken am Quell - Oil/Leinwand (19x24cm-7x9in) München 92 .... FF11 840 - £1 378 - **$2,420**
Vorlageblatt zu einer Buchillustration - Ink/paper (13x8cm-5x3in) Köln 89 .... FF2 500 - £263 - **$421**
SÜS Wilhelm 1861-1930 [2]
Schale mit 8 Putten - Majolika Karlsruhe (35cm-14in) Pforzheim 93 .... FF7 120 - £851 - **$1,370**
SUSAT Alberto 1898-1977 [1]
Assisi San Raffino - Aquarell/Papier (40x45cm-16x17in) Salzburg 94 .... FF2 433 - £288 - **$450**
SUSEMIHL Johann Theodor 1772-? [2]
Shooting scenes - Oil/canvas (16x22cm-6x9in) New-York 93 .... FF38 500 - £4 830 - **$7,000**
SUSILUOTO Ahti 1940 [4]
Den mystica fiskaren - Akvarell (72x52cm-28x20in) Helsinki 94 .... FF2 100 - £241 - **$360**
SUSINI Gian Francesco c.1575-1653 [1]
David & Goliath's head - Sculpture (38cm-15in) London 89 .... FF2 - £265 342 - **$423,923**
SÜSS Ferdinand 1800-1886 [1]
Blumen, Früchten und Insekten - Oil/panel (36x30cm-14x12in) Frankfurt 94 .... FF27 200 - £3 120 - **$4,650**
SÜSS Josef Johann 1857-1937 [9]
Mädchenporträt - Öl (31x25cm-12x10in) Wien 97 .... FF6 692 - £711 - **$1,154**
SÜSSMEIER Josef, Yos 1897-1971 [4]
Herbstliche Chiemseelandschaft - Aquarell (37x49cm-15x19in) Lindau 94 .... FF2 047 - £244 - **$386**
SUSTRIS Lambert 1515/16-c.1595 [3]
The birth of Virgin - Oil/canvas (75x104cm-30x41in) New-York 92 .... FF341 000 - £34 860 - **$60,000**
SUTCLIFFE Frank Meadow 1853-1941 [29]
Signpost at Sunset, 1880s - Silver print (24x29cm-9x11in) London 94 .... FF3 750 - £440 - **$657**
SUTCLIFFE G.L. XIX-XX [2]
Fishing boats at sunrise - Oil/canvas (61x76cm-24x30in) London 92 .... FF3 520 - £360 - **$620**
SUTCLIFFE John E. ?-1923 [3]
At the trough - Oil/canvas (61x74cm-24x29in) Billinghurst, West Sussex 94 .... FF12 400 - £1 500 - **$2,290**
SUTCLIFFE Lester XIX-XX [4]
Brightening after rain in autumn - Oil/canvas Leeds 91 .... FF3 175 - £320 - **$551**
SUTER Ernst 1904-1987 [2]
Stehende - Bronze (73cm-29in) Zürich 96 .... FF18 900 - £2 370 - **$3,650**
SUTER Jakob 1805-1874 [6]
Stadt vor einem Felsmassiv - Watercolour/paper (64x85cm-25x33in) Luzern 92 .... FF26 040 - £2 660 - **$4,590**
SUTER Willy 1918 [18]
Regain - Huile/toile (89x129cm-35x51in) Bern 94 .... FF4 850 - £562 - **$835**
SUTHERLAND David McBeth XIX-XX [2]
The Auction Mart, Wick - Oil/canvas (70x65cm-28x26in) Auchterarder, Perthshire 95 ... FF12 500 - £1 600 - **$2,460**
A Fair Connoisseur - Watercolour (71x46cm-28x18in) Billinghurst, West Sussex 94 .... FF15 260 - £1 800 - **$2,716**
SUTHERLAND Graham Vivian 1903-1980 [295]
Toad - Oil/paper (46x42cm-18x17in) London 97 .... FF94 162 - £10 000 - **$16,403**
Coast with Hills - Oil/canvas (51x60cm-20x24in) London 97 .... FF291 902 - £31 000 - **$50,849**
La Source - Oil/canvas (129x96cm-51x38in) London 93 .... FF344 000 - £43 000 - **$62,300**
Tonnelle de Vine - Oil/panel (54x98cm-21x39in) London 91 .... FF595 000 - £60 387 - **$107,463**
Village - Etching (17x22cm-7x9in) London 92 .... FF8 800 - £900 - **$1,550**
Landscape - Watercolour (26x55cm-10x22in) London 97 .... FF17 258 - £1 800 - **$2,951**
Study for the Crucifixion - Gouache (43x27cm-17x11in) London 93 .... FF21 600 - £2 700 - **$3,915**
The Rock and the Rose - Pencil (34x47cm-13x19in) London 94 .... FF37 500 - £4 500 - **$7,292**
Birds for Origins of the land - Coloured crayons (57x54cm-22x21in) London 96 ... FF103 100 - £12 500 - **$20,050**
Study for the origins of the land - Gouache (42x84cm-17x33in) London 97 .... FF191 754 - £20 000 - **$32,790**
SUTHERLAND Thomas c.1785-? [2]
Preparing to Start, Ascot Heath - Etching (26x71cm-10x28in) London 96 .... FF1 916 - £240 - **$370**
SUTHERS Leghe 1856-1924 [4]
Musicians outside an Inn - Oil/canvas (107x191cm-42x75in) London 96 .... FF104 200 - £13 000 - **$20,130**
SUTKUS Antanas 1939 [3]
Jean-Paul Sartre - Photo (30x24cm-12x9in) Paris 95 .... FF2 000 - £263 - **$402**
SUTNAR Ladislaw 1897-1969 [1]
Vystava Moderního Obchodu - Poster (47x62cm-19x24in) New-York 96 .... FF38 840 - £5 010 - **$7,500**

SUTTER David 1811-1880 [5]
- *Ferme près des bois* - Huile/toile (43x63cm-17x25in) Bruxelles 93 .... FF**10 210** - £1 222 - **$2,090**
- *Paysages/Scènes animées* - Crayon Paris 97 .... FF**1 900** - £199 - **$32,6 4**

SUTTER de Jules 1895-1970 [19]
- *Nature morte aux poires* - Huile/panneau (43x43cm-17x17in) Bruxelles 96 .... FF**18 420** - £2 385 - **$3,685**
- *Naakt* - Pastel (35x26cm-14x10in) Lokeren 94 .... FF**5 510** - £653 - **$1,017**

SUTTER Raymond, Ray 1920-1988 [22]
- *Jouets et couronnes* - Huile/toile (129x89cm-51x35in) Paris 92 .... FF**2 800** - £288 - **$539**
- *Hommage à Bartok* - Dessin (44x60cm-17x24in) Paris 92 .... FF**1 500** - £154 - **$289**

SUTTER Willy 1918 [6]
- *Anières en hiver* - Ol/Leinwand (89x130cm-35x51in) Bern 93 .... FF**7 510** - £940 - **$1,372**

SUTTERBY Rod 1955 [4]
- *Rainbow trout, British Columbia* - Watercolour/paper (22x46cm-9x18in) London 96 .... FF**6 710** - £850 - **$1,286**

SÜTTERLIN Johann 1823-1872 [1]
- *Tatzel bei Possenhofen* - Aquarell (17x24cm-7x9in) München 94 .... FF**2 050** - £247 - **$390**

SUTTNER Georg 1922 [3]
- *Kubistiskt stilleben* - Oil/panel (53x37cm-21x15in) Stockholm 91 .... FF**12 170** - £1 212 - **$2,093**

SUTTON Harry, Jnr. 1897-1984 [2]
- *Peonies* - Watercolour, gouache (46x56cm-18x22in) New-York 90 .... FF**34 300** - £3 672 - **$5,965**

SUTTON John XIX-XX [13]
- *Low Tide, Pin Mill* - Watercolour (33x48cm-13x19in) Aylsham, Norfolk 93 .... FF**4 390** - £500 - **$745**

SUTTON Linda 1947 [3]
- *Tristam and Isolde* - Mixed media (84x105cm-33x41in) London 95 .... FF**5 930** - £750 - **$1,160**

SUTTON Philip 1928 [20]
- *Heather's Flowers* - Oil/canvas (119x119cm-47x47in) London 97 .... FF**10 271** - £1 100 - **$1,774**
- *Sky Sea Boat* - Wood (56x61cm-22x24in) London 91 .... FF**3 570** - £360 - **$619**

SUVÉE Joseph Benoît 1743-1807 [11]
- *Tour en ruine et personnages* - Sanguine (45x33cm-18x13in) Paris 93 .... FF**24 000** - £2 697 - **$4,070**

SUYDAM James Augustus 1819-1865 [1]
- *Coastal view* - Oil/canvas (45x76cm-18x30in) New-York 89 .... FF**457 600** - £46 789 - **$73,569**

SUZANNE Léon 1870-1923 [19]
- *Maison dans la campagne* - Huile/toile (33x46cm-13x18in) Paris 93 .... FF**36 000** - £4 340 - **$6,540**
- *La maison dans la campagne* - Pastel (40x59cm-16x23in) Rouen 92 .... FF**15 000** - £1 790 - **$2,885**

SUZDALTSEV Mikhail 1917 [6]
- *Sunday* - Oil/canvas (34x56cm-13x22in) London 96 .... FF**4 650** - £600 - **$898**

SUZOR-COTÉ Marc-Aurèle de Foy 1869-1937 [126]
- *Étang en Virginie* - Huile/carton (21x26cm-8x10in) Montréal 95 .... FF**13 800** - £1 790 - **$2,870**
- *Marine, Little Métis, Québec* - Oil/canvas (74x93cm-29x37in) Toronto 96 .... FF**77 500** - £9 300 - **$14,840**
- *Tempête de neige* - Oil/canvas (51x69cm-20x27in) Toronto 95 .... FF**354 500** - £44 650 - **$70,200**
- *Compagne du vieux pionnier* - Bronze (41cm-16in) Montréal 94 .... FF**19 720** - £2 335 - **$3,645**
- *Le Portageur* - Bronze (40cm-16in) Toronto 96 .... FF**41 800** - £5 320 - **$8,040**
- *Le Haulage du bois* - Bronze (38cm-15in) Toronto 94 .... FF**62 400** - £7 420 - **$11,740**
- *Billot en Forêt* - Pastel (25x40cm-10x16in) Montréal 95 .... FF**10 150** - £1 336 - **$2,040**
- *The Meadow Morning* - Pastel/papier (47x61cm-19x24in) Montréal 95 .... FF**52 200** - £6 610 - **$10,510**

SVABINSKY Max 1873-1962 [4]
- *Woman with cigarette* - Pastel (88x58cm-35x23in) Wien 95 .... FF**24 650** - £2 950 - **$4,690**

SVANBERG Carl 1895-1961 [4]
- *Interiör* - Oil/panel (58x49cm-23x19in) Göteborg 94 .... FF**3 350** - £391 - **$588**

SVANBERG Max Walter 1912-1994 [58]
- *Kyssen* - Mixed media (34x27cm-13x11in) Stockholm 92 .... FF**22 600** - £2 700 - **$4,345**
- *Nattens fångst* - Mixed media/paper (43x32cm-17x13in) Stockholm 94 .... FF**13 920** - £1 637 - **$2,617**
- *Personnages* - Gouache/papier (50x29cm-20x11in) Toulouse 96 .... FF**35 000** - £4 240 - **$6,800**

SVANEKE Bertel H. 1883-1937 [1]
- *Interior* - Oil/canvas (61x47cm-24x19in) Viby J, Arhus 90 .... FF**2 195** - £224 - **$433**

SVANEKIAER Emanuel 1755-1821 [1]
- *Vaegdekoration i form af fontaene* - Oil/canvas (97x66cm-38x26in) København 92 .. FF**10 560** - £1 080 - **$2,200**

SVANLUND Olle 1909 [6]
- *Aggresiva artefakter i ett rum* - Oil/canvas (89x116cm-35x46in) Malmö 93 .... FF**3 880** - £458 - **$682**

SVARSTAD Anders C. 1869-1943 [1]
- *Fjellandskap* - Oil/canvas (66x97cm-26x38in) Oslo 91 .... FF**7 810** - £784 - **$1,304**

SVEDBERG Lena 1946-1972 [4]
- *Agent 007* - Mixed media (49x191cm-19x75in) Stockholm 95 .... FF**7 740** - £1 006 - **$1,590**

SVEDLUND Pelle 1865-1947 [7]
- *Grinden* - Oil/panel (54x50cm-25x20in) Stockholm 97 .... FF**7 924** - £836 - **$1,369**

SVEINSDOTTIR Juliana 1889-1966 [7]
- *Nature morte med blomster* - Oil/canvas (68x60cm-27x24in) København 96 .... FF**18 570** - £2 415 - **$3,680**

SVEINSSON Asmundur 1893-1982 [1]
- *Maternité* - Bronze (125cm-49in) Bourg-en-Bresse 93 .... FF**82 000** - £9 880 - **$14,900**

SVENDSEN Georg 1846-1882 [1]
- *Blumenstilleben* - Oil/canvas (45x37cm-18x15in) Ahlden 92 .... FF**12 920** - £1 323 - **$2,275**

SVENDSEN Svend 1864-1915 [30]
- *Birch lined snowy path* - Oil/canvas/board (73x64cm-29x25in) New-York 91 .... FF**6 470** - £654 - **$1,284**

SVENSSON Christian Fredrik 1834-1909 [3]
- *Marine with sailing ships* - Oil/canvas (82x127cm-32x50in) Stockholm 96 .... FF11 **920** - £1 **487** - **$2,300**

SVENSSON Gunnar 1892-1977 [18]
- *Krukväxter och frukter* - Oil/canvas (73x92cm-29x36in) Stockholm 97 .... FF13 **207** - £1 **394** - **$2,282**

SVENSSON Gustaf 1893-1957 [6]
- *Utsikt från Nationalmuséet, Stockholm* - Oil/canvas (55x72cm-22x28in) Stockholm 91 .... FF6 **790** - £684 - **$1,178**

SVENSSON Pål 1950 [2]
- *Vriden Pelare* - Sculpture (32cm-13in) Stockholm 96..FF7 **410** - £898 - **$1,440**

SVENSSON Roland 1910 [43]
- *Fiskeläge* - Oil/panel (39x31cm-15x12in) Stockholm 96 .... FF18 **160** - £2 **350** - **$3,480**
- *Sommar* - Oil/canvas (118x68cm-46x27in) Stockholm 96 .... FF140 **000** - £15 **970** - **$26,800**
- *Skärgårdslandskap, Lilla Nassa* - Akvarell (40x29cm-16x11in) Stockholm 92 .... FF9 **420** - £965 - **$1,660**

SVENSSON Uno George 1919 [4]
- *Komposition* - Oil/canvas (90x116cm-35x46in) Malmö 93 .... FF3 **840** - £484 - **$726**

SVENSSON Wiking 1915-1979 [23]
- *Nattsolsdans* - Oil/canvas (144x80cm-57x31in) Stockholm 94 .... FF6 **600** - £775 - **$1,240**
- *Modell i trosor* - Gouache (61x67cm-24x26in) Göteborg 92 .... FF2 **830** - £290 - **$498**

SVENSSON Wilgot 1903 [2]
- *Göteborgsmotiv* - Oil/canvas Göteborg 92 .... FF2 **710** - £324 - **$522**

SVERCHKOV Nikolai Egorovich 1817-1898 [7]
- *The Race* - Oil/canvas (109x165cm-43x65in) London 96............................ FF166 **000** - £19 **000** - **$31,700**

SVERTSCHKOFF Nicolaj Gregorovitch 1817-1898 [10]
- *Hästporträtt* - Oil/canvas (56x71cm-22x28in) Stockholm 93 .... FF14 **060** - £1 **728** - **$2,603**
- *Bear hunt* - Oil/canvas (114x187cm-45x74in) London 91..................... FF238 **000** - £24 **155** - **$42,985**

SVETLOV Sergei Yakovlevich 1903-1964 [2]
- *Dynamic dance ans one eye* - Gouache (39x53cm-15x21in) London 90 .... FF15 **500** - £1 **649** - **$2,773**

SVIPDAG Elin 1905-1987 [2]
- *Ropet utan eko* - Oil/canvas (82x100cm-32x39in) Stockholm 91 .... FF7 **540** - £765 - **$1,362**

SVOBODA Alison 1950 [2]
- *Through to white* - Huile/toile (115x88cm-45x35in) Paris 91 .... FF8 **500** - £844 - **$1,476**

SVOBODA Rudolph 1859-1914 [1]
- *Young lady in japanese costume* - Oil/cardboard (30x18cm-12x7in) London 91 .... FF24 **800** - £2 **517** - **$4,479**

SWAGEMAKERS Theo 1898-1994 [10]
- *A corner of the white house* - Oil/canvas (50x40cm-20x16in) Amsterdam 97 .... FF2 **427** - £262 - **$423**

SWAGERS Elizabeth ?-1837 [1]
- *Les jeunes filles de la Légion d'Honneur* - Huile/toile (65x81cm-26x32in) Monaco 95 ... FF90 **000** - £11 **670** - **$18,570**

SWAGERS Frans 1756-1836 [20]
- *Hügelige Ideallandschaft* - Oil/panel (48x56cm-19x22in) Stuttgart 94 .... FF22 **300** - £2 **646** - **$4,120**
- *A walk in the park* - Oil/canvas (48x66cm-19x26in) London 94 .... FF64 **300** - £7 **500** - **$11,270**

SWAIN William 1803-1847 [1]
- *A girl in yellow silk gown* - Oil/canvas (76x64cm-30x25in) Elgin, Illinois 92 .... FF2 **060** - £246 - **$396**

SWAINE Francis 1735-1782 [30]
- *British men of war off the coast* - Oil/canvas (51x72cm-20x28in) London 95 .... FF15 **460** - £2 **000** - **$3,160**
- *The evening gun* - Oil/canvas (49x59cm-19x23in) London 92 .... FF43 **550** - £5 **200** - **$8,370**
- *Surrender of the Spanish Fleet* - Oil/canvas (137x224cm-54x88in) London 93............. FF404 **000** - £46 **000** - **$68,500**

SWAISH Frederick George ?-1931 [2]
- *Camargo* - Huile/toile (153x104cm-60x41in) Paris 95 .... FF68 **000** - £8 **740** - **$14,030**

SWAMINATHAN Jagdish 1928 [5]
- *Kaalateet* - Oil/canvas (82x116cm-32x46in) London 96............................ FF44 **500** - £5 **500** - **$8,600**

SWAN Cuthbert Edmund 1870-1931 [24]
- *A lion protecting a lioness* - Oil/board (43x61cm-17x24in) London 94 .... FF12 **780** - £1 **500** - **$2,276**
- *Wandered From The Lair* - Oil/canvas (102x65cm-40x26in) New-York 95 .... FF44 **750** - £5 **670** - **$9,000**
- *A tiger with its prey* - Watercolour (24x33cm-9x13in) London 96..................... FF15 **780** - £2 **000** - **$3,026**

SWAN Douglas 1930 [15]
- *Sunken object air fragment* - Oil/canvas (91x91cm-36x36in) Köln 92 .... FF8 **840** - £905 - **$1,557**

SWAN John Macallan 1847-1910 [7]
- *Shepherdess and her flock* - Oil/canvas (64x99cm-25x39in) New-York 90 .... FF57 **200** - £6 **124** - **$9,948**
- *A stalking panther* - Bronze (22cm-9in) London 90 .... FF18 **400** - £1 **907** - **$3,234**
- *Young boy on a rock* - Charcoal (38x25cm-15x10in) London 92 .... FF4 **690** - £480 - **$828**

SWANE Christine 1876-1960 [43]
- *Portraet af moster Rie* - Oil/canvas (135x103cm-53x41in) København 94 .... FF5 **240** - £608 - **$902**
- *Gule tomatplanter* - Oil/canvas (81x65cm-32x26in) København 95.......... FF14 **140** - £1 **736** - **$2,755**
- *Nature morte* - Oil/canvas (130x97cm-51x38in) København 94 .... FF25 **330** - £2 **940** - **$4,360**

SWANE Lars 1913 [20]
- *Marklandskab* - Oil/canvas (61x75cm-24x30in) København 95 .... FF2 **485** - £322 - **$506**

SWANE Sigurd 1879-1973 [107]
- *Vase of flowers* - Oil/canvas (56x44cm-22x17in) København 94 .... FF5 **750** - £748 - **$1,140**
- *Ved Toiletten* - Oil/canvas (94x73cm-37x29in) København 93 .... FF20 **240** - £2 **310** - **$3,450**

SWANELL John 1946 [1]
- *Untitled, September* - Gelatin silver print (38x45cm-15x18in) London 91 .... FF4 **170** - £420 - **$724**

SWANSON Ray 1937 [2]
- *Passing Storm* - Oil/canvas (61x91cm-24x36in) Bloomfield Hills, Michigan 94 .... FF4 **280** - £501 - **$750**

S

SWANWICK Betty 1915-1989 [111]
- *The flight from Egypt* - Oil/canvas (40x51cm-16x20in) London 90 .... FF3 **900** - £410 - **$678**

SWANWICK Harold 1866-1929 [14]
- *Ah! Whoa-Whup* - Oil/canvas (91x61cm-36x24in) London 91 .... FF39 **700** - £3 **985** - **$6,869**
- *A shepherd on path* - Watercolour (48x89cm-19x35in) New-York 93 .... FF29 **500** - £3 **356** - **$5,000**

SWANWICK Joseph Harold 1886-1929 [2]
- *Springtime* - Watercolour/paper (75x126cm-30x50in) London 96 .... FF15 **330** - £1 **800** - **$3,015**

SWANZY Mary 1882-1978 [18]
- *The pigeons* - Oil/canvas (48x63cm-19x25in) London 97 .... FF56 **285** - £6 **000** - **$9,867**
- *Woman with a White Bonnet* - Oil/canvas (99x80cm-39x31in) London 96 .... FF**488 000** - £62 **000** - **$93,700**
- *Mountain village* - Drawing (25x16cm-10x6in) Dublin 91 .... FF3 **820** - £383 - **$700**

SWARBRECK Samuel Dukinfield XIX [2]
- *Sketches in Scotland* - Lithograph (54x38cm-21x15in) London 91 .... FF3 **770** - £380 - **$654**
- *Prince Albert's Swiss Cottage* - Watercolour (46x35cm-18x14in) London 94 .... FF**218 500** - £26 **000** - **$41,150**

SWEBACH Édouard B. 1800-1870 [25]
- *A halt on the journey* - Oil/canvas (34x46cm-13x18in) New-York 97 .... FF57 **803** - £6 **162** - **$10,000**
- *Écurie du Roi Louis XVIII* - Huile/toile (24x32cm-9x13in) Paris 92 .... FF**225 000** - £23 **030** - **$40,500**
- *Scène de chasse à courre* - Aquarelle (14x26cm-6x10in) Paris 92 .... FF11 **000** - £1 **126** - **$1,937**

SWEBACH-DESFONTAINES Jacques François J. 1769-1823 [47]
- *La halte à l'auberge* - Huile/toile (32x40cm-13x16in) Paris 95 .... FF40 **000** - £5 **140** - **$8,250**
- *Country fair with figures* - Oil/panel (24x42cm-9x17in) London 96 .... FF**233 000** - £29 **000** - **$45,200**
- *The Races at Vincennes, Paris* - Black chalk (27x47cm-11x19in) London 97 .... FF27 **397** - £2 **800** - **$4,663**

SWEDLUND Per Adolf, Pelle 1865-1947 [3]
- *Riddarholmen kirka, Stockholm* - Oil/canvas (155x117cm-61x46in) London 93 .... FF11 **620** - £1 **400** - **$2,127**

SWEE Chen Chong 1919-1985 [2]
- *Washerwomen on a riverbank* - Oil/canvas (36x49cm-14x19in) Singapore 95 .... FF52 **600** - £6 **710** - **$10,800**

SWEENEY Jan 1939 [6]
- *Racing Cheetahs* - Bronze (25cm-10in) London 94 .... FF11 **070** - £1 **300** - **$1,972**

SWEERTS Michele 1624-1664 [7]
- *Young Man in a grey jacket* - Oil/canvas (47x39cm-19x15in) New-York 97 .... FF1 - £174 **720** - **$280,000**

SWEET Walter Henry c.1860-c.1930 [22]
- *Repairing crab pots* - Watercolour (28x36cm-11x14in) Penzance, Cornwall 92 .... FF3 **130** - £320 - **$552**

SWENANDER Gustav 1874-1943 [1]
- *Tjäder på snöiga grenar* - Oil/canvas (53x40cm-21x16in) Malmö 93 .... FF3 **476** - £438 - **$658**

SWENSSON Christian Fredrik 1834-1909 [16]
- *Fishermen on the beach* - Oil/canvas (90x135cm-35x53in) Stockholm 96 .... FF23 **800** - £2 **796** - **$4,680**

SWENSSON Fritiof 1889-1974 [1]
- *Hamnmotiv från Göteborg* - Oil/canvas (95x75cm-37x30in) Göteborg 92 .... FF3 **020** - £309 - **$532**

SWERTS de Jos 1890-1939 [4]
- *Scène de plage* - Huile/toile (60x80cm-24x31in) Bruxelles 97 .... FF16 **360** - £1 **710** - **$2,800**

SWERTS Jan 1820-1879 [1]
- *Portrait de dame (2)* - Huile/toile (100x86cm-39x34in) Bruxelles 89 .... FF5 **800** - £611 - **$976**

SWERTSCHKOFF Nikolai Jegorowitsch 1817-1898 [2]
- *Wilde kleine Reiter* - Öl/Leinwand (40x65cm-16x26in) Wien 94 .... FF14 **500** - £1 **666** - **$2,480**

SWIERZYNSKI Saturnin 1820-1883 [1]
- *Paysage* - Huile/panneau (38x31cm-15x12in) Warszawa 91 .... FF7 **080** - £723 - **$1,265**

SWIESZEWSKI Aleksander 1839-1895 [11]
- *Alpine lake scene* - Oil/canvas (62x108cm-24x43in) North Bethesda, MD. 91 .... FF17 **430** - £1 **747** - **$3,192**
- *Vue d'un village* - Oil/canvas (55x101cm-22x40in) Warszawa 96 .... FF71 **000** - £8 **960** - **$13,660**

SWIFT Garth 1961 [2]
- *Heat and Dust* - Watercolour (51x71cm-20x28in) London 95 .... FF8 **440** - £1 **100** - **$1,747**

SWIFT John Warkup 1815-1869 [9]
- *To the rescue* - Oil/canvas (35x53cm-14x21in) London 92 .... FF13 **680** - £1 **400** - **$2,414**

SWIFT Kate, née Seaton F. 1834-? [3]
- *Dressing up* - Oil/canvas (60x79cm-24x31in) Amsterdam 92 .... FF24 **270** - £2 **492** - **$4,670**

SWIJNCOP Philippe 1878-? [2]
- *Spanish beauty* - Oil/canvas (150x100cm-59x39in) Amsterdam 90 .... FF30 **150** - £3 **068** - **$6,030**

SWIMBERGHE Gilbert 1927 [8]
- *Variatie 10* - Dessin (100x100cm-39x39in) Antwerpen 94 .... FF3 **300** - £379 - **$565**

SWINNERTON James Guilford 1875-1974 [13]
- *George Blacks Cabin near Sedona*
  Oil/canvas (61x46cm-24x18in) San Francisco-Los Angeles 93 .... FF17 **730** - £2 **013** - **$3,000**
- *The ange gets into a leaking* - Watercolour (23x36cm-9x14in) New-York 97 .... FF3 **884** - £502 - **$750**

SWINSTEAD George Hillyard 1860-1926 [11]
- *Pomona* - Oil/canvas/board (33x24cm-13x9in) London 93 .... FF18 **400** - £2 **300** - **$3,335**
- *The First Steep* - Oil/canvas (114x90cm-45x35in) London 95 .... FF**102 600** - £13 **000** - **$20,640**

SWIRYSZ-RYSZKIEWICZ Józef 1882-1942 [1]
- *Hunter in a snowy landscape* - Drawing (43x89cm-17x35in) Warszawa 94 .... FF2 **350** - £279 - **$432**

SWOBODA Edward 1814-1902 [7]
- *Satyr und Nymphe* - Oil/panel (45x58cm-18x23in) Wien 94 .... FF18 **420** - £2 **180** - **$3,310**
- *Reizender junger Damen* - Öl/Leinwand (147x117cm-58x46in) Lindau 97 .... FF54 **018** - £5 **672** - **$9,291**

SWOBODA Gerhard 1923-1975 [3]
- *Das goldene Zeitalter* - Oil/panel (24x89cm-9x35in) Wien 96 .... FF3 **654** - £475 - **$723**

SWOBODA Josef Cestmir 1889-? [1]
🔸 Stream in a snowy forest - Oil/canvas (90x90cm-35x35in) Amsterdam 91 .... FF**9 010** - £**908** - **$1,563**
SWOBODA Josefine 1861-1924 [5]
✐ The Holy Family - Watercolour (58x58cm-23x23in) Bloomfield Hills, Michigan 92 .... FF**5 400** - £**552** - **$1,000**
SWOBODA Rudolf 1819-1859 [9]
🔸 Zugefrorenem Flusslauf - Oil/canvas (53x84cm-21x33in) Lindau 92 .... FF**25 400** - £**2 950** - **$5,180**
Ráfai Mosque, Cairo - Oil/panel (55x38cm-22x15in) London 96 .... FF**462 000** - £**60 000** - **$91,400**
SWOBODA Rudolf II 1859-1914 [8]
🔸 Indian man wearing a Striped shawl - Oil/panel (28x21cm-11x8in) London 97 .... FF**24 552** - £**2 600** - **$4,252**
Shawls seller, Indian scene - Oil/canvas (95x55cm-37x22in) New-York 93 .... FF**93 500** - £**11 720** - **$17,000**
SWOBODA VON WIKINGEN Alexius Emmerich 1849-1920 [4]
🔸 Boreas raubt Oreithia - Öl/Leinwand (142x163cm-56x64in) Wien 96 .... FF**33 700** - £**4 200** - **$6,510**
La favorite et sa servante - Huile/toile (112x87cm-44x34in) Paris 96 .... FF**390 000** - £**50 300** - **$76,300**
SWORD James Brade 1839-1915 [8]
🔸 Rowing the shore, Lake George - Oil/canvas (31x51cm-12x20in) New-York 94 .... FF**44 900** - £**5 300** - **$8,000**
SWYNCOP Charles 1895-1970 [27]
🔸 Enfant à l'écharpe - Huile/toile (35x27cm-14x11in) Bruxelles 94 .... FF**4 450** - £**519** - **$780**
Vase de fleurs - Huile/toile (69x50cm-27x20in) Bruxelles 96 .... FF**15 700** - £**2 023** - **$3,070**
SWYNCOP Philippe 1878-1949 [28]
🔸 Péniches sous le Pont-Neuf, Paris - Huile/toile (49x80cm-19x31in) Bruxelles 94 .... FF**14 200** - £**1 694** - **$2,660**
SWYNDREGT van François Montauban 1784-1840 [1]
🔸 The reading lesson - Oil/panel (61x50cm-24x20in) London 96 .... FF**31 000** - £**3 298** - **$5,546**
SWYNNERTON Annie Louisa 1844-1933 [8]
🔸 Lilie, daughter of Mr MCGRATH
Oil/canvas (75x62cm-30x24in) Billinghurst, West Sussex 94 .... FF**11 440** - £**1 350** - **$2,037**
SYBERG Anna L., née Hansen 1870-1914 [2]
✐ Chrysantemer - Watercolour (60x57cm-24x22in) Köbenhavn 96 .... FF**20 500** - £**2 655** - **$4,100**
SYBERG Ernst 1906-1981 [49]
🔸 Fjordparti - Oil/canvas (34x48cm-13x19in) Köbenhavn 94 .... FF**2 970** - £**345** - **$512**
SYBERG Fritz 1862-1939 [88]
🔸 Udsigt mod kunstnerens gård - Oil/canvas (90x130cm-35x51in) Köbenhavn 96 .... FF**5 720** - £**711** - **$1,111**
Fjordparti - Oil/canvas (55x82cm-22x32in) Köbenhavn 96 .... FF**18 700** - £**2 424** - **$3,740**
✐ Huse langs floden - Watercolour (50x69cm-20x27in) Köbenhavn 94 .... FF**5 170** - £**620** - **$1,005**
SYCHKOV Feodor Vasilievich 1870-1958 [2]
🔸 Crossing the stream - Oil/canvas (81x99cm-32x39in) London 96 .... FF**46 800** - £**6 000** - **$9,280**
SYCHRA Vladimir 1903-1963 [2]
🔸 Festzug in Mähren - Oil/canvas (51x80cm-20x31in) München 91 .... FF**14 200** - £**1 414** - **$2,442**
SYDENHAM Thomas c.1760-1816 [1]
✐ Fort St. George, Madras - Watercolour (37x55cm-15x22in) London 95 .... FF**6 020** - £**750** - **$1,178**
SYER John, Jnr. c.1846-1913 [21]
🔸 Stepping stones - Oil/canvas (74x124cm-29x49in) Torquay, Devon 91 .... FF**8 180** - £**814** - **$1,407**
✐ The watermill - Watercolour (34x51cm-13x20in) London 96 .... FF**2 753** - £**350** - **$530**
SYER John, Snr. 1815-1885 [27]
🔸 Llangollen Bridge on the River Dee - Oil/canvas (46x66cm-18x26in) London 91 .... FF**10 680** - £**1 200** - **$1,790**
Rocky river landscape - Oil/canvas (55x88cm-22x35in) London 90 .... FF**21 300** - £**2 207** - **$3,743**
West Front of Wells Catherdral - Oil/canvas (66x91cm-26x36in) London 96 .... FF**32 100** - £**4 000** - **$6,200**
✐ Mother with children - Watercolour (23x18cm-9x7in) Bloomfield Hills, Michigan 93 .... FF**2 340** - £**293** - **$425**
SYITCHKOW Vedot Wasiliewitch 1880-1956 [2]
🔸 Lesendes Mädchen am Fenster - Öl/Leinwand (135x97cm-53x38in) München 93 .... FF**50 900** - £**6 070** - **$9,780**
SYKES Charles 1875-1950 [7]
🔸 Satyr ravishing a Bacchante - Bronze (29cm-11in) London 94 .... FF**5 510** - £**650** - **$981**
Spirit of Ecstasy - Bronze (66cm-26in) Chicago 96 .... FF**15 430** - £**1 870** - **$3,000**
SYKES George 1863-? [10]
✐ Old Bridge, NY/Church, Bolton Percy - Watercolour (35x51cm-14x20in) Clifton, Bristol 92 .... FF**2 640** - £**270** - **$465**
SYKES Henry 1855-1921 [5]
✐ Cottage garden - Drawing Leeds 91 .... FF**6 150** - £**620** - **$1,067**
SYKES John 1863-? [3]
✐ Figure feeding poultry - Drawing Leeds 91 .... FF**2 083** - £**210** - **$361**
SYKES John Gutteridge 1866-1941 [20]
✐ Edwinstone Mill, a showery day - Wash (25x45cm-10x18in) Aylsham, Norfolk 91 .... FF**2 864** - £**289** - **$569**
SYKES Peace 1826-? [5]
✐ Wooded meadow - Drawing Leeds 91 .... FF**2 280** - £**230** - **$396**
SYKORA Eduard 1835-1897 [1]
🔸 Gebirgslandschaft mit Kindern - Oil/canvas (48x69cm-19x27in) München 90 .... FF**16 900** - £**1 809** - **$2,939**
SYKORA Gustav 1889-? [1]
🔸 Ruhende Odalisk - Öl/Leinwand (81x101cm-32x40in) Wien 94 .... FF**11 640** - £**1 350** - **$2,205**
SYLBERGH van den Jaak 1884-1960 [2]
✐ Intérieur paysan - Pastel (64x47cm-25x19in) Antwerpen 90 .... FF**2 400** - £**257** - **$417**
SYLVAIN Christian 1950 [2]
🔸 Blinder und Vogel - Multiple Antwerpen 96 .... FF**1 640** - £**199** - **$316**
✐ Mathieu et l'oiseau noir - Collage (100x120cm-39x47in) Paris 90 .... FF**18 000** - £**1 813** - **$3,526**

S

SYLVESTER Frederick Oakes 1869-1915 [1]
🐦 *Boats at the pier* - Oil/canvas (30x36cm-12x14in) Mystic, Connecticut 95 .... FF4 290 - £515 - **$800**
SYLVESTRE Joseph Noël 1847-1926 [3]
🐦 *Gentilhomme à la pipe, 1905* - Huile/toile (225x200cm-89x79in) Chartres 89 .... FF40 000 - £3 980 - **$6,319**
SYMONS George Gardner 1863-1930 [76]
🐦 *Connecticut landscape* - Oil/canvas (28x23cm-11x9in) San Francisco-Los Angeles 93 ...... FF16 500 - £2 070 - **$3,000**
 Landscape with Houses - Oil/canvas (51x63cm-20x25in) New-York 97 .... FF93 349 - £9 801 - **$16,000**
 Southern Cod Coast - Oil/canvas (102x127cm-40x50in) New-York 97 .... FF189 615 - £19 909 - **$32,500**
SYMONS William Christian 1845-1911 [3]
🐦 *A Fisherman's Tale* - Oil/canvas (112x86cm-44x34in) London 92 .... FF37 700 - £4 500 - **$7,250**
SYNAVE Tancrède 1860-? [21]
🐦 *Jeune femme allongée* - Huile/toile (38x55cm-15x22in) Paris 93 .... FF11 000 - £1 256 - **$1,865**
 Young woman in white - Oil/canvas (98x98cm-39x39in) New-York 95 .... FF77 000 - £9 450 - **$15,000**
SYPHENS Ferdinand Hendrick 1813-1860 [2]
🐦 *Woman on a path* - Oil/canvas (33x44cm-13x17in) Amsterdam 90 .... FF9 040 - £920 - **$1,808**
SYPKRENS Ferdinand Hendrik 1813-1860 [4]
🐦 *Wooded landscape with peasants* - Oil/canvas (45x61cm-18x24in) Amsterdam 94 .. FF13 770 - £1 652 - **$2,673**
SYPNIEWSKI Feliks 1830-1902 [1]
✏ *Scena batalistyczna* - Dessin (36x48cm-14x19in) Warszawa 92 .... FF1 875 - £192 - **$335**
SYSIMETSÄ Ilmari 1912-1955 [5]
🗁 *Helsinki Olympics* - Poster (100x62cm-39x24in) New-York 95 .... FF5 850 - £762 - **$1,200**
SYSOEV Nicolaï Alexandrovic. 1918 [2]
🐦 *Avant la fête* - Huile/toile (75x84cm-30x33in) Paris 90 .... FF52 000 - £5 529 - **$9,288**
SYTSKOV Fedor 1870-1958 [2]
🐦 *The morning tea* - Oil/panel (65x57cm-26x22in) Stockholm 96 .... FF55 300 - £6 410 - **$10,600**
SZABO Béla 1905-? [2]
🐦 *Junge Aktrice* - Öl/Leinwand (156x100cm-61x39in) Lindau 93 .... FF7 000 - £817 - **$1,150**
SZABO Laszlo 1917 [2]
🗿 *Vogelartige Figur* - Bronze (18cm-7in) Heidelberg 96 .... FF6 450 - £832 - **$1,262**
SZADURSKA Kasia 1876-1942 [1]
🐦 *Zwei Konstanzen Mädchen* - (65x62cm-26x24in) Konstanz 93 .... FF8 000 - £920 - **$1,346**
SZAFRAN Sam 1930 [54]
🐦 *Drap jaune* - Huile/toile (33x22cm-13x9in) Paris 93 .... FF4 000 - £500 - **$728**
 Personnage assis - Huile/toile (56x38cm-22x15in) Paris 97 .... FF18 500 - £1 955 - **$3,175**
✏ *Portrait d'homme assis* - Fusain/papier (104x76cm-41x30in) Paris 97 .... FF15 000 - £1 580 - **$2,579**
 L'Atelier - Fusain/papier (105x75cm-41x30in) Paris 97 .... FF82 000 - £8 635 - **$14,096**
 L'atelier - Pastel/carton (118x80cm-46x31in) Paris 96 .... FF650 000 - £80 300 - **$125,500**
SZAMOSSY Laszlo 1866-1909 [1]
🐦 *Flachsernte* - Oil/cardboard (25x37cm-10x15in) Bern 90 .... FF4 300 - £457 - **$769**
SZANCENBACH Jan 1928 [2]
🐦 *Paris, Notre-Dame (IV)* - Oil/canvas (74x100cm-29x39in) Warszawa 96 .... FF15 430 - £1 924 - **$2,980**
SZANKOWSKY Boleslaw 1873-1953 [5]
🐦 *Kleinen Mädchens mit Apfel* - Oil/canvas (56x49cm-22x19in) Lindau 92 .... FF22 000 - £2 560 - **$4,490**
SZANTHO Mária 1898-1984 [72]
🐦 *The tambourine girl* - Oil/canvas (85x70cm-33x28in) London 97 .... FF5 841 - £649 - **$1,096**
 Diana and her Nymphs - Oil/canvas (112x184cm-44x72in) London 96 .... FF11 070 - £1 300 - **$2,180**
 The Artist's Model - Oil/board (99x70cm-39x28in) London 97 .... FF23 615 - £2 600 - **$4,144**
SZASZ Istvan 1878-1965 [3]
🐦 *Young woman in an interior* - Oil/canvas (99x74cm-39x29in) London 94 .... FF6 300 - £750 - **$1,187**
SZCZEBLEWSKI Victor, Waclaw B. 1888-? [8]
🗿 *Mousse siffleur* - Bronze (56cm-22in) Nice 95 .... FF9 500 - £1 200 - **$1,920**
SZCZESNY Stefan 1951 [9]
🐦 *Landschaft mit Frauenakten* - Öl/Leinwand (65x100cm-26x39in) München 95 .. FF15 860 - £2 025 - **$3,254**
✏ *Tanzende Orientalin* - Drawing (29x41cm-11x16in) Köln 92 .... FF5 760 - £689 - **$1,110**
SZCZYGLINSKI Henryk 1881-1944 [4]
🐦 *River landscape* - Oil/cardboard (20x27cm-8x11in) Warszawa 96 .... FF4 630 - £578 - **$894**
SZCZYRBULA Marian 1899-1942 [1]
🐦 *Ulica Augustianska w Krakowie* - Oil/cardboard (47x34cm-19x13in) Warszawa 96 .... FF12 810 - £1 462 - **$2,456**
SZECSENYI Stephan 1951 [3]
🐦 *Traîneau sur la glace* - Huile/panneau (38x46cm-15x18in) Brides-les-Bains 94 .... FF3 100 - £374 - **$564**
SZEKELY Bertalan 1835-1910 [2]
🐦 *Tájkép* - Oil/cardboard (23x33cm-9x13in) Budapest 89 .... FF5 500 - £580 - **$926**
SZEKELY Pierre 1923 [4]
🗿 *Le fondateur* - Sculpture (42cm-17in) Douai 90 .... FF7 900 - £804 - **$1,580**
SZÉKESSY Karin 1939 [2]
📷 *La Belle et la Bête* - Photo (58x49cm-23x19in) Paris 93 .... FF2 200 - £265 - **$400**
SZEKESSY Zoltan 1899-1967 [4]
🗿 *Flöte spielender Knabe* - Bronze (19cm-7in) Düsseldorf 96 .... FF10 830 - £1 373 - **$2,077**
SZENES Arpad 1897-1985 [26]
🐦 *Paysage* - Tempera (24x69cm-9x27in) Paris 97 .... FF25 000 - £2 715 - **$4,385**
 Composition - Huile/toile (50x147cm-20x58in) Paris 97 .... FF180 000 - £18 774 - **$30,780**
✏ *Cintra* - Gouache/papier (31x22cm-12x9in) Paris 96 .... FF20 000 - £2 506 - **$3,860**

SZENTGYÖRGYI Kornél 1916 [23]
🖼 *Eté* - Huile/isorel (50x60cm-20x24in) Paris 92..................... FF2 500 - £257 - **$481**

SZENTGYÖRGYI Miklos 1916 [15]
🖼 *Nature morte aux fleurs* - Huile/isorel (50x60cm-20x24in) Paris 90..................... FF3 000 - £302 - **$545**

SZERBAKOW Fedor 1911 [8]
🖼 *Winter im Moor* - Oil/board (50x59cm-20x23in) Bremen 90..................... FF3 740 - £382 - **$738**

SZERMENTOWSKI Józef 1833-1876 [4]
🖼 *Landscape with sheep* - Oil/canvas (61x100cm-24x39in) Warszawa 96..................... FF142 700 - £17 800 - **$27,570**

SZERNER Wladyslaw 1836-1915 [4]
🖼 *Spotkanie nad Strumykien* - Huile/panneau (50x60cm-20x24in) Warszawa 92..................... FF18 750 - £1 913 - **$3,350**

SZERT Karoly 1955 [10]
🖼 *Le bouquiniste* - Huile/toile (46x55cm-18x22in) L'Isle-Adam 92..................... FF3 300 - £338 - **$594**

SZEWCZENKO Konstantin 1915 [7]
🖼 *Scène religieuse* - Huile/panneau (29x23cm-11x9in) Paris 93..................... FF3 000 - £362 - **$546**

SZILAGYI Piroska 1889-1931 [2]
🖼 *Natura morta* - Olio/tela (80x60cm-31x24in) Trieste 93..................... FF4 710 - £536 - **$797**

SZILARD Claire XX [2]
🖼 *Sous-bois* - Huile/toile (65x50cm-26x20in) Paris 93..................... FF6 100 - £701 - **$1,050**

SZINYEI-MERSE von Paul 1854-1920 [4]
🖼 *Mother and Children* - Oil/canvas (137x94cm-54x37in) London 95..................... FF750 000 - £95 000 - **$151,000**

SZIRMAI Antal 1860-1927 [2]
🖼 *Promenade, Bois de Boulogne* - Huile/toile (15x200cm-6x79in) Paris 90..................... FF140 000 - £14 989 - **$24,348**

SZIRTES Janos 1954 [3]
🖼 *Sans titre I* - Tempera/panneau (50x70cm-20x28in) Paris 91..................... FF3 500 - £353 - **$607**

SZOBEL Geza 1905-1963 [13]
🖼 *Maternité* - Huile/panneau (69x44cm-27x17in) Paris 97..................... FF6 500 - £709 - **$1,136**
✏ *Composition aux personnages* - Encre Chine (27x21cm-11x8in) Paris 89..................... FF2 500 - £263 - **$421**

SZOBOTKA Imre 1890-1961 [2]
🖼 *Holland táj* - Oil/canvas (75x60cm-30x24in) Budapest 89..................... FF14 700 - £1 549 - **$2,475**

SZÖLLÖSY Janos 1884-? [2]
🖼 *La modella del pittore* - Olio/tela (60x80cm-24x31in) Trieste 93..................... FF5 790 - £660 - **$981**

SZONTAGH Tibor 1873-1930 [3]
🖼 *Sonnentag im Frühling* - Öl/Leinwand (49x60cm-19x24in) Lindau 93..................... FF4 900 - £572 - **$805**

SZÖZY Szilird Konstantin 1878-? [1]
🗿 *Young boy and girl fishing* - Bronze (39cm-15in) Vejle 94..................... FF6 950 - £799 - **$1,190**

SZPIGEL Natan 1890-c.1943 [1]
✏ *Zaulek* - Pastel/papier (61x44cm-24x17in) Warszawa 96..................... FF11 730 - £1 482 - **$2,257**

SZPINGER von Alexander 1889-1969 [4]
🖼 *Kopfweiden im Frühling* - Öl/Karton (37x48cm-15x19in) Rudolstadt-Thüringen 96..................... FF9 510 - £1 084 - **$1,820**

SZUKALSKI Albert 1945 [7]
🗿 *Spook* - Assemblage (45cm-18in) Antwerpen 96..................... FF3 280 - £398 - **$638**
✏ *Au pied léger* - Dessin (40x60cm-16x24in) Antwerpen 95..................... FF1 692 - £217 - **$341**

SZUKALSKI Stanislaus XIX-XX [1]
🗿 *Mother and child* - Bronze (36cm-14in) New-York 89..................... FF17 200 - £1 711 - **$2,717**

SZÜLE Peter 1886-1944 [2]
🖼 *The letter* - Oil/canvas (80x60cm-31x24in) New-York 93..................... FF17 870 - £2 113 - **$3,250**

SZULMAN François 1931 [2]
🖼 *Village d'Italie* - Huile/toile (56x46cm-22x18in) Saint-Dié 90..................... FF13 000 - £1 309 - **$2,547**

SZVATEK Aurelia della Corte XIX-XX [2]
✏ *Italian peasant girls* - Watercolour (30x25cm-12x10in) London 90..................... FF2 300 - £232 - **$418**

SZYK Arthur 1894-1951 [18]
✏ *Conquerors of Findland* - Gouache (38x28cm-15x11in) Tel Aviv 95..................... FF10 750 - £1 392 - **$2,200**

SZYMANOVSKI Waclaw 1859-1930 [2]
🖼 *Man och kvinna vid fönster* - Oil/canvas (64x79cm-25x31in) Stockholm 91..................... FF19 800 - £1 985 - **$3,304**

SZYMANSKI Rolf 1928 [9]
🗿 *Stehende Figur* - Bronze (18cm-7in) Heidelberg 96..................... FF4 240 - £548 - **$830**

SZYMKOWICZ Charles 1948 [5]
📷 *Répression* - Tirage argentique (70x93cm-28x37in) Bruxelles 89..................... FF3 600 - £368 - **$579**

SZYSZKOWITZ Rudolf 1905-1976 [5]
✏ *Weiblicher Akt* - Coloured chalks (40x29cm-16x11in) Wien 96..................... FF4 810 - £603 - **$940**
Mutter mit Kind - Red chalk/paper (32x50cm-13x20in) Wien 91..................... FF19 250 - £1 930 - **$3,178**

SZYSZLO de Fernando 1925 [47]
🖼 *Casa 8 (Imagen)* - Oil/canvas (101x82cm-40x32in) New-York 96..................... FF52 000 - £6 610 - **$10,000**
El innombrable XVI - Acrylic/canvas (120x119cm-47x47in) New-York 97..................... FF97 366 - £10 378 - **$17,000**
Mar de Lurín - Acrylic/canvas (97x147cm-38x58in) New-York 97..................... FF114 548 - £12 210 - **$20,000**

T

T'FELT Julien 1874-1933 [3]
🖼 *Vase de lilas* - Huile/toile (90x80cm-35x31in) Antwerpen 96 .... FF*12 310* - £1 425 - **$2,360**

T'SAS 1866-1942 [1]
📁 *Royal Daring Club* - Poster (73x109cm-29x43in) New-York 94 .... FF*12 580* - £1 477 - **$2,200**

T'SCHARNER Théodore 1826-1906 [3]
🖼 *Sous-bois* - Huile/toile (54x40cm-21x16in) Bruxelles 95 .... FF*2 355* - £285 - **$444**

TAAFFE Philip 1955 [30]
🖼 *Ther Now* - Linoprint collage/Masselin (198x30cm-78x12in) New-York 94 .... FF*84 000* - £10 000 - **$16,000**
   Ginostra Flowers - Oil/canvas (155x211cm-61x83in) New-York 96 .... FF*466 000* - £60 200 - **$90,000**
📒 *Untitled* - Mixed media/paper (47x49cm-19x19in) New-York 93 .... FF*17 600* - £2 020 - **$3,000**

TAAMMAN Jacob 1836-1923 [3]
🖼 *A family in an interior* - Oil/canvas (56x76cm-22x30in) Amsterdam 89 .... FF*24 000* - £2 454 - **$3,859**

TAANMAN Jacob 1836-1923 [2]
🖼 *Het kindermaal* - Huile/panneau (30x23cm-12x9in) Tongeren 92 .... FF*6 590* - £787 - **$1,268**

TABACCHI Odoardo 1831-1905 [4]
🗿 *La Tuffonila* - Bronze (56cm-22in) London 93 .... FF*13 030* - £1 500 - **$2,250**

TABAR Léopold 1818-1869 [1]
🖼 *Panier de poissons renversé* - Huile/toile (92x174cm-36x69in) Paris 94 .... FF*38 000* - £4 540 - **$7,120**

TABARD Maurice 1897-1984 [22]
📷 *Paris* - Gelatin silver print (10x8cm-4x3in) New-York 96 .... FF*16 500* - £2 120 - **$3,200**

TABER Isaac Walton 1830-1916 [1]
📒 *Opening of the Brooklyn Bridge* - Ink/paper (21x27cm-8x11in) New-York 90 ...... FF*2 490* - £257 - **$440**

TABER Lincoln 1941-1989 [1]
🖼 *Reversed canvas* - Oil/canvas (40x35cm-16x14in) London 92 .... FF*7 810* - £800 - **$1,380**

TABER Sarah A. 1844-1928 [1]
🖼 *A mountainous riverfall landscape*
   Oil/canvas (41x61cm-16x24in) Bloomfield Hills, Michigan 92 .... FF*6 660* - £698 - **$1,200**

TABERNER Y MONTALVO Luis 1844-1900 [2]
🖼 *Arbol* - Pintura mural/tapiz (225x170cm-89x67in) Madrid 94 .... FF*7 380* - £875 - **$1,363**

TABET Claude 1924-1979 [5]
🖼 *Douceur de vivre* - Huile/toile (38x55cm-15x22in) Monaco 93 .... FF*16 000* - £2 000 - **$2,910**

TABOR Lewis P. 1900-1974 [1]
📷 *Star Field in Southern Orion* - Photograph (59x49cm-23x19in) New-York 96 ...... FF*51 100* - £6 590 - **$10,000**

TABOURET Émile ?-1927 [3]
📁 *L'Hygiène Moderne* - Affiche (120x78cm-47x31in) Paris 92 .... FF*4 100* - £490 - **$789**

TABUCHI Yasse 1921 [34]
🖼 *Ne tirez pas dessus* - Oil/canvas (50x61cm-20x24in) Kobenhavn 94 .... FF*5 270* - £628 - **$994**
   Chant de Guerrier - Oil/canvas (76x33cm-30x13in) Amsterdam 97 .... FF*24 900* - £2 611 - **$4,273**
📒 *Paysage* - Aquarelle (46x50cm-18x20in) Saint-Germain-en-Laye 94 .... FF*5 000* - £587 - **$876**

TABUENA Romeo 1921 [2]
🖼 *Hombre y mujer* - Tempera/panel (122x104cm-48x41in) New-York 94 .... FF*34 500* - £4 110 - **$6,500**

TABUSSO Francesco 1930 [5]
🖼 *Cacciatore con uccelli* - Olio/tela (60x80cm-24x31in) Prato 94 .... FF*24 700* - £2 940 - **$4,410**

TACCA Ferdinando 1619-1686 [1]
🗿 *Hercules and the Boar* - Bronze (73cm-29in) London 95 .... FF*1* - £220 000 - **$337,000**

TACCANI Remo 1891-1973 [1]
🖼 *Isola di San Giulio sul Lago d'Orta* - Olio/tela (55x79cm-22x31in) Milano 95 ..... FF*8 580* - £1 080 - **$1,740**

TACCHETTO Camillo 170"-1772 [1]
📒 *Vierge à l'Enfant* - Gouache (11x13cm-4x5in) Paris 95 .... FF*4 600* - £589 - **$925**

TACCHI Cesare XX [2]
🖼 *Quadro sulla morte di Kennedy* - Acrilico/tela (100x80cm-39x31in) Milano 93 .... FF*4 030* - £452 - **$721**
   Uomo che guarda - Tecnica mista/cartone (150x100cm-59x39in) Roma 91 ...... FF*90 100* - £8 948 - **$15,644**

TACK Augustus Vincent 1870-1949 [15]
🖼 *Wisdom Way/North of Deerfield* - Oil/canvas (74x91cm-29x36in) New-York 95 .... FF*15 740* - £2 025 - **$3,200**
   Decorative panel - Oil/canvas (79x88cm-31x35in) New-York 91 .... FF*179 800* - £18 050 - **$31,108**
📒 *Sketch for The high command* - Gouache/board (121x121cm-48x48in) New-York 92 .... FF*31 850* - £3 700 - **$6,500**

TADDEI Luigi 1898-? [1]
🖼 *Sonvico e Mte Baro* - Oil/panel (27x24cm-11x9in) Zofingen 92 .... FF*2 855* - £341 - **$550**

TADE Lidi XX [2]
📒 *Composition* - Technique mixte, dessin (68x54cm-27x21in) Paris 90 .... FF*2 500* - £266 - **$447**

TADEUSZ Norbert 1940 [6]
🖼 *Elke* - Öl/Leinwand (110x102cm-43x40in) Köln 94 .... FF*44 600* - £5 280 - **$8,240**
📒 *Nackte auf einem Bett liegend* - Mixed media/paper (41x32cm-16x13in) München 95 .... FF*5 530* - £723 - **$1,107**

TADEVOSSIAN Yeghiché M. 1870-1936 [1]
📒 *La bourgeoisie, 1907* - Gouache (38x56cm-15x22in) Avranches 90 .... FF*11 500* - £1 239 - **$2,028**

TADINI Emilio 1927 [38]
🖼 *Senza titolo* - Acrilico/cartone (29x40cm-11x16in) Prato 97 .... FF*8 160* - £960 - **$1,440**
   Città italiana - Acrilico/tela (76x60cm-30x24in) Milano 95 .... FF*21 500* - £2 560 - **$4,100**
   La cena - Acrilico/tela (114x146cm-45x57in) Milano 93 .... FF*41 500* - £4 810 - **$7,140**

TADOLINI XIX [2]
🗿 *Psyché tenant une coupe* - Marbre Carrare (110cm-43in) Paris 93 .... FF*110 000* - £13 750 - **$20,000**
   Narcissus - Marble (124cm-49in) North Bethesda, MD. 92 .... FF*459 000* - £47 000 - **$90,000**

TADOLINI Adamo 1788-1868 [1]
🏛 Aeneas, Anchises and Ascanius - Terracotta (26cm-10in) London 96 .... FF32 800 - £3 800 - $6,290

TADOLINI Giulio 1849-1918 [4]
🏛 Bust of an arab - Bronze (73cm-29in) New-York 97 .... FF51 165 - £5 511 - $9,000
Vergine Egizia - Marble (106cm-42in) New-York 97 .... FF131 204 - £14 143 - $23,000

TADOLINI Scipione 1822-1892 [5]
🏛 Oriental slave - Sculpture (165cm-65in) London 90 .... FF1 - £170 093 - $290,901
Ceres and Bacchus - Marbre Carrare (122cm-48in) New-York 94 .... FF197 400 - £22 900 - $34,000

TAELEMANS Jean-François 1851-1931 [10]
🖼 Paysage montagneux à l'église - Huile/panneau (17x30cm-7x12in) Antwerpen 97 ...... FF3 264 - £350 - $572

TAEUBER-ARP Sophie 1889-1943 [5]
✏ Composition schématique - Gouache/papier (27x36cm-11x14in) Zürich 96 .... FF382 000 - £49 500 - $75,500

TAEYE de Camille 1938 [3]
🖼 Nu refusant.../Femme../Leçon.. - Huile/toile (100x100cm-39x39in) Bruxelles 90 ...... FF25 900 - £2 773 - $4,504

TAFURI Clemente 1903-1971 [3]
🖼 Ritratto di popolana con tamburello - Olio/tela (150x60cm-59x24in) Milano 89 ...... FF68 700 - £6 836 - $10,853

TAFURI Raffaele 1857-1929 [6]
🖼 Grand Canal - Oil/canvas (69x56cm-27x22in) New-York 94 .... FF146 200 - £16 900 - $25,000

TAG Willy 1886-? [3]
🖼 Horses and cart in landscape - Oil/canvas (48x67cm-19x26in) New-York 92 .... FF17 760 - £1 860 - $3,200

TAGAR Ziona 1900-1988 [2]
🖼 Rue de la Huchette, Paris - Oil/paper (35x30cm-14x12in) Tel Aviv 95 .... FF2 560 - £321 - $510
✏ Paysage - Fusain (33x49cm-13x19in) Tel Aviv 95 .... FF2 860 - £359 - $570

TAGGER Siona 1900-1988 [7]
🖼 Flowers in My Room - Oil/canvas (51x66cm-20x26in) Tel Aviv 97 .... FF14 973 - £1 665 - $2,800
🖼 In the Patio - Oil/canvas (46x61cm-18x24in) Tel Aviv 95 .... FF32 900 - £2 620 - $4,200
✏ Paysage de Safed - Aquarelle/papier (54x38cm-21x15in) Paris 97 .... FF2 500 - £273 - $437

TAGLIABUE Carlo Costantino 1880-1968 [7]
🖼 Paesaggio di Cortina d'Ampezzo - Olio/tela (75x95cm-30x37in) Milano 95 .... FF17 920 - £2 380 - $3,654

TAGLIAFERRO Aldo 1936 [2]
🖼 Quel che puo restare di un'esperienza - Tecnica mista/tela (70x60cm-28x24in) Milano 92 ...... FF3 400 - £348 - $599

TAGLIOLINI Filippo 1745-1809 [2]
🏛 Busto di Scipione - Biscuit (34cm-13in) Roma 92 .... FF95 100 - £9 730 - $16,750

TAGORE Gaganendranath 1867-1938 [1]
✏ The Queen of Puppet - Gouache/paper (25x15cm-10x6in) London 96 .... FF36 400 - £4 500 - $7,030

TÄGTSTRÖM Bertil 1878-? [4]
🖼 Sträckande kråkor över vass - Oil/panel (33x45cm-14x18in) Uppsala 91 .... FF2 153 - £216 - $394

TÄGTSTRÖM David 1894-1981 [4]
🖼 Nude model - Mixed media/canvas (100x64cm-39x25in) Göteborg 95 .... FF3 400 - £452 - $701

TAHARA Keiichi 1950 [5]
📷 Corps - Tirage argentique (34x23cm-13x9in) Paris 96 .... FF6 000 - £748 - $1,160

TAHEDL Heinrich 1907-1985 [1]
🖼 Komisches Feuer - Acrylic/canvas (165x116cm-65x46in) Wien 94 .... FF7 320 - £833 - $1,241

TAHI Antal, Antoine 1855-1902 [1]
🖼 The Orange Seller - Oil/canvas (53x44cm-21x17in) London 93 .... FF2 880 - £360 - $522

TAIEE Alfred 1820-? [1]
🖼 La maison de Daubigny - Eau-forte (16x23cm-6x9in) Pontoise 95 .... FF1 500 - £199 - $309

TAILHARDAT Vincent 1970 [6]
🖼 Les Trois Ages - Huile/toile (72x60cm-28x24in) Paris 95 .... FF14 000 - £1 744 - $2,740
Orage sur l'Arno - Huile/toile (73x116cm-29x46in) Versailles 94 .... FF40 000 - £4 590 - $6,840

TAILLANDIER Yvon 1926 [63]
🖼 Hommage à Signac - Acrylique/papier (64x49cm-25x19in) Toulouse 96 .... FF3 800 - £461 - $740
Acancé - Acrylique/panneau (49x64cm-19x25in) Beaune 94 .... FF6 500 - £750 - $1,104
Rose est la belle histoire de la boule
Acrylique/toile (195x130cm-77x51in) Versailles 94 .... FF9 500 - £1 121 - $1,703
✏ L'hélicoptère et l'aviateur - Gouache (28x22cm-22x32in) Allaman 94 .... FF6 190 - £743 - $1,203

TAILLASSON Jean-Joseph 1746-1809 [6]
🖼 Rhadamiste et Zénobie - Huile/toile (145x184cm-57x72in) Monaco 94 .... FF300 000 - £35 500 - $55,400
✏ Soldats romains - Pierre noire (25x18cm-10x7in) Paris 92 .... FF2 600 - £266 - $458

TAILLEFER Georges Emile 1921 [23]
🖼 Saint-Martin-de-Boscherville - Huile/toile (46x60cm-18x24in) Rouen 91 .... FF3 500 - £355 - $632
Bord de Seine à Dieppedalle - Huile/toile (73x50cm-29x20in) Rouen 90 .... FF10 000 - £1 078 - $1,764

TAILLEUR Mélanie 1881-1964 [1]
🖼 La récolte du bois - Huile/toile (27x19cm-11x7in) Paris 89 .... FF2 000 - £211 - $337

TAIT Arthur Fitzwilliam 1819-1905 [90]
🖼 Winter Shanty at Ragged Lake - Oil/canvas (43x61cm-17x24in) New-York 95 ...... FF1 - £141 500 - $225,000
🖼 Young Chickens - Oil (21x31cm-8x12in) New-York 97 .... FF70 012 - £7 351 - $12,000
Let Him Go - Oil/canvas (86x112cm-34x44in) New-York 95 .... FF168 000 - £20 120 - $32,000

TAIT Bess Norris 1878-1939 [1]
✏ The chickweed man - Pencil (41x36cm-16x14in) London 91 .... FF4 960 - £503 - $896

TAIT Edith Winifred XIX-XX [1]
📷 Hull of ship with anchor - Platinum print (10x8cm-4x3in) New-York 93 .... FF2 475 - £311 - $450

T

TAIT John R. 1834-1909 [2]
🖼 *Mill scene* - Oil/panel (26x37cm-10x15in) New-York 95 .... FF19 500 - £2 425 - **$3,800**

TAJAR Ziona 1900-1988 [23]
🖼 *Couple by the Yarkon* - Oil/canvas (46x61cm-18x24in) Tel Aviv 93 .... FF22 000 - £2 600 - **$4,000**
Elias Newman - Oil/canvas (75x60cm-30x24in) Tel Aviv 92 .... FF83 200 - £8 710 - **$15,000**
⬦ *Trees by the stream* - Watercolour (46x67cm-18x26in) Tel Aviv 93 .... FF8 580 - £1 030 - **$1,600**

TAJIRI Shinkichi 1923 [24]
⬜ *An abstract composition* - Bronze (101cm-40in) Amsterdam 94 .... FF27 370 - £3 230 - **$4,870**
Composition - Bronze (61cm-24in) Köbenhavn 95 .... FF48 800 - £6 320 - **$9,920**
Warrior - Bronze (119cm-47in) Amsterdam 91 .... FF146 476 - £15 362 - **$25,135**
⬦ *Figurative Komposition* - Aquarell/Papier (65x49cm-26x19in) Düsseldorf 93 .... FF5 430 - £648 - **$1,044**

TAKA Takahiro Mizukami 1941 [52]
🖼 *Collage de tissus* - Technique mixte/toile (113x161cm-44x63in) Paris 96 .... FF7 500 - £940 - **$1,450**
⬦ *Composition* - Collage (33x20cm-13x8in) La Varenne Saint-Hilaire 91 .... FF4 100 - £414 - **$814**

TAKACH VON GYÖNGYÖHALASZ Béla 1874-? [1]
🖼 *Stilleben mit Budha* - Oil/Leinwand (90x80cm-35x31in) Wien 93 .... FF2 970 - £349 - **$494**

TAKAHASHI Noriko 1943 [10]
⬦ *Coffret à bijoux* - Huile/toile (24x33cm-9x13in) Paris 91 .... FF3 000 - £298 - **$521**

TAKAHASHI Shu 1930 [2]
🖼 *L'errore del Re Issione* - Oil/canvas (136x136cm-54x54in) Roma 90 .... FF50 300 - £5 420 - **$8,871**

TAKAHASHI Yoshi 1943 [13]
▱ *Das Dorf* - Etching (37x48cm-15x19in) Heidelberg 93 .... FF1 960 - £229 - **$322**

TAKAHASI Chüya 1912-1970 [1]
🖼 *Paysage au village* - Huile/toile (54x76cm-21x30in) Paris 96 .... FF3 100 - £365 - **$609**

TAKANEN Johannes 1849-1885 [3]
⬜ *Rebecka* - Marble (81cm-32in) Helsinki 93 .... FF51 100 - £6 140 - **$9,290**

TAKASHI Naraha 1930 [3]
⬜ *Prisma* - Sculpture (11cm-4in) Stockholm 95 .... FF5 660 - £705 - **$1,107**

TAKIS Nicholas 1903-1965 [4]
🖼 *Charleston-at-Dusk* - Oil/canvas (48x66cm-19x26in) St. Louis, Miss. 93 .... FF2 890 - £362 - **$525**

TAKIS Vassiliakis 1925 [63]
⬜ *Électromagnétique miroir* - Métal (50x50cm-20x20in) Paris 96 .... FF7 000 - £798 - **$1,340**
Telesculpture musical - Wood (100x6x31cm-39x2x12in) London 96 .... FF39 900 - £5 000 - **$7,710**
Signal lumineux - Installation (244x24x30cm-96x9x12in) London 93 .... FF105 300 - £12 000 - **$17,880**

TAL COAT Pierre 1905-1985 [194]
🖼 *Portait d'homme* - Huile/toile (31x22cm-12x9in) Paris 97 .... FF6 000 - £652 - **$1,054**
Carafe et fruits sur une table - Huile/toile (37x50cm-15x20in) Paris 97 .... FF19 000 - £2 065 - **$3,338**
Composition - Huile/toile (54x65cm-21x26in) Versailles 95 .... FF31 500 - £4 080 - **$6,550**
Ponctué - Huile/toile (114x146cm-45x57in) Paris 92 .... FF90 000 - £10 740 - **$17,300**
Sans titre - Huile/toile (125x135cm-49x53in) Monaco 96 .... FF145 000 - £16 640 - **$27,660**
⬦ *Gertrude Stein* - Mine plomb (50x65cm-20x26in) Paris 95 .... FF2 300 - £296 - **$475**
Faille - Encre (33x25cm-13x10in) Paris 97 .... FF4 000 - £435 - **$703**
Homme debout au maillot rouge - Aquarelle (29x15cm-11x6in) Paris 93 .... FF24 000 - £2 734 - **$4,070**

TALBOT George Quartus Pine 1853-1888 [1]
⬦ *Still life of an Arab helmet, silk tunic* - Watercolour (87x48cm-34x19in) London 93 .... FF8 690 - £1 000 - **$1,500**

TALBOT Grace Helen 1901 [6]
⬜ *Standing nude maidens* - Bronze (43cm-17in) New-York 92 .... FF24 700 - £2 540 - **$4,380**

TALBOT Jesse 1806-1879 [1]
🖼 *Landscape by a river & mountains* - Oil/canvas (81x142cm-32x56in) New-York 93 .... FF59 000 - £6 710 - **$10,000**

TALBOT William Henry Fox 1800-1877 [33]
📷 *Melrose Abbey* - Salt print (13x20cm-5x8in) New-York 92 .... FF19 900 - £2 034 - **$3,500**
The Boulevard, Paris - Salt print (15x15cm-6x6in) New-York 95 .... FF145 300 - £18 700 - **$30,000**

TALBOT-KELLY Richard Barett 1896-? [1]
⬦ *A felucca on the Nile near Luxor* - Wash (39x27cm-15x11in) London 90 .... FF1 900 - £197 - **$334**

TALBOYS Agnes Augusta XIX-XX [4]
🖼 *A cat on a table top* - Oil/canvas (48x74cm-19x29in) London 96 .... FF12 440 - £1 500 - **$2,387**

TALCOTT Allen Butler 1867-1908 [3]
🖼 *Connecticut landscape* - Oil/panel (46x61cm-18x24in) Mystic, Connecticut 94 .... FF12 480 - £1 490 - **$2,400**

TALENGHI Enrico 1848-? [1]
⬦ *Cardinals playing chess* - Watercolour/paper (78x53cm-31x21in) New-York 90 .... FF11 400 - £1 199 - **$1,983**

TALIAFERRO Alfred Charles 1905-1969 [1]
⬦ *Daily comic strip: Donald Duck* - Ink (13x48cm-5x19in) New-York 93 .... FF1 925 - £242 - **$350**

TALIRUNILI Joe 1893-1976 [2]
⬜ *Owl perched on a branch* - Dark grey soapstone (18cm-7in) Toronto 95 .... FF8 640 - £1 094 - **$1,740**

TALLANT Richard H. 1853-1934 [3]
🖼 *Colorado landscape* - Oil/canvas (51x76cm-20x30in) San Francisco-Los Angeles 90 .... FF9 200 - £967 - **$1,600**

TALLONE Cesare 1853-1919 [1]
🖼 *Gruppo di case in montagna* - Olio/tavola (35x26cm-14x10in) Milano 90 .... FF4 100 - £436 - **$733**

TALLONE Guido 1894-1967 [9]
🖼 *Vaso di fiori* - Olio/tela (90x75cm-35x30in) Milano 92 .... FF20 830 - £2 133 - **$3,670**

TALMAGE Algernon 1871-1939 [19]
🖼 *The Back Straight* - Oil/canvas (51x61cm-20x24in) London 95 .... FF11 850 - £1 500 - **$2,320**
Figures in a square by night
   Oil/canvas (61x76cm-24x30in) Richmond, North Yorkshire 92 .... FF48 850 - £5 000 - **$8,620**

TALWINSKI Igor 1907 [20]
- Jeune fille - Oil/canvas (54x44cm-21x17in) St. Helier, Jersey 93.............................. FF3 380 - £380 - $567
- Young Girl with a green Scarf - Oil/canvas (56x46cm-22x18in) London 97.............................. FF6 598 - £700 - $1,137

TAM Reuben 1916 [2]
- Ocean Sunset, Monhegan - Oil/canvas (86x117cm-34x46in) New-York 95.............................. FF13 570 - £1 745 - $2,800
- Abstract - Watercolour (30x38cm-12x15in) Mystic, Connecticut 92.............................. FF1 593 - £185 - $325

TAMAGNO Francisco 1851-? [32]
- La Framboisette - Poster (159x114cm-63x45in) London 91.............................. FF4 790 - £477 - $824

TAMAYO Rufino 1899-1991 [289]
- Hombre - Oil/canvas (196x130cm-77x51in) New-York 97.............................. FF1 - £171 892 - $280,000
- Sandías - Oil/canvas (120x180cm-47x71in) New-York 97.............................. FF1 - £1 - $2
- Personaje en rojo - Mixed media/canvas (130x97cm-51x38in) New-York 91.............................. FF1 - £196 689 - $350,022
- Cabeza en Blanco - Oil/panel (38x25cm-15x10in) New-York 97.............................. FF274 915 - £29 304 - $48,000
- Mujer de pie - Oil (45x30cm-18x12in) New-York 97.............................. FF515 466 - £54 945 - $90,000
- Hombre con brazos - Oil/canvas (97x130cm-38x51in) New-York 93.............................. FF2 9e +06 - £262 000 - $380,000
- Abstract figure - Lithograph (76x57cm-30x22in) New-York 97.............................. FF14 351 - £1 524 - $2,500
- Hombre contemplando a la luna - Lithograph (65x50cm-26x20in) New-York 97.............................. FF21 524 - £2 285 - $3,749
- Mujer sentada - Coloured pencils (30x22cm-12x9in) New-York 92.............................. FF39 000 - £4 660 - $7,500
- Mujer a la Luz de la Luna - Gouache/paper (20x18cm-8x7in) New-York 97.............................. FF120 481 - £12 891 - $21,000
- Recogedores de Maguey - Gouache (25x18cm-10x7in) New-York 96.............................. FF209 000 - £23 800 - $40,000
- Bañistas de Tehuantepec - Gouache/paper (43x35cm-17x14in) New-York 93.............................. FF354 600 - £40 300 - $60,000

TAMBURELLO Concetto 1947 [2]
- L'Uomo, glis abissi, la speranza - Acrilico/tavola (50x50cm-20x20in) Milano 93.............................. FF34 750 - £3 955 - $5,880

TAMBURI Orfeo 1906-1994 [99]
- Gamberi - Olio/tela (27x40cm-11x16in) Milano 95.............................. FF6 550 - £836 - $1,342
- Ruderi al Palatino - Olio/tela (45x54cm-18x21in) Roma 95.............................. FF21 450 - £2 700 - $4,350
- Case a Parigi - Olio/tela/tavola (30x50cm-12x20in) Prato 97.............................. FF42 500 - £5 000 - $7,500
- Veduta di Roma - Olio/tela (55x120cm-22x47in) Milano 96.............................. FF80 400 - £10 320 - $15,360
- Veduta di Villa Borghese - Tempera/carta (20x27cm-8x11in) Roma 94.............................. FF7 160 - £840 - $1,240

TAMBURINI Arnaldo 1843-1908 [25]
- A Little Wordly - Oil/canvas (32x26cm-13x10in) New-York 95.............................. FF10 710 - £1 393 - $2,200
- Courtship - Oil/canvas (51x39cm-20x15in) London 96.............................. FF30 760 - £3 800 - $5,940

TAMBURINI Josep Maria 1856-1932 [1]
- A seated girl near a pond - Oil/canvas (63x70cm-25x28in) Vejle 94.............................. FF40 000 - £4 700 - $7,120

TAMMENPÄÄ Juha 1959 [3]
- På vandring - Gouache (39x70cm-15x28in) Helsinki 94.............................. FF3 650 - £426 - $642

TANA KALEYA Tana 1939 [2]
- L'une et l'autre - Huile/papier/toile (120x80cm-47x31in) Paris 92.............................. FF9 000 - £921 - $1,585

TANABE Takao 1926 [12]
- Rock Face - Acrylic/canvas (65x65cm-26x26in) Toronto 92.............................. FF5 160 - £528 - $908

TANAKA Akira 1918 [16]
- Figure holding a jug - Oil/canvas (73x60cm-29x24in) New-York 95.............................. FF8 730 - £1 071 - $1,700
- Man playing Accordion - Oil (93x74cm-37x29in) New-York 94.............................. FF29 019 - £3 053 - $5,000
- Dans le métro - Oil/canvas (114x162cm-45x64in) New-York 94.............................. FF76 500 - £9 040 - $13,500

TANAKA Shu 1908 [5]
- Composition - Huile/toile (46x65cm-18x26in) Versailles 94.............................. FF6 500 - £771 - $1,237

TANAKA Yasushi 1886-1941 [13]
- Standing female nude - Oil/canvas (76x51cm-30x20in) San Francisco-Los Angeles 90.............................. FF18 600 - £1 956 - $3,235
- Nu au bord de l'eau - Huile/toile (64x168cm-25x66in) Genève 91.............................. FF123 600 - £12 700 - $23,000
- Nu allongé - Fusain (45x58cm-18x23in) Paris 94.............................. FF1 800 - £216 - $341

TANCK Walter 1894-1954 [4]
- Tulpen in Kugelvase - Oil/panel (33x34cm-13x13in) Bremen 95.............................. FF3 500 - £449 - $721
- Villa in Blankenese - Pastel (31x48cm-12x19in) Hamburg 96.............................. FF4 050 - £491 - $787

TANCONVILLE Henri Garnier, dit 1846-1936 [18]
- Figures in a nourth African street - Oil/panel (31x13cm-12x7in) London 90.............................. FF16 500 - £1 767 - $2,870
- PLM, Nièvre - Affiche (107x76cm-42x30in) Paris 96.............................. FF2 200 - £282 - $434

TANCREDE Robert XX [2]
- Les Martigues, 1929 - Huile/toile (33x41cm-13x16in) Paris 89.............................. FF2 000 - £199 - $316

TANCREDI Parmeggiani 1927-1964 [67]
- Senza titolo - Tempera (70x100cm-28x39in) Prato 97.............................. FF54 400 - £6 400 - $9,600
- Natura plastica - Olio/tela (70x100cm-28x39in) Milano 94.............................. FF134 100 - £15 960 - $23,940
- Il gioco della palla - Tempera/tavola (100x150cm-39x59in) Milano 95.............................. FF181 200 - £23 400 - $37,200
- Stra-Rococo no.I - Olio/tela (176x202cm-69x80in) Milano 90.............................. FF801 000 - £85 213 - $143,292
- Luci di Venezia - Tempera/carta (98x138cm-39x54in) Prato 94.............................. FF145 600 - £17 600 - $27,300

TANDBERG Bengt 1874-1968 [2]
- Der alte Fuhrmann - Oil/canvas (97x75cm-38x30in) Köln 92.............................. FF11 870 - £1 418 - $2,283

TANEV Nikola 1892-? [1]
- Südliche Dorfstrasse - Oil/Leinwand (64x50cm-25x20in) München 93.............................. FF10 170 - £1 215 - $1,957

TANGEN Olof 1903 [4]
- Stadsbild med figurer - Oil/canvas (66x77cm-26x30in) Malmö 94.............................. FF3 330 - £397 - $634

TANGUY Daniel XX [3]
- Personnages au bord du lac - Huile/toile (50x61cm-20x24in) Paris 90.............................. FF3 500 - £368 - $609

T

TANGUY Eugène 1830-1899 [1]
🖋 A Summer Landscape - Oil/panel (13x22cm-5x9in) Amsterdam 94 .... FF18 400 - £2 190 - **$3,500**
TANGUY Yves 1900-1955 [100]
🖋 Le géomètre des rêves - Oil/canvas (56x46cm-22x18in) New-York 94 .... FF1 - £151 000 - **$244,600**
Le fond de la tour - Huile/toile (65x54cm-26x21in) Paris 90 .... FF2 - £240 580 - **$393,990**
Les Profondeurs tacites - Oil/canvas (100x73cm-39x29in) New-York 96 .... FF4 - £558 000 - **$835,000**
Sans titre - Oil/canvas (32x55cm-13x22in) New-York 97 .... FF685 716 - £73 512 - **$120,000**
🖋 Rhabdomancie - Etching in colors (41x32cm-16x13in) London 92 .... FF33 200 - £4 000 - **$6,200**
✏ Sans titre - Ink/paper (25x32cm-10x13in) London 95 .... FF15 830 - £2 000 - **$3,176**
Untitled - Watercolour (29x22cm-11x9in) New-York 97 .... FF68 572 - £7 351 - **$12,000**
Feu volant - Gouache/papier (43x32cm-17x13in) Paris 94 .... FF513 000 - £60 200 - **$90,700**
TANIA Chaya 1938 [3]
🗿 La Marche en Avant - Bronze (65x25x15cm-26x10x6in) Paris 91 .... FF12 000 - £1 212 - **$2,382**
TANJÉ Pieter 1706-1761 [2]
✏ Prince William of Orange - Pencil (35x22cm-14x9in) Amsterdam 92 .... FF6 630 - £792 - **$1,276**
TANK Heinrich Fr. Tanck 1808-1872 [5]
🖋 Küstenlandschaft - Öl/Leinwand (45x58cm-18x23in) Pforzheim 93 .... FF40 700 - £4 860 - **$7,830**
TANNAES Marie 1854-1939 [7]
Gårdstun med gjess, Vøyenvollen - Oil/canvas (60x80cm-24x31in) Oslo 93 .... FF8 800 - £1 023 - **$1,510**
TANNER Benjamin 1775-1848 [2]
🖋 MacDonough's Victory - Engraving (49x65cm-19x26in) New-York 93 .... FF9 900 - £1 170 - **$1,800**
TANNER Henry Ossawa 1859-1937 [5]
🖋 Street scene in Tangiers - Oil/canvas (66x53cm-26x21in) New-York 97 .... FF268 534 - £28 248 - **$46,000**
TANNERT Ernst XIX-XX [3]
🖋 Kaster Mühle bei Hart - Oil/canvas (80x120cm-31x47in) Frankfurt 92 .... FF6 800 - £696 - **$1,197**
TANNERT Volker 1955 [14]
✏ Die Fische Wollen meine Bilder sehen… - Öl/Leinwand (160x319cm-63x126in) Köln 92 .... FF27 130 - £3 240 - **$5,220**
✏ Beten und arbeiten, 1985 - Gouache/paper (104x78cm-41x31in) New-York 90 .... FF17 200 - £1 782 - **$3,023**
TANNEUR Philippe 1795-1878 [2]
🖋 Départ des pêcheurs - Huile/toile (24x33cm-9x13in) Le Havre 93 .... FF4 500 - £543 - **$818**
TANNING Dorothea 1912 [36]
🖋 Parafolle - Oil/canvas (24x19cm-9x7in) New-York 97 .... FF12 866 - £1 359 - **$2,200**
Composition - Technique mixte/panneau (51x74cm-20x29in) Paris 96 .... FF38 000 - £4 760 - **$7,340**
✏ Les agités - Feutre (9x38cm-4x15in) Paris 95 .... FF2 200 - £280 - **$451**
Quelques rencontres… - Aquarelle, gouache (52x68cm-20x27in) Paris 96 .... FF28 000 - £3 620 - **$5,510**
TANO Michel H. Tanouarn 1926 [3]
🖋 Composition - Huile/toile (60x73cm-24x29in) Saint-Germain-en-Laye 93 .... FF5 000 - £603 - **$910**
TANOBÉ Miyuki 1937 [11]
🖋 Kensington Market, Toronto - Acrylic/board (51x61cm-20x24in) Toronto 94 .... FF16 370 - £1 913 - **$2,886**
TANOUX Adrien 1865-1923 [45]
🖋 Les petites lingères - Oil/canvas (55x38cm-22x15in) New-York 95 .... FF29 100 - £3 500 - **$5,500**
Harem Beauties - Oil/canvas (60x44cm-24x17in) London 96 .... FF132 000 - £15 500 - **$25,960**
✏ Deux femmes au harem - Pastel (86x60cm-34x24in) Paris 95 .... FF15 000 - £1 940 - **$3,066**
TANQUERAY Paul 1905-1991 [3]
📷 Study of a male dancer - Silver print (16x24cm-6x9in) London 95 .... FF1 930 - £250 - **$396**
TANSEY Mark 1949 [9]
🖋 Action painting - Oil/canvas (91x198cm-36x78in) New-York 92 .... FF520 000 - £62 100 - **$100,000**
TANTARDINI Antonio 1829-1879 [1]
🗿 La Lettrice - Marble (124x49cm-49in) London 96 .... FF21 930 - £2 600 - **$4,280**
TANTTU Erkki 1907-1985 [4]
🖋 Fönsterstilleben - Oil/paper (55x46cm-22x18in) Helsinki 93 .... FF4 610 - £521 - **$760**
TANZI Léon Louis Antoine 1846-1913 [5]
🖋 Wooded lake landscape - Oil/canvas (130x200cm-51x79in) London 93 .... FF48 300 - £5 500 - **$8,200**
TAO LENGYUE 1895-1985 [2]
🖋 Waterfall in moonlight - Oil/canvas (60x90cm-24x35in) Hong Kong 96 .... FF26 500 - £3 144 - **$5,170**
TAPIES Antoni 1923 [554]
🖋 Crackled White - Mixed media/canvas (200x330cm-79x130in) London 95 .... FF1 - £155 000 - **$238,000**
Porte Grise - Mixed media/canvas (81x100cm-32x39in) London 89 .... FF4 - £455 532 - **$716,254**
Monotype - Technique mixte/carton (80x105cm-31x41in) Paris 97 .... FF70 000 - £7 301 - **$11,970**
Collage with Black Paper - Acrylic/canvas (38x46cm-15x18in) London 95 .... FF160 600 - £20 000 - **$31,400**
Horitzo - Acrylic/cardboard (124x90cm-49x35in) Berlin 96 .... FF220 300 - £27 500 - **$42,600**
Untitled - Oil/canvas (65x81cm-26x32in) London 96 .... FF335 000 - £42 000 - **$64,700**
Black with paper cross - Oil (200x170cm-79x67in) London 97 .... FF422 140 - £45 000 - **$73,705**
Brown and Turquoise - Mixed media/canvas (610x610cm-240x240in) London 96 .... FF612 000 - £78 000 - **$118,000**
🖋 Marro Y Roig - Etching, aquatint (56x76cm-22x30in) Amsterdam 97 .... FF3 603 - £382 - **$627**
O.T - Farblithographie (57x77cm-22x30in) Wien 97 .... FF7 188 - £756 - **$1,234**
Cap - Etching (98x130cm-39x51in) Tokyo 92 .... FF27 500 - £2 816 - **$4,850**
🗿 Llibre III, 1987 - Bronze (16x44x64cm-6x17x25in) Madrid 90 .... FF391 500 - £39 426 - **$71,182**
✏ La Paille - Collage (35x50cm-14x20in) Amsterdam 97 .... FF5 404 - £573 - **$941**
Yellow sign and footprints - Charcoal (65x90cm-26x35in) London 97 .... FF70 357 - £7 500 - **$12,284**
Hat on Cardboard - Collage (77x112cm-30x44in) London 95 .... FF454 000 - £60 000 - **$92,000**
TAPIRO Y BARO Josep 1830-1913 [16]
🖋 Jeune fille prenant le thé - Huile/panneau (28x35cm-11x14in) Paris 96 .... FF4 800 - £621 - **$951**
✏ Profile portrait of an Arab - Watercolour/paper (63x48cm-25x19in) New-York 93 .... FF70 800 - £8 050 - **$12,000**

TAPISSIER Edmond 1861-1943 [4]
- Jeune femme tenant un panier - Huile/toile (73x92cm-29x36in) Paris 93 .... FF**19 000** - £2 160 - **$3,220**

TAPPER Kain 1930 [2]
- Vinterkriget - Marble (52cm-20in) Helsinki 94 .... FF**26 500** - £3 035 - **$4,490**

TAPPERT Georg 1880-1957 [89]
- Variete - Oil/canvas (119x110cm-47x43in) New-York 94 .... FF**1** - £134 000 - **$200,000**
- Schneebälle und rote Tulpen - Oil/panel (38x40cm-15x16in) Bremen 92 .... FF**20 300** - £2 360 - **$4,145**
- Mädchen am Tisch - Oil/canvas (109x91cm-43x36in) London 96 .... FF**567 000** - £70 000 - **$109,400**
- Weibliches Portrait H.H. - Color lithograph (49x35cm-19x14in) Hamburg 94 .... FF**10 970** - £1 301 - **$2,030**
- Sitzende Frau - Ink (29x24cm-11x9in) Berlin 95 .... FF**17 160** - £2 245 - **$3,485**

TAQUOY Maurice 1878-1952 [17]
- Bât-l'eau - Eau-forte, aquatinte couleurs (21x34cm-8x13in) Paris 95 .... FF**2 900** - £382 - **$588**
- Les courses - Aquarelle/papier (39x32cm-15x13in) Paris 97 .... FF**5 200** - £552 - **$901**

TARANCZEWSKI Waclaw 1903-1987 [8]
- Martwa natura ze skrzypcami - Huile/panneau (73x100cm-29x39in) Warszawa 92 .... FF**15 000** - £1 530 - **$2,680**

TARASOV Youri 1948 [7]
- Repas de fête, 1989 - Aquarelle/papier (30x23cm-12x9in) Paris 90 .... FF**3 200** - £343 - **$557**

TARAVAL Hugues 1729-1785 [8]
- Le peintre et son modèle - Huile/toile (40x32cm-16x13in) Paris 97 .... FF**30 000** - £3 264 - **$5,223**
- Deux enfants - Huile/toile (43x53cm-17x21in) Monaco 90 .... FF**200 000** - £20 661 - **$35,336**
- Projet: fontaine, église St. Eustache - Lavis (23x35cm-9x14in) Paris 94 .... FF**20 000** - £2 360 - **$3,570**

TARAVONE Lazzaro 1556-1641 [1]
- The Decollation of a Saint - Ink (21x25cm-8x10in) London 93 .... FF**8 690** - £1 000 - **$1,500**

TARBELL Edmund Charles 1862-1938 [9]
- Mary Reading - Oil/canvas (127x102cm-50x40in) New-York 95 .... FF**1** - £182 500 - **$280,000**

TARBET J.A. Henderson ?-1938 [6]
- Edinburgh from the Links - Wash (39x50cm-15x20in) London 91 .... FF**7 480** - £750 - **$1,261**

TARDI Jacques 1946 [3]
- Uranus - Encre (54x42cm-21x17in) Paris 91 .... FF**45 000** - £4 469 - **$7,813**

TARDIEU Daniel 1853-1929 [22]
- L'amazone dans le sous-bois - Peinture (75x49cm-30x19in) Paris 91 .... FF**3 000** - £301 - **$495**

TARDIEU Victor 1870-1937 [3]
- Le modèle alanguie - Huile/toile (94x184cm-37x72in) Paris 95 .... FF**62 000** - £8 150 - **$12,440**

TARDY Michel 1939 [8]
- Le chat - Bronze (16cm-6in) La Varenne Saint-Hilaire 96 .... FF**3 100** - £400 - **$607**
- Le Songe - Bronze (28x24cm-11x9in) La Varenne Saint-Hilaire 95 .... FF**13 000** - £1 596 - **$2,530**

TARENGHI Enrico 1848-? [18]
- In the Harem - Watercolour/paper (36x52cm-14x20in) New-York 94 .... FF**14 600** - £1 743 - **$2,750**
- Prière à la mosquée - Watercolour/board (75x55cm-30x22in) London 94 .... FF**62 000** - £7 200 - **$10,720**

TARICCO Michele 1927 [2]
- Un jour de pluie - Oil/canvas (90x70cm-35x28in) München 89 .... FF**14 200** - £1 496 - **$2,391**

TARKAY Isaac 1935 [15]
- Memories - Acrylic/canvas (81x101cm-32x40in) New-York 94 .... FF**34 300** - £4 120 - **$6,500**
- Matchmakers - Serigraph (55x43cm-22x17in) Göteborg 93 .... FF**2 240** - £256 - **$383**

TARKHANOV Mikhail 1888-1962 [1]
- Photogram - Silver print (10x8cm-4x3in) New-York 95 .... FF**4 260** - £538 - **$850**

TARKHOFF Nicolas 1871-1930 [84]
- Bouquet de tournesols - Huile/toile (81x65cm-32x26in) Paris 97 .... FF**30 000** - £3 282 - **$5,226**
- Bouquet d'iris - Huile/toile (55x46cm-22x18in) Bern 95 .... FF**73 400** - £9 180 - **$14,820**
- Fête nocturne, place du Maine
  Huile/toile (81x65cm-32x26in) Verrières-Le-Buisson 92 .... FF**160 000** - £16 380 - **$28,170**
- Iris et pivoines - Aquarelle, gouache (64x48cm-25x19in) Paris 95 .... FF**16 000** - £2 000 - **$3,136**

TARNOCZY von Berta 1846-1936 [2]
- Szene in einem Dorf - Öl/Leinwand (35x46cm-14x18in) München 93 .... FF**8 210** - £972 - **$1,482**

TARR James C. 1905 [8]
- Chess players - Oil/canvas (56x76cm-22x30in) London 92 .... FF**6 840** - £700 - **$1,204**
- Home Farm - Watercolour (24x36cm-9x14in) London 93 .... FF**1 826** - £220 - **$319**

TARRANT Margaret Winifred 1888-1959 [11]
- Boy and girl fairies - Watercolour (33x18cm-13x7in) Aylsham, Norfolk 94 .... FF**29 600** - £3 400 - **$5,070**

TARRANT Percy XIX-XX [5]
- The entertainer - Oil/canvas/board (31x21cm-12x8in) London 89 .... FF**46 500** - £4 900 - **$7,828**

TARRASSO Casimir Martínez T. 1900-1980 [1]
- Paisaje de los Pirineos - Oleo/lienzo (50x60cm-20x24in) Madrid 97 .... FF**22 000** - £2 365 - **$3,850**

TARRIT Jean 1866-? [3]
- Porteur d'eau, Maroc - Sculpture (27cm-11in) Paris 94 .... FF**4 000** - £466 - **$693**
- Dromadaire allaitant son petit - Bronze (37cm-15in) Paris 97 .... FF**20 000** - £2 126 - **$3,446**

TARTAKOVSKY Isaac Josephovitch 1912 [4]
- Les bois - Huile/carton (35x24cm-14x9in) Paris 92 .... FF**3 300** - £394 - **$635**

TASCHNER Ignatius 1871-1913 [5]
- Kruzifixus - Bronze (53x32cm-21x13in) München 94 .... FF**11 680** - £1 390 - **$2,200**
- Parcival - Bronze (38cm-15in) München 95 .... FF**42 300** - £5 400 - **$8,670**

T

TASCONA Tony 1922 [2]
2 konstruktive kompositioner - Oil/panel (92x122cm-36x48in) København 95 .... FF2 830 - £348 - $551
TASQUIN Jules 1872-1912 [2]
Nature morte - Huile/toile (54x66cm-21x26in) Bruxelles 94 .... FF4 480 - £535 - $844
TASSAERT Jean Joseph 1765-1835 [1]
Le réconfort, 1811 - Huile/toile (32x25cm-13x10in) Versailles 90 .... FF12 000 - £1 285 - $2,087
TASSAERT Octave 1800-1874 [22]
L'ancienne abbaye de Jumièges - Huile (40x32cm-16x13in) Paris 97 .... FF14 000 - £1 527 - $2,447
Jeune fille avec un lapin - Oil/canvas (56x46cm-22x18in) New-York 97 .... FF239 589 - £25 826 - $42,000
Mère et fillette endormie - Sanguine (25x34cm-10x13in) Paris 91 .... FF1 700 - £173 - $307
TASSET Tony 1950 [3]
Domestic abstraction - Mixed media (81x88cm-32x35in) New-York 92 .... FF4 150 - £420 - $750
TASSI Matteo 1840-1895 [1]
Le conteur - Huile/toile (90x114cm-35x45in) Paris 90 .... FF18 000 - £1 841 - $3,553
TATAFIORE Ernesto 1943 [18]
Itaca - Oil/canvas (24x26cm-9x10in) Düsseldorf 92 .... FF13 600 - £1 392 - $2,394
U-Boot. Il Laboratorio - Etching (26x31cm-10x12in) München 94 .... FF2 735 - £321 - $488
Ohne Titel - Mixed media drawing (56x57cm-22x22in) Luzern 92 .... FF10 410 - £1 064 - $1,834
TATARINOV Guermann 1925 [2]
Un jour d'été - Huile/carton (50x70cm-20x28in) Paris 92 .... FF3 500 - £407 - $715
TATE Gayle Blair 1944 [7]
Time is Money - Oil/panel (25x35cm-10x14in) New-York 93 .... FF22 000 - £2 760 - $4,000
TATE William ?-1806 [2]
Mr. Dodshon Foster of Lancaster - Oil/canvas (89x73cm-35x29in) London 92 .... FF31 800 - £3 800 - $6,120
Margaret Tennant - Pastel (24x18cm-9x7in) Billinghurst, West Sussex 91 .... FF2 793 - £278 - $480
TATHAM Agnes Clara 1893-? [3]
January - Tempera/Karton (51x40cm-20x16in) London 91 .... FF3 770 - £378 - $652
TATIN Émile XX [2]
Bords de rivière - Huile/toile (60x73cm-24x29in) Paris 96 .... FF4 000 - £499 - $773
TATIN Robert 1902-1983 [8]
Autoportrait - Huile/toile (130x195cm-51x77in) Paris 94 .... FF40 000 - £4 800 - $7,760
TATISCHTSCHEW Dimitrij Pawlovitsch 1767-1845 [1]
Die Wasserfälle von Tivoli - Aquarell/Papier (55x42cm-22x17in) Wien 96 .... FF9 600 - £1 240 - $1,854
TATLIN Wladimir 1885-1953 [6]
Signora con capello - Matita/carta (46x29cm-18x11in) Lugano 92 .... FF14 140 - £1 444 - $2,490
TATO Guglielmo Sansoni 1896-1974 [20]
Bosco - Olio/tela (104x80cm-41x31in) Roma 91 .... FF13 670 - £1 368 - $2,280
Paesaggio in velocità - Olio/tela (100x140cm-39x55in) Roma 94 .... FF127 700 - £15 540 - $24,300
Spiritisches Portrait - Gelatin silver print (18x15cm-7x6in) London 93 .... FF36 900 - £4 200 - $6,260
TATOSSIAN Armand 1948 [26]
Pot de fleurs - Huile/toile (61x51cm-24x20in) Montréal 95 .... FF2 720 - £358 - $546
TATTEGRAIN Francis 1852-1915 [5]
En attendant la marée basse - Oil/canvas (118x217cm-46x85in) New-York 97 .... FF114 090 - £12 298 - $20,000
TAUBE Eugen 1860-1913 [18]
Snowy landscape - Oil/canvas (55x114cm-22x45in) Helsinki 95 .... FF48 600 - £6 070 - $9,820
TAUBE Evert 1890-1976 [1]
Ur Möte i monsunen - Drawing (33x40cm-13x16in) Göteborg 91 .... FF1 510 - £150 - $260
TAUBER Georg Michael 1700-1735 [1]
Aufbruch im Kriegslager - Red chalk (20x30cm-8x12in) Heidelberg 92 .... FF3 060 - £314 - $539
TAUBES Frederic 1900-1981 [11]
Floral Still life - Oil/canvas (107x69cm-42x27in) New-York 94 .... FF5 780 - £695 - $1,100
TAUEBER-ARP Sophie 1889-1943 [6]
Composition - Lithographie (26x20cm-10x8in) Paris 89 .... FF3 000 - £307 - $482
Motifs d'oiseaux - Watercolour, gouache (39x28cm-15x11in) London 92 .... FF342 000 - £35 000 - $60,300
TAULE Antoni 1945 [7]
Visage symboliste, 1989 - Huile/toile (80x65cm-31x26in) Paris 90 .... FF38 000 - £4 043 - $6,798
TAULER Carlos 1911-1988 [13]
La carta - Oleo/lienzo (55x46cm-22x18in) Madrid 97 .... FF2 800 - £315 - $504
TAUNAY Nicolas Antoine 1755-1830 [20]
An Open air scene - Oil/canvas (33x42cm-13x17in) New-York 97 .... FF199 318 - £21 249 - $35,000
L'Exposition au Louvre - Aquarelle (19x16cm-7x6in) Paris 97 .... FF12 500 - £1 329 - $2,160
TAUNTON William XIX [2]
New Forest: A bridge/A tranquil Pool - Watercolour (46x58cm-18x23in) London 94 .... FF3 350 - £400 - $632
TAUPIN Jules 1863-1932 [8]
La fileuse - Huile/toile (81x65cm-32x26in) Saint-Etienne 96 .... FF16 500 - £2 140 - $3,230
TAUREL Henri 1843-1927 [3]
Les moissons, 1912 - Huile/toile (37x65cm-15x26in) Paris 90 .... FF42 000 - £4 230 - $7,636
TAUREL Jean-Jacques Fr. 1757-1832 [2]
Naufragés après une tempête, 1793 - Huile/toile (27x40cm-11x16in) Paris 90 .... FF65 000 - £7 004 - $11,464
TAUSSIG Franz 1906-? [10]
Allegorie auf die Fische - Aquarell (35x27cm-14x11in) Lindau 93 .... FF6 300 - £735 - $1,035
TAUSZKY David Anthony 1878-1972 [2]
Girl holding pet dog - Oil/canvas (102x76cm-40x30in) Mystic, Connecticut 96 .... FF3 700 - £485 - $750

TAUTSCHINSKY Gustav 1888-1978 [1]
Spätsommerliche Landschaft - Ol/Karton (42x60cm-17x24in) Lindau 95 .... FF4 140 - £528 - $834

TAUZIN Louis c.1845-1914 [21]
Wooded park landscape - Oil/canvas (60x45cm-24x18in) New-York 93 .... FF12 370 - £1 463 - $2,250
Vichy - Affiche (61x98cm-24x39in) Nice 96 .... FF6 200 - £773 - $1,198

TAVARONE Lazzaro 1556-1641 [4]
A youth seated on a bench - Black & white chalks (27x16cm-11x6in) London 93 .... FF6 950 - £800 - $1,200

TAVAU Pierre 1753-? [1]
Buste d'un homme de qualité - Plâtre (73cm-29in) Paris 95 .... FF21 000 - £2 747 - $4,205

TAVENIER Hendrick 1734-1807 [3]
The Harbour of Medemblik - Ink (15x31cm-6x12in) Amsterdam 92 .... FF10 540 - £1 260 - $2,030

TAVENRAAT Dirk 1845-1930 [1]
Hafenszene mit Fischerbooten - Oil/panel (28x21cm-11x8in) Ahlden 92 .... FF11 900 - £1 218 - $2,095

TAVENRAAT Johannes 1809-1881 [7]
Rabbits on clairage in forest - Oil/panel (26x20cm-10x8in) Amsterdam 93 .... FF9 640 - £1 152 - $1,855
Amusement à hiver - Oil/canvas (17x19cm-7x7in) Amsterdam 97 .... FF76 026 - £8 037 - $13,045

TAVERNARI Vittorio 1919-1992 [1]
Donna seduta - Bronze (23x30x53cm-9x12x21in) Milano 93 .... FF27 150 - £3 090 - $4,600

TAVERNE de Amédée Jean Nicolas 1816-? [1]
Mademoiselle de Montpensier - Huile/toile (163x131cm-64x52in) Paris 90 .... FF80 000 - £8 181 - $15,791

TAVERNE Louis 1859-1934 [2]
Scène champêtre animée - Huile/toile (159x272cm-63x107in) Enghien 96 .... FF11 000 - £1 360 - $2,124

TAVERNIER Andrea 1858-1932 [7]
Paesaggio con baite - Olio/tavola (27x37cm-11x15in) Roma 96 .... FF46 900 - £5 880 - $8,960

TAVERNIER Armand 1899-1991 [5]
Paysage d'été - Huile/toile (30x24cm-12x9in) Lokeren 95 .... FF16 270 - £2 030 - $3,290

TAVERNIER DE JUNQUIERES R. 1742-? [1]
Promeneurs, église Saint-Pierre - Encre (21x13cm-8x5in) Paris 95 .... FF36 500 - £4 480 - $7,110

TAVERNIER Jean Hippolyte 1884-? [3]
Nu assis - Huile/toile (73x53cm-29x21in) Lyon 90 .... FF10 000 - £1 071 - $1,739

TAVERNIER Jules 1844-1889 [8]
Noctnual Landscape - Oil/canvas (51x91cm-20x36in) New-York 97 .... FF157 526 - £16 540 - $27,000

TAVERNIER Julien 1879-? [16]
La plage - Huile/carton (26x34cm-10x13in) Deauville 92 .... FF22 000 - £2 252 - $3,870

TAVERNIER Paul 1852-? [18]
Chien de chasse - Huile/toile (33x46cm-13x18in) Paris 97 .... FF7 000 - £762 - $1,219
A huntsman with his hounds - Oil/canvas (81x54cm-32x21in) New-York 94 .... FF43 900 - £5 070 - $7,500
Chasse à courre - Pastel (53x69cm-21x27in) Paris 96 .... FF18 000 - £2 244 - $3,480

TAVERNIERS Armand 1899-1991 [12]
Ardennes - Huile/toile (30x40cm-12x16in) Antwerpen 95 .... FF15 330 - £1 930 - $3,036

TAVOLETTA Sylvestro XX [5]
Venise, les façades roses - Huile/toile (50x70cm-20x28in) Bordeaux 94 .... FF3 500 - £425 - $666

TAYLER Albert Chevallier 1862-1926 [11]
Sisters - Oil/canvas (106x169cm-42x67in) London 92 .... FF176 000 - £18 000 - $30,960

TAYLER Charles Foot 1800-1853 [3]
Charles Barratt in black coat - Miniature (10cm-4in) London 97 .... FF2 383 - £260 - $417

TAYLER Edward XVIII-XIX [1]
Princesse Esterhazy playing croquet - Oil/canvas (28x21cm-11x8in) New-York 95 .... FF12 160 - £1 464 - $2,300

TAYLER Edward 1828-1906 [9]
Young girl holding a flower - Watercolour (48x38cm-19x15in) London 96 .... FF10 100 - £1 150 - $1,932

TAYLER John Frederick, Fred 1802-1889 [19]
Dudelsackpfeifer im Hochland - Aquarell/Papier (54x42cm-21x17in) Wien 93 .... FF5 770 - £690 - $1,110

TAYLOR Albert 1862-1925 [2]
Mondnacht am Fluß - Oil/canvas (63x91cm-25x36in) Wien 91 .... FF13 440 - £1 338 - $2,311

TAYLOR Alfred Henry ?-1868 [1]
The Romp - Wash (34x26cm-13x10in) London 91 .... FF3 470 - £350 - $602

TAYLOR Alfred Swaine 1801-1880 [3]
Fern study - Photogenic drawing (5x15cm-2x6in) London 93 .... FF5 400 - £650 - $943

TAYLOR Anna Heyward 1879-? [1]
Charleston Market - Print in colors (9x14cm-4x6in) Cambridge, Mass. 91 .... FF2 700 - £271 - $446

TAYLOR Arnold 1910 [15]
Now then, Cyril... - Watercolour (20x25cm-8x10in) London 94 .... FF8 640 - £1 000 - $1,478

TAYLOR Charles William 1878-? [5]
Bankside - Low Tide - Watercolour (38x54cm-15x21in) Billinghurst, West Sussex 94 .... FF1 668 - £200 - $324

TAYLOR Charles, Jnr. 1841-1883 [15]
Steam frigate running up Channel - Watercolour (40x59cm-16x23in) London 90 .... FF14 000 - £1 509 - $2,469
Coasters/Maplin light - Watercolour (38x76cm-15x30in) London 97 .... FF18 762 - £2 000 - $3,275

TAYLOR Charles, Snr. c.1810-c.1875 [2]
Yachts racing in the Thames estuary - Oil/panel (28x46cm-11x18in) London 96 .... FF28 400 - £3 600 - $5,450

TAYLOR Edward Dewitt 1871-1962 [1]
Haystacks - Oil/canvas (66x76cm-26x30in) San Francisco-Los Angeles 92 .... FF3 330 - £349 - $600

T

TAYLOR Edward R. 1838-1911 [9]
- The Flower Pickers - Oil/canvas (68x112cm-27x44in) London 96 .... FF32 340 - £4 200 - **$6,330**
  On the Look out for her Boat
  Oil/canvas (110x67cm-43x26in) London 97 .... FF1 676 85e +06 - £112 000 - **$183,210**
- Distant thoughts - Pencil (38x28cm-15x11in) London 92 .... FF2 930 - £300 - **$518**

TAYLOR Emily H. Drayton 1860-? [1]
- M. Miles Heyward/Edith & M. H. Taylor - Miniature New-York 93 .... FF4 950 - £585 - **$900**

TAYLOR Ernest Archibald 1874-1951 [3]
- Back of the Town, Kirkcudbright - Oil/canvas (51x41cm-20x16in) London 97 .... FF6 065 - £649 - **$1,048**

TAYLOR Francis 1899-? [1]
- Dame mi Löwenhund - Öl/Leinwand (91x72cm-36x28in) Wien 93 .... FF4 330 - £518 - **$833**

TAYLOR Frank Walter 1874-1921 [1]
- Along the Seine, Paris - Oil/panel (12x17cm-5x7in) New-York 90 .... FF14 920 - £1 518 - **$2,984**

TAYLOR Fred, Frederick 1875-1963 [10]
- Antwerp via Harwich - Poster (102x127cm-40x50in) London 96 .... FF2 200 - £280 - **$423**
- Calcutta - Gouache (50x101cm-20x40in) Bristol, Avon 94 .... FF6 280 - £730 - **$1,086**

TAYLOR Frédéric Bourchier 1906-1987 [31]
- Early spring landscape, Quebec - Huile/toile (30x40cm-12x16in) Montréal 90 .... FF2 000 - £201 - **$364**
- Continental town on a river - Gouache/board (81x127cm-32x50in) London 91 .... FF5 540 - £568 - **$1,034**

TAYLOR Grace Martin Frame 1903 [8]
- Still life with music - Oil/canvas (76x61cm-30x24in) Cambridge, Mass. 92 .... FF12 250 - £1 423 - **$2,500**

TAYLOR Henri Fitch 1853-1925 [1]
- Woman resting - Watercolour/board (17x21cm-7x8in) Cambridge, Mass. 91 .... FF5 130 - £515 - **$888**

TAYLOR Henry King XIX [6]
- French boats off harbour - Oil/canvas (76x127cm-30x50in) London 96 .... FF31 560 - £4 000 - **$6,050**

TAYLOR Horace 1881-1934 [4]
- Brightest London... - Poster (101x62cm-40x24in) New-York 92 .... FF14 560 - £1 740 - **$2,800**

TAYLOR James 1930 [8]
- La maison - Huile/panneau (65x92cm-26x36in) Paris 94 .... FF2 800 - £334 - **$528**

TAYLOR John Frederick 1802-1889 [1]
- At Pont-y-Pont, going to market - Watercolour/paper (51x70cm-20x28in) London 96 .... FF9 360 - £1 100 - **$1,843**

TAYLOR Jonathan XIX-XX [2]
- Figure fishing on a river - Watercolour (47x60cm-19x24in) Leeds 92 .... FF2 597 - £310 - **$500**

TAYLOR Leonard Campbell 1874-1969 [16]
- Lady in an Interior - Oil/canvas (61x51cm-24x20in) London 97 .... FF38 314 - £4 000 - **$6,555**
- Check - Oil/canvas (46x51cm-18x20in) London 95 .... FF128 000 - £17 000 - **$26,400**

TAYLOR OF BATH John 1735-1806 [2]
- Travellers/Timber haulers resting - Oil/canvas (15x19cm-6x7in) New-York 89 .... FF28 600 - £2 846 - **$4,518**
- Fishermen in a punt by an arch
  Engraving (45x56cm-18x22in) Mere Hall, Knutsford, Cheshire 94 .... FF2 374 - £280 - **$423**

TAYLOR Philip Meadow 1808-1876 [2]
- General Henry Darby Griffith - Oil/canvas (116x139cm-46x55in) New-York 93 .... FF15 340 - £1 745 - **$2,600**
- Sketches in the Deccan - Color lithograph (48x36cm-19x14in) London 96 .... FF5 210 - £650 - **$1,007**

TAYLOR PRICHETT Robert 1823-1907 [1]
- Venecia vista desde la laguna - Acuarela (22x68cm-9x27in) Madrid 89 .... FF10 800 - £1 104 - **$1,736**

TAYLOR Robert XIX-XX [3]
- Barkentin Wave, Almouth - Öl/Karton (41x59cm-16x23in) Bern 95 .... FF7 740 - £1 006 - **$1,590**

TAYLOR Walter 1875-1943 [6]
- Regent Street - Oil/canvas (71x92cm-28x36in) London 94 .... FF18 740 - £2 200 - **$3,280**

TAYLOR William Francis 1883-? [1]
- Spring landscape - Oil/canvas (30x41cm-12x16in) Mystic, Connecticut 95 .... FF5 860 - £748 - **$1,200**

TAYLOR William Hughes 1891-? [3]
- December Morning, Varennes, Quebec - Huile/panneau (41x51cm-16x20in) Montréal 96 .... FF5 430 - £619 - **$1,040**

TAYMANS Louis Joseph 1826-1877 [1]
- The streastress dreaming - Oil/canvas (56x45cm-22x18in) Amsterdam 90 .... FF3 920 - £397 - **$746**

TCHAOUSS Viktor 1940 [2]
- Nature morte au samovar - Huile/toile (100x81cm-39x32in) Paris 91 .... FF7 500 - £768 - **$1,400**

TCHEBITCHEV Pavel 1898-1957 [1]
- Les lutteurs - Lavis (24x30cm-9x12in) Neuilly 96 .... FF5 500 - £686 - **$1,062**

TCHEKHONINE Sergei 1878-1936 [2]
- Laitière - Aquarelle (31x24cm-12x9in) Paris 89 .... FF17 000 - £1 738 - **$2,733**

TCHELITCHEW Pavel 1898-1957 [133]
- Peinture objet - Technique mixte/toile (55x47cm-22x19in) Paris 97 .... FF25 000 - £2 607 - **$4,275**
- Acrobat - Oil/canvas (93x73cm-37x29in) London 95 .... FF77 200 - £10 000 - **$15,800**
- Le collier de roses - Oil/board (74x53cm-29x21in) London 94 .... FF317 000 - £38 000 - **$61,500**
- Nude - Gouache/paper (22x63cm-9x25in) New-York 97 .... FF13 056 - £1 373 - **$2,249**
- Chales Vincent - Gouache/board (41x36cm-41x16in) London 95 .... FF138 600 - £18 000 - **$28,500**

TCHERKESSOF Georges 1900-1943 [6]
- Provence - Huile/toile (55x64cm-22x25in) Paris 89 .... FF20 000 - £2 107 - **$3,367**

TCHETCHET Victor 1891-1974 [2]
- Woman with Afghan bound - Pastel (56x46cm-22x18in) New-York 96 .... FF8 280 - £1 070 - **$1,600**

TCHIGEONKOV Alexandre 1930 [2]
- Le monastère sur la Volga - Huile/toile Clamecy 91 .... FF2 000 - £201 - **$346**

TCHISTOVSKY Lev 1902-? [5]
🖼 *Baigneuses* - Huile/panneau (85x125cm-33x49in) Arles 91 .... FF**22 000** - £2 206 - **$4,029**
TCHORZEWSKI Jerzy 1928 [3]
🖼 *Composition* - Huile/toile (75x100cm-59x30in) Paris 96 .... FF**3 000** - £381 - **$576**
TCHOUMAKOFF Théodore 1823-1911 [9]
🖼 *Tête d'Orientale* - Huile/panneau (26x21cm-10x8in) Paris 96 .... FF**14 500** - £1 758 - **$2,850**
✐ *Portrait de femme* - Dessin (23x17cm-9x7in) Toulouse 92 .... FF**2 500** - £257 - **$481**
TEAGUE Donald 1897-1991 [12]
🖼 *Strawberry hill* - Oil/board (34x54cm-13x21in) San Francisco-Los Angeles 90 .... FF**37 200** - £3 843 - **$6,572**
✐ *Quiberon Light, Brittany*
      Watercolour/paper (15x23cm-6x9in) San Francisco-Los Angeles 93 .... FF**25 100** - £2 850 - **$4,250**
TEALTDER 1945 [17]
🖼 *Marine* - Huile/toile (22x16cm-9x6in) Doullens 94 .... FF**3 600** - £439 - **$681**
TEASDALE Percy Morton 1870-? [2]
🖼 *Fruit & vegetables on a table* - Oil/canvas Leeds 91 .... FF**3 175** - £320 - **$551**
TEBBY Arthur Kemp c.1865-c.1935 [4]
🖼 *Farm in Summer* - Oil/canvas (78x103cm-31x41in) London 95 .... FF**12 520** - £1 600 - **$2,557**
TED BENOIT 1947 [10]
✐ *Ray Banana* - Encre Chine/papier (50x27cm-20x11in) Paris 97 .... FF**4 800** - £526 - **$842**
TEDESCHI Petrus c.1750-c.1810 [1]
🖼 *The Visitation* - Oil/copper (64x50cm-25x20in) New-York 92 .... FF**14 040** - £1 436 - **$2,600**
TEDESCO Michele 1834-1918 [1]
🖼 *Il Palazzo dello Sceico* - Olio/tela (104x51cm-41x20in) Roma 95 .... FF**38 600** - £4 940 - **$7,930**
TEED Douglas Arthur 1864-1929 [39]
🖼 *Rocky beach landscape* - Oil/canvas (85x182cm-33x72in) New-York 93 .... FF**16 500** - £2 070 - **$3,000**
🖼 *Pottery vases on terrace* - Oil/canvas (74x89cm-29x35in) Detroit, Michigan 95 ...... FF**48 900** - £6 320 - **$10,000**
TEEL Lewis Woods 1883-1948 [2]
🖼 *Desert scene* - Oil/board (20x30cm-8x12in) Mystic, Connecticut 94 .... FF**2 920** - £349 - **$550**
TEERLINK Abraham Alexander 1776-1857 [7]
🖼 *A Monk fetching Water* - Oil/canvas (101x141cm-40x56in) Wien 96 .... FF**99 300** - £12 040 - **$19,300**
TEFFT Charles 1874-c.1950 [1]
🗿 *Washington, Roosevelt & Lincoln* - Bronze (30x56cm-12x22in) New-York 92 .... FF**7 380** - £756 - **$1,300**
TEGEO Rafael 1798-1856 [1]
🖼 *Combat: Centaures et lapithes* - Huile/toile (88x119cm-35x47in) Paris 92 .... FF**410 000** - £42 000 - **$73,800**
TEGNER Hedvig 1866-1961 [3]
🖼 *Kvinna i kyrkointeriör* - Oil/canvas (76x52cm-30x20in) Malmö 91 .... FF**2 350** - £281 - **$452**
TEGNER Rudolph Christopher 1873-1950 [13]
🗿 *Achille portant le corps de Patrocle* - Bronze (86cm-34in) Paris 97 .... FF**96 000** - £12 000 - **$17,450**
TEGTMEYER Wilhelm 1895-1968 [4]
✐ *Bauerngehöft mit Karren* - Ink (42x60cm-17x24in) Pforzheim 91 .... FF**1 710** - £176 - **$318**
TEIBLER Georg 1854-1911 [1]
🖼 *Die Rheintöchter und der Schatz* - Oil/panel (42x53cm-17x21in) Wien 92 .... FF**12 030** - £1 207 - **$2,007**
TEIBLER Karl 1821-1895 [2]
🖼 *Portrait of a Lady, bust length* - Oil/canvas (74x59cm-29x23in) London 96 .... FF**15 160** - £1 900 - **$2,926**
TEICHER Louis XX [2]
🖼 *Café, souks de Jérusalem* - Huile/toile (38x46cm-15x18in) Paris 92 .... FF**8 000** - £820 - **$1,570**
TEICHMANN Alfred 1903-1980 [1]
🖼 *Pfingstrosen im Glase* - Oil/Leinwand (54x68cm-21x27in) Berlin 95 .... FF**13 730** - £1 796 - **$2,790**
TEICHS Adolf Friedrich 1812-1860 [1]
🖼 *Junge Frau lauscht Geräuschen* - Öl/Leinwand (104x130cm-41x51in) München 93 .... FF**2 035** - £243 - **$392**
TEIGE Karel 1900-1951 [3]
✐ *Segelboote* - Ink/paper (14x11cm-6x4in) Düsseldorf 90 .... FF**13 500** - £1 445 - **$2,348**
TEISSIER Henri XIX-XX [2]
🖼 *Bouquet de roses* - Huile/toile (65x49cm-26x19in) Paris 94 .... FF**5 000** - £582 - **$877**
TEIXEIRA DE MATTOS Henri 1856-1908 [4]
🖼 *Lioness with her cub* - Tempera/tela (24cm-9in) Amsterdam 90 .... FF**4 520** - £462 - **$892**
TEIXEIRA DE MATTOS Joseph 1892-1938 [2]
🖼 *The artist in his studio* - Oil/canvas (62x50cm-24x20in) Amsterdam 96 .... FF**8 600** - £1 103 - **$1,694**
TEIXEIRA Oswaldo 1905-1974 [1]
🖼 *Victorias Regias* - Oil/canvas (170x191cm-67x75in) New-York 95 .... FF**76 500** - £9 550 - **$15,000**
TEIXIDOR José 1826-1907 [1]
🖼 *Pescadores en el rio* - Oleo/lienzo (132x195cm-52x77in) Madrid 95 .... FF**20 170** - £2 650 - **$4,050**
TEJEO Rafael 1798-1856 [3]
🖼 *Familia Tomás* - Oleo/lienzo (145x104cm-57x41in) Madrid 94 .... FF**33 200** - £3 990 - **$6,140**
TELARIK Alois 1884-1961 [1]
🖼 *Mote ved vannposten* - Oil/canvas (68x46cm-27x18in) Tönsberg 93 .... FF**5 200** - £605 - **$893**
TELBERG Val 1910 [3]
📷 *Incest* - Silver print (23x18cm-9x7in) New-York 95 .... FF**3 010** - £380 - **$600**
TELEMAQUE Hervé 1937 [68]
🖼 *Des fleurs pour la très douce* - Oil/canvas (66x102cm-26x40in) New-York 95 .... FF**8 210** - £1 008 - **$1,600**
   Chambre rose - Huile/toile (120x120cm-47x47in) Paris 96 .... FF**33 500** - £3 820 - **$6,410**

Calendar & auction results :   INTERNET : **www.artprice.com**   MINITEL : 3617 ARTPRICE

Le gouffre - Huile/toile (162x129cm-64x51in) Paris 91 .... FF**150 000** - £15 038 - **$27,474**
La Rose IV - Collage (50x130cm-20x51in) Paris 96 .... FF**12 500** - £1 556 - **$2,425**
Coup d'oeil No. 4 - Collage/papier (119x240cm-47x94in) Versailles 95 .... FF**37 000** - £4 840 - **$7,410**

TELEPY Károly, Karl 1828-1906   [2]
Landscape with Figures - Oil/canvas (58x97cm-23x38in) Chicago 96 .... FF**19 540** - £2 370 - **$3,800**

TELES José Jeronimo Jr. 1851-1908   [1]
Paisagem brasileiro - Oil/canvas (25x42cm-10x17in) New-York 90 .... FF**71 500** - £7 606 - **$12,791**

TELFNER Josef 1874-1948   [1]
Cypressen - Woodcut in colors (48x34cm-19x13in) Wien 90 .... FF**14 400** - £1 472 - **$2,842**

TELKESSY Valeria 1870-1950   [4]
The Artist's Model - Oil/canvas (100x69cm-39x27in) London 97 .... FF**8 174** - £900 - **$1,435**

TELLA Garcia 1906-1983   [46]
Personnages - Technique mixte/panneau (35x27cm-14x11in) Toulouse 96 .... FF**4 500** - £546 - **$875**
Carrefour - Huile/panneau (65x92cm-26x36in) Le Havre 92 .... FF**18 000** - £1 843 - **$3,170**
Le manteau de Saint Martin - Huile/panneau (126x92cm-50x36in) Paris 90 .... FF**130 000** - £13 472 - **$22,847**

TELLAECHE de Julián 1884-1960   [2]
Maternidad con dos mujeres y niños - Oleo/lienzo (52x75cm-20x30in) Madrid 93 .... FF**170 500** - £19 630 - **$29,300**

TELLANDER Frederic 1878-?   [2]
The Polo Match - Oil/canvas (76x91cm-30x36in) New-York 95 .... FF**29 830** - £3 780 - **$6,000**

TELLES Sergio 1936   [34]
Vue de Paris - Huile/toile (50x101cm-20x40in) Paris 93 .... FF**5 500** - £688 - **$1,000**
Le port de Saint-Tropez - Huile/toile (27x41cm-11x16in) Le Touquet 95 .... FF**10 500** - £1 307 - **$2,047**
Coupe de fruits - Huile/toile (65x91cm-26x36in) Paris 93 .... FF**29 000** - £3 260 - **$4,920**

TELLIER Eugène Théophile 1872-1958   [43]
Le Pont Neuf - Huile/papier/panneau (50x65cm-20x26in) Soissons 90 .... FF**8 500** - £865 - **$1,700**
Paris, l'Ile de la Cité - Huile/papier/panneau (46x55cm-18x22in) Soissons 90 .... FF**26 500** - £2 697 - **$5,300**

TELLIER Raymond 1897-1985   [16]
Bretonne au chapelet - Huile/toile (66x50cm-26x20in) Douai 94 .... FF**2 000** - £237 - **$360**
Saint-Jean-de-Luz - Huile/panneau (38x55cm-15x22in) Liège 94 .... FF**13 020** - £1 543 - **$2,405**

TELTING Quintus Jan 1931   [2]
Reflections of a Dream - Oil/canvas (77x201cm-30x79in) Amsterdam 96 .... FF**4 210** - £483 - **$804**
Burial of Martin Luther King - Oil/canvas (77x97cm-30x38in) Amsterdam 96 .... FF**33 100** - £3 795 - **$6,310**

TEMMAN Muhammad 1915-1988   [1]
L'heure du divertissement - Miniature (26x21cm-10x8in) Paris 95 .... FF**50 000** - £6 300 - **$9,970**

TEMMINCK Henrietta Winkelaer 1813-1886   [1]
The Farewell Visit - Oil/panel (51x41cm-20x16in) San Francisco-Los Angeles 95 .... FF**13 550** - £1 753 - **$2,770**

TEMPLE Hans 1857-1931   [9]
Stilleben mit Früchten - Öl/Leinwand (47x66cm-19x26in) Wien 96 .... FF**17 150** - £2 220 - **$3,430**

TEMPLE Ruth A. Anderson 1884-1939   [3]
House on a Hill - Oil/panel (25x20cm-10x8in) Cambridge, Mass. 94 .... FF**5 060** - £597 - **$900**

TEMPLEUX Emmanuel 1871-1957   [3]
Bord de rivière en hiver - Huile/panneau (27x41cm-11x16in) Besançon 97 .... FF**2 700** - £286 - **$465**

TEMPLIN Bernhard 1894-1971   [2]
Stilleben - Oil/canvas (50x60cm-20x24in) Bern 90 .... FF**14 800** - £1 574 - **$2,648**

TEMPLIN Viktor 1920   [11]
Village by the river - Oil/board (44x58cm-17x23in) London 97 .... FF**6 598** - £700 - **$1,137**

TEMPORAL Marcel XIX-XX   [1]
Bonaparte à Brienne - Bronze (40cm-16in) Paris 97 .... FF**3 500** - £370 - **$599**

TEMPRA Querido 1849-?   [3]
Young woman & child - Marble (85cm-33in) London 96 .... FF**40 500** - £4 800 - **$7,900**

TEN CATE Hendrik Gerrit 1803-1856   [18]
Visitor - Oil/panel (26x34cm-10x13in) Billinghurst, West Sussex 92 .... FF**21 700** - £2 200 - **$4,180**
Figures on a frozen river - Oil/panel (28x36cm-11x14in) Amsterdam 92 .... FF**57 600** - £5 920 - **$11,080**
Étude de patineurs - Lavis Paris 96 .... FF**4 000** - £502 - **$773**

TEN CATE Henk 1867-1955   [2]
Untergehende Sonne über Verdun - Oil/canvas (70x107cm-28x42in) Wien 90 .... FF**9 600** - £995 - **$1,687**

TEN CATE Johan Siebe 1858-1908   [86]
Rue de village animée - Huile/toile (37x52cm-15x20in) Paris 97 .... FF**8 000** - £862 - **$1,422**
Hollande, un canal - Huile/toile (55x38cm-22x15in) Paris 96 .... FF**20 000** - £2 535 - **$3,835**
L'hiver - Huile/toile (46x74cm-18x29in) Paris 96 .... FF**71 000** - £8 850 - **$13,700**
Rue de village - Pastel/papier (70x90cm-28x35in) Paris 96 .... FF**15 000** - £1 737 - **$2,874**

TEN CATE Pieter 1869-1937   [8]
An Autumn river Landscape - Oil/canvas (60x89cm-24x35in) London 97 .... FF**3 940** - £420 - **$687**

TEN HOET Gerarda Wilhelmina 1857-1903   [1]
Washing Day - Oil/canvas (36x48cm-14x19in) Amsterdam 95 .... FF**2 270** - £285 - **$438**

TEN HOET Hendrik Gerard 1855-1928   [1]
The Village Well - Oil/canvas (34x49cm-13x19in) London 95 .... FF**18 940** - £2 400 - **$3,810**

TEN HOLT Friso 1921   [2]
Strand - Oil/canvas (80x100cm-31x39in) Amsterdam 97 .... FF**11 387** - £1 197 - **$1,956**

TEN KATE Herman Fred. Carel 1822-1891   [74]
1626: la réédition de Alkmaar - Huile/panneau (61x94cm-24x37in) Calais 94 .... FF**4 900** - £581 - **$905**
accepting the Surrender - Oil/panel (61x97cm-24x38in) London 96 .... FF**51 100** - £6 000 - **$9,930**
The interrogation - Oil/panel (65x110cm-26x43in) Amsterdam 95 .... FF**175 000** - £21 830 - **$35,300**

Palace interior - Watercolour (22x16cm-9x6in) London 95 .... FF10 750 - £1 400 - **$2,205**
Kitchen interior - Watercolour (20x29cm-8x11in) København 96 .... FF23 170 - £3 000 - **$4,630**

TEN KATE Jan Jacob Lodewijk 1850-1929 [5]
Fisherfolk gathered on a beach - Oil/canvas (99x226cm-39x89in) London 92 .... FF58 400 - £6 000 - **$11,220**

TEN KATE Johan Mari 1831-1910 [75]
The Hunter's Rest - Oil/panel (26x37cm-10x15in) Amsterdam 97 .... FF15 606 - £1 660 - **$2,715**
The Pheasant - Oil/panel (24x32cm-9x13in) London 93 .... FF51 500 - £6 200 - **$8,990**
Stables of the Scheveningen circus - Oil/canvas (43x67cm-17x26in) Amsterdam 97 .... FF120 953 - £12 786 - **$20,754**
Farmyard happiness - Oil/canvas (62x81cm-24x32in) Amsterdam 97 .... FF293 743 - £31 053 - **$50,402**
A child by a chickenshed - Watercolour, gouache (28x36cm-11x14in) Amsterdam 93 .... FF31 200 - £3 570 - **$5,310**
Ice Fun - Watercolour (24x34cm-9x13in) Amsterdam 94 .... FF52 100 - £6 200 - **$9,910**

TEN KATE Johannes Marius 1859-1896 [11]
A girl with a black setter - Oil/canvas (32x54cm-13x21in) Amsterdam 97 .... FF12 095 - £1 278 - **$2,075**
Tea-time - Oil/canvas (82x68cm-32x27in) London 97 .... FF65 694 - £7 200 - **$11,529**
Fishermen sorting the catch - Watercolour (24x35cm-9x14in) Amsterdam 93 .... FF36 040 - £4 320 - **$6,590**

TENCALCA Carpoforo 1623-1685 [1]
Le malade - Huile/toile (49x89cm-19x35in) Genève 89 .... FF33 200 - £3 498 - **$5,589**

TENDLAU Bernhard 1894-1974 [1]
Holländischen Siedlung, Berlin - Gouache (55x41cm-22x16in) Köln 95 .... FF4 260 - £538 - **$853**

TENER René, dit Renet 1846-1925 [12]
Bateaux sur la rivière - Huile/toile (46x61cm-18x24in) Paris 94 .... FF3 100 - £370 - **$581**
Vaches à la mare, Isle-Adam - Huile/toile (46x55cm-18x22in) Pontoise 96 .... FF20 500 - £2 336 - **$3,924**

TENERANI Pietro 1789-1869 [2]
Psyche abandoned - Marble (117cm-46in) London 93 .... FF234 600 - £27 000 - **$40,500**

TENGBERG Martin 1877-1941 [2]
Soligt skånsk vy - Oil/canvas (59x91cm-23x36in) Malmö 92 .... FF4 790 - £573 - **$921**

TENGBOM Hjördis 1877-1959 [1]
Stilleben med tulpaner - Oil/board (61x45cm-24x18in) Söderköping 90 .... FF3 100 - £334 - **$547**

TENGELER Johannes Willem 1746-1811 [4]
Winter Landscape - Oil/panel (49x70cm-19x28in) New-York 97 .... FF79 727 - £8 499 - **$14,000**

TENGELIN-WINGE Hanna 1838-1896 [1]
Genremotiv med mor och barn - Oil/canvas (70x60cm-28x24in) Stockholm 91 .... FF11 780 - £1 173 - **$2,026**

TENGGREN Gustaf Adolf 1896-1970 [9]
Fiolspelaren - Akvarell (21x19cm-8x7in) Stockholm 96 .... FF3 784 - £489 - **$725**
The Arabian Nights - Watercolour/paper (34x25cm-13x10in) Stockholm 97 .... FF11 949 - £1 273 - **$2,086**

TENGNAGEL de Fabricius 1781-1849 [13]
Udsigt mor et fortificeret bjerg - Oil/canvas (40x33cm-16x13in) Viby J, Århus 91 .... FF10 120 - £1 014 - **$1,706**

TENIERS Abraham 1629-1670 [13]
Singes: pâtissiers/cuisiniers (2) - Huile/toile (17x24cm-7x9in) Paris 92 .... FF158 000 - £16 170 - **$28,430**

TENK Laszlo 1943 [6]
Bouquet sur une chaise - Huile/panneau (80x68cm-31x27in) Doullens 92 .... FF10 000 - £1 027 - **$1,923**

TENNANT Dorothy ?-1926 [2]
Nude in a lake landscape - Oil/panel (19x13cm-7x5in) London 91 .... FF18 840 - £1 898 - **$3,269**

TENNANT John F. 1796-1872 [27]
Glebaney, Wales - Oil/canvas Detroit, Michigan 94 .... FF13 350 - £1 605 - **$2,500**
Mereworth castle - Oil/canvas (61x99cm-24x39in) London 95 .... FF34 700 - £4 500 - **$7,100**
The Ferry, Essex - Oil/canvas (65x106cm-26x42in) London 92 .... FF51 900 - £6 200 - **$9,980**

TENNANT Norman 1896-? [1]
Vicar says can you let'im... - Ink (19x25cm-7x10in) London 93 .... FF4 320 - £520 - **$754**

TENNANT Stephen 1905-1987 [10]
The Return of the Travellers - Watercolour (30x23cm-12x9in) London 97 .... FF2 614 - £280 - **$451**
Sailor heads - Watercolour (40x24cm-16x9in) London 95 .... FF13 900 - £1 800 - **$2,846**

TENNER Eduard 1830-1901 [1]
Die Pause - Öl/Karton (21x26cm-8x10in) Pforzheim 94 .... FF4 120 - £495 - **$772**

TENNESON Joyce 1945 [9]
Suzanne - Cibachrome print (88x75cm-35x30in) San Francisco-Los Angeles 96 .... FF9 580 - £1 225 - **$1,900**

TENNIEL John 1820-1914 [9]
You go first, 1897 - Pencil London 90 .... FF2 500 - £252 - **$455**

TENRÉ Henry Charles 1864-1926 [8]
Promenade en forêt - Huile/toile (39x56cm-15x22in) Pontoise 95 .... FF2 900 - £386 - **$598**
La bénédiction de l'équipage - Aquarelle (64x84cm-25x33in) Paris 95 .... FF26 000 - £3 340 - **$5,250**

TEPLANSKY Sandor 1886-? [1]
Les aulnes - Huile/panneau (20x31cm-8x12in) Bruxelles 90 .... FF4 500 - £479 - **$805**

TEPPER Ernst 1843-1890 [1]
Renaissance-Dame im Schloßsalon - Oil/canvas (97x72cm-38x28in) Ahlden 92 .... FF16 250 - £1 890 - **$3,316**

TEPPER Saul 1899-1987 [9]
Couple on a movie set - Oil/canvas (81x79cm-32x31in) New-York 94 .... FF18 550 - £2 180 - **$3,250**

TEPPING Jean Marc Benjamin 1803-1871 [1]
Abendrot am Genfersee - Oil/board (28x34cm-11x13in) Bern 94 .... FF5 900 - £628 - **$1,055**

TER HELL Willy 1883-1947 [11]
Im oberen Loisachtal - Öl/Karton (39x50cm-15x20in) Lindau 96 .... FF5 070 - £611 - **$972**

T

TER LINDEN Felix 1836-1912 [1]
- Vue de port - Huile/toile (35x27cm-14x11in) Bruxelles 91 .... FF**3 950** - £396 - **$652**

TER MEER Hermann Hendrious 1871-1934 [1]
- Panther - Plâtre (24cm-9in) Zofingen 93 .... FF**1 980** - £225 - **$336**

TER MEULEN Frans Pieter 1843-1927 [21]
- Evening sky - Oil/canvas (53x78cm-21x31in) Toronto 92 .... FF**4 300** - £440 - **$757**
- Shepherd by a river - Oil/canvas (56x92cm-22x36in) London 87 .... FF**31 650** - £3 000 - **$5,460**
- Woman with cattle on a path - Watercolour (38x59cm-15x23in) Amsterdam 92 .... FF**9 100** - £935 - **$1,750**

TER-ARUTUNIAN Rouben XX [3]
- Costume designs - Felt pen/paper New-York 94 .... FF**8 770** - £1 007 - **$1,500**

TERBORCH Gesina 1663-1690 [1]
- Moses Terboch - Oil/canvas (76x56cm-30x22in) New-York 95 .... FF**1** - £199 400 - **$310,000**

TERCAFS Jeanne 1898-1944 [1]
- Tête de Mang Betu - Marbre (28cm-11in) Antwerpen 95 .... FF**3 810** - £476 - **$769**

TERECHKOVITCH Kostia, Constantin 1902-1978 [137]
- Jeune femme dans un fauteuil - Huile/toile (100x50cm-39x20in) Paris 97 .... FF**12 000** - £1 243 - **$2,055**
- Le kiosque à musique - Huile/toile (50x73cm-20x29in) Saint-Germain-en-Laye 96 ...... FF**40 000** - £4 560 - **$7,650**
- Nature morte au bouquet - Huile/toile (95x66cm-37x26in) Monaco 93 .... FF**90 000** - £11 250 - **$16,360**
- Femme assise au chapeau - Oil/canvas (92x65cm-36x26in) New-York 89 .... FF**411 800** - £40 975 - **$65,055**
- Baigneuses - Pastel (44x29cm-17x11in) Paris 96 .... FF**5 000** - £644 - **$974**
- Jeune femme au chapeau fleuri - Wash (55x39cm-22x15in) Amsterdam 91 .... FF**45 100** - £4 490 - **$7,756**

TERELAK John C. 1942 [5]
- Rainy Day - Oil/canvas (61x76cm-24x30in) Cambridge, Mass. 93 .... FF**13 570** - £1 544 - **$2,300**

TERESZCZUK Peter XIX-XX [12]
- Jeune fille debout - Bronze (31cm-12in) Bruxelles 97 .... FF**4 908** - £522 - **$855**
- Krinolinenmädchen mit Rosen - Bronze (25cm-10in) Wien 96 .... FF**13 440** - £1 630 - **$2,613**

TERHORST Bernd 1893-? [1]
- Dorfkirche am Fluß - Oil/canvas (57x40cm-22x16in) München 92 .... FF**3 390** - £405 - **$653**
- Wintersonne am Niederrhein - Gouache (50x58cm-20x23in) Köln 92 .... FF**2 210** - £226 - **$389**

TERLAAK Gerard 1820-1865 [1]
- Johannes Christinus Ruloffs - Öl/Leinwand (102x90cm-40x35in) München 93 .... FF**11 200** - £1 281 - **$1,895**

TERLIKOWSKI de Vladimir 1873-1951 [68]
- Paysage du Midi - Huile/toile (55x38cm-22x15in) Paris 95 .... FF**10 500** - £1 340 - **$2,115**
- Les Martigues - Huile/toile (73x100cm-29x39in) Paris 95 .... FF**41 000** - £5 230 - **$8,260**
- Nature morte aux fleurs et aux fruits - Aquarelle, gouache (43x28cm-17x11in) Calais 96 ... FF**4 000** - £499 - **$775**

TERLINDEN Félix 1836-1912 [2]
- Woman seated in a garden - Oil/canvas (50x35cm-20x14in) London 91 .... FF**25 800** - £2 618 - **$4,660**

TERLOUW Kees 1890-1948 [50]
- L'hiver sur le fleuve - Huile/toile (54x65cm-21x26in) Paris 94 .... FF**2 800** - £326 - **$485**
- Péniches au port - Huile/toile (74x100cm-29x39in) Versailles 92 .... FF**10 000** - £1 163 - **$2,040**
- The Blaak, Rotterdam - Oil/canvas (97x144cm-38x57in) Amsterdam 95 .... FF**24 700** - £2 984 - **$4,650**

TERMOHLEN Karl E. 1883-? [1]
- Silver Moon, Newport, R.I. - Oil/canvas (21x30cm-8x12in) New Orleans, Louisiana 94 ... FF**3 710** - £433 - **$650**

TERMOTE Albert 1887-1971 [2]
- Crippled man - Bronze (20cm-8in) Amsterdam 91 .... FF**7 580** - £780 - **$1,412**

TERNANTE-LEMAIRE de Amédée XIX [2]
- Jeux d'enfants - Huile/papier/panneau (33x24cm-13x9in) Paris 92 .... FF**25 000** - £2 983 - **$4,810**

TERNES August 1872-1938 [3]
- Tigers in a jungle clearing - Oil/canvas (100x117cm-39x46in) London 93 .... FF**105 300** - £12 000 - **$17,880**

TERNO Nina 1935 [3]
- Påklädning - Bronze (110cm-43in) Helsinki 94 .... FF**10 940** - £1 277 - **$1,925**

TERPNING Howard A. 1927 [4]
- Cliff Hanger/Desert Storm - Acrylic/board New-York 94 .... FF**51 400** - £5 990 - **$9,000**
- Good medicine - Oil/canvas (46x61cm-18x24in) New-York 94 .... FF**220 700** - £26 500 - **$42,000**

TERRACINA Arturo 1882-1951 [1]
- Paesaggio con torrente - Olio/tavola (25x35cm-10x14in) Roma 90 .... FF**3 400** - £362 - **$608**

TERRAIRE Clovis Frédérick 1858-1931 [23]
- Paysage animé - Huile/toile (27x41cm-11x16in) Lyon 93 .... FF**2 000** - £241 - **$364**
- Bergère et son troupeau - Huile/toile (46x65cm-18x26in) Paris 97 .... FF**5 000** - £531 - **$871**
- Vacher dans la région lyonnaise - Oil/canvas (124x230cm-49x91in) New-York 91 .... FF**45 600** - £4 595 - **$7,913**

TERRAMORSI Anana 1950 [2]
- Femme - Pastel/papier (20x24cm-8x9in) Neuilly 91 .... FF**3 000** - £301 - **$549**

TERRENI Giuseppe Maria 1739-1811 [1]
- The Uffizi della Signoria, Firenze - Bodycolour (47x70cm-19x28in) New-York 96 .... FF**148 000** - £19 400 - **$30,000**

TERRIER Jean-Claude 1949 [7]
- Dans le jaune - Oil/canvas (160x220cm-63x87in) København 96 .... FF**8 800** - £1 093 - **$1,710**

TERRIS Adolphe 1820-1900 [6]
- Rue des Grands Carmes - Tirage albuminé (25x19cm-10x7in) Arles 95 .... FF**5 200** - £672 - **$1,071**

TERRIS John 1864-1914 [9]
- Stratford-on-Avon - Watercolour (36x48cm-14x19in) London 92 .... FF**2 540** - £260 - **$530**

TERRIS Tom XIX-XX [4]
- On the Dort - Watercolour (44x34cm-17x13in) London 92 .... FF**2 150** - £220 - **$379**

TERROIR Alphonse Camille 1875-? [1]
- Couple nu aux pieds des colonnes - Bronze (117cm-46in) Paris 95 .... FF**24 000** - £3 154 - **$4,910**

TERROSSIAN Jean 1931 [2]
🖼 Ohne Titel 60er Jahre - Oil/canvas (31x39cm-12x15in) Luzern 90 .... FF20 860 - £2 123 - **$4,172**
✐ Abstraction - Pastel (167x75cm-66x30in) Paris 97 .... FF3 000 - £321 - **$522**
TERRUELLA MATILLA Joaquín 1891-1957 [11]
🖼 Aldea en la montaña - Oleo/lienzo (19x26cm-7x10in) Madrid 97 .... FF10 000 - £1 075 - **$1,750**
Teatro - Oleo/tabla (33x37cm-13x15in) Madrid 91 .... FF23 030 - £2 309 - **$4,218**
TERRUSO Saverio 1939 [16]
🖼 Composizione - Olio/tela (50x50cm-20x20in) Milano 94 .... FF14 620 - £1 725 - **$2,604**
TERRY Frederick Casemero 1827-1869 [1]
✐ Sydney Harbour - Watercolour (21x39cm-8x15in) London 94 .... FF26 660 - £3 200 - **$4,990**
TERRY Henry John 1818-1880 [4]
✐ Canal at Chiogga, Venice - Watercolour (33x45cm-13x18in) London 97 .... FF15 992 - £1 700 - **$2,756**
TERRY Joseph Alfred 1872-1939 [7]
🖼 At the couturier's - Oil/board (26x33cm-10x13in) London 95 .... FF7 770 - £1 000 - **$1,605**
TERSTEEG Jan 1750-1807 [1]
✐ Arcadian landscape/Boys watching game - Ink (14cm-6in) Amsterdam 95 ...... FF8 630 - £1 148 - **$1,780**
TERUZ Orlando 1902-1984 [1]
🖼 Cabra cega (92x73cm-36x29in) New-York 89 .... FF137 300 - £14 039 - **$22,074**
TERWEIJ Jan 1883-1965 [3]
🖼 Winterlandschap Arosa - Oil (36x36cm-14x14in) Amsterdam 96 .... FF3 610 - £414 - **$689**
TERWESTEN IL PARODIJSVOGEL Augustin I 1649-1711 [2]
🖼 Danae and the Shower of Gold - Oil/canvas (79x63cm-31x25in) London 92 ..... FF23 450 - £2 800 - **$4,510**
TERWINDT Tilla 1890-? [1]
🖼 Portrait of a painter (109x60cm-43x24in) Amsterdam 93 .... FF2 110 - £252 - **$406**
TERZI Aleardo 1870-1943 [1]
✐ La lettera d'amore - Tempera/carta (36x22cm-14x9in) Trieste 96 .... FF6 210 - £702 - **$1,188**
TERZOLO Carlo 1904-1975 [2]
✐ Forte dei Marmi - Olio/tavola (60x48cm-24x19in) Torino 93 .... FF7 210 - £826 - **$1,226**
✐ La pesca - Acquarello/carta (20x29cm-8x11in) Torino 93 .... FF1 982 - £227 - **$338**
TESCHENDORFF Emil 1833-1894 [2]
🖼 En ung kvinde i en have - Oil/canvas (127x96cm-50x38in) Viby J, Århus 96 ... FF54 300 - £7 000 - **$10,480**
TESCHNER Richard 1879-1948 [14]
🗿 Ver sacrum - Alabaster (11cm-4in) Genève 92 .... FF255 000 - £30 450 - **$49,000**
✐ Irrlicht - Aquarelle, gouache/papier (72x46cm-28x18in) Wien 93 .... FF7 210 - £862 - **$1,388**
TESDORPF-EDENS Ilse 1892-1966 [5]
🖼 Norddeutsche Hafenstadt - Ol/Karton (31x36cm-12x14in) Hamburg 95 .... FF4 825 - £625 - **$981**
TESHIGAHARA Sofu 1900 [2]
🗿 Untitled - Sculpture (52x43cm-20x17x17in) New-York 92 .... FF71 200 - £7 280 - **$13,000**
TESIO Giacinto 1849-1927 [1]
🖼 Vespro nel Monfarrato - Olio/cartone (37x30cm-15x12in) Torino 93 .... FF2 930 - £331 - **$493**
TESIO Lodovico 1731-1782 [1]
▱ Neo-classical scene - Aquatint in colors (104x43cm-41x17in) New Orleans, Louisiana 93 ... FF3 575 - £449 - **$650**
TESKE Edmund R. 1911 [5]
📷 Kenneth Anger, Filmmaker
         Gelatin silver print (34x23cm-13x9in) San Francisco-Los Angeles 93 .... FF6 490 - £741 - **$1,100**
TESSAI Tomioka Hyakuren 1836-1924 [3]
✐ Scholars in a retreat - Coloured inks/paper (144x57cm-57x22in) New-York 92 FF166 400 - £19 860 - **$32,000**
TESSARI Romolo 1868-? [5]
🖼 Giovane veneziana - Olio/cartone (49x35cm-19x14in) Trieste 96 .... FF4 010 - £504 - **$768**
Piazza San Marco, Venezia - Oil/canvas (58x74cm-23x29in) North Berwick, Maine 92 ... FF48 300 - £4 940 - **$8,500**
✐ Mercanti a Venezia - Acquarello/carta (23x35cm-9x14in) Trieste 95 .... FF2 770 - £351 - **$540**
TESSARI Vittorio 1860-? [5]
🖼 Young girls playing with a kitten - Oil/canvas (93x66cm-37x26in) London 90 ... FF106 500 - £11 403 - **$18,522**
✐ Lady in a white dress & green shawl - Watercolour (48x33cm-19x13in) Aylsham, Norfolk 94 ... FF5 190 - £600 - **$885**
TESSELY Stefan 1933 [2]
✐ Droombeeld - Aquarelle (50x709cm-20x279in) Dendermonde-Schoonaarde 92 ... FF4 650 - £476 - **$818**
TESSIER DU CROS Lucienne XX [2]
✐ Femme à la grappe de raisin - Huile/toile (81x65cm-32x26in) Paris 94 .... FF2 000 - £233 - **$353**
✐ Jeune chinoise assise - Lavis (73x52cm-29x20in) Boulogne 95 .... FF1 600 - £200 - **$319**
TESSIER Louis c.1719-1781 [1]
✐ Candle, book, seal and box - Oil/canvas (46x53cm-18x21in) London 90 .... FF27 100 - £2 729 - **$4,927**
TESSITORE Fulvio 1870-? [2]
🖼 Gathering wood - Oil/canvas (28x40cm-11x16in) London 91 .... FF39 500 - £3 990 - **$7,841**
TESSITORE Giuseppe Raffaele 1861-? [2]
🖼 Her last possession, 1896 - Oil/canvas (59x26cm-23in) Toronto 89 .... FF19 600 - £2 004 - **$3,151**
TESSITORE-GELANZE Amelia 1866-? [1]
🖼 Fetching water - Oil/canvas (34x22cm-13x9in) London 93 .... FF3 154 - £380 - **$551**
TESSON Louis 1820-1870 [22]
🖼 Les lavandières - Huile/toile (32x24cm-13x9in) Reims 97 .... FF10 300 - £106 7 8 - **$1,764**
Rue du Diable, Alger - Oil/canvas (40x30cm-16x12in) Amsterdam 94 .... FF36 600 - £4 250 - **$6,300**
✐ Halte près de la fontaine - Aquarelle (23x33cm-9x13in) Paris 96 .... FF11 000 - £1 423 - **$2,180**

TESTA Armando 1917-? [3]
Giochi della XVII Olimpiade - Poster (98x68cm-39x27in) New-York 94 .... FF8 010 - £940 - **$1,400**

TESTA Clorindo 1923 [2]
Stria - Oil/canvas (90x121cm-35x48in) San Francisco-Los Angeles 94 .... FF2 180 - £253 - **$375**
Testa - Olio/tela (18x24cm-7x9in) Milano 93 .... FF20 500 - £2 300 - **$3,670**

TESTA Pietro 1912 [8]
L'Adorazione dei Magi - Eau-forte (43x35cm-17x14in) Roma 89 .... FF2 300 - £235 - **$370**
Seated nude/Seated man - Ink (20x14cm-8x6in) London 91 .... FF54 900 - £5 489 - **$9,042**

TESTE Jean-Auguste c.1807-1886 [2]
Prêteur sur gage comptant son argent - Huile/toile (21x24cm-8x9in) Monaco 89 .... FF40 000 - £4 215 - **$6,734**

TESTELIN Henri le Jeune 1616-1695 [2]
Luigi XIV - Olio/tela (127x95cm-50x37in) Prato 96 .... FF234 000 - £29 400 - **$44,800**

TESTEVUIDE Jehan 1873-1922 [2]
Paris, incendie du Bazar de la Charité
   Aquarelle, gouache (37x27cm-15x11in) Versailles 90 .... FF1 500 - £161 - **$261**

TESTINA Natacha 1959 [3]
Photographie de famille - Huile/toile (100x113cm-39x44in) Neuilly 91 .... FF3 800 - £377 - **$660**

TETAR VAN ELVEN Jean Baptist 1805-1889 [8]
Gothic church - Oil/panel (30x23cm-12x9in) Amsterdam 94 .... FF9 450 - £1 097 - **$1,628**

TETAR VAN ELVEN Paul Constantin D. 1823-1896 [7]
Le malade imaginaire - Oil/canvas (45x57cm-18x22in) Amsterdam 90 .... FF19 600 - £1 995 - **$3,920**
Songeur - Aquarelle/papier (16x14cm-6x6in) Bruxelles 97 .... FF3 108 - £323 - **$530**

TETAR VAN ELVEN Pierre Henri Theod. 1831-1908 [11]
Kathedrale von Antwerpen - Öl/Leinwand (150x109cm-59x43in) Hamburg 95 .... FF44 700 - £5 070 - **$7,560**
Old Bridge at Honfleur - Watercolour/paper (41x58cm-16x23in) Baton Rouge, Louisiana 93 .... FF4 720 - £537 - **$800**

TETHEROW Michael 1942 [3]
Untitled - Acrylic/paper (122x107cm-48x42in) New-York 94 .... FF4 970 - £571 - **$850**

TETMAJER Wladzimierz 1862-1923 [8]
Goracy Dzien - Oil/canvas (50x60cm-20x24in) Warszawa 93 .... FF48 350 - £5 270 - **$8,100**

TETSU Roger Testu, dit 1913 [6]
Sans paroles - Encre/papier (24x16cm-9x6in) Paris 93 .... FF3 500 - £399 - **$594**

TEUBEL Friedrich 1884-1965 [2]
Bauernhaus - Black chalk/paper (31x45cm-12x18in) Wien 95 .... FF1 500 - £189 - **$299**

TEUBER Hermann 1894-1985 [12]
Schiffe im Hafen - Aquarell/Papier (33x48cm-13x19in) München 96 .... FF5 440 - £620 - **$1,040**

TEUPKEN Dirk Antoon, Jr. 1828-1859 [5]
Javan van Amsterdam - Watercolour (55x80cm-22x31in) Köbenhavn 94 .... FF20 000 - £2 296 - **$3,420**

TEUSCHER Gaston 1903-1986 [2]
Figures - Encre Chine (29x21cm-11x8in) Genève 91 .... FF1 932 - £198 - **$360**

TEUTSCH Walter 1883-1964 [2]
Aus Trient - Oil/canvas (60x75cm-24x30in) Wien 93 .... FF5 770 - £690 - **$1,110**

TEXCIER Jean 1888-1957 [19]
Rouen, vue sous Bon Secours - Huile/toile (66x81cm-26x32in) Paris 97 .... FF6 500 - £677 - **$1,107**
Peintre et joueurs de domino - Encre Chine (17x16cm-7x6in) Paris 96 .... FF2 600 - £335 - **$516**

TEXIDOR Modest 1854-1927 [1]
Stehender Frauenakt - Oil/canvas (130x70cm-51x28in) München 91 .... FF23 830 - £2 389 - **$4,365**

TEXIER Richard 1955 [32]
Nord - Technique mixte/toile (73x100cm-29x39in) Paris 96 .... FF19 000 - £2 464 - **$3,770**
Composition - (162x114cm-64x45in) Versailles 95 .... FF22 000 - £2 890 - **$4,415**
Sans titre - Collage (100x80cm-39x31in) Paris 93 .... FF11 500 - £1 386 - **$2,090**

TEXTOR Franz Joseph Weber 1741-? [1]
Villagers walking on a frozen river - Oil/metal (24x32cm-9x13in) London 93 .... FF31 600 - £3 600 - **$5,360**

TEYE Theresa Cuellar 1934 [2]
Bodegón con Pan y Puerro - Oil/canvas (104x150cm-41x59in) New-York 96 .... FF52 000 - £6 610 - **$10,000**
Citrus - Pastel/paper (130x150cm-51x59in) New-York 90 .... FF34 800 - £3 542 - **$6,959**

TEYNARD Felix 1817-1892 [9]
Médinet-Abou, Thèbes - Salt print (23x30cm-9x12in) New-York 93 .... FF8 800 - £1 104 - **$1,600**

TEYSSEN George Frederik 1873-1955 [6]
Wooded river landscape - Oil/panel (17x24cm-7x9in) Amsterdam 95 .... FF2 780 - £336 - **$523**

TEZAK-NEOGY Edgar 1949 [3]
Ohne Titel - Mixed media/paper (29x21cm-11x8in) Wien 94 .... FF1 710 - £194 - **$290**

THABARD Adolphe Martial 1831-1905 [1]
Enfant au cygne - Bronze (83cm-33in) Lyon 94 .... FF31 000 - £3 550 - **$5,200**

THACKERAY Lance ?-1916 [2]
Sunrise, Damietta, Egypt - Watercolour (17x25cm-7x10in) London 94 .... FF1 570 - £180 - **$264**

THACKERAY William Makepeace 1811-1863 [2]
Figures conversing - Ink (15x16cm-6x6in) London 91 .... FF4 490 - £449 - **$739**

THADDEUS Henry John 1860-1929 [2]
Portrait of a young Lady - Oil/panel (31x20cm-12x8in) Dublin 94 .... FF8 320 - £1 082 - **$1,713**
The Country Man Smoking a Pipe - Watercolour (36x25cm-14x10in) London 94 .... FF2 556 - £300 - **$456**

THAETNER Emil Otto 1888-? [2]
Dampflokomotive am Lahnufer - Öl/Leinwand (52x66cm-20x26in) Frankfurt 97 .... FF3 713 - £400 - **$652**

THALBITZER Anna 1884-? [2]
● *Stående kvinde i dødråbning* - Oil/canvas (101x76cm-40x30in) Vejle 94 .... FF2 253 - £275 - **$428**
THALBITZER Ella 1883-? [9]
🦋 *Kurv med vindruer/Forårsblomster* - Oil/canvas København 91 .... FF3 344 - £337 - **$580**
THALEMANN Elsa 1901-1984 [5]
📷 *Eiffel Tower, Paris* - Gelatin silver print (15x10cm-6x4in) New-York 96 .... FF9 320 - £1 152 - **$1,800**
THALER Else 1889-? [1]
● *Weissen Rosen* - Technique mixte/carton (49x51cm-19x20in) Wien 94 .... FF9 710 - £1 141 - **$1,730**
THALER Wolf 1895-1952 [3]
● *Blumenstilleben* - Öl/Leinwand (79x61cm-31x24in) München 94 .... FF4 440 - £534 - **$845**
THALINGER E. Oscar 1885-? [5]
● *The 10:14* - Oil/masonite (55x61cm-22x24in) New-York 92 .... FF9 310 - £1 081 - **$1,900**
THALMANN Gérard 1944 [2]
● *Monsieur Magique Minuit* - Acrylic/canvas (92x73cm-36x29in) Paris 89 .... FF13 000 - £1 294 - **$2,054**
● *Peinture chinoise* - Acrylic/canvas (130x162cm-51x64in) Paris 89 .... FF53 500 - £5 323 - **$8,452**
THALMANN Peter 1926 [9]
● *Interieur* - Öl/Leinwand (81x54cm-32x21in) Bern 92 .... FF7 610 - £910 - **$1,465**
✎ *Sommerlandschaft* - Aquarelle, gouache/papier (33x53cm-13x21in) Bern 96 .... FF4 890 - £593 - **$950**
THÄMER Otto 1892-1975 [2]
● *Bauernhaus hinter dem Deich* - Öl/Leinwand (63x74cm-25x29in) Hamburg 97 .... FF4 719 - £504 - **$822**
▣ *Norddeutsche Motive* - Etching Hamburg 93 .... FF1 696 - £203 - **$326**
THAMES Emmitte 1933 [2]
✎ *Country Church* - Watercolour (53x74cm-21x29in) New Orleans, Louisiana 94 .... FF7 550 - £873 - **$1,300**
THAMM Gustav Adolf 1859-1925 [11]
● *River landscape in Germany* - Oil/canvas (49x67cm-19x26in) København 96 .... FF10 700 - £1 385 - **$2,140**
● *Sommertag auf Capri* - Oil/canvas (73x108cm-29x43in) Köln 92 .... FF68 000 - £6 960 - **$11,970**
THANS Willem 1816-c.1850 [1]
● *Stilleben mit Früchten* - Oil/panel (50x40cm-20x16in) Köln 94 .... FF20 560 - £2 415 - **$3,600**
THAREL Léon ?-1902 [2]
▣ *Sans Soucis* - Bronze (27cm-11in) Paris 96 .... FF6 000 - £686 - **$1,144**
THARMOUTH Sophia Wilhelmina 1771-1845 [1]
● *Byggnader och figurer* - Oil/canvas (74x66cm-29x26in) Stockholm 90 .... FF11 700 - £1 245 - **$2,093**
THARRATS VIDAL Joan Josep 1918 [23]
● *Composiciòn* - Tecnica mista (65x54cm-26x21in) Madrid 97 .... FF6 400 - £688 - **$1,120**
● *Espuma de mar* - Oleo/lienzo (38x56cm-15x22in) Madrid 93 .... FF10 010 - £1 193 - **$1,810**
✎ *Composition* - Technique mixte/papier (50x65cm-20x26in) Paris 92 .... FF7 500 - £768 - **$1,320**
THAUER Friedrich Karl 1924 [3]
● *Truthahn am Teich* - Öl/Leinwand (24x30cm-9x12in) Kempten 96 .... FF6 170 - £808 - **$1,250**
THAULOW Fritz 1847-1906 [181]
● *Sydländsk stadsbild med figurer* - Oil/canvas (19x26cm-7x10in) Stockholm 97 .... FF24 905 - £2 630 - **$4,303**
● *Hammen* - Oil/canvas (38x46cm-15x18in) Stockholm 97 .... FF56 602 - £5 977 - **$9,780**
● *Bord de rivière* - Huile/toile (82x66cm-32x26in) Pontoise 97 .... FF191 000 - £20 590 - **$33,540**
● *Winter landscape with river* - Oil/canvas (74x93cm-29x37in) New-York 96 .... FF493 000 - £62 800 - **$95,000**
● *A winter landscape* - Oil/canvas (80x100cm-31x39in) London 90 .... FF774 800 - £82 955 - **$134,748**
● *Vaskekoner i Quimperlé* - Etching in colors (53x70cm-21x28in) Oslo 96 .... FF21 070 - £2 440 - **$4,040**
✎ *Kvarnen i Lysaker* - Pastel/paper (55x72cm-22x28in) Stockholm 93 .... FF133 200 - £16 360 - **$24,660**
THAXTER Edward R. 1857-1881 [1]
▣ *Thought, 1880* - Sculpture New-York 90 .... FF22 900 - £2 373 - **$4,025**
THAYAT Ernesto Michahelles 1893-1959 [2]
● *Matamoe* - Huile/panneau (56x78cm-22x31in) Paris 95 .... FF6 500 - £854 - **$1,305**
THAYER Abbott Handerson 1849-1921 [7]
● *Forest Interior* - Oil/canvas (69x56cm-27x22in) Cambridge, Mass. 94 .... FF47 300 - £5 680 - **$9,000**
● *Portrait of Alice Rich* - Oil/board (110x55cm-43x22in) New-York 95 .... FF463 000 - £59 100 - **$95,000**
THEAKER Harry George 1873-1954 [2]
✎ *Young maiden with Pan & Cupid* - Watercolour (54x36cm-21x14in) London 92 .... FF17 530 - £1 800 - **$3,366**
THEAULON Étienne 1739-1780 [1]
✎ *Deux profils de femme* - Sanguine (29x25cm-11x10in) Paris 95 .... FF1 800 - £231 - **$371**
THECLA Julia XX [2]
✎ *White Hat* - Watercolour (30x25cm-12x10in) Elgin, Illinois 95 .... FF4 340 - £542 - **$850**
THEDY Max 1858-1924 [4]
● *The solo performance* - Oil/panel (38x49cm-15x19in) Billinghurst, West Sussex 92 .... FF10 350 - £1 050 - **$1,995**
✎ *Weiblicher Rückenakt* - Red chalk (43x20cm-17x8in) München 92 .... FF1 700 - £174 - **$300**
THEED William the Younger 1804-1891 [3]
▣ *The Return of the Prodigal Son* - Marble (183cm-72in) London 96 .... FF254 500 - £29 000 - **$48,700**
THEER Albert 1815-1902 [2]
✎ *Bildnis eines Herrn mit hoher Stirn* - Miniature (3x2cm-1x1in) Wien 95 .... FF2 400 - £310 - **$464**
THEER Robert 1808-1863 [9]
✎ *Henri Charles de Bourbon* - Miniature (5cm-2in) Köln 93 .... FF11 870 - £1 418 - **$2,283**
✎ *Erzherzog Franz Joseph* - Watercolour (12x9cm-5x4in) Wien 96 .... FF57 700 - £7 230 - **$11,270**
THEGERSTRÖM Robert 1857-1919 [31]
● *Vid stadens utkant* - Oil/panel (63x45cm-25x18in) Stockholm 97 .... FF31 697 - £3 347 - **$5,476**
● *Promenad i Jardin Marengo, Alger* - Oil/panel (54x65cm-21x26in) Stockholm 96 .... FF128 300 - £14 640 - **$24,570**

T

Jour d'été - Pastel (90x60cm-35x24in) Stockholm 94 .... FF58 800 - £7 030 - **$10,980**

THEIL Johann Gottfried 1745-1797 [1]
The Piazza de' Signori, Verona - Ink (32x43cm-13x17in) New-York 93 .... FF15 130 - £1 788 - **$2,750**

THEILGAARD Sofus Carl Frederik 1845-1923 [2]
To børn der sopper i strandkanten - Oil/canvas (62x83cm-24x33in) København 92 .... FF4 820 - £576 - **$926**

THEIMER Ivan 1944 [6]
Stèle Végétale - Bronze (216x23x18cm-85x9x7in) Paris 94 .... FF125 000 - £14 570 - **$21,900**
Architecture, 1978 - Mixed media drawing (56x76cm-22x30in) Paris 90 .... FF7 000 - £745 - **$1,252**

THEIS Heinz 1894-? [5]
Winterliche Strasse in Garmisch - Öl/Leinwand (60x80cm-24x31in) München 93 .... FF10 500 - £1 201 - **$1,777**

THEK Paul 1933 [3]
Bread and Buttocks - Oil/canvas (23x31cm-9x12in) New-York 96 .... FF8 800 - £1 137 - **$1,700**
Fireplace - Bronze (30cm-12in) New-York 93 .... FF44 000 - £5 520 - **$8,000**
Snowfall in the city - Watercolour/paper (61x45cm-24x18in) New-York 93 .... FF7 080 - £806 - **$1,200**

THELANDER Gunnar 1916 [2]
Potatisar utanför hus - Etching (38x47cm-15x19in) Stockholm 89 .... FF2 800 - £295 - **$471**

THELANDER Pär Gunnar 1936 [44]
Från stol till balja - Oil/canvas (130x145cm-51x57in) Stockholm 95 .... FF51 300 - £6 570 - **$10,330**
Get-31 - Oil/canvas (126x115cm-50x45in) Stockholm 96 .... FF122 000 - £15 730 - **$23,900**
Svampen - Etching (63x78cm-25x31in) Stockholm 96 .... FF1 925 - £245 - **$371**

THELEM Ernest B. Lem 1869-1930 [1]
Cycles Peugeot, Valentigney - Poster (148x109cm-58x43in) New-York 96 .... FF9 170 - £1 080 - **$1,800**

THELEN Wilhelm 1917-1985 [2]
Unterhalb Napoli - Öl/Leinwand (60x80cm-24x31in) Düsseldorf 95 .... FF2 794 - £356 - **$568**

THELEN-RÜDEN von Friedrich 1836-? [3]
Ausverkauf - Oil/canvas (50x40cm-20x16in) Wien 92 .... FF14 440 - £1 478 - **$2,540**

THELOT Antoine Charles 1793-1853 [4]
La meute au chenil, 1839 - Gouache (31x40cm-12x16in) Paris 89 .... FF2 100 - £221 - **$354**

THELOTT Johann Andreas 1655-1734 [1]
LeTemps, la Fortune, et les Arts - Lavis (29x44cm-11x17in) Paris 89 .... FF3 400 - £358 - **$572**

THELWALL John Augustus XIX-XX [1]
An afternoon of tea - Oil/canvas (66x102cm-26x40in) New-York 93 .... FF47 200 - £5 370 - **$8,000**

THELWELL Norman 1923 [11]
In the drink - Watercolour (20x24cm-8x9in) Billinghurst, West Sussex 94 .... FF8 900 - £1 050 - **$1,585**

THEMON Paul 1854-1912 [1]
Jour de pluie - Aquarelle/papier (37x53cm-15x21in) Bruxelles 92 .... FF1 648 - £197 - **$317**

THÉOBALD René 1926 [2]
Rockefeller Center - Oil/canvas (79x64cm-31x25in) Delray Beach, Florida 96 .... FF2 350 - £272 - **$450**

THEODOROPOULOS Angelos 1889-1965 [1]
Chrysanthema - Oil/canvas (73x58cm-29x23in) Athens 95 .... FF7 420 - £958 - **$1,434**

THEOFILOS Hadjimichail 1867-1934 [4]
Ira, Godess of Wind - Tempera/panel (51x23cm-20x9in) Athens 95 .... FF83 800 - £10 840 - **$17,140**

THEOLON Étienne 1739-1780 [2]
Offrande à Vénus - Huile/toile (46x55cm-18x22in) Monaco 91 .... FF45 000 - £4 540 - **$7,900**

THEPOT François 1925 [3]
Composition - Gouache/carton (64x53cm-25x21in) Paris 93 .... FF4 500 - £563 - **$818**
Composition - Gouache (67x52cm-26x20in) Douai 96 .... FF20 000 - £2 494 - **$3,860**

THERIAT Charles James 1860-? [27]
Arabs at rest by a town wall - Oil/canvas (67x122cm-26x48in) London 91 .... FF25 800 - £2 618 - **$4,660**
Beauty by a river - Oil/panel (16x22cm-6x9in) London 94 .... FF203 000 - £24 000 - **$36,500**
Head study of an elderly lady - Charcoal (32x28cm-13x11in) London 92 .... FF3 910 - £400 - **$688**

THERKILDSEN Michael 1850-1925 [37]
Ved skovledet - Oil/canvas (40x48cm-16x19in) København 96 .... FF8 770 - £1 093 - **$1,694**
The Critic in the artist's studio - Oil/canvas (49x68cm-19x27in) London 95 .... FF46 100 - £6 000 - **$9,450**

THERRIEN Robert 1947 [18]
Keystone - Oil/canvas/panel (168x123cm-66x48in) New-York 97 .... FF87 108 - £9 164 - **$15,000**
Untitled - Oil/canvas (243x162cm-96x64in) New-York 93 .... FF206 500 - £23 500 - **$35,000**
Untitled - Bronze (13x1x4cm-5x2in) New-York 93 .... FF55 000 - £6 900 - **$10,000**
No Title - Ceramic (226x9x61cm-89x4x24in) New-York 97 .... FF348 840 - £36 630 - **$60,000**

THERY Jean XX [3]
La cascade - Huile/toile (50x61cm-20x24in) Montauban 94 .... FF3 800 - £437 - **$650**

THESIGER Ernest 1879-1961 [1]
Midtown and Uptown, New York - Wash (47x35cm-19x14in) London 89 .... FF5 800 - £593 - **$932**

THESLEFF Ellen 1869-1954 [18]
Frukstilleben - Oil/canvas (41x41cm-16x16in) Helsinki 93 .... FF135 100 - £16 240 - **$24,600**
Kamp - Etching (20x33cm-8x13in) Helsinki 91 .... FF6 290 - £625 - **$1,092**
Portrait - Pencil/paper (14x11cm-6x4in) Helsinki 95 .... FF2 315 - £290 - **$468**

THÉSONNIER Alfred XIX-XX [2]
Nu debout - Oil/canvas (146x114cm-57x45in) London 91 .... FF19 750 - £1 995 - **$3,921**

THEUER Julius 1856-? [1]
Italienisches Mädchen - Oil/panel (23x15cm-9x6in) Wien 96 .... FF2 900 - £330 - **$555**

THEUERKAUF Gottlob 1833-1911 [1]
Burg Spangenberg - Aquarell/Papier (27x42cm-11x17in) Bielefeld 93 .... FF8 750 - £1 020 - **$1,438**

THEUNINCK Gaston 1900-1967 [1]
Landschap te Diksmuide - Huile/toile (70x100cm-28x39in) Lokeren 94 .... FF2 805 - £327 - $492
THEUNIS Pierre 1883-1950 [5]
Jeune femme nue - Plâtre (119cm-47in) Bruxelles 91 .... FF12 340 - £1 264 - $2,304
THEUNISSEN Corneille 1863-1918 [2]
Rêverie aux champs - Bronze (21cm-8in) Soissons 96 .... FF3 800 - £495 - $753
THEURILLAT Herbert Leon M. 1896-? [3]
Dunkler Strassenzug - Öl/Leinwand (46x55cm-18x22in) Bern 94 .... FF6 190 - £743 - $1,203
THEVENET Jacques 1891-1989 [17]
Paysage de la Nièvre - Huile/carton (31x40cm-12x16in) Paris 91 .... FF4 200 - £426 - $759
THÉVENET Jean [3]
La Grande Chartreuse - Huile/panneau (160x77cm-63x30in) Grenoble 94 .... FF2 800 - £332 - $518
THEVENET Jean Baptiste 1800-1867 [2]
Étienne Jeaurat (1699-1789) - Miniature (14x11cm-6x4in) Reims 96 .... FF4 000 - £516 - $783
THEVENET Louis 1874-1930 [38]
Intérieur avec chaise - Huile/panneau (42x34cm-17x13in) Paris 97 .... FF5 200 - £563 - $919
Intérieur - Huile/toile (54x72cm-21x28in) Bruxelles 96 .... FF19 800 - £2 555 - $3,880
Nature morte devant l'harmonium - Huile/toile (62x80cm-24x31in) Lokeren 95 .... FF68 500 - £8 540 - $13,840
THEVENET Pierre 1870-1937 [16]
La Seine à Clichy - Huile/carton (45x55cm-18x22in) Bruxelles 90 .... FF13 000 - £1 392 - $2,261
THÉVENIN Charles 1764-1838 [1]
Anne Julie Houël - Oil/canvas (22x19cm-9x7in) London 93 .... FF315 400 - £38 000 - $55,100
THÉVENIN Pierre 1905-1950 [1]
Saint-Jean - Pastel/papier (22x29cm-9x11in) Lyon 97 .... FF1 800 - £194 - $315
THEVOZ Gaston 1902-1948 [2]
Vue d'une ferme montagnarde - Huile/toile (46x53cm-18x21in) Genève 89 .... FF8 600 - £906 - $1,448
THEWENETI Lorenzo 1797-1878 [2]
Lady in crimson dress - Miniature (11cm-4in) London 92 .... FF23 450 - £2 400 - $4,130
THEYNET Max Robert 1875-1949 [32]
Bord du lac à Colombier - Huile/carton (54x82cm-21x32in) Genève 89 .... FF7 000 - £738 - $1,178
Hafen am Neuenburgersee - Aquarell (31x43cm-12x17in) Luzern 90 .... FF1 700 - £176 - $300
THEYS Ivan 1936 [30]
Slapend hoofd - Huile/toile (73x55cm-29x22in) Bruxelles 97 .... FF3 436 - £359 - $588
Waterlelies - Oil/canvas (55x75cm-22x30in) Amsterdam 97 .... FF14 984 - £1 575 - $2,574
Dansers - Gouache (51x35cm-20x14in) Lokeren 92 .... FF5 980 - £612 - $1,051
THIALIER Raymond 1913 [9]
Le repos - Huile/panneau (73x116cm-29x46in) Montreuil-sur-Mer 96 .... FF4 000 - £475 - $781
Le marché - Huile/toile (146x97cm-57x38in) Paris 91 .... FF98 000 - £9 875 - $17,005
THIBAUDEAU Roger 1920 [2]
Salperwick - Huile/toile (35x27cm-14x11in) Saint-Omer 95 .... FF3 000 - £389 - $614
Dunkerque - Aquarelle/papier (23x31cm-9x12in) Saint-Omer 94 .... FF1 600 - £191 - $305
THIBAULT Aimée 1780-1868 [4]
Duc de Montmerencry - Miniature (22x15cm-9x6in) Versailles 96 .... FF16 500 - £2 130 - $3,230
THIBAULT Didier 1959 [3]
Sans titre, 1989 - Technique mixte/carton (84x125cm-33x49in) Paris 90 .... FF6 500 - £655 - $1,182
THIBAULT Jean Thomas 1757-1826 [2]
Dans les jardins de Versailles - Aquarelle (16x11cm-6x4in) Paris 89 .... FF26 500 - £2 710 - $4,260
THIBEAUX Ludwig 1815-1871 [1]
Liegender weiblicher Akt - Öl/Leinwand (54x65cm-21x26in) Wien 92 .... FF9 620 - £1 120 - $1,963
THIBÉSART Raymond 1874-1968 [7]
Pommiers en fleur, Auvers-sur-Oise - Huile/toile (49x121cm-19x48in) Paris 97 .... FF10 000 - £1 088 - $1,741
La meule - Huile/toile (23x31cm-9x12in) Neuilly 91 .... FF7 300 - £732 - $1,205
THIBOUST Jean Pierre 1763-c.1825 [1]
Jeune femme en robe bleue - Miniature (7cm-3in) Paris 95 .... FF16 000 - £1 934 - $3,010
THIEBAUD Wayne 1920 [148]
Boat fishers - Oil/canvas (91x76cm-36x30in) San Francisco-Los Angeles 93 .... FF93 000 - £10 580 - $15,770
Club Sandwich - Oil/canvas (31x36cm-12x14in) New-York 94 .... FF610 000 - £70 700 - $105,000
Bakery Counter - Oil/canvas (139x182cm-55x72in) New-York 94 .... FF9 1 17e +06 - £946 275 - $1
Big Suckers - Aquatint in colors (56x75cm-22x30in) New-York 97 .... FF40 000 - £4 288 - $7,000
Candy apples - Woodcut in colors (38x42cm-15x17in) New-York 92 .... FF55 500 - £5 810 - $10,000
Power Drill - Charcoal/paper (75x56cm-30x22in) New-York 96 .... FF30 560 - £3 600 - $6,000
Bowtie Tree - Coloured chalks/paper (38x26cm-15x10in) New-York 97 .... FF551 684 - £58 036 - $95,000
THIEBAULT Henri L. 1855-1899 [2]
A picnic in Brittany, 1910 - Oil/canvas New-York 90 .... FF28 600 - £3 007 - $4,974
Jeune femme nue de dos - Pastel/paper (34x26cm-13x10in) Paris 90 .... FF3 800 - £393 - $671
THIEDE Oskar 1879-? [1]
Kopf - Metal (44cm-17in) Wien 92 .... FF3 850 - £394 - $678
THIEL Ewald 1855-? [1]
Vorzimmer auf Schloß Waldeck - Aquarell (41x30cm-16x12in) Köln 92 .... FF6 800 - £696 - $1,197
THIELE Alexander 1924 [47]
Entem am Wasser - Öl/Leinwand (60x90cm-24x35in) Kempten 96 .... FF4 740 - £595 - $923

T

THIELE Alfred 1886-1957 [1]
🖼 *Wiese mit Bachlauf in Voralpenland* - Öl/Leinwand (73x100cm-29x39in) München 94 .... FF2 720 - £318 - **$477**
THIELE Anton 1838-1902 [11]
🖼 *Italian woman under a pergola* - Oil/canvas (41x58cm-16x23in) Viby J, Århus 95 .... FF13 740 - £1 752 - **$2,703**
THIELE Arthur 1841-1919 [3]
🖼 *Winterlicher Landschaft* - Oil/canvas/board (19x26cm-7x10in) Hamburg 96 .... FF2 710 - £339 - **$524**
THIELE Franz 1868-? [1]
🖼 *Chambre séparée* - Öl/Leinwand (42x55cm-17x22in) Wien 95 .... FF8 990 - £1 134 - **$1,793**
THIELE Hans 1850-1925 [1]
✏ *Heilingenblut* - Aquarell/Papier (26x42cm-10x17in) Wien 93 .... FF3 175 - £360 - **$540**
THIELE Johann Fried. Alex. 1747-1803 [2]
🖼 *Flusstal in felsiger Gebirgslandschaft* - Öl/Leinwand (77x108cm-30x43in) München 94 .... FF61 400 - £7 260 - **$11,030**
THIELE Julius Arthur 1841-1919 [1]
🖼 *Deer in a wooded winter landscape* - Oil/canvas (112x18cm-44x7in) London 89 .... FF43 600 - £4 458 - **$7,010**
THIELE Otto 1870-? [7]
🖼 *Berliner Blumenmarkt* - Oil/cardboard (16x24cm-6x9in) Bremen 95 .... FF27 570 - £3 570 - **$5,610**
THIELE Rudolf 1856-1930 [2]
🏛 *Nubienne* - Terre cuite (55cm-22in) Paris 97 .... FF18 000 - £1 913 - **$3,101**
THIELE Wilhelm 1872-? [2]
🖼 *Stilleben* - Öl/Leinwand (70x100cm-28x39in) Pforzheim 93 .... FF3 050 - £365 - **$587**
THIELEN van Jan Philips Rigoults 1618-1667 [13]
🖼 *Tulipes et roses* - Huile/panneau (59x54cm-23x21in) Paris 97 .... FF240 000 - £25 104 - **$41,112**
THIELER Fred 1916 [97]
🖼 *Ohne Titel* - Mischtechnik/Karton (48x64cm-19x25in) Berlin 97 .... FF27 196 - £2 888 - **$4,737**
Signal - Oil/canvas (199x145cm-78x57in) London 95 .... FF115 600 - £15 000 - **$23,860**
Komposition 13/54 - Oil/canvas (125x149cm-49x59in) Berlin 92 .... FF288 000 - £34 400 - **$55,400**
✏ *Ohne Titel* - Gouache (75x99cm-30x39in) Düsseldorf 96 .... FF24 100 - £3 120 - **$4,820**
Untitled - Watercolour, gouache/paper (95x65cm-37x26in) London 91 .... FF89 200 - £9 000 - **$15,750**
THIELMANN Wilhelm 1868-1924 [6]
🖼 *In der Backstube* - Etching (24x30cm-9x12in) Frankfurt 94 .... FF2 720 - £312 - **$465**
✏ *Schwälmer Bäuerin* - Charcoal (45x30cm-18x12in) Frankfurt 92 .... FF9 180 - £940 - **$1,912**
THIEM Herman G. 1870-? [1]
🖼 *Sunset* - Oil/board (20x25cm-8x10in) Cambridge, Mass. 93 .... FF5 310 - £604 - **$900**
THIEM Paul 1858-1922 [12]
🖼 *Elevenses* - Oil/panel (51x61cm-20x24in) London 93 .... FF18 260 - £2 200 - **$3,190**
THIEMANN Carl Theodor 1881-1966 [40]
🖼 *Segelboote* - Oil/panel (20x30cm-8x12in) München 92 .... FF11 870 - £1 418 - **$2,283**
🖼 *Dachau, Holzgartenstrasse* - Woodcut in colors (25x38cm-10x15in) München 95 .... FF1 652 - £217 - **$332**
Tauweter - Woodcut in colors (34x32cm-13x13in) München 93 .... FF4 104 - £487 - **$741**
THIEME Anthony 1888-1954 [110]
🖼 *Melting Snow* - Oil/canvas (63x76cm-25x30in) New-York 97 .... FF35 006 - £3 675 - **$6,000**
Paul Manship Quarry - Oil/canvas (76x91cm-30x36in) San Francisco-Los Angeles 96 .... FF62 290 - £7 800 - **$12,000**
Rockport in Summer - Oil/canvas (76x92cm-30x36in) New-York 96 .... FF120 000 - £13 900 - **$23,000**
✏ *Boats docked, Brooklyn Bridge*
Watercolour, gouache/paper (37x54cm-15x21in) New-York 94 .... FF14 600 - £1 723 - **$2,600**
THIEME Carl 1816-1884 [1]
🖼 *The merry village* - Oil/canvas (40x57cm-16x22in) New-York 89 .... FF6 900 - £687 - **$1,090**
THIEME Theodor 1823-1901 [1]
🖼 *Beim Pfandleiher* - Oil/canvas/panel (96x73cm-38x29in) Stuttgart 90 .... FF12 800 - £1 322 - **$2,261**
THIENBAUS Rudolf 1873-? [1]
🖼 *Jug, bun & fruit on a plate* - Oil/board (57x77cm-22x30in) Amsterdam 90 .... FF2 413 - £243 - **$473**
THIENON Louis 1812-? [7]
✏ *Saint-Germain-en-Laye* - Dessin (26x33cm-10x13in) Saint-Germain-en-Laye 91 .... FF13 000 - £1 311 - **$2,534**
THIÉNON Louis D. 1812-c.1880 [4]
🖼 *Marabout, environs de Tanger* - Huile/panneau (49x66cm-19x26in) Paris 96 .... FF13 000 - £1 568 - **$2,494**
✏ *Intérieur de la cathédrale de Chartres* - Aquarelle (58x44cm-23x17in) Paris 95 .... FF6 600 - £850 - **$1,363**
THIER Barent Hendrik 1751-1814 [6]
✏ *Peasants on their way to market* - Watercolour (23x33cm-9x13in) London 95 .... FF5 150 - £650 - **$1,032**
THIERBACH Richard 1860-1931 [1]
🖼 *Tal bei Stolberg* - Öl/Leinwand (80x56cm-31x22in) Rudolstadt-Thüringen 96 .... FF5 130 - £666 - **$1,016**
THIERRÉE Stanislas Eugène 1810-? [1]
🖼 *Bergers au repos/Flottage du bois* - Huile/toile (34x55cm-13x22in) Barbizon 93 .... FF40 000 - £4 495 - **$6,780**
THIERRIAT Augustin Alexandre 1789-1870 [5]
🖼 *Vanité au crâne et poignard* - Huile/toile (46x56cm-18x22in) Paris 92 .... FF40 000 - £4 770 - **$7,700**
✏ *The Judgement of Paris* - Black chalk (19x28cm-7x11in) London 97 .... FF3 791 - £400 - **$651**
THIERRY Wilhelm Adam 1761-1823 [1]
✏ *Tombeau de Virgile, Mt. Pausilipo* - Mine plomb (18x12cm-7x5in) Paris 92 .... FF2 000 - £239 - **$385**
THIERS Ferdinand c.1800-c.1850 [1]
✏ *Roses, stock & hyacinth in a vase* - Bodycolour (56x14cm-22x6in) Amsterdam 89 .... FF44 900 - £4 591 - **$7,219**
THIERSCH Ludwig 1829-1909 [2]
🖼 *Jäger vor dem Feuer sitzend* - Oil/canvas (57x64cm-22x25in) München 91 .... FF8 450 - £858 - **$1,526**
✏ *Flusslandschaft aqua acetosa* - Aquarell (19x53cm-7x21in) München 94 .... FF3 080 - £362 - **$549**

THIERSCH von Friedrich 1852-1921 [1]
Decken- und Wandentwürfe - Aquarell München 93.. FF1 526 - £182 - **$294**
THIERY-METRANVE Bernard XX [6]
Reminiscence - Acrylique/toile (54x65cm-21x26in) Paris 92 .... FF2 000 - £206 - **$385**
THIESSON Gaston 1882-1920 [2]
Lavandière près du village - Oil/canvas (60x73cm-24x29in) London 95 .... FF22 700 - £3 000 - **$4,600**
THIEULIN Jean 1894-1960 [12]
Le manège - Huile/toile Rouen 94 .... FF16 000 - £1 902 - **$2,870**
THIJS Lode 1898-1961 [3]
Intérieur - Huile/toile (45x54cm-18x21in) Tongeren 90 .... FF2 916 - £297 - **$583**
THIJSEN Carolus Johannes 1867-1917 [1]
Mother & child in a cottage interior - Oil/canvas/board (48x55cm-19x22in) Amsterdam 95 .... FF2 820 - £360 - **$578**
THIL Jeanne 1887-1968 [16]
Scène méditerranéenne - Huile/toile (100x100cm-39x39in) Paris 91 .... FF20 000 - £2 020 - **$3,970**
Algérie-Tunisie-Maroc - Affiche (75x105cm-30x41in) Nice 96.................................. FF2 000 - £250 - **$387**
Nomades du Sud-Tunisien - Gouache (70x51cm-28x20in) Paris 91 .... FF15 000 - £1 540 - **$2,790**
THIM Cornelis 1754-1813 [5]
Shipping in a calme - Ink (20x30cm-8x12in) Amsterdam 92 .... FF13 560 - £1 620 - **$2,610**
THINEY Jean 1900-1990 [2]
Les quais, Bordeaux - Huile/toile (89x116cm-35x46in) Bordeaux 92 .... FF3 200 - £382 - **$616**
THIOLAT Dominique 1946 [5]
Peinture 77.6 - Huile/toile (230x194cm-91x76in) Versailles 97................................. FF9 000 - £951 - **$1,544**
THIOLLET Alexandre 1824-1895 [6]
Chasse à courre - Huile/toile (64x91cm-25x36in) Paris 94 .... FF18 500 - £2 135 - **$3,143**
THIOLLIER Eliane 1926 [4]
Chevaux et cavalier en Camargue - Huile/toile (28x42cm-11x17in) Le Touquet 92 ...... FF2 500 - £299 - **$481**
THIRIAR James 1889-1965 [1]
Le partage de la Belgique - Aquarelle/papier (49x44cm-19x17in) Bruxelles 94 .... FF3 650 - £431 - **$650**
THIRION Charles Victor 1833-1978 [7]
The Apple Girl - Oil/canvas (117x75cm-46x30in) London 95 .... FF83 900 - £10 500 - **$16,700**
THIRION Eugène 1839-1910 [2]
Le Garde noir - Huile/panneau (72x51cm-28x20in) Paris 92...................................... FF12 000 - £1 432 - **$2,310**
Perseus & the head of the Medusa - Oil/canvas (240x135cm-94x53in) London 95 ...... FF142 000 - £18 000 - **$28,600**
THIRIONET Mathieu 1860-1937 [1]
Le Gitan - Huile/toile (46x40cm-18x16in) Bruxelles 95 .... FF2 690 - £326 - **$507**
THIRIOT Pierre 1904-? [4]
Colette Andris - Poster (119x79cm-47x31in) New-York 96 .... FF2 530 - £323 - **$500**
THIRTLE John 1777-1839 [8]
Fisherfolk by the Devil's tower - Pencil (23x33cm-9x13in) London 93 .... FF30 700 - £3 500 - **$5,220**
THISEBART Raymond 1874-1968 [9]
Amandiers en fleurs - Huile/toile (54x65cm-21x26in) Bruxelles 94............................. FF13 320 - £1 545 - **$2,294**
Pommiers en fleurs - Pastel/papier Evreux 94 .... FF5 500 - £625 - **$935**
THIVET Antoine Auguste 1822-? [8]
Allégorie féminine - Huile/toile (72x50cm-28x20in) Paris 96 .... FF20 000 - £2 506 - **$3,860**
THIVET Auguste 1856-1927 [1]
Lecture méditative au jardin - Huile/toile (41x32cm-16x13in) Paris 90 .... FF6 000 - £614 - **$1,184**
THIVET Yvonne 1888-1972 [22]
Rue de village animée - Huile/toile (90x118cm-35x46in) Saint-Germain-en-Laye 95 ...... FF25 000 - £3 176 - **$5,120**
Les Touareg - Huile/toile (130x195cm-51x77in) Paris 94 .... FF100 000 - £11 540 - **$17,260**
Porte de Meknès - Gouache (25x33cm-10x13in) Paris 94 .... FF6 000 - £711 - **$1,110**
THIVIER Émile L. 1858-1922 [2]
Sous la véranda - Huile/toile Paris 94 .... FF10 500 - £1 222 - **$1,840**
THIVIER Eugène Siméon 1845-1920 [1]
A gleaner, late 19th Century - Bronze (47cm-19in) New-York 90 .... FF3 400 - £364 - **$591**
THOL van Hendrik Otto 1859-1902 [4]
Koppelpoort, Amersfoort - Oil/canvas (38x78cm-15x31in) Amsterdam 93 .... FF7 830 - £936 - **$1,508**
THOL-RUYSCH van Aletta 1860-1931 [3]
Nature morte aux pensées - Huile/toile (50x68cm-20x27in) Bruxelles 95 .... FF4 040 - £488 - **$760**
THOLEN Margo 1870-1911 [1]
Peasants in a bulb-field - Oil/canvas (25x31cm-10x12in) Amsterdam 94 .... FF2 740 - £324 - **$493**
THOLEN Pieter Hendrik H. 1831-1913 [1]
Gosausee und der Dachstein - Oil/Leinwand (36x54cm-14x21in) Wien 93 .... FF7 210 - £862 - **$1,388**
THOLEN Willem Bastiaan 1860-1931 [70]
Going to the market - Oil/canvas (41x65cm-16x26in) Amsterdam 97 .... FF29 374 - £3 105 - **$5,040**
White dog on a pouf - Oil/canvas (70x60cm-28x24in) Amsterdam 97 .... FF104 047 - £11 257 - **$18,155**
Schip in de kerk, Blokzijl - Watercolour (64x48cm-25x19in) Amsterdam 97 .... FF12 138 - £1 313 - **$211,8 9**
THOLER Raymond 1859-? [1]
Roten Kirschen - Oil/canvas (27x35cm-11x14in) Bern 90 .... FF9 800 - £1 043 - **$1,753**
THOM James Crawford 1838-1898 [22]
Reading the letter to the children - Oil/canvas (51x76cm-20x30in) New-York 93 .... FF15 500 - £1 774 - **$2,750**

T

THOMA Emil 1869-1948 [6]
🖼 *Environs de Munich* - Huile/carton (45x59cm-18x23in) Paris 89 .... FF*18 000* - £*1 840* - **$2,894**
THOMA Hans 1839-1924 [189]
🖼 *Lille pige på trappe* - Oil/canvas (75x55cm-30x22in) København 94 .... FF*22 600* - £*2 595* - **$3,870**
🖼 *Hercules freeing Hesione* - Oil/canvas (100x72cm-39x28in) Wien 96 .... FF*82 800* - £*10 030* - **$16,100**
  Der Sommer - Öl/Leinwand (99x131cm-39x52in) München 93 .... FF*344 000* - £*39 000* - **$58,100**
🖼 *Schnitter Tod* - Etching (18x16cm-7x6in) Heidelberg 94 .... FF*3 260* - £*391* - **$633**
✎ *Sonntagmittag* - Watercolour (18x24cm-7x9in) Heidelberg 96 .... FF*11 170* - £*1 380* - **$2,160**
  Landschaft bei Oberursel - Watercolour (28x25cm-11x10in) Stuttgart 96 .... FF*48 700* - £*6 050* - **$9,440**
THOMA Josef 1800-? [4]
🖼 *Gebirgsbach* - Öl/Leinwand (100x74cm-39x29in) Wien 94 .... FF*14 550* - £*1 686* - **$2,757**
THOMA Joseph 1828-1899 [57]
🖼 *Gehöft am Gebirgssee* - Öl/Leinwand (68x106cm-27x42in) München 94 .... FF*10 200* - £*1 190* - **$1,790**
  Almabtrieb über den Königsee - Öl/Leinwand (90x130cm-35x51in) Wien 96 .... FF*18 330* - £*2 365* - **$3,590**
  River rushing, Alpine landscape - Oil/canvas (94x137cm-37x54in) New-York 94 .... FF*67 400* - £*7 950* - **$12,000**
THOMA Sepp 1883-1963 [2]
🖼 *Almen im Herbst* - Oil/panel (36x41cm-14x16in) Wien 96 .... FF*7 820* - £*1 016* - **$1,532**
THOMA-HÖFELE Carl 1866-1923 [6]
🖼 *Stilleben mit Kirschen* - Oil/canvas (31x48cm-12x19in) Wien 92 .... FF*16 840* - £*1 690* - **$2,810**
THOMANN Gustav Adolf 1874-1961 [2]
🖼 *Kühe auf der Weide* - Öl/Leinwand (50x74cm-20x29in) Bern 95 .... FF*6 480* - £*810* - **$1,308**
THOMANN Noël 1940 [5]
🗿 *Détente* - Bronze Saint-Dié 92 .... FF*6 000* - £*615* - **$1,056**
THOMAS Alain 1942 [2]
🖼 *Luciana aux fleurs* - Huile/isorel (61x50cm-24x20in) Paris 91 .... FF*2 800* - £*284* - **$506**
✎ *Le lutin charmeur* - Collage (73x54cm-29x21in) Paris 91 .... FF*3 500* - £*355* - **$632**
THOMAS Alfred 1876-? [2]
🖼 *Pietà* - Olio/tela (67x53cm-26x21in) Firenze 97 .... FF*2 040* - £*240* - **$360**
THOMAS Bernard 1918 [2]
🖼 *Concession du 17ème enrichissement*
  Technique mixte/toile (40x40cm-16x16in) Paris 90 .... FF*6 500* - £*655* - **$1,182**
THOMAS Charles 1827-1892 [3]
🖼 *Roses dans un vase* - Huile/toile (41x33cm-16x13in) Rouen 96 .... FF*10 100* - £*1 197* - **$1,970**
THOMAS David XX [6]
🖼 *Winter in Soho* - Acrylic/canvas (91x182cm-36x72in) London 95 .... FF*3 220* - £*420* - **$667**
THOMAS Emile Eugène 1817-1882 [1]
🗿 *Louis Bonaparte Prince Président* - Marbre Carrare (80cm-31in) Paris 92 .... FF*29 000* - £*2 970* - **$5,690**
THOMAS Félix 1815-1875 [1]
🖼 *Sentinelle, les ruines de Ninive* - Huile/toile (28x45cm-11x18in) Paris 91 .... FF*18 000* - £*1 827* - **$3,251**
THOMAS Francis Wynne 1907-1989 [8]
🖼 *The blue boat, rye* - Oil/canvas (41x51cm-16x20in) London 90 .... FF*19 400* - £*2 077* - **$3,374**
THOMAS George Housman 1824-1868 [4]
✎ *Cavalry* - Watercolour (30x46cm-12x18in) Torquay, Devon 92 .... FF*5 450* - £*560* - **$1,047**
THOMAS Gérard 1663-1720 [5]
🖼 *Fête musicale dans un palais* - Huile/toile (69x87cm-27x34in) Paris 97 .... FF*30 000* - £*3 288* - **$5,265**
  Im Atelier eines Hofmalers - Oil/canvas (77x89cm-30x35in) München 92 .... FF*40 800* - £*4 180* - **$7,180**
THOMAS Grosvenor 1856-1923 [7]
🖼 *Landskab med popler* - Oil/canvas (60x40cm-24x16in) København 91 .... FF*7 900* - £*786* - **$1,359**
THOMAS Henri 1878-1972 [58]
🖼 *Nu au divan* - Huile/toile (40x52cm-16x20in) Bruxelles 97 .... FF*12 418* - £*1 345* - **$2,196**
  Le modèle au torse nu - Huile/toile (108x75cm-43x30in) Bruxelles 97 .... FF*107 844* - £*11 682* - **$19,074**
✎ *Fin de journée* - Crayons couleurs/papier (4x24cm-2x9in) Bruxelles 96 .... FF*2 970* - £*384* - **$582**
THOMAS Henry 1834-1904 [1]
🖼 *L'Éclair, Journal politique* - Poster (119x85cm-47x33in) New-York 93 .... FF*13 200* - £*1 656* - **$2,400**
THOMAS Jean-François 1898-1939 [23]
🖼 *Nu au paysage* - Huile/toile (116x73cm-46x29in) Douai 92 .... FF*4 000* - £*410* - **$705**
THOMAS John 1813-1862 [2]
🗿 *Veiled figure emblematic of Night* - Marble (46cm-18in) London 95 .... FF*62 500* - £*8 000* - **$12,570**
THOMAS Margaret 1916 [4]
🖼 *The buttonhole* - Oil/board (18x24cm-7x9in) London 96 .... FF*2 686* - £*350* - **$556**
THOMAS Margaret ?-1929 [4]
🖼 *Venus von Urbino* - Öl/Leinwand (114x156cm-45x61in) Bremen 95 .... FF*8 750* - £*1 123* - **$1,803**
THOMAS Mathilde, née Soyer 1858-1940 [5]
🗿 *Cheval et des loups* - Plâtre Mayenne 95 .... FF*19 000* - £*2 463* - **$3,954**
  Russian Wolfhounds - Bronze (58cm-23in) North Bethesda, MD. 92 .... FF*20 800* - £*2 180* - **$3,750**
THOMAS Paul 1859-? [41]
🖼 *Intérieur d'un hôtel particulier* - Huile/toile (60x50cm-24x20in) Paris 96 .... FF*7 500* - £*967* - **$1,468**
  Hôtel Brular de Genlis - Oil/canvas (73x54cm-29x21in) London 94 .... FF*26 900* - £*3 200* - **$5,070**
THOMAS Paul 1868-1910 [3]
🖼 *Sonnendurchflutete Flusslandschaft* - Öl/Karton (16x20cm-6x8in) Leipzig 95 .... FF*4 630* - £*579* - **$935**
✎ *Trois gentleman aux canotiers* - Crayon gras/papier (20x26cm-8x10in) Paris 92 ... FF*11 500* - £*154* - **$294**
  Portrait de Léon Jouhaud - Fusain (44x30cm-17x12in) Louviers 91 .... FF*5 500* - £*551* - **$1,007**
THOMAS Paul K. Middlebrook 1875-? [2]
🖼 *Cloudy Day* - Oil/canvas (74x97cm-29x38in) Mystic, Connecticut 96 .... FF*3 700* - £*485* - **$750**

THOMAS Pierre XIX [2]
Jeune femme dans un parc - Huile/toile (38x46cm-15x18in) Limoges 92 .... FF6 **500** - £666 - **$1,170**

THOMAS Pieter Hendrik 1814-1866 [3]
Sailors approaching a vessel - Oil/canvas (51x68cm-20x27in) Amsterdam 95 .... FF22 **260** - £2 780 - **$4,494**

THOMAS Robert Strickland 1787-1853 [6]
A large First rate, Portsmouth - Oil/canvas (23x32cm-9x13in) London 96 .... FF55 **200** - £6 500 - **$10,830**

THOMAS Stephen Seymour 1868-1956 [8]
Self-portrait - Oil/canvas (51x41cm-20x16in) San Francisco-Los Angeles 93 .... FF4 **400** - £552 - **$800**

THOMAS Tibor K. 1919 [14]
Voiliers au port - Huile/toile (43x51cm-17x20in) Montréal 91 .... FF2 **150** - £218 - **$432**

THOMAS William Bartol XIX-XX [5]
Beach, Sutton-on-Sea - Watercolour (37x48cm-15x19in) London 93 .... FF3 **130** - £360 - **$540**

THOMAS William Cave 1820-? [4]
The Argument - Watercolour (60x47cm-24x19in) London 95 .... FF11 **600** - £1 500 - **$2,370**

THOMAS William Luson 1830-1900 [1]
Bonjour Monsieur - Watercolour (35x26cm-14x10in) London 92 .... FF2 **930** - £300 - **$518**

THOMASBERGER Rudolf 1914-1978 [1]
Die Entführung aus dem Serail - Gouache/papier (45x63cm-18x25in) Wien 94 .... FF3 **174** - £361 - **$538**

THOMASSE Adolphe 1850-1930 [3]
Ein Pferdknecht begegnet einer Bäuerin - Oil/panel (29x38cm-11x15in) Stuttgart 96 .... FF16 **250** - £1 882 - **$3,115**

THOMASSIN Louis 1774-1854 [9]
Villa Albani - Encre (18x30cm-7x12in) Paris 91 .... FF1 **700** - £170 - **$281**

THOMASSIN Sophie 1957 [3]
Sans titre - Technique mixte (67x50cm-26x20in) Paris 91 .... FF5 **500** - £554 - **$954**
Sans titre - Relief (29x41cm-11x16in) Paris 91 .... FF2 **000** - £202 - **$347**
Sans titre - Collage (35x50cm-14x20in) Paris 91 .... FF2 **000** - £202 - **$347**

THOMASSIN-RENARDT Désiré 1858-1933 [60]
Vor der Gewitter - Öl/Karton (38x48cm-15x19in) Pforzheim 92 .... FF17 **300** - £2 066 - **$3,330**
The Day's Catch - Oil/canvas (70x100cm-28x39in) New-York 94 .... FF37 **200** - £4 440 - **$7,000**
Heuernte - Öl/Leinwand (41x60cm-16x24in) Wien 92 .... FF96 **200** - £11 180 - **$19,630**

THOMÉ Olivier 1949 [9]
Sans titre, 1987 - Technique mixte/panneau (92x127cm-36x50in) Paris 90 .... FF9 **500** - £957 - **$1,727**
Sans titre, 1988 - Technique mixte, dessin (78x82cm-31x32in) Paris 90 .... FF7 **200** - £771 - **$1,252**

THOMÉ Verner 1878-1953 [17]
Lumming strand - Oil/canvas (24x34cm-9x13in) Helsinki 94 .... FF18 **860** - £2 160 - **$3,195**
Seglen torkas - Watercolour (34x50cm-13x20in) Helsinki 92 .... FF7 **600** - £778 - **$1,338**

THÖMING Friedrich Ferd. Ch. 1802-1873 [2]
Mont-Ventoux, près d'Avignon - Huile/papier/toile (23x35cm-9x14in) Köln 95 .... FF8 **860** - £1 120 - **$1,778**

THOMKINS André 1930-1985 [23]
Noasee - Acrylique/papier (18x19cm-7x7in) Zürich 96 .... FF16 **120** - £2 090 - **$3,190**
Mit einem Fuss in Dalmatien - Aquarelle (18x14cm-7x6in) Zürich 96 .... FF23 **760** - £3 080 - **$4,700**

THOMMESEN Erik 1916 [8]
Figur - Relief (34x21cm-13x8in) København 94 .... FF12 **920** - £1 645 - **$2,500**
Kvinde med børn - Drawing (35x28cm-14x11in) København 91 .... FF3 **080** - £309 - **$533**

THOMON de Thomas 1754-1813 [7]
Le Panthéon, Rome - Aquarelle (50x73cm-20x29in) Monaco 92 .... FF65 **000** - £7 750 - **$12,500**

THOMOPOULOS Epaminondas 1878-1974 [19]
Village House - Oil/canvas (34x48cm-13x19in) Athens 96 .... FF23 **320** - £3 010 - **$4,510**
Grandfather & granddaughter - Oil/canvas (90x150cm-35x59in) New-York 96 .... FF113 **100** - £13 710 - **$22,000**

THOMPSON Alfred Reginald 1894-? [1]
The Flying Scotsman, LNER - Poster (102x64cm-40x25in) London 96 .... FF3 **900** - £500 - **$769**

THOMPSON Alfred Wordsworth 1840-1896 [6]
Great Review at Philadelphia - Oil/canvas (71x122cm-28x48in) New-York 95 .... FF72 **700** - £9 340 - **$15,000**

THOMPSON Algernon A.Cankerian 1880-1944 [2]
A bay horse in a loose box - Oil/canvas (51x61cm-20x24in) London 96 .... FF2 **450** - £320 - **$490**
The Gold Cup, Ascot 1924 - Watercolour (17x24cm-7x9in) London 96 .... FF4 **670** - £550 - **$917**

THOMPSON Bob 1937-1966 [11]
Europa - Oil/canvas (103x127cm-41x50in) New-York 96 .... FF65 **000** - £8 410 - **$13,000**
Golden nude - Tempera/paper (66x101cm-26x40in) New-York 93 .... FF22 **000** - £2 760 - **$4,000**

THOMPSON Cephas Giovanni 1809-1888 [1]
Young man - Oil/panel (71x57cm-28x22in) New-York 91 .... FF8 **490** - £862 - **$1,533**

THOMPSON E.W. 1770-1847 [1]
A lady and gentleman - Miniature (16cm-6in) London 93 .... FF5 **200** - £650 - **$943**

THOMPSON Edward H. 1891-1971 [40]
Double dry stone bridge at Grange
    Oil/canvas (41x61cm-16x24in) Bletchingley, Surrey 92 .... FF9 **380** - £960 - **$1,652**
Lakeland landscape with bridge - Watercolour (41x59cm-16x23in) Edinburgh 92 .... FF9 **030** - £1 050 - **$1,843**

THOMPSON Estelle 1960 [2]
Desires - Oil (30x30cm-12x12in) London 91 .... FF5 **490** - £553 - **$953**

THOMPSON Frank Wildes 1836-1905 [1]
Clipper ship entering Golden Gate
    Oil/canvas (25x41cm-10x16in) San Francisco-Los Angeles 95 .... FF11 **200** - £1 275 - **$1,900**

THOMPSON George Albert 1868-1938 [1]
- *Cows by the river* - Oil/canvas (25x36cm-10x14in) Mystic, Connecticut 96 .... FF**4 400** - £*544* - **$850**

THOMPSON Isa XIX-XX [2]
- *A stick gatherer* - Oil/canvas (43x34cm-17x13in) Newcastle-upon-Tyne 93 .... FF**9 960** - £*1 200* - **$1,740**

THOMPSON Jerome 1814-1886 [2]
- *Land of Beulah* - Oil/canvas (103x77cm-41x30in) New-York 94 .... FF**46 000** - £*5 370* - **$8,000**

THOMPSON John Edward 1882-1945 [2]
- *Fruit, blanket, vase & candle* - Oil/canvas (91x122cm-36x48in) Denver, Colorado 95 .... FF**15 350** - £*3 000* - **$1,942**
- *West of Schaffer's Crossing* - Watercolour/paper (37x52cm-15x20in) Denver, Colorado 95 ..... FF**5 630** - £*1 100* - **$712**

THOMPSON Mark 1812-1875 [2]
- *Squadron coming at Plymouth* - Oil/canvas (58x89cm-23x35in) London 94 .... FF**75 600** - £*9 000* - **$14,400**

THOMPSON Michel 1921 [33]
- *Composition* - Huile/toile (50x65cm-20x26in) Versailles 97 .... FF**2 800** - £*307* - **$491**
- *La foule* - Huile/toile (81x100cm-32x39in) Paris 94 .... FF**5 000** - £*571* - **$848**
- *Nappe à carreaux* - Huile/toile (130x164cm-51x65in) Paris 91 .... FF**16 000** - £*1 612* - **$2,776**

THOMPSON Robert 1937-1966 [4]
- *Untitled* - Oil/canvas (108x67cm-43x26in) New-York 94 .... FF**70 800** - £*8 050* - **$12,000**

THOMPSON Stanley 1876-? [2]
- *Patience* - Oil/canvas (112x86cm-44x34in) London 93 .... FF**24 000** - £*3 000* - **$4,350**
- *The reaper, 1899* - Wash (51x33cm-20x13in) London 90 .... FF**9 200** - £*985* - **$1,600**

THOMPSON Sydney Lough 1877-1973 [11]
- *Retour de la pêche* - Oil/canvas (38x46cm-15x18in) London 93 .... FF**29 850** - £*3 400* - **$5,070**
- *Work horses at the dock* - Oil/canvas (51x61cm-20x24in) New-York 94 .... FF**105 200** - £*12 080* - **$18,000**

THOMPSON Timothy, Tim XX [6]
- *Royal Escort: Victoria & Albert* - Oil/canvas (26x31cm-10x12in) London 96 .... FF**10 840** - £*1 400* - **$2,094**

THOMPSON Walter Whitcomb 1882-1948 [3]
- *Maytime* - Oil/canvas (36x51cm-14x20in) New-York 95 .... FF**2 052** - £*256* - **$400**

THOMPSON Wilfred H. XIX-XX [2]
- *Gaulois devant un cerf* - Huile/toile (71x92cm-28x36in) Morlaix 90 .... FF**12 500** - £*1 259* - **$2,449**

THOMPSON Wordsworth 1840-1896 [3]
- *Goin'home* - Oil/board (25x21cm-10x8in) New-York 93 .... FF**24 800** - £*2 820* - **$4,200**

THOMS Ernst 1896-1983 [1]
- *Dorfstrasse im Winter* - Gouache (55x74cm-22x29in) Hamburg 93 .... FF**6 360** - £*722* - **$1,076**

THOMSEN August 1813-1886 [11]
- *Kristus velsigner* - Oil/canvas (58x43cm-23x17in) København 92 .... FF**3 960** - £*405* - **$698**

THOMSEN Carl Christian 1847-1912 [17]
- *Ved en sygeseng, 1883* - Oil/canvas (88x70cm-35x28in) København 90 .... FF**13 200** - £*1 422* - **$2,328**

THOMSEN Charles 1886-1965 [2]
- *Natursymfoni* - Oil/canvas (128x193cm-50x76in) København 90 .... FF**2 300** - £*246* - **$400**

THOMSEN Emma 1822-1897 [19]
- *Calla (Studie)* - Öl/Leinwand (48x40cm-19x16in) Wien 96 .... FF**9 740** - £*1 265* - **$1,927**
- *Voxende hybenroser og jordbaer* - Oil/canvas (58x49cm-23x19in) København 94 .... FF**75 600** - £*8 680* - **$12,940**

THOMSEN Fritz Gotfred 1819-1891 [4]
- *Lambs in a landscape* - Oil/canvas (46x58cm-18x23in) Vejle 94 .... FF**11 350** - £*1 317* - **$1,956**

THOMSEN Pauline 1858-1931 [3]
- *Summer day, Arhus* - Oil/canvas (92x127cm-36x50in) New-York 91 .... FF**99 600** - £*10 062* - **$19,772**

THOMSEN René 1897-1976 [13]
- *Pêcheurs devant l'Institut* - Huile/toile (65x92cm-26x36in) Paris 96 .... FF**6 000** - £*752* - **$1,160**
- *Nu à la toilette, 1924* - Encre Chine (16x11cm-6x4in) Louviers 90 .... FF**1 900** - £*197* - **$334**

THOMSON Adam Bruce 1885-1976 [6]
- *Tweedside in autumn* - Oil/canvas (56x76cm-22x30in) Glasgow 91 .... FF**19 720** - £*1 992* - **$3,915**
- *Assembling for the Ragatta, Flockton* - Watercolour/paper (38x51cm-15x20in) Glasgow 96 .... FF**3 283** - £*380* - **$630**

THOMSON Alfred Reginald 1895-1979 [4]
- *Canty Man's Edinburgh* - Oil/canvas (51x61cm-20x24in) London 94 .... FF**10 900** - £*1 300* - **$2,040**

THOMSON Anna-Lisa 1905-1952 [3]
- *Blommor i fiskeläge* - Oil/canvas (27x35cm-11x14in) Uppsala 90 .... FF**2 400** - £*257* - **$417**

THOMSON Bill 1927-1990 [1]
- *Reflection* - Oil/canvas (152x152cm-60x60in) London 92 .... FF**5 370** - £*550* - **$948**

THOMSON Clifton 1775-1828 [1]
- *Chesnut hunter and a terrier* - Oil/canvas (61x73cm-24x29in) London 90 .... FF**27 100** - £*2 808* - **$4,763**

THOMSON E.W. 1770-1847 [2]
- *An Officer and a Lady* - Miniature (8cm-3in) London 97 .... FF**3 483** - £*380* - **$609**

THOMSON George 1868-1965 [18]
- *View in the Pyrenees* - Oil/panel (29x39cm-11x15in) Billinghurst, West Sussex 96 .... FF**3 353** - £*430* - **$661**

THOMSON Henry 1773-1843 [2]
- *The Booroom Slave* - Oil/canvas (127x93cm-50x37in) Hadspen 96 .... FF**47 300** - £*6 000* - **$9,070**

THOMSON Henry Grinnell 1850-1939 [3]
- *Lyme Farm scene* - Oil/canvas (325x61cm-128x24in) Mystic, Connecticut 92 .... FF**9 710** - £*1 017* - **$1,750**

THOMSON Horatio XIX [2]
- *Venice* - Oil/canvas (59x114cm-23x45in) London 96 .... FF**26 830** - £*3 400* - **$5,140**

THOMSON Hugh 1860-1920 [4]
- *What do you follow me for?*
  Pencil (27x20cm-11x8in) West Marden, near Chichester, West Sussex 91 .... FF**5 950** - £*597* - **$1,029**

THOMSON John 1837-1921 [8]
🏛 *State barge of the King of Siam* - Albumen print (18x38cm-7x15in) London 96 .... FF11 620 - £1 500 - **$2,244**
THOMSON John Knighton 1820-1888 [1]
🖼 *Marine* - Huile/toile (34x65cm-13x26in) Bruxelles 96 .... FF2 800 - £356 - **$539**
THOMSON John Murray 1885-1974 [16]
🖼 *Kid sisters* - Oil/canvas (46x61cm-18x24in) Glasgow 96 .... FF4 320 - £500 - **$828**
THOMSON MacKenzie [2]
✏ *Ironclad battleship under sail* - Watercolour (30x45cm-12x18in) London 92 .... FF1 856 - £190 - **$387**
THOMSON OF DUDDINGSTON John, Rev. 1778-1840 [4]
🖼 *A mountain torrent* - Oil/canvas (66x84cm-26x33in) Glasgow 93 .... FF13 600 - £1 700 - **$2,465**
THOMSON Tom, Thomas John 1877-1917 [6]
🖼 *Pine trees at sunset* - Oil/board (27x20cm-11x8in) Toronto 96 .... FF659 000 - £79 000 - **$126,100**
THOMSON William 1926 [2]
🖼 *London Street Scene* - Oil/canvas (76x100cm-30x39in) Bristol, Avon 93 .... FF2 850 - £320 - **$477**
THOMSON William John 1771/73-1845 [2]
✏ *A lady in blue dress* - Miniature (14cm-6in) Fingask Castle, Rait 93 .... FF5 400 - £650 - **$943**
THOMSON William Mackenzie [2]
✏ *H.M.S. Sans Pareil at sea* - Watercolour (26x47cm-10x19in) London 95 .... FF1 883 - £240 - **$380**
THON William 1906-? [5]
🖼 *A Cold Sun* - Oil/canvas (61x91cm-24x36in) North Berwick, Maine 94 .... FF4 810 - £577 - **$900**
✏ *Road to Wallingford*
    Watercolour, gouache (48x66cm-19x26in) Delray Beach, Florida 95 .... FF14 300 - £1 783 - **$2,800**
THÖNE Franz 1851-1906 [1]
🖼 *The Mischief Makers* - Oil/panel (46x35cm-18x14in) London 90 .... FF20 500 - £2 086 - **$4,100**
THONET Victor 1885-1952 [4]
🖼 *Le chasseur* - Huile/toile (50x70cm-20x28in) Antwerpen 96 .... FF2 474 - £282 - **$474**
THÖNY Eduard 1866-1950 [17]
🖼 *Strassenzug in München* - Oil/cardboard (27x34cm-11x13in) Bremen 94 .... FF26 800 - £3 190 - **$5,100**
✏ *Schimmel und Rappe* - Black chalk (31x24cm-12x9in) Hamburg 97 .... FF5 898 - £63 1 5 - **$1,028**
✏ *Der Volksvertretet* - Drawing (32x26cm-13x10in) München 92 .... FF18 650 - £2 230 - **$3,590**
THÖNY Wilhelm 1888-1949 [66]
🖼 *Begegnung* - Oil/Karton (36x43cm-14x17in) Zürich 94 .... FF56 800 - £6 720 - **$10,200**
🖼 *Das Fuhrwerk* - Öl/Leinwand (45x57cm-18x22in) Wien 94 .... FF293 000 - £33 900 - **$50,400**
✏ *Frauenbildnis* - Watercolour (29x26cm-11x10in) Wien 96 .... FF9 620 - £1 206 - **$1,880**
    Nonnen - Aquarell (22x28cm-9x11in) Wien 97 .... FF33 446 - £3 556 - **$5,768**
    Blick über die Seine auf Notre-Dame - Aquarell/Papier (50x65cm-20x26in) Wien 94 .... FF145 500 - £16 850 - **$27,560**
THOR Walter 1870-1929 [5]
✏ *Junge mit Pelzmütze* - Oil/panel (41x30cm-16x12in) Stuttgart 94 .... FF12 980 - £1 517 - **$2,290**
▱ *Griffon, Courbevoie* - Poster (117x79cm-46x31in) New-York 96 .... FF9 320 - £1 203 - **$1,800**
THORAIN Pierre Émile 1904-1983 [3]
✏ *Canards sur l'étang gelé* - Gouache (48x62cm-19x24in) Paris 96 .... FF5 800 - £749 - **$1,120**
THORAK Josef 1889-1952 [3]
🗿 *Weiblicher Akt* - Bronze (174cm-69in) München 92 .... FF74 800 - £7 650 - **$13,170**
THORARINSSON Sveinn 1899-1977 [4]
🖼 *Eiilisfjell ved Eiilifsvötn* - Oil/canvas (80x110cm-31x43in) Köbenhavn 91 .... FF23 700 - £2 376 - **$4,341**
THORBURN Archibald 1860-1935 [392]
🖼 *Glory of Autumn* - Oil/canvas (75x121cm-30x48in) London 93 .... FF304 000 - £38 000 - **$55,100**
✏ *Mistle Thrush...* - Watercolour (46x38cm-18x15in) London 97 .... FF56 933 - £6 200 - **$9,901**
    Blackcocks at the lek - Watercolour (42x75cm-17x30in) Glasgow 96 .... FF131 100 - £17 000 - **$25,700**
    The Twelfth - Watercolour (74x131cm-29x52in) London 93 .... FF520 000 - £65 000 - **$94,200**
THOREK Max 1880-1960 [10]
🏛 *Odalisque* - Silver print New-York 89 .... FF11 400 - £1 134 - **$1,801**
THORELL Hildegard Katarina 1850-1930 [3]
🖼 *Gosse pa gunghäst* - Oil/canvas (120x100cm-49x39in) Göteborg 96 .... FF15 400 - £1 638 - **$2,755**
THORELLE J.J. c.1800-c.1860 [1]
🖼 *Vues de rues à Tivoli* - Huile/toile (32x24cm-13x9in) Reims 96 .... FF10 000 - £1 290 - **$1,960**
THORÉN Esaias 1901-1981 [161]
🖼 *Komposition* - Oil/panel (35x27cm-14x11in) Stockholm 96 .... FF6 630 - £803 - **$1,290**
🖼 *Figur i klippan* - Oil/canvas (46x55cm-18x22in) Stockholm 95 .... FF16 800 - £2 196 - **$3,360**
    Stafettlöpare - Oil/canvas (41x60cm-16x24in) Stockholm 94 .... FF61 100 - £7 240 - **$11,300**
🗿 *Maskin, 1930* - Bronze (33cm-13in) Stockholm 89 .... FF25 300 - £2 587 - **$4,068**
✏ *Komposition med pipor* - Drawing (21x40cm-8x16in) Stockholm 89 .... FF5 700 - £583 - **$916**
    Komposition - Drawing (22x38cm-9x15in) Stockholm 89 .... FF5 700 - £583 - **$916**
    Modell - Akvarell (20x27cm-8x11in) Stockholm 96 .... FF6 160 - £784 - **$1,186**
THORÉN Gunnar 1931 [2]
🖼 *Komposition* - Acrylic/canvas (100x80cm-39x31in) Göteborg 92 .... FF2 260 - £270 - **$435**
THOREN von Otto Karl Kasimir 1828-1889 [26]
🖼 *Junge Dame* - Oil/canvas (54x44cm-21x17in) Stuttgart 89 .... FF2 900 - £280 - **$440**
    Die Kuhweide - Öl/Leinwand (44x64cm-17x25in) Wien 95 .... FF15 180 - £1 894 - **$3,065**
    The Steeple Chase - Oil/canvas (63x96cm-25x38in) New-York 97 .... FF46 242 - £4 930 - **$8,000**
THORENFELD Anton Erik Ch. 1839-1907 [19]
🖼 *Ved Ørslev kloster* - Oil/canvas (31x40cm-12x16in) Köbenhavn 95 .... FF2 476 - £304 - **$483**

T

Roskilde Fjord - Oil/canvas (63x94cm-25x37in) London 96 .... FF34 060 - £4 000 - **$6,700**
THÓRESZ Dezsö 1902-1963 [3]
Thermomètre, citron, sucre et verre - Photo (29x19cm-11x7in) Paris 91 .... FF3 500 - £348 - **$602**
THORIGNY Félix 1824-1870 [1]
Eglise Saint-Pierre à Caen - Dessin (38x27cm-15x11in) Paris 91 .... FF10 000 - £1 010 - **$1,985**
THORLEIFSSON Jon 1891-1961 [1]
Udsigt over Gullfoss - Oil/canvas (89x109cm-35x43in) København 95 .... FF13 300 - £1 724 - **$2,710**
THORMAN Emmy Marie C. 1852-1935 [17]
Buket af brogede silkevalmuer - Oil/canvas (40x58cm-16x23in) København 91 .... FF3 950 - £393 - **$679**
THORN PRIKKER Johan 1868-1932 [6]
Toode kool: Red cabbage - Pastel (46x58cm-18x23in) Amsterdam 95 .... FF139 000 - £18 180 - **$27,800**
THÖRN Thure 1918 [4]
Abstrakt torso - Bronze (32cm-13in) Malmö 95 .... FF2 043 - £256 - **$413**
THORNAM Emmy 1852-1935 [29]
Pot of flowers - Oil/canvas (26x40cm-10x16in) Viby J, Århus 96 .... FF3 540 - £451 - **$701**
Stockrosen - Öl/Leinwand (68x61cm-27x24in) Wien 96 .... FF12 060 - £1 556 - **$2,360**
Flowers - Oil/canvas (93x73cm-37x29in) København 96 .... FF63 800 - £7 280 - **$12,220**
THORNAM Ludovica 1853-1896 [2]
At the window (47x39cm-19x15in) London 90 .... FF23 200 - £2 404 - **$4,077**
THÖRNE Alfred 1850-1916 [51]
Trångfors - Oil/canvas (28x45cm-11x18in) Stockholm 97 .... FF6 415 - £677 - **$1,108**
Kvinna och barn på väg - Oil/canvas (29x46cm-11x18in) Stockholm 94 .... FF13 470 - £1 590 - **$2,400**
Vårpromenad - Oil/canvas (75x125cm-30x49in) Stockholm 93 .... FF32 560 - £4 000 - **$6,030**
THORNE-THOMSEN Ruth XX [1]
Niobe, New Mexico - Silver print (12x10cm-5x4in) Paris 90 .... FF3 900 - £420 - **$688**
THORNHILL James 1675-1734 [15]
Apollo and the Muses - Oil/canvas (73x58cm-29x23in) London 94 .... FF151 400 - £18 000 - **$27,700**
The Holy Family - Ink (15x12cm-6x5in) London 96 .... FF7 730 - £1 000 - **$1,517**
THORNLEY Charles c.1840-1898 [6]
Danish merchantman off Brighton - Oil/canvas (44x74cm-17x29in) Bristol, Avon 94 .... FF22 600 - £2 700 - **$4,220**
THORNLEY William 1857-1935 [145]
A fresh Breeze (35x30cm-14x12in) London 97 .... FF8 908 - £949 - **$1,555**
Devant le moulin à Osny - Huile/toile (54x46cm-21x18in) Pontoise 96 .... FF39 500 - £4 500 - **$7,560**
La place du marché - Aquarelle (45x60cm-18x24in) Paris 96 .... FF9 800 - £1 182 - **$1,880**
Vue sur le Pont-Neuf et la Cité - Aquarelle (45x65cm-18x26in) Pontoise 94 .... FF47 000 - £5 610 - **$8,800**
THORNLEY William Anslow XIX-XX [12]
Squally weather - Oil/canvas (15x20cm-6x8in) Edinburgh 91 .... FF13 100 - £1 304 - **$2,253**
THORNTON Alfred 1863-1939 [2]
White Arch, 1913 - Huile/toile (76x105cm-30x41in) Bruxelles 89 .... FF8 900 - £886 - **$1,406**
THORNTON Fredrick XX [2]
Sittande figur i stol - Bronze (44cm-17in) Stockholm 96 .... FF6 630 - £803 - **$1,290**
THORNYCROFT Hamo William 1850-1925 [14]
John Bright - Bronze (35cm-14in) London 97 .... FF5 270 - £600 - **$1,008**
Artemis and her Hound - Bronze (64cm-25in) London 97 .... FF74 350 - £8 000 - **$13,070**
THORNYCROFT Mary 1814-1895 [1]
Bust of a Lady, Viscountess Mahon - Marble (58cm-23in) London 96 .... FF13 160 - £1 500 - **$2,520**
THORNYCROFT Thomas 1815-1885 [3]
Queen Victoria - Bronze (56cm-22in) New-York 96 .... FF16 600 - £2 150 - **$3,250**
Queen Victoria on horseback - Bronze (53cm-21in) London 90 .... FF116 200 - £12 441 - **$20,209**
THORP William Eric 1901-? [11]
Early Morning, London - Oil/board (53x78cm-21x31in) London 95 .... FF5 390 - £700 - **$1,110**
THORPE John Hall 1873-1947 [17]
The Caravan - Woodcut (35x27cm-14x11in) London 95 .... FF1 720 - £220 - **$339**
THORPE William Eric 1901 [3]
Moonlight on the sea - Pastel/paper (37x48cm-15x19in) London 92 .... FF4 380 - £450 - **$814**
THØRRESTRUP Christian 1823-1892 [9]
Efter middag - Oil/canvas (54x47cm-21x19in) København 93 .... FF22 000 - £2 640 - **$4,225**
THORS Joseph 1843-1898 [121]
Sommerliche Landschaft - Öl/Leinwand (42x63cm-17x25in) Bremen 93 .... FF15 260 - £1 823 - **$2,935**
Foresters working by a Copse - Oil/canvas (51x76cm-20x30in) London 97 .... FF28 571 - £3 000 - **$4,800**
Summer pastures - Oil/canvas (76x102cm-30x40in) London 93 .... FF108 000 - £13 000 - **$18,850**
THORVALDSEN Bertel 1770-1844 [15]
Venus with an apple - Marble (86cm-34in) London 96 .... FF29 500 - £3 500 - **$5,760**
Shepherd Boy and his Dog - Bronze (142cm-56in) London 96 .... FF303 000 - £38 600 - **$58,400**
Weinkelter mit Amoretten - Pencil/paper (12x17cm-5x7in) Köln 95 .... FF4 490 - £584 - **$920**
THOST Rudolf 1868-1926 [7]
Baumbestandene Flusslandschaft - Öl/Leinwand (60x85cm-24x33in) Leipzig 93 .... FF8 140 - £972 - **$1,566**
THOUBILLON DE MONCROC Madeleine 1931 [19]
Le port d'Antibes - Huile/toile (60x73cm-24x29in) Marseille 90 .... FF4 100 - £425 - **$720**
Brassée de fleurs - Huile/toile (58x76cm-23x30in) Bayeux 95 .... FF22 500 - £2 894 - **$4,680**
Saint-Tropez - Gouache Marseille 90 .... FF1 500 - £155 - **$263**
THOUIN Gabriel 1747-1829 [1]
Plans Raisonnés de Jardins

57 plates by C. Motte after designs by G. Thouin (43x29cm-17x11in) London 93 ...... FF*16 600* - £*2 000* - **$2,900**

THRANE Jens 1729-1779 [1]
🖼 *Frederik V* - Oil/canvas (213x107cm-84x42in) København 95 .... FF*35 360* - £*4 340* - **$6,890**

THRANE Ragnhild Christine 1856-1913 [1]
🖼 *A small girl at a bedroom doorway*
Oil/canvas (61x36cm-24x14in) Marlborough Crescent, Newcastle upon Tyn 91 .... FF*12 470* - £*1 250* - **$2,103**

THRASHER Leslie 1889-1936 [5]
🖼 *The Rivals* - Oil/canvas (51x76cm-20x30in) South Deerfield, Mass. 94 .... FF*18 530* - £*2 222* - **$3,600**

THREIPLAND Stuart, 3rd Bt. 1716-1805 [1]
✏ *A nude, his left foot raised* - Red chalk (55x44cm-22x17in) London 93 .... FF*6 220* - £*750* - **$1,088**

THROLL Richard 1880-1961 [1]
✏ *Stilleben mit Muschel* - Gouache (47x64cm-19x25in) Frankfurt 92 .... FF*2 040* - £*209* - **$359**

THROSSEL Richard 1882-1933 [4]
📷 *Winter camp* - Silver print (23x33cm-9x13in) New-York 96 .... FF*3 870* - £*480* - **$750**

THUILLIER Jacques XX [4]
✏ *Terrasse en fleurs* - Aquarelle (60x80cm-24x31in) Les Andelys 94 .... FF*2 500* - £*291* - **$439**

THUILLIER Pierre 1799-1858 [3]
🖼 *Figures & camels, North African Coast* - Oil/canvas (41x60cm-16x24in) London 94 .... FF*38 900* - £*4 600* - **$6,990**

THULSTRUP Thure, Bror Thure 1848-1930 [8]
✏ *Standing ovation* - Gouache/paper (51x38cm-20x15in) Mystic, Connecticut 96 .... FF*11 350* - £*1 487* - **$2,300**

THUM von Christian 1625-1696 [1]
🖼 *Eremit med förgänglghetens symboler* - Oil/canvas (97x137cm-38x54in) Stockholm 92.... FF*45 200* - £*5 400* - **$8,690**

THUMANN Friedrich Paul 1834-1908 [3]
🖼 *Kleiner Neapolitanischer Junge* - Oil/panel (44x33cm-17x13in) Lindau 93 .... FF*15 400* - £*1 796* - **$2,530**

THUNMAN Olof 1879-1944 [30]
🖼 *Bränningar vid kusten* - Oil/canvas (30x46cm-12x18in) Uppsala 92 .... FF*10 000* - £*1 023* - **$1,760**
✏ *Flygande svanar över kärr* - Mixed media/paper (42x58cm-17x23in) Göteborg 96 .... FF*4 280* - £*488* - **$820**

THURAU Friedrich 1812-1888 [6]
🖼 *Fischerboote am Bodensee* - Oil/Leinwand (63x84cm-24x33in) München 92 .... FF*16 280* - £*1 944* - **$3,130**

THURBER James Grover 1894-1961 [5]
✏ *Couple standing bedside a dog* - Crayon (53x51cm-21x20in) New-York 95 .... FF*24 000* - £*3 020* - **$4,750**

THÜRHEIM Ludovika, dite Lulu 1788-1864 [1]
✏ *Adam-style room/Etruscan music room* - Watercolour London 96 .... FF*18 570* - £*2 202* - **$3,625**

THÜRHEIMER Horst 1952 [1]
✏ *Ohne Titel* - Mischtechnik/Papier (32x21cm-13x8in) München 96 .... FF*2 890* - £*329* - **$553**

THURIN René 1874-1951 [27]
🖼 *Lalaise* - Huile/toile (43x61cm-17x24in) Bayeux 94 .... FF*4 000* - £*462* - **$680**

THURLOW Edward Hovell 1839-1925 [7]
✏ *My Barrack Room* - Watercolour (13x21cm-5x8in) London 95 .... FF*2 317* - £*280* - **$436**

THURLOW Thomas 1813-1899 [1]
🗿 *Dick Whittington* - Marble (61cm-24in) London 90 .... FF*11 600* - £*1 234* - **$2,075**

THURM Willy 1880-1964 [1]
🖼 *Bauerngehöft mit Kieferbäumen* - Öl/Karton (45x56cm-18x22in) Kempten 96 .... FF*3 394* - £*440* - **$665**

THURMAN Peder Cappelen 1839-1919 [6]
🖼 *Kvernhus med foss* - Oil/canvas (100x75cm-39x30in) Oslo 92 .... FF*13 020* - £*1 333* - **$2,293**

THURMANN Øisten 1925-1989 [3]
✏ *Til hest* - Watercolour/paper (55x39cm-22x15in) Oslo 96 .... FF*2 270* - £*263* - **$435**

THURN UND TAXIS von Margareta 1870-1955 [2]
🖼 *Blühender Rittersporn* - Öl/Karton (96x71cm-38x28in) Lindau 96 .... FF*20 930* - £*2 703* - **$4,040**
✏ *In Garten von Garatshausen* - Aquarell (43x60cm-17x24in) München 94 .... FF*3 400* - £*397* - **$596**

THURNER Gabriel Edouard 1840-1907 [8]
🖼 *Coin d'atelier* - Huile/toile Angers 91 .... FF*11 500* - £*1 181* - **$2,140**

THURNES Heinrich 1833-1865 [1]
🖼 *Selbstporträt* - Oil/canvas (42x32cm-17x13in) Wien 90 .... FF*12 000* - £*1 262* - **$2,087**

THYGESEN Rudolph 1880-1953 [12]
🖼 *Høstlandskap* - Oil/canvas (98x130cm-39x51in) Oslo 91 .... FF*48 600* - £*4 873* - **$8,022**

THYSEBAERT Emile 1871-1962 [32]
🖼 *La lecture* - Huile/toile (66x48cm-26x19in) Bruxelles 95 .... FF*6 050* - £*732* - **$1,140**
🖼 *Le bal* - Huile/toile (120x160cm-47x63in) Antwerpen 96 .... FF*55 900* - £*7 210* - **$10,780**

THYSEBAERT Louis 1879-1962 [2]
🖼 *Ancienne barrière de St. Gilles, 1831* - Huile/toile (73x90cm-29x35in) Bruxelles 90 .... FF*13 800* - £*1 468* - **$2,469**

TI-SHAN HSU 1951 [2]
🖼 *R.E.M.* - Mixed media (152x10x152cm-60x4x60in) New-York 91 .... FF*42 750* - £*4 308* - **$7,418**
🗿 *Two blues* - Relief (212x12x11cm-83x5x46in) New-York 92 .... FF*15 600* - £*1 656* - **$3,000**

TIBBIE Anne 1949 [2]
🗿 *Chat assis* - Bronze (23cm-9in) Paris 94 .... FF*9 000* - £*1 070* - **$1,660**

TIBBLE Geoffrey 1909-1952 [15]
🖼 *The red flower, 1946* - Oil/canvas (48x66cm-19x26in) London 90 .... FF*38 700* - £*4 143* - **$6,730**

TICE George A. 1938 [21]
📷 *Petits Mobil Station, Cherry Hill, NJ*
Gelatin silver print (38x50cm-15x20in) San Francisco-Los Angeles 95 .... FF*4 890* - £*624* - **$1,000**

T

TICHO Anna 1894-1980 [45]
Woman with Kerchief - Ink/paper (55x42cm-22x17in) Tel Aviv 97 .... FF12 834 - £1 427 - **$2,400**
Jericho - Watercolour (32x40cm-13x16in) Tel Aviv 96 .... FF51 000 - £6 620 - **$10,000**
Landscape - Pencil (84x62cm-33x24in) Tel Aviv 94 .... FF115 600 - £13 900 - **$22,000**
TICHON Charles XIX-XX [9]
Chambres à air indégonflables - Poster (148x110cm-58x43in) London 94 .... FF3 815 - £450 - **$680**
TICHY Frantisek 1896-1961 [1]
Liegender Clown - Ink/paper (17x29cm-7x11in) Düsseldorf 90 .... FF12 800 - £1 370 - **$2,226**
TICHY Hans 1861-1925 [2]
Mrs. Leopoldine Masarai - Oil/canvas (89x120cm-35x47in) London 93 .... FF58 100 - £7 000 - **$10,150**
Bank unter der großen Föhre - Watercolour (24x23cm-9x9in) Wien 92 .... FF1 925 - £193 - **$321**
TICHY Karol 1871-1939 [1]
Landscape with a pond - Oil/canvas (53x44cm-21x17in) Warszawa 95 .... FF6 300 - £805 - **$1,294**
TICULIN Mario XIX-XX [4]
Chioggia - Olio/tela (61x47cm-24x19in) Trieste 96 .... FF3 340 - £420 - **$640**
TIDDEN John Clark 1889-? [1]
Portrait of a lady - Oil/canvas (76x64cm-30x25in) New Orleans, Louisiana 93 .... FF3 850 - £483 - **$700**
TIDEBLAD Ture 1889-1967 [1]
Stadsbild fran Söder - Oil/canvas/board (65x47cm-26x19in) Stockholm 90 .... FF2 100 - £225 - **$365**
TIDEMAND Adolph 1814-1876 [12]
Läsestunden, allmogeinteriör - Oil/canvas (60x47cm-24x19in) Göteborg 93 .... FF133 400 - £15 130 - **$22,560**
Den foreldreløse - Oil/canvas (62x52cm-24x20in) Oslo 93 .... FF640 000 - £74 400 - **$110,000**
TIDEMAND Adolph Claudius 1854-1919 [4]
Kvinneportrett - Oil/canvas (51x65cm-20x26in) Oslo 92 .... FF5 210 - £534 - **$917**
TIDEMANN Philippe 1657-1705 [2]
Dieu approuvant le sacrifice - Encre Chine (13x20cm-5x8in) Paris 91 .... FF2 950 - £297 - **$575**
Ovid's Metamorphoses - Ink (35x21cm-14x8in) Amsterdam 96 .... FF5 720 - £675 - **$1,125**
TIDEY Alfred 1808-1892 [2]
Lady with long dark hair - Miniature (9cm-4in) London 92 .... FF6 450 - £750 - **$1,317**
TIDJEN Willy 1881-1950 [1]
Truthähne - Öl/Leinwand (50x75cm-20x30in) Stuttgart 96 .... FF3 040 - £368 - **$591**
TIDMARSH H.E. XIX-XX [3]
The Houses of Parliament - Watercolour (22x39cm-9x15in) London 96 .... FF5 190 - £650 - **$1,008**
TIEBERT Hermann 1895-1932 [1]
Mädchen in Bregenzer Tracht - Oil/paper (74x56cm-29x22in) Köln 93 .... FF19 250 - £2 202 - **$3,234**
TIECHE Adolphe 1877-1957 [15]
Berglandschaft - Öl/Leinwand (72x100cm-28x39in) Bern 93 .... FF5 330 - £637 - **$1,025**
Winter im Bündnerland - Öl/Leinwand (75x100cm-30x39in) Bern 96 .... FF20 370 - £2 470 - **$3,960**
Zürich, Schweiz - Affiche (73x102cm-29x40in) Zürich 93 .... FF7 230 - £864 - **$1,391**
TIEDEMAN von Cylia XX [1]
The nude bride - Gelatin silver print (46x33cm-18x13in) New-York 92 .... FF6 810 - £698 - **$1,200**
TIEDEMANN Friedrich 1865-1893 [2]
Mondnacht am See - Oil/panel (21x27cm-8x11in) Bremen 95 .... FF15 820 - £2 080 - **$3,174**
TIEDJEN Willi 1881-1950 [26]
Weidelandschaft - Öl/Leinwand (60x80cm-24x31in) Lindau 97 .... FF6 077 - £638 - **$1,045**
Abendstimmung im Atlantik - Oil/canvas (95x125cm-37x49in) Lindau 92 .... FF19 630 - £2 283 - **$4,010**
TIEDJEN-BIEBER Fanny 1876-c.1940 [1]
Blumenstilleben in blauer Vase - Öl/Leinwand (51x60cm-20x24in) Lindau 93 .... FF4 750 - £567 - **$913**
TIEFENBRONN Carl 1831-c.1870 [1]
Illustrations for a romance - Ink (17x20cm-7x8in) Amsterdam 96 .... FF2 710 - £320 - **$533**
TIEL van Quirijn 1900-1967 [11]
Herfst - Oil/canvas (66x80cm-26x31in) Amsterdam 97 .... FF23 435 - £2 457 - **$4,021**
Animals - Watercolour, gouache/paper (51x32cm-20x13in) Amsterdam 92 .... FF3 316 - £396 - **$638**
TIELEMANS Louis 1826-1856 [5]
La vente publique - Huile/panneau (81x115cm-32x45in) Bruxelles 96 .... FF123 400 - £15 700 - **$23,740**
TIELENS Alexandre 1868-1959 [37]
Fermette en Flandres - Huile/toile (35x45cm-14x18in) Bruxelles 95 .... FF2 355 - £285 - **$444**
Fleurs - Huile/toile (77x100cm-30x39in) Bruxelles 91 .... FF11 520 - £1 161 - **$1,999**
TIELIUS Johannes 1660-1719 [2]
Joueur de trompette - Huile/panneau (37x30cm-15x12in) Paris 92 .... FF58 000 - £5 960 - **$11,150**
TIELKER Johann Friedrich 1763-1832 [1]
Gentleman, his wife & daughter - Miniature (9cm-4in) Genève 92 .... FF11 070 - £1 140 - **$2,070**
TIEMANN Walter 1876-1951 [1]
Am Yzerkanal - Öl/Leinwand (50x65cm-20x26in) Dresden 95 .... FF3 460 - £452 - **$692**
TIEPOLO Giovanni Battista 1696-1770 [123]
Angel, Abraham & Sarah - Oil/canvas (54x43cm-21x17in) New-York 91 .... FF2 - £234 971 - **$454,129**
Diana and Acteon - Oil/canvas (47x33cm-19x13in) New-York 96 .... FF370 000 - £48 500 - **$75,000**
Moses and the Angel of the Lord - Ink (45x29cm-18x11in) New-York 97 .... FF100 111 - £11 142 - **$18,000**
Holy Family with Angels - Black chalk (29x22cm-11x9in) London 97 .... FF342 464 - £35 000 - **$58,289**
TIEPOLO Giovanni Domenico 1727-1804 [127]
Cabeza de filosofo - Oleo/lienzo (59x50cm-23x20in) Madrid 91 .... FF1 - £134 357 - **$264,025**
The Tiepolo family - Oil/canvas (64x93cm-25x37in) London 95 .... FF4 - £550 000 - **$877,000**
Head of a young man - Black chalk/paper (20x14cm-8x6in) New-York 97 .... FF25 028 - £2 785 - **$4,500**
View of Udine - Ink (9x24cm-4x9in) London 97 .... FF146 770 - £15 000 - **$24,981**

TIEPOLO Lorenzo 1736-1776 [22]
- Young Woman, Wearing a Blue dress - Oil (59x50cm-23x20in) New-York 97 .... FF*358 917* - £*40 560* - **$65,000**
- The Triumph of Venus - Etching (67x50cm-26x20in) London 92 .... FF*29 300* - £*3 000* - **$5,740**
- Los Madriñelos - Pastel/paper (4x63cm-2x25in) New-York 95 .... FF*3* - £*418 000* - **$650,000**

TIERCE Jean-Baptiste 1737-c.1800 [2]
- Tivoli avec un tombeau - Huile/papier/toile (27x40cm-11x16in) Paris 94 .... FF*24 000* - £*2 844* - **$4,430**
- Allégorie - Crayon (38x48cm-15x19in) Paris 93 .... FF*3 000* - £*362* - **$546**

TIERCEVILLE de Eugène 1816-? [1]
- Portrait de femme - Huile/toile (64x53cm-25x21in) Paris 95 .... FF*5 100* - £*617* - **$960**

TIERSONNIER Louis Simon 1713/18-1773 [1]
- Portrait d'un saint - Huile/toile (63x36cm-25x14in) Monaco 95 .... FF*20 000* - £*2 594* - **$4,130**

TIESENHAUSEN von Paul 1837-1876 [2]
- Hafenmotiv aus Estland - Öl/Leinwand (18x38cm-7x15in) Lindau 95 .... FF*12 760* - £*1 630* - **$2,570**

TIETJEN Willy 1881-1950 [2]
- Sommertag an der Ostsee - Oil/canvas (80x100cm-31x39in) Hamburg 90 .... FF*7 100* - £*733* - **$1,254**

TIFFANY Lee Wilson XX [2]
- High Expectations
  Enamelled paper sculpture with brass name plate (198cm-78in) Chicago 94.................. FF*3 140* - £*367* - **$550**

TIFFANY Louis Comfort 1848-1933 [27]
- Woman in an Italian Garden - Oil/canvas (33x46cm-13x18in) New-York 94 .... FF*63 100* - £*7 570* - **$12,000**
- Fruit Vendors at Nassau - Oil/canvas (84x127cm-33x50in) New-York 96 .... FF*626 000* - £*72 500* - **$120,000**
- The artist's studio interior
  Gouache (51x34cm-20x13in) San Francisco-Los Angeles 94.................................... FF*37 900* - £*4 490* - **$7,000**

TIFFIN Walter Francis, W.T. c.1820-c.1880 [2]
- Shrimp gatherers, Brittany, France - Oil/canvas (46x83cm-18x33in) Salisbury, Wiltshire 92 .... FF*3 350* - £*400* - **$645**

TIGER Frans Johan 1849-1919 [1]
- Sommarlandskap med barn - Oil/canvas (42x72cm-17x28in) Söderköping 92 .... FF*12 200* - £*1 458* - **$2,346**

TIGER Väinö 1896-1964 [2]
- Vintrigt insjölandskap - Oil/canvas (50x61cm-20x24in) Helsinki 94 .... FF*2 040* - £*234* - **$346**

TIGERSTEDT Helny 1888-1967 [2]
- Nådendals Kyrka - Oil/canvas (65x55cm-26x22in) Helsinki 94 .... FF*2 960* - £*344* - **$510**

TIJGAT Edgard 1879-1957 [5]
- Caldas da rainha - Watercolour/paper (35x51cm-14x20in) Amsterdam 92 .... FF*19 720* - £*2 020* - **$3,470**

TIKHMENOV E. XIX [2]
- Mounted huntsman with borzois - Oil/canvas (57x88cm-22x35in) London 97................ FF*32 381* - £*3 400* - **$5,569**

TIKHOMIROV Ilia 1955 [3]
- La Toussaint - Huile/toile Paris 89 .... FF*6 200* - £*653* - **$1,044**

TIKHOMIROV Leonid XX [2]
- A russian folk tale - Oil/canvas (107x150cm-42x59in) London 97 .... FF*15 080* - £*1 600* - **$2,600**

TIKHOMIROV Nicolas XX [1]
- Orson Wells directing Chimes - Gelatin silver print (43x28cm-17x11in) London 96 .... FF*8 520* - £*1 100* - **$1,646**

TIKHOV Vitali Gavrilovitch 1876-1939 [1]
- Rowing champions - Oil/canvas (89x67cm-35x26in) London 96 .... FF*21 840* - £*2 800* - **$4,330**

TIKKANEN Henrik 1924-1984 [2]
- Från Helsingfors - Watercolour (24x35cm-9x14in) Helsinki 92 .... FF*4 450* - £*455* - **$783**

TIKKANEN Ulf 1920-1969 [3]
- I flykten - Bronze (33cm-13in) Helsinki 92 .... FF*6 020* - £*617* - **$1,060**

TILEMANN-PETERSEN Christian 1874-1926 [17]
- Interior at Ledreborg - Oil/canvas (49x44cm-19x17in) London 94 .... FF*5 880* - £*700* - **$1,108**

TILGNER Leo 1892-? [1]
- Kauernder weiblicher Akt - Ink (48x38cm-19x15in) Stuttgart 94.................................. FF*1 870* - £*218* - **$328**

TILGNER Viktor Oskar 1844-1896 [1]
- Venus, seated - Marble (128cm-50in) London 91 .... FF*496 000* - £*49 793* - **$85,815**

TILIPAU-KISTLER Maria 1884-1963 [1]
- Almenrausch und Edelweiss/Primeln - Öl/Karton (15x19cm-6x7in) Wien 95 .... FF*4 900* - £*646* - **$993**

TILIUS Johannes, Jan 1660-1719 [2]
- Hurdy-gurdy player & woman singing - Oil/panel (35x29cm-14x11in) London 94 .... FF*254 600* - £*29 000* - **$43,200**

TILKE Karl Max 1869-1943 [6]
- Der Hafen von Gibraltar - Öl/Leinwand (58x88cm-23x35in) Hamburg 90 .... FF*10 785* - £*1 153* - **$1,880**

TILL Johann I 1800-1889 [1]
- Die helfende Hand - Oil/canvas (72x98cm-28x39in) Wien 91 .... FF*10 560* - £*1 049* - **$1,834**

TILL Johann II 1827-1894 [7]
- Der fouragierende Ritter - Öl/Leinwand (43x31cm-17x12in) Wien 94 .... FF*12 200* - £*1 414* - **$2,100**

TILL Leopold 1830-1893 [2]
- Der Spähtrupp - Öl/Leinwand (26x53cm-10x21in) Wien 97 .... FF*10 516* - £*1 118* - **$1,813**

TILLBERG Harald 1877-1955 [1]
- Hochgebirgslandschaft mit Schafen - Oil/canvas (180x157cm-71x62in) München 91 .... FF*2 873* - £*292* - **$519**

TILLBERG Peter 1946 [6]
- Människans anatomi - Oil/canvas (205x125cm-81x49in) Stockholm 92 .... FF*18 070* - £*2 160* - **$3,476**
- Prästen och djävulen - Black chalk (62x47cm-24x19in) Stockholm 90 .... FF*3 700* - £*394* - **$662**

T

TILLEMANS Peter 1684-1734 [9]
Reitergefecht - Aquarelle (28x43cm-11x17in) Köln 93 .... FF3 050 - £365 - $587
TILLEUX Jozef 1896-1978 [17]
Béguinage de Lierre - Huile/toile (80x90cm-31x35in) Antwerpen 96 .... FF2 000 - £259 - $395
Port de pêche - Huile/toile (60x70cm-24x28in) Antwerpen 94 .... FF7 500 - £900 - $1,458
TILLIER Paul Prosper 1843-? [5]
The Lady Matador - Oil/canvas (73x35cm-29x14in) Torquay, Devon 91 .... FF8 970 - £893 - $1,543
TILLIER Thierry 1957 [2]
L'Atelier #2, Panagia at Vrisi - Huile/toile (110x140cm-43x55in) Lokeren 94 .... FF5 970 - £713 - $1,125
TILLMANN Ulrich 1951 [1]
Egyptian Studies - Gelatin silver print (28x18cm-11x7in) New-York 95 .... FF3 970 - £507 - $800
TILLOU Serge 1928 [2]
La ferme - Huile/toile (73x60cm-29x24in) Paris 91 .... FF7 000 - £705 - $1,215
TILLY Claus Chr. 1800-1879 [1]
Frederique Jeanette Gamels - Oil/canvas Kòbenhavn 96 .... FF7 100 - £810 - $1,360
TILLY Vilhelm Eyvind 1860-1935 [5]
Schimmel i hage - Oil/canvas (50x62cm-20x24in) Stockholm 90 .... FF16 800 - £1 787 - $3,005
TILLYER William 1938 [7]
Alpinia Purpurata - Watercolour (152x76cm-60x30in) London 94 .... FF7 500 - £900 - $1,458
TILMANS Emile Henry 1888-1960 [39]
Paysage ardennais - Huile/toile (110x100cm-43x39in) Dieppe 91 .... FF4 800 - £481 - $879
TILSON Joe 1928 [63]
Bar Gong II - Acrylic (152x122cm-60x48in) London 92 .... FF8 300 - £850 - $1,466
Xeonia - Mixed media (50x7x55cm-20x3x22in) Milano 93 .... FF16 470 - £1 850 - $2,950
Page 3 - Silkscreen/canvas (84x52cm-33x20in) Lugano 92 .... FF70 700 - £7 220 - $12,440
Earthearth, 1987 - Assemblage (49x56cm-19x22in) Prato 97 .... FF6 800 - £800 - $1,200
Odeon - Relief (214x181cm-84x71in) Paris 95 .... FF40 000 - £5 060 - $8,080
Labirinth - Pastelli/carta (45x55cm-18x22in) Milano 94 .... FF5 220 - £616 - $930
TILTON John Rollin 1828-1888 [2]
Ronda, Spain - Oil/canvas (47x75cm-19x30in) New-York 96 .... FF9 340 - £1 190 - $1,800
Ruins of Kom Ombo on the Nile - Oil/canvas (78x124cm-31x49in) New-York 94 .... FF103 000 - £12 460 - $19,000
TILY Eugene 1870-? [5]
Mackerel New Market
    Lithographic reproduction with hand colouring (35x27cm-14x11in) London 94 .... FF3 784 - £460 - $715
TIM Louis Mittelberg 1919 [2]
Les Dix Commandements de Pompidou - Encre/papier (2x21cm-1x8in) Paris 93 .... FF18 000 - £2 050 - $3,050
TIMÉN Frans 1883-1968 [8]
Morgon i soliga bergen, Bohuslän - Oil/canvas (49x68cm-19x27in) Göteborg 96 .... FF5 300 - £684 - $1,023
TIMLER Carl 1836-1905 [1]
Karikatur - Ink (25x11cm-10x4in) Lindau 95 .... FF2 070 - £264 - $417
TIMM Vasili Fiedorovivh 1820-1895 [1]
Landscape with a naval base - Watercolour/paper (29x43cm-11x17in) London 97 .... FF17 143 - £1 800 - $2,948
TIMMEL Vittorio Thümmel 1886-1948 [8]
Sogno - Olio/faeste (13x41cm-5x16in) Trieste 95 .... FF27 700 - £3 510 - $5,400
Sovrana - Linogravure couleurs (34x24cm-13x9in) Trieste 96 .... FF1 553 - £176 - $297
TIMMERMAHN Peter Klein 1942 [4]
Urbi et Orbi, am Tisch - Oil/canvas (100x100cm-39x39in) Bern 92 .... FF11 410 - £1 364 - $2,196
TIMMERMANS Félix 1886-1947 [6]
Pater van Mierlo - Dessin (11x10cm-4x4in) Lokeren 94 .... FF2 670 - £317 - $494
TIMMERMANS Henri 1858-1942 [15]
Couple d'amoureux - Huile/toile (204x160cm-80x63in) Antwerpen 95 .... FF40 150 - £5 280 - $8,060
La lisière d'un bois - Aquarelle/papier (50x64cm-20x25in) Bruxelles 97 .... FF1 961 - £212 - $347
TIMMERMANS Jean 1899-1986 [21]
A view of a harbour - Oil/canvas (79x99cm-31x39in) Amsterdam 96 .... FF6 000 - £754 - $1,180
14-Juillet à Saint-Tropez - Huile/toile (90x118cm-35x46in) Bruxelles 94 .... FF23 300 - £2 704 - $4,014
Zittend nakt - Aquarelle (57x72cm-22x28in) Lokeren 94 .... FF12 520 - £1 483 - $2,313
TIMMERMANS Louis Étienne 1846-1910 [56]
Port de Dieppe - Huile/toile (41x33cm-16x13in) Laval 96 .... FF12 000 - £1 447 - $2,302
Le port de Fécamp - Huile/toile (58x49cm-23x19in) Paris 95 .... FF35 000 - £4 600 - $7,180
Marine au crépuscule - Aquarelle (48x37cm-19x15in) Lyon 95 .... FF15 000 - £1 942 - $3,070
TIMMERS Adriaan 1886-1952 [2]
Still life - Oil/canvas (45x56cm-18x22in) Amsterdam 96 .... FF4 540 - £569 - $876
TIMMERS Kees 1903-1978 [2]
Beer - Oil/canvas (130x90cm-51x35in) Amsterdam 97 .... FF20 506 - £2 150 - $3,518
TIMMYN William ?-1993 [3]
Black Rhino Cow Gertie - Bronze (23cm-9in) London 95 .... FF19 200 - £2 500 - $3,970
TIMYN William XX [3]
Leoparden - Oil/panel (81x101cm-32x40in) Wien 92 .... FF8 660 - £869 - $1,445
TINDALL William Edwin 1863-1938 [2]
Near Harewood Park, Yorks - Oil/canvas (50x75cm-20x30in) Leeds 92 .... FF4 520 - £540 - $870
TINDLE David 1932 [37]
Christoper Pailet - Oil/canvas/board (29x35cm-11x14in) London 97 .... FF3 361 - £360 - $580
Shaded Garden, Heavy Frost - Tempera/panel (59x66cm-23x26in) London 95 .... FF26 670 - £3 400 - $5,380
Garden still life - Watercolour (26x35cm-10x14in) Billinghurst, West Sussex 95 .... FF4 420 - £550 - $864

TINET-BOGNET Georges [1]
Maison de chaume rue St-Vincent - Aquarelle/papier (30x23cm-12x9in) Paris 97 .... FF2 500 - £272 - $435

TING Walasse 1929 [143]
Bouquet et pastèque - Acrylique/papier/toile (43x65cm-17x26in) Paris 97 .... FF11 000 - £1 186 - $1,932
Jeune femme blonde - Acrylique/papier (35x50cm-14x20in) Paris 97 .... FF17 000 - £1 833 - $2,985
Femmes à l'éventail - Acrylique/papier/toile (43x65cm-17x26in) Paris 97 .... FF26 000 - £2 803 - $4,566
Venus of Amsterdam - Acrylic/canvas (124x150cm-49x59in) Amsterdam 95 ...... FF63 000 - £8 040 - $12,860
Cheval et pommes - Aquarelle/papier (20x25cm-8x10in) Nice 96 .... FF5 000 - £579 - $958
Untitled - Gouache (36x48cm-14x19in) Amsterdam 97 .... FF12 586 - £1 323 - $2,162
Femmes aux fleurs - Lavis (200x100cm-79x39in) Paris 96 .... FF33 000 - £4 270 - $6,500

TINGAUD Jean-Marc XX [4]
Fouscais - Photo (56x43cm-22x17in) Paris 94 .... FF2 800 - £320 - $475

TINGUELY Jean 1925-1991 [267]
Composition - Technique mixte (32x24cm-13x9in) Paris 97 .... FF9 000 - £938 - $1,539
Untitled - Acrylic/cardboard (58x74cm-23x29in) London 96 .... FF46 400 - £6 000 - $9,200
Sans titre - Huile/papier (49x48cm-19x19in) Genève 91 .... FF170 000 - £17 450 - $31,630
Bleu-Blanc-Noir - Mixed media (105x19x58cm-41x7x23in) London 96 ... FF787 000 - £90 000 - $150,000
Tudor-John Cage - Sérigraphie (49x33cm-19x13in) Zürich 96 .... FF5 750 - £721 - $1,110
Pandämonium - Lithographie couleurs (54x85cm-21x33in) Zürich 94 .... FF24 530 - £2 916 - $4,620
Wnyr Radio No. 9 - Métal (70cm-28in) Paris 96 .... FF125 000 - £14 240 - $23,930
Motor cocktail - Métal (69x38x48cm-27x15x19in) Paris 93 .... FF570 000 - £64 800 - $96,600
Isidor III - Sculpture (135x70x100cm-53x28x39in) London 92 .... FF830 000 - £85 000 - $146,200
Dessin metamatic - Feutre (45x39cm-18x15in) Paris 97 .... FF6 000 - £634 - $1,030
Méta - Feutre (19x41cm-7x16in) Paris 97 .... FF25 000 - £2 728 - $4,370
Meta -Pandemonium - Mixed media/paper (41x59cm-16x23in) Berlin 97 .. FF50 507 - £536 4 6 - $879,8 7
Meta-Leggera - Technique mixte/papier (42x60cm-17x24in) Bern 94 ...... FF117 100 - £13 570 - $20,200

TINSBO Anders 1939 [2]
Figure - Bronze (19cm-7in) Köbenhavn 95 .... FF5 330 - £690 - $1,083

TINTORETTO Jacopo Robusti 1518-1594 [24]
The Raising of Lazarus - Oil/canvas (69x79cm-27x31in) New-York 94 .... FF4 - £560 000 - $825,000
Gentleman by a window - Oil/canvas (103x86cm-41x34in) London 97 ...... FF283 821 - £30 000 - $48,930
Saint John the Baptist - Drawing (27x18cm-11x7in) London 91 .... FF37 900 - £3 789 - $6,242

TIPARY Dezsö 1887-? [1]
Esztergom, 1925 - Pastel/paper (27x39cm-11x15in) Budapest 89 .... FF4 000 - £422 - $673

TIPPETT William Vivian 1833-1910 [11]
Passing the church - Oil/canvas (39x34cm-15x13in) Bristol, Avon 97 ...... FF3 527 - £370 - $605

TIPPING William J. 1816-1897 [1]
Arab standing, shown in profile - Watercolour (36x24cm-14x9in) New-York 93 ...... FF4 720 - £537 - $800

TIPPMANN Albin 1871-1952 [3]
Vierspänniges Pferdefuhrwerk - Oil/panel (50x68cm-20x27in) München 92 ...... FF6 780 - £810 - $1,305

TIRADO Y CARDONA Fernando 1862-1907 [3]
Before the masked ball - Oil/panel (33x23cm-13x9in) New-York 96 .... FF28 560 - £3 640 - $5,500

TIRATELLI Aurelio 1842-1900 [11]
Feeding the chickens - Oil/canvas (85x57cm-33x22in) New-York 96 ...... FF77 100 - £9 350 - $15,000

TIRATELLI Cesare 1861-1933 [7]
The Vintange - Oil/panel (66x56cm-26x22in) London 94 .... FF521 000 - £62 000 - $98,100
Scena galante in giardino - Acquarello/cartone (53x75cm-21x30in) Roma 96 ...... FF11 700 - £1 355 - $2,275

TIRELLI Marco 1956 [6]
Gotico - Olio/tela (100x135cm-39x53in) Milano 93 .... FF32 940 - £3 700 - $5,900
Senza titolo - Tempera/carta (135x180cm-53x71in) Milano 92 .... FF23 240 - £2 764 - $4,470

TIRÉN Gerda Maria Rydberg 1858-1928 [6]
Flicka som matar höns - Oil/canvas (54x65cm-21x26in) Stockholm 94 ...... FF20 100 - £2 410 - $3,800

TIRÉN Johan 1853-1911 [27]
Pojke i träd - Oil/canvas (51x35cm-20x14in) Söderköping 94 .... FF13 740 - £1 640 - $2,574
Vallflicka - Oil/canvas (110x86cm-43x34in) Stockholm 96 .... FF75 600 - £9 780 - $14,500
Pulkfärd, soligt skogsparti med samer - Watercolour (34x53cm-13x21in) Stockholm 91 .... FF56 600 - £5 670 - $9,430

TIRÉN Karl 1869-1955 [11]
Glaciären Stuorajiekna pa Sulitelma - Oil/panel (62x97cm-24x38in) Stockholm 89 ...... FF16 400 - £1 632 - $2,591
Fjällandskap - Akvarell (32x49cm-13x19in) Söderköping 92 .... FF3 160 - £378 - $609

TIREN Nils 1885-1935 [6]
Pointer och orrar - Akvarell (17x26cm-7x10in) Stockholm 89 .... FF9 400 - £961 - $1,511

TIREN Stina 1886-1951 [2]
Vattendrag i fjällen - Oil/canvas (46x55cm-18x22in) Uppsala 93 .... FF3 980 - £451 - $671

TIRET-BOGNET Georges 1855-? [5]
Vieille fontaine à Ribeauvillé - Aquarelle/papier (43x31cm-17x12in) Paris 97 ...... FF1 500 - £157 - $257

TIRINNANZI Nino Giovanni 1923 [5]
Omini sulla panchina - Olio/tavola (43x21cm-17x8in) Prato 96 .... FF14 150 - £1 680 - $2,770

TIRMAN Henriette 1875-1952 [1]
Rue de village - Huile/carton (24x33cm-9x13in) Paris 95 .... FF2 400 - £309 - $496

TIRODE Léon 1873-1956 [7]
Paysage à l'étang - Huile/toile (60x74cm-24x29in) Autun 95 .... FF11 500 - £1 512 - $2,310

TIRONI Francesco ?-1800 [18]
Grand Cana, Venise - Huile/toile (39x57cm-15x22in) Paris 97 .... FF80 000 - £8 768 - **$14,040**
Piazza Navona, Roma - Oil/canvas (89x149cm-35x59in) London 93 .... FF304 000 - £35 000 - **$52,500**

TIRVERT Eugène 1881-1948 [18]
Grand vase de fleurs - Huile/toile (55x46cm-22x18in) Rouen 92 .... FF8 000 - £820 - **$1,410**
Village au bord de la Seine - Huile/toile (49x65cm-19x26in) Rouen 92 .... FF26 500 - £3 160 - **$5,100**

TISCHBEIN August 1809-1855 [1]
Donna in costume albanese - Olio (17x12cm-7x5in) Trieste 92 .... FF4 530 - £464 - **$798**

TISCHBEIN August Anton 1805-1867 [2]
Children on a balcony, Trieste - Oil/canvas (85x97cm-33x38in) Amsterdam 94 .... FF79 500 - £9 540 - **$15,440**

TISCHBEIN Carl Wilhelm 1797-1855 [1]
Junge Dame in Spitzenkleid - Oil/board (27x22cm-11x9in) München 89 .... FF9 500 - £971 - **$1,527**

TISCHBEIN Johann Friedrich A. 1750-1812 [7]
Catharine Pavlovna of Russia - Oil/canvas (70x56cm-28x22in) London 93 .... FF246 000 - £28 000 - **$41,700**
Portrait of a Lady - Pastel (30x22cm-12x9in) London 95 .... FF3 090 - £400 - **$632**

TISCHBEIN Johann Heinrich I 1722-1789 [14]
Aeneas & Dido - Öl/Leinwand (70x84cm-28x33in) München 94 .... FF160 000 - £18 640 - **$28,000**

TISCHBEIN Johann Heinrich II 1742-1808 [2]
L'heureux naufrage - Ink (13x10cm-5x4in) London 95 .... FF1 902 - £250 - **$382**

TISCHBEIN Johann Heinrich Wil. 1751-1829 [5]
Triumph über die Elemente - Oil/panel (55x74cm-22x29in) Zürich 94 .... FF335 500 - £39 500 - **$64,100**
Maria Carolina of Austria - Ink (24x20cm-9x8in) London 92 .... FF15 630 - £1 600 - **$3,064**

TISCHLER A.G. 1898-1980 [2]
Fancy-dress, Richard II, Shakespeare
   Watercolour/paper (44x32cm-17x13in) Moscow 94 .... FF9 970 - £1 153 - **$1,700**

TISCHLER Heinrich 1892-? [1]
Herbstlandschaft mit Birken - Watercolour (32x56cm-13x22in) Heidelberg 94 .... FF2 673 - £310 - **$461**

TISCHLER Hermann 1866-? [1]
Shepherd & flock by a waterfall - Oil/panel (48x36cm-19x14in) Amsterdam 93 .... FF5 430 - £648 - **$1,044**

TISCHLER Victor 1890-1951 [6]
Dame und Papagei - Öl/Leinwand (74x55cm-29x22in) Wien 97 .... FF15 334 - £1 612 - **$2,633**

TISCHLER-WEBER Anna 1881-1955 [2]
Früchten, Blumenstrauß - Öl/Karton (47x66cm-19x26in) Wien 92 .... FF9 620 - £965 - **$1,606**
Donauufer bei Loiben - Pastel/papier (48x62cm-19x24in) Wien 93 .... FF8 800 - £997 - **$1,496**

TISCHMEYER Julius 1854-? [1]
Jungen Dame im Halbprofil - Ol/Leinwand (39x29cm-15x11in) Stuttgart 95 .... FF2 625 - £337 - **$541**

TISDALL Caroline 1945 [1]
Joseph Beuys: I like America - Photograph (50x76cm-20x30in) Köln 89 .... FF479 800 - £49 059 - **$77,138**

TISDALL Hans 1910 [4]
By the sea - Oil/canvas/board (43x51cm-17x20in) London 94 .... FF6 390 - £750 - **$1,120**

TISDALL Henry C.W. XIX-XX [2]
The blue mirror - Pastel (40x30cm-16x12in) Dublin 91 .... FF5 450 - £546 - **$998**

TISOT Félix 1909-1979 [22]
Fontaine à Saint-Paul-de-Vence - Huile/toile (61x50cm-24x20in) Brive-la-Gaillarde 89 .... FF3 500 - £369 - **$589**
Le mistral en Provence - Huile/toile (50x65cm-20x26in) Versailles 91 .... FF11 000 - £1 103 - **$1,816**

TISSERAND Gérard 1934 [5]
Fumeuse - Huile/toile (80x80cm-24x31in) Chalon-sur-Saône 91 .... FF6 500 - £657 - **$1,290**

TISSERAND Jérôme 1948 [2]
Composition, 1986 - Acrylique/toile (130x197cm-51x78in) Paris 90 .... FF20 000 - £2 066 - **$3,534**

TISSERON Jean Armand ?-1894 [1]
Paysage du Nord - Huile/toile (36x64cm-14x25in) Pontoise 95 .... FF3 000 - £399 - **$619**

TISSIER Ange 1814-1876 [1]
Portrait d'homme - Huile/toile (42x56cm-17x22in) Paris 93 .... FF10 000 - £1 205 - **$1,820**

TISSOT James Jacques Joseph 1836-1902 [175]
Le Banc de Jardin - Oil/canvas (99x142cm-39x56in) New-York 94 .... FF2 - £3 4e +06 - **$4**
Dans la serre - Oil/canvas (73x43cm-29x17in) New-York 97 .... FF2 - £271 348 - **$440,000**
La cheminée - Oil/canvas (51x34cm-20x13in) New-York 97 .... FF9 - £1 48 39e +06 - **$1**
Marguerite au Rempart - Oil/canvas (110x86cm-43x34in) New-York 94 .... FF637 000 - £76 000 - **$120,000**
Querelle d'amoureux - Eau-forte (30x18cm-12x7in) Paris 95 .... FF34 000 - £4 300 - **$6,870**
Madame de Bonnières - Pastel/papier (164x94cm-65x37in) Evreux 96 .... FF1 - £142 660 - **$217,400**
Lady Mary Craven - Watercolour (46x30cm-18x12in) London 97 .... FF25 712 - £2 800 - **$4,471**

TISSOT Raymond XIX [1]
Nature morte aux cerises - Huile/toile (32x41cm-13x16in) Paris 96 .... FF5 600 - £698 - **$1,082**

TITCOMB Mary Bradish 1858-1927 [5]
Sedona Hill, Marblehead
   Oil/canvas (76x64cm-30x25in) San Francisco-Los Angeles 95 .... FF84 700 - £11 130 - **$17,000**
Dockside Houses - Gouache/paper (43x33cm-17x13in) Cambridge, Mass. 89 .... FF5 700 - £583 - **$916**

TITCOMB William Holt Yates 1859-1930 [5]
The Church in Cornwal - Oil/canvas (90x168cm-35x66in) Penzance, Cornwall 91 .... FF49 600 - £5 034 - **$8,958**
Fishing vessels, Venice - Watercolour (25x35cm-10x14in) London 96 .... FF2 834 - £360 - **$559**

TITEL Wilhelm 1784-1862 [1]
Head studies of children - Oil/board (28x20cm-11x8in) London 96 .... FF57 900 - £6 800 - **$11,400**

TITEUX Eugène 1838-1904 [2]
In the French Military Barracks - Oil/canvas (79x99cm-31x39in) London 94 .... FF27 100 - £3 200 - **$4,860**

Laura d'Aumale en robe de soie - Miniature (6cm-2in) Paris 91 .... FF4 000 - £410 - **$747**

TITLE Christian XIX-XX [2]
River trough town - Oil/canvas (40x55cm-16x22in) New-York 90 .... FF16 000 - £1 702 - **$2,862**

TITO Ettore 1859-1941 [19]
Uomo a cavallo lungo il fiume - Olio/tavola (44x32cm-17x13in) Milano 95 .... FF48 600 - £6 120 - **$9,860**
Pulling the Boat on the Beach - Oil/canvas (69x1723cm-27x678in) London 94 .... FF305 000 - £36 300 - **$57,500**

TITTELBACH Vojtech 1900-1971 [1]
Figure, 1935 - Oil/canvas (90x100cm-35x39in) Düsseldorf 90 .... FF43 900 - £4 700 - **$7,635**

TITTENSOR Harry T. 1887-1942 [5]
Mudlarks, Caudebec - Watercolour (40x32cm-16x13in) London 92 .... FF3 350 - £400 - **$645**

TITTLE Walter Ernest 1883-1969 [4]
Seated nude - Oil/canvas (91x71cm-36x28in) New-York 94 .... FF9 700 - £1 131 - **$1,700**

TITUS-CARMEL Gérard 1942 [32]
L'Évidence même - Technique mixte/toile (190x190cm-75x75in) Paris 94 .... FF8 000 - £998 - **$1,550**
Nuit claire - Huile/toile (205x205cm-81x81in) Paris 92 .... FF66 000 - £7 870 - **$12,700**
Moment à Virgile - Mixed media/paper (73x103cm-29x41in) Amsterdam 97 .... FF2 634 - £276 - **$45,2 6**
Suite d'Arches # 14 - Lavis (159x121cm-63x48in) Paris 94 .... FF24 000 - £2 875 - **$4,550**

TITZ Louis 1859-1932 [3]
Café, Bruxelles - Wash (28x38cm-11x15in) London 90 .... FF36 800 - £3 940 - **$6,400**

TIVOLI da Serafino 1826-1892 [4]
A Bougival - Oil/canvas (61x50cm-24x20in) New-York 97 .... FF147 810 - £15 920 - **$26,000**

TJARDA VAN STARCKENBORGH Jacobus Nicolas 1822-1895 [2]
Sommerliches Gebirgstal - Oil/canvas (92x123cm-36x48in) Stuttgart 92 .... FF13 540 - £1 575 - **$2,763**

TJERNED Leif 1942 [7]
Kvinna i blixt - Oil/panel (120x100cm-47x39in) Stockholm 92 .... FF5 840 - £599 - **$1,030**

TJONG Yo Bwan XX [3]
Compositie op wit fond - Oil/board (45x56cm-18x22in) Amsterdam 92 .... FF4 220 - £504 - **$812**

TJUTRIUMOV Nikandor 1821-1877 [1]
Kvinna in svart - Oil/canvas (40x31cm-16x12in) Helsinki 94 .... FF6 630 - £759 - **$1,123**

TKATCHENKO Michail Stiepanovich 1860-? [2]
Russian garden under the snow - Oil/canvas (48x72cm-19x28in) Bristol, Avon 96 .... FF13 600 - £1 650 - **$2,647**

TKATCHEV Micha 1959 [2]
Scène d'Afrique du Sud - Huile/toile (120x150cm-47x59in) Paris 90 .... FF3 000 - £307 - **$592**

TOBAS Christian 1944 [2]
Pornomosaico - Collage (47x62cm-19x24in) Milano 92 .... FF5 890 - £603 - **$1,037**

TOBEEN Félix 1880-1938 [22]
A Flower Still Life - Oil/canvas (40x32cm-16x13in) Amsterdam 97 .... FF10 545 - £1 105 - **$1,809**
Le Nid - Oil/canvas (65x46cm-26x18in) Amsterdam 94 .... FF28 900 - £3 410 - **$5,140**

TOBEY Mark 1890-1976 [234]
Composition - Tempera (56x30cm-22x12in) Paris 96 .... FF28 000 - £3 510 - **$5,400**
Hunter's moon - Oil/paper/board (88x114cm-35x45in) London 97 .... FF67 542 - £7 200 - **$11,792**
Dormition of the Virgin - Tempera/board (43x33cm-17x13in) New-York 96 .... FF388 000 - £50 100 - **$75,000**
The Shining of a Desert Star - Monotype (55x75cm-22x30in) Bern 95 .... FF46 500 - £5 940 - **$9,520**
Silhouettes - Lavis (31x23cm-12x9in) Paris 96 .... FF8 000 - £995 - **$1,552**
Composition - Aquarelle (70x47cm-28x19in) Paris 96 .... FF28 000 - £3 510 - **$5,400**
Orison - Tempera/paper (30x17cm-12x7in) New-York 97 .... FF75 582 - £7 937 - **$13,000**
In the grass no.II - Gouache/paper (44x39cm-17x15in) New-York 92 .... FF301 400 - £30 800 - **$55,000**

TOBIAS Andreas 1820-1873 [1]
Helgoland bei Mondschein - Oil/panel (19x33cm-7x13in) München 90 .... FF13 500 - £1 445 - **$2,348**

TOBIAS Ben 1901-1985 [18]
Frumahs by the sea, 3 - Oil/canvas (41x51cm-16x20in) London 90 .... FF10 750 - £1 082 - **$1,954**

TOBIASS Francine 1949 [5]
Eclosion - Bronze (41cm-16in) Paris 91 .... FF11 000 - £1 100 - **$1,812**
Arom, 1989 - Bronze Paris 90 .... FF15 000 - £1 616 - **$2,646**

TOBIASSE Théo 1927 [307]
L'Homme de la mer - Huile/toile (19x24cm-7x9in) Lyon 97 .... FF20 000 - £2 168 - **$3,516**
Saint-Paul-de-Vence - Huile/toile (73x92cm-29x36in) Paris 97 .... FF36 000 - £3 928 - **$6,293**
La petite fille au mouton - Oil/canvas (71x58cm-28x23in) Tel Aviv 96 .... FF56 100 - £7 280 - **$11,000**
Jardins de la Reine Balkis - Acrylique/toile (97x130cm-38x51in) Paris 96 .... FF80 000 - £9 400 - **$15,740**
Fou qui danse sur une chèvre - Huile/toile (65x82cm-26x32in) Paris 94 .... FF100 000 - £11 930 - **$18,400**
L'enfant est la lumière de l'exil - Oil/canvas (116x89cm-46x35in) Tel Aviv 92 .... FF176 800 - £21 100 - **$34,000**
Je n'ai pas fini mon rêve... - Lithographie couleurs (106x72cm-42x28in) Paris 92 .... FF4 200 - £430 - **$756**
Rébecca - Bronze (34x27cm-13x11in) Paris 96 .... FF4 500 - £584 - **$890**
Roméo et Juliette, acte V/III - Gouache/papier (51x67cm-20x26in) Paris 96 .... FF13 500 - £1 600 - **$2,635**
Le vieux bouquiniste - Gouache/papier (50x65cm-20x26in) Calais 97 .... FF28 000 - £2 999 - **$4,908**
Concerto pour Vence - Aquarelle, gouache (51x67cm-20x26in) Paris 94 .... FF50 000 - £5 970 - **$9,200**

TOBIN George 1768-1838 [4]
Squadron with Admiral Penrose - Watercolour (28x42cm-11x17in) London 94 .... FF6 660 - £800 - **$1,247**

TOBLER Georg 1883-1964 [1]
Sitzendes junges Mädchen - Öl/Karton (51x37cm-20x15in) Stuttgart 93 .... FF6 960 - £798 - **$1,184**

TOBLER Verena 1939 [5]
Kornfeld bei Regensberg - Huile/panneau (33x41cm-13x16in) Zofingen 96 .... FF16 130 - £2 010 - **$3,110**

TOBLER Victor 1846-1915 [1]
🖼 *Berghaus St. Antonien* - Öl/Leinwand (26x41cm-10x16in) Bern 93 .... FF3 560 - £411 - $611
TOBNER Josef 1906-1985 [2]
🖼 *Stilleben mit Blumenstöcken* - Öl (70x71cm-28x28in) Wien 97 .... FF3 837 - £405 - $663
TOBON-MEJIA Marco 1876-? [1]
🗿 *Salomé* - Bas-relief (22cm-9in) Monaco 91 .... FF5 000 - £497 - $868
TOCHÉ Charles 1851-1916 [5]
✏️ *Baron Pichon* - Fusain (92x60cm-36x24in) Paris 92 .... FF2 900 - £298 - $514
TOCQUÉ Jean-Louis 1696-1772 [9]
🖼 *Nikita Akimfievitch Demidoff* - Oil/canvas (220x142cm-87x56in) London 95 .... FF579 000 - £75 000 - $119,600
TOD Lillias 1786-1860 [1]
🖼 *Napoleon in Plymouth Sound* - Oil/canvas (53x67cm-21x26in) London 90 .... FF15 500 - £1 548 - $2,941
TODD Arthur R. Middleton 1891-1966 [6]
✏️ *The fisherman's cottage* - Watercolour (36x25cm-14x10in) London 95 .... FF3 550 - £450 - $715
TODD Denis XX [2]
🖼 *Picnic at Whiterocks, Co. Antrim* - Oil/canvas (50x76cm-20x30in) Belfast 90 .... FF10 700 - £1 138 - $1,914
TODD Georges 1847-1898 [5]
🖼 *Stilleben med frukt och blommor* - Oil/canvas (30x30cm-12x12in) Stockholm 90 .... FF17 300 - £1 840 - $3,095
TODD Henry Georges 1847-1898 [23]
🖼 *Still lifes of fruit* - Oil/canvas (25x19cm-10x7in) London 94 .... FF8 600 - £1 000 - $1,485
 Peeled Lemon..../Grapes, Plums... - Oil/canvas (40x30cm-16x12in) London 97 .... FF34 894 - £3 800 - $6,068
 Still life - Oil/canvas (61x51cm-24x20in) London 96 .... FF131 000 - £17 000 - $25,900
TODD Ralph 1856-1932 [17]
🖼 *Tales of Southern Seas* - Oil/canvas (44x54cm-17x21in) London 94 .... FF9 140 - £1 100 - $1,694
✏️ *Daydreams* - Watercolour (27x25cm-11x10in) Honiton, Devon 95 .... FF11 160 - £1 450 - $2,297
TODD Ralph 1896-1966 [16]
🖼 *Mother hen and chicks* - Oil/board (25x20cm-10x8in) Penzance, Cornwall 92 .... FF2 540 - £260 - $498
✏️ *Fast Falls the Eventide* - Watercolour (38x27cm-15x11in) London 92 .... FF5 860 - £600 - $1,035
 Mounts bay fisherwoman - Watercolour (53x36cm-21x14in) Penzance, Cornwall 92 .... FF21 500 - £2 200 - $3,790
TODD-BROWN William 1875-1952 [2]
🖼 *Bathing huts* - Oil/canvas/board (26x35cm-10x14in) London 93 .... FF5 280 - £650 - $982
TODE Knut Gustaf Waldemar 1859-1900 [1]
🖼 *Ökenjakt till häst* - Oil/canvas (40x88cm-16x35in) Stockholm 95 .... FF18 100 - £2 367 - $3,675
TODESCHINI Giovanni Battista 1857-1938 [3]
🖼 *Zingari* - Olio/tela (60x40cm-24x16in) Milano 95 .... FF8 030 - £1 066 - $1,640
TODESCHINI Lucio 1892-1969 [1]
🖼 *Piazza Fontana, Milano* - Olio/tela (46x61cm-18x24in) Milano 95 .... FF6 800 - £902 - $1,386
TODESCHINI Piero 1888-1945 [1]
🖼 *Carnevale* - Olio/tela (80x60cm-31x24in) Milano 90 .... FF25 200 - £2 716 - $4,444
TODHUNTER Francis Augustus 1884-1963 [42]
🖼 *The Straits* - Oil/canvas (61x76cm-24x30in) San Francisco-Los Angeles 92 .... FF17 150 - £1 992 - $3,500
✏️ *View across the bay*
 Watercolour/paper (48x58cm-19x23in) San Francisco-Los Angeles 92 .... FF7 770 - £814 - $1,400
TODIÉ Christian 1954 [3]
🗿 *Brut de fonte avec chevaux* - Bronze (57cm-22in) Paris 91 .... FF18 000 - £1 788 - $3,125
 Tiepolo - Bronze (62cm-24in) Paris 90 .... FF56 000 - £5 996 - $9,739
TODOROVIC Stefan 1832-1926 [1]
🖼 *Junge serbisches Mädchen inTracht* - Oil/canvas (58x43cm-23x17in) Lindau 92 .... FF16 920 - £1 970 - $3,454
TODT Max 1847-1890 [2]
🖼 *An engaging tale* - Oil/panel (32x40cm-13x16in) London 96 .... FF23 840 - £2 800 - $4,630
TOECHE Carl Johann Fr. 1814-1890 [2]
🖼 *Alpenlandschaft mit Staffage* - Öl/Leinwand (69x100cm-27x39in) Frankfurt 93 .... FF5 760 - £689 - $1,110
TOEFAERTS Albert 1856-1909 [3]
🖼 *Chatons et fleurs* - Huile/toile (60x70cm-24x28in) Bruxelles 90 .... FF19 440 - £1 978 - $3,888
TOEPFER Ernst 1878-? [2]
🖼 *Burg Idstein im Winter* - Öl/Leinwand (84x77cm-33x30in) Frankfurt 95 .... FF5 340 - £666 - $1,080
TOEPFFER Adam 1766-1847 [5]
🖼 *Rocky landscape* - Oil/cardboard (21x29cm-8x11in) Zürich 95 .... FF17 260 - £2 224 - $3,510
 Villageois devant leur four banal - Huile/toile (40x45cm-16x18in) Genève 89 .... FF156 000 - £16 438 - $26,263
✏️ *Mare* - Lavis (15x14cm-6x6in) Château d'Arare 92 .... FF3 160 - £323 - $557
TOEPFFER Rodolphe 1799-1846 [2]
🖼 *Vallée de Megève* - Huile/toile (85x105cm-33x41in) Genève 89 .... FF975 000 - £102 740 - $164,141
✏️ *Der Besuch* - Pencil (16x21cm-6x8in) Zürich 92 .... FF17 130 - £2 046 - $3,295
TOESCHI Giovanni XIX [2]
🖼 *Flirtation* - Oil/canvas (56x40cm-22x16in) New-York 92 .... FF67 600 - £7 170 - $13,000
TOFANARI Sirio 1886-? [3]
🗿 *Eléphant et son petit* - Bronze (38cm-15in) Saint-Germain-en-Laye 93 .... FF12 000 - £1 446 - $2,182
TOFANELLI Agostino 1770-1834 [3]
📖 *Sei incisione di sculture romane*
 6 incisioni acquerellate a mano (28x45cm-11x18in) Milano 94 .... FF24 360 - £2 870 - $4,340
TOFANI Osvaldo 1849-1915 [1]
✏️ *Le réveil* - Aquarelle, gouache (28x16cm-11x6in) Paris 97 .... FF5 500 - £603 - $965

T

TOFANO Edoardo 1838-1920 [13]
- A young beauty - Oil/canvas (61x46cm-24x18in) London 90 .... FF56 200 - £5 824 - **$9,877**
- Pensive moment - Watercolour/paper (66x48cm-26x19in) New-York 92 .... FF25 000 - £2 615 - **$4,500**

TOFFOLI Louis 1907 [263]
- Paysage d'Espagne - Huile/toile (38x46cm-15x18in) Paris 97 .... FF13 500 - £1 467 - **$2,372**
- La marchande de poulets - Huile/toile (73x54cm-29x21in) Paris 95 .... FF30 000 - £3 924 - **$6,010**
- Marchand arabe à la balance - Huile/toile (73x92cm-29x36in) New-York 95 .... FF46 500 - £6 010 - **$9,500**
- Le marchand arabe - Huile/toile (73x92cm-29x36in) Calais 96 .... FF65 000 - £8 420 - **$12,850**
- La brodeuse - Huile/toile (73x54cm-29x21in) Calais 95 .... FF80 000 - £8 568 - **$14,024**
- Indien accroupi - Huile/toile (92x65cm-36x26in) Calais 91 .... FF130 000 - £12 997 - **$21,410**
- Les chirurgiens - Encre Chine (40x30cm-16x12in) Calais 96 .... FF8 300 - £1 076 - **$1,640**
- A la cuisine - Gouache (50x31cm-20x12in) Cannes 93 .... FF35 500 - £4 080 - **$6,110**

TOFT Albert 1862-1949 [6]
- Bust of a lady - Marble (45cm-18in) London 91 .... FF21 820 - £2 190 - **$3,775**

TOFT Alfonso 1866-1964 [52]
- Weald of Kent - Oil/cardboard (35x46cm-14x18in) London 96 .... FF2 456 - £320 - **$509**
- Evening in Shap, Cumbria - Oil/panel (101x128cm-40x50in) London 96 .... FF13 800 - £1 800 - **$2,860**

TOFT Peter Petersen 1825-1901 [6]
- Jerusalem - Ink (25x39cm-10x15in) Tel Aviv 95 .... FF14 660 - £1 898 - **$3,000**

TOGLIANI Mario 1912-1978 [1]
- Astrazione - Öl/Karton (24x56cm-9x22in) Stuttgart 93 .... FF4 180 - £479 - **$711**

TOGO 1937 [2]
- Paesaggio mediterraneo - Olio (60x70cm-24x28in) Milano 91 .... FF3 620 - £372 - **$674**

TOGOG Ida Bagus 1913-1989 [8]
- Gembela - Tempera/canvas (43x53cm-17x21in) Singapore 96 .... FF150 000 - £19 570 - **$29,830**
- Labourers - Ink (45x60cm-18x24in) Amsterdam 96 .... FF54 200 - £6 570 - **$10,530**

TOGORES de Josep 1893-1970 [19]
- Julia - Oleo/lienzo (48x62cm-19x24in) Madrid 97 .... FF17 910 - £1 935 - **$3,105**
- Bañista sentada - Oleo/lienzo (116x89cm-46x35in) Madrid 96 .... FF52 900 - £6 860 - **$10,460**
- Crucifixión - Lápiz (27x21cm-11x8in) Madrid 94 .... FF2 074 - £245 - **$369**

TOHKA Sakari 1911-1958 [1]
- Efter badet, 1946 - Bronze (38cm-15in) Helsinki 90 .... FF10 100 - £1 088 - **$1,781**

TOJETTI Eduardo 1851-1930 [3]
- Putti and clouds - Oil/canvas (61x46cm-24x18in) San Francisco-Los Angeles 90 .... FF11 400 - £1 213 - **$2,039**

TOJETTI Virgilio 1851-1901 [9]
- Young Beauty Wearing pearls - Oil/canvas (51x40cm-20x16in) New-York 97 .... FF12 514 - £1 347 - **$2,200**
- Bambina con bambola - Oil/canvas (48x67cm-19x26in) New-York 92 .... FF94 600 - £9 570 - **$19,000**

TOLEDO Francisco 1940 [232]
- Tortugas - Oil/canvas (105x135cm-41x53in) New-York 94 .... FF1 - £221 000 - **$350,000**
- El petate - Mixed media (102x89cm-40x35in) New-York 97 .... FF12 055 - £1 280 - **$2,100**
- Pescados enterrados - Oil/canvas (94x74cm-37x29in) New-York 95 .... FF280 600 - £35 000 - **$55,000**
- Chilam Balam - Etching (75x56cm-30x22in) New-York 95 .... FF30 600 - £3 820 - **$6,000**
- Futbolista - Bronze (27cm-11in) New-York 94 .... FF37 200 - £4 420 - **$7,000**
- Headstand - Gouache/paper (24x31cm-9x12in) New-York 97 .... FF20 092 - £2 133 - **$3,500**
- Conejos - Mixed media/paper (66x48cm-26x19in) New-York 97 .... FF91 638 - £9 768 - **$16,000**
- Sin título - Mixed media/paper (130x168cm-51x66in) New-York 97 .... FF246 842 - £26 212 - **$43,000**
- Cuento del Conejo y el Coyote - Gouache New-York 94 .... FF674 000 - £79 500 - **$120,000**

TOLEDO Irma 1910-? [1]
- Der Waldsee - Öl/Leinwand (28x83cm-11x33in) Salzburg 94 .... FF2 920 - £346 - **$540**

TÖLGYÖSSY Arthur 1853-1920 [2]
- Am Seeufer (Washerwomen) - Oil/panel (27x35cm-11x14in) Wien 95 .... FF17 130 - £2 167 - **$3,346**

TOLL Emma 1847-1917 [8]
- Krasse i kruka - Oil/canvas (29x39cm-11x15in) Stockholm 90 .... FF6 700 - £717 - **$1,165**
- En rolig tidning - Pastel (69x50cm-27x20in) Stockholm 95 .... FF10 600 - £1 402 - **$2,150**

TOLLER Melchior 1800-1846 [1]
- B. A. C. della Colomba & his wife Sofia
  Watercolour/paper (17x23cm-7x9in) Amsterdam 90 .... FF2 400 - £252 - **$417**

TOLLET Tony, Jean Antoine 1857-1953 [2]
- Jeune femme assise tricotant - Aquarelle (66x50cm-26x20in) Lyon 97 .... FF10 000 - £1 079 - **$1,767**

TOLLIN Ferdinand 1807-1865 [1]
- Stockholm från Mosebacke - Watercolour/paper (62x187cm-24x74in) Stockholm 95 .... FF55 200 - £7 060 - **$11,270**

TOLLIVER Mose 1916 [3]
- Self-portrait - House paint, hair/panelling board (66x41cm-26x16in) Litchfield, CT 92 .... FF3 510 - £419 - **$675**

TOLLMAN Günter 1926-1990 [6]
- Ankunft - Acrylic/paper (75x100cm-30x39in) Hamburg 96 .... FF15 300 - £1 742 - **$2,925**
- Ohne Titel - Collage (118x158cm-46x62in) München 91 .... FF54 100 - £5 491 - **$9,771**

TOLLMANN Markus 1963 [2]
- Männliches Porträt - Oil/panel (129x87cm-51x34in) Düsseldorf 95 .... FF9 080 - £1 155 - **$1,844**
- Stehendes Liebespaar - Acrylic/canvas (173x100cm-68x39in) München 92 .... FF68 000 - £6 960 - **$11,970**

TOLLU Cemal 1899-1968 [1]
- Antalya Evleri - Oil/hardboard (38x40cm-15x18in) Istanbul 92 .... FF5 260 - £527 - **$937**

TOLMER Claude 1911-1991 [1]
Péniche - Photo (23x16cm-9x6in) Paris 91 .... FF4 200 - £426 - **$759**
TOLMER Roger 1908-1988 [11]
Les falaises - Huile/toile (38x55cm-15x22in) Pont-Audemer 90 .... FF5 000 - £526 - **$870**
La Seine à l'Ile Lacroix - Aquarelle (27x36cm-11x14in) Rouen 90 .... FF2 800 - £302 - **$494**
TOLNAY Akos 1861-? [4]
Gentildonna con ombrellino - Olio/tela (32x21cm-13x8in) Trieste 96 .... FF7 480 - £880 - **$1,320**
TOLOSA Y ALSINA Aurelio 1861-1938 [1]
Assorted flowers in a vase - Oil/canvas (101x67cm-40x26in) New-York 96 .... FF72 000 - £8 720 - **$14,000**
TOLSA Manuel 1757-1816 [2]
Carlos IV a caballo - Bronze (38cm-15in) Madrid 92 .... FF10 880 - £1 265 - **$2,220**
TOLSON Edgar 1904-1986 [1]
Adam and Eve - Carved poplar, paint Litchfield, CT 92 .... FF39 500 - £4 720 - **$7,600**
TOLSTOY Alexander 1895-1969 [15]
Sittande nakenmodell - Oil/canvas (80x95cm-31x26in) Göteborg 94 .... FF5 470 - £629 - **$936**
TOM Jan Bedys 1813-1894 [14]
Sheep in the meadow - Oil/panel (14x23cm-6x9in) Amsterdam 97 .... FF7 350 - £80 4 6 - **$1,289**
Cattle in a landscape - Oil/panel (28x39cm-11x15in) Amsterdam 95 .... FF24 860 - £3 224 - **$5,180**
Milking time - Watercolour (15x25cm-6x10in) Amsterdam 97 .... FF3 822 - £41 8 6 - **$670**
TOM OF FINLAND 1920-1991 [4]
Robert Mapplethorpe - Ink/paper (54x71cm-21x28in) New-York 91 .... FF6 190 - £654 - **$1,284**
TOM-PETERSEN Peter 1861-1926 [19]
View of Kronborg - Oil/canvas (68x95cm-27x37in) Köbenhavn 95 .... FF6 190 - £760 - **$1,206**
Nyhavn - Oil/canvas (58x76cm-23x30in) Köbenhavn 95 .... FF26 600 - £3 480 - **$5,400**
TOMA Gioacchino 1836-1891 [8]
Bambina sul seggiolone - Olio/tela (27x21cm-11x8in) Bologna 92 .... FF31 700 - £3 245 - **$5,808**
Scuola delle merlettaie - Olio/tela (60x79cm-24x31in) Milano 95 .... FF686 000 - £86 400 - **$139,200**
TOMA Matthias Rudolf 1792-1869 [8]
Felsige Landschaft mit Ruine - Oil/canvas (55x69cm-22x27in) Wien 89 .... FF57 600 - £5 565 - **$8,741**
TOMALTY Terry 1935 [8]
Les Éboulements - Oil/board (31x41cm-12x16in) Montréal 94 .... FF2 070 - £245 - **$383**
TOMANEK Joseph 1889-? [7]
Tending the piglets - Oil/canvas (51x41cm-20x16in) St. Petersburg, Florida 92 .... FF11 930 - £1 220 - **$2,100**
Feeding the deer - Oil/canvas (160x160cm-63x63in) New-York 93 .... FF60 500 - £7 580 - **$11,000**
TOMASELLI Onofrio I 1866-1956 [1]
Vecchia popolana - Olio/tela (94x68cm-37x27in) Milano 95 .... FF10 580 - £1 332 - **$2,146**
TOMASELLO Luis 1915 [10]
Composition - Huile/panneau (80x100cm-31x39in) Boulogne 94 .... FF3 500 - £411 - **$613**
Atmosphère chromoplastique - Wood (140x140cm-55x55in) Stockholm 94 .... FF11 170 - £1 324 - **$2,063**
TOMASO Ercole 1899-1960 [15]
Paysage côtier - Huile/toile (55x38cm-22x15in) Alès 92 .... FF11 000 - £1 126 - **$1,937**
TOMASO Rico 1898-1985 [2]
Four figures in an interior - Oil/canvas (81x122cm-32x48in) New-York 95 .... FF10 760 - £1 393 - **$2,200**
TOMASSI Renato 1886-1972 [1]
Junge Italienerin mit Kind - Aquarell (83x74cm-33x29in) Bern 90 .... FF8 600 - £915 - **$1,538**
TOMBA ALDINI Casimiro 1857-1929 [9]
Musizierende Haremsdame - Oil/canvas (50x70cm-20x28in) Ahlden 92 .... FF91 400 - £10 620 - **$18,650**
Off Duty - Pencil (66x48cm-26x19in) London 92 .... FF8 370 - £1 000 - **$1,610**
TOMBAY de Alphonse Fr. 1843-1918 [2]
A Neapolitan lute player - Bronze (71cm-28in) London 95 .... FF9 250 - £1 200 - **$1,915**
TOMBEREAU Michel XX [1]
Pointe Courte à Sète - Gouache/papier (48x64cm-19x25in) Nîmes 92 .... FF2 400 - £247 - **$445**
TOMBROCK Hans 1895-1966 [3]
Interieur-Szene mit am Tisch - Charcoal/paper (47x33cm-19x13in) Stuttgart 95 .... FF1 723 - £223 - **$351**
TOMBU Léon 1866-1958 [3]
Vase de fleurs - Huile/panneau (50x40cm-20x16in) Bruxelles 90 .... FF5 200 - £537 - **$919**
TOMBU Madeleine 1897-? [1]
Nature morte au chaton - Huile/panneau (50x60cm-20x24in) Bruxelles 94 .... FF2 670 - £319 - **$501**
TOMEA Fiorenzo 1910-1960 [54]
Fienile a Zoppè - Olio/tela (31x41cm-12x16in) Milano 94 .... FF13 360 - £1 600 - **$2,480**
Paesaggio - Olio/cartone (50x35cm-20x14in) Venezia 96 .... FF35 100 - £4 410 - **$6,720**
Fiori - Olio/tela (70x50cm-28x20in) Prato 97 .... FF56 100 - £6 600 - **$9,900**
TOMEC Heinrich, Jindrich 1863-1928 [13]
Flusslandschaft in der Wachau - Oil/Leinwand (57x80cm-22x31in) Bern 96 .... FF23 200 - £2 816 - **$4,515**
TOMECKO Josef 1945 [2]
Fleur cristal - Sculpture Paris 90 .... FF12 000 - £1 227 - **$2,369**
TOMINETTI Achille 1848-1917 [1]
Pascolo d'inverno - Olio/tela (36x56cm-14x22in) Roma 93 .... FF29 300 - £3 286 - **$5,240**
TOMINZ Alfredo 1854-1936 [14]
Al galoppo - Olio/tela (50x32cm-20x13in) Trieste 92 .... FF38 500 - £3 940 - **$6,780**
The morning ride - Oil/canvas (70x45cm-28x18in) London 91 .... FF134 000 - £13 600 - **$24,202**
TOMINZ Giuseppe 1790-1866 [1]
Ritratto di gentiluomo - Olio/tela (73x60cm-29x24in) Trieste 96 .... FF22 420 - £2 535 - **$4,290**

TOMKIN William Stephen XIX-XX [2]
In the North Sea - Watercolour (29x46cm-11x18in) London 92 .... FF2 180 - £260 - **$419**
TOMKINS Charles 1757-1823 [1]
Travellers at an inn/A farmhouse - Watercolour (19x23cm-7x9in) London 93 .... FF6 800 - £850 - **$1,233**
TOMKINS Peltro William 1760-1840 [2]
Blind Man's Buff - Engraving (34x32cm-13x13in) Bremen 94 .... FF1 546 - £186 - **$286**
TOMKINS William 1732-1792 [7]
View of the Tay at Dunkeld - Oil/canvas (90x136cm-35x54in) London 95 .... FF224 500 - £29 000 - **$46,300**
TOMLIN Bradley Walker 1899-1953 [9]
Number 19 - Oil/canvas (59x79cm-23x31in) New-York 97 .... FF116 144 - £12 218 - **$20,000**
No. 5 - Oil/canvas (99x112cm-39x44in) New-York 96 .... FF713 000 - £84 000 - **$140,000**
TOMLIN Stephen 1901-1937 [2]
Portrait of Lytton Strachey - Bronze (46cm-18in) London 96 .... FF35 100 - £4 400 - **$6,770**
TOMMASI Adolfo 1851-1933 [14]
Peschi in fiore - Olio/cartone (37x55cm-15x22in) Milano 92 .... FF38 740 - £4 610 - **$7,450**
Petriolo, presso Firenze - Olio/tela (100x201cm-39x79in) Roma 96 .... FF646 000 - £74 800 - **$125,700**
Monte Corchia, Alpi Apuane - Pastelli/carta (51x70cm-20x28in) Milano 90 .... FF22 000 - £2 355 - **$3,826**
TOMMASI Angiolo 1858-1923 [2]
Junge Frau am Waldrand - Oil/panel (38x20cm-15x8in) Stuttgart 96 .... FF4 780 - £622 - **$946**
Scogliera - Olio/tela (16x30cm-6x12in) Prato 96 .... FF20 220 - £2 400 - **$3,960**
TOMMASI de Publio 1848-1914 [9]
An amourous Retreat - Oil/canvas (54x94cm-21x37in) Wien 96 .... FF154 500 - £18 730 - **$30,040**
Bath time - Watercolour (84x65cm-33x26in) London 93 .... FF32 400 - £3 900 - **$5,650**
TOMMASI FERRONI Riccardo 1934 [9]
Ratto di Proserpina - Olio/tela (77x110cm-30x43in) Roma 95 .... FF25 740 - £3 240 - **$5,220**
TOMMASI Ludovico 1866-1941 [22]
Donne in riva al mare - Olio/cartone (25x35cm-10x14in) Prato 96 .... FF26 960 - £3 200 - **$5,280**
Barconi e rappezzatori di reti a Viareggio - Olio/tela (55x70cm-22x28in) Milano 95 .... FF81 500 - £10 530 - **$16,740**
TOMMASI Marcello 1928 [9]
David - Bronze (40x11x15cm-16x4x6in) Paris 97 .... FF9 300 - £983 - **$1,603**
TOMMASINI Carmelo 1927 [9]
Mascherata I - Huile/toile (100x100cm-39x39in) Paris 91 .... FF18 000 - £1 814 - **$3,123**
TOMOHIDE Koizume 1944 [2]
Bamboo trees - Mineral pigment, gold/paper (52x64cm-20x25in) New-York 92 .... FF119 600 - £14 280 - **$23,000**
Winter landscape - Ink/paper (89x115cm-35x45in) New-York 92 .... FF98 800 - £11 800 - **$19,000**
TOMOO Inagaki 1902-1980 [2]
A couple of cats - Woodcut in colors (58x43cm-23x17in) Elgin, Illinois 95 .... FF1 530 - £191 - **$300**
TOMPKINS Frank Hector 1847-1922 [1]
The basket weaver - Oil/canvas (104x76cm-41x30in) North Bethesda, MD. 91 .... FF6 470 - £649 - **$1,185**
TOMSON Clifton 1775-1828 [11]
Grey hunter - Oil/canvas (81x114cm-32x45in) London 93 .... FF33 200 - £4 000 - **$5,800**
TONCINI Louis 1907 [2]
Entrée du vieux port à Marseille
  Huile/toile (60x81cm-24x32in) La Varenne Saint-Hilaire 94 .... FF8 100 - £943 - **$1,430**
TONDREAU de Paul 1886-1977 [3]
Paysage animé - Huile/toile (77x50cm-30x20in) Bruxelles 89 .... FF4 500 - £448 - **$711**
TONDU André 1903-1980 [19]
Jeune femme assoupie - Huile/toile (51x70cm-20x28in) La Varenne Saint-Hilaire 91 .... FF5 000 - £505 - **$993**
Voiliers au port - Aquarelle (32x51cm-13x20in) Morlaix 94 .... FF1 600 - £192 - **$296**
TONEGUTTI Giacomo 1803-1863 [1]
Karikaturen - Ink (20x22cm-8x9in) Wien 92 .... FF2 886 - £345 - **$555**
TONELLI Anna c.1763-1846 [3]
John La Touche - Pastel London 90 .... FF77 500 - £7 805 - **$14,091**
TONEY Anthony 1913 [2]
Colombus Circle - Oil/canvas (112x91cm-44x36in) Mystic, Connecticut 95 .... FF3 420 - £437 - **$700**
TONGE van de Lammert Louis 1871-1937 [13]
Mother and child in an interior - Oil/canvas (60x51cm-24x20in) Amsterdam 97 .... FF13 132 - £1 388 - **$2,253**
Peasant girl & a child in an interior - Watercolour/paper (52x37cm-20x15in) Amsterdam 92 .... FF2 124 - £218 - **$409**
TONGEREN van Jan 1897-1991 [18]
Still life with black vase - Oil/canvas (50x70cm-20x28in) Amsterdam 96 .... FF18 040 - £2 070 - **$3,444**
A still life - Oil/canvas (65x80cm-26x31in) Amsterdam 97 .... FF65 894 - £7 129 - **$11,498**
TONGREEN van Herk 1943-c.1990 [1]
The Boot - Bronze (44cm-17in) Denver, Colorado 95 .... FF2 047 - £400 - **$259**
TONIOLO Leopoldo 1833-1908 [1]
Capricci infantili - Olio/tela (114x176cm-45x69in) Milano 92 .... FF77 000 - £7 880 - **$13,560**
TONKS Henry 1862-1937 [16]
Sleepless night - Oil/canvas (33x136cm-13x16in) London 92 .... FF57 000 - £6 800 - **$10,950**
Archangel, Russia - Watercolour (24x33cm-9x13in) London 97 .... FF3 922 - £420 - **$677**
TONNANCOUR de Jacques Godefroy 1917 [9]
Sous les eaux nocturnes - Huile/isorel (120x137cm-47x54in) Montréal 93 .... FF19 350 - £2 115 - **$3,555**
Georgian Bay Landscape - Oil/board (91x122cm-36x48in) Toronto 96 .... FF93 000 - £11 160 - **$17,800**
Young woman holding a book - Encre (27x21cm-11x8in) Montréal 92 .... FF2 150 - £220 - **$379**

T

TONNY Kristians 1907-1977 [2]
Composition - Drawing (22x32cm-9x13in) London 95 .... FF6 *180* - £800 - **$1,265**
TONSBERG Gertrude Martin 1903-1973 [2]
Purple and yellow pansies - Oil/canvas (50x39cm-20x15in) Cambridge, Mass. 91 .... FF2 *850* - £286 - **$493**
TOOK William XIX-XX [2]
Windsor Castle - Oil/canvas (55x90cm-22x35in) New-York 94 .... FF15 *700* - £1 902 - **$2,900**
The Lake District/Haybarge - Watercolour (30x91cm-12x36in) London 93 .... FF5 *210* - £600 - **$900**
TOOKER George 1920 [11]
Coney Island, 1948 - Mixed media/panel (48x66cm-19x26in) New-York 89 .... FF1 - £186 849 - **$298,519**
TOORENBURG Gerrit 1737-1785 [2]
Witte Vrouwenpor, Utrecht - Oil/panel (38x31cm-15x12in) New-York 94 .... FF99 *700* - £11 530 - **$17,000**
TOOROP Charley 1891-1955 [24]
Aardappels, flesch en vruchten - Oil/panel (61x60cm-24x24in) Amsterdam 92 ..... FF114 *500* - £13 670 - **$22,030**
Straatje te Westkapelle - Lithograph (51x32cm-20x13in) Amsterdam 97 .... FF2 *195* - £230 - **$376**
Marseille - Ink/paper (30x36cm-12x14in) Amsterdam 95 .... FF3 *700* - £485 - **$742**
TOOROP Jan 1858-1928 [197]
La conversation - Huile/toile (67x76cm-26x30in) Bruxelles 94 .... FF23 *300* - £2 800 - **$4,310**
De Soengei, Banka - Oil/canvas (68x96cm-27x38in) Haags Gemeente 95 .... FF140 *200* - £17 900 - **$28,800**
Portrait of Jhr C.A.H.C. Elias - Pencil (36x25cm-14x10in) Amsterdam 97 .... FF7 *630* - £825 - **$1,331**
People on a dune - Watercolour (11x15cm-4x6in) Amsterdam 97 .... FF13 *179* - £1 425 - **$2,299**
Het aanzoeck - Coloured crayons/paper (21x13cm-8x5in) Amsterdam 95 .... FF77 *100* - £10 100 - **$15,450**
Delftsche Slaolie - Pencil (39x21cm-15x8in) Amsterdam 97 .... FF205 *066* - £21 508 - **$35,190**
TOOVEY Edwin 1826-1906 [1]
Le moulin à eau - Aquarelle/papier (33x44cm-13x17in) Bruxelles 97 .... FF3 *105* - £336 - **$549**
TÖPFFER Rodolphe 1799-1846 [5]
Officiers montant des coqs - Dessin (16x30cm-6x12in) Paris 91 .... FF4 *000* - £401 - **$660**
TÖPFFER Wolfgang Adam 1766-1847 [44]
Auf dem Marktplatz - Öl/Leinwand (46x55cm-18x22in) Zürich 97 .... FF82 *906* - £8 814 - **$14,301**
Hill of Saint Triphon - Oil/board (25x38cm-10x15in) London 95 .... FF568 *000* - £72 000 - **$114,300**
Lake Léman with Les Memises - Watercolour/paper (22x31cm-9x12in) London 95 ..... FF20 *520* - £2 600 - **$4,130**
TOPHAM Francis William 1808-1877 [21]
The water carrier - Watercolour (31x21cm-12x8in) London 96 .... FF3 *370* - £420 - **$651**
Spanish Letter Writer - Drawing (50x76cm-20x30in) Leeds 92 .... FF9 *040* - £1 080 - **$1,740**
TOPHAM Frank W. Warwick 1838-1924 [25]
Garden scene - Oil/canvas (43x35cm-17x14in) London 93 .... FF14 *050* - £1 600 - **$2,384**
Leisure Hour - Oil/canvas (50x78cm-20x31in) London 97 .... FF74 *357* - £7 800 - **$12,759**
Home After Service - Oil/canvas (128x204cm-50x80in) New-York 93 .... FF330 *000* - £41 400 - **$60,000**
TOPOLSKI Feliks 1907-1990 [25]
Barcelona Cathedral - Ink (49x32cm-19x13in) London 97 .... FF1 *508* - £160 - **$259**
Marble arch speakers - Wash/paper (56x75cm-22x30in) London 91 .... FF11 *080* - £1 103 - **$1,905**
TOPOR Roland 1938 [34]
La leçon - Lithographie couleurs (57x42cm-22x17in) Bruxelles 96 .... FF6 *610* - £828 - **$1,284**
L'homme sur l'arbre - Encre/papier (23x18cm-9x7in) Toulouse 96 .... FF4 *000* - £485 - **$778**
L'avaleur - Crayons couleurs (26x41cm-10x16in) Paris 94 .... FF11 *000* - £1 304 - **$2,032**
TOPP Arnold 1887-1960 [6]
Landscape - Woodcut (28x21cm-11x8in) Amsterdam 93 .... FF2 *110* - £252 - **$406**
Komposition für Adolf Allwohn - Mixed media/paper (16x22cm-6x9in) München 93 .... FF21 *800* - £2 457 - **$3,680**
Rote Sonne mit Häusern - Watercolour (35x26cm-14x10in) Berlin 97 .... FF295 *272* - £31 359 - **$51,434**
TOPPELIUS Michael 1734-1821 [1]
Mytologiskt motiv - Gouache (37x47cm-15x19in) Helsinki 93 .... FF20 *500* - £2 312 - **$3,370**
TOPPELIUS Woldemar 1858-1933 [27]
Vinterdag - Oil/panel (26x35cm-10x14in) Helsinki 94 .... FF11 *140* - £1 330 - **$2,082**
Coastal landscape - Oil/canvas (95x59cm-37x23in) Helsinki 94 .... FF33 *400* - £3 990 - **$6,250**
TOPPI Mario XX [2]
Composizione - Mixed media/board (69x97cm-27x38in) Bloomfield Hills, Michigan 92 .... FF4 *900* - £570 - **$1,000**
TORAJI Ishikawa 1875-1964 [2]
Two landscapes - Öl/Papier New-York 91 .... FF5 *650* - £561 - **$981**
Reading a book - Print in colors (48x37cm-19x15in) New-York 92 .... FF3 *120* - £373 - **$600**
TORAL Cristóbal 1938 [17]
Interior con figuras - Oleo/lienzo (37x46cm-15x18in) Madrid 97 .... FF10 *945* - £1 182 - **$1,897**
La Niña de las flores - Oleo/lienzo (94x64cm-37x25in) Madrid 95 .... FF52 *000* - £6 560 - **$10,420**
Desnudo con granada - Oleo/lienzo (111x120cm-44x47in) Madrid 90 .... FF378 *000* - £40 471 - **$65,739**
Desnudo - Dessin (33x25cm-13x10in) Paris 94 .... FF4 *000* - £457 - **$678**
TORAN Alfonso T. 1896-? [1]
Cranes on the shore/Flamingoes
   Oil/masonite (25x18cm-10x7in) Baton Rouge, Louisiana 93 .... FF2 *360* - £269 - **$400**
TORCAPEL John 1881-1965 [4]
Le Salève gris - Öl/Leinwand (45x40cm-18x16in) Zürich 94 .... FF14 *140* - £1 640 - **$2,436**
TORCHI Angelo 1856-1915 [4]
Paesaggio con canale - Olio/tela (9x15cm-4x6in) Milano 95 .... FF15 *730* - £1 980 - **$3,190**
TORCHON Camille 1953 [2]
Paysage de rêve - Huile/toile (51x41cm-20x16in) Paris 93 .... FF2 *000* - £241 - **$364**
TORCIA Francesco Saverio 1840-? [1]
Napoli - Oil/panel (25x50cm-10x20in) Bremen 95 .... FF6 *880* - £904 - **$1,380**

TORDI Sinibaldo 1876-1955 [11]
- Scena galante - Olio/tela (45x35cm-18x14in) Milano 95 .... FF18 120 - £2 340 - **$3,720**
- The Minuet - Oil/canvas (60x100cm-24x39in) New-York 94 .... FF122 800 - £14 200 - **$21,000**

TORELLI Giacomo 1604-1678 [1]
- Projet de décor: Les Noces de Pélée - Encre Chine (23x31cm-9x12in) Paris 95............. FF54 000 - £6 460 - **$10,270**

TORELLI Giuseppe 1881-1959 [1]
- Natura morta con magnolie - Olio/cartone (70x100cm-28x39in) Trieste 92 .... FF8 150 - £835 - **$1,436**

TORELLI Jafet XIX-XX [1]
- Old man holding a wine jug - Sculpture (49cm-19in) New-York 89 .... FF25 700 - £2 628 - **$4,132**

TORGERSEN Thorvald Hagbart 1862-1943 [7]
- Artist's wife in a garden - Oil/canvas (52x41cm-20x16in) København 96 .... FF15 800 - £1 967 - **$3,050**

TORGGLER Erich 1899-1938 [1]
- Stilleben mit Teekanne und Apfel - Oil/canvas (46x46cm-18x18in) Wien 91 .... FF15 400 - £1 552 - **$2,672**

TORGGLER Hermann 1878-1939 [1]
- Sitzende Dame - Oil/canvas (148x97cm-58x38in) Wien 92 .... FF4 810 - £560 - **$982**

TORHAMN Gunnar 1894-1965 [38]
- I sol - Oil/panel (60x73cm-24x29in) Göteborg 94 .... FF11 040 - £1 280 - **$1,900**
- Folket på stranden - Oil/canvas (116x89cm-46x35in) Stockholm 95 .... FF24 400 - £3 194 - **$4,890**

TORHAMN Ingegerd Sjöstrand 1898-1994 [22]
- Blond Abstraktion - Oil/panel (62x78cm-24x31in) Stockholm 93 .... FF2 820 - £320 - **$478**
- Sprängd Materia - Oil/panel (52x105cm-20x41in) Stockholm 92 .... FF12 250 - £1 255 - **$2,160**

TORKILDSEN Trygve 1899-1984 [1]
- Sommer ved øvre Eiker - Oil/canvas (65x85cm-26x33in) Oslo 92 .... FF3 040 - £311 - **$535**

TORLAKSON James 1951 [2]
- Drive In - Watercolour/paper (68x100cm-27x39in) San Francisco-Los Angeles 94 .... FF7 720 - £1 007 - **$1,500**

TÖRMER Benno Friedrich 1804-1859 [1]
- Charity - Oil/panel (39x31cm-15x12in) New-York 96 .... FF60 000 - £7 760 - **$12,000**

TÖRNÅ Oscar 1842-1894 [44]
- Vid Finspång slott - Oil/canvas (60x45cm-24x18in) Stockholm 94 .... FF8 620 - £1 034 - **$1,630**
- Pastoralt höstlandskap - Oil/canvas (77x118cm-30x46in) Stockholm 95 .... FF37 100 - £4 910 - **$7,520**
- Franskt flodlandskap med fiskare - Oil/canvas (85x119cm-33x47in) Stockholm 94 .... FF58 800 - £7 030 - **$10,980**

TORNABUONI Lorenzo 1934 [3]
- In memoria di Alexander Deineka - Olio/tela (200x114cm-79x45in) Roma 95 .... FF12 010 - £1 512 - **$2,436**

TORNAU Karl Wilhelm 1820-1864 [1]
- Der Zuchtbulle in einer Landschaft - Oil/panel (25x32cm-10x13in) Wien 91 .... FF9 620 - £969 - **$1,669**

TORNAY Gyulas, Jules 1861-1928 [20]
- Warrior with a tiger in an interior - Oil/canvas (60x80cm-24x31in) London 94 .... FF4 660 - £550 - **$836**
- A Woman Bathing - Oil/panel (128x152cm-50x60in) New-York 97 .... FF79 636 - £8 569 - **$14,000**
- The Duet - Oil/canvas (113x105cm-44x41in) New-York 95 .... FF118 000 - £14 500 - **$23,000**

TÖRNEMAN Axel 1880-1925 [31]
- Fädernegården i Persberg - Oil/canvas (64x79cm-25x31in) Stockholm 96 .... FF7 690 - £960 - **$1,485**
- Skärgårdslandskap - Oil/canvas (92x68cm-36x27in) Stockholm 95 .... FF34 900 - £4 405 - **$7,000**
- Nattcafé I - Oil/canvas (180x200cm-71x79in) Stockholm 92 .... FF377 000 - £38 600 - **$66,400**

TÖRNER Carl Erik 1862-1911 [1]
- Flicka vid frukttkorg - Oil/canvas (46x37cm-18x15in) Stockholm 94 .... FF7 900 - £948 - **$1,494**

TÖRNER Inge 1908 [3]
- Kråkungar på gärdesgård - Oil/canvas (65x50cm-26x20in) Uppsala 91 .... FF3 560 - £357 - **$652**

TÖRNING Erik 1928 [14]
- Kvinnoporträtt - Oil/canvas (57x77cm-22x30in) Göteborg 95 .... FF2 264 - £293 - **$464**

TÖRNING Tage 1925 [4]
- Häst - Oil/canvas (130x150cm-51x59in) Göteborg 95 .... FF5 530 - £691 - **$1,084**

TORNØE Wenzel Ulrik 1844-1907 [27]
- Portrait of a young girl - Oil/canvas (50x38cm-20x15in) København 96 .... FF5 350 - £693 - **$1,070**
- Interiør med mor - Oil/canvas (100x80cm-39x31in) København 91 .... FF20 240 - £2 032 - **$3,502**
- In the studio - Oil/canvas (119x96cm-47x38in) New-York 96 .... FF144 000 - £17 450 - **$28,000**

TORNQUIST Jorrit 1938 [7]
- Opus - Acrylic/canvas (50x50cm-20x20in) Köln 92 .... FF4 760 - £488 - **$838**

TÖRNSTRÖM Ida 1862-1949 [2]
- Landskaputsikt, Kungälv - Oil/canvas (73x100cm-29x39in) Göteborg 94 .... FF2 210 - £256 - **$381**

TÖRNSTRÖM Isidor 1870-1952 [3]
- Segeljakt - Oil/canvas (30x45cm-12x18in) Malmö 91 .... FF3 744 - £372 - **$650**

TORO Attilio 1892-? [3]
- Portatrice d'acqua sulfurea - Olio/tela (90x60cm-35x24in) Milano 95 .... FF21 450 - £2 700 - **$4,350**

TORO Luigi 1836-1900 [1]
- A faithful friend - Oil/canvas (76x58cm-30x23in) London 94 .... FF30 130 - £3 500 - **$5,220**

TÖRÖK Gyula 1879-? [1]
- Rastende Gesellschaft - Öl/Karton (63x47cm-25x19in) München 94 .... FF10 250 - £1 204 - **$1,827**

TORONI Niele 1937 [10]
- Empreinte de Pinceau No. 50 - Huile/toile (30x215cm-12x85in) Paris 96 .... FF40 000 - £4 560 - **$7,650**

TOROS Rast-Klan 1934 [5]
- Couple - Bronze (36x9x11cm-14x4x4in) Paris 92 .... FF12 000 - £1 233 - **$2,310**

T

TORR Helen 1886-1967 [5]
- *Still life* - Oil/canvas (26x31cm-10x12in) New-York 91 .... FF15 960 - £1 602 - **$2,761**
- *Flower rhythm* - Oil/panel (29x21cm-11x8in) New-York 91 .... FF91 200 - £9 180 - **$16,000**

TORRE André 1929 [21]
- *Mas sur la colline* - Huile/toile (38x46cm-15x18in) Cherbourg 96 .... FF4 000 - £499 - **$775**
- *Saint-Paul de Vence* - Huile/toile (55x46cm-22x18in) Neuilly 91 .... FF32 000 - £3 225 - **$5,553**

TORRE Flaminio 1621-1661 [5]
- *Penitent couple* - Ink (29x20cm-11x8in) New-York 97 .... FF8 343 - £928 - **$1,500**

TORREANO John 1941 [9]
- *Cross star* - Mixed media (91x6x91cm-36x2x36in) New-York 89 .... FF11 400 - £1 166 - **$1,833**
- *Untitled vase #18* - Brown glass (37cm-15in) New-York 94 .... FF9 300 - £1 074 - **$1,600**

TORRES Antonio 1851-? [1]
- *A beauty in a garden* - Oil/canvas (92x71cm-36x28in) London 94 .... FF26 900 - £3 200 - **$5,070**

TORRES Augusto 1913-1992 [3]
- *El mundo del hombre* - Oil/board (61x79cm-24x31in) New-York 92 .... FF41 600 - £4 970 - **$8,000**
- *Composición Universal-Razón* - Oil/canvas (97x203cm-38x80in) New-York 95 .... FF145 600 - £19 330 - **$30,000**

TORRES FUSTER Antonio 1874-1945 [1]
- *La gitana Granadina* - Oleo/lienzo (92x75cm-36x30in) Madrid 97 .... FF4 800 - £516 - **$840**

TORRES Horacio 1924-1976 [2]
- *Untitled, 1974* - Oil/canvas (122x76cm-48x30in) New-York 90 .... FF286 000 - £30 426 - **$51,163**

TORRES Manuel 1901-1995 [5]
- *Bodegón de frutas* - Oleo/cartón (64x49cm-25x19in) Madrid 95 .... FF17 320 - £2 187 - **$3,474**
- *La Feria* - Acuarela (82x70cm-32x28in) Madrid 95 .... FF15 530 - £2 040 - **$3,120**

TORRES-GARCIA Joaquín 1874-1949 [189]
- *Constructivo* - Oil/board (42x45cm-17x18in) New-York 97 .... FF1 - £122 100 - **$200,000**
- *Peinture constructive* - Oil/board (75x55cm-30x22in) New-York 97 .... FF2 - £257 838 - **$420,000**
- *Adán y Eva* - Oil/canvas (46x38cm-18x15in) New-York 97 .... FF91 638 - £9 768 - **$16,000**
- *Bodegòn con Máscaras* - Oil/board (51x72cm-20x28in) New-York 97 .... FF274 915 - £29 304 - **$48,000**
- *Composition* - Huile/panneau (57x38cm-22x15in) Paris 97 .... FF550 000 - £57 530 - **$94,215**
- *Estructura* - Construction (48x35cm-19x14in) New-York 92 .... FF494 000 - £59 000 - **$95,000**
- *Composicion* - Casein/board (47x60cm-19x24in) New-York 94 .... FF531 000 - £63 200 - **$100,000**
- *Composicion estructura* - Ink (14x10cm-6x4in) New-York 97 .... FF54 535 - £5 791 - **$9,500**
- *Composicion Constructiva* - Gouache (29x13cm-11x7in) New-York 94 .... FF123 600 - £14 580 - **$22,000**

TORREY Elliot Bouton 1867-1949 [7]
- *San Diego landscape* - Oil/canvas (51x61cm-20x24in) San Francisco 91 .... FF21 170 - £2 139 - **$4,203**

TORREY George Burroughs 1863-1942 [1]
- *Aphrodite rising from the foam* - Oil/canvas (30x41cm-12x16in) Chicago 92 .... FF7 950 - £814 - **$1,400**

TORRIE Alexander XIX-XX [2]
- *Sandy Cove/Sea Breakers* - Oil/canvas (40x61cm-16x24in) Glasgow 92 .... FF3 910 - £400 - **$688**

TORRIGLIA Giovanni Battista 1858-1937 [13]
- *The farmer's family* - Oil/canvas (73x110cm-29x43in) New-York 97 .... FF513 405 - £55 341 - **$90,000**

TORRILHON Tony 1931 [2]
- *Fleuve à l'entrée de la ville* - Huile/toile (46x61cm-18x24in) Cholet 94 .... FF3 600 - £430 - **$693**

TORRINI Pietro 1852-1920 [10]
- *Ai lavori domestici* - Olio/tela (83x64cm-33x25in) Milano 95 .... FF25 740 - £3 240 - **$5,220**

TORRISET Kjell 1950 [2]
- *Hest* - Pastel (41x67cm-16x26in) Oslo 93 .... FF6 400 - £759 - **$1,151**

TORROELLA Ezequiel 1921 [2]
- *Pueblo pesquero* - Oleo/lienzo (50x100cm-20x39in) Madrid 95 .... FF11 060 - £1 436 - **$2,277**

TORROME Francisco J. XIX-XX [2]
- *Ferry at a Quay, Rio de Janeiro* - Watercolour/paper (25x35cm-10x14in) London 97 .... FF7 937 - £850 - **$1,391**

TORSCHENKO Igor 1965 [11]
- *Kirchen* - Öl/Leinwand (106x153cm-42x60in) Wien 96 .... FF8 690 - £990 - **$1,664**

TØRSLEFF August 1884-1968 [7]
- *Model* - Oil/canvas (77x61cm-30x24in) Köbenhavn 94 .... FF3 165 - £377 - **$597**

TORSSLOW Einar 1867-1932 [2]
- *Interior* - Oil/canvas (53x46cm-21x18in) Göteborg 95 .... FF17 730 - £2 355 - **$3,656**

TORSSLOW Harald 1838-1909 [5]
- *Strandlandskap* - Oil/canvas (62x90cm-24x35in) Stockholm 95 .... FF11 100 - £1 383 - **$2,165**

TORSTEINSON Torstein Louis 1876-1966 [4]
- *Vintermotiv* - Oil/panel (87x67cm-34x26in) Oslo 92 .... FF7 940 - £950 - **$1,530**

TORSTENSSON Torsten 1901-1974 [6]
- *Interiör, Bohus Malmön* - Oil/canvas/panel (66x58cm-26x23in) Malmö 96 .... FF2 940 - £349 - **$574**

TORTA Tony XIX-XX [2]
- *La lecture interrompue/La lettre* - Huile/panneau (33x25cm-13x10in) Paris 95 .... FF16 000 - £2 000 - **$3,136**

TORTES Dominique 1938 [45]
- *Montmartre* - Huile/toile (50x60cm-20x24in) Cherbourg 96 .... FF4 000 - £499 - **$775**
- *La Calèche* - Huile/toile (54x65cm-21x26in) Villers-Semeuse 93 .... FF6 350 - £765 - **$1,155**

TORTHE Jean [2]
- *Bassin du canal d'Agen* - Huile (37x50cm-15x20in) Grenoble 91 .... FF2 300 - £228 - **$399**

TORTI François XX [5]
- *Le roquet* - Huile/toile (46x55cm-18x22in) Bulgnéville 91 .... FF5 000 - £504 - **$868**

TOSELLI Ottavio 1695-1777 [1]

🏛 *San Domenico (con Nicola Toselli)* - Terracotta (54cm-21in) Roma 90 .... FF27 500 - £2 944 - **$4,783**

TOSI Arturo 1871-1956 [77]

🖌 *Rovetta* - Olio/cartone (37x46cm-15x18in) Milano 95 .... FF40 200 - £5 000 - **$8,100**

Paesaggio - Olio/tavola (60x50cm-24x20in) Prato 97 .... FF78 200 - £9 200 - **$13,800**

Zoagli : il pino - Olio/tela (90x70cm-35x28in) Milano 92 .... FF147 200 - £17 500 - **$28,300**

TOSTI Riccardo 1910-? [1]

🖌 *Mietitura* - Olio/tavola (78x58cm-31x23in) Trieste 96 .... FF3 340 - £420 - **$640**

TOT Amerigo 1919-1947 [3]

🏛 *Figure* - Terracotta (80cm-31in) Roma 93 .... FF4 390 - £493 - **$786**

TOTH Menyhért 1904-1980 [1]

🖌 *Virágcsendélet* - Oil/canvas (71x60cm-28x24in) Budapest 89 .... FF3 900 - £411 - **$657**

TOTT Alois 1870-1939 [11]

🖌 *Landschaft mit Kirche* - Öl/Leinwand (55x68cm-22x27in) Wien 95 .... FF3 700 - £476 - **$752**

✏ *Blick auf Melk* - Mischtechnik/Papier (15x24cm-6x9in) Wien 94 .... FF3 645 - £428 - **$650**

TOUBON Guy 1931 [2]

🖌 *Village du Midi* - Huile/toile (62x93cm-24x37in) Paris 90 .... FF4 000 - £407 - **$800**

TOUCHAGUES Louis 1893-1974 [33]

🖌 *Le bouquet de femmes* - Huile/toile (44x60cm-17x24in) Verrières-Le-Buisson 93 .... FF3 500 - £438 - **$637**

✏ *Jeune fille assoupie* - Mine plomb (64x45cm-25x18in) Neuilly 97 .... FF1 500 - £165 - **$263**

La Marché aux Puces - Gouache (52x39cm-20x15in) Paris 93 .... FF5 500 - £633 - **$948**

TOUCHE Dany 1950 [2]

✏ *Paysage à la mare* - Pastel/papier (29x40cm-11x16in) Saint-Dié 92 .... FF2 000 - £205 - **$352**

TOUCHEMOLIN Alfred Charley 1829-1907 [2]

✏ *Siège de Strasbourg en 1870* - Pastel (65x33cm-26x13in) Paris 97 .... FF2 900 - £316 - **$507**

TOUCHET Jean-Pierre XX [2]

🖌 *Composition* - Technique mixte/toile (100x81cm-39x32in) Paris 92 .... FF10 600 - £1 265 - **$2,040**

TOUDOUZE Auguste Gabriel 1811-1854 [1]

🗔 *Jérusalem: Panorama/Une porte* - Lithographie Paris 93 .... FF10 000 - £1 205 - **$1,820**

TOUDOUZE Édouard 1848-1907 [6]

🖌 *Watching the baby* - Oil/panel (31x40cm-12x16in) New-York 90 .... FF68 600 - £7 345 - **$11,930**

TOUDOUZE Simon Alexandre 1850-1909 [2]

🖌 *Barque le long d'une côte* - Huile/panneau (38x71cm-15x28in) München 94 .... FF4 870 - £596 - **$885**

TOUGAS Pierre 1949 [2]

✏ *Côte de la Montagne, Québec* - Pastel (56x76cm-22x30in) Montréal 95 .... FF2 176 - £286 - **$437**

TOULET Louis Édouard 1892-1967 [2]

🖌 *L'île Saint-Louis* - Huile/toile (50x61cm-20x24in) Paris 93 .... FF2 000 - £241 - **$364**

TOULMOUCHE Auguste 1829-1890 [25]

🖌 *Portrait d'une élégante* - Huile/toile (80x54cm-31x21in) Bruxelles 92 .... FF13 280 - £1 360 - **$2,336**

Jeune femme en robe bleue - Oil/canvas (51x38cm-20x15in) Chicago 94 .... FF92 000 - £10 900 - **$17,000**

La Confidence - Oil/canvas (56x47cm-22x19in) New-York 96 .... FF246 700 - £31 400 - **$47,500**

TOULOT Jules 1863-? [2]

🖌 *Suzanne à la harpe* - Huile/toile (131x98cm-52x39in) Paris 90 .... FF40 000 - £4 132 - **$7,067**

TOULOUSE Roger 1918-1994 [21]

🖌 *Tête rouge* - Huile/isorel (81x60cm-32x24in) Orléans 96 .... FF9 000 - £1 171 - **$1,783**

La Lecture - Huile/toile (88x65cm-35x26in) Orléans 96 .... FF60 000 - £7 480 - **$11,580**

✏ *Portrait de Foujita* - Pastel (31x23cm-12x9in) Paris 89 .... FF16 000 - £1 686 - **$2,694**

TOULOUSE-LAUTREC de Henri 1864-1901 [664]

🖌 *Danseuse* - Oil/board (59x46cm-23x18in) New-York 94 .... FF1 - £2 - **$3**

Margot - Oil/canvas (60x49cm-24x19in) New-York 97 .... FF1 - £172 676 - **$280,000**

Tête de femme - Oil/board (42x36cm-17x14in) New-York 96 .... FF2 - £304 000 - **$500,000**

Élysée-Montmartre - Oil/canvas (73x51cm-29x20in) New-York 95 .... FF5 - £696 000 - **$1**

Le maître d'équipage - Oil/panel (23x14cm-9x6in) New-York 91 .... FF311 600 - £31 020 - **$53,584**

🗔 *La Clownesse* - Color lithograph (41x32cm-16x13in) London 96 .... FF1 - £162 300 - **$250,300**

Ta bouche - Lithographie (25x17cm-10x7in) Paris 97 .... FF21 000 - £2 223 - **$3,567**

Débauche - Lithographie couleurs (36x53cm-14x21in) London 97 .... FF40 540 - £4 200 - **$6,944**

Revue Blanche - Affiche (126x92cm-50x36in) Paris 96 .... FF80 000 - £9 970 - **$15,450**

🏛 *Yvette Guilbert* - Ceramic (51x28cm-20x11in) New-York 96 .... FF285 000 - £35 200 - **$55,000**

✏ *Danseuse assise* - Pastel (56x46cm-22x18in) New-York 97 .... FF7 - £8 - **$1**

Cavaliers - Gouache (85x53cm-33x21in) New-York 92 .... FF9 - £990 000 - **$1**

Où va-t-elle ? - Pencil/paper (17x11cm-7x4in) London 96 .... FF26 400 - £3 200 - **$5,130**

Charles de Toulouse-Lautrec - Charcoal/paper (49x38cm-19x15in) New-York 95 .... FF227 000 - £28 600 - **$45,000**

TOULZA Jean Étienne c.1780-c.1840 [5]

✏ *Vaisseau L'Adèle* - Watercolour (41x54cm-16x21in) London 96 .... FF33 960 - £4 000 - **$6,670**

TOUPIN Fernand 1930 [33]

🖌 *Nature morte aux oranges* - Huile/masonite (23x26cm-9x10in) Montréal 91 .... FF10 750 - £1 079 - **$1,860**

TOURGUENEFF Pierre Nicolas 1854-1912 [12]

🏛 *L'étrier, 23 mai* - Bronze (33x10x31cm-12x4x12in) Paris 93 .... FF6 000 - £715 - **$1,122**

Hussard à cheval - Bronze (61cm-24in) Paris 91 .... FF25 000 - £2 537 - **$4,515**

TOURILLON Alfred Édouard XIX-XX [1]

🖌 *Stilleben mit Pfaumenzweig* - Öl/Leinwand (19x24cm-7x9in) Bern 96 .... FF3 260 - £396 - **$634**

TOURLIERE Michel 1925 [2]
- Étoile du matin - Öl/Papier (201x268cm-79x106in) Paris 91 .... FF11 500 - £1 159 - **$1,996**
- Arbre de vigne - Encre Chine (65x50cm-26x20in) Paris 91 .... FF2 000 - £202 - **$347**

TOURNACHON Adrien Alban Nadar 1825-1903 [3]
- Taureau de Breitenburg - Tirage argentique (20x27cm-8x11in) Paris 94 .... FF6 500 - £770 - **$1,201**

TOURNÉ Didier [2]
- Promenade équestre - Huile/toile (81x100cm-32x39in) Limoges 92 .... FF5 000 - £512 - **$900**

TOURNEMINE de Charles Émile Vacher 1812-1872 [7]
- Arabs crossing a Ford - Oil/canvas (36x61cm-14x24in) London 94 .... FF58 800 - £7 000 - **$11,080**
- Café en Asie Mineure - Aquarelle (22x28cm-9x11in) Paris 94 .... FF42 000 - £5 020 - **$8,220**

TOURNES Étienne 1857-1931 [6]
- Reading the letter - Oil/canvas (35x29cm-14x11in) London 96 .... FF15 160 - £1 900 - **$2,926**

TOURNIER Jean Ulrich ?-1865 [1]
- Bouquet de fleurs - Huile/toile (92x65cm-36x26in) Nantes 95 .... FF9 500 - £1 200 - **$1,920**

TOURNON Raymond XIX-XX [1]
- Lequel a raison? St. Raphaël Quinquina - Poster (193x125cm-76x49in) London 96 .... FF2 356 - £300 - **$453**

TOURNOVA Natasha 1957 [2]
- Composition all of a sudden - Oil/canvas (123x158cm-48x62in) New-York 90 .... FF14 900 - £1 585 - **$2,665**

TOURNY Léon Auguste 1835-? [1]
- Sailboats - Oil/canvas (25x41cm-10x16in) Cleveland, Ohio 92 .... FF5 000 - £523 - **$900**

TOURRIER Alfred Holst 1838-1892 [1]
- Afternoon tea - Oil/canvas (25x30cm-10x12in) Billinghurst, West Sussex 91 .... FF3 970 - £399 - **$687**

TOURTE Suzanne 1904-1979 [71]
- Bouquet de fleurs - Huile/toile (55x70cm-22x28in) Reims 93 .... FF6 800 - £820 - **$1,237**
- Le trio de flûte - Huile/toile (92x73cm-36x29in) Saint-Dié 94 .... FF15 000 - £1 703 - **$2,543**
- Le poirier de la Baronnie - Gouache (54x54cm-21x21in) Saint-Dié 92 .... FF9 200 - £1 070 - **$1,878**

TOUSIGNANT Claude 1932 [2]
- Apothèque - Acrylique/toile (170x160cm-67x63in) Montréal 94 .... FF14 320 - £1 660 - **$2,465**

TOUSSAINT Armand 1806-1862 [5]
- Esclave porte-lumière - Bronze (150cm-59in) Paris 90 .... FF95 000 - £9 668 - **$18,998**

TOUSSAINT Emile 1869-? [1]
- Sous-bois - Huile/toile (50x60cm-20x24in) Liège 89 .... FF7 500 - £725 - **$1,138**

TOUSSAINT Ernest XIX-XX [1]
- Le Temps - Terracotta (51cm-20in) Paris 96 .... FF4 800 - £623 - **$950**

TOUSSAINT Fernand 1873-1955 [159]
- Cavalier sur le beffroi - Huile/toile (100x131cm-39x52in) Paris 95 .... FF5 000 - £654 - **$1,001**
- Vase de fleurs - Huile/toile (60x50cm-24x20in) Bruxelles 95 .... FF23 040 - £2 930 - **$4,430**
- Jeune femme au bouquet - Huile/toile (82x65cm-32x26in) Paris 92 .... FF86 000 - £8 828 - **$15,985**
- The Reflection - Oil/canvas (112x79cm-44x31in) New-York 95 .... FF194 200 - £24 200 - **$38,000**
- Palais d'Egmont - Poster (149x82cm-59x32in) London 96 .... FF9 740 - £1 250 - **$1,920**
- Jeune femme assise - Aquarelle/papier (24x18cm-9x7in) Bruxelles 97 .... FF11 452 - £1 211 - **$1,981**
- Visite dominicale - Aquarelle/papier (90x67cm-35x26in) Bruxelles 92 .... FF29 900 - £3 060 - **$5,740**

TOUSSAINT Henri 1849-1911 [5]
- Saint-Pol de Léon - Affiche (104x78cm-41x31in) Boulogne 96 .... FF1 600 - £199 - **$311**

TOUSSAINT Louis 1826-1879 [6]
- A drawing lesson - Oil/canvas (74x61cm-29x24in) Billinghurst, West Sussex 93 .... FF30 700 - £3 700 - **$5,370**

TOUSSAINT Louis Anatole 1856-1919 [2]
- Paysage au pont - Huile/toile (46x57cm-18x22in) Provins 94 .... FF4 000 - £468 - **$702**
- Marins à la passerelle - Gouache (17x25cm-7x10in) Le Havre 90 .... FF3 500 - £356 - **$700**

TOUSSAINT Maurice [24]
- Militaires et chevaux - Aquarelle, gouache/papier (27x22cm-11x9in) Paris 90 .... FF4 900 - £508 - **$861**

TOUSSAINT Peter 1832-1892 [1]
- Französische Kirchen - Aquarelle, gouache (28x37cm-11x15in) Zürich 93 .... FF9 210 - £1 137 - **$1,730**

TOUSSAINT Pierre Joseph 1822-1888 [5]
- Training the dog - Oil/panel (25x34cm-10x13in) Amsterdam 93 .... FF15 600 - £1 785 - **$2,655**

TOUZÉ Jean 1747-1809 [2]
- Le Charlatan - Crayon (21x26cm-8x10in) Paris 92 .... FF25 000 - £2 983 - **$4,810**

TOUZENIS Georges 1947 [3]
- Sans titre - Acrylique/toile (120x120cm-47x47in) Paris 96 .... FF2 000 - £249 - **$388**

TOVAR Ivan 1942 [5]
- Le Poids du Rêve - Oil/canvas (100x81cm-39x32in) New-York 95 .... FF82 500 - £10 950 - **$17,000**

TOVEY Mary Sympson 1850-1879 [1]
- Lille pige med legetojdhest - Oil/canvas (60x50cm-24x20in) Köbenhavn 90 .... FF8 800 - £942 - **$1,530**

TOWERS James 1853-? [2]
- River at Arundel - Watercolour (33x48cm-13x19in) Exeter, Devon 92 .... FF1 508 - £180 - **$290**

TOWERS Samuel 1862-1943 [7]
- Village pond before a cottage - Watercolour (41x32cm-16x13in) Honiton, Devon 95 .... FF2 080 - £270 - **$428**

TOWN Harold Barling 1924-1991 [31]
- Still life - Oil/canvas (76x76cm-30x30in) Toronto 94 .... FF17 540 - £2 090 - **$3,303**
- Abstract - Bronze (208cm-82in) Toronto 95 .... FF5 360 - £711 - **$1,107**
- Enigma No. 2 - Ink (48x66cm-19x26in) Toronto 96 .... FF3 230 - £409 - **$619**

TOWN Karl O'Lynch van 1869-? [1]
- Felsenkünste - Öl/Leinwand (74x117cm-29x46in) Wien 97 .... FF11 980 - £1 260 - **$2,057**

TOWNE Charles 1781-1854 [12]
- A bay amer and a terrier - Oil/canvas (48x61cm-19x24in) Altrincham 92 .... FF*116 200* - £*11 900* - **$20,460**

TOWNE Charles Town 1763-1840 [39]
- Bay hunter - Oil/canvas (39x46cm-15x18in) New-York 96 .... FF*21 600* - £*2 620* - **$4,200**
- Black Hunter - Oil/panel (42x53cm-17x21in) London 97 .... FF*67 542* - £*7 200* - **$11,685**
- Master of the Cheshire Harriers - Oil/canvas (95x114cm-37x45in) New-York 97 .... FF*433 523* - £*46 215* - **$75,000**

TOWNE Francis 1739/40-1816 [23]
- Edinburgh castle - Pencil (17x25cm-7x10in) London 94 .... FF*19 340* - £*2 300* - **$3,540**
- Bickley Vale, Devon - Watercolour (14x23cm-6x9in) London 97 .... FF*44 944* - £*4 800* - **$7,815**
- Vale of St. John, Cumberland - Watercolour (15x23cm-6x9in) London 92 .... FF*150 700* - £*18 000* - **$29,000**

TOWNER Donald 1903-? [2]
- Prospect Place, London NW3 - Oil/canvas (75x53cm-30x21in) Retford, Nottinghamshire 93 ...... FF*3 984* - £*480* - **$696**

TOWNLEY Charles 1746-c.1800 [1]
- Storm, groom and horse - Oil/canvas (91x121cm-36x48in) New-York 92 .... FF*138 700* - £*14 530* - **$25,000**

TOWNSEND Alfred Oliver 1846-1917 [2]
- Warwick Castle with figures
  Watercolour (33x51cm-13x20in) Richmond, North Yorkshire 93 .... FF*3 320* - £*400* - **$580**

TOWNSEND Arthur Louis XIX-XX [2]
- Evening in Mazagan, Morocco - Oil/canvas (46x41cm-18x16in) New-York 93 .... FF*5 310* - £*604* - **$900**
- Lawrenvce of Arabia - Watercolour/paper (65x41cm-26x16in) New-York 93 .... FF*3 835* - £*437* - **$650**

TOWNSEND Ernest N. 1893-1945 [3]
- Eastern Head - Oil/canvas (76x86cm-30x34in) Cambridge, Mass. 94 .... FF*3 680* - £*442* - **$700**

TOWNSEND Lee 1895-1965 [1]
- In the saddling enclosure - Oil/canvas (61x76cm-24x30in) New-York 97 .... FF*43 352* - £*4 622* - **$7,500**

TOWNSEND William 1909 [3]
- Hop alleys - Oil/canvas (63x76cm-25x30in) London 92 .... FF*9 280* - £*950* - **$1,640**

TOWNSHEND Arthur Louis XIX-XX [4]
- Zaneda by Rosicrucian out of Childerie - Oil/canvas (65x82cm-26x32in) London 91 .... FF*11 360* - £*1 148* - **$2,255**

TOWNSHEND George 1724-1807 [1]
- Aldermann and his ribb - Ink/paper (20x17cm-8x7in) London 89 .... FF*1 900* - £*194* - **$305**

TOWNSHEND James ?-1949 [5]
- An Essex Haven - Oil/canvas (38x61cm-15x24in) Aylsham, Norfolk 96 .... FF*8 190* - £*1 050* - **$1,614**

TOWNSLEY Channel Pickering 1867-1921 [1]
- Still life - Oil/canvas (58x71cm-23x28in) Mystic, Connecticut 91 .... FF*4 795* - £*477* - **$825**

TOYEN Marie Cernínová 1902-1980 [19]
- Eveil - Huile/toile (83x124cm-33x49in) Paris 94 .... FF*58 000* - £*6 950* - **$11,000**
- La Forêt sacrilège at autres textes - Etching Hamburg 96 .... FF*1 553* - £*188* - **$302**
- Visage de femme - Encre Chine/papier (18x12cm-7x5in) Paris 97 .... FF*6 000* - £*670* - **$1,091**

TOYNBEE Laurence 1922 [3]
- Thurloe Street, South Kensington - Oil/canvas/board (21x26cm-8x10in) London 96 .... FF*5 260* - £*650* - **$1,016**

TOZER Henry Spernon c.1870-1940 [14]
- Waiting for the day's catch - Oil/canvas (61x92cm-24x36in) New-York 94 .... FF*27 800* - £*3 214* - **$4,750**
- Cottage interior - Watercolour (27x37cm-11x15in) London 95 .... FF*11 050* - £*1 400* - **$2,223**

TOZZI Mario 1895-1979 [84]
- Reduce dello spazio - Olio/tela (35x27cm-14x11in) Prato 94 .... FF*36 400* - £*4 400* - **$6,820**
- Figura - Olio/tela (35x27cm-14x11in) Milano 94 .... FF*78 000* - £*9 200* - **$14,720**
- Natura morta - Olio/tela (70x59cm-28x23in) Roma 91 .... FF*130 700* - £*13 011* - **$22,476**
- Testina indignata - Olio/tela (55x46cm-22x18in) Prato 97 .... FF*187 000* - £*22 000* - **$33,000**
- Il gioco della dama - Olio/tela (118x75cm-46x30in) Milano 92 .... FF*498 000* - £*51 000* - **$87,700**

TRABALESI Giulio 1724-1812 [1]
- Orfeo ed Euridice negli inferi - Olio/tela (100x80cm-39x31in) Lugano 92 .... FF*122 700* - £*12 540* - **$21,600**

TRABUC Louis 1928 [5]
- Antibes - Huile/toile (38x46cm-15x18in) Cannes 93 .... FF*5 000* - £*603* - **$910**

TRACHEL Domenico 1830-1897 [4]
- Jean-François Millet - Huile/panneau (30x25cm-12x10in) Barbizon 96 .... FF*10 000* - £*1 175* - **$1,967**
- Vieux chasseur à la pipe - Aquarelle (37x26cm-15x10in) Nice 95 .... FF*3 000* - £*390* - **$615**
- Côte d'Azur et village d'Eze - Aquarelle (25x42cm-10x17in) Biarritz 90 .... FF*10 500* - £*1 088* - **$1,845**

TRACHEL Ercole, Hercule 1820-1872 [9]
- Repas des paysans et la sieste - Aquarelle (26x21cm-10x8in) Nice 92 .... FF*7 200* - £*737* - **$1,296**

TRACHSEL Albert 1863-1929 [21]
- Elseneur, le château d'Hamlet - Huile/toile (101x130cm-40x51in) Paris 90 .... FF*72 000* - £*7 438* - **$12,721**
- Gebirgslandschaft - Aquarell/Papier (24x34cm-9x13in) Zürich 96 .... FF*8 480* - £*1 100* - **$1,680**

TRACY Glen 1883-? [1]
- Putting Up the Big Top in a Storm
  Oil/panel (71x91cm-28x36in) San Francisco-Los Angeles 94 .... FF*13 920* - £*1 645* - **$2,500**

TRACY John Martin 1844-1893 [8]
- Hunting party - Oil/canvas (38x56cm-15x22in) San Francisco-Los Angeles 94 .... FF*18 100* - £*2 140* - **$3,250**
- A shepherdess - Oil/canvas (76x127cm-30x50in) New-York 95 .... FF*80 300* - £*10 050* - **$16,000**

TRACY Michael 1943 [2]
- Wild style, 1984 - Oil/canvas (176x232cm-69x91in) Milano 90 .... FF*91 500* - £*9 734* - **$16,369**
- Via Dolorosa-Eleven - Sculpture (70cm-28in) New-York 95 .... FF*9 750* - £*1 197* - **$1,900**

T

TRAFFELET Friedrich Eduard 1897-1954 [36]
- Schläfer in der Ewigkeit - Oil/Leinwand (170x97cm-67x38in) Bern 94 .... FF12 120 - £1 404 - **$2,090**
- Frauenportrait in Militäruniform - Aquarelle (47x34cm-19x13in) Zofingen 95 .... FF2 765 - £362 - **$554**
- Studie zu Patrouille im Walde - Aquarelle (53x63cm-21x25in) Bern 96 .... FF12 220 - £1 482 - **$2,376**

TRÄGÅRDH Carl 1861-1899 [29]
- Landskap med kor - Oil/canvas (36x54cm-14x21in) Stockholm 93 .... FF14 800 - £1 820 - **$2,740**
- Pickande höns - Oil/canvas (45x59cm-18x23in) Stockholm 97 .... FF18 113 - £1 912 - **$3,129**
- Pa hemväg, 1896 - Oil/canvas (43x55cm-17x22in) Stockholm 89 .... FF135 700 - £13 502 - **$21,438**

TRAIES William 1789-1872 [7]
- Vales of the Teign, Devon - Oil/canvas (91x130cm-36x51in) Torquay, Devon 92 .... FF77 900 - £8 000 - **$14,960**

TRAMASURE de P. 1790-? [1]
- River landscape with peasant family - Oil/panel (77x66cm-30x26in) Amsterdam 91 .... FF16 600 - £1 649 - **$2,882**

TRAMEAU Raymond 1897-c.1985 [18]
- Rayons solaires - Huile/toile (46x33cm-18x13in) La Varenne Saint-Hilaire 91 .... FF3 700 - £371 - **$611**
- Composition géométrique - Gouache (65x50cm-26x20in) La Varenne Saint-Hilaire 89 .... FF3 300 - £348 - **$556**

TRAMPEDACH Kurt 1943 [44]
- Paranoia I - Oil/canvas (80x100cm-31x39in) Köbenhavn 94 .... FF6 970 - £813 - **$1,222**
- Erotisk sceneri - Oil/canvas (160x117cm-63x46in) Köbenhavn 95 .... FF33 700 - £4 370 - **$6,860**
- Selvportraet - Watercolour (38x48cm-15x19in) Köbenhavn 96 .... FF3 250 - £387 - **$613**

TRAN-LONG Mara 1935 [71]
- Pas de deux - Huile (92x73cm-36x29in) Paris 91 .... FF4 100 - £414 - **$814**
- Mélancolie - Gouache (21x27cm-8x11in) Grenoble 91 .... FF1 800 - £184 - **$336**

TRANAAS Ferdinand Kjerulf 1877-1932 [2]
- Aftenstemning - Oil/canvas (71x94cm-28x37in) Oslo 92 .... FF4 850 - £580 - **$933**

TRANCHANT Pierre Jules 1882-? [1]
- Marché à Caudebec-en-Caux - Huile/carton (73x92cm-29x36in) Paris 95 .... FF3 500 - £450 - **$707**

TRANKELL Bo 1942 [6]
- Mor och barn - Oil/canvas (81x92cm-32x36in) Stockholm 91 .... FF14 140 - £1 435 - **$2,554**

TRAPP Willy 1905-1984 [3]
- Davos - Poster (127x92cm-50x36in) New-York 96 .... FF10 350 - £1 337 - **$2,000**

TRAQUAIR Phoebe Anna 1852-1936 [4]
- The new creation - Oil/canvas (58x49cm-23x19in) London 91 .... FF99 200 - £9 996 - **$17,214**

TRAQUANDI Gérard 1952 [3]
- Sans titre - Crayon (48x32cm-19x13in) Marseille 90 .... FF6 500 - £655 - **$1,182**

TRATCHENKO Michaïl 1860-? [1]
- Ile de Saba (Antilles), Diamond Rock - Huile/toile (50x65cm-20x26in) Paris 94 .... FF5 200 - £612 - **$914**

TRATT Karl 1903-1937 [1]
- Bildnis eines Jünglings - Öl/Leinwand (49x30cm-19x12in) Heidelberg 94 .... FF8 220 - £954 - **$1,416**

TRÄTZL Robert XX [2]
- Uferlandschaft - Oil/canvas (70x80cm-28x31in) München 92 .... FF3 385 - £394 - **$691**

TRAUB Gustav 1885-1955 [10]
- Kleiner Junge - Öl/Karton (67x60cm-26x24in) Kempten 96 .... FF6 760 - £802 - **$1,318**

TRAUNFELLNER Franz 1913 [3]
- Alter Apfelbaum - Woodcut (29x41cm-11x16in) Wien 96 .... FF2 600 - £325 - **$503**

TRAUTMANN Georg 1865-1935 [4]
- Riesengebirgslandschaft - Gouache (23x35cm-9x14in) Hamburg 93 .... FF2 477 - £281 - **$419**

TRAUTMANN Johann Georg 1713-1769 [14]
- Bärtiger Orientalen - Oil/canvas (64x51cm-25x20in) Köln 95 .... FF29 340 - £3 820 - **$6,020**

TRAUTSCHOLD Wilhelm Carl F. 1815-1877 [5]
- Ophelia - Oil/canvas (155x119cm-61x47in) New-York 95 .... FF204 400 - £25 460 - **$40,000**

TRAUTTWEILER von Stefanie 1888-? [10]
- Markttag am Hauptplatz von Graz - Oil/canvas (81x66cm-32x26in) Wien 94 .... FF8 730 - £1 011 - **$1,654**

TRAVERS-SMITH Brian 1931 [2]
- Marsh scene - Watercolour, gouache (33x51cm-13x20in) Victoria, B.C. 95 .... FF2 195 - £287 - **$440**

TRAVERSE Pierre 1892-1979 [3]
- Centaure et Déjanire - Bronze (88x60cm-35x24in) Paris 89 .... FF170 000 - £17 914 - **$28,620**

TRAVERSIER Jacques 1875-1935 [37]
- L'Isère et la chaîne de Belledonne - Aquarelle (18x29cm-7x11in) Grenoble 94 .... FF2 000 - £233 - **$353**

TRAVI IL SORDO DI SESTRI Antonio 1608-1665 [1]
- L'Adoration des Mages - Encre (23x37cm-9x15in) Paris 93 .... FF10 000 - £1 205 - **$1,820**

TRAVIÉS DE VILLIERS Charles Joseph 1804-1859 [2]
- Femme avec un enfant - Dessin (35x21cm-14x8in) Paris 90 .... FF3 200 - £327 - **$632**

TRAVIES Édouard 1809-c.1870 [47]
- Bouvreuil, martin-pêcheur et bécasse - Lithographie couleurs (49x33cm-19x13in) Paris 95 .... FF3 000 - £399 - **$619**
- Grey Plover - Ink (36x50cm-14x20in) London 96 .... FF14 700 - £1 700 - **$2,814**
- Bokmakierie - Watercolour, gouache (30x38cm-12x15in) London 96 .... FF43 200 - £5 000 - **$8,270**

TRAVIS Olin Herman 1888-1975 [1]
- The Hill Top Ozarks - Oil/canvas (51x66cm-20x26in) Chicago 93 .... FF2 750 - £345 - **$500**

TRAWÖGER Ernst 1955 [9]
- Ohne Titel - Acrylic/canvas (150x150cm-59x59in) Wien 95 .... FF15 180 - £1 894 - **$3,065**
- Ohne Titel - Gouache/paper (53x45cm-21x18in) Wien 92 .... FF4 810 - £493 - **$847**

TRAYER Jules 1824-1908/9 [34]
- Intérieur à la Vierge - Huile/toile (33x46cm-13x18in) Douarnenez 93 .... FF10 500 - £1 265 - **$1,910**

Mère veillant son enfant - Oil/panel (60x46cm-24x18in) New-York 97 .... FF**62 750** - £**6 763** - **$11,000**
✑ *A young girl with a puppy* - Watercolour/paper (94x66cm-37x26in) Bath 92 .... FF**4 130** - £**480** - **$843**
TRAYLOR Bill 1854-1947 [8]
✑ *Strutting man* - Wash (25x20cm-10x8in) New-York 91 .... FF**32 900** - £**3 318** - **$6,412**
TRAZ de Edouard 1832-1918 [2]
● *Hilltop monastery, Greece* - Oil/panel (31x43cm-12x17in) London 96 .... FF**4 580** - £**580** - **$878**
Barques sur la plage - Oil/canvas (33x41cm-13x16in) Köbenhavn 94 .... FF**15 650** - £**1 797** - **$2,677**
TRAZ de Georges 1881-1955 [1]
● *Artisten* - Öl/Leinwand (81x100cm-32x39in) Zürich 93 .... FF**9 900** - £**1 126** - **$1,680**
TREALLiW Arthur Willaert 1875-1942 [9]
● *Les préparatifs du départ* - Huile/toile (80x110cm-31x43in) Bruxelles 97 .... FF**6 217** - £**649** - **$1,064**
TREBACZ Maurycy 1861-1941 [1]
● *Portret Dziewczynki* - Huile/carton (27x21cm-11x8in) Warszawa 93 .... FF**3 400** - £**348** - **$563**
TREBILCOCK Paul 1902-1981 [3]
● *Vénus in Orvieto* - Oil/canvas (97x121cm-38x48in) Cambridge, Mass. 91 .... FF**34 200** - £**3 433** - **$5,917**
TREBUCHET André L.M. 1898-1902 [1]
● *Ainhoa* - Huile/toile (46x55cm-18x22in) Biarritz 94 .... FF**2 200** - £**261** - **$407**
TREBUTIEN Etienne Léon 1823-1871 [1]
● *Fruits by an urn* - Oil/canvas/board (99x80cm-39x31in) London 91 .... FF**25 800** - £**2 600** - **$4,477**
TRECCANI Ernesto 1920 [79]
● *Figura* - Olio/tela (80x50cm-31x20in) Milano 94 .... FF**4 070** - £**480** - **$768**
Vegetazione - Olio/tela (54x70cm-21x28in) Roma 92 .... FF**15 850** - £**1 623** - **$2,790**
✑ *Figura* - China (62x40cm-24x16in) Milano 94 .... FF**1 765** - £**210** - **$315**
TRECHSLIN Anne Marie 1927 [4]
✑ *Kamelienzweig mit 3 Blüten* - Aquarell (29x18cm-11x7in) Zofingen 96 .... FF**3 930** - £**490** - **$758**
TREFFTZ Gertrud 1859-? [1]
● *Still life of fruits in a basket* - Oil/canvas (72x102cm-28x40in) London 91 .... FF**30 240** - £**3 010** - **$5,200**
TREFONIDES Steven 1926 [2]
✑ *Top hat and rainbow* - Pastel/paper (100x76cm-39x30in) Cambridge, Mass. 91 .... FF**6 590** - £**661** - **$1,088**
TREIBER Hans 1869-? [5]
● *Frau in Schwarzälder Tracht* - Öl/Leinwand (80x60cm-31x24in) Wien 94 .... FF**2 430** - £**285** - **$433**
TREIDLER Adolf 1843-1905 [2]
● *Italienisches Trachtenmädchen* - Oil/canvas (42x30cm-17x12in) Luzern 92 .... FF**4 090** - £**418** - **$721**
⌐ *Furness Cruises & the West Indies* - Poster (102x152cm-40x60in) New-York 96 .... FF**2 780** - £**355** - **$550**
TREIMAN Joyce Wahl 1922-1991 [1]
● *Dust Blowing at Camp-Site* - Oil/canvas (30x61cm-12x24in) Baton Rouge, Louisiana 94 .... FF**3 154** - £**379** - **$600**
TRELEANI Pio XX [2]
● *Nature morta con uva* - Olio/tavola (70x49cm-28x19in) Trieste 93 .... FF**6 950** - £**781** - **$1,245**
TRELECKI de Jean, Comte XIX-XX [1]
▥ *Léonide Massin* - Photo (25x20cm-10x8in) Paris 91 .... FF**4 200** - £**418** - **$722**
TRELLES Rafael 1957 [4]
✑ *Juana Morales* - Acrylic/canvas (76x122cm-30x48in) New-York 95 .... FF**51 000** - £**6 370** - **$10,000**
TREMBLAY Daniel 1950-1985 [1]
⌂ *La chambre de Van Gogh* - Plaster (66x16x39cm-26x6x15in) Saumur 90 .... FF**8 200** - £**884** - **$1,446**
TREMBLAY Louis 1949 [6]
● *Baie St-Paul* - Huile/isorel (31x41cm-12x16in) Montréal 96 .... FF**2 410** - £**303** - **$475**
TREMBLE Léopold 1924 [3]
● *Vieux moulin, Hébertville* - Huile/toile/carton (31x41cm-12x16in) Montréal 90 .... FF**2 400** - £**257** - **$417**
TREMEAUX Pierre 1818-1895 [1]
▥ *Jeune femme nouba, Soudan* - Tirage albuminé (25x19cm-10x7in) Paris 94 .... FF**8 000** - £**948** - **$1,480**
TREMEL Roger 1907-1987 [2]
● *La palmeraie, Marrakech* - Huile/toile (52x66cm-20x26in) Paris 96 .... FF**7 000** - £**878** - **$1,354**
TREMERIES Carolus 1858-1945 [5]
● *Begijnhof onder de sneeuw* - Huile/toile (130x120cm-51x47in) Lokeren 92 .... FF**21 600** - £**2 210** - **$3,800**
TREML Friedrich Johann 1816-1852 [57]
✑ *Vor der Dorfkirche* - Aquarell/Papier (11x13cm-4x5in) Wien 96 .... FF**22 050** - £**2 854** - **$4,410**
TREMLETT David 1945 [6]
✑ *Great Chihuahua, 1983* - Crayon London 89 .... FF**17 400** - £**1 779** - **$2,797**
TRÉMOIS Pierre-Yves 1921 [50]
⌐ *La grande meute* - Eau-forte (62x45cm-24x18in) Paris 97 .... FF**2 000** - £**211** - **$343**
⌂ *Oeuf Genèse II* - Bronze (25cm-10in) Lokeren 93 .... FF**23 070** - £**2 760** - **$4,710**
✑ *Bestiaire* - Encre (38x56cm-15x22in) Paris 95 .... FF**1 950** - £**249** - **$393**
TREMOLIERE Pierre Charles 1703-1739 [5]
✑ *Anges à la couronne d'étoiles* - Dessin (32x43cm-13x17in) Monaco 93 .... FF**12 000** - £**1 446** - **$2,182**
TRÉMONT Auguste 1893-? [10]
⌂ *Lionne couchée* - Bronze (10cm-4in) Paris 93 .... FF**55 000** - £**6 630** - **$10,000**
✑ *Le tigre* - Sanguine/papier (65x50cm-26x20in) Paris 89 .... FF**16 000** - £**1 592** - **$2,528**
TRENK Franz 1899-1960 [6]
● *Toplitzalpe, Totes Gebirge* - Öl/Leinwand (80x92cm-31x36in) Wien 94 .... FF**14 570** - £**1 710** - **$2,596**
TRENKWALDER Elmar 1959 [5]
● *Ohne Titel* - Oil/paper (110x120cm-43x47in) Wien 95 .... FF**15 180** - £**1 894** - **$3,065**

T

Bust - Bronze (36cm-14in) Wien 95.. FF11 130 - £1 390 - **$2,250**

TRENTAN-HAVLICEK Jan 1856-1934 [7]
Mühle im Trentathale - Öl/Leinwand (113x91cm-44x36in) Wien 92............ FF16 830 - £2 010 - **$3,240**
Weissenkirchen an der Wachau - Aquarell/Papier (27x19cm-11x7in) Wien 95........... FF2 000 - £252 - **$399**

TRENTANOVE Raimondo 1792-1832 [1]
Bust of Napoléon - Marble (46cm-18in) New-York 90........................ FF17 150 - £1 735 - **$3,262**

TRENTIN Angelo 1850-1912 [3]
Melonenverkäufer in Venedig - Oil/panel (40x26cm-16x10in) Wien 90........ FF52 800 - £5 373 - **$10,559**

TRENTINI Guido 1889-? [3]
Ragazza con caraffa - Olio/tela (83x63cm-33x25in) Milano 94............. FF70 600 - £8 400 - **$12,600**

TRESCA Giuseppe ?-1816 [3]
Maria Carolina von Neapel-Sizilien - Miniature (4x4cm-2x2in) Wien 96............ FF4 320 - £558 - **$834**

TRESCH Georges Albert 1881-1948 [5]
Vase de fleurs - Huile/toile (61x50cm-24x20in) Lyon 92..................... FF11 000 - £1 126 - **$1,937**

TRESHAM Henry 1750/1-1814 [1]
The Latomie at Syracuse - Wash London 89................................ FF7 300 - £746 - **$1,174**

TRESKIN Alexandre 1898-1955 [1]
Jeune fille à la mandarine - Huile/toile (84x70cm-33x28in) Paris 91.......... FF2 800 - £281 - **$513**

TRESS Arthur 1940 [1]
Endangered breeding project, NY - Cibachrome print (39x39cm-15x15in) Paris 96........ FF2 200 - £284 - **$425**

TREU Nicolaus 1734-1786 [3]
Trompe l'oeil's: Girl/Boy (2) - Oil/canvas (67x51cm-26x20in) New-York 97......... FF164 961 - £17 751 - **$29,000**

TREU Philipp Jakob 1761-1825 [1]
Petit buste du Roi de Rome - Bronze (9cm-4in) Paris 96................... FF23 500 - £2 720 - **$4,500**

TREUNER Hermann 1876-? [1]
Nidda-Auen - Öl/Leinwand (62x74cm-24x29in) Frankfurt 94............... FF2 040 - £234 - **$349**

TREVANI A. XIX-XX [2]
Elegant company - Oil/canvas (73x99cm-29x39in) Amsterdam 91........... FF30 200 - £2 999 - **$5,244**

TREVELYAN Julian 1910-1988 [71]
Siena - Oil/canvas (61x79cm-24x31in) London 95........................ FF9 000 - £1 150 - **$1,850**
Oast Houses - Oil/canvas (23x31cm-9x12in) London 95.................. FF27 400 - £3 500 - **$5,610**
Studio riot - Oil/canvas (60x73cm-24x29in) London 96................. FF47 850 - £5 800 - **$9,300**
City - Watercolour (28x38cm-11x15in) London 94........................ FF15 840 - £1 900 - **$3,080**

TREVERDY Yves 1916-1986 [4]
La Mer... - Aquarelle/papier (74x103cm-29x41in) Paris 93.............. FF3 000 - £362 - **$546**

TREVITHICK James Garland 1846-1944 [1]
Fishing boats in Auckland harbour - Oil/board (22x39cm-9x15in) London 92...... FF21 500 - £2 200 - **$3,784**

TREVOR Arthur 1864-1941 [1]
Mercado callejero en Andalucía - Acuarela, gouache (54x35cm-21x14in) Madrid 96.......... FF1 610 - £200 - **$312**

TREVOR Helen Mabel 1831-1900 [2]
Study of a seated monk
   Oil/canvas (81x58cm-32x23in) Castle Upton, Templepatrick, Co. Antrim 93.......... FF6 150 - £700 - **$1,043**

TREVOUX Joseph 1831-1909 [1]
L'étang de Charray en Morestel - Huile/toile (60x40cm-24x16in) Lyon 95.......... FF6 000 - £777 - **$1,228**

TREZZINI Angelo 1827-1904 [1]
Tired seamstress - Oil/canvas (124x84cm-49x33in) London 93............ FF43 900 - £5 000 - **$7,450**

TRIADO José 1870-1929 [1]
Niña catalana, Playa de Cadaqués - Oleo/lienzo (52x39cm-20x15in) Madrid 93...... FF7 520 - £904 - **$1,464**

TRIADO NOLLA Albert 1910-? [1]
Joven pescadora - Oleo/lienzo (95x75cm-37x30in) Madrid 94............. FF3 094 - £366 - **$556**

TRIANTAFYLLIS Theofrastos 1881-1955 [4]
A woman sewing - Oil/cardboard (40x31cm-16x12in) Athens 94........... FF38 600 - £4 470 - **$7,400**

TRIBOUT Georges Henri 1884-1962 [7]
La baignade - Encre Chine (50x70cm-21x28in) Paris 91.................. FF2 400 - £247 - **$447**

TRICCA Marco Aurelio 1880-1969 [2]
Landscape with trees and houses - Oil/canvas (29x36cm-11x14in) New-York 95....... FF3 013 - £377 - **$600**

TRICCOLI Giuseppe 1823-1900 [1]
Rosenstilleben - Öl/Leinwand (19x27cm-7x11in) Wien 96............... FF13 720 - £1 776 - **$2,743**

TRICHTL Alexander 1802-1884 [4]
Das alte Pfarrkirchlein in Hallstatt - Oil/panel (24x33cm-9x13in) Wien 96......... FF14 480 - £1 650 - **$2,774**

TRICKETT John [2]
A golden retriever - Oil/canvas (50x76cm-20x30in) London 92.......... FF3 130 - £320 - **$652**

TRIEB Anton 1883-1954 [1]
St. Gothard, Suisse - Poster (102x64cm-40x25in) London 96........... FF3 770 - £480 - **$725**

TRIEBEL Carl 1823-1885 [5]
Cows in an Alpine landscape - Oil/canvas (117x96cm-46x38in) New-York 95....... FF17 050 - £2 215 - **$3,500**

TRIER Hann 1915 [61]
Grisaille - Tempera/canvas (65x45cm-26x18in) Berlin 92............... FF40 700 - £4 860 - **$7,830**
Schwanken II - Oil/canvas (100x65cm-39x26in) Köln 92............... FF136 000 - £13 920 - **$23,940**
Komposition - Coloured chalks (18x23cm-7x9in) München 95.......... FF6 440 - £808 - **$1,243**
Untitled - Watercolour/paper (72x50cm-28x20in) Amsterdam 92........ FF20 630 - £2 112 - **$3,630**

TRIFFEZ Jean Pourbaix, dit 1931-1983 [1]
Le sens de la fumée - Olio/tela (60x50cm-24x20in) Milano 90.......... FF6 900 - £734 - **$1,234**

TRIFONOV Vladimir 1949 [2]
- Un matin d'automne - Huile/toile (70x90cm-28x35in) Paris 90 .... FF**22 000** - £**2 215** - $**4,310**

TRIGLER Martin 1867-? [1]
- Blick auf das Kitzsteinhorn - Öl/Leinwand (60x82cm-24x32in) Wien 93 .... FF**7 920** - £**920** - $**1,333**

TRIGNAC Gérard 1955 [2]
- Tour du Pendu/Portes du Silence - Eau-forte Paris 90 .... FF**3 100** - £**315** - $**620**

TRIGNART Antoine XVIII-XIX [2]
- Jeune homme en habit bleu - Miniature (5cm-2in) Paris 92 .... FF**21 000** - £**2 440** - $**4,290**

TRIGOULET Eugène 1867-1910 [4]
- Portrait de pêcheur - Huile/toile Montreuil-sur-Mer 94 .... FF**8 000** - £**910** - $**1,360**

TRIGT van Hendrik Albert 1829-1899 [3]
- Napoleon & his officers at Waterloo - Watercolour (40x56cm-16x22in) Amsterdam 89 .... FF**5 100** - £**521** - $**820**

TRIMBORN Gottfried 1887-? [2]
- Sonntagsausflug am Rhein, Bonn - Öl/Leinwand (49x61cm-19x24in) Köln 94 .... FF**8 160** - £**952** - $**1,430**

TRIMOLET Anthelme 1798-1866 [2]
- Homme près d'un buste d'Apollon - Huile/toile (37x29cm-15x11in) Paris 92 .... FF**11 000** - £**1 313** - $**2,116**
- L'atelier du restaurateur - Huile/toile (55x43cm-22x17in) Paris 89 .... FF**190 000** - £**20 021** - $**31,987**

TRINCOT Georges 1921 [2]
- Avant la course - Huile/toile (50x61cm-20x24in) Dieppe 94 .... FF**9 500** - £**529** - $**837**
- Cavalier sur l'obstacle - Huile/toile (73x60cm-29x24in) Colmar 96 .... FF**16 000** - £**1 153** - $**1,807**

TRINDADE Antonio Xavier 1870-1935 [2]
- Woman performing pooja - Oil/canvas (80x42cm-31x17in) New Delhi 92 .... FF**17 670** - £**2 050** - $**3,465**

TRINER Franz Xaver 1767-1824 [3]
- Tuner See - Oil/panel (32x46cm-13x18in) Pforzheim 94 .... FF**4 460** - £**529** - $**824**
- Château des Seigneurs Aproo, Uri - Etching (18x30cm-7x12in) Bern 92 .... FF**20 550** - £**2 455** - $**3,950**
- Treib au port du lac de Lucerne - Aquarell (21x29cm-8x11in) Bern 93 .... FF**11 260** - £**1 410** - $**2,060**

TRINER Heinrich 1796-1873 [1]
- Wilhelm Tells Geburtshaus - Aquarell/Papier (24x31cm-9x12in) Luzern 92 .... FF**3 720** - £**380** - $**655**

TRINQUESSE Louis 1746-1800 [17]
- Jeune femme/Jeune homme - Huile/toile (63x53cm-25x21in) Paris 94 .... FF**88 000** - £**10 420** - $**16,260**
- Young Woman - Red chalk/paper (33x22cm-13x9in) New-York 97 .... FF**41 574** - £**4 628** - $**7,500**

TRINQUIER Antoine 1833-? [1]
- Marmiton dans sa cuisine - Huile/toile (55x65cm-22x26in) Lyon 90 .... FF**54 000** - £**5 745** - $**9,660**

TRINQUIER Michel 1931 [2]
- Nature morte à la cafetière - Huile/toile (140x90cm-55x35in) Entzheim 97 .... FF**3 300** - £**348** - $**566**

TRINQUIER-TRIANON L. XIX-XX [7]
- Chemin de fer à Chamonix - Affiche (107x76cm-42x30in) Paris 94 .... FF**3 400** - £**393** - $**587**

TRIOLET Jean-Henri 1939 [2]
- Lavandes en Haute-Provence - Huile/toile (46x55cm-18x22in) Paris 90 .... FF**8 200** - £**834** - $**1,640**

TRIONFI Emanuele 1832-1900 [2]
- Gentiluomo - Olio/tela (31x21cm-12x8in) Prato 96 .... FF**4 720** - £**560** - $**924**

TRIPE Linneaus 1822-1902 [24]
- Panorama de Burma - Tirage papier salé (23x60cm-9x24in) Paris 95 .... FF**12 000** - £**1 510** - $**2,400**
- Aisle, South side, Puthu Mundapum - Albumen print (33x28cm-13x11in) London 96 .... FF**56 100** - £**7 000** - $**10,840**

TRIPP Herbert Alker 1883-1954 [1]
- Southsea & Portsmouth - Poster (100x117cm-39x46in) London 96 .... FF**8 570** - £**1 100** - $**1,690**

TRIPP Jan Peter 1945 [2]
- Schreber-Album - Etching (9x7cm-4x3in) Stuttgart 93 .... FF**5 170** - £**585** - $**872**
- Vote - Pencil/paper (50x76cm-20x30in) Stuttgart 91 .... FF**5 070** - £**511** - $**880**

TRIPP Wilson B. 1896-? [1]
- Boxing match at Sharkey's - Oil/canvas (61x91cm-24x36in) Philadelphia 92 .... FF**8 800** - £**901** - $**1,550**

TRIPPEL Albert 1813-1854 [2]
- Mountainous village - Oil/canvas (58x42cm-23x17in) New-York 95 .... FF**10 710** - £**1 393** - $**2,200**
- Palazzo reale, Turin - Watercolour/paper (33x42cm-13x17in) London 94 .... FF**21 600** - £**2 500** - $**3,695**

TRIQUET Jules Octave 1867-1914 [2]
- Femme à la lyre - Huile/toile (243x173cm-96x68in) Paris 95 .... FF**30 000** - £**3 924** - $**6,010**

TRIQUETI de Henri 1804-1874 [1]
- Nu allongé - Sanguine (33x46cm-13x18in) Paris 93 .... FF**7 200** - £**900** - $**1,310**

TRIRUM van Johannes Wouterus 1924 [6]
- Playing kittens - Oil/canvas (40x50cm-16x20in) Amsterdam 90 .... FF**8 300** - £**857** - $**1,466**

TRISCOTT Samuel Peter Rolf 1846-1925 [7]
- Part of My Garden, Monhegan - Watercolour (33x25cm-13x10in) Portland, Maine 93 ..... FF**4 425** - £**504** - $**750**

TRITTEN Gottfried 1923 [5]
- Griechische Landschaft - Öl/Leinwand (48x89cm-19x35in) Bern 94 .... FF**6 190** - £**743** - $**1,203**
- Le Valais - Lithographie (48x40cm-19x16in) Bern 94 .... FF**3 000** - £**354** - $**534**

TRITTEN Wolfgang 1913-1983 [1]
- Unter den Linden - Watercolour, gouache (32x52cm-13x20in) Berlin 95 .... FF**6 180** - £**808** - $**1,255**

TRIVA Antonio Domenico 1626-1699 [1]
- Abundance - Oil/canvas (83x69cm-33x27in) London 96 .... FF**77 700** - £**9 000** - $**14,900**

TRIVELLONI Romolo 1917-1974 [1]
- Paesaggio - Olio/tela (70x92cm-28x36in) Milano 91 .... FF**3 390** - £**348** - $**632**

T

TRNKA Jirí 1912-1962 [1]
🖼 *Kinder* - Öl/Karton (25x34cm-10x13in) Zürich 93 .... FF**8 230** - £*968* - **$1,716**

TROCCOLI Giovanni 1882-1940 [1]
🖼 *Still life* - Oil/canvas (64x51cm-25x20in) North Berwick, Maine 92 .... FF**6 810** - £*698* - **$1,200**

TROCKEL Rosemarie 1952 [34]
🖼 *Untitled* - Machine-knitted wool/muslin (250x140cm-98x55in) New-York 96 .... FF**76 400** - £*9 000* - **$15,000**
🖼 *Guru* - Plaster (245x30x30cm-96x12x12in) Köln 96 .... FF**37 400** - £*4 260* - **$7,150**
✐ *Untitled* - Gouache/paper (29x20cm-11x8in) London 93 .... FF**11 200** - £*1 400* - **$2,030**

TRODOUX Henri Emile Adrien XIX [4]
🖼 *Cheval à l'arrêt* - Bronze (18cm-7in) Paris 95 .... FF**15 500** - £*2 010* - **$3,175**

TROEKES Heinz 1913 [3]
🖼 *Gestufte Sehräume* - Oil/canvas (65x103cm-26x41in) Köln 90 .... FF**26 640** - £*2 711* - **$5,328**

TROENDLE Hugo 1882-1955 [4]
✐ *Artistenfamilie* - Chalks (32x48cm-13x19in) München 93 .... FF**4 670** - £*527* - **$789**

TROFIMOFF Pierre 1925-1996 [74]
🖼 *Le vieux port* - Huile/toile (46x55cm-18x22in) Arles 96 .... FF**3 500** - £*450* - **$679**
Nature morte au raisin - Huile/toile (54x65cm-21x26in) Arles 93 .... FF**6 100** - £*763* - **$1,110**
✐ *Bouquet* - Gouache (63x47cm-25x19in) Arles 94 .... FF**2 000** - £*227* - **$339**

TROGER Paul 1698-1762 [14]
🖼 *Der heilige Kassian* - Öl/Leinwand (40x50cm-16x20in) Wien 97 .... FF**143 880** - £*15 540* - **$25,110**
✐ *The Sacrifice of Isaac* - Black chalk (16x20cm-6x8in) New-York 95 .... FF**16 100** - £*1 930* - **$3,000**

TROIANI Troiano XX [3]
🖼 *The Laborer* - Bronze (38cm-15in) New-York 94 .... FF**15 200** - £*1 745* - **$2,600**

TROILI Gustaf Uno 1815-1875 [1]
🖼 *Ludwig and Fanny Lamm* - Oil/canvas (68x59cm-27x23in) Stockholm 96 .... FF**5 840** - £*760* - **$1,145**

TROISCHT John 1877-? [1]
🖼 *Nogenstudie, kvinde set bagfra* - Oil/canvas (87x65cm-34x26in) København 90 ..... FF**13 200** - £*1 413* - **$2,296**

TROIVAUX Jean-Baptiste 1788-1860 [4]
✐ *A lady seated on a chair* - Miniature (6cm-2in) Genève 92 .... FF**14 460** - £*1 728* - **$2,780**

TROJANOWSKI Wincenty 1859-1928 [1]
🖼 *A critic with an artist* - Oil/canvas (39x49cm-15x19in) Warszawa 93 .... FF**18 240** - £*1 890* - **$3,150**

TRÖKES Heinz 1913 [57]
🖼 *Blickfeld* - Oil/canvas (77x79cm-30x31in) Köln 92 .... FF**23 800** - £*2 436* - **$4,190**
🖼 *Uber den Dächern unter der ...* - Öl/Leinwand (37x47cm-15x19in) Berlin 97 .... FF**83 531** - £*8 871* - **$14,550**
Komposition - Huile/toile/panneau (58x68cm-23x27in) Berlin 93 .... FF**104 400** - £*11 930* - **$17,760**

TROLLER Josephine 1908 [2]
🖼 *Vision* - Öl/Leinwand (61x46cm-24x18in) Luzern 94 .... FF**4 460** - £*533* - **$833**

TROMBADORI Francesco 1886-1961 [17]
🖼 *Pavoncelle e il boccale siciliano* - Olio/tela (45x55cm-18x22in) Roma 93 .... FF**42 700** - £*4 940* - **$7,260**

TRONCET Antony 1879-1939 [1]
✐ *Nu au bord du lac* - Pastel (84x118cm-33x46in) London 94 .... FF**111 500** - £*13 000* - **$19,530**

TROOD William H. Hamilton 1848-1899 [17]
🖼 *The Model Patient* - Oil/canvas (30x41cm-12x16in) London 96 .... FF**57 600** - £*7 500* - **$11,420**

TROOST Cornelis 1697-1750 [9]
🖼 *Reinier Adriaansz.'s declaration of love* - Oil/canvas (62x44cm-24x17in) Amsterdam 93 ..... FF**41 900** - £*4 820* - **$7,180**
✐ *Patroness of the City of Amsterdam* - Red chalk (33x21cm-13x8in) Amsterdam 92 .... FF**36 200** - £*4 320* - **$6,960**

TROOST Sara 1731-1803 [1]
🖼 *Zwei Tonpfeife rauchende Zecher* - Oil/panel (20x30cm-8x12in) Stuttgart 92 ...... FF**6 500** - £*667* - **$1,250**

TROOSTWYK van Wouter Joannes 1782-1810 [1]
✐ *Cow in a meadow* - Watercolour (10x16cm-4x6in) Amsterdam 94 .... FF**4 900** - £*584* - **$920**

TROPININ Vasilii Andreevich 1776-1857 [1]
🖼 *The guitar player* - Oil/canvas (85x67cm-33x26in) London 96 .... FF**118 000** - £*13 500* - **$22,500**

TROSCHEL Hans 1899-? [1]
🖼 *Landscape* - Öl/Leinwand (61x71cm-24x28in) Frankfurt 95 .... FF**2 315** - £*289* - **$468**

TROST Carl 1811-1884 [3]
🖼 *Ritter mit Elfe* - Oil/canvas (41x49cm-16x19in) München 91 .... FF**4 790** - £*492* - **$891**

TROST Friedrich, Jr. 1878-? [1]
🖼 *Nürnberg und St. Sebald* - Öl/Leinwand (65x46cm-26x18in) Köln 93 .... FF**14 240** - £*1 700* - **$2,740**

TROST Friedrich, Sr. 1844-1922 [1]
🖼 *In the park* - Oil/board (27x34cm-11x13in) London 92 .... FF**4 890** - £*500* - **$860**

TROTIN Hector 1894-1966 [4]
🖼 *Esplanade des Invalides* - Oil/board (33x55cm-13x22in) London 96 .... FF**16 760** - £*2 100* - **$3,234**

TROTT F.G. [2]
🖼 *Cornish coastal village with figures* - Oil/canvas (48x61cm-19x24in) Aylsham, Norfolk 92 .... FF**7 330** - £*875* - **$1,410**

TROTTER Alexander Mason 1891-1946 [2]
🖼 *The Cab Stand, Edinburgh* - Oil/canvas/board (23x29cm-9x11in) Edinburgh 92 ...... FF**11 720** - £*1 200* - **$2,064**

TROTTER Hugh Newbold 1827-1898 [7]
🖼 *The Prairie-Herd* - Oil/canvas/panel (25x51cm-10x20in) Boston, Mass. 92 .... FF**15 600** - £*1 862* - **$3,000**

TROTZG Ellen 1878-1949 [5]
🖼 *Landskap* - Oil/canvas (47x65cm-19x26in) Malmö 91 .... FF**4 240** - £*430* - **$766**

TROTZIER Jean Bernard XX [67]
🖼 *A la chasse* - Huile/toile (33x46cm-13x18in) Provins 96 .... FF**2 400** - £*309* - **$476**
Venise - Huile/toile (30x60cm-12x24in) Provins 94 .... FF**5 500** - £*633* - **$948**

Paysan et son troupeau - Huile/toile Bulgnéville 91 .... FF14 500 - £1 461 - **$2,516**
TROTZIG Ellen 1878-1949   [9]
☛ *Grön kulle, 1936* - Oil/canvas (53x55cm-21x22in) Malmö 90 .... FF8 000 - £857 - **$1,391**
TROTZIG Ulf 1925   [20]
☛ *Vid det gula havet* - Oil/canvas (104x116cm-41x46in) Stockholm 93 .... FF19 240 - £2 364 - **$3,560**
▱ *Vattenfall* - Etching in colors (49x39cm-19x15in) Stockholm 90 .... FF2 200 - £227 - **$389**
▱ *Ovädret, 1962* - Watercolour (12x16cm-5x6in) Stockholm 89 .... FF1 600 - £155 - **$243**
TROUBETZKOY Paul, Pavel, Paolo 1866-1938   [51]
▱ *Indian on horseback* - Bronze (52cm-20in) New-York 94 .... FF41 400 - £4 820 - **$7,250**
Auguste Rodin - Bronze (51cm-20in) New-York 94 .... FF146 000 - £17 230 - **$26,000**
Girl kneeling with a Dog - Bronze (81cm-32in) New-York 94 .... FF425 000 - £50 700 - **$80,000**
TROUBETZKOY Pierre 1864-?   [1]
☛ *Sir James Jebusa Shannon* - Oil/canvas (49x40cm-19x16in) New-York 90 .... FF45 800 - £4 872 - **$8,193**
TROUFANOV Mikhaïl Pavlovitch 1921-1988   [9]
☛ *Ouvriers d'une fonderie* - Huile/toile (57x72cm-22x28in) Grenoble 93 .... FF2 500 - £302 - **$455**
TROUGHTON Guy J. 1960   [2]
☛ *Partridges* - Acrylic/canvas (36x51cm-14x20in) London 94 .... FF7 240 - £850 - **$1,290**
TROUILLARD Gustave XIX   [1]
▱ *Pomone et Zeus* - Sculpture (68cm-27in) Argenteuil 92 .... FF9 500 - £972 - **$1,673**
TROUILLE Clovis 1889-1975   [5]
☛ *La Robe écarlate* - Huile/toile (54x73cm-21x29in) Paris 92 .... FF130 000 - £13 300 - **$22,900**
▱ *Le roi de Bamboula II* - Aquarelle (32x24cm-13x9in) Paris 92 .... FF11 500 - £1 177 - **$2,025**
Costaude de La Bastoche - Gouache (38x28cm-15x11in) Montauban 96 .... FF12 500 - £1 620 - **$2,470**
TROUILLEBERT Paul Désiré 1829-1900   [207]
☛ *Nu allongé* - Huile/panneau (23x44cm-9x17in) Saint-Dié 97 .... FF25 000 - £2 825 - **$4,527**
Wooded lake shore - Oil/canvas (22x27cm-9x11in) New-York 94 .... FF45 150 - £5 390 - **$8,500**
Golfe-Juan - Huile/toile (40x49cm-16x19in) Paris 96 .... FF78 000 - £9 770 - **$15,080**
Le Lac Léman - Oil/canvas (38x56cm-15x22in) London 95 .... FF107 800 - £13 500 - **$21,500**
Le pêcher - Oil/canvas (66x81cm-26x32in) New-York 97 .... FF188 249 - £20 292 - **$33,000**
Femme cueillant des fleurs - Oil/canvas (65x80cm-26x31in) New-York 97 .... FF313 748 - £33 820 - **$55,000**
TROUPEAU Ferdinand XIX-XX   [5]
☛ *Les Asters* - Huile/toile (46x61cm-18x24in) Pontoise 96 .... FF9 500 - £1 210 - **$1,832**
TROUSSARD Henri Georges 1896-1953   [2]
☛ *Jeune garçon* - Huile/toile (88x115cm-35x45in) Paris 92 .... FF7 200 - £737 - **$1,268**
TROUTMAN Stanley XX   [1]
▰ *Hiroshima, after the atomic bomb* - Silver print (18x23cm-7x9in) New-York 92 .... FF1 715 - £199 - **$350**
TROUTVOSKY Konstantin Alex. 1826-1893   [2]
☛ *At the well* - Oil/canvas (48x66cm-19x26in) Helsinki 95 .... FF22 440 - £2 710 - **$4,224**
TROUVILLE Louis François J. 1817-?   [3]
☛ *Abandoning the prize off a port* - Oil/canvas (104x161cm-41x63in) London 94 .... FF67 200 - £8 000 - **$12,800**
TROVA Ernest 1927   [56]
☛ *Study FM* - Acrylic/canvas (163x163cm-64x64in) New-York 94 .... FF8 990 - £1 061 - **$1,600**
Falling Man Series #59 - Latex/canvas (173x173cm-68x68in) New-York 94 .... FF63 900 - £7 410 - **$11,000**
▱ *Tristan Gox* - Iron (27cm-11in) New-York 97 .... FF11 608 - £1 221 - **$2,000**
Triangle #2 - Bronze (38cm-15in) New-York 95 .... FF29 050 - £3 850 - **$6,600**
Profile Canto, 1-3 - Sculpture (372x213cm-146x84in) New-York 96 .... FF65 000 - £8 410 - **$13,000**
▱ *Falling Man Series #6* - Graphite (97x97cm-38x38in) St. Louis, Miss. 93 .... FF7 370 - £840 - **$1,250**
TROXLER Georges Alfons 1909-1990   [15]
☛ *Zofingen, vom Heiternplatz aus* - Oil/canvas (46x55cm-18x22in) Zofingen 92 .... FF5 950 - £608 - **$1,048**
TROY de Jean François 1679-1752   [21]
☛ *Boucon* - Huile/toile (92x73cm-36x29in) Paris 97 .... FF180 000 - £18 828 - **$30,834**
Lecture de Molière - Oil/canvas (74x93cm-29x37in) London 94 .... FF3 4e +07 - £3 - **$5**
▱ *Joseph and Potiphar's Wife* - Ink (30x23cm-12x9in) London 93 .... FF216 000 - £26 000 - **$37,700**
TROYE Edward 1808-1874   [3]
☛ *American Eclipse* - Oil/canvas (64x75cm-25x30in) New-York 92 .... FF73 500 - £8 530 - **$15,000**
TROYER de Prosper 1880-1961   [47]
☛ *Slapend kindje* - Huile/panneau (45x56cm-18x22in) Lokeren 96 .... FF9 160 - £1 184 - **$1,810**
Salome - Huile/panneau (120x180cm-47x71in) Lokeren 96 .... FF32 860 - £4 060 - **$6,340**
▱ *Moeder met Kind* - Pastel (74x56cm-29x22in) Lokeren 96 .... FF4 670 - £603 - **$921**
TROYER Johannes 1902-1969   [1]
☛ *Zwei Papageien* - Öl/Leinwand (56x42cm-22x17in) Stuttgart 94 .... FF2 392 - £280 - **$422**
TROYON Constant 1810-1865   [122]
☛ *The Ferry Crossing* - Oil/canvas/board (116x157cm-46x62in) New-York 95 .... FF2 - £286 400 - **$450,000**
Intérieur d'écurie - Huile (41x39cm-16x15in) Paris 96 .... FF4 000 - £510 - **$771**
Vaches à la mare - Huile/carton (14x20cm-6x8in) Fontainebleau 94 .... FF17 000 - £2 010 - **$3,134**
Troupeau au bord de l'étang - Huile/toile (53x63cm-21x25in) Lyon 94 .... FF39 000 - £4 560 - **$6,840**
Clairière en forêt de Fontainebleau - Huile/panneau (35x48cm-14x19in) Barbizon 96 ...... FF78 000 - £9 720 - **$15,060**
Hounds in a Landscape - Oil/canvas (97x130cm-38x51in) New-York 96 .... FF339 000 - £39 300 - **$65,000**
▱ *L'heure de traire* - Pastel/papier (25x33cm-10x13in) Amsterdam 97 .... FF21 609 - £2 299 - **$3,760**
The pond - Pastel (65x54cm-26x21in) New-York 96 .... FF51 900 - £6 610 - **$10,000**
TRUBBIANI Valeriano 1937   [5]
▱ *Stato d'assedio* - Scultura (50x30x227cm-20x12x89in) Milano 90 .... FF35 500 - £3 575 - **$6,954**

TRUBEL Otto 1885-1966 [4]
🖌 *FluBlandschaft* - Oil/canvas (49x59cm-19x23in) Wien 92 .... FF7 210 - £862 - $1,388

TRÜBNER Alice 1875-1916 [2]
🖌 *Starnberger See mit Hotel Schloss Berg*
Öl/Leinwand (40x50cm-16x20in) Heidelberg 95 .... FF20 900 - £2 680 - $4,220

TRÜBNER Wilhelm 1851-1917 [57]
🖌 *Pferdekopf* - Oil/canvas-30x19in) Stuttgart 91 .... FF11 230 - £1 115 - $1,950
Mädchenporträt - Öl/Leinwand (56x45cm-22x18in) München 95 .... FF32 530 - £4 080 - $6,280
Park Knorr am Starnberger See - Öl/Leinwand (78x92cm-31x36in) Berlin 97 .... FF101 014 - £10 728 - $17,596

TRUBUS S. 1926-1966 [1]
🖌 *Wanita* - Oil/canvas (57x73cm-22x29in) Singapore 95 .... FF140 200 - £17 900 - $28,800

TRUCHOT Henri Édouard 1798-1822 [1]
🖌 *Ruines, Tour de Neauphle, Gisors* - Huile/toile (33x25cm-13x10in) Paris 95 .... FF10 000 - £1 271 - $2,030

TRUDEAU Garry 1948 [2]
✏ *Doonesbury* - Ink/paper (13x38cm-5x15in) New-York 96 .... FF1 794 - £213 - $350

TRUDEAU Powell 1910-1984 [3]
🖌 *Hiver* - Huile/masonite (91x61cm-36x24in) Montréal 90 .... FF2 000 - £216 - $353

TRUDEAU Yves 1930 [5]
🗿 *Mur fermé ouvert, numéro 21* - Bronze (58x20x25cm-23x8x10in) Montréal 92 .... FF4 300 - £440 - $895
✏ *Place Desjardins, 1974* - Encre (31x36cm-12x14in) Montréal 90 .... FF1 700 - £183 - $300

TRUDEL Hans 1881-1958 [2]
🗿 *Die Glückselige* - Bronze (35cm-14in) Zofingen 95 .... FF7 650 - £1 001 - $1,534

TRUE Allen Tupper 1881-1955 [1]
🖌 *Man driving dogsled over ice* - Oil/canvas (58x41cm-23x16in) New-York 95 .... FF10 100 - £1 273 - $2,000

TRUEDSSON Folke 1913 [2]
🗿 *Sittande figurer* - Plaster (70cm-28in) Stockholm 92 .... FF5 870 - £702 - $1,130

TRUESDELL Gaylord Sangston 1850-1899 [2]
🖌 *Taking the flock to pasture* - Oil/canvas (195x260cm-77x102in) London 90 .... FF63 400 - £6 452 - $12,679

TRUFFAUT Fernand Fortuné 1866-1955 [32]
✏ *Place de la Concorde* - Aquarelle (39x52cm-15x20in) Paris 91 .... FF2 000 - £250 - $364
Cathédrale de Rouen - Aquarelle (52x43cm-20x17in) Auxerre 94 .... FF4 500 - £534 - $832
Le port de Trouville - Aquarelle (36x46cm-14x18in) Deauville 94 .... FF12 000 - £1 416 - $2,100

TRUFFOT Émile Louis 1843-1896 [4]
🗿 *Fortuna* - Bronze (42cm-17in) Stockholm 97 .... FF10 566 - £1 115 - $1,825

TRUIJEN Hans 1928 [3]
✏ *Danse bucolique* - Gouache/paper (48x64cm-19x25in) Amsterdam 94 .... FF3 656 - £432 - $657

TRULSON Anders 1874-1911 [2]
🖌 *Strandbild från Arild* - Oil/canvas (27x40cm-11x16in) Malmö 96 .... FF2 432 - £316 - $477

TRUMAN Herbert XIX-XX [7]
🖌 *St. Michael's Mount* - Oil/panel (12x18cm-5x7in) Penzance, Cornwall 93 .... FF3 735 - £450 - $653

TRUMBULL Edward XIX-XX [2]
🖌 *Moorish figures at a pool* - Oil/canvas (107x84cm-42x33in) New-York 93 .... FF5 640 - £646 - $1,000
✏ *New York Skyline* - Watercolour (44x54cm-17x21in) New-York 93 .... FF6 200 - £710 - $1,100

TRUMBULL John 1756-1843 [3]
🖌 *Mrs. Isaac Bronson* - Oil/canvas (76x58cm-30x23in) New-York 95 .... FF92 000 - £11 450 - $18,000

TRÜMPER August 1874-1956 [4]
🖌 *Sommerlandschaft am Bergstädtchen* - Oil/cardboard (53x33cm-21x13in) Köln 94 .... FF2 050 - £242 - $368

TRUONG Marcelino 1957 [3]
✏ *Brio* - Encre Chine/papier (32x50cm-13x20in) Paris 91 .... FF1 800 - £179 - $313

TRUPHEME Auguste Joseph 1836-1898 [8]
🖌 *La leçon de chant* - Huile/toile (50x61cm-20x24in) Paris 92 .... FF29 000 - £2 977 - $5,390
Lunchtime at school - Oil/canvas (144x207cm-57x81in) London 94 .... FF124 300 - £14 500 - $21,800

TRUPHEMUS Jacques 1922 [27]
🖌 *Bord de mer, Étretat* - Huile/panneau (19x22cm-7x9in) Saint-Etienne 91 .... FF7 600 - £880 - $1,456
La calèche - Huile/toile (60x73cm-24x29in) Lyon 96 .... FF25 000 - £3 130 - $4,825
Péniche à quai dans une ville - Huile/toile (46x54cm-18x21in) Arles 92 .... FF40 000 - £4 094 - $7,200

TRUPPE Karl 1887-1959 [15]
🖌 *Weiblicher Rückenakt* - Oil/hardboard (66x52cm-26x20in) München 94 .... FF37 400 - £4 360 - $6,550

TRUSLEW Niels 1762-1826 [3]
🖼 *Orlogsbriggen Lougen* - Aquatint København 95 .... FF2 540 - £317 - $498

TRUSZ Iwan 1869-1941 [7]
🖌 *Les meules* - Huile/carton (75x105cm-30x41in) Paris 96 .... FF7 500 - £955 - $1,446

TRUTH Dan XX [2]
🖌 *Mother & child by the river* - Oil/canvas (28x23cm-11x9in) Mystic, Connecticut 96 .... FF7 570 - £985 - $1,500

TRUTOVSKII Konstantin Aleksand. 1826-1893 [2]
✏ *Fortune-tellers* - Watercolour/paper (29x38cm-11x15in) Moscow 93 .... FF2 353 - £269 - $400

TRYGGELIN Erik 1878-1962 [19]
🖌 *Vasagatan i Stockholm* - Oil/panel (29x81cm-11x32in) Stockholm 96 .... FF4 920 - £636 - $942
Young girls near a lake - Oil/canvas (199x226cm-78x89in) Stockholm 95 .... FF198 400 - £25 950 - $39,700

TRYON Dwight William 1849-1925 [15]
🖌 *Twilight in new England* - Oil (41x61cm-16x24in) New-York 94 .... FF31 600 - £3 690 - $5,500
Evening Fog - Oil/panel (51x76cm-20x30in) New-York 92 .... FF208 000 - £24 830 - $40,000
Sailboats - Watercolour (27x27cm-11x11in) New-York 96 .... FF19 830 - £2 296 - $3,800

TRZESZCZKOWSKI Antoni 1902-1977 [1]
/ *Potyczka z Tatarami* - Watercolour (26x42cm-10x17in) Warszawa 95 .... FF2 940 - £376 - **$604**

TSAROUCHIS Yannis 1910-1989 [18]
● *Maya Kalliga* - Oil/canvas (50x42cm-20x17in) Athens 94 .... FF133 400 - £15 800 - **$24,660**
● *Zeimbekiko dancer* - Oil/canvas (189x69cm-74x27in) Athens 96 .... FF690 000 - £79 900 - **$132,300**
/ *Woman from Atalanti* - Black & white chalks (120x43cm-47x17in) Athens 93 .... FF48 000 - £5 510 - **$8,240**

TSCHAGGENY Edmond Jean-Baptiste 1818-1873 [7]
● *Sheep in a landscape* - Oil/panel (81x104cm-32x41in) Boston, Mass. 92 .... FF36 400 - £4 345 - **$7,000**

TSCHAGGENY Frédéric 1851-1921 [5]
● *Gerbe de roses* - Huile/panneau (30x41cm-12x16in) Bruxelles 92 .... FF11 620 - £1 190 - **$2,420**

TSCHAGGENY Philogène Charles 1815-1894 [11]
● *L'étalon blanc* - Huile/toile (42x52cm-17x20in) Bruxelles 93 .... FF13 510 - £1 616 - **$2,760**
● *Halte à l'Auberge des Trois Rois* - Oil/canvas (70x101cm-28x40in) London 94 ...... FF52 100 - £6 200 - **$9,810**

TSCHARNER von Johann Wilhelm 1886-1946 [8]
● *Haus im Grünen* - Öl/Leinwand (30x35cm-12x14in) Zürich 93 .... FF9 510 - £1 137 - **$1,830**

TSCHECH Will 1891 [2]
▭ *Stilleben* - Woodcut in colors (45x54cm-18x21in) Köln 91 .... FF1 860 - £187 - **$307**

TSCHECHONIN Sergej W. 1878-1936 [1]
/ *Zwei Clowns* - Aquarell (29x12cm-11x5in) Stuttgart 95 .... FF3 510 - £450 - **$707**

TSCHELAN Hans 1873-1964 [10]
● *Kinder beim Kartoffelbraten* - Öl (15x20cm-6x8in) Wien 97 .... FF13 429 - £1 417 - **$2,321**

TSCHERNING Sara 1855-1916 [1]
● *Flowers in a basket on a stone ledge* - Oil/canvas (60x56cm-24x22in) København 96 .... FF22 300 - £2 885 - **$4,455**

TSCHEWALKOWA Inna 1938 [10]
● *Das Frühstück* - Öl/Leinwand (45x35cm-18x14in) Lindau 96 .... FF4 060 - £471 - **$780**

TSCHINKEL Augustin 1905-1983 [4]
▭ *Der Bergwerksbesitzer* - Linocut (25x15cm-10x6in) Köln 92 .... FF1 526 - £182 - **$294**

TSCHIRTNER Oswald 1920 [2]
/ *Gegner* - Ink/paper (21x14cm-8x6in) Wien 92 .... FF1 924 - £224 - **$393**

TSCHUDI Lill 1901 [17]
▭ *Fixing the Wires* - Linocut in colors (36x22cm-14x9in) London 95 .... FF12 870 - £1 700 - **$2,610**

TSCHUDI Rudolf 1855-1953 [1]
● *Waldlandschaft* - Öl/Karton (31x40cm-12x16in) Bern 93 .... FF2 284 - £273 - **$440**

TSCHUMI Otto 1904-1985 [25]
● *Déménagement* - Oil/canvas (33x64cm-13x25in) Bern 92 .... FF81 800 - £8 360 - **$14,400**
▭ *Sich wundernde Katze* - Woodcut (41x30cm-16x12in) Bern 95 .... FF2 376 - £297 - **$480**
/ *A Carcia Lorea* - Watercolour, gouache (26x36cm-10x14in) Bern 92 .... FF20 460 - £2 090 - **$3,600**

TSCHUPPIK Clothilde 1825-1926 [1]
● *Weinflasche, Krug und Teekanne* - Öl/Karton (39x57cm-15x22in) Bern 94 .... FF2 626 - £305 - **$453**

TSINGOS Thanos 1914-1965 [143]
● *Nuahe rouille-clair sur fond blanc* - Huile/toile (81x56cm-32x22in) Paris 93 ...... FF8 200 - £988 - **$1,490**
Grandes fleurs blanches - Huile/isorel (33x41cm-13x16in) Paris 97 .... FF14 000 - £1 480 - **$2,402**
Fleurs sur fond gris - Huile/toile (80x64cm-31x25in) Paris 97 .... FF23 500 - £2 583 - **$4,289**
Red Flowers - Oil/canvas (92x73cm-36x29in) Athens 96 .... FF74 200 - £9 580 - **$14,340**
Flowers - Oil/canvas (97x130cm-38x51in) Athens 94 .... FF111 100 - £13 170 - **$20,540**

TSOCLIS Costas 1930 [16]
● *Untitled* - Acrylic/panel (188x145cm-74x57in) Athens 93 .... FF48 000 - £5 510 - **$8,240**
▭ *Casier d'emballage* - Assemblage (135x110cm-60x43in) Amsterdam 95 .... FF17 000 - £2 170 - **$3,470**
/ *Le Rouge Drapage* - Mixed media/paper (100x74cm-39x29in) Athens 93 .... FF40 800 - £4 690 - **$7,000**

TSOUCHLOS Vrasidas 1904-1981 [2]
● *Landscape* - Oil/canvas (97x146cm-38x57in) Athens 95 .... FF46 100 - £5 970 - **$9,420**

TSUNEMASA Iwasaki Kan'en 1786-1842 [1]
/ *Japanese plants & flowers* - Watercolour/paper (25x35cm-10x14in) London 90 ...... FF11 600 - £1 250 - **$2,046**

TUAILLON Louis 1862-1919 [7]
▨ *Nude boy playing with a cat* - Bronze (58cm-23in) London 94 .... FF21 450 - £2 500 - **$3,725**
Hercules & the Erymanthian boar - Bronze (48cm-19in) London 97 .... FF51 115 - £5 500 - **$8,986**

TUBALS Olafur 1897-1964 [2]
● *Parti fra Island* - Oil/panel (26x38cm-10x15in) Viby J, Århus 91 .... FF2 370 - £239 - **$470**

TÜBBECKE Paul Wilhelm 1848-1924 [16]
● *Gehöft mit Hühnern* - Oil/canvas/panel (24x31cm-9x12in) Bremen 95 .... FF8 050 - £1 033 - **$1,660**
Cutting Ice on a frozen River - Oil/canvas (112x181cm-44x71in) Wien 96 ...... FF198 600 - £24 100 - **$38,600**
/ *Holländische Landschaft* - Gouache/papier (41x59cm-16x23in) Rudolstadt-Thüringen 96 ...... FF1 710 - £222 - **$339**

TÜBKE Werner 1929 [22]
● *Gisela Schulz* - Mixed media/canvas (75x45cm-30x18in) Berlin 96 .... FF54 200 - £6 770 - **$10,480**
/ *Männlicher und weiblicher Akt* - Coloured chalks (39x47cm-15x19in) Köln 91 ...... FF10 140 - £1 029 - **$1,831**

TUCÉ Jean-Claude Arnouil 1935 [15]
● *Portrait* - Huile/toile (39x50cm-15x20in) Paris 94 .... FF4 000 - £470 - **$708**
/ *Vase de fleurs* - Pastel gras Marseille 91 .... FF1 600 - £162 - **$318**

TUCEK Karl 1889-1952 [4]
● *Rustikales Stilleben* - Oil/canvas (62x70cm-24x28in) Luzern 91 .... FF11 880 - £1 206 - **$2,146**

TUCHOLSKI Herbert 1886-1984 [1]
▭ *Fischerboote* - Woodcut (19x25cm-7x10in) Berlin 93 .... FF3 134 - £358 - **$533**

T

TUCK Horace W., Harry XIX-XX [2]
The fisherman's family - Watercolour (41x61cm-16x24in) London 95 .... FF5 920 - £750 - **$1,191**
TUCKER Allen 1866-1939 [29]
Deserted garden - Oil/canvas (63x86cm-25x34in) New-York 92 .... FF7 350 - £854 - **$1,500**
Mount Chocorua - Oil/canvas (76x86cm-30x34in) Boston, Mass. 93 .... FF25 100 - £2 850 - **$4,250**
The Morning Air - Oil/board (64x76cm-25x30in) New-York 94 .... FF65 600 - £7 650 - **$11,500**
TUCKER Arthur 1864-1929 [25]
A westmoreland farmstead - Wash (24x34cm-9x13in) London 91 .... FF5 730 - £579 - **$1,137**
TUCKER Edward c.1847-1910 [61]
On the Lagoon, Venice - Watercolour (23x33cm-9x13in) London 96 .... FF2 340 - £300 - **$462**
Lifeboat off Flamborough Castle - Watercolour (26x40cm-10x16in) London 94 .... FF4 034 - £480 - **$768**
Castle of Egrenbreisten - Watercolour (15x25cm-6x10in) London 93 .... FF10 420 - £1 200 - **$1,800**
TUCKER Frederick XIX-XX [7]
Mountainous landscape - Watercolour (49x75cm-19x30in) Billinghurst, West Sussex 92 .... FF2 045 - £210 - **$393**
TUCKER James Walter 1898-1972 [2]
The homecoming - Tempera/Karton (85x117cm-33x46in) London 95 .... FF47 600 - £4 831 - **$8,597**
TUCKER John Wallace 1808-1869 [12]
Fingals Weir, River Teign - Oil/board (34x44cm-13x17in) London 94 .... FF5 920 - £700 - **$1,064**
TUCKER William 1935 [4]
Union of Opposites - Wood (104cm-41in) London 93 .... FF10 800 - £1 350 - **$1,958**
Study for Victory - Charcoal/paper (102x76cm-40x30in) New-York 97 .... FF11 608 - £1 221 - **$2,000**
TUCKERMAN Lilia 1882-? [1]
Western landscape - Oil/canvas (64x76cm-25x30in) Mystic, Connecticut 96 .... FF2 072 - £256 - **$400**
TUDGAY Frederick XIX [2]
Rights Rescuing the Whaler Erie - Oil/canvas (68x107cm-27x42in) New-York 97 .... FF193 623 - £20 930 - **$34,000**
TUDOR Thomas 1785-1855 [2]
Furnaces at night - Watercolour (14x15cm-6x6in) London 96 .... FF4 020 - £500 - **$780**
TUEFFERD François 1912 [2]
L'Oeuf de plus de 50 ans - Photo (34x27cm-13x11in) Paris 95 .... FF3 000 - £384 - **$613**
TUERENHOUT van Jef 1926 [42]
Liggend Naakt - Technique mixte (82x101cm-32x40in) Lokeren 96 .... FF32 860 - £4 060 - **$6,340**
Personnage - Bronze (41cm-16in) Bruxelles 94 .... FF8 340 - £989 - **$1,542**
Wintervruchten - Gouache (60x46cm-24x18in) Lokeren 96 .... FF20 570 - £2 620 - **$3,960**
TUFNELL Eric Erskine C. 1888-1978 [10]
The clipper Oracle - Watercolour (38x54cm-15x21in) London 93 .... FF2 905 - £350 - **$508**
TUFVESSON Nils 1829-1878 [3]
Sittande modell - Oil/canvas (83x72cm-33x28in) Malmö 94 .... FF5 080 - £589 - **$874**
TÜGEL Tetjus Otto 1892-1972 [6]
Stadtansicht - Oil/canvas (76x60cm-30x24in) Pforzheim 91 .... FF9 570 - £983 - **$1,782**
Tod der Moormädchen - Oil/panel (61x48cm-24x19in) Bremen 95 .... FF20 000 - £2 587 - **$4,070**
Landschaft mit Moorkanal - Pencil (38x49cm-15x19in) Bremen 92 .... FF4 750 - £567 - **$913**
TUHKA Aukusti 1895-1973 [3]
Från Lappland - Oil/canvas (56x46cm-22x18in) Helsinki 91 .... FF6 450 - £642 - **$1,109**
TUHKANEN Toivo G. 1877-1957 [3]
Landskap - Oil/canvas (39x74cm-15x29in) Helsinki 91 .... FF6 450 - £642 - **$1,109**
TUKE Henry Scott 1858-1929 [93]
The harbour, Dt. Ives - Oil/board (50x40cm-20x16in) London 97 .... FF17 258 - £1 800 - **$2,951**
Boy in white trousers - Oil/canvas/board (30x40cm-12x16in) London 96 .... FF67 800 - £8 500 - **$13,100**
Boys bathing - Oil/canvas (51x61cm-20x24in) London 91 .... FF161 300 - £16 057 - **$27,738**
Two falmouth fisher boys - Oil/canvas (94x56cm-37x22in) London 92 .... FF1 1e +06 - £115 000 - **$171,300**
The young fisherboy - Watercolour/paper (23x13cm-9x5in) London 97 .... FF40 268 - £4 200 - **$6,885**
TUKE Lilian K. XIX-XX [2]
Breton market day - Watercolour (27x37cm-11x15in) London 92 .... FF2 540 - £260 - **$448**
TULLAT Luc, Lucie 1895-? [13]
Bouquet de fleurs - Huile/toile (54x65cm-21x26in) Provins 92 .... FF4 000 - £410 - **$705**
TULLIO Aurelio 1884-1954 [1]
Piazza della Borsa, sera nel 1915 - Tecnica mista/carta (26x26cm-10x10in) Trieste 95 .... FF3 390 - £429 - **$660**
TULLOCH William Alexander 1887-? [2]
Modern Amazons - Oil/canvas (102x137cm-40x54in) New-York 93 .... FF12 100 - £1 518 - **$2,200**
TULLY Sydney Stricklan 1860-1911 [9]
Sitting by the ccuntry cottage - Oil/canvas (23x36cm-9x14in) Toronto 95 .... FF7 860 - £1 043 - **$1,624**
TUMARKIN Igael 1933 [35]
Composition - Mixed media/canvas (150x208cm-59x11in) Tel Aviv 96 .... FF15 320 - £1 985 - **$3,000**
Composition - Mixed media (81x65cm-32x26in) Tel Aviv 96 .... FF25 960 - £2 200 - **$3,400**
Untitled - Iron (55cm-22in) Tel Aviv 97 .... FF23 148 - £2 461 - **$4,000**
In Search of Mathis No 7 - Collage (100x100cm-39x39in) Tel Aviv 97 .... FF10 695 - £1 189 - **$2,000**
TUNER-COPPERMAN Mildred XX [1]
Bright lights, New York - Oil/canvas (77x54cm-30x25in) New-York 91 .... FF18 920 - £1 897 - **$3,465**
TUNICA Hermann Aug. Theodor 1826-1907 [2]
Mittagspause auf einer Waldlichtung - Öl/Leinwand (105x83cm-41x33in) Bremen 93 .... FF14 000 - £1 602 - **$2,380**
TUNNARD John 1900-1971 [49]
Diabolo - Oil (39x49cm-15x19in) London 94 .... FF27 500 - £3 300 - **$5,350**
Abstraction - Oil/board (44x61cm-17x24in) London 96 .... FF51 000 - £6 500 - **$9,820**
Composition - Watercolour (33x51cm-13x20in) London 97 .... FF37 665 - £4 000 - **$6,561**

TUNNICLIFFE Charles Frederick 1901-1979 [143]
- *An early self-portrait* - Oil/canvas (40x30cm-16x12in) London 95 .... FF**60 100** - £**7 500** - **$11,770**
- *Fighting Blacjgame* - Watercolour (43x56cm-17x22in) London 94 .... FF**6 430** - £**750** - **$1,127**
- *Cat in an apple Blossom Tree* - Mixed media/paper (40x56cm-16x22in) London 97 .... FF**33 525** - £**3 500** - **$5,736**
- *Winter sun* - Pencil (45x62cm-18x24in) London 92 .... FF**78 100** - £**8 000** - **$13,800**

TUNOLD Bernt W. 1877-1946 [3]
- *Landskap fra Selje* - Oil/canvas (75x100cm-30x39in) Oslo 92 .... FF**29 500** - £**3 020** - **$5,200**

TUOHY Patrick Joseph 1894-1930 [3]
- *An Irish Maiden* - Oil/canvas (62x45cm-24x18in) Belfast 90 .... FF**6 800** - £**723** - **$1,216**
- *Dominic Francis Bowe* - Oil/canvas (122x76cm-48x30in) Dublin 90 .... FF**49 000** - £**5 062** - **$8,657**

TÜPKE Heinrich 1876-1951 [1]
- *Landschaft mit Haus* - Öl/Leinwand (26x33cm-10x13in) Frankfurt 92 .... FF**3 390** - £**405** - **$653**

TÜPKE-GRANDE Helene 1876-? [3]
- *Boot im Husumer Hafen* - Oil/cardboard (37x42cm-15x17in) Bremen 95 .... FF**14 450** - £**1 900** - **$2,900**

TUPY Wilhelm 1876-1972 [1]
- *Mädchen in Sonntagstracht* - Oil/canvas (51x41cm-20x16in) Wien 92 .... FF**5 530** - £**555** - **$1,064**

TURBEAUX Henri Raymond 1896-1988 [5]
- *Saint-Tropez* - Huile/toile (55x46cm-22x18in) Montauban 92 .... FF**2 300** - £**268** - **$470**

TURBEVILLE Deborah 1938 [10]
- *Vogue Sposa* - Fresson print (53x79cm-21x31in) New-York 95 .... FF**13 900** - £**1 770** - **$2,800**

TURCATO Giulio 1912-1995 [225]
- *Arcipelago* - Olio/tela (50x70cm-20x28in) Milano 96 .... FF**10 050** - £**1 290** - **$1,920**
- *Composizione* - Olio/tela (70x100cm-28x39in) Roma 93 .... FF**34 950** - £**3 920** - **$6,250**
- *Reticolo* - Olio/tavola (162x100cm-64x39in) Milano 92 .... FF**181 200** - £**18 540** - **$31,900**
- *Ritratto di musicista* - Gouache (70x50cm-28x20in) Prato 94 .... FF**28 130** - £**3 400** - **$5,270**

TURCK Eliza 1832-? [2]
- *A Selfportrait* - Oil/panel (37x30cm-15x12in) Amsterdam 97 .... FF**12 005** - £**1 277** - **$2,089**
- *Village scene with cattle in a ford* - Wash (25x52cm-10x20in) Newbury, Berkshire 91 .... FF**2 183** - £**220** - **$379**

TÜRCKE Franz Theodor 1877-? [1]
- *View of Volendam* - Oil/canvas (70x100cm-28x39in) Amsterdam 94 .... FF**6 100** - £**708** - **$1,050**

TURGEON Jean 1928 [13]
- *Retour des pêcheurs à pied* - Aquarelle (20x29cm-8x11in) Cherbourg 96 .... FF**1 700** - £**217** - **$337**

TURIN Pierre 1891-? [2]
- *Printemps* - Bronze (30cm-12in) Paris 97 .... FF**24 000** - £**2 606** - **$4,253**

TURJANSKY Leonard Viktorovich 1875-1945 [1]
- *Russian winter* - Watercolour (38x60cm-15x24in) London 90 .... FF**15 500** - £**1 670** - **$2,734**

TURKI Yahia 1903-1968 [1]
- *Place Bab Souika, Tunis* - Huile/panneau (27x35cm-11x14in) Paris 96 .... FF**30 500** - £**3 824** - **$5,900**

TURKLE Tyler 1947 [7]
- *The New Criterion* - Acrylic/paper (127x96cm-50x38in) München 96 .... FF**3 390** - £**425** - **$654**
- *The French Renaissance* - Mixed media/paper (41x30cm-16x12in) Stockholm 94 .... FF**1 930** - £**226** - **$344**

TURLAND George XIX-XX [2]
- *Mousehole Harbour* - Oil/panel (30x40cm-12x16in) London 91 .... FF**3 790** - £**380** - **$639**

TURNBULL William 1922 [21]
- *15-1963* - Oil/canvas (249x249cm-98x98in) London 91 .... FF**39 900** - £**4 001** - **$6,586**
- *Small Venus* - Bronze (22cm-9in) London 97 .... FF**18 832** - £**2 000** - **$3,280**
- *Pandora* - Wood (161cm-63in) London 90 .... FF**92 600** - £**9 424** - **$18,519**
- *Large Paddle Venus* - Bronze (225cm-89in) London 95 .... FF**92 700** - £**12 000** - **$18,970**
- *Hero I* - Stone (100cm-39in) London 90 .... FF**118 300** - £**12 039** - **$23,658**

TURNER Alfred 1874-1940 [5]
- *Andromeda* - Bronze (66cm-26in) London 95 .... FF**3 004** - £**380** - **$588**

TURNER Alfred M. 1852-1932 [2]
- *Sister's New Dress* - Oil/canvas (94x71cm-37x28in) Elgin, Illinois 92 .... FF**11 650** - £**1 220** - **$2,100**
- *A young woman* - Watercolour (51x38cm-20x15in) Boston, Mass. 93 .... FF**5 500** - £**690** - **$1,000**

TURNER Charles Eddowes 1883-1965 [10]
- *Morning sunlight, East Quay, Looe* - Oil/canvas (61x51cm-24x20in) London 93 .... FF**8 710** - £**1 050** - **$1,628**
- *Malte, le port de La Valette* - Aquarelle, gouache (39x62cm-15x24in) Paris 95 .... FF**7 200** - £**910** - **$1,444**

TURNER Charles Henry 1848-1908 [29]
- *Standing woman* - Oil/canvas (51x43cm-20x17in) Cambridge, Mass. 93 .... FF**3 025** - £**380** - **$550**

TURNER Charles Yardley 1850-1919 [5]
- *The little brown jug* - Oil/canvas (51x76cm-20x30in) New-York 95 .... FF**24 560** - £**3 110** - **$4,800**
- *Portrait of an old man* - Charcoal/paper (46x38cm-18x15in) Baton Rouge, Louisiana 93 .... FF**1 915** - £**231** - **$350**

TURNER Daniel ?-1817 [11]
- *Gosport* - Oil/canvas (39x55cm-15x22in) London 93 .... FF**19 300** - £**2 200** - **$3,280**

TURNER Edward XIX [2]
- *Persuasion versus force* - Oil/canvas (61x91cm-24x36in) London 89 .... FF**46 500** - £**4 900** - **$7,828**

TURNER Frances Calcott 1795-1865 [3]
- *Jeremiah Hawkins and hounds* - Oil/canvas (66x76cm-26x30in) London 96 .... FF**22 340** - £**2 800** - **$4,340**

TURNER Francis Calcraft c.1782-1846 [15]
- *Mares and Foals* - Oil/canvas (42x53cm-17x21in) New-York 96 .... FF**78 300** - £**9 060** - **$15,000**

TURNER Frank James XIX [2]
- *Reading a Letter* - Oil/canvas (69x56cm-27x22in) Delray Beach, Florida 94 .... FF**2 920** - £**349** - **$550**

T

TURNER G. A. XIX [30]
🖝 *Gray's Inn, Jackson N.H.* - Oil/canvas (40x50cm-16x20in) North Berwick, Maine 91 .... FF2 543 - £253 - **$442**

TURNER George 1843-1910 [57]
🖝 *Fishing from a bridge* - Oil/canvas (40x61cm-16x24in) London 92 .... FF13 760 - £1 600 - **$2,810**
Gypsies on the Lane - Oil/canvas (51x76cm-20x30in) London 97 .... FF26 692 - £2 800 - **$4,580**
Hay harvest - Oil/canvas (61x102cm-24x40in) London 93 .... FF87 100 - £10 500 - **$15,230**

TURNER Helen Maria 1858-1958 [3]
🖝 *Portrait of a young girl* - Oil/canvas (64x73cm-25x29in) New-York 91 .... FF174 300 - £17 474 - **$31,924**

TURNER Homer E. ?-1980 [1]
🖝 *Southern scene* - Oil/canvas/board (43x56cm-17x22in) New Orleans, Louisiana 96 .... FF6 570 - £840 - **$1,300**

TURNER Janet 1914-? [1]
✎ *Drift Roots* - Watercolour/paper (56x36cm-22x14in) Baton Rouge, Louisiana 93 .... FF3 010 - £362 - **$550**

TURNER Joseph M. William 1775-1851 [95]
🖝 *Old Margate Pier* - Oil/panel (27x40cm-11x16in) London 91 .... FF1 - £199 354 - **$328,398**
Seascape with squall coming up - Oil/canvas (45x61cm-18x24in) London 89 .... FF5 - £574 366 - **$903,103**
✎ *Whitehaven, Cumberland* - Watercolour (32x46cm-13x18in) New-York 95 .... FF1 - £233 000 - **$370,000**
London, Autumnal Morning - Watercolour (65x99cm-26x39in) London 96 .... FF512 000 - £66 300 - **$100,500**

TURNER Julius C. 1881-1948 [2]
🖝 *Nackte Jünglinge am Strand* - Oil/canvas (120x90cm-47x35in) München 92 .... FF5 100 - £522 - **$898**

TURNER Ken XIX-XX [2]
🖝 *Four red breasted geese* - Oil/masonite (94x125cm-37x49in) London 90 .... FF5 040 - £510 - **$959**

TURNER OF OXFORD William 1789-1862 [36]
🖝 *Extensive wooded landscape* - Oil/canvas (90x157cm-35x62in) London 92 .... FF273 500 - £28 000 - **$48,300**
✎ *Eel Trap on the Cherwell, Oxfordshire* - Watercolour (14x21cm-6x8in) London 94 ...... FF23 530 - £2 800 - **$4,480**
Guildford Castle, Surrey - Watercolour (36x30cm-14x12in) London 96 .... FF73 200 - £9 500 - **$14,480**

TURNER Peter 1934 [1]
📷 *Garbage can on beach* - Dye-transfer print (99x72cm-39x28in) New-York 95 .... FF8 230 - £1 060 - **$1,700**

TURNER Raymond 1903-1986 [2]
🗿 *Weight lifter* - Bronze (29cm-11in) New-York 89 .... FF9 700 - £965 - **$1,532**

TURNER Ross Sterling 1847-1915 [10]
🖝 *Coast of Maine* - Oil/canvas (43x76cm-17x30in) Chicago 94 .... FF5 950 - £706 - **$1,100**
✎ *Beach at Wildwood* - Watercolour/paper (33x51cm-13x20in) Mystic, Connecticut 96 .... FF3 700 - £485 - **$750**

TURNER William Henry M. XIX [3]
🖝 *The horse fair* - Oil/canvas (29x56cm-11x22in) London 91 .... FF9 860 - £994 - **$1,922**
Leading the field - Oil/canvas (26x38cm-10x15in) London 96 .... FF14 430 - £1 700 - **$2,834**

TURNER William Lakin 1867-1936 [10]
🖝 *Helen Crag* - Oil/canvas (24x34cm-9x13in) Toronto 91 .... FF3 225 - £327 - **$582**
The Punting party - Oil/canvas (61x92cm-24x36in) London 97 .... FF12 856 - £1 400 - **$2,236**

TURNER Winifred 1903-1983 [17]
🗿 *Standing figure* - Plaster (76cm-30in) London 95 .... FF3 640 - £460 - **$711**

TURNERELLI Peter 1774-1839 [4]
🗿 *Bust of John, Earl of Ossory (1808-1854)* - Marble (58cm-23in) London 93 .... FF52 100 - £6 000 - **$9,000**

TURNEY Winthrop Duthie 1884-1965 [3]
🖝 *The barber shop* - Oil/canvas (81x71cm-32x28in) New-York 92 .... FF18 370 - £2 134 - **$3,750**

TUROVSKY Mikhaïl 1932 [3]
🖝 *Paysage* - Huile/toile (100x81cm-39x32in) Paris 95 .... FF70 000 - £8 760 - **$13,940**

TURPIN DE CRISSÉ Henri Roland L. 1754-1800 [1]
✎ *Escaliers, arcades d'un palais italien* - Pierre noire (34x27cm-13x11in) Paris 94 .... FF42 000 - £4 890 - **$7,410**

TURPIN DE CRISSÉ Lancelot Théodore 1782-1859 [14]
🖝 *Le retour des pêcheurs* - Huile/toile (24x32cm-9x13in) Monaco 90 .... FF90 000 - £9 203 - **$17,764**
✎ *Ruines antiques en Italie* - Crayon (15x20cm-6x8in) Paris 93 .... FF5 500 - £688 - **$1,000**

TURQUIN Jean-Eric 1950 [14]
🖝 *Le clocher de Loriol* - Huile/toile (46x55cm-18x22in) Nîmes 92 .... FF4 000 - £411 - **$741**

TURRELL James 1943 [9]
🖝 *Roden Crater Site Plan* - Mixed media (94x177cm-37x70in) New-York 95 .... FF39 600 - £4 950 - **$8,000**
🖼 *Composition* - Eau-forte Bruxelles 92 .... FF7 630 - £782 - **$1,590**
✎ *Second Overall Topo Survey* - Ink (106x173cm-42x68in) New-York 96 .... FF25 470 - £3 000 - **$5,000**

TURTIAINEN Jorma 1936 [2]
🖝 *Busshållplatsen* - Oil/canvas (76x64cm-30x25in) Helsinki 91 .... FF8 600 - £856 - **$1,479**

TURTJANSKI Leonid 1875-1945 [1]
🖝 *Bather* - Oil/canvas (25x32cm-10x13in) Helsinki 95 .... FF4 490 - £543 - **$845**

TURUN Ida Wayan 1935 [1]
🖝 *Sangyang Jaran* - Oil/canvas (100x50cm-39x20in) Singapore 95 .... FF22 800 - £2 910 - **$4,680**

TURVILLE de Serge 1924 [23]
🖝 *Composition* - Huile/toile (73x90cm-29x35in) Provins 95 .... FF3 000 - £386 - **$610**
La plage de Cagnes - Oil/canvas (130x162cm-51x64in) Stockholm 92 .... FF6 600 - £676 - **$1,162**

TURY Gyula 1866-1932 [2]
🖝 *The red umbrella* - Oil/canvas (77x56cm-30x22in) London 96 .... FF8 900 - £1 100 - **$1,720**

TURZHANKY Leonard Viktorovich 1875-1945 [4]
🖝 *A village* - Oil/cardboard (22x35cm-9x14in) Moscow 93 .... FF4 720 - £537 - **$800**

TUSCHER Carl Marcus 1705-1757 [1]
✎ *Atalanta och Meleager* - Ink (15x19cm-6x7in) Stockholm 94 .... FF1 580 - £189 - **$295**

TUSQUETS MAIGON Ramón 1838-1904 [13]
- Acquaiole - Olio/tela (76x50cm-30x20in) Roma 91 .... FF45 100 - £4 479 - **$7,831**
- Contadino romano - Acquarello/carta (48x32cm-19x13in) Roma 94 .... FF15 360 - £1 840 - **$2,850**

TUTTLE Richard 1941 [41]
- Monkey's recovery I, no.5 - Mixed media (81x12x71cm-32x5x28in) New-York 91 .... FF85 500 - £8 615 - **$14,836**
- Mist - Oil/panel (56x3x132cm-22x1x52in) New-York 95 .... FF237 700 - £29 700 - **$48,000**
- Green Triptych - 3 elemnets: oil/wood (68x6x171cm-27x2x67in) New-York 93 .... FF467 500 - £58 600 - **$85,000**
- Overlap Piece #4 - Watercolour (51x175cm-20x69in) München 92 .... FF64 600 - £6 610 - **$11,370**
- 40 Days - Drawing (30x23cm-12x9in) Köln 92 .... FF476 000 - £48 700 - **$83,800**

TUTUNDJIAN Léon-Arthur 1906-1968 [113]
- La grenade éclatée - Oil/canvas (92x60cm-36x24in) London 94 .... FF30 000 - £3 600 - **$5,830**
- Composition surréaliste - Huile/toile (90x130cm-35x51in) Paris 90 .... FF300 000 - £30 992 - **$53,004**
- Le signal - Sculpture (100cm-39in) Paris 95 .... FF38 000 - £4 780 - **$7,600**
- Mains et visages - Aquarelle (27x20cm-11x8in) Paris 97 .... FF5 500 - £587 - **$952**
- Composition - Technique mixte/papier (34x21cm-13x8in) Paris 94 .... FF30 000 - £3 570 - **$5,650**

TUXEN Laurits 1853-1927 [108]
- Kvinde i blå bluse - Oil/canvas (34x47cm-13x19in) København 93 .... FF33 440 - £4 010 - **$6,420**
- Anniversary Dinner at Adelaide - Oil/canvas (143x211cm-56x83in) New-York 97 .... FF484 882 - £52 266 - **$85,000**
- Mark og huse ved Rebecq, Belgien - Gouache (33x24cm-13x9in) København 93 .... FF12 320 - £1 477 - **$2,366**

TUXEN Nicoline 1847-1911 [4]
- Obststilleben mit Krug - Oil/canvas (51x60cm-20x24in) Wien 91 .... FF11 040 - £1 115 - **$2,192**

TUZINA Günter 1951 [2]
- Erstes Bild - Acrylic (59x40cm-23x16in) München 92 .... FF17 000 - £1 740 - **$2,993**
- Junge Menschen träumen gern - Acrylic (115x75cm-45x30in) München 92 .... FF51 000 - £5 220 - **$8,970**

TVERMOES Jenny 1867-1944 [2]
- Semi nude model - Oil/canvas (118x65cm-46x26in) København 95 .... FF5 320 - £678 - **$1,046**
- Nøgen kvinde i lette gevandter - Pastel (150x70cm-59x28in) København 92 .... FF23 760 - £2 383 - **$4,570**

TVETER Kåre 1922 [7]
- Svalbard - Oil/canvas (65x80cm-26x31in) Oslo 92 .... FF10 870 - £1 265 - **$2,220**

TWACHTMAN John Henry 1853-1902 [19]
- Niagara Gorge - Oil/canvas (76x76cm-30x30in) New-York 93 .... FF330 000 - £41 400 - **$60,000**
- Tiger lilies - Oil/canvas (76x63cm-30x25in) New-York 92 .... FF852 000 - £87 100 - **$150,000**
- Landscape - Pastel (30x46cm-12x18in) New-York 94 .... FF101 100 - £11 930 - **$18,000**

TWIDLE Arthur 1865-1936 [1]
- Studies of insects - Watercolour (34x24cm-13x9in) London 96 .... FF5 270 - £600 - **$1,008**

TWOMBLY Cy 1929 [155]
- 10 Day After At Mugda - Mixed media/canvas (100x104cm-39x41in) New-York 96 .... FF1 - £152 000 - **$250,000**
- Untitled - Mixed media/canvas (96x126cm-38x50in) New-York 92 .... FF2 - £334 000 - **$520,000**
- Untitled - Oil (198x250cm-78x98in) New-York 93 .... FF9 - £1 4e +06 - **$1**
- Untitled - Oil/paper (76x100cm-30x39in) New-York 95 .... FF460 000 - £61 000 - **$95,000**
- Untitled - Screenprint in colors (65x65cm-26x26in) London 97 .... FF28 958 - £3 000 - **$4,960**
- Letter of Resignation - Pencil London 96 .... FF3 - £390 000 - **$650,000**
- Untitled - Pencil (32x37cm-13x15in) London 95 .... FF83 200 - £11 000 - **$16,870**
- Untitled - Pencil (65x85cm-26x33in) New-York 97 .... FF290 700 - £30 525 - **$50,000**
- Lycian - Pencil (99x69cm-39x27in) New-York 96 .... FF1 35e +06 - £133 700 - **$200,000**

TWORKOV Jack 1900-1982 [12]
- Queen II - Oil/canvas (178x94cm-70x37in) New-York 95 .... FF247 600 - £30 940 - **$50,000**

TYCK Edward 1847-? [2]
- Le Musée Plantin-Moretus - Huile/panneau (68x103cm-27x41in) Antwerpen 93 .... FF2 150 - £263 - **$384**

TYDEMAN Dé 1889-1967 [1]
- A white kitten - Oil/canvas/panel (26x20cm-10x8in) Amsterdam 94 .... FF3 066 - £365 - **$583**

TYDÉN Nils 1889-1976 [16]
- Stadsgården - Oil/canvas (81x65cm-32x26in) Stockholm 95 .... FF11 580 - £1 447 - **$2,950**

TYLER Bayard Henry 1855-1931 [9]
- Tugboat on the Hudson - Oil/canvas (51x41cm-20x16in) New-York 95 .... FF7 270 - £935 - **$1,500**
- Palisades, Hudson River - Oil/canvas (107x91cm-42x36in) Boston, Mass. 93 .... FF25 100 - £2 850 - **$4,250**

TYLER James Gale 1855-1931 [31]
- Sailing in choppy waters - Oil/canvas (33x51cm-13x20in) New-York 95 .... FF4 870 - £607 - **$950**
- Evening Full Sail - Oil/canvas (77x107cm-30x42in) New-York 93 .... FF10 450 - £1 310 - **$1,900**
- A Harbor Scene - Oil/canvas (71x91cm-28x36in) New-York 97 .... FF39 864 - £4 309 - **$7,000**

TYLER William Richardson 1825-1896 [2]
- The breakers - Oil/canvas (55x96cm-22x38in) New-York 91 .... FF19 800 - £2 000 - **$3,500**

TYMOSHENKO Frederdick J., Fred 1937 [4]
- Winter silence - Mixed media (31x53cm-12x21in) Toronto 90 .... FF2 000 - £213 - **$358**

TYNDALE Thomas Nicholson XIX-XX [17]
- Surrey cottage - Oil/canvas (32x23cm-13x9in) Billinghurst, West Sussex 92 ...... FF12 820 - £1 300 - **$2,470**

TYNDALE Walter Fred. Roofe 1855-1943 [30]
- Figures, Ponte dei dadi, Venice - Watercolour (32x23cm-13x9in) London 97 .... FF9 407 - £1 000 - **$1,626**
- Babel Saray at Damasters - Watercolour (34x23cm-13x9in) London 96 .... FF25 600 - £3 200 - **$4,960**

TYNG Griswold 1883-? [1]
- Whalers and ship - Oil/canvas (64x38cm-25x15in) New-York 94 .... FF5 140 - £604 - **$900**

T

TYRAHN Georg 1860-1917 [3]
- Sommerzeit - Oil/canvas (48x64cm-19x25in) Stuttgart 92 .... FF13 600 - £1 392 - **$2,394**

TYRRESTRUP Hans XX [2]
- Vision verte - Huile/toile (100x70cm-39x28in) Chalon-sur-Saône 91 .... FF8 200 - £828 - **$1,628**

TYRSA Nikolai Andreevich 1843-1902 [1]
- View from a window, Leningrad - Wash (42x32cm-17x13in) London 89 .... FF15 500 - £1 585 - **$2,492**

TYSHLER Alexandr Grigoriev. 1898-1980 [2]
- Summer landscape - Pencil/paper (26x34cm-10x13in) Moscow 93 .... FF1 765 - £201 - **$300**

TYSMANS Joseph 1893-1974 [3]
- Lanterne - Huile/toile (90x72cm-35x28in) Bruxelles 95 .... FF4 360 - £574 - **$883**

TYSON Carroll Sargent 1877-1956 [4]
- John Murphy's place - Oil/canvas/board (75x90cm-30x35in) New-York 89 .... FF17 200 - £1 711 - **$2,717**

TYSON Dorsey Potter XX [2]
- Six etchings - Ol/Papier New-York 91 .... FF4 520 - £449 - **$785**

TYSON John H. XIX-XX [2]
- The Tudor cottage garden - Watercolour (23x33cm-9x13in) London 91 .... FF2 183 - £220 - **$385**

TYSZBLAT Michel 1936 [37]
- Airodot - Huile/toile (89x116cm-35x46in) Versailles 92 .... FF6 000 - £615 - **$1,177**
- Atarg - Huile/toile (130x97cm-51x38in) Verrières-Le-Buisson 92 .... FF15 000 - £1 536 - **$2,700**
- Composition, 1966 - Aquarelle, gouache (24x30cm-9x12in) Paris 90 .... FF3 800 - £404 - **$680**

TYTGADT Louis 1841-1918 [6]
- L'Orientale - Huile/toile (70x40cm-28x16in) Bruxelles 95 .... FF21 000 - £2 720 - **$4,295**

TYTGAT Edgard 1879-1957 [109]
- Nu de face - Huile/toile (65x47cm-26x19in) Bruxelles 97 .... FF17 985 - £1 936 - **$3,135**
- Prologue d'une Nativité - Huile/toile (65x54cm-26x21in) Bruxelles 95 .... FF74 000 - £8 940 - **$13,930**
- Intérieur à Nivelles - Huile/toile (82x101cm-32x40in) Antwerpen 93 .... FF194 000 - £22 200 - **$33,000**
- Le Réveil du Printemps - Gravure bois couleurs (15x12cm-6x5in) Paris 94 .... FF3 800 - £454 - **$710**
- Procession à Watermael - Aquarelle (36x52cm-14x20in) Antwerpen 93 .... FF16 170 - £1 850 - **$2,750**
- Jeune homme agenouillé
   Watercolour, gouache/paper (52x67cm-20x26in) London 96 .... FF92 100 - £10 500 - **$17,640**

TYTGAT Médard I 1871-1916 [11]
- Mère et enfant - Huile/toile (120x200cm-47x79in) Bruxelles 89 .... FF16 200 - £1 612 - **$2,559**
- Jeune femme à sa toilette - Ink/paper (54x42cm-21x17in) Bruxelles 90 .... FF8 230 - £842 - **$1,624**

TYTGAT Médard II 1871-1948 [10]
- Les jardins du Fort Jaco - Huile/toile (45x60cm-18x24in) Bruxelles 93 .... FF2 290 - £264 - **$395**

TZANCK André Charles 1899-? [2]
- Sous-bois - Huile/toile (22x35cm-9x14in) Paris 94 .... FF2 200 - £256 - **$386**

TZARA Tristan 1896-1963 [2]
- Composition - Encre Chine (14x11cm-6x4in) Paris 94 .... FF30 200 - £3 610 - **$5,640**
- Cadavre exquis - Pastel (32x24cm-13x9in) Paris 89 .... FF80 000 - £7 960 - **$12,638**

TZORTZOGLOU Georgios 1952 [3]
- Lignes brisées - Huile/toile/panneau (70x50cm-28x20in) Paris 91 .... FF8 000 - £806 - **$1,388**

U

UBAC Raoul 1910-1984 [86]
- Médaillon - Empreinte ardoise gravée/papier Japon (56x46cm-22x18in) Paris 96 .... FF5 800 - £717 - **$1,120**
- Suite d'objets I - Tempera/panel (49x63cm-19x25in) Köln 91 .... FF49 000 - £4 913 - **$8,088**
- Composition - Travail/ardoise (35x3x45cm-14x1x18in) Paris 94 .... FF57 000 - £6 830 - **$10,800**
- Ardoise - Champlevé/ardoise (120x66cm-47x26in) Heidelberg 94 .... FF110 000 - £14 460 - **$22,070**
- Ruine fossile de la Madeleine - Photograph (17x23cm-7x9in) New-York 96 .... FF10 210 - £1 318 - **$2,000**
- Sans titre - Gouache/papier (49x60cm-19x24in) Cherbourg 96 .... FF7 000 - £798 - **$1,340**
- Nature morte - Gouache (65x50cm-26x20in) Toulouse 96 .... FF30 500 - £3 954 - **$6,030**

UBAGHS Jean 1852-? [2]
- Femme au chapeau noir - Huile/toile (117x77cm-46x30in) Liège 90 .... FF3 200 - £331 - **$565**

UBALDINI IL PULIGO Domenico Bartolomeo 1492-1527 [8]
- Madonna and Child - Oil/panel (88x63cm-35x25in) New-York 97 .... FF176 698 - £19 968 - **$32,000**

UBBELOHDE Otto 1867-1922 [43]
- Sommermorgen - Öl/Leinwand (80x111cm-31x44in) Köln 93 .... FF78 000 - £9 310 - **$15,000**
- Haidelandschaft - Etching (14x20cm-6x8in) Heidelberg 94 .... FF4 110 - £494 - **$800**
- Landschaft mit Kühen - Etching (26x40cm-10x16in) Heidelberg 94 .... FF15 760 - £1 828 - **$2,714**

UBEDA Agustín 1925 [70]
- El Otoño viene - Oleo/lienzo (65x81cm-26x32in) Madrid 96 .... FF12 160 - £1 545 - **$2,337**
- Scène de tauromachie - Huile/toile (65x81cm-26x32in) Paris 96 .... FF22 000 - £2 846 - **$4,320**
- Don Quijote encuentra a Dulcinea - Oleo/lienzo (114x143cm-45x56in) Madrid 92 .... FF52 000 - £5 210 - **$9,980**

UBEDA PIÑEIRO Rafael 1932 [3]
- Cabeza con sombrero negro - Oleo/lienzo (81x65cm-32x26in) Madrid 94 .... FF14 740 - £1 710 - **$2,540**

ÜBERBRÜCK Wilhelm 1884-? [1]
- Lesendes Mädchen - Oil/canvas (75x90cm-30x35in) Wien 92 .... FF7 700 - £772 - **$1,480**

UBOLDI Luciano 1898-1986 [1]
- *Pittura* - Huile/toile/panneau (29x36cm-11x14in) Bern 94 .... FF**4 444** - £**515** - $**766**

UCHERMANN Karl 1855-1940 [10]
- *Hundevalper* - Oil/canvas Oslo 92 .... FF**20 900** - £**2 430** - $**4,270**

UCHTOMSKIJ Andrei Grigorjew. 1771-1852 [1]
- *A roman street scene* - Watercolour (24x18cm-9x7in) London 89 .... FF**21 300** - £**2 178** - $**3,424**

ÜCKER Günther 1930 [2]
- *Clous* - Dessin (41x37cm-16x15in) Antwerpen 95 .... FF**3 430** - £**444** - $**702**

UDALTSOVA Nadezhda A. 1886-1961 [3]
- *Komposition* - Gouache (27x20cm-11x8in) Zürich 96 .... FF**65 700** - £**8 240** - $**12,700**
- *Collage* - Collage (24x17cm-9x7in) London 90 .... FF**232 400** - £**25 043** - $**40,988**

UDEN Ernest Boye 1911 [4]
- *Spring sunshine* - Wash London 89 .... FF**2 900** - £**289** - $**458**

UEBERSAX Maria 1899-1989 [2]
- *Tanz der Kleinbaseler Ehrenzeichen* - Mischtechnik/Papier (37x49cm-15x19in) Bern 94 .... FF**1 528** - £**183** - $**297**

UECHTRITZ-STEINKIRCH von Ulrich 1881-? [1]
- *Fra en bådehavn, Wannsee, Berlin* - Oil/canvas (60x95cm-24x37in) Köbenhavn 91 .... FF**9 680** - £**970** - $**1,632**

UECKER Günther 1930 [77]
- *Poesie der Destraktion* - Oil/canvas (40x10x40cm-16x4x16in) London 93 .... FF**74 600** - £**8 500** - $**12,660**
- *Untitled* - Mixed media New-York 93 .... FF**191 700** - £**21 800** - $**32,500**
- *Weisses Phantom* - Painted nails/canvas/board (110x200cm-43x79in) London 93 .... FF**386 000** - £**44 000** - $**65,500**
- *Nagel* - Metal (178cm-70in) München 96 .... FF**18 700** - £**2 130** - $**3,575**
- *Zum Schweigen der Schrift* - Nails, newspaper (37x7x26cm-15x3x10in) London 96 ...... FF**61 900** - £**8 000** - $**12,250**
- *Punktuation* - Pencil/paper (18x18cm-7x7in) Köln 96 .... FF**5 100** - £**581** - $**975**

UEDA Shoji 1913 [1]
- *Man and woman* - Photo (27x26cm-11x10in) Paris 91 .... FF**3 200** - £**325** - $**578**

UELSMANN Jerry N. 1934 [39]
- *Rock Angel* - (24x31cm-9x12in) New-York 93 .... FF**8 460** - £**968** - $**1,500**

UFER Walter 1876-1936 [9]
- *The singing Indian* - Oil/canvas (76x63cm-30x25in) New-York 97 .... FF**291 885** - £**30 705** - $**50,000**

UFERT Oskar 1876-? [2]
- *A sea Nymph* - Bronze (56cm-22in) London 97 .... FF**17 143** - £**1 800** - $**2,938**

UG-NO-LEE XX [2]
- *Composition* - Lavis (44x33cm-17x13in) Paris 92 .... FF**3 200** - £**328** - $**564**

UGALDE Juan Bautista 1808-1860 [1]
- *Retrato de joven* - Sanguina (21x16cm-8x6in) Madrid 89 .... FF**1 900** - £**189** - $**300**

UGGERI Angelo 1754-1837 [1]
- *Villa d'Adrien/Albano et Castel Gandolfo* - Ink (18x25cm-7x10in) Bremen 92 .... FF**33 850** - £**3 940** - $**6,910**

UGHI Ludovico XVIII [2]
- *Venezia* - Engraving (178x131cm-70x52in) London 92 .... FF**66 400** - £**6 800** - $**11,720**

UHART Pedro 1938 [2]
- *Tropical band, 1988* - Acrylique/toile (106x142cm-42x56in) Paris 90 .... FF**16 000** - £**1 713** - $**2,783**

UHDE von Fritz 1848-1911 [16]
- *Vier fröhliche Kinder* - Öl/Leinwand (54x73cm-21x29in) München 92 .... FF**9 500** - £**1 134** - $**1,827**
- *Die Bergpredikt* - Oil/canvas (75x60cm-30x24in) London 96 .... FF**52 600** - £**6 500** - $**10,160**
- *Junge Mutter mit Kind* - Charcoal/paper (29x21cm-11x8in) Stuttgart 93 .... FF**14 920** - £**1 782** - $**2,870**

UHDEN Maria 1892-1918 [12]
- *Akte in Landschaft* - Woodcut (27x17cm-11x7in) Pforzheim 96 .... FF**2 577** - £**333** - $**504**

UHL Emil 1864-? [1]
- *Landschaft bei St Moritz* - Oil/canvas (50x60cm-20x24in) München 92 .... FF**6 460** - £**662** - $**1,267**

UHL Joseph 1877-? [2]
- *Nacktes Mädchen mit Puppe* - Etching (15x13cm-6x5in) Lindau 95 .... FF**2 137** - £**267** - $**432**

UHL Louis 1860-1909 [1]
- *Die schöne Fischerin* - Oil/canvas/panel (38x51cm-15x20in) Wien 95 .... FF**58 300** - £**7 740** - $**11,910**

UHLIG Max 1937 [31]
- *Bildnisstudie A.L* - Öl/Leinwand (138x130cm-54x51in) Berlin 97 .... FF**31 081** - £**3 300** - $**5,414**
- *Tempelberg Kruckow* - Mixed media/canvas (55x150cm-22x59in) Berlin 91 .... FF**47 300** - £**4 801** - $**8,543**
- *Bildnisstudie J.B.* - Watercolour/paper (71x61cm-28x24in) Köln 92 .... FF**9 520** - £**974** - $**1,676**

UHLMAN Fred 1901 [30]
- *Winter* - Oil/board (26x38cm-10x15in) London 97 .... FF**2 356** - £**250** - $**406**
- *Cemetiere de St. barnabas* - Oil/canvas (56x73cm-22x29in) London 92 .... FF**7 810** - £**800** - $**1,380**

UHLMANN Hans 1900-1975 [27]
- *Stehendes Mädchen* - Sculpture (21cm-8in) Berlin 96 .... FF**32 200** - £**4 020** - $**6,220**
- *Kopf* - Sculpture (21cm-8in) Berlin 97 .... FF**139 866** - £**14 854** - $**24,363**
- *Ohne Titel* - Chalks (58x87cm-23x34in) Berlin 96 .... FF**20 340** - £**2 540** - $**3,930**

UHRDIN Sam 1886-1964 [56]
- *Framför brasan* - Oil/canvas (81x65cm-32x26in) Stockholm 97 .... FF**11 814** - £**1 314** - $**2,134**
- *Kvinna vid öppen eld* - Oil/canvas (92x73cm-36x29in) Stockholm 96 .... FF**33 100** - £**4 124** - $**6,380**
- *Morgonsol, 1942* - Oil/canvas (73x92cm-29x36in) Stockholm 90 .... FF**107 600** - £**11 595** - $**18,977**

UITZ Béla 1887-1972 [1]
- *Nu* - Encre/papier (46x27cm-18x11in) Paris 93 .... FF**1 500** - £**181** - $**273**

U

UJHAZY Ferenc 1827-1921 [3]
🦅 *Nella steppa* - Olio/tela (45x80cm-18x31in) Trieste 97 .... FF7 480 - £880 - **$1,320**
ULBRICHT Johann Philipp 1762-1836 [1]
🦅 *Romantische Flusslandschaft* - Öl/Kupfer (31x40cm-12x16in) Stuttgart 93 .... FF15 170 - £1 716 - **$2,560**
ULFIG Willy 1910-1983 [1]
🦅 *Ohne Titel* - Oil/board (59x78cm-23x31in) Stuttgart 92.. FF2 040 - £209 - **$359**
ULFSTEN Nikolai 1854-1885 [3]
🦅 *Landskap med båter* - Oil/canvas (70x53cm-28x21in) Oslo 92 .... FF26 050 - £2 666 - **$4,590**
ULIANOFF Vsevolod 1880-1940 [1]
🦅 *The view from the Brick Fence*
    Oil/board (44x58cm-17x23in) San Francisco-Los Angeles 92 .... FF6 100 - £640 - **$1,100**
ULLBERG Kent 1945 [4]
🗿 *Antilop* - Bronze (44cm-17in) Göteborg 94... FF1 840 - £214 - **$317**
ULLIK Hugo 1838-1881 [5]
🦅 *Alpenländische Gebirgslandschaft* - Öl/Leinwand (53x81cm-21x32in) Lindau 95 .... FF9 200 - £1 243 - **$1,903**
ULLMAN Nanna 1888-? [1]
🗿 *Sittande barn* - Bronze (18cm-7in) Göteborg 94.. FF1 520 - £181 - **$285**
ULLMAN Sigfrid 1886-1960 [7]
🦅 *Det blå fatet* - Oil/panel (52x61cm-20x24in) Stockholm 91 .... FF12 170 - £1 212 - **$2,093**
  Under parasollet - Oil/panel (76x99cm-30x39in) Stockholm 95................................ FF14 400 - £1 902 - **$2,917**
ULLMANN Charles XIX [2]
🦅 *Extensive landscape* - Oil/canvas (73x119cm-29x47in) New-York 93 .... FF16 500 - £2 070 - **$3,000**
ULLMANN Eugene Paul 1877-1953 [2]
🦅 *The yellow room* - Oil/canvas (53x45cm-21x18in) Elgin, Illinois 91 .... FF36 800 - £3 708 - **$6,386**
ULLMANN Francis 1930 [5]
🗿 *Aude* - Bronze (22x40x22cm-9x16x9in) Paris 92 .... FF14 000 - £1 630 - **$2,860**
ULLMANN Josef 1870-1922 [2]
🦅 *Häuser im Dorf* - Öl/Karton (48x51cm-19x20in) Praha 95.. FF9 310 - £1 205 - **$1,904**
ULLMANN Robert 1903-1966 [3]
🗿 *Schauende* - Sculpture (51cm-20in) Wien 93... FF10 580 - £1 264 - **$2,035**
ULLSTRÖM Staffan 1950 [4]
🖼 *Andpar* - Color lithograph (18x34cm-7x13in) Stockholm 90.. FF1 700 - £176 - **$300**
✏ *Kungsfiskare* - Akvarell (26x15cm-10x6in) Uppsala 94 .... FF2 624 - £306 - **$460**
  Tofsvipor - Wash (14x14cm-6x7in) Uppsala 91 .... FF7 020 - £704 - **$1,286**
ULMANN Charles XIX [3]
🦅 *Elegant Figures* - Oil/canvas (58x73cm-23x29in) New-York 97 .... FF38 680 - £4 162 - **$6,800**
ULMANN Doris 1882-1934 [32]
📷 *Fishing study* - Platinum print (21x15cm-8x6in) New-York 94 .... FF10 620 - £1 268 - **$2,000**
ULMANN Raoul André 1867-? [3]
🦅 *Hillande: moulins* - Huile/toile (122x153cm-48x60in) Paris 96 .... FF11 000 - £1 334 - **$2,164**
ULMGREN Per 1767-1846 [1]
🖼 *Engelska trägården vid Forsmarck* - Etching (29x45cm-11x18in) Stockholm 93 .... FF11 280 - £1 280 - **$1,907**
ULREICH Eduard Buk 1889-? [2]
🦅 *Junges Paar am Klavier* - Öl/Leinwand (43x28cm-17x11in) München 92 .... FF2 035 - £243 - **$392**
ULRICH Charles Frederic 1858-1908 [1]
✏ *Friedl, 1903/Portrait study of a lady* - Pencil (39x35cm-15x14in) New-York 92 .... FF9 080 - £930 - **$1,600**
ULRICH Hermann 1904-1961 [4]
✏ *Motiv aus Klosterneuburg* - Watercolour/paper (37x27cm-15x11in) Wien 92 .... FF4 810 - £493 - **$847**
ULRICH Johann Jakob 1798-1877 [13]
🦅 *Paysage* - Huile/panneau (24x32cm-9x13in) Paris 97.. FF13 000 - £1 412 - **$2,304**
🖼 *Teuffen, Canton Appenzell a/R* - Engraving (16x22cm-6x9in) Bern 92 .... FF1 713 - £205 - **$330**
ULRICH Wilhelm 1905-1977 [7]
✏ *Breitenstein am Semmering* - Aquarell/Papier (37x54cm-15x21in) Wien 96 .... FF3 840 - £466 - **$747**
ULRICHS Timm 1940 [8]
🖼 *Selbstjustierendes Wasserwaagen* - Multiple (40x40cm-16x16in) Köln 94 .... FF2 236 - £266 - **$426**
ULTVEDT Per Olof 1927 [15]
🗿 *Snurra* - Mobile (61x61cm-24x24in) Stockholm 97 .... FF8 302 - £876 - **$1,434**
ULVING Even 1869-1943 [57]
🦅 *En sommerdag på Nøtterøy* - Oil/canvas (72x100cm-28x39in) Oslo 93 .... FF12 000 - £1 396 - **$2,060**
  Interior - Oil/canvas (72x100cm-28x39in) Tönsberg 91 .... FF28 650 - £2 864 - **$4,718**
  Fiskeläge, Nordnorge - Oil/canvas (108x163cm-43x64in) Stockholm 96.................. FF112 800 - £12 860 - **$21,600**
UMBEHR Otto 1902-1980 [4]
📷 *Circular Abstraction* - Silver print (23cm-9in) New-York 95...................................... FF3 010 - £380 - **$600**
UMBERG Günter 1942 [3]
✏ *Ohne Titel* - Graphite (80x49cm-31x19in) Düsseldorf 92 .... FF14 960 - £1 532 - **$2,634**
UMBRICHT Honoré Louis 1860-1943 [1]
🦅 *Le sabotier d'Ottrott* - Oil/canvas (210x168cm-83x66in) New-York 95........................ FF102 700 - £12 600 - **$20,000**
UMGELTER Hermann Ludwig 1891-1962 [39]
🦅 *Blumenstrausse in Vase* - Öl/Leinwand (67x86cm-26x34in) Hamburg 94...................... FF3 744 - £438 - **$660**
✏ *Schwäbische Alb* - Öl/Leinwand (59x75cm-23x30in) Hamburg 94 .... FF12 700 - £1 505 - **$2,346**
✏ *Brücke über den Fluss* - Aquarell/Papier (39x49cm-15x19in) Köln 95 .... FF3 430 - £449 - **$697**
UMLAUF Charles 1911 [1]
🗿 *Man in Supplication* - Bronze (67cm-26in) New-York 91 .... FF11 320 - £1 149 - **$2,045**

UMLAUF Ignaz 1821-1851 [2]
- *Zigeunermädchen am wegrand* - Öl/Metall (24x28cm-9x11in) Wien 95 .... FF29 400 - £3 870 - **$5,960**

UNBEREIT Paul 1884-1937 [24]
- *Die kleine Dorfstrasse* - Öl (26x20cm-10x8in) Wien 97 .... FF11 950 - £1 270 - **$2,060**
- *Dorflandschaft im Frühling* - Oil/panel (68x54cm-27x21in) Wien 96 .... FF29 230 - £3 794 - **$5,780**

UNCETA Y LOPEZ Marcelino 1836-1905 [14]
- *Soldado a caballo* - Oleo/tabla (12x9cm-5x4in) Madrid 91 .... FF32 800 - £3 289 - **$5,414**
- *Soldado a caballo* - Lápiz (33x25cm-13x10in) Madrid 92 .... FF3 995 - £481 - **$778**

UNCINI Giuseppe 1929 [6]
- *Dimora delle cose* - Tecnique mixte (58x98cm-23x39in) Roma 92 .... FF36 240 - £3 710 - **$6,380**
- *Spazi di ferro No. 51* - Ferro, cemento (190cm-75in) Milano 95 .... FF34 540 - £4 510 - **$6,930**

UNDERHILL Frederick Charles XIX [3]
- *The Mountain Call, North Wales* - Oil/canvas (61x51cm-24x20in) Montréal 93 .... FF4 240 - £480 - **$715**
- *Children carrying flowers, Wales* - Oil/canvas (30x45cm-12x18in) London 92 .... FF5 360 - £550 - **$996**

UNDERHILL Frederick Thomas c.1847-1897 [3]
- *Young boy eating at a table* - Watercolour/paper (27x17cm-11x7in) London 90 .... FF3 900 - £415 - **$698**

UNDERWOOD Leon 1890-1975 [23]
- *Seated woman* - Oil/canvas (81x53cm-32x21in) Mystic, Connecticut 94 .... FF12 200 - £1 410 - **$2,100**
- *Fishermen* - Oil/canvas (27x38cm-11x15in) London 89 .... FF63 000 - £6 442 - **$10,129**
- *David and Goliath* - Bronze (32cm-13in) London 91 .... FF34 600 - £3 469 - **$6,337**

UNDERWOOD Thomas Richard 1772-1836 [2]
- *Ludlow Castle, Shropshire* - Watercolour (17x14cm-7x6in) London 95 .... FF6 000 - £750 - **$1,212**

UNDERWOOD William Orison XIX-XX [1]
- *Mountain road* - Gum, platinum print (23x18cm-9x7in) New-York 93 .... FF21 000 - £2 635 - **$3,820**

UNG Per 1933 [3]
- *A couple* - Bronze (56cm-22in) Stockholm 96 .... FF22 300 - £2 780 - **$4,310**

UNGER Carl 1915 [2]
- *Kaspertheater* - Woodcut in colors (52x38cm-20x15in) Wien 90 .... FF19 200 - £1 963 - **$3,790**
- *Persepolis* - Aquarell/Papier (38x54cm-15x21in) Wien 96 .... FF3 850 - £481 - **$745**

UNGER Friedrich 1811-1858 [1]
- *Miniaturen, Bayerischen Geschichte* - Ink (6x8cm-2x3in) München 92 .... FF47 500 - £5 670 - **$9,130**

UNGER Hans 1872-1936 [8]
- *Frau Unger* - Oil/canvas (75x63cm-30x25in) Köln 92 .... FF6 800 - £696 - **$1,197**

UNGER Henry 1944 [3]
- *Friheten* - Gouache (74x55cm-29x22in) Stockholm 93 .... FF4 440 - £546 - **$822**

UNGER Max 1883-? [1]
- *Hochgebirgslandschaft* - Oil/canvas (78x61cm-31x24in) München 91 .... FF4 730 - £480 - **$854**

UNGER Wilhelm 1837-1932 [3]
- *Fischerhütte an der Donau* - Oil/Leinwand (50x60cm-20x24in) Pforzheim 93 .... FF3 730 - £446 - **$718**
- *Fürste Eduard Zichy* - Pencil/paper (26x20cm-10x8in) Wien 96 .... FF1 680 - £204 - **$327**

UNGER Wolfgang Heinz 1929 [2]
- *Liegender weiblicher Akt in Interieur* - Oil/Karton (51x41cm-20x16in) München 95 .... FF4 230 - £540 - **$868**

UNGERER Tomi, Jean-Thomas 1931 [7]
- *Stanley Kubrick's Dr. Strangelove* - Poster (104x69cm-41x27in) London 96 .... FF1 697 - £220 - **$333**

UNGERN Ragnar 1885-1955 [14]
- *Från Iniö* - Oil/canvas (42x42cm-17x17in) Helsinki 94 .... FF28 540 - £3 270 - **$4,840**

UNGEWITTER Hugo 1869-c.1944 [9]
- *Preparing for the hunt* - Oil/canvas (81x120cm-32x47in) London 96 .... FF27 000 - £3 500 - **$5,330**
- *Tiger* - Oil/canvas (100x150cm-39x59in) London 92 .... FF209 300 - £25 000 - **$40,300**

UNIECHOWSKI Antoni 1903-1979 [3]
- *Couple sur la muraille* - Watercolour (28x19cm-11x7in) Warszawa 94 .... FF3 360 - £399 - **$616**

UNIK Renée XIX-XX [9]
- *La hameau dans la vallée* - Huile/toile (54x65cm-21x26in) La Varenne Saint-Hilaire 89 .... FF2 600 - £266 - **$418**

UNKER d' Carl 1828-1866 [8]
- *Växelkontoret* - Oil/canvas (45x38cm-18x15in) Stockholm 96 .... FF23 340 - £2 660 - **$4,470**

UNNA Moritz 1811-1871 [2]
- *Gammel Syemand* - Oil/canvas (60x54cm-24x21in) Köbenhavn 95 .... FF14 140 - £1 736 - **$2,755**

UNOLD Max 1885-1964 [43]
- *In der Allee (Holzen)* - Oil/hardboard (50x60cm-20x24in) München 96 .... FF11 860 - £1 488 - **$2,290**
- *Holzknechte mit Schlitten* - Oil/canvas (49x59cm-19x23in) München 92 .... FF61 000 - £7 290 - **$11,740**
- *Parklandschaft* - Chalks/paper (21x29cm-8x11in) München 95 .... FF4 130 - £543 - **$828**
- *Blumenstilleben* - Watercolour (50x32cm-20x13in) Bremen 92 .... FF20 340 - £2 430 - **$3,914**

UNSELD Albert 1879-1964 [13]
- *Schwäbische Alb* - Oil/canvas (76x99cm-30x39in) Stuttgart 92 .... FF7 450 - £866 - **$1,520**
- *Rittersporn in blauer Vase* - Aquarell (59x47cm-23x19in) Stuttgart 92 .... FF3 050 - £355 - **$622**

UNTECA Y LOPEZ Marcelino 1836-1905 [1]
- *Aragones on his mule, Spain* - Oil/board (29x22cm-11x9in) London 92 .... FF7 810 - £800 - **$1,380**

UNTERBERGER Franz Richard 1838-1902 [75]
- *Village scene, South of Italy* - Oil/canvas (44x39cm-17x15in) Stockholm 97 .... FF26 885 - £2 865 - **$4,694**
- *Salerno* - Oil/canvas (82x69cm-32x27in) New-York 95 .... FF133 000 - £16 550 - **$26,000**
- *The Bay of Naples* - Oil/canvas (56x108cm-22x43in) London 94 .... FF223 000 - £26 000 - **$39,100**
- *Elegant figures on a terrace* - Oil/canvas (92x72cm-36x28in) London 94 .... FF338 500 - £40 000 - **$60,800**

U

UNTERBERGER Michelangelo 1695-1758 [3]
- *Selbstportrait des Künstlers* - Öl/Leinwand (68x61cm-27x24in) Wien 97 .... FF**215 820** - £23 310 - **$37,665**
UNTERSEHER Franz Xaver 1888-? [1]
- *Piz Buin* - Oil/panel (65x82cm-26x32in) Bremen 93 .... FF**3 830** - £438 - **$647**
UNTERSTELLER Nicolas Pierre 1900-1968 [2]
- *Blick auf ein französisches Dorf* - Öl/Leinwand (75x57cm-30x22in) Bern 94 .... FF**3 230** - £375 - **$557**
UNVERDROSS Raphael Oskar 1873-? [3]
- *Herbst am Niederrhein* - Öl/Karton (67x50cm-26x20in) Köln 93 .... FF**4 410** - £527 - **$848**
UNWERTH von Ellen XX [1]
- *Fashion Study* - Silver print (35x25cm-14x10in) London 93 .... FF**1 826** - £220 - **$319**
UNWINS Thomas 1782-1857 [2]
- *The festival* - Oil/canvas (76x64cm-30x25in) London 89 .... FF**56 200** - £5 746 - **$9,035**
UOTILA Aukusti 1858-1886 [3]
- *Musikstund* - Oil/canvas (46x38cm-18x15in) Helsinki 93 .... FF**204 000** - £23 470 - **$35,100**
UOTILA Gunnar 1913 [4]
- *Torso* - Bronze (37cm-15in) Helsinki 94 .... FF**4 440** - £515 - **$765**
UPHEUS Joseph 1850-1911 [2]
- *Group of a hunter and bird* - Bronze (36cm-14in) New-York 92 .... FF**1 560** - £186 - **$300**
UPHOFF Carl Emil 1885-1971 [3]
- *Weissen und roten Rosen* - Öl/Leinwand (60x70cm-24x28in) Bremen 94 .... FF**12 030** - £1 433 - **$2,290**
UPHOFF Fritz 1890-1966 [6]
- *Herbststimmung im Moor* - Öl/Karton (50x40cm-20x16in) Bremen 93 .... FF**10 500** - £1 201 - **$1,785**
UPHOFF-SCHILL Lore 1890-1968 [2]
- *Alte Birke vor Kornhocken* - Pencil (48x35cm-19x14in) Bremen 95 .... FF**2 750** - £362 - **$552**
UPHUES Joseph Johannes J. 1850-1911 [4]
- *Sthender junger Mann* - Bronze (61cm-24in) Bern 93 .... FF**5 540** - £631 - **$940**
UPJOHN Anna Milo ?-1951 [4]
- *Solemn Procession* - Oil/canvas (77x86cm-30x34in) New-York 92 .... FF**29 400** - £3 414 - **$6,000**
- *Maine* - Watercolour (61x51cm-24x20in) Mystic, Connecticut 92 .... FF**3 920** - £456 - **$800**
UPPINK Willem 1767-1849 [5]
- *Peasant family* - Oil/canvas (288x177cm-113x70in) New-York 93 .... FF**170 500** - £20 150 - **$31,000**
UPRKA Frantisek 1868-1929 [1]
- *Der Mann aus Vlenov* - Bronze (75cm-30in) Düsseldorf 90 .... FF**18 600** - £1 991 - **$3,235**
UPRKA Joza 1861-1940 [7]
- *Festival with figures* - Oil/canvas (30x60cm-12x24in) London 93 .... FF**8 600** - £980 - **$1,460**
- *Tschechisches Mädl* - Aquarell/Papier (44x43cm-17x17in) Wien 90 .... FF**3 800** - £404 - **$680**
URACH von Albert Fürst 1903-1969 [1]
- *Bauerndorf am Fuß der Alb* - Woodcut in colors (65x75cm-26x30in) Stuttgart 90 .... FF**2 686** - £272 - **$511**
URANGA de Pablo 1861-? [2]
- *Transportando el pescado* - Oleo/lienzo (59x99cm-23x39in) Madrid 95 .... FF**10 120** - £1 263 - **$2,397**
URBACH Elsa Olivia 1935 [2]
- *Holocaust* - Oil/panel (19x13cm-7x5in) München 93 .... FF**5 220** - £597 - **$882**
URBACH Josef 1889-1973 [3]
- *Oriental vase, orange & lemon* - Oil/canvas (81x58cm-32x23in) Amsterdam 90 .... FF**5 730** - £580 - **$1,090**
- *Pferderennen vor der Stadt Neuss* - Woodcut (31x35cm-12x14in) Heidelberg 93 .... FF**1 750** - £204 - **$288**
URBAIN Alexandre 1875-1953 [5]
- *La pêche aux coquillages* - Huile/carton/toile (33x41cm-13x16in) Paris 94 .... FF**5 000** - £582 - **$877**
- *La Celle-sur-Seine* - Gouache (59x73cm-23x29in) Soissons 90 .... FF**6 000** - £604 - **$1,091**
URBAN Bohumil Stanislav 1903-? [2]
- *Anemonen* - Öl/Leinwand (55x69cm-22x27in) Praha 95 .... FF**4 660** - £603 - **$952**
URBAN Eugen 1868-1929 [2]
- *Junge Frau vor Parkhintergrund* - Oil/canvas (52x49cm-20x19in) Ahlden 92 .... FF**6 800** - £696 - **$1,197**
URBAN Hermann 1866-1946 [7]
- *Heuhaufen* - Öl/Leinwand (86x101cm-34x40in) Wien 96 .... FF**8 650** - £1 085 - **$1,690**
URBAN Josef 1872-1933 [1]
- *Ein Maß Bier* - Oil/panel (26x21cm-10x8in) Wien 89 .... FF**12 000** - £1 159 - **$1,821**
URBIETA Jesús 1959 [4]
- *Una historia de caballo* - Oil/canvas (149x189cm-59x74in) New-York 94 .... FF**45 700** - £5 360 - **$8,000**
- *Juchitán fecunda* - Acuarela/papel (28x37cm-11x15in) México 92 .... FF**6 300** - £647 - **$1,130**
URCULO FERNANDEZ Eduardo 1938 [14]
- *My Obsession* - Huile/toile (110x100cm-43x39in) Bruxelles 95 .... FF**23 460** - £3 090 - **$4,760**
- *Micaela* - Dibujo (66x48cm-26x19in) Madrid 95 .... FF**2 695** - £341 - **$541**
URDAL Atle 1913-1988 [8]
- *Landskap* - Oil/panel (59x68cm-23x27in) Oslo 92 .... FF**5 020** - £600 - **$965**
URDIN Kiro 1945 [7]
- *Le médecin* - Oil/canvas (50x61cm-20x24in) Amsterdam 92 .... FF**115 300** - £11 800 - **$20,300**
URECH Rudolf 1888-1951 [6]
- *Märchenmotiv* - Öl/Leinwand (75x58cm-30x23in) Bern 94 .... FF**3 715** - £446 - **$722**
UREN John Clarkson Isaac 1845-1932 [30]
- *The coast near Perranporth* - Watercolour (33x51cm-13x20in) Penzance, Cornwall 92 .... FF**3 420** - £350 - **$604**
URGELL Ricardo 1874-1924 [2]
- *Bodegón de uvas y granada* - Oleo/lienzo (36x41cm-14x16in) Madrid 93 .... FF**10 570** - £1 272 - **$2,060**

URGELL Y INGLADA Modest 1839-1919 [8]
- *Weidelandschaft* - Öl/Leinwand (95x187cm-37x74in) Köln 95.................................... FF**53 200** - £*6 720* - **$10,660**

URGELLES DE TOVAR Félix 1845-1919 [2]
- *Trees in a landscape* - Oil/canvas (140x92cm-55x36in) Köbenhavn 96 .... FF**30 300** - £*3 924* - **$6,060**

URI Aviva 1927-1989 [57]
- *Untitled* - Mixed media (100x70cm-39x28in) Tel Aviv 97 .... FF**8 826** - £*981* - **$1,650**
- *Triple-Eyed Head of a Woman* - Acrylic/canvas (81x60cm-32x24in) Tel Aviv 96 .... FF**51 900** - £*4 400* - **$6,800**
- *Landscape* - Mixed media/paper (46x70cm-18x28in) Tel Aviv 95 .... FF**3 840** - £*486* - **$750**
- *Self Portrait* - Charcoal (43x28cm-17x11in) Tel Aviv 97 .... FF**5 882** - £*654* - **$1,100**
- *Self Portrait* - Charcoal/paper (49x33cm-19x13in) Tel Aviv 97 .... FF**19 251** - £*2 140* - **$3,600**

URIA Y URIA José Maria 1861-1937 [2]
- *Descanso* - Oil/panel (45x56cm-18x22in) New-York 95 .... FF**105 200** - £*12 920* - **$20,500**

URK van Kees 1895-1976 [1]
- *Landschap bij Barchem* - Oil/canvas (35x50cm-14x20in) Amsterdam 95 .... FF**3 150** - £*402* - **$643**

URLASS Louis 1809-? [1]
- *In der Wirtsstube* - Öl/Leinwand (66x44cm-26x17in) Bremen 93 .... FF**9 800** - £*1 121* - **$1,666**

URLAUB Anton Georg 1713-1759 [1]
- *Christus mit der Weltkugel* - Ink (14x21cm-6x8in) München 91 .... FF**2 724** - £*273* - **$499**

URLAUB Georg Anton 1744-1788 [2]
- *Henriette Haussmann au clavecin* - Huile/toile (92x79cm-36x31in) Paris 91 .... FF**230 000** - £*22 841* - **$39,935**
- *Die Verherrlichung Christi* - Ink/paper (23x18cm-9x7in) München 95 .... FF**13 410** - £*1 763* - **$2,690**

URLAUB Georg Johann Christ. 1844-1914 [3]
- *Lagerleben aus dem 30jährigen Krieg* - Öl/Leinwand (69x112cm-27x44in) Zürich 94 ...... FF**30 300** - £*3 510* - **$5,220**

URQUHART Murray McNeel Caird 1880-? [8]
- *Natlig scene ved en byport* - Oil/canvas (93x120cm-37x47in) Köbenhavn 92 .... FF**7 570** - £*760* - **$1,456**
- *Boatyard with figures* - Watercolour/paper Leamington Spa 96 .... FF**2 546** - £*320* - **$501**

URRUTIA DE URMENETA de Ana Gertrudis 1812-1850 [1]
- *Retrato de caballero* - Oleo/lienzo (67x55cm-26x22in) Madrid 97 .... FF**3 556** - £*357* - **$683**

URSELLA Enrico 1887-1955 [5]
- *Paesaggio invernale* - Olio/tela (58x82cm-23x32in) Trieste 93 .... FF**17 570** - £*1 970* - **$3,144**

URSULA U. Schultze-Bluhm 1921 [7]
- *Das lange Bein in Paris* - Oil/canvas (34x100cm-13x39in) Köln 91 .... FF**21 970** - £*2 203* - **$3,627**

URTEIL Andreas 1933-1963 [9]
- *Form einer Flucht* - Bronze (44cm-17in) Wien 92 .... FF**15 400** - £*1 840* - **$2,960**
- *Grosse Figur* - Wash/paper (63x45cm-25x18in) Wien 95 .... FF**29 400** - £*3 870* - **$5,960**

URTIN Paul François Marie 1874-1962 [3]
- *Intérieur de palais* - Huile/toile (61x50cm-24x20in) Nice 90 .... FF**4 000** - £*428* - **$696**

URTNOWSKI Theodor 1881-? [1]
- *Winterabend im Hafen* - Mischtechnik/Papier (29x40cm-11x16in) Bremen 94 .... FF**3 106** - £*368* - **$573**

URUETA Cordelia 1908-1994 [8]
- *Nave* - Oil/canvas (120x150cm-47x59in) New-York 97 .... FF**74 626** - £*7 924* - **$13,000**
- *Piramide* - Oil/canvas (120x100cm-47x39in) New-York 92 .... FF**142 000** - £*14 530* - **$25,000**

URUSHIBARA Yoshijiro 1889-? [2]
- *The pines* - Woodcut (35x24cm-14x9in) London 91 .... FF**2 435** - £*250* - **$453**

URWICH Walter C. 1864-1943 [2]
- *Portrait of Victoria* - Oil/canvas (42x32cm-17x13in) Malmö 96 .... FF**7 740** - £*917* - **$1,510**

URY Lesser 1861-1931 [301]
- *Joseph in chains* - Oil/canvas (70x99cm-28x39in) New-York 92 .... FF**46 800** - £*5 590* - **$9,000**
- *Themse, London* - Oil/cardboard (31x23cm-12x9in) Berlin 96 .... FF**101 700** - £*12 700* - **$19,650**
- *Blumenstilleben* - Oil/canvas (102x68cm-40x27in) Tel Aviv 97 .... FF**196 753** - £*20 917* - **$34,000**
- *Berliner Strasse im Regen* - Oil/canvas (70x100cm-28x39in) Tel Aviv 97 .... FF**694 440** - £*73 824* - **$120,000**
- *Landschaft mit Bauernhof* - Pastel (35x49cm-14x19in) Tel Aviv 96 .... FF**56 100** - £*7 280* - **$11,000**
- *Willemsdorf* - Pastel/board (50x70cm-20x28in) Tel Aviv 96 .... FF**101 604** - £*11 299* - **$19,000**
- *Brandenburger Tor* - Pastel (34x49cm-13x19in) Berlin 97 .... FF**738 180** - £*78 397* - **$128,587**

USABAL Y HERWANDES Luiz 1876-? [1]
- *Fée dans une forêt* - Huile/toile (42x104cm-17x41in) Paris 96 .... FF**5 000** - £*647* - **$991**

USADEL Max XIX-XX [5]
- *The Faraglioni Rocks, Capri* - Oil/canvas (64x83cm-25x33in) London 96 .... FF**4 860** - £*600* - **$938**

USELDING Petrus XIX-XX [3]
- *Les musiciens* - Huile/panneau (23x19cm-9x7in) Saint-Dié 96 .... FF**2 800** - £*322* - **$535**

USELLINI Gian Filippo 1903-1971 [10]
- *Fine di Carnevale* - Olio/tela (100x70cm-39x28in) Milano 95 .... FF**35 760** - £*4 440* - **$7,200**

USLÉ Juan 1954 [5]
- *Sobre la A* - Oleo/lienzo (131x97cm-52x38in) Madrid 94 .... FF**24 860** - £*2 856* - **$4,254**
- *Last Letter* - Oil/canvas (198x118cm-78x46in) New-York 96 .... FF**51 800** - £*6 680* - **$10,000**
- *Composition* - Technique mixte/papier (80x62cm-31x24in) Paris 94 .... FF**3 500** - £*413* - **$628**

USNER Otto XIX-XX [3]
- *Alte Städtchen Rothenburg* - Aquarell (71x110cm-28x43in) Stuttgart 95 .... FF**12 600** - £*1 617* - **$2,596**

USSI Stefano 1822-1901 [3]
- *Donna in preghiera* - Olio/tela (22x25cm-9x10in) Milano 95 .... FF**8 580** - £*1 080* - **$1,740**
- *Scena storica* - Olio/tavola (20x22cm-8x9in) Roma 91 .... FF**50 100** - £*5 085* - **$9,049**

U

USSING Johan Ludvig 1813-1899 [1]
- Kurv med frugter og blomster - Oil/canvas (35x46cm-14x18in) København 91 .... FF28 100 - £2 791 - **$4,879**

USSING Stephan P. 1868-1958 [5]
- Basilica di San Francesco - Oil/canvas (73x101cm-29x40in) London 96 .... FF5 780 - £750 - **$1,143**

USTERI Hans Konrad 1795-1873 [1]
- Belebte südliche Berglandschaft - Öl/Karton (16x24cm-6x9in) Zürich 94 .... FF7 360 - £875 - **$1,386**

UTECH Joachim 1889-1960 [1]
- Stehende - Wood (66cm-26in) München 94 .... FF13 720 - £1 626 - **$2,536**

UTH Max 1863-1914 [7]
- Am Bach - Oil/canvas (70x70cm-28x28in) Bremen 92 .... FF28 900 - £2 960 - **$5,090**

UTHAUG Jørleif 1911-1990 [3]
- Mann med glass og flaske - Oil/canvas (120x120cm-47x47in) Oslo 92 .... FF19 100 - £1 955 - **$3,360**

UTRILLO Maurice 1883-1955 [659]
- A la belle Gabrielle - Huile/toile (79x59cm-31x23in) Paris 94 .... FF1 - £204 600 - **$324,000**
- Rue du Mont-Cenis, Montmartre - Huile/toile (73x117cm-29x46in) Divonne-les-Bains 91 ..... FF3 - £337 922 - **$556,663**
- Sacré-Coeur - Oil/paper (27x30cm-11x12in) New-York 97 .... FF142 858 - £15 315 - **$25,000**
- Saint-Aignon, Chartres - Oil/canvas (60x50cm-24x20in) London 94 .... FF235 500 - £28 000 - **$43,100**
- Eglise de Marolles - Oil/canvas (69x54cm-27x21in) New-York 97 .... FF342 858 - £36 756 - **$60,000**
- Le Lapin agile - Oil/cardboard (40x50cm-16x20in) London 97 .... FF453 668 - £47 000 - **$77,714**
- Place Saint-Pierre, Montmartre - Oil/panel (51x71cm-20x28in) New-York 95 .... FF587 000 - £76 000 - **$120,000**
- Saint-Philippe, Charleston - Oil/canvas (55x73cm-22x29in) New-York 97 .... FF714 288 - £76 575 - **$125,000**
- Grand-route à Sartrouville - Oil/canvas (61x81cm-24x32in) New-York 96 .... FF984 000 - £127 000 - **$190,000**
- Chapelle de Santa Colonna - Aquarelle, gouache/papier (47x31cm-19x12in) Paris 97 ...... FF56 000 - £6 037 - **$9,957**
- L'ancien Maquis à Montmartre - Pastel/papier (32x48cm-13x19in) Paris 97 .... FF130 000 - £13 546 - **$22,152**
- Place de l'église - Gouache/papier (47x63cm-19x25in) Paris 97 .... FF180 000 - £18 828 - **$30,834**
- Sacré-Coeur de Montmartre - Gouache/papier (25x32cm-10x13in) New-York 94 .... FF264 000 - £30 500 - **$45,000**
- Rue Norvins, Montmartre - Gouache/papier (63x48cm-25x19in) Paris 95 .... FF600 000 - £76 800 - **$120,600**

UTRILLO MORLIUS Miguel 1862-1934 [4]
- Ferros d'Art, Barcelona - Poster (86x47cm-34x19in) London 96 .... FF3 300 - £420 - **$635**

UTTER André 1886-1948 [27]
- Nature morte à la coupe de fruits - Huile/toile (46x38cm-18x15in) Paris 97 .... FF5 000 - £538 - **$878**
- Mademoiselle Suz-Gérard - Huile/toile (61x50cm-24x20in) Paris 94 .... FF13 000 - £1 552 - **$2,436**
- Barque amarrée devant la maison - Huile/toile (60x81cm-24x32in) Paris 96 .... FF40 000 - £4 710 - **$7,850**

UTZON-FRANK Einar 1888-1955 [14]
- Nefertite - Bronze (86cm-34in) København 92 .... FF20 140 - £2 340 - **$4,110**

UYTENBOGAERT Abraham 1803-1865 [2]
- Scène de cabaret - Huile/panneau (28x35cm-11x14in) Bruxelles 93 .... FF8 180 - £942 - **$1,408**

UYTTERSCHAUT Paul 1899-1949 [1]
- Vlaams landschap - Huile/panneau (59x69cm-23x27in) Lokeren 90 .... FF4 900 - £525 - **$852**

UYTTERSCHAUT Victor 1847-1917 [14]
- Watermael juin 98 - Aquarelle/papier (26x17cm-10x7in) Bruxelles 93 .... FF2 800 - £335 - **$573**

UYTVANCK van Valentijn Edgar 1896-1950 [2]
- Portrait d'homme - Oil/canvas (100x81cm-39x32in) Amsterdam 95 .... FF2 820 - £360 - **$578**
- Mademoiselle Manteau, 1931 - Fusain (92x72cm-36x28in) Antwerpen 90 .... FF6 500 - £700 - **$1,146**

UZARSKI Adolf 1885-1970 [2]
- Dorflandschaft - Watercolour/paper (22x37cm-9x15in) Köln 96 .... FF5 100 - £581 - **$975**

UZELAC Milivoy 1897-? [7]
- Négresse et enfants - Peinture (100x100cm-39x39in) Paris 94 .... FF35 000 - £4 150 - **$6,470**

UZIEMBLO Henryk 1879-1949 [2]
- Autumnal landscape - Oil/cardboard (22x28cm-9x11in) Warszawa 94 .... FF5 810 - £665 - **$984**

V

VAA Dyre 1903-1980 [2]
- Novemberkveld i Rauland, Totakk - Oil/canvas (75x90cm-30x35in) Oslo 92 .... FF9 980 - £1 022 - **$1,760**

VAARBERG Joannes Christoffel 1825-1871 [8]
- Children at the Child Welfare Board - Oil/canvas (80x106cm-31x42in) Amsterdam 91 ...... FF14 430 - £1 465 - **$2,606**

VAARULA Olavi 1927-1969 [10]
- Vandring - Oil/canvas (50x40cm-20x16in) Helsinki 92 .... FF9 320 - £954 - **$1,640**

VAARZON MOREL Willem 1868-1955 [9]
- Het zieke kind - Oil/canvas/panel (60x41cm-24x16in) Amsterdam 95 .... FF5 560 - £672 - **$1,046**

VACASSIN Théo XIX-XX [1]
- Trois faisans sur un rocher - Bronze (25cm-25in) Paris 92 .... FF16 000 - £1 910 - **$3,080**

VACATKO Ludwig 1873-1956 [7]
- Nudistic joy - Oil/canvas (89x100cm-35x39in) Amsterdam 89 .... FF13 500 - £1 343 - **$2,133**

VACCARI Wainer 1949 [2]
- Giovane atleta - Oil/canvas (80x60cm-31x24in) Stockholm 96 .... FF11 530 - £1 440 - **$2,230**

VACCHI Sergio 1925 [12]
- Ulisse - Olio/tela (90x100cm-35x39in) Roma 93 .... FF17 800 - £2 060 - **$3,025**

Amletto - Tecnica mista/carta (50x70cm-20x28in) Milano 94 .... FF4 650 - £560 - **$868**

VACHA Rudolph 1860-1939 [2]
Raoul de Chandon - Huile/toile (65x81cm-26x32in) Deauville 92 .... FF23 000 - £2 354 - **$4,050**

VACHAL Josef 1884-1969 [2]
Die Versuchung - Oil/panel (43x34cm-17x13in) München 91 .... FF16 900 - £1 682 - **$2,906**
Der Puppenspieler - Linocut in colors (34x18cm-13x7in) München 91 .... FF1 690 - £168 - **$291**

VACHER Charles 1818-1883 [11]
St. Mark'Place, Venice - Watercolour (52x75cm-20x30in) Billinghurst, West Sussex 94 ...... FF11 320 - £1 300 - **$1,937**

VACHON John XX [4]
Parade spectators, Cincinnati - Silver print (20x25cm-8x10in) New-York 93 .... FF1 788 - £224 - **$325**

VACOSSIN Georges, Géo 1870-? [3]
Le Char - Bronze Rambouillet 92.. FF10 000 - £1 024 - **$1,760**

VADDER de Franz 1862-1935 [9]
Heidelandschap - Huile/toile (47x40cm-19x16in) Lokeren 95 .... FF6 850 - £855 - **$1,384**

VAELIL Otto XX [2]
Blumenstilleben - Oil/canvas (70x80cm-28x31in) München 92 .... FF2 370 - £276 - **$484**

VAERE de Jean Antoine, John 1755-1828 [2]
Apollo, 1800 - Sculpture (137cm-54in) New-York 90............................... FF314 600 - £33 081 - **$54,713**

VAERENBERGH van Georges XIX-XX [6]
Buste de jeune femme - Bronze (24cm-9in) Bruxelles 96 .... FF3 610 - £418 - **$692**

VAERTEN Jan 1909-1980 [8]
La cheminée - Oil/canvas (90x70cm-35x28in) Amsterdam 92 .... FF27 100 - £3 240 - **$5,220**
Baadster of Het Strand - Pastel (28x22cm-11x9in) Lokeren 94 .... FF1 577 - £186 - **$281**

VAERWYCK Valentin 1862-1969 [1]
Après la pêche - Aquarelle/papier (64x56cm-25x22in) Bruxelles 94.......................... FF2 310 - £266 - **$396**

VAES Walter 1882-1958 [62]
Kreept op Zwarte schotel - Oil/canvas (45x50cm-18x20in) Amsterdam 97 .... FF17 980 - £1 890 - **$3,088**
Pekelharingen en aarden kruik - Oil/panel (48x69cm-19x27in) Amsterdam 97 .... FF32 964 - £3 465 - **$5,662**
Flowers - Oil/canvas (101x65cm-40x26in) Amsterdam 97............................. FF107 881 - £11 340 - **$18,532**

VAFFLARD Pierre Antoine A. 1779-1838 [1]
Ulysse et Nausicaa - Huile/toile (114x147cm-45x58in) Brest 93 .... FF103 000 - £12 400 - **$18,720**

VAGAGGINI Cesare 1905-? [1]
Italian landscape/Hay-rick by a farm - Oil/board (29x23cm-11x9in) London 94 .... FF2 770 - £320 - **$472**

VAGH Albert 1931 [9]
Promenade - Huile/toile (60x73cm-24x29in) Paris 91 .... FF2 800 - £282 - **$546**

VAGH-WEINMANN Elemer 1906 [61]
Rue de village - Huile/toile (60x73cm-24x29in) Paris 96....................................... FF5 000 - £649 - **$990**
Vase de fleurs - Huile/toile (82x65cm-32x26in) Calais 92 .... FF10 500 - £1 075 - **$1,850**

VAGH-WEINMANN Eméric 1919 [13]
Paysage - Huile/toile (92x73cm-36x29in) Versailles 90....................................... FF3 100 - £326 - **$539**
Coquelicots, Gordes - Huile/toile (89x130cm-35x51in) Bordeaux 93 .... FF24 000 - £2 890 - **$4,360**

VAGH-WEINMANN Maurice 1899-1966 [49]
Guiguette à Montmartre - Huile/isorel (46x55cm-18x22in) Paris 97 .... FF2 000 - £218 - **$350**
Lavandières - Huile/panneau (73x81cm-29x32in) Toulouse 95................................. FF5 000 - £661 - **$1,013**
La fête foraine - Huile/toile (60x74cm-24x29in) Neuilly 91................................ FF11 500 - £1 159 - **$1,996**

VAGH-WEINMANN Nandor 1897 [33]
Enfants dans un paysage - Huile/toile (60x73cm-24x29in) Paris 97 .... FF3 000 - £327 - **$524**
Le port de Saint-Jean-de-Luz - Huile/toile (89x116cm-35x46in) Bordeaux 93 ...... FF15 500 - £1 868 - **$2,820**

VAGLIERI Tino 1929 [30]
Nella città - Olio/tela (70x50cm-28x20in) Milano 93 .... FF3 660 - £411 - **$655**
Interno-esterno - Olio/tela (101x79cm-40x31in) Milano 92 .... FF14 500 - £1 484 - **$2,550**

VAGNAT Louis 1842-1886 [5]
Paysage du Dauphinois - Huile/toile (25x33cm-10x13in) Grenoble 92 .... FF4 000 - £410 - **$705**
Les rives du Drac - Fusain (29x46cm-11x18in) Grenoble 91 .... FF4 000 - £401 - **$660**

VAGNETTI Fausto 1876-1956 [1]
Paesaggio - Technique mixte/toile (48x29cm-19x11in) Roma 91....................... FF2 507 - £257 - **$468**

VAGNETTI Gianni 1898-1956 [5]
Tavolata - Olio/tavola (8x12cm-3x5in) Firenze 91.. FF9 110 - £907 - **$1,567**

VAGO Sandor 1887-? [2]
Floral still life - Oil/canvas (72x91cm-28x36in) Boston, Mass. 91 .... FF3 396 - £345 - **$613**

VAGO Valentino 1931 [12]
P E 103 - Olio/tela (80x65cm-31x26in) Milano 94 .... FF8 470 - £1 000 - **$1,600**

VAIANI Giuseppe 1886-1937 [1]
Non licet - Acquarello (78x103cm-31x41in) Trieste 93 .... FF29 300 - £3 286 - **$5,240**

VAIL Eugene Lawrence 1857-1934 [5]
Still life - Oil/canvas (25x20cm-10x8in) Portland, Maine 93.............................. FF8 850 - £1 007 - **$1,500**

VAILLANCOURT Armand 1932 [13]
Sans titre - Bois (87cm-34in) Montréal 93 .... FF10 250 - £1 070 - **$1,794**
Composition, 1959 - Encre (21x29cm-8x11in) Montréal 89 .... FF2 400 - £245 - **$386**

VAILLANT Bernard 1632-1698 [1]
Homme assis, feuilletant un livre - Sanguine (33x26cm-13x10in) Paris 90.................... FF9 000 - £930 - **$1,590**

V

VAILLANT Jacques 1879-1934 [2]
𝒟 Montreuil sur Mer - Mine plomb (20x25cm-8x10in) Paris 92 .... FF3 500 - £359 - **$617**
VAILLANT Michel 1942 [7]
🖼 Jeune fille au parc - Huile/toile (33x41cm-13x16in) Saint-Valéry-en-Caux 92 .... FF2 300 - £275 - **$443**
VAILLANT Pierre 1878-1939 [1]
🖼 Une rue à Camaret - Huile/isorel (64x48cm-25x19in) Saint-Germain-en-Laye 90 .... FF4 000 - £428 - **$696**
VAILLANT Wallerand 1623-1677 [11]
🖼 Young man with a linen collar - Oil/canvas (48cm-19in) New-York 95 .... FF193 200 - £23 160 - **$36,000**
VAISMAN Meyer 1960 [11]
🖼 Correct Painting - Process ink silkscreened/canvas/wood construction (183x28x183cm-72x11x72in) New-York 95 ....
FF49 500 - £6 190 - **$10,000**
🖼 Untitled Turkey XXIV - Construction (48x66x114cm-19x26x45in) New-York 96 .... FF56 000 - £6 600 - **$11,000**
𝒟 The uffizi portrait - Ink (188x42x345cm-74x17x136in) New-York 91 .... FF226 400 - £22 978 - **$40,890**
VAïTO Agathe 1928-1973 [6]
🖼 Le marché - Huile/toile (148x81cm-58x32in) Paris 92 .... FF2 500 - £299 - **$481**
VAJDA Zsigmond 1860-1931 [3]
🖼 A lady at her toilette - Oil/canvas (139x101cm-55x40in) London 91 .... FF27 800 - £2 821 - **$5,021**
VAKOWSKAI Jan 1933 [4]
🖼 Grau-du-Roi - Huile/toile (46x55cm-18x22in) Arles 94 .... FF3 800 - £443 - **$667**
VAL Valentine Synave N. 1870-1943 [8]
🖼 Chaumière au bord de la mer - Huile/toile (65x54cm-26x21in) Paris 96 .... FF7 000 - £830 - **$1,366**
VALADE Jean 1709-1787 [7]
🖼 Monsieur Carré de Candé - Huile/toile (163x130cm-64x51in) Paris 89 .... FF1 - £200 211 - **$319,865**
𝒟 Madame Pinson de Menerville - Pastel/papier (76x59cm-30x23in) London 97 .... FF80 363 - £8 478 - **$13,790**
VALADIÉ Jean-Baptiste 1933 [38]
🖼 Le bel après-midi - Huile/toile (38x46cm-15x18in) Calais 97 .... FF15 000 - £1 607 - **$2,630**
🖼 Réflexion - Huile/toile (46x38cm-18x15in) Les Baux-de-Provence 95 .... FF25 500 - £3 294 - **$5,250**
𝒟 Vase de fleurs des champs - Aquarelle, gouache (64x49cm-25x19in) Calais 94 .... FF15 000 - £1 778 - **$2,770**
VALADIER J.P. 1926 [10]
🖼 Voiles blanches - Huile/toile (38x46cm-15x18in) Ourville-en-Caux 94 .... FF4 200 - £490 - **$737**
VALADIER Luigi, Louis 1745-1810 [1]
🖼 Albani Faun - Bronze (42cm-17in) London 94 .... FF189 700 - £22 000 - **$32,700**
VALADON Jules Emmanuel 1826-1900 [4]
🖼 Nature morte aux fruits - Huile/papier (17x28cm-7x11in) Paris 92 .... FF3 200 - £329 - **$616**
VALADON Suzanne 1865-1938 [121]
🖼 Toit - Huile/toile (61x50cm-24x20in) Paris 96 .... FF80 000 - £9 640 - **$15,350**
Femme assise au chat - Huile/canvas (65x54cm-26x21in) New-York 95 .... FF227 000 - £28 660 - **$45,000**
La Lune et le Soleil - Huile/carton (100x81cm-39x32in) Paris 95 .... FF320 000 - £40 400 - **$65,000**
🖼 Fille aux gros seins - Drypoint (33x29cm-13x11in) New-York 94 .... FF18 300 - £2 145 - **$3,200**
𝒟 Femme nue assise - Sanguine/papier (46x34cm-23x18in) London 95 .... FF17 560 - £2 200 - **$3,390**
Le lever - Pastel (34x38cm-13x15in) Soissons 96 .... FF50 000 - £6 230 - **$9,650**
Femme nue allongée - Pastel (30x30cm-12x12in) London 93 .... FF157 700 - £19 000 - **$27,550**
VALAPERTA Francesco 1836-1908 [1]
🖼 Caught with a letter - Oil/canvas (47x32cm-19x13in) Boston, Mass. 91 .... FF13 580 - £1 378 - **$2,453**
VALCIN Gérard 1927-1988 [17]
🖼 Cérémonie Agoué - Huile/isorel (51x61cm-20x24in) Paris 96 .... FF13 000 - £1 682 - **$2,550**
Cérémonie pour Agoué - Oil/canvas (112x112cm-44x44in) New-York 92 .... FF85 200 - £8 710 - **$15,000**
VALCIN Pierre Joseph XX [2]
🖼 Symbiose - Huile/isorel (74x48cm-29x19in) Paris 96 .... FF7 000 - £906 - **$1,374**
VALCKENAERE Léon 1853-? [1]
🖼 Marine - Huile/toile (27x45cm-11x18in) Bruxelles 89 .... FF3 200 - £318 - **$506**
VALCKENBORCH van Martin 1535-1612 [1]
🖼 Weinernte vor einer Stadt - Oil/panel (41x81cm-16x32in) Wien 94 .... FF77 500 - £9 040 - **$13,580**
VALDEPARAS Y MERIOH Eusebio XIX-XX [1]
🖼 Young girl, standing - Oil/canvas (148x97cm-58x38in) New-York 96 .... FF14 000 - £1 812 - **$2,800**
VALDÉS Manolo 1942 [6]
🖼 El Conde Duque de Olivares I
Technique mixte/toile (145x116cm-57x46in) Monaco 96 .... FF180 000 - £20 660 - **$34,340**
VALDEZ Marino 1951 [3]
𝒟 Mann mit Eule - Mischtechnik/Papier (64x49cm-25x19in) Wien 91 .... FF2 400 - £242 - **$468**
VALDIVIA Victor 1897-? [1]
🖼 A Gaucho herding cattle - Oil/canvas (86x114cm-34x45in) London 91 .... FF19 840 - £1 999 - **$3,443**
VALDIVIESO Antonio 1918 [3]
🖼 Toro a las afueras del pueblo - Oleo/lienzo (60x73cm-24x29in) Madrid 96 .... FF7 300 - £927 - **$1,403**
VALDIVIESO Y HENAREJOS Domingo 1830-1872 [1]
🖼 Marqués de Guad-el-Jelú - Oleo/cartón (27x21cm-11x8in) Madrid 93 .... FF4 900 - £583 - **$886**
VALENCIA Alizandro 1930 [3]
🖼 Three dancers - Oil/canvas (56x43cm-22x17in) Delray Beach, Florida 96 .... FF15 000 - £1 942 - **$3,000**
VALENCIA Manuel 1856-1935 [11]
🖼 Landscape Near Vallejo
Oil/canvas (56x91cm-22x36in) San Francisco-Los Angeles 96 .... FF15 660 - £1 813 - **$3,000**
VALENCIENNES Pierre Henri 1750-1819 [9]
🖼 Monastère, Campagne romaine - Huile/papier/toile (25x37cm-10x15in) Paris 95 .... FF29 000 - £3 830 - **$5,880**

V

VALENKAMPH Theodor Victor Carl 1868-1924 [8]
● *Clipper ship* - Oil/canvas (55x81cm-22x32in) New-York 91 .... FF11 320 - £1 142 - **$2,000**
VALENSI André 1947 [5]
⬠ *Composition* - Aquarelle/carton (250x250cm-98x98in) Paris 96 .... FF2 400 - £300 - **$465**
VALENSI Henri 1883-1960 [24]
● *L'automobile* - Huile/panneau (23x33cm-9x13in) Paris 93 .... FF68 000 - £7 640 - **$11,520**
Expression de la locomotive - Oil/canvas (113x195cm-44x77in) London 97 .... FF231 660 - £24 000 - **$39,684**
⬠ *La locomotive* - Gouache/papier (30x50cm-12x20in) Paris 96 .... FF19 500 - £2 515 - **$3,820**
VALENTA Ludwig 1882-1943 [3]
● *In der Klosterküche* - Oil/panel (53x80cm-21x31in) Wien 93 .... FF14 660 - £1 662 - **$2,493**
VALENTA Pierre 1956 [2]
⬠ *Serpents bougeoirs* - Bronze (87cm-34in) Paris 97 .... FF1 700 - £176 - **$291**
Lac des Cygnes - Sculpture (84cm-33in) Paris 92 .... FF15 000 - £1 540 - **$2,885**
VALENTE Alfredo 1899-1973 [12]
▨ *Paul Robeson* - Silver print (23x18cm-9x7in) New-York 95 .... FF8 520 - £1 075 - **$1,700**
VALENTE Umberto 1902-1963 [1]
● *Bosco* - Olio/tela (30x60cm-12x24in) Roma 89 .... FF4 660 - £444 - **$698**
VALENTI Italo 1912-1995 [16]
● *Due figure* - Olio/tela (100x80cm-39x31in) Milano 91 .... FF54 200 - £5 570 - **$10,100**
⬡ *Abstrakte Komposition* - Color lithograph (70x74cm-28x29in) Bern 95 .... FF2 810 - £351 - **$567**
⬠ *Agravitation 1963* - Collage (71x71cm-28x28in) London 97 .... FF32 638 - £3 600 - **$5,725**
VALENTIN François 1738-1805 [12]
⬠ *Descente de Croix* - Sanguine (55x43cm-22x17in) Paris 90 .... FF6 500 - £661 - **$1,300**
VALENTIN Josef 1811-1895 [1]
● *Sennerbub mit Hund am Lagerfeuer* - Oil/canvas (66x52cm-26x20in) Wien 90 .... FF24 000 - £2 442 - **$4,800**
VALENTIN Max 1875-? [2]
⬠ *Tanzende* - Bronze (35cm-14in) Köln 93 .... FF3 050 - £365 - **$587**
VALENTINE Albert R. 1862-1925 [1]
⬠ *Vase of roses* - Watercolour/paper (91x51cm-36x20in) San Francisco-Los Angeles 95 .... FF29 500 - £3 356 - **$5,000**
VALENTINE Francis Barker 1897-? [1]
● *Woman with fan* - Oil/canvas (58x33cm-23x13in) Cambridge, Mass. 91 .... FF2 366 - £235 - **$411**
VALENTINE John [2]
● *Kittens playing with a sewing bow*
Oil/canvas (29x28cm-11x11in) Marlborough Crescent, Newcastle upon Tyne 95 .... FF6 650 - £840 - **$1,334**
VALENTINI Nanni XX [3]
⬡ *Senza titolo* - Tecnica mista/carta (25x33cm-10x13in) Milano 92 .... FF2 945 - £302 - **$519**
VALENTINI Valentino 1858-? [1]
● *Old Love* - Oil/canvas (20x28cm-8x11in) London 93 .... FF4 800 - £600 - **$870**
VALENTINI Walter 1928 [16]
⬠ *La misura, il tempo* - Tecnica mista/tavola (50x50cm-20x20in) Milano 93 .... FF26 340 - £3 133 - **$5,070**
VALENZUELA LLANOS Alberto 1869-1925 [1]
● *La place Saint Marc à Venise* - Huile/toile (60x68cm-24x27in) Paris 96 .... FF30 000 - £3 420 - **$5,740**
VALENZUELA Y CHACON Juan XX [2]
● *Cristo, 1978* - Oleo/lienzo (24x19cm-9x7in) Madrid 89 .... FF16 200 - £1 707 - **$2,727**
VALERI Silvestro 1814-1902 [1]
⬠ *Figure in a north african landscape* - Watercolour (46x32cm-18x13in) London 92 .... FF7 810 - £800 - **$1,376**
VALÉRIO de Roger 1886-1951 [9]
⬡ *Salon de l'Aviation, Paris* - Poster (119x79cm-47x31in) New-York 92 .... FF7 800 - £931 - **$1,500**
VALERIO Théodore 1819-1879 [17]
● *A girl sewing by a fire* - Oil/panel (32x24cm-13x9in) London 91 .... FF34 300 - £3 415 - **$5,898**
⬠ *Lavandière, de dos* - Sanguine/papier (50x32cm-20x13in) Paris 94 .... FF3 000 - £355 - **$554**
VALERIOLA de E. XIX-XX [1]
⬠ *Centaur and maiden* - Bronze (56cm-22in) London 96 .... FF3 230 - £420 - **$640**
VALETTA Swan Malinowski 1904-1973 [1]
⬠ *Procesión, Oaxaca* - Pastel/paper (29x42cm-11x17in) New-York 93 .... FF4 720 - £537 - **$800**
VALETTE Adolphe Pierre 1876-1942 [29]
● *Artist's wife, Gabriella* - Oil/canvas (61x51cm-24x20in) London 96 .... FF5 000 - £650 - **$990**
The artist's son Tita - Oil/canvas (76x62cm-30x24in) London 91 .... FF34 700 - £3 484 - **$6,004**
⬠ *Cattle under trees* - Watercolour (23x32cm-9x13in) London 93 .... FF1 992 - £240 - **$348**
VALETTE Henri 1891-? [1]
⬠ *Chevreau se grattant* - Bronze (15cm-6in) Soissons 96 .... FF5 000 - £581 - **$968**
VALEUR Mogens 1927 [4]
● *To modeller i blått* - Oil/canvas (87x80cm-34x31in) Köbenhavn 91 .... FF3 700 - £368 - **$636**
VALEZY Olivier XX [7]
⬠ *Manitou* - Sculpture (55x28cm-22x11in) Paris 97 .... FF1 500 - £159 - **$257**
VALINDER Knut 1909 [13]
● *Fasanpar, vårlandskap* - Oil/canvas (44x74cm-17x29in) Stockholm 91 .... FF7 730 - £779 - **$1,341**
VALINOTTI Domenico 1899-1962 [4]
● *Paesaggio fluviale* - Oil/canvas (43x57cm-17x22in) Milano 92 .... FF3 490 - £415 - **$671**
VALK Hendrik 1897-1986 [18]
● *Zonnedag (Opus 421)* - Oil/canvas (47x27cm-19x11in) Amsterdam 95 .... FF10 080 - £1 287 - **$2,060**
Amsterdamse brug - Oil/canvas/board (61x87cm-24x34in) Amsterdam 92 .... FF66 300 - £7 910 - **$12,750**

V

VALK van der Maurits 1857-1935 [2]
- *Trees in an extensive landscape* - Pastel (31x54cm-12x21in) Amsterdam 96 .... FF2 120 - £266 - **$409**

VALKENBURG Bertha 1862-1929 [6]
- *At the pump* - Oil/canvas (43x38cm-17x15in) Amsterdam 93 .... FF5 610 - £643 - **$956**
- *Porridge for breakfast* - Watercolour/board (43x54cm-17x21in) Amsterdam 91 .... FF3 310 - £334 - **$574**

VALKENBURG Hendrik 1826-1896 [20]
- *Rosenstilleben* - Oil/panel (18x24cm-7x9in) Wien 89 .... FF14 400 - £1 391 - **$2,185**
- *The baby-sit* - Bodycolour (46x58cm-18x23in) Amsterdam 97 .... FF6 218 - £657 - **$1,066**
- *Washing day* - Watercolour/paper (42x55cm-17x22in) Amsterdam 97 .... FF26 012 - £2 814 - **$4,538**

VALLANCE William Fleming 1827-1904 [5]
- *Mackerel fishing, Isle of Man* - Oil/canvas (20x40cm-8x16in) London 91 .... FF7 900 - £792 - **$1,447**

VALLATI P. XIX [2]
- *Boar hunt, italian campagna* - Oil/board (32x44cm-13x17in) London 91 .... FF12 840 - £1 287 - **$2,352**

VALLAYER-COSTER Anne 1744-1818 [19]
- *Flowers in a porcelain Vase* - Oil/canvas (154x130cm-61x51in) New-York 97 .... FF3 - £399 360 - **$640,000**
- *Panier de fruits* - Huile/toile (66x54cm-26x21in) Paris 95 .... FF95 000 - £12 480 - **$19,060**
- *Flowers in a Vase* - Oil/canvas (65x55cm-26x22in) New-York 96 .... FF520 000 - £66 100 - **$100,000**

VALLAYER-MOUTET Pauline XIX-XX [2]
- *Le repas de la famille* - Huile/toile (81x65cm-32x26in) Versailles 90 .... FF38 000 - £3 926 - **$6,714**

VALLAZZA Markus 1936 [6]
- *Arbeitstisch J.M. Lescout* - Mixed media/paper (43x68cm-17x27in) Wien 93 .... FF6 250 - £747 - **$1,203**

VALLDEPERAS Eusebio 1827-1900 [2]
- *Invierno y la Primavera* - Oleo/lienzo (98x78cm-39x31in) Madrid 92 .... FF21 600 - £2 200 - **$3,800**

VALLÉ Evaristo 1873-1951 [4]
- *Conversasión en la montaña* - Oleo/lienzo (50x65cm-20x26in) Madrid 93 .... FF131 000 - £15 000 - **$22,300**

VALLÉE Christophe 1967 [2]
- *Soleil se couçhant* - Huile/panneau (46x38cm-18x15in) Arles 92 .... FF2 200 - £226 - **$408**

VALLÉE Étienne Maxime XIX-XX [22]
- *Sous-bois aux personnages* - Huile/toile (50x65cm-20x26in) Calais 91 .... FF8 500 - £852 - **$1,557**
- *Chaumière* - Huile/toile (54x73cm-21x29in) Barbizon 96 .... FF20 000 - £2 494 - **$3,860**

VALLÉE Ludovic 1864-1939 [23]
- *Pommes et biscuits* - Huile/toile (33x41cm-13x16in) Deauville 91 .... FF18 000 - £1 804 - **$3,035**
- *La promenade estivale* - Huile/toile (162x156cm-64x61in) Versailles 91 .... FF88 000 - £8 890 - **$17,469**
- *Femme assise* - Pastel (30x23cm-12x9in) Calais 91 .... FF3 000 - £299 - **$516**

VALLES Lorenzo 1830-1910 [6]
- *Paulina Borghese* - Oil/canvas (56x74cm-22x29in) London 93 .... FF87 100 - £10 500 - **$15,230**

VALLÉS Roman 1928 [3]
- *Ohne Titel* - Öl/Leinwand (65x81cm-26x32in) Bern 94 .... FF10 500 - £1 217 - **$1,810**

VALLET Edouard 1876-1929 [56]
- *Portrait de femme* - Ol/Leinwand (33x24cm-13x9in) Zürich 94 .... FF28 300 - £3 276 - **$4,870**
- *A Riod-Hérémence* - Öl/Leinwand (43x55cm-17x22in) Zürich 96 .... FF169 700 - £22 000 - **$33,560**
- *Frau an der Garnwinde* - Pastel (52x41cm-20x16in) Bern 93 .... FF13 520 - £1 690 - **$2,470**
- *Landschaft bei Genf* - Aquarell/Papier (33x46cm-13x18in) Zürich 97 .... FF82 906 - £8 814 - **$14,301**

VALLET Jean Émile ?-1899 [5]
- *Chrysanthemums* - Oil/canvas (55x65cm-22x26in) San Francisco-Los Angeles 90 .... FF17 200 - £1 830 - **$3,077**

VALLET Louis 1856-? [3]
- *Maurin-Quina* - Poster (160x120cm-63x47in) London 96 .... FF3 275 - £420 - **$646**

VALLET Pierre 1953 [2]
- *Luberon Vedutes* - Tirage argentique Paris 96 .... FF1 500 - £187 - **$290**
- *Portraits de plantes* - Tirage argentique Paris 96 .... FF2 800 - £349 - **$541**

VALLET-BISSON Frédérique 1865-? [9]
- *Elegant lady with dog* - Oil/canvas (224x145cm-88x57in) Chicago 95 .... FF26 100 - £3 270 - **$5,200**
- *Femme en robe de taffetas rose* - Pastel (148cm-58in) Paris 92 .... FF35 000 - £4 180 - **$6,730**

VALLETTE Henri 1877-1962 [1]
- *A Saluki hound* - Bronze (28cm-11in) London 95 .... FF2 403 - £300 - **$471**

VALLETTE René 1854-1956 [1]
- *Chiens braques à la campagne* - Aquarelle (27x37cm-11x15in) Paris 93 .... FF2 300 - £261 - **$390**

VALLGREN Antoinette 1858-1911 [1]
- *Tva fransyskor* - Terracotta (27x23cm-11x9in) Helsinki 90 .... FF7 900 - £851 - **$1,393**

VALLGREN Ville 1855-1940 [32]
- *Palmer* - Oil/canvas (26x30cm-10x12in) Helsinki 92 .... FF7 740 - £792 - **$1,363**
- *Trois jeunes filles* - Bronze (21cm-8in) Stockholm 95 .... FF17 550 - £2 296 - **$3,515**
- *La Vérité* - Bronze (39cm-15in) Paris 95 .... FF35 000 - £4 190 - **$6,660**

VALLHONRAT Javier 1953 [2]
- *Animal-Vegetal, Madrid* - Gelatin silver print (46x33cm-18x13in) New-York 96 .... FF5 740 - £665 - **$1,100**

VALLIN Jacques Antoine c.1760-1831 [29]
- *Offrandes des Bacchantes* - Huile/panneau (40x54cm-16x21in) Paris 97 .... FF21 000 - £2 230 - **$3,639**
- *Two Nymphs* - Oil/panel (48x67cm-19x26in) New-York 96 .... FF177 000 - £22 500 - **$34,000**

VALLIN Robert ?-1915 [2]
- *Le port de Toulon, 19 avril* - Huile/toile (55x64cm-22x25in) Avignon 91 .... FF25 000 - £2 483 - **$4,341**
- *Paul Verlaine à l'hôpital* - Crayon (14x9cm-6x4in) Paris 91 .... FF1 800 - £180 - **$297**

VALLMAN Uno 1913 [85]
- *Fåfängan, Stockholm* - Oil/canvas (38x46cm-15x18in) Stockholm 97 .... FF3 201 - £356 - **$578**
- *Från flygmaskin* - Oil/panel (62x89cm-24x35in) Stockholm 91 .... FF11 230 - £1 118 - **$1,931**

VALLMITJANA Y BARBANY Agapit 1830-1905 [2]

🪑 Torero - Marbre (70cm-28in) Madrid 91 .... FF12 300 - £1 248 - **$2,221**

VALLMITJANA Y BARBANY Venancio 1830-1919 [3]

🪑 Niña recostada en la silla - Bronze (40cm-16in) Madrid 95 .... FF13 470 - £1 700 - **$2,700**

VALLMITJANA Y GARRIDO August 1894-? [1]

🖼 Patio andaluz - Oleo/lienzo (79x60cm-31x24in) Madrid 93 .... FF2 303 - £277 - **$449**

VALLOIS Paul Félix 1845-1906 [8]

🌿 Village au bord de la rivière - Huile/toile (34x46cm-13x18in) Wien 95 ...... FF12 370 - £1 572 - **$2,464**

VALLORZ Paolo 1931 [7]

🌿 Reclining nude - Oil/board (27x35cm-11x14in) New-York 95 .... FF14 620 - £1 680 - **$2,500**
  Femme et reflet - Oil/canvas (142x48cm-56x19in) New-York 93 .... FF56 000 - £6 370 - **$9,500**

VALLOTTON Félix 1865-1925 [174]

🌿 Intérieu - Huile/panneau (62x84cm-24x33in) Paris 96 .... FF1 - £191 000 - **$289,000**
  Die Ruine, Villerville - Öl/Leinwand (55x81cm-22x32in) Zürich 97 .... FF197 395 - £20 985 - **$34,050**
  Vases à Honfleur - Öl/Leinwand (54x81cm-21x32in) Zürich 94 .... FF299 000 - £35 200 - **$57,200**
  Torse à l'armoire - Oil/canvas (97x78cm-38x31in) New-York 96 .... FF388 400 - £50 100 - **$75,000**
  Femmes à leur couture - Huile/toile (42x61cm-17x24in) Paris 95 .... FF760 000 - £99 800 - **$152,500**
🗄 L'averse - Gravure bois (25x32cm-10x13in) Zürich 97 .... FF11 844 - £1 259 - **$2,043**
  La Symphonie - Gravure bois (21x26cm-8x10in) Paris 94 .... FF75 000 - £8 780 - **$13,220**
🪑 La rixe - Wax Bern 91 .... FF11 880 - £1 191 - **$1,961**
✏ Liegender Akt - Crayon/papier (17x24cm-7x9in) Zürich 97 .... FF25 661 - £2 728 - **$4,427**

VALLOU DE VILLENEUVE Julien 1795-1866 [8]

📷 Nu tenant un pichet - Tirage albuminé (15x11cm-6x4in) Paris 95 .... FF15 000 - £1 886 - **$3,000**

VALLS Ernesto 1891-1941 [5]

🌿 Beach scene - Oil/canvas (107x154cm-42x61in) London 90 .... FF116 200 - £12 041 - **$20,422**

VALLS Xavier 1923 [9]

🌿 La colline - Huile/toile (41x33cm-16x13in) Saint-Germain-en-Laye 92 ...... FF8 800 - £1 050 - **$1,693**
✏ Desnudo femenino - Dibujo (55x40cm-22x16in) Madrid 95 .... FF3 830 - £491 - **$771**

VALMIER Georges 1885-1937 [110]

🌿 Composition géométrique - Oil/canvas (92x60cm-36x24in) London 97 ...... FF173 745 - £18 000 - **$29,763**
  Bouquet de fleurs - Huile/toile (80x59cm-31x23in) Paris 93 .... FF360 000 - £41 000 - **$61,000**
  La liseuse - Oil/canvas (65x100cm-26x39in) London 89 .... FF968 500 - £99 029 - **$155,707**
  La Leçon de Piano - Encre/papier (23x15cm-9x6in) Paris 93 .... FF41 000 - £4 610 - **$6,950**
  Figure - Gouache (19x13cm-7x5in) Paris 96 .... FF145 000 - £18 170 - **$28,000**

VALMORE Gemignani 1879-? [1]

🪑 Sitzende Frau mit Buch - Alabaster (36cm-14in) Wien 93 .... FF3 850 - £460 - **$740**

VALORE Lucie Utrillo 1878-1965 [13]

🌿 House with red trees - Oil/canvas (46x56cm-18x22in) New-York 92 .... FF14 300 - £1 520 - **$2,750**

VALSTAD Otto 1862-? [2]

🌿 Fra en møbelsnekkers verksted - Oil/canvas (90x70cm-35x28in) Tönsberg 92 ... FF16 500 - £1 690 - **$2,904**
✏ Kloster på Palatin - Watercolour (17x49cm-7x19in) Oslo 92 .... FF1 650 - £169 - **$291**

VALTAT Louis 1869-1952 [699]

🌿 Petit chat couché - Huile/toile (12x18cm-5x7in) Calais 97 .... FF10 100 - £1 082 - **$1,771**
  Nature morte aux pipes - Huile/toile (25x44cm-10x17in) Le Touquet 96 ... FF23 000 - £2 727 - **$4,490**
  La barque rouge à Anthéor - Oil/panel (24x25cm-9x10in) New-York 97 ... FF34 823 - £3 663 - **$6,000**
  Arromanche - Oil/canvas (19x24cm-7x9in) Amsterdam 97 .... FF59 934 - £6 300 - **$10,296**
  Bouquet de fleurs - Oil/canvas (41x33cm-16x13in) New-York 97 .... FF80 000 - £8 576 - **$14,000**
  L'atelier de couture - Huile/toile (55x46cm-22x18in) Paris 97 .... FF120 000 - £12 600 - **$20,640**
  Le Luxembourg - Oil/canvas (80x100cm-31x39in) London 97 .... FF270 270 - £28 000 - **$46,298**
  Madame Valtat à Agay - Huile/toile (81x100cm-32x39in) Paris 94 .... FF680 000 - £79 300 - **$119,100**
🪑 Tête d'enfant - Bronze (17cm-7in) Calais 97 .... FF16 500 - £1 767 - **$2,892**
✏ Femme au peignoir - Lavis (26x19cm-10x7in) Paris 96 .... FF11 500 - £1 332 - **$2,203**
  Marina (25x33cm-10x13in) Lugano 92 .... FF40 900 - £4 180 - **$7,200**

VALTER Frederick E. c.1850-c.1930 [23]

🌿 Coup of Chickens - Oil/board (20x30cm-8x12in) Honiton, Devon 94 .... FF8 600 - £1 040 - **$1,586**
✏ Shire horses and cattle - Wash (32x45cm-13x18in) London 91 .... FF3 970 - £400 - **$689**

VALTER Henry XIX [5]

🌿 Pont des Tanneurs, Lorraine - Oil/canvas (50x40cm-20x16in) London 93 ... FF5 400 - £650 - **$943**
✏ Abbey of St. Amand, Rouen
    Watercolour, gouache/paper (191x140cm-75x55in) Salisbury, Wiltshire 92 ... FF2 930 - £300 - **$575**

VALTER Willem 1821-1847 [1]

🌿 River landscape & cattle on a bank - Oil/canvas (29x49cm-11x19in) London 91 ... FF23 940 - £2 393 - **$3,943**

VALTIER Gérard 1950 [16]

🌿 Soir de fête au petit port - Huile/toile (81x65cm-32x26in) Bordeaux 95 ... FF23 000 - £3 023 - **$4,620**
  Fête dans le petit bourg - Huile/toile (54x65cm-21x26in) Cannes 94 ...... FF35 000 - £4 070 - **$6,070**
  Soir de filles - Huile/toile (81x65cm-32x26in) Bordeaux 95 .... FF42 000 - £5 526 - **$8,434**

VALTON Charles 1851-1918 [46]

🪑 Chien debout - Bronze (26cm-10in) Nice 96 .... FF4 200 - £544 - **$840**
  Lionne rugissant - Bronze (40cm-16in) Orléans 95 .... FF12 000 - £1 530 - **$2,420**
  Lioness with her cub - Bronze (101cm-40in) New-York 94 .... FF40 650 - £4 710 - **$7,000**

VAN BEEK André 1947 [24]

🌿 Les meules - Huile/toile (46x33cm-18x13in) Sceaux 90 .... FF7 500 - £803 - **$1,304**

V

VAN DER STEEN Germain 1897 [2]
Le chat à barbe noire - Aquarelle (65x50cm-26x20in) Genève 91 .... FF12 750 - £1 310 - **$2,373**
VAN DER ZEE James 1886-1983 [1]
G.G.G. Photo studio - Silver print (17x22cm-7x9in) New-York 90 .... FF20 000 - £2 155 - **$3,527**
VAN DYKE Willard Ames 1906-1986 [4]
Death Valley Dunes - Gelatin silver print (18x23cm-7x9in) New-York 93 .... FF4 950 - £621 - **$900**
VAN ZANDT Thomas Kirby 1814-1886 [2]
Black Star - Oil/canvas (69x105cm-27x41in) New-York 97 .... FF57 803 - £6 162 - **$10,000**
VAN'T SLOT John 1949 [2]
Untitled - Oil/canvas (90x110cm-35x43in) Amsterdam 93 .... FF9 010 - £1 080 - **$1,647**
VANA Franz 1951 [3]
Stummes H mit Pfefferminze - Collage/paper (47x59cm-19x23in) Wien 93 .... FF2 886 - £345 - **$555**
VANACKER Johann Baptist 1794-1863 [2]
A lady in décolleté blue dress - Miniature (15cm-6in) London 94 .... FF11 020 - £1 300 - **$1,962**
VANAISE Gustave 1854-1902 [10]
Nu couché - Huile/toile (55x84cm-22x33in) Bruxelles 96 .... FF14 030 - £1 810 - **$2,750**
VANBELLE Guy XX [6]
Près du port - Huile/toile (61x50cm-24x20in) Entzheim 95 .... FF2 500 - £301 - **$473**
VANCE Robert H. ?-1876 [2]
Horatio G. Finch - Daguerreotype (31x26cm-12x10in) New-York 96 .... FF25 540 - £3 294 - **$5,000**
VANCELLS Y VIETA Joaquín 1866-1942 [7]
Pueblo - Oleo/lienzo (50x41cm-20x16in) Madrid 91 .... FF10 400 - £1 043 - **$1,717**
VANDENBERG Philippe 1952 [2]
De schilder, de krijger en de dood - Huile/toile (200x200cm-79x79in) Bruxelles 92 .... FF21 600 - £2 210 - **$4,500**
VANDENBERGE Peter 1935 [2]
Belle Falconer - Sculpture (80x24x46cm-31x9x18in) New-York 93 .... FF23 370 - £2 930 - **$4,250**
VANDENBERGH Raymond John 1889-? [2]
Studies of tigers and lions - Pastel/paper (25x37cm-10x15in) London 90 .... FF1 700 - £176 - **$299**
VANDENBRANDEN Guy 1926 [21]
Kompositie - Huile/panneau (71x61cm-28x24in) Lokeren 91 .... FF7 770 - £779 - **$1,423**
Composition - Gouache (75x55cm-30x22in) Antwerpen 94 .... FF1 650 - £190 - **$283**
VANDENBROECK Hélène 1891 [2]
Bouquet de roses - Huile/toile (49x60cm-19x24in) Bruxelles 90 .... FF7 800 - £835 - **$1,357**
VANDENBULCKE Guy-Remy 1952 [2]
Port de pêche de Pornic - Huile/toile (46x55cm-18x22in) Castres 91 .... FF6 000 - £602 - **$1,099**
VANDENDAELEN Casimir 1818-1880 [1]
First steps - Oil/panel (140x185cm-55x73in) London 92 .... FF25 300 - £2 600 - **$4,860**
VANDERBORGHT Hendrik 1849-1918 [1]
L'amateur d'art - Huile/panneau (40x32cm-16x13in) Antwerpen 95 .... FF13 840 - £1 730 - **$2,795**
VANDERCAM Serge 1924 [19]
Novembre - Huile/toile (146x114cm-57x45in) Bruxelles 97 .... FF6 871 - £727 - **$1,189**
Me Ne Je - Oil/canvas (120x142cm-47x56in) Amsterdam 94 .... FF33 790 - £3 990 - **$6,230**
Composition - Gouache/paper (100x70cm-39x28in) Amsterdam 93 .... FF9 040 - £1 080 - **$1,740**
VANDERCAMMEN Edmond 1901-1980 [6]
Vierge Folle - Huile/toile (72x54cm-28x21in) Bruxelles 90 .... FF16 200 - £1 734 - **$2,817**
VANDERLICK Armand 1897-1985 [39]
Stilleven met Grote Kruik - Huile/toile (70x60cm-28x24in) Lokeren 94 .... FF19 800 - £2 307 - **$3,470**
Nature morte - Huile/toile (95x65cm-37x26in) Bruxelles 95 .... FF20 200 - £2 440 - **$3,800**
Le port d'Anvers - Huile/toile (72x85cm-28x33in) Antwerpen 94 .... FF23 100 - £2 653 - **$3,954**
VANDERLYN John 1775-1852 [5]
A View of Niagara - Aquatinte Orléans 96 .... FF24 000 - £2 990 - **$4,640**
Landing of Columbus - Chalks/paper (58x46cm-23x18in) New-York 91 .... FF32 900 - £3 318 - **$6,412**
VANDERSTEEN Germain 1897-1985 [3]
Composition - Gouache/papier (63x48cm-25x19in) Paris 95 .... FF3 000 - £374 - **$587**
VANDI XX [2]
Jardin en fête - Huile/toile (60x73cm-24x29in) Le Havre 96 .... FF2 200 - £259 - **$433**
VANDROUS John C. 1884-? [1]
Canal - Etching (28x23cm-11x9in) Chicago 92 .... FF2 500 - £262 - **$450**
VANGI Giuliano 1931 [5]
Femme sur la plage - Eau-forte (38x43cm-15x17in) Paris 94 .... FF1 700 - £201 - **$306**
Uomo seduto - Bronze (34cm-13in) Berlin 97 .... FF42 737 - £4 538 - **$7,444**
Figura - Bronze (60cm-24in) Prato 94 .... FF65 300 - £7 770 - **$11,650**
VANIER Simon Claude 1903-1958 [54]
Paysan et son âne - Huile/toile (46x38cm-18x15in) Versailles 91 .... FF2 800 - £282 - **$546**
Chalutiers au port - Huile/toile (50x61cm-20x24in) Versailles 91 .... FF2 800 - £282 - **$546**
Le laboureur - Huile/toile (61x50cm-24x20in) Versailles 91 .... FF3 200 - £323 - **$624**
VANNI Raffaello 1587-1673 [1]
Studio e Vigilanza - Olio/tela (96x130cm-38x51in) Roma 95 .... FF134 200 - £17 600 - **$27,700**
VANNI Sam 1906-1992 [7]
Badare - Oil/canvas (65x81cm-26x32in) Helsinki 92 .... FF18 260 - £2 180 - **$3,510**
VANNINI Ottavio 1585-1643 [2]
Moses drawing water - Oil/canvas (205x250cm-81x98in) New-York 91 .... FF253 000 - £25 514 - **$49,311**

VANNUETEN Leon 1877-1958 [3]
🐦 *In de tuin* - Huile/toile (70x60cm-28x24in) Lokeren 91 .... FF17 820 - £1 787 - **$3,264**
VANNUTELLI Scipione 1834-1894 [9]
🐦 *Drawing room scene* - Oil/canvas (61x43cm-24x17in) Detroit, Michigan 92 .... FF25 560 - £2 615 - **$4,500**
VANPAEMEL Jules 1896-1968 [2]
📖 *Le monstre de l'Escaut* - Eau-forte (60x76cm-24x30in) Lokeren 94 .... FF2 656 - £314 - **$473**
VANRIET Jan 1948 [3]
🐦 *Zo mooi had ik het me niet voorgesteld*
     Huile/toile (110x140cm-43x55in) Antwerpen 96 .... FF8 210 - £1 060 - **$1,586**
VANSIER Boris 1928 [2]
✏ *De Gaulle* - Technique mixte/papier (80x80cm-31x31in) Paris 96 .... FF3 500 - £425 - **$681**
VANTER van der Wilhelm XIX [2]
🐦 *Fisherfolk by the sea* - Oil/board (49x58cm-19x23in) New-York 91 .... FF23 900 - £2 414 - **$4,745**
VANTONGERLOO Georges 1886-1965 [3]
🐦 *Paysage* - Huile/panneau (35x26cm-14x10in) Paris 95 .... FF28 000 - £3 630 - **$5,740**
VANTORE Hans Chr. Hansen 1861-1928 [2]
✏ *Hr. Deichmann og hustru* - Pastel (74x58cm-29x23in) København 91 .... FF7 480 - £756 - **$1,485**
VANTORE Mogens 1895-1977 [88]
🐦 *Still life* - Oil/canvas (47x71cm-19x28in) København 95 .... FF2 220 - £288 - **$452**
 Vase of Lilac - Oil/canvas (88x76cm-35x30in) London 96 .... FF22 140 - £2 600 - **$4,355**
VANYI Blaise XX [4]
🐦 *Vase de fleurs à la montre* - Huile/panneau (55x46cm-22x18in) Lyon 92 .... FF9 600 - £986 - **$1,780**
VANZEVENBERGHEN Georges 1877-1968 [4]
🐦 *Femme au bracelet* - Huile/toile (120x91cm-47x36in) Bruxelles 95 .... FF28 600 - £3 460 - **$5,380**
VAQUERO PALACIOS Joaquín 1900-1987 [14]
🐦 *Paisaje* - Oleo/tablex (50x61cm-20x24in) Madrid 94 .... FF29 850 - £3 520 - **$5,310**
 Surcos - Oleo/lienzo (130x194cm-51x76in) Madrid 94 .... FF162 000 - £16 500 - **$28,500**
VAQUERO TURCIOS Joaquín 1933 [5]
🐦 *Carromato frente a la fábrica* - Oleo/cartón (46x37cm-18x15in) Madrid 95 .... FF10 080 - £1 290 - **$2,030**
✏ *Mexico* - Dibujo (35x50cm-14x20in) Madrid 94 .... FF3 280 - £388 - **$604**
VARADY Frederick 1908 [1]
✏ *Couple square-dancing* - Gouache/board (51x76cm-20x30in) New-York 94 .... FF3 590 - £426 - **$700**
VARBANESCO Dimitri 1907-1963 [8]
🐦 *La carafe* - Huile/toile (61x38cm-24x15in) Grenoble 91 .... FF10 500 - £1 066 - **$1,896**
📖 *Nu lisant* - Pointe sèche (17x29cm-7x11in) Grenoble 94 .... FF1 800 - £215 - **$336**
VARDANEGA Gregorio 1923 [2]
🐦 *Chromographie V 3, 1975* - Acrylique/toile (50x50cm-20x20in) Versailles 89 .... FF6 000 - £614 - **$965**
🎭 *Carrés lumineux* - Sculpture (34x24x33cm-13x9x13in) Neuilly 90 .... FF5 200 - £523 - **$945**
VARELA Abigail 1948 [21]
🎭 *Mujer y felino asustados* - Bronze (67cm-26in) New-York 95 .... FF71 400 - £8 910 - **$14,000**
 Reclinada mirando al cielo II - Bronze (51cm-20in) New-York 97 .... FF126 003 - £13 431 - **$22,000**
 Caminadora con niño volador - Bronze (185cm-73in) New-York 92 .... FF260 000 - £31 030 - **$50,000**
VARELA Emilio XIX-XX [2]
🐦 *Paisaje alicantino* - Oleo/lienzo (19x25cm-7x10in) Madrid 96 .... FF4 480 - £581 - **$886**
VARGANTOLIC-PUSKARIC Marija 1956 [2]
🐦 *Korb mit Blumen* - Oil/panel (39x49cm-15x19in) Wien 93 .... FF2 405 - £288 - **$463**
VARGAS Alberto 1896-1982 [14]
✏ *Rochelle Hudson* - Pastel/paper (71x56cm-28x22in) San Francisco-Los Angeles 95 .... FF19 170 - £2 180 - **$3,250**
VARGAS Ismael 1945 [2]
🐦 *Nocturno de invierno* - Acrylic/canvas (101x140cm-40x55in) New-York 94 .... FF48 500 - £5 700 - **$8,500**
VARGAS Maria 1935 [7]
🐦 *Bouquet aux cerises* - Huile/panneau (24x30cm-9x12in) Bordeaux 94 .... FF2 500 - £291 - **$433**
VARGAS Mario XX [5]
🐦 *Tendresse* - Huile/panneau (55x46cm-22x18in) Neuilly 90 .... FF11 000 - £1 136 - **$1,943**
VARGAS RUIZ Guillermo 1910-1990 [21]
🐦 *A orillas del Sena* - Oleo/tablex (24x33cm-9x13in) Madrid 92 .... FF6 050 - £703 - **$1,234**
 Desnudo mirando acostado - Oleo/tablex (33x46cm-13x18in) Madrid 93 .... FF28 200 - £3 390 - **$5,490**
✏ *Puerto de Barcelona* - Gouache (16x22cm-6x9in) Madrid 92 .... FF2 700 - £275 - **$475**
VARIAN Dorothy 1895 [2]
🐦 *Plums and melon* - Oil/canvas (45x68cm-18x27in) New-York 91 .... FF4 530 - £457 - **$800**
VARIAN George Edmond 1865-1923 [3]
✏ *Prince seated at swampside* - Watercolour (28x20cm-11x8in) New-York 96 .... FF6 660 - £790 - **$1,300**
VARIN Charles Nicolas 1745-1805 [1]
📖 *Le Concert Agréable* - Eau-forte (28x45cm-11x18in) Heidelberg 93 .... FF2 450 - £286 - **$403**
VARIN Henri [2]
🐦 *Vue de Barfleur* - Huile/toile (39x55cm-15x22in) Le Havre 92 .... FF5 500 - £563 - **$968**
VARIN Raoul XIX-XX [2]
📖 *Chicago/Michigan Avenue, Jackson* - Color lithograph (28x41cm-11x16in) Chicago 96 .... FF1 930 - £234 - **$375**
VARLA Félix 1903 [22]
🐦 *Fenaison* - Huile/toile (65x81cm-26x32in) Le Touquet 95 .... FF8 000 - £995 - **$1,560**
✏ *Repas champêtre* - Gouache (30x30cm-12x12in) La Varenne Saint-Hilaire 96 .... FF1 700 - £219 - **$337**

V

VARLEY Charles Smith 1811-1888 [4]
Eton from Datchet/Capriccio landscape - Watercolour (10x14cm-4x6in) London 93 .... FF6 400 - £800 - **$1,160**
VARLEY Cornelius 1781-1873 [19]
Snowdown, Wales - Pencil (32x48cm-13x19in) London 91 .... FF17 850 - £1 812 - **$3,224**
VARLEY Edgar John 1839-1889 [5]
Sailing on a River - Watercolour (13x20cm-5x8in) North Berwick, Maine 94 .... FF4 990 - £577 - **$850**
VARLEY Frederick Horsman 1881-1969 [20]
Cressmans Wood, Dune - Oil/board (29x37cm-11x15in) Toronto 91 .... FF34 400 - £3 449 - **$5,678**
Eskimos, South Baffin Island #1 - Watercolour (21x27cm-8x11in) Toronto 96 .... FF4 560 - £581 - **$877**
VARLEY John XIX [25]
The Thames at Twickenham - Watercolour (22x32cm-9x13in) London 93 .... FF4 000 - £500 - **$725**
Croydon canal, near Anerley - Watercolour (16x26cm-6x10in) London 97 .... FF16 933 - £1 800 - **$2,918**
VARLEY John I 1778-1842 [140]
The Tangiers Gate, Tetuan - Oil/canvas (45x59cm-18x23in) New-York 93 .... FF26 550 - £3 020 - **$4,500**
Anglers below a Bridge - Watercolour (23x34cm-9x13in) London 97 .... FF24 345 - £2 600 - **$4,233**
On the Avon near Bristol - Watercolour (18x26cm-7x10in) London 96 .... FF59 400 - £7 000 - **$11,670**
VARLEY John II 1850-1933 [34]
Japanese street scenes - Oil/board London 93 .... FF7 470 - £900 - **$1,305**
Courtyard of a Mosque, Cairo - Oil/canvas (68x52cm-27x20in) London 96 .... FF40 000 - £5 200 - **$7,920**
Dusty Evening, Uttar Pradesh - Watercolour (27x35cm-11x14in) London 97 .... FF3 777 - £400 - **$654**
VARLEY William Fleetwood 1785-1858 [3]
Vauxhall Bridge - Watercolour (30x50cm-12x20in) London 95 .... FF5 200 - £650 - **$1,050**
VARLIN Willy Guggenheim 1900-1977 [23]
Italie, Strandrestaurant - Öl/Karton (33x40cm-13x16in) Zürich 94 .... FF97 100 - £11 520 - **$17,950**
Piazza d'Ascona - Öl/Leinwand (73x81cm-29x32in) Zürich 94 .... FF314 000 - £36 400 - **$54,100**
Brasserie Viennoise - Öl/Karton (75x95cm-30x37in) Zürich 94 .... FF727 000 - £84 200 - **$125,300**
New York Auto Crash - Encre/papier (27x34cm-11x13in) Luzern 95 .... FF14 470 - £1 806 - **$2,836**
VARMA Raja Ravi 1848-1906 [1]
Arjun and Subhadra - Oil/canvas (73x52cm-29x20in) New Delhi 92 .... FF35 340 - £4 100 - **$6,930**
VARNIER Pierre H. 1826-1890 [1]
Faisan - Sculpture (40cm-16in) Saint-Dié 95 .... FF2 800 - £369 - **$568**
VARO Remedios Lizarraga 1908-1963 [25]
Hallazgo del Botánico Mutante - Oil/masonite (60x51cm-24x20in) New-York 93 ...... FF1 - £138 000 - **$200,000**
Microcosmos - Tempera/carton (94x89cm-37x35in) New-York 91 .... FF3 - £318 174 - **$566,212**
Personaje - Ink (31x21cm-12x8in) New-York 92 .... FF109 200 - £13 030 - **$21,000**
VARONE Giovanni Johan 1832-1910 [1]
Altes Bauernhaus und Garten - Watercolour (11x18cm-4x7in) Wien 90 .... FF2 600 - £269 - **$459**
VARONI Johann 1832-1910 [1]
Römische Landschaft - Öl/Karton (13x16cm-5x6in) Wien 94 .... FF3 880 - £459 - **$698**
VARRONE Johann, Giovan Batt. 1832-1910 [5]
Jagdschloß bei Mürzsteg - Oil/canvas (106x107cm-42x42in) Wien 92 .... FF33 700 - £3 450 - **$5,930**
Waldstück - Aquarell/Papier (22x30cm-9x12in) Wien 95 .... FF1 960 - £258 - **$397**
VARTANIAN Knarik 1921 [2]
Les vallées du Lori - Huile/toile (81x101cm-32x40in) Paris 94 .... FF3 500 - £413 - **$628**
VASA Velizar 1933 [2]
Three columns - Laminated acrylic sculptures (3) (38cm-15in) Chicago 94 .... FF1 713 - £200 - **$300**
VASARELY Victor 1908-1997 [552]
Composition - Acrylic/board (44x33cm-17x13in) Tel Aviv 97 .... FF10 695 - £1 189 - **$2,000**
VP - CHEYT - Acrylique/panneau (102x54cm-40x21in) Paris 97 .... FF30 000 - £3 282 - **$5,226**
Serant - Acrylique/toile (161x108cm-63x43in) Paris 96 .... FF55 000 - £7 100 - **$10,620**
Xonau-2 - Acrylique/bois (108x66cm-43x26in) Paris 96 .... FF95 000 - £11 820 - **$18,420**
Orion-Or - Acrylic/canvas (180x180cm-71x71in) New-York 97 .... FF150 987 - £15 883 - **$26,000**
Procion - Oil/canvas (195x112cm-77x44in) London 97 .... FF356 474 - £38 000 - **$62,240**
Andromeda - Sérigraphie (58x62cm-23x24in) Bern 97 .... FF11 200 - £1 322 - **$1,994**
Composition - Bois (45x5x20cm-18x2x8in) Paris 97 .... FF8 000 - £846 - **$1,373**
Noir Blanc - Relief (75x75cm-30x30in) Paris 93 .... FF47 000 - £5 660 - **$8,540**
Sans titre - Collage (42x19cm-17x7in) Paris 97 .... FF8 000 - £879 - **$1,460**
Composition E-G II - Gouache (80x80cm-31x31in) London 94 .... FF42 400 - £5 000 - **$7,540**
VASILIEFF Nicolai 1892-1970 [1]
Still life with fruit - Oil/canvas (61x76cm-24x30in) New-York 90 .... FF13 700 - £1 457 - **$2,451**
VASILIKIOTIS Aristotelis 1902-1972 [1]
At the market - Oil/canvas (40x55cm-16x22in) Athens 95 .... FF12 580 - £1 627 - **$2,570**
VASILOVSKY Sergei Ivanovich 1854-1917 [5]
River Donets - Oil/panel (24x33cm-9x13in) Moscow 94 .... FF9 380 - £1 086 - **$1,600**
VASIN Victor 1919 [2]
Pioneers - Oil/canvas (74x61cm-29x24in) St. Helier, Jersey 96 .... FF4 410 - £550 - **$852**
VASLET Lewis 1742-1808 [5]
A gentleman, facing left - Miniature (7cm-3in) London 95 .... FF3 260 - £420 - **$663**
VASNETSOV Apollinari Mikhailov 1856-1933 [5]
Boats moored - Oil/canvas (78x96cm-31x38in) London 95 .... FF138 200 - £18 000 - **$28,350**
VASNETSOV Victor Mihailovich 1848-1926 [2]
Knight at the crossroads - Oil/canvas (85x146cm-33x57in) Moscow 93 .... FF560 000 - £63 700 - **$95,000**
Spinner - Watercolour, gouache/paper (32x23cm-13x9in) Moscow 93 .... FF14 150 - £1 612 - **$2,400**

VASQUEZ DIAZ Daniel 1882-1969 [9]
- La promenade - Huile/toile (50x65cm-20x26in) Paris 91 .... FF500 000 - £50 745 - $90,305
- Retrato femenino - Lápiz/papel (32x23cm-13x9in) Madrid 95 .... FF6 410 - £800 - $1,293

VASQUEZ SAEZ Raúl 1954 [3]
- La Frontera - Oil/canvas (120x130cm-47x51in) New-York 95 .... FF38 800 - £5 150 - $8,000

VASSALLO Juan Luis 1908-1986 [1]
- Joven desnuda sentada - Bronze (49cm-19in) Madrid 93 .... FF26 200 - £3 000 - $4,464

VASSARI Emilio XIX-XX [2]
- Venise, 1912 - Huile/toile (65x50cm-26x20in) Paris 89 .... FF7 500 - £746 - $1,185

VASSE Antoine-François 1681-1736 [1]
- Design for a Clock - Ink (71x19cm-28x7in) New-York 97 .... FF44 346 - £4 936 - $8,000

VASSÉ Louis-Claude 1716-1772 [3]
- Jeune fille en buste - Plâtre (53cm-21in) Paris 89 .... FF135 000 - £14 226 - $22,727

VASSEROT Jean 1769-? [1]
- Vue de Paris - Aquarelle (2x17cm-1x7in) Paris 94 .... FF3 300 - £390 - $609

VASSEROT P.E. XIX-XX [1]
- Reclining female nude from behind - Oil/canvas (57x108cm-22x43in) London 96 .... FF11 700 - £1 500 - $2,306

VASSEUR Paulette XX [2]
- Bouquet de fleurs - Huile/toile (50x61cm-20x24in) Le Havre 89 .... FF4 500 - £460 - $723

VASSILIEFF Marie 1884-1957 [72]
- Portrait d'un Américain - Huile/panel (41x33cm-16x13in) Stockholm 96 .... FF7 800 - £945 - $1,516
- Pierrot, sa maman et son chat - Oil (48x43cm-19x17in) London 95 .... FF19 170 - £2 400 - $3,820
- L'enfant au poisson - Huile/toile (65x54cm-26x21in) Paris 95 .... FF100 000 - £12 484 - $20,640
- Etude pour la bête humaine - Aquarelle, gouache/papier (31x41cm-12x16in) Besançon 97 .... FF3 900 - £424 - $684
- Nu assis - Fusain/papier (32x24cm-13x9in) Langres 93 .... FF6 000 - £723 - $1,091

VASSILIEFF Nicolai 1892-1970 [2]
- Maroon tablecloth - Oil/canvas (61x51cm-24x20in) New-York 93 .... FF12 100 - £1 518 - $2,200

VASSILIKIOTIS Aristotelis 1902-1972 [1]
- Inside the market - Bodycolour (59x65cm-23x26in) Athens 93 .... FF24 000 - £2 757 - $4,120

VASSILIOU Spyros 1902-1984 [18]
- At the beach - Mixed media/canvas (81x116cm-32x46in) Athens 95 .... FF52 400 - £6 780 - $10,710
- The Acropolis - Oil/canvas (66x92cm-26x36in) Athens 93 .... FF132 000 - £15 160 - $22,670
- Beach in Eretria - Watercolour/paper (30x43cm-12x17in) Athens 93 .... FF31 200 - £3 584 - $5,360

VASSILKOVSKY Sergei I. 1854-1917 [3]
- Thatched cottage, Kharkov - Oil/board (23x36cm-9x14in) London 97 .... FF11 720 - £1 200 - $2,070

VASSORT Christian XX [3]
- Cité Piranèse - Huile/toile Nogent-le-Rotrou 96 .... FF4 200 - £521 - $813

VASSOS John 1898-? [4]
- Roman Feast No. 8 - Gouache/board (51x39cm-20x15in) New-York 93 .... FF12 970 - £1 484 - $2,300

VASSTRÖM Eric 1887-1958 [9]
- Strandlandskap - Oil/canvas (80x98cm-31x39in) Helsinki 91 .... FF12 580 - £1 249 - $2,184

VASTAGH Géza 1866-1919 [15]
- Tigre couché - Huile/toile (78x125cm-31x49in) Antwerpen 94 .... FF59 800 - £7 010 - $10,640

VASTAGH György 1834-1922 [3]
- A group of boating children - Oil/canvas (152x250cm-60x98in) London 96 .... FF30 500 - £3 800 - $5,890

VASZARY János 1867-1934 [9]
- Strandbad - Oil/canvas (55x74cm-22x29in) Wien 92 .... FF10 580 - £1 084 - $1,864
- Frau im Pelz - Pastel/paper (58x42cm-23x17in) Amsterdam 96 .... FF2 406 - £276 - $460

VATCHKOV Vatchko 1933 [2]
- Après-midi - Bronze (26x24x36cm-10x9x14in) Paris 91 .... FF15 000 - £1 515 - $2,978

VAUBOURGOIN Thierry 1944 [5]
- Masques et automates - Huile/toile (114x162cm-45x64in) Calais 97 .... FF4 200 - £420 - $708

VAUCHELET Théophile Auguste 1802-1873 [1]
- Jacob recevant les linges de Joseph - Huile/toile (59x89cm-23x35in) Monaco 94 .... FF13 500 - £1 600 - $2,495

VAUCHER Constant Gabriel 1768-1841 [1]
- Amor und Psyche - Crayon (71x54cm-28x21in) Bern 94 .... FF15 000 - £1 790 - $2,800

VAUCLEROY de Pierre 1892-1969 [11]
- Baigneuses - Huile/toile (116x80cm-46x31in) Antwerpen 90 .... FF48 600 - £5 237 - $8,571
- Boomgaard te Saint-Tropez - Aquarelle (37x45cm-15x18in) Lokeren 96 .... FF2 800 - £357 - $539

VAUDECHAMP Joseph Jean 1790-1866 [1]
- Jeune femme en robe parme - Huile/toile (81x65cm-32x26in) Paris 92 .... FF30 000 - £3 085 - $5,319

VAUDOU Gaston 1891-1957 [9]
- Lake Geneva - Oil/canvas (48x81cm-19x32in) London 93 .... FF4 980 - £600 - $870

VAUDOYER Léon 1803-1872 [2]
- Vue de Florence - Crayon (17x28cm-7x11in) Paris 93 .... FF9 000 - £1 035 - $1,542

VAUGHAN Doris [5]
- Chelsea Back Garden - Wash (50x35cm-20x14in) London 89 .... FF3 100 - £300 - $470

VAUGHAN Keith 1912-1977 [198]
- Steated Figure - Oil/board (30x24cm-12x9in) London 94 .... FF18 800 - £2 200 - $3,300
- Blackmore Church - Oil/board (101x91cm-40x36in) London 97 .... FF54 614 - £5 800 - $9,514
- Figure on the beach - Oil/board (40x44cm-16x17in) London 97 .... FF95 785 - £10 000 - $16,389
- Returning Home - Pencil (21x27cm-8x11in) London 97 .... FF1 867 - £200 - $322

V

Landscape with figure - Pastel (49x40cm-19x16in) London 95 .... FF11 750 - £1 500 - **$2,406**
Landscape and Still Life - Gouache (43x35cm-17x14in) London 97 .... FF28 011 - £3 000 - **$4,840**
Green Yorkshire landscape - Watercolour (21x30cm-8x12in) London 95 .... FF43 900 - £5 600 - **$8,850**
VAUGHAN Michael 1938 [3]
🖎 *Tävling I* - Oil/canvas (56x90cm-22x35in) Helsinki 94 .... FF9 170 - £1 050 - **$1,555**
VAUGHAN Patricia 1922 [3]
◿ *Leopard's Hideaway* - Watercolour (53x74cm-21x29in) London 96 .... FF5 370 - £680 - **$1,030**
VAUMOUSSE Maurice 1876-1961 [43]
🖎 *Bouquet d'anémones* - Huile/isorel (27x19cm-11x7in) Paris 95 .... FF2 000 - £266 - **$413**
Nature morte aux pommes - Huile/panneau (16x24cm-6x9in) Paris 93 .... FF6 500 - £783 - **$1,182**
VAUQUELIN de Alphonse c.1810-c.1880 [2]
🖎 *Marine scene* - Oil/canvas (55x81cm-22x32in) New-York 94 .... FF13 000 - £1 574 - **$2,400**
VAUQUELIN René XIX-XX [9]
🖎 *A l'abri des regards indiscrets* - Huile/panneau (35x26cm-14x10in) Bruxelles 92 ...... FF21 600 - £2 210 - **$3,800**
VAUTHIER Pierre 1845-1916 [20]
🖎 *La montgolfière à Issy* - Huile/panneau (23x36cm-9x14in) Paris 95 .... FF6 000 - £771 - **$1,211**
Marché en nouvelle Ecosse - Huile/panneau (24x36cm-9x14in) Pontoise 96 .... FF20 000 - £2 546 - **$3,860**
The fishing outing - Oil/canvas (48x59cm-19x23in) New-York 94 .... FF84 200 - £9 940 - **$15,000**
VAUTHRIN Ernest 1900 [38]
🖎 *Thoniers et barques* - Huile/toile (36x50cm-14x20in) Brest 93 .... FF4 600 - £530 - **$791**
Goelette islandaise - Huile/toile (53x65cm-21x26in) Brest 94 .... FF11 000 - £1 191 - **$1,932**
Retour des thoniers sous voiles - Huile/toile (50x100cm-20x39in) Douarnenez 92 ..... FF22 800 - £2 334 - **$4,470**
VAUTIER Alexis 1870-? [1]
🖎 *Genferseelandschaft im Herbst* - Öl/Leinwand (62x117cm-24x46in) Bern 93 ..... FF8 710 - £1 003 - **$1,494**
VAUTIER André 1861-1941 [1]
🖎 *Village en Bretagne* - Huile/toile (130x61cm-51x24in) Morlaix 94 .... FF4 200 - £504 - **$776**
VAUTIER Benjamin 1895-1974 [20]
🖎 *Kleines Früchstilleben* - Öl/Karton (22x27cm-9x11in) Bern 94 .... FF9 730 - £1 162 - **$1,817**
VAUTIER Benjamin I 1829-1898 [21]
🖎 *Bauernstube* - Öl/Karton (33x74cm-13x29in) Zürich 94 .... FF54 500 - £6 320 - **$9,400**
Kleinkind im Waschzuber - Öl/Leinwand (46x60cm-18x24in) Zürich 97 .... FF236 874 - £25 182 - **$40,860**
◿ *Zwei weibliche Portraitstudien* - Pencil (27x21cm-11x8in) Zürich 93 .... FF4 425 - £546 - **$831**
VAUTIER Hans 1891-1979 [9]
🖎 *Wallisergruppe mit Dorf* - Öl/Leinwand (39x50cm-15x20in) Bern 93 .... FF4 570 - £546 - **$879**
◿ *Sinnende Walliserin* - Aquarell (47x35cm-19x14in) Bern 94 .... FF5 250 - £609 - **$905**
VAUTIER Otto 1863-1919 [30]
🖎 *Lichtdurchflutetes Interieur* - Oil/canvas (125x81cm-49x32in) Bern 92 .... FF26 640 - £3 180 - **$5,120**
Paysage de neige, Haut-Valais - Huile/toile (94x76cm-37x30in) Bruxelles 92 ..... FF44 800 - £4 590 - **$7,880**
◿ *Junge Frau auf der Erde sitzend* - Pastell/Papier (65x47cm-26x19in) Zürich 94 ..... FF20 300 - £2 400 - **$3,645**
VAUTIER Renée 1900 [1]
🏛 *Abstraction, 1965* - Bronze (105cm-41in) Paris 90 .... FF50 000 - £5 165 - **$8,834**
VAUZELLE Jean-Lubin 1776-1837 [10]
◿ *Palais Jacques Coeur, Bourges* - Watercolour (29x44cm-11x17in) London 91 ..... FF23 800 - £2 400 - **$4,200**
VAVASSEUR Eugène 1863-1949 [10]
🗋 *Ripolin, Peinture laquée...* - Affiche (126x181cm-50x71in) Boulogne 96 .... FF2 700 - £339 - **$522**
VAVRINA Charles Laurel 1929 [10]
🖎 *Lady by River Bridge* - Oil/canvas (61x76cm-24x30in) Seagoville, Texas 95 ..... FF19 800 - £2 476 - **$4,000**
VAYANA Nunzio 1887-? [3]
🖎 *Red Sails* - Oil/board (30x41cm-12x16in) North Berwick, Maine 92 .... FF5 200 - £621 - **$1,000**
VAYMER Enrico 1665-1738 [1]
🖎 *Dama che si abbiglia* - Olio/tela (134x104cm-53x41in) Roma 89 .... FF22 900 - £2 213 - **$3,475**
VAYREDA Y VILA Joaquin 1843-1894 [3]
🖎 *Paisaje con casa* - Oleo/lienzo (24x36cm-9x14in) Madrid 94 .... FF11 400 - £1 345 - **$2,030**
VAYSON Paul 1842-1911 [5]
🖎 *Berger, bergère et leur troupeau* - Huile/toile (100x140cm-39x55in) Nice 94 ..... FF42 000 - £4 960 - **$7,520**
VAYSSE Léonce 1840-? [1]
🖎 *Clairière en forêt* - Huile/toile (55x41cm-22x16in) Troyes 90 .... FF4 800 - £511 - **$859**
VAZQUEZ DE ARCE Y CABALLOS Gregorio 1638-1711 [1]
🖎 *Mary and Child* - Oil/canvas (157x107cm-62x42in) Mystic, Connecticut 94 ..... FF50 800 - £5 870 - **$8,750**
VAZQUEZ DEL RIO Salvador 1907-1967 [2]
🖎 *Le Cap Ferrat* - Huile/toile (54x73cm-21x29in) Calais 93 .... FF6 500 - £738 - **$1,102**
VAZQUEZ DIAZ Daniel 1882-1969 [32]
🖎 *Los saltimbanquis* - Oleo/lienzo (58x49cm-23x19in) Madrid 95 .... FF241 300 - £31 300 - **$49,700**
Romería - Oleo/lienzo (50x65cm-20x26in) Madrid 92 .... FF580 000 - £67 400 - **$118,400**
◿ *Marinero de la Rábida* - Lápiz (33x23cm-13x9in) Madrid 94 .... FF4 950 - £585 - **$890**
Cuatro matadores de la Ventas - Acuarela (20x26cm-8x10in) Madrid 96 .... FF40 200 - £5 000 - **$7,800**
VAZQUEZ PARDO Xuxo 1948 [1]
🏛 *Homenaje a la guitarra* - Bronze (46cm-18in) Madrid 95 .... FF3 420 - £444 - **$704**
VAZQUEZ UBEDA Carlos 1869-1944 [8]
🖎 *The beauties* - Oil/canvas (53x73cm-21x29in) New-York 91 .... FF52 400 - £5 239 - **$8,630**
◿ *Dama pensativa* - Drawing (36x24cm-14x9in) Madrid 91 .... FF7 110 - £713 - **$1,174**
VEAL Hayward 1913-1978 [10]
🖎 *Tuileries, Paris* - Oil/canvas (49x74cm-19x29in) Billinghurst, West Sussex 94 ..... FF4 670 - £560 - **$907**

VEBER Jean 1868-1928 [12]
- *L'Oiseau bleu* - Huile/panneau (51x62cm-20x24in) Paris 94 .... FF**24 000** - £2 833 - **$4,300**
- *Chez Durand* - Lithographie couleurs Paris 92 .... FF**2 000** - £206 - **$385**
- *Le sculpteur Fremiet* - Encre Chine (42x23cm-17x9in) Paris 91 .... FF**1 500** - £152 - **$298**

VECENAJ Yvan 1920 [6]
- *Crucifixion au cerf* - Fixé sous verre (83x68cm-33x27in) Paris 96 .... FF**22 000** - £2 753 - **$4,270**

VECHT van de Nicolaas 1886-? [1]
- *Dreaming of Pegasus* - Bodycolour (90x149cm-35x59in) London 89 .... FF**29 100** - £3 066 - **$4,899**

VECHTEN van Carl 1880-1964 [48]
- *Cecil Beaton* - Gelatin silver print (25x18cm-10x7in) New-York 95 .... FF**7 270** - £935 - **$1,500**

VECOZOLS Imants 1933 [6]
- *Vaisselle blanche* - Huile/toile (73x90cm-29x35in) Lyon 90 .... FF**7 800** - £798 - **$1,540**

VEDANI Michele 1874-? [2]
- *La Fortuna* - Bronze (37cm-15in) Trieste 93 .... FF**10 380** - £1 202 - **$1,785**

VEDDER Elihu 1836-1923 [30]
- *Head of a Roaman Maiden* - Oil/board (28x25cm-11x10in) New-York 97 .... FF**40 840** - £4 288 - **$7,000**
- *Nar Perugia* - Oil/board (21x34cm-8x13in) New-York 97 .... FF**105 017** - £11 026 - **$18,000**
- *Study for government* - Pastel (19x33cm-7x13in) New-York 93 .... FF**8 250** - £1 035 - **$1,500**

VEDEL Herman A. 1875-1948 [26]
- *En mand der river farve* - Oil/canvas (120x100cm-47x39in) København 93 .... FF**3 504** - £419 - **$673**
- *Two Spanish women* - Oil/canvas (88x76cm-35x30in) København 96 .... FF**10 640** - £1 213 - **$2,040**

VEDER Eugène 1876-1976 [3]
- *L'Ile de la Cité/Vert-Galant* - Aquarelle (25x17cm-10x7in) Vendôme 92 .... FF**14 500** - £1 485 - **$2,610**

VEDOVA Emilio 1919-1995 [77]
- *Autoritratto* - Olio/tela (60x40cm-24x16in) Milano 96 .... FF**120 600** - £15 480 - **$23,040**
- *Presenza 1959-N 5 V* - Olio/tela (145x195cm-57x77in) Milano 95 .... FF**445 000** - £56 900 - **$91,300**
- *Contrasto '59* - Tecnica mista/tela (146x196cm-57x77in) Milano 94 .... FF**664 000** - £80 000 - **$124,000**
- *Composizione* - Gouache/carta (20x29cm-8x11in) Milano 94 .... FF**23 730** - £2 800 - **$4,480**
- *Senza titolo* - Pastelli/carta (35x48cm-14x19in) Milano 93 .... FF**54 300** - £6 180 - **$9,200**

VEDRES Mark Weinberger 1871-? [2]
- *Adam and Eve* - Bronze (38cm-15in) London 91 .... FF**14 820** - £1 486 - **$2,714**

VEEGENS Anna 1850-1942 [1]
- *The Fugitives* - Watercolour (45x54cm-18x21in) Amsterdam 94 .... FF**3 066** - £365 - **$583**

VEEN van der Gerrit 1902-1944 [2]
- *Juliana* - Bronze (18cm-7in) Amsterdam 97 .... FF**3 596** - £378 - **$617**

VEEN van Karel 1898-1988 [3]
- *Clowns of the Commedia dell'Arte* - Oil/panel (54x28cm-21x11in) Amsterdam 97 .... FF**9 016** - £975 - **$1,573**

VEEN van Pieter J.L. 1875-1961 [1]
- *Summer landscape* - Oil/canvas (76x64cm-30x25in) Mystic, Connecticut 92 .... FF**3 885** - £407 - **$700**

VEEN van Stuyvesant 1910-1977 [2]
- *New London Harbor* - Oil/masonite (34x67cm-13x26in) Cambridge, Mass. 90 .... FF**3 730** - £380 - **$746**
- *Arcole Construction Company* - Watercolour (35x52cm-14x20in) New-York 93 .... FF**1 770** - £202 - **$300**

VEENENDAAL Hendrik Willem 1886-1946 [3]
- *Sommertag am Bauernhof* - Oil/canvas (40x81cm-16x32in) Ahlden 92 .... FF**11 840** - £1 378 - **$2,420**

VEENHUIZEN Gerrit 1925 [2]
- *Zwarte ploeger in onweer* - Oil/canvas (75x120cm-30x47in) Amsterdam 94 .... FF**3 660** - £430 - **$652**

VEER de Justus Pietrus 1845-1921 [1]
- *Frederick the Great on horse back* - Oil/panel (22x16cm-9x6in) Amsterdam 93 .... FF**8 410** - £1 008 - **$1,538**

VEER van den Mary 1865-? [1]
- *Boy with his dog* - Oil/canvas (152x102cm-60x40in) New-York 94 .... FF**6 850** - £799 - **$1,200**

VEEREN van Anna Maria 1806-1890 [1]
- *Opium poppies and other flowers* - Oil/canvas (57x47cm-22x19in) Amsterdam 94 .... FF**21 400** - £2 570 - **$4,160**

VEERENDAEL Frans 1659-1747 [1]
- *Blumenstrauß in einer Vase* - Oil/canvas (56x44cm-22x17in) Wien 94 .... FF**33 700** - £3 380 - **$6,480**

VEGA Rodolfo XX [2]
- *La nuit et le jour* - Bronze (17x2x17cm-7x1x7in) Paris 97 .... FF**2 000** - £208 - **$340**

VEGA Y MUNOZ Pedro c.1840-1868 [3]
- *El mercado* - Oil/panel (18x27cm-7x11in) San Francisco-Los Angeles 94 .... FF**10 670** - £1 274 - **$2,000**

VEGER Hermanus Johannes 1910 [3]
- *Ducks by a pond* - Oil/canvas (50x80cm-20x31in) Amsterdam 95 .... FF**5 560** - £672 - **$1,046**

VEGERE Baiba 1948 [6]
- *Sandra, 1989* - Huile/panneau (55x50cm-22x20in) Paris 90 .... FF**3 000** - £302 - **$545**
- *Portrait à l'éventail* - Pastel/toile (100x64cm-39x25in) Lyon 90 .... FF**3 600** - £368 - **$711**

VEGETTI Enrico 1863-1951 [1]
- *La vedova* - Olio/tela (78x100cm-31x39in) Milano 90 .... FF**28 830** - £2 934 - **$5,766**

VEGIAS Dionysios 1819-1884 [1]
- *Marinos Vegias* - Oil/canvas (99x75cm-39x30in) Athens 96 .... FF**25 440** - £3 285 - **$4,920**

VEILLET Alfred 1882-1958 [11]
- *Colline de Bonsecours, Rouen* - Huile/panneau (36x47cm-14x19in) Paris 96 .... FF**8 100** - £1 042 - **$1,606**
- *Port d'Honfleur* - Huile/toile (55x46cm-22x18in) Rouen 92 .... FF**18 000** - £1 843 - **$3,170**

VEILLON Auguste Louis 1834-1890 [19]
- *Au loin les Pyramides* - Ol/Karton (17x36cm-7x14in) Bern 94 .... FF**8 670** - £1 040 - **$1,685**

V

Le Lac Léman et le Grammont - Huile/carton (41x67cm-16x26in) Genève 96 .... FF87 400 - £10 120 - **$16,740**

VEISBERG Vladimir Grigor. 1924-1985 [1]
Still life, 1957 - Oil/canvas (100x95cm-39x37in) London 89 .... FF77 500 - £7 924 - **$12,460**

VEISSMAN Alexandre 1946 [2]
Rencontre sur la plage - Huile/carton/toile (33x22cm-13x9in) Paris 94 .... FF2 500 - £294 - **$444**

VEIT Johannes 1790-1854 [1]
Mädchenbildnis - Miniature (7x6cm-3x2in) Köln 92 .... FF5 100 - £522 - **$898**

VEIT Philipp 1793-1877 [2]
Maria Immaculata - Pencil/paper (41x26cm-16x10in) Heidelberg 95 .... FF12 540 - £1 610 - **$2,530**

VEITER Josef 1819-1902 [1]
Gebirgsdorf mit einer Schmiede - Oil/canvas (48x63cm-19x25in) Wien 92 .... FF7 220 - £740 - **$1,271**

VEITH Eduard 1856-1925 [23]
Mädchen beim Blumengiessen - Oil/Karton (82x66cm-32x26in) Wien 96 .... FF16 900 - £1 926 - **$3,236**
Violet Procession, Kahlenberg - Oil/canvas (134x150cm-53x59in) London 92 .... FF97 700 - £10 000 - **$17,240**
Blondes Mädchen - Aquarell/Papier (27x20cm-11x8in) Wien 96 .... FF3 840 - £496 - **$742**

VEITH Franz 1795-1831 [1]
A young beauty - Oil/canvas (80x60cm-31x24in) London 90 .... FF15 500 - £1 649 - **$2,773**

VEJRYCH Rudolf 1882-1939 [1]
Nude on sofa - Oil/canvas (56x60cm-22x24in) Wien 95 .... FF12 440 - £1 580 - **$2,507**

VEKEMANS Bruno 1952 [13]
Man Ray - Technique mixte/panneau (55x40cm-22x16in) Antwerpen 91 .... FF3 290 - £332 - **$571**
Het licht onder de brug - Gouache/papier (115x82cm-45x32in) Antwerpen 93 .... FF6 590 - £788 - **$1,347**

VELA Vincenzo 1820-1891 [3]
Napoléon tenant la carte de l'Europe - Bronze (44cm-17in) Paris 94 .... FF4 500 - £525 - **$789**

VELA ZANETTI José 1913 [22]
Dos monjes - Técnica mixta (53x64cm-21x25in) Madrid 93 .... FF14 460 - £1 723 - **$2,617**
Bodegón - Oleo/lienzo (89x130cm-35x51in) Madrid 94 .... FF82 000 - £9 680 - **$15,100**
Escudero sentado - Gouache (95x65cm-37x26in) Madrid 91 .... FF14 900 - £1 483 - **$2,562**

VELASCO José María 1840-1912 [16]
Valle de Mexico - Oil/canvas (76x106cm-30x42in) New-York 91 .... FF1 - £1 - **$2**
Vista de tacubaya - Oil/paper/canvas (29x43cm-11x17in) New-York 97 .... FF1 - £122 100 - **$200,000**
Estudo de pies - Charcoal (32x49cm-13x19in) New-York 94 .... FF48 300 - £4 940 - **$8,500**

VELASQUEZ José Antonio 1906-1985 [21]
San Antonio de Oriente - Oil/canvas (66x52cm-26x20in) New-York 97 .... FF13 777 - £146 3 4 - **$2,400**
San Antonio Oriente - Oil/canvas (55x75cm-22x30in) New-York 97 .... FF31 501 - £3 357 - **$5,500**
Catedral de Comayagua - Oil/canvas (144x110cm-57x43in) New-York 97 .... FF80 184 - £8 547 - **$14,000**

VELDE van Bram 1895-1981 [189]
Untitled - Oil/canvas (130x162cm-51x64in) London 96 .... FF1 - £130 000 - **$216,700**
Flowers in a stoneware pot - Oil/canvas (90x65cm-35x26in) Amsterdam 92 .... FF33 400 - £3 420 - **$5,800**
Sans titre - Huile/toile (92x73cm-36x29in) Paris 96 .... FF450 000 - £51 300 - **$86,100**
Untitled - Lithographie couleurs (88x63cm-35x25in) Amsterdam 97 .... FF9 607 - £1 020 - **$1,673**
Untitled - Watercolour, gouache/paper (51x71cm-20x28in) London 93 .... FF54 000 - £6 500 - **$9,420**
Composition - Gouache/papier (110x80cm-43x31in) Versailles 97 .... FF380 000 - £40 166 - **$65,208**

VELDE van de Henry 1863-1957 [15]
Tropon - Poster (26x17cm-10x7in) New-York 95 .... FF7 570 - £954 - **$1,500**
Boer aan het werk op het land
Coloured chalks/paper (23x28cm-9x11in) Amsterdam 94 .... FF91 800 - £10 900 - **$16,980**

VELDE van de Willem I 1611-1693 [12]
Zeeland Man-of-Wa - Oil/panel (69x91cm-27x36in) London 91 .... FF744 000 - £76 213 - **$138,910**
Study of a ship - Vernis mou couleurs (22x25cm-9x10in) Amsterdam 91 .... FF21 040 - £2 135 - **$3,800**

VELDE van de Willem II 1633-1707 [55]
Navires Hollandais en pleine mer - Huile/toile (33x39cm-13x15in) Paris 97 .... FF3 - £325 190 - **$532,270**

VELDE van de William Charles 1818-1898 [1]
Orientalische Szene - Aquarell (22x31cm-9x12in) Bern 92 .... FF2 855 - £341 - **$550**

VELDE van der Hanny 1883-1959 [4]
Still life with flowers - Oil/canvas (76x91cm-30x36in) Detroit, Michigan 92 .... FF4 590 - £470 - **$900**

VELDE van Geer 1898-1978 [110]
Composition - Huile/toile (46x61cm-18x24in) Paris 97 .... FF75 000 - £7 928 - **$12,870**
Composition - Huile/toile (81x100cm-32x39in) Paris 97 .... FF168 000 - £17 758 - **$28,829**
Composition - Huile/toile (104x121cm-41x48in) Paris 97 .... FF405 000 - £42 809 - **$69,498**
Les musiciens - Gouache/carton (43x56cm-17x22in) Bruxelles 97 .... FF13 080 - £1 408 - **$2,280**
Le peintre - Gouache/paper (25x21cm-10x8in) Amsterdam 92 .... FF39 440 - £4 040 - **$6,940**

VELDEN van der Petrus 1837-1915 [2]
De Maaltijd - Huile/toile (59x72cm-23x28in) Lokeren 94 .... FF36 500 - £4 350 - **$6,870**

VELDHOEN Arie Johannes, Aat 1934 [6]
Self portrait with Venus & Kaboel - Oil/canvas (10x80cm-4x31in) Amsterdam 95 .... FF8 020 - £1 050 - **$1,607**

VELDHUIJZEN Willem Frederik 1814-1873 [2]
Young boy in a palatial garden - Oil/panel (27x21cm-11x8in) Amsterdam 97 .... FF5 879 - £643 - **$1,031**

VELICKOVIC Vladimir 1935 [125]
Chute - Oil/canvas (160x130cm-63x51in) Amsterdam 97 .... FF23 435 - £2 457 - **$4,021**
Les Orateurs - Huile/toile (130x96cm-51x38in) Paris 95 .... FF34 000 - £3 930 - **$7,010**
Descente - Huile/toile (198x146cm-78x57in) Paris 93 .... FF66 000 - £7 950 - **$12,000**
Chien No. XXVIII - Acrylique/toile (146x200cm-57x79in) Paris 94 .... FF90 000 - £10 520 - **$15,800**
Sans titre - Estampe (100x68cm-39x27in) Paris 92 .... FF3 500 - £359 - **$687**

Figure Arbre see I - Gouache (103x64cm-41x25in) Paris 95 .... FF5 000 - £649 - **$1,032**
Arbre sec - Gouache (103x64cm-41x25in) Versailles 97 .... FF10 000 - £1 057 - **$1,716**
Figure XVI - Encre/papier (120x159cm-47x63in) Versailles 94 .... FF20 500 - £2 370 - **$3,520**
VELIM Anton 1892-1954   [1]
Stilleben mit Früchten - Oil/canvas (50x50cm-20x20in) Wien 92 .... FF10 580 - £1 084 - **$1,864**
VELLAN Felice 1889-1976   [3]
Primavera in collina - Olio/cartone (40x50cm-16x20in) Torino 93 .... FF4 390 - £496 - **$739**
VELLANI Francesco 1688-1768   [2]
Flowers & Antique frieze - Oil/canvas (83x143cm-33x56in) New-York 92 .... FF193 000 - £19 750 - **$34,000**
VELLANI MARCHI Mario 1895-1979   [4]
Merlettaia - Olio/cartone (30x23cm-12x9in) Milano 94 .... FF14 530 - £1 683 - **$2,540**
Paesaggio di Castermano - Acquarello/carta (36x27cm-14x11in) Milano 93 .... FF2 076 - £241 - **$357**
VELLE Marthe 1909-1994   [1]
Tête de femme - Pierre (43cm-17in) Bruxelles 94 .... FF8 350 - £997 - **$1,565**
VELLER Theodore Leopold 1802-1880   [1]
Jeune femme à la robe bleue - Huile/toile (35x27cm-14x11in) Barbizon 96 .... FF19 000 - £2 370 - **$3,670**
VELONIS Anthony XX   [2]
Washington square - Serigraph (15x23cm-6x9in) Cambridge, Mass. 92 .... FF1 755 - £180 - **$325**
VELTEN Wilhelm 1847-1929   [87]
The Messenger - Oil/panel (32x24cm-13x9in) London 97 .... FF23 615 - £2 600 - **$4,144**
Orders for the Blacksmith - Oil/panel (25x33cm-10x13in) New-York 97 .... FF56 883 - £6 121 - **$10,000**
The horse market - Oil/panel (23x33cm-9x13in) New-York 93 .... FF115 500 - £14 480 - **$21,000**
VELTENS Johan Diderik Corn. 1814-1894   [1]
Herds with cattle - Oil/panel (49x71cm-19x28in) Amsterdam 94 .... FF11 600 - £1 346 - **$1,995**
VELTHOVEN van Hendrik 1728-1770   [1]
Hendrik Tatum/Elisabeth Tatum - Oil/canvas (90x69cm-35x27in) Amsterdam 91 .... FF18 120 - £1 804 - **$3,116**
VELTHUYSEN van Henry 1891-1954   [2]
Sawah-landscape with Indonesians - Oil (47x60cm-19x24in) Amsterdam 96 .... FF6 620 - £803 - **$1,287**
VELY Anatole 1838-1882   [1]
Dante et Béatrice - Oil/canvas (124x73cm-49x29in) New-York 96 .... FF30 850 - £3 740 - **$6,000**
VELZEN van Johannes Petrus 1816-1853   [12]
Winter landscape - Oil/panel (45x60cm-18x24in) Amsterdam 94 .... FF39 850 - £4 750 - **$7,580**
VEN van der Emanuel Ernest Ger. 1866-1944   [9]
Pink roses in a glass vase - Oil/canvas (39x32cm-15x13in) Amsterdam 90 .... FF2 200 - £227 - **$389**
Flowers - Oil/canvas (47x39cm-19x15in) Amsterdam 96 .... FF3 930 - £493 - **$760**
VEN van der Walter 1884-1923   [2]
VII Olympiade, Antwerpen - Poster (89x64cm-35x25in) London 95 .... FF13 330 - £1 700 - **$2,690**
VEN van der Willem 1898-1958   [1]
Lake with waterlilies & rowingboats - Oil/canvas (60x101cm-24x40in) Amsterdam 90 .... FF3 600 - £372 - **$636**
VÉNARD Claude 1913   [535]
Bateaux au port - Huile/toile (38x46cm-15x18in) Paris 97 .... FF3 500 - £380 - **$614**
Vase sur une table violette - Huile/toile (41x33cm-16x13in) Paris 97 .... FF7 500 - £816 - **$1,306**
Port breton - Huile/toile (100x65cm-39x26in) Saint-Dié 96 .... FF13 000 - £1 655 - **$2,507**
Poisson devant le port - Huile/toile (114x146cm-45x57in) Saint-Dié 96 .... FF24 000 - £3 110 - **$4,700**
Arlequin - Huile/toile (130x196cm-51x77in) Paris 97 .... FF33 000 - £3 617 - **$5,792**
Nu allongé - Huile/toile (81x100cm-32x39in) Aubagne 91 .... FF52 000 - £5 213 - **$9,524**
Bateaux au Port - Gouache/papier (86x65cm-34x26in) Calais 97 .... FF8 500 - £850 - **$1,434**
VENARD Salomé 1904-1987   [1]
Nu au drapé - Marbre (40cm-16in) Soissons 95 .... FF8 000 - £995 - **$1,560**
VENET Bernar 1941   [76]
Peinture industrielle - Technique mixte/panneau (105x118cm-41x46in) Versailles 97 .... FF31 000 - £3 277 - **$5,320**
Undetermined line - Metal (37cm-15in) Stockholm 96 .... FF41 500 - £4 870 - **$8,150**
Double ligne indéterminée - Sculpture (100x95x100cm-39x37x39in) Paris 94 .... FF90 000 - £10 880 - **$17,470**
Ligne indéterminée - Sculpture (112x95cm-44x37in) Paris 94 .... FF200 000 - £23 300 - **$35,050**
Undetermined line - Fusain/papier (53x46cm-21x18in) Paris 96 .... FF16 000 - £1 990 - **$3,103**
Ligne indéterminée - Crayon gras/papier (75x100cm-30x39in) Paris 92 .... FF33 000 - £3 380 - **$5,940**
VENET Gabriel Albert 1884-1954   [1]
Monastery corridor - Oil/canvas (80x56cm-31x22in) San Francisco-Los Angeles 90 .... FF4 600 - £489 - **$823**
VENETSIANOV Alexej Gavrilovitj 1779-1847   [1]
Girl with a whippet - Oil/canvas (21x17cm-8x7in) London 92 .... FF150 700 - £18 000 - **$29,000**
VENINI Paolo 1895-1959   [1]
Tessere tessuto - Mixed media (88x66cm-35x26in) Milano 90 .... FF44 400 - £4 540 - **$8,764**
VENITIEN Jean 1911   [4]
Odalisque assise - Huile/toile (81x65cm-32x26in) Paris 96 .... FF12 500 - £1 612 - **$2,450**
VENNE van der Adolf 1828-1911   [19]
A gypsy wagon - Oil/canvas (28x45cm-11x18in) New-York 92 .... FF16 200 - £1 656 - **$3,000**
Die Kraftprobe - Öl/Leinwand (60x77cm-24x30in) Wien 97 .... FF33 460 - £3 556 - **$5,768**
VENNE van der Fritz 1843-?   [17]
Begegnung auf dem Karrenweg - Oil/panel (30x40cm-12x16in) Bremen 95 .... FF11 200 - £1 437 - **$2,310**
Kutschfahrt - Öl/Leinwand (76x103cm-30x41in) München 93 .... FF25 840 - £2 924 - **$4,360**
VENNEMAN Camille 1827-1868   [1]
Le colporteur, 1867 - Huile/panneau (65x49cm-26x19in) Antwerpen 90 .... FF81 000 - £8 617 - **$14,490**

V

VENNEMAN Charles Karel F. 1802-1875 [11]
🖛 *The visitor* - Oil/canvas (58x52cm-23x20in) London 92 .... *FF20 100 - £2 400 - $3,870*
VENNEMAN Rosa ?-1884 [5]
🖛 *Vaches au pré* - Huile/toile (61x72cm-24x28in) Saumur 95 .... *FF10 000 - £1 297 - $2,063*
VENNER Victor XIX-XX [2]
🖾 *Addressing the ball/Lost ball*
   A pair of chromolithographsic print (Wyman) (39x54cm-15x21in) Edinburgh 92 ...... *FF8 300 - £850 - $1,628*
VENT Rudolf 1880-1948 [2]
🖛 *Abendstimmung* - Oil/canvas/panel (28x44cm-11x17in) Rudolstadt-Thüringen 96 .... *FF6 100 - £765 - $1,177*
VENTO RUIZ José 1925 [3]
🖛 *Paisaje urbano* - Oleo/lienzo (50x65cm-20x26in) Madrid 96 .... *FF4 415 - £521 - $867*
VENTOSA DOMENECH José 1897-1982 [3]
🖛 *Vista de Valdemosa* - Oleo/lienzo (79x94cm-31x37in) Madrid 96 .... *FF36 100 - £4 130 - $6,870*
VENTURI Osvaldo 1900-1989 [2]
🖾 *Bellisima, Direccion Luchino Visconti* - Poster (109x74cm-43x29in) London 96 .... *FF2 700 - £350 - $534*
VENTURRI Achille 1826-1897 [1]
🖛 *Coastal landscape* - Oil/canvas (61x109cm-24x43in) New-York 90 .... *FF30 000 - £3 155 - $5,217*
VENUS Albert Franz 1842-1871 [2]
✎ *Kinderkochstube* - Ink (8x11cm-3x4in) München 95 .... *FF2 635 - £332 - $528*
VENUS Leopold August 1843-1886 [1]
✎ *Blick über das weite Tal* - Wash (19x35cm-7x14in) München 94 .... *FF5 490 - £650 - $1,014*
VENZANI Alessandro 1838-1916 [1]
🖛 *Dreaming by the sea* - Oil/canvas (36x51cm-14x20in) London 87 .... *FF13 715 - £1 300 - $2,366*
VERA Alejo 1834-1923 [5]
✎ *Escena religiosa* - Acuarela (19x25cm-7x10in) Madrid 90 .... *FF2 200 - £234 - $394*
VERA de Cristino 1931 [6]
🖛 *Paisaje* - Oleo/lienzo (60x73cm-24x29in) Madrid 93 .... *FF19 800 - £2 273 - $3,375*
VERA Paul 1882-1957 [13]
✎ *Baigneuses* - Aquarelle/papier (29x39cm-11x15in) Argenteuil 95 .... *FF3 800 - £492 - $778*
VERA SALES Enrique 1886-1956 [9]
🖛 *Catedral de Toledo* - Oleo/cartón (45x25cm-18x10in) Madrid 91 .... *FF13 540 - £1 368 - $2,688*
VERA Y ESTACA Alejo 1834-1923 [1]
🖛 *Arcángel* - Oleo/lienzo (58x39cm-23x15in) Madrid 89 .... *FF2 400 - £239 - $379*
VERAGUTH Hans Gérard 1914 [4]
🖛 *Champ de blé en Provence* - Huile/toile (60x73cm-24x29in) Genève 91 .... *FF4 250 - £437 - $791*
   Im Zirkuszelt - Öl/Leinwand (72x91cm-28x36in) Bern 93 .... *FF13 830 - £1 540 - $2,347*
VERBAERE Herman 1906-1993 [11]
🖛 *L'Escaut à Schellebelle* - Huile/toile (40x50cm-16x20in) Bruxelles 96 .... *FF3 015 - £391 - $603*
✎ *Nieuwpoort* - Aquarelle, gouache (49x68cm-19x27in) Lokeren 95 .... *FF3 083 - £385 - $623*
VERBANCK Geo 1881-1961 [15]
🗿 *Baigneuse* - Bronze (24cm-9in) Bruxelles 93 .... *FF7 250 - £867 - $1,482*
   De Herfst - Sculpture (107cm-42in) Lokeren 94 .... *FF33 200 - £3 920 - $5,910*
VERBEET Gijsberta 1838-1916 [2]
🖛 *Fruit on a marble ledge* - Oil/panel (78x63cm-31x25in) New-York 92 .... *FF37 360 - £3 780 - $7,500*
VERBEET Willem 1801-1887 [1]
✎ *Vasque de fleurs* - Aquarelle (44x34cm-17x13in) Bruxelles 94 .... *FF5 330 - £618 - $918*
VERBEKE Pierre 1895-1962 [5]
🖛 *Port d'Ostende* - Huile/toile (75x75cm-30x30in) Antwerpen 95 .... *FF4 430 - £558 - $877*
VERBOECKHOVEN Eugène Joseph 1799-1881 [222]
🖛 *Fermière à la traite des vaches* - Oil/panel (50x45cm-20x18in) Göteborg 92 .... *FF14 140 - £1 448 - $2,490*
   Mittagrast - Oil/panel (68x56cm-27x22in) Stuttgart 92 .... *FF37 400 - £3 830 - $6,580*
   Shepherd and flock - Oil/canvas (72x114cm-28x45in) Amsterdam 94 .... *FF61 000 - £7 080 - $10,500*
   Sheep, rabbits and a chicken - Oil/panel (58x81cm-23x32in) New-York 97 .... *FF146 809 - £15 811 - $26,000*
   Moutons à la côte - Oil/canvas (143x181cm-56x71in) London 97 .... *FF364 964 - £40 000 - $64,052*
   Skaters on a frozen Pond - Oil/canvas (57x81cm-22x32in) New-York 97 .... *FF439 000 - £50 700 - $75,000*
✎ *Vaches, moutons et canards* - Fusain (42x70cm-17x28in) Bruxelles 95 .... *FF13 450 - £1 627 - $2,530*
VERBOECKHOVEN Louis 1870-? [11]
🖛 *Marine* - Huile/carton (26x41cm-10x16in) Bruxelles 90 .... *FF12 960 - £1 319 - $2,592*
   Barque échouée - Huile/panneau (35x50cm-14x20in) Bruxelles 97 .... *FF71 940 - £7 744 - $12,540*
VERBOECKHOVEN Louis I Charles 1802-1889 [75]
🖛 *Segelschiffe in stürmischer See* - Huile/toile (46x60cm-18x24in) Stuttgart 96 .... *FF11 170 - £1 294 - $2,142*
   Fishermen on a sailing boat - Oil/canvas (40x61cm-16x24in) Amsterdam 97 .... *FF20 734 - £2 191 - $3,557*
   Shipping off the coast - Oil/canvas (31x43cm-12x17in) Amsterdam 94 .... *FF39 650 - £4 600 - $6,820*
   Shipping/Fishing boats - Oil/panel (46x61cm-18x24in) London 92 .... *FF117 200 - £12 000 - $20,700*
VERBOECKHOVEN Louis II 1827-1884 [8]
🖛 *Marine* - Huile/panneau (46x61cm-18x24in) Calais 97 .... *FF40 000 - £4 384 - $7,020*
VERBOECKHOVEN Marguerite 1865-1949 [1]
🖛 *Crépuscule rose* - Huile/panneau (22x33cm-9x13in) Antwerpen 92 .... *FF2 324 - £238 - $409*
VERBON Willem A. 1921 [1]
🗿 *Sir Winston Churchill* - Bronze (74cm-29in) London 96 .... *FF143 700 - £18 000 - $27,700*
VERBOOM Antina XX [4]
🖛 *Compositie OL 24* - Oil/canvas (200x200cm-79x79in) Amsterdam 96 .... *FF2 694 - £339 - $530*

VERBRUGGE Emile 1856-1936   [14]
- *Im Atelier des Künstlers* - Oil/canvas (24x20cm-9x8in) Wien 96 .... FF12 040 - £1 502 - **$2,326**

VERBRUGGEN Jan 1712-1780   [3]
- *A Dutch two-decker* - Oil/canvas (4x55cm-2x22in) New-York 94 .... FF88 500 - £10 140 - **$15,000**

VERBRUGGEN Karel 1871-1931   [1]
- *A gathering around a carousel* - Watercolour Amsterdam 94 .... FF7 920 - £936 - **$1,423**

VERBRUGGHE Charles 1877-1974   [29]
- *Port méditerranéen* - Huile/toile (52x100cm-20x39in) Paris 93 .... FF4 800 - £546 - **$814**
- *Vue à Bruges* - Huile/panneau (46x54cm-18x21in) Bruxelles 93 .... FF18 130 - £2 167 - **$3,704**

VERBRUGGHE Henri 1886-1957   [5]
- *Le port de Rouen* - Huile/panneau (38x55cm-15x22in) La Varenne Saint-Hilaire 91 .... FF19 000 - £1 905 - **$3,136**

VERBUECKEN Henri 1848-1926   [1]
- *An elegant couple fishing* - Watercolour (124x48cm-49x19in) Amsterdam 95 .... FF4 660 - £605 - **$971**

VERBURG Harry 1914-1982   [2]
- *50-jarig bestaan Haagsche Kunstkring* - Gouache/paper (32x20cm-13x8in) Amsterdam 89 .... FF1 500 - £158 - **$253**

VERBURGH Cornelis Gerrit 1802-1879   [7]
- *Figures ans skaters* - Oil/panel (60x79cm-24x31in) London 92 .... FF86 000 - £8 800 - **$15,170**

VERBURGH Médard 1886-1957   [32]
- *Quai des pêcheurs, Ostende* - Huile/toile (50x60cm-20x24in) Bruxelles 94 .... FF53 100 - £6 330 - **$10,000**
- *Les masques* - Huile/toile (125x100cm-49x39in) Bruxelles 95 .... FF143 000 - £18 480 - **$29,200**
- *Chez la modiste* - Aquarelle (75x60cm-30x24in) Antwerpen 93 .... FF16 480 - £1 970 - **$3,370**

VERBURGT-KRAMERS Carolien 1876-1968   [1]
- *Flowers in a glass vase* - Watercolour/board (43x35cm-17x14in) Amsterdam 90 .... FF5 730 - £586 - **$1,131**

VERCAMMEN Wout 1938   [5]
- *Composition* - Huile/toile (160x85cm-63x33in) Antwerpen 95 .... FF2 230 - £289 - **$457**

VERCELLI Giulio Romano 1879-1951   [6]
- *Confidenaze sull'erba* - Olio/tavola (33x49cm-13x19in) Milano 95 .... FF9 270 - £1 230 - **$1,890**

VERCRUYSSEN Emeri 1906-1985   [17]
- *Vue à Lissewege* - Huile/toile (37x46cm-15x18in) Antwerpen 91 .... FF4 210 - £422 - **$771**

VERDE RUBIO Ricardo 1876-1955   [5]
- *Pige kommer med frokost* - Oil/canvas (88x132cm-35x52in) Viby J, Århus 90 .... FF45 700 - £4 673 - **$9,020**
- *Muchacho pensativo* - Acuarela (58x45cm-23x18in) Madrid 90 .... FF8 100 - £852 - **$1,409**

VERDEGEM Joseph 1897-1957   [13]
- *Mon Père* - Huile/carton (46x71cm-16x11in) Lokeren 94 .... FF7 260 - £846 - **$1,271**
- *Zittende vrouw* - Pastel (43x63cm-17x25in) Lokeren 94 .... FF19 800 - £2 307 - **$3,470**

VERDES José Luis 1933   [3]
- *Autopista* - Oleo/lienzo (81x100cm-32x39in) Madrid 93 .... FF4 700 - £565 - **$915**

VERDET Jacqueline XX   [7]
- *La pyramide* - Huile/toile (130x97cm-51x38in) Boulogne 95 .... FF3 000 - £359 - **$571**

VERDIER Jean-Louis 1849-1895   [1]
- *Bord de rivière* - Huile/toile (64x90cm-25x35in) Paris 94 .... FF7 200 - £837 - **$1,247**

VERDIER Marcel 1817-1856   [8]
- *Jeune fille au corsage fleuri* - Huile/toile (69x50cm-27x20in) Lyon 93 .... FF15 000 - £1 875 - **$2,730**
- *Portrait d'homme* - Fusain (35x26cm-14x10in) Paris 94 .... FF3 000 - £352 - **$529**

VERDIER Maurice 1919   [29]
- *Le panier de champignons* - Huile/toile (42x92cm-17x36in) Saumur 95 .... FF2 800 - £367 - **$561**
- *Fruits, pinceaux.../commode* - Huile/toile (146x114cm-57x45in) Paris 97 .... FF25 000 - £2 740 - **$4,388**

VERDIJK Gerard 1934   [6]
- *Abstract* - Acrylic/canvas (170x90cm-67x35in) Amsterdam 94 .... FF5 790 - £684 - **$1,040**

VERDILHAN André 1881-1963   [20]
- *Port* - Huile/toile (46x54cm-18x21in) Provins 95 .... FF5 000 - £558 - **$898**
- *Le laboureur* - Huile/toile (83x155cm-33x61in) Calais 97 .... FF9 500 - £950 - **$1,603**
- *Le port de Marseille* - Huile/toile (38x46cm-15x18in) Paris 95 .... FF20 000 - £2 620 - **$4,060**

VERDILHAN Louis Mathieu 1875-1928   [74]
- *Paysan sur le chemin* - Huile/toile (54x65cm-21x26in) Avignon 94 .... FF33 000 - £3 900 - **$6,080**
- *Notre Dame du Mont à Marseille*
  Huile/toile/panneau (81x100cm-32x39in) Aix-en-Provence 97 .... FF68 000 - £7 214 - **$11,723**
- *La place du village* - Huile/toile (78x92cm-31x36in) Paris 97 .... FF170 000 - £18 598 - **$29,614**
- *Remorquers, port de Marseille* - Huile/toile (65x100cm-26x39in) Paris 95 .... FF322 000 - £38 400 - **$61,900**
- *Le Port* - Gouache/papier (18x24cm-7x9in) Vinca 97 .... FF25 000 - £2 653 - **$4,310**

VERDONCK van de François. XIX   [2]
- *Hühnerhof mit Tauben* - Oil/panel (17x24cm-7x9in) Bremen 94 .... FF9 610 - £1 155 - **$1,780**

VERDONK Frederik Willem F. 1902-1963   [4]
- *Donkey riders on the beach* - Oil/board (34x47cm-13x19in) Amsterdam 94 .... FF15 230 - £1 800 - **$2,735**

VERDOODT Jan 1908-1980   [3]
- *Le panier* - Huile/panneau (65x80cm-26x31in) Bruxelles 97 .... FF3 436 - £363 - **$594**

VERDUGO LANDI Ricardo 1871-1930   [20]
- *Romper de las olas frente al acantilado* - Oleo/lienzo (41x51cm-16x20in) Madrid 93 .... FF14 560 - £1 677 - **$2,500**
- *Acantilado con playa y gaviotas* - Acuarela (102x130cm-40x51in) Madrid 95 .... FF4 234 - £535 - **$850**

VERDUN Raymond Jean 1873-1954   [62]
- *Les pins parasols* - Huile/toile (50x61cm-20x24in) Paris 94 .... FF2 400 - £279 - **$416**
- *Paysage lacustre avec personnages* - Huile/toile (68x93cm-27x37in) Orléans 95 .... FF14 000 - £1 770 - **$2,810**

V

VERDUSSEN Paul 1868-1945 [7]
🖼 *Intérieur* - Huile/toile (46x54cm-18x21in) Bruxelles 97 .... FF3 270 - £352 - **$570**
River view - Oil/canvas (69x147cm-27x58in) North Bethesda, MD. 92 .... FF27 750 - £2 905 - **$5,000**
VERDYEN Eugène 1836-1903 [18]
🖼 *Rivière dans une vallée* - Huile/panneau (57x39cm-22x15in) Antwerpen 96 .... FF4 600 - £594 - **$888**
Portrait of a lady with a fan - Oil/canvas (54x40cm-21x16in) London 93 .... FF24 600 - £2 800 - **$4,170**
⬦ *De Lijnvisser* - Aquarelle (65x42cm-26x17in) Lokeren 96 .... FF3 615 - £447 - **$698**
VEREECKE Armand 1912-1990 [6]
🖼 *Kompositie* - Huile/panneau (42x30cm-17x12in) Lokeren 92 .... FF5 420 - £631 - **$1,107**
VERELST Maria 1680-1744 [2]
🖼 *Caroline Lowndes* - Oil/canvas (125x100cm-49x39in) London 91 .... FF19 150 - £1 902 - **$3,325**
VERES Zoltan 1868-1935 [1]
🖼 *Children with fruit and wine* - Oil/canvas (48x69cm-19x27in) London 93 .... FF2 490 - £300 - **$435**
VERESHAGIN Piotr Petrovich 1834/36-1886 [10]
🖼 *Nizhny Novgorod* - Oil/canvas (77x105cm-30x41in) London 95 .... FF1 - £155 000 - **$246,000**
A summer afternoon - Oil/canvas (35x69cm-14x27in) London 93 .... FF114 286 - £12 000 - **$19,657**
VERESHAGIN Vasilii Vasilievich 1842-1904 [12]
🖼 *Baku bazaar* - Oil/canvas (28x70cm-11x28in) London 97 .... FF190 476 - £20 000 - **$32,762**
VEREY Arthur 1840-1915 [3]
🖼 *Skördearbetare vid äng* - Oil/canvas (77x127cm-30x50in) Söderköping 90 ...... FF14 000 - £1 509 - **$2,469**
VERFLASSEN Johann Jakob Ignaz 1797-1868 [1]
🖼 *Innenhof einer Schlossanlage* - Öl/Leinwand (52x43cm-20x17in) München 96 ...... FF5 100 - £581 - **$975**
VERGA Napoleone 1833-1916 [1]
⬦ *The suitor/An amorous advance* - Watercolour (30x15cm-12x6in) London 92 .... FF3 130 - £320 - **$552**
VERGE Adèle XX [4]
🗿 *Caryatide* - Bronze (19cm-7in) La Varenne Saint-Hilaire 97 .... FF7 000 - £755 - **$1,229**
VERGÉ-SARRAT Henri 1880-1966 [12]
🖼 *Canal Saint-Denis à la Vilette* - Huile/toile (60x73cm-24x29in) Bruxelles 93 .... FF9 060 - £1 084 - **$1,852**
⬦ *Küstenlandschaft bei Porto* - Aquarell (25x34cm-10x13in) Bern 95 .... FF1 635 - £213 - **$336**
VERGEAUD Jean-Antoine-Armand 1876-? [1]
🖼 *La famille* - Huile/panneau (35x34cm-14x13in) Arles 91 .... FF2 500 - £251 - **$458**
VERGEER Jo 1894-1969 [2]
🖼 *Portrait of a lady* - Oil/canvas (60x50cm-24x20in) Amsterdam 92 .... FF2 860 - £333 - **$584**
VERGER Carlos 1872-1929 [1]
🖼 *Castle St. Angelo* - Oil/panel (41x33cm-16x13in) San Francisco-Los Angeles 90 ...... FF3 700 - £389 - **$643**
VERGER Pierre 1902 [11]
📷 *Brésil balua Salvador type* - Photo (28x26cm-11x10in) Paris 93 .... FF3 100 - £353 - **$526**
VERGETAS Louis 1882-? [1]
🖼 *Retraite aux flambeaux* - Oil/board (54x45cm-21x18in) Bern 91 .... FF4 750 - £479 - **$824**
VERGEZ Eugène XIX-XX [5]
🖼 *Bord de mer en Provence* - Huile/toile (38x55cm-15x22in) Nice 95 .... FF8 000 - £1 038 - **$1,640**
VERGEZ Gabrielle XX [3]
🖼 *Composition abstraite* - Huile/toile (60x81cm-24x32in) Boulogne 94 .... FF2 600 - £309 - **$476**
VERGNAUD Jean-Jacques 1944 [8]
🖼 *Tel Jardin comme au théâtre* - Huile/toile Argenteuil 92 .... FF6 500 - £668 - **$1,204**
VERGNE Jean-Louis 1929 [3]
🖼 *La Vallée de la Vienne* - Oil/canvas (58x91cm-23x36in) Delray Beach, Florida 93 ...... FF4 950 - £585 - **$900**
VERHAEGEN Fernand 1884-1976 [28]
🖼 *Les Gilles de Binche le matin* - Huile/toile/carton (35x40cm-14x16in) Lokeren 92 ...... FF10 800 - £1 105 - **$1,900**
Carnaval - Huile/toile (65x70cm-26x28in) Bruxelles 96 .... FF28 500 - £3 686 - **$5,700**
⬦ *Dimanche au parc, Londres* - Pastel/papier (25x36cm-10x14in) Bruxelles 96 ...... FF3 780 - £437 - **$724**
VERHAEGHE Joseph 1900 [2]
🖼 *Vallée de la Meuse* - Huile/toile (560x64cm-220x25in) Bruxelles 90 .... FF6 800 - £695 - **$1,342**
VERHAEGHEN Jean J. Potteskens-V 1726-1795 [1]
🖼 *Christ and Saint Thomas* - Oil/canvas (148x120cm-58x47in) London 93 .... FF24 600 - £2 800 - **$4,170**
VERHAEREN Alfred 1849-1924 [5]
🖼 *Intérieur* - Huile/toile (128x74cm-50x29in) Bruxelles 95 .... FF7 260 - £908 - **$1,468**
VERHAEREN Carolus 1908-1956 [2]
🖼 *Borrego Springs* - Oil/canvas (61x76cm-24x30in) San Francisco-Los Angeles 95 ...... FF7 470 - £982 - **$1,500**
VERHAERT Pieter 1852-1908 [12]
🖼 *Portrait du Dr Henri Schoonen* - Huile/toile (112x88cm-44x35in) Antwerpen 94 ...... FF4 160 - £483 - **$717**
De chimicus - Oil/canvas (33x40cm-13x16in) Lokeren 94 .... FF25 040 - £2 966 - **$4,625**
VERHAGEN Hans 1939 [3]
🖼 *Het rode leger* - Acrylic (50x65cm-20x26in) Amsterdam 97 .... FF3 293 - £356 - **$574**
VERHAS Frans 1827-1897 [7]
🖼 *A standing nude* - Oil/panel (88x60cm-35x24in) New-York 95 .... FF73 700 - £9 500 - **$15,000**
VERHAS Jan 1834-1896 [7]
🖼 *Bain de mer à Heyst, les enfants* - Huile/toile (60x45cm-24x18in) Bruxelles 92 ...... FF24 900 - £2 550 - **$4,380**
VERHAS Theodor 1811-1872 [18]
🖼 *Ideale Heidelberger Landschaft* - Oil/paper (36x45cm-14x18in) Heidelberg 93 ...... FF98 000 - £11 430 - **$16,100**
⬦ *Ansicht der Burg Eltz* - Pencil (13x10cm-5x4in) München 94 .... FF5 830 - £691 - **$1,078**
VERHEES J. Paul 1889-? [5]
🖼 *Biblical scene* - Oil/canvas (175x249cm-69x98in) Ossipee, NH 95 .... FF2 670 - £343 - **$550**

V

VERHEGGEN Hendrik Frederik 1809-1883 [4]
🖝 *Herdsman & cattle near a watermill* - Oil/canvas (83x70cm-33x28in) Amsterdam 96 .... FF*12 900* - £*1 655* - **$2,540**
VERHEVICK Firmin 1874-1962 [23]
🖝 *Vase de roses* - Huile/panneau (36x52cm-14x20in) Bruxelles 95 .... FF*3 010* - £*396* - **$605**
✎ *Marché aux fleurs, Grand'Place* - Aquarelle/papier (70x100cm-28x39in) Bruxelles 95 .... FF*3 010* - £*396* - **$605**
VERHEYDEN François 1880-? [8]
🖝 *The young flower sellers* - Oil/canvas (99x78cm-39x31in) New-York 91 .... FF*79 800* - £*8 041* - **$13,847**
The swing, 1848 - Oil/panel (97x134cm-38x53in) London 89 .... FF*532 700* - £*54 468* - **$85,643**
VERHEYDEN François, Frans 1806-1890 [15]
🖝 *The artist on the wrong side* - Oil/canvas (71x56cm-28x22in) London 93 .... FF*17 800* - £*2 000* - **$2,980**
✎ *La chaumière* - Aquarelle/papier (54x36cm-21x14in) Bruxelles 97 .... FF*3 110* - £*340* - **$543**
VERHEYDEN Isidore 1846-1905 [57]
🖝 *La mare* - Huile/toile (24x34cm-9x13in) Bruxelles 94 .... FF*5 072* - £*527* - **$865**
A rural Landscape - Oil/canvas (29x43cm-11x17in) London 97 .... FF*19 982* - £*2 200* - **$3,507**
Elegant women on a beach - Oil/canvas (228x156cm-90x61in) New-York 96 .... FF*283 000* - £*34 300* - **$55,000**
VERHEYEN Bart 1963 [7]
🖝 *Ik heb het zien gebeuren* - Huile/toile (70x90cm-28x35in) Antwerpen 96 .... FF*4 920* - £*597* - **$956**
✎ *Le conteur* - Technique mixte/papier (60x80cm-24x31in) Antwerpen 96 .... FF*2 465* - £*318* - **$476**
VERHEYEN Jan Hendrik 1778-1846 [20]
🖝 *Dutch town with children by a well* - Oil/panel (44x35cm-17x14in) London 95 .... FF*26 400* - £*3 500* - **$5,450**
Figures conversing near a portico - Oil/panel (37x30cm-15x12in) Amsterdam 93 .... FF*84 100* - £*10 080* - **$15,370**
Town with figures on a frozen canal - Oil/canvas (65x86cm-26x34in) London 93 .... FF*281 000* - £*32 000* - **$47,700**
VERHEYEN Jef 1932-1984 [22]
🖝 *Composition* - Huile/panneau (120cm-47in) Antwerpen 95 .... FF*68 600* - £*8 880* - **$14,040**
▭ *Mouvement rouge* - Lithographie Antwerpen 91 .... FF*2 106* - £*209* - **$366**
✎ *Composition* - Aquarelle (44x59cm-17x23in) Antwerpen 95 .... FF*4 840* - £*606* - **$978**
VERHOESEN Albertus 1806-1881 [99]
🖝 *Kühe in weiter Landschaft* - Oil/canvas/board (55x68cm-22x27in) Pforzheim 93 .... FF*10 170* - £*1 215* - **$1,957**
Der Zuchtbulle - Oil/panel (50x38cm-20x15in) Pforzheim 95 .... FF*18 460* - £*2 304* - **$3,620**
Animaux de basse-cour - Huile/panneau (29x38cm-11x15in) Bruxelles 96 .... FF*46 300* - £*5 790* - **$8,980**
VERHOESEN Johannes Marinus 1832-1898 [2]
🖝 *Chickens with copper pots* - Oil/panel (25x22cm-10x9in) London 97 .... FF*7 690* - £*950* - **$1,485**
VERHOEVEN Seraphin Achille 1847-1905 [1]
🖝 *Cockerells, chickens and ducks* - Oil/canvas (33x44cm-13x17in) London 93 .... FF*14 110* - £*1 700* - **$2,583**
VERHOEVEN-BALL Adrien Joseph 1824-1882 [16]
🖝 *The Letter* - Oil/panel (64x50cm-25x20in) New-York 94 .... FF*9 940* - £*1 150* - **$1,700**
The card players - Oil/panel (71x55cm-28x22in) New-York 94 .... FF*22 220* - £*2 570* - **$3,800**
The Artist's Studio - Oil/canvas (80x102cm-31x40in) New-York 94 .... FF*79 700* - £*9 500* - **$15,000**
VERHOOG Aat 1933 [2]
▭ *Paarden, 1971* - Etching (24x32cm-9x13in) Amsterdam 90 .... FF*1 500* - £*160* - **$268**
VERHOOGH Johannes 1798-1861 [1]
🖝 *Mondschein* - Oil/canvas (23x28cm-9x11in) Wien 93 .... FF*7 190* - £*862* - **$1,238**
VERHORST André 1889-? [2]
🖝 *Interior* - Oil/canvas (150x118cm-59x46in) Amsterdam 93 .... FF*6 430* - £*740* - **$1,105**
VERHUELL Alexander Willem M. 1822-1897 [1]
✎ *Le songe de Don Quichotte* - Dessin (25x35cm-10x14in) Paris 92 .... FF*2 500* - £*256* - **$450**
VERHULST Antoine Pierre 1751-1809 [1]
🖝 *A Capriccio river landscape* - Oil/canvas (94x144cm-37x57in) Amsterdam 97 .... FF*32 900* - £*3 500* - **$5,886**
VERHULST Charles Pierre 1775-1820 [2]
🖝 *General E. Frederick Walterstorff, 1804* - Oil/canvas (94x78cm-37x31in) London 89 .... FF*63 000* - £*6 442* - **$10,129**
VERKADE Jan 1868-1946 [5]
✎ *Head of a young girl, Brittany* - Charcoal/paper (16x13cm-6x5in) København 94 .... FF*6 590* - £*785* - **$1,242**
VERKADE Kees 1941 [24]
▣ *Joueur de base-ball* - Bronze (18cm-7in) Paris 96 .... FF*10 000* - £*1 252* - **$1,940**
An Indian - Bronze (30cm-12in) Amsterdam 97 .... FF*24 900* - £*2 611* - **$4,273**
Dancer - Bronze (170cm-67in) Amsterdam 97 .... FF*131 828* - £*13 826* - **$22,622**
VERKEK Emo 1955 [2]
▭ *Composition* - Color lithograph (28x21cm-11x8in) Amsterdam 96 .... FF*3 920* - £*454* - **$752**
VERKOLJE Nicholas 1673-1746 [9]
🖝 *Enfants accoudés à un balcon* - Huile/toile (9x7cm-4x3in) Paris 95 .... FF*140 000* - £*17 960* - **$28,800**
VERLAT Charles Michel Maria 1824-1890 [31]
🖝 *Bibliothèque Plantin Moretus* - Huile/toile (57x47cm-22x19in) Bruxelles 95 .... FF*3 756* - £*476* - **$756**
Suspicion - Oil/canvas (81x106cm-32x42in) Amsterdam 97 .... FF*38 013* - £*4 018* - **$6,522**
Un cheval arabe, Jérusalem - Oil/canvas (121x161cm-48x63in) London 95 .... FF*377 000* - £*50 000* - **$77,900**
VERLET Raoul Charles 1857-1923 [12]
▣ *Orpheus and Cerberus* - Bronze (83cm-33in) London 96 .... FF*23 700* - £*2 700* - **$4,540**
Orphée et Cerbère - Sculpture (100cm-39in) Paris 97 .... FF*72 000* - £*7 646* - **$12,478**
VERLEUR Andries 1876-1953 [4]
🖝 *Bauer mit Einspänner* - Oil/canvas (76x56cm-30x22in) Ahlden 92 .... FF*2 550* - £*261* - **$449**
VERLINDE Claude 1927 [33]
🖝 *la rue* - Huile/toile (50x61cm-20x24in) Paris 94 .... FF*6 500* - £*752* - **$1,116**
Les épouvantails - Huile/toile (80x65cm-31x26in) Paris 96 .... FF*160 000* - £*18 360* - **$30,500**

V

Aménagement des vides - Mine plomb (28x38cm-11x15in) Paris 91 .... FF11 000 - £1 103 - **$1,816**

VERLON André 1917-1993 [13]
Pourquoi ? - Mixed media/panel (74x45cm-29x18in) Wien 96 .... FF7 720 - £880 - **$1,480**

VERLOT O. XIX-XX [2]
Flowers in a vase - Oil/board (70x53cm-28x21in) San Francisco-Los Angeles 90 .... FF17 200 - £1 842 - **$2,991**

VERLY Adelin 1883-1967 [3]
Dahlia's in a glass bowl - Oil/canvas (100x75cm-39x30in) Amsterdam 90 .... FF53 900 - £5 734 - **$9,642**

VERMARE André César 1869-1949 [2]
Le Rhône - Bronze Lyon 96 .... FF7 000 - £901 - **$1,388**

VERMEERSCH Ambros Ivo 1810-1852 [1]
Brunnen in Reutlingen - Aquarell (24x19cm-9x7in) München 96 .... FF7 320 - £918 - **$1,413**

VERMEERSCH José 1922 [10]
Torso - Sculpture (50cm-20in) Lokeren 93 .... FF17 820 - £2 035 - **$3,080**
Staand Figuur - Bronze (56cm-22in) Lokeren 94 .... FF31 500 - £3 760 - **$5,940**

VERMEHREN Frede Kristine Funch 1882-1933 [1]
Scene i et køkken - Oil/canvas (54x42cm-22x17in) København 93 .... FF44 000 - £5 280 - **$8,450**

VERMEHREN Frits Johann Freder. 1823-1910 [6]
Outside the cottage - Oil/canvas (36x47cm-14x19in) New-York 96 .... FF40 000 - £5 180 - **$8,000**

VERMEHREN Gustav 1863-1931 [25]
Interior mes laesende kvinde - Oil/canvas (54x59cm-21x23in) Vejle 94 .... FF10 860 - £1 248 - **$1,860**
Tidlig morgen, interiør - Oil/canvas (48x53cm-19x21in) København 92 .... FF70 000 - £8 370 - **$13,460**

VERMEHREN Sophus 1866-1950 [38]
Klunkestueinteriør - Oil/canvas (47x52cm-19x20in) Viby J, Århus 93 .... FF2 640 - £317 - **$507**
Fruen overrasker laesende stuepige - Oil/panel (40x47cm-16x19in) Viby J, Århus 91 .... FF23 700 - £2 394 - **$4,705**

VERMEHREN Yelva 1880-1978 [44]
Flowers - Oil/canvas (32x40cm-13x16in) Viby J, Århus 95 .... FF2 355 - £295 - **$476**
Stilleben - Öl/Leinwand (51x43cm-20x17in) Wien 94 .... FF6 790 - £787 - **$1,287**

VERMEIR Alphons 1905-1994 [74]
Zelfportret - Oil/board (60x50cm-24x20in) Amsterdam 97 .... FF4 195 - £441 - **$720**

VERMEIRE Jules 1885-1977 [3]
Head of a girl - Marble (28cm-11in) Amsterdam 94 .... FF19 760 - £2 334 - **$3,520**

VERMERRSCH Ambros 1810-1852 [2]
The market square in Brunswick - Oil/canvas (56x66cm-22x26in) London 93 .... FF86 000 - £9 800 - **$14,600**

VERMEULEN Andreas Franciscus 1821-1884 [8]
A Kitchen maid by Candle light - Oil/panel (40x33cm-16x13in) Amsterdam 97 .... FF9 604 - £1 022 - **$1,671**
A fruitseller by candlelight - Oil/panel (57x48cm-22x19in) Amsterdam 94 .... FF36 800 - £4 380 - **$7,000**

VERMEULEN Andries 1763-1814 [22]
Fishermen gathering their catch - Oil/canvas (44x56cm-17x22in) Amsterdam 95 .... FF37 500 - £4 730 - **$7,430**
Figures skating on a frozen lake - Oil/panel (54x73cm-21x29in) Amsterdam 94 .... FF157 200 - £17 200 - **$25,670**

VERMEULEN C. 1873-1962 [1]
Travaux ménagers - Huile/toile (60x85cm-24x33in) Bruxelles 90 .... FF6 500 - £691 - **$1,163**

VERMEULEN Ernest 1838-1906 [1]
The Island of Philae, Nubia - Oil/canvas (92x124cm-36x49in) London 95 .... FF94 700 - £12 000 - **$19,050**

VERMEULEN Marinus Cornelis Th. 1868-1941 [1]
Skaters on a frozen river - Oil/panel (18x23cm-7x9in) London 96 .... FF30 500 - £3 800 - **$5,890**

VERMEULEN Noël 1917-1989 [2]
Structure 2 - Huile/toile (65x81cm-26x32in) Lokeren 95 .... FF4 440 - £560 - **$885**
Composition - Technique mixte/papier (60x40cm-24x16in) Bruxelles 92 .... FF3 955 - £473 - **$761**

VERMEYLEN Alphonse 1882-1939 [2]
Paysage - Huile/toile (40x50cm-16x20in) Bruxelles 89 .... FF3 600 - £368 - **$579**

VERMI Arturo 1928-1988 [19]
Diario - Acrilico/tela (100x80cm-39x31in) Milano 92 .... FF10 870 - £1 113 - **$1,914**
Diario - Pastelli/carta (70x50cm-28x20in) Milano 92 .... FF4 080 - £418 - **$718**

VERMOELEN Jacob Xavier 1714-1784 [3]
A Vanitas Still Life - Oil/panel (73x57cm-29x22in) New-York 94 .... FF269 600 - £31 800 - **$48,000**

VERMONT Henri 1879-? [1]
Jetée de fleurs - Oil/canvas (54x65cm-21x26in) New-York 95 .... FF17 180 - £2 067 - **$3,250**

VERNA Claudio 1937 [16]
Esulta nel rosso - Olio/tela (120x130cm-47x51in) Milano 93 .... FF10 610 - £1 191 - **$1,900**

VERNA Germaine 1908-1975 [4]
Ascona - Öl/Leinwand (54x73cm-21x29in) Luzern 94 .... FF6 830 - £801 - **$1,216**

VERNAY F.Miel, dit 1821-1896 [26]
Nature morte aux fruits - Huile/panneau (23x32cm-9x13in) Lyon 97 .... FF13 000 - £1 407 - **$2,277**
Fruits à la cruche - Huile/toile (46x37cm-18x15in) Paris 94 .... FF48 000 - £5 710 - **$8,780**
Coucher de soleil - Gouache/papier (11x15cm-4x6in) Paris 97 .... FF6 000 - £637 - **$1,045**

VERNAY François Joseph 1864-? [1]
Odalisque - Huile/toile (91x155cm-36x61in) Zürich 91 .... FF31 700 - £3 179 - **$5,233**

VERNE Alfred 1850-1910 [1]
Blackfeet Indians fording a river - Oil/canvas (71x106cm-28x42in) New-York 90 .... FF13 520 - £1 383 - **$2,669**

VERNER Elizabeth O'Neill 1883-1979 [13]
Intérieur - Huile/toile (50x61cm-20x24in) Saint-Dié 93 .... FF2 800 - £350 - **$510**
Black women with flowers - Print (20x15cm-8x6in) New Orleans, Louisiana 94 .... FF4 330 - £514 - **$800**
Josephine Grant - Pastel/board (48x36cm-19x14in) New Orleans, Louisiana 95 .... FF56 500 - £6 930 - **$11,000**

VERNER Frederick Arthur 1836-1928 [69]
- The picnic - Oil/canvas/board (51x91cm-20x36in) Toronto 94... FF16 370 - £1 913 - **$2,886**
- Bison, morning - Oil/canvas (96x142cm-38x56in) Toronto 96.. FF69 700 - £8 370 - **$13,350**
- Indian camp by shore - Watercolour (13x29cm-5x11in) Toronto 95.............................. FF8 580 - £1 138 - **$1,770**

VERNET Carle 1758-1836 [41]
- The Arab Stallion Gazal - Oil/canvas (59x73cm-23x29in) London 96............................ FF2 - £250 000 - **$414,000**
- Départ des cavaliers - Huile/toile (113x145cm-44x57in) Paris 96 .... FF460 000 - £57 700 - **$89,000**
- Combattants Mamelouks - Gravure (56x58cm-22x23in) Paris 97................................. FF17 000 - £2 153 - **$3,420**
- Mamelouk au combat - Pierre noire (47x40cm-19x16in) Epinal 95............................... FF33 000 - £4 110 - **$6,430**
- Château de Bellevue - Aquarelle (60x92cm-24x36in) Orléans 92................................ FF360 000 - £36 850 - **$63,400**

VERNET Horace 1789-1863 [74]
- Colonel Monginot's Tomb - Oil/canvas (50x61cm-20x24in) London 93........................ FF2 - £270 000 - **$402,000**
- Homme barbu au keffieh - Huile/toile (36x30cm-14x12in) Paris 92............................ FF16 000 - £1 910 - **$3,080**
- Napoléon - Huile/toile (45x37cm-18x15in) Paris 97.. FF90 000 - £9 864 - **$15,795**
- The Lion Hunter - Oil/canvas (65x55cm-26x22in) New-York 97 .... FF197 628 - £21 284 - **$35,000**
- Cavaliers en uniforme - Aquarelle (7x18cm-3x7in) Paris 95..................................... FF6 000 - £772 - **$1,240**
- Arabs trading - Pencil (28x43cm-11x17in) London 97.. FF76 190 - £8 000 - **$13,104**

VERNET Joseph 1714-1789 [60]
- Fishermen/Calm sea - Oil/canvas (303x260cm-119x102in) New-York 92 .... FF7 - £803 000 - **$1**
- Coucher de soleil - Huile/toile (32x44cm-13x17in) Monaco 94.................................. FF235 000 - £27 830 - **$43,400**
- Baigneuses - Oil/canvas (66x82cm-26x32in) London 95... FF1 8e +06 - £140 000 - **$223,300**
- Roman ruins - Red chalk (30x32cm-12x13in) London 95... FF100 400 - £13 000 - **$20,800**
- Entrance to the Grotto, Posilipo - Ink (34x49cm-13x19in) London 95......................... FF201 000 - £26 000 - **$41,600**

VERNET Jules 1795-1843 [8]
- Portrait d'enfant sur fond nuageux - Miniature (7x5cm-3x2in) Paris 92....................... FF16 000 - £1 910 - **$3,080**

VERNET-LECOMTE Émile 1821-1900 [4]
- Minnehaha - Oil/canvas (113x80cm-44x31in) London 95... FF69 400 - £9 200 - **$14,330**
- Une beauté grecque - Huile/toile (125x86cm-49x34in) Paris 94................................. FF370 000 - £43 800 - **$68,300**

VERNEUIL Maurice Pillard, dit 1869-1942 [4]
- Dentifrice du Docteur Pierre - Affiche couleur (54x79cm-21x31in) Paris 97 .... FF2 200 - £233 - **$379**

VERNEY John XIX-XX [2]
- Bouquet de fleurs - Huile/toile (64x45cm-25x18in) Rouen 90................................... FF3 500 - £377 - **$617**

VERNIER Émile Louis 1829-1887 [24]
- Harvest scene - Oil/canvas (41x58cm-16x23in) Boston, Mass. 92 .... FF15 260 - £1 598 - **$2,750**
- Fishing boats at Port - Oil/canvas (149x197cm-59x78in) New-York 94 .... FF58 500 - £6 760 - **$10,000**
- Grand voilier à quai - Aquarelle (22x33cm-9x13in) Rennes 93................................. FF2 000 - £241 - **$364**

VERNIER Jules 1862-? [6]
- Port de Rouen - Oil/canvas (53x64cm-21x25in) Detroit, Michigan 92 .... FF18 370 - £2 134 - **$3,750**
- Nymphes - Huile/toile Paris 91.. FF40 000 - £4 031 - **$6,941**

VERNIER Marc 1956 [2]
- Sans titre - Technique mixte/toile (100x130cm-39x51in) Paris 97.............................. FF6 000 - £678 - **$1,086**

VERNIZZI Renato 1904-1972 [5]
- Il treno - Olio/tela (50x60cm-20x24in) Milano 93.. FF11 900 - £1 360 - **$2,023**

VERNON Arthur Langley XIX-XX [11]
- Palm reader - Oil/canvas (53x36cm-21x14in) London 92... FF14 600 - £1 500 - **$2,805**
- Tis better to have Loved and Lost.. - Oil/canvas (61x104cm-24x41in) New-York 97 .... FF57 045 - £6 149 - **$10,000**

VERNON Della 1876-1962 [1]
- The Ox Train - Oil/canvas (92x61cm-36x24in) San Francisco-Los Angeles 93 .... FF10 450 - £1 310 - **$1,900**

VERNON Émile XIX-XX [42]
- The Rose Hat - Oil/canvas (61x51cm-24x20in) New-York 94 .... FF38 000 - £4 400 - **$6,500**
- La Rêveuse - Oil/canvas (92x71cm-36x28in) New-York 96 .... FF103 800 - £13 230 - **$20,000**
- Dans le jardin - Oil/canvas (65x54cm-26x21in) New-York 97................................... FF338 381 - £36 474 - **$59,318**

VERNON Paul 1796-1875 [18]
- Paysage au crépuscule - Huile/toile (40x80cm-16x31in) Versailles 94 .... FF5 000 - £591 - **$898**
- Chênes, Dagneau - Huile/panneau (27x35cm-11x14in) Pontoise 95........................... FF12 500 - £1 660 - **$2,577**
- Grand voilier sur le Bosphore - Huile/panneau (37x46cm-15x18in) Paris 96 .... FF36 000 - £4 660 - **$7,130**

VERNON William Henry 1820-1909 [6]
- Cattle watering by a stream - Oil/canvas Taunton, Somerset 91................................ FF6 450 - £648 - **$1,116**
- Off Whitby - Wash (29x44cm-11x17in) London 91.. FF2 823 - £280 - **$490**

VERNON-STOKES George 1873-1954 [4]
- Smooth haired collie - Watercolour/paper (15x25cm-6x10in) London 90...................... FF4 800 - £497 - **$844**

VÉRON Alexandre R. 1826-1897 [68]
- Vue du vieux Montmartre - Oil/canvas (52x72cm-20x28in) London 93 .... FF32 000 - £4 000 - **$5,800**
- Vieux pressoir à Osny - Huile/toile (94x75cm-37x30in) Pontoise 95 .... FF70 000 - £9 300 - **$14,430**
- Pièce d'eau à Senlis, Oise - Oil/canvas (59x91cm-23x36in) New-York 97 .... FF125 499 - £13 528 - **$22,000**

VERON Antoine XIX [2]
- Le baiser galant - Huile/toile (19x24cm-7x9in) Paris 96.. FF31 000 - £3 590 - **$5,940**

VERON BELLECOURT Alexandre-Paul-Jos. 1773-? [1]
- Roland et le mariage d'Angélique - Huile/panneau (44x61cm-17x24in) Paris 96........... FF24 000 - £2 990 - **$4,640**

VERON-FARÉ Jules XIX-XX [1]
- Market scene in a town square
  Oil/canvas (36x76cm-14x30in) San Francisco-Los Angeles 95...................................... FF7 340 - £950 - **$1,500**

V

VERONESE Paolo Caliari 1528-1588 [19]
🐦 *Cupid disarmed by Venus* - Oil/canvas (158x139cm-62x55in) New-York 90 .... FF1 - £1 - **$2**
VERONESI Luigi 1908 [55]
🐦 *Costruzione RHO 7, 1984* - Olio/tela (50x40cm-20x16in) Prato 97 .... FF22 100 - £2 600 - **$3,900**
Costruzione R 11 - Olio/tela (80x60cm-31x24in) Firenze 91 .... FF54 700 - £5 512 - **$9,492**
📷 *Fotogramma Natura* - Silver print (28x35cm-11x14in) London 92 .... FF5 670 - £580 - **$998**
🖌 *Senza titolo* - Aquarelle/papier (41x29cm-16x11in) Luzern 94 .... FF11 640 - £1 366 - **$2,074**
VERPILLEUX Émile Antoine 1888-1964 [3]
🐦 *The sheep auction* - Oil/canvas (51x76cm-20x30in) London 91 .... FF13 640 - £1 400 - **$2,534**
VERPOORTEN Oscar 1895-1948 [6]
🐦 *Sur l'Escaut* - Huile/panneau (38x36cm-15x14in) Antwerpen 97 .... FF4 914 - £519 - **$852**
VERREES Jozef Paul 1889-1942 [1]
🗐 *Join the Air Service, in France* - Poster (94x63cm-37x25in) New-York 93 .... FF10 450 - £1 310 - **$1,900**
VERREYT Jacob Johann 1807-1872 [2]
🐦 *Landschaft bei Vollmondbeleuchtung* - Oil/canvas (59x78cm-23x31in) Köln 90 .... FF13 500 - £1 395 - **$2,385**
VERRIER Maurice 1917 [5]
🐦 *Courses* - Oil/board (43x152cm-17x60in) Delray Beach, Florida 95 .... FF4 090 - £510 - **$800**
VERRIJK Dirk 1734-1786 [14]
🖌 *The Weerdepoort, Utrecht* - Watercolour (14x19cm-6x7in) Amsterdam 94 .... FF10 420 - £1 241 - **$1,962**
VERRIJK Theodorus 1734-1786 [2]
🖌 *Holländische Dorfidylle* - Aquarell/Papier (27x39cm-11x15in) Bremen 95 .... FF2 413 - £313 - **$491**
VERSCHAEREN Theodore J. 1874-1937 [6]
🐦 *Broodsnijdster* - Oil/canvas (111x73cm-44x29in) Lokeren 96 .... FF4 930 - £610 - **$952**
VERSCHAFFELT Edouard 1874-1955 [39]
🐦 *Marché à El-Oued* - Huile/toile (35x45cm-14x18in) Paris 94 .... FF40 000 - £4 650 - **$6,920**
Arab woman spinning - Oil/canvas (76x89cm-30x35in) London 94 .... FF75 600 - £9 000 - **$14,250**
Vieillard et jeune fille - Huile/toile (106x83cm-42x33in) Paris 95 .... FF250 000 - £32 850 - **$50,200**
VERSCHAFFELT von Peter Anton 1710-1793 [7]
🖌 *Frauenopfer* - Ink (33x41cm-13x16in) Heidelberg 94 .... FF3 085 - £370 - **$600**
VERSCHNEIDER Jean 1872-1943 [4]
🗿 *La Frontière* - Bronze Amiens 96 .... FF8 000 - £988 - **$1,545**
VERSCHOOTEN Bernard Verschooft 1728-1783 [1]
🖌 *Studies of head* - Ink (24x34cm-9x13in) London 96 .... FF8 040 - £1 000 - **$1,560**
VERSCHUUR C. XIX [2]
🐦 *A flock of sheep* - Oil/canvas (39x49cm-15x19in) London 91 .... FF5 490 - £550 - **$906**
VERSCHUUR Wouterus 1812-1874 [50]
🐦 *Jagdtasche und Horn* - Oil/panel (31x25cm-12x10in) Stuttgart 94 .... FF10 300 - £1 221 - **$1,902**
Elegant interior - Oil/panel (41x34cm-16x13in) Amsterdam 97 .... FF150 060 - £15 965 - **$26,110**
Watering the horses - Oil/canvas (53x75cm-21x30in) New-York 95 .... FF821 000 - £100 800 - **$160,000**
🖌 *The stage-coach* - Watercolour (24x38cm-9x15in) Amsterdam 94 .... FF22 700 - £2 610 - **$3,885**
VERSCHUUR Wouterus II 1841-1936 [7]
🐦 *Horses watching a cycle race* - Oil/canvas (39x70cm-15x28in) Amsterdam 97 .... FF22 509 - £2 395 - **$3,917**
VERSPECHT Denis 1919 [37]
🖌 *Honfleur, sortie du port* - Aquarelle (16x39cm-6x15in) Le Havre 95 .... FF2 200 - £288 - **$441**
VERSTAPPEN Martin 1773-1852 [1]
🐦 *Cavalier, paysanne et son âne* - Huile/toile (55x58cm-22x23in) Saint-Brieuc 92 ...... FF15 000 - £1 536 - **$2,700**
VERSTEEG Leonard Pieter 1901-? [1]
🐦 *Women conversing in a street, Paris* - Oil/canvas (80x60cm-31x24in) Amsterdam 95 ... FF2 920 - £370 - **$570**
VERSTEEGEN Jacobus 1735-1795 [1]
🖌 *Groningen along the canal Reitdiep* - Pencil (15x39cm-6x15in) Amsterdam 92 .... FF16 580 - £1 980 - **$3,190**
VERSTEEGH Michiel 1756-1843 [3]
🐦 *Night market* - Oil/panel (55x44cm-22x17in) Amsterdam 96 .... FF45 150 - £5 480 - **$8,770**
VERSTEGEN Jan Hendrik 1922-1995 [1]
🐦 *The Kurhaus, Scheveningen* - Oil/panel (18x22cm-7x9in) Amsterdam 96 .... FF2 400 - £302 - **$472**
VERSTER Andrew 1937 [6]
🐦 *Mother and father* - Oil/canvas (147x147cm-58x58in) Cape Town 95 .... FF9 030 - £1 154 - **$1,854**
VERSTER Floris 1861-1927 [14]
🐦 *Flowers in a vase* - Oil/canvas (48x31cm-19x12in) Amsterdam 95 .... FF63 000 - £8 040 - **$12,860**
VERSTIJNEN Henri 1882-1940 [1]
🐦 *A tiger and its prey* - Oil/board (80x120cm-31x47in) Amsterdam 95 .... FF7 560 - £980 - **$1,550**
VERSTOCKT Marc 1930 [4]
🐦 *Genesis* - Öl/Leinwand (80x100cm-31x39in) Luzern 92 .... FF9 130 - £1 091 - **$1,757**
VERSTRAATEN Lambert Hendricksz. 1631-1712 [1]
🐦 *Peasants by a stream* - Oil/canvas (41x32cm-16x13in) Amsterdam 94 .... FF24 500 - £2 920 - **$4,620**
VERSTRAETE Luc 1928 [2]
🐦 *Kreuzigung* - Oil/canvas (100x70cm-39x28in) Luzern 89 .... FF6 200 - £634 - **$997**
VERSTRAETE Theodoor 1851-1907 [6]
🐦 *Ferme dans un paysage* - Huile/panneau (22x25cm-9x10in) Antwerpen 91 .... FF7 290 - £731 - **$1,335**
VERSTRAETEN Edmond 1870-1956 [40]
🐦 *Arc-en-ciel sur l'étang au baigneur* - Huile/toile (76x150cm-30x59in) Lokeren 95 ..... FF11 210 - £1 400 - **$2,200**
Paysage de neige au crépuscule - Huile/toile (100x110cm-39x43in) Lokeren 95 .... FF36 800 - £4 840 - **$7,390**
VERSTRAETEN R. 1874-1947 [1]
🐦 *Rivière en hiver* - Huile/toile (65x80cm-26x31in) Bruxelles 93 .... FF4 285 - £513 - **$876**

VERSTREKEN Jules 1882-1961 [2]
🖼 L'église St.Gommaire à Lierre - Huile/toile (78x59cm-31x23in) Antwerpen 97 .... FF3 264 - £350 - $572
VERSTREKEN Théophile 1885-1963 [1]
🖼 Lierre et l'église St. Gommaire - Huile/toile (76x100cm-30x39in) Bruxelles 89 .... FF9 700 - £992 - $1,559
VERSWIJVER Pol 1895-1972 [1]
🖼 Nature morte - Huile/panneau (50x60cm-20x24in) Antwerpen 94 .... FF13 320 - £1 545 - $2,294
VERTES Marcel 1895-1961 [88]
🖼 Jeune femme à la harpe - Oil/canvas (76x61cm-30x24in) New-York 92 .... FF7 800 - £931 - $1,500
La rose - Oil/canvas (61x50cm-24x20in) Wien 91 .... FF48 000 - £4 778 - $8,254
▭ Simone Frévalles, La Malibran - Poster (125x85cm-49x33in) London 95 .... FF2 475 - £280 - $446
✎ L'ami fidèle - Gouache (56x45cm-22x18in) Paris 96 .... FF3 700 - £481 - $725
Cancan au Moulin Rouge - Gouache (50x64cm-20x25in) Cannes 93 .... FF14 000 - £1 687 - $2,546
VERTIN Petrus Gerardus 1819-1893 [72]
🖼 Niederländsichers Stadtansicht - Oil/panel (54x42cm-21x17in) München 93 .... FF16 800 - £1 922 - $2,843
Village street with women - Oil/panel (18x22cm-7x9in) Amsterdam 96 .... FF27 100 - £3 285 - $5,270
The Village Square, Wassenaar - Oil/canvas (70x82cm-28x32in) London 96 .... FF143 700 - £18 000 - $27,700
VERTUE George 1684-1756 [2]
✎ Sir Kenelm Digby & his family - Gouache (36x54cm-14x21in) London 96 .... FF59 800 - £7 500 - $11,630
VERTUNNI Achille 1826-1897 [24]
🖼 Costa laziale - Olio/tela (21x39cm-8x15in) Roma 95 .... FF11 850 - £1 560 - $2,356
Paestum - Oil/canvas (101x202cm-40x80in) New-York 92 .... FF57 300 - £5 800 - $11,500
La raccolta della legna - Olio/tela (95x76cm-37x30in) Roma 91 .... FF157 700 - £15 661 - $27,381
VERUDA Umberto 1868-1904 [3]
🖼 L'uomo che ride - Olio/tela (74x45cm-29x18in) Trieste 96 .... FF14 700 - £1 850 - $2,816
Giacomo Puccini - Huile/toile Paris 92 .... FF50 000 - £5 970 - $9,610
VERVEER Elchanon 1826-1900 [11]
🖼 A Wayside Conversation - Oil/canvas (47x51cm-19x20in) London 96 .... FF17 880 - £2 100 - $3,476
✎ Femme de Zaandam/Orphelin - Watercolour (21x16cm-8x6in) Amsterdam 96 .... FF3 680 - £473 - $726
VERVEER Salomon Leonardus 1813-1876 [37]
🖼 River landscape with figures - Oil/panel (26x34cm-10x13in) Amsterdam 97 .... FF44 924 - £4 749 - $7,708
View of a town along a river - Oil/canvas (67x105cm-26x41in) Amsterdam 95 .... FF88 000 - £11 110 - $17,970
Numerous figures on barges - Oil/panel (84x112cm-33x44in) London 93 .... FF693 000 - £79 000 - $117,700
VERVEY Kees 1900 [19]
🖼 Young ballerina - Oil/canvas (50x32cm-20x13in) Amsterdam 92 .... FF36 400 - £3 730 - $6,410
Droompaardje - Oil/canvas (150x125cm-59x49in) Amsterdam 92 .... FF364 000 - £37 300 - $64,100
✎ Still life with flowers - Watercolour/paper (53x43cm-21x17in) Amsterdam 91 .... FF33 400 - £3 430 - $6,210
VERVISCH Godfried 1930 [7]
🖼 Aan rr en'n vakantiemorgen - Huile/toile (150x200cm-59x79in) Lokeren 95 .... FF15 350 - £1 937 - $3,063
VERVISCH Jean 1896-1977 [17]
🖼 Le moulin de Sluis - Huile/toile (38x48cm-15x19in) Bruxelles 89 .... FF4 900 - £488 - $774
VERVLOET Augustine 1806-? [3]
🖼 Fleurs dans un vase - Huile/cuivre (405x30cm-159x12in) Paris 96 .... FF50 000 - £5 740 - $9,530
VERVLOET Frans 1795-1872 [14]
🖼 In the barber shop, Constantinople - Oil/canvas (37x57cm-15x22in) London 96 .... FF97 100 - £12 000 - $18,750
Baie de Naples et Vésuve - Huile/toile (45x65cm-18x26in) Paris 94 .... FF430 000 - £50 100 - $75,900
✎ Musiciens - Aquarelle (23x17cm-9x7in) Bruxelles 92 .... FF3 984 - £408 - $701
VERVLOET Victor 1829-? [4]
🖼 Scène hivernale - Huile/toile (68x79cm-27x31in) Bruxelles 90 .... FF19 400 - £2 040 - $3,374
VERVOORT Michiel 1889-? [1]
🖼 Bird-eye-view, Indonesian village - Oil/board (61x60cm-24x24in) Amsterdam 94 .... FF12 800 - £1 487 - $2,205
VERVOU Pierre 1822-1913 [3]
🖼 En attendant le bac - Huile/panneau (31x44cm-12x17in) Bruxelles 97 .... FF22 876 - £2 478 - $4,046
VERWEE Alfred Jacques 1838-1895 [18]
🖼 A cow standing in a landscape - Oil/canvas (50x47cm-20x19in) Amsterdam 92 .... FF3 340 - £343 - $642
Vaches dans un paysage - Huile/toile (43x53cm-17x21in) Bruxelles 97 .... FF9 804 - £1 062 - $1,734
Boeuf et vache à Knokke - Huile/toile (100x135cm-39x53in) Antwerpen 97 .... FF39 312 - £4 152 - $6,816
VERWEE Louis Charles ?-1882 [5]
🖼 Rêverie - Oil/panel (53x42cm-21x17in) New-York 94 .... FF23 900 - £2 850 - $4,500
VERWÉE Louis Pierre 1807-1877 [39]
🖼 Moutons au pâturage - Huile/toile (50x75cm-20x30in) Bruxelles 97 .... FF17 985 - £1 936 - $3,135
Berger et son troupeau - Huile/panneau (53x74cm-21x29in) Bruxelles 95 .... FF40 240 - £4 840 - $7,610
Paysage animé - Huile/toile (62x86cm-24x34in) Bruxelles 97 .... FF134 805 - £14 603 - $23,843
VERWEST Jules 1883-1957 [2]
🖼 Construction d'un temple, Egypte - Huile/toile (49x65cm-19x26in) Versailles 90 .... FF3 200 - £327 - $632
Flowers in a bowl of water - Oil/canvas (40x50cm-16x20in) New-York 89 .... FF20 000 - £1 990 - $3,160
VERWEY Kees 1900-1995 [36]
🖼 Atelier interieur - Oil/canvas (120x139cm-47x55in) Amsterdam 94 .... FF76 500 - £9 070 - $14,150
▭ Still life - Etching, aquatint in colors (39x56cm-15x22in) Amsterdam 92 .... FF1 820 - £187 - $321
✎ Flowers - Watercolour/paper (18x42cm-7x17in) Amsterdam 97 .... FF22 475 - £2 362 - $3,861
VERWILT François 1618-1691 [2]
🖼 Flucht nach Ägypten - Oil/canvas (118x166cm-46x65in) Stuttgart 91 .... FF108 100 - £10 840 - $18,040

V

VERWORNER Ludolf 1867-1927 [6]
- *Das Dame-Spiel* - Oil/canvas (55x77cm-22x30in) Wien 92..FF*16 840* - £*1 724* - **$2,966**

VERZETTI Pietro 1876-? [2]
- *Studio per il dipinto Preludio* - Olio/tela (33x50cm-13x20in) Torino 93.........................FF*6 590* - £*744* - **$1,108**

VESAAS Øystein 1883-1969 [1]
- *Sommerlandskap* - Oil/panel (73x60cm-29x24in) Oslo 92..FF*8 680* - £*889* - **$1,530**

VESELY Ales 1935 [4]
- *Walpurgisnacht* - Gouache/paper (188x96cm-74x38in) München 91.............................FF*23 000* - £*2 290* - **$3,955**

VESHILOV Konstantin Aleks. 1877-c.1937 [2]
- *Capri* - Oil/canvas (61x50cm-24x20in) London 96..FF*17 500* - £*2 000* - **$3,334**

VESIN Jaroslav Fr. Julius 1859-1915 [7]
- *At The Horsemarket* - Oil/canvas (68x118cm-27x46in) London 96 ....FF*42 600* - £*5 000* - **$8,270**

VESIOLKINE Igor 1915 [2]
- *La danseuse* - Huile/toile (120x78cm-47x31in) Paris 91...FF*4 500* - £*451* - **$824**

VESLÉN Börje 1903-1973 [1]
- *Landskap med dromedar* - Oil/panel (12x16cm-5x6in) Stockholm 95............................FF*3 660* - £*470* - **$738**

VESNIN Alexander 1883-1959 [1]
- *Costume pour Roméo et Juliette* - Gouache (39x24cm-15x9in) Paris 94 ....FF*40 000* - £*4 660* - **$7,060**

VESPIGNANI Renato 1912-1987 [1]
- *Tramonto* - Olio/cartone (51x73cm-20x29in) Milano 94...FF*21 200* - £*2 520* - **$3,780**

VESPIGNANI Renzo 1924 [44]
- *Ritratto di Antonio* - Tempera/cartone (68x29cm-27x11in) Roma 94............................FF*21 840* - £*2 660* - **$4,160**
- *Periferia* - Olio/tela (70x90cm-28x35in) Roma 95...FF*57 200* - £*7 200* - **$11,600**
- *Vallo Prenestino* - Olio/tela (75x100cm-30x39in) Roma 91...FF*141 300* - £*14 474* - **$26,382**
- *Figura femminile* - China/carta (98x68cm-39x27in) Milano 95......................................FF*6 700* - £*855* - **$1,373**
- *Orti sul Tevere* - Inchiostro/carta (32x46cm-13x18in) Prato 97....................................FF*16 320* - £*1 920* - **$2,880**
- *Barche in secca* - Tecnica mista/carta (53x69cm-21x27in) Roma 92.............................FF*32 900* - £*3 920* - **$6,330**

VESTACH Geza XIX-XX [3]
- *Young girl, a dog at her side* - Oil/canvas (136x78cm-54x31in) London 92 ....FF*13 640* - £*1 400* - **$2,620**

VESTER Gesina 1857-1939 [1]
- *Anvers* - Oil/canvas (31x46cm-12x18in) New-York 93..FF*11 020* - £*1 267* - **$1,900**

VESTER Willem 1824-1895 [15]
- *Peasant and mule on a sandy track* - Oil/panel (54x69cm-21x27in) Amsterdam 97.........FF*29 374* - £*3 105* - **$5,040**
- *Summer landscape with farm* - Oil/canvas/panel (62x94cm-24x37in) New-York 94...........FF*70 200* - £*8 120* - **$12,000**

VESTIER Antoine 1740-1824 [18]
- *Famille Chabanel* - Huile/toile (162x230cm-64x91in) Paris 96.......................................FF*1* - £*150 500* - **$249,000**
- *Le duo* - Huile/panneau (21x16cm-8x6in) Paris 97...FF*43 000* - £*4 571* - **$7,430**
- *Louis XVI* - Miniature (5cm-2in) Paris 95...FF*15 000* - £*1 940* - **$3,066**

VESTIER Marie Nicole 1767-1846 [1]
- *A young lady, in profile to dexter* - Miniature (6cm-2in) London 95...............................FF*17 200* - £*2 200* - **$3,460**

VESTRALEN Anthonie 1593-1641 [1]
- *A winter scene with people skating* - Oil/copper (12x19cm-5x7in) London 91 ....FF*64 800* - £*6 479* - **$10,672**

VESZTROCZY Emanuel, Mano 1875-? [1]
- *Nude figures dancing in a landscape* - Oil/canvas (55x78cm-22x31in) London 96............FF*4 790* - £*600* - **$924**

VETCOUR Fernand 1908 [13]
- *Neige* - Huile/panneau (25x34cm-10x13in) Liège 92...FF*5 260* - £*612* - **$1,073**

VETELET Théodore-Félix 1860-? [1]
- *Demoiselle dans un paysage* - Huile/toile (46x38cm-18x15in) Genève 91 ....FF*9 650* - £*992* - **$1,797**

VETH Cornelis 1880-1962 [1]
- *Bremmer moet zijn oordeel zeggen* - Wash (26x31cm-10x12in) Amsterdam 90................FF*12 660* - £*1 295* - **$2,499**

VETH Jan 1864-1925 [3]
- *Max Liebermann* - Oil/canvas (65x51cm-26x20in) Amsterdam 91.................................FF*42 100* - £*4 273* - **$7,604**

VETRI Paolo 1855-1937 [2]
- *Odalisca* - Pastelli (44x53cm-17x21in) Roma 89...FF*11 900* - £*1 254* - **$2,003**

VETTEN Johannes 1827-1866 [2]
- *Children with a sledge* - Oil/panel (58x46cm-23x18in) Amsterdam 93 ....FF*46 800* - £*5 360* - **$7,960**
- *An angry schoolboy* - Watercolour (19x13cm-7x5in) Amsterdam 94..............................FF*2 593* - £*301* - **$447**

VETTER Charles 1858-1936 [13]
- *Café Annast, München* - Oil/canvas (45x80cm-18x31in) Köln 91 ....FF*54 700* - £*5 620* - **$10,180**
- *Maskenball* - Öl/Leinwand (46x80cm-18x31in) Wien 92...FF*134 700* - £*15 660* - **$27,500**

VETTER Jean 1820-1900 [1]
- *Scène de la vie de Jeanne d'Arc* - Huile/toile (83x66cm-33x26in) Antwerpen 90 ....FF*9 700* - £*1 039* - **$1,687**

VETTEWINKEL Hendrik 1809-1878 [1]
- *Pêcheurs et barques sur le fleuve* - Huile/panneau (22x28cm-9x11in) Arles 94 ....FF*3 800* - £*461* - **$723**

VETTURALI Gaetano 1701-1783 [1]
- *Capriccio landscape with ruins* - Oil/canvas (93x63cm-37x25in) London 94 ....FF*33 300* - £*4 000* - **$6,160**

VETUCHEV G. XX [2]
- *Epagneul* - Bronze Clamecy 91...FF*1 900* - £*191* - **$329**

VEVER Ernest 1823-1884 [1]
- *St. Louis devant la Couronne du Christ*
  Argent (partiellement vermeille), émaillé (39cm-15in) Paris 96 ....FF*35 000* - £*4 500* - **$6,930**

VEYRASSAT Jules 1828-1893 [125]
- *Cutting the lumber* - Oil/panel (22x30cm-9x12in) New-York 94.....................................FF*7 430* - £*887* - **$1,400**

V

Cheval et poules - Huile/panneau (28x26cm-11x10in) Pontoise 96.................................... FF28 500 - £3 250 - **$5,460**
Chevaux et palefreniers - Huile/toile (48x60cm-19x24in) Barbizon 94 .... FF87 000 - £10 250 - **$15,470**
Au bord de la Seine - Oil/canvas (75x100cm-30x39in) New-York 96 .... FF180 000 - £21 800 - **$35,000**
⌀ *Le halage* - Aquarelle (14x23cm-6x9in) Saint-Germain-en-Laye 94 .... FF6 000 - £711 - **$1,110**
Passage du gué - Aquarelle (12x26cm-5x10in) Barbizon 94.. FF18 000 - £2 132 - **$3,326**
VEYRIN Philippe 1899 [2]
● *Ferme au Pays Basque* - Huile/toile (50x61cm-20x24in) Biarritz 93 .... FF4 500 - £563 - **$818**
VEZELAY Paule 1893-1984 [3]
⌀ *Surrealist composition* - Pencil (20x15cm-8x6in) London 97 .... FF1 583 - £169 - **$273**
VEZIEN Elie Jean 1890-1982 [2]
🗿 *Baigneuse* - Bronze (63cm-25in) Paris 94 .... FF16 000 - £1 896 - **$2,956**
VEZIN Charles 1858-1942 [4]
● *After the Storm, New York Harbor* - Oil/canvas (101x101cm-40x40in) New-York 96 .... FF18 270 - £2 115 - **$3,500**
VEZIN Frederick 1859-? [6]
● *Hermann* - Oil/canvas (50x40cm-20x16in) Köln 92 .... FF5 100 - £522 - **$898**
VÉZINA Régis 1945 [2]
⌀ *Grand duc d'Amérique* - Huile/toile (76x61cm-30x24in) Montréal 91 .... FF3 010 - £301 - **$496**
VIAL Nicoias 1955 [3]
⌀ *Brésil* - Encre Paris 91.. FF5 200 - £528 - **$939**
VIALET Laurent 1967 [56]
● *Douarnenez par temps clair* - Huile/toile (46x55cm-18x22in) Brest 97 .... FF6 000 - £650 - **$1,054**
VIALLAT Claude 1936 [70]
Parasol - Acrylique/toile (188cm-74in) Paris 97.. FF15 000 - £1 586 - **$2,574**
Empreinte - Huile/toile (265x200cm-104x79in) Paris 93.. FF38 000 - £4 320 - **$6,440**
Empreinte de toile - Mixed media (290x146cm-114x57in) London 93 .... FF61 400 - £7 000 - **$10,430**
Bleu de méthylène - Canvas (204x261cm-80x103in) London 93.................................. FF105 300 - £12 000 - **$17,880**
VIAN Boris 1920-1959 [1]
● *Les Hommes de Fer* - Huile/toile (64x54cm-25x21in) Paris 90 .... FF115 000 - £11 703 - **$22,998**
VIAND!ER Richard 1858-1949 [5]
● *Bouleaux au crépuscule* - Huile/toile (52x42cm-20x17in) Bruxelles 91 .... FF2 590 - £261 - **$505**
VIANE Charles 1876-1939 [1]
● *Bloemenverkoopsters* - Huile/toile (55x45cm-22x18in) Lokeren 95 .... FF4 110 - £513 - **$831**
VIANELLI Achille 1803-1894 [35]
● *Paesaggio con figura* - Olio/cartone (21x16cm-8x6in) Roma 94.................................. FF6 680 - £800 - **$1,240**
Golfo di Napoli - Olio/tela (22x39cm-9x15in) Roma 94.. FF44 100 - £5 250 - **$7,870**
⌀ *Vesuvius from a terrace* - Watercolour/paper (23x36cm-9x14in) Wien 95 .... FF15 980 - £2 016 - **$3,190**
VIANELLI Albert 1841-1927 [8]
● *Le couvent de Cimiez, Nice* - Huile/carton (38x29cm-15x11in) Paris 93 .... FF6 000 - £681 - **$1,015**
VIANELLO Giovanni 1873-1926 [3]
● *Place Saint-Marc, Venise* - Huile/panneau (38x33cm-15x13in) Paris 93 .... FF4 500 - £563 - **$818**
Canal Grande - Oil/canvas (70x99cm-28x39in) Lindau 92 .... FF28 900 - £2 960 - **$5,090**
VIANEN van Paulus 1613-1652 [1]
⌀ *The Transformation of the Heliades* - Ink (20cm-8in) Amsterdam 96 .... FF54 200 - £6 390 - **$10,650**
VIANI Alberto 1906 [2]
🗿 *Il Pastore Delle'Essere* - Marble (150cm-59in) New-York 94 .... FF93 000 - £10 730 - **$16,000**
VIANI Lorenzo 1882-1936 [44]
Apuani - Olio/cartone (46x69cm-18x27in) Prato 97 .... FF40 800 - £4 800 - **$7,200**
Il territoriale - Olio/cartone (93x68cm-37x27in) Prato 95.. FF74 100 - £9 600 - **$15,120**
I ribelli - Olio/cartone (99x68cm-39x27in) Prato 97.. FF129 200 - £15 200 - **$22,800**
⌀ *Giovane donna* - Acquarella/carta (58x44cm-23x17in) Prato 97 .... FF15 640 - £1 840 - **$2,760**
Ritratto di un archeologo - Collage (102x71cm-40x28in) Prato 97 .... FF68 000 - £8 000 - **$12,000**
VIARDOT Georges Émile 1888-? [2]
● *Chagrin* - Huile/toile (50x73cm-20x29in) Paris 94 .... FF2 800 - £326 - **$485**
VIARDOT Léon 1805-1900 [2]
● *Officier de la Guerre de Crimée* - Huile/toile (116x89cm-46x35in) Paris 95 .... FF22 000 - £2 880 - **$4,410**
⌀ *Elégante au boudoir, 1834* - Fusain (43x32cm-17x13in) Paris 90 .... FF11 000 - £1 185 - **$1,940**
VIAUD Théodore XIX-XX [2]
🗿 *Buste de jeune fille en coiffe* - Plâtre (63cm-25in) Fécamp 93 .... FF12 500 - £1 424 - **$2,120**
VIAVANT George Louis 1872-1925 [9]
⌀ *Nature morte* - Watercolour/paper (51x30cm-20x12in) New Orleans, Louisiana 93 ... FF11 200 - £1 275 - **$1,900**
VIAVANT Ruby 1904-1925 [1]
⌀ *Hanging gamebird* - Wash New Orleans, Louisiana 91 .... FF8 490 - £862 - **$1,533**
VIAZZI Cesare 1857-1943 [1]
● *Ritratto di ragazzo* - Olio/tela (110x85cm-43x33in) Genova 90 .... FF25 200 - £2 681 - **$4,508**
VIBERT Alexandre ?-1909 [3]
🗿 *Reine (Clothilde ?)* - Bronze (63cm-25in) Paris 92.. FF92 000 - £9 410 - **$18,040**
VIBERT James 1872-1940 [2]
🗿 *Femme nue à genoux sur une feuille* - Bronze (24cm-9in) Paris 91 .... FF3 000 - £307 - **$560**
Ferdinand Hodler - Marbre (55x21x24cm-22x8x9in) Bern 93 .... FF116 000 - £14 000 - **$21,540**
VIBERT Jean Georges 1840-1902 [34]
● *A plate of cakes* - Oil/panel (80x66cm-31x26in) New-York 90 .... FF80 700 - £8 126 - **$15,808**
La tireuse de cartes - Oil/panel (69x102cm-27x40in) New-York 96 .... FF285 600 - £36 400 - **$55,000**

V

✎ *Cardinal resting on a park bench* - Gouache/paper (24x18cm-9x7in) New-York 95 .... FF20 540 - £2 520 - **$4,000**
  The Cardinal Connoisseur - Watercolour (70x52cm-28x20in) New-York 94 .... FF84 200 - £9 940 - **$15,000**

VIC-DAUMAS Victor 1909 [3]
🖼 *Moyen-Age* - Huile/toile (46x38cm-18x15in) Boulogne 94 .... FF2 700 - £309 - **$458**

VICAIRE Marcel 1893-? [3]
🖼 *Koubba au Maroc* - Huile/toile (48x60cm-19x24in) Paris 96 .... FF10 000 - £1 290 - **$1,960**

VICAJI Dorothy ?-1945 [2]
🖼 *Cottages in a wooded glade* - Oil/board (51x46cm-20x18in) London 96 .... FF4 990 - £650 - **$1,032**
  Young girl packing China - Oil/canvas (122x91cm-48x36in) London 90 .... FF53 300 - £5 506 - **$9,417**

VICAT-BLANC Françoise XX [1]
📷 *Luthi's blues, 1988* - Photo (50x50cm-20x20in) Marseille 89 .... FF2 600 - £266 - **$418**

VICATOS Spyros 1878-1960 [4]
🖼 *A man from Ethiopia* - Oil/canvas (60x45cm-24x18in) Athens 96 .... FF75 000 - £8 680 - **$14,380**

VICCHI Ferdinando XIX-XX [14]
🗿 *Naked girl sitting on a outcrop* - Marble (62cm-24in) Billinghurst, West Sussex 91 ...... FF10 910 - £1 107 - **$1,970**
  Figura velata - Marble (140cm-55in) New-York 97 .... FF182 544 - £19 676 - **$32,000**

VICENTE Eduardo 1909-1968 [132]
🖼 *Pueblo manchego con dos burros* - Oleo/lienzo (46x61cm-18x24in) Madrid 96 .... FF10 180 - £1 320 - **$2,013**
✎ *Leñador en el bosque* - Acuarela (62x50cm-24x20in) Madrid 93 .... FF2 820 - £339 - **$550**
  El mendigo - Acuarela (65x51cm-26x20in) Madrid 93 .... FF7 520 - £904 - **$1,464**

VICENTE Esteban 1904 [6]
🖼 *Untitled* - Oil/canvas (40x30cm-16x12in) New-York 92 .... FF24 960 - £2 650 - **$4,800**
✎ *Untitled* - Collage (61x61cm-24x24in) New-York 88 .... FF20 895 - £1 932 - **$3,500**

VICIOT Elisabeth XX [4]
🖼 *Vagues* - Huile/toile (46x61cm-18x24in) Versailles 91 .... FF2 300 - £228 - **$399**

VICKERS Alfred Gomersal 1810-1837 [12]
✎ *Budapest and the river Danube* - Pencil (15x22cm-6x9in) London 92 .... FF6 350 - £650 - **$1,121**

VICKERS Alfred H. XIX-XX [46]
🖼 *Coast, Norfolk/Morland Bay* - Oil/canvas (31x61cm-12x24in) London 94 .... FF8 210 - £950 - **$1,400**
  Village scene, Kent - Oil/canvas (41x61cm-16x24in) London 93 .... FF16 460 - £1 850 - **$2,757**

VICKERS Alfred, Snr. 1786-1868 [43]
🖼 *River landscape, Clifton, Bristol* - Oil/canvas (46x92cm-18x36in) London 96 .... FF7 900 - £6 920 - **$1,353**
  Figures angling & cattle - Oil/canvas (70x101cm-28x40in) London 92 .... FF24 420 - £2 650 - **$4,790**
  Going to Market - Oil/canvas (60x91cm-24x36in) London 97 .... FF60 691 - £6 500 - **$10,548**

VICKERS Charles XIX [4]
🖼 *Farmyard scene* - Oil/canvas (76x129cm-30x51in) London 95 .... FF5 140 - £650 - **$1,004**

VICKERS Henry Harold 1851-1919 [8]
🖼 *Evening in the Highlands* - Oil/canvas (46x71cm-18x28in) Toronto 96 .... FF7 360 - £840 - **$1,410**

VICKERY Charles 1913 [8]
🖼 *Seascape* - Oil/canvas (46x61cm-18x24in) Elgin, Illinois 95 .... FF7 650 - £955 - **$1,500**
  Angel's Pathway-Ship Coriolanus - Oil/canvas (61x91cm-24x36in) New-York 96 .... FF30 600 - £3 970 - **$6,000**

VICKERY Robert 1926 [6]
🖼 *Looking Out to Sea* - Tempera (53x91cm-21x36in) Chicago 96 .... FF23 660 - £2 870 - **$4,600**
✎ *Clown with ruff* - Ink/paper (58x46cm-23x18in) New-York 94 .... FF6 850 - £799 - **$1,200**

VICKREY Robert 1926 [10]
🖼 *Nun against a wall* - Tempera/panel (41x30cm-16x12in) New-York 96 .... FF31 150 - £3 970 - **$6,000**

VICTOR IV 1929-1986 [2]
🖼 *Untitled* - Oil/wood (133x2x18cm-52x1x7in) Amsterdam 96 .... FF10 560 - £1 222 - **$2,023**

VICTORIA Empress of Prussia 1840-1901 [1]
✎ *Female figures in peasant costume* - Watercolour (26x17cm-10x7in) Hadspen 96 .... FF25 250 - £3 200 - **$4,840**

VICTORIA H.M. the Queen 1819-1901 [2]
✎ *The Glassalt Shiel* - Watercolour (27x43cm-11x17in) London 96 .... FF28 440 - £3 700 - **$5,630**

VICTORIA Salvador 1929 [2]
🖼 *Komposition, 1957* - Oil/canvas (54x65cm-21x26in) Köbenhavn 90 .... FF4 200 - £447 - **$751**

VIDAILLET Suzanne [2]
🖼 *Bouquet de pivoines* - Huile/toile (65x80cm-26x31in) Lons-Le-Saunier 92 .... FF2 000 - £205 - **$352**

VIDAL André XIX-XX [1]
🖼 *Procession macédonienne à Buf* - Huile/toile (50x61cm-20x24in) Paris 96 .... FF18 000 - £2 084 - **$3,450**

VIDAL Emeric Essex 1791-1861 [6]
✎ *A road near Rio de Janeiro* - Watercolour (23x33cm-9x13in) London 95 .... FF15 540 - £2 000 - **$3,184**
  Milk boys - Watercolour (18x27cm-7x11in) London 96 .... FF56 100 - £7 000 - **$10,840**

VIDAL Eugène 1850-1908 [5]
🖼 *Cavalier arabe* - Huile/toile (46x38cm-18x15in) Calais 94 .... FF9 000 - £1 067 - **$1,663**
  Portrait of Mademoiselle Z.A - Oil/canvas (118x75cm-46x30in) New-York 94 .... FF134 500 - £15 560 - **$23,000**

VIDAL Francisco 1898-1980 [1]
🖼 *Donne del palco* - Olio/tela (84x74cm-33x29in) Milano 95 .... FF15 450 - £2 050 - **$3,150**

VIDAL Gustave 1895-1966 [31]
🖼 *Promenade au bord de la côte* - Huile/toile/panneau (73x92cm-29x36in) Arles 93 ...... FF4 500 - £543 - **$818**
✎ *Charrette, Francheville* - Dessin (31x48cm-12x19in) Paris 97 .... FF1 600 - £169 - **$278**

VIDAL Louis c.1754-c.1810 [9]
🖼 *Flowers and fruit* - Oil/panel (71x103cm-28x41in) New-York 91 .... FF90 500 - £9 119 - **$15,704**

VIDAL NAVATEL Louis l'Aveugle 1831-1892 [13]
🗿 *Lion qui marche* - Bronze (51cm-20in) New-York 95 .... FF12 680 - £1 527 - **$2,400**

A standing Stallion - Bronze (32cm-13in) London 97 .... FF24 762 - £2 600 - **$4,244**

VIDAL Pierre 1849-? [3]
Charrette des commissionnaires - Dessin (15x9cm-6x4in) Paris 94 .... FF3 000 - £349 - **$520**

VIDAL QUADRAS Alejo 1891-1977 [1]
La Place des Victoires - Watercolour (48x64cm-19x25in) Delray Beach, Florida 95............... FF2 810 - £350 - **$550**

VIDAL ROLLAND Antonio 1889-1970 [1]
Desnudo ante el espejo - Oleo/lienzo (92x72cm-36x28in) Madrid 90 .... FF16 200 - £1 679 - **$2,847**

VIDAL Vincent 1811-1877 [1]
Young lady saying the rosary - Watercolour/paper (42x34cm-17x13in) London 97 .... FF66 667 - £7 000 - **$11,466**

VIÉ Bernard 1947 [3]
Le cheval philosophe - Bronze (39x12x21cm-15x5x8in) Paris 92 .... FF11 000 - £1 126 - **$1,980**

VIÉ Gabriel 1888-1973 [8]
Coucher de soleil à Pontaix - Huile/toile (52x63cm-20x25in) Quimper 96...................... FF4 000 - £500 - **$775**

VIECO Maria-Thérésa XX [3]
Fiction 2 - Acrylique/toile (130x97cm-51x38in) Paris 90 .... FF2 500 - £269 - **$441**

VIEGENER Eberhard 1890-1967 [23]
Nu dans un paysage - Huile/panneau (73x130cm-29x51in) Bruxelles 94 .... FF7 430 - £853 - **$1,271**
Gänserupferinnen - Oil/panel (68x100cm-27x39in) Köln 94 .... FF20 600 - £2 440 - **$3,804**
Der Hausbau - Öl/Papier (88x149cm-35x59in) Köln 94 .... FF54 800 - £6 580 - **$10,660**

VIEGENER Friedrich Franz 1888-? [2]
Mutter und Kind - Sculpture (51cm-20in) Düsseldorf 92...................... FF3 420 - £351 - **$658**

VIEGERS Bernard, Ben 1886-1947 [32]
Woman gathering faggots - Oil/canvas/board (50x40cm-20x16in) Amsterdam 97 ...... FF2 947 - £318 - **$514**
Market scene - Oil/canvas (22x37cm-9x15in) Amsterdam 96 .... FF11 420 - £1 311 - **$2,180**
Nijmegen along the Waal - Oil/canvas (62x237cm-24x93in) Amsterdam 97 .... FF62 202 - £6 575 - **$10,673**

VIEILLARD Émile M. XIX-XX [1]
Rue Notre-Dame-de-Lorette - Pastel (61x73cm-24x29in) Paris 95 .... FF13 500 - £1 705 - **$2,710**

VIEILLARD Lucien 1923 [5]
Clermont-Ferrand - Huile/isorel (33x41cm-13x16in) Versailles 95 .... FF2 600 - £329 - **$526**

VIEILLARD Roger 1907 [5]
Le Vol d'Icare - Burin Paris 92 .... FF1 500 - £154 - **$270**

VIEILLEVOYE Barthelemy Josef 1798-1855 [2]
La cancatrice - Huile/toile (120x105cm-47x41in) Lyon 96...................... FF42 000 - £5 240 - **$8,110**

VIEIRA DA SILVA Maria-Eléna 1908-1992 [199]
Les Carreaux de Delft - Oil/panel (73x92cm-29x36in) London 94 .... FF1 - £160 000 - **$246,400**
La Venelle - Oil/canvas (29x22cm-11x9in) London 94 .... FF67 500 - £8 000 - **$12,480**
Composition - Huile/panneau (35x27cm-14x11in) Paris 97 .... FF205 000 - £21 381 - **$35,055**
Ville d'Ys - Oil/canvas (91x65cm-36x26in) London 93 .... FF483 000 - £55 000 - **$82,000**
Paris la nuit - Huile/toile (54x73cm-21x29in) Paris 97 .... FF850 000 - £88 655 - **$145,350**
Housefront with Window - Color lithograph (50x32cm-20x13in) Amsterdam 97...................... FF3 221 - £337 - **$552**
Le drapeau - Gouache (10x15cm-4x6in) Paris 94 .... FF3 100 - £372 - **$602**
Composition - Watercolour/paper (25x16cm-10x6in) London 96 .... FF61 900 - £8 000 - **$12,250**
Les Offices - Tempera/papier (82x57cm-32x22in) Paris 96...................... FF140 000 - £18 200 - **$27,400**
L'Entrée - Tempera/papier (71x71cm-28x28in) New-York 93 .... FF330 000 - £41 400 - **$60,000**

VIEIRA Francisco 1765-1806 [1]
Hl. Familie - Wash (25x22cm-10x9in) Lindau 95 .... FF1 655 - £211 - **$334**

VIELFAURE Jean-Pierre 1930 [3]
Les Greniers de la Nuit - Oil/canvas (100x70cm-39x28in) København 94 .... FF3 330 - £400 - **$647**
La Mémoire de Cranach - Collage (64x53cm-25x21in) København 96 .... FF2 217 - £288 - **$439**

VIEN Joseph-Marie 1716-1809 [16]
Toilette d'une jeune mariée - Huile/toile (100x135cm-39x53in) Monaco 92 .... FF1 - £203 000 - **$357,000**
Head of a bearded man - Oil/canvas (55x46cm-22x18in) London 92 .... FF47 215 - £5 000 - **$8,126**
Portrait einer Dame als Hebe - Öl/Leinwand (65x54cm-26x21in) Göttingen 95 .... FF68 900 - £8 920 - **$14,020**
Enée portant Anchise - Dessin (30x37cm-12x15in) Paris 91 .... FF20 000 - £2 005 - **$3,663**

VIEN Joseph-Marie II 1762-1848 [2]
Léda et le cygne - Huile/toile (89x119cm-35x47in) Paris 96 .... FF65 000 - £8 080 - **$12,530**
Le Sacre de Charles X - Gravure (79x58cm-31x23in) Paris 93 .... FF4 200 - £483 - **$718**

VIENOT Edouard 1804-? [2]
Jeune femme à la coiffe tressée - Huile/toile (74x59cm-29x23in) Paris 97 .... FF23 000 - £2 521 - **$4,037**

VIERIN Emmanuel 1869-1954 [8]
Entrée du Béguinage de Bruges - Huile/toile (75x80cm-30x31in) Lokeren 96 .... FF18 330 - £2 370 - **$3,620**

VIERO Teodoro 1740-1795 [1]
Campo San Zanipolo - Eau-forte (31x44cm-12x17in) Paris 96 .... FF1 800 - £225 - **$348**

VIERTEL Johan Carl Frederik 1812-1885 [1]
Johan Gottfried Eschricht & hustru - Oil/canvas (66x51cm-26x20in) Viby J, Århus 89 .... FF11 400 - £1 201 - **$1,919**

VIERTHALER Johann 1869-1957 [3]
Jugend - Bronze (20x32cm-8x13in) München 92 .... FF6 800 - £696 - **$1,197**

VIETH Ludwig 1768-1848 [1]
Junge Frau im weissen Kleid - Miniature (9x8cm-4x3in) München 93 .... FF7 000 - £801 - **$1,185**

VIETHO [2]
Jeune femme à la campagne - Aquarelle (25x35cm-10x14in) Saint-Dié 93 .... FF3 800 - £475 - **$691**

V

VIETINGHOFF Egon Alexis 1903-1994 [2]
- Stilleben mit Erdbeeren - Oil/Leinwand (27x35cm-11x14in) Bern 93 .... FF3 810 - £455 - $732

VIGAND Balthazar 1771-? [1]
- Napoléon à Schönbrunn - Gouache (16x31cm-6x12in) Paris 93 .... FF80 000 - £9 140 - $13,560

VIGAS Oswaldo 1926 [2]
- Cabeza de niño - Oil/canvas (51x46cm-20x18in) New-York 97 .... FF48 794 - £5 181 - $8,500

VIGEE Louis 1715-1767 [7]
- Portrait d'homme en buste - Pastel/papier (63x51cm-25x20in) Paris 93 .... FF28 000 - £3 220 - $4,810

VIGÉE-LEBRUN Elisabeth 1755-1842 [24]
- Comtesse Maria-Theresa Kinsky - Huile/toile (81x64cm-32x25in) Monaco 92 .... FF1 - £153 500 - $270,000
- Louise Marie Joséphine - Oil/canvas (81x65cm-32x26in) New-York 96 .... FF444 000 - £58 200 - $90,000
- Louisa, Princess Radziwill - Pastel (59x42cm-23x17in) London 92 .... FF449 000 - £46 000 - $79,100

VIGELAND Gustav 1869-1943 [6]
- Man and woman - Bronze (47cm-19in) London 90 .... FF368 000 - £39 400 - $64,000

VIGER DU VIGNEAU Jean Louis Victor 1819-1879 [3]
- La famille Beauharnais - Oil/panel (73x58cm-29x23in) London 95 .... FF126 300 - £16 000 - $25,400

VIGH Bartholomeüs 1890-? [8]
- Reclining female nude - Oil/canvas (41x60cm-16x24in) London 96 .... FF6 190 - £750 - $1,203

VIGHI Coreolano 1846-1905 [1]
- Sailboats at sunset - Pastel/paper (49x24cm-19x25in) New-York 92 .... FF13 520 - £1 614 - $2,600

VIGIER Walter 1851-1910 [3]
- Bauernmädchen - Watercolour (28x25cm-11x10in) Zofingen 92 .... FF1 750 - £179 - $308

VIGIL Veloy 1931 [2]
- The Chant - Acrylic/canvas (152x124cm-60x50in) Delray Beach, Florida 93 .... FF5 500 - £650 - $1,000

VIGNAL Pierre 1855-1925 [3]
- Escalier à Frascati - Aquarelle (31x45cm-12x18in) Monaco 94 .... FF8 500 - £1 007 - $1,570

VIGNANI Giuseppe 1932 [2]
- Figure - Olio/tela (70x80cm-28x31in) Vercelli 93 .... FF2 013 - £226 - $361

VIGNAUD Jean 1775-1826 [1]
- Laetizia Buonaparte - Oil/canvas (65x55cm-26x22in) New-York 93 .... FF22 000 - £2 760 - $4,000

VIGNE de Edouard 1808-1866 [3]
- A mountain pass - Oil/panel (47x68cm-19x27in) New-York 93 .... FF46 750 - £5 860 - $8,500

VIGNE de Paul 1843-1901 [1]
- Tête de femme - Bronze (45cm-18in) Bruxelles 95 .... FF2 020 - £244 - $380

VIGNÉ Suzanne 1913-1983 [32]
- Solaire - Huile/toile (114x156cm-45x61in) Verrières-Le-Buisson 92 .... FF7 100 - £730 - $1,366
- Sans titre - Huile/toile (90x117cm-35x46in) Verrières-Le-Buisson 89 .... FF35 000 - £3 688 - $5,892
- Composition abstraite - Gouache (32x50cm-13x20in) Paris 90 .... FF10 000 - £1 036 - $1,757

VIGNERON Pierre Roch 1789-1872 [7]
- Général Foy à la Légion d'Honneur - Huile/toile (50x61cm-20x24in) Versailles 96 .... FF25 000 - £3 090 - $4,830
- A young Spanish cadet - Oil/canvas (86x68cm-34x27in) London 91 .... FF63 200 - £8 200 - $12,500
- L'arrestation - Aquarelle (20x16cm-8x6in) Paris 95 .... FF3 000 - £378 - $599

VIGNES Louis 1831-1896 [4]
- Djebel Moussa - Tirage albuminé (19x25cm-7x10in) Paris 96 .... FF7 000 - £798 - $1,340
- Algésiras... - Photo (20x26cm-8x10in) Paris 96 .... FF230 000 - £26 200 - $44,000

VIGNET Henri 1857-1920 [14]
- Bord de Seine à Rouen - Huile/toile (61x43cm-24x17in) Besançon 96 .... FF4 300 - £519 - $825
- Fruiterie à Montmartre - Huile/toile (35x46cm-14x18in) Brest 94 .... FF22 000 - £2 583 - $3,890

VIGNOLES André 1920 [35]
- Paysage - Huile/toile (60x73cm-24x29in) Le Havre 96 .... FF3 500 - £411 - $689
- Paysage aux arbres - Oil/canvas (163x129cm-64x51in) London 95 .... FF6 430 - £850 - $1,304
- Chemin vers Montfort-l'Amaury - Oil/canvas (89x115cm-35x45in) New-York 92 .... FF18 200 - £2 173 - $3,500

VIGNON DE Jules 1815-1885 [1]
- Vivanti, Italian Dance - Oil/canvas (148x198cm-58x78in) London 94 .... FF159 700 - £19 000 - $30,100

VIGNON Victor 1847-1909 [62]
- Maison du peintre à Auvers-sur-Oise - Huile/toile (45x55cm-18x22in) Versailles 92 .... FF15 500 - £1 850 - $2,980
- Hameau - Oil/canvas (46x38cm-18x15in) New-York 96 .... FF51 600 - £6 620 - $10,000
- Le chemin du village - Oil/canvas (30x30cm-12x12in) London 94 .... FF126 100 - £15 000 - $23,070

VIGNY Sylvain 1902-1970 [187]
- Modèle à la rose rouge - Huile/toile (73x54cm-29x21in) Soissons 95 .... FF6 400 - £778 - $1,250
- La plage - Huile/toile (81x65cm-32x26in) Paris 94 .... FF19 000 - £2 277 - $3,600
- Famille - Aquarelle, gouache/carton (64x50cm-25x20in) Paris 95 .... FF2 600 - £315 - $490

VIGO A.L. XIX [1]
- Oliver Cromwell - Bronze (23cm-9in) Nymans, Handcross, West Sussex 94 .... FF1 862 - £220 - $335

VIGON Louis Jacques 1897-1985 [46]
- Fleurs et fruits - Huile/toile (58x46cm-23x18in) Paris 97 .... FF5 800 - £625 - $1,031
- Personnages sur le quai - Huile/toile (46x61cm-18x24in) Versailles 91 .... FF28 000 - £2 829 - $5,558
- Place du Tertre sous la neige - Gouache (32x40cm-13x16in) Le Havre 91 .... FF11 500 - £1 142 - $1,997

VIGOR Charles XIX-XX [2]
- Farewell - Oil/canvas (76x121cm-30x48in) New-York 94 .... FF73 100 - £8 450 - $12,500

VIGOT Jacques 1948 [26]
- Le tapis rouge - Huile/toile (195x130cm-77x51in) Paris 91 .... FF6 000 - £596 - $1,042

VIGOT Victor 1822-? [1]
- Genreszene - Oil/panel (32x29cm-13x11in) Wien 94 .... FF34 200 - £4 070 - $6,430

VIGOUREUX Philibert 1868-1934 [1]
Chemin de fer Paris-Orléans - Affiche (104x75cm-41x30in) Paris 94 .... FF1 **800** - £212 - **$320**
VIGOUREUX Pierre Oct. 1884-1965 [2]
Danseuse - Bronze (60cm-24in) Paris 90 .... FF**30 000** - £3 212 - **$5,217**
VIGUIER Fortune 1841-1916 [3]
Château du Marquis de Sade, Lubéron - Huile/toile (54x65cm-21x26in) Orléans 96 .... FF**4 100** - £507 - **$792**
VIGYAZO Lazlo 1945 [10]
Bord de mer ensoleillé - Huile/panneau (16x27cm-6x11in) Strasbourg 94 .... FF**4 200** - £500 - **$800**
VIIRILÄ Reino 1901 [3]
Tallskog - Oil/canvas (51x65cm-20x26in) Helsinki 90 .... FF**12 580** - £1 286 - **$2,483**
VIJLBRIEF Ernst 1934 [11]
Tibetaanse Nacht - Oil/canvas (108x140cm-43x55in) Amsterdam 97 .... FF**8 200** - £86 0 7 - **$1,407**
Abstract composition - Gouache/paper (55x77cm-22x30in) Amsterdam 97 .... FF**3 119** - £337 - **$544**
VIJLBRIEF Jan 1868-1895 [1]
Pollard willows along a ditch - Oil/canvas/panel (36x29cm-14x11in) Amsterdam 90 .... FF**3 015** - £308 - **$595**
VIKATOS Spyros 1878-1960 [5]
Grandfather and grandson - Oil/canvas (71x56cm-28x22in) Athens 94 .... FF**71 100** - £8 430 - **$13,150**
VIKO 1915 [2]
Sur le port d'Hydra - Huile/toile (61x50cm-24x20in) Paris 92 .... FF**2 000** - £205 - **$352**
VIKSTEN Hans 1926-1987 [31]
Parugglor - Oil/canvas (90x116cm-35x46in) Stockholm 93 .... FF**5 180** - £637 - **$960**
Händelserymd - Oil/canvas (89x115cm-35x45in) Stockholm 92 .... FF**9 420** - £965 - **$1,660**
VIKTOR IV Walter Carl Glück 1929-1986 [2]
Untitled - Oil/wood (100x275cm-39x108in) Amsterdam 97 .... FF**21 971** - £2 304 - **$3,770**
VILA Aleardo 1865-1906 [2]
Los Cigarillos Paris son los mejores - Poster (125x94cm-49x37in) London 95 .... FF**16 550** - £2 000 - **$3,054**
VILA Emilio 1887-1967 [4]
Batschari Cigarettes - Poster (128x87cm-50x34in) New-York 95 .... FF**11 100** - £1 400 - **$2,200**
VILA Jean-Louis 1948 [2]
Pour contre toute attente - Technique mixte (64x49cm-25x19in) Semur-en-Auxois 90 .... FF**3 700** - £396 - **$643**
VILA PUIG Joan 1892-1963 [3]
Belaterra - Oleo/lienzo (120x149cm-47x59in) Madrid 93 .... FF**19 800** - £2 273 - **$3,375**
VILA Y PRADES Julio 1873-1930 [28]
Boceto para la batalla de Ayacucho - Oleo/lienzo (31x94cm-12x37in) Madrid 97 .... FF**4 400** - £495 - **$792**
A Spanish beauty - Oil/canvas (88x62cm-35x24in) New-York 96 .... FF**16 000** - £2 070 - **$3,200**
La Condesa de Artal - Oleo/lienzo (187x186cm-74x73in) Madrid 92 .... FF**91 800** - £9 350 - **$16,150**
VILADOMA Y MANALT Antonio 1678-1755 [1]
Der ser al no ser - Öl/Leinwand (49x64cm-19x25in) München 90 .... FF**6 530** - £741 - **$1,105**
VILAIN Walter 1938 [2]
Composition - Huile/papier/toile (145x77cm-57x30in) Lokeren 95 .... FF**4 350** - £572 - **$873**
Het huis van Paul Delvaux, St. Idesbald - Aquarelle (66x98cm-26x39in) Lokeren 95 .... FF**3 680** - £484 - **$739**
VILALLONGA de Jesus Carlos 1927 [14]
Trois femmes assises - Huile/panneau (108x146cm-43x57in) Montréal 94 .... FF**4 340** - £514 - **$802**
VILANDER Samuel 1781-1832 [1]
Officer, 1809 - Miniature (5x4cm-2x2in) Stockholm 89 .... FF**3 400** - £348 - **$547**
VILAR Jean 1946 [4]
A Puerta Gayola - Huile/toile (40x40cm-16x16in) Arles 94 .... FF**3 800** - £443 - **$667**
VILAR Jean 1915 [8]
Corrida - Huile/carton (43x33cm-17x13in) Montauban 91 .... FF**3 500** - £348 - **$608**
VILATO Javier 1921 [44]
Nu assis - Huile/toile (65x81cm-26x32in) Paris 95 .... FF**6 000** - £780 - **$1,235**
La Fille aux sandales - Huile/toile (100x81cm-39x32in) Paris 92 .... FF**15 000** - £1 790 - **$2,885**
Paysage, La Niado, IX - Huile/toile (60x73cm-24x29in) Paris 96 .... FF**23 000** - £2 710 - **$4,520**
Mère et enfant - Encre (55x45cm-22x18in) Paris 95 .... FF**3 200** - £400 - **$628**
VILIMEK Johann 1860-1938 [1]
Lackschränkchen und Puppe - Oil/canvas Lindau 91 .... FF**6 080** - £617 - **$1,098**
VILIN Henri ?-1887 [1]
Ruelle de la Kasba - Huile/toile (87x51cm-34x20in) Paris 90 .... FF**7 000** - £723 - **$1,237**
VILLA Aleardo 1865-1906 [9]
La Pensierosa - Olio/tela (99x69cm-39x27in) Roma 93 .... FF**21 960** - £2 465 - **$3,930**
Portrait of Eleonora Duse - Oil/canvas (140x86cm-55x34in) London 95 .... FF**153 600** - £20 000 - **$31,500**
Cigarillos Paris - Poster (123x92cm-48x36in) New-York 96 .... FF**25 900** - £3 340 - **$5,000**
VILLA BASSOLS Miguel 1901-1989 [5]
Barcelona - Oleo/lienzo (60x73cm-24x29in) Madrid 96 .... FF**32 100** - £3 680 - **$6,120**
VILLA Georges 1883-1965 [8]
L'Avion aujourd'hui - Poster (79x60cm-31x24in) London 95 .... FF**2 510** - £320 - **$506**
Semaine d'Aviation, Rouen - Gouache (12x84cm-5x33in) London 95 .... FF**20 400** - £2 600 - **$4,110**
VILLA Guillem 1917 [3]
Paisaje - Oleo/lienzo (54x64cm-21x25in) Madrid 94 .... FF**6 320** - £732 - **$1,088**
VILLA Hernando 1881-1952 [5]
Oaks and Eucalyptus - Oil/canvas (102x76cm-40x30in) San Francisco-Los Angeles 93 ...... FF**26 600** - £3 020 - **$4,500**
Sailing along the coast

V

Watercolour/paper (57x48cm-22x19in) San Francisco-Los Angeles 92 .... FF**12 500** - £1 308 - **$2,250**
VILLA Louis Émile 1836-? [1]
🖼 *Pêche en kimono* - Huile/panneau (53x38cm-21x15in) Bruxelles 94 .... FF**6 970** - £837 - **$1,321**
VILLA Manuel 1901-1988 [1]
🖼 *Calle de pueblo* - Oleo/lienzo (27x22cm-11x9in) Madrid 96 .... FF**12 160** - £1 545 - **$2,337**
VILLA Rino 1904-? [1]
🖼 *Casolari sul Sile* - Olio/tela (50x46cm-20x18in) Trieste 95 .... FF**2 156** - £273 - **$420**
VILLA Y PRADES Julio 1873-1930 [1]
🖼 *Atardecer en Valencia* - Oleo/lienzo (70x45cm-28x18in) Madrid 90 .... FF**59 400** - £6 360 - **$10,330**
VILLA-TORO Antonio 1949 [3]
🖼 *Roma* - Oleo/lienzo (146x96cm-57x38in) Madrid 95 .... FF**4 840** - £620 - **$973**
VILLACEQUE Flo XX [8]
🖼 *La gourmandise* - Technique mixte/panneau (100x100cm-39x39in) Les Andelys 90 .... FF**3 500** - £358 - **$691**
VILLACRES Cesar A. 1880-? [5]
🖼 *The Seine at dusk* - Oil/canvas (51x66cm-20x26in) North Bethesda, MD. 92 .... FF**7 280** - £773 - **$1,400**
VILLAIN Georges René 1854-1930 [5]
🖼 *Le pianiste* - Huile/toile (65x81cm-26x32in) Paris 97 .... FF**9 000** - £937 - **$1,533**
✏ *Bouquet dans une théière* - Aquarelle/papier (45x56cm-18x22in) Paris 97 .... FF**1 500** - £159 - **$261**
VILLALBA Dario 1939 [5]
🖼 *Torso místico* - Técnica mixta/lienzo (81x53cm-32x21in) Madrid 96 .... FF**10 130** - £1 318 - **$1,985**
Doble A-1988 - Técnica mixta/lienzo (200x160cm-79x63in) Madrid 90 .... FF**178 200** - £18 957 - **$31,878**
VILLALOBOS José Antonio 1935 [5]
🖼 *Seated nude* - Oil/canvas (99x69cm-39x27in) Delray Beach, Florida 96 .... FF**7 500** - £971 - **$1,500**
🗿 *Sea Maiden* - Bronze (79cm-31in) Delray Beach, Florida 96 .... FF**17 500** - £2 266 - **$3,500**
VILLALPANDO de Cristóbal 1649-1714 [2]
🖼 *Sagrada familia y Santa Trinidad* - Oil/canvas (178x110cm-70x43in) New-York 92 ...... FF**171 600** - £20 500 - **$33,000**
VILLANI Gennaro 1885-1948 [7]
🖼 *Nel parco* - Olio/tela/cartone (47x40cm-19x16in) Roma 92 .... FF**9 960** - £1 020 - **$1,755**
VILLANIS Emanuele 1880-1920 [67]
🗿 *Bust of Lucrece* - Bronze (35cm-14in) London 95 .... FF**5 780** - £750 - **$1,197**
Saïda - Bronze (47cm-19in) Singapore 95 .... FF**13 850** - £1 766 - **$2,790**
L'Eclipse - Bronze (107cm-42in) New-York 94 .... FF**28 140** - £3 336 - **$5,200**
VILLANUEVA Rafael 1932 [2]
🖼 *El espantapájaros* - Oleo/lienzo (91x69cm-36x27in) Madrid 91 .... FF**7 040** - £711 - **$1,398**
VILLAR Jésus 1930 [2]
🖼 *Madre con niño en brazos* - Oleo/lienzo (81x65cm-32x26in) Madrid 97 .... FF**5 200** - £559 - **$910**
VILLAR ORTIZ DE URBINA Isabel 1934 [5]
🖼 *Maja y paisaje* - Oleo/lienzo (33x46cm-13x18in) Madrid 90 .... FF**17 300** - £1 742 - **$3,389**
✏ *Joan Miró en el jardín* - Collage (54x40cm-21x16in) Madrid 91 .... FF**8 750** - £877 - **$1,444**
VILLARD Abel 1871-1969 [5]
🖼 *L'Aulne à Port-Launay* - Huile/toile (27x40cm-11x16in) Quimper 95 .... FF**3 000** - £374 - **$585**
✏ *Pêcheur de crevettes* - Gouache (46x27cm-18x11in) Quimper 95 .... FF**4 000** - £518 - **$827**
VILLARD Antoine 1867-1934 [2]
🖼 *Nature morte au pichet* - Huile/toile (46x38cm-18x15in) Paris 91 .... FF**2 300** - £231 - **$421**
VILLARD Jean-Marie 1828-1899 [2]
✏ *Echouage et port animé* - Dessin (20x28cm-8x11in) Quimper 95 .... FF**2 100** - £272 - **$435**
VILLARD Robert Paulo 1903-1975 [5]
✏ *Sardiniers, Douarnenez* - Pastel (18x23cm-7x9in) Quimper 95 .... FF**1 600** - £207 - **$331**
VILLARET André 1921 [17]
🖼 *Rue de village au printemps* - Huile/toile (55x46cm-22x18in) Toulouse 91 .... FF**4 100** - £414 - **$814**
VILLATE Jacques XX [2]
🖼 *Ma campagne* - Huile/toile (61x50cm-24x20in) Sceaux 90 .... FF**6 700** - £692 - **$1,184**
VILLEBOEUF André 1893-1956 [10]
✏ *Place de l'église en Bretagne* - Aquarelle, gouache/papier (52x60cm-20x24in) Paris 90 .... FF**1 800** - £189 - **$313**
VILLEGAS Y CORDERO José 1848-1922 [60]
🖼 *The Siesta* - Oil/canvas (112x70cm-44x28in) New-York 93 .... FF**1** - £207 000 - **$300,000**
Carmen - Oleo/lienzo (126x87cm-50x34in) Madrid 94 .... FF**197 000** - £23 230 - **$35,060**
The guard - Oil/canvas (96x51cm-38x20in) London 97 .... FF**809 523** - £85 000 - **$139,238**
✏ *Traje de luces* - Watercolour/board (85x51cm-33x20in) New-York 91 .... FF**39 600** - £4 019 - **$7,152**
VILLEGAS Y CORDERO Ricardo 1852-? [1]
🖼 *A feast day, 1890* - Oil/panel (41x31cm-16x12in) New-York 90 .... FF**108 700** - £11 564 - **$19,445**
VILLEMOT Bernard 1911-1989 [46]
🖼 *Air France, Inde* - Poster (99x62cm-39x24in) Paris 96 .... FF**1 500** - £181 - **$288**
Bally - Poster (132x112cm-52x44in) London 96 .... FF**4 680** - £600 - **$922**
VILLENEUVE Arthur 1910-1990 [32]
🖼 *L'heure du dîner* - Huile/toile/carton (40x51cm-16x20in) Montréal 90 .... FF**2 620** - £267 - **$524**
La promenade dominicale - Acrylic/canvas (63x76cm-25x30in) Toronto 96 .... FF**7 750** - £930 - **$1,484**
VILLENEUVE Cécile, née Colombet 1824-1901 [10]
✏ *Marthe de Gatellier* - Miniature (10cm-4in) London 96 .... FF**20 900** - £2 700 - **$4,040**
VILLENEUVE Jacques Louis 1865-1933 [1]
🗿 *Buste de jeune femme* - Terracotta (28cm-11in) Paris 90 .... FF**2 200** - £222 - **$431**
VILLENEUVE Jules 1813-1881 [5]
🖼 *Madame de Torcy de Givenchy* - Huile/toile (64x54cm-25x21in) Saint-Omer 92 .... FF**20 000** - £2 387 - **$3,850**

VILLENEUVE Louis Jules Frédéric 1796-1842 [5]
- *Château d'Unspunnen* - Color lithograph (39x54cm-15x21in) Bern 92 .... FF8 370 - £1 000 - **$1,610**
- *Vendanges à la Tronche* - Aquarelle (17x22cm-7x9in) Grenoble 95 .... FF3 100 - £409 - **$629**

VILLERET François Etienne 1800-1866 [16]
- *Vue d'un pont dans une ville* - Crayon (24x39cm-9x15in) Paris 94 .... FF9 000 - £1 061 - **$1,607**

VILLERI Jean-Dominique 1896-1982 [28]
- *Composition* - Huile/papier/toile (50x65cm-20x26in) Paris 89 .... FF6 500 - £665 - **$1,045**
- *Composition* - Huile/toile (70x89cm-28x35in) Paris 94 .... FF15 000 - £1 797 - **$2,840**
- *Composition* - Pastel/papier (63x48cm-25x19in) Paris 96 .... FF2 600 - £325 - **$504**

VILLERMET Maurice 1940 [4]
- *Première rencontre* - Huile/toile (147x98cm-58x39in) Les Andelys 90 .... FF4 000 - £428 - **$696**

VILLERS André 1930 [11]
- *Picasso et le revolver de G. Cooper* - Tirage argentique (38x29cm-15x11in) Paris 92............... FF3 000 - £307 - **$540**

VILLERS de Adolphe 1872-1930/34 [1]
- *Gardienne de vaches* - Huile/panneau (32x50cm-13x20in) Paris 93 .... FF3 800 - £458 - **$691**

VILLERS de Claude François 1754-1837 [1]
- *Young officer* - Watercolour (15x13cm-6x5in) New Orleans, Louisiana 94 .... FF2 280 - £267 - **$400**

VILLERS de Gaston Bernheim Jne 1870-1953 [3]
- *La serre* - Huile/toile (82x64cm-32x25in) Clermont-Ferrand 90 .... FF12 500 - £1 291 - **$2,208**
- *Nudo* - Olio/tela (120x140cm-47x55in) Roma 90 .... FF151 000 - £16 272 - **$26,631**

VILLERS de Jaspers ?-1773 [1]
- *Dutch town with children playing* - Oil/canvas (59x74cm-23x29in) London 95 .... FF48 900 - £6 000 - **$9,520**

VILLEVALDE Bogdan Pavlovich 1818-1903 [1]
- *Officer & soldiers, artillery regiment* - Oil/canvas (67x96cm-26x38in) London 91 .... FF27 800 - £2 821 - **$5,021**

VILLEVIEILLE Joseph François 1821-1916 [1]
- *Passerelle, Arc, Aix-en-Provence* - Huile/toile (19x29cm-7x11in) Paris 97 .... FF4 800 - £528 - **$876**

VILLEVIEILLE Léon 1826-1863 [3]
- *Femme à l'entrée du village* - Huile/panneau (24x41cm-9x16in) Calais 91 .... FF19 500 - £1 955 - **$3,572**

VILLIERS de Prosper Hyacinthe 1816-1879 [1]
- *Port animé à marée basse* - Huile/toile (62x97cm-24x38in) Bayeux 91 .... FF12 500 - £1 253 - **$2,289**

VILLIERS-STUART Gertrude Gwendoline 1878-1961 [1]
- *River landscape with a villa* - Watercolour (53x36cm-21x14in) Glasgow 96 .... FF1 543 - £200 - **$305**

VILLINGER Dieter 1947 [2]
- *Rotviolett II* - Acrylic/canvas (196x213cm-77x84in) Köln 96 .... FF30 600 - £3 483 - **$5,850**

VILLODAS Y DE LA TORRE Ricardo 1846-1904 [14]
- *Cabeza de moro* - Oleo/lienzo (45x29cm-18x11in) Madrid 90 .... FF37 250 - £3 751 - **$7,297**
- *Dama con sombrero* - Acuarela (41x33cm-16x13in) Madrid 92 .... FF2 970 - £303 - **$523**

VILLON Eugène 1879-? [12]
- *Portrait d'homme* - Aquarelle/papier (35x26cm-14x10in) Lyon 97 .... FF1 500 - £158 - **$257**
- *Canal dans une ville des Flandres* - Aquarelle (56x74cm-22x29in) Paris 96 .... FF6 500 - £836 - **$1,288**

VILLON Jacques 1875-1963 [525]
- *Paysage* - Huile/papier/toile (20x23cm-8x9in) Paris 97 .... FF6 500 - £706 - **$1,140**
- *Vase de fleurs* - Huile/toile (27x19cm-11x7in) Paris 93 .... FF26 000 - £2 955 - **$4,410**
- *Parc et potager* - Huile/toile (32x45cm-11x14in) Paris 96 .... FF100 000 - £11 400 - **$19,140**
- *Port de Rouen* - Huile/toile (80x100cm-31x39in) Versailles 97 .... FF195 000 - £20 612 - **$33,462**
- *La chanson, les Amants* - Oil (60x81cm-24x32in) London 92 .... FF687 000 - £82 000 - **$132,000**
- *Félix Barré* - Pointe sèche (16x13cm-6x5in) Paris 95 .... FF5 000 - £605 - **$941**
- *La déjeuner sur l'herbe* - Etching, aquatint in colors (63x77cm-25x30in) London 97 .... FF12 548 - £1 300 - **$2,149**
- *Bernadette* - Eau-forte, aquatinte couleurs (37x28cm-15x11in) Paris 97 .... FF55 000 - £5 824 - **$9,526**
- *Yvonne D. de profil* - Drypoint (54x41cm-21x16in) New-York 95 .... FF252 400 - £31 800 - **$50,000**
- *Jeune femme accroupie* - Aquarelle (18x14cm-7x6in) Paris 95 .... FF4 200 - £531 - **$843**
- *Laisse donc, mon chéri!...* - Encre Chine (56x38cm-22x15in) Paris 96 .... FF7 000 - £873 - **$1,352**
- *Avion* - Gouache (64x35cm-25x14in) New-York 94 .... FF34 000 - £4 020 - **$6,000**
- *Parisienne tournée à gauche*
  Aquarelle, gouache/papier (45x34cm-18x13in) Paris 97 .... FF115 000 - £12 397 - **$20,447**

VILLORESI Franco 1920 [17]
- *Rosa d'inverno e raps rosse* - Olio/tavola (70x50cm-28x20in) Roma 94 .... FF9 040 - £1 066 - **$1,612**

VILMORIN de Louise 1902-1969 [1]
- *Nue au châle* - Encre (67x50cm-26x20in) Paris 90 .... FF4 000 - £407 - **$800**

VILNER Alexandre 1886-1981 [10]
- *Port de Crimée* - Huile/toile (47x84cm-19x33in) Paris 91 .... FF5 000 - £505 - **$993**

VIMAR Auguste 1851-1916 [6]
- *Les chiens* - Huile/panneau (46x32cm-18x13in) Avignon 91 .... FF8 000 - £822 - **$1,490**
- *Éléphanteau et singe* - Bronze (17cm-7in) Paris 96 .... FF8 800 - £1 010 - **$1,680**

VIMONT Edouard 1846-1930 [1]
- *La lecture* - Huile/toile (41x27cm-16x11in) Provins 90 .... FF5 000 - £509 - **$1,000**

VIN van der Paul 1823-1887 [8]
- *River landscape* - Oil/canvas (56x81cm-22x32in) London 93 .... FF10 400 - £1 300 - **$1,885**
- *Halte de cavaliers* - Huile/panneau (44x62cm-17x24in) Paris 94 .... FF95 000 - £11 250 - **$17,550**

VINACHE DE LAUNAY Régine 1865-1952 [40]
- *Mon jardinier* - Pastel (65x54cm-26x21in) Angers 93 .... FF3 000 - £375 - **$546**

V

VINACHE Jean Joseph 1696-1754 [1]
Hercules enchained by Cupid - Marble (70cm-28in) New-York 95 .... FF295 000 - £35 400 - **$55,000**
VINALL Joseph W. Topham 1873-1953 [2]
Young lady reading a book at a table
Oil/canvas (56x48cm-22x19in) Aylsham, Norfolk 96 .... FF5 810 - £700 - **$1,114**
VINAY Jean 1907-1978 [28]
Quai d'Ivry - Huile/toile (27x41cm-11x16in) Paris 97 .... FF5 200 - £588 - **$942**
Fontaine Wallace de la rue Henaffe
Huile/toile (90x70cm-35x28in) Lons-Le-Saunier 91 .... FF13 500 - £1 360 - **$2,343**
An easy-going girl - Watercolour (45x28cm-18x11in) Warszawa 93 .... FF3 250 - £369 - **$551**
Rue de l'école de Médecine, 1956 - Pastel/carton (35x50cm-14x20in) Neuilly 89 .... FF14 000 - £1 475 - **$2,357**
VINCELET Victor Louis 1839-1871 [3]
Corbeille de fleurs - Huile/toile (56x46cm-22x18in) Calais 92 .... FF11 000 - £1 313 - **$2,116**
VINCELETTE Roméo 1902-1979 [16]
Sous la neige - Huile/toile (48x46cm-19x18in) Montréal 94 .... FF3 890 - £467 - **$720**
Arbre - Pastel/papier (48x62cm-19x24in) Montréal 97 .... FF2 318 - £251 - **$407**
VINCENOT Henri 1912-1985 [6]
L'arrêt de l'autobus - Huile/carton (38x46cm-15x18in) Rouen 90 .... FF8 800 - £909 - **$1,555**
VINCENT Charles 1862-1918(?) [2]
Danseuse andalouse - Bronze (35cm-14in) Carpentras 96 .... FF7 500 - £974 - **$1,470**
VINCENT François André 1746-1816 [15]
Man wearing a plumed Hat - Ink (24x16cm-9x6in) New-York 97 .... FF105 321 - £11 723 - **$19,000**
VINCENT George 1796-1831 [19]
Drover and Dog - Oil/panel (50x69cm-20x27in) London 97 .... FF26 267 - £2 800 - **$4,544**
Ruins of Whitlingham Abbey - Oil/panel (64x53cm-25x21in) London 97 .... FF95 238 - £10 200 - **$16,553**
VINCENT Harry Aiken 1864-1931 [14]
Beached Dories - Oil/board (28x36cm-11x14in) Portland, Maine 94 .... FF13 000 - £1 557 - **$2,400**
VINCENT René 1879-1936 [45]
Talon Viator tournant - Poster (147x98cm-58x39in) New-York 96 .... FF6 620 - £780 - **$1,300**
La Vie Parisienne - Gouache (40x30cm-16x12in) New-York 93 .... FF17 600 - £2 207 - **$3,200**
VINCENT-ANGLADE Henri 1876-1956 [3]
Reclining female nude with cat - Pastel (86x114cm-34x45in) London 96 .... FF12 770 - £1 600 - **$2,464**
VINCENZI de Giorgio 1884-? [1]
Strada nel bosco - Olio/tela (140x100cm-55x39in) Milano 95 .... FF20 020 - £2 520 - **$4,060**
VINCENZINO Giuseppe XVII-XVIII [3]
Assorted flowers - Oil/canvas (70x84cm-28x33in) London 94 .... FF103 500 - £12 000 - **$17,820**
VINCHE Lionel 1936 [17]
Main dans la main... - Huile/toile (100x140cm-39x55in) Antwerpen 91 .... FF7 470 - £765 - **$1,436**
Armoire terrain de football - Gouache (72x55cm-28x22in) Antwerpen 92 .... FF2 142 - £256 - **$412**
VINCHON Auguste Jean Bapt. 1787-1855 [1]
Étude pour un buste d'officier - Huile/toile (54x43cm-21x17in) Paris 93 .... FF18 000 - £2 170 - **$3,270**
VINCHON René 1835-? [1]
Jeune homme au serpent - Huile/toile (110x135cm-43x53in) Paris 96 .... FF9 700 - £1 207 - **$1,880**
VINCK Frans 1827-1903 [11]
Préparation au duel - Huile/toile (56x82cm-22x32in) Paris 96 .... FF15 000 - £1 716 - **$2,860**
VINCK Jozef 1900-1979 [11]
Paysage d'hiver - Huile/panneau (45x55cm-18x22in) Antwerpen 94 .... FF8 330 - £1 000 - **$1,620**
VINCKBOONS David 1576-1629 [25]
Le vieil homme et la belle - Eau-forte (27x36cm-11x14in) Genève 91 .... FF1 743 - £175 - **$291**
VINCKE Gaston 1882-1950 [1]
Marché de Pointe à Pitre - Huile/toile/panneau (62x120cm-24x47in) Genève 91 .... FF4 250 - £437 - **$791**
VINCOTTE de Thomas Jules, baron 1850-1925 [2]
Z.M. Koning Leopold II - Bronze (55cm-22in) Lokeren 93 .... FF13 180 - £1 576 - **$2,400**
VINDEVOGEL Geo 1923-1977 [2]
Dansend naakt - Bronze (34cm-13in) Lokeren 93 .... FF12 930 - £1 480 - **$2,200**
VINDEVOGEL-GELEEDTS Flore 1866-1938 [2]
Pink roses in a basket - Oil/canvas (909x117cm-358x46in) London 96 .... FF52 800 - £6 200 - **$10,380**
VINE OF COLCHESTER John 1808/9-1867 [11]
Ratcatcher - Oil/canvas (60x50cm-24x20in) London 95 .... FF9 130 - £1 200 - **$1,833**
Three sheep - Oil/board (40x60cm-16x24in) London 91 .... FF33 900 - £3 389 - **$5,583**
VINEA Francesco 1845-1902 [20]
Kavalier und Schankmagd - Oil/panel (21x28cm-8x11in) München 95 .... FF12 410 - £1 570 - **$2,490**
In the wine cellar - Oil/panel (39x50cm-15x20in) London 96 .... FF93 600 - £11 000 - **$18,420**
VINEL Christophe XX [4]
Foule étonnée - Huile/toile (41x27cm-16x11in) Aubagne 93 .... FF6 000 - £723 - **$1,091**
VINER Edwin 1867-? [3]
Copthorne, Worcestershire - Watercolour (29x44cm-11x17in) London 93 .... FF5 310 - £640 - **$992**
VIÑES SOTO Hernando 1904-1993 [34]
Paisaje - Oleo/cartón (64x44cm-25x17in) Madrid 93 .... FF39 950 - £4 800 - **$7,780**
Femme rousse à la fenêtre - Huile/toile (130x96cm-51x38in) Paris 96 .... FF104 000 - £12 250 - **$20,400**
Paisaje costiero - Acuarela/papel (46x34cm-18x13in) Madrid 96 .... FF9 030 - £1 064 - **$1,773**
VINGLER Vincenc 1911-1975 [1]
Pavian - Bronze (27cm-11in) Düsseldorf 90 .... FF5 100 - £546 - **$887**

VINIEGRA Y LASSO Salvador 1862-1915 [1]
- L'Hommage au Toréro - Huile/toile (67x99cm-26x39in) Paris 92 .... FF**125 000** - £14 920 - **$24,040**

VINIT Charles Léon 1806-1862 [2]
- Vue de Rome, 1838 - Huile/toile (36x64cm-14x25in) Monaco 90 .... FF**195 000** - £20 145 - **$34,452**

VINIT Pierre 1870-? [2]
- Quimperlé - Aquarelle (34x45cm-13x18in) Concarneau 92 .... FF**3 200** - £328 - **$564**

VINJUM Johannes 1930-1991 [2]
- Utsikt mot Beitelen, Sognefjorden - Oil/panel (56x79cm-22x31in) Oslo 92 .... FF**16 500** - £1 690 - **$2,904**

VINKENOOG Simon 1928 [2]
- New Babylon - Lithograph (40x38cm-16x15in) Amsterdam 97 .... FF**5 271** - £552 - **$904**

VINNE van der Jan Jansz. 1734-1805 [2]
- A Passion Flower - Watercolour (42x27cm-17x11in) Amsterdam 92 .... FF**13 560** - £1 620 - **$2,610**

VINNE van der Jans 1736-1811 [1]
- Landscape with figures on a road (35x45cm-14x18in) London 91 .... FF**44 600** - £4 500 - **$7,830**

VINNE van der Laurens Jacobsz. 1712-1742 [1]
- A geranium - Black chalk (41x32cm-16x13in) Amsterdam 93 .... FF**5 530** - £626 - **$934**

VINNE van der Vincent Jansz. 1736-1811 [2]
- Two men pulling boats, near Haarlem - Black chalk (15x19cm-6x7in) Amsterdam 96 .... FF**2 710** - £320 - **$533**

VINNE van der Vincent Laurensz I 1629-1702 [4]
- Vanité avec portrait du peintre - Huile/panneau (74x87cm-29x34in) Paris 96 .... FF**230 000** - £26 600 - **$44,100**

VINNEN Carl 1863-1922 [12]
- Landschaft mit Kate und Bach (35x40cm-14x16in) Bremen 94 .... FF**14 400** - £1 670 - **$2,480**
- Teufelsmoor - Öl/Leinwand (95x119cm-37x47in) Bremen 95 .... FF**90 400** - £11 720 - **$18,820**

VINOGRADOV Sergei Arsenievich 1869-1938 [7]
- Summer contemplation - Oil/canvas (75x62cm-30x24in) London 92 .... FF**68 400** - £7 000 - **$12,070**

VINTER John Alfred 1828-1905 [2]
- The pet - Oil/canvas (84x112cm-33x44in) London 96 .... FF**107 600** - £14 000 - **$21,320**

VINTON Frederick Porter 1876-1911 [4]
- Portrait of a Young Boy - Oil/panel (42x28cm-17x11in) New-York 96 .... FF**47 000** - £5 440 - **$9,000**

VINZIO Giulio Cesare 1881-1940 [3]
- L'ultimo raggio - Olio/tavola (29x41cm-11x16in) Prato 96 .... FF**8 420** - £1 000 - **$1,650**

VIOLA Manuel 1916-1987 [58]
- La Procession II - Huile/toile (146x114cm-57x45in) Paris 93 .... FF**5 000** - £603 - **$910**
- Composición - Oleo/lienzo (73x116cm-29x46in) Madrid 95 .... FF**10 080** - £1 290 - **$2,030**
- Composiciòn - Oleo/tabla (122x100cm-48x39in) Madrid 97 .... FF**21 890** - £2 365 - **$3,795**

VIOLET Ernest 1883-1977 [1]
- Plage - Huile/toile/carton (24x33cm-9x13in) Paris 90 .... FF**2 800** - £300 - **$487**

VIOLET Pierre Noël 1748-1819 [3]
- Autoportrait présumé - Miniature (13x10cm-5x4in) Paris 94 .... FF**7 000** - £795 - **$1,187**

VIOLLET Catherine 1955 [2]
- Composition, 1988 - Encre (56x76cm-22x30in) Paris 89 .... FF**5 500** - £531 - **$835**

VIOLLET-LE-DUC Adolphe Étienne 1817-1878 [4]
- River landscape - Oil/canvas (60x81cm-24x32in) London 95 .... FF**26 400** - £3 500 - **$5,450**
- Vallombrosa - Pencil (32x25cm-13x10in) London 96 .... FF**5 040** - £650 - **$987**

VIOLLET-LE-DUC Eugène 1814-1879 [8]
- Le sommet de i'Etna - Encre (21x32cm-8x13in) Paris 93 .... FF**2 600** - £314 - **$473**

VIOLLET-LE-DUC Victor 1848-1901 [6]
- Paysage de bord de mer - Huile/toile (55x80cm-22x31in) Paris 97 .... FF**7 500** - £816 - **$1,306**

VIOLLIER Jean 1896-1985 [97]
- Anémones - Huile/toile (65x50cm-26x20in) Paris 94 .... FF**3 800** - £454 - **$710**
- Le moulin à café - Huile/toile (50x65cm-20x26in) Paris 95 .... FF**6 000** - £780 - **$1,235**
- Baigneurs II - Huile/toile (81x100cm-32x39in) La Flèche 93 .... FF**11 000** - £1 236 - **$1,865**
- Les dormeuses à Messery - Huile/toile (130x195cm-51x77in) La Flèche 93 .... FF**38 000** - £4 270 - **$6,440**
- Quais de la Seine - Encre (24x31cm-9x12in) La Flèche 93 .... FF**3 600** - £405 - **$611**

VION Raoul XIX-XX [6]
- Bicyclette La Triomphante - Poster (116x79cm-46x31in) London 96 .... FF**2 995** - £370 - **$579**

VIONNET Charles 1858-1923 [8]
- Femme dans village - Huile/carton (38x26cm-15x10in) Entzheim 97 .... FF**5 800** - £613 6 - **$995**
- Place de l'église - Huile/toile Avignon 96 .... FF**22 000** - £2 890 - **$4,415**

VIONOJA Veikko 1909 [17]
- Keskikangas - Oil/canvas (80x106cm-31x42in) Helsinki 93 .... FF**25 400** - £2 903 - **$4,330**

VIOT Antony 1817-1866 [2]
- Paysage - Pastel (57x44cm-22x17in) Paris 90 .... FF**1 600** - £165 - **$283**

VIOT Michel [1]
- Jeune fille à la corbeille - Huile/toile (41x33cm-16x13in) Biarritz 90 .... FF**4 100** - £442 - **$723**

VIOTTI Giulio 1845-1878 [1]
- Intimità - Olio/tela (95x65cm-37x26in) Milano 94 .... FF**59 200** - £6 970 - **$10,540**

VIRGILIO 1915-1947 [4]
- Pichet aux trois verres - Huile/toile (60x46cm-24x18in) Toulouse 91 .... FF**12 000** - £1 212 - **$2,382**

VIRGIN Gottfrid 1831-1876 [9]
- Sameflicka - Oil/canvas (99x84cm-39x33in) Stockholm 96 .... FF**14 000** - £1 597 - **$2,680**

VIRIEU Paul 1826-1880 [1]
Portrait de jeune fille - Sanguine (40x28cm-16x11in) Grenoble 90 .... FF2 800 - £302 - **$494**
VIRIEUX François N. Louis XIX-XX [2]
Fillette bras levé - Bronze (99x26x50cm-39x10x20in) Paris 93 .... FF14 000 - £1 630 - **$2,434**
VIRIGLIO Riccardo 1897-1951 [1]
Paesaggio fluviale - Olio/tela (48x68cm-19x27in) Milano 95 .... FF2 980 - £380 - **$610**
VIRIO 1901-1995 [2]
Signore in giardino - Olio/tela (50x60cm-20x24in) Prato 97 .... FF28 900 - £3 400 - **$5,100**
VIRION Serge XIX-XX [1]
Chat - Bronze (10cm-4in) Paris 90 .... FF3 600 - £383 - **$644**
VIRMONTOIS Paul XX [3]
Forum des halles - Huile/toile (73x116cm-29x46in) Paris 90 .... FF5 500 - £568 - **$972**
VIRNICH Thomas 1957 [1]
Gläserner Violinkasten - Objekt (29x5x10cm-11x2x4in) Köln 93 .... FF11 200 - £1 337 - **$2,153**
VISCHER Peter, le Jeune II 1779-1851 [1]
Landschaften - Etching (25x37cm-10x15in) Hamburg 96 .... FF2 440 - £305 - **$472**
VISCONTI Adolfo Feragutti 1850-1924 [6]
Riva degli Schiavoni, Venezia - Olio/tela (45x23cm-18x9in) Milano 89 .... FF41 200 - £4 100 - **$6,509**
Junges Mädchen - Pastell (52x38cm-20x15in) Luzern 89 .... FF39 000 - £3 988 - **$6,270**
VISCONTI Giuseppe Antonio A. 1830-1880 [2]
In the woods - Oil/panel (64x74cm-25x29in) Amsterdam 94 .... FF15 860 - £1 840 - **$2,730**
VISDAL Jo 1861-1923 [1]
Byste av Henri Ibsen - Sculpture (53cm-21in) Oslo 92 .... FF3 010 - £360 - **$580**
VISENTINI Antonio 1688-1782 [8]
Hight Altar of San Eustachio, Venice - Ink (52x36cm-20x14in) London 96 .... FF3 260 - £420 - **$638**
VISEUX Claude 1927 [31]
Composition - Huile/toile (100x81cm-39x32in) Paris 95 .... FF3 300 - £414 - **$663**
Composition - Bronze (92cm-36in) Toulouse 96 .... FF5 100 - £662 - **$1,008**
Composition abstraite - Aquarelle (66x51cm-26x20in) Verrières-Le-Buisson 92 .... FF2 500 - £257 - **$481**
VISHNIAC Roman 1897-1990 [36]
Old Jew, Warsaw, 1938 - Silver print (30x25cm-12x10in) New-York 90 .... FF11 400 - £1 228 - **$2,011**
VISKI János, Johann 1891-? [16]
Cavalli selvaggi - Olio/tela (50x60cm-20x24in) Trieste 97 .... FF3 740 - £440 - **$660**
Al galoppo nella neva - Olio/tela (60x80cm-24x31in) Trieste 93 .... FF7 960 - £906 - **$1,350**
VISONE Giuseppe, Joseph c.1800-c.1870 [3]
Vue de Cività-Castellana - Huile/papier/toile (44x58cm-17x23in) Paris 94 .... FF25 500 - £2 957 - **$4,390**
VISPRÉ François Xavier 1730-1790 [2]
Sucrier d'argent, pêches et raisins - Huile/toile (49x65cm-19x26in) Paris 92 .... FF95 000 - £9 720 - **$17,100**
VISSCHER Nikolas 1616-1709 [1]
Donauquelle und Mittelmeer - Engraving (50x56cm-20x22in) Freiburg 96 .... FF1 695 - £213 - **$327**
VISSER Adrianus, Adri 1887-? [2]
Interior of a Dutch synagogue - Oil/canvas (40x30cm-16x12in) Amsterdam 91 .... FF10 520 - £1 055 - **$1,737**
VISSER Carel 1928 [36]
Collage - Mixed media/board (61x83cm-24x33in) Amsterdam 95 .... FF16 970 - £2 222 - **$3,400**
Untitled - Sculpture (67cm-26in) Amsterdam 93 .... FF18 970 - £2 180 - **$3,260**
Kristal - Sculpture (57cm-22in) Amsterdam 97 .... FF27 829 - £2 918 - **$4,775**
Untitled - Pencil/paper (64x94cm-25x37in) Amsterdam 97 .... FF2 634 - £276 - **$45,2 6**
Zortwater Mosselen - Graphite (69x84cm-27x33in) Amsterdam 97 .... FF20 506 - £2 150 - **$3,518**
VISSER de Pier Johannes 1764-1848 [1]
Sailing vessels on an estuary - Oil/canvas (50x63cm-20x25in) Amsterdam 94 .... FF18 900 - £2 195 - **$3,255**
VISSER Jan 1856-1938 [1]
Blumenstilleben - Oil/canvas (33x24cm-13x9in) Ahlden 91 .... FF3 210 - £326 - **$580**
VISSER Tijpke 1876-1955 [2]
Standing female figure, 1920's - Bronze (39cm-15in) Amsterdam 92 .... FF11 830 - £1 211 - **$2,320**
Bird - Wood (30cm-12in) Amsterdam 94 .... FF12 250 - £1 452 - **$2,264**
VISSON Philippe 1942 [12]
Paysage - Acrylique/isorel (54x65cm-21x26in) Neuville-de-Poitou 93 .... FF40 000 - £4 600 - **$0**
La Bonne carte - Huile/isorel (100x81cm-39x32in) Paris 96 .... FF83 000 - £10 400 - **$16,040**
VITA Wilhelm A. 1846-1919 [2]
Der entwischte Kanarienvogel, 1874 - Oil/panel (52x41cm-20x16in) Wien 89 .... FF72 000 - £7 587 - **$12,121**
VITAL Edgard 1883-1970 [1]
Sommerliche Berglandschaft - Huile/panneau (45x60cm-18x24in) Bern 95 .... FF3 870 - £504 - **$795**
VITAL Not 1948 [7]
Einhron, zweihorn, dreihorn - Installation (299x14x66cm-118x6x26in) New-York 92 .... FF13 000 - £1 552 - **$2,500**
Untitled (wheel) - Bronze (284x7x256cm-112x3x101in) New-York 92 .... FF26 000 - £3 104 - **$5,000**
First Step 1 - Mixed media/paper (193x152cm-76x60in) New-York 96 .... FF29 300 - £3 450 - **$5,750**
VITAL Pauleus 1918 [4]
Pêche au filet - Oil/masonite (60x81cm-24x32in) New-York 92 .... FF10 220 - £1 046 - **$1,800**
VITAL-CORNU Charles 1851/53-1927 [3]
Femme et motifs végétaux - Bronze Dieppe 95 .... FF32 000 - £4 210 - **$6,420**
VITALE Carlo 1902 [2]
Nature morte - Huile/panneau (50x40cm-20x16in) Zofingen 95 .... FF3 830 - £501 - **$767**

VITALINI Francesco 1865-1905 [1]
🖼 Venezia Laguna/Veduta di Venezia - Olio/tela (18x52cm-7x20in) Roma 89 .... FF11 **900** - £1 254 - **$2,003**
VITALIS Macario 1898-? [4]
🖼 Scène de bar - Huile/panneau (45x64cm-18x25in) Paris 91 .... FF19 **000** - £1 887 - **$3,299**
VITI Eugenio 1881-1952 [4]
🖼 Paesaggio - Olio/tela/cartone (34x41cm-13x16in) Roma 96 .... FF4 **680** - £542 - **$910**
VITO de Michele XIX [13]
✏ Disputa delle donne napolitane - Watercolour (23x31cm-9x12in) London 95 .... FF12 **630** - £1 600 - **$2,540**
VITRINGA Wigerius 1657-1721 [8]
🖼 Shipping in a Squall - Oil/canvas (52x73cm-20x29in) Amsterdam 97 .... FF120 **120** - £12 684 - **$20,540**
VITTALI Otto 1872-1959 [1]
🖼 Junge hübsches Mädchens - Oil/panel Lindau 91 .... FF3 **040** - £309 - **$549**
VITTINI Giulio 1888-1968 [23]
🖼 Paysan labourant son champ - Huile/toile (70x76cm-28x30in) Grenoble 94 .... FF4 **800** - £560 - **$847**
VITTORINI Umberto 1890-1979 [2]
🖼 Via Santa Maria a Pisa, 1926 - Olio/tavola (45x65cm-18x26in) Firenze 89 .... FF38 **900** - £3 871 - **$6,145**
VITULLO Sesostris 1899-1953 [1]
🗿 Cheval cabré - Marbre (60x30x35cm-24x12x14in) Paris 91 .... FF26 **000** - £2 670 - **$4,840**
VIUDES Vicente XX [3]
🖼 Mono - Oleo/lienzo (46x55cm-18x22in) Madrid 94 .... FF2 **740** - £318 - **$472**
VIVANCOS Miguel-Garcia 1895-1972 [25]
🖼 Cathédrale de Chartres - Huile/toile (55x46cm-22x18in) Saint-Germain-en-Laye 96 .... FF3 **800** - £489 - **$753**
 La Casa del Guardián del faro - Oleo/lienzo (50x61cm-20x24in) Madrid 97 .... FF11 **000** - £1 182 - **$1,925**
 Fleurs et château - Huile/toile (50x65cm-20x26in) La Varenne Saint-Hilaire 93 .... FF24 **000** - £3 000 - **$4,360**
VIVANT-DENON Dominique 1747-1826 [9]
✏ A girl playing with a cat - Ink (15x10cm-6x4in) London 93 .... FF9 **130** - £1 100 - **$1,595**
VIVARES François 1709-1780 [2]
🖼 Johah and the Whale - Engraving London 92 .... FF1 **675** - £200 - **$323**
✏ Figures by a river - Wash (18x25cm-7x10in) London 91 .... FF8 **470** - £847 - **$1,395**
VIVER AYMERICH Pedro 1872-1917 [2]
🖼 En el bosque - Oleo/lienzo (50x61cm-20x24in) Madrid 95 .... FF6 **860** - £901 - **$1,377**
VIVES ATSARA José 1919-1988 [1]
🖼 Noche en al Costa de Texas
 Oil/masonite (76x102cm-30x40in) Baton Rouge, Louisiana 93 .... FF12 **980** - £1 477 - **$2,200**
VIVIAN George 1798-1873 [4]
🖼 Piazzetta looking at the Redentore - Oil/canvas (71x132cm-28x52in) London 97 .... FF45 **914** - £5 000 - **$7,985**
VIVIAN John XIX [2]
🖼 The Grand Canal, Venice - Oil/canvas (49x74cm-19x29in) Chester 92 .... FF41 **000** - £4 200 - **$7,240**
VIVIANI Giuseppe 1898-1965 [20]
🖼 Case ed albero - Olio/tela (59x70cm-23x28in) Prato 94 .... FF44 **700** - £5 400 - **$8,370**
🖼 Fiori e macerie - Acquaforte (17x22cm-7x9in) Milano 94 .... FF10 **200** - £1 210 - **$1,890**
VIVIANI Raul 1883-1965 [2]
🖼 Marina - Olio/cartone (24x17cm-9x7in) Milano 93 .... FF2 **433** - £280 - **$418**
VIVIEN Joseph 1657-1734 [2]
🖼 Autoportrait à la palette - Huile/toile (16x84cm-6x33in) Paris 92 .... FF180 **000** - £21 500 - **$34,600**
✏ Samuel Bernard - Pastel (80x65cm-31x26in) Paris 90 .... FF350 **000** - £35 790 - **$69,084**
VIVIN Louis 1861-1936 [18]
🖼 Le Pont des Arts - Huile/toile (46x55cm-18x22in) Paris 97 .... FF11 **000** - £1 146 - **$1,874**
 Le belvédère des Buttes-Chaumont - Huile/toile (46x55cm-18x22in) Paris 96 .... FF40 **000** - £5 190 - **$7,940**
 L'Opéra, Paris - Oil/canvas (73x92cm-29x36in) New-York 95 .... FF97 **800** - £12 660 - **$20,000**
VIVOT Lea 1952 [3]
🗿 The Lover's Bench - Bronze (174cm-69in) Toronto 94 .... FF187 **000** - £22 270 - **$35,200**
VIVREL André 1886-1976 [47]
🖼 Le Pont de Châtillon-sur-Loire - Huile/toile (46x55cm-18x22in) Honfleur 95 .... FF5 **200** - £638 - **$1,013**
VIZKELETY W. Emery 1819-1895 [9]
🖼 Bauernmarkt - Öl/Leinwand (60x80cm-24x31in) Wien 94 .... FF7 **350** - £870 - **$1,356**
VIZZOTTO ALBERTI Giuseppe 1862-1931 [6]
✏ Fishing in the Lagoon, Venezia - Watercolour/board (53x35cm-21x14in) London 91 .... FF19 **840** - £1 999 - **$3,443**
VLAANDEREN van Karel 1904-1983 [8]
🖼 Wolken Boven de Leie - Huile/panneau (60x70cm-24x28in) Lokeren 96 .... FF4 **335** - £560 - **$856**
✏ Luxemburg - Aquarelle (24x32cm-9x13in) Lokeren 93 .... FF2 **754** - £315 - **$476**
VLAARDIGEN van Clement 1916 [2]
🖼 Bergsee mit Segelschiffen - Oil/canvas (50x60cm-20x24in) Ahlden 92 .... FF2 **370** - £276 - **$484**
VLADIMIROV Ivan Alexeievitch 1869-1947 [7]
🖼 The triumph of bolshevism - Oil/canvas (49x67cm-19x26in) London 97 .... FF33 **333** - £3 500 - **$5,733**
VLAMINCK de Maurice 1876-1958 [939]
🖼 Nature morte - Oil/canvas (54x65cm-21x26in) London 97 .... FF1 - £145 000 - **$239,757**
 Bateau-lavoir - Huile/toile (50x61cm-20x24in) New-York 96 .... FF1 - £144 600 - **$220,700**
 Coupe de fruits - Oil/cardboard (39x46cm-15x18in) New-York 95 .... FF2 - £380 000 - **$600,000**
 Banlieue - (65x81cm-26x32in) New-York 94 .... FF3 - £4 - **$6**
 Vase de fleurs - Oil/canvas (46x38cm-18x15in) New-York 96 .... FF133 **200** - £15 800 - **$26,000**
 L'allée d'arbres - Huile/toile (33x46cm-13x18in) Calais 97 .... FF230 **000** - £25 208 - **$40,365**

V

La table de cuisine - Oil/canvas (81x117cm-32x46in) New-York 96 .... FF362 500 - £46 800 - **$70,000**
Le Tournant - Oil/canvas (54x64cm-21x25in) London 96 .... FF415 000 - £52 000 - **$80,100**
Pont de Chatou - Oil/canvas (46x55cm-18x22in) New-York 94 .... FF587 000 - £67 800 - **$100,000**
Village en Provence - Huile/toile (89x116cm-35x46in) Zürich 96 .... FF711 000 - £89 100 - **$137,200**
Vase Louis-Philippe - Huile/toile (73x54cm-29x21in) Paris 91 .... FF800 000 - £80 613 - **$138,819**
⬙ *Chemin de village* - Encre Chine/papier (24x32cm-9x13in) Paris 97 .... FF23 000 - £2 498 - **$4,034**
Maison abandonnée - Watercolour, gouache/paper (20x34cm-8x13in) New-York 97 .... FF68 572 - £7 351 - **$12,000**
Maison - Lavis/papier (45x54cm-18x21in) Aubagne 91 .... FF270 000 - £26 814 - **$46,880**
VLASSELAER van Julien 1907-1982 [7]
🖾 *Zittend naakt met bloemenhoed* - Huile/toile (110x75cm-43x30in) Lokeren 92 .... FF9 130 - £935 - **$1,606**
VLECK van Natalie 1901-1981 [34]
🖾 *Nude, waist length* - Oil/canvas (51x41cm-20x16in) Litchfield, CT 92 .... FF6 760 - £807 - **$1,300**
⬙ *Harbor, Mallorca* - Gouache (33x51cm-13x20in) Litchfield, CT 92 .... FF2 470 - £295 - **$475**
VLIET van Ger 1931 [4]
🖾 *River in summer* - Oil/canvas (50x66cm-20x26in) Amsterdam 90 .... FF2 800 - £289 - **$495**
VLIET van Klaas 1841-1917 [1]
🖾 *Cattle in a meadow* - Oil/canvas (53x80cm-21x31in) Amsterdam 95 .... FF3 450 - £440 - **$706**
VLIJMEN van Bernard 1895 [2]
🖾 *Venezia* - Öl/Leinwand (19x26cm-7x10in) Zofingen 93 .... FF3 750 - £452 - **$686**
VLIST van der Leendert 1894-1962 [10]
🖾 *Magere brug in Amsterdam* - Oil/canvas (38x58cm-15x23in) Amsterdam 92 .... FF12 740 - £1 310 - **$2,450**
VLOORS Emil 1871-1952 [1]
🖾 *At Court* - Oil/canvas (76x61cm-30x24in) London 95 .... FF4 140 - £500 - **$779**
VOCKE Carolus 1899-1979 [3]
🖾 *Sommerlicher Wiesenstrauss* - Öl/Leinwand (81x59cm-32x23in) Lindau 93 .... FF4 200 - £490 - **$690**
VOELCKER Gottfried Wilhelm 1775-1849 [1]
🖾 *Still life with assorted fruits, flowers* - Oil/canvas (55x66cm-22x26in) New-York 91 .... FF83 900 - £8 352 - **$14,428**
VOELLMY Fritz 1863-1939 [7]
🖾 *Uferlandschaft mit Schiff* - Oil/canvas (57x86cm-22x34in) Luzern 92 .... FF3 160 - £323 - **$557**
VOERMAN Jan, Jnr. 1890-1976 [16]
🖾 *Flowers* - Oil/canvas/panel (24x18cm-9x7in) Amsterdam 97 .... FF13 871 - £1 500 - **$2,420**
⬙ *Abstraction* - Gouache (46x61cm-18x24in) Chicago 94 .... FF2 030 - £241 - **$375**
VOERMAN Jan, Snr. 1857-1941 [25]
🖾 *Tjalks on the river Ijssel* - Oil/canvas (42x52cm-17x20in) Amsterdam 92 .... FF7 890 - £808 - **$1,390**
🖾 *Going to the market* - Oil/canvas (41x65cm-16x26in) Amsterdam 97 .... FF29 374 - £3 105 - **$5,040**
⬙ *Cows on a sloping riverbank* - Bodycolour (28x49cm-11x19in) Amsterdam 97 .... FF22 460 - £2 374 - **$3,853**
VOET Elias 1827-1905 [1]
🖾 *Family on a path in summer* - Oil/panel (24x31cm-9x12in) Amsterdam 90 .... FF18 000 - £1 915 - **$3,220**
VOGEL Adolf 1895-? [1]
🖾 *Blumenmarkt in Krakau* - Öl/Leinwand (30x40cm-12x16in) Köln 94 .... FF3 400 - £397 - **$596**
VOGEL Christian Lebrecht 1759-1816 [1]
🖾 *Die Söhne des Künstlers* - Öl/Leinwand (73x91cm-29x36in) Köln 95 .... FF24 160 - £3 143 - **$4,960**
VOGEL de Cornelis Johannes 1824-1887 [13]
🖾 *Mythological scene* - Oil/canvas (184x188cm-72x74in) New-York 96 .... FF32 500 - £4 210 - **$6,500**
Figures by a woodland lake - Oil/canvas (64x98cm-25x39in) London 94 .... FF110 000 - £13 000 - **$19,760**
VOGEL Frits 1931 [2]
🖾 *And the sun also rises...* - Huile/toile (100x30cm-39x12in) Clermont-Ferrand 90 .... FF15 000 - £1 550 - **$2,650**
VOGEL Hans 1885-? [1]
🖾 *Selbstbildnis mit Palette* - Oil/paper (48x34cm-19x13in) Hamburg 93 .... FF4 070 - £487 - **$783**
VOGEL Hugo 1855-1934 [2]
🖾 *Wannseegarten* - Oil/cardboard (70x50cm-28x20in) Berlin 95 .... FF44 600 - £5 840 - **$9,060**
VOGEL Johannes Gijsbert 1828-1915 [6]
🖾 *Mill in a polder landscape* - Oil/canvas (46x28cm-18x11in) Amsterdam 94 .... FF9 150 - £1 062 - **$1,575**
VOGEL Lorenz 1846-1902 [1]
🖾 *Frederic Chopin* - Öl/Leinwand (87x66cm-34x26in) Lindau 96 .... FF3 385 - £392 - **$650**
VOGEL Ludwig Georg 1788-1879 [6]
⬙ *Appenzeller Bauern-Interieur* - Ink (19x23cm-7x9in) Zürich 92 .... FF9 670 - £988 - **$1,703**
VOGEL Max XX [2]
🖾 *Playing children on a riverbank* - Oil/canvas (130x61cm-51x24in) Amsterdam 90 .... FF15 080 - £1 526 - **$2,868**
VOGEL VON VOGELSTEIN Carl Chr. 1788-1868 [6]
🖾 *Saxonia Princess* - Oil/board (25x20cm-10x8in) London 93 .... FF132 800 - £16 000 - **$23,200**
⬙ *August Alexander Klingel aus Dresden* - Pencil (35x25cm-14x10in) Lindau 95 .... FF7 120 - £890 - **$1,438**
VOGEL Werner 1848-1924 [3]
🖾 *Eifellandschaft* - Öl/Leinwand (48x50cm-19x20in) Bremen 95 .... FF9 100 - £1 168 - **$1,875**
VOGEL-JØRGENSEN Åge 1888-1964 [6]
🖾 *Komposition* - Oil/canvas (60x45cm-24x18in) København 96 .... FF2 466 - £306 - **$479**
VOGELER Heinrich 1872-1942 [144]
🖾 *Frühlingsmärchen* - Radierung (45x32cm-18x13in) Köln 97 .... FF4 731 - £497 - **$81,0 4**
Frühling - Etching (34x24cm-13x9in) München 94 .... FF17 100 - £2 006 - **$3,045**
⬙ *Dame und Artz* - Ink (22x10cm-9x4in) Berlin 94 .... FF9 270 - £1 108 - **$1,734**
VOGELER-WORPSWEDE Heinrich 1872-1942 [1]
🖾 *Schlangenbraut/Die sieben Raben* - Eau-forte Bern 93 .... FF3 366 - £407 - **$626**

VOGELS Guillaume 1836-1896 [34]
🖝 *Sous-bois* - Huile/toile (55x46cm-22x18in) Bruxelles 95 .... FF6 **910** - £865 - $1,377
🖝 *Chrysanthemes* - Huile/toile (95x77cm-37x30in) Lokeren 96 .... FF59 **100** - £7 310 - $11,420
✎ *Tempête en hiver* - Fusain (17x24cm-7x9in) Bruxelles 96 .... FF3 **000** - £388 - $593
VOGELSAND Wilhelmine de Gruben 1870-? [1]
🖝 *Burganlage in Parklandschaft* - Öl/Karton (81x66cm-32x26in) München 94 .... FF2 **380** - £273 - $407
VOGENSKY Robert 1919 [4]
🖝 *Krabbor* - Oil/canvas (50x61cm-20x24in) Stockholm 89 .... FF5 **600** - £590 - $943
VOGL Georg 1795-1843 [2]
🖝 *Figures before a mill* - Oil/board (29x40cm-11x16in) London 91 .... FF7 **480** - £750 - $1,235
VOGLER Hermann 1859-? [1]
🖝 *In the park* - Oil/canvas (80x126cm-31x50in) New-York 92 .... FF49 **800** - £5 040 - $10,000
VOGLER Kurt 1893-? [2]
🖝 *Bietigheim um die Jahrundertwende* - Öl/Leinwand (60x80cm-24x31in) Stuttgart 93 ... FF11 **480** - £1 317 - $1,954
VOGLER Paul 1852-1904 [46]
🖝 *Meule sous la neige* - Huile/toile (60x82cm-24x32in) Pontoise 96 .... FF24 **000** - £3 055 - $4,630
🖝 *Route enneigée, Verneuil-sur-Seine* - Huile/toile (65x81cm-26x32in) Pontoise 94 .... FF34 **500** - £4 120 - $6,460
✎ *Régate, Golfe du Morbihan* - Pastel (36x44cm-14x17in) Nantes 95 .... FF9 **000** - £1 138 - $1,820
VOGT Adolf 1843-1871 [1]
🖝 *Study of an ox* - Oil/canvas (79x67cm-31x26in) London 91 .... FF9 **920** - £1 000 - $1,721
VOGT Günther 1908-1994 [3]
🖝 *Baumgruppe* (61x86cm-24x34in) Kempten 96 .... FF2 **740** - £360 - $556
VOGT Hélène 1902-1994 [6]
🖝 *Moulay-Idriss, Maroc* - Huile/toile (46x55cm-18x22in) Paris 96 .... FF20 **000** - £2 315 - $3,830
VOGT Louis Charles 1864-1938 [3]
🖝 *Rainy day in Norwalk* - Oil/canvas (46x41cm-18x16in) New-York 89 .... FF6 **900** - £687 - $1,090
VOGT Lucien 1891-1968 [3]
🖝 *Le torrent* - Huile/toile (80x99cm-31x39in) Paris 94 .... FF2 **500** - £294 - $443
VOGT Peter 1944 [2]
🖝 *Kopf, 1984* - Oil/canvas (81x74cm-32x29in) München 90 .... FF10 **100** - £1 074 - $1,807
VOGUET Léon 1879-? [2]
🖝 *Nature morte à la plante verte* - Huile/toile (81x65cm-32x26in) Paris 96 .... FF20 **000** - £2 587 - $3,960
✎ *Femme nue allongée* - Pastel (60x100cm-24x39in) Paris 95 .... FF2 **000** - £264 - $406
VOIGHT Leigh 1943 [3]
✎ *Snowy Owl* - Watercolour (72x56cm-28x22in) London 95 .... FF15 **350** - £2 000 - $3,176
VOIGT Bruno 1912-1989 [12]
🖾 *Polizeistunde* - Etching Berlin 91 .... FF2 **873** - £292 - $519
✎ *Schlotbaron* - Ink Berlin 91 .... FF7 **430** - £754 - $1,342
VOIGT Franz Wilhelm 1867-? [1]
🖝 *Holzknechte am Lagerfeuer* - Öl/Leinwand (130x160cm-51x63in) Wien 95 .... FF12 **240** - £1 613 - $2,480
VOIGT Friederieke 1882-1966 [1]
🖝 *Blumenstrauss in rotem Topf* - Oil/panel (38x30cm-15x12in) Köln 94 .... FF2 **063** - £246 - $393
VOIGT Max 1889-? [2]
🖝 *Kastanien* - Oil/canvas (67x85cm-26x33in) Wien 92 .... FF2 **890** - £296 - $509
VOIGT Otto Eduard XIX-XX [2]
✎ *Blumentopf mit Erdbeerstaude* - Gouache/papier (46x31cm-18x12in) Wien 94 .... FF5 **340** - £628 - $952
VOIGT Richard Otto 1895-1971 [6]
🖝 *Spargel, Zwiebeln und Tonkrug* - Oil/canvas (36x48cm-14x19in) Stuttgart 91 .... FF3 **040** - £305 - $508
VOIGT STEFFENSEN Hans 1941 [8]
🖝 *Landskab* - Oil/canvas (67x76cm-26x30in) København 91 .... FF2 **634** - £266 - $523
VOILLEMOT Charles 1823-1893 [10]
🖝 *Spring* - Oil/panel (35x56cm-14x22in) London 96 .... FF11 **560** - £1 500 - $2,286
VOINOV Vsevolod Vladimirov. 1880-? [2]
🖝 *Village's outskirts* - Oil/canvas (44x30cm-17x12in) Moscow 93 .... FF2 **940** - £336 - $500
VOINQUEL Raymond 1912-1994 [2]
📷 *Athlète* - Silver print (21x16cm-8x6in) London 95 .... FF3 **480** - £450 - $712
VOIRIN Jules Antoine 1833-1898 [12]
🖝 *Défilé de hussards* - Huile/toile (46x38cm-18x15in) Paris 92 .... FF4 **500** - £461 - $810
La rencontre en calèche - Huile/toile (31x55cm-12x22in) Paris 96 .... FF45 **000** - £5 820 - $8,830
VOIRIN Léon Joseph 1833-1887 [8]
🖝 *La promenade de bébé* - Oil/canvas (40x32cm-16x13in) London 92 .... FF30 **150** - £3 600 - $5,800
Les boulevards de Paris - Oil/canvas (38x46cm-15x18in) New-York 97 .... FF171 **135** - £18 447 - $30,000
✎ *At the Flower Market* - Watercolour/paper (31x25cm-12x10in) New-York 94 .... FF10 **620** - £1 268 - $2,000
VOIRIOT Guillaume 1713-1799 [5]
🖝 *Lady in a white Dress seated* - Oil/canvas (127x96cm-50x38in) New-York 97 .... FF91 **117** - £9 714 - $16,000
VOIROL August 1861-? [3]
🖝 *Beatenberg* - Öl/Leinwand (38x55cm-15x22in) Zofingen 95 .... FF2 **124** - £269 - $427
VOISARD Serge XX [2]
✎ *Paysage du Jura* - Gouache (36x61cm-14x24in) Bern 94 .... FF2 **064** - £248 - $401
VOISARD-MARGERIE Adrien Gabriel 1867-1954 [5]
🖝 *L'église de Criqueboeuf* - Huile/panneau (39x31cm-15x12in) Pont-Audemer 90 .... FF11 **000** - £1 170 - $1,968

V

VOISIN Raymonde XX [3]
◊ *Les Mareyeuses - Aquarelle, gouache/papier (52x35cm-20x14in) Paris 90* .... FF**1 500** - £**155** - **$264**
VOISIN-DELACROIX Alphonse 1857-1893 [1]
▯ *Personnage de la Comedia dell'Arte - Sculpture (71cm-28in) Morlaix 92* .... FF**4 200** - £**430** - **$824**
VOKALEK Josef 1887-? [1]
● *Blütenstrauss im sonnigen Licht - Oil/canvas/panel (38x49cm-15x19in) Lindau 92* .... FF**6 770** - £**787** - **$1,382**
VOKOS Nikolaos 1861-1902 [3]
● *Still life with fruit - Oil/canvas (62x85cm-24x33in) London 95* .... FF**63 100** - £**8 000** - **$12,700**
VOLAIRE IL CAVALIER Jacques Antoine 1729-1802 [28]
● *La Erupciòn del Vesubio - Oleo/lienzo Madrid 97* .... FF**1 8e +06** - £**116 100** - **$186,300**
VOLANAKIS Constantinos 1837-1907 [4]
● *Fishermen at shore - Oil/canvas (51x41cm-20x16in) Athens 95* .... FF**220 000** - £**28 500** - **$45,000**
VOLANEK Raimund 1857-1924 [5]
● *Ansicht von Kufstein (47x68cm-19x27in) Bern 95* .... FF**9 460** - £**1 230** - **$1,943**
VOLANG Jean 1921 [6]
● *Port méditerranéen - Huile/toile (51x65cm-20x26in) Paris 97* .... FF**3 500** - £**377** - **$615**
Cavaliers - Huile/toile (65x82cm-26x32in) Brest 94 .... FF**21 000** - £**2 480** - **$3,870**
VOLCKAERT Piet 1902-1973 [76]
● *Paysage - Huile/toile (50x60cm-20x24in) Bruxelles 97* .... FF**5 235** - £**547** - **$896**
La marchande de caricoles - Huile/toile (70x60cm-28x24in) Bruxelles 91 .... FF**17 820** - £**1 800** - **$3,538**
◊ *Vue de la côte belge - Aquarelle/carton (22x22cm-9x9in) Bruxelles 93* .... FF**2 800** - £**335** - **$573**
VÖLCKER Gottfried Wilhelm 1755-1849 [3]
● *Früchtestilleben - Öl/Metall (40x35cm-16x14in) Stuttgart 96* .... FF**40 600** - £**5 040** - **$7,870**
VÖLCKER Hans 1865-1944 [1]
◊ *Amperlandschaft mit Vieh - Gouache (64x53cm-25x21in) Stuttgart 91* .... FF**3 405** - £**338** - **$591**
VÖLCKER Johann Wilhelm 1812-1873 [1]
● *Flowers on a marble edge - Oil/canvas (44x34cm-17x13in) London 91* .... FF**54 600** - £**5 541** - **$9,861**
VÖLCKER Robert 1854-1924 [7]
● *Lesendes Mädchen auf dem Sofa - Oil/panel (23x32cm-9x13in) München 94* .... FF**6 460** - £**754** - **$1,133**
VOLEJNICEK Antonin J. 1896-? [1]
◊ *Mädchen mit Teddybär - Pastel/paper (63x49cm-25x19in) Wien 96* .... FF**4 810** - £**603** - **$940**
VOLK Leonard Wells 1828-1895 [3]
▯ *Bust of Abraham Lincoln - Plaster (53cm-21in) New-York 92* .... FF**7 350** - £**854** - **$1,500**
VOLK Stephen A. Douglas 1856-1935 [2]
● *Summer Fishing - Oil/canvas (49x65cm-19x26in) New-York 94* .... FF**81 100** - £**9 610** - **$15,000**
VOLKAERT Piet 1902-1973 [1]
● *Le bistrot de l'arbalétrier - Huile/toile (80x60cm-31x24in) Bruxelles 97* .... FF**7 194** - £**774** - **$1,254**
VÖLKEL Reinhold 1873-1938 [2]
● *Ansicht von der Peterskirche - Oil/canvas (44x31cm-17x12in) Wien 89* .... FF**7 200** - £**716** - **$1,137**
● *Alte Kärntnerthortheater in Wien - Watercolour/paper (20x29cm-8x11in) Wien 92* .... FF**6 250** - £**747** - **$1,203**
VÖLKER Hans 1865-1944 [1]
● *Flusslandschaft - Öl/Leinwand (52x62cm-20x24in) Zofingen 93* .... FF**3 170** - £**361** - **$538**
VOLKERS Emil 1831-1905 [25]
● *A chestnut horse - Oil/canvas (27x35cm-11x14in) Warszawa 94* .... FF**6 630** - £**760** - **$1,125**
● *Hungarian nomads - Oil/canvas (59x87cm-23x34in) New-York 93* .... FF**17 600** - £**2 207** - **$3,200**
◊ *Schimmel wird am Zügel geführt - Aquarell/Papier (23x28cm-9x11in) Wien 94* .... FF**5 860** - £**679** - **$1,008**
VOLKERS Karl 1868-1944 [4]
● *Haras Argentino - Oil/canvas (56x68cm-22x27in) Bremen 90* .... FF**5 780** - £**591** - **$1,141**
VOLKERT Edward Charles 1871-1935 [11]
● *Old Saybrook scene - Oil/board (30x41cm-12x16in) Mystic, Connecticut 92* .... FF**8 880** - £**930** - **$1,600**
VOLKERT Hans 1878-? [2]
◊ *Zwei Kinderköpfe - Coloured chalks (23x23cm-9x9in) Wien 92* .... FF**3 850** - £**394** - **$678**
VOLKERTS Poppe 1875-? [1]
● *Felsenküste auf Capri - Öl/Leinwand (50x80cm-20x31in) Bremen 95* .... FF**10 430** - £**1 353** - **$2,172**
VOLKHART Max 1848-1935 [7]
● *Courtship - Oil/canvas (72x105cm-28x41in) New-York 92* .... FF**28 600** - £**3 414** - **$5,500**
VOLKHART Wilhelm 1815-1876 [2]
◊ *Brustbild Frau Campe - Drawing (22x18cm-9x7in) Hamburg 93* .... FF**2 035** - £**243** - **$392**
VOLKMANN Arthur 1851-1941 [1]
● *Sonnenbeschienie Waldlichtung - Öl/Leinwand (36x30cm-14x12in) Stuttgart 96* .... FF**4 780** - £**622** - **$946**
VOLKMANN von Hans Richard 1860-1927 [79]
● *Champ de blé et coquelicots - Huile/panneau (70x100cm-28x39in) Bruxelles 93* .... FF**7 350** - £**1 036** - **$1,550**
◊ *Winterstaude - Öl/Leinwand (112x155cm-44x61in) Heidelberg 95* .... FF**20 170** - £**2 616** - **$4,200**
◊ *Willingshausen - Pencil (23x29cm-9x11in) Bielefeld 94* .... FF**5 120** - £**611** - **$963**
VOLKMAR Antonie 1827-? [3]
● *The Punishment - Oil/canvas (78x69cm-31x27in) New-York 96* .... FF**62 300** - £**7 930** - **$12,000**
VOLKMAR Charles 1841-1914 [3]
● *Retour du troupeau - Huile/panneau (82x41cm-32x16in) Barbizon 94* .... FF**17 000** - £**2 004** - **$3,024**
VOLKOV Aleksandr Nikolaev. 1886-1957 [4]
● *The vegetable seller - Oil/canvas (57x42cm-22x17in) London 91* .... FF**30 240** - £**3 003** - **$5,251**
◊ *Gathering Central Asia - Indian ink (25x33cm-10x13in) London 95* .... FF**6 090** - £**800** - **$1,222**
VOLKOV Efim Efimovich 1844-1920 [4]
● *Road through the forest - Oil/canvas (63x101cm-25x40in) London 96* .... FF**30 600** - £**3 500** - **$5,830**

V

VOLKOV MUROMZOFF Aleksandr Nikolaev. 1844-1928 [7]
Motiv från Kairo - Akvarell (56x28cm-22x11in) Stockholm 94 .... FF**13 840** - £1 633 - **$2,464**
VOLKOV Serguei 1956 [2]
Rain - Oil/canvas (122x102cm-48x40in) New-York 90 .... FF**42 900** - £4 564 - **$7,674**
VOLL Christoph 1897-1939 [12]
Cabarett - Etching (24x20cm-9x8in) München 95 .... FF**2 705** - £341 - **$542**
Brentagruppe in Trentino - Pastel/paper (70x51cm-28x20in) Köln 96 .... FF**6 800** - £774 - **$1,300**
VOLLBEHR Ernst 1876-? [5]
Views in Brazil - Gouache (28x39cm-11x15in) London 96 .... FF**25 670** - £3 200 - **$4,960**
VOLLENNEIDER Arnold XIX-XX [1]
Pierre Louÿs à son mariage - Photo (17x22cm-7x9in) Paris 97 .... FF**2 400** - £254 - **$413**
VOLLENWEIDER Johann Gustav 1852-1919 [1]
Herrenporträt - Öl/Leinwand (60x49cm-24x19in) Bern 94 .... FF**4 060** - £484 - **$757**
VOLLERDT Johann Christian 1708-1769 [37]
Panoramic landscape - Oil/canvas (63x78cm-25x31in) London 96 .... FF**46 500** - £6 000 - **$9,100**
Vallée du Rhin - Huile/toile (102x124cm-40x49in) Toulouse 97 .... FF**220 000** - £23 364 - **$38,324**
VOLLET Henry 1850-1945 [28]
Barques et thoniers sous voiles - Huile/panneau (45x55cm-18x22in) Douarnenez 93 .... FF**5 000** - £603 - **$910**
VOLLET Jean XX [2]
L'Île de la Jatte - Huile/toile (60x81cm-24x32in) Monaco 93 .... FF**12 000** - £1 500 - **$2,182**
VOLLEVENS Johannes, Jan II 1685-1758 [1]
Boy, aged 1 year and 3 months - Oil/canvas (85x66cm-33x26in) London 93 .... FF**61 500** - £7 000 - **$10,430**
VOLLMAR Ludwig 1842-1884 [9]
Teasing the cat - Oil/canvas (69x58cm-27x23in) New-York 95 .... FF**61 300** - £7 640 - **$12,000**
Young mother spinning wool - Oil/canvas (88x66cm-35x26in) New-York 94 .... FF**210 500** - £24 360 - **$36,000**
VOLLMER Adolph Friedrich 1806-1875 [4]
Segelschiffe im Haffen - Öl/Leinwand (41x59cm-16x23in) Wien 95 .... FF**17 400** - £2 135 - **$3,390**
VOLLMER Grace Libby 1884-1977 [1]
Sunflowers - Oil/board (61x51cm-24x20in) San Francisco-Los Angeles 92 .... FF**10 800** - £1 104 - **$2,000**
VOLLMER Ruth 1903-1982 [2]
Bronze Sphere within a Sphere - Bronze (23cm-9in) New-York 91 .... FF**12 540** - £1 273 - **$2,265**
VOLLMERING Joseph 1810-1887 [1]
Cows grazing in the mountains - Oil/canvas (40x52cm-16x20in) New-York 93 .... FF**11 800** - £1 343 - **$2,000**
VOLLON Alexis 1865-1945 [48]
Copper pots - Oil/canvas (63x85cm-25x33in) New-York 92 .... FF**10 800** - £1 104 - **$2,000**
Pont Alexandre-III, Paris - Oil/canvas (45x55cm-18x22in) New-York 96 .... FF**62 300** - £7 930 - **$12,000**
Le Pont neuf - Aquarelle (13x17cm-5x7in) Paris 97 .... FF**2 400** - £259 - **$421**
Interior - Watercolour (47x31cm-19x12in) London 97 .... FF**18 957** - £2 000 - **$3,253**
VOLLON Antoine 1833-1900 [87]
Blumenstilleben - Oil/canvas (86x57cm-34x22in) Ahlden 92 .... FF**12 580** - £1 288 - **$2,215**
Prunkstilleben - Oil/panel (62x50cm-24x20in) Ahlden 92 .... FF**30 600** - £3 130 - **$5,390**
Grande composition aux cuivres - Huile/toile (162x114cm-64x45in) Barbizon 95 .... FF**70 500** - £9 220 - **$14,120**
Nature morte aux roses - Oil/canvas (71x56cm-28x22in) New-York 97 .... FF**199 658** - £21 522 - **$35,000**
VOLLON Jacques 1894-? [2]
Pêches et cerises - Aquarelle, gouache/papier (17x26cm-7x10in) Paris 96 .... FF**2 700** - £308 - **$517**
VOLLWEIDER Johann Jacob 1834-1891 [10]
Schweizer Gebirgstal - Oil/canvas (47x63cm-19x25in) München 92 .... FF**11 900** - £1 218 - **$2,334**
VOLMAR Johann Georg 1770-1831 [6]
Glaciers du Grindelwald - Aquarelle (20x30cm-8x12in) Bern 93 .... FF**2 066** - £258 - **$378**
Lausanne von einer Anhöde aus - Watercolour (38x55cm-15x22in) Luzern 92 .... FF**21 700** - £2 590 - **$4,170**
VOLMAR Joseph Simon 1796-1865 [2]
Junger Reiter auf einem braunen Pferd - Öl/Leinwand (75x89cm-30x35in) Zürich 94 .... FF**40 900** - £4 860 - **$7,700**
VOLMAR Rudolf 1804-1846 [1]
Torrent en montagne - Huile/toile (81x65cm-32x26in) Paris 95 .... FF**9 200** - £1 162 - **$1,845**
VOLMAR Theodor 1847-1939 [2]
Soldat beim Vorführen seines Pferdes - Öl/Leinwand (108x166cm-43x65in) Bern 94 .... FF**33 060** - £4 200 - **$6,360**
VOLOSENKOV Felix V. 1944 [4]
Paysage - Technique mixte, dessin (75x75cm-30x30in) Paris 90 .... FF**4 100** - £419 - **$809**
VOLOSHIN Maksimilian Alex. 1878-1932 [8]
Koktebel Bay, autumn - Gouache (13x45cm-5x18in) London 95 .... FF**3 950** - £500 - **$794**
VOLOVICK Lazare 1902-1977 [24]
Village au bord de l'eau - Huile/toile (65x81cm-26x32in) Paris 96 .... FF**9 000** - £1 167 - **$1,780**
Parasols à Andernos-les-Bains - Huile/toile (54x73cm-21x29in) Paris 95 .... FF**45 000** - £5 680 - **$8,970**
VOLPE Vincenzo 1855-1929 [2]
La piccola cucitrice - Olio/tela/tavola (27x18cm-11x7in) Roma 92 .... FF**12 400** - £1 475 - **$2,384**
VOLPES Pietro 1830-? [1]
L'atelier du peintre - Huile/toile (49x61cm-19x24in) Paris 93 .... FF**14 000** - £1 573 - **$2,373**
VOLPI Alfredo 1896-1988 [1]
Descobrimento da America - Gouache (44x66cm-17x26in) New-York 96 .... FF**135 800** - £15 480 - **$26,000**
VOLPINI Augusto 1832-1911 [1]
Bambina con un mazzo di fiori - Olio/tela (153x91cm-60x36in) Milano 90 .... FF**18 300** - £1 947 - **$3,274**

V

VOLPINI Renato 1934 [2]
- *Glossario cosmologico* - Technique mixte/toile (140x100cm-55x39in) Milano 90 .... FF31 050 - £3 175 - **$6,129**

VOLSKII Ivan Petrovich 1817-1868 [1]
- *Rusian living room with an icon* - Watercolour (18x28cm-7x11in) London 94 .... FF13 450 - £1 600 - **$2,533**

VOLTA Pablo 1926 [1]
- *Tristan Tzara rue de Lille* - Photo (21x20cm-8x8in) Paris 96 .... FF3 000 - £354 - **$590**

VOLTI Antoniucci 1915-1989 [241]
- *Nu allongé les bras croisés*
  Technique mixte/panneau (54x72cm-21x28in) Deauville 97 .... FF14 500 - £1 574 - **$2,569**
- *Nu assis* - Bronze (21cm-8in) Calais 97 .... FF4 500 - £493 - **$790**
- *Female Nude* - Bronze (20cm-8in) New-York 97 .... FF24 664 - £2 594 - **$4,249**
- *Sortilège* - Bronze (23x46cm-9x18in) Paris 96 .... FF52 000 - £5 920 - **$9,950**
- *Three Piece reclining Figure* - Bronze (21cm-8in) New-York 97 .... FF104 468 - £10 990 - **$18,000**
- *Les Parisiennes* - Bronze (97cm-38in) Bourg-en-Bresse 93 .... FF600 000 - £72 300 - **$109,000**
- *Nu pensif* - Mine plomb (29x25cm-11x9in) Calais 94 .... FF2 200 - £261 - **$407**
- *Nu assis de dos* - Sanguine (65x50cm-26x20in) Paris 94 .... FF6 500 - £767 - **$1,165**
- *Trois modèles* - Sanguine (75x54cm-30x21in) Deauville 93 .... FF41 000 - £4 940 - **$7,450**

VOLTOLINA Pierot XIX-XX [1]
- *Portrait of an elegant lady* - Pastel/paper (168x103cm-66x41in) London 91 .... FF36 300 - £3 614 - **$6,242**

VOLTZ Friedrich Johann 1817-1886 [124]
- *Eine Kuh auf der Wiese* - Öl/Leinwand (36x31cm-14x12in) München 94 .... FF8 500 - £992 - **$1,490**
- *Rinderherde und Schafe im Gebirge*
  Öl/Leinwand (88x120cm-35x47in) München 94 .... FF88 400 - £10 310 - **$15,500**
- *Vor dem Gewittersturm* - Oil/panel (45x63cm-18x25in) Stuttgart 95 .... FF157 500 - £20 200 - **$32,440**
- *Viehweide bei Regenstimmung* - Oil/panel (60x134cm-24x53in) Stuttgart 94 .... FF342 000 - £39 900 - **$60,200**

VOLTZ Johann Michael 1784-1858 [3]
- *A concert party* - Ink (14x17cm-6x7in) London 95 .... FF2 333 - £300 - **$482**

VOLTZ Ludwig Gustav 1825-1911 [18]
- *Ein Reh überquert eine Waldlichtung* - Oil/panel (32x23cm-13x9in) Stuttgart 95 .... FF3 460 - £452 - **$692**
- *Hüterbub mit Pferden auf der Weide* - Oil/panel (21x32cm-8x13in) München 96 .... FF20 340 - £2 430 - **$3,914**

VOLTZ Richard 1859-1933 [1]
- *Landschaft mit See* - Öl/Leinwand (22x31cm-9x12in) München 93 .... FF7 460 - £891 - **$1,435**

VOLZ Hermann 1814-1894 [8]
- *Der Kunstkenner* - Oil/canvas (41x33cm-16x13in) Stuttgart 91 .... FF33 800 - £3 393 - **$5,848**

VOLZ Theodor 1850-1916 [1]
- *Liebeswerben* - Gouache (62x43cm-24x17in) Leipzig 92 .... FF1 700 - £174 - **$300**

VOLZ Wilhelm 1855-1901 [4]
- *Wolkenverhangener Tag* - Öl/Leinwand (54x69cm-21x27in) Heidelberg 96 .... FF10 850 - £1 402 - **$2,125**

VONLANTHEN Louis 1889-1937 [4]
- *Freiburger Ansicht* - Oil/canvas (75x97cm-30x38in) Bern 92 .... FF26 040 - £2 660 - **$4,590**
- *Dent de Ruth et de Savigny, Gruyère* - Aquarell (24x33cm-9x13in) Bern 94 .... FF2 684 - £322 - **$522**

VONNOH Bessie Potter 1872-1955 [33]
- *Good Night* - Bronze (27cm-11in) New-York 96 .... FF26 100 - £3 020 - **$5,000**
- *The Young Mother* - Bronze (35cm-14in) New-York 94 .... FF108 200 - £12 820 - **$20,000**
- *Spring A Fountain Figure* - Bronze (195cm-77in) New-York 96 .... FF418 000 - £48 300 - **$80,000**

VONNOH Robert William 1858-1933 [13]
- *Portrait of a lady* - Oil/canvas (107x76cm-42x30in) New-York 94 .... FF8 560 - £998 - **$1,500**
- *Moist Weather, France* - Oil/canvas (65x53cm-26x21in) New-York 97 .... FF116 686 - £12 252 - **$20,000**
- *Early Spring, Connecticut* - Oil/canvas (61x77cm-24x30in) New-York 92 .... FF286 000 - £34 140 - **$55,000**

VONNOT-VIOLLET Yvonne 1883-1936 [8]
- *Savines, Hautes-Alpes* - Huile/toile/carton (33x41cm-13x16in) Bruxelles 94 .... FF2 490 - £293 - **$444**

VONTILLIUS Jeppe 1915 [34]
- *Landscape* - Oil/masonite (36x47cm-14x19in) Viby J, Århus 96 .... FF2 674 - £347 - **$535**

VOOGD Hendrik 1768-1839 [10]
- *A bull attacked by a dog* - Oil/canvas (76x102cm-30x40in) Amsterdam 93 .... FF22 600 - £2 700 - **$4,350**
- *Italian landscape* - Black chalk (49x63cm-19x25in) Amsterdam 94 .... FF18 400 - £2 190 - **$3,460**

VOORDE van de Georges 1878-1970 [3]
- *Femme nue* - Bronze (92cm-36in) Paris 96 .... FF13 500 - £1 747 - **$2,650**

VOORDECKER Henri 1766-1839 [2]
- *Peasant driving animals, dutch town* - Oil/panel (60x86cm-24x34in) New-York 90 .... FF22 900 - £2 452 - **$3,983**
- *Shepherds dancing* - Oil/panel (65x88cm-26x35in) London 91 .... FF129 600 - £12 957 - **$21,344**

VOORDEN van August Willem 1881-1921 [12]
- *Tugboats in a harbour, Rotterdam* - Oil/board (36x54cm-14x21in) Amsterdam 96 .... FF19 660 - £2 464 - **$3,800**
- *The Beursplein, Rotterdam* - Oil/canvas (65x81cm-26x32in) Amsterdam 97 .... FF76 026 - £8 037 - **$13,045**

VOORHEES Clark Greenwood 1871-1933 [3]
- *Campfire under the trees* - Oil/canvas (58x76cm-23x30in) New-York 93 .... FF7 150 - £897 - **$1,300**

VOORN BOERS Sebastiaan Theodorus 1828-1893 [8]
- *Skaters on a frozen waterway* - Oil/panel (26x35cm-10x14in) Amsterdam 97 .... FF19 108 - £2 090 - **$3,351**

VOORT van der Cornelis c.1576-1624 [2]
- *Portrait of a lady* - Oil/panel (107x75cm-42x30in) Amsterdam 94 .... FF81 800 - £8 960 - **$13,370**

VOORTMAN Clara 1856-1926 [2]
- *Rhododendron in a basket* - Oil/canvas (53x81cm-21x32in) New-York 89 .... FF8 000 - £796 - **$1,264**

VOORZAAT Theo 1938 [4]
- *Doorzicht* - Oil/canvas (40x30cm-16x12in) Amsterdam 92 .... FF18 100 - £2 160 - **$3,480**

VOPAVA Walter 1958 [3]
Ohne Titel - Mischtechnik/Papier (89x62cm-35x24in) Wien 96 .... FF*1 924* - £*241* - **$376**
VORDEMBERGE Friedrich 1897-1980 [16]
Kastanienblüten - Öl/Leinwand (80x80cm-31x31in) Köln 93 .... FF*20 340* - £*2 430* - **$3,914**
Villa Massimo - Lithographie (69x50cm-27x20in) Köln 94 .... FF*5 140* - £*596* - **$885**
VORDEMBERGE-GILDEWART Friedrich 1899-1962 [5]
Komposition n° 200 - Oil/canvas (50x50cm-20x20in) Amsterdam 94 .... FF*213 500* - £*25 060* - **$38,000**
Composition - Pochoir (39x31cm-15x12in) Amsterdam 97 .... FF*14 061* - £*1 474* - **$2,412**
VORDERMAYER Ludwig 1868-? [1]
A warrior and horse (a group) - Bronze (40cm-16in) London 96 .... FF*18 430* - £*2 100* - **$3,530**
VORGANG Paul 1860-1927 [7]
Märkischer See - Öl/Leinwand (62x103cm-24x41in) Berlin 96 .... FF*23 730* - £*2 960* - **$4,590**
VORONTZOV Dimitri 1931 [15]
Pêcheurs - Huile/toile (100x100cm-39x39in) Douarnenez 94 .... FF*6 500* - £*781* - **$1,210**
VÖRÖS Bella 1899-1983 [8]
Visage - Sculpture (9cm-4in) Paris 94 .... FF*6 500* - £*751* - **$1,122**
VÖRÖS Geza 1897-1957 [4]
Grande natura morta di fiori - Olio/tela (90x91cm-35x36in) Trieste 93 .... FF*10 240* - £*1 150* - **$1,834**
VOS Christoffel Albertus 1813-1877 [3]
Wooded winter landscape - Oil/canvas (52x66cm-20x26in) Amsterdam 96 .... FF*9 470* - £*1 190* - **$1,863**
VOS de Albert 1868-1950 [5]
Shipping in rough seas - Oil/canvas (96x174cm-38x69in) Château de Beloeil 92 .... FF*7 470* - £*765* - **$1,314**
VOS de Daniel 1568-1605 [1]
Saint Eustace/Saint Arsenius - Oil/canvas (147x190cm-58x75in) London 96 .... FF*144 700* - £*18 000* - **$28,060**
VOS de Vincent 1829-1875 [29]
En route pour le marché - Huile/toile (50x74cm-20x29in) Antwerpen 92 .... FF*11 530* - £*1 377* - **$2,220**
Singe épouillant son petit - Huile/toile (85x110cm-33x43in) Lille 95 .... FF*63 000* - £*8 280* - **$12,640**
VOS Franciscus Josephus 1847-1921 [1]
Entre roses - Pastel/papier (51x61cm-20x24in) Antwerpen 95 .... FF*1 533* - £*193* - **$304**
VOS Hubert 1855-1935 [4]
Javanese dancer, Jogyakarta - Oil/canvas (66x31cm-26x12in) Singapore 95 .... FF*207 700* - £*26 500* - **$41,900**
VOS Maria 1824-1906 [10]
Still life with a copper dish - Oil/canvas (80x58cm-31x23in) Amsterdam 91 .... FF*18 120* - £*1 799* - **$3,146**
Still life with coconuts - Watercolour/paper (53x35cm-21x14in) Amsterdam 94 .... FF*3 965* - £*461* - **$683**
VOSBERG Heinrich 1833-1891 [1]
Schäfer mit seiner Herde - Oil/canvas (95x79cm-37x31in) München 92 .... FF*15 300* - £*1 566* - **$3,000**
VÖSCHER Leopold Heinrich 1830-1877 [2]
Tiroler Gebirgsdorf - Öl/Leinwand (64x85cm-25x33in) Wien 92 .... FF*21 640* - £*2 517* - **$4,420**
VOSKUIJL Jan 1856-1926 [1]
Still life - Oil/canvas (75x63cm-30x25in) Amsterdam 92 .... FF*3 620* - £*432* - **$696**
VOSKUIL Jeroen 1914-1959 [1]
Interieur - Oil/canvas (95x110cm-37x43in) Amsterdam 94 .... FF*5 820* - £*690* - **$1,075**
VOSKUIL Johan Jacob 1897-? [1]
Two clowns and a circusgirl - Oil/canvas (90x116cm-35x46in) Amsterdam 94 .... FF*7 870* - £*905* - **$1,347**
VOSPER Sidney Curnow 1866-1942 [1]
A Breton village in moonlight - Wash (16x17cm-6x7in) London 90 .... FF*2 733* - £*279* - **$539**
VOSS Carl Leopold 1856-1821 [6]
Bauernstube - Öl/Leinwand (36x44cm-14x17in) Frankfurt 95 .... FF*4 820* - £*610* - **$942**
VOSS Frank Brook 1880-1953 [12]
Bay hunter in the stable - Oil/canvas (37x41cm-15x16in) New-York 93 .... FF*20 620* - £*2 587* - **$3,750**
VOSS Jan 1936 [83]
Sans titre - Huile/toile (146x114cm-57x45in) Paris 96 .... FF*18 000* - £*2 050* - **$3,446**
Im Bang des Berühmten Zeichens - Huile/toile (114x195cm-45x77in) Paris 96 .... FF*31 000* - £*3 530* - **$5,930**
Verdächtige Gestalten - Acrylic (113x145cm-44x57in) London 94 .... FF*46 600* - £*5 500* - **$8,300**
Sans titre - Technique mixte/toile (130x195cm-51x77in) Paris 93 .... FF*93 000* - £*11 200* - **$16,900**
Sans titre - Encre Chine (80x121cm-31x48in) Paris 96 .... FF*17 000* - £*2 130* - **$3,280**
Pferde - Mischtechnik/Papier (200x130cm-79x51in) Pforzheim 92 .... FF*47 600* - £*4 870* - **$8,380**
VOSS Karl 1825-1896 [1]
Bacchus - Marble (53cm-21in) London 94 .... FF*25 200* - £*3 000* - **$4,800**
VOSTELL Wolf 1932 [28]
Aus Duo - Decollage (110x99cm-43x39in) Hamburg 96 .... FF*27 100* - £*3 384* - **$5,240**
Amiq - Decollage (50x85cm-20x33in) Köln 95 .... FF*53 200* - £*6 960* - **$10,880**
Dépression endogène, 1960 - Sculpture Antwerpen 92 .... FF*24 300* - £*2 619* - **$4,286**
Ohne Titel - Mixed media drawing (73x101cm-29x40in) Köln 92 .... FF*18 700* - £*1 914* - **$3,290**
VOTH Hansjörg 1940 [5]
Abwicklung eines Kegelstumpfes - Watercolour (29x42cm-11x17in) München 95 .... FF*5 270* - £*663* - **$1,055**
VOUET Simon 1590-1649 [16]
Allégorie de l'Union - Huile/toile (111x95cm-44x37in) Le Touquet 91 .... FF*2* - £*248 875* - **$429,908**
Nude Woman - Black & white chalks (24x19cm-9x7in) New-York 97 .... FF*177 382* - £*19 744* - **$32,000**
VOULKOS Peter 1924 [18]
Untitled (Stacks) - Ceramic (70cm-28in) New-York 97 .... FF*92 861* - £*9 769* - **$16,000**

V

VOULLEMIER Anne Nicole 1796-1886 [2]
Lady in a decolleté white dress - Miniature (4x3cm-2x1in) Amsterdam 93 .... FF2 *410* - £288 - **$464**

VOUTTA Kurt-Michael 1898-? [1]
Feierabend - Aquarell/Papier (59x68cm-23x27in) München 96 .... FF3 *570* - £407 - **$683**

VOWE Paul Gerhart 1874-? [2]
Young lady seated, in a hat - Oil/board (64x51cm-25x20in) Amsterdam 92 .... FF5 *160* - £530 - **$992**

VOYATZIS Giorgios 1935-1993 [1]
Composition - Oil/canvas (92x146cm-36x57in) Athens 96 .... FF10 *600* - £1 *370* - **$2,050**

VOYER Jean Noël [2]
La bibliothèque - Aquarelle (45x35cm-18x14in) Saint-Dié 93.......................... FF5 *500* - £688 - **$1,000**

VOYET Jacques 1927 [17]
Les deux amies - Huile/toile (60x72cm-24x28in) Paris 94 .... FF2 *800* - £334 - **$528**
Scène de ville - Oil/canvas (33x46cm-13x18in) London 94.......................... FF10 *280* - £1 *200* - **$1,790**

VOYEZ Émile ?-1895 [1]
Saint Michael - Bronze (40cm-16in) London 93.......................... FF6 *080* - £700 - **$1,050**

VRBOVA Miloscava 1909-? [4]
Balletteuse vor dem Auftritt - Huile/panneau (57x42cm-22x17in) Bern 94 .... FF8 *880* - £1 *030* - **$1,532**

VREEDENBURGH Cornelis 1880-1946 [47]
Milking time - Oil/canvas (58x89cm-23x35in) Amsterdam 97.......................... FF38 *013* - £4 *018* - **$6,522**
At the Campsite - Oil/canvas (80x109cm-31x43in) Amsterdam 97 .... FF126 *050* - £13 *411* - **$21,932**
Beach-pleasure - Ink/paper (26x46cm-10x18in) Amsterdam 94 .... FF4 *284* - £514 - **$832**

VREELAND van Francis William 1879-1934 [2]
Children playing on the beach
        Watercolour/paper (38x55cm-15x22in) San Francisco-Los Angeles 94 .... FF4 *400* - £509 - **$750**

VREESE de Godefroid 1861-1941 [2]
Bacchanale - Marbre Carrare (66cm-26in) Bruxelles 96.......................... FF31 *700* - £4 *150* - **$6,420**

VREUGDENHIL Jaap 1904-1969 [3]
Mediterranean village by the sea - Oil/canvas (60x50cm-24x20in) Amsterdam 90 .... FF2 *200* - £227 - **$389**

VREULS Joseph 1864-1912 [8]
Le Goffe, Liège - Aquarelle (39x32cm-15x9in) Liège 93 .... FF2 *966* - £355 - **$606**

VRGESCH E.K. 1853-1917 [1]
In the old park, autumn - Oil/canvas (64x103cm-25x41in) Moscow 93.......................... FF8 *740* - £1 *006* - **$1,500**

VRIENDT de Albrecht 1843-1900 [4]
Galilée défendant sa thèse - Huile/toile (47x69cm-19x27in) Bruxelles 92 .... FF14 *800* - £1 *720* - **$3,020**
The Chess Game - Oil/panel (58x86cm-23x34in) New Orleans, Louisiana 94 .... FF119 *000* - £14 *100* - **$22,000**

VRIENDT de Juliaan 1842-1935 [3]
Condamnation de Boudewijn Hapken - Huile/toile (145x205cm-57x81in) Antwerpen 94 ..... FF23 *240* - £2 *730* - **$4,140**

VRIENS Antoine 1902-1987 [1]
Nu debout - Bronze (112cm-44in) Bruxelles 92 .... FF27 *940* - £3 *250* - **$5,700**

VRIES Catherine Julia 1813-? [1]
Hanging partridge on ledge - Oil/canvas (112x86cm-44x34in) London 92 .... FF6 *820* - £700 - **$1,310**

VRIES de Corstiaan 1936 [4]
Frog held up by a pair of hands - Pencil/paper (49x60cm-19x24in) Amsterdam 97 .... FF2 *773* - £30 0 1 - **$483**

VRIES de Edith 1945-1990 [2]
Sans titre - Assemblage (99x17x39cm-39x7x15in) Paris 94 .... FF9 *000* - £1 *026* - **$1,526**

VRIES de Henriette Estella 1886-1942 [1]
Children in a park - Oil/canvas (48x62cm-19x24in) London 91 .... FF63 *800* - £6 *397* - **$10,532**

VRIES de Herman 1931 [8]
Random object - Relief (35x40cm-14x16in) Amsterdam 95 .... FF12 *340* - £1 *616* - **$2,472**

VRIES de Hubert 1899-1979 [69]
Clown à l'accordéon - Huile/toile (110x70cm-43x28in) Antwerpen 94 .... FF3 *000* - £360 - **$583**
Le port d'Anvers - Huile/toile (110x110cm-43x43in) Antwerpen 94.......................... FF8 *240* - £961 - **$1,445**

VRIES de Jannes 1901-1986 [1]
Het Hoendiep, Groningen - Ink/paper (34x45cm-13x18in) Amsterdam 92 .... FF1 *530* - £176 - **$263**

VRIES de Maurice 1911-1991 [4]
Composition - Huile/panneau (70x60cm-28x24in) Antwerpen 92 .... FF3 *320* - £340 - **$584**

VRIES LAM de Dirk 1869-1937 [2]
Gyotplein, Groningen - Watercolour/paper (31x35cm-12x14in) Amsterdam 92 .... FF3 *340* - £343 - **$642**

VRIES van Emanuel 1816-1875 [3]
Estuary with moored shipping - Oil/canvas (40x57cm-16x22in) Amsterdam 95 .... FF7 *370* - £934 - **$1,440**
Dutch pinks & sailing ship - Oil/panel (33x47cm-13x19in) London 90 .... FF10 *200* - £1 *019* - **$1,935**
River estuary with sailing vessels - Ink/paper (15x24cm-6x9in) Amsterdam 90.......................... FF2 *413* - £243 - **$473**

VRIESE de Louis 1938 [2]
Paysage II, 1973 - Huile/toile (100x120cm-39x47in) Bruxelles 89 .... FF3 *400* - £358 - **$572**

VROLIJK Adrianus Jacobus 1834-1862 [11]
Figures in a market square - Oil/panel (32x26cm-13x10in) London 92 .... FF37 *100* - £3 *800* - **$6,550**
At the Lock House - Watercolour (33x48cm-13x19in) London 92.......................... FF12 *040* - £1 *400* - **$2,457**

VROLIJK Jan 1845-1894 [11]
Cows in a meadow - Oil/canvas (62x92cm-24x36in) Amsterdam 94 .... FF5 *810* - £698 - **$1,130**
Riding on the Beach - Watercolour/paper (26x42cm-10x17in) Amsterdam 97 .... FF3 *902* - £415 - **$679**

VROMAN Adam Clark 1856-1916 [10]
Indian Hogan - Gelatin silver print (15x20cm-6x8in) New-York 96 .... FF26 *800* - £3 *444* - **$5,200**

VROOM Cornelis Hendricksz. c.1591-1661 [8]
Fleet of Men-o'War with Figures - Ink (9x26cm-4x10in) New-York 97 .... FF**38 802** – £4 319 – **$7,000**
VROOM Johannes Paul 1922 [3]
De haagse kunstkring - Oil/canvas (110x191cm-43x75in) Amsterdam 90 .... FF**14 470** – £1 464 – **$2,752**
VROT Françoise XX [3]
Place des Vosges - Huile/papier/panneau (33x24cm-13x9in) La Varenne Saint-Hilaire 94 .... FF**2 000** – £225 – **$339**
VRUBEL Mikhail Alexandrov. 1856-1910 [9]
Volkhova - Sculpture (42cm-17in) London 92 .... FF**92 100** – £11 000 – **$17,720**
VRYZAKIS Theodoros 1814/19-1878 [2]
Rosa Botsaris - Oil/canvas (40x50cm-16x20in) Athens 95 .... FF**356 400** – £46 100 – **$72,800**
Destroying the Ammunition - Watercolour, gouache (35x29cm-14x11in) Athens 94 .... FF**77 800** – £9 220 – **$14,380**
VTOROFF Olga 1898-1936 [2]
La place Pigalle - Huile/toile (93x105cm-37x41in) Paris 97 .... FF**9 000** – £982 – **$1,573**
VU CAO DAM 1908 [3]
Fleurs de lys - Huile/toile (54x73cm-21x29in) Cannes 97 .... FF**6 500** – £705 – **$1,152**
VUAGNAT François 1826-1910 [2]
Marais à Vion - Oil/canvas (45x65cm-18x26in) Luzern 92 .... FF**3 045** – £364 – **$586**
VUILLARD Edouard 1868-1940 [465]
Le square Berlioz - Distemper/canvas (162x228cm-64x90in) New-York 96 .... FF**1** – £1 – **$2**
Jeanne Renouardt - Oil/canvas (100x80cm-39x31in) London 97 .... FF**1** – £190 000 – **$314,165**
Voiliers à quai - Peinture à la colle/papier (38x30cm-15x12in) Paris 96 .... FF**68 000** – £8 520 – **$13,120**
Jardin - Oil/paper/canvas (105x73cm-41x29in) Paris 89 .... FF**1 e +06** – £102 249 – **$160,772**
Pot fleuri - Huile/carton/toile (21x15cm-8x6in) Calais 96 .... FF**185 000** – £21 230 – **$35,300**
La salle à manger - Oil/board (24x47cm-9x19in) New-York 96 .... FF**492 000** – £63 500 – **$95,000**
Nu dans un intérieur - Oil/canvas (88x64cm-35x25in) New-York 96 .... FF**768 000** – £91 100 – **$150,000**
Intérieur aux tentures roses II - Lithographie couleurs (34x27cm-13x11in) Paris 97 .... FF**31 000** – £3 282 – **$5,369**
La Cuisinière - Lithographie couleurs (34x27cm-13x11in) Paris 97 .... FF**155 000** – £16 414 – **$26,846**
Bouquet de fleurs - Pastel/papier (22x18cm-9x7in) Paris 96 .... FF**34 000** – £4 420 – **$6,660**
La mère et la belle sœur de l'Artiste - Pencil/paper (65x70cm-26x28in) London 97 .... FF**77 220** – £8 000 – **$13,228**
Jeune fille au chat - Gouache (23x12cm-9x5in) Paris 97 .... FF**145 000** – £15 820 – **$25,346**
Moyen-Age, Musée des Arts Déco
    Tempera/paper (98x114cm-39x45in) London 96 .... FF**383 000** – £48 000 – **$73,900**
VUILLEFROY de Félix Dominique 1841-? [7]
La fermière - Huile/toile (38x55cm-15x22in) Paris 92 .... FF**11 000** – £1 126 – **$1,980**
VUILLEMET Alain 1947 [2]
La part du roi, 1989 - Sculpture (21x15x21cm-8x6x8in) Paris 90 .... FF**14 500** – £1 503 – **$2,548**
VUILLERMET Charles 1849-1917 [2]
Morgenstimmung am Genfersee - Öl/Leinwand (40x70cm-16x28in) Bern 96 .... FF**17 360** – £2 205 – **$3,340**
VUILLERMOZ Louis 1923 [2]
Bord de Marne - Huile/isorel (80x99cm-31x39in) Versailles 91 .... FF**6 000** – £605 – **$1,041**
VUILLIAMY Gérard 1909 [5]
Composition abstraite - Huile/toile (46x38cm-18x15in) Paris 96 .... FF**4 000** – £498 – **$776**
VUILLIER Gaston 1847-1915 [1]
Femme regardant un paysan assis - Huile/toile (58x43cm-23x17in) Autun 93 .... FF**10 600** – £1 325 – **$1,927**
VUKMANOVIC Stefan 1924 [4]
Schwabinger Strasse - Öl/Leinwand (60x70cm-24x28in) München 96 .... FF**3 390** – £425 – **$654**
VUKOVIC Marko 1892-? [3]
On the farm - Oil/canvas (41x51cm-16x20in) Cambridge, Mass. 92 .... FF**3 640** – £435 – **$700**
VUKOVIC Svetislav 1901-? [1]
Mädchenakt - Öl/Leinwand (66x54cm-26x21in) Wien 95 .... FF**5 940** – £755 – **$1,183**
VULLIAMY Gérard 1909 [36]
Composition - Huile/toile (54x65cm-21x26in) Versailles 97 .... FF**4 500** – £476 – **$772**
Sans titre - Huile/toile (130x97cm-51x38in) Versailles 91 .... FF**33 000** – £3 277 – **$5,730**
Composition 1933 - Aquarelle (43x63cm-17x25in) Paris 90 .... FF**70 000** – £7 254 – **$12,302**
VULLIEMIN Ernest John Alexis 1862-1902 [1]
Cycles Peugeot - Poster (150x110cm-59x43in) London 93 .... FF**6 150** – £700 – **$1,043**
VUORI Ilmari 1898-1975 [1]
Stilleben med fiskar - Oil/canvas (47x55cm-19x22in) Helsinki 92 .... FF**2 685** – £321 – **$517**
VUORI Kaarlo 1863-1914 [3]
Utsikt över Pyhäjärvi - Oil/paper/canvas (21x34cm-8x13in) Helsinki 90 .... FF**40 300** – £4 343 – **$7,108**
VUUREN van Jan 1871-1941 [12]
Sheep by a sheepfold - Oil/canvas (41x61cm-16x24in) Amsterdam 97 .... FF**9 708** – £1 050 – **$169,4 5**
VUYST de Gaspard 1923 [2]
Pièta - Huile/panneau (55x45cm-22x18in) Lokeren 94 .... FF**2 970** – £346 – **$520**
VYBOUD Jean Auguste 1872-? [3]
La Dent de Crolles - Aquatinte (30x38cm-12x15in) Grenoble 93 .... FF**1 500** – £169 – **$254**
VYSEKAL Edouard Antonin 1890-1939 [19]
Luvena - Oil/board (30x22cm-12x9in) San Francisco-Los Angeles 92 .... FF**9 720** – £994 – **$1,800**
Sunshine and laundry - Oil/canvas (45x58cm-18x23in) San Francisco-Los Angeles 92 ... FF**59 400** – £6 070 – **$11,000**
Neighboring houses
    Watercolour/paper (37x55cm-15x22in) San Francisco-Los Angeles 92 .... FF**7 020** – £718 – **$1,300**

V

VYSEKAL Luvena B. 1873-1954 [5]
- *Neighbor children* - Oil/canvas (25x34cm-10x13in) San Francisco-Los Angeles 92 .... FF5 940 - £608 - **$1,100**

VYSOTSKY Konstantin Semionov. 1864-1938 [2]
- *Capercailles in the forest* - Oil/canvas (66x75cm-26x30in) London 96 .... FF8 580 - £1 100 - **$1,702**

VYTLACIL Vaclav 1892-1984 [15]
- *Table top abstraction* - Tempera/panel (61x46cm-24x18in) New-York 92 .... FF14 560 - £1 740 - **$2,800**
- *Still Life with Fruit* - Gouache/paper (39x44cm-15x17in) New-York 96 .... FF6 260 - £725 - **$1,200**

VYVERE van de Edmond 1880-? [1]
- *Küchenstilleben mit blauem Krug* - Öl/Leinwand (60x49cm-24x19in) München 92 .... FF3 390 - £405 - **$653**

W

WAAGEN Adalbert 1833-1898 [17]
- *Tiroler Hochgebirgslandschaft* - Öl/Leinwand (32x44cm-13x17in) Köln 94 .... FF12 370 - £1 473 - **$2,330**
- *Hochalpine Landschaft mit See* - Öl/Papier (65x33cm-26x13in) Bremen 92 .... FF28 800 - £3 440 - **$5,540**

WAAGEN Arthur XIX-XX [11]
- *Danseuse nue* - Bronze (76cm-30in) Paris 95 .... FF26 000 - £3 420 - **$5,220**
- *Kabyle au retour de la chasse* - Bronze (118cm-46in) New-York 93 .... FF88 500 - £10 060 - **$15,000**

WAAGNER Alfred 1886-1960 [3]
- *Die 7 Schwaben* - Aquarelle, gouache/papier (25x36cm-10x14in) Wien 95 .... FF3 934 - £476 - **$741**

WAAGSTEIN Joen 1879-1949 [4]
- *Huse ved fjord, Faeroerne* - Oil/canvas (47x64cm-19x25in) Köbenhavn 92 .... FF4 930 - £504 - **$868**

WAAL MALEFIJT de Johannes 1812-1851 [1]
- *Figures in a wooded landscape* - Oil/canvas (49x61cm-19x24in) Amsterdam 92 .... FF20 630 - £2 120 - **$3,970**

WAALE Friedrich 1863-1927 [1]
- *Zwei Mönche probieren eine Speise* - Öl/Leinwand (26x39cm-10x15in) Lindau 94 .... FF2 744 - £326 - **$508**

WAARDEN van der Jan 1811-1872 [2]
- *Wooded landscape* - Oil/panel (29x37cm-11x15in) Amsterdam 91 .... FF7 210 - £727 - **$1,251**
- *Peaches, melons & grapes* - Oil/panel (92x77cm-36x30in) London 92 .... FF180 700 - £18 500 - **$31,900**

WAAY van der Nicolas 1855-1936 [28]
- *Portrait of a young lady* - Oil/canvas (47x39cm-19x15in) Amsterdam 97 .... FF2 427 - £262 - **$423**
- *The Model with the blue Slippers* - Oil/canvas (108x65cm-43x26in) Amsterdam 97 .... FF34 514 - £3 672 - **$6,005**
- *An elegant lady reading* - Watercolour/paper (38x22cm-15x9in) Amsterdam 96 .... FF11 430 - £1 387 - **$2,223**

WAAY van Simon Jacobus Mak 1804-1880 [1]
- *A fishmonger* - Oil/panel (42x35cm-17x14in) Amsterdam 95 .... FF8 650 - £1 044 - **$1,627**

WABBE Jakob c.1580-c.1640 [2]
- *E. Ment, wife of Governor of Hoorn* - Oil/panel (122x94cm-48x37in) London 95 .... FF114 700 - £15 000 - **$22,960**

WABEL Henry 1889-1981 [6]
- *Nature morte à la guitare* - Huile/toile (65x50cm-26x20in) Zürich 96 .... FF7 950 - £920 - **$1,522**

WABER Linde 1940 [13]
- *In Griechenland* - Ink/paper (30x41cm-12x16in) Wien 91 .... FF3 370 - £338 - **$556**

WACH Aloys Ludwig 1872-1940 [25]
- *Frauen/Kriegstotentanz/...* - Drypoint San Francisco-Los Angeles 96 .... FF1 558 - £199 - **$300**
- *Der Visionär* - Pastell/Papier (58x46cm-23x18in) Wien 97 .... FF4 316 - £455 - **$746**
- *Strassenszene* - Ink/paper (48x64cm-19x25in) Wien 96 .... FF19 300 - £2 200 - **$3,700**

WACH Karl Wilhelm 1787-1845 [1]
- *Die Schöne Velletrinerin* - Öl/Leinwand (67x55cm-26x22in) Berlin 97 .... FF233 110 - £24 757 - **$40,606**

WACHENHUSEN Friedrich 1859-1925 [1]
- *Volendam harbour with fisherfolk* - Oil/canvas (134x213cm-53x84in) Amsterdam 92 .... FF48 550 - £4 970 - **$8,540**

WACHEUX Yves 1933 [4]
- *Promenade dans la prairie* - Huile/toile (50x61cm-20x24in) Paris 97 .... FF2 000 - £215 - **$351**

WACHSMANN Friedrich 1820-1897 [2]
- *Meersburg am Bodensee* - Aquarell/Papier (37x62cm-15x24in) Zürich 94 .... FF12 170 - £1 440 - **$2,187**

WACHSMANN Julius 1866-1936 [1]
- *Motiv aus Dürnstein in der Wachau* - Aquarell/Papier (31x24cm-12x9in) Wien 93 .... FF2 930 - £333 - **$499**

WACHSMUTH Ferdinand 1802-1869 [2]
- *His first smoke* - Oil/panel (39x49cm-15x19in) New-York 90 .... FF45 800 - £4 872 - **$8,193**

WACHSMUTH Maximilian 1859-1912 [9]
- *Jäger zu Gast bei der Sennerin* - Öl/Leinwand (70x87cm-28x34in) München 94 .... FF22 100 - £2 580 - **$3,874**

WACHTEL Elmer 1864-1929 [17]
- *Snow-capped mountain*
  Oil/canvas (33x43cm-13x17in) San Francisco-Los Angeles 95 .... FF22 420 - £2 950 - **$4,500**
- *Mt. San Antonio, California*
  Oil/canvas (76x102cm-30x40in) San Francisco-Los Angeles 93 .... FF93 500 - £11 720 - **$17,000**
- *Boathouse* - Watercolour/paper (16x37cm-6x15in) San Francisco-Los Angeles 92 .... FF10 800 - £1 104 - **$2,000**

WACHTEL Marion Kavanaugh 1876-1954 [23]
- *High Sierras* - Oil/canvas (51x41cm-20x16in) San Francisco-Los Angeles 93 .... FF38 500 - £4 830 - **$7,000**
- *Arroyo Seco* - Watercolour/paper (41x31cm-16x12in) San Francisco-Los Angeles 95 .... FF18 700 - £2 456 - **$3,750**

WACHTEL Wilhelm 1875-1942 [7]
🖼 Rural landscape - Oil/canvas (64x77cm-25x30in) Tel Aviv 94 .... FF**15 300** - £1 820 - **$2,800**
✎ Village in the Galilee - Watercolour (22x32cm-9x13in) Tel Aviv 96 .... FF**2 590** - £325 - **$500**

WÄCHTER Eberhard 1762-1852 [1]
🖼 Herakles bei der Pythia in Delphi - Oil/canvas (74x84cm-29x33in) München 91 .... FF**17 100** - £1 756 - **$3,180**

WACHTER Emil 1921 [7]
🖼 Frau am Tisch - Oil/paper/panel (74x37cm-29x15in) Stuttgart 96 .... FF**23 630** - £2 863 - **$4,590**
✎ Jeremia - Pastel (21x14cm-8x6in) Stuttgart 96 .... FF**8 770** - £1 063 - **$1,706**

WÄCHTER Georg 1809-1863 [1]
🖼 Österreichischer Jägeroffizier - Öl/Karton (17x12cm-7x5in) München 93 .... FF**13 770** - £1 560 - **$2,326**

WÄCHTER von Paula 1860-1944 [4]
🖼 Im Bauerngarten bei Fischbach - Oil/canvas (71x63cm-28x25in) Stuttgart 90 .... FF**9 400** - £951 - **$1,788**

WACHTMEISTER Rosina XX [2]
✎ Still life with a violin, 1973 - Collage (51x35cm-20x14in) Amsterdam 89 .... FF**4 500** - £474 - **$758**

WACIK Franz 1883-1938 [10]
🖼 Warscheneck bei Hinterstoder - Öl/Leinwand (40x52cm-16x20in) Wien 96 .... FF**4 870** - £633 - **$963**
✎ Kaiser Karl & Kaiserin Zita - Aquarelle, gouache/papier (48x33cm-19x13in) Wien 96 .... FF**3 900** - £506 - **$771**

WACKER de Laurens XIX-XX [4]
🖼 Sculpteur et son modèle - Huile/toile (33x41cm-13x16in) Auxerre 91 .... FF**15 000** - £1 513 - **$2,924**

WACKER Rudolf 1893-1939 [5]
🖼 Frau mit Orange - Öl/Leinwand (63x47cm-25x19in) Wien 94 .... FF**268 400** - £31 950 - **$50,600**
✎ Weiblicher Akt - Black chalk/paper (39x27cm-15x11in) Wien 96 .... FF**14 480** - £1 650 - **$2,774**

WACKER-ELSEN Hans 1868-1958 [4]
🖼 Fischerboote vor Scheveningen - Öl/Leinwand (58x86cm-23x34in) Köln 93 .... FF**2 713** - £324 - **$522**

WACKLIN Isaac 1720-1758 [1]
🖼 Hattstofererare R. Fisher - Oil/canvas (74x59cm-29x23in) Helsinki 93 .... FF**120 100** - £14 440 - **$21,860**

WADDINGTON William Hartley XIX-XX [4]
🖼 Path to the mountains - Oil/canvas (64x76cm-25x30in) London 92 .... FF**4 690** - £480 - **$920**

WADDLE Harry XX [2]
📷 Boat Deck Patrol - Silver print (38x74cm-15x29in) New-York 93 .... FF**4 125** - £518 - **$750**

WADE Fred XIX-XX [1]
📷 Blackfriar's Bridge - Gelatin silver print London 96 .... FF**2 980** - £350 - **$587**

WADE George Edward 1853-1933 [2]
🗿 Grenadier guard - Bronze (44cm-17in) London 91 .... FF**7 900** - £792 - **$1,447**

WADE Thomas 1829-1891 [2]
🖼 Peat Mining - Oil/canvas (90x70cm-35x28in) London 95 .... FF**35 500** - £4 500 - **$7,140**

WADELL Carl Gabriel 1865-1909 [4]
🖼 Oscar II - Oil/canvas (86x65cm-34x26in) Stockholm 96 .... FF**2 640** - £331 - **$514**

WADERE Heinrich 1865-1950 [3]
🗿 Jeune femme agenouillée - Bronze (116cm-46in) Zürich 95 .... FF**112 200** - £14 460 - **$22,830**

WADSWORTH Adelaide E. 1844-1928 [2]
🖼 Woman at a desk - Oil/canvas (50x40cm-20x16in) Cambridge, Mass. 90 .... FF**4 230** - £430 - **$846**

WADSWORTH Edward 1889-1949 [14]
🖼 Cattewater, Plymouth Sound - Tempera/board (63x89cm-25x35in) London 92 .... FF**1** - £150 000 - **$258,000**
📄 Ladle Slag, Old Hill - Lithograph (37x49cm-15x19in) London 90 .... FF**12 600** - £1 302 - **$2,226**
✎ Rue de l'Araignée, Marseille - Pencil/paper (24x21cm-19x8in) London 97 .... FF**13 423** - £1 400 - **$2,295**

WADSWORTH Wedworth 1846-1927 [2]
✎ Country road with farm - Watercolour (33x48cm-13x19in) Delray Beach, Florida 93 .... FF**6 960** - £800 - **$1,200**

WAECHTER Jacqueline XX [22]
🖼 Hommage à Rimbaud - Huile/papier (99x55cm-39x22in) Paris 94 .... FF**4 500** - £524 - **$780**

WAEFELAERS Marten J. 1748-1799 [2]
🖼 Dorfstrasse mit spielenden Kindern - Öl/Leinwand (31x42cm-12x17in) Zürich 93 .... FF**51 500** - £5 890 - **$8,750**

WAEGENAERE de Raymond 1906-? [2]
🖼 Maison dans la grisaille - Huile/toile (37x45cm-15x18in) Bruxelles 89 .... FF**4 100** - £408 - **$648**

WAELE van de Raymond 1894-? [1]
🖼 Sur le port à Douarnenez - Huile/toile (50x40cm-20x16in) Douarnenez 94 .... FF**2 200** - £267 - **$419**

WAENERBERG Thorsten 1846-1917 [10]
🖼 Strandbild - Oil/canvas (66x90cm-26x35in) Helsinki 94 .... FF**84 600** - £9 800 - **$14,570**

WAENTIG Walter 1881-1962 [2]
🖼 Chiemseestrand mit Ufervegetation - Öl/Leinwand (49x64cm-19x25in) Leipzig 93 .... FF**7 460** - £891 - **$1,435**

WAERDIGH Dominicus Gottfried 1700-1789 [1]
🖼 Blumen- und Früchtstilleben - Oil/panel (76x61cm-30x24in) Köln 93 .... FF**312 000** - £37 260 - **$60,000**

WAETJEN von Otto 1881-1942 [1]
🖼 Italienische Landschaft - Oil/canvas (60x74cm-24x29in) Köln 92 .... FF**3 060** - £314 - **$539**

WAGEMAEKERS Victor 1876-1953 [54]
🖼 Intérieur - Huile/toile (60x45cm-24x18in) Antwerpen 94 .... FF**3 670** - £440 - **$713**
🖼 Vase fleuri - Huile/toile (66x54cm-26x21in) Bruxelles 91 .... FF**18 100** - £1 837 - **$3,269**
✎ Béguinage - Gouache (40x50cm-16x20in) Bruxelles 95 .... FF**3 185** - £420 - **$646**

WAGEMAKER Jaap 1906-1972 [25]
🖼 Composition nº 156 - Oil/canvas (78x95cm-31x37in) Amsterdam 94 .... FF**51 800** - £6 090 - **$9,230**
✎ Formes dans l'espace - Mixed media/paper (66x25cm-26x10in) Amsterdam 95 .... FF**9 450** - £1 206 - **$1,930**

W

WAGEMAN Thomas Charles 1787-1868 [2]
Seated Lady - Watercolour (17x24cm-7x9in) London 94 .... FF2 353 - £280 - **$444**
WAGEMANS Maurice 1877-1927 [19]
La Rêveuse - Huile/toile (33x52cm-13x20in) Bruxelles 93 .... FF4 940 - £591 - **$1,010**
A flower bouquet - Oil/canvas (55x48cm-22x19in) Amsterdam 94 .... FF39 800 - £4 720 - **$7,360**
WAGEMANS Pieter Johannes Al. 1879-1955 [7]
T Hang, Rotterdam - Oil/canvas (50x80cm-20x31in) Amsterdam 97 .... FF4 159 - £45 0 2 - **$725**
WAGEN Albert 1862-1945 [1]
Kakadu - Oil/board (55x32cm-22x13in) Zofingen 91 .... FF2 970 - £301 - **$536**
WAGENBAUER Max Joseph 1775-1829 [11]
Cattle in a forest Landscape - Oil/canvas (49x55cm-19x22in) Wien 96 .... FF52 400 - £6 350 - **$10,200**
Ansicht von Tegernsee - Pencil (25x40cm-10x16in) München 94 .... FF13 040 - £1 545 - **$2,410**
WAGENER Fritz 1896-1939 [1]
Woman in white dress with flowers - Watercolour (88x72cm-35x28in) Köbenhavn 96 .... FF14 950 - £1 930 - **$2,930**
WAGENSCHÖN Fraz Xaver 1726-1790 [1]
Joseph sold into slavery - Oil/copper (16x23cm-6x9in) London 94 .... FF10 820 - £1 300 - **$2,002**
WAGHORN Thomas 1900-1959 [1]
Isleworth Ferry - Watercolour (26x38cm-10x15in) London 93 .... FF1 600 - £200 - **$290**
WAGMANS Pieter Johannes 1879-1955 [1]
View of Rotterdam - Oil/canvas (51x70cm-20x28in) Los Angeles 89 .... FF5 700 - £583 - **$916**
WAGNENSCHOEN Franz Xavier 1726-1790 [2]
Venus watching Mars - Oil/canvas (71x92cm-28x36in) Amsterdam 91 .... FF45 100 - £4 577 - **$8,145**
Neptun und Amphitrite - Etching (18x25cm-7x10in) Heidelberg 93 .... FF1 594 - £191 - **$307**
WAGNER Alfred 1886-1960 [1]
Ganymède - Bodycolour (70x70cm-28x28in) London 92 .... FF21 500 - £2 200 - **$3,784**
WAGNER August 1875-1952 [1]
Stilleben in der Wohnzimmerecke - Öl/Leinwand (101x80cm-40x31in) Heidelberg 95 .... FF4 520 - £587 - **$941**
WAGNER Babette 1893-1965 [1]
Frühlingsstrauss - Öl/Karton (23x20cm-9x8in) Lindau 95 .... FF12 070 - £1 540 - **$2,433**
WAGNER Carl 1796-1867 [17]
Schlosspark Liebenstein, Meiningen - Aquarell (20x15cm-8x6in) Lindau 92 .... FF7 780 - £905 - **$1,590**
WAGNER Carl Richard 1882-1945 [1]
Kakteen am Gartenfenster - Öl/Leinwand (75x74cm-30x29in) Wien 94 .... FF2 916 - £343 - **$520**
WAGNER Cornelius 1870-1956 [10]
Marine - Öl/Karton (32x45cm-13x18in) Köln 92 .... FF5 100 - £522 - **$898**
WAGNER Dorothea Maria 1719-1792 [2]
Landscapes: Summer/Winter - Gouache (16x23cm-6x9in) Amsterdam 96 .... FF10 840 - £1 278 - **$2,130**
WAGNER Erich 1890-? [2]
In der Lotterie - Oil/panel (25x10cm-10x4in) Wien 92 .... FF3 850 - £386 - **$741**
WAGNER Ernst 1877-1951 [1]
Luna - Aquarell/Papier (40x30cm-16x12in) Wien 95 .... FF3 920 - £517 - **$794**
WAGNER Ferdinand I 1819-1881 [3]
The banquet - Oil/canvas (91x167cm-36x66in) New-York 93 .... FF194 700 - £22 150 - **$33,000**
WAGNER Ferdinand II 1847-1927 [13]
Départ du chasseur - Huile/toile (73x92cm-29x36in) Lyon 97 .... FF20 500 - £2 222 - **$3,604**
The feast - Oil/canvas/panel (90x165cm-35x65in) New-York 91 .... FF129 500 - £13 082 - **$25,708**
WAGNER France 1943 [3]
Sur la route de Saint-Cézaire - Huile/toile (46x55cm-18x22in) Arles 96 .... FF2 500 - £321 - **$485**
WAGNER Franz 1857-? [2]
Alpen am Spätsommertag - Oil/canvas (34x78cm-13x31in) Stuttgart 90 .... FF6 380 - £645 - **$1,214**
WAGNER Fred 1864-1940 [18]
Red barn in Norristown - Oil/canvas (51x66cm-20x26in) Philadelphia 92 .... FF5 880 - £683 - **$1,200**
Philadelphia waterfront in winter - Oil/canvas (74x91cm-29x36in) Philadelphia 92 .... FF30 600 - £3 560 - **$6,250**
Ships in a harbor - Pastel/paper (58x45cm-23x18in) New-York 92 .... FF2 450 - £285 - **$500**
WAGNER Fritz 1902-1976 [9]
Das Rauchkabinett - Öl/Leinwand (80x100cm-31x39in) Stuttgart 94 .... FF18 800 - £2 260 - **$3,580**
WAGNER Fritz 1872-? [14]
A captivating story - Oil/canvas (58x79cm-23x31in) London 91 .... FF33 700 - £3 420 - **$6,087**
WAGNER Fritz 1896-1939 [17]
Beim Kartenspiel - Öl/Leinwand (65x809cm-26x319in) Köln 93 .... FF23 060 - £2 754 - **$4,440**
A Good Story - Oil/canvas (71x86cm-28x34in) London 96 .... FF76 600 - £9 000 - **$15,080**
WAGNER Gerry 1870-1956 [1]
Ausfahrt der Fischkutter - Oil/canvas (84x110cm-33x43in) Wien 90 .... FF48 000 - £5 106 - **$8,587**
WAGNER Hans 1871-? [1]
Wloski, paysage - Huile/toile (99x200cm-39x79in) Warszawa 93 .... FF16 980 - £1 738 - **$2,813**
WAGNER Hans Johann 1866-1940 [6]
Venezia - Olio/tela (75x100cm-30x39in) Trieste 97 .... FF13 600 - £1 600 - **$2,400**
WAGNER Hans-Jörg 1930 [4]
Playful panthers - Bronze (53cm-21in) London 94 .... FF25 560 - £3 000 - **$4,550**
Black panther - Watercolour (46x46cm-18x25in) London 94 .... FF6 820 - £800 - **$1,214**
WAGNER Jacob 1852-1898 [7]
A Garden in Milton - Oil/canvas (36x46cm-14x18in) Portland, Maine 94 .... FF35 700 - £4 280 - **$6,600**
Great Blue Heron, Milton - Watercolour (23x33cm-9x13in) Portland, Maine 94 .... FF2 436 - £292 - **$450**

WAGNER Johann Peter 1730-1809 [1]
Maria mit Kind - Relief (26x20cm-10x8in) München 92 .... FF*125 800* - £*12 870* - **$22,140**
WAGNER Jolanta 1949 [2]
Livre égyptien - Collage (65x95cm-26x37in) Paris 96 .... FF*2 400* - £*312* - **$471**
WAGNER Joseph 1706-1780 [2]
Les Quatre Éléments
    Ensemble de 4 cuivres, avec quatrain (50x32cm-20x13in) Paris 93 .... FF*54 000* - £*6 750* - **$9,810**
WAGNER Karl 1864-? [2]
Hirsche - Oil/panel (40x55cm-16x22in) Rudolstadt-Thüringen 96 .... FF*2 210* - £*252* - **$423**
WAGNER Karl 1839-1923 [4]
Höllandischer Hafen - Ol/Leinwand (50x82cm-20x32in) Heidelberg 95 .... FF*8 360* - £*1 073* - **$1,688**
WAGNER Karl 1856-1921 [9]
Abendliche Hafenszene - Oil/canvas (73x99cm-29x39in) Wien 91 .... FF*12 030* - £*1 208* - **$2,081**
Im Birkenwald - Ol/Leinwand (100x73cm-39x29in) Bremen 94 .... FF*16 800* - £*1 947* - **$2,890**
WAGNER Karl 1877-? [5]
Bachlandschaft, Rheinebene - Ol/Leinwand (91x80cm-36x31in) Heidelberg 95 .... FF*5 220* - £*677* - **$1,086**
WAGNER Madeleine XX [3]
Les Baléares - Huile/toile (55x46cm-22x18in) Les Andelys 94 .... FF*2 800* - £*326* - **$491**
WAGNER Maria Dorothea 1719-1792 [2]
Winterliche Dorflandschaft - Oil/canvas (24cm-9in) Stuttgart 93 .... FF*17 400* - £*1 995* - **$2,960**
WAGNER Michel 1883-1965 [2]
Boote am See - Mixed media/canvas (45x73cm-18x29in) Hamburg 96 .... FF*5 950* - £*678* - **$1,138**
Winter - Aquarell/Papier (38x55cm-15x22in) Heidelberg 96 .... FF*3 190* - £*412* - **$625**
WAGNER Otto 1803-1861 [6]
Hirt mit seiner Schafherde in der Furt - Ol/Leinwand (66x94cm-26x37in) München 94 .... FF*11 940* - £*1 412* - **$2,146**
Prisoner's excavation, roman forum - Oil/canvas (81x12cm-32x5in) London 89 .... FF*435 800* - £*44 560* - **$70,064**
Gehöft mit einem Turm bei Ponte Salario in der Umgebung Roms
    Pencil (11x15cm-4x6in) Köln 94 .... FF*2 740* - £*322* - **$481**
WAGNER Otto Erich 1895-1979 [1]
Komposition - Charcoal/paper (20x20cm-8x8in) Wien 96 .... FF*9 740* - £*1 265* - **$1,927**
WAGNER Paul Hermann 1852-? [9]
Extase - Huile/toile (100x70cm-39x28in) Bruxelles 97 .... FF*28 630* - £*2 975* - **$4,883**
Aye Aye Captain - Oil/canvas (104x60cm-41x24in) New-York 96 .... FF*120 000* - £*15 530* - **$24,000**
WAGNER Pierre 1897-1943 [23]
Retour de pêche dans le Midi - Huile/toile (45x81cm-18x32in) Brest 95 .... FF*3 800* - £*475* - **$745**
Retour de pêche à Douarnenez - Huile/toile (46x71cm-18x28in) Brest 95 .... FF*12 500* - £*1 560* - **$2,450**
WAGNER Reiner 1942 [4]
Voralpenlandschaft - Oil/canvas (100x70cm-39x28in) München 89 .... FF*13 500* - £*1 423* - **$2,273**
WAGNER Ruth 1912-1985 [2]
9 Bll. Entwürfe zu Zauberflöte - Mixed media München 94 .... FF*3 430* - £*407* - **$634**
WAGNER Theodor 1800-1880 [2]
Bust of Christoph Herzog - Sculpture (58cm-23in) London 91 .... FF*36 800* - £*3 915* - **$6,583**
WAGNER Wilhelm George 1814-1855 [1]
The Road Home - Oil/canvas (56x71cm-22x28in) New-York 91 .... FF*9 960* - £*1 006* - **$1,977**
WAGNER Wolfgang 1884-1931 [3]
Im Biergarten - Wash (29x34cm-11x13in) München 90 .... FF*2 040* - £*209* - **$403**
WAGNER-HÖHENBERG Josef 1870-1939 [14]
Kartenspieler - Ol/Leinwand (54x74cm-21x29in) München 94 .... FF*23 960* - £*2 840* - **$4,370**
WAGONER DEMAREST van Margaret 1810-1877 [1]
Goddesses Ceres in her chariot - Watercolour (17x21cm-7x8in) New-York 92 .... FF*64 800* - £*6 620* - **$12,000**
WAGONER Harry B. 1889-1950 [1]
Paradise Valley - Oil/canvas (61x76cm-24x30in) San Francisco-Los Angeles 94 .... FF*15 300* - £*1 810* - **$2,750**
WAGREZ Edmond Louis Marie 1815-1882 [2]
Stringing the cello - Oil/panel (22x14cm-9x6in) London 96 .... FF*29 800* - £*3 500* - **$5,790**
WAGREZ Jacques C. 1846-1908 [7]
Exercise of Intellect - Oil/canvas (124x112cm-49x44in) New-York 94 .... FF*140 400* - £*16 240* - **$24,000**
WAGSTAFF Charles Edward 1808-? [3]
Queen Victoria - Engraving (41x28cm-16x11in) Leyburn, North Yorkshire 92 .... FF*1 564* - £*160* - **$276**
WAGULA Hans 1894-1964 [10]
Strahlend weiß!..., study for poster - Mischtechnik (52x22cm-20x9in) Wien 90 .... FF*6 700* - £*713* - **$1,199**
Persil - Poster (188x372cm-74x146in) New-York 96 .... FF*12 220* - £*1 440* - **$2,400**
Strahlend weiß! II... - Mischtechnik/Papier (46x30cm-18x12in) Wien 90 .... FF*7 700* - £*819* - **$1,377**
WAH Bernard 1939-1981 [2]
Couple dans la nuit - Huile/toile (60x75cm-24x30in) Paris 96 .... FF*20 000* - £*2 333* - **$3,510**
WAHL Johann Salomon 1689-1765 [3]
Else Bartholin - Oil/canvas (80x62cm-31x24in) Köbenhavn 96 .... FF*28 400* - £*3 235* - **$5,430**
WAHL von Alexander 1839-? [1]
Tscherkessen-Trupp - Oil/panel (16x22cm-6x9in) Stuttgart 91 .... FF*13 620* - £*1 365* - **$2,495**
WAHLBERG Alfred 1834-1906 [75]
Vid floden - Oil/canvas (33x46cm-13x18in) Stockholm 97 .... FF*6 707* - £*746* - **$1,212**
Bohusländsk kust - Oil/canvas (54x82cm-21x32in) Stockholm 96 .... FF*30 760* - £*3 840* - **$5,940**
Parkbänken - Oil/canvas (35x46cm-14x18in) Stockholm 96 .... FF*69 200* - £*8 630* - **$13,360**

W

WAHLBERG Ulf 1938 [22]
- Bilar Los Angeles - Oil/canvas (79x99cm-31x39in) Stockholm 92 .... FF25 300 - £3 023 - $4,870
- Skrotbilar - Lithograph Stockholm 92 .... FF1 510 - £155 - $266
- Komposition, 1986 - Akvarell (36x27cm-14x11in) Stockholm 89 .... FF6 700 - £706 - $1,128

WAHLBERGSON Erik 1808-1865 [5]
- Lek med såpblubblor - Oil/canvas (40x32cm-16x13in) Helsinki 92 .... FF7 880 - £807 - $1,390

WAHLBOHM Carl 1810-1858 [5]
- Ridsällskapet - Oil/canvas (38x46cm-15x18in) Stockholm 96 .... FF27 700 - £3 530 - $5,340

WAHLBOHM Johan Gustaf 1824-1876 [1]
- Gosse med metspö - Oil/canvas (31x37cm-12x15in) Stockholm 96 .... FF2 073 - £238 - $396

WAHLE Friedrich 1863-1927 [4]
- Sie wünschen ? - Ol/Karton (42x33cm-17x13in) Köln 96 .... FF6 090 - £715 - $1,197

WAHLER Carl 1863-1931 [3]
- In der Hufschmiede - Oil/board (30x39cm-12x15in) Stuttgart 91 .... FF5 790 - £580 - $1,060

WAHLGREN Anders 1861-1928 [3]
- Jakthund med morkulla - Oil/canvas (81x54cm-32x21in) Stockholm 90 .... FF23 400 - £2 381 - $4,680

WAHLQUIST Ernfried 1815-1895 [27]
- Moonlit lake landscape - Oil/canvas (63x97cm-25x38in) London 92 .... FF7 540 - £900 - $1,450
- A Harbour Inlet - Oil/canvas (66x98cm-26x39in) New-York 94 .... FF55 600 - £6 430 - $9,500

WAHLROOS Dora 1870-1947 [6]
- Från Åbo - Oil/canvas (38x45cm-15x18in) Helsinki 93 .... FF10 670 - £1 220 - $1,818
- Strandtall - Gouache (49x33cm-19x13in) Helsinki 91 .... FF5 160 - £514 - $887

WAHLSTEDT Walter 1898-1972 [2]
- Konstruktiv - Gouache (16x13cm-6x5in) Köln 93 .... FF6 440 - £770 - $1,240

WAHLSTRÖM Charlotte 1849-1924 [21]
- Höet bärgas - Oil/canvas (37x60cm-15x24in) Stockholm 97 .... FF4 573 - £509 - $826
- Svenskt skogslandskap - Oil/canvas (76x136cm-30x54in) Stockholm 92 .... FF24 500 - £2 510 - $4,320

WAHLSTRÖM Filip 1895-1972 [5]
- Hartippen, Tjörn - Oil/board (38x46cm-15x18in) Göteborg 90 .... FF4 700 - £500 - $841

WAHLSTRÖM Sigrid de Rougemont 1888-1984 [5]
- Blomster i vas - Oil/canvas (64x54cm-25x21in) Malmö 93 .... FF2 397 - £283 - $422

WÄHNER Trude 1900-1979 [2]
- Im Süden - Öl/Leinwand (57x71cm-22x28in) Wien 93 .... FF12 250 - £1 385 - $2,064

WAIDMANN Pierre 1860-1937 [5]
- Holländskt kanalmotiv - Oil/canvas (66x94cm-26x37in) Uppsala 92 .... FF9 900 - £1 013 - $1,743

WAILAND Friedrich Josef 1821-1904 [5]
- Mädchen in rosa Kleid - Miniature (9cm-4in) Wien 96 .... FF13 440 - £1 630 - $2,613

WAILLY de Charles 1729-1798 [7]
- Monument to a General - Black chalk (48x36cm-19x14in) London 97 .... FF156 555 - £16 000 - $26,646

WAIN Louis William 1860-1939 [127]
- Checky Mouse! - Oil/board (19x24cm-7x9in) London 94 .... FF18 340 - £2 100 - $3,110
- A cat in a teapot - Watercolour (29x18cm-11x7in) London 96 .... FF5 780 - £750 - $1,143
- The Chairman's Cigar - Watercolour (40x27cm-16x11in) London 94 .... FF10 500 - £1 250 - $1,980
- Deby Day, here they come - Ink (48x72cm-19x28in) London 96 .... FF27 700 - £3 600 - $5,410

WAINEWRIGHT Thomas Francis c.1830-c.1900 [18]
- A Shady Glen - Oil/canvas (61x50cm-24x20in) London 97 .... FF23 875 - £2 600 - $4,152
- Sheep in a winterlandscape - Pencil (20x30cm-8x12in) London 92 .... FF4 890 - £500 - $862

WAINWRIGHT Thomas Francis XIX-XX [7]
- Cantebury meadows - Oil/canvas (62x91cm-24x36in) London 94 .... FF34 200 - £4 000 - $6,000

WAINWRIGHT William John 1855-1931 [9]
- Summer flowers - Oil/canvas (66x55cm-26x22in) London 94 .... FF45 200 - £5 400 - $8,700
- The Spinning Wheel - Watercolour (5x41cm-2x16in) London 95 .... FF30 900 - £4 000 - $6,320

WAIS Alfred 1905-1988 [13]
- Blauer Garten - Oil/panel (50x70cm-20x28in) Stuttgart 92 .... FF23 740 - £2 835 - $4,570
- Inntal im Nebel - Aquarell (36x50cm-14x20in) Stuttgart 92 .... FF5 440 - £557 - $958

WAITE Edward Wilkins 1854-1924 [33]
- Wayside inn - Oil/canvas (30x45cm-12x18in) London 91 .... FF35 200 - £3 600 - $6,210
- May, Fittleworth, Sussex - Oil/canvas (51x76cm-20x30in) London 92 .... FF97 700 - £10 000 - $17,240
- Where spreading Hawthorn... - Oil/canvas (91x127cm-36x50in) London 93 .... FF249 000 - £28 000 - $41,700

WAITE Harold XIX-XX [4]
- A Moorland garden - Oil/canvas (91x137cm-36x54in) London 97 .... FF23 450 - £2 800 - $4,510
- An Essex Barn - Watercolour (25x32cm-10x13in) London 94 .... FF1 500 - £180 - $277

WAITE James Clarke 1832-1921 [4]
- The new bonnet - Oil/canvas (40x51cm-16x20in) London 92 .... FF27 350 - £2 800 - $4,830
- Soldier's conquests - Oil/canvas (92x114cm-36x45in) New-York 93 .... FF200 600 - £22 800 - $34,000

WAITE Robert Thorn-Waite 1842-1935 [29]
- Haymaking - Oil/canvas (30x40cm-12x16in) London 92 .... FF35 200 - £3 600 - $6,190
- Hop pickers resting - Watercolour (16x30cm-6x12in) London 95 .... FF5 380 - £680 - $1,080
- Beverley minster - Pencil (32x92cm-13x36in) London 93 .... FF35 600 - £4 000 - $5,960

WAKELIN Roland Shakespeare 1887-1971 [44]
- Lowry Bay, New Zealand - Oil/canvas (46x54cm-17x22in) London 95 .... FF17 420 - £2 200 - $3,494

WAKHEVITCH Georges 1907-1984 [19]
- Port de Toulon - Huile/papier (32x41cm-13x16in) Versailles 91 .... FF3 500 - £353 - $619
- Mlle. L'Espagnol dans les Djinns - Gouache (54x37cm-21x15in) Soissons 95 .... FF3 800 - £473 - $741

WAKIDI 1889-? [8]
🖼 *Plain of Solok, Sumatra* - Oil/board (37x63cm-15x25in) Amsterdam 96 .... FF**18 100** - £**2 322** - **$3,504**

WAKIM Frédéric XX [7]
✏ *Trio musicien* - Technique mixte/panneau (89x116cm-35x46in) Paris 91 .... FF**3 000** - £**304** - **$542**

WAKKER-ELSEN Hans 1868-1958 [1]
🖼 *Bomschuit in the breakers* - Oil/cardboard (40x31cm-16x12in) Amsterdam 92 .... FF**2 107** - £**245** - **$430**

WAKSVIK Skule 1927 [2]
🗿 *Bjørn* - Bronze (31cm-12in) Oslo 96 .... FF**8 100** - £**938** - **$1,553**

WAL van der Hendrik Adriaan 1882-1963 [1]
🖼 *An Amsterdam harbour scene* - Oil/canvas (90x120cm-35x47in) Amsterdam 89 .... FF**2 400** - £**245** - **$386**

WALBERER Siegfried 1877-1937 [1]
✏ *Innfall bei Passau* - Pencil (20x19cm-8x7in) München 91 .... FF**3 380** - £**343** - **$610**

WALBOURN Ernest Ch. 1871-1927 [63]
🖼 *Hop pickers* - Oil/board (31x41cm-12x16in) London 95 .... FF**3 524** - £**450** - **$720**
After church - Oil/canvas (50x61cm-20x24in) London 92 .... FF**20 500** - £**2 100** - **$3,620**
Feeding the Chicks - Oil/canvas (50x76cm-20x30in) London 96 .... FF**52 300** - £**6 200** - **$10,200**

WALBOURN Eva XIX-XX [3]
🖼 *Mixed flowers in a landscape* - Oil/board (31x25cm-12x10in) London 95 .... FF**2 703** - £**350** - **$550**

WALCH Albert 1816-1882 [1]
✏ *Bildnis eines Mädchen* - Aquarell (38x30cm-15x12in) Bern 93 .... FF**6 010** - £**751** - **$1,098**

WALCH Charles 1898-1948 [53]
🖼 *Le goûter* - Huile/toile (65x81cm-26x32in) Paris 92 .... FF**44 500** - £**5 310** - **$8,550**
Bouquet à la campagne - Huile/toile (81x65cm-32x26in) Lyon 92 .... FF**115 000** - £**11 770** - **$20,240**
✏ *L'âne du Père Cheminal* - Gouache (61x46cm-24x18in) Lyon 96 .... FF**19 000** - £**2 290** - **$3,645**

WALCH Paul Johann 1881-1958 [19]
🖼 *Im Murnauer Moos* - Öl/Leinwand (80x90cm-31x35in) München 92 .... FF**2 713** - £**324** - **$522**

WALCH Thomas 1867-1943 [7]
🖼 *Tiroler Bauernbursch* - Öl/Leinwand (47x37cm-19x15in) Köln 94 .... FF**25 800** - £**3 070** - **$4,850**

WALCHER Ferdinand Edward 1895-1955 [2]
🖼 *Nude at a table reading a book* - Oil/canvas (76x98cm-30x39in) Amsterdam 93 .... FF**4 505** - £**540** - **$824**

WALCOT William 1874-1943 [42]
🖼 *Eros from Picadilly* - Oil/board (19x28cm-7x11in) London 93 .... FF**8 400** - £**1 000** - **$1,540**
✏ *King's College, Cambridge* - Watercolour (24x31cm-9x12in) London 93 .... FF**11 570** - £**1 300** - **$1,937**
Figures in a busy Street Scene - Watercolour (43x52cm-17x20in) London 97 .... FF**46 041** - £**5 000** - **$8,159**

WALCOTT Harry Mills 1870-1944 [2]
🖼 *Chasing butterflies* - Oil/canvas (68x91cm-27x36in) New-York 90 .... FF**228 800** - £**24 340** - **$40,930**

WALD Ingrid Theodora 1943 [2]
🖼 *Grüne Nymphe* - Öl/Leinwand (50x40cm-20x16in) Wien 93 .... FF**10 780** - £**1 220** - **$1,817**

WALDBERG Isabelle 1911-1990 [2]
✏ *Projet de sculpture* - Gouache (46x62cm-18x24in) Paris 90 .... FF**5 000** - £**539** - **$882**

WALDE Alfons 1891-1958 [89]
🖼 *Häuser in Winterlandschaft* - Oil/board (43x33cm-17x13in) London 91 .... FF**94 200** - £**9 492** - **$16,346**
Bäuerinnen - Öl/Karton (59x42cm-23x17in) Wien 94 .... FF**303 500** - £**37 900** - **$61,300**
Dorfstrasse, Tyrol - Oil/canvas (75x120cm-30x47in) London 95 .... FF**817 000** - £**105 000** - **$165,000**
✏ *Stehender Akt* - Mischtechnik/Papier (38x30cm-15x12in) Wien 97 .... FF**76 448** - £**8 128** - **$13,184**

WALDE Franz 1863-1951 [2]
🖼 *Landschaft mit Wolke* - Mischtechnik/Karton (17x23cm-7x9in) Wien 91 .... FF**12 000** - £**1 210** - **$2,339**

WALDE Martin 1957 [6]
✏ *Ohne Titel* - Mischtechnik/Papier (70x50cm-28x20in) Wien 95 .... FF**2 465** - £**295** - **$470**

WALDEGG Franz 1889-1966 [2]
🖼 *Meeresbrandung* - Oil/canvas (100x121cm-39x48in) Frankfurt 92 .... FF**5 440** - £**557** - **$958**

WALDÉN Kari 1941 [2]
🖼 *Vår* - Oil/canvas (91x122cm-36x48in) Helsinki 94 .... FF**7 400** - £**858** - **$1,275**

WALDEN Lionel 1861-1933 [2]
🖼 *Open sea* - Oil/canvas (66x97cm-26x38in) Mystic, Connecticut 92 .... FF**12 500** - £**1 278** - **$2,200**

WALDENBURG von Alfred 1847-? [1]
🖼 *Chiemseelandschaft* - Oil/canvas (90x160cm-35x63in) Stuttgart 92 .... FF**10 200** - £**1 044** - **$1,796**

WALDHAUSER Anton 1835-1913 [2]
🖼 *Motiv aus Alpbach* - Öl/Leinwand (44x61cm-17x24in) Wien 94 .... FF**7 290** - £**856** - **$1,298**

WALDMAN Max 1919-1981 [3]
📷 *Mikhail Baryschnikov* - Gelatin silver print New-York 96 .... FF**4 440** - £**514** - **$850**

WALDMANN Oscar 1856-? [3]
🗿 *Biche couchée* - Bronze (11cm-4in) Paris 95 .... FF**2 600** - £**343** - **$528**
A lion attacking a kid
      Glazed composition stone group, after O. Waldmann (30cm-12in) London 92 .... FF**27 500** - £**3 200** - **$5,620**

WALDMÜLLER Ferdinand 1816-1885 [3]
✏ *Burgturm und Baum* - Pencil (21x29cm-8x11in) Lindau 96 .... FF**2 703** - £**326** - **$519**

WALDMÜLLER Ferdinand Georg 1793-1865 [36]
🖼 *Mädchen, einen Brief lesend* - Oil/canvas (99x82cm-39x32in) London 96 .... FF**2 - 260 000** - **$406,000**
Herrenporträt - Oil/canvas (76x63cm-30x25in) Wien 90 .... FF**182 400** - £**18 562** - **$36,477**
✏ *Die Fleissmedaille* - Aquarell/Papier (33x28cm-13x11in) München 94 .... FF**857 000** - £**101 500** - **$158,500**

W

WALDO J. Frank 1832-c.1914 [3]
- *Chicago River from Clark Street Bridge* - Oil/canvas (66x119cm-26x47in) Chicago 96........ FF**28 040** - £**3 570** - **$5,400**

WALDO Samuel Lovett 1783-1861 [2]
- *Portrait of Mrs. Stephen Allen* - Oil/panel (83x64cm-33x25in) New-York 94 .... FF**16 820** - £**2 020** - **$3,200**

WALDORP Anthonie 1803-1866 [33]
- *Townsfolk, Alkmaar* - Oil/panel (39x29cm-15x11in) Amsterdam 97 .... FF**22 051** - £**2 412** - **$3,867**
  De Waal with sailing vessels
    Oil/panel (59x85cm-23x33in) San Francisco-Los Angeles 95 .... FF**80 800** - £**10 170** - **$16,000**
- *Boats in an estuary* - Watercolour (15x20cm-6x8in) Amsterdam 95 .... FF**10 560** - £**1 370** - **$2,200**

WALDORP Jan Gerard 1740-1808 [2]
- *F. J. Otto Reichsgraf von Salm* - Pencil (27x21cm-11x8in) Amsterdam 96 .... FF**4 220** - £**497** - **$830**

WALDRAF Franz 1878-? [3]
- *Coupe de fruits* - Huile/carton (19x26cm-7x10in) Paris 97 .... FF**2 700** - £**291** - **$480**

WALDRAFF Theodor 1876-1955 [3]
- *Das ehemalige Pfarrhaus* - Aquarell (50x64cm-20x25in) Heidelberg 93 .... FF**4 550** - £**531** - **$748**

WALDSCHMIDT Ludwig 1886-1957 [1]
- *Kabelleger bei der Arbeit* - Oil/panel (67x29cm-26x11in) Heidelberg 96 .... FF**6 110** - £**789** - **$1,195**

WALDSTEIN Maria Anna 1763-1808 [1]
- *Idyllische Parklandschaft* - Öl/Metall (17x25cm-7x10in) Wien 92 .... FF**9 620** - £**985** - **$1,695**

WALE John Porter XIX-XX [2]
- *The garden path* - Wash (38x27cm-15x11in) Billinghurst, West Sussex 91 .... FF**3 075** - £**309** - **$532**

WALEIJ Axel 1897-1964 [1]
- *Kvinna med tamburin* - Bronze (31cm-12in) Malmö 94 .... FF**1 738** - £**207** - **$331**

WALENN Frederick Dudley XIX-XX [2]
- *Frank, Son of W. Bell* - Oil/canvas (132x66cm-52x26in) London 95 .... FF**9 620** - £**1 200** - **$1,943**

WALENTYNOWICZ Marian 1896-1967 [1]
- *Niedzielne popoludnie* - Gouache/papier (49x40cm-19x16in) Warszawa 96 .... FF**2 050** - £**259** - **$409**

WALES James 1747-1795 [1]
- *Banyan tree, river Nerbuddah* - Oil/canvas (101x127cm-40x50in) London 90 .... FF**387 400** - £**41 478** - **$67,374**

WALES Susan Makepeace L. 1839-1927 [1]
- *Interior of a greenhouse* - Watercolour (50x35cm-20x14in) New-York 92 .... FF**6 370** - £**740** - **$1,300**

WALFORD Howard c.1860-1940 [3]
- *The Glory of Summer* - Watercolour (35x27cm-14x11in) London 91 .... FF**4 760** - £**480** - **$840**

WALGER Heinrich August 1829-1909 [1]
- *Löwe* - Bronze (26cm-10in) Frankfurt 96 .... FF**4 800** - £**604** - **$945**

WALISZEWSKI Zygmunt 1897-1936 [10]
- *Forest* - Huile/carton (86x58cm-34x23in) Warszawa 93 .... FF**24 900** - £**2 680** - **$4,300**
- *Polowanie* - Aquarelle/papier (22x29cm-9x11in) Warszawa 92 .... FF**9 580** - £**978** - **$1,712**

WALKE Anne Fearon 1888-1965 [7]
- *Portrait of Bernard Walke* - Oil/canvas (50x40cm-20x16in) Penzance, Cornwall 93 .... FF**2 905** - £**350** - **$508**

WALKER Arthur Georges 1861-1939 [1]
- *Leçon de musique, villa romaine* - Huile/toile (122x180cm-48x71in) Paris 94 .... FF**32 000** - £**3 750** - **$5,640**

WALKER Bernard Fleetwood 1893-1965 [7]
- *The couple, 1923* - Oil/canvas (22x18cm-9x7in) London 90 .... FF**4 400** - £**468** - **$787**

WALKER D'ACOSTA Henry John Lewis XIX-XX [2]
- *News from the War* - Oil/canvas (105x77cm-41x30in) Amsterdam 93 .... FF**30 030** - £**3 600** - **$5,490**

WALKER Edward 1879-c.1955 [18]
- *Figure in a garden before a cottage* - Watercolour (33x41cm-13x16in) London 92 .... FF**2 930** - £**300** - **$516**

WALKER Ethel 1867-1951 [41]
- *Mrs Robin Guthrie* - Oil/canvas (51x41cm-20x16in) London 97 .... FF**7 470** - £**800** - **$1,290**
- *Afternoon Tea* - Oil/canvas (51x71cm-20x28in) London 94 .... FF**21 660** - £**2 600** - **$4,060**
- *The bathers* - Pencil (54x73cm-21x29in) London 92 .... FF**3 440** - £**400** - **$702**

WALKER Francis S. 1848-1916 [3]
- *Day dreams* - Oil/canvas (39x31cm-15x12in) Toronto 91 .... FF**7 740** - £**786** - **$1,398**

WALKER Frederick 1840-1875 [6]
- *A drawing room* - Watercolour (24x19cm-9x7in) London 95 .... FF**21 500** - £**2 800** - **$4,410**

WALKER Henry O. 1843-1929 [1]
- *Classical scene* - Oil/canvas (61x50cm-24x20in) Mystic, Connecticut 91 .... FF**4 645** - £**465** - **$783**

WALKER Horatio 1858-1938 [17]
- *Man and Horse Hrrowing* - Oil/canvas (63x76cm-25x30in) Toronto 96 .... FF**30 400** - £**3 870** - **$5,850**
- *Summer Farm Landscape* - Watercolour (30x36cm-12x14in) Toronto 96 .... FF**10 450** - £**1 331** - **$2,010**

WALKER Inez Nathaniel 1910-1990 [9]
- *Brown head* - Coloured pencils/paper (29x45cm-11x18in) New-York 92 .... FF**3 240** - £**332** - **$600**

WALKER James 1748-1808 [2]
- *Stable interior* - Oil/canvas (27x35cm-11x14in) San Francisco-Los Angeles 91 .... FF**23 970** - £**2 396** - **$3,948**

WALKER James 1818-1889 [1]
- *A battle scene* - Oil/canvas (77x128cm-30x50in) New-York 92 .... FF**20 800** - £**2 483** - **$4,000**

WALKER James Alexander 1841-1898 [7]
- *An Arab rider* - Oil/canvas (24x18cm-9x7in) London 94 .... FF**41 200** - £**4 800** - **$7,210**

WALKER James William 1831-1898 [5]
- *Reed cutting on the Wensum* - Watercolour (18x28cm-7x11in) Aylsham, Norfolk 94 ...... FF**2 280** - £**270** - **$422**

WALKER John 1939 [4]
- *Untitled* - Oil/canvas (245x216cm-96x85in) London 97 .... FF**39 548** - £**4 200** - **$6,889**

WALKER John 1931 [5]
🖼 *Oceania III* - Oil/canvas (244x30cm-96x12in) New-York 89 .... FF*185 900* - £*19 008* - **$29,887**
✏ *Untitled, 1982* - Chalks/paper (108x76cm-43x30in) New-York 89 .... FF*10 300* - £*1 025* - **$1,627**
WALKER John Crampton 1890-1942 [3]
🖼 *Malahide Estuary/Pasturage* - Oil/canvas (18x25cm-7x10in) Blackrock 92 .... FF*36 340* - £*3 720* - **$6,400**
WALKER John Hanson 1844-1933 [4]
🖼 *The artist's Daughter, Dorothy* - Oil/canvas (61x51cm-24x20in) London 97 .... FF*20 202* - £*2 200* - **$3,513**
WALKER John Law 1899-? [6]
🖼 *Carmen in blue* - Oil/canvas (102x81cm-40x32in) Cambridge, Mass. 92 .... FF*8 840* - £*1 055* - **$1,700**
WALKER Kathleen Mellina XIX-XX [1]
🖼 *Still life* - Oil/board (36x46cm-14x18in) London 96 .... FF*3 375* - £*400* - **$659**
WALKER Leonard 1877-1964 [1]
✏ *The garden* - Watercolour (27x37cm-11x15in) London 95 .... FF*1 504* - £*180* - **$286**
WALKER Robert 1607-1658 [2]
🖼 *John Evelyn* - Oil/canvas (87x64cm-34x25in) London 92 .... FF*2* - £*230 000* - **$395,600**
🖼 *Sir Alan Brodrick* - Oil/canvas (88x87cm-35x34in) London 91 .... FF*27 900* - £*2 789* - **$4,595**
WALKER T. Dart 1869-1914 [2]
✏ *Home from Europe* - Gouache (33x54cm-13x21in) New-York 90 .... FF*7 970* - £*823* - **$1,407**
WALKER William Aiken 1839-1921 [108]
🖼 *Mangrove snapper* - Oil/board (46x31cm-18x12in) New-York 93 .... FF*18 880* - £*2 150* - **$3,200**
🖼 *Cotton Picker with pipe* - Oil/canvas (51x30cm-20x12in) New-York 97 .... FF*49 592* - £*5 207* - **$8,500**
🖼 *Cotton Picker* - Oil/canvas (51x30cm-20x12in) New-York 97 .... FF*105 017* - £*11 026* - **$18,000**
Southern Homestead
Oil/canvas (41x76cm-16x30in) San Francisco-Los Angeles 94 .... FF*257 000* - £*30 460* - **$47,500**
WALKER William Eyre 1847-1930 [14]
✏ *Boy fishing by a river* - Watercolour (28x39cm-11x15in) London 93 .... FF*4 640* - £*580* - **$841**
WALKEY David 1849-1934 [1]
🖼 *Thames River* - Oil/board (30x41cm-12x16in) Mystic, Connecticut 96 .... FF*5 050* - £*657* - **$1,000**
WALKLEY David Birdsey 1849-1934 [1]
🖼 *Barnyard scene* - Oil/canvas (33x43cm-13x17in) San Francisco-Los Angeles 96 ... FF*14 250* - £*1 786* - **$2,750**
WALKOWITZ Abraham 1880-1965 [92]
🖼 *Woman in an interior* - Oil/canvas/board (61x51cm-24x20in) New-York 94 .... FF*18 260* - £*2 130* - **$3,200**
🖼 *Carnival* - Oil/canvas (63x101cm-25x40in) New-York 97 .... FF*75 846* - £*7 963* - **$13,000**
✏ *Figurative studies* - Mixed media/paper (26x38cm-10x15in) New-York 95 .... FF*25 640* - £*3 190* - **$5,000**
WALL Brian 1931 [3]
🗿 *Star Form* - Bronze (41cm-16in) London 96 .... FF*7 180* - £*900* - **$1,386**
WALL Jeff 1946 [2]
📷 *Boy on TV* - Photograph (36x37cm-14x15in) New-York 96 .... FF*7 770* - £*1 003* - **$1,500**
WALL John 1708-1776 [1]
🖼 *The Padeia* - Oil/canvas (193x239cm-76x94in) London 93 .... FF*24 330* - £*2 800* - **$4,200**
WALL Josef 1754-1798 [1]
🖼 *The Doves of Pliny* - Oil/canvas (58x73cm-23x29in) New-York 95 .... FF*19 840* - £*2 530* - **$4,000**
WALL Paul XX [6]
📷 *Bridge, Chicago* - Silver print (36x28cm-14x11in) New-York 93 .... FF*4 720* - £*537* - **$800**
WALL PERNÉ van de Joseph 1877-1941 [2]
🖼 *Westerdok, Amsterdam* - Oil/canvas/panel (18x36cm-7x14in) Amsterdam 93 ..... FF*2 110* - £*252* - **$406**
WALL William Allen 1801-1885 [1]
✏ *Autumn, New Bedford, Mass.* - Gouache/paper (25x38cm-10x15in) New-York 93 ... FF*8 260* - £*940* - **$1,400**
WALL William Guy 1792-c.1864 [5]
🖼 *Hudson* - Aquatint (37x54cm-15x21in) New-York 93 .... FF*13 200* - £*1 560* - **$2,400**
WALLA August 1936 [10]
✏ *Walla schwimt* - Coloured pencils (30x40cm-12x16in) London 96 .... FF*8 250* - £*1 000* - **$1,604**
WALLACE Craig [2]
🖼 *Bathers* - Oil/board (51x71cm-20x28in) Market Harborough, Leicestershire 92 ... FF*4 100* - £*420* - **$855**
WALLACE Frank 1881-1962 [5]
✏ *The Last Chance* - Watercolour (33x48cm-13x19in) London 94 .... FF*10 920* - £*1 300* - **$2,080**
WALLACE Frederick Ellwood 1893-1958 [1]
🖼 *Portrait of a woman, seated* - Oil/canvas (91x101cm-36x40in) Cambridge, Mass. 91 ... FF*10 460* - £*1 039* - **$1,816**
WALLACE Harold Frank 1881-1962 [11]
✏ *Stags have had a hard winter*
Watercolour (35x49cm-14x19in) Auchterarder, Perthshire 95 .... FF*10 160* - £*1 300* - **$2,000**
WALLACE Ian 1943 [2]
🖼 *In the Street (Dubereiner Series I)* - Acrylic (121x242cm-48x95in) London 95 ...... FF*16 060* - £*2 000* - **$3,140**
WALLACE James 1872-1911 [2]
🖼 *The Blacksmiths* - Oil/canvas (36x46cm-14x18in) London 91 .... FF*2 793* - £*280* - **$471**
WALLACE Robin 1897-? [3]
🖼 *Plant in a China bowl and fruit* - Oil/canvas (65x76cm-26x30in) London 93 .... FF*3 560* - £*400* - **$596**
WALLAERT Martin 1944 [3]
🖼 *Hoeve in de Winter* - Huile/toile/panneau (80x60cm-31x24in) Lokeren 94 .... FF*9 070* - £*1 057* - **$1,590**
WALLAERT Pierre Joseph 1753-1812 [3]
🖼 *Navire dans un port par beau temps* - Huile/panneau (32x40cm-13x16in) Paris 97 ... FF*26 000* - £*2 693* - **$4,453**
🖼 *Port de jour et de nuit* - Huile/toile (59x103cm-23x41in) Monaco 90 .... FF*200 000* - £*20 661* - **$35,336**

W

WALLANDER Alf, Alfred 1862-1914 [10]
- The artist's studio - Oil/canvas (40x31cm-16x12in) Stockholm 95 .... FF7 480 - £983 - **$1,500**
- Fiskörsäljare - Pastel (100x61cm-39x24in) Stockholm 95 .... FF15 260 - £1 996 - **$3,056**

WALLANDER Gerda 1860-1926 [2]
- Sommarlandskap med vattendrag - Oil/canvas (59x72cm-23x28in) Stockholm 94 .... FF7 280 - £860 - **$1,297**

WALLANDER Josef Wilhelm 1821-1898 [14]
- Morgonstund - Oil/canvas (33x29cm-13x11in) Stockholm 96 .... FF20 760 - £2 590 - **$4,010**

WALLAT Paul 1879-? [2]
- Fischerfrauen am Strand - Oil/canvas (71x60cm-28x24in) München 92 .... FF7 480 - £766 - **$1,467**

WALLEE Louis 1773-1838 [1]
- Landscape with a young shepherd - Watercolour (32x47cm-13x19in) London 89 .... FF3 900 - £411 - **$657**

WALLÉN Gustaf Theodor 1868-1948 [2]
- Kvinna - Bronze (12cm-5in) Stockholm 96 .... FF1 925 - £245 - **$371**
- Porlande vatten - Akvarell (21x25cm-8x10in) Stockholm 95 .... FF1 810 - £237 - **$368**

WALLENBERG Axel 1898-1996 [6]
- Flicka med blomsterkrans - Bronze (45cm-18in) Stockholm 94 .... FF3 960 - £469 - **$731**

WALLENIUS Otto 1855-1925 [1]
- Insjölandskap - Oil/canvas (54x71cm-21x28in) Helsinki 93 .... FF10 720 - £1 232 - **$1,842**

WALLENQVIST Edvard 1894-1986 [4]
- Parisiska - Oil/canvas (46x33cm-18x13in) Stockholm 93 .... FF4 580 - £520 - **$776**

WALLENTIN Gunnar 1905-1985 [9]
- Skogsduva i gran - Oil/canvas (75x125cm-30x49in) Malmö 94 .... FF2 680 - £319 - **$510**

WALLER Frank 1842-1923 [4]
- Castel del Ovo, Napoli - Oil/panel (27x36cm-11x14in) Stockholm 93 .... FF8 110 - £920 - **$1,370**

WALLER Mary Lemon c.1850-1931 [4]
- Portrait of Robert Berks Timmis (1880-1948), half-length
  Oil/canvas (59x50cm-23x20in) London 96 .... FF168 700 - £20 000 - **$32,900**

WALLER Renz 1895 [2]
- Herbst - Oil/canvas (61x51cm-24x20in) Köln 92 .... FF5 430 - £648 - **$1,044**
- Jagdstilleben mit Rebhuhn - Aquarell (26x38cm-10x15in) Köln 92 .... FF3 390 - £405 - **$653**

WALLER Samuel Edmund 1850-1903 [3]
- First time in the ring - Oil/canvas (97x71cm-38x28in) London 91 .... FF9 920 - £1 000 - **$1,721**

WALLER Thomas 1800-1865 [1]
- Brooke in Thorpe Park, Surrey
  Oil/canvas (66x87cm-26x34in) Billinghurst, West Sussex 94 .... FF8 470 - £1 000 - **$1,510**

WALLER Ulla 1916 [1]
- Balletdansös - Oil/canvas (91x50cm-36x20in) Stockholm 89 .... FF2 100 - £209 - **$332**

WALLERAND Marc 1939 [2]
- Les coquelicots - Pastel (50x64cm-20x25in) Montélimar 92 .... FF3 000 - £349 - **$613**

WALLERT Axel 1890-1962 [10]
- Reclining nude - Oil/canvas (79x115cm-31x45in) Stockholm 95 .... FF5 450 - £681 - **$1,388**

WALLET Albert Charles 1852-1918 [2]
- Bäuerinnen im Gespräch - Oil/canvas/panel (59x73cm-23x29in) Luzern 92 .... FF8 180 - £836 - **$1,441**

WALLET Taf 1902 [31]
- Entrée du parc à Alost - Huile/toile (90x72cm-35x28in) Bruxelles 91 .... FF5 980 - £612 - **$1,110**
- L'Heure du Bain - Huile/toile (64x140cm-25x55in) Antwerpen 93 .... FF23 070 - £2 760 - **$4,710**
- Hommage à James Ensor - Aquarelle (48x68cm-19x27in) Bruxelles 92 .... FF2 656 - £272 - **$468**

WALLGREN Otto H. 1795-1857 [1]
- Trappist i klosterkammare - Oil/canvas (39x32cm-15x13in) Stockholm 96 .... FF2 900 - £374 - **$568**

WALLIN David 1876-1957 [45]
- Dam med barn - Oil/canvas (52x64cm-20x25in) Söderköping 92 .... FF7 540 - £772 - **$1,328**

WALLIN Edgar 1892-1963 [2]
- Gatubild fran Söder - Oil/canvas (52x63cm-20x25in) Stockholm 89 .... FF4 300 - £428 - **$679**

WALLIN Ellis 1888-1972 [40]
- Pont de Flandres, Paris - Oil/canvas (56x67cm-22x26in) Stockholm 91 .... FF4 240 - £434 - **$792**
- Fors, konstnären i förgrunden - Gouache/papier (42x64cm-17x25in) Uppsala 96 .... FF2 460 - £285 - **$472**

WALLIN-TOLNAI Bianca 1909 [4]
- Blomsterstilleben - Oil/canvas (59x50cm-23x20in) Söderköping 93 .... FF3 090 - £351 - **$523**

WALLING William XX [1]
- Marlene Dietrich - Gelatin silver print (38x28cm-15x11in) New-York 94 .... FF5 140 - £610 - **$950**

WALLIS Alfred 1855-1942 [59]
- Three sailboats and a lighthouse - Oil/board (34x38cm-13x15in) London 96 .... FF175 500 - £20 000 - **$33,600**
- Sailing Ship - Gouache (10x22cm-4x9in) London 97 .... FF19 608 - £2 100 - **$3,388**
- Tallships by a Lighthouse - Pencil (23x32cm-9x13in) London 97 .... FF81 417 - £8 500 - **$13,931**

WALLIS George Augustus 1768-1847 [4]
- Telemachus bathing - Oil/canvas (172x108cm-68x43in) London 93 .... FF41 500 - £5 000 - **$7,250**
- Payage antique - Crayon (70x100cm-28x39in) Paris 95 .... FF9 000 - £1 186 - **$1,825**

WALLIS Henry 1830-1916 [4]
- The Conversation - Oil/canvas (66x91cm-26x36in) London 96 .... FF67 500 - £8 000 - **$13,170**
- Despatch, Shakespeare - Oil/canvas (91x137cm-36x54in) London 90 .... FF156 200 - £15 896 - **$31,238**
- Street Scene in suez, Egypt - Watercolour (63x44cm-25x17in) London 97 .... FF51 498 - £5 500 - **$8,955**

WALLIS Jean 1928 [10]
- Grand Prix de Monaco - Huile/toile (65x50cm-26x20in) Montauban 96 .... FF6 200 - £777 - **$1,197**

W

WALLIS John William c.1765-? [1]
🖼 Rheinlandschaft - Oil/canvas (41x66cm-16x26in) Köln 91 .... FF3 746 - £376 - $686

WALLIS Joshua 1789-1862 [3]
📖 Travellers by a river - Watercolour (59x86cm-23x34in) London 93 .... FF7 470 - £900 - $1,305
Rustics near a country inn - Watercolour (89x131cm-35x52in) London 97 .... FF37 629 - £4 000 - $6,484

WALLIS Katherine 1861-? [1]
🖼 The Goodie Companie of Solitude - Bois (66x41cm-26x16in) Montréal 94 .... FF1 750 - £202 - $301

WALLIS Rosa 1857-? [2]
📖 The Roman cemetery, Arles - Watercolour (18x12cm-7x5in) London 96 .... FF8 520 - £1 100 - $1,646

WALLISCHEK Franz 1865-1941 [2]
🖼 Blumenstilleben - Öl/Leinwand (70x60cm-28x24in) Heidelberg 94 .... FF6 510 - £755 - $1,121

WALLMAN Uno 1913 [12]
🖼 Från Liljanskogen - Oil/panel (51x77cm-20x30in) Stockholm 94 .... FF5 150 - £598 - $887

WALLNER Katharina 1891-1969 [1]
🖼 Aus Island - Öl/Leinwand (70x105cm-28x41in) Wien 95 .... FF6 000 - £758 - $1,203

WALLNER Thure 1888-1965 [165]
🖼 Räv i solbelyst vinterlandskap - Oil/panel (38x46cm-15x18in) Stockholm 96 .... FF9 330 - £1 064 - $1,787
Katt - Oil/canvas (52x80cm-20x31in) Stockholm 97 .... FF23 396 - £2 470 - $4,042
Räv i vinterskog - Oil/canvas (65x70cm-26x28in) Stockholm 91 .... FF74 900 - £7 438 - $13,005

WALLQUIST Einar 1896-1980 [1]
📖 Grenar i vinterlandskap - Pencil (20x24cm-8x9in) Stockholm 89 .... FF3 700 - £378 - $595

WALLS William 1860-1942 [14]
🖼 Leopard resting on a branch - Oil/canvas/board (34x26cm-13x10in) London 92 .... FF3 440 - £400 - $702
Jaguars at play (91x122cm-36x48in) Auchterarder, Perthshire 92 .... FF81 000 - £8 500 - $16,900

WALMSLEY Thomas 1763-1806 [14]
🖼 Landscape with buildings burning - Oil/canvas (68x114cm-27x45in) London 92 .... FF33 200 - £3 400 - $5,850
📖 Figures by a Mill - Watercolour (29x42cm-11x17in) London 96 .... FF8 130 - £1 050 - $1,570

WALRAVEN Jan 1827-1863 [13]
🖼 The guardians of the bridge
Oil/canvas (56x68cm-22x27in) Billinghurst, West Sussex 93 .... FF38 200 - £4 400 - $6,600

WALSER Andréas 1908-1930 [1]
🖼 Peintre et modèle - Huile/toile (60x73cm-24x29in) Verrières-Le-Buisson 92 .... FF4 500 - £463 - $866

WALSER Karl 1877-1943 [7]
🖼 Junge Frau - Öl/Leinwand (65x45cm-26x18in) Berlin 95 .... FF34 300 - £4 490 - $6,970
📖 Tänzerin in rotem Voile - Pastel (32x28cm-13x11in) Bern 94 .... FF17 860 - £2 112 - $3,210

WALSETH Niels 1914 [20]
🖼 Bergsby - Oil/canvas (70x100cm-28x39in) Helsinki 93 .... FF15 250 - £1 742 - $2,597

WALSH DE SERRANT Ludovic 1965 [2]
🖼 Run away to the West - Huile/toile (106x134cm-42x53in) Paris 92 .... FF7 500 - £768 - $1,350

WALSH Edward 1756-1832 [1]
🖼 Montreal & the river St.Lawrence - Gravure (43x55cm-17x22in) Québec 90 .... FF26 900 - £2 880 - $4,678

WALSH John 1907 [4]
🖼 Montreal at night - Oil/canvas/board (41x31cm-16x12in) Toronto 93 .... FF3 225 - £353 - $593

WALTENSPERGER Charles E. 1871-1931 [22]
🖼 Children of fisherman, Mass. - Oil/board (25x29cm-10x11in) Detroit, Michigan 91 .... FF4 530 - £460 - $818
Japanese Lantern - Oil/canvas (51x41cm-20x16in) Mystic, Connecticut 94 .... FF14 530 - £1 680 - $2,500

WALTER Christian 1872-1938 [2]
🖼 Twilight in the Catskills - Oil/canvas (76x100cm-30x39in) New-York 97 .... FF218 786 - £22 972 - $37,500

WALTER Emma XIX-XX [9]
📖 Still life of Summer Flowers - Watercolour (30x38cm-12x15in) London 97 .... FF6 585 - £700 - $1,138

WALTER Ernst J.C. 1799-1860 [1]
🖼 Kvinde ved et orgel, 1848 - Oil/canvas (30x24cm-12x9in) Vejle 90 .... FF2 300 - £245 - $411

WALTER Franz Erhard 1939 [3]
📖 Fluxus-Objekt - Multiple (36x14cm-14x6in) München 91 .... FF1 690 - £168 - $291

WALTER Johan Ernst Christ. 1799-1890 [1]
🖼 Flusslandschaft, Winterabend - Öl/Leinwand (47x63cm-19x25in) Bremen 94 .... FF2 760 - £327 - $509

WALTER Karl 1868-1949 [2]
🖼 Ein Sommertag - Öl/Leinwand (75x85cm-30x33in) Pforzheim 95 .... FF3 020 - £377 - $592

WALTER Martha 1880-1976 [31]
🖼 Vegetable market, Quimper - Oil/board (27x20cm-11x8in) North Berwick, Maine 91 .... FF17 100 - £1 717 - $2,959
Biarritz beach from the terrace - Oil/board (37x45cm-15x18in) New-York 92 .... FF78 400 - £9 100 - $16,000
At the Beach - Oil/board (36x46cm-14x18in) Bloomfield Hills, Michigan 94 .... FF236 000 - £26 840 - $40,000

WALTER OF BRISTOL Joseph 1783-1856 [8]
🖼 H.M.S. Great Britain - Oil/canvas (46x76cm-18x30in) London 96 .... FF55 200 - £7 000 - $10,600

WALTER Ottokar 1853-1904 [1]
📖 Traber mit Fahrer im Sulky - Pastell (55x75cm-22x30in) Stuttgart 89 .... FF5 700 - £601 - $960

WALTER Paul 1913-? [1]
📖 Bühnenbildentwurf zu Samson - Aquarell (50x67cm-20x26in) Heidelberg 93 .... FF4 750 - £567 - $913

WALTER Valerie Harrisse 1892-? [4]
🖼 Bamboo the Gorilla - Bronze (19cm-7in) New-York 94 .... FF5 710 - £666 - $1,000

WALTER Zoum 1902-1974 [4]
🖼 La visite - Huile/carton (45x40cm-18x16in) Bruxelles 91 .... FF14 800 - £1 491 - $2,568

W

La maison d'école - Huile/toile (63x57cm-25x22in) Paris 94 .... FF50 000 - £5 740 - **$8,550**
  WALTERS Emile 1893-? [2]
● *Western desert landscape* - Oil/canvas (63x76cm-25x30in) North Bethesda, MD. 91 ..... FF4 300 - £434 - **$854**
  WALTERS Evan 1893-? [2]
● *The swing* - Oil/canvas (53x43cm-21x17in) Musselburgh, Scotland 92 .... FF5 860 - £600 - **$1,035**
  WALTERS George Samuel XIX-XX [3]
⊘ *Shipping in an estuary* - Watercolour (24x42cm-9x17in) London 93 .... FF2 820 - £340 - **$527**
  WALTERS George Stanfield 1838-1924 [67]
● *Shipping off a coatline* - Oil/canvas (64x107cm-25x42in) London 94 .... FF5 270 - £600 - **$894**
Shipping off the Coast - Huile/toile (56x82cm-22x32in) Montréal 96 .... FF15 900 - £1 812 - **$3,040**
⊘ *Sunset thought to be off Lowestoft* - Watercolour (29x44cm-11x17in) London 96 .... FF5 100 - £600 - **$1,000**
  WALTERS Miles 1773-1855 [6]
● *Barque Sarah Eliza* - Oil/canvas (29x40cm-11x16in) London 97 .... FF22 514 - £2 400 - **$3,930**
The Brig General Brown - Oil/canvas (55x92cm-22x36in) London 96 .... FF69 700 - £9 000 - **$13,460**
  WALTERS Samuel 1778-1834 [5]
● *The Star of the East* - Oil/canvas (83x129cm-33x51in) London 91 .... FF297 600 - £30 204 - **$53,749**
  WALTERS Samuel 1811-1882 [18]
● *Barque Gazelle, River Mersey*
    Oil/canvas (70x105cm-28x41in) Billinghurst, West Sussex 94 .... FF76 000 - £9 200 - **$14,030**
Three Masted Ship Adelaide - Oil/canvas (79x117cm-31x46in) New-York 97 .... FF239 182 - £25 855 - **$42,000**
  WALTERS Solly 1846-1900 [1]
● *Abendfrieden* - Oil/canvas (80x67cm-31x26in) Stuttgart 91 .... FF9 530 - £955 - **$1,745**
  WALTHARD Johann Jakob Fr. 1818-1870 [1]
● *Winterlandschaft mit Holzfuhr* - Öl/Leinwand (55x45cm-22x18in) Bern 93 .... FF8 260 - £1 033 - **$1,510**
  WALTHER Charles H. 1879-1937 [1]
● *Moonrise over a hill* - Oil/canvas (56x71cm-22x28in) North Berwick, Maine 93 .... FF8 260 - £940 - **$1,400**
  WALTHER Christoph Abraham 1625-1680 [1]
⊘ *An Angel* - Ink (32x19cm-13x7in) London 93 .... FF4 780 - £550 - **$825**
  WALTHER Franz Erhard 1939 [13]
▣ *Quadratischer Rahmen mit Taschen* - Installation (19x2x10cm-7x1x4in) Köln 93 .... FF15 500 - £1 755 - **$2,617**
⊘ *Gewicht* - Aquarell (28x21cm-11x8in) Düsseldorf 93 .... FF6 780 - £810 - **$1,305**
  WALTHER Gustave 1828-1904 [1]
● *Lady by an orange tree* - Oil/canvas (71x59cm-28x23in) London 92 .... FF25 400 - £2 600 - **$4,480**
  WALTHER Jean XX [3]
▢ *Golf, Lausanne* - Poster (99x66cm-39x26in) London 95 .... FF5 300 - £600 - **$955**
  WALTHER Karl 1880-1954 [5]
● *Atelier auf die Westrasse* - Öl/Leinwand (46x55cm-18x22in) Leipzig 95 .... FF12 460 - £1 558 - **$2,517**
  WALTHER Ludwig XIX-XX [1]
▣ *Female nude with bathing cap* - Sculpture (18cm-7in) New-York 94 .... FF18 160 - £2 122 - **$3,200**
  WALTHER Wilhelm 1826-1913 [1]
⊘ *Heilige Georg tötet den Drachen* - Watercolour (21x20cm-8x8in) Heidelberg 93 .... FF2 035 - £243 - **$392**
  WALTMAN Harry Franklin 1871-1951 [3]
● *Nearing sunset* - Oil/canvas (63x76cm-25x30in) Mystic, Connecticut 91 .... FF2 550 - £259 - **$461**
  WALTON Cecile 1891-1956 [1]
⊘ *The Offering* - Watercolour (30x35cm-12x14in) Glasgow 94 .... FF16 040 - £1 900 - **$2,964**
  WALTON Constance 1866-1960 [7]
⊘ *Roses in a bowl* - Watercolour (34x44cm-13x17in) Glasgow 91 .... FF14 880 - £1 500 - **$2,610**
  WALTON Edward Arthur 1860-1922 [8]
● *Day's work ended* - Oil/canvas (91x66cm-36x26in) Edinburgh 92 .... FF68 400 - £7 000 - **$12,040**
Portrait of Miss Betty Mylne
    Oil/canvas (122x71cm-48x28in) Auchterarder, Perthshire 95 .... FF281 300 - £36 000 - **$55,400**
  WALTON Elijah 1832-1880 [5]
⊘ *Cruda Malcora, D'Ampezzer Thal* - Wash (17x12cm-7x5in) London 91 .... FF2 823 - £280 - **$490**
The Matterhorn - Watercolour (15x10cm-6x4in) London 92 .... FF2 920 - £300 - **$543**
  WALTON Frank 1840-1928 [10]
● *Martinmass* - Oil/canvas (122x91cm-48x36in) London 96 .... FF16 080 - £2 100 - **$3,215**
⊘ *Fielwork* - Watercolour (29x44cm-11x17in) London 96 .... FF35 400 - £4 200 - **$6,910**
  WALTON Henry 1804-1865 [2]
⊘ *Hugh Chapman* - Watercolour/board (23x18cm-9x7in) New-York 90 .... FF32 800 - £3 303 - **$6,425**
  WALVAREN Jan 1827-? [11]
● *The Toll* - Oil/canvas (58x71cm-23x28in) London 95 .... FF22 100 - £2 800 - **$4,450**
  WALZ Theodor 1892-1972 [2]
● *Blick auf passau* - Öl/Leinwand (70x100cm-28x39in) Stuttgart 93 .... FF5 220 - £599 - **$888**
  WAMBACH DE DUVE Maria 1865-? [1]
● *Marine* - Oil/canvas (55x85cm-22x33in) Købenavn 95 .... FF6 200 - £791 - **$1,221**
  WANAMAKER Rodman XIX-XX [1]
▦ *Indian Brave on stone ledge* - Gelatin silver print (43x33cm-17x13in) New-York 94 .... FF6 390 - £741 - **$1,100**
  WANDAHL Finn 1900-? [1]
▣ *Naket par* - Bronze (55cm-22in) Göteborg 93 .... FF3 510 - £399 - **$594**
  WANDAHL William 1859-1944 [1]
● *Lantlig bebyggelse* - Oil/canvas (30x39cm-12x15in) Göteborg 93 .... FF2 810 - £319 - **$476**
  WANDEL Elisabeth Möller 1850-1926 [4]
● *Ung pige og hendes far ved et aebletrae* - Oil/canvas (72x100cm-28x39in) Købenavn 92 .... FF4 400 - £450 - **$775**

WANDESFORDE Juan Buckingham 1817-1902 [6]
- *Mountain landscape* - Oil/canvas (51x76cm-20x30in) San Francisco-Los Angeles 95 .... FF*12 460* - £*1 638* - **$2,500**
- *Portrait of a gentleman* - Watercolour (62x46cm-24x18in) London 96 .... FF*15 160* - £*1 900* - **$2,950**

WANDING Olivia Sophie Fred. 1814-1881 [2]
- *Blumenstilleben* - Oil/panel (25x34cm-10x13in) Wien 94 .... FF*18 430* - £*2 135* - **$3,490**

WANDS Alfred J. 1902-1980 [4]
- *Taos* - Oil/canvas (76x92cm-30x36in) Denver, Colorado 95 .... FF*9 720* - £*1 900* - **$1,230**

WANDSCHEER Marie 1856-1936 [5]
- *The music-lesson* - Oil/canvas (139x76cm-55x30in) Amsterdam 89 .... FF*22 500* - £*2 239* - **$3,555**

WANDSCHNEIDER Wilhelm 1866-1942 [3]
- *A bronze figure of a nude man* - Bronze (80cm-31in) New-York 96 .... FF*21 600* - £*2 620* - **$4,200**

WANE Ethel XIX-XX [2]
- *Mother's Girl* - Oil/canvas (68x94cm-27x37in) London 96 .... FF*7 670* - £*1 000* - **$1,590**

WANE Richard 1852-1904 [12]
- *A figure by cottages, North Wales*
  Oil/canvas (30x61cm-12x24in) Billinghurst, West Sussex 96 .... FF*3 275* - £*420* - **$646**
- *Extensive river scene* - Watercolour (28x43cm-11x17in) Liverpool 92 .... FF*2 540* - £*260* - **$449**

WANG Aage 1879-1959 [4]
- *Damen ved stranden* - Oil/canvas (72x100cm-28x39in) Viby J, Århus 91 .... FF*2 112* - £*213* - **$366**

WANG Albert Edward 1864-1930 [10]
- *A bay at sunset* - Oil/canvas (94x125cm-37x49in) London 96 .... FF*7 700* - £*1 000* - **$1,524**

WANG P'AN-YÜAN 1912 [6]
- *Snow scene* - Oil/canvas (60x72cm-24x28in) Taipei, Taiwan 92 .... FF*326 600* - £*33 250* - **$68,000**

WANG WENSHAN Paul Wang 1929 [2]
- *Bamboo, orchids and rock* - Ink/paper (123x58cm-48x23in) New-York 95 .... FF*12 460* - £*1 575* - **$2,500**

WANGENHEIM von Chris XX [11]
- *Nude in staircase* - Silver print (36x28cm-14x11in) London 94 .... FF*3 240* - £*380* - **$567**

WANGENSTEN Wilhelm 1884-1962 [3]
- *Ung kvinne* - Oil/canvas (114x104cm-45x41in) Oslo 92 .... FF*8 680* - £*889* - **$1,530**

WANGER Franz 1880-1945 [2]
- *Faun* - Bronze (46cm-18in) Zofingen 94 .... FF*7 320* - £*868* - **$1,354**

WANING van Cornelis Antonie 1861-1929 [7]
- *View of Het Ij, Amsterdam* - Oil/canvas (79x108cm-31x43in) Amsterdam 94 .... FF*15 860* - £*1 840* - **$2,730**

WANING van Kees 1861-1929 [4]
- *River craft* - Oil/canvas (64x75cm-25x30in) Amsterdam 96 .... FF*2 694* - £*339* - **$530**

WANING van Martin 1889-1972 [10]
- *Shipping on a river* - Oil/canvas (70x50cm-28x20in) Amsterdam 93 .... FF*3 620* - £*432* - **$696**

WANING-STEVELS van Marie 1874-1943 [3]
- *Still life of flowers* - Oil/canvas (46x55cm-18x22in) Amsterdam 94 .... FF*4 580* - £*531* - **$788**

WANKEL Charlotte 1888-1969 [5]
- *Portrait* - Oil/canvas (70x50cm-28x20in) København 91 .... FF*15 800* - £*1 596* - **$3,137**

WANKIE Wladyslaw Wanke 1860-1925 [3]
- *Fisherman on the beach* - Oil/canvas (78x56cm-31x22in) Warszawa 95 .... FF*26 260* - £*3 354* - **$5,390**

WANNING van Martin 1889-? [1]
- *The traders* - Oil/board (26x36cm-10x14in) Laren 90 .... FF*6 600* - £*702* - **$1,181**

WANSART Adolphe 1873-1954 [20]
- *Jardin sous la neige* - Huile/toile (65x54cm-26x21in) Bruxelles 91 .... FF*10 700* - £*1 096* - **$1,998**
- *Buste de ma femme* - Plâtre (72cm-28in) Bruxelles 91 .... FF*4 610* - £*472* - **$861**

WANSART Eric 1899-1976 [7]
- *Jeune femme dans les dunes* - Huile/panneau (23x30cm-9x12in) Bruxelles 91 .... FF*4 940* - £*495* - **$815**
- *Songerie* - Lavis/papier (55x75cm-22x30in) Bruxelles 91 .... FF*2 963* - £*297* - **$489**

WANSLEBEN Arthur 1861-1917 [3]
- *Niederrheinlandschaft mit Kühen* - Oil/canvas (36x46cm-14x18in) Köln 92 .... FF*6 800* - £*696* - **$1,197**

WANTE Ernest 1872-1960 [6]
- *Portrait of Polleken* - Oil/panel (18x14cm-7x6in) Amsterdam 93 .... FF*3 003* - £*360* - **$550**
- *A maiden with doves* - Bronze (53cm-21in) New-York 90 .... FF*11 200* - £*1 140* - **$2,240**

WANUM van Ary c.1735-c.1780 [5]
- *Shipping near Dordrecht* - Ink (27x43cm-11x17in) Amsterdam 92 .... FF*12 050* - £*1 440* - **$2,320**

WAPPERS Gustaaf 1803-1874 [14]
- *Portrait de femme* - Huile/toile (87x70cm-34x28in) Bruxelles 92 .... FF*11 620* - £*1 190* - **$2,044**
- *Boccaccio & Johanna of Naples* - Oil/canvas (172x227cm-68x89in) London 94 .... FF*144 000* - £*17 000* - **$25,840**

WARASHINA Patricia, Patti XX [2]
- *Convertible Car Kiln* - Sculpture (34x24x73cm-13x9x29in) New-York 93 .... FF*75 600* - £*8 720* - **$13,000**

WARB Nicolaas 1906-1957 [10]
- *Potentiel vital* - Gouache/papier (11x17cm-4x7in) Paris 97 .... FF*2 700* - £*288* - **$467**

WARD Alfred 1873-1927 [3]
- *Rock garden* - Oil/canvas (28x38cm-11x15in) London 92 .... FF*3 910* - £*400* - **$690**

WARD Charles Caleb c.1831-1896 [3]
- *At the Blacksmith's* - Oil/canvas (63x88cm-25x35in) London 91 .... FF*23 800* - £*2 398* - **$4,130**

WARD Charles Daniel 1872-? [5]
- *Afternoon on the Estuary* - Oil/canvas (61x46cm-24x18in) London 95 .... FF*29 800* - £*3 600* - **$5,610**

W

Progress of spring - Oil/canvas (90x180cm-35x71in) London 93 .... FF**276 000** - £31 000 - **$46,200**
WARD Charles S. 1850-1937 [2]
🦋 *Bloom street, East Lincoln* - Oil/board (25x36cm-10x14in) St. Petersburg, Florida 92 .... FF**2 556** - £262 - **$450**
WARD Cyril 1863-1935 [4]
✎ *Sheep grazing in a river landscape* - Watercolour (35x53cm-14x21in) London 92 .... FF**3 120** - £320 - **$599**
WARD Edgar Melville 1839-1915 [3]
🦋 *Reeling Yarn* - Oil/canvas (72x58cm-28x23in) New-York 95.............................. FF**16 000** - £2 056 - **$3,300**
WARD Edmund Franklin 1892-1991 [25]
🦋 *L'été* - Huile/toile/panneau (50x60cm-20x24in) Bruxelles 96 .... FF**9 910** - £1 242 - **$1,925**
✎ *Bank Teller Line* - Watercolour (64x28cm-25x11in) Mystic, Connecticut 93 .... FF**2 613** - £328 - **$475**
WARD Edward Matthew 1816-1879 [12]
🦋 *Highgate fields* - Oil/canvas (123x194cm-48x76in) London 96 .... FF**238 000** - £29 800 - **$45,900**
WARD Edwin Arthur 1859-? [2]
🦋 *Emmanuel Barrow* - Oil/canvas (43x53cm-17x21in) New-York 94 .... FF**2 486** - £288 - **$425**
Lord Randolph Churchill - Oil/canvas (33x48cm-13x19in) London 95 .... FF**47 900** - £6 200 - **$9,800**
WARD Enoch 1859-1922 [2]
🦋 *St. Martin's in the Field* - Oil/canvas (51x39cm-20x15in) San Francisco-Los Angeles 94 .... FF**5 280** - £611 - **$900**
WARD Harold Morse 1889-1973 [1]
🦋 *The last stand #2* - Oil/board (73x106cm-29x42in) San Francisco-Los Angeles 92 .... FF**3 330** - £349 - **$600**
WARD Herbert 1863-1919 [1]
🗿 *Danseur à l'idole Téké* - Terracotta (27cm-11in) Paris 95 .... FF**8 500** - £1 080 - **$1,725**
WARD James 1800-1884 [1]
🦋 *Still life with flowers & a bird's nest* - Oil/canvas (60x46cm-24x18in) London 95 .... FF**16 740** - £2 200 - **$3,360**
WARD James 1769-1859 [59]
🦋 *Adonis* - Oil/panel (62x71cm-24x28in) New-York 96.............................. FF**1** - £229 300 - **$379,500**
Grapes & plums on a mossy bank - Oil/canvas (51x61cm-20x24in) New-York 95. FF**20 440** - £2 547 - **$4,000**
Compassioned Children - Oil/canvas (51x67cm-20x26in) New-York 93 .... FF**88 500** - £10 060 - **$15,000**
WARD James XIX-XX [2]
🦋 *Study of goats in a stable interior* - Oil/canvas (25x30cm-10x12in) Banbury, Oxfordshire 92 ...... FF**4 010** - £410 - **$707**
WARD John 1917 [14]
🦋 *Portrait of a Girl* - Oil/canvas (76x63cm-30x25in) London 96 .... FF**30 930** - £4 000 - **$6,130**
✎ *Study for Cider with Rosie* - Watercolour (48x30cm-19x12in) London 95 .... FF**3 790** - £480 - **$762**
WARD John Quincy Adams 1830-1910 [5]
🗿 *The Freedman* - Bronze (51cm-20in) New-York 95.............................. FF**158 400** - £20 220 - **$32,500**
WARD John Stanton 1917 [5]
✎ *Palace Gardens, Luxembourg* - Watercolour (15x23cm-6x9in) London 93 .... FF**1 653** - £190 - **$284**
WARD John. 1798-1849 [1]
✎ *Fishermen in Boats off the Coast* - Watercolour (38x56cm-15x22in) London 94 .... FF**2 180** - £260 - **$411**
WARD Keith 1882-1953 [1]
✎ *Supermarket tie-up* - Gouache (64x51cm-25x20in) New-York 94 .... FF**17 130** - £2 010 - **$3,000**
WARD Lynd Kendall 1905 [3]
▱ *Sanctuary/Undercliff* - Woodcut (23x16cm-9x6in) San Francisco-Los Angeles 93 .... FF**1 513** - £190 - **$275**
WARD Martin Theodore 1799-1874 [16]
🦋 *Foxhole* - Oil/canvas (63x76cm-25x30in) New-York 93.............................. FF**9 350** - £1 173 - **$1,700**
WARD Mary XIX [2]
✎ *St. Elia, plains of Troy & Aegean* - Wash (30x50cm-12x20in) London 90 .... FF**4 800** - £497 - **$844**
WARD OF HULL John 1798-1849 [15]
🦋 *The barque Columbine* - Oil/panel (23x35cm-9x14in) London 91 .... FF**89 200** - £9 053 - **$16,110**
✎ *The Ceres of Berkwick* - Watercolour (41x54cm-16x21in) London 94 .... FF**10 080** - £1 200 - **$1,920**
WARD Stephen 1876-? [5]
🦋 *Sierra Lake* - Oil/canvas (61x76cm-24x30in) Baton Rouge, Louisiana 93 .... FF**3 280** - £395 - **$600**
WARD Vernon de Beauvoir 1905-? [50]
🦋 *The Forest Pool* - Oil/canvas/board (35x30cm-14x12in) London 97 .... FF**4 524** - £480 - **$779**
Winter Jewels - Oil/canvas (25x26cm-10x10in) Penzance, Cornwall 91 .... FF**19 940** - £1 999 - **$3,292**
✎ *Nude* - Pastel (21x18cm-8x7in) Penzance, Cornwall 93 .... FF**4 150** - £500 - **$725**
WARD William Dudley B. 1879-1935 [3]
✎ *River landscape* - Watercolour (25x64cm-10x25in) Salisbury, Wiltshire 93 .... FF**3 520** - £360 - **$620**
WARD William I 1766-1826 [7]
▱ *The Last Litter* - Engraving (46x60cm-18x24in) Lindau 94 .... FF**5 120** - £611 - **$963**
WARDI Rafael 1928 [17]
🦋 *Efter badet* - Oil/panel (54x45cm-21x18in) Helsinki 95 .... FF**11 570** - £1 447 - **$2,340**
WARDLE Arthur 1864-1949 [153]
🦋 *A terrier by a rabbit hole* - Oil/canvas (77x56cm-30x22in) London 94 .... FF**15 720** - £1 800 - **$2,664**
Scottish Terriers - Oil/canvas (36x48cm-14x19in) London 95 .... FF**52 381** - £5 500 - **$8,978**
The Tiger Pool - Oil/canvas (74x94cm-29x37in) New-York 93 .... FF**412 500** - £51 700 - **$75,000**
✎ *A Resting Jaguar* - Pastel/paper (40x60cm-16x24in) New-York 96 .... FF**33 900** - £3 930 - **$6,500**
WARFEL Floretta Emma 1916 [6]
🦋 *Chestnut horse & girl* - Tecnica mista/tela (85x108cm-33x43in) New-York 91 .... FF**3 040** - £307 - **$593**
WARGH Carl 1895-1937 [2]
🦋 *Fruktstilleben* - Oil/canvas/board (52x67cm-20x26in) Helsinki 90 .... FF**7 830** - £801 - **$1,546**
WARGH Carl 1938 [3]
🦋 *Höstlig skog* - Oil/canvas (60x100cm-24x39in) Helsinki 94 .... FF**5 710** - £654 - **$967**

W

WARHOL Andy, Andrew Warhola 1928-1987 [1166]
- *Big Torn Campbell's Soup Can* - Acrylic (183x137cm-72x54in) New-York 97 .... FF1 - £1 - **$3**
- *Untitled, Joseph Beuys* - Acrylic/paper (80x59cm-31x23in) London 93 .... FF33 360 - £3 800 - **$5,660**
- *Hamburger* - Synthetic polymer silkscreened/canvas (28x36cm-11x14in) London 97 .... FF60 976 - £6 500 - **$10,646**
- *Michael Jackson*
  Silkscreen inks, paper collage/paper (81x60cm-32x24in) New-York 96 .... FF103 500 - £13 370 - **$20,000**
- *Jackie* - Synthetic polymer silkscreened/canvas (41x51cm-16x20in) New-York 95 .... FF173 300 - £21 660 - **$35,000**
- *Compbell's Soup Can*
  Synthetic polymer silkscreened/canvas (51x41cm-20x16in) New-York 97 .... FF319 396 - £33 600 - **$55,000**
- *Joseph beuys*
  Synthetic polymer silkscreened/canvas (101x101cm-40x40in) New-York 97 ..... FF1 452 96e +06 - £109 962 - **$180,000**
- *Ads: The new Spirit* - Screenprint in colors (96x96cm-38x38in) London 97 .... FF31 853 - £3 000 - **$5,456**
- *Marilyn* - Screenprint in colors (91x91cm-36x36in) New-York 97 .... FF102 857 - £11 027 - **$18,000**
- *Brillo box* - Sculpture (44x36x44cm-17x14x17in) London 97 .... FF262 665 - £28 000 - **$45,861**
- *Edie Sedgewick* - Gelatin silver print (18x3cm-7x1in) New-York 95 .... FF15 870 - £2 024 - **$3,200**
- *Untitled* - Watercolour (102x76cm-40x30in) New-York 97 .... FF1 - £128 205 - **$210,000**
- *Untitled, Leg and Shoe* - Mixed media/paper New-York 97 .... FF13 056 - £1 373 - **$2,249**
- *Querelle* - Ink/paper (101x101cm-40x40in) London 97 .... FF75 047 - £8 000 - **$13,103**

WARING Henry Frank XIX-XX [3]
- *Children leaving a house* - Watercolour (23x30cm-9x12in) Delray Beach, Florida 93 .... FF3 025 - £380 - **$550**

WARING William Henry XIX-XX [2]
- *Old bridge, near Tardbigg* - Oil/canvas (56x96cm-22x38in) London 93 .... FF11 570 - £1 300 - **$1,937**

WARLING Elisabeth 1858-1915 [14]
- *Liten flicka med blommor* - Oil/canvas (73x58cm-29x23in) Stockholm 95 .... FF21 500 - £2 680 - **$4,194**

WARLOW Herbert Gordon 1885-? [1]
- *Ramshackle farmyard* - Etching (28x24cm-8x11in) London 92 .... FF1 560 - £160 - **$299**

WARNBERGER Simon 1769-1847 [10]
- *Figures in an italianate landscape* - Oil/canvas (80x109cm-31x43in) London 94 .... FF63 500 - £7 500 - **$11,400**
- *Im Englischen Garten* - Chalks (23x18cm-9x7in) München 92 .... FF5 100 - £522 - **$898**

WARNECKE Harry 1900-1984 [15]
- *Views of the World's Fair* - Carbro print (3) New-York 96 .... FF4 130 - £530 - **$800**

WARNER Everett Longley 1877-1963 [9]
- *Municipal Building, New York* - Oil/canvas/board (24x16cm-9x6in) New-York 95 .... FF16 070 - £2 010 - **$3,200**

WARNER Mary Loring 1860-? [2]
- *Newport Marshes* - Oil/canvas (64x114cm-25x45in) Portland, Maine 93 .... FF31 900 - £4 000 - **$5,800**

WARNER Nell Walker 1891-1970 [12]
- *The Golf Scarf* - Oil/canvas (76x66cm-30x26in) San Francisco-Los Angeles 93 .... FF11 000 - £1 380 - **$2,000**

WARNER Olin Levi 1844-1896 [3]
- *Bust of a child* - Marble (41cm-16in) New Orleans, Louisiana 93 .... FF15 340 - £1 745 - **$2,600**

WARNIA-ZARZECKI Joseph 1850-? [1]
- *View of Istanbul* - Oil/canvas (69x99cm-27x39in) London 93 .... FF257 300 - £31 000 - **$44,950**

WARNOLF Bertil 1950 [4]
- *Komposition* - Oil/canvas (165x165cm-65x65in) Stockholm 91 .... FF14 140 - £1 408 - **$2,432**

WAROQUIER de Henry 1881-1970 [178]
- *Tour de l'Horloge à Auxerre* - Huile/carton (73x60cm-29x24in) Soissons 96 .... FF8 000 - £1 041 - **$1,586**
- *Venise, l'Eglise de la Salute* - Huile/toile (55x46cm-22x18in) Paris 94 .... FF20 000 - £2 396 - **$3,790**
- *Nature morte à la cruche* - Huile/toile (97x130cm-38x51in) Paris 97 .... FF120 000 - £12 600 - **$20,640**
- *Canal à Venise* - Aquarelle (32x37cm-13x15in) Soissons 92 .... FF19 000 - £2 270 - **$3,654**

WARRE Henry James, Colonel 1819-1898 [1]
- *View of Montreal* - Watercolour (16x25cm-6x10in) London 92 .... FF6 700 - £800 - **$1,290**

WARREN C.W. XIX-XX [1]
- *Bronco rider* - Bronze (47cm-19in) New-York 94 .... FF18 400 - £2 210 - **$3,500**

WARREN Edmund George 1834-1909 [23]
- *View of Dublin Bay* - Oil/canvas (31x50cm-12x20in) London 96 .... FF102 200 - £13 000 - **$19,650**
- *The Harvesters* - Bodycolour (25x36cm-10x14in) London 97 .... FF66 115 - £7 200 - **$11,498**

WARREN Emily Mary Bibbens 1870-1956 [12]
- *Thatched Cottage* - Watercolour (21x32cm-8x13in) Toronto 94 .... FF2 026 - £239 - **$361**

WARREN Frances Bramley c.1850-c.1910 [2]
- *The palace guard* - Oil/canvas (152x96cm-60x38in) London 90 .... FF7 700 - £824 - **$1,339**
- *The Water Carrier* - Oil/canvas (93x62cm-37x24in) London 90 .... FF34 900 - £3 605 - **$6,166**

WARREN Henry 1794-1879 [4]
- *A girl with a lute in an Arab interior*
  Watercolour (12x7cm-5x3in) Billinghurst, West Sussex 93 .... FF2 625 - £300 - **$447**

WARREN Melvin C. 1920 [2]
- *Winter in Frio canyon* - Oil/canvas (45x61cm-18x24in) New-York 93 .... FF10 620 - £1 208 - **$1,800**
- *Texas Rangers on patrol* - Bronze (61cm-24in) New-York 90 .... FF4 160 - £425 - **$821**

WARREN Michael 1938 [3]
- *A red-flanked bluetail* - Watercolour (13x23cm-5x9in) London 96 .... FF3 160 - £400 - **$606**

WARREN Michel 1930-1975 [1]
- *Composition, 1966* - Huile/toile (196x77cm-77x30in) Paris 90 .... FF3 500 - £362 - **$618**

W

WARREN Russ 1951 [6]
🔹 *Don Sebastian* - Acrylic/canvas (140x123cm-55x48in) Stockholm 94 .... FF7 140 - £838 - **$1,272**
WARREN William [2]
🔹 *Terrier pursuing a rabbit to its burrow* - Oil/canvas (41x53cm-16x21in) Aylsham, Norfolk 91 ...... FF2 920 - £300 - **$543**
WARREN William White XIX [4]
🔹 *The Venetian Lagoon* - Oil/paper (11x19cm-4x7in) London 97 .... FF9 677 - £1 050 - **$1,714**
WARSHAW Howard 1920-1977 [2]
🔹 *Sacks* - Oil/canvas (12x20cm-5x8in) New-York 91 .... FF3 396 - £343 - **$600**
🔹 *Figurative study* - Gouache (101x41cm-40x16in) San Francisco-Los Angeles 94 .... FF3 090 - £403 - **$600**
WARSHAWSKY Abel George 1883-1959 [16]
🔹 *View of the village* - Oil/canvas (66x82cm-26x32in) San Francisco-Los Angeles 93 .... FF30 250 - £3 790 - **$5,500**
WARSHAWSKY Alexander 1887-1945 [3]
🔹 *Old aloes* - Oil/canvas (66x81cm-26x32in) New-York 92 .... FF13 060 - £1 337 - **$2,300**
WARTENA Fraukje 1855-1933 [1]
🔹 *Peasant reading* - Oil/canvas/board (26x32cm-10x13in) Laren 90 .... FF3 900 - £415 - **$698**
WARUN-SEKRET von Eugen 1896-1963 [1]
🔹 *Schafhirte mit Herde* - Öl/Leinwand (93x79cm-37x31in) Frankfurt 95 .... FF2 803 - £356 - **$564**
WARZÉE Adrienne, Feremans ?-1965 [5]
🔹 *Bouquet de fleurs* - Huile/toile (85x65cm-33x26in) Bruxelles 93 .... FF4 285 - £513 - **$876**
WASASTJERNA Torsten 1863-1924 [1]
🔹 *Aftonljus över sjön* - Oil/canvas (125x37cm-49x15in) Helsinki 91 .... FF15 060 - £1 499 - **$2,590**
WASER Heinrich Otto 1913 [3]
🔹 *Haute-Provence im Sommer* - Aquarell (56x76cm-22x30in) Bern 92 .... FF1 600 - £191 - **$308**
WASER Joseph H. 1901 [4]
🔹 *Weiblicher Akt, 1930* - Oil/canvas (90x60cm-35x24in) Bern 90 .... FF4 700 - £500 - **$841**
WASHBURN Cadwallader Lincoln 1866-1965 [1]
🔹 *Flower garden* - Watercolour/paper (30x38cm-12x15in) Baton Rouge, Louisiana 91 .... FF3 280 - £395 - **$600**
WASHBURN Mary May Nightingale 1861-1932 [1]
🔹 *Woman and flowers* - Oil/canvas Cambridge, Mass. 90 .... FF20 000 - £2 128 - **$3,578**
WASHBURN Roy Engler 1895-? [1]
🔹 *Standing male nude/Female nude*
   Charcoal (61x38cm-24x15in) Bloomfield Hills, Michigan 93 .... FF1 870 - £235 - **$340**
WASHINGTON Augustus 1820/21-? [1]
🔹 *John Brown* - Daguerreotype New-York 96 .... FF594 000 - £73 600 - **$115,000**
WASHINGTON Elizabeth Fisher XIX-XX [3]
🔹 *Day at the beach* - Oil/canvas (51x61cm-20x24in) Cambridge, Mass. 92 .... FF8 330 - £967 - **$1,700**
WASHINGTON Georges 1827-1910 [73]
🔹 *The Sheik* - Oil/canvas (62x50cm-24x20in) New-York 97 .... FF36 974 - £3 979 - **$6,500**
   Halte de Cavaliers - Huile/toile (50x61cm-20x24in) Paris 97 .... FF75 000 - £7 973 - **$12,923**
   Arab horsemen - Oil/canvas (96x126cm-38x50in) New-York 94 .... FF269 000 - £31 100 - **$46,000**
WASHINGTON William De Hartburn 1834-1870 [1]
🔹 *The Attic Philosophers* - Oil/canvas (46x66cm-18x26in) New-York 94 .... FF15 800 - £1 846 - **$2,750**
WASILEWSKI Czeslaw c.1875-1946/47 [11]
🔹 *Snowy landscape* - Oil/canvas (69x100cm-27x39in) Warszawa 96 .... FF17 450 - £2 187 - **$3,400**
WASIOLCK Josef 1921 [3]
🔹 *Chemin boisé* - Huile/toile (61x46cm-24x18in) Castres 90 .... FF3 000 - £307 - **$592**
WASKE Erich 1889-1978 [8]
🔹 *Häuser zwischen Bäumen* - Ink (41x51cm-16x20in) München 91 .... FF2 565 - £264 - **$478**
WASMANN Friedrich Rudolf 1805-1886 [5]
🔹 *Dudelsackpfeifer* - Öl/Leinwand (28x29cm-11x11in) München 92 .... FF20 300 - £2 360 - **$4,145**
WASNER Artur 1887-1938 [1]
🔹 *Schloß Domanze, Schweidnitz* - Öl/Karton (48x33cm-19x13in) Leipzig 92 .... FF2 550 - £261 - **$449**
WASNEZOW Viktor 1848-1926 [1]
🔹 *Kvinna i hatt* - Charcoal/paper (51x33cm-20x13in) Helsinki 94 .... FF2 750 - £319 - **$474**
WASOW Oliver 1960 [2]
🔹 *Untitled* - Photograph (62x23cm-24x9in) New-York 96 .... FF2 820 - £334 - **$550**
WASSE Arthur XIX-XX [2]
🔹 *The courtyard* - Oil/canvas (89x117cm-35x46in) London 91 .... FF74 800 - £7 500 - **$12,347**
WASSENAAR Willem Abraham 1873-1956 [2]
🔹 *Ducks in a pond* - Oil/canvas (65x103cm-26x41in) Amsterdam 95 .... FF6 210 - £806 - **$1,294**
🔹 *Cows grazing by a stream* - Watercolour/paper (46x64cm-18x25in) New-York 94 .... FF5 850 - £671 - **$1,000**
WASSENBERG Jan Abel 1689-1750 [2]
🔹 *The holy family* - Oil/canvas (38x29cm-15x11in) London 92 .... FF31 260 - £3 200 - **$5,520**
WASSENBERGH Elisabeth Geertruda 1729-1781 [1]
🔹 *Self-portrait, aged 25* - Gouache (14x11cm-6x4in) Amsterdam 93 .... FF42 200 - £5 040 - **$8,110**
WASSERBURGER von Paula 1865-? [1]
🔹 *Vase of flowers* - Oil/panel (47x37cm-19x15in) Stockholm 96 .... FF6 140 - £722 - **$1,208**
WASSERMAN-LEVY Margaret XX [1]
🔹 *Standing figure, 1965* - Bronze New-York 94 .... FF51 500 - £5 337 - **$9,051**
WASSMER Erich 1915-1972 [1]
🔹 *Grotto* - Öl/Leinwand (60x73cm-24x29in) Bern 94 .... FF11 310 - £1 310 - **$1,950**
WASSNETZOFF Apollinarij Michail. 1856-1933 [4]
🔹 *Stadt am Ufer des Schwarzen Meeres* - Öl/Leinwand (33x53cm-13x21in) Köln 93 .... FF12 240 - £1 402 - **$2,083**

WASSNEZOFF Victor 1848-1919 [1]
Mädchen mit Schlitten - Coloured crayons (29x21cm-11x8in) Wien 92 .... FF5 780 - £592 - **$1,017**
WASSON George Savary 1855-1929 [1]
Boatyard - Oil/canvas (20x30cm-8x12in) North Berwick, Maine 94 .... FF8 810 - £1 058 - **$1,650**
WASTEL Alice XIX-XX [2]
Pelargoniums, lanterns & jug - Oil/canvas (81x52cm-32x20in) London 91 .... FF6 980 - £698 - **$1,150**
WASTERLAIN Georges 1889-? [2]
Head of a woman - Terracotta (44cm-17in) Amsterdam 93 .... FF3 620 - £432 - **$696**
Mère et enfant - Crayon gras (51x68cm-20x27in) Liège 91 .... FF2 470 - £248 - **$408**
WATANABE Sadao 1913-? [5]
Figures at a well - Woodcut (18x15cm-7x6in) Bloomfield Hills, Michigan 93 .... FF1 513 - £190 - **$275**
WATANABE Torajiro 1886-? [1]
Forest scene - Oil/canvas (46x61cm-18x24in) Mystic, Connecticut 95 .... FF3 220 - £386 - **$600**
WATCHEL Elmer 1864-1929 [4]
Sierra landscape - Oil/canvas (51x41cm-20x16in) San Francisco-Los Angeles 94 ..... FF39 000 - £4 610 - **$7,000**
WATCHEL Marion Kavanaugh 1876-1954 [8]
Eucalyptus trees and foothills
   Oil/canvas/board (44x34cm-17x13in) San Francisco-Los Angeles 94 .... FF26 450 - £3 125 - **$4,750**
Late Autumn - Oil/canvas (66x76cm-26x30in) San Francisco-Los Angeles 94 ..... FF125 300 - £14 800 - **$22,500**
Southern California landscape
   Watercolour/paper (23x31cm-9x12in) San Francisco-Los Angeles 94 .... FF22 270 - £2 630 - **$4,000**
WATELET Charles Joseph 1867-1954 [39]
Elégante vers 1900 - Huile/toile (100x74cm-39x29in) Bruxelles 97 .... FF4 090 - £425 - **$698**
Portrait de femme - Huile/toile (80x70cm-31x28in) Bruxelles 96 .... FF9 840 - £1 160 - **$1,930**
Vénus - Huile/toile (115x150cm-45x59in) Bruxelles 95 .... FF44 900 - £5 620 - **$8,940**
WATELET Claude-Henri 1718-1786 [19]
Vue de l'île Copette - Encre (25x19cm-10x7in) Paris 94 .... FF6 500 - £770 - **$1,201**
WATELET Louis Étienne 1780-1866 [5]
Paysage - Huile/toile (81x108cm-32x43in) Versailles 95 .... FF75 000 - £9 800 - **$15,020**
WATELIN Louis-François-V. 1838-1907 [13]
Clairière en forêt - Huile/panneau (32x40cm-13x16in) Barbizon 96 .... FF18 500 - £2 173 - **$3,640**
Pré aux Fontaines, vallée de la Bresle - Huile/toile (150x200cm-59x79in) Barbizon 93 ..... FF66 000 - £7 410 - **$11,180**
WATENPHUL Max Peiffer 1896-1976 [31]
Stilleben mit Lackkästen - Oil/canvas (61x77cm-24x30in) London 97 .... FF96 525 - £10 000 - **$16,535**
Canal Grande - Öl/Karton (57x50cm-22x20in) Köln 95 .... FF144 100 - £18 850 - **$29,300**
Landschaft in Persien I - Ink (37x25cm-15x10in) Köln 96 .... FF34 000 - £3 870 - **$6,500**
WATER van de Clara 1954 [1]
Bull - Bronze (16cm-6in) Amsterdam 91 .... FF3 340 - £343 - **$622**
WATERBECK August 1875-? [1]
Young naked athlete, standing - Bronze (177cm-70in) London 92 .... FF79 800 - £8 200 - **$15,330**
WATERFORD Louise, Marchioness 1818-1891 [10]
William Cobbetts as a child - Watercolour (26x15cm-10x6in) London 96 .... FF5 580 - £700 - **$1,086**
WATERHOUSE Alfred 1830-1905 [1]
Mountainous Continental landscape - Watercolour (51x71cm-20x28in) Leamington Spa 94 ..... FF3 750 - £450 - **$702**
WATERHOUSE John William 1849-1917 [54]
Jason and Medea - Oil/canvas (134x107cm-53x42in) London 95 .... FF1 - £145 000 - **$229,000**
Boreas - Oil/canvas (94x69cm-37x27in) London 96 .... FF5 - £770 000 - **$1**
A Nude Girl in a Landscape - Oil/canvas/board (82x54cm-32x21in) London 97 ..... FF80 952 - £8 500 - **$13,875**
WATERLOO Anthonie c.1610-1690 [34]
Ruins of the Church of Heelsum - Black chalk (40x38cm-16x15in) Amsterdam 94 ..... FF106 400 - £12 560 - **$18,930**
WATERLOO Joannes Petrus 1790-1870 [1]
Landscape with figures on a path - Oil/canvas (61x74cm-24x29in) Amsterdam 93 ..... FF18 100 - £2 070 - **$3,080**
WATERLOO-CLARK John Heaviside c.1770-1863 [3]
Battle with the Great Boa - Watercolour (13x18cm-5x7in) London 96 .... FF11 030 - £1 300 - **$2,167**
WATERLOW Ernest Albert 1850-1919 [23]
The cliff path - Oil/canvas/board (19x29cm-7x11in) London 96 .... FF16 950 - £2 200 - **$3,350**
Shepherdess with her flock - Watercolour (18x13cm-7x5in) London 93 .... FF3 984 - £480 - **$696**
WATERMAN Marcus A. 1834-1914 [6]
Shipps off the coast - Oil/canvas (61x91cm-24x36in) Mystic, Connecticut 96 .... FF3 700 - £485 - **$750**
WATERS Alfred A. [6]
A tranquil river - Watercolour (38x58cm-15x23in) London 92 .... FF1 760 - £180 - **$367**
WATERS Billie 1896-1979 [14]
Works in the Mines - Oil/board (40x50cm-16x20in) London 95 .... FF10 570 - £1 350 - **$2,166**
Farm in Sussex - Wash (35x40cm-14x16in) London 90 .... FF6 300 - £653 - **$1,107**
WATERS George W. 1832-1912 [1]
Hudson river landscape - Oil/canvas (66x107cm-26x42in) Detroit, Michigan 93 ..... FF12 650 - £1 587 - **$2,300**
WATERS Owen XIX-XX [6]
Large beach view at Cromer - Watercolour (56x89cm-22x35in) Aylsham, Norfolk 92 ..... FF3 440 - £400 - **$702**
WATERS Susan C. 1823-1900 [2]
Squirrel eating grapes - Oil/canvas (48x41cm-19x16in) Mystic, Connecticut 96 .... FF27 760 - £3 610 - **$5,500**
WATERSCHOOT van Heinrich ?-1748 [3]
Bauerntanz - Öl/Leinwand (35x46cm-14x18in) München 92 .... FF42 400 - £5 060 - **$8,150**

W

WATHERSTON Evelyn M. ?-1952 [3]
🐾 *Leo and susan* - Oil/canvas (72x82cm-28x32in) London 94 .... FF25 000 - £3 000 - **$4,750**
WATKINS Bartholomew Colles 1833-1891 [4]
🐾 *Ullswater* - Oil/canvas (38x64cm-15x25in) London 94 .... FF33 600 - £4 000 - **$6,400**
WATKINS C.H. Kennett 1847-1933 [1]
🐾 *A Maori family in a canoe* - Oil/canvas (61x137cm-24x54in) London 95 .... FF93 200 - £12 000 - **$19,100**
WATKINS Carleton E. 1829-1916 [49]
📷 *Piwyac, Vernall Fall, Yosemite* - Albumen print (39x52cm-15x20in) New-York 96 .... FF20 430 - £2 635 - **$4,000**
WATKINS Franklin Chenault 1894-1972 [10]
🐾 *Son My Son* - Oil/canvas (71x91cm-28x36in) Detroit, Michigan 92 .... FF8 840 - £1 055 - **$1,700**
WATKINS John XIX [3]
✏ *At the well* - Wash (19x28cm-7x11in) London 90 .... FF13 600 - £1 430 - **$2,365**
WATKINS Margaret 1884-1969 [1]
📷 *Alice Bramberg Bode* - Platinum print (20x15cm-8x6in) New-York 95 .... FF4 120 - £530 - **$850**
WATKINS Susan 1875-1913 [1]
🐾 *Woman in a French interior* - Oil/canvas (119x105cm-47x41in) New-York 95 .... FF339 000 - £42 400 - **$67,500**
WATMOUGH Amos XIX-XX [4]
🐾 *Cattle resting* - Oil/canvas (75x126cm-30x50in) Billinghurst, West Sussex 91 ...... FF14 960 - £1 489 - **$2,573**
WATROUS Elizabeth Snowdon 1858-1921 [1]
🐾 *Lady in gray* - Oil/canvas (104x89cm-41x35in) Philadelphia 93 .... FF2 890 - £342 - **$525**
WATROUS Harry Wilson 1857-1940 [15]
🐾 *An Old Score* - Oil/panel (18x16cm-7x6in) New-York 93 .... FF9 900 - £1 242 - **$1,800**
  The Dregs - Oil/canvas (74x99cm-29x39in) New-York 95 .... FF182 700 - £23 330 - **$37,500**
WATSON Alfred Sale XIX-XX [10]
✏ *Eton after a fall of snow/Windsor* - Watercolour (17x26cm-7x10in) London 92 ...... FF2 930 - £300 - **$611**
WATSON Amelia Montague 1856-1934 [2]
✏ *Southport North Carolina Scene* - Watercolour (23x36cm-9x14in) Mystic, Connecticut 93 ...... FF1 513 - £190 - **$275**
WATSON C.E. XiX-XX [2]
🐾 *Highland Calves, Loch Restil* - Oil/canvas (35x46cm-14x18in) London 92 .... FF3 420 - £350 - **$602**
WATSON Charles John 1846-1927 [5]
✏ *Salisbury Cathedral* - Pencil (37x50cm-15x20in) London 92 .... FF5 860 - £700 - **$1,128**
WATSON Donald 1918 [6]
✏ *Peregrine Falcons* - Watercolour (38x30cm-15x12in) London 93 .... FF2 490 - £300 - **$435**
WATSON George 1767-1837 [1]
🐾 *Portrait of a gentleman* - Oil/canvas (76x61cm-30x24in) New Orleans, Louisiana 94 ...... FF2 980 - £353 - **$550**
WATSON George Spencer 1869-1934 [15]
🐾 *Rehearsal* - Oil/canvas (75x126cm-30x50in) London 95 .... FF34 760 - £4 500 - **$7,110**
WATSON Harry 1871-1936 [53]
🐾 *A sunlit wood* - Oil/panel (30x41cm-12x16in) London 94 .... FF3 350 - £400 - **$632**
  The Rock Pool - Oil/canvas (109x85cm-43x33in) London 94 .... FF67 000 - £8 000 - **$12,620**
✏ *A sunset relecting upon a river* - Watercolour (26x31cm-10x12in) London 94 ...... FF3 020 - £360 - **$569**
WATSON Homer Ransford 1855-1936 [24]
🐾 *After rain* - Oil/canvas (34x45cm-13x18in) Toronto 92 .... FF12 900 - £1 320 - **$2,270**
  Country landscape with cottage - Oil/canvas (86x122cm-34x48in) Toronto 94 ...... FF165 600 - £19 720 - **$31,200**
WATSON James XIX-XX [2]
🐾 *Boys playing in a Staithes coble*
    Oil/canvas (37x32cm-15x13in) Marlborough Crescent, Newcastle upon Tyne 93 ... FF3 690 - £420 - **$626**
WATSON James c.1740-1790 [2]
📖 *C. Mathilda, Queen of Denmark* - Engraving Köbenhavn 92 .... FF2 014 - £241 - **$387**
WATSON James Fletcher 1913-? [1]
✏ *Marlingford Mill, Norfolk* - Watercolour (30x43cm-12x17in) Aylsham, Norfolk 95 ...... FF1 820 - £220 - **$336**
WATSON John 1873-1936 [3]
🐾 *Melon, black & white grapes* - Oil/canvas (46x33cm-18x13in) Aylsham, Norfolk 92 ...... FF5 860 - £600 - **$1,032**
WATSON John Dawson 1832-1892 [26]
🐾 *Summons to the War* - Oil/canvas (112x87cm-44x34in) London 96 .... FF27 000 - £3 200 - **$5,270**
✏ *The Meeting Place* - Watercolour (44x62cm-17x24in) London 94 .... FF5 810 - £700 - **$1,015**
WATSON Musgrave Lewthwaite 1804-1847 [1]
🗿 *Sir David Wilkie, holding palette* - Marble (70cm-28in) London 97 .... FF65 056 - £7 000 - **$11,437**
WATSON Paul Fletcher 1842-1907 [3]
✏ *Interior of Burgos cathedral* - Wash (33x24cm-13x9in) Leyburn, North Yorkshire 90 ...... FF6 340 - £645 - **$1,268**
  Burgos cathedral - Watercolour (91x61cm-36x24in) Billinghurst, West Sussex 93 ...... FF8 300 - £1 000 - **$1,450**
WATSON Raymond 1935 [16]
✏ *Green sandpipers* - Watercolour (31x26cm-12x10in) St. Helier, Jersey 96 ...... FF2 894 - £360 - **$562**
WATSON Robert 1865-1917 [16]
🐾 *Evening in the Highlands*
    Oil/canvas (91x71cm-36x28in) Richmond, North Yorkshire 94 .... FF11 640 - £1 350 - **$2,005**
WATSON Ross 1934 [1]
🐾 *Self Series XV (For Ludwig)* - Mixed media/board (122x91cm-48x36in) New-York 95 ...... FF2 443 - £312 - **$500**
WATSON Sydney Robert 1892-? [2]
🐾 *Highland cattle* - Oil/canvas (33x48cm-13x19in) Mystic, Connecticut 96 ...... FF10 860 - £1 362 - **$2,100**
WATSON Thomas J. XIX-XX [3]
🐾 *Highland cattle watering* - Oil/canvas (61x91cm-24x36in) Glasgow 91 ...... FF25 930 - £2 598 - **$4,372**

WATSON Walter J. 1879-? [10]
- Ribchester - Oil/canvas (33x48cm-13x19in) London 93 .... FF14 940 - £1 800 - **$2,610**
- On the Iledr, N.Wales - Oil/canvas (40x66cm-16x26in) London 97 .... FF71 497 - £7 500 - **$12,269**

WATSON William ?-1765 [10]
- Glen Arrochar, Dumbartonshire - Oil/canvas (60x91cm-24x36in) New-York 90 .... FF37 200 - £3 983 - **$6,470**
- Miss Jones - Pastel (55x43cm-22x17in) London 96 .... FF12 580 - £1 600 - **$2,420**

WATSON William, Jnr. ?-1921 [10]
- Sheep grazing in the Highlands - Oil/canvas (84x67cm-33x26in) New-York 92 .... FF33 300 - £3 486 - **$6,000**

WATSON-GORDON John 1788-1864 [1]
- The daughter of Earl of Eglinston - Oil/canvas (101x127cm-40x50in) New-York 90 ...... FF91 500 - £9 797 - **$15,913**

WATSON-SCHÜTZE Eva 1867-1935 [6]
- Trees - Photograph (20x15cm-8x6in) New-York 89 .... FF8 600 - £856 - **$1,359**

WATT Alison [2]
- Self-Portrait with Binoculars - Oil/canvas (101x46cm-40x18in) London 96 .... FF19 630 - £2 500 - **$3,780**

WATT Georges Fiddes 1873-1960 [3]
- The Miller's ducks - Oil/canvas (101x76cm-40x30in) Edinburgh 92 .... FF71 200 - £8 500 - **$13,700**

WATTEAU DE LILLE François L. Joseph 1758-1823 [16]
- Le marchand de légumes - Huile/toile (52x46cm-20x18in) Lille 96 .... FF80 000 - £9 970 - **$15,450**
- Offrande à Vénus - Sanguine (16x25cm-6x10in) Paris 96 .... FF110 000 - £1 274 - **$1,926**

WATTEAU DE LILLE Louis Joseph, dit 1731-1798 [27]
- La Fête au village - Oil/canvas (67x89cm-26x35in) Wien 95 .... FF60 700 - £7 500 - **$12,260**
- Haltes des troupes/Repas des troupes - Huile/toile (66x81cm-26x32in) Paris 97 .... FF370 000 - £38 702 - **$63,381**
- Couple dans un traineau - Pierre noire/papier (13x20cm-5x8in) Paris 97 .... FF11 000 - £1 169 - **$1,901**

WATTEAU Jean Antoine 1684-1721 [19]
- Study of two girl's heads - Drawing (13x19cm-5x7in) New-York 92 .... FF1 - £125 600 - **$220,000**
- Woman holding her skirt - Red chalk (15x7cm-6x3in) London 94 .... FF75 000 - £9 000 - **$13,860**

WATTENWYL von Peter 1942 [4]
- Papierschiffchen - Mischtechnik/Papier (43x30cm-17x12in) Bern 94 .... FF3 920 - £471 - **$762**

WATTER Joseph 1838-1913 [2]
- Jeune femme au papillon - Oil/canvas (42x31cm-17x12in) New-York 95 .... FF35 940 - £4 410 - **$7,000**

WATTIER Émile Charles 1800-1868 [5]
- Jeune couple dans un parc - Pierre noire (20x25cm-8x10in) Paris 92 .... FF6 500 - £666 - **$1,170**

WATTS Frederick Waters 1800-1862 [53]
- Watermill near Dedham - Oil/canvas (49x74cm-19x29in) London 97 .... FF37 348 - £4 000 - **$6,491**
- Pausing at the lok - Oil/canvas (109x155cm-43x61in) New-York 95 .... FF281 000 - £35 000 - **$55,000**

WATTS George Frederick 1817-1904 [32]
- The two paths - Oil/canvas (76x63cm-30x25in) London 96 .... FF66 100 - £8 600 - **$13,100**
- Uldra - Oil/canvas (66x53cm-26x21in) London 95 .... FF113 200 - £15 000 - **$23,370**
- Portrait of Katie - Oil/canvas (142x79cm-56x31in) London 95 .... FF116 000 - £15 000 - **$23,700**
- Alfred, Lord Tennyson - Oil/canvas (62x51cm-24x20in) London 94 .... FF342 000 - £40 000 - **$59,600**

WATTS James Thomas 1853-1930 [9]
- As you like it - Watercolour/paper (55x77cm-22x30in) New-York 94 .... FF8 130 - £984 - **$1,500**

WATTS Robert 1923-1988 [1]
- BLT - Mixed media (19cm-7in) New-York 90 .... FF10 640 - £1 071 - **$2,084**

WATTS Sydney [7]
- A village street - Oil/canvas (41x61cm-16x24in) London 95 .... FF3 724 - £450 - **$701**

WATTS William 1752-1851 [2]
- Houghton hall, Norfolk - Watercolour (12x18cm-5x7in) London 90 .... FF6 800 - £733 - **$1,199**

WATTS William Clothier 1869-1961 [2]
- Haze after the storm - Oil/canvas (76x92cm-30x36in) San Francisco-Los Angeles 93 .... FF13 750 - £1 724 - **$2,500**
- Mountainous landscape
  - Watercolour/paper (35x28cm-14x11in) San Francisco-Los Angeles 89 .... FF10 300 - £1 025 - **$1,627**

WATZELHAN Carl 1867-1942 [3]
- Mädchen bei der Andacht - Oil/Leinwand (97x68cm-38x27in) Frankfurt 94 .... FF5 440 - £625 - **$930**
- Blowing Bubbles - Oil/canvas (81x61cm-32x24in) New-York 96 .... FF82 300 - £9 970 - **$16,000**

WAUD Alfred Rudolf 1828-1891 [4]
- Lieutenant Bayard Wilkeson - Gouache/paper (26x38cm-10x15in) New-York 90 .... FF18 920 - £1 953 - **$3,340**

WAUER William 1866-1962 [9]
- Portrait of Rudolf Blümner - Bronze (55cm-22in) Berlin 92 .... FF85 000 - £8 700 - **$14,960**
- Zwei Körper - Ink (24x18cm-9x7in) Berlin 92 .... FF11 200 - £1 337 - **$2,153**

WAUGH Frederick Judd 1861-1940 [63]
- Sark - Oil/canvas (44x62cm-17x24in) London 90 .... FF7 810 - £795 - **$1,562**
- Off the Low Rocks - Oil/canvas (83x88cm-33x35in) New-York 95 .... FF25 600 - £3 236 - **$5,000**
- Summer reflections - Oil/canvas (63x76cm-25x30in) New-York 97 .... FF105 079 - £11 053 - **$18,000**

WAUGH Ida ?-1919 [2]
- Bouquet of tulips - Oil/board (48x69cm-19x27in) Boston, Mass. 93 .... FF22 160 - £2 517 - **$3,750**
- Scenes from daily life - Gouache/board (32x23cm-13x9in) New-York 93 .... FF3 100 - £355 - **$550**

WAUQUIERE Etienne 1808-1869 [1]
- Scènes de légende - Huile/toile (168x150cm-66x59in) Bruxelles 94 .... FF26 540 - £3 170 - **$5,000**

WAUTERS Alex 1899-1965 [17]
- Composition - Huile/panneau Antwerpen 96 .... FF6 570 - £848 - **$1,270**
- Markthoek - Dessin (22x23cm-9x9in) Lokeren 93 .... FF1 944 - £222 - **$336**

W

WAUTERS Camille 1856-1919 [11]
- *Village in the Ardennes* - Oil/canvas (69x89cm-27x35in) Amsterdam 89 .... FF**9 000** - £920 - **$1,447**
- *Female nude figure* - Oil/canvas (191x109cm-75x43in) St. Louis, Miss. 92 .... FF**48 300** - £4 940 - **$8,500**

WAUTERS Constant 1826-1853 [1]
- *Elegant figures in a landscape* - Oil/panel (36x48cm-14x19in) New-York 94 .... FF**7 300** - £862 - **$1,300**

WAUTERS Emile 1846-1933 [8]
- *Chapelle à Venise* - Huile/panneau (52x48cm-20x19in) Antwerpen 95 .... FF**3 346** - £440 - **$672**

WAUTERS Jef 1927 [11]
- *Madonne à l'Enfant* - Huile/toile (40x33cm-16x13in) Antwerpen 96 .... FF**3 280** - £398 - **$638**

WAUTIER Claude 1929 [2]
- *Collioure* - Huile/toile (65x86cm-26x34in) Orléans 93 .... FF**3 200** - £362 - **$543**

WAWRZONEK John XX [4]
- *Fall morning with frost*
  Color photograph (dye transfer print) (48x58cm-19x23in) Boston, Mass. 92 ...... FF**2 272** - £233 - **$400**

WAY Andrew John Henry 1826-1888 [12]
- *Still life with Peaches and Grapes*
  Oil/canvas (25x35cm-10x14in) San Francisco-Los Angeles 96 ...... FF**19 570** - £2 266 - **$3,750**
- *Oysters and Beer* - Oil/canvas (25x30cm-10x12in) New-York 97 .... FF**99 183** - £10 414 - **$17,000**

WAY Charles Jones 1834-1919 [26]
- *Lake & mountain* - Huile/toile (50x76cm-20x30in) Québec 90 .... FF**20 750** - £2 122 - **$4,096**
- *Genfersee* - Aquarell (35x52cm-14x20in) Bern 94 .... FF**4 060** - £484 - **$757**

WAYEN PIETERSZEN van der Abraham 1817-1880 [3]
- *Peasants/Peasantwoman with a mule* . - Oil/panel Amsterdam 97 .... FF**22 051** - £2 412 - **$3,867**

WEATHERILL George 1810-1890 [42]
- *Robin Hood's Bay* - Watercolour/paper (11x21cm-4x8in) London 97 .... FF**14 071** - £1 500 - **$2,456**

WEATHERILL Richard XIX [2]
- *Ship, Whitby Upper Harbour* - Oil/board (25x46cm-10x18in) Whitby, Yorks 92 ... FF**27 840** - £2 850 - **$5,800**

WEATHERSTONE Alexander C. 1888-1929 [1]
- *Feeding pigeons* - Watercolour/board (34x24cm-13x9in) Amsterdam 90 .... FF**9 040** - £910 - **$1,771**

WEAVER Arthur XX [3]
- *Dusk in the Texas Oil Patch* - Oil/canvas (61x91cm-24x36in) Baton Rouge, Louisiana 94 .... FF**6 830** - £821 - **$1,300**
- *The old stone bridge - St Andrews*
  Watercolour, gouache (45x59cm-18x23in) Musselburgh, Scotland 92 .... FF**12 210** - £1 250 - **$2,155**

WEAVER Herbert Parsons 1872-1945 [2]
- *Market day in a continental town* - Wash (36x24cm-14x10in) London 91 .... FF**2 170** - £219 - **$423**

WEAVER Thomas 1774-1843 [12]
- *Prize longhorn, Kenilworth Castle* - Oil/canvas (61x73cm-24x29in) London 96 .... FF**69 600** - £9 000 - **$13,650**

WEBB Archibald XIX [2]
- *Yarmouth (?) Harbour* - Watercolour (13x25cm-5x10in) London 94 .... FF**2 335** - £270 - **$399**

WEBB Boyd 1947 [5]
- *Mentor* - Cibachrome print (50x40cm-20x16in) Paris 91 .... FF**26 000** - £2 588 - **$4,471**
- *Untitled* - Cibachrome print (157x122cm-62x48in) New-York 95 .... FF**74 400** - £9 480 - **$15,000**

WEBB Charles Meer 1830-1895 [15]
- *Veteranen* - Öl/Leinwand (62x81cm-24x32in) Köln 95 .... FF**27 600** - £3 590 - **$5,660**

WEBB Clifford Cyril 1895-1972 [2]
- *We met a herd of Zebra* - Bodycolour (18x15cm-7x6in) London 92 .... FF**1 675** - £200 - **$323**

WEBB Edward c.1805-1854 [2]
- *Saddled mare & dog in a stable* - Oil/canvas (81x107cm-32x42in) London 91 ..... FF**82 600** - £8 203 - **$14,342**
- *Boulogne* - Watercolour (15x24cm-6x9in) London 95 .... FF**1 552** - £200 - **$316**

WEBB Edward Walter 1810-1851 [3]
- *Barnet Fair* - Oil/canvas (66x91cm-26x36in) London 95 .... FF**154 800** - £20 000 - **$31,900**

WEBB James c.1825-1895 [99]
- *Moonlit harbour view* - Oil/canvas (67x92cm-26x36in) London 95 .... FF**7 700** - £1 000 - **$1,605**
- *Mediterranean Landscape* - Oil/canvas (61x92cm-24x36in) London 97 .... FF**45 914** - £5 000 - **$7,985**
- *Amsterdam Harbor* - Oil/canvas (77x128cm-30x50in) New-York 96 .... FF**130 000** - £16 830 - **$26,000**

WEBB Joseph 1908-1962 [3]
- *Rat Barn* - Etching (18x30cm-7x12in) London 91 .... FF**1 885** - £190 - **$327**

WEBB Margaret Ely 1877-1956 [1]
- *Princess and attendants at doorway* - Ink (23x15cm-9x6in) New-York 96 .... FF**2 180** - £258 - **$425**

WEBB Paul 1902-? [2]
- *Women playing cards* - Watercolour, gouache (41x36cm-16x14in) New-York 96 .... FF**2 072** - £268 - **$400**

WEBB Tod, Charles Clayton 1905 [23]
- *Harry Callahan, Michigan* - Gelatin silver print (33x25cm-13x10in) New-York 93 .... FF**4 425** - £504 - **$750**

WEBB William 1780-1846 [6]
- *Charles III* - Oil/canvas (93x130cm-37x51in) New-York 93 .... FF**176 000** - £22 070 - **$32,000**

WEBB William Edward 1862-1903 [66]
- *Bringing in the catch* - Oil/canvas (48x77cm-19x30in) London 92 .... FF**10 050** - £1 200 - **$1,933**
- *Mer agitée* - Huile/toile (60x90cm-24x35in) Liège 96 .... FF**29 550** - £3 420 - **$5,660**
- *Peel harbour, Isle of Man* - Oil/canvas (56x96cm-22x38in) London 96 .... FF**66 800** - £8 500 - **$13,220**

WEBBER Charles T. 1825-1911 [1]
- *Boy with violin & girl picking flowers* - Oil/canvas (84x41cm-33x16in) Chicago 93 .... FF**28 600** - £3 590 - **$5,200**

WEBBER John 1750-1793 [4]
- *Figures on the Track, River Dee* - Watercolour (33x48cm-13x19in) London 97 ...... FF**51 498** - £5 500 - **$8,955**

WEBBER Wesley 1839-1914 [25]
- Sailing by moonlight - Oil/canvas (66x91cm-26x36in) New-York 92 .... FF4 900 - £570 - **$1,000**
- Long Island Sound Steamer - Oil/canvas (66x91cm-26x36in) New-York 97 .... FF51 253 - £5 540 - **$9,000**

WEBER Adolf 1925 [4]
- Die alten Schuhe - Öl/Leinwand (27x41cm-11x16in) Zofingen 94.................... FF4 820 - £566 - **$858**

WEBER Alex 1952 [2]
- Grenada - Cibachrome print (30x48cm-12x19in) London 94 .... FF3 580 - £420 - **$627**

WEBER Alfred Charles 1862-1922 [22]
- An amusing passage - Oil/panel (46x38cm-18x15in) New-York 96.............. FF12 340 - £1 497 - **$2,400**
- The Cardinal - Watercolour (44x28cm-17x11in) Amsterdam 94 .... FF4 880 - £567 - **$840**

WEBER Andreas Paul 1893-1980 [158]
- Da ist Wurm drin - Lithographie (50x40cm-20x16in) Heidelberg 95 .... FF2 226 - £289 - **$464**
- Entwürfe für Glasfenster - Watercolour (36x18cm-14x7in) Hamburg 93 .... FF8 250 - £936 - **$1,396**

WEBER August 1817-1873 [8]
- Abendliche Landschaft - Öl/Leinwand (120x173cm-47x68in) Köln 94 .... FF25 700 - £3 020 - **$4,500**
- Zwei Wiesenlandschaften - Aquarell/Papier (8x11cm-3x4in) Köln 96 .... FF2 706 - £318 - **$532**

WEBER August 1898-1957 [1]
- Kloster Einsiedeln - Oil/canvas (65x92cm-26x36in) Zürich 92 .... FF10 650 - £1 273 - **$2,050**

WEBER Bruce 1946 [28]
- Twins, Santa Barbara - Silver print London 93 .... FF6 640 - £800 - **$1,160**
- Madonna, NYC - Gelatin silver print (41x30cm-16x12in) New-York 93 .... FF14 160 - £1 610 - **$2,400**

WEBER Carl 1855-1935 [7]
- Old homestead - Watercolour/board (33x66cm-13x26in) St. Petersburg, Florida 92........... FF5 110 - £523 - **$900**

WEBER Carl Phillip 1849-1921 [22]
- Mist and waves on rocky coast - Oil/canvas (76x46cm-30x18in) Toronto 94 .... FF4 670 - £558 - **$873**
- Lake George - Oil/canvas (51x92cm-20x36in) New-York 95 .... FF30 500 - £3 995 - **$6,200**
- Sheep grazing - Watercolour/paper (59x90cm-23x35in) New-York 92 .... FF3 380 - £404 - **$650**

WEBER Doris Martha 1898-1984 [1]
- Selected Studies - Photograph (49x39cm-19x15in) New-York 93 .... FF14 100 - £1 613 - **$2,500**

WEBER Else 1893-? [4]
- Bildnis Gretchen - Öl/Leinwand (72x59cm-28x23in) Bremen 94 .... FF15 530 - £1 836 - **$2,860**

WEBER Emil 1872-1945 [7]
- Badende Frau - Oil/panel (68x59cm-27x23in) Düsseldorf 96 .... FF4 480 - £580 - **$896**

WEBER Henrich A. 1843-1913 [7]
- Das Würfelspiel - Oil/panel (61x68cm-24x27in) München 94 .... FF30 800 - £3 610 - **$5,480**

WEBER Hugo 1918-1971 [18]
- Window - Huile/toile (96x96cm-38x38in) Paris 95 .... FF30 000 - £3 810 - **$6,150**
- Abstrakte Komposition - Mischtechnik/Papier (29x37cm-11x15in) Bern 95 .... FF8 600 - £1 118 - **$1,766**
- Figure dansante, cadaques - Mischtechnik/Papier (50x65cm-20x26in) Luzern 92 .... FF28 540 - £3 410 - **$5,490**

WEBER Ilse 1908-1984 [1]
- Sulzberg im Sommer - Gouache (44x56cm-17x22in) Zofingen 94 .... FF15 260 - £1 790 - **$2,720**

WEBER Johannes 1871-1949 [2]
- Pferde auf Weide beim Gewitter - Öl/Leinwand (81x100cm-32x39in) Lindau 96 ...... FF8 100 - £1 046 - **$1,565**

WEBER Joseph c.1803-1881 [1]
- Philipp Artaria - Oil/canvas (44x33cm-17x13in) Hamburg 91 .... FF16 900 - £1 695 - **$2,820**

WEBER Kurt 1893-1964 [12]
- Die Rotationen - Mixed media/canvas (76x108cm-30x43in) Wien 93 .... FF24 500 - £2 770 - **$4,130**
- Klopeinersee - Aquarell/Papier (48x62cm-19x24in) Wien 95 .... FF4 900 - £646 - **$993**

WEBER Max 1881-1961 [55]
- Primitive Head - Oil/board (21x14cm-8x6in) New-York 96 .... FF40 450 - £5 250 - **$8,000**
- Rehearsal - Oil/canvas/panel (51x76cm-20x30in) New-York 97 .... FF140 105 - £14 738 - **$24,000**
- New York - Lithograph (23x17cm-9x7in) New-York 96 .... FF5 180 - £669 - **$1,000**
- Zwei Akte - Watercolour, gouache/paper (10x15cm-4x6in) New-York 96 .... FF7 830 - £906 - **$1,500**
- Church spires and tres - Gouache/board (121x60cm-48x24in) New-York 94 .... FF112 300 - £13 250 - **$20,000**

WEBER Mili 1891-1978 [11]
- S'Büebli - Aquarell (7x12cm-3x5in) Zofingen 92 .... FF5 330 - £637 - **$1,025**

WEBER Otto 1832-1888 [10]
- Bucheckernsammler unter Bäumen - Oil/canvas (43x66cm-17x26in) München 92 ..... FF15 300 - £1 566 - **$2,694**
- Bavarian village in summer time
  Watercolour (28x42cm-11x17in) Retford, Nottinghamshire 94................... FF1 730 - £200 - **$296**

WEBER Otto Aloys Xavier 1895-1967 [4]
- Früchten - Oil/cardboard (21x30cm-8x12in) Luzern 89 .... FF2 000 - £205 - **$322**

WEBER Otto Friedrich 1890-1996 [4]
- Dame im Café - Öl/Leinwand (734x60cm-289x24in) München 95 .... FF9 330 - £1 220 - **$1,870**
- Strassenszenerie, holländische Stadt - Aquarell/Karton (35x42cm-14x17in) Bielefeld 95 .... FF2 413 - £313 - **$491**

WEBER Paul Gottlieb 1823-1916 [67]
- Partie Wilder Kaiser - Öl/Leinwand (46x75cm-18x30in) Hamburg 97......... FF12 470 - £1 334 - **$2,173**
- Dörfliche Landschaft am See - Öl/Leinwand (35x73cm-14x29in) Göttingen 95 ...... FF41 350 - £5 350 - **$8,410**
- Jäger im Moos im frühherbst - Öl/Leinwand (81x132cm-32x52in) München 92 ..... FF101 500 - £11 800 - **$20,720**

WEBER Robert 1830-1890 [2]
- Kühe an der Tränke - Öl/Leinwand (74x63cm-29x25in) Wien 95 .... FF14 850 - £1 900 - **$3,080**

W

WEBER Roland 1932-1988 [1]
🖼 *Fanion ordinaire de la couleur* - Acrylique/toile (81x100cm-32x39in) Paris 90 .... FF*9 000* - £*933* - **$1,582**

WEBER Rudolf 1872-1949 [22]
🖼 *Toskana* - Öl/Leinwand (91x139cm-36x55in) Wien 97 .... FF*23 900* - £*2 540* - **$4,120**
✏ *Bach und Hirten* - Gouache/papier (30x24cm-12x9in) Wien 95 .... FF*12 650* - £*1 582* - **$2,554**

WEBER Theodore 1838-1907 [53]
🖼 *Embarcation de pêcheur au large* - Huile/toile (67x43cm-26x17in) Paris 96 .... FF*9 500* - £*1 190* - **$1,833**
Fishing Boats leaving Ostend Harbour - Oil/canvas (33x55cm-13x22in) London 97 .... FF*28 143* - £*3 000* - **$4,913**
French fishing boats, Boulogne - Oil/canvas (91x151cm-36x59in) London 93 .... FF*105 300* - £*12 000* - **$17,880**

WEBER Vincent 1902 [1]
✏ *Nordafrikanische Promenade* - Aquarell (45x60cm-18x24in) Stuttgart 90 .... FF*4 400* - £*455* - **$777**

WEBER von E.L. XIX-XX [1]
🗿 *Seated mother & children* - Marble (143cm-56in) London 96 .... FF*619 000* - £*80 000* - **$122,200**

WEBER Werner 1892-1977 [4]
🖼 *Stilleben mit Fischen* - Öl/Leinwand (50x40cm-20x16in) Zürich 96 .... FF*7 640* - £*990* - **$1,510**

WEBER Willy 1933 [5]
🗿 *L'Esprit Contestataire* - Sculpture (59cm-23in) Luzern 93 .... FF*7 130* - £*811* - **$1,210**

WEBER Willy 1895-1959 [9]
🖼 *Badende* - Oil/panel (32x40cm-13x16in) Heidelberg 96 .... FF*7 800* - £*1 007* - **$1,528**

WEBER Wolfgang 1936 [8]
✏ *Tigers* - Watercolour (54x67cm-21x26in) London 96 .... FF*6 710* - £*850* - **$1,286**

WEBER-DITZLER Charlotte 1877-1958 [1]
✏ *Seated couple* - Watercolour (76x69cm-30x27in) New-York 93 .... FF*1 925* - £*242* - **$350**

WEBER-FÜLOP Elisabeth 1883-? [2]
🖼 *Blumenstilleben* - Öl/Leinwand (74x90cm-29x35in) Wien 96 .... FF*6 770* - £*848* - **$1,315**

WEBER-TYROL Hans Josef 1874-1957 [19]
🖼 *Nervbi* - Ol/Karton (27x37cm-11x15in) Wien 95 .... FF*74 200* - £*9 430* - **$14,780**
✏ *Blühender Kaktus* - Aquarell (37x27cm-15x11in) München 94 .... FF*10 940* - £*1 284* - **$1,950**

WEBERG Willie 1910 [8]
🖼 *Vår* - Oil/canvas (67x100cm-26x39in) Stockholm 91 .... FF*16 970* - £*1 702* - **$2,830**

WEBSTER Edwin Ambrose 1869-1935 [3]
🖼 *Rocks, Bermuda* - Oil/canvas (76x101cm-30x40in) Cambridge, Mass. 91 .... FF*39 900* - £*4 006* - **$6,903**

WEBSTER George 1797-1832 [7]
🖼 *Vessels off the Dutch coast* - Oil/canvas (63x76cm-25x30in) London 92 .... FF*41 900* - £*4 301* - **$7,788**

WEBSTER Harold T. 1885-1953 [1]
✏ *Christmas card cartoon* - Watercolour (28x25cm-11x10in) New-York 94 .... FF*2 190* - £*263* - **$425**

WEBSTER Herman Armour 1878-1970 [5]
✏ *Tournai, la grand place* - Encre (19x25cm-7x10in) Cherbourg 97 .... FF*1 800* - £*192* - **$313**

WEBSTER Meg 1945 [1]
🗿 *Contained pond water* - Sculpture (124x45x45cm-49x18x18in) New-York 92 .... FF*20 800* - £*2 483* - **$4,000**

WEBSTER R. Wellesley XIX-XX [2]
✏ *The Harbour at Crail, Fife* - Watercolour (32x50cm-13x20in) London 95 .... FF*2 354* - £*300* - **$475**

WEBSTER Thomas 1800-1886 [13]
🖼 *Boys will be Boys* - Oil/canvas (51x64cm-20x25in) London 94 .... FF*16 800* - £*2 000* - **$3,200**
Breakfast time - Oil/panel (39x45cm-15x18in) London 96 .... FF*44 800* - £*5 800* - **$8,800**

WEBSTER Walter Ernest 1878-1959 [24]
🖼 *Young lady seated by her toys* - Oil/canvas (61x50cm-24x20in) London 97 .... FF*13 900* - £*1 411* - **$2,510**
✏ *Dame mit grossem Hut* - Aquarell/Papier (38x36cm-15x14in) Wien 96 .... FF*4 320* - £*524* - **$840**

WECKBRODT Ferdinand 1838-1910 [4]
✏ *Rue animée* - Aquarelle (25x32cm-10x13in) Paris 93 .... FF*9 500* - £*1 067* - **$1,610**

WECKESSER August 1821-1899 [4]
🖼 *Mädchenportrait* - Öl/Leinwand (18x25cm-7x10in) Zofingen 92 .... FF*2 855* - £*341* - **$550**

WECKSTRÖM Björn 1935 [3]
🗿 *Utan baktande* - Marble (74x4cm-29in) Stockholm 96 .... FF*19 220* - £*2 400* - **$3,710**

WECZERZICK Alfred 1864-1952 [6]
🖼 *Dachshund & a Jack Russel* - Oil/board (20x28cm-8x11in) London 96 .... FF*6 630* - £*800* - **$1,273**

WEDDERBURN Jemina 1823-? [3]
🖼 *Figures and horses* - Oil/board (30x41cm-12x16in) Glasgow 93 .... FF*7 200* - £*900* - **$1,305**

WEDEL Nils 1897-1967 [22]
🖼 *Frigörelse* - Oil/panel (105x123cm-41x48in) Göteborg 93 .... FF*6 320* - £*717* - **$1,070**
🖼 *Komposition* - Oil/panel (150x189cm-59x74in) Stockholm 95 .... FF*32 660* - £*4 305* - **$6,600**
✏ *Surrealistisk komposition* - Gouache (15x23cm-6x9in) Köbenhavn 94 .... FF*8 760* - £*1 051* - **$1,703**

WEDEL-ANKER Herman 1845-1895 [4]
🖼 *Skogsparti fra Bogstad* - Oil/canvas (41x31cm-16x12in) Oslo 92 .... FF*14 760* - £*1 510* - **$2,600**

WEDELIN Erik 1850-1881 [2]
🖼 *Höstlandskap* - Oil/canvas (47x68cm-19x27in) Stockholm 91 .... FF*27 340* - £*2 775* - **$4,938**

WEDEPOHL Gerhard 1893-1930 [3]
▱ *Norddeutsche Landschaften* - Etching (23x31cm-9x12in) Hamburg 94 .... FF*1 770* - £*206* - **$307**

WEDER Jakob 1906-1990 [3]
🖼 *I. Komplementärkontrastes* - Acrylique/panneau (121x172cm-48x68in) Bern 93 .... FF*71 200* - £*8 200* - **$12,220**

WEDERKINCH Holger 1886-1924 [1]
🗿 *Equestrian group of King Giorgios I* - Bronze (70cm-28in) London 89 .... FF*7 300* - £*705* - **$1,108**

W

WEDEWER Josef 1896-? [1]
● Häuser eines Dorfes im Abendlicht - Öl/Leinwand (56x74cm-22x29in) Köln 95 .... FF3 550 - £448 - **$711**
WEDIG von Gottfried 1583-1641 [4]
● Mayor of Cologne - Oil/panel (102x79cm-40x31in) London 93 .... FF123 000 - £14 000 - **$20,860**
WEDIN Elof 1901-1983 [1]
● Henry Helmstrom - Oil/canvas (122x74cm-48x29in) San Francisco-Los Angeles 94 .... FF29 800 - £3 530 - **$5,500**
WEEBER von Eduard 1834-1891 [2]
● Angler am Bachufer - Öl/Leinwand (24x38cm-9x15in) Wien 95 .... FF7 340 - £930 - **$1,434**
✎ Entwurf zu: Aus dem Kinderleben - Drawing (27x21cm-11x8in) München 95 .... FF5 270 - £663 - **$1,055**
WEEDON Augustus Walford 1838-1908 [12]
✎ Peat gatherers in a coast - Pencil (25x35cm-10x14in) London 91 .... FF4 940 - £499 - **$981**
WEEGEE Arthur Fellig 1899-1966 [245]
▣ Needlework - Silver print (51x66cm-20x26in) New-York 96 .... FF10 310 - £1 325 - **$2,000**
WEEGEWIJS Hendrick 1875-1964 [5]
● Tea time - Oil/canvas (61x42cm-24x17in) Amsterdam 94 .... FF3 050 - £354 - **$525**
WEEKES Henry 1807-1877 [6]
● Three donkeys, Sand Asses - Oil/canvas (45x61cm-18x24in) New-York 91 .... FF25 470 - £2 546 - **$4,195**
⬚ Girl with the hoop - Marble (130cm-51in) New-York 94 .... FF224 700 - £26 500 - **$40,000**
WEEKES Henry II c.1849-1888 [5]
● Gundogs with the Day's Bag - Oil/canvas (61x91cm-24x36in) London 91 .... FF19 840 - £2 000 - **$3,500**
WEEKES Herbert William 1864-1904 [21]
● A Sweet Thing in Bonnets - Oil/board (28x36cm-11x14in) London 96 .... FF40 100 - £5 000 - **$7,740**
WEEKS Edwin Lord 1849-1903 [57]
● By the Well - Oil/canvas (46x76cm-18x30in) London 97 .... FF75 298 - £8 200 - **$13,095**
A Street in Jodphur, India - Oil/canvas (50x61cm-20x24in) London 97 .... FF453 259 - £48 000 - **$78,504**
WEEKS James 1928 [6]
● Asilomar #3 - Oil/canvas (138x113cm-54x44in) San Francisco-Los Angeles 94 .... FF61 800 - £8 050 - **$12,000**
WEELE van der Herman Johannes 1852-1930 [24]
● A sheepdog, an oil sketch - Oil/canvas/board (33x50cm-13x20in) Amsterdam 97 .... FF2 427 - £262 - **$423**
● Herding sheep along a stream - Oil/canvas (66x90cm-26x35in) New-York 92 .... FF18 030 - £1 890 - **$3,250**
✎ Plowing Time - Watercolour (38x53cm-15x21in) Montréal 93 .... FF5 130 - £581 - **$865**
WEERDT de Armand 1890-1982 [4]
● Paysage dans les Polders - Huile/toile (70x80cm-28x31in) Antwerpen 94 .... FF5 000 - £580 - **$860**
WEERT de Anna 1867-1950 [18]
● Aix-les-Bains - Huile/carton (34x41cm-13x16in) Lokeren 91 .... FF26 340 - £2 654 - **$4,571**
● Tuin in Bloei - Huile/toile (117x90cm-46x35in) Lokeren 91 .... FF199 200 - £23 500 - **$35,460**
✎ Sakramentsdag - Pastel/papier (88x70cm-35x28in) Lokeren 92 .... FF10 800 - £1 105 - **$1,900**
WEERT van Jan 1871-1955 [1]
● Landschaft mit Schloss Kutschen - Öl/Karton (52x68cm-20x27in) Lindau 96 .... FF11 170 - £1 294 - **$2,142**
WEERTS Jean Joseph 1847-1927 [3]
● Portrait of a lady - Oil/canvas (151x107cm-59x42in) New-York 96 .... FF35 000 - £4 530 - **$7,000**
WEGELIN Émile 1875-1962 [333]
● Le moulin - Huile/carton (33x46cm-13x18in) Limoges 92 .... FF2 300 - £236 - **$414**
● Ferme en montagne - Huile/toile (65x92cm-26x36in) Devecey 92 .... FF9 000 - £963 - **$1,590**
✎ Paysage de Savoie - Gouache (31x43cm-12x17in) Le Havre 96 .... FF2 200 - £259 - **$433**
WEGENER Einar, Lili Elbe 1883-1931 [7]
● Seated girl - Oil/canvas (65x54cm-26x21in) Köbenhavn 95 .... FF6 660 - £862 - **$1,354**
WEGENER Gerda 1885-1940 [84]
● Primavera - Oil/canvas (42x29cm-17x11in) Köbenhavn 94 .... FF32 200 - £3 760 - **$5,650**
● Les femmes fatales - Oil/canvas (110x119cm-43x47in) New-York 93 .... FF560 000 - £63 700 - **$95,000**
✎ Désespoir de Pierrot - Aquarelle (33x24cm-13x9in) Paris 95 .... FF5 000 - £625 - **$1,010**
✎ Two girls with butterflies - Watercolour (38x29cm-15x11in) London 96 .... FF35 760 - £4 200 - **$7,030**
WEGENER Jürgen 1901-1963 [2]
● Azaleengarten - Öl/Leinwand (82x100cm-32x39in) München 93 .... FF2 786 - £319 - **$471**
WEGENER Theodor Gustav 1817-1877 [2]
● Music party, the Giudecca, Venezia - Oil/canvas (88x130cm-35x51in) Köbenhavn 95 .... FF37 100 - £4 560 - **$7,230**
WEGER Josef 1782-1840 [1]
▢ Südtiroler Landleben - Etching München 93 .... FF3 050 - £365 - **$587**
WEGER Marie 1882-1980 [3]
● Phlox - Oil/canvas/board (64x48cm-25x19in) St. Petersburg, Florida 92 .... FF5 680 - £581 - **$1,000**
WEGERER Julius 1886-1960 [10]
● Winterlandschaft - Öl/Leinwand (31x41cm-12x16in) Wien 94 .... FF14 650 - £1 666 - **$2,484**
WEGMAN Bertha 1847-1936 [10]
● Blomster i marken, 1875 - Oil/canvas (31x43cm-12x17in) Köbenhavn 90 .... FF8 300 - £860 - **$1,459**
WEGMAN William 1943 [51]
▣ Address Stand - Polaroid (66x53cm-26x21in) London 95 .... FF20 800 - £2 600 - **$4,200**
✎ No colicitors - Watercolour (20x23cm-8x9in) New-York 92 .... FF7 740 - £784 - **$1,400**
WEGMANN Bertha 1847-1926 [10]
● Interior - Oil/canvas (50x43cm-20x17in) Köbenhavn 90 .... FF8 800 - £948 - **$1,552**
WEGMANN Reinhold 1889-1963 [2]
● Spanierin II - Oil/canvas (60x51cm-24x20in) Stuttgart 90 .... FF10 070 - £1 019 - **$1,915**

W

WEGMAYR Sebastian 1776-1857 [12]
Grosses Blumenstück - Öl/Leinwand (148x123cm-58x48in) Wien 94 .... FF97 600 - £11 610 - **$18,400**
Gestreifte Tulpen - Aquarell/Papier (31x21cm-12x8in) Wien 92 .... FF6 250 - £747 - **$1,203**
WEGMÜLLER Walter 1937 [3]
Der schreiende Frosch - Ink (90x80cm-35x31in) Zürich 95 .... FF1 960 - £256 - **$398**
WEGNER Erich 1899-1982 [2]
Der Verehrer - Gouache/papier (38x28cm-15x11in) München 95 .... FF12 100 - £1 582 - **$2,422**
WEGUELIN John Reinhard 1849-1927 [6]
The bath - Oil/canvas (50x25cm-20x10in) London 90 .... FF48 800 - £4 966 - **$9,759**
A pastoral - Watercolour (37x54cm-15x21in) London 91 .... FF18 840 - £1 900 - **$3,325**
WEHLE Johannes Raphael 1848-1936 [2]
Reflections, 1919 - Oil/canvas (39x55cm-15x22in) London 90 .... FF82 300 - £8 502 - **$14,541**
WEHMAS Einari 1898-1955 [3]
Utsikt från observatoriebacken - Oil/canvas (50x50cm-20x20in) Helsinki 90 .... FF13 980 - £1 423 - **$2,796**
WEHNERT Edward Henry 1813-1868 [5]
Siesta - Aquarell (70x104cm-28x41in) München 94 .... FF3 413 - £404 - **$613**
WEHRINGER Herbert 1926 [58]
Abendliche Winterlandschaft - Oil/panel (15x11cm-6x4in) Köln 91 .... FF3 720 - £373 - **$614**
Winterfreuden - Oil/panel (24x56cm-9x22in) Ahlden 92 .... FF12 860 - £1 496 - **$2,625**
WEHRLIN Robert 1903-1964 [3]
Charles Dullin - Fusain (32x46cm-13x18in) Paris 92 .... FF1 900 - £195 - **$342**
WEHRSCHMIDT Daniel Albert 1861-1932 [1]
Tuchhändler in seinem Laden - Öl/Leinwand (115x78cm-45x31in) Köln 94 .... FF2 040 - £238 - **$358**
WEI Yeh Chi 1915-1981 [1]
Boats, Trengganu, West Malaysia - Oil/canvas (37x114cm-15x45in) Singapore 95 .... FF29 800 - £3 805 - **$6,110**
WEIBEL Franz Joseph Adolf 1870-1952 [5]
Silvaplanersee - Oil/canvas (36x45cm-14x18in) Zofingen 92 .... FF2 232 - £228 - **$393**
WEIBEL Jakob Samuel 1771-1846 [24]
Cappelen - Eau-forte (10x16cm-4x6in) Bern 96 .... FF5 300 - £643 - **$1,030**
Chaîne des Alpes depuis Neuchâtel - Aquarell (33x271cm-13x107in) Bern 93 .... FF7 110 - £792 - **$1,207**
WEIBEL Louise 1865-? [2]
Kinderkommunion - Öl/Leinwand (49x31cm-19x12in) Köln 95 .... FF5 320 - £672 - **$1,067**
Nähende Bretonin am Fenster - Pastell (83x67cm-33x26in) München 92 .... FF2 030 - £236 - **$415**
WEIBEL-COMTESSE Karl Rudolf 1786-1856 [2]
La Tour St Michel à Payerne - Lithograph (21x17cm-8x7in) Bern 92 .... FF11 900 - £1 216 - **$2,096**
WEIBOLD Hans 1902-1984 [2]
Linz-Blick von der Gugl - Ink (40x52cm-16x20in) Wien 91 .... FF2 407 - £243 - **$418**
WEICHBERGER Eduard 1843-1913 [11]
Olivenbäume am Meer - Öl/Leinwand (51x43cm-20x17in) Dresden 95 .... FF9 680 - £1 266 - **$1,940**
Feldweg im Sommer - Aquarell/Papier (31x39cm-12x15in) Rudolstadt-Thüringen 96 .... FF5 110 - £640 - **$992**
WEICHBERGER Philipp 1937 [6]
Composition, 1963 - Huile/toile (65x130cm-26x51in) Paris 89 .... FF8 200 - £838 - **$1,318**
WEIDEMANN Jakob 1923 [29]
Motiv fra Bergen - Oil/panel (81x60cm-32x24in) Oslo 92 .... FF14 220 - £1 700 - **$2,735**
Markblomster - Oil/canvas (70x70cm-28x28in) Oslo 92 .... FF49 300 - £5 740 - **$10,070**
Inntrykk fra naturen - Oil/canvas (200x200cm-79x79in) Tönsberg 93 .... FF880 000 - £102 300 - **$151,000**
WEIDEMANN Magnus 1880-1966 [4]
Schloss Glücksburg - Öl/Karton (52x76cm-20x30in) Bremen 95 .... FF8 250 - £1 085 - **$1,656**
WEIDENAAR Reynold H. 1915 [5]
Last Run - Etching (19x28cm-7x11in) San Francisco-Los Angeles 95 .... FF4 210 - £526 - **$850**
WEIDENBACHER Georg 1905-? [1]
Der Lautenspieler - Oil/panel (70x90cm-28x35in) Pforzheim 93 .... FF7 800 - £932 - **$1,500**
WEIDENMANN Johann Caspar 1805-1850 [1]
Enfant et hibou - Huile/toile (44x37cm-17x15in) Lyon 95 .... FF20 000 - £2 616 - **$4,005**
WEIDIG Friedrich 1859-1933 [1]
Zweispänniges Fuhrwerk im Winter - Woodcut in colors (41x31cm-16x12in) München 91 .... FF5 410 - £549 - **$977**
WEIDIG Julius 1837-1918 [1]
Sommarmotiv med flickor på äng - Oil/canvas (33x54cm-13x21in) Göteborg 96 .... FF4 900 - £559 - **$938**
WEIDINGER Franz Xaver 1890-1972 [16]
Landschaft mit Rehen - Oil/panel (85x99cm-33x39in) Wien 94 .... FF14 650 - £1 666 - **$2,480**
Aulandschaft - Aquarell/Papier (13x17cm-5x7in) Wien 95 .... FF5 990 - £756 - **$1,195**
WEIDL Seff 1915-1972 [2]
Komposition - Aquarell (33x30cm-13x12in) München 89 .... FF1 700 - £179 - **$286**
WEIDMANN Fred 1890-1955 [1]
Paysage zoo et anthropomorphique
Technique mixte/panneau (18x22cm-7x9in) Genève 89 .... FF2 700 - £285 - **$455**
WEIDNER Josef 1801-1871 [2]
Julia Caroline Monet - Oil/canvas (62x48cm-24x19in) London 94 .... FF36 400 - £4 300 - **$6,530**
WEIDNER Willem Frederik 1817-1850 [1]
Flowers in a vase - Oil/panel (32x24cm-13x9in) Amsterdam 93 .... FF7 830 - £936 - **$1,508**
WEIE Edvard 1879-1943 [50]
Wilders Plads - Oil/canvas/panel (30x26cm-12x10in) Köbenhavn 95 .... FF10 610 - £1 380 - **$2,103**
Udsigt, Overgaden - Oil/canvas (50x59cm-20x23in) Köbenhavn 95 .... FF43 500 - £5 430 - **$8,780**

Dante og Vergil - Oil/canvas (153x138cm-60x54in) København 95 .... FF271 700 - £33 960 - **$54,900**

WEIGALL Arthur Howes c.1840-c.1895 [2]
🔖 *Lady in historical costume* - Oil/board (26x22cm-10x9in) Billinghurst, West Sussex 91 .... FF4 270 - £429 - **$739**

WEIGALL Charles Henry 1794-1877 [1]
▱ *A cockerel and a hen* - Watercolour (23x31cm-9x12in) London 96 .... FF3 150 - £400 - **$621**

WEIGALL Henry 1800-1883 [13]
🔖 *Rachel as Little Red Riding Hood* - Oil/canvas (88x68cm-35x27in) Sevenoaks, Kent 89 .... FF3 900 - £399 - **$627**
▱ *Stephen Donoghue* - Pastel (73x58cm-29x23in) Sevenoaks, Kent 89 .... FF10 700 - £1 094 - **$1,720**

WEIGAND Konrad 1842-1897 [1]
▱ *Illustrationsentwürfe* - Watercolour (21x15cm-8x6in) München 95 .... FF2 580 - £339 - **$518**

WEIGEL Franz 1810-? [1]
▱ *Louise von Herckes* - Miniature (6cm-2in) Wien 95 .... FF14 980 - £1 890 - **$2,990**

WEIGELE Henri 1858-1927 [7]
🔖 *Femmes dansant* - Marble (180cm-71in) New-York 95 .... FF1 - £165 500 - **$260,000**
Eve, sat naked on a rocky base - Marble (47cm-19in) London 97 .... FF55 762 - £6 000 - **$9,803**

WEIGHT Carel 1908 [132]
🔖 *Two Children* - Oil/board (61x91cm-24x36in) London 97 .... FF18 674 - £2 000 - **$3,226**
Cops and Robbers - Oil/canvas (113x145cm-44x57in) London 96 .... FF199 500 - £25 000 - **$38,500**
▱ *Battera Park* - Charcoal (37x56cm-15x22in) London 97 .... FF6 536 - £700 - **$1,129**

WEIGL Robert 1851-1902 [2]
🔖 *Elisabeth Kaiserin von Österreich* - Plaster (36cm-14in) Wien 96 .... FF18 500 - £2 403 - **$3,660**

WEIJAND Jaap 1886-1960 [6]
🔖 *View of Bergen* - Oil/canvas (52x85cm-20x33in) Amsterdam 92 .... FF9 640 - £1 152 - **$1,855**

WEIKERT Johann Georg 1743-1799 [1]
🔖 *Tochter Maria Theresias* - Oil/canvas (76x63cm-30x25in) Wien 90 .... FF12 000 - £1 240 - **$2,120**

WEIL Ernst 1919 [3]
▱ *Composition, 1955* - Chalks/paper (44x61cm-17x24in) London 90 .... FF1 700 - £176 - **$299**

WEIL Lucien 1902-1963 [4]
🔖 *L'atelier, passage Barrault* - Huile/toile (200x228cm-79x90in) Angers 96 .... FF18 500 - £2 407 - **$3,666**

WEIL Mathilde XIX-XX [1]
📷 *Jane Jones* - Platinum print (18x15cm-7x6in) New-York 92 .... FF1 562 - £160 - **$275**

WEIL Otto 1884-1929 [1]
🔖 *Heimkehrende Bauersfrau* - Öl/Leinwand (51x60cm-20x24in) Lindau 94 .... FF15 780 - £1 872 - **$2,916**

WEILAND Friedrich 1821-1904 [1]
▱ *Portrait of a young man* - Miniature (5cm-2in) Wien 95 .... FF7 490 - £945 - **$1,495**

WEILAND James 1872-1968 [7]
🔖 *Woman in white by the water* - Oil/board (61x50cm-24x20in) Mystic, Connecticut 91 .... FF8 090 - £811 - **$1,364**

WEILAND Johannes 1856-1909 [21]
🔖 *The Lesson* - Oil/canvas (66x55cm-26x22in) London 96 .... FF33 500 - £4 200 - **$6,470**

WEILER Max 1910 [30]
🔖 *Munterer Himmel* - Tempera/canvas (130x105cm-51x41in) Wien 94 .... FF242 500 - £28 100 - **$45,900**
Wie eine Landschaft - Tempera/canvas (96x196cm-38x77in) Wien 95 .... FF539 000 - £69 700 - **$109,500**
▱ *Landschaft* - Aquarell/Papier (47x35cm-19x14in) Wien 96 .... FF41 000 - £4 680 - **$7,860**

WEILL Alice 1875-1953 [2]
🔖 *Personnages dans un parc* - Huile/toile (48x65cm-19x26in) Provins 90 .... FF5 500 - £593 - **$970**

WEILUC Lucien Henri Weil 1873-1947 [2]
▱ *Frou-Frou* - Poster (60x46cm-24x18in) New-York 95 .... FF19 200 - £2 420 - **$3,800**

WEIMANN Bertha 1869-? [1]
🔖 *Drei Affen* - Bronze (11cm-4in) Stuttgart 93 .... FF1 552 - £176 - **$262**

WEIN Albert W. 1915 [1]
🔖 *Naomi* - Bronze (52cm-20in) New-York 94 .... FF18 540 - £2 163 - **$3,250**

WEINBERG Emilie Sievert 1887-1958 [1]
🔖 *The Golden Cloak* - Oil/canvas (81x76cm-32x30in) San Francisco-Los Angeles 94 .... FF13 920 - £1 645 - **$2,500**

WEINBERG Justus Fredrik 1770-1832 [1]
▱ *Lilla Torget, Göteborg* - Akvarell (43x64cm-17x25in) Stockholm 93 .... FF25 160 - £3 090 - **$4,660**

WEINBERGER Anton 1843-1912 [5]
🔖 *Raeven jagter aenderne* - Oil/canvas (67x85cm-26x33in) Viby J, Århus 95 .... FF9 960 - £1 245 - **$2,012**

WEINBERGER Lois 1947 [4]
▱ *Mondlichtskulptur* - Mixed media/paper (41x29cm-16x11in) Wien 94 .... FF1 953 - £222 - **$331**

WEINEDEL Carl 1795-1845 [1]
▱ *A gentleman with black jacket* - Miniature New-York 92 .... FF5 400 - £552 - **$1,000**

WEINER Dan 1919-1959 [2]
📷 *Woman in Fifth Avenue, New York* - Silver print (33x25cm-13x10in) New-York 95 .... FF4 510 - £570 - **$900**

WEINGART Joachim 1895-1942 [48]
🔖 *Jeune femme lisant* - Huile/carton (64x50cm-25x20in) Paris 87 .... FF5 000 - £510 - **$812**
🔖 *Nature morte aux choux* - Huile/toile (65x81cm-26x32in) Paris 94 .... FF15 000 - £1 755 - **$2,630**
▱ *L'étreinte* - Aquarelle (34x45cm-13x18in) Paris 90 .... FF3 000 - £321 - **$522**

WEINGARTNER Joseph 1810-1894 [1]
🔖 *Fille bédouine* - Huile/toile (78x62cm-31x24in) Lyon 95 .... FF26 000 - £3 400 - **$5,210**

WEINHOLD Kurt 1896-1965 [13]
🔖 *Verkündigung, 1923* - Oil/canvas (56x71cm-22x28in) Stuttgart 89 .... FF7 100 - £686 - **$1,077**

W

Die Säule - Gouache (58x44cm-23x17in) Stuttgart 89........................... FF**5 100** - £*537* - **$859**

WEINKOPF Anton, Toni 1886-? [1]
 Frauenakt - Bronze (25cm-10in) Wien 96........................... FF**2 880** - £*349* - **$560**

WEINMAN Adolph Alexander 1870-1952 [7]
Rising day/Descending Night - Bronze New-York 97........................... FF**87 566** - £*9 211* - **$15,000**

WEINMANN Paul 1857-? [1]
Weidende Kühe unter Bäumen - Öl/Leinwand (60x110cm-24x43in) Lindau 93........................... FF**6 100** - £*750* - **$1,098**

WEINRICH Agnes 1873-1946 [16]
Landscape, 1926 - Oil/canvas/board (53x43cm-21x17in) New-York 90........................... FF**10 300** - £*1 096* - **$1,843**
Landscape - Watercolour (23x30cm-9x12in) Cambridge, Mass. 93........................... FF**3 245** - £*369* - **$550**

WEINSTEIN Matthew 1964 [2]
Joey: A Mechanical Boy - Oil/canvas (228x183cm-90x72in) New-York 96........................... FF**14 350** - £*1 700* - **$2,800**

WEINSTEIN Moisei Isaakovich 1940-1981 [1]
Sunny day, 1976 - Oil/canvas (57x63cm-22x25in) London 90........................... FF**19 400** - £*2 091* - **$3,422**

WEINWURM Josef Franz 1893-1975 [2]
Hauergasse in Sievering - Aquarell/Papier (43x32cm-17x13in) Wien 94........................... FF**5 320** - £*611* - **$910**

WEIR Harrison William 1824-1906 [6]
A Spring morning - Watercolour (34x51cm-13x20in) Billinghurst, West Sussex 96........................... FF**5 010** - £*650* - **$980**

WEIR Helen Stuart ?-1969 [4]
Spring flowers in a green vase - Oil/canvas (51x61cm-20x24in) London 94........................... FF**5 440** - £*620* - **$924**

WEIR John Ferguson 1841-1926 [6]
Isola Madre, Lago Maggiore - Oil/canvas (51x84cm-20x33in) New-York 93........................... FF**30 250** - £*3 790* - **$5,500**

WEIR Julian Alden 1852-1919 [19]
Edith Barron Park - Oil/canvas (108x86cm-43x34in) New-York 94........................... FF**36 800** - £*4 420* - **$7,000**
Little Lizzie Lunch - Oil/canvas (76x63cm-30x25in) New-York 97........................... FF**408 401** - £*42 882* - **$70,000**
Winter woods - Watercolour/paper (53x41cm-21x16in) Baton Rouge, Louisiana 94........................... FF**6 280** - £*732* - **$1,100**

WEIR Robert Walker 1803-1889 [9]
Mother's lessons, Amalfi - Oil/panel (40x30cm-16x12in) New-York 94........................... FF**84 100** - £*10 100* - **$16,000**
Ship at sea - Wash (15x25cm-6x10in) Mystic, Connecticut 91........................... FF**2 400** - £*241* - **$405**

WEIROTTER Franz Edmund 1730-1771 [13]
Flusslandschaft mit Reintern - Öl/Leinwand (86x112cm-34x44in) Wien 94........................... FF**38 800** - £*4 520* - **$6,790**
Bord de mer animé - Aquarelle (16x22cm-6x9in) Bayeux 93........................... FF**12 000** - £*1 446* - **$2,182**

WEISBECKER Philippe 1942 [2]
Atrium - Encre Chine Paris 91........................... FF**3 500** - £*355* - **$632**

WEISBERGER Carl 1891-1968 [1]
Composition, 1960 - Huile/toile (190x190cm-75x75in) Bruxelles 90........................... FF**22 700** - £*2 415* - **$4,061**

WEISBORT George XX [2]
Grapes and a pewter tankard - Oil/masonite (49x59cm-19x23in) London 91........................... FF**12 960** - £*1 299* - **$2,185**

WEISBUCH Claude 1927 [221]
Le vent - Huile/toile (118x91cm-46x36in) Lons-Le-Saunier 96........................... FF**11 500** - £*1 310* - **$2,200**
Le cavalier - Huile/toile (65x81cm-26x32in) Lyon 97........................... FF**23 500** - £*2 547* - **$4,131**
Scène de bataille - Huile/toile (73x92cm-29x36in) Paris 94........................... FF**51 000** - £*6 110* - **$9,650**
Saltimbanques - Huile/toile (161x130cm-63x51in) Paris 93........................... FF**80 000** - £*9 630* - **$14,550**
Le cavalier - Pastel (25x31cm-10x12in) Arles 92........................... FF**5 800** - £*671* - **$995**
Homme - Pastel (73x60cm-29x24in) Limoges 92........................... FF**16 000** - £*1 638* - **$2,880**

WEISE Alexander 1883-? [10]
Winter evening in the Mountains - Oil/canvas (69x76cm-27x30in) Elgin, Illinois 91........................... FF**7 070** - £*712* - **$1,227**

WEISE Friedrich 1775-1810 [1]
Bildnis eines jungen Herren - Miniature (5x4cm-2x2in) Wien 96........................... FF**3 840** - £*496* - **$742**

WEISE Robert 1870-1923 [6]
Flusslandschaft - Öl/Leinwand (35x50cm-14x20in) Stuttgart 93........................... FF**13 800** - £*1 560* - **$2,326**

WEISENBORN Rudolph 1881-? [6]
Head of a man - Pastel (99x64cm-39x25in) Chicago 94........................... FF**5 260** - £*632* - **$1,000**

WEISER Bernard 1822-? [1]
Le bouquet de fleurs au modèle - Huile/toile Lyon 90........................... FF**28 000** - £*2 998* - **$4,870**

WEISER Joseph Emanuel 1847-1911 [4]
Die Spieler - Oil/panel (73x106cm-29x42in) Luzern 92........................... FF**41 900** - £*5 000* - **$8,050**

WEISGERBER Albert 1878-1915 [9]
Einslauf - Öl/Karton (44x51cm-17x20in) München 95........................... FF**165 000** - £*21 700* - **$33,100**
Weihnachtsfeier, K.G. Klause München - Ink (36x30cm-14x12in) Heidelberg 96........................... FF**10 500** - £*1 296* - **$2,027**

WEISGERBER Carl 1891-1968 [6]
Oberkasseler Brücke - Oil/panel (50x65cm-20x26in) Düsseldorf 92........................... FF**10 250** - £*1 053* - **$1,973**

WEISHAUPT Viktor 1848-1905 [8]
Stiller Weiher im Wiesengrund - Öl/Karton (27x36cm-11x14in) München 94........................... FF**14 700** - £*1 765* - **$2,795**

WEISMAN William H. 1840-1922 [3]
New Jersey Shore - Oil/canvas (61x107cm-24x42in) New-York 96........................... FF**15 170** - £*1 970* - **$3,000**

WEISMANN Jacques 1878-? [4]
Repos du modèle - Huile/carton (61x82cm-24x32in) Morlaix 92........................... FF**5 500** - £*563* - **$968**
Woman with a bouquet - Pastel (81x65cm-32x26in) New-York 95........................... FF**7 400** - £*891* - **$1,400**

WEISS Anton 1729-1784 [2]
Die Kreuztragung - Ink (28x20cm-11x8in) München 93........................... FF**5 640** - £*669* - **$1,020**

WEISS Carl 1860-1931 [35]
Motiv aus der Wachau - Aquarell/Papier (21x28cm-8x11in) Wien 97........................... FF**8 604** - £*914* - **$1,483**

W

WEISS Claire 1906-? [1]
Dame mit Windhund - Ceramic (33cm-13in) Wien 93 .... FF2 405 - £288 - **$463**

WEISS David 1946 [2]
Selected images - Photograph (23x30cm-9x12in) New-York 96 .... FF19 150 - £2 470 - **$3,750**

WEISS Emil Rudolf 1875-1942 [11]
Weiblicher Akt - Öl/Leinwand (90x58cm-35x23in) Bremen 95 .... FF15 650 - £2 030 - **$3,260**
Bachlandschaft - Lithographie (37x33cm-15x13in) Heidelberg 94 .... FF1 680 - £195 - **$289**
Sitzender Pierrot - Ink (21x14cm-8x6in) Hamburg 95 .... FF3 504 - £444 - **$705**

WEISS Franz Josef 1735-1790 [2]
Allegorie der Musik - Öl/Leinwand (53x175cm-21x69in) Lindau 94 .... FF20 560 - £2 384 - **$3,540**

WEISS Georges E. 1861-? [6]
Indecision at the Flower Stall - Oil/canvas (74x61cm-29x24in) Toronto 96 .... FF19 370 - £2 210 - **$3,710**

WEISS Gustav 1866-1973 [1]
Alpenveilchenstock - Oil/canvas (36x27cm-14x11in) Lindau 92 .... FF4 060 - £473 - **$830**

WEISS Hugh 1925 [10]
Chaire de philosophie, Nanterre - Huile/toile (228x162cm-90x64in) Bruxelles 97 .... FF4 248 - £460 - **$751**

WEISS Johann Baptist 1812-1879 [6]
Marine - Öl/Leinwand (23x44cm-9x17in) München 94 .... FF15 360 - £1 815 - **$2,760**

WEISS José 1859-1929 [64]
The Winter Riverbank - Oil/panel (101x61cm-40x24in) London 94 .... FF4 640 - £550 - **$858**
Flusslandschaft - Öl/Leinwand (61x88cm-24x35in) Wien 93 .... FF19 540 - £2 216 - **$3,320**

WEISS Joseph Andreas 1814-1887 [1]
Moscow Kremlin - Watercolour (28x20cm-11x8in) London 96 .... FF117 000 - £15 000 - **$23,200**

WEISS Ludwig 1768-1843 [3]
Steinerne Theater bey Hellbrunn - Watercolour (20x32cm-8x13in) München 93 .... FF2 544 - £304 - **$490**

WEISS Ludwig Caspar 1793-1867 [2]
Halbportrait eines Mädchens mit Hut - Pencil (47x37cm-19x15in) Kempten 96 .... FF6 760 - £802 - **$1,318**

WEISS Nikolaus 1760-1809 [3]
Amazonenschlacht - Ink/paper (32x45cm-13x18in) Kempten 96 .... FF4 740 - £595 - **$923**

WEISS Olga 1853-1903 [1]
Stilleben mit farbigen Mohnblumen - Oil/canvas (25x34cm-10x13in) Ahlden 92 .... FF4 060 - £473 - **$830**

WEISS Oskar 1882-1965 [8]
Blumenstrauss - Öl/Leinwand (47x38cm-19x15in) Lindau 94 .... FF4 800 - £557 - **$826**

WEISS Paul 1888-? [6]
Chrysanthèmes - Huile/toile (4x75cm-2x30in) Entzheim 96 .... FF5 400 - £677 - **$1,042**

WEISS Peter 1916-1983 [8]
I Landskapet - Oil/canvas (71x65cm-28x26in) Stockholm 96 .... FF81 800 - £9 920 - **$15,920**

WEISS Rudolf Johann 1846-1933 [7]
An arab marketplace - Oil/panel (9x12cm-4x5in) New-York 92 .... FF14 040 - £1 436 - **$2,600**
Praying time outside Cairo - Watercolour (30x47cm-12x19in) London 95 .... FF20 520 - £2 600 - **$4,130**

WEISS Sabine Weber 1924 [7]
Paris la nuit - Tirage argentique (40x30cm-16x12in) Paris 95 .... FF4 000 - £512 - **$817**

WEISS Wojcieh 1875-1950 [12]
Reclining female nude - Oil/canvas (50x65cm-20x26in) Warszawa 95 .... FF14 550 - £1 837 - **$2,905**

WEISSBERG Léon 1894-1943 [9]
Bouquet - Huile/carton/toile (35x27cm-14x11in) Paris 92 .... FF15 000 - £1 536 - **$2,700**
Annette au chapeau blanc - Huile/toile (65x54cm-26x21in) Paris 91 .... FF100 000 - £9 931 - **$17,363**

WEISSBORT George XX [2]
Still life - Oil/board (40x60cm-16x24in) London 91 .... FF7 050 - £700 - **$1,224**

WEISSE Rudolph 1869-? [4]
Nubian guard - Oil/canvas (177x96cm-70x38in) New-York 91 .... FF285 000 - £28 718 - **$49,454**

WEISSENBACHER Louis 1866-1945 [1]
Maler Robert Scheffer - Öl/Leinwand (38x46cm-15x18in) Wien 93 .... FF2 443 - £277 - **$416**

WEISSENBRUCH Johan Hendrik 1824-1903 [65]
Figure with Horse and Cart - Watercolour (30x23cm-12x9in) Toronto 96 .... FF15 500 - £1 770 - **$2,970**
Peasant pushing a rowing-boat - Watercolour (34x45cm-13x18in) Amsterdam 92 .... FF82 000 - £8 410 - **$15,750**

WEISSENBRUCH Johannes 1822-1880 [13]
Townsfolk, along a canal, Dordrecht - Oil/panel (18x23cm-7x9in) Amsterdam 97 ..... FF155 511 - £1 644 0 2 - **$26,683**
The fishmarket - Oil/canvas (68x92cm-27x36in) Amsterdam 90 .... FF449 300 - £47 798 - **$80,376**
Riverlandscape with sailors - Watercolour/board (26x35cm-10x14in) Amsterdam 91 .... FF24 050 - £2 423 - **$4,173**

WEISSENBRUCH Willem Johannes 1864-1941 [32]
Twilight over a polder landscape - Oil/panel (15x20cm-6x8in) Amsterdam 97 .... FF5 549 - £600 - **$968**
Vessels on a river - Oil/canvas (33x49cm-13x19in) Amsterdam 95 .... FF14 900 - £1 934 - **$3,106**
Faggot-gatherers by a ponb - Oil/paper/panel (27x37cm-11x15in) Amsterdam 91 .... FF42 300 - £4 201 - **$7,345**
Town in the Distance - Watercolour/paper (29x53cm-11x21in) Amsterdam 97 .... FF8 403 - £894 - **$1,462**

WEISSENKIRCHER Hans Adam 1646-1695 [2]
Allegorische Darstellung - Öl/Leinwand (130x166cm-51x65in) Wien 96 .... FF87 700 - £11 380 - **$17,340**

WEISSER Charles Louis Aug. 1864-1940 [6]
Sur la plage - Oil/panel (19x27cm-7x11in) München 91 .... FF3 746 - £376 - **$686**

WEISSER Wilhelm 1864-? [4]
Violetten Blumen - Oil/panel (20x45cm-8x18in) Pforzheim 95 .... FF3 440 - £452 - **$690**

W

WEISSKÖNIG Werner 1907-1982 [1]
🖼 Campionato Mondiale di Calcio - Poster (127x92cm-50x36in) New-York 95 .... FF6 560 - £827 - **$1,300**
WEISZ Adolphe 1868-? [3]
🖼 L'Odalisque - Oil/canvas (63x96cm-25x38in) New-York 97 .... FF184 763 - £19 900 - **$32,500**
WEISZ Karl 1839-1914 [1]
🖼 Orientalist beauty reclining - Oil/canvas (74x99cm-29x39in) New Orleans, Louisiana 92 ..... FF24 140 - £2 470 - **$4,250**
WEITH Maria, Mitzi 1884-1950 [4]
✏ Rathausturm Waidhofen a/Ybbs - Aquarelle, gouache/papier (20x10cm-8x4in) Wien 94 ...... FF3 420 - £407 - **$644**
WEITH Udo 1897-1935 [1]
✏ Graz, Blick in den Theresienstraße - Aquarell/Papier (33x27cm-13x11in) Wien 90 .... FF2 400 - £248 - **$424**
WEITNER-GRAF Lotte XX [1]
📷 Albert Schweitzer/His Hands - Silver print New-York 95 .... FF2 006 - £253 - **$400**
WEITSCH Friedrich Georg 1758-1828 [2]
🖼 Der schlafende Amor - Oil/canvas (99x120cm-39x47in) Bern 92 .... FF48 400 - £4 940 - **$8,510**
WEITSCH Johann Friedrich 1723-1802 [4]
🖼 Paar Gebreszenen - Oil/panel (13x17cm-5x7in) Bremen 94 .... FF25 750 - £3 094 - **$4,760**
WEITZ Helmut 1918-1966 [4]
🖼 Zirkusreiter - Öl/Leinwand (40x30cm-16x12in) Düsseldorf 96 .... FF2 930 - £379 - **$586**
✏ Vor der Bar - Aquarell/Papier (48x70cm-19x28in) Düsseldorf 96 .... FF5 760 - £711 - **$1,112**
WEITZ Jakob 1888-1971 [1]
✏ Rheinlandschaft bei Düsseldorf - Pastel Düsseldorf 91 .... FF3 210 - £323 - **$557**
WEIZSÄCKER Gustav Wilhelm 1901-1941 [2]
🖼 Achalm im Vorfrühling - Öl/Leinwand (110x130cm-43x51in) Lindau 93 .... FF13 300 - £1 550 - **$2,185**
WEL van Jean 1906-1990 [4]
🖼 Portrait du peintre Poucette - Huile/toile (73x60cm-29x24in) Bruxelles 96 .... FF2 513 - £326 - **$503**
✏ Poucette Fauconier - Gouache (41x26cm-16x10in) Bruxelles 95 .... FF1 513 - £196 - **$310**
WELBY Desiree née Copeland XIX-XX [1]
🗿 Young woman with a headdress - Marble (40cm-16in) London 96 .... FF7 850 - £1 000 - **$1,512**
WELCH Denton 1915-1948 [11]
🖼 Dog in a garden/Factory - Oil/board (72x61cm-28x24in) London 91 .... FF29 760 - £2 999 - **$5,164**
✏ Noel Cousins and Phil Ford - Ink/paper (37x27cm-15x11in) New-York 97 .... FF14 510 - £1 526 - **$2,500**
WELCH Lucy Kemp 1869-1958 [14]
🖼 A confrontation - Oil/canvas (58x104cm-23x41in) Richmond, North Yorkshire 94 .... FF69 000 - £8 000 - **$11,880**
✏ Sir Laurel - Coloured chalks (35x40cm-14x16in) Groombridge, Kent 92 .... FF9 900 - £1 150 - **$2,020**
WELCH Ludmilla P. 1867-1925 [3]
🖼 Mount Hood - Oil/canvas/board (22x40cm-9x16in) San Francisco-Los Angeles 95 .... FF13 270 - £1 510 - **$2,250**
WELCH Rosemary Sarah [3]
🖼 Sheltering from a storm - Oil/canvas (61x76cm-24x30in) London 95 .... FF2 790 - £360 - **$575**
WELCH Thaddeus 1844-1919 [20]
🖼 Stream in Marin County
     Oil/canvas (46x61cm-18x24in) San Francisco-Los Angeles 95 .... FF16 200 - £2 130 - **$3,250**
San Geronimo Valley - Oil/canvas (51x91cm-20x36in) San Francisco-Los Angeles 93 ...... FF71 500 - £8 960 - **$13,000**
WELDEN von Leo 1899-1967 [10]
🖼 Der Alte und die junge Magd - Oil/panel (23x10cm-9x4in) München 91 .... FF8 510 - £853 - **$1,559**
✏ Don Quixote - Aquarell (21x12cm-8x5in) München 93 .... FF2 275 - £260 - **$385**
WELDON Charles Dater 1855-1935 [1]
✏ The Temple Courtyard - Watercolour/paper (22x33cm-9x13in) New-York 94 ..... FF5 340 - £630 - **$950**
WELIE van Antoon 1866-1956 [5]
🖼 Portrait - Huile/toile (67x55cm-26x22in) Antwerpen 93 .... FF4 580 - £520 - **$774**
✏ Time Goes By - Charcoal (75x54cm-30x21in) Amsterdam 95 .... FF5 560 - £672 - **$1,046**
WELKER Ernst 1788-1857 [4]
✏ Gutshof mit Reitern - Aquarell/Papier (25x38cm-10x15in) Wien 96 .... FF1 705 - £222 - **$338**
WELLEBA Leopold XIX-XX [1]
✏ Motiv aus Dürnstein - Aquarell/Papier (46x60cm-18x24in) Wien 95 .... FF4 495 - £567 - **$897**
WELLENS Charles 1889-1959 [22]
🖼 Intérieur rustique - Huile/toile (48x87cm-19x34in) Bruxelles 97 .... FF10 470 - £1 094 - **$1,792**
WELLENS Irene XX [2]
🖼 Kempisch Interieur - Huile/toile (48x65cm-19x26in) Tongeren 92 .... FF6 570 - £764 - **$1,342**
WELLENSTEIN Walter 1889-1970 [2]
🖼 St. Moritzerer See - Öl/Leinwand (64x90cm-25x35in) Berlin 96 .... FF13 600 - £1 550 - **$2,600**
WELLER Theodor Leopold 1802-1880 [7]
🖼 Hide and Seek - Oil/canvas (63x54cm-25x21in) London 95 .... FF43 400 - £5 500 - **$8,730**
✏ The festival - Oil/canvas (82x67cm-32x26in) London 92 .... FF148 000 - £15 200 - **$28,400**
✏ Tambourinspielende Italienerin - Pencil/paper (26x20cm-10x8in) Heidelberg 96 .... FF2 440 - £301 - **$471**
WELLING James 1951 [22]
🖼 Dégradé - Photogramme (54x48cm-21x19in) Stockholm 94 .... FF8 210 - £964 - **$1,463**
📷 Untitled - Black & white photographs/cardboard (20x88cm-8x35in) New-York 92 ... FF16 440 - £1 680 - **$3,000**
Polaroid 1-7 - Polaroid (24x19cm-9x7in) New-York 95 .... FF33 200 - £4 280 - **$6,500**
WELLINGTON Hubert Lindsay 1879-1967 [1]
🖼 The Lawyer's House - Oil/canvas (40x51cm-16x20in) London 91 .... FF3 024 - £300 - **$525**
WELLIVER Neil 1929 [12]
🖼 Flotsdam/Allagash - Oil/canvas (61x61cm-24x24in) New-York 93 .... FF53 100 - £6 040 - **$9,000**

W

WELLS Archibald 1874-? [2]
- Setters in the highlands - Oil/canvas (41x61cm-16x24in) Glasgow 91 .... FF**10 970** - £1 099 - **$1,850**

WELLS Denys George 1881-1973 [6]
- Old Waterloo bridge - Oil/canvas (61x51cm-24x20in) London 90 .... FF**8 700** - £931 - **$1,513**

WELLS Henry Tamworth 1828-1903 [7]
- Lord Melbourne's shepherd - Oil/board (29x35cm-11x14in) London 90 .... FF**43 900** - £4 489 - **$8,665**
- The bird's nest - Wash (40x26cm-16x10in) London 91 .... FF**27 650** - £2 793 - **$5,489**

WELLS Joanna Mary Boyce 1831-1861 [1]
- Head of a Mulatto woman - Oil/paper/canvas (16x12cm-6x5in) London 91 .... FF**59 300** - £5 991 - **$11,772**

WELLS John 1907 [41]
- Abstracted Landscape - Oil/board (32x38cm-13x15in) London 94 .... FF**10 000** - £1 200 - **$1,872**
- Landlocked Boats - Oil/board (22x41cm-9x16in) London 96 .... FF**24 300** - £3 000 - **$4,690**
- The york coach - Oil/panel (40x66cm-16x26in) London 89 .... FF**72 600** - £7 014 - **$11,017**
- Untitled - Watercolour (9x13cm-4x5in) London 92 .... FF**2 150** - £220 - **$380**

WELLS John S. Sanderson 1872-1955 [24]
- A coaching scene - Oil/canvas (41x61cm-16x24in) London 95 .... FF**9 900** - £1 300 - **$1,985**
- J.B. Joel's Humorist winning the Derby - Oil/canvas (41x61cm-16x24in) London 96 .... FF**72 200** - £8 500 - **$14,170**
- Leaving Epsom Downs - Watercolour (25x34cm-10x13in) London 94 .... FF**7 790** - £920 - **$1,400**

WELLS Joseph Robert XIX-XX [2]
- Summer weather, Dogger Bank - Oil/canvas (61x92cm-24x36in) London 95 .... FF**19 050** - £2 400 - **$3,770**
- Grimsby Trawlers (?) - Watercolour (58x89cm-23x35in) Torquay, Devon 92 .... FF**2 833** - £290 - **$591**

WELLS Lynton 1940 [2]
- EEAF75 - Acrylic New-York 90 .... FF**22 900** - £2 373 - **$4,025**

WELLS Reginald Fairfax 1877-1951 [1]
- A peasant woman with baby - Bronze (33cm-13in) London 92 .... FF**4 890** - £500 - **$958**

WELLS William P. Atkinson 1872-1923 [26]
- The goose girl - Oil/canvas (50x76cm-20x30in) Edinburgh 92 .... FF**23 450** - £2 800 - **$4,510**
- The putting green - Oil/board (29x39cm-11x15in) Chester 91 .... FF**49 900** - £4 989 - **$8,218**

WELPER Jean Daniel 1730-1789 [3]
- Young lady - Miniature (7cm-3in) London 95 .... FF**25 000** - £3 200 - **$5,030**

WELPOTT Jack W. 1923 [3]
- Sherry - Gelatin silver print (23x30cm-9x12in) San Francisco-Los Angeles 95 .... FF**3 175** - £406 - **$650**

WELSCH Paul 1889-1954 [3]
- Paquebots à quai - Huile/panneau (54x65cm-21x26in) Paris 95 .... FF**4 000** - £507 - **$804**

WELSH Horace Devitt 1888-1942 [1]
- The Gypsies - Oil/canvas (64x76cm-25x30in) North Berwick, Maine 92 .... FF**4 800** - £492 - **$1,000**

WELTER Christian-Robert 1932 [3]
- Nu - Huile/panneau (62x113cm-24x44in) Chantilly 94 .... FF**7 000** - £812 - **$1,206**

WELTI Albert 1862-1912 [17]
- Bacchantenzug - Öl/Leinwand (64x38cm-25x15in) Zürich 97 .... FF**31 583** - £3 358 - **$5,448**
- Morgendämmerung im Gebirge - Öl/Karton (67x53cm-26x21in) Zürich 94 .... FF**243 000** - £28 800 - **$44,900**
- Landschaft mit Haus - Pastel/paper (17x19cm-7x7in) Zürich 93 .... FF**11 870** - £1 352 - **$2,015**

WELTI Jakob Albert 1894-1965 [2]
- Die Spötter - Öl/Leinwand (77x105cm-30x41in) Bern 95 .... FF**4 300** - £560 - **$883**

WELTY Eudora XX [2]
- Keep off Grass - Silver print (20x30cm-8x12in) New-York 95 .... FF**3 010** - £380 - **$600**

WELVAERT Ernest 1880-1946 [9]
- Enfant et coq au verger - Huile/toile (96x120cm-38x47in) Bruxelles 93 .... FF**115 300** - £13 800 - **$23,570**

WELY Jacques c.1873-1910 [2]
- Petite Amie - Oil/canvas (50x61cm-20x24in) London 92 .... FF**11 720** - £1 200 - **$2,070**
- Writing to an admirer - Pencil (43x32cm-17x13in) London 91 .... FF**3 470** - £350 - **$602**

WELZ Carl 1860-1929 [1]
- Nordhausen - Oil/canvas (63x120cm-25x47in) Köbenhavn 90 .... FF**43 900** - £4 386 - **$8,330**

WEMAëRE Pierre 1913 [21]
- Fini le printemps et sa douceur - Oil/canvas (72x92cm-28x36in) Köbenhavn 92 .... FF**16 640** - £1 934 - **$3,396**

WENBAN Sion Longley 1848-1897 [7]
- Buchenstämme in Sonnenschein - Etching (22x14cm-9x6in) Bielefeld 95 .... FF**1 723** - £223 - **$351**

WENCK Ernst 1865-1929 [2]
- Löwe mit Beute - Bronze (35cm-14in) Wien 97 .... FF**7 191** - £788 - **$1,262**

WENCKE Sophie 1874-1963 [8]
- Moorlandschaft - Öl/Leinwand (70x100cm-28x39in) Hamburg 97 .... FF**9 100** - £973 - **$1,586**
- Zur Frühlingszeit - Öl/Leinwand (114x179cm-45x70in) Bremen 95 .... FF**42 000** - £5 390 - **$8,650**

WENCKEBACH Ludwig Willem R. 1860-1937 [5]
- Coastal view, Texel - Oil/canvas (68x98cm-27x39in) Amsterdam 95 .... FF**15 900** - £1 985 - **$3,210**

WENCKER Joseph 1848-1919 [1]
- Piazza San Marco, Venezia - Oil/canvas (53x81cm-21x32in) New-York 95 .... FF**51 100** - £6 360 - **$10,000**

WENDEL Karl 1878-? [2]
- Abend am See - Öl/Leinwand (70x100cm-28x39in) Bremen 95 .... FF**7 700** - £988 - **$1,587**

WENDEL Theodore 1859-1932 [7]
- Girl seated by a pond - Oil/canvas (64x77cm-25x30in) New-York 95 .... FF**158 400** - £20 220 - **$32,500**

WENDELIN Martta 1893-1936 [3]
- Palmer - Oil/canvas (41x33cm-16x13in) Helsinki 93 .... FF**10 160** - £1 161 - **$1,730**

W

WENDELSTEIN Erich 1914-1942 [3]
Gewitterwolken über dem Hochgebirge - Öl/Karton (23x33cm-9x13in) Bern 94 .... FF2 353 - £282 - $458
WENDEROTH Frederick August 1819-1884 [2]
Bay thoroughbred hunter - Oil/canvas (51x61cm-20x24in) Elgin, Illinois 93 .... FF6 600 - £828 - $1,200
WENDLAND Gerhard 1910 [3]
Als die Wolken zogen - Aquarell (49x63cm-19x25in) Bremen 92 .... FF4 070 - £487 - $783
WENDLBERGER Wenzel Hermann 1882-? [4]
Pfingstrosen - Öl/Leinwand (70x100cm-28x39in) Wien 93 .... FF16 830 - £2 010 - $3,240
WENDLER Friedrich Moritz 1814-1872 [4]
Performing monkey - Oil/canvas (58x75cm-23x30in) London 92 .... FF107 200 - £12 800 - $20,620
WENDLING Gustav 1862-? [1]
Norddeutsche Landschaft mit Mühle - Oil/canvas (80x101cm-31x40in) Bremen 91 .... FF12 940 - £1 285 - $2,247
WENDORFF-SERAFINOWICZ Zofia 1905-? [1]
Musicians with guitar - Oil/canvas (105x75cm-41x30in) Warszawa 96 .... FF8 680 - £1 082 - $1,677
WENDT Julia Bracken 1871-1942 [2]
Bonjour - Plaster (8x11cm-3x4in) San Francisco-Los Angeles 93 .... FF14 780 - £1 680 - $2,500
WENDT William 1865-1946 [67]
California sycamores - Oil/canvas (41x61cm-16x24in) San Francisco-Los Angeles 92 ...... FF25 000 - £2 615 - $4,500
Hilly Landscape - Oil/canvas (77x102cm-30x40in) New-York 97 .... FF87 514 - £9 189 - $15,000
The bay road - Oil/canvas (63x76cm-25x30in) New-York 93 .... FF247 500 - £31 030 - $45,000
WENGENROTH Stow 1906-1978 [21]
The Matriarch - Lithograph (33x28cm-13x11in) Cambridge, Mass. 94 .... FF3 420 - £401 - $600
Captain's House, Monhegan - Ink (37x64cm-15x25in) New-York 95 .... FF10 630 - £1 285 - $2,000
WENGER John 1887-1976 [1]
Cathedral St. John the Divine - Oil/canvas (61x51cm-24x20in) New-York 96 .... FF8 310 - £1 058 - $1,600
WENGER Rolf 1951 [2]
Annabelle - Poster (128x90cm-50x35in) New-York 95 .... FF4 880 - £635 - $1,000
WENGEROTH Stow 1906-1978 [14]
Early Light - Lithograph (25x38cm-10x15in) New-York 93 .... FF3 025 - £380 - $550
New York Nocturne - Lithograph (25x43cm-10x17in) New-York 96 .... FF28 500 - £3 680 - $5,500
WENGHART Rudolf 1887-? [3]
A Sundanese girl - Oil/panel (41x31cm-16x12in) Amsterdam 95 .... FF31 500 - £4 080 - $6,450
WENGLEIN Josef 1845-1919 [56]
Das Isar-Tal bei Tölz - Öl/Karton (56x83cm-22x33in) München 94 .... FF20 500 - £2 464 - $3,900
Figures gathering flowers - Oil/canvas (67x103cm-26x41in) New-York 95 .... FF97 500 - £11 997 - $19,000
Cows wading by a river - Oil/canvas (61x101cm-24x40in) New-York 95 .... FF163 500 - £20 370 - $32,000
WENGLER Johann Baptist 1815-1899 [2]
Weideidyll am Traunseeufer - Öl/Leinwand (54x75cm-21x30in) Wien 96 .... FF19 200 - £2 327 - $3,730
Der Tanz im Keller - Oil/canvas (90x105cm-35x41in) London 95 .... FF101 200 - £13 000 - $20,430
WENIG Karl Bogdanovich 1830-1908 [1]
Fête de nuit à Saint-Pétersbourg - Huile/toile (64x87cm-25x34in) Liège 95 .... FF10 240 - £1 308 - $2,100
WENING Michael 1645-1718 [2]
Stadt Schongau - Engraving (25x35cm-10x14in) Kempten 96 .... FF1 528 - £198 - $300
WENINGER Fritz 1892-? [2]
Blumen und Glas - Oil/canvas (66x54cm-26x21in) Wien 92 .... FF6 730 - £783 - $1,375
WENK Albert 1863-1934 [17]
Südliche Felsenküste - Öl/Leinwand (74x100cm-29x39in) Stuttgart 93 .... FF6 780 - £810 - $1,305
WENNERBERG Brynolf 1866-1950 [6]
Spanische Tänzerin - Oil/board (35x24cm-14x9in) München 91 .... FF17 100 - £1 756 - $3,180
Ein Stück Gebäck gefällig - Coloured chalks (46x32cm-18x13in) Heidelberg 92 .... FF3 570 - £366 - $629
Dirndl in der Stube - Gouache (44x36cm-17x14in) München 91 .... FF42 740 - £4 390 - $7,950
WENNERBERG Gunnar G:son 1863-1914 [2]
Blommor - Oil/canvas (34x75cm-13x30in) Stockholm 91 .... FF7 630 - £766 - $1,274
WENNERWALD Emil Aug. Th. 1859-1934 [68]
Heidelandschaft - Oil/canvas (73x100cm-29x39in) Wien 91 .... FF12 000 - £1 212 - $2,382
WENNERWALD Finn 1896-1969 [5]
Hus i vintersol - Oil/canvas (70x100cm-28x39in) Malmö 94 .... FF4 640 - £538 - $798
WENNG Carl Heinrich 1787-1854 [1]
Wanderer in der Schöllenenschlucht - Aquarell/Papier (52x43cm-20x17in) Heidelberg 96 .... FF2 375 - £307 - $465
WENNING Rudolf 1893-1970 [1]
Zwei Kormorane - Bronze (51x30x30cm-20x12x12in) Bern 93 .... FF16 460 - £1 990 - $3,060
WENNING Ype Heerke 1879-1959 [17]
Cows in a meadow - Oil/board (17x24cm-7x9in) Amsterdam 94 .... FF5 490 - £638 - $945
WENSEL Johannes Louis 1825-1899 [2]
De Ohlendorffske børn Walter og Lili - Oil/canvas (140x110cm-55x43in) København 96..... FF30 300 - £3 924 - $6,060
Expedition in German East Africa - Bodycolour London 93 .... FF31 040 - £3 740 - $5,420
WENTORF Carl 1863-1914 [10]
Mother and chlidren - Oil/canvas (96x71cm-38x28in) Viby J, Århus 91 .... FF15 840 - £1 590 - $2,643
The battle - Oil/canvas (79x101cm-31x40in) London 95 .... FF175 700 - £22 000 - $35,000
WENTSCHER Julius 1842-1918 [4]
Admiring the artist's work - Oil/canvas (64x52cm-25x20in) London 93 .... FF16 600 - £2 000 - $2,900
WENTWORTH Daniel F. 1850-1934 [3]
The Meadow Brook - Oil/canvas (74x91cm-29x36in) Baton Rouge, Louisiana 94 .... FF6 850 - £799 - $1,200

W

WENTWORTH Richard 1947 [4]
🏛 *Shrink* - Galvanized iron, brass (43cm-17in) New-York 96 .... FF15 380 - £1 823 - **$3,000**
WENTZEL Harald 1897-? [1]
🖼 *Sommertag an der Steilküste* - Oil/canvas (26x34cm-10x13in) Ahlden 92 .... FF2 370 - £276 - **$484**
WENTZEL Niels Gustav 1859-1927 [24]
🖼 *Fjellgård med kvinne og kyr* - Oil/canvas (61x80cm-24x31in) Oslo 96 .... FF15 400 - £1 782 - **$2,950**
Kortspillere - Oil/canvas (96x140cm-38x55in) Oslo 92 .... FF60 800 - £6 220 - **$10,700**
WENZEL Peter 1742-1829 [1]
🖼 *Wiener Erzbischof Kardinal Migazzi* - Oil/canvas (138x99cm-54x39in) Wien 91 .... FF12 030 - £1 221 - **$2,173**
WENZELL Albert Beck 1864-1917 [4]
✎ *Opening Night* - Watercolour (80x62cm-31x24in) New-York 90 .... FF44 800 - £4 625 - **$7,909**
WERBEL Adolf 1848-c.1925 [2]
🖼 *Familienausflug* - Öl/Leinwand (59x42cm-23x17in) Wien 94 .... FF29 100 - £3 370 - **$5,510**
WERBERGER Joseph 1800-? [1]
🖼 *Jagdstück* - Oil/canvas (36x43cm-14x17in) München 90 .... FF10 200 - £1 043 - **$2,013**
WERDEHAUSEN Hans 1910-1977 [4]
🖼 *Siesta* - Oil/canvas (75x101cm-30x40in) Köln 91 .... FF11 570 - £1 149 - **$2,009**
WEREFKIN von Marianne 1860-1938 [14]
🖼 *The abyss* - Tempera/panel (59x69cm-23x27in) Berlin 92 .... FF169 300 - £17 330 - **$29,800**
✎ *Die Judenschenke* - Aquarell (42x59cm-17x23in) Zürich 92 .... FF96 700 - £9 880 - **$17,030**
WERENSKIOLD Dogfin 1892-1977 [1]
🖼 *Fjellandskap* - Oil/panel (54x64cm-21x25in) Oslo 91 .... FF6 940 - £696 - **$1,146**
WERENSKIOLD Erik 1855-1938 [30]
🖼 *Et kvinneportrett* - Oil/canvas (55x45cm-22x18in) Oslo 92 .... FF13 380 - £1 600 - **$2,574**
Porträt på sittande ung pojke - Oil/panel (45x30cm-18x12in) Göteborg 96 .... FF54 500 - £6 210 - **$10,420**
Picking Flowers - Oil/panel (27x35cm-11x14in) London 94 .... FF186 200 - £22 000 - **$33,440**
WERENSKIOLD Sophie Thomesen 1849-1929 [2]
🖼 *Lesende dame på hagebenk* - Oil/canvas (42x51cm-17x20in) Oslo 93 .... FF192 000 - £22 750 - **$34,500**
WERETSCHAGIN Piotr Petrovitch 1836-1886 [1]
✎ *Sånglektion för präst och munk* - Akvarell (21x25cm-8x10in) Göteborg 93 .... FF1 545 - £175 - **$262**
WERETSCHAGIN Wassili Wassiljewich 1842-1904 [1]
🖼 *Lesender Pop im Raum mit Kreuz* - Öl/Leinwand (41x51cm-16x20in) Zürich 94 .... FF2 434 - £291 - **$455**
WERFF van der Pieter 1665-1722 [15]
🖼 *A Lady* - Oil/canvas (78x67cm-31x26in) New-York 95 .... FF12 430 - £1 554 - **$2,510**
Infant Hercules/Infant Bacchus - Oil/copper (26x30cm-10x12in) New-York 92 .... FF51 100 - £5 230 - **$9,000**
WERGELAND Oscar 1844-1910 [7]
🖼 *Idyll ved vannpumpen* - Oil/canvas (62x44cm-24x17in) Tönsberg 91 .... FF43 400 - £4 350 - **$7,240**
WERKMAN Henrik Nicolaas 1882-1945 [16]
✎ *Standing figure* - Watercolour/paper (18x30cm-7x12in) Amsterdam 95 .... FF5 550 - £727 - **$1,113**
WERKMEISTER Josef 1821-1867 [1]
🖼 *Hl. Georg* - Öl/Leinwand (128x104cm-50x41in) München 93 .... FF5 250 - £601 - **$888**
WERKMEISTER Wolfgang 1941 [12]
✎ *Badende am Ufer* - Ink (21x29cm-8x11in) Heidelberg 96 .... FF2 715 - £351 - **$532**
WERKNER Turi 1948 [3]
✎ *Divers* - Mischtechnik/Papier (30x21cm-12x8in) Wien 94 .... FF2 440 - £292 - **$474**
WERLEMANN Carl Friedrich 1874-1939 [8]
🖼 *Entrée du parc* - Huile/toile (69x80cm-27x31in) Bruxelles 95 .... FF4 320 - £541 - **$860**
WERLIK Melitta 1878-? [1]
🖼 *Blumen am Fenster* - Öl/Leinwand (71x51cm-28x20in) Wien 95 .... FF8 410 - £1 070 - **$1,676**
WERLIN Robert 1903-1964 [1]
🖼 *Paysage* - Fusain (31x48cm-12x19in) Paris 91 .... FF2 500 - £296 - **$461**
WERNER Adolf 1827-1904 [1]
✎ *Gang zu Taufe* - Pencil/paper (16x22cm-6x9in) Bielefeld 93 .... FF3 850 - £449 - **$633**
WERNER Alexander Friedrich 1827-1908 [8]
🖼 *The Artist's studio* - Oil/panel (45x58cm-18x23in) Wien 96 .... FF28 860 - £3 620 - **$5,640**
WERNER Carl Friedrich H. 1808-1894 [42]
🖼 *In the Mosque* - Oil/panel (37x27cm-15x11in) New-York 94 .... FF106 200 - £12 670 - **$20,000**
✎ *The Spanish Steps, Rome* - Watercolour (51x68cm-20x27in) London 96 .... FF9 270 - £1 200 - **$1,854**
✎ *Holy Sepulchre, Jerusalem* - Watercolour (74x53cm-29x21in) London 94 .... FF151 300 - £18 000 - **$28,500**
WERNER Christophe 1798-1856 [1]
✎ *Ruinearchitektur mit Esel* - Aquarell (25x34cm-10x13in) Stuttgart 94 .... FF5 100 - £595 - **$894**
WERNER Clemens XIX-XX [3]
🖼 *Am Dorfrand* - Oil/paper/board (41x51cm-16x20in) München 91 .... FF6 840 - £702 - **$1,273**
WERNER Franz 1872-1910 [1]
🏛 *Der weise Marabu* - Bronze (22cm-9in) Zofingen 95 .... FF4 680 - £612 - **$937**
WERNER Friedrich Bernhard 1690-1778 [3]
🗋 *Wien in Oesterreich* - Etching New-York 91 .... FF3 760 - £451 - **$700**
WERNER Gösta 1909-1989 [26]
🖼 *Grönt uppslag* - Oil/canvas (73x100cm-29x39in) Stockholm 95 .... FF4 480 - £559 - **$878**
13 Sails & Steam - Oil/canvas (161x150cm-63x59in) Stockholm 94 .... FF24 900 - £2 930 - **$4,680**
✎ *Sceneupptrândande* - Mixed media/paper (48x62cm-19x24in) Söderköping 92 .... FF5 870 - £702 - **$1,130**

W

WERNER Gotthard 1837-1903 [3]
- Neapel mit Vesuv - Oil/canvas (46x55cm-18x22in) Luzern 90 .... FF13 300 - £1 374 - **$2,350**

WERNER Hermann 1816-1905 [5]
- Küchenmagd mit Tauben - Öl/Leinwand (53x65cm-21x26in) Bern 96 .... FF61 100 - £7 410 - **$11,880**

WERNER Hilding 1880-1944 [2]
- Sommarmorgen, Värmland - Oil/canvas (35x68cm-14x27in) Stockholm 95 .... FF9 100 - £1 201 - **$1,842**
- Sunset, 1908 - Oil/canvas (110x155cm-43x61in) London 90 .... FF164 600 - £17 623 - **$28,626**

WERNER Johann 1815-? [2]
- Kärnthnerische Winterlandschaft - Öl/Leinwand (86x92cm-34x36in) Wien 93 .... FF31 750 - £3 600 - **$5,400**

WERNER Joseph II 1637-1710 [3]
- Pallas Athene - Gouache/vellum (14x10cm-6x4in) London 95 .... FF144 600 - £19 000 - **$29,000**

WERNER Lambert 1900-1983 [16]
- Komposition - Oil/canvas (65x58cm-26x23in) Stockholm 91 .... FF5 660 - £580 - **$1,057**
- La terre rouge - Collage (64x97cm-25x38in) Stockholm 91 .... FF6 550 - £652 - **$1,126**

WERNER Max 1879-? [1]
- Kanalansicht im Venedig - Öl/Karton (60x47cm-24x19in) Lindau 94 .... FF3 090 - £367 - **$571**

WERNER Nat 1910 [3]
- Female torso - Sculpture (30cm-12in) New-York 91 .... FF11 320 - £1 142 - **$2,000**

WERNER Paul 1904-1983 [5]
- Blick auf die Insel Ischia - Öl/Leinwand (70x80cm-28x31in) Kempten 96 .... FF2 715 - £352 - **$532**

WERNER Reinhold 1864-1939 [4]
- Wirtin im Bobbeschenkelsche - Öl/Leinwand (73x93cm-29x37in) Frankfurt 95 .... FF28 500 - £3 550 - **$5,750**

WERNER Richard Martin 1903-1949 [1]
- Jünglingstorso - Bronze (75cm-30in) Frankfurt 96 .... FF14 200 - £1 672 - **$2,785**

WERNER Theodor 1886-1969 [73]
- Der Dichter - Tempera (100x71cm-39x28in) München 93 .... FF23 700 - £2 706 - **$4,000**
- Komposition XXI-59 - Mixed media/canvas (81x116cm-32x46in) München 96 .... FF74 700 - £8 510 - **$14,300**
- Komposition - Ink (11x16cm-4x6in) Berlin 94 .... FF4 810 - £575 - **$898**
- Komposition Nr. 31/54 - Tempera/paper (47x66cm-19x26in) Berlin 92 .... FF27 130 - £3 240 - **$5,220**

WERNER von Anton Alexander 1843-1915 [18]
- Wilhelm Friedrich - Oil/canvas (45x67cm-18x26in) Kobenhavn 96 .... FF89 100 - £11 540 - **$17,820**
- Herr mit Vollbart - Charcoal (47x31cm-19x12in) Heidelberg 95 .... FF5 040 - £654 - **$1,050**

WERNER Willibald 1868-? [2]
- Port de Rostock - Huile/panneau (68x110cm-27x43in) Paris 91 .... FF13 500 - £1 344 - **$2,322**

WERNICKE Julia 1860-1932 [1]
- A grouse in a pine tree - Oil/canvas (89x72cm-35x28in) London 92 .... FF3 410 - £350 - **$655**

WERNICKE Rudolf 1898-1963 [1]
- Blick in den Garten - Woodcut in colors (49x41cm-19x16in) Wien 91 .... FF2 407 - £243 - **$418**

WERRO Roland 1926 [3]
- Le cirque - Oil/canvas (81x100cm-32x39in) Amsterdam 91 .... FF6 010 - £598 - **$1,033**

WERSTLER Rolf XX [2]
- Brücken mit Yenidse - Oil/cardboard (69x79cm-27x31in) Dresden 95 .... FF2 766 - £362 - **$554**

WERTHEIM von Heinrich 1875-1945 [7]
- In der Hallermauern bei Admont - Aquarell/Papier (31x40cm-12x16in) Wien 94 .... FF3 910 - £453 - **$672**

WERTHEIMER Esther 1926 [2]
- Trois danseurs - Bronze (44cm-17in) Montréal 95 .... FF1 505 - £188 - **$295**

WERTHEIMER Gustav 1847-1904 [13]
- Pride of lions by an Egyptian temple - Oil/canvas (86x136cm-34x54in) Amsterdam 93 ...... FF13 510 - £1 620 - **$2,470**
- Lions et Sphinx - Oil/canvas (84x135cm-33x53in) New-York 94 .... FF70 200 - £8 120 - **$12,000**

WERTMÜLLER Adolf Ulrik 1751-1811 [12]
- Pierre Nicolas Grassot - Oil/canvas (67x54cm-26x21in) Stockholm 97 .... FF41 074 - £4 378 - **$7,172**
- Porträtt av ung flicka - Oil/canvas (39x31cm-15x12in) Stockholm 94 .... FF165 400 - £19 600 - **$30,560**

WERY Émile A. 1868-1935 [3]
- Saint-Jean-Pied-de-Porc - Huile/toile (66x81cm-26x32in) Reims 90 .... FF17 000 - £1 712 - **$3,330**

WERY Fernand 1886-1969 [14]
- Fillette en rose - Huile/toile (81x50cm-32x20in) Bruxelles 95 .... FF12 060 - £1 563 - **$2,455**
- Nature morte au hareng - Aquarelle/papier (62x67cm-24x26in) Bruxelles 92 .... FF3 123 - £363 - **$637**

WESCHTSCHILOFF Konstantin 1877-? [3]
- Santa Maria della Salute - Oil/canvas (50x61cm-20x24in) Ahlden 92 .... FF23 700 - £2 755 - **$4,840**

WESEMANN Alfred 1874-? [1]
- The tiger - Ink (30x21cm-12x8in) London 90 .... FF11 430 - £1 151 - **$2,239**

WESER Ernst Christian 1783-1860 [1]
- Herr in schwarzem Rock - Miniature (4x6cm-2x2in) Wien 93 .... FF2 970 - £341 - **$494**

WESLEY John 1928 [7]
- Red sail - Acrylique/toile (264x67cm-104x26in) Paris 97 .... FF3 700 - £404 - **$647**
- Newark - Acrylic/canvas (162x213cm-64x84in) New-York 94 .... FF24 800 - £2 820 - **$4,200**

WESLY Fernand 1894-1983 [3]
- Nature morte - Huile/toile (100x80cm-39x31in) Bruxelles 91 .... FF3 620 - £365 - **$628**

WESSEL Caspar 1745-1818 [1]
- Danmark - Engraving Kobenhavn 90 .... FF6 200 - £791 - **$1,221**

WESSEL Erich 1906-1983 [5]
- Schiffswerft aus der Urk - Aquarell (51x63cm-20x25in) Hamburg 94 .... FF2 042 - £239 - **$360**

WESSEL Jakob 1707-1780 [1]
🖼 Portraits de Saints - Huile/cuivre (17x14cm-7x6in) Monaco 94 .... FF13 000 - £1 536 - $2,335
WESSEL Wilhelm 1904-1971 [4]
🖼 Nixon's weißes Hemd - Oil (90x110cm-35x43in) München 91 .... FF27 040 - £2 692 - $4,650
WESSEL-FOUGSTEDT Erik 1915 [3]
🖼 Stilleben med Inghirami - Oil/panel (33x41cm-13x16in) Stockholm 95 .... FF4 490 - £561 - $881
WESSEL-ZUMLOH Irmgard 1907-1980 [5]
🖼 Pfirsich - Oil/canvas München 91 .... FF13 520 - £1 372 - $2,442
WESSELING Hendrik Jan 1881-1950 [4]
🖼 Spaarndam - Oil/canvas/board (25x32cm-10x13in) Amsterdam 90 .... FF3 000 - £310 - $530
WESSELMAN Tom 1931 [290]
🖼 Study for Bedroom Face - Liquitex/board (8x12cm-3x5in) New-York 96 .... FF41 400 - £5 350 - $8,000
  Red Head Bed - Mixed media (150x195cm-59x77in) New-York 97 .... FF87 108 - £9 164 - $15,000
  Monica Nude - Acrylic/paper (129x178cm-51x70in) New-York 96 .... FF178 300 - £21 000 - $35,000
  Monica in the Bedroom - Oil (150x24x193cm-59x9x76in) New-York 97 .... FF290 360 - £30 545 - $50,000
  Bedroom Painting No. 17 - Oil/canvas (197x248cm-78x98in) New-York 97 .... FF610 470 - £64 103 - $105,000
🖼 Big Blonde - Silkscreen in colors (140x188cm-55x74in) New-York 93 .... FF33 000 - £4 140 - $6,000
  Tiny Dropped Bra #16
    Liquitex/bristol board/cardboard base (8x5x13cm-3x2x5in) New-York 93 .... FF31 900 - £4 000 - $5,800
  Maquette for still life #57 - Construction (32x28x45cm-13x11x18in) New-York 92 ...... FF85 200 - £8 710 - $15,000
📐 Open ended nude #180 - Pencil (10x22cm-4x9in) London 97 .... FF39 400 - £4 200 - $6,879
  Nude - Gouache (27x40cm-11x16in) London 94 .... FF134 600 - £16 000 - $24,600
WESSELOW Eric 1911 [1]
📐 Drawing from small smoker #3 - Graphite (12x18cm-5x7in) New-York 97 .... FF20 468 - £2 161 - $3,500
WESSELS Glenn 1895-1982 [2]
📐 Oil wells, Los Angeles, 1944
    Gouache/paper (37x55cm-15x22in) San Francisco-Los Angeles 90 .... FF11 400 - £1 199 - $1,983
WESSMAN Björn 1949 [19]
🖼 Malmagen - Oil/canvas (162x305cm-64x120in) Stockholm 95 .... FF14 740 - £1 916 - $3,026
📐 Nymf - Akvarell (114x90cm-45x35in) Stockholm 92 .... FF3 770 - £386 - $664
WESSO Hans Wessolowski 1894-? [1]
📐 Stolen Brains - Ink (28x25cm-11x10in) New-York 94 .... FF3 090 - £371 - $600
WESSON Edward 1910 [22]
🖼 Shipping in calm Water - Oil/canvas (25x35cm-10x14in) London 97 .... FF3 959 - £420 - $682
  Village Church - Oil/canvas (24x30cm-9x12in) London 97 .... FF23 963 - £2 600 - $4,246
📐 Woodland - Watercolour (37x50cm-15x20in) Honiton, Devon 95 .... FF1 713 - £220 - $346
WESSON Robert Shaw 1902-1967 [7]
🖼 Autumn, Mt. Mansfield, Vt. - Oil/board (46x61cm-18x24in) North Berwick, Maine 93 ..... FF2 200 - £276 - $400
WEST Benjamin 1738-1820 [39]
🖼 Interview of Telemachus - Oil/canvas (101x143cm-40x56in) London 93 .... FF157 000 - £18 000 - $26,640
  Mrs. Benjamin West - Oil/canvas (76x62cm-30x24in) New-York 96 .... FF574 000 - £66 400 - $110,000
📐 Angel & the Resurrection of the Marys - Ink (15x20cm-6x8in) New-York 95 .... FF23 650 - £2 830 - $4,500
WEST David 1868-1936 [11]
🖼 Highland landscape - Oil/canvas (61x92cm-24x36in) Glasgow 96 .... FF8 640 - £1 000 - $1,655
📐 Forres from kinloss - Watercolour (35x46cm-14x18in) Glasgow 96 .... FF6 940 - £900 - $1,360
WEST Franz 1947 [78]
🖼 Kopf - Oil/paper (27x20cm-11x8in) Wien 97 .... FF8 626 - £907 - $1,481
  Knieende bei Vase - Mischtechnik/Karton (37x114cm-15x45in) Wien 96 .... FF43 450 - £4 950 - $8,320
  Stuhl - Sculpture (75x61x88cm-30x24x35in) München 92 .... FF40 800 - £4 180 - $7,180
📐 Ohne Titel - Mixed media/paper (46x60cm-18x24in) Wien 97 .... FF19 163 - £2 016 - $3,292
WEST Joseph Walter 1860-1933 [3]
📐 Quiltmaking - Watercolour (40x28cm-16x11in) London 94 .... FF11 760 - £1 400 - $2,216
WEST Levin 1900-1968 [3]
📐 Horse & Rider in Mountain Snow - Watercolour (37x57cm-15x22in) New-York 96 .... FF13 500 - £1 720 - $2,600
WEST Peter B. 1837-1913 [2]
🖼 Sheep in a manger - Oil/canvas (36x46cm-14x18in) Bloomfield Hills, Michigan 94 .... FF2 103 - £253 - $400
WEST Raphael Lamar 1769-1850 [6]
📐 Waterfall in the Catskill mountains - Wash (23x32cm-9x13in) London 91 .... FF7 980 - £798 - $1,314
WEST Richard Whately 1848-1905 [5]
🖼 Vale of Andora, N'Alassio - Oil/board (20x30cm-8x12in) Glasgow 92 .... FF5 440 - £650 - $1,047
WEST Samuel 1810-1867 [2]
🖼 Two sisters - Oil/canvas (94x74cm-37x29in) New-York 93 .... FF66 000 - £8 270 - $12,000
WEST Temple XIX-XX [2]
🖼 The barque Earl Dunraven - Oil/board (47x62cm-19x24in) London 96 .... FF7 500 - £950 - $1,438
WEST van Johannes Hendrik 1803-1881 [2]
🖼 Gårdsbild med kvinna och barn å - Oil/canvas (49x40cm-19x16in) Stockholm 93 .... FF19 030 - £2 160 - $3,220
WEST William 1801-1861 [3]
🖼 A walk by the river - Oil/canvas (86x117cm-34x46in) London 96 .... FF46 100 - £6 000 - $9,130
WEST William Edmund 1788-1857 [1]
🖼 George Gordon, 6th Baron Byron - Oil/canvas (73x60cm-29x24in) London 90 .... FF77 500 - £7 805 - $14,091
WESTALL John XIX [2]
🖼 Harvest time near Ellin Brook - Oil/board (54x67cm-21x26in) Toronto 95 .... FF3 240 - £411 - $653

WESTALL Richard 1766-1836 [19]
- Goddess Roma appearing to Caesar - Oil/canvas (73x94cm-29x37in) London 91............... FF*40 300* - £*4 002* - **$6,997**
- Boy asleep on a grassy bank - Ink (18x26cm-7x10in) London 96.................................... FF*5 510* - £*700* - **$1,058**
- Satan exulting - Watercolour (56x38cm-22x15in) London 93... FF*64 000* - £*8 000* - **$11,600**

WESTALL William 1781-1850 [11]
- Old Richmond beside the Thames - Oil/canvas (29x50cm-11x20in) London 96............... FF*65 700* - £*8 500* - **$12,900**
- Approach to the Bore Ghat, India - Watercolour (16x19cm-6x7in) London 97.............. FF*6 799* - £*720* - **$1,177**

WESTBERG Victoria 1859-1941 [1]
- Dalgång mellan snöklädda fjäll - Oil/canvas (52x75cm-20x30in) Stockholm 91............ FF*4 710* - £*478* - **$851**

WESTCHILOFF Constantin Alexandr. 1877-1945 [16]
- Moonlight on the Ocean - Oil/canvas (66x81cm-26x32in) London 96........................... FF*4 625* - £*600* - **$914**
- Grande Marine à Capri - Oil/canvas (66x95cm-26x37in) New-York 94.......................... FF*14 100* - £*1 705* - **$2,600**
- Russian village in winter - Pastel (45x61cm-18x24in) North Berwick, Maine 91............ FF*4 810* - £*488* - **$869**

WESTCHILOV Konstantin 1877-? [1]
- Stenka Razin & a Persian beauty - Oil/canvas (102x168cm-40x66in) London 97........... FF*76 190* - £*8 000* - **$13,104**

WESTEN Kathleen [2]
- St. Paul's from the Thames - Oil/canvas (56x83cm-22x33in) Billinghurst, West Sussex 92.......... FF*2 435* - £*250* - **$468**

WESTENBERG George Pieter 1791-1873 [4]
- Figures in a Dutch landscape - Oil/canvas (73x89cm-29x35in) London 93..................... FF*44 000* - £*5 300* - **$7,680**
- Winter landscape with skaters - Watercolour (12x16cm-5x6in) Amsterdam 93.............. FF*2 403* - £*288* - **$440**

WESTENDORF Fritz 1867-1926 [1]
- Spätsommertag an einer Gracht - Oil/canvas (50x60cm-20x24in) Köln 91..................... FF*7 490* - £*751* - **$1,372**

WESTENDORP-OSIECK Betsy 1880-1968 [9]
- Oud Amsterdam - Oil/board (37x47cm-15x19in) Amsterdam 93.................................... FF*18 020* - £*2 160* - **$3,294**

WESTENHOLME Charles Dean 1798-1883 [1]
- Carrier pigeons - Oil/canvas (28x23cm-11x9in) San Francisco-Los Angeles 94.............. FF*29 330* - £*3 390* - **$5,000**

WESTERBEEK Cornelis, Jnr. 1873-1917 [19]
- Weidelandschaft mit Kühe - Öl/Leinwand (41x61cm-16x24in) Köln 93.......................... FF*6 100* - £*730* - **$1,174**
- Shepherdess with her flocke - Oil/canvas (61x99cm-24x39in) London 91...................... FF*25 800* - £*2 600* - **$4,477**

WESTERBEEK Cornelis, Snr. 1844-1903 [31]
- Cows in a meadow - Oil/canvas (40x59cm-16x23in) Amsterdam 92.............................. FF*4 820* - £*560* - **$983**
- Cows in a meadow - Oil/canvas (38x57cm-15x22in) Amsterdam 97.............................. FF*10 403* - £*1 125* - **$1,815**
- A Shepherd with his Flock - Oil/canvas (80x140cm-31x55in) New-York 97.................... FF*42 662* - £*4 591* - **$7,500**

WESTERBERG George Pieter 1791-1873 [1]
- The Oude Gracht, Utrecht - Pencil (12x17cm-5x7in) Amsterdam 94.............................. FF*2 120* - £*244* - **$363**

WESTERFRÖLKE Paul 1886-1975 [4]
- Bauerngehöft unter Bäumen - Öl/Leinwand (82x96cm-32x38in) Bielefeld 96................ FF*11 500* - £*1 428* - **$2,230**

WESTERGAARD Anne XIX-XX [2]
- Vase med tulipaner - Oil/canvas (60x53cm-24x21in) Köbenhavn 95.............................. FF*7 950* - £*977* - **$1,550**

WESTERHOLM Victor 1860-1919 [20]
- Vinterbild från Hangö - Oil/canvas (47x35cm-19x14in) Helsinki 93.............................. FF*80 100* - £*9 620* - **$14,570**
- Bordet vid fönstret - Coloured pencils/paper (20x28cm-8x11in) Helsinki 95................ FF*6 940* - £*868* - **$1,403**

WESTERIK Co 1924 [24]
- Big shoe - Color lithograph (36x42cm-14x17in) Amsterdam 95.................................... FF*2 836* - £*362* - **$579**
- Untitled - Watercolour (12x13cm-5x5in) Amsterdam 97... FF*4 495* - £*472* - **$772**
- Vrouw die Zichzelf Beziet - Drawing (16x20cm-6x8in) Amsterdam 97.......................... FF*7 192* - £*756* - **$1,235**

WESTERMANN Gerard 1880-? [6]
- A mare and its foal - Oil/canvas (98x142cm-39x56in) Amsterdam 95........................... FF*3 090* - £*373* - **$581**

WESTERMANN Horace Clifford 1922-1981 [16]
- See America first, 1968 - Lithograph (55x76cm-22x30in) New-York 90......................... FF*34 300* - £*3 649* - **$6,136**
- Where Angels fear to tread - Sculpture (47x23x81cm-19x9x32in) New-York 90............ FF*93 568* - £*9 880* - **$16,000**
- Ghost Town - Watercolour (56x78cm-22x31in) New-York 97....................................... FF*49 900* - £*5 940* - **$9,500**

WESTERMARK Helena 1857-1938 [3]
- Handarbetet - Oil/canvas (63x79cm-25x31in) Helsinki 92... FF*294 000* - £*30 100* - **$51,700**

WESTFELT Karin Nathorst 1921 [4]
- Composition - Oil/canvas (80x45cm-31x18in) Aalborg 96.. FF*3 920* - £*508* - **$784**

WESTFELT-EGGERTZ Ingeborg 1855-1936 [9]
- Familjelif på Skagens strand - Oil/panel (15x26cm-6x10in) Stockholm 93.................... FF*7 770* - £*955* - **$1,440**

WESTHOVEN van Huybert c.1643-c.1687 [1]
- Fruit, lobster & lemon - Oil/canvas (120x102cm-47x40in) New-York 95....................... FF*295 000* - £*35 400* - **$55,000**

WESTIN Fredrik 1782-1862 [8]
- Portrait of King Oscar II - Oil/canvas (66x54cm-26x21in) New-York 93....................... FF*20 620* - £*2 440* - **$3,750**

WESTMACOTT G.H. XIX-XX [2]
- A Surrey landscape - Watercolour (36x53cm-14x21in) Victoria, B.C. 94...................... FF*2 740* - £*315* - **$469**

WESTMACOTT Richard I 1775-1856 [2]
- Buste d'homme en toge - Bronze (80cm-31in) Paris 92.. FF*20 000* - £*2 047* - **$3,520**

WESTMACOTT Richard II 1799-1872 [1]
- Rochester cathedral - Watercolour (28x20cm-11x8in) London 91................................ FF*2 580* - £*260* - **$455**

WESTMACOTT Stuart 1818-c.1862 [1]
- The Seminole Chief, Tuko-See-Mathla - Oil/panel (41x29cm-16x11in) New-York 95...... FF*150 600* - £*18 850* - **$30,000**

WESTMAN Edvard 1865-1917 [4]
- Wooded landscape - Oil/canvas (66x50cm-26x20in) Helsinki 95.................................. FF*34 700* - £*4 340* - **$7,010**

W

WESTMAN Gunnar XX [2]
Vaedder - Bronze (18cm-7in) Köbenhavn 92 .... FF1 760 - £180 - $310
WESTON Brett 1911-1993 [136]
Abstraction - Silver print (30x25cm-12x10in) New-York 96 .... FF2 840 - £365 - $550
Dunes, Oceano - Gelatin silver print (23x18cm-9x7in) New-York 95 .... FF12 110 - £1 558 - $2,500
WESTON Edward 1886-1956 [186]
Springtime - (18x23cm-7x9in) New-York 92 .... FF19 600 - £2 276 - $4,000
Lois Kellogg - Platinum print (23x15cm-9x6in) New-York 92 .... FF19 600 - £2 276 - $4,000
Death Valley - Gelatin silver print (18x23cm-7x9in) New-York 96 .... FF36 250 - £4 480 - $7,000
Epilogue - Albumen print (23x18cm-9x7in) New-York 94 .... FF637 000 - £76 000 - $120,000
WESTON Harold 1894-1972 [1]
Crouching/Sawing Wood - Oil/canvas Denver, Colorado 95 .... FF2 815 - £550 - $356
WESTPHAL Conrad 1891-1976 [14]
Amor und Psyche - Woodcut (32x61cm-13x24in) Hamburg 94 .... FF1 872 - £219 - $330
Ein Traum - Gouache (49x63cm-19x25in) Heidelberg 94 .... FF4 800 - £576 - $932
WESTPHAL Fritz 1804-1844 [3]
The huntsmen at rest - Oil/canvas (87x117cm-34x46in) London 96 .... FF40 100 - £5 000 - $7,740
WET de Jacob Jacobsz 1640-1697 [5]
Le Retour de Tobie - Huile/panneau (41x53cm-16x21in) Paris 92 .... FF29 000 - £2 970 - $5,110
WETERING DE ROOY Johannes Embrosius 1877-1922 [9]
River landscape - Oil/canvas (21x51cm-8x20in) Amsterdam 95 .... FF3 760 - £480 - $771
WETHERBEE George Faulkner 1851-1920 [5]
Wing of the Morning - Oil/canvas (79x128cm-31x50in) London 95 .... FF30 900 - £4 000 - $6,320
WETHERILL Elisha Kent Kane 1874-1929 [2]
Breton peasant woman with rooster
   Oil/canvas (91x74cm-36x29in) Baton Rouge, Louisiana 94 .... FF9 700 - £1 131 - $1,700
WETLESEN Wilhelm 1871-1925 [1]
Fra Lillehammer - Oil/canvas (65x51cm-26x20in) Oslo 92 .... FF13 900 - £1 422 - $2,446
WETLI Hugo 1916-1972 [16]
Schneefeld mit Häusergruppe - Lithographie couleurs (45x56cm-18x22in) Bern 96 ... FF1 630 - £198 - $317
Segelregatta - Mischtechnik/Papier (84x59cm-33x23in) Bern 95 .... FF6 450 - £839 - $1,325
WETTERLUND Johan Axel 1858-1927 [1]
Reclining lion - Bronze (15cm-6in) Stockholm 96 .... FF4 230 - £528 - $817
WETTERSTRAND Carl Gustaf 1855-1923 [1]
Vy från Söder, Stockholm - Oil/canvas (76x60cm-30x24in) Stockholm 96 .... FF2 330 - £292 - $454
WETTERSTRÖM Alfred XIX-XX [2]
Stockholms Stadshus fran Klara sjö - Oil/panel (67x89cm-26x35in) Stockholm 89 ...... FF5 300 - £527 - $837
WETTERWIK Carl Herman 1910-1949 [4]
Från balkong med figur - Oil/canvas (37x94cm-15x37in) Uppsala 95 .... FF2 050 - £259 - $412
WETZEL Carl 1899-? [2]
Verschneites Engadiner Dorf - Huile/panneau (58x52cm-23x20in) Zofingen 93 ...... FF6 560 - £791 - $1,200
WETZEL Johann Jakob 1781-1834 [15]
Isola Bella - Aquatint in colors (26x39cm-10x15in) Bern 92 .... FF7 070 - £722 - $1,245
WEURLANDER Fridolf 1851-1900 [1]
Insjölandskap - Oil/canvas (34x46cm-13x18in) Helsinki 93 .... FF50 100 - £6 020 - $9,100
WEVER de Auguste 1836-1884 [6]
Du choc des idées jaillit la lumière - Bronze Bruxelles 93 .... FF2 472 - £296 - $506
Jeune femme et amours - Bronze (81cm-32in) Bruxelles 97 .... FF10 621 - £1 151 - $1,879
WEWERKA Stefan 1928 [11]
David II - Oil/cardboard (52x72cm-20x28in) Hamburg 96 .... FF3 545 - £430 - $689
Ohne Titel - Pencil/paper (25x24cm-10x9in) Köln 95 .... FF4 810 - £629 - $976
WEX Adalbert 1827-1932 [15]
Abendsonne bei Ehrwald - Öl/Leinwand (52x46cm-20x18in) Frankfurt 93 ...... FF4 070 - £487 - $783
Snowy river landscape - Oil/canvas/board (37x50cm-15x20in) Wien 96 .... FF12 100 - £1 514 - $2,347
Hintersee mit dem Hohen Göll - Öl/Leinwand (50x80cm-20x31in) Wien 94 ...... FF19 520 - £2 324 - $3,680
WEX Willibald 1831-1892 [12]
Winterliche Gebirgslandschaft - Öl/Leinwand (27x42cm-11x17in) München 94 ...... FF14 370 - £1 703 - $2,623
WEXELSEN Christian Delphin 1830-1883 [5]
Landskap med kuer - Oil/canvas (38x58cm-15x23in) Oslo 92 .... FF15 630 - £1 600 - $2,750
WEXLER Yaacov 1912-1995 [12]
Composition in grey - Oil/canvas (95x95cm-37x37in) Tel Aviv 94 .... FF13 680 - £1 600 - $2,400
WEY Alois 1894-1985 [2]
Luftschloß - Coloured crayons (46x50cm-18x20in) Zürich 89 .... FF29 300 - £2 996 - $4,711
WEYAND Jaap 1886-1960 [1]
Bouquetje - Oil/panel (41x35cm-16x14in) Amsterdam 94 .... FF3 050 - £358 - $543
WEYDE Julius 1822-1860 [1]
Großpapa hat was mitgebracht - Oil/canvas (64x75cm-25x30in) Köln 91 ...... FF60 800 - £6 096 - $10,036
WEYDEN van der Harry 1868-? [9]
Vue de Long Island sound - Huile/panneau (13x17cm-5x7in) Paris 89 .... FF12 200 - £1 214 - $1,927
WEYER Jacob Matthias 1620-1670 [5]
Reitergefecht um eine Brücke - Oil/panel (59x87cm-23x34in) Wien 96 ...... FF97 100 - £12 180 - $18,970

W

WEYL Max 1837-1914 [10]
- Ducks - Oil/canvas (61x50cm-24x20in) New-York 89 .... FF6 900 - £687 - **$1,090**

WEYLER Jean-Baptiste 1747-1791 [5]
- Homme à l'Ordre de Saint-Louis - Miniature (3cm-1in) Paris 95 .... FF15 000 - £1 813 - **$2,820**

WEYNS Jan Harm 1864-1945 [4]
- Figures in a park in Basel - Oil/canvas (39x58cm-15x23in) Amsterdam 95 .... FF9 540 - £1 191 - **$1,926**

WEYNS Jules 1849-1925 [2]
- Figure of a boy - Marble (140cm-55in) Château de Beloeil 92 .... FF24 900 - £2 550 - **$4,380**

WEYSSE Henri XIX-XX [1]
- L'Alerte/La Vedette - Bronze (54cm-21in) Clermont-Ferrand 92 .... FF15 500 - £1 587 - **$2,730**

WEYSSER Karl 1833-1904 [4]
- Auf der Dorfgasse - Öl/Leinwand (39x31cm-15x12in) München 93 .... FF34 400 - £3 900 - **$5,810**
- In Adelsheim - Ink (16x10cm-6x4in) Heidelberg 92 .... FF2 516 - £258 - **$443**
- Bebenhausen - Ink/paper (33x41cm-13x16in) Heidelberg 95 .... FF5 910 - £767 - **$1,231**

WEYTS Petrus Cornelius 1799-1855 [3]
- Feu à bord du Marine Kent - Huile/panneau (55x70cm-22x28in) Antwerpen 96 ... FF46 600 - £6 040 - **$9,210**

WEZELAAR Han 1901-1984 [2]
- Een Negepaar - Bronze (44cm-17in) Amsterdam 97 .... FF49 801 - £5 223 - **$854,6 1**

WHAITE Henry Clarence 1828-1912 [4]
- Arthur in the Gruesome Glen
    Oil/canvas (102x153cm-40x60in) Hopetoun House, South Queensferry 90 .... FF30 000 - £3 191 - **$5,367**
- St. George and the Dragon
    Watercolour (76x133cm-30x52in) Billinghurst, West Sussex 93 .... FF7 000 - £800 - **$1,192**

WHALE John Hicks 1829-1905 [1]
- View of Niagara falls - Oil/canvas (69x90cm-27x35in) Toronto 92 .... FF6 450 - £660 - **$1,136**

WHALE Robert Heard 1857-1906 [3]
- Fishing at the mills stream - Oil/canvas (56x85cm-22x33in) Toronto 95 .... FF21 450 - £2 844 - **$4,430**

WHALE Robert Reginald 1805-1887 [2]
- Landscape with road to a river - Oil/canvas (53x89cm-21x35in) Toronto 94 .... FF3 456 - £413 - **$665**

WHANKI Kim 1913-1974 [1]
- Nature morte aux fleurs - Huile/panneau (35x54cm-14x21in) Paris 94 .... FF130 000 - £14 760 - **$22,030**

WHARTON Margaret 1943 [3]
- Book Ends - Book fragments, glue, wood (308x5x40cm-121x2x16in) New-York 91 ... FF35 200 - £4 035 - **$6,000**

WHARTON Philip Fishbourne 1841-1880 [1]
- A forest glade with a young girl
    Oil/canvas (56x69cm-22x27in) Bloomfield Hills, Michigan 92 .... FF5 000 - £523 - **$900**

WHATLEY Henry 1842-1901 [8]
- The young boat builder - Watercolour/paper (72x101cm-28x40in) New-York 94 .... FF11 680 - £1 395 - **$2,200**

WHEATER Joe Harry 1885-1959 [5]
- Summer landscape - Oil/canvas/board (20x25cm-8x10in) Cambridge, Mass. 93 ... FF2 340 - £293 - **$425**

WHEATLEY E. Grace, née Wolfe 1888-1970 [7]
- The Circus - Oil/canvas (68x51cm-27x20in) London 96 .... FF16 030 - £1 900 - **$3,130**
- Peruvian Decoration No.1 - Watercolour (127x101cm-50x40in) London 96 .... FF12 650 - £1 500 - **$2,470**

WHEATLEY Francis 1747-1801 [28]
- King Alfred - Oil/canvas (206x150cm-81x59in) New-York 96 .... FF103 500 - £12 800 - **$20,000**
- Robert and Anne Campbell - Oil/canvas (101x113cm-40x44in) New-York 92 ...... FF570 000 - £57 400 - **$100,000**
- A Lover's Anger - Watercolour (31x25cm-12x10in) London 93 .... FF76 000 - £9 500 - **$13,770**

WHEATLEY John Laviers 1892-1955 [17]
- The Artist's Wife at Newlyn - Oil/board (43x32cm-17x13in) London 96 .... FF8 010 - £950 - **$1,564**
- Mother and Child - Ink (23x28cm-9x11in) London 96 .... FF1 856 - £220 - **$362**

WHEELER Alfred Jnr. 1852-1932 [25]
- A Llasa Apso on a cushion - Oil/canvas (44x59cm-17x23in) London 96 .... FF4 150 - £500 - **$796**
- Neck and neck - Oil/canvas (51x76cm-20x30in) London 96 .... FF27 170 - £3 200 - **$5,330**

WHEELER Charles Thomas 1892-1974 [4]
- Muriel Wheeler - Bronze (46cm-18in) London 93 .... FF10 800 - £1 350 - **$1,958**

WHEELER F.T. 1875-1930 [1]
- Hunt scene & hounds taking a wall - Oil/canvas (30x41cm-12x16in) Leamington Spa 96 ...... FF5 110 - £640 - **$993**

WHEELER Hughlette Tex c.1900-1955 [3]
- A mare and foal - Bronze (23cm-9in) New-York 92 .... FF13 320 - £1 395 - **$2,400**

WHEELER James Thomas 1849-1888 [5]
- Farmyard scene - Oil/canvas (76x127cm-30x50in) Nun Monkton, Yorkshire 95 ... FF14 530 - £1 900 - **$2,910**

WHEELER John Alfred 1821-1903 [27]
- Huntsman and hounds - Oil/canvas (50x89cm-20x35in) Glasgow 92 .... FF12 900 - £1 500 - **$2,633**
- Ossian, with jockey up - Oil/canvas (86x111cm-34x44in) London 96 .... FF55 200 - £6 500 - **$10,830**

WHEELER John Arnold 1821-1877 [39]
- Horse in a stable - Oil/canvas (45x61cm-18x24in) London 91 .... FF5 950 - £604 - **$1,075**
- Three horses at a trough - Oil/canvas (70x89cm-28x35in) Billinghurst, West Sussex 93 ..... FF40 000 - £4 600 - **$6,900**

WHEELER Muriel, née Bourne 1888-1979 [1]
- Fountain figure with fish - Bronze (91cm-36in) London 93 .... FF17 600 - £2 200 - **$3,190**

WHEELER Walter Herbert 1878-1960 [7]
- Heads od Foxhounds - Oil/panel (30x47cm-12x19in) New-York 96 .... FF33 900 - £3 930 - **$6,500**

WHEELER William R. 1832-1894 [1]
- New England landscape - Oil/canvas (52x104cm-20x41in) New-York 90 .... FF20 800 - £2 127 - **$4,106**

W

WHEELWRIGHT Rowland 1870-1955 [14]

🖼 *Bathers by the rocks* - Oil/canvas (8x71cm-3x28in) New-York 96 .... FF**56 600** - £6 860 - **$11,000**

WHELDON James H. 1832-1895 [1]

🖼 *The American Confederate Raider* - Oil/canvas (44x59cm-17x23in) London 94 .... FF**76 700** - £9 000 - **$13,430**

WHESSELL John 1760-1824 [3]

🖼 *Hambletonian* - Engraving (38x46cm-15x18in) Aylsham, Norfolk 96 .... FF**1 598** - £210 - **$321**

WHEWELL Herbert 1863-? [4]

🖼 *Fishing on a river* - Mixed media (65x57cm-26x22in) Billinghurst, West Sussex 94...................... FF**3 560** - £420 - **$634**

WHICHELO C. John Mayle 1784-1865 [7]

🖼 *The battle of Trafalgar* - Oil/canvas (75x105cm-30x41in) New-York 97 .... FF**75 144** - £8 011 - **$13,000**

WHICKER Gwendoline, Gwen 1900-1966 [3]

🖼 *Rhododendron* - Oil/board (62x49cm-24x19in) Penzance, Cornwall 91 .... FF**3 754** - £379 - **$745**

WHIPPLE John Adams 1823-1891 [3]

📷 *Abraham Lincoln* - Albumen print (25x33cm-10x13in) New-York 93 .... FF**11 000** - £1 380 - **$2,000**

WHISHAW Alexander Y. XIX-XX [2]

✎ *Harbour scene* - Watercolour (30x47cm-12x19in) Billinghurst, West Sussex 92 .... FF**1 753** - £180 - **$337**

WHISTLER Hector XX [4]

✎ *On deck* - Drawing (25x35cm-10x14in) London 90 .... FF**2 400** - £255 - **$429**

WHISTLER James Abbot Mc Neill 1834-1903 [248]

🖼 *Blue & gold, the schooner* - Oil/panel (8x14cm-3x6in) New-York 90 .... FF**915 200** - £97 362 - **$163,721**

The Sands, Dieppe - Oil/panel (23x14cm-9x6in) New-York 90 .... FF**1 47e +06** - £106 551 - **$209,383**

🖼 *Longshoremen* - Eau-forte (15x22cm-6x9in) Paris 96 .... FF**6 500** - £836 - **$1,288**

Nocturne - Etching (20x29cm-8x11in) New-York 96 .... FF**101 000** - £12 720 - **$20,000**

✎ *Study for Mouth of the River* - Watercolour/board (18x22cm-7x9in) New-York 92 .... FF**78 000** - £9 310 - **$15,000**

The Shop, an exterior - Watercolour (20x29cm-8x11in) New-York 95 .... FF**633 000** - £80 900 - **$130,000**

WHISTLER Rex John 1905-1944 [17]

🖼 *Colford St. Mary, Salisbury Plain* - Oil/canvas (30x40cm-12x16in) London 93 .... FF**19 200** - £2 400 - **$3,480**

✎ *The Friend of Shelley* - Indian ink (22x19cm-9x7in) London 95 .... FF**8 500** - £1 100 - **$1,740**

WHITAKER Bob XX [3]

📷 *John Lennon* - Photograph (41x51cm-16x20in) London 94 .... FF**10 800** - £1 300 - **$2,002**

WHITAKER George William 1841-1916 [22]

🖼 *Pear, grapes and plums* - Oil/canvas (25x39cm-10x15in) New-York 93 .... FF**6 600** - £828 - **$1,200**

✎ *The skerries, Start Point, Devon*

　Watercolour, gouache (59x119cm-23x47in) Billinghurst, West Sussex 92 .... FF**5 470** - £560 - **$963**

WHITCOMB Jon 1906-1988 [11]

🖼 *Mylène Demongeau in hot pink dress* - Oil/canvas (51x41cm-20x16in) New-York 95 .... FF**8 800** - £1 140 - **$1,800**

✎ *Story to be read in June* - Gouache (46x36cm-18x14in) New-York 95 .... FF**8 320** - £1 076 - **$1,700**

WHITCOMBE Thomas 1763-1824 [32]

🖼 *A 74-gun Man-o-War* - Oil/canvas (51x68cm-20x27in) London 93 .... FF**24 600** - £2 800 - **$4,170**

Bristish Cutter - Oil/canvas (54x76cm-21x30in) London 97 .... FF**70 357** - £7 500 - **$12,284**

A Frigate in two positions off the Naze

　Oil/canvas (82x122cm-32x48in) New-York 97 .... FF**170 844** - £18 468 - **$30,000**

WHITE Arthur 1865-1953 [30]

🖼 *A glimpse of the harbour* - Oil/canvas (66x53cm-26x21in) Penzance, Cornwall 94 .... FF**5 090** - £580 - **$864**

✎ *Collecting water* - Watercolour (36x25cm-14x10in) London 93 .... FF**2 080** - £260 - **$377**

WHITE Arthur C. ?-1927 [1]

🗿 *A Druid* - Bronze (21cm-8in) London 94 .... FF**10 300** - £1 200 - **$1,790**

WHITE Charles 1918-1979 [4]

🖼 *Man with Bible* - Tempera/board (76x53cm-30x21in) Chicago 94 .... FF**53 400** - £6 300 - **$9,500**

WHITE Clarence Hudson 1871-1925 [1]

📷 *Miss Larson Dancers* - Gelatin silver print (23x15cm-9x6in) New-York 96 .... FF**57 000** - £7 040 - **$11,000**

WHITE Daniel Thomas XIX-XX [2]

🖼 *Music and dancing* - Oil/canvas (36x31cm-14x12in) New-York 96 .... FF**12 460** - £1 588 - **$2,400**

✎ *The Introduction/The Proposal* - Watercolour (18x24cm-7x9in) Honiton, Devon 94 .... FF**3 970** - £480 - **$732**

WHITE Edith 1855-1946 [5]

🖼 *Roses* - Oil/canvas (46x61cm-18x24in) San Francisco-Los Angeles 94 .... FF**18 940** - £2 245 - **$3,500**

WHITE Ethelbert 1891-1972 [89]

🖼 *Quiet Stretch of the River* - Oil/canvas (51x76cm-20x30in) London 97 .... FF**3 299** - £350 - **$568**

Country Lane in Winter - Oil/canvas (61x76cm-24x30in) London 97 .... FF**7 932** - £849 - **$1,370**

✎ *The Fishpond* - Watercolour (37x52cm-15x20in) London 97 .... FF**3 735** - £400 - **$645**

Pollogh quay - Watercolour (27x34cm-11x13in) London 97 .... FF**8 912** - £950 - **$1,562**

WHITE George 1826-1872 [1]

🖼 *Annie Palmer* - Oil/canvas (89x71cm-35x28in) Cleveland, Ohio 92 .... FF**11 100** - £1 162 - **$2,000**

WHITE George Francis 1808-1898 [1]

✎ *Sunset on the Ganges* - Watercolour/board (15x27cm-6x11in) London 89 .... FF**2 400** - £239 - **$379**

WHITE H.M. XIX-XX [2]

🗿 *Kimono Girl* - Ivory, bronze (33cm-13in) Genève 91 .... FF**18 200** - £1 847 - **$3,287**

WHITE Henry 1819-1903 [4]

📷 *Lane in Surrey* - Albumen print (19x24cm-7x9in) London 92 .... FF**3 910** - £400 - **$688**

WHITE Henry Cooke 1861-1952 [3]

🖼 *On the Hockanum River* - Oil/canvas (30x41cm-12x16in) New-York 90 .... FF**11 400** - £1 181 - **$2,004**

WHITE John 1851-1933 [35]
- *At play* - Oil/canvas (51x41cm-20x16in) London 96 .... FF23 060 - £3 000 - **$4,570**
- *Beer, Branscombe* - Bodycolour (20x31cm-8x12in) Retford, Nottingham 94 .... FF6 350 - £750 - **$1,140**
- *On the cliff path* - Gouache (27x37cm-11x15in) London 92 .... FF17 600 - £1 800 - **$3,096**

WHITE Lucette XX [2]
- *Queen Anne's Lace* - Pastel (48x64cm-19x25in) Cambridge, Mass. 91 .... FF1 800 - £180 - **$297**

WHITE Michael B. 1954 [5]
- *Unbelievable sunset series no.4* - Wash (23x33cm-9x13in) London 91 .... FF4 230 - £421 - **$727**

WHITE Minor 1908-1976 [61]
- *Moon and Wall Encrustations* - Gelatin silver print (16x20cm-6x8in) New-York 96 ...... FF31 000 - £3 840 - **$6,000**

WHITE Orrin Augustine 1883-1969 [20]
- *Mexican street* - Oil/canvas/board (25x31cm-10x12in) San Francisco-Los Angeles 95 .. FF11 210 - £1 474 - **$2,250**
- *Valley landscape* - Oil/canvas (66x81cm-26x32in) San Francisco-Los Angeles 93 ...... FF44 000 - £5 520 - **$8,000**

WHITE Richard Dunn., Capt. 1813-1899 [1]
- *H.M.S. Mersey anchored* - Watercolour (38x52cm-15x20in) London 96 .... FF3 315 - £420 - **$636**

WHITE Robert 1645-1703 [2]
- *Charles Seymour* - Pencil (13x9cm-5x4in) London 92 .... FF10 740 - £1 100 - **$1,897**

WHITE Sidney W. XIX-XX [2]
- *K. Godfree with her tennis racquet* - Oil/canvas (86x69cm-34x27in) London 92 ...... FF96 300 - £11 500 - **$18,520**

WHITE Valentino 1909-1985 [2]
- *Napoli: ingresso alla Darsena* - Olio/cartone (20x30cm-8x12in) Roma 95 .... FF2 472 - £328 - **$504**

WHITE Wade 1909-1995 [2]
- *Sun and wind* - Oil/canvas (36x48cm-14x19in) New-York 92 .... FF17 150 - £1 992 - **$3,500**

WHITEFORD Sidney Trefusis 1837-1915 [1]
- *The Connoisseur* - Watercolour (33x24cm-13x9in) Bristol, Avon 94 .... FF1 716 - £205 - **$321**

WHITEHAND Michael J. 1941 [27]
- *J Class Yachts* - Oil/canvas (50x76cm-20x30in) London 97 .... FF12 195 - £1 300 - **$2,129**
- *Britannia & Whiteheather* - Oil/canvas (96x132cm-38x52in) London 97 .... FF51 595 - £5 500 - **$9,008**

WHITEHEAD Elizabeth XIX-XX [16]
- *Lord Leycester Hospital, Warwick* - Watercolour (28x20cm-11x8in) Leamington Spa 93 ... FF3 730 - £425 - **$634**

WHITEHEAD Frederick William N. 1853-1938 [29]
- *Warwick* - Oil/canvas (29x46cm-11x18in) London 95 .... FF7 720 - £1 000 - **$1,570**
- *River Frome, Morton, Dorchester* - Oil/canvas (91x71cm-36x28in) London 96 .... FF36 100 - £4 500 - **$6,970**
- *The Cottage Garden* - Watercolour (28x22cm-11x9in) London 93 .... FF3 320 - £400 - **$580**

WHITEHEAD R.H. 1855-1889 [2]
- *Self-portrait in an interior* - Oil/canvas (104x127cm-41x50in) New-York 93 .... FF76 700 - £8 720 - **$13,000**

WHITEHEAD Tom 1886-? [2]
- *The Hollins, Nr Halifax* - Wash (36x53cm-14x21in) Leyburn, North Yorkshire 90 ...... FF2 733 - £278 - **$547**

WHITEHURST Jessie H. 1820-1875 [1]
- *Jenny Lind* - Daguerreotype New-York 96 .... FF4 130 - £512 - **$800**

WHITEREAD Rachel 1963 [4]
- *Untitled* - Sculpture London 97 .... FF122 411 - £13 000 - **$21,323**

WHITESIDE Brian 1934 [6]
- *Polo at Windsor* - Oil/board (46x66cm-18x26in) New-York 95 .... FF12 430 - £1 575 - **$2,500**

WHITFORD Richard c.1854-c.1887 [10]
- *A prize pig in a sty* - Oil/canvas (43x56cm-17x22in) London 91 .... FF27 900 - £2 789 - **$4,595**

WHITING Frederic 1874-1962 [15]
- *Approaching the start* - Oil/canvas (63x76cm-25x30in) Edinburgh 91 .... FF35 300 - £3 514 - **$6,070**
- *The huntsman* - Watercolour (38x44cm-15x17in) London 93 .... FF10 800 - £1 300 - **$1,885**

WHITING John XX [1]
- *Dali/Dali travesti/Dali et le squelette* - Tirage argentique Paris 96 .... FF4 000 - £499 - **$773**

WHITING Onslow XIX-XX [1]
- *Young naked boy reading* - Bronze (22cm-9in) London 96 .... FF1 538 - £200 - **$305**

WHITLEY Kate Mary c.1860-1920 [1]
- *Dead game, lemons, jug & basin* - Watercolour (50x73cm-20x29in) London 92 ...... FF15 630 - £1 600 - **$2,760**

WHITMORE Bryan XIX-XX [3]
- *Chertsey Meadows on the Thames* - Watercolour (25x52cm-10x20in) London 93 .... FF8 000 - £1 000 - **$1,450**

WHITMORE Coby 1913-1988 [2]
- *Illustration: Ladies' Home Journal* - Gouache (38x53cm-15x21in) New-York 93 ...... FF9 900 - £1 242 - **$1,800**

WHITNEY Beatrice 1888-? [1]
- *Girl with coral necklace* - Oil/canvas (34x45cm-13x18in) South Deerfield, Mass. 91 .. FF3 296 - £330 - **$556**

WHITNEY Gertrude Vanderbilt 1875-1942 [3]
- *Barbara Whitney* - Bronze (51cm-20in) New-York 96 .... FF88 700 - £10 270 - **$17,000**

WHITNEY Robert W. 1907-? [1]
- *XIII Olympic Winter Games* - Poster (61x48cm-24x19in) London 96 .... FF2 184 - £280 - **$431**

WHITNEY-VANDERBILT Gertrude 1877-1942 [2]
- *Spirit of the red cross* - Bronze (45cm-18in) New-York 93 .... FF33 000 - £4 140 - **$6,000**

WHITTAKER James William 1828-1876 [3]
- *On the moors* - Wash (27x50cm-11x20in) London 91 .... FF3 990 - £400 - **$659**

WHITTAKER John Barnard 1836-1926 [3]
- *Cobbler's shop* - Oil/canvas (54x43cm-21x17in) New-York 91 .... FF9 620 - £976 - **$1,737**

WHITTEMORE William John 1860-1955 [4]
- *Portrait of a young girl* - Watercolour/paper (54x43cm-21x17in) New-York 92 .... FF11 020 - £1 280 - **$2,250**

WHITTLE Thomas, Jnr. c.1840-c.1895 [18]
- *Rustic home, Leith Hill, Surrey*
  Oil/canvas (44x60cm-17x24in) Billinghurst, West Sussex 95 .... FF5 850 - £700 - **$1,113**
  Nature's bounty, 1866 - Oil/canvas (45x62cm-18x24in) New-York 89 .... FF17 200 - £1 711 - **$2,717**

WHITTOME Irène 1942 [3]
- *Rebirth* - Eau-forte (25x20cm-10x8in) Montréal 92 .... FF5 760 - £670 - **$1,175**

WHITTREDGE Thomas Worthington 1820-1910 [28]
- *Indian encampment* - Oil/canvas (36x55cm-14x22in) New-York 94 .... FF1 - £135 800 - **$205,000**
  The shaded brook - Oil/board (34x27cm-13x11in) London 92 .... FF19 540 - £2 000 - **$3,440**
  Deer in an autumn landscape - Oil/canvas (43x32cm-17x13in) New-York 94 .... FF131 400 - £15 780 - **$25,000**

WHORF John 1903-1959 [53]
- *Nude standing by a window* - Oil/canvas (76x56cm-30x22in) North Berwick, Maine 92 ...... FF14 300 - £1 707 - **$2,750**
  Brooklyn bridge - Oil/canvas (52x63cm-20x25in) New-York 92 .... FF136 300 - £13 940 - **$24,000**
- *Watchers by the Britanny* - Aquarelle (76x55cm-30x22in) Brest 93 .... FF21 500 - £2 590 - **$3,910**

WHORF Richard 1906-1966 [2]
- *Beach Houses* - Oil/canvas (61x91cm-24x36in) Bloomfield Hills, Michigan 95 .... FF2 247 - £271 - **$425**

WHYATT George Henry 1885-1945 [6]
- *Newburgh, Lancashire* - Wash (26x35cm-10x14in) London 89 .... FF2 300 - £222 - **$349**

WHYDALE Ernest Herbert 1886-1952 [10]
- *Upland Ploughing* - Etching (24x30cm-9x12in) London 91 .... FF1 885 - £190 - **$327**
- *A ride in the park* - Wash (21x32cm-8x13in) London 89 .... FF4 400 - £425 - **$668**

WHYMPER Charles 1853-1941 [19]
- *Egyptian Figures overlooking Cairo* - Watercolour (33x50cm-13x20in) London 97 .... FF4 704 - £500 - **$813**

WHYMPER Josiah Wood 1813-1903 [9]
- *Harvest, Stratford-on-Avon* - Pencil (20x41cm-8x16in) London 92 .... FF6 840 - £700 - **$1,207**

WHYTE Duncan McGregor 1866-1953 [6]
- *Sunny morning, Tiree* - Oil/canvas (46x61cm-18x24in) Glasgow 91 .... FF6 450 - £650 - **$1,131**

WIBERG Harald 1908-1986 [87]
- *Vinterlandskap* - Oil/panel (26x50cm-10x20in) Stockholm 97 .... FF10 566 - £1 115 - **$1,825**
  Strandpipare - Oil/canvas (55x65cm-22x26in) Stockholm 91 .... FF22 620 - £2 296 - **$4,085**
- *Algar, Ankarsrum* - Gouache (37x45cm-15x18in) Stockholm 96 .... FF11 530 - £1 440 - **$2,230**

WICAR Jean-Baptiste Jos. 1762-1834 [7]
- *Officer of the Queen's Regiment* - Oil/canvas (76x62cm-30x24in) New-York 93 .... FF82 500 - £9 750 - **$15,000**
  Self-portrait - Oil/canvas (25cm-10in) London 91 .... FF309 000 - £30 893 - **$50,890**

WICART Nicolas 1748-1818 [29]
- *Dorp Chapel on the River Lek* - Watercolour (24x34cm-9x13in) London 94 .... FF7 780 - £900 - **$1,327**

WICHERA von Raimund Ritter 1862-1925 [9]
- *Dame mit Fächer* - Öl/Leinwand (59x37cm-23x15in) Wien 93 .... FF13 860 - £1 610 - **$2,333**
- *Hübsche Bäuerin* - Aquarell/Papier (26x15cm-10x6in) Wien 94 .... FF2 420 - £278 - **$414**

WICHERS Hal 1893-1968 [8]
- *Indonesians strolling* - Oil/board (50x81cm-20x32in) Amsterdam 91 .... FF9 010 - £1 080 - **$1,647**
- *The plain of Garoet, Java* - Pastel/paper (34x72cm-13x28in) Amsterdam 95 .... FF2 680 - £347 - **$549**

WICHERT Felix 1812-1902 [1]
- *Mädchen am nächtlichen Strand* - Öl/Leinwand (95x136cm-37x54in) München 93 .... FF3 390 - £405 - **$653**

WICHGRAF Fritz 1853-? [1]
- *Interessante Lektüre* - Oil/canvas (69x52cm-27x20in) Ahlden 92 .... FF34 000 - £3 480 - **$5,980**

WICHMAN Erich 1890-1929 [9]
- *Man* - Oil (59x49cm-23x19in) Amsterdam 90 .... FF13 550 - £1 386 - **$2,675**
- *Untitled* - Etching (14x9cm-6x4in) Amsterdam 91 .... FF5 410 - £539 - **$930**

WICHMAN Harry 1916 [21]
- *Torghandel, Stockholm* - Oil/canvas (32x40cm-13x16in) Stockholm 90 .... FF3 800 - £407 - **$661**

WICHMANN Adolf Friedrich G. 1820-1866 [4]
- *Äste eines Laubbaumes* - Wash (48x33cm-19x13in) Hamburg 96 .... FF3 060 - £349 - **$585**

WICHMANN Peder 1706-1769 [3]
- *Queen Louise* - Oil/canvas (77x64cm-30x25in) Köbenhavn 95 .... FF17 720 - £2 260 - **$3,490**

WICHMANN-ELMQUIST Erna 1869-1929 [3]
- *Rosen* - Aquarell/Papier (40x43cm-16x17in) Zürich 92 .... FF3 720 - £380 - **$655**

WICHT von John 1888-1970 [4]
- *Abstract* - Oil/board (69x102cm-27x40in) Mystic, Connecticut 96 .... FF9 870 - £1 293 - **$2,000**

WICKENBERG Per 1812-1846 [11]
- *Barn på is med vedkälke* - Oil/canvas (52x82cm-20x32in) Stockholm 94 .... FF43 700 - £5 150 - **$7,780**
  Vinterlandskap - Oil/canvas (130x195cm-51x77in) Stockholm 96 .... FF103 600 - £12 170 - **$20,400**

WICKENBURG Alfred 1885-1978 [11]
- *Märchen* - Öl/Leinwand (109x135cm-43x53in) Wien 96 .... FF314 000 - £35 760 - **$60,100**
- *Venedig* - Aquarell/Papier (39x54cm-15x21in) Wien 96 .... FF9 650 - £1 100 - **$1,850**

WICKENDEN Robert J. 1861-1931 [4]
- *A Springtime Idyl* - Oil/canvas/board (41x33cm-16x13in) Cambridge, Mass. 92 .... FF27 040 - £3 230 - **$5,200**

WICKERTSHEIMER Wilhelm 1885-? [1]
- *Sommertag im Hochschwarzwald* - Öl/Papier (92x72cm-36x28in) Köln 93 .... FF4 410 - £527 - **$848**

WICKSTRÖM Martin 1957 [2]
- *Power Pac Stanby Multi Jet Station* - Oil/canvas (225x180cm-89x71in) Stockholm 94 .... FF6 990 - £811 - **$1,204**

W

WICKY Franz Albert 1874-1916 [1]
🖼 *Hofen am Neckar mit Allee* - Öl/Karton (20x28cm-8x11in) Stuttgart 93 .... FF5 220 - £599 - **$888**
WIDBRANDT Bertil 1914-1988 [3]
🖼 *Tranor vid tjärn* - Oil/canvas (50x69cm-20x27in) Uppsala 92 .... FF2 440 - £284 - **$498**
WIDDAS Richard Dodd 1826-1885 [5]
🖼 *Stage coach departing* - Oil/canvas (41x69cm-16x27in) New-York 97 .... FF17 341 - £1 849 - **$3,000**
WIDDER Felix 1874-? [1]
🖼 *Am Wasser* - Oil/canvas (134x90cm-53x35in) Wien 92 .... FF3 850 - £394 - **$678**
WIDER Wilhelm 1818-1884 [3]
🖼 *Tombolaspieler in Trastevere* - Oil/canvas (80x114cm-31x45in) New-York 96 .... FF93 400 - £11 900 - **$18,000**
WIDERBÄCK Gusten 1879-1970 [41]
🖼 *Uppsala i kvällsljus* - Oil/canvas (66x46cm-26x18in) Uppsala 95 .... FF5 880 - £743 - **$1,180**
WIDERBERG Arvid 1904 [3]
🖼 *Mangårdsbyggnad* - Oil/panel (32x40cm-13x16in) Söderköping 94 .... FF3 254 - £389 - **$610**
WIDERBERG Frans 1934 [3]
🖼 *Meteor* - Oil/canvas (43x60cm-17x24in) Oslo 92 .... FF12 150 - £1 244 - **$2,140**
WIDFORSS Gunnar 1879-1934 [33]
🖼 *Grand Canyon*
   Oil/canvas/board (58x47cm-23x19in) San Francisco-Los Angeles 95 .... FF94 600 - £12 440 - **$19,000**
✐ *Big Trees* - Watercolour/paper (54x21cm-21x8in) San Francisco-Los Angeles 94 .... FF22 270 - £2 630 - **$4,000**
   Grand Canyon - Watercolour/paper (38x43cm-15x17in) New-York 93 .... FF112 300 - £12 750 - **$19,000**
WIDGERY Frederick John 1861-1942 [100]
🖼 *A moorland path* - Oil/canvas (16x45cm-6x18in) Torquay, Devon 91 .... FF3 790 - £377 - **$652**
✐ *A Moorland Pool* - Watercolour (34x52cm-13x20in) London 94 .... FF3 160 - £380 - **$586**
   The Lizard, Cornwall - Watercolour, gouache (75x124cm-30x49in) London 92 .... FF5 370 - £550 - **$946**
WIDGERY William 1822-1893 [37]
🖼 *A tranquil River Landscape* - Oil/canvas (76x127cm-30x50in) London 97 .... FF25 712 - £2 800 - **$4,471**
✐ *Near Exeter* - Watercolour (43x69cm-17x27in) London 95 .... FF5 600 - £700 - **$1,131**
WIDHOPFF D.O. 1867-1933 [5]
🖼 *Junge rothaarige Dame* - Oil/canvas (48x33cm-19x13in) Lindau 92 .... FF5 780 - £592 - **$1,017**
🗔 *Estrella de los Rios* - Poster (119x79cm-47x31in) New-York 96 .... FF6 110 - £720 - **$1,200**
WIDLICZKA Leopold 1870-? [1]
🖼 *Feste Hohensalzburg* - Öl/Karton (66x49cm-26x19in) München 95 .... FF6 380 - £807 - **$1,280**
WIDMANN Fritz 1869-1937 [2]
🖼 *Josef Victor Widmann* - Öl/Leinwand (50x61cm-20x24in) Zürich 93 .... FF7 520 - £856 - **$1,276**
WIDMER Hans 1872-1925 [3]
🖼 *Auf der Alp* - Oil/canvas (80x59cm-31x23in) Bern 92 .... FF2 232 - £228 - **$393**
WIDMOSER Josef 1911-? [1]
🖼 *Flowers* - Oil/canvas/panel (73x84cm-29x33in) Wien 95 .... FF4 470 - £576 - **$923**
WIDNMANN Julius 1865-1930 [1]
🖼 *Sankt Georg am Bodensee* - Oil/canvas (61x75cm-24x30in) Amsterdam 90 .... FF6 600 - £702 - **$1,181**
WIDOFF Anders 1953 [3]
🖼 *Backant* - Oil/canvas (85x58cm-33x23in) Stockholm 93 .... FF7 770 - £955 - **$1,440**
WIECHERT Friedrich 1820-? [1]
🖼 *Am Dorfrand* - Öl/Leinwand (31x43cm-12x17in) Bremen 95 .... FF9 630 - £1 266 - **$1,932**
WIECHMANN Julius 1894-? [1]
🖼 *Junge Frau* - Öl/Leinwand (83x59cm-33x23in) Bremen 90 .... FF11 220 - £1 147 - **$2,215**
WIECZOREK Max 1863-1955 [1]
🖼 *Flusslandschaft* - Öl/Karton (41x60cm-16x24in) Lindau 95 .... FF3 103 - £396 - **$626**
WIECZORKOWSKI Elsa 1938 [6]
🖼 *Nature vivante* - Huile/panneau (90x123cm-35x48in) Bruxelles 91 .... FF3 790 - £382 - **$658**
WIEDEN Ludwig 1869-1947 [2]
🖼 *Mädchen mit Goldfischglas* - Oil/canvas (55x55cm-22x22in) Wien 92 .... FF3 850 - £448 - **$785**
WIEDENHOFER Oskar 1889-? [1]
🖼 *Sitzenden Mädchens* - Oil/canvas (138x101cm-54x40in) München 89 .... FF27 000 - £2 761 - **$4,341**
WIEDENMANN Ludwig 1934 [8]
🖼 *Bauernhof* - Oil/panel (24x30cm-9x12in) Kempten 96 .... FF4 070 - £528 - **$798**
WIEDERHOLD Carl 1865-1961 [3]
🖼 *Im Restaurant* - Öl/Leinwand (80x100cm-31x39in) Pforzheim 93 .... FF10 170 - £1 215 - **$1,957**
WIEDH Leonard 1866-1938 [22]
🖼 *Aftonsol i skärgården* - Oil/canvas (59x89cm-23x35in) Stockholm 91 .... FF6 600 - £665 - **$1,145**
WIEGAND Gustave Adolph 1870-1957 [26]
🖼 *The golden gateway* - Oil/canvas (76x102cm-30x40in) New-York 94 .... FF6 850 - £799 - **$1,200**
   Blue Mountain Lake, Adirondacks - Oil/canvas (94x127cm-37x50in) New-York 94 .... FF28 140 - £3 334 - **$5,200**
WIEGAND Hans 1890-1915 [1]
🖼 *Willingshausener Bauernstube* - Oil/canvas (55x45cm-22x18in) Köln 92 .... FF19 660 - £2 350 - **$3,784**
WIEGAND von Charmion 1899-1983 [3]
🖼 *Modern Minuet* - Oil/canvas (30x23cm-12x9in) Portland, Maine 93 .... FF64 900 - £7 380 - **$11,000**
WIEGANDT Bernhard 1851-1918 [14]
✐ *Street in Rio de Janeiro* - Watercolour/paper (23x18cm-9x7in) London 97 .... FF42 017 - £4 500 - **$7,366**
WIEGANDT Else 1894-? [1]
🖼 *Zwei Tiger im Busch* - Öl/Leinwand (72x99cm-28x39in) Köln 94 .... FF8 910 - £1 070 - **$1,732**

WIEGELE Franz 1887-1944 [4]
Südkärntner Landschaft - Mischtechnik/Papier (75x55cm-30x22in) Wien 96............FF**7 680** - £931 - **$1,493**
WIEGER Wilhelm 1890-1964 [5]
Karussell - Öl/Karton (25x34cm-10x13in) Pforzheim 93............FF**2 880** - £345 - **$555**
WIEGERS Jan 1893-1959 [59]
A still life with a tophat and a cello - Oil/canvas (67x52cm-26x20in) Amsterdam 96............FF**15 350** - £1 970 - **$3,025**
Heuträger in den Bergen - Öl/Leinwand (70x51cm-28x20in) Heidelberg 96............FF**64 300** - £7 940 - **$12,420**
Dunes, Ameland - Watercolour/paper (33x44cm-13x17in) Amsterdam 97............FF**3 119** - £337 - **$544**
WIEGHARDT Paul 1897-1969 [1]
Kunstsammlerin in einem Atelier - Tempera/canvas (81x59cm-32x23in) Hamburg 96............FF**3 900** - £487 - **$753**
WIEGHORST Olaf 1899-1988 [53]
Indian Maiden - Oil/board (45x33cm-18x13in) New-York 96............FF**31 300** - £3 626 - **$6,000**
Uphill - Oil/canvas (76x66cm-30x26in) New-York 97............FF**113 769** - £11 945 - **$19,500**
Indian with horned headdress - Watercolour (32x24cm-13x9in) New-York 95............FF**23 000** - £2 960 - **$4,750**
WIEGMAN Gérard 1875-1964 [3]
Shipping in a harbour - Oil/canvas (30x46cm-12x18in) Amsterdam 95............FF**3 710** - £448 - **$698**
WIEGMAN Matthieu 1886-1971 [46]
Still life - Oil/canvas (40x30cm-16x12in) Amsterdam 97............FF**20 977** - £2 205 - **$3,603**
Het Oude Hof - Oil/canvas (73x60cm-29x24in) Amsterdam 94............FF**53 600** - £6 350 - **$9,900**
Vieux pont, Paris - Gouache/paper (53x61cm-21x24in) Amsterdam 96............FF**6 030** - £698 - **$1,156**
WIEGMAN Piet 1885-1963 [2]
Seated girl - Watercolour/paper (99x68cm-39x27in) Amsterdam 96............FF**2 760** - £355 - **$545**
WIEGMANN Alfred 1866-? [2]
Heller Sommertag bei Worpswede - Öl/Leinwand (61x50cm-24x20in) Köln 94............FF**6 120** - £714 - **$1,073**
WIEGMANN-MUCCHI Jenny 1895-1969 [1]
Alwine Müller - Bronze (36x22x20cm-14x9x8in) Bielefeld 94............FF**4 760** - £556 - **$835**
WIEHL Hermann 1900-1978 [10]
Winterlandschaft - Oil/panel (60x75cm-24x30in) München 91............FF**18 600** - £1 888 - **$3,359**
WIELAND Hans Beat 1867-1945 [30]
Weiblicher Akt - Oil/canvas (120x46cm-47x18in) Luzern 92............FF**15 220** - £1 820 - **$2,930**
Vorfrühling in den Alpen - Öl/Leinwand (120x151cm-47x59in) Zürich 96............FF**47 700** - £5 520 - **$9,130**
Im Parsenngebiet - Aquarell (59x78cm-23x31in) Bern 94............FF**6 800** - £803 - **$1,210**
WIELANDT Manuel 1863-1922 [4]
Venedigansicht - Öl/Leinwand (60x106cm-24x42in) Pforzheim 94............FF**10 580** - £1 270 - **$2,003**
WIELC Iwan Augustynowicz 1866-1926 [2]
Landscape with lake shore - Oil/canvas (31x41cm-12x16in) Warszawa 94............FF**10 500** - £1 204 - **$1,780**
WIELHORSKI Alain 1950 [71]
Vue de Honfleur - Huile/toile (60x81cm-24x32in) Calais 92............FF**4 000** - £411 - **$770**
Le Vieux Bassin, Honfleur - Pastel (81x48cm-32x19in) Rouen 92............FF**2 500** - £299 - **$481**
WIEMKEN Walter Kurt 1907-1940 [6]
Surrealistisches Bild - Öl/Leinwand (80x65cm-31x26in) Zürich 93............FF**87 000** - £9 910 - **$14,780**
WIENER Jean 1896-1982 [1]
Autoportrait avec Clément Doucet - Crayon (18x25cm-7x10in) Paris 92............FF**6 000** - £716 - **$1,154**
WIER Julian Alden 1852-1919 [1]
Still life with violets - Oil/canvas (30x41cm-12x16in) San Francisco-Los Angeles 90............FF**25 700** - £2 752 - **$4,470**
WIERINGA Harmen Willemsz. c.1600-c.1660 [1]
Portrait of a lady - Oil/panel (53x38cm-21x15in) London 95............FF**10 940** - £1 400 - **$2,200**
WIERSMA Ids 1878-1965 [1]
Still life with Indian cress - Oil/canvas/panel (28x22cm-11x9in) Amsterdam 95............FF**2 020** - £262 - **$421**
WIERTERNIK Peppino 1919-1979 [1]
Ohne Titel - Öl/Leinwand (65x100cm-26x39in) Wien 95............FF**5 970** - £758 - **$1,203**
WIERTZ Antoine 1806-1865 [9]
Les Anges déchus - Huile/toile (61x34cm-24x13in) Lyon 96............FF**23 000** - £2 960 - **$4,560**
Femme à sa coiffure - Huile/toile (79x56cm-31x22in) Lyon 96............FF**200 000** - £25 730 - **$39,600**
WIERTZ Henricus Franziscus 1784-1858 [2]
Sommersonnentag - Oil/panel (28x34cm-11x13in) Lindau 93............FF**4 750** - £567 - **$913**
Buvers dans un intérieur - Aquarelle (34x28cm-13x11in) Paris 95............FF**3 800** - £467 - **$740**
WIERTZ Joub 1893-1966 [4]
Landscape with a farmhouse - Oil/board (42x54cm-17x21in) Amsterdam 96............FF**2 094** - £263 - **$412**
WIERTZ Jupp 1888-1939 [4]
Pleasant Trip to Germany - Poster (101x64cm-40x25in) New-York 93............FF**9 350** - £1 173 - **$1,700**
WIERUSZ-KOWALSKI Czeslaw 1882-1984 [3]
Wintertag - Oil/panel (50x65cm-20x26in) Köln 91............FF**101 400** - £10 167 - **$16,738**
WIERUSZ-KOWALSKI von Alfred 1849-1915 [30]
The hunter - Oil/canvas (50x43cm-20x17in) Warszawa 96............FF**23 340** - £2 910 - **$4,510**
Ploughing the Field - Oil/canvas (94x124cm-37x49in) London 97............FF**177 920** - £19 500 - **$31,225**
Honey Moon - Oil/canvas (79x104cm-31x41in) Warszawa 96............FF**340 000** - £42 600 - **$66,200**
WIERUSZ-KOWALSKI von Karol 1869-1953 [2]
Landscape - Oil/canvas (36x48cm-14x19in) Warszawa 96............FF**22 040** - £2 760 - **$4,295**
WIESCHEBRINK Franz 1818-1884 [1]
The Centre of Attraction - Oil/canvas (82x77cm-32x30in) London 94............FF**88 200** - £10 500 - **$16,620**

W

WIESELTHIER Vally 1895-1945 [9]
- Wandvase - Ceramic (34cm-13in) Wien 97 .... FF16 737 - £1 785 - **$2,895**
- Yak - Ceramic (51cm-20in) Wien 96 .... FF78 000 - £10 110 - **$15,400**

WIESENTHAL Franz 1856-1902 [5]
- Die kaputte Schubkarre - Oil/canvas (76x61cm-30x24in) Wien 92 .... FF15 400 - £1 545 - **$2,570**

WIESIOLOWSKI Ludwik 1854-1892 [2]
- Francesca i Paolo - Oil/canvas (21cm-8in) Warszawa 95 .... FF33 000 - £4 170 - **$6,590**

WIESMAN van Adrien 1826-1903 [1]
- Bouquet de fleurs - Huile/cuivre (93x68cm-37x27in) Paris 90 .... FF170 000 - £17 562 - **$30,035**

WIESMANN Viktor Hugo 1892-1958 [2]
- Am Sertigbach - Öl/Leinwand (50x71cm-20x28in) Zofingen 95 .... FF2 550 - £323 - **$513**

WIEST Sally 1866-1952 [5]
- Sommerblumenstrauss mit Margarithen - Öl/Karton (45x68cm-18x27in) Stuttgart 95 .... FF8 300 - £1 085 - **$1,660**

WIETERNIK Peppino 1919-1979 [3]
- Ohne Titel - Öl/Leinwand (74x100cm-29x39in) Wien 95 .... FF7 590 - £947 - **$1,533**

WIETHASE Edgard 1881-1965 [39]
- Nature morte aux fleurs - Huile/toile (63x82cm-25x32in) Antwerpen 97 .... FF2 948 - £311 - **$511**
- Verger fleuri - Huile/toile (45x50cm-18x20in) Lokeren 95 .... FF31 050 - £3 880 - **$6,090**
- Chevaux - Aquarelle (47x59cm-19x23in) Antwerpen 95 .... FF2 590 - £325 - **$517**

WIETHÜCHTER Gustav 1873-1946 [1]
- Weidende Ziegen - Oil/board (53x67cm-21x26in) Köln 89 .... FF8 100 - £828 - **$1,302**

WIGAND Albert 1890-1978 [1]
- Brücke in Gossfelden - Mixed media (48x36cm-19x14in) Lindau 93 .... FF3 500 - £409 - **$575**

WIGAND Balthasar 1770-1846 [25]
- Der Kirchplatz in Hietzing - Aquarell/Papier (9x14cm-4x6in) München 96 ...... FF28 460 - £3 570 - **$5,490**

WIGAND Otto Charles 1856-1944 [1]
- Classical figures listening to a lyre - Oil/canvas (128x206cm-50x81in) New-York 95 .... FF12 300 - £1 532 - **$2,400**

WIGBOLDUS Anco 1900-1983 [1]
- Lente - Oil/canvas (90x66cm-35x26in) Amsterdam 92 .... FF2 107 - £245 - **$430**

WIGDAHL Anders Guttormsen 1830-1914 [3]
- Norsk landskab, Jostedalen - Oil/canvas (68x130cm-27x51in) Köbenhavn 95 .... FF9 060 - £1 128 - **$1,770**

WIGERT Hans 1932 [14]
- Kikmete, (Niklas) - Oil/canvas (87x114cm-34x45in) Stockholm 95 .... FF10 210 - £1 277 - **$2,603**

WIGG Charles Mayes XIX-XX [18]
- Wherries on the Norfolk Broads - Oil/board (54x94cm-21x37in) London 91 .... FF4 440 - £448 - **$865**
- Belaugh on the Bure - Watercolour (33x48cm-13x19in) Aylsham, Norfolk 94 .... FF5 020 - £580 - **$855**

WIGGERS Derk 1866-1933 [15]
- Oriental town, at night - Oil/canvas/board (54x82cm-21x32in) Amsterdam 94 .... FF8 530 - £1 008 - **$1,532**

WIGGERS Karel 1916 [2]
- Ter nagedachtenis - Oil/board (74x100cm-29x39in) Amsterdam 97 .... FF6 241 - £675 - **$1,088**

WIGGINS Guy Carleton 1883-1962 [98]
- The Valley Road in Winter - Oil/canvas (51x61cm-20x24in) New-York 96 .... FF70 800 - £9 180 - **$14,000**
- New York City in Winter - Oil/panel (30x23cm-12x9in) New-York 97 .... FF105 017 - £11 026 - **$18,000**
- 5Th avenue, winter - Oil/canvas (76x101cm-30x40in) New-York 97 .... FF221 833 - £23 335 - **$38,000**

WIGGINS John Carleton 1848-1932 [13]
- Cow in a field - Oil/canvas (58x73cm-23x29in) New-York 94 .... FF6 850 - £799 - **$1,200**
- In the Palisades - Oil/canvas (40x71cm-16x28in) New-York 92 .... FF36 400 - £4 345 - **$7,000**

WIGGLI Oscar 1927 [3]
- Sculpture 27 J - Metal (52cm-20in) Zürich 95 .... FF84 700 - £10 980 - **$17,620**
- Ohne Titel (11D) - Sculpture (50cm-20in) Zürich 94 .... FF121 200 - £14 040 - **$20,900**

WIGHT Frederick S. 1902-1986 [3]
- Quiet sea - Oil/canvas (122x137cm-48x54in) San Francisco-Los Angeles 96 .... FF8 310 - £1 058 - **$1,600**

WIGLEY William Edward 1880-? [1]
- Evening at Polperro - Watercolour (28x36cm-11x14in) Penzance, Cornwall 92 .... FF1 660 - £170 - **$326**

WIGMANA Gérard 1637-1741 [2]
- Female nude asleep on a bed - Oil/canvas (54x41cm-21x16in) New-York 93 .... FF50 900 - £6 010 - **$9,250**

WIGNOLLE Marcel 1890-1972 [1]
- Le Sacré Coeur - Huile/panneau (36x44cm-14x17in) Paris 90 .... FF3 800 - £387 - **$760**

WIGSTEAD Henry c.1745-1800 [2]
- Cart and horse outside a cottage - Watercolour (28x44cm-11x17in) London 95 .... FF8 510 - £1 100 - **$1,755**

WIHLBORG Gerhard 1897-1982 [22]
- Coastal landscape - Oil/canvas (50x70cm-20x28in) Malmö 96 .... FF2 660 - £345 - **$522**
- Utsikt över Ystad - Oil/canvas (40x54cm-16x15in) Malmö 94 .... FF14 720 - £1 707 - **$2,535**

WIIG HANSEN Svend 1922 [32]
- Vinduet - Oil/canvas (95x100cm-37x39in) Köbenhavn 95 .... FF22 200 - £2 873 - **$4,510**
- To figurer - Bronze (25x35cm-10x14in) Köbenhavn 90 .... FF9 700 - £1 005 - **$1,705**
- Figur i landskab - Pastel (51x65cm-20x26in) Köbenhavn 96 .... FF2 640 - £328 - **$513**

WIIK Maria 1853-1928 [14]
- Tulpaner i vas - Oil/canvas (26x35cm-10x14in) Stockholm 95 .... FF18 730 - £2 333 - **$3,650**
- Stilleben - Oil/canvas (38x56cm-15x22in) Helsinki 93 .... FF125 100 - £15 040 - **$22,770**
- Barn - Pastel (42x33cm-17x13in) Helsinki 93 .... FF33 040 - £3 970 - **$6,010**

WIIK Wilhelm 1897-1987 [1]
- Jazzorkestern - Oil/board (21x26cm-8x10in) Stockholm 90 .... FF4 200 - £447 - **$751**

WIINBLAD Bjørn 1918 [2]
- En kvinde på en heste - Oil/paper Viby J, Århus 96 .... FF2 465 - £309 - **$476**
- Maskaradefigur - Bronze (30cm-12in) Köbenhavn 96 .... FF2 210 - £288 - **$438**

WIIRALT Eduard 1898-1954 [2]
- Kamelen, 1950 - Aquatint (39x30cm-15x12in) Stockholm 89 .... FF1 800 - £174 - **$273**

WIJDEVELD Hendrikus T. 1885-1987 [2]
- Architectuur, Frank Lloyd Wright - Poster (77x49cm-30x19in) New-York 95 .... FF34 100 - £4 445 - **$7,000**

WIJDOOGEN N.M. 1814-1888 [8]
- Winterlandscape with skaters - Oil/canvas (61x86cm-24x34in) Amsterdam 94 .... FF18 170 - £2 090 - **$3,110**

WIJK van Charles 1875-1917 [5]
- Krijntje - Plaster (23cm-9in) Amsterdam 95 .... FF2 195 - £280 - **$450**

WIJNANTS Ernest 1878-1964 [14]
- Jetteke in interieur - Huile/toile (58x45cm-23x18in) Lokeren 94 .... FF7 260 - £846 - **$1,271**
- Fille - Bois (90cm-35in) Antwerpen 92 .... FF18 120 - £2 164 - **$3,486**
- La baigneuse - Bronze (165cm-65in) Antwerpen 96 .... FF85 400 - £11 020 - **$16,500**

WIJNANTS Sander 1903-1953 [2]
- Landschap te weert - Huile/toile (70x94cm-28x37in) Lokeren 93 .... FF8 900 - £1 018 - **$1,514**

WIJNBERG Nicolaas 1918 [4]
- Duinen - Oil/cardboard (30x25cm-12x10in) Amsterdam 95 .... FF5 040 - £644 - **$1,030**

WIJNEN van Dominicus Ascanius 1661-c.1690 [3]
- View in the underwood - Oil/canvas (50x46cm-20x18in) Amsterdam 92 .... FF28 630 - £3 420 - **$5,510**
- Scene of sorcery - Oil/canvas (73x57cm-29x22in) New-York 92 .... FF242 200 - £24 400 - **$42,500**

WIJNGAERDT Petrus Theodorus 1816-1893 [2]
- The suitor - Oil/panel (18x24cm-7x9in) Amsterdam 93 .... FF18 700 - £2 142 - **$3,186**

WIJNGAERDT van Anthonie Jacobus 1808-1887 [23]
- Peasants resting on a country road - Oil/panel (27x43cm-11x17in) Amsterdam 92 .... FF18 700 - £2 230 - **$3,595**
- Cattle in a Summer landscape - Oil/panel (24x34cm-9x13in) Amsterdam 95 .... FF52 800 - £6 850 - **$11,000**

WIJNGAERDT van Piet 1873-1964 [128]
- Red tulips in a vase - Oil/canvas/board (80x60cm-31x24in) Amsterdam 97 .... FF7 630 - £825 - **$1,331**
- Boerderij bij Amsterdam - Oil/canvas (120x102cm-47x40in) Amsterdam 97 .... FF24 277 - £2 626 - **$4,236**
- A farmer - Pastel/paper (63x52cm-25x20in) Amsterdam 97 .... FF1 907 - £206 - **$332**

WIJSMULLER Jan Hillebrand 1855-1925 [39]
- Cows in a wooded meadow - Oil/canvas (38x60cm-15x24in) Amsterdam 97 .... FF5 200 - £562 - **$907**
- Village with a drawbridge over a canal - Oil/canvas (40x61cm-16x24in) Amsterdam 97 .... FF8 322 - £900 - **$1,452**
- A River scene in Winter - Oil/board (43x66cm-17x26in) Amsterdam 97 .... FF24 610 - £2 618 - **$4,282**
- Landschap te Kortenhoef - Oil/canvas (77x112cm-30x44in) Amsterdam 94 .... FF33 500 - £3 960 - **$6,020**

WIJTKAMP Johan Hendrik 1834-1915 [1]
- Winterlandscape & children on ice - Oil/canvas (58x95cm-23x37in) Amsterdam 90 .... FF18 100 - £1 823 - **$3,546**

WIK van Henri 1833-? [1]
- Chasseurs en Afrique du Nord - Huile/toile (35x95cm-14x37in) Paris 95 .... FF16 000 - £2 070 - **$3,270**

WIK Wilhelm 1897-1987 [5]
- Stilleben med kanna och krukväxt - Oil/panel (49x58cm-19x23in) Stockholm 91 .... FF3 770 - £386 - **$664**

WIKBERG Nils 1907-1971 [4]
- Sista snön - Gouache (50x60cm-20x24in) Helsinki 94 .... FF2 220 - £258 - **$383**

WIKLAND Ilon 1930 [8]
- Lustiggök - Ink (25x20cm-10x8in) Stockholm 90 .... FF1 500 - £161 - **$261**

WIKSTROM Bror Anders 1839-1909 [6]
- Palm Forest, Louisiana - (18x25cm-7x10in) New Orleans, Louisiana 94 .... FF6 330 - £761 - **$1,200**
- Palmettos in City Park, New Orleans
  Oil/canvas (41x51cm-16x20in) New Orleans, Louisiana 94 .... FF19 000 - £2 280 - **$3,600**
- Farm scene in Louisiana - Graphite (15cm-6in) New Orleans, Louisiana 94 .... FF10 030 - £1 204 - **$1,900**

WIKSTRÖM Titus 1887 [2]
- Fullriggare, 1945 - Oil/canvas (73x65cm-29x26in) Malmö 90 .... FF9 100 - £974 - **$1,583**

WILBAUT Jacques 1729-1816 [1]
- Femme assise, An IX - Huile/toile (80x64cm-31x25in) Paris 90 .... FF40 000 - £4 310 - **$7,055**

WILBER Allan Rutherford 1869-1949 [2]
- Haying - Oil/board (15x31cm-6x12in) Québec 90 .... FF2 000 - £207 - **$353**

WILBERT Robert 1929 [2]
- Window still life - Oil/canvas (61x112cm-24x44in) Bloomfield Hills, Michigan 94 .... FF19 160 - £2 222 - **$3,300**
- Sun Glow - Watercolour (30x41cm-12x16in) Bloomfield Hills, Michigan 94 .... FF4 940 - £573 - **$850**

WILBUR Arthur Rutherford 1869-1949 [2]
- St. John Harbour - Oil/canvas (61x99cm-24x39in) Toronto 94 .... FF14 330 - £1 674 - **$2,526**

WILBUR Lawrence N. 1897-? [5]
- The artist setting up her subject - Oil/canvas (91x71cm-36x28in) New-York 95 .... FF8 720 - £1 122 - **$1,800**

WILCKENS August 1870-1939 [2]
- Kjøkkeinteriør - Oil/canvas (76x60cm-30x24in) Oslo 92 .... FF15 630 - £1 600 - **$2,750**

WILCKINGSHOFF Ernst 1885-? [1]
- Frühlingstag am Bodensee - Öl/Leinwand (70x80cm-28x31in) Lindau 97 .... FF6 077 - £638 - **$1,045**

WILCOCK George Barrel 1811-1852 [1]
- Figures in a river landscape - Oil/canvas (46x61cm-18x24in) London 92 .... FF15 630 - £1 600 - **$3,064**

WILCOX Frank 1887-1964 [4]
- Shoreline - Watercolour/paper (48x74cm-19x29in) Cleveland, Ohio 92 .... FF5 550 - £581 - **$1,000**

W

WILCOX Leslie Arthur 1904 [5]
- Menai Bridge - Oil/canvas (70x91cm-28x36in) London 89 .... FF8 200 - £816 - $1,295

WILCOX Urquhart 1876-1941 [1]
- Roping at Pascos - Watercolour, gouache (61x42cm-24x17in) New-York 96 .... FF12 150 - £1 570 - $2,400

WILD Charles 1781-1835 [5]
- The Choir, York Minster - Wash (59x43cm-23x17in) London 91 .... FF4 440 - £448 - $865

WILD Ernst 1924-1985 [20]
- Oliv, 1964 - Oil/canvas (115x89cm-45x35in) München 89 .... FF8 800 - £927 - $1,481
- Komposition, 1965 - Aquarell (100x65cm-39x26in) München 89 .... FF3 000 - £316 - $505

WILD Frank Percy 1861-1950 [4]
- The Boathouse - Oil/canvas (38x51cm-15x20in) London 94 .... FF10 530 - £1 200 - $1,790

WILD Johann Salomon 1819-1896 [1]
- Partie beim Flims - Öl/Leinwand (38x49cm-15x19in) Zofingen 95 .... FF20 400 - £2 583 - $4,100

WILD Otto 1898-? [5]
- Kieler Hafen - Huile/panneau (50x70cm-20x28in) Zofingen 93 .... FF2 250 - £271 - $412

WILD William 1806-1889 [5]
- Le grand canal - Huile/toile (70x100cm-28x39in) Paris 89 .... FF140 000 - £14 315 - $22,508
- Vue de Nice - Aquarelle, gouache (15x25cm-6x10in) Paris 94 .... FF3 600 - £422 - $635

WILDA Charles 1854-1907 [10]
- Vor dem Kaffeehaus - Oil/canvas (95x68cm-37x27in) Wien 92 .... FF134 700 - £16 100 - $25,900
- The fortune teller - Oil/canvas (58x81cm-23x32in) London 92 .... FF312 600 - £32 000 - $55,200

WILDA Hans Gottfried 1862-1911 [8]
- Ausritt bei der Rotunde - Aquarell/Papier (24x45cm-9x18in) Wien 97 .... FF16 723 - £1 778 - $2,884

WILDA Karl August Heinrich 1854-1907 [2]
- The street musician, 1890 - Oil/panel (43x58cm-17x23in) London 89 .... FF280 900 - £28 722 - $45,161
- Portrait of an arab woman - Watercolour, gouache (37x23cm-15x9in) London 90 .... FF17 400 - £1 863 - $3,026

WILDE Alexander 1855-1929 [3]
- On Hellebaek Beach - Oil/canvas (44x30cm-17x12in) London 90 .... FF38 700 - £4 143 - $6,730

WILDE de Frans 1840-1918 [3]
- Admiring the new born - Oil/panel (53x80cm-21x31in) New-York 94 .... FF43 900 - £5 070 - $7,500
- Winterpret - Oil/canvas (101x71cm-40x28in) New-York 91 .... FF77 000 - £7 759 - $13,361

WILDE Gerald 1905-1986 [2]
- Bird in a landscape - Oil/canvas/board (6x56cm-2x22in) London 95 .... FF7 840 - £1 000 - $1,580

WILDE John 1919 [2]
- Myself as anatomist - Oil/masonite (24x30cm-9x12in) New-York 92 .... FF17 150 - £1 992 - $3,500
- With friends, 1987 - Oil/canvas/panel (106x213cm-42x84in) New-York 90 .... FF68 600 - £7 298 - $12,272

WILDE Paul 1893-1936 [1]
- Bajazzo Ex Ruhe sanft - Watercolour (17x22cm-7x9in) Zofingen 96 .... FF4 135 - £515 - $798

WILDE William 1826-1901 [7]
- The Old Trent Bridge, Nottingham
  Watercolour (29x76cm-11x30in) Marlborough Crescent, Newcastle upon Tyne 93 .... FF5 340 - £600 - $894

WILDEMANN Heinrich 1904-1964 [2]
- Komposition - Mixed media (25x33cm-10x13in) Pforzheim 93 .... FF11 200 - £1 337 - $2,153
- Ohne Titel - Aquarell (39x47cm-15x19in) Frankfurt 94 .... FF6 870 - £818 - $1,294

WILDENRADT von Johan Peter 1861-1904 [13]
- Kystparti fra Hellebaek - Oil/canvas (63x47cm-25x19in) Köbenhavn 90 .... FF3 500 - £368 - $609

WILDER André 1871-1965 [44]
- Bateau de pêche en Bretagne - Huile/toile (54x65cm-21x26in) Paris 96 .... FF14 500 - £1 703 - $2,850
- Vue de Bruges - Huile/toile (60x73cm-24x29in) Versailles 91 .... FF66 000 - £6 667 - $13,102
- Vue à Luzech - Aquarelle (35x41cm-14x16in) La Varenne Saint-Hilaire 95 .... FF3 000 - £386 - $620

WILDER Georg Christian 1797-1855 [1]
- Zentrale Ansicht von Fürth - Print München 92 .... FF2 713 - £324 - $522

WILDER Louise Hibbard 1898-? [1]
- A Toddler - Bronze (9cm-4in) New-York 93 .... FF10 620 - £1 208 - $1,800

WILDHACK Andreas 1842-1924 [2]
- Schlacht bei Custozza, Montegodio - Öl/Leinwand (79x100cm-31x39in) Wien 95 .... FF10 760 - £1 362 - $2,103
- Portrait einer Dame, 1862 - Aquarell/Papier (36x25cm-14x10in) Wien 90 .... FF2 900 - £309 - $519

WILDHACK Josef 1821-1877 [3]
- Erzerzoging Beatrice - Aquarell/Papier (47x34cm-19x13in) Wien 95 .... FF12 650 - £1 582 - $2,554

WILDHACK Paula 1872-1955 [1]
- Alpenblumen auf einem Felsen - Aquarell/Papier (28x21cm-11x8in) Wien 90 .... FF7 700 - £819 - $1,377

WILDHACK Robert J. 1881-? [1]
- Scribner's for March - Poster (59x39cm-23x15in) New-York 94 .... FF17 870 - £2 180 - $3,400

WILDHAGEN Fritz 1878-1956 [5]
- Alter Torfgraben - Öl/Leinwand (71x80cm-28x31in) Bremen 93 .... FF6 060 - £730 - $1,185

WILDING Alison 1948 [2]
- Delta - Wood (28x14x56cm-11x6x22in) Stockholm 96 .... FF8 070 - £1 007 - $1,560

WILDING Dorothy 1893-1976 [7]
- Yul Brynner - Gelatin silver print (23x23cm-9x9in) London 96 .... FF4 260 - £500 - $838

WILDING Ludwig 1927 [6]
- Multiple 60/44 - Serigraph (50x65x50cm-20x2x20in) Köln 91 .... FF2 366 - £237 - $391

WILDING R.T. XIX-XX [5]
- Fishing vessels near the coast - Watercolour/paper (20x29cm-8x11in) London 96 .... FF2 100 - £240 - $400

WILDRIK Rudolphine Swanida 1807-1883 [1]
🌾 Früchten und Blumen - Oil/Leinwand (45x36cm-18x14in) Wien 93 .... FF**14 380** - £1 724 - **$2,475**

WILDSCHUT George 1883-1966 [1]
🌾 Flowers for the lady, Amsterdam - Oil/board (43x32cm-17x13in) Amsterdam 90 .... FF**4 800** - £517 - **$847**

WILDSTOSSER Alfred XIX-XX [2]
🌾 Junge Frau am Schreibtisch - Oil/panel (21x16cm-8x6in) Bremen 93 .... FF**9 500** - £1 134 - **$1,827**

WILDT Adolfo 1868-1931 [2]
🌾 Ogni pensiero au'azione... - Olio/tela/cartone (22x24cm-9x9in) Roma 94 .... FF**25 060** - £2 940 - **$4,340**
🗿 Volto di donna - Marbre (24x11x14cm-9x4x6in) Milano 94 .... FF**73 500** - £8 800 - **$13,640**

WILES Irving Ramsay 1861-1948 [27]
🌾 Camellia Blossoms - Oil/panel (18x13cm-7x5in) New-York 97 .... FF**99 183** - £10 414 - **$17,000**
🌾 The little green hat - Oil/canvas (97x69cm-38x27in) New-York 94 .... FF**365 000** - £43 100 - **$65,000**
📄 Miss Julia Marlowe - Watercolour/paper (17x13cm-7x5in) New-York 95 .... FF**4 100** - £511 - **$800**

WILES Lemuel Maynard 1826-1905 [9]
🌾 Melrose abbey - Oil/canvas (44x29cm-17x11in) New-York 92 .... FF**5 550** - £581 - **$1,000**
🌾 Cove near West Point - Oil/canvas (55x91cm-22x36in) New-York 96 .... FF**67 000** - £8 310 - **$13,000**

WILEY William T. 1937 [22]
🌾 Nothing Plays a Larger Part Than Itself - Acrylic (48x44cm-19x17in) New-York 95 ...... FF**63 000** - £8 340 - **$13,000**
🌾 Studio Space - Oil/canvas (211x205cm-83x81in) New-York 96 .... FF**138 400** - £16 400 - **$27,000**
🗿 Le Grand Fromage - Sculpture (25x56x76cm-10x22x30in) New-York 97 .... FF**11 696** - £1 235 - **$2,000**
📄 Adore Well Open
   Watercolour/paper (35x27cm-14x11in) San Francisco-Los Angeles 92 .... FF**11 400** - £1 350 - **$2,193**

WILFING Joseph 1818-1879 [1]
🌾 Deák Frernc portréja - Oil/canvas (61x51cm-24x20in) Budapest 89 .... FF**2 800** - £295 - **$471**

WILFORD Loran 1892-1922 [2]
🌾 Seated Indian girls - Oil/board (61x51cm-24x20in) Mystic, Connecticut 92 .... FF**5 110** - £523 - **$900**
📄 Tropical Squall - Watercolour/paper (51x66cm-20x26in) Mystic, Connecticut 96 .... FF**1 515** - £197 - **$300**

WILHARD Peter Hans 1866-1929 [1]
🌾 Østerbro, kopi efter C. Købke - Oil/canvas (105x160cm-41x63in) København 93 .... FF**5 810** - £697 - **$1,116**

WILHARDT Carl 1875-1930 [1]
🌾 Vinter Sal... - Oil/canvas (25x32cm-10x13in) Bremen 91 .... FF**2 554** - £254 - **$443**

WILHELM A. Wayne 1901-? [1]
🌾 Round House, Kingston, New York - Oil/canvas (46x66cm-18x26in) New-York 94 .... FF**7 880** - £947 - **$1,500**

WILHELM Paul 1886-1965 [4]
🌾 Narzissen in einer vase - Öl/Karton (50x35cm-20x14in) München 95 .... FF**52 900** - £6 750 - **$10,840**
📄 Mohnblumen vor Ziegelwand - Watercolour (37x27cm-15x11in) Bielefeld 92 .... FF**1 608** - £165 - **$309**

WILHELMI Heinrich 1816-1902 [1]
🌾 Das Vogelnest - Oil/panel (36x28cm-14x11in) Köln 90 .... FF**50 700** - £5 428 - **$8,817**

WILHELMS Carl 1889-1953 [2]
🗿 Liggande kvinna - Bronze (19cm-7in) Helsinki 90 .... FF**7 900** - £851 - **$1,393**

WILHELMSON Carl 1866-1928 [79]
🌾 Kapellet - Oil/canvas (59x77cm-23x30in) Söderköping 91 .... FF**12 250** - £1 243 - **$2,212**
🌾 På inseglig till Vadstena - Oil/panel (25x35cm-10x14in) Stockholm 96 .... FF**50 000** - £6 230 - **$9,650**
🌾 Männen vid kyrkan - Oil/canvas (111x136cm-44x54in) Stockholm 95 ...... FF**301 400** - £39 440 - **$61,200**
📄 I skogsbrynet - Akvarell (36x28cm-14x11in) Stockholm 93 .... FF**11 980** - £1 360 - **$2,026**

WILHJELM Johannes M. Fasting 1868-1938 [29]
🌾 Fiskere i klitterne - Oil/canvas (62x82cm-24x32in) København 89 .... FF**3 100** - £317 - **$498**
🌾 In the orange grove - Oil/canvas (65x82cm-26x32in) London 94 .... FF**17 300** - £2 000 - **$2,956**
🌾 Rhododendron - Oil/canvas (74x91cm-29x36in) New-York 95 .... FF**93 500** - £10 820 - **$16,000**

WILKE Heinrich 1869-? [1]
🌾 Die Sturmfluth - Oil/board (39x90cm-26x37in) Bremen 91 .... FF**25 540** - £2 536 - **$4,434**

WILKE Karl Alexander 1879-1954 [1]
🌾 Der Wagramer Grenadiermarsch - Öl/Leinwand (72x56cm-28x22in) Wien 95 .... FF**5 970** - £758 - **$1,203**

WILKE Paul Ernest 1894-1972 [30]
🌾 Morgen an einem Kanal - Oil/canvas (90x125cm-35x49in) Köln 90 .... FF**6 800** - £728 - **$1,183**
🌾 Sommertag an der hamme - Öl/Leinwand (81x121cm-32x48in) Bremen 94 .... FF**22 350** - £2 660 - **$4,250**

WILKIE David 1785-1841 [28]
🌾 The Errand Boy - Oil/panel (38x51cm-15x20in) London 95 .... FF**1** - £215 000 - **$339,500**
🌾 Wayside shrine - Oil/canvas (20x15cm-8x6in) London 95 .... FF**63 800** - £8 000 - **$12,320**
📄 Lybian Sybil from the Sistine Chapel - Watercolour (58x44cm-23x17in) London 96 .... FF**11 570** - £1 450 - **$2,250**
📄 Disabled Commodore - Watercolour (42x53cm-17x21in) London 93 .... FF**116 200** - £14 000 - **$20,300**

WILKIE Robert D. 1828-1903 [1]
🌾 Lake Elsworth, Welsh Range, NH - Oil/panel (38x76cm-15x30in) Cambridge, Mass. 91 ...... FF**7 970** - £791 - **$1,384**

WILKIN Anthony ?-1901 [1]
📷 The Torres Straits - 250 lantern slides in 5 wooden boxes London 93 .... FF**7 460** - £850 - **$1,267**

WILKINSON Charles 1830-? [1]
🗿 Two whippets - Bronze Billinghurst, West Sussex 91 .... FF**2 540** - £263 - **$505**

WILKINSON George 1863-1938 [1]
🌾 Broad river valley with sheep
   Oil/canvas (71x91cm-28x36in) Marlborough Crescent, Newcastle upon Tyne 92 .... FF**2 850** - £340 - **$548**

WILKINSON Henry R. XIX-XX [5]
🌾 Spaniel putting up a woodcock

W

Oil/canvas (49x74cm-19x29in) Retford, Nottinghamshire 93 .... FF**6 080** - £760 - **$1,102**
🖼 *Cambrian coast, Great Western Railway* - Poster (102x64cm-40x25in) London 94 .... FF**6 360** - £750 - **$1,132**
WILKINSON Norman 1878-1971 [87]
🖼 *Deer grazing in a Highland Valley* - Oil/canvas (76x115cm-30x45in) London 93 .... FF2 **985** - £340 - **$507**
The River Pilot - Oil/canvas (46x61cm-18x24in) London 97 .... FF**8 908** - £949 - **$1,555**
Quebec - Oil/canvas (77x101cm-30x40in) London 96 .... FF**25 900** - £3 200 - **$5,000**
🖼 *Cunard Line* - Poster (66x92cm-26x36in) Trieste 96 .... FF4 **680** - £588 - **$896**
⟋ *H.M.S. Rodney at Cowes* - Watercolour, gouache (35x52cm-14x20in) London 96 .... FF9 **920** - £1 300 - **$2,010**
WILKINSON Reginald Charles 1881-? [1]
🖼 *The Washing Party* - Oil/canvas (41x51cm-16x20in) London 94 .... FF2 **796** - £320 - **$478**
WILKINSON Thomas Harrison 1847-1929 [7]
⟋ *By the sea shore* - Watercolour (31x48cm-12x19in) Toronto 95 .... FF1 **532** - £194 - **$308**
WILKINSON Winifred H. XIX-XX [2]
🖼 *View of the Tower of London*
Oil/canvas (75x100cm-30x39in) Billinghurst, West Sussex 96 .... FF**40 040** - £5 200 - **$7,840**
⟋ *Shepherd and flock by a river* - Wash London 91 .... FF3 **370** - £338 - **$583**
WILKS Maurice Canning 1911-1983 [108]
🖼 *Above Cushendum* - Oil/canvas (51x76cm-20x30in) Belfast 92 .... FF**8 600** - £1 000 - **$1,755**
Culdaff Strand - Oil/canvas (50x68cm-20x27in) Billinghurst, West Sussex 94 .... FF22 **650** - £2 600 - **$3,874**
Rosses Country - Oil/canvas (64x77cm-25x30in) Dublin 95 .... FF**38 050** - £4 940 - **$7,830**
WILL August 1834-1910 [2]
⟋ *Trees/Leaves in autumn* - Wash New-York 90 .... FF5 **980** - £617 - **$1,056**
WILLAERT Ferdinand 1861-1938 [137]
🖼 *Dans les dunes, La Panne* - Huile/toile (120x81cm-47x32in) Bruxelles 95 .... FF5 **380** - £651 - **$1,013**
Lavoir à Chartres - Huile/toile (75x100cm-30x39in) Bruxelles 94 .... FF23 **100** - £2 653 - **$3,954**
Escluse sur l'Escaut à Audenarde - Huile/toile (98x130cm-39x51in) Bruxelles 94 .... FF**68 200** - £7 910 - **$11,750**
WILLAERT Joseph 1936 [5]
🖼 *Kompositie* - Oil/panel (80x67cm-31x26in) Lokeren 91 .... FF4 **610** - £465 - **$800**
WILLAERT Raphaël Robert, Raph 1878-1949 [5]
🖼 *Chapelle dans les dunes* - Huile/toile (54x63cm-21x25in) Bruxelles 95 .... FF4 **025** - £485 - **$762**
WILLAERT-FONTAN Valentine 1882-1939 [36]
🖼 *Vase de fleurs* - Huile/toile (38x28cm-15x11in) Bruxelles 97 .... FF3 **599** - £376 - **$616**
Marguerite Willaert - Huile/toile (90x46cm-35x18in) Bruxelles 93 .... FF24 **700** - £2 955 - **$5,050**
WILLAERTS Cornelis c.1600-c.1675 [2]
🖼 *Perseus and Andromeda* - Oil/panel (35x58cm-14x23in) Amsterdam 95 .... FF**34 400** - £4 334 - **$6,810**
WILLAME Fernand 1870-1953 [2]
🖼 *A la plage* - Huile/toile (45x65cm-18x26in) Deauville 94 .... FF**31 000** - £3 790 - **$5,880**
WILLARD Archibald 1836-1918 [1]
🖼 *Pluck I/Pluck II* - Oil/canvas (63x77cm-25x30in) New-York 93 .... FF**44 250** - £5 030 - **$7,500**
WILLAUME Louis 1874-? [2]
🖼 *Clair de lune sur le port de Rouen* - Huile/carton (58x69cm-23x27in) Rennes 94 .... FF**19 500** - £2 330 - **$3,654**
WILLCOCK George Burrell 1811-1852 [11]
🖼 *Cattle in a wooded landscape* - Oil/canvas (64x76cm-25x30in) London 91 .... FF**48 400** - £4 807 - **$8,404**
WILLCOX William John 1839-1928 [2]
⟋ *Landscapes, 1897-1915* - Watercolour/paper London 89 .... FF**10 700** - £1 128 - **$1,801**
WILLE Johan Georg 1715-1808 [24]
⟋ *Paysage* - Sanguine (14x21cm-6x8in) Paris 93 .... FF2 **800** - £338 - **$510**
⟋ *Main et noeud de ruban* - Pierre noire (30x23cm-12x9in) Paris 95 .... FF**17 000** - £2 205 - **$3,510**
WILLE Pierre Alexandre 1748-1821 [17]
🖼 *Clytie changée en héliotrope* - Huile/toile (40x52cm-16x20in) Versailles 91 .... FF**18 000** - £1 818 - **$3,573**
⟋ *Jeune femme* - Sanguine (24x20cm-9x8in) Paris 90 .... FF4 **600** - £463 - **$901**
Commedia dell'Arte character - Red chalk (16x12cm-6x5in) New-York 93 .... FF6 **600** - £780 - **$1,200**
Madame Wille - Dessin (39x31cm-15x12in) Monaco 93 .... FF**130 000** - £15 660 - **$23,640**
Le Cortège nuptial - Lavis (67x99cm-26x39in) Monaco 90 .... FF**250 000** - £25 564 - **$49,346**
WILLE von August 1829-1887 [6]
🖼 *Hl. Hubertus* - Oil/canvas (131x99cm-52x39in) Köln 91 .... FF**37 600** - £3 860 - **$7,000**
WILLE von Clara 1838-1883 [3]
🖼 *Gravhunde der laver gale streger* - Oil/canvas (52x51cm-20x20in) København 91 .... FF**48 400** - £4 850 - **$8,161**
WILLE von Fritz 1860-1941 [62]
🖼 *Cochem-Mosel* - Öl/Leinwand (60x80cm-24x31in) Köln 93 .... FF**22 040** - £2 633 - **$4,240**
Eifellandschaft - Oil/panel (52x67cm-20x26in) Köln 96 .... FF**47 350** - £5 560 - **$9,310**
Der Letzte Schnee - Öl/Leinwand (89x118cm-35x46in) München 94 .... FF**109 500** - £12 970 - **$20,000**
WILLE von Otto 1901-1977 [1]
🖼 *Kiesgruben bei Düsseldorf* - Öl/Karton (60x80cm-24x31in) Köln 93 .... FF2 **240** - £256 - **$381**
WILLEM Bernard 1941 [16]
⟋ *Pour me rappeler de sourire...* - Feutre/papier (16x24cm-6x9in) Paris 96 .... FF1 **500** - £176 - **$295**
Chien de guerre - Encre Chine/papier (42x27cm-17x11in) Paris 96 .... FF1 **800** - £212 - **$354**
WILLEMART Louise 1863-? [1]
🖼 *Elegant lady with a pink rose* - Oil/canvas (45x38cm-18x15in) New-York 93 .... FF**12 100** - £1 518 - **$2,200**
WILLEME François 1830-1905 [1]
🗿 *Inconnu à la Légion d'Honneur* - Photosculpture en biscuit (29cm-11in) Chartres 92 .... FF**11 000** - £1 280 - **$2,245**
WILLEMIN Nicolas Xavier 1763-1839 [1]
🖼 *Monuments français inédits* - Print London 90 .... FF**18 400** - £1 983 - **$3,245**

WILLEMS Adolf 1866-1953 [1]
🦋 La Mer du Nord - Huile/toile (43x78cm-17x31in) Bruxelles 94 .... FF5 310 - £627 - $946

WILLEMS Charles Henri c.1865-? [3]
🏛 Chambre Increvable Larue sans liquide - Affiche (150x110cm-59x43in) Paris 93 .... FF1 800 - £217 - $328

WILLEMS Florent 1823-1905 [26]
🦋 Conversation au salon - Huile/panneau (62x49cm-24x19in) Bruxelles 96 .... FF13 930 - £1 680 - $2,674
Les joueurs de cartes - Huile/panneau (99x80cm-39x31in) Bruxelles 97 .... FF65 360 - £7 080 - $11,560
La Visite à la mariée - Oil/panel (92x72cm-36x28in) New-York 96 .... FF103 800 - £13 230 - $20,000

WILLEMS Jozef 1845-1910 [1]
🗿 Arend met Prooi - Bronze (62cm-24in) Lokeren 93 .... FF14 000 - £1 675 - $2,860

WILLERDING Karl Joseph 1886-? [1]
🦋 Stilleben mit Petunien - Oil/canvas (36x51cm-14x20in) Ahlden 92............................... FF3 385 - £394 - $691

WILLERS Ernst 1803-1880 [2]
🦋 In der römischen Campagna - Öl/Papier (45x74cm-18x29in) Köln 94 .... FF15 080 - £1 810 - $2,930

WILLETT Arthur 1868-c.1940 [20]
🖌 On the river - Watercolour (51x71cm-20x28in) London 94 .... FF8 460 - £1 000 - $1,520

WILLETTE Adolphe 1857-1926 [48]
🦋 Autoportrait en travesti - Huile/toile (56x46cm-22x18in) Paris 92 .... FF3 500 - £418 - $673
Automne: mère et enfant - Huile/toile (80x42cm-31x17in) Cannes 94 .... FF23 000 - £2 610 - $3,900
La muse verte - Huile/carton (220x80cm-87x31in) Paris 96 .... FF61 000 - £7 640 - $11,770
🏛 Élections Législatives 1889 - Affiche (155x116cm-61x46in) Boulogne 96 .... FF2 000 - £251 - $387
🖌 Femme pensive - Crayons couleurs (38x32cm-15x13in) Paris 94 .... FF12 000 - £1 422 - $2,220

WILLETTE Charles E. 1899-1979 [2]
🦋 Nudes in bedroom interior - Oil/canvas (76x61cm-30x24in) Cambridge, Mass. 93 .... FF2 200 - £276 - $400

WILLEY Philo Levy "Chief" c.1887-1980 [1]
🦋 One ring circus - Acrylic/board (41x49cm-16x19in) New-York 90 .... FF4 600 - £484 - $800

WILLIAM Herczey Joseph 1958 [7]
🦋 Les petites échoppes - Huile/panneau (40x50cm-16x20in) Armentières 94 .... FF4 000 - £480 - $777

WILLIAM S. XIX-XX [4]
🦋 Forest clearing - Oil/panel (39x59cm-15x23in) London 91 .... FF4 960 - £503 - $896

WILLIAM Walt 1909-1979 [1]
🦋 Abstract composition - Oil/masonite (45x38cm-18x15in) Litchfield, CT 92 .... FF3 780 - £387 - $700

WILLIAMS A. Sheldon XIX [4]
🦋 Through the Wood - Oil/canvas (29x22cm-11x9in) Billinghurst, West Sussex 93 .... FF4 345 - £500 - $750

WILLIAMS Albert 1922 [12]
🦋 Roses in a vase (49x54cm-19x21in) Billinghurst, West Sussex 95.................... FF11 240 - £1 400 - $2,200

WILLIAMS Alexander 1846-1930 [20]
🦋 Saving seaweed, Achill Island, Ireland - Oil/board (20x38cm-8x15in) Amsterdam 97 .... FF6 910 - £730 - $1,185
Croagh Patrick from boat Haven Strand
    Oil/canvas/board (14x24cm-6x9in) London 97 .... FF24 390 - £2 600 - $4,276
🖌 Dun Laoghire Harbour - Watercolour/paper (33x66cm-13x26in) London 97.............. FF20 638 - £2 200 - $3,618

WILLIAMS Alfred Walter 1824-1905 [15]
🦋 Lake of Geneva from Vevey
    Oil/canvas (49x89cm-19x35in) Billinghurst, West Sussex 93 .... FF8 300 - £1 000 - $1,450
Scottish landscape - Oil/canvas (58x88cm-23x35in) New-York 90 .... FF28 600 - £2 880 - $5,200

WILLIAMS Aubrey 1926-1990 [2]
🦋 Roraima - Oil/canvas (57x79cm-22x31in) London 91 .... FF5 980 - £595 - $1,028

WILLIAMS Benjamin ?-1920 [1]
🦋 The outskirts of a farm, evening - Oil/canvas (30x46cm-12x18in) London 97 .... FF38 132 - £4 000 - $6,543

WILLIAMS Caroline Fanny 1836-1921 [2]
🦋 Margate, night - Oil/canvas (27x48cm-11x19in) London 91 .... FF15 870 - £1 611 - $2,866

WILLIAMS Christopher 1873-1935 [2]
🦋 Moderne Leda, 1969 - Oil/canvas (51x76cm-20x30in) Stuttgart 89 .... FF13 500 - £1 423 - $2,273

WILLIAMS Dwight 1856-1932 [1]
🦋 Venice - Oil/canvas (28x40cm-11x16in) New-York 93 .... FF12 980 - £1 477 - $2,200

WILLIAMS Edward 1782-1855 [17]
🦋 Figures returning from Market - Oil/canvas (42x52cm-17x20in) London 97 .... FF35 481 - £3 800 - $6,167
Fishermen unloading their catch - Oil/panel (60x86cm-24x34in) London 91 .... FF139 000 - £14 107 - $25,105

WILLIAMS Edward Charles 1807-1881 [41]
🦋 Peasants by a ford - Oil/canvas (48x61cm-19x24in) London 96 .... FF5 570 - £700 - $1,096
Minehead Quay - Oil/canvas (66x108cm-26x43in) London 97 .... FF25 712 - £2 800 - $4,471
On the banks of the Thames - Oil/canvas (76x127cm-30x50in) New-York 97 .... FF75 144 - £8 011 - $13,000

WILLIAMS Emmet 1925 [2]
🖌 Escape by moonlight - Gouache (56x77cm-22x30in) København 92 .... FF6 160 - £630 - $1,085

WILLIAMS Frederick Ballard 1871-1956 [26]
🦋 Place of Happy Hours - Oil/canvas (71x91cm-28x36in) San Francisco-Los Angeles 95 ...... FF11 210 - £1 474 - $2,250

WILLIAMS Frederick Dickinson 1829-1915 [10]
🦋 Walk along a country path - Oil/canvas (46x77cm-18x30in) New-York 92....................... FF16 640 - £1 986 - $3,200

WILLIAMS Frederick Ronald 1927-1982 [28]
🦋 Forest Pond - Oil/canvas (107x91cm-42x36in) London 94.. FF183 200 - £22 000 - $34,300
🖌 You Yang Landscape - Gouache (65x56cm-26x22in) London 94 .... FF62 500 - £7 500 - $11,700

W

WILLIAMS George 1910 [2]
Adam and Eve
Pair of carved wood and polychromed figures (61cm-24in) Litchfield, CT 92 .... FF7 280 - £870 - **$1,400**

WILLIAMS George Augustus 1814-1901 [32]
Near Swaffham, Norfolk - Oil/canvas (36x53cm-14x21in) London 94 .... FF14 540 - £1 700 - **$2,533**
A break in the clouds - Oil/canvas (60x127cm-24x50in) London 97 .... FF71 497 - £7 500 - **$12,269**

WILLIAMS Gertrude Alice ?-1934 [2]
Pan - Bronze (107cm-42in) London 92 .... FF35 060 - £3 600 - **$6,730**

WILLIAMS Gluyas 1888-1982 [1]
Drawing for McLure Syndicate - Ink (20x20cm-8x8in) New-York 93 .... FF2 340 - £293 - **$425**

WILLIAMS Henry 1798-1885 [2]
Romerinde med sin lille pige i bøn ved - Oil/canvas (50x41cm-20x16in) København 91 ..... FF14 080 - £1 413 - **$2,436**

WILLIAMS Hugh William Grecian 1773-1829 [20]
Inverary Castle - Watercolour (33x48cm-13x19in) Aylsham, Norfolk 94 .... FF7 500 - £900 - **$1,426**
Edinburgh from Arthur's Seat - Watercolour (43x61cm-17x24in) London 95 .... FF38 400 - £4 800 - **$7,750**

WILLIAMS James Francis c.1785-1846 [2]
Dalhousie Castle from the River Esk
Oil/canvas (52x72cm-20x28in) Colstown Haddington 90 .... FF50 400 - £5 362 - **$9,016**

WILLIAMS John Haynes 1836-1908 [15]
The tambourine girl - Oil/canvas (59x44cm-23x17in) Toronto 92 .... FF4 224 - £504 - **$812**
A Spanish Beauty - Oil/canvas (61x46cm-24x18in) London 97 .... FF13 774 - £1 500 - **$2,395**
Las Cautivus Y Las Infantas, Granada
Watercolour (46x30cm-18x12in) Aylsham, Norfolk 92 .... FF3 510 - £360 - **$674**

WILLIAMS John Kyffin 1918 [1]
Sea Mist of Anglesey - Oil/canvas (61x76cm-24x30in) London 95 .... FF8 330 - £1 100 - **$1,688**

WILLIAMS John L. Scott 1877-1975 [2]
Vase and Tole Box - Watercolour (51x66cm-20x26in) North Berwick, Maine 94 .... FF2 494 - £289 - **$425**

WILLIAMS Kyffin 1918 [20]
Cornish Seascape - Oil/canvas (51x68cm-20x27in) London 97 .... FF12 138 - £1 300 - **$2,097**
Galt Yr Ogof - Watercolour (36x49cm-14x19in) London 94 .... FF4 570 - £520 - **$775**

WILLIAMS Lily 1874-1940 [1]
Willow trees - Oil/panel (26x35cm-10x14in) Glasgow 92 .... FF3 180 - £380 - **$613**

WILLIAMS Lucy Gwendolen XIX-XX [1]
A young woman - Bronze (45cm-18in) London 90 .... FF10 700 - £1 146 - **$1,861**

WILLIAMS Mary Belle 1873-1943 [1]
Still life with persimmons - Oil/canvas (51x61cm-20x24in) San Francisco-Los Angeles 92 .... FF5 940 - £608 - **$1,100**

WILLIAMS Micah 1782/83-1837 [1]
Lady in black dress & frilled bonnet - Pastel/paper (62x51cm-24x20in) New-York 90 .... FF9 200 - £967 - **$1,600**

WILLIAMS Morris Meredith 1881-1973 [2]
The Steps at Versailles - Watercolour (64x91cm-25x36in) London 93 .... FF10 800 - £1 300 - **$1,885**

WILLIAMS OF PLYMOUTH William 1808-1895 [16]
The lime kilns on the River Exe - Oil/canvas (38x64cm-15x25in) Exeter, Devon 94 .... FF12 820 - £1 500 - **$2,250**
Quiet stream - Watercolour (24x33cm-9x13in) London 92 .... FF1 760 - £180 - **$345**

WILLIAMS Owen XX [2]
Woodcock in flight/Grouse watering - Watercolour/paper (25x36cm-10x14in) New-York 96 ..... FF7 090 - £916 - **$1,400**

WILLIAMS Paul A. 1934 [11]
Good Morn - Oil/canvas (36x46cm-14x18in) Bloomfield Hills, Michigan 94 .... FF8 930 - £1 063 - **$1,700**

WILLIAMS Pauline Bliss [2]
Swimming Hole - Oil/board (30x41cm-12x16in) North Berwick, Maine 94 .... FF3 204 - £385 - **$600**

WILLIAMS Penry 1798-1885 [17]
Italian countryfolk with Castel Gandolfo - Oil/canvas (39x61cm-15x24in) London 95 .... FF8 680 - £1 100 - **$1,747**
Contadini by Tomb of C. Metella - Oil/canvas (30x45cm-12x18in) London 89 .... FF43 600 - £4 458 - **$7,010**
Girl holding a bamboo cane - Watercolour (18x13cm-7x5in) London 93 .... FF3 154 - £380 - **$551**

WILLIAMS Piotr Vladimirovich 1902-1947 [1]
Self portrait - Oil/cardboard (32x26cm-13x10in) London 89 .... FF23 200 - £2 372 - **$3,730**

WILLIAMS Sheldon XIX [3]
Pluto with his mistress - Wash (21x16cm-8x6in) London 91 .... FF8 470 - £847 - **$1,395**

WILLIAMS Sophia W. Talcott 1850-1928 [1]
W. Whitman in his Camden, New Jersey - Platinum print (18x23cm-7x9in) New-York 94 .... FF13 070 - £1 516 - **$2,250**

WILLIAMS Sue 1954 [6]
After the revolution - Oil/canvas (137x163cm-54x64in) New-York 97 .... FF52 326 - £5 495 - **$9,000**

WILLIAMS Tennessee 1911-1983 [1]
Le Beau Mec - Acrylic/canvas (48x58cm-19x23in) New Orleans, Louisiana 92 .... FF26 950 - £3 130 - **$5,500**

WILLIAMS Terrick John 1860-1937 [53]
Gathering seaweed - Oil/canvas (30x46cm-12x18in) London 94 .... FF26 846 - £2 800 - **$4,590**
Grey Weather, Brittany - Oil/canvas (51x76cm-20x30in) London 97 .... FF49 808 - £5 200 - **$8,522**
Entrance to the Kasbah - Watercolour/paper (41x27cm-16x11in) New-York 93 .... FF12 980 - £1 477 - **$2,200**

WILLIAMS Thomas R. 1825-1871 [5]
Memento Mori - Daguerreotype London 96 .... FF14 720 - £1 900 - **$2,843**

WILLIAMS Virgil 1830-1886 [4]
Landscape with indians
Oil/canvas (45x76cm-18x30in) San Francisco-Los Angeles 92 .... FF44 400 - £4 650 - **$8,000**

WILLIAMS Walter 1835-1906 [40]

🖾 On the Exminster Marshes - Oil/canvas/board (21x32cm-8x13in) London 92 .... FF5 840 - £600 - $1,122
Evening calm on the River - Oil/canvas (20x36cm-8x14in) London 97 .... FF31 221 - £3 400 - $5,429
The Harvesters - Oil/canvas (60x105cm-24x41in) Billinghurst, West Sussex 94 .... FF87 500 - £10 500 - $17,000

WILLIAMS Walter Heath c.1830-c.1890 [21]

🖾 The cornfield - Oil/canvas (45x66cm-18x26in) London 97 .... FF8 580 - £900 - $1,472
Nr Hambelden, Surrey - Oil/canvas (46x66cm-18x26in) London 91 .... FF28 200 - £2 801 - $4,896

WILLIAMS Warren 1863-1918 [40]

✎ Figures in a punt, Derwentwater
        Watercolour (37x63cm-15x25in) Billinghurst, West Sussex 94 .... FF6 780 - £800 - $1,207
Landing the catch, Cemaes Bay - Watercolour (44x75cm-17x30in) London 93 .... FF26 070 - £3 000 - $4,500

WILLIAMS Wheeler 1897-1972 [3]

▨ Maya - Sculpture (195cm-77in) New-York 95 .... FF341 000 - £43 600 - $70,000

WILLIAMS William 1808-1895 [5]

🖾 In the meadows - Oil/canvas (48x65cm-19x26in) London 97 .... FF28 599 - £3 000 - $4,907
✎ Keswick Lake, Cumberland - Watercolour (13x17cm-5x7in) London 93 .... FF5 210 - £600 - $900

WILLIAMS William 1727-1791 [5]

🖾 The cottager's return - Oil/canvas (92x75cm-36x30in) London 91 .... FF39 700 - £4 029 - $7,170

WILLIAMS-LYOUNS Herbert Francis 1863-? [1]

🖾 The Casbah, tangiers, Morocco - Oil/canvas (72x90cm-28x35in) London 97 .... FF4 690 - £500 - $822

WILLIAMSON Daniel Alexander 1823-1903 [3]

🖾 The Tyne at Hexham
        Oil/canvas (89x135cm-35x53in) Marlborough Crescent, Newcastle upon Tyn 91 .... FF10 080 - £1 001 - $1,750

WILLIAMSON Francis John 1833-1920 [1]

▨ Woman holding a violine - Marble (112cm-44in) Wrotham Park, Hertfordshire 92 .... FF24 420 - £2 500 - $4,300

WILLIAMSON Frederick c.1835-1900 [17]

✎ A sheep fold in Surrey
        Wash (20x35cm-8x14in) Netherbyres, Eyemouth, Berwickshire 91 .... FF14 460 - £1 439 - $2,487

WILLIAMSON Harold Sandys 1892-? [4]

🖾 The pony ride - Tempera/carton (45x43cm-18x17in) London 91 .... FF35 900 - £3 600 - $5,926

WILLIAMSON Horace William 1897-1968 [4]

✎ Blue Jay - Watercolour (31x28cm-12x11in) London 92 .... FF2 345 - £240 - $414

WILLIAMSON John 1826-1885 [12]

🖾 Autumn landscape - Oil/canvas (36x61cm-14x24in) New-York 93 .... FF12 100 - £1 518 - $2,200
Bolton's landing, lake George - Oil/canvas (77x127cm-30x50in) New-York 92 .... FF181 700 - £18 600 - $32,000

WILLIAMSON Samuel 1792-1840 [1]

🖾 Mountainous landscape - Oil/panel (13x18cm-5x7in) Leyburn, North Yorkshire 94 .... FF3 166 - £380 - $593

WILLIAMSON William XIX [3]

🖾 Heading for sea - Oil/canvas (76x126cm-30x50in) London 96 .... FF9 280 - £1 100 - $1,810

WILLIAMSON William Harry 1820-1883 [39]

🖾 Voiliers dans la tempête - Huile/toile (31x46cm-12x18in) Paris 96 .... FF10 500 - £1 360 - $2,060
Fishing Boats off Folkestone - Oil/canvas (66x102cm-26x40in) New-York 94 .... FF32 200 - £3 720 - $5,500

WILLICH Cäser 1825-1886 [1]

🖾 Portrait de jeune femme - Huile/toile (65x54cm-26x21in) Barbizon 96 .... FF9 500 - £1 185 - $1,835

WILLIKENS Ben 1939 [10]

🖾 Raum 7 - Acrylic/canvas (150x160cm-59x63in) Stuttgart 92 .... FF40 700 - £4 860 - $7,830
🖾 Konzepte No. 10 - Offset (41x29cm-16x11in) München 95 .... FF4 570 - £575 - $914
✎ Schule von Athen II - Gouache/paper (49x64cm-19x25in) Stuttgart 92 .... FF6 100 - £730 - $1,174

WILLIMANN Alfred 1900-1957 [1]

🖾 Licht - Poster (124x88cm-49x35in) New-York 94 .... FF4 004 - £470 - $700

WILLING John Thompson 1860-? [1]

🖾 Daffodils - Oil/board (61x51cm-24x20in) North Berwick, Maine 93 .... FF3 770 - £434 - $650

WILLING Victor 1928 [2]

🖾 Nude, Back View - Oil/canvas (117x117cm-46x46in) London 97 .... FF22 409 - £2 400 - $3,872

WILLINGER Laszlo 1906-1989 [10]

▨ Marlene Dietrich - Gelatin silver print (46x38cm-18x15in) London 92 .... FF2 010 - £240 - $387

WILLINK Albert Carel 1900-1983 [51]

🖾 Stilleven met Vruchten - Oil/canvas (57x64cm-22x25in) Amsterdam 97 .... FF194 786 - £20 475 - $33,462
River landscape - Oil/canvas (100x141cm-39x56in) Amsterdam 95 .... FF850 000 - £108 500 - $173,600
✎ De Mierenter - Charcoal (62x48cm-24x19in) Amsterdam 97 .... FF13 182 - £1 382 - $2226,2 5
Compositie - Gouache/paper (62x44cm-24x17in) Amsterdam 97 .... FF59 934 - £6 300 - $10,296

WILLIS A.V. XIX [3]

🖾 Stopping for a rest - Oil/canvas (56x91cm-22x36in) New-York 96 .... FF21 700 - £2 690 - $4,200

WILLIS Henry Brittan 1810-1884 [14]

🖾 Milking the cow - Oil/canvas (42x53cm-17x21in) Billinghurst, West Sussex 93 .... FF29 850 - £3 400 - $5,070
✎ Repose - Watercolour (29x48cm-11x19in) London 94 .... FF7 500 - £880 - $1,312

WILLIS John Christopher T. 1900-1969 [2]

✎ Wells-Next-the-Sea - Watercolour (33x48cm-13x19in) Aylsham, Norfolk 95 .... FF5 440 - £650 - $1,047

WILLIS John Henry 1887-? [2]

🖾 Drover and milkmaid with cattle - Oil/canvas (36x45cm-14x18in) London 94 .... FF13 300 - £1 600 - $2,464

WILLIS Thomas 1850-1912 [3]

🖾 Yacht at sea - Oil/canvas (46x91cm-18x36in) Mystic, Connecticut 92 .... FF5 400 - £552 - $950

W

WILLIS Thornton 1936 [2]
🖼 *Captain Blue* - Acrylic/canvas (244x213cm-96x84in) New-York 88 .... FF23 880 - £2 208 - **$4,000**

WILLMANN Edouard 1820-1877 [1]
🖼 *Paris* - Engraving (60x106cm-24x42in) London 92 .... FF2 920 - £300 - **$561**

WILLMANN Michael Lukas Leo. 1630-1706 [3]
🖼 *The Beheading of a Saint* - Etching (28x19cm-11x7in) London 94 .... FF6 700 - £800 - **$1,250**
✎ *The death of Priam* - Drawing (21x30cm-8x12in) New-York 92 .... FF15 850 - £1 600 - **$2,800**

WILLMANN Rudolf Bernhard 1868-1919 [2]
🖼 *Blumenstilleben* - Oil/canvas (83x53cm-33x21in) Köln 91 .... FF6 130 - £615 - **$1,123**

WILLMORE James Tilbitts 1800-1863 [1]
🖼 *Ancient Italy* - Engraving (43x59cm-17x23in) London 95 .... FF2 310 - £300 - **$482**

WILLMS Arnold c.1860-c.1900 [2]
🖼 *Young girl fecthing water* - Oil/canvas (76x50cm-30x20in) London 90 .... FF10 730 - £1 092 - **$2,146**
✎ *In the Harem* - Watercolour (32x48cm-13x19in) London 97 .... FF10 319 - £1 100 - **$1,809**

WILLOUGHBY Bob XX. [3]
📷 *Tony Perkins, 1956* - Silver print (30x25cm-12x10in) New-York 90 .... FF2 300 - £234 - **$460**

WILLOUGHBY OF HULL Robert 1768-1843 [3]
🖼 *Whaleship Lee of Hull* - Oil/canvas (70x101cm-28x40in) London 97 .... FF93 809 - £10 000 - **$16,379**

WILLOUGHBY W. Willoughby c.1830-c.1890 [3]
🖼 *Dark bay racehorse with jocket* - Oil/canvas (31x43cm-12x17in) London 89 .... FF34 900 - £3 569 - **$5,611**

WILLROIDER Josef 1838-1915 [42]
🖼 *A Riverbed* - Oil/canvas (40x56cm-16x22in) Wien 96 .... FF19 300 - £2 340 - **$3,756**
Wörthersee in Kärnten - Öl/Leinwand (28x54cm-11x21in) München 94 .... FF57 800 - £6 740 - **$10,130**
✎ *Ansicht bei Pang* - Coloured crayons (9x16cm-4x6in) München 92 .... FF2 210 - £226 - **$389**

WILLROIDER Ludwig 1845-1910 [55]
🖼 *Stilles Wasser vorn* - Oil/canvas (90x72cm-35x28in) München 92 .... FF11 900 - £1 218 - **$2,334**
Bäume am Seeufer - Öl/Leinwand (76x104cm-30x41in) München 92 .... FF44 000 - £5 120 - **$8,980**
Bachlandschaft mit Gebäuden - Öl/Leinwand (72x89cm-28x35in) Wien 96 .... FF86 900 - £9 900 - **$16,640**

WILLS William Gorman 1828-1891 [1]
🖼 *Ophelia and Laertes* - Oil/canvas (202x98cm-80x39in) London 92 .... FF51 900 - £6 200 - **$9,980**

WILLSHER Brian 1930 [22]
🗿 *Three constructions* - Wood (39cm-15in) London 92 .... FF9 280 - £950 - **$1,640**
Agamemnon - Sculpture (79cm-31in) London 91 .... FF19 940 - £1 994 - **$3,284**

WILLSON John J. 1836-1903 [1]
🖼 *Mary Magdalen* - Oil/canvas (30x30cm-12x12in) San Francisco-Los Angeles 90 .... FF2 900 - £309 - **$519**

WILLUMS Olaf Abrahamsen 1886-1967 [2]
🖼 *Peoner* - Oil/panel (38x46cm-15x18in) Oslo 91 .... FF5 210 - £525 - **$904**

WILLUMSEN Jan 1891-1964 [3]
🖼 *Kvinnor vid port* - Oil/canvas (94x80cm-37x31in) Stockholm 96 .... FF5 380 - £672 - **$1,040**

WILLUMSEN Jens-Ferdinand 1863-1958 [56]
🖼 *Fantasislot* - Oil/canvas (100x20cm-39x8in) Köbenhavn 95 .... FF4 980 - £623 - **$1,006**
La Dédaigneuse - Oil/canvas (65x54cm-26x21in) Köbenhavn 95 .... FF27 170 - £3 396 - **$5,490**
Optrukne både på stranden - Oil/canvas (50x73cm-20x29in) Köbenhavn 93 .... FF72 100 - £8 240 - **$12,300**
✎ *Studie til Sol over Sydens Bjerge* - Watercolour (32x51cm-13x20in) Köbenhavn 93 .... FF8 800 - £1 055 - **$1,690**

WILLYAMS Rev. Cooper 1762-1816 [1]
✎ *The Sugar Loaf, Gibraltar* - Watercolour (20x32cm-8x13in) London 94 .... FF1 704 - £200 - **$298**

WILMARTH Christopher 1943-1987 [19]
🖼 *Fourth stay* - Mixed media (1007x11x107cm-396x4x42in) New-York 97 .... FF305 235 - £32 051 - **$52,500**
🗿 *Stray Square*
  Etched glass, steel, steel cable (122x30x198cm-48x12x78in) New-York 95 .... FF174 300 - £23 100 - **$36,000**
✎ *Lonely Beginning for my Brother* - Graphite (22x45cm-9x18in) New-York 94 .... FF49 900 - £5 940 - **$9,500**

WILMER Joseph Riley 1883-1941 [9]
🖼 *Le rêve d'Omar Khayyâm* - Huile/toile (123x192cm-48x76in) Paris 97 .... FF44 000 - £4 814 - **$7,665**
✎ *Rosamund* - Watercolour (29x16cm-11x6in) London 95 .... FF10 050 - £1 300 - **$2,054**

WILMINK Truus 1943 [2]
🗿 *Abstract geometrical construction* - Sculpture (50cm-20in) Amsterdam 95 .... FF3 470 - £443 - **$708**

WILMS Jos XX [2]
🗿 *Banc* - Bronze (25cm-10in) Antwerpen 92 .... FF5 310 - £544 - **$934**

WILNER Marie 1910 [2]
🖼 *Bears at the zoo* - Oil/canvas (76x101cm-30x40in) New-York 91 .... FF6 790 - £686 - **$1,200**

WILQUIN André 1899-? [1]
🖼 *Grand Magasin du Louvre* - Poster (62x100cm-24x39in) New-York 93 .... FF12 100 - £1 518 - **$2,200**

WILS Lydia 1924-1982 [9]
🖼 *Le portage* - Huile/toile (70x80cm-28x31in) Antwerpen 94 .... FF15 000 - £1 800 - **$2,914**

WILS Wilhelm 1880-1960 [46]
🖼 *Nature morte* - Oil/canvas (80x63cm-31x25in) Köbenhavn 94 .... FF10 510 - £1 261 - **$2,044**

WILSIN Charles [2]
🖼 *Thoniers au sec* - Huile/toile (54x73cm-21x29in) Concarneau 92 .... FF3 700 - £379 - **$652**

WILSON A. William XIX-XX [2]
✎ *Low tide at Beaumaris, North Wales* - Watercolour (44x74cm-17x29in) London 95 .... FF2 933 - £380 - **$611**

WILSON Andrew 1780-1848 [2]
✎ *Huntsman and his family by a gateway* - Watercolour (27x37cm-11x15in) London 96 .... FF2 550 - £300 - **$501**
✎ *An Italian town by the sea* - Watercolour (34x46cm-13x18in) London 96 .... FF38 200 - £4 500 - **$7,500**

WILSON Ashton 1880-? [1]
🖎 Peasant girl in twilight - Oil/canvas (61x51cm-24x20in) North Berwick, Maine 93 .... FF4 125 - £518 - $750
WILSON Benjamin 1721-1788 [2]
🖎 Young lady - Oil/canvas (76x57cm-30x22in) London 89.. FF29 100 - £2 896 - $4,597
WILSON Charles Edward 1854-1941 [36]
✎ The Broken Toy - Watercolour (27x20cm-11x8in) London 95.. FF46 400 - £6 000 - $9,480
  The Vicar's daughter - Wash (38x26cm-15x10in) London 91 .... FF81 000 - £8 121 - $14,836
WILSON Charles Theller 1855-1920 [1]
🖎 Cañyon at sunset - Oil/canvas (122x81cm-48x32in) Elgin, Illinois 92 .... FF3 900 - £466 - $750
WILSON David Forrester 1873-1950 [4]
🖎 Woman in classical dress - Oil/canvas (50x53cm-20x21in) Edinburgh 89 .... FF38 700 - £3 957 - $6,222
WILSON Donald Roller 1938 [3]
🖎 Jimmy Had Been Instructed...
    Oil/canvas (90x76cm-35x30in) San Francisco-Los Angeles 93 .... FF44 000 - £5 520 - $8,000
WILSON Edward A. 1886-1970 [2]
✎ Advertisement for LaSalle Automobile - Watercolour (53x64cm-21x25in) New-York 95............ FF6 560 - £827 - $1,300
WILSON Edward Adrian 1872-1912 [2]
✎ The South Polar Times, Discovery - Watercolour/paper (24x19cm-9x7in) London 97 .... FF23 518 - £2 500 - $4,052
WILSON Francis 1876-1957 [1]
🖎 Riding in the cart, Midsummer - Oil/canvas (41x50cm-16x20in) London 95 .... FF2 530 - £320 - $495
WILSON Frank Avery 1914 [11]
🖎 Composition number 3 - Oil/board (47x61cm-19x24in) London 91 .... FF11 850 - £1 188 - $2,170
WILSON Henry Mitton 1873-1923 [6]
🖎 The doll's tea party - Oil/canvas (36x46cm-14x18in) London 94..................................... FF14 540 - £1 700 - $2,533
WILSON Jane 1924 [4]
🖎 Mirrored Salmon, 1972 - Oil/canvas (76x53cm-30x21in) New-York 89 .... FF9 700 - £992 - $1,559
WILSON John 1922 [4]
🖎 Fishing boats in a swell - Oil/canvas (30x51cm-12x20in) London 89 .... FF14 500 - £1 443 - $2,291
WILSON John XIX [2]
🖎 Shipping off a jetty - Oil/board (35x31cm-14x12in) London 94 .... FF15 030 - £1 800 - $2,776
WILSON John H. 1774-1855 [4]
🖎 Crossing the stream - Oil/canvas (57x81cm-22x32in) London 96.................................... FF23 940 - £3 000 - $4,620
WILSON John James 1818-1875 [21]
🖎 Fishing smacks off the Devon Coast - Oil/canvas (30x61cm-12x24in) London 94 .... FF8 780 - £1 000 - $1,490
  Off the Needles - Oil/canvas (37x61cm-15x24in) London 97 .... FF35 647 - £3 800 - $622,4 2
WILSON John Snr., Jock 1774-1855 [6]
🖎 Entrance of St. Brieuc - Oil/canvas (42x67cm-17x26in) London 92................................. FF19 540 - £2 000 - $3,450
WILSON Laurence William 1859-c.1920 [3]
✒ Otira Gorge, New Zealand - Watercolour (19x32cm-7x13in) London 95 .... FF6 220 - £800 - $1,274
WILSON Margaret Elizabeth 1864-1912 [6]
🖎 Kvinna skalande äpplen - Oil/canvas (47x36cm-19x14in) Göteborg 94 .... FF4 270 - £495 - $735
WILSON Margaret, née Beard 1890-? [1]
🖎 Still Life with Grapes - Oil/panel (40x51cm-16x20in) London 97.................................... FF6 723 - £720 - $1,161
WILSON Mary Loomis 1898-1954 [2]
🖎 Men on the Subway - Oil/canvas (46x56cm-18x22in) San Francisco-Los Angeles 94.......... FF35 200 - £4 170 - $6,500
WILSON Oscar 1867-1930 [7]
🖎 En repos - Oil/board (26x20cm-10x8in) London 91 .... FF4 990 - £500 - $824
✎ A lady artist at work - Watercolour (23x20cm-9x8in) London 92 .... FF1 760 - £180 - $311
WILSON Peter MacGregor ?-1928 [9]
🖎 Promenade on the sea wall - Oil/canvas (90x126cm-35x50in) Toronto 95....................... FF37 800 - £4 790 - $7,610
✎ Fingal's Caves Staff A - Watercolour (30x51cm-12x20in) Mystic, Connecticut 94 .... FF2 460 - £293 - $450
WILSON Ray 1906-1972 [1]
✎ Horse Corral - Watercolour/paper (37x57cm-15x22in) San Francisco-Los Angeles 92 .... FF2 450 - £285 - $500
WILSON Raymond, Ray 1906-1972 [2]
✎ Southern Pacific Railroad
    Watercolour/paper (38x52cm-15x20in) San Francisco-Los Angeles 92 .... FF9 180 - £938 - $1,700
WILSON Richard 1714-1782 [26]
🖎 Welsh Landscape - Oil/canvas (81x124cm-32x49in) London 96..................................... FF1 - £190 000 - $288,400
  Miss Mary Jenkins - Oil/canvas (125x100cm-49x39in) London 91 .... FF60 500 - £6 008 - $10,505
  The white Monk - Oil/canvas (52x70cm-20x28in) London 97 .... FF233 428 - £25 000 - $40,570
WILSON Robert 1944 [3]
🗁 Louis XV. Chair - Etching (50x40cm-20x16in) Berlin 92 .... FF5 090 - £608 - $978
WILSON Robert Arthur 1884-? [2]
🖎 The Seasons - Tempera/panel (30x92cm-12x36in) London 96....................................... FF3 460 - £450 - $686
WILSON Ronald York 1907-1984 [9]
🖎 Jaipur Revisited - Acrylic/paper (46x61cm-18x24in) Toronto 93 .... FF2 007 - £228 - $339
WILSON Scottie 1888-1972 [106]
✎ Caméléons - Encres couleurs/papier (28x22cm-11x9in) Paris 96 .... FF5 100 - £586 - $973
  Composition - Encre (38x28cm-15x11in) Paris 92 .... FF12 000 - £1 233 - $2,310
  Untitled - Coloured pencils (36x53cm-14x21in) London 96 .... FF33 800 - £4 100 - $6,580
WILSON Solomon 1894-1974 [12]
🖎 The Twelfth day - Oil/canvas (76x91cm-30x36in) Cambridge, Mass. 91 .... FF3 396 - £345 - $613

W

Sailboats in the harbor - Watercolour (36x53cm-14x21in) Delray Beach, Florida 96 .... FF**1 625** - £211 - **$325**
WILSON Stanley R. 1890-? [3]
Le jardin - Aquarelle (24x16cm-9x6in) Montréal 92 .... FF**23 040** - £2 750 - **$4,430**
WILSON Thomas Walter 1851-1912 [3]
The truant discovered - Watercolour (26x17cm-10x7in) London 90 .... FF**4 600** - £496 - **$811**
WILSON William 1952 [1]
Tête à tiroirs - Acrylique/panneau (65x54cm-26x21in) Saint-Germain-en-Laye 90 .... FF**13 500** - £1 436 - **$2,415**
WILSON William 1905-1972 [3]
Blue boat - Watercolour (54x69cm-21x27in) Glasgow 96 .... FF**27 000** - £3 500 - **$5,290**
WILSON William Heath 1849-1927 [4]
Aci Castello - Oil/board (11x18cm-4x7in) London 97 .... FF**20 277** - £2 200 - **$359,3 4**
WILT Hans 1867-1917 [15]
Nervi - Öl/Leinwand (51x83cm-20x33in) Wien 96 .... FF**13 640** - £1 770 - **$2,700**
Südliche Landschaft mit Zypressen - Mixed media/paper (53x42cm-21x17in) Wien 94 .... FF**9 760** - £1 131 - **$1,680**
WILT van der Thomas 1659-1733 [1]
The Sacrifice of Iphigenia - Oil/canvas (48x81cm-19x32in) London 92 .... FF**37 000** - £3 800 - **$7,100**
WILTZ Arnold 1889-1937 [2]
The Seine - Oil/canvas (46x61cm-18x24in) New-York 95 .... FF**15 750** - £2 025 - **$3,250**
WILWERDING William J. 1891-? [1]
Pheasants taking flight from dog - Oil/canvas/panel (43x33cm-17x13in) New-York 94 .... FF**6 180** - £741 - **$1,200**
WIMAR Charles, Carl 1828-1862 [1]
Indian Buffalo Hunt - Oil/canvas (30x37cm-12x15in) New-York 94 .... FF**1 82e +06** - £128 200 - **$200,000**
WIMBUSH Henry B. c.1860-c.1910 [27]
Bridgewater and the River Tees - Watercolour (59x70cm-23x28in) London 96 .... FF**5 610** - £700 - **$1,084**
WIMBUSH John L. ?-1914 [1]
Wash Day - Oil/board (48x30cm-19x12in) Billinghurst, West Sussex 93 .... FF**4 570** - £550 - **$798**
WIMMENAUER Adalbert 1869-1914 [1]
Flusslandschaft - Öl/Leinwand (57x78cm-22x31in) München 93 .... FF**2 035** - £243 - **$392**
WIMMER Conrad 1844-1905 [18]
Flock of sheep by a farm - Oil/canvas (23x44cm-9x17in) London 94 .... FF**25 830** - £3 000 - **$4,470**
Chiemseelandschaft - Oil/panel (15x30cm-6x12in) Stuttgart 96 .... FF**54 600** - £7 100 - **$10,810**
WIMMER Franz Xaver 1881-1937 [1]
Voralpenlandschaft - Öl/Leinwand (65x95cm-26x37in) Frankfurt 95 .... FF**2 137** - £267 - **$432**
WIMMER Fritz 1879-1960 [6]
Weiblicher Akt - Tempera/paper (68x31cm-27x12in) Heidelberg 95 .... FF**5 220** - £677 - **$1,086**
WIMMER Hans 1907-1993 [6]
Der Ostermünchner Stier - Bronze (25cm-10in) München 96 .... FF**55 900** - £7 010 - **$10,800**
Stehende Frau - Pencil/paper (28x20cm-11x8in) Köln 93 .... FF**13 800** - £1 560 - **$2,326**
WIMMER Paula 1876-1971 [5]
Kasperl mit buntem - Öl/Leinwand (45x36cm-18x14in) München 93 .... FF**9 800** - £1 121 - **$1,660**
WIMMER Rudolf 1849-1915 [3]
Mädchen im prächtigen Taftkleid - Öl/Leinwand (172x62cm-68x24in) Lindau 93 .... FF**8 810** - £1 083 - **$1,586**
WIMMER-WISGRILL Edward Josef 1882-1961 [6]
Modeentwürfe - Watercolour (23x17cm-9x7in) Wien 92 .... FF**3 850** - £394 - **$678**
WIMPERIS Edmund Morison 1835-1900 [72]
Windmill in an extensive Landscape - Oil/canvas (61x91cm-24x36in) London 97 .... FF**23 875** - £2 600 - **$4,152**
A rest along the route - Oil/canvas (102x127cm-40x50in) New-York 95 .... FF**61 300** - £7 640 - **$12,000**
On the moors, dolwyddlen, North Wales - Watercolour (23x34cm-9x13in) London 97.............. FF**8 467** - £900 - **$1,459**
WINANS Walter 1852-1920 [5]
Indian chief - Bronze (61cm-24in) London 94 .... FF**58 300** - £6 800 - **$10,130**
Sioux Indian Chief - Bronze (185cm-73in) Chicago 94 .... FF**168 600** - £19 900 - **$30,000**
WINBERG Iwan Ivanovitch 1834-1852 [4]
Czar Nicholas I of Russia - Miniature (10cm-4in) London 97 .... FF**42 333** - £4 500 - **$7,303**
WINCHELL Paul XIX-XX [13]
Nude female - Oil/canvas (41x46cm-16x18in) Cleveland, Ohio 92 .... FF**2 130** - £218 - **$375**
WINCK Christian Thomas 1738-1797 [8]
Susanna vor den Richtern - Öl/Kupfer (42x30cm-17x12in) Wien 95 .... FF**149 800** - £18 900 - **$29,900**
WINCK Jozef 1900-1979 [1]
Wandelaars aan de Oever - Huile/toile (59x81cm-23x32in) Lokeren 94 .... FF**36 700** - £4 350 - **$6,780**
WINCKEL Richard 1870-1941 [1]
Soennecken & Co. - Poster (76x57cm-30x22in) New-York 92 .... FF**9 080** - £930 - **$1,600**
WINCKEL van de E. 1879-1953 [2]
Portrait de jeune homme - Huile/toile (95x73cm-37x29in) Bruxelles 94 .... FF**9 320** - £1 081 - **$1,606**
WINCKLER Johan Gottfried 1734-1791 [1]
Marché royal à Copenhague - Engraving Köbenhavn 95 .... FF**1 935** - £234 - **$364**
WIND Gerhard 1928 [4]
Die rote Mauer - Oil/panel (35x25cm-14x10in) Wien 95 .... FF**3 205** - £384 - **$610**
WIND Josef 1864-? [2]
Charmeuse de serpent - Bronze (32cm-13in) Paris 90 .... FF**15 000** - £1 550 - **$2,650**
WINDELS Carl Friedrich 1869-? [1]
Pferderennen in Ascot - Oil/canvas (75x97cm-30x38in) Köln 92 .... FF**2 880** - £345 - **$555**
WINDER Daniel H. 1870-1920 [6]
Bachlandschaft mit Fischer - Oil/canvas (56x40cm-22x16in) Luzern 92 .... FF**2 976** - £304 - **$524**

WINDHAGER Franz 1879-1959 [25]
- *Der Maler und sein Modell* - Oil/panel (75x62cm-30x24in) Wien 92 .... FF7 700 - £920 - **$1,480**
- *Der Spaziergänger* - Oil/panel (58x78cm-23x31in) Wien 96 .... FF26 500 - £3 303 - **$5,120**
- *Kutschenfahrt zur Weihnachtszeit* - Gouache/papier (40x69cm-16x27in) Wien 97 .... FF7 167 - £762 - **$1,236**

WINDHEIM von Dorothee 1945 [2]
- *Strappo* - Mixed media (200x84cm-79x33in) Düsseldorf 92 .... FF28 800 - £3 440 - **$5,540**
- *Strappo* - Multiple (50x39cm-20x15in) Köln 91 .... FF10 140 - £1 017 - **$1,674**

WINDMAIER Anton 1840-1896 [18]
- *Sunset over a rural landscape* - Oil/canvas (50x75cm-20x30in) New-York 92 .... FF11 100 - £1 162 - **$2,000**
- *Sunset in the Woods* - Oil/canvas (109x158cm-43x62in) London 94 .... FF33 600 - £4 000 - **$6,330**

WINDMÜLLER Eugen 1842-1927 [2]
- *Landschaft bei Klausen in Südtirol* - Oil/panel (50x61cm-20x24in) Wien 90 .... FF12 000 - £1 262 - **$2,087**

WINDT Gerard 1868-1949 [2]
- *Farmhouse & haystacks* - Oil/canvas (22x41cm-9x16in) Amsterdam 92 .... FF3 010 - £350 - **$615**

WINDT van der Chris 1877-1952 [27]
- *A farmyard* - Oil/canvas/board (27x40cm-11x16in) Amsterdam 91 .... FF3 626 - £360 - **$630**
- *Buurtje achter Heerenstraat* - Oil/canvas/panel (28x39cm-11x15in) Amsterdam 94 .... FF16 660 - £1 914 - **$2,850**
- *Woman on a path by a mill* - Watercolour (20x45cm-8x18in) Amsterdam 94 .... FF18 400 - £2 190 - **$3,500**

WINDUS William Lindsay 1822-1907 [1]
- *Study for Too Late* - Oil/board (12x9cm-5x4in) London 96 .... FF33 740 - £4 000 - **$6,580**

WINGATE James Lawton 1846-1924 [25]
- *Machrie Burn, Arran* - Oil/canvas (41x51cm-16x20in) Auchterarder, Perthshire 95 ...... FF3 910 - £500 - **$770**
- *Picking berries* - Oil/canvas (34x25cm-13x10in) Glasgow 96 .... FF13 110 - £1 700 - **$2,570**
- *Wanderers* - Oil/canvas (57x77cm-22x30in) Edinburgh 92 .... FF68 400 - £7 000 - **$12,040**

WINGE Hanna 1838-1896 [3]
- *Uppställning med kanna* - Oil/canvas (62x48cm-24x19in) Göteborg 92 .... FF13 550 - £1 620 - **$2,607**

WINGE Mårten Eskil 1835-1896 [4]
- *Tors strid med Jättarna* - Oil/canvas/panel (83x55cm-33x22in) Stockholm 94 ...... FF10 920 - £1 290 - **$1,945**

WINGE Sigurd 1909-1970 [5]
- *Underveis* - Aquatint (30x50cm-12x20in) Oslo 92 .... FF5 210 - £534 - **$917**

WINGEN Edmond 1906-1970 [1]
- *Summer flowers in a vase* - Oil/canvas (43x30cm-17x12in) Amsterdam 96 .... FF2 874 - £360 - **$555**

WINGEN Jan, Sr. 1874-1956 [1]
- *Watermill along a stream in a wood* - Oil/canvas (101x81cm-40x32in) Amsterdam 90 ...... FF3 620 - £365 - **$709**

WINGERT Edward Oswald 1846-1924 [1]
- *Phlox* - Oil/board (30x34cm-12x13in) Cambridge, Mass. 91 .... FF5 380 - £546 - **$972**

WINGFIELD James Digman c.1832-c.1872 [7]
- *Man reading newspaper* - Oil/panel (39x29cm-15x11in) Köbenhavn 96 .... FF17 540 - £2 186 - **$3,390**

WINK Johann Am. 1748-1817 [3]
- *A red an white Toy Spaniel* - Oil/canvas (41x58cm-16x23in) London 96 ...... FF73 000 - £9 500 - **$14,470**

WINK Johann Christian Th. 1738-1797 [1]
- *Putti playing/Figure studies* - Ink (18x24cm-7x9in) London 93 .... FF3 300 - £380 - **$570**

WINK Joseph-Gregor 1710-1781 [1]
- *Musicien au verre de vin* - Huile/toile (48x36cm-19x14in) Monaco 91 .... FF35 000 - £3 530 - **$6,140**

WINKEL te Jean Philippe 1827-? [1]
- *Elegant gentleman courting a maid* - Oil/panel (14x12cm-6x5in) Amsterdam 93 ...... FF3 316 - £396 - **$638**

WINKLER Agnes Clark 1893-1945 [1]
- *Wooded landscape* - Oil/canvas (53x69cm-21x27in) New Orleans, Louisiana 93 ...... FF3 025 - £358 - **$550**

WINKLER Ferdinand 1879-? [1]
- *Frauenakt mit Knäblein* - Bronze (27cm-11in) Wien 97 .... FF7 651 - £816 - **$1,323**

WINKLER Fritz 1894-1964 [6]
- *Puma, Zoo* - Watercolour (44x60cm-17x24in) Berlin 96 .... FF2 710 - £339 - **$524**

WINKLER John W. 1890-1979 [3]
- *Telegraph Hill/Ross Alley/Oriental Alley* - Etching Denver, Colorado 95 .... FF1 536 - £300 - **$194**

WINKLER Wilhelm 1882-1964 [2]
- *Amalfi* - Oil/canvas (54x37cm-21x15in) Wien 95 .... FF5 870 - £743 - **$1,147**

WINNBERG Åke 1912-1974 [21]
- *Porträtt på Elsa som syr* - Oil/canvas (40x32cm-16x13in) Göteborg 93 .... FF2 664 - £328 - **$494**

WINNE de Lieven 1821-1880 [2]
- *Portrait d'homme* - Huile/toile (45x40cm-18x16in) Bruxelles 94 .... FF3 320 - £396 - **$625**

WINNER Gerd 1936 [3]
- *Marcus* - Aquatint (172x112cm-68x44in) München 92 .... FF3 730 - £446 - **$718**

WINNEWISSER Rolf 1949 [3]
- *Ohne Titel* - Mischtechnik/Papier (15x15cm-6x6in) Zürich 96 .... FF2 546 - £330 - **$504**

WINNINGER Franz 1893-? [3]
- *Afrikanische Impressionen* - Coloured chalks (23x29cm-9x11in) München 95 ...... FF3 784 - £498 - **$760**

WINOGRAND Garry 1928-1984 [53]
- *Burlosque Dancers Backstage* - Gelatin silver print (25x30cm-10x12in) New-York 96 ...... FF12 900 - £1 656 - **$2,500**

WINQUIST Jacob August 1810-1892 [1]
- *Utsikt över Ytterhogdal* - Oil/canvas (0x40cm-16in) Stockholm 93 .... FF3 700 - £455 - **$685**

W

WINSLOW Helen Stirling 1890-? [2]
- Salome - Tempera/board (50x40cm-20x16in) New-York 96 .... FF3 040 - £393 - $600

WINSLOW Henry 1874-? [1]
- Santa Margherita - Watercolour (33x43cm-13x17in) London 95 .... FF1 724 - £220 - $353

WINT de Peter 1784-1849 [124]
- Harvesting - Oil/paper/board (50x24cm-20x9in) London 91 .... FF19 750 - £1 980 - $3,617
- Harvesters resting - Oil/panel (11x33cm-4x13in) London 95 .... FF108 200 - £14 000 - $22,100
- Lincoln Cathedral - Oil/canvas (35x54cm-14x21in) London 95 .... FF154 600 - £20 000 - $31,600
- A River Landscape - Watercolour (40x52cm-16x20in) London 97 .... FF70 225 - £7 500 - $12,212

WINT van de Rudi 1942 [3]
- That's strong - Oil/canvas (38x41cm-15x16in) Amsterdam 96 .... FF10 560 - £1 222 - $2,023

WINTER Abraham Hendrik 1800-1861 [5]
- Blacksmith at work in a yard - Oil/panel (46x35cm-18x14in) Amsterdam 97 ...... FF29 374 - £3 105 - $5,040

WINTER Alexander Charles 1887-? [1]
- Horse Guards parade - Oil/board (38x39cm-15x15in) London 93 .... FF4 780 - £550 - $825

WINTER Alice Beach 1877-1970 [2]
- Girl in garden - Oil/canvas (61x50cm-24x20in) Cambridge, Mass. 91 .... FF13 580 - £1 378 - $2,453
- Child resting - Pencil (45x34cm-18x13in) New-York 90 .... FF2 990 - £309 - $528

WINTER Andrew 1892-1958 [7]
- Maine Coast - Oil/canvas (51x76cm-20x30in) New-York 96 .... FF8 310 - £1 058 - $1,600

WINTER Charles Allan 1869-1942 [7]
- Young woman wearing a diadem - Oil/canvas (43x38cm-17x15in) New-York 94 .... FF21 400 - £2 496 - $3,750

WINTER Cornelius Jason W. 1820-1891 [1]
- The globe of fish an dautumnal fruits - Oil/canvas (43x53cm-17x21in) London 90 .... FF19 400 - £2 077 - $3,374

WINTER de Adrianus Janus 1882-1951 [1]
- Anemones in a vase - Pastel/paper (64x44cm-25x17in) Amsterdam 91 .... FF5 140 - £510 - $892

WINTER de Gillis c.1650-1720 [1]
- Ein Fest auf dem Lande - Oil/canvas (42x50cm-17x20in) Wien 91 .... FF289 000 - £29 331 - $52,196

WINTER de Roland 1956 [2]
- Gorille - Bronze (22cm-9in) Antwerpen 95 .... FF7 720 - £1 000 - $1,580

WINTER Ezra Augustus 1886-1949 [1]
- The Arts - Oil/board (74x112cm-29x44in) Elgin, Illinois 93 .... FF7 150 - £897 - $1,300

WINTER Fritz 1905-1976 [202]
- Komposition grün bis violett - Öl/Leinwand (70x60cm-28x24in) Berlin 97 .... FF46 622 - £4 951 - $8,121
- Blau - Oil/canvas (71x60cm-28x24in) London 95 .... FF113 500 - £15 000 - $23,000
- Schichtungen mit rot - Öl/Leinwand (146x135cm-57x53in) Berlin 97 .... FF291 387 - £30 946 - $50,758
- Triebkräfte der Erde - Öl/Leinwand (29x21cm-11x8in) München 95 .... FF523 000 - £68 700 - $104,800
- Farbradierung IV - Etching (48x68cm-19x27in) Köln 93 .... FF10 510 - £1 256 - $2,022
- Komposition - Mixed media/paper (18x19cm-7x7in) München 94 .... FF8 500 - £975 - $1,453
- Ohne Titel - Collage (24x17cm-9x7in) München 93 .... FF41 800 - £4 780 - $7,050
- Vor dem Horizont - Mischtechnik/Papier (50x70cm-20x28in) München 94 .... FF130 400 - £15 440 - $24,100

WINTER Heinrich 1843-1911 [2]
- Cavalry officer near a farmhouse - Watercolour/paper (12x21cm-5x8in) London 90 .... FF3 300 - £353 - $574

WINTER Joseph Georg 1751-1789 [3]
- Lièvre, cerf, élan, biche et oiseaux - Huile/toile (79x65cm-31x26in) Paris 97 ...... FF28 000 - £3 116 - $5,060

WINTER Louis 1819-1900 [56]
- A beached Shipwreck by Moonlight - Oil/canvas (76x106cm-30x42in) Wien 96 .... FF52 400 - £6 350 - $10,200

WINTER William Arthur 1909-1996 [42]
- Candy - Oil/board (25x20cm-10x8in) Toronto 95 .... FF4 850 - £611 - $961

WINTER William Tatton 1855-1928 [42]
- Kanalansicht mit Windmühle - Öl/Leinwand (51x91cm-20x36in) Wien 93 .... FF7 190 - £862 - $1,238
- Following the plough - Watercolour/paper (32x45cm-13x18in) London 96 .... FF5 250 - £600 - $1,000

WINTER-SHAW Arthur 1869-1948 [6]
- Herdswoman with cattle - Oil/canvas (30x45cm-12x18in) London 92 .... FF7 810 - £800 - $1,380

WINTERFELDT von Friedrich Wilhelm 1830-1893 [2]
- Gebirgsbach im Alpental - Öl/Leinwand (71x99cm-28x39in) München 93 .... FF16 950 - £2 025 - $3,260

WINTERGERST Joseph 1783-1867 [1]
- Herzog Friedrichs von Schwaben - Oil/panel (50x63cm-20x25in) Stuttgart 90 ... FF47 000 - £4 755 - $8,940

WINTERHALTER Franz Xaver 1806-1873 [32]
- Louis Charles Philippe d'Orléans - Oil/canvas (107x89cm-42x35in) London 96 .... FF100 200 - £12 500 - $19,360
- Comte de Paris - Huile/toile (122x96cm-48x38in) Monaco 96 .... FF270 000 - £31 000 - $51,500
- Jeune fille à l'ariccia - Huile/toile (147x114cm-58x45in) Monaco 89 .... FF9 e +06 - £948 367 - $1
- The grape Pickers - Oil/canvas (65x81cm-26x32in) Wien 96 .... FF910 000 - £110 200 - $176,800

WINTERHALTER Hermann 1808-1891 [1]
- Lady hording a carnation - Oil/canvas (81x65cm-32x26in) London 95 .... FF19 860 - £2 400 - $3,665

WINTERLIN Anton 1805-1894 [12]
- Gebirgslandschaft mit Kruzifix - Öl/Leinwand (79x117cm-31x46in) Bern 96 .... FF48 900 - £5 930 - $9,500
- Kandersteg vers la vallée d'Oeschi - Aquatinte (18x22cm-7x9in) Bern 95 .... FF1 900 - £238 - $384

WINTERNITZ Richard 1861-1929 [1]
- Junge Frau bei der Toilette - Öl/Leinwand (94x71cm-37x28in) Stuttgart 94 ...... FF4 440 - £519 - $783

WINTEROWSKY Leonard 1886-1927 [3]
- Cavalry skirmish - Oil/canvas (69x116cm-27x46in) Warszawa 95 .... FF8 400 - £1 061 - $1,678

WINTERS Robin 1950 [7]
- Little Millionaire - Mixed media/canvas (183x152cm-72x60in) New-York 97 ..... FF9 286 - £976 - $1,600

W

D. at Ease - Mixed media/canvas (213x244cm-84x96in) New-York 97 .... FF*34 823* - £*3 663* - **$6,000**
WINTERS Terry 1949 [46]
🦅 *Untitled* - Oil (107x66cm-42x26in) New-York 91 .... FF*182 400* - £*18 512* - **$32,943**
Theophrastus' garden (1) - Oil (221x177cm-87x70in) New-York 93 .... FF*396 000* - £*49 700* - **$72,000**
Theoprastu's garden - Oil (221x177cm-87x70in) New-York 94 .... FF*675 000* - £*68 693* - **$134,989**
Schema - Mixed media/paper (30x21cm-12x8in) New-York 95 .... FF*29 700* - £*3 710* - **$6,000**
Untitled, 1985 - Mixed media drawing (105x75cm-41x30in) New-York 89 .... FF*131 600* - £*13 456* - **$21,158**
WINTERSBERGER Lambert Maria 1941 [14]
🦅 *Pilz I* - Öl/Leinwand (95x80cm-37x31in) Stuttgart 93 .... FF*20 200* - £*2 315* - **$3,434**
✐ *Pilze* - Aquarell (46x73cm-18x29in) Stuttgart 94 .... FF*3 085* - £*370* - **$600**
WINTHER Arnold 1855-1883 [1]
🦅 *Waterlilies* - Oil/canvas (75x56cm-30x22in) New-York 96 .... FF*57 100* - £*7 270* - **$11,000**
WINTHER Frederik 1853-1916 [20]
🦅 *Rainy day* - Oil/canvas (70x125cm-28x49in) København 96 .... FF*10 640* - £*1 213* - **$2,040**
WINTHER Poul 1939 [10]
🦅 *Opstilling* - Oil/canvas (46x55cm-18x22in) København 94 .... FF*2 423* - £*309* - **$469**
WINTHER Richard 1926 [6]
🦅 *Kong Arthurs død* - Oil/hardboard (45x65cm-18x26in) København 96 .... FF*3 104* - £*403* - **$614**
WINTOUR John Crawford 1825-1882 [5]
🦅 *The waters of Leith* - Oil/canvas (41x62cm-16x24in) London 90 .... FF*20 160* - £*2 040* - **$3,835**
✐ *Kirk Yetholm, Roxburgshire* - Watercolour (46x64cm-18x25in) Edinburgh 95 ...... FF*5 020* - £*650* - **$1,028**
WINTTER Joseph Georg 1751-1789 [1]
✐ *Rehstudien* - Ink München 93 .... FF*2 223* - £*264* - **$402**
WINTTER Raphael 1784-1852 [1]
✐ *Hirschrudel versammelt* - Aquarell (21x19cm-8x7in) Zofingen 95 .... FF*2 550* - £*323* - **$513**
WINTZ Raymond 1884-? [32]
🦅 *Terrasse du café près du port* - Huile/toile (38x47cm-15x19in) Quimper 95 ...... FF*4 000* - £*498* - **$780**
Ile d'Yeu - Huile/toile (54x65cm-21x26in) Nantes 97 .... FF*11 000* - £*1 139* - **$1,884**
Breton fishing village - Oil/canvas (88x113cm-35x44in) St. Helier, Jersey 94 ...... FF*59 100* - £*7 000* - **$10,910**
WINTZ Wilhem, Guillaume 1823-1899 [6]
🦅 *Pastoral scene* - Oil/canvas (61x107cm-24x42in) Detroit, Michigan 94 ...... FF*9 080* - £*1 091* - **$1,700**
WIRBEL Véronique 1950-1990 [8]
🦅 *Aux z'arts Citoyens !* - Acrylique/toile (146x114cm-57x45in) Paris 94 ...... FF*17 000* - £*2 030* - **$3,185**
WIRGMAN Charles A. 1832-1891 [27]
🦅 *Procession into a Temple Gate* - Oil/board (31x40cm-12x16in) London 94 ...... FF*83 300* - £*10 000* - **$15,600**
Gaz natule d'Etigan - Oil/board (31x40cm-12x16in) London 94 .... FF*250 000* - £*30 000* - **$46,800**
✐ *Lady & servant arranging flowers* - Watercolour (42x29cm-17x11in) London 92 ...... FF*20 100* - £*2 400* - **$3,870**
WIRGMAN Charley A. 1864-1922 [1]
✐ *Zenkoji Temple, Nagano, Japan* - Watercolour (31x48cm-12x19in) London 96 ...... FF*14 440* - £*1 800* - **$2,790**
WIRGMAN Theodore Blake 1848-1925 [6]
🦅 *Miss Agatha Cox* - Oil/canvas (112x86cm-44x34in) London 91 .... FF*29 760* - £*3 020* - **$5,375**
WIRKKALA Tapio 1915-1985 [2]
✐ *Landskap från Karelen* - Watercolour/paper (24x31cm-9x12in) Helsinki 92 ...... FF*4 300* - £*514* - **$826**
WIRNHIER Friedrich 1868-1952 [1]
▱ *Meerleuchten* - Poster (124x92cm-49x36in) New-York 92 .... FF*7 950* - £*814* - **$1,400**
WIRSCHING Otto 1889-1919 [1]
▱ *Vom Totentanz* - Woodcut (26x23cm-10x9in) München 93 .... FF*2 263* - £*259* - **$382**
WIRSING Heinrich 1875-? [1]
▣ *Griechische Kugelstosserin* - Bronze (49cm-19in) München 93 .... FF*4 750* - £*567* - **$913**
WIRSUM Karl 1939 [3]
✐ *Head of a man* - Ink (36x25cm-14x10in) Chicago 94 .... FF*3 425* - £*400* - **$600**
WIRTANEN Kaapo 1886-1959 [7]
🦅 *Klar höstda* - Oil/canvas (72x56cm-28x22in) Helsinki 92 .... FF*15 770* - £*1 614* - **$2,777**
WIRTH Albert 1848-1923 [1]
🦅 *Soldater der synger Morgensang* - Oil/canvas (60x51cm-24x20in) København 89 ...... FF*5 300* - £*542* - **$852**
WIRTH Anna Marie 1846-? [1]
🦅 *The Scholar* - Oil/panel (51x40cm-20x16in) New-York 95 .... FF*21 900* - £*2 850* - **$4,500**
WIRTH Hermann 1877-? [2]
🦅 *Spielende Kinder* - Oil/panel (100x115cm-39x45in) Stuttgart 90 .... FF*2 550* - £*261* - **$503**
WIRTH Willy Franz XIX-XX [5]
🦅 *Ansicht von Zons* - Öl/Leinwand (70x100cm-28x39in) Düsseldorf 96 ...... FF*4 060* - £*502* - **$785**
WIRTZ Johann 1805-1867 [2]
🦅 *Anna Maria Eicher* - Oil/canvas (91x76cm-36x30in) London 94 .... FF*41 600* - £*5 000* - **$7,920**
WIRZ Johann Jakob 1694-1773 [2]
✐ *Johann Heinrich Hirzel* - Ink/paper (19x15cm-7x6in) Zürich 96 .... FF*6 780* - £*877* - **$1,343**
WIRZ Karl 1885-1957 [7]
🦅 *Anemonen* - Öl/Leinwand (34x29cm-13x11in) Zofingen 94 .... FF*5 290* - £*627* - **$978**
WISARD Gottlieb Emanuel 1799-1837 [1]
✐ *Berner Trachtenmädchen* - Aquarell (15x14cm-6x6in) Bern 93 .... FF*2 766* - £*308* - **$470**
WISBY Jack 1870-1940 [10]
🦅 *Landscape with cows* - Oil/canvas (56x92cm-22x36in) San Francisco-Los Angeles 95 ...... FF*14 950* - £*1 965* - **$3,000**

W

WISCHNIOWSKY Josef 1856-1926 [1]
🍃 *Flowers & preaches* - Oil/canvas (121x91cm-48x36in) London 95 .... FF**39 940** - £**5 000** - **$7,950**
WISELBERG Rose 1908-1992 [4]
🍃 *Still life with roses* - Oil/board (66x51cm-26x20in) Toronto 94 .... FF**7 370** - £**861** - **$1,300**
WISHART Peter 1852-1932 [1]
🍃 *Sketching by a river bank* - Oil/canvas (29x40cm-11x16in) Glasgow 91 .... FF**7 930** - £**800** - **$1,392**
WISINGER-FLORIAN Olga 1844-1926 [33]
🍃 *Apfelbäume* - Öl/Karton (49x73cm-19x29in) Wien 94 .... FF**1** - £**139 400** - **$220,600**
  Blühender weisser Flieder - Öl/Leinwand (43x39cm-17x15in) Lindau 94 .... FF**24 308** - £**2 552** - **$418,1 4**
  The apple orchard - Oil/canvas (131x181cm-52x71in) London 91 .... FF**446 000** - £**45 265** - **$80,552**
WISKOVSKY Eugen 1888-1964 [1]
🍃 *Insulator* - Gelatin silver print (38x28cm-15x11in) New-York 93 .... FF**7 670** - £**873** - **$1,300**
WISLICENUS Max 1861-1957 [2]
🍃 *Frühsommer im Pillnitzer Park* - Öl/Leinwand (66x56cm-26x22in) München 93 .... FF**4 180** - £**478** - **$706**
WISNIESKI Oskar 1819-1891 [1]
🍃 *Ausritt einer Gesellschaft* - Oil/board (47x60cm-19x24in) München 91 .... FF**16 900** - £**1 715** - **$3,052**
WISSELINGH van Johannes Pieter 1812-1899 [4]
🍃 *Wooded landscape with cattle* - Oil/panel (38x51cm-15x20in) London 93 .... FF**8 300** - £**1 000** - **$1,520**
WISSEN van Thomas 1866-1954 [2]
🍃 *Beeches* - Oil/canvas (100x80cm-39x31in) Amsterdam 95 .... FF**3 135** - £**400** - **$642**
WISSING Willem 1653-1687 [11]
🍃 *Prince George of Denmark* - Oil/canvas (124x102cm-49x40in) London 91 .... FF**69 100** - £**6 928** - **$12,656**
WISTEHUFF Revere F. 1900-1971 [3]
🍃 *Through the hoop* - Oil/canvas (52x43cm-20x17in) New-York 92 .... FF**9 650** - £**988** - **$1,700**
WISZNIEWSKI Adrian 1958 [2]
🍃 *Self-Portrait* - Oil/canvas (61x46cm-24x18in) London 97 .... FF**18 832** - £**2 000** - **$3,280**
🖉 *Sel-portrait* - Gouache (67x49cm-26x19in) London 93 .... FF**13 170** - £**1 500** - **$2,235**
WIT de Jacob 1695-1754 [42]
🍃 *Allégorie de la Géographie* - Huile/toile (102x163cm-40x64in) Paris 96 .... FF**170 000** - £**19 670** - **$32,600**
🖉 *The head of an Angel* - Coloured chalks/paper (20x25cm-8x10in) New-York 97 .... FF**12 511** - £**1 392** - **$2,249**
  The Annunciation - Black chalk (41x26cm-16x10in) London 94 .... FF**45 800** - £**5 500** - **$8,470**
WIT de Joseph, Jef 1907-1988 [2]
🍃 *Les amoureux* - Huile/panneau (40x50cm-16x20in) Antwerpen 92 .... FF**3 626** - £**433** - **$697**
WIT de Peter 1784-1849 [1]
🖉 *Paysage de montagne* - Aquarelle, gouache (38x50cm-15x20in) Bruxelles 91 .... FF**4 980** - £**510** - **$924**
WIT de Prosper 1860-1947 [43]
🍃 *La maison blanche* - Huile/toile (40x50cm-16x20in) Antwerpen 93 .... FF**5 770** - £**690** - **$1,180**
  Effeuillage des choux - Huile/toile (60x80cm-24x31in) Bruxelles 93 .... FF**28 840** - £**3 450** - **$5,890**
WITASEK Emil 1900 [2]
🖉 *Der hl. Georg* - Ink/paper (59x45cm-23x18in) Wien 91 .... FF**3 840** - £**387** - **$748**
WITCOWSKY Karl 1860-1910 [1]
🍃 *Young boy sketching his dog*
  Oil/canvas (51x41cm-20x16in) San Francisco-Los Angeles 90 .... FF**21 500** - £**2 261** - **$3,739**
WITHAM James XIX-XX [2]
🍃 *The Bacino, Venise* - Oil/canvas (38x55cm-15x22in) London 89 .... FF**16 500** - £**1 687** - **$2,653**
WITHERINGTON William Frederick 1785-1865 [12]
🍃 *Midsummer* - Oil/canvas (69x90cm-27x35in) London 91 .... FF**99 200** - £**10 000** - **$17,500**
🖉 *Hop Pickers in Kent* - Watercolour (17x25cm-7x10in) London 92 .... FF**5 440** - £**650** - **$1,047**
WITHERS Alfred 1865-1932 [1]
🍃 *Continental riverside town* - Oil/board (25x33cm-10x13in) Billinghurst, West Sussex 92 .... FF**3 944** - £**400** - **$760**
WITHERS Augusta Innes c.1793-1860 [10]
🖉 *Common nasturtium, Trapoelum Majus* - Gouache (26x20cm-10x8in) London 97 .... FF**15 052** - £**1 600** - **$2,593**
WITHERSPOON Henry Robert XIX-XX [7]
🍃 *Wooded river landscape* - Oil/canvas (30x46cm-12x18in) Aylsham, Norfolk 95 .... FF**2 154** - £**280** - **$450**
WITHOOS Franz 1657-1705 [1]
🍃 *Blumen am Waldrand* - Oil/canvas (76x66cm-30x26in) Wien 91 .... FF**86 600** - £**8 683** - **$14,295**
WITHOOS Mathias Calzetti 1627-1703 [11]
🍃 *Landscape with Drugged Birds* - Oil/canvas (146x155cm-57x61in) New-York 97 .... FF**512 532** - £**54 639** - **$90,000**
WITHROW Evelyn Almond, Eva 1858-1928 [2]
🍃 *Portrait of a Lady* - Oil/canvas (68x56cm-27x22in) San Francisco-Los Angeles 95 .... FF**7 080** - £**806** - **$1,200**
WITJENS Jacques 1881-1956 [2]
🍃 *Dutch fischerwomen on a beach* - Oil/panel (23x36cm-9x14in) London 93 .... FF**5 710** - £**650** - **$969**
WITJENS Willem 1884-1962 [11]
🍃 *Farmhouse in the snow* - Oil/canvas (45x63cm-18x25in) Amsterdam 93 .... FF**2 495** - £**286** - **$425**
WITKAMP Ernst Sigismund 1854-1897 [5]
🍃 *Model in a blue Dress* - Oil/canvas (40x32cm-16x13in) Amsterdam 97 .... FF**5 402** - £**575** - **$940**
WITKIEWICZ Stanislaw 1851-1915 [1]
🍃 *Wawel w nocy* - Huile/toile (25x17cm-10x7in) Warszawa 92 .... FF**6 250** - £**638** - **$1,116**
WITKIEWICZ-WITKACY Stanislaw Ignacy 1885-1939 [37]
🍃 *Leona Chwistka* - Oil/canvas (81x65cm-32x26in) Warszawa 96 .... FF**347 000** - £**43 300** - **$67,000**
🖉 *Portret Janiny Bastgen* - Pastel/papier (65x49cm-26x19in) Warszawa 93 .... FF**12 450** - £**1 274** - **$2,063**
  Helena Bialynicka-Birula - Pastel/papier (61x47cm-24x19in) Warszawa 96 .... FF**46 500** - £**5 870** - **$8,950**

W

WITKIN Isaac 1936 [3]
Tempest Ami - Bronze (94x10x36cm-37x4x14in) New-York 97 .... FF15 205 - £1 606 - **$2,600**
WITKIN Joel-Peter 1939 [102]
Bruja - Gelatin silver print (25x28cm-10x11in) New-York 96 .... FF15 470 - £1 987 - **$3,000**
Woman with severed head - Silver print (37x37cm-15x15in) New-York 91 .... FF15 670 - £1 579 - **$2,719**
Lisa Lyon, N. Y. - Silver print (95x77cm-37x30in) London 94 .... FF28 960 - £3 400 - **$5,070**
WITKOWSKI Karl 1860-1910 [11]
Boy with parrot - Oil/canvas (61x50cm-24x20in) New-York 91 .... FF25 470 - £2 570 - **$4,500**
Stealing Apples - Oil/canvas (74x49cm-29x19in) New-York 93 .... FF135 700 - £15 440 - **$23,000**
WITKOWSKI Romuald Kamil 1876-1950 [2]
Autoportret artysty - Oil/canvas/panel (86x66cm-34x26in) Kraków 93 .... FF9 160 - £935 - **$1,637**
WITSCHEL Bernhard 1866-? [1]
Spätsommer am Chiemsee - Woodcut in colors (29x35cm-11x14in) München 91 .... FF1 873 - £188 - **$343**
WITSEN Willem 1860-1923 [39]
Flowers in a vase - Oil/canvas (50x41cm-20x16in) Amsterdam 95 .... FF9 320 - £1 210 - **$1,940**
Gravenhekje Prins Hzndrikkade - Oil/canvas (51x42cm-20x17in) Amsterdam 92 ..... FF57 300 - £6 840 - **$11,010**
Roses in a vase - Watercolour/paper (40x30cm-16x12in) Amsterdam 95 .... FF11 130 - £1 390 - **$2,247**
WITT de Reinhold 1863-1932 [1]
In der Bauernstube - Öl/Leinwand (56x74cm-22x29in) Bremen 91 .... FF11 140 - £1 274 - **$1,880**
WITT Franz 1864-? [1]
Die Rotunde im Prater - Aquarell/Papier (17x14cm-7x6in) Wien 94 .... FF3 900 - £468 - **$757**
WITT Hans 1891-1966 [4]
Tram im Witzel - Oil/canvas (40x33cm-16x13in) London 96 .... FF8 770 - £1 000 - **$1,680**
WITT Joannes Em. Benedict 1821-1893 [1]
Romantsiche Ruinenlandschaft - Oil/panel (21x29cm-8x11in) Lindau 93 .... FF5 600 - £669 - **$1,076**
WITT Johann 1834-1886 [1]
Plakat zur Volksabstimmung - Lithographie couleurs (84x64cm-33x25in) Bern 96 .... FF7 740 - £940 - **$1,505**
WITTE de Adrien 1850-1935 [13]
San Pietro, berges du Tibre - Huile/toile (18x25cm-7x10in) Liège 96 .... FF6 570 - £760 - **$1,258**
WITTE Karin 1939 [7]
Liggende kvindemodeller - Aquatint Köbenhavn 92 .... FF3 170 - £324 - **$558**
Vor dem Fenster - Watercolour (64x48cm-25x19in) Hamburg 96 .... FF2 526 - £329 - **$501**
WITTE Kurt 1882-1959 [6]
Geige und Torso - Oil/canvas (94x98cm-37x39in) Bremen 90 .... FF8 500 - £869 - **$1,678**
WITTE-LENOIR Heinz 1880-1961 [3]
Haus hinter Bäumen - Öl/Leinwand (81x59cm-32x23in) Bremen 95 .... FF15 400 - £1 976 - **$3,170**
WITTEL van Kaspar Vanvitelli 1653-1736 [31]
Darsena, Naples - Oil/canvas (74x172cm-29x68in) London 96 .... FF4 - £600 000 - **$935,000**
Catle on an Island/Sketch of Portico - Black chalk (18x36cm-7x14in) London 97 .... FF117 416 - £12 000 - **$19,984**
WITTEN Eugène XX [2]
Composition brune, 1981 - Huile/toile (46x61cm-18x24in) Strasbourg 89 .... FF5 000 - £511 - **$804**
WITTENBERG Jan Hendrik W. 1886-1963 [3]
Cactus in Wit Potje - Oil/canvas/panel (17x15cm-7x6in) Amsterdam 94 .... FF24 573 - £2 583 - **$4,221**
WITTENBORN Rainer 1941 [2]
Projekt Mariner 6 + 7 - Collage (74x83cm-29x33in) München 94 .... FF2 047 - £244 - **$386**
WITTERS Nell XX [2]
Girl with doll - Oil/board (46x36cm-18x14in) Baton Rouge, Louisiana 93 .... FF3 280 - £395 - **$600**
Portrait of a girl - Oil/canvas (43x33cm-17x13in) Chicago 93 .... FF3 300 - £414 - **$600**
WITTERVULGHE Joseph 1883-1967 [14]
Le ferronier - Bronze (73cm-29in) Bruxelles 93 .... FF5 930 - £710 - **$1,212**
Mother hugging her child - Stone (66cm-26in) London 94 .... FF30 500 - £3 600 - **$5,430**
WITTEVRONGEL Roger 1933 [10]
oranje kleed - Huile/toile (44x30cm-17x12in) Antwerpen 94 .... FF4 950 - £577 - **$867**
Mur avec dépot de portes - Aquarelle (70x105cm-28x41in) Antwerpen 96 .... FF3 280 - £398 - **$633**
WITTEVRONGHEL Alexander Joseph 1824-1901 [1]
Picnic on a frozen lake - Oil/panel (48x64cm-19x25in) London 93 .... FF48 300 - £5 500 - **$8,200**
WITTFOOTH-RAADE Agnes 1872-1966 [1]
Stilleben - Oil/canvas (50x40cm-20x16in) Helsinki 91 .... FF3 440 - £342 - **$592**
WITTICH-EPERJESI Karoly 1878-? [1]
La déclaration - Huile/toile (67x85cm-26x33in) Bruxelles 90 .... FF15 400 - £1 638 - **$2,755**
WITTIG Edward 1879-1941 [1]
Semi-recumbent youth - Bronze (19cm-7in) London 95 .... FF10 540 - £1 400 - **$2,173**
WITTIG Friedrich Artur 1894-1962 [4]
Niobe - Öl/Karton (60x70cm-24x28in) Konstanz 94 .... FF5 120 - £605 - **$920**
WITTING Walter Günther J. 1864-1940 [6]
Der Strassensänger - Öl/Kupfer (44x28cm-17x11in) München 95 .... FF4 570 - £575 - **$914**
WITTKAMP Johann Bernhard 1820-1885 [1]
The rescue - Oil/canvas New-York 90 .... FF17 200 - £1 809 - **$2,991**
WITTLER Heinz H., Arigo 1918 [4]
Süditalienische Hafenstadt - Tempera (66x46cm-26x18in) Ahlden 92 .... FF12 580 - £1 288 - **$2,215**
WITTLICH Josef 1903-1982 [4]
Soldaten im Angriff - Gouache (101x73cm-40x29in) München 95 .... FF7 950 - £1 040 - **$1,592**

W

WITTMACK Edgar F. 1894-1956 [1]
🖼 *Couple, she on piano bench* - Oil/canvas (64x64cm-25x25in) New-York 96 .... FF4 100 - £487 - **$800**
WITTMAN Thea 1876-1918 [2]
🖼 *Peonies & delphiniums* - Oil/canvas (100x79cm-39x31in) London 91 .... FF20 160 - £2 007 - **$3,467**
WITTMANN Charles 1876-1953 [8]
🖼 *Intérieur d'église* - Huile/toile (101x65cm-40x26in) Saint-Dié 97 .... FF4 200 - £474 - **$760**
✏ *La rue montante* - Gouache/papier (50x32cm-20x13in) Lons-Le-Saunier 90 .... FF2 000 - £204 - **$400**
WITTMER Johann Michael 1802-1880 [8]
🖼 *Gebirgslandschaft* - Öl/Leinwand (45x61cm-18x24in) Köln 94 .... FF51 600 - £6 130 - **$9,700**
Murnauer Familie Kottmüller - Oil/canvas (135x98cm-53x39in) Köln 92 .... FF306 000 - £31 300 - **$53,900**
✏ *A Turkish coffee house* - Watercolour (28x43cm-11x17in) London 95 .... FF14 800 - £1 900 - **$2,990**
WITTOP Freddy 1912 [2]
✏ *Costume pour les Folies-Bergères* - Gouache (43x30cm-17x12in) Bruxelles 91 .... FF2 140 - £215 - **$353**
WITTUSEN Laura Margarethe 1828-1916 [1]
🖼 *Basket of flowers* - Oil/panel (48x58cm-19x23in) London 93 .... FF115 700 - £13 000 - **$19,370**
WITZ Johann Benedikt 1709-1780 [1]
🗿 *Kruzifix* - Sculpture (87cm-34in) München 91 .... FF85 500 - £8 770 - **$15,900**
WITZEL Josef Rudolf 1867-1924 [6]
🖼 *Vorgebirgslandschaft im Spätherbst* - Öl/Leinwand (80x110cm-31x43in) München 95 ... FF16 600 - £2 170 - **$3,320**
📜 *Wein-Restaurant Volkstheater* - Poster (123x92cm-48x36in) London 96 .... FF2 030 - £260 - **$400**
✏ *Can-Can Tänzerinnen* - Watercolour (19x38cm-7x15in) Heidelberg 92 .... FF2 890 - £296 - **$509**
WITZMANN Carl 1883-1952 [1]
🖼 *Gimpel* - Oil/canvas (39x30cm-15x12in) Hamburg 92 .... FF8 470 - £1 013 - **$1,630**
WITZMANN Franz 1874-1956 [2]
✏ *Motiv aus Göttweig* - Watercolour (23x33cm-9x13in) Wien 92 .... FF2 407 - £242 - **$402**
WIWEL Niels 1855-1914 [5]
🖼 *Kvinde pudser messing i køkkenet* - Oil/canvas (66x56cm-26x22in) Viby J, Århus 96 .... FF15 830 - £1 878 - **$3,090**
WIZON Tod XX [2]
🖼 *Clots* - Acrylic/panel (91x101cm-36x40in) New-York 92 .... FF6 630 - £672 - **$1,200**
WJALOV Konstantin 1900-1976 [1]
📷 *Death boxing/Execution styles* - Photograph (18x26cm-7x10in) New-York 90 .... FF10 080 - £1 015 - **$1,975**
WLERICK Robert 1882-1944 [27]
🗿 *Jenny* - Bronze (39cm-15in) Paris 97 .... FF17 000 - £1 868 - **$3,103**
Baigneuse au turban - Bronze (42cm-17in) Paris 97 .... FF31 000 - £3 407 - **$5,658**
✏ *Le fleuve* - Sanguine/papier (33x54cm-13x21in) Paris 97 .... FF6 000 - £659 - **$1,095**
WOCHER Marquard Fidel Dom. 1760-1830 [7]
✏ *Melchior Schnell* - Aquarelle (20x16cm-8x6in) Zofingen 95 .... FF20 400 - £2 583 - **$4,100**
Schweizisk prospekt - Wash (41x56cm-16x22in) København 91 .... FF29 900 - £3 002 - **$5,173**
WOCHER Tiberius Domenikus 1728-1799 [2]
🖼 *The daughter of Jephthah* - Oil/canvas (78x113cm-31x44in) London 91 .... FF54 600 - £5 593 - **$10,194**
WODNANSKY Wilhelm 1876-1958 [3]
🖼 *Interiør med pige ved klaveret* - Oil/canvas (85x59cm-33x23in) København 91 .... FF9 650 - £958 - **$1,676**
WODZINOWSKI Wincenty 1866-1940 [1]
🖼 *Young peasant girls* - Oil/panel (68x99cm-27x39in) Warszawa 91 .... FF16 530 - £2 070 - **$3,220**
WOEBCKE Albert Ch. Friedrich 1896-1980 [2]
🗿 *Zwei stehende, weibliche Akte* - Bronze (84cm-33in) Bremen 95 .... FF13 300 - £1 706 - **$2,740**
WOELFFER Emerson 1914-? [8]
🖼 *Profile in green* - Oil/canvas (80x70cm-31x28in) New-York 95 .... FF16 340 - £2 042 - **$3,300**
WOELFLE Arthur William 1879-1936 [5]
🖼 *Still life with brook trout and creel* - Oil/canvas (74x107cm-29x42in) New-York 95 ... FF16 160 - £2 047 - **$3,250**
WOENSEL van Petronella 1785-1839 [7]
🖼 *Bouquet de fleurs* - Toile (84x65cm-33x26in) Deauville 94 .... FF85 000 - £10 380 - **$16,130**
WOESTIJNE van de Gustave 1881-1947 [12]
🖼 *De Likeursdrinksters* - Oil/canvas (110x99cm-43x39in) Amsterdam 93 .... FF663 000 - £79 100 - **$127,500**
✏ *Deeske* - Watercolour (34x25cm-13x10in) Amsterdam 93 .... FF452 000 - £54 000 - **$87,000**
WOESTIJNE van de Maxime 1911 [6]
🖼 *De zéro à l'infini* - Huile/toile (90x73cm-35x29in) Antwerpen 93 .... FF3 880 - £444 - **$661**
WOGENSKY Robert 1919 [6]
🖼 *Bateau à quai, 1952* - Huile/toile (50x64cm-20x25in) Paris 90 .... FF16 000 - £1 702 - **$2,862**
📜 *Parade, 1987* - Gravure carborandum (65x50cm-26x20in) Paris 90 .... FF4 000 - £403 - **$727**
WOHLFAHRT Fredrik 1837-1909 [2]
🖼 *Rokokopar* - Oil/canvas (40x29cm-16x11in) Göteborg 93 .... FF2 370 - £291 - **$439**
WOHLFARTH Wilhelm B. 1812-1863 [1]
🖼 *Spelande gosse* - Oil/canvas (38x29cm-15x11in) Stockholm 95 .... FF2 256 - £277 - **$440**
WOHLGEMUT Michael 1434-1519 [2]
📜 *The Nuremberg Chronicle* - Woodcut New-York 94 .... FF2 284 - £597 - **$400**
WOHLGEMUTH Daniel 1876-1967 [4]
✏ *Baumlandschaft* - Aquarell/Papier (34x44cm-13x17in) Heidelberg 94 .... FF1 646 - £197 - **$320**
WOHLWILL Gretchen 1878-1962 [5]
✏ *Sitzendes Mädchen* - Watercolour (60x45cm-24x18in) Bremen 94 .... FF13 800 - £1 632 - **$2,544**
WÖHNER Louis 1888-1958 [8]
🖼 *Bauernhof in Hechenberg* - Öl/Leinwand (65x85cm-26x33in) München 93 .... FF11 870 - £1 418 - **$2,283**

W

WOJCIECH Kala XX [2]
Naissance de Vénus no.2 - Sculpture (67x23x39cm-26x9x15in) Sceaux 90 .... FF3 700 - £382 - **$654**
WOJNAROWICZ David 1954-1992 [11]
Burning Man - Mixed media/panel (122x122cm-48x48in) New-York 96 .... FF24 600 - £2 916 - **$4,800**
Map face - Acrylic (121x121cm-48x48in) New-York 93 .... FF38 500 - £4 830 - **$7,000**
Untitled - Mixed media drawing (122x183cm-48x72in) New-York 92 .... FF52 000 - £6 210 - **$10,000**
WOJNARSKI Jan 1879-1937 [1]
Toaleta kobiet - Aquarelle/papier (43x29cm-17x11in) Warszawa 91 .... FF3 334 - £340 - **$596**
WOJNIAKOWSKI Kazimierz 1772-1812 [1]
Portret pani Wlodkowej - Huile/panneau (62x51cm-24x20in) Warszawa 91 .... FF16 670 - £1 700 - **$2,976**
WOJTKIEWICZ Witold 1879-1911 [5]
Garden-party - Oil/cardboard (43x54cm-17x21in) Warszawa 96 .... FF340 000 - £42 600 - **$66,200**
WOLBERS Hermanus Gerhardus 1856-1926 [7]
Milking time - Oil/canvas (41x60cm-16x24in) Amsterdam 94 .... FF4 870 - £576 - **$875**
Milking time - Watercolour (33x50cm-13x20in) Amsterdam 94 .... FF2 575 - £296 - **$441**
WOLCHONOK Louis 1898-1973 [4]
Industrial landscape, West Virginia - Watercolour (37x91cm-15x36in) New-York 94 .... FF13 000 - £1 540 - **$2,400**
WOLCK Preben 1925 [27]
Solstrejf, vinter - Acrylic/canvas (73x60cm-29x24in) Viby J, Århus 96 .... FF2 317 - £300 - **$464**
WOLCKER Johann Georg 1700-1766 [1]
Maginficat anima mea dominum - Öl/Leinwand (38x29cm-15x11in) München 94 .... FF11 940 - £1 412 - **$2,146**
WOLCOTT Harold C. XX [2]
Rockport Village - Oil/board (36x46cm-14x18in) St. Petersburg, Florida 94 .... FF3 425 - £400 - **$600**
WOLCOTT Marion Post 1910-1990 [21]
Goup of 4 photographs - Silver print (23x30cm-9x12in) New-York 96 .... FF8 260 - £1 024 - **$1,600**
WOLD-TORNE Oluf 1867-1919 [1]
Ettermiddag - Oil/panel (37x46cm-15x18in) Oslo 92 .... FF26 900 - £2 755 - **$4,740**
WOLF Alexander 1864-1921 [2]
Feldweg in Winterlanschaft - Huile/panneau (47x40cm-19x16in) Bern 94 .... FF3 434 - £398 - **$592**
WOLF August 1842-1915 [1]
Madonna mit Kind - Öl/Leinwand (114x161cm-45x63in) Wien 94 .... FF15 500 - £1 810 - **$2,717**
WOLF Carl 1901-1993 [3]
Gehöft - Watercolour (28x19cm-11x7in) München 95 .... FF1 780 - £222 - **$360**
WOLF Caspar 1735-1798 [11]
Ideale Hochgebirgslandschaft - Oil/canvas (51x102cm-20x40in) Zürich 92 .... FF342 500 - £40 900 - **$65,900**
Die Tell-Kapelle in Küssnacht - Aquarell/Papier (19x29cm-7x11in) Zürich 95 .... FF9 340 - £1 184 - **$1,880**
WOLF Franz 1795-1859 [1]
Der Michaelerplatz - Aquarell/Papier (10x15cm-4x6in) Wien 95 .... FF10 110 - £1 263 - **$2,044**
WOLF Franz Xaver 1896-1967 [38]
The Last Throw - Oil/panel (50x58cm-20x23in) London 97 .... FF16 886 - £1 800 - **$2,948**
Assorted flowers in a vase - Oil/panel (71x50cm-28x20in) London 95 .... FF62 100 - £7 500 - **$11,450**
WOLF Friedrich XIX [2]
Deer hunters returning homme - Oil/canvas (50x66cm-20x26in) London 91 .... FF21 820 - £2 215 - **$3,941**
WOLF Georg 1858-? [7]
Sommertag auf dem Land - Oil/canvas (50x60cm-20x24in) Köln 90 .... FF15 200 - £1 627 - **$2,643**
Fischerknabe - Bronze (43cm-17in) Bremen 93 .... FF8 080 - £974 - **$1,580**
WOLF Georg 1882-1962 [24]
Im Baumschatten - Oil/canvas (55x81cm-22x32in) Köln 92 .... FF15 300 - £1 566 - **$2,694**
WOLF Gustav 1887-1947 [2]
Am Waldrand - Öl/Leinwand (90x101cm-35x40in) Heidelberg 93 .... FF4 200 - £490 - **$690**
Zehn Worte des Anfangs - Woodcut Heidelberg 96 .... FF1 964 - £243 - **$380**
WOLF Hamilton Achille 1883-1967 [4]
Atomic Landscape - Oil/board (63x48cm-25x19in) San Francisco-Los Angeles 92 .... FF5 550 - £581 - **$1,000**
WOLF Jacques 1896-1956 [1]
Nu assis - Huile/toile (81x54cm-32x21in) Provins 92 .... FF3 800 - £442 - **$776**
WOLF Joseph 1820-1899 [30]
The robin's nest - Oil/canvas (28cm-11in) London 92 .... FF8 800 - £900 - **$1,550**
Copper Pheasant - Watercolour (37x54cm-15x21in) London 95 .... FF31 900 - £4 200 - **$6,460**
Gazelles and pratincoles - Watercolour (78x89cm-31x35in) London 94 .... FF138 700 - £16 500 - **$26,400**
WOLF Julius 1909-? [1]
Weg durch die Heide - Oil/panel (60x50cm-24x20in) Pforzheim 94 .... FF2 060 - £244 - **$381**
WOLF Lone 1882-1965 [5]
Indian scouts - Oil/canvas (56x70cm-22x28in) New-York 92 .... FF12 740 - £1 480 - **$2,600**
WOLF Max 1824-1901 [3]
Heidelberger Schloß - Oil/panel (42x33cm-17x13in) Heidelberg 94 .... FF7 450 - £866 - **$1,520**
WOLF Raimund Anton 1865-1924 [2]
Lady reading - Pastel (76x98cm-30x39in) London 92 .... FF14 660 - £1 500 - **$2,587**
WOLF Rudolf 1877-? [7]
Der letzte Heller - Oil/panel (40x49cm-16x19in) Lindau 94 .... FF8 520 - £1 018 - **$1,605**
WOLF-FERRARI Teodoro 1876-1945 [6]
San Zenone - Olio/tavola (58x74cm-23x29in) Trieste 93 .... FF20 760 - £2 405 - **$3,570**

WOLFE de Astrid 1926 [1]
● *Coffee cup, bread & water kettle* - Oil/canvas Bloomfield Hills, Michigan 90 .... FF3 900 - £393 - **$709**

WOLFE Edith Grace 1888-1970 [1]
● *White cart-mare Evelyn* - Oil/canvas (61x50cm-24x20in) New-York 90 .... FF16 000 - £1 653 - **$2,827**

WOLFE Edward 1890-? [30]
● *Italian fisherman, Ischia* - Oil/canvas/board (55x45cm-22x18in) London 92 .... FF13 640 - £1 400 - **$2,535**
Flowers - Oil/canvas/board (110x80cm-43x31in) London 91 .... FF74 100 - £7 429 - **$13,572**
⟋ *Head of a woman* - Drawing (78x58cm-31x23in) London 90 .... FF13 640 - £1 450 - **$2,436**

WOLFE Edward 1897-1982 [83]
● *Pat Nelson* - Oil/canvas/board (76x62cm-30x24in) London 92 .... FF8 600 - £1 000 - **$1,755**
Diana in Spain - Oil/canvas (122x74cm-48x29in) London 97 .... FF33 525 - £3 500 - **$5,736**
⟋ *Seated nude with cat sleeping* - Pastel (91x69cm-36x27in) London 92 .... FF16 340 - £1 900 - **$3,335**

WOLFE George 1834-1890 [10]
⟋ *A castle on the coast by moonlight* - Watercolour (56x105cm-22x41in) London 92 .... FF30 150 - £3 600 - **$5,800**

WOLFE Karl 1904-? [1]
● *Farm chores* - Oil/board (23x30cm-9x12in) Mystic, Connecticut 95 .... FF3 490 - £419 - **$650**

WOLFE-MURRAY David Knightley c.1890-1950 [1]
⟋ *7 watercolours of birds* - Watercolour (28x48cm-11x19in) London 95 .... FF9 030 - £1 200 - **$1,863**

WOLFENSBERGER Johann Jakob 1797-1850 [3]
⟋ *Athens with the Acropolis* - Watercolour/board (52x75cm-20x30in) London 91 .... FF29 760 - £3 020 - **$5,375**

WOLFERS Marcel 1886-1976 [3]
🖾 *Saint-Georges* - Bronze (63cm-25in) Bruxelles 94 .... FF33 200 - £3 960 - **$6,250**

WOLFERS Philippe 1858-1929 [6]
🖾 *L'Ingénue* - Bronze (20x11x6cm-8x4x2in) Bruxelles 93 .... FF21 420 - £2 560 - **$4,380**

WOLFF Aage Jacob Emil 1807-1830 [1]
● *Kongens Nytorv ved Fakkelskin* - Oil/canvas (13x19cm-5x7in) Vejle 94 .... FF3 144 - £365 - **$542**

WOLFF Albert 1814-1892 [1]
🖾 *Christian Rauch* - Bronze (42cm-17in) Bremen 94 .... FF37 700 - £4 370 - **$6,490**

WOLFF Albert Moritz 1854-1923 [1]
🖾 *Beduin and his camel* - Bronze (35cm-14in) Vejle 94 .... FF5 200 - £635 - **$986**

WOLFF Betty 1863-1941 [1]
● *Georg Brandes* - Oil/canvas (60x72cm-24x28in) Köbenhavn 94 .... FF3 910 - £470 - **$724**

WOLFF Caspar 1735-1798 [7]
▱ *Rinkenberg, Lac de Brienz* - Aquatinte Bern 93 .... FF4 570 - £546 - **$879**

WOLFF de Cor 1889-1963 [1]
● *Fransch Kroegje* - Oil/canvas (46x55cm-18x22in) Amsterdam 95 .... FF3 994 - £506 - **$780**

WOLFF Emil 1802-1879 [2]
🖾 *Young Girl with a lamb & Tambourine* - Marble (138cm-54in) London 97 .... FF95 238 - £10 000 - **$16,324**

WOLFF Franz Alex. Fried. 1816-1887 [1]
🖾 *Russian peasant boy on horseback* - Bronze (30cm-12in) North Bethesda, MD. 92 .... FF9 700 - £992 - **$1,900**

WOLFF Friedrich Anton 1814-1876 [1]
⟋ *Steinbruch mit Kalkofen* - Aquarell/Papier (21x34cm-8x13in) Bielefeld 93 .... FF4 550 - £531 - **$748**

WOLFF Hermann 1841-? [1]
● *Hechtsee mit Wildem Kaiser* - Oil/canvas (23x36cm-9x14in) München 90 .... FF2 380 - £243 - **$470**

WOLFF Jeremias 1663-1724 [2]
▱ *Diese Zeichnung...* - Gravure (16x28cm-6x11in) Bern 93 .... FF6 760 - £845 - **$1,235**

WOLFF José 1884-1964 [87]
● *Maison au bord d'une rivière* - Huile/toile (50x60cm-20x24in) Liège 91 .... FF9 960 - £1 020 - **$1,850**
Le noyer au soleil - Huile/toile (80x100cm-31x39in) Liège 95 .... FF21 800 - £2 780 - **$4,394**

WOLFF Károly 1869-? [6]
● *Reading the letter* - Oil/canvas (75x100cm-30x39in) London 95 .... FF14 200 - £1 800 - **$2,860**

WOLFF Paul 1887-1951 [5]
📷 *Paris sur l'Arc de Triomphe* - Photo (22x16cm-9x6in) Paris 95 .... FF2 800 - £358 - **$572**

WOLFF SCHOEMAKER Charles Prosper 1882-1949 [2]
● *A Balinese beauty* - Oil/board (39x27cm-15x11in) Amsterdam 96 .... FF20 500 - £2 630 - **$3,970**

WOLFF Willy 1905-1985 [1]
▱ *Ohne Titel* - Monotype (43x26cm-17x10in) Berlin 95 .... FF2 060 - £270 - **$419**

WOLFF-FILSECK Eugen 1873-1937 [2]
● *Der Besuch* - Oil/canvas (56x75cm-22x30in) Stuttgart 92 .... FF13 680 - £1 405 - **$2,630**

WOLFF-MAAGE Hugo 1866-? [2]
● *Rummelsburger See bei Berlin* - Oil/canvas/panel (21x33cm-8x13in) Berlin 95 .... FF6 860 - £898 - **$1,394**

WOLFINGER Max 1837-1913 [2]
● *Hügellandschaft mit See* - Öl/Karton (28x43cm-11x17in) Bern 95 .... FF3 890 - £486 - **$785**

WÖLFLE Franz Xaver 1887-1972 [24]
● *2 Putti betrachten einen Vogel* - Öl/Leinwand (33x42cm-13x17in) Kempten 96 .... FF4 110 - £539 - **$833**
A recital - Oil/panel (43x34cm-17x13in) London 96 .... FF14 370 - £1 800 - **$2,770**
Alpine flowers - Oil/panel (65x56cm-26x22in) New-York 96 .... FF36 000 - £4 364 - **$7,000**

WÖLFLI Adolf 1864-1930 [35]
⟋ *Female figure with a mace* - Pastel (50x27cm-20x11in) London 95 .... FF43 100 - £5 600 - **$8,870**
⟋ *Skt. Adolf-Raad-Höllen-Zohrn* - Dessin (99x71cm-39x28in) Bern 95 .... FF118 400 - £15 120 - **$24,250**
Memorandum - Mixed media/paper (120x187cm-47x74in) Bern 94 .... FF467 000 - £55 200 - **$83,800**

WOLFROM Friedrich Ernst 1857-? [2]
● *Blumenstilleben* - Öl/Leinwand (63x88cm-25x35in) Wien 92 .... FF16 830 - £2 010 - **$3,240**

WOLFS Hubert 1899-1937 [1]
- *Kompositie* - Huile/panneau (63x61cm-25x24in) Lokeren 94 .... FF3 **650** - £*436* - **$688**

WOLFS Marie 1964 [2]
- *Femme fardée* - Acrylique/carton (158x120cm-62x47in) Paris 96 .... FF2 **400** - £*309* - **$476**

WOLFSEN Aleijda 1648-1690 [3]
- *Hommage à l'Amour* - Huile/toile (46x38cm-18x15in) Paris 97 .... FF58 **000** - £*6 310* - **$10,097**

WOLFSFELD Erich 1884-1956 [6]
- *An Arab smoking* - Oil/paper (52x38cm-20x15in) London 96 .... FF6 **310** - £*800* - **$1,210**
- *The Arab potter* - Bodycolour (41x55cm-16x22in) London 96 .... FF6 **930** - £*900* - **$1,372**

WOLFSON Irving 1899-? [1]
- *Lower East Side markets* - Watercolour/paper (33x48cm-13x19in) New-York 92 ..... FF2 **860** - £*342* - **$550**

WOLFSON William 1894-? [4]
- *Marble Game* - Etching (18x25cm-7x10in) San Francisco-Los Angeles 95 .... FF1 **980** - £*248* - **$400**

WOLFTHORN Julie 1868-? [1]
- *Sitzende Balletheuse* - Oil/panel (32x24cm-13x9in) Köln 91 .... FF5 **450** - £*546* - **$998**

WOLGERS Dan 1955 [2]
- *Tryckknapp* - Multiple (16cm-6in) Stockholm 94 .... FF2 **797** - £*325* - **$482**
- *Pose, objekt* - Sculpture (177cm-70in) Stockholm 92 .... FF6 **050** - £*724* - **$1,164**

WOLINSKI Georges 1934 [10]
- *Elles ne pensent qu'a ça !* - Feutre/papier (24x32cm-9x13in) Paris 93 .... FF3 **300** - £*376* - **$560**

WOLKONSKY Pierre 1901 [2]
- *Venise* - Oil/canvas (44x53cm-17x21in) London 91 .... FF11 **850** - £*1 197* - **$2,352**

WOLKOV Victor 1936 [2]
- *Reflets de roses sur la table* - Huile/toile (78x58cm-31x23in) Brest 93 ...... FF3 **200** - £*400* - **$582**

WOLLASTON John c.1700-c.1775 [7]
- *Portait of an officer* - Oil/canvas (76x63cm-30x25in) New-York 91 .... FF22 **800** - £*2 297* - **$3,956**

WOLLEK Carl 1862-1936 [1]
- *Elefant* - Bronze (28cm-11in) Wien 96 .... FF4 **800** - £*582* - **$933**

WOLLEN William Barnes 1857-1936 [8]
- *The passing salute* - Oil/canvas (39x72cm-15x28in) Toronto 89 .... FF12 **200** - £*1 247* - **$1,961**
- *Waif of the battle field* - Pencil (61x91cm-24x36in) London 92 .... FF5 **080** - £*520* - **$996**

WOLLES Camille Wollès 1864-1942 [2]
- *Etang à La Hulpe* - Huile/toile (40x50cm-16x20in) Bruxelles 92 .... FF4 **650** - £*476* - **$818**

WOLLHEIM Gert Heinrich 1894-1974 [13]
- *Revue-Negerin* - Oil/panel (140x96cm-55x38in) Köln 91 .... FF50 **700** - £*5 084* - **$8,369**
- *Ohne Titel* - Watercolour (34x26cm-13x10in) Köln 96 .... FF79 **800** - £*9 100* - **$15,280**

WOLMAN Joseph, Gil 1929 [4]
- *Sans titre* - Technique mixte/toile (65x36cm-26x14in) Paris 96 .... FF8 **500** - £*1 102* - **$1,687**

WOLMARK Alfred Aaron 1877-1961 [90]
- *Cottage in the Hills* - Oil/panel (29x37cm-11x15in) London 97 .... FF6 **999** - £*749* - **$1,209**
- *Still Life with Fruit* - Oil/canvas (50x61cm-20x24in) London 97 .... FF22 **983** - £*2 400* - **$3,933**
- *The Flat Iron Building, New York* - Oil/canvas (91x56cm-36x22in) London 96 .... FF61 **900** - £*8 000* - **$12,250**

WOLPERDING Friedrich Ernst 1815-1888 [1]
- *Udkast til teaterdekorationer* - Gouache Viby J, Århus 94 .... FF1 **563** - £*188* - **$290**

WOLS Otto W. Schulze 1913-1951 [89]
- *L'Oeil de Dieu* - Oil/Leinwand (46x65cm-18x26in) München 94 .... FF1 - £*174 700* - **$272,600**
- *Untitled* - Oil/canvas (35x27cm-14x11in) London 96 .... FF718 **000** - £*90 000* - **$138,800**
- *Mannequin pour Madeleine Vionnet* - Photo Paris 91 .... FF12 **000** - £*1 203* - **$1,981**
- *Symphonie rose & bleue* - Aquarelle (18x21cm-7x8in) Paris 96 .... FF34 **000** - £*4 410* - **$6,660**
- *Untitled* - Watercolour (16x24cm-6x9in) London 96 .... FF75 **047** - £*8 000* - **$13,103**
- *Le mélomane* - Watercolour (41x33cm-16x13in) London 97 .... FF159 **475** - £*17 000* - **$27,844**

WOLSELEY Garnet Ruskin 1884-1967 [13]
- *Children padding* - Oil/canvas (34x30cm-13x12in) London 96 .... FF17 **830** - £*2 300* - **$3,490**
- *Dreaming* - Oil/canvas (36x31cm-14x12in) Taipei, Taiwan 93 .... FF79 **200** - £*9 000* - **$15,770**

WOLSKI Stanislaw Polian 1859-1894 [4]
- *W stepie* - Huile/panneau (56x97cm-22x38in) Warszawa 91 .... FF15 **420** - £*1 565* - **$2,785**

WOLSTENHOLME Dean I 1757-1837 [12]
- *The Check* - Oil/canvas (90x122cm-35x48in) New-York 95 .... FF49 **700** - £*6 300* - **$10,000**

WOLSTENHOLME Dean II 1798-1882 [9]
- *Surplice, a bay racehorse in 1849* - Oil/canvas (36x46cm-14x18in) London 93 ... FF19 **920** - £*2 400* - **$3,480**

WOLTER Anton, Toni 1875-1929 [2]
- *Eifelnest* - Öl/Leinwand (77x64cm-30x25in) Köln 94 .... FF12 **600** - £*1 442* - **$2,142**

WOLTER Hendrik Jan 1873-1952 [49]
- *The Harbour of Amsterdam* - Oil/board (30x30cm-12x12in) Amsterdam 97 .... FF12 **303** - £*1 290* - **$2,111**
- *Summer, Zomeravond in Zierikzee*
  Oil/canvas (140x130cm-55x51in) Amsterdam 94 .... FF147 **200** - £*17 520* - **$28,000**
- *Fishing boats, Polperro, England*
  Oil/canvas (140x130cm-55x51in) Amsterdam 94 .... FF608 **000** - £*71 800* - **$108,200**

WOLTERS Eugene 1844-? [2]
- *Marine* - Huile/toile (77x104cm-30x41in) Paris 92 .... FF20 **000** - £*2 047* - **$3,920**

WOLTZE Berthold 1829-1896 [9]
- *Spielender Knabe* - Öl/Leinwand (50x39cm-20x15in) Wien 96 .... FF33 **600** - £*4 0/0* - **$6,530**

W

WOLVECAMP Theo 1925-1992 [129]
- Untitled - Oil/canvas (130x120cm-51x47in) Amsterdam 96 .... FF11 460 - £1 327 - **$2,197**
- Untitled - Oil/canvas (100x110cm-39x43in) Amsterdam 96 .... FF25 640 - £2 967 - **$4,910**
- Composition - Oil/canvas (100x69cm-39x27in) København 93 .... FF76 700 - £8 710 - **$12,980**
- Abstract composition - Gouache/paper (46x61cm-18x24in) Amsterdam 93 .... FF11 410 - £1 368 - **$2,086**

WOLVENS Henri Victor 1896-1977 [60]
- Nature morte aux raisins - Huile/toile (50x70cm-20x28in) Antwerpen 91 .... FF16 460 - £1 659 - **$2,856**
- Sur la plage - Huile/toile (50x70cm-20x28in) Antwerpen 96 .... FF59 000 - £7 150 - **$11,470**
- Aigle - Gouache (70x50cm-28x20in) Antwerpen 94 .... FF3 330 - £387 - **$574**

WOMRATH Andrew Kay 1869-? [3]
- Exposition, Salon des Cent - Poster (56x41cm-22x16in) London 96 .... FF2 356 - £300 - **$453**

WONDER Pieter Christoffel 1780-1852 [2]
- Young woman watering flowers - Oil/panel (38x27cm-15x11in) London 95 .... FF24 600 - £3 200 - **$5,040**

WONNER Paul 1920 [23]
- Dutch Still Life - Acrylic/canvas (183x183cm-72x72in) San Francisco-Los Angeles 95 ...... FF68 400 - £8 850 - **$14,000**
- Study of Mrs. D - Oil/canvas (126x122cm-50x48in) San Francisco-Los Angeles 94 .... FF193 000 - £25 170 - **$37,500**
- Desert near Tucson
    Gouache/papier (30x45cm-12x18in) San Francisco-Los Angeles 96 .... FF10 380 - £1 323 - **$2,000**

WONTNER William Clarke 1857-1930 [7]
- Playing the Lute - Oil/canvas (87x69cm-34x27in) London 97 .... FF100 095 - £10 500 - **$17,176**
- Locked Door - Oil/canvas (76x63cm-30x25in) New-York 94 .... FF345 000 - £41 200 - **$65,000**

WOOD Albert Victor Ormsby 1904-1977 [10]
- Late - Oil/cardboard (47x16cm-19x6in) London 95 .... FF3 090 - £400 - **$633**
- Which Dress ? - Gouache (42x25cm-17x10in) London 95 .... FF3 860 - £500 - **$791**

WOOD Carlos C. 1792-1856 [2]
- Valparaiso - Watercolour/paper (39x55cm-15x22in) New-York 94 .... FF140 800 - £16 280 - **$24,000**

WOOD Catherine Mary 1880-1938 [8]
- Japanese anemonies - Oil/canvas (30x18cm-12x7in) Penzance, Cornwall 93 .... FF4 900 - £550 - **$820**

WOOD Charles Haigh 1854-1927 [4]
- Preparing for the ball - Oil/canvas (61x50cm-24x20in) London 93 .... FF106 800 - £12 000 - **$17,880**

WOOD Christopher 1901-1930 [89]
- Three-headed man, Lunar Park Ballet - Oil/canvas (41x27cm-16x11in) London 95 .... FF52 700 - £7 000 - **$10,860**
- Head of a woman - Oil/canvas (58x48cm-23x19in) London 95 .... FF109 700 - £14 000 - **$22,450**
- Evening, Brittany - Oil/board (56x81cm-22x32in) London 92 .... FF254 000 - £26 000 - **$44,700**
- Market Cross, Tréboul - Pencil (25x37cm-10x15in) London 97 .... FF37 348 - £4 000 - **$6,453**

WOOD Derwent 1871-1926 [1]
- Reclining nude - Bronze (24cm-9in) London 93 .... FF6 400 - £800 - **$1,160**

WOOD Eleanor Stewart XIX-XX [2]
- Still life of fruit on a mossy bank - Oil/canvas (43x58cm-17x23in) Aylsham, Norfolk 94 .... FF5 910 - £700 - **$1,092**

WOOD Emmie Stewart ?-1937 [1]
- The Vale of the Arun - Oil/canvas (42x43cm-17x17in) Billinghurst, West Sussex 94 .... FF44 100 - £5 200 - **$7,840**

WOOD Francis Derwent 1871-1926 [10]
- Bacchante and Infant satyr - Bronze (56cm-22in) London 97 .... FF38 095 - £4 000 - **$6,529**
- Trees at Rye - Watercolour (30x41cm-12x16in) London 92 .... FF2 730 - £280 - **$524**

WOOD Frank Watson 1862-1953 [55]
- Evening Mail - Oil/canvas (34x50cm-13x20in) Berwick-upon-Tweed 90 .... FF9 760 - £998 - **$1,926**
- Vessels entering Plymouth Sound - Watercolour (16x74cm-6x29in) London 96 .... FF10 700 - £1 400 - **$2,166**

WOOD Frank, Snr. XIX-XX [3]
- Berwick
    Watercolour (21x58cm-8x23in) Marlborough Crescent, Newcastle upon Tyne 93 .... FF10 680 - £1 200 - **$1,790**

WOOD George Bacon Jnr. 1832-1910 [3]
- Winter along the canal - Oil/canvas (36x61cm-14x24in) New-York 91 .... FF69 700 - £6 988 - **$12,766**
- March - Lithograph (23x30cm-9x12in) New-York 93 .... FF22 000 - £2 760 - **$4,000**
- Cat sleeping by a spinning wheel - Watercolour (30x48cm-12x19in) Philadelphia 93 .... FF3 025 - £358 - **$550**

WOOD Grant 1892-1942 [123]
- By the cathedral - Oil/board (39x32cm-15x13in) New-York 95 .... FF24 600 - £3 220 - **$5,000**
- Peter Funcke at Indian Creek, Iowa
    Oil/canvas (61x127cm-24x50in) San Francisco-Los Angeles 94 .... FF100 200 - £11 840 - **$18,000**
- Family Doctor - Lithograph (25x30cm-10x12in) New-York 94 .... FF23 650 - £2 814 - **$4,500**
- Cartoon for Parson Weems' Fable - Charcoal (97x127cm-38x50in) New-York 95 .... FF2 - £289 300 - **$460,000**
- Booster - Pencil (61x47cm-24x19in) New-York 93 .... FF550 000 - £69 000 - **$100,000**

WOOD John 1801-1870 [8]
- Miss Sebella Christine Hainoff - Oil/canvas (76x63cm-30x25in) London 90 .... FF25 200 - £2 681 - **$4,508**

WOOD John Warrington 1839-1886 [3]
- Eve, naked & seated - Marble (104cm-41in) London 91 .... FF317 400 - £31 864 - **$54,914**

WOOD Lawson 1878-1957 [11]
- One in the Eye - Watercolour (46x38cm-18x15in) Torquay, Devon 92 .... FF15 630 - £1 600 - **$2,760**

WOOD Lewis John 1813-1901 [15]
- Abbeville Cathedral - Oil/canvas (61x45cm-24x18in) London 91 .... FF20 830 - £2 114 - **$3,762**
- Market scene in Brittany - Watercolour (31x44cm-12x17in) Glasgow 92 .... FF5 160 - £600 - **$1,053**

WOOD Lewis Pinhorn 1870-1913 [6]
- Harvesting the hay - Watercolour (25x35cm-10x14in) London 96 .... FF1 716 - £220 - **$338**

WOOD Marshall ?-1882 [1]
- Daphne - Marble (169cm-67in) London 96 .... FF78 900 - £10 000 - **$15,130**

W

WOOD Ogden 1851-1912 [3]
- Peasants driving carts - Oil/canvas (94x124cm-37x49in) St. Louis, Miss. 92 .... FF22 050 - £2 560 - **$4,500**

WOOD Peter McDonagh 1914 [2]
- Schooner running down wind - Oil/canvas (50x75cm-20x30in) London 92 .... FF6 840 - £700 - **$1,207**

WOOD Robert 1926-1979 [8]
- Golden shore - Oil/canvas (46x61cm-18x24in) Los Angeles 89 .... FF11 400 - £1 166 - **$1,833**
- Texas Bluebonnets - Oil/canvas (63x76cm-25x30in) San Francisco-Los Angeles 94 .... FF40 600 - £4 810 - **$7,500**

WOOD Robert E. 1889-1979 [48]
- Seascape at sunset - Oil/canvas (46x61cm-18x24in) New-York 95 .... FF12 110 - £1 558 - **$2,500**
- Blue bonnets spring in Texas - Oil/canvas (41x51cm-16x20in) Detroit, Michigan 92.......... FF34 100 - £3 486 - **$6,000**

WOOD Stanley L. 1866-1928 [3]
- Go Home ! - Oil/canvas (61x91cm-24x36in) St. Petersburg, Florida 94 .... FF12 550 - £1 464 - **$2,200**

WOOD Thomas Waterman 1823-1903 [16]
- buckwheat Cakes - Oil/canvas (33x44cm-13x17in) New-York 96 .... FF31 300 - £3 626 - **$6,000**
- Not a Drop Too Much - Oil/canvas (51x36cm-20x14in) New-York 95 .... FF525 000 - £62 900 - **$100,000**
- View from Cliff Side - Watercolour/board (22x13cm-9x5in) New-York 90 .... FF15 940 - £1 645 - **$2,814**

WOOD Ursula 1868-c.1925 [2]
- The butcher's shop - Oil/canvas (61x47cm-24x19in) London 96 .... FF87 700 - £10 000 - **$16,800**

WOOD Wilfred Rene 1888-? [4]
- The Main Street, Seville - Watercolour (26x33cm-10x13in) London 94 .... FF1 665 - £200 - **$308**

WOOD William 1769-1810 [1]
- Gentleman in blue coat - Miniature (6cm-2in) London 96 .... FF10 840 - £1 400 - **$2,094**

WOOD William 1768-1809 [4]
- Walter Minto Townsend-Farquhar - Miniature (8cm-3in) London 92 .... FF18 560 - £1 900 - **$3,270**

WOOD William John 1877-1954 [2]
- Souvenir chinese - Oil/canvas (35x30cm-14x12in) London 91 .... FF12 960 - £1 300 - **$2,139**
- Couple dancing - Etching (16x22cm-6x9in) Toronto 92 .... FF2 580 - £264 - **$455**

WOOD William Thomas 1877-1958 [11]
- Bérénice's Posy - Oil/canvas (28x26cm-11x11in) London 93 .... FF12 450 - £1 500 - **$2,175**
- New dawn roses - Watercolour (37x31cm-15x12in) Billinghurst, West Sussex 94............ FF11 440 - £1 350 - **$2,037**

WOODBURY Charles Herbert 1864-1940 [46]
- The Rushing wave - Oil/canvas (74x92cm-29x36in) New-York 94 .... FF22 640 - £2 298 - **$4,089**
- Heavy Sea - Etching (18x25cm-7x10in) North Berwick, Maine 94 .... FF1 970 - £237 - **$375**
- The Wave - Watercolour (30x56cm-12x22in) North Berwick, Maine 93 .... FF9 900 - £1 242 - **$1,800**

WOODBURY Lloyd 1917 [1]
- Range Boss - Bronze (81cm-32in) Chicago 94 .... FF10 670 - £1 260 - **$1,900**

WOODCOCK David 1842-1929 [1]
- Young woman reading a book - Oil/canvas (22x14cm-9x6in) Salisbury, Wiltshire 93 .... FF2 955 - £340 - **$510**

WOODCOCK Hartwell Leon 1852-1929 [2]
- Caribbean woman on palm tree road
  Watercolour/paper (66x48cm-26x19in) Amsterdam 94...................... FF2 142 - £257 - **$416**

WOODCOCK Percy Franklin 1855-1936 [1]
- Windmill and farm - Huile/panneau (18x28cm-7x11in) Montréal 92 .... FF2 365 - £242 - **$417**

WOODFORDE James 1893-? [1]
- The young Neptune - Plaster (30cm-12in) London 96 .... FF6 140 - £700 - **$1,176**

WOODFORDE Samuel 1763-1817 [4]
- Mrs. Priscilla Wyatt - Oil/canvas (35x31cm-14x12in) Billinghurst, West Sussex 95 .... FF9 230 - £1 150 - **$1,807**

WOODHOUSE Frederick, Jr. 1848-1927 [2]
- Racehorse with Jockey up - Oil/canvas (49x68cm-19x27in) London 96 .... FF10 780 - £1 300 - **$2,070**

WOODHOUSE William [9]
- Grouse shooting - Oil/canvas (51x61cm-20x24in) New-York 91 .... FF25 470 - £2 546 - **$4,195**

WOODHOUSE William A. 1857-1939 [19]
- Grouse in a hilly landscape - Oil/canvas (51x61cm-20x24in) New-York 96 .... FF20 570 - £2 494 - **$4,000**
- On the Sands, Morecombe - Oil/canvas (71x92cm-28x36in) London 94 .... FF84 000 - £10 000 - **$16,000**
- Cock and hen pheasant - Watercolour (36x53cm-14x21in) London 96 .... FF9 430 - £1 200 - **$1,815**

WOODINGTON William Frederick 1806-1893 [1]
- The Descent into Hades - Oil/canvas (91x143cm-36x56in) London 91 .... FF16 630 - £1 652 - **$2,887**

WOODLOCK David 1842-1929 [73]
- Salute from the Giudecca, Venice - Oil/board (29x44cm-11x17in) London 92............ FF11 720 - £1 200 - **$2,070**
- Shelling Peas, Surrey - Watercolour/paper (34x24cm-13x9in) London 97 .... FF19 066 - £2 000 - **$3,272**
- Old Cottage at Tatchbrook - Watercolour (75x57cm-30x22in) London 97 .... FF146 923 - £16 000 - **$25,550**

WOODMAN Charles Horwell 1823-1888 [2]
- English rural landscape - Watercolour (38x53cm-15x21in) Aylsham, Norfolk 96 .... FF6 080 - £780 - **$1,200**

WOODMAN William Horwell 1823-1888 [1]
- The duet - Wash (38x30cm-15x12in) Newbury, Berkshire 91 .... FF4 365 - £440 - **$757**

WOODROFFE Patrick XX [2]
- Bulls flying over the coast - Oil/canvas (22x30cm-9x12in) London 92 .... FF12 560 - £1 500 - **$2,417**

WOODROW Bill 1948 [14]
- Golden Calf - Metal (96x110x89cm-38x43x35in) Stockholm 96 .... FF16 920 - £2 110 - **$3,270**
- Switch - Installation (142x300x182cm-56x118x74in) New-York 96 .... FF85 200 - £8 710 - **$15,000**

WOODS Henry 1846-1921 [15]
- Laundry Girls, Venice - Oil/canvas (65x42cm-26x17in) London 97 .... FF32 139 - £3 500 - **$5,589**

W

Venetian fan seller - Oil/canvas (71x98cm-28x39in) New-York 93 .... FF137 500 – £17 240 – **$25,000**
What's That ? - Wash (42x29cm-17x11in) London 91 .... FF8 060 – £800 – **$1,399**
WOODSIDE John Archibald Sr. 1781-1852 [3]
Horse and trainer - Oil/canvas (63x82cm-25x32in) New-York 93 .... FF154 000 – £19 300 – **$28,000**
WOODVILLE Richard Caton I 1825-1857 [2]
Rijande shejk med frofetens fana - Oil/canvas (65x49cm-26x19in) Stockholm 90 .... FF29 000 – £3 085 – **$5,188**
Shrapnel over the French Infantry - Gouache/board (30x53cm-12x21in) New-York 90 .... FF4 480 – £462 – **$791**
WOODVILLE Richard Caton II 1856-1927 [7]
The Last Battle Charge - Oil/canvas (61x93cm-24x37in) New-York 96 .... FF64 300 – £7 800 – **$12,500**
Le Lendemain d'Iéna - Oil/canvas (91x152cm-36x60in) London 96 .... FF232 600 – £29 000 – **$44,900**
Confusion at the gate - Grisaille (32x49cm-13x19in) Billinghurst, West Sussex 94 .... FF2 480 – £300 – **$458**
WOODVILLE William P. Caton 1884-? [1]
Pensive moment - Oil/canvas (30x25cm-12x10in) London 92 .... FF3 420 – £350 – **$604**
WOODWARD Alice Bolingbroke 1862-1911 [1]
Mixing the Wedding Cake - Watercolour (28x18cm-11x7in) Exeter, Devon 92 .... FF1 675 – £200 – **$323**
WOODWARD Ellsworth 1861-1939 [12]
Biloxi Coast - Watercolour (48x33cm-19x13in) New Orleans, Louisiana 93 .... FF5 600 – £638 – **$950**
WOODWARD George Moutard 1760-1809 [5]
Patient/Courting couple - Ink (22x17cm-9x7in) London 94 .... FF6 380 – £800 – **$1,241**
WOODWARD Mabel May 1877-1945 [18]
Monterey coast, California - Oil/canvas/board (40x50cm-16x20in) New-York 91 .... FF10 180 – £1 028 – **$1,800**
The favorite doll - Oil/canvas (51x40cm-20x16in) New-York 92 .... FF114 400 – £13 660 – **$22,000**
Coastal landscape with figures - Watercolour (36x48cm-14x19in) Cambridge, Mass. 92 .... FF5 390 – £626 – **$1,100**
WOODWARD Robert Strong 1885-1960 [4]
The Grace of Age - Oil/canvas (76x91cm-30x36in) North Berwick, Maine 93 .... FF14 750 – £1 680 – **$2,500**
WOODWARD Stanley Wingate 1890-1970 [4]
Seascape - Oil/board (63x76cm-25x30in) Cambridge, Mass. 91 .... FF6 590 – £661 – **$1,088**
WOODWARD Thomas 1801-1852 [11]
A Young Man on a Bay Hunter - Oil/canvas (63x76cm-25x30in) New-York 97 .... FF73 948 – £7 957 – **$13,000**
WOODWARD William 1859-1935 [6]
River boat docked, Bogue Falaya
  Oil/canvas/board (33x48cm-13x19in) New Orleans, Louisiana 96 .... FF24 060 – £3 110 – **$4,750**
WOOG Raymond 1875-? [4]
Jeune fille sur la plage - Huile/toile/panneau (20x31cm-8x12in) Paris 94 .... FF4 000 – £478 – **$757**
WOOL Christopher 1955 [32]
Untitled (Dot Drawing) - Alkyd/paper (101x66cm-40x26in) New-York 96 .... FF31 830 – £3 750 – **$6,250**
Untitled #S128 - Enamel (137x102cm-54x40in) New-York 96 .... FF76 400 – £9 000 – **$15,000**
Untitled - Mixed media (182x121cm-72x48in) New-York 92 .... FF227 000 – £23 240 – **$40,000**
WOOLF Hal 1902 [3]
See Britain First on Shell, Salcombe - Poster (76x113cm-30x44in) New-York 94 .... FF5 150 – £604 – **$900**
WOOLF Paul J. ?-1985 [6]
Rockefeller Center, NY - Gelatin silver print (25x20cm-10x8in) New-York 94 .... FF7 040 – £834 – **$1,300**
WOOLF Samuel Johnson 1880-1948 [8]
Mixing Chemical - Oil/canvas (159x109cm-63x43in) New-York 93 .... FF56 000 – £6 370 – **$9,500**
WOOLLET William 1735-1785 [4]
The Fishery - Engraving (39x52cm-15x20in) Zürich 93 .... FF1 660 – £205 – **$312**
WOOLLETT Henry A. c.1840-c.1890 [5]
A rest on the hill - Oil (40x71cm-16x28in) Glasgow 91 .... FF11 970 – £1 200 – **$1,976**
The Straw Yard - Oil/canvas (112x175cm-44x69in) New-York 96 .... FF91 800 – £11 910 – **$18,000**
WOOLMER Alfred Joseph 1805-1892 [18]
The Serenade - Oil/canvas (91x75cm-36x30in) New-York 96 .... FF17 500 – £2 266 – **$3,500**
WOOLNER Thomas 1825-1892 [4]
George Warde Norman - Plaster (26cm-10in) London 96 .... FF6 140 – £700 – **$1,176**
WOOLNOTH Charles Nicholls 1815-1906 [18]
A River in Spate - Watercolour (42x64cm-17x25in) London 97 .... FF2 822 – £300 – **$488**
WOOLRYCH F. Humphry 1868-? [3]
Mother and child - Oil/canvas (101x76cm-40x30in) San Francisco-Los Angeles 93 .... FF5 500 – £690 – **$1,000**
WOOLWAY George Richard 1879-1961 [1]
The market, Honfleur - Oil/canvas (92x122cm-36x48in) London 93 .... FF14 770 – £1 700 – **$2,550**
WOOTHERSPOON William Wallace 1821-1888 [1]
Looking Down Alley - Oil/board (23x8cm-9x3in) Mystic, Connecticut 93 .... FF2 340 – £293 – **$425**
WOOTTON Frank 1911 [18]
Crossing the Stream - Oil/canvas (35x51cm-14x20in) New-York 96 .... FF19 900 – £2 302 – **$3,810**
Sport cars on an Alpine road - Watercolour (20x27cm-8x11in) London 95 .... FF3 910 – £500 – **$770**
WOOTTON John 1686-1765 [23]
The Godolphin Arabian - Oil/canvas (99x120cm-39x47in) London 93 .... FF141 000 – £17 000 – **$24,650**
Duke of Rutland's, Coneyskins - Oil/canvas (101x124cm-40x49in) London 91 .... FF645 000 – £65 462 – **$116,493**
WOPFNER Josef 1843-1927 [55]
In the orchard - Oil/board (41x57cm-16x22in) New-York 92 .... FF44 200 – £5 280 – **$8,500**
Heuboote auf dem Chiemsee - Oil/canvas/board (32x49cm-13x19in) München 90 .... FF108 800 – £11 126 – **$21,475**
Fischer am Chiemsee - Oil/panel (23x46cm-9x18in) München 94 .... FF307 600 – £36 940 – **$58,500**
WORDEN Willard 1868-1946 [1]
San Francisco landmarks at night - Silver print (18x23cm-7x9in) New-York 96 .... FF4 910 – £608 – **$950**

WORES Theodore 1860-1939 [18]
🖼 *Cottage in La Jolla*
Oil/canvas/board (36x46cm-14x18in) San Francisco-Los Angeles 94 .... FF*10 280* - £*1 220* - **$1,900**
Half Dome, Yosemite
Oil/canvas/board (31x41cm-12x16in) San Francisco-Los Angeles 95 .... FF*34 900* - £*4 585* - **$7,000**
Chinese Restaurant - Oil/canvas (83x56cm-33x22in) New-York 94 .... FF*284 000* - £*33 650* - **$52,500**
WORKMAN Harold 1897-1975 [8]
🖼 *Seven Dials, London, WC1* - Oil/canvas (51x61cm-20x24in) London 95 .... FF*4 950* - £*650* - **$993**
WORKS Katherine 1904-? [7]
🖼 *The Tow, Montgomery Street Garage*
Oil/canvas (63x63cm-25x25in) San Francisco-Los Angeles 95 .... FF*22 120* - £*2 517* - **$3,750**
✏ *Communication of Ideas*
Watercolour (32x91cm-13x36in) San Francisco-Los Angeles 95 .... FF*21 170* - £*2 783* - **$4,250**
WÖRLEN Georg Philipp 1886-1954 [2]
🖼 *Passauer Durchgang* - Mischtechnik (60x50cm-24x20in) München 92 .... FF*18 700* - £*1 914* - **$3,290**
✏ *In einem kalten Café* - Aquarell/Papier (29x22cm-11x9in) Wien 93 .... FF*6 250* - £*747* - **$1,203**
WORLIDGE Thomas 1700-1766 [2]
🖼 *King George II* - Oil/canvas (94x71cm-37x28in) London 91 .... FF*38 300* - £*3 804* - **$6,650**
✏ *Portrait of a gentleman* - Pencil (10x8cm-4x3in) London 96 .... FF*3 086* - £*400* - **$605**
WØRMER Axel Viggo 1846-1878 [2]
🖼 *Italienrinde med håndten* - Oil/canvas (34x25cm-13x10in) København 91 .... FF*3 520* - £*353* - **$594**
WORMS Jules 1832-1924 [30]
🖼 *Campement militaire* - Huile/toile (50x80cm-20x31in) Saint-Etienne 92 .... FF*15 500* - £*1 592* - **$2,870**
The Distracted Buyer - Oil/panel (33x46cm-13x18in) New-York 97 .... FF*79 590* - £*8 572* - **$14,000**
La Danse du Vito, à Grenade - Oil/canvas (58x81cm-23x32in) New-York 94 .... FF*265 600* - £*31 700* - **$50,000**
WORMS Roger 1907-1980 [20]
🖼 *Nature morte aux cerises* - Huile/toile (35x55cm-14x22in) Saint-Germain-en-Laye 89 .... FF*3 000* - £*316* - **$505**
La fenêtre ouverte - Huile/toile (65x46cm-26x18in) Paris 91 .... FF*11 500* - £*1 142* - **$1,997**
✏ *Golf du Morbihan, Saint-Cado* - Aquarelle (50x62cm-20x24in) Douarnenez 96 .... FF*2 000* - £*256* - **$397**
WÖRN Walter 1901-1963 [19]
🖼 *Schwäbisches Dorf* - Mixed media (80x66cm-31x26in) Stuttgart 91 .... FF*11 910* - £*1 183* - **$2,068**
🖼 *Stehende männliche Akte* - Etching (35x23cm-14x9in) Stuttgart 92 .... FF*2 052* - £*211* - **$395**
✏ *Die Flötenspieler* - Pastel (52x29cm-20x11in) Stuttgart 92 .... FF*16 950* - £*2 025* - **$3,260**
WÖRNDLE VON ADELSFRIED Edmund 1827-1906 [4]
🖼 *Ideale Küstenlandschaft* - Öl/Leinwand (76x110cm-30x43in) Wien 95 .... FF*32 900* - £*4 100* - **$6,640**
WORP van der Hendrik 1840-1910 [2]
🖼 *A stiff breeze* - Oil/canvas (34x46cm-13x18in) Amsterdam 94 .... FF*6 710* - £*780* - **$1,155**
WORRALL Joseph E. 1829-1913 [1]
🖼 *Bjerglandskab* - Oil/canvas (27x38cm-11x15in) København 91 .... FF*7 460* - £*741* - **$1,295**
WORRELL van Abraham Bruining 1787-1832 [3]
🖼 *Dutch landscape* - Oil/panel (21x28cm-8x11in) Billinghurst, West Sussex 94 .... FF*7 020* - £*850* - **$1,297**
WÖRSEL Troels 1950 [9]
🖼 *L 2, june 1975* - Mixed media (80x80cm-31x31in) København 90 .... FF*7 500* - £*777* - **$1,318**
✏ *L 1, 14 VI 1975* - Collage (80x80cm-31x31in) København 90 .... FF*6 100* - £*632* - **$1,072**
WORSEY Thomas 1829-1875 [25]
🖼 *Lilies and a Bird's Nest* - Oil/canvas (30x25cm-12x10in) London 97 .... FF*6 887* - £*750* - **$1,198**
Still Life with Summer Flowers - Oil/canvas (38x31cm-15x12in) London 97 .... FF*23 832* - £*2 500* - **$4,090**
WORSLEY Charles Nathaniel XIX-XX [2]
✏ *Military encampment* - Watercolour (46x73cm-18x29in) London 92 .... FF*20 100* - £*2 400* - **$3,870**
WORTEL Ans 1929 [24]
🖼 *Samen hoorden* - Oil/canvas (50x41cm-20x16in) Amsterdam 93 .... FF*5 730* - £*684* - **$1,102**
✏ *Met M'n Lichte en M'n Donkere Blick...* - Gouache (108x78cm-43x31in) Amsterdam 97 .... FF*4 495* - £*472* - **$772**
WORTH Don XX [1]
📷 *Georgia O'Keeffe* - Gelatin silver print (53x42cm-21x17in) San Francisco-Los Angeles 95 .... FF*3 420* - £*437* - **$700**
WORTH Leslie 1923 [7]
✏ *Winter scene with tobogganers* - Watercolour (27x38cm-11x15in) London 92 .... FF*2 150* - £*220* - **$379**
WORTH Thomas B. 1834-1917 [5]
🖼 *Le maître d'hôtel* - Huile/carton (29x22cm-11x9in) Paris 96 .... FF*14 000* - £*1 806* - **$2,740**
🖼 *Two To Go!/Got 'Em Both!* - Lithograph (23x33cm-9x13in) Chicago 95 .... FF*1 507* - £*189* - **$300**
WORTLEY Archibald J. Stuart 1849-1905 [3]
🖼 *Miss Tombe, 1889* - Oil/canvas (105x70cm-41x28in) London 89 .... FF*116 200* - £*12 244* - **$19,562**
WOSAK Robert 1876-1944 [1]
✏ *Straßenszene aus Alt-Wien* - Watercolour (31x36cm-12x14in) Wien 90 .... FF*2 600* - £*278* - **$452**
WOSECZECK Ludwig 1862-1935 [1]
✏ *Artist's daughter* - Watercolour, gouache (5x4cm-2x2in) Elgin, Illinois 91 .... FF*2 123* - £*217* - **$396**
WOSTAN Stanis.Wojcieszynski 1915 [5]
🖼 *Composition 2.XII.63* - Huile/toile (116x81cm-46x32in) Versailles 95 .... FF*3 000* - £*380* - **$607**
✏ *Sans titre* - Gouache/papier (44x25cm-17x10in) Versailles 92 .... FF*3 400* - £*348* - **$667**
WOSTRY Carlo 1865-1943 [11]
🖼 *Primavera in giardino* - Olio/tela (63x52cm-25x20in) Trieste 93 .... FF*25 950* - £*3 005* - **$4,460**
At the Steeplechase - Oil/canvas (66x50cm-26x20in) London 96 .... FF*272 500* - £*32 000* - **$53,600**

W

WOTRUBA Fritz 1907-1975 [111]
Kopf - Bronze (14cm-6in) Wien 95 .... FF**7 000** - £884 - **$1,404**
Figuren - Plaster (54cm-21in) Wien 96 .... FF**86 900** - £9 900 - **$16,640**
Schreitender - Bronze (158cm-62in) Wien 94 .... FF**582 000** - £67 400 - **$110,200**
Knieender Akt - Pencil (21x29cm-8x11in) Wien 96 .... FF**5 780** - £721 - **$1,117**
Male nude, standing - Mixed media/paper (32x24cm-13x9in) Wien 96 .... FF**20 270** - £2 310 - **$3,880**
Studie zu stehender Figur - Ink/paper (42x29cm-17x11in) Wien 95 .... FF**49 000** - £6 450 - **$9,920**
WOULFART Marius 1905 [4]
Enfant assis - Huile/isorel (73x60cm-29x24in) Cannes 90 .... FF**14 000** - £1 509 - **$2,469**
WOUTERMAERTENS Constant 1823-1867 [2]
Two circus dogs - Oil/canvas (31x41cm-12x16in) Amsterdam 93 .... FF**5 690** - £652 - **$970**
WOUTERMAERTENS Edouard 1819-1897 [7]
Berger et ses moutons - Oil/toile (49x88cm-19x35in) Antwerpen 96 .... FF**11 530** - £1 445 - **$2,225**
WOUTERS Augustinus Jacob B. 1829-1904 [2]
Wooded landscape with a castle - Oil/canvas (61x83cm-24x33in) Amsterdam 92 .... FF**4 820** - £560 - **$983**
WOUTERS Constant 1826-1853 [1]
Pang of love - Oil/panel (30x24cm-12x9in) Amsterdam 91 .... FF**12 080** - £1 200 - **$2,097**
WOUTERS Johannes Jacobus 1837-1897 [1]
Kühe auf der Weide - Oil/panel Augsburg 93 .... FF**2 030** - £204 - **$351**
WOUTERS Rik 1882-1916 [59]
Femme aux gants gris - Oil/canvas (166x126cm-65x50in) Amsterdam 93 .... FF**1** - £169 000 - **$272,400**
Stalinterieur - Huile/toile (100x76cm-39x30in) Lokeren 96 .... FF**79 000** - £10 060 - **$15,220**
Le sourire - Bronze (25cm-10in) Bruxelles 97 .... FF**19 644** - £2 148 - **$3,432**
Zittende Vrouw - Crayon (38x31cm-15x12in) Lokeren 95 .... FF**40 940** - £5 170 - **$8,160**
Vrouw in een Interieur - Aquarelle (32x48cm-13x19in) Lokeren 94 .... FF**249 000** - £29 700 - **$46,900**
WOUTERS Wilhelmus, Wilm 1887-1957 [2]
Volendamse vissers - Oil/canvas (110x90cm-43x35in) Amsterdam 95 .... FF**9 540** - £1 191 - **$1,926**
WOUTISSETH Geneviève XX [2]
Le moulin à couleurs - Acrylique/toile (81x60cm-32x24in) Boulogne 95 ...... FF**2 300** - £292 - **$464**
WOUW van Anton 1862-1945 [21]
Lehman, the Postman - Bronze (43cm-17in) New-York 97 .... FF**36 953** - £3 980 - **$6,500**
The Accused - Bronze (30cm-12in) London 97 .... FF**140 057** - £15 000 - **$24,552**
WOUWERMAN Philips 1619-1668 [34]
Soldiers & a serving woman - Oil/panel (41x35cm-16x14in) London 97 .... FF**1** - £190 000 - **$309,890**
WOUWERMAN Pieter 1623-1682 [20]
Party of horseman - Oil/canvas (63x78cm-25x31in) London 92 .... FF**234 500** - £28 000 - **$45,100**
WRABETZ Anton 1876-1946 [8]
Flieder und Veilchenstrauss - Oil/panel (56x47cm-22x19in) Wien 97 .... FF**14 334** - £1 524 - **$2,472**
WRAGE Joachim Hinrich 1843-1912 [1]
Landskab - Oil/canvas (97x137cm-38x54in) København 93 .... FF**13 140** - £1 570 - **$2,525**
WRAGGE Alfred E. XIX-XX [2]
Lover's Tryst - Watercolour, gouache (41x71cm-16x28in) London 92 .... FF**2 340** - £240 - **$449**
WRÅKE-LINDQVIST Gertrud 1905 [6]
Uteservering - Oil/canvas (33x41cm-13x16in) Malmö 90 .... FF**4 100** - £439 - **$713**
WRANGEL von Jürgen Frh. 1881-1957 [2]
Pont de la Concorde, 1909 - Oil/board (32x41cm-13x16in) Stockholm 90 .... FF**2 000** - £213 - **$358**
WRBA Georg 1872-1939 [1]
Knabe - Bronze (102cm-40in) Köln 93 .... FF**40 700** - £4 860 - **$7,830**
WREDE Marie-Elisabeth 1898-1981 [2]
Pablo Casals jouant du violoncelle - Crayon (47x57cm-19x22in) Paris 92 .... FF**7 000** - £835 - **$1,347**
WREN Frank Knox Morton 1848-1914 [1]
New York Winter Coastal Scape
    Watercolour, gouache (38x69cm-15x27in) New Orleans, Louisiana 96 .... FF**2 026** - £262 - **$400**
WRETLING David 1901-1986 [7]
Simhopperska - Bronze (28cm-11in) Stockholm 94 .... FF**5 410** - £641 - **$998**
WRGESCH Ye. K. 1853-1917 [1]
Sebastopol's Bay - Oil/cardboard (29x47cm-12x19in) Moscow 94 .... FF**5 230** - £606 - **$900**
WRIGHT Alice Morgan 1881-1975 [1]
Evening Were the Fifth Day - Plaster (54cm-21in) New-York 95 .... FF**6 530** - £817 - **$1,300**
WRIGHT Bert 1930 [4]
Whaler Charles W. Morgan - Oil/canvas (45x60cm-18x24in) London 97 ...... FF**13 133** - £1 400 - **$229,3 6**
WRIGHT Cedric XX [1]
Landscape - Gelatin silver print (20x25cm-8x10in) San Francisco-Los Angeles 93 ...... FF**2 950** - £337 - **$500**
WRIGHT Clifford 1919 [6]
Fjern i tid og fjernt i rum - Oil/canvas (70x100cm-28x39in) København 92 .... FF**3 520** - £360 - **$620**
WRIGHT David XX [2]
The fan & the red book - Watercolour, gouache (37x28cm-15x11in) London 91 .... FF**30 240** - £3 010 - **$5,200**
WRIGHT Edward XIX-XX [3]
Cunard Line, Carmania, Caronia - Poster (99x64cm-39x25in) London 95 .... FF**5 740** - £650 - **$1,034**
WRIGHT Ethel 1887-1939 [1]
Plage à Étretat/Aiguille creuse - Huile/carton (19x23cm-7x9in) Le Havre 95 .... FF**6 000** - £785 - **$1,202**
WRIGHT Frank Lloyd 1869-1959 [21]
For the Sherman M. Booth House - Pencil (157x206cm-62x81in) New-York 93 ...... FF**141 600** - £16 100 - **$24,000**

WRIGHT George 1860-1942 [87]
On the Scent - Oil/canvas (36x51cm-14x20in) London 96 .... FF*35 100* - £*4 000* - **$6,720**
Mail coaches on a country road
Oil/canvas (75x95cm-30x37in) Billinghurst, West Sussex 93 .... FF*123 000* - £*14 000* - **$20,860**
WRIGHT George XIX-XX [6]
Waiting for the Mail - Oil/canvas (40x30cm-16x12in) Auchterarder, Perthshire 95 .... FF*19 540* - £*2 500* - **$3,845**
WRIGHT George F. 1828-1881 [2]
Siblings - Oil/canvas (56x1537cm-22x605in) New Orleans, Louisiana 93 .... FF*132 700* - £*15 100* - **$22,500**
Pferdeknecht auf einem Rappen - Woodcut in colors (30x35cm-12x14in) Stuttgart 91 .... FF*5 410* - £*543* - **$936**
WRIGHT George Hand 1873-1951 [9]
The turning point - Oil/canvas (49x74cm-19x29in) New-York 94 .... FF*51 700* - £*6 040* - **$9,000**
WRIGHT Gilbert Scott 1880-1958 [23]
Full Cry - Oil/canvas (51x71cm-20x28in) London 93 .... FF*24 000* - £*3 000* - **$4,350**
Peace Disturbed - Oil/canvas (39x65cm-15x26in) London 94 .... FF*67 200* - £*8 000* - **$12,800**
Outside the crown inn - Oil/canvas (61x91cm-24x36in) London 92 .... FF*107 400* - £*11 000* - **$18,960**
WRIGHT Henry Ch. Seppings 1850-1937 [2]
Mackerel boats - Watercolour (60x90cm-24x35in) Billinghurst, West Sussex 94 .... FF*3 306* - £*400* - **$610**
WRIGHT James Couper 1906-1969 [2]
Hills of New Mexico - Watercolour (35x55cm-14x22in) San Francisco-Los Angeles 93 .... FF*5 500* - £*690* - **$1,000**
WRIGHT Jennifer 1961 [2]
And you shall have the sea, 1989 - Oil/canvas (77x77cm-30x30in) London 90 .... FF*6 800* - £*733* - **$1,199**
WRIGHT John ?-1820 [6]
R. Stewart, Marques of Londonderry - Watercolour (33x25cm-13x10in) London 96 .... FF*8 300* - £*950* - **$1,584**
WRIGHT John Buckland 1897-? [3]
Three bathers - Woodcut (17x20cm-7x8in) London 96 .... FF*2 274* - £*260* - **$434**
WRIGHT John Masey 1777-1866 [3]
A Rest from Work - Watercolour (31x42cm-12x17in) Billinghurst, West Sussex 93 .... FF*4 570* - £*550* - **$798**
WRIGHT Joseph 1756-1793 [1]
Benjamin Franklin - Oil/canvas (80x63cm-31x25in) New-York 92 .... FF*284 000* - £*29 050* - **$50,000**
WRIGHT Margaret 1869-? [8]
Children in the park - Oil/board (44x34cm-17x13in) Glasgow 91 .... FF*20 700* - £*2 091* - **$4,109**
Waiting for mother
Watercolour, gouache (49x30cm-19x12in) Gleneagles Hôtel - Perthshire 90 .... FF*14 500* - £*1 449* - **$2,751**
WRIGHT Margaret Isobel 1884-1957 [3]
Girl playing marbles - Watercolour (51x41cm-20x16in) Glasgow 92 .... FF*8 800* - £*900* - **$1,550**
WRIGHT Michael XX [2]
1950 Belgian Grand Prix - Watercolour, gouache/paper (53x60cm-21x24in) London 93 .... FF*4 800* - £*600* - **$870**
WRIGHT OF DERBY Joseph 1734-1797 [23]
Dorothy Hodges - Oil/canvas (77x64cm-30x25in) London 96 .... FF*191 400* - £*24 000* - **$37,200**
Mrs John Bostock - Oil/canvas (127x101cm-50x40in) London 96 .... FF*934 000* - £*110 000* - **$183,300**
The Bowder Stone, Cumberland - Watercolour (39x55cm-15x22in) London 92 .... FF*41 900* - £*5 000* - **$8,050**
WRIGHT OF LIVERPOOL Richard 1735-c.1774 [1]
Squadron beating up the coast - Oil/panel (16x21cm-6x8in) London 96 .... FF*12 400* - £*1 600* - **$2,394**
WRIGHT Orville XIX-XX [2]
Wilbur Wright's First Attempt at Flight
Gelatin silver print (38x48cm-15x19in) New-York 92 .... FF*27 260* - £*2 790* - **$4,800**
WRIGHT R. Stephens 1903 [3]
Sailboats along the beach
Oil/canvas (76x96cm-30x38in) San Francisco-Los Angeles 92 .... FF*9 800* - £*1 138* - **$2,000**
WRIGHT Richard Henry 1857-1930 [27]
Durham from the North - Watercolour (18x26cm-7x10in) London 95 .... FF*2 350* - £*300* - **$480**
View of Oxford - Watercolour (25x36cm-10x14in) London 96 .... FF*9 640* - £*1 200* - **$1,870**
WRIGHT Robert Murdoch XIX-XX [3]
The Pyramids - Watercolour (25x53cm-10x21in) London 95 .... FF*1 520* - £*190* - **$307**
WRIGHT Stanton MacDonald 1890-1973 [2]
Synchrony - Oil/canvas (25x23cm-10x9in) Philadelphia 92 .... FF*49 400* - £*5 900* - **$9,500**
WRIGHT Thomas c.1740-1812 [2]
Harbour of Louisbourg, Cape Breton - Ink (38x55cm-15x22in) London 95 .... FF*21 750* - £*2 800* - **$4,460**
WRIGHT Tom XX [4]
Pete Townshend - Photograph (66x48cm-26x19in) London 92 .... FF*2 443* - £*250* - **$509**
WRIGHT von Ferdinand 1822-1906 [34]
Nötskrikor vid Akerren - Oil/canvas (35x49cm-14x19in) Helsinki 94 .... FF*87 700* - £*10 170* - **$15,100**
Stridande tuppar - Oil/canvas (48x64cm-19x25in) Helsinki 92 .... FF*330 000* - £*33 740* - **$58,000**
Bläsand - Gouache (17x24cm-7x9in) Helsinki 90 .... FF*10 100* - £*1 088* - **$1,781**
WRIGHT von Magnus 1805-1868 [14]
Trompe l'oeil med döda fåglar - Oil/canvas (36x28cm-14x11in) Stockholm 94 .... FF*174 800* - £*20 600* - **$31,100**
Fåglar - Lithograph (19x25cm-7x10in) Helsinki 95 .... FF*1 970* - £*246* - **$398**
Pöllö - Gouache (17x13cm-7x5in) Helsinki 93 .... FF*8 640* - £*987* - **$1,472**
WRIGHT von Wilhelm 1810-1887 [4]
Kornknarr - Mixed media/paper (20x25cm-8x10in) Helsinki 94 .... FF*9 170* - £*1 050* - **$1,555**
Nature morte med andepar - Wash (29x33cm-11x13in) Köbenhavn 89 .... FF*36 900* - £*3 773* - **$5,932**

W

WRIGHTSON Isabel XIX-XX [6]
● *Harbour scene* - Oil/canvas (51x51cm-20x20in) London 93 .... FF3 690 - £420 - **$626**
◇ *Anemones* - Watercolour (36x41cm-14x16in) Billinghurst, West Sussex 92 .... FF2 340 - £240 - **$449**

WRIGLEY Thomas 1883-c.1940 [3]
◇ *Shelduck* - Watercolour (43x28cm-17x11in) Aylsham, Norfolk 92 .... FF1 508 - £180 - **$290**

WRINCH Mary Evelyn 1877-1969 [16]
● *Garden Walkway* - Oil/board (24x19cm-9x7in) Toronto 96 .... FF5 320 - £678 - **$1,023**

WROBLEWSKY Konstantin Haritonov 1868-? [1]
🏛 *A bull with Europe* - Bronze (30cm-12in) Amsterdam 95 .... FF4 620 - £546 - **$852**

WRUBEL Michael A. 1856-1910 [1]
◇ *Eine Rittersfrau wartet auf die Rückkehr* - Aquarell (48x33cm-19x13in) Heidelberg 93 .... FF2 713 - £324 - **$522**

WSSEL DE GUIMBARDA Manuel 1833-? [2]
● *Les Gardiens du palais* - Huile/toile (43x28cm-17x11in) Paris 95 .... FF130 000 - £16 800 - **$26,570**

WTEWAEL Joachim Anthonisz. 1566-1638 [6]
● *Kitchen preparing dinner* - Oil/canvas (103x72cm-41x28in) New-York 94 .... FF3 - £372 000 - **$550,000**
◇ *Mars, Venus & Vulcan* - Ink (20x15cm-8x6in) Amsterdam 95 .... FF92 500 - £12 300 - **$19,080**

WU CH'ENG-YEN 1921 [2]
● *Peonies* - Oil/canvas (60x72cm-24x28in) Taipei, Taiwan 92 .... FF91 300 - £9 300 - **$16,170**

WU De-Chun 1953 [3]
🏛 *1 puissance 2 = 1* - Sculpture (42cm-17in) Paris 90 .... FF10 000 - £1 007 - **$1,959**

WU DONGCAI 1910-1981 [2]
● *Lilies* - Oil/canvas (60x50cm-24x20in) Taipei, Taiwan 92 .... FF150 700 - £15 350 - **$31,400**

WU Samuel 1919 [4]
📷 *Abstraction, Chairs* - Silver print (33x25cm-13x10in) New-York 95 .... FF3 880 - £499 - **$800**

WUCHERER Fritz 1873-1948 [7]
● *Kirche zu Schönberg im Taunus* - Oil/canvas (66x46cm-26x18in) Frankfurt 92 .... FF44 200 - £4 520 - **$7,780**
◇ *Mainlandschaft* - Aquarell (30x44cm-12x17in) Frankfurt 93 .... FF10 170 - £1 215 - **$1,957**

WUERMER Carl 1900-1981 [9]
● *Winter in the Valley* - Oil/canvas (50x61cm-20x24in) New-York 96 .... FF28 700 - £3 324 - **$5,500**

WÜEST Johann Heinrich 1741-1821 [2]
● *Die Keimkehr* - Öl/Leinwand (33x48cm-13x19in) Zürich 94 .... FF18 700 - £2 200 - **$3,575**
◇ *Gruss von Walenstadt nach Chur* - Gouache/paper (17x24cm-7x9in) Luzern 91 .... FF8 780 - £874 - **$1,510**

WUKOUNIG Reimo Sergon 1943 [7]
◇ *Gestreifte Leiden des Meisters Grünwald*
　　Mixed media/paper (151x113cm-59x44in) Wien 94 .... FF9 760 - £1 110 - **$1,656**

WULFART Max 1876-? [1]
● *Pont-Marie* - Huile/toile (33x46cm-13x18in) Paris 92 .... FF3 500 - £360 - **$649**

WULFF Willy 1881-? [2]
🏛 *Naked standing woman* - Marble (155cm-61in) Köbenhavn 92 .... FF19 260 - £2 302 - **$3,700**

WULFFAERT Adrien 1804-1873 [3]
● *Young woman and her dog* - Oil/canvas (75x64cm-30x25in) New-York 96 .... FF12 000 - £1 554 - **$2,400**

WULFSE Gonda 1896 [2]
● *Roses in a glass vase* - Oil/canvas (24x30cm-9x12in) Amsterdam 90 .... FF3 900 - £403 - **$689**

WULLFAERT Adriaen, Adrianus 1804-1837 [1]
● *Broken pot* - Oil/panel (52x44cm-20x17in) London 96 .... FF10 520 - £1 300 - **$2,032**

WULZ Marion 1908-1993 [1]
● *Autoritratto con le labbra rosse* - Olio/cartone (50x38cm-20x15in) Trieste 93 .... FF2 076 - £241 - **$357**

WUNDER Rudolf Heinrich 1743-1792 [1]
● *Frühstücksstilleben* - Öl/Leinwand (39x52cm-15x20in) München 92 .... FF16 950 - £2 025 - **$3,260**

WUNDER Wilhelm Ernst 1713-1787 [1]
● *Fruit in a wan li bowl* - Oil/canvas (37x42cm-15x17in) New-York 91 .... FF62 200 - £6 268 - **$10,793**

WUNDERLICH Aibert 1876-1946 [3]
● *Alblandschaft mit Bachlauf* - Oil/canvas (66x90cm-26x35in) Stuttgart 89 .... FF5 200 - £548 - **$875**

WUNDERLICH Edmund 1902-1985 [5]
● *Dom vom Nadelhorn* - Öl/Leinwand (100x127cm-39x50in) Bern 94 .... FF8 920 - £1 065 - **$1,666**

WUNDERLICH Hermann, Moritz H. 1839-1915 [1]
◇ *Güntsplatz im Winter, Dresden* - Aquarell (28x34cm-11x13in) Stuttgart 95 .... FF8 400 - £1 078 - **$1,730**

WUNDERLICH Maximilian Julius 1878-1966 [1]
▢ *Gstaad, XII* - Poster (99x69cm-39x27in) London 96 .... FF8 900 - £1 100 - **$1,720**

WUNDERLICH Paul 1927 [222]
● *Twilight mit Vogelmodell* - Acrylic/canvas (130x97cm-51x38in) London 93 .... FF24 000 - £3 000 - **$4,350**
● *Mit dem Gesicht zur Wand* - Acrylic/canvas (130x97cm-51x38in) Köln 92 .... FF84 700 - £10 120 - **$16,300**
● *Der Ideologe* - Acrylic/canvas (162x130cm-64x51in) Köln 92 .... FF118 700 - £14 180 - **$22,830**
▢ *Bosomfriends II* - Lithographie (46x28cm-18x22in) München 93 .... FF16 270 - £1 833 - **$2,746**
🏛 *Amazone* - Bronze (55cm-22in) Amsterdam 97 .... FF7 805 - £828 - **$1,359**
🏛 *Nike* - Bronze (59cm-23in) Amsterdam 93 .... FF18 920 - £2 270 - **$3,460**
◇ *Daniela* - Watercolour (61x46cm-24in) London 95 .... FF9 840 - £1 300 - **$1,994**
　 Familie bei Tisch - Watercolour, gouache (68x85cm-27x33in) London 93 .... FF33 200 - £4 000 - **$5,800**

WUNDERWALD Gustav 1882-1945 [8]
● *Dame mit Papagei* - Öl/Leinwand (52x41cm-20x16in) Berlin 93 .... FF55 700 - £6 370 - **$9,470**
● *Werder an der Havel* - Oil/panel (50x84cm-20x33in) Berlin 92 .... FF254 300 - £30 400 - **$48,900**
◇ *Die Stube* - Pastel/paper (48x62cm-19x24in) Heidelberg 95 .... FF17 400 - £2 255 - **$3,620**

WUNDERWALD Wilhelm 1870-1937 [1]
- Boys pushing a boat, Capri - Oil/canvas (125x96cm-49x38in) Amsterdam 95 .... FF25 440 - £3 176 - **$5,140**

WÜNNENBERG Carl 1850-1929 [3]
- Schloss Stolzenfels - Oil/canvas (66x96cm-26x38in) New-York 91 .... FF39 840 - £4 025 - **$7,909**

WÜNNENBERG Walther 1818-c.1900 [8]
- Sommertag bei Oberwesel - Öl/Leinwand (46x65cm-18x26in) Köln 94 .... FF13 700 - £1 645 - **$2,665**

WUNSCH Marie, Mizzi 1862-1898 [3]
- Liebevolle Ermahnung - Öl/Leinwand (120x73cm-47x29in) Frankfurt 93 .... FF50 900 - £6 070 - **$9,780**

WÜNSCHE Emil 1864-1938 [1]
- Jagdhund mit Fasan - Bronze (37cm-15in) Stuttgart 92 .... FF4 410 - £527 - **$848**

WÜRBEL Frans 1822-1900 [1]
- A game of backgammon - Oil/canvas (98x143cm-39x56in) New-York 93 .... FF82 600 - £9 400 - **$14,000**

WÜRBEL Frantz 1896-? [3]
- Berlin Olympic Games - Poster (101x64cm-40x25in) New-York 95 .... FF20 200 - £2 545 - **$4,000**

WÜRBEL Franz Theodor 1858-? [2]
- Markt in Cairo - Öl/Leinwand (98x143cm-39x56in) Wien 93 .... FF88 000 - £9 970 - **$14,950**

WÜRFFEL Hans 1884-? [2]
- Bauer auf Feldwagen mit 2 Pferden - Oil/panel (79x115cm-31x45in) Kempten 96 .... FF3 394 - £440 - **$665**

WURM Erwin 1954 [9]
- Ohne Titel - Sculpture (80cm-31in) Wien 94 .... FF19 500 - £2 337 - **$3,785**
- 5 Blatt Zeichnungen - Mischtechnik/Papier Wien 94 .... FF2 183 - £253 - **$414**

WURSTEMBERGER de Hughes XX [4]
- Le cygne, Suisse - Photo (40x30cm-16x12in) Paris 95 .... FF7 200 - £946 - **$1,445**

WURSTEMBERGER von André 1904-? [7]
- Bielersee bei neblig trübem Wetter - Öl/Leinwand (54x73cm-21x29in) Bern 94 .... FF4 000 - £472 - **$712**

WÜRT Franz Xaver 1749-1831 [1]
- Kaiser Josephs II - Biscuit (14cm-6in) Wien 94 .... FF5 320 - £611 - **$910**

WÜRTENBERGER Ernst 1868-1934 [7]
- Knabenportrait - Öl/Leinwand (45x32cm-18x13in) Zürich 93 .... FF14 250 - £1 630 - **$2,430**

WURTH Xavier 1869-1933 [37]
- Coucher de soleil sur la mer - Huile/toile (61x113cm-24x44in) Liège 92 .... FF7 230 - £841 - **$1,476**
- Rivière en hiver - Huile/toile (80x64cm-31x25in) Liège 93 .... FF21 420 - £2 560 - **$4,380**
- Le Lac de Warfaz - Aquarelle (23x30cm-9x12in) Liège 93 .... FF2 950 - £340 - **$507**

WÜRTHLER Julie c.1859-1913 [2]
- Blumenstilleben mit Apfelblüten - Öl/Karton (54x38cm-21x15in) München 93 .... FF2 975 - £347 - **$489**
- Flowers in a glass vase - Oil/cardboard (54x38cm-21x15in) Wien 95 .... FF12 230 - £1 548 - **$2,390**

WÜRTZEN Carl Gotfred 1825-1880 [13]
- Landscape, Jaegersborg - Oil/canvas (97x125cm-38x49in) Viby J, Århus 96 .... FF4 400 - £552 - **$850**

WÜRZBACH Hans 1879-? [1]
- Kronberg im Morgengrauen - Öl/Karton (51x65cm-20x26in) Frankfurt 95 .... FF4 910 - £622 - **$987**

WURZINGER Carl 1817-1883 [1]
- Kollonitz beim Wiener Belagerung - Öl/Leinwand (32x44cm-13x17in) Wien 94 .... FF5 860 - £697 - **$1,103**

WUST Alexander 1837-1876 [5]
- White Mountain view - Oil/canvas (51x41cm-20x16in) Cambridge, Mass. 94 .... FF5 620 - £663 - **$1,000**

WÜST Christoffel 1801-1853 [4]
- The fruitseller - Oil/panel (42x35cm-17x14in) Amsterdam 91 .... FF16 600 - £1 649 - **$2,882**

WUTKY Michael 1739-1822 [3]
- Figures before the Colosseum - Oil/canvas (100x138cm-39x54in) London 93 .... FF83 000 - £10 000 - **$14,500**
- View of Tivoli - Oil/canvas (137x253cm-54x100in) London 93 .... FF207 500 - £25 000 - **$36,250**

WUTTKE Carl 1849-1927 [34]
- Abendsonne, Bucht von Neapel - Öl/Leinwand (23x34cm-9x13in) Heidelberg 96 .... FF11 530 - £1 490 - **$2,260**
- Piazza della Bocca della Verità, Roma - Oil/canvas (66x100cm-26x39in) London 95..... FF105 600 - £14 000 - **$21,800**

WUYTIERS-BLAAUW Anna Maria 1865-1944 [1]
- Pansies on a forest floor - Oil/canvas/panel (34x55cm-13x22in) Amsterdam 92 .... FF2 107 - £245 - **$430**

WYANT Alexander Helwig 1836-1892 [40]
- Fall Landscape - Oil/canvas/panel (64x76cm-25x30in) New-York 96 .... FF13 570 - £1 570 - **$2,600**
- Summer Silence - Oil/canvas (90x72cm-35x28in) New-York 95 .... FF60 200 - £7 540 - **$12,000**
- Stroll Throught the Woods - Watercolour/paper (51x37cm-20x15in) New-York 94 .... FF10 670 - £1 260 - **$1,900**

WYATT Henry 1794-1840 [7]
- Portrait of a young gentleman
  Oil/board (30x25cm-12x10in) Billinghurst, West Sussex 93 .... FF31 540 - £3 800 - **$5,890**

WYATT Lewis William 1777-1853 [2]
- Designs for Courtown, Wexford - Watercolour (22x49cm-9x19in) London 95 .... FF53 000 - £6 000 - **$9,540**

WYATT Richard James 1795-1850 [7]
- Mrs. Beaumont - Marble (63cm-25in) London 92 .... FF37 700 - £4 500 - **$7,250**
- Huntress holding a leveret - Marble (153cm-60in) London 94 .... FF504 000 - £60 000 - **$96,000**

WYATT Samuel 1737-1807 [1]
- Plans of Mere Hall, Cheshire
  Ink (34x49cm-13x19in) Mere Hall, Knutsford, Cheshire 94 .... FF42 400 - £5 000 - **$7,540**

WYBURD Francis John 1826-1893 [7]
- Reflection - Oil/canvas (91x71cm-36x28in) London 96 .... FF109 600 - £13 000 - **$21,400**
- The Kiosk - Oil/panel (34x33cm-13x13in) London 93 .... FF231 400 - £26 000 - **$38,740**

W

WYCK van H. 1833-? [1]
- *La caravane* - Huile/toile (34x64cm-13x25in) Louviers 90 .... FF16 500 - £1 755 - **$2,952**

WYCKAERT Maurice 1923 [53]
- *Choses dites et tues* - Acrylic/canvas (50x61cm-20x24in) Amsterdam 97 .... FF14 648 - £1 536 - **$2,513**
- *In Flanders Fights* - Olio/tela (100x120cm-39x47in) Milano 94 .... FF43 200 - £5 200 - **$8,600**
- *Paysage* - Huile/toile (160x181cm-63x71in) Lokeren 95 .... FF128 500 - £16 030 - **$25,950**

WYCZOLKOWSKI Leon 1852-1936 [43]
- *White roses* - Oil/canvas (48x68cm-19x27in) Warszawa 96 .... FF73 400 - £9 200 - **$14,320**
- *Brama Krakowska w Lublinie* - Lithograph (45x31cm-18x12in) Warszawa 95 .... FF2 940 - £376 - **$604**
- *Wooded landscape* - Watercolour (47x62cm-19x24in) Warszawa 96 .... FF46 500 - £5 870 - **$8,950**

WYETH Andrew 1917 [57]
- *The Huntress* - Tempera/panel (78x40cm-31x16in) New-York 97 .... FF4 84 01e +06 - £428 820 - **$700,000**
- *Christina Olson* - Tempera/panel (86x64cm-34x25in) New-York 97 .... FF9 431 65e +06 - £949 530 - **$1**
- *The mill* - Watercolour, gouache (26x18cm-10x7in) New-York 97 .... FF583 770 - £61 410 - **$100,000**
- *The new table* - Watercolour, gouache (71x51cm-28x20in) New-York 97 .... FF992 409 - £104 397 - **$170,000**

WYETH Caroline 1909 [1]
- *Stand of fir trees* - Oil/canvas (76x91cm-30x36in) New-York 91 .... FF33 960 - £3 426 - **$6,000**

WYETH Henriette 1907-1994 [1]
- *House at San Patricio* - Oil/canvas (86x107cm-34x42in) New-York 94 .... FF168 500 - £19 900 - **$30,000**

WYETH James 1946 [8]
- *The raven* - Oil/canvas (152x182cm-60x72in) New-York 92 .... FF176 000 - £18 000 - **$31,000**
- *Shark* - Oil/canvas (132x15cm-52x6in) New-York 89 .... FF271 700 - £27 035 - **$42,923**
- *Rudolf Nureyev* - Mixed media drawing (50x40cm-20x16in) New-York 89 .... FF48 600 - £5 121 - **$8,182**

WYETH Jamie 1946 [13]
- *Newt of Monhegan* - Oil/canvas (91x127cm-36x50in) New-York 94 .... FF184 000 - £22 100 - **$35,000**
- *Bean Boots* - Oil/board (93x127cm-37x50in) New-York 97 .... FF320 886 - £33 693 - **$55,000**
- *New Calf* - Watercolour/paper (44x54cm-17x21in) New-York 92 .... FF46 800 - £5 590 - **$9,000**
- *Pumpkin Pot* - Watercolour (76x56cm-30x22in) New-York 95 .... FF112 500 - £14 240 - **$22,000**

WYETH Newell Convers 1882-1945 [31]
- *The lost vein* - Oil/canvas (86x63cm-34x25in) New-York 90 .... FF62 900 - £6 734 - **$10,939**
- *Indian warriors* - Oil/canvas (86x69cm-34x27in) Bloomfield Hills, Michigan 95 .... FF191 300 - £23 820 - **$37,500**
- *The King's Henchman* - Oil/canvas (107x122cm-42x48in) New-York 97 .... FF466 744 - £49 008 - **$80,000**

WYETH Paul James Logan 1920 [6]
- *Fruits & Flowers* - Oil/canvas (61x51cm-24x20in) New-York 97 .... FF5 804 - £610 - **$1,000**
- *The Apocalypse* - Oil/canvas (244x183cm-96x72in) Wien 95 .... FF39 200 - £5 160 - **$7,940**
- *Young Ballet Dancer* - Black chalk (41x30cm-16x12in) London 94 .... FF4 590 - £550 - **$891**

WYGRZYWALSKI Feliks Michal 1875-1944 [19]
- *Desert with a caravan, Egypt* - Oil/panel (50x70cm-20x28in) Warszawa 96 .... FF10 280 - £1 290 - **$2,004**
- *Réparateurs de tapis et kilims* - Huile/toile (55x75cm-22x30in) Paris 96 .... FF42 000 - £5 430 - **$8,320**
- *The Harem Master* - Watercolour (70x98cm-28x39in) London 96 .... FF16 950 - £2 200 - **$3,350**

WYK van Henri 1833-? [20]
- *Bord de rivière* - Huile/panneau (20x24cm-8x9in) Calais 97 .... FF6 000 - £658 - **$1,053**
- *Charbonniers, Fontainebleau* - Huile/toile (54x65cm-21x26in) Rouen 95 .... FF15 000 - £1 962 - **$3,004**

WYLD William 1806-1889 [53]
- *Florence from san Miniato* - Oil/panel (39x43cm-15x17in) London 95 .... FF29 400 - £3 800 - **$6,060**
- *Molo with the Doge's Palace , Venice* - Oil/canvas (75x121cm-30x48in) London 97 ..... FF303 029 - £33 000 - **$52,698**
- *Boats on the Zattere, Venice* - Watercolour (29x46cm-11x18in) London 97 .... FF26 340 - £2 800 - **$4,539**

WYLE Florence 1881-1968 [4]
- *Young pipe players* - Plaster (43cm-17in) Toronto 92 .... FF3 655 - £374 - **$644**

WYLER Otto 1887-1965 [17]
- *Marakesch* - Öl/Leinwand (60x73cm-24x29in) Bern 94 .... FF10 500 - £1 217 - **$1,810**
- *Hügelige Landschaft mit Mohnblumen* - Aquarell (24x32cm-9x13in) Zofingen 95 ...... FF10 200 - £1 291 - **$2,050**

WYLIE Kate 1877-1941 [13]
- *Anemones* - Oil/canvas (45x35cm-18x14in) Glasgow 96 .... FF10 020 - £1 300 - **$1,964**

WYLiE Robert 1839-1877 [1]
- *Roman girl* - Oil/canvas (32x25cm-13x10in) Philadelphia 95 .... FF31 140 - £4 090 - **$6,250**

WYLLIE Charles William 1853-1923 [13]
- *Cherry Garden Stairs* - Oil/canvas (81x18cm-32x7in) New-York 94 .... FF15 940 - £1 900 - **$3,000**
- *Loading a Straw Barge* - Oil/canvas (56x127cm-22x50in) London 97 .... FF138 227 - £14 500 - **$23,719**
- *Taranto* - Watercolour (18x36cm-7x14in) London 96 .... FF5 120 - £650 - **$1,008**

WYLLIE Harold William, Lt.C 1880-1975 [12]
- *H.M.S. Hornet* - Oil/canvas (45x81cm-18x32in) London 91 .... FF29 900 - £2 996 - **$5,042**
- *H.M.S. Implacable* - Wash (26x36cm-10x14in) London 91 .... FF7 010 - £720 - **$1,303**

WYLLIE William Lionel 1851-1931 [289]
- *On the Medway* - Oil/panel (49x34cm-19x13in) London 90 .... FF13 100 - £1 325 - **$2,492**
- *Trawling off a River Bank* - Oil/canvas (45x81cm-18x32in) London 97 .... FF58 162 - £6 200 - **$10,154**
- *First Battle Squadron* - Oil/canvas (92x201cm-36x79in) London 96 ..... FF563 000 - £70 000 - **$109,100**
- *H.M.S. Victory, Portsmouth* - Etching (2x49cm-1x19in) London 96 .... FF4 670 - £550 - **$917**
- *Ailsa Craig* - Watercolour (25x44cm-10x17in) London 94 .... FF7 950 - £920 - **$1,360**
- *A Drifting Match* - Watercolour/paper (13x31cm-5x12in) London 97 .... FF12 195 - £1 300 - **$2,129**
- *H.M.S. Hydra* - Watercolour (58x43cm-23x17in) London 97 .... FF35 647 - £3 800 - **$622,4 2**

WYLLIE William Morison c.1830-c.1890 [2]
- *The fruit market, Boulogne* - Oil/canvas (38x61cm-15x24in) London 96 .... FF41 700 - £5 200 - **$8,050**

WYMANN-MORY Karl Christian 1836-1898 [1]
Schloss Chillon - Öl/Karton (14x21cm-6x8in) Bern 93 .... FF2 770 - £319 - **$476**

WYNANT Alxander Helwig 1836-1892 [1]
Landscape - Oil/canvas (30x38cm-12x15in) Chicago 96 .... FF2 077 - £265 - **$400**

WYNDHAM Richard, Dick 1896-1948 [4]
Schooners at anchor - Watercolour (25x36cm-10x14in) London 92 .... FF1 592 - £190 - **$306**

WYNEN Oswald 1736-1790 [1]
Vase de fleurs - Aquarelle (28x21cm-11x8in) Monaco 89 .... FF12 000 - £1 264 - **$2,020**

WYNFIELD David Wilkie 1837-1887 [2]
Artists in Renaissance costume (5) - Albumen print (20x15cm-8x6in) New-York 92 .... FF6 860 - £797 - **$1,400**

WYNGAARDEN van Theodorus 1874-1952 [11]
Anglers on a sunlit lake - Oil/canvas (65x81cm-26x32in) London 96 .... FF3 063 - £400 - **$613**

WYNGAERDE van Anthonie J. 1808-1887 [5]
Weidende Kuh und Schafherde - Oil/panel (27x43cm-11x17in) Luzern 92 .... FF37 200 - £3 800 - **$6,550**

WYNGAERDT van Petrus Theodorus 1816-1893 [9]
The letter - Oil/panel (29x19cm-11x7in) London 91 .... FF14 880 - £1 510 - **$2,687**

WYNMAN Ferdinand Wilhelm 1897-? [1]
Jaarbeurs v. Kunstnijverheid - Poster (101x77cm-40x30in) New-York 92 .... FF7 950 - £814 - **$1,400**

WYNNE David 1926 [5]
Girl and Dolphin - Bronze (102cm-40in) London 95 .... FF52 200 - £6 600 - **$10,200**

WYNNE Gladys 1878-1968 [2]
Village street - Watercolour (21x30cm-8x12in) Glasgow 92 .... FF3 520 - £420 - **$677**

WYNSBERGHE Vincent 1926 [5]
Autoportrait - Huile/toile (46x38cm-18x15in) Paris 92 .... FF4 000 - £411 - **$770**

WYNTER Bryan 1915-1975 [26]
Double - Oil/canvas (81x101cm-32x40in) London 96 .... FF6 960 - £900 - **$1,376**
Sandspoor X - Oil/canvas (142x112cm-56x44in) London 95 .... FF46 350 - £6 000 - **$9,480**
Sea change I - Gouache (24x17cm-9x7in) London 93 .... FF10 970 - £1 250 - **$1,863**

WYON Edward William 1811-1885 [3]
St. Michael and Satan - Bronze (51cm-20in) London 92 .... FF12 660 - £1 300 - **$2,353**
Pheasants & their young - Copper, green patina, lunette cast in high relief (145x77cm-57x30in) Wrotham Park, Hertfords-
hire 92 .... FF41 000 - £4 200 - **$7,220**

WYON Leonard Charles 1826-1891 [1]
Collection of 76 portraits
Black, red & white chalks/paper (28x28cm-11x11in) London 96 .... FF40 500 - £4 800 - **$7,900**

WYRGRZYWALSKI Feliks Michal 1875-1944 [1]
Italian landscape & cypresses - Oil/panel (28x17cm-11x7in) Warszawa 93 ...... FF2 810 - £291 - **$485**

WYRSCH Charles 1920 [12]
El grand culo - Oil/board (32x44cm-13x17in) Luzern 92 .... FF14 880 - £1 520 - **$2,620**

WYRSCH Johann Melchior J. 1732-1798 [3]
Chanoine de Montrichard - Huile/toile (100x78cm-39x31in) Monaco 94 .... FF80 000 - £9 450 - **$14,370**

WYS Carl 1858-? [1]
Ballerine - Huile/carton (33x24cm-13x9in) Montréal 95 .... FF2 162 - £274 - **$435**

WYSE Henry Taylor 1870-? [2]
Trees across a river - Wash (29x35cm-11x14in) London 90 .... FF1 757 - £179 - **$351**

WYSMULLER Jan Hillebrand 1855-1925 [1]
Snowy wooded stream at sunset - Oil/canvas (42x82cm-17x32in) New-York 95 ... FF5 320 - £643 - **$1,000**

WYSPIANSKI Stanislaw 1869-1907 [24]
Flowers - Oil/cardboard (100x154cm-39x61in) Warszawa 96 .... FF187 300 - £23 470 - **$36,500**
Study of a flower - Ink/paper (22x18cm-9x7in) Warszawa 96 .... FF19 200 - £2 426 - **$3,700**
Portrait - Pastel/paper (38x38cm-15x15in) Warszawa 96 .... FF79 100 - £9 860 - **$15,280**

WYSS Caspar Leontius 1762-1798 [4]
Weissenburg - Eau-forte (15x15cm-6x6in) Bern 93 .... FF5 630 - £705 - **$1,030**
Neuenburg - Aquarell (39x60cm-15x24in) Bern 94 .... FF19 200 - £2 266 - **$3,420**

WYSS Franz Anatol 1940 [10]
Landschaft - Aquatinte couleurs (110x75cm-43x30in) Zofingen 94 .... FF2 523 - £299 - **$467**
Ohne Titel - Crayon/papier (59x42cm-23x17in) Luzern 93 .... FF4 570 - £546 - **$879**

WYSS Johann Jakob 1876-1936 [15]
Garten, Florenz - Oil/Karton (78x62cm-31x24in) Zofingen 95 .... FF5 950 - £779 - **$1,193**

WYSS Paul 1875-1952 [3]
Berglandschaft im Berner Oberland - Oil/canvas (80x130cm-31x51in) Luzern 90 ...... FF5 900 - £610 - **$1,042**

WYSS Paul 1897-1984 [1]
Vierwaldstätterseepanorama - Öl/Leinwand (77x115cm-30x45in) Zofingen 96 ...... FF2 070 - £258 - **$399**

WYSS Robert 1925 [5]
Holzdruck/Stock - Print (42x15cm-17x6in) Luzern 92 .... FF4 090 - £418 - **$721**
Frau mit Katze - Encre (24x13cm-9x5in) Luzern 93 .... FF2 775 - £316 - **$471**

WYSS Werner 1926 [3]
Mutter und Kind I - Oil/canvas (53x73cm-21x29in) Luzern 89 .... FF6 200 - £634 - **$997**

WYTSMAN Juliette 1866-1925 [18]
Autumn - Oil/canvas (89x116cm-35x46in) Amsterdam 97 .... FF24 010 - £2 554 - **$4,178**
Bord fleuri à Yvoir - Huile/toile (80x100cm-31x39in) Bruxelles 91 .... FF181 000 - £18 149 - **$29,878**
Ferme - Aquarelle (25x36cm-10x14in) Antwerpen 95 .... FF1 903 - £238 - **$385**

W

WYTSMAN Rudolph 1860-1927 [33]
- *Le moulin à eau* - Huile/toile (85x55cm-33x22in) Bruxelles 94 .... FF11 550 - £1 327 - **$1,977**
- *Printemps au bord de la Lys* - Huile/toile (80x60cm-31x24in) Antwerpen 95 .... FF76 100 - £9 730 - **$15,300**
- *Paysage d'été* - Huile/toile (100x120cm-39x47in) Bruxelles 96 .... FF246 000 - £28 960 - **$48,300**

WYTTENBACH Adolf ?-1950 [5]
- *Landschaft gegen Thun* - Oil/canvas (52x70cm-20x28in) Bern 92 .... FF2 680 - £274 - **$472**

X

XAUS Antonio XX [4]
- *Regard joyeux* - Technique mixte/carton (92x130cm-36x51in) Poitiers 91 .... FF3 500 - £353 - **$607**

XCERON John 1890-1967 [4]
- *Abstract composition* - Watercolour/paper (22x15cm-9x6in) New-York 90 .... FF20 000 - £2 073 - **$3,515**

XENAKIS Constantin 1931 [64]
- *Maisons* - Acrylique/toile (41x24cm-16x9in) Paris 97 .... FF3 500 - £382 - **$612**
- *Grecque* - Acrylique/toile (116x89cm-46x35in) Saint-Germain-en-Laye 93 .... FF16 700 - £2 090 - **$3,036**
- *Signes codés* - Gouache (48x63cm-19x25in) Paris 94 .... FF5 500 - £649 - **$982**

XENAKIS Cosma 1925 [2]
- *Memories* - Gouache/board (27x25cm-11x10in) Athens 95 .... FF7 340 - £950 - **$1,500**

XENOS Spiros 1849-1927 [1]
- *Interior with mother and child* - Oil/canvas (98x80cm-39x31in) København 96 .... FF6 240 - £808 - **$1,248**

XERRA William 1937 [2]
- *Architetture (G), 1989* - Tecnica mista/cartone (60x50cm-24x20in) Milano 90 .... FF11 900 - £1 274 - **$2,070**

XI DEJIN Hsi Te-chin 1923-1981 [19]
- *Aborigines of Sun Moon Lake* - Oil/canvas (60x45cm-24x18in) Taipei, Taiwan 97 .... FF336 640 - £35 680 - **$58,080**

XIMENES Ettore, Elio 1855-1926 [6]
- *Rallye Automobile, Monte Carlo* - Poster (77x107cm-30x42in) New-York 93 .... FF11 200 - £1 275 - **$1,900**
- *Bacchanalian revelry, 1898* - Watercolour (43x43cm-17x17in) New-York 89 .... FF5 700 - £567 - **$900**

XIRO Y TALTABULL José Maria 1878-1937 [2]
- *Un Dios del Nilo al atardecer* - Oleo/lienzo (41x80cm-16x31in) Madrid 97 .... FF3 400 - £382 - **$612**

XUE YANQUIN 1953 [2]
- *Woman on one knee* - Oil/canvas (59x80cm-23x31in) Hong Kong 91 .... FF41 200 - £4 136 - **$7,128**

XUL SOLAR Alejandro 1887-1963 [14]
- *Como flabel* - Watercolour/paper (14x18cm-6x7in) New-York 97 .... FF80 367 - £8 534 - **$14,000**
- *Criol pájaros* - Watercolour (32x25cm-13x10in) New-York 97 .... FF183 277 - £19 536 - **$32,000**

XYLANDER Wilhelm Ferdinand 1840-1913 [5]
- *Il naufragio* - Olio/tela (76x108cm-30x43in) Milano 93 .... FF20 130 - £2 266 - **$3,370**

Y

YAEGER Edgar L. 1904 [8]
- *Porte du Cannet, Vallauris* - Oil/masonite (38x53cm-15x21in) Bloomfield Hills, Michigan 93 .... FF4 130 - £470 - **$700**

YAHIA Yahia Turki 1902-1969 [3]
- *Visitez la Tunisie* - Affiche (99x61cm-39x24in) Paris 94 .... FF3 000 - £356 - **$555**

YAKO Michel 1963 [3]
- *Les grands amis* - Bois, découpé laqué (120x115cm-47x45in) Paris 96 .... FF5 500 - £690 - **$1,061**

YAKOBI Valeri Ivanovich 1836-1902 [1]
- *Oriental beauty* - Oil/canvas (46x31cm-18x12in) London 95 .... FF102 600 - £13 000 - **$20,640**

YAKOULOFF Georges Jacouloff 1884-1928 [1]
- *Costume design* - Mixed media/paper (26x13cm-10x5in) London 89 .... FF24 200 - £2 474 - **$3,891**

YAKOVLEV Alexander Evgeniev. 1887-1938 [10]
- *Aurora* - Oil/canvas (240x171cm-94x67in) London 96 .... FF109 300 - £12 500 - **$20,830**
- *Nude* - Red chalk/paper (51x31cm-20x12in) London 96 .... FF10 476 - £1 100 - **$1,801**

YAKULOV Georgii Bogdanovich 1884-1928 [1]
- *Church in Vladimir, Moscow* - Watercolour (25x36cm-10x14in) North Berwick, Maine 93 .... FF2 065 - £235 - **$350**

YALE Lilla 1855-1929 [1]
- *Peaches in a basket* - Oil/canvas (46x76cm-18x30in) New Orleans, Louisiana 95 .... FF2 353 - £294 - **$475**

YAMAWAKI Iwao 1898-1987 [1]
- *Japanese Ministry of Defense* - Gelatin silver print (18x25cm-7x10in) New-York 96 ...... FF51 800 - £6 400 - **$10,000**

YAMAZAKI Masao XX [2]
- *Mu* - Encre Chine (51x66cm-20x26in) Paris 92 .... FF1 500 - £154 - **$289**

YAMPOLSKY Mariana 1925 [2]
- *Descando* - Linocut (34x38cm-13x15in) New-York 92 .... FF3 885 - £407 - **$700**
- *Hupil de Tapar/Women/Maguey/Stable* - Gelatin silver print San Francisco-Los Angeles 93 .... FF6 490 - £741 - **$1,100**

YAN Robert 1901-1994 [162]
- *L'Oise à Meriel* - Huile/isorel (46x55cm-18x22in) Paris 97 .... FF3 000 - £326 - **$526**
- *Grand Port Philippe* - Huile/toile (73x92cm-29x36in) Paris 97 .... FF8 500 - £923 - **$1,491**
- *Au large de l'île de Groix* - Aquarelle (81x113cm-32x44in) Paris 97 .... FF9 500 - £1 032 - **$1,666**

YANG BORUN 1837-1911 [1]
- *One Hundred Flowers* - Ink (32x563cm-13x222in) New-York 95 .... FF19 670 - £2 530 - **$4,000**

YANG CHIHONG Yang Chi-Hung 1947 [3]
- *Yellow Lemon* - Acrylic/paper (75x55cm-30x22in) Taipei, Taiwan 95 .... FF27 900 - £3 530 - **$5,450**

YANG DENGXIONG Yang Din 1958 [2]
- *Self-portrait as a fish* - Oil/canvas (60x60cm-24x24in) Taipei, Taiwan 92 .... FF12 560 - £1 280 - **$2,223**

YANG DIN XX [2]
- *Sans titre* - Technique mixte/toile (55x46cm-22x18in) Chaumont 94 .... FF3 200 - £373 - **$561**
- *Sans titre* - Acrylique/toile (80x80cm-31x31in) Chaumont 92 .... FF7 200 - £837 - **$1,470**

YANKEL Jacq., Jacob Kikoïne 1920 [59]
- *Fruits dans un compotier* - Huile/toile (61x50cm-24x20in) Paris 95 .... FF4 000 - £524 - **$801**
- *Composition* - Huile/toile (146x114cm-57x45in) Paris 96 .... FF8 000 - £1 035 - **$1,570**
- *Guitariste* - Huile/toile (131x64cm-52x25in) Saint-Germain-en-Laye 93 .... FF25 000 - £3 125 - **$4,550**

YANKILEVSKY Vladimir 1938 [1]
- *Mutual attraction* - Mixed media (187x50x90cm-74x20x35in) New-York 90 .... FF103 000 - £10 957 - **$18,426**

YANN Jean-Claude 1946 [2]
- *Bonhomme* - Sculpture (33cm-13in) Paris 93 .... FF3 000 - £337 - **$509**

YARBER Robert 1948 [6]
- *Public Discord* - Acrylic/canvas (183x335cm-72x132in) New-York 95 .... FF56 500 - £6 930 - **$11,000**

YARD Sydney Jones 1855-1909 [6]
- *Grazing sheep* - Watercolour/paper (27x39cm-11x15in) San Francisco-Los Angeles 93 ..... FF10 450 - £1 310 - **$1,900**

YARDLEY John 1933 [1]
- *Touch of Golden Rod* - Watercolour (47x60cm-19x24in) Clifton, Bristol 92 .... FF3 130 - £320 - **$551**

YARNOLD Joseph W. XIX [2]
- *Landscape with timber wagon* - Oil/canvas (56x92cm-22x36in) London 93 .... FF3 690 - £420 - **$626**

YARO Boris XX [2]
- *The shooting of Robert Kennedy* - Silver print (28x23cm-11x9in) New-York 92 ...... FF6 860 - £797 - **$1,400**

YAROCHENKO Nicolay Alexandrov. 1846-1898 [1]
- *Foothills, autumn landscape* - Oil/canvas (36x51cm-14x20in) Moscow 94 .... FF30 900 - £3 704 - **$6,000**

YARROW-JONES Ernest 1872-1951 [29]
- *A sunlit orchard* - Oil/canvas (49x63cm-19x25in) London 93 .... FF8 800 - £1 100 - **$1,595**
- *A crouching serval* - Bronze (10cm-4in) London 93 .... FF2 000 - £250 - **$363**
- *Murs de Marrakech, les cigognes* - Watercolour (24x30cm-9x12in) London 93 ..... FF1 920 - £240 - **$348**

YARZ Edmond 1846-1921 [2]
- *Paysage* - Huile/toile (26x35cm-10x14in) Montauban 94 .... FF3 800 - £449 - **$683**
- *Villa du peintre Henri Gérard* - Huile/toile (38x54cm-15x21in) Paris 89 .... FF48 000 - £4 908 - **$7,717**

YASSENEV Oleg 1963 [2]
- *Devant le miroir* - Huile/toile (75x55cm-30x22in) Versailles 92 .... FF2 500 - £256 - **$441**

YASUDA Yukihiko 1884-1978 [2]
- *Dolls* - Ink (20x17cm-8x7in) New-York 96 .... FF30 750 - £3 646 - **$6,000**
- *Plum blossoms in a vase* - Ink (45x60cm-18x24in) New-York 96 .... FF112 700 - £13 360 - **$22,000**

YATES Cullen 1866-1945 [5]
- *Oxen & cart in a yard* - Oil/canvas (48x67cm-19x26in) Cambridge, Mass. 90 ...... FF4 970 - £506 - **$994**
- *Off the coast* - Oil/canvas (30x41cm-12x16in) Mystic, Connecticut 96 .... FF16 050 - £1 983 - **$3,100**
- *Glimpse of Upper Delaware* - Oil/canvas (42x31cm-17x12in) New-York 90 .... FF28 600 - £3 043 - **$5,116**

YATES Fred 1922 [14]
- *Boats aground* - Oil/board (89x97cm-35x38in) Penzance, Cornwall 94 .... FF3 350 - £400 - **$632**

YATES Frederic, Fred 1854-1919 [3]
- *Promenade* - Oil/board (68x102cm-27x40in) London 95 .... FF4 310 - £560 - **$887**

YATES Harold XX [3]
- *Abstract* - Ink (25x35cm-10x14in) London 91 .... FF1 995 - £200 - **$329**

YATES Ruth 1896 [1]
- *Joe Louis* - Marble (48cm-19in) Cambridge, Mass. 91 .... FF68 400 - £6 867 - **$11,834**

YATES Thomas ?-1796 [3]
- *Ships carring two Amirals* - Oil/canvas (64x77cm-25x30in) London 93 .... FF43 600 - £5 000 - **$7,400**

YAVNO Max 1921-1985 [41]
- *Muscle Beach* - Gelatin silver print (28x48cm-11x19in) New-York 96 .... FF16 500 - £2 120 - **$3,200**

YBANEZ Miguel 1946 [5]
- *Madejaras los desprecios hasta* - Oil/paper (160x119cm-63x47in) Amsterdam 97 .... FF7 492 - £787 - **$1,287**

YDEMA Egnatius 1876-1937 [15]
- *Boats moored near farms* - Oil/canvas/panel (27x44cm-11x17in) Amsterdam 97 .... FF5 200 - £562 - **$907**

YDEMA Karel 1903-? [1]
- *Tulips & fruit* - Oil/canvas (99x79cm-39x31in) Amsterdam 94 .... FF2 450 - £291 - **$453**

YDSTRÖM Johann Gustaf, Gösta 1861-1952 [4]
- *Tjädrar i skogslandskap* - Oil/canvas (57x79cm-22x31in) Malmö 92 .... FF4 160 - £497 - **$800**

YEAGER Walter Rush 1852-1896 [1]
- *The Greeting* - Watercolour, gouache/paper (25x15cm-10x6in) Delray Beach, Florida 95 .... FF1 620 - £213 - **$325**

Y

YEAMES William Frederick 1835-1918 [4]
🖌 *Meditation* - Oil/canvas (72x90cm-28x35in) Stockholm 96 .... FF61 500 - £7 670 - **$11,880**
YEANES Sigismond Jean 1863-? [1]
✏ *Monte Tofana* - Aquarelle (56x77cm-22x30in) Versailles 90 .... FF3 200 - £343 - **$557**
YEATS Jack Butler 1871-1957 [96]
🖌 *A Farewell to Mayo* - Oil/canvas (61x92cm-24x36in) London 96 .... FF5 - £730 000 - **$1**
Dusk - Oil/canvas (46x61cm-18x24in) London 96 .... FF433 000 - £55 000 - **$83,100**
Meditation - Oil/canvas (45x61cm-18x24in) London 89 .... FF968 500 - £99 029 - **$155,707**
✏ *The Post Car* - Watercolour (24x34cm-9x13in) London 96 .... FF139 500 - £18 000 - **$26,930**
YEATS John Butler 1839-1922 [17]
✏ *The Railway Station* - Watercolour (33x27cm-13x11in) London 95 .... FF28 600 - £3 800 - **$5,900**
YEEND-KING Lilian 1882-? [1]
🖌 *Rêverie au bord de l'eau* - Huile/panneau (53x36cm-21x14in) Bruxelles 91 .... FF16 460 - £1 650 - **$2,717**
YELIN Rudolf 1864-1941 [1]
🖌 *Auf dem Weg nach Emmaus Jesus* - Öl/Leinwand (64x50cm-25x20in) Stuttgart 93 .... FF3 050 - £365 - **$587**
YELLAND Raymond Dabb 1848-1900 [7]
🖌 *Cyprus point, Monterey* - Oil/canvas (56x91cm-22x36in) New-York 94 .... FF80 500 - £9 400 - **$14,000**
Yosemite - Oil/canvas (100x181cm-39x71in) New-York 92 .... FF284 000 - £29 050 - **$50,000**
YELLOWLEES William 1796-1856 [1]
🖌 *Sir Walter Scott* - Oil/canvas (30x25cm-12x10in) London 90 .... FF23 200 - £2 404 - **$4,077**
YENCESSE Hubert 1900-1987 [6]
🗿 *Femme nue couchée* - Bronze (52cm-20in) Paris 92 .... FF33 500 - £3 430 - **$6,570**
YENS Karl H. 1868-1929 [13]
🖌 *Sacred Solitude, Divine Retreat*
   Oil/canvas (127x152cm-50x60in) San Francisco-Los Angeles 92 .... FF20 250 - £2 070 - **$3,750**
YEO Thomas 1936 [3]
✏ *Meeting Point* - Mixed media/paper (61x76cm-24x30in) Singapore 95 .... FF9 000 - £1 148 - **$1,815**
Abstract - Mixed media/paper (105x151cm-41x59in) Singapore 95 .... FF83 100 - £10 600 - **$16,750**
YEPES Thomas ?-1674 [3]
🖌 *Blumenstrauss in einer Tonvase* - Öl/Leinwand (84x50cm-33x20in) Wien 97 .... FF143 880 - £15 540 - **$25,110**
YEROS Dimitris 1948 [2]
🖌 *Behold* - Oil/canvas (50x70cm-20x28in) Athens 96 .... FF29 700 - £3 830 - **$5,730**
YERSIN Albert 1905 [2]
🖼 *Clown* - Eau-forte couleurs (16x11cm-6x4in) Bern 95 .... FF2 150 - £280 - **$442**
YERU Henri 1938 [3]
🖌 *Rouge carme* - Huile/toile (41x33cm-16x13in) Paris 95 .... FF6 500 - £863 - **$1,340**
YETTS Walter Percival 1878-? [1]
✏ *Water carrier before a camp* - Watercolour (42x52cm-17x20in) London 96 .... FF4 720 - £600 - **$931**
YEVA Yeva Goldfarb, dit 1951 [2]
🗿 *Femme nu debout au collier* - Bronze Reims 92 .... FF16 000 - £1 910 - **$3,080**
Sirène se coiffant - Bronze (51cm-20in) Lille 95 .... FF30 000 - £3 680 - **$5,840**
YEVONDE Madame 1893-1975 [4]
📷 *Metis, 1930s* - Colour print/card (25x16cm-10x7in) London 92 .... FF4 100 - £420 - **$723**
YEWELL George Henry 1830-1923 [2]
🖌 *Mischevious boy* - Oil/canvas (46x53cm-18x21in) Detroit, Michigan 96 .... FF22 750 - £2 953 - **$4,500**
YGLESIAS Vincent Philip XIX-XX [2]
🖌 *Moonlit landscape* - Oil/canvas (36x54cm-14x21in) London 91 .... FF2 594 - £260 - **$437**
YIP Richard 1919-1981 [2]
✏ *Walk along the coast*
   Watercolour/paper (37x54cm-15x21in) San Francisco-Los Angeles 92 .... FF7 020 - £718 - **$1,300**
YKENS Frans 1601-1693 [10]
🖌 *Assorted flowers* - Oil/panel (52x39cm-20x15in) London 95 .... FF280 000 - £36 000 - **$57,800**
Assorted flowers - Oil/panel (83x60cm-33x24in) London 96 .... FF820 000 - £95 000 - **$157,200**
YLINEN Vihtori 1879-1953 [1]
🖌 *Utsikt från Raumo* - Oil/canvas (46x60cm-18x24in) Helsinki 90 .... FF4 194 - £429 - **$828**
YO Marie-Yvonne Laur 1879-? [1]
🖌 *Les chats* - Huile/toile (45x36cm-18x14in) Paris 89 .... FF37 000 - £3 682 - **$5,845**
YOAKUM Joseph E. 1886-1976 [3]
✏ *Mt. Mingo in China* - Ink (28x48cm-11x19in) Chicago 94 .... FF7 990 - £932 - **$1,400**
YOHN Frederick Coffay 1875-1933 [4]
🖌 *Escorting traitors from a cabin* - Oil/canvas (64x41cm-25x16in) New-York 93 .... FF2 510 - £286 - **$425**
✏ *Throw up your hands !* - Wash/paper (52x33cm-20x13in) New-York 90 .... FF1 992 - £206 - **$352**
YOKOI Teruko 1924 [4]
🖼 *Singing Pappies* - Lithographie couleurs (49x65cm-19x26in) Bern 94 .... FF3 300 - £396 - **$642**
YOKOO Tadanori 1936 [3]
🖼 *Hidetaro Kataocha* - Poster (103x71cm-41x28in) New-York 96 .... FF6 110 - £720 - **$1,200**
YOLDJOGLOU Georges 1933 [6]
🖌 *La Côte des Grâces à Honfleur* - Huile/toile (65x92cm-26x36in) Compiègne 90 .... FF12 000 - £1 262 - **$2,087**
YOLENE XX [4]
🖌 *Composition* - Huile/toile (130x70cm-51x28in) Paris 91 .... FF2 200 - £223 - **$397**
YON Edmond 1836-1897 [32]
🖌 *Paysage à la mare* - Huile/toile (24x35cm-9x14in) Paris 97 .... FF6 500 - £707 - **$1,132**
Traversée du village - Huile/panneau (32x41cm-13x16in) Paris 92 .... FF16 000 - £1 638 - **$2,820**

Au bord de la rivière - Huile/toile (48x63cm-19x25in) Barbizon 93 .... FF**40 500** - £**4 550** - $**6,860**

YONG Lee Cheng 1913-1974 [2]

🖼 *Nude bathing* - Oil/board (49x45cm-19x18in) Singapore 95 .... FF**28 040** - £**3 580** - $**5,760**

YORDANOV Dimitri 1926 [1]

🖼 *Cerf et biche, nuit de Noël* - Huile/toile (50x70cm-20x28in) Versailles 91 .... FF**9 000** - £**902** - $**1,648**

YORKE William Howard 1847-1921 [6]

🖼 *The Anna Camp* - Oil/canvas (51x76cm-20x30in) New-York 96 .... FF**25 500** - £**3 310** - $**5,000**

Claudia of Marstal, Capt. - Oil/canvas (50x75cm-20x30in) London 92 .... FF**44 000** - £**4 500** - $**7,760**

YOS Josef Süssmeier 1897-1971 [5]

🖼 *Loisachtal an einem hellen Herbsttag* - Oil/canvas (61x81cm-24x32in) Stuttgart 90 .... FF**4 400** - £**455** - $**777**

🖋 *Der Chiemsee* - Gouache (47x65cm-19x26in) München 92 .... FF**5 100** - £**522** - $**1,000**

YOS Josef Tany, dit 1950 [2]

🖼 *Rendez-vous II* - Huile/toile (97x83cm-38x33in) Paris 90 .... FF**9 500** - £**957** - $**1,861**

YOSHIDA Toshi 1911 [2]

▱ *Village of Plums* - Woodcut in colors (23x36cm-9x14in) Cambridge, Mass. 93 .... FF**1 513** - £**190** - $**275**

YOSHIHARA Jiro 1905-1972 [2]

🖼 *Untitled* - Oil/canvas (46x53cm-18x21in) New-York 94 .... FF**186 000** - £**21 550** - $**32,000**

Untitled - Oil/canvas (162x112cm-64x44in) New-York 96 .... FF**359 000** - £**42 500** - $**70,000**

YOSHIKAWA Shizuko 1934 [2]

🖼 *Ohne Titel* - Öl/Papier (40x59cm-16x23in) Luzern 95 .... FF**12 770** - £**1 593** - $**2,500**

YCU SHAOZENG Jackson Yu 1911 [2]

🖼 *Touch of Gold* - Oil/canvas (121x91cm-48x36in) Taipei, Taiwan 92 .... FF**42 700** - £**4 350** - $**8,900**

YOUNG Alexander 1865-1923 [28]

🖼 *Mending the nets* - Oil/canvas (50x76cm-20x30in) Billinghurst, West Sussex 95 .... FF**10 440** - £**1 250** - $**1,988**

Shipping off north shields
   Oil/canvas (60x75cm-24x30in) Billinghurst, West Sussex 92 .... FF**31 550** - £**3 200** - $**6,080**

YOUNG Arthur, Art 1866-1943 [1]

🖋 *Stranger welcome* - Ink (44x65cm-17x26in) New-York 90 .... FF**2 740** - £**283** - $**484**

YOUNG Charles Morris 1869-1964 [3]

🖼 *Winter landscape* - Oil/canvas (41x51cm-16x20in) New-York 94 .... FF**21 020** - £**2 526** - $**4,000**

YOUNG Edward 1823-1882 [4]

🖼 *Rast der Bauersleute mit ihrem Tragtier* - Oil/canvas (31x40cm-12x16in) Wien 92 .... FF**9 620** - £**1 120** - $**1,963**

Das Lämmchen - Öl/Leinwand (90x60cm-35x24in) Stuttgart 93 .... FF**66 100** - £**7 580** - $**11,240**

YOUNG Florence 1872-1964 [1]

🖼 *Mission San Juan Capistrano*
   Oil/canvas (61x51cm-24x20in) San Francisco-Los Angeles 95 .... FF**5 980** - £**786** - $**1,200**

YOUNG Frances E. ?-1939 [8]

🖋 *Wild flowers in a vase* - Miniature (10cm-4in) Torquay, Devon 92 .... FF**2 045** - £**210** - $**393**

YOUNG Fred Grant XIX-XX [1]

🖼 *Basket of roses* - Oil/canvas (71x97cm-28x38in) Delray Beach, Florida 96 .... FF**10 240** - £**1 330** - $**2,000**

YOUNG Harvey Otis 1840-1901 [9]

🖼 *Tucson, Arizona* - Oil/board (40x61cm-16x24in) San Francisco-Los Angeles 96 .... FF**10 440** - £**1 210** - $**2,000**

YOUNG John 1755-1825 [3]

🖼 *Cattle & drover in Italianate landscape*
   Oil/canvas (110x153cm-43x60in) Billinghurst, West Sussex 95 .... FF**40 100** - £**4 800** - $**7,630**

YOUNG Julien XIX [2]

🖼 *Peace in Derbyshire* - Huile/toile (35x53cm-14x21in) Montréal 90 .... FF**3 200** - £**320** - $**607**

YOUNG Mabel c.1890-1974 [2]

🖼 *The Deer Park, Powerscourt* - Oil/board (50x61cm-20x24in) London 96 .... FF**12 400** - £**1 600** - $**2,394**

YOUNG Mahonri Mackintoch 1877-1957 [9]

▨ *Right to the Jaw* - Bronze (35cm-14in) New-York 93 .... FF**100 300** - £**11 400** - $**17,000**

🖋 *Sunset on the Rochambeau* - Watercolour (17x28cm-7x11in) New-York 90 .... FF**3 400** - £**358** - $**591**

YOUNG Michael 1953 [4]

🖼 *Rhizome* - Mixed media (208x198cm-82x78in) New-York 92 .... FF**37 800** - £**3 864** - $**7,000**

YOUNG Tobias P. ?-1824 [1]

🖼 *Mount Orgeuil/St. Breadles Bay* - Oil/panel (26x31cm-10x12in) London 92 .... FF**25 130** - £**3 000** - $**4,830**

YOUNG William Blamire 1862-1935 [21]

🖋 *Morning with the Splitters* - Watercolour (17x33cm-7x13in) London 95 .... FF**4 650** - £**580** - $**911**

YOUNG William S. c.1830-c.1880 [1]

🖼 *Mt. Kearsarge, New Hampshire* - Oil/canvas (46x76cm-18x30in) New-York 96 .... FF**31 150** - £**3 970** - $**6,000**

YOUNGERMAN Jack 1926 [16]

🖼 *Triple Play* - Acrylic/canvas (211x183cm-83x72in) New-York 95 .... FF**21 560** - £**2 647** - $**4,200**

🖋 *Untitled* - Coloured pencils (94x91cm-37x36in) New-York 94 .... FF**3 250** - £**370** - $**551**

YOUNGMAN Annie Mary 1860-1919 [2]

🖋 *Still life of geraniums* - Watercolour (27x53cm-11x21in) London 94 .... FF**7 200** - £**850** - $**1,283**

YOUNGMAN John Mallows 1817-1899 [2]

🖋 *Resting Figure by the Village Pond* - Watercolour (44x60cm-17x24in) London 94 .... FF**3 530** - £**420** - $**665**

YOURIEVITCH Serge 1876-1969 [29]

▨ *Le lutteur* - Plâtre (100cm-39in) Paris 96 .... FF**2 500** - £**294** - $**492**

Tête de Pierrot - Bronze (15cm-6in) Paris 96 .... FF**4 000** - £**463** - $**767**

Danseuse Nattova - Bronze (39cm-15in) London 94 .... FF**15 260** - £**1 800** - $**2,716**

Y

ZACH Ferdinand 1868-1956 [17]
- Karlskirche - Öl/Leinwand (115x100cm-45x39in) Wien 95 .... FF12 650 - £1 578 - **$2,555**
- Der Michaelerplatz in Wien - Aquarell/Papier (30x25cm-12x10in) Wien 96 .... FF4 320 - £558 - **$834**

ZACH Karl XIX-XX [7]
- Frühlingslandschaft - Aquarell/Papier (53x47cm-21x19in) Wien 95 .... FF11 130 - £1 392 - **$2,247**

ZACHARIE Philippe Ernest 1849-1915 [7]
- Jeune femme nue allongée - Huile/toile (35x55cm-14x22in) Rouen 91 .... FF8 100 - £806 - **$1,393**
- Femme nue couchée - Dessin (32x49cm-13x19in) Rouen 90 .... FF8 500 - £878 - **$1,502**

ZACHMANN Max 1892-1917 [4]
- Toter Soldat im Stacheldraht - Ink (12x17cm-5x7in) Berlin 94 .... FF2 734 - £323 - **$487**

ZACHO Christian 1843-1913 [100]
- Tree-lined avenue - Oil/canvas (83x73cm-33x29in) London 92 .... FF4 680 - £480 - **$898**
- Coastal landscape - Oil/canvas (104x135cm-41x53in) Kobenhavn 95 .... FF14 180 - £1 810 - **$2,790**
- Deer in a forest - Oil/canvas (94x127cm-37x50in) New-York 96 .... FF135 000 - £17 200 - **$26,000**

ZACHRISON Axel Gabriel 1884-1944 [5]
- Landskap - Oil/canvas (80x106cm-31x42in) Stockholm 94 .... FF8 630 - £1 022 - **$1,595**

ZACK Léon 1892-1980 [167]
- Nature morte - Huile/toile (80x100cm-31x39in) Bruxelles 93 .... FF6 260 - £749 - **$1,280**
- Untiteld - Oil/canvas (81x100cm-32x39in) Amsterdam 95 .... FF11 132 - £1 167 - **$1,910**
- Composition - Acrylique/toile (162x130cm-64x51in) Paris 97 .... FF23 500 - £2 422 - **$3,954**
- Sans titre - Huile/toile (90x130cm-35x51in) Verrières-Le-Buisson 91 .... FF49 000 - £4 866 - **$8,508**
- Décor pour le Ballets russes, Berlin
  Aquarelle, gouache/papier (37x48cm-15x19in) Paris 96 .... FF11 000 - £1 422 - **$2,166**

ZADIG Jacques 1930 [3]
- Kaminen - Oil/canvas (103x71cm-41x28in) Uppsala 95 .... FF3 145 - £398 - **$631**

ZADIG William 1884-1952 [2]
- Tänkande flicka - Bronze (48cm-19in) Stockholm 95 .... FF3 165 - £415 - **$643**

ZADKINE Ossip 1890-1967 [291]
- La Conversation - Color lithograph (65x50cm-26x20in) Amsterdam 97 .... FF3 808 - £399 - **$653**
- La Demeure - Bronze (63cm-25in) London 95 .... FF69 300 - £9 000 - **$14,260**
- Ominium - Bronze (69cm-27in) Paris 93 .... FF160 000 - £19 270 - **$29,100**
- Figure de femme debout - Bois (58cm-23in) Paris 95 .... FF275 000 - £35 100 - **$56,300**
- Couple - Pierre (68cm-27in) Paris 93 .... FF450 000 - £51 300 - **$76,200**
- La vie des formes - Coloured pencils (65x47cm-26x19in) Köln 97 .... FF14 194 - £1 491 - **$2,430**
- Nus dans la campagne - Gouache/papier (43x58cm-17x23in) Calais 97 .... FF27 000 - £2 959 - **$4,739**
- Femme endormie - Watercolour/paper (40x47cm-16x19in) London 95 .... FF59 400 - £7 500 - **$11,900**
- Birgh of Jesus - Gouache/paper (59x41cm-23x16in) Amsterdam 97 .... FF101 888 - £10 710 - **$17,503**

ZADNIK Karl 1847-1923 [2]
- Marktszene, 1885 - Oil/panel (18x30cm-7x12in) Wien 89 .... FF7 200 - £716 - **$1,137**

ZADOR Istvan 1882-1963 [2]
- Vor dem Spiegel - Oil/canvas (110x70cm-43x28in) Wien 92 .... FF21 660 - £2 170 - **$4,165**

ZADRAZILA Adolf 1868-? [1]
- Bauerngehöft am Flüßchen - Watercolour/paper (18x27cm-7x11in) Wien 90 .... FF5 300 - £567 - **$922**

ZAFAUREK Gustav 1841-1908 [5]
- Lerchenfelder Linie - Aquarell/Papier (13x18cm-5x7in) Wien 94 .... FF6 350 - £735 - **$1,092**

ZAGO Erma 1880-1942 [26]
- Figure a gondola, Venezia/Gondole (19x27cm-7x11in) Roma 96 .... FF15 030 - £1 742 - **$2,925**

ZAGO Luigi 1894-1952 [3]
- Scorcio di Venezia con pescatori - Olio/tela (70x100cm-28x39in) Roma 96 .... FF11 700 - £1 355 - **$2,275**

ZAHN Friedrich 1826-1899 [1]
- Alpensee - Oil/canvas (41x65cm-16x26in) Wien 92 .... FF7 220 - £740 - **$1,271**

ZAHND Johann 1854-1934 [8]
- Hirtenpaar, Römischen Campagna - Oil/canvas (59x112cm-23x44in) Zofingen 91 .... FF30 900 - £3 136 - **$5,581**

ZAHRTMANN Kristian 1843-1917 [48]
- Xantippe og Sokrates - Huile/toile (72x59cm-28x23in) Kobenhavn 92 .... FF14 080 - £1 412 - **$2,710**
- Emperor Friederich III, Villa Carnavon - Oil/canvas (81x94cm-32x37in) London 90 .... FF193 700 - £20 739 - **$33,687**

ZAIRIS Emmanuel 1876-1948 [1]
- Fishermen, Mykonos - Oil/canvas/board (36x63cm-14x25in) Athens 93 .... FF22 800 - £2 620 - **$3,915**

ZAIS Giuseppe 1709-1784 [28]
- Figures crossing a river - Oil/canvas (45x60cm-18x24in) New-York 91 .... FF141 800 - £14 300 - **$27,638**
- Villagers by a ruined triumphal arch - Oil/canvas (78x130cm-31x51in) London 94 .... FF433 000 - £52 000 - **$80,100**
- Elagants figures dancing - Oil/canvas (113x147cm-44x58in) New-York 91 .... FF835 000 - £84 206 - **$162,746**

ZAJCHOWSKI Franciszek 1860-1923 [2]
- Portret Zyda - Oil/canvas (58x46cm-23x18in) Warszawa 96 .... FF8 230 - £940 - **$1,580**

ZAJICEK Karl Wenzel 1860-1923 [38]
- Alter Haushof, Wien III Rabengasse - Aquarell/Papier (33x27cm-13x11in) Wien 95 .... FF6 990 - £882 - **$1,395**
- Der Hohe Markt - Aquarell/Papier (10x15cm-4x6in) Wien 94 .... FF19 530 - £2 260 - **$3,360**

ZAK Eugène, Eugeniusz 1884-1926 [20]
- Paysage à l'Estaque - Huile/toile (54x65cm-21x26in) Paris 97 .... FF62 000 - £6 764 - **$10,838**
- Au cabaret - Oil/canvas (100x80cm-39x31in) New-York 94 .... FF238 000 - £28 140 - **$42,000**
- The actor - Charcoal (46x27cm-18x11in) Tel Aviv 93 .... FF23 600 - £2 685 - **$4,000**

ZAK van Hatty XX [8]
🔲 *Hollywood* - Photo (68x100cm-27x39in) Paris 94.. FF**3 900** - £**457** - **$688**
ZAKANITCH Robert 1935 [16]
🔲 *Follow the Prussian Blue Road* - Oil/canvas (102x51cm-40x20in) New-York 94 .... FF**23 230** - £**2 694** - **$4,000**
ZAKHAROV Alexandre Vitaliev. 1960 [2]
🔲 *Fairy tale about a fisherman and a fish* - Oil/canvas (120x150cm-47x59in) London 89 .... FF**24 200** - £**2 474** - **$3,891**
ZAKHAROV Ivan Ivanovich 1885-1969 [1]
🔲 *Chamber evening* - Oil/canvas (105x169cm-41x67in) Moscow 94...................................... FF**26 300** - £**3 160** - **$5,000**
ZAKHAROV Vadim 1959 [3]
🔲 *B -5, 1986* - Oil/canvas (200x300cm-79x118in) New-York 90 .... FF**108 700** - £**11 564** - **$19,445**
ZALCE Alfredo 1908 [16]
🔲 *Puente en el Trópico* - Oil/canvas (54x78cm-21x31in) New-York 95 .... FF**87 300** - £**11 600** - **$18,000**
✎ *El judero* - Gouache (40x28cm-16x11in) México 92.. FF**35 100** - £**3 604** - **$6,410**
Paisaje de Yucatán - Gouache (49x65cm-19x26in) New-York 95 .... FF**81 600** - £**10 200** - **$16,000**
ZALESKI Marcin 1796-1877 [2]
✎ *Interieur mit Biedermeier* - Aquarell (22x31cm-9x12in) München 92 .... FF**51 000** - £**5 220** - **$10,000**
ZALIOUK Sacha 1887-1971 [2]
✎ *Tête de femme* - Crayons couleurs (30x24cm-12x9in) Paris 95....................................... FF**2 000** - £**254** - **$406**
ZALOPANY Michele 1955 [3]
✎ *City of the gods* - Charcoal (188x247cm-74x97in) New-York 92 .... FF**16 940** - £**2 047** - **$3,500**
Untitled - Pastel (233x246cm-92x97in) New-York 91... FF**31 350** - £**3 159** - **$5,440**
ZAMACOIS Y ZABALA Eduardo 1842-1871 [14]
🔲 *A Visit to the blacksmith* - Oil/canvas (46x56cm-18x22in) New-York 95 .... FF**92 000** - £**11 450** - **$18,000**
The Favorite of the King - Oil/panel (56x45cm-22x18in) New-York 94.............................. FF**702 000** - £**81 200** - **$120,000**
✎ *Cristo en pie* - Lápiz (24x13cm-9x5in) Madrid 95.. FF**2 193** - £**274** - **$520**
ZAMAZAL Jaroslav 1900-? [4]
🔲 *Looking through the Night* - Oil/board (48x35cm-19x14in) London 95.............................. FF**6 880** - £**905** - **$1,382**
ZAMIRAJLO Viktor D. 1868-1939 [2]
✎ *Illustrazione per una fiaba* - Matita (47x38cm-19x15in) Milano 93................................ FF**1 730** - £**201** - **$298**
ZAMKOV Maxime 1958 [2]
🔲 *Nu, 1988* - Huile/toile (90x70cm-35x28in) Paris 89 .... FF**4 200** - £**443** - **$707**
ZAMORA de José 1889-1971 [25]
🔲 *L'Oiseaux de Feu* - Watercolour (30x23cm-12x9in) London 92 .... FF**2 443** - £**250** - **$430**
Les deux amies - Aquarelle, gouache (31x24cm-12x9in) Paris 93 .... FF**11 500** - £**1 386** - **$2,090**
ZAMORA Jésus María 1875-1949 [2]
🔲 *Grazing cattle* - Oil/canvas (47x66cm-19x26in) San Francisco-Los Angeles 95.................. FF**12 380** - £**1 547** - **$2,500**
ZAMPIGHI Eugenio 1859-1944 [101]
🔲 *La Margheritina* - Oil/canvas/board (61x46cm-24x18in) New-York 94 .... FF**23 400** - £**2 707** - **$4,000**
Amusing baby - Oil/canvas (55x76cm-22x30in) London 93 .... FF**131 700** - £**15 000** - **$22,350**
Al gioco delle bocce - Olio/tela (56x76cm-22x30in) Roma 91 .... FF**225 300** - £**22 374** - **$39,119**
✎ *The centre of attrction* - Ink (46x63cm-18x25in) London 92 .... FF**56 700** - £**5 800** - **$9,970**
ZAMPIS Anton 1820-1883 [3]
✎ *Zweispännige Kutsche* - Aquarell/Papier (18x28cm-7x11in) Wien 94 .... FF**2 000** - £**253** - **$401**
ZANAROFF Prudent Pohl, dit 1885-1966 [10]
🔲 *Les miséreux, 1943* - Huile/isorel (51x60cm-20x24in) Reims 90 .... FF**4 000** - £**431** - **$705**
✎ *Le huis-clos* - Aquarelle (33x53cm-14x21in) Pont-Audemer 90.................................... FF**5 000** - £**532** - **$894**
ZANCARANO Tono 1906-1985 [6]
✎ *Il Gibbo/Figura/To la gran...* - Inchiostro (70x50cm-28x20in) Milano 93 .... FF**7 320** - £**822** - **$1,310**
ZANCHI Antonio 1631-1722 [7]
✎ *Attilio Regolo introdotto nella botte* - Sanguine/papier (18x24cm-7x9in) Roma 89 .... FF**5 500** - £**562** - **$884**
ZANDÉN Helge 1885-1972 [6]
🔲 *Landskap, 1936* - Oil/board (61x75cm-24x30in) Göteborg 90 .... FF**4 100** - £**436** - **$733**
ZANDER Heinz 1939 [4]
🔲 *Dame mit Zephir* - Oil/board (81x60cm-32x24in) Bremen 90 .... FF**30 600** - £**3 129** - **$6,040**
ZANDLEVEN Jan Adam 1868-1923 [36]
🔲 *Still life with orange flowers* - Oil/canvas (39x59cm-15x23in) Amsterdam 92...................... FF**6 070** - £**622** - **$1,068**
A farmyard - Oil/canvas/panel (31x39cm-12x15in) Amsterdam 97................................. FF**13 871** - £**1 500** - **$2,420**
ZANDOMENEGHI Federico 1841-1917 [28]
🔲 *Géraniums* - Oil/canvas (91x60cm-36x24in) London 96... FF**1** - £**175 000** - **$271,000**
En promenade - Oil/canvas (73x82cm-29x32in) New-York 92 .... FF**4** - £**416 000** - **$825,000**
Arturo Toscanini - Oil/board (34x49cm-13x19in) New-York 97....................................... FF**427 838** - £**46 117** - **$75,000**
✎ *Les cheveux blonds* - Pastello/carta (45x38cm-18x15in) Roma 96 .... FF**301 500** - £**37 800** - **$57,600**
ZANDT van William XIX-XX [2]
🔲 *Sulky and rider* - Oil/canvas (48x67cm-19x26in) New-York 92 .... FF**18 460** - £**1 890** - **$3,250**
ZANETTI Antonio Maria II 1706-1778 [1]
✎ *Christ ascending/Couple* - Ink (19x15cm-7x6in) New-York 96 .... FF**1 728** - £**226** - **$350**
ZANETTI ZILLA Vittore 1864-1946 [10]
🔲 *Balcone fiorito* - Olio/cartone (100x70cm-39x28in) Roma 95 .... FF**19 760** - £**2 535** - **$3,965**
✎ *Off the coast, Venice* - Watercolour (89x137cm-35x54in) Boston, Mass. 93...................... FF**10 630** - £**1 208** - **$1,800**
ZANGERL Alfred 1892-? [1]
✎ *Mädchenporträts und Akte* - Pastell (47x31cm-19x12in) München 91 .... FF**5 410** - £**539** - **$930**
ZANGLI Fortunato 1899-1972 [2]
🔲 *Canal Grande, Venezia* - Olio/tela (49x69cm-19x27in) Milano 95.................................. FF**4 770** - £**608** - **$976**

ZANGRANDO Giovanni 1869-1941 [18]
- *Pomeriggio nel roseto* - Olio/tavola (40x40cm-16x16in) Trieste 96 .... FF13 800 - £1 560 - $2,640
- *Odalisca* - Pastelli/cartone (72x52cm-28x20in) Trieste 93 .... FF9 680 - £1 122 - $1,666

ZANGS Herbert 1924 [27]
- *Ohne Titel* - Acrylic/paper (64x67cm-25x26in) Köln 95 .... FF7 210 - £943 - $1,464
- *Faltschachteobjekt* - Assemblage (48x86cm-19x34in) München 96 .... FF13 250 - £1 510 - $2,535
- *Komposition* - Collage (60x29cm-24x11in) Köln 89 .... FF5 700 - £583 - $916

ZANIERI Arturo 1870-? [5]
- *Pojke i Alexandria* - Oil/panel (41x32cm-16x13in) Helsinki 93 .... FF6 120 - £704 - $1,053
- *The Shepherdess* - Oil/canvas (66x106cm-26x42in) London 96 .... FF30 650 - £3 600 - $5,960

ZANINI Luigi 1896-1968 [1]
- *Stehendes Fohlen* - Bronze (14cm-6in) Zofingen 95 .... FF2 550 - £323 - $513

ZANINI Luigi, Gigiotti 1893-1962 [1]
- *Veneeia* - Matita (40x38cm-16x15in) Milano 95 .... FF2 980 - £380 - $610

ZANK Hans 1889-? [1]
- *Stadtansicht am Fluss* - Öl/Leinwand (64x56cm-25x22in) Überlingen 96 .... FF5 080 - £638 - $981

ZANONI Giuseppe 1849-1903 [3]
- *Il Pasto* - Oil/canvas (61x40cm-24x16in) London 93 .... FF26 700 - £3 000 - $4,470

ZANONI Luciano 1940 [2]
- *Assiette & deux pommes* - Sculpture (23cm-9in) Paris 89 .... FF6 500 - £647 - $1,027

ZANTH von Karl Ludwig Wilhelm 1796-1857 [1]
- *Architektonischen Studien* - Ink Hamburg 93 .... FF4 750 - £567 - $913

ZAO WOU-KI 1921 [330]
- *Composition* - Huile/toile (46x50cm-18x20in) Versailles 94 .... FF61 000 - £7 210 - $10,950
- *Montagnes vertes* - Huile/toile (53x61cm-21x24in) Paris 94 .... FF98 000 - £11 740 - $18,560
- *Sans titre* - Huile/toile (54x65cm-21x26in) Toulouse 97 .... FF145 000 - £15 559 - $25,259
- *19.7.61* - Oil/canvas (162x150cm-64x59in) London 96 .... FF323 500 - £37 000 - $61,700
- *Untitled* - Oil/canvas (96x194cm-38x76in) New-York 97 .... FF418 118 - £43 985 - $72,000
- *Untitled* - Oil/canvas (195x130cm-77x51in) London 94 .... FF507 000 - £60 000 - $93,600
- *Cathedral* - Color lithograph (44x58cm-17x23in) London 92 .... FF5 370 - £550 - $1,053
- *Paysage animé* - Encre (30x23cm-12x9in) Paris 97 .... FF17 000 - £1 812 - $2,941
- *Abstract* - Watercolour/paper (37x28cm-15x11in) Taipei, Taiwan 97 .... FF58 912 - £6 244 - $10,164
- *Composition* - Encre Chine/papier (102x102cm-40x40in) Paris 96 .... FF80 000 - £10 400 - $15,850

ZAPFA Josefa XIX-XX [1]
- *River landscape* - Oil/panel (25x35cm-10x14in) Praha 95 .... FF2 980 - £386 - $610

ZARAGOZA José Ramón 1874-1949 [4]
- *La dama de la rosa* - Oleo/lienzo (216x100cm-85x39in) Madrid 91 .... FF20 500 - £2 081 - $3,702
- *Capilla de Cangas de Osnis* - Acuarela (24x34cm-9x13in) Madrid 93 .... FF8 100 - £854 - $1,364

ZARCO Antonio 1930 [4]
- *Naturaleza muerta* - Gouache (49x73cm-19x29in) Madrid 90 .... FF16 200 - £1 734 - $2,817

ZARDARIAN Hovhannes 1918-1992 [1]
- *Jasmins* - Huile/carton (49x69cm-19x27in) Paris 95 .... FF6 000 - £718 - $1,142

ZARDETTI Eugen 1849-1926 [1]
- *Vor der Küste von Capri* - Öl/Leinwand (69x55cm-27x22in) Wien 96 .... FF8 670 - £1 081 - $1,675

ZARDO Alberto 1876-1959 [10]
- *Fishing village at sunset* - Oil/canvas (54x44cm-21x17in) New-York 91 .... FF12 540 - £1 264 - $2,176

ZAREMBSKA Stéfania 1907-1982 [1]
- *Fruits et roses* - Huile/toile (27x34cm-11x13in) Paris 91 .... FF2 800 - £279 - $481

ZARIANKO Sergei Konstantinov. 1818-1871 [1]
- *Princess Obolenskaya* - Oil/canvas (98x132cm-39x52in) London 95 .... FF102 600 - £13 000 - $20,640

ZARINA Vija 1961 [8]
- *Duo* - Huile/panneau (50x65cm-20x26in) Paris 90 .... FF4 900 - £493 - $891

ZARINS Indulis 1929 [3]
- *Combat de taureaux* - Huile/panneau (109x116cm-43x46in) Paris 90 .... FF4 200 - £423 - $764

ZARINS Kaspars 1962 [5]
- *Tentation* - Huile/toile (145x95cm-57x37in) Paris 90 .... FF2 200 - £222 - $400

ZARIPOVA Ludmila 1944 [2]
- *Nature morte au verre vert* - Huile/toile (60x40cm-24x16in) Paris 90 .... FF3 000 - £315 - $522

ZARITSKY Yosef 1891-1985 [78]
- *Roméo et Juliette, acte VI/VI* - Oil/canvas/board (51x67cm-20x26in) Tel Aviv 93 .... FF43 600 - £5 260 - $8,000
- *Portrait of Mrs. Ayala Zacks* - Oil/canvas (116x91cm-46x36in) Tel Aviv 96 .... FF93 000 - £11 510 - $18,000
- *Amsterdam* - Oil/canvas (66x92cm-26x36in) Tel Aviv 94 .... FF316 600 - £38 000 - $60,000
- *View from the Artist's Roof Top* - Watercolour/paper (54x74cm-21x29in) Tel Aviv 97 .... FF28 935 - £3 076 - $5,000
- *View of Haifa Harbour* - Watercolour (32x46cm-13x18in) Tel Aviv 97 .... FF42 781 - £4 757 - $8,000
- *Trees in Tel Aviv* - Watercolour (49x69cm-19x27in) Tel Aviv 97 .... FF74 866 - £8 325 - $14,000
- *Vase of Flowers on a Chair* - Watercolour (48x56cm-19x22in) Tel Aviv 96 .... FF202 300 - £17 130 - $26,500

ZARNECKI Stanislaw 1877-1956 [1]
- *Portrait of Mrs. K.* - Pastel (67x46cm-26x18in) Warszawa 93 .... FF6 310 - £654 - $1,091

ZAROU Victor XX [2]
- *Village provençal* - Huile/toile (73x60cm-29x24in) Paris 92 .... FF5 000 - £597 - $962

ZARRAGA Angel 1886-1946 [62]
- *Les Singes No. 2* - Oil/canvas (89x73cm-35x29in) New-York 95 .... FF1 - £167 500 - $260,000

Vue du Douarnenez - Huile/toile (65x81cm-26x32in) Paris 97 .... FF**35 000** - £*3 647* - **$5,964**
Limones - Oil/canvas (54x40cm-21x16in) New-York 97 .... FF**114 548** - £*12 210* - **$20,000**
Le Jeune Footballeur - Oil/canvas (147x97cm-58x38in) New-York 97 .... FF**229 488** - £*24 556* - **$40,000**

ZARUBA Jerzy 1891-1971 [2]
🐦 *Pa ra przy stolikach w plenerze* - Oil/panel (85x65cm-33x26in) Warszawa 92 .... FF**12 920** - £*1 318* - **$2,307**

ZARUBIN Viktor Ivanovich 1866-1928 [7]
🐦 *Wandering monks* - Oil/panel (64x125cm-25x49in) Moscow 94 .... FF**29 830** - £*3 526* - **$5,500**

ZASCHE Josef 1821-1881 [1]
✏ *Dunkelhaarige Dame* - Miniature (13x9cm-5x4in) Wien 93 .... FF**5 940** - £*682* - **$988**

ZASCHE Theodor 1862-1922 [15]
✏ *Im Künstlerhause* - Pencil/paper (48x36cm-19x14in) Wien 91 .... FF**6 240** - £*620* - **$1,083**

ZATZKA Hans 1859-1945 [82]
🐦 *Clematis an einem Mauersockel* - Ol/Leinwand (101x44cm-40x17in) Wien 93 .... FF**12 370** - £*1 437* - **$2,083**
Still Life of Flowers - Oil/canvas (77x63cm-30x25in) New-York 97 .... FF**34 130** - £*3 673* - **$6,000**
Delicate Balance - Oil/canvas (58x79cm-23x31in) London 96 .... FF**63 200** - £*8 200* - **$12,500**
The amourous visitor - Oil/canvas (68x47cm-27x19in) London 95 .... FF**101 800** - £*13 500* - **$21,030**
🗔 *Trompe l'oeil-Manier* - Woodcut (70x120cm-28x47in) Zofingen 97 .... FF**57 400** - £*5 756* - **$9,475**

ZAUCHE Arno Oswald 1875-1941 [1]
🗿 *Tänzerin* - Bronze (32cm-13in) Köln 94 .... FF**2 057** - £*247* - **$400**

ZAUGG Hans 1894-1986 [5]
🐦 *Stilleben mit Hyazinthe* - Huile/panneau (26x18cm-10x7in) Bern 95 .... FF**2 160** - £*270* - **$436**

ZAWADO Jean Zawadowski 1891-1982 [1]
🐦 *Anemony i Jablka* - Oil/canvas (55x33cm-22x13in) Warszawa 92 .... FF**12 500** - £*1 276* - **$1,887**

ZAWADZINSKI Czeslaw 1878-1936 [2]
🐦 *Nu de rousse* - Oil/canvas/panel (26x21cm-10x8in) Warszawa 96 .... FF**10 100** - £*1 266* - **$1,970**

ZAWADZKI Stanislaw 1878-1960 [1]
Young girl - Watercolour/paper (39x27cm-15x11in) Warszawa 96 .... FF**4 580** - £*522* - **$877**

ZAWISKI Edouard XIX-XX [4]
🐦 *The steeplechase* - Oil/canvas (100x65cm-39x26in) New-York 95 .... FF**79 200** - £*9 860* - **$15,500**

ZBINDEN Emil 1908-1991 [65]
🗔 *Grindelwald* - Gravure bois (33x47cm-13x19in) Bern 95 .... FF**1 678** - £*218* - **$345**
✏ *Hügellandschaft bei Frieswil* - Encre (44x68cm-18x23in) Bern 94 .... FF**7 270** - £*843* - **$1,253**

ZBINDEN Fritz Karl 1896-1968 [3]
✏ *Silsersee im Sommer* - Aquarell (34x47cm-13x19in) Zofingen 93 .... FF**4 750** - £*541* - **$806**

ZDICHINEC Bernhard 1883-1968 [5]
✏ *Blick über Mödling* - Aquarell/Papier (23x30cm-9x12in) Wien 96 .... FF**2 414** - £*275* - **$463**

ZECCHIN Vittorio 1878-1947 [1]
✏ *Barovier glass mosaic* - Mixed media drawing (8cm-3in) Genève 90 .... FF**133 800** - £*13 617* - **$26,758**

ZECHNER Johannes 1953 [2]
🐦 *Ohne Titel* - Acrylic/canvas (140x120cm-55x47in) Wien 95 .... FF**12 440** - £*1 580* - **$2,507**

ZECHYR Othmar 1938 [11]
✏ *Ohne Titel* - Ink (44x31cm-17x12in) Wien 97 .... FF**7 667** - £*806* - **$1,316**

ZEE van der James 1885-1983 [17]
📷 *Positively No Trust* - Gelatin silver print (16x7cm-6x3in) San Francisco-Los Angeles 95 .... FF**5 980** - £*780* - **$1,200**

ZEE van der Jan 1898-1988 [4]
🐦 *A landscape* - Oil/canvas (60x80cm-24x31in) Amsterdam 96 .... FF**25 170** - £*3 230* - **$4,960**
✏ *Winterlandschap* - Watercolour, gouache/paper (42x59cm-17x23in) Amsterdam 95 .... FF**8 820** - £*1 126* - **$1,800**

ZEEBROECK van ?-1844 [1]
🐦 *Winter village scene* - Oil/canvas (53x73cm-21x29in) San Francisco-Los Angeles 90 .... FF**11 400** - £*1 213* - **$2,039**

ZEEGEN van Adrian 1881-1966 [1]
🐦 *Eerste studie voorjaarsmorgen* - Oil/canvas (55x17cm-22x7in) Amsterdam 90 .... FF**32 900** - £*3 545* - **$5,802**

ZEEGEN van Janus 1881-1966 [1]
🐦 *Flora onder de diep Zee* - Oil/board (182x83cm-72x33in) Amsterdam 90 .... FF**6 020** - £*616* - **$1,188**

ZEEH Beth 1911 [3]
🐦 *Kvinna ved hus* - Oil/canvas (55x38cm-22x15in) Uppsala 92 .... FF**2 830** - £*290* - **$498**

ZEEMAN Abraham Johannes 1811-1876 [1]
🐦 *Lad of great promise* - Oil/canvas (87x69cm-34x27in) Amsterdam 92 .... FF**19 720** - £*2 020* - **$3,470**

ZEEMAN Regnier Nooms c.1623-1667 [13]
🐦 *Port d'Amsterdam* - Huile/toile (52x68cm-20x27in) Doullens 93 .... FF**1** - £*199 300* - **$296,600**
Vue de Paris - Huile/toile (106x204cm-42x80in) Paris 97 .... FF**100 000** - £*10 960* - **$17,550**

ZEEUW VAN DEN LAAN Jan 1832-1892 [2]
🐦 *Ducks on a pond* - Oil/canvas (58x74cm-23x29in) Amsterdam 91 .... FF**4 510** - £*454* - **$783**

ZEFERINO DA COSTA J. 1840-1915 [1]
🐦 *Jeanne d'Arc* - Oil/canvas (83x64cm-33x25in) New-York 92 .... FF**62 400** - £*7 450* - **$12,000**

ZEGELAAR Gerrit 1719-1794 [5]
🐦 *Fishwife outside a town house* - Oil/panel (27x22cm-11x9in) London 93 .... FF**22 400** - £*2 800* - **$4,060**

ZEH Friedrich Albert 1834-1865 [1]
✏ *Landschaft mit Schäfer* - Ink (12x10cm-5x4in) München 95 .... FF**4 220** - £*531* - **$844**

ZEHELEIN Friederich 1760-1802 [1]
✏ *Diana the huntress* - Watercolour (33x37cm-13x15in) London 93 .... FF**2 173** - £*250* - **$375**

ZEHME Werner 1859-? [2]
🐦 *The money lender* - Oil/canvas (96x76cm-38x30in) London 93 .... FF**28 000** - £*3 500* - **$5,080**
Fête au Moulin Rouge - Oil/board (67x47cm-26x19in) New-York 90 .... FF**171 600** - £*18 255* - **$30,698**

ZEHNDER Paul 1884-1973 [2]
- *Kreuztragung* - Öl/Leinwand (60x81cm-24x32in) Bern 95 .... FF4 300 - £560 - **$883**

ZEID Fahr-el-Nissa 1901-1991 [12]
- *Portrait of a woman* - Oil/canvas (66x56cm-26x22in) London 95 .... FF18 920 - £2 500 - **$3,835**
- *Untitled* - Oil/canvas (50x150cm-20x59in) London 96 .... FF81 000 - £10 000 - **$15,630**

ZEIER Muzt 1929-1981 [1]
- *Zementroehren* - Öl/Karton (27x43cm-11x17in) Luzern 93 .... FF2 970 - £355 - **$571**

ZEIGLER Lee Woodward 1868-1952 [5]
- *Sun and Wind* - Oil/canvas (41x30cm-16x12in) Mystic, Connecticut 94 .... FF3 720 - £444 - **$700**

ZEILEISSEN von Rudolf 1897-1970 [7]
- *Wien vom Oberen Belvedere* - Öl/Leinwand (61x81cm-24x32in) Wien 96 .... FF9 140 - £1 146 - **$1,785**

ZEILLER Franz Anton 1716-1793 [2]
- *Deckenfresko* - Oil/canvas (71x88cm-28x35in) Köln 90 .... FF331 100 - £34 205 - **$58,498**
- *Die wunderbare Brotvermehrung* - Wash (30x19cm-12x7in) Wien 95 .... FF24 900 - £3 160 - **$5,010**

ZEISSIG-SCHENAU Johann Eleazar 1737-1806 [1]
- *Concert dans un salon* - Huile/toile (85x68cm-33x27in) Paris 93 .... FF180 000 - £21 700 - **$32,700**

ZEITLINE Léon XX [2]
- *Voiliers* - Huile/panneau (50x65cm-20x26in) La Varenne Saint-Hilaire 94 .... FF2 500 - £296 - **$462**
- *Marine en Bretagne* - Huile/panneau (47x64cm-19x25in) Le Havre 91 .... FF6 000 - £596 - **$1,042**

ZEITTER Johann Christ., John 1820-1872 [3]
- *The Hungarian tinkers wedding* - Oil/canvas (59x90cm-23x35in) London 92 .... FF7 540 - £900 - **$1,450**

ZEITZ Johann Christian G. 1827-1914 [2]
- *Interior of a home for the elderly* - Oil/panel (15x21cm-6x8in) Amsterdam 94 .... FF2 437 - £288 - **$438**

ZELDIS Malcah 1931 [4]
- *Lion* - Gouache/paper (28x23cm-11x9in) Litchfield, CT 92 .... FF2 210 - £264 - **$425**

ZELENINE Édouard 1938 [5]
- *Femme et papillons* - Huile/toile (100x81cm-39x32in) Paris 92 .... FF5 500 - £563 - **$968**

ZELENKA Yan XX [2]
- *Tortue musicienne* - Bronze (28x21x17cm-11x8x7in) Paris 93 .... FF4 000 - £482 - **$728**

ZELEZNY Franz 1866-1932 [21]
- *Vagabund* - Wood (24cm-9in) Wien 93 .... FF3 850 - £460 - **$740**
- *Trauernde Maria* - Wood (86cm-34in) Wien 93 .... FF14 430 - £1 724 - **$2,775**
- *Adam und Eva als Kleinkinder* - Waterpaint (41cm-16in) Wien 91 .... FF18 300 - £1 857 - **$3,305**

ZELGER Jakob Joseph 1812-1885 [16]
- *Tellskapelle mit Urirotstock* - Oil/canvas (116x162cm-46x64in) Luzern 91 .... FF39 900 - £3 972 - **$6,861**

ZELIKSON Serge c.1890-? [4]
- *Le rêve* - Bronze (17cm-7in) Bruxelles 96 .... FF3 000 - £393 - **$608**

ZELLENBERG von Carl 1840-1903 [1]
- *Berchtesgaden* - Oil/panel (20x27cm-8x11in) Wien 94 .... FF5 800 - £666 - **$993**

ZELLENBERG von Franz Zeller 1805-1876 [5]
- *Einsquartierung* - Öl/Leinwand (46x62cm-18x24in) Wien 96 .... FF33 700 - £4 200 - **$6,510**
- *Das Ratzenstadl in Wien* - Aquarell/Papier (17x28cm-7x11in) Wien 93 .... FF6 360 - £721 - **$1,074**

ZELLER Eugen 1889-1974 [2]
- *Wilhelm Tell* - Pencil (30x23cm-12x9in) Zofingen 96 .... FF3 930 - £490 - **$758**

ZELLER Fred 1912 [54]
- *La ferme sous la neige* - Huile/toile (54x81cm-21x32in) La Varenne Saint-Hilaire 97 .... FF3 500 - £377 - **$615**
- *Loin du monde et du bruit* - Huile/toile (65x100cm-26x39in) Calais 96 .... FF12 000 - £1 378 - **$2,290**
- *L'entrée des fesses au musée* - Huile/toile (81x100cm-32x39in) Versailles 91 ... FF38 000 - £3 810 - **$6,273**

ZELLER Hans Arnold 1897-? [1]
- *Letzter Schnee bei Herisau* - Huile/panneau (25x34cm-10x13in) Bern 95 .... FF14 200 - £1 845 - **$2,914**

ZELLER Johann Baptist 1877-1959 [1]
- *Alpfahrt* - Oil (14x25cm-6x10in) Zürich 92 .... FF36 160 - £4 320 - **$6,950**

ZELLER Johann Conrad 1807-1856 [3]
- *Jeune fille à la fleur* - Huile/toile Saumur 96 .... FF12 600 - £1 630 - **$2,473**

ZELLER Magnus Herbert 1888-1968 [33]
- *Männerbildnis* - Oil/canvas (92x75cm-36x30in) London 95 .... FF75 700 - £10 000 - **$15,340**
- *Bettler* - Etching (21x14cm-8x6in) Berlin 95 .... FF1 780 - £222 - **$348**
- *Spaziergänger* - Watercolour (27x22cm-11x9in) Berlin 95 .... FF10 670 - £1 330 - **$2,090**

ZELLER Mihaly 1859-? [2]
- *Abendstimmung* - Öl/Leinwand (81x70cm-32x28in) Wien 96 .... FF2 900 - £330 - **$555**

ZELLER Wolfang 1900-1987 [3]
- *River landscape* - Öl/Leinwand (60x80cm-24x31in) Lindau 95 .... FF2 586 - £330 - **$522**

ZELMA Georgi 1906-1984 [8]
- *On the water* - Gelatin silver print (33x23cm-13x9in) New-York 93 .... FF12 100 - £1 518 - **$2,200**

ZELTER Georges 1938 [21]
- *Paysage du Vaucluse* - Huile/toile (54x73cm-21x29in) Paris 97 .... FF3 000 - £320 - **$519**
- *Jetée de Trouville* - Huile/toile (73x54cm-29x21in) Paris 92 .... FF17 000 - £1 740 - **$3,334**

ZELTNER Philipp 1865-1946 [3]
- *Stilleben mit Früchten* - Oil/canvas (78x118cm-31x46in) Frankfurt 91 .... FF11 150 - £1 132 - **$2,014**

ZEMPLENYI Tivadar 1864-1917 [2]
- *Entenfütterung am Stadtteich* - Öl/Karton (17x31cm-7x12in) Wien 92 .... FF7 700 - £772 - **$1,480**

Z

ZEMSKOV Lev Nikolaevitch 1916-1983 [1]
● Summer - Oil/cardboard (48x70cm-19x28in) London 95 .... FF3 110 - £400 - $642
ZEMSKY Illya 1892-1961 [3]
✍ Josephine Baker - Pastel (58x46cm-23x18in) St. Petersburg, Florida 94 .... FF17 120 - £1 996 - $3,000
ZENAKEN 1954 [22]
● Fusion - Huile/toile (162x130cm-64x51in) Arles 93 .... FF6 000 - £691 - $1,035
ZENATTI Jacques 1952 [24]
● Lorenne - Acrylique/toile (100x100cm-39x39in) Paris 92 .... FF9 500 - £972 - $1,673
✍ Sans titre - Bois (135cm-53in) Paris 94 .... FF3 000 - £342 - $509
ZENDEL Gabriel 1906 [27]
● Portrait de clown - Huile/toile (46x38cm-18x15in) La Roche-sur-Yon 97 .... FF9 000 - £986 - $1,580
✍ Nature morte aux fruits - Aquarelle (28x36cm-11x14in) Paris 97 .... FF1 800 - £203 - $326
ZENDER Rudolf 1901-1988 [22]
● Péniches sur la Seine en été - Huile/toile (50x61cm-20x24in) Zürich 96 .... FF15 280 - £1 980 - $3,020
⬚ Cathédrales de France - Lithographie Zofingen 96 .... FF2 690 - £335 - $519
ZENIL Nahum B. 1947 [2]
✍ Santiago, 1989 - Mixed media/paper (50x35cm-20x14in) New-York 90 .... FF47 200 - £5 021 - $8,444
ZENKEVITCH Boris Alexandrovitch 1888-1972 [2]
✍ Costume designs - Ink (25x20cm-10x8in) Chicago 92 .... FF1 704 - £174 - $300
ZENNARO Felice 1833-1926 [3]
● Caring for the chimmney sweep - Oil/canvas (98x137cm-39x54in) London 93 .... FF52 000 - £6 500 - $9,420
ZENNSTRÖM Petter 1945 [16]
● Huvud - Oil/canvas (60x60cm-24x24in) Stockholm 92 .... FF9 030 - £1 080 - $1,738
ZENO E. 1880-? [1]
● Venezia, la Biblioteca Marciana - Öl/Leinwand (30x25cm-12x10in) Wien 96 .... FF5 780 - £721 - $1,117
ZENO Jorge 1956 [14]
● La Dama de los Girasoles - Oil/canvas (57x54cm-22x21in) New-York 93 .... FF88 600 - £10 060 - $15,000
ZENS Herwig 1943 [9]
● Paris - Oil/Leinwand (50x70cm-20x28in) Wien 97 .... FF5 734 - £609 - $988
✍ Palermo - Watercolour (40x55cm-16x22in) Wien 96 .... FF2 886 - £362 - $564
ZEPHIRIN Frantz 1964 [8]
● Baptême mystique - Huile/toile (51x41cm-20x16in) Paris 96 .... FF4 000 - £518 - $785
ZEPP Christian 1749-1809 [3]
● Flusslandschaft mit einer Fähre - Öl/Leinwand (24x34cm-9x13in) Wien 94 .... FF16 960 - £1 978 - $2,970
ZEPPEL-SPERL Robert 1944 [43]
● Ohne Titel - Öl/Leinwand (50x40cm-20x16in) Wien 97 .... FF10 989 - £1 168 - $1,895
Principessa - Acrylic/canvas (160x119cm-63x47in) Wien 96 .... FF28 850 - £3 675 - $5,560
✍ La Donna di Lido - Mischtechnik/Papier (66x48cm-26x19in) Wien 96 .... FF7 240 - £825 - $1,387
ZEPPENFELD Victor 1834-c.1890 [2]
● Zur Genesung spielt man Geiger - Oil/canvas (46x68cm-18x27in) München 92 .... FF10 200 - £1 044 - $2,000
ZERBE Karl 1903-1972 [4]
● Emmett Kelly - Tempera (90x60cm-35x24in) New-York 94 .... FF11 820 - £1 420 - $2,250
ZERBE William XIX-XX [1]
📷 Stormy Day, Madison Square - Photograph (20x15cm-8x6in) New-York 96 .... FF10 210 - £1 318 - $2,000
ZERGE Ove 1894-1983 [3]
● Målargesällen - Oil/canvas (150x68cm-59x27in) Malmö 96 .... FF16 720 - £2 167 - $3,276
ZERILLI Francesco 1793-1837 [19]
✍ Panorama von Palermo - Gouache/papier (45x84cm-18x33in) Wien 96 .... FF72 000 - £8 720 - $14,000
ZERMATI Jules XIX [4]
● Merriment by the Hearth - Oil/canvas (59x79cm-23x31in) New-York 94 .... FF13 280 - £1 585 - $2,500
ZERNICHOW Catherine Helene 1864-1942 [2]
● Landskab med to sma piger - Oil/canvas (67x95cm-26x37in) Köbenhavn 90 .... FF8 800 - £879 - $1,670
ZERNIN Heinrich 1868-1951 [1]
● Eberstadt in der Ernte - Öl/Karton (37x52cm-15x20in) Frankfurt 94 .... FF4 980 - £686 - $1,042
ZERO Hans Schleger 1899-1976 [3]
⬚ You Can be Sure of Shell - Poster (75x115cm-30x45in) London 96 .... FF18 840 - £2 400 - $3,624
ZERRITSCH Fritz, Jnr. 1888-1985 [17]
● Hl. Franziskus beschlägt ein Pferd - Oil/canvas (80x84cm-31x33in) Wien 90 .... FF4 300 - £446 - $756
Ochsengespann - Oil/canvas (98x145cm-39x57in) Wien 92 .... FF21 640 - £2 517 - $4,420
✍ Soldaten im Schnee - Mischtechnik/Papier (41x44cm-16x17in) Wien 96 .... FF1 955 - £254 - $383
ZERRITSCH Fritz, Snr. 1865-1938 [1]
✍ Walzer - Aquarell/Papier (14x9cm-6x4in) Wien 94 .... FF4 880 - £566 - $840
ZETHRAEUS Agatha 1872-1966 [3]
● Markt Albert Cuijpstraat - Oil/canvas (31x45cm-12x18in) Amsterdam 94 .... FF3 656 - £432 - $657
ZETSCHE Eduard 1844-1927 [56]
● Nordseestrand - Öl/Leinwand (71x101cm-28x40in) Wien 94 .... FF36 600 - £4 360 - $6,900
Sankt Michael i.d. Wachau - Öl/Leinwand (80x119cm-31x47in) Wien 95 .... FF222 700 - £28 300 - $44,300
✍ Motiv aus Randersacker-am-Main - Aquarell/Papier (53x36cm-21x14in) Wien 96 ...... FF48 300 - £5 500 - $9,240
ZETTERBERG Nils 1910-1986 [45]
● Blå kopp och mussla - Acrylic/canvas/panel (30x38cm-12x15in) Uppsala 96 .... FF3 380 - £392 - $648
● Vildrosbukett - Oil/canvas (60x74cm-24x29in) Stockholm 93 .... FF14 800 - £1 820 - $2,740
ZETTERQVIST Denice 1929 [6]
● Sommarkväll - Oil/canvas (78x64cm-31x25in) Göteborg 93 .... FF3 650 - £415 - $618

Z

ZETTERQVIST Olle 1927 [3]
🕊 *Vid hammen* - Oil/canvas (127x325cm-50x128in) Stockholm 93 .... FF**10 870** - £**1 240** - **$1,840**
ZETTERSTRÖM Gunnar 1902-1965 [26]
🕊 *Utsikt mot Stadshuset, Stockholm* - Oil/panel (44x53cm-17x21in) Stockholm 89 .... FF**3 500** - £**348** - **$553**
ZETTERSTRÖM Wilhelmina, Mimmi 1843-1885 [1]
🕊 *Salonginteriör* - Oil/canvas (61x76cm-24x30in) Stockholm 95 .... FF**24 400** - £**3 194** - **$4,890**
ZETTERWALL Eva H. 1941 [8]
🕊 *Natten* - Oil/canvas (134x120cm-53x47in) Stockholm 93 .... FF**22 560** - £**2 560** - **$3,820**
ZETTLER Emil Robert 1878-1946 [1]
🔲 *Torso-female* - Bronze (43cm-17in) New-York 92 .... FF**11 360** - £**1 162** - **$2,000**
ZETTLER Max 1886-1926 [6]
🕊 *Bayrische Voralpenlandschaft* - Öl/Karton (24x32cm-9x13in) Hamburg 96 .... FF**6 120** - £**697** - **$1,170**
ZEUNER Georg Günther 1923 [3]
🖉 *Liegender Mädchenakt* - Gouache/papier (43x65cm-17x26in) Heidelberg 94 .... FF**2 120** - £**275** - **$442**
ZEUNER Jonas 1727-1814 [1]
🕊 *Herengracht* - Verre églomisé (68x92cm-27x36in) Amsterdam 94 .... FF**524 000** - £**61 900** - **$96,500**
ZEUNER Robert 1885-? [1]
🕊 *Kleines Waldstück* - Öl/Leinwand (27x16cm-11x6in) Rudolstadt-Thüringen 96 .... FF**2 710** - £**340** - **$524**
ZEUTHEN Christian Olavius 1812-1890 [15]
🕊 *Skipper ved roret* - Oil/canvas (25x35cm-10x14in) København 96 .... FF**3 550** - £**405** - **$680**
🖉 *Interior, Oxholm* - Ink (22x31cm-9x12in) København 95 .... FF**14 140** - £**1 736** - **$2,755**
ZEUTHEN Ernst 1880-1938 [2]
🕊 *Blå marine* - Oil/canvas (77x91cm-30x36in) København 93 .... FF**5 720** - £**686** - **$1,100**
ZEVENBERGHEN van Georges 1877-1968 [12]
🕊 *Baigneuse* - Huile/panneau (35x28cm-14x11in) Antwerpen 91 .... FF**2 948** - £**311** - **$511**
🕊 *Après le bal* - Huile/toile (103x120cm-41x47in) Antwerpen 94 .... FF**40 000** - £**4 800** - **$7,770**
ZEWY Carl 1855-1929 [7]
🕊 *Tiroler Bauerndirndl* - Oil/panel (28x21cm-11x8in) Wien 93 .... FF**39 100** - £**4 430** - **$6,610**
ZEYER Erich 1903-1960 [27]
🕊 *Bauer mit Pferdegespann* - Öl/Karton (55x68cm-22x27in) Lindau 95 .... FF**6 210** - £**792** - **$1,251**
ZEYTLINE Léon [2]
🕊 *Paysage de neige* - Huile/panneau (50x61cm-20x24in) Saint-Dié 95 .... FF**2 200** - £**287** - **$457**
ZEZZOS Alessandro 1848-1914 [5]
🖉 *Ritratto del pittore H. Lomer* - Acquarello/carta (76x56cm-30x22in) Venezia 96 .... FF**13 600** - £**1 680** - **$2,640**
ZEZZOS Georges 1883-1959 [54]
🕊 *Artiste au violoncelle* - Huile/toile (65x50cm-26x20in) Avignon 90 .... FF**6 500** - £**696** - **$1,130**
ZHABA Alphons Konstantinov 1878-1942 [1]
🕊 *Cabman* - Oil/canvas (63x80cm-25x31in) Moscow 94 .... FF**9 460** - £**1 137** - **$1,800**
ZHENG ZAIDONG Cheng Tsai-tung 1953 [5]
🕊 *Tang horse* - Oil/paper/board (79x109cm-31x43in) Taipei, Taiwan 96 .... FF**30 200** - £**3 660** - **$5,820**
🖉 *Boating on a moonlight night* - Mixed media/paper Taipei, Taiwan 96 .... FF**24 530** - £**2 970** - **$4,730**
ZHITOMIRSKY Alexander 1907-1993 [1]
📷 *Bismarck & Hitler* - Photograph (58x37cm-23x15in) New-York 93 .... FF**14 100** - £**1 613** - **$2,500**
ZHU XINGHUA Chu Hing-Wah 1935 [2]
🖉 *Flowers in Yellow Vase* - Ink (152x93cm-60x37in) Hong Kong 93 .... FF**25 960** - £**3 246** - **$5,410**
ZHUANG ZHE 1934 [2]
🕊 *Abstract painting* - Oil/canvas (93x125cm-37x49in) Taipei, Taiwan 92 .... FF**130 600** - £**13 300** - **$27,200**
ZHUKOVSKY Stanislav Iulianov. 1873-1944 [6]
🕊 *A morning in March* - Oil/canvas (56x66cm-22x26in) London 97 .... FF**85 714** - £**9 000** - **$14,742**
ZICHY Count Theodore 1908-? [3]
📷 *Chiaroscuros* - Silver print (20x28cm-8x11in) New-York 96 .... FF**6 710** - £**832** - **$1,300**
ZICHY von Mihaly 1827-1906 [8]
🖉 *Le Bal Blanc, Anichkov Palace* - Watercolour (24x32cm-9x13in) London 95 .... FF**15 220** - £**2 000** - **$3,054**
Empress Maria Feodorovna - Miniature (4cm-2in) Genève 92 .... FF**26 040** - £**2 660** - **$4,590**
ZICK Gustav 1809-1886 [2]
🕊 *Landschaft bei Koblenz* - Oil/panel (50x65cm-20x26in) Bremen 93 .... FF**26 250** - £**3 000** - **$4,460**
ZICK Januarius 1730-1797 [36]
🕊 *Die Heilige Familie* - Öl/Leinwand (64x52cm-25x20in) Köln 95 .... FF**41 400** - £**5 390** - **$8,500**
Le sacrifice d'Isaac - Huile/toile (91x122cm-36x48in) Bruxelles 96 .... FF**111 000** - £**14 130** - **$21,360**
Shepherd wooing a sheperdess - Oil/canvas (67x82cm-26x32in) New-York 92 .... FF**387 000** - £**39 740** - **$72,000**
ZICK Johann 1702-1762 [5]
🕊 *Joseph deutet die Gefangenen* - Öl/Leinwand (146x114cm-57x45in) Wien 96 .... FF**57 700** - £**7 230** - **$11,270**
ZICK Johann Martin 1684-? [1]
🕊 *Apostels Petrus/Apostels Paulus* - Öl/Leinwand (99x76cm-39x30in) Stuttgart 94 .... FF**18 700** - £**2 180** - **$3,280**
ZICKENDRAHT Bernhard 1854-1937 [1]
🕊 *Süditalienische Küstenlandschaft* - Oil/panel (16x13cm-6x5in) Köln 93 .... FF**4 410** - £**527** - **$848**
ZIDLICKY Vladimír 1945 [1]
📷 *Nude studies* - Gelatin silver print San Francisco-Los Angeles 95 .... FF**2 367** - £**309** - **$475**
ZIEGELMUELLER Martin 1935 [2]
🕊 *Der Huehnerhof* - Öl/Leinwand (78x120cm-31x47in) Luzern 92 .... FF**8 750** - £**1 046** - **$1,684**

Z

ZIEGENMEYER Adolf 1864-? [1]
- Seelandschaft - Oil/cardboard (26x40cm-10x16in) München 94 .... FF2 210 - £258 - **$388**

ZIEGER Hugo 1864-1934 [6]
- Verschneite Landschaft - Öl/Karton (37x29cm-15x11in) Bremen 93 .... FF2 190 - £264 - **$428**
- Stürmischer Tag in der Heide - Gouache (28x40cm-11x16in) Bremen 95 .... FF3 096 - £407 - **$621**

ZIEGLER Adolf 1892-1959 [1]
- Sitzender Akt - Oil/canvas (62x81cm-24x32in) Frankfurt 92 .... FF7 480 - £766 - **$1,560**

ZIEGLER Andreas 1815-1893 [1]
- Viehtrieb an der Furt - Öl/Leinwand (64x50cm-25x20in) Wien 96 .... FF9 600 - £1 164 - **$1,866**

ZIEGLER de Charles 1890-1972 [7]
- Jeune danseuse au tutu rose - Huile/toile (80x63cm-31x25in) Genève 89 .... FF3 500 - £369 - **$589**
- Montagne bordant un champ - Gouache (48x34cm-19x13in) Genève 96 .... FF2 584 - £299 - **$495**

ZIEGLER Eustace Paul 1881-1969 [18]
- Old Russian Indian - Oil/panel (25x20cm-10x8in) San Francisco-Los Angeles 95 .... FF4 980 - £655 - **$1,000**
- Minning in the North West
  - Oil/canvas (41x52cm-16x20in) San Francisco-Los Angeles 94 .... FF55 700 - £6 580 - **$10,000**
- Pulling in the nets
  - Watercolour/paper (26x36cm-10x14in) San Francisco-Los Angeles 93 .... FF11 000 - £1 380 - **$2,000**

ZIEGLER Henry Bryan 1798-1874 [7]
- Cider Mill, Herefordshire - Oil/board (31x42cm-12x17in) London 91 .... FF14 880 - £1 510 - **$2,687**

ZIEGLER Johann 1749-1812 [8]
- ..Donau, Brücken nächts Wien - Engraving (30x24cm-12x9in) Wien 96 .... FF9 620 - £1 206 - **$1,880**

ZIEGLER Jules Claude 1804-1856 [2]
- Oriental couple - Oil/canvas (41x26cm-16x10in) London 95 .... FF51 300 - £6 500 - **$10,320**

ZIEGLER Nellie Evelyn XX [2]
- The Arroyo - Oil/canvas (63x76cm-25x30in) San Francisco-Los Angeles 92 .... FF17 550 - £1 794 - **$3,250**

ZIEGLER Richard 1891-1992 [9]
- Strassenszene - Öl/Leinwand (40x50cm-16x20in) Stuttgart 94 .... FF8 200 - £986 - **$1,560**
- Vorstadtdime mit Zuhälter - Charcoal/paper (35x27cm-14x11in) München 93 .... FF17 100 - £2 025 - **$3,090**

ZIEGLER Walter 1859-1932 [1]
- Flusslandschaft - Aquarell/Papier (13x27cm-5x11in) Salzburg 94 .... FF2 677 - £317 - **$495**

ZIEGLER-SULZBERGER Jakob 1801-1875 [9]
- Hinter-Linthal - Aquarell (47x57cm-19x22in) Zürich 96 .... FF4 240 - £548 - **$840**

ZIELASCO Robert 1948 [10]
- Ohne Titel - Mischtechnik (100x85cm-39x33in) Wien 97 .... FF5 755 - £607 - **$995**

ZIELCKE Julius 1826-1907 [3]
- Campagna Romana - Öl/Leinwand (23x34cm-9x13in) Zofingen 93 .... FF7 910 - £901 - **$1,344**

ZIELER Mogens 1905-1983 [16]
- Skovtykning, efterår - Oil/canvas (81x60cm-32x24in) Köbenhavn 96 .... FF2 653 - £345 - **$526**

ZIELKE Julius 1826-1907 [2]
- The Palatine Hill, Rome - Oil/canvas (75x135cm-30x53in) Wien 96 .... FF165 600 - £20 060 - **$32,200**

ZIELKE Willy 1902 [2]
- Untitled (Nude-Berlin) - (16x12cm-6x5in) New-York 93 .... FF7 330 - £840 - **$1,300**

ZIEM Félix 1821-1911 [335]
- Bateau et gondoles dans la lagune
  - Huile/papier/panneau (23x30cm-9x12in) Provins 92 .... FF15 500 - £1 587 - **$2,730**
- Lisière de forêt à Barbizon - Huile/panneau (28x41cm-11x16in) Barbizon 96 .... FF27 500 - £3 430 - **$5,310**
- Bateaux sur le Bosphore - Oil/panel (42x64cm-17x25in) London 96 .... FF38 300 - £4 500 - **$7,540**
- Port de Marseille - Huile/panneau (38x55cm-15x22in) Paris 94 .... FF77 000 - £9 120 - **$14,230**
- Sunset, Venice - Oil/panel (57x75cm-22x30in) New-York 97 .... FF108 015 - £11 634 - **$19,000**
- Une fête à Venise - Oil/canvas (83x135cm-33x53in) London 97 .... FF255 475 - £28 000 - **$44,836**
- Grand canal à Venise - Oil/canvas (108x164cm-43x65in) New-York 97 .... FF511 650 - £55 107 - **$90,000**
- Bateaux au port - Watercolour/paper (22x31cm-9x12in) New-York 93 .... FF17 870 - £2 240 - **$3,250**

ZIER Édouard Fr. 1856-1924 [12]
- Weiblicher Halbakt - Öl/Leinwand (50x62cm-20x24in) Stuttgart 94 .... FF41 800 - £4 790 - **$7,100**
- Acis, Galatea & Polyphemus - Oil/canvas (100x148cm-39x58in) New-York 94 .... FF118 000 - £13 420 - **$20,000**

ZIERNGIBL Hans August 1864-1906 [1]
- Nähendes Mädchen - Oil/panel (14x18cm-6x7in) Wien 95 .... FF10 900 - £1 383 - **$2,170**

ZIESENIS Rudolf 1883-? [1]
- Sitzender Akt - Bronze (51cm-20in) Frankfurt 95 .... FF9 970 - £1 243 - **$2,013**

ZIFFER Sandor 1880-1962 [3]
- Pomeriggio in veranda - Olio/tela (123x147cm-48x58in) Trieste 93 .... FF25 600 - £2 875 - **$4,590**

ZIG Louis Gaudin ?-1936 [17]
- Mistinguett - Poster (160x118cm-63x46in) New-York 94 .... FF14 030 - £1 610 - **$2,400**
- Mistinguett - Watercolour/paper (63x48cm-25x19in) New-York 92 .... FF11 360 - £1 162 - **$2,000**

ZIG ZAG 1937 [2]
- Rêverie - Huile/toile Montboucher-sur-Jabron 93 .... FF3 200 - £386 - **$582**

ZIGAINA Giuseppe 1924 [12]
- Farfalla che depone le uova - Olio/tela (20x100cm-8x39in) Prato 96 .... FF41 900 - £5 250 - **$8,000**
- Lavoratori - Inchiostro (34x48cm-13x19in) Trieste 93 .... FF25 950 - £3 005 - **$4,460**

ZIGLDRUM Fred Arnus 1941-1984 [1]
- Pellheim I - Aquarell (29x40cm-11x16in) Heidelberg 92 .... FF7 140 - £731 - **$1,257**

ZIGLIARA Eugène 1873-1918 [2]
- Marin assis près de la mer - Huile/toile (46x55cm-18x22in) Bergerac 95 .... FF12 000 - £1 516 - **$2,407**

Plage du Pornichet, La Baule - Poster (105x74cm-41x29in) New-York 94 .... FF**5 720** - £*671* - **$1,000**

ZIJL Lambertus 1866-1947 [3]
Bust of a drinking man - Bronze (29cm-11in) Amsterdam 91 .... FF**22 540** - £*2 260* - **$3,721**

ZIKMOND Frantisek 1893-? [1]
Gelbe Rosen - Öl/Karton (36x45cm-14x18in) Wien 96 .... FF**5 360** - £*696* - **$1,060**

ZILBERBERG Fishel 1902-1942 [1]
Deer in the forest - Mixed media/paper (38x27cm-15x11in) Tel Aviv 95 .... FF**3 415** - £*428* - **$680**

ZILLE Heinrich 1858-1929 [243]
Herbst - Etching (27x37cm-11x15in) Köln 97 .... FF**8 111** - £*852* - **$1,388**
Stehender Mann - Charcoal (18x11cm-7x4in) Köln 97 .... FF**7 435** - £*781* - **$1,272**
Parkszenen - Charcoal/paper (28x42cm-11x17in) Berlin 97 .... FF**19 426** - £*2 063* - **$3,383**
Berliner Paar - Chalks/paper (18x14cm-7x6in) Berlin 97 .... FF**54 392** - £*5 776* - **$9,474**
Von Gassen und Höfen - Watercolour (35x25cm-14x10in) München 95 .... FF**135 300** - £*16 900* - **$27,300**

ZILLEN Wilhelm 1824-1870 [18]
En vanding - Oil/canvas (70x100cm-28x39in) Vejle 91 .... FF**5 100** - £*511* - **$842**

ZILLICH Emil 1829-1896 [1]
Musikstunde - Öl/Leinwand (37x46cm-15x18in) Wien 93 .... FF**3 220** - £*381* - **$535**

ZILO Gunnar 1885-1958 [5]
Tänkande kvinna vid bordet - Oil/panel (63x53cm-25x21in) Söderköping 94 .... FF**3 615** - £*432* - **$678**

ZIM Marco 1880-? [1]
Devotional Hour - Etching (21x17cm-8x7in) Tel Aviv 95 .... FF**2 930** - £*380* - **$600**

ZIMBEL George 1929 [7]
Jacqueline & John Kennedy - Gelatin silver print (28x43cm-11x17in) New-York 93 .... FF**4 730** - £*537* - **$800**

ZIMIN Georgii 1900-1985 [1]
Light Bulb Photogram - Gelatin silver print (23x18cm-9x7in) New-York 94 .... FF**20 320** - £*2 357* - **$3,500**

ZIMIN Sergei Ivanovich 1875-1942 [2]
Dancer - Pencil (21x21cm-8x8in) London 90 .... FF**11 600** - £*1 250* - **$2,046**

ZIMMER Berndt 1948 [28]
Mare Mosso - Öl/Leinwand (80x100cm-31x39in) Berlin 95 .... FF**28 500** - £*3 544* - **$5,570**
Nächtlicher Fang - Dispersion (205x299cm-81x118in) München 92 .... FF**81 400** - £*9 720* - **$15,660**
Ohne Titel - Tempera/papier (69x99cm-27x39in) Köln 94 .... FF**15 400** - £*1 806* - **$2,740**

ZIMMER Franz Xaver 1821-1883 [3]
Interior with two seated women - Oil/canvas (55x45cm-22x18in) Stockholm 96 .... FF**18 470** - £*2 352* - **$3,560**

ZIMMER Hans Peter 1936-1992 [32]
Komposition - Oil/canvas (130x61cm-51x24in) København 94 .... FF**72 100** - £*8 570* - **$13,580**
Spuritaner - Oil/canvas (140x70cm-55x28in) København 94 .... FF**228 000** - £*27 040* - **$42,200**
Studie zum Schloss - Mixed media/paper (38x33cm-15x13in) München 96 .... FF**11 900** - £*1 355* - **$2,275**

ZIMMER Wilhelm Carl 1853-1937 [6]
Sieger des Schweine-Auskegelns - Oil/canvas (72x109cm-28x43in) München 92 .... FF**163 200** - £*16 700* - **$28,700**

ZIMMERMAN Eugene 1862-1935 [1]
Ragpicker - Oil/board (38x28cm-15x11in) Cleveland, Ohio 92 .... FF**2 414** - £*247* - **$425**

ZIMMERMAN Frederick A. 1886-1974 [2]
Summer morning, Connecticut - Oil/canvas (64x76cm-25x30in) New-York 94 .... FF**19 970** - £*2 330* - **$3,500**

ZIMMERMAN Karl 1796-1857 [1]
Atelier du peintre - Huile/toile (41x62cm-16x24in) Monaco 90 .... FF**150 000** - £*15 496* - **$26,502**

ZIMMERMANN Adolf Gottlob 1799-1859 [3]
Jesus bei den Jüngern in Emmaus - Pencil (19x31cm-7x12in) Bielefeld 93 .... FF**3 150** - £*368* - **$518**

ZIMMERMANN Albert August 1808-1888 [30]
Paysage - Huile/toile (91x130cm-36x51in) Versailles 96 .... FF**24 000** - £*2 980* - **$4,655**
Gulf of Baia with the Temple of Venus - Oil/panel (35x58cm-14x23in) Wien 96 .... FF**82 800** - £*10 030* - **$16,100**

ZIMMERMANN Alfred 1854-1910 [3]
The Sore Loser - Oil/panel (20x24cm-8x9in) North Bethesda, MD. 91 .... FF**3 896** - £*390* - **$642**

ZIMMERMANN August Richard 1820-1872 [4]
Heimkehr der Fischer - Oil/canvas (58x76cm-23x30in) Stuttgart 94 .... FF**30 640** - £*3 043* - **$5,320**

ZIMMERMANN Carl 1863-1930 [3]
Rehe am Waldrand - Öl/Leinwand (145x77cm-57x30in) Wien 96 .... FF**17 150** - £*2 220* - **$3,430**

ZIMMERMANN Eduard 1872-1949 [1]
Die drei Grazien - Bronze (44cm-17in) Luzern 92 .... FF**18 600** - £*1 900* - **$3,275**

ZIMMERMANN Ernst 1898-? [3]
Blumenstilleben - Oil/panel (67x59cm-26x23in) Bremen 93 .... FF**8 750** - £*1 055* - **$1,710**

ZIMMERMANN Ernst Karl Georg 1852-1901 [11]
Der betrunkene Mönch - Oil/panel (87x64cm-34x25in) München 92 .... FF**30 600** - £*3 130* - **$5,390**

ZIMMERMANN Franz 1854-1956 [1]
Südländliche Küste - Öl/Leinwand (63x94cm-25x37in) Stuttgart 93 .... FF**15 500** - £*1 755* - **$2,617**

ZIMMERMANN Friedrich 1823-1864 [8]
Eisenfluh - Öl/Karton (32x42cm-13x17in) Bern 93 .... FF**5 540** - £*638* - **$950**

ZIMMERMANN Friedrich August 1805-1876 [2]
Szene aus Faust - Oil/panel (70x58cm-28x23in) Wien 96 .... FF**7 310** - £*948* - **$1,446**

ZIMMERMANN Jan Wendel Gerstenh. 1816-1887 [2]
Deerhound in a landscape - Oil/canvas (75x99cm-30x39in) New-York 91 .... FF**39 900** - £*4 021* - **$6,924**

Z

ZIMMERMANN Josef 1815-1851 [1]
🎨 *Joseph II* - Copper engraving (40x28cm-16x11in) München 91 .... FF2 384 - £239 - **$437**
ZIMMERMANN Julius 1824-1906 [2]
🖼 *Frederick II with his hunting party* - Oil/canvas (101x154cm-40x61in) New-York 93 .... FF60 500 - £7 580 - **$11,000**
🖌 *Kleine Stadt am Ufer eines Sees* - Ink (28x42cm-11x17in) Wien 91 .... FF9 620 - £969 - **$1,669**
ZIMMERMANN Kurt 1910-1961 [1]
🗿 *Weiblicher Akt* - Bronze (23cm-9in) Köln 93 .... FF1 925 - £220 - **$324**
ZIMMERMANN Mac 1912-1995 [22]
🖼 *Magier mit mathemat. Figuren* - Oil/masonite (39x54cm-15x21in) München 94 .... FF34 300 - £4 060 - **$6,340**
🖌 *Wald aus Schiffsmasten* - Ink (33x24cm-13x9in) Heidelberg 92 .... FF3 570 - £366 - **$629**
ZIMMERMANN Maximilian August 1811-1878 [2]
🖼 *Hirten in den Isar-Auen* - Öl/Leinwand (125x184cm-49x72in) Wien 96 .... FF21 700 - £2 800 - **$4,250**
ZIMMERMANN Paul 1914 [1]
🗿 *Buch* - Marble (4x16x12cm-2x6x5in) München 95 .... FF1 625 - £213 - **$326**
ZIMMERMANN Reinhard Sebastian 1815-1893 [11]
🖼 *At the forge* - Oil/canvas (81x98cm-32x39in) London 94 .... FF56 000 - £6 500 - **$9,680**
🖌 *Bauer und Bäuerin neben einer Kate* - Aquarell (30x37cm-12x15in) München 94 .... FF11 260 - £1 330 - **$2,023**
ZIMMERMANN René 1904-1991 [30]
🖼 *Paris, l'Ile de la Cité* - Huile/panneau (27x36cm-11x14in) La Varenne Saint-Hilaire 93 .... FF5 600 - £675 - **$1,018**
🖼 *Paysage méditerranéen* - Huile/toile (54x65cm-21x26in) La Varenne Saint-Hilaire 91 .... FF12 000 - £1 203 - **$2,198**
ZIMMERMANN Richard 1820-1875 [1]
🖼 *Winter im Gebirge* - Oil/canvas/board (82x99cm-32x39in) Stuttgart 90 .... FF33 800 - £3 492 - **$5,972**
ZIMMERMANN Theodor Franz 1808-1880 [1]
🖌 *Studie zu einer Katze* - Watercolour (15x22cm-6x9in) Wien 95 .... FF3 500 - £441 - **$698**
ZIMMERMANN von Clemens 1788-1869 [1]
🖌 *Italienische Familie beim Gebet* - Watercolour (10x15cm-4x6in) München 93 .... FF3 116 - £351 - **$526**
ZIMNIK Reiner 1930 [2]
🖌 *Sebastian Gsangl* - Ink (32x40cm-13x16in) München 91 .... FF4 100 - £422 - **$764**
ZINGARO Astolfo 1931 [2]
🖼 *Fauteuil rose* - Huile/toile (60x73cm-24x29in) Paris 90 .... FF9 500 - £971 - **$1,875**
ZINGER Oleg 1910 [21]
🖼 *Profil de jeune homme* - Huile/toile (65x54cm-26x21in) Paris 91 .... FF5 000 - £512 - **$934**
ZINGG Adrian 1734-1816 [18]
🖌 *Südliche Alpenlandschaft* - Ink (50x67cm-20x26in) Hamburg 93 .... FF22 360 - £2 535 - **$3,780**
ZINGG Jules 1882-1942 [146]
🖼 *Paysage de neige* - Huile/toile (54x65cm-21x26in) Besançon 96 .... FF24 000 - £2 820 - **$4,720**
🖼 *faucheur dans un paysage* - Huile/toile (80x100cm-31x39in) Granville 96 .... FF44 100 - £5 490 - **$8,550**
🖼 *Village près de Montbéliard* - Huile/toile (50x65cm-20x26in) Besançon 93 .... FF96 000 - £12 000 - **$17,450**
🖌 *Jeux de plage* - Aquarelle (26x35cm-10x14in) Douarnenez 96 .... FF10 300 - £1 317 - **$2,043**
🖌 *Paysage animé, village* - Aquarelle (31x47cm-12x19in) Belfort 93 .... FF24 500 - £3 060 - **$4,455**
ZINGONI Aurelio 1853-1922 [11]
🖼 *Una Cruna difficile* - Oil/canvas (104x86cm-41x34in) London 93 .... FF41 500 - £5 000 - **$7,250**
ZINI Umberto 1878-? [4]
🖌 *Cardinal's Portrait* - Watercolour (33x53cm-13x21in) London 95 .... FF6 560 - £850 - **$1,365**
ZINK Josef 1838-1907 [1]
🖼 *Children and bird* - Oil/canvas (64x48cm-25x19in) Delray Beach, Florida 95 .... FF12 600 - £1 510 - **$2,400**
ZINKE Johann Wenzel 1797-1858 [1]
🎨 *Satyrisches Bild* - Etching New-York 95 .... FF3 760 - £451 - **$700**
ZINKEISEN Anna Katrina 1901-1976 [28]
🖼 *Heavy Horses working on a Hill* - Oil/canvas (54x79cm-21x31in) London 96 .... FF5 380 - £700 - **$1,066**
🖼 *A Spring arrangement* - Oil/canvas (151x100cm-59x39in) Billinghurst, West Sussex 95 ...... FF40 140 - £5 000 - **$7,850**
🎨 *The merry go round* - Poster (102x64cm-40x25in) London 94 .... FF3 815 - £450 - **$680**
ZINKEISEN Doris Clare 1898-1991 [77]
🖼 *Skewbalds in the Snow* - Oil/canvas (51x61cm-20x24in) London 97 .... FF4 855 - £520 - **$838**
🖼 *The star's dressing room* - Oil/canvas (61x51cm-24x20in) London 94 .... FF10 970 - £1 300 - **$2,027**
🖼 *The Milliner's Shop* - Oil/canvas (53x43cm-21x17in) Penzance, Cornwall 92 .... FF20 450 - £2 100 - **$3,930**
🎨 *The Coronation* - Poster (100x126cm-39x50in) New-York 96 .... FF10 350 - £1 337 - **$2,000**
ZINNER Robert 1904 [9]
🖼 *Im Grödental* - Oil/panel (80x100cm-31x39in) Wien 93 .... FF7 920 - £930 - **$1,317**
🎨 *Gebirgslandschaft* - Woodcut in colors (58x76cm-23x30in) Wien 91 .... FF3 850 - £388 - **$668**
ZINNÖGGER Leopold 1811-1872 [12]
🖼 *Elaborate still life with animals* - Oil/canvas (144x102cm-57x40in) New-York 93 .... FF**398 000** - £45 300 - **$67,500**
🖌 *Obstschale und Nüssen* - Aquarell/Papier (54x45cm-21x18in) Wien 97 .... FF16 723 - £1 778 - **$2,884**
ZIOLKOWSKI Joe XX [1]
📷 *Intrepid* - Gelatin silver print (36x36cm-14x14in) San Francisco-Los Angeles 95 .... FF1 832 - £234 - **$375**
ZIOMEK Teodor 1874-1937 [3]
🖼 *A clearing* - Oil/canvas (61x81cm-24x32in) Warszawa 94 .... FF8 570 - £982 - **$1,453**
ZIROLI Nicola Victor 1908-1970 [2]
🖌 *Country* - Wash/paper (35x53cm-14x21in) North Bethesda, MD. 91 .... FF1 568 - £157 - **$271**
ZISLIN Henri 1875-1958 [1]
🖌 *L'Alsace-Lorraine et l'autonomie* - Gouache (30x50cm-12x20in) Saint-Dié 93 .... FF3 500 - £394 - **$594**
ZISTIG Edith XX [2]
📷 *Ruth Page & mask by N. Remisoff* - Silver print (23x18cm-9x7in) New-York 95 .... FF2 300 - £296 - **$475**

Z

ZITARE Mara 1937 [6]
- *Baigneuse* - Huile/toile (100x65cm-39x26in) Paris 90 .... FF4 200 - £423 - $764

ZITKO Otto 1959 [5]
- *Bez Nazvu* - Huile/toile (140x160cm-55x63in) Paris 92 .... FF9 500 - £976 - $1,827
- *Ohne Titel* - Mischtechnik/Papier (100x69cm-39x27in) Wien 94 .... FF7 800 - £935 - $1,514

ZITMAN Cornelius 1926 [3]
- *Femme à la Barre* - Bronze (70cm-28in) Amsterdam 97 .... FF82 025 - £8 603 - $14,075

ZITZEWITZ von Augusta 1880-1960 [3]
- *Blumenstilleben* - Öl/Leinwand (66x81cm-26x32in) Berlin 95 .... FF35 600 - £4 430 - $6,960

ZIVERI Alberto 1908-1990 [18]
- *San Pietro* - Olio/tavola (61x91cm-24x36in) Milano 96 .... FF36 850 - £4 730 - $7,040
- *Vaso di fiori* - Olio/tela (67x56cm-26x22in) Roma 93 .... FF91 000 - £10 200 - $16,270
- *Scena al parco* - Acquarello/carta (14x18cm-6x7in) Milano 96 .... FF3 360 - £390 - $660

ZIX Benjamin 1772-1811 [5]
- *Campement autrichien/Capucin* - Encre (48x63cm-19x25in) Paris 93 .... FF26 000 - £2 920 - $4,410
- *Cortège nuptial de Napoléon* - Aquarelle (23x84cm-9x33in) Paris 96 .... FF1 e +06 - £129 300 - $196,200

ZIX Ferdinand 1864-1942 [4]
- *Schwäbische Alblandschaft* - Oil/panel (60x84cm-24x33in) Stuttgart 93 .... FF8 000 - £918 - $1,362

ZLOTYKAMIEN Gérard 1940 [11]
- *Ephémère 1990* - Mixed media (80x83cm-31x33in) Paris 90 .... FF7 000 - £754 - $1,235
- *Figure penchée* - Sculpture (52x40x60cm-20x16x24in) Paris 90 .... FF12 200 - £1 298 - $2,182

ZMIGRODZKI Ludwik 1856-1906 [2]
- *In the church* - Oil/canvas (63x75cm-25x30in) Warszawa 96 .... FF41 000 - £5 180 - $8,180

ZMURKO Franciszek 1859-1910 [8]
- *Femme endormie* - Huile/toile (63x99cm-25x39in) Warszawa 95 .... FF24 160 - £3 086 - $4,960
- *Two women* - Gouache/board (43x24cm-17x9in) Warszawa 95 .... FF48 300 - £6 170 - $9,910

ZO Achille J.-B. 1826-1901 [6]
- *Jeune orientale allongée* - Huile/toile (39x76cm-15x30in) Paris 96 .... FF140 000 - £18 100 - $27,730
- *L'heure du thé* - Aquarelle (46x33cm-18x13in) Aubagne 95 .... FF13 000 - £1 682 - $2,690

ZO Henri A. 1873-1933 [35]
- *Scène de corrida* - Huile/toile (38x46cm-15x18in) Lille 97 .... FF8 000 - £828 - $1,370
- *Repas dans le patio* - Huile/toile (60x81cm-24x32in) Calais 97 .... FF101 000 - £10 817 - $17,705
- *The bullfight* - Watercolour (30x39cm-12x15in) London 97 .... FF4 890 - £500 - $862

ZOBEL Curtis XX [5]
- *It's 90 in Phoenix Today* - Bronze (36cm-14in) Chicago 94 .... FF4 600 - £546 - $850

ZOBEL DE AYALA Fernando 1924-1984 [14]
- *Bodegón pequeñño con Roberto* - Oleo/lienzo (100x100cm-39x39in) Madrid 96 .... FF48 100 - £5 520 - $9,180
- *El cuarto blanco de Pilares* - Tinta (30x44cm-12x17in) Madrid 97 .... FF5 200 - £559 - $910

ZOBEL James George 1792-1879 [18]
- *Acontecimiento* - Oleo/lienzo (80x100cm-31x39in) Madrid 91 .... FF110 200 - £11 184 - $19,903
- *Ruined church* - Watercolour (28x40cm-11x16in) London 95 .... FF5 530 - £700 - $1,112

ZOBELL Benjamin 1762-1831 [1]
- *Tiger resting under trees* - Oil/canvas (61x75cm-24x30in) London 95 .... FF24 550 - £3 200 - $5,080

ZOBERBIER Ernst 1893-? [1]
- *Strassencafé in Paris* - Öl/Karton (19x26cm-7x10in) Frankfurt 93 .... FF5 760 - £689 - $1,110

ZOCCHI Emilio 1835-1913 [1]
- *Young Michelangelo Sculpting* - Marble (104cm-41in) London 97 .... FF276 190 - £29 000 - $47,339

ZOCCHI Giuseppe 1711-1767 [5]
- *Colosseum from the Palatine* - Black chalk (22x51cm-9x20in) London 96 .... FF36 200 - £4 500 - $7,010

ZOCCHI Gugliemo 1874-? [14]
- *Woman playing a lute* - Oil/canvas (102x36cm-40x14in) New-York 94 .... FF16 260 - £1 967 - $3,000
- *The Recital* - Oil/canvas (70x121cm-28x48in) New-York 94 .... FF35 100 - £4 060 - $6,000
- *Center of Attention* - Oil/canvas/board (71x111cm-28x44in) New-York 96 .... FF120 000 - £15 530 - $24,000

ZOEGE VON MANTEUFFEL Magda 1852-1938 [1]
- *Skogsinteriör* - Gouache (48x31cm-19x12in) Helsinki 94 .... FF1 903 - £221 - $328

ZOELLY Paul 1896-1971 [1]
- *Am Rudolf Steiner* - Öl/Karton (51x40cm-20x16in) Zürich 94 .... FF30 300 - £3 510 - $5,220

ZOETELIEF TROMP Jan 1872-1947 [58]
- *A peasant mother and child* - Oil/canvas (42x56cm-17x22in) Amsterdam 94 .... FF42 400 - £4 870 - $7,250
- *At the seaside* - Oil/canvas (36x51cm-14x20in) London 94 .... FF137 700 - £16 000 - $23,840
- *On the Way Home* - Watercolour (26x36cm-10x14in) Amsterdam 94 .... FF26 060 - £3 100 - $4,960

ZOETMULDER Steef 1911 [2]
- *Nude with vase* - Silver print (28x38cm-11x15in) New-York 96 .... FF12 380 - £1 590 - $2,400

ZOFF Alfred 1852-1927 [30]
- *Bucht bei Ischia* - Oil/canvas/panel (35x50cm-14x20in) Wien 94 .... FF13 470 - £1 610 - $2,590
- *An der Küste von Nervi* - Öl/Leinwand (76x65cm-30x26in) Wien 95 .... FF49 500 - £6 320 - $10,250

ZOFFANY John 1733-1810 [13]
- *John, 14th Lord Willoughby de Broke* - Oil/canvas (99x124cm-39x49in) London 89 .... FF2 - £2 - $4

ZOFFOLI Giacomo 1731-1785 [4]
- *Borghese Centaur and Cupid* - Bronze (45cm-18in) London 90 .... FF67 800 - £7 306 - $11,958

ZOFFOLY Andrea XIX [2]
- *An amusing table* - Oil/canvas (40x54cm-16x21in) London 94 .... FF6 770 - £800 - $1,216

Gumma från Gumhuset - Akvarell (34x26cm-13x10in) Stockholm 97 .... FF*158 487* - £*16 737* - **$27,384**
Naken modell i grönska - Akvarell (37x24cm-15x9in) Stockholm 95 .... FF*795 000* - £*105 100* - **$161,200**

ZORN-SCHMIDT Magda 1905-? [1]
Paesaggio carsico - Olio/cartone (73x100cm-29x39in) Trieste 93 .... FF*4 500* - £*521* - **$774**

ZORNES James Milford 1908 [23]
Valle de Santiago - Watercolour/paper (56x76cm-22x30in) San Francisco-Los Angeles 94 ..... FF*8 350* - £*987* - **$1,500**

ZÖTL Aloys 1831-1887 [3]
Une tête de méduse - Aquarelle (40x49cm-16x19in) Monaco 89 .... FF*8 000* - £*843* - **$1,347**

ZOTTI Carmelo 1933 [2]
Monumento per l'amica italia - Olio/tela (80x60cm-31x24in) Prato 96 .... FF*6 900* - £*780* - **$1,320**
Ragazzi col cane - Tecnica mista/carta (100x76cm-39x30in) Prato 94 .... FF*13 900* - £*1 680* - **$2,604**

ZOUBEK Olbram 1926 [5]
Sich neigende Frau - Metal (74cm-29in) München 91 .... FF*8 110* - £*807* - **$1,395**

ZOUBTCHENKO Katia XX [3]
Je reviendrai dimanche - Huile/toile (41x33cm-16x13in) Versailles 90 .... FF*2 000* - £*210* - **$348**

ZOX Larry 1937 [6]
List slide, 1981 - Acrylic/canvas (66x193cm-26x76in) New-York 90 .... FF*8 600* - £*915* - **$1,538**

ZRDAZILA Adolf 1868-1942 [2]
Stadt am Fluss - Öl/Leinwand (60x80cm-24x31in) Wien 93 .... FF*5 770* - £*690* - **$1,110**
Felsstück mit Burgruine - Aquarell/Papier (24x30cm-9x12in) Wien 96 .... FF*4 800* - £*582* - **$933**

ZRZAVY Jan 1890-1977 [3]
Musizierende am Wasser - Mischtechnik/Papier (32x49cm-13x19in) München 95 .... FF*9 130* - £*1 150* - **$1,830**

ZSCHIMMER Emil 1842-1917 [2]
Maien-Abend in Erfurt - Oil/canvas (97x80cm-38x31in) New-York 94 .... FF*168 500* - £*19 900* - **$30,000**

ZSCHOKKE Alexander 1894-1981 [9]
Albert Schweitzers - Bronze (32cm-13in) Bern 93 .... FF*30 440* - £*3 640* - **$5,860**
René Auberjonois - Aquarell (24x31cm-9x12in) Bern 93 .... FF*2 770* - £*319* - **$476**

ZSOMBOLYA-BURGHARDT Rezsö, Rodolphe 1884-? [2]
Open air market - Oil/canvas/board (31x41cm-12x16in) Toronto 92 .... FF*3 010* - £*308* - **$530**

ZSOTER Akos 1895-? [1]
Obst, neben Römer und Krug - Öl/Leinwand (69x50cm-27x20in) Lindau 96 .... FF*2 700* - £*349* - **$522**

ZUBER Anna 1871-1932 [1]
Im Jardin du Luxembourg - Watercolour/board (80x82cm-31x32in) Luzern 92 .... FF*3 045* - £*364* - **$586**

ZUBER Henri 1844-1909 [16]
Le ruisseau près du hameau - Huile/toile (46x65cm-18x26in) La Varenne Saint-Hilaire 97 .... FF*7 200* - £*776* - **$1,264**
Jonque chinoise, Baie de Ting-Hae - Huile/toile (142x200cm-56x79in) Paris 92 .... FF*84 000* - £*8 623* - **$15,613**

ZUBER Julius 1861-? [1]
Mädchen mit hoher Mütze - Oil (41x33cm-16x13in) Wien 90 .... FF*3 400* - £*364* - **$591**

ZUBER-BÜHLER Fritz 1822-1896 [24]
Bather at a woodland pool - Oil/canvas (56x40cm-22x16in) London 96 .... FF*46 800* - £*5 500* - **$9,210**
Young Lady with a parakeet - Oil/canvas (69x56cm-27x22in) New-York 95 .... FF*118 000* - £*15 200* - **$24,000**
Mère et enfant - Fusain (16x16cm-7x6in) Calais 97 .... FF*2 500* - £*250* - **$422**

ZUBIAURRE de Ramón 1882-1969 [13]
Aldeano vasco fumando en pipa - Oleo/lienzo (59x45cm-23x18in) Madrid 97 .... FF*43 780* - £*4 730* - **$7,590**
Aldeanas Vascas - Oil/canvas (75x90cm-30x35in) London 94 .... FF*177 700* - £*21 000* - **$31,900**

ZUBIAURRE de Valentín 1879-1963 [35]
Paisano vasco - Oleo/lienzo (45x36cm-18x14in) Madrid 96 .... FF*26 140* - £*3 250* - **$5,070**
Coasta de Lequeitio al atardecer - Oleo/lienzo (51x80cm-20x31in) Madrid 96 .... FF*80 200* - £*9 720* - **$15,600**
Troncos - Lápiz (40x28cm-16x11in) Madrid 94 .... FF*2 280* - £*269* - **$406**

ZUBILLAGA Luis María 1931 [7]
Traineras frente a Miramar - Oleo/tabla (50x60cm-20x24in) Madrid 91 .... FF*8 670* - £*876* - **$1,721**

ZUBIRI Enrique 1868-1943 [1]
Niña ante paisaje - Oleo/lienzo (150x120cm-59x47in) Madrid 96 .... FF*4 020* - £*500* - **$780**

ZUBKOV Gennady 1940 [2]
Kubistiskt landskap - Oil/canvas (80x86cm-31x34in) Stockholm 94 .... FF*18 400* - £*2 133* - **$3,170**
Gumma med lie - Akvarell (50x31cm-20x12in) Stockholm 94 .... FF*4 760* - £*560* - **$895**

ZUBLER Johann Albert 1880-1927 [2]
Landschaft - Huile/panneau (81x54cm-32x21in) Zürich 96 .... FF*2 670* - £*335* - **$516**
Sandgrube, 1912 - Oil/canvas (79x90cm-31x35in) Luzern 90 .... FF*7 800* - £*806* - **$1,378**

ZUBRICZKY Lorand 1869-? [2]
Scène de parc - Huile/panneau (37x48cm-15x19in) Paris 91 .... FF*36 500* - £*3 704* - **$6,592**

ZUCCARELLI Antonio 1753-1818 [2]
Jeune femme dévêtue - Miniature (8cm-3in) Paris 96 .... FF*9 500* - £*1 210* - **$1,832**

ZUCCARELLI Francesco 1702-1788 [57]
Anglers - Oil/canvas (65x79cm-26x31in) London 91 .... FF*598 000* - £*59 786* - **$98,486**
Elegant figures fishing - Ink (19x31cm-7x12in) London 91 .... FF*38 960* - £*4 000* - **$7,240**

ZUCCARO Guido 1876-1944 [1]
Ritratto femminile - Olio/tela (55x61cm-22x24in) Roma 91 .... FF*14 200* - £*1 452* - **$2,803**

ZUCCHELLI Pierre XX [2]
Bucolique - Huile/papier/toile (46x60cm-18x24in) Paris 92 .... FF*4 000* - £*410* - **$785**

ZUCCHERI Luigi 1904-1974 [3]
- *Tartaruga* - Olio/tavola (25x30cm-10x12in) Firenze 91 .... FF*15 040* - £*1 526* - **$2,716**

ZUCCHI Antonio Pietro 1726-1795 [12]
- *Figures by roman ruins* - Ink (30x39cm-12x15in) London 97 .... FF*33 994* - £*3 600* - **$5,850**

ZUCCHI Christian 1811-1889 [2]
- *Sitzende Dame, 1855* - Oil/canvas (104x85cm-41x33in) Stuttgart 90 .... FF*4 100* - £*439* - **$713**

ZUCCOLI Luigi 1815-1876 [3]
- *Wine gratis* - Oil/canvas (38x32cm-15x13in) London 92 .... FF*10 050* - £*1 200* - **$1,933**

ZUCKER Jacques 1900-1981 [3]
- *Figures on a bench* - Oil/canvas (61x73cm-24x29in) New-York 92 .... FF*4 540* - £*465* - **$800**

ZUCKER Joseph, Joe 1941 [15]
- *2nd 96 Wide Roll* - Mixed media/canvas (133x132cm-52x52in) New-York 94 .... FF*5 620* - £*663* - **$1,000**
- *Trashcan triptic 5B* - Acrylic (124x83cm-49x33in) New-York 97 .... FF*17 442* - £*1 832* - **$3,000**
- *70's Dilemma* - Drawing (48x61cm-19x24in) New-York 95 .... FF*3 080* - £*378* - **$600**

ZUFFEREY Christiane 1920 [2]
- *Weiblicher Akt vor einem Spiegel* - Huile/panneau (74x45cm-29x18in) Bern 96 .... FF*5 300* - £*643* - **$1,030**

ZÜGEL Oskar 1892-1968 [2]
- *Nu dans l'atelier* - Huile/panneau (34x26cm-13x10in) Stuttgart 95 .... FF*6 320* - £*810* - **$1,273**
- *Heimflug der Storches* - Gouache (35x50cm-14x20in) Stuttgart 95 .... FF*2 106* - £*270* - **$425**

ZÜGEL von Heinrich Johann 1850-1941 [58]
- *Rinder mit einem Burschen* - Öl/Leinwand (73x109cm-29x43in) Hamburg 96 .... FF*68 000* - £*7 740* - **$13,000**
- *Schafe am Gatter* - Oil/canvas (60x80cm-24x31in) Stuttgart 92 .... FF*188 000* - £*19 300* - **$36,200**
- *Was geht im Stall vor ?* - Oil/canvas/panel (47x67cm-19x26in) Köln 95 .... FF*426 000* - £*53 800* - **$85,300**

ZÜGEL Willy 1876-1950 [3]
- *Kuh- und Schafstudien* - Pencil (27x36cm-11x14in) Stuttgart 92 .... FF*6 600* - £*768* - **$1,347**

ZUGNO Francesco 1708-1787 [10]
- *Rinaldo and Armida* - Oil/canvas (116x86cm-46x34in) New-York 91 .... FF*212 600* - £*21 440* - **$41,437**

ZUHR Hugo 1895-1971 [60]
- *Sommarlandskap* - Oil/canvas (45x65cm-18x26in) Stockholm 94 .... FF*7 360* - £*853* - **$1,267**
- *Strandlandskap* - Oil/canvas (66x81cm-26x32in) Stockholm 97 .... FF*18 113* - £*1 912* - **$3,129**

ZUIDEMA BROOS Jan Jacob 1833-1882 [12]
- *Chatting along a canal* - Oil/panel (21x29cm-8x11in) Amsterdam 91 .... FF*12 700* - £*1 261* - **$2,205**
- *The arrival* - Oil/panel (30x40cm-12x16in) Amsterdam 94 .... FF*61 000* - £*7 080* - **$10,500**
- *Blindman's buff* - Wash (31x39cm-12x15in) Amsterdam 90 .... FF*21 000* - £*2 263* - **$3,704**

ZUIDERVAART Michiel XX [2]
- *Untitled* - Gouache/paper (90x70cm-35x28in) Amsterdam 93 .... FF*1 658* - £*198* - **$319**

ZUILL Abbie Luella 1856-1921 [2]
- *Strawberries* - Oil/canvas (15x25cm-6x10in) North Berwick, Maine 92 .... FF*13 200* - £*1 352* - **$2,750**

ZUKOWSKI Stanislaw 1873-1944 [6]
- *Lakeland landscape* - Oil/canvas (56x88cm-22x35in) Warszawa 95 .... FF*11 760* - £*1 503* - **$2,415**

ZÜLLE Johannes 1841-1938 [4]
- *Eimerbödeli* - Huile/panneau (23cm-9in) Zürich 96 .... FF*29 800* - £*3 450* - **$5,710**

ZÜLLICH VON ZÜLLBORN Andor 1870-1933 [1]
- *Schiffe vor Helgoland* - Öl/Karton (12x21cm-5x8in) Wien 95 .... FF*3 450* - £*445* - **$702**

ZULOAGA Elvira Elisa XX [2]
- *Femmes et animaux* - Huile/toile (73x92cm-29x36in) Nantes 90 .... FF*2 800* - £*286* - **$553**

ZULOAGA Y ZABALETA Ignacio 1870-1945 [19]
- *Baile Gitano* - Oil/canvas (198x200cm-78x79in) London 92 .... FF*2* - £*220 000* - **$378,400**
- *La Virgen de la Peña, Graus* - Oil/canvas (63x75cm-25x30in) London 93 .... FF*254 600* - £*29 000* - **$43,200**
- *Cabeza de gitano* - Dibujo (15x10cm-6x4in) Madrid 97 .... FF*11 150* - £*1 417* - **$2,142**

ZÜLOW von Franz 1883-1963 [154]
- *Stadtmotiv* - Mixed media/board (49x69cm-19x27in) Wien 94 .... FF*10 680* - £*1 255* - **$1,907**
- *Blick auf Salzburg* - Oil/panel (29x23cm-11x9in) Wien 97 .... FF*26 356* - £*2 772* - **$4,526**
- *Schloss Orth in Gmunden* - Öl/Karton (40x60cm-16x24in) Wien 95 .... FF*81 000* - £*10 100* - **$16,350**
- *Im Waldesinneren* - Aquarell/Papier (39x48cm-15x19in) Wien 97 .... FF*31 057* - £*3 302* - **$5,356**

ZÜLOW von Marie 1854-1930 [3]
- *Blumenstrauss* - Drawing (54x44cm-21x17in) Wien 95 .... FF*4 455* - £*566* - **$887**

ZUMBRUNNEN Jürgen 1946 [2]
- *Scheune III. Maerz* - Gouache/papier (70x90cm-28x35in) Luzern 95 .... FF*2 577* - £*293* - **$437**

ZUMBUSCH von Ludwig 1861-1927 [8]
- *Mädchenporträt* - Mischtechnik (25x24cm-10x9in) München 90 .... FF*12 920* - £*1 321* - **$2,550**

ZUMSANDE Josef 1806-1865 [4]
- *Junger, blonder Herr* - Miniature (8cm-3in) Wien 96 .... FF*7 200* - £*873* - **$1,400**

ZÜND Robert 1827-1909 [35]
- *Am Vierwaldstättersee* - Öl/Leinwand (76x100cm-30x39in) Zürich 96 .... FF*159 000* - £*18 400* - **$30,440**
- *Die Mühle von Rathausen* - Öl/Leinwand (75x101cm-30x40in) Zürich 95 .... FF*680 000* - £*86 000* - **$136,600**
- *Bäume* - Crayon/papier (29x41cm-11x16in) Bern 96 .... FF*53 700* - £*6 820* - **$10,330**

ZUÑIGA Francisco 1913 [308]
- *Mujeres de Mexico* - Color lithograph (75x56cm-30x22in) New-York 92 .... FF*14 300* - £*1 707* - **$2,750**
- *Impresiones de egipto* - Lithograph (35x50cm-14x20in) New-York 97 .... FF*35 876* - £*3 809* - **$6,249**
- *Mujer* - Bronze (40cm-16in) New-York 97 .... FF*68 729* - £*7 326* - **$12,000**
- *Calera Sentada* - Bronze (30cm-12in) New-York 97 .... FF*103 093* - £*10 989* - **$18,000**
- *Desnudo de Muchacha* - Sculpture (30cm-12in) New-York 97 .... FF*218 014* - £*23 328* - **$38,000**
- *Juchiteca de Pie* - Bronze (194cm-76in) New-York 94 .... FF*938 000* - £*108 500* - **$160,000**

Mujer recostada con rebozo - Watercolour (50x65cm-20x26in) New-York 97 .... FF27 265 - £2 895 - **$4,749**
Campesinos - Charcoal (70x50cm-28x20in) New-York 97 .... FF40 184 - £4 267 - **$7,000**
Tehuana sentada - Watercolour (50x65cm-20x26in) New-York 95 .... FF77 600 - £10 300 - **$16,000**
ZUPANSKY Vladimir 1869-1928 [1]
Nude in a garden - Oil/canvas (111x40cm-44x16in) London 93 .... FF34 860 - £4 200 - **$6,090**
ZUPPINGER Ernst Theodor 1875-1948 [11]
Brione - Öl/Karton (34x24cm-13x9in) Zofingen 92 .... FF2 604 - £266 - **$459**
ZURBARAN de Francisco 1598-1664 [8]
David with the head of Goliath - Oil/canvas (190x105cm-75x41in) New-York 91 ...... FF3 - £383 215 - **$740,640**
ZÜRCHER Frederick Willem 1835-1894 [7]
The toad race - Oil/panel (24x28cm-9x11in) Amsterdam 96 .... FF9 630 - £1 168 - **$1,872**
A donkey of reins standing at rest - Pencil/paper (32x45cm-13x18in) Amsterdam 90 .... FF1 500 - £162 - **$265**
ZÜRCHER Hans 1880-1958 [3]
Die Ueberfahrt im Sturm - Ol/Leinwand (60x90cm-24x35in) Zofingen 96 .... FF9 920 - £1 236 - **$1,915**
ZURCHER Jacob 1834-1884 [1]
Bei Grindelwald - Öl/Leinwand (46x55cm-18x22in) Zürich 94 .... FF6 480 - £768 - **$1,197**
ZUREK Marian 1889-1944 [1]
Kirmes: Vergnügen und Tod - Oil/panel (90x100cm-35x39in) London 88 ...... FF120 120 - £11 000 - **$20,240**
ZURKINDEN Irene 1909-1987 [37]
Antiquitätenhändlers - Ol/Leinwand (97x130cm-38x51in) Zürich 97 .... FF15 792 - £1 679 - **$2,724**
Meret Oppenheim - Öl/Leinwand (55x38cm-22x15in) Zürich 97 .... FF153 968 - £16 368 - **$26,559**
Flamenco-Tänzerin - Encre (24x16cm-9x6in) Zofingen 94 .... FF6 020 - £707 - **$1,073**
ZÜRN Unica 1916-1970 [11]
Composition - Aquarelle (50x33cm-20x13in) Paris 96 .... FF8 000 - £948 - **$1,560**
ZUSH Alberto Porta 1946 [11]
Braenia I - Acrílico/lienzo (50x50cm-20x20in) Madrid 95 .... FF9 010 - £1 125 - **$1,820**
Estado imaginario - Técnica mixta/papel (50x45cm-20x18in) Madrid 97 .... FF3 781 - £408 - **$655**
ZVEREV Anatole 1931-1986 [9]
Nature mortes aux bouteilles - Huile/toile/panneau (34x50cm-13x20in) Paris 91 .... FF11 000 - £1 100 - **$1,812**
ZWAAN Cornelis Christiaan 1882-1964 [7]
Dutch interior scene - Oil/canvas (51x76cm-20x30in) Detroit, Michigan 92 .... FF10 400 - £1 242 - **$2,000**
ZWACK Michael 1949 [6]
History of the World - Oil/paper (60x95cm-24x37in) Stockholm 94 .... FF9 640 - £1 131 - **$1,717**
ZWAERDECROON Bernardus 1617-1654 [1]
Portrait de famille - Huile/toile (124x165cm-49x65in) Bruxelles 96 .... FF105 600 - £13 620 - **$20,700**
ZWAHLEN Abraham A. 1830-1903 [2]
The Ferry - Oil/canvas (48x72cm-19x28in) New-York 95 .... FF4 430 - £570 - **$900**
ZWARA John 1880-? [1]
Snow scene - Oil/canvas (46x61cm-18x24in) Baton Rouge, Louisiana 93 .... FF3 280 - £395 - **$600**
ZWART Arie, Adrianus Joh. 1903-1981 [24]
Hutje bij Diever, Drenthe - Oil/canvas (50x60cm-20x24in) Amsterdam 97 .... FF4 508 - £487 - **$786**
Angler - Oil/canvas (60x51cm-24x20in) Amsterdam 93 .... FF11 410 - £1 368 - **$2,086**
ZWART de Pieter 1886-1967 [6]
Loading a horse-drawn cart - Oil/canvas (59x73cm-23x29in) Amsterdam 97 .... FF5 549 - £600 - **$968**
ZWART de Willem 1862-1931 [60]
Zomerlandschap - Oil/canvas/panel (31x21cm-12x8in) Amsterdam 97 .... FF6 935 - £750 - **$1,210**
Cows in a meadow - Oil/canvas (45x68cm-18x27in) Amsterdam 95 .... FF23 300 - £3 020 - **$4,850**
Spielende Kinder im Park - Öl/Leinwand (39x52cm-15x20in) Bern 96 .... FF61 190 - £7 410 - **$11,880**
Washerwomen in a field - Watercolour (35x54cm-14x21in) Toronto 93 .... FF9 810 - £1 111 - **$1,657**
ZWART Piet 1885-1977 [23]
Canned Goods - (15x10cm-6x4in) New-York 92 .... FF8 570 - £996 - **$1,750**
ZWART Willem 1867-1957 [7]
Dune landscape - Oil/canvas/panel (14x23cm-6x9in) Amsterdam 94 .... FF5 450 - £627 - **$932**
Abendliche Weidelandschaft - Woodcut in colors (18x24cm-7x9in) Ahlden 91 .... FF3 380 - £343 - **$610**
ZWARTJES Albert 1902 [2]
Rue Quincampoix, Paris - Oil/canvas (51x61cm-20x24in) Amsterdam 94 .... FF3 940 - £453 - **$674**
ZWECKER Johann Baptist 1814-1876 [1]
Preparing for the boar hunt, India - Wash (35x45cm-14x18in) London 89 .... FF26 100 - £2 597 - **$4,123**
ZWEEP van der Douwe 1890-1975 [30]
Composition - Oil/canvas/board (51x40cm-20x16in) Amsterdam 97 .... FF11 098 - £1 200 - **$1,936**
Selfportrait - Watercolour/paper (39x33cm-15x13in) Amsterdam 93 .... FF3 304 - £396 - **$604**
ZWEIDORFF Frederik Ludvig Chr. 1816-1865 [1]
Frederiksborg Slot med Omegn - Oil/canvas (60x82cm-24x32in) Köbenhavn 91 ...... FF3 510 - £349 - **$609**
ZWEIGBERGK von Bo E:sson 1897-1940 [7]
Båtar i hamn - Oil/canvas/panel (64x55cm-25x22in) Göteborg 91 .... FF27 800 - £2 767 - **$4,781**
ZWENGAUER Anton 1810-1884 [13]
Sonnenuntergangsstimmung - Öl/Leinwand (66x112cm-26x44in) München 93 .... FF11 530 - £1 377 - **$2,220**
ZWENGAUER Anton Georg 1850-1928 [2]
Red deer in a river landscape at sunset
Oil/canvas (61x103cm-24x41in) Amsterdam 95 .... FF8 900 - £1 112 - **$1,798**

Z

Z

Notes

Notes

Notes

Notes

Notes

Notes

Notes

Notes